MW00453171

# DICTIONNAIRE

## FRANÇAIS-ANGLAIS / ANGLAIS-FRANÇAIS

## FRENCH-ENGLISH / ENGLISH-FRENCH

# DICTIONARY

# DICTIONNAIRE
# GÉNÉRAL

## FRANÇAIS-ANGLAIS
## ANGLAIS-FRANÇAIS

LAROUSSE

LAROUSSE - 17, RUE DU MONTPARNASSE - 75298 PARIS CEDEX 06

© **Larousse, 1994**

Toute représentation ou reproduction intégrale ou partielle, par quelque procédé que ce soit,
du texte et/ou de la nomenclature contenus dans le présent ouvrage,
et qui sont la propriété de l'Éditeur, est strictement interdite.

All rights reserved. No part of this publication may be reproduced or transmitted in any form or by any means,
or stored in a retrieval system, without the prior written permission of Larousse.

ISBN 2-03-451333-9
Larousse, Paris
*Diffusion/Sales* Les Éditions Françaises Inc., Boucherville, Québec


ISBN 2-03-430250-8
*Diffusion/Sales* Larousse plc, London

ISBN 2-03-420260-0
*Diffusion/Sales* Larousse Kingfisher Chambers Inc., New York

Library of Congress Catalog Card Number
94-73275

Printed in France

# STANDARD

## FRENCH-ENGLISH

## ENGLISH-FRENCH

# DICTIONARY

LAROUSSE

LAROUSSE - 17, RUE DU MONTPARNASSE - 75298 PARIS CEDEX 06

Réalisé par/Produced by

# LAROUSSE

## Direction de l'ouvrage/General Editor
FAYE CARNEY

## Rédaction/Editors

| | |
|---|---|
| LAURENCE LARROCHE | MICHAEL MAYOR |
| ROSE ROCIOLA | RUTH BLACKMORE |
| SOPHIE MARIN | MARTIN CROWLEY |
| CLAUDE LE GUYADER | DAVID HALLWORTH |
| JANE ROGOYSKA | |

### avec/with

| | |
|---|---|
| ANNE LANDELLE | MARTYN BACK |
| CAROLE COEN | CALLUM BRINES |
| CATHERINE JULIA | STEPHEN CURTIS |
| MARIE-PAULE PONCELET | JUSTINE SANDERSON |

## Suivi de la réalisation/Administration
SOPHIE JAQUET

## Secrétariat d'édition/Copy Preparation
MARIE-PIERRE DEGOULET
EMMANUELLE DESRAMÉ

## Informatique éditoriale/Data Management

| | |
|---|---|
| GABINO ALONSO | MARION PÉPIN |
| CLAUDE NIMMO | |

Nous voudrions également remercier, de façon collective, toutes les personnes ayant collaboré au Grand Dictionnaire Larousse français-anglais anglais-français, dont le texte a servi de base au présent ouvrage.

We would also like to thank, collectively, all contributors to the Larousse Unabridged French-English English-French Dictionary, upon which this text is based.

# AU LECTEUR

Le Dictionnaire Général Larousse français-anglais, anglais-français est un nouvel ouvrage de référence destiné aux étudiants, aux lycéens, aux enseignants de l'université et du secondaire, ainsi qu'à tous ceux qui se servent régulièrement de l'anglais dans leur vie professionnelle ou qui souhaitent, par goût, perfectionner leur maîtrise de cette langue. Fruit du travail d'une équipe internationale de lexicographes, cet ouvrage est le dernier-né de la toute nouvelle gamme de dictionnaires bilingues Larousse.

Il a été conçu de manière à répondre au mieux aux critères qui servent de référence pour l'appréciation de la qualité d'un dictionnaire: la richesse de la nomenclature et son adaptation aux besoins de l'usager, la convivialité de l'accès à l'information, et la fiabilité.

Les mots et expressions qui y figurent offrent une image fidèle de la langue contemporaine. Un soin tout particulier a été accordé à la sélection des néologismes, des noms propres, des sigles et des abréviations, ainsi qu'aux termes spécifiques à des domaines aujourd'hui essentiels tels que l'informatique et le monde des affaires. L'américain a fait l'objet d'un traitement privilégié et l'accueil de canadianismes, d'helvétismes et de belgicismes courants donne à cet ouvrage une dimension véritablement internationale.

L'agencement des articles ainsi que la typographie ont été conçus de manière à mettre en relief les mots composés et les locutions. Les différences de sens et les niveaux de langue sont clairement indiqués afin de faciliter l'accès à la traduction appropriée.

Les nombreux exemples qui viennent illustrer l'usage ont été rédigés dans un constant souci d'authenticité, de même qu'un soin tout particulier a été apporté à la pertinence et à l'actualité des traductions.

Par ailleurs, dans la mesure où les différences de lexique ne sont pas les seules difficultés qui se présentent dans la compréhension d'une langue étrangère, le Dictionnaire Général propose des gloses explicatives dans les cas où la traduction est impossible ou ne suffit pas à rendre compte de la signification culturelle d'un mot ou d'une expression.

Toujours dans l'intention affirmée de répondre aux besoins spécifiques de son utilisateur, le Dictionnaire Général intègre des modules qui comportent des phrases correspondant à des situations typiques. Celles-ci sont regroupées autour d'un certain nombre de mots-thèmes ("L'approbation", "Les compliments", "La dissertation" etc) distribués dans le texte à leur place alphabétique, ce qui les rend aisément repérables. L'information lexicale contenue dans les entrées elles-mêmes s'en trouve considérablement enrichie.

Le Dictionnaire Général s'inscrit dans un ambitieux programme éditorial dans le domaine bilingue. Un dictionnaire doit vivre avec son temps et nous y veillons. Mais il est par définition perfectible: nous nous adressons donc à vous, lecteur, pour vous engager à participer à cette entreprise qui n'est jamais vraiment terminée, en nous faisant part de vos observations, de vos critiques, de vos suggestions.

L'Éditeur

# TO OUR READERS

The LAROUSSE STANDARD ENGLISH-FRENCH FRENCH-ENGLISH DICTIONARY is an entirely new work designed for students and teachers of French at both school and university level, as well as for all those with an active interest in French who use it regularly in the course of their work or leisure activities. Created by an international team of lexicographers, this book is the latest addition to the range of Larousse bilingual dictionaries.

Our continuing aim has been to meet the three criteria that make for quality in dictionaries: comprehensiveness and relevance of coverage, ease of use, and reliability.

Lexical terms have been carefully chosen to provide an accurate and idiomatic reflection of French and English as they are written and spoken today. Special attention has been paid to the coverage of new words and proper nouns, abbreviations and acronyms, and to essential fields such as business and computing. The text also reflects the international nature of French and English; many Swiss, Belgian and Canadian terms are included and users of American English will find that American vocabulary and usage are given generous treatment throughout.

The carefully structured layout and clear presentation of the dictionary text mean that set phrases and compounds are easy to identify. The various nuances of meaning and register of a word are clearly indicated to avoid ambiguity and to make access to the appropriate translation as straight-forward as possible. Finally, every effort has been made to ensure that example sentences reflect authentic usage and that translations are accurate and up-to-date.

However it is not just the linguistic meaning of words that can pose translation problems. Many words and expressions have a cultural resonance for which there is no equivalent in the other language, or which cannot be adequately conveyed by a translation alone. The STANDARD DICTIONARY places special emphasis on such 'culture-bound' items, using explanatory glosses or definitions to explain their full implications and relevance to the non-native speaker.

An additional feature of the STANDARD DICTIONARY is a practical guide to everyday usage. Sentences illustrating typical usage are grouped together in the A to Z text under topics and themes ('Apologies', 'Essay writing', 'Numbers' etc), enabling English users to express themselves more idiomatically in French. As these topics are distributed alphabetically throughout the book, they are instantly accessible to the user and provide a useful complement to the information given in the actual dictionary entries themselves.

Language evolves and so does lexicography, and any good dictionary has a commitment to keep up to date with the changing needs of its users. The task of innovating and revising is an ongoing one, and we invite you, as users, to take part in this venture by sending us your comments and criticisms. With your help we hope to set new standards in language reference.

THE PUBLISHER

# ABBREVIATIONS USED IN THIS DICTIONARY
## ABRÉVIATIONS UTILISÉES DANS CE DICTIONNAIRE

| | | |
|---|---|---|
| abbreviation | *abbr/abrév* | abréviation |
| absolute | *abs* | absolu |
| – 'en usage abs' indicates a transitive verb used without a direct object: *il boit beaucoup* | | – 'en usage abs' signale un verbe transitif employé sans complément d'objet: *il boit beaucoup* |
| adjective | *adj* | adjectif |
| phrase functioning as adjective | *adj phr* | locution ayant valeur d'adjectif |
| adverb | *adv* | adverbe |
| phrase functioning as adverb | *adv phr* | locution ayant valeur d'adverbe |
| African French | *Afr* | africanisme |
| American English | *Am* | américanisme |
| archaic | *arch* | archaïque |
| crime slang | *arg crime* | argot du milieu |
| drugs slang | *arg drogue* | argot de la drogue |
| military slang | *arg mil* | argot militaire |
| school slang | *arg scol* | argot scolaire |
| university slang | *arg univ* | argot universitaire |
| article | *art* | article |
| Australian English | *Austr* | anglais australien |
| auxiliary | *aux* | auxiliaire |
| before noun | *avant n* | avant le nom |
| – indicates that an adjective is used attributively, i.e. directly before the noun which it modifies | | – souligne les cas où un adjectif est nécessairement antéposé |
| Belgian French | *Belg* | belgicisme |
| British English | *Br* | anglais britannique |
| countable noun | *C* | substantif comptable |
| – i.e. a noun which can exist in the plural and be used with 'a' | | – désigne un substantif anglais qui peut être employé au pluriel et avec 'a' |
| Canadian English/French | *Can* | canadianisme |
| cardinal | *card* | cardinal |
| compound-forming noun | *comp* | substantif formant des composés |
| – shows noun headword used as a noun modifier, e.g. *computer* in *computer course*, *law* in *law degree* | | – s'applique à un substantif employé en apposition: *computer* dans *computer course*, *law* dans *law degree* |
| comparative | *compar* | comparatif |
| conjunction | *conj* | conjonction |
| phrase functioning as conjunction | *conj phr* | locution ayant valeur de conjonction |
| continuous | *cont* | progressif |
| compounds | *cpds* | composés |
| crime slang | *crime sl* | argot du milieu |
| definite | *def/déf* | défini |
| demonstrative | *dem/dém* | démonstratif |
| determiner | *det* | déterminant |
| phrase functioning as determiner | *det phr* | locution ayant valeur de déterminant |
| dialect | *dial* | dialecte |
| diminutive | *dimin* | diminutif |
| direct | *dir* | direct |
| drugs slang | *drugs sl* | argot de la drogue |
| especially | *esp* | particulièrement |
| euphemism | *euph* | euphémisme |
| exclamation | *excl* | interjection |

# ABBREVIATIONS —————————————— ABRÉVIATIONS

| | | |
|---|---|---|
| feminine | *f* | féminin |
| informal | *fam* | familier |
| figurative | *fig* | figuré |
| formal | *fml* | soutenu |
| generally, in most cases | *gen/gén* | généralement |
| Swiss French | *Helv* | helvétisme |
| humorous | *hum* | humoristique |
| impersonal | *impers* | impersonnel |
| indefinite | *indef/indéf* | indéfini |
| indicative | *indic* | indicatif |
| indirect | *indir* | indirect |
| informal | *inf* | familier |
| infinitive | *infin* | infinitif |
| offensive | *injur* | injurieux |
| inseparable | *insep/insép* | inséparable |

– shows that the object of a phrasal verb cannot come between the verb and the particle, e.g. *I looked after him* **BUT NOT** *I looked him after*

– indique qu'un verbe anglais à particule ('phrasal verb') ne peut pas être séparé de sa particule, c'est-à-dire qu'un complément d'objet ne peut être inséré entre les deux, par exemple *I looked after him* **ET NON** *I looked him after*

| | | |
|---|---|---|
| exclamation | *interj* | interjection |
| interrogative | *interr* | interrogatif |
| invariable | *inv* | invariable |

– applied to a noun, indicates that the plural and singular forms are the same, e.g. **garde-boue** (*des garde-boue*); **sheep** (*four sheep*). Applied to an adjective, indicates that feminine, masculine and plural forms are the same, e.g. **vieux jeu** (*ils sont/elle est vieux jeu*)

– avec un nom, signifie que la forme du pluriel est identique à la forme du singulier: **garde-boue** (*des garde-boue*); **sheep** (*four sheep*). Avec un adjectif, signifie que la forme du féminin et celle du pluriel sont identiques à la forme du masculin: **vieux jeu** (*ils sont/elle est vieux jeu*)

| | | |
|---|---|---|
| Irish English | *Ir* | anglais irlandais |
| ironic | *iro/iron* | ironique |
| literary | *lit/litt* | littéraire |
| phrase(s) | *loc* | locution(s) |
| phrase functioning as adjective | *loc adj* | locution ayant valeur d'adjectif |
| phrase functioning as adverb | *loc adv* | locution ayant valeur d'adverbe |
| phrase functioning as conjunction | *loc conj* | locution ayant valeur de conjonction |
| phrase functioning as correlative conjunction | *loc corrél* | locution ayant valeur de conjonction corrélative |
| phrase functioning as determiner | *loc dét* | locution ayant valeur de déterminant |
| phrase functioning as exclamation | *loc interj* | locution ayant valeur d'interjection |
| phrase functioning as preposition | *loc prép* | locution ayant valeur de préposition |
| phrase functioning as pronoun | *loc pron* | locution ayant valeur de pronom |
| masculine | *m* | masculin |
| military slang | *mil sl* | argot militaire |
| noun modifier | *modif* | substantif ayant valeur d'adjectif et devant obligatoirement être antéposé |

– a noun functioning as an adjective and which can only be used attributively, i.e. before the noun it modifies

| | | |
|---|---|---|
| noun | *n* | nom |
| negative | *neg/nég* | négatif |
| feminine noun | *nf* | nom féminin |

# ABBREVIATIONS ———————— ABRÉVIATIONS

| English | Abbr | Français |
|---|---|---|
| feminine noun used in the plural | *nfpl* | nom féminin pluriel |
| masculine noun | *nm* | nom masculin |
| masculine or feminine noun<br>– shows that a noun may be either masculine or feminine: *un architecte/une architecte* | *nmf* | nom masculin ou féminin<br>– indique qu'un nom peut être masculin ou féminin: *un architecte/une architecte* |
| masculine and feminine forms<br>– indicates a noun with a different form in the masculine and the feminine, e.g. *inspecteur/inspectrice* | *nm, f* | formes féminine et masculine<br>– s'applique à un substantif ayant une forme différente au masculin et au féminin, par exemple *inspecteur/inspectrice* |
| masculine noun used in the plural | *nmpl* | nom masculin pluriel |
| proper noun | *npr* | nom propre |
| plural proper noun | *npr pl* | nom propre pluriel |
| plural noun | *npl* | nom pluriel |
| numeral | *num* | numéral |
| New Zealand English | *NZ* | anglais néo-zélandais |
| object | *obj* | objet |
| officially recognized term<br>– some terms (especially borrowings from English) are considered substandard by the Académie française; terms marked 'offic' are recognized as acceptable alternatives for these, but are unlikely to be as widely used | *offic* | terme officiellement recommandé par l'Académie |
| onomatopoeia | *onomat* | onomatopée |
| ordinal | *ord* | ordinal |
| oneself | *o.s.* | |
| pejorative | *pej/péj* | péjoratif |
| personal/person | *pers* | personnel/personne |
| phrase(s) | *phr* | locution(s) |
| plural | *pl* | pluriel |
| plural proper noun | *pl pr n* | nom propre pluriel |
| possessive | *poss* | possessif |
| past participle | *pp* | participe passé |
| literal | *pr* | sens propre |
| predeterminer | *predet* | mot placé avant un déterminant et exprimant un degré ou une quantité |
| phrase functioning as predeterminer | *predet phr* | locution ayant valeur de 'predeterminer' (*voir* ci-dessus) |
| prefix | *pref/préf* | préfixe |
| preposition | *prep/prép* | préposition |
| phrase functioning as preposition | *prep phr* | locution ayant valeur de préposition |
| present | *pres/prés* | présent |
| proper noun | *pr n* | nom propre |
| pronoun | *pron* | pronom |
| phrase functioning as pronoun | *pron phr* | locution ayant valeur de pronom |
| proverb | *prov* | proverbe |
| past tense | *pt* | passé |
| | *qqch* | quelque chose |
| | *qqn* | quelqu'un |
| relative | *rel* | relatif |
| South African English | *SAfr* | anglais d'Afrique du Sud |

# ABBREVIATIONS ———————————— ABRÉVIATIONS

| | | |
|---|---|---|
| someone, somebody | *sb* | |
| school slang | *school sl* | argot scolaire |
| Scottish English | *Scot* | anglais écossais |
| separable | *sep/sép* | séparable |
| – shows that the object of a phrasal verb can come between the verb and the particle, e.g. *I let her in, he helped me out* | | – indique qu'un verbe anglais à particule ('phrasal verb') peut être séparé de sa particule, c'est-à-dire qu'un complément d'objet peut être inséré entre les deux: *I let her in, he helped me out* |
| takes singular verb | *sg* | employé avec un verbe au singulier |
| singular | *sing* | singulier |
| slang | *sl* | argot |
| formal | *sout* | soutenu |
| specialized term or usage | *spec/spéc* | terme ou sens spécialisé |
| something | *sthg* | |
| subjunctive | *subj* | subjonctif |
| subject | *subj/suj* | sujet |
| superlative | *superl* | superlatif |
| | *tjrs* | toujours |
| uncountable noun | *U* | substantif non comptable |
| – i.e. an English noun which is never used in the plural or with 'a'; used when the French equivalent is or can be a plural, e.g. **applause** *n* (*U*) applaudissements *mpl*; **battement** *nm* beating (*U*) | | – désigne les substantifs anglais qui ne sont jamais utilisés au pluriel, lorsque l'équivalent français est un pluriel ou peut être mis au pluriel: **applause** *n* (*U*) applaudissements *mpl*; **battement** *nm* beating (*U*) |
| usually | *usu* | |
| link verb followed by a predicative adjective or noun | *v attr* | verbe suivi d'un attribut |
| – e.g. *tomber malade, être professeur* | | – par exemple: *tomber malade, être professeur* |
| verb | *vb/v* | verbe |
| intransitive verb | *vi* | verbe intransitif |
| impersonal verb | *v impers* | verbe impersonnel |
| pronominal verb | *vp* | verbe pronominal |
| intransitive pronominal verb | *vpi* | verbe pronominal intransitif |
| transitive pronominal verb | *vpt* | verbe pronominal transitif |
| transitive verb | *vt* | verbe transitif |

---

# SYMBOLS

◇ Introduces a new part of speech within an entry.

Introduit une nouvelle catégorie grammaticale dans une entrée.

◆ Introduces a sub-entry, such as a plural form with its own specific meaning or a set phrase containing the headword (e.g. a phrasal verb or adverbial phrase).

Introduit une sous-entrée, par exemple une forme plurielle ayant un sens propre, ou une locution (locution adverbiale, verbe pronominal, etc.).

# Symbols

| ❏ | Separates expressions which are not set (given before the symbol) from more fixed expressions. | Sépare les emplois non figés (présentés avant le symbole) des expressions figées. |
|---|---|---|
| ‖ | Indicates a shift of meaning within a sense category. | Indique un glissement de sens à l'intérieur d'une division sémantique. |
| ≃ | Indicates that the translation given is an approximate cultural equivalent. | Indique que la traduction est une équivalence culturelle approximative. |
| ® | Indicates that the item is a registered trademark. | Indique que le terme est une marque déposée. |
| ▽ | Warns the user that a lexical item or particular meaning is very colloquial, and thus should be used with caution by non-native speakers. | Avertit l'usager qu'un terme ou un sens est très familier et qu'il devra être employé avec prudence par le locuteur étranger. |
| ▼ | Warns the user that a lexical item or particular meaning is either vulgar or racist. | Avertit l'usager qu'un terme ou un sens est vulgaire ou raciste. |

---

## TRADEMARKS

Words considered to be trademarks have been designated in this dictionary by the symbol ®. However, neither the presence nor the absence of this symbol should be regarded as affecting the legal status of any trademark.

## NOMS DE MARQUE

Les noms de marque sont désignés dans ce dictionnaire par le symbole ®. Néanmoins, ni ce symbole ni son absence éventuelle ne peuvent être considérés comme susceptibles d'avoir une incidence quelconque sur le statut légal d'une marque.

## A NOTE ON ENGLISH COMPOUNDS

As in most modern dictionaries, we give lexicalized compounds (i.e. nouns consisting of more than one word) the same prominence as simplex headwords. This means that compounds that are considered as independent units of meaning appear as entries in their own right.

## LES MOTS COMPOSÉS ANGLAIS

À l'instar de la plupart des dictionnaires actuels, nous accordons aux mots composés lexicalisés (c'est-à-dire aux substantifs composés de plus d'un mot) la même importance qu'aux mots simples. Ainsi, les composés anglais considérés comme des unités de sens autonomes font l'objet d'une entrée à part entière.

## FRENCH VERBS

French verbs have a number (from [1] to [116]) which refers to the conjugation table given in this dictionary. This number is not repeated for reflexive verbs when these appear as sub-entries.

## LES VERBES FRANÇAIS

Les verbes français sont suivis d'une numérotation (de [1] à [116]) qui renvoie aux tableaux de conjugaison présentés dans cet ouvrage. Ce chiffre n'est pas répété après les verbes pronominaux lorsque ceux-ci sont présentés en sous-entrées.

# FIELD LABELS —————————————— DOMAINES

| | | |
|---|---|---|
| acoustics | ACOUST | acoustique |
| administration | ADMIN | administration |
| aeronautics | AERON/AÉRON | aéronautique |
| agriculture | AGR | agriculture |
| anatomy | ANAT | anatomie |
| anthropology | ANTHR | anthropologie |
| antiquity | ANTIQ | antiquité |
| archeology | ARCHEOL/ARCHÉOL | archéologie |
| architecture | ARCHIT | architecture |
| arms | ARM | armement |
| astrology | ASTROL | astrologie |
| astronomy | ASTRON | astronomie |
| astronautics | ASTRONAUT | astronautique |
| cars | AUT | automobile |
| biology | BIOL | biologie |
| botany | BOT | botanique |
| chemistry | CHEM/CHIM | chimie |
| cinema | CIN | cinéma |
| civil engineering | CIV ENG | travaux publics |
| commerce | COMM | commerce |
| accounting | COMPTA | comptabilité |
| computing | COMPUT | informatique |
| construction | CONSTR | construction |
| sewing | COUT | couture |
| cooking | CULIN | cuisine |
| dentistry | DENT | dentisterie |
| ecology | ECOL/ÉCOL | écologie |
| economics | ECON/ÉCON | économie |
| electricity | ELECTR/ÉLECTR | électricité |
| electronics | ELECTRON/ÉLECTRON | électronique |
| teaching | ENS | enseignement |
| entomology | ENTOM | entomologie |
| horseriding | EQUIT/ÉQUIT | équitation |
| ethnology | ETHN | ethnologie |
| finance | FIN | finance |
| football | FTBL | football |
| geography | GEOG/GÉOG | géographie |
| geology | GEOL/GÉOL | géologie |
| geometry | GEOM/GÉOM | géométrie |
| grammar | GRAMM | grammaire |
| heraldry | HERALD/HÉRALD | héraldique |
| history | HIST | histoire |
| horticulture | HORT | horticulture |
| hunting | HUNT | chasse |
| printing | IMPR | imprimerie |
| industry | INDUST | industrie |
| computing | INF | informatique |
| jewellery | JOAILL | joaillerie |
| law | JUR | juridique |
| linguistics, language | LING | linguistique, langues |
| literature | LITERAT/LITTÉRAT | littérature |

## FIELD LABELS ————————————— DOMAINES

| | | |
|---|---|---|
| mathematics | MATH | mathématiques |
| mechanics | MECH/MÉCAN | mécanique |
| medicine | MED/MÉD | médecine |
| carpentry | MENUIS | menuiserie |
| metallurgy | METALL/MÉTALL | métallurgie |
| meteorology | METEOR/MÉTÉO | météorologie |
| military | MIL | militaire |
| mining | MIN | mines |
| mineralogy | MINER/MINÉR | minéralogie |
| music | MUS | musique |
| mythology | MYTH | mythologie |
| nautical | NAUT | nautique |
| nuclear physics | NUCL | physique nucléaire |
| wines and wine-tasting | ŒNOL | œnologie |
| optics | OPT | optique |
| ornithology | ORNITH | ornithologie |
| petroleum industry | PETR/PÉTR | industrie du pétrole |
| pharmaceuticals | PHARM | pharmaceutique |
| philosophy | PHILOS | philosophie |
| phonetics | PHON | phonétique |
| photography | PHOT | photographie |
| physics | PHYS | physique |
| physiology | PHYSIOL | physiologie |
| poetry | POET | poésie |
| politics | POL | politique |
| printing | PRINT | imprimerie |
| psychology | PSYCH | psychologie |
| radio | RAD | radio |
| religion | RELIG | religion |
| school | SCH | scolaire |
| science | SCI/SC | science |
| sewing | SEW | couture |
| sociology | SOCIOL | sociologie |
| stock exchange | ST. EX | bourse |
| technology | TECH | technologie |
| telecommunications | TELEC/TÉLÉC | télécommunications |
| textiles | TEX/TEXT | textiles |
| theatre | THEAT/THÉÂT | théâtre |
| transport | TRANSP | transports |
| civil engineering | TRAV PUBL | travaux publics |
| television | TV | télévision |
| typography | TYPO | typographie |
| clothing | VÊT | vêtements |
| veterinary science | VETER/VÉTÉR | médecine vétérinaire |
| viniculture | VINIC | viniculture |
| zoology | ZOOL | zoologie |

# Usage Modules

Below is a list of titles of 'Usage Modules', each of which appears in its alphabetical place in the text: you will find eg '**Addressing someone**' on the same page as the entry for '**address**' (in a few cases where the Module does not appear on the same page as the entry, you will find it on the page immediately following).

The Usage Module gives typical examples of ways in which you can express yourself in French in a particular situation or context. While the dictionary entry for **agreement**, for example, shows you how to translate the word, the Module suggests different ways of saying in French that you are in agreement with someone or something.

Addressing someone

Advice

Agreement

Answering machines

Apologies

Approval

Certainty

Comparisons

Complaints

Compliments

Conceding a point

Congratulations

Correcting someone

Disagreement

Disapproval

Dislikes

Emphasizing a point

Essay writing

Explanations

Fear

Goodbyes

Hypothetical situations

Indignation

Introductions

Invitations

Job applications

Letter writing

Likes

Meet: Arranging to meet someone

Numbers

Obligation

Offers

Opinions

Order: Giving orders

Permission

Persuasion

Preferences

Prohibition

Refusals

Regrets

Requests

Subject: Changing the subject

Suggestion: Making suggestions

Summarizing

Surprise

Sympathy

Telephone: Using the telephone

Thanks

Threats

Uncertainty

Understand: Saying you have/haven't understood

Wishes

# LES MODULES «USAGE»

On trouvera ci-dessous, par ordre alphabétique, les titres des modules «usage». Chacun de ceux-ci apparaît au bas de la page contenant l'entrée concernée: **«Exprimer ses craintes»**, par exemple, figure sur la même page que l'entrée **«crainte»** (dans quelques cas, le module se trouve sur la page qui suit celle où figure l'entrée correspondante).

Les modules «usage» offrent des exemples de tournures à employer lorsque l'on veut s'exprimer, en anglais, dans une situation donnée. L'entrée **«accord»**, par exemple, permet de traduire le mot lui-même, alors que le module indique diverses façons d'exprimer, en anglais, son accord à quelqu'un.

L'accord
S'adresser à quelqu'un
L'approbation
L'autorisation
Candidature: Les lettres de candidature
La certitude
Les chiffres
La comparaison
Les compliments
Comprendre: Dire qu'on a/qu'on n'a pas compris
Les conseils
La correspondance
Crainte: Exprimer ses craintes
Les demandes
Le désaccord
La désapprobation
Dissertation: Les articulations de l'exposé
Les explications
Les excuses
Les félicitations
Les goûts
Les hypothèses
L'incertitude
L'indifférence
L'indignation
L'insistance
L'interdiction
Les invitations

Les menaces
L'obligation
Les offres
Les opinions
Ordre: Donner des ordres
La persuasion
Les plaintes
Les préférences
Présentation: Faire les présentations
Raison: Donner raison à quelqu'un
Le refus
Regret: Exprimer ses regrets
Les remerciements
Rendez-vous: Fixer un rendez-vous
Répondeur: Les messages sur répondeurs
Résumer: Résumer ses idées
Revoir: Dire au revoir
Souhait: Formuler des souhaits
Suggestion: Faire des suggestions
Sujet: Pour changer de sujet
Surprise: Exprimer sa surprise
Sympathie: Formules de sympathie
Au téléphone
Tort: Donner tort à quelqu'un

# PHONETIC TRANSCRIPTION

**French vowels**

[i] fille, île
[e] pays, année
[ɛ] bec, aime
[a] lac, papillon
[o] drôle, aube
[ɔ] hotte, automne
[u] outil, goût
[y] usage, lune
[ø] aveu, jeu
[œ] peuple, bœuf
[ə] le, je

**Semi-vowels**

[j] yeux, lieu
[w] ouest, oui
[ɥ] lui, nuit

**Nasal vowels**

[ɛ̃] limbe, main
[ã] champ, ennui
[ɔ̃] ongle, mon
[œ̃] parfum, brun

**Consonants**

[p] prendre, grippe
[b] bateau, rosbif
[t] théâtre, temps
[d] dalle, ronde
[k] coq, quatre
[g] garder, épilogue
[f] physique, fort
[v] voir, rive
[s] cela, savant
[z] fraise, zéro

[ʃ] charrue, schéma
[ʒ] rouge, jabot
[m] mât, drame
[n] nager, trône
[ɲ] agneau, peigner
[ŋ] dancing, smoking
[l] halle, lit
[r] arracher, sabre

## NOTES ON PHONETIC TRANSCRIPTION

### FRENCH-ENGLISH

1. The symbol [ ' ] has been used to represent the French 'h aspiré', e.g. **hachis** ['aʃi].

2. We have followed the modern tendency not to distinguish between the 'a' in **pâte** and the 'a' in **patte**. Both are represented in the text by the phonetic symbol [a].

3. Internal schwa

   In cases where the schwa [ə] is likely to be ignored in connected speech but retained in the citation form, the [ə] has been shown in brackets, e.g. **cheval** [ʃ(ə)val].

### ENGLISH-FRENCH

1. **Primary and secondary stress**

   The symbol [ ' ] indicates that the following syllable carries primary stress and the symbol [ ˌ ] that the following syllable carries secondary stress.

2. **Pronunciation of final 'r'**

   The symbol [ ʳ ] in English phonetics indicates that the final 'r' is pronounced only when followed by a word beginning with a vowel. Note that it is nearly always pronounced in American English.

3. **British and American English**

   Differences between British and American pronunciation have not been shown where the pronunciation can be predicted by a standard set of rules, for example where the 'o' in **dog** is lengthened in American English. However, phonetics have been shown at the more unpredictable cases of **schedule, clerk, cliché**, etc.

4. **Alternative pronunciations**

   Our approach being primarily functional rather than descriptive, we have avoided giving variant pronunciations unless both variants are met with equal frequency, e.g. **kilometre** ['kɪləmiːtəʳ, kɪ'lɒmɪtəʳ].

5. **Strong and weak forms**

   The pronunciation of certain monosyllabic words varies according to their prominence in a sentence, e.g. **the** when stressed is pronounced [ðiː]; when unstressed, [ðə] and before a vowel [ðɪ]. This information is presented in the text as follows: **the** [*weak form* [ðə], *before vowel* [ðɪ], *strong form* [ðiː]].

# TRANSCRIPTION PHONÉTIQUE

**Voyelles anglaises**

[ɪ] pit, big, rid
[e] pet, tend
[æ] pat, bag, mad
[ʌ] putt, cut
[ɒ] pot, log
[ʊ] put, full
[ə] mother, suppose
[i:] bean, weed
[ɑ:] barn, car, laugh
[ɔ:] born, lawn
[u:] loop, loose
[ɜ:] burn, learn, bird

**Semi-voyelles**

[j] you, spaniel
[w] wet, why, twin

**Diphtongues**

[eɪ] bay, late, great
[aɪ] buy, light, aisle
[ɔɪ] boy, foil
[əʊ] no, road, blow
[aʊ] now, shout, town
[ɪə] peer, fierce, idea
[eə] pair, bear, share
[ʊə] poor, sure, tour

**Consonnes**

[p] pop, people
[b] bottle, bib
[t] train, tip
[d] dog, did
[k] come, kitchen
[g] gag, great

[tʃ] chain, wretched
[dʒ] jig, fridge
[f] fib, physical
[v] vine, livid
[θ] think, fifth
[ð] this, with
[s] seal, peace
[z] zip, his
[ʃ] sheep, machine
[ʒ] usual, measure
[h] how, perhaps
[m] metal, comb
[n] night, dinner
[ŋ] sung, parking
[l] little, help
[r] right, carry

## NOTES SUR LA TRANSCRIPTION PHONÉTIQUE

### ANGLAIS-FRANÇAIS

1. **Accents primaire et secondaire**
Les symboles [ ' ] et [ ˌ ] indiquent respectivement un accent primaire et un accent secondaire sur la syllabe suivante.

2. **Prononciation du 'r' final**
Le symbole [ ʳ ] indique que le 'r' final d'un mot anglais ne se prononce que lorsqu'il forme une liaison avec la voyelle du mot suivant; le 'r' final est presque toujours prononcé en anglais américain.

3. **Anglais britannique et américain**
Les différences de prononciation entre l'anglais britannique et l'anglais américain ne sont signalées que lorsqu'elles sortent du cadre de règles générales préétablies. Le 'o' de **dog**, par exemple, est généralement plus allongé en anglais américain, et ne bénéficie pas d'une seconde transcription phonétique. En revanche, des mots comme **schedule**, **clerk, cliché**, etc, dont la prononciation est moins évidente, font l'objet de deux transcriptions phonétiques.

4. **Mots ayant deux prononciations**
Nous avons choisi de ne donner que la prononciation la plus courante du mot, sauf dans les cas où une variante est particulièrement fréquente, comme par exemple le mot **kilometre** ['kɪləmi:təʳ, kɪ'lɒmɪtəʳ].

5. **Les formes accentuées et atones**
La prononciation de certains mots monosyllabiques anglais varie selon le degré d'emphase qu'ils ont dans la phrase; **the**, par exemple, se prononce [ði:] en position accentuée, [ðə] en position atone, et [ðɪ] devant une voyelle. Ces informations sont présentées de la manière suivante dans le dictionnaire: **the** [*weak form* [ðə], *before vowel* [ðɪ], *strong form* [ði:]].

### FRANÇAIS-ANGLAIS

1. Le symbole [ ' ] représente le 'h aspiré' français, par exemple **hachis** ['aʃi].

2. Comme le veut la tendance actuelle, nous ne faisons pas de distinction entre le 'a' de **pâte** et celui de **patte**, tous deux transcrits [a].

3. **Prononciation du 'e' muet**
Lorsque le 'e' peut ne pas être prononcé dans le discours continu, il a été mis entre parenthèses, comme par exemple pour le mot **cheval** [ʃ(ə)val].

# FRANÇAIS-ANGLAIS
## FRENCH-ENGLISH

**a, A** [a] *nm* a, A; **de A à Z** from A to Z.

**a** [a] *v* → **avoir**.

**a** (*abr écrite de* **are**) a.

**A -1.** (*abr écrite de* **ampère**) A, Amp. **-2.** *abr écrite de* **autoroute**.

**à** [a] (*contraction de* 'à' *avec* 'le' *devant consonne ou h aspiré* au[o], *contraction de* 'à' *avec* 'les'* aux [o]) *prép* **A.** DANS L'ESPACE **-1.** [indiquant la position] at; [à l'intérieur de] in; [sur] on; **il habite à la campagne** he lives in the country; **elle habite au Canada** she lives in Canada; **il est à l'hôpital** he's in hospital *Br* ou in the hospital *Am*; **elle travaille à l'hôpital** she works at the hospital; **il fait 45°C au soleil** it's 45°C in the sun; **quand on est à 2 000 m d'altitude** when you're 2,000 m up; **elle attendait à la porte** she was waiting at ou by the door; **au mur/plafond** on the wall/ceiling; **c'est au rez-de-chaussée** it's on the ground floor; **j'ai une ampoule au pied** I've got a blister on my foot; **je l'ai entendu à la radio** I heard it on the radio; **à ma droite** on ou to my right; **vous tournez à gauche après le feu** you turn left after the traffic lights; **la gare est à 500 m d'ici** the station is 500 m from here. **-2.** [indiquant la direction] to; **aller à Paris/aux États-Unis/à la Jamaïque** to go to Paris/to the United States/to Jamaica; **aller au cinéma** to go to the cinema. **-3.** [indiquant la provenance, l'origine]: **puiser de l'eau à la fontaine** to get water from the fountain; **retenir l'impôt à la source** to deduct tax at source; **remonter à l'origine d'une affaire** to get to the root of a matter.
**B.** DANS LE TEMPS **-1.** [indiquant un moment précis] at; [devant une date, un jour] on; [indiquant une époque, une période] in; **à 6 h** at 6 o'clock; **il ne rentrera qu'à 8 h** he won't be back before 8; **à Noël** at Christmas; **à l'aube/l'aurore/midi** at dawn/daybreak/midday; **le 12 au soir** on the evening of the 12th; **à mon arrivée** on my arrival; **à ma naissance** when I was born; **à l'automne** in (the) autumn *Br*, in the fall *Am*; **au XVIIᵉ siècle** in the 17th century; **vous allez quelque part à Noël?** are you going somewhere for Christmas? **-2.** [indiquant un délai]: **nous sommes à deux semaines de Noël** there are only two weeks to go before Christmas, Christmas is only two weeks away; **il me tarde d'être à dimanche** I can't wait till Sunday; **à demain/la semaine prochaine/mardi** see you tomorrow/next week/(on) Tuesday.
**C.** MARQUANT LE MOYEN, LA MANIÈRE **-1.** [indiquant le moyen, l'instrument, l'accompagnement]: **peindre à l'eau/à l'huile** to paint in watercolours/oils; **marcher au fuel** to run off ou on oil; **cousu à la main** hand-sewn; **jouer qqch à la guitare** to play sthg on the guitar; **cuisiner au beurre** to cook with butter; **aller à pied/à bicyclette/à cheval** to go on foot/by bicycle/on horseback. **-2.** [indiquant la manière]: **à voix haute** out loud; **je l'aime à la folie** I love her to distraction; **nous pourrions multiplier les exemples à l'infini** we could cite an infinite number of examples; **à toute vitesse** at full speed; **au rythme de deux par semaine** at the rate of two a week; **à jeun** on ou with an empty stomach; **faire qqch à la russe/turque** to do sthg the Russian/Turkish way; **un film policier à la Hitchcock** a thriller in the style of ou à la Hitchcock.
**D.** MARQUANT L'APPARTENANCE: **encore une idée à Papa!** *fam* another of Dad's ideas!; **je veux une chambre à moi** I want my own room ou a room of my own; **c'est un ami à moi qui m'a parlé de vous** *fam* it was a friend of mine who told me about you.
**E.** INDIQUANT L'ATTRIBUTION, LA DESTINATION: **je suis à**

**vous dans une minute** I'll be with you in a minute; **c'est à moi de jouer/parler** it's my turn to play/to speak; **ce n'est pas à moi de le faire** it's not up to me to do it; **à M. le directeur** [dans la correspondance] to the manager; **à notre fille bien-aimée** [sur une tombe] in memory of our beloved daughter; **à toi pour toujours** yours for ever.
**F.** INTRODUISANT UNE ÉVALUATION, UN RAPPORT DISTRIBUTIF **-1.** [introduisant un prix]: **un livre à 300 francs** a book which costs 300 francs, a book worth 300 francs; **'tout à 20 francs'** 'everything 20 francs'. **-2.** [indiquant un rapport, une mesure]: **vendus à la douzaine/au poids/au détail** sold by the dozen/by weight/individually; **les promotions s'obtiennent au nombre d'années d'ancienneté** promotion is in accordance with length of service. **-3.** [indiquant un nombre de personnes]: **ils ont soulevé le piano à quatre** it took four of them to lift the piano; **à deux, on aura vite fait de repeindre la cuisine** between the two of us, it won't take long to repaint the kitchen; **nous travaillons à sept dans la même pièce** there are seven of us working in the same room; **ils sont venus à plusieurs** several of them came. **-4.** [indiquant une approximation]: **je m'entraîne trois à cinq heures par jour** I practise three to five hours a day; **j'en ai vu 15 à 20** I saw 15 or 20 of them.
**G.** MARQUANT DES RAPPORTS DE CAUSE OU DE CONSÉQUENCE **-1.** [indiquant la cause]: **à ces mots, il s'est tu** on hearing these words, he fell silent; **on l'a distribué à sa demande** it was given out at his request. **-2.** [indiquant la conséquence]: **il lui a tout dit, à ma grande surprise** he told her everything, much to my surprise; **à la satisfaction générale** to the satisfaction of all concerned. **-3.** [d'après]: **je l'ai reconnu à sa voix/démarche** I recognized (him by) his voice/walk; **à sa mine, on voit qu'il est en mauvaise santé** you can tell from the way he looks that he's ill; **à ce que je vois/comprends** from what I see/understand; **à ce qu'elle dit, le mur se serait écroulé** according to her ou to what she says, the wall collapsed.
**H.** SUIVI DE L'INFINITIF **-1.** [indiquant l'hypothèse, la cause]: **tu vas te fatiguer à rester debout** you'll get tired standing up; **à t'entendre, on dirait que tu t'en moques** listening to you, I get the feeling that you don't care; **à bien considérer les choses… all things considered. **-2.** [exprimant l'obligation]: **la somme est à régler avant le 10** the full amount has to ou must be paid by the 10th; **c'est une pièce à voir absolument** this play is really worth seeing; **les vêtements à laver/repasser** the clothes to be washed/ironed. **-3.** [exprimant la possibilité]: **il n'y a rien à voir/à manger** there's nothing to see/to eat. **-4.** [en train de]: **il était assis là à bâiller** he was sitting there yawning. **-5.** [au point de]: **ils en sont à se demander si ça en vaut la peine** they've got to the stage of wondering whether or not it's worth the effort.
**I.** MARQUANT LA CARACTÉRISATION, LE BUT: **l'homme au pardessus** the man in ou with the overcoat; **une chemise à manches courtes** a short-sleeved shirt, a shirt with short sleeves; **un pyjama à fleurs/rayures** flowery/stripy pyjamas; **des sardines à l'huile** sardines in oil; **glace à la framboise** raspberry ice cream; **tasse à thé** tea cup; **machine à coudre** sewing machine; **'bureau à louer'** 'office for rent'.
**J.** SERVANT DE LIEN SYNTAXIQUE **-1.** [introduisant le complément du verbe]: **parler à qqn** to talk to sb; **téléphoner à qqn** to phone sb; **aimer à faire qqch** *litt* to like to do sthg, to like doing sthg; **il consent à ce que nous y allions** he agrees to our going; **dire à qqn de faire qqch** to tell sb to do sthg; **rendre qqch à qqn** to give sthg back to sb, to give sb sthg back.

**-2.** [introduisant le complément d'un nom]: l'appartenance à un parti membership of a party; son dévouement à notre cause her devotion to our cause. **-3.** [introduisant le complément de l'adjectif]: c'est difficile à dessiner it's difficult to draw.

**AB** *(abr écrite de* **assez bien**) *fair grade (as assessment of schoolwork)*, ≃ C+, ≃ B-.

**abaisse** [abɛs] *nf* [en pâtisserie] piece of rolled-out pastry.

**abaissement** [abɛsmɑ̃] *nm* **-1.** [d'une vitre] lowering; [d'une manette – en tirant] pulling down; [– en poussant] pushing down. **-2.** *fig* humbling, humiliation, abasement *litt*.

**abaisser** [4] [abese] *vt* **-1.** [faire descendre – vitre] to lower; [– store] to pull down *(sép)*; [– voilette] to let down *(sép)*; [– pont-levis] to lower, to let down *(sép)*; [– température] to lower; ~ la manette [en tirant] to pull the lever down; [en poussant] to push the lever down. **-2.** *litt* [individu, pays] to humble, to abase. **-3.** MATH [perpendiculaire] to drop; [chiffre] to carry. **-4.** MUS to transpose down *(sép)*. **-5.** CULIN to roll out *(sép)*. **-6.** JEUX to lay down *(sép)*.
◆ **s'abaisser** [4] *vpi* **-1.** [vitre, pont-levis] to be lowered; [voile, rideau] to fall; [paupière] to droop. **-2.** [être en pente – champ] to slope down.
◆ **s'abaisser à** *vp + prép*: s'~ à des compromissions to stoop to compromise; il ne s'abaisserait pas à mentir he would not demean himself by lying.

**abandon** [abɑ̃dɔ̃] *nm* **-1.** [fait de rejeter] abandonment, rejection; faire ~ de qqch à qqn to donate sthg (freely) to sb ☐; ~ du domicile conjugal JUR desertion of the marital home; ~ d'enfant JUR abandonment (of one's child); ~ de famille JUR desertion; ~ de poste MIL dereliction of duty. **-2.** [fait d'être rejeté] éprouver un sentiment d'~ to feel abandoned. **-3.** [état négligé] neglected state; les lieux étaient dans un (état de) grand ~ the place was shamefully neglected. **-4.** [absence de contraintes] abandon, freedom; dans ses bras, elle avait connu un délicieux ~ she'd experienced such sweet surrender in his arms; avec ~ [parler] freely; [danser, rire] with gay abandon. **-5.** SPORT withdrawal.
◆ **à l'abandon** ◇ *loc adj*: un potager à l'~ a neglected kitchen garden. ◇ *loc adv*: laisser son affaire/ses enfants à l'~ to neglect one's business/one's children.

**abandonné, e** [abɑ̃dɔne] *adj* **-1.** [parc] neglected; [mine, exploitation] disused; [village] deserted; [maison, voiture] abandoned; [vêtement, chaussure] discarded. **-2.** [enfant, animal] abandoned.

**abandonner** [3] [abɑ̃dɔne] *vt* **-1.** [quitter – enfant, chien] to abandon; [– épouse] to leave, to desert; [– lieu] to abandon, to leave; [– poste] to desert, to abandon; abandonné de tous forsaken by all. **-2.** [faire défaut à] to fail, to desert, to forsake; mes forces m'abandonnent *litt* my strength is failing me. **-3.** [renoncer à – projet, principe] to discard, to abandon; [– espoir, hypothèse] to abandon; [– course] to abandon; [– études] to give up; [– carrière] to give up, to leave; [– droit, privilège] to relinquish, to renounce; ~ le pouvoir to leave ou to retire from ou to give up office; elle abandonne la géographie she's dropping geography ☐; ~ la partie *pr* to give up; *fig* to throw in the sponge ou towel. **-4.** [livrer]: ~ qqn à to leave ou to abandon sb to; il vous a abandonné à votre triste sort he's left you to your unhappy fate *aussi hum*. **-5.** *(en usage absolu)* [dans une lutte, une discussion] to give up; il ne comprendra jamais, j'abandonne he'll never understand, I give up.
◆ **s'abandonner** *vpi* **-1.** [se laisser aller] to let (o.s.) go. **-2.** [s'épancher] to talk freely.
◆ **s'abandonner à** *vp + prép* [désespoir] to give way to; [rêverie] to drift off into; [plaisirs] to give o.s. up to.

**abaque** [abak] *nm* [pour compter] abacus.

**abasourdi, e** [abazurdi] *adj* stunned.

**abasourdir** [32] [abazurdir] *vt* **-1.** [stupéfier] to stun; la nouvelle nous avait abasourdis we were stunned by the news. **-2.** [suj: bruit, clameur] to stun, to deafen.

**abasourdissant, e** [abazurdisɑ̃, ɑ̃t] *adj* [bruit] shattering, deafening; [nouvelle] stunning.

**abasourdissement** [abazurdismɑ̃] *nm* stupefaction, amazement.

**abâtardir** [32] [abatardir] *vt* [race, individu] to cause to degenerate.

**abatis** [abati] *nm* *Can land being deforested for cultivation.*

**abat-jour** [abaʒur] *nm inv* lampshade, shade.

**abats**[1] [aba] *v* → **abattre.**

**abats**[2] [aba] *nmpl* [de porc, de bœuf] offal *(U)*; [de poulet] giblets.

**abattage** [abataʒ] *nm* **-1.** [d'arbres] felling. **-2.** [d'animaux] slaughter, slaughtering. **-3.** MIN extraction, extracting. **-4.** *fam loc*: avoir de l'~ to be full of go.

**abattant** [abatɑ̃] *nm* flap, drop-leaf.

**abattement** [abatmɑ̃] *nm* **-1.** [épuisement – physique] exhaustion; [– mental] despondency, dejection. **-2.** [rabais] reduction; [somme non imposable] (tax) allowance; donnant droit à ~ eligible for tax relief.

**abattis** [abati] ◇ *nm* **-1.** MIL abatis, abattis. **-2.** [dans une forêt] felled trees. ◇ *nmpl* [de volaille] giblets.

**abattoir** [abatwar] *nm* slaughterhouse, abattoir.

**abattre** [83] [abatr] *vt* **-1.** [faire tomber – arbre] to cut down *(sép)*, to fell; [– mur] to pull ou to knock down *(sép)*; [– quille] to knock down *(sép)*; ~ de la besogne ou du travail *fam* to get through a lot of work. **-2.** [suj: vent, tempête etc] to knock down *(sép)*; un arbre abattu par le vent a tree blown down by the wind. **-3.** [mettre à plat – main, battant] to bring down *(sép)*; ~ ses cartes ou son jeu *pr* to lay down one's cards; *fig* to lay one's cards on the table, to show one's hand. **-4.** [faire retomber – blé, poussière] to settle; [– vent] to bring down *(sép)*. **-5.** [tuer – personne] to shoot (down); [– avion] to shoot ou to bring down *(sép)*; [– lièvre] to shoot; [– perdrix] to shoot, to bring down *(sép)*; [– animal domestique] to put down *(sép)*; [– animal de boucherie] to slaughter. **-6.** [démoraliser] to shatter; [épuiser] to drain, to wear out *(sép)*; ne nous laissons pas ~ let's not let things get us down.
◆ **s'abattre** *vpi* [s'écrouler – maison] to fall down; [– personne] to fall (down), to collapse; l'arbre s'est abattu the tree came crashing down.
◆ **s'abattre sur** *vp + prép* **-1.** [pluie] to come pouring down on; [grêle] to come pelting ou beating down on; [coups] to rain down on; le malheur/la maladie venait de s'~ sur nous suddenly we'd been struck by disaster/disease. **-2.** [se jeter sur] to swoop down on.

**abattu, e** [abaty] ◇ *pp* → **abattre.** ◇ *adj* **-1.** [démoralisé] despondent, dejected, downcast. **-2.** [épuisé] exhausted, worn-out.

**abat-vent** [abavɑ̃] *nm inv* **-1.** [d'une cheminée] (chimney) cowl. **-2.** HORT windbreak.

**abbatial, e, aux** [abasjal, o] *adj* abbey *(modif)*.
◆ **abbatiale** *nf* abbey.

**abbaye** [abei] *nf* [communauté, bâtiment] abbey.

**abbé** [abe] *nm* **-1.** [d'une abbaye] abbot. **-2.** [ecclésiastique] *title formerly used in France for members of the secular clergy.*

**abbesse** [abɛs] *nf* abbess.

**abc** [abese] *nm inv* **-1.** [base] basics, fundamentals. **-2.** [livre] primer, alphabet book.

**abcès** [apsɛ] *nm* abscess; *fig* necessary evil; crever ou ouvrir ou vider l'~ *fig* to make a clean breast of things.

**abdication** [abdikasjɔ̃] *nf* abdication.

**abdiquer** [3] [abdike] ◇ *vt* [pouvoir] to abdicate, to surrender; [responsabilité, opinion] to abdicate, to renounce. ◇ *vi* to abdicate, to give in; il abdique facilement devant ses enfants he gives in easily to his children; elle n'abdiquera jamais devant les syndicats she'll never give way to the unions.

**abdomen** [abdɔmɛn] *nm* abdomen.

**abdominal, e, aux** [abdɔminal, o] *adj* abdominal.
◆ **abdominaux** *nmpl* **-1.** [muscles] stomach ou abdominal muscles. **-2.** [exercices]: faire des abdominaux to do exercises for the stomach muscles.

**abducteur** [abdyktœr] ◇ *adj m* **-1.** ANAT abductor. **-2.** [tube] delivery *(modif)*. ◇ *nm* ANAT abductor muscle.

**abécédaire** [abesedɛr] *nm* primer, alphabet book.

**abeille** [abɛj] *nf* bee.

**aberrant, e** [abɛrɑ̃, ɑ̃t] *adj* **-1.** [comportement] deviant, aberrant; [prix] ridiculous; [idée] preposterous, absurd. **-2.** BIOL aberrant.

**aberration** [abɛrasjɔ̃] *nf* **-1.** [absurdité] aberration; par quelle ~ avait-elle dit oui? whatever had possessed her to say yes?. **-2.** BIOL & OPT aberration.

**abêtir** [32] [abetir] *vt* to dull the mind of.
◆ **s'abêtir** *vpi* to become mindless ou half-witted.
**abêtissant, e** [abetisɑ̃, ɑ̃t] *adj* stupefying, dulling, mind-numbing.
**abêtissement** [abetismɑ̃] *nm* -1. [action]: l'~ des enfants par la télévision the mind-numbing effects of television on children. -2. [résultat] dull-wittedness.
**abhorrer** [3] [abɔre] *vt litt* to loathe, to abhor.
**abîme** [abim] *nm* -1. *litt* [gouffre] abyss, chasm, gulf. -2. *litt* [infini] depths; plongé dans des ~s de perplexité utterly nonplussed. -3. [distance mentale] abyss, gulf, chasm; il y a un ~ entre nous sur le problème de l'euthanasie there's a gulf between us on the issue of euthanasia.
**abîmé, e** [abime] *adj* -1. [vêtement] ruined; [livre, meuble] damaged. -2. *fam* [personne, visage] beaten up. -3. [plongé]: ~ dans ses pensées deep in thought; ~ dans le désespoir in the depths of despair.
**abîmer** [3] [abime] *vt* -1. [gâter – aliment, vêtement] to spoil; [– meuble] to damage; [– yeux] to ruin. -2. *fam* [meurtrir] to injure ❑ ~ le portrait à qqn to smash sb's face in.
◆ **s'abîmer** *vpt*: s'~ la santé *pr* to ruin one's health; je ne vais pas m'~ la santé à l'aider *fam & fig* why should I break my neck to help him? ◇ *vpi* -1. [aliment] to spoil, to go off *Br* ou bad; [meuble] to get damaged. -2. *litt* [navire] to sink, to founder.
◆ **s'abîmer dans** *vp + prép litt* [se plonger dans]: s'~ dans ses pensées to be lost ou deep in thought; s'~ dans le désespoir to be plunged in despair.
**abject, e** [abʒɛkt] *adj* despicable, contemptible; il a été ~ avec elle he behaved despicably towards her.
**abjection** [abʒɛksjɔ̃] *nf* -1. [état] utter humiliation. -2. [caractère vil] abjectness, vileness.
**abjuration** [abʒyrasjɔ̃] *nf sout* abjuration.
**abjurer** [3] [abʒyre] *vt & vi sout* to recant.
**ablatif, ive** [ablatif, iv] *adj* ablative.
◆ **ablatif** *nm* ablative (case); ~ absolu ablative absolute.
**ablation** [ablasjɔ̃] *nf* -1. MÉD removal, ablation *spéc*. -2. GÉOL & TECH ablation.
**ablette** [ablɛt] *nf* bleak.
**ablution** [ablysjɔ̃] *nf* -1. RELIG [du corps, du calice] ablution. -2. *hum* [toilette]: faire ses ~s to perform one's ablutions.
**abnégation** [abnegasjɔ̃] *nf* abnegation, self-denial; avec ~ selflessly.
**aboie** [abwa] *v* → **aboyer**.
**aboiement** [abwamɑ̃] *nm* [d'un chien] bark; des ~s barking.
**aboierai** [abware] *v* → **aboyer**.
**abois** [abwa]
◆ **aux abois** *loc adj* -1. CHASSE at bay. -2. *fig*: être aux ~ to have one's back against ou to the wall.
**abolir** [32] [abɔlir] *vt* to do away *(insép)* with, to abolish.
**abolition** [abɔlisjɔ̃] *nf* abolition.
**abolitionnisme** [abɔlisjɔnism] *nm* abolitionism.
**abolitionniste** [abɔlisjɔnist] *adj & nmf* abolitionist.
**abominable** [abɔminabl] *adj* -1. [désagréable – temps, odeur] appalling, abominable. -2. [abject – crime] heinous, abominable, vile; l'~ homme des neiges the abominable snowman.
**abominablement** [abɔminabləmɑ̃] *adv* [laid, cher, habillé] horribly, frightfully; ~ (mal) organisé appallingly ou abominably badly organized.
**abomination** [abɔminasjɔ̃] *nf* -1. [acte, propos] abomination; ce chou-fleur au gratin, c'est une ~ that cauliflower cheese is revolting; il dit des ~s he says appalling things. -2. [sentiment] loathing, detestation, abomination; avoir qqch en ~ to abhor ou to loathe sthg.
**abondamment** [abɔ̃damɑ̃] *adv* [servir, saler] copiously; [rincer] thoroughly; elle a ~ traité la question she has amply ou fully dealt with the question.
**abondance** [abɔ̃dɑ̃s] *nf* -1. [prospérité] affluence; vivre dans l'~ to live in affluence. -2. [grande quantité]: une ~ de citations/détails a wealth of quotations/details.
◆ **en abondance** *loc adv* in abundance, in plenty.
**abondant, e** [abɔ̃dɑ̃, ɑ̃t] *adj* [en quantité – nourriture] abundant, copious; [– récolte] bountiful; [– vivres] plentiful; [– végétation] luxuriant, lush; [– larmes] copious; [– chevelure]

luxuriant, thick; d'~es illustrations/recommandations a wealth of illustrations/recommendations.
**abonder** [3] [abɔ̃de] *vi* -1. [foisonner] to be plentiful; ~ en to abound in, to be full of; son livre abonde en anecdotes her book is rich in anecdotes. -2. *fig & sout*: ~ dans le sens de to be in complete agreement with, to go along with.
**abonné, e** [abɔne] *nm, f* -1. PRESSE & TÉLÉC subscriber. -2. [au théâtre, au concert, au stade] season-ticket holder. -3. *fam & hum* [habitué]: c'est un ~ aux gaffes he's always putting his foot in it.
**abonnement** [abɔnmɑ̃] *nm* -1. PRESSE subscription; prendre un ~ à to take out a subscription to. -2. [pour un trajet, au théâtre, au stade] season ticket. -3. TÉLÉC rental.
**abonner** [3] [abɔne] *vt* -1. ~ qqn à qqch [journal] to take out a subscription for sb to sthg; [théâtre, concert, stade] to buy sb a season ticket for sthg; être abonné à un journal to subscribe to a paper. -2. [pour un service]: être abonné au gaz to have gas; être abonné au téléphone to have a phone, to be on the phone *Br*; encore une contravention? décidément, tu es abonné! *hum* another parking ticket? you're making rather a habit of this, aren't you?
◆ **s'abonner** *vp (emploi réfléchi)*: s'~ à [un journal] to take out a subscription to; [au théâtre, au concert, au stade] to buy a season ticket for.
**abord** [abɔr] *nm* -1. [contact] manner; elle est d'un ~ déconcertant/chaleureux she puts you off your stride/ makes you feel very welcome when you first meet her; être d'un ~ facile/difficile to be approachable/un-approachable. -2. [accès – à une côte] approach; [– à une maison] access; d'un ~ facile [demeure] easy to get to; [texte] easy to understand ou to get to grips with.
◆ **abords** *nmpl* [alentours] surroundings.
◆ **aux abords** *loc adv* all around; dans le château et aux ~s in and around the castle.
◆ **aux abords de** *loc prép*: aux ~s de la ville on the outskirts of the town.
◆ **d'abord** *loc adv* -1. [en premier lieu] first; nous irons d'~ à Rome we'll go to Rome first. -2. [au début] at first, initially, to begin with; j'ai cru (tout) d'~ qu'il s'agissait d'une blague at first ou to begin with I thought it was a joke. -3. [introduisant une restriction] to start with, for a start; d'~, tu n'es même pas prêt! to start with ou for a start, you're not even ready!-4. [de toute façon] anyway.
◆ **dès l'abord** *loc adv* at the outset, from the (very) beginning.
**abordable** [abɔrdabl] *adj* -1. [peu cher – prix] reasonable; [– produit] reasonably priced, affordable. -2. [ouvert – patron, célébrité] approachable. -3. [facile – texte] accessible; [– problème] that can be discussed. -4. NAUT [côte] accessible.
**abordage** [abɔrdaʒ] *nm* -1. [manœuvre – d'assaut] boarding; [– avec un éperon] grappling; à l'~! away boarders!-2. [collision] collision. -3. [approche – du rivage] coming alongside; [– d'un quai] berthing.
**aborder** [3] [abɔrde] ◇ *vt* -1. [accoster – passant] to accost, to walk up to *(insép)*, to approach; quand le policier l'a abordé when the detective came ou walked up to him. -2. [arriver à l'entrée de] to enter; je suis tombé de vélo au moment où j'abordais la dernière montée/le virage I fell off my bike as I was coming up to the last climb/the bend. -3. [faire face à – profession] to take up *(sép)*; [– nouvelle vie] to embark on *(insép)*; [– tâche] to tackle, to get to grips with; [– retraite] to approach; à 18 ans, on est prêt à ~ la vie when you're 18, you're ready to start out in life. -4. [se mettre à examiner – texte, problème] to approach; chez nous, on n'abordait pas ces sujets-là we never used to mention those topics in our house; il n'a pas eu le temps d'~ le sujet he hasn't had time to get onto ou to broach the subject. -5. NAUT [attaquer] to board; [percuter] to collide with *(insép)*, to ram into *(insép)*. ◇ *vi* to (touch ou reach) land.
**aborigène** [abɔriʒɛn] ◇ *adj* -1. [autochtone] aboriginal; [d'Australie] Aboriginal, native Australian. -2. BOT indigenous. ◇ *nmf* [autochtone] aborigine; [autochtone d'Australie] Aborigine, Aboriginal, native Australian.
**abortif, ive** [abɔrtif, iv] *adj* abortive.
**aboucher** [3] [abuʃe] *vt* -1. [tuyaux] to butt, to join up *(sép)*, to join end to end. -2. [gens] to bring together; ~ qqn avec to put sb in touch ou contact with.

◆ **s'aboucher** *vpi*: s'~ avec qqn [se mettre en rapport avec qqn] to get in touch with sb; [se lier avec qqn] to team up with sb.
**abouler**▽ [3] [abule] *vt* to hand ou to give over *(sép)*; aboule ton fric! cough up!
◆ **s'abouler**▽ *vpi* to come along.
**aboulie** [abuli] *nf* abulia, aboulia.
**about** [abu] *nm* butt *(of a beam)*.
**abouti, e** [abuti] *adj* -1. [projet, démarche] successful. -2. [œuvre] accomplished.
**aboutir** [32] [abutir] *vi* -1. [réussir – projet, personne] to succeed; l'entreprise n'a pas abouti the venture fell through ou never came to anything. -2. [finir]: ~ en prison to end up in prison. -3. MÉD to come to a head.
◆ **aboutir à** *v + prép* -1. [voie, rue] to end at ou in, to lead to; [fleuve] to end in. -2. [avoir pour résultat] to lead to, to result in; de bonnes intentions qui n'aboutissent à rien good intentions which come to nothing; tu aboutiras au même résultat you'll arrive at ou get the same result.
**aboutissants** [abutisɑ̃] *nmpl*: les tenants et les ~ the ins and outs.
**aboutissement** [abutismɑ̃] *nm* [conclusion] (final) outcome, result; [résultat positif] success.
**aboyer** [13] [abwaje] *vi* -1. [animal] to bark. -2. *péj* [personne] to bark; ~ après ou contre qqn to yell at sb.
**abracadabra** [abrakadabra] *nm* abracadabra.
**abracadabrant, e** [abrakadabrɑ̃, ɑ̃t] *adj* bewildering.
**Abraham** [abraam] *npr* Abraham.
**abrasif, ive** [abrazif, iv] *adj* abrasive.
◆ **abrasif** *nm* abrasive.
**abrasion** [abrazjɔ̃] *nf* -1. [action de frotter] abrasion, wearing off; [résultat] abrasion. -2. GÉOL abrasion.
**abrège** [abrɛʒ] *v* →abréger.
**abrégé** [abreʒe] *nm* -1. [d'un texte] summary. -2. [livre] abstract, epitome.
◆ **en abrégé** ◊ *loc adj* [mot, phrase] in abbreviated form. ◊ *loc adv* [écrire] in brief, in an abridged version; en ~, voici ce qui s'est passé here's what happened in a nutshell.
**abréger** [22] [abreʒe] *vt* -1. [interrompre – vacances] to curtail, to cut short, to shorten; [– vie] to cut short, to put an (early) end to; ~ les souffrances de qqn *euph* to put an end to sb's suffering. -2. [tronquer – discours] to cut; [– texte] to cut, to abridge; [– conversation] to cut short; [– mot] to abbreviate, to truncate; *(en usage absolu)*: abrège! [ton agressif] get to the point!
◆ **pour abréger** *loc adv*: Catherine, ou Cath pour ~ Catherine or Cath for short; pour ~, nous avons échoué to cut a long story short, we failed.
**abreuver** [5] [abrœve] *vt* -1. [faire boire – animaux] to water. -2. *fig*: ~ qqn d'insultes to shower sb with abuse; elle l'abreuvait d'éloges she heaped praise upon him; nous sommes abreuvés d'images de violence we get swamped with violent images.
◆ **s'abreuver** *vpi* -1. [animal] to drink. -2. *fam* [personne] to drink.
**abreuvoir** [abrœvwar] *nm* [bac] (drinking) trough; [plan d'eau] watering place.
**abréviation** [abrevjasjɔ̃] *nf* abbreviation.
**abri** [abri] *nm* -1. [cabane] shelter, refuge; [toit] shelter; [sous terre] shelter; [improvisé] shelter; ~ antiaérien ou antinucléaire (nuclear) fallout shelter; ~ à vélos bicycle stand. -2. *fig* refuge.
◆ **à l'abri** *loc adv* -1. [des intempéries]: être à l'~ to be sheltered; mettre qqn à l'~ to find shelter for sb; se mettre à l'~ to take cover, to shelter. -2. [en lieu sûr] in a safe place; mettre sa fortune à l'~ dans le pétrole to invest one's money safely in oil.
◆ **à l'abri de** *loc prép* -1. [pluie] shielded from; [chaleur, obus] shielded from; [regards] hidden from. -2. *fig*: nos économies nous mettront à l'~ de la misère our savings will shield us against poverty ou will protect us from hardship; à l'~ des contrôles safe from checks; personne n'est à l'~ d'une erreur/d'un maître-chanteur anyone can make a mistake/fall victim to a blackmailer.
**Abribus**® [abribys] *nm* bus shelter.
**abricot** [abriko] ◊ *nm* BOT apricot. ◊ *adj inv* apricot,

apricot-coloured.
**abricotier** [abrikɔtje] *nm* apricot tree.
**abrité, e** [abrite] *adj* sheltered.
**abriter** [3] [abrite] *vt* -1. [protéger]: ~ qqn/qqch de la pluie to shelter sb/sthg from the rain; ~ qqn/qqch du soleil to shade sb/sthg; le versant abrité [du soleil] the shady slopes; [du vent] the sheltered slopes. -2. [loger – personnes] to house, to accommodate; [– société, machine] to house.
◆ **s'abriter** *vp* *(emploi réfléchi)*: s'~ de la pluie/du vent to shelter from the rain/from the wind; s'~ du soleil to shade o.s. from the sun; s'~ derrière la loi/ses parents *fig* to hide behind the law/one's parents.
**abrivent** [abrivɑ̃] *nm* windbreak.
**abrogation** [abrɔgasjɔ̃] *nf* repeal, rescinding, abrogation.
**abroger** [17] [abrɔʒe] *vt* to repeal, to rescind, to abrogate.
**abrupt, e** [abrypt] *adj* -1. [raide – côte] steep, abrupt; [– versant] sheer. -2. [brusque – manières] abrupt, brusque; [– refus] blunt, abrupt, curt; [– personne] short, sharp, abrupt; [– changement] abrupt, sudden, sharp.
◆ **abrupt** *nm* steep slope.
**abruptement** [abryptəmɑ̃] *adv* [répondre] abruptly, brusquely, curtly; [changer] abruptly, suddenly.
**abruti, e** [abryti] *nm, f fam* idiot.
**abrutir** [32] [abrytir] *vt* -1. [abêtir] to turn into an idiot. -2. [étourdir] to stupefy; abruti de fatigue numb ou dazed with tiredness; abruti par l'alcool stupefied with drink; après trois heures d'algèbre, je suis complètement abruti! after three hours of algebra, I feel completely punch-drunk! -3. [accabler]: ~ qqn de travail to overwork sb; ~ qqn de conseils to pester sb with endless advice.
◆ **s'abrutir** ◊ *vp* *(emploi réfléchi)*: s'~ de travail to overwork o.s., to work o.s. into the ground. ◊ *vpi* [s'abêtir] to turn into an idiot.
**abrutissant, e** [abrytisɑ̃, ɑ̃t] *adj* -1. [qui rend bête] mind-numbing. -2. [qui étourdit] stupefying. -3. [qui fatigue] wearing, exhausting.
**abrutissement** [abrytismɑ̃] *nm* mindless state; l'~ des enfants par la télévision the mind-numbing effects of television on children.
**Abruzzes** [abryz] *npr fpl*: les ~ the Abruzzi.
**ABS** *(abr de* **Antiblockiersystem)** *nm inv* ABS.
**abscisse** [apsis] *nf* abscissa.
**abscons, e** [apskɔ̃, ɔ̃s] *adj litt* abstruse.
**absence** [apsɑ̃s] *nf* -1. [fait de n'être pas là] absence; cette décision a été prise pendant mon ~ this decision was taken in my absence ou while I was away; sa troisième ~ [à l'école] the third time he's been away ou missed school; [au travail] the third time he's been off work; [à une réunion] the third time he's stayed away from ou not attended the meeting; comment supporterai-je ton ~? how shall I cope with you not being there ou around?. -2. [carence] lack, absence; ~ d'idéaux lack of ideals. -3. [défaillance]: ~ (de mémoire) mental blank; elle a des ~s par moments [état grave] at times her mind goes blank; [inattention] at times she's absent-minded. -4. JUR absence.
◆ **en l'absence de** *loc prép* -1. in the absence of; en l'~ de son fils in her son's absence, while her son is/was away; en l'~ de symptômes, il m'est difficile de me prononcer since there are no symptoms, it is hard for me to say.
**absent, e** [apsɑ̃, ɑ̃t] ◊ *adj* -1. [personne – de l'école] absent; [– du travail] off work, absent; [– de son domicile] away; il était ~ de la réunion he was not present at the meeting. -2. [inattentif] absent; regard ~ vacant look. -3. [chose] missing; [sentiment] lacking; un regard d'où toute tendresse est ~ e a look entirely devoid of tenderness. ◊ *nm, f* [du travail, de l'école] absentee; [dans une famille] absent person; on ne fait pas cours, il y a trop d'~s we're not having a lesson today, there are too many pupils missing ou away ❏ les ~s ont toujours tort *prov* the absent are always in the wrong.
**absentéisme** [apsɑ̃teism] *nm* absenteeism.
**absentéiste** [apsɑ̃teist] ◊ *adj* absentee. ◊ *nmf* absentee; les ~s [au travail] persistent absentees.
**absenter** [3] [apsɑ̃te]
◆ **s'absenter** *vpi* to be absent; s'~ de son travail to be off ou to stay away from work; s'~ du lycée to be away from ou to miss school; je ne m'étais absentée que quelques

minutes I'd only gone out for a few minutes.

**abside** [apsid] *nf* apse.

**absinthe** [apsɛ̃t] *nf* **-1.** [boisson] absinthe. **-2.** BOT wormwood, absinthe.

**absolu, e** [apsɔly] *adj* **-1.** [total – liberté] absolute, complete; [repos] complete; [silence] total; **un dénuement ~ abject** poverty; **en cas d'~e nécessité** when absolutely necessary. **-2.** POL [pouvoir, monarque, majorité] absolute. **-3.** [sans nuances] absolute; [intransigeant] uncompromising, rigid; **refus ~ d'obtempérer** outright refusal to comply. **-4.** CHIM, MATH & PHYS absolute. **-5.** LING [ablatif, construction] absolute. ◆ **absolu** *nm* **-1.** PHILOS: **l'~** the Absolute. **-2.** LING absolute construction. ◆ **dans l'absolu** *loc adv* in absolute terms.

**absolument** [apsɔlymɑ̃] *adv* **-1.** [entièrement – croire, avoir raison] absolutely, entirely; [– ravi, faux] absolutely, completely; [– défendu] strictly; **personne, ~ personne ne doit sortir** no-one, absolutely no-one must go out; **~ pas not at all; ~ rien** absolutely nothing, nothing whatsoever. **-2.** [à tout prix] absolutely; **il faut ~ lui parler** we must speak to him without fail, we simply must speak to him. **-3.** [oui] absolutely; **vous y croyez? — ~!** do you believe in it? — totally!; **il a raison! — ~!** he's right! — absolutely!**-4.** LING absolutely.

**absolution** [apsɔlysjɔ̃] *nf* **-1.** RELIG absolution; **donner l'~ à qqn** to give sb absolution. **-2.** JUR acquittal.

**absolutisme** [apsɔlytism] *nm* absolutism.

**absolutiste** [apsɔlytist] *adj & nmf* absolutist.

**absolvais** [apsɔlvɛ], **absolvons** [apsɔlvɔ̃] *v* → **absoudre**.

**absorbant, e** [apsɔrbɑ̃, ɑ̃t] *adj* **-1.** [tissu] absorbent. **-2.** [lecture] absorbing, gripping. **-3.** PHYS absorbative.

**absorber** [3] [apsɔrbe] *vt* **-1.** [éponger – gén] to absorb, to soak up (sép); [– avec un buvard] to blot; [– avec une éponge] to sponge off (sép). **-2.** ACOUST & PHOT [lumière] to absorb; [bruit] to absorb, to deaden. **-3.** [consommer – aliment] to take, to consume; [– bénéfices, capitaux] to absorb; ÉCON [entreprise] to take over (sép), to absorb. **-4.** [préoccuper – suj: travail] to absorb, to engross, to occupy; [– suj: pensée] to absorb, to grip; **très absorbée par son activité politique** very much engrossed in her political activities. **-5.** [faire s'intégrer – réfugiés, nouveaux élèves, innovation] to absorb. ◆ **s'absorber dans** *vp + prép* to become absorbed in; **s'~ dans un livre** to be engrossed in a book; **s'~ dans ses pensées** to be lost ou deep in thought.

**absorption** [apsɔrpsjɔ̃] *nf* **-1.** [ingestion] swallowing, taking. **-2.** [pénétration] absorption. **-3.** [intégration] assimilation; **~ d'une entreprise par une autre** ÉCON takeover of one company by another. **-4.** PHYSIOL absorption.

**absoudre** [87] [apsudr] *vt* **-1.** RELIG to absolve. **-2.** *litt* [pardonner] to absolve. **-3.** JUR to dismiss.

**abstenir** [40] [apstənir] ◆ **s'abstenir** *vpi* POL to abstain. ◆ **s'abstenir de** *vp + prép* [éviter de] to refrain ou to abstain from; **abstiens-toi de la critiquer** don't criticize her ‖ *(en usage absolu):* **dans ce cas, mieux vaut s'~** in that case, it's better not to do anything; **'pas sérieux s'~'** 'serious applications only'.

**abstention** [apstɑ̃sjɔ̃] *nf* **-1.** POL abstention. **-2.** [renoncement] abstention.

**abstentionnisme** [apstɑ̃sjɔnism] *nm* abstention.

**abstentionniste** [apstɑ̃sjɔnist] *adj & nmf* abstentionist.

**abstenu, e** [apstəny], **abstiendrai** [apstjɛ̃dre], **abstiennent** [apstjɛn], **abstiens** [apstjɛ̃] *v* → **abstenir**.

**abstinence** [apstinɑ̃s] *nf* **-1.** RELIG abstinence; **faire ~** to refrain from eating meat. **-2.** [chasteté] abstinence.

**abstinent, e** [apstinɑ̃, ɑ̃t] *adj & nm, f* abstinent.

**abstins** [apstɛ̃] *v* → **abstenir**.

**abstraction** [apstraksjɔ̃] *nf* **-1.** [notion] abstraction, abstract idea. **-2.** [fait d'isoler] abstraction; **faire ~ de** [ignorer] to take no account of, to ignore, to disregard; **~ faite de** apart from, leaving aside; **~ faite de la forme** style apart.

**abstraire** [112] [apstrɛr] *vt* **-1.** [séparer] to abstract. **-2.** PHILOS to abstract. ◆ **s'abstraire** *vpi* to cut o.s. off.

**abstrait, e** [apstrɛ, ɛt] ◇ *pp* → **abstraire**. ◇ *adj* **-1.** [conçu

par l'esprit] abstract. **-2.** [non appliqué – science, pensée] theoretical, abstract, pure. **-3.** [ardu] abstract, obscure *péj*. **-4.** *péj* [irréel] theoretical, abstract. **-5.** BX-ARTS abstract, non-representational. **-6.** LING & MATH abstract. ◆ **abstrait** *nm* **-1.** PHILOS: **l'~** the abstract; [notions] abstract ideas, the theoretical plane. **-2.** BX-ARTS [art] abstract ou non-representational art; [artiste] abstract ou non-representational artist. ◆ **dans l'abstrait** *loc adv* in the abstract.

**abstraitement** [apstrɛtmɑ̃] *adv* in the abstract, abstractly.

**abstrayais** [apstrɛjɛ], **abstrayons** [apstrɛjɔ̃] *v* → **abstraire**.

**absurde** [apsyrd] ◇ *adj* **-1.** [remarque, idée] absurd, preposterous; [personne] ridiculous, mad; **ne soyez pas ~!** I don't be absurd ou talk nonsense!-**2.** [oubli, contretemps] absurd. **-3.** PHILOS absurd. ◇ *nm* **-1.** [absurdité] absurd; **raisonnement par l'~** reductio ad absurdum. **-2.** LITTÉRAT, PHILOS & THÉÂT: **l'~** the absurd.

**absurdement** [apsyrdəmɑ̃] *adv* absurdly, ludicrously.

**absurdité** [apsyrdite] *nf* **-1.** [irrationnalité] absurdity. **-2.** [parole, action] absurdity; **ne dis pas d'~s!** don't be absurd ou talk nonsense!

**Abu Dhabi** [abudabi] *npr* Abou Dhabi.

**abus** [aby] *nm* **-1.** [excès] excess consumption, abuse; **l'~ de somnifères** taking too many sleeping pills; **faire des ~** to overindulge *(in food or drink)* ❑ **il y a de l'~** that's a bit much ou over the top. **-2.** [injustice] injustice; **les ~** excesses. **-3.** JUR misuse; **~ d'autorité** misuse ou abuse of authority; **~ de confiance** breach of trust. **-4.** LING: **~ de langage** misuse of language.

**abuser** [3] [abyze] *vt litt* to deceive, to mislead. ◆ **abuser de** *v + prép* **-1.** [consommer excessivement] to overuse; **~ de la boisson** to drink too much; **~ de ses forces** to overtax o.s. **-2.** [mal utiliser – autorité, privilège] to abuse, to misuse. **-3.** [exploiter – ami, bonté, patience] to take advantage of, to exploit; **~ de la situation** to take unfair advantage of the situation ‖ *(en usage absolu):* **je crains d'~** I wouldn't like to impose; **je veux bien t'aider mais là, tu abuses!** I don't mind helping you but there is a limit!; **dites donc, la queue est faite pour tout le monde, faudrait pas ~!** fam hey, queue up like everybody else, can't you?-**4.** *euph* [violer] to take advantage of. ◆ **s'abuser** *vpi* to be mistaken; **si je ne m'abuse** if I'm not mistaken, correct me if I'm wrong.

**abusif, ive** [abyzif, iv] *adj* **-1.** [immodéré] excessive. **-2.** [outrepassant ses droits – père, mère] domineering. **-3.** [incorrect] misused; **l'emploi ~ du mot «réaliser»** misuse of the word 'réaliser'.

**abusivement** [abyzivmɑ̃] *adv* **-1.** [de façon injuste] wrongly, unfairly. **-2.** [de façon incorrecte] wrongly, improperly. **-3.** [de façon excessive] excessively.

**abysse** [abis] *nm*: **l'~** the abyssal zone.

**AC** *nf abr de* appellation contrôlée.

**acabit** [akabi] *nm péj*: **de cet ~** of that type; **son amie est du même ~** she and her friend are two of a kind; **ils sont tous du même ~** they are all (pretty much) the same, they are all much of a muchness *Br*.

**acacia** [akasja] *nm* acacia.

**académicien, enne** [akademisjɛ̃, ɛn] *nm, f* [membre – d'une académie] academician; [– de l'Académie française] member of the French Academy ou Académie française.

**académie** [akademi] *nf* **-1.** [société savante] learned society, academy; **l'Académie des sciences** the Academy of Science; **l'Académie française** the French Academy, the Académie Française *(learned society of leading men and women of letters)*. **-2.** [école] academy; **~ de danse/musique** academy of dance/music. **-3.** BX-ARTS nude. **-4.** *fam* [corps] body, figure. **-5.** ADMIN & ENS ≈ education authority area *Br*, ≈ school district *Am*.

**académique** [akademik] *adj* **-1.** [d'une société savante] academic; [de l'Académie française] of the French Academy ou Académie française. **-2.** *péj* [conventionnel] academic; **danse ~** ballet dancing. **-3.** SCOL: **l'année ~** *Helv & Can* the academic year. **-4.** PHILOS: **philosophe ~** Platonic philosopher.

**académisme** [akademism] *nm* academicism.

**acajou** [akaʒu] ◇ *nm* **-1.** BOT mahogany (tree); [anacardier] cashew. **-2.** MENUIS mahogany.

◇ *adj inv* [couleur] mahogany.

**acanthe** [akɑ̃t] *nf* acanthus.

**a capella** [akapela] *loc adv* & *loc adj inv* MUS a capella.

**acariâtre** [akarjatr] *adj* [caractère] sour; [personne] bad-tempered.

**acarien** [akarjɛ̃] *nm* acarid.

**accablant, e** [akablɑ̃, ɑ̃t] *adj* [chaleur] oppressive; [preuve, témoignage, vérité] damning; [travail] exhausting; [douleur] excruciating; [chagrin] overwhelming.

**accablement** [akabləmɑ̃] *nm* **-1.** [désespoir] dejection, despondency. **-2.** [dû à la chaleur] (heat) exhaustion.

**accabler** [3] [akable] *vt* **-1.** [abattre – suj: fatigue, chaleur] to overcome, to overwhelm; [– suj: soucis] to overcome; [– suj: chagrin, deuil, travail] to overwhelm. **-2.** [accuser – suj: témoignage] to condemn; je ne veux pas l'~ mais il faut reconnaître qu'elle a eu des torts I don't want to be too hard on her but it has to be said that she made some mistakes. **-3.** [couvrir]: ~ qqn de: ~ qqn d'injures to heap abuse upon ou to hurl insults at sb; ~ qqn de critiques to be highly critical of sb; ~ la population d'impôts to overtax the population; ~ qqn de conseils to pester sb with advice.

**accalmie** [akalmi] *nf* [du bruit, du vent, de la pluie, d'un combat, d'une crise politique] lull; [d'une maladie] temporary improvement; [de souffrances] temporary relief ou respite; [du commerce] slack period; [dans le travail, l'agitation] break; l'~ qui précède l'orage the lull ou calm before the storm.

**accaparant, e** [akaparɑ̃, ɑ̃t] *adj* [travail, études, enfant] demanding.

**accaparement** [akaparmɑ̃] *nm* [d'une conversation, d'une personne] monopolization.

**accaparer** [3] [akapare] *vt* **-1.** [monopoliser – conversation, personne] to monopolize; [– victoires, récompenses] to carry off *(insép)*; [– places] to grab; ne laisse pas les enfants t'~ don't let the children monopolize you ou take you over. **-2.** [absorber – suj: travail, soucis] to absorb; il est complètement accaparé par ses études he's wrapped up ou completely absorbed in his studies; son travail l'accapare her work takes up all her time.

**accastiller** [3] [akastije] *vt* to provide with a superstructure NAUT.

**accédant, e** [aksedɑ̃, ɑ̃t] *nm, f*: un ~ à la propriété a new home-owner.

**accéder** [18] [aksede]
◆ **accéder à** *v + prép* **-1.** [atteindre – trône] to accede to; [– poste, rang] to rise to; [– indépendance, gloire] to gain, to attain; [– lieu] to reach; on accède à la maison par un petit chemin you get to the house via a narrow path, access to the house is by a narrow path; ~ à la propriété to become a home-owner. **-2.** [accepter – demande, requête] to grant; [– désir] to meet, to give in to. **-3.** [connaître – culture] to attain a degree of; [– secrets, documents] to gain access to.

**accélérateur, trice** [akseleratœr, tris] *adj* accelerating.
◆ **accélérateur** *nm* accelerator; ~ de particules particle accelerator.

**accélération** [akselerasjɔ̃] *nf* **-1.** AUT, MÉCAN & PHYS acceleration. **-2.** [accroissement du rythme – du cœur, du pouls] acceleration; [– d'un processus] speeding up; l'~ de l'histoire the gathering pace of historical events.

**accélère** [akselɛr] *v → accélérer*.

**accéléré** [akselere] *nm* fast motion.
◆ **en accéléré** ◇ *loc adj* speeded-up, accelerated. ◇ *loc adv* speeded-up.

**accélérer** [18] [akselere] ◇ *vt* [allure] to accelerate; [rythme cardiaque] to raise, to increase; [pouls] to quicken; [démarches, travaux] to speed up; ~ le pas to quicken one's pace; ~ le mouvement *fam* to get things moving. ◇ *vi* **-1.** AUT to accelerate; allez, accélère! come on, step on it! **-2.** *fam* [se dépêcher]: accélère un peu! come on, get going ou move!
◆ **s'accélérer** *vpi* [pouls, cœur] to beat faster; son débit s'accélère he's talking faster and faster.

**accent** [aksɑ̃] *nm* **-1.** [prononciation] accent; avoir un ~ to speak with ou to have an accent; il n'a pas d'~ he doesn't have an accent; elle a un bon ~ (en anglais/chinois) her (English/Chinese) accent is very good; l'~ du midi a southern (French) accent. **-2.** PHON stress; ~ tonique tonic accent;

[signe] stress mark; mettre l'~ sur *pr* to stress; *fig* to stress, to emphasize. **-3.** [signe graphique] accent; ~ grave/circonflexe/aigu grave/circumflex/acute (accent); e ~ grave/aigu e grave/acute. **-4.** [inflexion] note, accent; un ~ de sincérité/d'émotion a note of sincerity/of emotion; avoir l'~ de la vérité to ring true.
◆ **accents** *nmpl* [son]: les ~s d'un accordéon the strains of an accordion.

**accentuation** [aksɑ̃tɥasjɔ̃] *nf* **-1.** PHON stressing, accentuation. **-2.** [système graphique] use of accents. **-3.** [exagération – d'une ressemblance, d'une différence, des traits] emphasizing; [– d'un effort] intensification, increase; [– du chômage, d'une crise] increase, rise.

**accentué, e** [aksɑ̃tɥe] *adj* **-1.** PHON [son, syllabe] stressed, accented; voyelle non ~e unstressed vowel. **-2.** [dans l'écriture] accented. **-3.** [exagéré – traits, défaut] marked, pronounced; [– tendance, crise] increased, stronger.

**accentuer** [7] [aksɑ̃tɥe] *vt* **-1.** PHON [son, syllabe] to accent, to accentuate, to bring out *(insép)*. **-2.** [dans l'écriture] to put an accent on. **-3.** [rendre plus visible – ressemblance, différence] to accentuate, to bring out *(insép)*, to emphasize; [– forme, traits] to emphasize, to accentuate, to highlight. **-4.** [augmenter – effort] to increase, to intensify; [– chômage, crise] to increase.
◆ **s'accentuer** *vpi* [contraste, ressemblance] to become more marked ou apparent ou pronounced; [tendance] to become more noticeable; [chômage] to rise, to increase; [crise] to increase in intensity.

**acceptabilité** [akseptabilite] *nf* acceptability.

**acceptable** [akseptabl] *adj* [offre, condition] acceptable; [attitude] decent, acceptable; [travail] fair, acceptable; [repas] decent; [réponse] satisfactory; [prix] fair, reasonable.

**acceptation** [akseptasjɔ̃] *nf* **-1.** [accord] acceptance. **-2.** FIN & JUR acceptance.

**accepter** [4] [aksepte] *vt* **-1.** [recevoir volontiers – cadeau, invitation] to accept; *(en usage absolu)*: ne fais pas tant d'histoires, accepte! don't make such a fuss, say yes! ‖ [s'engager volontiers dans – défi, lutte] to take up *(sép)*. **-2.** [admettre – hypothèse, situation, excuse] to accept; [– condition] to agree to, to accept; [– mort, échec, sort] to accept, to come to terms with; [– requête] to grant; ~ que: j'accepte que cela soit difficile I agree that it is ou might be difficult; j'accepte qu'il vienne I agree to him coming; ~ de faire qqch to agree to do sthg. **-3.** [tolérer – critique, hypocrisie] to take, to stand for, to put up with *(insép)*; il a tout accepté de sa femme he put up with everything his wife did to him; ~ que: il n'a pas accepté qu'elle le quitte he just couldn't take ou accept her leaving him; ~ de to be prepared to. **-4.** [accueillir] to accept; elle a tout de suite été acceptée dans la famille she was readily accepted ou made welcome by the family; acceptez-vous les cartes de crédit? do you take credit cards? **-5.** FIN to accept.
◆ **s'accepter** *vp (emploi réfléchi)* to accept o.s.

**acception** [aksepsjɔ̃] *nf* meaning, sense; dans toutes les ~s du mot ou du terme in every sense of the word.
◆ **sans acception de** *loc prép* [gén] without taking into account.

**accès** [aksɛ] *nm* **-1.** [entrée] access; un ~ direct à ou sur la route direct access to the road; '~ gratuit' 'free admission'; '~ interdit' 'no entry', 'no admittance'; d'~ facile [lieu] accessible; [île] easy to get to; [personne] approachable; d'~ difficile [lieu] hard to get to; [personne] unapproachable; [œuvre] difficult; avoir ~ à [lieu, personne, études, profession] to have access to; donner ~ à [lieu] to lead to; [musée, exposition] to allow entry to; [études, profession] to lead to, to open the way to. **-2.** [chemin, voie] way in, access, entrance; '~ aux trains ou quais' 'to the trains'. **-3.** [crise – de rhumatisme, de goutte] attack; [– de folie, de jalousie] fit; [– de colère] outburst, fit; un ~ de fièvre MÉD a sudden high temperature; *fig* a burst of intense activity; un ~ de joie a burst of happiness; un ~ de tristesse a wave of sadness. **-4.** INF access; temps d'~ access time.
◆ **par accès** *loc adv* in spurts, in fits and starts; ça le prenait par ~ it came over him in waves.

**accessibilité** [aksesibilite] *nf* accessibility.

**accessible** [aksesibl] *adj* [livre, œuvre] accessible; [personne] approachable; [lieu] accessible; ~ au public open to the public; les toilettes doivent être ~s aux handicapés toilets must have disabled access; un luxe qui n'est pas ~ à tous a luxury that not everyone can afford; être ~ à la pitié to be capable of pity.

**accession** [aksɛsjɔ̃] *nf* -**1.** [arrivée]: ~ à: ~ au trône accession OU acceding to the throne; depuis son ~ au poste/rang de... since he rose to the post/rank of...; le pays fête son ~ à l'indépendance the country's celebrating becoming independent OU achieving independence; faciliter l'~ à la propriété to make it easier for people to become homeowners. -**2.** JUR accession.

**accessit** [aksesit] *nm* ≃ certificate of merit *Br*, ≃ Honourable Mention *Am*.

**accessoire** [akseswar] ◊ *adj* [avantage] incidental; des considérations ~s considerations of secondary importance ❑ des frais ~s incidentals, incidental expense; des avantages ~s fringe benefits. ◊ *nm* -**1.** [considérations secondaires]: laissons l'~ de côté let's get to the point. -**2.** [dispositif, objet] accessory. -**3.** CIN, THÉÂT & TV prop.

**accessoirement** [akseswarmɑ̃] *adv* -**1.** [secondairement] secondarily. -**2.** [éventuellement] if necessary, if need be.

**accessoiriste** [akseswarist] *nmf* -**1.** CIN, THÉÂT & TV props person, propman (*f* props girl). -**2.** AUT car accessories dealer.

**accident** [aksidɑ̃] *nm* -**1.** [chute, coup] accident; [entre véhicules] crash, accident, collision; un ~ est si vite arrivé accidents happen so easily; ~ d'avion/de voiture plane/car crash; ~ de la circulation/route/montagne traffic/road/climbing accident; la police est sur le lieu de l'~ the police are at the scene of the accident ❑ ~ du travail industrial accident. -**2.** [fait imprévu] mishap, accident; ~ (de parcours) hitch; ce n'était pas prévu, c'est un ~ it wasn't planned, it was an accident. -**3.** MÉD: ~ de santé (sudden) health problem. -**4.** *euph* [incontinence] accident. -**5.** GÉOL: un ~ de terrain an uneven piece of ground. -**6.** PHILOS accident. -**7.** MUS accidental.
◆ **par accident** *loc adv* accidentally, by accident OU chance, as chance would have it.

**accidenté, e** [aksidɑ̃te] ◊ *adj* -**1.** [endommagé – voiture, avion] damaged. -**2.** [inégal – terrain] uneven, broken, irregular. -**3.** *sout* [mouvementé – destin, vie] eventful, chequered. ◊ *nm, f* injured person, casualty; ~ du travail victim of an industrial injury; ~ de la route road casualty.

**accidentel, elle** [aksidɑ̃tɛl] *adj* -**1.** [dû à un accident] accidental; [dû au hasard] fortuitous, incidental, accidental. -**2.** PHILOS accidental.

**accidentellement** [aksidɑ̃tɛlmɑ̃] *adv* -**1.** [dans un accident] in an accident; [par hasard] accidentally. -**2.** PHILOS accidentally.

**accidenter** [3] [aksidɑ̃te] *vt* [personne] to injure, to wound; [véhicule] to damage.

**acclamation** [aklamasjɔ̃] *nf* acclamation *litt*, applause; être accueilli par les ~s de la foule to be cheered by the crowd.
◆ **par acclamation** *loc adv* by popular acclaim, by acclamation.

**acclamer** [3] [aklame] *vt* to acclaim, to applaud, to cheer.

**acclimatation** [aklimatasjɔ̃] *nf* acclimatization, acclimation *Am*.

**acclimatement** [aklimatmɑ̃] *nm* acclimatization, acclimation *Am*.

**acclimater** [3] [aklimate] *vt* -**1.** BOT & ZOOL to acclimatize, to acclimate *Am*. -**2.** [adopter]: ~ un usage étranger to adopt a foreign practice.
◆ **s'acclimater** *vpi* -**1.** BOT & ZOOL to acclimatize, to become acclimatized. -**2.** [personne] to adapt; il s'est bien acclimaté à la vie parisienne he's adapted OU taken to the Parisian way of life very well.

**accointances** [akwɛ̃tɑ̃s] *nfpl péj* contacts, links; il a des ~ en haut lieu he has friends in high places.

**accolade** [akɔlad] *nf* -**1.** [embrassade] embrace; donner l'~ à qqn to embrace sb; recevoir l'~ to be embraced. -**2.** HIST accolade. -**3.** [signe] brace, bracket.

**accoler** [3] [akɔle] *vt* -**1.** [disposer ensemble] to place OU to put side by side. -**2.** [joindre par une accolade] to bracket together.

**accommodant, e** [akɔmɔdɑ̃, ɑ̃t] *adj* accommodating, obliging.

**accommodation** [akɔmɔdasjɔ̃] *nf* -**1.** [acclimatement] acclimatization, acclimation *Am*; [adaptation] adaptation. -**2.** OPT focusing.

**accommodement** [akɔmɔdmɑ̃] *nm* -**1.** [accord] arrangement; trouver des ~s avec sa conscience to come to terms with one's conscience. -**2.** POL compromise.

**accommoder** [3] [akɔmɔde] ◊ *vt* -**1.** [adapter] to adapt, to adjust, to fit. -**2.** CULIN to prepare. ◊ *vi* OPT to focus.
◆ **s'accommoder à** *vp + prép* to adapt to.
◆ **s'accommoder de** *vp + prép* to put up with; il s'accommode d'une modeste retraite he's content OU satisfied with a small pension.

**accompagnateur, trice** [akɔ̃paɲatœr, tris] *nm, f* -**1.** [de touristes] guide, courier; [d'enfants] group leader, accompanying adult; [de malades] nurse. -**2.** MUS accompanist.

**accompagnement** [akɔ̃paɲmɑ̃] *nm* -**1.** MUS accompaniment. -**2.** CULIN [d'un rôti] trimmings; [d'un mets] garnish.
◆ **d'accompagnement** *loc adj* MIL → **tir**.

**accompagner** [3] [akɔ̃paɲe] *vt* -**1.** [escorter – ami] to go with; ~ qqn à l'aéroport [gén] to go to the airport with sb; [en voiture] to take sb to the airport; ~ qqn en ville [à pied] to walk into town with sb; [en voiture] to drive sb into town; ~ un groupe de touristes to accompany a group of sightseers, to take some sightseers on a tour; elle vient toujours accompagnée she never comes alone, she always brings somebody with her; je serai accompagné de ma cousine I'll come with my cousin; il vaut mieux être seul que mal accompagné you're better off alone than in bad company; ~ un mourant *fig* to be with a dying man to the end; ~ qqn du regard to follow sb with one's eyes; nos vœux/pensées vous accompagnent our wishes/thoughts are with you. -**2.** [compléter] to go with; un échantillon de parfum accompagne tout achat a sample of perfume comes with every purchase; une sauce pour ~ vos poissons a sauce to complement your fish dishes; ~ qqch de: accompagné de vin blanc, c'est un délice served with white wine, it's delicious. -**3.** MUS to accompany, to provide an accompaniment for.
◆ **s'accompagner** *vp (emploi réfléchi)* MUS: s'~ à un instrument to accompany o.s. on an instrument.
◆ **s'accompagner de** *vp + prép* to come with; ses phrases s'accompagnent d'une menace his remarks contain a threat.

**accompli, e** [akɔ̃pli] *adj* -**1.** [parfait] accomplished. -**2.** [révolu]: elle a vingt ans ~s she's in her twenty-first year. -**3.** LING perfective.

**accomplir** [32] [akɔ̃plir] *vt* -**1.** [achever – mandat, obligation] to fulfil; [– mission, travail] to accomplish, to carry out; ~ de bonnes actions to do good (deeds); ~ de mauvaises actions to commit evil (deeds); il n'a rien accompli à ce jour up to now he hasn't achieved OU accomplished anything. -**2.** [réaliser – miracle] to perform; ~ un exploit technique to perform a feat of engineering; ~ les dernières volontés de qqn to carry out sb's last wishes.
◆ **s'accomplir** *vpi* -**1.** [être exécuté – vœu] to come true, to be fulfilled; [– prophétie] to come true; la volonté de Dieu s'accomplira God's will shall be done. -**2.** [s'épanouir – personnalité] to become rounded out.

**accomplissement** [akɔ̃plismɑ̃] *nm* -**1.** [exécution]: après l'~ de votre mission after carrying out your mission. -**2.** [concrétisation]: l'~ d'une prophétie the realization of a prophecy; l'~ d'un exploit sportif/d'un miracle the performance of an athletic feat/of a miracle.

**accord** [akɔr] *nm* -**1.** [entente] agreement; [harmonie] harmony; il fallait un bon ~ entre les participants the participants must all get on well with each other; ~ de l'expression et de la pensée harmony between expression and thought. -**2.** [convention] agreement; conclure un ~ avec to come to an agreement with ❑ ~ d'entreprise OU d'établissement collective agreement; ~ commercial commercial agreement; ~ de paiement payment agreement; ~ de principe agreement in principle. -**3.** [approbation] consent, agreement; demander l'~ de qqn to ask for sb's agreement OU consent; donner son ~ à to consent to; donner son ~ oralement to give one's verbal consent. -**4.** LING agreement, concord; ~ en genre/nombre gender/number agreement; ~ en genre et en nombre agreement in number and in gen-

der; y a-t-il ~ entre le sujet et le verbe? does the verb agree with the subject?-**5.** MUS chord, concord; ~ parfait triad OU common chord. -**6.** AUDIO tuning.
◆ **d'accord** *loc adv* OK; tu viens? — d'~ are you coming? — OK; (c'est) d'~ pour ce soir it's OK for tonight; ah d'~, puisque c'est comme ça, je n'irai pas! OK OU alright OU I see, if that's the way it is I won't go!; être d'~ (avec qqn) to agree (with sb); ils ne sont pas d'~ they don't agree, they disagree; je suis d'~ pour qu'on lui dise I agree to her being told OU that she should be told; (je ne suis) pas d'~! [je refuse] no (way)!; [c'est faux] I disagree!; cessez de vous battre sinon c'est moi qui vais vous mettre d'~! *iron* stop fighting or I'll be the one to sort you out!; se mettre d'~ (sur qqch) to agree (on sthg); mettez-vous d'~, je ne comprends rien à ce que vous dites get your story straight, I can't understand a word of what you're saying; mettons-nous bien d'~, c'est vous le responsable let's get one thing straight, you're in charge; tomber d'~ to come to an agreement; tomber d'~ sur qqch to agree on sthg.
◆ **en accord avec** *loc prép* -**1.** [personne]: en ~ avec lui in agreement with him. -**2.** [suivant]: en ~ avec les directives according to the guidelines; en ~ avec notre politique commerciale in line with OU in keeping with our business policy.

**accord-cadre** [akɔrkadr] (*pl* **accords-cadres**) *nm* framework OU outline agreement.

**accordéon** [akɔrdeɔ̃] *nm* MUS accordion.
◆ **en accordéon** *loc adj* [chaussettes] wrinkled; [voiture] crumpled.

**accordéoniste** [akɔrdeɔnist] *nmf* accordionist.

**accorder** [3] [akɔrde] *vt* -**1.** [octroyer – congé, permission] to give, to grant; [– faveur] to grant; [– subvention] to grant, to award; [– interview] to give; ~ la grâce d'un OU sa grâce à un condamné to grant a condemned man a pardon, to extend a pardon to a condemned man; ~ la main de sa fille à qqn to give sb one's daughter's hand in marriage; ~ toute sa confiance à qqn to give sb one's complete trust; ~ de l'importance à qqch to attach importance to sthg; ~ de la valeur aux objets to set a value on things; je vous accorde une heure, pas plus I'll allow you one hour, no more; voulez-vous m'~ cette danse? may I have this dance?-**2.** [concéder]: ~ à qqn que to admit to OU to grant sb that; vous m'accorderez que, là, j'avais raison you must admit that on this point I was right; ils sont jeunes, je vous l'accorde granted, they're young, they're young I grant you. -**3.** [harmoniser]: ~ les couleurs d'une pièce to harmonize OU to coordinate the colours of a room. -**4.** GRAMM to make agree; ~ le verbe avec le sujet to make the verb agree with the subject. -**5.** MUS [piano, guitare] to tune; il faudrait ~ vos violons! make your minds up!, get your stories straight!
◆ **s'accorder** ◇ *vpi* -**1.** [être du même avis]: s'~ à: tous s'accordent à dire que... they all agree OU concur that...; s'~ pour: ils se sont accordés pour baisser leurs prix they agreed among themselves that they would drop their prices. -**2.** [s'entendre]: on ne s'est jamais accordé (tous les deux) we two never saw eye to eye OU got along. -**3.** [être en harmonie – caractères] to blend; [– opinions] to match, to tally, to converge; ce qu'il dit ne s'accorde pas avec sa personnalité he's saying things which are out of character. -**4.** GRAMM to agree; s'~ en genre avec to agree in gender with. -**5.** MUS to tune up. ◇ *vpt*: s'~ quelques jours de repos to take a few days off.

**accordeur** [akɔrdœr] *nm* (piano) tuner.

**accorte** [akɔrt] *adj flitt* pleasant, comely.

**accostage** [akɔstaʒ] *nm* -**1.** NAUT drawing OU coming alongside. -**2.** [d'une personne] accosting.

**accoster** [3] [akɔste] ◇ *vt* -**1.** [personne] to go up to (*insép*), to accost. -**2.** NAUT to come OU to draw alongside. ◇ *vi* NAUT to berth.

**accotement** [akɔtmã] *nm* -**1.** [d'une route] shoulder, verge *Br*; '~s non stabilisés' 'soft shoulders OU *Br* verges. -**2.** RAIL shoulder.

**accoter** [3] [akɔte] *vt* to lean.
◆ **s'accoter à**, **s'accoter contre** *vp* + *prép* to lean against.

**accotoir** [akɔtwar] *nm* armrest.

**accouchée** [akuʃe] *nf* woman who has recently given birth.

**accouchement** [akuʃmã] *nm* [travail] childbirth, labour; [expulsion] delivery; **pendant mon** ~ while I was giving birth OU in labour ❑ ~ **prématuré** OU **avant terme** premature delivery; ~ **dirigé** induced delivery; ~ **sans douleur** painless delivery OU childbirth; ~ **à terme** full term delivery.

**accoucher** [3] [akuʃe] ◇ *vi* -**1.** [avoir un bébé] to have a baby, to give birth; **pendant qu'elle accouchait** while she was giving birth OU in labour; j'accouche en juin my baby's due in June. -**2.** ▽ [parler]: accouche! spit it out!, let's have it! ◇ *vt*: c'est lui qui l'a accouchée he delivered her baby.
◆ **accoucher de** *v* + *prép* -**1.** [enfant] to give birth to, to have. -**2.** *fam* [produire] to come up with, to produce.

**accoucheur, euse** [akuʃœr, øz] *nm, f* obstetrician.

**accouder** [3] [akude] 
◆ **s'accouder** *vp*: s'~ à OU sur qqch to lean (one's elbows) on sthg; s'~ à la fenêtre to lean out of the window; être accoudé à qqch to lean on sthg.

**accoudoir** [akudwar] *nm* armrest.

**accouplement** [akupləmã] *nm* -**1.** [raccordement] linking, joining; MÉCAN coupling, connecting; ÉLECTR connecting. -**2.** AGR yoking, coupling. -**3.** ZOOL mating.

**accoupler** [3] [akuple] *vt* -**1.** [raccorder – mots] to link OU to join (together); MÉCAN to couple, to connect; ÉLECTR to connect. -**2.** AGR [pour le trait] to yoke OU to couple together *(sép)*. -**3.** ZOOL to mate.
◆ **s'accoupler** *vpi* [animaux] to mate.

**accourir** [45] [akurir] *vi* to run, to rush; elle est accourue pour le voir she hurried OU rushed to see him; elle l'appelle et il accourt all she has to do is whistle and he comes running.

**accoutré, e** [akutre] *adj*: comme te voilà ~! you do look ridiculous in that outfit!

**accoutrement** [akutrəmã] *nm* outfit.

**accoutrer** [3] [akutre] *vt péj* to dress up *(sép)*.
◆ **s'accoutrer** *vp (emploi réfléchi) péj* to get dressed up.

**accoutumance** [akutymãs] *nf* -**1.** [adaptation] habituation. -**2.** [d'un toxicomane] addiction, dependency.

**accoutumé, e** [akutyme] *adj* usual, customary.
◆ **comme à l'accoutumée** *loc adv sout* as usual, as always.

**accoutumer** [3] [akutyme] *vt*: ~ qqn à (faire) qqch to accustom sb to (doing) sthg, to get sb used to (doing) sthg.
◆ **s'accoutumer à** *vp* + *prép* to get used to sthg.

**accréditation** [akreditasjɔ̃] *nf* FIN accreditation.

**accréditer** [3] [akredite] *vt* [rumeur, nouvelle] to substantiate, to give credence to; [personne] to accredit; ~ qqn auprès de to accredit sb to.
◆ **s'accréditer** *vpi* [rumeur] to gain ground.

---

USAGE ▶ L'accord

**Enthousiaste**

I couldn't agree more.
I quite OU totally agree.
I agree wholeheartedly with what's been said.
You're quite OU absolutely right.
Those are my feelings OU thoughts entirely.
I couldn't have put it better myself.
Absolutely!
Hear, hear! [soutenu]

**Moins marqué**

Personally, I think Henry's right.
I'll go along with that.
I feel pretty much the same as you.
We seem to be thinking along the same lines.
I think we're all (more or less) in agreement on this point.
I'm inclined to agree with him on this point.
I don't see why not.

**accréditeur** [akreditœr] *nm* surety.

**accréditif, ive** [akreditif, iv] *adj*: lettre accréditive letter of credit.
♦ **accréditif** *nm* [lettre] letter of credit; [crédit] credit.

**accro** [akro] *fam* ◊ *adj* hooked; être ~ à qqch [drogue] to be hooked on sthg; *fig* to be hooked on ou really into sthg. ◊ *nmf* fanatic.

**accroc** [akro] *nm* **-1.** [déchirure] tear, rip; faire un ~ à sa chemise to tear ou to rip one's shirt. **-2.** *fam* [entorse] breach, violation; faire un ~ au règlement to bend the rules. **-3.** [incident] snag, hitch.

**accrochage** [akroʃaʒ] *nm* **-1.** [suspension – d'un tableau] hanging; BX-ARTS small exhibition. **-2.** [fixation – d'un wagon] hitching (up), coupling; [– d'une remorque] hitching (up). **-3.** [collision – entre véhicules] collision. **-4.** [querelle] quarrel, squabble; avoir un ~ avec qqn to clash with sb. **-5.** MIL skirmish, engagement. **-6.** SPORT [en boxe] clinch; [entre deux coureurs] tangle.

**accroche** [akrɔʃ] *nf* attention-getter, attention-catcher (*in advertising*).

**accroche-cœur** [akrɔʃkœr] (*pl inv* ou **accroche-cœurs**) *nm* kiss-curl *Br*, spit curl *Am*.

**accroche-plat** [akrɔʃpla] (*pl inv* ou **accroche-plats**) *nm* plate-hanger.

**accrocher** [3] [akrɔʃe] ◊ *vt* **-1.** [suspendre – tableau] to hang; [– manteau, rideau] to hang up (*sép*). **-2.** [saisir] to hook. **-3.** [relier]: ~ qqch à to tie sthg (on) to; ~ un wagon à un train to couple ou to hitch a wagon to a train; ~ un pendentif à une chaîne to attach a pendant to a chain. **-4.** *fam* [aborder] to corner, to buttonhole, to collar. **-5.** [retenir l'intérêt de] to grab the attention of; [attirer – le regard] to catch; il faut ~ le lecteur dès les premières pages we must make the reader sit up and take notice from the very beginning of the book; qui accroche le regard eye-catching; ses bijoux accrochaient la lumière her jewels caught the light || (*en usage absolu*): un slogan qui accroche a catchy slogan. **-6.** [déchirer – collant, vêtement] to snag, to catch. **-7.** [heurter – piéton] to hit; il a accroché l'aile de ma voiture he caught ou scraped my wing. **-8.** MIL to engage in a skirmish with.
◊ *vi* **-1.** [coincer – fermeture, tiroir] to jam, to stick; des skis qui accrochent skis that don't run smoothly || *fig* [buter] to be stuck; j'accroche sur la traduction de ce mot I just can't come up with a good translation for this word. **-2.** *fam* [bien fonctionner]: ça n'a pas accroché entre eux they didn't hit it off; je n'ai jamais accroché en physique I never really got into physics; en musique, il a tout de suite accroché he took to music straight away.
♦ **s'accrocher** ◊ *vp* (*emploi passif*) to hang, to hook on.
◊ *vp* (*emploi réciproque*) **-1.** [entrer en collision – voitures] to crash (into each other), to collide; [– boxeurs] to clinch. **-2.** [se disputer] to clash; ils ne peuvent pas se supporter, ils vont s'~ tout de suite they can't stand each other so they're bound to start arguing straight away. ◊ *vpi fam* [persévérer – athlète, concurrent] to apply o.s.; avec lui, il faut s'~! he's hard work! ◊ *vpt loc*: tu peux te l'~! [tu ne l'auras jamais] you can whistle for it!; [tu ne l'auras plus] you can kiss it goodbye!
♦ **s'accrocher à** *vp* + *prép*: accroche-toi à la poignée! hang on (tight) to the handle!; s'~ au pouvoir/à la vie/à qqn *fig* to cling to power/to life/to sb.
♦ **s'accrocher avec** *vp* + *prép* to clash with.

**accrocheur, euse** [akrɔʃœr, øz] *fam* ◊ *adj* **-1.** [tenace – vendeur] pushy. **-2.** [attirant – titre, slogan, tube] catchy; [– sourire] beguiling. ◊ *nm, f* fighter.

**accroire** [akrwar] *vt* (*à l'infinitif seulement*) *litt*: faire ou laisser ~ qqch à qqn to mislead sb into believing sthg; en faire ~ à qqn to try to deceive sb.

**accrois** [akrwa], **accroissais** [akrwasɛ] *v* → accroître.

**accroissement** [akrwasmã] *nm* **-1.** [augmentation]: l'~ de la population population growth; avec l'~ de leur pouvoir d'achat with their increased purchasing power. **-2.** MATH increment.

**accroître** [94] [akrwatr] *vt* [fortune, sentiment] to increase; [désordre] to spread; [domaine] to add (on) to; [popularité] to enhance.
♦ **s'accroître** *vpi* [tension] to rise; [sentiment] to grow; [population] to rise, to increase, to grow.

**accroupir** [32] [akrupir]
♦ **s'accroupir** *vpi* to squat ou to crouch (down).

**accroupissement** [akrupismã] *nm* **-1.** [action] squatting, crouching. **-2.** [position] squatting position.

**accru, e** [akry] ◊ *pp* → accroître. ◊ *adj* [fortune] increased, larger; [sentiment] deeper; [popularité] enhanced.

**accrus** [akry] *v* → accroître.

**accu** [aky] *nm fam* battery.

**accueil** [akœj] *nm* **-1.** [réception – d'invités] welcome, greeting; faire bon ~ à qqn to give sb a warm welcome; faire mauvais ~ à qqn to give sb a cool reception; faire bon/mauvais ~ à une proposition *fig* to receive a proposal warmly/coldly. **-2.** [bureau, comptoir] desk, reception.
♦ **d'accueil** *loc adj* [discours, cérémonie] welcoming; [hôtesse, hall] reception (*modif*); [pays] host (*modif*).

**accueillant, e** [akœjã, ãt] *adj* [peuple, individu] welcoming, friendly; [sourire] warm, welcoming; [maison] hospitable.

**accueillir** [41] [akœjir] *vt* **-1.** [aller chercher] to meet. **-2.** [recevoir]: ~ qqn froidement to give sb a cool reception; être très bien/mal accueilli to get a very pleasant/poor welcome; il a été accueilli par des bravos he was greeted with cheers; ~ une idée avec scepticisme/enthousiasme to greet an idea with scepticism/enthusiasm; le projet a été très mal accueilli par la direction the project got a cool reception ou response from the management. **-3.** [héberger] to house, to accommodate; l'hôpital peut ~ 1 000 malades the hospital can accommodate 1,000 patients; j'étais sans abri et ils m'ont accueilli I was homeless and they took me in ou gave me a home.

**acculer** [3] [akyle] ◊ *vt* **-1.** [bloquer]: ~ qqn contre qqch to drive sb back against sthg. **-2.** [contraindre]: ~ qqn à: ~ qqn à la faillite to push sb into bankruptcy; ~ qqn au désespoir to drive sb to despair. ◊ *vi* NAUT to list by the stern.

**acculturation** [akyltyrasjɔ̃] *nf* acculturation, cultural adaptation.

**acculturer** [3] [akyltyre] *vt*: ~ un groupe ethnique to help an ethnic group adjust to a new cultural environment.

**accumulateur** [akymylatœr] *nm* **-1.** BANQUE, INF & MÉCAN accumulator. **-2.** ÉLECTR (storage) battery, storage cell.

**accumulation** [akymylasjɔ̃] *nf* **-1.** [action] accumulation, amassing, building up; [collection] mass; devant cette ~ de preuves/démentis faced with this mass of proof/with repeated denials. **-2.** ÉLECTR storage.

**accumuler** [3] [akymyle] *vt* **-1.** [conserver – boîtes, boutons] to keep ou to hoard (in large quantities), to accumulate; [– denrées] to stockpile, to hoard; [– papiers] to keep. **-2.** [réunir – preuves] to pile on (*sép*); [– fortune, argent] to amass.
♦ **s'accumuler** *vpi* to accumulate, to mount (up), to pile up.

**accusateur, trice** [akyzatœr, tris] ◊ *adj* [silence, regard] accusing; [bilan] incriminating; [preuve] accusatory, incriminating. ◊ *nm, f* [dénonciateur] accuser.
♦ **accusateur** *nm* HIST: ~ public public prosecutor (*during the French Revolution*).

**accusatif** [akyzatif] *nm* accusative.

**accusation** [akyzasjɔ̃] *nf* **-1.** JUR charge, indictment; mettre qqn en ~ to indict ou to charge sb. **-2.** [reproche] accusation, charge; lancer une ~ contre qqn/un parti to make an accusation against sb/a party.

**accusatoire** [akyzatwar] *adj* accusatory.

**accusé, e** [akyze] *nm, f* accused, defendant; ~, levez-vous! the accused will stand!
♦ **accusé de réception** *nm* acknowledgment of receipt.

**accuser** [3] [akyze] *vt* **-1.** [désigner comme coupable] to accuse; je ne t'accuse pas! I'm not saying you did it!; tout l'accuse everything points to his guilt; ~ qqn de qqch to accuse sb of sthg; il a accusé le jury de favoritisme he accused the jury of being biased; on m'accuse d'avoir menti I'm being accused of lying; J'accuse *title of an open letter to the French President which appeared in 'L'Aurore' in January 1898, in which Emile Zola insisted that Alfred Dreyfus had been unjustly incriminated* || JUR: ~ qqn de meurtre/viol to charge sb with murder/rape; de quoi l'accuse-t-on? what's the charge against him?. **-2.** [rejeter la responsabilité sur] to blame, to put the blame on. **-3.** [accentuer] to highlight, to emphasize, to accentuate; la lumière accuse les reliefs sunlight empha-

sizes the outlines. **-4.** [indiquer]: la Bourse accuse une forte baisse the stock market is registering heavy losses; son visage accuse une grande fatigue her face shows how tired she is; il accuse ses cinquante ans he's fifty and looks it; le compteur accuse 130 km/h the meter's registering ou reading 130 km/h. **-5.** *loc*: ~ réception de to acknowledge receipt of; ~ le coup BOXE to reel with the punch; *fig* to stagger under the blow; elle a drôlement accusé le coup, dis donc! *fam* you can tell she's really been through it!
◆ **s'accuser** *vp (emploi réfléchi)* to accuse o.s.; s'~ de qqch to accuse o.s. of sthg, to confess to sthg.

**acéphale** [asefal] *adj* acephalous.

**acerbe** [asɛrb] *adj* **-1.** [parole, critique] cutting, acerbic. **-2.** *litt* [goût] bitter.

**acéré, e** [asere] *adj* **-1.** [lame, pointe] sharp. **-2.** *fig & sout* [critique, propos] biting, caustic.

**acétate** [asetat] *nm* CHIM acetate.

**acétique** [asetik] *adj* acetic.

**acétone** [aseton] *nf* acetone.

**acétyle** [asetil] *nm* acetyl.

**acétylène** [asetilɛn] *nm* acetylene.

**acétylsalicylique** [asetilsalisilik] *adj* acetylsalicylic.

**ACF** (*abr de* **Automobile Club de France**) *npr m* French automobile association, ≃ AA *Br*, ≃ RAC *Br*, ≃ AAA *Am*.

**ach.** *abr écrite de* **achète**.

**achalandage** [aʃalãdaʒ] *nm* JUR clientele.

**achalandé, e** [aʃalãde] *adj*: bien ~ well-stocked; mal ~ short on merchandise.

**acharné, e** [aʃarne] ◇ *adj* [combat, lutte] fierce; [travail] relentless; [travailleur] hard; [joueur] hardened; il est ~ à votre perte ou à vous perdre he is set ou bent ou intent on ruining you. ◇ *nm, f*: un ~ du travail a workaholic.

**acharnement** [aʃarnəmã] *nm* [dans un combat] fury; [dans le travail] relentlessness, perseverance; son ~ à réussir his determination to succeed; ~ au travail dedication to work.
◆ **avec acharnement** *loc adv* [combattre] tooth and nail, furiously; [travailler] relentlessly; [résister] fiercely.

**acharner** [3] [aʃarne]
◆ **s'acharner** *vpi* **-1.** s'~ sur ou contre ou après qqn [le tourmenter] to persecute ou to hound sb; les médias s'acharnent sur ou contre moi I'm being hounded by the press; le sort s'acharne sur lui he's dogged by bad luck. **-2.** s'~ sur qqch [persévérer] to work (away) at sthg; cesse de t'~ sur ce nœud! just leave that knot alone!; s'~ à faire qqch to strive to do sthg; je m'acharne à lui faire mettre son écharpe I'm always trying to get him to wear his scarf || *(en usage absolu)*: inutile de t'~, tu ne la convaincras pas it's no use struggling, you won't persuade her.

**achat** [aʃa] *nm* **-1.** [fait d'acheter] purchasing, buying; faire un ~ to purchase ou to buy something; faire un ~ à crédit to buy something on credit. **-2.** [article acheté] purchase, buy; réglez vos ~s à la caisse pay (for your purchases) at the cash desk; un sac rempli d'~s a bag full of shopping; c'est un bon/mauvais ~ it's a good/bad buy ❏ ~ groupé package.
◆ **à l'achat** *loc adv*: la livre fait 12 F à l'~ the buying rate for sterling is 12 F.

**acheminement** [aʃminmã] *nm* [de marchandises] conveying, forwarding, shipment; [de troupes] moving; [de trains] routing; ~ du courrier mail delivery.

**acheminer** [3] [aʃmine] *vt* **-1.** [marchandises] to convey, to forward; ~ des produits par avion to ship products by plane. **-2.** MIL to convey, to move; ~ des troupes vers ou sur le front to move troops up to the front ou up the line. **-3.** RAIL to route; ~ un train vers ou sur to route a train to ou towards.
◆ **s'acheminer vers** *vp + prép* [endroit] to head for; [accord, solution] to move towards.

**acheter** [28] [aʃte] *vt* **-1.** [cadeau, objet d'art, denrée] to buy, to purchase; ~ des actions ou une part d'une entreprise to buy into a business; ~ qqch au kilo to buy sthg by the kilo; ~ qqch comptant/en gros/d'occasion/à crédit to buy sthg cash/wholesale/second-hand/on credit; ~ des boutons/oranges au détail to buy buttons/oranges singly; ~ qqch à qqn [pour soi] to buy sthg from sb; [pour le lui offrir] to buy sb sthg, to buy sthg for sb; je lui ai acheté sa vieille voiture I

bought his old car from ou off him; si ça te plaît, je te l'achète I'll buy you it ou it for you if you like it || *(en usage absolu)*: achetez français! buy French (products)!**-2.** [échanger – liberté, paix] to buy. **-3.** [soudoyer – témoin, juge] to bribe, to buy (off); [– électeurs] to buy; ne crois pas que tu pourras m'~ you must understand I won't be bought.
◆ **s'acheter** ◇ *vp (emploi passif)* to be on sale; où est-ce que ça s'achète? where can you buy it? ◇ *vpt*: s'~ qqch to buy o.s. sthg.

**acheteur, euse** [aʃtœr, øz] *nm, f* **-1.** [client] buyer, purchaser; trouver un ~ pour qqch to find a buyer for ou to find somebody to buy sthg. **-2.** [professionnel] buyer. **-3.** JUR vendee.

**achevé, e** [aʃve] *adj* [sot] downright, absolute; [sportif, artiste] accomplished; [œuvre] perfect.

**achève** [aʃɛv] *v* → **achever**.

**achèvement** [aʃɛvmã] *nm* completion.

**achever** [19] [aʃve] *vt* **-1.** [finir – repas, discours, lettre] to finish, to end, to bring to a close ou an end; [– journal, livre] to reach the end of, to finish; ~ sa vie à l'hôpital to end one's days in hospital; laisse-le ~ sa phrase let him finish what he's saying; ~ de: ils avaient juste achevé de rembourser le crédit they'd just got through paying off the debt; ~ de mettre au point une invention to put the final touches to an invention || *(en usage absolu)* [finir de parler] to finish (talking). **-2.** [tuer – animal] to destroy; [– personne] to finish off *(sép)*. **-3.** *fam* [accabler] to finish off. **-4.** *fam* [ruiner] to finish off *(sép)*, to clean out *(sép)*.
◆ **s'achever** *vpi* [vie, journée, vacances] to come to an end, to draw to a close ou an end; [dîner, film] to end, to finish; le livre s'achève sur une note d'espoir the book ends on a hopeful note; ainsi s'achève notre journal RAD & TV (and) that's the end of the news.

**Achille** [aʃil] *npr* Achilles.

**achoppement** [aʃɔpmã] *nm* → **pierre**.

**achopper** [3] [aʃɔpe] *vi*: ~ sur *pr & vieilli* to stumble on ou over; *fig* to come up against, to meet with.

**achromatique** [akrɔmatik] *adj* achromatic.

**acide** [asid] ◇ *adj* **-1.** [goût] acidic, acid, sour; [propos] acid, cutting, caustic. **-2.** CHIM & ÉCOL acid. ◇ *nm* **-1.** CHIM acid; ~ aminé amino acid. **-2.** ∇ *arg drogue* acid.

**acidification** [asidifikasjɔ̃] *nf* acidification.

**acidifier** [9] [asidifje] *vt* to acidify.
◆ **s'acidifier** *vpi* to acidify.

**acidité** [asidite] *nf* **-1.** [d'un goût, d'un fruit] acidity, sourness; [d'un propos] tartness, sharpness. **-2.** CHIM, GÉOL & MÉD acidity.

**acido-basique** [asidobazik] (*pl* **acido-basiques**) *adj* acido-basic.

**acidulé, e** [asidyle] *adj* acidulous.

**acier** [asje] *nm* steel; ~ inoxydable/trempé stainless/tempered steel.
◆ **d'acier** *loc adj* MÉTALL steel *(modif)*; *fig* [regard] steely; muscles/cœur d'~ muscles/heart of steel.

**aciérage** [asjeraʒ] *nm* **-1.** MÉTALL [fabrication] steeling; [durcissement] case-hardening. **-2.** IMPR steel-engraving.

**aciérer** [18] [asjere] *vt* **-1.** MÉTALL to steel, to case-harden. IMPR to engrave on steel.

**aciérie** [asjeri] *nf* steelworks, steel plant.

**acmé** [akme] *nm* ou *nf* **-1.** *litt* [apogée] acme *litt*, summit, height. **-2.** MÉD climax.

**acné** [akne] *nf* acne; avoir de l'~ to suffer from ou to have acne ❏ ~ juvénile teenage acne.

**acnéique** [akneik] ◇ *adj* acned. ◇ *nmf* acne sufferer.

**acolyte** [akɔlit] *nm* **-1.** RELIG acolyte. **-2.** [complice] accomplice.

**acompte** [akɔ̃t] *nm* **-1.** [avance sur – une commande, des travaux] down payment; [– un salaire] advance; [– un loyer] deposit; payer par ou en plusieurs ~s to pay for in instalments; donner ou verser un ~ de 1 000 francs (sur) [achat] to make a down payment of 1,000 francs (on) ❏ ~ provisionnel ADMIN interim payment. **-2.** [avant-goût] foretaste, preview.

**aconit** [akɔnit] *nm* aconite.

**a contrario** [akɔ̃trarjo] ◇ *loc adj inv* converse. ◇ *loc adv* conversely.

**acoquiner** [3] [akɔkine]
◆ **s'acoquiner** *vpi péj*: s'~ à OU avec qqn to team up with sb.
**Açores** [asɔr] *npr fpl*: les ~ the Azores.
**à-côté** [akote] (*pl* **à-côtés**) *nm* **-1.** [aspect – d'une question] side issue; [– d'une histoire, d'un événement] side OU secondary aspect. **-2.** [gain] bit of extra money; se faire des ~s *fam* to make some extra money ‖ [frais] incidental expense.
**à-coup** [aku] (*pl* **à-coups**) *nm* **-1.** [secousse – d'un moteur, d'un véhicule] cough, judder; [– d'une machine] jerk, jolt. **-2.** [de l'économie] upheaval.
◆ **par à-coups** *loc adv* [travailler] in spurts; [avancer] in fits and starts.
**acousticien, enne** [akustisjɛ̃, ɛn] *nm, f* acoustician.
**acoustique** [akustik] ◇ *adj* acoustic. ◇ *nf* [science] acoustics (*sg*); [qualité sonore] acoustics (*pl*).
**acquéreur** [akerœr] *nm* purchaser, buyer; il s'est rendu OU il est devenu ~ de... he's become the owner of...
**acquérir** [39] [akerir] *vt* **-1.** [biens] to buy, to purchase, to acquire; [fortune] to acquire; ~ qqch par héritage to come into sthg ❑ bien mal acquis ne profite jamais *prov* ill-gotten gains seldom prosper *prov*. **-2.** *fig* [habitude] to develop; [célébrité] to attain, to achieve; [droit] to obtain; [expérience] to gain; [savoir-faire] to acquire; [information, preuve] to obtain, to acquire, to get hold of; ~ de la valeur to increase in value; ~ la conviction/la certitude que to become convinced/certain that; sa réaction lui a acquis l'estime de tous her reaction won her everybody's esteem. **-3.** *sout* [au passif]: il vous est entièrement acquis he backs you fully; mon soutien vous est acquis you can be certain of my support.
◆ **s'acquérir** ◇ *vp (emploi passif)*: la souplesse s'acquiert par des exercices you become supple by exercising. ◇ *vpt*: s'~ la confiance de qqn to gain OU to win sb's trust.
**acquêt** [akɛ] *nm* acquest.
**acquièrent** [akjɛr], **acquiers** [akjɛr] *v* → **acquérir**.
**acquiesçai** [akjese] *v* → **acquiescer**.
**acquiescement** [akjɛsmɑ̃] *nm* [accord] agreement; [consentement] assent, agreement; donner son ~ à une requête to assent to a request.
◆ **d'acquiescement** *loc adj* [geste, signe] approving.
**acquiescer** [21] [akjese] *vi* to agree, to approve; ~ d'un signe de tête to nod (one's) approval; ~ à qqch to assent OU to agree to sthg.
**acquis, e** [aki, iz] ◇ *pp* → **acquérir**. ◇ *adj* [avantage, droit, fait] established; [fortune, titre] acquired; je tiens votre soutien pour ~ I take it for granted that you'll support me ‖ *(tournure impersonnelle)*: il est ~ que la couche d'ozone est en danger it is an established fact that the ozone layer is at risk.
◆ **acquis** *nm* **-1.** [savoir] knowledge; fonctionner sur des ~ anciens to get by on what one already knows. **-2.** [expérience] experience; avoir de l'~ to be experienced. **-3.** [avantages, droits] established privileges, rights to which one is entitled; considère ça comme un ~ you can take it for granted; les ~ sociaux social benefits.
**acquisition** [akizisjɔ̃] *nf* **-1.** [apprentissage] acquisition. **-2.** [achat] purchase; faire l'~ d'une maison to buy OU to purchase a house. **-3.** INF: ~ de données data acquisition.
**acquit** [aki] *nm* COMM receipt; 'pour ~' 'paid', 'received'.
◆ **par acquit de conscience** *loc adv* in order to set my/his *etc* mind at rest.
**acquittable** [akitabl] *adj* **-1.** JUR liable to be acquitted. **-2.** FIN payable.
**acquitté, e** [akite] *nm, f* person who has been acquitted.
**acquittement** [akitmɑ̃] *nm* **-1.** [règlement – d'une facture, d'un droit] payment; [– d'une obligation] discharge; [– d'une promesse] fulfilment; [– d'une dette] paying off; [– d'une fonction, d'un travail] performance; [– d'un engagement] fulfilment. **-2.** JUR acquittal.
**acquitter** [3] [akite] *vt* **-1.** [payer – facture, note] to pay, to settle; [– droits] to pay; [– lettre de change] to receipt. **-2.** [libérer]: ~ qqn d'une dette/d'une obligation to release sb from a debt/from an obligation. **-3.** JUR to acquit.
◆ **s'acquitter de** *vp + prép* [obligation] to discharge; [promesse] to carry out; [dette] to pay off; [fonction, travail] to perform; [engagement] to fulfil.

**acra** [akra] *nm* Creole fried fish or vegetable ball.
**acre** [akr] *nf* **-1.** HIST [en France] ≈ 5 200 m². **-2.** *Can* acre *Br* (= 4 047 m²).
**âcre** [akr] *adj* [saveur, odeur] acrid; *litt* [propos, ton] bitter.
**âcreté** [akrəte] *nf* **-1.** [d'une saveur, d'une odeur] acridness, acridity. **-2.** *litt* [d'un propos, d'un ton] bitterness.
**acrimonie** [akrimɔni] *nf* acrimony, acrimoniousness.
**acrimonieux, euse** [akrimɔnjø, øz] *adj* acrimonious.
**acrobate** [akrɔbat] *nmf* [gén] acrobat; [au trapèze] trapeze artist.
**acrobatie** [akrɔbasi] *nf* **-1.** SPORT acrobatics (*pl*). **-2.** AÉRON: ~s en vol aerobatics (*pl*).
**acrobatique** [akrɔbatik] *adj* acrobatic.
**acronyme** [akrɔnim] *nm* acronym.
**acropole** [akrɔpɔl] *nf* acropolis, citadel.
**Acropole** [akrɔpɔl] *npr f*: l'~ the Acropolis.
**acrostiche** [akrɔstiʃ] *nm* acrostic.
**acrylique** [akrilik] *adj & nm* acrylic.
**actant** [aktɑ̃] *nm* agent.
**acte** [akt] *nm* **A.** SÉQUENCE **-1.** MUS & THÉÂT act; une pièce en un seul ~ a one-act play. **-2.** *fig* period, episode; sa mort annonçait le dernier ~ de la campagne d'Italie/de la Révolution his death ushered in the last episode of the Italian campaign/the Revolution. **B.** ACTION **-1.** [gén] action, act; juger qqn sur ses ~s to judge sb by his/her actions; passer aux ~s to take action, to act ❑ ~ de bravoure act of bravery, brave deed, courageous act; ~ gratuit PHILOS motiveless act, acte gratuit *spéc*; ~ de terrorisme terrorist action, act of terrorism; ~ de vengeance act of revenge. **-2.** MÉD: ~ chirurgical OU opératoire operation; ~ (médical) [consultation] (medical) consultation; [traitement] (medical) treatment. **-3.** PSYCH: passer à l'~ [gén] to act; [névrosé, psychopathe] to act out ❑ ~ manqué acte manqué. **-4.** RELIG: ~ de charité act of charity; ~ de foi act of faith; HIST [pendant l'Inquisition] auto-da-fé. **C.** ACTION LÉGALE, POLITIQUE **-1.** JUR act, action; ~ administratif administrative act; ~ de commerce commercial act; ~ juridique legal transaction; faire ~ d'héritier to come forward as a beneficiary; faire ~ de témoin to act as a witness, to testify; faire ~ de candidature [chercheur d'emploi] to submit one's application, to apply; [maire] to stand *Br*, to run *Am*; faire ~ d'autorité to show one's authority; faire ~ de bonne volonté to show willing OU one's good will; faire ~ de présence to put in a token appearance. **-2.** POL [en France]: ~ de gouvernement act of State ‖ [en Grande-Bretagne]: **Acte du Parlement** Act of Parliament; c'est maintenant un Acte du Parlement it has now become law. **D.** DOCUMENT ADMINISTRATIF, LÉGAL **-1.** ADMIN certificate; ~ de décès death certificate; ~ de l'état civil ≈ certificate delivered by the Registrar of births, deaths and marriages; ~ de mariage marriage certificate; ~ de naissance birth certificate; demander ~ de qqch to ask for formal acknowledgment of sthg; je demande ~ du fait que... I want it on record that...; donner ~ de qqch [constater légalement] to acknowledge sthg formally; donner ~ à qqn de qqch *fig* to acknowledge the truth of what sb said; dont ~ duly noted OU acknowledged; prendre ~ de qqch [faire constater légalement] to record sthg; [noter] to take a note of OU to note sthg. **-2.** [en droit pénal]: ~ d'accusation (bill of) indictment; quel est l'~ d'accusation? what is the defendant being charged with?, what is the charge? **-3.** [en droit civil]: ~ authentique OU notarié notarial act; ~ de donation deed of covenant, gift; ~ d'huissier writ; ~ de succession attestation of inheritance OU will. **-4.** [en droit commercial]: ~ d'association partnership agreement OU deed, articles of partnership; ~ de vente bill of sale. **-5.** [dans la diplomatie]: ~ (diplomatique) diplomatic instrument.
◆ **actes** *nmpl* **-1.** [procès-verbaux] proceedings; [annales] annals. **-2.** RELIG: les Actes des apôtres the Acts of the Apostles.
**acteur, trice** [aktœr, tris] *nm, f* CIN & THÉÂT actor (*f* actress).
◆ **acteur** *nm fig* protagonist.
**actif, ive** [aktif, iv] *adj* **-1.** [qui participe – membre, militaire, supporter] active; participer de façon OU prendre une part active à to take part fully OU an active part in. **-2.** [dynamique

– vie] busy, active; [– personne] active, lively, energetic; **la Bourse a été très active aujourd'hui** trading on the stock market was brisk today. **-3.** [qui travaille – population] working, active. **-4.** [efficace – remède, substance] active, potent; [– shampooing] active. **-5.** ÉLECTR, LING & OPT active. **-6.** CHIM active, activated.
◆ **actif** *nm* **-1.** LING active voice. **-2.** [travailleur] member of the active OU working population; **les ~s** the active OU working population. **-3.** FIN & JUR [patrimoine] credit, credits, asset, assets; **mettre** OU **porter une somme à l'~ de qqn** to add a sum to sb's assets; **mettre qqch à l'~ de qqn** *fig* to credit sb with sthg; **avoir qqch à son ~** to have sthg to one's credit ❑ **~ fictif/réel** fictitious/real assets; **~ net** net assets.
◆ **active** *nf* MIL: **l'active** the regular army.

**action** [aksjɔ̃] *nf* **-1.** [acte] act, action; **responsable de ses ~s** responsible for his actions ❑ **une ~ de grâces** an offering of thanks; **bonne/mauvaise ~** good/evil deed; **faire une bonne ~** to do a good deed; **faire une mauvaise ~** to commit an evil deed. **-2.** [actes] action *(U)*; **l'~ du gouvernement a été de laisser les forces s'équilibrer** the government's course of action was to let the various forces balance each other out; **passer à l'~** [gén] to take action; MIL to go into action; **assez parlé, il est temps de passer à l'~** enough talking, let's get down to it OU take some action; **dans le feu de l'~, en pleine ~** right in the middle OU at the heart of the action; **l'~ se passe en Europe/l'an 2000** the action is set in Europe/the year 2000. **-3.** [intervention] action; **un conflit qui nécessite une ~ immédiate de notre part** a conflict necessitating immediate action on our part; **une ~ syndicale est à prévoir** some industrial action is expected ❑ **~ directe** direct action; **Action directe** *right-wing terrorist organization*; **l'Action française** *French nationalist and royalist group founded in the late nineteenth century*. **-4.** [effet] action, effect; **l'~ de l'acide sur le métal** the action of acid on metal. **-5.** FIN share; **ses ~s ont baissé/monté** *fig* & *hum* his stock has fallen/risen *fig* ❑ **~ de capital** ≈ ordinary share; **~ différée/nominative** deferred/registered stock; **~ ordinaire** ordinary share; **~ au porteur** transferable OU bearer share; **capital en ~s** equity capital; **dividende en ~s** bonus issue *Br*, stock dividend *Am*; **société par ~s** joint-stock company. **-6.** JUR action, lawsuit; **intenter une ~ contre** OU **à qqn** to bring an action against sb, to take legal action against sb, to take sb to court ❑ **~ civile/en diffamation** civil/libel action. **-7.** ADMIN: **~ sanitaire et sociale** health and social services. **-8.** MIL, MUS & PHYS: **l'~ de** the action of; **à double ~** double-action. **-9.** GRAMM action. **-10.** *Helv* [vente promotionnelle] sale, special offer.
◆ **d'action** *loc adj* **-1.** [mouvementé – film, roman] action-packed, full of action. **-2.** [qui aime agir]: **homme/femme d'~** man/woman of action. **-3.** POL & SOCIOL: **journée/semaine d'~** day/week of action.
◆ **en action** *loc adv* & *loc adj* in action; **être en ~** to be in action; **ils sont déjà en ~ sur les lieux** they're already busy on the scene; **entrer en ~** [pompiers, police] to go into action; [loi, règlement] to become effective, to take effect; **mettre qqch en ~** to set sthg in motion; **la sirène s'est/a été mise en ~** the alarm went off/was set off.
◆ **sous l'action de** *loc prép* due to, because of.

**actionnable** [aksjɔnabl] *adj* actionable.

**actionnaire** [aksjɔnɛr] *nmf* shareholder, stockholder.

**actionnariat** [aksjɔnarja] *nm* **-1.** [système] shareholding. **-2.** [actionnaires]: **l'~** the shareholders.

**actionner** [3] [aksjɔne] *vt* **-1.** [mettre en mouvement – appareil] to start up *(sép)*; [– sirène] to set off *(sép)*; [– sonnette] to ring. **-2.** JUR: **~ qqn** to bring an action against OU to sue sb.

**activateur** [aktivatœr] *nm* activator.

**activation** [aktivasjɔ̃] *nf* **-1.** [d'un processus, de travaux] speeding up OU along, hastening. **-2.** CHIM & PHYS activation.

**active** ❑ [aktiv] *f→* **actif**.

**activé, e** [aktive] *adj* CHIM & PHYS activated.

**activement** [aktivmã] *adv* actively; **participer ~ à qqch** to take an active part ou to be actively engaged in sthg.

**activer** [3] [aktive] *vt* **-1.** [feu] to stoke (up); [travaux, processus] to speed up *(sép)*. **-2.** *fam* [presser]: **active le pas!** get a move on! **-3.** CHIM & PHYS to activate.
◆ **s'activer** *vpi* **-1.** [s'affairer] to bustle about. **-2.** *fam* [se dépêcher]: **il est tard, dis-leur de s'~!** it's late, tell them

to get a move on!

**activisme** [aktivism] *nm* activism.

**activiste** [aktivist] *adj* & *nmf* activist, militant.

**activité** [aktivite] *nf* **-1.** [animation] activity *(U)*; **le restaurant/l'aéroport débordait d'~** the restaurant/airport was very busy. **-2.** ADMIN & ÉCON: **avoir une ~ professionnelle** to be actively employed; **être sans ~** to be unemployed; **~ lucrative** gainful employment. **-3.** [occupation] activity; **mes ~s professionnelles** my professional activities ❑ **~s dirigées** guided activities; **~ d'éveil** discovery classes. **-4.** ASTRON & PHYSIOL activity.
◆ **en activité** *loc adj* [fonctionnaire, militaire] (currently) in post; [médecin] practising; **rester en ~** ADMIN to remain in gainful employment.
◆ **en pleine activité** *loc adj* [industrie, usine] fully operational; [bureau, restaurant] bustling; [marché boursier, secteur] very busy; **être en pleine ~** [très affairé] to be very busy; [non retraité] to be in the middle of one's working life.

**actrice** [aktris] *f→* **acteur**.

**actuaire** [aktɥɛr] *nmf* actuary.

**actualisation** [aktɥalizasjɔ̃] *nf* **-1.** [mise à jour – d'un texte] updating. **-2.** PHILOS actualization. **-3.** ÉCON & FIN discounting. **-4.** LING realization.

**actualiser** [3] [aktɥalize] *vt* **-1.** [manuel] to update, to bring up to date. **-2.** PHILOS & LING to actualize.

**actualité** [aktɥalite] *nf* **-1.** [caractère actuel] topicality. **-2.** [événements récents] current developments; **l'~ médicale/scientifique** medical/scientific developments; **se tenir au courant de l'~ politique/théâtrale** to keep abreast of political/theatrical events; **une question d'une ~ brûlante** a question of burning importance.
◆ **actualités** *nfpl*: **les ~s** [les informations] current affairs, the news.
◆ **d'actualité** *loc adj* [film, débat, roman] topical.

**actuariel, elle** [aktɥarjɛl] *adj* actuarial.

**actuel, elle** [aktɥɛl] *adj* **-1.** [présent] present, current; **sous le gouvernement ~** under the present government; **l'~ président** the President in office; **dans les circonstances ~les** under the present circumstances. **-2.** [d'actualité] topical. **-3.** PHILOS & RELIG actual.

**actuellement** [aktɥɛlmã] *adv* at present, currently, presently.

**acuité** [akɥite] *nf* **-1.** ACOUST shrillness. **-2.** [intensité – de l'intelligence] sharpness; [– d'une crise] severity; [– du regard] penetration; [– d'un chagrin] keenness; [– d'une douleur] intensity, acuteness; [– d'un jugement] acuteness. **-3.** MÉD acuity; **~ visuelle** acuteness of vision.

**acuponcteur, trice, acupuncteur, trice** [akypɔ̃ktœr, tris] *nm, f* acupuncturist.

**acuponcture, acupuncture** [akypɔ̃ktyr] *nf* acupuncture.

**acyclique** [asiklik] *adj* acyclic.

**ADAC** [adak] *(abr de* **avion à décollage et atterrissage courts)** *nm* STOL.

**adage** [adaʒ] *nm* **-1.** [maxime] adage, saying. **-2.** DANSE adagio.

**adagio** [adadʒjo] *nm* & *adv* adagio.

**Adam** [adã] *npr* Adam.

**adaptabilité** [adaptabilite] *nf* adaptability.

**adaptable** [adaptabl] *adj* adaptable.

**adaptateur, trice** [adaptatœr, tris] *nm, f* [personne] adapter, adaptor.
◆ **adaptateur** *nm* [objet] adapter, adaptor.

**adaptatif, ive** [adaptatif, iv] *adj* adaptive.

**adaptation** [adaptasjɔ̃] *nf* **-1.** [flexibilité] adaptation; **faculté d'~** adaptability; **ils n'ont fait aucun effort d'~** they didn't try to adapt. **-2.** CIN, THÉÂT & TV adaptation, adapted version; **~ scénique/cinématographique** stage/screen adaptation.

**adapter** [3] [adapte] *vt* **-1.** [fixer]: **~ un embout à un tuyau/un filtre sur un objectif** to fit a nozzle onto a pipe/a filter onto a lens. **-2.** **~ qqch à** [harmoniser qqch avec]: **~ son discours à son public** to fit one's language to one's audience; **la méthode n'est pas vraiment adaptée à la situation** the method isn't very appropriate for this situation. **-3.** CIN, THÉÂT & TV to adapt; **adapté d'une nouvelle de...** adapted from a short story by...

◆ **s'adapter** *vpi* **-1.** [s'ajuster]: s'~ à to fit; s'~ sur to fit on. **-2.** [s'habituer] to adapt (o.s.); savoir s'~ to be adaptable; elle n'a pas pu s'~ à ce milieu she couldn't adjust to this social circle; il s'est bien adapté à sa nouvelle école he has settled down well in his new school.

**ADAV** [adav] (*abr de* avion à décollage et atterrissage verticaux) *nm* VTOL.

**ADD** (*abr écrite de* analogique digital digital) ADD.

**addenda** [adɛ̃da] *nm inv* addenda.

**addiction** [adiksjɔ̃] *nf* (drug) addiction.

**additif, ive** [aditif, iv] *adj* MATH & PHOT additive. ◆ **additif** *nm* **-1.** [à un texte] additional clause. **-2.** [ingrédient] additive.

**addition** [adisjɔ̃] *nf* **-1.** [ajout] addition. **-2.** MATH sum; faire une ~ to add (figures) up, to do a sum. **-3.** [facture] bill *Br*, check *Am*.

**additionnel, elle** [adisjɔnɛl] *adj* additional.

**additionner** [3] [adisjɔne] *vt* **-1.** MATH [nombres] to add (up); ~ 15 et 57 to add 15 and 57, to add 15 to 57, to add together 15 and 57. **-2.** [altérer]: ~ qqch de: du vin/lait additionné d'eau watered-down wine/milk. ◆ **s'additionner** *vpi* to build up.

**adducteur** [adyktœr] ◇ *adj* **-1.** [muscle] adductor; [canal] feeder. ◇ *nm* [muscle] adductor; [canal] tributary canal.

**adduction** [adyksjɔ̃] *nf* **-1.** ANAT adduction. **-2.** TRAV PUBL: ~ d'eau water conveyance.

**Adélie** [adeli] *npr*→ terre.

**adepte** [adɛpt] *nmf* **-1.** RELIG & POL follower. **-2.** *fig*: faire des ~s to become popular; les ~s du tennis tennis fans; c'est une ~ de romans policiers she's an avid reader of detective novels.

**adéquat, e** [adekwa, at] *adj* suitable, appropriate.

**adéquatement** [adekwatmɑ̃] *adv* suitably, appropriately.

**adéquation** [adekwasjɔ̃] *nf* appropriateness.

**adhérer** [adɛr] *v*→ adhérer.

**adhérence** [aderɑ̃s] *nf* **-1.** [par la colle, le ciment] adhesion. **-2.** [au sol] adhesion, grip; le manque d'~ d'une voiture a car's lack of *ou* poor road-holding. **-3.** ANAT adhesion.

**adhérent, e** [aderɑ̃, ɑ̃t] ◇ *adj* **-1.** [gén] adherent. **-2.** BOT adherent, adnate. ◇ *nm, f* member.

**adhérer** [18] [adere]
◆ **adhérer à** *v* + *prép* **-1.** [coller sur] to adhere to; ~ à la route to hold the road (*en usage absolu*): une colle qui adhère rapidement a glue that sticks quickly. **-2.** [se rallier à – opinion] to adhere to, to support; [– cause] to support; [– idéal] to adhere to; [– association] to join, to become a member of.

**adhésif, ive** [adezif, iv] *adj* adhesive, sticky. ◆ **adhésif** *nm* **-1.** [substance] adhesive. **-2.** [ruban] sticky tape, Sellotape® *Br*, Scotch tape® *Am*.

**adhésion** [adezjɔ̃] *nf* **-1.** [accord] support, adherence; donner son ~ à un projet to give one's support to *ou* to support a project. **-2.** [inscription] membership; l'~ au club est gratuite club membership is free; de plus en plus d'~s more and more members.

**adhésivité** [adezivite] *nf* adhesiveness.

**ad hoc** [adɔk] *loc adj inv* **-1.** [approprié] appropriate, suitable. **-2.** [destiné à tel usage – règle, raisonnement, commission] ad hoc; juge ~ specially appointed judge; réunions ~ meetings (organized) on an ad hoc basis.

**adieu, x** [adjø] *nm* farewell *litt*, good-bye; des ~x émouvants an emotional parting; faire ses ~x à qqn to say good-bye *ou* one's farewells to sb; faire ses ~x à la scène/au music-hall to make one's final appearance on stage/on a music-hall stage; dire ~ à qqn to say good-bye *ou* farewell to sb; tu peux dire ~ à ta voiture/tes ambitions you can say good-bye to your car/ambitions. ◆ **adieu** *interj* farewell *litt*, good-bye; ~ Berthe! *fam* that's the end of it! ◆ **d'adieu** *loc adj inv* [baiser] farewell (*modif*); [regard, cadeau] parting.

**à-Dieu-va(t)** [adjøva(t)] *interj* it's in God's hands.

**adipeux, euse** [adipø, øz] *adj* [tissu, cellule] adipose; [visage] puffed up, puffy.

**adiposité** [adipozite] *nf* adiposity.

**adjacent, e** [adʒasɑ̃, ɑ̃t] *adj* adjacent, adjoining; ~ à qqch ad-

jacent to *ou* adjoining sthg.

**adjectif, ive** [adʒɛktif, iv], **adjectival, e, aux** [adʒɛktival, o] *adj* adjective (*modif*), adjectival. ◆ **adjectif** *nm* adjective.

**adjectivement** [adʒɛktivmɑ̃] *adv* adjectivally, as an adjective.

**adjectiver** [3] [adʒɛktive], **adjectiviser** [3] [adʒɛktivize] *vt* to use as an adjective.

**adjoindre** [82] [adjwɛ̃dr] *vt* **-1.** [ajouter]: ~ à to add to. **-2.** [associer]: on m'a adjoint un secrétaire/une assistante I was given a secretary/an assistant. ◆ **s'adjoindre** *vpt*: s'~ qqn to take sb on.

**adjoint, e** [adʒwɛ̃, ɛ̃t] ◇ *pp* → **adjoindre**. ◇ *adj* assistant (*modif*). ◇ *nm, f* [assistant] assistant; ~ au maire deputy mayor; ~ d'enseignement assistant teacher. ◆ **adjoint** *nm* MIL adjunct.

**adjonction** [adʒɔ̃ksjɔ̃] *nf* **-1.** [fait d'ajouter] adding; 'sans ~ de sucre/sel' 'with no added sugar/salt'. **-2.** [chose ajoutée] addition.

**adjudant** [adʒydɑ̃] *nm* **-1.** MIL [dans l'armée de terre] ≃ warrant officer 2nd class *Br*, ≃ warrant officer *Am*; [dans l'armée de l'air] ≃ warrant officer *Br*, ≃ chief master sergeant *Am*. **-2.** *fam & hum*: bien, mon ~! yes sir!

**adjudant-chef** [adʒydɑ̃ʃɛf] (*pl* adjudants-chefs) *nm* [dans l'armée de terre] ≃ warrant officer 1st class *Br*, ≃ chief warrant officer *Am*; [dans l'armée de l'air] ≃ warrant officer *Br*, ≃ chief warrant officer *Am*.

**adjudicataire** [adʒydikatɛr] *nmf* **-1.** [aux enchères] successful bidder. **-2.** [d'un appel d'offres] successful tenderer.

**adjudicateur, trice** [adʒydikatœr, tris] *nm, f* **-1.** [dans des enchères] seller. **-2.** [dans un appel d'offres] awarder (*of a contract*).

**adjudication** [adʒydikasjɔ̃] *nf* **-1.** [enchères] auction sale; [attribution] auctioning (off). **-2.** COMM [appel d'offres] invitation to tender *Br ou* bid *Am*; [attribution] awarding, allocation. ◆ **en adjudication** *loc adv*: mettre une propriété en ~ to put a property up for (sale by) auction; mettre un marché en ~ to put a contract out to tender. ◆ **par adjudication, par voie d'adjudication** *loc adv* **-1.** [aux enchères] by auction. **-2.** COMM by tender.

**adjuger** [17] [adʒyʒe] *vt* **-1.** [aux enchères]: ~ qqch à qqn to knock sthg down to sb; ~ un objet au plus offrant to sell an item to the highest bidder; une fois, deux fois, trois fois, adjugé, vendu! going, going, gone!; adjugé, vendu! *fig* gone!, done! **-2.** [attribuer]: ~ un contrat/marché à qqn to award a contract/market to sb; ~ une note à qqn to give sb a mark *Br ou* grade *Am*. ◆ **s'adjuger** *vpt* to take.

**adjuration** [adʒyrasjɔ̃] *nf* *sout* plea, entreaty.

**adjurer** [3] [adʒyre] *vt* *sout* to entreat, to implore.

**adjuvant, e** [adʒyvɑ̃, ɑ̃t] *adj* adjuvant, auxiliary. ◆ **adjuvant** *nm* **-1.** MÉD [médicament] adjuvant. **-2.** [produit] additive.

**ad lib(itum)** [adlib(itɔm)] *loc adv* ad lib.

**admettre** [84] [admɛtr] *vt* **-1.** [laisser entrer – client, spectateur] to allow *ou* to let in (*sép*); 'on n'admet pas les animaux' 'pets are not allowed', 'no pets'; les enfants de moins de 10 ans ne sont pas admis children under the age of 10 are not admitted. **-2.** MÉCAN to let in (*sép*). **-3.** [recevoir]: ~ qqn dans un groupe to let *ou* to allow sb into a group; ~ qqn dans un club to admit sb to (membership of) a club; faire ~ qqn dans un club to sponsor sb for membership of a club; elle a été admise à l'Académie/à l'hôpital she was elected to the Académie/admitted to hospital. **-4.** ENS to pass; être admis to pass ‖ [dans une classe]: il ne sera pas admis en classe supérieure he won't be admitted to *ou* allowed into the next year *Br ou* class *Am*. **-5.** [reconnaître] to admit to; j'admets mon erreur/mon incertitude I admit I was wrong/I am unsure; j'admets m'être trompé I admit *ou* accept that I made a mistake; il faut ~ que c'est un résultat inattendu you've got to admit the result is unexpected ‖ [accepter]: il n'a pas reçu ta lettre, admettons OK, he didn't get your letter; j'admets que les choses se sont/se soient passées ainsi I accept that things did happen/may have happened that way. **-6.** [permettre – suj: personne] to tolerate, to stand for (*insép*); [– suj: chose] to allow, to admit

OU to be susceptible of; **tout texte admet de multiples interprétations** any text can lend itself to many different readings; **un ton qui n'admet pas la discussion** OU réplique a tone brooking no argument; **le règlement n'admet aucune dérogation** there shall be no breach of the regulations; **je n'admets pas d'être accusé sans preuve** I refuse to let myself be accused without proof; **je n'admets pas qu'on me parle sur ce ton!** I won't tolerate OU stand for this kind of talk!**-7.** [supposer] to assume.
♦ **admettons que** *loc conj* let's suppose OU assume, supposing, assuming.
♦ **en admettant que** *loc conj*: supposing OU assuming (that).

**administrateur, trice** [administratœr, tris] *nm, f* **-1.** [dans une société] director; ~ **judiciaire** receiver. **-2.** [dans les affaires publiques] administrator. **-3.** [dans une institution, une fondation] trustee.

**administratif, ive** [administratif, iv] *adj* administrative.

**administration** [administrasjɔ̃] *nf* **-1.** [fait de donner]: l'~ **d'un remède/sédatif** administering a remedy/sedative. **-2.** [gestion – d'une entreprise] management; [– d'une institution] administration; [– de biens] management, administration; [– d'un pays] government, running; [– d'une commune] running; **la mauvaise ~ d'une société** mismanagement of a company ❏ ~ **légale** guardianship. **-3.** [fonction publique]: **l'Administration** the Civil Service; **entrer dans l'Administration** to become a civil servant, to enter the Civil Service. **-4.** [service public]: ~ **communale** local government; l'~ **des Douanes** the Customs and Excise *Br*, the Customs Service *Am*; l'~ **des Eaux et forêts** the Forestry and Wildlife Commission; l'~ **des Impôts** the Inland Revenue *Br*, the Internal Revenue Service *Am*. **-5.** [équipe présidentielle]: **l'Administration Bush** the Bush administration.

**administré, e** [administre] *nm, f* citizen.

**administrer** [3] [administre] *vt* **-1.** [diriger – entreprise] to manage; [– institution, fondation, département, bien] to administer, to run; [– succession] to be a trustee of; [– pays] to govern, to run; [– commune] to run. **-2.** [donner – remède, sacrement] to administer; [– gifle, fessée] to give. **-3.** *sout* [preuve] to produce, to adduce; ~ **la justice** to apply the law.

**admirable** [admirabl] *adj* admirable.

**admirablement** [admirabləmã] *adv* wonderfully.

**admirateur, trice** [admiratœr, tris] *nm, f* admirer.

**admiratif, ive** [admiratif, iv] *adj* admiring.

**admiration** [admirasjɔ̃] *nf* admiration, wonder; **avoir** OU **éprouver de l'~ pour** to admire; **être en ~ devant** qqn/qqch to be filled with admiration for sb/sthg.

**admirativement** [admirativmã] *adv* admiringly.

**admirer** [3] [admire] *vt* to admire; **je l'admire, ça n'a pas dû être facile** I'm full of admiration for him, it can't have been easy; **il m'a fait ~ sa voiture** he showed off his car to me; **de la terrasse, il nous a fait ~ la vue** he showed us the splendid view from the terrace.

**admis, e** [admi, iz] *pp* → **admettre**.

**admissibilité** [admisibilite] *nf* **-1.** [d'une proposition, d'un procédé] acceptability. **-2.** ENS [après la première partie] *eligibility to take the second part of an exam*; [après l'écrit] *eligibility to take the oral exam*.

**admissible** [admisibl] *adj* **-1.** [procédé, excuse] acceptable. **-2.** ENS [après la première partie] *eligible to take the second part of an exam*; [après l'écrit] *eligible to take the oral exam*.

**admission** [admisjɔ̃] *nf* **-1.** [accueil] admission, admittance, entry; **demande d'~** [à l'hôpital] admission form; [dans un club] membership application. **-2.** ENS: ~ **à un examen** passing an exam; **son ~ à la faculté** his admission to OU his being admitted to the university. **-3.** MÉCAN induction. **-4.** TECH intake. **-5.** BOURSE: ~ **à la cote** admission to quotation.

**admonester** [3] [admɔneste] *vt litt* to admonish.

**admonition** [admɔnisjɔ̃] *nf litt* [reproche] admonition *lit*.

**ADN** (*abr de* **acide désoxyribonucléique**) *nm* DNA.

**ado** [ado] (*abr de* **adolescent**) *nmf fam* teenager.

**adolescence** [adɔlesɑ̃s] *nf* adolescence; **il a eu une ~ difficile** he was a difficult teenager.

**adolescent, e** [adɔlesɑ̃, ɑ̃t] *nm, f* adolescent, teenager.

**adonis** [adɔnis] *nm* Adonis.

**Adonis** [adɔnis] *npr* Adonis.

**adonner** [3] [adɔne]
♦ **s'adonner à** *vp* + *prép* [lecture, sport, loisirs] to devote o.s. to, to go in for; [travail, études] to devote o.s. to, to immerse o.s. in; s'~ **à la boisson/au jeu** to take to drink/to gambling.

**adoptable** [adɔptabl] *adj* adoptable.

**adoptant, e** [adɔptɑ̃, ɑ̃t] ◇ *adj* adopting. ◇ *nm, f* adopter.

**adopté, e** [adɔpte] ◇ *adj* adopted. ◇ *nm, f* adoptee.

**adopter** [3] [adɔpte] *vt* **-1.** [enfant] to adopt; **ses beaux-parents l'ont tout de suite adoptée** *fig* her in-laws took an instant liking to her. **-2.** [suivre – cause] to take up (*sép*); [– point de vue] to adopt, to approve; [– politique] to adopt, to take up; [– loi, projet] to adopt, to pass; [– mode] to follow, to adopt. **-3.** [se mettre dans – position, posture] to adopt, to assume. **-4.** [emprunter – nom] to assume; [– accent] to put on (*sép*); ~ **un profil bas** to adopt a low profile.

**adoptif, ive** [adɔptif, iv] *adj* [enfant] adopted; [parent] adoptive; [patrie] adopted.

**adoption** [adɔpsjɔ̃] *nf* **-1.** [d'un enfant] adoption. **-2.** [d'une loi, d'un projet] adoption, passing.
♦ **d'adoption** *loc adj* [pays] adopted; **c'est un Parisien d'~** he's Parisian by adoption, he's adopted Paris as his home town.

**adorable** [adɔrabl] *adj* **-1.** [charmant – personne] adorable; [– endroit] beautiful; [– vêtement] lovely; [– sourire] charming. **-2.** RELIG worthy of adoration, adorable.

**adorablement** [adɔrabləmã] *adv* adorably.

**adorateur, trice** [adɔratœr, tris] *nm, f* **-1.** RELIG worshipper. **-2.** [admirateur] fan, admirer.

**adoration** [adɔrasjɔ̃] *nf* **-1.** RELIG worship, adoration. **-2.** [admiration] adoration; **être en ~ devant** qqn to dote on OU to worship sb.

**adorer** [3] [adɔre] *vt* **-1.** [aimer – personne] to adore, to love; [– maison, robe, livre] to love, to adore. **-2.** RELIG to adore, to worship.
♦ **s'adorer** *vp* (*emploi réciproque*) to adore each other.

**adossé, e** [adose] *adj*: **être ~ à**: **elle était ~e au mur** she was leaning against the wall; **une maison ~e à la colline** a house built right up against the hillside.

**adosser** [3] [adose] *vt*: ~ qqch **à** OU **contre** qqch to put sthg (up) against sthg.
♦ **s'adosser** *vpi*: s'~ **à** OU **contre** qqch to lean against sthg.

**adouber** [3] [adube] *vt* **-1.** [chevalier] to dub. **-2.** JEUX to adjust.

**adoucir** [32] [adusir] *vt* **-1.** [rendre plus doux – peau, regard, voix, eau] to soften; [– amertume, caractère, acidité] to take the edge off; **l'âge l'a beaucoup adouci** he's mellowed a lot with age; **du miel pour ~ votre thé** honey to sweeten your tea. **-2.** [atténuer – couleur, propos, dureté] to tone down (*sép*); [– difficulté, antagonisme] to ease. **-3.** [rendre supportable – peine, punition] to reduce, to lessen the severity of; [– chagrin] to ease; **ils s'efforcent d'~ les conditions de vie des prisonniers** they try to make the prisoners' living conditions less harsh. **-4.** MÉTALL to temper down (*sép*), to soften. **-5.** MÉTÉO [temps, température] to make warmer OU milder.
♦ **s'adoucir** *vpi* **-1.** [devenir plus doux – peau, voix, lumière] to soften; [– regard] to soften; [– personne, caractère] to mellow. **-2.** MÉTÉO [temps, température] to become milder. **-3.** [s'atténuer – pente] to become less steep; [– accent] to become less broad. **-4.** ŒNOL to mellow.

**adoucissant, e** [adusisɑ̃, ɑ̃t] *adj* emollient.
♦ **adoucissant** *nm* **-1.** MÉD emollient. **-2.** [pour le linge] fabric conditioner.

**adoucissement** [adusismɑ̃] *nm* **-1.** [de la peau, de l'eau] softening; [d'un caractère] softening, mellowing; **un imperceptible ~ de son regard/sa voix** an imperceptible softening in his look/voice. **-2.** [estompage – d'une couleur, d'un contraste] softening, toning down. **-3.** [atténuation – d'une peine] reduction. **-4.** MÉTÉO: ~ **de la température** rise in temperature. **-5.** MÉTALL tempering, softening.

**adoucisseur** [adusisœr] *nm* water softener.

**ad patres** [adpatrɛs] *loc adv fam*: **envoyer** qqn ~ to send sb to (meet) his maker.

**adr. -1.** *abr écrite de* **adresse**. **-2.** *abr écrite de* **adresser**.

**adrénaline** [adrenalin] *nf* adrenalin.

**adressage** [adrɛsaʒ] *nm* addressing.

**adresse** [adrɛs] *nf* **-1.** [domicile] address; **parti sans laisser**

d'~ gone without leaving a forwarding address ❑ une bonne ~ [magasin] a good shop *Br* ou store *Am*; [restaurant] a good restaurant; [hôtel] a good hotel. **-2.** [discours] formal speech, address. **-3.** [dans un dictionnaire] headword. **-4.** INF address. **-5.** [dextérité] skill; jeu d'~ game of skill. **-6.** [subtilité] cleverness, adroitness; répondre avec ~ to give a tactful answer.
◆ à l'adresse de *loc prép* intended for, aimed at.
**adresser** [4] [adrese] *vt* **-1.** [paquet, enveloppe] to address; ~ qqch à qqn to address sthg to sb; cette lettre vous est adressée this letter is addressed to you ou has your name on the envelope. **-2.** [envoyer]: ~ qqch à qqn [gén] to address ou to direct sthg to sb; [par courrier] to send ou to forward sthg to sb; ~ CV détaillé à Monique Bottin send detailed CV to Monique Bottin. **-3.** [destiner]: ~ qqch à qqn [une remarque] to address sthg to ou to direct sthg at sb; ~ la parole à qqn to speak to sb; ~ un compliment à qqn to pay sb a compliment; ~ un reproche à qqn to level a reproach at sb; nous ne vous adressons aucun reproche we don't blame you in any way; ~ des prières à Dieu to pray to God; il leur adressait des regards furieux he looked at them with fury in his eyes, he shot furious glances at them; le clin d'œil m'était sans doute adressé the wink was undoubtedly meant for ou intended for ou aimed at me; ~ un signe à qqn to wave at sb; [négatif] to shake one's head at sb; ~ un sourire à qqn to smile at sb. **-4.** [diriger – personne]: ~ un malade à un spécialiste to refer a patient to a specialist; on m'a adressé à vous I've been referred to you. **-5.** INF to address.
◆ s'adresser à *vp* + *prép* **-1.** [parler à] to speak to, to address; c'est à vous que je m'adresse I'm talking to you; le ministre s'adressera d'abord aux élus locaux the minister will first address the local councillors; s'~ à la conscience/ générosité de qqn *fig* to appeal to sb's conscience/ generosity. **-2.** [être destiné à] to be meant for ou aimed at; à qui s'adresse cette remarque? who's this remark aimed at? **-3.** [pour se renseigner]: adressez-vous à la concierge you'd better see the porter; il faut vous ~ au syndicat d'initiative you should apply to the tourist office; je ne sais pas à qui m'~ I don't know who to go to.
**adret** [adrε] *nm* sunny side (*of a valley*).
**Adriatique** [adrijatik] ◇ *adj* Adriatic; la mer ~ the Adriatic Sea. ◇ *npr f*: l'~ the Adriatic (Sea).
**adroit, e** [adrwa, at] *adj* **-1.** [habile – gén] deft, dexterous; [– apprenti, sportif, artisan] skilful; être ~ de ses mains to be clever with one's hands. **-2.** [astucieux – manœuvre] clever; [– diplomate] skilful; [– politique] clever; la remarque n'était pas bien ~e it was a rather clumsy thing to say.
**adroitement** [adrwatmã] *adv* **-1.** [avec des gestes habiles] skilfully. **-2.** [astucieusement] cleverly.
**adulateur, trice** [adylatœr, tris] *litt* ◇ *adj* adulatory. ◇ *nm, f* adulator.
**adulation** [adylasjɔ̃] *nf litt* adulation.
**aduler** [3] [adyle] *vt litt* to adulate, to fawn upon (*insép*).
**adulte** [adylt] ◇ *adj* **-1.** [individu] adult; [attitude] mature. **-2.** ZOOL full-grown, adult; BOT full-grown. ◇ *nmf* adult; livres/ films pour ~s adult books/films.
**adultération** [adylterasjɔ̃] *nf* adulteration.

**adultère** [adyltεr] ◇ *adj* [relation] adulterous; femme ~ adulteress; homme ~ adulterer. ◇ *nmf litt* adulterer (*f* adulteress). ◇ *nm* [infidélité] adultery; commettre l'~ avec qqn to have an adulterous relationship with sb, to commit adultery with sb.
**adultérin, e** [adylterɛ̃, in] *adj* adulterine.
**ad valorem** [advalɔrεm] *loc adj inv* JUR [taxe] ad valorem.
**advenir** [40] [advənir] *vi* to happen.
◆ il advient *v impers*: qu'est-il advenu de lui? what ou whatever became of him?; il advient que... it (so) happens that...; il advint que je tombai malade it (so) happened that I fell ill, I happened to fall ill; quoi qu'il advienne, quoi qu'il puisse advenir come what may, whatever may happen ❑ advienne que pourra come what may.
**adventice** [advãtis] *adj* **-1.** PHILOS adventitious. **-2.** BOT self-propagating.
**adventiste** [advãtist] *adj & nmf* Adventist.
**adverbe** [advεrb] *nm* adverb.
**adverbial, e, aux** [advεrbjal, o] *adj* adverbial.
**adverbialement** [advεrbjalmã] *adv* [employer] adverbially.
**adversaire** [advεrsεr] *nmf* adversary, opponent.
**adverse** [advεrs] *adj* **-1.** [bloc, opinion] opposing. **-2.** *litt* [circonstances] adverse. **-3.** JUR opposing.
**adversité** [advεrsite] *nf* adversity; poursuivi par l'~ the victim of many misfortunes.
**adviendra** [advjɛ̃dra], **adviennent** [advjɛn], **advient** [advjɛ̃], **advint** [advɛ̃] *v* → advenir.
**ad vitam aeternam** [advitamεternam] *loc adv* for ever.
**aède** [aεd] *nm* poet (*in Ancient Greece*).
**AELE** (*abr de* Association européenne de libre-échange) *npr f* EFTA.
**AEN** (*abr de* Agence pour l'énergie nucléaire) *npr f* French atomic energy agency, ≃ AEA.
**aérateur** [aeratœr] *nm* **-1.** CONSTR ventilator. **-2.** AGR aerator.
**aération** [aerasjɔ̃] *nf* TECH ventilation; [d'une pièce] airing.
**aère** [aεr] *v* → aérer.
**aéré, e** [aere] *adj* **-1.** [chambre] well-ventilated, airy. **-2.** [présentation, texte] well-spaced.
**aérer** [18] [aere] *vt* **-1.** [ventiler – chambre, maison] to air, to ventilate. **-2.** [alléger]: aère un peu ton texte avant de le rendre improve the presentation of your text before handing it in.
◆ s'aérer *vp* (*emploi réfléchi*) to get some fresh air; s'~ l'esprit/les idées to clear one's mind/one's thoughts.
**aérien, enne** [aerjɛ̃, εn] *adj* **-1.** AÉRON [tarif, base, raid, catastrophe] air (*modif*); [combat, photographie] aerial. **-2.** [à l'air libre – câble] overhead. **-3.** [léger – mouvement] light, floating; d'une légèreté ~ne as light as air. **-4.** TÉLÉC overhead.
◆ aérien *nm* aerial.
**aérobic** [aerɔbik] *nm* aerobics (*U*).
**aérobie** [aerɔbi] ◇ *adj* aerobic. ◇ *nm* aerobe, aerobium.
**aéro-club** [aerɔklœb] (*pl* aéro-clubs) *nm* flying club.
**aérodrome** [aerɔdrom] *nm* airfield.
**aérodynamique** [aerɔdinamik] ◇ *adj* [étude, soufflerie] aero-

---

**Pour attirer l'attention de quelqu'un**

Excuse me!
Sir!/Ma'am!/Miss! [anglais américain]
Ladies and gentlemen, ... [en s'adressant à un groupe]
Mr Chairman/Madam Chairwoman, ... [en s'adressant au président/à la présidente d'une réunion]

**Dans les magasins, les restaurants, au café etc**

Can I help you?
Excuse me! [pour appeler le serveur]
Are you ready to order, Sir?
Is everything alright, Madam/Miss?

**Titres professionnels**

Nurse!
Doctor, I think there's something wrong.
Officer, I'd like to report a burglary.
Sir/Miss! [anglais britannique, à l'école]
Good morning, Professor (Jones). [en faculté]

**Titres honorifiques**

Your Excellency, ... [à un ambassadeur]
Your Honour, ... [à un juge]
Mr/Madam President, ...
Prime Minister, ...

dynamic; [ligne, profil, voiture] streamlined. ◊ *nf* aerodynamics *(U)*.

**aérodynamisme** [aerɔdinamism] *nm* aerodynamics *(U)*.

**aérofrein** [aerɔfrɛ̃] *nm* air brake.

**aérogare** [aerɔgar] *nf* [pour les marchandises] airport building; [pour les voyageurs] air terminal.

**aéroglisseur** [aerɔglisœr] *nm* hovercraft.

**aérogramme** [aerɔgram] *nm* aerogramme.

**aéromodélisme** [aerɔmɔdelism] *nm* model aircraft making.

**aéronaute** [aerɔnot] *nmf* aeronaut.

**aéronautique** [aerɔnotik] ◊ *adj* aeronautic, aeronautical. ◊ *nf* aeronautics *(U)*.

**aéronaval, e, als** [aerɔnaval] *adj* [bataille] air and sea *(modif)*.
♦ **aéronavale** *nf*: l'~e ≃ Fleet Air Arm *Br*, ≈ Naval Air Command *Am*.

**aéronef** [aerɔnɛf] *nm* aircraft.

**aéronomie** [aerɔnɔmi] *nf* aeronomy.

**aérophagie** [aerɔfaʒi] *nf* wind, aerophagia *spéc*; avoir ou faire de l'~ to have wind.

**aéroport** [aerɔpɔr] *nm* airport.

**aéroporté, e** [aerɔpɔrte] *adj* MIL airborne.

**aéroportuaire** [aerɔpɔrtɥɛr] *adj* airport *(modif)*.

**aéropostal, e, aux** [aerɔpɔstal, o] *adj* airmail *(modif)*.
♦ **Aéropostale** *npr f*: l'Aéropostale HIST first French airmail service between Europe and South America; [filiale d'Air France] subsidiary of Air France.

**aérosol** [aerɔsɔl] *nm* COMM aerosol.
♦ **en aérosol** *loc adj* spray *(modif)*.

**aérospatial, e, aux** [aerɔspasjal, o] *adj* aerospace *(modif)*.
♦ **aérospatiale** *nf* -1. SC aerospace science. -2. INDUST aerospace industries.

**aérostat** [aerɔsta] *nm* aerostat.

**aérostation** [aerɔstasjɔ̃] *nf* aerostation.

**aérostatique** [aerɔstatik] ◊ *adj* aerostatic, aerostatical. ◊ *nf* aerostatics *(U)*.

**Aérotrain®** [aerɔtrɛ̃] *nm* hovertrain.

**aérotransporté, e** [aerɔtrɑ̃spɔrte] *adj* airborne.

**AF** *nfpl abr de* **allocations familiales**.

**Afars** [afar] *npr mpl* -1. [peuple] Afars. -2. GÉOG & *vieilli*: Territoire français des ~ et des Issas Territory of the Afars and Issas.

**affabilité** [afabilite] *nf sout* affability, friendliness.

**affable** [afabl] *adj sout* affable, friendly; sous des dehors ~s behind a benign façade.

**affabulation** [afabylasjɔ̃] *nf* -1. LITTÉRAT plot construction. -2. PSYCH mythomania.

**affabuler** [3] [afabyle] ◊ *vi* to invent stories. ◊ *vt* LITTÉRAT [intrigue] to construct.

**affadir** [32] [afadir] *vt* -1. [aliments] to make bland ou tasteless. -2. [ternir] to make dull, to cause to fade.
♦ **s'affadir** *vpi* -1. [aliments] to become tasteless. -2. [couleur] to fade.

**affadissement** [afadismɑ̃] *nm* -1. [d'un mets] loss of taste, increased blandness. -2. [d'une couleur – par le soleil] fading; [– par un pigment] dulling.

**affaibli, e** [afebli] *adj* weakened; utiliser un mot dans son sens ~ to use a word in its weaker sense.

**affaiblir** [32] [afeblir] *vt* -1. [personne] to weaken. -2. [atténuer] to weaken. -3. [armée, institution] to weaken, to undermine. -4. [monnaie] to weaken.
♦ **s'affaiblir** *vpi* -1. [dépérir] to weaken, to become weaker; s'~ de jour en jour to get weaker and weaker every day, to get weaker by the day. -2. [s'atténuer – signification, impact] to weaken, to grow weaker; [lumière] to fade.

**affaiblissement** [afeblismɑ̃] *nm* [d'une personne, d'une idée, d'un sentiment] weakening; [d'une lumière, d'un bruit] fading.

**affaire** [afɛr] *nf* -1. [société] business, firm, company; monter une ~ to set up a business; remonter une ~ to put a business back on its feet; gérer ou diriger une ~ to run a business; l'~ familiale the family business. -2. [marché] (business) deal ou transaction; faire ~ avec qqn to have dealings with sb; conclure une ~ avec qqn to clinch a deal with sb; faire beaucoup d'~s to do a lot of business; une ~ (en or) *fam* an unbeatable bargain; faire une ~ (en or) to get

a bargain; à mon avis, ce n'est pas une ~! I wouldn't exactly call it a bargain!; ils font des ~s en or they're doing terrific business; (c'est une) ~ conclue!, c'est une ~ faite! it's a deal!; l'~ ne se fera pas the deal's off; l'~ n'est pas encore faite! *pr* the deal isn't clinched yet; *fig* it's by no means a foregone conclusion; c'est une ~ entendue! we agree on that! ❑ lui, c'est vraiment pas une ~! *fam* [il est insupportable] he's a real pain!; [il est bête] he's no bright spark!-2. [problème, situation délicate] business; une mauvaise ou sale ~ a nasty business; ce n'est pas une mince ~, c'est tout une ~ it's quite a business; quelle ou la belle ~! *iron* so what (does it matter)?; c'est une autre ~ that's another story ou a different proposition ❑ c'est une ~ de gros sous it's a huge scam; sortir ou tirer qqn d'~ [par amitié] to get sb out of trouble; [médicalement] to pull sb through; être sorti ou tiré d'~ [après une aventure, une faillite] to be out of trouble ou in the clear; [après une maladie] to be off the danger list; on n'est pas encore tirés d'~ we're not out of the woods yet. -4. [scandale]: ~ d'État affair of state; n'en fais pas une ~ d'État! *fig* don't blow the thing up out of all proportion!; ~ (politique) (political) scandal ou affair; l'~ Dreyfus the Dreyfus affair ‖ [crime] murder; [escroquerie] business, job; être sur une ~ to be in on a job. -5. [procès] trial, lawsuit, case; l'~ est jugée demain the trial concludes tomorrow; saisir un tribunal d'une ~ to bring a case before a judge ❑ ~ civile/correctionnelle civil/criminal action. -6. [ce qui convient]: j'ai votre ~ *fam* I've got just the thing for you; la mécanique c'est pas/c'est son ~ *fam* car engines aren't exactly/are just his cup of tea ❑ la vieille casserole fera l'~ the old saucepan'll do; je vais lui faire son ~ *fam* I'll sort you straighten him out! -7. [responsabilité]: fais ce que tu veux, c'est ton ~ do what you like, it's your business ou problem; en faire son ~ to take the matter in hand, to make it one's business; l'architecte? j'en fais mon ~ I'll deal with ou handle the architect. -8. [question]: dis-moi l'~ en deux mots tell me briefly what the problem is; l'âge/l'argent/le temps ne fait rien à l'~ age/money/time doesn't make any difference; c'est l'~ d'une seconde it can be done in a trice; c'est l'~ d'un coup de fil *fam* all it takes is a phone call; c'est une ~ de vie ou de mort it's a matter of life and death; ~ de principe matter of principle; ~ de goût question of taste; pour une ~ de souveraineté territoriale over some business to do with territorial sovereignty. -9. *loc*: avoir ~ à to (have to) deal with; avoir ~ à forte partie to have a strong ou tough opponent; avoir ~ à plus fort/plus malin que soi to be dealing with someone stronger/more cunning than o.s.; il vaut mieux n'avoir pas ~ à lui it's better to avoid having anything to do with him; tu vas avoir ~ à moi si tu tires la sonnette! if you ring the bell, you'll have me to deal with!; elle a eu ~ à moi quand elle a voulu vendre la maison! she had me to contend with when she tried to sell the house!; être à son ~: à la cuisine, il est à son ~ in the kitchen ou when he's cooking he's in his element; tout à son ~, il ne m'a pas vu entrer he was so absorbed in what he was doing, he didn't see me come in.
♦ **affaires** *nfpl* -1. COMM & ÉCON business *(U)*; les ~s vont bien/mal business is good/bad; être dans les ~s to be a businessman (*f* businesswoman); les ~s sont les ~s! business is business!; pour ~s [voyager, rencontrer] for business purposes, on business; un ~s voyage/repas d'~s business trip/lunch. -2. ADMIN & POL affairs; être aux ~s to run the country, to be the head of state; depuis qu'il est revenu aux ~s since he's been back in power ❑ les ~s courantes everyday matters; les ~s de l'État the affairs of state; ~s intérieures internal ou domestic affairs; ~s internationales international affairs; ~s publiques public affairs; les Affaires sociales the Social Services (department). -3. [situation matérielle]: ses ~s his business affairs, his financial situation; mettre de l'ordre dans ses ~s (avant de mourir) to put one's affairs in order (before dying) ‖ [situation personnelle]: s'il revient, elle voudra le revoir et ça n'arrangera pas tes ~s if he comes back, she'll want to see him and that won't help the situation; mêle-toi de tes ~s! mind your own business; keep your nose out of this!; c'est mes ~s, ça te regarde pas! *fam* that's my business! ❑ ~s de cœur love life. -4. [objets personnels] things, belongings, (personal) possessions; ses petites ~s *hum* his little things; *péj* his precious belongings.
♦ **en affaires** *loc adv* when (you're) doing business, in busi-

ness; être dur en ~s [gén] to drive a hard bargain, to be a tough businessman (*f* businesswoman).
◆ **toutes affaires cessantes** *loc adv* forthwith; toutes ~s cessantes, ils sont allés chez le maire they dropped everything and went to see the mayor.

**affairé, e** [afere] *adj* busy; **prends un air** ~ look busy, pretend you've got a lot to do; **ils entraient et sortaient d'un air** ~ they were bustling in and out.

**affairement** [afɛrmɑ̃] *nm litt* bustle.

**affairer** [4] [afere]
◆ **s'affairer** *vpi* to bustle; **il est toujours à s'**~ **dans la maison** he's always bustling about the house; **s'**~ **auprès de qqn** to fuss around sb.

**affairisme** [aferism] *nm péj* money-making.

**affairiste** [aferist] *nmf péj* speculator.

**affaissé, e** [afese] *adj*: **le sol était** ~ the ground had subsided; **il était** ~ **sur sa chaise** he was slumped in his chair.

**affaissement** [afɛsmɑ̃] *nm* **-1.** [effondrement] subsidence; ~ **de sol,** ~ **de terrain** subsidence. **-2.** [relâchement – d'un muscle, des traits] sagging. **-3.** [dépression] collapse, breakdown.

**affaisser** [4] [afese] *vt* GÉOL [terrain, sol] to cause to sink ou to subside.
◆ **s'affaisser** *vpi* **-1.** [se tasser – gén] to subside, to collapse, to sink; [– bâtiment] to collapse. **-2.** [s'affaler] to collapse, to slump; **s'**~ **sur un canapé** to collapse ou to slump onto a couch. **-3.** ÉCON [monnaie, marché] to collapse, to slump.

**affalement** [afalmɑ̃] *nm* collapsing, slumping.

**affaler** [3] [afale] *vt* NAUT [voile] to haul down (*sép*).
◆ **s'affaler** *vpi*: **s'**~ **dans un fauteuil** to flop into an armchair; **s'**~ **sur le sol** to collapse on the ground.

**affamé, e** [afame] ◇ *adj* famished, starving; ~ **de** *litt* hungry for. ◇ *nm, f* starving person.

**affamer** [3] [afame] *vt* to starve.

**affameur, euse** [afamœr, øz] *nm, f* starver.

**affect** [afɛkt] *nm* affect.

**affectation** [afɛktasjɔ̃] *nf* **-1.** [manière] affectation; **il n'y a aucune** ~ **dans son langage** her language is not at all affected; **avec** ~ affectedly. **-2.** [attribution] allocation. **-3.** [assignation] appointment, nomination; MIL posting; **il a reçu son** ~ **en Allemagne** MIL he was posted to Germany.

**affecté, e** [afɛkte] *adj* [personne] affected, mannered.

**affecter** [4] [afɛkte] *vt* **-1.** [feindre] to affect, to put on a show of; ~ **une grande joie** to pretend to be overjoyed. **-2.** [présenter – une forme] to assume; ~ **l'apparence de** to take on ou to assume the appearance of. **-3.** [assigner] to allocate, to assign; ~ **des crédits à la recherche** to allocate funds to research. **-4.** [nommer] to appoint, to nominate; **être affecté à un poste** to be appointed to a post. **-5.** [atteindre] to affect. **-6.** [émouvoir] to affect, to move; **très affecté par cette lettre/l'accident de ses parents** greatly affected by this letter/his parents' accident. **-7.** MATH to modify.

**affectif, ive** [afɛktif, iv] *adj* **-1.** [réaction] emotional. **-2.** PSYCH affective.

**affection** [afɛksjɔ̃] *nf* **-1.** [attachement] affection, fondness, liking; **avoir de l'**~ **pour** to be fond of, to have a fondness for, to have a liking for; **prendre qqn en** ~ to grow to like sb; **une marque** ou **un signe d'**~ a token of love ou affection. **-2.** MÉD disease, disorder. **-3.** PSYCH affection.

**affectionné, e** [afɛksjɔne] *adj* [dans une lettre] loving.

**affectionner** [3] [afɛksjɔne] *vt* **-1.** [objet, situation] to be fond of. **-2.** [personne] to like, to feel affection for.

**affectivité** [afɛktivite] *nf* **-1.** [réactions]: **l'**~ emotionality *spéc*, emotional life. **-2.** [caractère] sensitivity.

**affectueusement** [afɛktɥøzmɑ̃] *adv* **-1.** [tendrement] affectionately, fondly. **-2.** [dans une lettre]: **bien** ~ kindest regards.

**affectueux, euse** [afɛktɥø, øz] *adj* loving, affectionate; **elle le regardait d'un air** ~ she was looking at him fondly ou affectionately.

**afférent, e** [aferɑ̃, ɑ̃t] *adj* **-1.** JUR: ~ **à** accruing to, relating to. **-2.** *sout*: ~ **à** [qui se rapporte à] relating ou relevant to. **-3.** MÉD [nerf, vaisseau] afferent.

**affermer** [3] [afɛrme] *vt* to lease ou to rent (out).

**affermir** [32] [afɛrmir] *vt* **-1.** [consolider – mur] to reinforce, to strengthen. **-2.** [rendre plus ferme] to strengthen, to tone

ou to firm up (*sép*). **-3.** [assurer] to strengthen; ~ **sa position** to strengthen one's position; ~ **sa voix** to steady one's voice.
◆ **s'affermir** *vpi* **-1.** [puissance, influence] to be strengthened; [investissements, monnaie] to strengthen. **-2.** [muscle, chair] to firm ou to tone up, to get firmer.

**affermissement** [afɛrmismɑ̃] *nm* [d'un pont] strengthening, consolidating; [de la peau] toning; [d'une monnaie] strengthening.

**affichage** [afiʃaʒ] *nm* **-1.** [sur une surface] posting; '~ **interdit**' 'stick no bills'. **-2.** INF display.

**affiche** [afiʃ] *nf* **-1.** [annonce officielle] public notice; [image publicitaire] advertisement, poster; [d'un film, d'une pièce, d'un concert] poster; ~ **électorale** election poster. **-2.** CIN & THÉÂT: **en tête d'**~, **en haut de l'**~ at the top of the bill ❑ **tenir l'**~ to run; **quitter l'**~ to close.
◆ **à l'affiche** *loc adv*: **être à l'**~ to be on; **mettre une pièce à l'**~ to put a play on, to stage a play; **rester à l'**~ to run.

**afficher** [3] [afiʃe] *vt* **-1.** [placarder] to post ou to stick up (*sép*). **-2.** [annoncer] to bill, to have on the bill; **on affiche complet pour ce soir** the house is full tonight. **-3.** *péj* [exhiber] to show off (*sép*), to display, to flaunt *péj*; ~ **son désespoir** to make one's despair obvious; ~ **sa fortune/une liaison** to flaunt one's wealth/an affair. **-4.** INF to display.
◆ **s'afficher** *vpi péj*: **elle s'affiche avec lui** she's not afraid of being seen with him.

**affichette** [afiʃɛt] *nf* small poster.

**afficheur** [afiʃœr] *nm* billposter, billsticker.

**affichiste** [afiʃist] *nmf* poster designer.

**affilage** [afilaʒ] *nm* sharpening (*of a blade*).

**affilé, e** [afile] *adj* [aiguisé] sharp.
◆ **d'affilée** *loc adv*: **il a pris plusieurs semaines de congé d'**~**e** he took several weeks' leave in a row; **deux/trois heures d'**~**e** for two/three hours at a stretch.

**affiler** [3] [afile] *vt* [couteau, lame] to sharpen.

**affiliation** [afiljasjɔ̃] *nf* affiliation; **demander son** ~ **à une organisation** to apply for membership of an organization.

**affilié, e** [afilje] ◇ *adj* affiliated. ◇ *nm, f* affiliate.

**affilier** [9] [afilje]
◆ **s'affilier** *vp* (*emploi réfléchi*): **s'**~ **à** to affiliate o.s. ou to become affiliated to.

**affiloir** [afilwar] *nm* whetstone.

**affinage** [afinaʒ] *nm* [d'un fromage] maturing; [du coton] fining; [d'un métal, de sucre] fining, refining.

**affine** [afin] *adj* MATH [application, espace, géométrie] affine.

**affiner** [3] [afine] *vt* **-1.** [purifier – verre, métal] to refine. **-2.** [adoucir – traits] to fine down. **-3.** [raffiner – goût, sens] to refine. **-4.** [mûrir]: ~ **du fromage** to allow cheese to mature.
◆ **s'affiner** *vpi* **-1.** [se raffiner] to become more refined. **-2.** [mincir] to become thinner.

**affinité** [afinite] *nf* **-1.** [sympathie] affinity; **avoir des** ~**s avec qqn** to have an affinity with sb. **-2.** CHIM affinity.

**affirmatif, ive** [afirmatif, iv] *adj* **-1.** [catégorique] affirmative; **il a été très** ~ **à ce sujet** he was quite positive about it; **parler d'un ton** ~ to speak affirmatively. **-2.** LING affirmative.
◆ **affirmatif** *adv* MIL & TÉLÉC affirmative.
◆ **affirmative** *nf*: **répondre par l'affirmative** to answer yes ou in the affirmative; **nous aimerions savoir si vous serez libre mercredi; dans l'affirmative, nous vous prions de…** we'd like to know if you are free on Wednesday; if you are ou if so, please…

**affirmation** [afirmasjɔ̃] *nf* **-1.** [gén] affirmation. **-2.** JUR solemn affirmation. **-3.** LOGIQUE affirmation.

**affirmativement** [afirmativmɑ̃] *adv* affirmatively.

**affirmer** [3] [afirme] *vt* **-1.** [assurer] to assert, to affirm; **rien ne permet encore d'**~ **qu'il s'agit d'un acte terroriste** there is no firm evidence as yet that terrorists were involved; **elle affirme ne pas l'avoir vu de la soirée** she maintains she didn't see him all evening; **le Premier ministre a affirmé son désir d'en finir avec le terrorisme** the Prime Minister stated his desire to put an end to terrorism; **la semaine dernière, affirma-t-il** last week, he said. **-2.** [exprimer – volonté, indépendance] to assert.
◆ **s'affirmer** *vpi* [personne] to assert o.s.; [qualité, désir, volonté] to assert ou to express itself.

**affixe** [afiks] *nm* affix.
**affleurement** [aflœrmã] *nm* -**1**. GÉOL outcrop. -**2**. MENUIS levelling.
**affleurer** [5] [aflœre] ◊ *vt* [étagère, planches] to level. ◊ *vi* [écueil] to show on the surface; GÉOL [filon] to outcrop; *fig* to show through.
**affliction** [afliksjõ] *nf litt* affliction.
**affligé, e** [afliʒe] *adj* afflicted.
**affligeai** [afliʒe] *v* → **affliger**.
**affligeant, e** [afliʒã, ãt] *adj* -**1**. *litt* [attristant] distressing. -**2**. [lamentable] appalling, pathetic.
**affliger** [17] [afliʒe] *vt* -**1**. [atteindre] to afflict, to affect; être affligé d'un handicap to be afflicted with a handicap; elle est affligée d'un prénom ridicule *fig* & *hum* she's cursed with a ridiculous first name. -**2**. *litt* [attrister] to aggrieve *litt*, to affect.
◆ **s'affliger** *vpi litt* to be distressed, to feel grief; **s'~ de** to be distressed about, to grieve over.
**affluence** [aflyãs] *nf* -**1**. [foule] crowd; il y a ~ it's crowded. -**2**. *litt* [richesses] affluence.
**affluent, e** [aflyã, ãt] *adj* [fleuve, rivière] tributary.
◆ **affluent** *nm* tributary, affluent.
**affluer** [3] [aflye] *vi* -**1**. [couler] to rush; le sang afflua à son visage blood rushed to her face; les capitaux affluent *fig* money's flowing ou rolling in. -**2**. [arriver] to surge; les manifestants affluaient vers la cathédrale the demonstrators were flocking to the cathedral.
**afflux** [afly] *nm* -**1**. [de sang] rush, afflux. -**2**. [de voyageurs] influx, flood. -**3**. ÉLECTR surge (of current).
**affolant, e** [afɔlã, ãt] *adj* -**1**. [inquiétant] frightening, terrifying. -**2**. *fam* [en intensif] appalling.
**affolé, e** [afɔle] *adj* -**1**. [bouleversé] panic-stricken. -**2**. [boussole] spinning.
**affolement** [afɔlmã] *nm* -**1**. [panique] panic; pas d'~! don't panic!; sans ~ in a cool (,calm) and collected way. -**2**. [d'une boussole] spinning.
**affoler** [3] [afɔle] *vt* -**1**. [terrifier] to throw into a panic; [bouleverser] to throw into turmoil. -**2**. *litt* [sexuellement] to drive wild with desire.
◆ **s'affoler** *vpi* -**1**. [s'effrayer] to panic. -**2**. [boussole] to spin.
**affranchi, e** [afrãʃi] ◊ *adj* -**1**. HIST [esclave] freed. -**2**. [émancipé] emancipated, liberated. ◊ *nm, f* -**1**. HIST [esclave libéré] freed slave. -**2**. *ᵛ arg crime* shady character.
**affranchir** [32] [afrãʃir] *vt* -**1**. HIST [esclave] to (set) free. -**2**. [colis, lettre] to stamp, to put a stamp on; stamps on; paquet insuffisamment affranchi parcel with insufficient postage on it. -**3**. *ᵛ arg crime* [renseigner]: ~ qqn to give sb the lowdown, to tip sb off *(sép)*. -**4**. [JEUX [carte] to clear.
◆ **s'affranchir** *vpi* [colonie] to gain one's freedom; [adolescent] to gain one's independence; [opprimé] to become emancipated ou liberated.
**affranchissement** [afrãʃismã] *nm* -**1**. [libération] freeing; après leur ~ after they were set free. -**2**. [d'une lettre] stamping; ~ insuffisant insufficient postage.
**affres** [afr] *nfpl litt* pangs; les ~ de la jalousie the pangs of jealousy; les ~ de la création the throes of creativity.
**affrète** [afrɛt] *v* → **affréter**.
**affrètement** [afrɛtmã] *nm* chartering.
**affréter** [18] [afrete] *vt* [avion, navire] to charter.
**affréteur** [afretœr] *nm* charterer, charter company.
**affreusement** [afrøzmã] *adv* -**1**. [en intensif] dreadfully, horribly, terribly; elle a été ~ mutilée she was horribly mutilated. -**2**. [laidement]: ~ habillé/décoré hideously dressed/decorated.
**affreux, euse** [afrø, øz] *adj* -**1**. [répugnant] horrible, ghastly. -**2**. [très désagréable] dreadful, awful.
◆ **affreux** *nm fam* [mercenaire] (white) mercenary *(in Africa)*.
**affriolant, e** [afrijɔlã, ãt] *adj* alluring, appealing; des dessous ~s sexy underwear.
**affrioler** [3] [afrijɔle] *vt* to excite, to allure.
**affriquée** [afrike] LING ◊ *adj f* [consonne] affricative. ◊ *nf* affricate.
**affront** [afrõ] *nm* affront; essuyer ou subir un ~ to be affronted ou offended; faire un ~ à qqn to affront sb.
**affrontement** [afrõtmã] *nm* confrontation.

**affronter** [3] [afrõte] *vt* -**1**. [ennemi, mort] to face; [problème] to face (up to), to square up to *(insép)*. -**2**. MENUIS [planche] to butt-joint.
◆ **s'affronter** *vp (emploi réciproque)* to confront one another; deux thèses s'affrontent dans le débat sur la peine de mort there are two opposing theories in the debate on the death penalty.
**affublement** [afybləmã] *nm* rigout.
**affubler** [3] [afyble] *vt péj* [habiller] to rig out *(sép)*; on l'avait affublé d'un surnom idiot *fig* the poor boy had been given an absurd nickname.
◆ **s'affubler de** *vp* + *prép péj* to rig o.s. out in.
**affût** [afy] *nm* -**1**. ARM carriage, mount. -**2**. OPT [d'un télescope] frame.
◆ **à l'affût** *loc adv*: se mettre à l'~ CHASSE to hide out.
◆ **à l'affût de** *loc prép* -**1**. CHASSE: être à l'~ de to be lying in wait for. -**2**. [à la recherche de]: il est toujours à l'~ des ragots/des articles les plus récents he's always on the look-out for juicy bits of gossip/the latest articles; à l'~ d'un sourire begging for a smile.
**affûter** [3] [afyte] *vt* to grind, to sharpen.
**affûteur** [afytœr] *nm* grinder.
**afghan, e** [afgã, an] *adj* Afghan.
◆ **Afghan, e** *nm, f* Afghan, Afghani.
**Afghanistan** [afganistã] *npr m*: (l') ~ Afghanistan.
**aficionado** [afisjɔnado] *nm* aficionado; les ~s du football football enthusiasts.
**afin** [afɛ̃]
◆ **afin de** *loc prép* in order to, so as to.
◆ **afin que** *loc conj (suivi du subjonctif)* in order ou so that.
**AFNOR, Afnor** [afnɔr] *(abr de* **Association française de normalisation)** *npr f French industrial standards authority,* ≈ BSI *Br,* ≈ ASA *Am.*
**a fortiori** [afɔrsjɔri] *loc adv* a fortiori, even more so, with all the more reason.
**AF-P** *(abr de* **Agence France-Presse)** *npr f French national news agency.*
**AFPA** [afpa] *(abr de* **Association pour la formation professionnelle des adultes)** *npr f government body promoting adult vocational training.*
**africain, e** [afrikɛ̃, ɛn] *adj* African.
◆ **Africain, e** *nm, f* African.
**africaniser** [3] [afrikanize] *vt* to Africanize.
**africanisme** [afrikanism] *nm* Africanism.
**africaniste** [afrikanist] *nmf* Africanist.
**afrikaans** [afrikãs] *nm* LING Afrikaans.
**afrikaner** [afrikanɛr], **afrikaander** [afrikãdɛr] *adj* Afrikaner.
◆ **Afrikaner, Afrikaander** *nmf* Afrikaner.
**Afrique** [afrik] *npr f*: (l') ~ Africa; (l') ~ australe Southern Africa; (l') ~ noire Black Africa; (l') ~ du Nord North Africa; (l') ~ du Sud South Africa.
**afro** [afro] *adj inv* afro.
**afro-américain, e** [afroamerikɛ̃, ɛn] *(mpl* **afro-américains,** *fpl* **afro-américaines)** *adj* Afro-American.
◆ **Afro-Américain, e** *nm, f* Afro-American.
**afro-asiatique** [afroazjatik] *(pl* **afro-asiatiques)** *adj* -**1**. GÉOG Afro-Asian. -**2**. LING Afro-Asiatic.
◆ **Afro-Asiatique** *nmf* Afro-Asian.
**afro-brésilien, enne** [afrobreziljɛ̃, ɛn] *(mpl* **afro-brésiliens,** *fpl* **afro-brésiliennes)** *adj* Afro-Brasilian.
◆ **Afro-Brésilien, enne** *nm, f* Afro-Brasilian.
**afro-cubain, e** [afrokybɛ̃, ɛn] *(mpl* **afro-cubains,** *fpl* **afro-cubaines)** *adj* Afro-Cuban.
**after-shave** [aftœrʃɛv] *(pl inv)* ◊ *adj* aftershave; une lotion ~ aftershave (lotion). ◊ *nm* aftershave (lotion).
**AG** *(abr de* **assemblée générale)** *nf* GM.
**agaçai** [agase] *v* → **agacer**.
**agaçant, e** [agasã, ãt] *adj* [irritant] irritating, annoying.
**agacement** [agasmã] *nm* irritation, annoyance; montrer de l'~ to show irritation.
**agacer** [16] [agase] *vt* -**1**. [irriter] to irritate, to annoy; ses plaisanteries m'agacent his jokes get on my nerves; le jus de citron agace les dents lemon juice sets one's teeth on edge. -**2**. *litt* [exciter] to excite, to titivate.

**agacerie** [agasri] *nf* piece of flirtatiousness ou of coquettish behaviour; **faire de petites ~s à qqn** to tease sb.

**agaçons** [agasɔ̃] *v* → **agacer**.

**agape** [agap] *nf* RELIG & *arch* agape.
◆ **agapes** *nfpl hum* feast; **faire des ~s** to have a feast.

**agate** [agat] *nf* agate.

**agave** [agav], **agavé** [agave] *nm* agave.

**AGE** (*abr de* **assemblée générale extraordinaire**) *nf* EGM.

**âge** [aʒ] *nm* **-1.** [nombre d'années] age; **quel ~ as-tu?** how old are you?; **quand j'avais ton ~ when I was your age; être du même ~ que** to be the same age ou as old as; **à ton ~, on ne pleure plus** you're old enough not to cry now; **un garçon/une fille de ton ~ ne doit pas...** a boy/a girl (of) your age shouldn't...; **d'un ~ avancé** getting on in years; **d'un ~ canonique** *hum* ancient; **d'un certain ~** *euph* [dame, monsieur] middle-aged; **à cause de son jeune/grand ~** because he's so young/old; **avancer en ~** to be getting on in years; **avoir l'~ (de faire qqch): il veut se marier, c'est normal, il a l'~** he wants to get married, it's normal at his age; **j'ai passé l'~!** I'm too old (for this kind of thing)!; **c'est de mon/son ~: les boums, c'est de son ~** they all want to have parties at that age; **ce n'est pas de ton ~!** [tu es trop jeune] you're not old enough!; [tu es trop vieux] you're too old (for it)!; **tu es d'~ à ou en ~ de comprendre** you're old enough to understand; **je ne suis plus d'~ à ou en ~ de faire du camping** I'm too old to go camping; **on ne lui donne vraiment pas son ~** he doesn't look his age at all; **quel ~ me donnez-vous?** how old do you think I am?; **elle ne fait** ou **ne paraît pas son ~** she doesn't look her age, she looks younger than she actually is; **un whisky vingt ans d'~** a twenty-year-old whisky ❑ **on a l'~ de ses artères** you're as old as you feel. **-2.** [période] age, time (of life); **une fois passé l'~ des poupées** when one's too old for dolls ❑ **l'~ adulte** [gén] adulthood; [d'un homme] manhood; [d'une femme] womanhood; **l'~ bête** *fam* ou ingrat the difficult age; **l'~ critique** the change of life; **l'~ mûr** maturity; **l'~ de raison** the age of reason; **l'~ tendre** the tender years; **l'~ viril** manhood; **ne te plains pas, c'est le bel ~!** don't complain, these are the best years of your life ou you're in your prime!; **le premier ~** infancy; **le troisième ~** [période] old age; [groupe social] senior citizens; **le quatrième ~** [période] advanced old age; [groupe social] very old people. **-3.** [vieillissement] ageing; **avec l'~, il s'est calmé** he became more serene with age ou as he grew older; **les effets de l'~** the effects of ageing; **prendre de l'~** to age, to get older; **j'ai mal aux genoux — c'est l'~!** my knees hurt — you're getting old!-**4.** ADMIN age; **avoir l'~ légal (pour voter)** to be old enough to vote, to be of age; **l'~ scolaire** compulsory school age; **un enfant d'~ scolaire** a school-age child, a child of school age. **-5.** ARCHÉOL age; **l'~ de bronze** the Bronze Age; **l'~ de fer** the Iron Age; **l'~ d'or** MYTH & *fig* the golden age. **-6.** PSYCH: **~ mental** mental age; **il a un ~ mental de cinq ans** he has a mental age of five.
◆ **à l'âge de** *loc prép*: **je l'ai connu à l'~ de 17 ans** [j'avais 17 ans] I met him when I was 17; [il avait 17 ans] I met him when he was 17; **on est majeur à l'~ de 18 ans** 18 is the age of majority.
◆ **en bas âge** *loc adj* [enfant] very young ou small.
◆ **entre deux âges** *loc adj* [personne] middle-aged.

**âgé, e** [aʒe] *adj* **-1.** [vieux] old; **elle est plus ~e que moi** she's older than I am. **-2.** **~ de** [de tel âge]: **être ~ de 20 ans** to be 20 years old; **une jeune fille ~e de 15 ans** a 15-year old girl.

**agençai** [aʒɑ̃se] *v* → **agencer**.

**agence** [aʒɑ̃s] *nf* **-1.** [bureau] agency; **~ immobilière** estate agent's *Br*, real-estate office *Am*; **~ matrimoniale** marriage bureau; **~ de presse** press ou news agency; **~ de publicité** advertising agency; **~ de renseignements** information bureau; **~ de voyages** travel agency; **Agence France-Presse** → AF-P; **Agence nationale pour l'emploi** → ANPE; **l'~ Tass** Tass, the Tass news agency. **-2.** [succursale] branch.

**agencement** [aʒɑ̃smɑ̃] *nm* [d'un lieu] layout, design; [d'un texte] layout; [d'éléments] order, ordering.

**agencer** [16] [aʒɑ̃se] *vt* **-1.** [aménager] to lay out; **un studio bien agencé** a well laid-out studio flat. **-2.** [organiser] to put together (*sép*), to construct.

**agenda** [aʒɛ̃da] *nm* diary.

**agenouiller** [3] [aʒnuje]
◆ **s'agenouiller** *vpi* to kneel (down); **il refuse de s'~** devant le pouvoir *fig* he refuses to bow to authority.

**agent** [aʒɑ̃] *nm* **-1.** [employé]: **~ artistique** agent; **~ d'assurances** insurance agent; **~ de change** stockbroker; **~ commercial** sales representative; **~ comptable** accountant; **~ de conduite** [d'un train] train driver; **~ consulaire** consular agent; **~ double** double agent; **~ immobilier** estate agent *Br*, real estate agent *Am*, realtor *Am*; **~ de liaison** MIL liaison officer; **~ littéraire** literary agent; **~ de maîtrise** supervisor; **~ secret** secret agent. **-2.** [policier]: **~ (de police)** [homme] policeman, constable *Br*, patrolman *Am*; [femme] policewoman, woman police constable *Br*, woman police officer *Am*; **~ de la circulation** traffic policeman; **s'il vous plaît, monsieur l'~** excuse me, officer. **-3.** [émissaire] agent, official; **des ~s de l'étranger** *péj* foreign agents. **-4.** [cause – humaine] agent; [– non humaine] factor; **elle a été l'un des principaux ~s de la révolution** she was a prime mover in the revolution; **~ atmosphérique/économique** atmospheric/economic factor. **-5.** ARM: **~ chimique** chemical agent. **-6.** LING & PHILOS agent.

**agglomérat** [aglɔmera] *nm* **-1.** GÉOL agglomerate. **-2.** LING cluster.

**agglomération** [aglɔmerasjɔ̃] *nf* **-1.** [ville et sa banlieue] town; **l'~ parisienne** Paris and its suburbs, greater Paris. **-2.** TRANSP built-up area. **-3.** [assemblage] conglomeration.

**agglomère** [aglɔmɛr] *v* → **agglomérer**.

**aggloméré, e** [aglɔmere] *adj* agglomerate.
◆ **aggloméré** *nm* **-1.** MIN briquet, briquette. **-2.** CONSTR chipboard; GÉOL conglomerate; [de liège] agglomerated cork.

**agglomérer** [18] [aglɔmere] *vt* [pierre, sable] to aggregate; [charbon] to briquet; [métal] to agglomerate.
◆ **s'agglomérer** *vpi* to agglomerate, to aggregate.

**agglutinant, e** [aglytinɑ̃, ɑ̃t] *adj* LING & MÉD agglutinative.

**agglutination** [aglytinasjɔ̃] *nf* **-1.** LING & MÉD agglutination. **-2.** *péj* [masse] mass.

**agglutiner** [3] [aglytine] *vt* to mass to ou to pack together (*sép*).
◆ **s'agglutiner** *vpi* to congregate; **ils s'agglutinaient à la fenêtre** they were all pressing up against the window.

**aggravant, e** [agravɑ̃, ɑ̃t] *adj* aggravating; **et, fait ~, il avait oublié l'argent** and he'd forgotten the money, which made things worse.

**aggravation** [agravasjɔ̃] *nf* [d'une maladie, d'un problème] aggravation, worsening; [de l'inflation] increase.

**aggraver** [3] [agrave] *vt* to aggravate, to make worse, to exacerbate; **n'aggrave pas ton cas** don't make your position worse than it is; **ces mesures ne feront qu'~ l'inflation** these measures will only serve to worsen inflation.
◆ **s'aggraver** *vpi* to get worse, to worsen.

**agile** [aʒil] *adj* nimble, agile; **un esprit ~** an agile mind.

**agilement** [aʒilmɑ̃] *adv* [grimper, se mouvoir] nimbly, agilely.

**agilité** [aʒilite] *nf* agility.

**agio** [aʒjo] *nm* (bank) charge; **payer 100 francs d'~s** to pay 100 francs in bank charges.

**agir** [32] [aʒir] *vi* **A.** AVOIR UNE ACTIVITÉ **-1.** [intervenir] to act, to take action; **en cas d'incendie, il faut ~ vite** in the event of a fire, it is important to act quickly; **sur les ordres de qui avez-vous agi?** on whose orders did you act?; **est-ce la jalousie qui l'a fait ~?** was it jealousy that made her do it?; **~ auprès de qqn** [essayer de l'influencer] to try to influence sb. **-2.** [passer à l'action] to do something; **assez parlé, maintenant il faut ~!** enough talk, let's have some action!-**3.** [se comporter] to act, to behave; **bien/mal ~ envers qqn** to behave well/badly towards sb; **tu n'as pas agi loyalement** you didn't play fair; **il a agi en bon citoyen** he did what any honest citizen would have done; **~ selon sa conscience** to act according to one's conscience, to let one's conscience be one's guide. **B.** AVOIR UN EFFET **-1.** [fonctionner – poison, remède] to act, to take effect, to work; [– élément nutritif] to act, to have an effect; [– détergent] to work; **laisser ~ la justice** to let justice take its course. **-2.** [avoir une influence]: **~ sur** to work ou to have an effect on. **C.** DANS LE DOMAINE JURIDIQUE to act in a court of law; **~ contre qqn** [en droit pénal] to prosecute sb; [en droit civil] to

sue sb; ~ au nom de ou pour qqn to act on behalf of ou for sb.
◆ **s'agir de** *v impers* **-1.** [être question de]: il s'agit de: je voudrais te parler — de quoi s'agit-il? I'd like to talk to you — what about?; de qui s'agit-il? who is it?; je voudrais vous parler d'une affaire importante, voici ce dont il s'agit I'd like to talk to you about an important matter, namely this; le criminel dont il s'agit the criminal in question; mais enfin, il s'agit de sa santé! but her health is at stake (here)!; je peux te prêter de l'argent — il ne s'agit pas de ça ou ce n'est pas de ça qu'il s'agit I can lend you some money — that's not the point ou the question; s'il ne s'agissait que d'argent, la solution serait simple! if it were only a question of money, the answer would be simple!; une augmentation? il s'agit bien de cela à l'heure où l'on parle de licenciements iron a rise? that's very likely now there's talk of redundancies; quand il s'agit d'aller à la chasse, il trouve toujours le temps! when it comes to going hunting, he can always find time!; quand il s'agit de râler, tu es toujours là! you can always be relied upon to moan!; une voiture a explosé, il s'agirait d'un accident a car has exploded, apparently by accident; il s'agirait d'une grande première scientifique it is said to be an important first for science. **-2.** [falloir]: il s'agit de: maintenant, il s'agit de lui parler now we must talk to her; il s'agissait pour moi d'être convaincant I had to be convincing; il s'agit de savoir si... the question is whether...; il s'agirait d'obéir! [menace] you'd better do as you're told!; dis donc, il ne s'agit pas de se perdre! come on, we mustn't get lost now!; il s'agit bien de pleurer maintenant que tu l'as cassé! you may well cry, now that you've broken it!
◆ **s'agissant de** *loc prép* **-1.** [en ce qui concerne] as regards, with regard to. **-2.** [puisque cela concerne]: un service d'ordre ne s'imposait pas, s'agissant d'une manifestation pacifique there was no need for a police presence, given that this was a peaceful demonstration.

**âgisme** [aʒism] *nm* age discrimination, agism.

**agissant, e** [aʒisɑ̃, ɑ̃t] *adj* **-1.** [entreprenant] active. **-2.** [efficace] efficient, effective.

**agissements** [aʒismɑ̃] *nmpl* machinations, schemes.

**agitateur, trice** [aʒitatœr, tris] *nm, f* POL agitator.
◆ **agitateur** *nm* CHIM beater, agitator.

**agitation** [aʒitasjɔ̃] *nf* **-1.** [mouvement – de l'air] turbulence; [– de l'eau] roughness; [– de la rue] bustle. **-2.** [fébrilité] agitation, restlessness; être dans un état d'~ violente to be extremely agitated; l'~ régnait dans la salle [excitation] the room was buzzing with excitement; [inquiétude] there was an uneasy atmosphere in the room. **-3.** MÉD & PSYCH agitated depression. **-4.** POL unrest; ~ syndicale industrial unrest.

**agité, e** [aʒite] ◇ *adj* **-1.** [mer] rough, stormy. **-2.** [personne – remuante] restless; [– angoissée] agitated, worried. **-3.** [trouble – vie] hectic; [– nuit, sommeil] restless. ◇ *nm, f* **-1.** MÉD & PSYCH disturbed (mental) patient. **-2.** [excité]: c'est un ~ he can't sit still for a minute.

**agiter** [3] [aʒite] *vt* **-1.** [remuer – liquide] to shake; [– queue] to wag; [– mouchoir, journal] to wave about; ~ les bras to flap ou to wave one's arms; '~ avant usage ou de s'en servir' 'shake well before use'. **-2.** [brandir] to brandish; ~ le spectre de qqch devant qqn to threaten sb with the spectre of sthg. **-3.** [troubler] to trouble, to upset; une violente colère l'agitait he was in the grip of a terrible rage. **-4.** [débattre] to debate, to discuss.
◆ **s'agiter** *vpi* **-1.** [bouger] to move about; s'~ dans son sommeil to toss and turn in one's sleep; cesse de t'~ sur ta chaise! stop fidgeting about on your chair!; tu t'agites trop, ne te fais donc pas tant de souci you're too restless, don't worry so much. **-2.** *fam* [se dépêcher] to get a move on. **-3.** [se révolter] to be restless ou in a state of unrest.

**agneau, x** [aɲo] *nm* **-1.** ZOOL lamb; c'est un ~! *fig* he's as meek ou gentle as a lamb! ◇ ~ de lait suckling lamb. **-2.** CULIN lamb (U); côtelettes d'~ lamb chops. **-3.** [en appellatif]: viens mon ~ (joli)! come on lambkin!; mes ~x, vous allez me dire la vérité maintenant! now, my little friends, you're going to tell me the truth! **-4.** [fourrure] lamb, lambskin; [peau] lambskin. **-5.** RELIG: l'Agneau (de Dieu) the Lamb (of God); l'~ mystique the mystic lamb; l'~ pascal

the paschal lamb.

**agnelage** [aɲəlaʒ] *nm* [naissance] lambing; [période] lambing season ou time.

**agneler** [24] [aɲəle] *vi* to lamb.

**agnelle** [aɲɛl] ◇ *v* → **agneler**. ◇ *nf* young ewe.

**agnellera** [aɲɛlra] *v* → **agneler**.

**agnosticisme** [agnostisism] *nm* agnosticism.

**agnostique** [agnostik] *adj & nmf* agnostic.

**agonie** [agoni] *nf* death throes, pangs of death, death agony; il a eu une longue ~ he was very ill for a long time before he died; l'~ de l'empire *fig* the death throes of the empire; être à l'~ *pr* to be at the point of death; *fig* to suffer agonies.

**agonir** [32] [agonir] *vt sout*: ~ qqn d'injures ou d'insultes to hurl abuse at sb.

**agonisant, e** [agonizɑ̃, ɑ̃t] ◇ *adj* dying. ◇ *nm, f* dying person.

**agoniser** [3] [agonize] *vi* to be dying.

**agora** [agora] *nf* **-1.** [espace piétonnier] concourse. **-2.** ANTIQ agora.

**agoraphobie** [agorafobi] *nf* agoraphobia.

**agrafe** [agraf] *nf* [pour papier] staple; [pour vêtement] hook, fastener; [pour bois ou métal] clamp; MÉD clamp.

**agrafer** [3] [agrafe] *vt* **-1.** [papiers] to staple (together); [bords d'un tissu] to hook ou to fasten (up). **-2.** *ᵛ arg crime* [arrêter] to nick *Br*, to bust *Am*.

**agrafeuse** [agrafœz] *nf* stapler.

**agraire** [agrɛr] *adj* agrarian.

**agrammatical, e, aux** [agramatikal, o] *adj* ungrammatical.

**agrandir** [32] [agrɑ̃dir] *vt* **-1.** [élargir – trou] to enlarge, to make bigger; [– maison, jardin] to extend; [– couloir, passage] to widen; la Communauté agrandie the enlarged Community; ~ le cercle de ses activités to enlarge the scope of one's activities; j'ai besoin de partenaires pour ~ mon affaire I need partners to expand my business. **-2.** *litt* [exalter – âme, pensée] to elevate, to uplift. **-3.** [faire paraître grand]: on avait agrandi la scène par des décors transparents the stage had been made to look bigger by the use of see-through sets. **-4.** IMPR & PHOT [cliché, copie] to enlarge, to blow up (*sép*); [sur écran] to magnify.
◆ **s'agrandir** *vpi* **-1.** [s'élargir] to grow, to get bigger; le cercle de famille s'agrandit the family circle is widening. **-2.** ÉCON to expand. **-3.** [avoir plus de place]: nous voudrions nous ~ we want more space for ourselves.

**agrandissement** [agrɑ̃dismɑ̃] *nm* **-1.** PHOT enlargement. **-2.** [d'un appartement, d'une affaire] extension.

**agrandisseur** [agrɑ̃disœr] *nm* enlarger PHOT.

**agréable** [agreabl] *adj* pleasant, nice, agreeable; je la trouve plutôt ~ physiquement I think she's quite nice-looking; il ne souhaite que vous être ~ he only wants to be nice to you; il me serait bien ~ de le revoir I would love to see him again; ~ à: une couleur ~ à l'œil ou à voir a colour pleasing to the eye; voilà quelqu'un qui est ~ à vivre here's somebody who is easy to live with.

**agréablement** [agreablmɑ̃] *adv* pleasantly, agreeably.

**agréé, e** [agree] ◇ *pp* → **agréer**. ◇ *adj* JUR registered.

**agréer** [15] [agree] *vt* [dans la correspondance]: veuillez ~ mes sentiments distingués yours faithfully *Br*, sincerely yours *Am*.
◆ **agréer à** *v* + *prép litt* to please, to suit.

**agrég** [agrɛg] *nf fam abr de* **agrégation 1.**

**agrégat** [agrega] *nm* [de roches, de substances] aggregate; *fig & péj* conglomeration, mish-mash *péj*.

**agrégatif, ive** [agregatif, iv] ◇ *adj* UNIV [candidat, étudiant] *who is studying to take the agrégation*. ◇ *nm, f* UNIV agrégation candidate.

**agrégation** [agregasjɔ̃] *nf* **-1.** UNIV *high-level competitive examination for teachers*. **-2.** [assemblage] agglomeration.

**agrège** [agrɛʒ] *v* → **agréger**.

**agrégé, e** [agreʒe] ◇ *adj* **-1.** UNIV *who has passed the agrégation*. **-2.** [assemblé] agglomerated. ◇ *nm, f* UNIV *person who has passed the agrégation (and commands certain salary and timetable privileges within the teaching profession)*.

**agréger** [22] [agreʒe] *vt* **-1.** [assembler] to agglomerate (together). **-2.** [intégrer]: ~ qqn à to incorporate sb into.

◆ **s'agréger** *vpi* [s'assembler] to form a mass.

◆ **s'agréger à** *vp* + *prép* to incorporate o.s. into.

**agrément** [agremã] *nm sout* **-1.** [attrait] charm, appeal, attractiveness; sa maison est pleine d'~ his house is delightful ou very attractive. **-2.** [accord] approval, consent.

◆ **d'agrément** *loc adj* [jardin, voyage] pleasure *(modif)*.

**agrémenter** [3] [agremãte] *vt*: ~ qqch avec ou de to decorate sthg with; une lettre agrémentée de quelques expressions à l'ancienne a letter graced ou adorned with a few quaint old phrases.

**agrès** [agrɛ] *nmpl* **-1.** SPORT piece of apparatus; elle a eu 20 aux (exercices aux) ~ she got 20 for apparatus work. **-2.** NAUT lifting gear; [sur un ballon] tackle.

**agresser** [4] [agrese] *vt* **-1.** [physiquement] to attack, to assault; se faire ~ to be assaulted. **-2.** [verbalement] to attack; pourquoi m'agresses-tu ainsi? je n'ai fait que dire la vérité! why are you being so aggressive towards me? I only told the truth!-**3.** [avoir un effet nocif sur] to damage.

**agresseur** [agresœr] ◇ *adj m* [État, pays] attacking. ◇ *nm* [d'une personne] attacker, assailant, aggressor; [d'un pays] aggressor.

**agressif, ive** [agresif, iv] *adj* **-1.** [hostile – personne, pays] aggressive, hostile, belligerent *litt*. **-2.** [oppressant – musique, image] aggressive. **-3.** [dynamique] dynamic, aggressive. **-4.** PSYCH [acte, pulsion] aggressive.

**agression** [agresjɔ̃] *nf* **-1.** [attaque – contre une personne] attack, assault; [– contre un pays] aggression; être victime d'une ou subir une ~ to be assaulted; les ~s de la vie moderne *fig* the stresses and strains of modern life. **-2.** PSYCH aggression.

**agressivement** [agresivmã] *adv* aggressively.

**agressivité** [agresivite] *nf* aggressivity, aggressiveness.

**agreste** [agrɛst] *adj litt* rustic.

**agricole** [agrikɔl] *adj* agricultural, farming *(modif)*; un pays ~ an agricultural country.

**agriculteur, trice** [agrikyltœr, tris] *nm, f* farmer.

**agriculture** [agrikyltyr] *nf* agriculture, farming.

**agripper** [3] [agripe] *vt* **-1.** [prendre] to grab, to snatch. **-2.** [tenir] to clutch, to grip.

◆ **s'agripper** *vpi* to hold on; **s'~ à** qqch to cling to ou to hold on (tight) to sthg.

**agroalimentaire** [agroalimãter] ◇ *adj* food-processing *(modif)*. ◇ *nm*: l'~ the food-processing industry, agribusiness.

**agrochimie** [agrɔʃimi] *nf* agrochemistry.

**agro-industrie** [agroɛ̃dystri] *(pl* agro-industries) *nf*: l'~ [en amont de l'agriculture] the farm machines, implements and fertilizers industry; [en aval de l'agriculture] the food-processing industry, agribusiness.

**agrologie** [agrɔlɔʒi] *nf* agrology.

**agronome** [agrɔnɔm] *nmf* agronomist.

**agronomie** [agrɔnɔmi] *nf* agronomics *(sg)*.

**agronomique** [agrɔnɔmik] *adj* agronomic, agronomical.

**agrume** [agrym] *nm* citrus fruit.

**aguerrir** [32] [agerir] *vt* to harden, to toughen (up).

◆ **s'aguerrir** *vpi* to become tougher.

**aguets** [age]

◆ **aux aguets** *loc adv*: être aux ~ to be on watch ou the lookout.

**aguichant, e** [agiʃã, ãt] *adj* seductive, enticing, alluring.

**aguicher** [3] [agiʃe] *vt* to seduce, to entice, to allure.

**aguicheur, euse** [agiʃœr, øz] ◇ *adj* seductive, enticing, alluring. ◇ *nm, f* tease.

**ah** [a] ◇ *interj* **-1.** [renforce l'expression d'un sentiment] ah, oh. **-2.** [dans une réponse]: il est venu — ~ bon! he came — did he (really)?; ils n'en ont plus en magasin — ~ bon! [ton résigné] they haven't got any more in stock — oh well!; ~ non alors! certainly not!; ~ oui? really? ◇ *nm inv* ah; pousser des oh et des ~ to ooh and ah.

**ahaner** [3] [aane] *vi litt* to puff and pant.

**ahuri, e** [ayri] ◇ *adj* **-1.** [surpris] dumbfounded, amazed, stunned. **-2.** [hébété] stupefied, dazed; il avait l'air complètement ~ he looked as if he was in a daze. ◇ *nm, f* idiot.

**ahurir** [32] [ayrir] *vt* to stun, to daze.

**ahurissant, e** [ayrisã, ãt] *adj* stunning, stupefying; je trouve ça ~ I think it's appalling.

**ahurissement** [ayrismã] *nm* daze.

**ai** [ɛ] *v* → **avoir.**

**aiche** [ɛʃ] *nf* bait.

**aide**¹ [ɛd] ◇ *nm* **-1.** [assistant – payé] assistant; [– bénévole] helper; les ~s du président the presidential aides. **-2.** *(comme adj; avec ou sans trait d'union)* assistant *(modif)*. **-3.** MIL: ~ de camp aide-de-camp. ◇ *nf*: ~ familiale [travailleuse familiale] home help; [jeune fille au pair] au pair.

**aide**² [ɛd] *nf* **-1.** [appui] help, assistance, aid; avec l'~ de mon frère with help from my brother ou my brother's help; elle y est arrivée sans l'~ de personne she succeeded with no help at all ou unaided ou without anyone's help; à l'~! help!; appeler à l'~ to call for help; offrir son ~ à qqn to give sb help, to go to sb's assistance; venir en ~ à qqn to come to sb's aid; que Dieu vous vienne en ~ may God help you. **-2.** [don d'argent] aid; ~ au développement économomique (des pays du tiers-monde) economic aid (to third world countries); ~ humanitaire humanitarian aid; ~ judiciaire ≃ legal aid; ~ personnalisée au logement ≃ housing benefit *(U)*; ~ à la reconversion des entreprises industrial reconversion grants; ~ au retour voluntary repatriation allowances for immigrant workers leaving France.

◆ **aides** *nfpl* ÉQUIT aids.

◆ **à l'aide de** *loc prép* **-1.** [avec] with the help of; marcher à l'~ de béquilles to walk with crutches. **-2.** [au secours de]: aller/venir à l'~ de qqn to go/to come to sb's aid.

**aide-comptable** [ɛdkɔ̃tabl] *(pl* aides-comptables) *nmf* accountant's assistant.

**aide-mémoire** [ɛdmemwar] *nm inv* notes.

**aider** [4] [ɛde] *vt* **-1.** [apporter son concours à] to help; je me suis fait ~ par mon frère I got my brother to help me; ~ qqn à faire qqch to help sb (to) do sthg; il a aidé la vieille dame à monter/descendre he helped the old lady up/down ‖ *(en usage absolu)* to help (out). **-2.** [financièrement] to help out, to aid, to assist; il a fallu l'~ pour monter son affaire she needed help to set up her business; subventions pour ~ l'industrie subsidies to industry. **-3.** *(en usage absolu)* [favoriser]: ça aide *fam* it's a help; des diplômes, ça aide qualifications come in handy; la fatigue aidant, je me suis endormi tout de suite helped by exhaustion, I fell asleep right away; elle l'oubliera, le temps aidant she'll forget him in time ❑ il n'est pas aidé! *fam* he hasn't got much going for him!

◆ **aider à** *v* + *prép* to help; ~ à la digestion to help digestion; ça aide à passer le temps it helps to pass the time.

◆ **s'aider** *vp (emploi réfléchi)*: aide-toi, le ciel t'aidera *prov* God helps those who help themselves *prov*. ◇ *vp (emploi réciproque)* to help each other.

◆ **s'aider de** *vp* + *prép* to use; marcher en s'aidant d'une canne to walk with a stick.

**aide-soignant, e** [ɛdswaɲã, ãt] *(mpl* aides-soignants, *fpl* aides-soignantes) *nm, f* nursing auxiliary *Br*, nurse's aid *Am*.

**aie** [ɛ] *v* → **avoir.**

**aïe** [aj] *interj* [cri – de douleur] ouch; [– de surprise]: ~, la voilà! oh dear ou oh no, here she comes!

**aïeul, e** [ajœl] *nm, f* grandparent, grandfather *(f* grandmother).

**aïeux** [ajø] *nmpl litt* forefathers, ancestors; ah, mes ~, travailler avec lui n'est pas une sinécure *hum* heavens, working with him is no easy task!

**aigle** [ɛgl] ◇ *nm* ORNITH eagle; ~ des mers sea eagle; ~ royal golden eagle; avoir des yeux ou un regard d'~ to be eagle-eyed; ce n'est pas un ~ *hum* he's no great genius. ◇ *nf* ORNITH (female) eagle.

**aiglefin** [ɛgləfɛ̃] = **églefin.**

**aiglon** [ɛglɔ̃] *nm* eaglet; l'Aiglon *name given to Napoleon II.*

**aiglonne** [ɛglɔn] *nf* (female) eaglet.

**aigre** [ɛgr] ◇ *adj* **-1.** [acide – vin] acid, sharp; [– goût, lait] sour. **-2.** [perçant – voix, son] shrill, sharp. **-3.** [vif – bise, froid] bitter. **-4.** [méchant] cutting, harsh, acrid; elle répondit d'un ton ~ she retorted acidly. ◇ *nm*: tourner à l'~ [lait] to turn sour; [discussion] to turn sour ou nasty.

**aigre-doux, aigre-douce** [ɛgrədu, ɛgrədus] *(mpl* aigres-doux, *fpl* aigres-douces) *adj* CULIN sweet-and-sour; ses

lettres étaient aigres-douces *fig* his letters were tinged with bitterness.
**aigrefin** [ɛgrəfɛ̃] *nm* swindler.
**aigrelet, ette** [ɛgrəlɛ, ɛt] *adj* [odeur, saveur] sourish; [son, voix] shrillish; [propos] tart, sour, acid.
**aigrement** [ɛgrəmɑ̃] *adv* sourly, tartly, acidly.
**aigrette** [ɛgrɛt] *nf* -1. ORNITH egret. -2. [décoration] aigrette.
**aigreur** [ɛgrœr] *nf* -1. [acidité] sourness. -2. [animosité] sharpness, bitterness.
◆ **aigreurs** *nfpl*: avoir des ~s (d'estomac) to have heartburn.
**aigri, e** [egri] ◇ *adj* bitter, embittered. ◇ *nm, f* embittered person.
**aigrir** [32] [egrir] ◇ *vt* [lait, vin] to make sour; [personne] to embitter, to make bitter. ◇ *vi* [lait] to turn (sour), to go off.
◆ **s'aigrir** *vpi* [lait] to turn (sour), to go off; [caractère] to sour; [personne] to become embittered.
**aigu, uë** [egy] *adj* -1. [perçant – voix] high-pitched, shrill *péj*, piercing *péj*; [– glapissement, hurlement] piercing, shrill ‖ ACOUST & MUS high-pitched. -2. [effilé] sharp. -3. [pénétrant – esprit, intelligence] sharp, keen; avoir un sens ~ de l'observation OU un regard ~ to be an acute observer. -4. [grave – crise, douleur] severe, acute, extreme; MÉD [phase, appendicite] acute; au stade le plus ~ du conflit at the height of the conflict.
◆ **aigu** *nm* high pitch; l'~, les ~s treble range.
**aigue-marine** [ɛgmarin] (*pl* **aigues-marines**) *nf* aquamarine.
**aiguillage** [egɥijaʒ] *nm* -1. RAIL [manœuvre] shunting, switching; [dispositif] shunt, switch. -2. INF switching.
**aiguille** [egɥij] *nf* -1. COUT needle; ~ à tricoter/repriser knitting/darning needle. -2. MÉD needle. -3. [d'une montre, d'une pendule] hand; [d'un électrophone] arm; [d'une balance] pointer; [d'une boussole] needle; la petite/grande ~ the hour/minute hand. -4. GÉOG needle, high peak. -5. BOT needle; ~ de pin/de sapin pine/fir tree needle. -6. RAIL switch, shunt, points. -7. [tour, clocher] spire.
**aiguillée** [egɥije] *nf* length of thread (*on a needle*).
**aiguiller** [3] [egɥije] *vt* -1. RAIL to shunt, to switch. -2. [orienter – recherche] to steer.
**aiguillette** [egɥijɛt] *nf* -1. VÊT aglet. -2. CULIN [de canard, d'oie] strip of breast; [de bœuf]: ~ (de rumsteck) top of the rump (of beef).
◆ **aiguillettes** *nfpl* MIL aglets.
**aiguilleur** [egɥijœr] *nm* -1. RAIL pointsman *Br*, switchman *Am*. -2. AÉRON: ~ (du ciel) air traffic controller.
**aiguillon** [egɥijɔ̃] *nm* -1. ENTOM sting. -2. BOT thorn. -3. [bâton] goad. -4. *litt* [motivation] incentive, stimulus, motivating force.
**aiguillonner** [3] [egɥijɔne] *vt* -1. [piquer – bœuf] to goad. -2. [stimuler – curiosité] to arouse; [– personne] to spur on, to goad on.
**aiguisage** [eg(ɥ)izaʒ], **aiguisement** [eg(ɥ)izmɑ̃] *nm* sharpening, grinding.
**aiguiser** [3] [eg(ɥ)ize] *vt* -1. [rendre coupant – couteau, lame] to sharpen. -2. [stimuler – curiosité] to stimulate, to rouse; [– faculté, sens] to sharpen; [– appétit] to whet, to stimulate.
**aiguiseur, euse** [eg(ɥ)izœr, øz] *nm, f* sharpener, grinder.
**aïkido** [ajkido] *nm* aikido.
**ail** [aj] (*pl* **ails** OU **aulx** [o]) *nm* garlic.
◆ **à l'ail** *loc adj* garlic (*modif*).
**aile** [ɛl] *nf* -1. ZOOL wing; *fig*: avoir des ~s to run like the wind; avoir un petit coup dans l'~ *fam* to be tipsy; couper OU rogner les ~s à qqn to clip sb's wings; donner des ~s à qqn to give OU to lend sb wings; prendre qqn sous son ~ to take sb under one's wing. -2. [d'un moulin] sail; [d'un avion] wing; ~ (delta), ~ libre, ~ volante LOISIRS hang glider. -3. AUT wing *Br*, fender *Am*. -4. ANAT: les ~s du nez the nostrils. -5. ARCHIT wing. -6. SPORT wing. -7. MIL wing, flank; *fig* the militants, the active elements.
**ailé, e** [ele] *adj* winged.
**aileron** [ɛlrɔ̃] *nm* -1. ZOOL [d'un poisson] fin; [d'un oiseau] pinion. -2. AÉRON aileron.
**ailette** [ɛlɛt] *nf* -1. [d'un radiateur] fin. -2. [d'une turbine] blade. -3. ARM fin.

**ailier** [elje] *nm* SPORT [au football] winger; [au rugby] wing.
**aille** [aj] *v* → aller.
**ailler** [3] [aje] *vt* [gigot, rôti] to put garlic in; [croûton] to rub garlic on.
**ailleurs** [ajœr] *adv* somewhere else, elsewhere; on ne trouve ça nulle part ~ you won't find that anywhere else; il est ~! he's miles away!
◆ **d'ailleurs** *loc adv* -1. [de toute façon] besides, anyway; d'~ je sais bien que tu n'en veux pas besides, I know quite well that you don't want any. -2. [de plus] what's more; je n'en sais rien et d'~ je ne tiens pas à le savoir I don't know anything about it and what's more I don't want to know. -3. [du reste] for that matter; je ne les aime pas, elle non plus d'~ I don't like them, nor does she for that matter. -4. [à propos] incidentally; nous avons dîné dans un restaurant, très bien d'~ we had dinner in a restaurant which, incidentally, was very good. -5. [bien que] although, while.
◆ **par ailleurs** *loc adv* -1. [d'un autre côté] otherwise. -2. [de plus] besides, moreover.
**aïlloli** [ajɔli] = aïoli.
**aimable** [ɛmabl] *adj* -1. [gentil] kind, pleasant, amiable; soyez assez ~ de nous prévenir si vous ne venez pas please be kind enough to let us know if you aren't coming; vous êtes trop ~, merci beaucoup you're most kind, thank you very much; c'est très ~ à vous it's very kind of you ❑ il est ~ comme une porte de prison *fam* [ce moment] he's like a bear with a sore head; [toujours] he's a miserable so-and-so. -2. *litt* [digne d'amour] lovable; [séduisant] attractive.
**aimablement** [ɛmabləmɑ̃] *adv* kindly, pleasantly, amiably.
**aimant¹** [ɛmɑ̃] *nm* -1. [instrument] magnet. -2. [oxyde de fer] magnetite.
**aimant², e** [ɛmɑ̃, ɑ̃t] *adj* loving, caring.
**aimanter** [3] [ɛmɑ̃te] *vt* to magnetize.
**aimer** [4] [eme] *vt* -1. [d'amour] to love; je l'aime beaucoup I'm very fond of him; je l'aime bien I like him; qui m'aime me suive *allusion Philippe VI de Valois* anyone want to join me? -2. [apprécier – vin, musique, sport] to like, to love, to be fond of; je n'aime plus tellement le jazz I'm not so keen on jazz now; j'aime à croire OU à penser que tu m'as dit la vérité cette fois *sout* I'd like to think that you told me the truth this time; ~ mieux [préférer] to prefer; ~ autant OU mieux to prefer; pas de dessert, merci, j'aime autant OU mieux le fromage no dessert, thanks, I'd much rather have cheese; j'aime autant OU mieux ça it's just as well; elle aime autant OU mieux que tu y ailles she'd rather you so she'd prefer it if you went; ~ que: il aime que ses enfants l'embrassent avant d'aller au lit he loves his children to kiss him good night; je n'aime pas qu'on me mente/que tu rentres si tard I don't like to be told lies/your coming home so late. -3. (*au conditionnel*) [souhaiter]: j'aimerais un café s'il vous plaît I'd like a coffee please; j'aimerais bien te voir I'd really like to see you; j'aimerais tant te voir heureux I'd so love to see you happy.
◆ **s'aimer** ◇ *vp* (*emploi réfléchi*) to like o.s.; je ne m'aime pas I don't like myself; je m'aime bien en bleu/avec les cheveux courts I think I look good in blue/with short hair. ◇ *vp* (*emploi réciproque*) to love each other; les trois frères ne s'aimaient pas the three brothers didn't care for OU like each other; un couple qui s'aime a loving OU devoted couple ‖ *litt* [faire l'amour] to make love.
**aine** [ɛn] *nf* groin.
**aîné, e** [ene] ◇ *adj*: l'enfant ~ [de deux] the elder OU older child; [de plusieurs] the eldest OU oldest child. ◇ *nm, f* -1. [entre frères et sœurs]: l'~ [de deux] the elder OU older boy; [de plusieurs] the eldest OU oldest boy; l'~e [de deux] the elder OU older girl; [de plusieurs] the eldest OU oldest girl. -2. [doyen]: l'~ [de deux] the older man; [de plusieurs] the oldest man; l'~e [de deux] the older woman; [de plusieurs] the oldest woman.
◆ **aînés** *nmpl sout* [d'une famille, d'une tribu]: les ~s the elders.
**aînesse** [enɛs] *nf* → droit.
**ainsi** [ɛ̃si] *adv* -1. [de cette manière] this OU that way; je suis ~ faite that's the way I am; puisqu'il en est ~ since that is the case, since that is the way things are; s'il en était vraiment ~ if this were really so OU the case; c'est toujours ~ it's always like that; tout s'est passé ~ this is how it happened; on voit ~ que... in this way OU thus we can see

that...; ~ s'achève notre émission this concludes our programme; ~ va le monde it's the way of the world ou the way things go. **-2.** [par conséquent] so, thus; ~ tu n'as pas réussi à le voir? so you didn't manage to see him?; ~ soit-il RELIG amen; *hum* so be it. **-3.** [par exemple] for instance, for example.
◆ **ainsi que** *loc conj* **-1.** [comme] as; ~ que je l'ai fait remarquer... as I pointed out... **-2.** [et] as well as; **mes parents** ~ **que mes frères seront là** my parents will be there as well as my brothers. **-3.** *litt* [exprimant une comparaison] like.
◆ **et ainsi de suite** *loc adv* and so on, and so forth.
◆ **pour ainsi dire** *loc adv* **-1.** [presque] virtually. **-2.** [si l'on peut dire] so to speak, as it were.

**aïoli** [ajɔli] *nm* **-1.** [sauce] aïoli, garlic mayonnaise. **-2.** [plat provençal] *dish of cod and poached vegetables served with aïoli sauce.*

**air** [ɛr] *nm* **-1.** [apparence] air, look; «bien sûr», dit-il d'un ~ guilleret/inquiet 'of course', he said, jauntily/looking worried; il avait un ~ angoissé/mauvais he looked anxious/very nasty; ne te laisse pas prendre à son faux ~ de gentillesse don't be taken in by his apparent kindness; son témoignage a un ~ de vérité qui ne trompe pas his testimony sounds unmistakably genuine; avoir l'~: Maria, tu as l'~ heureux ou heureuse Maria, you look happy; elle n'a pas l'~ satisfait ou satisfaite she doesn't look as if she's pleased; cette poire a l'~ mauvaise, jette-la this pear looks (as though it's) rotten, throw it away; tu avais l'~ fin! *fam* you looked a real fool!; avoir l'~ de: il a l'~ de t'aimer beaucoup he seems to be very fond of you; je ne voudrais pas avoir l'~ de lui donner des ordres I wouldn't like (it) to look as though I were ordering him about; ça a l'~ d'un ou d'être un scarabée it looks like a beetle; ça m'a tout l'~ (d'être) traduit de l'anglais *fam* it looks to me as though it's been translated from English; il a peut-être la rougeole — il en a tout l'~ he may have measles — it certainly looks like it ❏ avoir un petit ~ penché ou des petits ~s penchés *fam* to look pensive; avec son ~ de ne pas y toucher ou sans avoir l'~ d'y toucher, il arrive toujours à ses fins though you wouldn't think it to look at him, he always manages to get his way; l'~ de rien ou de ne pas en avoir *fam*: je me suis approchée, l'~ de rien ou de ne pas en avoir, et je lui ai flanqué ma main sur la figure *fam* I walked up, all innocent, like, and gave him a slap in the face; ça n'a l'~ de rien comme ça, mais c'est une lourde tâche it doesn't look much but it's quite a big job; elle n'a pas l'~ comme ça, mais elle sait ce qu'elle veut! *fam* you wouldn't think to look at her, but she knows what she wants!; je suis arrivée au bout de mon tricot, sans en avoir l'~! I managed to finish my knitting, though it didn't seem that I was making any progress!; prendre ou se donner des ~s to give o.s. airs; prendre de grands ~s to put on airs (and graces *Br*). **-2.** [ressemblance] likeness, resemblance; un ~ de famille ou parenté a family resemblance ❏ il a un faux ~ de James Dean he looks a bit like James Dean. **-3.** MUS [mélodie] tune; [à l'opéra] aria; avec lui c'est toujours le même ~! *fig & péj* he should change his tune! ❏ c'est l'~ qui fait la chanson it's not what you say, it's the way you say it. **-4.** [qu'on respire] air; la pollution/température de l'~ air pollution/temperature ❏ ~ conditionné [système] air-conditioning; ils ont l'~ conditionné their building is air-conditioned; ~ comprimé compressed air; ~ liquide liquid air; prendre l'~ to get some fresh air, to take the air *vieilli*; déplacer ou remuer beaucoup d'~ *péj* to make a lot of noise *fig*; (allez,) de l'~! *fam* come on, beat it! **-5.** [vent]: il fait l'~ ou il y a de l'~ aujourd'hui it's breezy today. **-6.** [ciel] air; dans l'~ ou les ~s (up) in the air ou sky ou skies *litt*; prendre l'~ [avion] to take off, to become airborne, to take to the air; transport par ~ air transport. **-7.** [ambiance] atmosphere; de temps en temps, il me faut l'~ du pays natal I need to go back to my roots from time to time ❏ vivre de l'~ du temps to live on (thin) air.
◆ **à air** *loc adj* [pompe] air *(modif)*.
◆ **à l'air** *loc adv*: j'ai mis tous les vêtements d'hiver à l'~ I put all the winter clothes out for an airing; mettre son derrière à l'~ to bare one's bottom.
◆ **à l'air libre** *loc adv* out in the open.
◆ **au grand air** *loc adv* [dehors] (out) in the fresh air.
◆ **dans l'air** *loc adv* in the air; il y a de l'orage dans l'~ *pr &*

*fig* there's a storm brewing; **influencé par les idées qui sont dans l'~** influenced by current ideas; **la révolution est dans l'~** revolution is in the air; **il y a quelque chose dans l'~!** there's something going on!
◆ **de l'air** *loc adj* [hôtesse, mal, musée] air *(modif)*.
◆ **en l'air** ◇ *loc adj* **-1.** [levé] in the air, up; **les pattes en l'~** with its feet in the air; **les mains en l'~!** hands up!**-2.** [non fondé – promesse] empty; **encore des paroles en l'~!** more empty words!; **je ne fais pas de projets en l'~** when I make a plan, I stick to it.
◇ *loc adv* **-1.** [vers le haut] (up) in the air; **jeter** ou **lancer qqch en l'~** to throw sthg (up) in the air; **tirer en l'~** to fire in the air; **regarde en l'~** look up. **-2.** *fig* rashly; **parler en l'~** to say things without meaning them; **flanquer** *fam* ou **foutre**$^\triangledown$ **qqch en l'~** [jeter] to chuck sthg out, to bin sthg; [gâcher] to screw sthg up.

**airain** [ɛrɛ̃] *nm litt* bronze.

**Airbus**® [ɛrbys] *nm* Airbus®.

**aire** [ɛr] *nf* **-1.** [terrain] area; ~ de jeu playground; ~s de repos rest areas *(along a road)*; ≃ lay-bys *Br*; ~ de stationnement parking area. **-2.** AÉRON & ASTRON: ~ d'atterrissage landing area; ~ d'embarquement boarding area; ~ de lancement launching site. **-3.** GÉOL: ~ continentale continental shield. **-4.** MATH area. **-5.** AGR floor. **-6.** [nid d'aigle] eyrie.

**airelle** [ɛrɛl] *nf* [myrtille] blueberry, bilberry; [rouge] cranberry.

**aisance** [ɛzɑ̃s] *nf* **-1.** [naturel] ease; **danser/jongler avec** ~ to dance/to juggle with great ease. **-2.** [prospérité] affluence; **vivre dans l'**~ to live a life of ease. **-3.** COUT: **donner de l'**~ **à la taille** to let a garment out at the waist.

**aise** [ɛz] *litt* ◇ *adj* delighted; **je suis bien** ~ **de vous revoir** I'm delighted to see you again. ◇ *nf* [plaisir] pleasure, joy; **il ne se sentait plus d'**~ he was utterly contented; **son accueil nous a comblés d'**~ her welcome filled us with joy.
◆ **aises** *nfpl* creature comforts; **il aime ses** ~s he likes his creature comforts; **prends tes** ~s, **surtout!** *iron* do make yourself comfortable, won't you?
◆ **à l'aise, à son aise** *loc adj & loc adv*: **je suis plus à l'**~ **avec mes vieilles pantoufles** I feel more at ease with my old slippers on; **on est mal à l'**~ **dans ce fauteuil** this armchair isn't very comfortable; **être à l'**~ [riche] to be well-to-do ou well-off; **nous sommes bien plus à l'**~ **depuis que ma femme travaille** we're better off now my wife's working; **il s'est senti mal à l'**~ **pendant toute la réunion** *fig* he felt ill-at-ease during the entire meeting; **il nous a mis tout de suite à l'**~ ou **à notre** ~ he put us at (our) ease right away; **mettez-vous donc à l'**~ ou **à votre** ~ **make yourself comfortable** ❏ **à ton** ~! please yourself!; **à votre** ~ as you please; **tu en parles à ton** ~ it's easy for you to talk; **il en prend à son** ~! he's a cool customer!; **être à l'**~ **dans ses baskets** *fam* to be together; **on y sera ce soir, à l'**~!*fam* we'll be there tonight, no hassle ou sweat!; **tu crois qu'on va y arriver?** — **à l'**~!*fam* do you think we'll manage? — easily!

**aisé, e** [eze] *adj* **-1.** [facile] easy. **-2.** [prospère] well-to-do, well-off.

**aisément** [ezemɑ̃] *adv* easily.

**aisselle** [ɛsɛl] *nf* **-1.** ANAT armpit. **-2.** BOT axile.

**AJ** *nf abr de* **auberge de jeunesse**.

**Ajaccio** [aʒaksjo] *npr* Ajaccio.

**ajonc** [aʒɔ̃] *nm* gorse (U), furze (U).

**ajouré, e** [aʒure] *adj* **-1.** COUT [nappe, napperon] openwork *(modif)*, hemstitched. **-2.** ARCHIT with an openwork design.

**ajourer** [3] [aʒure] *vt* **-1.** COUT [nappe] to hemstitch. **-2.** ARCHIT to decorate with openwork.

**ajourné, e** [aʒurne] ◇ *adj* [date, élection, réunion] postponed; [candidat] referred; [soldat] deferred. ◇ *nm, f* [étudiant] referred student; [soldat] deferred soldier.

**ajournement** [aʒurnəmɑ̃] *nm* **-1.** [renvoi] postponement, deferment, adjournment. **-2.** JUR summons. **-3.** [d'un candidat] referral; [d'un soldat] deferment.

**ajourner** [3] [aʒurne] *vt* **-1.** [différer] to postpone, to defer, to put off *(sép)*. **-2.** JUR to summon, to subpoena. **-3.** [étudiant] to refer; [soldat] to defer.

**ajout** [aʒu] *nm* addition; **quelques** ~s **dans la marge** a few additions ou addenda in the margin.

**ajouter** [3] [aʒute] *vt* **-1.** [mettre] to add; **ajoute donc une as-**

siette pour ton frère lay an extra place ou add a plate for your brother. **-2.** MATH to add; ils ont ajouté 15 % de service they added on 15% for the service; ~ 10 à 15 to add 10 and 15 (together), to add 10 to 15; **pour obtenir le dernier résultat,** ~ **les deux sommes** to get the final result add both sums together. **-3.** [dire] to add; **il est parti sans rien** ~ he left without saying another word; **je n'ai plus rien à** ~ I have nothing further to say ou to add; **ajoutez à cela qu'il est têtu** added to this, he's stubborn. **-4.** *sout*: ~ **foi à** [croire] to believe, to give credence to.
◆ **ajouter à** *v* + *prép* to add to.
◆ **s'ajouter** *vpi* to be added; **vient s'**~ **là-dessus le loyer** the rent is added ou comes on top; **son licenciement s'ajoute à ses autres problèmes** the loss of his job adds to his other problems.

**ajustage** [aʒystaʒ] *nm* **-1.** INDUST fitting. **-2.** [des pièces de monnaie] gauging.

**ajusté, e** [aʒyste] *adj* close-fitting.

**ajustement** [aʒystəmã] *nm* **-1.** [modification – d'un projet] adjustment, adaptation; [– des prix, des salaires, des statistiques] adjusting, adjustment. **-2.** INDUST fitting.

**ajuster** [3] [aʒyste] *vt* **-1.** [adapter] to fit; ~ **un vêtement** COUT to alter a garment; ~ **qqch à** ou **sur** to fit sthg to ou on. **-2.** [mécanisme, réglage] to adjust. **-3.** ARM: ~ **un lapin** CHASSE to aim at a rabbit ❏ ~ **son coup** ou **tir** *pr* to aim one's shot; **tu as bien ajusté ton coup** ou **tir** *fig* your aim was pretty accurate, you had it figured out pretty well. **-4.** [arranger – robe, coiffure] to rearrange; [– cravate] to straighten. **-5.** ÉQUIT to adjust. **-6.** INDUST to fit. **-7.** [en statistique] to adjust.
◆ **s'ajuster** *vpi* to fit.

**ajusteur** [aʒystœr] *nm* fitter.

**alacrité** [alakrite] *nf litt* alacrity, eagerness.

**alaise** [alɛz] *nf* drawsheet.

**alambic** [alɑ̃bik] *nm* still (for making alcohol).

**alambiqué, e** [alɑ̃bike] *adj* convoluted, involved, tortuous.

**alanguir** [32] [alɑ̃giʀ] *vt* [suj: chaleur, fatigue] to make listless ou languid ou languorous; [suj: oisiveté, paresse] to make indolent ou languid; [suj: fièvre] to make feeble, to enfeeble.
◆ **s'alanguir** *vpi* to grow languid; **elle s'alanguissait peu à peu** [devenait triste] her spirits gradually fell; [n'offrait plus de résistance] she was weakening gradually.

**alanguissement** [alɑ̃gismɑ̃] *nm* languor.

**alarmant, e** [alarmɑ̃, ɑ̃t] *adj* alarming.

**alarme** [alarm] *nf* **-1.** [alerte] alarm; **donner l'**~ *pr* to give ou to raise the alarm; *fig* to raise the alarm. **-2.** [inquiétude] alarm, anxiety; **à la première** ~ at the first sign of danger.
◆ **d'alarme** *loc adj* [dispositif, signal, sonnette] alarm *(modif)*.

**alarmer** [3] [alarme] *vt* **-1.** [inquiéter – suj: personne, remarque] to alarm; [– suj: bruit] to startle. **-2.** [alerter – opinion, presse] to alert.
◆ **s'alarmer** *vpi* to become alarmed; **il n'y a pas de quoi s'**~ there's no cause for alarm.

**alarmiste** [alarmist] *adj & nmf* alarmist.

**Alaska** [alaska] *npr m*: **(l')** ~ Alaska.

**albanais, e** [albanɛ, ɛz] *adj* Albanian.
◆ **Albanais, e** *nm, f* Albanian.

**Albanie** [albani] *npr f*: **(l')** ~ Albania.

**albâtre** [albatʀ] *nm* **-1.** MINÉR alabaster. **-2.** [objet] alabaster (object).
◆ **d'albâtre** *loc adj litt* [blanc]: **des épaules d'**~ alabaster shoulders, shoulders of alabaster.

**albatros** [albatros] *nm* ORNITH & SPORT albatross.

**albinisme** [albinism] *nm* albinism.

**albinos** [albinos] *adj & nmf* albino.

**album** [albɔm] *nm* **-1.** [livre] album; ~ **à colorier** colouring ou painting book; ~ **(de) photos** photograph album. **-2.** [disque] album, LP.

**albumen** [albymɛn] *nm* albumen.

**albumine** [albymin] *nf* albumin.

**alcali** [alkali] *nm* alkali.

**alcalin, e** [alkalɛ̃, in] *adj* alkaline.
◆ **alcalin** *nm* alkali.

**alcaliniser** [3] [alkalinize] *vt* to alkalinize.

**alcaloïde** [alkalɔid] *nm* alkaloid.

**alcazar** [alkazar] *nm* alcazar.

**alchimie** [alʃimi] *nf* alchemy.

**alchimique** [alʃimik] *adj* alchemical.

**alchimiste** [alʃimist] *nmf* alchemist.

**alcool** [alkɔl] *nm* **-1.** [boissons alcoolisées]: **l'**~ alcohol; **je ne touche pas à l'**~ I never touch alcohol, I don't drink; **bière sans** ~ alcohol-free beer ‖ [spiritueux]: **un** ~ [gén] a spirit; [de raisin, de fruit] a brandy. **-2.** CHIM & PHARM alcohol, spirit; ~ **à brûler** methylated spirits; ~ **dénaturé** methylated spirits; ~ **éthylique** ethyl alcohol; ~ **de menthe** medicinal mint spirit; ~ **méthylique** methyl alcohol, methanol; ~ **pur** raw spirits; ~ **à 90°** surgical spirit.
◆ **à alcool** *loc adj* [réchaud, lampe] spirit *(modif)*.

**alcoolémie** [alkɔlemi] *nf* alcohol level *(in the blood)*.

**alcoolique** [alkɔlik] *adj & nmf* alcoholic.

**alcoolisation** [alkɔlizasjɔ̃] *nf* **-1.** CHIM alcoholization. **-2.** MÉD alcoholism.

**alcoolisé, e** [alkɔlize] *adj* **-1.** [qui contient de l'alcool]: **boissons** ~**es** alcoholic drinks ou beverages, intoxicating liquors; **bière peu** ~**e** low-alcohol beer. **-2.** *fam* [personne] drunk.

**alcooliser** [3] [alkɔlize] *vt* **-1.** [convertir en alcool] to alcoholize, to convert to alcohol. **-2.** [additionner d'alcool] to add alcohol to.
◆ **s'alcooliser** *vpi fam* [s'enivrer] to get drunk; [être alcoolique] to drink.

**alcoolisme** [alkɔlism] *nm* alcoholism.

**alcoolo** [alkɔlo] *nmf fam* alkie.

**alcoomètre** [alkɔmɛtʀ] *nm* alcoholometer.

**Alco(o)test®** [alkɔtɛst] *nm* **-1.** [appareil] breathalyser. **-2.** [vérification] breath test.

**alcôve** [alkov] *nf* alcove, recess.
◆ **d'alcôve** *loc adj* [secret, histoire] intimate.

**aléa** [alea] *nm* unforeseen turn of events; **tenir compte des** ~**s** to take the unforeseen ou unexpected into account; **les** ~**s de l'existence** the ups and downs of life.

**aléatoire** [aleatwaʀ] *adj* **-1.** [entreprise, démarche] risky, hazardous, chancy. **-2.** JUR [contrat] aleatory. **-3.** FIN: **gain** ~ chance ou contingent gain; **profit** ~ contingent profit. **-4.** INF random access. **-5.** MATH random. **-6.** MUS aleatory.

**aléatoirement** [aleatwarmɑ̃] *adv* **-1.** [par hasard] by chance, at random. **-2.** [de façon risquée] riskily, in a risky ou chancy manner.

**alémanique** [alemanik] *adj & nmf* Alemannic.

**ALENA** *(abr de* Accord de libre-échange nord-américain*)* *nm* NAFTA.

**alentour** [alɑ̃tuʀ] *adv*: **dans la campagne** ~ in the surrounding countryside; **tout** ~ all around.
◆ **alentours** *nmpl* neighbourhood, vicinity, (surrounding) area; **les** ~**s de la ville** the countryside around the city; **il doit être dans les** ~**s** [tout près] he's somewhere around (here); **aux** ~**s de** [dans l'espace, le temps] around; **aux** ~**s de minuit** round (about) ou some time around midnight.

**alerte¹** [alɛʀt] *adj* [démarche] quick, alert; [esprit] lively, alert; [style] lively, brisk; [personne] spry.

**alerte²** [alɛʀt] *nf* **-1.** [signal] alert; **donner l'**~ to give the alert; ~ ! [aux armes] to arms!; [attention] watch out! ❏ **fausse** ~ false alarm; ~ **aérienne** air raid ou air strike warning; ~ **à la bombe** bomb scare. **-2.** [signe avant-coureur] alarm, warning sign; **à la première** ~ at the first warning; **l'**~ **a été chaude** that was a close call.
◆ **d'alerte** *loc adj* warning, alarm *(modif)*.
◆ **en alerte, en état d'alerte** *loc adv* on the alert.

**alertement** [alɛʀtəmɑ̃] *adv* alertly, briskly, in a lively manner.

**alerter** [3] [alɛʀte] *vt* **-1.** [alarmer] to alert. **-2.** [informer – autorités] to notify, to inform; [– presse] to alert; **nous avons été alertés par les résidents eux-mêmes** the local residents themselves drew our attention to the problem; ~ **qqn de** to alert sb to.

**alèse¹** [alɛz] *v* → **aléser**.

**alèse²** [alɛz] = **alaise**.

**aléser** [18] [aleze] *vt* to ream, to bore.

**alevin** [alvɛ̃] *nm* alevin, young fish.

**aleviner** [3] [alvine] *vt* to stock (with young fish).

**Alexandre** [alɛksɑ̃dʀ] *npr*: ~ **le Grand** Alexander the Great.

**Alexandrie** [alɛksɑ̃dri] *npr* Alexandria.
**alexandrin, e** [alɛksɑ̃drɛ̃, in] *adj* **-1.** HIST Alexandrian. **-2.** LITTÉRAT Alexandrine.
◆ **Alexandrin, e** *nm, f* Alexandrian.
◆ **alexandrin** *nm* LITTÉRAT Alexandrine.
**alezan, e** [alzɑ̃, an] *adj* & *nm, f* chestnut.
**algarade** [algarad] *nf* quarrel.
**algèbre** [alʒɛbr] *nf* algebra; **pour moi, c'est de l'~** *fam* it's all Greek to me, I can't make head nor tail of it.
**algébrique** [alʒebrik] *adj* algebraic, algebraical.
**algébriste** [alʒebrist] *nmf* algebraist.
**Alger** [alʒe] *npr* Algiers.
**Algérie** [alʒeri] *npr f*: **(l')** ~ Algeria; **la guerre d'**~ the Algerian War.
**algérien, enne** [alʒerjɛ̃, ɛn] *adj* Algerian.
◆ **Algérien, enne** *nm, f* Algerian.
**algérois, e** [alʒerwa, az] *adj* from Algiers.
◆ **Algérois, e** *nm, f* inhabitant of or person from Algiers.
**algol** [algɔl] *nm* ALGOL.
**algorithme** [algɔritm] *nm* algorithm.
**algorithmique** [algɔritmik] *adj* algorithmic.
**algue** [alg] *nf* (piece of) seaweed, alga *spéc*.
**alias** [aljas] *adv* alias, a.k.a.
**alibi** [alibi] *nm* **-1.** JUR alibi; **un ~ en or** the perfect alibi. **-2.** [prétexte] alibi, excuse.
**aliénable** [aljenabl] *adj* alienable.
**aliénant, e** [aljenɑ̃, ɑ̃t] *adj* alienating.
**aliénation** [aljenasjɔ̃] *nf* **-1.** PHILOS & POL alienation. **-2.** PSYCH: ~ **mentale** insanity, mental illness. **-3.** [perte – d'un droit, d'un bien] loss, removal. **-4.** JUR alienation, transfer of property; ~ **de biens** disposal of property.
**aliène** [aljɛn] *v* → **aliéner**.
**aliéné, e** [aljene] *adj* **-1.** PHILOS & POL alienated. **-2.** PSYCH insane, mentally disturbed. ◇ *nm, f* PSYCH mental patient.
**aliéner** [18] [aljene] *vt* **-1.** [abandonner – indépendance, liberté, droit] to give up *(sép)*; JUR to alienate. **-2.** [supprimer – droit, liberté, indépendance] to remove, to confiscate. **-3.** PHILOS & POL to alienate.
◆ **s'aliéner** *vpt*: **s'~ qqn** to alienate sb; **je me suis aliéné leur amitié** *sout* I caused them to turn away *ou* to become estranged from me.
**Aliénor** [aljenɔr] *npr*: ~ **d'Aquitaine** Eleanor of Aquitaine.
**alignement** [aliɲmɑ̃] *nm* **-1.** [rangée] line, row; **mettre qqch dans le même ~ que** to bring sthg into line *ou* alignment with; **être à** *ou* **dans l'~** to be *ou* to stand in line; **se mettre à** *ou* **dans l'~** to fall into line; **ne pas être à** *ou* **dans l'~** to be out of line. **-2.** *fig* aligning, bringing into alignment; **leur ~ sur la politique des socialistes** their coming into line with the socialists' policy ❏ ~ **monétaire** monetary alignment *ou* adjustment. **-3.** JUR building line.
◆ **alignements** *nmpl* [de menhirs] standing stones *(arranged in a row)*, alignments.
**aligner** [3] [aliɲe] *vt* **-1.** [mettre en rang] to line up *(sép)*, to align. **-2.** MIL [soldats, tanks] to line up *(sép)*, to form into lines; [divisions] to line up; ADMIN & MIL to bring into alignment. **-3.** [présenter – preuves] to produce one by one; [– en écrivant] to string together *(sép)*; [– en récitant] to string together, to reel off *(sép)*. **-4.** [mettre en conformité]: ~ **qqch sur** to line sthg up with, to bring sthg into line with; **chaque membre doit ~ sa politique sur celle de la Communauté** each member state must bring its policies into line with those of the Community. **-5.** ∇ *loc*: **les ~** [payer] to cough up, to fork out.
◆ **s'aligner** *vpi* **-1.** [foule, élèves] to line up, to form a line; [soldats] to fall into line. **-2.** ∇ *loc*: **il peut toujours s'~!** he's got no chance (of getting anywhere)!
◆ **s'aligner sur** *vp* + *prép* [imiter – nation, gouvernement] to fall into line *ou* to align o.s. with.
**aliment** [alimɑ̃] *nm* **-1.** [nourriture] (type *ou* kind of) food; **citez trois ~s** list three types of food *ou* three different foods; **l'eau n'est pas un ~** water is not (a) food *ou* has no food value ‖ [portion] (piece of) food; **des ~s** food, foodstuffs; **la plupart des ~s** most food *ou* foodstuffs ❏ ~**s pour bébé/chien** baby/dog food; ~**s congelés/diététiques** frozen/health food. **-2.** *fig* & *litt*: **l'~ de** *ou* **un ~ pour l'esprit** food

for thought. **-3.** [dans les assurances] interest, risk.
◆ **aliments** *nmpl* JUR maintenance.
**alimentaire** [alimɑ̃tɛr] *adj* **-1.** COMM & MÉD food *(modif)*; **sac/papier** ~ bag/paper for wrapping food. **-2.** [pour gagner de l'argent]: **œuvre** ~ potboiler; **je fais des enquêtes mais c'est purement** ~ I do surveys, but it's just to make ends meet. **-3.** [de la digestion] alimentary. **-4.** TECH feeding, feeder *(modif)*. **-5.** JUR [obligation] maintenance *(modif)*.
**alimentation** [alimɑ̃tasjɔ̃] *nf* **-1.** [fait de manger] (consumption of) food; [fait de faire manger] feeding. **-2.** [régime] diet; **une ~ carnée** a meat-based diet. **-3.** COMM [magasin] grocer's; [rayon] groceries; [activité]: **l'**~ food distribution, the food (distribution) trade. **-4.** TECH supply; **assurer l'~ d'une pompe en électricité** to supply electricity to a pump; **ils ont l'~ en eau** they have running water. **-5.** MIL [d'une armée] arms supply.
**alimenter** [3] [alimɑ̃te] *vt* **-1.** [nourrir – malade, bébé] to feed. **-2.** TECH [moteur, pompe] to feed; [ville] to supply; ~ **qqn en eau** to supply sb with water. **-3.** [approvisionner – compte] to put money into; ~ **les caisses de l'Etat** to be a source of revenue *ou* cash for the Government. **-4.** [entretenir – conversation] to sustain; [– curiosité, intérêt] to feed, to sustain; [– doute, désaccord] to fuel.
◆ **s'alimenter** *vp (emploi réfléchi)* [gén] to eat; **elle ne s'alimente plus depuis une semaine** she hasn't had any solid food for a week; **s'~ bien/mal** to have a good/poor diet; [bébé] to feed o.s.
◆ **s'alimenter en** ψ + *prép* [se procurer]: **comment le village s'alimente-t-il en eau?** how does the village get its water?
**alinéa** [alinea] *nm* [espace] indent; [paragraphe] paragraph.
**alitement** [alitmɑ̃] *nm* confinement *(to one's bed)*.
**aliter** [3] [alite] *vt* to confine to bed.
◆ **s'aliter** *vpi* to take to one's bed; **rester alité** to be confined to one's bed, to be bedridden.
**alizé** [alize] ◇ *adj m* [vent] trade *(modif)*. ◇ *nm* trade wind.
**Allah** [ala] *npr* Allah.
**allaitement** [alɛtmɑ̃] *nm* [processus] feeding, suckling *Br*; nursing *Am*; [période] breast-feeding period; ~ **maternel** *ou* **au sein** breast-feeding.
**allaiter** [4] [alete] *vt* to breastfeed; **à quelle heure est-ce que tu l'allaites?** what time do you feed him?
**allant, e** [alɑ̃, ɑ̃t] *adj litt* cheerful, lively.
◆ **allant** *nm sout* energy, drive; **être plein d'**~ to have plenty of drive.
**alléchant, e** [aleʃɑ̃, ɑ̃t] *adj* **-1.** [plat, odeur] mouth-watering, appetizing. **-2.** [proposition, projet, offre] enticing, tempting.
**allécher** [18] [aleʃe] *vt* **-1.** [suj: odeur, plat]: ~ **qqn** to give sb an appetite. **-2.** [suj: offre, proposition, projet – gén] to tempt, to seduce, to entice; [– dans le but de tromper] to lure.
**allée** [ale] *nf* [à la campagne] footpath, lane; [dans un jardin] alley; [dans un parc] walk, path; [en ville] avenue; [devant une maison, une villa] drive, driveway; [dans un cinéma, un train] aisle; **les ~s du pouvoir** the corridors of power.
◆ **allées et venues** *nfpl* comings and goings; **toutes ces ~s et venues pour rien** all this running around *ou* about for nothing; **nous faisons des ~s et venues entre Québec et Toronto** we go *ou* we shuttle back and forth between Quebec and Toronto.
**allégation** [alegasjɔ̃] *nf* allegation, (unsubstantiated) claim.
**allège¹** [alɛʒ] *v* → **alléger**.
**allège²** [alɛʒ] *nf* **-1.** CONSTR [d'une fenêtre] basement; [mur] dwarf wall. **-2.** NAUT barge, lighter.
**allégé, e** [aleʒe] *adj* low-fat.
**allégeai** [aleʒe] *v* → **alléger**.
**allégeance** [aleʒɑ̃s] *nf* HIST allegiance.
**allègement** [alɛʒmɑ̃] *nm* **-1.** [diminution – d'un fardeau] lightening; [– d'une douleur] relief, alleviation, soothing. **-2.** ÉCON & FIN reduction; **ils sont en faveur de l'~ des charges sociales pour les entreprises** they are in favour of reducing employers' national insurance contributions ❏ ~ **fiscal** tax reduction. **-3.** ENS: ~ **de l'effectif** reduction in class size; ~ **des programmes** streamlining of the curriculum. **-4.** SPORT [des skis] lifting (the weight off the skis).
**alléger** [22] [aleʒe] *vt* **-1.** [rendre moins lourd – malle, meuble] to make lighter, to lighten; **il va falloir ~ le paquet de 10**

grammes we'll have to take 10 grammes off the parcel. **-2.**
ÉCON & FIN [cotisation, contribution] to reduce; ~ **les impôts de**
**10 %** to reduce tax by 10%, to take 10% off tax. **-3.** [soula-
ger – douleur] to relieve, to soothe; **je me suis senti allégé**
**d'un grand poids** ou **fardeau** I felt (that) a great weight had
been taken off my shoulders. **-4.** [faciliter – procédure, texte]
to simplify, to trim (down); **les formalités ont été allégées**
some of the red tape was done away with. **-5.** ENS: ~ **le**
**programme** to trim the curriculum.

**allégorie** [alegɔri] *nf* allegory.

**allégorique** [alegɔrik] *adj* allegorical.

**allégoriquement** [alegɔrikmɑ̃] *adv* allegorically.

**allègre** [alɛgr] *adj* cheerful, light-hearted; **marcher d'un pas**
~ to walk with a light step.

**allègrement** [alɛgrəmɑ̃] *adv* **-1.** [joyeusement] cheerfully,
light-heartedly. **-2.** *hum* [carrément] heedlessly, blithely.

**allégresse** [alegrɛs] *nf* cheerfulness, liveliness; **l'**~ **était**
**générale** there was general rejoicing.

**alléguer** [18] [alege] *vt* **-1.** [prétexter] to argue; ~ **comme**
**excuse/prétexte que** to put forward as an excuse/a pretext
that; **alléguant du fait que** arguing that. **-2.** *sout* [citer] to
cite, to quote.

**alléluia** [aleluja] *nm* alleluia, hallelujah.

**Allemagne** [almaɲ] *npr f*: **(l')** ~ Germany; **(l')** ~ **de l'Est**
East Germany; **(l')** ~ **de l'Ouest** West Germany.

**allemand, e** [almɑ̃, ɑ̃d] *adj* German.

◆ **Allemand, e** *nm, f* German; **Allemand de l'Est** East German; **Allemand de l'Ouest** West German.

◆ **allemand** *nm* LING German.

◆ **allemande** *nf* DANSE & MUS allemande.

**aller¹** [ale] *nm* **-1.** [voyage] outward journey; **je suis passé**
**les voir à l'**~ I dropped in to see them on the way (there);
**l'avion était en retard à l'**~ **et au retour** the flight was delayed both ways; **un** ~ **(et) retour** a round trip; **faire des** ~**s**
**et retours** [personne, document] to go back and forth, to
shuttle back and forth; **je vais à la banque mais je ne fais**
**qu'un** ~ **et retour** I'm going to the bank, but I'll be right
back. **-2.** [billet]: ~ **(simple)** single (ticket) *Br*, one-way ticket *Am*; ~ **(et) retour** return *Br* ou round-trip *Am* (ticket). **-3.**
*fam*: ~ **et retour** [gifle] slap.

**aller²** [31] [ale] ◇ *v aux* **-1.** *(suivi de l'inf)* [exprime le futur
proche] to be going ou about to; **tu vas tomber!** you're going to fall!, you'll fall!; **attendez-le, il va arriver** wait for
him, he'll be here any minute now; **j'allais justement te**
**téléphoner** I was just going to phone you, I was on the
point of phoning you; **il va être 5 h** it's going on 5 ∥ [pour
donner un ordre]: **tu vas faire ce que je te dis, oui ou non?**
will you do as I say or won't you? **-2.** *(suivi de l'inf)* [en intensif]
to go; **ne va pas croire/penser que...** don't go and believe/
think that...; **tu ne vas pas me faire croire que tu ne savais**
**rien!** you can't fool me into thinking that you didn't know
anything!; **que n'iront-ils pas s'imaginer!** God knows
what they'll think!; **où est-elle?** — **allez savoir!** where is
she? — God knows!; **allez expliquer ça à un enfant de 5**
**ans!** try and explain ou try explaining that to a 5-year-
old! **-3.** [exprime la continuité] *(suivi du gérondif)*: ~ **en:** ~ **en**
**s'améliorant** to get better and better, to improve; ~ **en**
**augmentant** to keep increasing ∥ *(suivi du p prés)*: ~ **croissant**
[tension] to be rising; [nombre] to be rising ou increasing.

◇ *vi* **A.** EXPRIME LE MOUVEMENT **-1.** [se déplacer] to go; **qui**
**va là?** who goes there?; **va vite!** hurry up!; [à un enfant] **run**
**along (now)!**; **vous alliez à plus de 90 km/h** [en voiture] you
were driving at ou doing more than 90 km/h; ~ **(et) venir**
[de long en large] to pace up and down; [entre deux destina-
tions] to come and go, to go to and fro; **je n'ai fait qu'**~ **et**
**venir toute la matinée** I was in and out all morning. **-2.** [se
rendre – personne]: ~ **à** to go to; **en allant à Limoges** on the
way to Limoges; ~ **à la mer/à la montagne** to go to the
seaside/mountains; ~ **à l'université** [bâtiment] to go to the
university; [institution] to go to university ou college; ~ **à la**
**chasse/pêche** to go hunting/fishing; **où vas-tu?** where are
you going?; **comment y va-t-on?** how do we get there?; **y**
~: **il y est allé en courant** he ran there; **on y va!** let's go!;
**j'irai en avion/voiture** I'll fly/drive, I'll go by plane/car; ~
**chez:** **tu n'iras plus chez eux, tu m'entends?** you will not
visit them again, do you hear me?; ~ **dans: je vais dans les**
**Pyrénées** I'm going to the Pyrenees on. ~ **en:** ~ **en haut/bas**

to go up/down; ~ **vers: j'allais vers le nord** I was heading
ou going north. **-3.** *(suivi de l'inf)* [pour se livrer à une activité]: ~
**faire qqch** to go and do sthg, to go do sthg *Am*; **je vais faire**
**mes courses tous les matins** I go shopping every morning;
**va ramasser les poires dans le jardin** go and pick the pears
in the garden ❏ **va voir là-bas si j'y suis!**▽ push off!, clear
off!; **va te faire voir** ▽ ou **te faire foutre**▼! get lost ou *Br* stuffed!, go to hell! **-4.** [mener – véhicule, chemin] to go; **cette rue**
**va vers le centre** this street leads towards the city centre ❏
~ **droit au cœur de qqn** to go straight to sb's heart. **-5.**
[fonctionner – machine] to go, to run; [– moteur] to run; [– voiture, train] to go. **-6.** [se ranger – dans un contenant] to go, to
belong; [– dans un ensemble] to fit. **-7.** [être remis]: ~ **à** to go
to; **l'argent collecté ira à une œuvre** the collection will go
ou be given to a charity.

**B.** S'ÉTENDRE **-1.** [dans l'espace]: ~ **de... à...: le passage**
**qui va de la page 35 à la page 43** the passage which goes
from page 35 to page 43; ~ **jusqu'à** [vers le haut] to go up to,
to reach up to; [vers le bas] to go ou to reach down to; [en largeur, en longueur] to go to, to stretch as far as. **-2.** [dans le
temps]: ~ **de... à...** to go from... to...; ~ **jusqu'à** [bail, contrat]
to run till. **-3.** [dans une série]: ~ **de... à...** to go ou to range
from... to...; **les prix vont jusqu'à 50 000 F** prices go as high
as 50,000 F.

**C.** PROGRESSER **-1.** [se dérouler]: ~ **vite/lentement** to go
fast/slow ❏ **plus ça va...:** plus **ça va, moins je comprends**
**la politique** the more I see of politics, the less I understand
it; **plus ça va, plus je l'aime** I love her more each day. **-2.**
[personne]: ~ **jusqu'à: j'irai jusqu'à 5 000 F pour le fauteuil**
I'll pay ou go up to 5,000 F for the armchair; **j'irais même**
**jusqu'à dire que...** I would even go so far as to say that...;
**sans** ~ **jusque-là** without going that far; ~ **sur** ou **vers** [ap-
procher de]: **il va sur** ou **vers la cinquantaine** he's getting on
for ou going on 50; **elle va sur ses cinq ans** she's nearly ou
almost five, she'll be five soon ❏ ~ **à la faillite/l'échec** to be
heading for bankruptcy/failure; ~ **à sa ruine** to be on the
road to ruin; **où va-t-on** ou **allons-nous s'il faut se barricader chez soi?** what's the world coming to if people have to
lock themselves in nowadays?; **allons (droit) au fait** let's
get (straight) to the point; ~ **au plus pressé** to do the most
urgent thing first.

**D.** ÊTRE DANS TELLE OU TELLE SITUATION **-1.** [en parlant de
l'état de santé]: **bonjour, comment ça va?** — **ça va** hello,
how are you? — all right; **comment va la santé?, comment**
**va?** *fam* how are you keeping?; **ça va?** [après un choc] are
you all right?; **ça ne va pas du tout** I'm not at all well; ~
**bien: je vais bien** I'm fine ou well; **ça va bien?** are you OK?;
**elle va beaucoup mieux** she's (feeling) much better; **il va**
**mal** he's not at all well, he's very poorly ❏ **ça va pas (bien**
ou **la tête)!, ça va pas, non?** *fam* you're off your head!, you
must be mad!; **ça va?** — **on fait** ~ *fam* ou **il faut faire** ~ *fam*
how are you? — mustn't grumble. **-2.** [se passer]:
**comment vont les affaires?** — **elles vont bien** how's business? — (it's doing) OK ou fine; **ça va de moins en moins**
**bien entre eux** things have gone from bad to worse between them; **les choses vont** ou **ça va mal** things aren't too
good ou aren't going too well; **obéis-moi ou ça va mal** ~
**(pour toi)!** do as I say or you'll be in trouble!; **comment ça**
**va dans ton nouveau service?** how are you getting on ou
how are things in the new department?; **quelque chose ne**
**va pas?** is there anything wrong ou the matter? ❏ **ça ne va**
**pas tout seul** ou **sans problème** it's not an ou it's no easy
job; **et le travail, ça va comme tu veux?** *fam* is work going
all right?

**E.** EXPRIME L'ADÉQUATION **-1.** [être seyant]: ~ **(bien) à qqn**
[taille d'un vêtement] to fit sb; [style d'un vêtement] to suit sb; **le**
**bleu lui va bleu suits her**, she looks good in blue; **ça ne te va**
**pas de parler vulgairement** coarse language doesn't suit ou
become you; **ça te va bien de donner des conseils!** *iron*
you're a fine one to give advice! ❏ **cela te va à ravir** ou **à**
**merveille** that looks wonderful on you, you look wonderful in that. **-2.** [être en harmonie]: **j'ai acheté un chapeau**
**pour** ~ **avec ma veste** I bought a hat to go with ou to match
my jacket; ~ **ensemble** [couleurs, styles] to go well together,
to match; [éléments d'une paire] to belong together; **ils vont**
**bien ensemble, ces deux-là!** those two make quite a pair!;
**je trouve qu'ils vont très mal ensemble** I think (that)
they're an ill-matched couple ou they make a very odd pair.
**-3.** [convenir]: **la clé de 12 devrait** ~ spanner number 12

should do (the job); **nos plats vont au four** our dishes are oven-proof; **tu veux de l'aide? — non, ça ira!** do you want a hand? — no, I'll manage OU it's OK!; **tu ne rajoutes pas de crème?** — **ça ira comme ça** don't you want to add some cream? — that'll do (as it is) OU it's fine like this; **ça ira pour aujourd'hui** that'll be all for today, let's call it a day; **pour un studio, ça peut ~** as far as bedsits Br OU studio apartments Am go, it's not too bad; **on dînera après le spectacle — ça me va** we'll go for dinner after the show — that's all right OU fine by me OU that suits me (fine). **F.** LOCUTIONS: **allez, un petit effort** come on, put some effort into it; **allez, je m'en vais!** right, I'm going now!; **zut, j'ai cassé un verre! — et allez (donc), le troisième en un mois!** damn! I've broken a glass! — well done, that's the third in a month!; **allez ou allons donc!** [tu exagères] go on OU get away (with you)!, come off it!; **allez-y!** go on!, off you go!; **allons-y!** let's go!; **allons-y, ne nous gênons pas!** *iron* don't mind me!; **allons bon, j'ai perdu ma clef maintenant!** oh no, now I've lost my key!; **allons bon, voilà qu'il recommence à pleurer!** here we go, he's crying again!; **c'est mieux comme ça, va!** it's better that way, you know!; **(espèce de) frimeur, va!** *fam* you show-off!; **va donc, eh minable!** *fam* get lost, you little creep!; **ça va** *fam*, **ça va bien** *fam*, **ça va comme ça** *fam* OK; **je t'aurai prévenu! — ça va, ça va!** don't say I didn't warn you! — OK, OK!; **ça va comme ça hein, j'en ai assez de tes jérémiades!** just shut up will you, I'm fed up with your moaning!; **y ~** *fam*: **quand faut y ~, faut y ~** when you've got to go, you've got to go; **vas-y doucement, c'est fragile** gently OU easy does it, it's fragile; **vas-y mollo avec le vin!** *fam* go easy on the wine!; **comme tu y vas/vous y allez** *fam*: **j'en veux 3 000 F — comme tu y vas!** I want 3,000 F for it — isn't that a bit much?; **ça y va** *fam*: **ça y va, les billets de 100 F!** 100 franc notes are going as if there was no tomorrow!; **y ~ de**: **elle y est allée de sa petite larme** *hum* she had a little cry; **il ou cela ou ça va de soi (que)** it goes without saying (that); **il ou cela ou ça va sans dire (que)** it goes without saying (that); **il y va de ta vie/carrière/réputation** your life/career/reputation is at stake; **il en va de la littérature comme de la peinture** it's the same with literature as with painting; **il n'en va pas de même pour toi** the same doesn't apply to you; **il en irait autrement si ta mère était encore là** *fam* things would be very different if your mother was still here; **va pour le saint-émilion!** *fam* all right OU OK then, we'll have the Saint-Émilion!; **tout le monde est égoïste, si tu vas par là!** everybody's selfish, if you look at it like that!
◆ **s'en aller** *vpi* **-1.** [partir – personne] to go; **je lui donnerai la clé en m'en allant** I'll give him the key on my way out; **va-t-en!** go away!; **tous les jeunes s'en vont du village** all the young people are leaving the village; **va-t-en de là!** get away from there! **-2.** [se défaire, se détacher] to come undone. **-3.** *sout* [mourir – personne] to die, to pass away. **-4.** [disparaître – tache] to come off, to go (away); [– son] to fade away; [– forces] to fail; [– jeunesse] to pass; [– lumière, soleil, couleur] to fade (away); [– peinture, vernis] to come off; **ça s'en ira au lavage/avec du savon** it'll come off in the wash/with soap; **leur dernière lueur d'espoir s'en est allée** their last glimmer of hope has gone OU vanished. **-5.** *(suivi de l'inf)* [en intensif]: **il s'en fut trouver le magicien** off he went to find the wizard; **je m'en vais lui dire ses quatre vérités!** *fam* I'm going to tell her a few home truths!
**allergie** [alɛrʒi] *nf* **-1.** MÉD allergy; **avoir OU faire une ~ à** to be allergic to. **-2.** *fam* [répugnance] allergy.
**allergique** [alɛrʒik] *adj* **-1.** MÉD [réaction] allergic; **être ~ à qqch** to be allergic to sthg. **-2.** *fam & fig* allergic.
**allergisant, e** [alɛrʒizɑ̃, ɑ̃t] *adj* allergenic.
**allergologie** [alɛrgɔlɔʒi] *nf* diagnosis and treatment of allergies.
**allergologue** [alɛrgɔlɔg] *nmf* allergist.
**alliage** [aljaʒ] *nm* **-1.** MÉTALL & TECH alloy; **structure en ~ léger** alloy structure. **-2.** *litt* [ajout] adjunct.
**alliance** [aljɑ̃s] *nf* **-1.** [pacte] alliance, pact, union; **l'~ entre socialistes et communistes OU les socialistes et les communistes** the alliance between OU of Socialists and Communists; **conclure une ~ avec un pays** to enter into OU to forge an alliance with a country; **conclure une ~ avec qqn** to ally o.s. with sb; **l'Alliance française** *organization promoting French language and culture abroad*. **-2.** *sout* [ma-

riage] union, alliance *litt*. **-3.** [combinaison] union, blending, combination; **~ de mots** LING oxymoron. **-4.** [bague] wedding ring. **-5.** RELIG covenant.
◆ **par alliance** *loc adj* by marriage.
**allié, e** [alje] ◇ *adj* allied. ◇ *nm, f* **-1.** [pays, gouvernement] ally; **les Alliés** HIST the Allies. **-2.** JUR relation by marriage. **-3.** [ami] ally, supporter.
**allier** [9] [alje] *vt* **-1.** [unir – pays, gouvernements, chefs] to unite, to ally (together); [– familles] to relate OU to unite by marriage. **-2.** [combiner – efforts, moyens, qualités] to combine (together); [– sons, couleurs, parfums] to match, to blend (together). **-3.** TECH to (mix into an) alloy.
◆ **s'allier** *vpi* **-1.** [pays] to become allied; **s'~ avec un pays** to ally o.s. to a country, to form an alliance with a country ‖ *sout* [par le mariage – personnes] to marry; [– familles] to become allied OU related by marriage; **s'~ à une famille** to marry into a family. **-2.** [se combiner – couleurs, sons, parfums] to match, to blend (together); [– qualités, talents, arts] to combine, to unite (together). **-3.** TECH to (become mixed into an) alloy.
**alligator** [aligatɔr] *nm* alligator.
**alliions** [alijɔ̃] *v → allier*.
**allitération** [aliterasjɔ̃] *nf* alliteration.
**allô** [alo] *interj* hello, hullo.
**allocataire** [alɔkatɛr] *nmf* beneficiary.
**allocation** [alɔkasjɔ̃] *nf* **-1.** [attribution] allocation; FIN [de parts] allotment, allotting. **-2.** SOCIOL [prestation] allowance, benefit Br; welfare Am; **avoir OU toucher des ~s** to be on benefit Br OU welfare Am ❑ **~ (de) chômage** unemployment benefit; **~s familiales** family credit, child benefit Br; **~ (de) logement, ~-logement** housing benefit Br, rent subsidy OU allowance Am; **je touche une ~-logement** I get housing benefit Br OU a rent subsidy Am; **~ (de) maternité** maternity allowance.
◆ **allocations** *nfpl fam*: **les ~s** [service] social security Br, welfare Am; [bureau] the social security office.
**allocutaire** [alɔkytɛr] *nmf* addressee.
**allocution** [alɔkysjɔ̃] *nf* [discours] (formal) speech.
**allogène** [alɔʒɛn] ◇ *adj* [gén] foreign; [population] non-native. ◇ *nmf* alien.
**allonge** [alɔ̃ʒ] *nf* **-1.** [rallonge – gén] extension; [– d'une table] leaf. **-2.** [crochet] (butcher's) hook. **-3.** FIN rider. **-4.** SPORT reach.
**allongé, e** [alɔ̃ʒe] *adj* **-1.** [long] long. **-2.** [couché]: **il était ~ sur le canapé** he was lying on the sofa; **il est resté ~ pendant trois mois** he was bedridden for three months.
**allongeai** [alɔ̃ʒe] *v → allonger*.
**allongement** [alɔ̃ʒmɑ̃] *nm* **-1.** [extension – d'une route, d'un canal] extension; [– d'une distance] increasing, lengthening; [– d'une durée, de la vie] lengthening, extension; [– des jours] lengthening. **-2.** TECH [déformation] stretching; MÉTALL elongation. **-3.** LING lengthening.
**allonger** [17] [alɔ̃ʒe] ◇ *vt* **-1.** [rendre plus long – robe, route, texte] to lengthen, to make longer; **la coupe vous allonge la silhouette** the cut of the garment makes you look thinner; **~ le pas** to take longer steps. **-2.** [étirer – bras, jambe] to stretch out *(sép)*; **~ le cou** to stretch one's neck. **-3.** [coucher – blessé, malade] to lay down *(sép)*. **-4.** ▽ [donner – argent] to produce, to come up with; **cette fois-ci, il a fallu qu'il les allonge** this time he had to cough up OU to fork out; **~ une taloche à qqn** to give sb a slap; **~ un coup à qqn** to fetch sb a blow. **-5.** CULIN: **~ la sauce** *pr* to make the sauce thinner; *fig* to spin things out. **-6.** ÉQUIT [allure] to lengthen. ◇ *vi*: **les jours allongent** the days are drawing out OU getting longer.
◆ **s'allonger** *vpi* **-1.** [se coucher] to stretch out; **allongez-vous!** lie down!; **il/le chien s'allongea sur le tapis** he/the dog stretched out on the rug; **allonge-toi un peu** have a little lie-down. **-2.** [se prolonger – visite, récit] to drag on; [– vie, période] to become longer. **-3.** [se renfrogner]: **son visage s'allongea** her face fell, she pulled Br OU made Am a long face.
**allopathie** [alɔpati] *nf* allopathy.
**allopathique** [alɔpatik] *adj* MÉD allopathic.
**allophone** [alɔfɔn] ◇ *adj*: **les résidents ~s** foreign-language speaking residents. ◇ *nmf person whose native language is not that of the community in which he/she lives.*

**allouer** [6] [alwe] *vt* **-1.** [argent] to allocate; [indemnité] to grant; FIN [actions] to allot. **-2.** [temps] to allot, to allow.

**allumage** [alymaʒ] *nm* **-1.** [d'un feu, d'une chaudière] lighting; [du gaz] lighting, turning on. **-2.** [d'une ampoule, d'un appareil électrique] turning ou switching on. **-3.** AUT & MÉCAN ignition; régler l'~ to set ou to adjust the timing; avance/retard à l'~ advanced/retarded ignition. **-4.** ASTRONAUT ignition. **-5.** ARM firing (*of a mine*).

**allume-cigares** [alymsigar] *nm inv* cigarette lighter.

**allume-feu** [alymfø] *nm inv* **-1.** [bois] kindling wood. **-2.** [à alcool] fire-lighter.

**allume-gaz** [alymgaz] *nm inv* gas lighter.

**allumer** [3] [alyme] *vt* **-1.** [enflammer – bougie, réchaud, cigarette, torche, gaz] to light; [– bois, brindille] to light, to kindle; [– feu, incendie] to light, to start. **-2.** [mettre en marche – lampe, appareil] to turn ou to switch ou to put on (*sép*); [– phare] to put on, to turn on (*sép*); j'ai laissé la radio allumée! I forgot to turn off the radio!; le bureau est allumé there's a light on in the office, the lights are on in the office || (*en usage absolu*): allume! turn the light on!; comment est-ce qu'on allume? how do you switch Br ou turn it on?; où est-ce qu'on allume? where's the switch? **-3.** *litt* [commencer – guerre] to start; [– passion, haine] to stir up (*sép*). **-4.** *fam* [sexuellement] to arouse, to turn on (*sép*).
◆ **s'allumer** *vpi* **-1.** [s'éclairer]: leur fenêtre vient de s'~ a light has just come on at their window || *fig* [visage, œil, regard] to light up. **-2.** [se mettre en marche – appareil, radio] to switch ou to turn on; [– lumière] to come on. **-3.** [prendre feu – bois, brindille] to catch (fire); [– incendie] to start, to flare up. **-4.** *litt* [commencer – haine, passion] to be aroused; [– guerre] to break out.

**allumette** [alymɛt] *nf* **-1.** [pour allumer] match, matchstick; ~ suédoise ou de sûreté safety match; être gros ou épais comme une ~ to be as thin as a rake; avoir des jambes comme des ~s to have legs like matchsticks. **-2.** CULIN [gâteau – salé] allumette, straw; [– sucré] allumette.

**allumeur** [alymœr] *nm* **-1.** TECH igniter. **-2.** AUT (ignition) distributor. **-3.** [lampiste] ~ de réverbères lamp-lighter.

**allumeuse**ᵛ [alymøz] *nf péj* tease.

**allure** [alyr] *nf* **-1.** [vitesse d'un véhicule] speed; à grande/ faible ~ at (a) high/low speed; rouler à petite ~ ou à une ~ réduite to drive at a slow pace ou slowly; aller ou rouler à toute ~ to go at (top ou full) speed. **-2.** [vitesse d'un marcheur] pace; il accélérait l'~ he was quickening his pace; marcher à vive ~ to walk at a brisk pace; à cette ~, tu n'auras pas fini avant demain *fig* at that speed ou rate, you won't have finished before tomorrow. **-3.** [apparence – d'une personne] look, appearance; avoir de l'~ ou grande ~ to have style; une femme d'~ élégante entra an elegant-looking woman came in; avoir fière ~ to cut a fine figure; avoir piètre ~ to cut a shabby figure; il a une drôle d'~ he looks odd ou weird; un personnage à l'~ ou d'~ suspecte a suspicious-looking character; je n'aime pas l'~ qu'elle a I don't like the look of her; le projet prend une mauvaise ~ the project is taking a turn for the worse; prendre des ~s de to take on an air of.

**allusif, ive** [alyzif, iv] *adj* allusive.

**allusion** [alyzjɔ̃] *nf* **-1.** [référence] allusion, reference; il n'y a fait ~ qu'en passant he only made passing reference to it; par ~ à alluding to. **-2.** [sous-entendu] hint; c'est une ~? are you hinting at something?; l'~ m'échappe I don't get it; s'exprimer par ~s to express o.s. obliquely ou allusively.

**allusivement** [alyzivmɑ̃] *adv* allusively.

**alluvial, e, aux** [alyvjal, o] *adj* alluvial.

**alluvionnaire** [alyvjɔnɛr] *adj* alluvial.

**alluvionner** [3] [alyvjɔne] *vi* to deposit alluvion ou alluvium.

**alluvions** [alyvjɔ̃] *nmpl* alluvion (*U*), alluvium (*U*).

**almanach** [almana] *nm* almanac.

**aloès** [alɔɛs] *nm* aloe.

**aloi** [alwa] *nm*: de bon ~ [marchandise, individu] of sterling ou genuine worth; [plaisanterie] in good taste; de mauvais ~ [marchandise] worthless; [individu] worthless, no-good (*avant n*); [plaisanterie] in bad taste; [succès] cheap.

**alors** [alɔr] *adv* **-1.** [à ce moment-là] then; le cinéma d'~ était encore muet films were still silent in those days; le Premier ministre d'~ refusa de signer les accords the then Prime Minister refused to sign the agreement; jusqu'~ until then. **-2.** [en conséquence] so; il s'est mis à pleuvoir, ~ nous sommes rentrés it started to rain, so we came back in. **-3.** [dans ce cas] then, so, in that case; je préfère renoncer tout de suite, ~! in that case I'd just as soon give up straight away!; mais ~, ça change tout! but that changes everything! **-4.** [emploi expressif]: il va se mettre en colère, et ~? so what if he gets angry?; et ~, qu'est-ce qui s'est passé? so what happened then?; ~, tu viens oui ou non? so are you coming or not?, are you coming or not, then?; dites-le-lui, ou ~ je ne viens pas tell him, otherwise ou or else I'm not coming; ~ là, il exagère! he's going a bit far there!; ~ là, je ne sais plus quoi dire! well then, I don't know what to say!; ça ~, je ne l'aurais jamais cru! my goodness, I would never have believed it!; non mais ~, pour qui vous vous prenez? well really, who do you think you are?
◆ **alors que** *loc conj* **-1.** [au moment où] while, when; l'orage éclata ~ que nous étions encore loin de la maison the storm broke while ou when we were still a long way from the house. **-2.** [bien que, même si] even though; elle est sortie ~ que c'était interdit she went out, even though she wasn't supposed to; ~ même qu'il ne nous resterait que ce moyen, je refuserais de l'utiliser *sout* even if this were the only means left to us I wouldn't use it. **-3.** [tandis que] while; il part en vacances ~ que je reste ici tout l'été he's going on holiday while I stay here all summer.

**alouette** [alwɛt] *nf* **-1.** ORNITH lark; il attend que les ~s lui tombent/il croit que les ~s vont lui tomber toutes cuites dans le bec *fam* he's waiting for things to/he thinks that things will just fall into his lap. **-2.** CULIN: ~ sans tête ≈ veal olive.

**alourdir** [32] [alurdir] *vt* **-1.** [ajouter du poids à] to weigh down (*sép*), to make heavy ou heavier; l'emballage alourdit le paquet de 200 grammes the wrapping makes the parcel heavier by 200 grammes; alourdi par la fatigue heavy with exhaustion. **-2.** [style, allure, traits] to make heavier ou coarser; [impôts] to increase; cette répétition alourdit la phrase the repetition makes the sentence unwieldy.
◆ **s'alourdir** *vpi* **-1.** [grossir – personne] to put on weight; [– taille] to thicken, to get thicker. **-2.** [devenir lourd] to become heavy ou heavier; ses paupières s'alourdissaient his eyelids were beginning to droop ou were getting heavy; sa démarche s'est alourdie he walks more heavily. **-3.** [devenir plus grossier] to get coarser; ses traits s'alourdissent his features are getting coarser.

**alourdissement** [alurdismɑ̃] *nm* **-1.** [d'un paquet, d'un véhicule] increased weight. **-2.** [d'un style] heaviness; [des impôts] increase.

**aloyau** [alwajo] *nm* sirloin.

**alpaga** [alpaga] *nm* alpaca.

**alpage** [alpaʒ] *nm* **-1.** [pâturage] high (mountain) pasture. **-2.** [saison] grazing season (*spent by livestock in high pastures*).
◆ **d'alpage** *loc adj* [fromage, produit] mountain (*modif*).

**alpaguer** [alpage] *vt* **-1.** [arrêter] to nab, to bust *Am*; se faire ~ to get nabbed ou *Am* busted. **-2.** [accaparer] to nab.

**alpe** [alp] *nf* (high) alpine pasture.

**Alpes** [alp] *npr fpl*: les ~ the Alps; les ~ du Sud the Southern Alps.

**alpestre** [alpɛstr] *adj* alpine.

**alpha** [alfa] *nm* alpha; l'~ et l'oméga de *fig* the beginning and the end of.

**alphabet** [alfabɛ] *nm* **-1.** [d'une langue] alphabet. **-2.** [abécédaire] spelling ou ABC book. **-3.** [code]: ~ morse Morse code; ~ phonétique phonetic alphabet.

**alphabétique** [alfabetik] *adj* alphabetic, alphabetical.

**alphabétiquement** [alfabetikmɑ̃] *adv* alphabetically.

**alphabétisation** [alfabetizasjɔ̃] *nf* elimination of illiteracy; campagne/taux d'~ literacy campaign/rate.

**alphabétiser** [3] [alfabetize] *vt* to teach to read and write.

**alphabétisme** [alfabetism] *nm* alphabetical writing (system).

**alphanumérique** [alfanymerik] *adj* alphanumeric.

**alpin, e** [alpɛ̃, in] *adj* **-1.** BIOL, BOT & GÉOL alpine. **-2.** SPORT [club] mountaineering (*modif*), mountain-climbing (*modif*); [ski] downhill.

**alpinisme** [alpinism] *nm* mountaineering, mountain-climbing; **faire de l'~** to climb, to go mountain-climbing.
**alpiniste** [alpinist] *nmf* mountaineer, climber.
**alsacien, enne** [alzasjɛ̃, ɛn] *adj* Alsatian.
◆ **Alsacien, enne** *nm, f* Alsatian; **les Alsaciens** the people of Alsace.
◆ **alsacien** *nm* LING Alsatian.
**altérabilité** [alterabilite] *nf* alterability.
**altération** [alterasjɔ̃] *nf* **-1.** [dégradation] alteration. **-2.** GÉOL weathering. **-3.** MUS [dièse] sharp (sign); [bémol] flat (sign).
**altercation** [altɛrkasjɔ̃] *nf sout* quarrel, altercation; **j'ai eu une violente ~ avec elle** I had a violent quarrel ou a huge row with her.
**altère** [altɛr] *v* → **altérer.**
**altéré, e** [altere] *adj* **-1.** [modifié – aliments] adulterated; [– couleurs] faded, altered; [– faits] altered, falsified; [– traits] drawn, distorted; [– santé, amitié] impaired, affected. **-2.** [assoiffé] thirsty.
**alter ego** [altɛrego] *nm inv* **-1.** *hum* [ami] alter ego. **-2.** [homologue] counterpart, alter ego.
**altérer** [18] [altere] *vt* **-1.** [dégrader – couleur] to spoil; [– denrée] to adulterate. **-2.** *sout* [falsifier – fait, histoire] to distort; [– vérité] to distort, to twist; [– monnaie] to falsify. **-3.** [changer – composition, équilibre] to change, to alter, to modify; **les traits altérés par le chagrin/la fatigue/la maladie** her face pinched with grief/drawn with tiredness/drawn with illness; **la voix altérée par l'angoisse** her voice strained with anxiety. **-4.** *litt* [assoiffer] to make thirsty. **-5.** MUS [accord] to alter; [note] to inflect.
◆ **s'altérer** *vpi* **-1.** [se dégrader – denrée] to spoil; [– sentiment, amitié] to deteriorate; **sa santé s'est altérée** her health has got worse. **-2.** [se transformer – substance, minéral] to alter, to (undergo a) change.
**altérité** [alterite] *nf* otherness.
**alternance** [altɛrnɑ̃s] *nf* **-1.** [succession] alternation; **l'~ des saisons** the alternating ou changing seasons ‖ AGR crop rotation. **-2.** POL: **~ (du pouvoir)** change-over of political power; **pratiquer l'~** to take turns running a country. **-3.** LING: **~ vocalique** vowel gradation. **-4.** CIN, MUS & THÉÂT alternating programmes.
◆ **en alternance** *loc adv*: **ils donnent** ou **programment «Manon» et «La Traviata» en ~** they're putting on 'Manon' and 'la Traviata' alternately; **jouer en ~ avec qqn** to alternate with another actor; **faire qqch en ~ avec qqn** to take turns to do sthg.
**alternateur** [alternatœr] *nm* alternator.
**alternatif, ive** [altɛrnatif, iv] *adj* **-1.** [périodique] alternate, alternating. **-2.** [à option] alternative; SOCIOL alternative.
◆ **alternative** *nf* **-1.** [choix] alternative, option; **se trouver devant une pénible alternative** to be faced with a difficult choice, to be in a difficult dilemma. **-2.** [solution de remplacement] alternative. **-3.** LOGIQUE alternative ou disjunctive (proposition).
◆ **alternatives** *nfpl* alternating phases.
**alternativement** [altɛrnativmɑ̃] *adv* (each) in turn, alternately.
**alterné, e** [altɛrne] *adj* **-1.** TRANSP [stationnement] (authorized) on alternate sides of the street. **-2.** LITTÉRAT alternate. **-3.** MATH [application] alternate; [série] alternating.
**alterner** [3] [altɛrne] ◇ *vt* **-1.** [faire succéder] to alternate. **-2.** AGR to rotate. ◇ *vi* [se succéder – phases] to alternate; [– personnes] to alternate, to take turns.
**altesse** [altɛs] *nf* Highness; **Son Altesse Royale** [prince] His Royal Highness; [princesse] Her Royal Highness; **Son Altesse Sérénissime** [prince] His Most Serene Highness; [princesse] Her Most Serene Highness.
**altier, ère** [altje, ɛr] *adj* haughty, arrogant; **avoir un port ~** to carry o.s. proudly.
**altimètre** [altimɛtr] *nm* altimeter.
**altiport** [altipɔr] *nm* (ski-resort) airfield.
**altiste** [altist] *nmf* viola player, violist.
**altitude** [altityd] *nf* altitude; **~ au-dessus du niveau de la mer** height above sea level; **à haute/basse ~** at high/low altitude; **prendre de l'~** to gain altitude, to climb; **perdre de l'~** to lose altitude.
◆ **en altitude** *loc adv* high up, at high altitude.

**alto** [alto] *nm* **-1.** [instrument] viola. **-2.** [voix] contralto ou alto (voice); [chanteuse] contralto, alto.
**altruisme** [altrɥism] *nm* altruism.
**altruiste** [altrɥist] ◇ *adj* altruistic. ◇ *nmf* altruist.
**Altuglas®** [altyglas] *nm* ≃ Perspex®.
**alumine** [alymin] *nf* alumina, aluminium *Br* ou aluminum *Am* oxide.
**aluminium** [alyminjɔm] *nm* aluminium *Br*, aluminum *Am*.
**alun** [alœ̃] *nm* alum.
**alunir** [32] [alynir] *vi* to land (on the moon).
**alvéolaire** [alveɔlɛr] *adj* alveolar.
**alvéole** [alveɔl] *nf* **-1.** [d'une ruche] cell, alveolus *spéc*. **-2.** ANAT: **~ dentaire** tooth socket, alveolus *spéc*; **~ pulmonaire** air cell, alveolus *spéc*. **-3.** GÉOL cavity, pit.
**alvéolé, e** [alveɔle] *adj* honeycombed, alveolate *spéc*.
**amabilité** [amabilite] *nf* [qualité] kindness, friendliness, amiability; **un homme plein d'~** a very kind man; **veuillez avoir l'~ de...** please be so kind as to...
◆ **amabilités** *nfpl* [politesses] polite remarks; **faire des ~s à qqn** to be polite to sb.
**amadou** [amadu] *nm* touchwood, tinder.
**amadouer** [6] [amadwe] *vt* **-1.** [enjôler] to cajole; **elle essaie de l'~ pour qu'il accepte** she's trying to cajole ou to coax him into agreeing. **-2.** [adoucir] to mollify, to soften (up).
**amaigri, e** [amegri] *adj* [visage] gaunt; [trait] (more) pinched; **je le trouve très ~** he looks a lot thinner ou as if he's lost a lot of weight.
**amaigrir** [32] [amegrir] *vt* **-1.** [suj: maladie, régime] to make thin ou thinner; **le visage amaigri par la maladie** his face emaciated from illness. **-2.** TECH [épaisseur] to reduce; [pâte] to thin down *(sép)*.
◆ **s'amaigrir** *vpi* to lose weight.
**amaigrissant, e** [amegrisɑ̃, ɑ̃t] *adj* slimming, reducing *Am*.
**amaigrissement** [amegrismɑ̃] *nm* **-1.** [perte de poids – du corps] weight loss; [– des cuisses, de la silhouette] weight reduction. **-2.** TECH [de l'épaisseur] reducing; [d'une pâte] thinning down.
**amalgame** [amalgam] *nm* **-1.** MÉTALL amalgam. **-2.** [mélange] mixture, amalgam. **-3.** HIST & MIL amalgamation.
**amalgamer** [3] [amalgame] *vt* **-1.** MÉTALL to amalgamate. **-2.** [mélanger – ingrédients] to combine, to mix up *(sép)*. **-3.** [réunir – services, sociétés] to amalgamate.
◆ **s'amalgamer** *vpi* **-1.** MÉTALL to amalgamate. **-2.** [s'unir] to combine, to amalgamate. **-3.** [se mélanger] to get mixed up.
**amande** [amɑ̃d] *nf* **-1.** [fruit] almond. **-2.** [noyau] kernel.
◆ **d'amande(s)** *loc adj* almond.
◆ **en amande** *loc adj* [yeux] almond-shaped.
**amandier** [amɑ̃dje] *nm* almond tree.
**amandine** [amɑ̃din] *nf* almond tartlet.
**amanite** [amanit] *nf* amanita; **~ phalloïde** death cap; **~ tue-mouches** fly agaric.
**amant** [amɑ̃] *nm* (male) lover.
◆ **amants** *nmpl* lovers; **devenir ~s** to become lovers.
**amante** [amɑ̃t] *nf litt* lover, mistress.
**amarante** [amarɑ̃t] ◇ *adj inv* amaranthine. ◇ *nf* amaranth.
**amareyeur, euse** [amarɛjœr, øz] *nm, f* oysterbed worker.
**amarinage** [amarinaʒ] *nm* **-1.** [habitude] getting used to the sea, finding one's sea legs. **-2.** [remplacement] manning *(of a captured vessel)*.
**amariner** [3] [amarine] *vt* **-1.** [habituer à la mer] to accustom to life at sea. **-2.** [navire] to take over *(sép)*.
◆ **s'amariner** *vpi* to find one's sea legs.
**amarrage** [amaraʒ] *nm* **-1.** [dans un port] mooring. **-2.** [à un objet fixe] lashing. **-3.** AÉRON [d'un ballon] mooring; ASTRONAUT docking. **-4.** [amarres] ropes.
◆ **à l'amarrage** *loc adj* moored.
**amarre** [amar] *nf* mooring line ou rope; **larguer les ~s** *pr* & *fig* to cast off one's moorings; **rompre les ~s** *pr* & *fig* to break one's moorings.
**amarrer** [3] [amare] *vt* **-1.** NAUT [cordages] to fasten, to make fast; [navire] to hitch, to moor. **-2.** [bagages] to tie down *(sép)*. **-3.** ASTRONAUT to dock.
◆ **s'amarrer** *vpi* **-1.** NAUT [à une berge] to moor; [dans un port] to dock, to berth. **-2.** ASTRONAUT to dock.

**amaryllis** [amarilis] *nf* amaryllis.

**amas** [ama] *nm* **-1.** [tas] heap, mass, jumble. **-2.** ASTRON cluster. **-3.** MINÉR mass.

**amasser** [3] [amase] *vt* **-1.** [entasser – vivres, richesses] to amass, to hoard. **-2.** [rassembler – preuves, information] to amass.
◆ **s'amasser** *vpi* [foule, troupeau] to gather ou to mass (in large numbers); [preuves] to accumulate, to pile up.

**amateur** [amatœr] ◇ *adj* **-1.** *(avec ou sans trait d'union)* [non professionnel] amateur *(modif)*; théâtre ~ amateur theatre ‖ SPORT amateur, non-professional. **-2.** [friand, adepte]: ~ de: être ~ de qqch to be very interested in sthg; il est ~ de bonne chère he's very fond of good food. ◇ *nmf* **-1.** [non professionnel – gén & SPORT] amateur. **-2.** *péj* [dilettante] dilettante, mere amateur. **-3.** [connaisseur]: ~ de connoisseur of; ~ d'art art lover ou enthusiast. **-4.** *fam* [preneur] taker; je ne suis pas ~ I'm not interested, I don't go in for that sort of thing.
◆ **d'amateur** *loc adj péj* amateurish; c'est du travail d'~ it's a shoddy piece of work.
◆ **en amateur** *loc adv* non-professionally; s'intéresser à qqch en ~ to have an amateur interest in sthg.

**amateurisme** [amatœrism] *nm* **-1.** LOISIRS & SPORT amateurism, amateur sport. **-2.** *péj* [dilettantisme] amateurism, amateurishness; c'est de l'~ it's amateurish.

**amazone** [amazon] *nf* **-1.** [cavalière] horsewoman. **-2.** [tenue] (woman's) riding habit; [jupe] riding skirt. **-3.** ▽ *arg crime* [prostituée] *prostitute operating from a car.*
◆ **en amazone** *loc adv*: monter en ~ to ride side-saddle.

**Amazone** [amazon] *npr f* **-1.** MYTH Amazon. **-2.** GÉOG: l'~ the Amazon (river).

**Amazonie** [amazoni] *npr f*: (l') ~ the Amazon (Basin).

**amazonien, enne** [amazɔnjɛ̃, ɛn] *adj* Amazonian.

**ambages** [ɑ̃baʒ]
◆ **sans ambages** *loc adv sout* without beating about the bush.

**ambassade** [ɑ̃basad] *nf* **-1.** [bâtiment] embassy; l'~ du Canada the Canadian embassy. **-2.** [fonction] ambassadorship. **-3.** [personnel] embassy (staff). **-4.** [mission] mission.

**ambassadeur, drice** [ɑ̃basadœr, dris] *nm, f* **-1.** [diplomate] ambassador; c'est l'~ du Canada he's the Canadian Ambassador; ~ auprès de ambassador to ❑ ~ extraordinaire ambassador extraordinary. **-2.** *fig* [représentant] representative, ambassador.
◆ **ambassadrice** *nf* [femme d'ambassadeur] ambassador's wife.

**ambiance** [ɑ̃bjɑ̃s] *nf* **-1.** [atmosphère] mood, atmosphere; l'~ qui règne à Paris the general atmosphere ou mood in Paris; l'~ générale du marché the prevailing mood of the market. **-2.** [cadre] surroundings, ambiance; [éclairage] lighting effects. **-3.** *fam* [animation]: il y a de l'~! it's pretty lively in here!
◆ **d'ambiance** *loc adj* [éclairage] soft, subdued; [musique] mood *(modif)*.

**ambiant, e** [ɑ̃bjɑ̃, ɑ̃t] *adj* [température] ambient; les préjugés ~s the reigning ou prevailing prejudices.

**ambidextre** [ɑ̃bidɛkstr] ◇ *adj* ambidextrous. ◇ *nmf* ambidexter.

**ambigu, ë** [ɑ̃bigy] *adj* **-1.** [à deux sens] ambiguous, equivocal. **-2.** [difficile à cerner] ambiguous.

**ambiguïté** [ɑ̃biɡɥite] *nf* **-1.** [équivoque] ambiguity; réponse sans ~ unequivocal ou unambiguous answer; répondre sans ~ to answer unequivocally ou unambiguously. **-2.** LING ambiguity.

**ambitieux, euse** [ɑ̃bisjø, øz] ◇ *adj* ambitious. ◇ *nm, f* ambitious man (f woman).

**ambition** [ɑ̃bisjɔ̃] *nf* **-1.** [désir] ambition, aspiration; j'ai l'~ ou mon ~ est de... it's my ambition to... **-2.** [désir de réussite] ambition; avoir de l'~ to be ambitious.

**ambitionner** [3] [ɑ̃bisjɔne] *vt* [poste] to have one's heart set on; elle ambitionne de monter sur les planches her ambition is to go on the stage.

**ambivalence** [ɑ̃bivalɑ̃s] *nf* ambivalence.

**ambivalent, e** [ɑ̃bivalɑ̃, ɑ̃t] *adj* ambivalent.

**amble** [ɑ̃bl] *nm* amble.

---

**ambre** [ɑ̃br] ◇ *adj inv* amber. ◇ *nm*: ~ (gris) ambergris; ~ (jaune) amber.

**ambré, e** [ɑ̃bre] *adj* [couleur] amber *(modif)*; [parfum] amber-scented.

**ambrer** [3] [ɑ̃bre] *vt* to scent with amber.

**ambroisie** [ɑ̃brwazi] *nf* ambrosia.

**ambulance** [ɑ̃bylɑ̃s] *nf* ambulance; en ~ in an ambulance.

**ambulancier, ère** [ɑ̃bylɑ̃sje, ɛr] *nm, f* **-1.** [chauffeur] ambulance driver. **-2.** [infirmier] ambulance man (f woman).

**ambulant, e** [ɑ̃bylɑ̃, ɑ̃t] *adj* itinerant, travelling; c'est un dictionnaire ~ *fam* he's a walking dictionary.

**ambulatoire** [ɑ̃bylatwar] *adj* ambulatory.

**âme** [am] *nf* **-1.** [vie] soul; rendre l'~ to pass away. **-2.** [personnalité] soul, spirit; avoir ou être une ~ généreuse to have great generosity of spirit; avoir une ~ de chef to be a born leader. **-3.** [principe moral]: en mon ~ et conscience in all conscience. **-4.** [cœur] soul, heart; faire qqch avec/sans ~ to do sthg with/without feeling; de toute mon ~ with all my heart ou soul; c'est un artiste dans l'~ he's a born artist. **-5.** [personne] soul; un village de 500 ~s a village of 500 souls ‖ [en appellatif] *sout*: mon ~, ma chère ~ (my) dearest ❑ ~ charitable, bonne ~ kind soul; son ~ damnée the person who does his evil deeds ou dirty work for him; aller ou errer comme une ~ en peine to wander around like a lost soul; ~ sensible sensitive person; ~s sensibles, s'abstenir not for the squeamish; chercher/trouver l'~ sœur to seek/to find a soul mate; il n'y a pas ~ qui vive there isn't a (living) soul around. **-6.** *litt* [inspirateur] soul; c'était elle, l'~ du groupe *fig* she was the inspiration of the group. **-7.** [centre – d'un aimant] core; [– d'un câble] heart, core. **-8.** [d'un violon] soundpost.

**améliorable** [ameljɔrabl] *adj* improvable, that can be improved.

**amélioration** [ameljɔrasjɔ̃] *nf* **-1.** [action] improving, bettering. **-2.** [résultat] improvement; apporter des ~s à qqch to improve on sthg, to carry out improvements to sthg; on observe une nette ~ de son état de santé her condition has improved considerably; ~ des cours BOURSE improvement in prices.
◆ **améliorations** *nfpl* JUR improvements.

**améliorer** [3] [ameljɔre] *vt* **-1.** [changer en mieux – sol] to improve; [– relations] to improve, to make better; [– productivité] to increase, to improve. **-2.** [perfectionner – technique] to improve, to better. **-3.** SPORT [record, score] to better, to improve on.
◆ **s'améliorer** *vpi* to improve; l'état de la malade s'est un peu amélioré there's been some improvement in the patient's condition; le temps s'améliore the weather's getting better, the weather's improving.

**amen** [amɛn] *nm inv* amen; tu dis ~ à tout ce qu'elle fait you agree with everything she does.

**aménageable** [amenaʒabl] *adj* **-1.** [bureau, logement] convertible. **-2.** [emploi du temps] flexible.

**aménageai** [amenaʒe] *v* → **aménager**.

**aménagement** [amenaʒmɑ̃] *nm* **-1.** [d'une pièce, d'un local] fitting (out); [d'un parc] laying out, designing; [d'un terrain] landscaping; on prévoit l'~ d'un des bureaux en salle de réunion we're planning to convert one of the offices into a meeting room. **-2.** ADMIN: ~ foncier improvement of land; ~ rural rural development ou planning; ~ du territoire town and country planning, regional development; ~ urbain urban planning. **-3.** [refonte – d'un texte] redrafting, adjusting. **-4.** [assouplissement]: il a obtenu des ~s d'horaire he managed to get his timetable rearranged.
◆ **aménagements** *nmpl*: ~s intérieurs (fixtures and) fittings.

**aménager** [17] [amenaʒe] *vt* **-1.** [parc] to design, to lay out *(sép)*; [terrain] to landscape. **-2.** [équiper] to fit out, to equip; camping aménagé fully-equipped camping site; plage aménagée beach with full amenities. **-3.** [transformer]: ~ qqch en: une pièce en atelier to convert a room into a workshop. **-4.** [installer] to install, to fit; ~ un placard sous un escalier to ou to install a cupboard under a staircase. **-5.** [assouplir – horaire] to plan, to work out *(insép)*. **-6.** [refaire – texte] to adapt, to redraft.

**amende** [amɑ̃d] *nf* fine; une ~ de 100 francs a 100-franc fine; avoir une ~ de 100 francs to be fined 100 francs; 'défense d'entrer sous peine d'~' 'trespassers will be fined ou prosecuted' ❑ mettre qqn à l'~ pr to fine sb; fig to penalize sb; faire ~ honorable to make amends.

**amendement** [amɑ̃dmɑ̃] nm -1. JUR & POL amendment. -2. AGR [incorporation] fertilizing, enrichment; [substance] fertilizer.

**amender** [3] [amɑ̃de] vt -1. JUR & POL to amend. -2. AGR to fertilize. -3. litt [corriger] to amend.
◆ **s'amender** vpi to mend one's ways, to turn over a new leaf.

**amène¹** [amɛn] v → amener.

**amène²** [amɛn] adj sout affable, amiable; d'une façon peu ~ in a very unpleasant manner.

**amener** [19] [amne] vt -1. [faire venir – personne] to bring (along); ~ qqn chez soi to bring sb round to one's place, to bring sb home; qu'est-ce qui vous amène? what brings you here?; ~ des capitaux to attract capital; qu'est-ce qui vous a amené à la musique/à Dieu? fig what got you involved with music/made you turn to God?-2. fam [apporter] to bring (along); j'amènerai mon travail I'll bring some work along. -3. [acheminer] to bring, to convey ‖ [conduire – suj: véhicule, chemin] to take. -4. [provoquer – perte, ruine] to bring about (sép), to cause; [– guerre, maladie, crise] to bring (on ou about), to cause; [– paix] to bring about. -5. [entraîner]: mon métier m'amène à voyager my job involves a lot of travelling. -6. [inciter]: ~ qqn à faire qqch to lead sb to do sthg; [en lui parlant] to talk sb into doing sthg. -7. [introduire – sujet] to introduce. -8. JEUX to throw. -9. NAUT [drapeau] to strike; MIL: ~ les couleurs to strike the colours. -10. PÊCHE to draw in (sép).
◆ **s'amener** vpi fam to come along, to turn ou to show up; alors, tu t'amènes? are you coming or aren't you?; elle s'est amenée avec deux types she showed up with two blokes.

**aménité** [amenite] nf sout [caractère] amiability, affability; sans ~ ungraciously, somewhat curtly.
◆ **aménités** nfpl iron insults, cutting remarks.

**aménorrhée** [amenɔre] nf amenorrhoea.

**amenuisement** [amənɥizmɑ̃] nm [de rations, de l'espoir] dwindling; [des chances] lessening.

**amenuiser** [3] [amənɥize] vt -1. [amincir – planche, bande] to thin down (sép). -2. [diminuer – économies, espoir] to diminish, to reduce.
◆ **s'amenuiser** vpi [provisions, espoir] to dwindle, to run low; [chances] to grow ou to get slimmer; [distance] to grow smaller.

**amer¹** [amɛr] nm GÉOG seamark.

**amer², ère** [amɛr] adj [fruit] bitter; fig [déception] bitter.
◆ **amer** nm [boisson] bitters.

**amèrement** [amɛrmɑ̃] adv bitterly.

**américain, e** [amerikɛ̃, ɛn] adj American.
◆ **Américain, e** nm, f American.
◆ **américain** nm LING American English.
◆ **américaine** nf fam [voiture] American car.
◆ **à l'américaine** loc adj -1. ARCHIT American style. -2. CULIN à l'américaine (cooked with tomatoes).

**américaniser** [3] [amerikanize] vt to americanize.
◆ **s'américaniser** vpi to become americanized.

**américanisme** [amerikanism] nm -1. [science] American studies. -2. [tournure] americanism.

**américaniste** [amerikanist] ◇ adj American studies (modif). ◇ nmf Americanist.

**amérindien, enne** [amerɛ̃djɛ̃, ɛn] adj Amerindian, American Indian.
◆ **Amérindien, enne** nm, f Amerindian, American Indian.

**Amérique** [amerik] npr f: (l') ~ America; l'~ centrale/latine/du Nord/du Sud Central/Latin/North/South America.

**amerlo** [amɛrlo], **amerloque** [amɛrlɔk] nmf fam Yankee, Yank.

**amerrir** [32] [amerir] vi AÉRON to land (on the sea), to make a sea landing; ASTRONAUT to splash down.

**amerrissage** [amerisaʒ] nm AÉRON sea landing; ASTRONAUT splashdown.

**amertume** [amɛrtym] nf bitterness.

**améthyste** [ametist] nf amethyst.

**ameublement** [amœbləmɑ̃] nm -1. [meubles] furniture; articles d'~ furnishings. -2. [installation] furnishing; [décoration] (interior) decoration. -3. [activité] furniture trade.

**ameublir** [32] [amœblir] vt AGR to loosen, to break down (sép).

**ameuter** [3] [amœte] vt -1. [attirer l'attention de]: le bruit a ameuté les passants the noise drew a crowd of passers-by; il a ameuté toute la rue he got the whole street out; ~ l'opinion sur qqch to awaken public opinion to sthg; il faut ~ la presse we must get the press onto this. -2. [chiens] to form into a pack.

**ami, e** [ami] ◇ adj [voix, peuple, rivage] friendly.
◇ nm, f [ami] -1. [camarade] friend; c'est un de mes ~s/une de mes ~es he's/she's a friend of mine; des ~s à nous fam friends of ours; Tom et moi sommes restés ~s I stayed friends with Tom; un médecin de mes ~s sout a doctor friend of mine; un ~ de la famille ou maison a friend of the family; je m'en suis fait une ~e she became my friend ou a friend (of mine); devenir l'~ de qqn to become friends ou friendly with sb; ne pas avoir d'~s to have no friends; nous sommes entre ~s (ici) we're among ou we're all friends (here) ❑ ~s d'enfance childhood friends; les ~s de mes ~s sont mes ~s any friend of yours is a friend of mine. -2. [amoureux]: petit ou vieil ~ bon ~ boyfriend; petite ou vieille bonne ~e girlfriend. -3. [bienfaiteur]: l'~ des pauvres/du peuple the friend of the poor/of the people; un ~ des arts a patron of the arts. -4. [partisan]: club des ~s de Shakespeare Shakespeare club ou society. -5. (comme interjection): mon pauvre ~! you poor fool!; écoutez, mon jeune ~! now look here, young man!; mon ~! [entre amis] my friend!; [entre époux] (my) dear!-6. fam loc: il a essayé de faire ~-~ avec moi he came on all buddy-buddy with me.
◆ **en ami** loc adv [par amitié] as a friend; je te le dis en ~ I'm telling you as a friend ou because I'm your friend ‖ [en non-professionnel] as a friend, on a friendly basis.

**amiable** [amjabl] adj [accord, compromis] amicable, friendly.
◆ **à l'amiable** loc adv régler qqch à l'~ [gén] to reach an amicable agreement about sthg; [sans procès] to settle sthg out of court.

**amiante** [amjɑ̃t] nm asbestos.

**amibe** [amib] nf amoeba.

**amibien, enne** [amibjɛ̃, ɛn] adj amoebic.
◆ **amibien** nm member of the Amoebae.

**amical, e, aux** [amikal, o] adj friendly; peu ~ unfriendly.
◆ **amicale** nf association, club.

**amicalement** [amikalmɑ̃] adv in a friendly manner; bien ~ [en fin de lettre] (ever) yours.

**amidon** [amidɔ̃] nm starch.

**amidonner** [3] [amidɔne] vt to starch.

**amincir** [32] [amɛ̃sir] vt [amaigrir] to thin down (sép); [rendre svelte] to slim down (sép); cette veste t'amincit this jacket makes you look slimmer.
◆ **s'amincir** vpi to get thinner.

**amincissant, e** [amɛ̃sisɑ̃, ɑ̃t] adj slimming, reducing Am.

**amincissement** [amɛ̃sismɑ̃] nm [d'une épaisseur] thinning down; [de la taille, des hanches] slimming, reducing Am.

**aminé, e** [amine] adj → acide.

**amiral, e, aux** [amiral, o] adj: vaisseau ou navire ~ flagship.
◆ **amiral, aux** nm admiral; ~ de la flotte Admiral of the Fleet.
◆ **amirale** nf admiral's wife.

**amirauté** [amirote] nf admiralty.

**amitié** [amitje] nf -1. [sentiment] friendship; faire qqch par ~ to do sthg out of friendship; se lier d'~ avec qqn to make friends ou to strike up a friendship with sb; prendre qqn en ~, se prendre d'~ pour qqn to befriend sb, to make friends with sb; avoir de l'~ pour qqn to be fond of sb. -2. [relation] friendship; lier ou nouer une ~ avec qqn to strike up a friendship with sb ❑ ~ particulière euph homosexual relationship. -3. [faveur] kindness, favour; faites moi l'~ de rester please do me the kindness ou favour of staying.
◆ **amitiés** nfpl [salutations]: faites-lui ou présentez-lui mes ~s give him my compliments ou best regards; (toutes) mes ~s [en fin de lettre] best regards ou wishes; ~s, Marie love ou yours, Marie.

**ammoniac, aque** [amɔnjak] *adj* ammoniac; **sel** ~ salt ammoniac.
◆ **ammoniac** *nm* ammonia.
◆ **ammoniaque** *nf* ammonia (water), aqueous ammonia.
**ammoniacal, e, aux** [amɔnjakal, o] *adj* ammoniacal.
**ammoniaque** [amɔnjak] *f*→ **ammoniac**.
**ammoniaqué, e** [amɔnjake] *adj* ammoniated.
**ammonite** [amɔnit] *nf* ammonite.
**amnésie** [amnezi] *nf* amnesia.
**amnésique** [amnezik] ◇ *adj* amnesic.
◇ *nmf* amnesic, amnesiac.
**amniocentèse** [amnjɔsɛ̃tɛz] *nf* amniocentesis.
**amniotique** [amnjɔtik] *adj* amniotic.
**amnistiable** [amnistjabl] *adj* eligible for an amnesty.
**amnistiant, e** [amnistjɑ̃, ɑ̃t] *adj* amnestying.
**amnistie** [amnisti] *nf* amnesty; l'~ des contraventions *traditional waiving of parking fines by French president after a presidential election.*
**amnistié, e** [amnistje] ◇ *adj* amnestied. ◇ *nm, f* [prisonnier] amnestied prisoner; [exilé] amnestied exile.
**amnistier** [9] [amnistje] *vt* to amnesty.
**amoché, e** [amɔʃe] *adj fam* **-1.** [voiture] wrecked. **-2.** [personne, visage] smashed ou messed up.
**amocher** [3] [amɔʃe] *vt fam* [meubles, vêtements] to ruin, to mess up *(sép)*; [voiture] to bash up *(sép)*; [adversaire, boxeur] to smash up *(sép)*; [visage, jambe] to mess up *(sép)*; **se faire** ~ to get smashed up.
◆ **s'amocher** *vp (emploi réfléchi) fam* to get badly bashed; **il s'est salement amoché le genou en tombant de vélo** he fell off his bike and really messed up his knee.
**amoindrir** [32] [amwɛ̃drir] *vt* **-1.** [faire diminuer – valeur, importance] to diminish, to reduce; [– forces] to weaken; [– autorité, faculté] to weaken, to lessen, to diminish; [– réserves] to diminish. **-2.** [rendre moins capable] to weaken, to diminish; **il est sorti de son accident très amoindri** [physiquement] his accident left him physically much weaker; [moralement] his accident left him psychologically impaired.
◆ **s'amoindrir** *vpi* [autorité, forces] to weaken, to grow weaker; [réserves] to diminish, to dwindle.
**amoindrissement** [amwɛ̃drismɑ̃] *nm* [d'une autorité, de facultés] weakening; [de forces] diminishing, weakening; [de réserves] reduction, diminishing.
**amollir** [32] [amɔlir] *vt* [beurre, pâte] to soften, to make soft; [volonté, forces] to weaken, to diminish; ~ **qqn** [l'adoucir] to soften sb; [l'affaiblir] to weaken sb.
◆ **s'amollir** *vpi* **-1.** [beurre, pâte, plastique] to soften, to become soft; [jambes] to go weak. **-2.** [s'affaiblir – énergie, courage] to weaken.
**amollissant, e** [amɔlisɑ̃, ɑ̃t] *adj* enervating.
**amonceler** [24] [amɔ̃sle] *vt* **-1.** [entasser – boîtes, livres, chaussures] to heap ou to pile up *(sép)*; [– neige, sable, feuilles] to bank up *(sép)*; [– vivres, richesses] to amass, to hoard. **-2.** [rassembler – documents, preuves, informations] to amass.
◆ **s'amonceler** *vpi* [papiers, boîtes, feuilles] to heap ou to pile up; [preuves] to accumulate, to pile up; [dettes] to mount, to pile up; [neige, sable, nuages] to bank up.
**amoncellement** [amɔ̃sɛlmɑ̃] *nm* [d'objets divers, d'ordures] heap, pile; [de neige, de sable, de feuilles, de nuages] heap; [de richesses] hoard.
**amoncellerai** [amɔ̃sɛlre] *v*→ **amonceler**.
**amont** [amɔ̃] ◇ *nm* [d'une rivière] upstream water; [d'une montagne] uphill slope. ◇ *adj inv* [ski, skieur] uphill *(avant n)*.
◆ **en amont** *loc adv pr & fig* upstream.
◆ **en amont de** *loc prép* [rivière] upstream from; [montagne] uphill from ou above; **les étapes en** ~ **de la production** *fig* the stages upstream of production, the pre-production stages.
**amoral, e, aux** [amɔral, o] *adj* amoral.
**amoralisme** [amɔralism] *nm* amorality.
**amoralité** [amɔralite] *nf* amorality.
**amorçage** [amɔrsaʒ] *nm* **-1.** ARM & TECH priming; ÉLECTR [d'une dynamo] energizing; [d'un arc électrique] striking. **-2.** PÊCHE baiting.
**amorçai** [amɔrse] *v*→ **amorcer**.
**amorce** [amɔrs] *nf* **-1.** ARM [détonateur] primer, detonator;

[d'un obus] percussion cap; [d'une balle] cap, primer; [pétard] cap. **-2.** PÊCHE bait. **-3.** [début] beginning; l'~ **d'une réforme** the beginnings of a reform.
**amorcer** [16] [amɔrse] *vt* **-1.** [commencer – travaux] to start, to begin; [– réforme] to initiate, to begin; [– discussion, réconciliation] to start, to begin, to initiate; [– virage] to go into *(insép)*; [– descente] to start, to begin; **les travaux sont bien amorcés** the work is well under way; **elle amorça un pas vers la porte** she made as if to go to the door. **-2.** ARM & TECH to prime; ÉLECTR to energize. **-3.** PÊCHE to bait; *(en usage absolu):* ~ **au pain** [un hameçon] to bait one's line with bread; [répandre dans l'eau] to use bread as ground bait.
◆ **s'amorcer** *vpi* to begin.
**amorceur** [amɔrsœr] *nm* **-1.** ÉLECTR igniter. **-2.** [d'une pompe] primer.
**amorçons** [amɔrsɔ̃] *v*→ **amorcer**.
**amorphe** [amɔrf] *adj* **-1.** *fam* [indolent] lifeless, passive. **-2.** BIOL & MINÉR amorphous.
**amorti** [amɔrti] *nm* **-1.** FTBL: **faire un** ~ to trap the ball. **-2.** TENNIS drop shot.
**amortie** [amɔrti] *nf* drop shot.
**amortir** [32] [amɔrtir] *vt* **-1.** [absorber – choc] to cushion, to absorb; [– son] to deaden, to muffle; [– douleur] to deaden; SPORT to trap the ball; **l'herbe a amorti sa chute** the grass broke his fall; ~ **le coup** *pr* to cushion ou to soften the blow; *fig* to soften the blow. **-2.** [rentabiliser]: **il faudra louer cette machine pour en** ~ **le coût** we'll have to rent out the machine to help cover ou to recoup the cost. **-3.** FIN [dette] to pay off, to amortize; [équipement] to depreciate; BOURSE to redeem; ~ **des actions** to call in shares.
◆ **s'amortir** ◇ *vp (emploi passif):* **un achat qui s'amortit en deux ans** ÉCON a purchase that can be paid off in two years; BOURSE a purchase that can be redeemed in two years. ◇ *vpi* [s'affaiblir – bruit] to fade (away).
**amortissement** [amɔrtismɑ̃] *nm* **-1.** [adoucissement – d'un choc] absorption, cushioning; [– d'un coup] cushioning; [– d'un son] deadening, muffling. **-2.** FIN [d'une dette] paying ou writing off; [d'un titre] redemption; [d'un emprunt] paying off, amortization; ~ **annuel** annual depreciation; ~ **du capital** depreciation of capital.
**amortisseur** [amɔrtisœr] *nm* shock absorber.
**amour** [amur] *nm* **-1.** [sentiment] love; **son** ~ **des** ou **pour les enfants** his love of ou for children; l'~ **de sa mère** [qu'elle a pour lui] his mother's love; [qu'il a pour elle] his love for his mother; **éprouver de l'**~ **pour qqn** to feel love for sb; **faire qqch par** ~ to do sthg out of ou for love; **faire qqch par** ~ **pour qqn** to do sthg for the love of ou out of love for sb; **ce n'est pas** ou **plus de l'**~, **c'est de la rage!** *fam* it's not so much love, it's an obsession! ❑ l'~ **filial** [d'un fils] a son's love; [d'une fille] a daughter's love; l'~ **maternel/paternel** motherly/fatherly love, a mother's/father's love. **-2.** [amant] lover, love; **un** ~ **de jeunesse** an old flame. **-3.** [liaison] (love) affair, romance. **-4.** [acte sexuel] love-making; **faire l'**~ **à** ou **avec qqn** to make love to ou with sb; **pendant/après l'**~ while/after making love. **-5.** [vif intérêt] love; **faire qqch avec** ~ to do sthg with loving care ou love. **-6.** [terme affectueux]: **mon** ~ my love ou darling; **un** ~ **de petite fille** a delightful little girl; **apporte les glaçons, tu seras un** ~ be a dear ou darling and bring the ice cubes. **-7.** BX-ARTS cupid.
◆ **amours** *nfpl* **-1.** *hum* [relations amoureuses] love life; **à vos** ~**s!** [pour trinquer] cheers, here's to you!; [après un éternuement] bless you!. **-2.** ZOOL courtship and mating.
◆ **d'amour** *loc adj* [chagrin, chanson] love *(modif)*.
◆ **par amour** *loc adv* out of ou for love; **par** ~ **pour qqn** for the love of sb.
◆ **pour l'amour de** *loc prép* for the love ou sake of; **pour l'**~ **de Dieu!** [ton supplicant] for the love of God!; [ton irrité] for God's sake!; **pour l'**~ **du ciel!** for heaven's sake!; **faire qqch pour l'**~ **de l'art** to do sthg for the sake of it.
**Amour** [amur] *npr m* **-1.** GÉOG: l'~ the (River) Amur; **la Côte d'**~ the French Atlantic coast near la Baule. **-2.** MYTH: (le dieu) ~ Cupid, Eros.
**amouracher** [3] [amuraʃe]
◆ **s'amouracher de** *vp + prép:* **s'**~ **de qqn** to become infatuated with sb.
**amourette** [amurɛt] *nf* [liaison] casual love affair,

passing romance OU fancy.

**amoureusement** [amurøzmã] *adv* lovingly.

**amoureux, euse** [amurø, øz] ◇ *adj* **-1.** [tendre – regard, geste] loving, tender; [– vie, exploit] love *(modif)*; [épris]: être ~ de qqn to be in love with sb; tomber ~ de qqn to fall in love with sb; être fou ~ to be madly in love. **-2.** [amateur]: elle est amoureuse de la montagne she has a passion for mountains. ◇ *nm, f* **-1.** [amant] love, lover. **-2.** [adepte] lover; les ~ de la nature nature-lovers.

◆ **en amoureux** *loc adv*: si nous sortions en ~ ce soir? how about going out tonight, just the two of us?

**amour-propre** [amurprɔpr] *(pl* **amours-propres)** *nm* pride.

**amovible** [amɔvibl] *adj* removable.

**ampère** [ɑ̃pɛr] *nm* ampere.

**ampère-heure** [ɑ̃pɛrœr] *(pl* **ampères-heures)** *nm* amperehour.

**ampèremètre** [ɑ̃pɛrmɛtr] *nm* ammeter, amperometer.

**ampère-tour** [ɑ̃pɛrtur] *(pl* **ampères-tours)** *nm* ampere turn.

**amphétamine** [ɑ̃fetamin] *nf* amphetamine.

**amphi** [ɑ̃fi] *nm fam* lecture hall OU theatre.

**amphibie** [ɑ̃fibi] ◇ *adj* AÉRON & MIL amphibious. ◇ *nm* amphibian.

**amphibien** [ɑ̃fibjɛ̃] *nm* amphibian.

**amphithéâtre** [ɑ̃fiteatr] *nm* ANTIQ amphitheatre; ENS lecture hall OU theatre; [d'un théâtre] amphitheatre, (upper) gallery; [salle de dissection] dissection room.

**amphore** [ɑ̃fɔr] *nf* amphora.

**ample** [ɑ̃pl] *adj* **-1.** VÊT [large – pull] loose, baggy; [– cape, jupe] flowing, full. **-2.** [mouvement, geste] wide, sweeping. **-3.** [abondant – stock, provisions] extensive, ample; de plus ~s renseignements further details OU information.

**amplement** [ɑ̃pləmã] *adv* fully, amply; gagner ~ sa vie to make a very comfortable living; ça suffit ~, c'est ~ suffisant that's more than enough.

**ampleur** [ɑ̃plœr] *nf* **-1.** VÊT [largeur – d'un pull] looseness; [– d'une cape, d'une jupe] fullness. **-2.** [rondeur – d'un mouvement, d'un geste] fullness. **-3.** [importance – d'un projet] scope; [– d'un stock, de ressources] abundance; l'~ des dégâts the extent of the damages; l'~ de la crise the scale OU extent of the crisis; des événements d'une telle ~ events of such magnitude.

**ampli** [ɑ̃pli] *(abr de* **amplificateur)** *nm fam* amp.

**amplificateur, trice** [ɑ̃plifikatœr, tris] *adj* ÉLECTR & PHYS amplifying; OPT magnifying; PHOT enlarging.

◆ **amplificateur** *nm* **-1.** ÉLECTR & RAD amplifier. **-2.** PHOT enlarger.

**amplification** [ɑ̃plifikasjɔ̃] *nf* **-1.** ÉLECTR & PHYS amplification, amplifying; PHOT [action] enlarging, enlargement; OPT magnifying. **-2.** [développement – de tensions, de revendications] increase; [– d'échanges, de relations] development, expansion.

**amplifier** [9] [ɑ̃plifje] *vt* **-1.** ÉLECTR & PHYS to amplify; OPT to magnify; PHOT to enlarge. **-2.** [développer – courant, tendance] to develop, to increase; [– conflit] to deepen; [– hausse, baisse] to increase; [– différence] to widen; [– relations] to develop; *péj* [exagérer] to exaggerate, to magnify.

◆ **s'amplifier** *vpi* [augmenter – courant, tendance] to develop, to increase; [– conflit] to deepen; [– hausse, baisse] to increase; [– différence] to widen.

**amplitude** [ɑ̃plityd] *nf* **-1.** ASTRON, MATH & PHYS amplitude. **-2.** MÉTÉO range. **-3.** ÉCON: ~ des fluctuations amplitude of fluctuations. **-4.** *litt* [étendue] magnitude, extent.

**ampli-tuner** [ɑ̃plitynɛr] *(pl* **amplis-tuners)** *nm* amplifiertuner deck.

**ampoule** [ɑ̃pul] *nf* **-1.** ÉLECTR bulb. **-2.** [récipient] phial; ~ autocassable break-open phial. **-3.** MÉD blister.

**ampoulé, e** [ɑ̃pule] *adj péj* pompous, bombastic.

**amputation** [ɑ̃pytasjɔ̃] *nf* **-1.** MÉD amputation. **-2.** *fig* [suppression] removal, cutting out.

**amputé, e** [ɑ̃pyte] *nm, f* amputee.

**amputer** [3] [ɑ̃pyte] *vt* **-1.** MÉD [membre] to amputate, to remove; elle a été amputée d'un pied she had a foot amputated. **-2.** [ôter une partie de – texte] to cut (down), to reduce; [– budget] to cut back *(sép)*; l'article a été amputé d'un tiers the article was cut by a third; le palais a été amputé de son aile sud the south wing of the palace was demolished.

**Amsterdam** [amstɛrdam] *npr* Amsterdam.

**amuïr** [32] [amɥir]

◆ **s'amuïr** *vpi*: le «s» s'est amuï the 's' became mute.

**amulette** [amylɛt] *nf* amulet.

**amure** [amyr] *nf* tack.

**amusant, e** [amyzɑ̃, ɑ̃t] *adj* **-1.** [drôle] funny, amusing. **-2.** [divertissant] entertaining.

**amuse-gueule** [amyzgøl] *(pl inv* OU **amuse-gueules)** *nm* appetizer, nibble *Br.*

**amusement** [amyzmã] *nm* **-1.** [sentiment] amusement; écouter qqn/sourire avec ~ to listen to sb with/to smile in amusement. **-2.** [chose divertissante] entertainment; tu parles d'un ~! *iron* this isn't exactly my idea of fun! ‖ [jeu] recreational activity, pastime.

**amuser** [3] [amyze] *vt* **-1.** [faire rire] to make laugh, to amuse; elle m'amuse she makes me laugh; cela ne m'amuse pas du tout I don't find that in the least bit funny ❑ ~ la galerie *fam* to play to the gallery. **-2.** [plaire à] to appeal to; ça ne l'amuse pas de travailler chez eux he doesn't enjoy working there; tu crois que ça m'amuse d'être pris pour un imbécile? do you think I enjoy being taken for a fool?; si ça t'amuse, fais-le do it if that's what you want. **-3.** [divertir] to entertain. **-4.** [détourner l'attention de] to divert, to distract. **-5.** *litt* [tromper] to delude.

◆ **s'amuser** *vp* **-1.** [jouer – enfant] to play; à cet âge-là, on s'amuse avec presque rien at that age, they amuse themselves very easily; s'~ avec [manipuler] to fiddle OU to toy with. **-2.** [se divertir] to have fun; ils se sont bien amusés they really had a good time; amusez-vous bien! enjoy yourselves!; qu'est-ce qu'on s'est amusés! we had so much fun!; on s'amusait comme des petits fous *fam* we were having a whale of a time; elles ont construit une hutte pour s'~ they built a hut, just for fun; mais, papa, c'était pour s'~! but, Dad, we were only having fun!; ils ne vont pas s'~ avec le nouveau colonel they won't have much fun with the new colonel; s'~ aux dépens de qqn to make fun of sb. **-3.** [perdre son temps]: s'~ en route OU en chemin *pr* to dawdle on the way; *fig* to waste time needlessly; on n'a pas le temps de s'~ there's no time for fooling around.

◆ **s'amuser à** *vp* + *prép* **-1.** [jouer à] to play. **-2.** [s'occuper à]: il s'amuse à faire des avions en papier en cours he spends his time making paper planes in class. **-3.** [s'embêter à]: si tu crois que je vais m'~ à ça! if you think I have nothing better to do!; si je dois m'amuser à tout lui expliquer, j'ai pas fini! *fam* if I've got to go and explain everything to him, I'll still be here next week! **-4.** [s'aviser de]: ne t'amuse pas à toucher ce fil! don't you (go and) touch OU go touching that wire!

**amuseur, euse** [amyzœr, øz] *nm, f* **-1.** [artiste] entertainer. **-2.** *péj* [personne peu sérieuse] smooth talker.

**amygdale** [amidal] *nf* tonsil; se faire opérer des ~s to have one's tonsils removed OU out.

**an** [ɑ̃] *nm* **-1.** [durée de douze mois] year; dans un an one year from now; encore deux ans et je m'arrête two more years before I stop; j'ai cinq ans de métier I have five years' experience in this field; une amitié de vingt ans a friendship of twenty years' standing; un an plus tard OU après one year OU twelve months later; voilà deux ans qu'elle est partie she's been gone for two years now; deux fois par an twice a year; je gagne tant par an I earn so much a year; tous les ans [gén] every OU each year; [publier, réviser] yearly, on a yearly basis ❑ bon an mal an through good times and bad. **-2.** *(avec l'art déf)* [division du calendrier] (calendar) year; l'an dernier OU passé last year; en l'an 10 après Jésus-Christ (in the year) 10 AD; en l'an 200 avant notre ère in (the year) 200 BC ❑ l'an Un/Deux de la Révolution HIST Year One/Two of the (French) Revolution; le jour OU le premier de l'an New Year's day; je m'en fiche OU moque comme de l'an quarante! *fam* I don't give two hoots! **-3.** [pour exprimer l'âge]: à trois ans at three (years of age); elle a cinq ans she's five (years old); on fête ses vingt ans we're celebrating his twentieth birthday; un enfant de cinq ans a five-year-old (child).

◆ **ans** *nmpl litt* advancing OU passing years.

**anabaptiste** [anabatist] *adj & nmf* Anabaptist.

**anabolisant, e** [anabɔlizɑ̃, ɑ̃t] *adj* anabolic.

◆ **anabolisant** *nm* anabolic steroid.
**anabolisme** [anabɔlism] *nm* anabolism.
**anacardier** [anakardje] *nm* cashew (tree).
**anachorète** [anakɔrɛt] *nm* anchorite.
**anachronique** [anakrɔnik] *adj* anachronistic, anachronic.
**anaconda** [anakɔ̃da] *nm* anaconda.
**anagramme** [anagram] *nf* anagram.
**anal, e, aux** [anal, o] *adj* anal.
**analeptique** [analɛptik] *adj* & *nm* analeptic.
**analgésie** [analʒezi] *nf* analgesia.
**analgésique** [analʒezik] *adj* & *nm* analgesic.
**analité** [analite] *nf* anality.
**anallergique** [analɛrʒik] *adj* hypoallergenic.
**analogie** [analɔʒi] *nf* analogy.
◆ **par analogie** *loc adv* by analogy; **par ~ avec** by analogy with.
**analogique** [analɔʒik] *adj* -1. [présentant un rapport] analogic, analogical. -2. INF analog.
**analogue** [analɔg] ◊ *adj* analogous, similar; **~ par la forme** analogous in shape; **une histoire ~ à une autre** a story similar to another one. ◊ *nm* analogue.
**analphabète** [analfabɛt] *adj* & *nmf* illiterate.
**analphabétisme** [analfabetism] *nm* illiteracy.
**analysable** [analizabl] *adj* -1. [que l'on peut examiner] analysable. -2. INF scannable.
**analysant, e** [analizɑ̃, ɑ̃t] *nm, f* analysand.
**analyse** [analiz] *nf* -1. [étude] analysis; **cet argument ne résiste pas à l'~** this argument doesn't stand up to analysis; **l'~ des faits montre que...** an examination of the facts shows that... ❑ **~ de faisabilité** feasibility study; **~ de marché** market survey OU research; **~ des postes de travail** job analysis; **~ des résultats** processing of results. -2. ENS analysis; **faire l'~ d'un texte** to analyse a text; **~ de texte** textual analysis; **~ logique/grammaticale** GRAMM sentence/grammatical analysis; **faites l'~ grammaticale de cette phrase** parse this sentence. -3. BIOL analysis; **~ de sang** blood analysis OU test. -4. PSYCH analysis, psychoanalysis; **être en ~** to be in analysis; **faire une ~** to undergo analysis. -5. INF analysis; **~ fonctionnelle** functional OU systems analysis; **~ numérique** numerical analysis; **~ organique** systems design; **~ des performances du système** system evaluation ‖ ÉLECTRON scan, scanning. -6. CHIM & MATH analysis. -7. MIN essaying; **~ des minerais** ore essaying.
**analysé, e** [analize] *nm, f* PSYCH analysand.
**analyser** [3] [analize] *vt* -1. [étudier] to analyse. -2. GRAMM to parse. -3. [résumer] to summarize, to make an abstract OU a précis of. -4. BIOL & CHIM to analyse, to test. -5. PSYCH to analyse.
**analyseur** [analizœr] *nm* -1. INF analyser. -2. ÉLECTRON scanner, analyser. -3. ÉLECTR analyser. -4. CHIM analyst.
**analyste** [analist] *nmf* -1. [gén] analyst. -2. PSYCH analyst, psychoanalyst.
**analyste-programmeur, euse** [analistprɔgramœr, øz] (*mpl* **analystes-programmeurs,** *fpl* **analystes-programmeuses**) *nm, f* systems analyst.
**analytique** [analitik] ◊ *adj* analytic, analytical. ◊ *nf* analytics (U).
**anamorphose** [anamɔrfoz] *nf* ENTOM & OPT anamorphosis.
**ananas** [anana(s)] *nm* pineapple.
**anaphore** [anafɔr] *nf* anaphora.
**anaphorique** [anafɔrik] *adj* anaphoric, anaphorical.
**anar** [anar] *nmf fam* anarchist.
**anarchie** [anarʃi] *nf* -1. POL anarchy. -2. [désordre] anarchy.
**anarchique** [anarʃik] *adj* anarchic, anarchical.
**anarchisme** [anarʃism] *nm* anarchism.
**anarchiste** [anarʃist] ◊ *adj* anarchist, anarchistic. ◊ *nmf* anarchist.
**anarcho-syndicalisme** [anarkosɛ̃dikalism] (*pl* **anarcho-syndicalismes**) *nm* anarchosyndicalism.
**anathématiser** [3] [anatematize] *vt* -1. *litt* [condamner] to censure. -2. RELIG to anathematize.
**anathème** [anatɛm] *nm* -1. [condamnation] anathema; **jeter**

**l'~ sur** to pronounce an anathema upon, to anathematize. -2. RELIG anathema.
**Anatolie** [anatɔli] *nprf*: (l') ~ Anatolia.
**anatolien, enne** [anatɔljɛ̃, ɛn] *adj* Anatolian.
**anatomie** [anatɔmi] *nf* -1. SC [étude, structure] anatomy. -2. *fam* [corps] body; **dans la partie la plus charnue de son ~** *euph* in his posterior.
**anatomique** [anatɔmik] *adj* anatomical; **faire l'étude ~ d'un corps** to anatomize OU to dissect a body.
**anatomiste** [anatɔmist] *nmf* anatomist.
**ancestral, e, aux** [ɑ̃sɛstral, o] *adj* -1. [venant des ancêtres] ancestral. -2. [ancien – tradition, coutume] ancient, age-old, time-honoured.
**ancêtre** [ɑ̃sɛtr] *nmf* -1. [ascendant] ancestor, forefather; **c'était mon ~** he/she was an ancestor of mine. -2. [précurseur – personne, objet] ancestor, forerunner, precursor. -3. *fam* [vieille personne] old boy (*f* old girl) *Br*, old timer *Am*.
◆ **ancêtres** *nmpl* ancestors, forebears.
**anche** [ɑ̃ʃ] *nf* reed.
**anchois** [ɑ̃ʃwa] *nm* anchovy.
**ancien, enne** [ɑ̃sjɛ̃, ɛn] ◊ *adj* -1. [vieux – coutume, tradition, famille] old, ancient, time-honoured; [– amitié, relation] old, long-standing; [– bague, châle] old, antique; **un meuble ~** an antique. -2. ANTIQ [langue, histoire, civilisation] ancient; **la Grèce ~ne** ancient OU classical Greece. -3. *(avant le nom)* [ex-président, époux, employé] former, ex; [– stade, église] former; **ses ~s camarades** his old OU former comrades; **mon ~ne école** my old school; **une ~ne colonie française** a former French colony ❑ **un ~ combattant** a (war) veteran, an exserviceman; **un ~ élève** an old boy *Br*, an alumnus *Am*; **une ~ne élève** an old girl *Br*, an alumna *Am*. -4. [passé] former; **dans les temps ~s, dans l'~ temps** in former times, in olden OU bygone days. -5. [qui a de l'ancienneté] senior; **vous n'êtes pas assez ~ dans la profession** you've not been in the job long enough. -6. LING: **~ français** Old French. ◊ *nm, f* -1. [qui a de l'expérience] old hand. -2. [qui est plus vieux] elder. -3. [qui a participé]: **un ~ de l'ÉNA** a former student of the ÉNA; **un ~ du parti communiste** an ex-member of the Communist Party; **un ~ de la guerre de Corée** a Korean war veteran, a veteran of the Korean war.
◆ **ancien** *nm* -1. [objets]: **l'~** antiques; **meublé entièrement en ~** entirely furnished with antiques. -2. [construction]: **l'~** old OU older buildings.
◆ **Anciens** *nmpl* ANTIQ & LITTÉRAT Ancients.
◆ **à l'ancienne** *loc adj* old-fashioned.
◆ **Ancien Régime** *nm*: **l'Ancien Régime** the Ancien Régime.
◆ **Ancien Testament** *nm*: **l'Ancien Testament** the Old Testament.
**anciennement** [ɑ̃sjɛnmɑ̃] *adv* previously, formerly.
**ancienneté** [ɑ̃sjɛnte] *nf* -1. [d'une chose] oldness. -2. [d'une personne] length of service; **elle a beaucoup d'~ chez nous** she's been with us for a long time ‖ [avantages acquis] seniority; **avancer** OU **être promu à l'~** to be promoted by seniority.
**ancrage** [ɑ̃kraʒ] *nm* -1. TECH [fixation] anchorage. -2. NAUT [arrêt] moorage, anchorage; [droits] anchorage OU moorage OU berthing (dues). -3. [enracinement]: **l'~ d'un parti dans l'électorat** a party's electoral base.
**ancre** [ɑ̃kr] *nf* NAUT: **~ (de marine)** anchor; **~ flottante** drag anchor; **~ de salut** *fig* last resort; **elle est mon ~ de salut** she's my last hope; **être à l'~** to ride OU to lie at anchor; **jeter l'~** *pr* to cast OU to drop anchor; **fig** to put down roots; **lever l'~** *pr* to weigh anchor; **allez, on lève l'~!** *fig* come on, let's go!
**ancrer** [3] [ɑ̃kre] *vt* -1. NAUT to anchor. -2. [attacher] to anchor. -3. *fig* to root; **la propagande a ancré le parti dans la région** propaganda has established the party firmly in this area; **c'est une idée bien ancrée** it's a firmly-rooted idea.
◆ **s'ancrer** *vpi* -1. NAUT to drop OU to cast anchor. -2. [se fixer] to settle.
**andalou, se** [ɑ̃dalu, uz] *adj* Andalusian.
**Andalousie** [ɑ̃daluzi] *nprf*: (l') ~ Andalusia.
**Andes** [ɑ̃d] *nprfpl*: **les ~** the Andes.
**andin, e** [ɑ̃dɛ̃, in] *adj* Andean.
**andorran, e** [ɑ̃dɔra, an] *adj* Andorran.

◆ **Andorran, e** *nm, f* Andorran.

**Andorre** [ɑ̃dɔr] *npr f*: (la principauté d') ~ (the principality of) Andorra.

**Andorre-la-Vieille** [ɑ̃dɔrlavjɛj] *npr* Andorra la Vella.

**andouille** [ɑ̃duj] *nf* **-1.** CULIN chitterlings sausage (*eaten cold*). **-2.** *fam* [imbécile] dummy; faire l'~ to fool around; espèce d'~! you great dummy!; fais pas l'~, touche pas la prise! watch out, don't touch the socket!

**andouillette** [ɑ̃dujɛt] *nf* chitterlings sausage (*for grilling*).

**androcéphale** [ɑ̃drɔsefal] *adj* androcephalous.

**androgène** [ɑ̃drɔʒɛn] ◇ *adj* androgenic. ◇ *nm* androgen.

**androgyne** [ɑ̃drɔʒin] ◇ *adj* androgynous. ◇ *nm* androgyne.

**androïde** [ɑ̃drɔid] *nm* android.

**andropause** [ɑ̃drɔpoz] *nf* male menopause.

**androstérone** [ɑ̃drɔsterɔn] *nf* androsterone.

**âne** [an] *nm* **-1.** ZOOL donkey, ass; il est comme l'~ de Buridan he can't make up his mind. **-2.** [imbécile] idiot, fool; faire l'~ to play the fool; c'est un ~ bâté he's a complete idiot.

**anéantir** [32] [aneɑ̃tir] *vt* **-1.** [détruire – armée, ville] to annihilate, to destroy, to wipe out (*sép*); [– rébellion, révolte] to quell, to crush; [– espoir] to dash, to destroy; [– succès, effort] to ruin, to wreck; [– amour, confiance] to destroy. **-2.** [accabler – suj: nouvelle, événement] to overwhelm, to crush; être anéanti par le chagrin to be overcome by grief; elle est anéantie she's devastated || [épuiser] to exhaust; elle est anéantie par la chaleur/fatigue she's overwhelmed by the heat/utterly exhausted.

◆ **s'anéantir** *vpi* to disappear, to vanish; tous nos espoirs se sont anéantis all our hopes were dashed.

**anéantissement** [aneɑ̃tismɑ̃] *nm* **-1.** [destruction] ruin, annihilation, destruction; c'est l'~ d'un mois de travail it's a whole month's work lost. **-2.** [accablement] prostration.

**anecdote** [anɛkdɔt] *nf* anecdote; tout cela, c'est de l'~ *péj* this is all trivial detail, this is just so much trivia.

**anecdotique** [anɛkdɔtik] *adj* **-1.** [qui contient des anecdotes] anecdotal. **-2.** [sans intérêt] trivial *péj*.

**anélastique** [anelastik] *adj* unelastic.

**anémie** [anemi] *nf* **-1.** MÉD anaemia. **-2.** *fig*: nous constatons une ~ de la production we note that output has slowed to a trickle.

**anémié, e** [anemje] *adj* **-1.** MÉD anaemic. **-2.** [affaibli] weakened, anaemic.

**anémier** [9] [anemje] *vt* **-1.** MÉD to make anaemic. **-2.** [affaiblir] to weaken, to enfeeble *litt*.

**anémique** [anemik] *adj* **-1.** MÉD anaemic. **-2.** [faible – personne] feeble, ineffectual; [– plante] spindly, weedy; [– économie, industrie] weak, slow, sluggish.

**anémomètre** [anemɔmɛtr] *nm* anemometer.

**anémone** [anemɔn] *nf* **-1.** BOT anemone. **-2.** ZOOL: ~ de mer sea anemone.

**ânerie** [anri] *nf* **-1.** [caractère stupide] stupidity; tu es d'une ~! you are so stupid!, you're such an idiot! **-2.** [parole] stupid ou silly thing; dire des ~s to make stupid ou silly remarks, to talk rubbish. **-3.** [acte] stupid blunder ou mistake; faire des ~s to make stupid mistakes.

**anéroïde** [anerɔid] *adj* aneroid.

**ânesse** [anɛs] *nf* she-ass, jenny.

**anesthésiant, e** [anɛstezjɑ̃, ɑ̃t] = **anesthésique**.

**anesthésie** [anɛstezi] *nf* anaesthesia; faire une ~ à qqn to anaesthetize sb, to give sb an anaesthetic; être sous ~ to be anaesthetized ou under an anaesthetic ❑ ~ locale/générale/péridurale local/general/epidural anaesthesia.

**anesthésier** [9] [anɛstezje] *vt* **-1.** MÉD to anaesthetize. **-2.** [insensibiliser – bras, jambe] to numb, to deaden.

**anesthésiologie** [anɛstezjɔlɔʒi] *nf* anaesthetics *Br* (*U*), anesthesiology *Am*.

**anesthésiologiste** [anɛstezjɔlɔʒist] = **anesthésiste-réanimateur**.

**anesthésique** [anɛstezik] *adj* & *nm* anaesthetic; un ~ local a local anaesthetic.

**anesthésiste-réanimateur** [anɛstezistreanimatœr] (*pl* **anesthésistes-réanimateurs**) *nmf* anaesthesiologist *Br*, anesthesiologist *Am*.

---

**aneth** [anɛt] *nm* dill.

**anévrisme** [anevrism] *nm* aneurysm.

**anfractuosité** [ɑ̃fraktɥozite] *nf* **-1.** [cavité] crevice, crack. **-2.** MÉD anfractuosity.

**ange** [ɑ̃ʒ] *nm* **-1.** RELIG angel; c'est mon bon ~ he's my guardian angel; c'est mon mauvais ~ he's a bad influence on me ❑ ~ déchu/gardien fallen/guardian angel; un ~ passa there was a pregnant pause ou an awkward lull in the conversation; être aux ~s to be beside o.s. with joy; il riait ou souriait aux ~s dans son sommeil he was smiling happily in his sleep. **-2.** [personne parfaite] angel; passe-moi le pain, tu seras un ~ be an angel ou a dear and pass me the bread; c'est un ~ de douceur he's sweetness itself || [en appellatif]: mon ~ my darling ou angel. **-3.** ZOOL monkfish, angel shark.

**angélique** [ɑ̃ʒelik] ◇ *adj* RELIG & *fig* angelic; un sourire ~ the sweet smile of an angel. ◇ *nf* BOT & CULIN angelica. ◇ *nm* [bois] basralocus wood.

**angélisme** [ɑ̃ʒelism] *nm* otherworldliness.

**angelot** [ɑ̃ʒlo] *nm* cherub.

**angélus** [ɑ̃ʒelys] *nm* Angelus.

**angevin, e** [ɑ̃ʒvɛ̃, in] *adj* [de l'Anjou] from Anjou.

**angine** [ɑ̃ʒin] *nf* **-1.** [infection – des amygdales] tonsillitis; [– du pharynx] pharyngitis; avoir une ~ to have a sore throat. **-2.** [douleur cardiaque] angina; ~ de poitrine angina (pectoris).

**angineux, euse** [ɑ̃ʒinø, øz] *adj* anginal, anginous.

**angiographie** [ɑ̃ʒjɔgrafi] *nf* angiography.

**angiologie** [ɑ̃ʒjɔlɔʒi] *nf* angiology.

**angiome** [ɑ̃ʒjom] *nm* angioma.

**angiosperme** [ɑ̃ʒjɔspɛrm] *nf* angiosperm.

**anglais, e** [ɑ̃glɛ, ɛz] *adj* [d'Angleterre] English; [de Grande-Bretagne] British; l'équipe ~e SPORT the England team.

◆ **Anglais, e** *nm, f* [d'Angleterre] Englishman (*f* Englishwoman); [de Grande-Bretagne] Briton; les Anglais [d'Angleterre] English people, the English; [de Grande-Bretagne] British people, the British.

◆ **anglais** *nm* LING English; ~ américain/britannique American/British English.

◆ **anglaise** *nf* **-1.** [écriture] italic longhand. **-2.** BOT morello cherry.

◆ **anglaises** *nfpl* ringlets.

◆ **à l'anglaise** *loc adj* **-1.** CULIN boiled. **-2.** HORT: jardin/parc à l'~e landscaped garden/park. **-3.** MENUIS: escalier/limon à l'~e open staircase/stringboard. ◇ *loc adv*: se sauver ou filer à l'~e to take French leave.

**angle** [ɑ̃gl] *nm* **-1.** [coin] corner, angle; faire un ~ [chemin] to bend, to turn; [maison] to be L-shaped, to form an angle; la maison qui est à ou qui fait l'~ the house on the corner; la statue est à l'~ de deux rues the statue stands at a crossroads ❑ ~ vif sharp angle; arrondir les ~s to smooth things over. **-2.** GÉOM angle; ~ aigu/droit/obtus acute/right/obtuse angle; la rue fait un ~ droit avec l'avenue the street is at right angles to the avenue; ~ ouvert wide angle; ~ plein 360-degree angle. **-3.** [aspect] angle, point of view; je ne vois pas cela sous cet ~ I don't see it quite in that light ou from that angle; vu sous l'~ économique/du rendement, cette décision se comprend from an economic/a productivity point of view, the decision makes sense. **-4.** OPT angle; ~ d'incidence/de réflexion/de réfraction angle of incidence/of reflection/of refraction; ~ d'ouverture aperture angle, beam width. **-5.** TECH angle.

◆ **angle mort** *nm* [en voiture] blind spot.

◆ **d'angle** *loc adj* **-1.** CONSTR quoin (*modif*), cornerstone (*modif*). **-2.** [table] corner (*modif*).

**Angleterre** [ɑ̃glətɛr] *npr f*: (l') ~ England; [Grande-Bretagne] (Great) Britain; la bataille d'~ the Battle of Britain.

**anglican, e** [ɑ̃glikɑ̃, an] *adj* & *nm, f* Anglican.

**anglicanisme** [ɑ̃glikanism] *nm* Anglicanism.

**angliche** [ɑ̃gliʃ] *fam* ◇ *adj* [d'Angleterre] English; [de Grande-Bretagne] Brit. ◇ *nm f* [d'Angleterre] Englishman (*f* Englishwoman); [de Grande-Bretagne] Brit.

**anglicisation** [ɑ̃glisizasjɔ̃] *nf* anglicization, anglicizing.

**angliciser** [3] [ɑ̃glisize] *vt* to anglicize.

◆ **s'angliciser** *vpi* to become anglicized.

**anglicisme** [ɑ̃glisism] *nm* anglicism.

**angliciste** [ãglisist] *nmf* **-1.** [étudiant] student of English. **-2.** [enseignant] teacher of English. **-3.** [spécialiste] Anglicist, expert in English language and culture.

**anglo-** [ãglo] *préf* anglo-.

**anglo-américain** [ãgloamerikẽ, ɛn] (*mpl* **anglo-américains,** *fpl* **anglo-américaines**) *adj* Anglo-American.
◆ **Anglo-Américain, e** *nm, f* Anglo-American.
◆ **anglo-américain** *nm* LING American English.

**anglomane** [ãgloman] *nmf* Anglomaniac.

**anglomanie** [ãglomani] *nf* Anglomania.

**anglo-normand** [ãglonormã, ãd] (*mpl* **anglo-normands,** *fpl* **anglo-normandes**) *adj* **-1.** HIST Anglo-Norman. **-2.** GÉOG of the Channel islands; les îles Anglo-Normandes the Channel Islands.
◆ **anglo-normand** *nm* LING Anglo-Norman.

**anglophile** [ãglofil] ◇ *adj* Anglophilic, Anglophiliac. ◇ *nmf* Anglophile.

**anglophilie** [ãglofili] *nf* Anglophilia.

**anglophobe** [ãglofob] ◇ *adj* Anglophobic. ◇ *nmf* Anglophobe.

**anglophobie** [ãglofobi] *nf* Anglophobia.

**anglophone** [ãglofon] *adj & nmf* Anglophone.

**anglo-saxon, onne** [ãglosaksõ, on] (*mpl* **anglo-saxons,** *fpl* **anglo-saxonnes**) *adj* **-1.** [culture, civilisation] Anglo-American, Anglo-Saxon. **-2.** HIST Anglo-Saxon.
◆ **Anglo-Saxon, onne** *nm, f* Anglo-Saxon; les Anglo-Saxons [peuples] British and American people; HIST the Anglo-Saxons.
◆ **anglo-saxon** *nm* LING Old English, Anglo-Saxon.

**angoissant, e** [ãgwasã, ãt] *adj* [expérience] distressing, harrowing, agonizing; [nouvelle, livre, film] distressing, harrowing; il a vécu trois jours très ~s he lived through three harrowing days ‖ [sens affaibli]: j'ai trouvé l'attente très ~e the wait was a strain on my nerves.

**angoisse** [ãgwas] *nf* [inquiétude] anxiety; [tourment] anguish; être ou vivre dans l'~ to live in a (constant state of) anxiety; l'~ de: l'~ de la mort the fear of death; vivre dans l'~ de qqch to live in dread of ou to dread sthg ❑ ~ existentielle (existential) angst; c'est l'~! *fam* I dread the very idea!
◆ **angoisses** *nfpl*: avoir des ~s to suffer from anxiety attacks.

**angoissé, e** [ãgwase] ◇ *adj* [personne] anxious; [regard] haunted, anguished, agonized; [voix, cri] agonized, anguished; être ~ avant un examen to feel anxious before an exam. ◇ *nm, f* anxious person; c'est un grand ~ he's the anxious type ou a terrible worrier.

**angoisser** [3] [ãgwase] ◇ *vt*: ~ qqn [inquiéter] to cause sb anxiety, to cause anxiety to sb; [tourmenter] to cause sb anguish. ◇ *vi fam* to worry.
◆ **s'angoisser** *vpi fam* to get worked up.

**Angola** [ãgola] *npr m*: (l') ~ Angola.

**angolais, e** [ãgolɛ, ɛz] *adj* Angolan.
◆ **Angolais, e** *nm, f* Angolan.

**angora** [ãgora] ◇ *adj* angora. ◇ *nm* **-1.** [chat, lapin] Angora. **-2.** [laine] angora.
◆ **en angora** *loc adj* angora (*modif*).

**angström** [ãgstrœm] *nm* angstrom.

**anguille** [ãgij] *nf* ZOOL eel; ~ de mer/électrique conger/electric eel; souple comme une ~ supple as a reed; il y a ~ sous roche there's something fishy going on.

**angulaire** [ãgylɛr] *adj* angular.

**anguleux, euse** [ãgylø, øz] *adj* [objet] angular; [visage] bony, sharp-featured, angular; [personne] skinny, bony; [esprit, caractère] stiff, angular.

**anhydre** [anidr] *adj* anhydrous.

**anicroche** [anikrɔʃ] *nf* hitch, snag; sans ~ smoothly, without a hitch.

**ânier, ère** [anje, ɛr] *nm, f* donkey driver.

**animal, e, aux** [animal, o] *adj* animal.
◆ **animal, aux** *nm* **-1.** ZOOL animal; ~ familier ou domestique pet. **-2.** *fam* [personne] dope, oaf; c'est qu'il a encore raison, cet ~ -là ou l'~! the beggar's right again!

**animalerie** [animalri] *nf* **-1.** [de laboratoire] breeding farm (*for laboratory animals*). **-2.** [magasin] pet shop.

**animalier, ère** [animalje, ɛr] *adj* [peintre, sculpteur] animal

(*modif*); parc ~ wildlife park.
◆ **animalier** *nm* **-1.** BX-ARTS animalier. **-2.** [employé] animal keeper (*in a laboratory*).

**animalité** [animalite] *nf* animality, animal nature.

**animateur, trice** [animatœr, tris] *nm, f* **-1.** [responsable – de maison de jeunes, de centre sportif] youth leader, coordinator; [– de groupe] leader; [– d'entreprise, de service] coordinator. **-2.** RAD & TV [gén] presenter; [de jeux, de variétés] host. **-3.** [élément dynamique] moving spirit, driving force. **-4.** CIN animator.

**animation** [animasjõ] *nf* **-1.** [entrain] life, liveliness, excitement; mettre un peu d'~ dans une réunion to liven up a meeting; son arrivée a créé beaucoup d'~ his arrival caused a great deal of excitement. **-2.** [vivacité] liveliness, vivacity, animation; elles discutaient de biologie avec ~ they were having a lively discussion about biology. **-3.** [d'un quartier, d'une ville] life. **-4.** [coordination – d'un groupe] running; [– d'un débat] chairing; chargé de l'~ culturelle in charge of cultural activities. **-5.** CIN animation.

**animé, e** [anime] *adj* **-1.** [doué de vie] animate; les êtres ~s animate beings. **-2.** [doté de mouvement] moving, animated; les vitrines ~es de Noël moving ou animated window displays at Christmas. **-3.** [plein de vivacité – personne, discussion] lively, animated; [– marché, ville, quartier] lively. **-4.** LING animate.

**animer** [3] [anime] *vt* **-1.** [doter de mouvement – mécanisme, robot] to move, to actuate, to motivate; le piston est animé d'un mouvement de va-et-vient the piston is driven back and forth. **-2.** [inspirer] to prompt, to motivate; c'est la générosité qui l'anime he's prompted ou motivated by generous feelings; être animé des meilleures intentions to have the best of intentions; être animé d'un nouvel espoir to be buoyed up by new hope. **-3.** [égayer – soirée, repas] to bring life to, to liven up (*sép*); [– regard] to light up (*sép*); ~ un personnage to make a character come to life. **-4.** [présenter – débat] to chair; [– émission d'actualité] to present; [– émission de variétés] to host; [faire fonctionner – atelier] to run.
◆ **s'animer** *vpi* [personne, conversation] to become animated; [quartier, rue, visage, yeux] to come alive; [pantin, poupée] to come to life.

**animisme** [animism] *nm* animism.

**animosité** [animozite] *nf* animosity, hostility, resentment; ressentir de l'~ contre qqn to feel resentment ou hostility towards sb; un regard plein d'~ a hostile look.

**anion** [anjõ] *nm* anion.

**anis** [ani(s)] *nm* **-1.** BOT anise. **-2.** CULIN aniseed; à l'~ aniseed (*modif*), aniseed-flavoured.

**anisé** [anize] *adj* anisated, aniseed-flavoured.

**anisette** [anizɛt] *nf* anisette.

**Ankara** [ãkara] *npr* Ankara.

**ankylose** [ãkiloz] *nf* **-1.** MÉD ankylosis. **-2.** [engourdissement] stiffness, numbness.

**ankylosé, e** [ãkiloze] *adj* **-1.** MÉD ankylotic. **-2.** [engourdi] numb.

**ankyloser** [3] [ãkiloze] *vt* to ankylose.
◆ **s'ankyloser** *vpi* **-1.** MÉD to ankylose. **-2.** [devenir raide – bras, jambe] to become numb; [– personne] to go stiff.

**annal, e** [anal] *adj* valid for one year, yearly.

**annales** [anal] *nfpl* annals; rester dans les ~ to go down in history.

**annaliste** [analist] *nmf* annalist.

**Annapurna** [anapyrna] *npr m* l'~ Annapurna.

**Anne** [an] *npr*: ~ d'Autriche Anne of Austria.

**anneau, x** [ano] *nm* **-1.** JOAILL ring; un simple ~ d'or a plain band of gold; en forme d'~ annular, ring-shaped ❑ ~ épiscopal/nuptial bishop's/wedding ring. **-2.** [pour rideaux] ring; [maillon] link; [boucle – de fixation] loop. **-3.** MATH ring. **-4.** BOT & GÉOM annulus. **-5.** ZOOL [d'un ver] metamere, somatite; [d'un serpent] coil. **-6.** ANAT ring. **-7.** ASTRON ring; les ~x de Saturne the rings of Saturn. **-8.** SPORT: ~ de vitesse [pour patinage] rink; [pour bicyclette] racetrack. **-9.** OPT ring; ~x colorés coloured rings.
◆ **anneaux** *nmpl* SPORT rings; JEUX hoopla.
◆ **en anneau** *loc adj* **-1.** [gén] ring-shaped, annular. **-2.** ÉLECTRON ring (*modif*).

**année** [ane] *nf* **-1.** [division du calendrier] year; ~ bissextile leap year; ~ **civile** calendar ou civil year. **-2.** [date] year; ~ **de fabrication** date ou year of construction; **l'~ 1789** the year 1789. **-3.** [durée] year; **l'~ de référence** the base year; **ce projet durera toute l'~** this project will last the whole year; **d'~ en ~** from year to year; **d'une ~ à l'autre** from one year to the next; **tout au long de l'~, toute l'~** all year long ou round; **j'ai encore deux ~s à faire** I have two more years to do; **j'ai cinq ~s de métier** I have five years' experience in this field; **entrer dans sa trentième ~** to enter one's thirtieth year; **les plus belles ~s de ma vie** the best years of my life; **première ~** UNIV first year Br, freshman year Am; **dernière ~** UNIV final year; **c'est une étudiante de troisième ~** she's a third-year student Br, she's in her junior year Am; **elle est en troisième ~ de médecine** she's in her third year at medical school ❏ **l'~ scolaire/universitaire/judiciaire** the school/academic/judicial year; **l'~ fiscale** the tax year; **une ~ sabbatique** a sabbatical (year); **~s de vaches maigres/grasses** fam lean/prosperous years. **-4.** [célébration]: **l'~ de the Year of; l'~ du Dragon** the Year of the Dragon; **l'~ de l'Enfance** the Year of the Child; **l'~ de la Femme** International Women's Year. **-5.** [nouvel an]: **bonne ~!** happy New Year!; **souhaiter la bonne ~ à qqn** to wish sb a happy New Year; **carte/souhaits de bonne ~** New Year card/wishes.

◆ **années** nfpl: **les ~s 60/70** the sixties/seventies ❏ **les Années folles** the roaring twenties.

◆ **à l'année** loc adv [louer, payer] annually, on a yearly basis.

**année-lumière** [anelymjɛr] (pl **années-lumière**) nf light year; **à des années-lumière de** fig light years away from.

**annelé, e** [anle] adj **-1.** [gén] ringed. **-2.** ARCHIT & BOT annulate, annulated.

**anneler** [24] [anle] vt to ring.

**annelet** [anlɛ] nm **-1.** [anneau] small ring. **-2.** ARCHIT annulet.

**annelle** [anɛl], **annellerai** [anɛlre] v → **anneler**.

**annexe** [anɛks] ◇ adj **-1.** [accessoire – tâche, détail, fait] subsidiary, related; [sans importance] minor; **des considérations ~s** side issues; **ne parlons pas de cela, c'est tout à fait ~** let's forget about this, it's very much a minor point ou it's not relevant to the matter in hand. **-2.** JUR [document] additional. ◇ nf **-1.** [bâtiment] annexe. **-2.** [supplément] annexe; **mettre qqch en ~ to** append sthg to ‖ [d'un bilan] schedule; [d'un dossier] appendix; JUR [d'une loi] rider. **-3.** MÉD appendage.

**annexer** [4] [anɛkse] vt **-1.** [joindre] to annex, to append; ~ **un témoignage à un dossier** to append a testimony to a file. **-2.** HIST & POL to annex.

◆ **s'annexer** vpt fam: **s'~ qqch** [le monopoliser] to hog sthg; euph [le voler] to filch sthg, to purloin sthg hum.

**annexion** [anɛksjɔ̃] nf annexation.

**annexionnisme** [anɛksjɔnism] nm annexationism.

**annihiler** [3] [aniile] vt [efforts, révolte] to annihilate, to destroy; [personne] to crush, to destroy fig.

**anniversaire** [anivɛrsɛr] ◇ adj anniversary (modif); **le jour ~ de leur rencontre** the anniversary of the day they first met. ◇ nm **-1.** [d'une naissance] birthday; **le jour de son ~** on his birthday; [d'un mariage, d'une mort, d'un événement] anniversary. **-2.** [fête] birthday party.

**annonçai** [anɔ̃se] v → **annoncer**.

**annonce** [anɔ̃s] nf **-1.** [nouvelle] notice, notification; [fait de dire] announcement; **faire une ~** [gén] to make an announcement. **-2.** [texte publicitaire] advertisement; **mettre** ou **insérer une ~ dans un journal** to put ou to place an advertisement in a paper ❏ ~ **judiciaire** legal notice; ~ **publicitaire** advertisement; **les petites ~s** [location, vente] classified advertisements; [courrier du cœur] personal column. **-3.** JEUX declaration; **faire une ~** to declare. **-4.** [présage] portent litt, sign.

**annoncer** [16] [anɔ̃se] vt **-1.** [communiquer – renseignement] to announce; [– mauvaise nouvelle] to announce, to break; **je n'ose pas le lui ~** I daren't break it to her; **ils annoncent du soleil pour demain** sunshine is forecast for tomorrow, the forecast for tomorrow is sunny; **on annonce des réductions d'impôts** tax reductions have been announced; **on m'a annoncé sa mort** I was told ou informed of his death; **je vous annonce que je me marie** I'd like to inform you that I'm getting married; **je leur ai annoncé que je m'en allais** I told them I was leaving. **-2.** COMM [proposer] to quote;

~ **un prix** to quote a price. **-3.** [présenter – visiteur] to announce; [– projet, changement] to introduce, to usher in (sép); **qui dois-je ~?** what name shall I say?; **se faire ~** to give one's name. **-4.** [présager] to announce, to foreshadow, to herald litt; **sa mine n'annonçait rien de bon** his expression did not bode well ‖ [être signe de] to be a sign ou an indication of. **-5.** JEUX to declare; ~ **la couleur** fam: **j'ai annoncé la couleur, ils savent que je démissionnerai s'il le faut** I've laid my cards on the table ou made no secret of it, they know I'll resign if I have to.

◆ **s'annoncer** ◇ vp (emploi réfléchi) [prévenir de sa visite] to notify ou to warn (that one will visit). ◇ vpi **-1.** [se profiler] to be looming ou on the horizon; **une grave crise s'annonce** a serious crisis is looming. **-2.** [dans des constructions attributives]: **la journée s'annonce très belle** it looks like it's going to be a beautiful day; **s'~ bien: cela s'annonce très bien** things are looking very promising ou good; **mes premiers oraux s'annoncent bien** I seem to have done all right in my first orals; **s'~ mal: cela s'annonce plutôt mal** the picture doesn't look ou isn't too good; **voilà un anniversaire qui s'annonce mal** it's an inauspicious start ou a bad way to start a birthday.

**annonceur, euse** [anɔ̃sœr, øz] nm, f [présentateur] announcer.

◆ **annonceur** nm [en publicité] advertiser.

**annonciateur, trice** [anɔ̃sjatœr, tris] adj announcing, heralding, foreshadowing; ~ **de: les secousses annonciatrices d'un tremblement de terre** the tremors that are the warning signs of an earthquake; **des nuages noirs ~s de pluie** black clouds which are the harbingers of rain.

◆ **annonciateur** nm **-1.** ÉLECTRON signal. **-2.** TÉLÉC annunciator board.

**Annonciation** [anɔ̃sjasjɔ̃] nf **-1.** BIBLE: **l'~** the Annunciation. **-2.** [fête] Annunciation ou Lady Day.

**annonçons** [anɔ̃sɔ̃] v → **annoncer**.

**annotation** [anɔtasjɔ̃] nf **-1.** [note explicative] annotation. **-2.** [note personnelle] note.

**annoter** [3] [anɔte] vt **-1.** [commenter] to annotate. **-2.** [de remarques personnelles] to write notes on; **un livre entièrement annoté** a book entirely covered with notes.

**annuaire** [anɥɛr] nm [recueil – d'une association, d'une société] yearbook, annual; [– du téléphone] telephone directory ou book; ~ **électronique** electronic directory.

**annualité** [anɥalite] nf yearly recurrence; **l'~ budgétaire** the yearly ou annual voting of the budget.

**annuel, elle** [anɥɛl] adj **-1.** [qui revient chaque année] yearly, annual; **congé ~** annual leave. **-2.** [qui dure un an] annual; **une plante ~le** an annual.

**annuellement** [anɥɛlmɑ̃] adv annually, yearly, on a yearly basis.

**annuité** [anɥite] nf **-1.** FIN annuity; **remboursement par ~s** repayment by annual payments ou yearly instalments ou annuities. **-2.** [année de service] year.

**annulable** [anylabl] adj **-1.** [gén] cancellable, annullable. **-2.** JUR [contrat] voidable, cancellable, revocable; [loi] revocable, repealable.

**annulaire** [anylɛr] ◇ adj **-1.** [circulaire] annular, ring-shaped. **-2.** MÉD annular. ◇ nm [doigt] third ou ring finger.

**annulation** [anylasjɔ̃] nf **-1.** [d'un ordre, d'un rendez-vous] cancellation, calling off; [d'une réservation] cancellation; [d'une commande] cancellation, withdrawal; [d'une proposition] withdrawal. **-2.** JUR [d'un décret, d'un acte judiciaire] cancellation, annulment; [d'un contrat] voidance, annulment; [d'un jugement] quashing, nullification; [d'un droit] defeasance; [d'une loi] revocation, rescindment.

**annuler** [3] [anyle] vt **-1.** [ordre, rendez-vous, projet] to cancel, to call off (sép); [réservation] to cancel; [commande] to cancel, to withdraw. **-2.** JUR [contrat] to annul, to render null and void, to invalidate; [loi] to rescind, to revoke; [mariage] to annul; [testament] to set aside (sép), to nullify; [jugement, verdict] to quash; ~ **une subvention** to withdraw a subsidy.

◆ **s'annuler** vp (emploi réciproque) to cancel each other out.

**anobli, e** [anɔbli] adj ennobled.

**anoblir** [32] [anɔblir] vt to ennoble, to confer a title on.

**anoblissement** [anɔblismɑ̃] nm ennoblement.

**anode** [anɔd] nf anode.

**anodin, e** [anɔdɛ̃, in] *adj* **-1.** [inoffensif] harmless. **-2.** [insignifiant – personne, propos] ordinary, commonplace; [– détail] trifling, insignificant; [– événement] meaningless, insignificant.

**anodique** [anɔdik] *adj* anodic, anodal, anode *(modif)*.

**anodiser** [3] [anɔdize] *vt* to anodize.

**anomal, e, aux** [anɔmal, o] *adj* anomalous.

**anomalie** [anɔmali] *nf* **-1.** [bizarrerie – d'une expérience, d'une attitude] anomaly; [– d'une procédure, d'une nomination] irregularity. **-2.** ASTRON & LING anomaly. **-3.** BIOL abnormality.

**ânon** [anɔ̃] *nm* (ass's) foal, young donkey OU ass.

**ânonner** [3] [anɔne] ◊ *vi* to stammer out one's words; il lisait en ânonnant he read haltingly. ◊ *vt* to stumble through; ~ sa leçon to recite one's lesson falteringly.

**anonymat** [anɔnima] *nm* anonymity; conserver OU garder l'~ to remain anonymous; l'~ le plus total est garanti confidentiality is guaranteed.

**anonyme** [anɔnim] ◊ *adj* **-1.** [sans nom – manuscrit, geste] anonymous; rester ~ to remain unnamed OU anonymous. **-2.** [inconnu – auteur, attaquant] anonymous, unknown. **-3.** [sans personnalité – vêtement, meuble] drab, nondescript; [– maison, appartement] anonymous, soulless, drab; perdu dans la foule ~ lost in the crowd. ◊ *nmf* anonym.

**anonymement** [anɔnimmɑ̃] *adv* anonymously.

**anorak** [anɔrak] *nm* anorak.

**anorexie** [anɔrɛksi] *nf* anorexia (nervosa).

**anorexique** [anɔrɛksik] *adj & nmf* anorexic.

**anormal, e, aux** [anɔrmal, o] ◊ *adj* **-1.** [inhabituel – événement] abnormal, unusual; [– comportement] abnormal, aberrant; à son âge, c'est ~ it's not normal at his age. **-2.** [non réglementaire] irregular. **-3.** [injuste] unfair, unjustified. **-4.** [handicapé] mentally handicapped. **-5.** BIOL abnormal, anomalous. ◊ *nm, f* mentally handicapped person.

**anormalement** [anɔrmalmɑ̃] *adv* **-1.** [inhabituellement] unusually, abnormally. **-2.** BIOL abnormally, aberrantly.

**anormalité** [anɔrmalite] *nf* abnormality.

**anovulatoire** [anɔvylatwar] *adj* anovular.

**ANPE** *(abr de* **Agence nationale pour l'emploi)** *npr f national employment agency*; s'inscrire à l'~ to sign on.

**anse** [ɑ̃s] *nf* **-1.** [poignée] handle. **-2.** GÉOG cove, bight. **-3.** ANAT ansa, loop. **-4.** MÉD snare. **-5.** MATH compound curve.

**antagonique** [ɑ̃tagɔnik] *adj* antagonistic.

**antagonisme** [ɑ̃tagɔnism] *nm* antagonism.

**antagoniste** [ɑ̃tagɔnist] ◊ *adj* antagonistic; les muscles ~s antagonistic muscles. ◊ *nmf* antagonist.

**antalgique** [ɑ̃talʒik] *adj & nm* analgesic.

**antan** [ɑ̃tɑ̃]
◆ **d'antan** *loc adj* of yesteryear; mes amis d'~ my erstwhile friends, my friends from the old days.

**antarctique** [ɑ̃tarktik] *adj* Antarctic.
◆ **Antarctique** ◊ *npr m* [océan]: l'Antarctique the Antarctic (Ocean). ◊ *npr f* [continent]: (l') Antarctique Antarctica.

**antécédence** [ɑ̃tesedɑ̃s] *nf* antecedence GEOL.

**antécédent, e** [ɑ̃tesedɑ̃, ɑ̃t] *adj* **-1.** [précédent – élément] antecedent; [– événement] prior, previous; ~ à prior to. **-2.** GÉOL antecedent.
◆ **antécédent** *nm* **-1.** GRAMM, LOGIQUE & MATH antecedent. **-2.** MÉD past OU previous (medical) history.
◆ **antécédents** *nmpl* **-1.** [faits passés] antecedents, past OU previous history. **-2.** MÉD case history.

**antéchrist** [ɑ̃tekrist] *nm* Antichrist.

**antédiluvien, enne** [ɑ̃tedilyvjɛ̃, jɛn] *adj* **-1.** BIBLE antediluvian. **-2.** *fam* [vieux] antiquated, ancient.

**antenne** [ɑ̃tɛn] *nf* **-1.** ENTOM antenna, feeler; avoir des ~s *fam* [avoir de l'intuition] to be very intuitive; [avoir des contacts] to know all the right people. **-2.** ÉLECTRON aerial, antenna; ~ parabolique satellite dish. **-3.** RAD & TV: à vous l'~ over to you; être OU passer à l'~ to be on (the air); garder l'~ to stay on the air; rendre l'~ to hand back to the studio; prendre l'~ to come on the air; sur notre ~ RAD on this frequency OU station; TV on this channel ❏ temps d'~ air time. **-4.** [agence, service] office; notre ~ à Genève our agent in Geneva, our Geneva office ❏ ~ chirurgicale surgical unit.

**antépénultième** [ɑ̃tepenyltjɛm] *sout* ◊ *adj* antepenultimate. ◊ *nf* antepenult.

**antéposé, e** [ɑ̃tepoze] *adj* word-initial, in a word-initial position.

**antéposition** [ɑ̃tepozisjɔ̃] *nf* word-initial position.

**antérieur, e** [ɑ̃terjœr] *adj* **-1.** [précédent] anterior, prior; la situation ~e the previous OU former situation; une vie ~e a former life; ~ à prior to, before; c'était bien ~ à cette époque it was long before that time. **-2.** [de devant] anterior. **-3.** LING front *(modif)*.
◆ **antérieur** *nm* foreleg, forelimb.

**antérieurement** [ɑ̃terjœrmɑ̃] *adv* previously.
◆ **antérieurement à** *loc prép* prior to, previous to, before.

**antériorité** [ɑ̃terjɔrite] *nf* **-1.** [d'un événement, d'une action] anteriority, antecedence, precedence. **-2.** GRAMM anteriority.

**anthologie** [ɑ̃tɔlɔʒi] *nf* anthology.

**anthracite** [ɑ̃trasit] ◊ *adj inv* charcoal grey. ◊ *nm* anthracite, hard coal.

**anthrax** [ɑ̃traks] *nm* anthrax.

**anthropocentrique** [ɑ̃trɔpɔsɑ̃trik] *adj* anthropocentric.

**anthropocentrisme** [ɑ̃trɔpɔsɑ̃trism] *nm* anthropocentrism.

**anthropoïde** [ɑ̃trɔpɔid] ◊ *adj* anthropoid. ◊ *nm* anthropoid ape.

**anthropologie** [ɑ̃trɔpɔlɔʒi] *nf* anthropology.

**anthropologique** [ɑ̃trɔpɔlɔʒik] *adj* anthropological.

**anthropologue** [ɑ̃trɔpɔlɔg], **anthropologiste** [ɑ̃trɔpɔlɔʒist] *nmf* anthropologist.

**anthropométrique** [ɑ̃trɔpɔmetrik] *adj* anthropometric, anthropometrical.

**anthropomorphe** [ɑ̃trɔpɔmɔrf] *adj* anthropomorphous, anthropomorphic.

**anthropomorphisme** [ɑ̃trɔpɔmɔrfism] *nm* anthropomorphism.

**anthropophage** [ɑ̃trɔpɔfaʒ] ◊ *adj* cannibal *(modif)*, cannibalistic, anthropophagous *spéc*. ◊ *nmf* cannibal, anthropophagite *spéc*.

**anthropophagie** [ɑ̃trɔpɔfaʒi] *nf* cannibalism, anthropophagy *spéc*.

**antiabolitionniste** [ɑ̃tiabɔlisjɔnist] ◊ *adj* against the abolition of the death penalty. ◊ *nmf* person opposed to the abolition of the death penalty.

**antiadhésif, ive** [ɑ̃tiadezif, iv] *adj* [gén] antiadhesive *(avant n)*; [poêle] nonstick.
◆ **antiadhésif** *nm* antiadhesive.

**antiaérien, enne** [ɑ̃tiaerjɛ̃, jɛn] *adj* antiaircraft.

**antialcoolique** [ɑ̃tialkɔlik] *adj* temperance *(modif)*, antialcohol *(avant n)*.

**antialcoolisme** [ɑ̃tialkɔlism] *nm* antialcoholism.

**antiallergique** [ɑ̃tialɛrʒik] ◊ *adj* antiallergenic. ◊ *nm* antiallergen.

**antiatomique** [ɑ̃tiatɔmik] *adj* antiatomic, antiradiation.

**antibiotique** [ɑ̃tibiɔtik] *adj & nm* antibiotic.

**antiblocage** [ɑ̃tiblɔkaʒ] *adj* antilock *(avant n)*.

**antibrouillage** [ɑ̃tibrujaʒ] *nm* antijamming.

**antibrouillard** [ɑ̃tibrujar] *adj inv* fog *(modif)*.

**antibruit** [ɑ̃tibrɥi] *adj inv* **-1.** [matériau] soundproof. **-2.** ACOUST: mur ~ antinoise barrier. **-3.** AUT antidrumming, antisqueak.

**antibuée** [ɑ̃tibɥe] ◊ *adj inv* demisting, antimisting. ◊ *nm* **-1.** [dispositif] demister. **-2.** [produit] antimist agent, clear vision agent.

**anticalcaire** [ɑ̃tikalkɛr] *adj* antiliming, antiscale *(avant n)*.

**anticancéreux, euse** [ɑ̃tikɑ̃serø, øz] *adj* **-1.** [centre, laboratoire] cancer *(modif)*. **-2.** [médicament] anticancer *(avant n)*, carcinostatic *spéc*.

**anticapitaliste** [ɑ̃tikapitalist] *adj* anticapitalist.

**antichambre** [ɑ̃tiʃɑ̃br] *nf* anteroom, antechamber; dans les ~s du pouvoir on the fringes of power ❏ faire ~ to wait quietly (to be received).

**antichar** [ɑ̃tiʃar] *adj inv* antitank.

**antichoc** [ɑ̃tiʃɔk] *adj* shockproof.

**anticipation** [ɑ̃tisipasjɔ̃] *nf* **-1.** [prévision] anticipation. **-2.** COMM: ~ de paiement [somme] advance payment; [action] paying in advance. **-3.** [science-fiction] science-fiction.

◆ **d'anticipation** *loc adj* [roman, film] science-fiction *(modif)*, futuristic.

◆ **par anticipation** ◇ *loc adj* FIN advance *(modif)*; paiement par ~ advance payment. ◇ *loc adv* [payer, régler] in advance.

**anticipé, e** [ɑ̃tisipe] *adj* **-1.** [avant la date prévue – retraite, départ] early; faire le règlement ~ **d'une facture** to pay a bill in advance. **-2.** [fait à l'avance]: **avec nos remerciements ~s** thanking you in advance OU anticipation.

**anticiper** [3] [ɑ̃tisipe] *vt* **-1.** COMM & FIN: ~ **un paiement** to pay OU to settle a bill in advance. **-2.** [prévoir] to anticipate.

◆ **anticiper sur** *v + prép*: ~ **sur ce qui va se passer** [deviner] to guess what's going to happen; [raconter] to explain what's going to happen ‖ *(en usage absolu)*: **mais j'anticipe!** but I'm getting ahead of myself!; **n'anticipons pas!** let's just wait and see!, all in good time!

**anticlérical, e, aux** [ɑ̃tiklerikal, o] *adj* & *nm, f* anticlerical.

**anticléricalisme** [ɑ̃tiklerikalism] *nm* anticlericalism.

**anticlinal, e, aux** [ɑ̃tiklinal, o] *adj* anticlinal.

◆ **anticlinal, aux** *nm* anticline.

**anticoagulant, e** [ɑ̃tikoagylɑ̃, ɑ̃t] *adj* **-1.** MÉD anticoagulating. **-2.** CHIM anticlotting.

◆ **anticoagulant** *nm* **-1.** MÉD anticoagulant. **-2.** CHIM anticlotting agent.

**anticolonialisme** [ɑ̃tikɔlɔnjalism] *nm* anticolonialism.

**anticolonialiste** [ɑ̃tikɔlɔnjalist] *adj* & *nmf* anticolonialist.

**anticommunisme** [ɑ̃tikɔmynism] *nm* anticommunism.

**anticommuniste** [ɑ̃tikɔmynist] *adj* & *nmf* anticommunist.

**anticonceptionnel, elle** [ɑ̃tikɔ̃sɛpsjɔnɛl] *adj* contraceptive, birth-control *(modif)*.

**anticonformisme** [ɑ̃tikɔ̃fɔrmism] *nm* nonconformism.

**anticonformiste** [ɑ̃tikɔ̃fɔrmist] *adj* & *nmf* nonconformist.

**anticonstitutionnel, elle** [ɑ̃tikɔ̃stitysjɔnɛl] *adj* unconstitutional.

**anticorps** [ɑ̃tikɔr] *nm* antibody.

**anticorrosion** [ɑ̃tikɔrozjɔ̃] *adj inv* anticorrosive, antistain.

**anticyclone** [ɑ̃tisiklon] *nm* anticyclone.

**antidater** [3] [ɑ̃tidate] *vt* to antedate, to predate.

**antidémocratique** [ɑ̃tidemɔkratik] *adj* antidemocratic.

**antidépresseur** [ɑ̃tideprɛsœr] *adj m* & *nm* antidepressant.

**antidérapant, e** [ɑ̃tiderapɑ̃, ɑ̃t] *adj* **-1.** [surface, tapis] nonslip. **-2.** AUT nonskid, antiskid.

◆ **antidérapant** *nm* slide preserver.

**antidétonant, e** [ɑ̃tidetɔnɑ̃, ɑ̃t] *adj* antiknock *(avant n)*.

◆ **antidétonant** *nm* antiknock (compound).

**antidiphtérique** [ɑ̃tidifterik] *adj* diphtheria *(modif)*; **sérum ~ diphtheria** serum.

**antidiurétique** [ɑ̃tidjyretik] *adj* & *nm* antidiuretic.

**antidopage** [ɑ̃tidɔpaʒ], **antidoping** [ɑ̃tidɔpiŋ] *adj inv*: **contrôle/mesure ~** drug detection test/measure.

**antidote** [ɑ̃tidɔt] *nm* antidote; **l'~ de l'arsenic** the antidote to arsenic; **un ~ contre la tristesse** a remedy for sadness.

**antidrogue** [ɑ̃tidrɔg] *adj inv* drug-prevention *(modif)*.

**antiéconomique** [ɑ̃tiekɔnɔmik] *adj* contrary to economic principles, uneconomic.

**anti-effraction** [ɑ̃tiefraksjɔ̃] *adj inv* [dispositif] burglarproof.

**antienne** [ɑ̃tjɛn] *nf* **-1.** RELIG antiphon. **-2.** *fig* refrain.

**antiesclavagiste** [ɑ̃tiɛsklavaʒist] ◇ *adj* antislavery; [aux États-Unis] abolitionist. ◇ *nmf* opponent of slavery; [aux États-Unis] abolitionist.

**antiétatique** [ɑ̃tietatik] *adj* opposed to state intervention, noninterventionist.

**antifasciste** [ɑ̃tifaʃist] *adj* & *nmf* antifascist.

**antifongique** [ɑ̃tifɔ̃ʒik] *adj* antifungal, fungicidal.

**anti-g** [ɑ̃tiʒe] *adj inv* anti-G.

**antigang** [ɑ̃tigɑ̃g] *adj→* **brigade**.

**antigel** [ɑ̃tiʒɛl] *nm* **-1.** AUT antifreeze. **-2.** CHIM antigel.

**antigène** [ɑ̃tiʒɛn] *nm* antigen.

**antigivrant, e** [ɑ̃tiʒivrɑ̃, ɑ̃t] *adj* anti-ice *(modif)*.

◆ **antigivrant** *nm* anti-icer.

**Antigone** [ɑ̃tigɔn] *npr* Antigone.

**antigouvernemental, e, aux** [ɑ̃tiguvɛrnəmɑ̃tal, o] *adj* anti-government *(modif)*.

**antigrève** [ɑ̃tigrɛv] *adj inv* antistrike *(avant n)*.

**antihéros** [ɑ̃tiero] *nm* antihero.

**antihistaminique** [ɑ̃tiistaminik] *nm* antihistamine.

**antihygiénique** [ɑ̃tiiʒjenik] *adj* unhygienic.

**anti-impérialiste** [ɑ̃tiɛ̃perjalist] *(pl* **anti-impérialistes)** *adj* & *nmf* anti-imperialist.

**anti-inflammatoire** [ɑ̃tiɛ̃flamatwar] *(pl* **anti-inflammatoires)** ◇ *adj* anti-inflammatory. ◇ *nm* anti-inflammatory agent.

**anti-inflationniste** [ɑ̃tiɛ̃flasjɔnist] *(pl* **anti-inflationnistes)** *adj* anti-inflationary.

**antillais, e** [ɑ̃tijɛ, ɛz] *adj* West Indian.

◆ **Antillais, e** *nm, f* West Indian.

**Antilles** [ɑ̃tij] *npr fpl*: **les ~** the Antilles, the West Indies; **aux ~** in the West Indies; **les ~ françaises/néerlandaises** the French/Dutch West Indies; **la mer des ~** the Caribbean Sea.

**antilope** [ɑ̃tilɔp] *nf* antelope.

**antimatière** [ɑ̃timatjɛr] *nf* antimatter.

**antimilitarisme** [ɑ̃timilitarism] *nm* antimilitarism.

**antimilitariste** [ɑ̃timilitarist] *adj* & *nmf* antimilitarist.

**antimissile** [ɑ̃timisil] *adj inv* antimissile.

**antimite** [ɑ̃timit] ◇ *adj inv*: **boules ~** mothballs. ◇ *nm* mothproofing agent, moth repellent.

**antimoine** [ɑ̃timwan] *nm* antimony.

**antimonarchique** [ɑ̃timɔnarʃik] *adj* antimonarchical.

**antinataliste** [ɑ̃tinatalist] *adj*: **une politique/décision ~** a policy/decision aimed at reducing the birth rate.

**antinational, e, aux** [ɑ̃tinasjɔnal, o] *adj* antinational.

**antinazi, e** [ɑ̃tinazi] *adj* & *nm, f* anti-Nazi.

**antinévralgique** [ɑ̃tinevralʒik] *adj* antineuralgic.

**antinomie** [ɑ̃tinɔmi] *nf* antinomy.

**antinomique** [ɑ̃tinɔmik] *adj* antinomic.

**antinucléaire** [ɑ̃tinykleɛr] *adj* antinuclear.

**Antioche** [ɑ̃tjɔʃ] *npr* Antioch.

**Antiope** [ɑ̃tjɔp] *npr information system available via the French television network,* ≃ Teletext® *Br.*

**antioxydant** [ɑ̃tiɔksidɑ̃] *nm* antioxidant, oxidation inhibitor.

**antipape** [ɑ̃tipap] *nm* antipope.

**antiparasite** [ɑ̃tiparazit] ◇ *adj inv* anti-interference *(avant n)*. ◇ *nm* interference suppressor, interference eliminator, noise blanker *Br.*

**antiparlementaire** [ɑ̃tiparləmɑ̃tɛr] *adj* antiparliamentary.

**antiparlementarisme** [ɑ̃tiparləmɑ̃tarism] *nm* antiparliamentarism.

**antipathie** [ɑ̃tipati] *nf* antipathy; **éprouver de l'~ pour qqn** to dislike sb.

**antipathique** [ɑ̃tipatik] *adj* unpleasant; **je le trouve assez ~**, il m'est plutôt ~ I don't like him much.

**antipatriotique** [ɑ̃tipatriɔtik] *adj* unpatriotic.

**antipelliculaire** [ɑ̃tipœlikylɛr] *adj* dandruff *(modif)*.

**antipersonnel** [ɑ̃tipɛrsɔnɛl] *adj inv* antipersonnel.

**antiphrase** [ɑ̃tifraz] *nf* antiphrasis.

◆ **par antiphrase** *loc adv* paradoxically.

**antipode** [ɑ̃tipɔd] *nm* antipode; **la Nouvelle-Zélande est aux ~s de la France** New Zealand is at the opposite point of the globe from France ‖ *fig*: **c'est aux ~s de ce que je pensais** it's light-years away from what I imagined.

**antipoison** [ɑ̃tipwazɔ̃] *adj inv*: **centre ~** emergency poisons unit.

**antipoliomyélitique** [ɑ̃tipɔljomjelitik] *adj* antipolio, polio *(modif)*.

**antipollution** [ɑ̃tipɔlysjɔ̃] *adj inv* antipollution *(avant n)*; **contrôle/mesure ~** pollution control/measure.

**antiprotectionniste** [ɑ̃tiprɔtɛksjɔnist] ◇ *adj* antiprotectionist, free trade *(modif)*. ◇ *nmf* free-trader.

**antipsychiatrie** [ɑ̃tipsikjatri] *nf* antipsychiatry.

**antiquaille** [ɑ̃tikaj] *nf péj* (worthless) antique, piece of bric-a-brac.

**antiquaire** [ɑ̃tikɛr] *nmf* antique dealer.

**antique** [ɑ̃tik] ◇ *adj* **-1.** [d'époque – meuble, bijou, châle] antique, old. **-2.** *(avant le nom)* [démodé] antiquated, ancient. ◇ *nm*: **l'~** [œuvres] antiquities; [art] classical art.

**antiquité** [ãtikite] *nf* -1. [objet] antique; des ~s antiques, antiquities; sa voiture, c'est une ~! *fig & hum* his car is an old wreck ou ancient!-2. [période]: l'~ ancient times, antiquity; l'Antiquité (grecque et romaine) Ancient Greece and Rome. -3. [ancienneté] great age.
◆ **antiquités** *nfpl* BX-ARTS antique art.

**antirabique** [ãtirabik] *adj* anti-rabies *(avant n)*.

**antirachitique** [ãtiraʃitik] *adj* antirachitic.

**antiracisme** [ãtirasism] *nm* antiracism.

**antiraciste** [ãtirasist] *adj* & *nmf* antiracist.

**antiradar** [ãtiradar] *adj inv* antiradar.

**antireflet** [ãtirəflɛ] *adj inv* coated, bloomed *spéc.*

**antiréglementaire** [ãtirœglǝmãtɛr] *adj* against regulations.

**antireligieux, euse** [ãtirǝliჳjø, øz] *adj* antireligious.

**antirépublicain, e** [ãtirepyblikɛ̃, ɛn] *adj* & *nm, f* antirepublican.

**antirides** [ãtirid] *adj* anti-wrinkle *(avant n)*.

**antiroman** [ãtirɔmã] *nm* anti-novel.

**antirouille** [ãtiruj] ◇ *adj inv* antirust *(avant n)*, rust-resistant.
◇ *nm* rust preventive, rust inhibitor.

**antiroulis** [ãtiruli] *adj* anti-roll *(avant n)*.

**antisèche** [ãtisɛʃ] *nf arg scol* crib, cheat sheet *Am.*

**antiségrégationniste** [ãtisegregasjɔnist] *adj* & *nmf* antisegregationist.

**antisémite** [ãtisemit] ◇ *adj* anti-Semitic. ◇ *nmf* anti-Semite.

**antisémitisme** [ãtisemitism] *nm* anti-Semitism.

**antiseptique** [ãtisɛptik] *adj* & *nm* antiseptic.

**antisismique** [ãtisismik] *adj* antiseismic.

**antisocial, e, aux** [ãtisɔsjal, o] *adj* antisocial.

**antispasmodique** [ãtispasmɔdik] *adj* & *nm* antispasmodic.

**antisportif, ive** [ãtispɔrtif, iv] *adj* [contraire à l'esprit sportif] unsporting, unsportsmanlike.

**antistatique** [ãtistatik] *adj* antistatic.

**antisyndical, e, aux** [ãtisɛ̃dikal, o] *adj* antiunion.

**antitabac** [ãtitaba] *adj inv* antitobacco, anti-smoking.

**antiterroriste** [ãtitɛrɔrist] *adj* antiterrorist.

**antitétanique** [ãtitetanik] *adj* antitetanic.

**antithèse** [ãtitɛz] *nf* antithesis.

**antithétique** [ãtitetik] *adj* antithetical, antithetic.

**antitoxine** [ãtitɔksin] *nf* antitoxin.

**antitoxique** [ãtitɔksik] *adj* antitoxic.

**antitrust** [ãtitrœst] *adj inv* antitrust.

**antituberculeux, euse** [ãtitybɛrkylø, øz] *adj* antitubercular, antituberculous.

**antitussif, ive** [ãtitysif, iv] *adj* antitussive; produit/comprimé ~ cough preparation/tablet.

**antivariolique** [ãtivarjɔlik] *adj* antivariolar.

**antivénéneux, euse** [ãtivenenø, øz] *adj* antidotal.

**antivénérien, enne** [ãtivenerjɛ̃, ɛn] *adj* antivenereal.

**antivenimeux, euse** [ãtivǝnimø, øz] *adj* antivenin.

**antiviral, e, aux** [ãtiviral, o] *adj* antiviral.
◆ **antiviral, aux** *nm* antiviral.

**antivol** [ãtivɔl] ◇ *adj inv* antitheft. ◇ *nm* -1. AUT theft protection; [sur la direction] steering (wheel) lock. -2. [de vélo] (bicycle) lock.

**Antoine** [ãtwan] *npr:* (Marc) ~ (Mark) Antony.

**antonomase** [ãtɔnɔmaz] *nf* antonomasia.

**antonyme** [ãtɔnim] *nm* antonym.

**antre** [ãtr] *nm* -1. [abri] cavern, cave. -2. [repaire – d'un fauve, d'un ogre] lair, den; [– d'un brigand] hideout. -3. *fig* den. -4. ANAT antrum.

**anus** [anys] *nm* anus.

**Anvers** [ãvɛr(s)] *npr* Antwerp.

**anxiété** [ãksjete] *nf* anxiety, worry; attendre qqch avec ~ to wait anxiously for sthg; être en proie à l'~ to be distressed ou worried.

**anxieusement** [ãksjøzmã] *adv* anxiously, worriedly.

**anxieux, euse** [ãksjø, øz] ◇ *adj* [inquiet – attente] anxious; [– regard, voix, personne] anxious, worried; ~ de anxious ou impatient to. ◇ *nm, f* worrier; c'est un grand ~ he's the anxious type.

**anxiolytique** [ãksjɔlitik] ◇ *adj* anxiolitic.
◇ *nm* tranquillizer.

**AOC** *abr écrite de* appellation d'origine contrôlée.

**aorte** [aɔrt] *nf* aorta.

**Aoste** [aost] *npr* Aosta.

**août** [u(t)] *nm* August; la nuit du 4 ~ 1789 *the night during which feudal privileges were abolished by the 'Assemblée Constituante' (considered to be one of the starting points of the French Revolution); voir aussi* **mars.**

**aoûtat** [auta] *nm* harvest mite, chigger *Am*, redbug *Am.*

**aoûtien, enne** [ausjɛ̃, ɛn] *nm, f* August holidaymaker *Br* ou vacationer *Am.*

**apache** [apaʃ] *adj* Apache.
◆ **Apaches** *npr mpl* Apaches, Apache *(pl).*

**apaisant, e** [apɛzã, ãt] *adj* -1. [qui calme la douleur] soothing. -2. [qui calme la colère] pacifying, mollifying.

**apaisement** [apɛzmã] *nm* [fait de calmer – soif, désir] quenching; [– faim] assuaging; [– chagrin] soothing, easing; [fait de se calmer] quietening down; chercher l'~ auprès de qqn to go to sb for reassurance.

**apaiser** [4] [apeze] *vt* [calmer – opposants, mécontents] to calm down *(sép)*, to pacify, to appease; [– douleur, chagrin] to soothe, to alleviate, to lessen; [– faim] to assuage; ~ les esprits to calm things down.
◆ **s'apaiser** *vpi* [se calmer – personne] to calm down; [– bruit, dispute, tempête, vent] to die down, to subside; [– colère, chagrin, douleur] to subside; [– faim] to be assuaged.

**apanage** [apanaჳ] *nm* prerogative, privilege; avoir l'~ de qqch to have a monopoly on sthg; être l'~ de qqn to be sb's privilege.

**aparté** [aparte] *nm* -1. [discussion] private conversation. -2. THÉÂT aside.
◆ **en aparté** *loc adv* as an aside; dire qqch (à qqn) en ~: il me l'a dit en ~ he took me aside to tell me.

**apartheid** [apartɛd] *nm* apartheid.

**apathie** [apati] *nf* apathy, listlessness.

**apathique** [apatik] *adj* apathetic, listless.

**apatride** [apatrid] ◇ *adj* stateless. ◇ *nmf* stateless person.

**Apennin** [apenɛ̃] *npr m:* l'~, les ~s the Apennines.

**apercevoir** [52] [apɛrsǝvwar] *vt* -1. [voir brièvement] to glimpse, to catch sight of; il était pressé, je n'ai fait que l'~ he was in a hurry, so I just caught a glimpse of him. -2. [distinguer] to make out *(sép)*. -3. [remarquer] to see, to notice.
◆ **s'apercevoir** ◇ *vp (emploi réfléchi)* to catch sight of o.s.
◇ *vp (emploi réciproque)* to catch a glimpse of one another.
◆ **s'apercevoir de** *vp + prép* -1. [remarquer] to notice, to see. -2. [comprendre] to become aware of, to realize; sans s'en ~ inadvertently, without realizing it; s'~ que to realize ou to understand that.

**aperçu, e** [apɛrsy] *pp* → **apercevoir.**
◆ **aperçu** *nm* outline, idea; un ~ de la situation a fair idea ou an outline of the situation; un ~ du sujet en deux mots a quick survey ou a brief outline of the subject.

**aperçus** [apɛrsy] *v* → **apercevoir.**

**apéritif, ive** [aperitif, iv] *adj:* faire une promenade apéritive to take a walk to work up an appetite; prendre une boisson apéritive to have an aperitif.
◆ **apéritif** *nm* drink, aperitif; venez à 19 h pour l'~ come round for drinks at 7 p.m.

**apéro** [apero] *nm fam* aperitif, drink *(before a meal).*

**apesanteur** [apǝzãtœr] *nf* weightlessness.

**à-peu-près** [apøprɛ] *nm inv* [approximation] approximation.

**apeurer** [5] [apœre] *vt* to frighten, to scare, to alarm.

**apex** [apɛks] *nm* -1. ANAT, ASTRON & SC apex. -2. [accent] macron.

**aphasie** [afazi] *nf* aphasia.

**aphone** [afɔn] *adj* -1. [sans voix] hoarse; j'étais complètement ~ I'd lost my voice; il est devenu ~ tellement il a crié he's shouted himself hoarse. -2. MÉD aphonic.

**aphorisme** [afɔrism] *nm* aphorism.

**aphrodisiaque** [afrɔdizjak] *adj* & *nm* aphrodisiac.

**Aphrodite** [afrɔdit] *npr* Aphrodite.

**aphte** [aft] *nm* mouth ulcer, aphtha *spéc.*

**aphteux, euse** [aftø, øz] *adj* aphthous.

**API** (*abr de* **alphabet phonétique international**) *nm* IPA.

**à-pic** [apik] *nm inv* steep rock face, sheer cliff.

**apical, e, aux** [apikal, o] *adj* apical.

**apicole** [apikɔl] *adj* beekeeping *(modif)*, apiarian *spéc.*

**apiculteur, trice** [apikyltœr, tris] *nm, f* beekeeper, apiculturist *spéc*, apiarist *spéc.*

**apiculture** [apikyltyr] *nf* beekeeping, apiculture *spéc.*

**apitoie** [apitwa] *v* → **apitoyer**.

**apitoiement** [apitwamã] *nm* pity, compassion.

**apitoyer** [13] [apitwaje] *vt* to arouse the pity of.
♦ **s'apitoyer sur** *vp* + *prép*: s'~ sur qqn to feel sorry for ou to pity sb; s'~ sur son sort to wallow in self-pity.

**ap. J.-C.** (*abr écrite de* **après Jésus-Christ**) AD.

**APL** *nf abr de* **aide personnalisée au logement**.

**aplanir** [32] [aplanir] *vt* **-1.** [niveler – terrain] to level (off), to grade; [– surface] to smooth, to level off *(sép)*. **-2.** *fig* [difficulté] to smooth out ou over *(sép)*, to iron out *(sép)*; [obstacle] to remove.
♦ **s'aplanir** *vpi* **-1.** [surface] to level out ou off. **-2.** [difficulté, obstacle]: **les difficultés se sont peu à peu aplanies** the difficulties gradually smoothed themselves out.

**aplat, à-plat** [apla] (*pl* **à-plats**) *nm* [couleur] flat tint, solid colour.

**aplati, e** [aplati] *adj* flattened.

**aplatir** [32] [aplatir] *vt* **-1.** [rendre plat – tôle, verre, surface] to flatten (out); [– métal] to beat flat; [– terre, sol] to roll, to crush; [– rivet] to clench, to close; [– couture, pli] to press (flat), to smooth (out); [– cheveux] to smooth ou to plaster down *(sép)*. **-2.** [écraser] to flatten, to squash, to crush; ~ **son nez contre la vitre** to flatten ou to squash one's nose against the window. **-3.** *fam* [vaincre] to crush, to flatten. **-4.** SPORT: ~ **le ballon** to touch the ball down; ~ **un essai** to score a try.
♦ **s'aplatir** *vpi* **-1.** [être plat] to be flat; [devenir plat] to flatten (out), to become flat. **-2.** [se coller]: s'~ **contre le mur** to flatten o.s. against the wall; **sa voiture s'est aplatie contre un arbre** his car wrapped itself around a tree. **-3.** *fam* [s'humilier] to grovel, to fawn; s'~ **devant qqn** to go crawling to sb ❏ s'~ **comme une carpette** to crawl, to creep *Br*.

**aplatissement** [aplatismã] *nm* **-1.** [fait de rendre plat] flattening. **-2.** *fam* [servilité] crawling, fawning.

**aplomb** [aplɔ̃] *nm* **-1.** [verticalité] perpendicularity; **à l'~ de** [au-dessus de] directly above; [au-dessous de] directly below. **-2.** [confiance en soi] aplomb; **avoir de l'~** to be self-possessed, to be self-assured; **répondre avec ~** to answer with self-assurance ou self-possession ou aplomb ‖ *péj* [insolence] nerve; **avoir l'~ de faire qqch** to have the nerve to do sthg; **il ne manque pas d'~** he really has a nerve.
♦ **aplombs** *nmpl* stand ÉQUIT.
♦ **d'aplomb** *loc adj* **-1.** [vertical] perpendicular; **être d'~** to be vertical; **mettre qqch d'~** CONSTR to plumb sthg (up); [redresser] to straighten sthg up; **ne pas être d'~** CONSTR to be out of plumb ou off plumb; [en déséquilibre] to be askew; **être bien d'~ sur ses jambes** to be steady on one's feet. **-2.** [en bonne santé] well; **être d'~** to be well ou in good health; **ne pas être d'~** to feel unwell ou out of sorts; **remettre qqn d'~** to put sb back on his/her feet, to make sb better.

**apnée** [apne] *nf* apnoea; **descendre** ou **plonger en ~** to dive without breathing apparatus.

**apocalypse** [apɔkalips] *nf* **-1.** [catastrophe] apocalypse; **une ~ nucléaire** a nuclear holocaust. **-2.** RELIG: **l'Apocalypse** the Apocalypse, the (Book of) Revelation.
♦ **d'apocalypse** *loc adj* [vision] apocalyptic; [récit] doomladen; **un paysage d'~** a scene of devastation.

**apocalyptique** [apɔkaliptik] *adj* apocalyptic, cataclysmic.

**apocope** [apɔkɔp] *nf* apocope.

**apocryphe** [apɔkrif] ◇ *adj* apocryphal. ◇ *nm* apocryphal text; **les ~s (de la Bible)** the Apocrypha.

**apogée** [apɔʒe] *nm* **-1.** ASTRON apogee. **-2.** [sommet] peak, summit, apogee; **à l'~ de sa carrière** at the height ou at the peak of his career.

**apolitique** [apɔlitik] ◇ *adj* [sans convictions politiques] apolitical; [non affilié] nonpolitical. ◇ *nmf* apolitical person.

**apolitisme** [apɔlitism] *nm* [refus de s'engager] apolitical stance; [engagement sans affiliation] nonpolitical stance.

**apollon** [apɔlɔ̃] *nm* Adonis; **c'est un véritable ~** he's like a

Greek god.

**Apollon** [apɔlɔ̃] *npr* Apollo.

**apologétique** [apɔlɔʒetik] ◇ *adj* apologetic. ◇ *nf* apologetics *(U)*.

**apologie** [apɔlɔʒi] *nf* apologia; **une ~ de** an apologia for; **faire l'~ de qqch** to (seek to) justify sthg.

**apologue** [apɔlɔg] *nm* apologue.

**apophyse** [apɔfiz] *nf* apophysis.

**apoplectique** [apɔplεktik] *adj* & *nmf* apoplectic.

**apoplexie** [apɔplεksi] *nf* apoplexy.

**apostasie** [apɔstazi] *nf* apostasy.

**apostat, e** [apɔsta, at] ◇ *adj* apostate, renegade *(avant n)*. ◇ *nm, f* apostate, renegade.

**a posteriori** [apɔsterjɔri] ◇ *adj inv* a posteriori. ◇ *loc adv* afterwards; **il est facile de juger ~** it's easy to be wise after the event.

**apostille** [apɔstij] *nf* apostil.

**apostolat** [apɔstɔla] *nm* **-1.** RELIG apostolate, discipleship. **-2.** [prosélytisme] evangelism, proselytism. **-3.** [vocation] dedication, vocation.

**apostolique** [apɔstɔlik] *adj* apostolic.

**apostrophe** [apɔstrɔf] *nf* **-1.** [interpellation] invective. **-2.** GRAMM apostrophe; **mis en ~** used in apostrophe. **-3.** [signe] apostrophe; «s» ~ 's' apostrophe.

**apostropher** [3] [apɔstrɔfe] *vt* to shout at.

**apothéose** [apɔteoz] *nf* **-1.** [apogée] summit. **-2.** THÉÂT (grand) finale; **cela s'est terminé en ~** it ended in fine ou grand style. **-3.** ANTIQ apotheosis.

**apothicaire** [apɔtikεr] *nm arch* apothecary.

**apôtre** [apotr] *nm* **-1.** RELIG apostle, disciple. **-2.** [avocat] advocate; **se faire l'~ de** to champion ou to speak for an idea ❏ **faire le bon ~** *péj* to be hypocritical.

**Appalaches** [apalaʃ] *npr mpl*: **les ~** the Appalachian Mountains, the Appalachians.

**apparaître** [91] [aparεtr] *vi* **-1.** [à la vue] to appear; **après le bosquet, on voit ~ le village** after you pass the copse, the village comes into view; ~ **à qqn en songe** ou **rêve** to appear ou to come to sb in a dream ‖ [à l'esprit] to appear, to transpire, to emerge; **la vérité m'est apparue un beau jour** the truth came to ou dawned on me one day. **-2.** [surgir] to appear, to materialize. **-3.** [figurer] to appear, to feature. **-4.** [se manifester – symptôme, bouton] to appear; [– maladie] to develop; [– préjugé, habitude] to develop, to surface; **faire ~** to reveal. **-5.** [sembler] to seem, to appear; **cette histoire m'apparaît bien dérisoire aujourd'hui** the whole thing strikes me as being ridiculous now; **il apparaît enfin tel qu'il est** he's showing his true self at last ‖ *(tournure impersonnelle)*: **il apparaît que...** it appears ou emerges that...

**apparat** [apara] *nm* [cérémonie] pomp; **en grand ~** with great pomp (and ceremony); **sans ~** without pomp, simply; **costume/discours d'~** ceremonial dress/speech.

**apparatchik** [aparatʃik] *nm* apparatchik.

**appareil** [aparεj] *nm* **-1.** [dispositif] apparatus, device; ~ **de contrôle** tester; ~ **dentaire** [prothèse] dentures, (dental) plate; [pour corriger] brace, plate; ~ **ménager** household appliance; ~ **de mesure** measuring device ou apparatus; ~ **photo** (still) camera; ~ **de prothèse** surgical appliance; ~ **reflex** reflex camera; ~ **(téléphonique)** telephone; **qui est à l'~?** who's speaking?; **Berlot à l'~!** Berlot speaking!**-2.** AÉRON craft, aircraft. **-3.** ANAT apparatus, system; ~ **digestif** digestive apparatus ou system; ~ **respiratoire** respiratory apparatus. **-4.** [système] apparatus; **l'~ du parti** the party apparatus ou machinery ❏ ~ **critique** LITTÉRAT critical apparatus, apparatus criticus; ~ **idéologique d'État** POL ideological state apparatus; **l'~ législatif** the machinery of the law. **-5.** *litt* [cérémonial] trappings.

**appareillage** [aparεjaʒ] *nm* **-1.** TECH equipment. **-2.** MÉD prosthesis. **-3.** NAUT casting off.

**appareiller** [4] [aparεje] ◇ *vt* **-1.** ARCHIT to measure out. **-2.** MÉD to fit with a prosthesis. **-3.** [assortir] to match, to pair. **-4.** ZOOL to mate. ◇ *vi* NAUT to cast off, to get under way.

**apparemment** [aparamã] *adv* apparently.

**apparence** [aparãs] *nf* [aspect – d'une personne] appearance; [– d'un objet, d'une situation] appearance, look; **avoir belle ~** to look impressive; **sous l'~** ou **une ~ de libéralisme** in the

**apparent**                                                   42

guise OU behind a façade of liberalism; il va très bien, malgré les ~s he's all right, contrary to all appearances; juger sur OU d'après les ~s to judge OU to go by appearances; les ~s sont trompeuses, il ne faut pas se fier aux ~s [en jugeant une personne] looks are deceptive; [en jugeant une situation] there's more to it than meets the eye, appearances can be deceptive; faire qqch pour sauver les ~s to do sthg for appearances' sake; heureusement pour nous, les ~s sont sauves fortunately, we've been able to save face.
◆ **en apparence** *loc adv* apparently, by OU to all appearances.

**apparent, e** [aparã, ãt] *adj* **-1.** [visible] visible; devenir ~ to become apparent, to surface, to emerge; avec poutres ~es with exposed beams; couture ~e topstitched seam. **-2.** [évident] obvious, apparent, evident; sans cause ~e for no obvious OU apparent reason. **-3.** [superficiel] apparent; une tranquillité ~e outward OU surface calm.

**apparenté, e** [aparãte] *adj* **-1.** [parent] related. **-2.** [allié] allied; des listes ~es grouped electoral lists (*in proportional elections*); les socialistes et ~s the socialists and their allies. **-3.** [ressemblant] similar.

**apparentement** [aparãtmã] *nm* **-1.** [lien] link; son ~ à la bourgeoisie his links to the bourgeoisie. **-2.** [alliance] alliance; ~ de listes électorales grouping of electoral lists (*in proportional elections*).

**apparenter** [3] [aparãte]
◆ **s'apparenter** *vp (emploi réciproque)* POL to enter into an alliance.
◆ **s'apparenter à** *vp + prép* **-1.** [ressembler à] to be like. **-2.** [s'allier à]: s'~ à un groupe to join a group; s'~ à une famille to marry into a family.

**apparier** [9] [aparje] *vt* **-1.** [chaussures, gants] to match, to pair. **-2.** ZOOL to mate.
◆ **s'apparier** *vpi* to mate.

**appariteur** [aparitœr] *nm* **-1.** [huissier] usher. **-2.** UNIV porter *Br*, campus policeman *Am*.

**apparition** [aparisjõ] *nf* **-1.** [arrivée – d'une personne, d'une saison] arrival, appearance; faire une ~ to put in OU to make an appearance; faire son ~ [maladie] to develop; [soleil] to come out. **-2.** [première manifestation] (first) appearance; l'~ de la religion the first appearance OU the birth of religion. **-3.** [vision] apparition, vision; avoir une ~ to be visited by an apparition; avoir des ~s to have visions.

**apparoir** [aparwar] *v impers*: il appert: il appert de ces témoignages que... it appears OU it is evident from these statements that...

**appart** [apart] *nm fam* flat *Br*, apartment *Am*.

**appartement** [apartəmã] *nm* flat *Br*, apartment *Am*; ~ témoin OU modèle show flat *Br*, model apartment *Am*.

**appartenance** [apartənãs] *nf* **-1.** [statut de membre] ~ à un groupe/club membership of a group/club; ~ à un parti affiliation to OU membership of a party. **-2.** MATH membership.

**appartenir** [40] [apartənir]
◆ **appartenir à** *v + prép* **-1.** [être la propriété de] to belong to; cet argent m'appartient en propre this money is my own. **-2.** [faire partie de – groupe] to belong to, to be part of; [– professorat, syndicat] to belong to. **-3.** [dépendre de]: la décision t'appartient it's up to you, it's for you to decide; pour des raisons qui m'appartiennent for my own reasons; l'éducation des enfants appartient aux deux parents bringing up children is the responsibility of both parents || *(tournure impersonnelle)*: il appartient à chacun de faire attention it's everyone's responsibility to be careful; il ne vous appartient pas d'en décider it's not for you to decide, the decision is not yours (to make). **-4.** MATH to be a member of.
◆ **s'appartenir** *vpi* [être libre]: avec tout ce travail, je ne m'appartiens plus I have so much work, my time isn't my own any more.

**apparu, e, apparus** [apary] *v→* **apparaître**.

**appas** [apa] *nmpl litt* charms.

**appât** [apa] *nm* **-1.** CHASSE & PÊCHE bait (*U*). **-2.** [attrait]: l'~ de the lure of; l'~ du gain the lure OU attraction of money.

**appâter** [3] [apate] *vt* **-1.** [attirer – poisson, animal] to lure; [– personne] to lure, to entice. **-2.** [nourrir – oiseau] to feed. **-3.** [engraisser – volaille] to forcefeed.

**appauvrir** [32] [apovrir] *vt* [rendre pauvre – personne] to impoverish, to make poor; [– pays] to impoverish, to drain; [– terre] to impoverish, to drain, to exhaust; [– sang] to make thin, to weaken; [– langue] to impoverish.
◆ **s'appauvrir** *vpi* [personne, famille, pays] to get OU to grow poorer; [sol] to become exhausted; [sang] to become thin; [langue] to become impoverished, to lose one's vitality.

**appauvrissement** [apovrismã] *nm* impoverishment.

**appeau, x** [apo] *nm* **-1.** [sifflet] birdcall. **-2.** [oiseau] decoy, stool pigeon.

**appel** [apɛl] *nm* **-1.** [cri] call; un ~ au secours a shout OU cry for help; tu n'as pas entendu mes ~s? didn't you hear me calling (out)?; l'~ de la nature the call of the wild; ~ aux armes call to arms; ~ au peuple appeal to the people; ~ au rassemblement call for unity; l'~ du 18 juin 1940 *appeal for resistance made from London by General de Gaulle to the French during World War II*; ~ de détresse NAUT distress signal, call for help; [d'une personne] call for help; ~ de phares: faire un ~ de phares (à qqn) to flash one's lights (at sb); faire un ~ du pied à qqn to make covert advances OU approaches OU overtures to sb. **-2.** [coup de téléphone]: ~ (téléphonique) (telephone OU phone) call; ~ interurbain long-distance call; ~ en PCV reverse charge call *Br*, collect call *Am*. **-3.** [demande]: il est resté sourd aux ~s (à l'aide) de sa famille he ignored his family's calls OU appeals OU pleas (for help); faire ~ à [clémence, générosité] to appeal to; [courage, intelligence, qualité] to summon (up); [souvenirs] to summon (up); cela fait ~ à des notions complexes it involves complex notions; faire ~ à la force to resort to force; faire ~ à l'armée to call in the army, to call the army out; faire ~ à un spécialiste to call in a specialist; il a fait ~ à elle pour son déménagement he asked for OU requested her help when he moved out. **-4.** ÉCON call; ~ de fonds call for funds; ~ d'offres invitation to tender. **-5.** JUR appeal; en ~ on appeal; faire ~ to appeal; faire ~ d'un jugement to appeal against a decision; aller en ~ to appeal, to go to appeal ❑ ~ à témoins appeal for witnesses (to come forward). **-6.** [liste de présence] roll call; faire l'~ SCOL to call the register *Br*, to call (the) roll *Am*; MIL to call the roll; répondre à l'~ to be present || MIL [mobilisation] call-up; ~ d'une classe call-up OU calling up of a class. **-7.** IMPR: ~ de note reference mark. **-8.** INF call; ~ par référence/valeur call by reference/value; programme/séquence d'~ call routine/sequence. **-9.** JEUX: faire un ~ à cœur/carreau to ask for a hearts/diamonds return. **-10.** TECH: ~ d'air draught.
◆ **sans appel** *loc adj* **-1.** JUR without (the possibility of an) appeal. **-2.** [irrévocable] irrevocable; c'est sans ~ there's no going back on it, it's final.

**appelant, e** [aplã, ãt] ◇ *adj* INF calling. ◇ *nm, f* JUR appelant.

**appelé, e** [aple] *nm, f*: il y a beaucoup d'~s et peu d'élus many are called but few are chosen.
◆ **appelé** *nm* MIL conscript.

**appeler** [24] [aple] *vt* **-1.** [interpeller] to call (out) to, to shout to; appelle-le, il a oublié sa lettre give him a shout, he's left his letter behind; attendez que je vous appelle wait till I call you; ~ qqn par la fenêtre to call out to sb from the window; ~ le nom de qqn to call out sb's name; ~ au secours *pr* to shout 'help', to call for help; *fig* to call for help || *(en usage absolu)*: la pauvre, elle a appelé toute la nuit the poor thing called out all night. **-2.** [au téléphone] to call (up); appelez ce numéro en cas d'urgence dial this number in an emergency; on vous appelle de Bonn there's a call for you from Bonn. **-3.** [faire venir – médecin] to call, to send for *(insép)*; [– police] to call; [– renforts] to call up OU out *(sép)*; [– ascenseur] to call; ~ du secours to go for help; ~ qqn à l'aide to call to sb for help; ~ un taxi [dans la rue] to hail a taxi; [par téléphone] to phone for OU to call a taxi; ~ le garçon to call the waiter; ~ qqn à une fonction importante to call OU to appoint sb to a high office; être appelé sous les drapeaux to be called up OU conscripted; faire ~ qqn to send for sb, to summon sb; le devoir m'appelle! *hum* duty calls!; une affaire m'appelle en ville I have to go to town on business. **-4.** JUR to summon; être appelé à comparaître to be summoned OU issued with a summons; être appelé à la barre to be called OU summoned to the witness stand; être appelé devant le juge to be called up before the magistrate. **-5.** *sout* [désirer]: ~ qqch (de tous ses vœux) to yearn (passionately) for. **-6.** [nécessiter] to require, to call for *(insép)*. **-7.** [entraî-

ner] to lead to; **un coup en appelle un autre** one blow leads to another. **-8.** [inviter]: ~ **(des travailleurs) à la grève** to call a strike, to put out a strike call; ~ **les gens à la révolte** to incite people to rebel; ~ **aux armes** to call to arms; **il faut** ~ **les gens à voter** ou **aux urnes** people must be urged to vote. **-9.** [destiner]: **être appelé à** to be bound to; **ce quartier est appelé à disparaître** this part of town is due to be demolished (eventually); **il va être appelé à revenir souvent** he will have to come back often. **-10.** [nommer] to call; ~ **les choses par leur nom** to be blunt; **comment on appelle ça en chinois?** what's (the word for) this in Chinese?; **appelez-moi Jo** call me Jo; **elle se fait** ~ **Jaspe** she wants to be called Jaspe □ **se faire** ~ **Arthur** *fam* to get it in the neck *Br*, to catch it. **-11.** INF [programme] to call (up); [réseau] to dial.
◆ **en appeler à** *v + prép* to appeal to; **j'en appelle à vous en dernier recours** I'm coming to you as a last resort.
◆ **s'appeler** ◇ *vp (emploi passif)* to be called; **comment s'appelle-t-il?** what's his name?, what's he called?; **voilà ce qui s'appelle une gaffe!** that's what's called ou that's what I call putting your foot in it! □ **ça s'appelle revient** *fam* make sure you give it back. ◇ *vp (emploi réciproque)* to call one another.
**appellatif, ive** [apɛlatif, iv] *adj* appellative.
◆ **appellatif** *nm* appellative.
**appellation** [apɛlasjɔ̃] *nf* appellation, designation; **une** ~ **injurieuse** an insulting name □ ~ **contrôlée** *government certification guaranteeing the quality of a French wine*; ~ **d'origine** label of quality.
**appelle** [apɛl], **appellerai** [apɛlre] *v* → **appeler**.
**appendice** [apɛ̃dis] *nm* **-1.** [note] appendix. **-2.** [prolongement] appendage. **-3.** *hum* [nez] snout. **-4.** ANAT appendix.
**appendicectomie** [apɛ̃disɛktɔmi] *nf* appendicectomy, appendectomy.
**appendicite** [apɛ̃disit] *nf* appendicitis.
**appendiculaire** [apɛ̃dikylɛr] *adj* appendicular.
**appentis** [apɑ̃ti] *nm* **-1.** [bâtiment] lean-to. **-2.** [toit] lean-to, sloping roof.
**appert** [apɛr] *v* → **apparoir**.
**appesantir** [32] [apəzɑ̃tir] *vt* [rendre pesant – démarche] to slow down *(sép)*; [– tête, corps] to weigh down *(sép)*; [– facultés] to dull; ~ **son bras** ou **autorité sur un pays** *fig* to strengthen one's authority over a country.
◆ **s'appesantir** *vpi* **-1.** [devenir lourd – tête] to become heavier; [– gestes, démarche] to become slower; [– esprit] to grow duller. **-2.** [insister]: **s'** ~ **sur un sujet** to concentrate on ou to dwell at length on a subject.
**appétissant, e** [apetisɑ̃, ɑ̃t] *adj* **-1.** [odeur, mets] appetizing, mouthwatering; **peu** ~ unappetizing. **-2.** *fam* [attirant] attractive.
**appétit** [apeti] *nm* **-1.** [envie de manger] appetite; **avoir de l'** ~ ou **grand** ~ ou **bon** ~ to have a good ou hearty appetite; **manger avec** ~ ou **bon** ~ to eat heartily; **la promenade m'a donné de l'** ~ ou **m'a ouvert l'** ~ ou **m'a mis en** ~ the walk has given me an appetite; **quelques diapositives d'abord, pour vous ouvrir l'** ~ *fig* first, a few slides, to whet your appetite; **ça va te couper l'** ~ it'll spoil your appetite, it'll take your appetite away; **perdre l'** ~ to lose one's appetite; **bon** ~! enjoy your meal!, have a nice meal! □ **avoir un** ~ **d'oiseau** to eat like a bird; **avoir un** ~ **de loup** ou **d'ogre** to eat like a horse; **l'** ~ **vient en mangeant** *prov & pr* eating whets the appetite, *fig* the more you have, the more you want. **-2.** [désir]: ~ **de** appetite for; **un insatiable** ~ **de vivre/de connaissances** an insatiable thirst for life/for knowledge.
◆ **appétits** *nmpl* [instincts] appetites.
**applaudimètre** [aplodimɛtr] *nm* clapometer *Br*, applause meter *Am*.
**applaudir** [32] [aplodir] ◇ *vt* [personne] to applaud, to clap; [discours, pièce] to applaud; **et on l'applaudit encore une fois!** let's give him another big hand!, let's hear it for him one more time! ◇ *vi* to clap, to applaud; ~ **à qqch** *fig*: ~ **à une initiative** to praise ou to applaud an initiative; ~ **des deux mains à qqch** to approve of ou to welcome sthg ~ **à tout rompre** ou **à tout rompre**: **les gens applaudissaient à tout rompre** there was thunderous applause.
◆ **s'applaudir de** *vp + prép*: **s'** ~ **de qqch/d'avoir fait qqch**

to congratulate o.s. on sthg/on having done sthg.
**applaudissements** [aplodismɑ̃] *nmpl* applause *(U)*, clapping *(U)*; **un tonnerre** ou **une tempête d'** ~ thunderous applause; **sous les** ~ amidst ou in the midst of applause.
**applicable** [aplikabl] *adj* applicable; **loi** ~ **à partir du 1er mars** law to be applied as of March 1st; **règlement** ~ **immédiatement** ruling effective forthwith.
**applicateur** [aplikatœr] ◇ *adj m* applicator *(modif)*. ◇ *nm* applicator.
**application** [aplikasjɔ̃] *nf* **-1.** [pose] application. **-2.** [mise en pratique – d'une loi] application, enforcement; [– d'une sentence] enforcement; **mesures prises en** ~ **de la loi** measures taken to enforce the law, law-enforcement measures; **mettre qqch en** ~ to put sthg into practice, to apply sthg. **-3.** SC & TECH application. **-4.** [soin] application; **travailler avec** ~ to work diligently, to apply o.s. (to one's work). **-5.** MATH mapping, function.
**applique** [aplik] *nf* **-1.** [lampe] wall lamp. **-2.** COUT (piece of) appliqué work.
**appliqué, e** [aplike] *adj* **-1.** [studieux] assiduous, industrious. **-2.** SC & TECH applied.
**appliquer** [3] [aplike] *vt* **-1.** [poser – masque, crème, ventouse] to apply; [– enduit] to apply, to lay on *(sép)*; ~ **son oreille contre la porte** to put one's ear to the door. **-2.** [mettre en pratique – décret] to enforce, to apply; [– peine] to enforce; [– idée, réforme] to put into practice, to implement; [– recette, méthode] to use; [– théorie, invention] to apply, to put into practice; **je ne fais qu'** ~ **la consigne!** I don't make the rules, I'm just following orders! **-3.** [donner – sobriquet, gifle] to give; [– baiser] to plant; **un coup de pied bien appliqué** a powerful kick. **-4.** [consacrer]: ~ **qqch à** to devote sthg to; ~ **toute son énergie à son travail** to devote all one's energy to one's work.
◆ **s'appliquer** ◇ *vp (emploi passif)* **-1.** [se poser]: **s'** ~ **sur** [suj: objet] to be laid ou to fit over; [suj: enduit] to go over, to be applied on. **-2.** [être utilisé] to apply; **cela ne s'applique pas dans notre cas** it doesn't apply in ou it's not applicable to our case. ◇ *vpi* **-1.** [être attentif – élève, apprenti] to take care (over one's work), to apply o.s. (to one's work). **-2.** [s'acharner]: **s'** ~ **à faire** to try to do; **je me suis appliqué à faire ce qu'on attendait de moi** I took pains to do what was expected of me.
**appoint** [apwɛ̃] *nm* **-1.** [argent]: **faire l'** ~ to give the exact money ou change. **-2.** *litt* [aide] assistance, contribution.
◆ **d'appoint** *loc adj* extra; **chauffage d'** ~ backup heater; **salaire d'** ~ extra income.
**appointements** [apwɛ̃tmɑ̃] *nmpl* salary.
**appointer** [3] [apwɛ̃te] *vt* **-1.** [rémunérer] to pay a salary to. **-2.** TECH to sharpen.
**appontement** [apɔ̃tmɑ̃] *nm* wharf, landing stage.
**apponter** [3] [apɔ̃te] *vi* to land *(on an aircraft carrier)*.
**apport** [apɔr] *nm* **-1.** [action d'apporter] contribution; **un** ~ **d'argent frais** an injection of new money; **l'** ~ **journalier en fer et en calcium** [fourni] the daily supply of iron and calcium; [reçu] the daily intake of iron and calcium. **-2.** FIN & JUR: ~**s en communauté** goods contributed by spouses to the joint estate; ~**s en numéraire/en nature** contribution in cash/in kind; ~**s en capital** capital invested.
**apporter** [3] [apɔrte] *vt* **-1.** [objet] to bring; **apporte-le à papa dans la cuisine** take it to Dad in the kitchen; **je t'ai apporté un cadeau** I've brought you a present ou a present for you; **apportez vos livres avec vous** bring your books along, bring your books with you; **on lui apporte ses repas au lit** he has his meals brought to him in bed □ ~ **sa pierre à l'édifice** to make one's contribution. **-2.** [fournir – message, nouvelle] to give; [– preuve] to give, to provide, to supply; [– résultat] to produce; [– soulagement, satisfaction] to bring; [– modification] to introduce; ~ **de l'attention** ou **du soin à (faire) qqch** to exercise care in (doing) sthg; ~ **de l'aide à qqn** to help sb; **vous avez des qualités à** ~ **à notre société** you have skills to contribute to our company.
**apposer** [3] [apoze] *vt* **-1.** [ajouter – cachet, signature] to affix, to append; JUR [insérer – clause] to insert. **-2.** [poser – affiche, plaque] to put up *(sép)*; **les scellés sur une porte** JUR to affix the seals on a door.
**apposition** [apozisjɔ̃] *nf* **-1.** [ajout] affixing, appending. **-2.**

[pose] putting up; JUR [des scellés] affixing. **-3.** GRAMM apposition.

**appréciable** [apresjabl] *adj* **-1.** [perceptible – changement] appreciable, noticeable. **-2.** [considérable – somme, effort] appreciable.

**appréciatif, ive** [apresjatif, iv] *adj* **-1.** [estimatif] evaluative. **-2.** [admiratif] appreciative.

**appréciation** [apresjasjɔ̃] *nf* **-1.** [estimation – d'un poids, d'une valeur] appreciation, estimate, assessment; [– d'une situation] assessment, appreciation, grasp; je laisse cela à votre ~ I leave it to your judgment. **-2.** [observation] remark, comment; il a obtenu d'excellentes ~s SCOL he got very good comments from his teachers (*in his report*). **-3.** [augmentation – d'une devise] appreciation.

**apprécier** [9] [apresje] *vt* **-1.** [évaluer – valeur, distance] to estimate, to appraise, to assess; je ne crois pas que tu l'apprécies/que tu apprécies son travail à sa juste valeur I don't think you appreciate just what he/what his work is worth. **-2.** [discerner – ironie, subtilités] to appreciate. **-3.** [aimer] to appreciate; ~ qqn pour qqch to appreciate sb for sthg, to like sb because of sthg; un vin très apprécié des connaisseurs a wine much appreciated by connoisseurs; je n'apprécie pas du tout ce genre de blagues I don't care for ou like that sort of joke at all; le sel dans son café, il n'a pas apprécié! *fam* he was not amused when he found his coffee had salt in it!

◆ **s'apprécier** *vpi* [monnaie] to appreciate (in value).

**appréhender** [3] [apreɑ̃de] *vt* **-1.** [craindre – examen, réaction] to feel apprehensive about. **-2.** [comprendre] to comprehend, to grasp. **-3.** JUR [arrêter] to arrest, to apprehend.

**appréhension** [apreɑ̃sjɔ̃] *nf* **-1.** [crainte] fear, apprehension; avoir ou éprouver de l'~ to feel apprehensive, to have misgivings. **-2.** PHILOS [compréhension] apprehension.

**apprendre** [79] [aprɑ̃dr] *vt* **-1.** [s'initier à] to learn; ~ qqch de qqn to learn sthg from sb, to be taught sthg by sb; ~ qqch par cœur to learn sthg (off) by heart ou rote; ~ à être patient to learn patience, to learn to be patient; ~ à connaître qqn/une ville to get to know sb/a town ‖ (*en usage absolu*): il apprend facilement/avec difficulté learning comes/ doesn't come easily to him; ~ lentement/vite to be a slow/fast learner; on apprend à tout âge it's never too late to learn. **-2.** [enseigner]: ~ qqch à qqn to teach sb sthg ou sthg to sb; elle m'a appris le français/à nager she taught me French/(how) to swim; je t'apprendrai à fouiller dans mon sac! I'll teach you to go through my bag!; il/ça va lui apprendre à vivre! he'll/it'll teach him a thing or two! ‖ (*en usage absolu*): ça lui apprendra! that'll teach him! ❑ on n'apprend pas à un vieux singe à faire la grimace *prov* you don't teach your grandmother to suck eggs. **-3.** [donner connaissance de] to tell; ~ qqch à qqn to tell sb sthg; vous ne m'apprenez rien! tell me something new!-**4.** [être informé de – départ, mariage] to learn ou to hear of (*insép*); [– nouvelle] to hear; on apprend à l'instant qu'un prisonnier s'est échappé we've just heard that a prisoner has escaped; qu'est-ce que j'apprends, vous démissionnez? what's this I hear about you resigning?; apprenez ou vous apprendrez qu'ici on ne fait pas ce genre de choses you'll have to learn that we don't do things like that here; tiens, tiens, on en apprend des choses! *fam* well, well, who'd have thought such a thing?; on en apprend tous les jours! *hum* you learn something new every day!

◆ **s'apprendre** *vp* (*emploi passif*) to be learnt; le style, ça ne s'apprend pas you can't learn style.

**apprenti, e** [aprɑ̃ti] *nm, f* apprentice; ~ maçon builder's apprentice ❑ jouer les ~s sorciers ou à l'~ sorcier *fig* to unleash forces one cannot control.

**apprentissage** [aprɑ̃tisaʒ] *nm* **-1.** [fait d'apprendre]: l'~ des langues language learning, learning languages; l'~ de qqch *fig* to learn one's first lessons in sthg. **-2.** [durée] (period of) apprenticeship.

◆ **d'apprentissage** *loc adj* [centre, école] training; [contrat] of apprenticeship.

◆ **en apprentissage** *loc adv*: être en ~ chez qqn to be apprenticed to ou to be serving one's apprenticeship with sb.

**apprêt** [aprɛ] *nm* **-1.** [affectation] affectation, affectedness; sans ~ unaffectedly, without affectation. **-2.** TECH [préparation – du cuir, d'un tissu] dressing; [– du papier] finishing; [– d'un plafond, d'un mur] sizing; [produit – pour tissu] dressing; [– pour papier] finish; [– pour plafond, mur] size.

◆ **apprêts** *nmpl litt* [préparatifs] preparations.

**apprêté, e** [aprete] *adj* affected, fussy.

**apprêter** [4] [aprete] *vt* **-1.** TECH [peau, tissu] to dress, to finish; [plafond] to size. **-2.** *litt* [préparer – repas] to get ready, to prepare; [habiller] to get ready, to dress.

◆ **s'apprêter** *vp* (*emploi réfléchi*) *litt* to prepare ou to dress o.s.

◆ **s'apprêter à** *vp* + *prép*: je m'apprêtais à te rendre visite I was getting ready to call on you.

**appris, e** [apri, iz] *pp* → apprendre.

**apprivoisable** [aprivwazabl] *adj* tameable, which can be tamed.

**apprivoiser** [3] [aprivwaze] *vt* [animal] to tame, to domesticate; [enfant, peur] to tame.

◆ **s'apprivoiser** *vpi* [animal] to become tame; [personne] to become more sociable.

**approbateur, trice** [aprɔbatœr, tris] *adj* [regard, sourire] approving; [commentaire] supportive; faire un signe de tête ~ to give an approving nod, to nod one's head in approval.

**approbatif, ive** [aprɔbatif, iv] *adj* approving.

**approbation** [aprɔbasjɔ̃] *nf* **-1.** [assentiment] approval, approbation; il sourit en signe d'~ he gave a smile of approval, he smiled approvingly; rencontrer/gagner l'~ de qqn to meet with/to win sb's approval; donner son ~ à un projet to approve a plan. **-2.** [autorisation] approval; soumettre qqch à l'~ de qqn to submit sthg to sb for approval.

**approchable** [aprɔʃabl] *adj* approachable, accessible.

**approchant, e** [aprɔʃɑ̃, ɑ̃t] *adj* similar; rien d'~ nothing like that; il a dû le traiter d'escroc ou quelque chose d'~ he must have called him a crook or something like that ou something of the sort.

**approche** [aprɔʃ] *nf* **-1.** [venue] approach; l'~ des examens the coming of the exams, the approaching exams. **-2.** [accès] approachability; il est d'~ facile/difficile she is approachable/unapproachable; sa fiction est plus facile d'~ que son théâtre her novels are more accessible than her plays. **-3.** [conception] approach; une ~ écologique du problème an ecological approach to the problem. **-4.** IMPR [espacement] spacing; [erreur] spacing error; [signe] close-up mark. **-5.** AÉRON approach. **-6.** SPORT approach (shot).

◆ **approches** *nfpl*: les ~s de l'aéroport the area surrounding the airport, the vicinity of the airport.

◆ **à l'approche de** *loc prép* **-1.** [dans le temps]: tous les ans, à l'~ de l'été every year, as summer draws near; à l'~ de la trentaine as one nears ou approaches (the age of) thirty. **-2.** [dans l'espace]: à l'~ de son père, il s'est enfui he ran away as his father approached.

◆ **aux approches de** *loc prép* **-1.** [dans le temps]: tous les ans, aux ~s de l'été every year, as summer draws near. **-2.**

---

**USAGE ►** **L'approbation**

**D'une suggestion, d'une proposition etc:**

That sounds like a good idea.
I'm all for this sort of thing.
This is just the kind of approach we need.
I'm all in favour of the idea of greater accountability.
This project has our wholehearted support. [soutenu]
That's fine ou OK by me. [familier]

**D'une action, d'une décision etc, déjà effectuée:**

You've made a wise choice/decision there.
I think you were absolutely right to tell him to leave.
I'd have done exactly the same in your situation.
I really admire the way she dealt with it.
Well done!
Good for you/him/them etc! [familier]

[dans l'espace]: aux ~s de la frontière, il y avait davantage de soldats there were more soldiers as we approached ou neared the border.

**approché, e** [apʀɔʃe] *adj* [idée, calcul] approximate.

**approcher** [3] [apʀɔʃe] ◊ *vt* **-1.** [mettre plus près – lampe, chaise] to move ou to draw nearer, to move ou to draw closer; **approche la table du mur** move ou draw the table closer to the wall; ~ **une tasse de ses lèvres** to lift ou to raise a cup to one's lips; **n'approche pas ta main de la flamme** don't put your hand near the flame. **-2.** [se mettre près de] to go ou to come near; **ne l'approchez/ m'approchez surtout pas!** please don't go near him/come near me!**-3.** [côtoyer – personnalité] to approach; **il n'est pas facile de l'~** she's not very approachable. ◊ *vi* **-1.** [dans l'espace] to come ou to get nearer, to approach; **toi, approche!** you, come over here!; **on approche de Paris** we're getting near to ou we're nearing Paris ‖ *fig* to be close; **enfin nous approchons du but!** at last we're nearing our goal!; ~ **de la perfection** to be ou to come close to perfection. **-2.** [dans le temps – nuit, aube] to draw near; [– événement, saison] to approach, to draw near.
◆ **s'approcher** *vpi*: approche-toi come here ou closer.
◆ **s'approcher de** *vp* + *prép* **-1.** [se mettre plus près de]: **s'~ d'une ville** to approach ou to near a town; **s'~ de qqn** to come close to sb, to come up to sb; **s'~ de qqch** to go near sthg. **-2.** [correspondre à] to be ou to come close to; **vos descriptions ne s'approchent pas du tout de la réalité** your descriptions bear no resemblance to the facts.

**approfondi, e** [apʀɔfɔ̃di] *adj* thorough, detailed, extensive.

**approfondir** [32] [apʀɔfɔ̃diʀ] *vt* **-1.** [creuser – puits] to deepen, to dig deeper. **-2.** [détailler – sujet, étude] to go deeper ou more thoroughly into; **il faut ~ la question** the question needs to be examined in more detail; **sans ~** superficially. **-3.** [parfaire – connaissances] to improve, to deepen.

**approfondissement** [apʀɔfɔ̃dismɑ̃] *nm* **-1.** [d'un puits] increasing the depth of, deepening. **-2.** [des connaissances] extending; **l'~ de la question est réservé au deuxième volume** a more thorough examination of the issue will await volume two.

**appropriation** [apʀɔprijasjɔ̃] *nf* JUR [saisie] appropriation; ~ **de fonds** misappropriation of funds, embezzlement.

**approprié, e** [apʀɔprije] *adj* [solution, technique] appropriate, apposite, suitable; [tenue] proper, right; **un discours ~ aux circonstances** a speech appropriate ou suited to the circumstances.

**approprier** [10] [apʀɔprije] *vt* [adapter] to adapt, to suit.
◆ **s'approprier** *vpt* [biens, invention] to appropriate; [pouvoir] to seize.

**approuvable** [apʀuvabl] *adj* approvable, commendable.

**approuver** [3] [apʀuve] *vt* **-1.** [être d'accord avec – méthode, conduite] to approve of *(insép)*; **elle m'a approuvé de ne pas avoir cédé** she approved of my not giving in; **je vous approuve entièrement** I think you're entirely right; **la proposition a été approuvée par tout le monde** the proposition met with ou received general approval. **-2.** [autoriser – alliance, fusion] to approve, to agree to *(insép)*; [– médicament, traitement] to approve; [– contrat] to ratify; [– projet de loi] to approve, to pass.

**approvisionnement** [apʀɔvizjɔnmɑ̃] *nm* **-1.** [action] supplying. **-2.** [provisions] supply, provision, stock. **-3.** COMM procurement.

**approvisionner** [3] [apʀɔvizjɔne] *vt* **-1.** [village, armée] to supply; **être approvisionné en électricité** to be supplied with electricity. **-2.** ARM to load. **-3.** BANQUE [compte] to pay (funds) into.
◆ **s'approvisionner** *vpi* [personne] to shop; [commerce, entreprise] to stock up; **s'~ en** [stocker] to stock up on.

**approximatif, ive** [apʀɔksimatif, iv] *adj* [coût, évaluation] approximate, rough; [traduction] rough; [réponse] vague.

**approximation** [apʀɔksimasjɔ̃] *nf* **-1.** [estimation] approximation; **ce chiffre n'est qu'une ~** this is only an approximate figure ou a rough estimate. **-2.** *péj* [à-peu-près] generality, (vague) approximation. **-3.** MATH approximation.

**approximativement** [apʀɔksimativmɑ̃] *adv* [environ] approximately, roughly; [vaguement] vaguely.

**appt** *abr écrite de* **appartement**.

**appui** [apɥi] *nm* **-1.** CONSTR [d'un balcon, d'un garde-fou] support; ~ **de fenêtre** windowsill, window ledge. **-2.** [dans les positions du corps]: **prendre ~ sur** to lean (heavily) on ‖ [d'un alpiniste] press hold; **trouver un ~** [pied] to gain ou to get a hold; [alpiniste] to get a purchase. **-3.** [soutien] support, backing; **apporter son ~ à une initiative** to back ou to support an initiative; **avoir l'~ de qqn** to have sb's support ou backing ‖ MIL support; ~ **aérien/naval** air/naval support.
◆ **à l'appui** *loc adv*: **il a lu, à l'~, une lettre datée du 24 mai** in support of this ou to back this up, he read out a letter dated 24th May; **preuves à l'~** with supporting evidence.
◆ **à l'appui de** *loc prép* in support of, supporting.
◆ **d'appui** *loc adj* [consonne] supporting; [voyelle] support *(modif)*.

**appuie** [apɥi] *v* → **appuyer**.

**appui(e)-tête** [apɥitɛt] *(pl* **appuis-tête** ou **appuie-tête**) *nm* headrest.

**appuyé, e** [apɥije] *adj* [allusion] heavy, laboured; [regard] insistent.

**appuyer** [14] [apɥije] ◊ *vt* **-1.** [faire reposer] to lean, to rest; **le vélo était appuyé contre la grille** the bicycle was resting ou leaning against the railings. **-2.** [étayer] to support; **mur appuyé que des contreforts** wall supported by buttresses. **-3.** [donner son soutien à – candidat, réforme] to back, to support; **la police, appuyée par l'armée** the police, backed up ou supported by the army. **-4.** [fonder] to ground, to base; ~ **son raisonnement sur des faits** to base one's argument on ou to ground one's argument in facts. ◊ *vi* **-1.** [exercer une pression] to press, to push down; **il faut ~ de toutes ses forces** you have to press as hard as you can; ~ **sur** [avec le doigt] to press, to push; [avec le pied] to press down on; ~ **sur la gâchette** to pull the trigger. **-2.** [insister]: ~ **sur** [mot] to stress, to emphasize; [note] to sustain. **-3.** AUT: ~ **sur la droite/la gauche** to bear right/left; ~ **sur la pédale de frein** to brake; ~ **sur la pédale** *fam* to put one's foot down *Br*, to step on the gas *Am*.
◆ **s'appuyer** ▽ *vpt* to have to put up with.
◆ **s'appuyer à** *vp* + *prép* [physiquement] to lean ou to rest on.
◆ **s'appuyer contre** *vp* + *prép* to lean against; **s'~ contre la rampe** to lean against the banister.
◆ **s'appuyer sur** *vp* + *prép* [ami] to lean ou to depend ou to rely on; [amitié, aide] to count ou to rely on; [témoignage] to rely on; **ce récit s'appuie sur une expérience vécue** this story is based on a real-life experience.

**apr.** *abr écrite de* **après**.

**âpre** [apʀ] *adj* **-1.** [âcre – goût] sour; [– vin] rough. **-2.** [rude – voix, froid] harsh; [féroce – concurrence, lutte] bitter, fierce; ~ **au gain** *péj* greedy, money-grabbing.

**âprement** [apʀəmɑ̃] *adv* [sévèrement] bitterly, harshly; **cette victoire fut ~ disputée** it was a fiercely contested victory.

**après** [apʀɛ] ◊ *prép* **-1.** [dans le temps] after; ~ **le départ de Paul** after Paul left; ~ **(le) dîner** after dinner; **530 ~ Jésus-Christ** 530 AD; **c'était peu ~ 3 h** it was shortly ou soon after 3 o'clock; **c'était bien ~ son départ** it was a long time ou a good while after he left; **tu le contredis en public, et ~ ça tu t'étonnes qu'il s'énerve!** you contradict him publicly (and) then you're surprised that he gets annoyed!; ~ **ça, il ne lui reste plus qu'à aller t'excuser** the only thing you can do now is apologize; ~ **quoi, nous verrons** then we'll see; ~ **avoir dîné, ils bavardèrent** after dining ou after dinner they chatted; **jour ~ jour** day after day; **page ~ page, le mystère s'épaissit** the mystery gets deeper with every page ou by the page. **-2.** [dans l'espace] after; **la gare est ~ le parc** the station is past ou after the park ‖ [sur] *fam*: **son foulard est resté accroché ~ les ronces** his scarf got caught on the brambles. **-3.** [dans un rang, un ordre, une hiérarchie] after; ~ **vous, je vous en prie** after you; **vous êtes ~ moi** [dans une file d'attente] you're after me; **il était juste ~ moi dans la file** he was just behind me in the queue; **il fait passer ma carrière ~ la sienne** my career comes after his ou takes second place to his, according to him. **-4.** [indiquant un mouvement de poursuite, l'attachement, l'hostilité]: **courir ~ qqn** to run after sb; **le chien aboie ~ les passants** the dog barks at the passers-by; **il est constamment ~ moi** [me surveille] he's always breathing down my neck; [me harcèle] he's always nagging (at) ou going on at me; **ils sont ~ une invitation, c'est évident** it's obvious they're angling for ou they're after an invitation.

◇ *adv* -1. [dans le temps]: un mois ~ a month later; bien ~ a long ou good while after, much later; peu ~ shortly after ou afterwards; garde tes forces pour ~ conserve your strength for afterwards ou later; nous sommes allés au cinéma et ~ au restaurant we went to the cinema and then to a restaurant; ~ on ira dire que je suis avare! and then people will say I'm mean!; ~, tu ne viendras pas te plaindre! don't come moaning to me afterwards! ☐ et ~? qu'a-t-il fait? and then what did he do?; et ~? qu'est-ce que ça peut faire? *fam* so what? who cares?-2. [dans l'espace] after. -3. [dans un rang, un ordre, une hiérarchie] next; qui est ~? [dans une file d'attente] who's next?

◆ **après coup** *loc adv* afterwards, later; il n'a réagi qu'~ coup it wasn't until afterwards ou later that he reacted; n'essaie pas d'inventer une explication ~ coup don't try to invent an explanation after the event.

◆ **après que** *loc conj* after; ~ qu'il eut terminé... after he had finished...; je me suis couché ~ que tu aies téléphoné I went to bed after you phoned.

◆ **après tout** *loc adv* -1. [introduisant une justification] after all; ~ tout, ça n'a pas beaucoup d'importance after all, it's not particularly important. -2. [emploi expressif] then; débrouille-toi tout seul, ~ tout! sort it out yourself then!

◆ **d'après** ◇ *loc prép* -1. [introduisant un jugement] according to; d'~ moi in my opinion; alors, d'~ vous, qui va gagner? so who do you think is going to win?; d'~ les informations qui nous parviennent from ou according to the news reaching us; d'~ ce qu'elle dit from what she says; d'~ mon expérience in my experience. -2. [introduisant un modèle, une citation]: d'~ Tolstoï [adaptation] adapted from Tolstoy; peint d'~ nature painted from life; d'~ une idée originale de... based on ou from an original idea by... ◇ *loc adj* -1. [dans le temps] following, next. -2. [dans l'espace] next.

**après-coup** [apʀɛku] (*pl* **après-coups**) *nm* aftereffect PSYCH.

**après-demain** [apʀɛdmɛ̃] *adv* the day after tomorrow; ~ matin/soir the day after tomorrow in the morning/evening.

**après-guerre** [apʀɛgɛʀ] (*pl* **après-guerres**) *nm* ou *nf* post-war era ou period; le théâtre d'~ post-war drama.

**après-midi** [apʀɛmidi] *nm inv* ou *nf inv* afternoon; en début/fin d'~ early/late in the afternoon; à 2 h de l'~ at 2 (o'clock) in the afternoon, at 2 p.m.

**après-rasage** [apʀɛʀazaʒ] (*pl* **après-rasages**) ◇ *adj inv* aftershave (*modif*). ◇ *nm* aftershave (lotion).

**après-ski** [apʀɛski] (*pl* **après-skis**) *nm* [botte] snow boot.

**après-soleil** [apʀɛsɔlɛj] (*pl* **après-soleils**) *nm* aftersun cream.

**après-vente** [apʀɛvɑ̃t] *adj inv* after-sales.

**âpreté** [apʀəte] *nf* -1. [âcreté] sourness. -2. [dureté – d'un ton, d'une voix] harshness, roughness; [– d'une saison] harshness, rawness; [– d'un reproche] bitterness, harshness; combattre avec ~ to struggle bitterly ou grimly.

**a priori** [apʀijɔʀi] ◇ *loc adj inv* PHILOS a priori. ◇ *loc adv* on the face of it; ~, c'est une bonne idée on the face of it ou in principle it's a good idea; ~, je ne vois pas d'inconvénient in principle I can't see any reason why not. ◇ *nm inv* [préjugé] preconception, preconceived idea.

**à-propos** [apʀopo] *nm inv* aptness, relevance; votre remarque manque d'~ your remark is not relevant ou to the point; quelle que soit la situation, il réagit avec ~ whatever the situation, he always does ou says the right thing; faire preuve d'~ to show presence of mind.

**apside** [apsid] *nf* apsis.

**apte** [apt] *adj*: ~ à qqch [par sa nature] fit for ou suited to sthg; [par ses qualifications] qualified for sthg; ~ (au service militaire) fit (for military service); ~ à faire qqch [par sa nature] suited to doing sthg; [par ses qualifications] qualified to do sthg.

**aptitude** [aptityd] *nf* [capacité] ability, aptitude; il n'a aucune ~ dans ce domaine he has ou shows no aptitude in that direction.

◆ **aptitudes** *nfpl*: ~s (intellectuelles) abilities; avoir/montrer des ~s en langues to have/to show a gift for languages.

**aquaculture** [akwakyltyʀ] *nf* aquaculture.

**aquaplanage** [akwaplanaʒ] = **aquaplaning**.

**aquaplane** [akwaplan] *nm* -1. [activité] aquaplaning. -2. [planche] aquaplane.

**aquaplaning** [akwaplaniŋ] *nm* aquaplaning AUT.

**aquarelle** [akwaʀɛl] *nf* [tableau] watercolour; peindre à l'~ to paint in watercolours.

**aquarelliste** [akwaʀelist] *nmf* watercolourist.

**aquarium** [akwaʀjɔm] *nm* -1. [décoratif] fish tank, aquarium. -2. [au zoo] aquarium.

**aquatique** [akwatik] *adj* aquatic, water (*modif*).

**aquavit** [akwavit] *nm* aquavit.

**aqueduc** [akdyk] *nm* -1. [conduit] aqueduct. -2. ANAT duct.

**aqueux, euse** [akø, øz] *adj* -1. ANAT & CHIM aqueous. -2. [plein d'eau] watery.

**aquilin** [akilɛ̃] *adj m* aquiline.

**aquilon** [akilɔ̃] *nm litt* north wind.

**aquitain, e** [akitɛ̃, ɛn] *adj* from Aquitaine, Aquitaine (*modif*).

**AR¹** -1. *abr écrite de* **accusé de réception**. -2. *abr écrite de* **arrière**.

**AR², A-R** (*abr écrite de* **aller-retour**) R.

**ara** [aʀa] *nm* macaw.

**arabe** [aʀab] *adj* [cheval, pays] Arab, Arabian; chiffres ~s Arabic numerals, Arabics.

◆ **Arabe** *nmf* Arab.

◆ **arabe** *nm* LING Arabic; ~ dialectal/littéral vernacular/written Arabic.

**arabesque** [aʀabɛsk] *nf* BX-ARTS & DANSE arabesque.

**arabica** [aʀabika] *nm* arabica.

**Arabie** [aʀabi] *npr f*: (l') ~ Arabia; (l') ~ Saoudite Saudi Arabia.

**arabique** [aʀabik] *adj* arabic.

**arabisant, e** [aʀabizɑ̃, ɑ̃t] ◇ *adj* Arabic. ◇ *nm, f* Arabist, Arabic scholar.

**arabisme** [aʀabism] *nm* Arabism.

**arable** [aʀabl] *adj* arable.

**arabophone** [aʀabɔfɔn] ◇ *adj* Arabic-speaking. ◇ *nmf* Arabic speaker.

**arachide** [aʀaʃid] *nf* peanut, groundnut (*spéc*).

**arachnéen, enne** [aʀaknéɛ̃, ɛn] *adj* -1. *litt* [dentelle] gossamer (*modif*), gossamery. -2. ZOOL arachnidan.

**arachnide** [aʀaknid] *nm* arachnid.

**araignée** [aʀeɲe] *nf* ZOOL spider; ~ (de mer) spider crab; avoir une ~ au plafond *fam* & *hum* to have bats in the belfry.

**araire** [aʀɛʀ] *nm* swing-plough.

**arak** [aʀak] *nm* arak, arrack.

**Aral** [aʀal] *npr*: la mer d'~ the Aral Sea.

**araméen, enne** [aʀamẽ, ɛn] *adj* Aramaic, Aramean, Aramaean.

◆ **Araméen, enne** *nm, f* Aramean, Aramaean.

◆ **araméen** *nm* LING Aramaic.

**Ararat** [aʀaʀat] *npr*: le mont ~ Mount Ararat.

**arasement** [aʀazmɑ̃] *nm* -1. CONSTR [égalisation – d'un mur] levelling; [– d'une planche] planing down; [assise] levelling course. -2. GÉOL erosion.

**araser** [3] [aʀaze] *vt* -1. [égaliser – mur] to level, to make level ou flush; [– planche] to plane down (*sép*). -2. GÉOL to erode.

**aratoire** [aʀatwaʀ] *adj* ploughing.

**arbalète** [aʀbalɛt] *nf* crossbow.

**arbalétrier** [aʀbaletʀije] *nm* [soldat] crossbowman.

**arbitrage** [aʀbitʀaʒ] *nm* -1. JUR arbitration; recourir à l'~ to go to arbitration. -2. SPORT [gén] refereeing; [au volley-ball, tennis, cricket] umpiring. -3. BOURSE arbitrage.

**arbitraire** [aʀbitʀɛʀ] ◇ *adj* [choix, arrestation] arbitrary. ◇ *nm* arbitrariness, arbitrary nature.

**arbitrairement** [aʀbitʀɛʀmɑ̃] *adv* arbitrarily.

**arbitre** [aʀbitʀ] *nm* -1. JUR arbiter, arbitrator; exercer un rôle d'~ to act as arbitrator, to arbitrate. -2. SPORT [gén] referee; [au volley-ball, tennis, cricket] umpire. -3. PHILOS: libre ~ free will.

**arbitrer** [3] [aʀbitʀe] *vt* -1. [différend] to arbitrate, to settle by arbitration. -2. SPORT [gén] to referee; [au volley-ball, tennis, cricket] to umpire. -3. BOURSE [valeurs] to carry out an arbitrage operation on.

**arboré, e** [arbɔre] *adj* planted with trees, wooded, arboreous *spéc.*

**arborer** [3] [arbɔre] *vt* **-1.** [porter – veste, insigne] to sport, to wear; [– drapeau] to bear, to display. **-2.** [afficher – sourire] to wear; [– manchette, titre] to carry.

**arborescence** [arbɔresɑ̃s] *nf* arborescence.

**arborescent, e** [arbɔresɑ̃, ɑ̃t] *adj* arborescent.

**arboricole** [arbɔrikɔl] *adj* **-1.** HORT arboricultural. **-2.** ZOOL tree-dwelling, arboreal *spéc.*

**arboriculteur, trice** [arbɔrikyltœr, tris] *nm, f* tree grower, arboriculturist *spéc.*

**arboriculture** [arbɔrikyltyr] *nf* arboriculture.

**arborisé, e** [arbɔrize] *adj Helv*: une plaine ~e a plain dotted with trees.

**arbouse** [arbuz] *nf* arbutus berry.

**arbousier** [arbuzje] *nm* arbutus.

**arbre** [arbr] *nm* **-1.** BOT tree; ~ à caoutchouc rubber tree; ~ fruitier fruit tree; ~ généalogique family tree; ~ de Noël Christmas tree; ~ à pain breadfruit; l'~ de la science du bien et du mal BIBLE the tree of knowledge; les ~s cachent la forêt you can't see the wood *Br* ou forest *Am* for the trees. **-2.** MÉCAN shaft; ~ moteur ou de couche engine shaft; ~ de transmission drive ou propeller shaft.
◆ **arbre de vie** *nm* **-1.** BOT thuya. **-2.** ANAT arbor vitae. **-3.** BIBLE tree of life.

**arbrisseau, x** [arbriso] *nm* shrub.

**arbuste** [arbyst] *nm* shrub, bush.

**arc** [ark] *nm* **-1.** ARM bow. **-2.** MATH arc; ~ de cercle arc of a circle; être assis en ~ de cercle to be seated in a semicircle. **-3.** ANAT arch. **-4.** PHYS: ~ électrique electric arc. **-5.** ARCHIT arch; ~ brisé pointed arch; ~ en fer à cheval/en plein cintre horseshoe/semicircular arch; ~ en ogive ogee arch; ~ de triomphe triumphal arch.
◆ **à arc** *loc adj* [lampe, soudure] arc *(modif)*.

**arcade** [arkad] *nf* **-1.** ARCHIT archway; des ~s arches, an arcade. **-2.** ANAT arch; ~ sourcilière arch of the eyebrows; il s'est ouvert l'~ sourcilière he was cut above the eye.

**arcane** [arkan] *nm* [secret] mystery, arcanum *litt.*

**arc-boutant** [arkbutɑ̃] *(pl* **arcs-boutants)** *nm* flying buttress.

**arc-bouter** [3] [arkbute] *vt* [mur] to buttress.
◆ **s'arc-bouter** *vpi* to brace o.s.; s'~ contre un mur to brace one's back against a wall.

**arceau, x** [arso] *nm* ARCHIT arch (of vault).

**arc-en-ciel** [arkɑ̃sjɛl] *(pl* **arcs-en-ciel)** *nm* rainbow.

**archaïque** [arkaik] *adj* **-1.** [vieux] archaic, outmoded, antiquated. **-2.** BX-ARTS & LING archaic.

**archaïsant, e** [arkaizɑ̃, ɑ̃t] ◇ *adj* archaistic. ◇ *nm, f* archaist.

**archaïsme** [arkaism] *nm* [mot] archaism, archaic term; [tournure] archaism, archaic turn of phrase.

**archange** [arkɑ̃ʒ] *nm* archangel.

**arche** [arʃ] *nf* **-1.** ARCHIT arch; la Grande Arche (de la Défense) large office block at la Défense near Paris, shaped like a square archway. **-2.** RELIG ark; l'~ d'alliance the Ark of the Covenant; l'~ de Noé Noah's Ark.

**archéologie** [arkeɔlɔʒi] *nf* archeology, archaeology.

**archéologique** [arkeɔlɔʒik] *adj* archeological, archaeological.

**archéologue** [arkeɔlɔg] *nmf* archeologist, archaeologist.

**archer** [arʃe] *nm* archer, bowman.

**archet** [arʃɛ] *nm* MUS bow; avoir un excellent coup d'~ to be an outstanding violinist.

**archétype** [arketip] *nm* **-1.** [symbole] archetype. **-2.** BIOL prototype.

**archevêché** [arʃəveʃe] *nm* **-1.** [fonction, territoire] archbishopric. **-2.** [palais] archbishop's palace.

**archevêque** [arʃəvɛk] *nm* archbishop.

**archidiacre** [arʃidjakr] *nm* archdeacon.

**archidiocèse** [arʃidjɔsɛz] *nm* archdiocese.

**archiduc** [arʃidyk] *nm* archduke.

**archiduchesse** [arʃidyʃɛs] *nf* archduchess.

**archiépiscopat** [arʃiepiskɔpa] *nm* archiepiscopate.

**Archimède** [arʃimɛd] *npr* Archimedes.

**archipel** [arʃipɛl] *nm* archipelago.

**archiprêtre** [arʃiprɛtr] *nm* archpriest.

**architecte** [arʃitɛkt] *nmf* **-1.** ARCHIT architect; ~ d'intérieur interior designer; ~ naval naval architect; ~ paysagiste landscape architect; ~ urbaniste town planner *Br*, city planner *Am*. **-2.** *fig*: [d'une réforme, d'une politique] architect.

**architectonique** [arʃitɛktɔnik] *nf* architectonics (U).

**architectural, e, aux** [arʃitɛktyral, o] *adj* architectural.

**architecture** [arʃitɛktyr] *nf* **-1.** [art, style] architecture; ~ d'intérieur interior design. **-2.** [structure – d'une œuvre d'art] structure, architecture. **-3.** INF architecture.

**architecturer** [3] [arʃitɛktyre] *vt* to structure.

**architrave** [arʃitrav] *nf* architrave.

**archivage** [arʃivaʒ] *nm* filing ou storing (away).

**archiver** [3] [arʃive] *vt* **-1.** [document, revue] to file ou to store (away). **-2.** INF archive.

**archives** [arʃiv] *nfpl* **-1.** [documents] archives, records; INF archive. **-2.** [lieu] record office; les Archives nationales the French Historical Archives, ≃ the Public Record Office *Br*, ≃ the National Archives *Am*.
◆ **d'archives** *loc adj* library *(modif)*; copie d'~ INF archive file.

**archiviste** [arʃivist] *nmf* archivist.

**arçon** [arsɔ̃] *nm* saddletree.

**arctique** [arktik] *adj* Arctic.
◆ **Arctique** *npr m*: l'Arctique the Arctic (Ocean).

**ardéchois, e** [ardeʃwa, az] *adj* from the Ardèche.

**ardemment** [ardamɑ̃] *adv* ardently, fervently, passionately; désirer qqch ~ to yearn for ou to crave sthg.

**ardennais, e** [ardɛnɛ, ɛz] *adj* from the Ardennes.

**ardent, e** [ardɑ̃, ɑ̃t] *adj* **-1.** [brûlant – chaleur] burning, scorching; [– soleil] blazing, scorching; [– fièvre] burning, raging; un rouge ~ a fiery red. **-2.** [vif – tempérament] fiery, passionate; [– désir] ardent, eager, fervent; [– imagination] vivid, fiery. **-3.** [passionné – amant] ardent, eager, hot-blooded; [– révolutionnaire, admirateur] ardent, fervent.

**ardeur** [ardœr] *nf* **-1.** [fougue] passion, ardour, fervour; soutenir une cause avec ~ to support a cause ardently ou fervently ou passionately; il n'a jamais montré une grande ~ au travail he's never shown much enthusiasm for work; modérez vos ~s! *hum* control yourself!-**2.** *litt* [chaleur] (burning) heat.

**ardillon** [ardijɔ̃] *nm* tongue *(of a belt buckle)*.

**ardoise** [ardwaz] *nf* **-1.** [matière] slate; toit d'~s ou en ~s slate roof. **-2.** [objet] slate; ~ magique magic slate. **-3.** *fam* [compte] bill, slate.

**ardoisé, e** [ardwaze] *adj* slate-grey.

**ardu, e** [ardy] *adj* **-1.** [difficile – problème, question] tough, difficult; [– tâche] arduous, hard.

**are** [ar] *nm* are, hundred square metres.

**arène** [arɛn] *nf* **-1.** [pour la corrida] bullring; descendre ou entrer dans l'~ *fig* to enter the fray ou the arena. **-2.** [sable] arenite, sand.
◆ **arènes** *nfpl* ANTIQ amphitheatre.

**arénicole** [arenikɔl] ◇ *adj* sand-dwelling, arenicolous *spéc.* ◇ *nf* sandworm, lugworm.

**aréopage** [areɔpaʒ] *nm* learned assembly ou gathering; l'Aréopage ANTIQ the Areopagus.

**arête** [arɛt] *nf* **-1.** [de poisson] (fish) bone; enlever les ~s d'un poisson to bone a fish; poisson plein d'~s fish full of bones, bony fish. **-2.** [angle – d'un toit] arris; [– d'un cube] edge; [– d'une voûte] groin. **-3.** ANAT: l'~ du nez the bridge of the nose. **-4.** GÉOG crest, ridge.

**areu** [arø] *interj langage enfantin*: ~ ~! goo-goo!

**argent** [arʒɑ̃] ◇ *nm* **-1.** [métal] silver. **-2.** [monnaie] money; avoir de l'~ to have money, to be wealthy; une famille qui a de l'~ a well-to-do family; (se) faire de l'~ to make money; l'~ lui fond dans les mains money just runs through his fingers ❑ ~ comptant: payer ou régler en ~ comptant to pay cash; accepter ou prendre qqch pour ~ comptant to take sthg at face value; ~ liquide ready cash ou money; ~ de poche pocket money; se faire de l'~ de poche to make a bit of extra money; l'~ sale dirty money; en avoir pour son ~: tu en auras pour ton ~ you'll get your money's worth, you'll get value for money; en être pour son ~ to end up out of pocket; jeter l'~ par les fenêtres to throw money down the drain, to squander money; l'~ n'a pas ou point d'odeur *prov* it's all money!; l'~ ne fait pas le bonheur *prov* money can't buy happiness; le temps, c'est de l'~ *prov* time is money. **-3.** [couleur] silver colour. **-4.** HÉRALD argent. ◊ *adj inv* silver, silver-coloured.

◆ **d'argent** *loc adj* **-1.** [en métal] silver *(modif)*. **-2.** [couleur] silver, silvery, silver-coloured. **-3.** [pécuniaire] money *(modif)*. **-4.** [intéressé]: homme/femme d'~ man/woman for whom money matters.

◆ **en argent** *loc adj* silver *(modif)*.

**Argent** *npr*: la Côte d'~ *the French Atlantic coast between the Gironde and Bidassoa estuaries.*

**argenté, e** [aʀʒɑ̃te] *adj* **-1.** [renard] silver *(modif)*; [tempes] silver, silvery. **-2.** [plaqué] silver-plated, silver *(modif)*; métal ~ silver plate. **-3.** *fam* [fortuné] well-heeled; on n'était pas très ~s à l'époque we weren't very well-off ou we were rather hard up at the time.

**argenter** [3] [aʀʒɑ̃te] *vt* [miroir] to silver; [cuillère] to plate, to silver-plate.

**argenterie** [aʀʒɑ̃tʀi] *nf* silver, silverware.

**argentier** [aʀʒɑ̃tje] *nm* **-1.** [meuble] silver cabinet. **-2.** *fam*: le Grand ~ [ministre] the Finance Minister.

**argentifère** [aʀʒɑ̃tifɛʀ] *adj* silver-bearing, argentiferous *spéc*.

**argentin, e**[1] [aʀʒɑ̃tɛ̃, in] *adj* [son] silvery.

**argentin, e**[2] [aʀʒɑ̃tɛ̃, in] *adj* GÉOG Argentinian, Argentine. ◆ **Argentin, e** *nm, f* Argentinian, Argentine.

**Argentine** [aʀʒɑ̃tin] *npr f*: (l') ~ Argentina, the Argentine.

**argenture** [aʀʒɑ̃tyʀ] *nf* silvering.

**argile** [aʀʒil] *nf* clay.

**argileux, euse** [aʀʒilø, øz] *adj* clayey, clayish.

**argon** [aʀgɔ̃] *nm* argon.

**argonaute** [aʀgonot] *nm* argonaut, paper nautilus. **Argonautes** [aʀgonot] *npr mpl*: les ~ the Argonauts.

**argot** [aʀgo] *nm* slang, argot.

**argotique** [aʀgotik] *adj* slang *(modif)*, slangy.

**argotisme** [aʀgotism] *nm* [mot] slang word; [tournure] slang expression.

**arguer** [8] [aʀgɥe] *vt* **-1.** [conclure] to deduce. **-2.** [prétexter]: ~ que... to put forward the fact that...; arguant qu'il avait une mauvaise vue pleading his poor eyesight.

◆ **arguer de** *v + prép* to use as an excuse, to plead.

**argument** [aʀgymɑ̃] *nm* **-1.** [raison] argument; ses ~s his reasoning; des ~s pour et contre ou dans les deux sens pros and cons; présenter ses ~s to state one's case; avoir de bons/solides ~s to have a strong/good case. **-2.** COMM ~ de vente selling point. **-3.** LITTÉRAT [sommaire] general description, outline.

**argumentaire** [aʀgymɑ̃tɛʀ] *nm* COMM promotion leaflet.

**argumentation** [aʀgymɑ̃tasjɔ̃] *nf* **-1.** [raisonnement] argumentation, rationale. **-2.** [fait d'argumenter] reasoning.

**argumenter** [3] [aʀgymɑ̃te] ◊ *vi* **-1.** [débattre] to argue; ~ en faveur de/contre qqch to argue for/against sthg. **-2.** [ergoter] to be argumentative, to quibble. ◊ *vt* [texte, démonstration] to support with (relevant) arguments; motion bien/mal argumentée impressively/poorly argued motion.

**argus** [aʀgys] *nm* **-1.** PRESSE: l'~ de l'automobile the price guide for used cars. **-2.** LITT [gardien] guardian.

**argutie** [aʀgysi] *nf* quibble.

**aria** [aʀja] ◊ *nf* MUS aria. ◊ *nm vieilli* [souci, tracas] nuisance.

**Ariane** [aʀjan] *npr* Ariadne; le fil d'~ Ariadne's clew.

**aride** [aʀid] *adj* **-1.** [sec – terre] arid, barren; [– vent] dry; [– cœur] unfeeling. **-2.** [difficile – sujet] arid, dull.

**aridité** [aʀidite] *nf* **-1.** [du sol] aridity, barrenness; [du vent] dryness. **-2.** [d'un sujet] aridity, dullness.

**ariégeois, e** [aʀjeʒwa, waz] *adj* from the Ariège.

**ariette** [aʀjɛt] *nf* arietta, ariette.

**aristocrate** [aʀistokʀat] ◊ *adj* aristocratic. ◊ *nmf* aristocrat.

**aristocratie** [aʀistokʀasi] *nf* aristocracy.

**aristocratique** [aʀistokʀatik] *adj* aristocratic.

**Aristophane** [aʀistofan] *npr* Aristophanes.

**Aristote** [aʀistɔt] *npr* Aristotle.

**aristotélicien, enne** [aʀistɔtelisjɛ̃, ɛn] *adj & nm, f* Aristotelian.

**arithmétique** [aʀitmetik] ◊ *adj* MATH [moyenne, progression]

arithmetical. ◊ *nf* **-1.** [matière] arithmetic. **-2.** [livre] arithmetic book.

**arlequin** [aʀləkɛ̃] *nm* Harlequin.

**Arlequin** [aʀləkɛ̃] *npr* Harlequin.

**armada** [aʀmada] *nf* **-1.** [quantité]: une ~ de touristes an army of tourists. **-2.** HIST: l' (Invincible) Armada the Spanish Armada.

**armagnac** [aʀmaɲak] *nm* Armagnac (brandy).

**armailli** [aʀmaji] *nm* Helv shepherd *(in Fribourg)*.

**armateur** [aʀmatœʀ] *nm* [propriétaire – d'un navire] ship owner; [– d'une flotte] fleet owner; [locataire] shipper.

**armature** [aʀmatyʀ] *nf* **-1.** [cadre – d'une tente, d'un abat-jour] frame; [structure – d'un exposé, d'une théorie] basis, framework. **-2.** CONSTR framework. **-3.** COUT underwiring; soutien-gorge à ~ underwired bra. **-4.** MUS key signature.

**arme** [aʀm] *nf* **-1.** [objet] arm, weapon; [arsenal] weapon; porter une ~ sur soi to carry a weapon ❑ l'~ chimique/nucléaire chemical/nuclear weapons; ~ blanche knife; ~ à feu firearm; passer l'~ à gauche *fam* to kick the bucket. **-2.** [armée] force, service; l'~ de l'artillerie the artillery. **-3.** [instrument] weapon; une bonne ~ psychologique a good psychological weapon; le pouvoir est une ~ à double tranchant power is a double-edged sword.

◆ **armes** *nfpl* **-1.** [matériel de guerre] arms, weapons, weaponry; porter les ~s to be a soldier; portez/présentez/reposez ~s! shoulder/present/order arms!; aux ~s! to arms!; régler ou résoudre qqch par les ~s to settle sthg by force ❑ ~s conventionnelles conventional weapons; ~s de dissuasion deterrent; ~s de guerre weapons of war, weaponry; passer qqn par les ~s to send sb to the firing squad; mettre bas ou déposer ou rendre les ~s to lay down one's arms; partir avec ~s et bagages to leave bag and baggage. **-2.** ESCRIME fencing. **-3.** HÉRALD coat of arms.

◆ **à armes égales** *loc adv* on equal terms.

◆ **aux armes de** *loc prép* bearing the arms of HÉRALD.

◆ **d'armes** *loc adj*: homme d'~s HIST man-at-arms.

**armé, e**[1] *adj* **-1.** [personne] armed; attention, il est ~ watch out, he's armed ou he's carrying a weapon!; ~ jusqu'aux dents armed to the teeth; ~ de... armed with...; bien/mal ~ contre le froid well-protected/defenceless against the cold; mal ~ (pour lutter) contre la concurrence defenceless in the face of the competition. **-2.** CONSTR reinforced.

◆ **armé** *nm* cock.

**armée**[2] [aʀme] *nf* **-1.** MIL army; être dans l'~ to be in the army; être à l'~ to be doing one's military service ❑ ~ active ou régulière regular army; l'~ de l'air the Air Force; l'~ de mer the Navy; ~ de métier professional army; ~ nationale conscript army; ~ d'occupation army of occupation; ~ de réserve reserves; l'Armée rouge the Red Army; l'Armée du Salut the Salvation Army; l'~ de terre the Army. **-2.** *fig* army, host; une ~ de figurants/sauterelles an army of extras/grasshoppers.

**armement** [aʀməmɑ̃] *nm* **-1.** [militarisation – d'un pays, d'un groupe] arming. **-2.** NAUT commissioning, fitting-out. **-3.** [d'un appareil photo] winding (on); [d'un pistolet] cocking. **-4.** [armes] arms, weapons, weaponry.

**Arménie** [aʀmeni] *npr f*: (l') ~ Armenia.

**arménien, enne** [aʀmenjɛ̃, ɛn] *adj* Armenian.

◆ **Arménien, enne** *nm, f* Armenian.

◆ **arménien** *nm* LING Armenian.

**armer** [3] [aʀme] *vt* **-1.** MIL [guérilla, nation] to arm, to supply with weapons ou arms. **-2.** *fig* [préparer] to arm. **-3.** ARM to cock. **-4.** PHOT to wind (on) *(sép)*. **-5.** NAUT to commission, to fit out *(sép)*. **-6.** CONSTR [béton, ciment] to reinforce. **-7.** TECH [câble] to sheathe.

◆ **s'armer** *vp (emploi réfléchi)* [prendre une arme – policier, détective] to arm o.s.; [– nation] to arm.

◆ **s'armer de** *vp + prép* **-1.** [s'équiper de – arme] to arm o.s. with; [– instrument] to equip o.s. with. **-2.** *fig* [prendre]: s'~ de courage/patience to muster ou summon up one's courage/patience.

**armistice** [aʀmistis] *nm* armistice; (l'anniversaire de) l'Armistice Armistice ou Remembrance Day *Br*, Veteran's Day *Am*.

**armoire** [aʀmwaʀ] *nf* wardrobe, closet *Am*; ~ frigorifique cold room ou store; ~ à glace *pr* mirrored wardrobe; c'est une véritable ~ à glace *fig* & *hum* he's built like the side of a house; ~ à linge linen cupboard ou closet; ~ normande large wardrobe; ~ à pharmacie medicine cabinet ou chest.

**armoiries** [armwari] *nfpl* coat of arms, armorial bearings.
◆ **aux armoiries de** *loc prép* bearing the arms of.

**armorier** [9] [armɔrje] *vt* to emblazon; ~ qqch de to emblazon sthg with.

**armure** [armyr] *nf* **-1.** HIST armour; vêtu de son ~ armourclad. **-2.** [protection] defence. **-3.** TEXT weave.

**armurerie** [armyrri] *nf* **-1.** [activité] arms trade. **-2.** [magasin] armourer's, gunsmith's. **-3.** [usine] arms factory.

**armurier** [armyrje] *nm* **-1.** [fabricant] gunsmith, armourer. **-2.** MIL armourer.

**ARN** (*abr de* **acide ribonucléique**) *nm* RNA.

**arnaque** [arnak] *nf fam* swindle, rip-off.

**arnaquer** [3] [arnake] *vt fam* [duper] to rip off (*sép*); ~ qqn de 1 000 francs to do sb out of 1,000 francs.

**arnaqueur** [arnakœr] *nm fam* swindler, rip-off merchant.

**arnica** [arnika] *nm* ou *nf* arnica.

**aromate** [arɔmat] *nm* [herbe] herb; [condiment] spice; ~s seasoning.

**aromathérapie** [arɔmaterapi] *nf* MED aromatherapy.

**aromatique** [arɔmatik] ◇ *adj* aromatic, fragrant. ◇ *nm* CHIM aromatic compound.

**aromatiser** [3] [arɔmatize] *vt* to flavour.

**arôme** [arom] *nm* [parfum] aroma, fragrance; [goût] flavour; ~ artificiel artificial flavouring.

**arpège** [arpɛʒ] *nm* arpeggio.

**arpent** [arpã] *nm arch* ≃ acre; un petit ~ de terre a few acres ou a patch of land.

**arpentage** [arpɑ̃taʒ] *nm* land-surveying, land-measuring.

**arpenter** [3] [arpɑ̃te] *vt* **-1.** [parcourir – couloir] to pace up and down. **-2.** [mesurer] to survey, to measure.

**arpenteur** [arpɑ̃tœr] *nm*: ~-géomètre surveyor, land surveyor.

**arqué, e** [arke] *adj* [sourcils] arched; [nez] hooked; [jambes] bandy, bow (*modif*).

**arquebuse** [arkəbyz] *nf* arquebus, harquebus.

**arquebusier** [arkəbyzje] *nm* arquebusier, harquebusier.

**arquer** [3] [arke] *vt* [courber – planche] to bend, to curve; [– dos] to arch.
◆ **s'arquer** *vpi* to bend, to curve.

**arrachage** [araʃaʒ] *nm* [d'une plante] pulling up, uprooting; [de pommes de terre] lifting; l'~ des mauvaises herbes weeding.

**arraché** [araʃe] *nm* SPORT snatch; gagner à l'~ *fig* to snatch a victory; une victoire à l'~ a hard-won victory.

**arrache-clou** [araʃklu] (*pl* **arrache-clous**) *nm* nail-wrench.

**arrachement** [araʃmã] *nm* **-1.** [fait d'enlever – plante] uprooting, pulling out; [– feuille, papier peint] ripping ou tearing out. **-2.** *fig* [déchirement] wrench.

**arrache-pied** [araʃpje]
◆ **d'arrache-pied** *loc adv* [travailler] relentlessly.

**arracher** [3] [araʃe] *vt* **-1.** [extraire – clou, cheville] to pull ou to draw out (*sép*); [– arbuste] to pull ou to root up (*sép*); [– betterave, laitue] to lift; [– mauvaises herbes, liseron] to pull ou to root out (*sép*); [– poil, cheveu] to pull out (*sép*); to draw, to extract; se faire ~ une dent to have a tooth out; il a eu un bras arraché dans l'explosion he had an arm blown off in the explosion; ça arrache la gorge *fig* & *fam* it burns your throat; il t'arracherait les yeux s'il savait he'd tear ou scratch your eyes out if he knew; ~ son masque à qqn to unmask sb. **-2.** [déchirer – papier peint, affiche] to tear ou to rip off (*sép*); [– page] to tear out (*sép*), to pull out (*sép*). **-3.** [prendre – sac, billet] to snatch, to grab; j'ai réussi à lui ~ le pistolet des mains [très vite] I managed to snatch the gun away ou to grab the gun from him; [après une lutte] I managed to wrest the gun from his grip ‖ [obtenir – victoire] to snatch; ~ des aveux/une signature à qqn to wring a confession/signature out of sb; ~ des larmes à qqn to bring tears to sb's eyes; ~ un sourire à qqn to force a smile out of sb; pas moyen de lui ~ le moindre commentaire it's impossible to get him to say anything. **-4.** [enlever – personne]: ~ qqn à son lit to drag sb out of ou from his bed; comment l'~ à

son ordinateur? how can we get ou drag him away from his computer?; arraché très jeune à sa famille torn from the bosom of his family at an early age *litt*; ~ un bébé à sa mère to take a child from its mother; ~ qqn au sommeil to force sb to wake up. **-5.** ~ qqn à [le sauver de] to snatch ou to rescue sb from; ~ qqn à la mort to snatch sb from (the jaws of) death.
◆ **s'arracher** ◇ *vpt* **-1.** [s'écorcher]: je me suis arraché la peau du genou en tombant I fell over and scraped my knee ⊔ c'est à s'~ les cheveux *fam* it's enough to drive you crazy; s'~ les yeux to scratch each other's eyes out. **-2.** [se disputer – personne, héritage] to fight over (*insép*). ◇ *vpi* ∇ [partir]: allez, on s'arrache! come on, let's be off!
◆ **s'arracher à, s'arracher de** *vp* + *prép* to tear o.s. away from; s'~ au sommeil to tear o.s. from sleep; s'~ à ses rêveries to snap out of one's daydreams; s'~ à son travail/à son ordinateur/de son fauteuil to tear o.s. away from one's work/computer/armchair.

**arracheur** [araʃœr] *nm arch*: ~ de dents tooth-puller.

**arraisonnement** [arɛzɔnmɑ̃] *nm* boarding (for inspection) NAUT.

**arraisonner** [3] [arɛzɔne] *vt* [navire] to board (for inspection) NAUT.

**arrangeable** [arɑ̃ʒabl] *adj* [difficulté] which can be settled; [projet, voyage] which can be fixed ou arranged.

**arrangeai** [arɑ̃ʒe] *v* → **arranger**.

**arrangeant, e** [arɑ̃ʒɑ̃, ɑ̃t] *adj* accommodating, obliging.

**arrangement** [arɑ̃ʒmɑ̃] *nm* **-1.** [fait de disposer] arrangement, laying out; [résultat] arrangement, layout. **-2.** [accord] arrangement, settlement; parvenir à un ~ to reach an agreement, to come to an arrangement; ~ à l'amiable amicable settlement; nous avons un ~ we have an understanding; c'était un ~ entre nous we'd agreed it between ourselves; sauf ~ contraire unless otherwise agreed ⊔ ~ de famille JUR family settlement (*in financial disputes*). **-3.** MUS arrangement.

**arranger** [17] [arɑ̃ʒe] *vt* **-1.** [mettre en ordre – chignon] to tidy up (*sép*); [– tenue] to straighten; [– bouquet] to arrange; [– chambre] to lay out (*sép*), to arrange; c'est bien arrangé, chez toi your place is nicely decorated. **-2.** [organiser – rencontre, entrevue] to arrange, to fix; c'est Paul qui a arrangé la cérémonie/l'exposition Paul organized the ceremony/put the exhibition together. **-3.** [résoudre – dispute, conflit] to settle, to sort out (*sép*); c'est arrangé, tu peux partir it's all settled, you're free to leave now; et mes rhumatismes n'arrangent pas les choses ou n'arrangent rien à l'affaire my rheumatism doesn't help matters either; voilà qui n'arrange pas mes affaires! that's all I needed! **-4.** MUS to arrange. **-5.** [convenir à] to suit; ce soir ou demain, comme ça t'arrange tonight or tomorrow, as it suits you ou as is convenient for you; mardi? non, ça ne m'arrange pas Tuesday? no, that's no good for me; on ne peut pas ~ tout le monde you can't please ou satisfy everybody. **-6.** *fam* [réparer – radio, réveil] to fix, to put right (*sép*); [– chaussures, robe] to fix, to mend. **-7.** [modifier – traduction, présentation] to alter, to modify; je ne t'ai jamais rien promis, tu arranges l'histoire (à ta façon) I never promised you anything, you're just twisting things. **-8.** *fam* [maltraiter] to sort out *Br* (*sép*), to work over *Am* (*sép*).
◆ **s'arranger** ◇ *vp* (*emploi réfléchi*): va donc t'~! go and tidy yourself up!; elle sait s'~ she knows how to make the best of herself; tu t'es encore bien arrangé/bien arrangé la figure! *fam* & *iron* you've made a fine mess of yourself/your face again!
◇ *vp* (*emploi réciproque*) [se mettre d'accord] to come to an agreement.
◇ *vpi* **-1.** [se débrouiller] to manage; s'~ pour: arrangez-vous pour avoir l'argent, sinon... make sure ou see that you have the money, or else...; je me suis arrangé pour vous faire tous inviter I've managed to get an invitation for all of you; on s'était arrangé pour que ce soit une surprise we'd arranged it so that it would be a surprise. **-2.** [s'améliorer – santé, temps] to improve, to get better; les choses s'arrangeront d'elles-mêmes things'll sort themselves out ou take care of themselves; tout a fini par s'~ everything worked out fine in the end; tu ne t'arranges pas avec les années! *hum* you're not getting any better in your

old age! **-3.** {se dérouler] to turn out; **comment ça s'est arrangé, tes histoires de bagnole?** *fam* how did things turn out in the end after all that trouble you had with your car?

♦ **s'arranger avec** *vp + prép* to come to an agreement with; **on s'est arrangé avec les voisins** we sorted something out with the neighbours; **je m'arrangerai avec lui pour qu'il garde les enfants** I'll arrange for him to look after the children; **il s'est arrangé à l'amiable avec ses créanciers** he came to an amicable agreement with his creditors.

♦ **s'arranger de** *vp + prép* to put up with, to make do with; **il s'arrange de tout** he's very easy-going.

**arrangeur** [arãʒœr] *nm* arranger.

**arrdt** *abr écrite de* **arrondissement**.

**arrérages** [areraʒ] *nmpl* arrears.

**arrestation** [arɛstasjɔ̃] *nf* arrest; **procéder à une ~** to make an arrest; **être en état d'~** to be under arrest; **se mettre en état d'~** to give o.s. up.

**arrêt** [arɛ] *nm* **-1.** [interruption] stopping; **~ momentané des programmes** temporary blackout; **l'~ se fait automatiquement** it stops automatically; **appuyer sur le bouton «~»** press the 'stop' ou 'halt' button ❑ **temps d'~** pause; **marquer un temps d'~** to stop ou to pause for a moment; **~ de travail** [grève] stoppage; [congé] sick leave; [certificat] doctor's ou medical certificate. **-2.** TRANSP [pause] stop, halt; **avant l'~ complet de l'appareil** before the aircraft has come to a complete stop ou standstill; **ce train est sans ~ jusqu'à Arcueil** this train is non-stop ou goes straight through to Arcueil; **en cas d'~** entre deux gares if the train stops between stations; **'~s fréquents'** 'slow deliveries'; **'~ demandé'** 'stop requested' ‖ [lieu]: **~ (d'autobus)** bus stop; **je descends au prochain ~** I'm getting off at the next stop. **-3.** SPORT: **faire un ~ du pied gauche** FTBL to make a save with one's left foot ❑ **~ de jeu** stoppage; **jouer les ~s de jeu** to play injury time. **-4.** CIN & TV: **~ sur image** freeze frame; **faire un ~ sur image** to freeze a frame. **-5.** MÉD: **~ cardiaque** ou **du cœur** cardiac arrest. **-6.** COUT: **faire un ~** to fasten off. **-7.** JUR [décision] judgment, ruling; **rendre un ~** to deliver ou to pronounce a judgment ❑ **~ de mort** death sentence; **signer son ~ de mort** *fig* to sign one's own death warrant. **-8.** [arrestation] arrest; **faire ~ sur des marchandises** to seize ou to impound goods.

♦ **arrêts** *nmpl* MIL arrest; **mettre qqn aux ~s** to place sb under arrest ❑ **~s forcés** ou **de rigueur** close arrest.

♦ **à l'arrêt** *loc adj* [véhicule] stationary; **l'appareil est à l'~ sur la piste** the aircraft is at a standstill on the runway.

♦ **d'arrêt** *loc adj* **-1.** TECH [dispositif] stopping, stop *(modif)*. **-2.** COUT: **point d'~** finishing-off stitch.

♦ **en arrêt** *loc adv*: **tomber en ~** [chien] to point; **je suis tombé en ~ devant un magnifique vaisselier** I stopped short in front of a splendid dresser.

♦ **sans arrêt** *loc adv* [sans interruption] non-stop; [à maintes reprises] constantly.

**arrêté¹** [arɛte] *nm* **-1.** [décret] order, decree; **~ ministériel** ministerial order. **-2.** BANQUE: **~ de compte** [bilan] statement of account; [fermeture] settlement of account.

**arrêté², e** [arɛte] *adj* [opinion] fixed, set; [intention] firm.

**arrêter** [4] [arɛte] ◇ *vt* **-1.** [empêcher d'avancer – passant, taxi] to stop; **la circulation est arrêtée sur la N7** traffic is held up ou has come to a standstill on the N7 (road); **~ un ballon** SPORT to make a save, to save a goal ❑ **arrête ton char!** *fam & hum* [je ne te crois pas] come off it!; [arrête de te vanter] stop showing off!. **-2.** [retenir – personne] to stop; [– regard] to catch, to fix; [interrompre] to interrupt; **arrêtez-moi si je parle trop vite** stop me if I'm speaking too fast. **-3.** [éteindre – radio, télévision] to switch off *(sép)*; [– moteur] to stop, to switch off *(sép)*. **-4.** [mettre fin à – élan] to check; [– écoulement, saignement] to stem, to stop; [– croissance, chute] to stop, to arrest, to bring to a halt; **on n'arrête pas le progrès!** *fam & hum* what will they think of next!; **~ les frais** to stop messing about. **-5.** [abandonner – construction, publication, traitement] to stop; [– sport, chant] to give up *(sép)*; [cesser de fabriquer] to discontinue (the manufacture of). **-6.** [suj: police] to arrest; **se faire ~** to get arrested. **-7.** [déterminer – date, lieu] to appoint, to decide on *(insép)*, to fix; [– plan, procédure] to decide on *(insép)*, to settle on *(insép)*, to settle upon *(insép)*; **~ son choix** to make one's choice. **-8.** [suj: médecin]: **~ qqn** to put sb on sick leave; **ça fait un mois que je suis ar-**

rêté I've been on sick leave for a month. **-9.** FIN: **~ un compte** [le fermer] to close ou to settle an account; [en faire un relevé] to draw up ou to make up a statement of account. **-10.** COUT [point] to fasten off *(sép)*; **~ les mailles** to cast off. **-11.** [gibier] to point.

◇ *vi*: **arrête, tu me fais mal!** stop it, you're hurting me!; **quatre albums en un an! mais vous n'arrêtez pas!** four albums in a year! you never stop ou you don't ever take a break, do you?; **il a arrêté de travailler l'an dernier** he retired last year; **j'ai arrêté de fumer** I've given up ou stopped smoking; **~ de se droguer** to give up ou to come off drugs ‖ *(tournure impersonnelle)*: **il n'a pas arrêté de neiger** it hasn't stopped snowing, it's been snowing non-stop.

♦ **s'arrêter** *vpi* **-1.** [cesser – bruit, pluie, saignement] to stop; **notre histoire ne s'arrête pas là** this isn't the end of our story; **s'~ de** [cesser de] to stop; [renoncer à] to give up, to stop; **elle s'est arrêtée de jouer en me voyant** she stopped playing when she saw me; **le monde ne va pas s'~ de tourner pour autant** that won't stop the world from turning. **-2.** [s'immobiliser – montre] to stop; [– ascenseur, véhicule] to stop, to come to a stop ou halt; **une voiture vint s'~ à ma hauteur** a car pulled up alongside me; **s'~ net** to stop dead ou short. **-3.** [faire une halte, une pause] to stop; **passer sans s'~ devant qqn** to pass by sb without stopping; **on s'est arrêtés fois en route** we made several stops on the way; **s'~ chez qqn** to call at sb's; **tu peux t'~ chez l'épicier en venant?** could you stop off at the grocer's on your way here?; **nous nous étions arrêtés à la page 56** we'd left off at page 56. **-4.** [se fixer]: **s'~ sur:** **son regard s'arrêta sur leur ami** his gaze fell on their friend; **notre choix s'est arrêté sur le canapé en cuir** we decided ou settled on the leather couch.

♦ **s'arrêter à** *vp + prép* [faire attention à] to pay attention to; **il ne faut pas s'~ aux apparences** one mustn't go by appearances; **s'~ à des vétilles** to pay attention to trifles.

**arrêt-maladie** [arɛmaladi] *(pl* **arrêts-maladies)** *nm* [congé] sick leave; [certificat] medical certificate.

**arrhes** [ar] *nfpl* deposit, earnest money; **verser des ~** to pay a deposit; **verser 300 francs d'~** to leave 300 francs as a deposit ou a deposit of 300 francs.

**arrière** [arjɛr] ◇ *adj inv* **-1.** AUT [roue, feu] rear; [siège] back. **-2.** SPORT backward. ◇ *nm* **-1.** [d'une maison] back, rear; [d'un véhicule] rear (end), back (end); **asseyez-vous à l'~** sit in the back. **-2.** SPORT [au basket-ball] guard; [au football, au rugby] back; [au volley-ball] rearline player; **la ligne des ~s, les ~s** the back line, the backs. **-3.** NAUT stern; **à l'~ de** at the stern of. **-4.** MIL: **les blessés ont été transportés à l'~** the wounded were carried behind the lines. ◇ *interj*: **~!** (stand) back!

♦ **arrières** *nmpl* MIL rear; **assurer ou protéger ses ~s** to protect one's rear; *fig* to leave o.s. a way out ou an escape route.

♦ **en arrière** *loc adv* **-1.** [regarder] back; [se pencher, tomber] backward, backwards; **revenir en ~** [sur une route] to retrace one's steps; [avec un magnétophone] to rewind (the tape); **se balancer d'avant en ~** to rock to and fro; **ramener ses cheveux en ~** to sweep one's hair back; **rester en ~** [d'un convoi, d'un défilé] to stay at the back ou rear. **-2.** [dans le temps] back; **revenir en ~** to go back in time; **cela nous ramène plusieurs mois en ~** this takes us back several months.

♦ **en arrière de** *loc prép* behind.

**arriéré, e** [arjere] ◇ *adj* **-1.** [impayé – loyer, intérêt] overdue, in arrears; [– dette] outstanding. **-2.** PSYCH *vieilli* backward, (mentally) retarded. **-3.** [archaïque – idée, technologie] backward. ◇ *nm, f* PSYCH & *vieilli* retarded ou backward person.

♦ **arriéré** *nm* **-1.** [dette] arrears *(pl)*; **avoir 2 000 francs d'~ de loyer/d'impôts** to be 2,000 francs in arrears with one's rent/taxes; **solder un ~** to pay off arrears. **-2.** [retard] backlog.

**arrière-ban** [arjɛrbã] *(pl* **arrière-bans)** *nm* HIST [levée] arrière-ban *(summons to the king's vassals to do military service)*; [vassaux] vassals.

**arrière-bouche** [arjɛrbuʃ] *(pl* **arrière-bouches)** *nf* back of the mouth.

**arrière-boutique** [arjɛrbutik] *(pl* **arrière-boutiques)** *nf*: **dans mon ~** at the back of my shop *Br* ou store *Am*.

**arrière-cour** [arjɛrkur] *(pl* **arrière-cours)** *nf* backyard *Br*.

**arrière-cuisine** [arjɛrkɥizin] (*pl* **arrière-cuisines**) *nf* scullery.

**arrière-garde** [arjɛrgard] (*pl* **arrière-gardes**) *nf* rearguard.

**arrière-gorge** [arjɛrgɔrʒ] (*pl* **arrière-gorges**) *nf* back of the throat.

**arrière-goût** [arjɛrgu] (*pl* **arrière-goûts**) *nm* aftertaste.

**arrière-grand-mère** [arjɛrgrɑ̃mɛr] (*pl* **arrière-grands-mères**) *nf* great-grandmother.

**arrière-grand-oncle** [arjɛrgrɑ̃tɔ̃kl] (*pl* **arrière-grands-oncles**) *nm* great-great-uncle, great-granduncle.

**arrière-grand-père** [arjɛrgrɑ̃pɛr] (*pl* **arrière-grands-pères**) *nm* great-grandfather.

**arrière-grands-parents** [arjɛrgrɑ̃parɑ̃] *nmpl* great-grandparents.

**arrière-grand-tante** [arjɛrgrɑ̃tɑ̃t] (*pl* **arrière-grands-tantes**) *nf* great-great-aunt, great-grandaunt.

**arrière-neveu** [arjɛrnəvø] (*pl* **arrière-neveux**) *nm* great-nephew, grandnephew.

**arrière-nièce** [arjɛrnjɛs] (*pl* **arrière-nièces**) *nf* great-niece, grandniece.

**arrière-pays** [arjɛrpei] *nm inv* hinterland.

**arrière-pensée** [arjɛrpɑ̃se] (*pl* **arrière-pensées**) *nf* thought at the back of one's mind, ulterior motive; **sans ~s** without any ulterior motives.

**arrière-petite-fille** [arjɛrpətitfij] (*pl* **arrière-petites-filles**) *nf* great-granddaughter.

**arrière-petit-fils** [arjɛrpətifis] (*pl* **arrière-petits-fils**) *nm* great-grandson.

**arrière-petits-enfants** [arjɛrpətizɑ̃fɑ̃] *nmpl* great-grandchildren.

**arrière-plan** [arjɛrplɑ̃] (*pl* **arrière-plans**) *nm* background; **être à l'~** *fig* to remain in the background.

**arrière-saison** [arjɛrsezɔ̃] (*pl* **arrière-saisons**) *nf* end of the autumn *Br* ou fall *Am*.

**arrière-salle** [arjɛrsal] (*pl* **arrière-salles**) *nf* inner room, back room.

**arrière-train** [arjɛrtrɛ̃] (*pl* **arrière-trains**) *nm* **-1.** ZOOL hindquarters. **-2.** *hum* [fesses] hindquarters *hum*, behind.

**arrimer** [3] [arime] *vt* NAUT [ranger] to stow; [attacher] to secure.

**arrimeur** [arimœr] *nm* stevedore.

**arrivage** [arivaʒ] *nm* delivery, consignment; 'prix selon ~' 'price according to availability'.

**arrivant, e** [arivɑ̃, ɑ̃t] *nm, f* newcomer, new arrival.

**arrivé, e** [arive] *adj* [qui a réussi] successful.

◆ **arrivée** *nf* **-1.** [venue – d'une saison, du froid] arrival, coming; [– d'un avion, d'un ami] arrival; **on attend son ~e pour le mois prochain** we're expecting him to arrive ou he's expected to arrive next month; **à mon ~e à la gare** on ou upon my arrival at the station, when I arrived at the station; **quelques mois après son ~e** a few months after he came to power; **heure d'~e** [d'un train] time of arrival; [du courrier] time of delivery. **-2.** SPORT finish. **-3.** TECH: **~e d'air/de gaz** [robinet] air/gas inlet; [passage] inflow of air/gas.

**arriver** [3] [arive] ◇ *vi* (*aux être*) **A.** DANS L'ESPACE **-1.** [parvenir à destination – voyageur, véhicule, courrier] to arrive; **~ chez qqn** to arrive at sb's place; **~ chez soi** to get ou to arrive home; **~ au sommet** to reach the summit; **dès que je suis arrivé au Canada** as soon as I arrived in ou got to Canada; **nous sommes bientôt** ou **presque arrivés** we're almost there; **qui est arrivé après l'appel?** [en classe] who came in after I called the register *Br* ou called roll *Am*?; **être bien arrivé** [personne, colis] to have arrived safely; **vous voilà enfin arrivés, je m'inquiétais** [ici] here you are ou you've arrived at last, I was getting worried; [là-bas] you got there at last, I was getting worried; **par où es-tu arrivée?** [ici] which way did you come?; [là-bas] which way did you take to get there?; **ils arrivent de Tokyo** they've just arrived ou come from Tokyo; **j'arrive tout juste de vacances** I'm just back from my holidays; **y aller sans réserver?** **t'arrives d'où, toi?** go there without booking? you must be joking! **-2.** [finir – dans un classement] to come (in); **le premier** [coureur] to come in first, to take first place; [invité] to arrive first, to be the first to arrive. **-3.** [venir] to come, to approach; **tu es** **prêt? — j'arrive tout de suite/dans une minute** are you ready? — I'm coming/I'll be with you in a minute; **je n'ai pas vu la voiture ~** I didn't see the car (coming); **une odeur de chocolat arrivait de la cuisine** a smell of chocolate wafted in ou came from the kitchen; **le courant/l'eau n'arrive plus** there's no more power/no more water coming through. **B.** DANS LE TEMPS **-1.** [événement, jour, moment] to come; **Noël arrive bientôt** Christmas will soon be here ou with us; **le jour arrivera où...** the day will come when...; **la soixantaine/retraite est vite arrivée** sixty/retirement is soon here; **le grand jour est arrivé!** the big day's here at last!; **l'aube arriva enfin** dawn broke at last. **-2.** [se produire] to happen; **un accident est si vite arrivé!** accidents will happen!; **ce sont des choses qui arrivent** these things happen; **~ à qqn** to happen to sb; **il s'est fait renvoyer — ça devait lui ~** he got fired — it was bound to happen; **ça peut ~ à tout le monde de se tromper!** everybody makes mistakes!; **un malheur lui est arrivé** something bad's happened to her; **ça n'arrive pas qu'aux autres** it's easy to think it'll never happen to you; **ça ne t'arrive jamais d'être de mauvaise humeur?** aren't you ever in a bad mood?; **tu ne te décourages jamais? — si, ça m'arrive** don't you ever get discouraged? — yes, from time to time; **tu es encore en retard? que cela n'arrive plus!** late? don't let it happen again!

◇ *v impers* **-1.** [venir]: **il est arrivé des dizaines de photographes** dozens of photographers arrived; **il arrive un train toutes les heures** there's a train every hour. **-2.** [aventure, événement]: **il est arrivé un accident** there's been an accident; **comme il arrive souvent en pareilles circonstances** as is often the case in such circumstances; **s'il m'arrivait quelque chose, prévenez mon père** if anything happens ou should anything happen to me, let my father know. **-3.** [se produire parfois]: **il arrive que: ne peut-il pas ~ que l'ordinateur se trompe?** couldn't the computer ever make a mistake?; **il m'arrive parfois de le rencontrer dans la rue** sometimes I meet him in the street; **s'il arrivait que je sois** ou *sout* **fusse absent** if I happened to be absent.

◆ **arriver à** *v + prép* **-1.** [niveau, taille, lieu]: **le bas du rideau arrive à 20 cm du sol** the bottom of the curtain is 20 cm above the ground; **le fil du téléphone n'arrive pas jusqu'à ma chambre** the phone cord doesn't reach ou isn't long enough to reach my room; **des bruits de conversation arrivaient jusqu'à nous** the sound of chatter reached us; **ses cheveux lui arrivent à la taille** his hair comes down to his waist; **ma nièce m'arrive à l'épaule** my niece comes up to my shoulder. **-2.** [étape, moment, conclusion] to come to, to reach; **où (en) étions-nous arrivés la semaine dernière?** [dans une leçon] where did we get up to ou had we got to last week?; **j'arrive à un âge où...** I've reached an age when...; **arrivez-en au fait** get to the point; **et ses tableaux? — j'y arrive/arrivais** what about his paintings? — I'm/I was coming to that. **-3.** [rang, résultat] to get; [succès] to achieve; **tu as refait l'addition? — oui, j'arrive au même total que toi** did you redo the calculations? — yes, I get the same result as you ‖ *(en usage absolu)* [réussir socialement] to succeed, to be successful; **si tu veux ~** if you want to get on ou to succeed in life. **-4.** [pouvoir, réussir à]: **~ à faire qqch** to manage to do sthg, to succeed in doing sthg; **je n'arrive pas à m'y habituer** I just can't get used to it; **je ne suis pas encore arrivé à lui écrire ce mois-ci** I still haven't got round to writing to him this month; **je parie que tu n'y arriveras pas!** I bet you won't be able to do it!; **tu n'arriveras jamais à rien** you'll never get anywhere; **je n'arriverai jamais à rien avec lui!** I'll never be able to do anything with him! **-5.** *loc*: **(en) ~ à qqch** [en venir à]: **comment peut-on en ~ au suicide?** how can anybody get to the point of contemplating suicide?; **j'en arrive à penser que...** I'm beginning to think that...; **j'en arrive parfois à me demander si...** sometimes I (even) wonder if...; **en ~ là**: **je ne veux pas me faire opérer — il faudra pourtant bien en ~ là** I don't want to have an operation — you have no choice; **depuis, je ne lui parle plus — c'est malheureux d'en ~ là** since then, I haven't spoken to him — it's a shame when it comes to that.

**arrivisme** [arivism] *nm* pushiness, ambitiousness.

**arriviste** [arivist] ◇ *adj* self-seeking, careerist.
◇ *nmf* careerist.

**arrogance** [arɔgɑ̃s] *nf* arrogance.

**arrogant, e** [arɔgɑ̃, ɑ̃t] ◇ *adj* arrogant. ◇ *nm, f* arrogant person.

**arroger** [17] [arɔʒe]
◆ **s'arroger** *vpt sout* to assume, to arrogate (to o.s.); **s'~ le droit de faire qqch** to assume the right to do sthg.

**arrondi** [arɔ̃di] *nm* -1. COUT hemline. -2. [forme – d'une sculpture] rounded form *ou* shape; [– d'un parterre] circular line *ou* design. -3. INF & MATH rounding.

**arrondir** [32] [arɔ̃dir] *vt* -1. [rendre rond] to make into a round shape, to round (off) *(sép)*; [incurver] to round off *(sép)*. -2. [augmenter – capital, pécule] to increase; [– patrimoine, domaine] to extend; **~ ses fins de mois** *fam* to make a little extra on the side. -3. MATH to round off *(sép)*; **~ un total au franc supérieur/inférieur** to round a sum up/down to the nearest franc. -4. COUT to level (off) *(sép)*.
◆ **s'arrondir** *vpi* -1. [grossir – femme enceinte, ventre] to get bigger *ou* rounder; [– somme] to mount up. -2. PHON to become rounded.

**arrondissement** [arɔ̃dismɑ̃] *nm* ADMIN district *(administrative subdivision of major French cities such as Paris, Lyons or Marseilles)*.

**arrosage** [arozaʒ] *nm* -1. [d'un jardin] watering; [de la chaussée] spraying. -2. *fam* [corruption] bribing.

**arrosé, e** [aroze] *adj* -1. [pluvieux]: **la région est bien ~e** the area has a high rainfall. -2. [accompagné d'alcool]: **après un dîner un peu trop ~** *fam* after having had a bit too much to drink at dinner ❑ **café ~** coffee laced with alcohol.

**arroser** [3] [aroze] *vt* -1. [asperger – jardin, pelouse] to water; **~ une voiture au jet** to hose down *ou* to spray a car; **arrête, tu m'arroses!** stop it, you're spraying water (all) over me *ou* I'm getting wet!; **se faire ~** [par la pluie] to get drenched *ou* soaked. -2. [inonder] to soak; **attention les enfants, vous allez ~ mon parquet!** careful, children, you'll get my floor all wet!; **~ qqn de qqch** to pour sthg over sb, to drench sb in sthg. -3. CULIN [gigot, rôti] to baste. -4. [repas]: **(bien) ~ son déjeuner** *fam* to drink (heavily) with one's lunch; **une mousse de saumon arrosée d'un bon sauvignon** a salmon mousse washed down with a fine Sauvignon. -5. *fam* [fêter] to drink to; **~ une naissance** to wet a baby's head *Br*, to drink to a new baby. -6. GÉOG: **la Seine arrose Paris** the river Seine flows through Paris. -7. MIL [avec des bombes] to bomb; [avec des obus] to shell; [avec des balles] to spray. -8. *fam* [corrompre] to grease the palm of.
◆ **s'arroser** *vp (emploi passif) fam*: **la naissance de ta fille, ça s'arrose!** let's drink to your new baby daughter!

**arroseur** [arozœr] *nm* -1. [personne] waterer; **c'est l'~ arrosé!** now the boot is on the other foot!-2. [dispositif] sprinkler.

**arroseuse** [arozøz] *nf* water cart.

**arrosoir** [arozwar] *nm* watering can *Br ou* pot *Am*.

**arrt** *abr écrite de* **arrondissement**.

**arsenal, aux** [arsənal, o] *nm* -1. MIL & NAUT arsenal; **ils ont découvert un véritable ~** [armes] they've stumbled on a major arms cache; [bombes] they've stumbled on a bomb factory ❑ **~ maritime** naval dockyard. -2. *fam* [panoplie] equipment, gear; **l'~ des lois, l'~ législatif** the might of the law.

**arsenic** [arsənik] *nm* arsenic.

**arsouille**ᵛ [arsuj] *vieilli* ◇ *adj* [allure, genre] loutish. ◇ *nmf* yob *Br*, roughneck *Am*.

**art** [ar] *nm* -1. BX-ARTS art; **l'~ pour l'~** art for art's sake ❑ **~ déco** art deco; **~ figuratif/abstrait** figurative/abstract art; **~ contemporain** contemporary art; **Art nouveau** Art nouveau; **~ pauvre** process art; **cinéma ou salle d'~ et d'essai** art house; **grand ~**: **regardez cette pyramide de fruits, c'est du grand ~!** look at this pyramid of fruit, it's a work of art!-2. [goût] art, taste, artistry; **une maison décorée avec/sans ~** a house decorated with/without taste. -3. [technique] art; **découper un poulet, c'est tout un ~!** *fig* carving a chicken is quite an art! ❑ **l'~ culinaire** the art of cooking; **l'~ dramatique** dramatic art, dramatics; **l'~ de la guerre** the art of warfare; **l'~ oratoire** the art of public speaking; **l'~ poétique** poetics; **l'~ sacré, le grand ~** (the art of) alchemy; **'l'Art poétique'** *Boileau* 'Ars Poetica'. -4. [don] art, talent; **il a l'~ de m'énerver** he has a knack of getting on my nerves ❑ **l'~ de vivre** the art of living; **avoir l'~ et la manière** to have ways and means; **je voulais juste le**

prévenir! — oui, mais il y a l'~ et la manière I didn't want to offend him, just to warn him! — yes, but there are ways of going about it.
◆ **arts** *nmpl* arts; **être un ami des ~s** to be a friend of the arts ❑ **~s appliqués** ≃ art and design; **~s décoratifs** decorative arts; **~s graphiques** graphic arts; **~s martiaux** martial arts; **~s ménagers** ENS home economics; **les ~s et métiers** ENS college for the advanced education of those working in commerce, manufacturing, construction and design; **les ~s plastiques** the visual arts; **~s et traditions populaires** arts and crafts.

**art.** *abr écrite de* **article**.

**Artaban** [artabɑ̃] *npr*: **fier comme ~** as proud as Punch.

**artère** [arter] *nf* -1. ANAT artery. -2. [avenue] (main) road *ou* street *ou* thoroughfare; **les grandes ~s** the main roads.

**artériel, elle** [arterjɛl] *adj* arterial.

**artériographie** [arterjɔgrafi] *nf* arteriography.

**artériole** [arterjɔl] *nf* arteriole.

**artériosclérose** [arterjɔskleroz] *nf* arteriosclerosis.

**artérite** [arterit] *nf* arteritis.

**artésien, enne** [artezjɛ̃, ɛn] *adj* [langue, patois] from Artois.

**arthrite** [artrit] *nf* arthritis.

**arthritique** [artritik] ◇ *adj* arthritic. ◇ *nmf* arthritis sufferer.

**arthropode** [artrɔpɔd] *nm* arthropod; **les ~s** the Arthropoda.

**arthroscopie** [artrɔskɔpi] *nf* arthroscopy.

**arthrose** [artroz] *nf* osteoarthritis, degenerative joint disease.

**Arthur** [artyr] *npr* Arthur; **la légende du roi ~** Arthurian legend.

**artichaut** [artiʃo] *nm* (globe) artichoke.

**article** [artikl] *nm* -1. COMM article, item; **~s d'alimentation** foodstuffs; **~s de bureau** office equipment and stationery; **~s de luxe** luxury goods; **~s de toilette** toiletries; **~s de mode** fashion accessories; **~s de voyage** travel goods; **'~s en promotion'** 'special offers' ❑ **~ d'appel** loss leader; **~s sans suite** discontinued line; **faire l'~ pour** *pr* to do a sales pitch for; *fig* to praise. -2. PRESSE article; **~ de fond** leading article, leader *Br* ‖ [d'un dictionnaire, d'un guide] entry. -3. [sujet] point; **elle dit qu'on lui doit trois millions, et sur cet ~, tu peux lui faire confiance!** she says she's owed three millions, and on that score you can believe what she says!-4. RELIG: **~s de foi** articles of faith; **le socialisme, pour moi, c'est un ~ de foi** *fig* socialism is an article of faith for me. -5. [paragraphe] article, clause; **les ~s de la Constitution** the articles *ou* clauses of the Constitution; **l'~ 10 du contrat** point *ou* paragraph *ou* clause 10 of the contract ❑ **~ de loi** article of law. -6. LING article. -7. INF item. -8. *loc*: **à l'~ de la mort** at death's door, on the point of death.

**articulaire** [artikyler] *adj* articular; **douleurs ~s** sore joints.

**articulation** [artikylasjɔ̃] *nf* -1. ANAT & ZOOL joint. -2. [prononciation] articulation. -3. [liaison] link, link-up; **l'~ des deux parties** the link between the two parts. -4. JUR enumeration, setting forth *ou* out. -5. MÉCAN connection, joint.

**articulé, e** [artikyle] *adj* -1. [mobile] articulated. -2. ANAT articulated, jointed. -3. MÉCAN hinged, jointed; **poupée ~e** jointed doll. ‖ LING articulated.

**articuler** [3] [artikyle] *vt* -1. [prononcer] to articulate; *(en usage absolu)*: **articule, je ne comprends rien** speak more clearly, I don't understand; **bien ~** to pronounce clearly. -2. [dire] to utter. -3. [enchaîner – démonstration, thèse] to link up *ou* together *(sép)*; [– faits] to connect. -4. MÉCAN to joint. -5. JUR [accusations] to enumerate, to set forth *ou* out *(sép)*.
◆ **s'articuler sur** *vp* + *prép* ANAT, MÉCAN & ZOOL to be articulated *ou* jointed with.
◆ **s'articuler autour de** *vp* + *prép* to hinge *ou* to turn on.

**artifice** [artifis] *nm* -1. [stratagème] (clever) device *ou* trick; **beauté sans ~s** artless beauty. -2. *litt* [adresse] skill. -3. [explosif] firework.

**artificiel, elle** [artifisjɛl] *adj* -1. [colorant, fleur, lumière, intelligence, insémination] artificial; [lac, soie] artificial, man-made; [perle] artificial, imitation *(modif)*; [dent] false; [bras, hanche] replacement *(modif)*; [mouche] artificial. -2. [factice – besoin, plaisir] artificial. **-3.** [affecté] artificial, false, insincere; le style est très ~ the style is very contrived ou unnatural. **-4.** [arbitraire] artificial.

**artificiellement** [artifisjɛlmɑ̃] *adv* artificially.

**artificier** [artifisje] *nm* **-1.** [en pyrotechnie] fireworks expert. **-2.** MIL [soldat] blaster; [spécialiste] bomb disposal expert.

**artificieux, euse** [artifisjø, øz] *adj litt* deceitful.

**artillerie** [artijri] *nf* artillery; ils ont envoyé la grosse ~ ou l'~ lourde *fig* they used drastic measures; pièce/tir d'~ artillery cannon/fire.

**artilleur** [artijœr] *nm* artilleryman.

**artimon** [artimɔ̃] *nm* mizzen, mizzenmast.

**artisan, e** [artizɑ̃, an] *nm, f* **-1.** [travailleur] craftsman (*f* craftswoman), artisan. **-2.** [responsable] architect, author; l'~ de la paix the peacemaker; être l'~ de sa propre chute/ruine to bring about one's own downfall/ruin.

**artisanal, e, aux** [artizanal, o] *adj* **-1.** [des artisans – classe, tradition] artisan *(modif).* **-2.** [traditionnel – méthode, travail] traditional; un fauteuil fabriqué de façon ~e a hand-made armchair; une bombe de fabrication ~e a home-made bomb. **-3.** [rudimentaire] basic, crude.

**artisanat** [artizana] *nm* **-1.** [profession]: l'~ the craft industry, the crafts. **-2.** [ensemble des artisans] artisans. **-3.** [produits] arts and crafts; '~ d'art' 'arts and crafts'; le travail du cuir fait partie de l'~ local leatherwork is part of local industry.

**artiste** [artist] ◇ *adj* **-1.** [personne] artistic. **-2.** [bohème – genre, vie] bohemian. ◇ *nmf* **-1.** BX-ARTS [créateur] artist; ~ peintre painter. **-2.** CIN, LOISIRS & THÉÂT [interprète] performer; [comédien] actor; [chanteur] singer; [de music-hall] artiste, entertainer; ~ de cabaret cabaret entertainer; ~ comique comedian; ~ dramatique actor (*f* actress). **-3.** [personne habile] artist; voilà ce que j'appelle un travail d'~! that's what I call the work of an artist!

**artistique** [artistik] *adj* [enseignement, richesses] artistic.

**arum** [arɔm] *nm* arum lily.

**aryen, enne** [arjɛ̃, ɛn] *adj* Aryan.
◆ **Aryen, enne** *nm, f* Aryan.

**arythmie** [aritmi] *nf* arrhythmia.

**as¹** [a] *v* → avoir.

**as²** [as] *nm* **-1.** JEUX [carte, dé, domino] ace; [aux courses] number one; l'~ de cœur/pique the ace of hearts/spades; t'es fagoté ou ficelé ou fichu comme l'~ de pique *fam* you look as if you've been dragged through a hedge backwards; passer à l'~ *fam*: mon augmentation est passée à l'~ I might as well forget the idea of getting a pay increase. **-2.** *fam* [champion] ace, champ, wizard; Delphine, t'es un ~! Delphine, you're a marvel!; un ~ de la route ou du volant a crack driver.

**AS** *nf abr de* **association sportive.**

**asbeste** [asbɛst] *nf* asbestos.

**asc.** *abr écrite de* **ascenseur.**

**ascendance** [asɑ̃dɑ̃s] *nf* **-1.** [ancêtres] ancestry. **-2.** [extraction]: être d'~ allemande to be of German descent; être d'~ paysanne to be of peasant origin. **-3.** ASTRON ascent, rising. **-4.** AÉRON & MÉTÉO ascending current.

**ascendant, e** [asɑ̃dɑ̃, ɑ̃t] *adj* **-1.** [mouvement] rising, ascending. **-2.** ANAT [aorte, côlon] ascending.
◆ **ascendant** *nm* **-1.** [emprise] influence, ascendancy; avoir de l'~ sur qqn to have influence over sb; subir l'~ de qqn to be under the influence of sb. **-2.** ASTROL ascendant.
◆ **ascendants** *nmpl* JUR [parents] ascendants, ancestors.

**ascenseur** [asɑ̃sœr] *nm* lift *Br,* elevator *Am.*

**ascension** [asɑ̃sjɔ̃] *nf* **-1.** [montée – d'un ballon] ascent. **-2.** [escalade – d'un alpiniste] ascent, climb; faire l'~ d'un pic to climb a peak. **-3.** [progression] ascent, rise; ses affaires connaissent une ~ rapide his business is booming. **-4.** RELIG: l'Ascension the Ascension; le jour de l'Ascension Ascension Day. **-5.** ASTRON ascension.

**ascensionnel, elle** [asɑ̃sjɔnɛl] *adj* upward.

**ascèse** [asɛz] *nf* asceticism, ascetic lifestyle.

**ascète** [asɛt] *nmf* ascetic; vivre en ~ to live an ascetic life.

**ascétique** [asetik] *adj* ascetic.

**ascétisme** [asetism] *nm* asceticism.

**ASCII** [aski] (*abr de* **American Standard Code for Informa-**

**tion Interchange**) *adj* ASCII *(modif).*

**ascorbique** [askɔrbik] *adj* ascorbic.

**ASE** (*abr de* **Agence spatiale européenne**) *npr f* ESA.

**asémantique** [asemɑ̃tik] *adj* asemantic.

**asepsie** [asɛpsi] *nf* asepsis.

**aseptique** [asɛptik] *adj* aseptic.

**aseptisation** [asɛptizasjɔ̃] *nf* asepticization.

**aseptiser** [3] [asɛptize] *vt* to asepticize.

**asexué, e** [asɛksɥe] *adj* [plante, reproduction] asexual; [individu] sexless.

**ashkénase** [aʃkenaz] *adj* & *nmf*: (juif) ~ Ashkenazi; les ~s the Ashkenazim.

**asiatique** [azjatik] *adj* **-1.** [de l'Asie en général] Asian. **-2.** [d'Extrême-Orient] Oriental; un restaurant ~ *a restaurant serving Oriental cuisine.*
◆ **Asiatique** *nmf* Asian.

**Asie** [azi] *npr f* Asia; l'~ centrale Central Asia; l'~ Mineure HIST Asia Minor; l'~ du Sud-Est Southeast Asia.

**asile** [azil] *nm* **-1.** [abri] refuge; chercher/trouver ~ to seek/to find refuge. **-2.** HIST & POL asylum; demander l'~ diplomatique/politique to seek diplomatic protection/political asylum. **-3.** [établissement – gén] home; [– pour aliénés] mental home, (lunatic) asylum *vieilli*; ~ de nuit night shelter.

**asocial, e, aux** [asɔsjal, o] ◇ *adj* asocial, antisocial. ◇ *nm, f* dropout, social outcast.

**asparagus** [asparagys] *nm* asparagus fern.

**aspartam(e)** [aspartam] *nm* aspartame.

**aspect** [aspɛ] *nm* **-1.** [apparence] appearance, look; un bâtiment d'~ imposant an imposing-looking building; donner l'~ de qqch à qqn to give sb the appearance of sthg; prendre l'~ de qqch [ressembler à qqch] to take on the appearance of sthg; [se métamorphoser en qqch] to turn into sthg; offrir ou présenter l'~ de qqch to look like ou to resemble sthg. **-2.** [point de vue] aspect, facet; envisager ou examiner une question sous tous ses ~s to consider a question from all angles; vu sous cet ~ seen from this angle ou point of view; sous un ~ nouveau in a new light. **-3.** ASTROL & LING aspect.
◆ **à l'aspect de** *loc prép* at the sight of, upon seeing.

**asperge** [aspɛrʒ] *nf* **-1.** BOT asparagus. **-2.** *fam* [personne] une (grande) ~ a beanpole.

**asperger** [17] [aspɛrʒe] *vt* **-1.** [légèrement] to sprinkle. **-2.** [tremper] to splash, to splatter; se faire ~ to get splashed; ~ qqn/qqch de qqch to splash sb/sthg with sthg, to splash sthg on sb/sthg.
◆ **s'asperger** ◇ *vp (emploi réfléchi):* s'~ de qqch to splash o.s. with sthg, to splash sthg on o.s. ◇ *vp (emploi réciproque)* to splash ou to spray one another.

**aspergillus** [aspɛrʒilys] *nm* aspergillus.

**aspérité** [asperite] *nf* **-1.** [proéminence] rough bit; les ~s d'une surface the roughness of a surface. **-2.** *litt* [rudesse] asperity, harshness.

**asperme** [aspɛrm] *adj* seedless.

**aspersion** [aspɛrsjɔ̃] *nf* **-1.** [d'eau] sprinkling, spraying. **-2.** RELIG sprinkling, aspersion.

**aspersoir** [aspɛrswar] *nm* **-1.** RELIG [goupillon] aspersorium. **-2.** [pomme d'arrosoir] rose.

**asphalte** [asfalt] *nm* **-1.** [bitume] asphalt. **-2.** *fam* [chaussée] street.

**asphalter** [3] [asfalte] *vt* to asphalt.

**asphyxiant, e** [asfiksjɑ̃, ɑ̃t] *adj* **-1.** [obus, vapeur] asphyxiating, suffocating. **-2.** [oppressant – ambiance] stifling, suffocating.

**asphyxie** [asfiksi] *nf* **-1.** MÉD asphyxia. **-2.** *fig* paralysis.

**asphyxier** [9] [asfiksje] *vt* **-1.** [priver d'air] to suffocate; [faire respirer du gaz à] to asphyxiate; mourir asphyxié to die of asphyxiation. **-2.** *fig* [personne] to oppress; [pays, économie] to paralyse.
◆ **s'asphyxier** ◇ *vp (emploi réfléchi)* [volontairement, au gaz] to gas o.s. ◇ *vpi* [accidentellement] to suffocate.

**aspic** [aspik] *nm* **-1.** ZOOL asp. **-2.** BOT & CULIN aspic.

**aspirant, e** [aspirɑ̃, ɑ̃t] ◇ *adj* sucking, pumping.
◇ *nm, f* candidate.
◆ **aspirant** *nm* officer cadet.

**aspirateur** [aspiratœr] *nm* **-1.** [domestique] Hoover® *Br*, vacuum cleaner; **passer l'~** to do the hoovering *Br* OU vacuuming. **-2.** TECH aspirator.

**aspiration** [aspirasjɔ̃] *nf* **-1.** [ambition] aspiration, ambition. **-2.** [souhait] yearning, longing, craving. **-3.** [absorption – d'air] inhaling; [– d'un gaz, d'un fluide] sucking up. **-4.** MÉCAN induction. **-5.** PHON aspiration. **-6.** MÉD: **~ endo-utérine**, IVG par ~ abortion by vacuum extraction.

**aspiré, e** [aspire] *adj* PHON aspirate.
◆ **aspirée** *nf* PHON aspirate.

**aspirer** [3] [aspire] *vt* **-1.** [inspirer] to inhale, to breathe in *(sép)*. **-2.** [pomper] to suck up *(sép)*; **~ de l'air/des gaz d'une conduite** to pump air/gas out of a main ‖ [avec un aspirateur] to vacuum, to hoover *Br*. **-3.** PHON to aspirate.
◆ **aspirer à** *v + prép* [paix, repos] to long for *(insép)*, to yearn for *(insép)*; [rang, dignité] to aspire to *(insép)*.

**aspirine** [aspirin] *nf* aspirin; **un comprimé d'~** an aspirin.

**assagir** [32] [asaʒir] *vt litt* [apaiser – personne] to quieten down *(sép)*; [– passion, violence] to soothe, to allay; **l'expérience l'a assagie** experience has made her a wiser person ‖ [faire se ranger] to cause to settle down; **c'est un homme assagi maintenant** he's calmed down a lot.
◆ **s'assagir** *vpi* **-1.** [personne] to settle down. **-2.** *fig*: **la passion s'assagit avec l'âge** passion becomes calmer with age.

**assaillant, e** [asajɑ̃, ɑ̃t] *adj* [armée, troupe] assailing, assaulting, attacking.
◆ **assaillant** *nm* assailant, attacker.

**assaillir** [47] [asajir] *vt* MIL to attack, to assail *litt*; [esprit, imagination] to beset; **le bureau est assailli de demandes** the office is swamped OU besieged with inquiries.

**assainir** [32] [asenir] *vt* **-1.** [nettoyer – quartier, logement] to clean up *(sép)*; [– air] to purify. **-2.** [assécher – plaine, région] to improve the drainage of. **-3.** [épurer – situation] to clear up; [– marché, monnaie] to stabilize.
◆ **s'assainir** *vpi* to improve, to become healthier.

**assainissement** [asenismɑ̃] *nm* **-1.** [nettoyage – d'une ville] improvement; [– d'un appartement] cleaning up. **-2.** [assèchement] draining. **-3.** [d'une monnaie, d'un marché] stabilization, stabilizing.

**assainisseur** [asenisœr] *nm* air-freshener.

**assaisonnement** [asɛzɔnmɑ̃] *nm* **-1.** [processus] dressing, seasoning. **-2.** [condiments] seasoning; [sauce] dressing.

**assaisonner** [3] [asɛzɔne] *vt* **-1.** CULIN [plat, sauce] to season; [salade] to dress. **-2.** *fig* [agrémenter]: **~ qqch de** to spice OU to lace sthg with. **-3.** *fam* [malmener]: **~ qqn** to tell sb off ‖ [escroquer] to sting, to rip off *(sép)*.

**assassin, e** [asasɛ̃, in] *adj litt* OU *hum* [œillade, regard] provocative.
◆ **assassin** *nm* [gén] murderer, killer; [d'une personnalité connue] assassin; **à l'aide, à l'~!** help, murder!

**assassinat** [asasina] *nm* [gén] murder; [d'une personnalité connue] assassination.

**assassiner** [3] [asasine] *vt* **-1.** [tuer – gén] to murder; [– vedette, homme politique] to assassinate. **-2.** *fam & péj* [malmener – musique, symphonie] to murder, to slaughter.

**assaut** [aso] *nm* **-1.** MIL assault, attack, onslaught; **aller** OU **monter à l'~** *pr* to attack, to storm; *fig* to attack; **à l'~!** charge!; **donner l'~** to launch OU to mount an attack; **lancer à l'~ d'une ville** to launch an attack OU to mount an onslaught on a town; **ils se sont lancés à l'~ du marché japonais** *fig* they set out to capture the Japanese market; **résister aux ~s de l'ennemi** to withstand enemy attacks; **prendre d'~ un palais** to storm a palace; **à la chute de la Bourse, les banques ont été prises d'~ par les petits porteurs** *fig* when the Stock Exchange crashed, the banks were stormed by small shareholders; **elles font ~ de politesse/gentillesse** they're falling over each other to be polite/nice ❑ **troupes d'~** storm troops. **-2.** ESCRIME bout.

**assèche** [asɛʃ] *v* → **assécher**.

**assèchement** [asɛʃmɑ̃] *nm* draining, drying-up.

**assécher** [18] [aseʃe] ◊ *vt* [drainer – terre, sol] to drain (the water off); [vider – étang, réservoir] to empty. ◊ *vi* [à marée basse] to become dry, to dry up.
◆ **s'assécher** *vpi* to become dry, to dry up.

**ASSEDIC, Assedic** [asedik] *(abr de* **Association pour l'emploi dans l'industrie et le commerce)** *npr* French unemployment insurance scheme, ≈ Unemployment Benefit Office *Br*, ≈ Unemployment Office *Am*; **toucher les ~** to get unemployment benefit.

**assemblage** [asɑ̃blaʒ] *nm* **-1.** [fait de mettre ensemble] assembling, constructing, fitting together. **-2.** AUT & INDUST assembly. **-3.** [ensemble] assembly; CONSTR framework, structure; MENUIS joint. **-4.** BX-ARTS assemblage. **-5.** IMPR gathering. **-6.** *péj* [amalgame] collection, concoction *péj*. **-7.** INF assembly.

**assemblée** [asɑ̃ble] *nf* **-1.** [auditoire] gathering, audience; **en présence du nombreuse ~** in front of a large audience; **l'~ des fidèles** RELIG the congregation. **-2.** [réunion] meeting; **~ générale/annuelle** general/annual meeting; **la fédération a tenu son ~ annuelle à Lille** the federation held its annual meeting in Lille; **~ (générale) ordinaire/extraordinaire** ordinary/extraordinary (general) meeting. **-3.** POL [élus]: **l'Assemblée (nationale)** the (French) National Assembly; **la Haute Assemblée** the (French) Senate ❑ **~ constituante** constituent assembly; **~ fédérale** [en Suisse] (Swiss) federal assembly. **-4.** [bâtiment]: **l'Assemblée** ≈ the House.

**assembler** [3] [asɑ̃ble] *vt* **-1.** [monter] to assemble, to put OU to fit together *(sép)*; MENUIS to joint; **assemblez le dos et le devant du tricot** sew the back and the front of the sweater together; **~ deux pièces par collage/soudure** to glue/to solder two parts together. **-2.** [combiner – pensées] to gather (together) *(sép)*; [– documents] to collate. **-3.** INF to assemble.
◆ **s'assembler** *vpi* to gather (together).

**assembleur** [asɑ̃blœr] *nm* **-1.** INF assembler (language). **-2.** [ouvrier] fitter.

**assener** [19], **asséner** [18] [asene] *vt* [coup] to deliver, to strike; **je lui ai asséné quelques vérités bien senties** *fig* I threw a few home truths at him.

**assentiment** [asɑ̃timɑ̃] *nm* assent, agreement; **hocher la tête en signe d'~** to nod one's head (in agreement).

**asseoir** [65] [aswar] ◊ *vt* **-1.** [mettre en position assise]: **~ qqn** [le mettre sur un siège] to sit sb down; [le redresser dans son lit] to sit sb up; **~ qqn sur le trône** [le couronner] to put sb on the throne; **être assis: j'étais assise sur un tabouret** I was sitting on a stool; **nous étions assis au premier rang** we were seated in the first row; **êtes-vous bien assis?** are you sitting comfortably?; **je préfère être assise pour repasser** I prefer doing the ironing sitting down ❑ **être assis entre deux chaises** to be (caught) between two stools. **-2.** *sout* [consolider] to establish; **~ sa réputation sur qqch** to base one's reputation on sthg. **-3.** [faire reposer – statue] to sit, to rest. **-4.** *fam* [étonner] to stun, to astound. **-5.** FIN [impôt, taxe] to base, to fix. **-6.** ÉQUIT to sit. ◊ *vi*: **faire ~ qqn** to ask sb to sit down.
◆ **s'asseoir** *vpi* **-1.** [s'installer] to sit down; **asseyez-vous donc** please, do sit down; **asseyons-nous par terre** let's sit on the floor; **venez vous ~ à table avec nous** come and sit at the table with us; **s'~ en tailleur** to sit cross-legged; **il s'assit sur ses talons** he sat down on his heels. **-2.** *loc*: **s'~ dessus**▽: **votre dossier, vous pouvez vous ~ dessus** you know what you can do with your file.

**assermenté, e** [asɛrmɑ̃te] ◊ *adj* [policier] sworn, sworn in; **expert ~** expert on OU under oath. ◊ *nm, f* person sworn in.

**assermenter** [3] [asɛrmɑ̃te] *vt* to swear in *(sép)*.

**assertion** [asɛrsjɔ̃] *nf* assertion.

**asservir** [32] [asɛrvir] *vt* [assujettir] to enslave.

**asservissement** [asɛrvismɑ̃] *nm* **-1.** [sujétion] enslavement. **-2.** TECH automatic control.

**assesseur** [asesœr] *nm* assessor.

**asseyais** [asejɛ], **asseyons** [asejɔ̃] *v* → **asseoir**.

**assez** [ase] *adv* **-1.** [suffisamment] enough; **la maison est ~ grande pour nous tous** the house is big enough for all of us; **j'ai ~ travaillé pour aujourd'hui** I've done enough work for today; **c'est bien ~** that's plenty; **c'est plus qu'~** that's more than enough; **ça a ~ duré!** it's gone on long enough!; **~ parlé, agissons!** that's enough talk OU talking, let's DO something!; **en voilà** OU **c'(en) est ~!** that's enough!, enough's enough! ‖ *(en corrélation avec 'pour')*: **elle est ~ grande pour s'habiller toute seule** she's old enough to dress herself. **-2.** [plutôt, passablement] quite, rather; **j'aime ~ sa maison** I quite like his house; **c'est un ~ bon exemple de ce qu'il ne faut pas faire** it's a pretty good example of what

not to do; **je suis** ~ **contente de moi** I'm quite pleased with myself; **j'ai** ~ **peu mangé aujourd'hui** I haven't eaten much today.
◆ **assez de** *loc dét* enough; **il y en a** ~ there is/are enough; **il n'a pas besoin de venir, nous sommes (bien)** ~ **de deux** he doesn't need to come, two of us will be (quite) enough ‖ *(en corrélation avec 'pour')*: **j'ai** ~ **d'argent pour vivre** I have enough money to live on ❏ **j'en ai (plus qu')** ~ **de toutes ces histoires!** *fam* I've had (more than) enough of all this fuss!

**assidu, e** [asidy] *adj* **-1.** [zélé] assiduous, diligent, hard-working; **élève** ~ hard-working pupil; **il lui faisait une cour** ~**e** he courted her assiduously. **-2.** [constant] unflagging, unremitting, untiring; **grâce à un travail** ~ by dint of hard work; **elle a fourni des efforts** ~**s** she made unremitting efforts. **-3.** [fréquent] regular, constant.

**assiduité** [asidųite] *nf* **-1.** [zèle] assiduity; **travailler avec** ~ to work assiduously *ou* zealously. **-2.** [régularité] assiduousness; **l'** ~ **aux répétitions est essentielle** regular attendance at rehearsals is vital.
◆ **assiduités** *nfpl* attentions; **importuner** *ou* **poursuivre qqn de ses** ~**s** to force one's attentions upon sb.

**assidûment** [asidymɑ̃] *adv* **-1.** [avec zèle] assiduously. **-2.** [régulièrement] assiduously, unremittingly, untiringly.

**assieds** [asje] *v* → **asseoir**.

**assiège** [asjɛʒ] *v* → **assiéger**.

**assiégé, e** [asjeʒe] *nm, f* besieged person; **les** ~**s** the besieged.

**assiégeai** [asjeʒe] *v* → **assiéger**.

**assiégeant, e** [asjeʒɑ̃, ɑ̃t] *adj* besieging.
◆ **assiégeant** *nm* besieger.

**assiéger** [22] [asjeʒe] *vt* **-1.** MIL [ville, forteresse] to lay siege to *(insép)*, to besiege. **-2.** [se présenter en foule à] to besiege, to mob; **les guichets ont été assiégés** the ticket office was stormed by the public.

**assiérai** [asjere] *v* → **asseoir**.

**assiette** [asjɛt] *nf* **-1.** [récipient] plate; ~ **à dessert** dessert plate; ~ **creuse** *ou* **à soupe** soup dish; ~ **plate** (dinner) plate; **grande** ~ dinner plate; **petite** ~ **dessert** *ou* side plate; **c'est l'** ~ **au beurre** *fam* it's a cushy number ‖ [contenu] plate, plateful; **une (pleine)** ~ **de soupe** a (large) plateful of soup; **finis d'abord ton** ~ eat up what's on your plate first ❏ ~ **anglaise** assorted cold meats. **-2.** [assise] foundation, basis; [d'une voie ferrée, d'une route] bed; FIN [d'une hypothèque] basis; **l'** ~ **de l'impôt** the base (taxation) rate. **-3.** ÉQUIT seat. **-4.** *loc*: **je ne suis pas** *ou* **je ne me sens pas dans mon** ~ I don't feel too well, I'm feeling (a bit) out of sorts. **-5.** NAUT trim.

**assiettée** [asjete] *nf* [mesure]: **une** ~ **de** a plate *ou* plateful of.

**assignable** [asiɲabl] *adj* **-1.** [attribuable] ascribable, attributable. **-2.** JUR liable to be subpoenaed.

**assignat** [asiɲa] *nm* paper money *(issued during the French Revolution)*.

**assignation** [asiɲasjɔ̃] *nf* **-1.** [de témoin] subpoena; [d'un accusé] summons; ~ **à résidence** house arrest. **-2.** [de part, de rente] allocation.

**assigner** [3] [asiɲe] *vt* **-1.** [attribuer – poste] to assign; [– tâche] to allot, to allocate, to assign. **-2.** FIN [allouer] to allocate, to earmark. **-3.** JUR: ~ **un témoin (à comparaître)** to subpoena a witness; ~ **qqn à résidence** to put sb under house arrest; ~ **qqn (en justice) pour diffamation** to issue a writ for libel against sb.

**assimilable** [asimilabl] *adj* **-1.** PHYSIOL assimilable, easily absorbed *ou* assimilated. **-2.** [abordable] easily acquired *ou* assimilated. **-3.** SOCIOL easily assimilated *ou* integrated. **-4.** [similaire]: ~ **à** comparable to; **son travail est souvent** ~ **à celui d'un médecin** his work can often be compared to that of a doctor.

**assimilation** [asimilasjɔ̃] *nf* **-1.** PHYSIOL assimilation. **-2.** BOT: ~ **chlorophyllienne** photosynthesis. **-3.** [fait de comprendre]: **avoir un grand pouvoir d'**~ to acquire knowledge very easily; **l'** ~ **des connaissances se fait à un rythme différent selon les élèves** pupils assimilate knowledge at different rates. **-4.** [intégration] assimilation, integration. **-5.** [de statut]: **l'** ~ **des postes de maîtrise à des postes de cadres** placing supervisory positions in the same category as

executive positions. **-6.** PHON assimilation.

**assimilé, e** [asimile] *adj* comparable, similar.
◆ **assimilé** *nm*: **cadres et** ~**s** executives and their equivalent.

**assimiler** [3] [asimile] *vt* **-1.** PHYSIOL to assimilate, to absorb, to metabolize; [digérer] to digest. **-2.** [comprendre] to assimilate, to take in *(sép)*; **j'ai du mal à** ~ **les logarithmes** I have trouble mastering logarithms; **c'est du freudisme mal assimilé** it's ill-digested Freudianism. **-3.** [intégrer] to assimilate, to integrate. **-4.** PHON to assimilate.
◆ **assimiler à** *v* + *prép* to compare to; **être assimilé à un cadre supérieur** to be given equivalent status to an executive.
◆ **s'assimiler** *vp (emploi passif)* PHYSIOL to become absorbed *ou* metabolized; [être digéré] to be assimilated *ou* digested.
◆ **s'assimiler à** *vp* + *prép* to compare o.s. to.

**assis, e** [asi, iz] ◇ *pp* → **asseoir**. ◇ *adj* **-1.** [établi] stable. **-2.** [non debout] sitting (down); **rester assis: je vous en prie, restez assis** please don't get up; **tout le monde est resté assis** everyone remained seated; **se tenir** ~ to be sitting up; ~! [à un chien] sit!

◆ **assise** *nf* **-1.** [fondement] foundation, basis. **-2.** CONSTR course; [d'une route] bed. **-3.** ANAT, BOT & GÉOL stratum.
◆ **assises** *nfpl* **-1.** JUR: (**cour d'**) ~**s** ≃ crown court *Br*, ≃ circuit court *Am*.**-2.** [réunion] meeting, conference; **la fédération tient ses** ~**s à Nice** a meeting of the federation is being held *ou* taking place in Nice.

**assistanat** [asistana] *nm* **-1.** SCOL (foreign) assistant exchange scheme. **-2.** UNIV assistantship. **-3.** [secours – privé] aid; [– public] state aid.

**assistance** [asistɑ̃s] *nf* **-1.** [aide] assistance; **prêter** ~ **à qqn** to lend assistance to *ou* to assist sb; **trouver** ~ **auprès de qqn** to get help from sb ❏ ~ **judiciaire** legal aid; **l'Assistance (publique)** [à Paris et Marseille] *authority which manages the social services and state-owned hospitals*; **c'est un enfant de l'Assistance** *vieilli* he was brought up in an institution; ~ **sociale** [aux pauvres] welfare; [métier] social work; ~ **technique** technical aid. **-2.** [spectateurs – d'une pièce, d'un cours] audience; [– d'une messe] congregation. **-3.** [présence]: **l'** ~ **aux conférences n'est pas obligatoire** attendance at lectures is not compulsory.

**assistant, e** [asistɑ̃, ɑ̃t] *nm, f* **-1.** [second] assistant. **-2.** SCOL (foreign language) assistant. **-3.** UNIV lecturer *Br*, assistant teacher *Am*.**-4.** SOCIOL: ~ **maternel**, ~**e maternelle** [à son domicile] childminder *Br*, babysitter; [en collectivité] crèche *Br ou* daycare center *Am* worker; ~ **social**, ~**e sociale** social worker.
◆ **assistante** *nf*: ~**e de police** policewoman, WPC *Br* *(in charge of minors)*.

**assisté, e** [asiste] ◇ *adj* **-1.** TECH [frein, direction] servo *(modif)*. **-2.** [aidé]: **enfants** ~**s** children in care *Br ou* in custody *Am*; **être** ~ ADMIN to receive state aid. ◇ *nm, f* ADMIN: **les** ~**s** recipients of state aid; **ils ont une mentalité d'**~**s** they expect everything to be done for them.

**assister** [3] [asiste] *vt* [aider] to assist, to aid; **le prêtre est assisté d'un enfant de chœur** the priest is attended by a choirboy; ~ **qqn dans ses derniers moments** *ou* **dernières heures** to comfort sb in his last hours; ~ **(qqn) d'office** JUR to be appointed by the court (to defend sb).
◆ **assister à** *v* + *prép* **-1.** [être présent à – messe, gala] to attend; [– concert de rock, enregistrement de télévision] to be at. **-2.** [être témoin de] to witness, to be a witness to. **-3.** [remarquer] to note, to witness.

**associatif, ive** [asɔsjatif, iv] *adj* associative.

**association** [asɔsjasjɔ̃] *nf* **-1.** [groupement] society, association; **protéger la liberté d'**~ to protect freedom of association ❏ ~ **des anciens élèves** association of former pupils *Br ou* alumni *Am*; ~ **de bienfaisance** charity, charitable organization; ~ **à but non lucratif** *ou* **sans but lucratif** non profit-making *Br ou* not-for-profit *Am* organization; ~ **de malfaiteurs** criminal conspiracy; ~ **de parents d'élèves** ≃ Parent-Teacher Association *Br*, ≃ Parent-Teacher Organization *Am*.**-2.** [collaboration] partnership, association. **-3.** [d'images] association; [de couleurs] combination; ~**s** (**d'idées**) associations; ~**s verbales** PSYCH free associations.

**associé, e** [asɔsje] ◇ *adj* associate. ◇ *nm, f* associate, partner.

**associer** [9] [asɔsje] *vt* **-1.** [idées, images, mots] to associate; ~ **qqn/qqch à** to associate sb/sthg with, to connect sb/sthg with, to link sb/sthg with. **-2.** [faire participer]: ~ **qqn à:** il m'a associé à son projet he included me in his project. **-3.** [saveurs, couleurs]: ~ **qqch à** to combine sthg with.
◆ **s'associer** ◇ *vpi* **-1.** [s'allier] to join forces; COMM to enter ou to go into partnership, to become partners ou associates. **-2.** [s'harmoniser] to be combined. ◇ *vpt*: **s'**~ **qqn** to take sb on as a partner.
◆ **s'associer à** *vp* + *prép* to share (in); **je m'associe pleinement à votre malheur** I share your grief; **s'**~ **à une entreprise criminelle** to be an accomplice to ou to take part in a crime.

**assoiffé, e** [aswafe] *adj* thirsty; ~ **de sang** bloodthirsty.

**assoiffer** [3] [aswafe] *vt* to make thirsty.

**assoirai** [aswaʀe], **assois** [aswa] *v* → **asseoir**.

**assolement** [asɔlmɑ̃] *nm* crop rotation.

**assoler** [3] [asɔle] *vt* [terres] to rotate crops on.

**assombrir** [32] [asɔ̃bʀiʀ] *vt* **-1.** [rendre sombre] to darken, to make dark ou darker. **-2.** [rendre triste] to cast a shadow ou cloud over, to mar.
◆ **s'assombrir** *vpi* **-1.** [s'obscurcir] to darken, to grow dark. **-2.** [s'attrister – visage] to become gloomy, to cloud over; [– personne, humeur] to become gloomy.

**assommant, e** [asɔmɑ̃, ɑ̃t] *adj fam* **-1.** [ennuyeux] boring, tedious. **-2.** [fatigant]: **tu es** ~, **à la fin, avec tes questions!** all these questions are getting really annoying!

**assommer** [3] [asɔme] *vt* **-1.** [frapper] to knock out *(sép)*, to stun; [tuer]: ~ **un bœuf** to fell an ox. **-2.** *fam* [ennuyer]: ~ **qqn** to bore sb stiff; **ils m'assomment avec leurs statistiques** they bore me to tears with their statistics ‖ [importuner] to harass, to wear down *(sép)*. **-3.** [abrutir] to stun.

**Assomption** [asɔ̃psjɔ̃] *nf*: l'~ the Assumption.

**assonance** [asɔnɑs] *nf* assonance.

**assorti, e** [asɔʀti] *adj* **-1.** [en harmonie]: **un couple bien** ~ a well-matched couple; **un couple mal** ~ an ill-matched ou ill-assorted couple; **les deux couleurs sont très bien assorties** the two colours match (up) ou blend (in) perfectly; **pantalon avec veste** ~**e** trousers *Br* ou pants *Am* with matching jacket. **-2.** [chocolats] assorted. **-3.** [approvisionné]: **un magasin bien** ~ a well-stocked shop.

**assortiment** [asɔʀtimɑ̃] *nm* **-1.** [ensemble] assortment, selection; ~ **de charcuterie** selection of ou assorted cold meats; ~ **d'outils** set of tools, tool kit. **-2.** [harmonisation] arrangement, matching. **-3.** COMM [choix] selection, range, stock; **nous avons un vaste** ~ **de desserts** we offer a large selection ou a wide range of desserts.

**assortir** [32] [asɔʀtiʀ] *vt* **-1.** [teintes, vêtements] to match; **assorti à**: **j'ai acheté le couvre-lit assorti au papier peint** I bought a bedspread to match the wallpaper; ~ **ses chaussures à sa ceinture** to match one's shoes with ou to one's belt. **-2.** [personnes] to match, to mix. **-3.** COMM [approvisionner] to supply. **-4.** [accompagner]: ~ **de**: **il a assorti son discours d'un paragraphe sur le racisme** he added a paragraph on racism in his speech.
◆ **s'assortir** *vpi* **-1.** [s'harmoniser] to match, to go together well; **sa manière de s'habiller s'assortit à sa personnalité** the way he dresses matches ou reflects his personality. **-2.** [être complété]: **s'**~ **de**: **son étude s'assortit de quelques remarques sur la situation actuelle** his study includes a few comments on the present situation. **-3.** COMM to buy one's stock.

**assoupi, e** [asupi] *adj* **-1.** [endormi – personne] asleep, sleeping, dozing. **-2.** *litt* [sans animation – ville] sleepy.

**assoupir** [32] [asupiʀ] *vt* **-1.** [endormir] to make drowsy ou sleepy. **-2.** *litt* [atténuer – soupçon, douleur] to dull.
◆ **s'assoupir** *vpi* **-1.** [s'endormir] to doze off, to fall asleep. **-2.** *litt* [s'affaiblir – crainte, douleur] to be dulled.

**assoupissement** [asupismɑ̃] *nm* **-1.** [sommeil léger] doze; [état somnolent] drowsiness; **tomber dans un léger** ~ to doze off. **-2.** *litt* [atténuation – des soupçons, de la douleur] dulling, numbing.

**assouplir** [32] [asupliʀ] *vt* **-1.** [rendre moins dur – corps] to make supple, to loosen up *(sép)*; [– linge, cuir] to soften. **-2.** [rendre moins strict] to ease; ~ **ses positions** to take a softer line; **l'âge n'a pas assoupli son caractère** age hasn't made

her more tractable ou any easier; **le règlement de l'école a été considérablement assoupli** the school rules have been considerably relaxed.
◆ **s'assouplir** *vpi* **-1.** [devenir moins raide] to become looser ou more supple, to loosen up. **-2.** [caractère, règlement] to become more flexible.

**assouplissant** [asuplisɑ̃] *nm* (fabric) softener.

**assouplissement** [asuplismɑ̃] *nm* **-1.** LOISIRS & SPORT limbering up, loosening up; **des exercices** ou **une séance d'**~ limbering-up exercises. **-2.** [d'un linge, d'un cuir] softening. **-3.** [d'une position] softening; **demander l'**~ **d'un règlement** to ask for regulations to be relaxed.

**assouplisseur** [asuplisœʀ] *nm* (fabric) softener.

**assourdir** [32] [asuʀdiʀ] *vt* **-1.** [personne] to deafen; [bruit, son] to dull, to deaden, to muffle. **-2.** PHON to make voiceless ou unvoiced.
◆ **s'assourdir** *vpi* PHON to become voiceless ou unvoiced.

**assourdissant, e** [asuʀdisɑ̃, ɑ̃t] *adj* deafening, ear-splitting.

**assouvir** [32] [asuviʀ] *vt sout* [désir, faim] to appease, to assuage; [soif] to quench.

**assoyais** [aswaje], **assoyons** [aswajɔ̃] *v* → **asseoir**.

**ASSU, Assu** [asy] *(abr de* Association du sport scolaire et universitaire) *npr f former* schools and university sports association.

**assujetti, e** [asyʒeti] ◇ *adj litt* [population, prisonnier] subjugated. ◇ *nm, f* person liable for tax.

**assujettir** [32] [asyʒetiʀ] *vt* **-1.** [astreindre] to compel; **être assujetti à un contrôle médical très strict** to be subjected to very strict medical checks; **être assujetti à l'impôt** to be liable for taxation. **-2.** [arrimer] to fasten, to secure. **-3.** *litt* [asservir – nation, peuple] to subjugate, to hold under a yoke.
◆ **s'assujettir à** *vp* + *prép* to submit (o.s.) to.

**assujettissement** [asyʒetismɑ̃] *nm* **-1.** *litt* [asservissement] subjection. **-2.** JUR: ~ **à l'impôt** liability to taxation.

**assumer** [3] [asyme] *vt* **-1.** [endosser] to take on *(sép)*, to take upon o.s., to assume; **j'en assume l'entière responsabilité** I take ou I accept full responsibility for it; **nous assumerons toutes les dépenses** we'll meet all the expenses; **elle assume à la fois les fonctions de présidente et de trésorière** she acts both as chairperson and treasurer; **j'ai assumé ces responsabilités pendant trop longtemps** I held that job for too long. **-2.** [accepter] to accept; **il assume mal ses origines** he's never been able to come to terms with his background ‖ *(en usage absolu)*: **j'assume!** I don't care what other people think!
◆ **s'assumer** *vpi*: **il a du mal à s'**~ **en tant que père** he's finding it hard to come to terms with his role as father; **il serait temps que tu t'assumes!** *fam* it's time you took responsibility for your actions!

**assurance** [asyʀɑs] *nf* **-1.** COMM [contrat] insurance (policy); **placer des** ~**s** to sell insurance (policies); ~ **contre l'incendie/les accidents** insurance against fire-/(personal) accidents, fire/accident insurance; **les** ~**s** insurance companies; **il est dans les** ~**s** *fam* he's in insurance ❏ ~ **auto** ou **automobile** car ou automobile *Am* insurance; ~ **personnelle** ou **volontaire** private health insurance ou cover; ~ **chômage** unemployment insurance; ~ **maladie** health insurance; ~ **maternité** maternity benefit; ~ **tous risques** comprehensive insurance; **les** ~**s sociales** ≃ National Insurance *Br*, ≃ Welfare *Am*; ~ **au tiers** third party insurance; ~ **vieillesse** retirement pension. **-2.** *sout* [promesse] assurance; **j'ai reçu l'**~ **formelle que l'on m'aiderait financièrement** I was assured I would receive financial help. **-3.** [garantie]: **une** ~ **de** a guarantee of; **le retour à la démocratie constitue une** ~ **de paix pour le pays** the return of democracy will guarantee peace for the country. **-4.** [aisance] self-confidence, assurance; **s'exprimer avec** ~ to speak with assurance; **elle a de l'**~ ou **dans la voix she sounds confident. **-5.** *sout* [certitude]: **avoir l'**~ **que** to feel certain ou assured that; **j'ai l'**~ **qu'il viendra** I'm sure he'll come. **-6.** [dans la correspondance]: **veuillez croire à l'**~ **de ma considération distinguée** yours faithfully.

**assurance-vie** [asyʀɑ̃svi] *(pl* assurances-vie) *nf* life insurance ou assurance.

**assuré, e** [asyʀe] ◇ *adj* **-1.** [incontestable] certain, sure; **succès** ~ **pour son nouvel album!** her new album is sure to be a hit!; **discrétion** ~**e** confidentiality guaranteed. **-2.** [résolu] assured, self-confident; **marcher d'un pas** ~ to walk confidently; **d'une voix mal** ~**e** quaveringly, in an unsteady voice; **avoir un air** ~ to look self-confident. ◇ *nm, f* **-1.** [qui a un contrat d'assurance] insured person, policyholder; **les** ~**s** the insured. **-2.** ADMIN: ~ **social** ≃ contributor to the National Insurance scheme *Br*, ≃ contributor to Social Security *Am*.

**assurément** [asyremɑ̃] *adv sout* assuredly, undoubtedly, most certainly; ~ **non!** certainly OU indeed not!; ~ **(oui)!** yes, indeed!, (most) definitely!

**assurer** [3] [asyre] ◇ *vt* **-1.** [certifier] to assure; **il m'a assuré qu'il viendrait** he assured me he'd come; **mais si, je t'assure!** yes, I swear!; **il faut de la patience avec elle, je t'assure!** you need a lot of patience when dealing with her, I'm telling you!**-2.** [rendre sûr] to assure; **laissez-moi vous** ~ **de ma reconnaissance** let me assure you of my gratitude. **-3.** [procurer] to maintain, to provide; ~ **le ravitaillement des populations sinistrées** to provide disaster victims with supplies; **une permanence est assurée le samedi après-midi** there is someone on duty on Saturday afternoons; **pour mieux** ~ **la sécurité de tous** to ensure greater safety for all; ~ **une liaison aérienne/ferroviaire** to operate an air/a rail link; ~ **qqch à qqn**: ~ **à qqn un bon salaire** to secure a good salary for sb. **-4.** [mettre à l'abri] to ensure, to secure; ~ **l'avenir** to make provision for the future ❑ ~ **ses arrières** MIL to protect one's rear; *fig* to leave o.s. a way out OU something to fall back on. **-5.** [arrimer] to secure, to steady. **-6.** COMM to insure; **j'ai fait** ~ **mes bijoux** I had my jewels insured; **être mal assuré contre le vol** to be underinsured in case of theft. **-7.** SPORT to belay. **-8.** NAUT [bout] to belay, to make fast.
◇ *vi fam*: **il assure en physique/anglais** he's good at physics/English; **elle a beau être nouvelle au bureau, elle assure bien** she may be new to the job but she certainly copes (well); **les femmes d'aujourd'hui, elles assurent!** modern women can do anything!; **il va falloir** ~! we'll have to show that we're up to it!
◆ **s'assurer** ◇ *vp (emploi réfléchi)* COMM to insure o.s.; **s'**~ **contre le vol/l'incendie** to insure o.s. against theft/fire; **il est obligatoire pour un automobiliste de s'**~ by law, a driver must be insured. ◇ *vpi* [s'affermir] to steady o.s. ◇ *vpt* [se fournir – revenu] to secure, to ensure.
◆ **s'assurer de** *vp + prép* [contrôler]: **assurez-vous de la validité de votre passeport** make sure your passport is valid; **je vais m'en** ~ **immédiatement** I'll check right away; **s'**~ **que** to make sure (that), to check (that); **assure-toi que tout va bien** make sure everything's OK.

**assureur** [asyrœr] *nm* insurer, underwriter.

**Assyrie** [asiri] *npr f*: (l') ~ Assyria.

**assyrien, enne** [asirjɛ̃, ɛn] *adj* Assyrian.
◆ **Assyrien, enne** [asirjɛ̃, ɛn] *nm, f* Assyrian.

**astérisque** [asterisk] *nm* asterisk.

**astéroïde** [asterɔid] *nm* asteroid.

**asthmatique** [asmatik] *adj & nmf* asthmatic.

**asthme** [asm] *nm* asthma; **avoir de l'**~ to suffer from asthma.

**asticot** [astiko] *nm* [ver] maggot; PÊCHE gentle.

**asticoter** [3] [astikɔte] *vt fam* to bug.

**astigmate** [astigmat] *adj & nmf* astigmatic.

**astiquer** [3] [astike] *vt* to polish, to shine.

**astragale** [astragal] *nm* **-1.** ANAT astragalus, talus. **-2.** ARCHIT astragal. **-3.** BOT astragalus.

**astrakan** [astrakɑ̃] *nm* astrakhan (fur); **un manteau en** ~ an astrakhan coat.

**astral, e, aux** [astral, o] *adj* astral.

**astre** [astr] *nm* ASTROL & ASTRON star; **l'**~ **du jour** *litt* the sun ❑ **beau comme un** ~ radiantly handsome OU beautiful.

**astreignais** [astreɲɛ] *v* → **astreindre**.

**astreignant, e** [astreɲɑ̃, ɑ̃t] *adj* demanding, exacting; **un programme** ~ a punishing schedule.

**astreindre** [81] [astrɛ̃dr] *vt*: ~ **qqn à qqch** to tie sb down to sthg; **il est astreint à un régime sévère** he's on a very strict diet; ~ **qqn à faire qqch** to compel OU to force OU to oblige sb to do sthg.
◆ **s'astreindre à** *vp + prép*: **s'**~ **à faire qqch** to compel OU to force o.s. to do sthg; **il s'astreint à un régime sévère** he

sticks to a strict diet.

**astreint, e** [astrɛ̃, ɛ̃t] *pp* → **astreindre**.
◆ **astreinte** *nf* JUR daily penalty for delay in payment of debt.

**astringence** [astrɛ̃ʒɑ̃s] *nf* astringency, astringence.

**astringent, e** [astrɛ̃ʒɑ̃, ɑ̃t] *adj* PHARM astringent; [vin] sharp.

**astrolabe** [astrolab] *nm* astrolabe.

**astrologie** [astrɔlɔʒi] *nf* astrology.

**astrologique** [astrɔlɔʒik] *adj* astrological.

**astrologue** [astrɔlɔg] *nmf* astrologer.

**astronaute** [astronot] *nmf* astronaut.

**astronautique** [astronotik] *nf* astronautics (U).

**astronef** [astronɛf] *nm vieilli* spaceship.

**astronome** [astronɔm] *nmf* astronomer.

**astronomie** [astronɔmi] *nf* astronomy.

**astronomique** [astronɔmik] *adj* **-1.** SC astronomic, astronomical. **-2.** *fam* [somme] astronomic, astronomical; **ça a atteint des prix** ~**s!** it's become ridiculously expensive!

**astrophysicien, enne** [astrofizisjɛ̃, ɛn] *nm, f* astrophysicist.

**astrophysique** [astrofizik] *nf* astrophysics (U).

**astuce** [astys] *nf* **-1.** [ingéniosité] astuteness, shrewdness; **il est plein d'**~ he's a shrewd individual. **-2.** *fam* [plaisanterie] joke, gag; **je n'ai pas compris l'**~! I didn't get it!**-3.** *fam* [procédé ingénieux] trick; **en page 23, notre rubrique «**~**s»** our tips are on page 23; **je n'arrive pas à l'ouvrir** – attends, **il doit y avoir une** ~ I can't open it – wait, there must be some knack (to it); **comment fais-tu tenir le loquet?** – ah, **ah, c'est l'**~! how do you get the latch to stay on? – aha, wouldn't you like to know!; **les** ~**s du métier** the tricks of the trade.

**astucieux, euse** [astysjø, øz] *adj* shrewd, clever.

**asymétrie** [asimetri] *nf* asymmetry, lack of symmetry.

**asymétrique** [asimetrik] *adj* asymmetric, asymmetrical.

**asynchrone** [asɛ̃kron] *adj* asynchronous.

**atavique** [atavik] *adj* atavistic, atavic.

**atavisme** [atavism] *nm* atavism; **ils sont prudents, c'est un vieil** ~ **paysan** they're very cautious, on account of their peasant origins; **ça doit être par** ~! it must be in my/your *etc* blood!

**atchoum** [atʃum] *interj* atishoo.

**atelier** [atəlje] *nm* **-1.** [d'un bricoleur, d'un artisan] workshop; [d'un peintre, d'un photographe] studio; COUT workroom. **-2.** [d'une usine] shop; **l'**~ **s'est mis en grève** the shopfloor has gone on strike ❑ ~ **d'assemblage** assembly shop; ~ **naval** shipyard; ~ **protégé** sheltered workshop. **-3.** [cours] workshop; BX-ARTS class. **-4.** [de francs-maçons] lodge.

**atemporel, elle** [atɑ̃pɔrɛl] *adj* timeless.

**atermoie** [atɛrmwa] *v* → **atermoyer**.

**atermoiement** [atɛrmwamɑ̃] *nm* procrastination, delaying.

**atermoyer** [13] [atɛrmwaje] *vi* to procrastinate, to delay; **ayant atermoyé deux mois, ils ont fini par dire oui** having held back from making a decision for two months, they finally said yes.

**athée** [ate] ◇ *adj* atheistic, atheist *(modif)*. ◇ *nmf* atheist.

**athéisme** [ateism] *nm* atheism.

**Athéna** [atena] *npr* Athena, Athene.

**athénée** [atene] *nm Belg* high OU secondary school.

**Athènes** [atɛn] *npr* Athens.

**athénien, enne** [atenjɛ̃, ɛn] *adj* Athenian.
◆ **Athénien, enne** *nm, f* Athenian; **c'est là que les Athéniens s'atteignirent** *hum* that was when things started to get complicated.

**athérosclérose** [ateroskleroz] *nf* atherosclerosis.

**athlète** [atlɛt] *nmf* athlete; **un corps/une carrure d'**~ an athletic body/build.

**athlétique** [atletik] *adj* athletic.

**athlétisme** [atletism] *nm* athletics *(sg)*.

**Atlantide** [atlɑ̃tid] *npr f*: **l'**~ Atlantis.

**atlantique** [atlɑ̃tik] *adj* Atlantic; **la côte** ~ the Atlantic coast; **le Pacte** ~ the Atlantic Charter.
◆ **Atlantique** [atlɑ̃tik] *npr m*: **l'**~ the Atlantic (Ocean).

**atlas** [atlas] *nm* **-1.** [livre] atlas. **-2.** ANAT atlas.
◆ **Atlas** [atlas] ◇ *npr* MYTH Atlas. ◇ *npr m* GÉOG: **l'**~ the Atlas Mountains.

**atmosphère** [atmɔsfɛr] *nf* **-1.** GÉOG atmosphere. **-2.** [ambiance] atmosphere, ambiance. **-3.** [air que l'on respire] air.

**atmosphérique** [atmɔsferik] *adj* [condition, couche, pression] atmospheric.

**atoca** [atɔka] *nm Can* cranberry.

**atoll** [atɔl] *nm* atoll.

**atome** [atom] *nm* atom; l'ère de l'~ the atomic age ❏ avoir des ~s crochus avec qqn *fam* to have things in common with sb; je n'ai pas d'~s crochus avec elle I don't have much in common with her.

**atomique** [atɔmik] *adj* [masse] atomic; [énergie] atomic, nuclear; [explosion] nuclear.

**atomisé, e** [atɔmize] ◇ *adj* PHYS atomized. ◇ *nm, f* person suffering from the effects of radiation.

**atomiser** [3] [atɔmize] *vt* **-1.** PHYS to atomize. **-2.** NUCL: ~ qqch to destroy sthg with an atom bomb, to blast sthg with a nuclear device. **-3.** *fig* to pulverize.

**atomiseur** [atɔmizœr] *nm* spray; **parfum en ~** spray perfume.

**atomiste** [atɔmist] ◇ *adj* **-1.** PHYS atomic. **-2.** PHILOS atomistic, atomistical, atomist. ◇ *nmf* **-1.** PHYS atomic scientist. **-2.** PHILOS atomist.

**atonalité** [atɔnalite] *nf* atonality.

**atone** [atɔn] *adj* **-1.** [expression, œil, regard] lifeless, expressionless. **-2.** PHON atonic, unaccented, unstressed. **-3.** MÉD atonic.

**atonie** [atɔni] *nf* **-1.** [inertie] lifelessness. **-2.** MÉD atony.

**atours** [atur] *nmpl arch* attire, array; **elle avait revêtu ses plus beaux ~** *hum* she was dressed in all her finery.

**atout** [atu] *nm* **-1.** JEUX trump; ~ to play a trump; [en ouvrant le jeu] to lead trump OU trumps; **il a joué ~ carreau** diamonds were trumps; l'~ **est à pique** spades are trumps; **prendre avec de l'~** to trump ❏ ~ **maître** *pr* master trump; *fig* trump card. **-2.** [avantage] asset, trump *fig*; **il a tous les ~s dans son jeu** OU **en main** he has all the trumps OU all the winning cards.

**ATP** (*abr de* **Association des tennismen professionnels**) *nprf* ATP.

**âtre** [atr] *nm litt* hearth.

**atriau** [atrijo] *nm Helv* circular forcemeat patty.

**Atrides** [atrid] *npr mpl*: **les ~** the Atreids, the Atridae.

**atrium** [atrijɔm] *nm* atrium.

**atroce** [atrɔs] *adj* **-1.** [cruel] atrocious, foul; **des scènes ~s** horrifying OU gruesome scenes; **leur vengeance fut ~** their revenge was awesome. **-2.** [insupportable] excruciating, dreadful, atrocious; **il est mort dans d'~s souffrances** he died in dreadful pain. **-3.** [en intensif]: **sa maison est d'un mauvais goût ~** his house is horribly tasteless. **-4.** *fam* [sens affaibli] atrocious, foul; **il est ~ avec son père** he's really awful to his father.

**atrocement** [atrɔsmã] *adv* **-1.** [cruellement] atrociously, horribly; ~ **mutilé** horribly OU hideously mutilated. **-2.** [en intensif] atrociously, dreadfully, horribly; **j'ai ~ froid** I'm frozen to death; **j'ai ~ faim** I'm starving; **j'ai ~ soif** I'm parched.

**atrocité** [atrɔsite] *nf* **-1.** [caractère cruel] atrociousness. **-2.** [crime] atrocity.

**atrophier** [9] [atrɔfje]

◆ **s'atrophier** *vpi* to atrophy.

**attabler** [3] [atable]

◆ **s'attabler** *vpi* to sit down (at the table); **tous les convives sont déjà attablés** all the guests are already seated at table; **venez donc vous ~ avec nous** do come and sit at our table.

**attachant, e** [ataʃã, ãt] *adj* [personnalité] engaging, lovable; [livre, spectacle] captivating.

**attache** [ataʃ] *nf* **-1.** [lien – gén] tie; [– en cuir, en toile] strap; [– en ficelle] string; [– d'un vêtement] clip, fastener; [– d'un rideau] tie-back. **-2.** [ami] tie, friend; [parent] relative, family tie; **un homme sans ~s** [sans partenaire] an unattached man; [sans relations] a man without family or friends; **tous les ans ils séjournaient à Monteau, ils s'y étaient fait des ~s** they went back to Monteau every year, they'd made friends there. **-3.** BOT tendril.

◆ **attaches** *nfpl* ANAT joints; **avoir des ~s fines** to be small-boned.

◆ **à l'attache** *loc adj* [chien, cheval] tied up.

**attaché, e** [ataʃe] *nm, f* attaché; ~ **militaire/d'ambassade** military/embassy attaché; ~ **d'administration** administrative assistant; ~ **de presse** press attaché.

**attaché-case** [ataʃekɛz] (*pl* **attachés-cases**) *nm* attaché case.

**attachement** [ataʃmã] *nm* **-1.** [affection] affection, attachment; **son ~ pour sa mère** his affection OU attachment to his mother; **avoir de l'~ pour qqn** to be fond of sb. **-2.** CONSTR daily statement (*to record progress and costs*).

**attacher** [3] [ataʃe] ◇ *vt* **-1.** [accrocher] to tie, to tie up (*sép*); ~ **son chien** to tie up one's dog; ~ **les mains d'un prisonnier** to tie a prisoner's hands together; ~ **qqn/qqch à** to tie sb/sthg to; ~ **un chien à une corde/à sa niche** to tie a dog to a rope/to his kennel; **pauvre bête, il l'a attachée à une chaîne** he's chained the poor thing up; **une photo était attachée à la lettre** [avec un trombone] a picture was clipped to the letter; [avec une agrafe] a picture was stapled to the letter. **-2.** [pour fermer] to tie; ~ **un colis avec une ficelle** to tie up a parcel; **une simple ficelle attachait la valise** the suitcase was held shut with a piece of string. **-3.** [vêtement] to fasten; **peux-tu m'aider à ~ ma robe?**; can you help me do up my dress?; ~ **ses lacets** to tie one's shoelaces; **attachez votre ceinture** fasten your seatbelt. **-4.** [accorder] to attach; **j'attache beaucoup de prix** OU **de valeur à notre amitié** I attach great value to OU set great store by our friendship. **-5.** [associer] to link, to connect; **le scandale auquel son nom est/reste attaché** the scandal with which his name is/remains linked; **plus rien ne l'attache à Paris** he has no ties in Paris now. **-6.** *sout* [comme domestique, adjoint]: ~ **qqn à:** ~ **un apprenti à un maître** to apprentice a young man to a master; **elle est attachée à mon service depuis dix ans** she has been working for me for ten years. ◇ *vi* CULIN to stick; **le riz a attaché** the rice has stuck; **poêle/casserole qui n'attache pas** nonstick pan/saucepan.

◆ **s'attacher** ◇ *vp* (*emploi réfléchi*) to tie o.s. ◇ *vp* (*emploi passif*) to fasten, to do up; **s'~ avec une fermeture Éclair/des boutons** to zip/to button up. ◇ *vpt*: **s'~** (**les services de**) **qqn** to take sb on.

◆ **s'attacher à** *vp + prép* **-1.** [se lier avec] to become fond of OU attached to; **s'~ aux pas de qqn** to follow sb closely. **-2.** [s'efforcer de] to devote o.s. to; **je m'attache à le rendre heureux** I try (my best) to make him happy.

**attaquable** [atakabl] *adj* **-1.** MIL open to attack. **-2.** [discutable] contestable; **son système/testament n'est pas ~** his system/will cannot be contested.

**attaquant, e** [atakã, ãt] ◇ *adj* attacking, assaulting, assailing. ◇ *nm, f* attacker, assailant.

◆ **attaquant** *nm* SPORT striker.

**attaque** [atak] *nf* **-1.** [agression] attack, assault; **passer à l'~** *pr* to attack; *fig* to attack, to go on the offensive ❏ ~ **aérienne** air attack OU raid; ~ **à main armée** [contre une banque] armed robbery. **-2.** [diatribe] attack, onslaught; **il a été victime d'odieuses ~s dans les journaux** he was subjected to scurrilous attacks in the newspapers; **pas d'~s personnelles, s'il vous plaît** let's not be personal please. **-3.** MÉD stroke, seizure; [crise] fit, attack. **-4.** MUS attack.

◆ **d'attaque** *loc adj fam*: **se sentir d'~:** **je ne me sens pas d'~ pour aller à la piscine** I don't feel up to going to the swimming pool; **te sens-tu d'~ pour un petit tennis?** do you feel up to a game of tennis?; **je ne me sens pas tellement d'~ ce matin** I don't really feel up to much this morning.

**attaquer** [3] [atake] *vt* **-1.** [assaillir – ennemi, pays, forteresse] to attack, to launch an attack upon; [– passant, touriste] to mug; **il s'est fait ~ par deux hommes** he was attacked OU assaulted by two men; **madame, c'est lui qui m'a attaqué!** please Miss, he started it!; ~ **une place par surprise** to make a surprise attack on a fort ❏ ~ **le mal à la racine** to tackle the root of the problem. **-2.** [corroder] to damage, to corrode, to eat into (*insép*). **-3.** [critiquer] to attack, to condemn; **il a été attaqué par tous les journaux** he was attacked by all the newspapers; **j'ai été personnellement attaqué** I suffered personal attacks ‖ JUR: ~ **qqn en justice** to bring an action against sb, to take sb to court; ~ **qqn en diffamation** to bring a libel action against sb; ~ **un testament**

to contest a will. **-4.** [entreprendre – tâche] to tackle, to attack, to get started on *(insép)*; **prêt à ~ le travail**? ready to get **ou** to settle down to work?**-5.** *fam* [commencer – repas, bouteille]: **~ le petit déjeuner** to dig into breakfast; **on attaque le beaujolais**? shall we have a go at that Beaujolais?**-6.** MUS to attack; *(en usage absolu)*: **quand l'orchestre attaque** when the orchestra strikes up. **-7.** JEUX: **~ à l'atout** to lead trumps; **~ à carreau** to lead diamonds.
◆ **s'attaquer à** *vp + prép* **-1.** [combattre] to take on, to attack; **s'~ aux préjugés** to attack **ou** to fight **ou** to tackle prejudice; **il s'est tout de suite attaqué au problème** he tackled the problem right away. **-2.** [agir sur] to attack; **cette maladie ne s'attaque qu'aux jeunes enfants** only young children are affected by this disease; **les bactéries s'attaquent à vos gencives** bacteria attack your gums.

**attardé, e** [atarde] ◇ *adj* **-1.** *vieilli* [anormal] backward, (mentally) retarded. **-2.** [démodé] old-fashioned. ◇ *nm, f vieilli* [malade] (mentally) retarded person.

**attarder** [3] [atarde]
◆ **s'attarder** *vpi* **-1.** [rester tard – dans la rue] to linger; [– chez quelqu'un] to stay late; [– au bureau, à l'atelier] to stay on **ou** late; **ne nous attardons pas, la nuit va tomber** let's not stay, it's almost nightfall; **je me suis attardée près de la rivière** I lingered by the river; **rentre vite, ne t'attarde pas** be home early, don't stay out too late; **s'~ à faire qqch**: **elles s'attardaient à boire leur café** they were lingering over their coffee. **-2.** **s'~ sur** [s'intéresser à] to linger over, to dwell on; **s'~ sur des détails** to linger over details; **attardons-nous quelques minutes sur le cas de cette malade** let's consider the case of this patient for a minute; **l'image contenue dans la strophe vaut que l'on s'y attarde** the image in the stanza merits further consideration; **encore un mélodrame qui ne vaut pas que l'on s'y attarde** another forgettable melodrama.

**atteignais** [atεɲε] *v* → **atteindre**.

**atteindre** [81] [atε̃dr] *vt* **-1.** [lieu] to reach, to get to *(insép)*; **aucun son ne nous atteignait** no sound reached us ‖ RAD & TV to reach; **des émissions qui atteignent un large public** programmes reaching a wide audience. **-2.** [situation, objectif] to reach, to attain; **~ la gloire** to attain glory; **il a atteint son but** he's reached his goal **ou** achieved his aim; **leur propagande n'atteint pas son but** their propaganda misses its target; **les taux d'intérêt ont atteint un nouveau record** interest rates have reached a record high. **-3.** [âge, valeur, prix] to reach; **~ 70 ans** to reach the age of 70; **le sommet atteint plus de 4 000 mètres** the summit is over 4,000 metres high; **les dégâts atteignent neuf cent mille francs** nine hundred thousand francs' worth of damage has been done. **-4.** [communiquer avec] to contact, to reach; **il est impossible d'~ ceux qui sont à l'intérieur de l'ambassade** the people inside the embassy are incommunicado. **-5.** [toucher] to reach, to get at, to stretch up to *(insép)*; **je n'arrive pas à ~ le dictionnaire qui est là-haut** I can't reach the dictionary up there. **-6.** ARM to hit; **~ la cible** to hit the target; **la balle/le policier l'a atteint en pleine tête** the bullet hit/the policeman shot him in the head; **atteint à l'épaule** wounded in the shoulder ‖ [blesser moralement] to affect, to move, to stir; **il peut dire ce qu'il veut à mon sujet, ça ne m'atteint pas** he can say what he likes about me, it doesn't bother me at all; **rien ne l'atteint** nothing affects **ou** can reach him. **-7.** [affecter – suj: maladie, fléau] to affect; **les tumeurs secondaires ont déjà atteint le poumon** the secondary tumours have already spread to the lung; **être atteint d'un mal incurable** to be suffering from an incurable disease; **les pays atteints par la folie de la guerre** countries in the grip of war mania.
◆ **atteindre à** *v + prép litt* to achieve, to attain.

**atteint, e** [atε̃, ε̃t] ◇ *pp* → **atteindre**. ◇ *adj* **-1.** [d'une maladie, d'un fléau] affected; **quand le moral est ~** when depression sets in. **-2.** *fam* [fou]: **il est plutôt ~** he's not quite right in the head.
◆ **atteinte** *nf* [attaque] attack; **~e aux bonnes mœurs** offence against public decency; **~e à la liberté individuelle** infringement of personal freedom; **~e aux droits de l'homme** violation of human rights; **~e à la sûreté de l'État** high treason; **~e à la vie privée** violation of privacy; **porter ~e au pouvoir de qqn** to undermine sb's power; **porter ~e à l'ordre public** to commit a breach of **ou** to disturb the peace ❑ **hors d'~e** out of reach.
◆ **atteintes** *nfpl* [effets nocifs] effects; **les premières ~es du mal se sont manifestées quand il a eu 20 ans** [épilepsie, diabète] he first displayed the symptoms of the disease at the age of 20; [alcoolisme, dépression] the first signs of the problem came to light when he was 20.

**attelage** [atlaʒ] *nm* **-1.** [fait d'attacher – un cheval] harnessing; [– un bœuf] yoking; [– une charrette] hitching up. **-2.** [plusieurs animaux] team; [paire d'animaux] yoke. **-3.** [véhicule] carriage. **-4.** RAIL [processus] coupling; [dispositif] coupling.

**atteler** [24] [atle] *vt* **-1.** [cheval] to harness; [bœuf] to yoke; [carriole] to hitch up *(sép)*. **-2.** RAIL to couple.
◆ **s'atteler à** *vp + prép* to get down to, to tackle.

**attelle¹** [atεl] *v* → **atteler**.

**attelle²** [atεl] *nf* **-1.** MÉD splint. **-2.** [pour un cheval] hame.

**attellerai** [atεlrε] *v* → **atteler**.

**attenant, e** [atnɑ̃, ɑ̃t] *adj* adjoining, adjacent; **cour ~e à la maison** back yard adjoining the house.

**attendre** [73] [atɑ̃dr] *vt* **A. -1.** [rester jusqu'à la venue de – retardataire, voyageur] to wait for *(insép)*; **je l'attends pour partir** I'm waiting till he gets here before I leave, I'll leave as soon as he gets here; **il va falloir t' ~ encore longtemps?** are you going to be much longer?; **(aller) ~ qqn à l'aéroport/la gare** to (go and) meet sb at the airport/the station; **le train ne va pas vous ~** the train won't wait (for you); **l'avion l'a attendu** they delayed the plane for him ❑ **~ qqn au passage ou au tournant** *fig* to wait for a chance to pounce on sb; **elle se trompera, et je l'attends au tournant** she'll make a mistake and that's when I'll get her; **'En attendant Godot'** *Beckett* 'Waiting for Godot'. **-2.** [escompter l'arrivée de – facteur, invité] to wait for *(insép)*, to expect; [– colis, livraison] to expect, to await; [– réponse, événement] to wait for *(insép)*, to await; **je ne t'attendais plus!** I'd given up waiting for you!; **~ qqn à ou pour dîner** to expect sb for dinner; **vous êtes attendu, le docteur va vous recevoir immédiatement** the doctor's expecting you, he'll see you straightaway; **qu'est-ce que tu attends?** [ton interrogatif ou de reproche] what are you waiting for?; **qu'est-ce qu'il attend pour le renvoyer?** why doesn't he just fire them?; **ils n'attendent que ça**, c'est tout ce qu'ils attendent that's exactly **ou** just what they're waiting for; **il attend le grand jour avec impatience** he's eagerly looking forward to the big day; **nous attendons des précisions** we're awaiting further details; **~ son tour** to wait one's turn; **~ son heure** to bide one's time; **~ le bon moment** to wait for the right moment (to come along); **cela peut ~ demain** that can wait till **ou** until tomorrow; **je lui ai prêté 3 000 francs et je les attends toujours** I lent him 3,000 francs and I still haven't got it back; **se faire ~** to keep others waiting; **désolé de m'être fait ~** sorry to have kept you waiting; **les hors-d'œuvre se font ~** the starters are a long time coming; **la réforme se fait ~** the reform is taking a long time to materialize; **les résultats ne se sont pas fait ~** [après une élection] the results didn't take long to come in; [conséquences d'une action] there were immediate consequences ❑ **alors, tu attends le dégel?** *fam* are you going to hang around here all day?; **~ qqn comme le Messie** to wait eagerly for sb. **-3.** [suj: femme enceinte]: **~ un bébé ou enfant**, **~ famille** *Belg* to be expecting (a child), to be pregnant; **~ des jumeaux** to be pregnant with **ou** expecting twins; **j'attends une fille** I'm expecting a girl; **elle attend son bébé pour le 15 avril** her baby's due on 15th April; **~ un heureux événement** *euph* to be expecting. **-4.** [être prêt pour] to await, to be ready for; **la voiture vous attend** the car's ready, the car's waiting for you. **-5.** [suj: destin, sort, aventure] to await, to be **ou** to lie in store for; **une mauvaise surprise l'attendait** there was an unpleasant surprise in store for her; **une nouvelle vie vous attend là-bas** a whole new life awaits you there; **si tu savais ou tu ne sais pas ce qui t'attend!** you haven't a clue what you're in for, have you?; **avant de me porter volontaire, je voudrais savoir ce qui m'attend** before I volunteer, I'd like to know what I'm letting myself in for. **-6.** [espérer]: **~ qqch de** to expect sthg from; **j'attendais mieux d'elle** I thought she'd do better, I was expecting better things from her; **nous attendons beaucoup de la réunion** we expect a lot (to come out) of the meeting. **-7.** [avoir besoin de] to need; **le document attend encore trois signatures** the document needs another three signatures; **le pays**

attend encore l'homme qui sera capable de mettre fin à la guerre civile the country is still waiting for the man who will be able to put an end to the civil war.

**B.** AVEC COMPLÉMENT INTRODUIT PAR 'QUE': ~ que: nous attendrons qu'elle soit ici we'll wait till she gets here ou for her to get here; elle attendait toujours qu'il rentre avant d'aller se coucher she would always wait up for him; attends (un peu) que je le dise à ton père! just you wait until I tell your father!

**C.** AVEC COMPLÉMENT INTRODUIT PAR 'DE': attends d'être grand wait until you're older; nous attendions de sortir we were waiting to go out; j'attends avec impatience de la revoir I can't wait to see her again; ~ de voir la suite des événements to wait to see what happens.

**D.** EN USAGE ABSOLU **-1.** [patienter] to wait; les gens n'aiment pas ~ people don't like to be kept waiting ou to have to wait; je passe mon temps à ~ I spend all my time waiting around; il est en ligne, vous attendez? he's on the other line, will you hold?; faites-les ~ ask them to wait; si tu crois qu'il va t'aider, tu peux toujours ~! if you think he's going to help you, don't hold your breath!; mais enfin attends, je ne suis pas prêt! wait a minute, will you, I'm not ready!; elle s'appelle, attends, comment déjà? her name is, wait a minute, now what is it?; et attends, tu ne sais pas le plus beau! wait (for it) ou hold on, the best part's yet to come!; attends voir, je vais demander fam hold ou hang on, I'll ask; attends voir, toi! fam [menace] just you wait!; tout vient à point à qui sait ~ prov all things come to him that waits prov. **-2.** [suj: plat chaud, soufflé] to wait; [suj: vin, denrée] to keep; les spaghetti ne doivent pas ~ spaghetti must be served as soon as it's ready; il fait trop ~ ses vins [les sert trop vieux] he keeps his wines too long. **-3.** [être reporté] to wait; votre projet attendra your plan'll have to wait.

♦ **attendre après** v + prép fam **-1.** [avoir besoin de]: ~ après qqch to be in great need of sthg. **-2.** [compter sur]: ~ après qqn to rely ou to count on sb; si tu attends après lui, tu n'auras jamais tes renseignements if you're counting on him ou if you leave it up to him, you'll never get the information you want; elle est assez grande, elle n'attend plus après toi! she's old enough to get along (perfectly well) without you!

♦ **s'attendre** vp (emploi réciproque): les enfants, attendez-vous pour traverser la rue children, wait for each other before you cross the road.

♦ **s'attendre à** vp + prép to expect; il faut s'~ à des embouteillages traffic jams are expected; s'~ au pire to expect the worst; savoir à quoi s'~ to know what to expect; je ne m'attendais pas à cela de votre part I didn't expect this from you; nous ne nous attendions pas à ce que la grève réussisse we weren't expecting the strike to succeed, we hadn't anticipated that the strike would succeed; s'y ~: il fallait s'y ~ that was to be expected; tu aurais dû t'y ~ you should have known; je m'y attendais I expected as much.

♦ **en attendant** loc adv **-1.** [pendant ce temps]: finis ton dessert, en attendant je vais faire le café finish your dessert, and in the meantime I'll make the coffee. **-2.** fam [malgré cela]: oui mais, en attendant, je n'ai toujours pas mon argent that's as may be but I'm still missing my money; ris si tu veux mais, en attendant, j'ai réussi à mon examen you can laugh, but I passed my exam all the same.

♦ **en attendant que** loc conj until (such time as).

**attendri, e** [atɑ̃dri] adj **-1.** [ému]: un regard ~ a look full of emotion. **-2.** [amolli – viande] tenderized.

**attendrir** [32] [atɑ̃drir] vt **-1.** [émouvoir] to move to tears ou pity. **-2.** [apitoyer]: ~ qqn to make sb feel compassion ou pity; se laisser ~ to give in to pity. **-3.** [viande] to tenderize.

♦ **s'attendrir** vpi **-1.** [être ému] to be moved ou touched; ne nous attendrissons pas! let's not get emotional!; s'~ sur qqn/qqch to be moved by sb/sthg, to be touched by sb/sthg. **-2.** [être apitoyé] to feel compassion; s'~ sur le sort de qqn to feel pity ou sorry for sb; s'~ sur soi-même to indulge in self-pity, to feel sorry for o.s.

**attendrissant, e** [atɑ̃drisɑ̃, ɑ̃t] adj moving, touching; regarde-le essayer de s'habiller, c'est ~! look at him trying to dress himself, how sweet!

**attendrissement** [atɑ̃drismɑ̃] nm **-1.** [tendresse] emotion (U); pas d'~! let's not get emotional! ‖ [élan]: je ne suis pas

porté aux ~s I don't tend to get emotional, I'm not the emotive type. **-2.** [pitié] pity, compassion; ~ sur soi-même self-pity.

**attendu¹** [atɑ̃dy] prép considering, given.

♦ **attendu que** loc conj since, considering ou given that; JUR whereas.

**attendu²** [atɑ̃dy] nm: les ~s d'un jugement the reasons adduced for a verdict.

**attendu³, e** [atɑ̃dy] ◇ pp → **attendre.** ◇ adj: très ~ eagerly-awaited.

**attentat** [atɑ̃ta] nm **-1.** [assassinat] assassination attempt; commettre un ~ contre qqn to make an attempt on sb's life. **-2.** [explosion] attack; ~ à la bombe bomb attack, bombing; ~ à la voiture piégée car bomb explosion; l'ambassade a été hier la cible d'un ~ the Embassy was bombed yesterday. **-3.** [atteinte]: ~ aux libertés constitutionnelles violation of constitutional liberties; ~ contre la sécurité de l'État acts harmful to State security ❑ ~ aux mœurs JUR indecent assault; ~ à la pudeur act outraging public decency.

**attentatoire** [atɑ̃tatwar] adj: ~ à la dignité de l'homme detrimental ou prejudicial to human dignity.

**attente** [atɑ̃t] nf **-1.** [fait d'attendre, moment] wait; l'~ est longue it's a long time to wait; le plus dur, c'est l'~ the toughest part is the waiting; pendant l'~ du verdict/des résultats while awaiting the sentence/results; deux heures d'~ a two-hour wait. **-2.** [espérance] expectation; si la marchandise ne répond pas à votre ~ should the goods not meet your requirements.

♦ **dans l'attente de** loc prép **-1.** [dans le temps]: être dans l'~ de qqch to be waiting for ou awaiting sthg; il vit dans l'~ de ton retour he lives for the moment when you return. **-2.** [dans la correspondance]: dans l'~ de vous lire/de votre réponse de vous rencontrer looking forward to hearing from you/to your reply/to meeting you.

♦ **en attente** ◇ loc adv: laisser qqch en ~ to leave sthg pending. ◇ loc adj: les plans sont en ~ the plans have been shelved.

**attenter** [3] [atɑ̃te]

♦ **attenter à** v + prép **-1.** [commettre un attentat contre]: ~ à la vie de qqn to make an attempt on sb's life; ~ à ses jours ou à sa vie to attempt suicide. **-2.** [porter atteinte à]: ~ à l'honneur/à la réputation de qqn to undermine sb's honour/reputation.

**attentif, ive** [atɑ̃tif, iv] adj **-1.** [concentré – spectateur, public, élève] attentive; soyez ~s! pay attention!; écouter qqn d'une oreille attentive to listen to sb attentively, to listen to every word sb says. **-2.** [prévenant – présence] watchful; [– gestes, comportement, parole] solicitous, thoughtful. **-3.** ~ à [prêtant attention à]: être ~ à ce qui se dit to pay attention to ou to listen carefully to what is being said; être ~ à sa santé to be mindful of one's health; être ~ à son travail to be careful ou painstaking in one's work; ~ à [soucieux de]: ~ à ne pas être impliqué anxious not to be involved.

**attention** [atɑ̃sjɔ̃] ◇ nf **-1.** [concentration] attention; appeler ou attirer l'~ de qqn sur qqch to call sb's attention to sthg, to point sthg out to sb; mon ~ a été attirée sur le fait que... it has come to my notice that...; consacrer toute son ~ à un problème to devote one's attention to ou to concentrate on a problem; écouter qqn avec ~ to listen to sb attentively, to listen hard to what sb's saying; porter son ~ sur qqch to turn one's attention to sthg; faites bien ~ [écoutez] listen carefully, pay attention; [regardez] look carefully; faire ~ à to pay attention to, to heed; fais particulièrement ~ au dernier paragraphe pay special attention to the last paragraph; faites ~ à ces menaces bear these threats in mind; faire ~ (à ce) que... to make sure ou to ensure (that)... **-2.** [égard] attention (U), attentiveness (U), thoughtfulness (U); je n'ai jamais droit à la moindre petite ~ nobody ever does nice things for me; entourer qqn d'~s, être plein d'~s pour qqn to lavish attention on sb. **-3.** [capacité à remarquer] attention; attirer l'~ to attract attention; tu vas attirer l'~! [compliment] you'll make a few heads turn!; [critique] you're too conspicuous!; attirer l'~ de qqn to catch ou to attract sb's attention; faire ~ à: tu as fait ~ au numéro de téléphone? did you make a (mental) note of the phone number?; quand il est entré, je n'ai d'abord pas fait ~ à lui when he came in I didn't notice him at first; **ne fais pas** ~ **à lui**, il dit n'importe quoi don't mind him ou pay no attention to him, he's talking nonsense. **-4.** faire ~ **à** [surveiller, s'occuper de]: **faire** ~ **à soi** to look after ou to take care of o.s.; **faire** ~ **à sa ligne** to watch one's weight; **il ne fait pas assez** ~ **à sa femme** he doesn't pay enough attention to his wife. **-5.** faire ~ [être prudent] to be careful ou cautious; **fais bien** ~ **en descendant de l'escabeau** do be careful when you come off the stepladder; **faire** ~ **à: fais** ~ **aux voitures** watch out for the cars; **fais** ~ **à toi** take care; ~ **à la marche/porte** mind the step/door; ~ **au départ!** stand clear of the doors! ◇ *interj* **-1.** [pour signaler un danger] watch ou look out; ~, il est armé! watch ou look out, he's got a gun!; ~, ~, tu vas le casser! gently ou easy (now), you'll break it!; '~ chien méchant' 'beware of the dog'; '~ fragile' 'handle with care'; '~ peinture fraîche' 'wet paint'; '~ travaux' 'men at work'. **-2.** [pour introduire une nuance]: ~, **ce n'est pas cela que j'ai dit** now look, that's not what I said. ◆ **à l'attention de** *loc prép* [sur une enveloppe]: **à l'**~ **de Madame Chaux** for the attention of Mme Chaux.

**attentionné, e** [atɑ̃sjɔne] *adj* thoughtful, solicitous; **comme mari, il était très** ~ he was an extremely caring husband.

**attentisme** [atɑ̃tism] *nm* wait-and-see policy.

**attentiste** [atɑ̃tist] ◇ *adj*: **attitude** ~ wait-and-see attitude; **politique** ~ waiting game. ◇ *nmf*: **les** ~**s** those who play a waiting game.

**attentive** [atɑ̃tiv] *f* → **attentif**.

**attentivement** [atɑ̃tivmɑ̃] *adv* [en se concentrant] attentively, carefully, closely.

**atténuant, e** [atenɥɑ̃, ɑ̃t] *adj* [excuse, circonstance] mitigating.

**atténuation** [atenɥasjɔ̃] *nf* [d'une responsabilité] reduction, lightening *(U)*; [d'une faute] mitigation; [de propos] toning down *(U)*; [d'une douleur] easing *(U)*; [d'un coup] cushioning *(U)*, softening *(U)*.

**atténuer** [7] [atenɥe] *vt* **-1.** [rendre moins perceptible – douleur] to relieve, to soothe; [– couleur] to tone down *(sép)*, to soften; [– bruit] to muffle; **le temps a atténué les souvenirs** memories have become fainter over time. **-2.** [rendre moins important, moins grave – responsabilité] to reduce, to lighten, to lessen; [– accusation] to tone down *(sép)*. ◆ **s'atténuer** *vpi* [chagrin, cris, douleur] to subside, to die down; [effet] to subside, to fade, to wane; [lumière] to fade, to dim; [bruit] to diminish, to tone down; [couleur] to dim.

**atterrer** [4] [atere] *vt* to dismay, to appal; **sa réponse m'a atterré** I was appalled at his answer; **je l'ai trouvé atterré par la nouvelle** I found him reeling from the shock of the news; **il les regarda d'un air atterré** he looked at them aghast ou in total dismay.

**atterrir** [32] [aterir] *vi* **-1.** AÉRON to land, to touch down; ~ **en catastrophe** to make an emergency landing; ~ **sur le ventre** to make a belly landing. **-2.** *fam* [retomber] to land, to fetch *Br* ou to wind up; **tous ses vêtements ont atterri dans la cour** all his clothes wound up in the yard. **-3.** *fam* [se retrouver] to end ou to wind ou to land up; ~ **en prison** to end up ou to land up in jail; **mes lunettes, je me demande où elles ont bien pu** ~! where (on earth) could my glasses have got to?

**atterrissage** [aterisaʒ] *nm* landing; **prêt à l'**~ ready to touch down ou to land; ~ **en douceur** soft landing; ~ **sans visibilité/aux instruments/à vue** blind/instrument/visual landing. ◆ **d'atterrissage** *loc adj* landing *(modif)*.

**attestation** [atɛstasjɔ̃] *nf* **-1.** [document] certificate; ~ **d'assurance** insurance certificate. **-2.** ENS [diplôme] certificate (of accreditation). **-3.** JUR attestation. **-4.** [preuve] proof; **son échec est une nouvelle** ~ **de son incompétence** his failure further demonstrates his incompetence.

**attesté, e** [atɛste] *adj* LING attested.

**attester** [3] [atɛste] *vt* **-1.** [certifier] to attest; **ce document atteste que... this is to certify that... -2.** [témoigner] to attest ou to testify to, to vouch for; **cette version des faits est attestée par la presse** this version of the facts is borne out by the press. ◆ **attester de** *v* + *prép* to prove, to testify to, to show evidence of; **ainsi qu'en attesteront ceux qui me connaissent**

as those who know me will testify.

**attifer** [3] [atife] *vt fam* & *péj* to get up *(sép)*, to rig out *(sép)*. ◆ **s'attifer** *vp (emploi réfléchi) fam* to get o.s. up, to rig o.s. out.

**Attila** [atila] *npr* Attila (the Hun).

**attique** [atik] ◇ *adj* attic. ◇ *nm* ARCHIT attic. ◆ **Attique** *nprf*: **l'Attique** Attica.

**attirail** [atiraj] *nm* equipment; ~ **de pêche** fishing tackle; ~ **de plombier** plumber's tool kit; **on emporte l'ordinateur et tout son** ~ *fam* let's take the computer with all the gear; **qu'est-ce que c'est que (tout) cet** ~? *péj* what's all this paraphernalia for?

**attirance** [atirɑ̃s] *nf* attraction; **l'**~ **entre nous deux a été immédiate** we were attracted to each other straight away; **éprouver de l'**~ **pour qqn/qqch** to feel attracted to sb/ sthg; **l'**~ **du vice** the lure of vice.

**attirant, e** [atirɑ̃, ɑ̃t] *adj* attractive.

**attirer** [3] [atire] *vt* **-1.** [tirer vers soi] to draw; **il m'a attiré vers le balcon pour me montrer le paysage** he drew me towards the balcony to show me the view; **l'aimant attire le fer/les épingles** iron is/pins are attracted to a magnet. **-2.** [inciter à venir – badaud] to attract; [– proie] to lure; **couvre ce melon, il attire les guêpes** cover that melon up, it's attracting wasps; **les requins, attirés par l'odeur du sang** sharks attracted ou drawn by the smell of blood; ~ **qqn dans un coin/piège** to lure sb into a corner/trap. **-3.** [capter – attention, regard] to attract, to catch; ~ **l'attention de qqn sur qqch** to call sb's attention to sthg, to point sthg out to sb; ~ **l'intérêt de qqn** to attract sb's interest. **-4.** [plaire à] to attract, to seduce; **se sentir attiré par qqn** to feel attracted to sb; **il a une façon de sourire qui attire les femmes** women find the way he smiles attractive; **le jazz ne m'attire pas beaucoup** jazz doesn't appeal to me much. **-5.** [avoir comme conséquence] to bring, to cause; ~ **des ennuis à qqn** to cause trouble for sb, to get sb into trouble; **sa démission lui a attiré des sympathies** her resignation won ou earned her some sympathy; ~ **sur soi la colère/haine de qqn** to incur sb's anger. **-6.** ASTRON & PHYS to attract. ◆ **s'attirer** ◇ *vp (emploi réciproque)* to attract one another. ◇ *vpt*: **s'**~ **des ennuis** to get o.s. into trouble, to bring trouble upon o.s.; **s'**~ **la colère de qqn** to incur sb's anger; **s'**~ **les bonnes grâces de qqn** to win ou to gain sb's favour.

**attiser** [3] [atize] *vt* **-1.** [flammes, feu] to poke; [incendie] to fuel. **-2.** [colère, haine, désir] to stir up *(sép)*, to rouse.

**attitré, e** [atitre] *adj* **-1.** [accrédité] accredited, appointed. **-2.** [habituel – fournisseur, marchand] usual, regular. **-3.** [favori – fauteuil, place] favourite.

**attitude** [atityd] *nf* **-1.** [comportement] attitude; **son** ~ **envers moi/les femmes** his attitude towards me/women; **elle a eu une** ~ **irréprochable** her attitude was beyond reproach ‖ *péj* [affectation] attitude; **prendre une** ~ to strike an attitude; **il prend des** ~**s de martyr** he puts on a martyred look; **il a l'air indigné, mais ce n'est que une** ~ his indignation is only skin-deep. **-2.** [point de vue] standpoint; **adopter une** ~ **ambiguë** to adopt an ambiguous standpoint ou attitude. **-3.** [maintien] bearing, demeanour; **avoir une** ~ **gauche** to move clumsily ‖ [position] position, posture.

**attouchement** [atuʃmɑ̃] *nm* touching *(U)*; **se livrer à des** ~**s sur qqn** to fondle sb, to interfere with sb JUR.

**attractif, ive** [atraktif, iv] *adj* **-1.** PHYS attractive. **-2.** *sout* [plaisant] attractive, appealing.

**attraction** [atraksjɔ̃] *nf* **-1.** ASTRON & PHYS attraction; ~ **terrestre** earth's gravity; ~ **universelle** gravity. **-2.** [attirance] attraction; **l'**~ **qu'il éprouve pour elle/la mort** his attraction to her/death; **exercer une** ~ **sur qqn/qqch** to attract sb/sthg. **-3.** [centre d'intérêt] attraction; **les** ~**s touristiques de la région** the area's tourist attractions. **-4.** LOISIRS attraction; ~ **principale** ou **numéro un** star attraction; **il y aura des** ~**s pour les enfants** entertainment will be provided for children. **-5.** LING attraction.

**attrait** [atre] *nm* **-1.** [beauté – d'un visage, d'une ville, d'une idéologie] attraction, attractiveness; **elle trouve beaucoup d'**~ **à ses romans** she finds his novels very attractive; **village sans (grand)** ~ rather charmless village. **-2.** [fascination] appeal, fascination; **éprouver un** ~ **pour qqch** to be fascinated by sthg. ◆ **attraits** *nmpl euph* & *litt* charms.

**attrape** [atrap] *nf* catch, trick; **il doit y avoir une** ~ **là-**

dessous there must be a catch in it somewhere.

**attrape-mouche** [atrapmuʃ] (pl **attrape-mouches**) nm BOT flytrap.

**attrape-nigaud** [atrapnigo] (pl **attrape-nigauds**) nm confidence trick.

**attraper** [3] [atrape] vt -**1.** [prendre] to pick up (sép); la chatte attrape ses chatons par la peau du cou the cat picks up her kittens by the scruff of the neck. -**2.** [saisir au passage – bras, main, ballon] to grab; ~ qqn par le bras to grab sb by the arm; ~ qqn par la taille to grab sb round the waist; attrape Rex, attrape! come on Rex, get it!-**3.** [saisir par force, par ruse] to capture, to catch. -**4.** [surprendre – voleur, tricheur] to catch; [– bribe de conversation, mot] to catch; attends que je t'attrape! just you wait till I get hold of you!; si tu veux le voir, il faut l'~ au saut du lit if you want to see him, you must catch him as he gets up; que je ne t'attrape plus à écouter aux portes! don't let me catch you listening behind doors again!-**5.** [réprimander] to tell off (sép); se faire ~ to get a telling-off. -**6.** [prendre de justesse – train] to catch. -**7.** fam [avoir] to get; ~ un coup de soleil to get sunburnt; ~ froid ou un rhume ou du mal vieilli to catch ou to get a cold; tiens, attrape! [à quelqu'un qui vient d'être critiqué] that's one in the eye for you!, take that!-**8.** [tromper – naïf, gogo] to catch (out), to fool.
◆ **s'attraper** ◇ vp (emploi passif) [être contracté – maladie, mauvaise habitude] to be catching. ◇ vp (emploi réciproque) [se disputer] to fight, to squabble.

**attrape-tout** [atraptu] adj inv catch-all (avant n).

**attrayant, e** [atrejã, ãt] adj [homme, femme] good-looking, attractive; [suggestion] attractive, appealing; **peu** ~ unattractive, unappealing.

**attribuable** [atribɥabl] adj: ~ à attributable to.

**attribuer** [7] [atribɥe] vt -**1.** [distribuer – somme, bien] to allocate; [– titre, privilège] to grant; [– fonction, place] to allocate, to assign; [– prix, récompense] to award; nous ne sommes pas ici pour ~ des blâmes it is not up to us to lay the blame ❑ ~ un rôle à qqn THÉÂT to cast sb for a part; fig to cast sb in a role. -**2.** [imputer]: ~ qqch à qqn to ascribe ou to attribute sthg to sb; ~ la paternité d'un enfant/d'une œuvre à qqn to consider sb to be the father of a child/author of a work; un sonnet longtemps attribué à Shakespeare a sonnet long thought to have been written by Shakespeare; on attribue cette découverte à Pasteur this discovery is attributed to Pasteur, Pasteur is accredited with this discovery; j'attribue sa réussite à son environnement I put her success down ou I attribute her success to her environment. -**3.** [accorder]: ~ de l'importance/de la valeur à qqch to attach importance to/to find value in sthg; ~ de l'intérêt à qqch to find sthg interesting.
◆ **s'attribuer** vpt: s'~ qqch to claim sthg for o.s.; s'~ un titre to give o.s. a title; s'~ une fonction to appoint o.s. to a function; s'~ tout le mérite de qqch to claim all the credit for sthg.

**attribut** [atriby] nm -**1.** [caractéristique] attribute, (characteristic) trait; ~s (virils ou masculins) euph (male) genitals. -**2.** GRAMM predicate; adjectif ~ predicative adjective.

**attributaire** [atribytɛr] nmf -**1.** ÉCON allottee. -**2.** JUR beneficiary. -**3.** [d'un prix] prize-winner, award-winner.

**attributif, ive** [atribytif, iv] adj -**1.** GRAMM predicative, attributive. -**2.** JUR assignment (modif).

**attribution** [atribysjɔ̃] nf -**1.** [distribution – d'une somme] allocation; [– d'une place, d'une part] allocation, attribution; [– d'un prix] awarding; ÉCON [d'actions] allotment. -**2.** [reconnaissance – d'une œuvre, d'une responsabilité, d'une découverte] attribution; l'~ de la figurine à Rodin a été contestée doubts have been cast on the belief that Rodin sculpted the figurine.
◆ **attributions** nfpl: cela n'est pas ou n'entre pas dans mes ~s this doesn't come within my remit.

**attristant, e** [atristã, ãt] adj saddening, depressing.

**attrister** [3] [atriste] vt to sadden, to depress.
◆ **s'attrister de** vp + prép: s'~ de qqch to be sad about sthg.

**attrition** [atrisjɔ̃] nf MÉD & RELIG attrition.

**attroupement** [atrupmã] nm crowd.

**attrouper** [3] [atrupe] vt [foule] to gather, to draw, to attract.

◆ **s'attrouper** vpi [gén] to gather together; [en grand nombre] to flock together.

**atypique** [atipik] adj atypical.

**au** [o] → à.

**aubade** [obad] nf dawn serenade, aubade; donner une ~ à qqn to serenade sb (at dawn).

**aubaine** [oben] nf [argent] windfall; [affaire] bargain; [occasion] godsend, golden opportunity; c'est une véritable ~ pour notre usine it comes as ou it is a godsend to our factory; profiter de l'~ to take advantage ou to make the most of a golden opportunity.

**aube** [ob] nf -**1.** [aurore] dawn; à l'~ at dawn, at daybreak; l'~ d'une ère nouvelle fig the dawn ou dawning of a new era. -**2.** RELIG alb. -**3.** NAUT paddle, blade. -**4.** [d'un moulin] vane; [pale] blade.

**aubépine** [obepin] nf hawthorn.

**auberge** [obɛrʒ] nf inn; ~ espagnole: les ordinateurs, c'est l'~ ou c'est comme une ~ espagnole you get out of computers what you put in them in the first place; ~ de jeunesse youth hostel; il n'est pas sorti/on n'est pas sortis de l'auberge fam he's/we're not out of the woods yet.

**aubergine** [obɛrʒin] ◇ nf -**1.** BOT aubergine Br, eggplant Am. -**2.** fam [contractuelle] (female) traffic warden Br, meter maid Am. ◇ adj inv [couleur] aubergine.

**aubergiste** [obɛrʒist] nmf inn-keeper.

**auburn** [obœrn] adj inv auburn.

**aucun, e** [okœ̃, yn] ◇ adj indéf -**1.** [avec une valeur négative]: il ne fait ~ effort he doesn't make any effort; ~e décision n'a encore été prise no decision has been reached yet; ~ article n'est encore prêt none of the articles is ready yet; il n'y a ~ souci à se faire there is nothing to worry about; ils n'eurent ~ mal à découvrir la vérité they had no trouble (at all) finding out the truth; je ne vois ~ inconvénient à ce que vous restiez I don't mind your staying at all; en ~e façon in no way; sans ~ doute undoubtedly, without any doubt; ~e idée! no idea! -**2.** [avec une valeur positive] any; il est plus rapide qu'~ autre coureur he's faster than any other runner. ◇ pron indéf -**1.** [avec une valeur négative] none; je sais qu'~ n'a menti I know that none ou not one of them lied; je n'ai lu ~ de ses livres I haven't read any of her books. -**2.** [servant de réponse négative] none. -**3.** [avec une valeur positive] any; il est plus fort qu'~ de vos hommes he's stronger than any of your men; d'~s sout some.

**aucunement** [okynmã] adv -**1.** [dans les énoncés négatifs avec 'ne' ou 'sans'] in no way, not in the least ou slightest; je n'ai ~ l'intention de me laisser insulter I certainly have no ou I haven't the slightest intention of letting myself be insulted. -**2.** [servant de réponse négative] not at all.

**audace** [odas] nf -**1.** [courage] daring, boldness, audaciousness; ils ont eu l'~ de nous attaquer par le flanc droit they were bold enough to attack our right flank. -**2.** [impudence] audacity; il a eu l'~ de dire non he dared (to) ou he had the audacity to say no. -**3.** [innovation] innovation.

**audacieux, euse** [odasjø, øz] ◇ adj -**1.** [courageux] daring, bold, audacious. -**2.** [impudent] bold, audacious, impudent. -**3.** [innovateur] bold, audacious, innovative. ◇ nm, f bold man (f woman); c'était un ~ he was very daring.

**au-dedans** [odədã] adv -**1.** [à l'intérieur] inside. -**2.** [mentalement] inwardly.
◆ **au-dedans de** loc prép inside, within.

**au-dehors** [odəɔr] adv -**1.** [à l'extérieur] outside. -**2.** [en apparence] outwardly.
◆ **au-dehors de** loc prép outside, without litt.

**au-delà** [odəla] ◇ nm: l'~ the hereafter, the next world. ◇ loc adv beyond; ~ il y a la mer beyond ou further on there is the sea; 5 000 F, et je n'irai pas ~ 5,000 francs and that's my final offer; surtout ne va pas ~ [d'une somme] whatever you do, don't spend any more; il a obtenu tout ce qu'il voulait et bien ~ he got everything he wanted and more.
◆ **au-delà de** loc prép [dans l'espace] beyond; [dans le temps] after; ~ de la frontière on the other side of ou beyond the border; ~ de 500 F, vous êtes imposable above 500 francs you must pay taxes; ne va pas ~ de 1 000 F don't spend more than 1,000 francs; réussir ~ de ses espérances to succeed beyond one's expectations; ~ de ses forces/moyens beyond one's strength/means.

**au-dessous** [odsu] *adv* -1. [dans l'espace] below, under, underneath; il n'y a personne (à l'étage) ~ there's no one on the floor below. -2. [dans une hiérarchie] under, below; enfants âgés de 10 ans et ~ children aged 10 and below; taille ~ next size down; un ton ~ MUS one tone lower.
◆ **au-dessous de** *loc prép* -1. [dans l'espace] below, under, underneath; elle habite ~ de chez moi she lives downstairs from me. -2. [dans une hiérarchie] below; ~ du niveau de la mer below sea level; ~ de zéro below zero; température ~ de zéro sub-zero temperature; ~ de 65 ans under 65; ~ d'un certain prix below ou below a certain price; ~ de sa condition beneath one's condition ❑ il est vraiment ~ de tout! he's really useless!; le service est ~ de tout the service is an absolute disgrace.

**au-dessus** [odsy] *adv* -1. [dans l'espace] above; il habite ~ he lives upstairs; il y a une croix ~ there's a cross above it; là-haut, il y a le hameau des Chevrolles, et il n'y a rien ~ up there is Chevrolles village, and there's nothing beyond it. -2. [dans une hiérarchie] above; les enfants de 10 ans et ~ children aged 10 and above; la taille ~ the next size up; un ton ~ MUS one tone higher.
◆ **au-dessus de** *loc prép* -1. [dans l'espace] above; le placard est ~ de l'évier the cupboard is above the sink; il habite ~ de chez moi he lives upstairs from me; un avion passa ~ de nos têtes a plane flew overhead. -2. [dans une hiérarchie] above; ~ du niveau de la mer above sea level; 10 degrés ~ de zéro 10 degrees above zero; ~ d'un certain prix above a certain price; ~ de 15 ans over 15 years old; vivre ~ de ses moyens to live beyond one's means; ~ de tout soupçon above all ou beyond suspicion; elle est ~ de ça she's above all that; c'était ~ de mes forces it was too much for ou beyond me; se situer ~ des partis to be politically neutral.

**au-devant** [odvã]
◆ **au-devant de** *loc prép*: aller ou se porter ~ de qqn to go and meet sb; aller ~ des désirs de qqn to anticipate sb's wishes; il va ~ de graves ennuis/d'une défaite he's heading for serious troubles/failure; aller ~ du danger to court danger.

**audible** [odibl] *adj* audible; règle ton micro, tu es à peine ~ adjust your microphone, we can barely hear you.

**audience** [odjãs] *nf* -1. [entretien] audience; donner ~ ou accorder une ~ à qqn to grant sb an audience. -2. JUR hearing. -3. [public touché – par un livre] readership; [– par un film, une pièce, un concert] public; une émission à large ~ a very popular programme; proposition qui a trouvé ~ auprès de la population française proposal that met the acclaim of the French population.

**audiencer** [16] [odjãse] *vt* to submit for hearing JUR.

**Audimat®** [odimat] *nm device used for calculating viewing figures for French television, installed for a period of time in selected households.*

**audimètre** [odimεtr] *nm* audience rating device; victime de l'~ victim of the ratings.

**audiocassette** [odjɔkasεt] *nf* (audio) cassette.

**audioconférence** [odjɔkɔ̃ferãs] *nf* audio conference.

**audiofréquence** [odjɔfrekãs] *nf* audio frequency.

**audiogramme** [odjɔgram] *nm* audiogram.

**audiométrie** [odjɔmetri] *nf* audiometry.

**audionumérique** [odjɔnymerik] *adj*: disque ~ compact disc.

**audio-oral, e, aux** [odjɔɔral, o] *adj* ENS audio-oral.

**audioprothésiste** [odjɔprɔtezist] *nmf* hearing aid specialist.

**audiovisuel, elle** [odjɔvizɥεl] *adj* audiovisual.
◆ **audiovisuel** *nm* -1. [matériel]: l'~ [des médias] radio and television equipment; [dans l'enseignement] audiovisual aids. -2. [médias]: l'~ the (radio and television) media. -3. [techniques]: l'~ media techniques.

**audit** [odit] *nm* audit.

**auditer** [3] [odite] *vt* to audit.

**auditeur, trice** [oditœr, tris] *nm, f* -1. [d'une radio, d'un disque] listener; les ~s the audience. -2. LING hearer. -3. ADMIN: ~ à la Cour des comptes junior official at the Cour des comptes. -4. ENS: ~ libre unregistered student, auditor *Am*; j'y vais en ~ libre I go to the lectures but I'm not officially on the course *Br*, I audit the lectures *Am*.

**auditif, ive** [oditif, iv] *adj* hearing, auditory *spéc*.

**audition** [odisjɔ̃] *nf* -1. DANSE, MUS & THÉÂT audition; passer une ~ to audition; faire passer une ~ à qqn to audition sb. -2. JUR: pendant l'~ des témoins while the witnesses were being heard. -3. PHYSIOL hearing. -4. [fait d'écouter] listening; l'~ est meilleure dans cette salle the sound is better in this room.

**auditionner** [3] [odisjɔne] ◇ *vt*: ~ qqn to audition sb, to give sb an audition. ◇ *vi* to audition.

**auditoire** [oditwar] *nm* -1. [public] audience. -2. *Belg & Helv* [salle de conférence] conference hall.

**auditorium** [oditɔrjɔm] *nm* auditorium.

**auge** [oʒ] *nf* -1. CONSTR trough. -2. GÉOG & GÉOL: ~ glaciaire, vallée en ~ U-shaped valley. -3. TECH [d'un moulin] channel. -4. [mangeoire] trough; passe ton ~ *fam & hum* pass your plate.

**augmentatif, ive** [ogmãtatif, iv] *adj* augmentative.

**augmentation** [ogmãtasjɔ̃] *nf* -1. [fait d'augmenter] increase; une ~ de 3 % a 3% increase; l'~ des cas d'hépatite the increase in the number of hepatitis cases; en ~ rising, increasing ❑ ~ de capital increase in capital. -2. [action d'augmenter]: l'~ des prix par les producteurs the raising of prices by producers. -3. [majoration de salaire] (pay) rise *Br*, raise *Am*; quand vas-tu toucher ton ~? when will your payrise come through?

**augmenter** [3] [ogmãte] ◇ *vt* -1. [porter à un niveau plus élevé – impôt, prix, nombre] to put up *(sép)*, to increase, to raise; [– durée] to increase; [– tarif] to step up *(sép)*; [– salaire] to increase, to raise; [– dépenses] to increase; ~ le pain ou le prix du pain to put up bread prices; elle a été augmentée *fam* she got a (pay) rise *Br* ou a raise *Am*; ~ qqch de: ~ les impôts de 5 % to put up ou to raise ou to increase taxes by 5%; nous voulons ~ les ventes de 10 % we want to boost sales by 10%; ils ont augmenté les employés de 20 francs *fam* they put up the employees' pay by 20 francs. -2. [intensifier – tension, difficulté] to increase, to step up *(sép)*, to make worse. -3. MUS to augment; en augmentant *crescendo*. ◇ *vi* -1. [dette, population] to grow, to increase, to get bigger; [quantité, poids] to increase; [prix, impôt, salaire] to increase, to go up, to rise; tout ou la vie augmente! everything's going up!; achetez maintenant, ça va ~! buy now, prices are on the increase ou going up!; la viande a augmenté *fam*, le prix de la viande a augmenté meat's gone up, meat has increased in price. -2. [difficulté, tension] to increase, to grow; la violence augmente dans les villes urban violence is on the increase.
◆ **s'augmenter de** *vp + prép*: la famille s'est augmentée de deux jumeaux a pair of twins has joined the family.

**augure** [ogyr] *nm* -1. ANTIQ augur; [voyant] prophet, soothsayer; consulter les ~s to consult the oracle. -2. [présage] omen; ANTIQ augury.
◆ **de bon augure** *loc adj* auspicious; c'est de bon ~ it's auspicious, it augurs well, it bodes well.
◆ **de mauvais augure** *loc adj* ominous, inauspicious; c'est de mauvais ~ it's ominous, it doesn't augur well, it bodes ill.

**augurer** [3] [ogyre] *vt* to foresee; sa visite ne laisse pas ~ de progrès significatif no significant progress can be expected as a result of his visit; sa réponse augure mal/bien de notre prochaine réunion his answer doesn't augur well/augurs well for our next meeting.

**auguste** [ogyst] ◇ *adj* -1. [personnage] august. -2. [majestueux – geste, pas, attitude] majestic, noble. ◇ *nm* clown.

**Auguste** [ogyst] *npr* [empereur] Augustus.

**Augustin** [ogystɛ̃] *npr*: saint ~ Saint Augustine.

**augustin, e** [ogystɛ̃, in] *nm, f* Augustinian.

**aujourd'hui** [oʒurdɥi] *adv* -1. [ce jour] today; le journal d'~ today's paper; nous sommes le trois ~ today's the third; ce sera tout pour ~ that'll be all for today; il y a huit jours ~ a week ago today ❑ qu'est-ce qu'il est paresseux! — c'est pas d'~! *fam* he's so lazy! — tell me something new!; alors! c'est pour ~ ou pour demain? *fam* come on, we haven't got all day!-2. [à notre époque] today, nowadays; la France d'~ modern ou present-day France, the France of today.

**aula** [ola] *nf Helv* hall.

**aulne** [on] *nm* alder.

**aulx** [o] *pl* → **ail**.

**aumône** [omon] *nf* charity, alms; faire l'~ à qqn to give alms to sb; demander l'~ to beg for alms; je ne demande pas l'~, uniquement ce qui m'est dû I'm not asking for any handouts, only for what's rightly mine; vivre d'~s to live on charity.

**aumônerie** [omonri] *nf* chaplaincy.

**aumônier** [omonje] *nm* chaplain.

**aumônière** [omonjɛr] *nf* purse.

**aune** [on] ◇ *nf*: visage long ou tête longue d'une ~ face as long as a fiddle. ◇ *nm* = **aulne**.

**auparavant** [oparavã] *adv* **-1.** [avant] before, previously. **-2.** [tout d'abord] beforehand, first.

**auprès** [oprɛ] *adv* nearby.
◆ **auprès de** *loc prép* **-1.** [à côté de] close to, near, by. **-2.** [dans l'opinion de]: il passe pour un fin connaisseur ~ de ses amis he's considered a connoisseur by his friends. **-3.** [en s'adressant à]: chercher du réconfort ~ d'un ami to seek comfort from a friend; faire une demande ~ d'un organisme to make an application ou to apply to an organization. **-4.** [comparé à] compared with ou to; ce n'est rien ~ de ce qu'il a gagné it's nothing compared to ou with what he made. **-5.** [dans un titre]: ambassadeur ~ du roi du Danemark ambassador to the King of Denmark.

**auquel** [okɛl] *m* → **lequel**.

**aura** [ora] *nf* aura.

**aurai** [ore] *v* → **avoir**.

**Aurélien** [oreljẽ] *npr* Aurelian.

**auréole** [oreɔl] *nf* **-1.** BX-ARTS halo; ils aiment à se parer de l'~ du sacrifice *fig* they like to wear the crown of sacrifice. **-2.** [tache] ring; produit détachant qui ne laisse pas d'~ product that removes stains without leaving a mark. **-3.** ASTRON halo.

**auréoler** [3] [oreɔle] *vt* **-1.** [parer]: ~ qqn de: ~ qqn de toutes les vertus to turn sb into a saint; tout auréolée de ses victoires américaines, elle vient se mesurer aux basket-teuses européennes basking in the glory of her American victories, she's come to challenge the European basketball teams. **-2.** BX-ARTS to paint a halo around the head of; tête auréolée de cheveux roux *fig* head with a halo of red hair.
◆ **s'auréoler de** *vp* + *prép*: elle aime à s'~ de mystère she likes to wreathe herself in mystery; il s'était auréolé de gloire sur les champs de bataille he had won his laurels on the battlefield.

**auriculaire** [orikylɛr] ◇ *adj* auricular. ◇ *nm* little finger.

**aurifère** [orifɛr] *adj* gold-bearing, auriferous *spéc*.

**aurige** [oriʒ] *nm* charioteer.

**Aurigny** [oriɲi] *npr* Alderney.

**aurochs** [orɔk] *nm* aurochs.

**auroral, e, aux** [ororal, o] *adj* **-1.** *litt* [de l'aurore] dawn *(modif)*. **-2.** ASTRON & MÉTÉO auroral.

**aurore** [orɔr] ◇ *nf* **-1.** [matin] daybreak, dawn; nous voici à l'~ d'une ère nouvelle *fig* we are witnessing the dawn ou dawning of a new era; l'Aurore PRESSE former French newspaper. **-2.** ASTRON aurora; ~ australe aurora australis; ~ boréale aurora borealis; ~ polaire northern lights, aurora polaris. ◇ *adj inv* golden (yellow).
◆ **aux aurores** *loc adv hum* at the crack of dawn.

**auscultation** [oskyltasjõ] *nf* auscultation.

**ausculter** [3] [oskylte] *vt* to listen to ou to sound the chest of, to auscultate *spéc*.

**auspices** [ospis] *nmpl* **-1.** [parrainage]: faire qqch sous les ~ de qqn to do sthg under the patronage ou auspices of sb. **-2.** [présage]: sous de bons/mauvais ~ under favourable/unfavourable auspices. **-3.** ANTIQ auspices.

**aussi** [osi] ◇ *adv* **-1.** [également] too, also; elle ~ travaille à Rome she too works in Rome, she works in Rome as well; il a faim, moi ~ he's hungry, and so am I ou me too; elle parle russe, moi ~ SHE speaks Russian and so do I; c'est ~ leur avis they think so too; joyeux Noël! — vous ~! merry Christmas! — the same to you!. **-2.** [en plus] too, also; elle travaille ~ à Rome she also works in Rome, she works in Rome too ou as well. **-3.** [terme de comparaison] *(devant adj)*: il est ~ grand que son père he's as tall as his father; il est loin d'être ~ riche qu'elle he's far from being as rich as she is ou as her; elle est ~ belle qu'intelligente ou qu'elle est intelli-

gente she is as beautiful as she is intelligent; ils sont ~ bons l'un que l'autre they're both equally good ‖ *(devant adv)*: il ne s'attendait pas à être payé ~ rapidement que cela he didn't expect to be paid as quickly as that ou that quickly; ~ doucement que possible as quietly as possible; il ne s'est jamais senti ~ bien que depuis qu'il a arrêté de fumer he's never felt so well since he stopped smoking ❑ ~ bien; je ferais ~ bien de partir I might as well leave; ~ sec *fam* right away. **-4.** [tellement] so; [avec un adjectif épithète] such; je n'ai jamais rien vu d'~ beau I've never seen anything so beautiful; une ~ bonne occasion ne se représentera plus such a good opportunity won't come up again ‖ *(antéposé au verbe)*: ~ léger qu'il soit ou ~ léger soit-il, je ne pourrai pas le porter light as it is, I won't be able to carry it; ~ curieux que cela puisse paraître strange as ou though it may seem.
◇ *conj* **-1.** [indiquant la conséquence] therefore, and so; il était très timide, ~ n'osa-t-il rien répondre he was very shy, and so he didn't dare reply. **-2.** [d'ailleurs]: on ne lui a rien dit, ~ pourquoi n'a-t-il pas demandé? we didn't tell him anything, but in any case, why didn't he ask?

**aussitôt** [osito] *adv* immediately; ~ après son départ immediately ou right after he left; je suis tombé malade ~ après avoir acheté la maison right after buying ou as soon as I'd bought the house I was taken ill; il est arrivé ~ après he arrived immediately after ou afterwards; ~ rentré chez lui, il se coucha as soon as he got home, he went to bed ❑ ~ dit, ~ fait no sooner said than done.
◆ **aussitôt que** *loc conj* as soon as.

**austère** [ostɛr] *adj* [architecture, mode de vie] austere, stark; [style] dry; [personnalité] stern, austere.

**austérité** [osterite] *nf* **-1.** [dépouillement – d'une architecture, d'un mode de vie] austerity, starkness; [– d'un style] dryness. **-2.** ÉCON: mesures d'~ austerity measures; politique d'~ policy of austerity.

**austral, e, als** ou **aux** [ostral, o] *adj* [hémisphère] southern; [pôle] south; [constellation] austral.

**Australasie** [ostralazi] *npr f*: (l') ~ Australasia.

**Australie** [ostrali] *npr f*: (l') ~ Australia.

**australien, enne** [ostraljẽ, ɛn] *adj* Australian.
◆ **Australien, enne** *nm, f* Australian.

**australopithèque** [ostralɔpitɛk] *nm* Australopithecus.

**autan** [otã] *nm* southerly wind.

**autant** [otã] *adv* **-1.** [marquant l'intensité]: j'ignorais que tu l'aimais ~ I didn't know that you loved him so much; s'entraîne-t-il toujours ~? does he still train as much (as he used to)?; pourquoi attendre ~? why wait that ou so long? ‖ *(en corrélation avec 'que')* as much as; rien ne me déplaît ~ que d'être en retard there's nothing I dislike so much as being late; je l'aime ~ que toi [que tu l'aimes] I like him as much as you do; [que je t'aime] I like him as much as you. **-2.** [indiquant la quantité]: je ne pensais pas qu'ils seraient ~ I didn't think there would be so many of them; elle boit toujours ~ she still drinks just as much (as she used to) ‖ *(en corrélation avec 'que')*: ils sont ~ que nous there are as many of them as (there are of) us ❑ ~ pour moi! my mistake! **-3.** *(avec 'en')*: tu devrais en faire ~ you should do the same; il a fini son travail, je ne peux pas en dire ~ he's finished his work, I wish I could say as much ou the same; j'en ai ~ à votre service! *fam* same to you!, likewise! **-4.** *(avec l'infinitif)* [mieux vaut]: ~ revenir demain I/you *etc* might as well come back tomorrow. **-5.** [mieux]: j'aurais ~ fait de rester chez moi I'd have done as well to stay at home. **-6.** *Belg* [tant]: il gagne ~ par mois he earns so much a month.
◆ **autant..., autant** *loc corrél*: ~ il est cultivé, ~ il est nul en mathématiques he's highly educated, but he's no good at mathematics; ~ j'aime le vin, ~ je déteste la bière I hate beer as much as I love wine.
◆ **autant de** *loc dét* [avec un nom non comptable] as much; [avec un nom comptable] as many; il y a ~ d'eau/de sièges ici there's as much water/there are as many seats here; ces livres sont ~ de chefs-d'œuvre every last one of these books is a masterpiece; ~ d'hommes, ~ d'avis as many opinions as there are men ‖ *(en corrélation avec 'que')*: il y a ~ de femmes que d'hommes there are as many women as (there are) men ❑ (c'est) ~ de gagné ou de pris at least that's something; c'est ~ de perdu that's that (gone).

◆ **autant dire** *loc adv* in other words.

◆ **autant dire que** *loc conj*: trois heures dans le four, ~ dire que le poulet était carbonisé! after three hours in the oven, needless to say the chicken was burnt to a cinder!; l'ambassade ne répond plus, ~ dire que tout est perdu the embassy's phones are dead, a sure sign that all is lost.

◆ **autant que** *loc conj* **-1.** [dans la mesure où] as far as; ~ que possible as far as (is) possible; ~ que je me souvienne as far as I can remember. **-2.** [il est préférable que]: ~ que je vous le dise tout de suite... I may as well tell you straightaway...

◆ **d'autant** *loc adv*: si le coût de la vie augmente de 2 %, les salaires seront augmentés d'~ if the cost of living goes up by 2%, salaries will be raised accordingly; cela augmente d'~ mon intérêt pour cette question it makes me all the more interested in this question; si l'on raccourcit la première étagère de cinq centimètres, il faudra raccourcir la deuxième d'~ if we shorten the first shelf by five centimetres, we'll have to shorten the second one by the same amount.

◆ **d'autant mieux** *loc adv* all the better, much better.

◆ **d'autant mieux que** *loc conj*: il a travaillé d'~ mieux qu'il se sentait encouragé he worked all the better for feeling encouraged.

◆ **d'autant moins que** *loc conj*: je le vois d'~ moins qu'il est très occupé en ce moment I see even less of him now that he's very busy.

◆ **d'autant moins... que** *loc corrél*: elle est d'~ moins excusable qu'on l'avait prévenue what she did is all the less forgivable as she'd been warned.

◆ **d'autant plus** *loc adv* all the more reason.

◆ **d'autant plus que** *loc conj* especially as.

◆ **d'autant plus... que** *loc corrél*: c'est d'~ plus stupide qu'il ne sait pas nager it's particularly ou all the more stupid given (the fact) that he can't swim.

◆ **d'autant que** *loc conj* [vu que, attendu que] especially as, particularly as.

◆ **pour autant** *loc adv*: la situation n'est pas perdue pour ~ the situation isn't hopeless for all that, it doesn't necessarily mean all is lost; n'en perds pas l'appétit pour ~ don't let it put you off your food; il t'aime bien, mais il ne t'aidera pas pour ~ just because he's fond of you (it) doesn't mean that he'll help you; fais-le-lui remarquer sans pour ~ le culpabiliser point it out to him, but don't make him feel guilty about it.

◆ **pour autant que** *loc conj* as far as; pour ~ que je (le) sache as far as I know; pour ~ qu'on puisse faire la comparaison inasmuch as a comparison can be made; pour ~ qu'il ait pu être coupable guilty though he might have been.

**autarcie** [otarsi] *nf* autarky; vivre en ~ to be self-sufficient.

**autarcique** [otarsik] *adj* autarkic.

**autel** [otɛl] *nm* RELIG altar; conduire ou mener qqn à l'~ to take sb to the altar ou down the aisle.

**auteur** [otœr] *nm* **-1.** [qui a écrit – un livre, un article, une chanson] writer, author; ~ de [d'une toile] painter of; [d'un décor, d'un meuble, d'un vêtement] designer of; [d'un morceau de musique] composer of; [d'une statue] sculptor of; [d'un film, d'un clip] director of; quelle jolie chanson, qui en est l'~? what a lovely song, who wrote it?; Léonard de Vinci a été l'~ de nombreuses inventions Leonardo invented many contraptions ❑ un ~ dramatique a playwright; un ~ à succès a popular writer. **-2.** [responsable]: l'~ de: l'~ du meurtre the murderer; les ~s de ce crime those who committed that crime; les ~s présumés de l'attentat those suspected of having planted the bomb; qui est l'~ de cette farce? who thought up this practical joke?; l'~ de la victoire/défaite the person who brought about victory/defeat; l'~ de mes jours *litt ou hum* my progenitor *aussi hum*.

**auteur-compositeur** [otœrkɔ̃pozitœr] *(pl* **auteurs-compositeurs)** *nm* composer and lyricist; ~ interprète singer-songwriter; je suis ~ interprète I write and sing my own material.

**authenticité** [otɑ̃tisite] *nf* **-1.** [d'un document, d'un tableau, d'un tapis] authenticity; [d'un sentiment] genuineness. **-2.** JUR authenticity.

**authentifier** [9] [otɑ̃tifje] *vt* to authenticate.

**authentique** [otɑ̃tik] *adj* **-1.** [document, tableau, tapis, objet d'art] genuine, authentic; [sentiment] genuine, heartfelt. **-2.** JUR authentic.

**autisme** [otism] *nm* autism.

**autiste** [otist] ◇ *adj* autistic. ◇ *nmf* autistic person.

**autistique** [otistik] *adj* autistic.

**auto** [oto] ◇ *nf* car, automobile *Am*; en ~, il faut être prudent one should be careful when driving ❑ ~ tamponneuse bumper car. ◇ *adj inv* → **assurance**.

**autoaccusateur, trice** [otoakyzatœr, tris] *adj* self-accusatory.

**autoaccusation** [otoakyzasjɔ̃] *nf* self-accusation.

**autoadhésif, ive** [otoadezif, iv] *adj* self-adhesive.

**autoallumage** [otoalymaʒ] *nm* preignition.

**autoamorçage** [otoamɔrsaʒ] *nm* automatic priming.

**autoanalyse** [otoanaliz] *nf* self-analysis.

**autoberge** [otobɛrʒ] *nf*: (voie) ~ embankment road *Br*, expressway *Am* (along riverbank).

**autobiographie** [otobjɔgrafi] *nf* autobiography.

**autobiographique** [otobjɔgrafik] *adj* autobiographical.

**autobronzant, ât** [otobrɔ̃zɑ̃, ɑ̃t] *adj* tanning.

◆ **autobronzant** *nm* **-1.** [crème] tanning cream. **-2.** [cachet] tanning pill.

**autobus** [otobys] *nm* bus; ~ à impériale doubledecker (bus) *Br*.

**autocar** [otokar] *nm* coach, bus; ~ pullman luxury coach.

**autocassable** [otokasabl] *adj* → **ampoule**.

**autocensure** [otosɑ̃syr] *nf* self-censorship, self-regulation; pratiquer l'~ to censor o.s.

**autocensurer** [3] [otosɑ̃syre]

◆ **s'autocensurer** *vp (emploi réfléchi)* to censor o.s.

**autocentré, e** [otosɑ̃tre] *adj* autocentric.

**autochtone** [otoktɔn] ◇ *adj* native. ◇ *nmf* native; les ~s sont arrivés en masse *hum* the locals turned up in droves.

**autocollant, e** [otokɔlɑ̃, ɑ̃t] *adj* self-adhesive.

◆ **autocollant** *nm* sticker.

**autoconsommation** [otokɔ̃sɔmasjɔ̃] *nf*: les légumes qu'ils cultivent sont destinés à l'~ the vegetables they grow are meant for their own consumption.

**autocopiant, e** [otokɔpjɑ̃, ɑ̃t] *adj* carbonless.

**autocorrectif, ive** [otokɔrɛktif, iv] *adj* self-correcting.

**autocorrection** [otokɔrɛksjɔ̃] *nf* self-correcting.

**autocouchette, e** [otokuʃɛt] *adj inv* = **autos-couchettes**.

**autocrate** [otokrat] *nm* autocrat.

**autocratie** [otokrasi] *nf* autocracy.

**autocritique** [otokritik] *nf* self-criticism; faire son ~ to make a thorough criticism of o.s.

**autocuiseur** [otokɥizœr] *nm* pressure cooker.

**autodafé** [otodafe] *nm* auto-da-fé; faire un ~ de livres to burn books.

**autodéfense** [otodefɑ̃s] *nf* self-defence.

◆ **d'autodéfense** *loc adj* [arme] defensive; groupe d'~ vigilante group.

**autodestructeur, trice** [otodɛstryktœr, tris] *adj* self-destroying.

**autodestruction** [otodɛstryksjɔ̃] *nf* self-destruction.

**autodétermination** [otodetɛrminasjɔ̃] *nf* self-determination.

**autodétruire** [98] [otodetrɥir]

◆ **s'autodétruire** *vp (emploi réfléchi)* to self-destruct.

**autodidacte** [otodidakt] ◇ *adj* self-taught, self-educated. ◇ *nmf* autodidact.

**autodirecteur, trice** [otodirɛktœr, tris] *adj* self-guiding.

**autodiscipline** [otodisiplin] *nf* self-discipline.

**auto-école** [otoekɔl] *(pl* **auto-écoles)** *nf* driving-school; *(comme adj)*: voiture ~ driving-school car.

**autoérotisme** [otoerotism] *nm* autoeroticism, onanism.

**autofécondation** [otofekɔ̃dasjɔ̃] *nf* self-fertilization, self-fertilizing.

**autofinançai** [otofinɑ̃se] *v* → **autofinancer**.

**autofinancement** [otofinɑ̃smɑ̃] *nm* self-financing; capacité d'~ cash flow.

**autofinancer** [16] [otofinɑ̃se]

◆ **s'autofinancer** *vp (emploi réfléchi)* to be self-financing OU self-supporting.

**autofocus** [otɔfɔkys] ◇ *adj* autofocus. ◇ *nm* **-1.** [système] autofocus system. **-2.** [appareil] autofocus camera.

**autogène** [otɔʒɛn] *adj* autogenous.

**autogéré, e** [otɔʒere] *adj* self-managed, self-run.

**autogérer** [18] [otɔʒere] *vt* [entreprise, commune] to self-manage.

◆ **s'autogérer** *vp (emploi réfléchi)* [collectivité] to be self-managing.

**autogestion** [otɔʒɛstjɔ̃] *nf* (workers') self-management; entreprise/université en ~ self-managed company/university.

**autogestionnaire** [otɔʒɛstjɔnɛr] ◇ *adj* based on workers' self-management. ◇ *nmf* advocate of workers' self-management.

**autographe** [otɔgraf] ◇ *adj* handwritten, autograph *(modif)*. ◇ *nm* autograph.

**autogreffe** [otɔgrɛf] *nf* autograft; faire une ~ to carry out an autograft.

**autoguidage** [otɔgidaʒ] *nm* guidance.

**autoguidé, e** [otɔgide] *adj* [avion] remotely-piloted; [missile] guided.

**auto-immunitaire** [otɔimynitɛr] (*pl* **auto-immunitaires**) *adj* autoimmune.

**auto-immunité** [otɔimynite] (*pl* **auto-immunités**) *nf* autoimmunity.

**auto-induction** [otɔɛ̃dyksjɔ̃] (*pl* **auto-inductions**) *nf* self-induction.

**auto-intoxication** [otɔɛ̃tɔksikasjɔ̃] (*pl* **auto-intoxications**) *nf* self-poisoning, autointoxication.

**autolyse** [otɔliz] *nf* autolysis.

**automate** [otɔmat] *nm* **-1.** [robot] automaton, robot. **-2.** *Helv* [machine] vending machine; [à billets] cash dispenser.

**automaticien, enne** [otɔmatisjɛ̃, ɛn] *nm, f* automation OU robotics specialist.

**automaticité** [otɔmatisite] *nf* automaticity.

**automation** [otɔmasjɔ̃] *nf* automation.

**automatique** [otɔmatik] ◇ *adj* automatic; de façon ~ automatically. ◇ *nm* ARM automatic. ◇ *nf* **-1.** AUT automatic (car). **-2.** SC automation, cybernetics *(sg)*.

**automatiquement** [otɔmatikmɑ̃] *adv* automatically.

**automatisation** [otɔmatizasjɔ̃] *nf* automation.

**automatiser** [3] [otɔmatize] *vt* to automate.

◆ **s'automatiser** *vpi* to become automated.

**automatisme** [otɔmatism] *nm* automatism; j'éteins toutes les lampes, c'est un ~ I always switch lamps off, I do it without thinking OU it's automatic with me.

**automédication** [otɔmedikasjɔ̃] *nf* self-prescription *(of drugs)*.

**automitrailleuse** [otɔmitrajøz] *nf* armoured-car.

**automnal, e, aux** [otɔnal, o] *adj* autumnal *litt*, autumn *(modif)*, fall *Am (modif)*.

**automne** [otɔn] *nm* autumn, fall *Am*; l'~ de sa vie *litt* the autumn of his life.

**automobile** [otɔmɔbil] ◇ *nf* **-1.** [véhicule] motor car *Br*, automobile *Am*. **-2.** SPORT driving, motoring *Br*. **-3.** [industrie] car industry. ◇ *adj* **-1.** MÉCAN [des voitures] car *(modif)*; [ba-

teau, engin] automotive, self-propelled. **-2.** ADMIN [vignette] car *(modif)*; [assurance] car, automobile.

**automobilisme** [otɔmɔbilism] *nm* driving, motoring *Br*.

**automobiliste** [otɔmɔbilist] *nmf* driver, motorist *Br*.

**automorphisme** [otɔmɔrfism] *nm* automorphism.

**automoteur, trice** [otɔmɔtœr, tris] *adj* automotive, motorized, self-propelled.

◆ **automoteur** *nm* **-1.** MIL self-propelled gun. **-2.** NAUT self-propelled barge.

◆ **automotrice** *nf* electric railcar.

**automutilation** [otɔmytilasjɔ̃] *nf* self-mutilation.

**autoneige** [otɔnɛʒ] *nf Can* snowmobile.

**autonettoyant, e** [otɔnɛtwajɑ̃, ɑ̃t] *adj* self-cleaning.

**autonome** [otɔnɔm] *adj* **-1.** [autogéré – territoire, gouvernement, organisme] autonomous, self-governing; gestion ~ managerial autonomy. **-2.** [non affilié – syndicat] independent. **-3.** [libre – caractère, personnalité] autonomous, independent; elle est très ~ she likes to make her own decisions.

**autonomie** [otɔnɔmi] *nf* **-1.** [d'une personne] autonomy, independence; [d'un État, d'un pays] autonomy, self-government; ils veulent l'~ OU leur ~ they want to be self-governed. **-2.** [d'un véhicule, d'un avion] range; [d'un appareil rechargeable]: ce rasoir a une ~ de 30 minutes the razor will run for 30 minutes before it needs recharging.

**autonomiste** [otɔnɔmist] *adj* & *nmf* separatist.

**autoportant, e** [otɔpɔrtɑ̃, ɑ̃t] *adj* self-supporting.

**autoportrait** [otɔpɔrtrɛ] *nm* self-portrait; faire son ~ to paint a self-portrait; en réalité, dans cette nouvelle, elle fait son ~ this short story is in fact her self-portrait.

**autopropulsion** [otɔprɔpylsjɔ̃] *nf* self-propulsion.

**autopsie** [otɔpsi] *nf* **-1.** MÉD autopsy; pratiquer une ~ to carry out an autopsy. **-2.** [analyse] critical analysis, autopsy; faire l'~ d'un conflit to go into the causes of a conflict.

**autopsier** [9] [otɔpsje] *vt* to carry out an autopsy on.

**autopunition** [otɔpynisjɔ̃] *nf* self-punishment.

**autoradio** [otɔradjo] *nm* car radio.

**autorail** [otɔraj] *nm* railcar.

**autoréglage** [otɔreglaʒ] *nm* automatic control.

**autorégulation** [otɔregylasjɔ̃] *nf* **-1.** BIOL & PHYSIOL self-regulation. **-2.** TECH automatic regulation.

**auto-reverse** [otɔrivœrs] *adj* auto-reverse.

**autorisation** [otɔrizasjɔ̃] *nf* **-1.** [consentement – d'un parent] permission, consent; [– d'un supérieur] permission, authorization; [– d'un groupe] authorization; donner son ~ à qqch to consent to sthg; donner à qqn l'~ de faire qqch to give sb permission to do sthg. **-2.** ADMIN [acte officiel] authorization, permit; ~ de sortie [d'un lycée] (special) pass; ~ de sortie du territoire parental authorization *(permitting a minor to leave a country)*. **-3.** BANQUE: une ~ de 3 000 francs a temporary overdraft of up to 3,000 francs.

**autorisé, e** [otɔrize] *adj* **-1.** PRESSE official; de source ~e, le président aurait déjà signé l'accord sources close to the President say that he's already signed the agreement. **-2.** [agréé – aliment, colorant] permitted. **-3.** [qui a la permission]: personnes ~es authorized persons.

**autoriser** [3] [otɔrize] *vt* **-1.** [permettre – manifestation, réunion, publication] to authorize, to allow; [– emprunt] to authorize, to approve. **-2.** [donner l'autorisation à]: ~ qqn à

---

USAGE ▶ **L'autorisation**

| Pour demander une autorisation | Pour l'accepter | Pour la refuser |
| --- | --- | --- |
| Could I see you for a minute? | Certainly OU by all means. | I'm afraid not. |
| Can I go through this with you? | Of course (you can). | (I'm sorry,) no. |
| Do you mind if I invite Susie? | Of course I don't mind. | Yes I do mind! |
| Is it OK to tell him? | Yes, go ahead. | Certainly not! |
| ▷ *moins directement:* | ▷ *moins directement:* | ▷ *moins directement:* |
| I wonder if I might have a word? | I'll be with you in a minute. | I'm afraid I'm rather busy. |
| May I be excused? | I suppose so. | Actually, I'd rather you stayed. |
| Would it be all right if I left now? | If you must. | I'd rather you didn't. |
| Is there any chance of me seeing him? | I don't see why not. | It's not up to me. |

to allow sb ou to give sb permission to; je ne t'autorise pas à me parler sur ce ton I won't have you talk to me like that; ~ qqn à faire [lui en donner le droit] to entitle sb ou to give sb the right to do; sa réponse nous autorise à penser que... from his reply we may deduce ou his reply leads us to conclude that... **-3.** [justifier] to permit of, to justify; la jeunesse n'autorise pas tous les débordements being young isn't an excuse for uncontrolled behaviour; cette dépêche n'autorise plus le moindre espoir this news spells the end of any last remaining hopes.
◆ **s'autoriser** vpt: je m'autorise un petit verre de vin le soir I allow myself a small glass of wine in the evening.
◆ **s'autoriser de** vp + prép [se servir de]: elle s'autorise de sa confiance she exploits his confidence in her.

**autoritaire** [ɔtɔritɛr] adj & nmf authoritarian.

**autoritairement** [ɔtɔritɛrmɑ̃] adv in an authoritarian way, with (excessive) authority.

**autoritarisme** [ɔtɔritarism] nm authoritarianism.

**autorité** [ɔtɔrite] nf **-1.** [pouvoir] authority, power; par ~ de justice by order of the court; avoir de l'~ sur qqn to be in ou to have authority over sb; être sous l'~ de qqn to be ou to come under sb's authority; faire qqch de sa propre ~ to do sthg on one's own authority; avoir ~ pour faire qqch to have authority to do sthg ❑ l'~ parentale [droits] parental rights; [devoirs] parental responsibilities. **-2.** [fermeté] authority; faire preuve d'~ envers un enfant to show some authority towards a child; il a besoin d'un peu d'~ he needs to be taken in hand. **-3.** [compétence] authority; parler de qqch avec ~ to talk authoritatively about sthg; faire ~: édition qui fait ~ authoritative edition; version qui fait ~ definitive version; essai qui fait ~ seminal essay ‖ [expert] authority, expert; c'est une ~ en matière de... he's an authority ou expert on... **-4.** ADMIN: l'~, les ~s those in authority, the authorities; l'~ militaire/religieuse military/religious authority; s'adresser à l'~ compétente to apply to the appropriate authority; un agent ou représentant de l'~ an official ‖ [police]: les ~s the police force.
◆ **d'autorité** loc adv without consultation; d'~, j'ai décidé de fermer la bibliothèque le mercredi I decided on my own authority to close the library on Wednesdays.

**autoroute** [ɔtɔrut] nf motorway Br, freeway Am; ~ à péage toll motorway Br, turnpike Am.

**autoroutier, ère** [ɔtɔrutje, ɛr] adj motorway Br (modif), freeway Am (modif).
◆ **autoroutière** nf car particularly suited to motorway driving conditions.

**autosatisfaction** [ɔtɔsatisfaksjɔ̃] nf self-satisfaction.

**autos-couchettes** [ɔtɔkuʃɛt] adj inv: train ~ car-sleeper train.

**auto-stop** [ɔtɔstɔp] nm sg hitch-hiking, hitching; faire de l'~ to hitch-hike, to hitch; prendre qqn en ~ to give sb a lift ou ride.

**auto-stoppeur, euse** [ɔtɔstɔpœr, øz] (mpl **auto-stoppeurs**, fpl **auto-stoppeuses**) nm, f hitch-hiker; prendre un ~ to pick up a hitch-hiker.

**autosubsistance** [ɔtɔsybzistɑ̃s] nf (economic) self-sufficiency.

**autosuffisance** [ɔtɔsyfizɑ̃s] nf self-sufficiency.

**autosuggestion** [ɔtɔsygʒɛstjɔ̃] nf autosuggestion.

**auto(-)tamponneuse** [ɔtɔtɑ̃pɔnøz] (pl **autos(-) tamponneuses**) nf bumper car, dodgem.

**autour¹** [otur] nm goshawk.

**autour²** [otur] adv around, round; il y avait un arbre et les enfants couraient (tout) ~ there was a tree and the children were running round it; une nappe avec des broderies tout ~ a tablecloth with embroidery all around it ou round the edges.
◆ **autour de** loc prép **-1.** [dans l'espace] around. **-2.** [indiquant une approximation] around.

**autovaccin** [ɔtɔvaksɛ̃] nm autogenous vaccine.

**autre** [otr] ◇ dét (adj indéf) **-1.** [distinct, différent]: un ~ homme another ou a different man; donnez-moi une ~ tasse, celle-ci est ébréchée give me another ou a new cup, this one's chipped; en d'~s lieux elsewhere; dans d'~s circonstances... in other circumstances..., had the circumstances been different...; tu veux ~ chose? do you want

anything else?; Marc est bon en maths, mais Jean c'est ~ chose! Marc is good at maths, but he's nowhere near as good as Jean!; la vérité est tout ~ the truth is quite ou very ou altogether different; je me faisais une tout ~ idée de la question I had quite a different concept of the matter ❑ ça c'est une ~ histoire ou affaire ou paire de manches fam that's something else altogether, that's another story ou kettle of fish (altogether); ~s temps, ~s mœurs other days, other ways. **-2.** [supplémentaire]: voulez-vous un ~ café? would you like another coffee?; elle est partie sans ~s explications she left without further explanation; il nous faut une ~ chaise we need one more ou an extra ou another chair; essaie une ~ fois try again ou one more time. **-3.** [devenu différent] different; je me sens un ~ homme I feel a different ou new man; avec des fines herbes, ça a un tout ~ goût! with some fines herbes, it has quite a different taste! **-4.** [marquant la supériorité]: leur ancien appartement avait un ~ cachet! their old flat had far more character!; le Japon, ah c'est ~ chose! Japan, now that's really something else! **-5.** [restant] other, remaining. **-6.** [avec les pronoms 'nous' et 'vous']: nous ~s consommateurs... we consumers...; écoutez-le, vous ~s! fam listen to him, you lot! **-7.** [dans le temps] other; on y est allés l'~ jour we went there the other day; en d'~s temps in other times; [dans le passé] in days gone by; un ~ jour some other day; dans une ~ vie in another life. **-8.** [en corrélation avec 'l'un']: l'une et l'~ hypothèses sont valables both hypotheses are valid; l'un ou l'~ projet devra être accepté one of the two projects will have to be accepted; ni l'une ni l'~ explication n'est plausible neither explanation is plausible.
◇ **pron -1.** [désignant des personnes]: un ~ someone else, somebody else; on n'attend pas les ~s? aren't we going to wait for the others?; d'~s que moi vous donneront les explications nécessaires others will give you the necessary explanations; plus que tout ~, tu aurais dû prévoir que... you of all people should have foreseen that...; tout ou un ~ que lui aurait refusé anyone else but him would have refused; quelqu'un d'~ someone else; aucun ~, nul ~ sout no one else, nobody else, none other; personne d'~ no one else, nobody else ‖ [désignant des choses]: un ~ another one; d'~s other ones, others; une maison semblable à une ~ a house like any other; ce livre ou l'~ this book or the other one; je n'en ai pas besoin d'~s I don't need any more; rien d'~ nothing else ❑ comme dit ou dirait l'~ as they say; à d'~s! fam go on with you!, come off it!; et l'~ qui n'arrête pas de pleurer! fam and that one who won't stop crying! **-2.** [en corrélation avec 'l'un']: l'une chante, l'~ danse one sings, the other dances; l'un et l'~ both of them; l'un ou l'~ (either) one or the other, either one; ils marchaient l'un derrière l'~/l'un à côté de l'~ they were walking one behind the other/side by side; ni l'un ni l'~ n'est venu neither one (of them) came; on les prend souvent l'un pour l'~ people often mistake one for the other; les uns le détestent, les ~s l'adorent he's loathed by some, loved by others; aidez-vous les uns les ~s help each other ou one another; n'écoute pas ce que disent les uns et les ~s don't listen to what people say; l'un ne va pas sans l'~ you can't have one without the other; présente-les l'un à l'~ introduce them to each other; vous êtes des brutes les uns comme les ~s! you're (nothing but) beasts, all of you! ❑ l'un dans l'~ all in all, at the end of the day.
◇ **nm** PHILOS: l'~ the other.

**autrefois** [otrəfwa] adv in the past, in former times ou days; je l'ai bien connu ~ I knew him well once; ~ s'élevait ici un château médiéval... there used to be a medieval castle here...; les maisons d'~ n'avaient aucun confort in the past ou in the old days, houses were very basic.

**autrement** [otrəmɑ̃] adv **-1.** [différemment] another ou some other way; la bouteille va se renverser, pose-la ~ that bottle will spill, stand it differently; la banque est fermée, je vais me débrouiller ~ the bank's closed, I'll find some other way (of getting money); il est habillé ~ que d'habitude he hasn't got his usual clothes on; en être ~: comment pourrait-il en être ~? how could things be different?; il n'en a jamais été ~ things have always been this way ou have never been any other way ou have never been any different; faire ~: nous ne les laisserons pas construire la route ici, il faudra qu'ils fassent ~ we won't

let them build the road here, they'll have to find another ou some other way; **il n'y a pas moyen de faire** ~ there's no other way ou no alternative; **faire** ~ **que: je n'ai pu faire** ~ **que de les entendre** I couldn't help but overhear them; **il n'a pas pu faire** ~ **que de rembourser** he had no alternative but to pay the money back. **-2.** [sinon] otherwise, or else; **les gens sont désagréables,** ~ **le travail est intéressant** the people are unpleasant, but otherwise ou apart from that the work's interesting. **-3.** *(suivi d'un comparatif)* [beaucoup] far; **c'est** ~ **plus grave cette fois-ci** it's far more serious this time.
◆ **autrement dit** *loc adv* in other words; ~ **dit tu me quittes?** in other words, you're leaving me?

**Autriche** [otriʃ] *nprf:* (l') ~ Austria.

**autrichien, enne** [otriʃjɛ̃, ɛn] *adj* Austrian.
◆ **Autrichien, enne** *nm, f* Austrian.

**autruche** [otryʃ] *nf* ostrich; **faire l'**~ to bury one's head in the sand.

**autrui** [otrɥi] *pron indéf inv sout* others, other people; **peu m'importe l'opinion d'**~ other people's opinion ou the opinion of others means little to me ❏ **ne fais pas à** ~ **ce que tu ne voudrais pas qu'on te fît** *prov* do as you would be done by.

**auvent** [ovɑ̃] *nm* **-1.** [en dur] porch roof. **-2.** [en toile] awning, canopy.

**auvergnat, e** [ovɛrɲa, at] *adj* from the Auvergne.

**aux** [o] → **à**.

**auxiliaire** [oksiljɛr] ◇ *adj* **-1.** LING auxiliary. **-2.** [annexe] assistant *(modif)*, auxiliary. **-3.** TECH auxiliary, standby. ◇ *nmf* **-1.** [employé temporaire] temporary worker; **ce n'est qu'un** ~ he's only temporary. **-2.** JUR: ~ **de justice** representative of the law. **-3.** MÉD: ~ **médical** paramedic. **-4.** [aide] helper, assistant. ◇ *nm* **-1.** LING auxiliary. **-2.** [outil, moyen] aid.
◆ **auxiliaires** *nmpl* **-1.** ANTIQ *foreign troops of the Roman Army.* **-2.** NAUT [moteurs] auxiliary engines; [équipement] auxiliary equipment.

**auxiliairement** [oksiljɛrmɑ̃] *adv* **-1.** LING: **verbe utilisé** ~ verb used as an auxiliary. **-2.** [accessoirement] secondarily; ~, **cela peut servir d'abri** it can also, if necessary, be used as a shelter.

**auxquelles** *fpl,* **auxquels** *mpl* [okɛl] → **lequel**.

**av.** *abr écrite de* **avenue**.

**AV** ◇ *nm abr de* **avis de virement**. ◇ *abr écrite de* **avant**.

**avachi, e** [avaʃi] *adj* **-1.** [sans tenue – vêtement] crumpled, rumpled, shapeless; [– cuir] limp; [– sommier, banquette] sagging; [– chaussure] shapeless, down-at-heel; [– gâteau] soggy; [– soufflé] collapsed; [– hat] shapeless. **-2.** [indolent] flabby, spineless.

**avachir** [32] [avaʃir]
◆ **s'avachir** *vpi* **-1.** [s'affaisser – vêtement] to become shapeless; [– gâteau, forme] to collapse; [– cuir] to go limp; [– canapé] to start sagging. **-2.** [s'affaler]: **s'**~ **dans un fauteuil/sur une table** to slump into an armchair/over a table.

**avachissement** [avaʃismɑ̃] *nm* **-1.** [perte de tenue – d'un tissu] becoming limp, losing (its) shape; [– de chaussures] wearing out; [– d'un canapé] starting to sag; [– d'une forme] collapsing; [– de ressorts, de muscles] slackening; [état déformé] limp ou worn-down appearance. **-2.** [perte de courage – physique] going limp; [– moral] loss of moral fibre. **-3.** [état physique – temporaire] limpness; [– permanent] flabbiness; [découragement] loss of moral fibre; [veulerie] spinelessness.

**aval** [aval] ◇ *nm* **-1.** FIN endorsement, guarantee; **donner son** ~ **à une traite** to guarantee ou to endorse a draft. **-2.** [soutien] support; **donner son** ~ **à qqn** to back sb (up). **-3.** [autorisation] authorization. **-4.** [d'une rivière] downstream water. **-5.** [d'une pente] downhill side *(of a slope).* ◇ *adj:* **ski/skieur** ~ downhill ski/skier.
◆ **en aval de** *loc prép* **-1.** [en suivant une rivière] downstream ou down-river from. **-2.** [en montagne] downhill from. **-3.** [après] following on from; **les étapes qui se situent en** ~ **de la production** the post-production stages.

**avalanche** [avalɑ̃ʃ] *nf* **-1.** GÉOG avalanche. **-2.** *fig* [quantité – de courrier, de protestations, de compliments, de lumière] flood; [– de coups, d'insultes] shower; **il y eut une** ~ **de réponses** the answers came pouring in.

**avalancheux, euse** [avalɑ̃ʃø, øz] *adj* avalanche-prone.

---

**avaler** [3] [avale] *vt* **-1.** [consommer – nourriture] to swallow; [– boisson] to swallow, to drink; ~ **qqch de travers: j'ai dû** ~ **quelque chose de travers** something went down the wrong way; **je n'ai rien avalé depuis deux jours** I haven't had a thing to eat for two days; ~ **du lait à petites gorgées** to sip milk; ~ **sa salive** to swallow; **à midi, elle prend à peine le temps d'**~ **son déjeuner** at lunchtime, she bolts her meal ‖ *(en usage absolu)* [manger, boire] to swallow. **-2.** *fig:* ~ **les obstacles/kilomètres** to make light work of any obstacle/of distances ❏ ~ **qqn tout cru** to eat sb alive; ~ **son bulletin** ou **son acte de naissance** ou **sa chique** *fam* to kick the bucket, to go and meet one's maker *fam;* **comme quelqu'un qui aurait avalé son** ou **un parapluie** [raide] stiffly, with his back like a rod; [manquant d'adaptabilité] stiffly, starchily. **-3.** [inhaler – fumée] to inhale, to breathe in *(sép).* **-4.** [lire – roman, article] to devour. **-5.** *fam* [croire – mensonge] to swallow, to buy; **je lui ai fait** ~ **que j'étais malade** I got him to believe that I was sick. **-6.** *fam* [accepter – insulte] to swallow; **pilule difficile à** ~ *fig* hard ou bitter pill to swallow ❏ ~ **la pilule** to swallow the bitter pill; ~ **des couleuvres** [insultes] to swallow insults; [mensonges] to be taken in; **faire** ~ **des couleuvres à qqn** [insultes] to humiliate sb; [mensonges] to take sb in.

**avaleur** [avalœr] *nm:* ~ **de sabres** sword swallower.

**avaliser** [3] [avalize] *vt* **-1.** JUR [effet] to endorse, to back; [signature] to guarantee. **-2.** [donner son accord à] to back, to condone, to support.

**à-valoir** [avalwar] *nm inv* advance (payment).

**avançai** [avɑ̃se] *v* → **avancer**.

**avance** [avɑ̃s] *nf* **-1.** [par rapport au temps prévu]: **prendre de l'**~ **dans ses études** to get ahead in one's studies; **j'ai pris de l'**~ **sur le** ou **par rapport au planning** I'm ahead of schedule; **avoir de l'**~ **sur** ou **par rapport à ses concurrents** to be ahead of the competition ou of one's competitors; **arriver avec 10 minutes/jours d'**~ to arrive 10 minutes/days early; **le maillot jaune a pris 37 secondes d'**~ the yellow jersey's 37 seconds ahead of time. **-2.** [d'une montre, d'un réveil]: **sa montre prend de l'**~ her watch is fast; **ma montre a une minute d'**~/**prend une seconde d'**~ **toutes les heures** my watch is one minute fast/gains a second every hour. **-3.** [avantage – d'une entreprise] lead; [– d'une armée] progress; **avoir 10 points d'**~ **sur qqn** to have a 10 point lead over sb; **avoir une demi-longueur d'**~ to lead by half a length. **-4.** [dans un approvisionnement]: **prends ce beurre, j'en ai plusieurs paquets d'**~ I keep several packs in reserve; **de la sauce tomate? j'en fais toujours d'**~ tomato sauce? I always make some in advance. **-5.** [acompte] advance; **donner à qqn une** ~ **sur son salaire** to give sb an advance on his/her salary; **faire une** ~ **de 500 francs à qqn** to advance 500 francs to sb; ~s sums advanced ❏ ~ **bancaire** FIN (bank) overdraft; ~ **de fonds** loan; ~ **sur recette** loan to a producer *(to be recouped against box-office takings);* ~ **sur titre** collateral loan.
◆ **avances** *nfpl* [propositions – d'amitié, d'association] overtures, advances; [– sexuelles] advances; **faire des** ~**s à qqn** [suj: entreprise] to make overtures to sb; [suj: séducteur] to make advances to sb.
◆ **à l'avance** *loc adv* [payer] in advance, beforehand; **je n'ai été averti que deux minutes à l'**~ I was only warned two minutes beforehand, I only got two minutes' notice; **réservez longtemps à l'**~ book early.
◆ **d'avance, par avance** *loc adv* [payer, remercier] in advance; **savourant d'**~ **sa revanche** already savouring his planned revenge; **c'est joué d'**~ it's a foregone conclusion; **c'est tout combiné d'**~ *fam* it's a put-up job; **d'**~ **je peux te dire qu'il n'est pas fiable** I can tell you right away ou now that he's not reliable.
◆ **en avance** ◇ *loc adj:* **elle est en** ~ **sur le reste de la classe** she's ahead of the rest of the class; **être en** ~ **sur son temps** ou **époque** to be ahead of one's time. ◇ *loc adv* [avant l'heure prévue] early; **être en** ~ **de 10 minutes/jours** to be 10 minutes/days early; **je me dépêche, je ne suis pas en** ~! I must rush, I'm (rather) late!

**avancé, e** [avɑ̃se] *adj* **-1.** [dans le temps – heure] late; **à une heure** ~**e** late at night; **la saison est** ~**e** it's very late in the season; **arriver à un âge** ~ to be getting on in years. **-2.** [pourri – poisson, viande] off *Br,* bad; [– fruit] overripe. **-3.** [développé – intelligence, économie] advanced; **un garçon** ~

pour son âge a boy who's mature for ou ahead of his years □ te voilà bien ~! *iron* a (fat) lot of good that's done you! **-4.** MIL [division, élément] advance *(modif)*; ouvrage ~ outwork.

◆ **avancée** *nf* **-1.** [progression] progress. **-2.** [d'un toit] overhang.

**avancement** [avãsmã] *nm* **-1.** [promotion] promotion, advancement; avoir ou obtenir de l' ~ to get (a) promotion ou promoted. **-2.** [progression] progress. **-3.** JUR: ~ d'hoirie advancement.

**avancer** [16] [avãse] ◇ *vt* **-1.** [pousser vers l'avant] to push ou to move forward *(sép)*; [amener vers l'avant] to bring forward *(sép)*; tu es trop loin, avance ta chaise you're too far away, move ou bring your chair forward; ~ un siège à qqn to draw up a seat for sb; la voiture de Madame/Monsieur est avancée *hum* Madam/Sir, your carriage awaits you. **-2.** [allonger]: ~ la tête to stick one's head out; ~ sa ou la main vers qqch [pour l'attraper] to reach towards sthg; [pour qu'on vous le donne] to hold out one's hand for sthg. **-3.** [dans le temps] to bring ou to put forward *(sép)*; l'heure du départ a été avancée de 10 minutes the starting time was put forward 10 minutes; la réunion a été avancée à demain/lundi the meeting was brought forward to tomorrow/Monday; ~ sa montre (d'une heure) to put one's watch forward (by an hour). **-4.** [proposer – explication, raison, opinion] to put forward *(sép)*, to suggest, to advance; [– argument, théorie, plan] to put forward; être sûr de ce que l'on avance to be certain of what one is saying; si ce qu'il avance est vrai if his allegations are true. **-5.** [faire progresser]: je vais rédiger les étiquettes pour vous ~ I'll write out the labels to make it quicker for you ou to help you along; trêve de bavardage, tout cela ne m'avance pas that's enough chatting, all this isn't getting my work done; ça t'avance à quoi de mentir? *fam* what do you gain by lying?; voilà à quoi ça t'avance de tricher this is where cheating gets you; les insultes ne t'avanceront à rien being abusive will get you nowhere. **-6.** [prêter – argent, somme, loyer] to lend, to advance.

◇ *vi* **-1.** [se déplacer dans l'espace] to move forward, to proceed, to progress; MIL to advance, to progress; ~ d'un pas to take one step forward; ~ à grands pas to stride forward ou along; ~ avec difficulté to plod along; ~ vers ou sur qqn d'un air menaçant to advance on ou towards sb threateningly; ne restez pas là, avancez! don't just stand there, move on!; faire ~ qqn/une mule to move sb/a mule along. **-2.** [progresser – temps, action] to be getting on, to progress; l'heure avance time's getting on, it's getting late; l'été/l'hiver avance we're well into the summer/winter; au fur et à mesure que la nuit avançait as the night wore on; ça avance? how's it going?; les réparations n'avançaient pas/avançaient the repair work was getting nowhere/was making swift progress; le projet n'avance plus the project's come to a halt ou standstill; faire ~: faire ~ une cause to promote a cause; faire ~ les choses [accélérer une action] to speed things up; [améliorer la situation] to improve matters. **-3.** [personne] to (make) progress, to get further forward; j'ai l'impression de ne pas ~ I don't feel I'm getting anywhere ou I'm making any headway; ~ dans une enquête/son travail to make progress in an investigation/one's work; ~ en âge [enfant] to grow up, to get older; [personne mûre] to be getting on in years; ~ en grade to go up the promotion ladder. **-4.** [montre, réveil]: votre montre avance ou vous avancez de 10 minutes your watch is ou you are 10 minutes fast; pendule qui avance d'une seconde toutes les heures clock that gains a second every hour. **-5.** [faire saillie – nez, menton] to jut ou to stick out, to protrude; [– piton, promontoire] to jut ou to stick out.

◆ **s'avancer** *vpi* **-1.** [approcher] to move forward ou closer. **-2.** [prendre de l'avance]: s'~ dans son travail to make progress ou some headway in one's work. **-3.** [prendre position] to commit o.s.; je ne voudrais pas m'~ mais il est possible que... I can't be positive but it might be that... **-4.** [faire saillie] to jut ou to stick out, to protrude; la jetée s'avance dans la mer the jetty sticks out into the sea.

**avanie** [avani] *nf* snub; subir des ~s to be snubbed.

**avant** [avã] ◇ *prép* **-1.** [dans le temps] before; il est arrivé ~ la nuit/le dîner he arrived before nightfall/dinner; ~ son élection prior to her election, before being elected; 200 ans ~ Jésus-Christ 200 (years) BC; je ne serai pas prêt ~ une demi-heure I won't be ready for another half an hour; nous

n'ouvrons pas ~ 10 h we don't open until 10; le contrat sera signé ~ deux mois the contract will be signed within two months; il faut que je termine ~ ce soir I've got to finish by this evening; peu ~ les élections a short while ou time before the elections. **-2.** [dans l'espace] before. **-3.** [dans un rang, un ordre, une hiérarchie] before; vous êtes ~ moi [dans une file d'attente] you're before me; il était juste ~ moi dans la file he was just in front of me in the queue; leur équipe est maintenant ~ la nôtre dans le classement général their team is now ahead of us in the league; je place le travail ~ tout le reste I put work above ou before everything else; ta santé passe ~ ta carrière your health is more important than ou comes before your career.

◇ *adv* **-1.** [dans le temps] before; ~, j'avais plus de patience avec les enfants I used to be more patient with children; la maison est comme ~ the house has remained the same ou is the same as it was (before); quand j'ai un rendez-vous, j'aime arriver un peu ~ when I'm due to meet someone, I like to get there a little ahead of time; bien ou longtemps ~ well ou long before; il est parti quelques minutes ~ he left a few minutes before ou earlier; très ~ dans la saison very late in the season; discuter/lire bien ~ dans la nuit to talk/to read late into the night. **-2.** [dans l'espace]: vous voyez le parc? il y a un restaurant juste ~ see the park? there's a restaurant just before it ou this side of it; allons plus ~ let's go further; il s'était aventuré trop ~ dans la forêt he'd ventured too far into the forest ‖ *fig*: sans entrer ou aller plus ~ dans les détails without going into any further ou more detail; il est allé trop ~ dans les réformes he went too far with the reforms. **-3.** [dans un rang, un ordre, une hiérarchie]: est-ce que je peux passer ~? can I go first?

◇ *adj inv* [saut périlleux, roulade] forward; [roue, siège, partie] front.

◇ *nm* **-1.** [d'un véhicule] front; NAUT bow, bows; il s'est porté vers l' ~ du peloton he moved to the front of the bunch; montez à l' ~ ~ sit in the front □ aller de l' ~ *pr & fig* to forge ahead. **-2.** SPORT forward; [au volley] frontline player; jouer ~ droit/gauche to play right/left forward; la ligne des ~s, les ~s the forward line, the forwards. **-3.** MIL: l' ~ the front.

◆ **avant de** *loc prép* before; ~ de partir, il faudra... before leaving, it'll be necessary to...; je ne signerai rien ~ d'avoir vu les locaux I won't sign anything until ou before I see the premises.

◆ **avant que** *loc conj*: ne dites rien ~ qu'il n'arrive don't say anything until he arrives; je viendrai la voir ~ qu'elle (ne) parte I'll come and see her before she leaves; ~ qu'il comprenne, celui-là! by the time he's understood!

◆ **avant que** *loc prép litt* before.

◆ **avant tout** *loc adv* **-1.** [surtout]: c'est une question de dignité ~ tout it's a question of dignity above all (else). **-2.** [tout d'abord] first.

◆ **avant toute chose** *loc adv* first of all; ~ toute chose, je vais prendre une douche I'll have a shower before I do anything else.

◆ **d'avant** *loc adj*: le jour/le mois d'~ the previous day/month, the day/month before; je vais essayer de prendre le train d'~ I'll try to catch the earlier train; les locataires d'~ étaient plus sympathiques the previous tenants were much nicer.

◆ **en avant** *loc adv* [marcher] in front; [partir] ahead; [se pencher, tomber, bondir] forward; en ~! forward!; en ~, marche! MIL forward march! ‖ *fig*: mettre qqn en ~ [pour se protéger] to use sb as a shield; [pour le faire valoir] to push sb forward ou to the front; mettre qqch en ~ to put sthg forward.

◆ **en avant de** *loc prép*: il marche toujours en ~ des autres he always walks ahead of the others; le barrage routier a été installé en ~ de Dijon the roadblock was set up just before Dijon.

**avantage** [avãtaʒ] *nm* **-1.** [supériorité] advantage; sa connaissance du danois est un ~ par rapport aux autres candidats her knowledge of Danish gives her an advantage ou the edge over the other candidates; avoir un ~ sur qqn/qqch to have an advantage over sb/sthg; cela vous donne un ~ sur eux this gives you an advantage over them; garder/perdre l' ~ to keep/to lose the upper hand; ils nous ont battus mais ils avaient l' ~ du nombre they defeated us but they had the advantage of numbers; j'ai sur toi l'~ de l'âge I have age on my side; elle a l'~ d'avoir 20 ans/d'être médecin she's 20/a doctor, which is an advantage. **-2.** [intérêt] advantage; les ~s et les inconvénients d'une solution the advantages and disadvantages ou pros and cons of a solution; cette idée présente l'~ d'être simple the idea has the advantage of being simple; c'est (tout) à ton ~ it's in your (best) interest; exploiter une idée à son ~ to exploit an idea to one's own advantage; avoir ~ à faire to be better off doing; tu as tout ~ à l'acheter ici you'd be much better off buying it here; elle aurait ~ à se taire she'd be well-advised to keep quiet; quel ~ as-tu à déménager? what advantage is there in your moving house?; ne tirez pas ~ de sa naïveté don't take advantage of his naivety; tirer ~ de la situation to turn the situation to (one's) advantage; tourner à l'~ de: la réforme ne doit pas tourner à l'~ des privilégiés the reform mustn't be allowed to work in favour of the wealthy. **-3.** FIN [bénéfice] benefit; ~s financiers financial benefits; ~s accessoires fringe benefits; ~s collectifs social welfare; ~s complémentaires perks; ~s en nature payment in kind. **-4.** sout [plaisir]: je n'ai pas l'~ de vous avoir été présenté I haven't had the privilege ou pleasure of being introduced to you; j'ai (l'honneur et) l'~ de vous annoncer que... I am pleased ou delighted to inform you that... **-5.** SPORT advantage; ~ (à) Rops! advantage Rops!-6. loc: être à son ~ [avoir belle allure] to look one's best; [dans une situation] to be at one's best; changer à son ~ to change for the better.

**avantager** [17] [avãtaʒe] vt **-1.** [favoriser] to advantage, to give an advantage to; ils ont été avantagés par rapport aux étudiants étrangers they were given an advantage over the foreign students; être avantagé dès le départ par rapport à qqn to have a head start on ou over sb; être avantagé par la nature to be favoured by nature; elle n'a pas été avantagée par la nature! nature hasn't been particularly kind to her! **-2.** [mettre en valeur] to show off (sép), to show to advantage; son uniforme l'avantage he looks his best in (his) uniform; cette coupe ne t'avantage pas this hairstyle isn't very flattering.

**avantageusement** [avãtaʒøzmã] adv **-1.** [peu cher] at ou for a good price. **-2.** [favorablement]: il s'en est tiré ~ he got away lightly; vous pourriez ~ remplacer ces deux hommes par une machine you could usefully replace these two operatives with a machine; l'opération se solde ~ pour elle the transaction has worked to her advantage.

**avantageux, euse** [avãtaʒø, øz] adj **-1.** [contrat, affaire] profitable; [prix] attractive; c'est une offre très avantageuse it's an excellent bargain. **-2.** [flatteur – pose, décolleté, uniforme] flattering; prendre des airs ~ to look self-satisfied.

**avant-bras** [avãbra] nm inv forearm.

**avant-centre** [avãsãtr] (pl **avants-centres**) nm centre-forward.

**avant-coureur** [avãkurœr] (pl **avant-coureurs**) adj m precursory.

**avant-dernier, ère** [avãdɛrnje, ɛr] (mpl **avant-derniers**, fpl **avant-dernières**) ◇ adj next to last; l'avant-dernière fois the time before last. ◇ nm, f last but one; arriver ~ to be last but one.

**avant-garde** [avãgard] (pl **avant-gardes**) nf **-1.** MIL vanguard. **-2.** [élite] avant-garde; peinture/architecture d'~ avant-garde painting/architecture.

**avant-gardiste** [avãgardist] (pl **avant-gardistes**) ◇ adj avant-garde. ◇ nmf avant-gardist.

**avant-goût** [avãgu] (pl **avant-goûts**) nm foretaste.

**avant-guerre** [avãgɛr] (pl **avant-guerres**) nm ou nf pre-war years ou period; les voitures d'~ pre-war cars.

**avant-hier** [avãtjɛr] adv the day before yesterday.

**avant-port** [avãpɔr] (pl **avant-ports**) nm outer harbour.

**avant-poste** [avãpɔst] (pl **avant-postes**) nm **-1.** MIL outpost. **-2.** [lieu de l'action]: il est toujours aux ~s he's always where the action is.

**avant-première** [avãprəmjɛr] (pl **avant-premières**) nf **-1.** THÉÂT dress rehearsal. **-2.** CIN preview; présenter qqch en ~ to preview sthg.

**avant-projet** [avãprɔʒe] (pl **avant-projets**) nm pilot study.

**avant-propos** [avãprɔpo] nm inv foreword.

**avant-scène** [avãsɛn] (pl **avant-scènes**) nf **-1.** [partie de la scène] apron THEAT, proscenium. **-2.** [loge] box THEAT.

**avant-toit** [avãtwa] (pl **avant-toits**) nm: l'~ the eaves.

**avant-train** [avãtrɛ̃] (pl **avant-trains**) nm **-1.** ZOOL forequarters. **-2.** AUT front-axle unit.

**avant-veille** [avãvɛj] (pl **avant-veilles**) nf two days before ou earlier; l'~ de son mariage two days before he got married.

**avare** [avar] ◇ adj **-1.** [pingre] mean, miserly, tight-fisted. **-2.** fig: elle est plutôt ~ de sourires she doesn't smile much; il n'a pas été ~ de compliments/de conseils he was generous with his compliments/advice. ◇ nmf miser; 'l'Avare' Molière 'The Miser'.

**avarice** [avaris] nf miserliness, avarice.

**avarie** [avari] nf damage (sustained by a ship); subir des ~s to sustain damage ❏ ~s de mer sea damage; ~s de route damage in transit.

**avarié, e** [avarje] adj [aliment, marchandise] spoilt, damaged; de la viande ~e tainted meat; cette viande est ~e this meat has gone off.
◆ **s'avarier** vpi [denrée alimentaire] to go off Br ou bad.

**avatar** [avatar] nm **-1.** RELIG avatar. **-2.** [changement] change, metamorphosis. **-3.** [mésaventure] misadventure, mishap; les ~s de la vie politique the vicissitudes of political life.

**Ave** [ave] nm inv Ave Maria, Hail Mary.

**avec** [avɛk] ◇ prép **-1.** [indiquant la complémentarité, l'accompagnement, l'accord] with; je ne prends jamais de sucre ~ mon café I never take sugar in my coffee; une maison ~ jardin a house with a garden; un homme ~ une blouse blanche a man in a white coat ou with a white coat on; les résidents sont ~ moi all the residents support me ou are behind me ou are on my side; ~ dans le rôle principal/dans son premier rôle, X starring/introducing X; un film ~ Gabin a film featuring Gabin ‖ [envers]: être patient/honnête ~ qqn to be patient/honest with sb; être gentil ~ qqn to be kind ou nice to sb; se comporter bien/mal ~ qqn to behave well/badly towards sb ‖ [en ce qui concerne]: ~ lui c'est toujours la même chose it's always the same with him; ~ lui tout est toujours simple everything is always simple according to him ❏ et ~ ceci? anything else?; il est compétent ~ ça il ne prend pas cher he's very competent and he's cheap as well; et ~ ça il n'est pas content! [en plus] and on top of that ou and what's more, he's not happy!; [malgré tout] with all that, he's still not happy!-**2.** [indiquant la simultanéité]: se lever ~ le jour to get up at the crack of dawn; se coucher ~ les poules to go to bed early; le paysage change ~ les saisons the countryside changes with the seasons. **-3.** [indiquant une relation d'opposition] with; être en guerre ~ un pays to be at war with a country. **-4.** [indiquant une relation de cause] with; ~ le temps qu'il fait, je préfère ne pas sortir I prefer not to go out in this weather; ils ne pourront pas venir, ~ cette pluie they won't be able to come with (all) this rain; ~ ce nouveau scandale, le ministre va tomber this new scandal will mean the end of the minister's career; ils ont compris ~ le temps in time, they understood. **-5.** [malgré]: ~ ses airs aimables, c'est une vraie peste despite his pleasant manner, he's a real pest. **-6.** [indiquant la manière] with; faire qqch ~ plaisir to do sthg with pleasure, to take pleasure in doing sthg; regarder qqn ~ passion/mépris to look at sb passionately/contemptuously. **-7.** [indiquant le moyen, l'instrument] with; fonctionner ~ des piles to run on batteries, to be battery-operated; c'est fait ~ de la laine it's made of wool.
◇ adv fam: ôtez vos chaussures, vous ne pouvez pas entrer ~ take off your shoes, you can't come in with them (on); je vous mets les os ~? shall I put the bones in for you?
◆ **d'avec** loc prép: distinguer qqch d'~ qqch to distinguish sthg from sthg; divorcer d'~ qqn to divorce sb.

**Ave Maria** [avemarja] = Ave.

**aven** [avɛn] nm sinkhole, swallow hole Br.

**avenant**[1] [avnã] nm **-1.** [gén] amendment; ~ à un contrat amendment to a contract. **-2.** [dans les assurances] endorsement, additional clause.
◆ **à l'avenant** loc adv: un exposé sans intérêt et des questions à l'~ a boring lecture with equally boring questions.
◆ **à l'avenant de** loc prép in accordance with.

**avenant², e** [avnã, ãt] *adj* pleasant; **une hôtesse ~e accueille les visiteurs** a gracious hostess greets the visitors; **son visage arborait un air faussement ~** his face wore a deceptively welcoming look.

**avènement** [avɛnmã] *nm* **-1.** [d'un souverain] accession; [du Messie] advent, coming. **-2.** [d'une époque, d'une mode] advent.

**avenir** [avnir] *nm* **-1.** [période future] future; **dans un ~ proche/lointain** in the near/distant future; **ce que nous réserve l'~** what the future holds (for us); **l'~ dira si j'ai raison** time will tell if I'm right; **espérer dans/croire en un ~ meilleur** to hope for/to believe in a better future; **les moyens de transport de l'~** the transport systems of the future ‖ [générations futures] future generations. **-2.** [situation future] future; **tu as devant toi un brillant ~** you have a promising future ahead (of you) ‖ [chances de succès] future, (future) prospects; **une invention sans ~** an invention with no future; **les nouveaux procédés techniques ont de l'~** the new technical processes are promising *ou* have a good future; **découverte d'un matériau d'~** discovery of a promising new material; **les professions d'~** up-and-coming professions.
◆ **à l'avenir** *loc adv* in future.

**avent** [avã] *nm*: **l'~** Advent.

**Aventin** [avãtɛ̃] *npr*: **le mont ~** the Aventine Hill.

**aventure** [avãtyr] *nf* **-1.** [incident –gén] experience, incident; [– extraordinaire] adventure; **il m'est arrivé une ~ singulière ce matin** a strange thing happened to me this morning; **le récit d'une ~ en mer** the tale of an adventure at sea ‖ [risque] adventure, venture; **adopter un tel projet c'est se lancer dans l'~** accepting such a project is a bit risky; **se lancer dans une grande ~** to set off on a big adventure ❏ **dire la bonne ~ à qqn** to tell sb's fortune. **-2.** [liaison] (love) affair.
◆ **à l'aventure** *loc adv* at random, haphazardly; **marcher/rouler à l'~** to walk/to drive aimlessly; **partir à l'~** to go off in search of adventure.
◆ **d'aventure** *loc adj* [roman, film] adventure *(modif)*.
◆ **d'aventure, par aventure** *loc adv* by chance; **si d'~ tu le vois, transmets-lui mon message** if by any chance you see him, give him my message.

**aventuré, e** [avãtyre] *adj* [hypothèse, théorie] risky; [démarche] chancy, risky, venturesome *litt*.

**aventurer** [3] [avãtyre] *vt* **-1.** [suggérer – hypothèse, analyse] to venture. **-2.** [risquer – fortune, réputation, bonheur] to risk, to chance.
◆ **s'aventurer** *vpi* [aller] to venture.
◆ **s'aventurer à** *vp + prép*: **je ne m'aventure plus à faire des pronostics** I no longer venture *ou* dare to make any forecasts; **téléphone-lui si tu veux, moi je ne m'y aventurerais pas** ring her up if you like, I wouldn't chance it myself.

**aventureux, euse** [avãtyrø, øz] *adj* **-1.** [hardi – héros] adventurous. **-2.** [dangereux – projet] risky, chancy.

**aventurier** [avãtyrje] *nm* **-1.** [explorateur] adventurer; [aimant le risque] risk-taker. **-2.** *péj* [escroc] rogue.

**aventurière** [avãtyrjɛr] *nf péj* adventuress.

**aventurine** [avãtyrin] *nf* MINÉR aventurin, aventurine.

**avenu, e¹** [avny] *adj*: **nul et non ~** null and void.

**avenue²** [avny] *nf* avenue; **sur l'~ Foch** on the Avenue Foch.

**avère** [avɛr] *v* → **avérer**.

**avéré, e** [avere] *adj* [fait, information] known, established; **c'est un fait ~ que...** it is a known fact that...

**avérer** [18] [avere] *vt sout* [affirmer]: **~ un fait** to vouch for the accuracy of a fact.
◆ **s'avérer** *vpi* **-1.** *litt* [être prouvé] to be proved (correct). **-2.** *(suivi d'un adj ou d'une loc adj)* [se révéler] to prove; **la solution s'est avérée inefficace** the solution turned out *ou* proved (to be) inefficient. **-3.** *(tournure impersonnelle)*: **il s'avère difficile d'améliorer les résultats** it's proving difficult to improve on the results; **il s'avère que mon cas n'est pas prévu par le règlement** it turns out *ou* it so happens that my situation isn't covered by the regulations.

**averse** [avɛrs] *nf* shower; **sous l'~** in the rain; **laisser passer l'~** *fig* to wait until the storm blows over; **une ~ d'injures s'abattit sur moi** I was assailed by a string *ou* stream of insults.

**aversion** [avɛrsjɔ̃] *nf* aversion, loathing; **il les a pris en ~** he took a violent dislike to them.

**averti, e** [avɛrti] *adj* [informé] informed, mature; [connaisseur] well-informed; **le consommateur est de plus en plus ~** consumers are better and better informed; **pour lecteurs ~s seulement** for adult readers only.

**avertir** [32] [avɛrtir] *vt* **-1.** [informer] to inform; **l'avez-vous averti de votre départ?** have you informed him that *ou* did you let him know that you are leaving?; **il faut l'~ que le spectacle est annulé** he must be informed *ou* told that the show's off; **nous n'avons pas été avertis du danger** we were not warned about the danger. **-2.** [par menace, défi] to warn.

**avertissement** [avɛrtismã] *nm* **-1.** [signe] warning, warning sign; **il est parti sans le moindre ~** he left without any warning. **-2.** [appel à l'attention] notice, warning. **-3.** [blâme] warning, reprimand; ADMIN [lettre] admonitory letter; **donner un ~ à qqn** to give sb a warning, to warn sb; **premier et dernier ~!** I'm telling you now and I won't tell you again!**-4.** [en début de livre] foreword. **-5.** RAIL warning signal.

**avertisseur, euse** [avɛrtisœr, øz] *adj* warning.
◆ **avertisseur** *nm* alarm, warning signal; **~ sonore** [gén] alarm; AUT horn; **~ visuel** indicator; **~ d'incendie** fire alarm.

**aveu, x** [avø] *nm* **-1.** [confession]: **faire un ~** to acknowledge *ou* to confess *ou* to admit something; **je vais vous faire un ~, j'ai peur en voiture** I must confess that I'm scared in cars; **obtenir les ~x d'un criminel** to make a criminal confess; **recueillir les ~x d'un criminel** to take down a criminal's confession; **faire des ~x complets** [à la police] to make a full confession; *fig & hum* to confess all; **passer aux ~x** *pr & fig* to confess; **faire l'~ de qqch** to own up to sthg. **-2.** *litt* [foi]: **sans ~** dishonourable. **-3.** *sout* [autorisation] permission, consent.
◆ **de l'aveu de** *loc prép* according to; **la tour ne tiendra pas, de l'~ même de l'architecte** the tower will collapse, even the architect says so; **de son propre ~** by his own reckoning.

**aveuglant, e** [avœglã, ãt] *adj* [éclat, lueur] blinding, dazzling; [évidence, preuve] overwhelming; [vérité] self-evident, glaring.

**aveugle** [avœgl] ◇ *adj* **-1.** [privé de la vue] blind, sightless; **un enfant ~ de naissance** a child born blind *ou* blind from birth; **devenir ~** to go blind; **l'accident qui l'a rendu ~** the accident which blinded him *ou* deprived him of his sight; **je ne suis pas ~, je vois bien tes manigances** I'm not blind, I can see what you're up to; **la passion la rend ~** she's blinded by passion. **-2.** [extrême – fureur, passion] blind, reckless. **-3.** [absolu – attachement, foi, soumission] blind, unquestioning. **-4.** CONSTR [mur, fenêtre] blind. ◇ *nmf* blind man *(f* woman); **les ~s** the blind *ou* sightless.
◆ **en aveugle** *loc adv*: **se lancer en ~ dans une entreprise** to take a leap in the dark.

**aveuglement** [avœgləmã] *nm* blindness, blinkered state.

**aveuglément** [avœglemã] *adv* [inconsidérément] blindly; **elle lui faisait ~ confiance** she trusted him utterly.

**aveugle-né, e** [avœgləne] *(mpl* **aveugles-nés,** *fpl* **aveugles-nées)** *nm, f* person blind from birth; **c'est un ~** he was born blind, he's been blind from birth.

**aveugler** [5] [avœgle] *vt* [priver de la vue] to blind; **l'accident qui l'a aveuglée** the accident which blinded her *ou* deprived her of her sight ‖ [éblouir] to blind; **la haine l'aveugle** *fig* she's blinded by hatred.
◆ **s'aveugler sur** *vp + prép* to close one's eyes to; **ne vous aveuglez pas sur vos chances de réussite** don't overestimate your chances of success.

**aveuglette** [avœglɛt]
◆ **à l'aveuglette** *loc adv* **-1.** [sans voir – conduire] blindly; **il m'a fallu marcher à l'~ le long d'un tunnel** I had to grope my way through a tunnel. **-2.** *fig*: **je ne veux pas agir à l'~ I** don't want to act without first weighing the consequences; **son projet n'a pas été entrepris à l'~** he did his homework before undertaking his project.

**aveulir** [32] [avølir] *vt litt* to weaken, to enervate *litt*.

**aviateur, trice** [avjatœr, tris] *nm, f* pilot, aviator *vieilli*.

**aviation** [avjasjɔ̃] *nf* **-1.** TRANSP aviation; ~ civile/marchande civil/commercial aviation. **-2.** [activité] flying. **-3.** MIL [armée de l'air] air force; [avions] aircraft, air force.

**avicole** [avikɔl] *adj* **-1.** [ferme, producteur] poultry *(modif)*, bird *(modif)*, fowl *(modif)*. **-2.** [parasite] avicolous *spéc*.

**aviculteur, trice** [avikyltœr, tris] *nm, f* [éleveur – d'oiseaux] bird breeder ou farmer, aviculturist *spéc*; [– de volailles] poultry breeder ou farmer.

**aviculture** [avikyltyr] *nf* [élevage – de volailles] poultry farming ou breeding; [– d'oiseaux] aviculture *spéc*, bird breeding.

**avide** [avid] *adj* **-1.** [cupide] greedy, grasping. **-2.** [enthousiaste] eager, avid; écouter d'une oreille ~ to listen eagerly ou avidly; ~ de louanges hungry for praise; ~ de nouveauté eager ou avid for novelty; ~ de savoir eager to learn, thirsty for knowledge; ~ de connaître le monde eager ou anxious ou impatient to discover the world.

**avidement** [avidmã] *adv* **-1.** [gloutonnement] greedily, ravenously. **-2.** [avec enthousiasme] eagerly, avidly, keenly. **-3.** [par cupidité] greedily, covetously.

**avidité** [avidite] *nf* **-1.** [voracité] voracity, greed, gluttony *péj*. **-2.** [enthousiasme] eagerness, impatience. **-3.** [cupidité] greed, cupidity, covetousness.

**avilir** [32] [avilir] *vt* **-1.** [personne] to debase, to shame; vos mensonges vous avilissent your lies are unworthy of you. **-2.** *sout* [monnaie] to debase; [marchandise] to cause to depreciate; l'inflation a avili le franc inflation has devalued the franc.
◆ **s'avilir** ◇ *vp (emploi réfléchi)* to demean ou to debase ou to disgrace o.s. ◇ *vpi* [monnaie, marchandise] to depreciate.

**avilissant, e** [avilisɑ̃, ɑ̃t] *adj* degrading, demeaning.

**avilissement** [avilismã] *nm* **-1.** [d'une personne] degradation, debasement; le roman décrit l'~ d'un homme par le jeu the novel describes a man's downfall through gambling. **-2.** *sout* [d'une monnaie] depreciation, devaluation.

**aviné, e** [avine] *adj* [qui a trop bu] drunken, intoxicated; [qui sent le vin – souffle] wine-laden; [altéré par la boisson – voix] drunken.

**aviner** [3] [avine] *vt* [fût, futaille] to season.

**avion** [avjɔ̃] *nm* **-1.** [véhicule] plane, aeroplane *esp Br*, airplane *Am*; ~ militaire/de chasse military/fighter plane; ~ à hélices propeller plane; ~ hôpital hospital plane; ~ de ligne airliner; ~ à réaction jet (plane). **-2.** [mode de transport]: l'~ flying; irez-vous en ~ ou en train? are you flying or going by train?; je déteste (prendre) l'~ I hate flying; 'par ~' 'air mail' ❏ courrier par ~ air mail.

**avion-cargo** [avjɔ̃kargo] *(pl* **avions-cargos)** *nm* air freighter.

**avion-citerne** [avjɔ̃sitɛrn] *(pl* **avions-citernes)** *nm* (air) tanker, supply plane.

**avion-école** [avjɔ̃ekɔl] *(pl* **avions-écoles)** *nm* training plane ou aircraft.

**avionnerie** [avjɔnri] *nf Can* aircraft factory.

**aviron** [avirɔ̃] *nm* **-1.** [rame] oar; tirer sur les ~s to row; coup d'~ stroke. **-2.** [activité] rowing.

**avis** [avi] *nm* **-1.** [point de vue] opinion, viewpoint; avoir son ou un ~ sur qqch to have views on sthg; je n'ai pas d'~ sur la question I have nothing to say ou no opinion on the matter; j'aimerais avoir votre ~ I'd like to hear your views ou to know what you think (about it); demande ou prends l'~ d'un second médecin ask the opinion of another doctor, toi, je ne te demande pas ton ~! I didn't ask for your opinion!; donner son ~ to give ou to contribute one's opinion; si vous voulez (que je vous donne) mon ~ if you ask me ou want my opinion; donner ~ émettre un ~ favorable [à une demande] to give the go-ahead; [à une proposition] to give a positive response; après ~ favorable, vous procéderez à l'expulsion having obtained permission (from the authorities), you will start the eviction procedure; à mon ~, c'est un mensonge in my opinion, it's a lie, I think it's a lie; à mon humble ~ *hum* in my humble opinion; elle est d'~ qu'il est trop tard she's of the opinion that it's too late; je ne suis pas d'~ qu'on l'envoie en pension I don't agree with his being sent away to boarding school; de l'~ de [selon] according to; je suis de votre ~ I agree with you; lui et moi ne sommes jamais du même ~ he and I don't see eye to eye ou never agree on anything; je suis du même ~ que toi I agree with you; m'est ~ que... *hum* it seems to me

that..., methinks...; sur l'~ de on the advice ou at the suggestion of; c'est sur leur ~ que j'ai fait refaire la toiture I had the roof redone on their advice. **-2.** [information] announcement; [sommation – légale] notice; [– fiscale] notice, demand; jusqu'à nouvel ~ until further notice; nous irons sauf ~ contraire [de votre part] unless we hear otherwise ou to the contrary, we'll go; [de notre part] unless you hear otherwise ou to the contrary, we'll go ❏ ~ au lecteur foreword; ~ au public 'public notice'; ~ de décès death notice; ~ de domiciliation notice of payment by banker's order; ~ de rappel reminder; ~ de réception acknowledgement of receipt; ~ de recherche [d'un criminel] wanted (person) poster; [d'un disparu] missing person poster; il reste encore quelques parts de gâteau, ~ aux amateurs there's still some cake left if anyone's interested.

**avisé, e** [avize] *adj* shrewd, prudent; bien ~ well-advised; mal ~ ill-advised.

**aviser** [3] [avize] ◇ *vt* **-1.** [informer] to inform, to notify; ~ qqn de qqch to inform ou to notify sb of sthg. **-2.** [voir] to notice, to glimpse, to catch sight of. ◇ *vi* to decide, to see (what one can do); maintenant nous allons devoir ~ we'll have to see what we can do now; s'il n'est pas là dans une heure, j'aviserai I'll have either think if he isn't here in an hour; avisons au plus pressé let's attend ou see to the most urgent matters.
◆ **s'aviser de** *vp + prép* **-1.** [remarquer] to become aware of; je me suis avisé de sa présence quand elle a ri I suddenly noticed her presence when she laughed; il s'est avisé trop tard (de ce) qu'il n'avait pas sa clé he realized too late that he didn't have his key. **-2.** [oser] to dare to; ne t'avise pas de l'interrompre quand elle parle don't think of interrupting her while she's speaking; et ne t'avise pas de recommencer! and don't you dare do that again!

**avitaillement** [avitajmã] *nm* **-1.** NAUT victualling, refuelling. **-2.** AÉRON refuelling.

**avitailleur** [avitajœr] *nm* **-1.** NAUT refuelling tanker. **-2.** AÉRON air tanker.

**avitaminose** [avitaminoz] *nf* vitamin deficiency, avitaminosis *spéc*; ~ C vitamin C deficiency.

**aviver** [3] [avive] *vt* [intensifier – flammes] to fan, to stir up *(sép)*; [– feu] to revive, to rekindle; [– couleur] to brighten, to revive; [– sentiment] to stir up; [– désir] to excite, to arouse; [– blessure] to irritate; [– querelle] to stir up, to exacerbate; [– crainte] to heighten.

**av. J.-C.** *(abr écrite de* **avant Jésus-Christ)** B.C.

**avocaillon** [avɔkajɔ̃] *nm fam & péj* pettifogger, pettifogging lawyer.

**avocat¹** [avɔka] *nm* BOT avocado (pear).

**avocat², e** [avɔka, at] *nm, f* **-1.** JUR lawyer, barrister *Br*, attorney-at-law *Am*; mon ~ my counsel; mes ~s my counsel; je lui mettrai mes ~s sur le dos! *fam* I'll take him to court! ❏ ~ d'affaires business lawyer; ~ consultant ≃ counsel in chamber *Br*, ≃ consulting barrister *Br*, ≃ attorney *Am*; ~ de la défense counsel for the defence, ≃ defending counsel *Br*, ≃ defense counsel *Am*; ~ général ≃ counsel for the prosecution *Am*, ≃ prosecuting attorney *Am*; ~ plaidant court lawyer *Br*, trial attorney *Am*. **-2.** [porte-parole] advocate, champion; se faire l'~ d'une mauvaise cause to advocate ou to champion a lost cause; je serai votre ~ auprès de lui I'll plead with him on your behalf ❏ ~ du diable devil's advocate; se faire l'~ du diable to be devil's advocate.

**avocatier** [avɔkatje] *nm* avocado (tree).

**avoine** [avwan] *nf* [plante] oat; [grains] oats.

**avoir¹** [avwar] *nm* **-1.** COMM credit note; [en comptabilité] credit side; la fleuriste m'a fait un ~ the florist gave me a credit note; j'ai un ~ de 150 francs à la boucherie I've got 150 francs credit at the butcher's ❏ ~ fiscal FIN tax credit. **-2.** ÉCON & FIN: ~s assets, holdings; ~s numéraires ou en caisse cash holdings. **-3.** *litt* [possessions] assets, worldly goods.

**avoir²** [1] [avwar] ◇ *v aux* **A.** **-1.** [avec des verbes transitifs]: as-tu lu sa lettre? did you read ou have you read his letter?; les deux buts qu'il avait marqués the two goals he had scored; j'aurais voulu vous aider I'd have liked to help you; non content de les ~ humiliés, il les a jetés dehors not content with humiliating them, he threw them out. **-2.** [avec des verbes intransitifs]: j'ai maigri I've lost weight; as-tu

bien dormi? did you sleep well?; **tu as dû rêver** you must have been dreaming. **-3.** [avec le verbe 'être']: **j'ai été surpris** I was surprised; **il aurait été enchanté** he would've OU would have been delighted.
**B. -1.** [exprime la possibilité]: ~ **à: je n'ai rien à boire** I haven't got anything OU I have nothing OU I've got nothing to drink; **n'~ qu'à: ils n'ont qu'à écrire au directeur** [conseil] all they have to do OU all they've got to do is write to the manager; [menace] just let them (try and) write to the manager; **s'il vous manque quelque chose, vous n'avez qu'à me le faire savoir** if you're missing anything, just let me know; **t'as qu'à leur dire!** *fam* why don't you (just) tell them!**-2.** [exprime l'obligation]: ~ **à** to have to; **je n'ai pas à me justifier auprès de vous** I don't have to justify myself to you; **et voilà, je n'ai plus qu'à recommencer!** so now I've got to start all over again!**-3.** [exprime le besoin]: ~ **à** to have to; **il a à te parler** he's got something to OU there's something he wants to tell you; **tu n'as pas à t'inquiéter** you shouldn't worry, you have nothing to worry about. **-4.** *loc*: **n'~ que faire de: je n'ai que faire de tes états d'âme** I couldn't care less about your moods.
◇ *vt* **A. -1.** [être propriétaire de – action, bien, domaine etc] to have, to own, to possess; [– chien, hôtel, voiture] to have, to own; ~ **de l'argent** to have money; **tu n'aurais pas un stylo en plus?** have you got OU do you happen to have a spare pen?; **je n'ai plus de sucre** I've run out of sugar ‖ COMM to have; **nous avons plus grand si vous préférez** we have it in a larger size if you prefer. **-2.** [ami, collègue, famille etc] to have; **il a encore sa grand-mère** his grandmother's still alive; **je n'ai plus ma mère** my mother's dead; **elle a trois enfants** she has three children; **elle a un mari qui fait la cuisine** she's got the sort OU kind of husband who does the cooking; **il a sa tante qui est malade** *fam* his aunt's ill. **-3.** [détenir – permis de conduire, titre] to have, to hold; [– droits, privilège] to have, to enjoy; [– emploi, expérience, devoirs, obligations] to have; [– documents, preuves] to have, to possess; **quand nous aurons le pouvoir** when we're in power; **quelle heure avez-vous?** what time do you make it? ‖ SPORT to have; ~ **le ballon** to be in possession of OU to have the ball. **-4.** [obtenir – amende, article] to get; [– information, rabais, récompense] to get, to obtain; **je pourrais vous ~ des places gratuites** I could get you free tickets ‖ [au téléphone] to get through to; **j'ai essayé de t'~ toute la journée** I tried to get through to you OU to contact you all day; **je l'ai eu au téléphone** I got him on the phone. **-5.** [jouir de – beau temps, bonne santé, liberté, bonne réputation] to have, to enjoy; [– choix, temps, mauvaise réputation] to have; ~ **la confiance de qqn** to be trusted by sb; ~ **l'estime de qqn** to be held in high regard by sb; **vous avez toute ma sympathie** you have all my sympathy; **j'ai une heure pour me décider** I have an hour (in which) to make up my mind; **il a tout pour lui et il n'est pas heureux!** he's got everything you could wish for and he's still not happy! **-6.** [recevoir chez soi]: ~ **de la famille/des amis à dîner** to have relatives/friends over for dinner; **j'aurai ma belle-famille au mois d'août** my in-laws will be staying with me in August. **-7.** RAD & TV [chaîne, station] to receive, to get; **bientôt, nous aurons les chaînes européennes** soon, we'll be able to get the European channels. **-8.** [attraper – otage, prisonnier] to have; **les flics ne l'auront jamais** *fam* the cops'll never catch him. **-9.** [atteindre – cible] to get, to hit. **-10.** [monter à bord de – avion, bus, train] to catch.
**B. -1.** [présenter – tel aspect]: **elle a un joli sourire** she's got OU she has a nice smile; **je cherche un acteur qui ait un grand nez** I'm looking for an actor with a big nose; **elle a une jolie couleur de cheveux** her hair's a nice colour; **elle a beaucoup de sa mère** she really takes after her mother; ~ **tout de: il a tout de l'aristocrate** he's the aristocratic type; **la méthode a l'avantage d'être bon marché** this method has the advantage of being cheap; **ton père a le défaut de ne pas écouter ce qu'on lui dit** your father's weakness is not listening to what people tell him ‖ [avec pour complément une partie du corps] to have; ~ **l'estomac vide** to have an empty stomach; **j'ai le bras ankylosé** my arm's stiff; **il a les yeux qui se ferment** he can't keep his eyes open ❑ **en ~**▽ to have a lot of balls. **-2.** [porter sur soi – accessoire, vêtement, parfum] to have on *(sép)*, to wear; **tu vois la dame qui a le foulard?** do you see the lady with the scarf?; **faites attention, il a une arme** careful,

he's got a weapon OU he's armed. **-3.** [faire preuve de]: ~ **de l'audace** to be bold; ~ **du culot** *fam* to be cheeky, to have a nerve; **il a eu le culot de me le dire** *fam* he had the cheek OU the nerve to tell me; ~ **du talent** to have talent, to be talented; **ayez la gentillesse de...** would you OU please be kind enough to...; **il a eu la cruauté de lui dire** he was cruel enough to tell him. **-4.** [exprime la mesure] to be; **le voilier a 4 m de large** OU **largeur** the yacht is 4 m wide; **en ~ pour: j'en ai pour 500 francs** it's costing me 500 francs; **tu en as pour 12 jours/deux heures** it'll take you 12 days/two hours. **-5.** [exprime l'âge] to be; **quel âge as-tu?** how old are you?; **j'ai 35 ans** I'm 35 (years old); **nous avons le même âge** we're the same age; **il a deux ans de plus que moi** he's two years older than me; **il vient d'~ 74 ans** he's just turned 74.
**C. -1.** [subir – symptôme] to have, to show, to display; [– maladie, hoquet, mal de tête etc] to have; [– accident, souci, ennuis] to have; [– difficultés] to have, to experience; [– opération] to undergo, to have; [– crise] to have, to go through *(insép)*; ~ **de la fièvre** to have OU to be running a temperature; ~ **un cancer** to have cancer; **je ne sais pas ce que j'ai aujourd'hui** I don't know what's the matter OU what's wrong with me today; **sa sœur n'a rien eu** his sister escaped unscathed; **le car n'a rien eu du tout, mais la moto est fichue** *fam* there's not a scratch on the bus but the motorbike's a write-off; **qu'est-ce qu'elle a encore, cette voiture?** *fam* now what's wrong with this car?; **il a des souris chez lui** he's got mice; **un enfant/chaton qui a des vers** a child/kitten with worms. **-2.** [émettre, produire – mouvement] to make; [– ricanement, regard, soupir] to give; ~ **un sursaut** to (give a) start; **elle eut cette phrase devenue célèbre** she said OU uttered those now famous words; **il eut une moue de dédain** he pouted disdainfully. **-3.** [ressentir]: ~ **faim** to be OU to feel hungry; ~ **peur** to be OU to feel afraid; ~ **des remords** to feel remorse; ~ **du chagrin** to feel OU to be sad; ~ **un pressentiment** to have a premonition; ~ **de l'amitié pour qqn** to regard OU to consider sb as a friend; **je n'ai que mépris pour lui** I feel only contempt for him; ~ **du respect pour qqn** to have respect for OU to respect sb ❑ **en ~ après** OU **contre qqn** *fam* to be angry with sb; **ce chien/cette guêpe en a après toi!** this dog/wasp has got it in for you!; **en ~ après** OU **contre qqch** to be angry about sthg. **-4.** [élaborer par l'esprit – avis, idée, suggestion] to have; **j'ai mes raisons** I have my reasons; **elle a toujours réponse à tout** she's got an answer for everything.
**D.** *fam* **-1.** [battre, surpasser] to get, to beat; **il va se faire ~ dans la dernière ligne droite** he's going to get beaten in the final straight. **-2.** [escroquer] to have, to do, to con; **5 000 francs pour ce buffet? on t'a fait ~!** 5,000 francs for that dresser? you were conned OU had OU done!**-3.** [duper] to take in *(sép)*, to take for a ride; **tu t'es fait ~!** you've been had OU taken in OU taken for a ride!; **tu essaies de m'~!** you're having OU putting me on!; **n'essaie pas de m'~** don't try it on with me.
**E.** [devoir participer à – débat, élection, réunion] to have, to hold; [– rendez-vous] to have; **j'ai (un) cours de chimie ce matin** I've got a chemistry lesson this morning.
◆ **il y a** *v impers* **-1.** [dans une description, une énumération – suivi d'un singulier] there is; [– suivi d'un pluriel] there are; **il n'y a pas de lit** there is no bed; **il y a du soleil** the sun is shining; **qu'est-ce qu'il y a dans la malle?** what's in the trunk?; **il n'y a qu'ici qu'on en trouve** this is the only place (where) you can find it/them; **il y a juste de quoi faire une jupe** there is just enough to make a skirt; **avoue qu'il y a de quoi être énervé!** you must admit it's pretty irritating! ❑ **merci — il n'y a pas de quoi!** thank you — don't mention it OU you're welcome!; **il n'y a rien à faire, la voiture ne démarre pas** it's no good, the car won't start; **il n'y a pas à dire, il sait ce qu'il veut** there's no denying he knows what he wants; **il n'y a que lui pour dire une chose pareille!** trust him to say something like that!; **qu'est-ce qu'il y a?** — **il y a que j'en ai marre!** *fam* what's the matter? — I'm fed up, that's what!; **il y a voiture et voiture** there are cars and cars; **il n'y en a que pour lui!** *fam* he's the one who gets all the attention!; **il y en a** OU **il y a des gens, je vous jure!** *fam* some people, honestly OU really! **-2.** [exprimant la possibilité, l'obligation etc]: **il n'y a qu'à lui dire** you/we *etc* just have to tell him; **il n'y a qu'à commander pour être servi** you only have to order to get served. **-3.** [indiquant la durée]: **il y a 20 ans de ça**

20 years ago; **il y a une heure que j'attends** I've been waiting for an hour. **-4.** [indiquant la distance]: **il y a bien 3 km d'ici au village** it's at least 3 km to the village. **-5.** *(à l'infinitif)*: **il va y ~ de la pluie** there's going to be some rain; **il doit y ~ une raison** there must be a ou some reason.

**avoisinant, e** [avwazinã, ãt] *adj* neighbouring, nearby *adj*.

**avoisiner** [3] [avwazine] *vt* **-1.** [dans l'espace] to be near ou close to, to border on *(insép)*; **son attitude avoisine l'insolence** *fig* his attitude verges on insolence. **-2.** [en valeur] to be close on, to come close to.

**Avoriaz** [avɔrjaz] *npr*: **le festival d'~** *festival of science-fiction and horror films held annually at Avoriaz in the French Alps.*

**avorté, e** [avɔrte] *adj* [réforme, tentative] failed, abortive.

**avortement** [avɔrtəmã] *nm* MÉD & ZOOL abortion; **être contre l'~** to be against abortion; **l'~ d'une tentative** *fig* the failure of an attempt.

**avorter** [3] [avɔrte] *vi* **-1.** MÉD to abort, to have an abortion; ZOOL to abort. **-2.** [plan, réforme, révolution] to miscarry, to fall through. ◇ *vt* to abort, to carry out an abortion on.

**avorteur, euse** [avɔrtœr, øz] *nm, f* abortionist.

**avorton** [avɔrtɔ̃] *nm* [chétif] runt; [monstrueux] freak, monster.

**avouable** [avwabl] *adj* worthy, respectable; **un motif ~ a** worthy motive; **des mobiles peu ~s** disreputable motives.

**avoué** [avwe] *nm* ≈ solicitor *Br*, ≈ attorney *Am*.

**avouer** [6] [avwe] *vt* **-1.** [erreur, forfait] to admit, to confess (to), to own up to *(insép)*; **elle a avoué voyager sans billet/tricher aux cartes** she owned up to travelling without a ticket/to cheating at cards || *(en usage absolu)*: **il a avoué** [à la police] he owned up, he made a full confession. **-2.** [doute, sentiment] to admit ou to confess to; **elle refuse d'~ ses angoisses/qu'elle a des ennuis** she refuses to acknowledge her anxiety/admit that she has problems; **je t'avoue que j'en ai assez** I must admit that I've had all I can take; **il lui a fallu du courage, j'avoue, mais...** what he did required courage, I grant you, but...

◆ **s'avouer** *vpi*: **elle ne s'avoue pas encore battue** she won't admit defeat yet; **je m'avoue complètement découragé** I confess ou admit to feeling utterly discouraged.

**avril** [avril] *nm* april; **en ~, ne te découvre pas d'un fil** *prov* ≈ ne'er cast a clout till May is out *prov*; *voir aussi* **mars**.

**avunculaire** [avɔ̃kylɛr] *adj* avuncular.

**axe** [aks] *nm* **-1.** GÉOM axis; **~ des abscisses/des ordonnées** x-/y-axis; **~ optique** principal axis; **~ de symétrie** axis of symmetry. **-2.** [direction] direction, line; **deux grands ~s de développement** two major trends of development; **développer de nouveaux ~s de recherche** to open up new areas of research; **sa politique s'articule autour de deux ~s principaux** her policy revolves around two main themes ou

issues; **il est dans l'~ du parti** [membre] he's in the mainstream of the party. **-3.** [voie]: **ils vont ouvrir un nouvel ~ Paris-Bordeaux** they're going to open up a new road link between Paris and Bordeaux; **l'~ Lyon-Genève** RAIL the Lyons-Geneva line ❑ **(grand) ~** major road *Br*, main highway *Am*. **-4.** MÉCAN axle. **-5.** HIST: **l'Axe** the Axis.

◆ **dans l'axe de** *loc prép* [dans le prolongement de] in line with; **la perspective s'ouvre dans l'~ du palais** the view opens out from the palace.

**axer** [3] [akse] *vt*: **il est très axé sur le spiritisme** he is very keen on spiritualism; **~ une campagne publicitaire sur les enfants** to build an advertising campaign around children; **le premier trimestre sera axé autour de Proust** the first term will be devoted to Proust; **une modernisation axée sur l'importation des meilleures techniques étrangères** modernization based on importing the best foreign techniques.

**axial, e, aux** [aksjal, o] *adj* **-1.** [d'un axe] axial. **-2.** [central] central.

**axiologie** [aksjɔlɔʒi] *nf* axiology.

**axiome** [aksjom] *nm* axiom.

**axis** [aksis] *nm* ANAT & ZOOL axis.

**ay** [aj] *nm* Champagne from Ay.

**ayant** [ejã] *p prés →* **avoir**.

**ayant cause** [ejãkoz] *(pl* **ayants cause)** *nm* beneficiary, legal successor.

**ayant droit** [ejãdrwa] *(pl* **ayants droit)** *nm* [gén] beneficiary; [à une propriété] rightful owner; [à un droit] eligible party.

**ayatollah** [ajatɔla] *nm* ayatollah.

**ayons** [ejɔ̃] *v →* **avoir**.

**azalée** [azale] *nf* azalea.

**Azerbaïdjan** [azɛrbajdʒã] *npr m*: **(l') ~** Azerbaijan.

**azéri, e** [azeri] *adj* Azeri.

◆ **Azéri, e** *nm, f* Azeri.

**azimut** [azimyt] *nm* azimuth; **partir dans tous les ~s** *fam* to be all over the place.

◆ **tous azimuts** *fam* ◇ *loc adj* all out, full scale. ◇ *loc adv* all over (the place); **prospecter tous ~s** to canvass all over; **la jeune société se développe tous ~s** the new firm is really taking off.

**azote** [azɔt] *nm* nitrogen.

**azoté, e** [azɔte] *adj* nitrogenous, azotic.

**AZT** *(abr de* **azothymidine)** *nm* AZT.

**aztèque** [astɛk] *adj* Aztec.

◆ **Aztèque** *nmf* Aztec.

**azur** [azyr] ◇ *nm* **-1.** [couleur] azure *litt*, sky-blue; **la Côte d'Azur** the French Riviera, the Côte d'Azur. **-2.** *litt* [ciel] skies. ◇ *adj inv* azure, sky-blue.

# B

**b, B** [be] *nm* b, B.

**B** *(abr écrite de* **bien)** *good grade (as assessment of schoolwork)*, ≈ B.

**BA** *(abr de* **bonne action)** *nf fam* good deed; **faire une ~** to do a good deed.

**baba** [baba] ◇ *adj*: **être** ou **rester ~** to be flabbergasted. ◇ *nm* **-1.** CULIN: **~ (au rhum)** (rum) baba. **-2.** *fam loc*: **l'avoir dans le ~** to be let down; **après ils partiront en congé et c'est toi qui l'auras dans le ~!** then they'll go off on holiday and you'll be left holding the baby! ◇ *nmf =* **baba cool**.

**b.a.-ba** [beaba] *nm* ABCs, rudiments; **apprendre le ~ du métier** to learn the ABCs ou basics of the trade.

**baba cool** [babakul] *(pl* **babas cool)** *nmf fam person adopting hippie-like values and lifestyle.*

**Babel** [babɛl] *npr →* **tour**.

**babeurre** [babœr] *nm* buttermilk.

**babil** [babil] *nm* [des enfants] prattle, babble; [du ruisseau] murmuring, babble; [des oiseaux] twittering.

**babillage** [babijaʒ] *nm* [des enfants] babble, babbling, prattle; [d'un bavard] chatter.

**babiller** [3] [babije] *vi* [oiseau] to twitter; [ruisseau] to murmur, to babble; [enfant] to prattle, to babble, to chatter; [bavard] to prattle (on), to chatter (away).

**babines** [babin] *nfpl* **-1.** ZOOL chops. **-2.** *fam* [lèvres] lips; se lécher ou pourlécher les ~ to lick one's chops; à s'en lécher ou pourlécher les ~ scrumptious.

**babiole** [babjɔl] *nf* knick-knack, trinket; je voudrais lui acheter une ~ pour marquer son anniversaire I would like to buy her a little something for her birthday.

**bâbord** [babɔr] *nm* port; à ~ on the port side.

**babouche** [babuʃ] *nf* (oriental) slipper.

**babouin** [babwɛ̃] *nm* baboon.

**baby-foot** [babifut] *nm inv* table football.

**Babylone** [babilɔn] *npr* Babylon.

**babylonien, enne** [babilɔnjɛ̃, ɛn] *adj* Babylonian.
◆ **Babylonien, enne** *nm, f* Babylonian.

**baby-sitter** [bebisitœr] (*pl* **baby-sitters**) *nmf* baby-sitter.

**baby-sitting** [bebisitiŋ] (*pl* **baby-sittings**) *nm* baby-sitting; faire du ~ to baby-sit.

**bac** [bak] *nm* **-1.** NAUT (small) ferry ou ferryboat. **-2.** [dans un réfrigérateur] compartment, tray; ~ à glace ice-cube tray; ~ à légumes vegetable compartment ‖ [dans un bureau]: ~ mobile pour dossiers suspendus filing trolley *Br*, movable file cabinet *Am* ‖ [pour plantes] tray, display case. **-3.** [fosse, réserve – pour liquides] tank, vat; [– pour stockage de pièces] container; ~ à sable [d'enfant] sandpit *Br*, sandbox *Am*; [pour routes] grit bin. **-4.** PHOT [cuvette – vide] tray; [– pleine] bath. **-5.** *fam* [diplôme]: niveau ~ + 3 3 *years of higher education.*

**baccalauréat** [bakalɔrea] *nm final secondary school examination, qualifying for university entrance,* ≃ A-levels *Br,* ≃ high school diploma *Am.*

**baccara** [bakara] *nm* baccara, baccarat.

**baccarat** [bakara] *nm* Baccarat (crystal).

**bacchanale** [bakanal] *nf litt* [débauche] drunken revel, bacchanal.
◆ **bacchanales** *nfpl* ANTIQ bacchanalia.

**bacchante** [bakɑ̃t] *nf* **-1.** ANTIQ bacchante, bacchanal. **-2.** *litt & péj* [femme] bacchante *litt.*
◆ **bacchantes** *nfpl fam & hum* moustache, whiskers *hum.*

**Bacchus** [bakys] *npr* Bacchus.

**Bach** [bak] *npr*: Jean-Sébastien ou Johann Sebastian ~ Johann Sebastian Bach.

**bâche** [baʃ] *nf* transport cover, canvas sheet, tarpaulin.

**bachelier, ère** [baʃəlje, ɛr] *nm, f student who has passed the baccalauréat.*

**bâcher** [3] [baʃe] *vt* to cover over (*sép*), to tarpaulin.

**bachot** [baʃo] *nm* **-1.** [barque] wherry, skiff. **-2.** *vieilli* [diplôme]= **baccalauréat**.

**bachotage** [baʃɔtaʒ] *nm fam* cramming; faire du ~ to cram, to swot up *Br*, to bone up *Am.*

**bachoter** [3] [baʃɔte] *vi fam* to cram, to swot up *Br*, to bone up *Am.*

**bacillaire** [basilɛr] *adj* bacillar, bacillary; **malade** ~ tubercular patient.

**bacille** [basil] *nm* bacillus; ~ de Koch tubercle bacillus.

**bacillose** [basiloz] *nf* pulmonary tuberculosis.

**bâclage** [baklaʒ] *nm* [action] botching, skimping; cette toiture, c'est du ~! they/you *etc* made a really shoddy job of that roof!

**bâcler** [3] [bakle] *vt* to skimp on (*insép*), to botch; nous avons bâclé les formalités en deux jours we pushed through the red tape in a couple of days; je vais ~ les comptes vite fait *fam* I'll throw the accounts together in no time; c'est du travail bâclé [réparation] it's a botched job; [devoir] it's slapdash work.

**bacon** [bekɔn] *nm* [petit lard] bacon; [porc fumé] smoked loin of pork, Canadian bacon.

**bactéricide** [bakterisid] ◇ *adj* bactericidal. ◇ *nm* bactericide.

**bactérie** [bakteri] *nf* bacterium.

**bactérien, enne** [bakterjɛ̃, ɛn] *adj* bacterial.

**bactériologie** [bakterjɔlɔʒi] *nf* bacteriology.

**bactériologique** [bakterjɔlɔʒik] *adj* bacteriological.

**badaboum** [badabum] *interj* [bruit de chute] boom, crash (bang, wallop).

**badaud, e** [bado, od] *nm, f* [curieux] curious onlooker; [promeneur] stroller; attirer les ~s to draw a crowd.

**baderne**▽ [badɛrn] *nf*: une vieille ~ an old fogey, an old

stick-in-the-mud.

**badge** [badʒ] *nm* **-1.** [insigne] badge. **-2.** [autocollant] sticker.

**badiane** [badjan] *nf* [arbre] Chinese anise-tree; [fruit] star anise.

**badigeon** [badiʒɔ̃] *nm* CONSTR [pour l'extérieur] whitewash; [pour l'intérieur] distemper; [pigmenté] coloured distemper, colourwash *Br*; passer qqch au ~ [pour l'extérieur] to whitewash sthg; [pour l'intérieur] to distemper sthg.

**badigeonner** [3] [badiʒɔne] *vt* **-1.** CONSTR [intérieur] to distemper; [extérieur] to whitewash; [en couleur] to paint with coloured distemper, to colourwash *Br*. **-2.** CULIN & MÉD to paint, to brush; ~ la pâte de jaune d'œuf brush the pastry with egg yolk.

**badigoinces**▽ [badigwɛ̃s] *nfpl* lips; se lécher les ~ to lick one's lips ou chops.

**badin**[1] [badɛ̃] *nm* AÉRON airspeed indicator.

**badin**[2], **e**[1] [badɛ̃, in] *adj* [gai] light-hearted; [plaisant] playful; répondre d'un ton ~ to answer playfully ou jokingly.

**badinage** [badinaʒ] *nm* banter, jesting, badinage *litt* ou *hum.*

**badine**[2] [badin] *nf* switch, stick.

**badiner** [3] [badine] *vi* to jest, to banter, to tease; ~ avec: ne badine pas avec ta santé don't trifle with your health; elle ne badine pas sur le chapitre de l'exactitude she's very strict about ou she's a stickler for punctuality; 'On ne badine pas avec l'amour' *Musset* 'You Can't Trifle With Love'.

**bad-lands** [badlɑ̃ds] *nfpl* badlands GÉOG.

**badminton** [badmintɔn] *nm* badminton.

**BAFA, Bafa** [bafa] (*abr de* **brevet d'aptitude aux fonctions d'animation**) *state diploma for youth leaders and workers.*

**baffe** [baf] *nf fam* slap, clout, smack; coller une ~ à qqn to give sb a smack in the face.

**baffle** [bafl] *nm* AUDIO speaker; TECH baffle.

**bafouer** [6] [bafwe] *vt* [autorité, loi] to flout, to defy; [sentiment] to ridicule, to scoff at (*insép*).

**bafouillage** [bafujaʒ] *nm* **-1.** [bredouillage] sputtering, stammering. **-2.** [propos – incohérents] gibberish; [– inaudibles] mumblings.

**bafouille**▽ [bafuj] *nf* letter, missive *hum.*

**bafouiller** [3] [bafuje] ◇ *vi* [bégayer] to stutter, to stammer; la peur le faisait ~ he was so frightened he couldn't talk properly; tellement embarrassé qu'il en bafouillait stammering with embarrassment. ◇ *vt* to stammer; ~ des propos incohérents to talk (a lot of) gibberish.

**bafouilleur, euse** [bafujœr, øz] *nm, f* [bégayeur] stammerer; [personne incohérente] mumbler.

**bâfrer**▽ [bafre] ◇ *vt* to gobble, to wolf (down) (*sép*); elle a tout bâfré she polished off the lot. ◇ *vi* to stuff one's face, to pig o.s.

**bâfreur, euse**▽ [bafrœr, øz] *nm, f* glutton, greedy-guts, chowhound *Am.*

**bagage** [bagaʒ] *nm* **-1.** [pour voyager] baggage, luggage; mes ~s my luggage; il avait pour tout ~ un sac et un manteau he was carrying only a bag and a coat; faire ses ~s to pack one's bags; il a fait ses ~s sans demander son reste *fig* he left without further ado ❑ en ~ accompagné [expédier, voyager] as registered baggage; un seul ~ de cabine est autorisé only one piece of hand baggage is allowed; un ~ à main a piece of hand-luggage; ~s de soute registered baggage (*in an aeroplane*); soute à ~s hold. **-2.** (*tjrs sg*) [formation] background (knowledge).

**bagagiste** [bagaʒist] *nm* **-1.** [dans un aéroport, un hôtel] porter. **-2.** [fabricant] travel goods manufacturer.

**bagarre** [bagar] *nf* **-1.** [échange de coups] fight, brawl; la ~ est devenue générale the fight degenerated into a free-for-all; des ~s ont éclaté dans la rue scuffles ou fighting broke out in the street. **-2.** *fig* battle, fight; se lancer dans la ~ politique to join the political fray; la ~ a été très dure pendant la deuxième mi-temps/le deuxième set SPORT it was a close fight during the second half/set.

**bagarrer** [3] [bagare] *vi* [physiquement] to fight; [verbalement] to argue; elle a bagarré dur pour arriver là où elle est she fought hard to get where she is; pour la convaincre, il faut ~ you have to work hard at convincing them.
◆ **se bagarrer** ◇ *vp* (*emploi réciproque*) **-1.** [se combattre] to

fight, to scrap. **-2.** [se quereller] to quarrel, to have a scene; mes parents se bagarraient my parents used to quarrel. ◊ *vpi* **-1.** [combattre] to fight, to scrap; il adore se ~ he loves a scrap. **-2.** *fig* to fight, to struggle; se ~ pour que justice soit faite to fight ou to struggle in order to see justice done.

**bagarreur, euse** [bagarœr, øz] *adj fam* aggressive; elle a des enfants ~s her kids are always ready for a scrap.

**bagatelle** [bagatɛl] *nf* **-1.** [chose – sans valeur] trinket, bauble; [– sans importance] trifle, bagatelle; se fâcher pour une ~ to take offence over nothing; ça m'a coûté la ~ de 70 000 F *iron* it cost me a mere 70,000 F. **-2.** MUS bagatelle. **-3.** *fam* [sexe]: il est porté/elle est portée sur la ~ he/she likes to play around.

**Bagdad** [bagdad] *npr* Baghdad.

**bagnard** [baɲar] *nm* convict.

**bagne** [baɲ] *nm* [prison] prison; HIST penal colony; c'est le ~, ici! *fig* they work you to death in this place!; son travail, c'est pas le ~! he's not exactly overworked!

**bagnole** [baɲɔl] *nf fam* car; une vieille ~ an old banger *Br* ou car.

**bagou(t)** [bagu] *nm fam* glibness; il a du ~ he has the gift of the gab, he can talk the hind legs off a donkey.

**bague** [bag] *nf* **-1.** JOAILL ring; passer la ~ au doigt à qqn to marry sb. **-2.** MÉCAN collar, ring.

**baguenauder** [3] [bagnode] *vi fam* to amble ou to stroll ou to drift along.

◆ **se baguenauder** *vpi fam* to amble ou to stroll ou to drift along.

**baguer** [3] [bage] *vt* **-1.** [oiseau] to ring; [doigt] to put a ring on. **-2.** TECH to collar. **-3.** COUT to baste, to tack.

**baguette** [bagɛt] *nf* **-1.** [petit bâton] switch, stick; ~ de coudrier hazel stick ou switch; ~ magique magic wand; d'un coup de ~ magique as if by magic; ~ de sourcier divining rod; elle a les cheveux raides comme des ~s her hair is dead straight. **-2.** CULIN [pain] French stick *Br* ou loaf, baguette; [pour manger] chopstick. **-3.** MUS [pour diriger] baton; sous la ~ du jeune chef under the baton of the young conductor ❑ ~ de tambour drumstick; mener ou faire marcher qqn à la ~ to rule sb with an iron hand ou a rod of iron. **-4.** VÊT [d'une chaussure] foxing; [sur des bas, un collant] clock. **-5.** MENUIS length of beading; cacher les câbles avec des ~s to bead in the wires.

**bah** [ba] *interj* **-1.** [marque l'indifférence] pooh, who cares; ~, on verra bien! oh well, we'll have to see!-**2.** [marque le doute] really, you don't say *Am.*

**Bahamas** [baamas] *npr fpl*: les ~ the Bahamas; aux ~ in the Bahamas.

**bahut** [bay] *nm* **-1.** [buffet] sideboard, buffet. **-2.** *fam* [collège, lycée] school. **-3.** *fam* [véhicule] car; le voilà, avec son gros ~ here he comes with his tank.

**bai, e¹** [bɛ] *adj* bay.

**baie²** [bɛ] *nf* **-1.** BOT berry. **-2.** ARCHIT opening; ~ vitrée picture ou bay window. **-3.** GÉOG bay; la ~ d'Hudson Hudson Bay; la ~ de San Francisco San Francisco Bay.

**baignade** [bɛɲad] *nf* [activité] swimming, bathing *Br*; '~ interdite' 'no swimming' || [lieu] bathing ou swimming place; aménager une ~ to lay out an area for swimming.

**baigner** [4] [beɲe] ◊ *vt* **-1.** [pour laver] to bath *Br*, to bathe *Am*; [pour soigner] to bathe. **-2.** *litt* [suj: fleuve, mer] to wash, to bathe; un rayon de lumière baignait la pièce light suffused the room, the room was bathed in light. **-3.** [mouiller] to soak, to wet; un visage baigné de larmes a face bathed in tears; il était baigné de sueur après sa course he was soaked with sweat after the race.

◊ *vi* **-1.** [être immergé – dans l'eau, le lait] to soak; [– dans l'alcool, le vinaigre] to steep; il faut que le tissu baigne complètement dans la teinture the material must be fully immersed in the dye || *litt* [être environné – de brouillard, de brume] to be shrouded ou swathed; le paysage baignait dans la brume the countryside was shrouded in mist. **-2.** *fig*: nous baignons dans le mystère we're deep in mystery; elle baigne dans la musique depuis sa jeunesse she's been immersed in music since she was young. **-3.** *fam loc*: ça ou tout baigne (dans l'huile)! everything's great ou fine!

◆ **se baigner** ◊ *vp (emploi réfléchi)*: se ~ les yeux/le visage to

bathe one's eyes/face. ◊ *vpi* [dans une baignoire] to have ou to take *Am* a bath; [dans un lac, dans la mer] to go swimming ou bathing *Br*.

**baigneur, euse** [bɛɲœr, øz] *nm, f* swimmer, bather *Br*.

◆ **baigneur** *nm* baby doll.

**baignoire** [bɛɲwar] *nf* **-1.** [dans une salle de bains] bath *Br*, bathtub *Am*; ~ sabot hip bath. **-2.** THÉÂT ground floor box.

**Baïkal** [bajkal] *npr m*: le (lac) ~ Lake Baikal.

**bail, baux** [baj, bo] *nm* **-1.** [de location] lease; prendre qqch à ~ to take out a lease on sthg; faire/passer un ~ to draw up/to enter into a lease ❑ ~ commercial/professionnel/rural commercial/professional/rural lease; ~ à construction construction lease; ~ rental lease *Am.*-**2.** *loc*: il y a ou ça fait un ~ que *fam*... it's been ages since...; ça fait un ~ qu'il ne m'a pas téléphoné it's been ages since he last phoned me, he hasn't phoned me for ages.

**bâillement** [bajmã] *nm* **-1.** [action] yawn; des ~s yawning *(U).* **-2.** [ouverture] gap.

**bailler** [3] [baje] *vt arch* to give; la ~ belle ou bonne à qqn to try to hoodwink sb.

**bâiller** [3] [baje] *vi* **-1.** [de sommeil, d'ennui] to yawn; ~ à s'en décrocher la mâchoire ou comme une carpe to yawn one's head off. **-2.** [être entrouvert – porte, volet] to be ajar ou half-open; [– col] to gape.

**bailleur, eresse** [bajœr, bajrɛs] *nm, f* lessor; ~ de fonds backer, sponsor; ~ de licence licensor, licenser.

**bailli** [baji] *nm* bailiff HIST.

**bailliage** [baja3] *nm* bailiwick.

**bâillon** [bajɔ̃] *nm* [sur une personne] gag; mettre un ~ à l'opposition *fig* to gag ou to muzzle the opposition.

**bâillonnement** [bajɔnmã] *nm* gagging.

**bâillonner** [3] [bajɔne] *vt* [otage, victime] to gag; [adversaire, opposant] to gag, to muzzle.

**bain** [bɛ̃] *nm* **-1.** [pour la toilette] bath, bathing; donner un ~ à qqn to bath sb, to give sb a bath; prendre un ~ to have ou to take a bath; vider/faire couler un ~ to empty/to run a bath ❑ ~ moussant/parfumé bubble/scented bath; ~ de bouche mouthwash, mouth rinse; ~ de boue mudbath; ~ de pieds footbath; prendre un ~ de pieds to soak ou to bathe one's feet (in warm soapy water); ~ de vapeur steam bath; ~ de siège sitzbath, hip bath; être dans le ~ [s'y connaître] to be in the swing of things; [être compromis] to be in it up to one's neck; quand on n'est plus dans le ~ when you've got out of the habit of things; être dans le même ~ (que) to be in the same boat (as); mettre qqn dans le ~ [l'initier] to put sb in the picture; [le compromettre] to drag sb into it; se mettre ou se remettre dans le ~ to get (back) into the swing of things ou the routine. **-2.** [baignoire] bath *Br*, bathtub *Am*; ~ à remous Jacuzzi®. **-3.** LOISIRS & SPORT [activité] bathing, swimming; ~ de minuit midnight swim ou dip. **-4.** [bassin]: grand ~ [bassin] big pool; [côté] deep end; petit ~ [bassin] children's pool; [côté] shallow end. **-5.** *fig* [immersion]: ~ de culture feast of culture; ~ de foule walkabout; prendre un ~ de foule to go on a walkabout; ~ de jouvence rejuvenating ou regenerating experience; ~ linguistique ou de langue immersion in a language; la manifestation s'est terminée dans un ~ de sang the demonstration ended in a bloodbath; ~ de soleil sunbathing; prendre un ~ de soleil to sunbathe. **-6.** [substance pour trempage] bath; ~ révélateur ou de développement developing bath, developer; ~ de fixateur fixing bath; ~ de friture CULIN deep fat || [cuve] vat.

◆ **bains** *nmpl* [établissement] baths; ~s douches public baths (with showers); ~s turcs Turkish baths.

◆ **de bain** *loc adj* [sels, serviette] bath *(modif).*

**bain-marie** [bɛ̃mari] *(pl* **bains-marie***) nm* **-1.** [processus] bain-marie cooking. **-2.** [casserole] bain-marie.

◆ **au bain-marie** *loc adv* in a bain-marie.

**baïonnette** [bajɔnɛt] *nf* bayonet.

**baise▼** [bɛz] *nf* [sexe]: la ~ sex.

**baise-en-ville** [bɛzãvil] *nm inv fam & hum* overnight case ou bag.

**baisemain** [bɛzmɛ̃] *nm*: faire le ~ to kiss a woman's hand.

**baiser¹** [beze] *nm* kiss; donner/envoyer un ~ à qqn to give/to blow sb a kiss ❑ ~ de Judas kiss of Judas.

**baiser²** [4] [beze] ◇ *vt* **-1.** *litt* [embrasser] to kiss. **-2.** ▼ [coucher avec] to screw, to fuck. **-3.** ▼ [tromper] to shaft, to con; [vaincre] to outdo. ◇ *vi* ▼ to fuck.

**baiseur, euse**▼ [bezœr, øz] *nm*: c'est un sacré ~/une sacrée baiseuse he/she screws around.

**baisse** [bɛs] *nf* **-1.** [perte de valeur] fall, drop; ~ des taux d'intérêt drop in interest rates; le marché des obligations a connu une ~ sensible the bond market has dropped considerably. **-2.** [perte d'intensité] decline, drop; ~ de prix fall in prices; ~ de température drop in temperature; ~ de pression drop ou fall in pressure. **-3.** [perte de quantité] drop; ~ de la production drop in production.
◆ **à la baisse** *loc adv* on the downswing ou downturn ou decline; jouer à la ~ to speculate on the fall; revoir à la ~ to revise downwards.
◆ **en baisse** *loc adj* [crédit, fonds] declining, decreasing.

**baisser** [4] [bese] ◇ *vt* **-1.** [vitre de voiture] to lower, to wind ou to let down *(sép)*; [store] to lower, to take ou to let down *(sép)*; [tableau] to lower; le rideau est baissé THÉÂT the curtain's down; [boutique] the iron curtain's down. **-2.** [main, bras] to lower; ~ les yeux ou paupières to lower one's eyes, to look down, to cast one's eyes down; faire ~ les yeux à qqn to stare sb ou down; marcher les yeux baissés [de tristesse] to walk with downcast eyes; [en cherchant] to walk with one's eyes to the ground; il gardait le nez baissé sur sa soupe he was hunched over his soup; ~ son chapeau sur ses yeux to pull ou to tip one's hat over one's eyes; attention, baisse la tête! look out, duck!; en baissant la tête [posture] with one's head down ou bent; [de tristesse] head bowed (with sorrow); ~ la tête ou le nez (de honte) *fig* to hang one's head (in shame); ~ les bras to throw in the sponge ou towel *fig*. **-3.** [en intensité, en valeur] to lower, to turn down *(sép)*; ~ la voix to lower one's voice; ~ un prix to bring down ou to lower ou to reduce a price; ~ le ton to calm down; baisse le ton! *fam* cool it!, pipe down!
◇ *vi* [espoir, lumière] to fade; [marée] to go out; [soleil] to go down, to sink; [température] to go down, to drop, to fall; [prix, action boursière] to drop, to fall; [santé, faculté] to decline; [pouvoir] to wane, to dwindle, to decline; le jour baisse the daylight's fading; la qualité baisse the quality's deteriorating; nos réserves de sucre ont baissé our sugar reserves have run low, we're low on sugar; sa vue baisse his eyesight's fading ou getting weaker ou failing; sa mémoire baisse her memory's failing; ~ dans l'estime de qqn to go down in sb's estimation ‖ [réduire le prix]: on l'a fait ~ à 200 F we beat him down to 200 F.
◆ **se baisser** *vpi* **-1.** [personne] to bend down; se ~ pour éviter un coup to duck in order to avoid a blow ❑ il n'y a qu'à se ~ pour les prendre ou les ramasser they're two a penny Br ou a dime a dozen Am. **-2.** [store, vitre] to go down.

**baissier, ère** [besje, ɛr] ◇ *adj* bear *(modif)*, short, bearish. ◇ *nm, f* bear ST.EX.

**bajoue** [baʒu] *nf* ZOOL chop, chap.
◆ **bajoues** *nfpl hum* [gén] jowls; [de bébé] chubby cheeks.

**bakchich** [bakʃiʃ] *nm fam* [pourboire] tip; [pot-de-vin] bribe, backhander Br.

**bal, bals** [bal] *nm* **-1.** [réunion – populaire] dance; [– solennelle] ball, dance; ~ en plein air open-air dance; aller au ~ to go dancing ou to a dance ❑ ~ costumé fancy-dress ball; ~ masqué masked ball; ~ populaire *(local)* dance open to the public; ~ travesti costume ball; mener le ~ *pr* to lead off (at a dance); *fig* to have the upper hand. **-2.** [lieu] dance hall.

**BAL, Bal** [bal, beaɛl] *(abr de* **boîte aux lettres (électronique)***) nf* E-mail, email.

**balade** [balad] *nf* **-1.** [promenade – à pied] walk, stroll, ramble; [– en voiture] drive, spin; [– à cheval] ride; faire une ~ [à pied] to go for a walk; [en voiture] to go for a drive; [à cheval] to go for a ride. **-2.** [voyage] jaunt, trip.

**balader** [3] [balade] *vt fam* **-1.** [promener – enfant, chien] to take (out) for a walk; [– touriste, visiteur] to take ou to show around *(sép)*. **-2.** [emporter] to carry ou *péj* to cart about.
◆ **se balader** *vpi fam* **-1.** [se promener – à pied] to stroll ou to amble along; se ~ sans but to drift (aimlessly) along; aller se ~ dans les rues to go for a walk ou stroll through the streets; aller se ~ [en voiture] to go for a drive; [à cheval] to go for a ride. **-2.** [voyager] to go for a trip ou jaunt. **-3.** [traîner] to lie around.

**baladeur, euse** [baladœr, øz] *adj fam*: avoir la main baladeuse to have wandering hands.
◆ **baladeur** *nm* **-1.** AUDIO Walkman®, personal stereo. **-2.** MÉCAN sliding gear wheel.
◆ **baladeuse** *nf* [lampe] inspection ou portable lamp.

**baladin** [baladɛ̃] *nm arch* wandering player, travelling artist.

**balafon** [balafɔ̃] *nm* balafo.

**balafre** [balafr] *nf* **-1.** [entaille] slash, gash, cut. **-2.** [cicatrice] scar.

**balafré, e** [balafre] ◇ *adj* scarred. ◇ *nm, f* scarface.

**balafrer** [3] [balafre] *vt* to slash, to gash, to cut.

**balai** [balɛ] *nm* **-1.** [de ménage] broom; ~ mécanique carpet sweeper ❑ ~ du ~! scram!*-2.* ÉLECTR brush. **-3.** AUT: ~ d'essuie-glace windscreen Br ou windshield Am wiper blade. **-4.** ▽ [année] year; il a cinquante ~s he's fifty.

**balai-brosse** [balɛbrɔs] *(pl* **balais-brosses***) nm* (long-handled) scrubbing Br ou scrub Am brush.

**balaie**[balɛ]**, balaierai** [balɛre] *v* → **balayer**.

**balaise**▽ [balɛz] = **balèze**.

**balançai** [balɑ̃se] *v* → **balancer**.

**balance** [balɑ̃s] *nf* **-1.** [instrument de mesure] (pair of) scales, balance; ~ de ménage kitchen scales; ~ de précision precision balance; ~ romaine steelyard; jeter qqch dans la ~ *fig* to take sthg into account, to take account of sthg; **mettre tout son poids** ou **tout mettre dans la** ~ *fig* to use (all of) one's influence to tip the scales; tenir la ~ égale entre deux personnes/opinions *fig* to strike a balance between two people/opinions. **-2.** [équilibre] balance; ÉCON balance; ~ commerciale balance of trade; ~ des comptes balance of payments; ~ des paiements balance of payments. **-3.** PÊCHE crayfish net. **-4.** ACOUST & ÉLECTR balance. **-5.** ▽ *arg crime* [dénonciateur] squealer, grass Br, rat Am.
◆ **en balance** *loc adv*: mettre deux arguments en ~ to balance two arguments; mettre en ~ les avantages et les inconvénients to weigh (up) the pros and cons.

**Balance** [balɑ̃s] *npr f* **-1.** ASTRON Libra. **-2.** ASTROL Libra; être ~ to be Libra ou a Libran.

**balancé, e** [balɑ̃se] *adj*: être bien ~ *fam* to have a stunning figure ❑ tout bien ~ all things considered, taking one thing with another.

**balancelle** [balɑ̃sɛl] *nf* **-1.** [siège] swing chair. **-2.** TECH swing tray.

**balancement** [balɑ̃smɑ̃] *nm* **-1.** [mouvement – d'un train] sway, swaying; [– d'un navire] pitching, roll, rolling; [– de la tête] swinging; [– des hanches] swaying; [– d'une jupe] swinging. **-2.** [équilibre] balance, equilibrium, symmetry. **-3.** *litt* [hésitation] wavering, hesitation.

**balancer** [16] [balɑ̃se] ◇ *vt* **-1.** [bras, hanches] to swing; [bébé] to rock; [personne – dans un hamac] to push. **-2.** [compenser] to counterbalance, to counteract, to cancel out *(sép)*. **-3.** *fam* [se débarrasser – objet] to throw away *(sép)*, to chuck out *(sép)*; tout ~ to chuck it all in ‖ [se débarrasser de – personne]: ~ qqn to get rid of sb. **-4.** *fam* [donner – coup] to give; [lancer – livre, clefs] to chuck ou to toss (over). **-5.** *fam* [dire – insulte] to hurl; elle n'arrête pas de me ~ des trucs vraiment durs she's always making digs at me. **-6.** ▽ *arg crime* [dénoncer – bandit] to shop Br, to squeal on *(insép)*; [– complice] to rat on *(insép)*. **-7.** FIN [budget, compte] to balance.
◇ *vi litt* [hésiter] to waver, to dither; **entre les deux mon cœur balance** *hum* I can't choose between them.
◆ **se balancer** *vpi* **-1.** [osciller – personne] to rock, to sway; [– train] to roll, to sway; [– navire] to roll, to pitch; [– branche] to sway; se ~ d'un pied sur l'autre to shift from one foot to the other; se ~ sur sa chaise to tip back one's chair. **-2.** [sur une balançoire] to swing; [sur une bascule] to seesaw; [au bout d'une corde] to swing, to dangle. **-3.** [se compenser] to balance; **profits et pertes se balancent** profits and losses cancel each other out, the account balances. **-4.** *fam loc*: **s'en** ~ [s'en moquer]: je m'en balance I don't give a damn.

**balancier** [balɑ̃sje] *nm* **-1.** [de moteur] beam, rocker arm; [d'horloge] pendulum; [de montre] balance wheel; [autour d'un axe] walking beam. **-2.** [de funambule] pole. **-3.** ZOOL balancier, haltere.

**balançoire** [balɑ̃swar] *nf* **-1.** [suspendue] swing. **-2.** [bascule] seesaw.

**balançons**[balɑ̃sɔ̃] *v* → **balancer**.

**balayage** [balɛjaʒ] *nm* **-1.** [d'un sol, d'une pièce] sweeping; [d'épluchures, de copeaux] sweeping up. **-2.** [avec un projecteur, un radar] scanning, sweeping. **-3.** [de la chevelure] highlighting. **-4.** ÉLECTRON scanning, sweep, sweeping. **-5.** INF scanning.

**balayer** [11] [baleje] *vt* **-1.** [nettoyer – plancher, pièce] to sweep (up ou out); [– tapis] to brush, to sweep. **-2.** [pousser – feuilles, nuages] to sweep (along ou away ou up); [– poussière, copeaux, épluchures] to sweep up ou away *(sép)*. **-3.** [parcourir – suj: vent, tir] to sweep (across ou over); [– suj: faisceau, regard] to sweep, to scan; [– suj: caméra] to pan across *(insép)*. **-4.** [détruire – obstacles, préjugés] to sweep away ou aside *(sép)*; les ouragans balaient tout sur leur passage the hurricanes sweep away everything in their path. **-5.** ÉLECTRON to scan.

**balayette** [balɛjɛt] *nf* brush.

**balayeur, euse** [balɛjœr, øz] *nm, f* street ou road sweeper.
◆ **balayeuse** *nf* street cleaner.

**balayures** [balejyr] *nfpl* sweepings.

**balbutiant, e** [balbysjɑ̃, ɑ̃t] *adj* **-1.** [hésitant] stuttering, stammering. **-2.** [récent]: c'est une technique encore ~e it's a technique that's still in its infancy.

**balbutiement** [balbysimɑ̃] *nm* stammer, stutter; ~s [d'un bègue] stammering *(U)*, stuttering *(U)*; [d'un ivrogne] slurred speech; [d'un bébé] babbling.
◆ **balbutiements** *nmpl* [d'une technique, d'un art] early stages, beginnings, infancy.

**balbutier** [9] [balbysje] ◇ *vi* **-1.** [bègue] to stammer, to stutter; [ivrogne] to slur (one's speech); [bébé] to babble. **-2.** [débuter] to be just starting ou in its early stages ou in its infancy. ◇ *vt* to stammer (out).

**balcon** [balkɔ̃] *nm* **-1.** [plate-forme] balcony. **-2.** [balustrade] railings *(pl)*, railing. **-3.** THÉÂT balcony; premier ~ dress circle; deuxième ~ upper circle; dernier ~ gallery.

**balconnet** [balkɔnɛ] *nm* **-1.** [balustrade] overhanging railing. **-2.** Balconnet® [soutien-gorge] half-cup bra.

**baldaquin** [baldakɛ̃] *nm* **-1.** [sur un lit] canopy, tester. **-2.** [sur un autel, un trône] canopy, baldachin, baldachino.

**Bâle** [bal] *npr* Basel, Basle.

**Baléares** [balear] *npr fpl* Baleares; les (îles) ~ the Balearic Islands.

**baleine** [balɛn] *nf* **-1.** ZOOL whale; ~ blanche/bleue/à bosse white/blue/humpback whale; rire ou rigoler ou se tordre comme une ~ *fam* to split one's sides laughing. **-2.** [fanon] whalebone, baleen. **-3.** [de parapluie] rib. **-4.** [de corset – en plastique] bone, stay; [– en métal] steel; [– en fanon] (whalebone) stay. **-5.** [pour un col] collar stiffener.

**baleineau, x** [balɛno] *nm* whale calf.

**baleinier, ère** [balenje, ɛr] *adj* whaling.
◆ **baleinier** *nm* **-1.** [navire] whaling ship, whaler. **-2.** [chasseur] whaler.
◆ **baleinière** *nf* **-1.** NAUT lifeboat. **-2.** PÊCHE whaleboat, whaler, whale catcher.

**balèze** [balɛz] ◇ *adj* **-1.** [grand] hefty, huge. **-2.** [doué] great, brilliant; ~ en physique dead good *Br* ou ace at physics. ◇ *nm* muscleman; un gros ou grand ~ a great hulk (of a man).

**Bali** [bali] *npr* Bali; à ~ in Bali.

**balisage** [balizaʒ] *nm* **-1.** NAUT markers, beacons, buoyage; ~ maritime navigational markers ‖ AÉRON lights, markers; ~ des bords de piste runway lights; ~ d'entrée de piste airway markers ‖ [sur route] markers, road markers. **-2.** [pose – de signaux, de signes] marking out; ~ par radars beacon signalling.

**balise** [baliz] *nf* **-1.** NAUT beacon, (marker) buoy; ~ maritime navigational marker; ~ radio (radio) beacon ‖ AÉRON marker, beacon; ~ de guidage radar beacon ‖ [sur route] road marker cone, police cone; [sur sentier] waymark. **-2.** BOT canna fruit.

**baliser** [3] [balize] ◇ *vt* **-1.** NAUT to mark out *(sép)*, to buoy. **-2.** AÉRON: ~ une piste to mark out a runway with lights. **-3.** [trajet] to mark out ou off *(sép)*; ~ une voie (pour l'intérieur à la circulation) to cone off a lane (from traffic) ❑ sentier balisé waymarked path. ◇ *vi* ▽ to be scared stiff.

**baliseur** [balizœr] *nm* **-1.** [navire] buoy keeper's boat, Trini-

ty House boat *Br*. **-2.** [personne] buoy keeper.

**balistique** [balistik] ◇ *adj* ballistic. ◇ *nf* ballistics *(U)*.

**baliveau, x** [balivo] *nm* **-1.** CONSTR scaffold ou scaffolding pole. **-2.** [arbre] sapling.

**balivernes** [balivɛrn] *nfpl* **-1.** [propos] nonsense; dire des ~ to talk nonsense. **-2.** [bagatelles] trivia, trifles.

**balkanique** [balkanik] *adj* Balkan.

**balkanisation** [balkanizasjɔ̃] *nf* **-1.** POL Balkanization. **-2.** [fragmentation] parcelling off into tiny units.

**balkaniser** [3] [balkanize] *vt* **-1.** POL to balkanize. **-2.** [fragmenter] to parcel off into tiny units.

**Balkans** [balkɑ̃] *npr mpl*: les ~ the Balkans.

**ballade** [balad] *nf* **-1.** [poème lyrique, chanson] ballad. **-2.** [en prosodie, pièce musicale] ballade.

**ballant, e** [balɑ̃, ɑ̃t] *adj* [jambes] dangling; [poitrine] wobbling; il était debout, les bras ~s he stood with his arms dangling at his sides; ne reste pas là, les bras ~s don't just stand there like an idiot.
◆ **ballant** *nm* looseness; donner du ~ à un câble to give a cable some slack, to slacken off a cable.

**ballast** [balast] *nm* **-1.** NAUT ballast tank ou container. **-2.** CONSTR & RAIL ballast.

**balle** [bal] *nf* **-1.** ARM bullet; se tirer une ~ dans la bouche/tête to shoot o.s. in the mouth/head; tué par ~s shot dead ❑ ~ dum-dum/perdue/traçante dum-dum/stray/tracer bullet; ~ à blanc blank; ~ en caoutchouc rubber bullet. **-2.** [pour jouer] ball; jouer à la ~ to play with a ball ❑ ~ de caoutchouc rubber ball; la ~ est dans son camp the ball's in his court. **-3.** [point, coup] stroke, shot; faire des ~s TENNIS to practice, to knock up *Br* ❑ ~ de jeu/match TENNIS game/match point. **-4.** [paquet] bale. **-5.** BOT & AGR: la ~ the chaff, the husks. **-6.** *fam* [visage] face.
◆ **balles** *nfpl fam*: t'as pas cent ~s? [un franc] have you got one franc?; [monnaie] can you spare some change?; j'ai dépensé cent ~s aujourd'hui I've spent a tenner today.

**ballerine** [balrin] *nf* **-1.** [danseuse] ballerina, ballet dancer. **-2.** [chaussure – de danse] ballet ou dancing shoe; [– de ville] pump.

**ballet** [balɛ] *nm* **-1.** [genre] ballet (dancing). **-2.** [œuvre] ballet (music); [spectacle] ballet; ~s roses/bleus *euph* sexual orgies between adults and female/male minors; ~ diplomatique *fig*: l'incident a donné lieu à tout un ~ diplomatique the incident has given rise to intense diplomatic activity. **-3.** [troupe] ballet company. **-4.** SPORT: ~ aquatique aquashow, acquacade *Am*.

**ballon** [balɔ̃] *nm* **-1.** JEUX & SPORT ball; jouer au ~ to play with a ball ❑ ~ de foot ou football football; ~ de basket basketball; ~ de rugby rugby ball; le ~ ovale [le rugby] rugby; le ~ rond [le foot] football *Br*, soccer. **-2.** [sphère]: ~ (de baudruche) (party) balloon; ~ d'hélium helium balloon; ~ d'oxygène MÉD oxygen tank; *fig* life-saver. **-3.** AÉRON (hot-air) balloon; ~ captif/libre captive/free balloon; ~ d'essai *pr* pilot balloon; *fig* test; lancer un ~ d'essai [se renseigner] to put out feelers; [faire un essai] to do a trial run, to run a test. **-4.** CHIM round-bottomed flask; [pour l'alcootest] (breathalyser) bag; souffler dans le ~ to be breathalysed. **-5.** [verre] (round) wine glass, balloon glass; ~ de rouge glass of red wine ‖ [contenu] glassful. **-6.** [réservoir]: ~ (d'eau chaude) hot water tank. **-7.** GÉOG: le ~ d'Alsace/de Guebwiller the Ballon d'Alsace/de Guebwiller. **-8.** *Helv* [petit pain] (bread) roll.

**ballonné, e** [balɔne] *adj* bloated; être ~ to feel bloated.

**ballonnement** [balɔnmɑ̃] *nm* **-1.** MÉD distension *(U)*, flatulence *(U)*; j'ai des ~s I feel bloated. **-2.** VÉTÉR bloat.

**ballonner** [3] [balɔne] *vt* to swell.

**ballonnet** [balɔnɛ] *nm* **-1.** AÉRON ballonet. **-2.** JEUX small balloon.

**ballon-sonde** [balɔ̃sɔ̃d] *(pl* **ballons-sondes**) *nm* pilot balloon.

**ballot** [balo] *nm* **-1.** [paquet] bundle, package. **-2.** *fam* [sot] nitwit, blockhead.

**ballotin** [balɔtɛ̃] *nm* sweet *Br* ou candy *Am* box.

**ballottage** [balɔtaʒ] *nm* second ballot ou round; être en ~ to have to stand *Br* ou to run *Am* again in a second round.

**ballottement** [balɔtmɑ̃] *nm* [d'un véhicule] rocking, swaying, shaking; [d'un passager, d'un sac] rolling around; [d'un radeau] tossing, bobbing about.

**ballotter** [3] [balɔte] ◇ *vt* [navire] to toss (about); [passager, sac] to roll around; **les détritus ballottés par les vagues** refuse bobbing up and down in the waves ‖ *fig*: **être ballotté entre deux endroits** to be shifted ou shunted around constantly from one place to the other; **être ballotté par les événements** to be carried along by events. ◇ *vi* [tête] to loll, to sway; [valise] to bang ou to shake about, to rattle around.

**ballottine** [balɔtin] *nf* stuffed and boned meat roll, ballottine.

**ball-trap** [baltrap] (*pl* **ball-traps**) *nm* -1. [tir – à une cible] trapshooting, clay-pigeon shooting; [– à deux cibles] skeet, skeet shooting. -2. [appareil] trap.

**balluchon** [balyʃɔ̃] *nm* bundle; **faire son ~** *pr* & *fig* to pack one's bags.

**balnéaire** [balneɛr] *adj* seaside *(modif)*.

**balnéothérapie** [balneɔterapi] *nf* balneotherapy.

**bâlois, e** [balwa, az] *adj* from Basel.
◆ **Bâlois, e** *nm, f* inhabitant of or person from Basel.

**balourd, e** [balur, urd] ◇ *adj* awkward. ◇ *nm, f* awkward person.
◆ **balourd** *nm* MÉCAN unbalance.

**balourdise** [balurdiz] *nf* -1. [caractère] awkwardness. -2. [parole, acte] blunder, gaffe.

**balsa** [balza] *nm* balsa, balsa wood.

**balsamine** [balzamin] *nf* balsam, busy lizzie.

**balsamique** [balzamik] ◇ *adj* -1. BOT & MÉD balsamic. -2. *litt* [odorant] fragrant, scented. ◇ *nm* balsam.

**balte** [balt] *adj* Baltic; **les pays Baltes** the Baltic states; **les républiques ~s** the Baltic republics.
◆ **Balte** *nmf* Balt.

**Balthazar** [baltazar] *npr* BIBLE Balthazar.

**baltique** [baltik] *adj* Baltic.
◆ **Baltique** *npr f*: **la (mer) Baltique** the Baltic (Sea).

**baluchon** [balyʃɔ̃] = **balluchon**.

**balustrade** [balystrad] *nf* [d'un balcon] balustrade; [d'un pont] railing.

**balustre** [balystr] *nm* -1. [pilier – de balustrade, de siège] baluster. -2. [compas] pair of compasses (*with spring bow dividers*).

**balzacien, enne** [balzasjɛ̃, ɛn] *adj*: **une description ~ne** a description reminiscent of Balzac.

**bambin** [bɑ̃bɛ̃] *nm* toddler.

**bamboche** [bɑ̃bɔʃ] *nf fam* & *vieilli* partying.

**bambou** [bɑ̃bu] *nm* bamboo; **attraper un coup de ~** *fam* to get sunstroke; **avoir le coup de ~** *fam* [devenir fou] to go crazy; [être fatigué] to feel very tired; **c'est le coup de ~ dans ce restaurant!** *fam* [très cher] this restaurant's a real rip-off!
◆ **en bambou** *loc adj* [meuble, cloison] bamboo *(modif)*.

**bamboula** ᵛ [bɑ̃bula] *nf*: **faire la ~** to make whoopee.

**ban** [bɑ̃] *nm* -1. [applaudissements]: **un ~ pour...!** three cheers ou a big hand for...!-2. [roulement de tambour] drum roll; **fermer le ~** *fig* to bring the proceedings to a close; **ouvrir le ~** *fig* to open the proceedings ‖ [sonnerie de clairon] bugle call. -3. HIST [condamnation] banishment, banning; [convocation] ban; [vassaux] vassals; **le ~ et l'arrière-ban** *fig* the world and his wife.
◆ **bans** *nmpl* banns; **les ~s sont affichés** ou **publiés** the banns have been posted.
◆ **au ban de** *loc prép*: **être au ~ de la société** to be an outcast ou a pariah; **mettre un pays au ~ des nations** to boycott a country.

**banal, e, als** [banal] *adj* -1. [courant] commonplace, ordinary, everyday *(avant n)*; **ce n'est vraiment pas ~** it's most unusual, it's really strange. -2. [sans originalité – idée, histoire] trite, banal; [– chose] commonplace; [– argument] standard, well-worn; [– vie] humdrum. -3. INF general-purpose.

**banalement** [banalmɑ̃] *adv* in an ordinary way.

**banalisation** [banalizasjɔ̃] *nf* -1. [généralisation] spread; *péj* [perte d'originalité] trivialization. -2. [d'un véhicule]: **la ~ des voitures de police** the use of unmarked police cars.

**banalisé, e** [banalize] *adj* -1. [véhicule] unmarked. -2. INF general-purpose.

**banaliser** [3] [banalize] *vt* -1. [rendre courant – pratique] to tri-

vialize, to make commonplace. -2. *péj* [œuvre] to deprive ou to rob of originality; [idée] to turn into a commonplace. -3. [véhicule] to remove the markings from; [marque déposée] to turn into a household name.
◆ **se banaliser** *vpi* to become commonplace ou a part of (everyday) life.

**banalité** [banalite] *nf* -1. [d'une situation, d'un propos] triteness, banality, triviality; [d'une tenue] mundaneness. -2. [propos, écrit] platitude, commonplace, cliché.

**banane** [banan] ◇ *nf* -1. BOT banana. -2. *fam* [coiffure] quiff *Br*.-3. *fam* [décoration] medal, gong *Br*.-4. [sac] bum-bag *Br*, waist-bag *Am*.-5. ÉLECTR banana plug. -6. ᵛ [idiot] nitwit, twit *Br*, dumbbell *Am*. ◇ *adj inv* banana-shaped.

**bananeraie** [bananrɛ] *nf* banana plantation ou grove.

**bananier, ère** [bananje, ɛr] *adj* banana *(modif)*.
◆ **bananier** *nm* -1. BOT banana, banana tree. -2. NAUT banana boat.

**banc** [bɑ̃] *nm* **A. -1.** [gén] bench, seat; [dans une église] pew; (au) **~ des accusés** (in the) dock; **le ~ des avocats** the lawyers' bench; **sur le ~ des ministres** on the government bench; (au) **~ des témoins** (in the) witness box *Br* ou stand *Am*; **sur les ~s de l'école** in one's schooldays; **~ public** park bench. **-2.** MENUIS & TECH [établi] bench, workbench; [bâti] frame, bed. **-3.** INF bank. **-4.** NAUT (oarsman's) bench, thwart.
**B. -1.** [de poissons] shoal, school; [zone]: **~ d'huîtres** [dans la mer] oyster bed; [dans un restaurant] display of oysters. **-2.** [amas] bank; **~ de neige** *Can* snowdrift; **~ de sable** sandbank, sandbar. **-3.** GÉOL [couche] bed, layer; [au fond de la mer] bank, shoal.
◆ **banc d'essai** *nm* INDUST test rig, test bed; INF benchmark; *fig* test; **faire un ~ d'essai** *pr* to test (an engine); *fig* to have a trial run; **mettre qqn au ~ d'essai** to give sb a test.

**bancaire** [bɑ̃kɛr] *adj* banking, bank *(modif)*; **chèque ~** cheque *Br*, check *Am*; **commission ~** bank commission; **établissement ~** banking establishment, bank.

**bancal, e, als** [bɑ̃kal] *adj* -1. [meuble] rickety, wobbly; [personne] lame. -2. [peu cohérent – idée, projet] unsound; [– raisonnement] weak, unsound.

**banco** [bɑ̃ko] *nm* banco; **faire ~** to go banco.

**banc-titre** [bɑ̃titr] (*pl* **bancs-titres**) *nm* rostrum camera.

**bandage** [bɑ̃daʒ] *nm* -1. [pansement] bandage, dressing; **~ herniaire** truss. -2. [fait de panser] bandaging, binding (up). -3. [fait de tendre – un ressort] stretching, tensing; [– un arc] bending, drawing. -4. AUT & RAIL tyre.

**bandana** [bɑ̃dana] *nm* bandana, bandanna.

**bandant, e** ᵛ [bɑ̃dɑ̃, ɑ̃t] *adj* exciting; [sens affaibli]: **pas très ~ comme boulot!** *hum* this job's hardly the most exciting thing going!

**bande** [bɑ̃d] *nf* **A. -1.** [groupe – de malfaiteurs] gang; [– amis] group; [– d'enfants] troop, band; [– d'animaux] herd; [– de chiens, de loups] pack; **faire partie de la ~** to be one of the group ❏ **~ armée** armed gang ou band. **-2.** *loc*: **faire ~ à part**: **il fait toujours ~ à part** he keeps (himself) to himself; **il a encore décidé de faire ~ à part** he's decided yet again to go it alone; **~ de** *péj* pack ou bunch of; **une ~ de menteurs/voleurs** a bunch of liars/crooks.
**B. -1.** [d'étoffe, de papier etc] strip, band; **~ molletière** puttee, putty. **-2.** [de territoire] strip; **~ de sable** strip ou spit ou tongue of sand ❏ **~ d'arrêt d'urgence** TRANSP emergency lane, hard shoulder; **la ~ de Gaza** the Gaza strip. **-3.** [sur une route] band, stripe; **~ blanche** white line; **~ de ralentissement** speed check. **-4.** CIN reel; **~ sonore** soundtrack; **~ (magnétique)** AUDIO (magnetic) tape. **-5.** ÉLECTRON & RAD band; **~ de fréquence** frequency band; **sur la ~ FM** on FM; **~ passante** pass-band. **-6.** INF: **~ perforée** punched paper tape *Br*, perforated tape. **-7.** MÉD bandage; **~ Velpeau®** crepe bandage. **-8.** ARCHIT band. **-9.** LITTÉRAT & LOISIRS: **~ dessinée** [dans un magazine] comic strip, strip cartoon *Br*; [livre] comic book; **la ~ dessinée** [genre] comic strips. **-10.** BILLARD cushion. **-11.** PHYS: **~ de fréquences** frequency band.
**C.** NAUT list, heel; **donner de la ~** to heel over, to list.
◆ **en bande** *loc adv* as ou in a group, all together.

**bandé, e** [bɑ̃de] *adj* -1. [recouvert] bandaged; **avoir les yeux ~s** to be blindfolded; **pieds ~s** bound ou bound-up feet. -2. [tendu] stretched, tensed.

**bande-annonce** [bɑ̃danɔ̃s] (*pl* **bandes-annonces**) *nf* trailer.

**bandeau, x** [bɑ̃do] *nm* **-1.** [serre-tête] headband. **-2.** [coiffure] coiled hair; avoir les cheveux en ~, porter des ~x to wear one's hair in coils. **-3.** [sur les yeux] blindfold; avoir un ~ sur les yeux *pr* to be blindfolded; *fig* to be blind to reality || [sur un œil] eye patch. **-4.** ARCHIT string ou belt course. **-5.** [espace publicitaire] advertising space (*in the shape of a band around a vehicle*).

**bandelette** [bɑ̃dlɛt] *nf* [bande] strip; les ~s d'une momie the wrappings of a mummy.

**bander** [3] [bɑ̃de] ◊ *vt* **-1.** [panser – main, cheville] to bandage (up); avoir les yeux bandés MÉD to have one's eyes bandaged; [avec un bandeau] to be blindfolded. **-2.** [tendre – arc] to draw, to bend; [– ressort, câble] to stretch, to tense; *litt* [muscle] to tense, to tauten; ~ ses forces to gather up ou to muster one's strength. **-3.** ARCHIT to arch, to vault. ◊ *vi* ▼ to have a hard-on; [sens affaibli]: ça me fait pas ~ it doesn't turn me on.

**banderille** [bɑ̃drij] *nf* banderilla.

**banderole** [bɑ̃drɔl] *nf* **-1.** [bannière – sur un mât, une lance] banderole; [– en décoration] streamer; [– dans une manifestation] banner. **-2.** ARCHIT banderole.

**bande-son** [bɑ̃dsɔ̃] (*pl* **bandes-son**) *nf* soundtrack.

**bande-vidéo** [bɑ̃dvideo] (*pl* **bandes-vidéo**) *nf* videotape.

**bandit** [bɑ̃di] *nm* **-1.** [voleur] bandit. **-2.** [escroc] crook, conman; [dit avec affection]: ~, va! you rogue ou rascal!

**banditisme** [bɑ̃ditism] *nm* crime; c'est du ~! *fig* it's daylight robbery! ❑ **grand** ~ organized crime.

**bandonéon** [bɑ̃dɔneɔ̃] *nm* bandoneon.

**bandothèque** [bɑ̃dɔtɛk] *nf* tape library.

**bandoulière** [bɑ̃duljɛr] *nf* **-1.** ARM sling; [à cartouches] bandolier. **-2.** [d'un sac] shoulder strap.
◆ **en bandoulière** *loc adv*: porter un sac en ~ to carry a shoulderbag.

**bang** [bɑ̃g] ◊ *nm* [franchissement du mur du son] sonic boom. ◊ *interj* bang, crash.

**Bangkok** [bɑ̃kɔk] *npr* Bangkok.

**Bangladesh** [bɑ̃gladɛʃ] *npr m*: le ~ Bangladesh.

**banjo** [bɑ̃(d)ʒo] *nm* banjo.

**banlieue** [bɑ̃ljø] *nf* suburb; la ~ suburbia, the suburbs; la maison est en ~ the house is on the outskirts of the town ou in the suburbs ❑ ~ pavillonnaire *suburb with lots of little houses of uniform appearance*; la ~ rouge *towns in the Paris suburbs with Communist mayors*; grande ~ outer suburbs, commuter belt; proche ~ inner suburbs.

**banlieusard, e** [bɑ̃ljøzar, ard] ◊ *adj péj* suburban. ◊ *nm, f* [gén] suburbanite; TRANSP commuter; les ~s *people who live in the suburbs*.

**banni, e** [bani] ◊ *adj* banished, exiled. ◊ *nm, f* exile.

**bannière** [banjɛr] *nf* [étendard] banner; la ~ étoilée the star-spangled banner; combattre ou lutter sous la ~ de qqn to fight on sb's side.

**bannir** [32] [banir] *vt* **-1.** [expulser] to banish, to exile. **-2.** *litt* [éloigner] to reject, to cast out. **-3.** [supprimer – idée, pensée] to banish; [– aliment] to cut out (*sép*).

**bannissement** [banismɑ̃] *nm* banishment.

**banquable** [bɑ̃kabl] *adj* [effet] bankable; non ~ unbankable.

**banque** [bɑ̃k] *nf* **-1.** [établissement] bank; avoir une somme à la ou en ~ to have some money in the bank; mettre une somme à la ou en ~ to bank a sum of money ❑ ~ d'affaires merchant bank; ~ commerciale commercial bank; ~ de compensation clearing bank; ~ d'émission issuing bank, issuing house; la Banque d'Angleterre the Bank of England; la Banque de France the Banque de France (*French issuing bank*); la Banque mondiale the World Bank. **-2.** [profession] banking. **-3.** INF & MÉD [bibliothèque] bank; ~ du sang/du sperme/de données blood/sperm/data bank. **-4.** JEUX [réserve] bank; tenir la ~ to be the banker, to keep the bank.

**banquer**∇ [3] [bɑ̃ke] *vi* to fork out.

**banqueroute** [bɑ̃krut] *nf* **-1.** [faillite] bankruptcy; ~ frauduleuse fraudulent bankruptcy; faire ~ to go bankrupt. **-2.** [échec] failure.

**banquet** [bɑ̃kɛ] *nm* banquet; 'le Banquet' *Platon* 'Symposium'.

**banqueter** [27] [bɑ̃kte] *vi* **-1.** [bien manger] to feast, to eat lavishly. **-2.** [prendre part à un banquet] to banquet.

**banquette**[1] [bɑ̃kɛt] *v* → **banqueter**.

**banquette**[2] [bɑ̃kɛt] *nf* **-1.** [siège – de salon] seat, banquette. *Am*; [– de piano] (duet) stool; [– de restaurant] wall seat; [– de voiture, de métro] seat; ~ avant/arrière front/back seat. **-2.** ARCHIT window seat. **-3.** TRAV PUBL berm. **-4.** RAIL track bench.

**banquetterai** [bɑ̃kɛtre] *v* → **banqueter**.

**banquier, ère** [bɑ̃kje, ɛr] *nm, f* banker.

**banquise** [bɑ̃kiz] *nf* [côtière] ice, ice shelf; [dérivante] pack ice, ice field ou floe.

**bantou, e** [bɑ̃tu] *adj* Bantu.
◆ **Bantou, e** *nm, f* Bantu.
◆ **bantou** *nm* LING Bantu.

**baobab** [baɔbab] *nm* baobab.

**baptême** [batɛm] *nm* **-1.** RELIG baptism; [cérémonie] christening, baptism; donner le ~ à qqn to baptize ou to christen sb; recevoir le ~ to be baptized ou christened. **-2.** [d'un bateau] christening, naming; [d'une cloche] christening, dedication. **-3.** [première expérience]: ~ de l'air first ou maiden flight; ~ du feu MIL & *fig* baptism of fire.

**baptiser** [3] [batize] *vt* **-1.** RELIG to christen, to baptize. **-2.** [nommer – personne, animal] to name, to call; [surnommer] to nickname, to christen, to dub. **-3.** [bateau] to christen, to name; [cloche] to christen, to dedicate. **-4.** *fam* [diluer – vin, eau] to water down (*sép*).

**baptismal, e, aux** [batismal, o] *adj* baptismal.

**baptisme** [batism] *nm* Baptist doctrine.

**baptiste** [batist] *adj* & *nmf* Baptist.

**baptistère** [batistɛr] *nm* baptistery.

**baquet** [bakɛ] *nm* **-1.** [récipient] tub. **-2.** [siège] bucket seat.

**bar** [bar] *nm* **-1.** [café] bar. **-2.** [comptoir] bar. **-3.** ZOOL bass. **-4.** PHYS bar.

**baragouin** [baragwɛ̃] *nm fam* **-1.** [langage incompréhensible] jargon, gobbledegook, double Dutch *Br*. **-2.** *péj* [langue étrangère] jargon.

**baragouinage** [baragwinaʒ] *nm fam* **-1.** [manière de parler] jabbering, gibbering. **-2.** [jargon] jargon, gobbledegook.

**baragouiner** [3] [baragwine] *fam* ◊ *vt* [langue] to speak badly; [discours] to gabble. ◊ *vi* [de façon incompréhensible] to jabber, to gibber, to talk gibberish; [dans une langue étrangère] to jabber away.

**baragouineur, euse** [baragwinœr, øz] *nm, f fam* jabberer, gabbler.

**baraka** [baraka] *nf* **-1.** [dans l'Islam] baraka. **-2.** *fam* [chance] luck; avoir la ~ to be lucky.

**baraque** [barak] *nf* **-1.** [cabane – à outils] shed; [– d'ouvriers, de pêcheurs] shelter, hut; [– de forains] stall; [– de vente] stand, booth. **-2.** *fam* [maison] shack, shanty; j'en ai marre de cette ~! I've had enough of this place!

**baraqué, e** [barake] *adj fam* muscular, hefty, beefy *péj*.

**baraquement** [barakmɑ̃] *nm* **-1.** [baraques] shacks. **-2.** MIL camp.

**baratin** [baratɛ̃] *nm fam* **-1.** [boniment] flannel; faire du ~ à qqn to spin sb a yarn, to flannel sb. **-2.** [vantardises]: c'est du ~ it's just (a lot of) hot air.

**baratiner** [3] [baratine] *fam* ◊ *vi* **-1.** [mentir] to flannel. **-2.** [se vanter] to shoot one's mouth (off); il baratine tout le temps he's full of hot air. ◊ *vt*: ~ qqn (en vue d'un gain) to flannel sb; [pour le séduire] to chat sb up *Br*, to give sb a line *Am*; [pour l'impressionner] to shoot one's mouth off to sb.

**baratineur, euse** [baratinœr, øz] *fam* ◊ *adj* **-1.** [menteur] smooth-talking. **-2.** [vantard] big-mouthed. ◊ *nm, f* **-1.** [séducteur] smooth talker. **-2.** [menteur] fibber. **-3.** [vantard] big mouth.

**baratte** [barat] *nf* churn.

**baratter** [3] [barate] *vt* to churn.

**Barbade** [barbad] *npr f*: la ~ Barbados.

**barbant, e** [barbɑ̃, ɑ̃t] *adj fam* boring.

**barbaque**∇ [barbak] *nf* [viande] meat; *péj* tough meat.

**barbare** [barbar] ◊ *adj* **-1.** HIST [primitif] barbarian, barbaric. **-2.** [terme, emploi] incorrect. **-3.** [cruel] barbaric. ◊ *nmf* barbarian.

**barbaresque** [barbarɛsk] *adj* Barbary (*modif*); les États ~s the Barbary states.

**barbarie** [barbari] *nf* -**1.** [cruauté] barbarity, barbarousness; acte de ~ barbarous act. -**2.** [état primitif] barbarism.

**barbarisme** [barbarism] *nm* barbarism.

**barbe¹** [barb] *nm* [cheval] barb.

**barbe²** [barb] *nf* -**1.** [d'homme – drue] (full) beard; [– clairse-mée] stubble; [– en pointe] goatee; **porter la** ~ to have a beard; **se faire la** ~ to (have a) shave; **se raser/se tailler la** ~ to shave off/to trim one's beard; **sans** ~ [rasé] beardless, clean-shaven; [imberbe] beardless, smooth-chinned; ~ **de deux jours** two days' stubble ou growth ❑ ~ **à papa** candy floss *Br*, cotton candy *Am*; **fausse** ~ false beard; **femme à** ~ bearded woman; **rien que des vieilles** ~**s** *fam* a bunch of wrinkles *Br* ou greybeards *Am*; **c'est la** ~! , **quelle** ~! *fam* what a drag ou bore!; **la** ~! *fam* [pour faire taire] shut up!, shut your mouth!, shut your trap!; [pour protester] damn!, hell!, blast!; **parler dans sa** ~ to mutter under one's breath; **rire dans sa** ~ to laugh up one's sleeve; **faire qqch à la** ~ **de qqn** to do sthg under sb's very nose. -**2.** [d'animal] tuft of hairs, beard. -**3.** BOT beard, awn. -**4.** [filament – de plume] barb; [– de coton] tuft; [– de métal, de plastique] burr. -**5.** TECH beard, bolt toe.

◆ **barbes** *nfpl* [de papier] ragged edge; [d'encre] smudge.

**barbeau, x** [barbo] *nm* -**1.** ZOOL barbel. -**2.** ▽ [souteneur] pimp. -**3.** BOT cornflower, bluebottle.

**Barbe-Bleue** [barbəblø] *npr* Bluebeard.

**barbecue** [barbəkju] *nm* -**1.** [appareil] barbecue (set). -**2.** [repas] barbecue.

**barbelé, e** [barbəle] *adj* barbed.

◆ **barbelé** *nm* barbed wire, barbwire *Am*.

**barber** [3] [barbe] *vt fam* -**1.** [lasser] to bore; **je vais lui écrire, mais ça me barbe!** I'll write to him, but what a drag!-**2.** [importuner] to hassle.

◆ **se barber** *vpi* to be bored stiff ou to tears ou to death.

**Barbès** [barbɛs] *npr* district in north Paris with a large North African immigrant population.

**barbet, ette** [barbɛ, ɛt] *nm, f* [chien] water spaniel.

**barbiche** [barbiʃ] *nf* goatee.

**barbichette** [barbiʃɛt] *nf* (small) goatee.

**barbier** [barbje] *nm* barber; **'le Barbier de Séville'** *Beaumarchais, Rossini* 'The Barber of Seville'.

**barbiturique** [barbityrik] ◇ *adj* barbituric. ◇ *nm* barbiturate.

**barbon** [barbɔ̃] *nm litt* [homme – âgé] old man, greybeard; [– aux idées dépassées] (old) stick-in-the-mud.

**barbotage** [barbɔtaʒ] *nm* -**1.** *fam* [baignade] paddling, splashing about. -**2.** CHIM bubbling (through a liquid).

**barboter** [3] [barbɔte] ◇ *vi* -**1.** [s'ébattre] to paddle, to splash around ou about. -**2.** [patauger] to wade. -**3.** CHIM: **faire** ~ **un gaz** to bubble a gas (through a liquid). ◇ *vt fam* [dérober] to pinch, to swipe.

◆ **barboter dans** *v* + *prép fam* [être impliqué dans] to have a hand in.

**barbouillage** [barbujaʒ] *nm* -**1.** [application de couleur, de boue] daubing. -**2.** [fait d'écrire] scribbling, scrawling; [écrit] scribble, scrawl. -**3.** [tableau – de mauvais artiste] daub *péj*; [– d'enfant] scribbled picture.

**barbouiller** [3] [barbuje] *vt* -**1.** [salir]: **son menton était barbouillé de confiture** his chin was smeared with jam. -**2.** [peindre] to daub; ~ **des toiles** to mess about ou around with paint; ~ **qqch de peinture** to slap paint on sthg, to daub sthg with paint. -**3.** [gribouiller] to scrawl, to scribble; **il barbouille du papier** *pr* he's scribbling away; *fig & péj* he's just a scribbler. -**4.** *fam* [donner la nausée à] to nauseate; **avoir l'estomac** ou **se sentir barbouillé** to feel queasy ou nauseated.

**barbouilleur, euse** [barbujœr, øz] *nm, f péj* [écrivain] scribbler; [peintre] dauber.

**barbouillis** [barbuji] = **barbouillage**.

**barbouze** ▽ [barbuz] *nf* -**1.** [espion] spy. -**2.** [garde du corps] heavy, minder; [interprète] minder. -**3.** [barbe] beard.

**barbu, e¹** [barby] *adj* bearded.

◆ **barbu** *nm* -**1.** [homme] bearded man, man with a beard. -**2.** ZOOL barbet.

**barbue²** [barby] *nf* ZOOL brill.

**barcarolle** [barkarɔl] *nf* barcarolle.

**barcasse** [barkas] *nf péj* boat, tub.

**Barcelone** [barsəlɔn] *npr* Barcelona.

**barda** [barda] *nm fam* -**1.** MIL gear, kit *Br*.-**2.** [chargement] stuff, gear, paraphernalia.

**bardage** [bardaʒ] *nm* -**1.** [revêtement de maison] weatherboarding *Br*, siding *Am*.-**2.** [autour d'un tableau] (protective) boarding.

**bardane** [bardan] *nf* burdock.

**barde** [bard] ◇ *nm* [poète] bard. ◇ *nf* CULIN bard.

**bardeau, x** [bardo] *nm* -**1.** [pour toiture] shingle. -**2.** [pour façade] weatherboard *Br*, clapboard *Am*.-**3.** [pour carrelage] lath. -**4.** = **bardot**.

**barder** [3] [barde] ◇ *vt* -**1.** CULIN to bard. -**2.** *arch* [cuirasser] to bard. -**3.** *fig*: **être bardé de** [être couvert de] to be covered in ou with; **être bardé de diplômes** to have a string of academic titles. ◇ *v impers fam*: **quand il a dit ça, ça a bardé!** things really turned nasty when he said that!; **si tu ne te dépêches pas, ça va** ~! you'll get it ou be for it if you don't hurry up!

**bardot** [bardo] *nm* hinny.

**barème** [barɛm] *nm* -**1.** [tableau] ready reckoner. -**2.** [tarification] scale; ~ **des prix** price list, schedule of prices; ~ **des salaires** wage scale, variable sliding scale.

**barge** [barʒ] *nf* -**1.** NAUT barge, lighter. -**2.** ZOOL godwit.

**barguigner** [3] [barɡiɲe] *vi fam*: **sans** ~ without hesitation ou shilly-shallying.

**baril** [baril] *nm* [de vin] barrel, cask; [de poudre] keg; [de pétrole] barrel; [de lessive] pack.

**barillet** [barijɛ] *nm* -**1.** [baril] small barrel ou cask. -**2.** ARM & TECH cylinder.

**bariolage** [barjɔlaʒ] *nm* -**1.** [action] daubing with bright colours. -**2.** [motif] gaudy colour scheme.

**bariolé, e** [barjɔle] *adj* [tissu] motley, multicoloured, particoloured; [foule] colourful.

**barioler** [3] [barjɔle] *vt* to cover with gaudy colours, to splash bright colours on.

**barjo(t)** ▽ [barʒo] *adj* nuts, bananas.

**barmaid** [barmɛd] *nf* barmaid.

**barman** [barman] (*pl* **barmans** ou **barmen** [-mɛn]) *nm* barman, bartender *Am*.

**bar-mitsva** [barmitsva] *nf inv* Bar Mitzvah.

**baromètre** [barɔmɛtr] *nm* barometer, glass; **le** ~ **est au beau fixe** the barometer is set ou reads fair; **le** ~ **est à la pluie** the barometer is set on rain; ~ **de l'opinion publique** *fig* barometer ou indicator of public opinion.

**barométrique** [barɔmetrik] *adj* barometric.

**baron, onne** [barɔ̃, ɔn] *nm, f* -**1.** [noble] baron (*f* baroness). -**2.** [magnat]: ~ **de la finance** tycoon.

**baronet, baronnet** [barɔnɛ] *nm* HIST baronet.

**baroque** [barɔk] ◇ *adj* -**1.** ARCHIT, BX-ARTS & LITTÉRAT baroque. -**2.** [étrange – idée] weird. ◇ *nm* Baroque.

**baroud** [barud] *nm fam* fighting, battle; ~ **d'honneur** last stand.

**baroudeur** [barudœr] *nm fam* [qui aime le combat] fighter; [qui a voyagé]: **il a un air de** ~ he looks like he's been around a bit.

**barouf** ▽ [baruf] *nm* racket, din; **faire du** ~ [bruit] to kick up a racket; [scandale] to make a fuss.

**barque** [bark] *nf* small boat; ~ **de pêcheur** small fishing boat; **mener sa** ~ *fig* to look after o.s.; **il a bien/mal mené sa** ~ he managed/didn't manage his affairs well.

**barquette** [barkɛt] *nf* -**1.** CULIN *boat-shaped tartlet*. -**2.** [emballage] carton, punnet.

**barracuda** [barakyda] *nm* barracuda.

**barrage** [baraʒ] *nm* -**1.** [réservoir] dam; [régulateur] weir, barrage; ~ **(de retenue)** dam; **faire** ~ **à** to stand in the way of, to obstruct, to hinder. -**2.** [dispositif policier]: ~ **(de police)** police cordon; ~ **routier** roadblock. -**3.** SPORT: (match de) ~ play-off.

**barre** [bar] *nf* -**1.** [tige – de bois] bar; [– de métal] bar, rod; **j'ai une** ~ **sur l'estomac/au-dessus des yeux** [douleur] I have a band of pain across my stomach/eyes ❑ ~ **de chocolat** chocolate bar; ~ **d'appui** handrail; ~ **de remorquage** tow bar; ~ **de torsion** AUT torsion bar. **-2.** SPORT: ~**s asymétriques/parallèles** asymmetric/parallel bars; ~ **fixe** high OU horizontal bar ‖ DANSE barre; **exercices à la** ~ **barre** work OU exercises. **-3.** NAUT: ~ **(de gouvernail)** [gén] helm; [sur un voilier] tiller; [sur un navire] wheel; **prendre la** ~ *pr* to take the helm; *fig* to take charge; **être à la** ~ to be at the helm, to steer; *fig* to be at the helm OU in charge. **-4.** [trait] line; ~ **de soustraction/fraction** subtraction/fraction line; ~ **oblique** slash; **avoir** ~ **sur qqn** to have a hold over OU on sb. **-5.** [niveau] level; **le dollar est descendu au-dessous de la** ~ **des 6 francs** the dollar fell below the 6 francs level; **mettre** OU **placer la** ~ **trop haut** to set too high a standard. **-6.** MUS: ~ **(de mesure)** bar line. **-7.** JUR: ~ **(du tribunal)** bar; ~ **des témoins** witness box *Br* OU stand *Am*; **appeler qqn à la** ~ to call sb to the witness box. **-8.** INF: ~ **d'espacement** space bar. **-9.** GÉOG [crête] ridge; [banc de sable] sandbar; [houle] race. **-10.** HÉRALD bar.

**barré, e** [bare] *adj* **-1.** [chèque] crossed; **chèque non** ~ open cheque. **-2.** *fam loc*: **être bien/mal** ~: **on est mal** ~ **pour y être à 8 h** we haven't got a hope in hell OU we don't stand a chance of being there at 8; **c'est mal** ~ it's got off to a bad start.
◆ **barré** *nm* barré.

**barreau, x** [baro] *nm* **-1.** [de fenêtre] bar; [d'échelle] rung; ~ **de chaise** *fam* & *hum* fat cigar. **-2.** JUR: **le** ~ **the Bar; être admis** OU **reçu au** ~ to be called to the Bar; **être radié du** ~ to be disbarred.

**barrer** [3] [bare] ◇ *vt* **-1.** [bloquer – porte, issue] to bar, to block; [– voie, route] to bar; **la rue est temporairement barrée** the street has been temporarily closed; ~ **le passage à qqn** to block sb's way ❑ ~ **la route à qqn** *pr* & *fig* to stand in sb's way. **-2.** [rayer – chèque] to cross; [– erreur, phrase] to cross OU to score out *(sép)*, to strike out; **un pli lui barrait le front** he had a deep line running right across his forehead. **-3.** NAUT to steer. ◇ *vi* NAUT to steer, to be at the helm.
◆ **se barrer** *vpi fam* **-1.** [s'enfuir] to beat it, to split, to clear off; **barre-toi de là, tu me gênes!** shift, you're in my way! **-2.** [se détacher] to come off.

**barrette** [baret] *nf* **-1.** [pince] ~ **(à cheveux)** (hair) slide *Br*, barrette *Am*. **-2.** COUT collar pin. **-3.** RELIG biretta; **recevoir la** ~ to be made a cardinal. **-4.** MIN helmet.

**barreur, euse** [barœr, øz] *nm, f* **-1.** [gén] helmsman. **-2.** [en aviron] coxswain.

**barricade** [barikad] *nf* barricade; **être du même côté de la** ~ to be on the same side of the fence.

**barricader** [3] [barikade] *vt* [porte, rue] to barricade.
◆ **se barricader** *vp (emploi réfléchi)* **-1.** [se retrancher] to barricade o.s. **-2.** [s'enfermer] to lock OU to shut o.s.

**barrière** [barjer] *nf* **-1.** [clôture] fence; [porte] gate; ~ **de passage à niveau** *Am* OU grade *Am* crossing gate; ~ **de dégel** *closure of road to heavy traffic during thaw.* **-2.** [obstacle] barrier; **la** ~ **de la langue** the language barrier; **dresser** OU **mettre une** ~ **entre...** to raise a barrier between...; **faire tomber une** ~**/les** ~**s** to break down a barrier/the barriers ❑ ~**s douanières** tariff OU trade barriers. **-3.** GÉOG: ~ **naturelle** natural barrier; **la Grande Barrière** the Great Barrier Reef.

**barrique** [barik] *nf* barrel, cask.

**barrir** [32] [barir] *vi* [éléphant] to trumpet.

**barrissement** [barismɑ̃] *nm* trumpeting.

**bartavelle** [bartavɛl] *nf* rock partridge.

**barycentre** [barisɑ̃tr] *nm* barycentre.

**baryton** [baritɔ̃] *nm* [voix] baritone (voice); [chanteur] baritone.

**baryum** [barjɔm] *nm* barium; **sulfate de** ~ barium meal.

**bas¹** [ba] *nm* [de femme] stocking; **des** ~ **avec/sans couture** seamed/seamless stockings; ~ **fins** sheer stockings; ~ **de soie** silk stockings; ~ **de laine** *pr* woollen stocking; *fig* savings, nest egg; ~ **(de) Nylon** nylon stockings; ~ **résille** fishnet stockings; ~ **à varices** support stockings.

**bas², basse** [ba, *devant un nm commençant par voyelle ou h muet* baz, bas] *adj* **A.** DANS L'ESPACE **-1.** [de peu de hauteur – bâtiment, mur] low; [– herbes] low, short; [– nuages] low; **attrape les branches basses** grasp the lower OU bottom branches. **-2.** [peu profond] low; **aux basses eaux** [de la mer] at low tide; [d'une rivière] when the water level is low; *fig* at a time of

stagnation. **-3.** [incliné vers le sol]: **marcher la tête basse** to hang one's head as one walks; **le chien s'enfuit, la queue basse** the dog ran away with its tail between its legs. **-4.** GÉOG: **les basses terres** the lowlands; **les basses Alpes** the foothills of the Alps; **la basse vallée du Rhône** the lower Rhone valley.
**B.** DANS UNE HIÉRARCHIE **-1.** [en grandeur – prix, fréquence, pression etc] low; **à** ~ **prix** cheap, for a low price; **à basse température** [laver] at low temperatures; **son moral est très** ~ he's down, he's in very low spirits. **-2.** [médiocre – intérêt, rendement] low, poor; [– dans les arts] inferior, minor, crude; **le niveau de la classe est très** ~ **the** (achievement) level of the class is very low ❑ **les** ~ **morceaux** [en boucherie] the cheap cuts. **-3.** [inférieur dans la société] low, lowly *litt*, humble; **de basse condition** from a poor family ❑ **le** ~ **clergé** the minor clergy; **le** ~ **peuple** the lower classes ou orders *péj*. **-4.** MUS [grave – note] low, bottom *(modif)*; [– guitare, flûte] bass *(modif)*. **-5.** [peu fort] low, quiet; **parler à voix basse** to speak in a low OU quiet voice. **-6.** *péj* [abject, vil – âme] low, mean, villainous; [– acte] low, base, mean; [– sentiment] low, base, abject; **à moi toutes les basses besognes** I get stuck with all the dirty work ‖ [vulgaire – terme, expression] crude, vulgar. **-7.** [le plus récent]: **le** ~ **Moyen Âge** the Early Middle Ages.
◆ **bas** ◇ *adv* **-1.** [à faible hauteur, à faible niveau] low; **je mettrais l'étagère plus** ~ I'd put the shelf lower down; **les prix ne descendront pas plus** ~ prices won't come down any further; **leurs actions sont au plus** ~ their shares have reached an all-time low; **elle est bien** ~ [physiquement] she's very poorly; [moralement] she's very low OU down; **vous êtes tombé bien** ~ [financièrement] you've certainly gone down in the world; [moralement] you've sunk really low; **il est tombé bien** ~ **dans mon estime** he's gone down a lot in my estimation; **plus** ~, **vous trouverez la boulangerie** [plus loin] you'll find the baker's a little further on ‖ [dans un document]: **voir plus** ~ see below ❑ ~ **les masques!** je sais tout maintenant, alors ~ les masques I know everything now, so you can stop pretending; ~ **les pattes!** *fam* hands off! **-2.** ACOUST [d'une voix douce] in a low voice; [d'une voix grave] in a deep voice; **mets le son plus** ~ turn the sound down ❑ **il dit tout haut ce que les autres pensent tout** ~ he voices the thoughts which others keep to themselves. **-3.** MUS low. **-4.** VÉTÉR: **mettre** ~ to give birth. **-5.** NAUT: **mettre pavillon** ~ to lower OU to strike the colours.
◇ *nm* [partie inférieure – d'un pantalon, d'un escalier, d'une hiérarchie etc] bottom; [– d'un visage] lower part; **le** ~ **du dos** the small of the back.
◆ **basse** *nf* **-1.** MUS [partie] bass (part OU score). **-2.** [voix d'homme] bass (voice); [chanteur] bass. **-3.** [instrument – gén] bass (instrument); [– violoncelle] (double) bass.
◆ **à bas** *loc adv*: **mettre qqch à** ~ to pull sthg down; **ils ont mis à** ~ **tout le quartier** they razed the whole district to the ground ❑ **à** ~ **la dictature!** down with dictatorship!
◆ **au bas de** *loc adv*: **au** ~ **des escaliers** at the foot OU bottom of the stairs; **au** ~ **de la hiérarchie/liste** at the bottom of the hierarchy/list.
◆ **de bas en haut** *loc adv* from bottom to top, from the bottom up; **regarder qqn de** ~ **en haut** to look sb up and down.
◆ **d'en bas** ◇ *loc adj*: **les voisins d'en** ~ the people downstairs; **la porte d'en** ~ **est fermée** the downstairs door is shut. ◇ *loc adv* [dans une maison] from downstairs; [d'une hauteur] from the bottom; **elle est partie d'en** ~ *fig* she worked her way up, she started from nowhere.
◆ **du bas** *loc adj* **-1.** [de l'étage inférieur]: **l'appartement du** ~ the flat underneath OU below OU downstairs. **-2.** [du rez-de-chaussée] downstairs *(modif)*. **-3.** [de l'endroit le moins élevé] lower.
◆ **en bas** *loc adv* **-1.** [à un niveau inférieur – dans un bâtiment] downstairs, down. **-2.** [dans la partie inférieure]: **prends le carton par en** ~ take hold of the bottom of the box. **-3.** [vers le sol]: **je ne peux pas regarder en** ~, **j'ai le vertige** I can't look down, I feel dizzy; **le village semblait si petit, tout en** ~ the village looked so small, down there OU below; **suspendre qqch la tête en** ~ to hang sthg upside down.
◆ **en bas de** *loc prép*: **en** ~ **de la côte** at the bottom OU foot of the hill; **signez en** ~ **du contrat** sign at the bottom of the contract.

**basalte** [bazalt] *nm* basalt.

**basaltique** [bazaltik] *adj* basaltic.

**basané, e** [bazane] ◇ *adj* **-1.** [bronzé – touriste] suntanned; [– navigateur] tanned, weather-beaten. **-2.** ▼ [connotation raciste] dark-skinned. ◇ *nm, f* ▼ *racist term used with reference to dark-skinned people,* ≃ darky.

**bas-bleu** [bablø] (*pl* **bas-bleus**) *nm'péj* bluestocking.

**bas-côté** [bakote] (*pl* **bas-côtés**) *nm* [de route] side, verge; [d'église] aisle.

**basculant, e** [baskylã, ãt] *adj* tip-up.

**bascule** [baskyl] *nf* **-1.** [balance] weighing machine; [pèse-personne] scales. **-2.** [balançoire] seesaw; mouvement de ~ seesaw motion; pratiquer une politique de ~ to change allies frequently. **-3.** TECH bascule.

**basculer** [3] [baskyle] ◇ *vi* **-1.** [personne] to topple, to fall over; [vase] to tip over; [benne] to tip up. **-2.** *fig*: son univers a basculé his world collapsed; ~ dans: la pièce bascule soudain dans l'horreur the mood of the play suddenly switches to horror; ~ dans l'opposition to go over to the opposition. ◇ *vt* [renverser – chariot] to tip up *(sép)*; [– chargement] to tip out *(sép)*; ~ son vote sur to switch one's vote to.

**base** [baz] *nf* **-1.** [support] base; à la ~ du cou at the base of the neck; ~ de maquillage make-up base. **-2.** [fondement] basis, groundwork *(U)*, foundations; établir qqch/reposer sur une ~ solide to set sthg up/to rest on a sound basis; établir *ou* jeter les ~s d'une alliance to lay the foundations of *ou* for an alliance. **-3.** MIL: ~ (aérienne/militaire/navale) (air/army/naval) base; ~ d'opérations/de ravitaillement operations/supply base; rentrer à la ~ to go back to base. **-4.** ASTRONAUT: ~ de lancement launching site. **-5.** POL: la ~ the grass roots, the rank and file. **-6.** FIN: ~ d'imposition taxable amount. **-7.** GÉOM, INF & MATH system; système de ~ cinq/huit base five/eight system ❏ ~ de données database; ~ de données relationnelles relational database. **-8.** LING [en diachronie] root; [en synchronie] base, stem; [en grammaire générative] base component. **-9.** CULIN [d'un cocktail, d'une sauce] basic ingredient. **-10.** CHIM base.
◆ **bases** *nfpl* [fondations] foundations, basis; [acquis] basic knowledge; avoir de bonnes ~s en arabe/musique to have a good grounding in Arabic/in music.
◆ **à base de** *loc prép*: à ~ de café coffee-based.
◆ **à la base** *loc adv* **-1.** [en son fondement]: le raisonnement est faux à la ~ the basis of the argument is false. **-2.** [au début] at the beginning, to begin *ou* to start off with.
◆ **de base** *loc adj* **-1.** [fondamental – vocabulaire, industrie] basic; [– principe] basic, fundamental; militant de ~ grassroots militant. **-2.** [de référence – salaire, traitement] basic. **-3.** LING base *(modif)*.

**base-ball** [bɛzbol] (*pl* **base-balls**) *nm* baseball.

**baser** [3] [baze] *vt* **-1.** [fonder]: ~ qqch sur (qqch) to base sthg on (sthg); tes soupçons ne sont basés sur rien there are no grounds for your suspicions, your suspicions are groundless. **-2.** MIL & COMM [installer] to base; être basé à *ou* to be based at *ou* in; aviation basée à terre ground-based air force.
◆ **se baser sur** *vp* + *prép* to base one's judgment on; je me base sur les chiffres de l'année dernière I've taken last year's figures as the basis for my calculations.

**bas-fond** [bafɔ̃] (*pl* **bas-fonds**) *nm* GÉOG & NAUT shallow, shoal.
◆ **bas-fonds** *nmpl litt*: les ~s de New York the slums of New York; les ~s de la société the dregs of society.

**basic** [bazik] *nm* INF basic.

**basicité** [bazisite] *nf* basicity.

**basilic** [bazilik] *nm* **-1.** BOT basil. **-2.** MYTH & ZOOL basilisk.

**basilique** [bazilik] *nf* basilica.

**basique** [bazik] *adj* basic CHEM.

**basket** [baskɛt] ◇ *nm ou nf* [chaussure]: ~s trainers *Br*, sneakers *Am*. ◇ *nm* = **basket-ball**.

**basket-ball** [baskɛtbol] (*pl* **basket-balls**) *nm* basketball.

**basketteur, euse** [baskɛtœr, øz] *nm, f* basketball player.

**basquaise** [baskɛz] *adj f* & *nf* Basque.
◆ **(à la) basquaise** *loc adj* CULIN basquaise, with a tomato and ham sauce.

**basque**[1] [bask] *nf* COUT basque; s'accrocher *ou* se pendre aux ~s de qqn to dog sb's footsteps, to stick to sb like glue.

**basque**[2] [bask] *adj* Basque; le Pays ~ the Basque Country; au Pays ~ in the Basque Country.
◆ **Basque** *nmf* Basque.
◆ **basque** *nm* LING Basque.

**bas-relief** [barəljɛf] (*pl* **bas-reliefs**) *nm* bas *ou* low relief.

**basse** [bas] *f*→ **bas**.

**basse-cour** [baskur] (*pl* **basses-cours**) *nf* **-1.** [lieu] farmyard. **-2.** [volaille]: (animaux de) ~ poultry.

**bassement** [basmã] *adv* [agir] basely, meanly; question ~ intéressée, as-tu de quoi payer mon repas? how I hate to mention this, but have you got enough to pay for my meal?

**bassesse** [basɛs] *nf* **-1.** [caractère vil] baseness; [servilité] servility. **-2.** [action – mesquine] base *ou* despicable act; [– servile] servile act; il ne reculera devant aucune ~ he will stoop to anything.

**basset** [basɛ] *nm* **-1.** basset (hound).

**bassin** [basɛ̃] *nm* **-1.** ANAT pelvis. **-2.** [piscine] pool; [plan d'eau] pond, ornamental lake. **-3.** [récipient] basin, bowl; ~ de lit bedpan. **-4.** GÉOG basin; ~ houiller coal basin; ~ sédimentaire sedimentary basin; le Bassin parisien the Paris Basin. **-5.** NAUT dock.

**bassinant, e** [basinã, ãt] *adj fam* boring.

**bassine** [basin] *nf* basin, bowl; ~ à confiture preserving pan.

**bassiner** [3] [basine] *vt* **-1.** [chauffer] to warm *(with a warming pan)*. **-2.** [humecter] to moisten. **-3.** *fam* [ennuyer] to bore; tu nous bassines avec ça! stop going on and on about it!

**bassinet** [basinɛ] *nm* **-1.** ANAT renal pelvis. **-2.** HIST bascinet, basinet.

**bassinoire** [basinwar] *nf* **-1.** [à lit] warming pan. **-2.** *fam* [importun] old bore, pain in the neck, crashing bore.

**bassiste** [basist] *nmf* **-1.** [guitariste] bass guitarist. **-2.** [contrebassiste] double bass player.

**basson** [basɔ̃] *nm* **-1.** [instrument] bassoon. **-2.** [musicien] bassoonist.

**basta** [basta] *interj fam* (that's) enough; je la rembourse et puis ~! I'll give her her money back and then that's it!

**bastide** [bastid] *nf* **-1.** [maison] Provençal cottage; [ferme] Provençal farmhouse. **-2.** HIST walled town *(in southwest France)*.

**bastille** [bastij] *nf* **-1.** [fort] fortress. **-2.** [à Paris]: la Bastille [forteresse] the Bastille; [quartier] Bastille, the Bastille area; la prise de la Bastille the storming of the Bastille ❏ l'Opéra-Bastille the Bastille opera house.

**bastingage** [bastɛ̃gaʒ] *nm* **-1.** NAUT rail; par-dessus le ~ overboard. **-2.** HIST bulwark.

**bastion** [bastjɔ̃] *nm* **-1.** CONSTR bastion. **-2.** [d'une doctrine, d'un mouvement] bastion; ~ du socialisme socialist stronghold, bastion of socialism.

**baston**▽ [bastɔ̃] *nf*: il y a eu de la ~ there was a bit of trouble.

**bastonnade** [bastɔnad] *nf* beating.

**bastringue**▽ [bastrɛ̃g] *nm* **-1.** [attirail] stuff, junk, clobber *Br*; et tout le ~ and the whole bag of tricks, and all the whole shebang. **-2.** [bal] (sleazy) dance hall. **-3.** [orchestre] dance band.

**bas-ventre** [bavãtr] (*pl* **bas-ventres**) *nm* (lower) abdomen, pelvic area.

**bat.** *abr écrite de* **bâtiment**.

**bât** [ba] *nm* packsaddle; cheval de ~ packhorse; c'est là que *ou* où le ~ blesse that's where the shoe pinches.

**bataclan** [bataklã] *nm fam*: et tout le ~ and the whole caboodle *ou* shebang.

**bataille** [bataj] *nf* **-1.** [combat] battle, fight; ~ aérienne [à grande échelle] air battle; [isolée] dogfight; ~ aéronavale sea-air battle; ~ de polochons pillow fight; ~ de rue street fight *ou* brawl; ~ rangée pitched battle; ~ électorale electoral contest; arriver après la ~ *fig* to arrive when it's all over bar the shouting. **-2.** JEUX ≃ beggar-my-neighbour; ~ navale battleships.
◆ **en bataille** *loc adj* **-1.** MIL in battle order. **-2.** [en désordre]: avoir les cheveux en ~ to have tousled hair; avoir les sourcils en ~ to have bushy eyebrows, to be beetle-browed.

**batailler** [3] [bataje] *vi* **-1.** [physiquement] to fight, to scuffle.

**-2.** *fig* to struggle, to fight. ·

**batailleur, euse** [batajœr, øz] ◇ *adj* [agressif] quarrelsome, rowdy. ◇ *nm, f* fighter.

**bataillon** [batajɔ̃] *nm* **-1.** MIL battalion. **-2.** [foule]: un ~ de scores of, an army of.

**bâtard, e** [batar, ard] ◇ *adj* **-1.** [enfant] illegitimate; [animal] crossbred; **chien** ~ mongrel. **-2.** [genre, œuvre] hybrid; [solution] half-baked, ill thought-out. ◇ *nm, f* illegitimate child; *péj* bastard.

◆ **bâtard** *nm* [pain] *short French stick.*

◆ **bâtarde** *nf* slanting round-hand writing.

**bâtardise** [batardiz] *nf* illegitimacy, bastardy *péj* & *litt*.

**batavia** [batavja] *nf* batavia lettuce.

**bâté, e** [bate] *adj*: âne ~ dunce, numskull.

**bateau, x** [bato] *nm* **-1.** [navire, embarcation] boat, ship; **je prends le ~ à Anvers/à 10 h** I'm sailing from Antwerp/at 10; **faire du ~** [en barque, en vedette] to go boating; [en voilier] to go sailing ❑ **~ à moteur/rames** motor/rowing boat; **~ de pêche** fishing boat; **~ de plaisance** pleasure boat ou craft; **~ pneumatique** rubber boat, dinghy; **~ à vapeur** steamboat, steamer; **~ à voiles** yacht ou sailing boat; **mener** ou **conduire qqn en ~** *fam* to lead sb up the garden path, to take sb for a ride; **monter un ~ à qqn** *fam* to set sb up. **-2.** [charge]: **un ~ de charbon** a boatload of coal. **-3.** [sur le trottoir] dip (in the pavement), driveway entrance.

◆ **bateau** *adj inv* **-1.** COUT: **col** ou **encolure ~** boat neck, bateau neckline. **-2.** [banal] hackneyed; **un sujet ~** an old chestnut.

**bateau-citerne** [batositɛrn] (*pl* **bateaux-citernes**) *nm* tanker.

**bateau-feu** [batofø] (*pl* **bateaux-feux**) *nm* lightship.

**bateau-lavoir** [batolavwar] (*pl* **bateaux-lavoirs**) *nm* washhouse (*on a river*).

**bateau-mouche** [batomuʃ] (*pl* **bateaux-mouches**) *nm* river boat (*on the Seine*).

**bateau-pilote** [batopilɔt] (*pl* **bateaux-pilotes**) *nm* pilot ship ou boat.

**bateau-pompe** [batopɔ̃p] (*pl* **bateaux-pompes**) *nm* fireboat.

**bateleur, euse** [batlœr, øz] *nm, f* tumbler, street entertainer.

**batelier, ère** [batəlje, ɛr] ◇ *adj* inland waterways (*modif*). ◇ *nm, f* [marinier] boatman (*f* boatwoman); [sur un bac] ferryman (*f* ferrywoman).

**batellerie** [batɛlri] *nf* **-1.** [activité] inland waterways transport. **-2.** [flotte] inland ou river fleet.

**bâter** [3] [bate] *vt* to put a packsaddle on.

**bath** [bat] *adj inv fam* & *vieilli* super, super-duper, great.

**bathymètre** [batimɛtr] *nm* bathometer, bathymeter.

**bathyscaphe** [batiskaf] *nm* bathyscaph, bathyscaphe.

**bathysphère** [batisfɛr] *nf* bathysphere.

**bâti, e** [bati] *adj* **-1.** [personne]: être bien ~ to be well-built; être ~ en force to have a powerful build, to be powerfully built. **-2.** [terrain] built-up, developed.

◆ **bâti** *nm* **-1.** COUT [technique] basting, tacking; [fil] tacking. **-2.** [cadre] frame, stand.

**batifolage** [batifɔlaʒ] *nm* **-1.** [amusement] frolicking. **-2.** [flirt] flirting.

**batifoler** [3] [batifɔle] *vi* **-1.** [s'amuser] to frolic. **-2.** [flirter] to flirt.

**bâtiment** [batimɑ̃] *nm* **-1.** [édifice] building; **les ~s d'exploitation** the sheds and outhouses (of a farm). **-2.** [profession]: **le ~** the building trade, the construction industry; **être dans le ~** to be a builder ou in the building trade. **-3.** NAUT ship, (sea-going) vessel; **~ de guerre** warship; **~ léger** light craft.

**bâtir** [32] [batir] *vt* **-1.** CONSTR to build; **se faire ~ une maison** to have a house built ❑ **~ (qqch) sur le sable** to build (sthg) on sand; **~ des châteaux en Espagne** to build castles in the air. **-2.** [créer – fortune] to build up (*sép*); [– foyer] to build; **bâtissons l'avenir ensemble** let's work together to build our future. **-3.** COUT to baste, to tack.

◆ **à bâtir** *loc adj* **-1.** CONSTR [pierre, terrain] building (*modif*). **-2.** COUT basting (*modif*), tacking (*modif*).

**bâtisse** [batis] *nf péj* building; **une grande ~** a big barn of a place.

**bâtisseur, euse** [batisœr, øz] *nm, f* builder; **~ d'empires** *fig* empire-builder.

**batiste** [batist] *nf* batiste, cambric.

**bâton** [batɔ̃] *nm* **-1.** [baguette – gén] stick; [– d'agent de police] truncheon *Br*, billy (club) *Am*; [– de berger] staff, crook; [– de skieur] pole; **~ de maréchal** *pr* marshal's baton; **cette nomination, c'est son ~ de maréchal** *fig* this appointment is the high point of her career; **~ de pèlerin** *pr* pilgrim's staff; **être le ~ de vieillesse de qqn** to be the support of sb's old age; **mettre des ~s dans les roues à qqn** [continuellement] to hinder sb's progress; [en une occasion] to throw a spanner *Br* ou wrench *Am* in the works for sb. **-2.** [barreau]: **~ de chaise** chair rung. **-3.** [de craie, de dynamite, de réglisse] stick; **~ de rouge à lèvres** lipstick. **-4.** SCOL [trait] (vertical) line; **faire des ~s** to draw vertical lines. **-5.** ▽ [dix mille francs] ten thousand francs; **10 ~s** one hundred thousand francs.

◆ **à bâtons rompus** ◇ *loc adj* [conversation] idle. ◇ *loc adv*: **parler à ~s rompus** to make casual conversation.

**bâtonnet** [batɔnɛ] *nm* [petit bâton] stick; **~ de manucure** orange stick.

**bâtonnier** [batɔnje] *nm* ≃ President of the Bar.

**batracien** [batrasjɛ̃] *nm* batrachian.

**bats** [ba] *v* → **battre**.

**battage** [bataʒ] *nm* **-1.** [du blé] threshing; [de l'or, d'un tapis] beating. **-2.** *fam* [publicité] hype, ballyhoo *Am*; **faire du ~ autour d'un livre** to hype (up) ou *Am* to ballyhoo a book ❑ **~ médiatique** media hype.

**battant, e** [batɑ̃, ɑ̃t] ◇ *adj*: **porte ~e** [bruyante] banging door; [laissée ouverte] swinging door; [à battant libre] swing door; **le cœur ~** with beating heart; **sous une pluie ~e** in the driving ou pelting rain. ◇ *nm, f* fighter *fig*; **c'est une ~e!** she's a real fighter!

◆ **battant** *nm* **-1.** [d'une cloche] clapper, tongue. **-2.** [vantail, volet] flap; **le ~ droit était ouvert** the right half (of the double door) was open.

**batte** [bat] *nf* **-1.** SPORT bat; **~ de base-ball/cricket** baseball/cricket bat. **-2.** CULIN: **~ à beurre** dasher. **-3.** [outil – maillet] mallet; [– tapette] beater.

**battement** [batmɑ̃] *nm* **-1.** [mouvement – des ailes] flapping; [– des paupières] flutter; **~ de mains** clapping, applause. **-2.** SPORT: **~ des jambes** leg movement. **-3.** [d'une porte] banging, beating. **-4.** [rythme du cœur, du pouls] beating, throbbing, beat; **je sens les ~s de son cœur** I can feel her heart beating ❑ **j'ai des ~s de cœur** [palpitations] I suffer from palpitations; [émotion] my heart's beating ou pounding. **-5.** [pause] break; **un ~ de 10 minutes** a 10-minute break ‖ [attente] wait; **j'ai une heure de ~ entre la réunion et le déjeuner** I have an hour between the meeting and lunch.

**batterie** [batri] *nf* **-1.** MIL battery; **~ antichars** antitank battery. **-2.** AUT, ÉLECTR & PHYS battery; **~ d'accumulateurs** battery of accumulators; **~ de cellules solaires** solar-powered battery; **recharger** ou **regonfler ses ~s** *fig* to recharge one's batteries. **-3.** MUS [en jazz, rock, pop] drums, drum kit; [en musique classique] percussion instruments; [roulement] drum roll; **Harvey Barton à la ~** Harvey Barton on drums. **-4.** [série] battery; **~ de piles** batteries; **~ de tests/mesures** battery of tests/of measures ❑ **~ de cuisine** *pr* set of kitchen utensils; **les officiers avec leur ~ de cuisine** *hum* the officers with all their gongs *Br* ou decorations. **-5.** DANSE batterie.

**batteur** [batœr] *nm* **-1.** MUS drummer. **-2.** [appareil]: **~ (à œufs)** egg beater ou whisk. **-3.** [ouvrier] beater; AGR thresher. **-4.** [au cricket] batsman; [au base-ball] batter.

**batteuse** [batøz] *nf* AGR thresher, threshing machine.

**battoir** [batwar] *nm* [pour laver] beetle, battledore.

◆ **battoirs** *nmpl fam* (great) paws, mitts.

**battre** [83] [batr] ◇ *vt* **-1.** [brutaliser – animal] to beat; [– personne] to batter; **~ qqn à mort** to batter sb to death ❑ **~ en brèche** [mur] to breach; [gouvernement] to topple; [politique] to drive a coach and horses through *Br*, to demolish; **~ qqn comme plâtre** to beat sb severely; **~ sa coulpe** to beat one's breast. **-2.** [vaincre – adversaire] to beat, to defeat; **~ qqn aux échecs** to defeat ou to beat sb at chess; **se tenir pour** ou **s'avouer battu** to admit defeat ❑ **~ qqn à plate couture** ou **plates coutures** to beat sb hollow. **-3.** [surpasser – record] to beat; **~ tous les records** *pr* & *fig* to set a new record; **j'ai battu tous les records de vitesse pour venir ici** I

must have broken the record getting here. **-4.** [frapper – tapis, or] to beat (out); [– blé, grain] to thresh; ~ qqch à froid to cold-hammer sthg ❑ ~ froid à qqn to cold-shoulder sb; ~ la semelle to stamp one's feet (*to keep warm*); ~ monnaie to mint (coins); il faut ~ le fer quand il est chaud *prov* strike while the iron is hot *prov*. **-5.** [remuer – beurre] to churn; [– blanc d'œuf] to beat ou to whip (up), to whisk; ~ l'air de ses bras *fig* to beat the air with one's arms. **-6.** [sillonner]: ~ le secteur to scour ou to comb the area; ~ les buissons CHASSE to beat the bushes ❑ ~ la campagne ou le pays *pr* to comb the countryside; *fig* to be in one's own little world. **-7.** JEUX: ~ les cartes to shuffle the cards ou pack. **-8.** MUS [mesure] to beat (out); MIL & MUS [tambour] to beat (on); ~ la générale to sound the call to arms; ~ le rappel to drum up troops; ~ le rappel de la famille/du parti *fig* to gather the family/party round ❑ ~ (le) tambour ou la grosse caisse *fam* to make a lot of noise; mon cœur bat la breloque I've got a bad heart; mon cœur bat la chamade my heart's racing. **-9.** NAUT: ~ pavillon to sail under ou to fly a flag. **-10.** *loc*: ~ son plein [fête] to be in full swing.
◇ *vi* **-1.** [cœur, pouls] to beat, to throb; [pluie] to lash, to beat down; [porte] to rattle, to bang; [store] to flap. **-2.** *loc*: ~ en retraite *pr* to retreat; *fig* to beat a retreat.
◆ **battre de** *v + prép*: ~ des mains to clap one's hands; l'oiseau bat des ailes *pr* [lentement] the bird flaps its wings; [rapidement] the bird flutters its wings ❑ ~ de l'aile to be in a bad way.
◆ **se battre** ◇ *vp (emploi réciproque)* to fight, to fight (with) one another; se ~ à mains nues to fight with one's bare hands; se ~ à l'épée/au couteau to fight with swords/knives; se ~ en duel to fight (each other in) a duel; ne vous battez pas, il y en a pour tout le monde *fig* don't get excited, there's enough for everyone; surtout ne vous battez pas pour m'aider! *iron* don't all rush to help me! ❑ se ~ comme des chiffonniers to fight like cats and dogs. ◇ *vpi* **-1.** [lutter] to fight; se ~ avec/contre qqn to fight with/against sb ❑ se ~ contre des moulins à vent to tilt at windmills. **-2.** *fig* to fight, to struggle; je me suis battu pour qu'il accepte I had a tough time getting him to accept; nous nous battons pour la paix/contre l'injustice we're fighting for peace/against injustice. ◇ *vpt* [frapper]: se ~ les flancs to struggle pointlessly.

**battu, e**[1] ◇ *pp* → **battre**. ◇ *adj* **-1.** [maltraité] battered. **-2.** [vaincu] beaten, defeated; on est ~s d'avance we've got no chance. **-3.** [or, fer] beaten.

**battue**[2] [baty] *nf* **-1.** CHASSE battue, beat. **-2.** [recherche] search (*through an area*).

**batture** [batyʀ] *nf Can* sand bar.

**baud** [bo] *nm* baud.

**baudelairien, enne** [bodlɛʀjɛ̃, ɛn] *adj* of Baudelaire, Baudelairean.

**baudet** [bodɛ] *nm* [âne] donkey, ass.

**baudrier** [bodʀije] *nm* **-1.** [bandoulière] baldric. **-2.** SPORT harness.

**baudroie** [bodʀwa] *nf* angler fish.

**baudruche** [bodʀyʃ] *nf* **-1.** [peau] goldbeater's skin. **-2.** *fam* [personne] windbag.

**baume** [bom] *nm* balsam, balm; ~ de benjoin friar's balsam; ~ du Pérou Peru balsam, balsam of Peru; mettre un peu de ~ au cœur de qqn *fig* to soothe sb's aching heart.

**baux** [bo] *pl* → **bail**.

**bauxite** [boksit] *nf* bauxite.

**bavard, e** [bavaʀ, aʀd] ◇ *adj* [personne] talkative; [roman, émission] wordy, long-winded; elle n'était pas bien ~e ce soir she hardly said a word ou she wasn't in a talkative mood tonight ❑ il est ~ comme une pie he's a real chatterbox. ◇ *nm, f*: quelle ~e celle-là! she's a real chatterbox!; les ~s, on leur règle leur compte! [délateurs] we know how to deal with informers!

**bavardage** [bavaʀdaʒ] *nm* chatting, chattering; puni pour ~ SCOL punished for talking in class.
◆ **bavardages** *nmpl* [conversation] chatter (U); *péj* [racontars] gossip (U).

**bavarder** [3] [bavaʀde] *vi* **-1.** [parler] to chat, to talk; ~ avec qqn to (have a) chat with sb. **-2.** *péj* [médire] to gossip.

**bavarois, e** [bavaʀwa, az] *adj* Bavarian.

◆ **bavaroise** *nf* CULIN Bavarian cream.

**bavasser** [3] [bavase] *vi fam & péj* to natter, to yak.

**bave** [bav] *nf* [d'un bébé] dribble; [d'un chien] slobber, slaver; [d'un malade] foam, froth; [d'un escargot] slime.

**baver** [3] [bave] *vi* **-1.** [bébé] to dribble, to drool, to slobber; [chien] to slaver, to slobber; [malade] to foam ou to froth at the mouth; j'avais des bottes neuves, tous les copains en bavaient! *fam & fig* I had a pair of brand new boots, all my friends were green (with envy)!; ~ d'admiration devant qqn to worship the ground sb walks on. **-2.** *fam loc*: en ~ [souffrir] to have a rough ou hard time of it; en ~ des ronds de chapeau [être étonné] to have eyes like saucers; [souffrir] to go through the mill, to have a rough time of it. **-3.** [encre, stylo] to leak.

**bavette** [bavɛt] *nf* **-1.** [bavoir] bib. **-2.** [viande]: ~ (d'aloyau) top of sirloin. **-3.** AUT mudguard.

**baveux, euse** [bavø, øz] *adj* [bouche] drooling; [baiser] wet; [omelette] runny.

**Bavière** [bavjɛʀ] *nprf*: (la) ~ Bavaria.

**bavoir** [bavwaʀ] *nm* bib.

**bavure** [bavyʀ] *nf* **-1.** IMPR smudge, ink stain. **-2.** INDUST burr. **-3.** [erreur] flaw, mistake; un spectacle sans ~ a faultless ou flawless show ❑ ~ (policière) police error; il y a eu une ~ the police have made a serious blunder.

**bayadère** [bajadɛʀ] ◇ *nf* [danseuse] bayadere. ◇ *adj* [rayé] bayadère (*modif*), striped.

**bayer** [3] [baje] *vi*: ~ aux corneilles *pr* to stand gaping; [être inactif] to stargaze.

**bazar** [bazaʀ] *nm* **-1.** [souk] bazaar, bazar; [magasin] general store, dime store *Am*. **-2.** *fam* [désordre] clutter, shambles (*sg*); quel ~, cette chambre! what a shambles ou mess this room is! **-3.** *fam* [attirail] stuff, junk, clobber *Br*; et tout le ~! and (all that) stuff!
◆ **de bazar** *loc adj péj* [psychologie, politique] half-baked, two-bit *Am* (*avant n*).

**bazarder** [3] [bazaʀde] *vt fam* [jeter] to dump, to chuck (out).

**bazooka** [bazuka] *nm* bazooka.

**BCBG** (*abr de* **bon chic bon genre**) *adj inv* term used to describe an upper-class lifestyle reflected especially in expensive but conservative clothes; elle est très ~ ≃ she's really Sloany *Br*; il est très ~ ≃ he's a real preppie type *Am*.

**BCG®** (*abr de* **bacille Calmette-Guérin**) *nm* BCG.

**bcp** *abr écrite de* **beaucoup**.

**bd** *abr écrite de* **boulevard**.

**BD** [bede] *nf abr de* **bande dessinée**.

**bdc** (*abr écrite de* **bas de casse**) lc.

**béant, e** [beã, ãt] *adj* [gouffre] gaping, yawning; [plaie] gaping, open; ~ d'étonnement gaping in surpise.

**béarnais, e** [beaʀnɛ, ɛz] *adj* from the Béarn.
◆ **béarnaise** *nf* CULIN: (sauce à la) ~ béarnaise sauce.

**béat, e** [bea, at] *adj* [heureux] blissfully happy; *péj* [niais – air, sourire] vacuous; [– optimisme] smug; [– admiration] blind; être ~ d'admiration to be open-mouthed ou agape *litt* with admiration.

**béatement** [beatmã] *adv péj* [idiotement]: il la regardait ~ he looked at her with a blissfully stupid expression.

**béatification** [beatifikasjɔ̃] *nf* beatification.

**béatifier** [9] [beatifje] *vt* to beatify.

**béatitude** [beatityd] *nf* **-1.** RELIG beatitude; les ~s the Beatitudes. **-2.** [bonheur] bliss, beatitude *litt*.

**beatnik** [bitnik] *nmf* beatnik; les ~s the Beat Generation.

**beau** [bo] (*devant nm commençant par voyelle ou h muet* **bel** [bɛl]), *f* **belle** [bɛl], *mpl* **beaux** [bo], *fpl* **belles** [bɛl]) *adj* **A. -1.** [bien fait, joli – femme] beautiful, good-looking; [– homme] good-looking, handsome; [– enfant, physique, objet, décor] beautiful, lovely; il est ~ garçon ou *fam* gosse he's good-looking, he's a good-looking guy; ils forment un ~ couple they make a lovely couple; se faire ~/belle to get dressed up, to do o.s. up; ce n'était pas ~ à voir *fam* it wasn't a pretty sight ❑ il est ~ comme l'amour ou un ange ou un astre ou le jour [homme] he's a very handsome ou good-looking man; [petit garçon] he's a very handsome ou good-looking boy; il est ~ comme un dieu he looks like a Greek god; elle est belle comme un ange ou le jour she's a real beauty; sois belle et tais-toi! *fam* just concentrate on looking pretty! **-2.** [attrayant

pour l'oreille – chant, mélodie, voix] beautiful, lovely. **-3.** [remarquable, réussi – poème, texte] fine, beautiful; [– chanson, film] beautiful, lovely; de ~x vêtements fine clothes; le boucher a de la belle marchandise the butcher's got nice meat; il y a eu quelques ~x échanges there were a few good ou fine rallies; nous avons fait un ~ voyage we had a wonderful trip: **-4.** MÉTÉO fine, beautiful; la mer sera belle the sea will be calm; temps froid mais ~ sur tout le pays the whole country will enjoy cold but sunny weather; du ~ temps̸ nice ou good weather; les derniers ~x jours the last days of summer.
**B. -1.** [digne] noble, fine; une belle âme a noble nature ‖ [convenable] nice; ce n'est pas ~ de mentir! it's very naughty ou it's not nice to lie!-**2.** [brillant intellectuellement] wonderful, fine; c'est un ~ sujet de thèse it's a fine topic for a thesis. **-3.** [d'un haut niveau social] smart; faire un ~ mariage [argent] to marry into money ou a fortune; [classe] to marry into a very good family ❑ le ~ monde ou fam linge the upper crust, the smart set.
**C. -1.** [gros, important – gains, prime, somme] nice, handsome, tidy; donnez-moi un ~ melon/poulet give me a nice big melon/chicken; il a un bel appétit he has a good ou hearty appetite; un ~ coup en Bourse a spectacular deal on the Stock Exchange. **-2.** [en intensif]: je me suis fait une belle bosse I got a great big bump; il y a eu un ~ scandale there was a huge scandal; un bel hypocrite a real hypocrite ❑ il y a ~ temps: il y a ~ temps de ce que je te dis là fam what I'm telling you now happened ages ago. **-3.** [agréable] good; présenter qqch sous un ~ jour to show sthg in a good light; c'est trop ~ pour être vrai it's too good to be true; c'est ~ l'amour! love's a wonderful thing! **-4.** [prospère] good; tu as encore de belles années devant toi you still have quite a few good years ahead of you; avoir une belle situation [argent] to have a very well-paid job; [prestige] to have a high-flying job. **-5.** [dans des appellations]: venez, ma belle amie do come along, darling; alors, (ma) belle enfant, qu'en dis-tu? fam what do you think about that, my dear?; mon ~ monsieur, personne ne vous a rien demandé! my friend, this is none of your business!-**6.** [certain]: un ~ jour/matin one fine day/morning.
**D.** iron: belle demande! [saugrenue] what a question!; c'est du ~ travail! a fine mess this is!; ~x discours: ils ont oublié tous leurs ~x discours they've forgotten all their fine ou fine-sounding words; garde tes belles promesses ou tes ~x serments! you can keep your promises! ❑ j'en ai appris ou entendu de belles sur toi! I heard some fine ou right things about you!; il en a fait de belles quand il était petit! he didn't half get up to some mischief when he was little!; nous voilà ~x! we're in a fine mess now!; c'est bien ~ tout ça, mais… that's all very fine ou well, but…; et tu ne sais pas le plus ~! fam and you haven't heard the best part (yet)!, and the best part's still to come!
◆ **beau** ◇ adv **-1.** MÉTÉO: il fait ~ the weather's ou it's fine; il fera ~ et chaud it'll be warm and sunny; il n'a pas fait très ~ l'été dernier the weather wasn't very nice ou good last summer. **-2.** loc: il ferait ~ voir qu'elle me donne des ordres! her, boss me around? that'll be the day! ❑ avoir ~ faire (qqch): j'avais ~ tirer, la porte ne s'ouvrait pas however hard I pulled, the door wouldn't open; j'ai eu ~ le lui répéter plusieurs fois, il n'a toujours pas compris I have told him and told him but he still hasn't understood; on a ~ dire, on a ~ faire, les jeunes s'en vont un jour de la maison fam whatever you do or say, young people eventually leave home; vous avez ~ dire, elle a quand même tout financé elle-même say what you like ou you may criticize, but she's paid for it all herself; alors, vous signez? — hé, tout ~ (tout ~)! you will sign then? — hey, steady on ou not so fast!
◇ nm **-1.** [esthétique]: elle aime le ~ she likes beautiful things ‖ [objets de qualité]: pour les meubles du salon, je veux du ~ I want really good ou nice furniture for the living room. **-2.** [homme] beau, dandy. **-3.** loc: le temps est au ~ the weather looks fine; le temps/baromètre est au ~ fixe the weather/barometer is set fair; nos relations sont au ~ fixe fam things between us are looking rosy; il a le moral au ~ fixe fam he's in high spirits; elle a dit un gros mot — c'est du ~! fam she said a rude word! — how naughty!; faire le ~ [chien] to sit up and beg.
◆ **belle** nf **-1.** [jolie femme] beauty; [dame] lady; 'la Belle et la

Bête' Madame Leprince de Beaumont, Cocteau 'Beauty and the Beast'; 'la Belle au bois dormant' Perrault 'Sleeping Beauty'. **-2.** fam [en appellatif]: tu te trompes, ma belle! you're quite wrong my dear!-**3.** hum ou litt [amie, amante] lady friend, beloved. **-4.** SPORT decider, deciding match; JEUX deciding, deciding game. **-5.** fam loc: (se) faire la belle to do a runner Br, to cut and run Am.
◆ **au plus beau de** loc prép: au plus ~ de la fête when the party is in full swing; au plus ~ du discours right in the middle of the speech.
◆ **bel et bien** loc adv well and truly.
◆ **bel et bon, bel et bonne** loc adj fine.
◆ **de plus belle** loc adv [aboyer, crier] louder than ever, even louder; [frapper] harder than ever, even harder; [taquiner, manger] more than ever, even more; il s'est mis à travailler de plus belle he went back to work with renewed energy.
◆ **belle page** nf IMPR right-hand page.
◆ **belle de Fontenay** nf Belle de Fontenay potato.
**Beaubourg** [bobur] npr name commonly used to refer to the Pompidou Centre.
**beauceron, onne** [bosrɔ̃, ɔn] adj from the Beauce area.
**beaucoup** [boku] adv **-1.** [modifiant un verbe] a lot, a great deal; [dans des phrases interrogatives ou négatives] much, a lot, a great deal; il travaille ~ he works a lot ou a great deal; je ne l'ai pas ~ vu I didn't see much of him; je vous remercie ~ thank you very much (indeed); ils ne s'apprécient pas ~ they don't like each other much. **-2.** [modifiant un adverbe] much, a lot; ~ moins intéressant much ou a lot less interesting; ~ trop fort much ou far too loud; il parle ~ trop he talks far too much ❑ en faire ~ trop to overdo it. **-3.** [de nombreuses personnes] many, a lot; [de nombreuses choses] a lot; il n'y en a pas ~ qui réussissent not a lot of people ou not many succeed; nous étions ~ à le croire many ou a lot of us believed it ❑ c'est déjà ~ qu'il y soit allé! at least he went!; il est pour ~ dans son succès he played a large part in ou he had a great deal to do with her success; c'est ~ dire that's a bit of an overstatement. **-4.** [modifiant un adjectif]: imprudent, il l'est même ~ he's really quite careless.
◆ **beaucoup de** loc dét [suivi d'un nom comptable] many, a lot of; [suivi d'un nom non comptable] much, a lot of, a great deal of; ~ de monde a lot of people; ~ d'entre nous many ou a lot of us; elle a ~ de goût she has a lot of ou a great deal of taste; il ne nous reste plus ~ de temps we've not got much time left; il y en a ~ there is/are a lot.
◆ **de beaucoup** loc adv **-1.** [avec un comparatif ou un superlatif] by far; elle est de ~ la plus douée she's the most talented by far, she is by far the most talented; il est mon aîné de ~ he's considerably older than I am. **-2.** [avec un verbe]: il a gagné de ~ he won easily; il te dépasse de ~ he's far ou much taller than you; je préférerais de ~ rester I'd much rather stay; as-tu raté ton train de ~? did you miss your train by much?; je la préfère, et de ~ I much prefer her.
**beauf**▽ [bof] nm **-1.** [beau-frère] brother-in-law. **-2.** péj & fig archetypal lower middle-class Frenchman.
**beau-fils** [bofis] (pl beaux-fils) nm **-1.** [gendre] son-in-law. **-2.** [fils du conjoint] stepson.
**Beaufort** [bofɔr] npr: l'échelle de ~ the Beaufort scale.
**beau-frère** [bofrɛr] (pl beaux-frères) nm brother-in-law.
**beau-père** [bopɛr] (pl beaux-pères) nm **-1.** [père du conjoint] father-in-law. **-2.** [époux de la mère] stepfather.
**beauté** [bote] nf **-1.** [d'une femme, d'une statue] beauty, loveliness; [d'un homme] handsomeness; avoir la ~ du diable to have a youthful glow; se refaire une ~ to put one's face on. **-2.** [femme] beauty, beautiful woman. **-3.** [élévation – de l'âme] beauty; [– d'un raisonnement] beauty, elegance; pour la ~ du geste ou de la chose for the beauty of it.
◆ **beautés** nfpl [d'un paysage] beauties, beauty spots; [d'une œuvre] beauties.
◆ **de beauté** loc adj [concours, reine] beauty (modif).
◆ **de toute beauté** loc adj magnificent, stunningly beautiful.
◆ **en beauté** loc adv: être en ~ to look stunning; finir en ~ to end with a flourish ou on a high note.
**beaux-arts** [bozar] nmpl **-1.** [genre] fine arts; musée des Beaux-Arts museum of fine art. **-2.** [école] les Beaux-Arts French national art school.

**beaux-parents** [bopaʀɑ̃] *nmpl* father-in-law and mother-in-law, in-laws.

**bébé** [bebe] ◇ *nm* **-1.** [nourrisson] baby; attendre un ~ to be expecting a baby; faire le ~ *péj* to act like ou to be being a baby. **-2.** ZOOL baby. ◇ *adj inv péj* babyish *péj*, baby-like.
◆ **bébé-éprouvette** *nm* test-tube baby.

**bébête** [bebɛt] *adj* silly; le Bébête Show *satirical television puppet show in which French political figures are represented as animals.*

**be-bop** [bibɔp] = bop.

**bec** [bɛk] *nm* **-1.** ZOOL beak, bill; donner des coups de ~ à to peck (at); nez en ~ d'aigle hook nose ❑ avoir ~ et ongles to be well-equipped and ready to fight. **-2.** *fam* [bouche] mouth; ouvre le ~! [en nourrissant un enfant] open wide!; ça lui a bouclé ou cloué ou clos le ~ it shut him up, it reduced him to silence; avoir toujours la cigarette/pipe au ~ to have a cigarette/pipe always stuck in one's mouth ❑ être ou rester le ~ dans l'eau to be left high and dry. **-3.** [d'une plume] nib. **-4.** [de casserole] lip; [de bouilloire, de théière] spout. **-5.** MUS [de saxophone, de clarinette] mouthpiece. **-6.** GÉOG bill, headland. **-7.** *Belg, Helv & Can fam* [baiser] kiss. **-8.** VÊT: faire un ~ to pucker. **-9.** *fam loc*: tomber sur un ~ to run into ou to hit a snag.
◆ **bec à gaz** *nm* gas burner.
◆ **bec de gaz** *nm* lamppost, gaslight.
◆ **bec fin** *nm* gourmet.

**bécane** [bekan] *nf fam* **-1.** [moto, vélo] bike. **-2.** *hum* [machine]: ma ~ [ordinateur] my micro; [machine à écrire] my old typewriter.

**bécarre** [bekaʀ] *nm* **-1.** MUS natural sign. **-2.** *(comme adj)*: la ~ A natural.

**bécasse** [bekas] *nf* **-1.** [oiseau] woodcock. **-2.** *fam* [sotte] twit *Br*, silly goose.

**bécassine** [bekasin] *nf* **-1.** [oiseau] snipe. **-2.** *fam* [sotte] silly goose, nincompoop, ninny.

**bec-de-cane** [bɛkdəkan] (*pl* becs-de-cane) *nm* **-1.** [poignée] door handle. **-2.** [serrure] spring lock.

**bec-de-lièvre** [bɛkdəljevʀ] (*pl* becs-de-lièvre) *nm* harelip.

**bec-de-perroquet** [bɛkdəpeʀɔkɛ] (*pl* becs-de-perroquet) *nm* osteophyte.

**béchamel** [beʃamɛl] *nf*: (sauce) ~ white sauce, béchamel.

**bêche** [bɛʃ] *nf* spade.

**bêcher** [4] [beʃe] ◇ *vt* **-1.** [sol] to dig (over); [pommes de terre] to dig (up ou out). **-2.** *fam* [critiquer] to run down *(sép)*, to pull apart ou to pieces. ◇ *vi* [faire le snob] to put on airs.

**bêcheur, euse** [beʃœʀ, øz] *nm, f fam* **-1.** [critique] detractor. **-2.** *péj* [prétentieux] stuck-up person, snooty person.

**bécot** [beko] *nm fam* [bise] kiss, peck.

**bécoter** [3] [bekɔte] *vt fam* to kiss.
◆ **se bécoter** *vp (emploi réciproque) fam* to smooch, to kiss (and cuddle).

**becquée** [beke] *nf* beakful; donner la ~ [oiseau] to feed.

**becquerel** [bekʀɛl] *nm* becquerel.

**becquet** [bekɛ] *nm* **-1.** AUT spoiler. **-2.** [papier] slip *(of paper, to show the position of a query or addition in copy prepared for print)*. **-3.** THÉÂT *change made to a play by its author during rehearsals.*

**becqueter** [27] [bɛkte] *vt* **-1.** [picoter] to peck (at). **-2.** ⱽ [manger] to eat.

**bectance**ⱽ [bɛktɑ̃s] *nf* grub, nosh *Br*, chowder *Am*.

**becter** [4] [bɛkte] = becqueter 2.

**bedaine** [bədɛn] *nf* paunch.

**bédé** [bede] *nf fam*: la ~ strip cartoons; une ~ a strip cartoon.

**bedeau, x** [bədo] *nm* beadle, verger.

**bédéphile** [bedefil] *nmf* comics fan.

**bedon** [bədɔ̃] *nm vieilli* [d'enfant] tummy; [d'obèse] paunch.

**bedonnant, e** [bədɔnɑ̃, ɑ̃t] *adj* paunchy.

**bedonner** [3] [bədɔne] *vi* to get paunchy.

**bédouin, e** [bedwɛ̃, in] *adj* Bedouin, Beduin.
◆ **Bédouin, e** *nm, f* Bedouin, Beduin.

**bée** [be] *adj f*: être bouche ~ devant qqn to gape at sb; j'en suis restée bouche ~ I was flabbergasted.

**béé** [bee] *pp* → béer.

**beefsteak** [biftɛk] = bifteck.

**béer** [15] [bee] *vi* to be wide open; ~ d'admiration to gape with ou to be lost in admiration.

**Beethoven** [betɔvɛn] *npr* Beethoven.

**beffroi** [befʀwa] *nm* belfry.

**bégaie** [begɛ] *v* → bégayer.

**bégaiement** [begɛmɑ̃] *nm* [trouble de la parole] stammer, stutter; ~s [d'un bègue] stammering, stuttering; [d'embarras, d'émotion] faltering; les premiers ~s d'une industrie nouvelle *fig* the first hesitant steps of a new industry.

**bégaierai** [begere] *v* → bégayer.

**bégayer** [11] [begeje] ◇ *vi* [hésiter - bègue] to stammer, to stutter; [- ivrogne] to slur (one's speech). ◇ *vt* to stammer (out).

**bégonia** [begɔnja] *nm* begonia.

**bègue** [bɛg] ◇ *adj* stammering, stuttering; être ~ to (have a) stammer. ◇ *nmf* stammerer, stutterer.

**bégueule** [begœl] *fam* ◇ *adj* prudish, squeamish. ◇ *nf* prude.

**béguin** [begɛ̃] *nm* **-1.** *fam* [attirance]: avoir le ~ pour qqn to have a crush on sb. **-2.** *fam* [amoureux] crush. **-3.** [coiffe] bonnet.

**béhaviorisme** [beavjɔʀism] *nm* behaviourism.

**béhavioriste** [beavjɔʀist] *adj & nmf* behaviourist.

**Behring** [beʀiŋ] = Béring.

**beige** [bɛʒ] *adj & nm* beige.

**beigeasse** [bɛʒas], **beigeâtre** [bɛʒatʀ] *adj péj* yellowish ou greyish beige.

**beigne**ⱽ [bɛɲ] *nf* [gifle] slap, clout; filer une ~ à qqn to slap sb, to give sb a smack.

**beignerie** [bɛɲəʀi] *nf Can* snack bar serving doughnuts.

**beignet** [bɛɲɛ] *nm* [gén] fritter; [au sucre, à la confiture] doughnut; ~ aux pommes apple doughnut.

**Beijing** [bɛjʒiŋ] *npr* Beijing.

**bel** [bɛl] ◇ *adj* → beau. ◇ *nm* ACOUST bel.

**bêlant, e** [belɑ̃, ɑ̃t] *adj* **-1.** [mouton] bleating. **-2.** [chevrotant - voix] bleating, shaky.

**Bélarus** [belaʀys] *npr*: la république de ~ the Republic of Belarus.

**bel canto** [bɛlkɑ̃to] *nm* bel canto.

**bêlement** [bɛlmɑ̃] *nm* bleat; les ~s des moutons the bleating of the sheep.

**bêler** [4] [bele] ◇ *vi* to bleat. ◇ *vt* [chanson] to bleat out *(sép)*.

**belette** [bəlɛt] *nf* weasel.

**belge** [bɛlʒ] *adj* Belgian.
◆ **Belge** *nmf* Belgian.

**belgicisme** [bɛlʒisism] *nm* [mot] Belgian-French word; [tournure] Belgian-French expression.

**Belgique** [bɛlʒik] *npr f*: (la) ~ Belgium.

**Belgrade** [bɛlgʀad] *npr* Belgrade.

**bélier** [belje] *nm* **-1.** ZOOL ram. **-2.** TECH hydraulic ram. **-3.** HIST battering ram.

**Bélier** [belje] *npr m* **-1.** ASTRON Aries. **-2.** ASTROL Aries; je suis ~ I'm Aries ou an Arian.

**Belize** [beliz] *npr m*: le ~ Belize; au ~ in Belize.

**belladone** [beladɔn] *nf* belladonna, deadly nightshade.

**bellâtre** [belatʀ] *nm péj* fop.

**belle** [bɛl] *f* → beau.

**belle-de-jour** [bɛldəʒuʀ] (*pl* belles-de-jour) *nf* convolvulus, morning-glory.

**belle-de-nuit** [bɛldənɥi] (*pl* belles-de-nuit) *nf* BOT marvel-of-Peru, four-o'clock.

**belle-doche**ⱽ [bɛldɔʃ] (*pl* belles-doches) *nf* mother-in-law.

**belle-famille** [bɛlfamij] (*pl* belles-familles) *nf*: sa ~ [de l'époux] her husband's family, her in-laws; [de l'épouse] his wife's family, his in-laws.

**belle-fille** [bɛlfij] (*pl* belles-filles) *nf* **-1.** [bru] daughter-in-law. **-2.** [fille du conjoint] stepdaughter.

**bellement** [bɛlmɑ̃] *adv* **-1.** [joliment] nicely, finely. **-2.** [vraiment] well and truly, in no uncertain manner.

**belle-mère** [bɛlmɛʀ] (*pl* belles-mères) *nf* **-1.** [mère du conjoint] mother-in-law. **-2.** [épouse du père] stepmother.

**belles-lettres** [bɛllɛtʀ] *nfpl*: les ~ great literature, belles-lettres.

**belle-sœur** [bɛlsœr] (*pl* **belles-sœurs**) *nf* sister-in-law.

**Belleville** [bɛlvil] *npr area of Paris with a large immigrant population.*

**belliciste** [belisist] ◊ *adj* bellicose, warmongering. ◊ *nmf* warmonger.

**belligérance** [beliʒerɑ̃s] *nf* belligerence, belligerency.

**belligérant, e** [beliʒerɑ̃, ɑ̃t] ◊ *adj* belligerent, warring. ◊ *nm, f* belligerent.

**belliqueux, euse** [belikø, øz] *adj* [peuple] warlike; [ton, discours] aggressive, belligerent; [enfant, humeur] bellicose, quarrelsome.

**belote** [bəlɔt] *nf* belote.

**belvédère** [bɛlvedɛr] *nm* [pavillon] belvedere, gazebo; [terrasse] panoramic viewpoint.

**Belzébuth** [bɛlzebyt] *npr* Beelzebub.

**bémol** [bemɔl] *nm* flat; *(comme adj)*: **mi** ~ E flat.

**ben** [bɛ̃] *adv fam* **-1.** [pour renforcer]: ~ **quoi?** so what?; ~ **non** well, no; ~ **voyons (donc)!** what next!**-2.** [bien]: **pt'êt** ~ **qu'oui, pt'êt** ~ **qu'non** maybe yes, maybe no.

**bénédicité** [benedisite] *nm* grace; **dire le** ~ to say grace.

**bénédictin, e** [benediktɛ̃, in] *adj* & *nm, f* Benedictine; **les Bénédictins** the Benedictines.

◆ **Bénédictine**® *nf* [liqueur] Benedictine.

**bénédiction** [benediksjɔ̃] *nf* **-1.** RELIG benediction, blessing; **donner la** ~ **à qqn** to pronounce the blessing on ou to bless sb; **la** ~ **nuptiale leur sera donnée à...** the marriage ceremony will take place ou the marriage will be solemnized at... **-2.** [accord] blessing; **il peut déguerpir dès demain, et avec ma** ~! *fam* he can get lost tomorrow, with my blessing!**-3.** [aubaine] blessing, godsend.

**bénef**[V] [benɛf] *nm* profit.

**bénéfice** [benefis] *nm* **-1.** ÉCON profit; ~ **avant/après impôt** pre-tax/after-tax profit; ~ **brut/net** gross/net profit; **faire ou enregistrer un** ~ **brut/net de 20 000 francs** to gross/to net 20,000 francs; ~ **d'exploitation** operating profit; ~**s exceptionnels** windfall profit; **c'est tout** ~ *fam*: **à ce prix-là, c'est tout** ~ at that price, you make a 100% profit on it. **-2.** [avantage] benefit, advantage; **tirer (un)** ~ **de qqch** to derive some benefit ou an advantage from sthg; **c'est le** ~ **que l'on peut tirer de cette conduite** that's the reward for such behaviour; **le** ~ **du doute: laisser à qqn le** ~ **du doute** to give sb the benefit of the doubt. **-3.** JUR: **sous** ~ **d'inventaire** *without liability to debts beyond inherited assets*; **j'accepte, sous** ~ **d'inventaire** *fig* everything else being equal, I accept. **-4.** RELIG living, benefice. **-5.** HIST benefice.

◆ **à bénéfice** *loc adv* [exploiter, vendre] at a profit.

◆ **au bénéfice de** *loc prép* **-1.** [en faveur de] for (the benefit of). **-2.** JUR: **au** ~ **de l'âge** by prerogative of age.

**bénéficiaire** [benefisjɛr] ◊ *adj* [opération] profitable, profit-making; [marge] profit *(modif).* ◊ *nmf* [d'une mesure] beneficiary; [d'un mandat, d'un chèque] payee, recipient; **qui en seront les principaux** ~**s?** who will benefit by it most?

**bénéficier** [9] [benefisje]

◆ **bénéficier de** *v* + *prép* **-1.** [avoir] to have, to enjoy; ~ **de conditions idéales/d'avantages sociaux** to enjoy ideal conditions/welfare benefits ‖ JUR: ~ **de circonstances atténuantes** to have the benefit of ou to be granted extenuating circumstances. **-2.** [profiter de] to benefit by ou from; ~ **d'une forte remise** to get a big reduction; ~ **d'une mesure** to benefit by ou to profit from a measure; **faire** ~ **qqn de ses connaissances** to allow sb to benefit ou to give sb the benefit of one's knowledge.

**bénéfique** [benefik] *adj* **-1.** [avantageux] beneficial, advantageous. **-2.** ASTROL favourable.

**Benelux** [benelyks] *npr m*: **le** ~ Benelux.

**benêt** [bənɛ] ◊ *adj m* simple-minded, idiotic, silly. ◊ *nm* simpleton; **son grand** ~ **de fils** his great fool of a son.

**bénévolat** [benevɔla] *nm* [travail] voluntary help ou work; [système] system of voluntary work.

**bénévole** [benevɔl] ◊ *adj* [aide, conseil] voluntary, free; [association] voluntary; [médecin] volunteer *(modif).* ◊ *nmf* volunteer, voluntary worker.

**bénévolement** [benevɔlmɑ̃] *adv* voluntarily; **travailler** ~ **pour qqn** to do voluntary work for sb.

**Bengale** [bɛ̃gal] *npr m*: **le** ~ Bengal; **au** ~ in Bengal; **le golfe**

**du** ~ the Bay of Bengal.

**bengali** [bɛ̃gali] *adj* Bengali.

**bénigne** [beniɲ] *f*→ **bénin**.

**bénignité** [beniɲite] *nf* **-1.** MÉD [d'une maladie] mildness; [d'une tumeur] non-malignant character. **-2.** *litt* [mansuétude] benignancy, kindness.

**bénin, igne** [benɛ̃, iɲ] *adj* **-1.** MÉD [maladie] mild; [tumeur] non-malignant, benign. **-2.** *litt* [gentil] benign, kindly.

**Bénin** [benɛ̃] *npr m*: **(le)** ~ Benin; **au** ~ in Benin.

**béni-oui-oui** [beniwiwi] *nmf inv péj* yes-man (*f* yes-woman).

**bénir** [32] [benir] *vt* **-1.** RELIG [fidèles] to bless, to give one's blessing to; [eau, pain] to consecrate; [union] to solemnize. **-2.** [remercier]: **je bénis le passant qui m'a sauvé la vie** I'll be eternally thankful to the passer-by who saved my life; **béni soit le jour où je t'ai rencontré** blessed be the day I met you; **elle bénit le ciel de lui avoir donné un fils** she thanked God for giving her a son.

**bénit, e** [beni, it] *adj* consecrated, blessed.

**bénitier** [benitje] *nm* stoup, font.

**benjamin, e** [bɛ̃ʒamɛ̃, in] *nm, f* youngest child.

**benjoin** [bɛ̃ʒwɛ̃] *nm* benzoin, benjamin.

**benne** [bɛn] *nf* **-1.** MIN tub, tram; ~ **basculante** tipper (truck). **-2.** [à ordures] skip.

**benoît, e** [bənwa, at] *adj péj* [doucereux] bland, ingratiating.

◆ **benoîte** *nf* BOT herb bennet, wood avens.

**benzène** [bɛ̃zɛn] *nm* benzene.

**benzine** [bɛ̃zin] *nf* benzin, benzine.

**benzol** [bɛ̃zɔl] *nm* benzol, benzole.

**béotien, enne** [beɔsjɛ̃, ɛn] *adj* **-1.** ANTIQ Boeotian. **-2.** *péj* [inculte] uncultured, philistine.

◆ **Béotien, enne** *nm, f* ANTIQ Boeotian.

**BEP** (*abr de* **brevet d'études professionnelles**) *nm vocational diploma (taken after two years of study at a 'lycée professionnel').*

**BEPC** (*abr de* **brevet d'études du premier cycle**) *nm former school certificate taken after four years of secondary education.*

**béqueter** [bɛkte] = **becqueter**.

**béquille** [bekij] *nf* **-1.** [canne] crutch; **marcher avec des** ~**s** to walk on ou with crutches. **-2.** [de moto] stand. **-3.** NAUT shore, prop. **-4.** ARM stand.

**béquiller** [3] [bekije] ◊ *vi* to hobble (along) on crutches. ◊ *vt* NAUT to shore ou to prop up *(sép).*

**berbère** [bɛrbɛr] *adj* Berber.

◆ **Berbère** *nmf* Berber.

◆ **berbère** *nm* LING Berber.

**berçai** [bɛrse] *v* → **bercer**.

**bercail** [bɛrkaj] *nm* sheepfold; **rentrer ou revenir au** ~ [à la maison] to get back home; RELIG to return to the fold.

**berçante** [bɛrsɑ̃t] *nf Can*: **(chaise)** ~ rocking-chair.

**berceau, x** [bɛrso] *nm* **-1.** [lit] cradle; **on se connaît depuis le** ~ we've known each other since we were babies; **il/elle nous a** ~ *fam* [séducteur] he's/she's a cradle-snatcher. **-2.** [lieu d'origine] cradle, birthplace. **-3.** ARCHIT: **(voûte en)** ~ barrel vault. **-4.** [tonnelle] arbour, bower.

**bercement** [bɛrsəmɑ̃] *nm* rocking ou swaying movement.

**bercer** [16] [bɛrse] *vt* **-1.** [balancer] to rock, to cradle; **les chansons qui ont bercé mon enfance** the songs I was brought up on. **-2.** [calmer - douleur] to lull, to soothe. **-3.** [tromper]: ~ **qqn de** to lull sb with; ~ **qqn de paroles/promesses** to give sb fine words/empty promises.

◆ **se bercer de** *vp* + *prép*: **se** ~ **d'illusions** to delude o.s. with ou to nurse ou to entertain illusions.

**berceur, euse**[1] [bɛrsœr, øz] *adj* lulling, soothing.

**berceuse**[2] [bɛrsøz] *nf* **-1.** [chanson d'enfant] lullaby; MUS berceuse. **-2.** [fauteuil] rocking-chair. *Can* = **berçante**.

**berçons** [bɛrsɔ̃] *v* → **bercer**.

**Bercy** [bɛrsi] *npr* **-1.** [ministère] *the French Ministry of Finance.* **-2.** [stade] *large sports and concert hall in Paris.*

**BERD, Berd** [bɛrd] (*abr de* **Banque européenne pour la reconstruction et le développement**) *npr f* EBRD.

**béret** [berɛ] *nm*: ~ **(basque)** (French) beret.

**Berezina** [berezina] *npr f*: **la** ~ *Napoleon's retreat over the River Berezina in Bielorussia in 1812*; **c'était la** ~ *fig* it was an absolute disaster.

**bergamote** [bɛrgamɔt] *nf* bergamot orange.
◆ **à la bergamote** *loc adj* [savon] bergamot-scented; [thé] with bergamot, bergamot-flavoured.
**bergamotier** [bɛrgamɔtje] *nm* bergamot (tree).
**berge** [bɛrʒ] *nf* **-1.** [rive] bank GEOG; **route** ou **voie sur** ~ [dans une grande ville] embankment road. **-2.** ▽ [an] year; à 25 ~s, elle a monté sa boîte when she was 25, she set up her own business.
**berger, ère** [bɛrʒe, ɛr] *nm, f* [pâtre] shepherd (*f* shepherdess).
◆ **berger** *nm* ZOOL sheepdog; ~ (allemand) Alsatian, German shepherd; ~ d'Écosse collie (dog); ~ des Pyrénées Pyrenean mountain dog.
◆ **bergère** *nf* [fauteuil] bergère.
**bergerie** [bɛrʒəri] *nf* **-1.** AGR sheepfold. **-2.** BX-ARTS [peinture] pastoral (painting); [tapisserie] pastoral tapestry; LITTÉRAT [poème] pastoral.
**bergeronnette** [bɛrʒərɔnɛt] *nf* wagtail.
**béribéri** [beriberi] *nm* beriberi.
**Béring** [beriŋ] *npr*: **le détroit de** ~ the Bering Strait.
**berk** [bɛrk] *interj fam* ugh, yuk.
**Berlin** [bɛrlɛ̃] *npr* Berlin; ~**-Est** East Berlin; ~**-Ouest** West Berlin; **le mur de** ~ the Berlin Wall.
**berline** [bɛrlin] *nf* **-1.** AUT saloon car *Br*, sedan *Am*.**-2.** HIST berlin, berline.
**berlingot** [bɛrlɛ̃go] *nm* **-1.** [bonbon] ≃ boiled sweet *Br*, ≃ hard candy *Am*.**-2.** [emballage] carton.
**berlinois, e** [bɛrlinwa, az] *adj* from Berlin.
◆ **Berlinois, e** *nm, f* Berliner.
**berlue** [bɛrly] *nf*: **avoir la** ~ to be seeing things.
**bermuda** [bɛrmyda] *nm*: **un** ~ (a pair of) Bermuda shorts, Bermudas.
**Bermudes** [bɛrmyd] *npr fpl*: **les** ~ Bermuda; **aux** ~ in Bermuda; **le triangle des** ~ the Bermuda Triangle.
**bernacle** [bɛrnakl], **bernache** [bɛrnaʃ] *nf* barnacle ou brent goose.
**bernardin, e** [bɛrnardɛ̃, in] *nm, f* Bernardine.
**bernard-l'ermite** [bɛrnarlɛrmit] *nm inv* hermit crab.
**berne** [bɛrn]
◆ **en berne** *loc adv* at half-mast; **mettre les drapeaux en** ~ to half-mast the flags, to lower the flags to half-mast.
**Berne** [bɛrn] *npr* Bern.
**berner** [3] [bɛrne] *vt* [tromper] to fool, to dupe, to hoax.
**bernique** [bɛrnik] ◇ *nf* limpet. ◇ *interj arch* nothing doing.
**bernois, e** [bɛrnwa, az] *adj* Bernese.
◆ **Bernois, e** *nm, f* Bernese.
**béryl** [beril] *nm* beryl.
**berzingue** [bɛrzɛ̃g]
◆ **à tout(e) berzingue** *loc adv fam* at full speed, double quick.
**besace** [bazas] *nf* [sac] beggar's bag.
**bésef**▽ [bezɛf] *adv (suivi d'un nom non comptable)* much, a lot of; *(suivi d'un nom comptable)* many, a lot of.
**bésicles** [bezikl], **besicles** [bəzikl] *nfpl arch* spectacles; *hum* specs.
**bésigue** [bezig] *nm* bezique.
**besogne** [bazɔɲ] *nf* [travail] task, job, work; **se mettre à la** ~ to get down to work; **c'est de la belle** ou **bonne** ~ it's a fine piece of work, it's a neat job.
**besogner** [3] [bazɔɲe] *vi péj* [travailler] to drudge, to slave away, to toil away.
**besogneux, euse** [bazɔɲø, øz] ◇ *adj* **-1.** *péj* [travailleur] hardworking. **-2.** *litt* [pauvre] needy, poor. ◇ *nm, f* drudge, hardworking man (*f* woman).
**besoin** [bazwɛ̃] *nm* **-1.** [nécessité] need; **il a de gros** ~s **d'argent** he needs lots of money; **nos** ~s **en pétrole/ingénieurs** our oil/engineering requirements; **tous vos** ~s **seront satisfaits** all your needs will be answered ou satisfied; **avoir** ou **sentir** ou **ressentir le** ~ **de faire qqch** to feel the need to do sthg; **il n'est pas** ~ **de vous dire** you hardly need to be told; **si** ~ **est** if necessary, if needs be; **il n'est pas** ~ **de mentir** there's no need to lie; **sans qu'il soit** ~ **de prévenir les parents** without it being necessary to let the pa-

rents know ❑ ~ (naturel), **petit** ~, ~ **pressant** call of nature; **faire ses (petits)** ~s to attend to ou to answer the call of nature; **être pris d'un** ~ **pressant** *euph* to be taken ou caught short; **avoir un** ~ **pressant d'argent** to be pressed for money. **-2.** [pauvreté] need; **dans le** ~ in need; **ceux qui sont dans le** ~ the needy. **-3.** *loc*: **avoir** ~ **de qqch** to need sthg; **avoir** ~ **de faire qqch** to need to do sthg; **je n'en ai aucun** ~ I have no need of it whatsoever; **elle n'a pas** ~ **qu'on le lui répète** she doesn't need ou have to be told twice; **je n'ai pas** ~ **de vous rappeler que...** I don't need to ou I needn't remind you that...; **mon agenda a** ~ **d'être mis à jour** my diary *Br* ou agenda *Am* needs updating ou to be updated; **avoir bien** ou **grand** ~ **de qqch** to be in dire need of sthg, to need sthg badly; **un pneu crevé! on en avait bien** ~ ou **on avait bien** ~ **de ça!** *iron* a flat tyre, that's all we needed!; **tu avais bien** ~ **de lui dire!** you WOULD have to go and tell him!, what did you (want to) tell him for?
◆ **au besoin** *loc adv* if necessary, if needs ou need be.
◆ **pour les besoins de** *loc prép*: **pour les** ~s **de la cause** for the purpose in hand.
**bestiaire** [bɛstjɛr] *nm* **-1.** [recueil] bestiary. **-2.** ANTIQ gladiator.
**bestial, e, aux**[1] [bɛstjal, o] *adj* [instinct, acte] bestial, brutish.
**bestialité** [bɛstjalite] *nf* **-1.** [brutalité] bestiality, brutishness. **-2.** [zoophilie] bestiality.
**bestiau, x**[2] [bɛstjo] *nm fam* creature.
◆ **bestiaux** *nmpl* [d'une exploitation] livestock; [bovidés] cattle.
**bestiole** [bɛstjɔl] *nf* [insecte] creature *hum*.
**best-seller** [bɛstselœr] (*pl* **best-sellers**) *nm* best-seller.
**bêta**[1] [bɛta] ◇ *nm inv* [lettre] beta. ◇ *adj inv* GÉOL & ÉLECTRON beta *(modif)*.
**bêta**[2]**, asse** [bɛta, as] *fam* ◇ *adj* [stupide] idiotic, silly, foolish. ◇ *nm, f* [idiot] blockhead, numskull.
**bêtabloquant, e** [bɛtablɔkɑ̃, ɑ̃t] *adj* beta-blocker *(modif)*.
**bétail** [betaj] *nm*: **le** ~ [gén] livestock; [bovins] cattle; **100 têtes de** ~ 100 head of cattle; **traiter les gens comme du** ~ to treat people like cattle ❑ **gros** ~ (big) cattle.
**bétaillère** [betajɛr] *nf* cattle truck *Br*, stock car *Am*.
**bêtasse** [bɛtas] *f* → bêta.
**bête** [bɛt] ◇ *adj* **-1.** [peu intelligent] stupid, idiotic; **il est plus** ~ **que méchant** he's not wicked, just (plain) stupid; **mais non, cela ne me dérange pas, ce que tu peux être** ~! of course you're not putting me out, how silly (can you be ou of you)!; **c'est encore moi qui vais payer, je suis bien** ~, **tiens!** I'll end up paying again, like an idiot!; **mais oui, je me souviens maintenant, suis-je** ~! ah, now I remember, how stupid of me!; **je ne suis pas** ~ **au point de...** I know better than to...; **loin d'être** ~ far from stupid; **pas si** ~, **j'ai pris mes précautions** I took some precautions, since I'm not a complete idiot ❑ **être** ~ **comme ses pieds** ou **comme une cruche** ou **comme une oie** ou **à manger du foin** to be as thick as two short planks *Br*, to be as dumb as the day is long *Am*; **c'est** ~ **à pleurer** it's ridiculously stupid; **je suis** ~ **et discipliné, moi, je fais ce qu'on me dit de faire!** I'm just carrying out orders!**-2.** [regrettable]: **je n'ai pas su le retenir, comme c'est** ~! I didn't know how to keep him, what a pity ou waste!; **c'est** ~ **de ne pas y avoir pensé** it's silly ou stupid not to have thought of it; **ce serait trop** ~ **de laisser passer l'occasion** it would be a pity not to take advantage of the occasion. **-3.** [simple]: **c'est tout** ~, **il suffisait d'y penser!** it's so simple, we should have thought of it before!; **ce n'est pas** ~, **ton idée!** that's quite a good idea you've got there! ❑ **c'est** ~ **comme tout** ou **chou** *fam* it's simplicity itself ou easy as pie ou easy as falling off a log. **-4.** [stupéfait]: **en être** ou **rester tout** ~ to be struck dumb ou dumbfounded.
◇ *nf* **-1.** [animal – gén] animal; [– effrayant] beast; **jeté** ou **livré (en pâture) aux** ~s ANTIQ thrown to the lions ❑ ~ **fauve** [gén] wild animal ou beast; [félin] big cat; ~ **féroce** ou **sauvage** wild animal ou beast; ~ **de charge** beast of burden; **je ne veux pas être la** ~ **de somme du service** I don't want to do all the dirty work in this department; ~ **de trait** draught *Br* ou draft *Am* animal; (**petite**) ~ insect, creature *hum*; ~ **à bon Dieu** ladybird *Br*, ladybug *Am*.**-2.** [personne]: **grosse** ~, **va!** you silly fool!; **c'est une**

bonne ou brave ~ *fam* [généreux] he's a good sort; [dupe] he's a bit of a sucker ❏ ~ à concours *fam* swot *Br* ou grind *Am (who does well at competitive exams)*; ils nous regardaient comme des ~s curieuses they were staring at us as if we'd come from Mars; sa/ma ~ noire his/my bugbear; un ministre qui est la ~ noire des étudiants a minister students love to hate; le latin, c'était ma ~ noire Latin was my pet hate; ~ de scène/télévision great live/television performer; comme une ~: malade comme une ~ sick as a dog; travailler comme une ~ to work like a slave ou dog; s'éclater comme une ~ *fam* to have a great time; faire la ~ à deux dos *arch* ou *hum* to have sex; se payer ou se servir sur la ~ to get one's payment in kind *(by docking it off a man's pay, or by demanding a woman's sexual favours)*. **-3.** RELIG: la ~ de l'Apocalypse the beast of the Apocalypse.

**bêtement** [bɛtmɑ̃] *adv* **-1.** [stupidement] foolishly, stupidly, idiotically. **-2.** [simplement]: tout ~ purely and simply, quite simply.

**Bethléem** [bɛtleɛm] *npr* Bethlehem.

**bêtifiant, e** [betifjɑ̃, ɑ̃t] *adj* idiotic, stupid.

**bêtifier** [9] [betifje] *vi* to talk nonsense.

**bêtise** [betiz] *nf* **-1.** [stupidité] idiocy, foolishness, stupidity; j'ai eu la ~ de ne pas vérifier I was foolish enough not to check; c'est de la ~ d'y aller seul going there alone is sheer stupidity. **-2.** [remarque] silly ou stupid remark; dire une ~ to say something stupid; dire des ~s to talk nonsense. **-3.** [action] stupid thing, piece of foolishness ou idiocy; ne recommencez pas vos ~s don't start your stupid tricks again; faire une ~ to do something silly ou stupid; je viens de faire une grosse ~ I've just done something very silly; tu as fait une ~ en refusant it was stupid ou foolish of you to refuse, you were a fool to refuse. **-4.** [vétille] trifle; on se dispute toujours pour des ~s we're always arguing over trifles ou having petty squabbles. **-5.** CULIN: ~s de Cambrai humbug *Br*, (hard) mint candy *Am*.

**bêtisier** [betizje] *nm* collection of howlers.

**béton** [betɔ̃] *nm* **-1.** CONSTR concrete; ~ armé/précontraint reinforced/prestressed concrete. **-2.** FTBL: faire le ~ to pack the defence.

◆ **en béton** *loc adj* **-1.** CONSTR concrete *(modif)*. **-2.** *fam* [résistant – estomac] cast-iron; [– défense, garantie] watertight, surefire.

**bétonnage** [betɔnaʒ] *nm* **-1.** CONSTR concreting. **-2.** FTBL defensive play.

**bétonner** [3] [betɔne] ◊ *vt* CONSTR to concrete. ◊ *vi* FTBL to pack the defence, to play defensively.

**bétonnière** [betɔnjɛr] *nf* cement mixer.

**bette** [bɛt] *nf* (Swiss) chard.

**betterave** [bɛtrav] *nf* beet; ~ fourragère mangelwurzel; ~ rouge beetroot *Br*, red beet *Am*; ~ sucrière sugar beet.

**beuglante** [bøglɑ̃t] *nf fam* [chanson] song; [cri] yell; pousser une ~ [chanter] to belt out a song; [crier] to give a yell.

**beuglement** [bøgləmɑ̃] *nm* **-1.** [cri – de la vache] moo; [– du taureau] bellow; [– d'une personne] bellow, yell; des ~s [de vache] mooing, lowing; [de taureau] bellowing; [d'une personne] bellowing, yelling, bawling. **-2.** [bruit – de la radio] blaring noise.

**beugler** [5] [bøgle] ◊ *vi* **-1.** [crier – vache] to moo, to low; [– taureau] to bellow; [– chanteur, ivrogne] to bellow, to bawl. **-2.** [être bruyant – radio] to blare. ◊ *vt* [chanson] to bawl ou to bellow out *(sép)*.

**beur** [bœr] *adj fam* born in France of North African parents.
◆ **Beur** *nmf fam* person born in France of North African immigrant parents.

**Beurette** [bœrɛt] *nf fam* young woman born in France with North African immigrant parents.

**beurk** [bœrk] *fam* = berk.

**beurre** [bœr] *nm* **-1.** [de laiterie] butter; au ~ (all) butter *(modif)*; du ~ fondu melted *Br* ou drawn *Am* butter ❏ ~ demi-sel slightly salted butter; ~ laitier dairy butter; ~ à la motte loose butter; ~ salé salted butter; entrer dans qqch comme dans du ~ to slice through sthg like a hot knife through butter; faire son ~ *fam* to make money hand over fist; ça met du ~ dans les épinards *fam* it's a nice little earner; vouloir le ~ et l'argent du ~ to want to have one's cake and eat it (too). **-2.** [sauce, pâte]: ~ d'anchois anchovy paste; ~ d'arachide/de cacao/de muscade peanut/cocoa/nutmeg butter; ~ blanc/noir white/black butter sauce; ~ d'escargot *flavoured butter used in the preparation of snails*.

**beurré, e** [bœre] *adj* **-1.** CULIN: tartine ~e piece of bread and butter. **-2.** ▽ [ivre] plastered, pissed *Br*.
◆ **beurré** *nm* butter-pear, beurré.
◆ **beurrée** *nf* **-1.** ▽ [ivresse]: prendre une ~e to get plastered, to get pissed *Br*. **-2.** *Can* [tartine] piece of bread and butter; [substance] bread and butter (and jam) spread.

**beurrer** [5] [bœre] *vt* [tartine, moule] to butter.
◆ **se beurrer**▽ *vpi* to get plastered, to get pissed *Br*, to get sloshed.

**beurrier, ère** [bœrje, ɛr] *adj* [production] butter *(modif)*; [région] butter-producing.
◆ **beurrier** *nm* [récipient] butter dish.

**beuverie** [bœvri] *nf fam* drinking binge, bender.

**bévue** [bevy] *nf* [gaffe] blunder, gaffe; commettre une ~ to blunder.

**Beyrouth** [berut] *npr* Beirut, Beyrouth; de ~ Beiruti.

**bézef**▽ [bezɛf] = bésef.

**biais, e** [bjɛ, bjɛz] *adj* [oblique] slanting.
◆ **biais** *nm* **-1.** [obliquité] slant. **-2.** COUT [bande] piece (of material) cut on the bias; [sens] bias; travailler dans le ~ to cut on the bias ou cross. **-3.** [moyen] way; elle cherche un ~ pour se faire connaître she is trying to find a way of making herself known; par le ~ de through, via, by means of. **-4.** [aspect] angle; je ne sais pas par quel ~ le prendre I don't know how ou from what angle to approach him. **-5.** [dans des statistiques] bias.
◆ **de biais** *loc adv* [aborder] indirectly, tangentially; regarder qqn de ~ to give sb a sidelong glance.
◆ **en biais** *loc adv* sideways, slantwise, at an angle; regarder qqn en ~ to give sb a sidelong glance; traverser la rue en ~ to cross the street diagonally.

**biaisé, e** [bjeze] *adj* [statistiques, raisonnement] distorted.

**biaiser** [4] [bjeze] *vi* to prevaricate, to equivocate; il va falloir ~ pour avoir des places pour l'opéra we'll have to be a bit clever to get seats for the opera.

**biathlon** [biatlɔ̃] *nm* biathlon.

**bibelot** [biblo] *nm* [précieux] curio, bibelot; [sans valeur] trinket, knick-knack.

**biberon** [bibrɔ̃] *nm* feeding *Br* ou baby *Am* bottle; donner le ~ à un bébé/agneau to bottle-feed a baby/lamb; enfant nourri ou élevé au ~ bottle-fed baby; prendre son ~ to have one's bottle; prendre qqn au ~ to start sb from the earliest possible age.

**biberonner** [3] [bibrɔne] *vi fam* & *hum* to tipple, to booze.

**bibi**[1] [bibi] *nm fam* [chapeau] (woman's) hat.

**bibi**[2] [bibi] *pron fam* & *hum* [moi] yours truly.

**bibine** [bibin] *nf fam*: c'est de la ~ [boisson, bière] it's dishwater; [c'est facile] it's a piece of cake.

**bible** [bibl] *nf* **-1.** RELIG: la Bible the Bible. **-2.** [référence] bible.

**bibliobus** [biblijɔbys] *nm* mobile library *Br*, bookmobile *Am*.

**bibliographie** [biblijɔgrafi] *nf* bibliography.

**bibliographique** [biblijɔgrafik] *adj* bibliographic.

**bibliomanie** [biblijɔmani] *nf* bibliomania.

**bibliophile** [biblijɔfil] *nmf* book-lover, bibliophile.

**bibliothécaire** [biblijɔtekɛr] *nmf* librarian.

**bibliothèque** [biblijɔtɛk] *nf* **-1.** [lieu] library; [meuble] bookcase; ~ municipale public library; la Bibliothèque nationale the French national library; ~ de prêt lending library; ~ universitaire university library ‖ [collection] collection; c'est une ~ ambulante he's a walking encyclopedia; ~ de logiciels software library ❏ la Bibliothèque rose *collection of books for very young children*; la Bibliothèque verte *collection of books for older children*. **-2.** COMM: ~ de gare station bookstall *Br* ou newsstand *Am*.

**biblique** [biblik] *adj* biblical.

**bibliste** [biblist] *nmf* Biblist, Biblicist.

**Bic**® [bik] *nm* ball (point) pen, ≃ Biro® *Br*, ≃ Bic® *Am*.

**bicamérisme** [bikamerism], **bicaméralisme** [bikameralism] *nm* two-chamber (political) system, bicameralism.

**bicarbonate** [bikarbɔnat] *nm* bicarbonate; ~ de soude bicarbonate of soda.

**bicentenaire** [bisɑ̃tnɛr] *adj* & *nm* bicentenary, bicentennial.

**bicéphale** [bisefal] *adj* two-headed, bicephalous.

**biceps** [bisɛps] *nm* biceps; avoir des ~ *fam* to have big biceps.

**biche** [biʃ] *nf* -**1.** ZOOL doe, hind. -**2.** [en appellatif]: ma ~ *fam* my darling.

**bicher**ᵛ [3] [biʃe] *vi* to be tickled pink; *(tournure impersonnelle)*: ça biche? how's it going?, how's things?

**bichette** [biʃɛt] *nf* -**1.** ZOOL young hind ou doe. -**2.** *fam* [en appellatif]: ma ~ my darling ou pet.

**bichonner** [3] [biʃɔne] *vt* [choyer] to pamper, to pet, to mollycoddle *péj*.
◆ **se bichonner** *vp (emploi réfléchi)* [se pomponner] to spruce o.s. up.

**bichromie** [bikrɔmi] *nf* two-colour process.

**bicolore** [bikɔlɔr] *adj* two-coloured *Br*, two-colored *Am*.

**bicoque** [bikɔk] *nf* shack.

**bicorne** [bikɔrn] *nm* cocked ou two-pointed hat.

**bicot** [biko] *nm* -**1.** *fam* [biquet] kid ZOOL. -**2.** ▼ *racist term used to refer to North African Arabs.*

**biculturalisme** [bikyltyralism] *nm* biculturalism.

**bicycle** [bisikl] *nm* -**1.** [à roues inégales] penny-farthing *Br*, ordinary *Am*. -**2.** *Can* bicycle.

**bicyclette** [bisiklɛt] *nf* -**1.** [engin] bicycle; faire de la ~ to ride a bicycle; monter à ~ to ride a bicycle; allons-y à ~ let's cycle, let's go there by bicycle. -**2.** LOISIRS & SPORT: la ~ cycling.

**bidasse** [bidas] *nm fam* [soldat] private.

**bide** [bid] *nm fam* -**1.** [ventre] belly, gut. -**2.** [échec] flop, washout; ça a été ou fait un ~ it was a complete flop ou washout.

**bidet** [bidɛ] *nm* bidet.

**bidoche**ᵛ [bidɔʃ] *nf* meat.

**bidon** [bidɔ̃] ◇ *adj inv fam* phoney. ◇ *nm* -**1.** [récipient] can, tin; ~ de lait milk-churn *Br*, milk can *Am* ‖ MIL water bottle, canteen. -**2.** *fam* [ventre] belly, gut. -**3.** ᵛ [mensonge]: c'est du ~ tout ça that's all baloney.

**bidonnant, e** [bidɔnɑ̃, ɑ̃t] *adj fam* side-splitting, screamingly funny.

**bidonner** [3] [bidɔne]
◆ **se bidonner** *vpi fam* to split one's sides laughing, to laugh one's head off.

**bidonville** [bidɔ̃vil] *nm* shantytown.

**bidouillage** [bidujaʒ] *nm fam* messing around, fiddling, tampering.

**bidouiller** [3] [biduje] *vt fam* [serrure, logiciel] to fiddle (about) with, to tamper with.

**bidule** [bidyl] *nm fam* -**1.** [objet] thingamajig, thingummy *Br*, contraption. -**2.** [personne] whatshisname (*f* whatshername).

**bief** [bjɛf] *nm* [de cours d'eau] reach; [de moulin] race.

**bielle** [bjɛl] *nf* connecting rod.

**biélorusse** [bjelɔrys] *adj* Belorussian, Byelorussian.
◆ **Biélorusse** *nmf* Belorussian, Byelorussian.

**Biélorussie** [bjelɔrysi] *nprf*: (la) ~ Belarussia, Byelorussia.

**bien** [bjɛ̃] ◇ *adv* -**1.** [de façon satisfaisante] well; tout allait ~ everything was going well ou fine; il cuisine ~ he's a good cook; la pièce finit ~ the play has a happy ending; la vis tient ~ the screw is secure ou is in tight; il gagne ~ sa vie he earns a good living; ils vivent ~ they have a comfortable life ❏ faire ~ to look good; ~ prendre qqch to take sthg well; il s'y est bien pris he tackled it well; il s'y est ~ pris pour interviewer le ministre he did a good job of interviewing the minister; vivre ~ qqch to have a positive experience of sthg; tiens-toi ~! [à la rambarde] hold on tight!; [sur la chaise] sit properly!; [à table] behave yourself!; tu tombes ~! you've come at (just) the right time!-**2.** [du point de vue de la santé]: aller ou se porter ~ to feel well ou fine; il se porte plutôt ~! *hum* he doesn't look as if he's starving!-**3.** [moralement: à la raison, à la loi, à la morale] well, decently; ~ agir envers qqn to do the proper ou right ou correct thing by sb; tu as ~ fait you did the right thing, you did right; tu fais ~ de ne plus les voir you're right not to see them any more; tu fais ~ de me le rappeler thank you for reminding me, it's a good thing you reminded me (of it); tu

ferais ~ de partir plus tôt you'd do well to leave earlier; pour ~ faire, nous devrions partir avant 9 h ideally, we should leave before 9; il faudrait lui acheter un cadeau pour ~ faire we really ought to buy her a present. -**4.** [sans malentendu] right, correctly; ai-je ~ entendu ce que tu viens de dire? did I hear you right? -**5.** [avec soin]: écoute-moi ~ listen (to me) carefully; as-tu ~ vérifié? did you check properly?; fais ~ ce que l'on te dit do exactly ou just as you're told; mélangez ~ stir well; soigne-toi ~ take good care of yourself. -**6.** *(suivi d'un adjectif)* [très] really, very; c'est ~ agréable it's really ou very nice; tu es ~ sûr? are you quite certain ou sure?; bois un thé ~ chaud have a nice hot cup of tea ‖ *(suivi d'un adverbe)*: c'était il y a ~ longtemps that was a very long time ago; embrasse-le ~ fort give him a big hug; ~ souvent (very) often; ~ avant/après well before/after; ~ trop tôt far ou much too early. -**7.** *(suivi d'un verbe)* [beaucoup]: on a ~ ri we had a good laugh, we laughed a lot. -**8.** [véritablement]: j'ai ~ cru que... I really thought that...; il a ~ failli se noyer he very nearly drowned; sans ~ se rendre compte de ce qu'il faisait without being fully aware of ou without fully realizing what he was doing. -**9.** [pour renforcer, insister]: qui peut ~ téléphoner à cette heure-ci? who could that be ringing at this hour?; où peut-il ~ être? where on earth is he?; je sais ~ que tu dis la vérité I know very well that you're telling the truth; veux-tu ~ te taire? will you please be quiet?; ce n'est pas lui, mais ~ son associé que j'ai eu au téléphone it wasn't him, but rather his partner I spoke to on the phone; c'est ~ ça that's it ou right; c'est ~ ce que je disais/pensais that's just what I was saying/thinking; c'est ~ le moment d'en parler! *iron* it's hardly the right time to talk about it!; j'ai pourtant ~ entendu frapper I'm sure I heard a knock at the door; je le vois ~ médecin I can (quite) see him as a doctor ❏ tu vas lui dire? — je pense ~! are you going to tell him? — you bet I am!; je vais me plaindre — je comprends ou pense ~! I'm going to complain — I should think so too!; il ne m'aidera pas, tu penses ~! he won't help me, you can be sure of that!; c'est ~ de lui, ça! that's typical of him!, that's just like him!-**10.** [volontiers]: j'irais ~ avec toi I'd really like to go with you; je te dirais ~ quelque chose, mais je suis poli I could say something rude but I won't; je boirais ~ quelque chose I could do with ou I wouldn't mind a drink. -**11.** [au moins] at least. -**12.** [exprimant la supposition, l'éventualité]: tu verras ~ you'll see; ils pourraient ~ refuser they might well refuse; ça se pourrait ~ it's perfectly possible. -**13.** [pourtant]: mais il fallait ~ le lui dire! but he had to be told (all the same)!; il faut ~ le faire it's got to be done. -**14.** ~ de, ~ des [suivi d'un nom] quite a lot of; j'ai eu ~ du souci I've had a lot to worry about; elle a ~ du courage! isn't she brave!, she's got a great deal of courage!; ~ des fois... more than once...; ~ des gens lots of ou quite a lot of ou quite a few people. -**15.** [dans la correspondance]: ~ à toi love; ~ à vous yours.
◇ *adj inv* -**1.** [qui donne satisfaction] good; c'est ~ de s'amuser mais il faut aussi travailler it's all right to have fun but you have to work too; je recule? — non, vous êtes ~ là *fam* shall I move back? — no, you're all right ou OK ou fine like that; qu'est-ce qu'il est ~ dans son dernier film! *fam* he's great ou really good on his new film! ‖ SCOL [sur un devoir] good. -**2.** [esthétique - personne] good-looking, attractive; [- chose] nice, lovely; tu es très ~ en jupe [cela te sied] you look very nice in a skirt; [c'est acceptable pour l'occasion] a skirt is perfectly all right ❏ il est ~ de sa personne he's a good-looking man. -**3.** [convenable - personne] decent, nice; ce serait ~ de lui envoyer un peu d'argent it'd be a good idea to send her some money; ils se sont séparés et c'est ~ comme ça they've split up and it's better that way; ce n'est pas ~ de tirer la langue it's naughty ou it's not nice to stick out your tongue; ce n'est pas ~ de tricher you shouldn't cheat. -**4.** [en forme] well; vous ne vous sentez pas ~? aren't you feeling well?; [mentalement] are you crazy?; il n'est pas ~, celui-là! *fam* he's got a problem, he has! ❏ me/te/nous voilà ~! NOW I'm/you're/we're in a fine mess!-**5.** [à l'aise]: on est ~ ici it's nice here; on est vraiment ~ dans ce fauteuil this armchair is really comfortable; je suis ~ avec toi I like being with you. -**6.** [en bons termes]: être ~ avec qqn to be well in with sb; ils sont ~ ensemble they're happy together; se mettre ~ avec qqn to get in with sb, to get into sb's good books.

◇ *nm* **-1.** PHILOS & RELIG: le ~ good; faire le ~ to do good. **-2.** [ce qui est agréable, avantageux]: c'est pour ton ~ que je dis ça I'm saying this for your own good ou benefit; c'est ton ~ que je veux I only want what's best for you; le ~ commun ou général the common good; c'est pour le ~ de tous/de l'entreprise it's for the common good/the good of the firm; pour le ~ public in the public interest; vouloir du ~ à qqn to wish sb well; dire/penser du ~ de to speak/to think well of; on ne m'a dit que du ~ de votre cuisine I've heard the most flattering things about your cooking; faire du ~: continue à me masser, ça fait du ~ carry on massaging me, it's doing me good; cela fait du ~ de se dégourdir les jambes it's nice to be able to stretch your legs; je me suis cogné l'orteil, ça fait pas du ~! *fam* I bashed my toe, it's quite painful!; faire du ~ ou le plus grand ~ à qqn [médicament, repos] to do sb good, to benefit sb; le dentiste ne m'a pas fait du ~! the dentist really hurt me!; la séparation leur fera le plus grand ~ being apart will do them a lot ou a world of good; grand ~ te/lui fasse! *iron* much good may it do you/him! ❏ ~ m'en a pris it was just as well I did it; ça fait du ~ par où ça passe! *fam* aah, I feel better for that!-**3.** [bienfait] good ou positive thing, benefit; cette décision a été un ~ pour tout le monde the decision was a good thing for all ou everyone concerned. **-4.** [propriété personnelle] possession, (piece ou item of) property; [argent] fortune; mon ~ t'appartient what's mine is yours; ils ont un petit ~ en Ardèche *fam* they have a bit of land in the Ardèche; la jeunesse est un ~ précieux youth is a precious asset; tous mes ~s all my worldly goods, all I'm worth ❏ avoir du ~ au soleil *fam* to be well-off ou rich. **-5.** JUR & ÉCON: ~ foncier ou immeuble ou immobilier property, real estate *Am*; ~ de consommation courante consumer good; ~s de consommation durables consumer durables; ~s meubles ou mobiliers personal property ou estate; ~s d'équipement capital equipment ou goods; ~s privés/publics private/public property.
◇ *interj* **-1.** [indiquant une transition] OK, right (then). **-2.** [marquant l'approbation]: je n'irai pas! — ~, n'en parlons plus! I won't go! — very well ou all right (then), let's drop the subject!; fort ~ fine; ~, ~, on y va all right, all right ou OK, OK, let's go.
◆ **bien entendu** *loc adv* of course.
◆ **bien entendu que** *loc conj* of course; ~ entendu que j'aimerais y aller of course I'd like to go.
◆ **bien que** *loc conj* despite the fact that, although, though; ~ malade, il a tenu à y aller although he was ill, he insisted on going.
◆ **bien sûr** *loc adv* of course.
◆ **bien sûr que** *loc conj* of course; ~ sûr qu'elle n'avait rien compris! of course she hadn't understood a thing!

**bien-aimé, e** [bjɛ̃neme] (*mpl* **bien-aimés**, *fpl* **bien-aimées**) *adj & nm, f* beloved.

**bien-être** [bjɛ̃nɛtr] *nm inv* **-1.** [sensation] well-being. **-2.** [confort matériel] (material) well-being.

**bienfaisance** [bjɛ̃fəzɑ̃s] *nf* [charité] charity.
◆ **de bienfaisance** *loc adj* [bal] charity (*modif*); [association, œuvre] charity (*modif*), charitable.

**bienfaisant, e** [bjɛ̃fəzɑ̃, ɑ̃t] *adj* **-1.** [bénéfique – effet, climat] beneficial, salutary. **-2.** [indulgent – personne] beneficent, kind, kindly.

**bienfait** [bjɛ̃fɛ] *nm* **-1.** *litt* [acte de bonté] kindness. **-2.** [effet salutaire] benefit; les ~s d'un séjour à la montagne the benefits ou beneficial effects of a stay in the mountains; les ~s de la civilisation the advantages ou benefits of civilisation.

**bienfaiteur, trice** [bjɛ̃fɛtœr, tris] *nm, f* benefactor (*f* benefactress); ~ du genre humain great man (*f* woman).

**bien-fondé** [bjɛ̃fɔ̃de] (*pl* **bien-fondés**) *nm* [d'une revendication] rightfulness; [d'un argument] validity; établir le ~ de qqch to substantiate sthg.

**bienheureux, euse** [bjɛ̃nørø, øz] ◇ *adj* **-1.** RELIG blessed. **-2.** [heureux – personne, vie] happy, blissful; [– hasard] fortunate, lucky.
◇ *nm, f* RELIG: les ~ the blessed ou blest.

**biennal, e, aux** [bjenal, o] *adj* biennial.
◆ **biennale** *nf* biennial arts festival.

**bien-pensant, e** [bjɛ̃pɑ̃sɑ̃, ɑ̃t] (*mpl* **bien-pensants**, *fpl* **bien-pensantes**) *péj* ◇ *adj* [conformiste] right-thinking, right-

minded. ◇ *nm, f* right-thinking ou right-minded person.

**bienséance** [bjɛ̃seɑ̃s] *nf* decorum, propriety; les ~s the proprieties.

**bienséant, e** [bjɛ̃seɑ̃, ɑ̃t] *adj* decorous, proper, becoming; il n'est pas ~ d'élever la voix it is unbecoming ou it isn't proper ou it isn't done to raise one's voice.

**bientôt** [bjɛ̃to] *adv* **-1.** [prochainement] soon, before long; à (très) ~! see you soon!; il sera ~ de retour he'll soon be back, he'll be back before long; j'ai ~ fini I've almost finished; il est ~ midi it's nearly midday; c'est pour ~? will it be long?; [naissance] is it ou is the baby due soon?; c'est pas ~ fini ce vacarme? *fam* have you quite finished (making all that racket)? **-2.** *sout* [rapidement] soon, quickly, in no time; cela est ~ dit that's easier said than done.

**bienveillance** [bjɛ̃vejɑ̃s] *nf* **-1.** [qualité] benevolence, kindliness; parler de qqn avec ~ to speak favourably of sb. **-2.** [dans des formules de politesse]: je sollicite de votre ~ un entretien I beg to request an interview.

**bienveillant, e** [bjɛ̃vejɑ̃, ɑ̃t] *adj* [personne] benevolent, kindly; [regard, sourire] kind, kindly, gentle.

**bienvenu, e** [bjɛ̃vny] ◇ *adj* opportune, apposite. ◇ *nm, f*: être le ~ to be welcome; cet argent était vraiment le ~ that money was most welcome.
◆ **bienvenue** *nf* welcome; souhaiter la ~e à qqn to welcome sb; ~e à toi, ami! welcome to you, my friend!
◆ **de bienvenue** *loc adj* [discours] welcoming; [cadeau] welcome (*modif*).

**bière** [bjɛr] *nf* **-1.** [boisson] beer; ~ blonde lager; ~ brune brown ale *Br*, dark beer *Am*; ~ (à la) pression draught *Br* ou draft *Am* beer. **-2.** [cercueil] coffin, casket *Am*; mettre qqn en ~ to place sb in his/her coffin.

**biffer** [3] [bife] *vt* to cross ou to score ou to strike out (*sép*).

**biffure** [bifyr] *nf* crossing out, stroke.

**bifidus** [bifidys] *nm* BIOL bifidus; yaourt au ~ live yoghurt.

**bifocal, e, aux** [bifɔkal, o] *adj* bifocal.

**bifteck** [biftɛk] *nm* **-1.** [tranche] (piece of) steak; un ~ haché a beefburger; défendre/gagner son ~ to look after/to earn one's bread and butter. **-2.** [catégorie de viande] steak; du ~ haché (best) mince *Br*, lean ground beef *Am*.

**bifurcation** [bifyrkasjɔ̃] *nf* **-1.** [intersection] fork, junction, turn-off. **-2.** [changement] change (of course).

**bifurquer** [3] [bifyrke] *vi* **-1.** TRANSP [route] to fork, to branch off, to bifurcate; [conducteur] to turn off; on a alors bifurqué sur Lyon so then we turned off towards Lyons; à gauche to take the left fork, to fork left, to turn left. **-2.** [changer] to branch off (into), to switch; il a bifurqué vers la politique he branched out into politics.

**bigame** [bigam] ◇ *adj* bigamous. ◇ *nmf* bigamist.

**bigamie** [bigami] *nf* bigamy.

**bigarré, e** [bigare] *adj* [vêtement, fleur] variegated, multicoloured, parti-coloured; [foule] colourful.

**bigarreau, x** [bigaro] *nm* bigarreau (cherry).

**bigarrer** [3] [bigare] *vt litt* [colorer] to variegate, to colour in many shades.

**bigarrure** [bigaryr] *nf* variegation, multicoloured effects.

**big(-)bang** [bigbɑg] *nm* FIN & PHYS big bang.

**Bige®** [biʒ] (*abr de* **billet individuel de groupe étudiant**) *adj inv*: billet ~ cut-price student ticket (for travel).

**bigler** [3] [bigle] *fam* ◇ *vi* to squint. ◇ *vt* [regarder] to (take a) squint at, to eye.
◆ **bigler sur** *v* + *prép fam* to eye (with greed).

**bigleux, euse** [biglø, øz] *fam* ◇ *adj* short-sighted. ◇ *nm, f* short-sighted person.

**bigophone** [bigɔfɔn] *nm fam* [téléphone] phone, blower *Br*, horn *Am*; passe-moi un coup de ~ give me a ring *Br* ou buzz.

**bigorneau, x** [bigɔrno] *nm* periwinkle, winkle.

**bigorner**$^\nabla$ [3] [bigɔrne] *vt* [défoncer – moto] to smash up (*sép*).
◆ **se bigorner**$^\nabla$ *vp* (*emploi réciproque*) to scrap, to fight.

**bigot, e** [bigo, ɔt] ◇ *adj* [dévot] sanctimonious, holier-than-thou. ◇ *nm, f* (religious) bigot.

**bigoterie** [bigɔtri] *nf* (religious) bigotry.

**bigouden** [biguden] ◇ *adj* from the Bigouden area (of Brittany). ◇ *nm* Bigouden (woman's) headgear. ◇ *nf* Bigouden woman.

**bigoudi** [bigudi] *nm* curler, roller.

**bigre** [bigr] *interj vieilli* gosh, my.

**bigrement** [bigrəmã] *adv* [très] jolly *Br*, mighty *Am*; il faut être ~ culotté you have to have a hell of a nerve; ça a ~ changé it has changed a heck of a lot.

**biguine** [bigin] *nf* beguine.

**bihebdomadaire** [biɛbdɔmadɛr] *adj* biweekly, semi-weekly.

**bijection** [biʒɛksjɔ̃] *nf* bijection.

**bijou, x** [biʒu] *nm* -**1.** [parure] jewel; ~x de famille family jewels ou jewellery. -**2.** [fleuron] gem. -**3.** *fam* [en appellatif]: bonjour, mon ~ hello precious ou my love.

**bijouterie** [biʒutri] *nf* -**1.** [bijoux] jewels, jewellery. -**2.** [magasin] jeweller's (shop) *Br*, jeweler's (store) *Am*. -**3.** [industrie] jewellery business. -**4.** [technique] jewellery-making.

**bijoutier, ère** [biʒutje, ɛr] *nm, f* jeweller.

**Bikini**® [bikini] *nm* bikini.

**bilabiale** [bilabjal] ◇ *adj f* bilabial. ◇ *nf* bilabial (consonant).

**bilan** [bilã] *nm* -**1.** ÉCON balance sheet, statement of accounts; dresser ou faire le ~ to draw up the balance sheet; porter un article au ~ to put an item into the balance. -**2.** [appréciation] appraisal, assessment; quand on fait le ~ de sa vie when one takes stock of ou when one assesses one's (lifetime) achievements; quel est le ~ de ces discussions? what is the end result of these talks?, what have these talks amounted to?; le ~ définitif fait état de 20 morts the final death toll stands at 20; un ~ économique positif positive economic results. -**3.** MÉD: ~ (de santé) (medical) check-up; se faire faire un ~ (de santé) to have a check-up.

**bilatéral, e, aux** [bilateral, o] *adj* bilateral, two-way.

**bilatéralité** [bilateralite] *nf* bilateralism.

**bilboquet** [bilbɔkɛ] *nm* cup-and-ball game.

**bile** [bil] *nf* -**1.** ANAT bile. -**2.** *fam loc*: décharger ou épancher sa ~ sur qqn to vent one's spleen on sb; se faire de la ~ to fret; te fais pas de ~ don't you fret ou worry.

**biler** [3] [bile]

◆ **se biler** *vpi fam* [s'inquiéter] to fret, to worry o.s. sick.

**bileux, euse** [bilø, øz] *adj fam* easily worried.

**biliaire** [biljɛr] *adj* biliary.

**bilieux, euse** [biljø, øz] *adj* -**1.** [pâle – teint] bilious, sallow, yellowish. -**2.** [colérique – personne, tempérament] testy, irascible.

**bilingue** [bilɛ̃g] ◇ *adj* bilingual. ◇ *nmf* bilingual speaker.

**bilinguisme** [bilɛ̃gɥism] *nm* bilingualism.

**billard** [bijar] *nm* -**1.** [jeu] billiards *(sg)*; faire un ~ to play a game of billiards ❑ ~ américain pool. -**2.** [salle] billiard room *Br*, poolroom *Am*. -**3.** [meuble] billiard *Br* ou pool *Am* table; ~ électrique [jeu] pinball; [machine] pinball machine. -**4.** *fam* [table d'opération]: monter ou passer sur le ~ to be operated (on), to have an operation.

**bille** [bij] *nf* -**1.** JEUX [de verre] marble; placer ses ~s to get o.s. in; reprendre ses ~s to pull out *(of a deal)*; toucher sa ~ en<sup>▽</sup> to be bloody *Br* ou darned *Am* good at ‖ [de billard] ball. -**2.** INDUST & MÉCAN ball. -**3.** *fam* [tête]: avoir une bonne ~ to look a good sort; avoir une ~ de clown to have a funny face. -**4.** [de bois] billet, log (of wood).

◆ **à bille** *loc adj* [crayon, stylo] ball-point *(modif)*; [déodorant] roll-on *(avant n)*.

◆ **bille en tête** *loc adv* straight, straightaway.

**biller** [3] [bije] *vt* to ball-test.

**billet** [bijɛ] *nm* -**1.** LOISIRS & TRANSP ticket; ~ d'avion/de train/de concert/de loterie plane/train/concert/lottery ticket; voyageurs munis de ~s ticket holders; retenez ou réservez les ~s à l'avance book ahead ❑ ~ aller ou simple single ticket *Br*, single *Br*, one-way ticket *Am*; ~ aller-retour return *Br* ou roundtrip *Am* ticket; ~ circulaire day return (ticket) *Br*, roundtrip ticket *Am*; ~ de faveur complimentary ticket. -**2.** FIN: ~ (de banque) note *Br*, banknote *Br*, bill *Am*, bankbill *Am*; ~ à ordre promissory note, note of hand; ~ au porteur bearer bill; le ~ vert the dollar, the US currency; faux ~ forged banknote. -**3.** [message] note; ~ doux ou galant billet doux, love letter; ~ d'humeur PRESSE column. -**4.** MIL: ~ de logement billet. -**5.** *loc*: je te donne ou flanque *fam* ou fiche *fam* mon ~ que tu te trompes I bet my boots ou my

bottom dollar that you're wrong.

**billetterie** [bijɛtri] *nf* -**1.** TRANSP & LOISIRS [opérations] ticket distribution; [guichet] ticket office; ~ automatique ticket machine. -**2.** BANQUE [distributeur] cash dispenser.

**billettiste** [bijɛtist] *nmf* -**1.** [vendeur] ticket seller. -**2.** [journaliste] columnist.

**billevesées** [bijvəze] *nfpl litt* nonsense, twaddle.

**billion** [biljɔ̃] *nm* -**1.** [million de millions] billion *Br*, trillion *Am*. -**2.** *vieilli* [milliard] milliard *Br*, billion *Am*.

**billot** [bijo] *nm* [de bourreau, d'enclume] block; finir ou périr sur le ~ to be beheaded.

**bimbeloterie** [bɛ̃blɔtri] *nf* -**1.** [babioles] knick-knacks. -**2.** [commerce] fancy goods business.

**bimensuel, elle** [bimɑ̃sɥɛl] *adj* twice monthly, fortnightly *Br*, semimonthly *Am*.

◆ **bimensuel** *nm* [revue] fortnightly *Br*, semimonthly *Am*.

**bimestriel, elle** [bimɛstrijɛl] *adj* bimonthly.

◆ **bimestriel** *nm* [revue] bimonthly.

**bimillénaire** [bimilenɛr] *nm* bimillenary.

**bimoteur** [bimɔtœr] ◇ *adj m* twin-engined. ◇ *nm* twin-engined plane ou aircraft.

**binaire** [binɛr] *adj* INF & MATH binary.

**binational, aux** [binasjɔnal, o] *adj* with dual nationality.

**biner** [3] [bine] *vt* to harrow, to hoe.

**binette** [binɛt] *nf* -**1.** AGR hoe. -**2.** *fam* [visage] mug.

**bineuse** [binøz] *nf* cultivator.

**bing** [biŋ] *onomat* thwack, smack.

**biniou** [binju] *nm* (Breton) bagpipes *(pl)*.

**binoclard, e** [binɔklar, ard] *nm, f fam*: c'est une ~e she wears specs *Br*.

**binocle** [binɔkl] *nm* [lorgnon] pince-nez.

◆ **binocles** *nmpl fam* [lunettes] specs *Br*, glasses.

**binoculaire** [binɔkylɛr] *adj* binocular.

**binôme** [binom] *nm* binomial.

**binomial, e, aux** [binɔmjal, o] *adj* binomial.

**bintje** [bintʃ] *nf* bintje potato.

**bio** [bjo] *adj inv* [nourriture, style de vie] organic.

**biocarburant** [bjɔkarbyrɑ̃] *nm* biomass fuel.

**biochimie** [bjɔʃimi] *nf* biochemistry.

**biochimique** [bjɔʃimik] *adj* biochemical.

**biochimiste** [bjɔʃimist] *nmf* biochemist.

**bioclimat** [bjɔklima] *nm* bioclimate.

**biodégradable** [bjɔdegradabl] *adj* biodegradable.

**biodégradation** [bjɔdegradasjɔ̃] *nf* biodegradation.

**biodiversité** [bjɔdiversite] *nf* biodiversity.

**bioénergétique** [bjɔenɛrʒetik] *adj* bioenergetic.

**bioénergie** [bjɔenɛrʒi] *nf* bioenergetics.

**bioéthique** [bjɔetik] *nf* bioethics.

**biogenèse** [bjɔʒənɛz] *nf* biogenesis.

**biographe** [bjɔgraf] *nmf* biographer.

**biographie** [bjɔgrafi] *nf* biography.

**biographique** [bjɔgrafik] *adj* biographical.

**biologie** [bjɔlɔʒi] *nf* biology.

**biologique** [bjɔlɔʒik] *adj* -**1.** BIOL biological. -**2.** [naturel – produit, aliment] natural, organic.

**biologiste** [bjɔlɔʒist] *nmf* biologist.

**biomasse** [bjɔmas] *nf* biomass.

**biomatériau, x** [bjɔmaterjo] *nm* biomaterial.

**biomédical, e, aux** [bjɔmedikal, o] *adj* biomedical.

**biométrie** [bjɔmetri] *nf* biometry, biometrics *(U)*.

**bionique** [bjɔnik] *nf* bionics *(U)*.

**biophysique** [bjɔfizik] *nf* biophysics *(U)*.

**biopsie** [bjɔpsi] *nf* biopsy.

**biorythme** [bjɔritm] *nm* biorhythm.

**biosphère** [bjɔsfɛr] *nf* biosphere.

**biotechnologie** [bjɔtɛknɔlɔʒi], **biotechnique** [bjɔtɛknik] *nf* biotechnology.

**biothérapie** [bjɔterapi] *nf* biotherapy.

**biotique** [bjɔtik] *adj* biotic.

**bioxyde** [bjɔksid] *nm* dioxide.

**bip** [bip] *nm* -**1.** [signal sonore] beep; «parlez après le ~ (sonore)» 'please speak after the beep ou tone'. **-2.** [appareil] pager, beeper.

**bipale** [bipal] *adj* twin-bladed.

**biparti, e** [biparti], **bipartite** [bipartit] *adj* **-1.** BOT bipartite. **-2.** POL bipartite, two-party *(avant n)*.

**bipartisme** [bipartism] *nm* bipartism, two-party system.

**bip-bip** [bipbip] *(pl* **bips-bips)** *nm* bleep, bleeping sound ou tone.

**bipède** [bipɛd] *adj & nm* biped.

**biper** [3] [bipe] *vt* to page.

**biphasé, e** [bifaze] *adj* diphasic, two-phase *(avant n)*.

**biplace** [biplas] ◇ *adj* two-seat *(avant n)*. ◇ *nm* two-seater.

**biplan** [biplɑ̃] *nm* biplane.

**bipolaire** [bipɔlɛr] *adj* bipolar.

**bipolarité** [bipɔlarite] *nf* bipolarity.

**bippeur** [bipœr] *nm* = **bip 2.**

**bique** [bik] *nf* **-1.** ZOOL nanny-goat. **-2.** *fam & péj* [femme]: vieille ~ old bag ou cow.

**biquet, ette** [bikɛ, ɛt] *nm, f* ZOOL kid. **-2.** [en appellatif]: mon ~ *fam* my pet.

**biquotidien, enne** [bikɔtidjɛ̃, ɛn] *adj* twice-daily.

**birbe** [birb] *nm litt & péj*: vieux ~ old fuddy-duddy ou stick-in-the-mud.

**BIRD** [bœrd] *(abr de* **Banque internationale pour la reconstruction et le développement)** *nprf* IBRD.

**biréacteur** [bireaktœr] *nm* twin-engined jet.

**birman, e** [birmɑ̃, an] *adj* Burmese.

◆ **Birman, e** *nm, f* Burmese.

**Birmanie** [birmani] *nprf*: (la) ~ Burma.

**bis¹** [bis] ◇ *adv* **-1.** MUS repeat, twice. **-2.** [dans une adresse]: 13 ~ 13 A. ◇ *interj* [à un spectacle] encore.

**bis², e¹** [bi, biz] *adj* [couleur] greyish-brown.

**bisaïeul, e** [bizajœl] *nm, f* great-grandfather *(f* great-grandmother).

**bisannuel, elle** [bizanɥɛl] *adj* [tous les deux ans] biennial.

**bisbille** [bizbij] *nf fam* tiff.

◆ **en bisbille** *loc adv fam* at loggerheads ou odds.

**biscornu, e** [biskɔrny] *adj* **-1.** [irrégulier – forme] irregular, misshapen. **-2.** [étrange – idée] cranky, queer, weird; [– esprit, raisonnement] twisted, tortuous.

**biscoteaux, biscotos** [biskɔto] *nmpl fam* biceps.

**biscotte** [biskɔt] *nf*: des ~s toasted bread sold in packets and often eaten for breakfast.

**biscuit** [biskɥi] ◇ *nm* **-1.** [gâteau sec] biscuit *Br*, cookie *Am*; ~ à la cuiller ladyfinger, sponge finger; ~ salé savoury biscuit *Br*, cracker *Am*.**-2.** [gâteau]: ~ de Savoie sponge cake. **-3.** [porcelaine] biscuit, bisque. ◇ *adj inv* biscuit-coloured.

**biscuiter** [3] [biskɥite] *vt* INDUST to make into biscuit.

**biscuiterie** [biskɥitri] *nf* **-1.** [usine] biscuit *Br* ou cookie *Am* factory. **-2.** [industrie] biscuit *Br* ou cookie *Am* trade.

**bise²** [biz] ◇ *f →* **bis** *adj*. ◇ *nf* **-1.** GÉOG North ou northerly wind. **-2.** [baiser] kiss; donne-moi ou fais-moi une ~ give me a kiss; se faire la ~ to give one another a kiss; grosses ~s [dans une lettre] love and kisses.

**biseau, x** [bizo] *nm* bevel; en ~ bevelled.

**biseauter** [3] [bizote] *vt* **-1.** [bois, verre] to bevel. **-2.** JEUX: ~ les cartes to mark the cards.

**bisexualité** [bizɛksɥalite] *nf* bisexuality, bisexualism *Am*.

**bisexué, e** [bizɛksɥe] *adj* bisexual.

**bisexuel, elle** [bizɛksɥɛl] *adj* bisexual.

**bismuth** [bismyt] *nm* MÉD & MÉTALL bismuth.

**bison** [bizɔ̃] *nm* **-1.** [d'Amérique] American buffalo ou bison. **-2.** [d'Europe] European bison, wisent.

**Bison Futé** [bizɔ̃fyte] *npr* organization giving details of road conditions, traffic congestion etc.

**bisou** [bizu] *nm fam* kiss; donne-moi ou fais-moi un ~ give me a kiss.

**bisque** [bisk] *nf* bisque; ~ de homard lobster bisque.

**bisquer** [3] [biske] *vi fam* to be riled ou nettled.

**bisse** [bis] *nm Helv* irrigation canal *(in the Valais region)*.

**bissecteur, trice** [bisɛktœr, tris] *adj* bisecting.

◆ **bissectrice** *nf* bisector, bisectrix.

**bisser** [3] [bise] *vt* [suj: spectateur] to encore; [suj: artiste] to do again.

**bissextile** [bisɛkstil] *adj f →* **année**.

**bistouri** [bisturi] *nm* lancet.

**bistre** [bistr] *adj inv & nm* bistre.

**bistré, e** [bistre] *adj* brownish.

**bistrer** [3] [bistre] *vt* to colour with bistre.

**bistro(t)** [bistro] *nm* ≃ café, ≃ pub *Br*, ≃ bar *Am*; *(comme adj inv)*: chaise/table ~ bistrot-style chair/table.

**bit** [bit] *nm* bit COMPUT.

**BIT** *(abr de* **Bureau international du travail)** *nprm* ILO.

**bite▼** [bit] *nf* prick, cock.

**bitte** [bit] *nf* **-1.** NAUT bitt. **-2. ▼** [pénis]= **bite**.

**bitter** [bitœr] *nm* bitters *(pl)*.

**bitture▽** [bityr] *nf*: prendre une ~ to go on a bender, to get plastered.

**bitturer** [3] [bityre]

◆ **se bitturer▽** *vpi* to get plastered.

**bitume** [bitym] *nm* **-1.** MIN bitumen. **-2.** TRAV PUBL asphalt, bitumen. **-3.** *fam* [trottoir] pavement *Br*, sidewalk *Am*; sur le ~ [sans abri] out on the street; [sans ressources] on Skid Row.

**bitumer** [3] [bityme] *vt* to asphalt, to bituminize.

**bitumineux, euse** [bityminø, øz] *adj* bituminous.

**biture▽** [bityr] = **bitture**.

**biturer▽** [bityre] = **bitturer**.

**bivalence** [bivalɑ̃s] *nf* [gén & LOGIQUE] bivalence; CHIM bivalency.

**bivouac** [bivwak] *nm* bivouac.

**bivouaquer** [3] [bivwake] *vi* to bivouac.

**bizarre** [bizar] ◇ *adj* [comportement, personne, idée, ambiance] odd, peculiar, strange; je l'ai trouvé ~ ce matin-là I thought he was behaving oddly that morning; c'est un type vraiment ~ *fam* he's an odd bloke *Br* ou a weirdo; se sentir ~ to feel (a bit) funny. ◇ *nm*: le ~ dans l'histoire, c'est que... what's really strange is that...

**bizarrement** [bizarmɑ̃] *adv* oddly, strangely, peculiarly.

**bizarrerie** [bizarri] *nf* **-1.** [caractère bizarre] strangeness. **-2.** [action bizarre] eccentricity.

**bizarroïde** [bizarɔid] *adj fam* odd, weird, bizarre.

**bizou** [bizu] *fam* = **bisou**.

**bizut** [bizy] *nm arg scol* fresher *Br*, freshman *Am* *(liable to ragging)*.

**bizutage** [bizytaʒ] *nm arg scol* practical jokes played on new arrivals in a school or college, ≃ ragging *Br*, ≃ hazing *Am*.

**bizuter** [3] [bizyte] *vt arg scol* ~ to rag *Br*, ~ to haze *Am*.

**bla-bla(-bla)** [blabla(bla)] *nm inv* blah, claptrap.

**blackboulage** [blakbulaʒ] *nm* blackballing.

**blackbouler** [3] [blakbule] *vt* [candidat] to blackball; il s'est fait ~ à son examen they failed him at his exam.

**black jack** [blak(d)ʒak] *nm* blackjack.

**black-out** [blakaut] *nm inv* blackout.

**blafard, e** [blafar, ard] *adj* pallid, wan *litt*.

**blague** [blag] *nf* **-1.** [histoire] joke; il est toujours à dire des ~s he's always joking. **-2.** [duperie] hoax, wind-up *Br*; c'est une ~? are you kidding?, you can't be serious!; vous allez arrêter, non mais, sans ~! *fam* will you PLEASE give it a rest! ❏ ~ à part kidding ou joking apart, in all seriousness. **-3.** [farce] (practical) joke, trick. **-4.** [maladresse] blunder, boob *Br*, blooper *Am*; [sottise] silly ou stupid thing (to do).

◆ **blague à tabac** *nf* tobacco pouch.

**blaguer** [3] [blage] *fam* ◇ *vi* to joke; j'aime bien ~ I like a joke. ◇ *vt* to tease.

**blagueur, euse** [blagœr, øz] *fam* ◇ *adj* [enfant, expression] joking, teasing. ◇ *nm, f* joker, prankster.

**blair▽** [blɛr] *nm* nose, conk *Br*, schnozz *Am*.

**blaireau, x** [blɛro] *nm* **-1.** ZOOL badger. **-2.** [pour se raser] shaving brush.

**blairer▽** [4] [blɛre] *vt*: personne ne peut le ~ no one can stand ou stick *Br* him.

**blâmable** [blamabl] *adj* blameworthy.

**blâme** [blam] *nm* **-1.** [condamnation] disapproval *(U)*; rejeter le ~ sur qqn to put the blame on sb. **-2.** ADMIN & SCOL reprimand; recevoir un ~ to be reprimanded; **donner un ~ à qqn** to reprimand sb.

**blâmer** [3] [blame] *vt* **-1.** [condamner] to blame; **je ne le blâme pas d'avoir agi ainsi** I don't blame him for having acted that way. **-2.** ADMIN & SCOL [élève, fonctionnaire] to reprimand.

**blanc, blanche** [blɑ̃, blɑ̃ʃ] *adj* **-1.** [couleur] white; **avoir les cheveux ~s** to be white-haired ou snowy-haired *litt*; **que tu es ~!** how pale you look!; **être ~ de peau** to be white-skinned ou pale-skinned; **être ~ de rage** to be white ou livid with rage ❏ **être ~ comme un cachet d'aspirine** ou **un lavabo** *fam* & *hum* [non bronzé] to be completely white; **~ comme un linge** white as a sheet; **~ comme le lis** lily-white; **~ comme neige** *pr* snow-white, (as) white as snow, (as) white as the driven snow; *fig* (as) pure as the driven snow; **le Mont Blanc** Mont Blanc. **-2.** [race] white, Caucasian; [personne] white, white-skinned, Caucasian. **-3.** [vierge] blank; **elle a remis (une) copie blanche** she handed in a blank sheet of paper; **écrire sur du papier ~** to write on plain ou unlined paper; **vote ~** blank vote. **-4.** [examen] mock. **-5.** [innocent] innocent, pure; **il n'est pas sorti tout ~ de l'affaire** he hasn't come out of this business untarnished. **-6.** CULIN [sauce, viande] white. **-7.** [verre] plain. **-8.** LITTÉRAT [vers] blank. **-9.** ACOUST & ÉLECTR white.
◆ **blanc** ◇ *nm* **-1.** [couleur] white; **~ cassé** off-white. **-2.** [matière blanche]: **~ de baleine** spermaceti; **~ de chaux** whitewash; **~ d'Espagne** ou **de Meudon** whiting. **-3.** [cornée]: **~ de l'œil** white of the eye; **regarder qqn dans le ~ de l'œil** to look sb straight in the face ou eye. **-4.** CULIN: **~ de poulet** chicken breast; **~ d'œuf** egg white, white of an egg. **-5.** [linge]: **le ~** house linen; **un magasin de ~** a linen shop; **faire une machine de ~** to do a machine-load of whites. **-6.** [vin] white wine; **un ~ sec** a dry white wine; **un petit ~** *fam* [verre] a (nice) little glass of white wine ❏ **~ de ~s** blanc de blancs (*white wine from white grapes*); **~ cassis** kir (*made with blackcurrant cordial rather than crème de cassis*). **-7.** [espace libre] blank space, blank, space; [dans une conversation] blank. **-8.** BOT mildew. ◇ *adv*: **il a gelé ~ la semaine dernière** there was some white frost last week ❏ **voter ~** to return a blank vote; **un jour il dit ~, l'autre il dit noir** one day he says yes, the next day he says no.
◆ **Blanc, Blanche** *nm, f* **-1.** ANTHR white ou Caucasian man (*f* woman); **les Blancs** White people. **-2.** HIST [en Russie] White Russian; [en France] Bourbon supporter (*in post-revolutionary France*); **les Blancs et les Bleus** Chouan insurgents and Republican soldiers during the French Revolution.
◆ **blanche** *nf* **-1.** MUS minim *Br*, half note *Am*.**-2.** [bille] white (ball). **-3.** ▽ *arg drogue* [héroïne]: **la blanche** smack. **-4.** [eau-de-vie] colourless spirit.
◆ **à blanc** ◇ *loc adj* [cartouche] blank. ◇ *loc adv* **-1.** ARM: **tirer à ~** to fire blanks. **-2.** [à un point extrême]: **chauffer à ~** to make white-hot.
◆ **en blanc** ◇ *loc adj* **-1.** [chèque, procuration] blank. **-2.** [personne]: **une mariée en ~** a bride wearing white ❏ **les hommes en ~** (hospital) doctors. ◇ *loc adv* [peindre, colorer] white; [s'habiller, sortir] in white; **laisser une ligne/page en ~** to leave a line/page blank.

**blanc-bec** [blɑ̃bɛk] (*pl* **blancs-becs**) *nm* greenhorn.

**blanchâtre** [blɑ̃ʃatr] *adj* [mur] offwhite, whitish; [nuage] whitish; [teint] pallid.

**blanche** [blɑ̃ʃ] *f*→ **blanc.**

**Blanche-Neige** [blɑ̃ʃnɛʒ] *npr* Snow White; '**~ et les sept nains**' *Grimm* 'Snow White and the Seven Dwarfs'.

**blancheur** [blɑ̃ʃœr] *nf* **-1.** [couleur] whiteness. **-2.** *litt* [pureté] purity, innocence.

**blanchiment** [blɑ̃ʃimɑ̃] *nm* **-1.** [décoloration, nettoyage – d'un mur] whitewashing; [– d'un tissu] bleaching. **-2.** [de l'argent] laundering. **-3.** HORT (industrial) blanching.

**blanchir** [32] [blɑ̃ʃir] ◇ *vt* **-1.** [couvrir de blanc] to whiten, to turn white; **~ à la chaux** to whitewash || [décolorer] to turn white, to bleach. **-2.** [nettoyer – linge] to launder; **être logé, nourri et blanchi** to get bed and board and to have one's laundry done. **-3.** [innocenter] to exonerate, to clear; **il est sorti complètement blanchi des accusations portées contre lui** he was cleared of the charges laid against him || [argent]: **~ l'argent de la drogue** to launder money made from drug trafficking. **-4.** CULIN to blanch; HORT [légumes, sa-

lade] to blanch (industrially). **-5.** IMPR [texte, page] to space, to space out (*sép*). ◇ *vi* [barbe, cheveux] to turn white.
◆ **se blanchir** *vp* (*emploi réfléchi*) to exonerate o.s., to clear one's name.

**blanchissage** [blɑ̃ʃisaʒ] *nm* **-1.** [nettoyage] laundering; **porter ses draps au ~** to take one's sheets to the laundry. **-2.** [raffinage] refining.

**blanchissement** [blɑ̃ʃismɑ̃] *nm* [nettoyage d'un tissu] cleaning, bleaching; **~ à la chaux** whitewashing.

**blanchisserie** [blɑ̃ʃisri] *nf* laundry; **envoyer ses draps à la ~** to send one's sheets away to be laundered ou cleaned.

**blanchisseur, euse** [blɑ̃ʃisœr, øz] *nm, f* launderer, laundryman (*f* laundrywoman).

**blanc-manger** [blɑ̃mɑ̃ʒe] (*pl* **blancs-mangers**) *nm* almond milk jelly.

**blanc-seing** [blɑ̃sɛ̃] (*pl* **blancs-seings**) *nm* paper signed in blank; **donner son ~ à qqn** *pr* & *fig* to give sb carte blanche.

**blanquette** [blɑ̃kɛt] *nf* **-1.** [vin]: **~ de Limoux** sparkling white wine. **-2.** CULIN blanquette; **~ de veau** blanquette of veal.

**blasé, e** [blaze] ◇ *adj* blasé. ◇ *nm, f* blasé person; **jouer les ~s** to act as if one's seen it all.

**blaser** [3] [blaze] *vt* to make blasé.
◆ **se blaser** *vp i* to become blasé.

**blason** [blazɔ̃] *nm* **-1.** [écu] arms, blazon; **redorer son ~** [ses finances] to restore the family fortune (*by marrying into money*); [son prestige] to polish up one's image. **-2.** [héraldique] heraldry.

**blasphémateur, trice** [blasfematœr, tris] ◇ *adj* [personne] blaspheming; [acte, parole] blasphemous. ◇ *nm, f* blasphemer.

**blasphématoire** [blasfematwar] *adj* blasphemous.

**blasphème** [blasfɛm] ◇ *v* → **blasphémer**. ◇ *nm* blasphemy.

**blasphémer** [18] [blasfeme] ◇ *vi* to blaspheme. ◇ *vt litt*: **~ le nom de Dieu** to take God's name in vain.

**blatérer** [18] [blatere] *vi* [bélier] to bleat; [chameau] to bray.

**blatte** [blat] *nf* cockroach.

**blazer** [blazɛr] *nm* blazer.

**blé** [ble] *nm* **-1.** BOT wheat; **~ noir** buckwheat; **~ en herbe** wheat in the blade; **~s** *litt* [champs] wheatfields. **-2.** ▽ [argent] dosh *Br*, dough *Am*.

**bled** [blɛd] *nm* **-1.** *fam* [petit village] small village; *péj* dump, hole; **un petit ~ paumé** a little place out in the sticks ou the middle of nowhere. **-2.** [en Afrique du Nord]: **le ~** the interior of the country.

**blême** [blɛm] *adj* pale, wan *litt*, ashen-faced; **~ de peur/rage** ashen-faced with fear/rage.

**blêmir** [32] [blemir] *vi* to blanch, to (turn) pale; **~ de peur/rage** to go ashen-faced with fear/rage.

**blêmissement** [blemismɑ̃] *nm* paling, blanching.

**blennorragie** [blenɔraʒi] *nf* blennorrhagia, gonorrhoea.

**blennorrhée** [blenɔre] *nf* blennorrhoea.

**blèse** [blɛz] *v* → **bléser**.

**blèsement** [blɛzmɑ̃] *nm* lisping.

**bléser** [18] [bleze] *vi* to lisp.

**blessant, e** [blesɑ̃, ɑ̃t] *adj* wounding, hurtful; **se montrer ~ envers qqn** to hurt sb's feelings.

**blessé, e** [blese] ◇ *adj* **-1.** [soldat] wounded; [accidenté] injured; **~ au genou** hurt in the knee. **-2.** [vexé – amour-propre, orgueil, personne] hurt. ◇ *nm, f* [victime – d'un accident] injured person; [– d'une agression] wounded person; **les ~s de la route** road casualties; **~ léger/grave** slightly/severely injured person ❏ **grand ~** severely injured person; **~ de guerre** [en service] wounded soldier; [après la guerre] wounded veteran.

**blesser** [4] [blese] *vt* **-1.** [au cours d'un accident] to injure, to hurt; [au cours d'une agression] to injure, to wound; **il a été blessé par balle** he was hit by a bullet, he sustained a bullet-wound; **~ qqn avec un couteau** to inflict a knife-wound on sb; **elle est blessée à la jambe** she has a leg injury, her leg's hurt; **il a été blessé à la guerre** he was wounded in the war, he has a war-wound. **-2.** [partie du corps] to hurt, to make sore. **-3.** [offenser] to offend, to upset; **tes paroles m'ont blessé** I felt hurt by what you said; **~ qqn dans son amour-propre** to hurt sb's pride. **-4.** *litt* [aller contre – conve-

nances, vérité] to offend; [– intérêts] to harm.
◆ **se blesser** *vpi* to injure ou to hurt o.s.; elle s'est blessée au bras she injured ou hurt her arm.

**blessure** [blesyʀ] *nf* -**1.** [lésion] wound, injury; ~ grave/légère/mortelle severe/slight/fatal injury; nettoyer une ~ to clean out a wound. -**2.** [offense] wound; une ~ d'amour-propre a blow to one's pride ou self-esteem.

**blet, ette** [blɛ, blɛt] *adj* mushy, overripe.
◆ **blette** = bette.

**blettir** [32] [bletiʀ] *vi* to become mushy ou overripe.

**blettissement** [bletismɑ̃] *nm*: pour empêcher le ~ des poires to stop pears becoming mushy ou overripe.

**bleu, e** [blø] ◇ *adj* -**1.** [coloré] blue; avoir les yeux ~s to be blue-eyed. -**2.** [meurtri, altéré] blue, bruised; avoir les lèvres ~es [meurtries] to have bruised lips; [de froid, de maladie] to have blue lips; ~ de froid blue with cold. -**3.** *loc*: avoir une peur ~e [nervosité] to be scared witless; [effroi] to have the fright of one's life. -**4.** CULIN very rare. ◇ *nm, f* [gén] newcomer, greenhorn; MIL rookie, raw recruit; SCOL new boy (*f* new girl).
◆ **bleu** *nm* -**1.** [couleur] blue; peindre un mur en ~ to paint a wall blue; admirer le ~ du ciel/de la mer to admire the blueness of the sky/sea; ~ acier steel blue; ~ ardoise slate blue; ~ canard peacock blue; ~ ciel sky blue; ~ cobalt cobalt blue; ~ lavande lavender blue; ~ marine navy blue; ~ de méthylène MÉD methylene blue; ~ outremer ultramarine; ~ pervenche periwinkle blue; ~ de Prusse Prussian blue; ~ roi royal blue; ~ turquoise turquoise; ~ vert blue green; il n'y a vu que du ~ *fam* he didn't notice a thing ou was none the wiser. -**2.** [ecchymose] bruise; se faire un ~ to get a bruise; se faire un ~ à la cuisse to bruise one's thigh; être couvert ou plein de ~s to be black and blue. -**3.** VÊT: ~ (de travail) (worker's) denim overalls; ~ de chauffe boiler suit *Br*, work overalls. -**4.** [fromage] blue cheese. -**5.** HIST soldier of the Republic (*during the French Revolution*). -**6.** [pour la lessive] blue, blueing; passer du linge au ~ to blue laundry.
◆ **bleue** *nf* -**1.** la grande ~e the Mediterranean (sea). -**2.** *loc*: en voir de ~es to go through a lot.
◆ **au bleu** ◇ *loc adj* CULIN: truite au ~ trout au bleu. ◇ *loc adv* CULIN: cuire ou faire un poisson au ~ to cook a fish au bleu.

**bleuâtre** [bløɑtʀ] *adj* bluish, bluey.

**bleuet** [bløɛ] *nm* -**1.** [fleur] cornflower. -**2.** *Can* [fruit] blueberry, huckleberry.

**bleuir** [32] [bløiʀ] ◇ *vi* to turn ou to go blue. ◇ *vt* to turn blue.

**bleuissement** [bløismɑ̃] *nm*: empêcher le ~ des chairs to stop the flesh turning ou going blue.

**bleuté, e** [bløte] *adj* [pétale, aile] blue-tinged; [lentille, verre] blue-tinted.

**blindage** [blɛ̃daʒ] *nm* -**1.** [revêtement] armour plate ou plating; [fait de blinder] armouring. -**2.** ÉLECTR screening, shielding. -**3.** [d'une porte] reinforcing. -**4.** MIN timbering.

**blindé, e** [blɛ̃de] *adj* -**1.** [voiture, tank, train] armoured, armour-clad, armour-plated; [brigade, division] armoured. -**2.** [renforcé – porte, paroi] reinforced. -**3.** *fam* [insensible] hardened. -**4.** ▽ [ivre] plastered, sloshed *Br*.
◆ **blindé** *nm* MIL [véhicule] armoured vehicle; les ~s the armour‖ [soldat] *member of a tank regiment*.

**blinder** [3] [blɛ̃de] *vt* -**1.** [contre les agressions] to armour. -**2.** [renforcer – porte] to reinforce. -**3.** ÉLECTR to shield. -**4.** MIN to timber. -**5.** *fam* [endurcir] to toughen (up), to harden.
◆ **se blinder** *vpi* -**1.** ▽ [s'enivrer] to drink o.s. into a stupor. -**2.** *fam* [s'endurcir] to toughen o.s. up.

**blini** [blini] *nm* blini.

**blizzard** [blizaʀ] *nm* blizzard.

**bloc** [blɔk] *nm* -**1.** [masse – de pierre] block; [– de bois, de béton] block, lump; être tout d'un ~ [en un seul morceau] to be made of a single block; [trapu] to be stockily built; [direct] to be simple and straightforward; [inflexible] to be unyielding. -**2.** [de papier] pad; ~ de bureau/papier desk/writing pad; ~ calendrier tear-off calendar; ~ à en-tête headed notepad. -**3.** INF: ~ de calcul arithmetic unit; ~ de mémoire memory bank. -**4.** [installation] ~ frigorifique refrigeration unit; ~ opératoire [salle] operating theatre; [locaux] surgical unit. -**5.** [maisons] block. -**6.** [ensemble] block; former un ~

[sociétés] to form a grouping; [amis, alliés] to stand together; [composants] to form a single whole; faire ~ to form a block; faire ~ avec/contre qqn to stand (together) with/against sb; le ~ des pays de l'Est ou soviétique HIST the Eastern ou Soviet bloc; le ~ des pays de l'Ouest ou occidental the Western Alliance. -**7.** ÉCON & FIN: ~ monétaire monetary bloc. -**8.** ▽ *arg crime* [prison] nick *Br*, slammer.
◆ **à bloc** *loc adv*: visser une vis à ~ to screw a screw down hard; gonfler un pneu à ~ to blow a tyre right *Br* ou all the way *Am* up ❏ il est gonflé ou remonté à ~ *fam* he's on top form ou full of beans; ne le provoque pas, il est remonté à ~! leave him alone, he's already wound up!
◆ **en bloc** *loc adv* as a whole; j'ai tout rejeté en ~ I rejected it lock, stock and barrel, I rejected the whole thing; condamner une politique en ~ to condemn a policy outright.

**blocage** [blɔkaʒ] *nm* -**1.** [arrêt – des freins] locking, jamming on; [– d'un écrou] tightening (up); SPORT [– de la balle] blocking, trapping. -**2.** ÉCON [des loyers, des tarifs] freeze; ~ des prix et des salaires freeze on wages and prices. -**3.** PSYCH block, blockage; faire un ~ sur qqch to block sthg off.

**blocaille** [blɔkaj] *nf* rubble.

**bloc-cuisine** [blɔkkɥizin] (*pl* **blocs-cuisines**) *nm* kitchen unit.

**bloc-évier** [blɔkevje] (*pl* **blocs-éviers**) *nm* sink unit.

**block** [blɔk] *nm* RAIL block system.

**blockhaus** [blɔkos] *nm* blockhouse; [de petite taille] pillbox.

**bloc-moteur** [blɔkmɔtœr] (*pl* **blocs-moteurs**) *nm* engine block.

**bloc-notes** [blɔknɔt] (*pl* **blocs-notes**) *nm* notepad.

**blocus** [blɔkys] *nm* blockade; le Blocus continental HIST the Continental System.

**blond, e** [blɔ̃, blɔ̃d] ◇ *adj* -**1.** [chevelure] blond, fair; [personne] blond, fair-haired; ~ platine ou platiné platinum blond; ~ ardent ou roux ou vénitien light auburn; ~ cendré ash blond; ~ filasse flaxen-haired; ~ comme les blés golden-haired. -**2.** [jaune pâle] pale yellow, golden, honey-coloured. ◇ *nm, f* blonde, fair-haired man (*f* woman); une ~ incendiaire a bombshell; une ~e oxygénée a peroxide blonde; une ~e platine a platinum blonde.
◆ **blond** *nm* [couleur – des cheveux] blond colour; [– du sable] golden colour; ses cheveux sont d'un ~ très clair she has light blond hair.
◆ **blonde** *nf* -**1.** [cigarette] Virginia cigarette. -**2.** [bière] lager. -**3.** *Can* [amie] girlfriend.

**blondasse** [blɔ̃das] *adj péj* yellowish.

**blondeur** [blɔ̃dœʀ] *nf* fairness, blondness, blondeness.

**blondinet, ette** [blɔ̃dinɛ, ɛt] ◇ *adj* blond-haired, fair-haired. ◇ *nm, f* little blond-haired ou fair-haired child.

**blondir** [32] [blɔ̃diʀ] ◇ *vi* -**1.** [personne, cheveux] to go fairer. -**2.** *lit* [feuille, blé] to turn gold. ◇ *vt*: ~ ses cheveux [à l'eau oxygénée] to bleach one's hair; [par mèches] to put highlights in one's hair.

**bloquer** [3] [blɔke] *vt* -**1.** [caler – table] to wedge, to stop wobbling; bloque la porte [ouverte] wedge the door open; [fermée] wedge the door shut; c'est le tapis qui bloque la porte the carpet's jamming the door; ~ une roue [avec une cale] to put a block under ou to chock a wheel; [avec un sabot de Denver] to clamp a wheel. -**2.** [serrer fort – vis] to screw down hard, to overtighten; [– frein] to jam on, to lock. -**3.** [entraver]: ~ le passage ou la route to block ou to obstruct the way; je suis bloqué à la maison avec un gros rhume I'm stuck at home with a bad cold; les pourparlers sont bloqués the negotiations are at a standstill ou have reached an impasse. -**4.** [empêcher l'accès à – ville, point stratégique] to block, to seal off (*sép*); bloqué par la neige snowbound. -**5.** *fam* [retenir – une personne] to hold up (*sép*). -**6.** ÉCON [loyers, prix, salaires] to freeze; FIN [compte] to freeze; [chèque] to stop; POL [mesure, vote] to block. -**7.** [réunir] to group together; on va ~ les activités sportives le matin we'll have all sports events in the morning. -**8.** PSYCH to cause ou to produce a (mental) block in; ça la bloque she has a mental block about it. -**9.** SPORT: ~ la balle [au basket] to block the ball; [au football] to trap the ball. -**10.** *Can* [échouer à – examen] to fail, to flunk. -**11.** CONSTR to fill (with rubble).
◆ **se bloquer** *vpi* -**1.** [clef] to jam, to stick, to get stuck; [roue] to jam; [machine, mécanisme] to jam, to get stuck; [frein] to jam, to lock. -**2.** [personne – ne pas communiquer] to

close in on o.s.; [– se troubler] to have a mental block; je me bloque quand on me parle sur ce ton my mind goes blank ou I freeze when somebody speaks to me like that.

**blottir** [32] [blɔtir] *vt* **-1.** [poser]: ~ sa tête contre l'épaule de qqn to lay one's head on sb's shoulder. **-2.** *fig*: être blotti: ferme blottie au fond de la vallée farmhouse nestling in the bottom of the valley.
◆ **se blottir** *vpi* to curl ou to cuddle ou to snuggle up.

**blousant, e** [bluzɑ̃, ɑ̃t] *adj* loose, loose-fitting.

**blouse** [bluz] *nf* **-1.** [à l'école] smock formerly worn by French schoolchildren; [pour travailler] overalls; [à l'ancienne, de paysan] smock; [corsage] blouse. **-2.** [d'un médecin] white coat; [d'un chimiste, d'un laborantin] lab coat; les ~s blanches doctors and nurses.

**blouser** [3] [bluze] ◇ *vt* **-1.** *vieilli* [au billard] to pot, to pocket. **-2.** *fam* [tromper] to con, to trick. ◇ *vi* to be loose-fitting, to fit loosely.

**blouson** [bluzɔ̃] *nm* (short) jacket; ~ d'aviateur bomber jacket; les ~s noirs young louts in black leather jackets.

**blue-jean** [bludʒin] (*pl* **blue-jeans**) *nm* (pair of) jeans.

**blues** [bluz] *nm* blues *(sg)*; chanter le ~ to sing the blues.

**bluet** [blyɛ] *nm* cornflower; *Can* blueberry.

**bluff** [blœf] *nm* bluff.

**bluffer** [3] [blœfe] *vt & vi* to bluff.

**bluffeur, euse** [blœfœr, øz] ◇ *adj* bluffing. ◇ *nm, f* bluffer.

**blush** [blœʃ] *nm* blusher.

**blutage** [blyta3] *nm* bolting, boulting.

**BN** *npr f abr de* **Bibliothèque nationale.**

**boa** [bɔa] *nm* **-1.** ZOOL boa; ~ constricteur boa constrictor. **-2.** VÊT boa.

**boat people** [botpipœl] *nm inv* (South East Asian) refugee; les ~ the boat people.

**bob** [bɔb] *nm* **-1.** [chapeau] sun hat. **-2.** = **bobsleigh.**

**bobard** [bɔbar] *nm fam* fib; raconter des ~s to fib, to tell fibs.

**bobèche** [bɔbɛʃ] *nf* [d'un bougeoir] candle ring.

**bobinage** [bɔbina3] *nm* **-1.** [enroulage] winding, reeling. **-2.** ÉLECTR coil.

**bobine** [bɔbin] *nf* **-1.** TEXT bobbin, reel, spool; une ~ de fil a reel of thread. **-2.** ÉLECTR coil. **-3.** CIN & PHOT reel. **-4.** AUT: ~ d'allumage ignition coil. **-5.** *fam* [visage] face, mug.

**bobiner** [3] [bɔbine] *vt* **-1.** COUT & TEXT to reel, to spool, to wind. **-2.** ÉLECTR to coil. **-3.** PÊCHE to reel in *(sép)*.

**bobinette** [bɔbinɛt] *nf arch* wooden latch.

**bobineur, euse** [bɔbinœr, øz] *nm, f* winder, winding operative.
◆ **bobineur** *nm* [d'une machine à coudre] bobbin winder.
◆ **bobineuse** *nf* winding machine, coiler.

**bobo** [bobo] *nm langage enfantin* [égratignure] scratch; [bosse] bump; faire ~ (à qqn) to hurt (sb); se faire ~ to hurt o.s.

**bobonne** [bɔbɔn] *nf fam & péj* wife, old girl ou lady; sa femme, c'est une vraie ~ his wife's the housewife-in-curlers type.

**bobsleigh** [bɔbslɛg] *nm* bobsleigh, bobsled *Am.*

**bocage** [bɔka3] *nm* **-1.** GÉOG bocage *(countryside with small fields and many hedges)*. **-2.** *litt* [bois] copse, coppice, thicket.

**bocager, ère** [bɔka3e, ɛr] *adj*: pays/paysage ~ country/landscape of small fields and hedges.

**bocal, aux** [bɔkal, o] *nm* **-1.** [pour les conserves] jar, bottle; mettre des haricots verts en bocaux to preserve ou to bottle green beans. **-2.** [aquarium] fishbowl, bowl.

**Boccace** [bɔkas] *npr* Boccaccio.

**boche**▽ [bɔʃ] *nmf vieilli & injurieux* Boche; les ~s the Boche.

**Bochiman** [bɔʃimɑ̃] *npr mpl* Bushman, Bushmen.

**bock** [bɔk] *nm* [récipient] ≃ (half-pint) beer glass; [contenu] glass of beer.

**body-building** [bɔdibildiŋ] (*pl* **body-buildings**) *nm*: le ~ body building.

**Boers** [bur] *npr mpl*: les ~ the Boers.

**bœuf** [bœf, *pl* bø] ◇ *nm* **-1.** ZOOL [de trait] ox; [de boucherie] bullock, steer; comme un ~: fort comme un ~ as strong as an ox; saigner comme un ~ to bleed profusely; souffler comme un ~ to wheeze ou to pant (heavily). **-2.** CULIN beef; ~ bourguignon bœuf ou beef bourguignon; ~ gros sel ~ boiled beef and vegetables (with sea salt); ~ (à la) mode

beef à la mode. **-3.** *fam* MUS jam session; faire un ~ to have a jam session, to jam. ◇ *adj inv*: effet ~: elle a fait un effet ~ she made quite a splash.

**bof** [bɔf] *interj term expressing lack of interest or enthusiasm*; tu as aimé le film? — ~! did you like the film? — it was all right I suppose; la ~ génération *in the seventies, the young who didn't seem to be interested in anything.*

**BOF** [bɔf, beoɛf] (*abr de* **Beurre, Œufs, Fromages**) *nm* HIST *name given to black market profiteers during the Occupation of France.*

**Bogota** [bɔgɔta] *npr* Bogota.

**bogue** [bɔg] *nf* BOT chestnut bur.

**bohème** [bɔɛm] ◇ *adj* bohemian; lui, c'est le genre ~ he's the artistic type. ◇ *nmf* bohemian. ◇ *nf*: la ~ the bohemian ou artistic way of life.

**Bohême** [bɔɛm] *npr f*: (la) ~ Bohemia.

**bohémien, enne** [bɔemjɛ̃, ɛn] *adj* Bohemian.
◆ **Bohémien, enne** *nm, f* **-1.** [de Bohême] Bohemian. **-2.** *péj* [nomade] gipsy, traveller.

**boille** [bwaj] = **bouille 2.**

**boire**[1] [bwar] *nm*: il en oublie ou perd le ~ et le manger he's becoming totally distracted.

**boire**[2] [108] [bwar] ◇ *vt* **-1.** [avaler] to drink; ~ un coup *fam* ou pot *fam* ou verre to have a drink ou jar *Br*; elle a tout bu d'un coup she gulped it all down; ~ un coup de trop to have one too many; commander ou demander quelque chose à ~ to order a drink || *(en usage absolu)*: il buvait à petits coups he was sipping his drink ❑ ça se boit comme du petit-lait it goes down a treat *Br* ou like silk *Am*; ~ du lait ou du petit-lait to lap it up; ~ les paroles de qqn: il buvait ses paroles he was lapping up everything she said; ~ la tasse *fam* [en nageant] to swallow water; [perdre de l'argent] to lose a lot of money; [faire faillite] to go under. **-2.** [absorber] to absorb, to soak up *(sép)*.
◇ *vi* **-1.** [s'hydrater] to drink, to take in a liquid; fais-le ~ [malade, enfant, animal] give him a drink ou something to drink; s'arrêter pour faire ~ les chevaux to stop and water the horses ❑ il y a à ~ et à manger là-dedans [dans un verre] there are bits floating in the glass; *fig* it's a bit of a mixed bag; ~ jusqu'à plus soif to drink one's fill. **-2.** [pour fêter un événement]: ~ à to toast; nous buvons à ta santé we're drinking to ou toasting your health. **-3.** [alcoolique] to drink; il boit trop he has a drink problem; il a toujours aimé ~ he's always enjoyed a drink ❑ ~ comme une éponge ou un tonneau ou un trou *fam* to drink like a fish.
◆ **se boire** *vp (emploi passif)*: se boit frais/chambré should be drunk chilled/at room temperature.

**bois** [bwa] *nm* **-1.** [de grands arbres] wood, wooded area; [de jeunes ou petits arbres] thicket, copse, coppice; [d'arbres plantés] grove; un ~ de pins a pine grove. **-2.** [matière] wood *(U)*; en ~ wooden ❑ ~ à brûler ou de chauffage firewood; ~ blanc whitewood; ~ de charpente timber; ~ debout standing timber; ~ d'ébène *pr* ebony; *fig* black gold; ~ des îles tropical hardwood; ~ de rose rosewood; ~ mort deadwood; petit ~ kindling; il est du ~ dont on fait les flûtes he's very easy-going; il est du ~ dont on fait les héros he's got the stuff of heroes; faire feu ou flèche de tout ~ to use all available means; touchons ou je touche du ~ touch wood; je vais leur montrer de quel ~ je me chauffe! *fam* I'll show them what I'm made of! **-3.** [d'une raquette] frame; [d'un club de golf] wood; faire un ~ *fam* [au tennis] to hit the ball off the wood; ~ de lit bedstead. **-4.** BX-ARTS: ~ (gravé) woodcut.
◆ **bois** *nmpl* ZOOL antlers; FTBL goalposts; MUS woodwind section ou instruments.
◆ **de bois** *loc adj* **-1.** [charpente, jouet, meuble] wooden. **-2.** [impassible]: je ne suis pas de ~ I'm only human.

**boisage** [bwaza3] *nm* MIN [action] timbering; [soutènement] timber work.

**boisé, e** [bwaze] *adj* **-1.** [région, terrain] wooded, woody. **-2.** CONSTR panelled.

**boisement** [bwazmɑ̃] *nm* afforestation.

**boiser** [3] [bwaze] *vt* **-1.** AGR to afforest. **-2.** MIN to timber. **-3.** CONSTR to panel.

**boiserie** [bwazri] *nf* piece of decorative woodwork; des ~s panelling.

**boisseau, x** [bwaso] *nm* [mesure] bushel; garder ou mettre ou tenir qqch sous le ~ to keep sthg hidden ou a secret.

**boisson** [bwasõ] *nf* **-1.** [liquide à boire] drink; la consommation de ~s alcoolisées est interdite dans l'enceinte du stade drinking alcohol is forbidden inside the stadium. **-2.** [alcool]: la ~ drink, drinking.

**boîte** [bwat] *nf* **-1.** [récipient – à couvercle, à fente] box; ~ d'allumettes box of matches; ~ à idées suggestions box; ~ à ordures dustbin *Br*, trash can *Am*; ~ à outils tool box, toolkit; ~ à ouvrage sewing box; et toi, ~ à malice? *fam* what about you, you clever little monkey?; ~ de Pandore Pandora's box. **-2.** [pour aliments]: ~ (de conserve) tin *Br*, can. **-3.** [contenu – d'un récipient à couvercle, à fente] box, boxful; [– d'une conserve] tinful *Br*, canful. **-4.** [pour le courrier]: ~ (à ou aux lettres) [dans la rue] pillar box *Br*, mailbox *Am*; [chez soi] letterbox *Br*, mailbox *Am*; mettre qqch à la ~ to post *Br* ou to mail *Am* sthg; servir de ~ aux lettres to be a go-between; ~ postale post box; ~ aux lettres (électronique) INF electronic mailbox. **-5.** AÉRON & AUT: ~ noire black box. **-6.** *fam* [discothèque] (night) club; ~ de jazz jazz club. **-7.** *fam* [lieu de travail] office; ~ d'intérim temping agency; j'ai changé de ~ I got a job with a new firm; renvoyé de sa ~ fired ‖ SCOL school; ~ à bachot *péj* crammer *Br*. **-8.** ANAT: ~ crânienne cranium. **-9.** AUT: ~ à gants glove compartment; ~ de vitesses gearbox. **-10.** MUS: ~ à musique musical box; ~ à rythmes drum machine. ◆ **en boîte** ◇ *loc adj* tinned, canned. ◇ *loc adv* **-1.** INDUST & CULIN: mettre des fruits en ~ to preserve ou to tin fruit. **-2.** *fam loc*: mettre qqn en ~ to wind sb up *Br*, to pull sb's leg.

**boitement** [bwatmã] *nm* limp, limping.

**boiter** [3] [bwate] *vi* **-1.** [en marchant] to limp, to be lame; ~ du pied droit ou de la jambe droite to have a game ou lame right leg. **-2.** [être bancal – chaise, table] to wobble, to be rickety. **-3.** [être imparfait – projet, raisonnement] to be shaky.

**boiteux, euse** [bwatø, øz] ◇ *adj* **-1.** [cheval, personne] lame; [meuble, table] rickety; il est ~ he walks with a limp, he limps. **-2.** [imparfait – paix, alliance] fragile, brittle, shaky; [– comparaison, raisonnement] unsound, shaky. ◇ *nm, f* lame man (*f* woman).

**boîtier** [bwatje] *nm* **-1.** [gén] case, casing; [d'une lampe de poche] battery compartment; ~ de montre watchcase. **-2.** PHOT camera body.

**boitillant, e** [bwatijã, ãt] *adj* hobbling.

**boitillement** [bwatijmã] *nm* slight limp, hobble.

**boitiller** [3] [bwatije] *vi* to limp slightly, to be slightly lame, to hobble; elle est rentrée/sortie en boitillant she hobbled in/out.

**boit-sans-soif** [bwasãswaf] *nmf inv fam* drunk, lush *Am*.

**boivent** [bwav] *v* → **boire**.

**bol** [bɔl] *nm* **-1.** [récipient] bowl; le Bol d'or French motorcycle racing trophy. **-2.** [contenu] bowl, bowlful; prendre un ~ d'air [se promener] to (go and) get some fresh air; [changer d'environnement] to get a change of air. **-3.** *fam* [chance] luck; avoir du ~ to be a lucky devil. **-4.** *vieilli* [pilule] bolus. ◆ **au bol** *loc adj* [coupe de cheveux] pudding-bowl *(modif) Br*, bowl *(modif) Am*. ◆ **bol alimentaire** *nm* bolus.

**bolchevik, bolchevique** [bɔlʃəvik] *adj & nmf* Bolshevik, Bolshevist.

**bolchevisme** [bɔlʃəvism] *nm* Bolshevism.

**bolduc** [bɔldyk] *nm type of flat linen or cotton ribbon.*

**bolée** [bɔle] *nf*: ~ de cidre bowl ou bowlful of cider (*in N.W. France, cider is often served in bowls*).

**boléro** [bɔlero] *nm* bolero.

**bolet** [bɔlɛ] *nm* boletus.

**bolide** [bɔlid] *nm* fast (racing) car; entrer dans une/sortir d'une pièce comme un ~ to hurtle into a/out of a room.

**bolivar** [bɔlivar] *nm* bolivar.

**Bolivie** [bɔlivi] *nprf*: (la) ~ Bolivia.

**bolivien, enne** [bɔlivjɛ̃, ɛn] *adj* Bolivian. ◆ **Bolivien, enne** *nm, f* Bolivian.

**bombage** [bɔ̃baʒ] *nm* spray-painting.

**bombance** [bɔ̃bãs] *nf* feast; faire ~ to feast.

**bombarde** [bɔ̃bard] *nf* **-1.** MUS [jeu d'orgues] bombarde, bombardon; [de Bretagne] shawm. **-2.** ARM bombarde.

**bombardement** [bɔ̃bardəmã] *nm* **-1.** MIL [avec des obus] shelling; [avec des bombes] bombing *(U)*; ~ aérien aerial attack; [raid] air raid; les ~s aériens [sur Londres] the Blitz. **-2.** [lancement de projectiles] showering, pelting.

**bombarder** [3] [bɔ̃barde] *vt* **-1.** MIL [avec des obus] to shell; [avec des bombes] to bomb. **-2.** [avec des projectiles] to shower, to pelt; PHYS to bombard; ~ qqn de questions *fig* to bombard sb with questions. **-3.** *(suivi d'un nom) fam* [promouvoir]: il a été bombardé responsable du projet he found himself catapulted into the position of project leader.

**bombardier** [bɔ̃bardje] *nm* **-1.** AÉRON & MIL [avion] bomber; [pilote] bombardier. **-2.** ENTOM bombardier (beetle).

**Bombay** [bɔ̃bɛ] *npr* Bombay.

**bombe** [bɔ̃b] *nf* **-1.** MIL & NUCL bomb; ~ A ou atomique atom ou atomic bomb; la ~ atomique the Bomb; ~ à billes/fragmentation/neutrons cluster/fragmentation/ neutron bomb; ~ H H bomb; ~ à hydrogène hydrogen bomb; ~ incendiaire firebomb; ~ à retardement *pr & fig* time bomb; arriver comme une ~ to come like a bolt out of the blue. **-2.** [flacon] spray; ~ insecticide fly *Br* ou bug *Am* spray. **-3.** ÉQUIT riding hat ou cap. **-4.** CULIN: ~ glacée bombe. **-5.** MÉD: ~ au cobalt cobalt therapy unit. **-6.** *fam* [fête] feast, spree; faire la ~ to whoop it up, to have a riotous old time.

**bombé, e** [bɔ̃be] *adj* **-1.** [renflé – paroi] bulging; [– front] bulging, domed; [– poitrine, torse] thrown out, stuck out; [– forme] rounded. **-2.** TRAV PUBL cambered.

**bombement** [bɔ̃bmã] *nm* **-1.** [renflement] bulge. **-2.** TRAV PUBL camber.

**bomber** [3] [bɔ̃be] ◇ *vt* **-1.** TRAV PUBL to camber. **-2.** [gonfler]: ~ le torse *pr* to stick out one's chest; *fig* to swagger about. **-3.** [slogan] to spray, to spray-paint. ◇ *vi* **-1.** [route] to camber. **-2.** *fam* [se dépêcher] to belt along.

**bôme** [bom] *nf* boom NAUT.

**bon, bonne[1]** [bõ, *devant nm commençant par voyelle ou h muet* bɔn, bɔn] ◇ *adj* **A.** QUI CONVIENT, QUI DONNE SATISFACTION **-1.** [en qualité – film, récolte, résultat, connaissance] good; viande de bonne qualité good-quality meat; de bonnes notes SCOL good ou high marks *Br* ou grades *Am*. **-2.** [qui remplit bien sa fonction – matelas, siège, chaussures] good, comfortable; [– éclairage, hygiène] good, adequate; [– freins] good, reliable; [– cœur, veines, charpente, gestion, investissement] good, sound; de bonnes jambes a strong pair of legs; une bonne vue, de ~s yeux good eyesight ‖ SPORT (au tennis) good. **-3.** [qui n'est pas périmé – nourriture] good; [– document, titre de transport] valid; le lait n'est plus ~ the milk's gone off *Br* ou has turned; l'eau du robinet n'est pas bonne the water from the tap isn't drinkable ou isn't fit to drink; l'ampoule n'est plus bonne the bulb's gone; la colle n'est plus bonne the glue isn't usable any more. **-4.** [compétent – acteur, conducteur, comptable] good; [– politique] fine, good; en ~ professeur, il me reprend lorsque je fais des fautes he corrects my mistakes, as any good teacher would; être/ ne pas être ~ en musique to be good/bad at music; ~s clients our good ou regular customers. **-5.** ~ à [digne de]: les poires/piles sont bonnes à jeter the pears/batteries can go straight in the bin *Br* ou trash can *Am*; la table est tout juste bonne à faire du petit bois the table is just about good enough for firewood; tu n'es ~ qu'à critiquer! all you ever do is criticize!; il y a un restaurant là-bas — c'est ~ à savoir there's a restaurant there — that's worth knowing ou that's good to know ❏ à quoi ~? what for?; je pourrais lui écrire, mais à quoi ~? I could write to her but what would be the point?. **-6.** ~ pour [condamné à]: il est ~ pour 15 ans (de prison) he's going to get 15 years in prison; je suis bonne pour recommencer I'll have to do it (all over) again; ~ pour le service MIL fit for (national) service; on est ~s pour une amende *fam* we're in for a fine. **B.** PLAISANT **-1.** [pour les sens] good, nice; viens te baigner, l'eau est bonne! come for a swim, the water's lovely and warm! **-2.** [atmosphère, compagnie, semaine] good, nice, pleasant; c'est si ~ de ne rien faire! it feels so good to be doing nothing!; bonne (et heureuse) année! happy new year!; bonne chance! good luck!; bonne journée! have a nice day!; passe une bonne soirée enjoy yourself (tonight) ‖ *(en intensif)*: un ~ grog bien chaud a nice hot toddy; les bonnes vieilles méthodes the good old methods ❏ elle est

bien bonne celle-là! that's a good one (that)!; *iron* that's a bit much!; ~ temps: prendre ou se donner ou se payer du ~ temps to have fun, to have a great ou good time; le ~ vieux temps the good old days. **-3.** [favorable, optimiste – prévisions, présage] good, favourable; [– nouvelle] good.
**C.** JUSTE, ADÉQUAT **-1.** [correct – numéro de téléphone] right; [– réponse, solution] correct, right. **-2.** [opportun] right, convenient, appropriate; ayez le ~ geste [en sauvetage] do the right thing; [honnête] do the decent thing; tout lui est ~ pour se faire remarquer she'll stop at nothing to attract attention; elle n'a pas jugé ~ de s'excuser she didn't find that she needed to ou she didn't see fit to apologize; juger ou trouver ~ que to think it appropriate ou fitting that; il serait ~ de préciser l'heure de la réunion it would be a good thing ou idea to give the time of the meeting; il serait ~ que tu te fasses oublier you'd do well to keep ou you'd better keep a low profile ❏ comme/où/quand/si ~ vous semble as/wherever/whenever/if you see fit. **-3.** [bénéfique, salutaire] good, beneficial; ~ pour la santé good for you, good for your health. **-4.** *fam loc*: c'est ~! [c'est juste] that's right!; [ça suffit] that'll do!; [c'est d'accord] OK!
**D.** MORALEMENT **-1.** [décent, honnête – conduite] good, proper; [– influence, mœurs] good; avoir de bonnes lectures to read the right kind of books; ils n'ont pas bonne réputation they don't have much of a reputation. **-2.** [bienveillant, amical – personne] good, kind, kindly; [– sourire] kind, warm; Dieu est ~ RELIG God is merciful; avoir une bonne tête ou bouille to have a nice ou a friendly face; je suis déjà bien ~ de te prêter ma voiture! it's kind ou decent enough of me to lend you my car as it is! ❏ ~ cœur: avoir ~ cœur to be kind-hearted; de ~ cœur willingly; tenez, prenez, c'est de ~ cœur please have it, I'd love you to; à votre ~ cœur, Messieurs-Dames, à vot' ~ cœur M'sieurs-Dames spare a penny, ladies and gents?; le Bon Dieu the (good) Lord. **-3.** [brave] good; c'est une bonne petite she's a nice ou good girl; et en plus ils boivent, mon ~ Monsieur! and what's more they drink, my dear man!
**E.** EN INTENSIF **-1.** [grand, gros] good; une bonne averse a heavy shower (of rain); elle fait un ~ 42 she's a 42 or a 44, she's a large 42. **-2.** [fort, violent] un ~ coup [heurt] a hefty ou full blow; une bonne fessée a good ou sound spanking; pleurer un ~ coup *fam* to have a good cry; en prendre un ~ coup *fam* to get a real hammering. **-3.** [complet, exemplaire] good; le mur a besoin d'un ~ lessivage the wall needs a good scrub; arriver ou être ~ deuxième to finish a strong second; arriver ou être ~ dernier to bring up the rear ❏ une bonne fois pour toutes once and for all.
◇ *nm, f* **-1.** [personne vertueuse] good person. **-2.** [personne idéale, chose souhaitée] right one; je crois que c'est enfin le ~ *fam* [lors d'un recrutement] I think we've got our man at last; [lors d'une rencontre amoureuse] I think it's Mister Right at last. **-3.** [personne, chose de qualité]: c'est un ~/une bonne! he's/she's good! **-4.** [par affection]: mon ~ [à un jeune homme] my dear boy; [à un homme mûr] my dear man; ma bonne [à une jeune femme] my dear girl; [à une femme mûre] my dear.
◆ **bon** ◇ *nm* **-1.** [dans les films] goody, goodie; les ~s et les méchants the goodies and the baddies, the good guys and the bad guys. **-2.** [chose de qualité]: n'acheter que du ~ to buy only good quality ❏ il y a du ~ dans votre dissertation there are some good points in your essay; avoir du ~ to have something good about it. **-3.** [ce qui est moral]: le ~ good. **-4.** [ce qui est bénéfique]: le ~ de l'histoire, c'est que... the funniest ou best part of the story is that... **-5.** [coupon] form, slip, chit; ~ de caisse cash voucher; ~ de commande order form; ~ de garantie guarantee; ~ de livraison delivery slip; ~ de réduction discount coupon. **-6.** FIN: ~ du Trésor treasury bill. ◇ *adv* **-1.** MÉTÉO: faire ~: il fait ~ ici it's nice and warm here. **-2.** *(suivi d'un infinitif)*: il ne faisait pas ~ ~ être communiste alors it wasn't advisable to be a communist in those days. ◇ *interj* **-1.** [marque une transition] right, so, well now. **-2.** [en réponse] right, OK, fine.
◆ **bon à rien, bonne à rien** ◇ *loc adj* **-1.** [inutile]: je suis trop vieux, je ne suis plus ~ à rien I'm too old, I'm useless ou no good now. **-2.** [incompétent] useless, hopeless. ◇ *nm, f* [personne sans valeur] good-for-nothing; [personne incompétente] useless individual.
◆ **bonne femme** ◇ *nf fam* **-1.** [femme] woman. **-2.** [épouse] wife. ◇ *loc adj* **-1.** CULIN *cooking term used in the names of sim-*

ple country dishes. **-2.** COUT: des rideaux bonne femme *old-fashioned curtains with tie-backs and frilled edges*.
**bonapartisme** [bɔnapartism] *nm* Bonapartism.
**bonapartiste** [bɔnapartist] *adj & nmf* Bonapartist.
**bonasse** [bɔnas] *adj péj* easy-going, soft.
**bonbon** [bɔ̃bɔ̃] *nm* sweet *Br*, candy *Am*; ~ acidulé acid drop.
**bonbonne** [bɔ̃bɔn] *nf* [pour le vin] demijohn; [pour des produits chimiques] carboy.
**bonbonnière** [bɔ̃bɔnjɛr] *nf* **-1.** [boîte] sweet *Br* ou candy *Am* box. **-2.** [appartement] bijou flat *Br* ou apartment *Am*.
**bond** [bɔ̃] *nm* **-1.** [d'une balle] bounce; prendre ou saisir une remarque au ~ to pounce on a remark ❏ prendre ou saisir la balle au ~ *pr* to catch the ball on the bounce ou rebound; *fig* to seize the opportunity. **-2.** [saut] jump, leap; faire un ~ [d'effroi, de surprise] to leap up; faire des ~s *pr* to jump up and down; *fig* to go up and down; faire un ~ en avant [économie] to boom; [prix, loyer] to soar; [recherche] to leap forward; ne faire qu'un ~ jusqu'à chez vous quand j'ai su la nouvelle I rushed to your place when I heard the news; se lever d'un ~ to leap up; avancer ou progresser par ~s to progress in leaps and bounds. **-3.** SPORT jump. **-4.** *loc*: faire faux ~ à qqn [ne pas se présenter] to leave sb high and dry; [décevoir] to let sb down.
**bonde** [bɔ̃d] *nf* **-1.** [ouverture – d'un bassin] sluice gate; [– d'un tonneau] bunghole; [– d'un lavabo] plughole. **-2.** [bouchon – d'un tonneau] bung, stopper; [– d'un lavabo] plug.
**bondé, e** [bɔ̃de] *adj* packed, jam-packed.
**bondieuserie** [bɔ̃djøzri] *nf* **-1.** [objet] religious trinket; des ~s religious knick-knacks. **-2.** [bigoterie] religiosity.
**bondir** [32] [bɔ̃dir] *vi* **-1.** [sauter] to bounce, to bound, to leap (up); ~ de: ~ de joie to leap for joy; ~ sur [pour importuner, semoncer] to pounce on; faire ~: ça va le faire ~ [d'indignation, de colère] he'll hit the roof, he'll go mad. **-2.** [courir] to dash, to rush; quand il a appris l'accident, il a bondi jusqu'à l'hôpital/chez elle when he heard about the accident, he rushed (over) to the hospital/her place.
**bondissement** [bɔ̃dismɑ̃] *nm litt* [d'un poulain] bouncing, bounding; [d'un agneau] gambolling.
**bon enfant** [bɔnɑ̃fɑ̃] *adj inv* [caractère] good-natured, easygoing; [atmosphère] relaxed, informal.
**bonheur** [bɔnœr] *nm* **-1.** [chance] luck; par ~ fortunately, luckily; connaître son ~: je ne connais pas ton ~! you don't know when you're lucky ou how lucky you are!; porter ~ à qqn to bring sb luck. **-2.** [contentement] happiness, bliss; faire le ~ de qqn [le contenter] to make sb happy, to bring sb happiness; trouver le ~ to find happiness; trouver son ~: as-tu trouvé ton ~? did you find what you were looking for?
◆ **au petit bonheur (la chance)** *loc adv* haphazardly.
**bonheur-du-jour** [bɔnœrdyʒur] *(pl* bonheurs-du-jour*) nm* escritoire, writing table.
**bonhomie** [bɔnɔmi] *nf* geniality, bonhomie.
**bonhomme** [bɔnɔm] *(pl* bonshommes [bɔ̃zɔm]*) fam* ◇ *nm* **-1.** [homme] chap. **-2.** [partenaire] old man, fellow *vieilli*; [garçon] little chap ou lad; allez viens, mon petit ~ come along, little man. **-3.** [figure] man; ~ de neige snowman. **-4.** *loc*: aller ou continuer son petit ~ de chemin to go ou to carry on at one's own pace. ◇ *adj* [air, caractère] good-natured, good-tempered; [atmosphère] relaxed, informal.
**boni** [bɔni] *nm* **-1.** [bénéfice] profit; faire un ou du ~ to make a profit. **-2.** [bonus] bonus. **-3.** [prime] bonus.
**boniche** [bɔniʃ] *fam & péj =* bonniche.
**bonification** [bɔnifikasjɔ̃] *nf* **-1.** AGR improvement. **-2.** SPORT [avantage] advantage, extra points. **-3.** [somme allouée] profit. **-4.** [rabais] discount, reduction. **-5.** ÉCON: ~ d'intérêts interest relief.
**bonifier** [9] [bɔnifje] *vt* **-1.** AGR to improve. **-2.** [adoucir – caractère] to improve, to mellow. **-3.** [payer] to pay as a bonus. **-4.** ÉCON to credit.
◆ **se bonifier** *vpi* [caractère] to mellow, to improve.
**boniment** [bɔnimɑ̃] *nm* **-1.** COMM sales talk ou patter; faire le ~ to deliver the sales patter ou spiel; faire du ~ à *fam* to sweet-talk, to soft-soap. **-2.** *fam* [mensonge] tall story; arrête tes ~s stop fibbing.
**bonimenteur, euse** [bɔnimɑ̃tœr, øz] *nm, f péj* [menteur]

smooth talker.

**bonjour** [bɔʒur] *nm* **-1.** [salutation – gén] hello; [– le matin] good morning; [– l'après-midi] good afternoon; **vous lui donnerez le ~ ou vous lui direz ~ de ma part** say hello for me; **vous avez le ~ de Martin** Martin sends his love; **bien le ~ chez vous** regards to everybody (back home). **-2.** *fam* [exprime la difficulté]: **pour le faire aller à l'école, ~! no way** can you get him to go to school!; **je n'ai pas fait de gym depuis un mois, ~ les courbatures!** I haven't done any exercise for a month, I'm going to ache, let me tell you!

**Bonn** [bɔn] *npr* Bonn.

**bonne²** [bɔn] ◇ *f* → **bon.** ◇ *nf* **-1.** [domestique] maid; **~ d'enfants** nanny *Br*, child's nurse *Am*; **~ à tout faire** servant. **-2.** *fam* [chose plaisante]: **il m'en a dit ou raconté une bien ~** he told me a good one. **-3.** *loc*: **avoir qqn à la ~** to like sb, to be in (solid) with sb *Am*; **en avoir de ~s: tu en as de ~s!** are you kidding?

**Bonne-Espérance** [bɔnɛsperɑ̃s] *npr*: **le cap de ~** the Cape of Good Hope.

**bonne-maman** [bɔnmamɑ̃] (*pl* **bonnes-mamans**) *nf vieilli* grand-mama.

**bonnement** [bɔnmɑ̃] *adv*: **je lui ai dit tout ~ ce que je pensais** I quite simply told him what I thought.

**bonnet** [bɔnɛ] *nm* **-1.** [coiffe – de femme, d'enfant] hat, bonnet; [– de soldat, de marin] hat; **~ d'âne** dunce's cap; **~ de bain** swimming cap; **~ d'évêque** *fig* parson's nose; **~ de nuit** nightcap; *fig & péj* wet blanket; **~ à poils** busby, bearskin; **~ phrygien** cap of liberty, Phrygian cap; **c'est ~ blanc et blanc ~** it's six of one and half a dozen of the other, it's all much of a muchness *Br*. **-2.** ZOOL reticulum. **-3.** [d'un soutien-gorge] cup.

**bonneterie** [bɔnɛtri] *nf* **-1.** [commerce] hosiery business ou trade. **-2.** [industrie] hosiery-making (industry).

**bonnetier, ère** [bɔntje, ɛr] *nm, f* **-1.** [fabricant] hosier. **-2.** [ouvrier] hosiery worker.

**bonniche** [bɔniʃ] *nf fam & péj* maid, skivvy *Br*; **faire la ~** to skivvy *Br*, to do all the dirty work.

**bon-papa** [bɔ̃papa] (*pl* **bons-papas**) *nm vieilli* grand-papa.

**bonsaï** [bɔnzaj] *nm* bonsai.

**bonsoir** [bɔ̃swar] *nm* **-1.** [en arrivant] good evening; [en partant] good night. **-2.** *fam* [emploi expressif]: **ils paient les heures, mais pour les frais, ~!** they pay for your time, but when it comes to expenses, you might as well forget it!; **mais ~ (de ~), où est-il passé?** damn, where has he gone now?

**bonté** [bɔ̃te] *nf* [bienveillance] kindness, goodness; **elle l'a fait par pure ~ d'âme** she did it purely out of the goodness of her heart; **ayez la ~ de... please be so kind as to...** ❏ **~ divine!, ~ du ciel!** good gracious!

◆ **bontés** *nfpl litt* kindness, kindnesses.

**bonus** [bɔnys] *nm* [dans les assurances] no-claim ou no-claims bonus.

**bonze** [bɔ̃z] *nm* **-1.** RELIG buddhist priest ou monk, bonze. **-2.** *fam & péj* fig big cheese.

**boom** [bum] *nm* **-1.** [développement] boom, expansion; **le ~ de la natalité** the baby boom. **-2.** BOURSE boom.

**boomer** [bumœr] *nm* woofer ACOUST.

**boomerang** [bumrɑ̃g] *nm* boomerang; **faire ~** *fig*, avoir un effet ~ *fig* to boomerang.

**boots** [buts] *nmpl* (desert) boots.

**bop** [bɔp] *nm* bop, be-bop.

**boqueteau, x** [bɔkto] *nm* coppice, copse.

**borate** [bɔrat] *nm* borate.

**borborygme** [bɔrbɔrigm] *nm* **-1.** [gargouillement] rumble, gurgle, borborygmus *spéc*. **-2.** *péj* [paroles] mumble.

**borchtch** [bɔrtʃ] *nm* borsch, borscht.

**bord** [bɔr] *nm* **-1.** [côté – d'une forêt, d'un domaine] edge; [– d'une route] side; **sur le ~ de** on the edge of; **sur le ~ de la route** by the roadside; **sur les ~s de: sur les ~s du fleuve** [gén] on the river bank; [en ville] on the waterfront; **regagner le ~** [de la mer] to get back to the shore ou beach; [d'une rivière] to get back to the bank; [d'une piscine] to get back to the side; **le ~ du trottoir** the kerb *Br* ou *Am* the seaside. **-2.** [pourtour – d'une plaie] edge; [– d'une assiette, d'une baignoire] rim, edge; [– d'un verre] rim; **remplir un verre**

**jusqu'au ~** to fill a glass to the brim ou to the top. **-3.** [non travaillé] edge; [replié et cousu] hem; [décoratif] border; **chapeau à larges ~s** wide-brimmed ou broad-brimmed hat. **-4.** NAUT [côté, bastingage] side; **jeter** ou **balancer** *fam* **qqch par-dessus ~** to throw ou to chuck sthg overboard; **tirer des ~s** to tack ‖ [navire]: **les hommes du ~** the crew. **-5.** [opinion] side; **nous sommes du même ~** we're on the same side.

◆ **à bord** *loc adv* AUT on board; AÉRON & NAUT aboard, on board.

◆ **à bord de** *loc prép* on board; **à ~ d'un navire/d'une voiture** on board a ship/car; **monter à ~ d'un bateau/avion** to board a boat/plane.

◆ **au bord de** *loc prép* **-1.** [en bordure de]: **se promener au ~ de l'eau/la mer** to walk at the water's edge/the seaside; **s'arrêter au ~ de la route** to stop by the roadside. **-2.** [à la limite de] on the brink ou verge of, very close to; **au ~ des larmes/de la dépression** on the verge of tears/a nervous breakdown ❏ **être au ~ de l'abîme** to be on the verge of ruin.

◆ **bord à bord** *loc adv* edge to edge.

◆ **de bord** *loc adj* [journal, livre, commandant] ship's.

◆ **sur les bords** *loc adv* slightly, a touch; **il est un peu radin sur les ~s** he's a bit tight-fisted.

**bordage** [bɔrdaʒ] *nm* **-1.** COUT hedging, hemming. **-2.** NAUT [en bois] planking; [en fer] plating. **-3.** *Can* inshore ice.

**bordé** [bɔrde] *nm* **-1.** NAUT [en bois] planking; [en fer] plating. **-2.** COUT (piece of) trimming.

**bordeaux** [bɔrdo] ◇ *adj inv* [grenat] burgundy (*modif*), claret (*modif*). ◇ *nm* Bordeaux (wine); **un ~ rouge** a red Bordeaux, a claret; **un ~ blanc** a white Bordeaux.

**Bordeaux** [bɔrdo] *npr* Bordeaux.

**bordée** [bɔrde] *nf* **-1.** NAUT [canons, salve] broadside; [distance] tack; **tirer des ~s** to tack; **tirer une ~** *fam & fig* to paint the town red ‖ [partie de l'équipage] watch. **-2.** *fig* [série]: **une ~ d'insultes** *fig* a torrent ou stream of abuse. **-3.** *Can*: **~ de neige** heavy snowfall.

**bordel▽** [bɔrdɛl] ◇ *nm* **-1.** [hôtel de passe] brothel, whorehouse. **-2.** [désordre] shambles (*sg*), mess; **mettre le ~ dans une pièce/réunion** to turn a room into a pigsty/a meeting into a shambles. ◇ *interj* dammit, hell.

**bordelais, e** [bɔrdəlɛ, ɛz] *adj* **-1.** [de Bordeaux] from Bordeaux. **-2.** [du Bordelais] from the Bordeaux area.

◆ **Bordelais, e** *nm, f* inhabitant of or person from Bordeaux.

**Bordelais** [bɔrdəlɛ] *npr m*: **le ~** the Bordelais (region).

**bordélique▽** [bɔrdelik] *adj* [chambre] messy; [écriture, esprit] chaotic; **il est vraiment ~!** he leaves such a mess everywhere!

**border** [3] [bɔrde] *vt* **-1.** [garnir] to edge, to trim; **~ qqch de** to trim ou to edge sthg with. **-2.** [se couchant, je viendrai te ~** go to bed, I'll come and tuck you in. **-3.** [délimiter] to line; **la route est bordée de haies** the road is lined with hedges. **-4.** NAUT [de planches] to plank; [de tôles] to plate; [voile] to haul on.

**bordereau, x** [bɔrdəro] *nm* **-1.** FIN & COMM note, slip; **~ d'achat** purchase note; **~ de caisse** cash statement; **~ de salaire** salary advice, wages slip; **~ de vente** sales slip; **~ de versement** paying-in slip *Br*, deposit slip *Am*. **-2.** JUR: **~ des pièces** docket.

**bordier, ère** [bɔrdje, ɛr] *adj Helv* [au bord de l'eau] waterside.

◆ **bordier** *nm Helv* **-1.** [riverain] local resident. **-2.** NAUT lopsided ship, lopsider.

**bordure** [bɔrdyr] *nf* **-1.** [bord – d'un évier] edge; [– d'un verre] edge, brim; [– d'une plate-bande] border, edge; [– d'une cheminée] surround *Br*, border *Am*; **la ~ du trottoir** the kerb ‖ [bande décorative] border. **-2.** VÊT border, edge; [d'un chapeau] brim.

◆ **en bordure de** *loc prép*: **habiter une maison en ~ de mer** to live in a house by the sea.

**boréal, e, als** ou **aux** [bɔreal, o] *adj* boreal, North (*modif*).

**borgne** [bɔrɲ] ◇ *adj* **-1.** [personne] one-eyed. **-2.** [fenêtre, mur] obstructed. **-3.** [mal fréquenté – hôtel] shady. ◇ *nmf* one-eyed person, one-eyed man (*f* woman).

**borique** [bɔrik] *adj* boric; **acide ~** boric acid.

**bornage** [bɔrnaʒ] *nm* boundary marking.

**borne** [bɔrn] *nf* **-1.** [pour délimiter] boundary stone, landmark; ~ kilométrique milepost; rester planté comme une ~: ne reste pas là planté comme une ~! don't just stand there! -2. [pour marquer un emplacement] bollard. -3. *fam* [kilomètre] kilometre. -4. ÉLECTR terminal.

◆ **bornes** *nfpl fig* bounds, limits; dépasser ou passer les ~s to go too far; son ambition n'a ou ne connaît pas de ~s his ambition knows no bounds.

**borné, e** [bɔrne] *adj* [individu] narrow-minded; [esprit] narrow.

**Bornéo** [bɔrneo] *npr* Borneo; à ~ in Borneo.

**borner** [3] [bɔrne] *vt* **-1.** [délimiter – champ, terrain] to mark off ou *(sép)*, to mark the boundary of. **-2.** [restreindre] to limit, to restrict.

◆ **se borner à** *vp + prép* **-1.** [se limiter à] to be limited ou restricted to; nos relations se sont bornées à quelques échanges sur le palier our relationship was never more than the odd conversation on the landing. **-2.** [se contenter de] to limit ou to restrict o.s. to; bornez-vous à l'essentiel don't stray from the essentials.

**bortsch** [bɔrtʃ] = **borchtch**.

**bosniaque** [bɔsnjak] *adj* Bosnian.

◆ **Bosniaque** *nmf* Bosnian.

**Bosnie** [bɔsni] *npr f*: (la) ~ Bosnia.

**Bosnie-Herzégovine** [bɔsniɛrzegɔvin] *npr f*: (la) ~ Bosnia-Herzegovina.

**bosnien, enne** [bɔsnjɛ̃, ɛn] = **bosniaque**.

**Bosphore** [bɔsfɔr] *npr m*: le ~ the Bosphorus, the Bosporus.

**bosquet** [bɔskɛ] *nm* coppice, copse.

**boss** [bɔs] *nm fam* boss.

**bosse** [bɔs] *nf* **-1.** [à la suite d'un coup] bump, lump; se faire une ~ to get a bump. **-2.** ANAT & ZOOL [protubérance] hump. **-3.** [du sol] bump; [en ski] mogul; un terrain plein de ~s a bumpy piece of ground. **-4.** *loc*: avoir la ~ des maths/du commerce to be a born mathematician/businessman.

◆ **en bosse** *loc adj* BX-ARTS embossed.

**bosselage** [bɔslaʒ] *nm* embossing.

**bosseler** [24] [bɔsle] *vt* **-1.** BX-ARTS to emboss. **-2.** [faire des bosses à] to dent.

**bossellement** [bɔsɛlmɑ̃] *nm* denting.

**bossellerai** [bɔsɛlre] *v* → **bosseler**.

**bosselure** [bɔslyr] *nf* (irregular) bumps.

**bosser** [3] [bɔse] *fam* ◆ *vi* to work. ◆ *vt* to swot up *(sép)* *Br*, to grind away at *Am*.

**bosseur, euse** [bɔsœr, øz] *fam* ◆ *adj*: être ~ to work hard, to be hardworking. ◆ *nm, f* hard worker.

**bossu, e** [bɔsy] ◆ *adj* humpbacked, hunchbacked; être ~ to be humpbacked, to have a hump ou humpback. ◆ *nm, f* humpback, hunchback; rire ou rigoler *fam* ou se marrer *fam* comme un ~ to laugh fit to burst, to laugh o.s. silly.

**Boston** [bɔstɔn] *npr* Boston.

**bot, e** [bo, bɔt] *adj*: pied ~ club foot.

**botanique** [bɔtanik] ◆ *adj* botanical. ◆ *nf* botany.

**botaniste** [bɔtanist] *nmf* botanist.

**botte** [bɔt] *nf* **-1.** [chaussure] (high) boot; ~s en caoutchouc gumboots *Br*, wellington boots *Br*, rubber boots *Am*; ~s de sept lieues seven-league boots; avoir qqn à sa ~ to have sb under one's thumb; cirer ou lécher les ~s de qqn *fam* to lick sb's boots; sous la ~ de l'ennemi beneath the enemy's heel. **-2.** [de fleurs, de radis] bunch; [de paille] sheaf, bundle. **-3.** ESCRIME thrust; porter une ~ à qqn *pr* to make a thrust at sb; *fig* to hit out ou to have a dig at sb; ~ secrète secret weapon.

**botteleur, euse** [bɔtlœr, øz] *nm, f* trusser.

**botter** [3] [bɔte] *vt* **-1.** [chausser – enfant] to put boots on; [– client] to provide boots for, to sell boots to. **-2.** *loc*: ça me botte! *fam* it's great!; ~ le train ou les fesses ou le derrière *fam* ou le cul $^\vee$ à qqn to kick sb in the pants. **-3.** SPORT to kick.

**botteur** [bɔtœr] *nm* SPORT kicker.

**bottier** [bɔtje] *nm* [fabricant – de bottes] bootmaker; [– de chaussures] shoemaker.

**bottillon** [bɔtijɔ̃] *nm* ankle boot.

**Bottin**® [bɔtɛ̃] *nm* telephone directory, phone book; le ~ mondain *directory of famous people*, ≃ Who's Who?

**bottine** [bɔtin] *nf* ankle boot.

**bouc** [buk] *nm* **-1.** ZOOL goat, he-goat, billy goat; sentir le ~, puer comme un ~ to stink to high heaven; ~ émissaire scapegoat. **-2.** [barbe] goatee.

**boucan** [bukɑ̃] *nm fam* din, racket; faire du ~ to kick up a din, to make a racket.

**boucaner** [3] [bukane] *vt* [viande] to smoke, to cure.

**boucanier** [bukanje] *nm* buccaneer.

**bouchage** [buʃaʒ] *nm* **-1.** [d'une bouteille] corking. **-2.** [d'une fuite] plugging, stopping. **-3.** [d'un trou] filling up.

**bouche** [buʃ] *nf* **-1.** ANAT & ZOOL mouth; j'ai la ~ sèche my mouth feels dry; ne parle pas la ~ pleine don't talk with your mouth full; elle me donna sa ~ litt she offered me her lips; dans ta ~ le mot prend sa valeur when you say it ou coming from you, the word takes on its full meaning; ce sont toutes les mères qui s'expriment par sa ~ she's speaking for all mothers; il a six ~s à nourrir he has six mouths to feed (at home); je n'ai pas l'intention de nourrir des ~s inutiles I won't have loafers around here ❑ ça c'est pour ou je le garde pour la bonne ~ [nourriture] I'm keeping this as a treat for later; [nouvelle] I'm keeping the best until last; par le ~ à oreille through the grapevine, by word of mouth; de ~ à oreille confidentially; il m'a annoncé la ~ en cœur qu'il ne venait plus he gaily announced to me that he was no longer coming; ouvrir la ~ *pr* to open one's mouth; elle n'a pas ouvert la ~ de la soirée *fig* she didn't say a word all evening; il n'a que ce mot/nom à la ~ he only ever talks about one thing/person; son nom est sur toutes les ~s her name is on everyone's lips, she's the talk of the town. **-2.** [orifice – d'un cratère] mouth; [– d'un canon] muzzle; ~ d'air chaud ou de chaleur hot-air vent; ~ d'eau ou d'incendie fire hydrant; ~ d'aération air vent; ~ d'arrosage water pipe, standpipe; ~ d'égout manhole, inspection chamber; ~ de métro metro entrance, underground entrance.

◆ **bouches** *nfpl* [d'un fleuve, d'un détroit] mouth.

**bouché, e**[1] [buʃe] *adj* **-1.** [nez] blocked; [oreilles] blocked up. **-2.** MÉTÉO [ciel, horizon, temps] cloudy, overcast. **-3.** *fam* [idiot] stupid, thick *Br*. **-4.** [sans espoir – avenir] hopeless; [– filière, secteur] oversubscribed. **-5.** [bouteille] corked; [cidre, vin] bottled.

**bouche-à-bouche** [buʃabuʃ] *nm inv* mouth-to-mouth resuscitation; faire du ~ à qqn to give sb mouth-to-mouth resuscitation ou the kiss of life.

**bouchée**[2] [buʃe] *nf* **-1.** [contenu] mouthful; il n'a fait qu'une ~ du petit pain he swallowed the roll whole ❑ elle n'a fait qu'une ~ de ses rivales she made short work of her rivals; mettre les ~s doubles to work twice as hard, to put on a spurt; il a acheté ce tableau pour une ~ de pain he bought this painting for next to nothing. **-2.** CULIN (vol-au-vent) case; ~ à la reine chicken vol-au-vent ‖ [friandise]: ~ (au chocolat) chocolate bouchée.

**boucher**[1] [3] [buʃe] *vt* **-1.** [fermer – trou] to fill up *(sép)*; [– fuite] to plug, to stop; [– bouteille] to cork; ~ un trou *fig* to fill a gap ❑ je parie que ça t'en bouche un coin! *fam* I bet you're impressed! **-2.** [entraver] to obstruct, to block; tu me bouches le passage you're in ou blocking my way; la tour nous bouche complètement la vue the tower cuts off ou obstructs our view totally.

◆ **se boucher** ◆ *vpi* **-1.** [s'obstruer – tuyau, narine] to get blocked. **-2.** MÉTÉO [temps] to become overcast. ◆ *vpt*: se ~ le nez to hold one's nose; se ~ les oreilles *pr* to put one's fingers in ou to plug one's ears; *fig* to refuse to listen.

**boucher**[2]**, ère** [buʃe, ɛr] *nm, f* butcher.

**boucherie** [buʃri] *nf* **-1.** [boutique] butcher's shop *Br* ou store *Am*; ~ chevaline horse-butcher's (shop). **-2.** [métier] butchery. **-3.** [massacre] slaughter, butchery.

**bouche-trou** [buʃtru] (*pl* bouche-trous) *nm* [personne] stand-in, stopgap; [objet] makeshift replacement.

**bouchon** [buʃɔ̃] *nm* **-1.** [en liège] cork; [d'un bidon, d'une bouteille en plastique] cap; [d'une bouteille en verre, d'une carafe] stopper; vin qui sent le ~ corked wine ❑ un ~ de carafe *fam* a huge diamond ou rock; tu pousses le ~ un peu loin *fam* you're going a little too far ou pushing it a bit. **-2.** [bonde] plug; ~ de cérumen earwax plug. **-3.** [poignée de paille, de foin] wisp. **-4.** *fam* [embouteillage] traffic jam; [à une intersection] gridlock. **-5.** PÊCHE float.

**bouchonnage** [buʃɔnaʒ] *nm* rubbing down (*of a horse*).

**bouchonné, e** [buʃɔne] *adj* [vin] corked.
**bouchonner** [3] [buʃɔne] ◇ *vt* [cheval] to rub down *(sép)*. ◇ *vi*: ça bouchonne à partir de 5 h traffic is heavy from 5 p.m. onwards.
**bouclage** [buklaʒ] *nm* **-1.** PRESSE [d'un article] finishing off; [d'un journal] putting to bed. **-2.** *fam* [d'un coupable] locking up; [d'un quartier] surrounding, sealing off. **-3.** [d'une ceinture] fastening, buckling. **-4.** [des cheveux] curling.
**boucle** [bukl] *nf* **-1.** [de cheveux] curl. **-2.** [d'une ceinture] buckle; [d'un lacet] loop; [d'un cours d'eau] loop, meander; faire une ~ à un ruban to loop a ribbon. **-3.** INF loop. **-4.** SPORT [en course] lap.
◆ **boucle d'oreille** *nf* earring.
**bouclé, e** [bukle] *adj* [cheveux, barbe] curly; [personne] curly-haired.
**bouclement** [bukləmɑ̃] *nm* ringing *(of a bullock or a pig)*.
**boucler** [3] [bukle] ◇ *vt* **-1.** [fermer – ceinture] to buckle, to fasten; ~ sa valise *pr* to shut one's suitcase; *fig* to pack one's bags; la ~: toi, tu la boucles! *fam* not a word out of you! **-2.** [dans une opération policière]: ~ une avenue/un quartier to seal off an avenue/area **-3.** *fam* [enfermer] to shut away *(sép)*, to lock up *(sép)*; je suis bouclé à la maison avec la grippe I'm stuck at home with the flu. **-4.** [mettre un terme à – affaire] to finish off *(sép)*, to settle; [– programme de révisions] to finish (off); ~ un journal/une édition PRESSE to put a paper/an edition to bed. **-5.** [équilibrer]: ~ son budget to make ends meet; il a du mal à ~ ses fins de mois he's always in the red at the end of the month. **-6.** AÉRON: ~ la boucle to loop the loop ❏ la boucle est bouclée, on a bouclé la boucle we're back to square one. **-7.** [cheveux, mèches] to curl. ◇ *vi* **-1.** [cheveux] to curl, to be curly. **-2.** INF to get stuck in a loop, to loop round and round.
◆ **se boucler** *vp (emploi réfléchi)*: se ~ chez soi to shut o.s. away.
**bouclette** [buklɛt] *nf* **-1.** [de cheveux] small curl. **-2.** *(comme adj)* TEXT [fil, laine] bouclé.
**bouclier** [buklije] *nm* **-1.** [protection de soldat] shield; [de policier] riot shield. **-2.** [protection] shield; ~ atomique atomic shield. **-3.** GÉOL shield.
**bouddha** [buda] *nm* [statue] buddha.
**Bouddha** [buda] *npr* Buddha.
**bouddhisme** [budism] *nm* Buddhism.
**bouddhiste** [budist] *adj* Buddhist.
**bouder** [3] [bude] ◇ *vi* to sulk. ◇ *vt* [ami] to refuse to talk to; [dessert, cadeau] to refuse to accept; [élection] to refuse to vote; [fournisseur] to stay away from; le public a boudé son film hardly anyone went to see her film.
**bouderie** [budri] *nf* sulking *(U)*.
**boudeur, euse** [budœr, øz] ◇ *adj* sulky, sullen. ◇ *nm, f* sulky person.
**boudin** [budɛ̃] *nm* **-1.** CULIN: ~ (noir) black pudding *Br*, blood sausage *Am*; ~ blanc white pudding *Br*, white sausage *Am*; faire du ~ *fam* to sulk. **-2.** [cylindre] roll. **-3.** *fam* [femme]: sa sœur est un vrai ~! his sister looks like the back of a bus *Br* ou a Mack truck *Am*! **-4.** [doigt] fat finger.
**boudiné, e** [budine] *adj* [doigt, main] podgy *Br*, pudgy *Am*; je me sens ~ e dans cette robe this dress is too tight for me.
**boudiner** [3] [budine] *vt* [suj: vêtement]: cette jupe la boudine that skirt makes her look fat.
**boudoir** [budwar] *nm* **-1.** [pièce] boudoir. **-2.** [biscuit] sponge finger *Br*, ladyfinger *Am*.
**boue** [bu] *nf* **-1.** [terre détrempée] mud; couvert de ~ muddy. **-2.** [dépôt] sludge.
**bouée** [bwe] *nf* **-1.** [en mer] buoy. **-2.** [pour nager] rubber ring; ~ de sauvetage lifebelt, lifebuoy; il s'est raccroché à elle comme à une ~ de sauvetage he hung onto her as if his life depended on it.
**boueux, euse** [buø, øz] *adj* [sale – trottoir] muddy; [– tapis] mud-stained.
◆ **boueux** *nm fam* bin man *Br*, garbage collector *Am*.
**bouffant, e** [bufã, ɑ̃t] *adj* [cheveux] bouffant; [manche] puffed out.
**bouffarde** [bufard] *nf fam* pipe.
**bouffe** [buf] ◇ *nf fam* food, grub, nosh; on se fait une ~? do you fancy getting together for a meal?; aimer la bonne ~

to like one's food. ◇ *adj*: opéra ~ comic opera.
**bouffée** [bufe] *nf* **-1.** [exhalaison] puff; une ~ d'air frais *pr* & *fig* a breath of fresh air; des odeurs de cuisine m'arrivaient par ~s the smell of cooking wafted over to me. **-2.** [accès] fit, outburst; une ~ de colère a fit of rage ❏ avoir des ~s de chaleur MÉD to have hot flushes *Br* ou flashes *Am*.
**bouffer** [3] [bufe] ◇ *vt fam* **-1.** [manger] to eat; [manger voracement] to guzzle; je l'aurais bouffé! *fig* I could have killed him! ‖ *(en usage absolu)*: ~ au restaurant to eat out; on a bien/mal bouffé the food was great/terrible. **-2.** [gaspiller] to be heavy on, to soak up *(sép)*; ~ de l'essence to be heavy on petrol *Br* ou *Am*. **-3.** [accaparer]: les enfants me bouffent tout mon temps the kids take up every minute of my time; tu te laisses ~ par ta mère you're letting your mother walk all over you. **-4.** *loc*: ~ du curé to be a priest-hater; ~ du communiste to be a commie-basher. ◇ *vi* [gonfler] to puff (out).
◆ **se bouffer** *vp (emploi réciproque) fam*: se ~ le nez [une fois] to have a go at one another; [constamment] to be at daggers drawn.
**bouffetance**[V] [buftɑ̃s] = **bouffe** *nf*.
**bouffi, e** [bufi] *adj* [yeux] puffed-up, puffy; [visage] puffed-up, puffy, bloated; être ~ d'orgueil *fig* to be bloated with pride.
◆ **bouffi** *nm* [hareng] bloater.
**bouffir** [32] [bufir] ◇ *vt* [visage, yeux] to puff up. ◇ *vi* to become swollen ou bloated, to puff up.
**bouffissure** [bufisyr] *nf* [d'un visage, d'un corps] puffy ou swollen state; [d'un style] turgidness.
**bouffon, onne** [bufɔ̃, ɔn] *adj* [scène] comical, farcical.
◆ **bouffon** *nm* buffoon; le ~ du roi HIST the king's jester.
**bouffonnerie** [bufɔnri] *nf* **-1.** [acte] piece of buffoonery; [parole] farcical remark. **-2.** [caractère] buffoonery.
**bougainvillée** [bugɛ̃vile] *nf*, **bougainvillier** [bugɛ̃vilje] *nm* bougainvillaea.
**bouge** [buʒ] *nm* **-1.** [logement] hovel. **-2.** [café] cheap ou sleazy bar.
**bougeai** [buʒe] *v* → **bouger**.
**bougeoir** [buʒwar] *nm* candleholder, candlestick.
**bougeons** [buʒɔ̃] *v* → **bouger**.
**bougeotte** [buʒɔt] *nf fam* fidgets; avoir la ~ [remuer] to have the fidgets; [voyager] to have itchy feet.
**bouger** [17] [buʒe] ◇ *vi* **-1.** [remuer] to move; rien ne bouge nothing's stirring; j'ai une dent qui bouge I have a loose tooth; rester sans ~ to stay still. **-2.** [se déplacer] to move; je n'ai pas bougé de la maison I never stirred from the house. **-3.** [se modifier – couleur d'un tissu] to fade; les prix n'ont pas bougé prices haven't changed ou altered. **-4.** [s'activer] to move, to stir. ◇ *vt* to move, to shift.
◆ **se bouger** *vp fam*: si on se bougeait un peu? come on, let's get moving ou let's get a move on!; tu ne t'es pas beaucoup bougé pour trouver un nouveau boulot you didn't try very hard to find a new job.
**bougie** [buʒi] *nf* **-1.** [en cire] candle. **-2.** AUT sparking *Br* ou spark *Am* plug.
**bougnat** [buɲa] *nm in Paris, owner of a small café who also sold coal.*
**bougnoul(e)**[V] [buɲul] *nm racist term used with reference to North Africans.*
**bougon, onne** [bugɔ̃, ɔn] ◇ *adj* grouchy, grumpy. ◇ *nm, f* grumbler, grouch.
**bougonnement** [bugɔnmɑ̃] *nm* grouching, grumbling.
**bougonner** [3] [bugɔne] *vi* to grouch, to grumble.
**bougre, bougresse** [bugr] *fam* & *vieilli* ◇ *nm* **-1.** [homme] chap, fellow. **-2.** *péj*: ~ de: ~ d'imbécile ou d'andouille! you stupid idiot! ◇ *interj* **-1.** [marque la colère] damn, heck. **-2.** [marque la surprise] I'll be dashed, cripes.
**bougrement** [bugrəmɑ̃] *adv fam* & *vieilli* damn, damned.
**bougresse** [bugres] *nf fam* & *vieilli* wretched woman.
**boui-boui** [bwibwi] *nm (pl* **bouis-bouis)** *nm fam* [restaurant] caff *Br*, greasy spoon.
**bouillabaisse** [bujabɛs] *nf* bouillabaisse.
**bouillant, e** [bujã, ɑ̃t] *adj* **-1.** [qui bout] boiling; [très chaud] boiling hot. **-2.** [ardent] fiery, passionate.
**bouillasse** [bujas] *nf fam* [boue] muck, mud; [de neige] slush.

**bouille** [buj] *nf* **-1.** *fam* [figure] face, mug; il a une bonne ~ [sympathique] he looks a nice bloke *Br* ou guy *Am*.**-2.** *Helv* churn *Br*, milk pail *Am*.

**bouilleur** [bujœr] *nm* **-1.** [distillateur] distiller; ~ de cru home distiller. **-2.** TECH [d'une chaudière] heating ou fire tube.

**bouilli, e** [buji] *adj* [eau, lait, viande] boiled.
◆ **bouilli** *nm* [viande] boiled meat; [bœuf] boiled beef.
◆ **bouillie** *nf* baby food ou cereal; c'est de la ~e pour les chats it's a dog's breakfast.
◆ **en bouillie** *loc adj* & *adv* crushed; mettre qqn en ~e to beat sb to a pulp.

**bouillir** [48] [bujir] ◇ *vi* **-1.** [arriver à ébullition] to boil; faire ~ des légumes to boil vegetables ❑ faire ~ la marmite to keep the pot boiling. **-2.** [s'irriter] to boil; ça me fait ~ it ma-kes my blood boil; ~ d'impatience/de colère to seethe with impatience/anger. ◇ *vt* to boil.

**bouilloire** [bujwar] *nf* kettle; ~ électrique electric kettle.

**bouillon** [bujɔ̃] *nm* **-1.** CULIN broth, stock; ~ gras/maigre meat/clear stock; ~ Kub® stock cube; ~ de légumes veg-etable stock; ~ de onze ou d'onze heures poisoned drink; boire ou prendre un ~ *fam* [en nageant] to swallow water; *fig* to suffer heavy losses, to take a bath. **-2.** CULTURE ~ de culture *pr* culture medium; ces quartiers sont un véritable ~ de culture pour la délinquance *fig* these areas are a per-fect breeding-ground for crime. **-3.** [remous]: éteindre le feu dès le premier ~ turn off the heat as soon as it boils; bouillir à gros ~s to boil fast ou hard. **-4.** COUT puff. **-5.** PRESSE unsold copies.

**bouillonnant, e** [bujɔnɑ̃, ɑ̃t] *adj* bubbling, foaming, seething.

**bouillonnement** [bujɔnmɑ̃] *nm* bubbling, foaming, seething.

**bouillonner** [3] [bujɔne] *vi* **-1.** [liquide] to bubble; [source] to foam, to froth; ils bouillonnent d'idées *fig* they're full of ideas. **-2.** [s'agiter]: ~ d'impatience to seethe with im-patience.

**bouillotte** [bujɔt] *nf* hot-water bottle.

**boul.** *abr écrite de* boulevard.

**boulanger, ère** [bulɑ̃ʒe, ɛr] *nm, f* baker.

**boulangerie** [bulɑ̃ʒri] *nf* **-1.** [boutique] bakery, baker's (shop *Br* ou store *Am*); ~ pâtisserie baker's and confec-tioner's, bread and cake shop. **-2.** [industrie] bakery trade ou business.

**boulangisme** [bulɑ̃ʒism] *nm* 19th-century movement support-ing General Boulanger.

**boulangiste** [bulɑ̃ʒist] ◇ *adj* [mouvement, parti] of General Boulanger. ◇ *nmf* supporter of General Boulanger.

**boule** [bul] *nf* **-1.** [sphère] ball; ~ de billard billiard ball; ~ de cristal crystal ball; regarder dans sa ~ de cristal to crystal-gaze; ~ de loto lottery ball; ~ de neige snowball; faire ~ de neige *fig* to snowball; ~ puante stinkbomb; ~s Quiès® *earplugs made of wax*; avoir une ~ dans la gorge to have a lump in one's throat. **-2.** JEUX: ~ de pétanque *steel bowl used in playing boules*; jouer aux ~s to play boules (*popular French game played on bare ground with steel bowls*).
◆ **boules**[V] *nfpl*: avoir les ~s [être effrayé] to be scared stiff; [être furieux] to be pissed off; [être déprimé] to be feeling down.
◆ **en boule** ◇ *loc adj fam* [en colère]: ça me met en ~ it ma-kes me mad ou livid. ◇ *loc adv* [en rond]: se mettre en ~ to curl up into a ball.

**bouleau, x** [bulo] *nm* **-1.** BOT birch; ~ argenté silver birch. **-2.** [bois] birch.

**boule-de-neige** [buldənɛʒ] (*pl* **boules-de-neige**) *nf* BOT [ar-buste] guelder rose.

**bouledogue** [buldɔg] *nm* bulldog.

**bouler** [3] [bule] *vi* to roll along.

**boulet** [bulɛ] *nm* **-1.** ARM cannonball; [de prisonnier] ball (and chain); tirer à ~s rouges sur qqn to lay into sb. **-2.** MIN (coal) nut. **-3.** ZOOL fetlock.

**boulette** [bulɛt] *nf* **-1.** CULIN: ~ (de viande) meatball; ~ em-poisonnée poison ball. **-2.** [de papier] pellet. **-3.** *fam* [erreur] blunder, blooper *Am*; faire une ~ to blunder, to goof *Am*.

**boulevard** [bulvar] *nm* **-1.** [avenue] boulevard; [à Paris]: les grands ~s the main boulevards (*with many theatres, restaurants*

and nightclubs); les ~s extérieurs ou des maréchaux the outer boulevards (*following the old town wall*); le ~ périphéri-que the (Paris) ring road *Br* ou beltway *Am*. **-2.** THÉÂT: le ~ light comedy.
◆ **de boulevard** *loc adj* THÉÂT: pièce de ~ light comedy.

**bouleversant, e** [bulvɛrsɑ̃, ɑ̃t] *adj* upsetting, distressing.

**bouleversement** [bulvɛrsəmɑ̃] *nm* upheaval, upset.

**bouleverser** [3] [bulvɛrse] *vt* **-1.** [émouvoir] to move deeply; bouleversé par la naissance de son fils deeply moved by his son's birth ‖ [affliger] to upset, to distress; bouleversé par la mort de son ami shattered ou very distressed by the death of his friend. **-2.** [désorganiser - maison, tiroir] to turn upside down; [- habitudes, vie, plan] to turn upside down, to disrupt, to change drastically.

**boulier** [bulje] *nm* abacus.

**boulimie** [bulimi] *nf* compulsive eating, bulimia *spéc.*

**boulimique** [bulimik] ◇ *adj* bulimic. ◇ *nmf* compulsive eater, bulimic *spéc.*

**bouliste** [bulist] *nmf* boules player.

**boulle** [bul] *nm inv* boulle furniture.

**boulocher** [3] [bulɔʃe] *vi* to pill.

**boulodrome** [bulɔdrom] *nm* bowling alley.

**Boulogne-Billancourt** [bulɔɲbijɑ̃kur] *npr town in the Paris suburbs, former site of the Renault car factories.*

**boulon** [bulɔ̃] *nm* bolt; ~ avec écrou nut and bolt; ~ à vis screw bolt; serrer les ~s *fam* & *fig* to tighten the screws; il lui manque un ~, à ce type! *fam* this guy's got a screw loose!

**boulonnage** [bulɔnaʒ] *nm* bolting (on).

**boulonner** [3] [bulɔne] ◇ *vt* to bolt (on). ◇ *vi fam* to work, to plug away.

**boulot[1], otte** [bulo, ɔt] *adj fam* plump, tubby.

**boulot[2]** [bulo] *nm fam* **-1.** [fait de travailler]: le ~ work ❑ elle est très ~ ~ *péj* she's a workaholic. **-2.** [ouvrage réalisé] piece of work, job; il s'est coupé les cheveux tout seul, t'aurais vu le ~! he cut his own hair, you should have seen the mess!**-3.** [travail à faire]: du ~ a lot of work; tout le monde au ~! come on everybody, let's get cracking!**-4.** [emploi, poste] job; un petit ~ casual work (*U*). **-5.** [lieu] work.

**boulotter** [3] [bulɔte] *fam* ◇ *vt* [manger] to scoff. ◇ *vi* [travail-ler] *vieilli* to work, to slave away.

**boum** [bum] ◇ *interj* bang; faire ~ to go bang. ◇ *nm* **-1.** [bruit] bang. **-2.** *fam* [succès]: le ~ des télécopieurs the fax boom, the boom in fax machines ❑ être en plein ~ [dans une boutique, une entreprise] to have a rush on; [dans des pré-parations] to be rushed off one's feet, to be very busy. ◇ *nf fam party (for teenagers).*

**boumer** [3] [bume] *vi fam*: alors, ça boume? so, how's tricks?; ça boume pas très fort pour lui he's having a rough time of it; ça boume! things are (going) fine!

**bouquet** [bukɛ] *nm* **-1.** [fleurs - gén] bunch; [- grand, décora-tif] bouquet; [- petit] sprig, spray. **-2.** [groupe - d'arbres] clump, cluster. **-3.** [dans un feu d'artifice] crowning ou final piece, the (grand) finale; alors ça, c'est le ~! *fam* that's the limit!, that takes the biscuit *Br* ou cake *Am*!**-4.** CULIN: ~ garni bouquet garni. **-5.** ŒNOL bouquet, nose. **-6.** ZOOL (common) prawn.

**bouquetin** [buktɛ̃] *nm* ibex.

**bouquin** [bukɛ̃] *nm* **-1.** *fam* [livre] book. **-2.** [lapin] buck rab-bit; [lièvre] hare. **-3.** [bouc] (old) billy-goat.

**bouquiner** [3] [bukine] *vt* & *vi fam* to read.

**bouquiniste** [bukinist] *nmf* secondhand bookseller.

**bourbe** [burb] *nf* [gén] mud, mire *litt*; [dans l'eau] sludge.

**bourbeux, euse** [burbø, øz] *adj* muddy.

**bourbier** [burbje] *nm* **-1.** [marécage] quagmire. **-2.** *fig* [situ-ation difficile] quagmire.

**bourbon** [burbɔ̃] *nm* bourbon.

**Bourbon** [burbɔ̃] *npr* Bourbon.

**bourbonien, enne** [burbɔnjɛ̃, ɛn] *adj* of the Bourbon dy-nasty.

**bourde** [burd] *nf* **-1.** [bêtise] blunder, bloomer *Br*, blooper *Am*; faire une ~ [gaffer] to blunder, to put one's foot in it; [faire une erreur] to make a mistake, to mess things up, to goof (up) *Am*. -**2.** *vieilli* [mensonge] fib.

**bourdon** [burdɔ̃] *nm* -**1.** ZOOL bumblebee, humblebee; faux ~ drone. -**2.** MUS [jeu d'orgue] bourdon; [son de basse] drone. -**3.** [cloche] great bell. -**4.** IMPR omission, out. -**5.** [bâton] pilgrim's staff. -**6.** *loc*: avoir le ~ *fam* to feel down, to be down in the dumps.

**bourdonnant, e** [burdɔnɑ̃, ɑ̃t] *adj* [ruche, insecte] humming, buzzing, droning.

**bourdonnement** [burdɔnmɑ̃] *nm* [vrombissement – d'un insecte, d'une voix] hum, buzz, drone; [– d'un ventilateur, d'un moteur] hum, drone; avoir un ~ dans les oreilles to have a ringing in one's ears.

**bourdonner** [3] [burdɔne] *vi* [insecte, voix] to hum, to buzz, to drone; [moteur] to hum; [oreille] to ring; [lieu] to buzz.

**bourg** [bur] *nm* (market) town.

**bourgade** [burgad] *nf* (large) village, small town.

**bourge** [burʒ] *adj fam* & *péj* upper-class.

**bourgeois, e** [burʒwa, az] ◇ *adj* -**1.** [dans un sens marxiste] of the bourgeoisie, bourgeois. -**2.** [dans un sens non marxiste] middle-class. -**3.** *souvent péj* [caractéristique de la bourgeoisie]: goûts ~ bourgeois taste. -**4.** [aisé, confortable]: intérieur ~ comfortable middle-class home; quartier ~ comfortable residential area. ◇ *nm, f* -**1.** [dans un sens marxiste] bourgeois. -**2.** [dans un sens non marxiste] member of the middle class; grand ~ member of the upper-middle class. -**3.** HIST [au Moyen Âge] burgher; [avant la Révolution] member of the third estate. -**4.** *Helv* [citoyen] citizen; les ~ the townspeople. -**5.** *péj* [béotien] Philistine.
◆ **bourgeoise** *nf fam*: ma ~ e my old lady, the wife *Br*.

**bourgeoisial** [burʒwazjal] *adj Helv* town (*modif*).

**bourgeoisie** [burʒwazi] *nf* -**1.** [dans un sens marxiste] bourgeoisie; la petite ~ the petty bourgeoisie. -**2.** [classe aisée, professions libérales] middle class; la petite/moyenne ~ the lower middle/the middle class; la grande ou haute ~ the upper-middle class. -**3.** HIST [au Moyen Âge] burghers; [avant la Révolution] bourgeoisie, third estate.

**bourgeon** [burʒɔ̃] *nm* BOT & MÉD bud.

**bourgeonnement** [burʒɔnmɑ̃] *nm* BOT budding.

**bourgeonner** [3] [burʒɔne] *vi* -**1.** BOT to bud. -**2.** [visage, nez] to break out in spots.

**bourgmestre** [burgmɛstr] *nm Belg* & *Helv* burgomaster.

**bourgogne** [burgɔɲ] *nm* Burgundy (wine).

**Bourgogne** [burgɔɲ] *npr f*: (la) ~ Burgundy.

**bourguignon, onne** [burgiɲɔ̃, ɔn] *adj* -**1.** GÉOG & HIST Burgundian. -**2.** CULIN [sauce] bourguignonne.
◆ **bourguignonne** *nf* -**1.** [bouteille] Burgundy wine bottle. -**2.** CULIN: à la ~ne with a bourguignonne sauce, cooked in red wine.

**bourlinguer** [3] [burlɛ̃ge] *vi* -**1.** [voyager par mer] to sail (around). -**2.** *fam* [se déplacer] to get around, to kick about. -**3.** NAUT to labour.

**bourlingueur, euse** [burlɛ̃gœr, øz] *nm, f* -**1.** [marin] old salt. -**2.** [aventurier] wanderer, rover.

**bourrache** [buraʃ] *nf* borage.

**bourrade** [burad] *nf* [de la main] push, shove; [du coude] poke, dig.

**bourrage** [buraʒ] *nm* -**1.** [remplissage – d'un coussin] stuffing; [– d'une chaise] filling, padding; [– d'une pipe, d'un poêle] filling; ~ de crâne *fam* [propagande] brainwashing; SCOL cramming. -**2.** TECH: ~ (de cartes) INF (card) jam; ~ du film CIN piling up ou buckling of the film.

**bourrasque** [burask] *nf* -**1.** [coup de vent] squall, gust ou blast (of wind); souffler en ~ to blow in gusts, to gust. -**2.** [incident] storm, crisis.

**bourratif, ive** [buratif, iv] *adj fam* filling, stodgy *péj*.

**bourre**[1]∇ [bur] *nm arg crime* cop; les ~s the cops, the fuzz.

**bourre**[2] [bur] *nf* -**1.** [rembourrage] filling, stuffing, wadding. -**2.** TEXT flock. -**3.** BOT down. -**4.** ARM wad.
◆ **à la bourre** *loc adv fam*: être à la ~ to be in a rush; [dans son travail] to be behind.

**bourré, e**[1]∇ [bure] *adj* pissed *Br*, bombed *Am*.

**bourreau, x** [buro] *nm* -**1.** [exécuteur – gén] executioner; [– qui pend] hangman. -**2.** [tortionnaire] torturer; ~ d'enfant child beater; ~ des cœurs heartbreaker; ~ de travail workaholic.

**bourrée**[2] [bure] *nf* DANSE bourrée.

**bourrelé, e** [burle] *adj*: ~ de remords full of remorse, racked with guilt.

**bourrelet** [burlɛ] *nm* -**1.** [isolant] weather strip, draught excluder *Br*. -**2.** [de graisse] fold; ~ de chair roll of flesh.

**bourrelier** [burəlje] *nm* saddler.

**bourrellerie** [burɛlri] *nf* saddlery.

**bourrer** [3] [bure] *vt* -**1.** [rembourrer] to fill, to stuff. -**2.** [remplir – pipe] to fill; [– poche] to fill, to cram, to stuff; [– valise, tiroir] to cram (full), to pack tightly; un texte bourré de fautes a text full of ou riddled with mistakes ❏ ~ le crâne ou le mou à qqn *fam* to have *Br* ou to put *Am* sb on; ~ les urnes to rig the vote (*by producing large numbers of false ballot papers*). -**3.** [gaver – suj: aliment] to fill up; ~ qqn de to cram ou to stuff sb with ‖ (*en usage absolu*): les bananes, ça bourre bananas are very filling ou fill you up. -**4.** [frapper]: ~ qqn de coups to beat sb (up).
◆ **se bourrer** *vp* (*emploi réfléchi*) -**1.** *fam* [manger] to stuff o.s. ou one's face; se ~ de to stuff one's face with. -**2.** ∇ *loc*: se ~ la gueule to get pissed *Br* ou bombed *Am*.

**bourriche** [buriʃ] *nf* -**1.** [panier] hamper, wicker case. -**2.** PÊCHE [filet] keepnet.

**bourrichon** [buriʃɔ̃] *nm fam*: monter le ~ à qqn to have *Br* ou to put *Am* sb on; se monter le ~ to get (all) worked up.

**bourricot** [buriko] *nm* donkey, burro *Am*.

**bourrin** [burɛ̃] *nm fam* (old) nag.

**bourrique** [burik] *nf* -**1.** ZOOL donkey. -**2.** *fam* [personne obstinée] pig-headed individual. -**3.** *loc*: faire tourner qqn en ~ to drive sb crazy ou up the wall.

**bourru, e** [bury] *adj* -**1.** [rude – personne, manières] gruff, rough. -**2.** TEXT rough. -**3.** [jeune – vin] fermented; [– lait] raw.

**bourse** [burs] *nf* -**1.** [porte-monnaie] purse; avoir la ~ bien garnie to have a well-lined purse; faire ~ commune to pool one's money; sans ~ délier without paying a penny ou *Am* cent; la ~ ou la vie! stand and deliver!, your money or your life! -**2.** [allocation] scholarship, grant; avoir une ~ to be on ou to have a grant.
◆ **bourses** *nfpl* scrotum.

**Bourse** [burs] *nf* -**1.** [marché] stock exchange, stock market; la ~ de Londres the London Stock Exchange; la ~ de Paris the Paris Bourse ou Stock Exchange ❏ ~ du commerce ou de marchandises commodity exchange; ~ maritime ou des frets shipping exchange; ~ du travail *trade union meeting place*, ≈ trades' council *Br*; ~ des valeurs stock exchange. -**2.** [cours] market; la ~ est calme/animée/en hausse the market is quiet/is lively/has risen.
◆ **à la Bourse, en Bourse** *loc adv* on the stock exchange ou market; jouer à la ou en ~ to speculate on the stock exchange ou market.

**boursicotage** [bursikɔtaʒ] *nm* dabbling (on the stock exchange).

**boursicoter** [3] [bursikɔte] *vi* to dabble (on the stock exchange).

**boursicoteur, euse** [bursikɔtœr, øz] *nm, f* small investor.

**boursier, ère** [bursje, ɛr] ◇ *adj* -**1.** UNIV & SCOL: un étudiant ~ a grant ou scholarship holder. -**2.** [de la Bourse] stock exchange (*modif*), (stock) market (*modif*). ◇ *nm, f* -**1.** UNIV & SCOL grant ou scholarship holder. -**2.** BOURSE operator.

**boursouflage** [bursuflaʒ] *nm* [gonflement – du visage] swelling, puffiness; [– de la peinture] blistering.

**boursouflé, e** [bursufle] *adj* -**1.** [gonflé – visage] swollen, puffy; [– peinture] blistered; [– plaie] swollen. -**2.** [ampoulé] bombastic, pompous, turgid.

**boursouflement** [bursufləmɑ̃] *nm* = boursouflage.

**boursoufler** [3] [bursufle] *vt* [gonfler – visage] to swell, to puff up (*sép*); [– peinture] to blister.
◆ **se boursoufler** *vpi* [visage] to become swollen ou puffy; [peinture] to blister; [surface] to swell (up).

**boursouflure** [bursuflyr] *nf* -**1.** [bouffissure] puffiness; [cloque] blister. -**2.** [emphase] pomposity, turgidity.

**bous** [bu] *v* → **bouillir**.

**bousculade** [buskylad] *nf* -**1.** [agitation] crush, pushing and shoving; une ~ vers la sortie a scramble ou stampede towards the exit; j'ai perdu mon parapluie dans la ~ I lost my umbrella in the confusion. **-2.** *fam* [précipitation] rush.

**bousculer** [3] [buskyle] *vt* **-1.** [pousser – voyageur, passant] to jostle, to push, to shove; [– chaise, table] to bump ou to knock into. **-2.** *fig* [changer brutalement] to upset, to turn on its head, to turn upside down; ~ les habitudes de qqn to upset sb's routine. **-3.** [presser] to rush, to hurry; j'ai été très bousculé I've had a lot to do ou a very busy time.
◆ **se bousculer** *vpi* **-1.** [dans une cohue] to jostle, to push and shove. **-2.** [affluer] to rush; les idées se bousculaient dans sa tête his head was a jumble of ideas ❑ ça se bouscule au portillon! *fam* [il y a affluence] there's a huge crowd trying to get in!

**bouse** [buz] *nf* **-1.** [matière] cow dung. **-2.** [motte] cowpat.

**bouseux, euse**▽ [buzø, øz] *nm, f péj* yokel, country bumpkin, hick *Am*.

**bousier** [buzje] *nm* dung beetle.

**bousillage** [buzijaʒ] *nm fam* [gâchis] botch, botch-up.

**bousiller** [3] [buzije] *vt fam* **-1.** [mal faire] to bungle, to botch (up). **-2.** [casser] to bust, to wreck; [gâcher] to spoil, to ruin. **-3.** ▽ [tuer] to bump off *(sép)*, to do in *(sép)*, to waste.
◆ **se bousiller** *vpi fam*: se ~ les yeux/la santé to ruin one's eyes/health.

**boussole** [busɔl] *nf* **-1.** [instrument] compass. **-2.** *fam loc*: perdre la ~: il a complètement perdu la ~ [vieillard] he's lost his marbles, he's gone gaga; [fou] he's off his head ou rocker.

**boustifaille**▽ [bustifaj] *nf* grub, nosh *Br*, chow *Am*.

**bout** [bu] *nm* **-1.** [extrémité – d'un couteau, d'un crayon] tip; [– d'une botte, d'une chaussette] toe; [– d'une table, d'une ficelle] end; à ~s ronds round-tipped ❑ ~ du doigt fingertip, tip of the finger; ~ du nez tip of the nose; ~ du sein nipple; ~ filtre filter tip; à ~ filtre filter-tipped; le bon ~: prendre qqch par le bon ~ to get hold of sthg the right way round; plus que 40 pages à écrire, je tiens le bon ~ only another 40 pages to write, I can see the light at the end of the tunnel; je ne sais pas par quel ~ le prendre [personne] I don't know how to handle ou to approach him; [article, travail] I don't know how to tackle ou to approach it; aborder ou considérer ou voir les choses par le petit ~ de la lorgnette to take a narrow view of things; il a accepté du ~ des lèvres he accepted reluctantly ou half-heartedly; je l'ai sur le ~ de la langue it's on the tip of my tongue; sur le ~ des doigts perfectly, by heart; s'asseoir du ~ des fesses to sit down gingerly; s'en aller par tous les ~s to fall ou to come to pieces; en voir le ~: enfin, on en voit le ~ at last, we're beginning to see the light at the end of the tunnel; on n'en voit pas le ~ there's no end to it. **-2.** [extrémité – d'un espace] end; on voit enfin le ~ du tunnel *fig* at last we can see the light at the end of the tunnel; le ~ du monde the back of beyond; ce n'est pas le ~ du monde! it won't kill you!; ce serait bien le ~ du monde si ça prenait plus de deux jours it'll take two days at the very most. **-3.** [portion de temps]: ça fait un bon ~ de temps de ça *fam* it was quite a long time ago ou a while back; il faudra attendre un bon ~ de temps you'll have to wait for quite some time. **-4.** [morceau]: ~ de [pain, bois, terrain] piece of; [papier] scrap of; un ~ de ciel bleu a patch of blue sky; donne-m'en un ~ give me some ou a piece ou a bit; un (petit) ~ de chou ou zan *fam* [enfant] toddler; [en appellatif] sweetie, poppet *Br*; ~ d'essai screen test; ~ de rôle THÉÂT & CIN walk-on ou bit part; ça fait un bon ~ de chemin it's quite some ou a way; faire un ~ de chemin avec qqn to go part of the way with sb; faire un ~ de conduite à qqn to walk sb part of the way; discuter ou tailler le ~ de gras *fam* to chew the fat; mettre les ~s▽ to make o.s. scarce.
◆ **à bout** *loc adv*: être à ~ to be at the end of one's tether; ma patience est à ~! I've run out of patience!; mettre ou pousser qqn à ~ to push sb to the limit.
◆ **à bout de** *loc prép* **-1.** être à ~ de [ne plus avoir de]: être à ~ de forces: il est à ~ de forces [physiquement] he's got no strength left in him; [psychologiquement] he can't cope any more; être à ~ de nerfs to be on the verge of a breakdown; être à ~ de patience to have run out of patience. **-2.** *loc*: à ~ de bras: porter un paquet à ~ de bras to carry a parcel (in one's outstretched arms); porter qqn/une entreprise à ~ de bras *fig* to carry sb/a business; venir à ~ de [adversaire, obstacle] to overcome; [travail] to see the end of.

◆ **à bout portant** *loc adv* point-blank; tirer (sur qqn/qqch) à ~ portant to shoot (sb/sthg) at point-blank range.
◆ **à tout bout de champ** *loc adv* all the time, non-stop.
◆ **au bout de** *loc prép* **-1.** [après] after; au ~ d'un moment after a while. **-2.** [à la fin de]: j'arrive au ~ de mon contrat my contract's nearly up; pas encore au ~ de ses peines not out of the woods yet. **-3.** [dans l'espace]: au ~ de la rue at the bottom ou end of the road ❑ être au ~ de son ou du rouleau [épuisé] to be completely washed out; [presque mort] to be at death's door.
◆ **au bout du compte** *loc adv* at the end of the day, in the end.
◆ **bout à bout** *loc adv* end to end.
◆ **de bout en bout** *loc adv* [lire] from cover to cover; tu as raison de ~ en ~ you're completely ou totally right; elle a mené la course de ~ en ~ she led the race from start to finish.
◆ **d'un bout à l'autre** *loc adv*: la pièce est drôle d'un ~ à l'autre the play's hilarious from beginning to end ou from start to finish; il m'a contredit d'un ~ à l'autre he contradicted me all the way.
◆ **d'un bout de... à l'autre** *loc corrél*: d'un ~ de l'année à l'autre all year round; d'un ~ à l'autre du pays, les militants s'organisent (right) throughout the country, the militants are organizing themselves.
◆ **en bout de** *loc prép* at the end of; en ~ de course at the end of the race; le régime est en ~ de course *fig* the regime is running out of steam.
◆ **jusqu'au bout** *loc adv* to the very end; il va toujours jusqu'au ~ de ce qu'il entreprend he always sees things to the very end; il est toujours soigné jusqu'au ~ des ongles he's always immaculate; elle est artiste jusqu'au ~ des ongles she's an artist through and through.

**boutade** [butad] *nf* [plaisanterie] joke, sally.

**boute-en-train** [butɑ̃trɛ̃] *nm inv* [amuseur] funny man, joker; le ~ de la bande the life and soul of the group.

**boutefas** [butfa] *nm Helv* pork sausage.

**bouteille** [butɛj] *nf* **-1.** [récipient – pour un liquide] bottle; [– pour un gaz] bottle, cylinder; une ~ de vin [récipient] a wine bottle; un casier à ~s a bottle rack ❑ ~ Thermos® Thermos® (flask *Br* ou bottle *Am*); avoir de la ~ second hand; prendre de la ~ *fam* to be getting ou *Br* knocking on a bit; c'est la ~ à l'encre the whole thing's a muddle; jeter ou lancer une ~ à la mer *fig* to send a message in a bottle; *fig* to send out an SOS. **-2.** [contenu] bottle, bottleful; boire une bonne ~ to drink a good bottle of wine ❑ être porté sur ou aimer ou caresser la ~ to like one's drink.
◆ **bouteilles** *nfpl NAUT* heads, toilets.
◆ **en bouteille** ◇ *loc adj* [gaz, vin] bottled. ◇ *loc adv*: mettre du vin en ~ to bottle wine; vieilli en ~ aged in bottle.

**boutique** [butik] *nf* **-1.** [magasin] shop, store *Am*; ~ de mode boutique; ~ franche duty-free shop; tenir ~ to have a shop. **-2.** *fam* [lieu de travail] place, dump; changer de ~ to get a new job; parler ~ to talk shop.

**boutiquier, ère** [butikje, ɛr] *nm, f* shopkeeper *Br*, storekeeper *Am*.

**boutoir** [butwar] *nm* **-1.** ZOOL snout. **-2.** *loc*: coup de ~ cutting remark.

**bouton** [butɔ̃] *nm* **-1.** BOT bud; ~ de rose rosebud. **-2.** COUT button; ~ de col stud; ~ de manchette cuff link. **-3.** [poignée de porte, de tiroir] knob. **-4.** [de mise en marche] button; ~ de sonnette bellpush. **-5.** MÉD pimple, spot; avoir des ~s [pustules] to have pimples; [petits, rouges] to have a rash ❑ ~ de fièvre fever blister, cold sore.
◆ **en bouton** *loc adj* BOT in bud.

**bouton-d'or** [butɔ̃dɔr] *(pl* boutons-d'or*) nm* buttercup.

**boutonnage** [butɔnaʒ] *nm* **-1.** [action de boutonner] buttoning (up). **-2.** [mode de fermeture] buttons.

**boutonner** [3] [butɔne] ◇ *vt* [vêtement] to button (up), to do up *(sép)*. ◇ *vi* BOT to bud.
◆ **se boutonner** ◇ *vp (emploi passif)* [se fermer] to button (up). ◇ *vp (emploi réfléchi) fam* [s'habiller] to button o.s. up.

**boutonneux, euse** [butɔnø, øz] *adj* [peau, visage, adolescent] spotty, pimply.

**boutonnière** [butɔnjɛr] *nf* **-1.** COUT buttonhole. **-2.** MÉD buttonhole. **-3.** *fam* [blessure] gash.
◆ **à la boutonnière** *loc adv* on one's lapel.

**bouton-pression** [butɔpresjɔ̃] (*pl* **boutons-pression**) *nm* snap (fastener), press stud *Br*.

**bouturage** [butyraʒ] *nm* propagation by cuttings.

**bouture** [butyr] *nf* cutting.

**bouturer** [3] [butyre] ◇ *vt* -1. [reproduire] to propagate (by cuttings). -2. [couper] to take cuttings from. ◇ *vi* to grow suckers.

**bouvier, ère** [buvje, ɛr] *nm, f* bullock driver, cowherd.

◆ **bouvier** *nm* bouvier, sheepdog.

**bouvreuil** [buvrœj] *nm* bullfinch.

**bovidé** [bɔvide] *nm* bovid; les ~s the Bovidae.

**bovin, e** [bɔvɛ̃, in] *adj* -1. ZOOL [espèce] bovine; [élevage] cattle *(modif)*. -2. *péj* [stupide] bovine.

◆ **bovin** *nm* bovine; les ~s ZOOL the Bovini; AGR cattle.

**boviné** [bɔvine] *nm* bovine; les ~s the Bovini.

**bowling** [buliŋ] *nm* -1. JEUX (tenpin) bowling; aller faire un ~ to go bowling. -2. [salle] bowling alley.

**bow-window** [bowindo] (*pl* **bow-windows**) *nm* bow window.

**box¹** [bɔks] *nm inv* [cuir] box calf.

**box²** [bɔks] (*pl inv* OU **boxes**) *nm* -1. [enclos – pour cheval] stall, loose box *Br*. -2. [garage] lock-up garage. -3. [compartiment – à l'hôpital, au dortoir] cubicle. -4. JUR: ~ des accusés dock; au ~ des accusés *pr* & *fig* in the dock.

**boxe** [bɔks] *nf* boxing; faire de la ~ to box ❏ ~ anglaise boxing; ~ française kick OU French boxing.

**boxer¹** [bɔksɛr] *nm* ZOOL boxer.

**boxer²** [3] [bɔkse] ◇ *vi* to box, to fight; ~ contre qqn to box with sb. ◇ *vt fam* to punch, to thump.

**boxeur, euse** [bɔksœr, øz] *nm, f* boxer.

**box-office** [bɔksɔfis] (*pl* **box-offices**) *nm* box office.

**boxon**ᵛ [bɔksɔ̃] *nm* -1. [maison close] brothel, whorehouse. -2. [désordre] godawful mess.

**boy** [bɔj] *nm* -1. [serviteur] boy. -2. [danseur] (music-hall) dancer.

**boyau, x** [bwajo] *nm* -1. CULIN length of casing. -2. MUS: ~ (de chat) catgut, gut. -3. [passage – de mine] gallery, tunnel; [souterrain] narrow tunnel; [tranchée] trench; [rue] narrow alleyway. -4. [chambre à air] inner tube.

◆ **boyaux** *nmpl* ZOOL guts, entrails; [d'une personne] *fam* innards, guts.

**boycott** [bɔjkɔt], **boycottage** [bɔjkɔtaʒ] *nm* boycott.

**boycotter** [3] [bɔjkɔte] *vt* to boycott.

**boycotteur, euse** [bɔjkɔtœr, øz] ◇ *adj* boycotting *(avant n)*. ◇ *nm, f* boycotter.

**boy-scout** [bɔjskut] (*pl* **boy-scouts**) *nm* -1. *fam* [naïf] idealist. -2. *vieilli* [scout] boyscout, scout.

**BP** (*abr de* **boîte postale**) *nf* P.O. Box.

**BPF** (*abr écrite de* **bon pour francs**) *printed on cheques and invoices before space for amount to be inserted*.

**brabançon, onne** [brabɑ̃sɔ̃, ɔn] *adj* from Brabant.

**Brabançonne** [brabɑ̃sɔn] *npr f* Belgian national anthem.

**brabant** [brabɑ̃] *nm* metal plough.

**Brabant** [brabɑ̃] *npr m*: le ~ Brabant.

**bracelet** [braslɛ] *nm* -1. [souple] bracelet; [rigide] bangle; [pour cheville] ankle bracelet. -2. [de montre] strap. -3. [pour faire du sport] wristband; ~ de force leather wristband. -4. [lien] band; ~ élastique rubber band.

◆ **bracelets**ᵛ *nmpl arg crime* [menottes] bracelets, cuffs.

**bracelet-montre** [braslɛmɔ̃tr] (*pl* **bracelets-montres**) *nm* wristwatch.

**brachial, e, aux** [brakjal, o] *adj* brachial.

**braconnage** [brakɔnaʒ] *nm* poaching HUNT.

**braconner** [3] [brakɔne] *vi* to poach HUNT.

**braconnier, ère** [brakɔnje, ɛr] *nm, f* poacher HUNT.

**brader** [3] [brade] *vt* to sell off *(sép)* cheaply.

**braderie** [bradri] *nf* -1. [vente – en plein air, dans une salle] ≈ jumble sale *Br*, ≈ rummage sale *Am*. -2. [soldes] clearance sale.

**bradeur, euse** [bradœr, øz] *nm, f* discounter.

**braguette** [bragɛt] *nf* flies *Br*, fly *Am* *(on trousers)*.

**brahmane** [braman] *nm* Brahman.

**brahmanique** [bramanik] *adj* Brahmanic.

**brahmanisme** [bramanism] *nm* Brahmanism.

**braillard, e** [brajar, ard] *péj* ◇ *adj*: un bébé ~ a bawler. ◇ *nm, f* bawler, squaller.

**braille** [braj] *nm* Braille.

**braillement** [brajmɑ̃] *nm* bawl, howl; les ~s d'un bébé the crying OU howling of a baby.

**brailler** [3] [braje] ◇ *vi* -1. [pleurer] to wail, to bawl, to howl. -2. [crier – mégère, ivrogne] to yell, to bawl; [– radio] to blare (out). -3. [chanter] to roar, to bellow. ◇ *vt* to bawl (out), to holler (out) *Am*.

**brailleur, euse** [brajœr, øz] *péj* = **braillard**.

**braiment** [brɛmɑ̃] *nm* bray, braying.

**brainstorming** [brɛnstɔrmiŋ] *nm* brainstorming session.

**brain-trust** [brɛntrœst] (*pl* **brain-trusts**) *nm* brains trust *Br*, brain trust *Am*.

**braire** [112] [brɛr] *vi* -1. ZOOL to bray. -2. *fam* [crier] to yell, to bellow. -3. *fam loc*: tu me fais ~! you're getting on my wick!

**braise** [brɛz] *nf* -1. [charbons] (glowing) embers; un regard de ~ *fig* a smouldering look. -2. ᵛ *arg crime* [argent] dough, moolah.

**braiser** [4] [breze] *vt* to braise.

**bramer** [3] [brame] *vi* -1. ZOOL to bell. -2. *fam* [pleurer] to wail.

**brancard** [brɑ̃kar] *nm* -1. [civière] stretcher. -2. [limon d'attelage] shaft.

**brancardier** [brɑ̃kardje] *nm* stretcher-bearer.

**branchage** [brɑ̃ʃaʒ] *nm* [ramure] boughs, branches.

◆ **branchages** *nmpl* (cut) branches.

**branche** [brɑ̃ʃ] *nf* -1. BOT [d'arbre] branch, bough; [de céleri] stick; grosse ~ limb, large branch ❏ vieille ~ hum & vieilli old chum OU buddy; s'accrocher OU se raccrocher aux ~s *fam* to hang on by one's fingernails. -2. ANAT ramification. -3. ÉLECTRON leg, branch. -4. [tige – de lunettes] sidepiece *Br*, bow *Am*; [– d'un compas, d'un aimant] arm, leg; [– de ciseaux] blade; [– de tenailles] handle; [– d'un chandelier] branch. -5. [secteur] field. -6. [d'une famille] side; par la ~ maternelle on the mother's side (of the family); la ~ aînée de la famille the senior branch of the family.

◆ **en branches** *loc adj* [épinards] leaf *(modif)*.

**branché, e** [brɑ̃ʃe] *fam* ◇ *adj* fashionable, trendy *péj*. ◇ *nm, f*: tous les ~s viennent dans ce café you get all the fashionable people OU *péj* trendies in this café.

**branchement** [brɑ̃ʃmɑ̃] *nm* -1. CONSTR, ÉLECTR, TÉLÉC & TRAV PUBL connection; ~ d'appareil [tuyau] connecting branch; [liaison] connection, installation; ~ au réseau électrique network branch; ~ électrique electric power supply; faire un ~ au OU sur le réseau to become connected to the mains (power supply). -2. RAIL turnout.

**brancher** [3] [brɑ̃ʃe] ◇ *vt* -1. CONSTR, ÉLECTR, TÉLÉC & TRAV PUBL to connect; ~ qqch sur une prise to plug sthg in; être branché [appareil] to be plugged in; [canalisation] to be connected to the system. -2. *fam* [faire parler]: ~ qqn sur to start sb off OU to get sb going on. -3. *fam* [mettre en rapport]: ~ qqn avec to put sb in touch with. -4. *fam* [intéresser]: ça me branche bien! that's great!; il est très branché [de ses] voyages he's really into travelling; ça vous brancherait d'y aller? how do you fancy going there? ◇ *vi* to roost, to sit.

◆ **se brancher** *vp (emploi passif)*: se ~ dans to plug into. ◇ *vpi*: se ~ sur RAD to tune in to; [canalisation] to connect up to; il s'est branché sur l'informatique *fam* & *fig* he's got into computers.

**branchies** [brɑ̃ʃi] *nfpl* gills, branchiae *spéc*.

**branchu, e** [brɑ̃ʃy] *adj* branchy.

**brandade** [brɑ̃dad] *nf* brandade, salt cod puree.

**brandebourg** [brɑ̃dbur] *nm* COUT frog, frogging.

**brandir** [32] [brɑ̃dir] *vt* to brandish, to wave (about), to flourish.

**brandon** [brɑ̃dɔ̃] *nm* [pour allumer] firebrand; ~ de discorde [objet, situation] bone of contention; [personne] troublemaker.

**branlant, e** [brɑ̃lɑ̃, ɑ̃t] *adj* -1. [vieux – bâtiment, véhicule] ramshackle, rickety. -2. [instable – pile d'objets] unsteady, wobbly, shaky; [– échelle, chaise] rickety, shaky; [– démarche] tottering; [– dent] loose; [– résolution, réputation] shaky.

**branle** [brɑ̃l] *nm* [mouvement] pendulum motion; [impulsion] impulsion, propulsion; **être en** ~ to be on the move; **mettre en** ~ [cloche] to set going; [mécanisme, procédure] to set going OU in motion; **se mettre en** ~ [voyageur] to set off, to start out; [mécanisme] to start going, to start moving; [voiture] to start (moving).

**branle-bas** [brɑ̃lbɑ] *nm inv* **-1.** [agitation] pandemonium, commotion; ~ **de combat!** NAUT & *fig* action stations! **-2.** NAUT clearing of the decks.

**branlement** [brɑ̃lmɑ̃] *nm* [dodelinement] wagging (of the head).

**branler** [3] [brɑ̃le] ◇ *vi* [échelle, pile d'objets] to be shaky OU unsteady; [fauteuil] to be rickety; [dent] to be loose; ~ **du chef** (de haut en bas) to nod; [de droite à gauche] to shake one's head. ◇ *vt* ▼ [faire]: **mais qu'est-ce qu'il branle?** [il est en retard] where the fuck is he?; [il fait une bêtise] what the fuck's he up to?
◆ **se branler** ▼ *vpi* to (have a) wank *Br*, to jerk off *Am*; **je m'en branle** *fig* I don't give a shit OU fuck.

**branleur, euse** ▼ [brɑ̃lœr, øz] *nm, f* wanker *Br*, shit.

**brante** [brɑ̃t] *nf Helv* grape-picker's basket.

**braquage** [braka3] *nm* **-1.** AUT (steering) lock. **-2.** AÉRON deflection. **-3.** *fam* [vol] holdup, stickup.

**braque** [brak] ◇ *adj fam* cracked, nuts. ◇ *nm* ZOOL pointer.

**braquer** [3] [brake] ◇ *vt* **-1.** [pointer – fusil] to point, to aim, to level; [– projecteur, télescope] to train; ~ **son revolver sur qqn** to level ou to point one's gun at sb. **-2.** [concentrer]: ~ **sur** to train OU to fix OU to turn on; **son regard était braqué sur moi** she was staring straight at me, her gaze was fixed on me. **-3.** AUT & AÉRON to lock. **-4.** [rendre hostile] to antagonize; ~ **qqn contre** to set sb against. **-5.** *fam* [attaquer – banque] to hold up *(insép)*; [– caissier] to hold at gunpoint. ◇ *vi* [voiture] to lock; ~ **à droite/gauche** to lock hard to the right/left; **braque à fond!** wheel hard down!
◆ **se braquer** *vpi* to dig one's heels in.

**braquet** [brake] *nm* transmission ratio.

**bras** [bra] ◇ *nm* **-1.** [membre] arm; ANAT upper arm; **son panier/épouse au** ~ his basket/wife on his arm; **porter un enfant dans les** ou **ses** ~ to carry a child (in one's arms); **tomber dans les** ~ **de qqn** to fall into sb's arms; **sous le** ~ under one arm; **prendre le** ~ **de qqn** to grab sb's arm; **donner** ou **offrir son** ~ **à qqn** to offer sb one's arm; **serrer qqn dans ses** ~ to hold sb in one's arms, to hug sb; **tendre** ou **allonger le** ~ to stretch one's arm out; **les** ~ **en croix** (with) arms outstretched ou outspread ❑ ~ **droit** right hand man (*f* woman); **faire un** ~ **de fer avec qqn** *pr* to arm-wrestle with sb; *fig* to have a tussle with sb; **faire un** ~ **d'honneur à qqn** ≃ to give sb a V-sign *Br* ou the finger *Am*; **jouer les gros** ~ to throw one's weight around; **tomber à** ~ **raccourcis sur qqn** [gén] to lay into sb; [physiquement] to beat sb to a pulp; **avoir le** ~ **long** to be influential; **se jeter dans les** ~ **de qqn** *fig* to throw o.s. into sb's arms; *fig* to fall an easy prey to sb; **les** ~ **lui en sont tombés** his arms dropped ou fell; **lever les** ~ [d'impuissance] to throw up one's arms (helplessly); **lever les** ~ **au ciel** to throw up one's arms in indignation; **tendre les** ~ **à qqn** *pr* to hold out one's arms to sb; *fig* to offer sb (moral) support; **tendre les** ~ **vers qqn** *pr* to hold out one's arms to sb; *fig* to turn to sb for help. **-2.** ZOOL [du cheval] arm; [tentacule] arm, tentacle. **-3.** [partie – d'une ancre, d'un électrophone, d'un moulin] arm; [– d'une charrette] arm, shaft; [– d'une grue] arm, jib; [– d'un fauteuil] arm, armrest; [– d'une brouette] handle; [– d'une manivelle] web, arm; [– d'un brancard] pole; [– d'une croix] arm; **le levier lever arm** ou **crank;** ~ **manipulateur** computer-operated arm. **-4.** [pouvoir]: **le** ~ **séculier** the secular arm; **le** ~ **de la justice** the long arm of the law. **-5.** GÉOG [d'un delta] arm; ~ **de mer** sound, arm of the sea. **-6.** NAUT (anchor) arm.
◇ *nmpl* [main-d'œuvre] workers; **on a besoin de** ~ we're short-handed ou short-staffed.
◆ **à bras ouverts** *loc adv* [accueillir] with open arms.
◆ **au bras de** *loc prép* on the arm of, arm in arm with.
◆ **bras dessus, bras dessous** *loc adv* arm in arm.
◆ **être sur les bras** *loc adv*: **avoir qqn/qqch sur les** ~ to be stuck with sb/sthg; **je me suis retrouvé avec le projet sur les** ~ I got landed with the project; **je n'ai plus mes enfants sur les** ~ my children are off my hands now; **le loyer m'est resté sur les** ~ I was left with the rent to pay.

**brasero** [brazero] *nm* brazier.

**brasier** [brazje] *nm* **-1.** [incendie] blaze, fire. **-2.** [tumulte] fire; **le pays est maintenant un véritable** ~ the whole country's ablaze.

**Brasilia** [brazilja] *npr* Brasilia.

**bras-le-corps** [brɑlkɔr]
◆ **à bras-le-corps** *loc adv*: **prendre qqn à** ~ to catch hold of ou to seize sb around the waist; **prendre un problème à** ~ *fig* to tackle a problem head on.

**brassage** [brasa3] *nm* **-1.** [de la bière] brewing; [du malt] mashing. **-2.** [de liquides] mixing, swirling together; [des cultures, des peuples] intermixing, intermingling.

**brassard** [brasar] *nm* armband; ~ **de deuil** black armband.

**brasse** [bras] *nf* **-1.** SPORT breaststroke; **elle traverse la piscine en 10** ~**s** she can cross the swimming pool in 10 strokes (*doing the breaststroke*) ❑ ~ **papillon** butterfly (stroke). **-2.** [mesure] 5 feet; NAUT fathom.

**brassée** [brase] *nf* armful.
◆ **par brassées** *loc adv* by the armful.

**brasser** [3] [brase] *vt* **-1.** [bière] to brew; [malt] to mash. **-2.** JEUX [cartes] to shuffle. **-3.** [populations] to intermingle. **-4.** [agiter – air] to fan; [– feuilles mortes] to toss about (*sép*), to stir. **-5.** [manier – argent, sommes] to handle; ~ **des affaires** to handle a lot of business.

**brasserie** [brasri] *nf* **-1.** [fabrique de bière] brewery. **-2.** [café] *large café serving light meals.*

**brasseur, euse** [brasœr, øz] *nm, f* **-1.** SPORT breaststroker. **-2.** [fabricant de bière] brewer.
◆ **brasseur d'affaires** *nm* big businessman.

**brassière** [brasjœr] *nf* **-1.** VÊT (baby's) vest *Br* ou undershirt *Am*. **-2.** NAUT: ~ **de sauvetage** life jacket. **-3.** *Can* bra.

**brasure** [brazyr] *nf* **-1.** [soudure] soldering joint ou surface ou seam. **-2.** [alliage] brazing alloy.

**bravache** [bravaʃ] ◇ *adj* swaggering, blustering. ◇ *nm* braggart *litt*, swaggerer; **faire le** ~ to brag.

**bravade** [bravad] *nf* [ostentation] bravado; [défi] defiance; **faire qqch par** ~ [ostentation] to do sthg out of bravado; [défi] to do sthg in a spirit of defiance.

**brave** [brav] ◇ *adj* **-1.** [courageux] brave, bold; **faire le** ~ to act brave. **-2.** (*avant le nom*) [bon] good, decent; **de** ~**s gens** good ou decent people; **un** ~ **type** *fam* a nice bloke *Br* ou guy. **-3.** [ton condescendant]: **ma** ~ **dame/mon** ~ **monsieur, personne ne dit le contraire!** my dear lady/my dear fellow, nobody's saying anything to the contrary!; **il est bien** ~ **mais il ne comprend rien** he means well but he doesn't understand a thing. ◇ *nmf* [héros] brave man (*f* woman). ◇ *nm* [guerrier indien] brave.

**bravement** [bravmɑ̃] *adv* **-1.** [courageusement] bravely, courageously. **-2.** [sans hésitation] boldly, resolutely.

**braver** [3] [brave] *vt* **-1.** [affronter – danger, mort] to defy, to brave; [– conventions] to go against, to challenge. **-2.** [défier – autorité] to defy, to stand up to (*insép*).

**bravo** [bravo] ◇ *interj* **-1.** [applaudissement] bravo. **-2.** [félicitations] well done, bravo. ◇ *nm* bravo; **un grand** ~ **pour nos candidats** let's have a big hand for our contestants.

**bravoure** [bravur] *nf* bravery, courage.

**BRB** *nf abr de* **brigade de répression du banditisme**.

**break** [brɛk] *nm* **-1.** AUT estate car *Br*, station wagon *Am*. **-2.** [voiture à cheval] break. **-3.** MUS break.

**brebis** [brəbi] *nf* **-1.** ZOOL ewe; ~ **galeuse** black sheep. **-2.** RELIG sheep; ~ **égarée** lost sheep.

**brèche** [brɛʃ] *nf* **-1.** [ouverture] breach, gap, break. **-2.** MIL breach; **faire une** ~ **en front** to break open ou to breach an enemy line ❑ **être toujours sur la** ~ to be always on the go. **-3.** *fig* hole, dent; **faire une** ~ **à son capital** to make a hole ou dent in one's capital. **-4.** GÉOL breccia.

**bredouille** [brəduj] *adj* empty-handed; **rentrer** ~ CHASSE & PÊCHE to come home empty-handed ou with an empty bag; *fig* to come back empty-handed.

**bredouillement** [brədujmɑ̃] *nm* mumbling, muttering.

**bredouiller** [3] [brəduje] *vi & vt* to mumble, to mutter.

**bref, brève** [brɛf, brɛv] *adj* **-1.** [court – moment, vision] brief, fleeting; [concis – lettre, discours] brief, short; **soyez** ~ be brief. **-2.** PHON [syllabe, voyelle] short.
◆ **bref** ◇ *adv* in short, in a word; **enfin** ~, **je n'ai pas envie**

d'y aller well, basically, I don't want to go; ~, ce n'est pas possible anyway, it's not possible. ◊ *nm* RELIG (papal) brief.
◆ **brève** *nf* **-1.** PHON [voyelle] short vowel; [syllabe] short syllable. **-2.** PRESSE, RAD & TV brief.
◆ **en bref** *loc adv* **-1.** [en résumé] in short, in brief. **-2.** PRESSE, RAD & TV: en ~ news in brief.
**brelan** [brəlɑ̃] *nm* three of a kind.
**breloque** [brələk] *nf* [bijou] charm.
**brème** [brɛm] *nf* ZOOL bream.
**Brésil** [brezil] *npr m*: le ~ Brazil.
**brésilien, enne** [breziljɛ̃, ɛn] *adj* Brazilian.
◆ **Brésilien, enne** *nm, f* Brazilian.
◆ **brésilien** *nm* LING Brazilian Portuguese.
**Bretagne** [brətaɲ] *npr f*: (la) ~ Brittany.
**bretelle** [brətɛl] *nf* **-1.** [bandoulière] (shoulder) strap; **porter l'arme à la** ~ to carry one's weapon slung over one's shoulder. **-2.** [de robe] shoulder strap; [de soutien-gorge] (bra) strap. **-3.** RAIL double crossover. **-4.** TRANSP slip road *Br*, access road; ~ d'accès access road; ~ d'autoroute motorway slip road *Br*, highway access road *Am*; ~ de contournement bypass; ~ de raccordement motorway *Br* ou highway *Am* junction; ~ de sortie exit road.
◆ **bretelles** *nfpl* braces *Br*, suspenders *Am*.
**breton, onne** [brətɔ̃, ɔn] *adj* Breton.
◆ **Breton, onne** *nm, f* Breton.
◆ **breton** *nm* LING Breton.
**bretonnant, e** [brətɔnɑ̃, ɑ̃t] *adj* Breton-speaking.
**bretzel** [brɛtzɛl] *nm* pretzel.
**breuvage** [brœvaʒ] *nm* **-1.** [boisson] beverage, drink. **-2.** [potion] potion, beverage.
**brève** [brɛv] *f* → **bref**.
**brevet** [brəvɛ] *nm* **-1.** JUR: ~ (d'invention) patent; **titulaire d'un** ~ patentee. **-2.** SCOL diploma; **le** ~ exam taken at 14 years of age ❑ → d'études professionnelles → BEP; ~s militaires ≈ staff college qualifications; ~ professionnel vocational diploma; ~ de technicien exam taken at 17 after 3 years' technical training; ~ de technicien supérieur → BTS. **-3.** AÉRON: ~ de pilote pilot's licence. **-4.** [certificat] certificate; ~ de secourisme first-aid certificate; **décerner à qqn un** ~ de moralité to testify to ou to vouch for sb's character.
**brevetable** [brəvtabl] *adj* patentable.
**breveté, e** [brəvte] ◊ *adj* **-1.** [diplômé] qualified. **-2.** [garanti] patented. ◊ *nm, f* patentee.
**breveter** [27] [brəvte] *vt* to patent; **faire** ~ qqch to take out a patent for sthg.
**bréviaire** [brevjɛr] *nm* breviary.
**briard, e** [brijar, ard] *adj* from the Brie region.
◆ **briard** *nm* Briard (sheepdog).
**bribes** [brib] *nfpl* **-1.** [restes – d'un gâteau, d'un repas] scraps, crumbs. **-2.** [fragments – de discours] snatches, scraps; [– d'information, de connaissance] scraps.
◆ **par bribes** *loc adv* in snatches, bit by bit.
**bric-à-brac** [brikabrak] *nm inv* **-1.** [tas d'objets] clutter, jumble, bric-à-brac. **-2.** [mélange d'idées] jumble of ideas, hotchpotch *Br* ou hodgepodge *Am* of ideas. **-3.** [boutique] junk shop *Br*, secondhand store *Am*.
**bricelet** [brislɛ] *nm* Helv thin crisp waffle.
**bric et de broc** [brikedbrɔk]
◆ **de bric et de broc** *loc adv* haphazardly; **meublé de** ~ furnished with bits and pieces.
**bricolage** [brikɔlaʒ] *nm* **-1.** [travail manuel] do-it-yourself, DIY *Br*. **-2.** [réparation] makeshift repair; **c'est du bon** ~ it's good work. **-3.** [mauvais travail]: **c'est du** ~ it's just been thrown together.
◆ **de bricolage** *loc adj* [magasin, manuel, rayon] do-it-yourself (modif), DIY *Br* (modif).
**bricole** [brikɔl] *nf* **-1.** [petit objet]: des ~s things, bits and pieces. **-2.** [article de peu de valeur] trifle; **je vais lui offrir une** ~ I'm going to give her a little something ❑ ... et des ~s fam... and a bit; **30 francs et des** ~s 30-odd francs. **-3.** [chose sans importance] piece of trivia; des ~s trivia. **-4.** fam [ennui] trouble. **-5.** [harnais] breast harness. **-6.** [bretelle] carrying girth ou strap. **-7.** PÊCHE double hook.
**bricoler** [3] [brikɔle] ◊ *vi* **-1.** [faire des aménagements] to do DIY. **-2.** [avoir de petits emplois] to do odd jobs. **-3.** fam & péj

[mauvais artisan, praticien ou étudiant] to produce shoddy work. ◊ *vt* **-1.** [confectionner] to make. **-2.** [réparer] to fix (up), to mend, to carry out makeshift repairs to. **-3.** [manipuler] to tinker ou to tamper with.
**bricoleur, euse** [brikɔlœr, øz] ◊ *nm, f* **-1.** [qui construit ou répare soi-même] handyman (*f* handywoman), DIY enthusiast. **-2.** péj [dilettante] amateur, dilettante. ◊ *adj*: **il est très** ~ he's good with his hands.
**bride** [brid] *nf* **-1.** ÉQUIT bridle; **tenir son cheval en** ~ to curb ou to rein in a horse; **rendre la** ~ à un cheval to give a horse its head ❑ **à** ~ **abattue, à toute** ~ at full speed, like greased lightning; **avoir la** ~ sur le cou to be given a free hand; **laisser la** ~ sur le cou à qqn to give sb a free rein; **serrer** ou **tenir la** ~ à qqn to keep sb on a tight rein. **-2.** COUT bar; [en dentelle] bride, bar. **-3.** MÉD adhesion.
**bridé, e** [bride] *adj*: **avoir les yeux** ~s to have slanting eyes.
**brider** [3] [bride] *vt* **-1.** ÉQUIT to bridle. **-2.** [serrer] to constrict; **ma veste me bride aux emmanchures** my jacket is too tight under the arms. **-3.** [émotion] to curb, to restrain; [personne] to keep in check. **-4.** COUT to bind. **-5.** CULIN to truss. **-6.** NAUT to lash together.
**bridge** [bridʒ] *nm* **-1.** DENT bridge, bridgework. **-2.** JEUX bridge.
**bridger** [17] [bridʒe] *vi* to play bridge.
**bridgeur, euse** [bridʒœr, øz] *nm, f* bridge player.
**brie** [bri] *nm* Brie.
**briefer** [3] [brife] *vt* to brief.
**briefing** [brifiŋ] *nm* briefing.
**brièvement** [brijɛvmɑ̃] *adv* **-1.** [pendant peu de temps] briefly, fleetingly, for a short time. **-2.** [avec concision] briefly, in a few words.
**brièveté** [brijɛvte] *nf* brevity, briefness.
**brigade** [brigad] *nf* **-1.** MIL [détachement] brigade; ~ de gendarmerie squad of gendarmes ‖ [régiments] brigade. **-2.** [équipe d'ouvriers] gang, team. **-3.** [corps de police] squad; ~ antigang ou de répression du (grand) banditisme organized crime division; ~ des mineurs juvenile squad; ~ des mœurs vice squad; ~ des stupéfiants drug squad; ~ mobile ou volante flying squad. **-4.** [en Italie]: **les Brigades rouges** the Red Brigades.
**brigadier** [brigadje] *nm* **-1.** [de police] sergeant. **-2.** MIL corporal. **-3.** HIST brigadier.
**brigadier-chef** [brigadjeʃɛf] (*pl* **brigadiers-chefs** *nm* lance-sergeant.
**brigand** [brigɑ̃] *nm* **-1.** [bandit] bandit, brigand litt. **-2.** [escroc] crook, thief. **-3.** [avec affection]: ~, **va!** fam you rogue ou imp ou rascal.
**brigandage** [brigɑ̃daʒ] *nm* **-1.** [vol à main armée] armed robbery. **-2.** [acte malhonnête]: **c'est du** ~ it's daylight robbery.
**brigue** [brig] *nf* litt intrigue; **avoir une place par (la)** ~ to get a job by pulling strings.
**briguer** [3] [brige] *vt* [emploi] to angle for (insép); [honneur] to seek, to pursue, to aspire to (insép); [suffrage] to seek.
**brillamment** [brijamɑ̃] *adv* brilliantly, magnificently.
**brillant, e** [brijɑ̃, ɑ̃t] *adj* **-1.** [luisant – parquet] shiny, polished; [– peinture] gloss (modif); [– cheveux, lèvres] shiny, glossy; [– soie] lustrous; [– toile, cristal] sparkling, glittering; [– feuille, chaussure] glossy, shiny; [– yeux] bright, shining; ~ de malice eyes sparkling with mischief; **yeux** ~s de fièvre eyes bright with fever. **-2.** [remarquable – esprit, intelligence] brilliant, outstanding; [– personne] outstanding; [– succès, carrière, talent] brilliant, dazzling, outstanding; [– conversation] brilliant, sparkling; [– hommage] superb, magnificent; [– représentation, numéro] brilliant, superb; **pas** ~: **ce n'est pas** ~ it's not brilliant; **sa santé n'est pas** ~e his health is not too good; **les résultats ne sont pas** ~s the results aren't too good ou aren't all they should be.
◆ **brillant** *nm* **-1.** [éclat – d'un métal, d'une surface] gloss, sheen; [– de chaussures] shine; [– d'une peinture] gloss; [– d'un tissu] sheen; [– d'un diamant, d'un regard] sparkle. **-2.** [brio] brio, sparkle; **malgré le** ~ de sa conversation/son œuvre in spite of his brilliant conversation/impressive work. **-3.** JOAILL brilliant.
◆ **brillant à lèvres** *nm* [cosmétique] lip gloss.
**brillantine** [brijɑ̃tin] *nf* [pour les cheveux] brilliantine.

**briller** [3] [brije] *vi* **-1.** [luire – chaussure, soleil, lumière, regard] to shine; [– chandelle] to glimmer; [– étoile] to twinkle, to shine; [– diamant] to shine, to glitter, to sparkle; [– dents] to sparkle; [– eau] to shimmer, to sparkle; [– feuille] to shine, to glisten; **j'ai le nez qui brille** I have a shiny nose; **faire ~: faire ~ ses chaussures** to shine one's shoes; **faire ~ un meuble/l'argenterie** to polish a piece of furniture/the silver; **~ de: des yeux qui brillent de colère** eyes ablaze with anger; **des yeux qui brillent de plaisir/d'envie** eyes sparkling with pleasure/glowing with envy; **des yeux qui brillent de fièvre** eyes bright with fever ❑ **tout ce qui brille n'est pas (d')or** *prov* all that glitters is not gold *prov*. **-2.** [exceller] to shine, to excel; **~ à un examen** to do very well in an exam ‖ [se distinguer] to stand out; **~ en société** to be a social success; **~ dans une conversation** to shine in a conversation ❑ **~ par son absence** to be conspicuous by one's absence.

**brimade** [brimad] *nf* **-1.** [vexation] victimization, bullying; **faire subir des ~s à qqn** to victimize sb, to bully sb. **-2.** ▽ *arg scol* initiation ceremony.

**brimborion** [brɛ̃bɔrjɔ̃] *nm litt* bauble, trinket.

**brimer** [3] [brime] *vt* **-1.** [tracasser] to victimize; **il se sent brimé** he feels victimized. **-2.** ▽ *arg scol* to initiate.

**brin** [brɛ̃] *nm* **-1.** [filament] strand; **corde/laine à trois ~s** three-ply rope/wool ‖ TEXT fibre. **-2.** [tige – d'herbe] blade; [– d'osier] twig; [– de muguet, de persil] sprig; [– de bruyère, d'aubépine] sprig. **-3.** [morceau – de laine, de fil] piece, length; **~ de paille** (piece of) straw. **-4.** [parcelle]: **un ~** a (tiny) bit of; **un ~ de génie** a touch of genius; **il n'a pas un ~ de bon sens** he hasn't an ounce ou a shred of common sense; **il n'y a pas un ~ de vent** there isn't a breath of wind; **il n'y a pas un ~ de vérité là-dedans** there isn't a grain of truth in it; **faire un ~ de: faire un ~ de causette (à ou avec qqn)** to have a quick chat (with sb); **faire un ~ de cour à** to have a little flirt with; **faire un ~ de toilette** to have a quick wash. **-5.** *loc:* **un beau ~ de fille** a good-looking girl.
◆ **un brin...** *loc adv fam* a trifle..., a touch...; **il était un ~ dépité** he was a trifle disappointed.

**brindille** [brɛ̃dij] *nf* twig.

**bringue** [brɛ̃g] *nf fam* **-1.** [personne] *péj:* **une grande ~** a beanpole. **-2.** [noce]: **faire la ~** to live it up, to party.

**bringuebaler** [3] [brɛ̃gbale] ◇ *vt* to joggle, to shake. ◇ *vi* to rattle; **une voiture bringuebalante** a shaky old car.

**bringuer** [3] [brɛ̃ge] *Helv* ◇ *vi:* **arrête de ~!** stop going on about it! ◇ *vt* to go on at *(insép)*.
◆ **se bringuer** *vpi:* **ils se bringuaient** they were having a row.

**brinquebaler** [brɛ̃kbale] = **bringuebaler**.

**brio** [brijo] *nm* brio, verve.
◆ **avec brio** *loc adv:* **s'en tirer avec ~** to carry sthg off with style.

**brioche** [brijɔʃ] *nf* **-1.** CULIN brioche. **-2.** *fam* [ventre] paunch; **prendre de la ~** to be getting a paunch ou potbelly.

**brioché, e** [brijɔʃe] *adj* brioche-like.

**brique** [brik] ◇ *nf* **-1.** CONSTR brick; **un mur de ~ ou ~s** a brick wall ❑ **~ réfractaire** firebrick, refractory brick; **bouffer des ~s** ▽ to have nothing to eat. **-2.** [morceau] piece; **~ de jeu de construction** building block. **-3.** [emballage – de lait, de jus de fruit] carton. **-4.** *fam* [million] *one million old francs (10,000 francs).* ◇ *adj inv* brick-red.

**briquer** [3] [brike] *vt* [pont de navire] to scrub; *fam* [maison] to clean from top to bottom.

**briquet** [brike] *nm* **-1.** [appareil] lighter. **-2.** ZOOL beagle.

**briquetage** [brikta3] *nm* **-1.** [maçonnerie] brickwork. **-2.** [enduit] imitation brickwork.

**briqueter** [27] [brikte] *vt* **-1.** CONSTR [pavement, surface] to face in imitation brickwork. **-2.** [transformer en briquettes] to briquette.

**briqueterie** [briketri] *nf* brickworks *(sg)*, brickyard.

**briqueteur** [briktœr] *nm* bricklayer.

**briquetier** [briktje] *nm* **-1.** [ouvrier] brickmaker. **-2.** [dirigeant] brickyard manager.

**briquette** [briket] ◇ *v* → **briqueter**. ◇ *nf* **-1.** CONSTR small brick. **-2.** [de combustible] briquette.

**briquetterai** [briketre] *v* → **briqueter**.

**bris** [bri] *nm* **-1.** [fragment] piece, fragment; **des ~ de glace** shards, fragments of glass; **être assuré contre les ~ de glace** to be insured for plate glass risk. **-2.** JUR: **~ de clôture** breach of close; **~ de scellés** breaking of seals.

**brisant, e** [brizɑ̃, ɑ̃t] *adj* highly explosive *(modif)*.
◆ **brisant** *nm* [haut-fond] reef, shoal.
◆ **brisants** *nmpl* [vagues] breakers.

**briscard** [briskar] *nm* **-1.** MIL old soldier, veteran. **-2.** [vétéran] veteran, old hand.

**brise** [briz] *nf* breeze.

**brisé, e** [brize] ◇ *adj* **-1.** [détruit] broken; **un homme ~** [par la fatigue] a run-down ou worn-out man; [par les ennuis, le chagrin] a broken man. **-2.** GÉOM broken. ◇ *pp:* **la voix ~e** par l'émotion his voice breaking with emotion.
◆ **brisé** *nm* DANSE brisé.

**brisées** [brize] *nfpl* **-1.** CHASSE broken branches *(to mark the way)*. **-2.** *loc:* **aller ou marcher sur les ~ de qqn** to poach on sb's preserves.

**brise-fer** [brizfɛr] *nm inv fam & vieilli* vandal.

**brise-glace(s)** [brizglas] *nm inv* **-1.** NAUT icebreaker. **-2.** [pour un pont] icebreaker, ice apron ou guard. **-3.** [outil] hammer.

**brise-jet** [briz3ɛ] *nm inv* tap swirl.

**brise-lames** [brizlam] *nm inv* breakwater, groyne, mole.

**brise-mottes** [brizmɔt] *nm inv* harrow.

**briser** [3] [brize] *vt* **-1.** [mettre en pièces – verre, assiette] to break, to smash; [– vitre] to break, to shatter, to smash; [– motte de terre] to break up *(sép)*; **~ qqch en mille morceaux** to smash sthg to pieces; **cela me brise le cœur** it breaks my heart; **~ les tabous** *fig* to break taboos. **-2.** [séparer en deux – canne, branche] to break, to snap; [– liens, chaînes] to break; **~ la glace** to break the ice. **-3.** [défaire – réputation, carrière] to wreck, to ruin; [– résistance, rébellion] to crush, to quell; [– contrat] to break; [– grève] to break (up); **~ un mariage/une amitié/une famille** to break up a marriage/friendship/family ❑ **~ l'élan de qqn** *pr* to make sb stumble; *fig* to clip sb's wings. **-4.** [soumettre] to break. **-5.** [épuiser – suj: soucis, chagrin] to break, to crush; [– suj: exercice, voyage] to exhaust, to tire out *(sép)*.
◆ **briser avec** *v + prép* [ami, tradition] to break with.
◆ **se briser** *vpi* **-1.** [se casser – verre] to shatter, to break; **son cœur s'est brisé** he was broken-hearted. **-2.** [être altéré – espoir] to shatter; [– voix] to break, to falter. **-3.** [déferler – mer] to break. **-4.** [échouer – attaque, assaut] to fail.

**briseur, euse** [brizœr, øz] *nm, f* **-1.** *litt* [casseur] wrecker. **-2.** *fig:* **~ de grève** strikebreaker, scab.

**brise-vent** [brizvɑ̃] *nm inv* windbreak.

**bristol** [bristɔl] *nm* **-1.** [carton] Bristol board, bristol. **-2.** [carte de visite] visiting *Br* ou calling *Am* card. **-3.** [fiche] index card.

**britannique** [britanik] *adj* British.
◆ **Britannique** ◇ *adj:* **les îles Britanniques** the British isles.
◇ *nmf* Briton, Britisher *Am;* **les Britanniques** the British.

**broc** [bro] *nm* [gén] pitcher; [pour la toilette] ewer.

**brocante** [brɔkɑ̃t] *nf* **-1.** [objets]: **la ~** secondhand articles. **-2.** [commerce] secondhand ou junk shop *Br,* used goods store *Am.*

**brocanter** [3] [brɔkɑ̃te] *vi* to deal in secondhand goods.

**brocanteur, euse** [brɔkɑ̃tœr, øz] *nm, f* dealer in secondhand goods, secondhand ou junk shop owner *Br,* secondhand store keeper *Am.*

**brocart** [brɔkar] *nm* brocade.

**brochage** [brɔʃaʒ] *nm* **-1.** IMPR stitching, sewing. **-2.** TEXT brocade. **-3.** MÉCAN broaching.

**broche, e** [brɔʃ] *nf* **-1.** CULIN spit, skewer, broach. **-2.** [bijou] broach. **-3.** [en alpinisme] piton. **-4.** ÉLECTRON & MÉD pin. **-5.** MÉCAN broaching tool, broach. **-6.** TECH & TEXT spindle. **-7.** [d'une serrure] broach, hinge pin.
◆ **à la broche** *loc adv* on a spit.

**broché, e** [brɔʃe] *adj* **-1.** TEXT brocaded, broché. **-2.** IMPR paperback *(modif)*.
◆ **broché** *nm* [tissu] brocade, broché ou swivel fabric.

**brocher** [3] [brɔʃe] *vt* **-1.** IMPR to stitch, to sew. **-2.** MÉCAN to broach. **-3.** TEXT to brocade, to figure; **tissu broché d'or** material interwoven with raised gold threads.

**brochet** [brɔʃɛ] *nm* pike.

**brochette** [brɔʃɛt] *nf* -1. CULIN [broche] skewer; [mets] brochette, kebab. -2. [assemblée] lot; une jolie ~ d'hypocrites a fine lot of hypocrites. -3. [ribambelle]: ~ de décorations row of decorations.

**brocheur, euse** [brɔʃœr, øz] *nm, f* -1. IMPR stitcher, sewer. -2. TEXT brocade weaver.
◆ **brocheur** *nm* broché weaving machine.
◆ **brocheuse** *nf* IMPR binding machine.

**brochure** [brɔʃyr] *nf* -1. IMPR stitched book, unbound book; [livret] pamphlet, booklet, brochure. -2. TEXT brocaded design, figured pattern.

**brocoli** [brɔkɔli] *nm* broccoli.

**brodequin** [brɔdkɛ̃] *nm* -1. [chaussure] (laced) boot. -2. ANTIQ [bottine] brodekin, buskin.

**broder** [3] [brɔde] ◇ *vt* -1. COUT to embroider; brodé d'or embroidered in gold thread. -2. *litt* [embellir] to embellish, to embroider *litt*. ◇ *vi* [exagérer] to use poetic licence.

**broderie** [brɔdri] *nf* -1. COUT [technique] embroidery; faire de la ~ to do embroidery ou needlework ❏ ~ anglaise broderie anglaise. -2. [ouvrage] (piece of) embroidery, embroidery work. -3. [industrie] embroidery trade.

**brodeur, euse** [brɔdœr, øz] *nm, f* embroiderer.
◆ **brodeuse** *nf* embroidering machine.

**broie** [brwa] *v* → **broyer**.

**broierai** [brware] *v* → **broyer**.

**bromure** [brɔmyr] *nm* bromide; ~ de potassium potassium bromide.

**bronche** [brɔ̃ʃ] *nf* bronchus; les ~s the bronchial tubes.

**broncher** [3] [brɔ̃ʃe] *vi* -1. [réagir] to react, to respond; le premier qui bronche... the first one to move a muscle ou to budge... -2. [cheval] to stumble.
◆ **sans broncher** *loc adv* without batting an eye ou eyelid, without turning a hair ou flinching.

**bronchiole** [brɔ̃ʃjɔl] *nf* bronchiole.

**bronchique** [brɔ̃ʃik] *adj* bronchial.

**bronchite** [brɔ̃ʃit] *nf* bronchitis.

**bronchitique** [brɔ̃ʃitik] ◇ *adj* bronchitic; être ~ to have chronic bronchitis. ◇ *nmf* chronic bronchitis patient.

**broncho-pneumonie** [brɔ̃kɔpnømɔni] (*pl* **broncho-pneumonies**), **broncho-pneumopathie** [brɔ̃kɔpnømopati] (*pl* **broncho-pneumopathies**) *nf* bronchopneumonia.

**bronchoscopie** [brɔ̃kɔskɔpi] *nf* bronchoscopy.

**brontosaure** [brɔ̃tozɔr] *nm* brontosaur, brontosaurus.

**bronzage** [brɔ̃zaʒ] *nm* -1. [hâle] suntan, tan. -2. TECH bronzing.

**bronzant, e** [brɔ̃zɑ̃, ɑ̃t] *adj* suntan (*avant n*).

**bronze** [brɔ̃z] ◇ *nm* BX-ARTS & MÉTALL bronze. ◇ *adj inv* bronze, bronze-coloured.

**bronzé, e** [brɔ̃ze] *adj* -1. [hâlé] suntanned, tanned. -2. TECH bronze, bronzed.

**bronzer** [3] [brɔ̃ze] ◇ *vt* -1. [hâler] to tan. -2. [donner l'aspect du bronze à] to bronze. -3. [fer] to blue. ◇ *vi* to tan, to go brown; se faire ~ to get a tan.

**bronzette** [brɔ̃zɛt] *nf fam* (bout of) sunbathing.

**brossage** [brɔsaʒ] *nm* -1. [de chaussures, de vêtements] brushing. -2. [d'un cheval] brushing down.

**brosse** [brɔs] *nf* -1. [ustensile] brush; ~ à chaussures shoe brush; ~ à cheveux hairbrush; ~ à dents toothbrush; ~ à habits clothes brush; ~ à ongles nailbrush; ~ en chiendent scrubbing *Br* ou scrub *Am* brush; ~ métallique wire brush; donner un coup de ~ à qqch [pour dépoussiérer] to brush sthg; [pour laver] to give sthg a scrub; passer la ~ à reluire à qqn *fam* to butter sb up, to soft-soap sb. -2. [pinceau] brush. -3. [coiffure] crew cut; se faire couper les cheveux en ~ to have a crew cut ou a flat-top.

**brosser** [3] [brɔse] *vt* -1. [épousseter – miettes] to brush (off); [– pantalon, jupe] to brush down. -2. [frictionner] to brush, to scrub; ~ un cheval to rub a horse down. -3. BX-ARTS [paysage, portrait] to paint; il m'a brossé un tableau idéal de son travail he painted me a glowing picture of his job.
◆ **se brosser** *vp* (*emploi réfléchi*) -1. [se nettoyer] to brush o.s. (down); se ~ les dents/les cheveux to brush one's teeth/hair. -2. *fam loc*: il peut toujours se ~, il n'aura jamais mon livre he can whistle for my book.

**brou** [bru] *nm* BOT husk, shuck *Am*.
◆ **brou de noix** *nm* walnut stain.

**brouet** [bruɛ] *nm hum* ou *litt* (coarse) gruel.

**brouette** [bruɛt] *nf* barrow, wheelbarrow.

**brouettée** [bruete] *nf* barrowful, wheelbarrowful.

**brouetter** [4] [bruete] *vt* to cart (*in a wheelbarrow*), to barrow, to wheelbarrow.

**brouhaha** [bruaa] *nm* hubbub, (confused) noise.

**brouillage** [brujaʒ] *nm* [accidentel] interference; [intentionnel] jamming.

**brouillard** [brujar] *nm* -1. MÉTÉO [léger] mist; [épais] fog; il y a du ~ it's misty, there's a mist ❏ un ~ à couper au couteau a very thick fog; ~ givrant freezing fog; ~ matinal early-morning fog; il est dans le ~ he's not with it. -2. [voile] mist. -3. BOT gypsophila *spéc*, baby's breath. -4. [livre de comptes] daybook.

**brouillasser** [3] [brujase] *v impers*: il brouillasse it's drizzling.

**brouille** [bruj] *nf* tiff, quarrel.

**brouillé, e** [bruje] *adj* -1. [terne]: avoir le teint ~ to look off-colour. -2. [ciel] cloudy. -3. CULIN scrambled.

**brouiller** [3] [bruje] *vt* -1. CULIN [œuf] to scramble. -2. [mélanger – cartes] to shuffle; ~ la cervelle *fam* ou le cerveau de qqn to get sb muddled ou confused; ~ les cartes *fig* to confuse the issue; ~ les pistes [dans un roman] to confuse the reader; [dans une poursuite] to cover one's tracks, to put sb off one's scent; [dans un débat] to put up a smokescreen. -3. [dérégler] to jumble; ~ la combinaison d'un coffre to jumble the combination of a safe. -4. [troubler – liquide] to cloud; ~ la vue to cloud ou to blur one's eyesight; il avait les yeux brouillés par les larmes his eyes were blurred with tears. -5. RAD [signal] to garble; [transmission, circuit] to jam. -6. [fâcher] to turn against, to alienate from; ce professeur m'a brouillé avec les mathématiques *fig* that teacher spoiled ou ruined mathematics for me.
◆ **se brouiller** ◇ *vp* (*emploi réciproque*) [se fâcher] to quarrel, to fall out (with one another). ◇ *vpi* -1. [se mélanger – idées] to get confused ou muddled ou jumbled; [se troubler – vue] to blur, to become blurred. -2. MÉTÉO [ciel] to become cloudy, to cloud over.
◆ **se brouiller avec** *vp* + *prép* to fall out with.

**brouillerie** [brujri] *nf* tiff.

**brouilleur** [brujœr] *nm* INF scrambler.

**brouillon, onne** [brujɔ̃, ɔn] ◇ *adj* -1. [travail] untidy, messy. -2. [personne] muddleheaded, unmethodical; avoir l'esprit ~ to be muddleheaded. ◇ *nm, f* muddler.
◆ **brouillon** *nm* (rough) draft; faire un ~ to make a (rough) draft.

**broussaille** [brusaj] *nf* [touffe] clump of brushwood.
◆ **broussailles** *nfpl* [sous-bois] undergrowth; [dans un champ] scrub.
◆ **en broussaille** *loc adj* [cheveux] tousled, dishevelled; [sourcils, barbe] bushy, shaggy.

**broussailleux, euse** [brusajø, øz] *adj* -1. [terrain] brushy, scrubby, covered with brushwood. -2. [sourcils, barbe] shaggy, bushy; [cheveux] tousled, dishevelled.

**brousse** [brus] *nf* -1. GÉOG [type de végétation]: la ~ the bush. -2. [étendue]: la ~ [en Afrique] the bush; [en Australie] the outback; vivre en pleine ~ *fam* & *fig* to live in the backwoods ou out in the sticks ou in the boondocks *Am*.
◆ **de brousse** *loc adj* -1. [chaussures] desert (*modif*). -2. [feux] bush (*modif*).

**brouter** [3] [brute] ◇ *vt* -1. [suj: bétail] to graze, to feed on (*insép*); [suj: animal sauvage] to browse, to feed on (*insép*). -2. *fig loc*: il nous les broute he's being a pain in the neck ou arse. ◇ *vi* -1. [bétail] to graze, to feed; [animal sauvage] to browse, to feed. -2. [machine-outil] to chatter, to judder *Br*, to jerk; [embrayage] to slip.

**broutille** [brutij] *nf* [chose futile] trifle, trifling matter.

**broyer** [13] [brwaje] *vt* -1. [écraser – couleur, matériau friable, nourriture] to grind; [– pierre, sucre, ail] to crush; [– grain] to mill, to grind; [– fibre] to break, to crush; [– main, pied] to crush. -2. *loc*: ~ du noir to be in the doldrums, to think gloomy thoughts.

**broyeur, euse** [brwajœr, øz] ◇ *adj* grinding. ◇ *nm, f* grinder, crusher.

◆ **broyeur** *nm* [pulvérisateur – à minerai, à sable] grinder, crusher, mill; [– à paille] bruiser; [– à fibre] brake; [– à déchets] disintegrator, grinder.

**brrr** [br] *interj* brrr.

**bru** [bry] *nf* daughter-in-law.

**brucelles** [brysɛl] *nfpl Helv* (pair of) tweezers.

**brucellose** [bryseloz] *nf* brucellosis.

**brugnon** [bryɲɔ̃] *nm* (white) nectarine.

**bruine** [bruin] *nf* drizzle.

**bruiner** [3] [bruine] *v impers*: il bruine it's drizzling.

**bruineux, euse** [bruinø, øz] *adj* drizzly.

**bruire** [105] [bruir] *vi litt* [feuilles, vent] to rustle, to whisper; [eau] to murmur; [insecte] to hum, to buzz, to drone.

**bruissement** [bruismɑ̃] *nm* [des feuilles, du vent, d'une étoffe] rustle, rustling; [de l'eau] murmuring; [d'un insecte] hum, humming, buzzing; [des ailes, d'une voile] flapping.

**bruissent** [bruis], **bruit¹** [bruj] *v* → **bruire**.

**bruit²** [bruj] *nm* -**1.** [son] sound, noise; des ~s de pas the sound of footsteps; des ~s de voix the hum of conversation; les ~s de la maison/rue the (everyday) sounds of the house/street; un ~ sec a snap; un ~ sourd a thud; faire un ~ to make a sound ou noise; il y a un petit ~ there's a slight noise ❏ ~ blanc ACOUST white noise; ~ de fond background noise; en ~ de fond in the background. -**2.** [retentissement] sensation, commotion, furore; on a fait beaucoup de ~ autour de cet enlèvement the kidnapping caused a furore. -**4.** [rumeur] rumour, piece of gossip; le ~ court que... rumour has it ou it is rumoured that...; se faire l'écho d'un ~ to bruit sthg abroad ❏ des ~s de bottes rumours of impending war, the sound of jackboots; c'est un ~ de couloir it's a rumour; faux ~ false rumour; faire circuler des faux ~s to spread false rumours. -**5.** MÉD sound, bruit; ~ cardiaque ou du cœur heart ou cardiac sound; ~ de souffle (heart) murmur; ~ respiratoire rattle. -**6.** RAD & TÉLÉC noise.

◆ **sans bruit** *loc adv* noiselessly, without a sound.

**bruitage** [bruitaʒ] *nm* sound effects.

**bruiter** [3] [bruite] *vt* to make sound effects for.

**bruiteur, euse** [bruitœr, øz] *nm, f* sound effects engineer.

**brûlant, e** [brylɑ̃, ɑ̃t] *adj* -**1.** [chaud – lampe, assiette] burning (hot); [– liquide] burning ou boiling (hot), scalding; [– nourriture] burning (hot), piping hot; [– soleil, température] blazing (hot), scorching, blistering; [– personne, front] feverish; avoir les mains ~es to have hot hands. -**2.** [animé] ~ de: un regard ~ de désir a look of burning desire. -**3.** [actuel, dont on parle]: sujet/dossier ~ burning issue; c'est dire l'actualité ~e de ce livre this shows how very topical this book is. -**4.** [ardent – regard, sentiment] ardent, impassioned; [– imagination, récit, secret] passionate.

**brûlé, e** [bryle] ◇ *adj* [calciné] burnt.
◇ *nm, f* badly burnt person; un grand ~ a patient suffering from third-degree burns; service pour les grands ~s burns unit.
◆ **brûlé** *nm* burnt part; un goût de ~ a burnt taste ❏ ça sent le ~ [odeur] there's a smell of burning; *fam & fig* there's trouble brewing.

**brûle-gueule** [brylgœl] *nm inv* (short) pipe.

**brûle-parfum(s)** [brylparfœ̃] (*pl* **brûle-parfums**) *nm* perfume vaporizer.

**brûle-pourpoint** [brylpurpwɛ̃]
◆ **à brûle-pourpoint** *loc adv* -**1.** [sans détour] point-blank, without beating about the bush. -**2.** [inopinément] out of the blue.

**brûler** [3] [bryle] ◇ *vt* -**1.** [détruire – feuilles, corps, objet] to burn, to incinerate; ~ qqn vif/sur le bûcher to burn sb alive/at the stake ❏ ~ ce qu'on a adoré to turn against one's former love ou loves; ~ le pavé to tear along; ~ les planches to give an outstanding performance; ~ ses dernières cartouches to shoot one's bolt. -**2.** [consommer – électricité, fioul] to burn (up), to use, to consume; ~ la chan-

delle par les deux bouts to burn the candle at both ends; elle brûle un cierge à la Vierge deux fois par an *pr* she lights a candle to the Virgin Mary twice a year; ~ un cierge à qqn *fig* to show one's gratitude to sb. -**3.** [trop cuire] to burn. -**4.** [trop chauffer – tissu] to burn, to scorch, to singe; [– cheveux, poils] to singe; [– acier] to spoil. -**5.** [irriter – partie du corps] to burn; la fumée me brûle les yeux smoke is making my eyes smart ou sting; le froid me brûle les oreilles the cold is making my ears burn; le piment me brûle la langue the chili is burning my tongue ❏ ~ la cervelle à qqn *pr* to blow sb's brains out; l'argent lui brûle les doigts money burns a hole in his pocket. -**6.** [endommager – suj: gel] to nip, to burn; [– suj: acide] to burn; brûlé par le gel frost-damaged. -**7.** *fam* [dépasser]: ~ son arrêt [bus, personne] to go past ou to miss one's stop; ~ un feu to go through a red light; ~ un stop to fail to stop at a stop sign ❏ ~ la politesse à qqn [passer devant lui] to push in front of sb (in the queue); [partir sans le saluer] to leave without saying good-bye to sb; ~ les étapes [progresser rapidement] to advance by leaps and bounds; *péj* to cut corners, to take short cuts. -**8.** [café] to roast. -**9.** [animer] to burn; le désir qui le brûle the desire that consumes him. -**10.** MÉD [verrue] to burn off *(sép)*. -**11.** ▽ *arg crime* [tuer] to waste.
◇ *vi* -**1.** [flamber] to burn (up), to be on fire; [lentement] to smoulder; ~ sur le bûcher to be burnt at the stake; ~ vif to be burnt alive ou to death; la forêt a brûlé the forest was burnt down ou to the ground. -**2.** [se consumer – charbon, essence] to burn; laisser ~ la lumière to leave the light burning ou on. -**3.** [être chaud] to be burning; avoir le front/la gorge qui brûle to have a burning forehead/a burning sensation in the throat; ça brûle [plat, sol] it's boiling hot ou burning; [eau] it's scalding; [feu] it's burning; les yeux me brûlent my eyes are stinging ou smarting. -**4.** JEUX to be close; je brûle? am I getting warm?
◆ **brûler de** *v + prép* -**1.** [être animé de]: ~ de colère to be burning ou seething with anger; ~ d'impatience/de désir to be burning with impatience/desire. -**2.** [désirer] to be dying ou longing to; ~ de parler à qqn to be dying to talk to sb.
◆ **se brûler** *vp (emploi réfléchi)* to burn o.s.; se ~ la main to burn one's hand ❏ se ~ la cervelle *fam* to blow one's brains out; se ~ les ailes to get one's fingers burnt.

**brûlerie** [brylri] *nf* -**1.** [pour le café] coffee roasting plant. -**2.** [pour l'eau-de-vie] distillery.

**brûleur** [brylœr] *nm* burner; ~ à gaz gas burner ou ring.

**brûlis** [bryli] *nm* -**1.** [mode de culture] slash-and-burn farming. -**2.** [terrain] patch of burn-baited land.

**brûlot** [brylo] *nm* -**1.** [bateau] fireship. -**2.** [écrit] fierce ou blistering attack.

**brûlure** [brylyr] *nf* -**1.** [lésion] burn; ~ au premier/second/troisième degré MÉD first-/second-/third-degree burn; ~ de cigarette cigarette burn. -**2.** [sensation] burning sensation; la ~ de la honte *fig* the burning sensation of shame ❏ ~s d'estomac heartburn. -**3.** [trace] burnt patch.

**brumaire** [brymer] *nm* 2nd month of the French revolutionary calendar (from Oct 23 to Nov 21).

**brume** [brym] *nf* -**1.** [brouillard – de chaleur] haze; [– de mauvais temps] mist; ~ de mer sea mist. -**2.** NAUT fog. -**3.** [confusion] daze, haze.

**brumeux, euse** [brymø, øz] *adj* -**1.** MÉTÉO misty, foggy, hazy. -**2.** [vague] hazy, vague; un souvenir ~ a hazy ou dim recollection.

**Brumisateur®** [brymizatœr] *nm* atomizer.

**brun, e** [brœ̃, bryn] ◇ *adj* -**1.** [au pigment foncé – cheveux] brown, dark; [– peau] brown, dark; ~ cuivré tawny. -**2.** [bronzé] brown, tanned. ◇ ~ *f* brown-haired ou dark-haired man (*f* woman), brunette (*nf*).
◆ **brun** *nm* brown (colour).
◆ **brune** *nf* -**1.** [cigarette] brown tobacco cigarette. -**2.** [bière] dark beer, ≃ brown ale *Br.*
◆ **à la brune** *loc adv litt* at dusk.

**brunante** [brynɑ̃t] *nf Can* dusk.

**brunâtre** [brynatr] *adj* brownish.

**brunch** [brœnʃ] *nm* brunch.

**Brunei** [brynei] *npr m*: le ~ Brunei.

**brunet, ette** [brynɛ, ɛt] *nm, f* brown-haired lad (*f* lass).

**bruni** [bryni] *nm* burnish.

**brunir** [32] [brynir] ◇ *vi* **-1.** [foncer – cheveux, couleur] to get darker, to darken; [– peau] to get brown ou browner; ~ au soleil to tan. **-2.** CULIN [sauce, oignons] to brown; [sucre] to darken. ◇ *vt* **-1.** [hâler] to tan. **-2.** [polir – métal] to burnish; [– acier] to brown, to burnish.

**brunissage** [brynisaʒ] *nm* burnishing.

**brunissement** [brynismã] *nm* tanning.

**Brushing**® [brœʃiŋ] *nm* blow-dry; faire un ~ à qqn to blow-dry sb's hair.

**brusque** [brysk] *adj* **-1.** [bourru – ton] curt, abrupt; [– personne] brusque, blunt; [– geste] abrupt, rough. **-2.** [imprévu] abrupt, sudden; une ~ baisse de température a sudden drop in temperature.

**brusquement** [bryskəmã] *adv* [soudainement] suddenly, abruptly.

**brusquer** [3] [bryske] *vt* **-1.** [malmener] to be rough with. **-2.** [hâter – dénouement] to rush; [– adieux] to cut short; ~ les choses to rush things.

**brusquerie** [bryskəri] *nf* **-1.** [brutalité] abruptness, brusqueness, sharpness. **-2.** [soudaineté] abruptness, suddenness.

**brut, e**[1] [bryt] *adj* **-1.** [non traité – pétrole, métal] crude, untreated; [– laine, soie, charbon, brique] untreated, raw; [– sucre] raw, coarse; [– pierre précieuse] rough, uncut; [– minerai] raw; [– or] unrefined. **-2.** [émotion, qualité] naked, pure, raw; [donnée] raw; [fait] simple, plain; à l'état ~ in the rough. **-3.** [sauvage] brute; la force ~e brute force. **-4.** ÉCON gross. **-5.** [poids] gross. **-6.** ŒNOL brut, dry.
♦ **brut** ◇ *adv* gross; gagner 7 000 francs ~ to earn 7,000 francs gross. ◇ *nm* **-1.** [salaire] gross income. **-2.** [pétrole] crude oil. **-3.** [champagne] brut ou dry champagne.

**brutal, e, aux** [brytal, o] *adj* **-1.** [violent – personne] brutal, vicious; [– enfant] rough; [– choc] strong, violent; [– force] brute. **-2.** [franc] brutal, blunt. **-3.** [non mitigé] brutal, raw. **-4.** [soudain – changement] sudden, abrupt; [– transition] abrupt. ◇ *nm, f* brute, violent individual.

**brutalement** [brytalmã] *adv* **-1.** [violemment] brutally, violently, savagely. **-2.** [sèchement] brusquely, sharply, bluntly. **-3.** [tout d'un coup] suddenly.

**brutaliser** [3] [brytalize] *vt* **-1.** [maltraiter] to ill-treat; ~ qqn to batter sb; se faire ~ par la police to be manhandled by the police. **-2.** [brusquer] to bully.

**brutalité** [brytalite] *nf* **-1.** [violence] brutality, violence; des ~s brutalities, violent acts; ~s policières police brutality. **-2.** [soudaineté] suddenness.

**brute**[2] [bryt] *nf* **-1.** [personne violente] bully; comme une ~ with all one's might, like mad; une grande ou grosse ~ a big brute (of a man). **-2.** [personne fruste] boor, lout.

**Bruxelles** [brysɛl] *npr* Brussels.

**bruxellois, e** [brysɛlwa, az] *adj* from Brussels.
♦ **Bruxellois, e** *nm, f* inhabitant of or person from Brussels.

**bruyamment** [brɥijamã] *adv* [parler, rire, protester] loudly; [jouer] noisily.

**bruyant, e** [brɥijã, ãt] *adj* [enfant, rue] noisy; un rire ~ a loud laugh.

**bruyère** [brɥjɛr] *nf* **-1.** BOT heather. **-2.** [lande] moor, heath.

**BT** ◇ *nm abr de* **brevet de technicien.** ◇ *nf* (*abr de* **basse tension**) LT.

**BTP** (*abr de* **bâtiments et travaux publics**) *nmpl* building and public works sector.

**BTS** (*abr de* **brevet de technicien supérieur**) *nm* advanced vocational training certificate (taken at the end of a 2-year higher education course).

**bu, e** [by] *pp* → **boire.**

**BU** *nf abr de* **bibliothèque universitaire.**

**buanderie** [bɥãdri] *nf* **-1.** [pièce, local – à l'intérieur] laundry, utility room; [– à l'extérieur] washhouse. **-2.** *Can* [laverie] laundry.

**bubon** [bybõ] *nm* bubo.

**Bucarest** [bykarɛst] *npr* Bucharest.

**buccal, e, aux** [bykal, o] *adj* mouth (modif), buccal spéc.

**bucco-dentaire** [bykodãtɛr] *adj* mouth (modif); hygiène ~ oral hygiene.

**bûche** [byʃ] *nf* **-1.** [morceau de bois] log. **-2.** *fam* [personne apathique] lump; ne reste pas là comme une ~ don't just

stand there like a lemon Br ou like a lump on a log Am. **-3.** CULIN & HIST: ~ glacée Yule log (with an ice-cream filling); ~ de Noël Yule log. **-4.** *fam loc:* prendre ou ramasser une ~ to take a tumble, to come a cropper Br.

**bûcher**[1] [byʃe] *vt fam* [travailler]: ~ un examen to cram for an exam; ~ sa physique to bone up on ou to swot up Br one's physics.

**bûcher**[2] [byʃe] *nm* **-1.** [supplice]: le ~ the stake; être condamné au ~ to be sentenced to be burnt at the stake. **-2.** [funéraire] pyre. **-3.** [remise] woodshed.

**bûcheron, onne** [byʃrõ, ɔn] *nm, f* woodcutter, lumberjack.

**bûchette** [byʃɛt] *nf* **-1.** [petit bois] twig, stick. **-2.** [pour compter] stick.

**bûcheur, euse** [byʃœr, øz] *fam* ◇ *adj* hardworking. ◇ *nm, f* hardworking student, swot Br péj, grind Am péj.

**bucolique** [bykɔlik] ◇ *adj* bucolic, pastoral. ◇ *nf* bucolic, pastoral poem; 'les Bucoliques' Virgile 'The Eclogues', 'The Bucolics'.

**Budapest** [bydapɛst] *npr* Budapest.

**budget** [bydʒɛ] *nm* **-1.** [d'une personne, d'une entreprise] budget; avoir un petit ~ to be on a (tight) budget; des prix pour les petits ~s budget prices ☐ ~ temps [délai] allowance; SOCIOL time budget. **-2.** FIN & POL: le Budget ≃ the Budget ☐ ~ économique ÉCON economic budget.

**budgétaire** [bydʒetɛr] *adj* budgetary.

**budgétiser** [3] [bydʒetize] *vt* to budget for.

**buée** [bɥe] *nf* condensation; plein ou couvert de ~ misted ou steamed up.

**Buenos Aires** [bɥenozɛr] *npr* Buenos Aires.

**buffer** [bœfœr] *nm* buffer COMPUT.

**buffet** [byfɛ] *nm* **-1.** [de salle à manger] sideboard; ~ (de cuisine) kitchen cabinet ou dresser. **-2.** [nourriture]: il y aura un ~ pour le déjeuner there will be a buffet lunch ☐ ~ campagnard buffet (mainly with country-style cold meats); ~ froid (cold) buffet. **-3.** [salle]: ~ (de gare) (station) café ou buffet ou cafeteria ‖ [comptoir roulant] refreshment trolley Br ou cart Am. **-4.** [d'un orgue] case. **-5.** ▽ [ventre] belly.

**buffle** [byfl] *nm* **-1.** ZOOL buffalo. **-2.** [pour polir] buffer.

**buggy** [bygi] *nm* buggy (carriage).

**building** [bildiŋ] *nm* tower block.

**buis** [bɥi] *nm* **-1.** BOT box, boxtree. **-2.** MENUIS box, boxwood.

**buisson** [bɥisõ] *nm* **-1.** BOT bush. **-2.** CULIN: ~ d'écrevisses crayfish en buisson. **-3.** RELIG: ~ ardent burning bush.

**buisson-ardent** [bɥisõardã] (*pl* **buissons-ardents**) *nm* BOT pyracantha.

**buissonneux, euse** [bɥisɔnø, øz] *adj* **-1.** [terrain] shrubcovered. **-2.** [arbre, végétation] shrub-like.

**buissonnière** [bɥisɔnjɛr] *adj f* → **école.**

**bulbe** [bylb] *nm* **-1.** BOT bulb, corm. **-2.** ANAT: ~ pileux hair bulb; ~ rachidien medulla. **-3.** ARCHIT onion dome. **-4.** NAUT bulb.

**bulbeux, euse** [bylbø, øz] *adj* BOT bulbous.

**bulgare** [bylgar] *adj* Bulgarian.
♦ **Bulgare** *nmf* Bulgarian.

**Bulgarie** [bylgari] *npr f:* (la) ~ Bulgaria.

**bulldozer** [byldozɛr] *nm* **-1.** [machine] bulldozer. **-2.** *fam* [fonceur] bulldozer.

**bulle** [byl] *nf* **-1.** [d'air, de gaz, de bain moussant] bubble; ~ de savon soap bubble; des ~s bubbles, froth; faire des ~s [de savon] to blow bubbles; [bébé] to dribble. **-2.** [de bande dessinée] balloon, speech bubble. **-3.** *arg scol* [zéro] nought, zero. **-4.** MÉD [enceinte stérile] bubble; (comme adj): enfant ~ child brought up in a sterile bubble. **-5.** [emballage] blister. **-6.** RELIG bull. ◇ *nm:* (papier) ~ Manila paper.

**buller**▽ [3] [byle] *vi* to bum about ou around.

**bulletin** [byltɛ̃] *nm* **-1.** RAD & TV bulletin; ~ d'informations news bulletin; ~ météorologique weather forecast ou report. **-2.** ADMIN: ~ de naissance birth certificate; le Bulletin officiel ADMIN official listing of all new laws and decrees; ~ de santé medical report. **-3.** SCOL: ~ (scolaire ou de notes) (school) report Br, report card Am; ~ mensuel/trimestriel monthly/end-of-term report. **-4.** BOURSE: ~ des oppositions list of stopped bonds. **-5.** POL: ~ de vote ballot paper; ~ blanc blank ballot paper; ~ secret secret ballot. **-6.** [re-

'ue] bulletin, annals. **-7.** [ticket]: ~ de commande order 'orm; ~ de paie OU salaire pay slip, salary advice; ~ de par-ticipation entry form.

**bulletin-réponse** [byltɛ̃repɔ̃s] (*pl* **bulletins-réponse**) *nm* entry form.

**bungalow** [bœ̃galo] *nm* [maison – sans étage] bungalow; – de vacances] chalet.

**bunker** [bunkœr] *nm* **-1.** SPORT bunker *Br*, sand trap *Am*. **-2.** MIL bunker.

**Bunsen** [bœ̃zɛn] *npr*: bec ~ Bunsen burner.

**buraliste** [byralist] *nmf* tobacconist (*licensed to sell stamps*).

**bure** [byr] *nf* **-1.** TEXT homespun. **-2.** VÊT frock, cowl.

**bureau, x** [byro] *nm* **-1.** [meuble – gén] desk; [– à rabat] bu-reau. **-2.** [pièce d'une maison] study; [meubles de cette pièce] set of furniture (*for a study*). **-3.** [lieu de travail des employés] office; aller au ~ to go to the office; travailler dans un ~ to do office work ‖ [salle de travail]: elle est dans son ~ she's in her office □ ~ paysager open-plan office (*with plants*). **-4.** [agence]: ~ d'aide sociale welfare office OU centre; ~ de change [banque] bureau de change, foreign exchange office; [comptoir] bureau de change, foreign exchange coun-ter; ~ d'études [entreprise] research consultancy; ~ des ob-jets trouvés lost property *Br* OU lost-and-found *Am* office; ~ de placement employment agency (*for domestic workers*); ~ de poste post office; ~ de renseignements information desk OU point OU centre; ~ de tabac tobacconist's *Br*, tobac-co dealer's *Am*; ~ de tri sorting office; ~ de vote polling sta-tion. **-5.** [service interne]: ~ commercial commercial de-partment; ~ d'études [dans une entreprise] research depart-ment OU unit. **-6.** THÉÂT booking office. **-7.** [commission] committee; ~ politique POL Politburo. **-8.** PRESSE office (abroad).

◆ **bureaux** *nmpl* [locaux] office, offices.

◆ **de bureau** *loc adj* [travail] office (*modif*); [articles, fournitures] office (*modif*), stationery (*modif*); [employé] office (*modif*), white-collar.

**bureaucrate** [byrokrat] *nmf* bureaucrat.

**bureaucratie** [byrokrasi] *nf* **-1.** [système] bureaucracy. **-2.** [fonctionnaires] officials, bureaucrats. **-3.** [tracasseries] red tape, bureaucracy.

**bureaucratique** [byrokratik] *adj* bureaucratic, administra-tive.

**bureaucratiser** [3] [byrokratize] *vt* to bureaucratize.

**Bureautique**® [byrotik] ◇ *adj*: système/méthode ~ system/method of office automation. ◇ *nf* **-1.** [système] office automation. **-2.** [matériel] office equipment.

**burette** [byrɛt] *nf* **-1.** [d'huile] oilcan. **-2.** CHIM burette. **-3.** RELIG cruet.

**burger** [bœrgœr] *nm* CULIN burger.

**burin** [byrɛ̃] *nm* **-1.** MÉTALL cold, coldchise. **-2.** [outil de gra-veur] burin, graver. **-3.** [gravure] engraving, print.

**buriné, e** [byrine] *adj* [traits] strongly marked; [visage] crag-gy, furrowed.

**buriner** [3] [byrine] *vt* **-1.** BX-ARTS to engrave. **-2.** TECH to chi-sel. **-3.** *litt* [visage] to carve deep lines into.

**Burkina** [byrkina] *npr m*: le ~ Burkina-Faso.

**burlesque** [byrlɛsk] ◇ *adj* **-1.** [très drôle – accoutrement] co-mic, comical, droll; [– plaisanterie] funny. **-2.** *péj* [stupide – idée] ludicrous, ridiculous. **-3.** CIN & LITTÉRAT burlesque. ◇ *nm* CIN & LITTÉRAT: le ~ the burlesque.

**burnous** [byrnu] *nm* burnous, burnouse.

**Burundi** [burundi] *npr m*: le ~ Burundi.

**bus¹** [by] *v* → **boire.**

**bus²** [bys] *nm* bus.

**busard** [byzar] *nm* harrier.

**buse** [byz] *nf* **-1.** ZOOL buzzard. **-2.** *fam* & *péj* nitwit, dolt. **-3.** [conduit] duct. **-4.** AUT: ~ de carburateur choke tube.

**business** [biznɛs] *nm fam* [affaires] business.

**busqué, e** [byske] *adj* [nez] hook (*modif*), hooked.

**buste** [byst] *nm* **-1.** ANAT [haut du corps] chest; [seins] bust. **-2.** [sculpture] bust.

**bustier** [bystje] *nm* **-1.** [soutien-gorge] strapless bra. **-2.** [cor-sage] bustier.

**but** [byt] *nm* **-1.** [dessein] aim, purpose, point; quel est le ~ de la manœuvre OU de l'opération? what's the point of

such a move?; avoir pour ~ de to aim to; la réforme a un ~ bien précis the purpose of the reform is quite precise; dans le ~ de faire... for the purpose of doing..., with the aim of doing...; je lui ai parlé dans le seul ~ de t'aider my sole aim in talking to him was to help you; aller OU frapper droit au ~ to go straight to the point; dans ce ~ with this end OU aim in view; à ~ lucratif profit-making; à ~ non lucratif non-profit-making. **-2.** [ambition] aim, ambition, objective; toucher au OU le ~ to be on the point of achieving one's aim. **-3.** [destination]: le ~ de notre voyage leur était incon-nu our destination was unknown to them; sans ~ aimless-ly. **-4.** FTBL [limite, point] goal; gagner/perdre par 5 ~s à 2 to win/to lose by 5 goals to 2; marquer OU rentrer *fam* un ~ to score a goal ‖ [cible] target, mark. **-5.** GRAMM purpose.

◆ **de but en blanc** *loc adv* [demander] point-blank, suddenly; [rétorquer] bluntly.

**butane** [bytan] *nm*: (gaz) ~ CHIM butane; [dans la maison] Calor® gas.

**buté, e¹** [byte] *adj* mulish, stubborn.

**butée²** [byte] *nf* **-1.** TECH stop; [de ski] toe-piece; MÉCAN stop block. **-2.** ARCHIT abutment.

**buter** [3] [byte] ◇ *vi* **-1.** [trébucher] to stumble, to trip; ~ contre une pierre to trip over a stone. **-2.** [cogner]: ~ contre qqch to walk OU to bump into sthg. **-3.** [achopper]: ~ sur: ~ sur une difficulté to come OU to stumble across a problem; ~ sur un mot [en parlant] to trip over a word; [en li-sant pour soi] to have trouble understanding a word. **-4.** CONSTR: ~ contre to rest against, to be supported by. ◇ *vt* **-1.** [braquer]: ~ qqn to put sb's back up, to make sb dig his/her heels in. **-2.** ▽ *arg crime* [tuer] to bump off (*sép*), to waste.

◆ **se buter** *vpi* **-1.** [se braquer] to dig one's heels in, to get obstinate. **-2.** [se heurter]: se ~ dans OU contre to bump into.

**buteur** [bytœr] *nm* **-1.** SPORT striker. **-2.** ▽ [assassin] killer.

**butin** [bytɛ̃] *nm* **-1.** [choses volées – par des troupes] spoils, booty; [– par un cambrioleur] loot. **-2.** [trouvailles] booty.

**butiner** [3] [bytine] ◇ *vi* [insectes] to gather nectar and pol-len. ◇ *vt* **-1.** [pollen, nectar] to gather; [fleurs] to gather pol-len and nectar on. **-2.** [rassembler – idées] to glean, to gather.

**butoir** [bytwar] *nm* **-1.** RAIL buffer. **-2.** [de porte] door stop. **-3.** FIN limit.

**butor** [bytɔr] *nm* **-1.** *péj* [malotru] boor, lout. **-2.** ZOOL bittern.

**buttage** [bytaʒ] *nm* earthing OU banking up HORT.

**butte** [byt] *nf* **-1.** [monticule] hillock, knoll; la Butte (Mont-martre) (the Butte) Montmartre. **-2.** MIL: ~ de tir butts. **-3.** HORT mound.

◆ **en butte à** *loc prép*: être en ~ à to be exposed to, to be faced with.

**butter** [3] [byte] *vt* **-1.** HORT to earth OU to bank up (*sép*). **-2.** ▽ *arg crime* to bump off (*sép*), to waste.

**buvable** [byvabl] *adj* **-1.** [qui n'est pas mauvais à boire] drink-able. **-2.** PHARM [ampoule] to be taken orally.

**buvais** [byvɛ] *v* → **boire.**

**buvard** [byvar] *nm* **-1.** [morceau de papier] piece of blotting-paper; [substance] blotting-paper. **-2.** [sous-main] blotter.

**buvette** [byvɛt] *nf* **-1.** [dans une foire, une gare] refreshment stall. **-2.** [de station thermale] pump room.

**buveur, euse** [byvœr, øz] *nm, f* **-1.** [alcoolique] drinker, drunkard; c'est un gros ~ he's a heavy drinker. **-2.** [client de café] customer. **-3.** [consommateur]: ~ de: nous sommes de grands ~s de café we are great coffee drinkers.

**BVA** (*abr de* **Brulé Ville Associés**) *npr French market research company*.

**BVP** (*abr de* **Bureau de vérification de la publicité**) *npr m French advertising standards authority*, ≃ ASA *Br*.

**by-pass** [bajpas] *nm inv* **-1.** ÉLECTR bypass. **-2.** MÉD bypass operation.

**byronien, enne** [bajrɔnjɛ̃, ɛn] *adj* Byronic.

**Byzance** [bizɑ̃s] *npr* **-1.** GÉOG Byzantium. **-2.** *fam loc*: c'est ~! it's fantastic!

**byzantin, e** [bizɑ̃tɛ̃, in] *adj* **-1.** HIST Byzantine. **-2.** *péj* & *sout* byzantine *péj*.

◆ **Byzantin, e** *nm, f* Byzantine.

**BZH** (*abr écrite de* **Breizh**) *Brittany (as nationality sticker on a car)*.

**c, C** [se] *nm inv* [lettre] c, C.
**c -1.** (*abr écrite de* **centime**) c. **-2.** *abr écrite de* **centi**.
**c'** [s] → **ce** *pron dém*.
**ç'** [s] → **ce** *pron dém*.
**C -1.** (*abr écrite de* **Celsius, centigrade**) C. **-2.** (*abr écrite de* **coulomb**) C.
**ca** *abr écrite de* **centiare**.
**ça¹** [sa] *nm* PSYCH id.
**ça²** [sa] *pron dém* **-1.** [désignant un objet – proche] this, it; [– éloigné] that, it; qu'est-ce que tu veux? — ça, là-bas what do you want? — that, over there; il y avait ça entre moi et l'autobus there was this ou that much between me and the bus ❑ il ne m'a pas donné ça! *fam* he didn't give me a thing ou a bean!; regarde-moi ça! just look at that!; il ne pense qu'à ça! *euph* he's got a one-track mind! **-2.** [désignant – ce dont on vient de parler] this, that; [– ce dont on va parler] this; la liberté, c'est ça qui est important freedom, that's what matters; il y a un peu de ça, c'est vrai it's true, there's an element of ou a bit of that; il est parti il y a un mois/une semaine de ça he left a month/a week ago; écoutez, ça va vous étonner... this will surprise you, listen... **-3.** [servant de sujet indéterminé]: et ton boulot, comment ça se passe? *fam* how's your job going?; ça souffle! *fam* there's quite a wind (blowing)!; ça fait 2 kg/3 m that's 2 kg/3 m; ça fait deux heures que j'attends I've been waiting for two hours; qu'est-ce que ça peut faire? what does it matter?; les enfants, ça comprend tout children understand everything; et ça n'arrête pas de se plaindre! *fam & péj* and he is/they are *etc* forever complaining! ❑ ça ira comme ça that'll do; ça y est, j'ai fini! that's it, I'm finished!; ça y est, ça devait arriver! now look what's happened!; ça y est, c'est de ma faute! that's it, it's all my fault!; c'est ça! that's right!; *iron* right!; c'est ça, moquez-vous de moi! that's right, have a good laugh at my expense! **-4.** [emploi expressif]: qui ça? who?, who's that?; comment ça, c'est fini? what do you mean it's over?; ah ça oui! you bet!; ah ça non! certainly not!
**çà** [sa] *adv*: çà et là here and there.
**CA** *nm* **-1.** *abr de* **chiffre d'affaires**. **-2.** *abr de* **conseil d'administration**.
**cabale** [kabal] *nf* **-1.** [personnes] cabal; [intrigue] cabal, intrigue. **-2.** HIST cabala, cabbala, kabbala.
**cabaliste** [kabalist] *nmf* cabalist, kabbalist.
**cabalistique** [kabalistik] *adj* [science] cabalistic.
**caban** [kabã] *nm* [longue veste] car coat; [de marin] reefer jacket; [d'officier] pea jacket.
**cabane** [kaban] *nf* **-1.** [hutte] hut, cabin; [pour animaux, objets] shed; ~ de ou en rondins log cabin ❑ ~ à lapins *pr* rabbit hutch; *fig* box; ~ à outils toolshed. **-2.** *fam* [maison] dump. **-3.** *fam* [prison] clink; il a fait 8 ans de ~ he did ou spent 8 years inside. **-4.** *Helv* [refuge] mountain refuge. **-5.** *Can*: ~ à sucre sugar (and maple syrup) refinery, sap house.
**cabanon** [kabanɔ̃] *nm* **-1.** [abri] shed, hut; [en Provence] (country) cottage. **-2.** *vieilli* [pour fou] padded cell; il est bon pour le ~ *fam* ou à mettre au ~ he should be put away.
**cabaret** [kabaʀɛ] *nm* **-1.** [établissement] nightclub, cabaret. **-2.** [activité]: le ~ cabaret. **-3.** [meuble] liqueur cabinet.
**cabaretier, ère** [kabaʀtje, ɛʀ] *nm, f vieilli* inn-keeper.
**cabas** [kaba] *nm* **-1.** [pour provisions] shopping bag. **-2.** [pour figues, raisins] basket.

**cabestan** [kabɛstɑ̃] *nm* capstan.
**cabillaud** [kabijo] *nm* cod.
**cabine** [kabin] *nf* **-1.** NAUT cabin. **-2.** AÉRON [de pilotage] cockpit; [des passagers] cabin. **-3.** [de laboratoire de langues] booth; [de piscine, d'hôpital] cubicle; ~ (de bain) [hutte] bathing ou beach hut; [serviette] beachtowel (for changing); ~ de douche shower cubicle; ~ d'essayage changing ou fitting room *Br*, dressing room *Am*; ~ de projection projection room. **-4.** TÉLÉC: ~ téléphonique phone box *Br* ou booth. **-5.** TRANSP [de camion, de tracteur, de train] cab; [de grue] cabin; ~ (de téléphérique) cablecar. **-6.** RAIL: ~ d'aiguillage signal box, points control box.
**cabinet** [kabinɛ] *nm* **-1.** [de dentiste] surgery *Br*, office *Am*; [de magistrat] chambers; [d'avoué, de notaire] office; ~ (de consultation) (doctor's) surgery *Br* ou office *Am*. **-2.** [réduit] ~ de débarras boxroom *Br*, storage room *Am*; ~ noir walk-in cupboard. **-3.** [petite salle]: ~ de lecture reading room; ~ particulier [de restaurant] private dining room; ~ de toilette bathroom; ~ de travail study. **-4.** [clientèle – de médecin, de dentiste] practice; monter un ~ to set up a practice. **-5.** [agence]: ~ d'affaires business consultancy; ~ d'architectes firm of architects; ~ d'assurances insurance firm ou agency; ~ conseil consulting firm, consultancy firm; ~ immobilier estate agent's *Br* ou realtor's *Am* office. **-6.** POL [gouvernement] cabinet; faire partie du ~ to be in ou a member of the Cabinet; ~ du Premier ministre Prime Minister's departmental staff ❑ ~ fantôme shadow cabinet; ~ ministériel minister's advisers, departmental staff. **-7.** [d'un musée] (exhibition) room. **-8.** [meuble] cabinet. **-9.** [d'horloge] (clock) case.
◆ **cabinets** *nmpl fam* toilet, loo *Br*, bathroom *Am*.
**câblage** [kablaʒ] *nm* **-1.** TV [pose du réseau] cable TV installation, cabling. **-2.** ÉLECTR [opération] wiring; [fils] cables. **-3.** [torsion] cabling.
**câble** [kabl] *nm* **-1.** [cordage – en acier] cable, wire rope; [– en fibres végétales] line, rope, cable; ~ de démarreur ou de démarrage AUT jump lead; ~ de frein AUT brake cable. **-2.** ÉLECTR cable; ~ électrique electric cable; ~ hertzien radio link (*by hertzian waves*); ~ optique optical fibre; ~ (à courant) porteur carrier cable. **-3.** TV: avoir le ~ to have cable TV; transmettre par ~ to cablecast. **-4.** [télégramme] cable, cablegram.
**câblé, e** [kable] *adj* **-1.** TV [ville, région] with cable television; réseau ~ cable television network. **-2.** INF hard-wired. **-3.** *fam* [à la mode] switched on.
◆ **câblé** *nm* cord.
**câbler** [3] [kable] *vt* **-1.** TV [ville, région] to link to a cable television network, to wire for cable; [émission] to cable. **-2.** ÉLECTR to cable. **-3.** [fils] to twist together (into a cable), to cable. **-4.** TÉLÉC [message] to cable.
**câblerie** [kablǝri] *nf* cable ou cable-manufacturing plant.
**câbleur, euse** [kablœr, øz] *nm, f* cable-layer.
**cabochard, e** [kabɔʃar, ard] *fam* ◇ *adj* pigheaded, stubborn. ◇ *nm, f*: c'est un ~ he's pigheaded ou as stubborn as a mule.
**caboche** [kabɔʃ] *nf* **-1.** *fam* [tête] nut, noddle *Br*. **-2.** [clou] hob-nail.
**cabochon** [kabɔʃɔ̃] *nm* **-1.** JOAILL cabochon. **-2.** [clou] stud.
**cabosser** [3] [kabɔse] *vt* [carrosserie, couvercle] to dent; voiture cabossée battered car.
**cabot** [kabo] *nm* **-1.** *fam* [chien] dog, mutt *péj*. **-2.** ▽ *arg mil*

corporal. **-3.** [mulet] common grey mullet. **-4.** [acteur] ham (actor).

**cabotage** [kabɔtaʒ] *nm* coastal navigation.

**caboter** [3] [kabɔte] *vi* [gén] to sail ou to ply along the coast; [ne pas s'éloigner] to hug the shore.

**caboteur** [kabɔtœr] *nm* [navire] coaster, tramp.

**cabotin, e** [kabɔtɛ̃, in] ◇ *adj* [manières, personne] theatrical. ◇ *nm, f* **-1.** [personne affectée] show-off, poseur. **-2.** *péj* [acteur] ham (actor).

**cabotinage** [kabɔtinaʒ] *nm* [d'un poseur] affectedness, theatricality; [d'un artiste] ham acting; faire du ~ to ham it up.

**cabrer** [3] [kabre] *vt* **-1.** [cheval]: il cabra son cheval he made his horse rear up. **-2.** AÉRON to nose up *(sép).* **-3.** [inciter à la révolte]: ~ qqn to put sb's back up.
◆ **se cabrer** *vpi* **-1.** [cheval] to rear up. **-2.** AÉRON to nose up. **-3.** [se rebiffer] to balk, to jib.

**cabri** [kabri] *nm* kid ZOOL.

**cabriole** [kabrijɔl] *nf* **-1.** [bond – d'un enfant] leap; [– d'un animal] prancing *(U)*, cavorting *(U)*; [acrobatie] somersault; faire des ~s [clown] to do somersaults; [chèvre] to prance ou to cavort (about); [enfant] to dance ou to jump about. **-2.** [manœuvre] clever manoeuvre. **-3.** DANSE cabriole. **-4.** ÉQUIT capriole.

**cabriolet** [kabrijɔlɛ] *nm* **-1.** [véhicule – automobile] convertible; [– hippomobile] cabriolet. **-2.** [meuble] cabriole chair.

**CAC, Cac** [kak, sease] *(abr de* cotation assistée en continu): l'indice ~-40 *the French stock exchange shares index.*

**caca** [kaka] *nm fam:* du ~ de chien some dog dirt ou mess; faire ~ to have a poo.
◆ **caca d'oie** *nm & adj inv* greenish-yellow.

**cacahouète, cacahuète** [kakawɛt] *nf* peanut.

**cacao** [kakao] *nm* **-1.** BOT [graine] cocoa bean. **-2.** CULIN: (poudre de) ~ cocoa (powder); au ~ cocoa-flavoured ‖ [boisson] cocoa.

**cacaotier** [kakaɔtje], **cacaoyer** [kakaɔje] *nm* cocoa tree.

**cacaotière** [kakaɔtjɛr], **cacaoyère** [kakaɔjɛr] *nf* cocoa plantation.

**cacatoès** [kakatɔɛs] *nm* cockatoo.

**cachalot** [kaʃalo] *nm* sperm whale.

**cache** [kaʃ] ◇ *nf* [d'armes, de drogue] cache. ◇ *nm* **-1.** [pour œil, texte] cover card; [de machine à écrire] cover. **-2.** CIN & PHOT mask.

**caché, e** [kaʃe] *adj* **-1.** [dans une cachette – butin, or] hidden. **-2.** [secret – sentiment] secret; [– signification] hidden, secret; [– talent] hidden.

**cache-cache** [kaʃkaʃ] *nm inv:* jouer à ~ (avec qqn) *pr & fig* to play hide and seek (with sb).

**cache-cœur** [kaʃkœr] *nm inv* wrapover top.

**cache-col** [kaʃkɔl] *nm inv* scarf.

**cachemire** [kaʃmir] *nm* **-1.** [tissu, poil] cashmere; en ~ cashmere *(modif).* **-2.** VÊT [châle] cashmere shawl; [pullover] cashmere sweater; [gilet] cashmere cardigan. **-3.** *(comme adj)* [motif, dessin] paisley *(modif).*

**Cachemire** [kaʃmir] *nprm:* le ~ Kashmir.

**cache-nez** [kaʃne] *nm inv* scarf, comforter *Br.*

**cache-pot** [kaʃpo] *nm inv* (flower ou plant) pot holder.

**cache-prise** [kaʃpriz] *nm inv* socket cover.

**cacher**[1] [kaʃɛr] = kasher.

**cacher**[2] [3] [kaʃe] *vt* **-1.** [prisonnier, réfugié] to hide; [trésor, jouet] buried, to conceal. **-2.** [accroc, ride] to hide, to conceal (from view); il cache son jeu *pr* he's not showing his hand; *fig* he's keeping his plans to himself, he's playing his cards close to his chest. **-3.** [faire écran devant] to hide, to obscure; ~ la lumière ou le jour à qqn to be in sb's light; tu me caches la vue! you're blocking my view! **-4.** [ne pas révéler – sentiment, vérité] to hide, to conceal, to cover up *(sép)*; ~ son âge to keep one's age (a) secret; ~ qqch à qqn to conceal ou to hide sthg from sb; je ne cache pas que... I must say ou admit that...; je ne (te) cacherai pas que je me suis ennuyé to be frank with you, (I must say that) I was bored; il n'a pas caché son soulagement his relief was plain for all to see.
◆ **se cacher** ◇ *vp (emploi réfléchi)* **-1.** [suivi d'une partie du corps]: je me cachais la tête sous les draps I hid my head under the sheets; cachez-vous un œil cover one eye. **-2.**

[au négatif]: ne pas se ~ qqch to make no secret of sthg, to be quite open about sthg; il me plaît, je ne m'en cache pas! I like him, it's no secret! ◇ *vpi* **-1.** [aller se dissimuler – enfant, soleil] to hide; se ~ de qqn: se ~ de ses parents pour fumer, fumer en se cachant de ses parents to smoke behind one's parents' back. **-2.** [être dissimulé – fugitif] to be hiding; [– objet] to be hidden.

**cache-radiateur** [kaʃradjatœr] *nm inv* radiator cover.

**cache-sexe** [kaʃsɛks] *nm inv* G-string.

**cachet** [kaʃe] *nm* **-1.** PHARM tablet; un ~ d'aspirine an aspirin (tablet). **-2.** [sceau] seal; [empreinte] stamp; ~ de la poste postmark; le ~ de la poste faisant foi date of postmark will be taken as proof of postage. **-3.** [salaire] fee. **-4.** [charme – d'un édifice, d'une ville] character; [– d'un vêtement] style; avoir du ~ [édifice, village] to be full of character; [vêtements] to be stylish.

**cache-tampon** [kaʃtɑ̃pɔ̃] *(pl inv* ou **cache-tampons**) *nm* JEUX ≃ hunt-the-thimble.

**cacheter** [27] [kaʃte] *vt* [enveloppe, vin] to seal; ~ un billet à la cire to seal a letter with wax.

**cachette**[1] [kaʃɛt] *v* → cacheter.

**cachette**[2] [kaʃɛt] *nf* [d'un enfant] hiding place; [d'un malfaiteur, d'un réfugié] hideout; [d'un objet] hiding place.
◆ **en cachette** *loc adv* [fumer, lire, partir] secretly, in secret; [rire] to o.s., up one's sleeve; en ~ de qqn [boire, fumer] behind sb's back, while sb's back's turned; [préparer, décider] without sb knowing, unbeknownst to sb.

**cachetterai** [kaʃɛtre] *v* → cacheter.

**cachot** [kaʃo] *nm* [de prisonnier] dungeon.

**cachotterie** [kaʃɔtri] *nf* (little) secret; faire des ~s à qqn to keep secrets from sb.

**cachottier, ère** [kaʃɔtje, ɛr] *fam* ◇ *adj* secretive. ◇ *nm, f:* c'est un ~ he's secretive.

**cachou** [kaʃu] *nm* **-1.** [bonbon] cachou. **-2.** [substance, teinture] catechou, cachou, cutch.

**cacique** [kasik] *nm* **-1.** [notable] cacique. **-2.** *arg scol:* le ~ [à un concours] *student graduating in first place (especially from the École Normale Supérieure).* **-3.** *fam* [personne importante] big shot, bigwig.

**cacophonie** [kakɔfɔni] *nf* cacophony.

**cacophonique** [kakɔfɔnik] *adj* cacophonous.

**cactus** [kaktys] *nm* cactus.

**c.-à-d.** *(abr écrite de* c'est-à-dire) i.e.

**cadastral, e, aux** [kadastral, o] *adj* cadastral.

**cadastre** [kadastr] *nm* [plans] cadastral register, ≈ land register.

**cadastrer** [3] [kadastre] *vt* ≈ to register with the land registry.

**cadavérique** [kadaverik] *adj* **-1.** [du cadavre] of a corpse; rigidité ~ rigor mortis. **-2.** [blancheur] deathly, cadaverous; [teint] deathly pale; [fixité] corpse-like.

**cadavre** [kadavr] *nm* **-1.** [d'une personne – gén] corpse, body; [– à disséquer] cadaver; [d'un animal] body, carcass; c'est un ~ ambulant he's a walking corpse. **-2.** *fam & hum* [bouteille] empty bottle, empty.
◆ **cadavre exquis** *nm* [jeu] ≈ consequences; LITTÉRAT cadavre exquis.

**caddie, caddy** [kadi] *nm* [au golf] caddie, caddy.

**Caddie**® [kadi] *nm* [chariot] (supermarket) trolley *Br,* (grocery) cart *Am.*

**caddy** [kadi] = caddie.

**cadeau, x** [kado] *nm* [don] present, gift; faire un ~ à qqn to give sb a present ou a gift; faire ~ de qqch à qqn [le lui offrir] to make sb a present of sthg, to give sb sthg as a present; je te dois 15 francs – je t'en fais ~! I owe you 15 francs – forget it!; il ne m'a pas fait de ~ [dans une transaction, un match] he didn't do me any favours; [critique] he didn't spare me ▢ ~ d'anniversaire/de Noël birthday/Christmas present; ~ de noces ou de mariage wedding present; ~ d'entreprise giveaway ou free gift; ~ publicitaire free gift; ce n'est pas un ~! *fam* [personne insupportable] he's a real pain!; [personne bête] he's no bright spark!

**cadenas** [kadna] *nm* padlock; fermer au ~ to padlock.

**cadenasser** [3] [kadnase] *vt* **-1.** [fermer] to padlock. **-2.** *fam* [emprisonner] to lock up *(sép),* to put away *(sép).*

**cadençai** [kadɑ̃se] v→ **cadencer**.

**cadence** [kadɑ̃s] nf **-1.** DANSE & MUS [rythme] rhythm; marquer la ~ to beat out the rhythm ‖ [accords] cadence; [passage de soliste] cadenza. **-2.** LITTÉRAT cadence. **-3.** [d'un marcheur, d'un rameur] pace; à une bonne ~ at quite a pace. **-4.** INDUST rate; ~ de production rate of production; ~ de travail work rate. **-5.** MIL: ~ de tir rate of fire.
◆ **à la cadence de** loc prép at the rate of.
◆ **en cadence** loc adv: taper des mains en ~ to clap in time; marcher en ~ to march.

**cadencé, e** [kadɑ̃se] adj [marche, musique] rhythmical; [gestes, démarche] swinging; **au pas** ~ MIL in quick time.

**cadencer** [16] [kadɑ̃se] vt [vers, phrase] to give rhythm to; ~ son pas to march in rhythm.

**cadet, ette** [kade, ɛt] ◇ adj [plus jeune] younger; [dernier-né] youngest. ◇ nm, f **-1.** [dans une famille – dernier-né]: le ~, la ~te the youngest child ou one; son ~ [fils] his youngest son ou boy; [frère] his youngest brother ‖ [frère, sœur plus jeune]: mon ~ my younger brother; ma ~te my younger sister. **-2.** [entre personnes non apparentées]: être le ~ de qqn to be younger than sb; je suis son ~ de 4 ans I'm 4 years his junior ou 4 years younger than he is. **-3.** SPORT junior (between 13 and 16 years old).
◆ **cadet** nm **-1.** MIL [élève] cadet. **-2.** HIST [futur militaire] cadet. **-3.** loc: c'est le ~ de mes soucis it's the least of my worries.

**cadmium** [kadmjɔm] nm cadmium.

**cadrage** [kadraʒ] nm **-1.** CIN & PHOT centring. **-2.** MIN framing.

**cadran** [kadrɑ̃] nm [d'une montre, d'une pendule] face, dial; [d'un instrument de mesure, d'une boussole] face; [d'un téléphone] dial; ~ solaire sun dial.

**cadre** [kadr] nm **A. -1.** [responsable – dans une entreprise] executive; [– dans un parti, un syndicat] cadre; **un poste de** ~ an executive ou a managerial post; ~ **supérieur** ou **dirigeant** senior executive, member of (the) senior management; ~ **moyen** middle manager; **femme** ~ woman executive; **jeune** ~ **dynamique** hum whizz kid, ≈ yuppie. **-2.** MIL officer, member of the officer corps. **B. -1.** ADMIN [catégorie] grade, category (within the Civil Service); **le** ~ (**de la fonction publique**) [toutes catégories] the Civil Service. **-2.** MIL corps. **C. -1.** [encadrement – d'un tableau, d'une porte, d'une ruche etc] frame; ~ **de bicyclette** bicycle frame. **-2.** [environnement] setting, surroundings; ~ **de vie** (living) environment. **-3.** [portée, limites – d'accords, de réformes] scope, framework; **loi** ~ outline law; **plan** ~ blueprint (project); **réforme** ~ general outline of reform. **-4.** IMPR box, space; '~ réservé à l'administration' 'for official use only'. **-5.** ÉLECTR [de radio] frame aerial.
◆ **cadres** nmpl **-1.** [contrainte]: ~s sociaux social structures; ~s de la mémoire structures of the memory. **-2.** ADMIN staff list; être sur les ~s to be a member of staff.
◆ **dans le cadre de** loc prép within the framework ou scope of; dans le ~ de mes fonctions as part of my job; cela n'entre pas dans le ~ de mes fonctions it falls outside the scope of my responsibilities.

**cadrer** [3] [kadre] ◇ vi **-1.** [correspondre – témoignages] to tally, to correspond; **les deux notions ne cadrent pas** ensemble the two ideas don't go together; ~ **avec** to be consistent with. **-2.** COMPTA: faire ~ **un compte** to square an account. ◇ vt CIN & PHOT to centre.

**cadreur, euse** [kadrœr, øz] nm, f cameraman (f camerawoman).

**caduc, caduque** [kadyk] adj **-1.** BOT: à feuilles caduques deciduous. **-2.** PHYSIOL [dent] deciduous; [membrane] decidual. **-3.** PHON mute. **-4.** JUR [accord, loi] null and void; [police d'assurances] lapsed; **devenir** ~ [accord, contrat, loi] to lapse; **rendre** ~ [accord, loi] to make null and void. **-5.** sout [qui n'est plus fondé – théorie] outmoded, obsolete.

**caducée** [kadyse] nm **-1.** [de médecin, de pharmacien] caduceus, doctor's badge. **-2.** MYTH Caduceus.

**caducité** [kadysite] nf deciduous nature ou character.

**caduque** [kadyk] f→ **caduc**.

**cæcum** [sekɔm] nm ANAT & VÉTÉR caecum.

**CAF** [kaf] ◇ npr f abr de **Caisse d'allocations familiales**.
◇ adj inv & adv (abr de **coût, assurance, fret**) cif.

**cafard[1]** [kafar] nm **-1.** ENTOM cockroach. **-2.** fam loc: avoir le ~ to feel low, to feel down; **donner le** ~ **à qqn** to get sb down; j'ai eu un coup de ~ hier I felt a bit down yesterday.
**cafard[2], e** [kafar, ard] nm, f fam **-1.** [dénonciateur] sneak, telltale. **-2.** [faux dévot] (religious) hypocrite.

**cafardage** [kafardaʒ] nm fam sneaking, taletelling.

**cafarder** [3] [kafarde] fam ◇ vi **-1.** [rapporter] to sneak, to snitch. **-2.** [être déprimé] to feel depressed ou down. ◇ vt [quelqu'un] to sneak ou to snitch on (insép).

**cafardeur, euse[1]** [kafardœr, øz] nm, f fam sneak, telltale.

**cafardeux, euse[2]** [kafardø, øz] adj fam [air, tempérament] gloomy; je suis ou je me sens ~ en ce moment I'm feeling low ou down at the moment.

**café** [kafe] ◇ nm **-1.** [boisson, graine] coffee; faire du ~ to make coffee ▯ – **frappé** ou **glacé** iced coffee; ~ **instantané** ou **soluble** instant coffee; ~ **nature** ou **noir** black coffee; ~ **crème** coffee with cream; ~ **filtre** filter coffee; ~ **en grains** coffee beans; ~ **au lait** white coffee Br, coffee with milk Am; ~ **moulu** ground coffee; ~ **turc** Turkish coffee; ~ **viennois** Viennese coffee. **-2.** [fin du repas] coffee, coffee-time; Belg early evening meal (served with coffee), ≈ high tea Br; **au** ~, il n'avait toujours pas terminé son histoire he still hadn't finished his story by the time we got to the coffee; **venez pour le** ~ come and have coffee with us (after the meal). **-3.** [établissement]: ~ (bar) (licensed) café; c'est une discussion de ~ du Commerce péj it's bar-room talk. ◇ adj coffee-coloured.
◆ **au café** loc adj [glace, entremets] coffee, coffee-flavoured.
◆ **café liégeois** nm coffee ice cream (sundae).

**café-au-lait** [kafeolɛ] adj inv coffee-coloured.

**café-concert** [kafekɔ̃sɛr] (pl **cafés-concerts**) nm, **caf'conc'** [kafkɔ̃s] vieilli nm inv fam café where music-hall performances are given.

**caféier** [kafeje] nm coffee tree.

**caféine** [kafein] nf caffeine.

**cafetan** [kaftɑ̃] nm caftan, kaftan.

**cafétéria** [kafeterja] nf cafeteria.

**café-théâtre** [kafeteatr] (pl **cafés-théâtres**) nm **-1.** [café avec spectacle] café where theatre performances take place. **-2.** [petit théâtre] alternative theatre.

**cafetier** [kaftje] nm vieilli café owner.

**cafetière** [kaftjɛr] nf **-1.** [machine] coffee maker; [récipient] coffeepot. **-2.** fam [tête] nut, noddle Br.

**cafouillage** [kafujaʒ] nm fam **-1.** [désordre] shambles, muddle. **-2.** AUT misfiring.

**cafouiller** [3] [kafuje] vi fam **-1.** [projet, service] to get into a muddle; [décideur, dirigeant] to faff around ou about; [présentateur, orateur] to get mixed up ou into a muddle. **-2.** AUT to misfire.

**cafouilleur, euse[1]** [kafujœr, øz] fam ◇ adj [personne]: il est ~ he's totally disorganised.
◇ nm, f bungler.

**cafouilleux, euse[2]** [kafujø, øz] adj fam [explications] muddled; [service] shambolic Br, chaotic.

**cafouillis** [kafuji] fam = cafouillage.

**caftan** [kaftɑ̃] nm = cafetan.

**cafter** [3] [kafte] vi fam to sneak, to snitch.

**cafteur, euse** [kaftœr, øz] nm, f fam sneak, snitch.

**cage** [kaʒ] nf **-1.** [pour animaux] cage; **un animal en** ~ a caged animal; **mettre un animal en** ~ to cage an animal; ~ **à lapins** pr rabbit hutch; habiter dans des ~s à lapins fig to live in little boxes; ~ **à oiseau** ou **oiseaux** cage, birdcage; ~ **à poules** pr hen coop; vivre dans une ~ à poules fig to live in cramped surroundings. **-2.** ANAT: ~ **thoracique** rib cage. **-3.** CONSTR: ~ **d'ascenseur** lift Br ou elevator Am shaft; ~ **d'escalier** stairwell. **-4.** [structure, enceinte]: ~ **d'écureuil** JEUX climbing frame; ~ **de Faraday** ÉLECTR Faraday cage. **-5.** MIN: ~ (**d'extraction**) cage. **-6.** fam FTBL goal. **-7.** fam [prison] nick Br, slammer.

**cageot** [kaʒo] nm **-1.** [contenant] crate; [contenu] crate, crateful. **-2.** fam & péj [laideron]: quel ~, sa femme! his wife looks like the back of a bus Br ou Mack truck Am!

**cagibi** [kaʒibi] nm boxroom Br, storage room Am.

**cagne** [kaɲ] nm → **khâgne**.

**cagneux, euse** [kaɲø, øz] ◇ adj [jambes] crooked; [cheval, personne] knock-kneed; **genoux** ~ knock knees. ◇ *nm, f =* **khâgneux.**

**cagnotte** [kaɲɔt] *nf* **-1.** [caisse, somme] jackpot. **-2.** *fam* [fonds commun] kitty. **-3.** *fam* [économies] nest egg.

**cagoule** [kagul] *nf* **-1.** [capuchon – d'enfant] balaclava; [– de voleur] hood; [– de moine] cowl; [– de pénitent] hood, cowl. **-2.** [manteau] cowl.

**cahier** [kaje] *nm* **-1.** SCOL notebook; ~ **de maths/ géographie** maths/geography copybook ❑ ~ **de brouillon** roughbook *Br*, notebook (*for drafts*); ~ **d'exercices** exercise book; ~ **de textes** [d'élève] homework notebook; [de professeur] (work) record book; ~ **de travaux pratiques** lab (note) book. **-2.** [recueil]: ~ **des charges** [de matériel] specifications; [dans un contrat] remit; ~ **de revendications** claims register. **-3.** IMPR gathering.
◆ **cahiers** *nmpl* **-1.** LITTÉRAT [mémoires] diary, memoirs. **-2.** HIST: ~s **de doléances** book of grievances.

**cahin-caha** [kaɛ̃kaa] *loc adv*: **aller** ~ [marcheur] to hobble along; [entreprise, projet] to struggle along; **comment va-t-il?** — ~ ~ **how is he?** — struggling along.

**cahot** [kao] *nm* jolt, judder.

**cahotant, e** [kaɔtɑ̃, ɑ̃t] *adj* [chemin] bumpy, rough; [voiture] jolting, juddering.

**cahoter** [3] [kaɔte] ◇ *vi* [véhicule] to jolt (along). ◇ *vt* [passagers] to jolt, to bump about; [voiture] to jolt.

**cahoteux, euse** [kaɔtø, øz] *adj* bumpy, rough.

**cahute** [kayt] *nf* **-1.** [abri] shack, hut. **-2.** *péj* [foyer] hovel.

**caïd** [kaid] *nm* **-1.** *fam* [dans une matière] wizard; [en sport] ace; [d'une équipe] star. **-2.** *fam* [chef – de bande] gang leader; [– d'une entreprise, d'un parti] big shot, bigwig; **jouer au** ~, **faire son** ~ to act tough. **-3.** HIST caid, local governor (*of indigenous origin, under French rule*).

**caillasse** [kajas] *nf* **-1.** [éboulis] loose stones, scree. **-2.** *fam* & *péj* [mauvais sol] stones.

**caille** [kaj] *nf* **-1.** ZOOL quail. **-2.** [en appellatif]: **ma (petite)** ~ my pet.

**caillé** [kaje] ◇ *nm* curds. ◇ *adj m* [lait] curdled.

**caillebotis** [kajbɔti] *nm* **-1.** [grille] grating. **-2.** [plancher] duckboard.

**cailler** [3] [kaje] *vi* **-1.** [lait] to curdle; [sang] to coagulate, to clot; **faire** ~ **du lait** to curdle milk. **-2.** ▽ [avoir froid]: **ça caille ici!** it's bloody *Br* ou goddam *Am* freezing here!
◆ **se cailler**▽ ◇ *vpi* to be cold. ◇ *vpt*: **on se les caille dehors!** it's bloody *Br* ou goddam *Am* freezing outside!

**caillot** [kajo] *nm* [de sang] clot; [de lait] (milk) curd.

**caillou, x** [kaju] *nm* **-1.** [gén] stone. **-2.** JOAILL stone. **-3.** *fam* [diamant] stone, sparkler. **-4.** MINÉR feldspar. **-5.** *fam* [crâne]: **il n'a plus un cheveu** ou **un poil sur le** ~ he's as bald as a coot *Br* now.

**caillouteux, euse** [kajutø, øz] *adj* [chemin, champ] stony; [plage] pebbly, shingly.

**caïman** [kaimɑ̃] *nm* caiman, cayman.

**Caïn** [kaɛ̃] *npr* Cain.

**Caire** [kɛr] *npr*: **Le** ~ Cairo.

**caisse** [kɛs] *nf* **A. -1.** [gén] box, case, chest; [à claire-voie] crate; ~ **d'emballage** packing crate; ~ **à outils** toolbox. **-2.** [boîte de 12 bouteilles] case. **-3.** HORT box, tub.
**B. -1.** [fût de tambour] cylinder; ~ **claire** side ou snare drum; ~ **de résonance** resonance chamber, resonating body; **grosse** ~ [tambour] bass drum; [musicien] bass drummer. **-2.** [corps de violon] belly, sounding board. **-3.** [d'horloge] case, casing.
**C. -1.** [carrosserie] body. **-2.** *fam* [voiture] car.
**D. -1.** ANAT: ~ **du tympan** middle ear, tympanic cavity *spéc*. **-2.** *fam loc*: **il part** ou **s'en va de la** ~ it's his cough that'll carry him off *hum*.
**E. -1.** [tiroir] till; [petit coffre] cashbox; ~ (**enregistreuse**) till ou cash register; **tenir la** ~ to be the cashier; **partir avec la** ~ to run off with the takings; **faire une** ~ **commune** to put one's money together, to have a kitty; **les** ~s **de l'État** the coffers of the State. **-2.** [lieu de paiement – d'un supermarché] check-out, till; [– d'un cinéma, d'un casino, d'un magasin] cash desk; [– d'une banque] cashier's desk; **passer à la** ~ [magasin] to go to the cash desk; [supermarché] to go through the check-out; [banque] to go to the cashier's desk; [recevoir son salaire] to collect one's wages; **après ce qu'il a dit au pa-**

tron, **il n'a plus qu'à passer à la** ~! *fam* after what he said to the boss, he'll be getting his cards *Br* ou pink slip *Am*! ❑ ~ **éclair** [distributeur] cashpoint; ~ **rapide** [dans un supermarché] quick-service till. **-3.** [argent – d'un commerce] cash (in the till), takings; **faire la** ~ ou **sa** ~ to balance the till ❑ ~ **noire** slush fund. **-4.** BANQUE: ~ **d'épargne** ≃ savings bank.
**F. -1.** [organisme] office; ~ **d'Allocations familiales** Child Benefit office *Br*, Aid to Dependent Children office *Am*; **la Caisse des dépôts et consignations** *French funding body for public works and housing*; ~ **de prévoyance** contingency fund; ~ **primaire d'Assurance maladie** *French Social Security office in charge of medical insurance*; ~ **de retraite** pension ou superannuation fund. **-2.** [fonds] fund, funds.
◆ **en caisse** ◇ *loc adj* FIN: **argent en** ~ cash. ◇ *loc adv*: **avoir 3 000 francs en** ~ to have 3,000 francs in the till; **je n'ai plus rien en** ~ COMM my till's empty; *fig* I'm broke.

**caissette** [kɛsɛt] *nf* **-1.** [contenant] small box. **-2.** [contenu] small boxful.

**caissier, ère** [kesje, ɛr] *nm, f* [d'une boutique, d'un casino, d'une banque] cashier; [d'un supermarché] check-out assistant *Br* ou clerk *Am*; [de cinéma] cashier, box-office assistant *Br*.

**caisson** [kɛsɔ̃] *nm* **-1.** TRAV PUBL [pour fondation] caisson, cofferdam. **-2.** ARCHIT [pour plafond] coffer, caisson, lacunar. **-3.** NAUT caisson, cofferdam; ~ **étanche** ou **de flottabilité** buoyancy tank. **-4.** SPORT: ~ **hyperbare** bathysphere; **maladie** ou **mal des** ~s decompression sickness, the bends. **-5.** HIST & MIL caisson, ammunition wagon.

**cajoler** [3] [kaʒɔle] *vt* [enfant] to cuddle.
◆ **cajolerie** [kaʒɔlri] *nf* [manifestation de tendresse] cuddle.
◆ **cajoleries** *nfpl* *péj* [flatteries] flattery, cajolery.

**cajoleur, euse** [kaʒɔlœr, øz] ◇ *adj* **-1.** [affectueux – parent, ton] affectionate, loving. **-2.** *péj* [flatteur] coaxing, wheedling. ◇ *nm, f péj* [flatteur] wheedler, flatterer.

**cajou** [kaʒu] *nm* → **noix.**

**cajun** [kaʒœ̃] *adj* Cajun.
◆ **Cajun** *nmf* Cajun.

**cake** [kɛk] *nm* fruit cake.

**cal**[1] (*abr écrite de* **calorie**) cal.

**cal**[2] [kal] ◇ *nm* **-1.** [durillon – à la main] callus; [– au pied] corn. **-2.** BOT & MÉD callus.

**calabrais, e** [kalabrɛ, ɛz] *adj* Calabrian.

**Calabre** [kalabr] *nprf*: (**la**) ~ Calabria.

**Calais** [kalɛ] *npr* Calais.

**calamar** [kalamar] = **calmar.**

**calamine** [kalamin] *nf* **-1.** CHIM calamine. **-2.** AUT carbon deposit.

**calamite** [kalamit] *nf* BOT calamite.

**calamité** [kalamite] *nf* **-1.** [événement] calamity, catastrophe, disaster. **-2.** *fam* & *hum* [personne] walking disaster.

**calamiteux, euse** [kalamitø, øz] *adj* calamitous, disastrous, catastrophic.

**calandre** [kalɑ̃dr] *nf* **-1.** AUT radiator grill. **-2.** TEXT & PAPETERIE calender.

**calanque** [kalɑ̃k] *nf* (Mediterranean) creek.

**calcaire** [kalker] ◇ *adj* [roche, relief] limestone (*modif*); [sol] chalky, calcareous *spéc*; [eau] hard. ◇ *nm* **-1.** GÉOL limestone. **-2.** [dans une casserole] fur *Br*, sediment *Am*.

**calcif** [kalsif] *nm fam* pants *Br*, shorts *Am*.

**calcification** [kalsifikasjɔ̃] *nf* calcification.

**calcifié, e** [kalsifje] *adj* calcified.

**calciné, e** [kalsine] *adj* [bois, corps, viande] charred, burned to a cinder; [mur, maison] charred.

**calciner** [3] [kalsine] *vt* **-1.** [transformer en chaux] to calcine. **-2.** [brûler] to burn to a cinder, to char. **-3.** [chauffer – brique, minerai] to calcine.
◆ **se calciner** *vpi* **-1.** [viande] to burn to a cinder. **-2.** [être chauffé – brique, minerai] to calcine.

**calcite** [kalsit] *nf* calcite.

**calcium** [kalsjɔm] *nm* calcium.

**calcul** [kalkyl] *nm* **A. -1.** [suite d'opérations] calculation; **faire un** ~ to do a calculation; **ça reviendra moins cher, fais le** ~! it'll be cheaper, just work it out!; **faire le** ~ **de qqch** to work sthg out, to calculate sthg; **le raisonnement est correct, mais le** ~ **est faux** the method's right but the calculations are wrong ❑ ~ **différentiel/intégral/vectoriel**

differential/integral/vector calculus; ~ **algébrique** calculus; ~ **des probabilités** probability theory. **-2.** SCOL: **le ~ sums**, arithmetic ❏ ~ **mental** [matière] mental arithmetic; [opération] mental calculation. **-3.** [estimation] calculation, computation; **d'après mes ~s** according to my calculations; **un bon ~** a good move; **un mauvais** OU **faux ~** a bad move. **-4.** *péj* [manœuvre] scheme; **par ~** out of (calculated) self-interest; **sans ~** without any OU with no ulterior motive.
**B.** MÉD stone, calculus *spéc*; ~ **biliaire** gall stone; ~ **urinaire** OU **rénal** kidney stone, renal calculus *spéc*.

**calculabilité** [kalkylabilite] *nf* calculability.

**calculable** [kalkylabl] *adj* [prix] calculable; [dégâts] estimable; **c'est ~ de tête** you can work it out OU calculate it in your head.

**calculateur, trice** [kalkylatœr, tris] ◇ *adj péj* calculating, scheming. ◇ *nm, f* **-1.** [qui compte]: **c'est un bon/mauvais ~** he's good/bad at figures OU sums. **-2.** *péj* [personne intéressée]: **un fin ~** a shrewd operator; **un ignoble ~** a scheming character.
◆ **calculateur** *nm* AUT: ~ **embarqué** on-board computer.
◆ **calculatrice** *nf* [machine] calculator; **calculatrice de poche** pocket calculator.

**calculer** [3] [kalkyle] ◇ *vt* **-1.** [dépenses, dimension, quantité etc] to calculate, to work out *(sép)*; ~ **qqch de tête** OU **mentalement** to work sthg out in one's head; ~ **vite** to be quick at figures, to calculate quickly. **-2.** [avec parcimonie – pourboire, dépenses] to work out to the last penny, to budget carefully. **-3.** [évaluer – avantages, inconvénients, chances, risque] to calculate, to weigh up *(sép)*; **mal ~ qqch** to miscalculate sthg; ~ **que** to work out OU to calculate that. **-4.** [préparer – gestes, effets, efforts] to calculate, to work out *(sép)*; **j'ai tout calculé** I have it all worked out ❏ ~ **son coup** *fam* to plan one's moves carefully; **tu as mal calculé ton coup!** you got it all wrong!
◇ *vi* to calculate.

**calculette** [kalkylɛt] *nf* pocket calculator.

**Calcutta** [kalkyta] *npr* Calcutta.

**Caldoche** [kaldɔʃ] *nmf* white inhabitant of New Caledonia.

**cale** [kal] *nf* **A. -1.** [pour bloquer – un meuble] wedge; [– une roue] wedge, chock; **mettre une voiture sur ~s** to put a car on blocks. **-2.** [sur rails] chock.
**B. -1.** NAUT hold. **-2.** [d'un quai] slipway; **mettre sur ~s** to lay down ❏ ~ **de construction** OU **de lancement** slip, slipway; ~ **sèche** dry dock; **être en ~ sèche** to be in dry dock.

**calé, e** [kale] *adj fam* **-1.** [instruit]: **il est ~ en histoire** he's brilliant at history. **-2.** [difficile – problème] tough.

**calebasse** [kalbas] *nf* **-1.** [fruit, récipient] calabash, gourd. **-2.** *fam* [tête] nut, noddle *Br*.

**calèche** [kalɛʃ] *nf* barouche, calash.

**caleçon** [kalsɔ̃] *nm* **-1.** [sous-vêtement]: ~ **court**, ~**s courts** pair of (men's) underpants; ~ **long**, ~**s longs** pair of long johns. **-2.** [pour nager]: ~ **de bain** swimming trunks. **-3.** [pantalon] leggings.

**calembour** [kalɑ̃bur] *nm* play on words, pun.

**calendes** [kalɑ̃d] *nfpl* **-1.** ANTIQ calends. **-2.** *loc*: **renvoyer** OU **remettre qqch aux ~ grecques** to put sthg off OU to postpone sthg indefinitely.

**calendrier** [kalɑ̃drije] *nm* **-1.** [tableau, livret] calendar; ~ **perpétuel/à effeuiller** perpetual/tear-off calendar. **-2.** [emploi du temps] timetable, schedule; [plan – de réunions] schedule, calendar; [– d'un festival] calendar; [– d'un voyage] schedule; ~ **des rencontres** FTBL fixture list *Br*, match schedule *Am*.

**cale-pied** [kalpje] *(pl* **cale-pieds)** *nm* toe-clip.

**calepin** [kalpɛ̃] *nm* [carnet] notebook.

**caler** [3] [kale] ◇ *vt* **-1.** [avec une cale – armoire, pied de chaise] to wedge, to steady with a wedge; [– roue] to chock, to wedge; ~ **une porte** [pour la fermer] to wedge a door shut; [pour qu'elle reste ouverte] to wedge a door open. **-2.** [installer] to prop up *(sép)*; ~ **qqn sur des coussins** to prop sb up on cushions; **bien calé dans son fauteuil** comfortably settled in his armchair. **-3.** *fam* [remplir]: **ça cale (l'estomac)** it fills you up, it's filling. ◇ *vi* **-1.** AUT [moteur, voiture] to stall; **j'ai calé** I've stalled. **-2.** [s'arrêter – devant un problème] to give up; [– dans un repas]: **prends mon gâteau, je cale** have my

cake, I can't eat anymore.
◆ **se caler** ◇ *vpi* [s'installer]: **se ~ dans un fauteuil** to settle o.s. comfortably in an armchair. ◇ *vpt fam loc*: **se ~ les joues se les ~** [bien manger] to stuff OU to feed one's face.

**calfater** [3] [kalfate] *vt* to calk, to caulk.

**calfeutrage** [kalføtraʒ], **calfeutrement** [kalføtrəmɑ̃] *nm* [d'une fenêtre, d'une porte] draught-proofing; [d'une ouverture] stopping up, filling.

**calfeutrer** [3] [kalføtre] *vt* [ouverture] to stop up *(sép)*, to fill; [fenêtre, porte – gén] to make draught-proof; [– avec un bourrelet] to weatherstrip.
◆ **se calfeutrer** *vp (emploi réfléchi)* **-1.** [s'isoler du froid] to make o.s. snug. **-2.** *fig* [s'isoler] to shut o.s. up OU away.

**calibrage** [kalibraʒ] *nm* **-1.** [d'un obus, d'un tube] calibration. **-2.** COMM [de fruits] grading. **-3.** IMPR castoff.

**calibre** [kalibr] *nm* **-1.** INDUST & MÉCAN gauge. **-2.** CONSTR & TRAV PUBL template. **-3.** ARM & TECH bore, calibre; **un canon de 70 ~s** a 70 millimetre gun; **de gros ~** large-bore; **de petit ~** small-bore. **-4.** COMM grade, (standardized OU standard) size. **-5.** ▽ *arg crime* [revolver] shooter *Br*, rod *Am*. **-6.** *fig* [type] class, calibre; **de ce ~** of this calibre OU class; **il est d'un autre ~** he's not in the same league.

**calibrer** [3] [kalibre] *vt* **-1.** [usiner – obus, revolver, tube] to calibrate. **-2.** COMM to grade. **-3.** IMPR to cast off *(sép)*.

**calice** [kalis] *nm* **-1.** BOT & PHYSIOL calyx. **-2.** RELIG chalice.

**calicot** [kaliko] *nm* **-1.** TEXT calico. **-2.** [bande] banner.

**califat** [kalifa] *nm* caliphate.

**calife** [kalif] *nm* caliph.

**Californie** [kaliforni] *npr f*: **(la) ~** California.

**californien, enne** [kalifornjɛ̃, ɛn] *adj* Californian.
◆ **Californien, enne** *nm, f* Californian.

**calif ourchon** [kalifurʃɔ̃]
◆ **à califourchon** *loc adv* astride; **être à ~ sur qqch** to bestride OU to be astride sthg; **monter** OU **s'asseoir** OU **se mettre à ~ sur qqch** to sit astride OU to straddle sthg.

**Caligula** [kaligyla] *npr* Caligula.

**câlin, e** [kalɛ̃, in] *adj* **-1.** [regard, voix] tender. **-2.** [personne] affectionate.
◆ **câlin** *nm* cuddle; **faire un ~ à qqn** to give sb a cuddle.

**câliner** [3] [kaline] *vt* to (kiss and) cuddle, to pet.

**câlinerie** [kalinri] *nf* [qualité] tenderness; [geste] caress, cuddle.

**calisson** [kalisɔ̃] *nm*: ~ **(d'Aix)** lozenge-shaped sweet made of iced marzipan.

**calleux, euse** [kalø, øz] *adj* **-1.** [main, peau] callous, horny. **-2.** *MÉD* [ulcère] callous.

**call-girl** [kɔlgœrl] *(pl* **call-girls)** *nf* call girl.

**calligramme** [kaligram] *nm* calligramme.

**calligraphe** [kaligraf] *nmf* calligrapher.

**calligraphie** [kaligrafi] *nf* calligraphy.

**calligraphier** [9] [kaligrafje] *vt* **-1.** BX-ARTS to calligraph. **-2.** [écrire avec soin]: ~ **qqch** to write sthg in a beautiful hand.

**callosité** [kalozite] *nf* callosity, callus.

**calmant, e** [kalmã, ɑ̃t] *adj* **-1.** PHARM [contre l'anxiété] tranquillizing; [contre la douleur] painkilling. **-2.** [propos] soothing.
◆ **calmant** *nm* **-1.** PHARM [contre l'anxiété] tranquillizer, sedative; **prendre des ~s** to be on tranquillizers. **-2.** [contre la douleur] painkiller.

**calmar** [kalmar] *nm* squid.

**calme** [kalm] ◇ *adj* **-1.** [sans agitation – quartier, rue, moment] calm, quiet, peaceful. **-2.** [sans mouvement – eau, étang, mer] still, calm; [– air] still; **par temps ~** when there's no wind. **-3.** [maître de soi] calm, self-possessed; **parler d'une voix ~** to talk calmly; **c'est un enfant très ~** he's a very placid child; **rester ~** to stay calm. **-4.** [peu productif – marché] quiet, dull, slack.
◇ *nmf* [personne] calm OU placid person.
◇ *nm* **-1.** [absence d'agitation] peace, quiet, calm; [de l'air, de l'eau] stillness; **avec ~** calmly; **du ~!** [ne vous agitez pas] keep quiet!; [ne paniquez pas] keep cool!; **le ~** peace and quiet; **être au ~** to have OU to enjoy peace and quiet; **manifester dans le ~** to hold a peaceful demonstration; **ramener le ~** [dans une assemblée] to restore order; [dans une situation] to calm things down ❏ **c'est le ~ avant la tempête** this is the calm before the storm. **-2.** [silence] silence; **faire**

qqch dans le ~ to do sthg quietly. **-3.** [sang-froid] composure, calm; **du ~!** calm down!; **une femme d'un grand ~** a very composed woman; **garder son** ~ to keep calm; **perdre son** ~ to lose one's composure; **retrouver son** ~ to calm down, to regain one's composure. **-4.** [vent] calm; **c'est le ~ plat** [en mer] there's no wind; [il ne se passe rien] there's nothing happening; [à la Bourse] the Stock Exchange is in the doldrums.
◆ **calmes** *nmpl*: ~s équatoriaux doldrums.

**calmement** [kalməmɑ̃] *adv* calmly, quietly.

**calmer** [3] [kalme] *vt* **-1.** [rendre serein – enfant, opposant, foule] to calm down *(sép)*; **nous devons ~ les esprits** [dans un groupe] we must put everybody's mind at rest; [dans la nation] we must put the people's minds at rest; **~ le jeu** SPORT to calm the game down; *fig* to calm things down. **-2.** [dépassionner – mécontentement] to soothe, to calm; [– colère] to calm, to appease; [– querelle] to pacify, to defuse; [– débat] to restore order to. **-3.** [diminuer – fièvre, inflammation] to bring down *(sép)*; [– douleur] to soothe, to ease; [– faim] to satisfy, to appease; [– soif] to quench; [– désespoir, crainte] to ease, to allay; [– désir, passion, enthousiasme] to dampen; [– impatience] to relieve; **ça devrait leur ~ les nerfs** that should soothe their (frayed) nerves.
◆ **se calmer** *vpi* **-1.** [devenir serein] to calm down; **attends que les choses se calment** wait for things to calm down. **-2.** [se taire] to quieten *Br* ou to quiet *Am* down. **-3.** [s'affaiblir – dispute, douleur] to die down ou away, to ease off ou up; [– fièvre] to die ou to go down; [– anxiété] to fade; [– passion] to fade away, to cool; [– faim, soif] to die down, to be appeased. **-4.** MÉTÉO [averse] to ease off; [mer] to become calm; [vent] to die down, to drop.

**calomniateur, trice** [kalɔmnjatœr, tris] ◇ *adj* [parole] slanderous; [lettre] libellous. ◇ *nm, f* slanderer; [par écrit] libeller.

**calomnie** [kalɔmni] *nf* slander, calumny.

**calomnier** [9] [kalɔmnje] *vt* [dénigrer – personne] to slander, to calumniate; [– par écrit] to libel.

**calomnieux, euse** [kalɔmnjø, øz] *adj* [propos] slanderous; [écrit] libellous, slanderous.

**calomniions** [kalɔmnijɔ̃] *v* →**calomnier**.

**calorie** [kalɔri] *nf* calorie; **ça apporte des ~s** [c'est nutritif] it'll help build you up; [cela fait grossir] it's fattening.

**calorifère** [kalɔrifɛr] ◇ *adj* **-1.** [produisant de la chaleur] heat-giving. **-2.** [transportant de la chaleur] heat-conveying. ◇ *nm* stove.

**calorifique** [kalɔrifik] *adj* [perte] heat *(modif)*; [valeur] calorific.

**calorifuge** [kalɔrifyʒ] ◇ *adj* heat-insulating. ◇ *nm* heat insulator.

**calorifuger** [17] [kalɔrifyʒe] *vt* to insulate, to lag.

**calorimètre** [kalɔrimɛtr] *nm* calorimeter.

**calorique** [kalɔrik] *adj* PHYS & PHYSIOL calorific, caloric.

**calot** [kalo] *nm* **-1.** VÊT cap. **-2.** MIL forage cap. **-3.** JEUX big marble.

**calotin, e** [kalɔtɛ̃, in] ◇ *adj* churchy. ◇ *nm, f* holy Joe.

**calotte** [kalɔt] *nf* **-1.** VÊT skullcap; [de prêtre] calotte, skullcap; **la ~** *fam* the clergy. **-2.** *fam* [tape] box on the ear; **flanquer une ~ à qqn** to give sb a clip round the earhole; **(se) prendre** ou **recevoir une ~** to get a thick ear. **-3.** ANAT: **~ du crâne** ou **crânienne** top of the skull. **-4.** ARCHIT [voûte] calotte. **-5.** ASTRON: **~ polaire** polar region. **-6.** MATH: **~ sphérique** portion of a sphere. **-7.** GÉOG: **~ glaciaire** icecap.

**calotter** [3] [kalɔte] *vt fam*: **~ un enfant** to box a child around the ears.

**calque** [kalk] *nm* **-1.** [feuille] piece of tracing paper; [substance] tracing paper. **-2.** [dessin] tracing, traced design; **prendre** ou **faire un ~ de** to trace. **-3.** [copie – d'un tableau, d'un texte] exact copy, replica. **-4.** [répétition – d'une attitude, d'une erreur] carbon copy. **-5.** LING calque, loan translation.

**calquer** [3] [kalke] *vt* **-1.** [motif] to trace. **-2.** [imiter – manières, personne] to copy exactly. **-3.** LING to translate literally; **calqué sur** ou **de l'espagnol** translated literally from Spanish.

**calumet** [kalyme] *nm* peace pipe; **fumer le ~ de la paix** *pr* to smoke the pipe of peace; *fig* to make peace.

**calva** [kalva] *fam* = **calvados.**

**calvados** [kalvados] *nm* Calvados, apple brandy.

**calvaire** [kalvɛr] *nm* **-1.** RELIG [crucifixion]: **le Calvaire (de Jé-** sus) the suffering of Jesus on the Cross. **-2.** [monument– à plusieurs croix] calvary; [– à une croix] wayside cross ou calvary. **-3.** BX-ARTS calvary, road to Calvary. **-4.** [souffrance] ordeal.

**calvinisme** [kalvinism] *nm* Calvinism.

**calvitie** [kalvisi] *nf* **-1.** [absence de cheveux] baldness; **~ précoce** premature baldness. **-2.** *fam* [emplacement] bald spot.

**calypso** [kalipso] *nm* calypso.

**camaïeu, x** [kamajø] *nm* **-1.** [tableau] monochrome painting. **-2.** [gravure] monochrome engraving. **-3.** [technique]: **le ~** monochrome, monotint; **un ~ de bleus** a monochrome in blue. **-4.** [couleurs] shades.

**camarade** [kamarad] *nmf* **-1.** [ami] friend; **~ de classe** classmate; **~ d'école** schoolmate; **~ de jeu** playmate; **~ de régiment** comrade (in arms). **-2.** POL comrade.

**camaraderie** [kamaradri] *nf* [entre deux personnes] good fellowship, friendship; [dans un club, un groupe] companionship, camaraderie; **il n'y a que de la ~ entre eux** they're just (good) friends.

**Camargue** [kamarg] *npr f*: **la ~** the Camargue (area).

**cambiste** [kɑ̃bist] ◇ *adj*: **banquier ~** bank with a bureau de change ou foreign exchange counter. ◇ *nmf* **-1.** BOURSE exchange broker. **-2.** [de bureau de change] bureau de change ou foreign exchange dealer.

**Cambodge** [kɑ̃bɔdʒ] *npr m*: **le ~** Cambodia.

**cambodgien, enne** [kɑ̃bɔdʒjɛ̃, ɛn] *adj* Cambodian.
◆ **Cambodgien, enne** *nm, f* Cambodian.

**cambouis** [kɑ̃bwi] *nm* dirty oil ou grease.

**cambrage** [kɑ̃braʒ] *nm* camber.

**cambré, e** [kɑ̃bre] *adj* [dos] arched; [pied] with a high instep; [personne] arched-back; [cheval] bow-legged.

**cambrement** [kɑ̃brəmɑ̃] = **cambrage.**

**cambrer** [3] [kɑ̃bre] *vt* **-1.** [pied] to arch. **-2.** TECH [barre, poutre] to camber.
◆ **se cambrer** *vpi* to arch one's back.

**cambriolage** [kɑ̃brijɔlaʒ] *nm* **-1.** [coup] burglary, break-in. **-2.** [activité]: **le ~** burglary, housebreaking.

**cambrioler** [3] [kɑ̃brijɔle] *vt* [propriété] to burgle *Br*, to burglarize *Am*; [personne] to burgle; **se faire ~** to be burgled.

**cambrioleur, euse** [kɑ̃brijɔlœr, øz] *nm, f* burglar, housebreaker.

**Cambronne** [kɑ̃brɔn] *npr*: **le mot de ~** euphemism for the word 'merde'.

**cambrousse** [kɑ̃brus], **cambrouse** [kɑ̃bruz] *nf fam & péj* country, countryside; **en pleine ~** in the middle of nowhere; **il arrive** ou **débarque de sa ~** he's just up from the backwoods ou sticks.

**cambrure** [kɑ̃bryr] *nf* **-1.** [posture – du dos] curve; [– du pied, d'une semelle] arch. **-2.** TECH [d'une chaussée, d'une pièce de bois] camber. **-3.** [partie – du pied] instep; [– du dos] small.

**cambuse** [kɑ̃byz] *nf* **-1.** NAUT storeroom. **-2.** *fam & péj* [chambre, maison] dump, tip *Br*.

**came** [kam] *nf* **-1.** MÉCAN cam. **-2.** ▽ [drogue] junk. **-3.** ▽ [marchandises] stuff, junk.

**camé, e** [kame] ◇ *adj* high; **il est ~** he's on something. ◇ *nm, f* junkie.

**camée²** [kame] *nm* JOAILL cameo.

**caméléon** [kameleɔ̃] *nm* ZOOL chameleon.

**camélia** [kamelja] *nm* camellia.

**camelot** [kamlo] *nm* **-1.** [dans la rue] street peddler, hawker. **-2.** POL: **~ du roi** Royalist supporter (*in France*).

**camelote** [kamlɔt] *nf fam* **-1.** [marchandise] stuff, goods. **-2.** *péj* [mauvaise qualité]: **c'est de la ~** it's junk ou trash.

**camembert** [kamɑ̃bɛr] *nm* **-1.** [fromage] Camembert (cheese). **-2.** [graphique] pie chart.

**camer** [3] [kame]
◆ **se camer**▽ *vpi* to be a junkie; **se ~ à la cocaïne** to be on coke.

**caméra** [kamera] *nf* **-1.** AUDIO, CIN & TV film *Br* ou movie *Am* camera; **il s'est expliqué devant les ~s** he gave an explanation in front of the television cameras ❑ **~ invisible** candid camera; **~ portative** press camera; **~ sonore** sound camera; **~ super-8** super 8 camera; **~ vidéo** video camera. **-2.** OPT: **~ électronique** ou **électronographique** electronic camera.

**cameraman** [kameraman] (*pl* **cameramans** OU **cameramen** [-mɛn]) *nm* cameraman *nm*, camera operator.

**camériste** [kamerist] *nf* **-1.** [dame d'honneur] lady-in-waiting. **-2.** [femme de chambre] chambermaid.

**Cameroun** [kamrun] *npr m*: le ~ Cameroon.

**camerounais, e** [kamrunɛ, ɛz] *adj* Cameroonian.

◆ **Camerounais, e** *nm, f* Cameroonian.

**Caméscope**® [kameskɔp] *nm* camcorder.

**camion** [kamjɔ̃] *nm* **-1.** AUT lorry *Br*, truck *Am*; 'interdit aux ~s' 'no HGVs' *Br*, 'no trucks' *Am* ❑ ~ benne dumper truck; ~ de déménagement removal van *Br*, moving van *Am*; ~ à remorque lorry with trailer; ~ à semi-remorque articulated lorry *Br*, trailer truck *Am*.-**2.** [de peintre] (paint) pail.

**camion-citerne** [kamjɔ̃sitɛrn] (*pl* **camions-citernes**) *nm* tanker (lorry) *Br*, tank truck *Am*.

**camionnage** [kamjɔnaʒ] *nm* (road) haulage.

**camionner** [3] [kamjɔne] *vt* to haul, to transport by lorry *Br* OU truck *Am*.

**camionnette** [kamjɔnɛt] *nf* van.

**camionneur** [kamjɔnœr] *nm* **-1.** [conducteur] lorry *Br* OU truck *Am* driver. **-2.** [entrepreneur] (road) haulage contractor, (road) haulier *Br* OU hauler *Am*.

**camisard** [kamizar] *nm* HIST Calvinist partisan (*in the Cévennes uprising of 1702*).

**camisole** [kamizɔl] *nf* **-1.** VÊT camisole. **-2.** PSYCH: ~ de force strait jacket.

**camomille** [kamɔmij] *nf* **-1.** BOT camomile. **-2.** [infusion] camomile tea.

**camouflage** [kamuflaʒ] *nm* **-1.** MIL [procédé] camouflaging; [matériel] camouflage. **-2.** [d'un message] coding. **-3.** ZOOL camouflage, mimicry.

**camoufler** [3] [kamufle] *vt* **-1.** MIL to camouflage. **-2.** [cacher - passage, gêne] to conceal; [- bavure] to cover up (*sép*); [- vérité] to hide, to conceal. **-3.** [déguiser]: de nombreux crimes sont camouflés en suicides murders are often made to look like suicide.

◆ **se camoufler** *vp* (*emploi réfléchi*) **-1.** MIL to camouflage o.s. **-2.** ZOOL to camouflage itself, to mimic its environment.

**camouflet** [kamufle] *nm* **-1.** *litt* [affront] snub, insult, affront. MIL..**-2.** camouflet, stifler.

**camp** [kɑ̃] *nm* **-1.** MIL (army) camp; ~ militaire/retranché military/fortified camp; ~ de base base camp; ~ de prisonniers prisoner of war camp; lever le ~ *pr* to break camp; *fig* to make tracks. **-2.** HIST & POL camp; ~ (de concentration) concentration camp; ~ de déportation deportation camp; ~ d'extermination OU de la mort death camp; ~ de réfugiés refugee camp; ~ de travail (forcé) forced labour camp; Camp David HIST Camp David. **-3.** LOISIRS campsite, camping site; j'envoie les enfants en ~ cet été I'm sending the children off to summer camp this year ❑ ~ de scouts scout camp. **-4.** JEUX & SPORT team, side. **-5.** [faction] camp, side; il faut choisir son ~ you must decide which side you're on; passer dans l'autre ~, changer de ~ to change sides, to go over to the other side. **-6.** *loc*: ficher le ~ *fam* to clear off; foutre le ~$^V$ [personne] to bugger off *Br*, to take off *Am*; mon pansement fout le ~ my plaster's coming off; tout fout le ~! what is the world coming to?

**campagnard, e** [kɑ̃paɲar, ard] ◇ *adj* [accent, charme, style, vie] country (*modif*), rustic. ◇ *nm, f* countryman (*f* countrywoman).

**campagne** [kɑ̃paɲ] *nf* **-1.** GÉOG [habitat] country; [paysage] countryside; une ~ plate flat OU open country. **-2.** [activité] campaign; faire ~ pour/contre to campaign for/against ❑ ~ de diffamation smear campaign; ~ électorale election campaign; ~ de presse press campaign; ~ publicitaire OU de publicité COMM advertising campaign. **-3.** MIL campaign; faire ~ to campaign, to fight. **-4.** ARCHÉOL: ~ de fouilles excavation plan.

◆ **de campagne** *loc adj* **-1.** [rural - chemin, médecin, curé] country (*modif*). **-2.** COMM [pain, saucisson] country (*modif*). **-3.** MIL [tenue] field (*modif*).

◆ **en campagne** *loc adv* in the field, on campaign; être en ~ *fig* to be on the warpath; entrer OU se mettre en ~ *pr & fig* to go into action.

**campagnol** [kɑ̃paɲɔl] *nm* vole.

**campanile** [kɑ̃panil] *nm* [d'une église] bell-tower; [isolé] campanile.

**campanule** [kɑ̃panyl] *nf* bellflower, campanula *spéc*.

**campé, e** [kɑ̃pe] *adj*: bien ~ [robuste] well-built; bien ~ sur ses jambes standing firmly on his feet; des personnages bien ~s [bien décrits] well-drawn characters; [bien interprétés] well-played characters.

**campement** [kɑ̃pmɑ̃] *nm* **-1.** [installation] camp, encampment; [terrain] camping place OU ground; [de bohémiens] caravan site; '~ interdit' 'no camping'; établir un ~ to set up camp. **-2.** MIL [détachement] detachment of scouts.

**camper** [3] [kɑ̃pe] ◇ *vi* **-1.** LOISIRS to camp. **-2.** MIL to camp (out); ~ sur ses positions MIL to stand one's ground; *fig* to stand one's ground, to stick to one's guns. **-3.** [habiter temporairement]: je campe chez un copain en attendant meanwhile, I'm camping (out) at a friend's. ◇ *vt* **-1.** THÉÂT [personnage] to play the part of. **-2.** [par un dessin – silhouette] to draw, to sketch out (*sép*). **-3.** [par un écrit – personnage] to portray. **-4.** [placer]: ~ son chapeau sur sa tête to stick one's hat on one's head. **-5.** MIL [troupes] to encamp.

◆ **se camper** *vpi*: se ~ devant qqn to plant o.s. in front of sb.

**campeur, euse** [kɑ̃pœr, øz] *nm, f* camper.

**camphre** [kɑ̃fr] *nm* camphor.

**camphré, e** [kɑ̃fre] *adj* camphorated.

**camping** [kɑ̃piŋ] *nm* **-1.** [activité] camping; on a fait du ~ l'été dernier we went camping last summer; j'aime faire du ~ I like camping ❑ ~ sauvage [non autorisé] camping on non-authorized sites; [en pleine nature] camping in the wild. **-2.** [terrain] camp OU camping site *Br*, campground *Am*; [pour caravanes] caravan *Br* OU trailer *Am* site.

◆ **de camping** *loc adj* camp (*modif*), camping.

**camping-car** [kɑ̃piŋkar] (*pl* **camping-cars**) *nm* camper-van *Br*, camper *Am*.

**camping-caravaning** [kɑ̃piŋkaravaniŋ] *nm inv* caravanning *Br*, camping in a trailer *Am*.

**Camping-Gaz**® [kɑ̃piŋgaz] *nm inv* butane gas-stove.

**campus** [kɑ̃pys] *nm* campus; sur le ~ on campus.

**camus, e** [kamy, yz] *adj* [nez] pug; [personne] pug-nosed.

**Canada** [kanada] *npr m*: le ~ Canada; au ~ in Canada.

**Canadair**® [kanadɛr] *nm* fire-fighting plane, tanker plane *Am*.

**canadianisme** [kanadjanism] *nm* Canadianism.

**canadien, enne** [kanadjɛ̃, ɛn] *adj* Canadian.

◆ **Canadien, enne** *nm, f* Canadian.

◆ **canadienne** *nf* **-1.** [tente] (ridge) tent. **-2.** VÊT fur-lined jacket. **-3.** [pirogue] (Canadian) canoe.

**canaille** [kanaj] ◇ *adj* **-1.** [polisson] roguish. **-2.** [vulgaire] coarse, vulgar. ◇ *nf* **-1.** [crapule] scoundrel, crook. **-2.** [ton affectueux]: petite ~! you little devil OU rascal!

**canaillerie** [kanajri] *nf litt* **-1.** [acte] low trick. **-2.** [malhonnêteté] crookedness. **-3.** [vulgarité] coarseness, vulgarity.

**canal, aux** [kanal, o] *nm* **-1.** NAUT canal; ~ maritime OU de navigation ship canal; le ~ de Panama/Suez the Panama/Suez Canal. **-2.** TRAV PUBL duct, channel; ~ d'amenée feed OU feeder channel. **-3.** AGR channel; ~ de drainage/d'irrigation drainage/irrigation canal. **-4.** AUDIO & INF channel; Canal + OU Plus *French TV pay channel* ‖ *Can* [chaîne] (TV) channel. **-5.** ANAT & VÉTÉR duct; ~ auditif auditory canal; ~ biliaire bile duct; ~ lacrymal tear duct, lacrymal canal *spéc*. **-6.** BOT duct, canal. **-7.** ÉCON: ~ de distribution distribution channel.

◆ **par le canal de** *loc prép* through, via.

**canalisation** [kanalizasjɔ̃] *nf* **-1.** TRAV PUBL [conduit] pipe; ~s [système] pipes, pipework, piping. **-2.** ÉLECTR wiring. **-3.** [travaux – d'une rivière] channelling. **-4.** [rassemblement – d'énergies, d'une foule, de pensées] channelling.

**canaliser** [3] [kanalize] *vt* **-1.** TRAV PUBL [cours d'eau] to channel; [région] to provide with a canal system. **-2.** [énergies, foule, pensées, ressources] to channel.

**canapé** [kanape] *nm* **-1.** [siège] settee, sofa; ~ clic-clac *sofa bed operated by a spring mechanism*; ~ convertible bed settee, sofa bed. **-2.** CULIN [pour cocktail] canapé; caviar sur ~ canapé of caviar ‖ [pain frit] canapé, croûton (*spread with forcemeat, served with certain meats*).

**canapé-lit** [kanapeli] (*pl* **canapés-lits**) *nm* bed settee, sofa bed.

**canaque** [kanak] *adj* Kanak.
◆ **Canaque** *nmf* Kanak.

**canard** [kanar] *nm* **-1.** ZOOL duck; ~ **mâle** drake; ~ **sauvage** wild duck; ~ **boiteux** *fig* lame duck. **-2.** CULIN duck; ~ **laqué** Peking duck; ~ **à l'orange** duck in orange sauce, duck à l'orange. **-3.** [terme affectueux]: **mon petit** ~ sweetie, sweetie-pie. **-4.** *fam* [journal] paper, rag; **le Canard enchaîné** PRESSE *satirical French weekly newspaper.* **-5.** [informations] rumour. **-6.** [couac] false note; **faire un** ~ to hit a false note, to go off key. **-7.** *fam* [sucre – au café] sugar lump dipped in coffee; [– à l'eau-de-vie] sugar lump dipped in eau-de-vie; [– au rhum] sugar lump dipped in rum.

**canardeau, x** [kanardo] *nm* duckling.

**canarder** [3] [kanarde] ◇ *vt* [avec une arme à feu] to snipe at *(insép)*, to take potshots at *(insép)*; [avec des projectiles] to pelt; **se faire** ~ [au fusil] to be sniped at. ◇ *vi fam* [faire des fausses notes] to sing off key; [faire une fausse note] to hit a false note, to go off key.

**canari** [kanari] ◇ *nm* canary. ◇ *adj inv* canary-yellow.

**Canaries** [kanari] *nprfpl*: **les (îles)** ~ the Canary Islands, the Canaries; **aux** ~ in the Canaries.

**canasson**▽ [kanasɔ̃] *nm* horse, nag *péj.*

**Canberra** [kãbɛra] *npr* Canberra.

**cancan** [kãkã] *nm* **-1.** [cri du canard] quack. **-2.** [danse] (French) cancan. **-3.** [bavardage] piece of gossip; **des** ~**s** gossip.

**cancaner** [3] [kãkane] *vi* **-1.** ZOOL to quack. **-2.** [médire] to gossip.

**cancanier, ère** [kãkanje, ɛr] ◇ *adj* gossipy. ◇ *nm, f* gossip.

**cancer** [kãsɛr] *nm* **-1.** MÉD cancer; **avoir un** ~ to have cancer; ~ **du foie/de la peau** liver/skin cancer. **-2.** [fléau] cancer, canker.

**Cancer** [kãsɛr] *npr m* **-1.** ASTRON Cancer. **-2.** ASTROL Cancer; **être** ~ to be Cancer ou a Cancerian.

**cancéreux, euse** [kãserø, øz] ◇ *adj* [cellule, tumeur] malignant, cancerous; [malade] cancer *(modif).* ◇ *nm, f* cancer victim ou sufferer.

**cancérigène** [kãseriʒɛn] *adj* carcinogenic.

**cancériser** [3] [kãserize]
◆ **se cancériser** *vpi* to become cancerous ou malignant.

**cancérogène** [kãserɔʒɛn] = **cancérigène**.

**cancérologie** [kãserɔlɔʒi] *nf* cancerology.

**cancérologue** [kãserɔlɔg] *nmf* cancerologist.

**cancoillotte** [kãkwajɔt] *nf* Cancoillotte *(strong-tasting soft cheese, from the Franche-Comté region).*

**cancre** [kãkr] *nm* dunce.

**cancrelat** [kãkrəla] *nm* cockroach.

**candélabre** [kãdelabr] *nm* **-1.** [flambeau] candelabra. **-2.** [colonne ornementée] ornate column. **-3.** [réverbère] street lamp.

**candeur** [kãdœr] *nf* ingenuousness, naivety.

**candi** [kãdi] *adj m*: **sucre** ~ sugar candy, rock candy.

**candida** [kãdida] *nm* candida.

**candidat, e** [kãdida, at] *nm, f* **-1.** POL candidate; **être** ~ **aux élections** to be a candidate in the elections, to stand *Br* ou to run in the elections; **être** ~ **à la présidence** to run for president, to stand for president *Br.* **-2.** [à un examen, à une activité] candidate; [à un emploi] applicant, candidate; **les** ~**s à l'examen d'entrée** entrance examination candidates; **être** ~ **à un poste** to be a candidate for a post; **se porter** ~ **à un poste** to apply for a post.

**candidature** [kãdidatyr] *nf* **-1.** POL candidature, candidacy; **poser sa** ~ to stand *Br*, to declare o.s. a candidate; **retirer sa** ~ to stand down ❏ ~ **multiple** standing ou running for election in several constituencies; ~ **officielle** standing *Br* ou running as official candidate. **-2.** [pour un emploi] application; **poser sa** ~ **(à)** to apply (for) ❏ ~ **spontanée** prospective application.

**candide** [kãdid] *adj* ingenuous, naive.

**candidose** [kãdidoz] *nf* candidiasis.

**cane** [kan] *nf* (female) duck.

**Canebière** [kanbjɛr] *nprf*: **la** ~ *large avenue in Marseilles.*

**caner**▽ [3] [kane] *vi* **-1.** [de peur] to chicken out. **-2.** [mourir] to kick the bucket.

**caneton** [kantɔ̃] *nm* ZOOL duckling.

**canette** [kanɛt] *nf* **-1.** ZOOL duckling. **-2.** [bouteille]: ~ **(de bière)** bottle (of beer). **-3.** [bobine] spool.

**canevas** [kanva] *nm* **-1.** [d'un roman, d'un exposé] framework. **-2.** TEXT canvas. **-3.** [d'une carte] graticule.

**caniche** [kaniʃ] *nm* **-1.** ZOOL poodle. **-2.** *péj* [personne] lap-dog, poodle.

**caniculaire** [kanikylɛr] *adj* scorching, blistering.

**canicule** [kanikyl] *nf* **-1.** [grande chaleur] scorching heat; **la** ~ [en plein été] the midsummer heat; **quelle** ~**!** what a scorcher! **-2.** ANTIQ caniculars, canicular days.

**canif** [kanif] *nm* penknife, pocketknife.

**canin, e**[1] [kanɛ̃, in] *adj* canine; **exposition** ~**e** dog show.

**canine**[2] [kanin] *nf* canine tooth.

**canisse** [kanis] = **cannisse**.

**caniveau, x** [kanivo] *nm* **-1.** [le long du trottoir] gutter. **-2.** [conduit] gutter, drainage channel.

**cannabis** [kanabis] *nm* [drogue, chanvre] cannabis.

**cannage** [kanaʒ] *nm* **-1.** [activité] caning. **-2.** [produit] cane work.

**canne** [kan] *nf* **-1.** [d'un élégant] cane; [d'un vieillard] walking-stick; ~ **(anglaise)** crutch; **marcher avec des** ~**s** to be on crutches; ~ **blanche** white stick *Br* ou cane *Am.* **-2.** PÊCHE: ~ **à pêche** fishing-rod. **-3.** BOT: ~ **à sucre** sugar cane. **-4.** [rotin] cane *(U).*
◆ **cannes**▽ *nfpl* [jambes] legs, pins; SPORT ski-poles, poles.

**canné, e** [kane] *adj* **-1.** [en rotin] cane *(modif).* **-2.** ▽ [mort] dead as a doornail.

**canne-béquille** [kanbekij] (*pl* **cannes-béquilles**) *nf* crutch.

**cannelé, e** [kanle] *adj* **-1.** [orné de cannelures] fluted. **-2.** [à gouttière] grooved.

**canneler** [24] [kanle] *vt* to flute.

**cannelle**[1] [kanɛl] *v* → **canneler**.

**cannelle**[2] [kanɛl] ◇ *nf* **-1.** CULIN cinnamon. **-2.** [robinet] tap, faucet *Am*, spigot *Am.* ◇ *adj inv* pale brown, cinnamon-coloured.
◆ **à la cannelle** *loc adj* cinnamon-flavoured.

**cannellerai** [kanɛlre] *v* → **canneler**.

---

**USAGE ►  Les lettres de candidature**

**En-tête**

Dear Sir/Madam/Sir or Madam
Dear Mrs/Mr/Ms Varley

**Début**

I am writing to apply for the position of editor as advertised in today's edition of *The Times.*
I wish to apply for the post of assistant teacher which you advertised last week.

**Corps de la lettre**

I speak fluent English and have a working knowledge of German and Italian.
I shall be available for work from the end of June.
Please find enclosed my CV [Br] ou resumé [Am].

**Fin**

I would be grateful if you could send me further details/an application form.

**Formule finale**

Yours faithfully [Br: à quelqu'un dont on ne connaît pas le nom]
Yours sincerely [à quelqu'un dont on connaît le nom]

**cannelloni** [kanelɔni] (*pl inv* ou **cannellonis**) *nm* cannelloni.

**cannelure** [kanlyr] *nf* **-1.** [d'un vase, d'un pilier] flute, fluting. **-2.** [d'une vis, d'une pièce de monnaie] groove, grooving. **-3.** BOT & GÉOL stria, striation.

**canner** [3] [kane] ◇ *vt* [tabouret] to cane. ◇ *vi*▽ = **caner 2**.

**Cannes** [kan] *npr* Cannes; **le festival de** ~ the Cannes film festival.

**cannette** [kanɛt] = **canette 2, 3**.

**cannibale** [kanibal] *adj* & *nmf* cannibal *aussi fig*.

**cannibalisme** [kanibalism] *nm* **-1.** [anthropophagie] cannibalism. **-2.** [férocité] cannibalism, savagery.

**cannisse** [kanis] *nf* rush fence.

**cannois, e** [kanwa, az] *adj* from Cannes.
◆ **Cannois, e** *nm, f* inhabitant of or person from Cannes.

**canoë** [kanɔe] *nm* canoe; **faire du** ~ to go canoeing.

**canoéiste** [kanɔeist] *nmf* canoeist.

**canoë-kayak** [kanɔekajak] (*pl* **canoës-kayaks**) *nm*: **faire du** ~ to go canoeing.

**canon** [kanɔ̃] *nm* **-1.** ARM [pièce – moderne] gun; [– ancienne] cannon; [tube] barrel; **à** ~ **double** double-barrelled; **à** ~ **scié** sawn-off *Br*, sawed-off *Am*; ~ **mitrailleur** heavy machine-gun. **-2.** ÉLECTRON: ~ **électronique** ou **à électrons** electron gun. **-3.** AGR: ~ **arroseur** irrigation cannon. **-4.** LOISIRS & SPORT: ~ **à neige** snow-making machine. **-5.** [de clé, de serrure] barrel. **-6.** MUS canon; ~ **à trois voix** canon for three voices; **chanter en** ~ to sing a ou in canon. **-7.** BX-ARTS canon. **-8.** *sout* [modèle] model, canon. **-9.** RELIG canon; (*comme adj m*): **droit** ~ canonic law. **-10.** [de vin] glass (of wine); [d'eau-de-vie] shot (of spirits).

**cañon** [kaɲɔn] *nm* canyon.

**canonial, e, aux** [kanɔnjal, o] *adj* RELIG **-1.** [réglé par les canons] canonic, canonical. **-2.** [du chanoine] of a canon.

**canonique** [kanɔnik] *adj* **-1.** [conforme aux règles] classic, canonic, canonical. **-2.** RELIG canonic, canonical.

**canonisation** [kanɔnizasjɔ̃] *nf* canonization, canonizing.

**canoniser** [3] [kanɔnize] *vt* to canonize.

**canonnade** [kanɔnad] *nf* heavy gunfire, cannonade.

**canonnier** [kanɔnje] *nm* gunner.

**canonnière** [kanɔnjɛr] *nf* **-1.** NAUT gunboat. **-2.** [meurtrière] loophole.

**canot** [kano] *nm* dinghy; ~ **automobile** motorboat; ~ **de pêche** fishing boat; ~ **pneumatique** pneumatic ou inflatable dinghy; ~ **de sauvetage** lifeboat.

**canotage** [kanɔtaʒ] *nm* boating.

**canoter** [3] [kanɔte] *vi* **-1.** [se promener] to go boating. **-2.** [manœuvrer] to handle a boat.

**canoteur, euse** [kanɔtœr, øz] *nm, f* rower (*in a dinghy*).

**canotier** [kanɔtje] *nm* [chapeau] (straw) boater.

**Canson**® [kãsɔ̃] *npr*: **papier** ~ drawing paper.

**cantal** [kãtal] *nm* Cantal cheese.

**cantaloup** [kãtalu] *nm* cantaloup (melon).

**cantate** [kãtat] *nf* cantata.

**cantatrice** [kãtatris] *nf* [d'opéra] (opera) singer; [de concert] (concert) singer; 'la Cantatrice chauve' *Ionesco* 'The Bald Primadonna'.

**cantilène** [kãtilɛn] *nf* cantilena.

**cantine** [kãtin] *nf* **-1.** [dans une école] dining hall, canteen; [dans une entreprise] canteen; **les élèves qui mangent à la** ~ pupils who have school meals ou school dinners. **-2.** [malle] (tin) trunk.

**cantique** [kãtik] *nm* canticle; **Le Cantique des** ~s The Song of Songs, The Song of Solomon.

**canton** [kãtɔ̃] *nm* [en France] division of an arrondissement, canton; [en Suisse] canton; [au Luxembourg] administrative unit, canton; [au Canada] township.

**cantonade** [kãtɔnad]
◆ **à la cantonade** *loc adv* [sans interlocuteur précis] to all present, to the company at large; **crier qqch à la** ~ to call ou to shout sthg (out).

**cantonais, e** [kãtɔnɛ, ɛz] *adj* **-1.** CULIN [cuisine] Cantonese; **riz** ~ (special) fried rice. **-2.** GÉOG Cantonese.

**cantonal, e, aux** [kãtɔnal, o] *adj* local.
◆ **cantonales** *nfpl* election of representatives for the canton, ≈ local elections.

**cantonnement** [kãtɔnmã] *nm* **-1.** [à une tâche, à un lieu] confinement, confining (*U*). **-2.** MIL [lieu] billet; [action] billeting (*U*).

**cantonner** [3] [kãtɔne] ◇ *vt* **-1.** [isoler]: ~ **qqn dans un lieu** to confine sb to a place. **-2.** *fig*: ~ **qqch à** ou **dans** [activité, explication] to limit ou to confine sthg to. **-3.** MIL to billet; ~ **un soldat chez qqn** to billet a soldier on sb. ◇ *vi* to be billeted; ~ **chez qqn** to be billeted on sb.
◆ **se cantonner à, se cantonner dans** *vp* + *prép* **-1.** [s'enfermer]: **se** ~ **dans** [lieu] to confine o.s. to; **il se cantonnait dans sa solitude** he took refuge in solitude. **-2.** [être limité]: **se** ~ **à** ou **dans** to be confined ou limited ou restricted to. **-3.** [se restreindre]: **se** ~ **à** ou **dans** [activité, explication] to confine ou to limit o.s. to.

**cantonnier** [kãtɔnje] *nm* **-1.** [sur une route] roadman, road mender. **-2.** RAIL platelayer *Br*, trackman *Am*.

**Cantorbéry** [kãtɔrberi] *npr* Canterbury.

**canular** [kanylar] *nm* **-1.** [action] practical joke, hoax; **faire un** ~ **à qqn** to play a hoax on sb. **-2.** [parole] hoax.

**canule** [kanyl] *nf* cannula.

**canut, use** [kany, yz] *nm, f* silk weaver ou worker (*in Lyons*).

**canyon** [kaɲɔn] = **cañon**.

**CAO** (*abr de* **conception assistée par ordinateur**) *nf* CAD.

**caoutchouc** [kautʃu] *nm* **-1.** BOT (natural ou India) rubber. **-2.** CHIM (synthetic) rubber; ~ **Mousse**® foam rubber. **-3.** *fam* [élastique] rubber ou elastic band. **-4.** [soulier] galosh. **-5.** [ficus] rubber plant.
◆ **de caoutchouc, en caoutchouc** *loc adj* rubber (*modif*).

**caoutchoutage** [kautʃutaʒ] *nm* **-1.** [processus] coating with rubber, rubberizing. **-2.** [enduit] rubberized coating.

**caoutchouter** [3] [kautʃute] *vt* to cover ou to overlay with rubber, to rubberize.

**caoutchouteux, euse** [kautʃutø, øz] *adj* [viande] rubbery, chewy; [fromage] rubbery.

**cap** [kap] *nm* **-1.** GÉOG cape, headland, promontory; **doubler** ou **passer un** ~ to round a cape. **-2.** AÉRON, AUT & NAUT course; ~ **au vent** head on to the wind; **changer de** ou **le** ~ to alter one's ou to change course; **mettre le** ~ **sur** NAUT to steer ou to head for; AUT to head for; **suivre un** ~ to steer a course. **-3.** [étape] milestone, hurdle; **passer** ou **franchir le** ~ **de** [dans une situation difficile] to get over, to come through; [dans une gradation, des statistiques] to pass the mark of; **il a passé le** ~ **de la cinquantaine** he's into his fifties; **l'adolescence est un** ~ **difficile** à passer adolescence is a difficult time to live through; **la revue a dépassé le** ~ **des deux mille lecteurs** the readership of the magazine has passed the two thousand mark.

**Cap** [kap] *npr*: **Le** ~ [ville] Cape Town; [province] Cape Province; **au** ~ in Cape Town.

**Cap.** (*abr écrite de* **capitaine**) Capt.

**CAP** *nm* **-1.** (*abr de* **certificat d'aptitude professionnelle**) *vocational training certificate* (taken at secondary school), ≈ City and Guilds examination *Br*. **-2.** (*abr de* **certificat d'aptitude pédagogique**) teaching diploma.

**capable** [kapabl] *adj* **-1.** [compétent] capable, competent, able. **-2.** JUR competent. **-3.** être ~ de [physiquement] to be able to, to be capable of; [psychologiquement] to be capable of; ~ **de tout** capable of (doing) anything; **il est** ~ **de nous oublier!** I wouldn't put it past him to forget us!

**capacitaire** [kapasitɛr] *nmf* **-1.** [diplômé] holder of the 'capacité en droit' qualification. **-2.** [étudiant] student preparing for the 'capacité en droit' examination.

**capacité** [kapasite] *nf* **-1.** [aptitude] ability, capability; **avoir la** ~ **de faire qqch** to have the ability to do sthg, to be capable of doing sthg; **avoir une grande** ~ **de travail** to be capable of ou to have a capacity for hard work. **-2.** [d'un récipient, d'une salle, d'un véhicule] capacity; **sac d'une grande** ~ roomy bag ❑ ~ **vitale** ou **thoracique** ANAT & PHYSIOL vital capacity. **-3.** ÉLECTR capacitance. **-4.** INF & TÉLÉC capacity. **-5.** JUR capacity; **avoir** ~ **pour** to be (legally) entitled to ❑ ~ **civile** civil capacity; ~ **électorale** (electoral) franchise. **-6.** [diplôme]: ~ **en droit** law diploma leading to a law degree course. **-7.** ÉCON: ~ **de financement** financing capacity; ~ **productrice** maximum possible output ou capacity.
◆ **capacités** *nfpl* ability; ~s **intellectuelles** intellectual

capacity.

**caparaçonner** [3] [kaparasɔne] *vt* **-1.** [cheval] to caparison. **-2.** [protéger] to cover from top to bottom.
◆ **se caparaçonner** *vpi* to deck o.s. out, to bedeck o.s.

**cape** [kap] *nf* **-1.** [pèlerine] cloak, cape. **-2.** [d'un cigare] wrapper, outer leaf. **-3.** [de torero] capa. **-4.** NAUT: être à la ~ to lie to.
◆ **de cape et d'épée** *loc adj* cloak-and-dagger *(avant n)*.

**capeline** [kaplin] *nf* wide-brimmed hat, capeline.

**capella** [kapɛla] → **a capella**.

**CAPES, Capes** [kapɛs] *(abr de* **certificat d'aptitude au professorat de l'enseignement du second degré)** *nm secondary school teaching certificate,* ≃ PGCE *Br.*

**capésien, enne** [kapesjɛ̃, ɛn] *nm, f* **-1.** [étudiant] student preparing to take the CAPES. **-2.** [diplômé] CAPES-holder.

**Capet** [kapɛ] *npr:* Hugues ~ Hugues Capet.

**CAPET, Capet** [kapɛt] *(abr de* **certificat d'aptitude au professorat de l'enseignement technique)** *nm specialized teaching certificate.*

**capétien, enne** [kapesjɛ̃, ɛn] *adj* Capetian.
◆ **Capétien, enne** *nm, f* Capetian *(descendant of Hugues Capet).*

**capharnaüm** [kafarnaɔm] *nm* [chaos] shambles; leur maison est un vrai ~ their house is a real shambles.

**Capharnaüm** [kafarnaɔm] *npr* Capernaum.

**cap-hornier** [kapɔrnje] *(pl* **cap-horniers)** *nm* Cape Horner.

**capillaire** [kapilɛr] ◇ *adj* **-1.** [relatif aux cheveux] hair *(modif).* **-2.** [très fin – tube, vaisseau] capillary *(modif).* ◇ *nm* **-1.** [vaisseau] capillary. **-2.** [tube] capillary (tube). **-3.** BOT maidenhair (fern).

**capillarité** [kapilarite] *nf* PHYS capillarity, capillary action.
◆ **par capillarité** *loc adv* by ou through capillary action.

**capilliculture** [kapilikyltyr] *nf* hair care.

**capitaine** [kapitɛn] *nm* **-1.** NAUT [dans la marine marchande] captain, master; [dans la navigation de plaisance] captain, skipper; oui, ~ yes, sir ❏ ~ **de frégate** MIL commander; ~ **au long cours** master mariner; ~ **de port** ADMIN & NAUT harbour master; ~ **de vaisseau** MIL captain. **-2.** MIL [dans l'armée – de terre] captain; [– de l'air] flight lieutenant *Br*, captain *Am*; *litt* leader of men, military commander; les ~s d'industrie the captains of industry. **-3.** SPORT captain. **-4.** [des pompiers] chief fire officer *Br*, fire chief *Am*. **-5.** ZOOL tread-fin.

**capitainerie** [kapitɛnri] *nf* harbour master's office.

**capital¹, aux¹** [kapital, o] *nm* **-1.** FIN [avoir – personnel] capital *(U)*; [– d'une société] capital *(U)*, assets; une société au ~ de 500 000 F a firm with assets of 500,000 francs ❏ ~ **réel** ou versé paid-up capital; ~ **engagé** capital expenditure; ~ **d'exploitation** working capital; ~ **financier** finance capital; ~ **fixe** fixed ou capital assets; ~ **foncier** land; ~ **social** nominal capital; ~ **souscrit** subscribed capital; ~ **variable** ÉCON variable capital. **-2.** [compensation]: ~ **décès** death benefit; ~ **départ** severance money ou pay. **-3.** [monde de l'argent, des capitalistes]: le ~ capital; le grand ~ big business; 'le Capital' Marx 'Das Kapital'. **-4.** [accumulation] stock; un ~ de connaissances a fund of knowledge; le ~ culturel du pays the nation's cultural wealth; n'entamez pas votre ~ santé don't overtax your health.
◆ **capitaux** *nmpl* [valeurs disponibles] capital; circulation des capitaux circulation of capital; fuite des capitaux flight of capital ❏ capitaux flottants floating capital.

**capital², e, aux²** [kapital, o] *adj* **-1.** [détail] vital; [question, aide] fundamental, crucial, vital; c'est d'une importance ~e it's of the utmost importance. **-2.** [œuvre, projet] major. **-3.** [lettre – imprimée] capital; [– manuscrite] (block) capital. **-4.** JUR capital; la peine ~e capital punishment, the death penalty.
◆ **capitale** *nf* **-1.** POL & ADMIN capital (city); la ~e [Paris] the capital, Paris ❏ ~e régionale regional capital. **-2.** [centre]: la ~e de la mode the capital of fashion. **-3.** IMPR capital (letter).
◆ **en capitales** *loc adv* IMPR in capitals, in block letters.

**capitalisation** [kapitalizasjɔ̃] *nf* capitalization; ~ boursière capital stock.

**capitaliser** [3] [kapitalize] *vt* **-1.** FIN [capital] to capitalize; [intérêts] to add, to accrue; [revenu] to turn into capital. **-2.** [amasser – argent] to save up *(sép)*, to accumulate. **-3.** [accu-

muler – connaissances] to accumulate; ~ des heures supplémentaires to accrue ou to accumulate overtime.

**capitalisme** [kapitalism] *nm* capitalism.

**capitaliste** [kapitalist] ◇ *adj* capitalist, capitalistic. ◇ *nmf* capitalist.

**capital-risque** [kapitalrisk] *nm* venture ou risk capital.

**capiteux, euse** [kapitø, øz] *adj* **-1.** [fort – alcool, senteur] heady. **-2.** [excitant – charme, blonde] sensuous.

**Capitole** [kapitɔl] *npr m:* le ~ [à Toulouse, à Rome] the Capitol; [à Washington] Capitol Hill, the Capitol.

**capiton** [kapitɔ̃] *nm* **-1.** [matériau] padding. **-2.** [section rembourrée] boss, padded section.

**capitonnage** [kapitɔnaʒ] *nm* padding.

**capitonner** [3] [kapitɔne] *vt* to pad.

**capitulation** [kapitylasjɔ̃] *nf* **-1.** MIL [action] surrender, capitulation; [traité] capitulation. **-2.** [fait de céder] surrendering.

**capituler** [3] [kapityle] *vi* **-1.** MIL to surrender, to capitulate. **-2.** [céder] to surrender, to give in.

**caporal, aux** [kapɔral, o] *nm* **-1.** [dans l'armée de terre] lance corporal *Br*, private first class *Am.* **-2.** [dans l'armée de l'air] senior aircraftman *Br*, airman first class *Am.* **-3.** [tabac] Caporal tobacco.

**caporal-chef** [kapɔralʃɛf] *(pl* **caporaux-chefs** [kapɔroʃɛf]) *nm* corporal.

**capot** [kapo] ◇ *nm* **-1.** AUT bonnet *Br*, hood *Am.* **-2.** NAUT [tôle] cover; [ouverture] companion hatchway. **-3.** [d'une machine] hood. ◇ *adj inv* CARTES: être ~ to make no tricks at all.

**capote** [kapɔt] *nf* **-1.** *fam* [préservatif] condom; ~ **anglaise** *vieilli* French letter *Br*, condom. **-2.** [d'une voiture] hood *Br*, top *Am.* **-3.** [manteau] greatcoat. **-4.** [chapeau] bonnet.

**capoter** [3] [kapɔte] ◇ *vt* to fit with a hood. ◇ *vi* **-1.** [voiture] to overturn, to roll over; [bateau] to turn turtle. **-2.** *fam* [projet] to fall through, to collapse; [tractation] to fall through; il a tout fait ~ he messed everything up.

**cappuccino** [kaputʃino] *nm* cappuccino.

**câpre** [kapr] *nf* caper.

**caprice** [kapris] *nm* **-1.** [fantaisie] whim, passing fancy; rien n'est réfléchi, il n'agit que par ~ he doesn't think things through, he just acts on impulse. **-2.** [colère] tantrum; faire des ~s to throw tantrums; elle n'a pas mal, c'est un ~ she's not in pain, she's just being awkward ou difficult. **-3.** [irrégularité]: c'est un véritable ~ de la nature it's a real freak of nature. **-4.** [engouement] (sudden) infatuation. **-5.** MUS capriccio, caprice.

**capricieusement** [kaprisjøzmɑ̃] *adv* capriciously.

**capricieux, euse** [kaprisjø, øz] *adj* **-1.** [coléreux] temperamental; un enfant ~ an awkward child. **-2.** [fantaisiste] capricious, fickle. **-3.** [peu fiable – machine, véhicule] unreliable, temperamental; [– saison, temps] unpredictable.

**capricorne** [kaprikɔrn] *nm* ZOOL Capricorn beetle.

**Capricorne** [kaprikɔrn] *npr m* **-1.** ASTRON Capricorn. **-2.** ASTROL Capricorn; être ~ to be (a) Capricorn.

**câprier** [kaprije] *nm* caper (plant).

**caprin, e** [kaprɛ̃, in] *adj* goat *(modif)*, caprine *spéc.*
◆ **caprin** *nm* member of the goat family.

**capsule** [kapsyl] *nf* **-1.** [d'un flacon] top, cap. **-2.** ASTRON: ~ (spatiale) (space) capsule. **-3.** ARM cap, primer. **-4.** PHARM capsule. **-5.** BOT capsule. **-6.** ANAT capsule.

**capsuler** [3] [kapsyle] *vt* to put a cap ou top on.

**captage** [kaptaʒ] *nm* **-1.** AUDIO & TÉLÉC picking up, receiving. **-2.** ÉCOL arresting.

**captateur, trice** [kaptatœr, tris] *nm, f* inveigler.

**captation** [kaptasjɔ̃] *nf* JUR inveiglement.

**capter** [3] [kapte] *vt* **-1.** [attention, intérêt] to capture. **-2.** AUDIO & TÉLÉC to pick up *(insép)*, to receive. **-3.** JUR to inveigle.

**capteur** [kaptœr] *nm* **-1.** ÉCOL: ~ (solaire) solar panel. **-2.** [pour mesurer] sensor; [pour commander] probe.

**captieux, euse** [kapsjø, øz] *adj* specious, misleading.

**captif, ive** [kaptif, iv] ◇ *adj* **-1.** COMM [marché] captive. **-2.** [emprisonné] captive. ◇ *nm, f* *litt* captive.

**captivant, e** [kaptivɑ̃, ɑ̃t] *adj* captivating, riveting, enthralling.

**captiver** [3] [kaptive] *vt* to captivate, to rivet.

**captivité** [kaptivite] *nf* captivity; garder un animal en ~ to keep an animal in captivity.

**capture** [kaptyr] *nf* **-1.** [de biens] seizure, seizing, confiscation; [d'un navire, d'un tank] capture. **-2.** [arrestation] capture; après sa ~, il a déclaré... after he was captured OU caught, he said... **-3.** CHASSE & PÊCHE catching. **-4.** [biens ou animaux] catch, haul.

**capturer** [3] [kaptyre] *vt* **-1.** [faire prisonnier] to capture, to catch. **-2.** CHASSE & PÊCHE to catch. **-3.** [navire, tank] to capture.

**capuche** [kapyʃ] *nf* hood.

**capuchon** [kapyʃɔ̃] *nm* **-1.** VÊT [bonnet] hood; [manteau] hooded coat. **-2.** [d'un stylo] cap, top; [d'un dentifrice] top. **-3.** [d'une cheminée] cowl.
◆ **à capuchon** *loc adj* hooded.

**capucin** [kapysɛ̃] *nm* **-1.** RELIG Capuchin (Friar). **-2.** ZOOL capuchin (monkey). **-3.** CHASSE hare.

**capucine** [kapysin] ◇ *nf* **-1.** BOT nasturtium. **-2.** [danse] (children's) round. **-3.** RELIG Capuchin nun. ◇ *adj inv* orangey-red.

**Cap-Vert** [kapvɛr] *npr m*: le ~ Cape Verde.

**caquet** [kakɛ] *nm* **-1.** [gloussement] cackle, cackling. **-2.** *fam* [bavardage] yakking; il a un de ces ~s! he yaks on and on! ❑ **rabattre** OU **rabaisser le ~ à qqn** to take sb down a peg or two, to put sb in his/her place.

**caquetage** [kaktaʒ] *nm* [futile] prattle; [indiscret] gossip.

**caqueter** [27] [kakte] *vi* **-1.** [poule] to cackle. **-2.** [tenir des propos – futiles] to prattle (on); [– indiscrets] to gossip.

**car¹** [kar] (*abr de* autocar) *nm* bus, coach; ~ de police police van; ~ de ramassage (scolaire) school bus.

**car²** [kar] *conj sout* because, for; il est efficace, ~ très bien secondé he is efficient because he has very good back-up; ~ enfin, à quoi vous attendiez-vous? I mean, what did you expect?

**carabin** [karabɛ̃] *nm fam* medic.

**carabine** [karabin] *nf* rifle; ~ à air comprimé air rifle OU gun.

**carabiné, e** [karabine] *adj fam* [note à payer, addition] stiff, steep; [rhume] filthy, stinking; [migraine] blinding; une grippe ~e a dreadful dose of the flu.

**carabinier** [karabinje] *nm* **-1.** [en Italie] carabiniere, policeman. **-2.** [en Espagne] carabinero, customs officer. **-3.** HIST carabineer, carabinier.

**Carabosse** [karabɔs] *npr→* fée.

**Caracas** [karakas] *npr* Caracas.

**caraco** [karako] *nm* camisole.

**caracoler** [3] [karakɔle] *vi* **-1.** [sautiller] to skip about, to gambol. **-2.** ÉQUIT to caracole.

**caractère** [karaktɛr] *nm* **-1.** [nature] character, nature, temperament. **-2.** [tempérament] temper; quel ~! what a temper!; avoir bon ~ to be good-natured; avoir mauvais ~ to be bad-tempered; avoir un ~ de chien *fam* OU de cochon *fam* to have a foul temper. **-3.** [volonté, courage] character; elle manque de ~ she's not very strong-willed. **-4.** [type de personne] character. **-5.** [particularité] nature, character; pour donner un ~ d'authenticité à son œuvre to give his work a stamp of authenticity; à ~ officiel of an official nature. **-6.** [trait] characteristic, feature, trait; [dans des statistiques] characteristic. **-7.** [originalité] character; sans aucun ~ characterless. **-8.** BIOL character; ~ acquis acquired trait. **-9.** IMPR & INF character; le choix des ~s the choice of type ❑ ~s gras: en ~s gras in bold (type); ~s d'imprimerie block letters.
◆ **de caractère** *loc adj*: appartement/maison de ~ flat/ house with character; une femme de ~ a woman of character.

**caractériel, elle** [karakterjɛl] ◇ *adj* **-1.** PSYCH [adolescent] maladjusted, (emotionally) disturbed. **-2.** [du caractère] character (*modif*). ◇ *nm, f* [enfant] problem child; [adulte] maladjusted person.

**caractérisation** [karakterizasjɔ̃] *nf* characterization.

**caractérisé, e** [karakterize] *adj* [méchanceté] blatant; [indifférence] pointed.

**caractériser** [3] [karakterize] *vt* **-1.** [constituer le caractère de] to characterize; avec la générosité qui le caractérise with characteristic generosity. **-2.** [définir] to characterize, to define.

◆ **se caractériser par** *vp + prép* to be characterized by.

**caractéristique** [karakteristik] ◇ *adj* characteristic, typical; c'est ~ de sa façon d'agir it's typical of his way of doing things. ◇ *nf* [trait] characteristic, (distinguishing) feature OU trait.

**caractérologie** [karakterɔlɔʒi] *nf* characterology.

**carafe** [karaf] *nf* **-1.** [récipient – ordinaire] carafe; [– travaillé] decanter. **-2.** [contenu] jugful; [de vin] carafe. **-3.** *fam* [tête] nut. **-4.** *loc*: **rester** OU **tomber en ~** [véhicule] to break down; [voyageur] to be stranded.

**carafon** [karafɔ̃] *nm* **-1.** [récipient – ordinaire] small jug OU carafe; [– travaillé] small decanter. **-2.** [contenu] (small) jugful; [de vin] small carafe. **-3.** *fam* [tête] nut; il n'a rien dans le ~! he's got no brains!

**caraïbe** [karaib] *adj* Caribbean.

**Caraïbe** [karaib] *npr f*: la ~ the Caribbean; la mer ~ the Caribbean Sea.

**Caraïbes** [karaib] *npr fpl*: les (îles) ~ the Caribbean, the West Indies; la mer des ~ the Caribbean (Sea).

**carambolage** [karɑ̃bɔlaʒ] *nm* **-1.** [de voitures] pileup, multiple crash. **-2.** [au billard] cannon.

**caramboler** [3] [karɑ̃bɔle] ◇ *vi* to cannon. ◇ *vt* to crash into; **11 voitures carambolées** a pileup of 11 cars.

**carambouillage** [karɑ̃bujaʒ] *nm*, **carambouille** [karɑ̃buj] *nf* fraudulent selling of goods bought on credit.

**caramel** [karamɛl] ◇ *nm* **-1.** [pour napper] caramel. **-2.** [bonbon – dur] toffee, caramel; [– mou] toffee, fudge. ◇ *adj inv* caramel colour.

**caraméliser** [3] [karamelize] *vt* **-1.** [mets] to coat with caramel; [boisson, glace] to flavour with caramel. **-2.** [sucre] to caramelize.
◆ **se caraméliser** *vpi* to caramelize.

**carapace** [karapas] *nf* **-1.** ZOOL shell, carapace *spéc*. **-2.** *fig* (protective) shell.

**carapater** [3] [karapate]
◆ **se carapater** *vpi fam* to skedaddle, to scram, to make o.s. scarce.

**carat** [kara] *nm* [d'un métal, d'une pierre] carat; **chaîne de 22 ~s** 22 carat (gold) chain.

**Caravage** [karavaʒ] *npr m*: le ~ Caravaggio.

**caravanage** [karavanaʒ] *nm* caravaning.

**caravane** [karavan] *nf* **-1.** [véhicule – de vacancier] caravan *Br*, trailer *Am*; [– de nomade] caravan. **-2.** [convoi] caravan; ~ publicitaire following vehicles.

**caravanier, ère** [karavanje, ɛr] *nm, f* **-1.** [conducteur] caravanner. **-2.** [vacancier] caravanner *Br*, camper (*in a trailer*) *Am*.

**caravaning** [karavaniŋ] *nm* caravanning.

**caravansérail** [karavɑ̃seraj] *nm* caravanserai, caravansary.

**caravelle** [karavɛl] *nf* NAUT caravel.

**Caravelle®** [karavɛl] *nf* AÉRON Caravelle®.

**carbonade** [karbɔnad] *nf* carbonade, carbonnade.

**carbonate** [karbɔnat] *nm* carbonate.

**carbone** [karbɔn] *nm* **-1.** [papier] (sheet of) carbon paper. **-2.** CHIM carbon; ~ 14 carbon-14; dater au ~ 14 to carbon-date, to date with carbon-14.

**carboné, e** [karbɔne] *adj* **-1.** CHIM carbonaceous. **-2.** MINÉR carboniferous.

**carbonique** [karbɔnik] *adj* carbonic.

**carboniser** [3] [karbɔnize] *vt* **-1.** [brûler – viande] to burn to a cinder; [– édifice] to burn to the ground; des corps carbonisés charred bodies. **-2.** [transformer en charbon] to carbonize, to turn into charcoal.

**carbonnade** [karbɔnad] = carbonade.

**carburant** [karbyrɑ̃] ◇ *adj m*: mélange ~ mixture of air and petrol. ◇ *nm* fuel.

**carburateur** [karbyratœr] *nm* carburettor.

**carburation** [karbyrasjɔ̃] *nf* **-1.** AUT carburation. **-2.** MÉTALL carburization, carburizing.

**carbure** [karbyr] *nm* carbide.

**carburé, e** [karbyre] *adj* carburetted.

**carburer** [3] [karbyre] ◇ *vt* **-1.** AUT to carburate. **-2.** MÉTALL to carburize. ◇ *vi fam* **-1.** [aller vite]: fais tes valises, et que ça carbure! pack your bags, and be quick about it!-**2.** [travailler dur] to work flat out; [réfléchir]: ça carbure, ici! brains are working overtime in here! **-3.** [fonctionner]: ça **carbure?** how are things?; moi, je **carbure au café** I can't do anything unless I have a coffee inside me.

**carcan** [karkã] *nm* **-1.** HIST [collier] collar shackle; pris dans les règlements comme dans un ~ *fig* hemmed in by regulations. **-2.** [sujétion] yoke, shackles. **-3.** [pour bétail] yoke.

**carcasse** [karkas] *nf* **-1.** [d'un animal] carcass. **-2.** *fam* & *fig*: promener ou traîner sa (vieille) ~ to drag o.s. along. **-3.** [armature – d'un édifice] shell; [– d'un meuble] carcass; [– d'un véhicule] shell, body; [– d'un parapluie] frame. **-4.** [d'un pneu] carcass; ~ **radiale** radial-ply tyre.

**carcéral, e, aux** [karseral, o] *adj* prison *(modif)*.

**carcinome** [karsinom] *nm* carcinoma.

**cardage** [kardaʒ] *nm* carding.

**cardan** [kardã] *nm*: (joint de) ~ universal joint.

**carde** [kard] *nf* edible part of a cardoon.

**cardé** [karde] *nm* **-1.** [fil] carded yarn. **-2.** [étoffe] carded cloth.

**carder** [3] [karde] *vt* to card.

**cardeur, euse** [kardœr, øz] *nm, f* carder, carding operator.

**cardiaque** [kardjak] ◇ *adj* heart *(modif)*, cardiac; une maladie ~ a heart disease; elle est ~ she has a heart condition. ◇ *nmf* cardiac ou heart patient.

**cardigan** [kardigã] *nm* cardigan.

**cardinal, e, aux** [kardinal, o] *adj* **-1.** ASTROL & MATH cardinal. **-2.** [essentiel] essential, fundamental; vertus ~es cardinal virtues. **-3.** GÉOG: points cardinaux points of the compass. ◆ **cardinal, aux** *nm* **-1.** MATH cardinal number, cardinal. **-2.** RELIG cardinal. **-3.** ZOOL cardinal (grosbeak).

**cardiogramme** [kardjogram] *nm* cardiogram.

**cardiographie** [kardjografi] *nf* cardiography.

**cardiologie** [kardjɔlɔʒi] *nf* cardiology.

**cardiologue** [kardjɔlɔg] *nmf* heart specialist, cardiologist *spéc*.

**cardiomyopathie** [kardjomjopati] *nf* cardiomyopathy.

**cardiopathie** [kardjopati] *nf* heart disease, cardiopathy *spéc*.

**cardio-pulmonaire** [kardjopylmɔnɛr] *(pl* **cardio-pulmonaires)** *adj* cardio-pulmonary.

**cardio-respiratoire** [kardjorɛspiratwar] *(pl* **cardio-respiratoires)** *adj* cardiorespiratory.

**cardio-vasculaire** [kardjovaskylɛr] *(pl* **cardio-vasculaires)** *adj* cardiovascular.

**cardon** [kardõ] *nm* cardoon.

**carême** [karɛm] *nm* **-1.** RELIG: le ~ [abstinence] fasting; [époque] Lent; faire ~ to fast for ou to observe Lent ☐ face ou figure de ~ sad ou long face. **-2.** [saison] dry season *(in the West Indies)*.

**carénage** [karenaʒ] *nm* **-1.** NAUT careenage. **-2.** AÉRON & AUT streamlined body.

**carençai** [karãse] *v* → carencer.

**carence** [karãs] *nf* **-1.** MÉD deficiency; ~ en zinc zinc deficiency; avoir une ~ alimentaire to suffer from a nutritional deficiency. **-2.** [d'une administration, d'une œuvre, d'une méthode] shortcoming, failing. **-3.** PSYCH: ~ affective emotional deprivation. **-4.** JUR insolvency.

**carencer** [16] [karãse] *vt* to cause a nutritional deficiency in.

**carène** [karɛn] ◇ *v* → caréner. ◇ *nf* **-1.** NAUT hull. **-2.** AÉRON & AUT streamlined body.

**caréner** [18] [karene] *vt* **-1.** NAUT to careen. **-2.** AUT & AÉRON to streamline.

**carentiel, elle** [karãsjɛl] *adj* deficiency-related.

**caressant, e** [karɛsã, ãt] *adj* **-1.** [personne] affectionate, loving. **-2.** [voix, sourire] warm, caressing; *litt* [vent] caressing.

**caresse** [karɛs] *nf* **-1.** [attouchement] caress, stroke; faire des ~s à [chat] to stroke; [personne] to caress. **-2.** *litt* [d'un sourire] tenderness; [du vent, du soleil] caress, kiss.

**caresser** [4] [karese] *vt* **-1.** [toucher – affectueusement] to stroke; [– sensuellement] to caress; ~ **un enfant** to pet a child; ~ **les cheveux de qqn** to stroke sb's hair; ~ **qqn des yeux** ou **du regard** to gaze lovingly at sb ☐ il faut le ~ dans le sens du poil don't rub him (up) the wrong way. **-2.** *litt* [effleurer – tissu, papier] to touch lightly. **-3.** [avoir, former]: ~ le dessein de faire to intend on doing; ~ le rêve de faire

qqch to dream of doing sth. **-4.** *fam* [battre]: ~ les côtes à qqn to give sb a good hiding; ~ les oreilles à qqn to clout sb round the ear.

**car-ferry** [karferi] *(pl* **car-ferries** [-ri]*) nm* ferry, car-ferry.

**cargaison** [kargɛzõ] *nf* **-1.** [marchandises] cargo, freight. **-2.** *fam* [quantité]: une ~ de a load of.

**cargo** [kargo] *nm* freighter.

**cari** [kari] *nm* **-1.** [épice] curry powder. **-2.** [plat] curry. ◆ **au cari** *loc adj*: poulet au ~ chicken curry, curried chicken.

**cariatide** [karjatid] = caryatide.

**caribou** [karibu] *nm* Can caribou, reindeer.

**caricatural, e, aux** [karikatyral, o] *adj* **-1.** [récit, explication] distorted. **-2.** [visage] grotesque. **-3.** [dessin, art] caricatural. **-4.** [exagéré] typical, caricature *(modif)*.

**caricature** [karikatyr] *nf* **-1.** [dessin] caricature; ~ politique (political) cartoon. **-2.** [déformation] caricature. **-3.** [personne]: c'est une vraie ~! [physiquement] he looks grotesque!; [son comportement] he's totally ridiculous!

**caricaturer** [3] [karikatyre] *vt* **-1.** [dessiner] to caricature. **-2.** [déformer] to distort.

**caricaturiste** [karikatyrist] *nmf* caricaturist.

**carie** [kari] *nf* **-1.** MÉD caries *spéc*; ~ dentaire tooth decay, dental caries *spéc*; elle n'a pas de ~s she doesn't have bad teeth. **-2.** BOT [du blé] bunt, smut; [des arbres] blight.

**carié, e** [karje] *adj* **-1.** MÉD [dent] decayed, bad; [os] carious. **-2.** [blé] smutty; [arbre] blighted.

**carier** [9] [karje] *vt* to decay, to cause decay in. ◆ **se carier** *vpi* to decay.

**carillon** [karijõ] *nm* **-1.** [cloches] carillon. **-2.** [sonnerie – d'une horloge] chime; [– d'entrée] chime. **-3.** [horloge] chiming clock. **-4.** MUS carillon.

**carillonné, e** [karijɔne] *adj*: fête ~e high festival.

**carillonnement** [karijɔnmã] *nm* [son] chiming.

**carillonner** [3] [karijɔne] ◇ *vi* **-1.** [cloches] to ring, to chime. **-2.** [à la porte] to ring (the doorbell) loudly. ◇ *vt* **-1.** *péj* [rumeur] to broadcast, to shout from the rooftops. **-2.** [festival] to announce with a peal of bells.

**carillonneur, euse** [karijɔnœr, øz] *nm, f* bell ringer.

**carioca** [karjɔka] *adj* from Rio de Janeiro, of Rio de Janeiro. ◆ **Carioca** *nmf* Cariocan, Carioca.

**caritatif, ive** [karitatif, iv] *adj* sout charity *(modif)*; association caritative charity.

**carlingue** [karlɛ̃g] *nf* **-1.** AÉRON cabin. **-2.** NAUT keelson.

**carmagnole** [karmaɲɔl] *nf* MUS & VÊT carmagnole.

**carme** [karm] *nm* Carmelite, White Friar.

**carmel** [karmɛl] *nm* **-1.** [de carmélites] carmel, Carmelite convent; [de carmes] carmel, Carmelite monastery. **-2.** [ordre]: le ~ the Carmelite order.

**carmélite** [karmelit] *nf* Carmelite.

**carmin** [karmɛ̃] *nm* & *adj inv* crimson, carmine.

**Carnac** [karnak] *npr* **-1.** [en Bretagne] Carnac; les alignements de ~ lines of standing stones at Carnac. **-2.** [en Égypte] Karnak.

**carnage** [karnaʒ] *nm* slaughter, carnage; cet examen, ça a été le ~! *fig* they went down like nine pins in the exam!

**carnassier, ère** [karnasje, ɛr] *adj* [animal] carnivorous; [dent] carnassial. ◆ **carnassier** *nm* carnivore. ◆ **carnassière** *nf* **-1.** [dent] carnassial. **-2.** [sac] gamebag.

**carnation** [karnasjõ] *nf litt* [teint] complexion; [en peinture] flesh tint.

**carnaval** [karnaval] *nm* **-1.** [fête] carnival. **-2.** [mannequin]: (Sa Majesté) Carnaval King Carnival.

**carnavalesque** [karnavalɛsk] *adj* **-1.** [de carnaval] of the carnival. **-2.** [burlesque] carnivalesque, carnival-like.

**carne** [karn] *nf* **-1.** *fam* [viande] tough meat. **-2.** ▽ [terme d'injure] swine.

**carné, e** [karne] *adj* **-1.** [en diététique] meat-based. **-2.** [rosé] flesh-toned, flesh-coloured.

**carnet** [karnɛ] *nm* **-1.** [cahier] note-book. **-2.** [registre]: ~ d'adresses address book; ~ de bal dance card; ~ de bord log book; ~ de notes school report *Br*, report card *Am*; elle a eu un bon ~ (de notes) she got a good report *Br* ou good grades *Am*; ~ de route log book; ~ de santé child's health record. **-3.** [à feuilles détachables]: ~ de chèques cheque book; ~ à souches counterfoil book; ~ de tickets (de métro) ten metro tickets; ~ de timbres book of stamps. **-4.** ÉCON: ~ de commandes order book. **-5.** [rubrique]: ~ blanc marriages column; ~ mondain court and social; ~ rose births column.

**carnivore** [karnivɔr] ◊ *adj* carnivorous. ◊ *nm* carnivore, meat-eater.

**carnotset, carnotzet** [karnotze] *nm Helv room set aside for drinking with friends, usually in a cellar.*

**Caroline** [karɔlin] *npr f*: (la) ~ du Nord North Carolina; (la) ~ du Sud South Carolina.

**carolingien, enne** [karɔlɛ̃ʒjɛ̃, ɛn] *adj* Carolingian, of Charlemagne.

**carotène** [karɔtɛn] *nm* carotene.

**carotide** [karɔtid] *nf* carotid.

**carotte** [karɔt] ◊ *nf* **-1.** BOT carrot; les ~s sont cuites the game's up. **-2.** *fam* [récompense] carrot; la ~ et le bâton the carrot and the stick. **-3.** GÉOL & MIN core. **-4.** [tabac] plug. **-5.** [enseigne] tobacconist's sign. ◊ *adj inv* carroty *péj*, red, carrot-coloured.

**carotter**[V] [3] [karɔte] *vt* [argent, objet] to nick *Br*, to pinch; [permission] to wangle; ~ qqch à qqn to swindle ou to diddle sb out of sthg.

**carotteur, euse**[1] [karɔtœr, øz], **carottier**[1], **ère** [karɔtje, ɛr] *nm, f* [escroc] crook.

**carotteuse**[2] [karɔtøz] *nf*, **carottier**[2] [karɔtje] *nm* core drill.

**caroube** [karub] *nf* carob.

**carpaccio** [karpatʃjo] *nm* CULIN carpaccio.

**Carpates** [karpat] *npr fpl*: les ~ the Carpathian Mountains ou Carpathians.

**carpe** [karp] ◊ *nf* carp. ◊ *nm* carpus.

**carpette** [karpɛt] *nf* **-1.** [tapis] rug. **-2.** *fam & péj* [personne] doormat, spineless individual; s'aplatir ou être (plat) comme une ~ devant qqn to grovel in front of sb.

**carquois** [karkwa] *nm* quiver.

**carrare** [karar] *nm* Carrara marble.

**carre** [kar] *nf* **-1.** SPORT [d'un ski, d'un patin à glace] edge; lâcher les ~s to flatten the skis; reprendre de la ~ to go back on one's edges. **-2.** [d'une planche] crosscut. **-3.** [sur un pin] notch *(for extracting resin)*.

**carré, e** [kare] *adj* **-1.** [forme, planche] square; avoir les épaules ~es to be square-shouldered. **-2.** GÉOM & MATH square. **-3.** [sans détours] straight, straightforward; être ~ en affaires to have a forthright business manner. **-4.** NAUT [mât] square-rigged; [voile] square.
◆ **carré** *nm* **-1.** [gén & GÉOM] square; un petit ~ de ciel bleu a little patch of blue sky; ~ blanc *white square in the corner of the screen indicating that a television programme is not recommended for children*. **-2.** MATH square; le ~ de six six squared, the square of six; élever un nombre au ~ to square a number. **-3.** HORT: ~ de choux cabbage patch. **-4.** VÊT [square] scarf; ~ Hermès® *designer headscarf made by Hermès (a status symbol in France)*. **-5.** [coiffure] bob. **-6.** [viande]: ~ d'agneau/de mouton/de porc/de veau loin of lamb/mutton/pork/veal. **-7.** JEUX [au poker]: ~ d'as four aces. **-8.** MIL square. **-9.** NAUT wardroom.
◆ **carrée** *nf fam* pad.

**Carré** [kare] *npr*: virus de ~ canine distemper virus.

**carreau, x** [karo] *nm* **-1.** [sur du papier] square; papier à ~x squared paper, graph paper ‖ [motif sur du tissu] check; veste à ~x check ou checked jacket; draps à petits ~x sheets with a small check design ou pattern. **-2.** [plaque de grès, de marbre] tile. **-3.** [sol] tiled floor; se retrouver sur le ~ *fam* [par terre] to end up on the floor; [pauvre] to wind up on Skid Row; rester sur le ~ *fam* [être assommé] to be laid out; [être tué] to be bumped off; [échouer] to come a cropper *Br*, to take a spill *Am*. **-4.** [vitre] window-pane; [fenêtre] window. **-5.** CARTES diamond. **-6.** *fam loc*: se tenir à ~: tiens-toi à ~! watch your step!
◆ **carreaux**[V] *nmpl* [lunettes] specs.

**carrefour** [karfur] *nm* **-1.** [de rues] crossroads *(sg)*, junction; nous arrivons à un ~ *fig* we've come to a crossroads. **-2.** [point de rencontre] crossroads; un ~ d'idées a forum of ideas. **-3.** [rencontre] forum, symposium.

**carrelage** [karlaʒ] *nm* **-1.** [carreaux] tiles, tiling; poser un ~ to lay tiles ou a tiled floor. **-2.** [opération] tiling. **-3.** [sol] tiled floor.

**carreler** [24] [karle] *vt* [mur, salle de bains] to tile.

**carrelet** [karlɛ] *nm* **-1.** ZOOL plaice. **-2.** [filet] square fishing net. **-3.** [règle] square ruler.

**carreleur** [karlœr] *nm* tiler.

**carrelle** [karɛl], **carrellerai** [karɛlre] *v* → **carreler**.

**carrément** [karemɑ̃] *adv* **-1.** [dire] straight out, bluntly; [agir] straight; je vais le quitter! — ah, ~? I'm going to leave him! — is it as serious as that, is it? **-2.** *fam* [en intensif] pretty *adv*, downright; on gagne ~ un mètre you gain a whole metre; c'est ~ du vol/de la corruption it's daylight robbery/blatant corruption. **-3.** [poser] squarely, firmly.

**carrer** [3] [kare]
◆ **se carrer** *vpi* to settle, to ensconce o.s. *sout* ou *hum*.

**carrier** [karje] *nm* quarryman.

**carrière** [karjɛr] *nf* **-1.** [d'extraction] quarry. **-2.** [profession] career; la Carrière [diplomatie] the diplomatic service. **-3.** [parcours professionnel] career; faire ~ dans to pursue a career in. **-4.** *litt* [de la vie, du soleil] course.
◆ **de carrière** *loc adj* [officier] regular; [diplomate] career *(modif)*.

**carriérisme** [karjerism] *nm* careerism.

**carriériste** [karjerist] *nmf* careerist, career-minded person.

**carriole** [karjɔl] *nf* **-1.** [à deux roues] cart. **-2.** *Can* car sleigh, carriole.

**carrossable** [karɔsabl] *adj* suitable for motor vehicles.

**carrosse** [karɔs] *nm* **-1.** [véhicule] coach. **-2.** [panier] wine basket.

**carrosser** [3] [karɔse] *vt* [voiture] to fit a body to.

**carrosserie** [karɔsri] *nf* **-1.** AUT [structure] body; [habillage] bodywork. **-2.** [d'un appareil ménager] cover, case. **-3.** [métier] coachwork, coach-building.

**carrossier** [karɔsje] *nm* coachbuilder.

**carrousel** [karuzɛl] *nm* **-1.** ÉQUIT carousel. **-2.** [de voitures, de personnes] merry-go-round. **-3.** [à valises] carousel.

**carrure** [karyr] *nf* **-1.** [corps] build; avoir une ~ d'athlète to be built like an athlete. **-2.** [qualité] stature, calibre. **-3.** VÊT breadth across the shoulders.

**carry** [kari] = **cari**.

**cartable** [kartabl] *nm* [à bretelles] satchel; [à poignée] schoolbag.

**carte** [kart] *nf* **A. -1.** [pour la correspondance] card; ~ d'anniversaire birthday card; donner ou laisser ~ blanche à qqn to give sb carte blanche ou a free hand; ~ d'invitation invitation card; ~ postale postcard; ~ de visite [personnelle] visiting *Br* ou calling *Am* card; [professionnelle] business card; ~ de vœux New Year greetings card. **-2.** [carton de menus] menu; la ~ des vins the wine list ‖ [choix] menu; ils ont une belle/petite ~ they have an impressive/a limited menu ‖ [menu à prix non fixe] à la carte menu. **-3.** [document officiel] card; il a la ~ du parti écologiste he's a card-carrying member of the green party ❏ ~ d'alimentation ou de rationnement ration card; ~ d'abonnement TRANSP season ticket ou pass; MUS & THÉÂT season ticket; ~ d'adhérent ou de membre membership card; ~ d'électeur polling card *Br*, voter registration card *Am*; ~ d'embarquement boarding card; ~ d'étudiant student card; ~ de famille nombreuse discount card *(for families with at least three children)*; ~ de fidélité discount card *(for regular customers)*; ~ grise logbook *Br*, car registration papers *Am*; ~ de lecteur reader's *Br* ou library card; ~ (nationale) d'identité (national) identity card ou ID card; Carte Orange *pass for travel on the Paris transport system*; ~ de presse presscard; ~ de séjour (temporaire) (temporary) residence permit; Carte Vermeil *card entitling senior citizens to reduced rates in cinemas, on public transport etc*; ~ verte green card. **-4.** [autorisant une transaction]: Carte Bleue® Visa Card® *(with which purchases are debited direct from the holder's current account)*; ~ de crédit credit card *(to back up signatures on bills and to obtain cash from machines)*; ~ de paiement credit card *(to effect automatic payment for goods and services)*; ~ de téléphone Phonecard®. **-5.** INF (circuit) card ou board; ~ d'extension expansion card; ~ d'extension mémoire memory card; ~ graphique graphics card; ~ magnétique magnetic card; ~

à mémoire ou à puce smart card; ~ perforée punch card; ~ à pistes magnétiques magnetic (striped) ledger card.

**B.** GÉOG & GÉOL map; ASTRON, MÉTÉO & NAUT chart; dresser une ~ de la région to map (out) the area ❏ ~ du ciel sky chart; ~ d'état-major ≃ Ordnance Survey map Br, ≃ Geological Survey map Am; ~ marine nautical chart; ~ routière road map.

**C.** JEUX card; tirer ou faire fam les ~s à qqn to read sb's cards; se faire tirer les ~s to have one's cards read; jouons la ~ de l'honnêteté/la qualité fig let's go for honesty/quality; jeu de ~s [activité] card game; [paquet] pack of cards ❏ ~ maîtresse pr master card; fig master ou trump card; montrer ses ~s to show one's hand; jeter des ~s/une ~ sur la table to put proposals/a proposal on the table; jouer ~s sur table to lay one's cards on the table.

◆ à cartes loc adj card-programmed, card *(modif)*.

◆ à la carte ◇ loc adj -**1.** [au restaurant] à la carte. -**2.** [programme, investissement] customized; [horaire] flexible. ◇ loc adv: manger à la ~ to eat à la carte.

**cartel** [kartɛl] nm -**1.** ÉCON cartel. -**2.** POL coalition, cartel. -**3.** MIL cartel. -**4.** [pendule] (decorative) wall clock. -**5.** [plaque] name and title plaque *(on a painting, a statue)*.

**carte-lettre** [kartəlɛtr] (pl **cartes-lettres**) nf letter card.

**carter** [kartɛr] nm -**1.** ÉLECTR case, casing. -**2.** AUT: ~ d'engrenages gearbox casing; ~ du moteur crankcase ‖ [de vélo] chain guard.

**carte-réponse** [kartrepɔ̃s] (pl **cartes-réponse** ou **cartes-réponses**) nf reply card.

**cartésianisme** [kartezjanism] nm Cartesianism.

**cartésien, enne** [kartezjɛ̃, ɛn] adj & nm, f Cartesian.

**Carthage** [kartaʒ] npr Carthage.

**carthaginois, e** [kartaʒinwa, az] adj Carthaginian.

◆ **Carthaginois, e** nm, f Carthaginian.

**cartilage** [kartilaʒ] nm -**1.** ANAT [substance] cartilage *(U)*. -**2.** [du poulet] piece of gristle.

**cartilagineux, euse** [kartilaʒinø, øz] adj -**1.** ANAT cartilaginous. -**2.** [poisson] gristly.

**cartographe** [kartɔgraf] nmf cartographer.

**cartographie** [kartɔgrafi] nf cartography.

**cartomancie** [kartɔmɑ̃si] nf cartomancy, fortune-telling *(with cards)*.

**cartomancien, enne** [kartɔmɑ̃sjɛ̃, ɛn] nm, f fortune-teller *(with cards)*.

**carton** [kartɔ̃] nm -**1.** [matière] cardboard. -**2.** [boîte – grande] cardboard box; [– petite] carton; ~ à chapeau hatbox; ~ à chaussures shoebox. -**3.** [contenu – d'une grande boîte] cardboard boxful; [– d'une petite boîte] cartonful. -**4.** [rangement – pour dossiers] (box) file; [– pour dessins] portfolio; le projet est resté dans les ~s fig the project never saw the light of day, the project was shelved. -**5.** BX-ARTS sketch, cartoon. -**6.** FTBL: ~ jaune yellow card; ~ rouge red card. -**7.** fam loc: taper le ~ to play cards; faire un ~ [au ball-trap] to take a potshot; [réussir] to hit the jackpot; faire un ~ sur qqn to shoot sb down.

◆ **en carton** loc adj cardboard *(modif)*.

**cartonnage** [kartɔnaʒ] nm -**1.** [reliure] boarding. -**2.** [boîte] cardboard box. -**3.** [empaquetage] cardboard packing. -**4.** [fabrication] cardboard industry.

**cartonner** [3] [kartɔne] ◇ vt [livre] to bind in boards. ◇ vi fam -**1.** [réussir] to hit the jackpot. -**2.** loc: garé dans un couloir d'autobus, ça va ~! he's parked in a bus lane, he's really going to catch it!

**cartonneux, euse** [kartɔnø, øz] adj cardboard-like.

**carton-pâte** [kartɔ̃pat] (pl **cartons-pâtes**) nm pasteboard.

◆ **de carton-pâte, en carton-pâte** loc adj péj [décor] cardboard *(modif)*; [personnage, intrigue] cardboard cut-out *(modif)*.

**cartophilie** [kartɔfili] nf picture postcard collecting.

**cartothèque** [kartɔtɛk] nf map library.

**cartouche** [kartuʃ] ◇ nf -**1.** ARM [projectile, charge] cartridge. -**2.** COMM [recharge] cartridge; [emballage groupant plusieurs paquets] carton. -**3.** PHOT cartridge, cassette, magazine. ◇ nm -**1.** ANTIQ & BX-ARTS cartouche. -**2.** [sur un plan] box.

**cartoucherie** [kartuʃri] nf -**1.** [fabrique] cartridge factory. -**2.** [dépôt] cartridge depot.

**cartouchière** [kartuʃjɛr] nf -**1.** [de soldat] cartridge pouch.

-**2.** [de chasseur] cartridge belt.

**cary** [kari] = **cari**.

**caryatide** [karjatid] nf caryatid.

**cas** [ka] nm -**1.** [hypothèse]: dans le premier ~ in the first instance; dans le meilleur des ~ at best; dans le pire des ~ at worst; dans certains ~, en certains ~ in some ou certain cases; en aucun ~ under no circumstances, on no account; en pareil ~ in such a case; auquel ~, en ce ~, dans ce ~ in which case, in that case, this being the case ❏ envisageons ce ~ de figure let us consider that possibility; le ~ échéant should this happen. -**2.** [situation particulière] case, situation; c'est également mon ~ I'm in the same situation; ce n'est pas le ~ that's not the case; c'est un ~ particulier, elle n'a pas de ressources she's a special case, she has no income; les ~ particuliers en grammaire russe exceptions in Russian grammar ❏ ~ de conscience matter of conscience; poser un ~ de conscience à qqn to put sb in a (moral) dilemma; ~ de force majeure pr case of force majeure; fig case of absolute necessity; ~ limite borderline case; c'est le ~ de le dire! you've said it!-**3.** MÉD & SOCIOL case; ce garçon est un ~! hum that boy is something else ou a real case!-**4.** GRAMM case. -**5.** loc: faire grand ~ de [argument, raison] to set great store by; [invité, ami] to make a great fuss ou much of; faire peu de ~ de [argument, raison] to pay scant attention to; [invité, ami] to ignore.

◆ **au cas où** loc conj in case; au ~ où il ne viendrait pas in case he doesn't come ‖ *(comme adv)*: prends un parapluie au ~ où fam take an umbrella just in case.

◆ **dans tous les cas** = **en tout cas.**

◆ **en cas de** loc prép in case of; en ~ de besoin in case of need; en ~ de perte de la carte should the card be lost.

◆ **en tout cas** loc adv in any case ou event, anyway.

◆ **cas social** nm person needing social worker's assistance.

**casanier, ère** [kazanje, ɛr] ◇ adj stay-at-home. ◇ nm, f stay-at-home type, homebody.

**casaque** [kazak] nf [d'un jockey] silks; [de mousquetaire] paletot *(with wide sleeves)*; [blouse] paletot; tourner ~ [fuir] to turn and run; [changer d'opinion] to do a volte-face.

**casbah** [kazba] nf casbah, kasbah.

**cascade** [kaskad] nf -**1.** [chute d'eau] waterfall, cascade litt. -**2.** [abondance]: une ~ de [tissu] a cascade of; [compliments] a stream of; [sensations] a rush of, a gush of; des ~s d'applaudissements thundering applause. -**3.** [acrobatie] stunt; faire de la ~ to do stunts.

◆ **en cascade** ◇ loc adj -**1.** [applaudissements] tumultuous; [rires] ringing. -**2.** ÉLECTR: montage en ~ cascade ou tandem connection. ◇ loc adv: ses cheveux tombaient en ~ sur ses épaules her hair cascaded around her shoulders.

**cascadeur, euse** [kaskadœr, øz] nm, f stunt man *(f woman)*.

**case** [kaz] nf -**1.** [d'un damier] square; [d'une grille de mots croisés] square; [d'un formulaire] box; ~ départ: retournez ou retour à la ~ départ return to go; retour à la ~ départ! fig back to square one!-**2.** [d'un meuble, d'une boîte] compartment; il a une ~ (de) vide fam ou en moins fam he's not all there, he's got a screw loose. -**3.** INF box. -**4.** RAD & TV slot. -**5.** [hutte] hut; 'la Case de l'oncle Tom' *Beecher-Stowe* 'Uncle Tom's Cabin'.

**caséine** [kazein] nf casein.

**casemate** [kazmat] nf -**1.** [d'une fortification] casemate. -**2.** [ouvrage fortifié] blockhouse.

**caser** [3] [kaze] vt fam -**1.** [faire entrer]: ~ qqch dans qqch to fit sthg in sthg. -**2.** [dire – phrase, histoire] to get in *(sép)*. -**3.** [loger – invités] to put up *(sép)*; les enfants sont casés chez la grand-mère the children are staying at their grandma's. -**4.** [dans un emploi] to fix up *(sép)*. -**5.** [marier] to marry off *(sép)*; il est enfin casé he's settled down at last.

◆ **se caser** vpi fam -**1.** [dans un emploi] to get fixed up with a job. -**2.** [se marier] to settle down. -**3.** [se loger] to find somewhere to live.

**caserne** [kazɛrn] nf -**1.** MIL barracks *(sg ou pl)*; ~ de pompiers fire station. -**2.** péj [logements] soulless high-rise flats Br ou apartments Am.

**casernement** [kazɛrnəmɑ̃] nm -**1.** [action] quartering in barracks. -**2.** [locaux] barrack buildings.

**caserner** [3] [kazɛrne] vt to barrack.

**cash** [kaʃ] adv cash; payer ~ to pay cash; je te le vends, mais ~! *fam* I'll sell it to you but it's cash on the nail!

**casher** [kaʃɛr] = kasher.

**cashmere** [kaʃmir] *nm* cashmere.

**casier** [kazje] *nm* **-1.** [case – ouverte] pigeonhole; [– fermée] compartment; [– dans une consigne, un gymnase] locker; ~ de consigne automatique luggage locker. **-2.** [meuble – à cases ouvertes] pigeonholes; [– à tiroirs] filing cabinet; [– à cases fermées] compartment; [– à cases fermant à clef] locker. **-3.** [pour ranger – des livres] unit; [– des bouteilles] rack; [– dans un réfrigérateur] compartment. **-4.** [pour transporter] crate. **-5.** ADMIN & JUR record; ~ fiscal tax record; ~ judiciaire police ou criminal record; un ~ judiciaire vierge a clean (police) record. **-6.** PÊCHE pot.

**casino** [kazino] *nm* casino.

**casoar** [kazɔar] *nm* **-1.** ZOOL cassowary. **-2.** [plumet] plume *(on hats worn by Saint-Cyr cadets)*.

**Caspienne** [kaspjɛn] *nprf*: la (mer) ~ the Caspian Sea.

**casque** [kask] *nm* **-1.** [pour protéger] helmet; 'le port du ~ est obligatoire' [sur un chantier] 'this is a hard hat area' ❏ ~ colonial pith helmet; ~ intégral full face helmet; ~ de moto crash helmet; ~ à pointe spiked helmet; les ~s bleus the UN peace-keeping force. **-2.** [de coiffeur] hairdrier. **-3.** AUDIO: ~ (à écouteurs) headphones, headset, earphones.

**casqué, e** [kaske] *adj* helmeted.

**casquer**▽ [3] [kaske] *vi* to cough up, to come up with the cash.

**casquette** [kaskɛt] *nf* cap.

**cassable** [kasabl] *adj* breakable.

**cassant, e** [kasɑ̃, ɑ̃t] *adj* **-1.** [cheveux, ongle] brittle; [métal] short. **-2.** [réponse] curt.

**cassate** [kasat] *nf* cassata.

**cassation** [kasasjɔ̃] *nf* JUR cassation.

**casse** [kas] ◇ *nm fam* [d'une banque] bank robbery; [d'une maison] break-in. ◇ *nf* **-1.** IMPR case; bas/haut de ~ lower/upper case; lettre bas/haut de ~ lower-case/upper-case letter. **-2.** [bris, dommage] breakage. **-3.** *fam* [bagarre]: il va y avoir de la ~ there's going to be a bit of punch up *Br* ou a free-for-all *Am*. **-4.** [de voitures] scrapyard; mettre ou envoyer à la ~ to scrap; une idéologie bonne pour la ~ *fig* an ideology fit for the scrapheap. **-5.** BOT cassia.

**cassé, e** [kase] *adj*→ blanc, col.

**casse-cou** [kasku] ◇ *adj inv* [personne] daredevil; [projet] risky. ◇ *nmf inv* daredevil.

**casse-croûte** [kaskrut] *nm inv fam* [repas léger] snack; [sandwich] sandwich.

**casse-gueule** [kasgœl] *fam* ◇ *adj inv* [chemin] treacherous; [projet] risky; **dis donc, il est ~ ton escalier!** hey, this staircase of yours is dangerous! ◇ *nf inv* dangerous ou nasty spot.

**Casse-Noisette** [kasnwazɛt] *npr*: 'Casse-Noisette' *Tchaïkovski* 'Nutcracker Suite'.

**casse-noisettes** [kasnwazɛt] *nm inv* nutcracker.

**casse-noix** [kasnwa] *nm inv* [instrument] nutcracker.

**casse-pieds** [kaspje] *adj inv fam* [ennuyeux] boring; [agaçant] annoying; **un peu ~ à préparer** a bit of a hassle to prepare.

**casse-pipe(s)** [kaspip] *nm inv* MIL & *fig*: aller au ~ *fam* to go to war.

**casser** [3] [kase] ◇ *vt* **-1.** [mettre en pièces – table] to break (up); [– porte] to break down *(sép)*; [– poignée] to break off *(sép)*; [– noix] to crack (open); ~ qqch en mille morceaux to smash sthg to bits ou smithereens; ~ qqch en deux to break ou to snap sthg in two; **un homme que la douleur a cassé** *fig* a man broken by suffering; **avoir envie de tout ~** to feel like smashing everything up ❏ ~ **sa tirelire** to break into one's piggybank; ~ **du sucre sur le dos de qqn** *fam* to knock sb when his/her back's turned; **un journal où on casse du coco**▽ a commie-bashing paper; ~ **la baraque** *fam* THÉÂT to bring the house down; [faire échouer un plan] to ruin it all; ~ **la croûte** *fam* ou **graine** *fam* to have a bite to eat; ~ **sa pipe** *fam* to kick the bucket; **ça ne casse pas des briques** *fam* it's no great shakes ou no big deal; **il/ça ne casse pas trois pattes à un canard** *fam* he/it wouldn't set the world on fire. **-2.** [interrompre – fonctionnement, déroulement, grève] to break; ~ **l'ambiance** to spoil the atmosphere. **-3.** [démolir] to demolish. **-4.** [en parlant de parties du corps] to break; ~ la

**figure** *fam* ou **gueule**▽ à qqn to smash sb's face in; ~ **les oreilles à qqn** *fam* [avec de la musique] to deafen sb; [en le harcelant] to give sb a lot of hassle; ~ **les pieds à qqn** *fam* to get on sb's nerves ou wick *Br*; **tu nous les casses**▼ you're a fucking pain (in the neck). **-5.** [abîmer – voix] to damage, to ruin. **-6.** [annihiler – espoir] to dash, to destroy; [– moral] to crush; **la religion, la famille, ils veulent tout ~** religion, family values, they want to smash everything. **-7.** JUR [jugement] to quash; [arrêt] to nullify, to annul. **-8.** [rétrograder – officier] to break, to reduce to the ranks; [– fonctionnaire] to demote. **-9.** COMM: ~ **les prix** to slash prices; ~ **le métier** to operate at unfairly competitive rates. **-10.** ▽ [cambrioler] to do a job on. **-11.** *fam* [voiture] to take to bits *(for spare parts)*, to cannibalize.

◇ *vi* [verre, chaise] to break; [fil] to snap; [poignée] to break off; **la tige a cassé** [en deux] the stem snapped; [s'est détachée] the stem snapped off ❏ **tout passe, tout lasse, tout casse** *prov* nothing lasts.

◆ **se casser** ◇ *vpi* **-1.** [être mis en pièces – assiette] to break; [– poignée] to break off; se ~ **net** [en deux] to snap into two; [se détacher] to break clean off. **-2.** [partir] to push ou to buzz off. **-3.** [cesser de fonctionner – appareil, véhicule] to break down. **-4.** [être altéré – voix] to crack, to falter. **-5.** VÊT to break (off). ◇ *vpt* se casser; se ~ **le cou** *pr* to break one's neck; *fig* to come a cropper *Br*, to take a tumble; se ~ **le cul**▼ ou **les reins** *fam* [au travail] to bust a gut, to kill o.s.; se ~ **la figure** *fam* ou **gueule**▽ [personne] to come a cropper *Br*, to take a tumble; [livre, carafe] to crash to the ground; [projet] to bite the dust, to take a dive; **ne te casse pas la tête, fais une omelette** don't put yourself out, just make an omelette; se ~ **le nez** *fam* [ne trouver personne] to find no-one in; [échouer] to come a cropper *Br*, to bomb *Am*; **ça vaut mieux que de se ~ une jambe** *fam* it's better than a poke in the eye with a sharp stick.

◆ **à tout casser** *fam* ◇ *loc adj* [endiablé – fête] fantastic; [– succès] runaway. ◇ *loc adv* [tout au plus] at the (very) most.

**casserole** [kasrɔl] *nf* **-1.** [ustensile, contenu] saucepan. **-2.** *fam* [instrument de musique] flat ou off-key instrument; **chanter comme une** ~ to sing off key. **-3.** CIN spot (light).

◆ **à la casserole** ◇ *loc adj* braised. ◇ *loc adv*: **faire** ou **cuire à la** ~ to braise ❏ **passer à la** ~ *fam* [être tué] to get bumped off; [subir une épreuve] to go through it; **elle est passée à la** ~▽ [sexuellement] she got laid.

**casse-tête** [kastɛt] *nm inv* **-1.** JEUX puzzle, brainteaser; **c'est un vrai** ~ **chinois** *fig* it's totally baffling. **-2.** [préoccupation] headache. **-3.** ARM club.

**cassette** [kasɛt] *nf* **-1.** AUDIO & INF cassette. **-2.** [coffret] casket. **-3.** [trésor royal] privy purse.

**casseur, euse** [kasœr, øz] *nm, f* **-1.** [dans une manifestation] rioting demonstrator. **-2.** *fam* [cambrioleur] burglar. **-3.** COMM scrap dealer, scrap merchant *Br*.

**cassis** [kasis] *nm* **-1.** [baie] blackcurrant. **-2.** [plante] blackcurrant bush. **-3.** [liqueur] blackcurrant liqueur, cassis. **-4.** [dos d'âne] gully *(across a road)*.

**cassolette** [kasɔlɛt] *nf* **-1.** CULIN small baking dish. **-2.** [brûle-parfum] incense-burner.

**cassonade** [kasɔnad] *nf* light brown sugar.

**cassoulet** [kasulɛ] *nm* cassoulet, haricot bean stew *(with pork, goose or duck)*.

**cassure** [kasyr] *nf* **-1.** [fissure] crack. **-2.** [rupture dans la vie, le rythme] break. **-3.** VÊT fold; **la** ~ **de son pantalon** the crease in her trousers. **-4.** GÉOL [faille] fault.

**castagnettes** [kastaɲɛt] *nfpl* castanets; **ses dents jouaient des** ~ his teeth were chattering.

**caste** [kast] *nf* ENTOM & SOCIOL caste.

**castel** [kastɛl] *nm litt* small castle.

**castillan, e** [kastijã, an] *adj* Castilian.
◆ **Castillan, e** *nm, f* Castilian.
◆ **castillan** *nm* LING Castilian.

**Castille** [kastij] *nprf*: (la) ~ Castile.

**casting** [kastiŋ] *nm* casting CIN & THÉÂT; **passer un** ~ to go to an audition.

**castor** [kastɔr] *nm* **-1.** ZOOL beaver. **-2.** [fourrure] beaver.

**castrat** [kastra] *nm* MUS castrato.

**castrateur, trice** [kastratœr, tris] *adj* castrating.

**castration** [kastrasjɔ̃] *nf* **-1.** [d'un homme, d'une femme] castration. -2. [d'un animal – mâle] castration, gelding; [– femelle] castration, spaying.

**castrer** [3] [kastre] *vt* -1. [homme, femme] to castrate; [cheval] to castrate, to geld; [chat] to castrate, to neuter, to spay. -2. BOT to castrate.

**castrisme** [kastrism] *nm* Castroism.

**casuel, elle** [kazɥɛl] *adj* -1. [éventuel] fortuitous. -2. LING case *(modif)*.

**casuiste** [kazɥist] *nm* casuist.

**casuistique** [kazɥistik] *nf* casuistry.

**cataclysmal, e, aux** [kataklismal, o] *adj* -1. GÉOG cataclysmal, cataclysmic. -2. [bouleversant] catastrophic, disastrous, cataclysmic.

**cataclysme** [kataklism] *nm* -1. GÉOG natural disaster, cataclysm. -2. [bouleversement] cataclysm, catastrophe, disaster.

**cataclysmique** [kataklismik] = **cataclysmal**.

**catacombes** [katakɔ̃b] *nfpl* catacombs.

**catadioptre** [katadjɔptr] *nm* -1. AUT reflector. -2. [sur une route] cat's eye.

**catafalque** [katafalk] *nm* catafalque.

**catalan, e** [katalɑ̃, an] *adj* Catalan.
◆ **Catalan, e** *nm, f* Catalan.
◆ **catalan** *nm* LING Catalan.

**catalepsie** [katalɛpsi] *nf* catalepsy.

**cataleptique** [katalɛptik] *adj* & *nmf* cataleptic.

**catalogage** [katalɔgaʒ] *nm* cataloguing.

**catalogne** [katalɔɲ] *nf Can material woven from strips of coloured fabric.*

**Catalogne** [katalɔɲ] *nprf*: (la) ~ Catalonia.

**catalogue** [katalɔg] *nm* -1. [liste – de bibliothèque, d'exposition] catalogue; faire le ~ des toiles exposées to catalogue OU to itemize the exhibits; ~ raisonné BX-ARTS catalogue raisonné. -2. COMM [illustré] catalogue; [non illustré] price-list. -3. *péj* [énumération] (long) list.

**cataloguer** [3] [katalɔge] *vt* -1. [livre] to list, to catalogue; [bibliothèque] to catalogue; [œuvre, marchandise] to put into a catalogue. -2. *fam* [juger] to label, to categorize.

**catalyse** [kataliz] *nf* catalysis.

**catalyser** [3] [katalize] *vt* -1. [provoquer – forces, critiques] to act as a catalyst for. -2. CHIM to catalyse.

**catalyseur** [katalizœr] *nm* -1. [personne, journal] catalyst; il a été le ~ de... he acted as a catalyst for... -2. CHIM catalyst.

**catalytique** [katalitik] *adj* catalytic.

**catamaran** [katamarɑ̃] *nm* -1. [voilier] catamaran. -2. [flotteurs] floats.

**Cataphote**® [katafɔt] *nm* reflector.

**cataplasme** [kataplasm] *nm* -1. MÉD poultice, cataplasm. -2. *fam* [aliment]: j'ai encore ce ~ sur l'estomac I can still feel that lead weight in my stomach.

**catapulte** [katapylt] *nf* AÉRON, ARM & JEUX catapult.

**catapulter** [3] [katapylte] *vt* -1. ARM & AÉRON to catapult. -2. [employé] to kick upstairs; il a été catapulté directeur he was pitchforked into the manager's job.

**cataracte** [katarakt] *nf* -1. MÉD cataract; se faire opérer de la ~ to have a cataract operation. -2. [chute d'eau] waterfall, cataract.

**catarrhe** [katar] *nm* catarrh.

**catarrheux, euse** [katarø, øz] ◇ *adj* catarrhous. ◇ *nm, f* catarrh sufferer.

**catastrophe** [katastrɔf] *nf* [désastre – en avion, en voiture] disaster; [– dans une vie, un gouvernement] catastrophe, disaster; éviter la ~ to avoid a catastrophe; frôler la ~ to come close to disaster; une ~, ce type! *fam* that guy's a walking disaster!; ~, il nous manque deux chaises! oh horrors, we're a couple of chairs short!
◆ **en catastrophe** *loc adv*: partir en ~ to rush off; atterrir en ~ to make a forced OU an emergency landing.

**catastropher** [3] [katastrɔfe] *vt* to shatter, to stun; un air catastrophé a stunned look.

**catastrophique** [katastrɔfik] *adj* catastrophic, disastrous.

**catch** [katʃ] *nm* (all-in) wrestling; faire du ~ to wrestle.

**catcher** [3] [katʃe] *vi* to wrestle.

**catcheur, euse** [katʃœr, øz] *nm, f* (all-in) wrestler.

**catéchèse** [kateʃɛz] *nf* catechesis.

**catéchisation** [kateʃizasjɔ̃] *nf* -1. RELIG catechization, catechizing. -2. *péj* indoctrination.

**catéchiser** [3] [kateʃize] *vt* -1. RELIG to catechize. -2. *péj* to indoctrinate.

**catéchisme** [kateʃism] *nm* -1. RELIG [enseignement, livre] catechism; aller au ~ to go to catechism, ≃ to go to Sunday school. -2. *fig* doctrine, creed.

**catéchiste** [kateʃist] *nmf* [gén] catechist; [pour enfants] Sunday-school teacher.

**catéchumène** [katekymɛn] *nmf* -1. RELIG catechumen. -2. [que l'on initie] novice.

**catégorie** [kategɔri] *nf* -1. [pour classifier – des objets, des concepts] category, class, type; [– des employés] grade; ~ d'âge age group; ~ sociale social class; ~ socio-économique socioeconomic class; ~ socioprofessionnelle socioprofessional group. -2. [qualité – dans les transports, les hôtels] class; hôtel de seconde ~ second-class hotel; morceau de première/deuxième/troisième ~ [viande] prime/second/cheap cut. -3. SPORT class; toutes ~s for all comers. -4. PHILOS category.

**catégoriel, elle** [kategɔrjɛl] *adj* -1. [d'une catégorie] category *(modif)*; classement ~ classification by category. -2. SOCIOL: revendications ~les sectional claims *(claims relating to one category of workers only)*. -3. LING & PHILOS category *(modif)*.

**catégorique** [kategɔrik] *adj* -1. [non ambigu – refus] flat, categorical, point-blank. -2. [décidé] categorical; là-dessus, je serai ~ I'm not prepared to budge on that; je suis ~ [j'en suis sûr] I'm positive.

**catégoriquement** [kategɔrikmɑ̃] *adv* [nettement – affirmer] categorically; [– refuser] categorically, flatly, point-blank.

**catégoriser** [3] [kategɔrize] *vt* [ranger] to categorize.

**catelle** [katɛl] *nf Helv* ceramic tile.

**caténaire** [katenɛr] ◇ *adj* catenary *(modif)*. ◇ *nf* catenary.

**cathare** [katar] *adj* Cathar.
◆ **Cathare** *nmf* Cathar.

**catharsis** [katarsis] *nf* PSYCH & THÉÂT catharsis.

**cathartique** [katartik] *adj* MÉD, PHYS & THÉÂT cathartic.

**cathédral, e, aux** [katedral, o] *adj* RELIG cathedral *(modif)*.
◆ **cathédrale** *nf* [édifice] cathedral.

**Catherine** [katrin] *npr*: la Sainte-~ Saint Catherine's Day; coiffer sainte ~ to be still unmarried by the age of 25; ~ d'Aragon Catherine of Aragon; ~ de Russie Catherine the Great.

**catherinette** [katrinɛt] *nf woman who is still single and aged 25 on St Catherine's Day.*

**cathéter** [katetɛr] *nm* catheter.

**cathode** [katɔd] *nf* cathode.

**cathodique** [katɔdik] *adj* cathodic.

**catholicisme** [katɔlisism] *nm* (Roman) Catholicism.

**catholicité** [katɔlisite] *nf* RELIG [caractère] catholicity; [groupe]: la ~ [église] the (Roman) Catholic Church; [fidèles] the (Roman) Catholic community.

**catholique** [katɔlik] ◇ *adj* -1. RELIG (Roman) Catholic. -2. *fam loc*: pas très ~ comme façon de faire [peu conventionnel] not a very orthodox way of doing things; [malhonnête] not a very kosher way of doing things; un individu pas très ~ a rather shady individual. ◇ *nmf* (Roman) Catholic.

**catimini** [katimini]
◆ **en catimini** *loc adv* on the sly OU quiet; arriver/partir en ~ to sneak in/out.

**catin** [katɛ̃] *nf litt* trollop *vieilli*.

**cation** [katjɔ̃] *nm* cation.

**catogan** [katɔgɑ̃] *nm large bow holding the hair at the back of neck.*

**Caton** [katɔ̃] *npr* Cato.

**Caucase** [kokaz] *npr m* -1. [montagnes]: le ~ the Caucasus. -2. [région]: le ~ Caucasia.

**caucasien, enne** [kokazjɛ̃, ɛn] *adj* Caucasian.

**cauchemar** [koʃmar] *nm* -1. [mauvais rêve] nightmare; faire un ~ to have a nightmare. -2. [situation] nightmare. -3. [personne assommante] nuisance.

**cauchemarder** [3] [koʃmarde] *vi* to have nightmares.

**cauchemardesque** [koʃmardɛsk], **cauchemardeux, euse**

[kɔʃmardø, øz] *adj* **-1.** [sommeil] nightmarish. **-2.** *fig* [horrifiant] nightmarish, hellish.

**cauchois, e** [koʃwa, az] *adj* from the Caux region.

**causal, e, als** ou **aux** [kozal, o] *adj* [lien] causal.

**causalité** [kozalite] *nf* causality.

**causant, e** [kozɑ̃, ɑ̃t] *adj fam* chatty; **il n'est pas très ~** [coopératif] he's not exactly forthcoming.

**cause** [koz] *nf* **-1.** [origine, motif] cause, reason, origin; **~ de:** **la ~ profonde de sa tristesse** the underlying reason for his sadness; **être (la) ~ de qqch** to cause sthg; **le mauvais temps est ~ que je n'ai pu aller vous rendre visite** I wasn't able to come and see you on account of the bad weather ❑ **relation de ~ à effet** causal relationship; **et pour ~!** and for a very good reason! **-2.** PHILOS cause; **la ~ première/seconde/finale** the prime/secondary/final cause. **-3.** JUR [affaire] case, brief; **~ célèbre** *pr* & *fig* cause célèbre; **~ civile** civil action; **~ criminelle** criminal proceedings; **un avocat sans ~s** a briefless barrister; **la ~ est entendue** *pr* each side has put its case; *fig* there's no doubt about it; **plaider la ~ de qqn** *pr* & *fig* to plead sb's case ‖ [motif]: **~ licite/illicite** just/unjust cause. **-4.** [parti que l'on prend] cause; **faire ~ commune avec qqn** to join forces with sb; **une ~ perdue** a lost cause; **pour la bonne ~** [pour un bon motif] for a good cause; *hum* [en vue du mariage] with honourable intentions.
◆ **à cause de** *loc prép* **-1.** [par la faute de] because ou on account of, due ou owing to. **-2.** [en considération de] because ou on account of, due ou owing to. **-3.** [par égard pour] for the sake ou because of.
◆ **en cause** ◇ *loc adj* **-1.** [concerné] in question; **la voiture en ~ était à l'arrêt** the car involved ou in question was stationary; **la somme/l'enjeu en ~** the amount/the thing at stake. **-2.** [que l'on suspecte]: **les financiers en ~** the financiers involved; **certains ministres sont en ~** some ministers are implicated. **-3.** [contesté]: **être en ~** [talent] to be in question ‖ JUR: **affaire en ~** case before the court. ◇ *loc adv* **-1.** [en accusation]: **mettre qqn en ~** to implicate sb; **mettre qqch en ~** to call sthg into question. **-2.** [en doute]: **remettre en ~** [principe] to question, to challenge; **son départ remet tout en ~** her departure reopens the whole question ou debate.
◆ **en tout état de cause** *loc adv* in any case, at all events, whatever happens.
◆ **pour cause de** *loc prép* owing to, because of; **'fermé pour ~ de décès'** 'closed owing to bereavement'.

**causer** [3] [koze] ◇ *vt* [provoquer – peine, problème] to cause; **cela m'a causé de graves ennuis** it got me into a lot of trouble. ◇ *vi fam* **-1.** [bavarder]: **~ (à qqn)** to chat (to sb); **cause toujours (, tu m'intéresses)!** [je fais ce que je veux] yeah, yeah (I'll do what I like anyway)!; [tu pourrais m'écouter] don't mind me!; **je l'avais prévenu, mais cause toujours!** I'd warned him but I might as well have been talking to the wall!**-2.** [médire] to gossip, to prattle; **ça a fait ~ dans le quartier** it set tongues wagging in the district. **-3.** *(suivi d'un nom sans article)* [parler]: **~ politique** to talk about politics, to talk politics.

**causerie** [kozri] *nf* informal talk *(in front of an audience)*.

**causette** [kozɛt] *nf fam*: **faire la ~ à qqn** to chat with sb; **faire un brin de ~** to have a little chinwag *Br*, to chew the fat *Am*.

**causeur, euse** [kozœr, øz] ◇ *adj* chatty, talkative. ◇ *nm, f* talker, conversationalist.
◆ **causeuse** *nf* love seat.

**causticité** [kostisite] *nf* CHIM & *fig* causticity.

**caustique** [kostik] ◇ *adj* **-1.** CHIM caustic. **-2.** [mordant] caustic, biting, sarcastic. ◇ *nm* CHIM caustic.

**cauteleux, euse** [kotlø, øz] *adj litt* wily, cunning.

**cautère** [kotɛr] *nm* cautery; **c'est un ~ sur une jambe de bois** it's as much use as a poultice on a wooden leg.

**cautériser** [3] [koterize] *vt* to cauterize.

**caution** [kosjɔ̃] *nf* **-1.** [somme] bail; **payer la ~ de qqn** to post bail for sb, to bail sb out. **-2.** [garant]: **se porter ~ pour qqn** to stand security ou surety ou guarantee for sb. **-3.** [garantie morale] guarantee; [soutien] support, backing; **donner ou apporter sa ~ à** to support, to back ❑ **~ juratoire** guarantee given on oath. **-4.** COMM security, guarantee; **verser une ~ de 500 francs** to pay 500 francs as security, to put down a 500 francs deposit (as security).
◆ **sous caution** *loc adv* [libérer] on bail.

**cautionnement** [kosjɔnmɑ̃] *nm* **-1.** [contrat] surety ou security bond. **-2.** [dépôt] COMM security, guarantee; JUR bail; **~ réel** collateral security. **-3.** [soutien] support, backing.

**cautionner** [3] [kosjɔne] *vt* **-1.** JUR: **~ qqn** [se porter caution] to post bail for sb; [se porter garant] to stand surety ou guarantee for sb. **-2.** [soutenir] to support, to back.

**cavalcade** [kavalkad] *nf* **-1.** [défilé] cavalcade. **-2.** [course] stampede.

**cavalcader** [3] [kavalkade] *vi* to scamper around.

**cavale** [kaval] *nf* **-1.** *litt* [jument] mare ZOOL. **-2.** ▽ *arg crime* jailbreak; **être en ~** to be on the run.

**cavaler** [3] [kavale] *vi fam* **-1.** [courir] to run ou to rush (around). **-2.** [se hâter] to get a move on. **-3.** [à la recherche de femmes] to chase women; [à la recherche d'hommes] to chase men.
◆ **se cavaler** *vp fam* to clear off.

**cavalerie** [kavalri] *nf* MIL cavalry; **~ légère** light (cavalry ou horse) brigade; **~ lourde, grosse ~** armoured cavalry; **la grosse ~** *fig* the run-of-the-mill stuff.

**cavaleur, euse** [kavalœr, øz] *adj fam* [homme] philandering; [femme] man-eating; **il est ~** he's a womanizer; **elle est cavaleuse** she'll go for anything in trousers.
◆ **cavaleur** *nm fam* philanderer, womanizer.
◆ **cavaleuse** *nf fam* man-eater.

**cavalier, ère** [kavalje, ɛr] ◇ *adj* **-1.** ÉQUIT: **allée ou piste cavalière** bridle path, bridleway. **-2.** *péj* [désinvolte – attitude] offhand, cavalier; [– réponse] curt, offhand; **agir de façon cavalière** to act in an offhand manner. ◇ *nm, f* **-1.** ÉQUIT rider. **-2.** [danseur] partner.
◆ **cavalier** *nm* **-1.** HIST Cavalier. **-2.** MIL cavalryman, mounted soldier. **-3.** BIBLE: **les (quatre) Cavaliers de l'Apocalypse** the (Four) Horsemen of the Apocalypse. **-4.** [pour aller au bal] escort; **faire ~ seul** [dans une entreprise] to go it alone; POL to be a maverick. **-5.** JEUX [aux échecs] knight. **-6.** [sur un dossier] tab. **-7.** [clou] staple. **-8.** [surcharge] rider.

**cavalièrement** [kavaljɛrmɑ̃] *adv* casually, in a cavalier ou an offhand manner.

**cave¹** [kav] ◇ *adj* **-1.** *litt* [creux] hollow, sunken. **-2.** ANAT → **veine.** ◇ *nm* ▽ *arg crime* **-1.** [étranger au milieu] outsider. **-2.** [dupe] gullible individual, soft touch.

**cave²** [kav] *nf* **-1.** [pièce] cellar; **de la ~ au grenier** *fig* [ranger, nettoyer] from top to bottom. **-2.** [vins] (wine) cellar; **avoir une bonne ~** to keep a good cellar. **-3.** [cabaret] cellar *Br* ou basement *Am* nightclub. **-4.** [coffret]: **~ à cigares** cigar box; **~ à liqueurs** cellaret. **-5.** JEUX [gén] stake; [au poker] ante.

**caveau, x** [kavo] *nm* **-1.** [sépulture] vault, tomb, burial chamber. **-2.** [cabaret] club *(in a cellar)*.

**caverne** [kavɛrn] *nf* **-1.** [grotte] cave, cavern. **-2.** MÉD cavity.

**caverneux, euse** [kavɛrnø, øz] *adj* **-1.** [voix] sepulchral. **-2.** MÉD [poumon] cavernulous; [souffle, râle] cavernous.

**caviar** [kavjar] *nm* **-1.** CULIN caviar, caviare; **~ rouge** salmon roe; **~ d'aubergines** aubergine *Br* ou eggplant *Am* puree. **-2.** IMPR blue pencil; **passer au ~** to blue-pencil, to censor.

**caviarder** [3] [kavjarde] *vt* to blue-pencil, to censor.

**caviste** [kavist] *nm* cellarman.

**cavité** [kavite] *nf* **-1.** [trou] cavity. **-2.** ANAT cavity; **~ dentaire** pulp cavity. **-3.** ÉLECTRON: **~ résonante** resonant cavity, cavity resonator.

**CB** [sibi] *(abr de* **citizen's band, canaux banalisés)** *nf* CB.

**cc** **-1.** *(abr écrite de* **cuillère à café)** tsp. **-2.** *abr écrite de* **charges comprises.**

**CCE** *(abr de* **Commission des communautés européennes)** *npr f* ECC.

**CCI** *(abr de* **chambre de commerce et d'industrie)** *nf* CCI.

**CCP** *(abr de* **compte chèque postal, compte courant postal)** *nm* post office account, ≈ giro account *Br*, ≈ Post Office checking account *Am*.

**CD** ◇ *nm* **-1.** *abr de* **chemin départemental. -2.** *(abr de* **Compact Disc)** CD. ◇ *(abr écrite de* **corps diplomatique)** CD.

**CDD** *(abr de* **contrat à durée déterminée)** *nm* fixed term contract; **elle est en ~** she's on a fixed term contract.

**CDI** *nm* **-1.** *(abr de* **centre de documentation et d'information)** *school library.* **-2.** *(abr de* **contrat à durée in-**

**déterminée**) permanent employment contract; elle est en ~ she's got a permanent employment contract.

**CD-I** (*abr de* **Compact Disc interactif**) *nm* interactive Compact Disc.

**CD-Rom** [sederɔm] (*abr de* **Compact Disc read only memory**) *nm inv* CD-Rom.

**CDS** (*abr de* **Centre des démocrates sociaux**) *npr m French political party*.

**CDV** (*abr de* **Compact Disc Video**) *nm* CVD.

**ce¹** [sə] (*devant nm commençant par voyelle ou h muet* **cet** [sɛt], *f* **cette** [sɛt], *pl* **ces** [se]) *dét (adj dém)* **-1.** [dans l'espace – proche] this, these *pl*; [– éloigné] that, those *pl*; **cet homme qui vient vers nous** the man (who's) coming towards us; **regarde ce côté-ci** look over here. **-2.** [dans le temps – à venir] this, these *pl*; [– passé] last; **cette nuit nous mettrons le chauffage** tonight we'll turn the heating on; **cette nuit j'ai fait un rêve étrange** last night I had a strange dream; **cette semaine je n'ai rien fait** I haven't done a thing this ou this past ou this last week; **cette année-là** that year; **ces jours-ci** these days; **fait ce jour à Blois** witnessed by my hand this day in Blois. **-3.** [désignant – ce dont on a parlé] this, these *pl*, that, those *pl*; [– ce dont on va parler] this, these *pl*. **-4.** [suivi d'une proposition relative]: **voici ce pont dont je t'ai parlé** here's the ou that bridge I told you about; **il était de ces comédiens qui...** he was one of those actors who... **-5.** [emploi expressif]: **cette douleur dans son regard!** such grief in his eyes!; **ce peuple!** what a crowd!; **cet enfant est un modèle de sagesse!** this ou that child is so well behaved!; **et cette bière, elle vient?** *fam* well, what about that beer then?; **et ces douleurs/cette grippe, comment ça va?** *fam* how's the pain/the flu doing?; **et pour ces messieurs, ce sera?** now what will the ou you gentlemen have?

**ce²** [sə] (*devant 'e' c'* [s], *devant 'a' ç'* [s]) *pron dém* **-1.** [sujet du verbe 'être']: **c'était hier** it was yesterday; **c'est un escroc** he's a crook; **ce sont mes frères** they are my brothers; **ce doit être son mari** it must be her husband; **dire oui, c'est renoncer à sa liberté** saying yes means ou amounts to giving up one's freedom; **c'est rare qu'il pleuve en juin** it doesn't often rain in June; **c'est encore loin, la mer?** is the sea still far away?, is it still a long way to the sea?; **qui est-ce?, c'est qui?** *fam* who is it?; **c'est à toi?** is this ou is it yours?; **serait-ce que tu as oublié?** have you forgotten, by any chance?. **-2.** [pour insister]: **c'est la robe que j'ai achetée** this is the dress (that) I bought; **c'est l'auteur que je préfère** he's/she's my favourite writer; **c'est à vous, monsieur, que je voudrais parler** it was you I wanted to speak to, sir; **c'est à lui/à toi de décider** it's up to him/up to you to decide; **c'est à pleurer de rage** it's enough to make you weep with frustration. **-3.** ['c'est que' introduisant une explication]: **s'il ne parle pas beaucoup, c'est qu'il est timide** if he doesn't say much, it's because he's shy. **-4.** [comme antécédent du pronom relatif]: **ce qui, ce que** what; **ce qui m'étonne, c'est que...** what surprises me is that...; **dis-moi ce que tu as fait** tell me what you did ‖ [reprenant la proposition] which; **il dit en avoir les moyens, ce que je crois volontiers** he says he can afford it, which I'm quite prepared to believe; **ce dont: ce dont je ne me souviens pas, c'est l'adresse** what I can't remember is the address; **ce pour quoi: ce pour quoi j'ai démissionné** the reason (why) I resigned; **ce en quoi: ce en quoi je croyais s'est effondré** the thing I believed in has collapsed ‖ [introduisant une complétive]: **de ce que: je m'étonne de ce qu'il n'ait rien dit** I'm surprised (by the fact that) he didn't say anything; **à ce que: veille à ce que tout soit prêt** make sure everything's ready; **sur ce que: il insiste sur ce que le travail doit être fait en temps voulu** he insists that the work must be done in the specified time. **-5.** [emploi exclamatif]: **ce que tu es naïf!** you're so naive!, how naive you are!; **tu vois ce que c'est que de mentir!** you see what happens when you lie!, you see where lying gets you!; **ce que c'est (que) d'être instruit, tout de même!** it must be wonderful to be educated!. **-6.** *loc*: **ce me semble** *sout* ou *hum* it seems to me, I think, methinks *lit* ou *hum*; **ce faisant** in so doing; **ce disant** so saying, with these words; **et ce: il n'a rien dit, et ce malgré toutes les menaces** he said nothing, (and this) in spite of all the threats; **sur ce:** **j'arrive et sur ce, le téléphone sonne** I arrive and just then the phone rings; **sur ce, je vous salue** and now, I take my leave; **sur ce, elle se leva** with that, she got up; **pour ce**

faire *sout* to this end.

**CE** ◇ *nm* **-1.** *abr de* **comité d'entreprise**. **-2.** (*abr de* **cours élémentaire**): **~ 1** second year of primary school; **~ 2** third year of primary school. ◇ *npr f* (*abr de* **Communauté européenne**) EC.

**CEA** (*abr de* **Commissariat à l'énergie atomique**) *npr m French atomic energy commission*, ≃ AEA *Br*, ≃ AEC *Am*.

**céans** [seɑ̃] *adv arch* here, within ou in this house.

**CECA, Ceca** [seka] (*abr de* **Communauté européenne du charbon et de l'acier**) *npr f* ECSC.

**ceci** [səsi] *pron dém* this; **~ pour vous dire que...** (all) this to tell you that...; **~ (étant) dit** having said this ou that; **à ~ près que** save except ou with the exception that; **retenez bien ~...** now, remember this...; **son rapport a ~ d'étonnant que...** her report is surprising in that...; **~ n'explique pas cela** one thing doesn't explain the other.

**cécité** [sesite] *nf* blindness, cecity; **~ nocturne/verbale/des neiges** night/word/snow blindness.

**cédant, e** [sedɑ̃,ɑ̃t] ◇ *adj* assigning, granting. ◇ *nm, f* assignor, grantor.

**céder** [18] [sede] ◇ *vt* **-1.** [donner] to give (up); **il est temps de ~ l'antenne** our time is up; **nous cédons maintenant l'antenne à Mélanie** we're now going to hand over to Mélanie; **'cédez le passage'** 'give way' *Br*, 'yield' *Am*; **~ le passage à qqn** to let sb through, to make way for sb ❑ **~ du terrain** MIL to give ground, to fall back; *fig* to back down ou off; **~ le pas à qqn** *pr* to give way to sb; *fig* to let sb have precedence; **il ne le cède à personne en ambition** *sout* as far as ambition is concerned, he's second to none; **il ne le cède en rien à nos plus grands peintres** he can take his place alongside our greatest painters. **-2.** [vendre] to sell; **'à ~'** 'for sale' ‖ [faire cadeau de] to give away (*sép*), to donate. ◇ *vi* **-1.** [à la volonté d'autrui] to give in. **-2.** MIL: **~ sous l'assaut de l'ennemi** to be overpowered ou overwhelmed by the enemy. **-3.** [casser – étagère, plancher] to give way; [– câble, poignée] to break off; [– couture] to come unstitched.

◆ **céder à** *v + prép* **-1.** [ne pas lutter contre – sommeil, fatigue] to succumb to; [– tentation, caprice] to give in ou to yield to; **cette hypothèse cédera à la première analyse** this hypothesis won't stand up to analysis. **-2.** [être séduit par]: **~ à la facilité** to take the easy way out; **~ à qqn** to give in to sb.

**cédétiste** [sedetist] ◇ *adj* CFDT *(modif)*. ◇ *nmf* member of the CFDT.

**CEDEX, Cedex** [sedɛks] (*abr de* **courrier d'entreprise à distribution exceptionnelle**) *nm accelerated postal service for bulk users*.

**cédille** [sedij] *nf* cedilla.

**cédrat** [sedra] *nm* citron.

**cèdre** [sedr] *nm* **-1.** [arbre] cedar (tree), arborvitae *Can*; **~ du Liban** cedar of Lebanon. **-2.** [bois] cedar (wood).

**cédrière** [sedrijɛr] *nf Can* cedar grove.

**CEE** (*abr de* **Communauté économique européenne**) *npr f* EEC.

**CEG** (*abr de* **collège d'enseignement général**) *nm former junior secondary school*.

**CEGEP** [seʒɛp] (*abr de* **collège d'enseignement général et professionnel**) *nm Can* ≃ college of further education.

**cégépien, enne** [seʒepjɛ̃, ɛn] *nm, f Can student of a CEGEP*.

**cégétiste** [seʒetist] ◇ *adj* CGT *(modif)*. ◇ *nmf* member of the CGT.

**CEI** (*abr de* **Communauté des États indépendants**) *npr f* CIS.

**ceignais** [sɛɲɛ], **ceignis** [sɛɲi], **ceignons** [sɛɲɔ̃] *v* → **ceindre**.

**ceindre** [81] [sɛdr] *vt litt* **-1.** [entourer]: **un cercle de fer ceignait son front** he had a band of iron around his head; **~ qqch de** to place a crown upon one's head; **un château ceint de hautes murailles** a castle surrounded by high walls. **-2.** [porter]: **~ la couronne** to assume the crown; **~ l'écharpe tricolore** to don the mayoral (tricolour) sash.

◆ **se ceindre** *vpt litt*: **se ~ les reins** to gird one's loins.

**ceint, e** [sɛ̃, sɛ̃t] → **ceindre**.

**ceinture** [sɛ̃tyr] *nf* **-1.** VÊT [en cuir, métal] belt; [fine et tressée] cord; [large et nouée] sash; [gaine, corset] girdle; **~ de chasteté** chastity belt; **~ fléchée** *Can* arrow sash; **~ de sauvetage** life belt; **~ de sécurité** seat ou safety belt; **attachez**

votre ~ fasten your seat belt; faire ~, se serrer la ~ [se priver] to tighten one's belt; on a trop dépensé ces derniers temps, maintenant ~! *fam* we've been overspending lately, we're going to have to tighten our belts now. **-2.** SPORT [à la lutte] waistlock; [au judo et au karaté] belt; **elle est ~ blanche/noire** she is a white/black belt. **-3.** [taille] COUT waistband; ANAT waist; **de l'eau jusqu'à la ~** with water up to his waist; **nu jusqu'à la ~** naked from the waist up; **frapper au-dessous de la ~** *pr* & *fig* to hit below the belt. **-4.** ZOOL: **~ pelvienne/scapulaire** pelvic/pectoral girdle. **-5.** MÉD: **~ orthopédique** surgical corset; **~ de grossesse** maternity girdle. **-6.** TRANSP: **petite/grande ~** inner/outer circle. **-7.** ARCHIT cincture. **-8.** [enceinte] belt, ring; **~ verte** green belt.

**ceinturer** [3] [sɛtyre] *vt* **-1.** [saisir par la taille] to grab round the waist; SPORT to tackle. **-2.** [lieu] to surround, to encircle; **les remparts ceinturent la ville** the town is surrounded by ramparts.

**ceinturon** [sɛtyrɔ̃] *nm* **-1.** VÊT (broad) belt. **-2.** MIL [gén] belt; [à cartouches] cartridge belt; [à sabre] sword belt.

**cela** [səla] *pron dém* **-1.** [désignant un objet éloigné] that. **-2.** [désignant – ce dont on vient de parler] this, that; [– ce dont on va parler] this; **~ (étant) dit...** having said this ou that...; **il est parti il y a un mois/une semaine de ~** he left a month/a week ago; **son histoire a ~ d'extraordinaire que...** her story is extraordinary in that... **;** **c'est ~, moquez-vous de moi!** that's right, have a good laugh (at my expense)!; **je suis folle, c'est (bien) ~?** so I'm out of my mind, is that it ou am I?**-3.** [dans des tournures impersonnelles] it; **~ ne fait rien** it doesn't matter; **~ fait une heure que j'attends** I've been waiting for an hour. **-4.** [emploi expressif]: **pourquoi ~?** why?, what for?; **qui ~?** who?, who's that?; **où ~?** where?, whereabouts?

**céladon** [seladɔ̃] ◇ *adj inv* pale green, celadon *litt.* ◇ *nm* celadon.

**cèle** [sɛl] *v* → **celer.**

**célébrant** [selebrɑ̃] *nm* celebrant.

**célébration** [selebrasjɔ̃] *nf* celebration; **la ~ du mariage se fera à...** the marriage ceremony will take place at...

**célèbre**[1][selɛbr] *v* → **célébrer.**

**célèbre**[2] [selɛbr] *adj* famous, famed; **tristement ~** notorious.

**célébrer** [18] [selebre] *vt* **-1.** [fête] to observe; [anniversaire, messe, mariage] to celebrate. **-2.** [glorifier – personne] to extol the virtues of; [– exploit] to toast, to celebrate.

**célébrité** [selebrite] *nf* **-1.** [gloire] fame, celebrity. **-2.** [personne] celebrity, well-known personality.

**celer** [25] [səle] *vt arch* ou *litt:* **~ qqch à qqn** to conceal sthg from sb.

**céleri** [sɛlri] *nm* celery; **~ en branches** celery; **~ rémoulade** celeriac salad.

**céleri-rave** [sɛlrirav] (*pl* **céleris-raves**) *nm* celeriac.

**célérité** [selerite] *nf litt* celerity *litt,* swiftness, speed; **avec ~** swiftly, rapidly.

**céleste** [selɛst] *adj* **-1.** [du ciel] celestial. **-2.** [du paradis] celestial, heavenly. **-3.** [de Dieu] divine. **-4.** [surnaturel – beauté, voix, mélodie] heavenly, sublime. **-5.** HIST: **le Céleste Empire** the Celestial Empire.

**célibat** [seliba] *nm* [d'un prêtre] celibacy; [d'un homme] celibacy, bachelorhood; [d'une femme] spinsterhood, celibacy; **elle a choisi le ~** she decided to remain single ou not to marry; **vivre dans le ~** [homme] to remain a bachelor; [femme] to remain single; [prêtre] to be celibate.

**célibataire** [selibatɛr] ◇ *adj* **-1.** [homme, femme] single, unmarried; [prêtre] celibate. **-2.** ADMIN single. ◇ *nm* single man ADMIN, bachelor; **un ~ endurci** a confirmed bachelor; **un club pour ~s** a singles club. ◇ *nf* single woman ou girl.

**celle** *f* [sɛl] → **celui.**

**celle-ci** [sɛlsi] *f,* **celle-là** [sɛlla] *f* → **celui.**

**cellier** [selje] *nm* storeroom (*for wine or food*), pantry.

**Cellophane®** [selɔfan] *nf* Cellophane®; **sous ~** cellophane-wrapped.

**cellulaire** [selylɛr] *adj* **-1.** BIOL [de la cellule] cell (*modif*); [formé de cellules] cellular. **-2.** TÉLÉC → **téléphone. -3.** TECH [béton] cellular; [matériau, mousse] expanded. **-4.** [carcéral]: **empri-**

**sonnement** ou **régime ~** solitary confinement; **fourgon** ou **voiture ~** prison ou police van *Br*, police wagon *Am.*

**cellule** [selyl] *nf* **-1.** BIOL cell. **-2.** [d'un prisonnier, d'un religieux] cell. **-3.** [élément constitutif] basic element ou unit; POL cell; **~ familiale** family unit ou group; **~ de réflexion** think tank. **-4.** [d'une ruche] cell. **-5.** AÉRON airframe. **-6.** PHOT: **~ photoélectrique** photoelectric cell. **-7.** TECH: **~ photovoltaïque** photovoltaic cell.

**cellulite** [selylit] *nf* cellulitis.

**celluloïd** [selylɔid] *nm* celluloid.

**cellulose** [selyloz] *nf* cellulose.

**Celsius** [sɛlsjys] *npr* Celsius.

**celte** [sɛlt] *adj* Celtic.

◆ **Celte** *nmf* Celt.

**celtique** [sɛltik] *adj* Celtic.

**celui** [səlɥi] (*f* **celle** [sɛl], *mpl* **ceux** [sø], *fpl* **celles** [sɛl]) *pron dém* **-1.** [suivi de la préposition 'de']: **le train de 5 h est parti, prenons ~ de 6 h** we've missed the 5 o'clock train, let's get the 6 o'clock; **j'ai comparé mon salaire avec ~ d'Eve** I compared my salary with Eve's; **ceux d'entre vous qui veulent s'inscrire** those of you who wish to register. **-2.** [suivi d'un pronom relatif]: **~, celle** the one; **ceux, celles** those, the ones; **c'est celle que j'ai achetée** that's the one I bought; **c'est ~ qui a réparé ma voiture** he's the one who fixed my car. **-3.** [suivi d'un adjectif, d'un participe]: **achetez celle conforme aux normes** buy the one that complies with the standard; **tous ceux désirant participer à l'émission** all those wishing ou who wish to take part in the show.

◆ **celui-ci** (*f* **celle-ci,** *mpl* **ceux-ci,** *fpl* **celles-ci**) *pron dém* **-1.** [désignant une personne ou un objet proches]: **~-ci, celle-ci** this one (here); **ceux-ci, celles-ci** these ones, these (here); **c'est ~-ci que je veux** this is the one I want, I want this one. **-2.** [désignant ce dont on va parler ou ce dont on vient de parler]: **son inquiétude était celle-ci...** his worry was as follows...; **elle voulait voir Anne, mais celle-ci était absente** she wanted to see Anne, but she was out; **ah ~-ci, il me fera toujours rire!** now he always makes me laugh!

◆ **celui-là** (*f* **celle-là,** *mpl* **ceux-là,** *fpl* **celles-là**) *pron dém* **-1.** [désignant une personne ou un objet éloignés]: **~-là, celle-là** that one (there); **ceux-là, celles-là** those ones, those (over there); **c'est ~-là que je veux** that's the one I want, I want that one; **il n'y a aucun rapport entre les deux décisions, celle-ci n'explique pas celle-là** the two decisions are unconnected, the latter is no explanation for the former. **-2.** [emploi expressif]: **il a toujours une bonne excuse, ~-là!** he's always got a good excuse, that one!

**cément** [semɑ̃] *nm* ANAT cement, cementum.

**cénacle** [senakl] *nm* **-1.** RELIG cenacle. **-2.** *sout* [comité] literary coterie ou group; **admis au ~** admitted into the company of the select few.

**cendre** [sɑ̃dr] *nf* **-1.** [résidu – gén] ash, ashes; [– de charbon] cinders; **~ de bois/de cigarette** wood/cigarette ash; **mettre** ou **réduire en ~s** [maison] to burn to the ground. **-2.** GÉOL (volcanic) ash. **-3.** *liit:* **~s** [dépouille] ashes, remains. **-4.** RELIG: **les Cendres, le mercredi des Cendres** Ash Wednesday.

**cendré, e** [sɑ̃dre] *adj* **-1.** [gris] ashen, ash (*modif*), ashcoloured. **-2.** [couvert de cendres] ash covered; **fromage ~** cheese matured in wood ash.

◆ **cendrée** *nf* [revêtement] cinder; [piste] cinder track.

**cendreux, euse** [sɑ̃drø, øz] *adj* **-1.** [plein de cendres] full of ashes. **-2.** [gris – écorce, roche] ash-coloured; [– teint] ashen, ashy. **-3.** MÉTALL grainy, granular; [sol] ashy.

**cendrier** [sɑ̃drije] *nm* [de fumeur] ashtray; [de fourneau] ash pit; [de poêle] ashpan; [de locomotive] ash box.

**cendrillon** [sɑ̃drijɔ̃] *nf litt* [servante] drudge.

**Cendrillon** [sɑ̃drijɔ̃] *npr* Cinderella.

**cène** [sɛn] *nf* **-1.** [dernier repas]: **la Cène** the Last Supper. **-2.** [communion] Holy Communion, Lord's Supper.

**cénobite** [senɔbit] *nm* cenobite.

**cénotaphe** [senɔtaf] *nm* cenotaph.

**cens** [sɑ̃s] *nm* **-1.** ANTIQ [recensement] census. **-2.** HIST: **~ électoral** poll tax ‖ [féodal] quitrent.

**censé, e** [sɑ̃se] *adj* supposed to; **vous êtes ~ arriver à 9 h** [indication] you're supposed to arrive at 9; [rappel à l'ordre] we expect you to arrive at 9.

**censément** [sɑ̃semɑ̃] *adv* apparently, seemingly.

**censeur** [sãsœr] *nm* **-1.** SCOL deputy headmaster ou head teacher *Br*, assistant principal *Am*; **Madame le** ~ the deputy headmistress ou head teacher *Br*, the assistant principal *Am*. **-2.** [responsable de la censure] censor. **-3.** *sout* [critique] critic. **-4.** ANTIQ censor.

**censitaire** [sãsiter] *adj* poll-tax based.

**censure** [sãsyr] *nf* **-1.** [interdiction] censorship; **face à la** ~ **paternelle** faced with his father's instruction that he shouldn't do it ‖ [commission]: **la** ~ the censors; [examen] censorship. **-2.** POL censure. **-3.** RELIG censure. **-4.** PSYCH & ANTIQ censorship.

**censurer** [3] [sãsyre] *vt* **-1.** [film, livre] to censor. **-2.** POL & RELIG to censure. **-3.** PSYCH to exercise censorship on. **-4.** *sout* [critiquer] to criticize, to censure.

**cent** [sã] ◇ *dét* **-1.** a ou one hundred; ~ **mille** a hundred thousand; **deux** ~**s filles** two hundred girls; **trois** ~ **quatre rangs** three hundred and four rows ❑ **les Cent-Jours** HIST the Hundred Days; **elle est aux** ~ **coups** [affolée] she's frantic; **tu as** ~ **fois raison** you're a hundred per cent right; **je préfère** ~ **fois celle-ci** I prefer this one a hundred times over; **faire les** ~ **pas** to pace up and down; **je ne vais pas attendre** ~ **sept ans** *fam* I'm not going to wait forever (and a day); **je m'embête** *fam* ou **m'emmerde**▽ **à** ~ **sous de l'heure** I'm bored stiff ou to death. **-2.** [dans des séries] **page deux** ~ **(six)** page two hundred (and six); **l'an neuf** ~ the year nine hundred. **-3.** SPORT: **le** ~ **mètres** the hundred metres; **le quatre** ~ **mètres haies** the four hundred metres hurdle ou hurdles; **le** ~ **mètres nage libre** the hundred metres freestyle. ◇ *nm* **-1.** [chiffre]: **j'habite au** ~ I live at number one hundred. **-2.** [centaine] .hundred. **-3.** *loc*: **pour** ~ per cent; **20 pour** ~ **20** per cent; ~ **pour** ~ **coton** a ou one hundred per cent pure cotton; **il est** ~ **pour** ~ **anglais** he's a hundred per cent English; **je suis** ~ **pour** ~ **contre** I'm wholeheartedly against it; **je te le donne en** ~ guess, I'll give you three guesses. **-4.** [centime] cent BANK; *voir aussi* **cinq.**

**centaine** [sãten] *nf* **-1.** [cent unités] hundred; **la colonne des** ~**s** the hundreds column. **-2.** **une** ~ **de** [environ cent] about a hundred, a hundred or so; **plusieurs** ~**s de dollars** several hundred dollars; **elle a traité des** ~**s de personnes** she treated hundreds of people. **-3.** [âge]: **j'espère atteindre la** ~ I hope to live to be a hundred; **dépasser la** ~ to be over a hundred.

◆ **par centaines** *loc adv* by the hundreds.

**centaure** [sãtor] *nm* centaur.

**centenaire** [sãtner] ◇ *adj* hundred-year old; **plusieurs fois** ~ several hundred years old. ◇ *nmf* [vieillard] centenarian. ◇ *nm* [anniversaire] centenary, centennial *Am* & *Can*.

**centésimal, e, aux** [sãtezimal, o] *adj* centesimal.

**centième** [sãtjem] ◇ *adj num* hundredth. ◇ *nm* **-1.** [fraction] hundredth part. **-2.** *loc*: **ce n'est pas le** ~ **de ce qu'il m'a fait** it doesn't even come close to what he did to me. ◇ *nf* THÉÂT hundredth performance; *voir aussi* **cinquième.**

**centigrade** [sãtigrad] *adj* centigrade.

**centigramme** [sãtigram] *nm* centigram.

**centilitre** [sãtilitr] *nm* centilitre.

**centime** [sãtim] *nm* **-1.** [centième de franc] centime; **ça ne m'a pas coûté un** ~ it didn't cost me a penny *Br* ou one cent *Am*.**-2.** FIN: ~**s additionnels** additional tax.

**centimètre** [sãtimetr] *nm* **-1.** [unité de mesure] centimetre. **-2.** [ruban] tape measure, tape line *Am*.

**centrafricain, e** [sãtrafrikẽ, ɛn] *adj* Central African.
◆ **Centrafricain, e** *nm, f* Central African.

**centrage** [sãtraʒ] *nm* centring.

**central, e, aux** [sãtral, o] *adj* **-1.** [du milieu d'un objet] central, middle *(avant n)*. **-2.** [du centre d'une ville] central. **-3.** ADMIN & POL central, national. **-4.** [principal] main, crucial. **-5.** PHON centre *(modif)*.
◆ **central** *nm* **-1.** TÉLÉC (telephone) exchange. **-2.** SPORT [de tennis]: (court) ~ centre court.
◆ **centrale** *nf* **-1.** [usine] power station; ~**e électrique/nucléaire/thermique** power/nuclear/thermal station. **-2.** POL: ~**e ouvrière** trade *Br* ou labor *Am* union confederation. **-3.** [prison] county jail, penitentiary *Am*.
◆ **centrale d'achats** *nf* central purchasing department.

**Centrale** [sãtral] *npr* grande école training engineers.

**centralien, enne** [sãtraljẽ, ɛn] *nm, f* student or ex-student of Centrale.

**centralisateur, trice** [sãtralizatœr, tris] *adj* centralizing.

**centralisation** [sãtralizasjõ] *nf* centralization, centralizing.

**centraliser** [3] [sãtralize] *vt* to centralize.

**centralisme** [sãtralism] *nm* centralism.

**centraméricain, e** [sãtramerikẽ, ɛn] *adj* Central American.
◆ **Centraméricain, e** *nm, f* Central American.

**centre** [sãtr] *nm* **-1.** [milieu – gén] middle, centre; [– d'une cible] bull's eye, centre; **le** ~ [d'une ville] the centre; **le Centre** [en France] Central France, the Massif Central area; **elle était le** ~ **de tous les regards** all eyes were fixed on her ❑ **il se prend pour le** ~ **du monde** ou **de l'univers** he thinks the world revolves around him. **-2.** [concentration]: ~ **industriel** industrial area; ~ **urbain** town. **-3.** [organisme] centre; ~ **d'accueil** reception centre; ~ **aéré** *holiday activity centre for schoolchildren*; ~ **commercial** shopping centre ou *Br* precinct, (shopping) mall *Am*; ~ **de contrôle** [spatial] mission control; ~ **culturel** art ou arts centre; ~ **de dépistage du cancer/SIDA** centre for cancer/AIDS screening; ~ **de documentation** information centre; ~ **pour femmes battues** women's refuge; ~ **d'hébergement pour les sans-abri** hostel for the homeless; ~ **hospitalier** hospital (complex); ~ **hospitalo-universitaire** teaching hospital; ~ **médical** clinic; ~ **social** social services office; ~ **de tri** sorting office. **-4.** [point essentiel] main ou key point, heart, centre; **être au** ~ **de** to be the key point of, to be at the heart ou centre of ❑ ~ **d'intérêt** centre of interest. **-5.** SC centre; ~ **de gravité** *pr & fig* centre of gravity; ~ **nerveux** nerve centre; ~ **vital** *pr* vital organs; *fig* nerve centre. **-6.** POL middle ground, centre; ~ **droit/gauche** moderate right/left; **il est (de)** ~ **gauche** he's left-of-centre. **-7.** SPORT [au basketball] post, pivot; FTBL centre pass. **-8.** INDUST: ~ **d'usinage** turning shop.

**centrer** [3] [sãtre] *vt* **-1.** [gén, PHOT & SPORT] to centre. **-2.** [orienter]: **centrons le débat** let's give the discussion a focus; **être centré sur** to be centred ou focussed around; **le documentaire était centré sur l'enfance de l'artiste** the documentary was focussed around the artist's childhood.

**centreur** [sãtrœr] *nm* plastic adaptor for singles on a record-player.

**centre-ville** [sãtravil] *(pl* **centres-villes)** *nm* town centre; **aller au** ~ to go into the centre (of town).

**centrifuge** [sãtrifyʒ] *adj* centrifugal.

**centrifuger** [17] [sãtrifyʒe] *vt* to centrifuge.

**centrifugeuse** [sãtrifyʒøz] *nf* **-1.** MÉD & TECH centrifuge. **-2.** CULIN juice extractor, juicer *Am*.

**centripète** [sãtripet] *adj* centripetal.

**centrisme** [sãtrism] *nm* centrism.

**centriste** [sãtrist] *adj & nmf* centrist.

**centuple** [sãtypl] ◇ *adj*: **1 000 est un nombre** ~ **de 10** 1,000 is a hundred times 10. ◇ *nm*: **le** ~ **de 20 est 2 000** a hundred times 20 is 2,000; **il a gagné le** ~ **de sa mise** his bet paid off a hundredfold.
◆ **au centuple** *loc adv* a hundredfold.

**centupler** [3] [sãtyple] ◇ *vt* to increase a hundredfold ou a hundred times, to multiply by a hundred. ◇ *vi* to increase a hundredfold.

**centurie** [sãtyri] *nf* century.

**centurion** [sãtyrjõ] *nm* centurion.

**cep** [sɛp] *nm* BOT: ~ **(de vigne)** vine stock.

**cépage** [sepaʒ] *nm* vine.

**cèpe** [sɛp] *nm* **-1.** BOT boletus. **-2.** CULIN cep.

**cependant** [səpãdã] *conj* however, nevertheless, yet; **je suis d'accord avec vous, j'ai** ~ **une petite remarque à faire** I agree with you, however I have one small comment to make; **il parle très bien, avec un léger accent** ~ he speaks very well, but with a slight accent.
◆ **cependant que** *loc conj litt* while.

**céphalée** [sefale], **céphalalgie** [sefalalʒi] *nf* headache, cephalgia *spéc*.

**céphalopode** [sefalopɔd] *nm* cephalopod.

**céphalo-rachidien, enne** [sefalɔraʃidjẽ, ɛn] *(mpl* **céphalo-rachidiens,** *fpl* **céphalo-rachidiennes)** *adj* cerebrospinal, cephalorachidian *spéc*.

**céramique** [seramik] ◇ *adj* ceramic. ◇ *nf* **-1.** [art] ceramics *(U)*, pottery. **-2.** [objet] piece of ceramic. **-3.** [matière] ceramic. **-4.** DENT dental ceramics *ou* porcelain.

**céramiste** [seramist] *nmf* ceramist.

**cerbère** [sɛrbɛr] *nm litt* **-1.** [concierge] ill-tempered doorkeeper. **-2.** [geôlier] jailer.

**Cerbère** [sɛrbɛr] *npr* MYTH Cerberus.

**cerceau, x** [sɛrso] *nm* [d'enfant, d'acrobate, de tonneau, de jupon] hoop; [de tonnelle] half-hoop.

**cerclage** [sɛrklaʒ] *nm* **-1.** [action de cercler] hooping. **-2.** MÉD cerclage. **-3.** [cercles d'une futaille] hooping.

**cercle** [sɛrkl] *nm* **-1.** GÉOM circle; [forme] circle, ring; décrire des ~s dans le ciel [avion, oiseau] to fly around in circles, to wheel round, to circle; faire ~ autour de qqn to stand *ou* to gather round sb in a circle; en ~ in a circle ❑ ~ vicieux vicious circle. **-2.** [gamme, étendue – d'activités, de connaissances] range, scope. **-3.** [groupe] circle, group; le ~ de mes amis my circle *ou* group of friends ❑ ~ de famille family (circle); ~ littéraire literary circle. **-4.** [club] club; un ~ militaire an officer's club. **-5.** [objet circulaire] hoop. **-6.** ASTRON & MATH circle. **-7.** GÉOG: ~ polaire polar circle; ~ polaire Arctique/Antarctique Arctic/Antarctic Circle. **-8.** ÉCON: ~ de qualité quality circle.

**cercler** [3] [sɛrkle] *vt* **-1.** [emballage] to ring; [tonneau] to hoop; une caisse cerclée de fer an iron-bound crate. **-2.** MÉD to wire.

**cercueil** [sɛrkœj] *nm* coffin *Br*, casket *Am*.

**céréale** [sereal] *nf* **-1.** BOT cereal. **-2.** CULIN: des ~s (breakfast) cereal.

**céréaliculture** [serealikyltyr] *nf* cereal farming.

**céréalier, ère** [serealje, ɛr] *adj* cereal *(modif)*.
◆ **céréalier** *nm* **-1.** [producteur] cereal farmer *ou* grower. **-2.** [navire] grain ship.

**cérébral, e, aux** [serebral, o] ◇ *adj* **-1.** ANAT cerebral. **-2.** MÉD brain *(modif)*. **-3.** [intellectuel – activité, travail] intellectual, mental; [– film, livre] cerebral, intellectual. ◇ *nm, f*: c'est un ~/une ~e he's/she's an intellectual.

**cérémonial, als** [seremɔnjal] *nm* [règles, livre] ceremonial.

**cérémonie** [seremɔni] *nf* **-1.** RELIG ceremony. **-2.** [fête] ceremony, solemn *ou* formal occasion; ~ d'ouverture/de clôture opening/closing ceremony; ~ nuptiale wedding ceremony; ~ de remise des prix the award ceremony. **-3.** ANTHR ceremony, rites; ~ d'initiation initiation rites; ~ du thé tea ceremony.
◆ **cérémonies** *nfpl péj* [manières] fuss, palaver; ne fais pas tant de ~s don't make such a fuss.
◆ **avec cérémonie** *loc adv* ceremoniously.
◆ **de cérémonie** *loc adj* [tenue] ceremonial.
◆ **en grande cérémonie** *loc adv* [apporter, présenter] with great formality, very ceremoniously.
◆ **sans cérémonie** *loc adv* **-1.** [simplement] casually, informally; pas besoin de te changer, c'est sans ~ just come as you are, it's an informal occasion. **-2.** *péj* [abruptement] unceremoniously, without so much as a by-your-leave.

**cérémonieux, euse** [seremɔnjø, øz] *adj* ceremonious, formal.

**cerf** [sɛr] *nm* stag.

**cerfeuil** [sɛrfœj] *nm* chervil.

**cerf-volant** [sɛrvɔlɑ̃] *(pl* cerfs-volants) *nm* **-1.** JEUX kite; jouer au ~ to fly a kite. **-2.** ZOOL stag beetle.

**cerisaie** [sərizɛ] *nf* cherry orchard.

**cerise** [səriz] ◇ *nf* [fruit] cherry; la ~ sur le gâteau *fig* the icing on the cake. ◇ *adj inv* cherry, cherry-red, cerise.

**cerisier** [sərizje] *nm* **-1.** [arbre] cherry (tree). **-2.** [bois] cherry (wood).

**CERN, Cern** [sɛrn] *(abr de* Conseil européen pour la recherche nucléaire) *npr m* CERN.

**cerne** [sɛrn] *nm* **-1.** [sous les yeux] shadow, (dark) ring; elle a des ~s she's got dark rings under her eyes. **-2.** TEXT ring. **-3.** HORT (annual) ring. **-4.** BX-ARTS outline.

**cerné, e** [sɛrne] *adj*: avoir les yeux ~s to have (dark) rings under one's eyes.

**cerneau, x** [sɛrno] *nm* (shelled) walnut.

**cerner** [3] [sɛrne] *vt* **-1.** [entourer] to surround, to lie around. **-2.** [assiéger – ville] to surround, to seal off *(sép)*; [– armée, po-

pulation] to surround. **-3.** [délimiter] to define, to determine, to mark out; cernons le problème let's specify the scope of the problem. **-4.** [ouvrir – noix] to crack open, to shell. **-5.** HORT to ring.

**CERS** *(abr de* Commission européenne de recherches spatiales) *nf* ESRO.

**certain, e¹** [sɛrtɛ̃, *devant nm commençant par voyelle ou h muet* sɛrtɛn, sɛrtɛn] *adj* **-1.** [incontestable – amélioration] definite; [– preuve] definite, positive; [– avantage, rapport] definite, clear; [– décision, invitation, prix] definite; avec un enthousiasme ~ with real *ou* obvious enthusiasm; tenir qqch pour ~ to have no doubt about sthg; le projet a beaucoup de retard – c'est ~, mais... the project is a long way behind schedule – that's certainly true but...; j'aurais préféré attendre, c'est ~ I'd have preferred to wait, of course; une chose est ~e one thing's for certain *ou* sure. **-2.** [inéluctable – échec, victoire] certain; on nous avait présenté son départ comme ~ we'd been told he was certain to go. **-3.** [persuadé]: certain ~ de: être ~ de ce qu'on avance to be sure *ou* certain about what one is saying; il n'est pas très ~ de sa décision he's not sure he's made the right decision; si tu pars battu, tu es ~ de perdre! if you think you're going to lose, (then) you're bound *ou* sure *ou* certain to lose!; êtes-vous sûr que c'était lui? – j'en suis ~! are you sure it was him? – I'm positive!; ils céderont – n'en sois pas si ~ they'll give in – don't be so sure; si j'étais ~ qu'il vienne if I knew (for sure) *ou* if I was certain that he was coming. **-4.** MATH & PHILOS certain.
◆ **certain** *nm* BOURSE fixed *ou* direct rate of exchange.

**certain, e²** [sɛrtɛ̃, *devant nm commençant par voyelle ou h muet* sɛrtɛn, sɛrtɛn] *dét (adj indéf)* **-1.** [exprimant l'indétermination]: à remettre à une ~e date to be handed in on a certain date; à un ~ moment at one point; un ~ nombre d'entre eux some of them; j'y ai cru un ~ temps I believed it for a while; d'une ~e façon *ou* manière in a way; dans *ou* en un ~ sens in a sense. **-2.** [exprimant une quantité non négligeable]: il a fait preuve d'une ~e intelligence he has shown a certain amount *ou* some intelligence; il faut un ~ courage! you certainly need some pluck!. **-3.** [devant un nom de personne]: les dialogues sont l'œuvre d'un ~... the dialogue is by someone called... *ou* by one...; il voit souvent un ~ Robert *péj* he sees a lot of some character called Robert.
◆ **certains, certaines** ◇ *dét (adj indéf pl)* [quelques] some, certain; ~es fois sometimes, on some occasions; ~s jours sometimes, on some days; je connais ~es personnes qui n'auraient pas hésité I can think of some *ou* a few people who wouldn't have thought twice about it.
◇ *pron indéf pl* [personnes] some (people); [choses] some; [d'un groupe] some (of them); ~s d'entre vous semblent ne pas avoir compris some of you seem not to have understood.

**certainement** [sɛrtɛnmɑ̃] *adv* **-1.** [sans aucun doute] certainly, surely, no doubt; il va ~ échouer he's bound to fail. **-2.** [probablement] surely, certainly; il y a ~ une solution à ton problème there must be *ou* there is surely a way to solve your problem; elle va ~ t'appeler she'll most likely call you; tu te souviens ~ de Paul? surely you remember Paul?, you remember Paul, surely? **-3.** [comme réponse] certainly; je peux? – ~! may I? – certainly! *ou* of course!

**certes** [sɛrt] *adv sout* **-1.** [assurément] certainly, indeed; vous n'ignorez ~ pas quelle est la situation I'm sure you are not unaware of the situation; ~, je ne pouvais pas lui dire la vérité I certainly couldn't tell him the truth. **-2.** [servant de réponse] certainly; m'en voulez-vous? – ~ non! are you angry with me? – of course not *ou* certainly not! **-3.** [indiquant la concession] of course, certainly; ~, sa situation n'est pas enviable, mais que faire? his situation is certainly not to be envied, but what can be done?

**certif** [sɛrtif] *nm fam abr de* certificat d'études (primaires).

**certificat** [sɛrtifika] *nm* **-1.** [attestation] certificate; ~ de bonne vie et de bonnes mœurs JUR character reference; ~ médical doctor's certificate; ~ de naissance birth certificate; ~ d'origine certificate of origin; ~ de scolarité SCOL school attendance certificate; UNIV university attendance certificate; ~ de travail ≃ P 45 *Br*, attestation of employment; ~ de vaccination vaccination certificate. **-2.** [diplôme] diploma, certificate; ~ d'aptitude professionnelle→ **CAP**; ~ d'aptitude au professorat de l'enseignement du second degré→ **CAPES**; ~ d'aptitude au professorat de l'enseignement technique→ **CAPET**; ~ d'études (primaires) basic school-leaving qualification *(abolished in Metropolitan France in 1989).*

**certifié, e** [sɛrtifje] ◇ *adj* holding the CAPES. ◇ *nm, f* CAPES holder.

**certifier** [9] [sɛrtifje] *vt* **-1.** [assurer] to assure. **-2.** JUR [garantir – caution] to guarantee, to counter-secure; [– signature] to witness; [– document] to certify; une copie certifiée conforme (à l'original) a certified copy of the original document.

**certitude** [sɛrtityd] *nf* certainty, certitude; avoir la ~ de qqch to be convinced of sthg; je sais avec ~ que... I know for a certainty that...

**cérumen** [serymɛn] *nm* earwax, cerumen *spéc.*

**cerveau, x** [sɛrvo] *nm* **-1.** ANAT brain; ~ antérieur forebrain; ~ moyen midbrain; ~ postérieur hindbrain; il a le ~ malade *fam* ou dérangé *fam* ou fêlé *fam* he's got a screw loose, he's cracked. **-2.** *fam* [génie] brainy person; c'est un ~ he's got brains. **-3.** [instigateur] brains; être le ~ de qqch to be the brains behind sthg. **-4.** INF: ~ électronique electronic brain.

**cervelas** [sɛrvəla] *nm* ≃ saveloy *(sausage).*

**cervelet** [sɛrvəlɛ] *nm* cerebellum.

**cervelle** [sɛrvɛl] *nf* **-1.** ANAT brain. **-2.** *fam* [intelligence] brain; se mettre qqch dans la ~ to get sthg into one's head; il n'a ou il n'y a rien dans sa petite ~ he's got nothing between his ears; quand elle a quelque chose dans la ~ when she gets an idea into her head ❑ avoir une ~ d'oiseau ou une tête sans ~ to be bird-brained. **-3.** CULIN brains; ~ de canut *fromage frais with herbs.*

**cervical, e, aux** [sɛrvikal, o] *adj* cervical.

**cervidé** [sɛrvide] *nm* cervid; les ~s the Cervidae.

**Cervin** [sɛrvɛ̃] *npr m:* le (mont) ~ the Matterhorn.

**cervoise** [sɛrvwaz] *nf* ale, barley wine.

**ces** [se] *pl* → **ce** *dét (adj dém).*

**CES** *(abr de* **collège d'enseignement secondaire)** *nm former secondary school.*

**césar** [sezar] *nm* **-1.** [despote] tyrant, dictator. **-2.** CIN *French cinema award.*

**César** [sezar] *npr* Caesar; rendez à ~ ce qui appartient à ~ render unto Caesar that which is Caesar's.

**césarienne** [sezarjɛn] *nf* Caesarean section.

**cessant, e** [sɛsɑ̃, ɑ̃t] *adj* → **affaire.**

**cessation** [sɛsasjɔ̃] *nf* **-1.** MIL: ~ des hostilités cease-fire. **-2.** [d'une activité] cessation, stopping; ~ du travail stoppage. **-3.** COMM: ~ de paiement suspension of payments; être en ~ de paiement to have suspended (all) payments; ~ d'activité termination of business.

**cesse** [sɛs] *nf:* n'avoir de ~ que *sout:* elle n'aura de ~ qu'elle n'ait trouvé la réponse she will not rest until she finds the answer.

◆ **sans cesse** *loc adv* continually, constantly.

**cesser** [4] [sese] ◇ *vi* [pluie] to stop, to cease; [vent] to die down, to abate; [combat] to (come to a) stop; [bruit, mouvement] to stop, to cease. ◇ *vt* **-1.** [arrêter] to stop, to halt; ~ le travail to down tools, to walk out; faire ~ qqch to put a stop to sthg; ~ de *sout* to stop; cesse de pleurer stop crying;

il n'a pas cessé de pleuvoir it rained non-stop; je ne cesse d'y penser I cannot stop myself thinking about it. **-2.** MIL: ~ le combat to stop fighting; ~ le feu to cease fire.

**cessez-le-feu** [seselfø] *nm inv* cease-fire.

**cessible** [sesibl] *adj* assignable, transferable.

**cession** [sesjɔ̃] *nf* JUR transfer, assignment; ~ de bail lease transfer.

**cession-bail** [sesjɔ̃baj] *(pl* **cessions-bails** ou **cessions-baux)** *nf* lease-back.

**cessionnaire** [sesjɔnɛr] *nmf* assignee, transferee.

**c'est-à-dire** [setadir] *loc adv* **-1.** [introduisant une explication] that is (to say), i.e., in other words; [pour demander une explication]: ~? what do you mean? **-2.** [introduisant une rectification] or rather; il est venu hier, ~ plutôt avant-hier he came yesterday, I mean ou or rather the day before yesterday. **-3.** [introduisant une hésitation]: tu penses y aller? — eh bien, ~... are you thinking of going? — well, you know ou I mean...

◆ **c'est-à-dire que** *loc conj* **-1.** [introduisant un refus, une hésitation] actually, as a matter of fact. **-2.** [introduisant une explication] which means. **-3.** [introduisant une rectification] or rather.

**césure** [sezyr] *nf* caesura.

**cet** [sɛt] → **ce** *dét (adj dém).*

**cétacé** [setase] *nm* cetacean.

**cette** [sɛt] *f* → **ce** *dét (adj dém).*

**ceux** [sø] *pl* → **celui.**

**ceux-ci** [søsi] *mpl,* **ceux-là** [søla] *mpl* → **celui.**

**cévenol, e** [sevnɔl] *adj* from the Cévennes.

**Ceylan** [selɑ̃] *npr* Ceylon.

**cf.** *(abr de* **confer)** cf.

**CFA** *npr (abr de* **Communauté financière africaine)**: franc ~ *currency used in former French African colonies.*

**CFAO** *(abr de* **conception et fabrication assistées par ordinateur)** *nf* CADCAM.

**CFC** *(abr de* **chlorofluorocarbone)** *nm* CFC.

**CFDT** *(abr de* **Confédération française démocratique du travail)** *npr f French trade union.*

**CFTC** *(abr de* **Confédération française des travailleurs chrétiens)** *npr f French trade union.*

**CGC** *(abr de* **Confédération générale des cadres)** *npr f French management union.*

**CGT** *(abr de* **Confédération générale du travail)** *npr f* major association of French trade unions (affiliated to the Communist Party).

**ch** *(abr de* **cheval-vapeur)** hp.

**ch. -1.** *abr écrite de* **charges. -2.** *abr écrite de* **chauffage. -3.** *abr écrite de* **cherche.**

**CH** *(abr écrite de* **Confédération Helvétique)** Switzerland *(as nationality sticker on car).*

**chablon** [ʃablɔ̃] *nm Helv* stencil.

**chacal, als** [ʃakal] *nm* **-1.** ZOOL jackal. **-2.** *péj* [personne] vulture, wolf.

**cha-cha-cha** [tʃatʃatʃa] *nm inv* cha-cha, cha-cha-cha.

**chacun, e** [ʃakœ̃, yn] *pron indéf* **-1.** [chaque personne, chaque chose] each; ~ à sa façon, ils ont raison each one is right in his own way; ~ de each (one) of; ~ des employés a une

USAGE ▶ La certitude

**Exprimer une conviction**

He's definitely the man I saw.
There's no doubt about it, she did it.
Make no mistake about it, they're very determined.
I know for a fact that he couldn't have done it.
I'm convinced he was lying.
There's no way she could have done it. [familier]

**Faire une prédiction**

Mark my words, they'll be back.
Take it from me, he's the right man for the job.

Just you wait, he'll surprise us all.
Believe (you) me, it won't be easy.
I'm sure they'll be fine.
I bet he changes his mind!

▷ *de façon moins tranchée:*

You'll see, everything will be all right in the end.
No doubt he'll calm down eventually.
Doubtless she'll reveal all soon.
She should be home soon.

**tâche à remplir** each employee has a job to do; ~ **son tour: Madame,** ~ **son tour** please wait your turn, Madam; **alors comme ça tu pars en vacances?** — eh oui, ~ **son tour!** so you're off on holiday, are you? — well, it's my turn now!; **nous y sommes allés** ~ **à notre tour** we each went in turn. **-2.** [tout le monde] everyone, everybody; **à** ~ **ses goûts** to each his own; **à** ~ **son métier** every man to his own trade; **tout un** ~ everybody, each and every person ❏ **à** ~ **sa** ~**e** *fam* every Jack has his Jill; ~ **pour soi** every man for himself.

**chafouin, e** [ʃafwɛ̃, in] *adj péj*: **un petit visage** ~ a pinched ou foxy face.

**chagrin**[1] [ʃagrɛ̃] *nm* [peine] sorrow, grief; **causer du** ~ **à qqn** to cause distress to ou to distress sb; **avoir un** ~ **d'amour** to be disappointed in love.

**chagrin**[2] [ʃagrɛ̃] *nm* [cuir] shagreen.

**chagrin**[3], **e** [ʃagrɛ̃, in] *adj litt* **-1.** [triste] sad, sorrowful, woeful *litt*. **-2.** [revêche] ill-tempered, quarrelsome.

**chagriner** [3] [ʃagrine] *vt* **-1.** [attrister] to grieve, to distress. **-2.** [contrarier] to worry, to bother, to upset. **-3.** [cuir] to shagreen, to grain.

**chah** [ʃa] *nm* = **shah**.

**chahut** [ʃay] *nm fam* rumpus, hullabaloo, uproar; **faire du** ~ [élèves] to make a racket, to kick up a rumpus.

**chahuter** [3] [ʃayte] *fam* ◊ *vi* [être indiscipliné] to kick up a rumpus, to make a racket. ◊ *vt* **-1.** [houspiller – professeur] to rag, to bait; [– orateur] to heckle; **un professeur chahuté** a teacher who can't control his pupils; **se faire** ~: **il se fait** ~ **en classe** he can't keep (his class in) order. **-2.** [remuer] to knock about, to bash around.

**chahuteur, euse** [ʃaytœr, øz] *fam* ◊ *adj* rowdy, boisterous. ◊ *nm, f* rowdy.

**chai** [ʃe] *nm* wine and spirits storehouse.

**chaînage** [ʃena3] *nm* INF chaining.

**chaîne** [ʃen] *nf* **-1.** [attache, bijou] chain; **le chien était attaché à sa niche par une** ~ the dog was chained to its kennel; **faire la** ~ *fig* to form a (human) chain ❏ ~ **de bicyclette** bicycle chain; ~ **de sûreté** [sur un bijou] safety chain; [sur une porte] (door) chain; **le peuple a brisé ses** ~**s** the people shook off their chains. **-2.** [suite] chain, series; **la** ~ **alimentaire** ÉCOL the food chain; ~ **de montagnes** (mountain) range. **-3.** TV channel; **je regarde la première** ~ I'm watching channel one; **une** ~ **payante** a subscription TV channel. **-4.** AUDIO: ~ **hi-fi** hi-fi; ~ **stéréo** stereo; ~ **compacte** compact system; ~ **laser** CD system. **-5.** COMM [de restaurants, de supermarchés] chain. **-6.** INDUST: ~ **de montage/fabrication** assembly/production line. **-7.** INF string. **-8.** CHIM & PHYS chain. **-9.** TEXT warp. **-10.** DANSE chain.
◆ **chaînes** *nfpl* AUT (snow) chains.
◆ **à la chaîne** ◊ *loc adj* [travail] assembly-line *(modif)*, production-line *(modif)*. ◊ *loc adv* [travailler, produire] on the production line; **faire qqch à la** ~ to mass-produce sthg.
◆ **en chaîne** *loc adj*: **des catastrophes en** ~ a whole catalogue of disasters.

**chaîner** [4] [ʃene] *vt* **-1.** CONSTR to chain, to tie. **-2.** [mesurer] to chain. **-3.** AUT [pneu] to put chains on; [voiture] to fit with chains. **-4.** INF to chain.

**chaînette** [ʃenɛt] *nf* **-1.** JOAILL small chain. **-2.** COUT: (point de) ~ chain stitch.

**chaînon** [ʃenɔ̃] *nm* **-1.** [élément – d'une chaîne, d'un raisonnement] link; **le** ~ **manquant** *pr* & *fig* the missing link. **-2.** GÉOG secondary chain ou range (of mountains). **-3.** INF: ~ **de données** data link.

**chair** [ʃɛr] ◊ *nf* **-1.** [chez les humains, les animaux]: **la** ~, **les** ~**s** the flesh ❏ ~ **à canon** cannon fodder; ~ **fraîche: il aime la** ~ **fraîche** [ogre] he likes to eat children; *hum* [séducteur] he's a bit of a cradle-snatcher; **avoir la** ~ **de poule** [avoir froid, avoir peur] to have goose pimples; **quelle horreur! ça me donne** ou **j'en ai la** ~ **de poule!** how awful! it gives me goose pimples!; **bien en** ~ chubby; **un être de** ~ **et de sang** a creature of flesh and blood; **voir qqn en** ~ **et en os** to see sb in the flesh; ~ **à saucisse** *pr* sausage meat; **je vais en faire de la** ~ **à saucisse** ou **à pâté!** *fam* & *fig* I'm going to make mincemeat out of him!**-2.** BOT flesh, pulp. **-3.** RELIG & *litt*: **la** ~ **est faible** the flesh is weak; **la** ~ **de sa** ~ his own flesh and blood. ◊ *adj inv* [couleur] flesh, flesh-coloured.
◆ **chairs** *nfpl* BX-ARTS flesh parts ou tints.

**chaire** [ʃɛr] *nf* **-1.** [estrade] rostrum; **monter en** ~ *pr* to go up on the rostrum; *fig* to start one's speech. **-2.** RELIG throne, cathedra. **-3.** UNIV chair; **être titulaire d'une** ~ **de linguistique** to hold a chair in linguistics.

**chaise** [ʃɛz] *nf* **-1.** [siège] chair; ~ **à bascule,** ~ **berçante** *Can* rocking chair; ~ **de cuisine/jardin** kitchen/garden chair; ~ **haute** ou **d'enfant** ou **de bébé** highchair; ~ **électrique** electric chair; ~ **longue** [d'extérieur] deck ou canvas chair; [d'intérieur] chaise longue; **faire de la** ~ **longue** to lounge about in a deck chair; ~ **percée** commode; ~ **pliante** folding chair; ~ **à porteurs** sedan (chair); ~ **de poste** post chaise; ~ **roulante** wheelchair. **-2.** JEUX: ~**s musicales** musical chairs. **-3.** NAUT: **nœud de** ~ bowline.

**chaisier, ère** [ʃezje, ɛr] *nm, f* **-1.** [fabricant] chair maker. **-2.** [gardien] chair attendant *(in gardens or church)*.

**chaland**[1] [ʃalɑ̃] *nm* NAUT barge.

**chaland**[2], **e** [ʃalɑ̃, ɑ̃d] *nm, f arch* & COMM regular customer.

**Chaldée** [kalde] *npr f*: **(la)** ~ Chaldea.

**châle** [ʃal] *nm* shawl.

**chalet** [ʃalɛ] *nm* [maison – alpine] chalet; [– de plaisance] (wooden) cottage.

**chaleur** [ʃalœr] *nf* **-1.** MÉTÉO heat; ~ **douce** warmth; **quelle** ~**!** what a scorcher!; **'craint** ou **ne pas exposer à la** ~**'** 'store in a cool place'. **-2.** PHYS heat; ~ **massique** ou **spécifique** specific heat. **-3.** [sentiment] warmth; **il y avait une certaine** ~ **dans sa voix** his voice was warm (and welcoming); **plaider une cause avec** ~ to plead a case fervently ou with fervour ❏ ~ **humaine** human warmth. **-4.** BX-ARTS [d'une couleur] warmth.
◆ **chaleurs** *nfpl* **-1.** MÉTÉO: **les grandes** ~**s** the hottest days of the summer. **-2.** ZOOL heat; **la jument a ses** ~**s** the mare's on *Br* ou in *Am* heat.
◆ **en chaleur** *loc adj* **-1.** ZOOL on heat *Br*, in heat *Am*.**-2.** ▼ [homme, femme] horny.

**chaleureusement** [ʃalœrøzmɑ̃] *adv* warmly.

**chaleureux, euse** [ʃalœrø, øz] *adj* [remerciement] warm, sincere; [accueil] warm, cordial, hearty; [approbation] hearty, sincere; [voix] warm; [ami] warm-hearted.

**challenge** [ʃalɑ̃3] *nm* **-1.** [défi] challenge. **-2.** SPORT [épreuve] sporting contest; [trophée] trophy.

**challenger** [tʃalɛndʒœr] *nm* challenger.

**chaloir** [ʃalwar] *v impers arch* ou *litt*: **peu me** ou **peu m'en chaut** it matters (but) little to me.

**chaloupe** [ʃalup] *nf* [à moteur] launch; [à rames] rowing boat *Br*, rowboat *Am*.

**chaloupé, e** [ʃalupe] *adj* **-1.** [danse] gliding, swaying. **-2.** [démarche] rolling.

**chalouper** [3] [ʃalupe] *vi* **-1.** [danser] to sway, to glide. **-2.** [marcher] to waddle.

**chalumeau, x** [ʃalymo] *nm* **-1.** TECH blowlamp *Br*, blowtorch *Am*; ~ **oxhydrique/oxyacétylénique** oxyhydrogen/oxyacetylene torch. **-2.** MUS pipe. **-3.** [paille] straw.

**chalut** [ʃaly] *nm* trawl; **pêcher au** ~ to trawl.

**chalutier** [ʃalytje] *nm* **-1.** [pêcheur] trawlerman. **-2.** [bateau] trawler.

**chamade** [ʃamad] *nf*: **battre la** ~ to beat ou to pound wildly.

**chamaille** [ʃamaj] *fam* = **chamaillerie**.

**chamailler** [3] [ʃamaje]
◆ **se chamailler** *vp (emploi réciproque) fam* to bicker, to squabble.
◆ **se chamailler avec** *vp + prép fam* to bicker with.

**chamaillerie** [ʃamajri] *nf fam* squabble, tiff.

**chamailleur, euse** [ʃamajœr, øz] *fam* ◊ *adj* squabbling. ◊ *nm, f* bickerer, squabbler.

**chaman** [ʃaman] *nm* shaman.

**chamanisme** [ʃamanism] *nm* shamanism.

**chamarrer** [3] [ʃamare] *vt* to decorate, to adorn, to ornament; **un costume chamarré d'or** a costume decorated with gold.

**chamarrures** [ʃamaryr] *nfpl* trimmings, adornments.

**chambard** [ʃɑ̃bar] *nm fam* din, racket, rumpus; **faire tout un** ~ [faire du bruit] to kick up (a din), to make a rumpus; [faire du désordre] to make a mess; [protester] to kick up (a fuss), to raise a stink.

**chambardement** [ʃãbardəmã] *nm fam* upheaval; le grand ~, le ~ général the troubles.

**chambarder** [3] [ʃãbarde] *vt fam* [endroit, objets] to mess up *(sép)*, to turn upside down *(sép)*; [projets] to upset, to overturn, to turn upside down.

**chambellan** [ʃãbelã] *nm* chamberlain.

**chamboulement** [ʃãbulmã] *nm fam* **-1.** [désordre] mess, shambles. **-2.** [changement] total change, upheaval; il y a eu un ~ complet dans nos projets our plans were turned upside down.

**chambouler** [3] [ʃãbule] *vt fam* [endroit, objets] to mess up *(sép)*, to turn upside down *(sép)*; [projets] to ruin, to upset, to mess up *(sép)*.

**chambranle** [ʃãbrãl] *nm* [de cheminée] mantelpiece; [de porte] (door) frame ou casing; [de fenêtre] (window) frame ou casing.

**chambre** [ʃãbr] *nf* **-1.** [pièce] room; faire ~ à part to sleep in separate rooms; faire ~ commune to share the same room ou bedroom; réserver une ~ d'hôtel to book a hotel room; ~ individuelle ou pour une personne single (room); ~ pour deux personnes double room; '~s à louer' 'rooms available' ❑ ~ (à coucher) bedroom; ~ d'amis guest ou spare room; ~ de bonne *pr* maid's room; [louée à un particulier] attic room *(often rented to a student)*; ~ d'enfant child's room; [pour tout-petits] nursery. **-2.** [local]: ~ forte strongroom; ~ froide cold room; ~ à gaz gas chamber. **-3.** POL House, Chamber; la Chambre des communes the House of Commons; la Chambre des députés the (French) Chamber of Deputies; la Chambre haute/basse the Upper/Lower Chamber; la Chambre des lords ou des pairs the House of Lords; la Chambre des représentants the House of Representatives. **-4.** JUR [subdivision d'une juridiction] chamber; première ~ upper chamber ou court; deuxième ~ lower chamber ou court ‖ [section] Court; Chambre d'accusation ou des mises en accusation Court of criminal appeal; Chambre des appels correctionnels District Court. **-5.** [organisme]: Chambre de commerce Chamber of Commerce; Chambre des métiers Guild Chamber; Chambre syndicale Employer's Syndicate. **-6.** NAUT [local]: ~ de chauffe stokehold; ~ des machines engine-room ‖ [cabine] cabin. **-7.** ARM chamber. **-8.** MÉCAN, PHYS & TECH chamber; ~ à air inner tube; sans ~ à air tubeless; ~ de combustion combustion chamber. **-9.** PHOT: ~ noire darkroom. **-10.** OPT: ~ claire/noire camera lucida/obscura.
◆ **en chambre** ◇ *loc adj* **-1.** *hum* [stratège, athlète] armchair *(modif)*. **-2.** [à domicile]: couturière en ~ dressmaker working from home. ◇ *loc adv* [travailler] at ou from home.

**chambrée** [ʃãbre] *nf* MIL [pièce] (barrack) room; [soldats]: toute la ~ all the soldiers in the barrack room.

**chambrer** [3] [ʃãbre] *vt* **-1.** ŒNOL to allow to breathe, to bring to room temperature. **-2.** *fam* [se moquer de] to pull sb's leg.

**chambrette** [ʃãbrɛt] *nf* small room.

**chameau, x** [ʃamo] *nm* **-1.** ZOOL camel. **-2.** *fam & péj*: quel ~! [homme] he's a real swine!; [femme] she's a real cow!

**chamelier** [ʃaməlje] *nm* camel driver.

**chamelle** [ʃamɛl] *nf* she-camel.

**chamois** [ʃamwa] ◇ *nm* **-1.** ZOOL chamois. **-2.** SPORT *skiing* proficiency grade. **-3.** [couleur] buff, fawn. ◇ *adj inv* buff, fawn.

**chamoiser** [3] [ʃamwaze] *vt* to buff.

**champ** [ʃã] *nm* **-1.** AGR field; ~ de blé field of wheat; ~ de maïs cornfield. **-2.** [périmètre réservé]: ~ d'aviation airfield; ~ de courses racecourse; ~ de foire fairground; ~ de tir ARM [terrain] rifle range; [portée d'une arme] field of fire. **-3.** [domaine, étendue] field, range; avoir le ~ libre to have a free hand; laisser le ~ libre à qqn to leave the field open for sb; il a du ~ devant lui he's got an open field in front of him; prendre du ~ [pour observer] to step back; [pour réfléchir] to stand back; [pour sauter] to take a run-up. **-4.** CIN & PHOT: être dans le ~ to be in shot; sortir du ~ to go out of shot. **-5.** ÉLECTR & PHYS field; ~ électrique/magnétique electric/magnetic field. **-6.** FTBL: ~ (de jeu) play area. **-7.** HÉRALD field. **-8.** INF: ~ d'action sensitivity; ~ variable variable field. **-9.** LING & MATH field. **-10.** MÉD [vision]: ~ opératoire/visuel field of operation/view. **-11.** MIL: ~ de bataille *pr* battlefield, battleground; *fig* mess; la cuisine avait l'air d'un

~ de bataille the kitchen looked like a bomb had hit it; il est mort au ~ d'honneur he died for his country; ~ de manœuvre parade ground; ~ de mines minefield. **-12.** MYTH: les ~s Élysées ou Élyséens the Elysian Fields.
◆ **champs** *nmpl* [campagne] country, countryside.
◆ **sur le champ** *loc adv* immediately, at once, right away.

**champ'** [ʃãp] *nm fam* champers.

**champagne** [ʃãpaɲ] ◇ *nm* Champagne; ~ brut/rosé extra dry/pink Champagne. ◇ *adj inv* **-1.** [couleur] Champagne *(modif)*. **-2.** ŒNOL → fine.

**champagniser** [3] [ʃãpaɲize] *vt*: ~ le vin to make sparkling wine *(by using the Champagne method)*; vins champagnisés Champagne method wines.

**champenois, e** [ʃãpənwa, az] *adj* from Champagne; méthode ~e Champagne method.

**champêtre** [ʃãpɛtr] *adj litt* [vie, plaisirs, travaux] country *(modif)*, rustic.

**champignon** [ʃãpiɲɔ̃] *nm* **-1.** BOT & CULIN mushroom, fungus SCI; ~ de Paris ou de couche button mushroom; grandir ou pousser comme un ~ [enfant] to grow (up) fast; [ville, installations] to mushroom. **-2.** MÉD: un ~, des ~s a fungus, a fungal infection. **-3.** [nuage - atomique] mushroom cloud. **-4.** *fam* AUT accelerator (pedal); mettre le pied ou appuyer sur le ~ to put one's foot down, to step on it.

**champignonnière** [ʃãpiɲɔnjɛr] *nf* mushroom bed.

**champion, onne** [ʃãpjɔ̃, ɔn] *nm, f* **-1.** SPORT champion; le ~ du monde d'aviron the world rowing champion; c'est un ~ de la triche *fam* he's a first-rate ou prize cheat. **-2.** [défenseur] champion; se faire le ~ de qqch to champion sthg.
◆ **champion** *adj m fam*: pour les bêtises, il est ~! he's a great one for getting up to stupid things!; c'est ~! it's terrific!

**championnat** [ʃãpjɔna] *nm* championship.

**chançard, e** [ʃãsar, ard] *fam* ◇ *adj* lucky, jammy *Br*. ◇ *nm, f* lucky dog ou devil, jammy devil *Br*.

**chance** [ʃãs] *nf* **-1.** [aléa, hasard] luck; souhaiter bonne ~ à qqn to wish sb good luck. **-2.** [hasard favorable] (good) luck; c'est une ~ que je sois arrivée à ce moment-là! it's a stroke of luck that I arrived then!; quelle ~ j'ai eue! lucky me!; avoir de la/ne pas avoir de ~ to be lucky/unlucky; pas de ~! bad luck! tenter sa ~ to try one's luck; donner ou laisser sa ~ à qqn to give sb his chance. **-3.** *(tjrs sg)* [sort favorable] luck, (good) fortune; la ~ lui sourit luck favours him; la ~ a voulu que ce soit égarée luckily his letter got lost; c'est ta dernière ~ it's your last chance; négociations de la dernière ~ last-ditch negotiations; jour de ~ lucky day; sa ~ tourne his luck is changing; porter ~ to bring (good) luck; pousser sa ~ to push one's luck. **-4.** [éventualité, probabilité] chance; tu n'as pas une ~ sur dix de réussir you haven't got a one-in-ten chance of succeeding; ce qu'il dit a toutes les ~s d'être faux the chances are that what he is saying is wrong; il y a peu de ~s qu'on te croie there's little chance (that) you'll be believed; son projet a de fortes ou grandes ~s d'être adopté his plan stands a good chance of being adopted; n'hésite pas, tu as tes ~s don't hesitate, you've got ou you stand a chance; tu assisteras au débat? — il y a des ~s *fam* will you be present at the debate? — maybe.
◆ **par chance** *loc adv* luckily, fortunately.

**chancelant, e** [ʃãslã, ãt] *adj* **-1.** [vacillant - démarche, pas] unsteady, wobbling; [- pile] tottering. **-2.** [faiblissant - santé] faltering, failing, fragile.

**chanceler** [24] [ʃãsle] *vi* **-1.** [vaciller - personne] to totter, to wobble, to stagger; [- pile d'objets] to be unsteady. **-2.** [faiblir - pouvoir, institution, autorité] to wobble, to totter; [- santé] to be failing.

**chancelier** [ʃãsəlje] *nm* **-1.** [d'ambassade] (embassy) chief secretary, chancellor *Br*; [de consulat] first secretary. **-2.** POL [en Allemagne, en Autriche] chancellor; [en Grande-Bretagne]: ~ de l'Échiquier Chancellor of the Exchequer. **-3.** HIST chancellor.

**chancelière** [ʃãsəljɛr] *nf* **-1.** [épouse] chancellor's wife. **-2.** [chausson] foot muff.

**chancelle** [ʃãsɛl], **chancellerai** [ʃãsɛlre] *v* → **chanceler**.

**chancellerie** [ʃãsɛlri] *nf* **-1.** POL chancery, chancellery. **-2.** RELIG: ~ apostolique Chancery.

**chanceux, euse** [ʃɑ̃sø, øz] ◊ *adj* lucky, fortunate, happy *litt*. ◊ *nm, f* lucky man (*f* woman).

**chancre** [ʃɑ̃kr] *nm* -1. MÉD chancre; ~ induré OU syphilitique hard OU infective OU true chancre; ~ mou chancroid, soft chancre. -2. BOT canker. -3. *litt* [fléau] plague.

**chandail** [ʃɑ̃daj] *nm* pullover, sweater.

**chandelier** [ʃɑ̃dəlje] *nm* [à une branche] candlestick; [à plusieurs branches] candelabrum, candelabra.

**chandelle** [ʃɑ̃dɛl] *nf* -1. [bougie] (tallow) candle; le jeu n'en vaut pas la ~ the game's not worth the candle; brûler la ~ par les deux bouts to burn the candle at both ends; devoir une fière ~ à qqn to be deeply indebted to sb; tenir la ~ to play gooseberry *Br.*-2. *fam* [morve] trickle of snot. -3. AÉRON chandelle; monter en ~ to chandelle. -4. [tir] RUGBY up-and-under. -5. [position de gymnastique]: faire la ~ to perform a shoulder stand.

◆ **aux chandelles** ◊ *loc adj* [dîner, repas] candlelit. ◊ *loc adv* [dîner] by candlelight.

**chanfrein** [ʃɑ̃frɛ̃] *nm* -1. ZOOL snout, muzzle. -2. [pièce d'armure] chamfron, chamfrain. -3. ARCHIT chamfer, bevel edge.

**change** [ʃɑ̃ʒ] *nm* -1. FIN [transaction] exchange; [taux] exchange rate; faire le ~ to deal in foreign exchange; '~ (ouvert de 9 h à 11 h)' 'bureau de change (open from 9 a.m. till 11 a.m.)' ❏ donner le ~ à qqn [le duper] to hoodwink sb, to put sb off the track; gagner/perdre au ~ *pr* to be better/worse off because of the exchange rate; *fig* to come out a winner/loser on the deal; je perds au ~ du point de vue salaire I'm worse off as far as my pay goes. -2. [couche]: ~ complet disposable nappy *Br* OU diaper *Am*.

**changeai** [ʃɑ̃ʒe] *v* → changer.

**changeant, e** [ʃɑ̃ʒɑ̃, ɑ̃t] *adj* -1. [moiré] shot. -2. [inconstant – fortune] fickle, unpredictable; [– humeur] fickle, volatile, shifting. -3. MÉTÉO [temps] unsettled, changeable; un ciel ~ changing skies.

**changement** [ʃɑ̃ʒmɑ̃] *nm* -1. [substitution] change; ~ de change of regime; après le ~ d'entraîneur/de régime after the new trainer/regime came in ❏ ~ d'adresse change of address; '~ de propriétaire' 'under new ownership'. -2. [modification] change; apporter des ~s à qqch to alter sthg; ~ de: ~ de température/temps change in temperature/(the) weather ❏ ~ de cap OU de direction change of course; ~ de programme TV change in the (published) schedule; *fig* change of plan ou in the plans. -3. [évolution]: le ~ change; pour le ~, votez Poblon! for a new future, vote Poblon!; je voudrais bien un peu de ~ I'd like things to change a little; quand les enfants seront partis, ça fera du ~ things will be different after the children have gone. -4. TRANSP change; j'ai trois ~s/je n'ai pas de ~ pour aller chez elle I have to change three times/I don't have to change to get to her place ‖ [lieu]: le ~ est au bout du quai change (lines) at the end of the platform. -5. THÉÂT: ~ à vue set change in full view of the audience; ~ de décor *pr* scene change ou shift. -6. SPORT: ~ de joueurs change of players, changeover. -7. AUT: ~ de vitesse [levier] gear lever, gear shift *Am*; [en voiture] gear change OU shift; [à bicyclette] gear change.

**changer** [17] [ʃɑ̃ʒe] ◊ *vt (aux avoir)* -1. [modifier – apparence, règlement, caractère] to change, to alter; [– testament] to alter; on ne le changera pas he'll never change; cette coupe la change vraiment that haircut makes her look really different; mais ça change tout! ah, that makes a big difference!; qu'est-ce que ça change? what difference does it make?; il ne veut rien ~ à ses habitudes he won't alter his ways one jot OU iota. -2. [remplacer – installation, personnel] to change, to replace; [– roue, ampoule, plat etc] to change; ~ ne change pas les assiettes don't lay new plates; j'ai fait ~ les freins I have new brakes put in. -3. FIN [en devises, en petite monnaie] to change; ~ des francs en lires to change francs into lira. -4. [troquer]: ~ qqch pour qqch to change sthg for sthg ‖ *(en usage absolu)*: j'aime mieux ton écharpe, on change? I like your scarf better, shall we swap? -5. [transformer]: ~ qqch en qqch to turn sthg into sthg. -6. [transférer]: ~ qqch de place to move sthg; ~ une cassette de face to turn a cassette over; ~ qqn de poste/service to transfer sb to a new post/department ❏ ~ son fusil d'épaule to have a change of heart. -7. *fam* [désaccoutumer]: pars en vacances, ça te changera un peu you should go away somewhere, it'll be a

change for you; enfin un bon spectacle, ça nous change des inepties habituelles! a good show at last, that makes a change from the usual nonsense!; viens, ça te changera les idées come along, it'll take your mind off things. -8. [bébé] to change; ~ un malade to put fresh clothes on a sick person.

◊ *vi (aux avoir)* -1. [se modifier – personne, temps, tarif etc] to change; ~ en bien/mal to change for the better/worse. -2. TRANSP [de métro, de train] to change. -3. [être remplacé] to change; le président change tous les trois ans there's a change of chairperson every three years.

◊ *vi (aux être)* [malade, personnalité] to change.

◆ **changer de** *v + prép*: ~ d'adresse [personne] to move to a new address; [commerce] to move to new premises; ~ de nom/nationalité to change one's name/nationality; ~ de partenaire [en dansant, dans un couple] to change partners; ~ de chaussettes to change one's socks; ~ de vêtements to get changed; ~ de coiffure to get a new hairstyle; ~ de style to adopt a new style; ~ de chaîne [une fois] to change channels; [constamment] to zap; je dois ~ d'avion à Athènes I have to get a connecting flight in Athens; ~ de vie to embark on a new life; ~ d'avis ou d'idée to change one's mind; tu vas ~ de ton, dis! don't take that tone with me!; ~ de direction [gén] to change direction; [vent] to change; ~ de place to move; changez de côté [au tennis, au ping-pong] change ou switch sides; [dans un lit] turn over; ~ de vitesse AUT to change gear ❏ ~ d'air to have a break; ~ de décor THÉÂT to change the set; j'ai besoin de ~ de décor I need a change of scenery; ~ d'avis comme de chemise to keep changing one's mind; ~ de cap *pr* & *fig* to change course; ~ de crèmerie *fam* to take one's custom ou business elsewhere; change de disque! *fam* put another record on!

◆ **se changer** *vp (emploi réfléchi)* [s'habiller] to get changed.

◆ **se changer en** *vp + prép* to change ou to turn into.

◆ **pour changer** *loc adv* for a change.

◆ **pour ne pas changer** *loc adv* as usual.

**changeur** [ʃɑ̃ʒœr] *nm* -1. [personne] money changer. -2. [dispositif]: ~ de billets change machine; ~ de monnaie money changer.

**channe** [ʃan] *nf Helv* pewter jug.

**chanoine** [ʃanwan] *nm* canon.

**chanoinesse** [ʃanwanɛs] *nf* canoness.

**chanson** [ʃɑ̃sɔ̃] *nf* -1. MUS song; mettre un texte en ~ to set a text to music ❏ ~ d'amour/populaire love/popular song; ~ à boire drinking song; ~ enfantine children's song, nursery rhyme; ~ de marins shanty *Br*, chantey *Am* ‖ *fig*: c'est toujours la même ~ it's always the same old story; ça va, on connaît la ~ enough of that, we've heard it all before; ça, c'est une autre ~ that's another story. -2. LITTÉRAT: ~ de geste chanson de geste, epic poem; 'la Chanson de Roland' 'The Song of Roland'.

**chansonnette** [ʃɑ̃sɔnɛt] *nf* ditty, simple song.

**chansonnier, ère** [ʃɑ̃sɔnje, ɛr] *nm, f* satirical cabaret singer or entertainer.

◆ **chansonnier** *nm* -1. *vieilli* songwriter. -2. [recueil] songbook.

**chant** [ʃɑ̃] *nm* -1. [chanson] song; [mélodie] melody; ~ grégorien Gregorian chant; ~ de Noël Christmas carol; son ~ du cygne his swan song; écouter le ~ des sirènes to listen to the siren's ou mermaid's song. -2. [action de chanter] singing. -3. [art de chanter] singing; prendre des leçons de ~ to take singing lessons. -4. [sons – d'un oiseau] singing, chirping; [– d'une cigale] chirping; [– d'un coq] crowing; le ~ des vagues/de la source *litt* the song of the waves/of the spring. -5. [forme poétique] ode, lyric; [division dans un poème] canto. -6. CONSTR edge.

◆ **au chant du coq** *loc adv* at cockcrow.

**chantage** [ʃɑ̃taʒ] *nm* blackmail; faire du ~ à qqn to blackmail sb.

**chantant, e** [ʃɑ̃tɑ̃, ɑ̃t] *adj* -1. [langue] musical; [voix, accent] lilting. -2. [aisément retenu – air] tuneful.

**chanter** [3] [ʃɑ̃te] ◊ *vi* -1. [personne] to sing; ~ juste/faux to sing in tune/out of tune; ~ à tue-tête to sing one's head off. -2. [oiseau] to sing, to chirp; [cigale] to chirp; [coq] to crow; [bouilloire] to whistle; *litt* [rivière, mer] to murmur. -3. [être mélodieux – accent, voix] to lilt; avoir une voix qui chante to have a singsong voice. -4. *loc*: faire ~ qqn to blackmail sb; **si ça te chante** if you fancy it; **viens quand ça te chante** come whenever you feel like it ou whenever the mood takes you. ◇ vt **-1.** MUS [chanson, messe] to sing. **-2.** [célébrer] to sing (of); ~ **victoire** to crow (over one's victory); ~ **les louanges de qqn** to sing sb's praises.

**chanterelle** [ʃɑ̃tʀɛl] nf **-1.** BOT chanterelle. **-2.** MUS E-string. **-3.** CHASSE decoy (bird).

**chanteur, euse** [ʃɑ̃tœʀ, øz] ◇ nm, f singer; ~ **de charme** crooner; ~ **folk** folk singer; ~ **de rock** rock singer; ~ **des rues** street singer. ◇ adj: **oiseau** ~ songbird.

**chantier** [ʃɑ̃tje] nm **-1.** [entrepôt] yard, depot. **-2.** [terrain] (working) site; **sur le** ~ on the site. **-3.** CONSTR: ~ **(de construction)** building site; ~ **de démolition** demolition site ou area. **-4.** TRAV PUBL roadworks. **-5.** NAUT: ~ **naval** shipyard. **-6.** fam [désordre] mess, shambles.

◆ **en chantier** ◇ loc adj: **la maison est en** ~ they're still doing ou fixing Am up the house. ◇ loc adv: **il a plusieurs livres en** ~ he has several books on the stocks ou in the pipeline; **mettre un ouvrage en** ~ to get a project started.

**chantilly** [ʃɑ̃tiji] ◇ adj inv → **crème, dentelle.** ◇ nf inv whipped cream Chantilly.

**chantonner** [3] [ʃɑ̃tɔne] vt & vi to hum, to croon, to sing softly.

**chantre** [ʃɑ̃tʀ] nm **-1.** RELIG cantor; **grand** ~ precentor. **-2.** litt: **le** ~ **de** the eulogist of ou apologist for.

**chanvre** [ʃɑ̃vʀ] nm BOT & TEXT hemp; ~ **indien** BOT Indian hemp; [drogue] marijuana.

**chanvrier, ère** [ʃɑ̃vʀije, ɛʀ] ◇ adj hemp, hempen, hemplike. ◇ nm, f **-1.** [cultivateur] hemp grower. **-2.** [ouvrier] hemp dresser.

**chaos** [kao] nm **-1.** [confusion] chaos; **un** ~ **de ruines** a tangled heap of ruins. **-2.** RELIG: **le Chaos** Chaos.

**chaotique** [kaɔtik] adj chaotic.

**chap.** (abr écrite de **chapitre**) ch.

**chapardage** [ʃapaʀdaʒ] nm fam petty theft; **des** ~**s répétés** pilfering.

**chaparder** [3] [ʃapaʀde] vt fam to pinch, to swipe; **il s'est fait** ~ **sa montre** he had his watch pinched ou nicked Br.

**chapardeur, euse** [ʃapaʀdœʀ, øz] fam ◇ adj inclined to (petty) theft. ◇ nm, f (casual) thief.

**chape** [ʃap] nf **-1.** RELIG [de prêtre] cope. **-2.** CONSTR screed; **comme une** ~ **de plomb** like a lead weight. **-3.** [d'un pneu] tread.

**chapeau, x** [ʃapo] nm **-1.** [couvre-chef] hat; ~ **claque** opera hat; ~ **cloche** cloche (hat); ~ **de feutre** felt hat; ~ **haut-de-forme** top hat; ~ **melon** bowler ou derby Am (hat); ~ **mou** trilby Br, fedora Am; ~ **de paille** straw hat; **mettre** ou **porter la main au** ~ to raise one's hat; **faire porter le** ~ **à qqn** to force sb to carry the can Br, to leave sb holding the bag Am; **tirer son** ~ **à qqn** to take one's hat off to sb; **saluer qqn** ~ **bas** to doff one's hat to sb; **je te dis** ~! I'll take my hat off to you!, well done!, bravo! **-2.** [d'un champignon] cap. **-3.** [de texte, d'article] introductory paragraph; RAD & TV introduction. **-4.** [d'un tuyau de cheminée] cowl.

◆ **sur les chapeaux de roue** loc adv: **prendre un virage sur les** ~**x de roue** to take a turning on two wheels ❑ **démarrer sur les** ~**x de roue** pr to shoot off; [film, réception, relation] to get off to a great start.

◆ **chapeau chinois** nm **-1.** MUS crescent. **-2.** ZOOL limpet.

**chapeauter** [3] [ʃapote] vt fam [superviser] to oversee, to supervise.

**chapelain** [ʃaplɛ̃] nm chaplain.

**chapelet** [ʃaplɛ] nm **-1.** RELIG [collier] rosary, beads; [prières] rosary; **réciter** ou **dire son** ~ to tell one's beads ❑ **débiter** ou **dévider son** ~ fam to come out with it. **-2.** [d'îles, de saucisses] string; [d'insultes] stream.

**chapelier, ère** [ʃapəlje, ɛʀ] ◇ adj [commerce, industrie] hat (modif). ◇ nm, f hatter.

**chapelle** [ʃapɛl] nf **-1.** RELIG chapel; ~ **ardente** chapel of rest. **-2.** [cercle] clique, coterie.

**chapellerie** [ʃapɛlʀi] nf **-1.** COMM hat trade. **-2.** [industrie] hat ou hat-making industry. **-3.** [magasin] hat shop Br ou store Am.

**chapelure** [ʃaplyʀ] nf breadcrumbs.

**chaperon** [ʃapʀɔ̃] nm **-1.** [surveillant] chaperon, chaperone; **servir de** ~ **à qqn** to chaperon ou to chaperone sb. **-2.** LITTÉRAT: 'le **Petit Chaperon rouge**' Perrault 'Little Red Riding Hood'.

**chaperonner** [3] [ʃapʀɔne] vt [jeune fille, groupe] to chaperon, to chaperone.

**chapiteau, x** [ʃapito] nm **-1.** ARCHIT capital, chapiter. **-2.** [cirque] big top.

**chapitre** [ʃapitʀ] nm **-1.** [d'un livre] chapter. **-2.** FIN [d'un budget] item. **-3.** [question] matter, subject; **tu as raison, au moins sur un** ~ you're right, at least on one score. **-4.** RELIG [assemblée] chapter; [lieu] chapterhouse.

**chapitrer** [3] [ʃapitʀe] vt [sermonner] to lecture; [tancer] to admonish; **je l'ai dûment chapitré sur ses responsabilités** I gave him the appropriate lecture about his responsibilities.

**chapon** [ʃapɔ̃] nm capon.

**chaponner** [3] [ʃapɔne] vt to caponize.

**chaptaliser** [3] [ʃaptalize] vt to chaptalize.

**chaque** [ʃak] dét (adj indéf) **-1.** [dans un groupe, une série] each, every; **je pense à elle à** ~ **instant** I think about her all the time; ~ **chose en son temps!** all in good time! ❑ **à** ~ **jour suffit sa peine** prov sufficient unto the day (is the evil thereof). **-2.** [chacun] each; **les disques sont vendus 150 francs** ~ the records are sold at 150 francs each ou a piece.

**char** [ʃaʀ] nm **-1.** MIL tank; ~ **d'assaut** ou **de combat** tank; **fait comme un** ~ **d'assaut** built like a tank. **-2.** LOISIRS float; ~ **à voile** sand yacht; **faire du** ~ **à voile** to go sand yachting. **-3.** [voiture]: ~ **à bancs** (open wagon with seats for passengers); ~ **à bœufs** ox cart; ~ **funèbre** hearse. **-4.** ANTIQ chariot; **le** ~ **de l'État** the ship of State. **-5.** Can fam car.

**charabia** [ʃaʀabja] nm gobbledegook, gibberish.

**charade** [ʃaʀad] nf **-1.** [devinette] riddle. **-2.** [mime] (game of) charades.

**charançon** [ʃaʀɑ̃sɔ̃] nm weevil, snout beetle.

**charançonné, e** [ʃaʀɑ̃sɔne] adj weevilled, weevily.

**charbon** [ʃaʀbɔ̃] nm **-1.** MIN coal; ~ **aggloméré** briquette; ~ **de bois** charcoal; **aller au** ~ fam to do one's bit; **être** ou **marcher sur des** ~**s ardents** to be on tenterhooks, to be like a cat on hot bricks Br ou a hot tin roof Am. **-2.** BX-ARTS [crayon] charcoal (pencil); [croquis] charcoal drawing. **-3.** [maladie – chez l'animal, chez l'homme] anthrax; [– des céréales] smut, black rust. **-4.** PHARM charcoal.

**charbonnages** [ʃaʀbɔnaʒ] nmpl coalmines, collieries Br; **les Charbonnages de France** the French Coal Board.

**charbonner** [3] [ʃaʀbɔne] ◇ vt **-1.** BX-ARTS [croquis, dessin] to (draw with) charcoal. **-2.** [noircir – visage] to charcoal. ◇ vi [mèche] to char.

**charbonneux, euse** [ʃaʀbɔnø, øz] adj **-1.** [noir] coal-black, coal-like. **-2.** [souillé] sooty black; **avoir les yeux** ~ péj to use heavy black eye makeup. **-3.** [brûlé] charred. **-4.** MÉD anthracoid. **-5.** BOT smutty.

**charbonnier, ère** [ʃaʀbɔnje, ɛʀ] ◇ adj [commerce, industrie] coal (modif); **navire** ~ coaler, collier. ◇ nm, f [vendeur] coaler, coalman; [fabricant de charbon de bois] charcoal-burner.

**charcutage** [ʃaʀkytaʒ] nm fam & péj [opération chirurgicale] butchering; [travail mal fait] hacking about; ~ **électoral** gerrymandering.

**charcuter** [3] [ʃaʀkyte] vt fam & péj **-1.** [opérer] to butcher, to hack about. **-2.** [couper – volaille, texte] to hack to pieces ou about.

◆ **se charcuter** vp (emploi réfléchi) fam: **je me suis charcuté un doigt/le pied** I mangled one of my fingers/my foot.

**charcuterie** [ʃaʀkytʀi] nf **-1.** [magasin] delicatessen. **-2.** [produits] cooked meats. **-3.** [fabrication] cooked meats trade.

**charcutier, ère** [ʃaʀkytje, ɛʀ] nm, f **-1.** [commerçant] pork butcher. **-2.** fam & péj [chirurgien] butcher.

**chardon** [ʃaʀdɔ̃] nm **-1.** BOT thistle. **-2.** [sur un mur] spike.

**chardonneret** [ʃaʀdɔnʀɛ] nm goldfinch.

**charentais, e** [ʃaʀɑ̃tɛ, ɛz] adj from the Charente.

◆ **charentaises** nfpl [pantoufles] slippers traditionally symbolising old-fashioned and home-loving attitudes in France.

**charge** [ʃaʀʒ] nf **-1.** [cargaison – d'un animal] burden; [– d'un camion] load; [– d'un navire] cargo, freight; **camion en pleine** ~ fully laden lorry ❑ ~ **utile** capacity load, payload; ~ **à vide** empty weight. **-2.** [poussée] load. **-3.** [gêne] burden,

weight *fig*. **-4.** [responsabilité] responsibility; **à qui revient la ~ de le faire?** who has ou carries the responsibility for doing it?; **à ~ pour toi d'apporter le vin** you'll be responsible for bringing ou it'll be up to you to bring the wine; **avoir ~ d'âmes** [prêtre] to have the care of souls; [parent] to have lives in one's care; **prendre en ~: nous prenons tous les frais médicaux en ~** we pay for ou take care of all medical expenses; **à ton âge, tu dois te prendre en ~** at your age, you should take responsibility for yourself; **avoir qqn à (sa) ~** [gén] to be responsible for supporting sb; ADMIN to have sb as a dependant; **prendre des frais/un orphelin à sa ~** to take on the expenditure/an orphan. **-5.** ADMIN [fonction] office; **~ élective** elective office. **-6.** ARM charge; **~ d'explosifs** explosive charge. **-7.** ÉLECTR: **mettre une batterie en ~** to charge a battery ❑ **~ électrique** electric charge; **~ négative/positive** minus/positive charge. **-8.** JUR [présomption] serious suspicion. **-9.** [satire] caricature. **-10.** MIL [assaut] charge; **donner la ~** to charge; **reculer devant une ~ de police** to retreat when the police charge ❑ **au pas de ~** at the double; **retourner** ou **revenir à la ~** *pr* to mount a fresh attack; *fig* to go back onto the offensive; **je t'ai déjà dit non, tu ne vas pas revenir à la ~!** I've already said no don't keep on at me!
♦ **charges** *nfpl* [frais] costs; **~s de famille** dependants; **~s (locatives)** maintenance charges; **~s salariales** wage costs; **~s sociales** overheads.
♦ **à charge de** *loc prép*: j'accepte, **à ~ de revanche** I accept, provided you'll let me do the same for you; **à ~ de preuve** pending production of proof.

**chargé, e** [ʃarʒe] *adj* **-1.** [occupé – journée] busy, full. **-2.** [alourdi] intricate; **tissu/motif trop ~** overelaborate material/pattern. **-3.** *fig*: **avoir la conscience ~e** to have a guilty conscience; **il a un casier judiciaire ~** he has a long (criminal) record. **-4.** MÉD: **estomac ~** overloaded stomach; **avoir la langue ~e** to have a furred tongue.
♦ **chargé** *nm* [responsable]: **~ d'affaires** chargé d'affaires; **~ de cours** ≈ part-time lecturer; **~ de famille** person supporting a family; **~ de mission** ≈ (official) representative.

**chargeai** [ʃarʒe] *v→* charger.

**chargement** [ʃarʒəmɑ̃] *nm* **-1.** [marchandises – gén] load; [– d'un navire] cargo, freight. **-2.** [fait de charger – un navire, un camion] loading; [– une chaudière] stoking; [– une arme] loading; **à ~ automatique** self-loading. **-3.** ÉLECTR charging (up).

**charger** [17] [ʃarʒe] *vt* **-1.** [mettre un poids sur] to load; **tes livres chargent un peu trop l'étagère** the shelf is overloaded with your books; **être chargé** to be loaded; **il est entré, les bras chargés de cadeaux** he came in loaded down with presents ❑ **être chargé comme une bête** ou **un âne** ou **un baudet** to be weighed down. **-2.** [prendre en charge – suj: taxi] to pick up *(sép)*. **-3.** [alourdir, encombrer] to overload; **~ qqn de** to overload sb with. **-4.** [arme, caméra, magnétoscope] to load (up); ÉLECTR to charge (up). **-5.** [d'une responsabilité]: **~ qqn de qqch** to put sb in charge of sthg; **il m'a chargé de vous transmettre un message** he asked me to give you a message. **-6.** [amplifier] to intensify, to put up *(sép)*. **-7.** [exagérer – portrait] to overdo. **-8.** [incriminer]: **~ qqn** to make sb appear guiltier; **certains témoins ont essayé de le ~ au maximum** some witnesses tried to strengthen the prosecution's case against him. **-9.** [attaquer] to charge (at).
♦ **se charger de** *vp* + *prép* **-1.** [obj: responsabilité] to take on, to take care of; **je me charge de lui remettre votre lettre** I'll see to it personally that he gets your letter. **-2.** [obj: élève, invité] to take care of, to look after; **quant à lui, je m'en charge personnellement** I'll personally take good care of him.

**chargeur** [ʃarʒœr] *nm* **-1.** PHOT magazine. **-2.** ARM cartridge clip. **-3.** ÉLECTR charger. **-4.** [ouvrier] loader. **-5.** NAUT shipper.

**chariot** [ʃarjo] *nm* **-1.** [véhicule – gén] wagon, waggon *Br*; [– à bagages] trolley *Br*, cart *Am*; [– dans un supermarché] trolley *Br*, cart *Am*; **~ élévateur** fork-lift truck; **~ élévateur à fourche** fork-lift truck. **-2.** ASTRON: **le Grand Chariot** the Great Bear *Br*, the Big Dipper *Am*; **le Petit Chariot** the Little Bear *Br* ou Dipper *Am*. **-3.** [de machine à écrire] carriage. **-4.** CIN & TV dolly.

**charismatique** [karismatik] *adj* **-1.** RELIG charismatic. **-2.** [séduisant] charismatic.

**charisme** [karism] *nm* **-1.** RELIG charisma, charism. **-2.** [in-

fluence] charisma.

**charitable** [ʃaritabl] *adj* **-1.** [généreux] charitable; **se montrer ~ envers qqn** to be charitable ou to exercise charity towards sb; **avis** ou **conseil ~** *iron* so-called friendly bit of advice. **-2.** [association, mouvement] charitable, charity *(modif)*.

**charitablement** [ʃaritabləmɑ̃] *adv* charitably, generously.

**charité** [ʃarite] *nf* **-1.** [altruisme] charity, love; **aurais-tu la ~ de leur rendre visite?** would you be kind enough to pay them a visit? **-2.** [aumône] charity; **demander la ~** to beg (for charity); **faire la ~ (à)** to give alms *vieilli* ou a handout (to); **je n'ai nul besoin qu'on me fasse la ~** *fig* I don't need anybody's help, I'll manage on my own; **la ~, s'il vous plaît!** can you spare some change, please?
♦ **de charité** *loc adj*: **fête de ~** benefit event; **œuvres de ~** charities; **vente de ~** charity sale.

**charivari** [ʃarivari] *nm* hurly-burly, hullabaloo.

**charlatan** [ʃarlatɑ̃] *nm péj* charlatan.

**charlatanerie** [ʃarlatanri] *nf péj* = **charlatanisme**.

**charlatanesque** [ʃarlatanɛsk] *adj péj* **-1.** [guérisseur] quackish. **-2.** [imposteur] phoney, bogus.

**charlatanisme** [ʃarlatanism] *nm péj* **-1.** [d'un guérisseur] quackery. **-2.** [d'un imposteur] charlatanism.

**Charlemagne** [ʃarləmaɲ] *npr* Charlemagne.

**Charles** [ʃarl] *npr*: **~ Quint** Charles V, Charles the Fifth; **~ le Téméraire** Charles the Bold.

**charlot** [ʃarlo] *nm fam* clown, joker; **jouer les ~s** to fool around.

**Charlot** [ʃarlo] *npr* CIN Charlie Chaplin.

**charlotte** [ʃarlɔt] *nf* CULIN charlotte; **~ aux pommes** apple charlotte.

**charmant, e** [ʃarmɑ̃, ɑ̃t] *adj* charming, delightful; **~e soirée!** *iron* what a great evening!; **c'est ~!** *iron* charming!

**charme** [ʃarm] *nm* **-1.** [attrait] charm; **c'est ce qui fait tout son ~** that's what is so appealing ou charming about him. **-2.** [d'une femme, d'un homme] charm, attractiveness; **les femmes lui trouvent du ~** women find him attractive ❑ **faire du ~ à qqn** to try to charm sb. **-3.** [enchantement] spell; **être sous le ~ de** to be under the spell of; **tenir qqn/un public sous le ~** to hold sb/an audience spellbound. **-4.** BOT hornbeam. **-5.** *loc*: **se porter comme un ~** to be in excellent health ou as fit as a fiddle.
♦ **charmes** *nmpl euph* [d'une femme] charms; **vivre** ou **faire commerce de ses ~s** to trade on one's charms.
♦ **de charme** *loc adj* **-1.** MUS: **chanson de ~** sentimental ballad. **-2.** *euph* [érotique – presse] soft-porn; **hôtesse de ~** escort.

**charmer** [3] [ʃarme] *vt* **-1.** [plaire à] to delight, to enchant. **-2.** [envoûter – auditoire] to cast ou to put a spell on; [– serpent] to charm. **-3.** [dans des formules de politesse]: **être charmé de: je suis charmé de vous revoir** I'm delighted to see you again; **charmé de vous avoir rencontré** (it's been) very nice meeting you.

**charmeur, euse** [ʃarmœr, øz] ◊ *adj* [air, sourire] charming, engaging, delightful. ◊ *nm, f* [séducteur] charmer; **~ de serpents** snake charmer.

**charmille** [ʃarmij] *nf* **-1.** [berceau de verdure] bower, arbour. **-2.** [allée] tree-covered walk ou path.

**charnel, elle** [ʃarnɛl] *adj* [sexuel] carnal.

**charnellement** [ʃarnɛlmɑ̃] *adv sout* carnally; **connaître qqn ~** to have carnal knowledge of sb.

**charnier** [ʃarnje] *nm* **-1.** [fosse] mass grave. **-2.** [ossuaire] charnel house.

**charnière** [ʃarnjɛr] *nf* **-1.** ANAT & MENUIS hinge. **-2.** [transition] junction, turning point. **-3.** *(comme adj; avec ou sans trait d'union)*: **moment/siècle ~** moment/century of transition.

**charnu, e** [ʃarny] *adj* **-1.** [corps] plump, fleshy; [lèvres] full, fleshy; [fruits] pulpy. **-2.** ANAT fleshy, flesh-covered; **la partie ~e de son anatomie** *hum* his posterior. **-3.** ŒNOL ropy.

**charognard** [ʃarɔɲar] *nm* **-1.** ZOOL carrion feeder. **-2.** *fam* [exploiteur] vulture *fig*.

**charogne** [ʃarɔɲ] *nf* **-1.** [carcasse]: **une ~** a decaying carcass; **ces animaux se nourrissent de ~** these animals feed off carrion. **-2.** ▽[homme] bastard; [femme] bitch.

**charolais, e** [ʃarɔlɛ, ɛz] *adj* from the Charolais area.
♦ **charolaise** *nf* Charolais cow.

**Charon** [karɔ̃] *npr* MYTH Charon.

**charpente** [ʃarpɑ̃t] *nf* -**1.** CONSTR skeleton, framework; ~ en bois timber work; ~ métallique steel frame. -**2.** ANAT: il a la ~ d'un boxeur he's built like a boxer ❏ ~ osseuse skeleton. -**3.** [schéma – d'un projet] structure, framework; [– d'un roman] outline.

**charpenté, e** [ʃarpɑ̃te] *adj*: bien OU solidement ~ [personne] well-built; [film, argument] well-structured.

**charpenter** [3] [ʃarpɑ̃te] *vt* -**1.** CONSTR to carpenter. -**2.** [structurer – œuvre] to construct, to structure.

**charpentier** [ʃarpɑ̃tje] *nm* [ouvrier] carpenter; [entrepreneur] (master) carpenter.

**charpie** [ʃarpi] *nf* [pansement] lint, shredded linen.
◆ **en charpie** *loc adv*: mettre OU réduire qqch en ~ to tear sthg to shreds; je vais le mettre OU réduire en ~ *fig* I'll make mincemeat (out) of him.

**charretée** [ʃarte] *nf* -**1.** [contenu] cartful, cartload. -**2.** *fam* [grande quantité]: une ~ d'insultes loads OU a heap of insults.

**charretier, ère** [ʃartje, ɛr] ◇ *adj* [chemin, voie] cart *(modif)*. ◇ *nm, f* carter.

**charrette** [ʃarɛt] *nf* -**1.** AGR cart. -**2.** HIST: la ~ des condamnés the tumbrel OU tumbril. -**3.** *loc*: ~: faire partie de la première/dernière ~ [de licenciements] to be among the first/last group of people to be dismissed.

**charriage** [ʃarjaʒ] *nm* -**1.** TRANSP carriage, haulage. -**2.** GÉOL overthrust.

**charrié, e** [ʃarje] *adj* GÉOL displaced *(as the result of an overthrust)*.

**charrier** [9] [ʃarje] ◇ *vt* -**1.** [suj: personne] to cart OU to carry (along). -**2.** [suj: fleuve, rivière] to carry OU to wash along. -**3.** ▽ [railler]: ~ qqn to take the mickey out of sb *Br*, to put sb on *Am*; se faire ~ to get ribbed. ◇ *vi* ▽ [exagérer] to go too far OU (way) over the top; je veux bien aider mais faut pas ~ I don't mind lending a hand, but I don't like people taking advantage.

**charroi** [ʃarwa] *nm* carting.

**charron** [ʃarɔ̃] *nm* -**1.** [fabricant] cartwright, wheelwright. -**2.** [réparateur] wheelwright.

**charrue** [ʃary] *nf* plough *Br*, plow *Am*; mettre la ~ avant les bœufs to put the cart before the horse.

**charte** [ʃart] *nf* -**1.** [document] charter; la ~ des droits de l'homme the Charter of Human Rights. -**2.** HIST charter; la Grande Charte Magna Carta. -**3.** [plan]: ~ d'aménagement development plan.
◆ **chartes** *nfpl* → école.

**charter** [ʃartɛr] *nm* [avion] chartered plane; [vol] charter flight.

**chartiste** [ʃartist] *nmf* -**1.** POL [en Grande-Bretagne] Chartist. -**2.** UNIV *student or former student of the École des chartes.*

**chartreux, euse** [ʃartrø, øz] *nm, f* Carthusian monk.
◆ **chartreuse** *nf* -**1.** RELIG Charterhouse, Carthusian monastery, Carthusian convent; 'la Chartreuse de Parme' *Stendhal* 'The Charterhouse of Parma'. -**2.** [liqueur] Chartreuse.

**Charybde** [karibd] *npr* Charybdis; tomber de ~ en Scylla to go from the frying pan into the fire.

**chas** [ʃa] *nm* eye *(of a needle).*

**chasse** [ʃas] *nf* -**1.** [activité] hunting; [occasion] hunt; ~ au daim/renard/tigre deer/fox/tiger hunt; ~ au lapin (rabbit) shooting; aller à la ~ [à courre] to go hunting; [au fusil] to go shooting ❏ ~ à courre [activité] hunting; [occasion] hunt; ~ sous-marine underwater fishing; qui va à la ~ perd sa place *prov* if somebody takes your place it serves you right for leaving it empty. -**2.** [domaine – de chasse à courre] hunting grounds; [– de chasse au fusil] shoot; ~ gardée 'private, poachers will be prosecuted'; laisse-la tranquille, c'est ~ gardée *fam* leave her alone, she's spoken for. -**3.** [butin] game; la ~ a été bonne we got a good bag. -**4.** [poursuite] chase, hunt; faire OU donner la ~ à un cambrioleur to hunt down a burglar; prendre en ~ une voiture to chase a car. -**5.** [recherche]: ~ à search for; ~ à l'homme manhunt; ~ au trésor treasure hunt; ~ aux sorcières witch hunt; faire la ~ à to search for, to (try to) track down; faire la ~ au mari *fam* to go hunting for a husband; se mettre en ~ pour trouver un emploi/une maison to go job-hunting/house-

hunting. -**6.** AÉRON: la ~ fighter planes. -**7.** [d'eau] flush; tirer la ~ (d'eau) to flush the toilet.
◆ **en chasse** *loc adj* ZOOL on Br OU in Am heat.

**chassé** [ʃase] *nm* chassé.

**châsse** [ʃas] *nf* -**1.** RELIG [coffre] shrine. -**2.** [de lunettes] frames.

**chasse-clou** [ʃasklu] *(pl* chasse-clous*) nm* nail punch.

**chassé-croisé** [ʃasekrwaze] *(pl* chassés-croisés*) nm* -**1.** [confusion]: le ~ ministériel/de limousines the comings and goings of ministers/of limousines. -**2.** DANSE set to partners.

**chasselas** [ʃasla] *nm*: du ~ Chasselas grapes.

**chasse-mouches** [ʃasmuʃ] *nm inv* flyswatter.

**chasse-neige** [ʃasnɛʒ] *nm inv* -**1.** [véhicule] snowplough *Br*, snowplow *Am*. -**2.** [position du skieur] snowplough *Br*, snowplow *Am*; descendre/tourner en ~ to snowplough down/round.

**chasser** [3] [ʃase] ◇ *vt* -**1.** CHASSE to hunt. -**2.** [expulser] to drive out *(sép)*, to expel; il a été chassé de chez lui he was made to leave home; elle l'a chassé de la maison she sent him packing. -**3.** [congédier – employé] to dismiss. -**4.** [faire disparaître] to dispel, to drive away *(sép)*, to get rid of; sortez pour ~ les idées noires go out and forget your worries ❏ chassez le naturel, il revient au galop the leopard can't change its spots. -**5.** [pousser] to drive (forward); le vent chasse le sable/les nuages the wind is blowing the sand/the clouds along. ◇ *vi* -**1.** [aller à la chasse – à courre] to go hunting; [– au fusil] to go shooting; ~ sur les terres d'autrui *fig* to poach on somebody's preserve OU territory. -**2.** [déraper] to skid; le navire chasse sur son ancre NAUT the ship is dragging its anchor.

**chasseresse** [ʃasrɛs] ◇ *adj f*: Diane ~ Diana the huntress. ◇ *nf litt* huntress.

**châsses** ▽ [ʃas] *nmpl* peepers, eyes.

**chasseur, euse** [ʃasœr, øz] *nm, f* -**1.** CHASSE hunter, huntsman *(f* huntress); un très bon ~ [de gibier à plumes] an excellent shot; ~ de daims deerhunter; le Chasseur français PRESSE *hunting magazine, whose small ads section is traditionally used by people looking for companionship.* -**2.** [chercheur]: ~ d'autographes autograph hunter; ~ d'images (freelance) photographer; ~ de têtes *pr & fig* headhunter. -**3.** AÉRON & MIL fighter (plane); ~-bombardier fighter bomber. -**4.** MIL chasseur; ~ alpin Alpine chasseur. -**5.** [dans un hôtel] messenger (boy), bellboy *Am*.
◆ **chasseur** *adj inv* CULIN chasseur.

**chassieux, euse** [ʃasjø, øz] *adj* [œil] rheumy; [personne] rheumy-eyed.

**châssis** [ʃasi] *nm* -**1.** CONSTR frame. -**2.** BX-ARTS stretcher; PHOT (printing) frame. -**3.** AUT chassis, steel frame. -**4.** ▽ [corps féminin] chassis, figure.

**chaste** [ʃast] *adj* chaste, innocent.

**chastement** [ʃastəmɑ̃] *adv* chastely, innocently.

**chasteté** [ʃastəte] *nf* chastity.

**chasuble** [ʃazybl] *nf* -**1.** RELIG chasuble. -**2.** VÊT: robe ~ pinafore dress.

**chat, chatte** [ʃa, ʃat] *nm, f* -**1.** ZOOL [gén] cat; [mâle] tomcat; [femelle] she-cat; un petit ~ a kitten ❏ ~ européen OU de gouttière tabby (cat); ~ persan/siamois Persian/Siamese cat; ~ sauvage wildcat; appeler un ~ un ~ to call a spade a spade; avoir un ~ dans la gorge to have a frog in one's throat; il n'y a pas de quoi fouetter un ~ it's nothing to make a fuss about; j'ai d'autres ~s à fouetter I've got better things to do; il n'y avait pas un ~ *fam* there wasn't a soul about; il ne faut pas réveiller le ~ qui dort *prov* let sleeping dogs lie *prov*; quand le ~ n'est pas là, les souris dansent *prov* when the cat's away, the mice will play *prov*; ~ échaudé craint l'eau froide once bitten, twice shy *prov*. -**2.** LITTÉRAT: 'le Chat botté' *Perrault* 'Puss in Boots'. -**3.** *fam* [terme d'affection] pussycat, sweetie, sweetheart. -**4.** JEUX: jouer à ~ to play tag; c'est Sonia le ~ Sonia's it; jouer à ~ perché to play off-ground tag; jouer au ~ et à la souris avec qqn to play cat-and-mouse with sb. -**5.** HIST & NAUT: ~ à neuf queues cat-o'-nine-tails.
◆ **chatte** ▽ *nf* pussy, fanny *Br*.

**châtaigne** [ʃatɛɲ] *nf* -**1.** BOT chestnut. -**2.** ▽ [coup] biff, clout; il s'est pris une de ces ~s! [il a été frappé] he got such a smack!; [il s'est cogné] he gave himself a nasty knock!

**châtaigneraie** [ʃatɛɲɔʀɛ] *nf* chestnut grove.

**châtaignier** [ʃateɲe] *nm* **-1.** BOT chestnut tree. **-2.** [bois] chestnut.

**châtain** [ʃatɛ̃] ◇ *adj m* [cheveux] chestnut (brown); ~ clair light brown; ~ doré ou roux auburn; être ~ to have brown hair. ◇ *nm* chestnut brown.

**château, x** [ʃato] *nm* **-1.** HIST castle; ~ fort fortified castle. **-2.** [palais] castle, palace; [manoir] mansion, manor (house); ses illusions se sont écroulées comme un ~ de cartes his illusions collapsed like a house of cards; bâtir ou faire des ~x en Espagne to build castles in the air. **-3.** ŒNOL chateau; mis en bouteilles au ~ chateau bottled.

**chateaubriand, châteaubriant** [ʃatobrijɑ̃] *nm* Chateaubriand (steak).

**Château-la-Pompe** [ʃatolapɔ̃p] *npr m fam & hum* water.

**châtelain, e** [ʃatlɛ̃, ɛn] *nm, f* **-1.** [propriétaire – gén] owner of a manor; [– homme] lord of the manor; [– femme] lady of the manor. **-2.** HIST [feudal] lord.
◆ **châtelaine** *nf* **-1.** [chaîne de ceinture, bijou] chatelaine. **-2.** HIST [femme du châtelain] chatelaine, lady of the manor.

**châtelet** [ʃatlɛ] *nm* small (fortified) castle.

**chat-huant** [ʃaɥɑ̃] (*pl* chats-huants) *nm* tawny ou brown ou wood owl.

**châtier** [9] [ʃatje] *vt litt* **-1.** [punir] to chastise, to castigate *litt*. **-2.** [affiner] to polish, to refine; parler dans une langue châtiée to use refined language.

**chatière** [ʃatjɛʀ] *nf* **-1.** [pour un chat] cat door ou flap. **-2.** [dans un toit] ventilation hole.

**châtiions** [ʃatijɔ̃] *v* → **châtier**.

**châtiment** [ʃatimɑ̃] *nm sout* chastisement, punishment.

**chatoie** [ʃatwa] *v* → **chatoyer**.

**chatoiement** [ʃatwamɑ̃] *nm* [sur du métal, du verre] gleam, shimmer; [sur de la soie] (soft) glimmer.

**chatoierai** [ʃatware] *v* → **chatoyer**.

**chaton** [ʃatɔ̃] *nm* **-1.** ZOOL kitten. **-2.** BOT catkin, ament *spéc*, amentum *spéc*. **-3.** [poussière] ball of fluff. **-4.** [par affection] darling. **-5.** JOAILL [tête de la bague] bezel; [pierre enchâssée] stone.

**chatouille** [ʃatuj] *nf fam* tickle; faire des ~s à qqn to tickle sb; elle craint les ~s she's ticklish.

**chatouillement** [ʃatujmɑ̃] *nm* tickle.

**chatouiller** [3] [ʃatuje] *vt* **-1.** [pour faire rire] to tickle. **-2.** [irriter] to tickle. **-3.** [exciter – odorat, palais] to titillate. **-4.** [heurter – amour-propre, sensibilité] to prick.

**chatouilleux, euse** [ʃatujø, øz] *adj* **-1.** [physiquement] ticklish. **-2.** [pointilleux] sensitive, touchy; ~ sur overparticular about.

**chatouillis** [ʃatuji] *nm fam* tickle; faire des ~ à qqn to tickle sb.

**chatoyant, e** [ʃatwajɑ̃, ɑ̃t] *adj* **-1.** [brillant] gleaming, glistening, shimmering. **-2.** [luisant] glimmering.

**chatoyer** [13] [ʃatwaje] *vi* **-1.** [briller] to gleam, to glisten, to shimmer. **-2.** [luire] to glimmer.

**châtrer** [3] [ʃatʀe] *vt* **-1.** [étalon, homme, taureau] to castrate; [verrat] to geld; [chat] to castrate, to fix *Am*. **-2.** [article] to make innocuous.

**chatte** [ʃat] *f* → **chat**.

**chatterie** [ʃatʀi] *nf* **-1.** [câlinerie] coaxing; faire des ~s à qqn to pamper sb. **-2.** [friandise] delicacy.

**chatterton** [ʃatɛʀtɔn] *nm* adhesive insulating tape, friction tape.

**chaud, e** [ʃo, ʃod] *adj* **-1.** [dont la température est – douce] warm; [– élevée] hot; une boisson ~e a hot drink; son front est tout ~ his forehead is hot; au ~ [au moment le] plus ~ de la journée in the heat of the day ❑ marrons ~s roast chestnuts; ~ devant! [au restaurant] excuse me! (*said by waiters carrying plates to clear the way*). **-2.** [veste, couverture] warm. **-3.** [qui n'a pas refroidi] warm; la place du directeur est encore ~e *fig* the manager's shoes are still warm. **-4.** [enthousiaste] ardent, warm, keen; je ne suis pas très ~ pour le faire *fam* I'm not really eager to do it. **-5.** [ardent – ambiance] warm; avoir une ~e discussion sur qqch to debate sthg heatedly. **-6.** [agité, dangereux] hot; les points ~s du monde the dan-

ger spots in the world; le mois de septembre sera ~ there will be (political) unrest in September; l'alerte a été ~e it was a near ou close thing. **-7.** *fam* PRESSE hot (off the press); une nouvelle toute ~e an up-to-the-minute piece of news. **-8.** ▽ [sexuellement] hot, randy *esp Br*, horny; ~ lapin randy devil. **-9.** [couleur, voix] warm.
◆ **chaud** ◇ *adv* hot; servir ~ serve hot; bois-le ~ drink it (while it's) hot; avoir ~ [douce chaleur] to feel warm; [forte chaleur] to feel hot; il fait ~ [douce chaleur] it's warm; [forte chaleur] it's hot ❑ on a eu ~! *fam* that was a close ou near thing!; ça ne me fait ni ~ ni froid I couldn't care less. ◇ *nm* **-1.** [chaleur]: le ~ the heat ou hot weather. **-2.** MÉD: un ~ et froid a chill.
◆ **à chaud** *loc adv* **-1.** [en urgence]: l'opération s'est faite à ~ it was emergency surgery; sonder à ~ to do a spot poll; ne lui pose pas la question à ~ don't just spring the question on him in the midst of it all. **-2.** MÉTALL: souder à ~ to hot-weld; étirer un métal à ~ to draw metal under heat.
◆ **au chaud** *loc adv*: restez bien au ~ [au lit] stay nice and cosy ou warm in your bed; [sans sortir] don't go out in the cold; mettre ou garder des assiettes au ~ to keep plates warm.

**chaudement** [ʃodmɑ̃] *adv* **-1.** [contre le froid] warmly; se vêtir ~ to put on warm clothes. **-2.** [chaleureusement – gén] warmly, warmheartedly; [– recommander] heartily; [– féliciter] with all one's heart.

**chaude-pisse▽** [ʃodpis] (*pl* chaudes-pisses) *nf* clap.

**chaud-froid** [ʃofʀwa] (*pl* chauds-froids) *nm* CULIN chaud-froid.

**chaudière** [ʃodjɛʀ] *nf* boiler; ~ à bois/charbon wood-/coal-fired boiler; ~ à vapeur steam boiler.

**chaudron** [ʃodʀɔ̃] *nm* [en fonte] cauldron; [en cuivre] copper kettle ou boiler.

**chaudronnerie** [ʃodʀɔnʀi] *nf* **-1.** [profession] boilermaking, boilerwork. **-2.** [marchandises – de grande taille] boilers; [– de petite taille] hollowware. **-3.** [usine] boilerworks.

**chaudronnier, ère** [ʃodʀɔnje, ɛʀ] *nm, f* [gén] boilermaker; [sur du cuivre] coppersmith.

**chauffage** [ʃofaʒ] *nm* **-1.** [d'un lieu] heating; système de ~ heating system. **-2.** [installation, système] heating (system); installer le ~ to put heating in; baisser/monter le ~ [dans une maison] to turn the heating down/up; [en voiture] to turn the heater down/up ❑ ~ central/urbain central/district heating; ~ électrique/solaire electric/solar heating; ~ au gaz/au mazout gas-fired/oil-fired heating.

**chauffagiste** [ʃofaʒist] *nm* heating specialist.

**chauffant, e** [ʃofɑ̃, ɑ̃t] *adj* [surface] heating.

**chauffard** [ʃofaʀ] *nm* reckless driver; [qui s'enfuit] hit-and-run driver.

**chauffe** [ʃof] *nf* **-1.** [opération] stoking. **-2.** [temps] heating time.
◆ **de chauffe** *loc adj* boiler (*modif*).

**chauffe-assiettes** [ʃofasjɛt] *nm inv* plate warmer, hostess tray.

**chauffe-bain** [ʃofbɛ̃] (*pl* chauffe-bains) *nm* water heater.

**chauffe-biberon** [ʃofbibʀɔ̃] (*pl* chauffe-biberons) *nm* bottle warmer.

**chauffe-eau** [ʃofo] *nm inv* water heater; ~ électrique immersion heater.

**chauffe-plats** [ʃofpla] *nm inv* chafing dish.

**chauffer** [3] [ʃofe] ◇ *vt* **-1.** [eau, plat, préparation] to heat up; mettre qqch à ~, faire ~ qqch to heat sthg up; ça chauffe trop, baisse le gaz it's overheating, turn the gas down. **-2.** [dégager de la chaleur – radiateur] to give out heat; en avril, le soleil commence à ~ in April, the sun gets hotter. **-3.** [surchauffer – moteur] to overheat. **-4.** *fam* [être agité]: ça commence à ~ things are getting hot; ça va ~ ! there's trouble brewing. **-5.** JEUX to get warm. ◇ *vt* **-1.** [chambre, plat] to warm ou to heat up (*sép*); ~ une maison à l'électricité to have electric heating in a house; piscine chauffée heated swimming pool. **-2.** *loc*: tu commences à me ~ les oreilles *fam* you're getting up my nose *Br*, you're starting to get my goat. **-3.** MÉTALL: ~ un métal à blanc/au rouge to make a metal white-hot/red-hot. **-4.** *fam* [exciter]: ~ la salle to warm up the audience.
◆ **se chauffer** *vpi* **-1.** [se réchauffer] to warm o.s. (up). **-2.**

[dans un local]: ils n'ont pas les moyens de se ~ they can't afford heating; se ~ à l'électricité to have electric heating.

**chaufferette** [ʃofʀɛt] *nf* [bouillotte, boîte] foot-warmer.

**chaufferie** [ʃofʀi] *nf* **-1.** [local] boiler room. **-2.** NAUT & NUCL stokehold.

**chauffeur** [ʃofœʀ] *nm* **-1.** [conducteur] driver; ~ de camion lorry *Br* ou truck *Am* driver; ~ de taxi taxi ou cab driver; ~ du dimanche *péj* Sunday driver. **-2.** [employé]: location de voiture avec ~ chauffeur-driven hire-cars; j'ai fait le ~ de ces dames toute la journée *fam* I drove the ladies around all day long; il est le ~ du président he chauffeurs for the chairman ❑ ~ de maître chauffeur. **-3.** [d'une locomotive] stoker.

**chauffeuse** [ʃoføz] *nf* low armless chair.

**chauler** [3] [ʃole] *vt* **-1.** AGR to lime. **-2.** CONSTR to whitewash.

**chaume** [ʃom] *nm* **-1.** [sur un toit] thatch; recouvrir un toit de ~ to thatch a roof. **-2.** AGR [paille] haulm; [sur pied] stubble. **-3.** *litt* [champ] stubble field.

**chaumer** [3] [ʃome] ◇ *vt* [champs] to clear stubble from, to clear of stubble. ◇ *vi* to clear stubble.

**chaumière** [ʃomjɛʀ] *nf* ≃ cottage; [avec un toit de chaume] thatched cottage; faire causer ou jaser dans les ~s to give the neighbours something to talk about.

**chaussant, e** [ʃosɑ̃, ɑ̃t] *adj* [botte, soulier] well-fitting.

**chaussée** [ʃose] *nf* **-1.** [d'une route] roadway, pavement *Am*; '~ déformée' 'uneven road surface'; '~ glissante' 'slippery road', 'slippery when wet'. **-2.** [talus] dyke, embankment; [voie surélevée] causeway.

**chausse-pied** [ʃospje] (*pl* chausse-pieds) *nm* shoehorn.

**chausser** [3] [ʃose] ◇ *vt* **-1.** [escarpins, skis, palmes] to put on *(sép)*; elle était chaussée de pantoufles de soie she was wearing silk slippers. **-2.** [enfant, personne]: viens ~ les enfants come and put the children's shoes on for them. **-3.** [fournir en chaussures] to provide shoes for, to supply with shoes; je suis difficile à ~ it's hard for me to find shoes that fit. **-4.** [lunettes] to put on ou to slip on *(sép)*. **-5.** AUT: la voiture est chaussée de pneus neige the car has snow tyres on. **-6.** [arbre, plante] to earth up. ◇ *vi*: voici un modèle qui devrait mieux ~ this style of shoe should fit better; du combien chausses-tu? what size shoes do you take?; je chausse du 38 I take a size 38 shoe, I take size 38 in shoes.

◆ **se chausser** ◇ *vp (emploi réfléchi)*: chausse-toi, il fait froid put something on your feet, it's cold; se ~ avec un chausse-pied to use a shoehorn. ◇ *vpi* [se fournir]: je me chausse chez Lebel I buy my shoes at ou I get my shoes from Lebel's.

**chausses** [ʃos] *nfpl arch* hose, chausses.

**chausse-trap(p)e** [ʃostʀap] (*pl* chausse-trapes ou chausse-trappes) *nf pr & fig* trap.

**chaussette** [ʃosɛt] *nf* VÊT sock; en ~s in one's stockinged feet; laisser tomber qqn comme une vieille ~ *fam* to ditch sb.

**chausseur** [ʃosœʀ] *nm* **-1.** [fabricant] shoemaker. **-2.** [vendeur] shoemaker, footwear specialist.

**chausson** [ʃosɔ̃] *nm* **-1.** VÊT [d'intérieur] slipper; [de bébé] bootee. **-2.** [de danseuse] ballet shoe, pump; [de gymnastique] soft shoe; [dans la chaussure de ski] inner shoe. **-3.** CULIN turnover; ~ aux pommes ≃ apple turnover. **-4.** COUT: point de ~ blind hem stitch.

**chaussure** [ʃosyʀ] *nf* **-1.** VÊT shoe; trouver ~ à son pied to find a suitable match. **-2.** LOISIRS & SPORT: ~s de marche walking ou hiking boots; ~s de ski ski boots. **-3.** COMM shoe trade; [industrie] shoe ou shoe-manufacturing industry.

**chaut** [ʃo] *v* → chaloir.

**chauve** [ʃov] ◇ *adj* [crâne, tête] bald; [personne] bald, bald-headed; [montagne, pic] bare; ~ comme un œuf *fam* as bald as a coot *Br* ou as an egg *Am*. ◇ *nmf* bald person, bald man (*f* woman).

**chauve-souris** [ʃovsuʀi] (*pl* chauves-souris) *nf* bat.

**chauvin, e** [ʃovɛ̃, in] ◇ *adj* chauvinistic, jingoist, jingoistic. ◇ *nm, f* chauvinist, jingoist.

**chauvinisme** [ʃovinism] *nm* chauvinism, jingoism.

**chaux** [ʃo] *nf* lime; mur passé ou blanchi à la ~ whitewashed wall ❑ ~ vive quicklime.

**chavirer** [3] [ʃaviʀe] ◇ *vi* **-1.** NAUT to capsize, to keel over, to turn turtle; faire ~ to capsize. **-2.** [se renverser] to keel over, to overturn; tout chavire autour de moi everything around me is spinning. **-3.** [tourner – yeux] to roll; avoir le cœur qui chavire [de dégoût] to feel nauseated; [de chagrin] to be heartbroken. ◇ *vt* **-1.** [basculer] to capsize, to overturn. **-2.** [émouvoir] to overwhelm, to shatter; il a l'air tout chaviré he looks devastated.

**chèche** [ʃɛʃ] *nm* scarf.

**check-list** [tʃɛklist] (*pl* check-lists) *nf* checklist.

**check-up** [tʃɛkœp] *nm inv* checkup.

**chef** [ʃɛf] ◇ *nm* **-1.** [responsable – gén] head; [– d'une entreprise] manager, boss; ~ comptable chief accountant; ~ d'atelier shop foreman; ~ de bureau head clerk; ~ de cabinet minister's *Br* ou secretary of state's *Am* principal private secretary; ~ de chantier site foreman; ~ d'établissement SCOL headmaster (*f* headmistress), principal; ~ de famille head of the family; ~ de l'État Head of the State; ~s d'État heads of state; ~ d'entreprise company manager; ~ d'équipe foreman; ~ de rayon department manager; ~ de service section head; ~ du personnel personnel ou staff manager. **-2.** MIL: ~ d'escadron major; ~ d'état-major chief of staff; ~ de patrouille patrol leader. **-3.** RAIL: ~ de gare station master; ~ mécanicien chief mechanic. **-4.** CULIN chef; la spécialité du ~ aujourd'hui the chef's special today. **-5.** MUS: ~ de pupitre head of section; ~ des chœurs choirmaster. **-6.** SPORT: ~ de nage naut. **-7.** [leader] leader; ~ de bande gang leader; ~ de file leader; petit ~ *péj* [dans une famille] domestic tyrant; [au bureau, à l'usine] slave driver; elle s'est débrouillée comme un ~! *fam* she did really well!. **-8.** *(comme adj)* [modif], chef *(modif)*: infirmière ~ head nurse; ingénieur ~ chief engineer; médecin-~ ≃ senior consultant. **-9.** *hum* [tête] head; opiner du ~ to nod. **-10.** JUR: ~ d'accusation charge ou count (of indictment). ◇ *nf* [responsable]: la ~ the boss.

◆ **au premier chef** *loc adv* above all, first and foremost; leur décision me concerne du premier ~ their decision has immediate implications for me.

◆ **de mon (propre) chef, de son (propre) chef** *etc loc adv* on my/his *etc* own authority ou initiative.

◆ **en chef** *loc adj*: commandant en ~ commander-in-chief; ingénieur en ~ chief engineer.

◆ **chef d'orchestre** *nm* **-1.** MUS conductor. **-2.** *fig* organizer, orchestrator.

**chef-d'œuvre** [ʃɛdœvʀ] (*pl* chefs-d'œuvre) *nm* masterpiece.

**chef-lieu** [ʃɛfljø] (*pl* chefs-lieux) *nm* ADMIN in France, administrative centre of a 'département', 'arrondissement' or 'canton'.

**cheftaine** [ʃɛftɛn] *nf* [de louveteaux] cubmistress *Br*, den mother *Am*; [chez les jeannettes] Brown Owl *Br*, den mother *Am*; [chez les éclaireuses] captain.

**cheik, cheikh** [ʃɛk] *nm* sheik, sheikh.

**chelem** [ʃlɛm] *nm* JEUX & SPORT slam; grand ~ grand slam; petit ~ small ou little slam.

**chemin** [ʃəmɛ̃] *nm* **-1.** [allée] path, lane; ~ de ronde covered way; ~ de traverse *pr* path across the fields; *fig* short cut; ~ vicinal ou départemental minor road; être toujours sur les (quatre) ~s ou par voies et par ~s to be always on the move ou road; bandit ou voleur de grand ~ ou grands ~s highwayman; tous les ~s mènent à Rome *prov* all roads lead to Rome *prov*. **-2.** [parcours, trajet] way; faire ou abattre du ~ to go a long way; on s'est retrouvé à mi-~ ou à moitié ~ we met halfway; demandons-lui notre ~ let's ask him how to get there; pas de problème, c'est sur mon ~ no problem, it's on my way; nous avons fait tout le ~ à pied/en voiture we walked/drove all the way; se frayer ou s'ouvrir un ~ dans la foule to force one's way through the crowd; barrer ou couper le ~ à qqn to be in ou to bar sb's way; passez votre ~! on your way!; prendre le ~ de l'exil to go into exile; prendre des ~s détournés pour faire qqch *fig* to use roundabout means in order to do sthg ❑ prendre le ~ des écoliers to go the long way around; je voudrais des petits-enfants mais ça n'en prend pas le ~ I'd like some grandchildren but it doesn't seem to be on the agenda. **-3.** [destinée, progression] way; barrer ou couper le ~ à qqn to bar sb's way, to impede sb's progress; ouvrir/montrer le ~ to open/to lead the way; il va son ~ sans se

préoccuper des autres he goes his way without worrying about other people; nos ~s se sont croisés autrefois we met a long time ago; faire son ~ [personne] to make one's way in life; [idée] to catch on; cet enfant fera du ~, croyez-moi! this child will go far ou a long way, believe me!; trouver qqn sur son ~ [ennemi] to find sb standing in one's way ❏ le ~ de Damas BIBLE the road to Damascus; trouver son ~ de Damas *fig* to see the light; le bon ~ the right track; ne t'arrête pas en si bon ~ don't give up now that you're doing so well; le droit ~ the straight and narrow. **-4.** RELIG : ~ de croix Way of the Cross. **-5.** [napperon]: ~ de table table runner.
◆ **chemin faisant** *loc adv* while going along.
◆ **en chemin** *loc adv* on one's way ou the way.

**chemin de fer** [ʃəmɛ̃dfɛr] (*pl* **chemins de fer**) *nm* railway *Br*, railroad *Am*; voyager en ~ to travel by train; employé des ~s de fer rail worker *Br*, railman.

**chemineau, x** [ʃəmino] *nm vieilli* tramp, vagrant, hobo *Am*.

**cheminée** [ʃəmine] *nf* **-1.** [gén] shaft; [de maison] chimney (stack); [dans un mur] chimney; [d'usine] chimney (stack), smokestack; [de paquebot] funnel; ~ d'aération ventilation shaft. **-2.** [âtre] fireplace; [chambranle] mantelpiece. **-3.** GÉOL [d'un volcan] vent.

**cheminement** [ʃəminmã] *nm* **-1.** [parcours] movement. **-2.** *fig* [développement] development, unfolding. **-3.** MIL advance (under cover).

**cheminer** [3] [ʃəmine] *vi* **-1.** *litt* [avancer – marcheur] to walk along; [– fleuve] to flow. **-2.** *fig* [progresser – régulièrement] to progress, to develop; [– lentement] to make slow progress ou headway. **-3.** MIL to advance (under cover).

**cheminot** [ʃəmino] *nm* RAIL railwayman *Br*, railroad man *Am*.

**chemise** [ʃəmiz] *nf* **-1.** VÊT shirt; ~ de nuit [de femme] nightgown, nightdress; [d'homme] nightshirt; en (bras ou manches de) ~ in shirt-sleeves; il donnerait jusqu'à sa ~ he'd give the shirt off his back; je m'en fiche *fam* ou soucie ou moque comme de ma première ~ I couldn't care less about it. **-2.** HIST: Chemises brunes Brownshirts; Chemises noires Blackshirts; Chemises rouges Redshirts. **-3.** [de carton] folder. **-4.** MÉCAN & TECH [enveloppe – intérieure] lining; [– extérieure] jacket.

**chemiser** [3] [ʃəmize] *vt* **-1.** MÉCAN & TECH [intérieurement] to line; [extérieurement] to jacket. **-2.** CULIN to coat with aspic jelly.

**chemiserie** [ʃəmizri] *nf* **-1.** [fabrique] shirt factory. **-2.** [boutique] gents' outfitter's *Br*, haberdasher's *Am*. **-3.** [industrie] shirt trade.

**chemisette** [ʃəmizɛt] *nf* [pour femme] short-sleeved blouse; [pour homme, pour enfant] short-sleeved shirt.

**chemisier, ère** [ʃəmizje, ɛr] *nm, f* shirtmaker *Br*, haberdasher *Am*.
◆ **chemisier** *nm* blouse.

**chenal, aux** [ʃənal, o] *nm* **-1.** [canal – dans les terres] channel; [– dans un port] fairway, channel. **-2.** GÉOL [sous la mer] trench.

**chenapan** [ʃ(ə)napã] *nm hum* rascal, rogue, scoundrel.

**chêne** [ʃɛn] *nm* **-1.** BOT oak; ~ vert holm oak, ilex; fort ou solide comme un ~ as strong as an ox. **-2.** MENUIS oak.

**chéneau, x** [ʃeno] *nm* gutter (*on a roof*).

**chêne-liège** [ʃɛnljɛʒ] (*pl* **chênes-lièges**) *nm* cork oak.

**chenet** [ʃənɛ] *nm* andiron, firedog.

**chenil** [ʃənil] *nm* **-1.** [établissement – pour la reproduction] breeding kennels; [– pour la garde] boarding kennels; [– pour le dressage] training kennels. **-2.** *Helv* [bric-à-brac] (load of) junk.

**chenille** [ʃənij] *nf* **-1.** ENTOM caterpillar. **-2.** MÉCAN caterpillar; véhicule à ~s tracked vehicle. **-3.** TEXT chenille.

**chenillé, e** [ʃənije] *adj* [engin, véhicule] tracked.

**chenu, e** [ʃəny] *adj litt* **-1.** [vieillard] hoary. **-2.** [arbre] bald ou leafless (with age), glabrous *spéc*.

**cheptel** [ʃɛptɛl] *nm* **-1.** [bétail] livestock; avoir un ~ de 1 000 têtes to have 1,000 head of cattle; le ~ bovin de la France the total number of cattle in France. **-2.** JUR: ~ (vif) livestock; ~ mort farm equipment.

**chèque** [ʃɛk] *nm* **-1.** FIN cheque *Br*, check *Am*; tirer/toucher un ~ to draw/to cash a cheque; faire un ~ de 100 francs à

qqn to write sb a cheque for 100 francs; ~ bancaire cheque; ~ barré crossed cheque; ~ en blanc blank cheque; ~ en bois *fam* ou sans provision dud cheque *Br*, bad check *Am*; il a fait un ~ sans provision his cheque bounced; ~ à ordre cheque to order; ~ au porteur bearer cheque; ~ postal *cheque drawn on the postal banking system*, ≈ giro (cheque) *Br*; ~ de voyage traveller's cheque. **-2.** [coupon]: ~-cadeau gift token; ~-essence petrol coupon ou voucher; ~-repas luncheon voucher.

**Chèque-Restaurant**® [ʃɛkrɛstɔrã] (*pl* **Chèques-Restaurants**) *nm* ≈ luncheon voucher.

**chéquier** [ʃekje] *nm* chequebook *Br*, checkbook *Am*.

**cher, chère¹** [ʃɛr] *adj* **-1.** [aimé] dear; ceux qui vous sont ~s your loved ones, the ones you love; un être ~ a loved one. **-2.** [dans des formules de politesse] dear; mes bien ou très ~s amis dearest friends; le ~ homme n'a pas compris *hum* ou *iron* the dear man didn't understand; mes bien ou très ~s frères RELIG beloved brethren. **-3.** [précieux] dear, beloved; il est retourné à ses chères études *hum* he's gone back to his ivory tower ou to his beloved books; la formule si chère aux hommes politiques the phrase beloved of politicians, that favourite phrase of politicians; mon souhait le plus ~ my dearest ou most devout wish. **-4.** [onéreux] expensive, dear *Br*; c'est plus ~ it's dearer *Br* ou more expensive; c'est moins ~ it's cheaper ou less expensive; voilà un dîner pas ~! now this is a cheap dinner!
◆ **cher** *adv* **-1.** COMM: coûter ~ to cost a lot, to be expensive; est-ce que ça te revient ~? does it cost you a lot?; prendre ~ *fam* to charge a lot; il vaut ~ [bijou de famille] it's worth a lot ou valuable; [article en magasin] it's expensive; je l'ai eu pour pas ~ *fam* I didn't pay much for it. **-2.** *loc*: donner ~: je donnerais ~ pour le savoir I'd give anything to know; je ne donne pas ~ de sa vie I wouldn't give much for his chances of survival; il ne vaut pas ~ he's a good-for-nothing.

**chercher** [3] [ʃɛrʃe] *vt* **-1.** [dans l'espace] to look ou to search for (*insép*); ~ qqn du regard ou des yeux to look around for sb; ~ qqn/qqch à tâtons to fumble ou to grope for sb/sthg ❏ ~ la petite bête *fam* to split hairs; ~ des poux dans la tête de qqn *fam* to try and pick a fight with sb. **-2.** [mentalement] to try to find, to search for (*insép*) ‖ (*en usage absolu*): tu donnes ta langue au chat? — attends, je cherche give up? — wait, I'm still thinking ou trying to think ❏ ~ des crosses *fam* ou des ennuis ou des histoires à qqn to try and cause trouble for sb; ~ chicane ou querelle à qqn to try and pick a quarrel with sb; ~ midi à quatorze heures *fam* to look for complications (where there are none). **-3.** [essayer de se procurer] to look ou to hunt for (*insép*); ~ du travail to look for work, to be job-hunting; il faut vite ~ du secours you must get help quickly; il est parti ~ fortune à l'étranger he went abroad to look for fame and fortune; ~ refuge auprès de qqn to seek refuge with sb. **-4.** [aspirer à – tranquillité, inspiration] to look ou to search for (*insép*), to seek (after); il ne cherche que son intérêt he thinks only of his own interests. **-5.** [provoquer] to look for (*insép*); tu l'as bien cherché! you asked for it!; toujours à ~ la bagarre! always looking ou spoiling for a fight!; quand ou si on me cherche, on me trouve if anybody asks for trouble, he'll get it. **-6.** [avec des verbes de mouvement]: aller ~ qqn/qqch to fetch sb/sthg; aller ~ les enfants à l'école to pick the children up from school; allez me ~ le directeur [client mécontent] I'd like to speak to the manager ❏ aller ~ *fig*: que vas-tu ~ là? what on earth are you going on about?; où as-tu été ~ que j'avais accepté? what made you think I said yes?; ça va bien ~ dans les 1 000 F it's worth at least 1,000 F; ça peut aller ~ jusqu'à dix ans de prison it could get you up to ten years in prison; ça va ~ loin, cette histoire *fam* this is a bad business.
◆ **chercher à** *v* + *prép* to try ou to attempt ou to seek to.
◆ **chercher après** *v* + *prép fam* to look for, to be ou to chase after.
◆ **se chercher** ◇ *vp (emploi réciproque)*: ils se sont cherchés pendant longtemps they spent a long time looking for each other. ◇ *vpi*: il se cherche he's trying to sort himself out.

**chercheur, euse** [ʃɛrʃœr, øz] ◇ *adj* [esprit, mentalité] inquiring. ◇ *nm, f* **-1.** UNIV researcher, research worker. **-2.** [aventurier]: un ~ de trésor a treasure seeker ❏ ~ d'or gold

digger.
◆ **chercheur** *nm* ASTRON: ~ de comètes finder.
**chère²** [ʃɛr] *nf litt* ou *hum* food, fare; **faire bonne** ~ to eat well.
**chèrement** [ʃɛrmɑ̃] *adv* **-1.** [à un prix élevé] dearly, at great cost. **-2.** *litt* [tendrement] dearly, fondly.
**chéri, e** [ʃeri] ◇ *adj* darling, dear, beloved. ◇ *nm, f* **-1.** *(en appellatif)* darling, dear, honey *Am*; mon ~, je te l'ai dit cent fois darling, I've already told you a hundred times. **-2.** [personne préférée]: il a toujours été le ~ de ses parents he was always the darling of the family; voilà le ~ de ces dames *hum* here comes the ladykiller. **-3.** *fam* [amant] lover, boyfriend (*f* girlfriend).
**chérir** [32] [ʃerir] *vt litt* [aimer – personne] to cherish, to love (dearly); [– démocratie, liberté] to cherish; [– mémoire, souvenir] to cherish, to treasure.
**chérot** [ʃero] *fam* ◇ *adj inv* pricey, on the pricey side. ◇ *adv*: il vend plutôt ~! his prices are on the stiff side!
**cherrai** [ʃɛrre] *v* → **choir**.
**cherry** [ʃeri] (*pl* **cherrys** ou **cherries**) *nm* cherry brandy.
**cherté** [ʃɛrte] *nf*: la ~ de la vie the high cost of living.
**chérubin** [ʃerybɛ̃] *nm* **-1.** RELIG cherub. **-2.** [enfant] cherub.
**chétif, ive** [ʃetif, iv] *adj* **-1.** [peu robuste] sickly, puny. **-2.** BOT stunted. **-3.** *litt* [peu riche – récolte] meagre, poor; [– existence] poor, wretched.
**cheval, aux** [ʃ(ə)val, o] *nm* **-1.** ZOOL horse; ~ de bataille *fig* hobbyhorse, pet subject; ~ de cirque circus horse; ~ de course racehorse; ~ de labour plough horse; ~ de manège school horse; ~ de selle saddle horse; ~ de trait draught horse; monter sur ses grands chevaux to get on one's high horse; ça ne se trouve pas sous le pas ou sabot d'un ~ it doesn't grow on trees. **-2.** ÉQUIT (horseback) riding; faire du ~ to ride, to go riding. **-3.** LOISIRS: faire un tour sur les chevaux de bois to go on the roundabout ou carousel; jouer aux petits chevaux JEUX ≃ to play ludo. **-4.** AUT & FIN: ~ fiscal horsepower (*for tax purposes*). **-5.** MIL: ~ de frise cheval-de-frise. **-6.** ANTIQ: le ~ de Troie the Trojan horse. **-7.** [viande] horsemeat. **-8.** *fam & péj* [femme]: grand ~ great horse of a woman.
◆ **à cheval** *loc adv* **-1.** ÉQUIT on horseback; traverser une rivière à ~ to ride across a river. **-2.** [à califourchon]: être à ~ sur une chaise to be sitting astride a chair; l'étang est à ~ sur deux propriétés the pond straddles two properties; mon congé est à ~ sur février et mars my period of leave starts in February and ends in March. **-3.** *fam* [pointilleux]: être à ~ sur to be particular about; il est très à ~ sur les principes he is a stickler for principles.
◆ **de cheval** *loc adj* **-1.** CULIN horse *(modif)*, horsemeat *(modif)*. **-2.** *fam* [fort]: fièvre de ~ raging fever; remède de ~ drastic remedy. **-3.** *fam* [dents] horsey *péj*, horselike.
**cheval-d'arçons** [ʃ(ə)valdarsɔ̃] *nm inv* vaulting horse.
**chevaleresque** [ʃ(ə)valrɛsk] *adj* **-1.** [généreux] chivalrous; agir de façon ~ to behave like a gentleman. **-2.** [des chevaliers]: l'honneur/le devoir ~ a knight's honour/duty.
**chevalerie** [ʃ(ə)valri] *nf* **-1.** [ordre] knighthood. **-2.** [institution] chivalry.
**chevalet** [ʃ(ə)valɛ] *nm* **-1.** [d'un peintre] easel. **-2.** [support] stand, trestle. **-3.** MUS bridge. **-4.** HIST [de torture] rack.
**chevalier** [ʃ(ə)valje] *nm* **-1.** HIST knight; il a été fait ~ he was knighted ❑ ~ errant knight-errant; ~ servant (devoted) escort; les ~s de la Table ronde the Knights of the Round Table. **-2.** ADMIN: ~ de la Légion d'honneur chevalier of the Legion of Honour. **-3.** ORNITH sandpiper.
**chevalière** [ʃ(ə)valjɛr] *nf* signet ring.
**chevalin, e** [ʃ(ə)valɛ̃, in] *adj* **-1.** [race] equine. **-2.** [air, allure, visage] horsey, horselike.
**cheval-vapeur** [ʃ(ə)valvapœr] (*pl* **chevaux-vapeur** [ʃəvovapœr]) *nm* horsepower.
**chevauchée** [ʃ(ə)voʃe] *nf* ride.
**chevauchement** [ʃ(ə)voʃmɑ̃] *nm* [superposition] overlap, overlapping.
**chevaucher** [3] [ʃ(ə)voʃe] *vt* **-1.** [monter sur – moto, cheval, balai, vague] to ride; [– âne, chaise] to sit astride ou astraddle. **-2.** [recouvrir en partie] to overlap.
◆ **se chevaucher** *vp* *(emploi réciproque)* [être superposé – dents] to grow into each other; [– tuiles] to overlap; mon cours et

le sien se chevauchent my lesson overlaps with hers.
**chevau-léger** [ʃ(ə)voleʒe] (*pl* **chevau-légers**) *nm* [soldat] soldier of the Household Cavalry.
**chevelu, e** [ʃəvly] ◇ *adj* **-1.** [ayant des cheveux] hairy. **-2.** [à chevelure abondante] longhaired. **-3.** BOT comose, comate. ◇ *nm, f péj* [personne] long-haired man (*f* woman).
◆ **chevelu** *nm* BOT root-hairs (*pl*).
**chevelure** [ʃəvlyr] *nf* **-1.** [cheveux] hair. **-2.** ASTRON tail.
**chevet** [ʃ(ə)ve] *nm* **-1.** [d'un lit] bedhead. **-2.** ARCHIT chevet.
◆ **au chevet** *loc prép* at the bedside of.
◆ **de chevet** *loc adj* bedside *(modif)*.
**cheveu, x** [ʃ(ə)vø] *nm* **-1.** [poil] hair; une fille aux ~x courts a girl with short hair, a short-haired girl; avoir les ~x raides to have straight hair; les ~x en désordre ou bataille with unkempt ou tousled hair; (les) ~x au vent with his/her *etc* hair blowing freely in the wind; avoir le ~ rare to be thinning (on top); s'il touche à un seul ~ de ma femme... if he dares touch a hair on my wife's head... ❑ en ~x *vieilli* bareheaded; une histoire à faire dresser les ~x sur la tête a story that makes your hair stand on end; il s'en est fallu d'un ~ qu'on y reste we missed death by a hair's breadth; il s'en est fallu d'un ~ qu'il ne soit renversé par une voiture he very nearly got run over; avoir un ~ sur la langue to (have a) lisp; se faire des ~x (blancs) to worry o.s. sick; venir ou arriver comme un ~ sur la soupe to come at the wrong time; c'est un peu tiré par les ~x it's a bit far-fetched. **-2.** [coiffure] hairstyle; tu aimes mes ~x comme ça? how do you like my haircut ou hairstyle?
◆ **à cheveux** *loc adj* hair *(modif)*.
◆ **à un cheveu de** *loc prép* within a hair's breadth of.
◆ **cheveux d'ange** *nmpl* **-1.** [guirlande] tinsel garland. **-2.** CULIN vermicelli.
**cheville** [ʃ(ə)vij] *nf* **-1.** ANAT ankle; ils avaient de la boue jusqu'aux ~s, la boue leur arrivait aux ~s they were ankle-deep in mud, the mud came up to their ankles ❑ son fils ne lui arrive pas à la ~ his son's hardly in the same league as him. **-2.** MENUIS [pour visser] plug; [pour boucher] dowel; il est la ~ ouvrière du mouvement *fig* he's the mainspring ou kingpin of the movement. **-3.** MUS peg. **-4.** LITTÉRAT cheville, expletive.
◆ **en cheville** *loc adv*: être en ~ avec qqn to be in cahoots with sb.
**cheviller** [3] [ʃ(ə)vije] *vt* to peg; l'armoire est chevillée the wardrobe is pegged together.
**chevillette** [ʃ(ə)vijɛt] *nf* [clé] (wooden) peg.
**chèvre** [ʃɛvr] *nf* **-1.** ZOOL [mâle] goat, billy-goat; [femelle] goat, she-goat, nanny-goat; rendre qqn ~ *fam* to drive sb crazy. **-2.** [treuil] hoist; [chevalet] trestle.
**chevreau, x** [ʃəvro] *nm* **-1.** ZOOL kid. **-2.** [peau] kid.
**chèvrefeuille** [ʃɛvrəfœj] *nm* honeysuckle.
**chevrette** [ʃəvrɛt] *nf* **-1.** ZOOL [chèvre] kid, young nanny-goat ou she-goat; [femelle du chevreuil] roe, doe; [crevette] shrimp. **-2.** [fourrure] goatskin.
**chevreuil** [ʃəvrœj] *nm* **-1.** ZOOL roe deer. **-2.** CULIN venison.
**chevrier, ère** [ʃəvrije, ɛr] *nm, f* goatherd.
◆ **chevrier** *nm* chevrier bean.
**chevron** [ʃəvrɔ̃] *nm* **-1.** CONSTR rafter. **-2.** MIL chevron, V-shaped stripe. **-3.** [motif] chevron; veste à ~s [petits] herringbone jacket; [grands] chevron-patterned jacket.
**chevronné, e** [ʃəvrɔne] *adj* seasoned, experienced, practised.
**chevrotant, e** [ʃəvrɔtɑ̃, ɑ̃t] *adj* quavering.
**chevroter** [3] [ʃəvrɔte] *vi* [voix] to quaver.
**chevrotin** [ʃəvrɔtɛ̃] *nm* **-1.** ZOOL fawn (*of roe deer*). **-2.** CULIN [fromage] goat's cheese.
**chevrotine** [ʃəvrɔtin] *nf* piece of buckshot; ~s buckshot.
**chewing-gum** [ʃwiŋgɔm] (*pl* **chewing-gums**) *nm* gum, chewing-gum; un ~ a piece of gum.
**Cheyenne** [ʃejɛn] *nmf* Cheyenne; les ~s the Cheyenne.
**chez** [ʃe] *prép* **-1.** [dans la demeure de]: rentrer ~ soi to go home; rester ~ soi to stay at home ou in; est-elle ~ elle en ce moment? is she at home ou at the moment?; il habite ~ moi en ce moment he's living with me ou he's staying at my place at the moment; elle l'a raccompagné ~ lui [à pied] she walked him home; [en voiture] she gave him a lift

home; **puis-je venir** ~ **vous?** may I come over (to your place)?; **les amis** ~ **qui j'étais ce week-end** the friends I stayed with this weekend; **ça s'est passé pas loin de/devant** ~ **nous** it happened not far from/right outside where we live; ~ **M. Durand** [dans une adresse] care of Mr Durand; **fais comme** ~ **toi** make yourself at home; **iron** do make yourself at home, won't you; ~ **nous** [dans ma famille] in my ou our family; [dans mon pays] in my ou our country ❏ **chacun** ~ **soi** everyone should look to his own affairs; **c'est une coutume/un accent bien de** ~ **nous** it's a typical local custom/accent. **-2.** [dans un magasin, une société etc]: **aller** ~ **le coiffeur/le médecin** to go to the hairdresser's/the doctor's; **acheter qqch** ~ **l'épicier** to buy sthg at the grocer's; **je l'ai acheté** ~ **Denver & Smith** I bought it from Denver & Smith; **dîner** ~ **Maxim's** to dine at Maxim's; **une robe de** ~ **Dior** a Dior dress, a dress designed by Dior; **il a travaillé** ~ **IBM** he worked at ou for IBM; **il a fait ses études** ~ **les jésuites** he studied with the Jesuits ou at a Jesuit school. **-3.** [dans un pays, un groupe]: ~ **les Russes** in Russia; ~ **les Grecs** in Ancient Greece; **cette expression est courante** ~ **les jeunes** this expression is widely used among young people; ~ **l'homme/la femme** in men/women. **-4.** [dans une personne]: **il y a quelque chose que j'apprécie particulièrement** ~ **eux, c'est leur générosité** something I particularly like about them is their generosity. **-5.** [dans l'œuvre de] in.

**chez-soi** [ʃeswa] nm inv home; **avoir un** ~ ou son ~ to have a home of one's own.

**chiader**▽ [3] [ʃjade] vt **-1.** [perfectionner] to polish up (sép); **c'est vachement chiadé comme bagnole!** this car's got the works!**-2.** SCOL & UNIV to cram for, to swot (up) Br.

**chialer**▽ [3] [ʃjale] vi to blubber, to bawl; ~ **un bon coup** to bawl one's head off.

**chiant, e**▽ [ʃjɑ̃, ɑ̃t] adj **-1.** [assommant – personne, chose à faire, livre] boring; **ce que c'est** ~ **cette vérification!** having to check all this is a real drag! **-2.** [difficile – chose à faire]: **c'est** ~ **à mettre en service, cette imprimante!** this printer is a real pain to install! **-3.** [contrariant – personne, événement] annoying; **t'es** ~**e de pas répondre quand on te parle!** why can't you answer me when I speak to you, it really pisses me off Br ou ticks me off Am!

**chiard**▽ [ʃjar] nm brat.

**chiasme** [kjasm] nm **-1.** [figure de style] chiasmus. **-2.** ANAT & BX-ARTS chiasm, chiasma.

**chiasse** [ʃjas] nf **-1.** ▼ [diarrhée]: **avoir la** ~ to have the trots ou runs. **-2.** ▽ [poisse]: **quelle** ~! what a drag!

**chibre** [ʃibr] nm Helv popular Swiss card game.

**chic** [ʃik] ◊ adj inv **-1.** [élégant] stylish, smart, classy; **pour faire** ~ in order to look smart ou classy. **-2.** [distingué] smart; **il paraît que ça fait** ~ **de...** it's considered smart (these days) to... **-3.** vieilli [sympathique] nice; **être** ~ **avec qqn** to be nice to sb; **sois** ~, **donne-le-moi!** be an angel, give it to me! ◊ nm **-1.** [élégance – d'une allure, d'un vêtement] style, stylishness, chic; **avoir du** ~ to have style, to be chic; **s'habiller avec** ~ to dress smartly ❏ **bon** ~ **bon genre** fam ≈ Sloaney Br, ≈ preppy Am.**-2.** fam loc: **avoir le** ~ **pour:** **il a le** ~ **pour dire ce qu'il ne faut pas** he has a gift for ou a knack of saying the wrong thing. ◊ interj fam & vieilli: ~ **(alors)!** great!, smashing!

**chicane** [ʃikan] nf **-1.** [dans un procès] pettifogging (U), chicanery (U). **-2.** [querelle] squabble. **-3.** SPORT [de circuit] chicane; [de gymkhana] zigzag. **-4.** CARTES chicane.

◆ **en chicane** loc adj zigzag (modif).

**chicaner** [3] [ʃikane] ◊ vt: ~ **qqn sur** to quibble with sb about. ◊ vi to quibble.

**chicaneries** [ʃikanri] nfpl quibbling (U).

**chicaneur, euse** [ʃikanœr, øz], **chicanier, ère** [ʃikanje, ɛr] ◊ adj quibbling. ◊ nm, f **-1.** [au tribunal] pettifogger. **-2.** [ergoteur] quibbler.

**chicano** [ʃikano] adj Chicano.

◆ **Chicano** nmf Chicano.

**chiche** [ʃiʃ] adj **-1.** [avare] mean; **être** ~ **de: il n'a pas été** ~ **de son temps/de ses efforts** he didn't spare his time/efforts; **il n'a pas été** ~ **de compliments** he was generous with his compliments. **-2.** [peu abondant – repas, dîner, récolte] scanty, meagre. **-3.** fam [capable]: **être** ~ **de: tu n'es pas** ~ **de le faire!** I'll bet you couldn't do it!; **elle est** ~ **de le**

faire! she's quite capable of doing it!; ~ **que je mange tout!** bet you I can eat it all!; **je vais lui dire ce que je pense! - allez,** ~! I'm going to give him a piece of my mind! - go on, I dare you!

**chiche-kebab** [ʃiʃkebab] (pl **chiches-kebabs**) nm kebab, shish kebab.

**chichement** [ʃiʃmɑ̃] adv **-1.** [de façon mesquine] meanly, stingily. **-2.** [pauvrement] scantily; **vivre** ~ to lead a meagre existence.

**chichi** [ʃiʃi] nm fam [simagrée] airs (and graces); **faire des** ~s to put on airs; **ce sont des gens à** ~s these people give themselves airs; **un dîner sans** ~s an informal dinner; **ne fais pas tant de** ~s **pour une simple piqûre!** don't make such a fuss about a little injection!

**chichiteux, euse** [ʃiʃitø, øz] fam ◊ adj affected. ◊ nm, f show-off, poseur.

**chicorée** [ʃikɔre] nf **-1.** [salade] endive. **-2.** [à café] chicory. **-3.** [fleur] (wild) chicory.

**chicot** [ʃiko] nm [d'une dent] stump; [d'un arbre] tree stump.

**chié, e**▽ [ʃje] adj **-1.** [réussi – soirée, livre] damn good. **-2.** [culotté]: **il est** ~, **lui!** he's got a nerve! **-3.** [drôle]: **il est** ~ **he's a scream. -4.** [difficile – tâche] hard; **alors là, c'est** ~ **comme question!** well, that's a hell of a question!

◆ **chiée**▽ nf [grande quantité]: **une** ~ **de...** heaps ou a whole lot ou loads of...

**chien, chienne** [ʃjɛ̃, ʃjɛn] nm, f **-1.** ZOOL dog (f bitch); ~ **d'arrêt** ou **couchant** pointer; ~ **d'appartement** pet dog; ~ **d'aveugle** guide dog; ~ **de berger** sheepdog; ~ **de chasse** retriever; ~ **courant** hound; ~ **errant** stray dog; ~ **de garde** pr guard dog; fig watchdog; ~ **policier** police dog; ~ **de meute** hound; ~ **de race** pedigree dog; ~ **de traîneau** husky; '~ **méchant** 'beware of the dog'; **un regard de** ~ **battu** a hangdog expression; **(rubrique des)** ~s **écrasés** minor news items; **se regarder en** ~s **de faïence** to stare at one another; **ils sont comme** ~ **et chat** they fight like cat and dog; **comme un** ~ **savant** péj like a trained monkey; **arriver comme un** ~ **dans un jeu de quilles** to turn up at just the wrong moment; **ce n'est pas fait pour les** ~s péj it is there for a good reason; **merci mon** ~! hum I never heard you say thank you!; **je lui réserve** ou **garde un** ~ **de ma chienne** I've got something up my sleeve for him that he's not going to like one bit; **chienne de vie!** fam life's a bitch!; **il menace beaucoup, mais** ~ **qui aboie ne mord pas** prov his bark is worse than his bite. **-2.** ▽ [terme d'insulte] bastard m, bitch f.

◆ **chien** nm **-1.** fam loc: **avoir du** ~: **elle a du** ~ she's got sex appeal. **-2.** ASTRON: **le Grand/Petit Chien** the Great/Little Dog. **-3.** ARM hammer, cock. **-4.** ZOOL: ~ **de mer** dogfish.

◆ **chiens** nmpl (long) fringe.

◆ **à la chien** loc adv [coiffé] with a long fringe.

◆ **de chien** loc adj fam [caractère, temps] lousy, rotten; **avoir un mal de** ~ **à faire qqch** to find it terribly difficult to do sthg.

◆ **en chien de fusil** loc adv curled up.

**chien-chien** [ʃjɛ̃ʃjɛ̃] (pl **chiens-chiens**) nm doggy.

**chiendent** [ʃjɛ̃dɑ̃] nm couch grass; **ça pousse comme du** ~ it grows at a phenomenal rate.

**chienlit** [ʃjɑ̃li] nf fam **-1.** [désordre] mess, shambles; **c'est la** ~ it's a shambles! **-2.** [masque] mask. **-3.** [mascarade] masquerade.

**chien-loup** [ʃjɛ̃lu] (pl **chiens-loups**) nm Alsatian (dog), German shepherd.

**chienne** [ʃjɛn] f→ **chien.**

**chier** [9] [ʃje] vi **-1.** ▼ [déféquer] to (have Br ou take Am a) shit. **-2.** ▽ loc: **ça chie (des bulles)** [ça fait du scandale] it's a bloody scandal; [entre deux personnes] they're having a real bloody go at each other; **j'en ai chié pour le terminer à temps!** I've had a hell of a job getting this finished on time!; **faire** ~ **qqn** [l'importuner, le contrarier] to bug sb; [l'ennuyer] to bore the pants off sb; **(ça) fait** ~, **ce truc!** this thing's a real pain in the arse Br ou ass Am!; **qu'est-ce qu'on s'est fait** ~ **hier soir!** it was so damned boring last night!; **je vais pas me faire** ~ **à tout recopier!** I can't be arsed Br ou bothered with writing it all out again!; **y a pas à** ~, **faut que j'aie fini ce soir!** I've damned well got to finish by tonight and that's that!

◆ **à chier**▽ loc adj **-1.** [très laid]: **son costard est à** ~ his suit looks bloody awful Br ou godawful Am.**-2.** [très mauvais] crap. **-3.** [insupportable]: **il est à** ~, **ce prof!** that teacher is a pain in the arse *Br* ou ass *Am*!

**chieur, euse** [ʃiœr, øz] *nf*: c'est un vrai/une vraie ~ he's/ she's a real pain in the arse *Br* ou ass *Am*.

**chiffe** [ʃif] *nf*: c'est une vraie ~ molle he's got no guts, he's totally spineless; je suis une vraie ~ molle aujourd'hui [fatigué] I feel like a wet rag today.

**chiffon** [ʃifɔ̃] *nm* **-1.** [torchon] cloth; ~ à poussière duster *Br*, dust cloth *Am*.-**2.** [vieux tissu] rag; parler ~s to talk clothes ou fashion. **-3.** *péj* [texte]: qui est l'auteur de ce ~? who produced this crap?
◆ **en chiffon** *loc adj* crumpled up (in a heap).

**chiffonné, e** [ʃifɔne] *adj* **-1.** [froissé] crumpled. **-2.** [fatigué – visage] tired, worn.

**chiffonner** [3] [ʃifɔne] *vt* **-1.** [vêtement] to rumple, to crumple; [papier] to crumple. **-2.** *fam* [préoccuper] to bother, to worry.

**chiffonnier, ère** [ʃifɔnje, ɛr] *nm, f* rag dealer, rag-and-bone man *m*.
◆ **chiffonnier** *nm* [meuble] chiffonier, chiffonnier.

**chiffrable** [ʃifrabl] *adj* quantifiable.

**chiffrage** [ʃifraʒ] *nm* **-1.** [d'un code] ciphering. **-2.** [évaluation] (numerical) assessment. **-3.** MUS figuring.

**chiffre** [ʃifr] *nm* **-1.** MATH figure, number; nombre à deux/ trois ~s two/three digit number; jusqu'à deux ~s après la virgule up to two decimal points; arrondi au ~ supérieur/ inférieur rounded up/down; en ~s ronds in round figures ❑ ~ arabe/romain Arabic/Roman numeral. **-2.** [montant] amount, sum; le ~ des dépenses s'élève à 2 000 francs total expenditure amounts to 2,000 francs. **-3.** [taux] figures, rate; les ~s du chômage the unemployment figures. **-4.** COMM: ~ d'affaires turnover; faire du ~ *fam* to run at a healthy profit. **-5.** INF digit; ~ binaire bit, binary digit; ~ de contrôle check digit. **-6.** TÉLÉC code, ciphering; [service] cipher (office). **-7.** [d'une serrure] combination. **-8.** [initiales] initials; [à l'ancienne] monogram. **-9.** MUS figure.

**chiffré, e** [ʃifre] *adj* **-1.** [évalué] assessed, numbered. **-2.** [codé] coded, ciphered. **-3.** MUS figured.

**chiffrer** [3] [ʃifre] ◇ *vt* **-1.** [évaluer] to assess, to estimate; ~ des travaux to draw up an estimate (of the cost of work); il est trop tôt pour ~ le montant des dégâts it's too early to put a figure to the damage. **-2.** [numéroter] to number. **-3.** ADMIN, INF & MIL to cipher, to code, to encode. **-4.** [linge, vêtement – marquer de ses initiales] to mark ou to inscribe with initials; [– marquer d'un monogramme] to monogram. **-5.** MUS to figure. ◇ *vi fam* to cost a packet; **ça chiffre!** it mounts up!
◆ **se chiffrer** *vp (emploi passif)*: se ~ à [se monter à] to add up ou to amount to; se ~ en ou par to amount to, to be estimated at.

**chignole** [ʃiɲɔl] *nf* **-1.** [outil – à main] hand-drill; [– électrique] electric drill. **-2.** *fam & péj* [voiture] heap.

**chignon** [ʃiɲɔ̃] *nm* bun, chignon.

**chihuahua** [ʃiwawa] *nm* Chihuahua.

**chiions** [ʃijɔ̃] *v* → chier.

**chiisme** [ʃiism] *nm* Shiism.

**chiite** [ʃiit] *adj* Shiah, Shiite.
◆ **Chiite** *nmf* Shiite.

**Chili** [ʃili] *npr m*: le ~ Chile; au ~ in Chile.

**chilien, enne** [ʃiljɛ̃, ɛn] *adj* Chilean.
◆ **Chilien, enne** *nm, f* Chilean.

**chimère** [ʃimɛr] *nf* **-1.** MYTH chimera. **-2.** [utopie] dream, fantasy.

**chimérique** [ʃimerik] *adj* **-1.** [illusoire] fanciful. **-2.** *litt* [utopiste] chimeric.

**chimie** [ʃimi] *nf* chemistry; ~ biologique biochemistry; ~ minérale inorganic chemistry; ~ organique organic chemistry.

**chimiothérapie** [ʃimjɔterapi] *nf* chemotherapy.

**chimiothérapique** [ʃimjɔterapik] *adj* [méthode] chemotherapeutic; [traitement] drug-based, chemotherapeutic *spéc*.

**chimique** [ʃimik] *adj* **-1.** [de la chimie] chemical. **-2.** *fam* [artificiel] chemical, artificial.

**chimiquement** [ʃimikmɑ̃] *adv* chemically.

**chimiste** [ʃimist] *nmf* chemist; ingénieur ~ chemical engineer.

**chimpanzé** [ʃɛ̃pɑ̃ze] *nm* chimpanzee.

**chinchilla** [ʃɛ̃ʃila] *nm* **-1.** [rongeur, fourrure] chinchilla. **-2.** [chat] chinchilla. **-3.** [lapin] chinchilla.

**chine** [ʃin] ◇ *nm* **-1.** [porcelaine] china. **-2.** [papier] rice paper. ◇ *nf* [brocante] secondhand goods trade.
◆ **à la chine** *loc adj*: vente à la ~ hawking.

**Chine** [ʃin] *npr f*: (la) ~ China; ~ communiste Red ou Communist China; ~ populaire, République populaire de ~ People's Republic of China; la mer de ~ the China Sea.

**chiné, e** [ʃine] *adj* [tissu] chiné, mottled; [laine] bicoloured wool.

**chiner** [3] [ʃine] ◇ *vt* **-1.** TEXT to mottle. **-2.** *fam* [taquiner] to kid, to tease. ◇ *vi* [faire les boutiques] to go round the second-hand shops.

**chinetoque**ᵛ [ʃintɔk] *adj & nmf racist term used with reference to Chinese people*, ≃ Chink, ≃ Chinky.

**chinois, e** [ʃinwa, az] *adj* **-1.** [de Chine] Chinese. ◇ **-2.** *fam* [compliqué] twisted.
◆ **Chinois, e** *nm, f* Chinese; les Chinois the Chinese.
◆ **chinois** *nm* **-1.** LING Chinese; pour moi, c'est du ~ it's all Greek to me. **-2.** CULIN [passoire] (conical) strainer; passer qqch au ~ to sieve sthg.

**chinoiser** [3] [ʃinwaze] *vi* to split hairs.

**chinoiserie** [ʃinwazri] *nf* **-1.** *fam* [complication] complication. **-2.** BX-ARTS chinoiserie.

**chiot** [ʃjo] *nm* pup, puppy.

**chiotte**ᵛ [ʃjɔt] *nf* [désagrément] drag, hassle; quel temps de ~! what godawful weather!
◆ **chiottes**ᵛ *nfpl* bog *Br*, john *Am*; aux ~s! [tu dis des bêtises] (what a load of) bullshit!

**chiper** [3] [ʃipe] *vt fam* to pinch, to swipe.

**chipie** [ʃipi] *nf* minx.

**chipolata** [ʃipɔlata] *nf* chipolata.

---

**Comment prononcer les chiffres dans certains cas particuliers**

| | | |
|---|---|---|
| 0 | – | nought *Br*, zero *Am*. [NB: prononcé 'oh' en anglais britannique lorsqu'il apparaît dans une série de chiffres] |
| | – | nil *Br*, zero *Am*. [dans les résultats sportifs] |
| | – | love. [au tennis, au squash etc] |
| 100 | – | a hundred. |
| | – | one hundred. [pour insister] |
| 120 | – | a hundred and twenty *Br*, a hundred twenty *Am*. |
| 5,117 | – | five thousand one hundred and seventeen *Br*, five thousand one hundred seventeen *Am*. [NB: en anglais, les milliers sont séparés des centaines par une virgule] |
| 5.117 | – | five point one one seven. [NB: en anglais les unités sont séparées des décimales par un point] |
| ¾ | – | three quarters. |
| 1½ | – | one and a half. |
| £1.42 | – | one pound forty-two. |
| 490771 | – | four nine oh *Br* ou zero *Am* double seven one. |
| 9.30 | – | [heure] : nine thirty, half past nine *Br*, half after nine *Am*. |

**Comment prononcer les dates**

| | | |
|---|---|---|
| 1906 | – | nineteen oh six. |
| 1933 | – | nineteen thirty-three. |
| 1900 | – | nineteen hundred. |
| 1960s | – | nineteen sixties. |

**chipotage** [ʃipotaʒ] *nm fam* -**1.** [en discutant] quibbling, hairsplitting. -**2.** [en mangeant] nibbling.

**chipoter** [3] [ʃipɔte] *vi fam* -**1.** [discuter] to argue, to quibble; ~ **sur les prix** to haggle over prices. -**2.** [sur la nourriture] to pick at one's food.

**chipoteur, euse** [ʃipɔtœr, øz] *fam* ◇ *adj* -**1.** [en discutant] quibbling. -**2.** [en mangeant] finicky. ◇ *nm, f* -**1.** [ergoteur] fault-finder, quibbler. -**2.** [mangeur] fussy eater.

**chips** [ʃips] *nfpl* (potato) crisps *Br* ou chips *Am*.

**chique** [ʃik] *nf* [tabac] quid, chew (of tobacco).

**chiqué** [ʃike] *nm fam* & *péj*: ~! [dans un match] that's cheating!; **il n'a pas mal, c'est du** ou **il fait du** ~ he's not in pain at all, he's putting it on ou just pretending.

**chiquenaude** [ʃiknod] *nf* -**1.** [pichenette] flick. -**2.** [impulsion] push.

**chiquer** [3] [ʃike] ◇ *vt* to chew. ◇ *vi* to chew tobacco.

**chiromancie** [kirɔmɑ̃si] *nf* chiromancy, palmistry.

**chiromancien, enne** [kirɔmɑ̃sjɛ̃, ɛn] *nm, f* chiromancer.

**chiropracteur** [kirɔpraktœr] = **chiropraticien**.

**chiropractie** [kirɔprakti] *nf* chiropractic.

**chiropraticien, enne** [kirɔpratisjɛ̃, ɛn] *nm, f* chiropractor.

**chiropratique** [kiropratik] *adj Can* chiropractic.

**chirurgical, e, aux** [ʃiryrʒikal, o] *adj* -**1.** MÉD surgical. -**2.** [précis] accurate.

**chirurgie** [ʃiryrʒi] *nf* surgery; ~ **esthétique** cosmetic surgery.

**chirurgien, enne** [ʃiryrʒjɛ̃, ɛn] *nm, f* surgeon.

**chirurgien-dentiste** [ʃiryrʒjɛ̃dɑ̃tist] (*pl* **chirurgiens-dentistes**) *nm* dental surgeon.

**chiure** [ʃjyr] *nf*: ~ **de mouche** fly speck.

**ch-l** *abr écrite de* **chef-lieu**.

**chleuh, e**▽ [ʃlø] *adj* & *nm, f offensive term used with reference to German people*; **les** ~**s** ≈ the Jerries, ≈ the Boche.

**chlinguer**▽ [3] [ʃlɛ̃ge] *vi* to stink, to pong *Br*.

**chlore** [klɔr] *nm* -**1.** CHIM chlorine. -**2.** [Javel] bleach, bleaching agent.

**chloré, e** [klɔre] *adj* chlorinated.

**chlorhydrique** [klɔridrik] *adj* hydrochloric.

**chlorofluorocarbone** [klɔrɔflyɔrɔkarbɔn] *nm* CHIM chlorofluorocarbon.

**chloroforme** [klɔrɔfɔrm] *nm* chloroform.

**chloroformer** [3] [klɔrɔfɔrme] *vt* -**1.** MÉD to administer chloroform to. -**2.** [abrutir] to stultify.

**chlorophylle** [klɔrɔfil] *nf* -**1.** BOT chlorophyll. -**2.** [nature]: **les citadins avides de** ~ city dwellers eager to breathe the fresh country air.

**chlorure** [klɔryr] *nm* chloride.

**chnoque** [ʃnɔk] = **schnock**.

**chnouf** [ʃnuf] = **schnouf**.

**choc** [ʃɔk] *nm* -**1.** [heurt] collision; **à l'épreuve des** ou **résistant aux** ~**s** shock-proof, shock-resistant; **projeté dans le fossé par la violence du** ~ thrown into the ditch by the force of the collision; **tenir le** ~ *fam* to withstand the impact. -**2.** MIL [affrontement] clash. -**3.** [incompatibilité] clash, conflict; **le** ~ **des générations** the generation gap. -**4.** [émotion] shock; **ça fait un** ~! it's a bit of a shock!-**5.** ÉLECTR shock; PHYS collision. -**6.** MÉD shock; ~ **allergique/anesthésique** allergic/anaesthesia shock; ~ **émotif** emotional ou psychic shock; ~ **opératoire** post-operative trauma ou shock. -**7.** ÉCON: ~ **pétrolier** oil crisis. -**8.** [bruit – métallique] clang; [– sourd] thwack; [– cristallin] clink, tinkle. -**9.** *(comme adj; avec ou sans trait d'union)*: **argument/discours** ~ hard-hitting argument/speech; **des prix**~**s** rock-bottom prices.

◆ **de choc** *loc adj* -**1.** MÉD & MIL shock *(modif)*; **être en état de** ~ to be in a state of shock. -**2.** *fam* [efficace] ultra-efficient. -**3.** *fam* & *hum* [d'avant-garde] ultra-modern; **un curé de** ~ a trendy ou with-it priest.

◆ **sous le choc** *loc adj*: **être sous le** ~ MÉD to be in shock; [bouleversé] to be in a daze ou in shock.

**chochotte** [ʃɔʃɔt] *nf fam* & *péj*: **quelle** ~ **tu fais!** [mijaurée] don't be so stuck-up!; [effarouchée] don't be so squeamish!; **il ne supporte pas cette odeur,** ~! oh dear, his Lordship can't stand the smell!

**chocolat** [ʃɔkɔla] ◇ *nm* -**1.** CULIN chocolate; ~ **blanc** white chocolate; ~ **à croquer** ou **noir** dark ou plain chocolate; ~ **au lait** milk chocolate; ~ **de ménage** cooking chocolate. -**2.** [friandise] chocolate; ~ **fourré à la fraise** chocolate filled with strawberry cream; ~ **glacé** choc ice. -**3.** [boisson] hot chocolate, cocoa. ◇ *adj inv* -**1.** [couleur] chocolate brown. -**2.** *fam loc*: **on est** ~! [dupés] we've been had!; [coincés] we've blown it!

◆ **au chocolat** *loc adj* chocolate *(modif)*.

**chocolaté, e** [ʃɔkɔlate] *adj* chocolate *(modif)*, chocolate-flavoured.

**chocolaterie** [ʃɔkɔlatri] *nf* chocolate factory.

**chocolatier, ère** [ʃɔkɔlatje, ɛr] *nm, f* -**1.** [fabricant] chocolate-maker. -**2.** [marchand] confectioner.

◆ **chocolatière** *nf* hot chocolate pot.

**chocottes**▽ [ʃɔkɔt] *nfpl*: **avoir les** ~ to be scared stiff; **ça m'a donné ou filé les** ~ it scared me out of my wits.

**chœur** [kœr] *nm* -**1.** MUS [chorale] choir, chorus; [morceau] chorus. -**2.** *fig* [ensemble] body, group. -**3.** ANTIQ chorus. -**4.** ARCHIT choir.

◆ **en chœur** *loc adv* -**1.** MUS: **chanter en** ~ to sing in chorus. -**2.** [ensemble] (all) together; **parler en** ~ to speak in unison.

**choie**[ʃwa], **choierai** [ʃware] *v* → **choyer**.

**choir** [72] [ʃwar] *vi sout* to fall; **se laisser** ~ **sur une chaise/dans un fauteuil** to flop onto a chair/down in an armchair.

**choisi, e** [ʃwazi] *adj* -**1.** [raffiné]: **une assemblée** ~**e** a select audience; **en termes** ~**s** in a few choice phrases. -**2.** [sélectionné] selected, picked.

**choisir** [32] [ʃwazir] *vt* -**1.** [sélectionner] to choose, to pick; **choisis ce que tu veux** take your choice ou pick; **j'ai choisi les pommes les plus mûres** I selected the ripest apples; **tu as choisi ton moment!** *iron* you picked a good time!; **il a choisi la liberté** he chose freedom ‖ *(en usage absolu)*: **bien** ~ to choose carefully, to be careful in one's choice. -**2.** [décider] to decide, to choose, to elect; **ils ont choisi de rester** they decided ou chose to stay ‖ *(en usage absolu)*: **je n'ai pas choisi, c'est arrivé comme ça** it wasn't my decision, it just happened.

**choix** [ʃwa] *nm* -**1.** [liberté de choisir] choice; **donner le** ~ **à qqn** to give sb a ou the choice; **avoir un** ou **le** ~ to have a choice; **ils ne nous ont pas laissé le** ~ they left us no alternative ou other option; **tu as le** ~ **entre rester et partir** you may choose either to stay or go ❏ **avoir le** ~ **des armes** *pr* & *fig* to have the choice of weapons. -**2.** [sélection] choice; **faire un** ~ to make a choice; **arrêter son** ~ **sur** to decide on, to choose; **mon** ~ **est fait** I've made up my mind; [coincés] **votre** ~ **par téléphone** phone in your selection; **la carrière de votre** ~ your chosen career. -**3.** [gamme]: **un** ~ **de** a choice ou range ou selection of. -**4.** COMM: **premier** ~ top quality; **de premier** ~ top-quality; **viande** ou **morceaux de premier** ~ prime cuts; **de second** ~ [fruits, légumes] standard, grade 2; [viande] standard; **articles de second** ~ seconds.

◆ **au choix** ◇ *loc adj* [question] optional. ◇ *loc adv*: **être promu au** ~ to be promoted by selection; **prenez deux cartes au** ~ choose ou select (any) two cards; **vous avez fromage ou dessert au** ~ you have a choice of either cheeses or a dessert; **répondre au** ~ **à l'une des trois questions** answer any one of the three questions.

◆ **de choix** *loc adj* -**1.** [de qualité] choice *(avant n)*, selected. -**2.** [spécial] special.

◆ **par choix** *loc adv* out of choice.

**choléra** [kɔlera] *nm* MÉD & VÉTÉR cholera.

**cholestérol** [kɔlesterɔl] *nm* cholesterol; **avoir du** ~ to have a high cholesterol level.

**chômage** [ʃomaʒ] *nm* -**1.** [inactivité] unemployment; **la montée du** ~ the rise in unemployment ❏ ~ **partiel** short-time working; ~ **technique**: **être mis au** ~ **technique** to be laid off. -**2.** *fam* [allocation] unemployment benefit, dole (money) *Br*; **toucher le** ~ to be on the dole.

◆ **au chômage** ◇ *loc adj* [sans emploi] unemployed, out of work. ◇ *loc adv*: **s'inscrire au** ~ to sign on *Br*, to register as unemployed.

**chômé, e** [ʃome] *adj*: **jour** ~ public holiday.

**chômedu**▽ [ʃomdy] *nm* unemployment; **être au** ~ to be out of work.

**chômer** [3] [ʃome] *vi* -**1.** [être sans emploi] to be unemployed ou out of work. **-2.** [suspendre le travail – employé] to knock off work; [– entreprise, machine] to stand idle, to be at a standstill. **-3.** [avoir du loisir] to be idle, to have time on one's hands; elle n'a pas le temps de ~ she hasn't got time to sit and twiddle her thumbs; il ne chôme pas he's never short of something to do. **-4.** [être improductif]: laisser ~ son argent to let one's money lie idle.

**chômeur, euse** [ʃomœr, øz] *nm, f* [sans emploi] unemployed person; il est ~ he's unemployed ou out of work; le nombre des ~s est très élevé the unemployment ou jobless figures are high ❑ les ~s de longue durée the long-term unemployed.

**chope** [ʃɔp] *nf* mug.

**choper** [3] [ʃɔpe] *fam* ◇ *vt* **-1.** [contracter] to catch. **-2.** [intercepter] to catch, to get, to nab; tâche de la ~ à sa descente du train try to get hold of her when she gets off the train. **-3.** [voler] to swipe, to pinch; elle s'est fait ~ son portemonnaie she had her purse nicked *Br* ou snatched *Am*. ◇ *vi* SPORT to chop, to slice.

**chopine** [ʃɔpin] *nf* **-1.** *fam* [bouteille] bottle. **-2.** *fam* [verre] glass. **-3.** *Can* [mesure] half-pint.

**chopper** [ʃɔpœr] *nm* **-1.** ARCHÉOL chopper tool. **-2.** [moto] chopper. **-3.** ÉLECTRON chopper, vibrator.

**choquant, e** [ʃɔkɑ̃, ɑ̃t] *adj* **-1.** [déplaisant – attitude] outrageous, shocking. **-2.** [déplacé – tenue] offensive, shocking.

**choquer** [3] [ʃɔke] *vt* **-1.** [heurter] to hit, to knock, to bump; ~ des verres to clink glasses. **-2.** [scandaliser] to shock, to offend; ça te choque qu'elle pose nue? do you find it shocking ou offensive that she should pose in the nude?; être choqué (de qqch) to be shocked (at sthg) || *[en usage absolu]*: leur album a beaucoup choqué their album caused great offence. **-3.** [aller contre] to go against, to be contrary to; ce raisonnement choque le bon sens this line of argument is an insult to common sense. **-4.** [traumatiser]: ils ont été profondément choqués par sa mort they were devastated by his death; être choqué MÉD to be in shock.
◆ **se choquer** *vpi* [être scandalisé] to be shocked.

**choral, e, als** ou **aux** [kɔral, o] *adj* choral.
◆ **choral, als** *nm* MUS & RELIG choral, chorale.
◆ **chorale** *nf* choir, choral society.

**chorégraphe** [kɔregraf] *nmf* choreographer.

**chorégraphie** [kɔregrafi] *nf* choreography.

**choriste** [kɔrist] *nmf* **-1.** RELIG chorister. **-2.** THÉÂT chorus singer; les ~s [au cabaret] the chorus line.

**chorizo** [(t)ʃorizo] *nm* chorizo.

**chorus** [kɔrys] *nm*: faire ~ to (all) agree, to speak with one voice.

**chose** [ʃoz] ◇ *nf* **A.** SENS CONCRET **-1.** [bien matériel, nourriture, vêtement] thing; il n'avait acheté que des bonnes ~s he had only bought good things to eat; j'ai encore des ~s à lui chez moi I still have a few of his things ou some of his belongings at home. **-2.** [objet ou produit indéterminé] thing. **B.** PERSONNE creature, thing; elle me prend pour sa ~ she thinks she can do what she wants with me. **C.** SENS ABSTRAIT **-1.** [acte, fait]: une ~ a thing, something; j'ai encore beaucoup de ~s à faire I've still got lots (of things) to do; ah, encore une ~, je ne viendrai pas demain oh, one more thing, I won't be coming tomorrow; une ~ est sûre, il perdra one thing's (for) sure, he'll lose; en avril, ce sera ~ faite ou la ~ sera faite it will be done by April; ce n'est pas la même ~ [cela change tout] it's a different matter; je suis retournée à mon village, mais ce n'est plus la même ~ I went back to my village, but it's just not the same any more; la fidélité est une ~, l'amour en est une autre faithfulness is one thing, love is quite another; ce n'est pas la ~ à dire/faire! what a thing to say/do!; ce ne sont pas des ~s à faire en société that's just not done in polite circles; ~ extraordinaire/curieuse, il était à l'heure! amazingly/strangely enough, he was on time!; ce sont des ~s qui arrivent it's just one of those things; faire bien les ~s [savoir recevoir] to do things in style; il ne fait pas les ~s à demi ou moitié he doesn't do things by halves; ~ promise ~ due a promise is a promise. **-2.** [parole] thing; il dit une ~ et en fait une autre he says one thing and does something else; je vais te dire une (bonne) ~, ça ne marchera jamais let me tell you something, it'll never work; qu'a-t-il dit? — peu de ~s en vérité what did he

say? — very little ou nothing much, actually; bavarder ou parler de ~s et d'autres to chat about this and that ❑ dites-lui bien des ~s give him my best regards. **-3.** [écrit] thing; comment peut-on écrire des ~s pareilles! how can anyone write such things!**-4.** ~ [ce dont il est question]: comment a-t-il pris la ~? how did he take it?; la ~ est entendue we're agreed on this; laisse-moi t'expliquer la ~ let me explain what it's all about ❑ être porté sur la ~ *euph* to have a one-track mind. **-5.** *sout* [affaires]: la ~ publique POL the state.
◇ *nm fam* **-1.** [pour désigner un objet] thing, thingie. **-2.** [pour désigner une personne]: Chose [homme] What's-his-name, Thingie; [femme] What's-her-name, Thingie.
◇ *adj fam* funny, peculiar; ton fils a l'air tout ~ aujourd'hui your son looks a bit peculiar today.
◆ **choses** *nfpl* [situation] things; les ~s de la vie the things that go to make up life; les ~s étant ce qu'elles sont as things stand, things being as they are; au point où en sont les ~s as things now stand; prendre les ~s comme elles viennent to take life as it comes.
◆ **de deux choses l'une** *loc adv*: de deux ~s l'une, ou tu m'obéis ou tu vas te coucher! either you do as I tell you or you go to bed, it's up to you!

**chosifier** [9] [ʃozifje] *vt* to reify, to consider as a thing.

**chou¹, x** [ʃu] *nm* **-1.** BOT: ~ (cabus) white cabbage; ~ de Bruxelles Brussels sprout; ~ frisé (curly) kale; ~ rouge red cabbage. **-2.** CULIN: (petit) ~ chou; ~ à la crème cream puff. **-3.** [ornement] round knot, rosette. **-4.** *fam loc*: être dans les ~x to be in a mess; avec cette pluie, son barbecue est dans les ~x it's curtains for his barbecue in this rain; faire ~ blanc to draw a blank, to be out of luck; faire ses ~x gras de qqch to put sthg to good use; rentrer dans le ~ à qqn [en voiture] to slam into sb; [agresser] to go for sb.

**chou², choute** [ʃu, ʃut] *nm, f fam* **-1.** *(en appellatif)* honey, sugar, sweetheart; mon pauvre ~! you poor little thing!**-2.** [personne aimable] darling, love. **-3.** *(comme adj)* [gentil] nice, kind; tu es ~ [en demandant un service] there's a dear; [pour remercier] you're so kind, you're an absolute darling || [mignon] cute.

**chouan** [ʃwɑ̃] *nm* Chouan *(member of a group of counter-revolutionary royalist insurgents, one of whose leaders was Jean Chouan, in the Vendée (western France) from 1793 to 1800)*.

**chouannerie** [ʃwanri] *nf*: la ~ the Chouan uprising.

**choucas** [ʃuka] *nm* jackdaw.

**chouchou, oute** [ʃuʃu, ut] *nm, f fam & péj* favourite; c'est le ~ du prof she's the teacher's pet; le ~ de sa grand-mère his grandmother's blue-eyed boy.

**chouchouter** [3] [ʃuʃute] *vt fam* [élève] to give preferential treatment to; [enfant, ami] to mollycoddle, to pamper; se faire ~ to let o.s. be spoiled.

**choucroute** [ʃukrut] *nf* **-1.** CULIN [chou] pickled cabbage; [plat] sauerkraut; ~ garnie sauerkraut with meat. **-2.** *fam* [coiffure]

**chouette¹** [ʃwɛt] *nf* **-1.** ZOOL owl. **-2.** *fam & péj* [femme]: vieille ~ old bag.

**chouette²** [ʃwɛt] *fam* ◇ *adj* **-1.** [agréable – soirée] fantastic, terrific; elle est ~, ta sœur your sister's really nice; ben il est ~ avec ce chapeau! *iron* doesn't he look great with that hat on?**-2.** [gentil] kind; [coopératif] helpful; il est très ~ avec nous he's very good to us; sois ~, prête-moi ta voiture oh go on, lend me your car. ◇ *interj* great.

**chou-fleur** [ʃuflœr] *(pl* choux-fleurs*) nm* cauliflower; oreille en ~ cauliflower ear.

**chouia** [ʃuja] *nm fam*: un ~ a little ou wee ou tiny bit.

**chouquette** [ʃukɛt] *nf* ≈ small chou bun coated with sugar.

**chou-rave** [ʃurav] *(pl* choux-raves*) nm* kohlrabi.

**chouraver**^∇ [ʃurave] *vt* to swipe, to pinch; ~ qqch à qqn to pinch sthg from sb.

**chow-chow** [ʃoʃo] *(pl* chows-chows*) nm* chow (dog).

**choyer** [13] [ʃwaje] *vt* to pamper, to make a fuss of.

**CHR** *(abr de* centre hospitalier régional*) nm* regional hospital.

**chrême** [krɛm] *nm* chrism, consecrated oil.

**chrétien, enne** [kretjɛ̃, ɛn] *adj & nm, f* Christian.

**chrétiennement** [kretjɛnmɑ̃] *adv*: vivre ~ to live as a good Christian; être enterré ~ to have a Christian burial.

**chrétienté** [kretjɛ̃te] *nf* Christendom.

**Christ** [krist] *npr m*: le ~ Christ.

◆ **christ** *nm* [crucifix] (Christ on the) cross, crucifix.

**christianisation** [kristjanizasjɔ̃] *nf* Christianization, conversion to Christianity.

**christianiser** [3] [kristjanize] *vt* to evangelize, to convert to Christianity.

**christianisme** [kristjanism] *nm* Christianity.

**chromatique** [krɔmatik] *adj* **-1.** MUS & OPT chromatic. **-2.** BIOL chromosomal.

**chrome** [krom] *nm* CHIM chromium.

◆ **chromes** *nmpl* [d'un véhicule] chrome *(U)*, chromium-plated parts; faire les ~s d'une voiture/bicyclette to polish up the chrome on a car/bicycle.

**chromo** [kromo] *nm péj* poor-quality colour print.

**chromosome** [krɔmozom] *nm* chromosome; ~ X/Y X/Y chromosome.

**chromosomique** [krɔmozomik] *adj* chromosomal, chromosome *(modif)*.

**chronicité** [krɔnisite] *nf* chronicity.

**chronique** [krɔnik] ◇ *adj* **-1.** MÉD chronic. **-2.** [constant] chronic. ◇ *nf* **-1.** PRESSE [rubrique] column; faire la ~ de to report on ❏ ~ littéraire arts page; ~ mondaine gossip column. **-2.** LITTÉRAT chronicle. **-3.** BIBLE: les Chroniques Chronicles.

**chroniquement** [krɔnikmɑ̃] *adv* **-1.** MÉD chronically. **-2.** [constament] chronically, perpetually.

**chroniqueur, euse** [krɔnikœr, øz] *nm, f* **-1.** [journaliste] commentator, columnist; ~ mondain gossip columnist. **-2.** [historien] chronicler.

**chrono** [krɔno] *fam* ◇ *nm* stopwatch. ◇ *adv* by the clock; 250 ~ recorded speed 250 kph.

**chronobiologie** [krɔnɔbjɔlɔʒi] *nf* chronobiology.

**chronologie** [krɔnɔlɔʒi] *nf* chronology, time sequence; ~ des événements calendar of events.

**chronologique** [krɔnɔlɔʒik] *adj* chronological; série ~ time series.

**chronologiquement** [krɔnɔlɔʒikmɑ̃] *adv* chronologically.

**chronométrage** [krɔnɔmetraʒ] *nm* timing, time-keeping.

**chronomètre** [krɔnɔmɛtr] ◇ *v* → **chronométrer.** ◇ *nm* stopwatch.

**chronométrer** [18] [krɔnɔmetre] *vt* to time *(with a stopwatch)*.

**chronométreur, euse** [krɔnɔmetrœr, øz] *nm, f* time-keeper.

**chronométrique** [krɔnɔmetrik] *adj* chronometric.

**chrysalide** [krizalid] *nf* chrysalis; sortir de sa ~ *fig* to come out of one's shell.

**chrysanthème** [krizɑ̃tɛm] *nm* chrysanthemum.

**CHS** (*abr de* **centre hospitalier spécialisé**) *nm psychiatric hospital.*

**ch'timi** [ʃtimi] ◇ *adj* from the north of France. ◇ *nmf* northerner *(in France)*.

**chu, e** [ʃy] *pp* → **choir.**

**CHU** *nm abr de* **centre hospitalo-universitaire.**

**chuchotement** [ʃyʃɔtmɑ̃] *nm* whisper; des ~s whispering *(U)*.

**chuchoter** [3] [ʃyʃɔte] ◇ *vi* to whisper. ◇ *vt* [mot d'amour, secret] to whisper; ~ qqch à qqn to whisper sthg to sb.

**chuchoteur, euse** [ʃyʃɔtœr, øz] ◇ *adj* whispering. ◇ *nm, f* whisperer.

**chuchotis** [ʃyʃɔti] = **chuchotement.**

**chuintant, e** [ʃɥɛ̃tɑ̃, ɑ̃t] *adj* hushing.

◆ **chuintante** *nf* PHON palato-alveolar fricative.

**chuintement** [ʃɥɛ̃tmɑ̃] *nm* **-1.** PHON *use of palato-alveolar fricatives instead of sibilants (characteristic of certain French regional accents)*. **-2.** [sifflement d'une bouilloire] hiss, hissing.

**chuinter** [3] [ʃɥɛ̃te] *vi* **-1.** ZOOL to hoot. **-2.** [siffler] to hiss. **-3.** PHON to pronounce ou articulate sibilants as fricatives.

**chus, chut¹** [ʃy] *v* → **choir.**

**chut²** [ʃyt] *interj* hush, sh, shhh.

**chute** [ʃyt] *nf* **-1.** [perte d'équilibre] fall; faire une ~ to fall, to take a tumble; ~ de cheval ou de cheval to come off a horse; il a fait une ~ de neuf mètres he fell nine metres; il m'a entraîné dans sa ~ he dragged ou pulled me down with him;

'attention, ~ de pierres' 'danger! falling rocks' ❏ ~ libre free fall; faire du saut en ~ libre to skydive; la livre est en ~ libre *fig* the pound's plummeting. **-2.** [perte] fall; la ~ des cheveux hair loss; au moment de la ~ des feuilles when the leaves fall. **-3.** [baisse – des prix] drop, fall; ~ des ventes COMM fall-off in sales; ~ de tension MÉD drop in blood pressure; ÉLECTR & PHYS voltage drop; ~ de pression pressure drop. **-4.** [effondrement – d'un gouvernement, d'une institution] collapse, fall; entraîner qqn dans sa ~ to drag sb down with one. **-5.** MIL fall. **-6.** BIBLE: la Chute the Fall. **-7.** MÉTÉO: ~s de neige snowfall; ~s de pluie rainfall. **-8.** [fin – d'une histoire] punch line; la ~ du jour *litt* nightfall, the day's end. **-9.** ANAT: ~ des reins small of the back. **-10.** [déchet – de tissu] scrap; [– de bois, de métal] offcut, trimming; ~s de pellicule film trims. **-11.** CONSTR [d'un toit] pitch, slope.

◆ **chute d'eau** *nf* waterfall.

**chuter** [3] [ʃyte] *vi* **-1.** *fam* [tomber] to fall. **-2.** [ne pas réussir] to fail, to come to grief. **-3.** [baisser] to fall, to tumble; faire ~ les ventes to bring sales (figures) tumbling down. **-4.** JEUX to go down.

**Chypre** [ʃipr] *npr* Cyprus; à ~ in Cyprus.

**chypriote** [ʃiprijɔt] = **cypriote.**

**ci** [si] *pron dém inv*: ~ et ça this and that.

**-ci** [si] *adv* **-1.** [dans l'espace]: celui- ou celui-là? this one or that one? **-2.** [dans le temps – présent]: à cette heure~ il n'y a plus personne there's nobody there at this time of day ‖ [dans le temps – futur]: ils viennent dîner ce mercredi~ they're coming for dinner next Wednesday ‖ [dans le temps – passé]: je ne l'ai pas beaucoup vu ces temps~ I haven't seen much of him lately. **-3.** [pour insister]: je ne t'ai pas demandé ce livre~ THAT's not the book I asked for; cette fois~ j'ai compris! NOW I've got it!; c'est à cette heure~ que tu rentres? what time do you call this?

**Ci** (*abr écrite de* **curie**) Ci.

**CIA** (*abr de* **Central Intelligence Agency**) *npr f* CIA.

**ciao** [tʃao] *interj fam* ciao.

**ci-après** [siaprɛ] *adv* hereafter, hereinafter, following; les dispositions ~ the provisions set out below; ~ dénommé l'acheteur hereinafter referred to as the Buyer.

**cibiste** [sibist] *nmf* CB user.

**cible** [sibl] *nf* **-1.** ARM & PHYS target; ~ fixe/mobile stationary/moving target. **-2.** *fig* [victime] target; prendre qqn pour ~ to make sb the target of one's attacks; c'est toujours lui qu'on prend pour ~ he's always the scapegoat. **-3.** COMM target group; population ~ target population.

**ciblé, e** [sible] *adj* targeted.

**cibler** [3] [sible] *vt* [produit] to define a target group for; [public] to target.

**ciboire** [sibwar] *nm* RELIG ciborium.

**ciboule** [sibul] *nf* spring onion *Br*, scallion *Am*.

**ciboulette** [sibulɛt] *nf* chives *(pl)*.

**ciboulot** [sibulo] *nm fam* head; se creuser le ~ to rack one's brain; elle en a dans le ~! she's got a good head on her shoulder!

**cicatrice** [sikatris] *nf* **-1.** MÉD scar. **-2.** *fig* [marque] mark, scar; laisser des ~s to leave scars. **-3.** BOT scar (of attachment).

**cicatrisant, e** [sikatrizɑ̃, ɑ̃t] *adj* healing.

◆ **cicatrisant** *nm* healing agent, cicatrizant *spéc*.

**cicatrisation** [sikatrizasjɔ̃] *nf* **-1.** MÉD scarring, cicatrization *spéc*; la ~ se fait mal the wound is not healing ou closing up properly. **-2.** [apaisement] healing.

**cicatriser** [3] [sikatrize] *vt* **-1.** MÉD to heal, to cicatrize *spéc*. **-2.** [adoucir] to heal.

◆ **se cicatriser** *vpi* [coupure] to heal ou to close up; [tissus] to form a scar; *fig* to heal.

**Cicéron** [siserɔ̃] *npr* Cicero.

**cicérone** [siserɔn] *nm* guide, mentor.

**ci-contre** [sikɔ̃tr] *adv* opposite.

**CICR** (*abr de* **Comité international de la Croix-Rouge**) *npr m* IRCC.

**Cid** [sid] *npr m*: le ~ El Cid; 'le ~' *Corneille* 'Le Cid'.

**CIDEX, Cidex** [sidɛks] (*abr de* **courrier individuel à distribution exceptionnelle**) *nm system grouping letterboxes in* country areas.

**ci-dessous** [sidəsu] *adv* below.

**ci-dessus** [sidəsy] *adv* above; l'adresse ~ the above address.

**ci-devant** [sidəvã] *nmf inv* HIST former aristocrat.

**CIDJ** (*abr de* centre d'information et de documentation de la jeunesse) *nm* careers advisory service.

**cidre** [sidr] *nm* cider; ~ bouché bottled cider (*with a seal*).

**cidrerie** [sidrəri] *nf* cider-house.

**CIDUNaTI** [sidynati] (*abr de* Comité interprofessionnel d'information et de défense de l'union nationale des travailleurs indépendants) *npr m* union of self-employed craftsmen.

**Cie** (*abr écrite de* compagnie) Co.; Johnson et ~ Johnson & Co.

**ciel** [sjɛl] (*pl sens 1, 3, 4 & 5* **cieux** [sjø], *pl sens 2 & 6* **ciels**) ◇ *nm* **-1.** [espace] sky; entre ~ et terre in the air, in midair; une explosion en plein ~ a midair explosion ❑ lever les bras au ~ to throw up one's hands (*in exasperation, despair etc*); lever les yeux au ~ [d'exaspération] to roll one's eyes; tomber du ~ [arriver opportunément] to be heaven-sent ou a godsend; [être stupéfait] to be stunned. **-2.** MÉTÉO: ~ clair/ nuageux clear/cloudy sky. **-3.** ASTRON sky. **-4.** RELIG Heaven. **-5.** *litt* [fatalité] fate; [providence]: c'est le ~ qui t'envoie you're a godsend; le ~ soit loué thank heavens; que le ~ vous entende! may heaven help you! **-6.** [plafond]: ~ de lit canopy. ◇ *interj vieilli*: (juste) ~! heavens above!, (good) heavens!
♦ **ciels** *nmpl litt* [temps]: les ~s changeants de Bretagne the changing skies of Brittany.
♦ **cieux** *nmpl litt* [région] climes, climate; partir vers d'autres cieux to be off to distant parts.
♦ **à ciel ouvert** *loc adj* **-1.** MIN open-cast *Br*, open-cut *Am*. **-2.** [piscine, stade] open-air.

**cierge** [sjɛrʒ] *nm* **-1.** [bougie] altar candle. **-2.** BOT cereus.

**cieux** [sjø] *pl* → ciel.

**cigale** [sigal] *nf* cicada.

**cigare** [sigar] *nm* **-1.** [à fumer] cigar. **-2.** *fam* [tête] head.

**cigarette** [sigarɛt] *nf* **-1.** [à fumer] cigarette; fumer une ~ to smoke a cigarette, to have a smoke ❑ ~ filtre filter-tipped cigarette. **-2.** CULIN: ~ (russe) *shortcrust biscuit shaped like a brandy snap.*

**ci-gît** [siʒi] *adv* here lies.

**cigogne** [sigɔɲ] *nf* stork.

**ciguë** [sigy] *nf*: (petite) ~ fool's-parsley; grande ~ giant hemlock.

**ci-inclus, e** [siɛ̃kly, yz] (*mpl inv, fpl* **ci-incluses**) *adj* (*après le nom*) enclosed.
♦ **ci-inclus** *adv*: (veuillez trouver) ~ vos quittances please find bill enclosed; ~ une copie du testament et les instructions du notaire enclosures: one copy of the will and the solicitor's instructions.

**ci-joint, e** [siʒwɛ̃, ɛ̃t] (*mpl* **ci-joints**, *fpl* **ci-jointes**) *adj* (*après le nom*) attached, enclosed.
♦ **ci-joint** *adv*: ~ photocopie photocopy enclosed; (veuillez trouver) ~ la facture correspondante please find enclosed ou attached the invoice relating to your order.

**cil** [sil] *nm* **-1.** ANAT eyelash, lash, cilium *spéc.* **-2.** BIOL: ~s vibratiles cilia.

**cilice** [silis] *nm* hair shirt, cilice *spéc.*

**cillement** [sijmã] *nm* blinking, nictitation *spéc.*

**ciller** [3] [sije] *vi* **-1.** [battre des cils] to blink. **-2.** [réagir]: il n'a pas cillé he didn't bat an eyelid ou turn a hair; ils contemplaient le spectacle sans ~ they contemplated the sight with no visible sign of emotion.

**cimaise** [simɛz] *nf* **-1.** BX-ARTS picture rail. **-2.** ARCHIT cymatium.

**cime** [sim] *nf* **-1.** GÉOG peak, summit, top. **-2.** [haut d'un arbre] crown, top.

**ciment** [simã] *nm* **-1.** CONSTR cement; ~ à prise lente/rapide slow-setting/quick-setting cement; ~ armé reinforced cement. **-2.** *sout* [lien] bond.

**cimenter** [3] [simãte] *vt* **-1.** CONSTR to cement. **-2.** [renforcer] to consolidate.

**cimenterie** [simãtri] *nf* cement factory ou works.

**cimeterre** [simtɛr] *nm* scimitar.

**cimetière** [simtjɛr] *nm* cemetery, graveyard; [autour d'une église] churchyard; ~ de voitures scrapyard (*for cars*).

**ciné** [sine] *nm fam* **-1.** [spectacle]: le ~ the pictures; se faire un ~ to go and see a film *Br* ou a movie *Am*. **-2.** [édifice] cinema *Br*, movie theater *Am*.

**cinéaste** [sineast] *nmf* film-director *Br*, movie director *Am*; ~ amateur amateur film-maker *Br* ou movie-maker *Am*.

**ciné-club** [sineklœb] (*pl* ciné-clubs) *nm* film society *Br*, movie club *Am*.

**cinéma** [sinema] *nm* **-1.** [édifice] cinema *Br*, movie theater *Am*; ~ d'art et d'essai art house; ~ en plein air [dans les pays chauds] open-air cinema; [aux U.S.A.] drive-in (movie-theater); un ~ de quartier a local cinema. **-2.** [spectacle, genre]: le ~ the cinema *Br*, the movies *Am*; des effets encore jamais vus au ~ effects never before seen on screen ❑ le ~ d'animation cartoons, animation; le ~ d'art et d'essai art films *Br* ou movies *Am*; le ~ muet silent movies; le ~ parlant talking pictures, talkies. **-3.** [métier]: le ~ film-making *Br*, movie-making *Am*; faire du ~ [technicien] to work in films *Br* ou the movies *Am*; [acteur] to act in films *Br*, to be a screen actor; étudiant en ~ student of film *Br* ou movies *Am*; école de ~ film ou film-making school *Br*, movie-making school *Am*. **-4.** [industrie]: le ~ the movie *Am* industry. **-5.** *fam loc*: c'est du ~ it's (all) playacting; arrête (de faire) ton ~! [de mentir] stop putting us on!; [de bluffer] stop shooting your mouth off!; faire du ou tout un ~ (pour) to kick up a huge fuss (about); se faire du ~ to fantasize.
♦ **de cinéma** *loc adj* [festival, revue, vedette] film *Br* (*modif*), movie *Am* (*modif*); film-making *Br*, movie-making *Am*.

**Cinémascope®** [sinemaskɔp] *nm* Cinemascope®.

**cinémathèque** [sinematɛk] *nf* film *Br* ou movie *Am* library; la Cinémathèque française *the French film institute.*

**cinématographe** [sinematɔgraf] *nm* cinematograph.

**cinématographie** [sinematɔgrafi] *nf* cinematography.

**cinématographique** [sinematɔgrafik] *adj* cinematographic, film *Br* (*modif*), movie *Am* (*modif*); les techniques ~s cinematic techniques; une grande carrière ~ a great career in the cinema; droits d'adaptation ~ film rights; droits de reproduction ~ film printing rights.

**cinématographiquement** [sinematɔgrafikmã] *adv* cinematographically; ~ parlant from a cinematic point of view.

**ciné-parc** [sinepark] (*pl* ciné-pancs) *nm Can* drive-in cinema.

**cinéphile** [sinefil] ◇ *nmf* film *Br* ou movie *Am* buff. ◇ *adj*: être (très) ~ to be a film *Br* ou movie *Am* buff.

**cinéraire** [sinerɛr] ◇ *adj* cinerary; urne ~ funeral urn. ◇ *nf* cineraria.

**cinétique** [sinetik] ◇ *adj* kinetic. ◇ *nf* kinetics (U).

**cinglant, e** [sɛ̃glã, ãt] *adj* **-1.** [violent] bitter, biting; une gifle ~e a stinging slap. **-2.** [blessant] biting, cutting, stinging; d'un ton ~ scathingly.

**cinglé, e** [sɛ̃gle] *fam* ◇ *adj* crazy, screwy, nuts. ◇ *nm, f* loony *Br*, screwball *Am*.

**cingler** [3] [sɛ̃gle] ◇ *vt* **-1.** [fouetter] to lash. **-2.** [blesser] to sting. ◇ *vi* NAUT: ~ vers to sail (at full sail) towards, to make for.

**cinoche** [sinɔʃ] *nm fam* cinema *Br*, movies *Am* (*pl*).

**cinq** [sɛ̃k] ◇ *dét* **-1.** five; ~ cents/mille étoiles five hundred/thousand stars; ~ pour cent five per cent; ~ dixièmes five tenths; ~ fois mieux five times better; elle a ~ ans [fillette] she's five (years old ou of age); [voiture] it's five years old; une fille de ~ ans a five-year-old (girl) ❑ les ~ lettres *euph* = a four-letter word; dire les ~ lettres à qqn to tell sb where to go. **-2.** [dans des séries] five; à la page ~ on page five; au chapitre ~ in chapter five, in the fifth chapter; il arrive le ~ novembre he's arriving on November (the) fifth ou the fifth of November; quel jour sommes-nous? — le ~ novembre what's the date today? — the fifth of November. **-3.** [pour exprimer les minutes]: trois heures ~ five past three; trois heures moins ~ five to three; elle est arrivée à ~ *fam* she arrived at five past; ~ minutes [d'horloge] five minutes; [un moment] a short while; ~ minutes plus tard, il a changé d'avis a few minutes later he changed his mind; j'en ai pour ~ minutes it'll only take me

a few minutes; c'est à ~ minutes (d'ici) it's not very far from here.
◊ *pron* five; nous étions ~ dans la pièce there were five of us in the room.
◊ *nm inv* **-1.** MATH five; ~ et ~ font dix five and five are ten; deux fois ~ two times five, twice five. **-2.** [numéro d'ordre] number five; c'est le ~ qui a gagné number five wins; allez au ~ [maison] go to number five. **-3.** JEUX five; le ~ de carreau/pique the five of diamonds/spades ‖ [quille] king-pin. **-4.** [chiffre écrit]: dessiner un ~ to draw a (figure) five. **-5.** TV: La Cinq, La 5 *former French television channel.*
♦ **cinq sur cinq** *loc adv*: je te reçois ~ sur ~ *pr* & *fig* I'm reading ou receiving you loud and clear; t'as compris? — ~ sur ~! got it? — got it!
♦ **en cinq sec** *loc adv fam* in no time at all, in the twinkling of an eye.

**cinquantaine** [sɛ̃kɑ̃tɛn] *nf* **-1.** [nombre]: une ~ de voitures fifty or so cars, about fifty cars. **-2.** [d'objets] (lot of) fifty. **-3.** [âge] fifty; il frise la ~ he's nearly fifty; il a la ~ bien sonnée he's well into his fifties.

**cinquante** [sɛ̃kɑ̃t] ◊ *dét* **-1.** fifty; ~ et un fifty-one; ~-deux fifty-two; ~ et unième fifty-first; ~ mille habitants fifty thousand inhabitants; deux billets de ~ *fam* two fifty-franc notes ou fifties; dans les années ~ in the fifties; la mode des années ~ fifties' fashions; ~ pour cent des personnes interrogées pensent que... fifty per cent of ou half the people we asked think that...; il est mort à ~ ans he died at ou when he was fifty. **-2.** [dans des séries] fifty; page/numéro ~ page/number fifty. **-3.** SPORT: le ~ mètres the fifty metres. **-4.** *loc*: des solutions, il n'y en a pas ~ *fam* there aren't that many ways to solve the problem; je te l'ai dit ~ fois! if I've told you once, I've told you a hundred times! ◊ *nm inv* **-1.** MATH fifty; deux fois ~ two times fifty. **-2.** [numéro d'ordre] number fifty; c'est le ~ qui a gagné number fifty wins; allez au ~ [maison] go to number fifty. **-3.** [chiffre écrit]: le ~ n'est pas lisible the fifty is illegible.

**cinquantenaire** [sɛ̃kɑ̃tnɛr] ◊ *adj* fifty-year old. ◊ *nm* fiftieth anniversary, golden jubilee.

**cinquantième** [sɛ̃kɑ̃tjɛm] ◊ *adj num* fiftieth. ◊ *nm* fiftieth part. ◊ *nf* fiftieth performance.

**cinquième** [sɛ̃kjɛm] ◊ *adj num* fifth; le vingt-~ concurrent the twenty-fifth competitor; la quarante-~ année the forty-fifth year; arriver ~ to come fifth ❑ ~ colonne fifth column; être la ~ roue du carrosse ou de la charrette to be a fifth wheel. ◊ *nmf* **-1.** [personne] fifth, fifth man (*f* woman); je suis ~ [dans une file] I'm fifth; [dans un classement] I came fifth. **-2.** [objet] fifth (one); le ~ était cassé the fifth (one) was broken. ◊ *nm* **-1.** [étage] fifth floor *Br*, sixth floor *Am*. **-2.** [arrondissement de Paris] fifth (arrondissement). **-3.** MATH fifth; les quatre ~s du total four fifths of the total amount. ◊ *nf* **-1.** SCOL second year *Br*, seventh grade *Am*. **-2.** DANSE fifth (position).

**cinquièmement** [sɛ̃kjɛmmɑ̃] *adv* fifthly, in the fifth place.

**cintrage** [sɛ̃traʒ] *nm* **-1.** MÉTALL bending. **-2.** ARCHIT centering.

**cintre** [sɛ̃tr] *nm* **-1.** [porte-manteau] coat-hanger. **-2.** ARCHIT arch. **-3.** MÉTALL bend, curve. **-4.** [d'un siège] crest. **-5.** THÉÂT rigging loft; les ~s the flies.
♦ **(de) plein cintre** *loc adj* semicircular.

**cintré, e** [sɛ̃tre] *adj* **-1.** COUT close-fitting (*at the waist*), waisted. **-2.** *fam* [fou] crazy, nuts, screwy.

**cintrer** [3] [sɛ̃tre] *vt* **-1.** ARCHIT to arch, to vault. **-2.** [courber] to bend, to curve. **-3.** COUT to take in (*sép*) (*at the waist*).

**CIO** (*abr de* Comité international olympique) *npr m* IOC.

**cirage** [siraʒ] *nm* [cire] shoe polish; [polissage] polishing; être dans le ~ *fam* AÉRON to be flying blind; *fig* to be groggy.

**Circé** [sirse] *npr* Circe.

**circoncire** [101] [sirkɔ̃sir] *vt* to circumcise.

**circoncis, e** [sirkɔ̃si, siz] *pp* → **circoncire**.
♦ **circoncis** *adj* circumcised.

**circoncisais** [sirkɔ̃size] *v* → **circoncire**.

**circoncision** [sirkɔ̃sizjɔ̃] *nf* circumcision.

**circoncisons** [sirkɔ̃sizɔ̃] *v* → **circoncire**.

**circonférence** [sirkɔ̃ferɑ̃s] *nf* **-1.** GÉOM circumference. **-2.** [tour] periphery.

**circonflexe** [sirkɔ̃flɛks] *adj* circumflex.

**circonlocution** [sirkɔ̃lɔkysjɔ̃] *nf péj* circumlocution.

**circonscription** [sirkɔ̃skripsjɔ̃] *nf* **-1.** ADMIN & POL area, district; ~ électorale constituency; ~ consulaire consular district. **-2.** GÉOM circumscription, circumscribing.

**circonscrire** [99] [sirkɔ̃skrir] *vt* **-1.** [limiter – extension, dégâts] to limit, to control; ~ un incendie to bring a fire under control, to contain a fire. **-2.** [préciser] to define the limits ou scope of. **-3.** GÉOM to circumscribe.

**circonspect, e** [sirkɔ̃spɛ, ɛkt] *adj* [observateur, commentateur] cautious, wary; [approche] cautious, circumspect.

**circonspection** [sirkɔ̃spɛksjɔ̃] *nf* caution, cautiousness, wariness; avec ~ cautiously, warily.

**circonstance** [sirkɔ̃stɑ̃s] *nf* **-1.** [situation]: étant donné les ~s given the circumstances ou situation. **-2.** [conjoncture] circumstance, occasion; profiter de la ~ to seize the opportunity. **-3.** JUR: ~s aggravantes/atténuantes aggravating/ extenuating circumstances.
♦ **de circonstance** *loc adj* **-1.** [approprié] appropriate, fitting; vers de ~ occasional verse. **-2.** GRAMM complément de ~ adverbial phrase.
♦ **pour la circonstance** *loc adv* for the occasion.

**circonstancié, e** [sirkɔ̃stɑ̃sje] *adj* detailed.

**circonstanciel, elle** [sirkɔ̃stɑ̃sjɛl] *adj* GRAMM adverbial.

**circonvenir** [40] [sirkɔ̃vnir] *vt* [abuser – juge, témoin] to circumvent.

**circonvolution** [sirkɔ̃vɔlysjɔ̃] *nf* **-1.** [enroulement] circumvolution. **-2.** ANAT convolution, gyrus.

**circuit** [sirkɥi] *nm* **-1.** AUT & SPORT circuit; ~ automobile racing circuit. **-2.** [randonnée] tour, trip; faire le ~ des châteaux/vins to do a tour of the chateaux/vineyards ❑ ~ touristique organized trip ou tour. **-3.** [détour] detour, circuitous route. **-4.** ÉLECTR & ÉLECTRON circuit; couper le ~ to switch off ❑ ~ imprimé printed circuit; ~ intégré integrated circuit; ~ logique logical circuit. **-5.** [parcours] progression, route. **-6.** ÉCON channels; le ~ de distribution du pain the distribution channels for bread. **-7.** CIN network; le film est fait pour le ~ commercial it's a mainstream film. **-8.** [tuyaux] (pipe) system; ~ de refroidissement cooling system. **-9.** [pourtour d'une ville] circumference. **-10.** *loc*: elle est encore dans le ~ she's still around; quand je rentrerai dans le ~ when I'm back in circulation.
♦ **en circuit fermé** ◊ *loc adj* [télévision] closed-circuit (*modif*). ◊ *loc adv* **-1.** ÉLECTRON in closed circuit. **-2.** [discuter, vivre] without any outside contact.

**circulaire** [sirkylɛr] ◊ *adj* **-1.** [rond] circular, round. **-2.** [tournant – mouvement, regard] circular. **-3.** TRANSP return *Br* (*modif*), round-trip *Am* (*modif*). **-4.** [définition, raisonnement] circular. ◊ *nf* circular.

**circulairement** [sirkylɛrmɑ̃] *adv* [marcher, rouler] in a circle.

**circulation** [sirkylasjɔ̃] *nf* **-1.** TRANSP: la ~ des camions est interdite le dimanche lorries aren't allowed to run on Sundays; il y a de la/peu de ~ aujourd'hui the traffic is heavy/there isn't much traffic today ❑ ~ aérienne/ ferroviaire/routière air/rail/road traffic. **-2.** [du sang, de l'air, d'un fluide] circulation; avoir une bonne/mauvaise ~ to have good/bad circulation. **-3.** [déplacement] spread, movement; la libre ~ des marchandises the free movement of goods; la ~ des capitaux ÉCON the movement of capital. **-4.** [circuit]: enlever ou retirer de la ~ COMM to take off the market; *fig* to take out of circulation; être/mettre en ~ to be/to put on the market.

**circulatoire** [sirkylatwar] *adj* [appareil] circulatory.

**circuler** [3] [sirkyle] *vi* **-1.** [se déplacer – personne] to move; circulez, il n'y a rien à voir move along now, there's nothing to see; je n'aime pas que les enfants circulent dans toute la maison I don't like the children to have the run of the whole house ‖ TRANSP [conducteur] to drive; [flux de voitures] to move; [train] to run. **-2.** [air, fluide] to circulate. [passer de main en main] to be passed around ou round; le rapport circule the report's being circulated. **-4.** [se propager] to circulate; faire ~ des bruits to spread rumours; c'est une rumeur qui circule it's a rumour that's going around; l'information ne circule pas information is not getting around.

**circumnavigation** [sirkɔmnavigasjɔ̃] *nf* circumnavigation.

**cire** [sir] *nf* **-1.** [encaustique] (wax) polish. **-2.** [dans une

ruche] wax; ~ **d'abeille** beeswax; ~ **à cacheter** sealing wax. **-3.** [cérumen] earwax.
◆ **de cire** *loc adj* [poupée, figurine] wax *(modif)*.

**ciré, e** [sire] *adj* waxed, polished.
◆ **ciré** *nm* **-1.** VÊT [gén] oilskin; [de marin] sou'wester. **-2.** TEXT oilskin.

**cirer** [3] [sire] *vt* **-1.** [faire briller – meuble, parquet] to wax, to polish; [– chaussure] to polish; ~ **les bottes à qqn** *fam* & *fig* to lick sb's boots. **-2.** *loc*: **il en a rien à** ~$^V$ he doesn't give a damn.

**cireur, euse**[1] [sirœr, øz] *nm, f* [de rue] shoe shiner, shoeshine boy *(nm)*.
◆ **cireuse** *nf* floor polisher.

**cireux, euse**[2] [sirø, øz] *adj* **-1.** [comme la cire] waxy, wax-like, waxen *litt*. **-2.** [jaunâtre] waxen *litt*, wax-coloured.

**cirque** [sirk] *nm* **-1.** LOISIRS [chapiteau] circus, big top; [représentation] circus. **-2.** *fam* [agitation]: **c'est pas un peu fini, ce** ~? will you stop fooling around? ‖ [lieu]: **c'est un vrai** ~ **ici!** it's chaos OU pandemonium in here!-**3.** *fam* [scène]: **arrête un peu ton** ~! stop making a fuss!; **faire son** ~ to make a fuss. **-4.** GÉOG cirque, corrie; [sur la Lune] crater. **-5.** ANTIQ amphitheatre; **les jeux du** ~ the circus games.

**cirrhose** [siroz] *nf* cirrhosis.

**cirrus** [sirys] *nm inv* cirrus.

**cisaille** [sizaj] *nf* [outil]: ~, ~**s** (pair of) shears ❑ ~ **à lame** guillotine.

**cisaillement** [sizajmɑ̃] *nm* **-1.** MÉTALL cutting. **-2.** HORT pruning.

**cisailler** [3] [sizaje] *vt* **-1.** [barbelés, tôle] to cut. **-2.** [couper grossièrement] to hack (at).

**ciseau, x** [sizo] *nm* [outil] chisel; **sculpter une figure au** ~ to chisel out a figure.
◆ **ciseaux** *nmpl* **-1.** [outil]: **(une paire de)** ~**x** (a pair of) scissors; **(une paire de) grands** ~**x** (a pair of) shears ❑ ~**x à ongles** nail scissors. **-2.** SPORT: **saut en** ~**x** scissor jump.

**ciseler** [25] [sizle] *vt* **-1.** MÉTALL [en défonçant] to engrave; [en repoussant] to emboss. **-2.** *litt* [texte] to polish.

**ciseleur** [sizlœr] *nm* engraver.

**ciselure** [sizlyr] *nf* **-1.** MÉTALL [en défoncé] engraving; [en repoussé] embossing. **-2.** BX-ARTS & MENUIS chiselling. **-3.** [de reliure] embossing.

**Cisjordanie** [sisʒɔrdani] *npr f*: **la** ~ the West Bank.

**cisjordanien, enne** [sisʒɔrdanjɛ̃, ɛn] *adj* from the West Bank.
◆ **Cisjordanien, enne** *nm, f* inhabitant of or person from the West Bank.

**cistercien, enne** [sistɛrsjɛ̃, ɛn] *adj* & *nm, f* Cistercian.

**citadelle** [sitadɛl] *nf* **-1.** CONSTR citadel. **-2.** [centre] stronghold.

**citadin, e** [sitadɛ̃, in] ◇ *adj* [habitude, paysage] city *(modif)*, town *(modif)*; [population] town-dwelling, city-dwelling. ◇ *nm, f* city-dweller, town-dweller.

**citation** [sitasjɔ̃] *nf* **-1.** [extrait] quotation. **-2.** JUR summons; ~ **à comparaître** [pour un témoin] subpoena; [pour un accusé] summons; **il a reçu une** ~ **à comparaître** [témoin] he was subpoenaed; [accusé] he was summonsed. **-3.** MIL: ~ **à l'ordre du jour** mention in dispatches.

**cité** [site] *nf* **-1.** [ville] city; [plus petite] town. **-2.** [dans des noms de lieux]: **la Cité interdite** the Forbidden City; **la** ~ **des Papes** Avignon; **la** ~ **phocéenne** Marseilles; **la Cité des Sciences et de l'Industrie** *science and technology museum complex at La Villette in the north of Paris*. **-3.** [résidence] (housing) estate *Br* OU development *Am*; **les** ~**s de banlieue** suburban housing estates *(in France, often evocative of poverty and delinquency)* ❑ ~ **de transit** transit OU temporary camp; ~ **ouvrière** ≃ council estate *Br*, ≃ housing project *Am*; ~ **universitaire** hall of residence. **-4.** ANTIQ city-state. **-5.** RELIG: **la** ~ **sainte** the Holy City; **'la Cité de Dieu'** *saint Augustin* 'The City of God'.

**cité-dortoir** [sitedɔrtwar] *(pl* **cités-dortoirs)** *nf* dormitory town.

**citer** [3] [site] *vt* **-1.** [donner un extrait de] to cite, to quote (from). **-2.** [mentionner] to mention; ~ **qqn en exemple** to cite sb as an example. **-3.** [énumérer] to name, to quote, to list. **-4.** JUR [témoin] to subpoena; [accusé] to summons.

MIL to mention; ~ **un soldat à l'ordre du jour** to mention a soldier in dispatches.

**citerne** [sitɛrn] *nf* **-1.** [cuve] tank; [pour l'eau] water tank, cistern. **-2.** NAUT tank. **-3.** [camion] tanker. **-4.** RAIL tank wagon *Br*, tank car *Am*.

**cité U** [sitey] *nf fam abr de* **cité universitaire.**

**cithare** [sitar] *nf* cithara.

**citizen band** [sitizɛnbãd] *(pl* **citizen bands)** *nf* Citizens' Band, CB.

**citoyen, enne** [sitwajɛ̃, ɛn] *nm, f* **-1.** HIST & POL citizen. **-2.** *fam* [personnage]: **qu'est-ce que c'est que ce** ~**-là?** [inquiétant] he's a bit of a queer fish *Br* OU odd duck *Am*; [amusant] what an eccentric!

**citoyenneté** [sitwajɛnte] *nf* citizenship.

**citrique** [sitrik] *adj* citric.

**citron** [sitrɔ̃] *nm* **-1.** BOT lemon; ~ **pressé** freshly squeezed lemon juice; ~ **vert** lime. **-2.** *fam* [tête] nut. **-3.** ENTOM brimstone.
◆ **au citron** *loc adj* [lotion, savon] lemon *(modif)*; [gâteau, sauce] lemon *(modif)*, lemon-flavoured.

**citronnade** [sitrɔnad] *nf* lemonade.

**citronné, e** [sitrɔne] *adj* [gâteau] lemon-flavoured; [pochette] lemon-scented; [eau de toilette] lemon *(modif)*.

**citronnelle** [sitrɔnɛl] *nf* **-1.** [mélisse] lemon balm. **-2.** [aromate tropical] lemongrass. **-3.** [baume] citronella oil. **-4.** [boisson] citronella liqueur.

**citronnier** [sitrɔnje] *nm* lemon tree.

**citrouille** [sitruj] *nf* **-1.** [fruit] pumpkin. **-2.** *fam* [tête] nut.

**cive** [siv] *nf* chives *(pl)*.

**civet** [sive] *nm* civet, stew; ~ **de lièvre**, **lièvre en** ~ civet of hare, ≃ jugged hare.

**civette** [sivɛt] *nf* **-1.** BOT chives *(pl)*. **-2.** [animal, parfum, fourrure] civet.

**civière** [sivjɛr] *nf* stretcher.

**civil, e** [sivil] *adj* **-1.** [non religieux] civil. **-2.** [non militaire] civilian; **porter des vêtements** ~**s** to wear civilian clothes. **-3.** ADMIN: **jour** ~ civil OU calendar day. **-4.** [non pénal] civil. **-5.** *litt* [courtois] courteous, civil.
◆ **civil** *nm* JUR civil action; **porter une affaire au** ~ to bring a case before the civil courts.
◆ **dans le civil** *loc adv* in civilian life.
◆ **en civil** *loc adj*: **être en** ~ [soldat] to be wearing civilian clothes; **policier en** ~ plain clothes policeman.

**civilement** [sivilmɑ̃] *adv* **-1.** JUR: **se marier** ~ to have a civil wedding; **être** ~ **responsable** to be legally responsible. **-2.** *sout* [courtoisement] courteously.

**civilisateur, trice** [sivilizatœr, tris] ◇ *adj* civilizing. ◇ *nm, f* civilizer.

**civilisation** [sivilizasjɔ̃] *nf* **-1.** SOCIOL civilization. **-2.** [action de civiliser] civilization, civilizing. **-3.** [fait d'être civilisé] civilization. *hum* [confort] civilization.

**civilisé, e** [sivilize] ◇ *adj* [nation, peuple] civilized; **on est chez des gens** ~**s, ici!** *fam* we're not savages! ◇ *nm, f* civilized person, member of a civilized society.

**civiliser** [3] [sivilize] *vt* to civilize, to bring civilization to.
◆ **se civiliser** *vpi* to become civilized.

**civilité** [sivilite] *nf litt* [qualité] politeness, polite behaviour, civility.
◆ **civilités** *nfpl litt* [paroles] polite greetings.

**civique** [sivik] *adj* civic; **avoir l'esprit** ~ to be public-spirited ❑ **éducation** OU **instruction** ~ civics *(U)*.

**civisme** [sivism] *nm* sense of citizenship, public-spiritedness.

**cl** *(abr écrite de* **centilitre)** cl.

**clac** [klak] *interj* [bruit – de fouet] crack; [– d'une fenêtre] slam.

**clafoutis** [klafuti] *nm sweet dish made from cherries or other fruit and batter.*

**claie** [klɛ] *nf* **-1.** [pour les fruits] rack. **-2.** [barrière] fence, hurdle. **-3.** [tamis] riddle, screen.

**clair, e** [klɛr] *adj* **-1.** [lumineux] light; **la pièce est très** ~**e le matin** the room gets a lot of light in the morning; **une nuit** ~**e** a fine OU cloudless night; **une** ~**e journée de juin** a fine OU bright day in June; **il a le regard** ~ he's got bright eyes. **-2.** [limpide – eau] clear, transparent; [– teint] clear. **-3.** [peu

épais] thin; **soupe** ~e clear soup. **-4.** [couleur] light; porter des vêtements ~s to wear light ou light-coloured clothes. **-5.** [bien timbré] clear. **-6.** [précis – compte-rendu] clear; se faire une idée ~e de to form a clear ou precise picture of. **-7.** [perspicace] clear; je n'ai plus les idées très ~es I can't see things clearly any more. **-8.** [évident] obvious; c'est ~ et net it's obvious; il n'a rien compris, c'est ~ et net he clearly hasn't understood a thing; c'est ~ comme le jour ou comme de l'eau de roche ou comme deux et deux font quatre it's crystal-clear.
◆ **clair** ◇ *nm* **-1.** [couleur] light colour; les ~s et les sombres BX-ARTS light and shade. **-2.** ASTRON: ~ de lune moonlight; ~ de terre earthlight. **-3.** *loc*: le plus ~ de the best part of; passer le plus ~ de son temps à faire qqch to spend most ou the best part of one's time doing sthg. ◇ *adv*: il fait déjà ~ dehors it's already light outside ❑ parlons ~ let's not mince words!; voir ~: on n'y voit plus très ~ à cette heure-ci the light's not really good enough at this time of the day; y voir ~ [dans une situation] to see things clearly; y voir ~ dans le jeu de qqn to see right through sb, to see through sb's little game.
◆ **au clair** ◇ *loc adj* → **sabre**. ◇ *loc adv*: mettre ou tirer qqch au ~ to clarify sthg.
◆ **en clair** *loc adv* **-1.** [sans code]: envoyer un message en ~ to send an unscrambled message; diffuser en ~ TV to broadcast unscrambled programmes. **-2.** [bref] in plain language.
◆ **claire** *nf* [bassin] oyster bed.
**clairement** [klɛrmã] *adv* clearly.
**clairet, ette** [klɛrɛ, ɛt] *adj* **-1.** [léger – sauce, vin] light, thin *péj.* **-2.** [faible – voix] thin, reedy.
◆ **clairette** *nf* light sparkling wine.
**claire-voie** [klɛrvwa] (*pl* **claires-voies**) *nf* **-1.** [barrière] lattice, open-worked fence. **-2.** ARCHIT clerestory, clearstory. **-3.** NAUT deadlight.
◆ **à claire-voie** *loc adj* open-work.
**clairière** [klɛrjɛr] *nf* [dans une forêt] clearing, glade.
**clair-obscur** [klɛrɔpskyr] (*pl* **clairs-obscurs**) *nm* **-1.** BX-ARTS chiaroscuro. **-2.** [pénombre] twilight, half-light.
**clairon** [klɛrɔ̃] *nm* MUS [instrument] bugle; [joueur] bugler; [orgue] clarion stop.
**claironnant, e** [klɛrɔnɑ̃, ɑ̃t] *adj* resonant, stentorian *litt.*
**claironner** [3] [klɛrɔne] ◇ *vi* to shout. ◇ *vt* to proclaim far and wide, to broadcast (to all and sundry).
**clairsemé, e** [klɛrsəme] *adj* [barbe, cheveux] sparse, thin; [arbres] scattered; [public] sparse.
**clairvoyance** [klɛrvwajɑ̃s] *nf* **-1.** [lucidité] clearsightedness; faire preuve de ~ to be clearsighted. **-2.** [de médium] clairvoyance.
**clairvoyant, e** [klɛrvwajɑ̃, ɑ̃t] ◇ *adj* **-1.** [lucide] clearsighted, perceptive. **-2.** [non aveugle] sighted. **-3.** [médium] clairvoyant. ◇ *nm, f* **-1.** [non aveugle] sighted person; les ~s the sighted. **-2.** [médium] clairvoyant.
**clamer** [3] [klame] *vt* **-1.** [proclamer]: ~ son innocence to protest one's innocence; clamant leur mécontentement making their dissatisfaction known. **-2.** [crier] to clamour, to shout.
**clameur** [klamœr] *nf* clamour (*U*).
**clamser**▽ [3] [klamse] *vi* to kick the bucket.
**clan** [klɑ̃] *nm* **-1.** SOCIOL clan. **-2.** *péj* [coterie] clan, coterie, clique.
**clandestin, e** [klɑ̃dɛstɛ̃, in] ◇ *adj* **-1.** [secret] secret, underground, clandestine. **-2.** [illégal] illegal, illicit. ◇ *nm, f* [passager] stowaway; [immigré] illegal immigrant.
**clandestinement** [klɑ̃dɛstinmã] *adv* **-1.** [secrètement] secretly, in secret, clandestinely. **-2.** [illégalement] illegally, illicitly.
**clandestinité** [klɑ̃dɛstinite] *nf* secrecy, clandestine nature.
◆ **dans la clandestinité** *loc adv* underground; entrer dans la ~ to go underground.
**clapet** [klapɛ] *nm* **-1.** TECH [soupape] valve. **-2.** *fam* [bouche]: elle a un de ces ~s! she's a real chatterbox!, she can talk the hind legs off a donkey!; ferme ton ~! shut your mouth!
**clapier** [klapje] *nm* **-1.** [à lapins] hutch. **-2.** *péj* [appartement]: c'est un vrai ~ ici! it's like living in a shoe box in this place!
**clapir** [32] [klapir] *vi* [lapin] to squeal.

**clapotement** [klapɔtmã] *nm* lapping.
**clapoter** [3] [klapɔte] *vi* [eau, vague] to lap.
**clapotis** [klapɔti] = **clapotement**.
**clappement** [klapmã] *nm* [de la langue] clicking.
**clapper** [3] [klape] *vi* to click one's tongue.
**claquage** [klakaʒ] *nm* MÉD [muscle] strained muscle; [ligament] strained ligament; se faire ou avoir un ~ [muscle] to strain a muscle.
**claquant, e** [klakɑ̃, ɑ̃t] *adj fam* exhausting, killing.
**claque** [klak] ◇ *nm* [chapeau] opera hat. ◇ *nf* **-1.** [coup] smack, slap; une bonne ~ a stinger; une ~ dans la gueule▽ *pr* a smack in the gob *Br* ou kisser *Am*; *fig* a slap in the face. **-2.** THÉÂT claque. **-3.** *Can* [chaussure] rubber overshoe. **-4.** *fam loc*: j'en ai ma ~ [saturé] I've had it up to here; [épuisé] I'm shattered *Br* ou bushed *Am*.
**claqué, e** [klake] *adj* **-1.** *fam* [éreinté] worn out, shattered *Br*, bushed *Am*. **-2.** MÉD strained.
**claquement** [klakmã] *nm* [bruit violent] banging, slamming; le ~ sec du fouet the sharp crack of the whip; un ~ de doigts a snap of the fingers; un ~ de langue a clicking of the tongue; entendre un ~ de portière to hear a car door slam.
**claquemurer** [3] [klakmyre] *vt* to shut in (*sép*).
◆ **se claquemurer** *vp (emploi réfléchi)* to shut o.s. in ou away.
**claquer** [3] [klake] ◇ *vt* **-1.** [fermer] to bang ou to slam (shut); ~ la porte *pr* to slam the door; *fig* to storm out; ~ la porte au nez de qqn *pr* to slam the door in sb's face; *fig* to send sb packing. **-2.** [faire résonner]: ~ sa langue to click one's tongue. **-3.** *fam* [dépenser] to spend. **-4.** *fam* [fatiguer] to wear out (*sép*); ça m'a claqué it was absolutely shattering *Br*, it wiped me out *Am*.-**5.** *fam* [gifler] to slap. ◇ *vi* **-1.** [résonner – porte] to bang; [– drapeau, linge] to flap; un coup de feu a claqué a shot rang out; faire ~ ses doigts to snap one's fingers. **-2.** *fam* [mourir] to peg out; [tomber en panne] to conk out; le frigo va ~ the fridge is on its way out; le projet lui a claqué dans les doigts [il a échoué] his project fell through. **-3.** [céder avec bruit – sangle] to snap; [– baudruche, chewing-gum] to pop.
◆ **claquer de** *v + prép*: il claque des dents his teeth are chattering; ~ des doigts to snap one's fingers.
◆ **se claquer** *vpi fam* [se fatiguer] to wear o.s. out. ◇ *vpt*: se ~ un muscle to strain ou to pull a muscle.
**claquette** [klakɛt] *nf* CIN clapperboard.
◆ **claquettes** *nfpl* **-1.** DANSE tap-dancing; faire des ~s to tap-dance. **-2.** [tongs] flipflops.
**clarification** [klarifikasjɔ̃] *nf* [explication] clarification.
**clarifier** [9] [klarifje] *vt* **-1.** [rendre limpide – suspension, beurre, sauce] to clarify; [– vin] to settle. **-2.** [expliquer] to clarify, to make clear.
◆ **se clarifier** *vpi* **-1.** [situation] to become clearer. **-2.** [suspension, sauce] to become clear. **-3.** CHIM to become clarified.
**clarinette** [klarinɛt] *nf* clarinet.
**clarinettiste** [klarinetist] *nmf* clarinettist, clarinet player.
**clarisse** [klaris] *nf*: les ~s the Poor Clares.
**clarté** [klarte] *nf* **-1.** [lumière] light; la ~ du jour daylight ‖ [luminosité] brightness. **-2.** [transparence] clarity, limpidness, clearness. **-3.** [intelligibilité] clarity, clearness; son raisonnement n'est pas d'une grande ~ his reasoning is not particularly clear.
◆ **clartés** *nfpl litt* knowledge.
**clash** [klaʃ] (*pl* **clashs** ou **clashes**) *nm fam* clash, conflict.
**classable** [klasabl] *adj* classable; cette musique est difficilement ~ it's hard to classify this kind of music.
**classe** [klas] *nf* A. SCOL **-1.** [salle] classroom. **-2.** [groupe] class; camarade de ~ classmate ❑ ~ de neige *residential classes in the mountains for schoolchildren*; ~ de mer *residential classes at the seaside for schoolchildren*; ~ verte *residential classes in the countryside for urban schoolchildren*. **-3.** [cours] class, lesson; ~ de français French class; ~ de perfectionnement advanced class; faire la ~ [être enseignant] to teach; [donner un cours] to teach ou to take a class; c'est moi qui leur fais la ~ I'm their teacher. **-4.** [niveau] class, form *Br*, grade *Am*; dans les grandes/petites ~s in the upper/lower forms *Br*; refaire ou redoubler une ~ to repeat a year ❑ ~s préparatoires *schools specializing in preparing pupils to take Grandes Écoles entrance exams*.

**B.** DANS UNE HIÉRARCHIE **-1.** [espèce] class, kind; MATH & SC class; [dans des statistiques] bracket, class, group; ~ **d'âge** age group; ~ **de revenus** income bracket. **-2.** [rang] class, rank; **former une** ~ **à part** to be in a class OU league of one's own. **-3.** POL & SOCIOL class; ~ **sociale** social class; **les** ~**s populaires** OU **laborieuses** the working classes; **les** ~**s moyennes/dirigeantes** the middle/ruling classes; **l'ensemble de la** ~ **politique** the whole of the political establishment OU class. **-4.** TRANSP class; **billet de première/deuxième** ~ first-/second-class ticket; **voyager en première** ~ to travel first class; ~ **affaires/économique** AÉRON business/economy class. **-5.** [niveau] quality, class; **de grande** ~ top-quality; **de première** ~ first-class; **un hôtel de** ~ **internationale** a hotel of international standing. **-6.** [distinction] class, style; **avec** ~ smartly, with elegance. **-7.** LING class; ~ **grammaticale** part of speech. **C.** MIL annual contingent; **la** ~ **70** the 1970 levy.
◇ *adj fam*: **être** ~ to be classy.
◆ **classes** *nfpl*: **faire ses** ~**s** MIL to go through training.
◆ **en classe** *loc adv*: **aller en** ~ to go to school; **il a l'âge d'aller en** ~ he's of school age; **rentrer en** ~ [pour la première fois] to start school; [à la rentrée] to go back to school, to start school again.

**classé, e** [klase] *adj* **-1.** [terminé] closed, dismissed; **pour moi, c'est une affaire** ~**e** all that's over and done with OU the matter's closed as far as I'm concerned. **-2.** [protégé] listed; **monument/château** ~ listed OU scheduled building/castle.

**classement** [klasmã] *nm* **-1.** [tri – de documents] classifying, ordering, sorting; [– d'objets] sorting, grading; **faire un** ~ **de livres** to sort out OU to classify books ‖ [rangement] filing. **-2.** CHIM grading. **-3.** [palmarès] ranking, placing; **avoir un mauvais/bon** ~ to do badly/well; **donner le** ~ **d'un examen/d'une course** to give the results of an exam/of a race; ~ **de sortie** pass list; **premier au** ~ **général** first overall. **-4.** INF sequencing. **-5.** ADMIN listing.

**classer** [3] [klase] *vt* **-1.** [archiver – vieux papiers] to file (away); [– affaire] to close. **-2.** [agencer] to arrange, to classify, to sort; ~ **qqch par ordre alphabétique** to put sthg in alphabetical order. **-3.** INF to sequence. **-4.** ADMIN [site] to list, to schedule. **-5.** [définir] ~ **qqn comme** to categorize OU *péj* to label sb as; **à sa réaction, je l'ai tout de suite classé** I could tell straight away what sort of person he was from his reaction.
◆ **se classer** *vpi* **-1.** [dans une compétition] to finish, to rank; **se** ~ **troisième** to rank third. **-2.** [prendre son rang]: **se** ~ **parmi** to rank among.

**classeur** [klasœr] *nm* **-1.** [chemise] binder, folder, jacket *Am*; ~ **à anneaux** ring binder; ~ **à feuilles mobiles** loose-leaf folder. **-2.** [tiroir] filing drawer; [meuble] filing cabinet.

**classicisme** [klasisism] *nm* **-1.** BX-ARTS & LITTÉRAT classicism. **-2.** [conformisme] traditionalism.

**classificateur, trice** [klasifikatœr, tris] *adj* classifying.
◆ **classificateur** *nm* **-1.** INF classifier. **-2.** CHIM screen, sizer.

**classification** [klasifikasjõ] *nf* **-1.** [répartition] classification. **-2.** [système] classification system; ~ **dècimale universelle** Dewey decimal system. **-3.** NAUT [mode d'identification] class logo. **-4.** BIOL classification.

**classifier** [9] [klasifje] *vt* **-1.** [ordonner] to classify. **-2.** [définir] to label.

**classique** [klasik] ◇ *adj* **-1.** ENS classical; **faire des études** ~**s** to study classics. **-2.** LING & LITTÉRAT classical; **le français** ~ seventeenth and eighteenth-century French ‖ DANSE & MUS [traditionnel] classical; [XVIIIᵉ siècle] classical, eighteenth-century; ANTIQ classical. **-3.** [conventionnel] conventional; **matériel/armement** ~ conventional equipment/weapons; **vêtement de coupe** ~ classically cut garment. **-4.** [connu – sketch, plaisanterie, recette] classic; **c'est le coup** ~ [ça arrive souvent] that's typical!; [une ruse connue] that's a well-known trick! **-5.** ÉCON classic. ◇ *nm* **-1.** LITTÉRAT [auteur] classical author; [œuvre] classic; **un** ~ **du genre** a classic of its kind; **connaître les** ~**s** to be well-read; **c'est un des grands** ~**s de la littérature russe** it's one of the great classics of Russian literature. **-2.** MUS [genre]: **le** ~ classical music ‖ [œuvre – gén] classic; [– de jazz] (jazz) standard. **-3.** [style d'habillement, de décoration] classic style. **-4.** ÉQUIT classic.
◇ *nf* SPORT classic.

**classiquement** [klasikmã] *adv* **-1.** [avec classicisme] classically. **-2.** [habituellement] customarily.
**Claude** [klod] *npr* [empereur romain] Claudius.
**claudication** [klodikasjõ] *nf* limp, claudication *spéc.*
**claudiquer** [3] [klodike] *vi* to limp.
**clause** [kloz] *nf* **-1.** JUR clause, stipulation; ~ **de résiliation/retrait** termination/withdrawal clause; ~ **abusive** unfair clause; ~ **conditionnelle** proviso; ~ **dérogatoire** derogatory clause; ~ **pénale** penalty clause; ~ **de sauvegarde** safety clause; ~ **de style** *pr* standard OU formal clause; **ce n'est qu'une** ~ **de style** *fig* it's only a manner of speaking. **-2.** POL [d'un traité] clause.
**claustral, e, aux** [klostral, o] *adj* **-1.** [d'un cloître] claustral, cloistral. **-2.** [retiré] cloistered.
**claustration** [klostrasjõ] *nf* confinement.
**claustrer** [3] [klostre] *vt* to confine; **vivre claustré** to lead the life of a recluse.
◆ **se claustrer** *vp* (*emploi réfléchi*) to shut o.s. away.
**claustrophobe** [klostrɔfɔb] ◇ *adj* claustrophobic. ◇ *nmf* claustrophobe, claustrophobic.
**claustrophobie** [klostrɔfɔbi] *nf* claustrophobia.
**clavecin** [klavsẽ] *nm* harpsichord.
**claveciniste** [klavsinist] *nmf* harpsichordist, harpsichord player.
**clavette** [klavet] *nf* key, pin; ~ **de commande** actuating pin.
**clavicule** [klavikyl] *nf* collarbone, clavicle *spéc.*
**clavier** [klavje] *nm* **-1.** [d'une machine] keyboard; [d'un téléphone] keypad. **-2.** MUS [d'un piano] keyboard; [d'un orgue] manual; ~ **main gauche** [d'un accordéon] fingerboard; ~ **de pédales** pedal board. **-3.** [registre] range.
**claviste** [klavist] *nmf* keyboard operator, keyboarder.
**clayette** [klɛjɛt] *nf* shelf, tray.
**clé** [kle] = **clef**.
**clean** [klin] *adj fam* squeaky-clean.
**clébard**▽ [klebar], **clebs**▽ [klɛps] *nm* dog, mutt.
**clef** [kle] *nf* **-1.** [de porte, d'horloge, de boîte de conserve] key; [d'un tuyau de poêle] damper; **prendre la** ~ **des champs** to get away; **fausse** ~ picklock; **mettre la** ~ **sous la porte** OU **le paillasson** *pr* to shut up shop; *fig* to disappear overnight. **-2.** [outil] spanner *Br*, wrench *Am*; ~ **anglaise** OU **à molette** monkey wrench; ~ **universelle** adjustable spanner. **-3.** AUT: ~ **de contact** ignition key; **mes** ~**s de voiture** my car keys. **-4.** TÉLÉC: ~ **d'appel** call button; ~ **de réponse** reply key ‖ INF: ~ **d'accès** enter key; ~ **de protection** data protection. **-5.** MUS clef, key; ~ **de sol** key of G, treble clef; ~ **de fa** key of F, bass clef; ~ **d'ut** key of C, C clef ‖ [touche] key; [d'un instrument – à vent] finger-plate; [– à corde] peg; ~**s de tension** tension screws. **-6.** [moyen]: **la** ~ **de the key to; la** ~ **de la réussite** the key to success. **-7.** [explication] clue, key; **la** ~ **du mystère** the key to the mystery. **-8.** [influence déterminante]: **la** ~ **de** the key to; **Gibraltar est la** ~ **de la Méditerranée** he who holds Gibraltar holds the Mediterranean ‖ (*comme adj; avec ou sans trait d'union*) [essentiel] key (*avant n*); **mot/position** ~ key word/post. **-9.** [introduction]: ~**s pour l'informatique/la philosophie** introduction to computer technology/philosophy. **-10.** ARCHIT: ~ **de voûte** *pr* keystone, quoin; *fig* linchpin, cornerstone.
◆ **à clef** *loc adj*: **fermer une porte à** ~ to lock a door.
◆ **à clefs** *loc adj*: **roman/film à** ~**s** novel/film based on real characters (*whose identity is disguised*).
◆ **à la clef** *loc adv* **-1.** MUS in the key signature; **il y a un bémol/dièse à la** ~ in the key signature has a flat/sharp. **-2.** [au bout du compte]: **avec ... à la** ~ [récompense] with ... as a bonus; [punition] with ... into the bargain.
◆ **clef(s) en main** *loc adj* **-1.** COMM: **prix** ~ OU ~**s en main** [d'un véhicule] on-the-road price; [d'une maison] all-inclusive price. **-2.** INDUST turnkey (*modif*). ◇ *loc adv* **-1.** COMM: **acheter une maison** ~ OU ~**s en main** to buy a house with vacant OU immediate possession; **acheter une voiture** ~ OU ~**s en main** to buy a car ready to drive away. **-2.** INDUST on a turnkey basis.
◆ **sous clef** *loc adv* **-1.** [en prison] behind bars. **-2.** [à l'abri]: **garder qqch sous** ~ to lock sthg away, to put sthg under lock and key.
**clématite** [klematit] *nf* clematis.

**clémence** [klemɑ̃s] *nf* **-1.** MÉTÉO mildness. **-2.** [pardon] leniency, mercy, clemency; **s'en remettre à la ~ de qqn** to throw o.s. on sb's mercy.

**clément, e** [klemɑ̃, ɑ̃t] *adj* **-1.** MÉTÉO mild. **-2.** [favorable]: à une époque moins ~e in less happy times.

**clémentine** [klemɑ̃tin] *nf* clementine.

**clenche** [klɑ̃ʃ] *nf* **-1.** [loquet] latch. **-2.** *Belg* [poignée] door-handle.

**Cléopâtre** [kleɔpatr] *npr* Cleopatra.

**clepsydre** [klɛpsidr] *nf* clepsydra.

**cleptomanie** [klɛptɔmani] = **kleptomanie.**

**clerc** [klɛr] *nm* **-1.** RELIG cleric. **-2.** *sout* scholar; point n'est besoin d'être grand ~ pour deviner la fin de l'histoire you don't need to be a genius to guess the end of the story. **-3.** [employé]: ~ de notaire clerk.

**clergé** [klɛrʒe] *nm* clergy, priesthood; ~ régulier regular clergy; **le bas ~** the lower clergy.

**clérical, e, aux** [klerikal, o] *adj* [du clergé] clerical.

**cléricalisme** [klerikalism] *nm* clericalism.

**CLES, Cles** [klɛs] *(abr de* **contrat local emploi-solidarité)** *nm community work scheme for young unemployed people.*

**clic** [klik] *interj* & *nm* click.

**clic-clac** [klikklak] ◇ *nm inv* clickety-click. ◇ *adj inv* canapé.

**cliché** [kliʃe] *nm* **-1.** PHOT [pellicule] negative; [photo] photograph, shot. **-2.** TECH [plaque] plate. **-3.** INF format, layout. **-4.** *péj* [banalité] cliché.

**client, e** [klijɑ̃, ɑ̃t] *nm, f* **-1.** [acheteur] customer. **-2.** [clientèle]: **les ~s** customers, the clientele; **les ~s d'un médecin** a doctor's patients; **les ~s d'un hôtel** hotel guests. **-3.** HIST client. **-4.** *fam* & *péj* [individu]: **un drôle de ~** a dodgy customer.

**clientèle** [klijɑ̃tɛl] *nf* **-1.** [clients] clientele, customers; **acheter une ~ à un confrère** to buy a practice from a colleague. **-2.** POL: ~ électorale electorate, voters. **-3.** HIST patronage, protection.

**clientélisme** [klijɑ̃telism] *nm péj* populism.

**clignement** [kliɲmɑ̃] *nm*: ~ d'œil OU d'yeux [involontaire] blink; [volontaire] wink; **des ~s d'œil** OU **d'yeux** blinking.

**cligner** [3] [kliɲe] ◇ *vt* [fermer]: ~ les yeux to blink. ◇ *vi* [paupières, yeux] to blink.

◆ **cligner de** *v* + *prép* **-1.** [fermer involontairement]: ~ des yeux to blink. **-2.** [faire signe avec]: ~ de l'œil (en direction de qqn) to wink (at sb).

**clignotant, e** [kliɲɔtɑ̃, ɑ̃t] *adj* [signal] flashing; [lampe défectueuse] flickering; [guirlande] twinkling, flashing.

◆ **clignotant** *nm* **-1.** AUT [lampe] indicator *Br*, turn signal *Am*; **mettre son ~** to indicate *Br*, to put on one's turn signal *Am*. **-2.** [signal] warning light; SPORT sequenced starting lights. **-3.** ÉCON [indice] (key) indicator.

**clignotement** [kliɲɔtmɑ̃] *nm* **-1.** [lumière – d'une guirlande, d'une étoile] twinkling; [– d'un signal] flashing; [– d'une lampe défectueuse] flickering. **-2.** [mouvement – des paupières] flickering; [– des yeux] blinking.

**clignoter** [3] [kliɲɔte] *vi* **-1.** [éclairer – étoile, guirlande] to twinkle; [– signal] to flash (on and off); [– lampe défectueuse] to flicker. **-2.** [automobiliste] to indicate *Br*, to put on one's turn signal *Am*.

**climat** [klima] *nm* **-1.** GÉOG climate; **sous d'autres ~s** in other countries □ ~ artificiel artificial climate. **-2.** [ambiance] climate, atmosphere; **le ~ devient malsain!** things are turning nasty!

**climatique** [klimatik] *adj* **-1.** MÉTÉO weather *(modif)*, climatic. **-2.** LOISIRS: **centre/station ~** health centre/resort.

**climatisation** [klimatizasjɔ̃] *nf* **-1.** [dans un immeuble] air conditioning. **-2.** [dans une voiture] heating and ventilation.

**climatiser** [3] [klimatize] *vt* to air-condition, to install air-conditioning in; **restaurant climatisé** restaurant with air-conditioning.

**climatiseur** [klimatizœr] *nm* air-conditioner, air-conditioning unit.

**climatologie** [klimatɔlɔʒi] *nf* climatology.

**clin** [klɛ̃]

◆ **à clin** *loc adj*: **un pont à ~** a clapboard bridge.

**clin d'œil** [klɛ̃dœj] *(pl* **clins d'œil)** *nm* **-1.** [clignement] wink; **faire un ~ à qqn** to wink at sb. **-2.** [allusion] allusion, implied reference; **un ~ à** allusion OU an implied reference to.

◆ **en un clin d'œil** *loc adv* in the twinkling of an eye, in less than no time, in a flash.

**clinicien, enne** [klinisjɛ̃, ɛn] *nm, f* **-1.** MÉD clinical practitioner. **-2.** PSYCH clinical psychologist.

**clinique** [klinik] ◇ *adj* clinical; **leçon ~** teaching at the bedside; **les signes ~s de l'affection** the visible signs of the disease. ◇ *nf* **-1.** [établissement] (private) clinic; ~ d'accouchement maternity hospital. **-2.** [service] teaching department *(of a hospital).*

**cliniquement** [klinikmɑ̃] *adv* clinically.

**clinquant, e** [klɛ̃kɑ̃, ɑ̃t] *adj* **-1.** [brillant] glittering, tinselly *péj*. **-2.** [superficiel – style] flashy; **le monde ~ du show business** the razzmatazz of show business.

◆ **clinquant** *nm* **-1.** [faux éclat]: **le ~ de leurs conversations** the superficial sparkle of their conversations. **-2.** [lamelle] tinsel.

**clip** [klip] *nm* **-1.** [broche] clip, brooch. **-2.** [boucle d'oreille] clip-on earring. **-3.** [attache] clamp, clip. **-4.** [film] video.

**clique** [klik] *nf* **-1.** [coterie] clique, gang, coterie. **-2.** MIL [fanfare] band.

◆ **cliques** *nfpl*: **prendre ses ~s et ses claques** *fam* [partir] to up and leave; [emporter ses affaires] to pack one's bags (and go).

**cliquer** [3] [klike] *vi* to click.

**cliquet** [klikɛ] *nm* **-1.** [mécanisme] catch, dog, pawl. **-2.** [outil] pawl; à ~ pawl *(modif).*

**cliqueter** [27] [klikte] *vi* [clefs] to jangle; [petite serrure] to click; [grosse serrure] to clang, to clank; [épées] to click; [machine à écrire] to clack; [assiettes] to clatter; [verres] to clink.

**cliquetis** [klikti] *nm* [de clefs, de bijoux, de chaînes] jangling *(U)*; [d'épées] rattling *(U)*; [d'une machine à écrire] clacking *(U)*; [d'assiettes] clatter, clattering *(U)*; [de verres] clinking *(U).*

**cliquette** [klikɛt], **cliquetterai** [klikɛtre] *v*→ **cliqueter.**

**clitoridien, enne** [klitɔridjɛ̃, ɛn] *adj* clitoral.

**clitoris** [klitɔris] *nm* clitoris.

**clivage** [kliva3] *nm* **-1.** [de roche, de cristal] cleavage, splitting. **-2.** [séparation] divide, division.

**cliver** [3] [klive] *vt* MINÉR to divide, to separate.

◆ **se cliver** *vpi* to split, to become divided.

**cloaque** [klɔak] *nm* **-1.** [égout] cesspool, open sewer. **-2.** *litt* [lieu sale] cesspool, cloaca *litt*. **-3.** ZOOL cloaca.

**clochard, e** [klɔʃar, ard] *nm, f* tramp.

◆ **clochardiser** [3] [klɔʃardize] *vt* to make destitute OU homeless.

◆ **se clochardiser** *vpi* to become destitute OU homeless.

**cloche** [klɔʃ] ◇ *adj fam* [idiot] stupid. ◇ *nf* **-1.** [instrument, signal] bell; [chapeau] ~ cloche hat; **se mettre plein ou se taper la ~** *fam* to stuff one's face; **déménager OU partir à la ~ de bois** to do a moonlight flit *Br*, to leave without paying the rent. **-2.** HORT cloche. **-3.** CULIN dome, dish-cover; ~ à fromage cheese dish *(with cover)*, cheese-bell. **-4.** NAUT: ~ de plongée OU à plongeur diving-bell. **-5.** CHIM: ~ à vide vacuum bell-jar. **-6.** *fam* [personne] idiot. **-7.** *fam* [vagabondage]: **être de la ~** to be of no fixed abode.

◆ **en cloche** *loc adj* bell-shaped.

◆ **sous cloche** *loc adv*: **mettre sous ~** HORT to put under glass, to cloche; *fig* to mollycoddle.

**cloche-pied** [klɔʃpje]

◆ **à cloche-pied** *loc adv*: **sauter à ~** to hop.

**clocher¹** [klɔʃe] *nm* **-1.** [tour] bell-tower, church tower. **-2.** [village]: **son ~** the place where he was born.

◆ **de clocher** *loc adj*: **esprit de ~** parochialism, parish-pump mentality; **querelles de ~** petty bickering.

**clocher²** [3] [klɔʃe] ◇ *vi fam* to be wrong; **qu'est-ce qui cloche?** what's wrong OU up? ◇ *vt* HORT to (put under a) cloche.

**clocheton** [klɔʃtɔ̃] *nm* pinnacle turret.

**clochette** [klɔʃɛt] *nf* **-1.** [petite cloche] small bell; ~ à vache cow-bell. **-2.** BOT [campanule] bell-flower.

**clodo** [klɔdo] *nmf fam* tramp, bum *Am.*

**cloison** [klwazɔ̃] *nf* **-1.** CONSTR partition; **mur de ~** dividing wall. **-2.** AÉRON & NAUT bulkhead; ~ étanche watertight

**bulkhead. -3.** ANAT & BOT dissepiment, septum; ~ nasale nasal septum.

**cloisonné, e** [klwazɔne] *adj* **-1.** ANAT & BOT septated. **-2.** JOAILL cloisonné.

◆ **cloisonné** *nm* JOAILL cloisonné.

**cloisonnement** [klwazɔnmã] *nm* [division] division; le ~ des services dans une entreprise the excessive compartmentalisation of departments in a firm.

**cloisonner** [3] [klwazɔne] *vt* **-1.** CONSTR to partition off *(sép)*. **-2.** NAUT to bulkhead. **-3.** [séparer] to compartmentalise.

**cloître** [klwatr] *nm* **-1.** [couvent] convent, monastery. **-2.** ARCHIT [d'un couvent] cloister; [d'une cathédrale] close.

**cloîtré, e** [klwatre] *adj* [moine, religieuse] cloistered, enclosed; [ordre] monastic.

**cloîtrer** [3] [klwatre] *vt* **-1.** RELIG: ~ qqn to shut sb up in a convent. **-2.** [enfermer] to shut up ou away.

◆ **se cloîtrer** *vp (emploi réfléchi)* to shut o.s. away.

**clonage** [klɔnaʒ] *nm* cloning.

**clone** [klon] *nm* clone.

**cloner** [3] [klone] *vt* to clone.

**clope** [klɔp] *nm* ou *nf fam* fag *Br*, smoke *Am*.

**cloper** [3] [klɔpe] *vi fam* to smoke.

**clopin-clopant** [klɔpɛ̃klɔpɑ̃] *adv* **-1.** [en boitant]: avancer ~ to hobble along. **-2.** [irrégulièrement]: ça va ~ it has its ups and downs.

**clopiner** [3] [klɔpine] *vi fam* to hobble along.

**clopinettes** [klɔpinɛt] *nfpl fam* gagner des ~ to earn peanuts; des ~! [refus] nothing doing!, no way!

**cloporte** [klɔpɔrt] *nm* **-1.** ZOOL wood-louse. **-2.** *fam* & *vieilli* [concierge] door-keeper, concierge.

**cloque** [klɔk] *nf* **-1.** BOT & MÉD blister. **-2.** [défaut] raised spot, blister; faire des ~s to blister. **-3.** *loc*: être en ~▽ to have a bun in the oven.

**cloqué, e** [klɔke] *adj* seersucker *(modif)*.

**cloquer** [3] [klɔke] *vi* **-1.** [peinture, papier] to blister. **-2.** *fam* [peau] to come up in a blister.

**clore** [113] [klɔr] *vt* **-1.** *sout* [fermer – porte, volet] to close, to shut; [entourer – parc] to shut off *(sép)*. **-2.** FIN: ~ un compte to close an account. **-3.** [conclure] to conclude, to end, to finish; les inscriptions seront closes le lundi 15 UNIV the closing date for enrolment is Monday 15th; l'incident est ~ the matter is closed.

**clos, e** [klo, kloz] ◇ *pp* → **clore**. ◇ *adj* **-1.** [fermé] closed, shut; les yeux ~ with one's eyes shut; trouver porte ~e to find nobody at home. **-2.** PHON closed.

◆ **clos** *nm* enclosed garden *(often a vineyard)*.

**closent** [kloz] *v* → **clore**.

**closerie** [klozri] *nf* flower-garden.

**clôt** [klo] *v* → **clore**.

**clôture** [klotyr] *nf* **-1.** [palissade] fence, railings. **-2.** RELIG enclosure. **-3.** [fermeture] closing; '~ annuelle' 'closed for the season' ‖ [fin] end; ~ des inscriptions le 20 décembre UNIV the closing date for enrolment is December 20th. **-4.** BOURSE closing; à la ~ at the close.

◆ **de clôture** *loc adj* [gén, BOURSE & COMM] closing.

**clôturer** [3] [klotyre] *vt* **-1.** [fermer] to enclose, to fence (in) *(sép)*. **-2.** [terminer] to close, to end. **-3.** FIN [compte] to close.

**clou** [klu] *nm* **-1.** [pointe] nail; ~ d'ameublement (upholstery) tack; ~ (de) tapissier (carpet) tack; ~ sans tête brad. **-2.** [summum]: le ~ de the climax ou highlight of. **-3.** CULIN: ~ de girofle clove. **-4.** *fam* & *péj* [machine]: vieux ~ [voiture] old banger *Br* ou crate *Am*; [bicyclette] old boneshaker *Br* ou bike. **-5.** *fam loc*: pas un ~: ça ne vaut pas un ~ it's not worth a bean; qu'est-ce qu'il a eu? — pas un ~! what did he get? — not a sausage! *Br* ou zilch! *Am*; des ~s! no way!, nothing doing!; pour des ~s for nothing.

◆ **clous** *nmpl* pedestrian ou zebra crossing *Br*, crosswalk *Am*.

◆ **à clous** *loc adj* [chaussure] hobnail *(modif)*; [pneu] studded.

◆ **au clou** *loc adv fam* in the pawnshop; mettre qqch au ~ to pawn sthg, to hock sthg.

**clouer** [3] [klue] *vt* **-1.** [fixer] to nail (down). **-2.** [fermer] to nail shut; ~ le bec à qqn *fam* to shut sb up. **-3.** [immobiliser – au sol] to pin down *(sép)*; il est resté cloué au lit pendant trois jours he was laid up in bed for three days; la peur l'a

clouait sur place he was rooted to the spot with fear.

**clouté, e** [klute] *adj* **-1.** [décoré] studded. **-2.** [renforcé – chaussure, semelle] hobnailed; [– pneu] studded.

**clouter** [3] [klute] *vt* to stud.

**Clovis** [klɔvis] *npr* Clovis.

**clovisse** [klɔvis] *nf* clam.

**clown** [klun] *nm* clown; faire le ~ to clown, to fool around ❏ ~ blanc white-faced clown.

**clownerie** [klunri] *nf* **-1.** LOISIRS: des ~s clown's antics. **-2.** *péj* [bêtise] (stupid) prank; faire des ~s to clown ou to fool around.

**clownesque** [klunɛsk] *adj* clownish, clownlike.

**club** [klœb] *nm* **-1.** [groupe – de personnes] club; [– de nations] group; **-2.** LOISIRS: ~ de vacances travel club. **-3.** FTBL club, team. **-4.** GOLF club.

**Clytemnestre** [klitɛmnɛstr] *npr* Clytemnestra.

**cm** *(abr écrite de* **centimètre***)* cm.

**cm²** *(abr écrite de* **centimètre carré***)* sq.cm., cm².

**cm³** *(abr écrite de* **centimètre cube***)* cu.cm., cm³.

**CM** ◆ *nf abr de* **Chambre de métiers**. ◆ *nm (abr de* **cours moyen***)*: ~ 1 fourth year of primary school; ~ 2 fifth year of primary school.

**CNAC** [knak] *(abr de* **Centre national d'art et de culture***) npr m* official name of the Pompidou Centre.

**CNAM** [knam] *npr m abr de* **Conservatoire national des arts et métiers**.

**CNC** *npr m* **-1.** *(abr de* **Conseil national de la consommation***)* consumer protection organization. **-2.** *(abr de* **Centre national de la cinématographie***)* national cinematographic organization.

**CNCL** *(abr de* **Commission nationale de la communication et des libertés***) npr f* former French TV and radio supervisory body.

**CNDP** *(abr de* **Centre national de documentation pédagogique***) npr m* national organization for educational resources.

**CNE** *(abr de* **Caisse nationale d'épargne***) npr f* national savings bank.

**CNES, Cnes** [knɛs] *(abr de* **Centre national d'études spatiales***) npr m* French national space research centre.

**CNIL** [knil] *(abr de* **Commission nationale de l'informatique et des libertés***) npr f* board which enforces data protection legislation.

**CNIT, Cnit** [knit] *(abr de* **Centre national des industries et des techniques***) npr m* trade centre at la Défense near Paris.

**CNJA** *(abr de* **Central national des jeunes agriculteurs***) npr m* farmers' union.

**CNPF** *(abr de* **Conseil national du patronat français***) npr m* national council of French employers, ≃ CBI *Br*.

**CNR** *(abr de* **Conseil national de la Résistance***) npr m* central organization of the French Resistance founded in 1943.

**CNRS** *(abr de* **Centre national de la recherche scientifique***) npr m* national organization for scientific research, ≃ SRC *Br*.

**CNTS** *(abr de* **Centre national de transfusion sanguine***) npr m* national blood transfusion centre.

**CNUCED, Cnuced** [knysɛd] *(abr de* **Conférence des Nations Unies pour le commerce et le développement***) npr f* UNCTAD.

**coaccusé, e** [kɔakyze] *nm, f* codefendant.

**coach** [kotʃ] *(pl* **coachs** ou **coaches***) nm* coach SPORT, trainer.

**coacquéreur** [kɔakerœr] *nm* joint purchaser.

**coadjuteur** [kɔadʒytœr] *nm* coadjutor.

**coadministrateur, trice** [kɔadministratœr, tris] *nm, f* codirector.

**coagulant, e** [kɔagylɑ̃, ɑ̃t] *adj* coagulating.

◆ **coagulant** *nm* coagulant.

**coagulation** [kɔagylasjɔ̃] *nf* [du sang] coagulation, coagulating *(U)*; [du lait] curdling *(U)*.

**coaguler** [3] [kɔagyle] *vi* & *vt* [sang] to coagulate; [lait] to curdle.

◆ **se coaguler** *vpi* [sang] to coagulate; [lait] to curdle.

**coaliser** [3] [kɔalize] *vt* to make into a coalition.

◆ **se coaliser** *vpi* to form a coalition.

**coalition** [kɔalisjɔ̃] *nf* POL coalition; *péj* conspiracy.

**coaltar** [kɔltar] *nm* coaltar; être dans le ~ *fam* & *fig* to be in a daze.

**coassement** [kɔasmã] *nm* croaking.

**coasser** [3] [kɔase] *vi* **-1.** [grenouille] to croak. **-2.** *péj* [commère] to gossip.

**coassocié, e** [kɔasɔsje] *nm, f* copartner.

**coauteur** [kɔotœr] *nm* **-1.** LITTÉRAT coauthor, joint author. **-2.** JUR accomplice.

**coaxial, e, aux** [kɔaksjal, o] *adj* coaxial.

**COB, Cob** [kɔb] (*abr de* **Commission des opérations de Bourse**) *npr f commission for supervision of stock exchange operations*, ≃ SIB *Br*, ≃ SEC *Am*.

**cobalt** [kɔbalt] *nm* cobalt.

**cobaye** [kɔbaj] *nm* guinea pig; **servir de** ~ to be used as a guinea pig.

**cobelligérant, e** [kɔbeliʒerã, ãt] *adj* & *nm, f* cobelligerent.

**cobol** [kɔbɔl] *nm* Cobol, COBOL.

**cobra** [kɔbra] *nm* cobra.

**coca** [kɔka] *nf* **-1.** BOT coca. **-2.** PHARM coca extract.
◆ **Coca®** *nm inv* [boisson] Coke®.

**Coca-Cola®** [kɔkakɔla] *nm inv* Coca-Cola®.

**cocagne** [kɔkaɲ]
◆ **de cocagne** *loc adj*: époque/pays de ~ years/land of plenty.

**cocaïne** [kɔkain] *nf* cocaine.

**cocaïnomane** [kɔkainɔman] *nmf* cocaine addict.

**cocarde** [kɔkard] *nf* **-1.** [en tissu] rosette; HIST cockade. **-2.** [signe – militaire] roundel; [– sur une voiture officielle] official logo.

**cocardier, ère** [kɔkardje, ɛr] ◇ *adj péj* chauvinistic, jingoistic. ◇ *nm, f* chauvinist, jingoist.

**cocasse** [kɔkas] *adj* comical.

**cocasserie** [kɔkasri] *nf* [d'une situation] funniness; **c'était d'une ~!** it was a scream!

**coccinelle** [kɔksinɛl] *nf* **-1.** ZOOL ladybird *Br*, ladybug *Am*. **-2.** [voiture] beetle *Br*, bug *Am*.

**coccyx** [kɔksis] *nm* coccyx.

**coche** [kɔʃ] ◇ *nf* **-1.** [encoche] notch. ◇ *nm* **-1.** [voiture] stage coach; **manquer** ou **rater** ou **louper le** ~ to miss the boat.

**cochenille** [kɔʃnij] *nf* cochineal.

**cocher¹** [kɔʃe] *nm* coach driver; ~ **de fiacre** cabman.

**cocher²** [3] [kɔʃe] *vt* to tick (off) *Br*, to check (off) *Am*.

**cochère** [kɔʃɛr] *adj f*: **porte** ~ carriage entrance, porte cochère.

**cochon, onne** [kɔʃɔ̃, ɔn] *fam* ◇ *adj* **-1.** [sale] dirty, filthy, disgusting. **-2.** [obscène] smutty, dirty, filthy. ◇ *nm, f* **-1.** [vicieux] lecher. **-2.** [personne sale] (filthy) pig; **oh, le petit** ~! [à un enfant] you mucky pup!
◆ **cochon** *nm* **-1.** ZOOL pig; ~ **de lait** suckling pig; **sale comme un** ~ filthy dirty; **manger comme un** ~ to eat like a pig; **amis** ou **copains comme** ~s as thick as thieves. **-2.** [homme méprisable] dirty dog; ~ **qui s'en dédit!** you've got a deal!; **bien mon** ~! *fam* well, I'll be damned!
◆ **de cochon** *loc adj* [temps] foul, filthy; [caractère] foul.
◆ **cochon d'Inde** *nm* guinea pig.

**cochonceté** [kɔʃɔ̃ste] *nf fam* **-1.** [saleté]: **faire des** ~s **to make a filthy mess. -2.** [nourriture] junk food. **-3.** [obscénité] piece of smut; **dire des** ~s to say dirty things.

**cochonnaille** [kɔʃɔnaj] *nf fam* pork products.

**cochonner** [3] [kɔʃɔne] ◇ *vt* [dessin, chambre] to make a mess of. ◇ *vi* [truie] to pig.

**cochonnerie** [kɔʃɔnri] *nf fam* **-1.** [chose médiocre] rubbish (U) *Br*, trash (U) *Am* ‖ [nourriture – mal préparée] pigswill (U); [– de mauvaise qualité] junk food (U). **-2.** [saleté] mess (U); **faire des** ~s to make a mess. **-3.** [obscénité] smut (U); **dire des** ~s to say filthy things. **-4.** [action déloyale] dirty trick. **-5.** (*dans des exclamations*): ~ **de:** ~ **de voiture!/de brouillard!** damn this car!/this fog!

**cochonnet** [kɔʃɔnɛ] *nm* **-1.** [aux boules] jack. **-2.** [porcelet] piglet.

**cocker** [kɔkɛr] *nm* cocker spaniel.

**cockpit** [kɔkpit] *nm* cockpit.

**cocktail** [kɔktɛl] *nm* **-1.** [boisson] cocktail; [réception] cock-

tail party. **-2.** [mélange] mix, mixture. **-3.** ARM: ~ **Molotov** Molotov cocktail.

**coco** [kɔkɔ] *nm* **-1.** *fam* [tête] nut; **il a rien dans le** ~! he's got nothing between the ears! **-2.** *fam* [individu]: **un drôle de** ~ *péj* a shady customer; **c'est un joli** ~! *iron* what a charming individual! **-3.** *fam* [en appellatif – à un adulte] love *Br*, honey *Am*; [– à un enfant] sweetie. **-4.** *langage enfantin* [œuf] egg. **-5.** *fam* & *péj* [communiste] commie. **-6.** TEXT coir.

**cocoler** [3] [kɔkɔle] *vt Helv* to cosset.

**cocon** [kɔkɔ̃] *nm* cocoon; **vivre dans un** ~ *fig* to live a cocooned ou sheltered existence, to live in a cocoon; **s'enfermer** ou **rester dans son** ~ *fig* to stay in one's shell.

**cocooning** [kɔkuniŋ] *nm* cocooning *Am*.

**cocorico** [kɔkɔriko] *nm* **-1.** *pr* cock-a-doodle-doo; **faire** ~ to crow. **-2.** *fig* expression of French national pride; ~! three cheers for France!

**cocotier** [kɔkɔtje] *nm* coconut palm.

**cocotte** [kɔkɔt] *nf* **-1.** [casserole] casserole dish; **cuire à la** ~ to casserole. **-2.** *langage enfantin* [poule] hen; ~ **en papier** paper bird. **-3.** [en appellatif] darling, love *Br*, honey *Am*. **-4.** *péj* [femme] tart; **sentir** ou **puer la** ~ to stink of cheap perfume.
◆ **en cocotte** *loc adj* [œuf] coddled.

**Cocotte-Minute®** [kɔkɔtminyt] *nf* pressure cooker.
◆ **à la Cocotte-Minute** ◇ *loc adj* pressure-cooked. ◇ *loc adv* [cuit] in a pressure cooker.

**cocotter** [3] [kɔkɔte] *vi fam* & *péj* to stink.

**cocu, e** [kɔky] *fam* ◇ *adj*: **il est** ~ his wife's been unfaithful to him. ◇ *nm, f* **-1.** [conjoint trompé] deceived husband (*f* wife); **elle l'a fait** ~ she was unfaithful to him. **-2.** [dupe] sucker.

**cocufier** [9] [kɔkyfje] *vt fam* to be unfaithful to.

**codage** [kɔdaʒ] *nm* **-1.** [chiffrement] coding. **-2.** LING encoding.

**code** [kɔd] *nm* **-1.** [ensemble de lois] code; **le** ~ **(civil)** the civil code; ~ **de commerce** commercial law; ~ **maritime** navigation laws; ~ **pénal** penal code; ~ **de la route** Highway Code *Br*, rules of the road *Am*; ~ **du travail** labour legislation. **-2.** [normes] code; ~ **de la politesse** code of good manners. **-3.** [ensemble de conventions] code; ~ **international de signaux** NAUT International Code; ~ **télégraphique** telegraphic code; ~ **des transmissions** signal ou signalling code. **-4.** [groupe de symboles] code; ~ **alphanumérique/binaire** alphanumeric/binary code; ~ **(à) barres** bar code; ~ **confidentiel** [d'une carte de crédit] personal identification number, PIN; ~ **d'entrée** [sur une porte] door code; ~ **postal** post *Br* ou zip *Am* code. **-5.** [manuel] code-book. **-6.** LING language. **-7.** SC: ~ **génétique** genetic code.
◆ **codes** *nmpl* AUT dipped headlights *Br*, low beams *Am*.
◆ **en code** *loc adv* **-1.** [sous forme chiffrée] in code; **mettre qqch en** ~ to cipher ou to code sthg. **-2.** AUT: **se mettre en** ~ to dip one's headlights *Br*, to put on the low beams *Am*.

**codé, e** [kɔde] · *adj* encoded, coded; **générateur d'impulsions** ~**es** pulse coder; **message** ~ cryptogram; **langage** ~ secret language.

**code-barres** [kɔdbar] (*pl* **codes-barres**) *nm* bar code.

**codébiteur, trice** [kɔdebitœr, tris] *nm, f* joint debtor.

**codéine** [kɔdein] *nf* codeine.

**codemandeur, eresse** [kɔdəmãdœr, drœs] *nm, f* joint plaintiff.

**coder** [3] [kɔde] *vt* **-1.** [chiffrer] to code, to encipher. **-2.** LING to encode.

**codétenteur, trice** [kɔdetãtœr, tris] *nm, f* joint holder.

**codétenu, e** [kɔdetny] *nm, f* fellow-prisoner.

**codeur, euse** [kɔdœr, øz] *nm, f* coder.
◆ **codeur** *nm* coding machine.

**codicille** [kɔdisil] *nm* JUR codicil.

**codificateur, trice** [kɔdifikatœr, tris] ◇ *adj* codifying. ◇ *nm, f* codifier.

**codification** [kɔdifikasjɔ̃] *nf* **-1.** [d'une profession, d'un système] codification. **-2.** JUR classification of laws.

**codifier** [9] [kɔdifje] *vt* **-1.** [pratique, profession] to codify. **-2.** JUR to classify.

**codirecteur, trice** [kɔdirɛktœr, tris] *nm, f* joint manager.

**codiriger** [17] [kɔdiriʒe] *vt*: ~ **qqch** to manage sthg together ou jointly.

**coéditer** [3] [kɔedite] vt to copublish.

**coédition** [kɔedisjɔ̃] nf copublication.

**coefficient** [kɔefisjɑ̃] nm **-1.** MATH & PHYS coefficient; ~ multiplicateur multiplying factor; ~ numérique numerical coefficient. **-2.** [proportion] rating, ratio; ~ d'exploitation/de perte operating/loss ratio. **-3.** [valeur] weight, weighting; l'anglais est affecté du ~ 3 English will be weighted at a rate equal to 300%.

**coéquipier, ère** [kɔekipje, ɛr] nm, f teammate.

**coercitif, ive** [kɔɛrsitif, iv] adj coercive.

**coercition** [kɔɛrsisjɔ̃] nf coercion.

**cœur** [kœr] nm **A.** ORGANE **-1.** ANAT heart; il est malade du ~ he's got a heart condition ❏ ça m'a donné ou j'ai eu un coup au ~ it really made me jump; beau ou joli ou mignon comme un ~ as pretty as a picture. **-2.** [poitrine] heart, breast, bosom litt; tenir qqn contre son ~ to hold sb to one's bosom litt. **-3.** [estomac]: avoir le ~ au bord des lèvres to feel queasy ou sick; avoir mal au ~ to feel sick; ça me ferait mal au ~ de devoir le lui laisser! fam I'd hate to have to leave it to him!; un spectacle à vous lever ou soulever le ~ a nauseating ou sickening sight; pour voir ce reportage il faut avoir le ~ bien accroché this report is not for the squeamish.
**B.** SYMBOLE DE L'AFFECTIVITÉ **-1.** [pensées, for intérieur] heart; ouvrir son ~ à qqn to open one's heart to sb; en avoir le ~ net: je veux en avoir le ~ net I want to know ou to find out the truth. **-2.** [énergie, courage] courage; le ~ lui a manqué his courage failed him; tu n'aurais pas le ~ de la renvoyer! you wouldn't have the heart to fire her! ❏ il n'avait pas le ~ à l'ouvrage his heart wasn't in it; avoir du ~ au ventre to be courageous; elle adore son travail, elle y met du ~ she loves her work, she really puts her heart (and soul) into it; allez, haut les ~s! come on, chin up!**-3.** [humeur]: il est parti le ~ joyeux ou gai he left in a cheerful mood; d'un ~ léger light-heartedly ❏ avoir le ~ à faire qqch to be in the mood to do ou feel like doing sthg; ne plus avoir le ~ à rien to have lost heart; ils travaillent, mais le ~ n'y est pas they're working but their hearts aren't in it; si le ~ t'en dit if you feel like it, if the fancy takes you. **-4.** [charité, bonté]: avoir du ou bon ~ to be kind ou kind-hearted; tu n'as pas de ~ you're heartless!, you have no heart!; ton bon ~ te perdra! you're too kind-hearted for your own good!; c'était un homme au grand ~ ou de ~ he was a good man; ❏ il a un ~ gros comme ça fam he'd give you the shirt off his back; avoir le ~ sur la main to be very generous; avoir un ~ d'or to have a heart of gold; avoir le ~ dur ou sec, avoir un ~ de pierre ou d'airain to have a heart of stone; à vot' bon ~ (M'sieurs-Dames) spare us a few pence Br ou a dime Am.**-5.** [siège des émotions, de l'amour] heart; son ~ a parlé he spoke from the heart; laisser parler son ~ to let one's feelings come through; venir du ~ to come (straight) from the heart; aller droit au ~: vos paroles me sont allées droit au ~ your words went straight to my heart; cela me brise le ~ de la voir dans cet état it breaks my heart to see him in such a state; c'était à vous briser ou fendre le ~ it was heartbreaking ou heartrending; cela chauffe ou réchauffe le ~ it warms the cockles of your heart, it's heartwarming; avoir le ~ serré to have a lump in one's throat; mon ~ est libre ou à prendre I'm fancy-free ❏ histoire de ~ love affair; ses problèmes de ~ the problems he has with his love life; avoir le ~ gros to feel sad, to have a heavy heart; il ne me porte pas dans son ~ fam he has no great liking for me, he's no great fan of mine; le ~ a ses raisons que la raison ne connaît pas the heart has its reasons which reason knows nothing of; coup de ~: voici nos coups de ~ dans la collection de printemps here are our favourite spring outfits; avoir un coup de ~ pour qqch to fall in love with sthg, to be really taken with ou by sthg.
**C.** PERSONNE **-1.** [personne ayant telle qualité]: c'est un ~ d'or he has a heart of gold; c'est un ~ sensible/pur he's a sensitive/candid soul; c'est un ~ dur ou sec ou de pierre ou d'airain he has a heart of stone, he's heartless; c'est un ~ de lion he is lion-hearted. **-2.** [terme affectueux] darling, sweetheart.
**D.** CENTRE **-1.** [d'un chou, d'une salade, d'un fromage] heart; [d'un fruit, d'un réacteur nucléaire] core; [d'une ville] heart, cen-

tre ❏ ~ de laitue lettuce heart; ~ de palmier palm heart; ~ d'artichaut pr artichoke heart; c'est un vrai ~ d'artichaut fig he/she is always falling in love. **-2.** [d'un débat] central point.
**E.** OBJET EN FORME DE CŒUR **-1.** CULIN heart-shaped delicacy. **-2.** JEUX: **dame/dix de** ~ queen/ten of hearts; jouer à ou du ~ to play hearts.
◆ **à cœur** loc adv **-1.** [avec sérieux]: prendre les choses à ~ to take things to heart; elle prend vraiment son travail à ~ she really takes her job seriously; tenir à ~ à qqn: ce rôle me tient beaucoup à ~ the part means a lot to me; avoir à ~ de faire qqch to be very eager to do sthg. **-2.** CULIN: fromage fait à ~ fully ripe cheese.
◆ **à cœur joie** loc adv to one's heart's content; s'en donner à ~ joie to have tremendous fun ou a tremendous time.
◆ **à cœur ouvert** ◇ loc adj [opération] open-heart (modif); ◇ loc adv: parler à ~ ouvert à qqn to have a heart-to-heart (talk) with sb.
◆ **au cœur de** loc prép: au ~ de l'été at the height of summer; au ~ de l'hiver in the depths of winter; au ~ de la nuit in the ou at dead of night; au ~ du Morvan in the heart of the Morvan region; au ~ de la ville in the centre of town, in the town centre; le sujet fut au ~ des débats this subject was central to the debate.
◆ **de bon cœur** loc adv [volontiers – donner] willingly; [– parler] readily; ne me remerciez pas, c'est de bon ~ (que je vous ai aidé) no need to thank me, it was a pleasure (helping you).
◆ **de tout cœur** loc adv wholeheartedly; être de tout ~ avec qqn [condoléances] to sympathize wholeheartedly with sb; je ne pourrai assister à votre mariage mais je serai de tout ~ avec vous I won't be able to attend your wedding but I'll be with you in spirit.
◆ **de tout mon cœur, de tout son cœur** etc loc adv **-1.** [sincèrement – aimer, remercier] with all my/his etc heart, wholeheartedly, from the bottom of my/his etc heart; [– féliciter] warmly, wholeheartedly. **-2.** [énergiquement]: rire de tout son ~ to laugh one's head off.
◆ **en cœur** loc adj [bouche, pendentif] heart-shaped.
◆ **par cœur** loc adv **-1.** [apprendre, connaître] by heart; connaître qqn par ~ to know sb inside out. **-2.** loc: dîner par ~ to go without (one's) dinner.
◆ **sans cœur** loc adj heartless.
◆ **sur le cœur** loc adv: la mousse au chocolat m'est restée sur le ~ pr the chocolate mousse made me feel sick; ses critiques me sont restées ou me pèsent sur le ~ I still haven't got over the way she criticized me; avoir qqch sur le ~ to have sthg on one's mind; en avoir gros sur le ~ fam to be really upset.

**coexistence** [kɔɛgzistɑ̃s] nf coexistence; ~ pacifique peaceful coexistence.

**coexister** [3] [kɔɛgziste] vi: ~ (avec) to coexist (with).

**COFACE** [kɔfas] (abr de **Compagnie française d'assurances pour le commerce extérieur**) npr f export insurance company, ≃ ECGD.

**coffrage** [kɔfraʒ] nm **-1.** MIN & TRAV PUBL coffering, lining. **-2.** CONSTR casing.

**coffre** [kɔfr] nm **-1.** [caisse] box, chest; ~ à jouets toybox. **-2.** NAUT locker; ~ d'amarrage mooring buoy, trunk buoy. **-3.** AUT boot Br, trunk Am; ~ à bagages [d'un autocar] baggage ou luggage compartment. **-4.** [coffre-fort] safe, strongbox; les ~s de l'État the coffers of the State ‖ BANQUE safe-deposit box; ~ de nuit night safe. **-5.** ZOOL [poisson] cofferfish. **-6.** fam [poitrine] chest; [voix] (big) voice; avoir du ~ [du souffle] to have a good pair of lungs.

**coffre-fort** [kɔfrəfɔr] (pl coffres-forts) nm safe, strongbox.

**coffrer** [3] [kɔfre] vt **-1.** fam [emprisonner] to put behind bars; se faire ~ to be sent down. **-2.** MIN to coffer. **-3.** CONSTR to form.

**coffret** [kɔfrɛ] nm **-1.** [petit coffre] box, case, casket; dans un ~ cadeau in a gift box ❏ ~ à bijoux jewellery box. **-2.** [cabinet] cabinet.
◆ **en coffret** loc adv: présenté ou vendu en ~ sold in a box.

**cofinancer** [16] [kɔfinɑ̃se] vt to cofinance, to finance jointly.

**cofondateur, trice** [kɔfɔ̃datœr, tris] nm, f cofounder.

**cogérance** [kɔʒerɑ̃s] nf joint management.

**cogérant, e** [kɔʒerɑ̃, ɑ̃t] nm, f joint manager (f manageress).

**cogestion** [kɔʒœstjɔ̃] *nf* joint management OU administration.

**cogitation** [kɔʒitasjɔ̃] *nf hum* cogitation *(U)*, pondering *(U)*; je te laisse à tes ~s I'll leave you to think things over.

**cogiter** [3] [kɔʒite] *hum* ◇ *vi* to cogitate; **il faut que je cogite!** I must put my thinking cap on! ◇ *vt* to ponder.

**cognac** [kɔɲak] *nm* [gén] brandy; [de Cognac] Cognac.

**cognassier** [kɔɲasje] *nm* quince tree.

**cognée** [kɔɲe] *nf* axe, hatchet.

**cogner** [3] [kɔɲe] ◇ *vi* **-1.** [heurter] to bang, to knock; **son cœur cognait dans sa poitrine** his heart was thumping; ~ **à la fenêtre** [fort] to knock on the window; [légèrement] to tap on the window. **-2.** *fam* [user de violence]: ~ **sur qqn** to beat sb up; **ça va** ~ things are going to get rough. ◇ *vt* **-1.** [entrer en collision avec] to bang OU to knock OU to smash into. **-2.** *fam* [battre] to whack, to wallop.
♦ **se cogner** ◇ *vpi* **-1.** [se faire mal]: **je me suis cogné** I banged into something. **-2.** *loc*: **il s'en cogne**▽ he doesn't give a damn OU monkey's *Br*. ◇ *vpt*: **se** ~ **le coude** to hit OU to bang one's elbow.

**cognitif, ive** [kɔgnitif, iv] *adj* cognitive.

**cognition** [kɔgnisjɔ̃] *nf* cognitive processes, cognition.

**cohabitation** [kɔabitasjɔ̃] *nf* **-1.** [vie commune] cohabitation, cohabiting, living together. **-2.** POL *coexistence of an elected head of state and an opposition parliamentary majority.*

**cohabiter** [3] [kɔabite] *vi* **-1.** [partenaires] to cohabit, to live together; [amis] to live together; ~ **avec qqn** to live with sb. **-2.** [coexister] to coexist; **faire** ~ **deux théories** to reconcile two theories.

**cohérence** [kɔerɑ̃s] *nf* [gén & OPT] coherence.

**cohérent, e** [kɔerɑ̃, ɑ̃t] *adj* **-1.** [logique] coherent. **-2.** [fidèle à soi-même] consistent. **-3.** OPT coherent.

**cohéritier, ère** [kɔeritje, ɛr] *nm, f* co-heir (*f* co-heiress).

**cohésif, ive** [kɔezif, iv] *adj* cohesive.

**cohésion** [kɔezjɔ̃] *nf* **-1.** [solidarité] cohesion, cohesiveness. **-2.** [d'un corps, de molécules] cohesion.

**cohorte** [kɔɔrt] *nf* **-1.** ANTIQ cohort. **-2.** *péj* [foule]: **une** ~ **de** hordes OU droves of. **-3.** SOCIOL population.

**cohue** [kɔy] *nf* **-1.** [foule] crowd, throng. **-2.** [bousculade]: **dans la** ~ amidst the general pushing and shoving, in the (general) melee.

**coi, coite** [kwa, kwat] *adj* speechless; **en rester** ~ to be speechless; **se tenir** ~ to keep quiet.

**coiffe** [kwaf] *nf* **-1.** VÊT [de paysanne] (traditional) headdress; [de nonne] (nun's) headdress; [garniture de chapeau] lining. **-2.** ASTRONAUT & BOT cap. **-3.** ANAT caul.

**coiffer** [3] [kwafe] *vt* **-1.** [peigner – cheveux, frange] to comb; [– enfant, poupée] to comb the hair of; **tu es horriblement mal coiffé** your hair's all over the place; **cheveux faciles/difficiles à** ~ manageable/unmanageable hair. **-2.** [réaliser la coiffure de] to do OU to style the hair of; **elle s'est fait** ~ **par Paolo, c'est Paolo qui l'a coiffée** she had her hair done by Paolo. **-3.** [chapeauter] to cover the head of; **il était coiffé d'une casquette** he was wearing a cap; **être coiffé de noir** to be wearing a black hat. **-4.** [mettre sur sa tête] to put on; ~ **la mitre** to be ordained a bishop. **-5.** [diriger] to control; **elle coiffe plusieurs services** she's in charge of several departments. **-6.** *loc*: ~ **qqn** (au OU sur le poteau) to pip sb at the post *Br*, to pass sb up *Am*.
♦ **se coiffer** *vp (emploi réfléchi)* **-1.** [se peigner] to comb one's hair; [arranger ses cheveux] to do one's hair. **-2.** [mettre un chapeau] to put a hat on. **-3.** [acheter ses chapeaux]: **se** ~ **chez les grands couturiers** to buy one's hats from the top designers.

**coiffeur, euse** [kwafœr, øz] *nm, f* hairdresser, hair stylist; **aller chez le** ~ to go to the hairdresser's ❑ ~ **pour hommes** gentlemen's hairdresser, barber; ~ **pour dames** ladies' hairdresser.
♦ **coiffeuse** *nf* dressing-table.

**coiffure** [kwafyr] *nf* **-1.** [coupe] hairdo, hairstyle; **se faire faire une nouvelle** ~ to have one's hair styled OU restyled ❑ ~ **à la Jeanne d'Arc** pageboy haircut. **-2.** [technique]: **la** ~ hairdressing. **-3.** [chapeau] headdress.

**coin** [kwɛ̃] *nm* **-1.** [angle] corner; **le** ~ **de la rue** the corner of the street; **à un** ~ **de rue** on a street-corner ❑ **un** ~

**couloir/fenêtre** an aisle/a window seat; **à chaque** ~ **de rue**, à tous les ~s de rue all over the place, everywhere; **manger sur un** ~ **de table** to eat a hasty meal; **au** ~ **du feu** *pr* by the fireside; **rester au** ~ **du feu** *fig* to stay at home; **au** ~ **d'un bois** *pr* somewhere in a wood; *fig* in a lonely place. **-2.** [commissure – des lèvres, de l'œil] corner; **du** ~ **de l'œil** [regarder, surveiller] out of the corner of one's eye. **-3.** [endroit quelconque] place, spot; **dans un** ~ **de la maison** somewhere in the house; **j'ai dû laisser mon livre dans un** ~ I must have left my book somewhere or other; **dans un** ~ **de sa mémoire** in a corner of his memory; **bon** ~: **il connaît les bons** ~s he knows all the right places ‖ [espace réservé]: **le** ~ **des bricoleurs** COMM the do-it-yourself department ‖ *(suivi d'un n; avec ou sans trait d'union)*: ~ **cuisine** kitchen recess; ~ **salle à manger/salon** dining/sitting area ‖ [à la campagne] corner, place, spot; **un petit** ~ **tranquille à la campagne** a quiet spot in the country; **un** ~ **perdu** [isolé] an isolated spot; [arriéré] a godforsaken place *péj* ❑ **chercher dans tous les** ~s **et les recoins** to look in every nook and cranny; **connaître qqch dans les** ~s to know sthg like the back of one's hand; **le petit** ~ *fam* & *euph* the smallest room. **-4.** [parcelle] patch, plot; **il reste un** ~ **de ciel bleu** there's still a patch of blue sky. **-5.** IMPR [forme] die; [poinçon] stamp, hallmark. **-6.** [cale] wedge.
♦ **au coin** *loc adv* [de la rue] on OU at the corner; **mettre un enfant au** ~ to make a child stand in the corner (as punishment).
♦ **dans le coin** *loc adv* [dans le quartier – ici] locally, around here; [– là-bas] locally, around there; **et Victor?** — **il est dans le** ~ where's Victor? — somewhere around; **je passais dans le** ~ **et j'ai eu envie de venir te voir** I was in the area and I felt like dropping in (on you).
♦ **dans son coin** *loc adv*: **laisser qqn dans son** ~ to leave sb alone; **rester dans son** ~ to keep oneself to oneself.
♦ **de coin** *loc adj* [étagère] corner *(modif)*.
♦ **du coin** *loc adj* [commerce] local; **les gens du** ~ [ici] people who live round here, the locals; [là-bas] people who live there, the locals; **désolé, je ne suis pas du** ~ sorry, I'm not from around here.
♦ **en coin** ◇ *loc adj* [regard] sidelong; **un sourire en** ~ a half-smile. ◇ *loc adv* [regarder, observer] sideways; **sourire en** ~ to give a half-smile.

**coinçai** [kwɛ̃se] *v* → **coincer**.

**coincé, e** [kwɛ̃se] *adj fam* **-1.** *péj* [inhibé] repressed, hung-up. **-2.** [mal à l'aise] tense, uneasy.

**coincer** [16] [kwɛ̃se] ◇ *vt* **-1.** [immobiliser – volontairement] to wedge; [– accidentellement] to stick, to jam; **j'ai coincé la fermeture de ma robe** I got the zip of my dress stuck. **-2.** *fam* [attraper] to corner, to nab, to collar; **se faire** ~ to get nabbed. **-3.** *fam* [retenir]: **plus de trains? je suis coincé, maintenant!** the last train's gone? I'm in a real fix now!; **elle est coincée entre ses convictions et les exigences de la situation** she's torn between her convictions and the demands of the situation. **-4.** [mettre en difficulté – par une question] to catch out *(sép) Br*, to put on the spot; **là, ils t'ont coincé!** they've got you there! ◇ *vi* **-1.** [être calé]: **c'est la chemise bleue qui coince au fond du tiroir** the blue shirt at the back is making the drawer jam. **-2.** [être entravé] to stick; **les négociations coincent** the discussions have come to a sticking point; **ça coince (quelque part)** *fam* there's a hitch somewhere.
♦ **se coincer** ◇ *vpi* [se bloquer – clef, fermeture] to jam, to stick. ◇ *vpt*: **se** ~ **la main/le pied** to have one's hand/foot caught.

**coïncidence** [kɔɛ̃sidɑ̃s] *nf* **-1.** [hasard] chance; **quelle** ~ **de vous voir ici!** what a coincidence seeing you here!; **c'est (une) pure** ~ it's purely coincidental. **-2.** MATH coincidence.
♦ **par coïncidence** *loc adv* coincidentally, by coincidence.

**coïncident, e** [kɔɛ̃sidɑ̃, ɑ̃t] *adj* **-1.** [dans l'espace] coextensive, coincident. **-2.** [dans le temps] concomitant, simultaneous.

**coïncider** [3] [kɔɛ̃side] *vi* **-1.** [s'ajuster l'un sur l'autre] to line up, to coincide, to be coextensive; **faites** ~ **les deux triangles** line up the two triangles (so that they coincide). **-2.** [se produire ensemble] to coincide; **nos anniversaires coïncident** our birthdays fall on the same day. **-3.** [concorder] to concord; **les deux témoignages coïncident** the two statements are consistent.

**coin-coin** [kwɛ̃kwɛ̃] ◊ *nm inv* quacking. ◊ *onomat* quack quack.

**coinçons** [kwɛ̃sɔ̃] *v*→ **coincer**.

**coïnculpé, e** [koɛ̃kylpe] *nm, f* co-defendant.

**coing** [kwɛ̃] *nm* quince.

**coït** [kɔit] *nm* coitus.

**coite** [kwat] *f*→ **coi**.

**coke** [kɔk] ◊ *nm* coke. ◊ *nf fam* coke.

**cokéfier** [9] [kɔkefje] *vt* to coke.

**cokerie** [kɔkri] *nf* coking plant.

**col** [kɔl] *nm* -**1.** COUT collar; ~ blanc/bleu white-collar/blue-collar worker; ~ cassé wing collar; ~ châle shawl collar; ~ cheminée turtleneck; ~ chemisier shirt collar; ~ Claudine Peter Pan collar; ~ Mao Mao collar; ~ marin sailor's collar; ~ officier mandarin collar; ~ roulé [pull] polo-neck sweater; se pousser du ou se hausser du ou se hausser le ~ *litt* to blow one's own trumpet; faux ~ *pr* detachable collar; [de la bière] head. -**2.** [d'une bouteille] neck. -**3.** ANAT cervix, neck; ~ du fémur neck of the thighbone; ~ de l'utérus neck of the womb. -**4.** GÉOG pass, col.

**col.** *abr écrite de* **colonne**.

**Col.** (*abr écrite de* **Colonel**) Col.

**cola** [kɔla] = **kola**.

**colchique** [kɔlʃik] *nm* colchicum.

**col-de-cygne** [kɔldəsiɲ] (*pl* **cols-de-cygne**) *nm* swan-neck.

**cold-cream** [kɔldkrim] (*pl* **cold-creams**) *nm* cold cream.

**colégataire** [kɔlegatɛr] *nmf* joint legatee.

**coléoptère** [kɔleɔptɛr] *nm* member of the Coleoptera.

**colère** [kɔlɛr] ◊ *nf* -**1.** [mauvaise humeur] anger, rage; passer sa ~ sur qqn to take out one's bad temper on sb; avec ~ angrily, in anger ☐ ~ bleue ou noire towering rage. -**2.** [crise] fit of anger ou rage; [d'un enfant] tantrum; piquer *fam* ou faire une ~ [adulte] to fly into a temper; [enfant] to have ou to throw a tantrum; entrer dans une violente ~ to fly into a violent rage. -**3.** *litt* [des éléments, des dieux] wrath. ◊ *adj vieilli*: être ~ to be bad-tempered.
◆ **en colère** *loc adj* angry, livid, mad; être en ~ contre qqn to be angry with sb *Br* ou at sb *Am*; mettre qqn en ~ to make sb angry; se mettre en ~ to flare up, to lose one's temper.

**coléreux, euse** [kɔlerø, øz], **colérique** [kɔlerik] *adj* [personne] irritable, quick-tempered; il a un caractère très ~ he's got quite a temper.

**colibacille** [kɔlibasil] *nm* colon bacillus.

**colibacillose** [kɔlibasiloz] *nf* colibacillosis.

**colibri** [kɔlibri] *nm* humming bird, colibri.

**colifichet** [kɔlifiʃe] *nm* knick-knack, trinket.

**colimaçon** [kɔlimasɔ̃] *nm* snail.

**colin** [kɔlɛ̃] *nm* [lieu noir] coley *Br*, pollock *Am*; [lieu jaune] pollack; [merlan] whiting; [merlu] hake.

**colin-maillard** [kɔlɛ̃majar] (*pl* **colin-maillards**) *nm* blind man's buff.

**colique** [kɔlik] *nf* -**1.** *fam* [diarrhée] diarrhoea; avoir la ~ to have diarrhoea. -**2.** MÉD [douleur] colic, stomach ache; ~s néphrétiques renal colic; [chez le nourrisson] gripes. -**3.** ∇ [contrariété] hassle, drag.

**colis** [kɔli] *nm* package, packet, parcel; ~ piégé parcel *Br* ou package *Am* bomb; ~ postal postal packet.

**colite** [kɔlit] *nf* colitis.

**coll.** -**1.** *abr écrite de* **collection**. -**2.** (*abr écrite de* **collaborateurs**): et ~ et al.

**collabo** [kɔlabo] *nmf péj* & HIST collaborationist.

**collaborateur, trice** [kɔlabɔratœr, tris] *nm, f* -**1.** [aide] associate. -**2.** [membre du personnel] member of staff. -**3.** *péj* & HIST collaborator, collaborationist.

**collaboration** [kɔlabɔrasjɔ̃] *nf* -**1.** [aide] collaboration, co-operation, help; en ~ étroite avec in close co-operation with. -**2.** HIST [politique] collaborationist policy; [période] collaboration.

**collaborer** [3] [kɔlabɔre] *vi* -**1.** [participer] to participate; ~ à to take part ou to participate in; PRESSE to write for, to contribute to, to be a contributor to. -**2.** *péj* & HIST to collaborate.

**collage** [kɔlaʒ] *nm* -**1.** [fixation] gluing, sticking; ~ des affiches billposting, bill sticking; ~ du papier peint paper-

hanging. -**2.** BX-ARTS collage. -**3.** ŒNOL fining. -**4.** INDUST sizing.

**collagène** [kɔlaʒɛn] *nm* collagen.

**collant, e** [kɔlɑ̃, ɑ̃t] *adj* -**1.** [adhésif] adhesive, sticking; [poisseux] sticky. -**2.** [moulant] tightfitting. -**3.** *fam* & *péj* [importun] limpet-like; qu'il est ~! [importun] he just won't leave you alone!; [enfant] he's so clinging!, he won't give you a minute's peace!
◆ **collant** *nm* -**1.** [bas] (paire of) tights, pantyhose *Am* (*U*). -**2.** [de danse] leotard.
◆ **collante** *nf arg scol* [convocation] *letter asking a student to present himself for an exam.*

**collatéral, e, aux** [kɔlateral, o] *adj* collateral.
◆ **collatéral, aux** *nm* -**1.** ARCHIT aisle. -**2.** JUR collateral relative.

**collation** [kɔlasjɔ̃] *nf* -**1.** [repas] light meal, snack. -**2.** RELIG collation, conferral, conferment. -**3.** [de textes] collation.

**collationner** [3] [kɔlasjɔne] *vt* to collate.

**colle** [kɔl] *nf* -**1.** [glu] glue, adhesive; ~ à bois wood glue; ~ végétale vegetable size. -**2.** *fam* [énigme] trick question, poser, teaser; poser une ~ à qqn to set sb a poser; là, vous me posez une ~! you've got me there!-**3.** *arg scol* [examen] oral test; [retenue] detention; avoir une ~ to get detention, to be kept in ou behind (after school); mettre une ~ à qqn to keep sb behind (in detention).
◆ **à la colle** *loc adv fam*: ils sont à la ~ they've shacked up together.

**collecte** [kɔlɛkt] *nf* -**1.** [ramassage] collection; faire la ~ du lait to collect milk (*from farms for transportation to the local creamery*). -**2.** INF: ~ des données data collection ou gathering. -**3.** [quête] collection; faire une ~ to collect money, to make a collection.

**collecter** [4] [kɔlɛkte] *vt* [argent] to collect; [lait, ordures] to collect, to pick up (*sép*).

**collecteur, trice** [kɔlɛktœr, tris] ◊ *adj* collecting. ◊ *nm, f* ADMIN: ~ d'impôts tax collector.
◆ **collecteur** *nm* -**1.** ÉLECTR commutator; ÉLECTRON collector. -**2.** MÉCAN manifold; ~ d'admission intake manifold; ~ d'air ÉLECTRON air-trap; ~ d'échappement AUT exhaust manifold. -**3.** CULIN drip cup, juice collector cup. -**4.** [égout] main sewer.

**collectif, ive** [kɔlɛktif, iv] *adj* -**1.** [en commun] collective, common. -**2.** [de masse] mass (*modif*), public; suicide ~ mass suicide; licenciements ~s mass redundancies; viol ~ gang rape. -**3.** GRAMM collective.
◆ **collectif** *nm* -**1.** GRAMM collective noun. -**2.** FIN: ~ budgétaire interim budget, extra credits. -**3.** [équipe] collective.

**collection** [kɔlɛksjɔ̃] *nf* -**1.** [collecte] collecting; il fait ~ de timbres he collects stamps. -**2.** [ensemble de pièces] collection. -**3.** *fam* & *péj* [clique] bunch, collection.-**4.** COMM [série – gén] line, collection; [– de livres] collection, series; dans la ~ jeunesse in the range of books for young readers; la ~ complète des œuvres de Victor Hugo the collected works of Victor Hugo. -**5.** VÊT collection; les ~s [présentations] fashion shows. -**6.** MÉD gathering.

**collectionner** [3] [kɔlɛksjɔne] *vt* -**1.** [tableaux, timbres] to collect. -**2.** *hum* [avoir en quantité]: il collectionne les ennuis he's never out of trouble.

**collectionneur, euse** [kɔlɛksjɔnœr, øz] *nm, f* collector.

**collective** [kɔlɛktiv] *f*→ **collectif**.

**collectivement** [kɔlɛktivmɑ̃] *adv* collectively; ils se sont élevés ~ contre la nouvelle loi they protested as a group against the new law.

**collectivisation** [kɔlɛktivizasjɔ̃] *nf* collectivization, collectivizing.

**collectiviser** [3] [kɔlɛktivize] *vt* to collectivize.

**collectivisme** [kɔlɛktivism] *nm* collectivism.

**collectiviste** [kɔlɛktivist] *adj* & *nmf* collectivist.

**collectivité** [kɔlɛktivite] *nf* -**1.** [société] community; dans l'intérêt de la ~ in the public interest. -**2.** ADMIN: les ~s locales [dans un État] local authorities; [dans une fédération] federal authorities.

**collège** [kɔlɛʒ] *nm* -**1.** SCOL school; ~ privé/technique private/technical school; ~ d'enseignement secondaire → CES; ~ d'enseignement technique → CET ‖ RELIG private school (*run by a religious organization*). -**2.** [corps constitué] college. **-3.** ADMIN body; ~ **électoral** body of electors, constituency.

**collégial, e, aux** [kɔleʒjal, o] *adj* collegial, collegiate; **exercer un pouvoir ~** to rule collegially.
◆ **collégiale** *nf* RELIG collegiate church.

**collégialité** [kɔleʒjalite] *nf* collegiality, collegial structure OU authority.

**collégien, enne** [kɔleʒjɛ̃, ɛn] *nm, f* schoolkid, schoolboy (*f* schoolgirl).

**collègue** [kɔlɛg] *nmf* **-1.** [employé] colleague, fellow-worker; **~ de bureau:** je l'ai prêté à un ~ de bureau I lent it to somebody at the office. **-2.** [homologue] opposite number, counterpart.

**coller** [3] [kɔle] ◇ *vt* **-1.** [fixer – étiquette, timbre] to stick (down); [– tissu, bois] to glue (on); [– papier peint] to paste (up); [– affiche] to post, to stick up *(sép)*, to put up *(sép)*. **-2.** [fermer – enveloppe] to close up *(sép)*, to stick down *(sép)*. **-3.** [emmêler] to mat, to plaster; **les cheveux collés par la pluie** his hair plastered flat by the rain. **-4.** [appuyer] to press; ~ **son nez à la vitre** to press one's face to the window; ~ **qqn au mur** to put sb against a wall. **-5.** *fam* [suivre] to follow closely, to tag along behind; **la voiture nous colle de trop près** the car's keeping too close to us. **-6.** *fam* SCOL [punir] to keep in *(sép)*; **se faire ~** to get a detention ‖ [refuser]: **se faire ~ à un examen** to fail an exam. **-7.** *fam* [mettre – chose] to dump, to stick; [– personne] to put, to stick; **ils l'ont collée en pension/en prison** they stuck her in a boarding school/put her in jail; **je vais lui ~ mon poing sur la figure!** I'm going to thump him on the nose! **-8.** *fam* [imposer] to foist on, to saddle with; ~ **qqch/qqn à qqn: ils m'ont collé le bébé pour la semaine** they've lumbered *Br* ou saddled me with the baby for a week ‖ [obliger à devenir]: **ils l'ont collé responsable de la rubrique sportive** they saddled him with the sports editorship. **-9.** INDUST to stick.
◇ *vi* **-1.** [adhérer – timbre] to stick; **le caramel colle aux dents** toffee sticks to your teeth ‖ [être poisseux] to be sticky; **avoir les doigts qui collent** to have sticky fingers ❑ ~ **aux basques** ou **aux semelles de qqn** *fam* to stick to sb like glue; ~ **au derrière** *fam* ou **aux fesses**▽ **de qqn** *fig* to stick to sb like a limpet. **-2.** [vêtement] to cling; ~ **à la peau de qqn** *pr* to cling to sb; *fig* to be inherent to ou innate in sb. **-3.** *fam* [aller bien]: **ça colle!** it's OK!, right-ho! *Br*; **ça ne colle pas** it doesn't work, something's wrong; **ça ne colle pas pour demain soir** tomorrow night's off; **ça ne colle pas entre eux** they're not hitting it off very well; **ça ne colle pas avec son caractère** it's just not like him; **les faits ne collent pas les uns avec les autres** the facts don't make sense.
◆ **coller à** *v + prép* [respecter] to be faithful to; ~ **à son sujet** to stick to one's subject; ~ **à la réalité** to be true to life; **une émission qui colle à l'actualité** a programme that keeps up with current events.
◆ **se coller** ◇ *vpi* **-1.** [se blottir]: **se ~ à qqn** to snuggle up ou to cling to sb, to hug sb; **se ~ à** ou **contre un mur pour ne pas être vu** to press o.s. up against a wall in order not to be seen. **-2.** *fam* [s'installer]: **les enfants se sont collés devant la télé** the children plonked themselves down in front of the TV. **-3.** *loc*: **se ~ ensemble**▽ [vivre ensemble] to shack up together; **s'y ~** *fam* [s'atteler à un problème, une tâche] to make an effort to do sthg, to set about doing sthg. ◇ *vpt fam*: **se ~ qqch** to take sthg on; **il s'est collé tout Proust pour l'examen** he got through all of Proust for the exam.

**collerette** [kɔlʀɛt] *nf* **-1.** COUT [col] collar, collarette; HIST frill, ruff. **-2.** CULIN (paper) frill. **-3.** [sur une bouteille] neck-band label. **-4.** MÉCAN flange. **-5.** BOT annulus.

**collet** [kɔlɛ] *nm* **-1.** [col] collar; **être ~ monté** to be straight-laced; **mettre la main au** ~ **de qqn** to nab ou to collar sb; **prendre qqn au** ~ *pr* to seize ou to grab sb by the neck; *fig* to nab sb in the act. **-2.** CULIN neck. **-3.** ANAT neck. **-4.** BOT annulus, ring. **-5.** [piège] noose, snare; **prendre un lapin au** ~ to snare a rabbit.

**colleter** [27] [kɔlte] *vt* to seize by the collar; **se faire ~** to be collared ou nabbed.
◆ **se colleter** *vp (emploi réciproque)* to fight.
◆ **se colleter avec** *vp + prép* to struggle ou to wrestle with.

**colleur, euse** [kɔlœʀ, øz] *nm, f*: ~ **d'affiches** billsticker, bill poster.
◆ **colleuse** *nf* **-1.** CIN splicer, splicing unit. **-2.** IMPR pasting

machine. **-3.** PHOT mounting press.

**collier** [kɔlje] *nm* **-1.** JOAILL necklace, necklet; ~ **de perles** string of pearls. **-2.** [parure] collar; ~ **de fleurs** garland of flowers. **-3.** [courroie – pour chien, chat] collar; ~ **antipuces** flea collar; ~ **de cheval** horse-collar ‖ *fig*: **donner un coup de** ~ to make a special effort; **reprendre le** ~ to get back into harness ou to the treadmill *péj*. **-4.** MÉCAN clip, collar, ring; ~ **de fixation** bracket, clip; ~ **de serrage** clamp collar. **-5.** [de plumes, de poils] collar, frill, ring; ~ **(de barbe)** short ou clipped beard.

**collimateur** [kɔlimatœʀ] *nm* ASTRON & OPT collimator; ARM sight; **avoir qqn dans le** ~ ou **son** ~ to have one's eye on sb.

**colline** [kɔlin] *nf* hill, hillock, tussock; **au sommet de la** ~ up on the hilltop; **sur le versant de la** ~ on the hillside.

**collision** [kɔlizjɔ̃] *nf* **-1.** [choc] collision, impact; **entrer en** ~ **avec** to collide with; ~ **entre les manifestants et la police** clash between demonstrators and police ‖ AUT crash; ~ **en chaîne** ou **série** (multiple) pile-up. **-2.** [désaccord] clash; ~ **d'intérêts** clash of interests. **-3.** GÉOG & PHYS collision.

**collocation** [kɔlɔkasjɔ̃] *nf* **-1.** JUR order of priority, ranking. **-2.** LING collocation.

**colloïdal, e, aux** [kɔlɔidal, o] *adj* colloidal.

**colloïde** [kɔlɔid] *nm* colloid.

**colloque** [kɔlɔk] *nm* conference, colloquium, seminar.

**colloquer** [3] [kɔlɔke] *vt*: ~ **des créanciers** *to list creditors in bankruptcy proceedings in the order in which they should be paid.*

**collusion** [kɔlyzjɔ̃] *nf* collusion.

**collutoire** [kɔlytwaʀ] *nm* antiseptic throat preparation; ~ **en aérosol** throat spray.

**collyre** [kɔliʀ] *nm* eyewash, antiseptic eye lotion.

**colmatage** [kɔlmataʒ] *nm* **-1.** [réparation] filling-up, plugging. **-2.** MIL consolidation. **-3.** AGR warping. **-4.** [fait d'obstruer] clogging, choking.

**colmater** [3] [kɔlmate] *vt* **-1.** [boucher] to fill in *(sép)*, to plug, to repair; ~ **un déficit** to reduce a deficit. **-2.** AGR to warp. **-3.** MIL to consolidate.

**colo** [kɔlo] *nf fam* (children's) holiday camp.

**colocataire** [kɔlɔkatɛʀ] *nmf* ADMIN co-tenant; [gen] flatmate.

**colocation** [kɔlɔkasjɔ̃] *nf* joint tenancy, joint occupancy.

**Colomb** [kɔlɔ̃] *npr*: **Christophe** ~ Christopher Columbus.

**colombage** [kɔlɔ̃baʒ] *nm* frame wall, stud-work.
◆ **à colombages** *loc adj* half-timbered.

**colombe** [kɔlɔ̃b] *nf* dove; **les** ~**s et les faucons** POL the doves and the hawks.

**Colombie** [kɔlɔ̃bi] *npr f*: **(la)** ~ Colombia.

**colombien, enne** [kɔlɔ̃bjɛ̃, ɛn] *adj* Columbian.
◆ **Colombien, enne** *nm, f* Columbian.

**colombier** [kɔlɔ̃bje] *nm* dovecot, dovecote, pigeon house.

**colombin, e** [kɔlɔ̃bɛ̃, in] *adj* reddish-purple.
◆ **colombin** *nm* **-1.** ORNITH male pigeon. **-2.** ▽ [étron] turd.
◆ **colombine** *nf* AGR guano.

**colombophile** [kɔlɔ̃bɔfil] ◇ *adj* pigeon-fancying. ◇ *nmf* pigeon fancier.

**colombophilie** [kɔlɔ̃bɔfili] *nf* pigeon fancying.

**colon** [kɔlɔ̃] *nm* **-1.** [pionnier] colonist, settler. **-2.** [enfant] boarder, camper *(à la colonie de vacances)*. **-3.** ▽ *arg mil* colonel.

**côlon** [kɔlɔ̃] *nm* colon.

**colonel** [kɔlɔnɛl] *nm* [de l'armée – de terre] colonel; [– de l'air] group captain *Br*, colonel *Am*.

**colonelle** [kɔlɔnɛl] *nf* colonel's wife.

**colonial, e, aux** [kɔlɔnjal, o] *adj* colonial; **l'empire** ~ the (colonial) Empire, the colonies. ◇ *nm, f* colonial.
◆ **coloniale** *nf* MIL: **la** ~**e** the colonial troops.

**colonialisme** [kɔlɔnjalism] *nm* colonialism.

**colonialiste** [kɔlɔnjalist] ◇ *adj* colonialistic. ◇ *nmf* colonialist.

**colonie** [kɔlɔni] *nf* **-1.** [population] settlement. **-2.** POL [pays] colony; [fondation]: ~ **pénitentiaire** penal colony. **-3.** [communauté] community, (little) group; **la** ~ **bretonne de Paris** the Breton community in Paris. **-4.** ZOOL colony group; **des** ~**s de touristes marchaient vers la plage** crowds of tourists were marching along the beach. **-5.** LOISIRS: ~ **(de vacances)** *organized holidays for children*; **l'été**

dernier, j'ai fait une ou je suis allé en ~ [enfant] I went to summer camp last year.

**colonisateur, trice** [kɔlɔnizatœr, tris] ◊ *adj* colonizing. ◊ *nm, f* colonizer.

**colonisation** [kɔlɔnizasjɔ̃] *nf* -1. [conquête] colonization. -2. [période]: la ~ (the age of) colonization. -3. *péj* [influence] subjugation, colonization.

**colonisé, e** [kɔlɔnize] ◊ *adj* colonized. ◊ *nm, f* inhabitant of a colonized country; **les ~s** colonized peoples.

**coloniser** [3] [kɔlɔnize] *vt* -1. POL to colonize. -2. *fam* [envahir] to take over *(sép)*, to colonize.

**colonnade** [kɔlɔnad] *nf* ARCHIT colonnade.

**colonne** [kɔlɔn] *nf* -1. ARCHIT column, pilaster, pillar; ~ **dorique/ionique** Doric/Ionic column. -2. [monument] column; [colonnette] pillar; ~ **Morris** dark green ornate pillar used to advertise forthcoming attractions in Paris. -3. CONSTR & TRAV PUBL [poteau] column, post, upright ‖ [conduite] riser, pipe; ~ **de distribution** standpipe; ~ **montante** rising main, riser. -4. ANAT: ~ **(vertébrale)** backbone, spinal column *spéc*. -5. MÉCAN column. -6. [masse cylindrique]: ~ **de liquide/mercure** liquid/mercury column. -7. [forme verticale] column, pillar; ~ **d'eau** column of water, waterspout; ~ **de feu/fumée** pillar of fire/smoke. -8. [file] column, line; ~ **d'assaut** attacking column; ~ **de ravitaillement** supply column. -9. [d'un formulaire] column; ~ **des unités** unit column. -10. PRESSE column; **dans les ~s de votre quotidien** in your daily paper.

◆ **en colonne** *loc adv*: **en ~ par trois/quatre** in threes/fours.

**colonnette** [kɔlɔnɛt] *nf* small column, colonnette.

**colonoscopie** [kɔlɔnɔskɔpi] *nf* colonoscopy.

**colophane** [kɔlɔfan] *nf* colophony, rosin.

**coloquinte** [kɔlɔkɛ̃t] *nf* -1. BOT colocynth. -2. *fam* [tête] nut.

**colorant, e** [kɔlɔrɑ̃, ɑ̃t] *adj* colouring.

◆ **colorant** *nm* colorant, dye, pigment; ~ **alimentaire** food colouring *(U)*, edible dye; **'sans ~s'** 'no artificial colouring'.

**coloration** [kɔlɔrasjɔ̃] *nf* -1. [couleur] pigmentation, colouring. -2. [chez le coiffeur] hair tinting; **se faire faire une ~** to have one's hair tinted. -3. [de la voix, d'un instrument] colour. -4. [tendance]: ~ **politique** political colour ou tendency.

**coloré, e** [kɔlɔre] *adj* -1. [teinté] brightly coloured; **une eau ~e** [à la teinture] water with dye in it; [avec du vin] water with just a drop of wine in it ‖ [bariolé] multicoloured. -2. [expressif] colourful, vivid, picturesque.

**colorer** [3] [kɔlɔre] *vt* -1. [teinter – dessin, objet] to colour; [– ciel, visage] to tinge, to colour; ~ **qqch en rouge/jaune** to colour sthg red/yellow. -2. [teindre – tissu] to dye; [– bois] to stain, to colour. -3. [oignons, viande] to brown lightly.

◆ **se colorer** *vpi* [visage] to blush, to redden; **se ~ de** *fig* to be tinged with.

**coloriage** [kɔlɔrjaʒ] *nm* -1. [technique] colouring; **faire du ~** ou **des ~s** to colour (a drawing). -2. [dessin] coloured drawing.

**colorier** [9] [kɔlɔrje] *vt* to colour in; **colorie le crocodile en vert** colour in the crocodile (in ou with) green.

**coloris** [kɔlɔri] *nm* [couleur] colour; [nuance] shade.

**colorisation** [kɔlɔrizasjɔ̃] *nf* colourization *Br*, colorization *Am*.

**coloriser** [3] [kɔlɔrize] *vt* to colourize *Br*, to colorize *Am*.

**coloriste** [kɔlɔrist] *nmf* -1. BX-ARTS colourist. -2. IMPR colorer, colourist. -3. [coiffeur] hairdresser *(specializing in tinting)*.

**colossal, e, aux** [kɔlɔsal, o] *adj* huge, colossal.

**colosse** [kɔlɔs] *nm* -1. [statue] colossus; **un ~ aux pieds d'argile** an idol with feet of clay. -2. [homme de grande taille] giant; **un ~ de l'automobile** *fig* a car manufacturing giant.

**colportage** [kɔlpɔrtaʒ] *nm* hawking, peddling.

**colporter** [3] [kɔlpɔrte] *vt* -1. [vendre] to hawk, to peddle. -2. [répandre] to hawk about *(sép)*; **qui a colporté la nouvelle?** who spread the news?

**colporteur, euse** [kɔlpɔrtœr, øz] *nm, f* hawker, pedlar; ~ **de mauvaises nouvelles** bringer of bad tidings; ~ **de ragots** scandalmonger.

**colt** [kɔlt] *nm* gun.

**coltiner** [3] [kɔltine] *vt* to carry.

◆ **se coltiner** *vpt fam* -1. [porter]: **se ~ une valise/boîte** to lug a suitcase/box around. -2. [supporter – corvée] to take on

---

*(sép)*, to put up with *(insép)*; [– personne indésirable] to put up with.

**columbarium** [kɔlɔ̃barjɔm] *nm* columbarium.

**colvert** [kɔlvɛr] *nm* mallard.

**Colysée** [kɔlize] *npr m*: **le ~** the Colosseum.

**colza** [kɔlza] *nm* colza, rape.

**coma** [kɔma] *nm*: **être/tomber dans le ~** to be in/to go ou to fall into a coma ❑ **être dans un ~ dépassé** to be brain dead.

**Comanche** [kɔmɑ̃ʃ] *nmf* Comanche.

**comandant** [kɔmɑ̃dɑ̃] *nm* joint mandator.

**comandataire** [kɔmɑ̃datɛr] *nmf* joint proxy.

**comateux, euse** [kɔmatø, øz] *adj* comatose.

**combat** [kɔ̃ba] *nm* -1. MIL battle, fight; ~ **aérien/naval** air/sea battle; ~ **d'arrière-garde** *pr* & *fig* rearguard action; **des ~s de rue** street fighting; **aller au ~** il n'est jamais allé au ~ he never saw action. -2. [lutte physique] fight; ~ **corps à corps** hand-to-hand combat; ~ **rapproché** close combat; ~ **singulier** single combat ‖ SPORT contest, fight; ~ **de boxe** boxing match; ~ **de coqs** cockfight. -3. [lutte morale, politique] struggle, fight; **mener le bon ~** to fight for a just cause; **son long ~ contre le cancer** his long struggle against cancer; ~ **d'intérêts** clash of interests.

◆ **de combat** *loc adj* -1. MIL [zone] combat *(modif)*; [réserves] battle *(modif)*, war *(modif)*; **avion de ~** warplane, fighter plane; **navire de ~** battleship; **tenue de ~** battledress. -2. [de choc] militant.

**combatif, ive** [kɔ̃batif, iv] *adj* [animal] aggressive; [personne] combative, aggressive, pugnacious *litt*; **être d'humeur ~** to be full of fight.

**combativité** [kɔ̃bativite] *nf* combativeness, aggressiveness, pugnacity *litt*.

**combats** [kɔ̃ba] *v* → **combattre**.

**combattant, e** [kɔ̃batɑ̃, ɑ̃t] ◊ *adj* fighting. ◊ *nm, f* MIL combatant, fighter, soldier; [adversaire] fighter.

**combattre** [83] [kɔ̃batr] ◊ *vt* -1. MIL to fight (against). -2. [s'opposer à – inflation, racisme] to combat, to fight, to struggle against; [– politique] to oppose, to fight; **il est difficile de ~ son instinct** it's difficult to go against one's instincts; **il a longtemps combattu la maladie** he fought ou struggled against the disease for a long time. -3. [agir contre – incendie] to fight; [– effets] to combat. ◊ *vi* -1. MIL to fight. -2. [en politique, pour une cause] to fight, to struggle.

**combe** [kɔ̃b] *nf* combe, valley.

**combien** [kɔ̃bjɛ̃] ◊ *adv* -1. [pour interroger sur une somme] how much; **c'est ~?, ça fait ~?** how much is it?; ~ **coûte ce livre?** how much is this book?, how much does this book cost?; **à ~ doit-on affranchir cette lettre?** how much postage does this letter need?; **l'indice a augmenté de ~?** how much has the rate gone up by?; **de ~ est le déficit?** how large is the deficit? -2. [pour interroger sur le nombre] how many; ~ **sont-ils?** how many of them are there? -3. [pour interroger sur la distance, la durée, la mesure etc]: ~ **tu pèses?** how much do you weigh?; ~ **tu mesures?** how tall are you?; ~ **y a-t-il de Londres à Paris?** how far is it from London to Paris?; ~ **dure le film?** how long is the film?, how long does the film last?; **il est arrivé ~?** where did he come?; ~ **ça lui fait maintenant?** *fam* how old is he now?; **il y a ~ entre lui et sa sœur?** what's the age difference between him and his sister?; **de ~ votre frère est-il votre aîné?** how much older than you is your brother? -4. [en emploi exclamatif] how; **vous ne pouvez pas savoir ~ il est distrait!** you wouldn't believe how absent-minded he is!; **ces mesures étaient sévères mais ~ efficaces** these measures were drastic but extremely efficient; **c'est plus cher mais ~ meilleur!** it's more expensive but all the better for it!; ~ **plus crédible était sa première version des faits!** his first version of the facts was so much more believable! ❑ **ô ~!** *litt* ou *hum*: **elle a souffert, ô ~!** she suffered, oh how she suffered!

◊ *nm inv*: **le ~ sommes-nous?** what's the date (today)?; **le bus passe tous les ~?** how often does the bus come?

◆ **combien de** *loc dét* -1. [pour interroger – suivi d'un nom non comptable] how much; [– suivi d'un nom comptable] how many; ~ **de fois** how many times, how often; ~ **de temps resterez-vous?** how long will you be staying? -2. [emploi exclamatif]: ~ **d'ennuis il aurait pu s'éviter!** he could have saved himself so much trouble!

**combientième** [kɔ̃bjɛ̃tjɛm] ◊ *adj interr*: c'est ta ~ tasse de thé aujourd'hui? just how many cups of tea have you drunk today?; c'est la ~ fois que je te le dis? how many times have I told you?, I must have told you umpteen times!, if I've told you once I've told you a hundred times! ◊ *nmf* **-1.** [personne]: c'est la ~ qui demande à être remboursée depuis ce matin? how many does that make wanting their money back since this morning?**-2.** [objet]: prends le troisième — le ~? have the third one — which one did you say?**-3.** [rang]: tu es le ~ en math? how high are you ou where do you come in maths?

**combinable** [kɔ̃binabl] *adj* combinable.

**combinaison** [kɔ̃binɛzɔ̃] *nf* **-1.** CHIM [action] combining; [résultat] combination; [composée] compound. **-2.** [d'un cadenas] combination. **-3.** INF: ~ de code password. **-4.** MATH combination. **-5.** POL: ~ ministérielle composition of a cabinet. **-6.** VÊT [sous-vêtement] slip; [vêtement]: ~ anti-g G suit; ~ de plongée diving suit; ~ de ski ski suit; ~ de travail overalls; ~ de vol flying suit. **-7.** [assemblage]: la ~ des deux éléments est nécessaire the two elements must be combined; la ~ de l'ancien avec le moderne est très réussie the combination ou mixture of ancient and modern is very successful.
◆ **combinaisons** *nfpl péj* [manigances] schemes, tricks.

**combinard, e** [kɔ̃binar, ard] *adj & nm, f fam & péj*: c'est un vrai ~, il est vraiment ~ he's a real schemer, he always knows some dodge or other.

**combinat** [kɔ̃bina] *nm* (industrial) combine.

**combinateur** [kɔ̃binatœr] *nm* **-1.** AUT selector switch. **-2.** RAIL controller.

**combinatoire** [kɔ̃binatwar] ◊ *adj* **-1.** [capable d'agencer] combinative. **-2.** LING combinatory. **-3.** MATH combinatorial. ◊ *nf* **-1.** LING combinatorial rules. **-2.** MATH combinatorial mathematics *(sg)*.

**combine** [kɔ̃bin] *nf fam* **-1.** [astuce, truc] scheme, trick; il a toujours des ~s, lui! he always knows some trick or other; j'ai une ~ pour entrer sans payer I know a way of getting in for free; c'est simple, il suffit de connaître la ~ it's easy when you know how; être dans la ~ to be in on it; mettre qqn dans la ~ to let sb in on it. **-2.** VÊT slip.

**combiné, e** [kɔ̃bine] *adj* joint, combined.
◆ **combiné** *nm* **-1.** VÊT corselet, corselette. **-2.** TÉLÉC receiver, handset. **-3.** CHIM compound. **-4.** SPORT [gén] athletics event; [en ski] combined competition; ~ alpin alpine combined competition; ~ nordique northern combined competition.

**combiner** [3] [kɔ̃bine] *vt* **-1.** [harmoniser – styles] to combine, to match; [– couleurs] to match, to harmonize, to mix; [– sons] to harmonize, to mix; ~ son travail et ses loisirs to combine business with pleasure. **-2.** [comprendre] to combine; un appareil qui combine deux/diverses fonctions a two-function/multi-function apparatus. **-3.** [planifier] to plan, to work out *(sép)*; bien combiné well planned. **-4.** *fam & péj* [manigancer] to think up *(sép)*. **-5.** CHIM to combine.
◆ **se combiner** *vpi* **-1.** [exister ensemble – éléments] to be combined; en lui se combinent la sensibilité et l'érudition he combines sensitivity with erudition. **-2.** [s'harmoniser – couleurs] to match, to harmonize, to mix; [– sons] to harmonize, to mix. **-3.** CHIM: se ~ avec to combine with. **-4.** *fam* [se passer]: ça se combine ou les choses se combinent bien it's ou things are working out very well.

**comble** [kɔ̃bl] ◊ *adj* packed, crammed. ◊ *nm* **-1.** [summum]: le ~ de the height ou epitome of; le ~ du chic the ultimate in chic; du champagne et, ~ du luxe, du caviar champagne and, oh, height of luxury, caviar ❏ (c'est) un ou le ~! that beats everything!, that takes the biscuit! *Br ou* takes the cake! *Am*; le comble, c'est que... to crown ou to cap it all...; les objectifs ne sont pas atteints, un ~ pour une usine-pilote! they haven't fulfilled their objectives, which is just not on for a model factory!**-2.** [charpente] roof timbers ou gable; ~ mansardé mansard roof; les ~s the attic.
◆ **à son comble** *loc adv* at its height.
◆ **au comble de** *loc prép* at the height of, in a paroxysm of; au ~ du bonheur deliriously happy; au ~ de la douleur

prostrate with ou in a paroxysm of grief.
◆ **pour comble de** *loc prép*: et pour ~ de malchance, la voiture est tombée en panne and then, to cap it all, the car broke down; pour ~ d'hypocrisie, ils envoient leur fille chez les sœurs then, to compound the hypocrisy, they send their daughter to a convent.

**combler** [3] [kɔ̃ble] *vt* **-1.** [boucher – cavité, creux] to fill in *(sép)*. **-2.** [supprimer – lacune, vide] to fill; [– silence] to break; [– perte, déficit] to make up for. **-3.** [satisfaire – personne] to satisfy; [– désir, vœu] to satisfy, to fulfil; je suis vraiment comblée! I have everything I could wish for!, I couldn't ask for anything more!; voilà un père comblé! there's a contented father!**-4.** *fig* [couvrir, emplir]: ~ qqn de: ~ un enfant de cadeaux to shower a child with gifts; ~ qqn de joie to fill sb with joy.
◆ **se combler** *vpi* [trou] to get filled in, to fill up.

**comburant, e** [kɔ̃byrɑ̃, ɑ̃t] *adj* combustive.
◆ **comburant** *nm* oxidant.

**combustibilité** [kɔ̃bystibilite] *nf* combustibility.

**combustible** [kɔ̃bystibl] ◊ *adj* combustible. ◊ *nm* fuel.

**combustion** [kɔ̃bystjɔ̃] *nf* combustion; à ~ interne internal-combustion *(modif)*; à ~ lente slow-burning.

**Côme** [kom] *npr* Como; le lac de ~ Lake Como.

**come-back** [kɔmbak] *nm inv* comeback; faire son ou un ~ to make ou to stage a comeback.

**COMECON, Comecon** [kɔmekɔn] *(abr de Council for Mutual Economic Assistance) npr m* COMECON.

**comédie** [kɔmedi] *nf* **-1.** [art dramatique]: jouer la ~ to act, to be an actor. **-2.** [pièce comique] comedy; ~ de caractères character comedy; ~ de mœurs comedy of manners; ~ de situation situation comedy ❏ ~ musicale musical; 'la Comédie humaine' Balzac 'The Human Comedy'. **-3.** [genre] comedy; acteur spécialisé dans la ~ comic actor. **-4.** [nom de certains théâtres]: la Comédie du Nord the Comédie du Nord. **-5.** *péj* [hypocrisie] act; cette réception, quelle ~! what a farce that party was!; il n'est pas vraiment malade, c'est de la ~ ou il nous joue la ~ he's only play-acting ou it's only an act, he's not really ill. **-6.** *fam* [caprice, colère] tantrum; faire ou jouer la ~ to throw a tantrum, to make a fuss; il m'a fait toute une ~ pour avoir le jouet he kicked up a huge fuss to get the toy. **-7.** *fam* [histoire]: c'est toute une ~ pour lui faire avaler sa soupe you have to go through a whole rigmarole to get her to eat her soup; pour avoir un rendez-vous, quelle ~! what a palaver to get an appointment!
◆ **de comédie** *loc adj* comic, comedy *(modif)*.

**Comédie-Française** [kɔmedifrɑ̃sɛz] *npr f*: la ~ *French national theatre company*.

**comédien, enne** [kɔmedjɛ̃, ɛn] ◊ *adj*: elle est ~ne *fig* she's putting on an act, she's a phoney. ◊ *nm, f* **-1.** [acteur – gén] actor *(f* actress); [– comique] comedian *(f* comedienne). **-2.** [hypocrite] phoney; quel ~! he's putting it on!

**comédon** [kɔmedɔ̃] *nm* blackhead, comedo *spéc*.

**COMES, Comes** [kɔmɛs] *(abr de Commissariat à l'énergie solaire) npr m solar energy commission*.

**comestible** [kɔmɛstibl] *adj* edible.
◆ **comestibles** *nmpl* food, foodstuffs.

**comète** [kɔmɛt] *nf* comet.

**comice** [kɔmis] *nf* [poire] comice pear.

**comices** [kɔmis] *nmpl* **-1.** ANTIQ comitia. **-2.** AGR: ~ agricoles agricultural fair.

**comique** [kɔmik] ◊ *adj* **-1.** LITTÉRAT comic, comedy *(modif)*. **-2.** [amusant] comical, funny. ◊ *nmf* **-1.** [artiste] comic, comedian *(f* comedienne). **-2.** [auteur] comic author, writer of comedies ou comedy. ◊ *nm* **-1.** [genre] comedy; le ~ de caractères/situation character/situation comedy; le ~ troupier barrack-room comedy. **-2.** [ce qui fait rire]: c'était du plus haut ~! it was hysterically funny!; le ~ de l'histoire, c'est que... the funny part of it is that...

**comiquement** [kɔmikmɑ̃] *adv* comically, funnily.

**comité** [kɔmite] *nm* committee, board; se constituer en ~ to form a committee ❏ ~ d'action action committee; ~ central central committee; ~ consultatif advisory board; ~ directeur steering committee; ~ électoral POL electoral committee; ~ d'entreprise works council; ~ exécutif POL executive committee ou board; ~ de gestion board of man-

agers; ~ **de lecture** supervisory committee.
◆ **en comité secret** *loc adv* secretly.
◆ **en petit comité, en comité restreint** *loc adv* as a select group; **on a dîné en petit** ~ the dinner was just for a select group.

**commandant** [kɔmɑ̃dɑ̃] *nm* **-1.** MIL [de l'armée de terre] major; ~ **d'armes** garrison commander ‖ [de l'armée de l'air] wing commander *Br*, lieutenant colonel *Am*; [de la marine] commander; ~ **en second** first lieutenant ‖ [de la marine marchande] captain; ~ **en chef** commander in chief. **-2.** NAUT captain. **-3.** AÉRON: ~ **(de bord)** captain; ~ **en second** second in command.

**commande** [kɔmɑ̃d] *nf* **-1.** COMM order; passer/annuler **une** ~ to put in/to cancel an order; **passer** ~ **de 10 véhicules** to order 10 vehicles; **le garçon a pris la** ~ the waiter took the order ‖ [marchandises] order, goods ordered. **-2.** TECH control mechanism; **la** ~ **des essuie-glaces** the wiper mechanism; ~ **à distance** remote control. **-3.** INF control; ~ **numérique** numerical control; ~ **de contact** contact operate; ~ **d'interruption** break feature.
◆ **commandes** *nfpl* [dispositif de guidage] controls; **être aux** ~**s** *pr* to be at the controls; *fig* to be in charge; **prendre les** ou **se mettre aux** ~**s** *pr* to take over at the controls; *fig* to take charge.
◆ **à la commande** *loc adv*: **payer à la** ~ to pay while ordering; **travailler à la** ~ to work to order.
◆ **de commande** *loc adj* **-1.** MÉCAN control *(modif)*; **leviers** ou **organes de** ~ controls. **-2.** *péj* [factice - enthousiasme, humour] forced, unnatural. **-3.** *litt* [indispensable]: **la plus grande circonspection/générosité est de** ~ **prudence/generosity** is of the essence.
◆ **sur commande** *loc adv* COMM & *fig* to order.

**commandement** [kɔmɑ̃dmɑ̃] *nm* **-1.** [ordre] command, order; **obéir aux** ~**s de qqn** to obey sb's orders; **à mon** ~, **prêt, partez!** on the word of command, ready, go!. **-2.** [fait de diriger] command; **prendre le** ~ **d'une section** to take over command of a platoon; **avoir le** ~ **de** [armée, pays] to be in command of, to lead. **-3.** [état-major] command; **le haut** ~ the High Command. **-4.** JUR summons. **-5.** BIBLE commandment.

**commander** [3] [kɔmɑ̃de] ◇ *vt* **-1.** [diriger - armée, expédition, soldats, équipe] to command; [- navire] to be in command of; *(en usage absolu)*: **tu dois lui obéir, c'est lui qui commande** you must obey him, he's in charge; **c'est moi qui commande ici!** I'm the one who gives the orders around here!. **-2.** [ordonner]: ~ **la retraite aux troupes** to order the troops back ou to retreat; ~ **à qqn de faire** ou **qu'il fasse** **qqch** to order sb to do sthg. **-3.** TECH: **l'ouverture des portes est commandée par une manette** the doors open by means of a lever; **la télévision est commandée à distance** the television is remote-controlled. **-4.** COMM [tableau, ouvrage] to commission; [objet manufacturé, repas] to order; ~ **une robe sur catalogue** to order a dress from a catalogue ‖ *(en usage absolu)*: **c'est fait, j'ai déjà commandé** I've already ordered; **vous avez commandé?** has somebody taken your order?. **-5.** *sout* [requérir] to demand; **la prudence commande le silence absolu** prudence demands total discretion, total discretion is required for the sake of prudence. **-6.** *litt* [maîtriser] to control. **-7.** INF to drive. ◇ *vi* [primer]: **le devoir commande!** duty calls!; **le travail commande!** back to work!
◆ **commander à** *v + prép* **-1.** [donner des ordres à - armée] to command. **-2.** *litt* [maîtriser] to control; **on ne commande pas à ses désirs** desire cannot be controlled.
◆ **se commander** *vp (emploi passif) fam* [être imposé]: **je n'aime pas ces gens, ça ne se commande pas** I don't like those people, I can't help it; **l'amour ne se commande pas** you can't just decide to fall in love. ◇ *vpi sout* [être relié - pièces] to be connected ou interconnected, to connect, to interconnect.

**commandeur** [kɔmɑ̃dœr] *nm* **-1.** RELIG commander. **-2.** [dans un ordre civil] commander.

**commanditaire** [kɔmɑ̃ditɛr] *nm* **-1.** [d'une entreprise commerciale] sleeping *Br* ou silent *Am* partner; [d'un tournoi, d'un spectacle] backer, sponsor. **-2.** *(comme adj)*: **associé** ~ sleeping *Br* ou silent *Am* partner.

**commandite** [kɔmɑ̃dit] *nf* share *(of limited partner)*.

**commanditer** [3] [kɔmɑ̃dite] *vt* [entreprise commerciale] to finance; [tournoi, spectacle] to sponsor.

**commando** [kɔmɑ̃do] *nm* commando.

**comme** [kɔm] ◇ *conj* **-1.** [introduisant une comparaison] as, like; **c'est un jour** ~ **les autres** it's a day like any other; **une maison pas** ~ **les autres** a very unusual house; **ce fut** ~ **une révélation** it was like a revelation; **il fait beau** ~ **en plein été** it's as hot as if it was the middle of summer; **il a fait un signe,** ~ **pour appeler** he made a sign, as if to call out; **c'est** ~ **ta sœur, elle ne téléphone jamais** your sister's the same, she never phones; **je suis** ~ **toi, j'ai horreur de ça** I'm like you, I hate that kind of thing; **fais** ~ **moi, ne lui réponds pas** do as I do, don't answer him; **qu'est-ce que tu veux?** — **choisis** ~ **pour toi** what do you want? — get me the same as you; **blanc** ~ **neige** white as snow; **je l'ai vu** ~ **je vous vois** I saw it as sure as I'm standing here ❑ **la voiture fait** ~ **un bruit** the car's making a funny noise; **j'ai** ~ **l'impression qu'on s'est perdus!** I've got a feeling we're lost!; **il y a** ~ **un défaut!** *fam* something seems to be wrong!; **il ne m'a pas injurié, mais c'était tout** ~ he didn't actually insult me, but it was close ou as good as. **-2.** [exprimant la manière]; **fais** ~ **il te plaira** do as you like ou please; **fais** ~ **je t'ai appris** do it the way I taught you; ~ **on pouvait s'y attendre, nos actions ont baissé** as could be expected, our shares have gone down; **ça s'écrit** ~ **ça se prononce** it's written as it's pronounced; **la connaissant** ~ **je la connais** knowing her as well as ou like I do ❑ **je passerai vous prendre à 9 h** ~ **convenu** I'll pick you up at 9 as (we) agreed ou planned; ~ **dirait l'autre** *fam*, ~ **dit l'autre** *fam* as the saying goes, to coin a phrase, as they say; ~ **on dit** as they say; ~ **il se doit en pareilles circonstances** as befits the circumstances, as is fitting in such circumstances; **c'était** ~ **qui dirait un gémissement** it was a sort of moan; **fais** ~ **bon te semble** do whatever you wish ou like; ~ **ci** ~ **ça** *fam*: **tu t'entends bien avec lui?** — ~ **ci** ~ **ça** do you get on with him? — sort of ou so-so. **-3.** [tel que] like, such as; **mince** ~ **elle est, elle peut porter n'importe quoi** being as slim as she is everything suits her, she is so slim that everything suits her; **les arbres** ~ **le marronnier...** trees like ou such as the chestnut...; **D** ~ **Denise** D for Denise. **-4.** [en tant que] as; **il vaut mieux l'avoir** ~ **ami que** ~ **ennemi** I'd sooner have him as a friend than as an enemy; **je l'ai eu** ~ **élève** he was one of my students; **qu'est-ce que vous avez** ~ **vin?** what (kind of) wine do you have?; **c'est plutôt faible** ~ **excuse!** it's a pretty feeble excuse!; ~ **gaffeur, tu te poses là!** *fam* you really know how to put your foot in it! **-5.** [pour ainsi dire]: **il restait sur le seuil,** ~ **paralysé** he was standing on the doorstep, (as if he was) rooted to the spot; **ta robe est** ~ **neuve!** your dress is as good as new!; **il était** ~ **fou** he was like a madman. **-6.** [et]: **l'un** ~ **l'autre aiment beaucoup voyager** they both love travelling; **cette robe peut se porter avec** ~ **sans ceinture** you can wear this dress with or without a belt; **le règlement s'applique à tous, à vous** ~ **aux autres** the rules apply to everybody, you included; **un spectacle qui délite les parents,** ~ **les enfants, apprécieront** a show which will delight parents and children alike; **à la ville** ~ **à la scène** in real life as well as on stage. **-7.** [indiquant la cause] since, as. **-8.** [au moment où] as, when; [pendant que] while.
◇ *adv* **-1.** [emploi exclamatif] how; ~ **c'est triste!** how sad (it is)!, it's so sad!; ~ **tu es grande!** what a big girl you are now!, how big you've grown!; ~ **je te comprends!** I know exactly how you feel!. **-2.** [indiquant la manière]: **tu sais** ~ **il est** you know what he's like ou how he is.
◆ **comme ça** ◇ *loc adj* **-1.** [ainsi] like that; **je suis** ~ **ça** I'm like that; **il est** ~ **ça, on ne le changera pas!** that's the way he is, you won't change him!; **j'ai fait pousser une citrouille** ~ **ça!** I grew a pumpkin THAT big! **-2.** [admirable] great. ◇ *loc adv* **-1.** [de cette manière] like this ou that; **qu'as-tu à me regarder** ~ **ça?** why are you staring at me like that?; **c'est** ~ **ça, que ça te plaise ou non!** that's how ou the way it is, whether you like it or not!; **il m'a répondu** ~ **ça qu'il était majeur** *fam* I'm old enough, he says to me. **-2.** [en intensif]: **alors** ~ **ça, tu te maries?** (oh) so you're getting married?; **où vas-tu** ~ **ça?** where are you off to?. **-3.** [de telle manière que] that way, so that.
◆ **comme il faut** ◇ *loc adj* respectable, proper. ◇ *loc adv* **-1.** [correctement] properly. **-2.** *fam* [emploi exclamatif]: **il s'est**

fait battre, et ~ il faut (encore)! he got well and truly thrashed!

◆ **comme quoi** *loc conj* **-1.** [ce qui prouve que] which shows OU (just) goes to show that. **-2.** *fam* [selon quoi]: j'ai reçu des ordres ~ quoi personne ne devait avoir accès au dossier I've been instructed not to allow anybody access to that file.

◆ **comme si** *loc conj* **-1.** [exprimant la comparaison] as if; il se conduit ~ s'il était encore étudiant he behaves as if he was still a student ❑ elle faisait ~ si de rien n'était she pretended (that) there was nothing wrong, she pretended (that) nothing had happened; mais je n'y connais rien — fais ~ si! but I don't know anything about it — just pretend!**-2.** [emploi exclamatif] as if, as though; c'est ~ si c'était fait! it's as good as done!; ~ s'il ne savait pas ce qu'il faisait! as if OU as though he didn't know what he was doing!

◆ **comme tout** *loc adv* really, extremely, terribly.

**commedia dell'arte** [kɔmedjadɛlarte] *nf* commedia dell'arte.

**commémoratif, ive** [kɔmemɔratif, iv] *adj* memorial *(modif)*, commemorative; une plaque **commémorative** a commemorative plaque.

**commémoration** [kɔmemɔrasjɔ̃] *nf* commemoration; en ~ de in commemoration of, in memory of.

**commémorer** [3] [kɔmemɔre] *vt* to commemorate, to celebrate the memory of.

**commençai** [kɔmɑ̃se] *v* → **commencer**.

**commençant, e** [kɔmɑ̃sɑ̃, ɑ̃t] *nm, f* beginner.

**commencement** [kɔmɑ̃smɑ̃] *nm* **-1.** [première partie – de la vie, d'un processus] beginning, start, early stages; **du** ~ **jusqu'à la fin** from start to finish, from beginning to end; **~s** [période] beginnings, early OU initial stages ❑ c'est le ~ **de la fin** *hum* it's the beginning of the end; **il y a un** ~ **à tout** everybody has to learn to walk before they can run. **-2.** [essai] beginning, start, attempt; il y a eu un ~ d'émeute, vite réprimé a riot started, but was soon brought under control; son texte ne comporte pas même le ~ d'une idée there isn't even a vestige of an idea in his text. **-3.** JUR: ~ d'exécution *initial steps in the commission of a crime*; ~ de preuve par écrit prima facie evidence.

◆ **au commencement** *loc adv* in OU at the beginning.

◆ **au commencement de** *loc prép* at the beginning OU start of.

**commencer** [16] [kɔmɑ̃se] ◇ *vt* **-1.** [entreprendre – ouvrage, jeu, apprentissage] to start, to begin; il a commencé le repas he's started eating; allez, commence la vaisselle! come on, get going on the dishes!; vous commencez le travail demain you start (work) tomorrow; nous allons ~ notre descente vers Milan we are beginning our descent towards Milan ‖ *(en usage absolu)*: à quelle heure tu commences? [au lycée] what time do you start school?; [au travail] what time do you start work?-**2.** [passer au début de – journée, soirée] to start, to begin; j'ai bien/mal commencé l'année I've made a good/bad start to the year. **-3.** [être au début de] to begin; c'est son numéro qui commence le spectacle her routine begins the show, the show begins with her routine.

◇ *vi* **-1.** [débuter] to start; ne commence pas! don't start!; ce n'est pas moi, c'est lui qui a commencé! it wasn't me, HE started it!; ça commence bien! *aussi iron* things are off to a good start!; ~ à faire qqch to start OU to begin doing sthg; tu commences à m'énerver! you're getting on my nerves!; je commence à en avoir assez! I'm getting fed up with all this!; ça commence à bien faire! *fam* enough is enough!, things have gone quite far enough!; ~ de *litt*: nous commencions de déjeuner we had started luncheon; ~ **par**: la pièce commence par un dialogue the play starts OU opens with a dialogue; commençons par le commencement let's begin at the beginning, first things first; commence par enlever les couvertures first, take the blankets off; tu veux une moto? commence par réussir ton examen if you want a motorbike, start by passing your exam; je vais commencer par l'appeler the first thing I'm going to do is call him ‖ *(tournure impersonnelle)*: il commence à pleuvoir/neiger it's started to rain/to snow; il commence à se faire tard *fam* it's getting late. **-2.** [avoir le moment comme point de départ] to start, to begin; la séance commence à 20 h the session starts OU begins at 8 p.m.; le spectacle est commencé de-

puis un quart d'heure the show started a quarter of an hour ago; les vendanges ont commencé tard cette année the grape harvest started OU is late this year; les ennuis ont commencé quand il s'est installé au-dessous de chez moi the trouble started OU began when he moved in downstairs. **-3.** [se mettre à travailler]: ~ dans la vie to start off in life; ~ sur la scène/au cinéma to make one's stage/screen debut; j'ai commencé en 78 avec deux ouvrières I set up OU started (up) in '78 with two workers. **-4.** [dans un barème de prix] to start; les pantalons commencent à/vers 200 F trousers start at/at around 200 F.

◆ **à commencer par** *loc prép* starting with.

◆ **pour commencer** *loc adv* **-1.** [dans un programme, un repas] first, to start with; pour ~, du saumon to start the meal OU as a first course, salmon. **-2.** [comme premier argument] for a start, in the first place; pour ~, tu es trop jeune, et ensuite c'est trop cher! for a start you're too young, and anyway, it's too expensive!

**commendataire** [kɔmɑ̃datɛr] *adj* commendatory.

**commensal, e, aux** [kɔmɑ̃sal, o] *nm, f* **-1.** *litt* [compagnon de table] table companion; [hôte] guest. **-2.** ZOOL commensal.

**commensurable** [kɔmɑ̃syrabl] *adj* commensurable, measurable.

**comment** [kɔmɑ̃] ◇ *adv* **-1.** [de quelle manière] how; ~ lui dire que...? how am I/are we *etc* going to tell him that...?; ~ t'appelles-tu? what's your name?; ~ se fait-il qu'il n'ait pas appelé? how come he hasn't called?; ~ faire? what shall we do?; ~ tu parles! *fam* what kind of language is that!; ~ allez-vous? how are you?; ~ va? *fam* how's things?; et les enfants, ~ ça va? and how are the children? **-2.** [pour faire répéter]: ~ sorry?, what (was that)? **-3.** [exprimant l'indignation, l'étonnement]: ~, c'est tout ce que tu trouves à dire? what! is that all you can say?; ~, ce n'est pas encore prêt? you mean it's still not ready? — ça, tu pars? *fam* what do you mean, you're leaving? ❑ le concert t'a plu? — et ~! did you like the concert? — I certainly did!; pouvons-nous entrer? — mais ~ donc! can we come in? — of course! OU by all means! ◇ *nm*: le ~ the how.

**commentaire** [kɔmɑ̃tɛr] *nm* **-1.** [remarque] comment, remark, observation; avez-vous des ~s? any comments OU remarks?; faire un ~ to make a remark OU a comment; il n'a pas fait de ~s dans la marge he didn't write any remarks in the margin; je te dispense OU je me passe de tes ~s I can do without your remarks; c'est comme ça, et pas de ~! *fam* that's how it is, and don't argue (with me)!; cela se passe de ~ OU ~s it speaks for itself; sans ~! no comment! **-2.** *péj* [critique] comment; son mariage a suscité bien des ~s her marriage caused a great deal of comment OU gossip; avoir des ~s (à faire) sur: j'aurais des ~s à faire sur ton attitude d'hier soir I'd like to say something about your attitude last night. **-3.** RAD & TV commentary; ~ de la rencontre, Pierre Patriot with live commentary from the stadium, Pierre Patriot. **-4.** ENS: un texte avec ~ an annotated text; un ~ de la Bible a biblical commentary, a biblical exegesis ❑ ~ de texte: faire un ~ de texte to comment on a text; un ~ composé a written commentary. **-5.** INF comment. **-6.** LING comment, theme.

**commentateur, trice** [kɔmɑ̃tatœr, tris] *nm, f* **-1.** ENS & LITTÉRAT commentator, reviewer, critic. **-2.** [d'une cérémonie, d'un match] commentator; [d'un documentaire] presenter; ~ journal télévisé broadcaster, anchorman *Am* ‖ [observateur] observer, critic.

**commenter** [3] [kɔmɑ̃te] *vt* **-1.** [expliquer – œuvre] to explain, to interpret; veuillez ~ ce dernier vers du poème please write a commentary on the last line of the poem; le directeur va maintenant ~ notre programme de fabrication the manager will now explain our manufacturing schedule. **-2.** [donner son avis sur] to comment on *(insép)*, to respond to, to give one's response to. **-3.** RAD & TV [cérémonie, match] to cover, to do the commentary of OU on.

**commérage** [kɔmeraʒ] *nm* piece of gossip; ~s gossip; faire des ~s to gossip.

**commerçait** [kɔmɛrsɛ] *v* → **commercer**.

**commerçant, e** [kɔmɛrsɑ̃, ɑ̃t] ◇ *adj* **-1.** [peuple, port, pays] trading *(modif)*; [rue, quartier] shopping *(modif)*. **-2.** [qui a le sens du commerce]: il a l'esprit ~ he's a born salesman, he could sell you anything. ◇ *nm, f* shopkeeper *Br*, storekeeper

*Am*; **tous les** ~**s étaient fermés** all the shops *Br* ou stores *Am* were closed ❑ ~ **de détail** retail trader; ~ **en gros** wholesale dealer; **les petits** ~**s** small ou retail traders.

**commerce** [kɔmɛrs] *nm* -**1.** [activité]: **le** ~ trade; **faire le** ~ **des céréales** to trade in cereals; **être dans le** ~ to be in trade, to run a business; **faire du** ~ **avec qqn/un pays to trade with sb/a country** ❑ **le** ~ **extérieur/intérieur** foreign/domestic trade; ~ **de détail** retail trade; **le** ~ **en gros** wholesale trade; **faire** ~ **de ses charmes** *euph* to cash in on one's charms. -**2.** [affaires] business; **cela fait marcher le** ~ it's good for business; **le** ~ **marche mal** business is slow; **le monde du** ~ the business world ❑ **le** ~ **dominical** Sunday trading; ~ **intégré** corporate ou combined chain; **le petit** ~ (small) business. -**3.** [circuit de distribution]: **on ne trouve pas encore ce produit dans le** ~ this item is not yet available on the market; **cela ne se trouve plus dans le** ~ this item has gone off the market. -**4.** [magasin] shop *Br*, store *Am*; **tenir un** ~ to run a business. -**5.** *litt* [relation]: **entretenir un** ~ **d'amitié avec qqn** to keep company with sb ‖ [fréquentation] company.

◆ **de commerce** *loc adj* -**1.** [opération] commercial, business *(modif)*; [acte] trade *(modif)*; [code, tribunal] commercial; [école] business *(modif)*. -**2.** NAUT [marine, navire, port] trading, merchant *(modif)*.

**commercer** [16] [kɔmɛrse] *vi* to trade, to deal; ~ **avec un pays** to trade with a country.

**commercial, e, aux** [kɔmɛrsjal, o] *adj* -**1.** [activité] commercial; [relation] trade *(modif)*; **adressez-vous à notre service** ou **secteur** ~ please apply to our sales department ❑ **droit** ~ business law; **l'anglais** ~ business English; **un gros succès** ~ [film, pièce] a big box-office success; [livre] a best-selling book, a best-seller. -**2.** TV commercial; **les chaînes** ~**es** commercial channels. -**3.** *péj* [sourire] ingratiating; **c'est une chanson très** ~**e** it's a very commercial song.

**commercialement** [kɔmɛrsjalmɑ̃] *adv* commercially; ~ **parlant** from a business point of view.

**commercialisable** [kɔmɛrsjalizabl] *adj* marketable.

**commercialisation** [kɔmɛrsjalizasjɔ̃] *nf* marketing.

**commercialiser** [3] [kɔmɛrsjalize] *vt* -**1.** COMM to market, to commercialize; **le modèle sera commercialisé en janvier** the model will be coming onto the market in January. -**2.** JUR [dette, lettre de change] to market.

**commerçons** [kɔmɛrsɔ̃] *v* → **commercer**.

**commère** [kɔmɛr] *nf* -**1.** [médisante] gossip. -**2.** [bavarde] chatterbox. -**3.** LITTÉRAT: **ma** ~ **la tortue** Mrs Tortoise.

**commettre** [84] [kɔmɛtr] *vt* -**1.** [perpétrer - erreur] to make; [- injustice] to perpetrate; [- meurtre] to commit; **quand le crime a-t-il été commis?** when did the crime take place?; ~ **une imprudence** to take an unwise step. -**2.** JUR [nommer - arbitre, avocat, huissier] to appoint; **commis d'office** appointed by the court. -**3.** *hum* & *péj* [produire - livre, émission] to perpetrate.

◆ **se commettre avec** *vp* + *prép litt* to associate with.

**comminatoire** [kɔminatwar] *adj* -**1.** *litt* [menaçant] threatening. -**2.** JUR *giving a warning that payment is due.*

**commis, e** [kɔmi, iz] *pp* → **commettre**.

◆ **commis** *nm* -**1.** JUR agent. -**2.** [employé - de magasin] helper, assistant; [- de banque] runner, junior clerk; [- de ferme] lad, boy, farm hand; ~ **greffier** assistant to the court clerk; ~ **voyageur** *vieilli* travelling salesman. -**3.** ADMIN: **grand** ~ **de l'État** senior ou higher civil servant. -**4.** MIL & NAUT: ~ **aux vivres** steward.

**commisération** [kɔmizerasjɔ̃] *nf* commiseration.

**commissaire** [kɔmisɛr] *nm* -**1.** [membre d'une commission] commissioner. -**2.** SPORT steward. -**3.** ADMIN: ~ **de la Marine/de l'Air** chief administrator in the Navy/the Air Force; ~ **de la République** commissioner of the Republic; ~ **du gouvernement** government commissioner; ~ **de police** (police) superintendent *Br*, (police) captain *Am*, precinct captain *Am*; **bonjour, Monsieur le** ~ good morning, Superintendent *Br* ou Captain *Am*; ~ **divisionnaire** chief superintendent *Br*, police chief *Am*; ~ **principal** chief superintendent *Br*, chief of police *Am*. -**4.** FIN: ~ **aux comptes** auditor. -**5.** NAUT: ~ **de** ou **du bord** purser. -**6.** HIST [en URSS] commissar.

**commissaire-priseur** [kɔmisɛrprizœr] (*pl* **commissaires-priseurs**) *nm* auctioneer.

**commissariat** [kɔmisarja] *nm* -**1.** [fonction] commissionership. -**2.** ADMIN: ~ **de l'Air** Air Force staff; ~ **de la Marine** Admiralty Board *Br*, Naval Command *Am*. -**3.** FIN: ~ **aux comptes** auditorship. -**4.** [local]: ~ **(de police)** police station ou precinct *Am*.

**commission** [kɔmisjɔ̃] *nf* -**1.** [groupe] commission, committee; ~ **d'arbitrage** arbitration committee; ~ **du budget** budget committee; ~ **de contrôle** supervisory committee; ~ **d'enquête** board ou commission of enquiry; ~ **d'examen** board of examiners; ~ **paritaire** joint commission; ~ **parlementaire** parliamentary committee ou commission; ~ **permanente** standing commission; **être en** ~ to be in committee; **renvoyer un projet de loi en** ~ to commit a bill. -**2.** JUR [pouvoir] commission; ~ **rogatoire** letters rogatory. -**3.** MIL: ~ **d'armistice** armistice council; ~ **militaire** army exemption tribunal. -**4.** [pourcentage] commission, percentage; **toucher une** ~ **sur une vente** to get a commission ou percentage on a sale; **travailler à la** ~ to work on a commission basis ou for a percentage. -**5.** [course] errand; **j'ai envoyé mon fils faire des** ~**s** I've sent my son off on some errands; **n'oublie pas de lui faire la** ~ [de lui donner le message] don't forget to give him the message. -**6.** *fam* & *euph*: **la petite/grosse** ~ number one/two; **faire la petite/grosse** ~ to do a wee-wee/poo.

◆ **commissions** *nfpl* [achats] shopping; **faire les** ~**s** to do some shopping.

**commissionnaire** [kɔmisjɔnɛr] *nmf* [intermédiaire] commission agent *Br*, broker, agent; ~ **en douane** customs agent ou broker; ~ **de transport** forwarding agent.

**commissionner** [3] [kɔmisjɔne] *vt* to commission.

**commissure** [kɔmisyr] *nf* -**1.** [dans le cerveau] commissure. -**2.** [de la bouche] corner.

**commode**¹ [kɔmɔd] *adj* -**1.** [pratique - moyen de transport] useful, convenient; [- outil] useful, handy; **c'est bien** ~ **d'avoir un marché dans le quartier** it's very handy to convenient having a market in the area. -**2.** [facile] easy; **ce n'est pas** ~ **à analyser** it's not easy to analyse; **ce n'est pas** ~ **de concilier deux activités** reconciling two different jobs is not easy ou a simple task; **c'est** ou **ce serait trop** ~! that would be too easy!-**3.** [aimable]: **elle n'est pas** ~ **(à vivre)** she's not easy to live with; **son patron n'est pas** ~ her boss isn't an easy person to get along with.

**commode**² [kɔmɔd] *nf* chest of drawers.

**commodément** [kɔmɔdemɑ̃] *adv* [confortablement] comfortably.

**commodité** [kɔmɔdite] *nf* -**1.** [facilité] convenience; **pour plus de** ~ for greater convenience, to make things more convenient. -**2.** [aspect pratique]: **la** ~ **d'une maison** the comfort ou convenience of a house; **j'habite à côté de mon bureau, c'est d'une grande** ~ I live next door to my office, it's extremely convenient.

◆ **commodités** *nfpl* [agréments] conveniences; *vieilli* [toilettes] toilet, toilets.

**commotion** [kɔmɔsjɔ̃] *nf* -**1.** [choc] shock. -**2.** MÉD: ~ **cérébrale** concussion. -**3.** *sout* [perturbation] upheaval, agitation.

**commotionner** [3] [kɔmɔsjɔne] *vt* to shake (up) *(sép)*.

**commuable** [kɔmɥabl] *adj* commutable.

**commuer** [7] [kɔmɥe] *vt* to commute; ~ **une peine de prison en amende** to commute a prison sentence to a fine.

**commun, e**¹ [kɔmœ̃, yn] *adj* -**1.** [non exclusif - jardin, local] shared, common; [- ami] mutual; **hôtel avec salle de télévision** ~**e** hotel with public TV lounge; ~ **à: une langue** ~**e à cinq millions de personnes** a language shared by five million people; **le court de tennis est** ~ **à tous les propriétaires** the tennis court is the common property of all the residents. -**2.** [fait en collaboration - travail, politique] shared, common; [- décision] joint; [en communauté]: **la vie** ~**e** [conjugale] conjugal life, the life of a couple; **ils vont reprendre la vie** ~**e** they're going to live together again. -**3.** [identique - caractère, passion] similar; [- habitude] common, shared, identical; **nous avons des problèmes** ~**s** we share the same problems, we have similar problems; **il n'y a pas de** ~**e mesure entre...** there's no similarity whatsoever between...; **c'est sans** ~**e mesure avec...** there's no comparison with... -**4.** [courant - espèce, réaction, faute] common, ordinary, run-of-the-mill; **il est d'un courage peu** ~ he's uncommonly ou exceptionally brave; **un nom peu** ~ **a**

very unusual name. **-5.** *péj* [banal] common, coarse. **-6.** LING common. **-7.** MATH: **le plus grand dénominateur** ~ the highest common denominator.

◆ **commun** *nm*: l'homme du ~ *vieilli* the common man; un homme hors du ~ an exceptional ou unusual man; cela sort du ~ this is very unusual ❑ le ~ de: le ~ des mortels the common run of people; le ~ des lecteurs the average reader.

◆ **communs** *nmpl* outbuildings, outhouses.

◆ **d'un commun accord** *loc adv* by mutual agreement, by common consent.

◆ **en commun** *loc adv*: avoir qqch en ~ (avec) to have sthg in common (with); nous mettons tout en ~ we share everything.

**communal, e, aux** [kɔmynal, o] *adj* **-1.** ADMIN [en ville] ≃ of the urban district; [à la campagne] ≃ of the rural district. **-2.** [du village – fête] local, village *(modif)*.

◆ **communale** *nf fam* primary *Br* ou grade *Am* school.

**communaliser** [kɔmynalize] *vt* ≃ to put under the jurisdiction of the local authority.

**communard, e** [kɔmynar, ard] ◇ *adj* HIST of the (Paris) Commune. ◇ *nm, f* HIST Communard, member of the (Paris) Commune.

◆ **communard** *nm* red wine mixed with crème de cassis liqueur.

**communautaire** [kɔmynotɛr] *adj* **-1.** [vie, esprit] communal, community *(modif)*. **-2.** [du Marché commun] Common Market *(modif)*, Community *(modif)*.

**communauté** [kɔmynote] *nf* **-1.** [similitude – de vues, de pensées] likeness, closeness; [– d'intérêts] community; [– de sentiments] commonness. **-2.** [groupe] community; [de hippies] commune; ~ linguistique group of people speaking the same language; ~ religieuse religious community ❑ la Communauté économique européenne the European Economic Community; la Communauté des États indépendants the Commonwealth of Independent States; la Communauté européenne du charbon et de l'acier the European Coal and Steel Community; la Communauté européenne de l'énergie atomique the European Atomic Energy Community; les Communautés européennes the European Community; ~ urbaine syndicate made up of a large town and surrounding "communes" responsible for the infrastructure of the area. **-3.** [public]: la ~ the general public. **-4.** JUR joint estate.

◆ **en communauté** *loc adv* [vivre] communally, as a community.

**commune²** [kɔmyn] ◇ *f →* commun. ◇ *nf* **-1.** [agglomération] commune ADMIN; une jolie petite ~ rurale a nice little country village; la ~ et ses alentours [en ville] ≃ the urban district; [à la campagne] ≃ the rural district. **-2.** [habitants]: la ~ [en ville] people who live within the urban district; [à la campagne] people who live within the rural district. **-3.** [administrateurs]: c'est la ~ qui paie the local authority ou the council *Br* is paying. **-4.** HIST: la Commune (de Paris) the (Paris) Commune. **-5.** [en Grande-Bretagne]: les Communes the House of Commons.

**communément** [kɔmynemã] *adv* commonly, usually; la torture est encore ~ pratiquée là-bas torture is still routinely practised there; la renoncule terrestre, ~ appelée bouton d'or ranunculus, commonly known ou usually called the buttercup.

**communiant, e** [kɔmynjã, ãt] *nm, f* communicant.

**communicable** [kɔmynikabl] *adj* **-1.** [exprimable] communicable. **-2.** [transmissible – données, informations] communicable; ces données ne sont pas ~s this data is classified.

**communicant, e** [kɔmynikã, ãt] *adj* communicating; deux chambres ~es two connecting *Br* ou adjoining *Am* rooms.

**communicatif, ive** [kɔmynikatif, iv] *adj* **-1.** [qui se répand – rire, bonne humeur] infectious. **-2.** [bavard] communicative, talkative.

**communication** [kɔmynikasjɔ̃] *nf* **-1.** [annonce] announcement, communication; donner ~ de qqch to communicate sthg. **-2.** [exposé – fait à la presse] statement; [– fait à des universitaires, des scientifiques] paper; faire une ~ sur l'atome to deliver a lecture on the atom. **-3.** [transmission] communicating, passing on, transmission; pour éviter la ~ de ces maladies to stop the spread of these diseases; avoir ~ d'un dossier to get hold of a file, to have had a file passed on to

one. **-4.** [contact] communication, contact; être en ~ avec qqn to be in contact ou touch with sb; vous devriez vous mettre en ~ avec elle you should get in touch with her. **-5.** [échange entre personnes] communication; il a des problèmes de ~ (avec les autres) he has problems communicating with ou relating to people; il n'y a pas de ~ possible avec elle it's impossible to relate to her ‖ [diffusion d'informations]: la ~: les techniques de la ~ media techniques; la ~ de masse the mass media; ~ interne [dans une entreprise] interdepartmental communication. **-6.** [moyen de liaison] (means of) communication. **-7.** TÉLÉC: ~ téléphonique (phone) call; je prends la ~ I'll take the call; il est en ~ avec... he's speaking to..., he's on the phone to...; la ~ a été coupée we were cut off; avoir la ~: vous avez la ~ you're through; pour obtenir la ~, faites le 12 dial 12 in order to get through; ~ interurbaine inter-city ou city-to-city call; ~ en PCV reverse-charge call *Br*, collect call *Am*. **-8.** INF: ~ homme-machine man-machine dialogue.

◆ **communications** *nfpl* MIL communications.

◆ **de communication** *loc adj* **-1.** [porte, couloir] connecting. **-2.** [réseau, satellite] communications *(modif)*; moyens de ~ means of communication. **-3.** [agence] publicity *(modif)*.

**communier** [9] [kɔmynje] *vi* **-1.** RELIG to communicate, to receive Communion. **-2.** *litt* [s'unir spirituellement]: ~ dans un même idéal to be united in ou to share the same ideals; ~ avec qqn to share the same feelings as sb; ~ avec la nature to be at one ou to commune with nature.

**communion** [kɔmynjɔ̃] *nf* **-1.** RELIG [communauté de foi] communion; Communion des saints communion of saints ‖ [partie de la messe]: Communion (Holy) Communion ‖ [cérémonie]: première ~ first communion; ~ solennelle solemn communion. **-2.** *litt* [accord]: être en ~ avec qqn to be at one ou to commune with sb; être en ~ d'idées ou d'esprit avec qqn to share sb's ideas.

**communiqué** [kɔmynike] *nm* communiqué; un ~ de presse a press release.

**communiquer** [3] [kɔmynike] ◇ *vt* **-1.** [transmettre – information] to communicate, to give; [– demande] to transmit; [– dossier, message] to pass on *(sép)*; [– savoir, savoir-faire] to pass on, to hand down *(sép)*. **-2.** PHYS [chaleur, lumière] to transmit; [mouvement, impulsion] to impart. **-3.** [donner par contamination] to transmit; il leur a communiqué son fou rire/enthousiame he passed on his giggles/enthusiasm to them. **-4.** [annoncer] to announce, to impart, to communicate; j'ai une chose importante à vous ~ I have something important to say to you; selon une nouvelle qu'on nous communique à l'instant according to news just in.

◇ *vi* **-1.** [échanger des messages] to communicate; ~ par téléphone/lettre to communicate by phone/letter ‖ [échanger des sentiments]: leur problème est qu'ils n'arrivent pas à ~ avec leurs parents their problem is that they can't communicate with their parents; j'ai besoin de ~ I need to express my feelings (to others). **-2.** [être relié] to interconnect; la chambre communique avec la salle de bains there's a connecting door between the bathroom and the bedroom; une chambre avec salle de bains qui communique a bedroom with bathroom en suite.

◆ **se communiquer** ◇ *vp (emploi passif)* [être transmis – don, savoir, savoir-faire] to be passed on, to be handed down. ◇ *vpi* [se propager – incendie] to spread; [– maladie] to spread, to be passed on; se ~ à to spread to.

**communisant, e** [kɔmynizã, ãt] ◇ *adj* Communistic; un journal ~ a paper with Communist sympathies. ◇ *nm, f* Communist sympathizer, fellow traveller.

**communisme** [kɔmynism] *nm* Communism.

**communiste** [kɔmynist] *adj & nmf* Communist.

**commutateur** [kɔmytatœr] *nm* ÉLECTR & ÉLECTRON [de circuits] changeover switch, commutator; [interrupteur] switch; actionner un ~ [pour allumer] to switch on; [pour éteindre] to switch off.

**commutatif, ive** [kɔmytatif, iv] *adj* **-1.** MATH commutative. **-2.** LING commutable. **-3.** JUR commutative.

**commutation** [kɔmytasjɔ̃] *nf* **-1.** [substitution] commutation, substitution; LING & MATH commutation. **-2.** JUR: ~ de peine commutation of a sentence. **-3.** ÉLECTR & ÉLECTRON commutation, switching. **-4.** INF & TÉLÉC switch-over, switching; ~ de bande/circuits tape/circuit switching.

**commuter** [3] [kɔmyte] ◇ *vt* **-1.** LING & MATH to commute. **-2.** ÉLECTR to commutate. ◇ *vi* **-1.** MATH to commute. **-2.** LING to substitute, to commute.

**Comores** [kɔmɔr] *npr fpl* les ~ the Comoro Islands, the Comoros.

**compacité** [kɔpasite] *nf* compactness.

**compact, e** [kɔpakt] *adj* **-1.** [dense – matière] solid, dense; [– foule] dense, packed; [– poudre] pressed, compacted. **-2.** [ski] short. **-3.** AUDIO, AUT & PHOT compact. **-4.** MATH compact. ◆ **compact** *nm* **-1.** [ski] short ski. **-2.** [disque] compact disc, CD. **-3.** [appareil photo] compact (camera).

**Compact Disc**® [kɔpaktdisk] (*pl* **Compact Discs**) *nm* compact disc, CD.

**compagne** [kɔpaɲ] *nf* **-1.** [camarade] (female) companion; ~ de classe/jeux (female) classmate/playmate; elle a été ma ~ d'infortune she suffered with me, she was my companion in misery. **-2.** [épouse] wife; [concubine] girl-friend. **-3.** [animal domestique] companion.

**compagnie** [kɔpaɲi] *nf* **-1.** [présence] company; sa ~ m'est insupportable I can't stand her company ou being with her; elle avait un chien pour toute ~ her dog was her only companion; être d'une ~ agréable/sinistre to be a pleasant/gloomy companion; être de bonne/mauvaise ~ to be good/bad company; être en bonne/mauvaise ~ to be in good/bad company; je te laisse en bonne ~ I leave you in good hands; tenir ~ à qqn to keep sb company; tu sais, je me passerais bien de ~! I could do with being left alone, you know! **-2.** [groupe] party, company, gang. **-3.** COMM & INDUST company; ~ aérienne airline (company); ~ d'assurances insurance company; Michel Darot et ~ *pr* Michel Darot and Company; tout ça, c'est mensonge/arnaque et ~ *fam* & *fig* that's nothing but a pack of lies/a swindle. **-4.** THÉÂT: ~ (théâtrale) (theatre) group ou company ou troupe. **-5.** ZOOL [de sangliers] herd; [de perdreaux] covey, flock. **-6.** MIL company; ~ de chars tank brigade. **-7.** [dans des noms d'organisations]: Compagnie de Jésus Society of Jesus; Compagnies républicaines de sécurité ≃ SAS *Br*, ≃ state troopers *Am*. ◆ **de compagnie** *loc adj* [animal] domestic. ◆ **en compagnie de** *loc prép* accompanied by, (in company) with.

**compagnon** [kɔpaɲɔ] *nm* **-1.** [camarade] companion; ~ d'armes brother ou comrade in arms; ~ de cellule cell-mate; ~ de jeux playmate; ~ de route ou voyage travelling companion; ~ d'infortune companion in misfortune. **-2.** [époux] husband, companion; [ami, concubin] boyfriend. **-3.** [animal] friend. **-4.** [franc-maçon] companion. **-5.** [ouvrier]: Compagnon du Tour de France journeyman, apprentice. **-6.** HIST: Compagnon de la Libération (French) Resistance fighter. **-7.** INDUST unskilled worker ou labourer.

**compagnonnage** [kɔpaɲɔnaʒ] *nm* HIST **-1.** [chez un maître] ≃ apprenticeship. **-2.** [association] guild.

**comparable** [kɔparabl] *adj* comparable, similar; comparons ce qui est ~ let's compare like with like; ce n'est pas ~ there's no comparison; je n'ai jamais rien goûté de ~ I've never tasted anything like it; une fonction ~ à celle de comptable a function comparable with ou similar to that of an accountant.

**comparais** [kɔpare] *v* → **comparaître**.

**comparaison** [kɔparɛzɔ] *nf* **-1.** [gén] comparison; faire la ou une ~ entre deux qualités to compare two qualities; c'est sans ~ avec le mien it cannot possibly be compared with mine; elle est, sans ~, la plus grande chanteuse du moment she's by far our best contemporary singer; aucune ~! there's no comparison!; comment décider sans avoir un point de ~? how can you possibly make up your mind without some means of comparison?; supporter ou soutenir la ~ avec qqch to bear ou to stand comparison with sthg. **-2.** [figure de style] comparison, simile; adverbe de ~ comparative adverb. ◆ **en comparaison de, en comparaison avec** *loc prép* in comparison ou as compared with, compared to.

**comparaître** [91] [kɔparɛtr] *vi* to appear; ~ en justice to appear before a court; appelé ou cité à ~ summoned to appear.

**comparatif, ive** [kɔparatif, iv] *adj* comparative. ◆ **comparatif** *nm* comparative; ~ de supériorité/d'infériorité comparative of greater/lesser degree.

**comparativement** [kɔparativmɑ] *adv* comparatively, by ou in comparison.

**comparé, e** [kɔpare] *adj* [littérature] comparative.

**comparer** [3] [kɔpare] *vt* **-1.** [confronter] to compare; ~ un livre à ou avec un autre to compare a book to ou with another; il faut ~ ce qui est comparable you must compare like with like. **-2.** [assimiler]: ~ qqch/qqn à to compare sthg/sb to; comme artiste, il ne peut être comparé à Braque as an artist, he cannot compare with Braque. ◆ **se comparer** *vp (emploi passif):* ce sont deux choses qui ne se comparent pas there can be no comparison between these two things. ◆ **se comparer à** *vp* + *prép* to compare o.s. with. ◆ **comparé à** *loc prép* compared to ou with, in comparison to or with.

**comparse** [kɔpars] *nmf* **-1.** THÉÂT extra, walk-on; un rôle de ~ a walk-on part. **-2.** *péj* [d'un brigand, d'un camelot] stooge.

**compartiment** [kɔpartimɑ] *nm* **-1.** RAIL compartment. **-2.** [case – d'une boîte] compartment; [– d'un sac] pocket. **-3.** NAUT tank. **-4.** INF: ~ protégé hold area. ◆ **à compartiments** *loc adj* [tiroir, classeur] divided into compartments.

**compartimentage** [kɔpartimɑtaʒ] *nm*, **compartimentation** [kɔpartimɑtasjɔ] *nf* [d'une caisse, d'une armoire] partitioning; [d'une administration, des connaissances] compartmentalization, fragmenting.

**compartimenter** [3] [kɔpartimɑte] *vt* [caisse, armoire] to partition, to divide into compartments; [administration, connaissances] to compartmentalize, to split into small units.

**comparu, e** [kɔpary], **comparus** [kɔpary] *v* → **comparaître**.

**comparution** [kɔparysjɔ] *nf* appearance.

**compas** [kɔpa] *nm* **-1.** AÉRON & NAUT compass. **-2.** GÉOM (pair of) compasses; ~ d'épaisseur spring-adjusting callipers; ~ à pointes sèches dividers; avoir le ~ dans l'œil to be a

---

**USAGE ►** **La comparaison**

**Établir une comparaison entre des personnes**

She's as pleased about it as you (are).
They're both as lazy as each other.
She's (much) taller than you (are).
He's nowhere near as good as her ou as she is.
Compared to his brother, he's a genius!
Unlike his father, Tony's always been interested in art.
He's not a patch on you at golf! [Br, familier]
Like father, like son!

**Établir une comparaison entre des endroits, des choses, des idées etc**

In comparison to London, Copenhagen is quite small.
In comparison with Rovers, United are doing pretty well.
London is, by comparison, quite a peaceful city.

This year's results are pretty good compared with last year's.
Her skill doesn't compare with that of most beginners. [= est inférieur à]
It's like this one, only smaller.
There's not much to choose between them. [= ils sont très semblables]
Which do I prefer? Well, there's no comparison!

▷ *style plus soutenu:*

In contrast with ou to his former policies, his new approach seems more interventionist.
I want to look at this from a theoretical as opposed to a purely practical angle.
The former is highly traditional in conception; the latter is more up-to-date.

good judge of distances/measurements *etc*.
◆ **au compas** *loc adv* **-1.** NAUT by the compass. **-2.** [avec précision] with military precision.

**compassé, e** [kɔ̃pase] *adj* stiff, strait-laced.

**compassion** [kɔ̃pasjɔ̃] *nf* compassion, sympathy; **avec** ~ compassionately.

**compatibilité** [kɔ̃patibilite] *nf* compatibility; ~ **sanguine** blood-group compatibility ou matching.

**compatible** [kɔ̃patibl] ◇ *adj* [gén, CHIM & TECH] compatible.
◇ *nm* INF compatible.

**compatir** [32] [kɔ̃patir]
◆ **compatir à** *v + prép*: je compatis à votre douleur I sympathize with you in your grief, I share in your grief ‖ *(en usage absolu)*: je compatis! I sympathize!; *iron* my heart bleeds!

**compatissant, e** [kɔ̃patisɑ̃, ɑ̃t] *adj* sympathetic, compassionate.

**compatriote** [kɔ̃patrijɔt] *nmf* compatriot, fellow countryman (*f* countrywoman).

**compensable** [kɔ̃pɑ̃sabl] *adj* **-1.** [perte] that can be compensated, compensable *Am*. **-2.** [chèque] clearable.

**compensateur, trice** [kɔ̃pɑ̃satœr, tris] *adj* **-1.** [indemnité] compensating, compensatory. **-2.** [pendule] compensation *(modif)*.
◆ **compensateur** *nm* **-1.** [appareil] compensator. **-2.** AÉRON (trim) tab.

**compensation** [kɔ̃pɑ̃sasjɔ̃] *nf* **-1.** [dédommagement] compensation. **-2.** FIN [de dettes] offsetting; [de chèques] clearing. **-3.** JUR: ~ **des dépens** sharing of the costs *(among different parties)*. **-4.** MÉD & PSYCH compensation. **-5.** NAUT correction, adjustment. **-6.** AÉRON tabbing. **-7.** MÉCAN & PHYS balancing.
◆ **en compensation** *loc adv* as a ou by way of (a) compensation.
◆ **en compensation de** *loc prép* by way of compensation ou as compensation ou to compensate for.

**compensatoire** [kɔ̃pɑ̃satwar] *adj* **-1.** [qui équilibre] compensatory, compensating. **-2.** FIN countervailing.

**compensé, e** [kɔ̃pɑ̃se] *adj* **-1.** MÉD compensated. **-2.** [semelle]: **chaussures à semelles** ~es platform shoes. **-3.** COMM: **publicité** ~e prestige advertising.

**compenser** [3] [kɔ̃pɑ̃se] *vt* **-1.** [perte] to make up for *(insép)*, to offset; *(en usage absolu)*: **pour** ~, **je l'ai emmené au cinéma** I took her to the cinema, to make up for it. **-2.** JUR: ~ **les dépens** to order each party to pay its own costs. **-3.** MÉD to compensate, to counterbalance; PSYCH to compensate; *(en usage absolu)*: **elle mange pour** ~ she eats for comfort. **-4.** MÉCAN & PHYS to balance. **-5.** NAUT to adjust, to correct. **-6.** FIN [dette] to offset, to balance out *(sép)*.
◆ **se compenser** *vp (emploi réciproque)* to make up for one another.

**compère** [kɔ̃pɛr] *nm* **-1.** [complice – d'un camelot] accomplice; [– d'un artiste] stooge. **-2.** LITTÉRAT: **(mon)** ~ **le lapin** Mister Rabbit.

**compère-loriot** [kɔ̃pɛrlɔrjo] *(pl* **compères-loriots)** *nm* sty MÉD, stye.

**compétence** [kɔ̃petɑ̃s] *nf* **-1.** [qualification, capacité] competence; j'ai des ~s **en informatique** I have computer skills; **avoir recours aux** ~s **d'un expert** to refer to an expert; **cela n'entre pas dans mes** ~s, **ce n'est pas de ma** ~ [cela n'est pas dans mes attributions] this doesn't come within my remit; [cela me dépasse] that's beyond my competence. **-2.** JUR competence. **-3.** LING & MÉD competence.

**compétent, e** [kɔ̃petɑ̃, ɑ̃t] *adj* **-1.** [qualifié] competent, skilful, skilled; **en cuisine, je suis assez** ~**e** I'm quite a good cook; ~ **en la matière: les gens** ~s **en la matière** [qui savent] people who know about ou are conversant with this topic; **seul le maire est** ~ **en la matière** [habilité] only the mayor is competent to act in this matter. **-2.** [approprié – service] relevant.

**compétiteur, trice** [kɔ̃petitœr, tris] *nm, f* **-1.** [rival]: **le** ~ **de** qqn sb's rival. **-2.** COMM & SPORT competitor.

**compétitif, ive** [kɔ̃petitif, iv] *adj* competitive.

**compétition** [kɔ̃petisjɔ̃] *nf* **-1.** [rivalité] competition, competing; **j'ai horreur de la** ~ I hate having to compete (with others). **-2.** [niveau d'activité sportive] competition;

**faire de la** ~ [athlétisme] to take part in competitions; AUT & NAUT to race; **j'arrête la** ~ I'm giving up (taking part in) competitive events ‖ *(comme adj inv)*: **elle a le niveau** ~ **en aviron** she's a top-level oarswoman. **-3.** [concours – en athlétisme, en natation] competition, event; [– au tennis] tournament; AUT & NAUT competition, race.
◆ **de compétition** *loc adj*: **des skis de** ~ [de descente] racing skis; [de fond] eventing skis❏ **sport de** ~ competitive sport.
◆ **en compétition** *loc adv* SPORT at competition level.
◆ **en compétition avec** *loc prép* competing ou in competition with.

**compétitivité** [kɔ̃petitivite] *nf* competitiveness.

**compilateur, trice** [kɔ̃pilatœr, tris] *nm, f* **-1.** *sout* [auteur] compiler. **-2.** *péj* [plagiaire] plagiarist.
◆ **compilateur** *nm* INF compiler.

**compilation** [kɔ̃pilasjɔ̃] *nf* **-1.** [fait de réunir des textes] compiling; [ensemble de textes, de morceaux de musique] compilation. **-2.** *péj* [plagiat] plagiarizing, synthesizing; [ouvrage] (mere) compilation ou synthesis *péj*. **-3.** INF compilation.

**compiler** [3] [kɔ̃pile] *vt* **-1.** [assembler] to put together *(sép)*, to assemble. **-2.** *péj* [suj: plagiaire] to borrow from. **-3.** INF to compile.

**complainte** [kɔ̃plɛ̃t] *nf* **-1.** LITTÉRAT, MUS & *litt* lament, plaint. **-2.** JUR complaint.

**complaire** [110] [kɔ̃plɛr]
◆ **complaire à** *v + prép litt*: ~ **à qqn** to please sb.
◆ **se complaire** *vpi*: **se** ~ **dans qqch** to revel ou to delight ou to take pleasure in sthg; **il se complaît dans son malheur** he wallows in his own misery; **se** ~ **à dire/faire qqch** to take great pleasure in saying/doing sthg.

**complaisamment** [kɔ̃plɛzamɑ̃] *adv* **-1.** [avec amabilité] kindly, obligingly. **-2.** *péj* [avec vanité] smugly, complacently, with self-satisfaction.

**complaisance** [kɔ̃plɛzɑ̃s] *nf* **-1.** [amabilité] kindness, obligingness; **avec** ~ kindly, obligingly. **-2.** [vanité] complacency, smugness, self-satisfaction; **avec** ~ smugly, complacently. **-3.** [indulgence – des parents] laxity, indulgence; [– d'un tribunal, d'un juge] leniency, indulgence; [– d'un mari] connivance.
◆ **complaisances** *nfpl* favours.
◆ **de complaisance** *loc adj*: **certificat** ou **attestation de** ~ phoney certificate *(given to please the person concerned)*; **billet de** ~ COMM accommodation bill.
◆ **par complaisance** *loc adv* out of sheer politeness, purely ou merely to be polite.

**complaisant, e** [kɔ̃plɛzɑ̃, ɑ̃t] *adj* **-1.** [aimable] kind; [serviable] obliging, complaisant. **-2.** [vaniteux] smug, self-satisfied, complacent; **prêter une oreille** ~**e aux éloges** to lap up praise. **-3.** [indulgent – parents] lax, indulgent; [– juge, tribunal] indulgent, lenient; **elle a un mari** ~ her husband turns a blind eye to her infidelities.

**complaisons** [kɔ̃plɛzɔ̃] *v* → **complaire**.

**complément** [kɔ̃plemɑ̃] *nm* **-1.** [supplément]: **un** ~ **d'information est nécessaire** ou further information is required; **demander un** ~ **d'enquête** to order a more extensive inquiry. **-2.** [reste] rest, remainder. **-3.** MATH complement. **-4.** LING complement; ~ **(d'objet) direct/indirect** direct/indirect object; ~ **d'agent** agent; ~ **circonstanciel** adverbial phrase. **-5.** ADMIN: ~ **familial** means-tested family allowance *(for parents with three children above the age of three)*.

**complémentaire** [kɔ̃plemɑ̃tɛr] ◇ *adj* **-1.** [supplémentaire – information] additional, further. **-2.** [industries, couleurs] complementary. **-3.** LING & MATH complementary. **-4.** ÉCON complementary; **cours** ~ ≃ secondary modern school. ◇ *nm* MATH complementary.

**complémentarité** [kɔ̃plemɑ̃tarite] *nf* **-1.** [fait de compléter] complementarity. **-2.** ÉCON complementarity.

**complet, ète** [kɔ̃plɛ, ɛt] *adj* **-1.** [qui a tous ses éléments – série, collection, parure] complete, full; [– œuvre] complete; **change** ~ **disposable nappy** *Br* ou **diaper** *Am*; **pension complète** full board. **-2.** [approfondi – compte-rendu, description] full, comprehensive; [– analyse, examen] thorough, full. **-3.** [entier] full; **nous resterons un mois** ~ we'll stay a full month; **le ticket est valable pour la journée complète** the ticket is valid for the whole day. **-4.** [bondé – bus, métro, stade] full;

'complet' [hôtel] 'no vacancies'; [parking] 'full'; nous sommes ~s [salle de concert, théâtre, restaurant] we're (fully) booked. **-5.** [parfait – homme, artiste] all-round *(avant n)*, complete. **-6.** [total, absolu – silence] total, absolute; [– repos] complete; [– échec] total; ils vivent dans la pauvreté la plus complète they live in utter OU absolute OU abject poverty; un fiasco ~ a complete (and utter) disaster ❏ c'est ~! that's all we needed!, that's the last straw!, that caps it all!**-7.** [fournissant tout le nécessaire]: la natation est un sport ~ swimming is an all-round sport; le lait est un aliment ~ milk is a complete food, milk contains all the necessary nutrients. **-8.** CULIN [pain, farine, spaghetti] wholemeal; [riz] brown. **-9.** BOT complete.
◆ **complet** *nm* VÊT: ~, ~-veston (man's) suit.
◆ **au (grand) complet** *loc adj*: (toute) l'équipe au ~ the whole team; mes amis étaient là au ~ all my friends showed up; les couverts ne sont pas au ~ there are some knives and forks missing.

**complète** [kɔ̃plɛt] ◇ *f→* complet. ◇ *v→* compléter.
**complètement** [kɔ̃plɛtmɑ̃] *adv* **-1.** [totalement] completely, totally; ~ nu stark naked; le jeu les a ~ ruinés gambling left them totally penniless. **-2.** [vraiment] absolutely; elle est ~ folle she's stark raving mad; je suis ~ d'accord I absolutely OU totally agree.
**compléter** [18] [kɔ̃plete] *vt* **-1.** [ajouter ce qui manque à – collection, dossier] to complete; [– somme, remboursement] to make up *(sép)*. **-2.** [approfondir – analyse, notes, formation] to complete; [– enquête] to finish, to complete. **-3.** [constituer le dernier élément de] to complete, to finish OU to round off *(sép)*; un index complète le guide the guide is completed by an index; pour ~ le tout to cap OU to crown it all.
◆ **se compléter** ◇ *vp (emploi passif)*: ma collection se complète peu à peu my collection will soon be complete. ◇ *vp (emploi réciproque)* [personnes, caractères] to complement (one another); le vin et le fromage se complètent parfaitement wine complements cheese perfectly.
**complétif, ive** [kɔ̃pletif, iv] *adj*: proposition complétive noun clause.
◆ **complétive** *nf* noun clause.
**complétude** [kɔ̃pletyd] *nf sout* [fait d'être complet] completeness.
**complexe** [kɔ̃plɛks] ◇ *adj* **-1.** [compliqué – processus, trajet] complicated; [– caractère, personne] complex, complicated. **-2.** LING & MATH complex. ◇ *nm* **-1.** PSYCH complex; avoir des ~s *fam* to be hung up ❏ ~ d'infériorité/de supériorité/d'Œdipe     inferiority/superiority/Oedipus complex. **-2.** CONSTR & ÉCON complex; ~ hospitalier/industriel medical/industrial complex. **-3.** CHIM & MATH complex.
◆ **sans complexe(s)** ◇ *loc adj* **-1.** [simple] natural. **-2.** *péj* [sans honte] uninhibited; elle est sans ~, celle-là! she's so brazen! ◇ *loc adv* **-1.** [sans manières] quite naturally OU simply, uninhibitedly. **-2.** *péj* [avec sans-gêne] uninhibitedly.
**complexé, e** [kɔ̃plɛkse] ◇ *adj* neurotic; elle est ~e par son poids she has a complex about her weight. ◇ *nm, f*: c'est un ~ he has a lot of complexes.
**complexer** [4] [kɔ̃plɛkse] *vt* [personne]: arrête, tu vas le ~ stop, you'll give him a complex.
**complexion** [kɔ̃plɛksjɔ̃] *nf litt* constitution.
**complexité** [kɔ̃plɛksite] *nf* complexity.

**complication** [kɔ̃plikasjɔ̃] *nf* **-1.** [problème] complication; oui mais attendez, il y a une ~ yes but wait, it's more complicated than you think; tu cherches des ~s là où il n'y en a pas you're reading more into it than is justified; pourquoi faire des ~s? why make things more difficult than they need be?**-2.** [complexité] complicatedness, complexity; elle aime les ~s she likes things to be complicated.
◆ **complications** *nfpl* MÉD complications.
**complice** [kɔ̃plis] ◇ *adj* [regard, sourire, silence] knowing; être ~ de qqch to be (a) party to sthg. ◇ *nmf* **-1.** [malfrat] accomplice. **-2.** [ami, confident] partner, friend; sa femme et ~ de tous les instants his wife and constant companion. **-3.** [dans un spectacle, un canular] partner.
**complicité** [kɔ̃plisite] *nf* **-1.** JUR complicity; avec la ~ de qqn with the complicity of sb, with sb as an accomplice. **-2.** [entente, amitié]: elle lui adressa un sourire de ~ she smiled at him knowingly, she gave him a knowing smile; nous avons retrouvé ce très vieux film avec la ~ du réalisateur we've unearthed this very old footage, with the kind help of the director.
◆ **en complicité avec** *loc prép* in collusion with.
**compliment** [kɔ̃plimɑ̃] *nm* **-1.** [éloge] compliment; faire un ~ à qqn to pay sb a compliment, to pay a compliment to sb; on m'a fait des ~s sur mon soufflé I was complimented on my soufflé. **-2.** [félicitations] congratulations; adresser des ~s au vainqueur to congratulate the winner; (je vous fais) mes ~s! *iron* congratulations!, well done!**-3.** [dans des formules de politesse] compliment; mes ~s à votre épouse my regards to your wife. **-4.** [discours] congratulatory speech.
**complimenter** [3] [kɔ̃plimɑ̃te] *vt* **-1.** [féliciter] to congratulate; ~ qqn sur son succès to congratulate sb on OU for having succeeded. **-2.** [faire des éloges à] to compliment; Julie m'a complimenté sur OU pour ma robe Julie complimented me on my dress.
**compliqué, e** [kɔ̃plike] ◇ *adj* **-1.** [difficile à comprendre – affaire, exercice, phrase] complicated; [– jeu, langue, livre, problème] difficult; [– plan] intricate; elle avait un nom ~ she had a real tongue-twister of a name; c'est trop ~ à expliquer it's too hard to explain; regarde, ce n'est pourtant pas ~! look, it's not so difficult to understand!**-2.** [ayant de nombreux éléments – appareil, mécanisme] complicated, complex, intricate. **-3.** [qui manque de naturel – personne] complicated; [– esprit] tortuous. ◇ *nm, f fam*: ta sœur, c'est une ~e! your sister certainly likes complications!
**compliquer** [3] [kɔ̃plike] *vt* to complicate, to make (more) difficult OU complicated; il me complique la vie he makes things OU life difficult for me.
◆ **se compliquer** ◇ *vpi* **-1.** [devenir embrouillé] to become (more) complicated; ça se complique! things are getting complicated!, the plot thickens! **-2.** MÉD to be followed by complications. ◇ *vpt*: se ~ la vie OU l'existence to make life difficult for o.s.
**complot** [kɔ̃plo] *nm* **-1.** POL plot. **-2.** [menées] plot, scheme.
**comploter** [3] [kɔ̃plɔte] ◇ *vt* to plot. ◇ *vi* to be part of a plot; ~ de tuer qqn to conspire to kill sb, to plot sb's murder.
**comploteur, euse** [kɔ̃plɔtœr, øz] *nm, f* plotter.
**complus** [kɔ̃ply] *v→* complaire.
**componction** [kɔ̃pɔ̃ksjɔ̃] *nf* **-1.** [gravité affectée] gravity, solemnity. **-2.** RELIG compunction, contrition.

---

**Faire un compliment**

▷ *sur l'apparence, les vêtements etc:*

That dress really suits you.
What a beautiful ring!
That's a nice tie you've got there.
You look lovely OU great!
I like your new glasses – they make you look really intelligent.
I love your shirt, where did you get it?
Blue is definitely your colour.
Great haircut! [familier]

▷ *lors d'une visite:*

What a lovely baby!
This is a gorgeous house/beautiful garden.
That was really delicious.

**Répondre à un compliment**

Thank you.
It's very kind of you to say so.
I'm glad you like it.
Do you think so?
Don't, you'll make me blush! [humoristique]

**comportement** [kɔ̃pɔrtəmɑ̃] *nm* **-1.** [attitude] behaviour. **-2.** AUT & SC [d'un véhicule] performance, behaviour; [de pneus] performance; [d'une molécule] behaviour. **-3.** PSYCH behaviour.

**comportemental, e, aux** [kɔ̃pɔrtəmɑ̃tal, o] *adj* **-1.** [relatif à la façon d'être] behaviour *(modif)*, behavioural. **-2.** PSYCH behaviourist.

**comportementalisme** [kɔ̃pɔrtəmɑ̃talism] *nm* behaviourism.

**comporter** [3] [kɔ̃pɔrte] *vt* **-1.** [être muni de] to have, to include. **-2.** [être constitué de] to be made up ou to consist of; la maison comporte trois étages it's a three-storey house. **-3.** [contenir] to contain. **-4.** [entraîner] to entail, to imply; c'est un voyage qui comporte des risques it's a risky trip; elle a choisi l'aventure, avec tout ce que cela comporte de dangers she chose to lead a life of adventure with all the risks it entailed. **-5.** [permettre, admettre] to allow, to admit; la règle comporte quelques exceptions there are one or two exceptions to this rule.
◆ **se comporter** *vpi* **-1.** [réagir – personne] to act, to behave; tâche de bien te ~ try to behave (yourself ou well); se ~ en enfant/en adulte to act childishly/like an adult. **-2.** [fonctionner – voiture, pneus] to behave, to perform; [– molécule] to behave.

**composant, e** [kɔ̃pozɑ̃, ɑ̃t] *adj* **-1.** [qui constitue] constitutive. **-2.** LING compound *(modif)*.
◆ **composant** *nm* **-1.** [élément] component, constituent. **-2.** CONSTR, INDUST & LING component.
◆ **composante** *nf* [gén, MATH & PHYS] component.

**composé, e** [kɔ̃poze] *adj* **-1.** [formé d'un mélange – bouquet, salade] mixed, composite. **-2.** [affecté – attitude] studied. **-3.** BOT [feuille] compound; [inflorescence] composite; **fleur ~e** composite (flower). **-4.** ARCHIT composite. **-5.** LING [temps] compound *(modif)*; **mot ~** compound (word). **-6.** CHIM, ÉCON & MATH compound *(modif)*.
◆ **composé** *nm* **-1.** [ensemble] ~ de mixture ou blend ou combination of. **-2.** CHIM & MATH compound. **-3.** LING compound (word).
◆ **composée** *nf* composite (flower); les ~es the Compositae.

**composer** [3] [kɔ̃poze] ◇ *vt* **-1.** [rassembler pour faire un tout – équipe, cabinet] to form, to select (the members of); [– menu] to prepare, to put together *(sép)*; [– bouquet] to make up *(sép)*. **-2.** [écrire – roman, discours] to write; [– poème, symphonie] to compose; [– programme] to draw up *(sép)*, to prepare. **-3.** [faire partie de] (to go to) make up *(insép)*. **-4.** *litt* [apprêter, étudier – attitude]: ~ son personnage to create an image for o.s. **-5.** TÉLÉC [numéro de téléphone] to dial; [code] to key (in). **-6.** IMPR to set.
◇ *vi* **-1.** [transiger] to compromise; tu ne sais pas ~ you're (too) uncompromising; ~ avec qqn/sa conscience to come to a compromise with sb/one's conscience. **-2.** SCOL to take an exam; ~ en histoire to take a history test ou exam. **-3.** MUS: il ne compose plus depuis des années he hasn't composed ou written anything for years.
◆ **se composer** *vpt*: se ~ un visage de circonstance to assume an appropriate expression.
◆ **se composer de** *vp + prép* to be made up ou composed of.

**composite** [kɔ̃pozit] ◇ *adj* **-1.** [mobilier, population] heterogeneous, mixed, composite; [foule, assemblée] mixed. **-2.** ARCHIT & TECH composite. ◇ *nm* ARCHIT composite order.

**compositeur, trice** [kɔ̃pozitœr, tris] *nm, f* **-1.** MUS composer. **-2.** IMPR compositor, typesetter.

**composition** [kɔ̃pozisjɔ̃] *nf* **-1.** [fabrication, assemblage – d'un produit, d'un plat, d'un menu] making up, putting together; [– d'un bouquet] making up, arranging; [– d'une équipe, d'une assemblée, d'un gouvernement] forming, formation, setting up. **-2.** [écriture – d'une symphonie] composition; [– d'un poème, d'une lettre] writing; [– d'un programme] drawing up. **-3.** [éléments – d'une assemblée, d'un gouvernement, d'un menu] composition; [– d'un programme] elements; **quelle sera la ~ du jury?** who will be the members of the jury be?, who will make up the jury? || CULIN & PHARM composition; des conservateurs entrent dans la ~ du produit this product contains preservatives; '~: eau, sucre, fraises' 'ingredients: water, sugar, strawberries'. **-4.** BX-ARTS & PHOT [tech-

nique, résultat] composition; **avoir le sens de la ~** to have a good eye for composition. **-5.** IMPR typesetting, composition. **-6.** CHIM composition. **-7.** LING compounding. **-8.** SCOL [dissertation] essay, composition; [examen] test, exam, paper; ~ française French paper.
◆ **à composition** *loc adv sout*: amener qqn à ~ to lead sb to a compromise; arriver ou venir à ~ to come to a compromise.
◆ **de bonne composition** *loc adj* accommodating, good-natured, easy-going.
◆ **de composition** *loc adj* [rôle] character *(modif)*.
◆ **de ma composition, de sa composition** *etc*: il a chanté une petite chanson de sa ~ he sang a little song he'd written.
◆ **de mauvaise composition** *loc adj* difficult.

**compost** [kɔ̃pɔst] *nm* compost.

**compostage** [kɔ̃pɔstaʒ] *nm* **-1.** [pour dater] date-stamping. **-2.** [pour valider] punching. **-3.** AGR composting.

**composter** [3] [kɔ̃pɔste] *vt* **-1.** [pour dater] to date-stamp. **-2.** [pour valider] to punch. **-3.** AGR to compost.

**composteur** [kɔ̃pɔstœr] *nm* **-1.** [dateur] datestamp. **-2.** [pour valider] ticket-punching machine. **-3.** INF: ~ de données data cartridge.

**compote** [kɔ̃pɔt] *nf* CULIN: ~ (de fruits) stewed fruit, compote; ~ de pommes stewed apples, apple compote.
◆ **en compote** *loc adj* **-1.** [fruits] stewed. **-2.** *fam* [meurtri, détruit] smashed up; j'ai les pieds en ~ my feet are killing me.

**compotier** [kɔ̃pɔtje] *nm* fruit bowl.

**compréhensible** [kɔ̃preɑ̃sibl] *adj* [intelligible] intelligible; [excusable, concevable] understandable.

**compréhensif, ive** [kɔ̃preɑ̃sif, iv] *adj* **-1.** [disposé à comprendre] understanding. **-2.** PHILOS comprehensive.

**compréhension** [kɔ̃preɑ̃sjɔ̃] *nf* **-1.** [fait de comprendre] comprehension, understanding; des notes nécessaires à la ~ du texte notes that are necessary to understand ou for a proper understanding of the text. **-2.** [bienveillance] sympathy, understanding; être plein de ~ to be very understanding. **-3.** LING & MATH comprehension.

**comprendre** [79] [kɔ̃prɑ̃dr] *vt* **A. -1.** [saisir par un raisonnement] to understand; il comprend vite mais il faut lui expliquer longtemps! *hum* he's a bit slow on the uptake!; c'est à n'y rien ~ it's just baffling; (c'est) compris? [vous avez suivi] is it clear?, do you understand?; [c'est un ordre] do you hear me!; (c'est) compris! all right, OK!; faire ~ qqch à qqn [lui prouver] to get sb to understand sthg; [l'en informer] to give sb to understand sthg; se faire ~: est-ce que je me fais bien ~? [mon exposé est-il clair?] is my explanation clear enough?; [ton menaçant] do I make myself clear?; quand j'ai vu la pile de dossiers, j'ai compris mon malheur ou ma douleur! when I saw that great pile of files, I knew what I was in for! || *(en usage absolu)*: elle a fini par ~ [se résigner] she finally got the message; ça va, j'ai compris, tu préfères que je m'en aille! OK, I get the message, you want me to go! **-2.** [saisir grâce à ses connaissances – théorie, langue] to understand; se faire ~ to make o.s. understood. **-3.** [saisir par une intuition] to understand, to realize; comprends-tu l'importance d'une telle décision? do you realize how important a decision it is?; je commence à ~ où il veut en venir I'm beginning to realize what he's after. **-4.** [admettre] to understand; je comprends qu'on s'énerve dans les bouchons it's quite understandable that people get irritable when caught in traffic jams || *(en usage absolu)*: elle n'a pas osé, il faut ~ (aussi)! she didn't dare, you have to put yourself in her shoes! **-5.** [concevoir] to understand, to see; c'est ainsi que je comprends le rôle this is how I understand ou see the part || *(en usage absolu)* [pour établir un lien avec l'interlocuteur]: tu comprends?, comprends-tu? you see?, you know? **-6.** [avoir les mêmes sentiments que] to understand, to sympathize with; elle comprend les jeunes she understands young people; je vous comprends, cela a dû être terrible I know how you feel, it must have been awful; je la comprends, avec un mari pareil! I don't blame her with the sort of husband she's got! **-7.** [apprécier] to have a feeling for, to understand; il ne comprend pas la plaisanterie he can't take a joke.
**B. -1.** [être composé entièrement de] to contain, to be made up ou to be comprised ou to consist of. **-2.** [être composé en

partie de] to include, to contain; l'équipe comprend trois joueurs étrangers there are three foreign players in the team. **-3.** [englober – frais, taxe] to include. **-4.** *(au passif)* [se situer]: l'inflation sera comprise entre 5 % et 8 % inflation will be (somewhere) between 5% and 8%; la partie comprise entre la table et le mur the section between the table and the wall.

◆ **se comprendre** ◇ *vp (emploi passif)* to be understandable; cela se comprend, ça se comprend that's quite understandable. ◇ *vp (emploi réciproque)* to understand one another. ◇ *vp (emploi réfléchi) loc fam:* **je me comprends!** I know what I'm getting at (even if others don't)!

**comprenette** [kɔ̃prənɛt] *nf fam:* il n'a pas la ~ facile, il a la ~ dure he's a bit slow (on the uptake).

**comprennent** [kɔ̃prɛn], **comprenons** [kɔ̃prənɔ̃] *v* → comprendre.

**compresse** [kɔ̃prɛs] *nf* compress, pack.

**compresser** [4] [kɔ̃prese] *vt* to pack (tightly) in, to pack in tight.

**compresseur** [kɔ̃presœr] *nm* **-1.** [d'un réfrigérateur] compressor. **-2.** MÉCAN supercharger. **-3.** TRAV PUBL: (rouleau) ~ steamroller.

**compressible** [kɔ̃presibl] *adj* **-1.** MÉCAN & PHYS compressible. **-2.** [réductible] reducible; **commençons par les dépenses** ~s let's begin with expenses that can be cut down OU reduced.

**compressif, ive** [kɔ̃presif, iv] *adj* [bandage, appareil] compressive.

**compression** [kɔ̃presjɔ̃] *nf* **-1.** MÉCAN & PHYS compression. **-2.** [des dépenses, du personnel] reduction, cutting down; **procéder à une** ~ **des effectifs** to cut down the workforce; **des** ~**s budgétaires** cuts OU reductions in the budget. **-3.** MÉD compression. **-4.** INF compression; ~ **des caractères** digit compression.

◆ **de compression** *loc adj* MÉCAN [pompe] compression *(modif).*

**comprimé, e** [kɔ̃prime] *adj* compressed.

◆ **comprimé** *nm* tablet.

**comprimer** [3] [kɔ̃prime] *vt* **-1.** [serrer – air, vapeur, gaz] to compress; [– objets] to pack (in) tightly; [– foin, paille] to compact, to press tight; **cette robe me comprime la taille** this dress is much too tight for me around the waist; **les voyageurs étaient comprimés dans le train** the travellers were jammed OU packed tight in the train. **-2.** [diminuer – dépenses] to curtail, to trim, to cut down *(sép)*; [– effectifs] to trim OU to cut down *(sép).* **-3.** [contenir – colère, joie, rire] to hold back *(sép)*, to suppress, to repress; [– larmes] to hold back *(sép).* **-4.** INF to pack. **-5.** MÉD to compress.

**compris, e** [kɔ̃pri, iz] ◇ *pp* → comprendre. ◇ *adj* **-1.** [inclus – service, boisson] included; **service non** ~ service not included, not inclusive of the service charge; **y** ~ included, including; **je travaille tous les jours y** ~ **le dimanche** I work every day including Sundays OU Sundays included ‖ [dans les dates] inclusive. **-2.** [pensé]: **bien** ~ well thought-out. ◇ *interj* AÉRON & TÉLÉC: ~! OK!

◆ **tout compris** *loc adv* net, all inclusive, all in *Br.*

**compromets** [kɔ̃prɔmɛ] *v* → compromettre.

**compromettant, e** [kɔ̃prɔmɛtɑ̃, ɑ̃t] *adj* [document, action] incriminating; [situation] compromising.

**compromettre** [84] [kɔ̃prɔmɛtr] ◇ *vt* **-1.** [nuire à la réputation de] to compromise; **compromis par une cassette** compromised OU incriminated because of a cassette; **il est compromis dans l'affaire** he's implicated OU involved in the affair.

**-2.** [mettre en danger – fortune, avenir, santé] to put in jeopardy, to jeopardize; **s'il pleut, notre sortie est compromise** if it rains, our outing is unlikely to go ahead. ◇ *vi* JUR to compromise.

◆ **se compromettre** *vp (emploi réfléchi)* to risk OU to jeopardize one's reputation, to be compromised.

**compromis, e** [kɔ̃prɔmi, iz] *pp* → compromettre.

◆ **compromis** *nm* [concession] compromise; [moyen terme] compromise (solution); **faire des** ~ to make compromises; **trouver un** ~ to reach OU to come to a compromise.

**compromission** [kɔ̃prɔmisjɔ̃] *nf* base action, (piece of) dishonourable behaviour.

**comptabilisation** [kɔ̃tabilizasjɔ̃] *nf* FIN: **faire la** ~ **des recettes et des dépenses** to balance out credits and debits.

**comptabiliser** [3] [kɔ̃tabilize] *vt* **-1.** FIN to list, to enter in the accounts. **-2.** [compter] to count; **je n'ai pas comptabilisé ses allées et venues** I didn't keep a record of his comings and goings.

**comptabilité** [kɔ̃tabilite] *nf* **-1.** [profession] accountancy, accounting; **faire de la** ~ to work as an accountant. **-2.** [comptes] accounts, books; **faire la** ~ **de qqn** to do sb's books OU book-keeping. **-3.** [technique] accounting, book-keeping; ~ **à partie double** double-entry book-keeping. **-4.** [service, bureau] accounts (department). **-5.** ÉCON & FIN: ~ **nationale** national auditing; ~ **publique** public finance.

**comptable** [kɔ̃tabl] ◇ *adj* **-1.** FIN accounting *(modif)*, book-keeping *(modif).* **-2.** LING count *(modif)*, countable. ◇ *nmf* accountant; ~ **du Trésor public** Treasury official.

**comptage** [kɔ̃taʒ] *nm* counting; **faire le** ~ **de** to count.

**comptant** [kɔ̃tɑ̃] ◇ *adj m:* **je lui ai versé 1 000 F** ~**s** I paid him 1,000 F in cash. ◇ *adv* cash; **payer** ~ to pay cash; **acheter/vendre** ~ to buy/to sell for cash.

◆ **au comptant** *loc adv* cash *adv*; **acheter/vendre au** ~ to buy/to sell for cash.

**compte** [kɔ̃t] *nm* **A.** CALCUL, SOMME CALCULÉE **-1.** [opération] counting; **ils ont fait le** ~ **des absents** they counted (up) the number of people absent; **faites le** ~ **vous-même** work it out (for) yourself; **quand on fait le** ~... when you reckon it all up... ❑ ~ **à rebours** *pr & fig* countdown. **-2.** [résultat] (sum) total; **j'ai le** ~ I've got the right money; **je vous remercie, monsieur, le** ~ **est bon** OU **y est!** thank you sir, that's right!; **il n'y a pas le** ~ [personnes] they're not all here OU there, some are missing; [dépenses] it doesn't add up ❑ ~ **rond: cela fait un** ~ **rond** that makes it a (nice) round sum OU figure; **comment fais-tu ton** ~ **pour te tromper à chaque fois/pour que tout le monde soit mécontent?** how do you manage to get it wrong every time/manage it so (that) nobody's satisfied? **-3.** [avantage]: **j'y trouve mon** ~ I do well out of it, it works out well for me; **il n'y trouvait pas son** ~, **alors il est parti** [il ne gagnait pas assez d'argent] he wasn't doing well enough out of it, so he left; [dans une relation] he wasn't getting what he wanted out of it, so he left. **-4.** [dû]: **demander son** ~ to ask for one's wages; **donner son** ~ **à qqn** to give sb (his) notice ❑ **avoir son** ~ (**de**) to have more than one's fair share OU more than enough (of); **il a déjà son** ~ *fam* [il a beaucoup bu] he's had quite enough to drink already; **recevoir son** ~ *pr* to get one's (final) wages; *fam & fig* to get the sack *Br* OU one's marching orders; **régler son** ~ **à qqn** *pr* to pay sb off; *fam & fig* to give sb a piece of one's mind; **régler ses** ~**s** [mettre en ordre ses affaires] to put one's affairs in order; **régler ses** ~**s avec qqn** [le payer] to settle up with sb; [se venger] to settle one's OU old scores with sb; **son** ~ **est bon** *fam* OU **sera vite réglé** he's had it,

────────────────────────────────────────────────

**USAGE ▶    Dire qu'on a compris/qu'on n'a pas compris**

**Lorsqu'on a compris**

I see.
I understand.
That's much clearer, thank you.
I know OU see what you mean now.
That makes sense.
I think I've got it now. [familier]
So THAT'S how it works!

**Lorsqu'on n'a pas compris**

I'm sorry, I don't follow you.
I'm sorry, I still don't understand/it's still not very clear.
I'm afraid you've lost me there.
I'm not sure I've understood.
Could you go through it again, please?
What exactly do you mean?
I don't get it. [familier]

he's done for.
**B.** DANS LE DOMAINE FINANCIER ET COMMERCIAL **-1.** [de dépôt, de crédit] account; ~ **courant** current *Br* ou checking *Am* account; ~ **de dépôt** deposit *Br* ou savings *Am* account; ~ **épargne logement** savings account *(for purchasing a property)*; ~ **joint** joint account. **-2.** [facture] bill, check *Am*; **faites-moi** ou **préparez-moi le** ~ may I have the bill, please? **-3.** [bilan] : ~ **de profits et pertes** profit and loss account.
**C.** LOCUTIONS: à **mon/son** *etc* ~ : **reprendre à son** ~ [magasin] to take over in one's own name; [idée, écrit] to adopt; **il a pris le repas à son** ~ he paid for the meal; **être** ou **travailler à son** ~ to be self-employed; **à** ~ **d'auteur** at the author's own expense; **en** ~ : **nous sommes en** ~, **vous me réglerez tout à la fin** as we're doing business together, you may pay me in full at the end; **passer** ou **porter une somme en** ~ [recette] to credit a sum; [dépense] to debit a sum; **demander** ~ **de qqch à qqn** to ask sb for an explanation of sthg, to ask sb to account for sthg; **rendre des** ~s (à qqn) to give ou to offer (sb) an explanation; **rendre** ~ **de qqch à qqn** [s'en expliquer] to justify sthg to sb; [faire un rapport] to give an account of sthg to sb; **devoir des** ~s à qqn to be responsible ou accountable to sb; **il ne te doit pas de** ~ he doesn't owe you any explanations; **prendre qqch en** ~ [prendre en considération] to take sthg into account ou consideration; **se rendre** ~ **de qqch** to realize sthg; **te rends-tu** ~ **de ce que tu fais?** do you realize ou really understand what you're doing?; **on lui a collé une étiquette dans le dos mais il ne s'en est pas rendu** ~ somebody stuck a label on his back but he didn't notice; **non mais, tu te rends** ~! *fam* [indignation] can you believe it?; **tenir** ~ **de qqch** to take account of sthg, to take sthg into account; **elle n'a pas tenu** ~ **de mes conseils** she took no notice of ou ignored my advice; ~ **tenu de** in view ou in the light of; ~ **non tenu de** leaving out, excluding.
◆ **comptes** *nmpl* accounts, accounting; **faire/tenir les** ~**s** to do/to keep the accounts; **j'ai mal fait mes** ~**s** I've made a mistake in my accounts ❑ **faire des** ~**s d'apothicaire** to work things out to the last penny ou cent *Am*; **les bons** ~**s font les bons amis** *prov* pay your debts and you'll keep your friends.
◆ **à bon compte** *loc adv* [acheter] cheap, cheaply; **s'en tirer à bon** ~ [sans frais] to manage to avoid paying a fortune; [sans conséquences graves] to get off lightly.
◆ **à ce compte, à ce compte-là** *loc adv* [selon ce raisonnement] looking at it ou taking it that way.
◆ **pour compte** *loc adv*: **laisser des marchandises pour** ~ to leave goods on a merchant's hands.
◆ **pour le compte** *loc adv* for the count.
◆ **pour le compte de** *loc prép* for; **elle travaille pour le** ~ **d'une grande société (mais n'en fait pas partie)** she works for a large firm (but isn't on the payroll), she freelances for a large firm.
◆ **pour mon compte, pour son compte** *etc loc adv* for my/his *etc* part, as for me/him *etc*.
◆ **sur le compte de** *loc prép* **-1.** [à propos de] on, about, concerning. **-2.** *loc*: **mettre qqch sur le** ~ **de qqn** *pr* to put sthg on sb's bill; **mettre qqch sur le** ~ **de qqch** to put sthg down to sthg.
◆ **tout compte fait, tous comptes faits** *loc adv* **-1.** [en résumé] all in all, on balance, all things considered. **-2.** [après tout] thinking about it, on second thoughts.

**compte(-)chèques** [kɔ̃tʃɛk] *(pl* **comptes-chèques** ou **comptes chèques)** *nm* current *Br* ou checking *Am* account; ~ **postal** *account held at the Post Office*, ≃ giro account *Br*; **les comptes-chèques postaux** *the banking service of the French Post Office*, ≃ the Giro Bank *Br*.

**compte-gouttes** [kɔ̃tgut] *nm inv* dropper.
◆ **au compte-gouttes** *loc adv* very sparingly; **payer qqn au** ~ to pay sb off in dribs and drabs.

**compter** [3] [kɔ̃te] ◇ *vt* **-1.** [dénombrer – argent, objets, personnes] to count; **on ne compte plus ses crimes** she has committed countless ou innumerable crimes; **j'ai compté qu'il restait 200 francs dans la caisse** according to my reckoning, there are 200 francs left in the till; ~ **les heures/jours** [d'impatience] to be counting the hours/days; **il m'a compté absent/présent** *fam* he marked me (down as) absent/present ❑ ~ **les points** *pr & fig* to keep score; **on peut les** ~ **sur les doigts de la main** you can count them on the fingers of one hand; **on peut lui** ~ **les côtes** he's as thin

as a rake. **-2.** [limiter] to count (out); **le temps lui est compté, ses jours sont comptés** his days are numbered; **il ne comptait pas sa peine/ses efforts** he spared no pains/effort; **tu es toujours à** ~ **tes sous!** you're always counting your pennies!**-3.** [faire payer] to charge for; **nous ne vous compterons pas la pièce détachée** we won't charge you ou there'll be no charge for the spare part; **le serveur nous a compté 15 francs de trop** the waiter has overcharged us by 15 francs, the waiter has charged us 15 francs too much. **-4.** [payer, verser] to pay; **il m'a compté deux jours à 110 francs** he paid me (for) two days at 110 francs. **-5.** [inclure] to count (in), to include; **dans le total nous n'avons pas compté le vin** wine has not been included in the overall figure. **-6.** [classer – dans une catégorie]: ~ **qqch/qqn parmi** to count sthg/sb among, to number sthg/sb among. **-7.** [prendre en considération] to take into account, to take account of; **et je ne compte pas la fatigue!** and that's without mentioning the effort!; ~ **qqn/qqch pour: nous devons** ~ **sa contribution pour quelque chose** we must take some account of her contribution. **-8.** [avoir – membres, habitants] to have; **nous sommes heureux de vous** ~ **parmi nous ce soir** we're happy to have ou to welcome you among us tonight; **il compte beaucoup d'artistes au nombre de** ou **parmi ses amis** he numbers many artists among his friends; **elle compte déjà cinq victoires dans des grands tournois** she's already won five big tournaments. **-9.** [avoir l'intention de] to intend; ~ **faire qqch** to intend to do sthg, to mean to do sthg, to plan to do sthg. **-10.** [prévoir] to allow; **il faut** ~ **entre 100 et 200 F pour un repas** you have to allow between 100 and 200 F for a meal; **je compte qu'il y a un bon quart d'heure de marche/une journée de travail** I reckon there's a good quarter of an hour's walk/there's a day's work ‖ *(en usage absolu)*: ~ **juste** to skimp; ~ **large** to be generous; **il faudra deux heures pour y aller, en comptant large** it will take two hours to get there, at the most. **-11.** SPORT [boxeur] to count out *(sép)*.
◇ *vi* **-1.** [calculer] to count, to add up; ~ **jusqu'à 10** to count (up) to 10; ~ **avec une calculette** to add up with a calculator; **si je compte bien, tu me dois 345 francs** if I've counted right ou according to my calculations, you owe me 345 francs; **tu as dû mal** ~ you must have got your calculations wrong, you must have miscalculated. **-2.** [limiter ses dépenses] to be careful (with money). **-3.** [importer] to count, to matter; **ce qui compte, c'est ta santé/le résultat** the important thing is your health/the end result; **40 ans d'ancienneté, ça compte!** 40 years' service DOES count for something!; **une des personnes qui ont le plus compté dans ma vie** one of the most important people in my life; **tu comptes beaucoup pour moi** you mean a lot to me; **je prendrai ma décision seule!** — **alors moi, je ne compte pas?** I'll make my own decision! — **so I don't count** ou **matter, then?**; **tu as triché, ça ne compte pas** you cheated, it doesn't count; **à l'examen, la philosophie ne compte presque pas** philosophy is a very minor subject in the exam; ~ **double/triple** to count double/triple; ~ **pour quelque chose/rien** to count for something/nothing; **quand il est invité à dîner, il compte pour trois!** when he's invited to dinner he eats enough for three! ❑ ~ **pour du beurre** *fam* to count for nothing. **-4.** [figurer]: ~ **parmi** to rank with, to be numbered among.
◆ **compter avec** *v + prép* to reckon with; **désormais, il faudra** ~ **avec l'opposition** from now on, the opposition will have to be reckoned with.
◆ **compter sans** *v + prép* to fail to take into account, to fail to allow for.
◆ **compter sur** *v + prép* [faire confiance à] to count ou to rely ou to depend on *(insép)*; [espérer – venue, collaboration, événement] to count on *(insép)*; **je vous le rendrai** — **j'y compte bien!** I'll give it back to you — I should hope so!; **je peux sortir demain soir?** — **n'y compte pas!** can I go out tomorrow night? — don't count ou bank on it!; **compte sur lui pour aller tout répéter au patron!** you can rely on him to go and tell the boss everything!; **si c'est pour lui jouer un mauvais tour, ne comptez pas sur moi!** if you want to play a dirty trick on me, you can count me out!; **ne compte pas sur moi pour que j'arrange les choses!** don't count on me to patch things up! ❑ **compte là-dessus (et bois de l'eau fraîche)!** *fam & iron* you must be joking!, dream on!
◆ **se compter** ◇ *vp (emploi passif)* to be counted; **les détour-**

nements de fonds se comptent par dizaines there have been dozens of cases of embezzlement; ses succès ne se comptent plus her successes are innumerable ou are past counting. ◇ *vp (emploi réfléchi)* **-1.** [s'estimer] to count ou to consider o.s.; je ne me compte pas parmi les plus malheureux I count myself as one of the luckier ones. **-2.** [s'inclure dans un calcul] to count ou to include o.s.
◆ **à compter de** *loc prép* as from ou of; à ~ du 7 mai as from ou of May 7th; à ~ de ce jour, nous ne nous sommes plus revus from that day on, we never saw each other again.
◆ **à tout compter** *loc adv* all things considered, all in all.
◆ **en comptant** *loc prép* including.
◆ **sans compter** ◇ *loc adv* [généreusement]: donner sans ~ to give generously ou without counting the cost; se dépenser sans ~ to spare no effort. ◇ *loc prép* to say nothing of, not to mention.
◆ **sans compter que** *loc conj* quite apart from the fact that.
◆ **tout bien compté** *loc adv* all things considered, all in all.
**compte(-)rendu** [kɔ̃trɑ̃dy] (*pl* **comptes rendus** ou **comptes-rendus**) *nm* [d'une conversation] account, report; [d'une séance, d'un match, d'une visite professionnelle] report; [d'un livre, d'un spectacle] review; ~ **d'audience** court session record.
**compte-tours** [kɔ̃ttur] *nm inv* rev counter, tachometer *spéc.*
**compteur** [kɔ̃tœr] *nm* [appareil] meter; [affichage] counter; relever le ~ to read the meter; la voiture a 1 000 kilomètres au ~ the car has 1,000 kilometres on the clock ☐; ~ à gaz/d'eau/d'électricité gas/water/electricity meter; ~ kilométrique milometer *Br*, mileometer *Br*, odometer *Am*; ~ de vitesse speedometer.
**comptine** [kɔ̃tin] *nf* [chanson] nursery rhyme; [formule] counting-out rhyme.
**comptoir** [kɔ̃twar] *nm* **-1.** [bar] bar. **-2.** COMM [table] counter. **-3.** HIST trading post. **-4.** ÉCON trading syndicate. **-5.** BANQUE bank branch. **-6.** *Helv* [foire] fair (*where items are exhibited and sold*).
**compulser** [3] [kɔ̃pylse] *vt* to consult, to refer to *(insép)*.
**compulsion** [kɔ̃pylsjɔ̃] *nf* compulsion PSYCH.
**computer** [kɔ̃pjutœr], **computeur** [kɔ̃pytœr] *nm* computer.
**comte** [kɔ̃t] *nm* count, earl.
**comté** [kɔ̃te] *nm* **-1.** [territoire d'un comte] earldom. **-2.** [division géographique] county. **-3.** [fromage] comté (cheese).
**comtesse** [kɔ̃tɛs] *nf* countess.
**con, conne**<sup>▽</sup> [kɔ̃, kɔn] ◇ *adj* **-1.** [stupide] bloody *Br* ou damn stupid; [irritant] bloody *Br* ou damn infuriating; ~ comme un balai ou la lune ou un manche thick as two short planks *Br*, as dumb as they come *Am*. **-2.** [regrettable] silly, stupid.
◇ *nm, f* [personne stupide] bloody *Br* ou goddam *Am* fool; pauvre ~! you prat *Br* ou schmuck *Am*!; bande de ~s! (what a) load of jerks!; jouer au ~, faire le ~ to arse around *Br*, to screw around *Am*.
◆ **à la con**<sup>▽</sup> *loc adj* **-1.** [stupide] bloody stupid. **-2.** [de mauvaise qualité] crappy, shitty.
◆ **con**<sup>▼</sup> *nm* cunt.
**conard**<sup>▼</sup> [kɔnar] = **connard**.
**conasse**<sup>▼</sup> [kɔnas] = **connasse**.
**concasser** [3] [kɔ̃kase] *vt* [pierre, sucre] to crush, to pound; [poivre] to grind.
**concave** [kɔ̃kav] *adj* concave.
**concavité** [kɔ̃kavite] *nf* **-1.** [fait d'être concave] concavity. **-2.** [creux] hollow, cavity.
**concéder** [18] [kɔ̃sede] *vt* **-1.** [donner – droit, territoire] to concede, to grant. **-2.** [admettre] to admit, to grant; elle parle bien, ça je te le concède I must admit that she's a good speaker, she's a good speaker, I grant you. **-3.** SPORT [point, corner] to concede, to give away *(insép)*.
**concentrateur** [kɔ̃sɑ̃tratœr] *nm* INF concentrator.
**concentration** [kɔ̃sɑ̃trasjɔ̃] *nf* **-1.** [attention]: ~ (d'esprit) concentration; faire un effort de ~ to try to concentrate. **-2.** [rassemblement] concentration; ~ urbaine conurbation. **-3.** CHIM, CULIN & PHARM concentration. **-4.** ÉCON: ~ horizontale/verticale horizontal/vertical integration.
**concentrationnaire** [kɔ̃sɑ̃trasjɔnɛr] *adj* **-1.** HIST: l'univers ~ life in the (concentration) camps. **-2.** [rappelant les camps] concentration-like.
**concentré, e** [kɔ̃sɑ̃tre] *adj* **-1.** [attentif]: je n'étais pas assez

~ I wasn't concentrating hard enough. **-2.** CHIM, CULIN & PHARM concentrated. **-3.** [concis – style] compact, taut.
◆ **concentré** *nm* **-1.** CULIN & PHARM [de jus de fruit] concentrate; [de parfum] extract; ~ de tomate tomato purée. **-2.** [résumé] summary, boiled-down version *péj.*
**concentrer** [3] [kɔ̃sɑ̃tre] *vt* **-1.** [rassembler – troupes, foule, élèves] to concentrate, to mass. **-2.** [intérêt, efforts] to concentrate, to focus; ~ (toute) son attention sur to concentrate (all) one's attention on. **-3.** CHIM, CULIN & PHARM to concentrate. **-4.** OPT to focus.
◆ **se concentrer** *vpi* **-1.** [être attentif] to concentrate; se ~ sur qqch to concentrate ou to focus on sthg. **-2.** [se réunir – foule] to gather, to cluster, to concentrate. **-3.** [se canaliser] to be concentrated ou focussed; se ~ sur un seul problème to concentrate on a single issue.
**concentrique** [kɔ̃sɑ̃trik] *adj* concentric.
**concept** [kɔ̃sɛpt] *nm* concept, notion.
**concepteur, trice** [kɔ̃sɛptœr, tris] *nm, f* designer.
**conception** [kɔ̃sɛpsjɔ̃] *nf* **-1.** [notion] idea, concept, notion; elle a une ~ originale de la vie she has an original way of looking at life. **-2.** *litt* [compréhension] understanding. **-3.** BIOL conception. **-4.** [élaboration – gén] design; [– par une entreprise] product design; produit de ~ française French-designed product; un ventilateur d'une ~ toute nouvelle a fan with an entirely new design. **-5.** INF: ~ assistée par ordinateur computer-aided design; ~ et fabrication assistées par ordinateur computer-aided manufacturing.
**conceptualisation** [kɔ̃sɛptɥalizasjɔ̃] *nf* conceptualization.
**conceptualiser** [3] [kɔ̃sɛptɥalize] *vt* to conceptualize.
**conceptuel, elle** [kɔ̃sɛptɥɛl] *adj* conceptual.
**concernant** [kɔ̃sɛrnɑ̃] *prép* **-1.** [relatif à] concerning, regarding. **-2.** [à propos de] regarding, with regard to.
**concerner** [3] [kɔ̃sɛrne] *vt* to concern; cette histoire ne nous concerne pas this business doesn't concern us ou is of no concern to us ou is no concern of ours; les salariés concernés par cette mesure the employees concerned ou affected by this measure; se sentir concerné to feel (morally) involved.
◆ **en ce qui concerne** *loc prép* concerning, as regards; en ce qui me/le concerne as far as I'm/he's concerned; from my/his point of view, as for me/him.
**concert** [kɔ̃sɛr] *nm* **-1.** MUS concert; ~ rock/de musique classique rock/classical (music) concert; aller au ~ to go to a concert. **-2.** *fig* [ensemble] chorus; ~ de louanges/protestations chorus of praises/protests. **-3.** *sout* [entente] entente.
◆ **de concert** *loc adv* together, jointly; agir de ~ avec qqn to act jointly ou in conjunction with sb.
**concertant, e** [kɔ̃sɛrtɑ̃, ɑ̃t] *adj* concertante.
**concertation** [kɔ̃sɛrtasjɔ̃] *nf* **-1.** [dialogue] dialogue. **-2.** [consultation] consultation; sans ~ préalable avec les syndicats without consulting the unions.
**concerté, e** [kɔ̃sɛrte] *adj* **-1.** [commun – plan, action] concerted, joint. **-2.** ÉCON: fixation ~e des prix common pricing, common price fixing.
**concerter** [3] [kɔ̃sɛrte] *vt* to plan ou to devise jointly.
◆ **se concerter** *vp (emploi réciproque)* to consult together, to confer.
**concertiste** [kɔ̃sɛrtist] *nmf* **-1.** [gén] concert performer ou artist. **-2.** [soliste] soloist (*in a concerto*).
**concerto** [kɔ̃sɛrto] *nm* concerto.
**concessif, ive** [kɔ̃sesif, iv] *adj* GRAMM concessive.
**concession** [kɔ̃sesjɔ̃] *nf* **-1.** [compromis] concession; faire des ~s to make concessions. **-2.** JUR [action de concéder] concession, conceding; accorder une ~ à to grant a concession to. **-3.** [terrain] concession; ~ minière/pétrolière mining/oil concession; ~ funéraire burial plot.
**concessionnaire** [kɔ̃sesjɔnɛr] ◇ *adj* concessionary. ◇ *nmf* COMM dealer, franchise holder.
**concessive** [kɔ̃sesiv] *f* → **concessif**.
**concevable** [kɔ̃svabl] *adj* conceivable.
**concevoir** [52] [kɔ̃s(ə)vwar] *vt* **-1.** [avoir une notion de] to conceive of *(insép)*, to form a notion of. **-2.** [imaginer] to imagine, to conceive of *(insép)*; je ne conçois pas de repas sans vin I can't imagine a meal without wine. **-3.** [comprendre]

to understand, to see; c'est ainsi que je conçois l'amour this is my idea of love ou how I see love; cela vous est difficile, je le conçois I can (well) understand that it's difficult for you. **-4.** *litt* [ressentir – haine, amitié] to conceive, to develop. **-5.** [créer – meuble, décor, ouvrage] to design; [– plan, programme] to conceive, to devise, to think up *(sép)*; parc bien/mal conçu well-/poorly-designed garden. **-6.** [rédiger – message, réponse] to compose, to couch; une lettre conçue en ces termes a letter written as follows ou couched in the following terms. **-7.** BIOL to conceive; *(en usage absolu)*: les femmes qui ne peuvent pas ~ women who cannot have children ou conceive.

◆ **se concevoir** *vp (emploi passif)* to be imagined; une telle politique se conçoit en temps de guerre such a policy is understandable in wartime.

**concierge** [kɔ̃sjɛrʒ] *nmf* **-1.** [gardien – d'immeuble] caretaker, janitor *Am*; [– d'hôtel] porter *Br*, receptionist. **-2.** *fam & péj* [bavard] gossip, blabbermouth.

**conciergerie** [kɔ̃sjɛrʒəri] *nf* **-1.** [loge] caretaker's office, janitor's lodge *Am*. **-2.** HIST: la Conciergerie the Conciergerie prison *(in Paris)*.

**concile** [kɔ̃sil] *nm* council; ~ de Trente Council of Trent.

**conciliable** [kɔ̃siljabl] *adj* reconcilable, compatible.

**conciliabules** [kɔ̃siljabyl] *nmpl* confab.

**conciliant, e** [kɔ̃siljɑ̃, ɑ̃t] *adj* [personne] conciliatory, accommodating; [paroles, ton] conciliatory, placatory.

**conciliateur, trice** [kɔ̃siljatœr, tris] ◇ *adj* conciliatory, placatory. ◇ *nm, f* conciliator, arbitrator.

**conciliation** [kɔ̃siljasjɔ̃] *nf* **-1.** [médiation] conciliation; esprit de ~ spirit of conciliation. **-2.** JUR conciliation, arbitration. **-3.** *litt* [entre deux personnes, deux partis] reconciliation.

**conciliatoire** [kɔ̃siljatwar] *adj* conciliatory.

**concilier** [9] [kɔ̃silje] *vt* **-1.** [accorder – opinions, exigences] to reconcile; ~ travail et plaisir to manage to combine work with pleasure. **-2.** [gagner – faveurs, sympathie] to gain, to win.

◆ **se concilier** *vpt*: se ~ l'amitié de qqn to gain ou to win sb's friendship; se ~ les électeurs to win the voters over.

**concis, e** [kɔ̃si, iz] *adj* [style] concise, tight; [écrivain] concise; soyez plus ~ come to the point.

**concision** [kɔ̃sizjɔ̃] *nf* concision, conciseness, tightness.

**concitoyen, enne** [kɔ̃sitwajɛ̃, ɛn] *nm, f* fellow citizen.

**conclave** [kɔ̃klav] *nm* conclave.

**concluant, e** [kɔ̃klyɑ̃, ɑ̃t] *adj* [essai, démonstration] conclusive; peu ~ inconclusive.

**conclure** [96] [kɔ̃klyr] ◇ *vt* **-1.** [terminer – discussion, travail] to end, to conclude, to bring to a close ou conclusion; [– repas] to finish ou to round off *(sép)*; *(en usage absolu)*: ~ par to end ou to conclude with; maintenant, vous devez ~ now you must come to a conclusion. **-2.** [déduire] to conclude; que peut-on ~ de cette expérience? What conclusion can be drawn from this experience? **-3.** [accord] to conclude; [traité] to sign; [cessez-le-feu] to agree to *(insép)*; marché conclu! it's a deal!

◇ *vi* JUR: les témoignages concluent contre lui/en sa faveur the evidence goes against him/in his favour.

◆ **conclure à** *v + prép*: ils ont dû ~ au meurtre they had to conclude that it was murder.

◆ **pour conclure** *loc adv* as a ou in conclusion, to conclude.

**conclusif, ive** [kɔ̃klyzif, iv] *adj sout* [paragraphe] closing, final.

**conclusion** [kɔ̃klyzjɔ̃] *nf* **-1.** [fin] conclusion. **-2.** [déduction] conclusion; nous en sommes arrivés à la ~ suivante we came to ou reached the following conclusion; tirer une ~ de qqch to draw a conclusion from sthg; ~, la voiture est fichue *fam* the result is that the car's a write-off.

◆ **conclusions** *nfpl* [d'un rapport] conclusions, findings; JUR submissions.

◆ **en conclusion** *loc adv* as a ou in conclusion, to conclude.

**concocter** [3] [kɔ̃kɔkte] *vt* to concoct.

**conçois** [kɔ̃swa], **conçoivent** [kɔ̃swav] *v* → **concevoir**.

**concombre** [kɔ̃kɔ̃br] *nm* BOT cucumber.

**concomitance** [kɔ̃kɔmitɑ̃s] *nf* concomitance.

**concomitant, e** [kɔ̃kɔmitɑ̃, ɑ̃t] *adj* concomitant, attendant.

**concordance** [kɔ̃kɔrdɑ̃s] *nf* **-1.** [conformité] agreement, similarity; la ~ des empreintes/dates the similarity between the fingerprints/dates. **-2.** GRAMM: ~ des temps sequence of tenses. **-3.** [index] concordance.

◆ **en concordance avec** *loc prép* in agreement ou keeping ou accordance with.

**concordant, e** [kɔ̃kɔrdɑ̃, ɑ̃t] *adj* [correspondant]: les versions sont ~ es the stories agree ou match.

**concordat** [kɔ̃kɔrda] *nm* **-1.** RELIG concordat. **-2.** COMM winding-up arrangement.

**concorde** [kɔ̃kɔrd] *nf litt* concord, harmony.

**concorder** [3] [kɔ̃kɔrde] *vi* [versions, chiffres] to agree, to tally; [groupes sanguins, empreintes] to match; faire ~ qqch et ou avec qqch to make sthg and sthg agree.

**concourir** [45] [kɔ̃kurir] *vi* **-1.** [être en compétition] to compete; ~ avec qqn to compete with ou against sb. **-2.** GÉOM to converge. **-3.** JUR to have concurrent claims.

◆ **concourir à** *v + prép* to contribute to.

**concours** [kɔ̃kur] *nm* **-1.** [aide] aid, help, support; prêter son ~ à to lend one's support to. **-2.** [combinaison]: un heureux/un fâcheux ~ de circonstances a lucky/an unfortunate coincidence. **-3.** [épreuve] competition, contest; ~ de beauté/de chant beauty/singing contest; ~ agricole/hippique agricultural/horse show. **-4.** ENS competitive (entrance) exam; le ~ d'entrée à l'ÉNA the entrance exam for ÉNA ❏ le ~ de l'Eurovision the Eurovision song contest; le ~ général *annual competition between the best senior pupils at French lycées.*

◆ **avec le concours de** *loc prép* with the participation of, in association with.

◆ **par concours, sur concours** *loc adv* [recruter, entrer] on the results of a competitive entrance exam.

**concouru, e** [kɔ̃kury], **concourus** [kɔ̃kury] *v* → **concourir**.

**concret, ète** [kɔ̃krɛ, ɛt] *adj* **-1.** [palpable] concrete. **-2.** [non théorique] concrete, practical; faire des propositions concrètes to make concrete ou practical proposals. **-3.** [s'appuyant sur l'expérience] concrete, empirical, experiential; un esprit ~ a practical mind. **-4.** LING & MUS concrete.

◆ **concret** *nm*: ce qu'il nous faut, c'est du ~ we need something we can get our teeth into.

**concrètement** [kɔ̃krɛtmɑ̃] *adv* concretely, in concrete terms.

**concrétisation** [kɔ̃kretizasjɔ̃] *nf* concretization, materialization.

**concrétiser** [3] [kɔ̃kretize] *vt* [rêve] to realize; [idée, proposition] to make concrete.

◆ **se concrétiser** *vpi* [rêve] to come true, to materialize; [proposition, idée] to be realized, to take concrete form ou shape.

**conçu, e** [kɔ̃sy] *pp* → **concevoir**.

**concubin, e** [kɔ̃kybɛ̃, in] *nm, f* **-1.** [amant] concubine, partner. **-2.** JUR partner, cohabitee.

**concubinage** [kɔ̃kybinaʒ] *nm* **-1.** [vie de couple]: vivre en ~ to live as man and wife, to cohabit. **-2.** JUR cohabitation, cohabiting; ~ notoire common-law marriage.

**concupiscence** [kɔ̃kypisɑ̃s] *nf* [envers les biens] greed; [envers le sexe] lust, concupiscence *litt*.

**concupiscent, e** [kɔ̃kypisɑ̃, ɑ̃t] *adj* [envers les biens] greedy; [envers le sexe] lustful, concupiscent *litt*.

**concurremment** [kɔ̃kyramɑ̃] *adv* at the same time, concurrently.

◆ **concurremment avec** *loc prép* **-1.** [de concert avec] in conjunction ou concert with. **-2.** [en même temps que] concurrently with.

**concurrençai** [kɔ̃kyrɑ̃se] *v* → **concurrencer**.

**concurrence** [kɔ̃kyrɑ̃s] *nf* **-1.** [rivalité] competition; faire (de la) ~ à to be in competition ou to compete with ❏ ~ déloyale unfair competition ou trading. **-2.** [rivaux]: la ~ the competition.

◆ **en concurrence** *loc adv* in competition; il est en ~ avec son frère he's competing with his brother.

◆ **jusqu'à concurrence de** *loc prép* up to, to the limit of.

**concurrencer** [16] [kɔ̃kyrɑ̃se] *vt* to compete ou to be in competition with.

**concurrent, e** [kɔ̃kyrɑ̃, ɑ̃t] ◇ *adj* competing, rival *(avant n)*. ◇ *nm, f* **-1.** COMM & SPORT competitor. **-2.** SCOL candidate.

**concurrentiel, elle** [kɔ̃kyrɑ̃sjɛl] *adj* competitive.

**conçus** [kɔ̃sy] *v* → **concevoir**.

**concussion** [kɔ̃kysjɔ̃] *nf* embezzlement, misappropriation of public funds.

**condamnable** [kɔ̃danabl] *adj* blameworthy, reprehensible.

**condamnation** [kɔ̃danasjɔ̃] *nf* **-1.** [action] sentencing, convicting; il a fait l'objet de trois ~s pour vol he's already had three convictions for theft, he's been convicted three times for theft ‖ [peine] sentence; ~ aux travaux forcés sentence of hard labour; ~ à mort death sentence; ~ à la réclusion à perpétuité life sentence, sentence of life imprisonment; ~ par défaut/par contumace decree by default/in absentia. **-2.** [blâme] condemnation, blame. **-3.** [fin – d'un projet, d'une tentative] end. **-4.** AUT [blocage] locking; [système] locking device.

**condamné, e** [kɔ̃dane] *nm, f* JUR sentenced ou convicted person; ~ à la réclusion perpétuelle life prisoner, lifer ❑ ~ à mort prisoner under sentence of death; la cigarette du ~ the condemned man's last cigarette.

**condamner** [3] [kɔ̃dane] *vt* **-1.** JUR [accusé] to sentence; ~ qqn à mort/aux travaux forcés to sentence sb to death/to hard labour; condamné à trois mois de prison pour... sentenced to three months' imprisonment for...; condamné à une amende fined; condamné aux dépens ordered to pay costs; condamné pour meurtre convicted of murder; ~ qqn par défaut/par contumace to sentence sb by default/ in absentia; faire ~ qqn to get ou to have sb convicted. **-2.** [interdire – magazine] to forbid publication of; [– pratique] to forbid, to condemn; la loi condamne l'usage de stupéfiants the use of narcotics is forbidden by law. **-3.** [désapprouver – attentat, propos] to express disapproval of; ~ qqn pour avoir fait ou d'avoir fait qqch to blame sb for having done sthg; l'expression est condamnée par les puristes the use of the phrase is condemned ou is disapproved of by purists. **-4.** [accuser] to condemn; son silence la condamne her silence condemns her. **-5.** [suj: maladie incurable] to condemn; les médecins disent qu'il est condamné the doctors say that there is no hope for him; ce projet est condamné par manque d'argent *fig* the project is doomed through lack of money. **-6.** [murer – porte, fenêtre] to block up *(sép)*, to seal off *(sép)*; [– pièce] to close up *(sép)*; ~ toutes les fenêtres d'une maison to board up the windows in a house; ~ sa porte *fig* to bar one's door. **-7.** [obliger]: je suis condamnée à rester alitée pendant dix jours I'm confined to bed for ten days.

**condensateur** [kɔ̃dɑ̃satœr] *nm* **-1.** ÉLECTR condenser, capacitor. **-2.** OPT: ~ optique condenser.

**condensation** [kɔ̃dɑ̃sasjɔ̃] *nf* **-1.** CHIM & PHYS condensation. **-2.** [buée] condensation. **-3.** [d'un texte] reducing.

**condensé** [kɔ̃dɑ̃se] *nm* digest, summary, abstract.

**condenser** [3] [kɔ̃dɑ̃se] *vt* **-1.** CHIM & PHYS to condense. **-2.** [raccourcir – récit] to condense, to cut down.
◆ **se condenser** *vpi* to condense.

**condenseur** [kɔ̃dɑ̃sœr] *nm* **-1.** CHIM, MÉTALL & PHYS condenser. **-2.** OPT condenser.

**condescendance** [kɔ̃desɑ̃dɑ̃s] *nf* condescension; faire preuve de ~ à l'égard de qqn to patronize sb.

**condescendant, e** [kɔ̃desɑ̃dɑ̃, ɑ̃t] *adj* [hautain – regard, parole] condescending, patronizing.

**condescendre** [73] [kɔ̃desɑ̃dr]
◆ **condescendre à** *v* + *prép* to condescend to.

**condiment** [kɔ̃dimɑ̃] *nm* [épices] condiment; [moutarde] (mild) mustard.

**condisciple** [kɔ̃disipl] *nmf* SCOL classmate, schoolmate; UNIV fellow student.

**condition** [kɔ̃disjɔ̃] *nf* **-1.** [préalable] condition; une des ~s du progrès one of the conditions of ou requirements for progress; mettre une ~ à qqch to set a condition before sthg can be done; j'accepte mais à une ~ I accept but on one condition ❑ ~ nécessaire/suffisante necessary/ sufficient condition; ~ préalable prerequisite; ~ requise requirement; une ~ sine qua non de an absolute prerequisite for. **-2.** [état] condition, shape; ~ physique/ psychologique physical/psychological shape; être en bonne ~ physique to be in condition, to be fit; en grande ou excellente ~ physique in excellent shape; être en mauvaise ~ physique to be in poor physical shape, to be unfit.

**-3.** [position sociale] condition, rank, station; une femme de ~ modeste a woman from a modest background; la ~ paysanne au XIXe siècle the situation of peasants in the 19th century; la ~ féminine the lives of women, the female condition; la ~ ouvrière the condition of the working-class. **-4.** [destinée]: la ~ humaine the human condition. **-5.** GRAMM & JUR condition.
◆ **conditions** *nfpl* **-1.** [environnement] conditions; ~s climatiques/économiques weather/economic conditions ❑ ~s de vie/travail living/working conditions. **-2.** [termes] terms; vos ~s seront les miennes I'll go along with whatever conditions you wish to lay down; quelles sont ses ~s? what terms is he offering? ❑ ~s de vente/d'achat terms of sale/purchase; ~s de paiement/de remboursement payment/repayment terms.
◆ **à condition de** *loc prép* on condition that, providing ou provided (that).
◆ **à (la) condition que** *loc conj* on condition that, provided ou providing (that).
◆ **dans ces conditions** *loc adv* under these conditions; dans ces ~s, pourquoi se donner tant de mal? if that's the case, why go to so much trouble?
◆ **en condition** *loc adv* **-1.** [en bonne forme] in shape; mettre en ~ [athlète, candidat] to get into condition ou form; se mettre en ~ to get (o.s.) fit ou into condition ou into shape. **-2.** [dans un état favorable]: mettre le public en ~ to condition the public.
◆ **sans condition(s)** ◇ *loc adv* unconditionally. ◇ *loc adj* unconditional.
◆ **sous condition** *loc adv* conditionally; acheter sous ~ to buy on approval.

**conditionné, e** [kɔ̃disjɔne] *adj* **-1.** PSYCH conditioned. **-2.** [climatisé – bureau, autocar] air-conditioned. **-3.** COMM [marchandise] packaged.

**conditionnel, elle** [kɔ̃disjɔnɛl] *adj* **-1.** [soumis à condition] conditional, tentative. **-2.** PSYCH conditioned. **-3.** GRAMM conditional.
◆ **conditionnel** *nm* GRAMM conditional (mood); ~ présent/ passé present/perfect conditional tense.

**conditionnellement** [kɔ̃disjɔnɛlmɑ̃] *adv* conditionally, tentatively.

**conditionnement** [kɔ̃disjɔnmɑ̃] *nm* **-1.** [fait d'emballer, emballage] packaging. **-2.** TEXT conditioning. **-3.** INDUST processing. **-4.** PSYCH conditioning.

**conditionner** [3] [kɔ̃disjɔne] *vt* **-1.** [emballer – marchandise, aliments] to package. **-2.** TEXT to condition. **-3.** INDUST to process. **-4.** [influencer] to condition, to influence; notre départ est conditionné par son état de santé our going away depends on ou is conditional on her state of health. **-5.** [climatiser] to air-condition.

**condoléances** [kɔ̃dɔleɑ̃s] *nfpl* condolences; lettre de ~ letter of condolence; présenter ses ~ to offer one's condolences; veuillez accepter mes plus sincères ~ please accept my deepest sympathy ou my most sincere condolences; toutes mes ~, Paul with deepest sympathy ou heartfelt condolences, Paul.

**condom** [kɔ̃dɔm] *nm* condom, sheath.

**condominium** [kɔ̃dɔminjɔm] *nm* condominium.

**condor** [kɔ̃dɔr] *nm* condor.

**conducteur, trice** [kɔ̃dyktœr, tris] ◇ *adj* **-1.** ÉLECTR conductive. **-2.** *fig* [principal – principe, fil] guiding. ◇ *nm, f* **-1.** TRANSP driver; ~ d'autobus bus driver. **-2.** INDUST operator; ~ de travaux foreman (*f* forewoman), clerk of works.
◆ **conducteur** *nm* PHYS conductor.

**conductible** [kɔ̃dyktibl] *adj* conductive, conductible.

**conduction** [kɔ̃dyksjɔ̃] *nf* conduction.

**conduire** [80] [kɔ̃dɥir] *vt* **-1.** [emmener] to take, to drive; ~ les enfants à l'école to take ou to drive the children to school; ~ qqn jusqu'à la porte to see sb to the door, to show sb the way out; le policier l'a conduit au poste the policeman took him down to the station. **-2.** [guider] to lead; les empreintes m'ont conduit jusqu'au hangar the footprints led me to the shed. **-3.** [donner accès]: ~ à to lead to *(insép)*, to open out onto *(insép)*; cet escalier ne conduit nulle part this staircase doesn't lead anywhere. **-4.** [mener]: ~ qqn à: ~ qqn au désespoir to drive sb to desperation; ce qui nous conduit à la conclusion suivante which leads ou

brings us to the following conclusion; ~ qqn à la victoire [entraîneur, entraînement] to lead sb (on) to victory ‖ *(en usage absolu)*: cette filière conduit au bac technique this stream allows you to go on to ou this stream leads to a vocational school-leaving qualification. **-5.** TRANSP [véhicule] to drive; [hors-bord] to steer; *(en usage absolu)*: ~ à droite/gauche to drive on the right-/left-hand side of the road; ~ bien/mal/ vite to be a good/bad/fast driver. **-6.** [diriger – État] to run, to lead; [– affaires, opérations] to run, to conduct, to manage; [– travaux] to supervise; [– recherches, enquête] to conduct, to lead; [– délégation, révolte] to head, to lead. **-7.** [être en tête de]: ~ le deuil to be at the head of the funeral procession, to be a chief mourner. **-8.** MUS [orchestre, symphonie] to conduct. **-9.** [faire passer – eau] to carry, to bring. **-10.** PHYS [chaleur, électricité] to conduct, to be a conductor of.
◆ **se conduire** ◇ *vp (emploi passif)* [être piloté] to be driven, to drive. ◇ *vpi* [se comporter] to behave, to conduct o.s.; se ~ bien to behave (o.s.) well; se ~ mal to behave badly, to misbehave.

**conduit, e** [kɔ̃dɥi, it] *pp →* **conduire**.
◆ **conduit** *nm* **-1.** TECH conduit, pipe; ~ d'aération air duct; ~ de ventilation ventilation shaft; ~ de fumée flue. **-2.** ANAT canal, duct; ~ auditif auditory canal; ~ lacrymal tear ou lachrymal *spéc* duct.
◆ **conduite** *nf* **-1.** [pilotage – d'un véhicule] driving; [– d'un hors-bord] steering; la ~e à droite/gauche driving on the right-/left-hand side of the road; ~e en état d'ivresse drink driving, drinking and driving; faire un bout ou brin de ~e à qqn (jusqu'à) *fam* to walk sb part of the way (to). **-2.** [comportement] conduct, behaviour; pour bonne ~e [libéré, gracié] for good behaviour; mauvaise ~e misbehaviour, misconduct. **-3.** [direction – des affaires] management, conduct; [– de la guerre] conduct; [– d'un pays] running; [– des travaux] supervision. **-4.** [voiture]: ~e intérieure saloon (car) *Br*, sedan *Am*.**-5.** TECH pipe; [canalisation principale] main; ~e d'eau/de gaz water/gas pipe; ~e forcée pressure pipeline.

**cône** [kon] *nm* **-1.** GÉOM cone; en forme de ~ conical, cone-shaped. **-2.** BOT pine cone. **-3.** GÉOL: ~ volcanique volcanic cone. **-4.** ZOOL cone shell. **-5.** [glace] cone, cornet.

**conf.** *(abr écrite de* **confort**): tt → mod. cons.

**confection** [kɔ̃fɛksjɔ̃] *nf* **-1.** CULIN preparation, making. **-2.** COUT [d'une robe] making; [d'un veston] tailoring; la ~ INDUST the clothing industry ou business.
◆ **de confection** *loc adj* ready-to-wear, off-the-peg *Br*.

**confectionner** [3] [kɔ̃fɛksjɔne] *vt* **-1.** [préparer – plat, sauce] to prepare, to make. **-2.** COUT [robe] to make, to sew; [veston] to tailor.

**confédéral, e, aux** [kɔ̃federal, o] *adj* confederal.

**confédération** [kɔ̃federasjɔ̃] *nf* **-1.** [nation] confederation, confederacy; la Confédération helvétique the Swiss Confederation. **-2.** POL: ~ générale du travail → CGT.

**confédéré, e** [kɔ̃federe] ◇ *adj* confederate. ◇ *nm, f Helv* person from another canton.
◆ **confédérés** *nmpl* HIST: les ~s the Confederates.

**confédérer** [18] [kɔ̃federe] *vt* to confederate.

**confer** [kɔ̃fɛr] *vt*: ~ page 36 see page 36.

**confère** [kɔ̃fɛr] *v →* **conférer**.

**conférence** [kɔ̃ferɑ̃s] *nf* **-1.** [réunion] conference; ils sont en ~ they are in a meeting ❑ ~ de presse press conference; ~ au sommet summit conference. **-2.** [cours] lecture; il a fait une ~ sur Milton he gave ou he delivered a lecture on Milton, he lectured on Milton. **-3.** BOT [poire] conference pear.

**conférencier, ère** [kɔ̃ferɑ̃sje, ɛr] *nm, f* speaker.

**conférer** [18] [kɔ̃fere] ◇ *vt* **-1.** [décerner – titre, droit] to confer, to bestow; ~ une médaille à qqn to confer a medal on ou upon sb. **-2.** *fig* [donner – importance, prestance] to impart. ◇ *vi* [discuter] to talk, to hold talks.

**confesse** [kɔ̃fɛs] *nf* [confession]: aller à/revenir de ~ to go to/to come back from confession.

**confesser** [4] [kɔ̃fese] *vt* **-1.** RELIG [péché] to confess (to); [personne] to hear the confession of, to be the confessor of. **-2.** *fam* [faire parler]: ~ qqn to make sb talk. **-3.** *litt* [foi, convictions] to proclaim. **-4.** [reconnaître, admettre] to admit, to confess.
◆ **se confesser** *vpi* to confess, to make one's confession; se ~ à un prêtre to confess to a priest.

**confesseur** [kɔ̃fesœr] *nm* RELIG confessor.

**confession** [kɔ̃fesjɔ̃] *nf* **-1.** RELIG [aveu, rite] confession; faire une ~ *pr & fig* to make a confession, to confess. **-2.** [appartenance] faith, denomination; être de ~ luthérienne/ anglicane to belong to the Lutheran/Anglican faith. **-3.** *litt* [proclamation] proclaiming. **-4.** LITTÉRAT: 'Confessions' *Rousseau* 'Confessions'.

**confessionnal, aux** [kɔ̃fesjɔnal, o] *nm* confessional.

**confessionnel, elle** [kɔ̃fesjɔnɛl] *adj* denominational.

**confetti** [kɔ̃feti] *nm* (piece of) confetti; des ~s confetti.

**confiance** [kɔ̃fjɑ̃s] *nf* **-1.** [foi – en quelqu'un, quelque chose] trust, confidence; avec ~ confidently; avoir ~ en qqn/ qqch to trust sb/sthg, to have confidence in sb/sthg; faire ~ à qqn to trust sb; placer sa ~ en qqn to put one's trust ou to place one's confidence in sb; j'ai ~ en l'avenir de mon pays I have faith in the future of my country. **-2.** POL: voter la ~ au gouvernement to pass a vote of confidence in the government ❑ vote de ~ vote of confidence. **-3.** [aplomb]: ~ en soi confidence, self-confidence, self-assurance; manquer de ~ en soi to lack self-confidence.
◆ **de confiance** *loc adj*: poste de ~ position of trust; personne de ~ reliable ou trustworthy person; les hommes de ~ du président the President's advisers.
◆ **en confiance** *loc adv*: mettre qqn en ~ to win sb's trust; se sentir ou être en ~ (avec qqn) to feel safe (with sb).
◆ **en toute confiance** *loc adv* with complete confidence.

**confiant, e** [kɔ̃fjɑ̃, ɑ̃t] *adj* **-1.** [qui fait confiance] trusting, trustful. **-2.** [qui exprime la confiance] trusting, confident. **-3.** [qui a confiance]: être ~ dans ou en to have confidence in; il est ~ (en lui-même) he's self-assured ou self-confident.

**confidence** [kɔ̃fidɑ̃s] *nf* confidence; faire une ~ à qqn to confide something to sb, to trust sb with a secret; faire des ~s à qqn to confide in sb; mettre qqn dans la ~ to take sb into one's confidence, to let sb into the secret ❑ ~s sur l'oreiller *hum* pillow talk.
◆ **en confidence** *loc adv* in (strict) confidence.

**confident, e** [kɔ̃fidɑ̃, ɑ̃t] *nm, f* confidant (*f* confidante).

**confidentialité** [kɔ̃fidɑ̃sjalite] *nf* confidentiality.

**confidentiel, elle** [kɔ̃fidɑ̃sjɛl] *adj* [information] confidential; [entretien] private; à titre ~ in confidence, confidentially.

**confidentiellement** [kɔ̃fidɑ̃sjɛlmɑ̃] *adv* confidentially, in (strict) confidence.

**confier** [9] [kɔ̃fje] *vt* **-1.** [dire – craintes, intentions] to confide, to entrust; ~ un secret à qqn to confide ou to entrust a secret to sb, to share a secret with sb; il m'a confié qu'il voulait divorcer he confided to me that he wanted to get a divorce. **-2.** [donner] to entrust; ~ une mission à qqn to entrust a mission to sb, to entrust sb with a mission; la garde de Marie a été confiée à sa mère Marie has been put in her mother's care. **-3.** *litt* [livrer] to consign.
◆ **se confier** *vpi* [s'épancher] to unburden o.s.; se ~ à qqn to confide in sb.

**configuration** [kɔ̃figyrasjɔ̃] *nf* **-1.** [aspect général] configuration, general shape; la ~ des lieux the layout of the place. **-2.** CHIM & INF configuration.

**confiions** [kɔ̃fijɔ̃] *v →* **confier**.

**confiné, e** [kɔ̃fine] *adj* [air] stale; [atmosphère] stuffy; vivre ~ chez soi to live shut up indoors.

**confinement** [kɔ̃finmɑ̃] *nm* **-1.** [enfermement] confinement. **-2.** [d'une espèce animale] concentration *(in a particular area)*.

**confiner** [3] [kɔ̃fine] *vt* [reléguer] to confine; on le confine dans des rôles comiques he's confined to comic parts.
◆ **confiner à** *v + prép* **-1.** *sout* [être voisin de – pays, maison] to border on. **-2.** *fig* [être semblable à] to border ou to verge on.
◆ **se confiner** *vp (emploi réfléchi)* [s'enfermer]: se ~ dans son bureau to confine o.s. to one's study, to shut o.s. away in one's study.
◆ **se confiner à** *vp + prép* [se limiter à] to confine o.s. ou to limit o.s. to; to keep to.

**confins** [kɔ̃fɛ̃] *nmpl* [limites – d'un pays] borders; [– d'un savoir, de l'intelligence] confines, bounds.
◆ **aux confins de** *loc prép* on the borders of.

**confire** [101] [kɔ̃fir] *vt* [dans du sucre] to preserve, to candy; [dans du vinaigre] to pickle.

**confirmation** [kɔ̃firmasjɔ̃] *nf* **-1.** [attestation] confirmation; donnez-nous ~ de votre rendez-vous please give us confirmation of ou please confirm your appointment. **-2.** RELIG confirmation; recevoir la ~ to be confirmed. **-3.** JUR upholding.

**confirmé, e** [kɔ̃firme] *adj* [professionnel] experienced.

**confirmer** [3] [kɔ̃firme] *vt* **-1.** [rendre définitif – réservation, nouvelle] to confirm; cela reste à ~ it remains to be confirmed, it is as yet unconfirmed. **-2.** [renforcer – témoignage, diagnostic, impression] to confirm, to bear out *(insép)*; ceci confirme mes ou me confirme dans mes soupçons this bears out ou confirms my suspicions. **-3.** [affermir – position, supériorité] to reinforce. **-4.** RELIG to confirm; se faire ~ to be confirmed.
◆ **se confirmer** *vpi* **-1.** [s'avérer – rumeur] to be confirmed; son départ se confirme it's been confirmed that he's leaving. **-2.** [être renforcé – tendance, hausse] to become stronger.

**confisais** [kɔ̃fize] *v* → confire.

**confiscation** [kɔ̃fiskasjɔ̃] *nf* **-1.** [saisie] confiscation, seizure, seizing. **-2.** JUR forfeiture.

**confiserie** [kɔ̃fizri] *nf* **-1.** [produit] sweet *Br*, candy *Am*. **-2.** [industrie] confectionery (business ou trade). **-3.** [magasin] confectioner's, sweet shop *Br*, candy store *Am*. **-4.** [des olives, des sardines] pickling.

**confiseur, euse** [kɔ̃fizœr, øz] *nm, f* confectioner.

**confisons** [kɔ̃fizɔ̃] *v* → confire.

**confisquer** [3] [kɔ̃fiske] *vt* **-1.** [retirer – marchandises, drogue] to confiscate, to seize; [– sifflet, livre] to take away *(sép)*, to confiscate; ~ qqch à qqn to take sth away from ou to confiscate sth from sb. **-2.** JUR to seize, to confiscate.

**confit, e** [kɔ̃fi, it] ◇ *pp* → confire. ◇ *adj* **-1.** [fruits] candied, crystallized; [cornichons] pickled. **-2.** *fig:* être ~ en dévotion to be steeped in piety.
◆ **confit** *nm* conserve; ~ d'oie goose conserve *(goose cooked in its own fat to preserve it)*.

**confiture** [kɔ̃fityr] *nf* jam, preserve; ~ de fraises/mûres strawberry/blackberry jam; ~ d'oranges (orange) marmalade ❏ donner de la ~ aux cochons to cast pearls before swine.
◆ **en confiture** *loc adv:* mettre qqch en ~ to reduce sth to a pulp.

**confiturerie** [kɔ̃fityrri] *nf* jam factory.

**conflagration** [kɔ̃flagrasjɔ̃] *nf* **-1.** [conflit] conflagration, conflict. **-2.** [bouleversement] major upheaval.

**conflictuel, elle** [kɔ̃fliktɥɛl] *adj* [pulsions, désirs] conflicting, clashing; situation/relation ~le antagonistic situation/relationship.

**conflit** [kɔ̃fli] *nm* **-1.** MIL conflict, war; ~ armé armed conflict ou struggle. **-2.** [heurt]: entrer en ~ avec to conflict with, to come into conflict with; il y a beaucoup de ~s internes there's a lot of infighting; le ~ des générations the clash between generations. **-3.** JUR conflict; ~ social ou du travail labour ou industrial dispute; ~ salarial wage dispute.

**confluence** [kɔ̃flyɑ̃s] *nf* **-1.** GÉOG confluence. **-2.** [rencontre] confluence, convergence; à la ~ de at the junction of.

**confluent** [kɔ̃flyɑ̃] *nm* **-1.** GÉOG confluence. **-2.** [point de rencontre] junction. **-3.** ANAT confluence.

**confluer** [3] [kɔ̃flye] *vi* **-1.** GÉOG to meet, to merge. **-2.** *litt* [être réunis] to converge.

**confondant, e** [kɔ̃fɔ̃dɑ̃, ɑ̃t] *adj* astonishing, astounding.

**confondre** [75] [kɔ̃fɔ̃dr] *vt* **-1.** [mêler – films, auteurs, dates] to confuse, to mix up *(sép)*; j'ai confondu leurs voix I got their voices mixed up; ~ qqn/qqch avec to mistake sb/sthg for ‖ *(en usage absolu):* on ne se connaît pas, vous devez ~ we've never met, you must be making a mistake ou be mistaken. **-2.** [démasquer – menteur, meurtrier] to unmask, to confound. **-3.** *sout* [étonner] to astound, to astonish; être ou rester confondu devant to be speechless in the face of ou astounded by.
◆ **se confondre** *vpi* **-1.** [se mêler – fleuves] to flow together, to merge; [– formes, couleurs] to merge. **-2.** [être embrouillé] to be mixed up ou confused.
◆ **se confondre en** *vp + prép:* se ~ en excuses/remerciements to be effusive in one's apologies/thanks.

**conformation** [kɔ̃fɔrmasjɔ̃] *nf* **-1.** [aspect physique] build; un enfant qui a une mauvaise ~ a child with poor bone structure. **-2.** CHIM conformation, configuration.

**conforme** [kɔ̃fɔrm] *adj* **-1.** [qui répond à une règle] standard; ce n'est pas ~ à la loi this is not in accordance with the law. **-2.** [conventionnel] conventional, standard. **-3.** [semblable] identical; ~ à l'original true to the original; ce n'est pas ~ à l'esquisse it bears little resemblance to ou doesn't match the sketch; une maison ~ à mes goûts a house in keeping with my ou after my own tastes.

**conformé, e** [kɔ̃fɔrme] *adj:* bien ~ [fœtus] well-formed; [enfant] well-built; mal ~ [fœtus] malformed; un enfant mal ~ a child with poor bone structure.

**conformément** [kɔ̃fɔrmemɑ̃]
◆ **conformément à** *loc prép* in accordance with, according to.

**conformer** [3] [kɔ̃fɔrme] *vt* **-1.** COMM [standardiser] to make standard, to produce according to the standards. **-2.** [adapter]: ~ qqch à to adapt ou to match sthg to; ils ont conformé leur tactique à la nôtre they modelled their tactics on ours.
◆ **se conformer à** *vp + prép* [se plier à – usage] to conform to; [– ordre] to comply with, to abide by.

**conformisme** [kɔ̃fɔrmism] *nm* conventionality, conformism.

**conformiste** [kɔ̃fɔrmist] ◇ *adj* **-1.** [traditionnel] conformist, conventional. **-2.** HIST Conformist. ◇ *nmf* conformist, conventionalist.

**conformité** [kɔ̃fɔrmite] *nf* **-1.** [ressemblance] similarity. **-2.** [obéissance]: la ~ aux usages sociaux conformity to social customs. **-3.** [conventionnalisme] conventionality.
◆ **en conformité avec** *loc prép* in accordance with, according to.

**confort** [kɔ̃fɔr] *nm* **-1.** [commodités]: le ~ [d'un appartement, d'un hôtel] modern conveniences; [d'un aéroport] modern facilities; un cinq-pièces tout ~ a five-room apartment with all mod cons *Br* ou modern conveniences *Am*. **-2.** [aise physique]: le ~ comfort; j'aime (avoir) mon ~ I like being comfortable; son petit ~ his creature comforts; améliorer le ~ d'écoute to improve sound quality. **-3.** [tranquillité]: le ~ intellectuel self-assurance.

**confortable** [kɔ̃fɔrtabl] *adj* **-1.** [douillet – lit, maison] comfortable, cosy, snug. **-2.** [tranquillisant – situation, routine] comfortable; être dans une position peu ~ *pr & fig* to be in an awkward position. **-3.** [important – retraite, bénéfice] comfortable.

**confortablement** [kɔ̃fɔrtabləmɑ̃] *adv* comfortably; vivre ~ [dans l'aisance] to lead a comfortable existence, to be comfortably off.

**conforter** [3] [kɔ̃fɔrte] *vt* [renforcer – position, avance] to reinforce, to strengthen; cela la conforte dans la mauvaise opinion qu'elle a de moi it confirms her poor opinion of me.

**confraternel, elle** [kɔ̃fratɛrnɛl] *adj* fraternal.

**confraternité** [kɔ̃fratɛrnite] *nf* fraternity ou brotherhood between colleagues.

**confrère** [kɔ̃frɛr] *nm* colleague.

**confrérie** [kɔ̃freri] *nf* **-1.** [groupe professionnel] fraternity. **-2.** RELIG confraternity, brotherhood.

**confrontation** [kɔ̃frɔ̃tasjɔ̃] *nf* **-1.** [face-à-face] confrontation. **-2.** JUR confrontation. **-3.** [comparaison] comparison. **-4.** [conflit] confrontation; ~ armée armed confrontation ou conflict; il cherche toujours à éviter les ~s ou la ~ he always tries to avoid confrontation.

**confronter** [3] [kɔ̃frɔ̃te] *vt* **-1.** [mettre face à face – accusés, témoins] to confront; être confronté à ou avec qqn to be confronted with sb ‖ *fig:* être confronté à une difficulté to be faced ou confronted with a difficulty. **-2.** [comparer – textes, points de vue] to compare.

**confucéen, enne** [kɔ̃fyseɛ̃, ɛn] *adj & nm, f* Confucian.

**confucianisme** [kɔ̃fysjanism] *nm* Confucianism.

**confus, e** [kɔ̃fy, yz] *adj* **-1.** [imprécis – souvenir, impression] unclear, confused, vague; [– idées, explication] muddled; [– situation, histoire] confused, involved; c'est un esprit ~ he is muddleheaded. **-2.** [désordonné – murmures, cris] confused; [– amas] confused, disorderly. **-3.** [embarrassé]: c'est un cadeau magnifique, je suis ~e it's a splendid present, I'm quite overwhelmed ou I really don't know what to say; ~ de ashamed at, embarrassed by; je suis ~ de t'avoir fait attendre I'm awfully ou dreadfully sorry to have kept you waiting.

**confusément** [kɔ̃fyzemɑ̃] *adv* **-1.** [vaguement] confusedly, vaguely; **sentir ~ que** to have a vague feeling that. **-2.** [indistinctement] unintelligibly, inaudibly.

**confusion** [kɔ̃fyzjɔ̃] *nf* **-1.** [méprise] mix-up, confusion. **-2.** [désordre] confusion, disarray, chaos; **semer** ou **répandre la ~ dans une assemblée** to throw a meeting into confusion; **il régnait une ~ indescriptible dans la gare** the station was in a state of indescribable confusion ou chaos; **jeter la ~ dans l'esprit de qqn** to sow confusion in sb's mind, to throw sb into confusion. **-3.** PSYCH: **~ mentale** mental confusion. **-4.** [honte] embarrassment, confusion; **rougir de ~** to blush (with shame); **à ma grande ~** to my great embarrassment. **-5.** JUR: **~ de dette** confusion. **-6.** POL: **~ des pouvoirs** nonseparation of legislative, executive and judiciary powers.

**congé** [kɔ̃ʒe] *nm* **-1.** [vacances] holiday *Br*, vacation *Am*; ADMIN & MIL leave; **trois semaines dè ~** three weeks off, three weeks' leave; **j'ai ~ le lundi** I have Mondays off, I'm off on Mondays, Monday is my day off ❑ **~ pour convenance personnelle** compassionate leave; **~ formation** in-service training; **~ de maladie** sick leave; **~ (de) maternité** maternity leave; **~ de naissance** (three-day) paternity leave; **~ parental (d'éducation)** *parent's right to time off without pay (after a birth or an adoption)*; **~ de paternité** paternity leave; **~s payés** paid holidays *Br* ou vacation *Am*; **~ sabbatique** sabbatical (leave); **~s scolaires** school holidays *Br* ou vacation *Am*; **~ sans solde** time off without pay, unpaid leave; **jour de ~** day off. **-2.** [avis de départ] notice; **donner son ~ à son patron** to hand in one's notice to the boss; **donner son ~ à son propriétaire** to give notice to one's landlord; **donner (son) ~ à un employé** to give notice to ou to dismiss an employee. **-3.** [adieu]: **donner ~ à qqn** to dismiss sb; **prendre ~ to** take (one's) leave, to depart; **prendre ~ de** to take one's leave of.
◆ **en congé** *loc adv*: **être en ~** [soldat] to be on leave; [écolier, salarié] to be on holiday *Br* ou vacation *Am*; **je suis en ~ demain jusqu'à lundi** I'm off (from) tomorrow till Monday.

**congédier** [9] [kɔ̃ʒedje] *vt* [employé] to dismiss, to discharge; [locataire] to give notice to; [importun] *sout* to send away *(sép)*.

**congelable** [kɔ̃ʒlabl] *adj* freezable, suitable for freezing.

**congélateur** [kɔ̃ʒelatœr] *nm* deep freeze, freezer.

**congélation** [kɔ̃ʒelasjɔ̃] *nf* **-1.** [technique] freezing; [durée] freezing time; **sac de ~** freezer bag. **-2.** [passage à l'état de glace] freezing, turning to ice.

**congeler** [25] [kɔ̃ʒle] *vt* to freeze; **tarte/viande congelée** frozen pie/meat.
◆ **se congeler** ◇ *vp (emploi passif)* [dans un congélateur] to freeze. ◇ *vpi* [eau] to freeze.

**congénère** [kɔ̃ʒenɛr] ◇ *adj* congeneric. ◇ *nmf* **-1.** [animal] congener. **-2.** *péj* [personne]: **toi et tes ~s** you and your sort; **sans ses ~s, il se comporte correctement** away from his peers, he behaves well.

**congénital, e, aux** [kɔ̃ʒenital, o] *adj* congenital; **il est bête, c'est ~!** *hum* he was born stupid!

**congère** [kɔ̃ʒɛr] *nf* snowdrift.

**congestif, ive** [kɔ̃ʒɛstif, iv] *adj* congestive.

**congestion** [kɔ̃ʒɛstjɔ̃] *nf* congestion; **il a eu une ~** he has had a stroke ❑ **~ cérébrale** stroke; **~ pulmonaire** congestion of the lungs.

**congestionné, e** [kɔ̃ʒɛstjɔne] *adj* [visage] flushed; [route] congested.

**congestionner** [3] [kɔ̃ʒɛstjɔne] *vt* **-1.** [partie du corps] to congest; [visage] to flush. **-2.** [encombrer – réseaux routiers] to congest, to clog up *(sép)*.
◆ **se congestionner** *vpi* **-1.** [visage] to become flushed. **-2.** [être encombré] to become clogged up ou congested.

**conglomérat** [kɔ̃glɔmera] *nm* ÉCON & GÉOL conglomerate.

**conglomération** [kɔ̃glɔmerasjɔ̃] *nf* conglomeration.

**conglomérer** [18] [kɔ̃glɔmere] *vt* to conglomerate.

**Congo** [kɔ̃go] *npr m*: **le ~** [pays] the Congo; [fleuve] the Congo River, the River Congo; **au ~** in the Congo.

**congolais, e** [kɔ̃gɔlɛ, ɛz] *adj* Congolese.
◆ **Congolais, e** *nm, f* Congolese; **les Congolais** the Congolese.
◆ **congolais** *nm* CULIN coconut cake.

**congratulations** [kɔ̃gratylasjɔ̃] *nfpl litt* felicitations.

**congratuler** [3] [kɔ̃gratyle] *vt litt* to congratulate.

**congre** [kɔ̃gr] *nm* conger (eel).

**congrégation** [kɔ̃gregasjɔ̃] *nf* **-1.** [ordre] congregation, order. **-2.** [assemblée de prélats] congregation.

**congrès** [kɔ̃grɛ] *nm* [conférence, colloque] congress; **~ médical/scientifique** medical/scientific congress ❑ **le Congrès (américain)** Congress; **membre du Congrès** member of Congress, Congressman (*f* Congresswoman).

**congressiste** [kɔ̃gresist] *nmf* participant at a congress.

**congru, e** [kɔ̃gry] *adj* MATH congruent.

**conifère** [kɔnifɛr] *nm* conifer.

**conique** [kɔnik] *adj* **-1.** [pointu] conical, cone-shaped. **-2.** MATH conic.

**conjectural, e, aux** [kɔ̃ʒɛktyral, o] *adj* conjectural.

**conjecture** [kɔ̃ʒɛktyr] *nf* conjecture, surmise; **se perdre en ~s** to be perplexed; **nous en sommes réduits aux ~s** we can only guess.

**conjecturer** [3] [kɔ̃ʒɛktyre] *vt sout* to conjecture ou to speculate about *(insép)*; **~ que** to surmise that ‖ *(en usage absolu)*: **~ sur** to make guesses about.

**conjoint, e** [kɔ̃ʒwɛ̃, ɛ̃t] ◇ *adj* **-1.** [commun – démarche] joint. **-2.** [lié – cas, problème] linked, related. **-3.** [qui accompagne]: **note ~e** attached note. **-4.** MUS conjoint, conjunct. ◇ *nm, f* ADMIN spouse; **il faut l'accord des deux ~s** the agreement of both husband and wife is necessary; **les futurs ~s** the bride and groom, the future couple.

**conjointement** [kɔ̃ʒwɛ̃tmɑ̃] *adv* jointly; **~ avec mon associé** together with my associate; **vous recevrez ~ la facture et le catalogue** you'll find the invoice enclosed with the catalogue.

**conjoncteur-disjoncteur** [kɔ̃ʒɔ̃ktœrdisʒɔ̃ktœr] (*pl* **conjoncteurs-disjoncteurs**) *nm* circuit breaker.

**conjonctif, ive** [kɔ̃ʒɔ̃ktif, iv] *adj* **-1.** GRAMM conjunctive. **-2.** ANAT connective.
◆ **conjonctive** *nf* ANAT conjunctiva.

**conjonction** [kɔ̃ʒɔ̃ksjɔ̃] *nf* **-1.** [union] union, conjunction. **-2.** GRAMM conjunction; **~ de coordination/de subordination** coordinating/subordinating conjunction. **-3.** ASTRON conjunction.

**conjonctivite** [kɔ̃ʒɔ̃ktivit] *nf* conjunctivitis.

**conjoncture** [kɔ̃ʒɔ̃ktyr] *nf* **-1.** [contexte] situation, conditions; **la ~ internationale actuelle** the current international context ou situation; **dans la ~ actuelle** under the present circumstances, at this juncture. **-2.** ÉCON economic situation ou trends; **de ~** conjunctural; **étude de ~** study of the (overall) economic climate; **crise de ~** economic crisis.

**conjoncturel, elle** [kɔ̃ʒɔ̃ktyrɛl] *adj* [chômage] cyclical; **crise ~le** economic crisis *(due to cyclical and not structural factors)*.

**conjugable** [kɔ̃ʒygabl] *adj* which can be conjugated.

**conjugaison** [kɔ̃ʒygɛzɔ̃] *nf* **-1.** BIOL, CHIM & GRAMM conjugation. **-2.** [union] union, conjunction.

**conjugal, e, aux** [kɔ̃ʒygal, o] *adj* conjugal.

**conjugalement** [kɔ̃ʒygalmɑ̃] *adv* conjugally; **vivre ~** to live as a married couple ou as husband and wife.

**conjugué, e** [kɔ̃ʒyge] *adj* [uni – efforts] joint, combined.

**conjuguer** [3] [kɔ̃ʒyge] *vt* **-1.** [verbe] to conjugate. **-2.** [unir – efforts, volontés] to join, to combine.
◆ **se conjuguer** ◇ *vp (emploi passif)* GRAMM to conjugate, to be conjugated. ◇ *vpi* [s'unir] to work together, to combine.

**conjuration** [kɔ̃ʒyrasjɔ̃] *nf* **-1.** [complot] conspiracy. **-2.** [incantation] conjuration.

**conjurer** [3] [kɔ̃ʒyre] *vt* **-1.** *litt* [supplier] to beg, to beseech *litt*. **-2.** [écarter – mauvais sort, danger, crise] to ward off *(sép)*, to keep at bay. **-3.** *litt* [manigancer] to plot.

**connais** [kɔnɛ], **connaissais** [kɔnɛsɛ] *v* → **connaître**.

**connaissance** [kɔnɛsɑ̃s] *nf* **-1.** [maîtrise dans un domaine] knowledge; **une ~ approfondie de l'espagnol** a thorough knowledge ou good command of Spanish ❑ **la ~ de soi** self-knowledge. **-2.** PHILOS: **la ~** knowledge. **-3.** [fait d'être informé]: **il n'en a jamais eu ~** he never learnt about it, he was never notified of it; **prendre ~ des faits** to learn about ou to hear of the facts; **il est venu à notre ~ que...** it has come to our attention that... **-4.** [conscience] consciousness; **avoir toute sa ~** to be fully conscious; **il gisait là/il est**

tombé, sans ~ he was lying there/he fell unconscious; perdre ~ to lose consciousness; reprendre ~ to come to, to regain consciousness; faire reprendre ~ à qqn to bring sb to ou round. **-5.** faire la ~ de qqn, faire ~ avec qqn [rencontrer qqn] to make sb's acquaintance, to meet sb; une fois que vous aurez mieux fait ~ once you've got to know each other better; prendre ~ d'un texte to read ou to peruse a text; faire ~ avec qqch [aborder qqch] to discover, to get to know. **-6.** [ami] acquaintance; c'est une simple ~ he's a mere ou nodding acquaintance; faire de nouvelles ~s to make new acquaintances, to meet new people.

◆ **connaissances** nfpl knowledge; avoir des ~s to be knowledgeable; avoir de solides ~s en to have a thorough knowledge of ou a good grounding in; avoir des ~s sommaires en to have a basic knowledge of, to know the rudiments of.

◆ **à ma connaissance, à sa connaissance** etc loc adv à (the best of) my/his etc knowledge, as far as I know/he knows etc; pas à ma ~ not to my knowledge, not as far as I know, not that I know of.

◆ **de connaissance** loc adj: être entre gens de ~ to be among familiar faces; être en pays de ~ [dans un domaine] to be on familiar ground; [dans un milieu] to be among familiar faces.

◆ **de ma connaissance, de sa connaissance** etc loc adj: une personne de ma ~ an acquaintance of mine, somebody I know.

◆ **en connaissance de cause** loc adv: faire qqch en ~ de cause to do sthg with full knowledge of the facts; et j'en parle en ~ de cause and I know what I'm talking about.

**connaisseur, euse** [kɔnɛsœr, øz] ◇ adj [regard, air] expert (avant n), knowledgeable. ◇ nm, f connoisseur; un public de ~s a knowledgeable audience, an audience of experts; parler de qqch en ~ to speak knowledgeably about sthg; être ~ en pierres précieuses to be a connoisseur of ou knowledgeable about gems.

**connaître** [91] [kɔnɛtr] vt **A.** AVOIR UNE IDÉE DE **-1.** [avoir mémorisé – code postal, itinéraire, mot de passe] to know; la cachette était connue d'elle seule she was the only one who knew where the hiding place was. **-2.** [être informé de – information, nouvelle] to know; je suis impatient de ~ les résultats I'm anxious to know ou to hear the results; faire ~ [avis, sentiment] to make known; [décision, jugement] to make known, to announce; je vous ferai ~ ma décision plus tard I'll inform you of my decision ou I'll let you know what I've decided later; je ne lui connais aucun défaut I'm not aware of her having any faults; on ne lui connaissait aucun ennemi he had no known enemies. **-3.** [avoir des connaissances sur – langue, ville, appareil, œuvre] to know, to be familiar with; [– technique] to know, to be acquainted with; [– sujet] to know (about); elle connaît tout sur tout aussi iron she knows everything there is to know; il connaît bien les Alpes he knows the Alps well; faire ~: faire ~ un produit to publicise a product; sa traduction a fait ~ son œuvre en France her translation has brought his work to French audiences; ça me/le connaît fam: les bons vins, ça le connaît! he knows a thing or two about ou he's an expert on good wine!; connaît pas fam: à cet âge-là, la propreté, connaît pas at that age they don't know the meaning of the word cleanliness; y ~ quelque chose en to have some idea ou to know something about; ne rien y ~: je n'y connais rien en biologie I don't know a thing about biology; je ne mange pas de cette horreur! – tu n'y connais rien! I won't eat that horrible stuff! – you don't know what's good for you! ❏ ~ son affaire ou métier to know one's job; en ~ un bout ou rayon sur fam to know a thing or two about; ~ la chanson ou musique fam to have heard it all before. **-4.** litt [reconnaître] to recognize, to know litt; ~ qqn à qqch to recognize sb because of sthg.
**B.** IDENTIFIER, ÊTRE EN RELATION AVEC **-1.** [par l'identité] to know; ~ qqn de vue/nom/réputation to know sb by sight/name/reputation; on la connaissait sous le nom de Louise Michel she was known as Louise Michel; se faire ~ [révéler son identité] to make o.s. known; [devenir une personne publique] to make o.s. ou become known; notre auditeur n'a pas voulu se faire ~ our listener didn't want his name to be known ou wished to remain anonymous; la connaissant, ça ne me surprend pas knowing her, I'm not

surprised; tu me connais mal! you don't know me!; elle a bien connu ton oncle she knew your uncle well; je t'ai connue plus enjouée I've known you to be chirpier; je l'ai connu enfant I knew him when he was a child; si tu fais ça, je ne te connais plus! if you do that, I'll have nothing more to do with you! ❏ je te connais comme si je t'avais fait! fam I know you as if you were my own ou like the back of my hand!-**2.** [rencontrer] to meet; ah, si je t'avais connue plus tôt! if only I'd met you earlier!; je l'ai connu au cours du tournage I got to know him while we were shooting the picture. **-3.** BIBLE [sexuellement] to have carnal knowledge of, to know BIBLE.
**C.** ÉPROUVER **-1.** [peur, amour] to feel, to know, to experience. **-2.** [faire l'expérience de] to experience; la tour avait connu des jours meilleurs the tower had seen better days; ah, l'insouciance de la jeunesse, j'ai connu ça! I was young and carefree once!; ses promesses, je connais! fam don't talk to me about his promises!; faire ~ qqch à qqn to introduce sb to sthg ‖ [obtenir – succès, gloire] to have, to experience; enfin, elle connut la consécration she finally received the highest accolade. **-3.** [subir – crise] to go ou to live through (insép), to experience; [– épreuve, humiliation, guerre] to live through (insép), to suffer, to undergo; il a connu bien des déboires he has had ou suffered plenty of setbacks; le corps de l'enfant connaît ensuite une période d'intenses bouleversements profound changes then take place in the child's body.
**D.** ADMETTRE **-1.** [suj: chose] to have; (au nég) to know; son ambition ne connaît pas de bornes ou limites her ambition is boundless ou knows no bounds. **-2.** [suj: personne] ne pas ~ de litt: il ne connaît pas de maître he knows no master; ne ~ que to know only: il ne connaît que le travail work is the only thing he's interested in ou he knows; contre les rhumes, je ne connais qu'un bon grog there's nothing like a good old rum toddy to cure a cold.

◆ **se connaître** ◇ vp (emploi réfléchi) to know o.s., to be self-aware; je n'oserais jamais, je me connais I'd never dare, I know what I'm like; connais-toi toi-même allusion Socrate know thyself; ne plus se ~ vieilli [de colère] to be beside o.s. ◇ vp (emploi réciproque) to be acquainted, to have met (before); ils se connaissent bien they know each other well. ◇ vpi: s'y ~ [être expert]: s'y ~ en architecture to know a lot about architecture; je m'y connais peu en informatique I don't know much about computers; ah ça, pour râler, il s'y connaît! fam he's very good at grumbling! ❏ c'est un escroc, ou je ne m'y connais pas! I know a crook when I see one!

**connard**▼ [kɔnar] nm wanker Br, arsehole Br, asshole Am.

**connasse**▼ [kɔnas] nf stupid cow ou bitch.

**conne**▽ [kɔn] f→ con.

**connecter** [4] [kɔnɛkte] vt to connect.
◆ **se connecter à** vp + prép INF to connect o.s. to.

**connecteur** [kɔnɛktœr] nm connector.

**connerie**▽ [kɔnri] nf **-1.** [stupidité] stupidity. **-2.** [acte, remarque] stupid thing; depuis qu'elle est arrivée, elle ne fait que des ~s she's been an absolute bloody Br ou goddamn Am liability since the day she arrived.

**connétable** [kɔnetabl] nm HIST constable.

**connexe** [kɔnɛks] adj [idées, problèmes] closely related.

**connexion** [kɔnɛksjɔ̃] nf [gén, INF & ÉLECTR] connection.

**connivence** [kɔnivɑ̃s] nf sout connivance, complicity; être de ~ avec to be in connivance with, to connive with; ils sont de ~ they're in league with each other; un regard de ~ a conniving look.

**connotation** [kɔnɔtasjɔ̃] nf **-1.** LING connotation. **-2.** [nuance] overtone.

**connoter** [3] [kɔnɔte] vt **-1.** LING to connote. **-2.** PHILOS to connote, to imply, to have overtones of.

**connu, e** [kɔny] ◇ pp → connaître. ◇ adj **-1.** [découvert – univers] known. **-2.** [répandu – idée, tactique] well-known, widely known. **-3.** [célèbre – personnalité, chanteur] famous, well-known; un de ses tableaux les moins ~s one of his least well-known ou least-known paintings; une blague ~e fam an old joke.

◆ **connu** nm: le ~ et l'inconnu the known and the unknown.

**connus** [kɔny] v → connaître.

**conquérant, e** [kɔ̃kerɑ̃, ɑ̃t] ◇ *adj* **-1.** MIL & POL conquering. **-2.** [hautain – sourire] domineering; [– démarche] swaggering. ◇ *nm, f* conqueror.

**conquérir** [39] [kɔ̃kerir] *vt* **-1.** MIL & POL to conquer. **-2.** [acquérir – espace, pouvoir] to gain control over, to capture, to conquer. **-3.** [séduire – cœur, public] to win (over) *(sép)*, to conquer; ~ **un homme/une femme** to win a man's/a woman's heart; **être conquis** to be entirely won over.

**conquête** [kɔ̃kɛt] *nf* **-1.** [action] conquest. **-2.** [chose gagnée] conquest, conquered territory. **-3.** [personne] conquest; **sa dernière ~ s'appelle Peter** her latest conquest is called Peter.

**conquièrent** [kɔ̃kjɛr], **conquiers** [kɔ̃kjɛr], **conquis, e** [kɔ̃ki, iz] *v* → **conquérir**.

**conquistador** [kɔ̃kistadɔr] *nm* conquistador.

**consacré, e** [kɔ̃sakre] *adj* **-1.** RELIG [hostie] consecrated; [terre] hallowed. **-2.** [accepté – rite, terme] accepted, established; **c'est l'expression ~** e it's the accepted way of saying it. **-3.** [célèbre – artiste, cinéaste] established, recognized.

**consacrer** [3] [kɔ̃sakre] *vt* **-1.** ~ **qqch à** [réserver qqch à] to devote ou to dedicate sthg to; **peux-tu me ~ dix minutes à me ~?** can you spare me ten minutes?-**2.** RELIG [pain, autel, église, évêque] to consecrate; ~ **un temple à Jupiter** to consecrate ou to dedicate a temple to Jupiter. **-3.** [entériner – pratique, injustice] to sanction, to hallow; **expression consacrée par l'usage** expression that has become established by usage; **tradition consacrée par le temps** time-honoured tradition. **-4.** [couronner – artiste, acteur] to crown, to turn into a star; **le jury l'a consacré meilleur acteur de l'année** the jury voted him best actor of the year.
◆ **se consacrer à** *vp + prép* to devote ou to dedicate o.s. to; **je ne peux me ~ à mon fils que le soir** I can only find time for my son in the evenings.

**consanguin, e** [kɔ̃sɑ̃gɛ̃, in] ◇ *adj*: **sœur ~e** half-sister *(on the father's side)*; **mariage ~** intermarriage, marriage between blood relatives. ◇ *nm, f* half-brother *(f* half-sister) *(on the father's side)*; **les ~s** blood relations ou relatives.

**consanguinité** [kɔ̃sɑ̃ginite] *nf* **-1.** [parenté] consanguinity. **-2.** [mariages consanguins] intermarriage.

**consciemment** [kɔ̃sjamɑ̃] *adv* consciously, knowingly.

**conscience** [kɔ̃sjɑ̃s] *nf* **-1.** [connaissance] consciousness, awareness; **avoir ~ de** to be conscious ou aware of; **prendre ~ de qqch** to become aware of ou to realize sthg ❑ ~ **de classe** class consciousness; ~ **collective/politique** collective/political consciousness; ~ **de soi** self-awareness. **-2.** [sens de la morale] conscience; **agir selon sa ~** to act according to one's conscience; **libérer** ou **soulager sa ~** to relieve one's conscience; **avoir qqch sur la ~** to have sthg on one's conscience; **elle a un poids sur la ~** there is a heavy weight on her conscience; **sa ~ ne le laissera pas tranquille** ou **en paix** his conscience will give him no rest; **avoir la ~ tranquille** to have an easy conscience; **je n'ai pas la ~ tranquille de l'avoir laissé seul** I have an uneasy conscience ou I feel bad about having left him alone; **avoir bonne ~** to have a good ou clear conscience; **tu dis ça pour te donner bonne ~** you're saying this to appease your conscience; **avoir mauvaise ~** to have a guilty conscience ❑ **c'est une affaire** ou **un cas de ~** it's a matter of conscience; **crise de ~** crisis of conscience; **j'ai ma ~ pour moi** my conscience is clear. **-3.** [lucidité] consciousness; **perdre ~** to lose consciousness; **reprendre ~** to regain consciousness, to come to. **-4.** [application]: ~ **professionnelle** conscientiousness; **faire son travail avec beaucoup de ~ professionnelle** to do one's job very conscientiously, to be conscientious in one's work.
◆ **en (toute) conscience** *loc adv* in all conscience; **je ne peux, en ~, te laisser partir seul** I can't decently let you go on your own.

**consciencieusement** [kɔ̃sjɑ̃sjøzmɑ̃] *adv* conscientiously.

**consciencieux, euse** [kɔ̃sjɑ̃sjø, øz] *adj* [élève] conscientious, meticulous; [travail] meticulous.

**conscient, e** [kɔ̃sjɑ̃, ɑ̃t] *adj* **-1.** [délibéré – geste, désir, haine] conscious. **-2.** [averti] aware; **être ~ du danger** to be aware ou conscious of the danger. **-3.** [lucide – blessé] conscious.
◆ **conscient** *nm*: **le ~** the conscious (mind).

**conscription** [kɔ̃skripsjɔ̃] *nf* conscription, draft *Am*.

**conscrit** [kɔ̃skri] *nm* conscript, draftee *Am*; **armée de ~s**

**conscript** ou draft *Am* army.

**consécration** [kɔ̃sekrasjɔ̃] *nf* **-1.** RELIG consecration. **-2.** [confirmation – d'une coutume] establishment, sanctioning; [– d'une injustice] sanctioning. **-3.** [d'un artiste, d'une carrière] consecration, apotheosis, crowning point.

**consécutif, ive** [kɔ̃sekytif, iv] *adj* **-1.** [successif] consecutive; **c'est la cinquième fois consécutive qu'il remet le rendez-vous** this is the fifth time running ou in a row that he's postponed the meeting; ~ **à:** **l'infarctus est souvent ~ au surmenage** heart attacks are often the result of stress. **-2.** GRAMM & MATH consecutive.

**consécution** [kɔ̃sekysjɔ̃] *nf* [gén & LOGIQUE] consecution.

**consécutivement** [kɔ̃sekytivmɑ̃] *adv* consecutively; **notre équipe a subi ~ quatre défaites** our team has suffered four consecutive defeats ou four defeats in a row; **les accidents se sont produits ~** the accidents happened one after another ou the other.
◆ **consécutivement à** *loc prép* after, as a result of, following.

**conseil** [kɔ̃sɛj] *nm* **-1.** [avis] piece of advice, counsel; **un ~ d'ami** a friendly piece of advice; **des ~s** [d'ami] advice; [trucs] tips, hints; **agir sur/suivre le ~ de qqn** to act on/to take sb's advice; **demander ~ à qqn** to ask sb's advice; **prendre ~ auprès de qqn** to take advice from sb. **-2.** [conseiller] adviser, consultant; ~ **en publicité** advertising consultant; ~ **en organisation** organizational consultant; ~ **fiscal** tax consultant; ~ **juridique** legal adviser ∥ *(comme adj; avec* ou *sans trait d'union)*: **ingénieur ~** consultant engineer; **avocat ~** legal consultant; **parfumeur-~** cosmetics consultant. **-3.** [assemblée] board; [réunion] meeting; **tenir ~** to hold a meeting ❑ ~ **d'administration** [d'une société] board of directors; [d'une organisation internationale] governing body; **le Conseil constitutionnel** *French government body ensuring that laws, elections and referenda are constitutional*; **le Conseil économique et social** *consultative body advising the government on economic and social matters*; **le Conseil d'État** the (French) Council of State; **le Conseil de l'Europe** the Council of Europe; ~ **de famille** board of guardians; ~ **général** county council; ~ **de guerre** [réunion] war council, ≃ War Cabinet; [tribunal] court-martial; **passer en ~ de guerre** to be court-martialled; ~ **interministériel** interministerial council; **le Conseil des ministres** ≃ the Cabinet; ~ **municipal** [en ville] town council, ≃ local (urban) council; [à la campagne] ≃ parish council *Br*, ≃ local (rural) council; ~ **de prud'hommes** industrial arbitration court, ≃ ACAS *Br*; ~ **régional** regional council; ~ **de révision** MIL recruiting board, draft board *Am*; **le Conseil de sécurité** the Security Council; **le Conseil supérieur de la magistrature** *French state body that appoints members of the judiciary*. **-4.** ENS: ~ **de classe** staff meeting *(concerning a class)*; ~ **de discipline** disciplinary committee; ~ **d'établissement** ≃ board of governors *Br*, ≃ board of education *Am*; ~ **d'UFR** departmental (management) committee; **Conseil d'Université** ≃ university Senate *Br*, ≃ Board of Trustees *Am*.
◆ **de bon conseil** *loc adj*: **un homme de bon ~** a man of sound advice, a wise counsellor; **demande-lui, elle est de bon ~** ask her, she's good at giving advice.

**conseiller¹** [4] [kɔ̃seje] *vt* **-1.** [recommander – livre, dentiste] to recommend; ~ **qqch/qqn à qqn** to recommend sthg/sb to sb. **-2.** [donner son avis à – ami, enfant] to advise, to give advice; **on m'a bien/mal conseillé** I was given good/bad advice; ~ **à qqn de faire qqch** to advise sb to do sthg; **il n'est pas conseillé de conduire par ce temps** it's not advisable to drive in this weather.

**conseiller², ère** [kɔ̃seje, ɛr] *nm, f* **-1.** [guide] adviser, counsellor *Br*, counselor *Am*; [spécialiste] adviser; ~ **économique/juridique** economic/legal adviser; ~ **matrimonial** marriage guidance counsellor. **-2.** ENS: ~ **d'éducation** ≃ year head *Br*, ≃ dean *Am*; ~ **d'orientation** careers adviser *Br*, guidance counselor *Am*; ~ **pédagogique** educational adviser. **-3.** [membre d'un conseil] councillor *Br*, councilor *Am*, council member; ADMIN: ~ **d'État** member of the Conseil d'État; ~ **municipal** [en ville] ≃ local ou town councillor; [à la campagne] ≃ local councillor; ~ **régional** regional councillor.

**conseilleur, euse** [kɔ̃sejœr, øz] *nm, f péj* giver of advice; **les**

~s ne sont pas les payeurs *prov* it's very easy to give advice when you're not going to suffer the consequences.

**consensuel, elle** [kɔ̃sɑ̃sɥɛl] *adj* [contrat] consensus *(modif)*, consensual; une politique ~le a strategy of seeking the middle ground, consensus politics.

**consensus** [kɔ̃sɛ̃sys] *nm* consensus (of opinion).

**consentant, e** [kɔ̃sɑ̃tɑ̃, ɑ̃t] *adj* **-1.** [victime] willing. **-2.** JUR: les trois parties sont ~es the three parties are in agreement ou are agreeable ❏ adultes ~s consenting adults.

**consentement** [kɔ̃sɑ̃tmɑ̃] *nm* consent; donner son ~ à to (give one's) consent to ❏ ~ exprès/tacite JUR formal/tacit consent; divorce par ~ mutuel divorce by mutual consent.

**consentir** [37] [kɔ̃sɑ̃tir] *vt* [délai, réduction] to grant; ~ qqch à qqn to grant ou to allow sb sthg.
◆ **consentir à** *v* + *prép* to consent ou to agree to; elle n'a pas consenti à m'accompagner [n'a pas été d'accord pour le faire] she didn't agree to come with me; [n'a pas daigné le faire] she didn't deign to ou stoop so low as to accompany me.

**conséquemment** [kɔ̃sekamɑ̃] *adv* consequently; ~ à as a result of, following (on ou upon).

**conséquence** [kɔ̃sekɑ̃s] *nf* consequence, repercussion; lourd de ~s with serious consequences; ma gaffe a eu pour ~ de les brouiller my blunder resulted in their falling out (with each other); cela ne tirera pas à ~ this won't have any repercussions ou will be of no consequence; une déclaration sans ~ [sans importance] a statement of no ou little consequence; [sans suite] an inconsequential statement.
◆ **de conséquence** *loc adj*: personne de ~ person of consequence ou importance; une affaire de ~ a matter of (some) consequence.
◆ **en conséquence** *loc adv* **-1.** [par conséquent] consequently, therefore. **-2.** [comme il convient] accordingly.
◆ **en conséquence de** *loc prép* as a consequence ou result of; en ~ de quoi as a result of which.

**conséquent, e** [kɔ̃sekɑ̃, ɑ̃t] *adj* **-1.** [cohérent] consistent. **-2.** *fam* [important – moyens, magasin] sizeable; [– somme] tidy.
◆ **conséquent** *nm* **-1.** PHILOS consequent. **-2.** MUS answer.
◆ **par conséquent** *loc adv* consequently, as a result.

**conservateur, trice** [kɔ̃sɛrvatœr, tris] ◇ *adj* **-1.** [prudent – placement, gestion] conservative; avoir un esprit ~ to be conservative-minded. **-2.** POL [gén] conservative; le parti ~ [en Grande-Bretagne] the Conservative ou Tory Party; [au Canada] the Progressive Conservative Party. ◇ *nm, f* POL [gén] conservative; [en Grande-Bretagne] Conservative, Tory.
◆ **conservateur** *nm* **-1.** [additif] preservative. **-2.** [responsable – de musées] curator; [– de bibliothèques] librarian; ~ des eaux et forêts ≃ forestry commissioner; ~ des hy-

pothèques ≃ registrar of mortgages.

**conservation** [kɔ̃sɛrvasjɔ̃] *nf* **-1.** [dans l'agroalimentaire] preserving. **-2.** [maintien en bon état] keeping, preserving, safeguarding. **-3.** BIOL & PHYS: ~ de l'énergie conservation of energy. **-4.** [état] state of preservation. **-5.** ADMIN: ~ des eaux et forêts ≃ Forestry Commission; ~ des hypothèques ≃ Land Registry.

**conservatisme** [kɔ̃sɛrvatism] *nm* **-1.** [prudence] conservatism. **-2.** POL [gén] conservatism; [en Grande-Bretagne] Conservatism.

**conservatoire** [kɔ̃sɛrvatwar] ◇ *adj* protective.
◇ *nm* [école] school, academy; ~ de musique music school, academy of music, conservatoire ❏ le Conservatoire (national supérieur d'art dramatique) *national drama school in Paris*; le Conservatoire (national supérieur de musique) the Paris Conservatoire; le Conservatoire national des arts et métiers *science and technology school in Paris*.

**conserve** [kɔ̃sɛrv] *nf* item of tinned *Br* ou canned food; les ~s tinned *Br* ou canned food; ~s de fruits conserves; ~s en bocaux bottled preserves; aliments en ~ tinned *Br* ou canned food; faire des ~s! *hum* we're not going to hang on to it forever!
◆ **de conserve** *loc adv*: aller de ~ *fig* & *litt* to go (all) together; agir de ~ *litt* to act in concert.

**conservé, e** [kɔ̃sɛrve] *adj*: bien ~ well-preserved.

**conserver** [3] [kɔ̃sɛrve] *vt* **-1.** [aliment – dans le vinaigre] to pickle; [– dans le sel, par séchage, en congelant] to preserve; [– dans le sucre] to preserve, to conserve; [– dans des boîtes] to preserve, ou to tin *Br*, to can; [– en bocal] to bottle. **-2.** ARCHIT, CONSTR & ÉCOL [édifice, énergie] to preserve. **-3.** [stocker] to keep, to store, to stock. **-4.** [avoir en sa possession – photos, relations] to keep, to hang on to *(insép)*; ~ qqch précieusement to treasure sthg. **-5.** [garder – charme, force, illusion, calme] to keep, to retain; ~ (toute) sa tête [rester calme] to keep one's head ou self-control; [être lucide] to have all one's wits about one; le sport, ça conserve *fam* sport keeps you young; ~ son amitié à qqn to stay friendly with sb. **-6.** [à la suite d'une expérience]: ~ qqch de: j'en ai conservé un excellent souvenir I've retained very good memories of it; j'en ai conservé la peur du noir it left me with a fear of the dark. **-7.** MIL: ~ ses positions to hold fast.
◆ **se conserver** ◇ *vp (emploi passif)* [être stocké] to be kept.
◇ *vpi* [durer – aliment] to keep; [– poterie, parchemin] to survive.

**conserverie** [kɔ̃sɛrvəri] *nf* **-1.** [industrie] canning industry. **-2.** [technique] canning. **-3.** [usine] canning factory.

**considérable** [kɔ̃siderabl] *adj* **-1.** [important – somme, travail] considerable. **-2.** [éminent – personne] prominent.

---

## USAGE ▶ Les conseils

### Demander conseil

▷ *de façon directe:*

What should I do?
What would you do, if you were me?
What would you do in my place?
Do you think I should tell him?
What would you advise?

▷ *de façon moins directe:*

I need some advice.
I'd appreciate ou be glad of your advice.
I would be grateful if you could advise me on the following matter. [soutenu]

### Donner un conseil

▷ *de façon directe:*

Why not just tell her?
Take my advice and say nothing to her.
If I were you, I'd tell her.
My advice to you would be to write a letter of apology.
Whatever you do, don't tell her what I said.
I would urge you to seek legal advice. [soutenu]

▷ *de façon moins directe:*

Perhaps ou maybe you should tell him.
You'd be as well to tell him. [Br]
You could always try telling him about it.
Have you (ever) thought of telling him?
What about telling him yourself?
I'd think twice about telling him.
It might be better ou an idea to tell him yourself.
One thing you might consider would be contacting him directly.

### Introduire un conseil

▷ *de façon directe:*

Now listen to me: you really must go and see a doctor.
A word of warning: whatever you do, don't tell anyone about it.
If you want my advice, you'll pretend it never happened.

▷ *de façon moins directe:*

I hope you won't take this the wrong way, but...
It's not really any of my business, but...
This is just a suggestion, but...

**considérablement** [kɔ̃siderabləmɑ̃] *adv* considerably.

**considération** [kɔ̃siderasjɔ̃] *nf* **-1.** [examen] consideration, scrutiny; la question mérite ~ the question is worth considering. **-2.** [préoccupation] consideration, factor; les ~s de temps the time factor; se perdre en ~s techniques to get lost in technical considerations; si l'on s'arrête à ce genre de ~s if we pay too much attention to this kind of detail. **-3.** [respect] regard, esteem; par ~ pour out of respect ou regard for; jouir d'une grande ~ to be highly considered ou regarded, to be held in great esteem ☐ veuillez agréer l'assurance de ma ~ distinguée yours faithfully *Br*, yours sincerely *Am*.
◆ **en considération** *loc adv*: faire entrer qqch en ~ to bring sthg into play ou consideration; prendre qqch en ~ to take sthg into account ou consideration; toutes les candidatures seront prises en ~ all applications will be given careful consideration.
◆ **en considération de** *loc prép*: en ~ de votre état de santé because of ou given ou considering your health; en ~ de vos services in (full) recognition of your services.
◆ **sans considération de** *loc prép*: sans ~ de personne without taking individual cases into consideration ou account; sans ~ du coût regardless ou heedless of ou without considering (the) cost.

**considérer** [18] [kɔ̃sidere] *vt* **-1.** [regarder] to gaze ou to stare at *(insép)*; ~ qqn avec hostilité to stare at sb in a hostile manner; considérons la droite AB consider the line AB. **-2.** [prendre en compte – offre, problème] to consider, to take into consideration, to weigh up *(sép)*; ~ le pour et le contre to weigh up the pros and cons; il faut ~ que l'accusé est mineur it must be taken into account ou be borne in mind that the defendant is underage. **-3.** [croire] to consider, to deem; je considère ne pas en avoir le droit ou que je n'en ai pas le droit I consider that I don't have any right to do so. **-4.** [juger] : ~ bien/mal to hold in high/low esteem; elle me considère comme sa meilleure amie she regards me as ou looks upon me as ou considers me to be her best friend. **-5.** [respecter] to respect, to hold in high esteem ou regard; un spécialiste hautement considéré a highly-regarded ou highly-respected expert.
◆ **à tout bien considérer, tout bien considéré** *loc adv* **-1.** [en résumé] all things considered, taking everything into consideration, considering. **-2.** [pour changer d'avis] on second thoughts ou further consideration.

**consignataire** [kɔ̃siɲatɛr] *nmf* **-1.** COMM consignee. **-2.** NAUT consignee, forwarding agent. **-3.** JUR depositary.

**consignation** [kɔ̃siɲasjɔ̃] *nf* **-1.** COMM consignment; en ~ on consignment. **-2.** JUR deposit. **-3.** [d'un emballage] charging a deposit on; la ~ est de 10 centimes there's a 10-centime refund on return.

**consigne** [kɔ̃siɲ] *nf* **-1.** [instruction] orders, instructions; ils ont reçu pour ~ de ne pas tirer they've been given orders not to shoot; je n'ai pas (reçu) de ~s I have received no instructions; elle avait pour ~ de surveiller sa sœur she'd been told to keep an eye on her sister. **-2.** [punition] MIL confinement to barracks; SCOL detention. **-3.** RAIL left-luggage office *Br*, checkroom *Am*; ~ automatique (left-luggage *Br*) lockers. **-4.** COMM deposit.

**consigné, e** [kɔ̃siɲe] *adj* returnable; non ~ non returnable.

**consigner** [3] [kɔ̃siɲe] *vt* **-1.** [déposer – valise] to put in the left-luggage office *Br* ou checkroom *Am*. **-2.** FIN [somme] to deposit. **-3.** [emballage] to put ou to charge a deposit on; la bouteille est consignée 50 centimes there's a 50-centime deposit on the bottle. **-4.** [noter] to record, to put down *(sép)*; ~ qqch par écrit to put down sthg in writing ou on paper. **-5.** MIL to confine to barracks; SCOL to keep in (detention). **-6.** [interdire] : ~ sa porte à qqn *sout* to bar one's door to sb, to refuse sb admittance; 'consigné à la troupe' 'out of bounds to troops'. **-7.** NAUT to consign.

**consistance** [kɔ̃sistɑ̃s] *nf* **-1.** [état] consistency; ~ crémeuse/dure creamy/firm consistency; prendre ~ [sauce] to thicken; le projet prend ~ *fig* the project is taking shape; sans ~ *fig* [rumeur] groundless, ill-founded; [personne] spineless; [discours, raisonnement] woolly. **-2.** [cohérence] consistency.

**consistant, e** [kɔ̃sistɑ̃, ɑ̃t] *adj* **-1.** [épais – sauce, peinture] thick. **-2.** [substantiel – plat, repas] substantial. **-3.** [bien établi – argument, rumeur] well-founded, well-grounded.

**consister** [3] [kɔ̃siste]
◆ **consister à** *v + prép* to consist in.
◆ **consister dans, consister en** *v + prép* to consist of; en quoi consiste votre mission? what does your mission consist of?, what is your mission all about?

**consœur** [kɔ̃sœr] *nf* **-1.** [collègue] (female) colleague. **-2.** RELIG sister nun.

**consolable** [kɔ̃sɔlabl] *adj* consolable.

**consolateur, trice** [kɔ̃sɔlatœr, tris] ◇ *adj* comforting, consolatory. ◇ *nm, f* comforter.

**consolation** [kɔ̃sɔlasjɔ̃] *nf* **-1.** [soulagement] consolation, comfort, solace *litt*; la compagnie de son chien était une maigre ~ his dog was of little comfort to him. **-2.** [personne ou chose qui réconforte] consolation.
◆ **de consolation** *loc adj* [épreuve, tournoi] runners-up *(modif)*; [lot, prix] consolation *(modif)*.

**console** [kɔ̃sɔl] *nf* **-1.** [table] console table. **-2.** CONSTR cantilever, bracket. **-3.** ARCHIT console. **-4.** MUS [d'un orgue] console; [d'une harpe] neck. **-5.** INF console; ~ de visualisation (visual) display unit; ~ de jeux video game.

**consoler** [3] [kɔ̃sɔle] *vt* to console, to comfort; rien ne pouvait le ~ [enfant] nothing could cheer him up ou console him; [veuf, poète] nothing could bring him comfort ou solace.
◆ **se consoler** ◇ *vp (emploi réfléchi)* to console o.s.; se ~ dans l'alcool to find solace in drink. ◇ *vpi* to console o.s., to be consoled; il ne s'est jamais consolé de la mort de sa femme he never got over losing his wife.

**consolidation** [kɔ̃sɔlidasjɔ̃] *nf* **-1.** [d'un édifice, d'un meuble] strengthening, reinforcement; [d'un mur] bracing, buttressing, reinforcement. **-2.** [renforcement – d'une amitié, d'une position, d'un pouvoir] consolidation, strengthening. **-3.** MÉD setting. **-4.** FIN consolidation. **-5.** GÉOL & TRAV PUBL bracing, strengthening.

**consolidé, e** [kɔ̃sɔlide] *adj* [fonds, bilan] consolidated; [dette] funded.

**consolider** [3] [kɔ̃sɔlide] *vt* **-1.** [renforcer – édifice, meuble] to strengthen; [– mur] to brace, to buttress. **-2.** [affermir – position, majorité, amitié] to consolidate, to strengthen. **-3.** MÉD to set, to reduce. **-4.** FIN to consolidate; le franc a consolidé son avance à la Bourse the franc has strengthened its lead on the Stock Exchange.

**consommable** [kɔ̃sɔmabl] *adj* [nourriture] edible; [boisson] drinkable.

**consommateur, trice** [kɔ̃sɔmatœr, tris] ◇ *adj* : système ~ d'électricité electricity consuming system; les pays fortement ~s de pétrole the countries that consume large quantities of crude oil. ◇ *nm, f* **-1.** [par opposition à producteur] consumer. **-2.** [client – d'un service] customer, user.

**consommation** [kɔ̃sɔmasjɔ̃] *nf* **-1.** [absorption – de nourriture] consumption. **-2.** [utilisation – de gaz, d'électricité] consumption; elle fait une grande ~ de parfum/papier she goes through a lot of perfume/paper. **-3.** ÉCON : la ~ consumption (of goods and services); la ~ des ménages household consumption ☐ biens/société de ~ consumer goods/society. **-4.** AUT (petrol *Br* ou gas *Am*) consumption; une ~ de 4 litres aux 100 (km) a consumption of 4 litres per 100 km. **-5.** [au café] drink; prendre une ~ [boire] to have a drink. **-6.** *litt* [accomplissement – d'un crime] perpetration; [– d'un mariage] consummation.

**consommé, e** [kɔ̃sɔme] *adj sout* consummate.
◆ **consommé** *nm* clear soup, consommé.

**consommer** [3] [kɔ̃sɔme] *vt* **-1.** [absorber – nourriture] to eat, to consume; [– boisson] to drink, to consume; le pays où l'on consomme le plus de vin the country with the highest wine consumption ǁ *(en usage absolu)*: toute personne attablée doit ~ anyone occupying a table must order a drink; 'à ~ avant (fin)...' 'best before (end)...'. **-2.** [utiliser – combustible] to use (up), to consume, to go through *(sép)*; une voiture qui consomme beaucoup/peu (d'essence) a car that uses a lot of/that doesn't use much petrol. **-3.** JUR [mariage] to consummate. **-4.** *litt* [accomplir – crime] to perpetrate; [– ruine] to bring about the completion of.

**consomption** [kɔ̃sɔ̃psjɔ̃] *nf vieilli* [amaigrissement] wasting; [tuberculose] consumption.

**consonance** [kɔsɔnɑ̃s] *nf* -**1.** LITTÉRAT & MUS consonance. -**2.** [sonorité] sound; **de ~ anglaise, aux ~s anglaises** English-sounding.

**consonantique** [kɔsɔnɑ̃tik] *adj* -**1.** [des consonnes] consonantal, consonant *(modif)*. -**2.** ACOUST consonant, resonant.

**consonne** [kɔsɔn] *nf* consonant.

**consort** [kɔsɔr] *adj & nm* consort.

◆ **consorts** *nmpl péj*: **Paul et ~s** Paul and his kind, Paul and those like him.

**consortial, e, aux** [kɔsɔrsjal, o] *adj relating to a consortium or a syndicate.*

**consortium** [kɔsɔrsjɔm] *nm* consortium, syndicate; **constituer un ~** to form a consortium.

**conspirateur, trice** [kɔspiratœr, tris] *nm, f* conspirator, plotter, conspirer.

**conspiration** [kɔspirasjɔ̃] *nf* conspiracy, plotting.

**conspirer** [3] [kɔspire] ◇ *vi* to conspire, to plot, to scheme; **~ contre qqn** to conspire ou to plot ou to scheme against sb. ◇ *vt* to plot, to scheme.

◆ **conspirer à** *v+prép sout* to conspire to; **tout conspire à la réussite de ce projet** everything conspires ou combines to make this project a success.

**conspuer** [7] [kɔspɥe] *vt sout* to shout down *(sép)*.

**constamment** [kɔstamɑ̃] *adv* -**1.** [sans interruption] continuously, continually. -**2.** [très fréquemment] constantly.

**constance** [kɔstɑ̃s] *nf* -**1.** [persévérance] constancy, steadfastness; **vous avez de la ~!** you don't give up easily! -**2.** *litt* [fidélité] constancy, fidelity, faithfulness. -**3.** PSYCH invariability, constancy.

**constant, e** [kɔstɑ̃, ɑ̃t] *adj* -**1.** [invariable] unchanging, constant; **~ dans ses amitiés** faithful to one's friends ou in friendship; **être ~ dans ses goûts** to be unchanging in one's tastes. -**2.** [ininterrompu] continual, continuous, unceasing. -**3.** MATH constant. -**4.** FIN constant.

◆ **constante** *nf* -**1.** MATH & PHYS constant. -**2.** [caractéristique] stable ou permanent trait. -**3.** INF constant.

**Constantin** [kɔstɑ̃tɛ̃] *npr* [empereur] Constantine.

**Constantinople** [kɔstɑ̃tinɔpl] *npr* Constantinople.

**constat** [kɔsta] *nm* -**1.** [acte] certified statement ou report; **~ d'accident** accident statement; **faisons le ~** [après un accident] let's fill in the necessary papers (for the insurance); **~ à l'amiable** mutually agreed accident report; **~ d'huissier** process-server's affidavit. -**2.** [bilan] review; **faire un ~ d'échec** to acknowledge ou to admit a failure.

**constatation** [kɔstatasjɔ̃] *nf* -**1.** [observation] noting, noticing. -**2.** [remarque] remark, comment, observation; **ce n'est pas un reproche, c'est une simple ~** this isn't a criticism, it's just an observation ou I'm just stating a fact.

◆ **constatations** *nfpl* [d'une enquête] findings; **procéder aux ~s** to establish the facts.

**constater** [3] [kɔstate] *vt* -**1.** [remarquer] to note, to observe, to notice; **je suis forcée de ~ que je ne peux te faire confiance** I am forced to the conclusion that I can't trust you || *(en usage absolu)*: **constatez par vous-même!** just see for yourself! -**2.** [enregistrer – décès] to certify; [– faits] to record, to list; **l'expert est venu ~ les dégâts** the expert came to assess the damage.

**constellation** [kɔstelasjɔ̃] *nf* -**1.** ASTRON constellation. -**2.** [ensemble – de savants, de célébrités] constellation, galaxy.

**consteller** [4] [kɔstele] *vt* to spangle, to stud; **constellé de: un ciel constellé d'étoiles** a star-studded sky.

**consternant, e** [kɔstɛrnɑ̃, ɑ̃t] *adj* distressing; **d'une bêtise ~e** appallingly stupid.

**consternation** [kɔstɛrnasjɔ̃] *nf* consternation, dismay; **la ~ était générale** everybody was appalled.

**consterner** [3] [kɔstɛrne] *vt* to appall, to fill with consternation; **consterné par une nouvelle** appalled by a piece of news; **regarder qqch d'un air consterné** to look with consternation upon sthg.

**constipation** [kɔstipasjɔ̃] *nf* constipation.

**constipé, e** [kɔstipe] ◇ *adj* -**1.** MÉD constipated. -**2.** *fam* [guindé]: **être ou avoir l'air ~** to look ill-at-ease ou uncomfortable. ◇ *nm, f* -**1.** MÉD constipated person. -**2.** *fam* [personne guindée] repressed ou stuffy person.

**constiper** [3] [kɔstipe] *vt* to constipate.

**constituant, e** [kɔstitɥɑ̃, ɑ̃t] *adj* [élément] constituent.

◆ **constituant** *nm* -**1.** JUR & POL constituent; HIST *member of the 1789 Constituent Assembly.* -**2.** CHIM component. -**3.** LING constituent.

◆ **Constituante** *nf* HIST: **la Constituante** the Constituent Assembly.

**constitué, e** [kɔstitɥe] *adj* -**1.** [personne]: **un homme normalement ~** a (physically) normal man; **un individu solidement ~** a sturdily-built individual; **bien ~** hardy. -**2.** POL [autorité] constituted.

**constituer** [7] [kɔstitɥe] *vt* -**1.** [créer – collection] to build up *(sép)*, to put together *(sép)*; [– bibliothèque] to set up *(sép)*; [– société anonyme, association, gouvernement] to form, to set up *(sép)*; [– équipe, cabinet] to form, to select (the members of); [– dossier] to prepare. -**2.** [faire partie de] to form, to constitute, to (go to) make up; **les timbres qui constituent sa collection** the stamps that make up his collection; **l'eau est constituée de...** water consists ou is composed of... -**3.** [être] to be, to represent; **le vol constitue un délit** theft is ou constitutes an offence. -**4.** JUR [nommer] to name, to appoint; **~ qqn président** to appoint sb as ou to make sb chairman. -**5.** [établir]: **~ une dot/une rente à qqn** to settle a dowry/a pension on sb.

◆ **se constituer** ◇ *vpi* -**1.** [être composé]: **se ~ de** to be made up of. -**2.** [se mettre en position de]: **se ~ prisonnier** to give o.s. up; **se ~ partie civile** to file a civil action. -**3.** [se former] to form, to be formed; **ils se sont constitués en association** they formed a society. ◇ *vpt*: **se ~ une vidéothèque** to build up a video library; **se ~ un patrimoine** to amass an estate.

**constitutif, ive** [kɔstitytif, iv] *adj* -**1.** [qui compose] constituent, component. -**2.** [typique – propriété] constitutive. -**3.** JUR constitutive.

**constitution** [kɔstitysjɔ̃] *nf* -**1.** [création – d'une collection] building up, putting together; [– d'une bibliothèque] building up, setting up; [– d'une association, d'une société, d'un gouvernement] forming, formation, setting up; [– d'un dossier] preparation, putting together; [– d'une équipe] selection. -**2.** [composition – d'un groupe] composition; [– d'une substance] makeup, composition. -**3.** POL [lois] constitution; [régime]: **~ républicaine** republic; **~ monarchique** monarchy. -**4.** [santé] constitution, physique; **une bonne/solide ~** a sound/sturdy constitution; **être de ~ fragile** [souvent malade] to be susceptible to disease. -**5.** PHARM [en homéopathie] composition. -**6.** JUR [d'une dot, d'une rente] settling, settlement; [désignation]: **~ d'un avoué** appointment ou briefing of a lawyer; **~ de partie civile** filing of a civil action.

**constitutionnaliser** [3] [kɔstitysjɔnalize] *vt* to constitutionalize, to make constitutional.

**constitutionnel, elle** [kɔstitysjɔnɛl] *adj* constitutional.

**constitutionnellement** [kɔstitysjɔnɛlmɑ̃] *adv* constitutionally.

**constricteur** [kɔstriktœr] ◇ *adj m* ANAT & ZOOL constrictor. ◇ *nm* -**1.** ANAT constrictor. -**2.** ZOOL boa constrictor.

**constriction** [kɔstriksjɔ̃] *nf* constriction.

**constructeur, trice** [kɔstryktœr, tris] *adj* building, manufacturing.

◆ **constructeur** *nm* -**1.** [d'édifices] builder. -**2.** [d'appareils, d'engins] manufacturer; **~ automobile** car manufacturer; **~ naval** shipbuilder. -**3.** INF handler, builder.

**constructif, ive** [kɔstryktif, iv] *adj* -**1.** [qui fait progresser] constructive, positive. -**2.** CONSTR constructional, building *(modif)*.

**construction** [kɔstryksjɔ̃] *nf* -**1.** [édification] building, construction; **la ~ de la tour a duré un an** it took a year to build ou to erect the tower. -**2.** [édifice] building, construction. -**3.** [fabrication] building, manufacturing; **la ~ automobile** car manufacturing; **appareil de ~ française** French-built machine || [entreprise]: **~s navales** shipbuilding (industry); **~s aéronautiques** aircraft industry. -**4.** [structure – d'une œuvre] structure; [– d'une phrase] construction, structure. -**5.** GRAMM construction. -**6.** MATH figure, construction.

◆ **de construction** *loc adj* -**1.** [matériau] building *(modif)*, construction *(modif)*. -**2.** JEUX: **jeu de ~** set of building blocks.

◆ **en construction** *loc adv* under construction.

**constructivisme** [kɔstryktivism] *nm* constructivism.

**construire** [98] [kɔ̃strɥir] *vt* -**1.** [route, barrage] to build, to construct; [maison] to build; **une maison récemment cons-truite** a newly-built house; **tous ensemble pour ~ l'Europe!** *fig* all united to build a new Europe! ‖ *(en usage abso-lu)*: **leur rêve, c'est de pouvoir faire ~** they dream of having their own house built. -**2.** INDUST [fabriquer] to build, to manu-facture. -**3.** [structurer – pièce, roman] to structure, to cons-truct; [– théorie, raisonnement] to build, to develop; [– figure de géométrie] to draw, to construct; **~ correctement une phrase** to construct a sentence properly. -**4.** GRAMM to cons-true; **on construit «vouloir» avec le subjonctif** 'vouloir' is construed with OU takes the subjunctive.
◆ **se construire** *vp (emploi passif)* -**1.** [être édifié] to be built; **ça se construit par ici!** *fam* a lot of stuff's going up OU a lot of building's going on around here! -**2.** GRAMM: **se ~ avec** to be construed with, to take.

**consubstantialité** [kɔ̃sypstɑ̃sjalite] *nf* consubstantiality.

**consul** [kɔ̃syl] *nm* -**1.** [diplomate] consul. -**2.** HIST Consul *(in France from 1799 to 1804)*. -**3.** ANTIQ consul.

**consulaire** [kɔ̃sylɛr] *adj* consular.

**consulat** [kɔ̃syla] *nm* -**1.** [résidence, bureaux] consulate. -**2.** [fonction diplomatique] consulship. -**3.** HIST: **le Consulat** the Consulate *(in France from 1799 to 1804)*. -**4.** ANTIQ consulship.

**consultable** [kɔ̃syltabl] *adj* [ouvrage, fichier] which may be consulted, available for reference OU consultation.

**consultant, e** [kɔ̃syltɑ̃, ɑ̃t] ◇ *adj* → **avocat, médecin**. ◇ *nm, f* consultant; **~ en gestion** management consultant.

**consultatif, ive** [kɔ̃syltatif, iv] *adj* advisory.

**consultation** [kɔ̃syltasjɔ̃] *nf* -**1.** [d'un plan, d'un règlement] consulting, checking; **la ~ d'un dictionnaire** looking words up in a dictionary. -**2.** POL: **~ électorale** election. -**3.** [chez un professionnel] consultation; **donner des ~s** [gén] to hold consultations; [médecin] to have one's surgery *Br* OU office hours *Am*; **horaires de ~** [chez un médecin] surgery *Br* OU office *Am* hours. -**4.** INF: **~ de table** table lookup; **~ de fichier** file browsing OU browse.

**consulter** [3] [kɔ̃sylte] ◇ *vt* -**1.** [médecin] to visit, to consult; [avocat, professeur] to consult, to seek advice from; [voyante] to visit; **il ne m'a même pas consulté** he didn't even ask for my opinion; **~ qqn du regard** to look questioningly at sb ‖ *(en usage absolu)*: **se décider à ~** to decide to go to the doc-tor's. -**2.** [livre, dictionnaire] to refer to *(insép)*; [plan, montre, baromètre, horaire] to look at *(insép)*, to check; [horoscope] to read; **~ ses notes** to go over one's notes. -**3.** *(au nég) sout* [prendre en compte]: **il ne consulte que son intérêt** he's gui-ded only by self-interest. -**4.** INF to search. ◇ *vi* [docteur] to hold surgery, to see patients.
◆ **se consulter** *vp (emploi réciproque)* [discuter] to confer; **se ~ du regard** to look questioningly at one another.

**consumer** [3] [kɔ̃syme] *vt* -**1.** [brûler] to burn, to consume; **les bûches consumées dans la cheminée** the charred logs in the fireplace. -**2.** *litt* [tourmenter]: **la jalousie la consume** she's consumed with jealousy; **il est consumé de chagrin** OU **par le chagrin** he is racked with grief.
◆ **se consumer** *vpi* -**1.** [brûler] to burn; **laisser une cigarette se ~** to let a cigarette burn (out). -**2.** *litt* [être tourmenté]: **il se consume de désespoir** he's wasting away in OU with des-pair; **se ~ d'amour pour qqn** to pine for sb.

**consumérisme** [kɔ̃symerism] *nm*: **le ~** consumerism.

**contact** [kɔ̃takt] *nm* -**1.** [toucher] touch, contact. -**2.** AUT, ÉLECTR & RAD contact, switch; **le ~ ne se fait pas** there's no contact; **il y a un mauvais ~** there's a loose connection somewhere; **mettre/couper le ~** ÉLECTR to switch on/off; AUT to turn the ignition on/off; **nous avons perdu le ~** radio avec eux we're no longer in radio contact with them. -**3.** [lien] contact; **avoir des ~s avec** to have contact with; **prendre des ~s** to establish some contacts; **prendre ~ avec qqn** to contact sb, to get in touch with sb; **j'ai gardé le ~ avec mes vieux amis** I'm still in touch with my old friends. -**4.** [personne – dans les affaires, l'espionnage] contact, connection. -**5.** PHOT contact (print).
◆ **au contact de** *loc prép*: **au ~ de l'air** in contact with OU when exposed to the air; **il a changé à mon ~** he's changed since he met me.
◆ **de contact** *loc adj* -**1.** AUT ignition *(modif)*. -**2.** RAIL [fil, ligne] contact *(modif)*. -**3.** OPT contact *(modif)*.
◆ **en contact** ◇ *loc adj* -**1.** [reliés – personnes] in touch. -**2.** [adjacents – objets, substances] in contact. -**3.** ÉLECTR connec-ted. ◇ *loc adv*: **rester en ~** avec qqn to keep OU to stay OU to remain in touch with sb; **entrer en ~** avec qqn to contact sb, to get in touch with sb; AÉRON & MIL to make contact with sb; **mettre en ~** [personnes] to put in touch (with each other); [objets, substances] to bring into contact; AÉRON to establish contact between.

**contacter** [3] [kɔ̃takte] *vt* to contact, to get in touch with; **on peut me ~ par téléphone au bureau** you can reach me by phone at the office.

**contagieux, euse** [kɔ̃taʒjø, øz] ◇ *adj* [personne] contagious; [maladie, rire] infectious, contagious; **son virus/ enthousiasme est ~** his virus/enthusiasm is catching. ◇ *nm, f* contagious patient.

**contagion** [kɔ̃taʒjɔ̃] *nf* -**1.** MÉD contagion. -**2.** [d'un rire, d'une peur] contagiousness, infectiousness.

**container** [kɔ̃tɛnɛr] = **conteneur**.

**contaminateur, trice** [kɔ̃taminatœr, tris] ◇ *adj* infectious. ◇ *nm, f* infectious carrier.

**contamination** [kɔ̃taminasjɔ̃] *nf* -**1.** MÉD contamination. -**2.** [de l'environnement, des aliments] contamination; **~ radioac-tive** radioactive contamination. -**3.** LING contamination. -**4.** *litt* [corruption] (moral) pollution.

**contaminer** [3] [kɔ̃tamine] *vt* -**1.** MÉD to contaminate, to in-fect. -**2.** ÉCOL to contaminate. -**3.** *litt* [corrompre – personne] to corrupt.

**conte** [kɔ̃t] *nm* story, tale; **~ de fées** *pr* & *fig* fairy tale.

**contemplateur, trice** [kɔ̃tɑ̃platœr, tris] *nm, f* contemplator.

**contemplatif, ive** [kɔ̃tɑ̃platif, iv] ◇ *adj* -**1.** [pensif] thought-ful, contemplative, meditative. -**2.** RELIG contemplative. ◇ *nm, f* contemplative; **c'est un ~** he likes to muse.

**contemplation** [kɔ̃tɑ̃plasjɔ̃] *nf* -**1.** [méditation] contempla-tion, reflection; **en ~ devant** lost in admiration of. -**2.** RELIG contemplation.

**contempler** [3] [kɔ̃tɑ̃ple] *vt* to contemplate, to gaze at *(insép)*.

**contemporain, e** [kɔ̃tɑ̃pɔrɛ̃, ɛn] ◇ *adj* -**1.** [de la même époque] contemporary; **être ~ de** to be contemporary with. -**2.** [moderne] contemporary, modern, present-day. ◇ *nm, f* contemporary; **mon/son ~** my/his contemporary.

**contempteur, trice** [kɔ̃tɑ̃ptœr, tris] *nm, f litt* denigrator, des-piser.

**contenance** [kɔ̃tnɑ̃s] *nf* -**1.** [attitude] attitude, bearing; **il es-sayait de prendre** OU **se donner une ~** he was trying to put on a brave face; **faire bonne ~** to put up a bold OU good front; **perdre ~** to lose one's composure. -**2.** [capacité – d'un tonneau, d'un réservoir] capacity; [– d'un navire] (carrying OU holding) capacity.

**contenant** [kɔ̃tnɑ̃] *nm* container.

**conteneur** [kɔ̃tnœr] *nm* INDUST container; **mise en ~** containerization.

**contenir** [40] [kɔ̃tnir] *vt* -**1.** [renfermer] to contain, to hold; **votre article contient beaucoup de paradoxes** your article is full of OU contains many contradictions. -**2.** [être constitué de] to contain; **boissons qui contiennent de l'alcool** drinks containing alcohol. -**3.** [avoir telle capacité] to hold; **véhicule pouvant ~ 35 personnes assises/debout** vehicle seating 35/with standing room for 35 people. -**4.** [réprimer – foule, larmes, sanglots] to hold back *(sép)*; [– poussée, invasion] to contain; [– rire, colère] to suppress.
◆ **se contenir** *vpi* to control o.s.; **ils ne pouvaient plus se ~** [ils pleuraient] they couldn't hold back their tears any longer; [ils riaient] they couldn't disguise their mirth any longer.

**content, e** [kɔ̃tɑ̃, ɑ̃t] *adj* -**1.** [heureux] happy, glad, pleased; **je suis ~ que tu aies pu venir** I'm glad that you could make it; **s'il n'est pas ~, c'est pareil!** *fam* he can like it or lump it! -**2.** [satisfait]: **être ~ de** to be satisfied with; **je suis très ~ de moi** I'm very pleased with myself; **non ~ d'être riche, il veut aussi être célèbre** not content with being rich OU not satisfied with being rich, he wants to be famous as well.
◆ **content** *nm sout*: **avoir (tout) son ~ de qqch** to have (had) one's fill of sthg; **laisse-les s'amuser tout leur ~** let them play as much as they like.

**contentement** [kɔ̃tɑ̃tmɑ̃] *nm* satisfaction, contentment; **avec ~** contentedly ❑ **~ de soi** self-satisfaction.

**contenter** [3] [kɔ̃tɑ̃te] *vt* -**1.** [faire plaisir à] to please, to satis-

fy. **-2.** [satisfaire] to satisfy.
◆ **se contenter de** *vp* + *prép* **-1.** [s'accommoder de] to be content ou to content o.s. with, to make do with; **il se contente de peu** he's easily satisfied. **-2.** [se borner à]: **en guise de réponse, elle s'est contentée de sourire** she merely smiled in reply.

**contentieux, euse** [kɔ̃tɑ̃sjø, øz] *adj* contentious.
◆ **contentieux** *nm* **-1.** [conflit] dispute, disagreement; **il y a un ~ entre eux** they're in dispute. **-2.** [service] legal department ou bureau. **-3.** [affaire] litigation; **~ administratif** procedure in contentious administrative matters; **~ fiscal** tax litigation.

**contention** [kɔ̃tɑ̃sjɔ̃] *nf* **-1.** *litt* exertion, application. **-2.** MÉD [d'un os] setting, reduction; [d'un malade] restraint.

**contenu, e** [kɔ̃tny] *pp* → **contenir**.
◆ **contenu** *nm* **-1.** [d'un récipient, d'un paquet] content, contents. **-2.** [teneur – d'un document] content, text. **-3.** LING (linguistic) content. **-4.** PSYCH: **~ latent** latent content.

**conter** [3] [kɔ̃te] *vt litt* to relate, to tell; **~ fleurette à qqn** to murmur sweet nothings to sb; **en ~: on m'en a conté de belles sur toi!** I've heard some fine things about you!; **elle ne s'en laisse pas ~** she's not easily taken in.

**contestable** [kɔ̃tɛstabl] *adj* debatable, questionable.

**contestataire** [kɔ̃tɛstatɛr] ◇ *adj* protesting ou revolting (*against established values*); **un journal ~** an anti-establishment newspaper. ◇ *nmf* anti-establishment protester; **c'est un ~** he's always calling things into question.

**contestation** [kɔ̃tɛstasjɔ̃] *nf* **-1.** [d'une loi, d'un testament, d'un document] contesting, opposing; [d'un récit, d'un droit] contesting, questioning; [d'une compétence] questioning, challenging, doubting; **sans ~ (possible)** beyond (all possible) dispute ou question. **-2.** [litige] dispute, controversy, debate. **-3.** POL: **la ~** protests, protesting, the protest movement.

**conteste** [kɔ̃tɛst]
◆ **sans conteste** *loc adv* indisputably, unquestionably.

**contester** [3] [kɔ̃tɛste] ◇ *vt* **-1.** [testament] to contest, to object to; [récit, document] to dispute, to question; [compétence] to question, to dispute, to throw into doubt; **je ne conteste pas que votre tâche ait été difficile** I don't dispute ou doubt the fact that you had a difficult task; **je ne lui conteste pas le droit de...** I don't challenge ou question his right to...; **être contesté** to be a subject of controversy; **une personnalité très contestée** a very controversial personality. **-2.** POL to protest ou to rebel against. ◇ *vi* **-1.** [discuter]: **obéir aux ordres sans ~** to obey orders blindly ou without raising any objections. **-2.** POL to protest.

**conteur, euse** [kɔ̃tœr, øz] *nm, f* **-1.** [narrateur] narrator, storyteller. **-2.** [écrivain] storyteller.

**contexte** [kɔ̃tɛkst] *nm* **-1.** [situation] context. **-2.** INF environment. **-3.** LING: **~ linguistique/de situation** linguistic/ situational context.
◆ **en contexte** *loc adv* in context; **mettre qqch en ~** to put sthg into context, to contextualize sthg.

**contextuel, elle** [kɔ̃tɛkstɥɛl] *adj* contextual.

**contiendrai** [kɔ̃tjɛ̃dre], **contiennent** [kɔ̃tjɛn], **contiens** [kɔ̃tjɛ̃] *v* → **contenir**.

**contigu, ë** [kɔ̃tigy] *adj* **-1.** [bâtiments, terrains, objets] contiguous, adjacent, adjoining. **-2.** *sout* [époques, sujets, domaines] close, contiguous.

**contiguïté** [kɔ̃tigɥite] *nf* **-1.** [proximité – de bâtiments, de terrains, d'objets] contiguity, adjacency, proximity. **-2.** *sout* [de domaines, d'époques, de sujets] closeness, contiguousness, contiguity. **-3.** INF adjacency.

**continence** [kɔ̃tinɑ̃s] *nf* **-1.** [abstinence] continence, (self-imposed) chastity. **-2.** [sobriété, discrétion] restraint. **-3.** MÉD continence.

**continent¹** [kɔ̃tinɑ̃] *nm* **-1.** GÉOG continent; **l'Ancien/le Nouveau Continent** the Old/the New World. **-2.** [par opposition à une île]: **le ~** the mainland.

**continent², e** [kɔ̃tinɑ̃, ɑ̃t] *adj* **-1.** [chaste] continent, chaste; [discret] discreet, restrained, reserved. **-2.** MÉD continent.

**continental, e, aux** [kɔ̃tinɑ̃tal, o] ◇ *adj* **-1.** [par opposition à insulaire] mainland (*modif*). **-2.** GÉOG [climat, température] continental. ◇ *nm, f* person who lives on the mainland.

**contingence** [kɔ̃tɛ̃ʒɑ̃s] *nf* MATH & PHILOS contingency.
◆ **contingences** *nfpl* contingencies, eventualities; **les ~s de la vie quotidienne** everyday happenings ou events; **prévoir toutes les ~s** to take unforeseen circumstances into consideration.

**contingent¹** [kɔ̃tɛ̃ʒɑ̃] *nm* **-1.** [quantité] (allotted) share. **-2.** [quota] quota. **-3.** [troupe] contingent; [ensemble des recrues] call-up *Br*, draft *Am*; **le ~, les soldats du ~** those conscripted, the conscripts, the draft *Am*.

**contingent², e** [kɔ̃tɛ̃ʒɑ̃, ɑ̃t] *adj* **-1.** PHILOS contingent. **-2.** *litt* [sans importance] incidental.

**contingentement** [kɔ̃tɛ̃ʒɑ̃tmɑ̃] *nm* **-1.** ÉCON fixing of quotas, restriction. **-2.** COMM quota system, apportioning by quota.

**contingenter** [3] [kɔ̃tɛ̃ʒɑ̃te] *vt* **-1.** ÉCON [importations] to limit, to fix a quota on; [produits de distribution] to restrict the distribution of. **-2.** COMM to distribute ou to allocate according to a quota.

**contins** [kɔ̃tɛ̃] *v* → **contenir**.

**continu, e** [kɔ̃tiny] *adj* **-1.** [ininterrompu – effort, douleur, bruit] continuous, unremitting, relentless; [– soins] constant; [– ligne, trait] continuous, unbroken; [– sommeil] unbroken. **-2.** ÉLECTR [courant] direct.
◆ **continu** *nm* MATH & PHILOS continuum.
◆ **en continu** *loc adv* continuously, uninterruptedly.

**continuation** [kɔ̃tinɥasjɔ̃] *nf* **-1.** [suite] continuation, extension. **-2.** [fait de durer] continuing, continuance. **-3.** *fam loc*: **bonne ~!** all the best!

**continuel, elle** [kɔ̃tinɥɛl] *adj* **-1.** [ininterrompu] continual. **-2.** [qui se répète] constant, perpetual.

**continuellement** [kɔ̃tinɥɛlmɑ̃] *adv* **-1.** [de façon ininterrompue] continually. **-2.** [de façon répétitive] constantly, perpetually.

**continuer** [7] [kɔ̃tinɥe] ◇ *vt* **-1.** [faire durer – exposé] to carry on (*insép*); [– conversation] to carry on (*insép*), to maintain, to keep up (*sép*); [– études] to continue, to keep up (*sép*), to go on with (*insép*); **continuez le repas sans moi** go on with the meal without me. **-2.** [dans l'espace] to continue, to extend; **~ son chemin** [voyageur] to keep going; [idée] to keep gaining momentum. ◇ *vi* **-1.** [dans le temps] to go on ou to carry on (*insép*); **si tu continues, ça va mal aller!** if you keep this up, you'll be sorry!; **tu vois, continua-t-elle** you see, she went on; **une telle situation ne peut ~** this situation cannot be allowed to continue; **il continue de** ou **à pleuvoir** it keeps on raining; **ma plante continue de grandir** my plant keeps getting bigger. **-2.** [dans l'espace] to continue, to carry on (*insép*), to go on (*insép*); **la route continue jusqu'au village** the road runs straight on to the village; **arrête-toi ici, moi je continue** you can stop right here, I'm going on; **continue!** [à avancer] keep going!; **continue tout droit jusqu'au carrefour** keep straight on to the crossroads.
◆ **se continuer** *vpi* **-1.** [dans le temps] to carry on, to be carried on. **-2.** [dans l'espace] to extend.

**continuité** [kɔ̃tinɥite] *nf* **-1.** [d'un effort, d'une tradition] continuity; [d'une douleur] persistence. **-2.** MATH continuity.

**continuum** [kɔ̃tinɥɔm] *nm* continuum; **~ espace-temps** space-time continuum.

**contondant, e** [kɔ̃tɔ̃dɑ̃, ɑ̃t] *adj* blunt.

**contorsion** [kɔ̃tɔrsjɔ̃] *nf* [d'acrobate] contortion, acrobatic feat (*involving twisting the body*).

**contorsionner** [3] [kɔ̃tɔrsjɔne]
◆ **se contorsionner** *vpi* to twist one's body, to contort o.s.

**contorsionniste** [kɔ̃tɔrsjɔnist] *nmf* contortionist.

**contour** [kɔ̃tur] *nm* **-1.** [d'un objet, d'une silhouette] contour, outline, shape; **~ d'un caractère** INF character outline. **-2.** [arrondi – d'un visage] curve; [– d'une rivière, d'un chemin] winding part ou section.

**contourné, e** [kɔ̃turne] *adj* **-1.** [avec des courbes]: **la balustrade ~e d'un balcon** the curved railing of a balcony. **-2.** [peu naturel] overelaborate.

**contourner** [3] [kɔ̃turne] *vt* **-1.** [faire le tour de – souche, flaque] to walk around (*insép*); [– ville] to bypass, to skirt; **ayant contourné la forêt** [à pied] having walked round the forest; [en voiture] having driven round the forest ‖ MIL [position] to skirt. **-2.** [éluder – loi, difficulté] to circumvent, to get round (*insép*). **-3.** *litt* [modeler – vase, piédestal] to fashion ou to shape (into complex curves).

**contraceptif, ive** [kɔ̃trasɛptif, iv] *adj* contraceptive.
♦ **contraceptif** *nm* contraceptive, method of contraception.

**contraception** [kɔ̃trasɛpsjɔ̃] *nf* contraception; moyen de ~ means *(sg)* of contraception.

**contractant, e** [kɔ̃traktɑ̃, ɑ̃t] ◇ *adj* contracting.
◇ *nm, f*: les ~s the contracting parties.

**contracté, e** [kɔ̃trakte] *adj* -1. ANAT [muscle, voix] taut, tense; il avait les mâchoires ~es his jaw was stiff. -2. [nerveux – personne] tense.

**contracter** [3] [kɔ̃trakte] *vt* -1. [se charger de – dette] to incur, to run up *(sép)*; [– assurance] to take out *(sép)*; [– obligation, engagement] to take on *(sép)*; ~ une alliance to enter into an alliance. -2. [acquérir – manie, habitude] to develop, to acquire; [– maladie] to contract, to catch. -3. [réduire – liquide, corps] to contract. -4. [raidir – muscle] to contract, to tighten, to tauten; [– visage, traits] to tense (up), to tighten (up). -5. [rendre anxieux] to make tense. -6. LING to contract.
♦ **se contracter** *vpi* -1. [être réduit – liquide, corps] to contract, to reduce; [– fibre] to shrink. -2. [se raidir – visage, traits] to tense (up), to become taut. -3. LING [mot] to contract, to be contracted.

**contractile** [kɔ̃traktil] *adj* contractile.

**contraction** [kɔ̃traksjɔ̃] *nf* -1. [raidissement – d'un muscle] contracting, tensing; [– du visage, des traits, de l'estomac] tensing, tightening (up); [– des mâchoires] clamping; [raideur – d'un muscle] tenseness, tautness; [– de l'estomac] tightness; [– des mâchoires] stiffness. -2. MÉD: ~ (utérine) contraction. -3. LING contraction. -4. SCOL: ~ de texte summary; faire une ~ de texte to summarize a text. -5. PHYS contraction.

**contractualiser** [3] [kɔ̃traktɥalize] *vt* -1. [problème] to solve by a contract. -2. [employé] to hire as a public servant.

**contractuel, elle** [kɔ̃traktɥɛl] *adj* contractual, contract *(modif)*.
♦ **contractuel** *nm* ADMIN contract public servant; [policier] (male) traffic warden *Br* ou policeman *Am*.
♦ **contractuelle** *nf* (female) traffic warden *Br*, traffic policewoman *Am*.

**contractuellement** [kɔ̃traktɥɛlmɑ̃] *adv* contractually.

**contracture** [kɔ̃traktyr] *nf* MÉD contraction, cramp.

**contradicteur** [kɔ̃tradiktœr] *nm* contradictor.

**contradiction** [kɔ̃tradiksjɔ̃] *nf* -1. [contestation] contradiction; porter la ~ dans une discussion to be a dissenter in a discussion. -2. [incompatibilité] contradiction, inconsistency; il est plein de ~s he's full of contradictions. -3. LOGIQUE contradiction. -4. JUR allegation.
♦ **en contradiction avec** *loc prép* in contradiction with; c'est en ~ avec sa façon de vivre it goes against his style of life; être en ~ avec soi-même to be inconsistent.

**contradictoire** [kɔ̃tradiktwar] *adj* -1. [opposé – théories, idées] contradictory, clashing; [– témoignage] conflicting; débat/réunion ~ open debate/meeting; ~ à in contradiction to, at variance with. -2. LOGIQUE contradictory. -3. JUR: jugement ~ *judgment rendered in the presence of the parties involved.*

**contradictoirement** [kɔ̃tradiktwarmɑ̃] *adv* -1. [de façon opposée] contradictorily. -2. JUR *in the presence of the parties involved.*

**contraignais** [kɔ̃trɛɲɛ] *v* → contraindre.

**contraignant, e** [kɔ̃trɛɲɑ̃, ɑ̃t] *adj* [occupation] restricting; [contrat] restrictive; [horaire] restricting, limiting.

**contraindre** [80] [kɔ̃trɛ̃dr] *vt* -1. [obliger]: ~ qqn à: la situation nous contraint à la prudence the situation forces us to be careful; je suis contraint de rester à Paris I'm obliged ou forced to stay in Paris. -2. *litt* [réprimer – désir, passion] to constrain (in), to restrain, to keep a check on. -3. *litt* [réprimer]: ~ une personne dans ses choix to restrict sb's choice. -4. JUR to constrain.
♦ **se contraindre** *vp (emploi réfléchi)* to force o.s.

**contraint, e** [kɔ̃trɛ̃, ɛ̃t] *pp* → contraindre. ◇ *adj* -1. [emprunté – sourire] constrained, forced, unnatural; [– politesse] unnatural. -2. [obligé]: ~ et forcé under duress.
♦ **contrainte** *nf* -1. [obligation] constraint, imposition; les ~es sociales social constraints. -2. [force] constraint; céder sous la ~es to give in under pressure. -3. [gêne] constraint,

embarrassment; **parler sans** ~es to speak uninhibitedly. -4. JUR: ~es par corps imprisonment for non-payment of debts.

**contraire** [kɔ̃trɛr] ◇ *adj* -1. [point de vue, attitude] opposite; sauf avis ~ unless otherwise informed. -2. [inverse – direction, sens, vent] contrary; dans le sens ~ à celui des aiguilles d'une montre anticlockwise *Br*, counterclockwise *Am*. -3. *sout* [défavorable, nuisible] contrary, unfavourable. ◇ *nm* -1. [inverse]: le ~ the opposite; j'avais raison, ne me dis pas le ~ I was right, don't deny it; elle timide? c'est tout le ~! her, shy? quite the opposite ou contrary!; elle dit toujours le ~ de ce que disent les autres she always says the opposite of what others say. -2. [mot] opposite, antonym.
♦ **au contraire, bien au contraire, tout au contraire** *loc adv* quite the reverse ou opposite.
♦ **au contraire de** *loc prép*: unlike.
♦ **contraire à** *loc prép*: c'est ~ à mes principes it's against my principles.

**contrairement** [kɔ̃trɛrmɑ̃]
♦ **contrairement à** *loc prép*: ~ à ce qu'il m'a dit/aux prévisions contrary to what he told me/to all expectations; ~ à son frère unlike his brother.

**contralto** [kɔ̃tralto] *nm* contralto.

**contrariant, e** [kɔ̃trarjɑ̃, ɑ̃t] *adj* [personne] annoying; [nouvelle] annoying; il n'est pas ~ he's really easy-going.

**contrarié, e** [kɔ̃trarje] *adj* [amour] frustrated, thwarted; [projet] disrupted; tu as l'air ~ you look annoyed.

**contrarier** [9] [kɔ̃trarje] *vt* -1. [ennuyer – personne] to annoy; ça la contrarie de devoir arrêter de travailler she's annoyed at having to stop work; si cela ne te contrarie pas if you don't mind. -2. [contrecarrer – ambitions, amour] to thwart; [– mouvement, action] to impede, to bar; ~ un gaucher *to force a left-handed person to use his right hand.* -3. [contraster]: ~ des couleurs to use contrasting shades.
♦ **se contrarier** *vp (emploi réciproque)* -1. [aller à l'encontre de – forces] to oppose one another. -2. [être en conflit – personnes] to clash. -3. [s'opposer – formes, couleurs] to contrast.

**contrariété** [kɔ̃trarjete] *nf* -1. [mécontentement] annoyance, vexation; éprouver une ~ to be annoyed ou upset. -2. *sout* [opposition] clash; ~ d'humeur clash of personalities.

**contrariions** [kɔ̃trarijɔ̃] *v* → contrarier.

**contraste** [kɔ̃trast] *nm* contrast; faire ~ (avec qqch) to contrast (with sthg).
♦ **en contraste** *loc adv*: mettre deux choses en ~ to contrast two things.
♦ **en contraste avec, par contraste avec** *loc prép* by contrast to ou with, in contrast to ou with.

**contrasté, e** [kɔ̃traste] *adj* [couleurs, situations] contrasting; [photo, image] contrasty.

**contraster** [3] [kɔ̃traste] ◇ *vt* [caractères, situations, couleurs] to contrast; [photo] to show up the contrast in. ◇ *vi* to contrast; ~ avec qqch to contrast with sthg.

**contrat** [kɔ̃tra] *nm* -1. [acte, convention] contract; passer un ~ avec qqn to enter into a contract with sb ❑ ~ administratif public service contract; ~ d'assurance insurance policy; ~ à durée déterminée/indéterminée fixed-term/ permanent contract; ~ de louage rental contract; ~ de mariage marriage contract; ~ de travail contract of employment; ~ de vente bill of sale; ~ verbal verbal contract ou undertaking; remplir son ~ JUR to fulfil the terms of one's contract; *fig* [s'exécuter] to keep one's promise. -2. [entente] agreement, deal; un ~ tacite an unspoken agreement. -3. PHILOS: ~ social social contract; 'Du ~ social' *Rousseau* 'The Social Contract'. -4. *arg crime* [de tueur] contract. -5. CARTES contract.

**contravention** [kɔ̃travɑ̃sjɔ̃] *nf* -1. [amende] (parking) fine; [avis] (parking) ticket. -2. [infraction] contravention, infraction, infringement; être en ~, se mettre en état de ~ to contravene ou to infringe the law.

**contre** [kɔ̃tr] ◇ *prép* -1. [indiquant la proximité] against, on; se frotter ~ qqch to rub (o.s.) against ou on sthg; se blottir ~ qqn to cuddle up to sb; joue ~ joue cheek to cheek; tenir qqn tout ~ soi to hold sb close; allongé tout ~ elle lying right next to ou beside her; un coup ~ la vitre a knock on ou at the window; je me suis cogné la tête ~ le radiateur I hit my head on the radiator; lancer une balle ~ le mur to throw a ball against ou at the wall; mettez-vous ~ le mur

stand (right) by the wall. **-2.** [indiquant l'opposition] against; nager ~ le courant to swim upstream ou against the current; notre équipe aura le vent ~ elle our team will play into the wind; être en colère ~ qqn to be angry at ou with sb; je suis ~ l'intervention I'm opposed to ou against (the idea of) intervention; voter ~ qqn/qqch to vote against sb/sthg; Durier ~ Chardin JUR Durier versus Chardin; le match ~ le Brésil the Brazil match, the match against ou with Brazil; avoir qqch ~ qqn to have sthg against sb; pour une fois, j'irai ~ mon habitude for once, I'll break my habit; vous allez ~ l'usage/le règlement you're going against accepted custom/the regulations. **-3.** [pour protéger de] against; pastilles ~ la toux cough lozenges; lutter ~ l'alcoolisme to fight (against) alcoholism; que faire ~ l'inflation? what can be done about ou against ou to combat inflation?; s'assurer ~ le vol to take out insurance against theft. **-4.** [en échange de] for, in exchange ou return for; j'ai échangé mon livre ~ le sien I swapped my book for hers; elle est revenue sur sa décision ~ une promesse d'augmentation she reconsidered her decision after being promised a rise. **-5.** [indiquant une proportion, un rapport] against, to; 10 ~ 1 qu'ils vont gagner! ten to one they'll win!; 156 voix ~ 34 156 votes to 34; ils nous sont tombés dessus à trois ~ un there were three of them for every one of us, they were three to one against us; le dollar s'échange à 5,82 francs ~ 5,67 hier the dollar is trading at 5.82 francs compared to ou (as) against 5.67 yesterday. **-6.** [contrairement à]: ~ toute attente contrary to all expectations; ~ toute logique against all logic. ◇ *adv* **-1.** [indiquant la proximité]: il n'a pas vu le poteau, et sa tête a heurté ~ he didn't see the post, and he banged his head against ou on it. **-2.** [indiquant l'opposition] against; on partage? — je n'ai rien ~ shall we share? — I've nothing against it ou it's OK by me; ~? levez la main hands up those against *Br*, all against, hands up *Am*. ◇ *nm* **-1.** [argument opposé]: le pour et le ~ the pros and cons. **-2.** SPORT & JEUX [au volley, au basket] block; [en escrime] counter; [au billard] kiss; [au bridge] double; marquer sur un ~ FTBL to score on a counter attack; faire un ~ RUGBY to intercept the ball.
◆ **par contre** *loc adv* on the other hand; il est très compétent, par ~ il n'est pas toujours très aimable he's very competent, but on the other hand he's not always very pleasant; il parle espagnol, par ~ son anglais laisse encore à désirer his Spanish is good, but his English isn't all it might be.

**contre-allée** [kɔ̃trale] (*pl* **contre-allées**) *nf* [d'une avenue] service ou frontage *Am* road; [d'une promenade] side track ou path.

**contre-attaque** [kɔ̃tratak] (*pl* **contre-attaques**) *nf* **-1.** MIL [gén] counterattack; [à l'explosif] counter-blast. **-2.** [dans une polémique] counterattack, counter-blast.

**contre-attaquer** [3] [kɔ̃tratake] *vt* to counterattack, to strike back *(sép).*

**contrebalancer** [16] [kɔ̃trəbalɑ̃se] *vt* **-1.** [poids] to counterbalance. **-2.** [compenser – inconvénients, efforts] to offset, to make up for *(insép),* to compensate.
◆ **se contrebalancer** ◇ *vp (emploi réciproque)* [raisons, hypothèses] to counterbalance each other; [dépenses] to cancel each other out. ◇ *vpi fam* [se moquer]: je m'en contrebalance I couldn't give a damn.

**contrebande** [kɔ̃trəbɑ̃d] *nf* **-1.** [trafic] smuggling, contraband; faire de la ~ to smuggle (in) goods. **-2.** [marchandises] contraband, smuggled goods; [alcool] bootleg; ~ de guerre wartime smuggling.
◆ **de contrebande** *loc adj* smuggled, contraband *(modif).*
◆ **en contrebande** *loc adv*: faire entrer/sortir qqch en ~ to smuggle sthg in/out.

**contrebandier, ère** [kɔ̃trebɑ̃dje, ɛr] *nm, f* smuggler.

**contrebas** [kɔ̃trəba]
◆ **en contrebas** *loc adv* lower down, below *(adv).*
◆ **en contrebas de** *loc prép* below.

**contrebasse** [kɔ̃trəbas] *nf* **-1.** [instrument] (double) bass, contrabass. **-2.** [musicien] = **contrebassiste**.

**contrebassiste** [kɔ̃trəbasist] *nmf* (double) bass player, double bassist.

**contre-braquer** [3] [kɔ̃trəbrake] *vi* to drive into a skid.

**contrecarrer** [3] [kɔ̃trəkare] *vt* [personne] to thwart; [projet, initiative] to thwart, to block.

**contrechamp** [kɔ̃trəʃɑ̃] *nm* reverse shot.

**contrecœur** [kɔ̃trəkœr]
◆ **à contrecœur** *loc adv* reluctantly, unwillingly, grudgingly.

**contrecoup** [kɔ̃trəku] *nm* [répercussion] repercussion, aftereffect; subir le ~ de qqch to suffer the aftershock ou after-effects of sthg.

**contre-courant** [kɔ̃trəkurɑ̃] (*pl* **contre-courants**) *nm* countercurrent.
◆ **à contre-courant** *loc adv* **-1.** [d'un cours d'eau] against the current, upstream. **-2.** [à rebours]: aller à ~ to go against the grain.
◆ **à contre-courant de** *loc prép*: aller à ~ de la mode to go against the trend.

**contredanse** [kɔ̃trədɑ̃s] *nf* **-1.** DANSE contredanse, contradanse. **-2.** *fam* [contravention] ticket.

**contredire** [103] [kɔ̃trədir] *vt* to contradict; sa version contredit la tienne his version is at variance with ou contradicts yours.
◆ **se contredire** ◇ *vp (emploi réciproque)* **-1.** [personnes]: ils se contredisent (l'un l'autre) they contradict each other. **-2.** [témoignages, faits] to be in contradiction (with each other), to contradict each other. ◇ *vp (emploi réfléchi)*: il se contredit he contradicts himself.

**contredit, e** [kɔ̃trədi, it] *pp* → **contredire**.
◆ **sans contredit** *loc adv* unquestionably, undoubtedly.

**contredites** [kɔ̃trədit] *v* → **contredire**.

**contrée** [kɔ̃tre] *nf litt* [pays] country, land *litt*; [région] region, area.

**contre-écrou** [kɔ̃trekru] (*pl* **contre-écrous**) *nm* locknut.

**contre-emploi** [kɔ̃trɑ̃plwa] (*pl* **contre-emplois**) *nm* miscasting.

**contre-enquête** [kɔ̃trɑ̃kɛt] (*pl* **contre-enquêtes**) *nf* counter-inquiry.

**contre-épreuve** [kɔ̃treprœv] (*pl* **contre-épreuves**) *nf* **-1.** IMPR counterproof. **-2.** [contre-essai] repetition test, countercheck.

**contre-espionnage** [kɔ̃trɛspjɔnaʒ] (*pl* **contre-espionnages**) *nm* counterespionage.

**contre-essai** [kɔ̃trɛsɛ] (*pl* **contre-essais**) *nm* repetition ou second test, countercheck.

**contre-exemple** [kɔ̃trɛgzɑ̃pl] (*pl* **contre-exemples**) *nm* [illustration] counterexample.

**contre-expertise** [kɔ̃trɛkspɛrtiz] (*pl* **contre-expertises**) *nf* second expert evaluation ou opinion.

**contrefaçon** [kɔ̃trəfasɔ̃] *nf* **-1.** [action d'imiter – une signature, une écriture, une monnaie] counterfeiting, forging; [– un brevet] infringement. **-2.** [copie – d'un produit, d'un vêtement] imitation, fake; [– d'une signature, d'une écriture, de monnaie] counterfeit, forgery.

**contrefaire** [109] [kɔ̃trəfɛr] *vt* **-1.** [parodier] to mimic, to take off *(sép).* **-2.** [signature, écriture, argent] to counterfeit, to forge; [brevet] to infringe. **-3.** [déformer – visage] to distort; [– voix] to alter, to change, to distort.

**contrefait, e** [kɔ̃trəfɛ, ɛt] ◇ *pp* → **contrefaire**. ◇ *adj* **-1.** [déformé] deformed, misshapen. **-2.** [falsifié – signature, écriture, argent] counterfeit, forged.

**contrefaites** [kɔ̃trəfɛt], **contreferai** [kɔ̃trəfəre] *v* → **contrefaire**.

**contreficher** [3] [kɔ̃trəfiʃe]
◆ **se contreficher de** *vp + prép fam* to be indifferent to; je m'en contrefiche I could care less, who gives a damn?

**contre-filet** [kɔ̃trəfilɛ] (*pl* **contre-filets**) *nm* sirloin (steak).

**contrefis** [kɔ̃trəfi], **contrefont** [kɔ̃trəfɔ̃] *v* → **contrefaire**.

**contrefort** [kɔ̃trəfɔr] *nm* **-1.** ARCHIT buttress, abutment. **-2.** [d'une chaussure] stiffener.
◆ **contreforts** *nmpl* GÉOG foothills.

**contrefoutre** [116] [kɔ̃trəfutr]
◆ **se contrefoutre de** *▽ vp + prép*: je m'en contrefous I don't give a shit ou toss *Br* (about it).

**contre-indication** [kɔ̃trɛ̃dikasjɔ̃] (*pl* **contre-indications**) *nf* **-1.** MÉD contraindication. **-2.** [argument] counter-argument.

**contre-indiqué, e** [kɔ̃trɛ̃dike] (*mpl* **contre-indiqués**, *fpl*

**contre-indiquées**) *adj* **-1.** MÉD contraindicated. **-2.** [déconseillé] inadvisable.

**contre-indiquer** [3] [kɔ̃trɛ̃dike] *vt* to contraindicate.

**contre-interrogatoire** [kɔ̃trɛ̃terɔgatwar] (*pl* **contre-interrogatoires**) *nm* cross-examination.

**contre-jour** [kɔ̃traʒur] (*pl* **contre-jours**) *nm* **-1.** [éclairage] back light. **-2.** [photo] contre-jour shot.

◆ **à contre-jour, en contre-jour** *loc adv* [être placé – personne] with one's back to the light; [– objet] against the light OU sunlight; une photo prise à ~ a contre-jour shot.

**contre-la-montre** [kɔ̃tralamɔ̃tr] *nm inv* time trial.

**contremaître** [kɔ̃trəmɛtr] *nm* **-1.** [dans un atelier] foreman, supervisor. **-2.** NAUT petty officer.

**contre-manifestation** [kɔ̃trəmanifɛstasjɔ̃] (*pl* **contre-manifestations**) *nf* counterdemonstration.

**contremarche** [kɔ̃trəmarʃ] *nf* [d'escalier] riser.

**contremarque** [kɔ̃trəmark] *nf* **-1.** [billet – au spectacle] voucher (*exchanged for ticket at the entrance*); [– de transport] extra portion (of ticket). **-2.** COMM & HÉRALD countermark.

**contre-mesure** [kɔ̃trəməzyr] (*pl* **contre-mesures**) *nf* [gén & MIL] countermeasure; ~ électronique jamming device.

**contre-nature** [kɔ̃trənatyr] *adj inv* unnatural, contrary to nature.

**contre-offensive** [kɔ̃trɔfɑ̃siv] (*pl* **contre-offensives**) *nf* **-1.** MIL counteroffensive. **-2.** [réplique] counteroffensive, counterblast.

**contre-OPA** [kɔ̃trɔpea] *nf inv* counter bid.

**contrepartie** [kɔ̃trəparti] *nf* **-1.** [compensation] compensation; [financière] compensation, consideration. **-2.** [registre comptable] duplicate register. **-3.** [d'une opinion] opposite view; [d'un argument] corollary, obverse, converse.

◆ **en contrepartie** *loc adv* **-1.** [en compensation] in OU by way of compensation. **-2.** [en revanche] on the other hand. **-3.** [en retour] in return.

◆ **en contrepartie de** *loc prép* (as a OU in compensation) for; service en ~ duquel vous devrez payer la somme de... for which services you will pay the sum of...

**contre-pente** [kɔ̃trəpɑ̃t] (*pl* **contre-pentes**) *nf* reverse slope.

**contre-performance** [kɔ̃trəperfɔrmɑ̃s] (*pl* **contre-performances**) *nf* bad result, performance below expectation.

**contrepèterie** [kɔ̃trəpetri] *nf* spoonerism.

**contre-pied** [kɔ̃trəpje] (*pl* **contre-pieds**) *nm* **-1.** [d'une opinion] opposite (view); [d'un argument] converse, obverse; prendre le ~ d'une hypothèse to oppose a hypothesis; prenons le ~ de sa position let's take the (exact) opposite position to hers. **-2.** SPORT: prendre un adversaire à ~ to catch an opponent off balance. **-3.** CHASSE backscent; *fig* to take the opposite view.

**contreplaqué** [kɔ̃trəplake] *nm* plywood.

**contre-plongée** [kɔ̃trəplɔ̃ʒe] (*pl* **contre-plongées**) *nf* low-angle shot.

◆ **en contre-plongée** *loc adv* from below.

**contrepoids** [kɔ̃trəpwa] *nm* [gén] counterbalance, counterweight; [d'une horloge] balance weight; [d'un funambule] balancing pole; faire ~ (à qqch) *pr* & *fig* to provide a counterweight (to sthg).

**contre-poil** [kɔ̃trəpwal]

◆ **à contre-poil** *loc adv* the wrong way; prendre qqn à ~ *fam* to rub sb up the wrong way.

**contre-point** [kɔ̃trəpwɛ̃] *nm* LITTÉRAT & MUS counterpoint.

**contre-poison** [kɔ̃trəpwazɔ̃] *nm* antidote.

**contre-porte** [kɔ̃trəpɔrt] (*pl* **contre-portes**) *nf* [d'isolation] inner door; [de protection] screen door.

**contre-pouvoir** [kɔ̃trəpuvwar] (*pl* **contre-pouvoirs**) *nm* challenge to established authority.

**contre-propagande** [kɔ̃trəprɔpagɑ̃d] (*pl* **contre-propagandes**) *nf* counterpropaganda.

**contre-proposition** [kɔ̃trəprɔpozisjɔ̃] (*pl* **contre-propositions**) *nf* counterproposal.

**contre-publicité** [kɔ̃trəpyblisite] (*pl* **contre-publicités**) *nf* [qui concurrence] *advertisement intended to downgrade a competitor*; [qui manque son objectif] *advertisement which has missed its target.*

**contrer** [3] [kɔ̃tre] *vt* **-1.** [s'opposer à] to block, to counter. **-2.** JEUX to double. **-3.** SPORT [au volley] to block (*a smash*); [au rugby] to block (*a kick*); [à la boxe] to counter (*a punch*).

**contre-révolution** [kɔ̃trərevɔlysjɔ̃] (*pl* **contre-révolutions**) *nf* counterrevolution.

**contre-révolutionnaire** [kɔ̃trərevɔlysjɔnɛr] (*pl* **contre-révolutionnaires**) *adj* & *nmf* counterrevolutionary.

**contresens** [kɔ̃trəsɑ̃s] *nm* **-1.** [mauvaise interprétation] misinterpretation; [mauvaise traduction] mistranslation; faire un ~ to mistranslate (*a word or a passage*). **-2.** [aberration] sheer nonsense.

◆ **à contresens** *loc adv* **-1.** [traduire, comprendre, marcher] the wrong way. **-2.** TEXT against the grain.

**contresigner** [3] [kɔ̃trəsiɲe] *vt* to countersign.

**contretemps** [kɔ̃trətɑ̃] *nm* **-1.** [empêchement] hitch, mishap, setback; à moins d'un ~ unless there's a hitch, unless something unexpected crops up. **-2.** MUS offbeat.

◆ **à contretemps** *loc adv* **-1.** [inopportunément] at the wrong time OU moment. **-2.** MUS off the beat.

**contre-terrorisme** [kɔ̃trəterɔrism] (*pl* **contre-terrorismes**) *nm* counterterrorism.

**contrevenant, e** [kɔ̃trəvnɑ̃, ɑ̃t] *nm, f* offender.

**contrevenir** [40] [kɔ̃trəvnir]

◆ **contrevenir à** *v* + *prép*: to contravene, to infringe.

**contrevenu, e** [kɔ̃trəvny] *pp* → contrevenir.

**contrevérité** [kɔ̃trəverite] *nf* falsehood, untruth.

**contreviendrai** [kɔ̃trəvjɛ̃dre], **contreviennent** [kɔ̃trəvjɛn], **contrevins** [kɔ̃trəvɛ̃] *v* → contrevenir.

**contre-voie** [kɔ̃trəvwa] (*pl* **contre-voies**) *nf* parallel track (*going in the opposite direction*).

◆ **à contre-voie** *loc adv*: monter/descendre à ~ to get on/off on the wrong side of the train.

**contribuable** [kɔ̃tribɥabl] *nmf* taxpayer.

**contribuer** [7] [kɔ̃tribɥe] *vi* [financièrement] to contribute (money), to pay a share.

◆ **contribuer à** *v* + *prép*: ~ à l'achat d'un cadeau to contribute to (buying) a present; ~ au succès de to contribute to OU to have a part in the success of; elle n'a pas contribué à la discussion she took no part in the discussion; ~ à faire qqch to go towards doing sthg.

**contribution** [kɔ̃tribysjɔ̃] *nf* **-1.** [argent apporté] contribution, sum contributed. **-2.** [aide] contribution, help. **-3.** [impôt] tax; ~ indirecte indirect taxation.

◆ **Contributions** *nfpl* ≃ Inland Revenue *Br*, ≃ Internal Revenue Service *Am*.

◆ **à contribution** *loc adv*: mettre qqn à ~ to get sb involved; mets-le à ~ ask him to help.

**contrit, e** [kɔ̃tri, it] *adj* contrite, chastened.

**contrition** [kɔ̃trisjɔ̃] *nf* **-1.** *litt* [repentir] contrition *litt*, remorse. **-2.** RELIG: acte de ~ act of contrition.

**contrôlable** [kɔ̃trolabl] *adj* **-1.** [maîtrisable] that can be controlled, controllable. **-2.** [vérifiable] that can be checked OU verified, checkable, verifiable.

**contrôle** [kɔ̃trol] *nm* **-1.** [maîtrise] control; garder/perdre le ~ de sa voiture to keep/to lose control of one's car; avoir le ~ de [d'un secteur, de compagnies] to have (owning) control of; [d'un pays, d'un territoire, d'un match] to be in control of; ~ de soi-même self-control; ~ des naissances birth control. **-2.** [surveillance – de personnes, de travail] supervision, control; ~ budgétaire ÉCON budgeting control; ~ de gestion ÉCON management control; ~ économique OU des prix price control; ~ des changes exchange control; ~ judiciaire ≃ probation; placé sous ~ judiciaire ≃ put on probation. **-3.** [inspection – d'actes, de documents] control, check, checking; ~ des comptes OU fiscal audit; il a un ~ fiscal ≃ the Inland Revenue *Br* OU IRS *Am* is checking his returns; ~ d'identité OU de police identification papers control OU check; ~ de douane customs control; ~ de routine routine check-up. **-4.** [bureau] check point. **-5.** SPORT [de la balle] control. **-6.** SCOL test; avoir un ~ en chimie to have a chemistry test ❑ ~ continu (des connaissances) continuous assessment. **-7.** JOAILL [poinçon] hallmark; [bureau] hallmark centre. **-8.** MIL [liste] list, roll. **-9.** INF: ~ carré crosscheck; ~ de la coupure de mot hyphenation control; ~ de parité odd-even check. **-10.** TÉLÉC monitoring.

**contrôler** [3] [kɔ̃trole] *vt* **-1.** [maîtriser – émotions, sentiments]

to control, to master, to curb; [– respiration] to control; [– discussion, match] to control, to master; [– véhicule] to control, to be in control of; **nous ne contrôlons plus la situation** the situation is out of our control. **-2.** [surveiller – personnes, travail] to supervise; **nous sommes contrôlés toutes les semaines** a supervisor checks our work every week. **-3.** [vérifier – renseignement, exactitude] to check, to verify; [– billet, papiers] to check, to control; [– qualité] to control; [– bon fonctionnement] to check, to monitor; [– traduction] to check. **-4.** [avoir sous son autorité – affaires, secteur] to be in control of, to control; [– territoire, zone] to control, to be in command of. **-5.** SPORT [ballon] to have control of. **-6.** JOAILL to hallmark. **-7.** TÉLÉC to monitor. **-8.** FIN [prix] to control; [dépenses, comptes] to audit.
◆ **se contrôler** *vp (emploi réfléchi)* to control o.s., to be in control of o.s.; **il ne se contrôlait plus** he'd lost his grip on himself, he was (totally) out of control.

**contrôleur, euse** [kɔ̃trolœr, øz] *nm, f* **-1.** RAIL ticket inspector. **-2.** AÉRON: ~ **aérien** air traffic controller. **-3.** ADMIN & FIN: ~ **(de gestion)** auditor; ~ **(des impôts)** (tax) inspector ou assessor; ~ **des douanes** customs inspector.
◆ **contrôleur** *nm* **-1.** INDUST regulator. **-2.** [horloge] telltale *Br*, time clock. **-3.** INF controller; ~ **interne de disques** internal storage control.

**contrordre** [kɔ̃trɔrdr] *nm* countermand, counterorder; **il y a** ~, **vous ne partez plus** orders have been countermanded ou changed, you're not leaving; **à moins d'un** ou **sauf** ~ unless otherwise informed.

**controverse** [kɔ̃trɔvɛrs] *nf* [débat] controversy; **donner lieu à** ~ to be controversial.

**controversé, e** [kɔ̃trɔvɛrse] *adj* (much) debated ou disputed.

**contumace** [kɔ̃tymas] *nf* contumacy, refusal to appear in court, contempt of court.
◆ **par contumace** *loc adv* in absentia.

**contusion** [kɔ̃tyzjɔ̃] *nf* contusion *spéc*, bruise.

**contusionner** [3] [kɔ̃tyzjɔne] *vt* to bruise; **visage contusionné** face covered in bruises.

**conurbation** [kɔnyrbasjɔ̃] *nf* conurbation.

**convainc** [kɔ̃vɛ̃] *v* → **convaincre**.

**convaincant, e** [kɔ̃vɛ̃kɑ̃, ɑ̃t] *adj* convincing, persuasive.

**convaincre** [114] [kɔ̃vɛ̃kr] *vt* **-1.** [persuader] to convince, to persuade; ~ **qqn de faire qqch** to persuade sb to do sthg, to talk sb into doing sthg; **votre dernier argument m'a convaincu** your last argument has won me over. **-2.** [prouver coupable]: ~ **qqn de vol** to convict sb of theft, to find sb guilty of theft.
◆ **se convaincre** *vp (emploi réfléchi)* to realize, to accept; **il est difficile de s'en** ~ it's difficult to accept it.

**convaincu, e** [kɔ̃vɛ̃ky] ◇ *pp* → **convaincre**. ◇ *adj* convinced; **être** ~ **de qqch** to be convinced of sthg; **un partisan** ~ **du socialisme** a firm believer in socialism; **parler d'un ton** ~ to talk with conviction. ◇ *nm, f* firm ou great ou strong believer (*in an idea*).

**convainquais** [kɔ̃vɛ̃kɛ], **convainquis** [kɔ̃vɛ̃ki], **convainquons** [kɔ̃vɛ̃kɔ̃] *v* → **convaincre**.

**convalescence** [kɔ̃valesɑ̃s] *nf* **-1.** MÉD convalescence; **être en** ~ to be convalescing. **-2.** MIL *army convalescence leave*.

**convalescent, e** [kɔ̃valesɑ̃, ɑ̃t] *adj & nm, f* convalescent.

**convecteur** [kɔ̃vɛktœr] *nm* convector.

**convenable** [kɔ̃vnabl] *adj* **-1.** [moment, lieu] suitable, appropriate. **-2.** [tenue] decent, respectable; [comportement] seemly, correct; **une famille très** ~ a very respectable ou decent ou upstanding family. **-3.** [devoir] passable, adequate; [logement, rémunération] decent, adequate.

**convenablement** [kɔ̃vnabləmɑ̃] *adv* **-1.** [de façon appropriée] suitably, appropriately. **-2.** [décemment] decently, properly. **-3.** [de façon acceptable]: **gagner** ~ **sa vie** to earn a decent wage; **il s'exprime très** ~ **en italien** he has a fairly good knowledge of Italian; **on y mange** ~ the food is quite adequate there.

**convenance** [kɔ̃vnɑ̃s] *nf litt* [adéquation] appropriateness, suitability.
◆ **convenances** *nfpl* propriety, decorum, accepted (standards of) behaviour; **respecter les** ~**s** to respect ou to observe the proprieties.
◆ **à ma convenance, à sa convenance** *etc loc adv* as suits

me/him *etc* (best).
◆ **pour convenance(s) personnelle(s)** *loc adv* for personal reasons.

**convenir** [40] [kɔ̃vnir] *vt*: **comme cela a été convenu** as agreed; ~ **que** to agree ou to accept ou to admit that.
◆ **convenir à** *v* + *prép* **-1.** [être approprié à] to suit. **-2.** [plaire à] to suit; **10 h, cela vous convient-il?** does 10 o'clock suit you?; **ce travail ne lui convient pas du tout** this job's not right for him at all; **la vie que je mène me convient parfaitement** the life I lead suits me perfectly; **cette chaleur ne me convient pas du tout** this heat doesn't agree with me at all.
◆ **convenir de** *v* + *prép* **-1.** [se mettre d'accord sur] to agree upon; **nous avions convenu de nous retrouver à midi** we had agreed to meet at noon; ~ **d'un endroit** to agree upon a place; **il est convenu avec la direction de...** it's agreed with the management to...; **comme convenu** as agreed. **-2.** [reconnaître]: ~ **de qqch** to admit sthg; **je conviens d'avoir dit cela** I admit to having said that.
◆ **il convient de** *v impers* **-1.** [il est souhaitable de] it is advisable ou a good idea to; **il voudrait savoir ce qu'il convient de faire** he would like to know the right thing to do. **-2.** [il est de bon ton] it is proper ou the done thing to.
◆ **se convenir** *vp (emploi réciproque)* to suit one another.

**convention** [kɔ̃vɑ̃sjɔ̃] *nf* **-1.** [norme] convention; **les** ~**s orthographiques** spelling conventions; **un système de** ~**s** an agreed system. **-2.** [règle de bienséance] (social) convention; **respecter les** ~**s** to conform to accepted social behaviour ou established conventions. **-3.** [accord – tacite] agreement, understanding; [– officiel] agreement; [– diplomatique] convention; ~ **collective (du travail)** collective agreement. **-4.** POL [assemblée – aux États-Unis] convention; [– en France] assembly. **-5.** HIST: **la Convention** the French National Convention *(1792-1795)*.
◆ **de convention** *loc adj* conformist, conventional.
◆ **par convention** *loc adv*: **par** ~, **on symbolise la vitesse par un v** speed is usually symbolized by a v.

**conventionné, e** [kɔ̃vɑ̃sjɔne] *adj* **-1.** [médecin, clinique] subsidized, designated by the health system, ≈ National Health *Br*. **-2.** [honoraires, prix] set; **prêt** ~ low-interest (subsidized) loan.

**conventionnel, elle** [kɔ̃vɑ̃sjɔnɛl] *adj* **-1.** [conformiste] conventional, conformist. **-2.** [arbitraire – signe, valeur] conventionally agreed. **-3.** POL: **accords** ~**s** agreements resulting from collective bargaining; **politique** ~ **le** policies relating to union-management agreements. **-4.** JUR contractual. **-5.** ARM conventional.
◆ **conventionnel** *nm* [membre] member (*of a convention*).

**conventionner** [3] [kɔ̃vɑ̃sjɔne] *vt* ≈ to link to the NHS *Br* ou a (public) medical care system.

**convenu, e** [kɔ̃vny] ◇ *pp* → **convenir**. ◇ *adj*: **style** ~ conventional style; **l'intrigue est très** ~**e** the plot is very obvious.

**convergeai** [kɔ̃vɛrʒe] *v* → **converger**.

**convergence** [kɔ̃vɛrʒɑ̃s] *nf* **-1.** [confluence – de chemins, de lignes] convergence, confluence. **-2.** [concordance]: **la** ~ **de nos efforts** the convergence of our efforts (on a common goal). **-3.** MATH & OPT convergence.

**convergent, e** [kɔ̃vɛrʒɑ̃, ɑ̃t] *adj* convergent.

**converger** [17] [kɔ̃vɛrʒe] *vi* **-1.** [confluer] to converge, to meet at a point. **-2.** [aboutir au même point]: **nos conclusions convergent** we tend toward the same conclusions. **-3.** MATH & OPT to converge.

**conversation** [kɔ̃vɛrsasjɔ̃] *nf* **-1.** [discussion] discussion, conversation, talk; **elle est en grande** ~ **avec son mari** she's deep in conversation with her husband; **engager la** ~ **(avec qqn)** to start up a conversation (with sb); **suite à ma** ~ **téléphonique avec votre secrétaire** following my phone conversation with your secretary; **détourner la** ~ to change the subject; **amener la** ~ **sur qqch** to steer the conversation towards sthg, to bring sthg up in the conversation ❏ **avoir de la** ~ to be a good conversationalist. **-2.** [pourparlers]: **des** ~**s entre les syndicats et le patronat** talks between unions and management.

**conversationnel, elle** [kɔ̃vɛrsasjɔnɛl] *adj* interactive.

**converser** [3] [kɔ̃vɛrse] *vi* to converse, to talk.

**conversion** [kɔ̃vɛrsjɔ̃] *nf* **-1.** [de chiffres, de mesures, de devises] conversion, converting; ~ **des miles en kilomètres** converting of miles to kilometres. **-2.** RELIG conversion. **-3.** [ralliement] conversion. **-4.** NAUT turning around. **-5.** [au ski] kick turn. **-6.** JUR & SC conversion. **-7.** [formation] retraining.

**converti, e** [kɔ̃vɛrti] ◇ *adj* converted. ◇ *nm, f* convert.

**convertibilité** [kɔ̃vɛrtibilite] *nf* convertibility.

**convertible** [kɔ̃vɛrtibl] ◇ *adj* **-1.** [transformable] convertible; ~ **en qqch** convertible into sthg ❑ **canapé** ~ sofa bed, bedsettee *Br*, convertible sofa *Am*; **fauteuil** ~ convertible armchair. **-2.** FIN convertible. ◇ *nm* **-1.** [canapé] sofa bed, bedsettee *Br*, convertible sofa *Am*. **-2.** AÉRON convertiplane, convertoplane.

**convertir** [32] [kɔ̃vɛrtir] *vt* **-1.** [convaincre] to convert; ~ **qqn à** [religion] to convert sb to; [opinion, mouvement] to win sb over OU to convert sb to. **-2.** FIN & MATH [mesure, grandeur, argent] to convert; ~ **des francs en dollars** to convert francs into dollars. **-3.** INF [données] to convert; ~ **en numérique** to digitize. **-4.** LOGIQUE to convert. **-5.** [transformer] ils ont converti la vieille gare en musée they converted OU transformed the old railway station into a museum.
◆ **se convertir** *vpi* [athée] to become a believer; [croyant] to change religion; **se** ~ **à** [religion, mouvement] to be converted to, to convert to.

**convertisseur, euse** [kɔ̃vɛrtisœr, øz] *nm, f* RELIG converter.
◆ **convertisseur** *nm* **-1.** MÉTALL converter. **-2.** ÉLECTR converter, convertor. **-3.** TV converter; ~ **d'images** image converter. **-4.** INF: ~ **de signal** converter; ~ **tournant** motor generator (set); ~ **série-parallèle** staticizer.

**convexe** [kɔ̃vɛks] *adj* convex.

**conviction** [kɔ̃viksjɔ̃] *nf* [certitude] conviction, belief; **j'ai la** ~ **que...** it's my belief that..., I'm convinced that...; **avec/ sans** ~ with/without conviction.
◆ **convictions** *nfpl* [credo] fundamental beliefs; **avoir des** ~**s politiques** to have political convictions.

**conviendrai** [kɔ̃vjɛ̃dre], **conviennent** [kɔ̃vjɛn], **conviens** [kɔ̃vjɛ̃] *v* → **convenir**.

**convier** [9] [kɔ̃vje] *vt litt* **-1.** [faire venir] to invite; ~ **qqn à une soirée/un repas** to invite sb to a party/a meal. **-2.** [inciter]: ~ **qqn à faire qqch** to invite OU to urge sb to do sthg.

**convins** [kɔ̃vɛ̃] *v* → **convenir**.

**convive** [kɔ̃viv] *nmf* guest (*at a meal*).

**convivial, e, aux** [kɔ̃vivjal, o] *adj* **-1.** [ambiance, fête] convivial. **-2.** INF user-friendly.

**convivialité** [kɔ̃vivjalite] *nf* **-1.** [d'une société] conviviality. **-2.** INF user-friendliness.

**convocation** [kɔ̃vɔkasjɔ̃] *nf* **-1.** [d'une assemblée, de ministres] calling together, convening; [de témoins, d'un employé] summoning. **-2.** [avis écrit] notification; JUR summons *(sg)*.

**convoi** [kɔ̃vwa] *nm* **-1.** AUT & NAUT convoy; '~ **exceptionnel**' 'wide OU dangerous load'. **-2.** RAIL train; ~ **postal** postal *Br* OU mail *Am* train. **-3.** [cortège] convoy; ~ **funèbre** funeral procession.
◆ **en convoi** *loc adv* in convoy.

**convoie** [kɔ̃vwa], **convoierai** [kɔ̃vware] *v* → **convoyer**.

**convoiement** [kɔ̃vwamɑ̃] *nm* [gén] escorting, convoying AÉRON shuttling of new planes to operational zones.

**convoiter** [3] [kɔ̃vwate] *vt* **-1.** [vouloir – argent, héritage, poste] to covet, to be after *(insép)*; **j'avais enfin le rôle tant convoité** at last, I had the role I had longed for. **-2.** *litt* [par concupiscence] to lust after *(insép)*.

**convoitise** [kɔ̃vwatiz] *nf* **-1.** [désir – d'un objet] desire, covetousness; [– d'argent] greed, cupidity; **regarder qqch avec** ~ to stare at sthg greedily. **-2.** *litt* [concupiscence]: ~ **(de la chair)** lust.

**convoler** [3] [kɔ̃vɔle] *vi arch* OU *hum*: ~ **en justes noces** to be wed.

**convoquer** [3] [kɔ̃vɔke] *vt* [assemblée, concile, ministres] to call together *(sép)*, to convene; [témoin] to summon to a hearing; [employé, postulant] to call in *(sép)*; [journalistes, presse] to invite; **ils m'ont convoqué pour passer un entretien** they've called me in for an interview; **elle est convoquée chez le proviseur** she's been summoned to the principal's office; **je suis convoqué à 9 h au centre d'examens** I have to be at the examination centre at 9.

**convoyer** [13] [kɔ̃vwaje] *vt* [accompagner] to escort; MIL to convoy.

**convoyeur, euse** [kɔ̃vwajœr, øz] ◇ *adj* escort *(modif)*. ◇ *nm, f* escort.
◆ **convoyeur** *nm* **-1.** [transporteur]: ~ **de fonds** [entreprise] security firm *(transporting money)*, ≃ Securicor® *Br*; [homme] security guard, ≃ Securicor guard *Br*. **-2.** NAUT convoy (ship). **-3.** MÉCAN conveyer, conveyor.

**convulser** [3] [kɔ̃vylse] *vt* to convulse.
◆ **se convulser** *vpi* to be convulsed.

**convulsif, ive** [kɔ̃vylsif, iv] *adj* **-1.** MÉD convulsive. **-2.** [brusque]: **un mouvement** ~ a sudden OU uncontrolled movement.

**convulsion** [kɔ̃vylsjɔ̃] *nf* **-1.** MÉD convulsion. **-2.** [agitation] convulsion, upheaval, disturbance.

**convulsionner** [3] [kɔ̃vylsjɔne] *vt* [visage] to convulse, to distort; [patient] to send into convulsion OU convulsions.

**cooccupant, e** [kɔɔkypɑ̃, ɑ̃t] *nm, f* co-occupier.

**cooccurrence** [kɔɔkyrɑ̃s] *nf* co-occurrence.

**cool** [kul] *fam* ◇ *adj inv* cool, laid-back, relaxed. ◇ *nm inv* MUS cool jazz.

**coopérant, e** [kɔɔperɑ̃, ɑ̃t] ◇ *adj* cooperative. ◇ *nm, f* aid worker.
◆ **coopérant** *nm conscript doing National Service in a non-military capacity in a developing country.*

**coopérateur, trice** [kɔɔperatœr, tris] ◇ *adj* cooperative. ◇ *nm, f* [collaborateur] cooperator, collaborator; [adhérent] member of a cooperative.

**coopératif, ive** [kɔɔperatif, iv] *adj* cooperative, helpful.
◆ **coopérative** *nf* **-1.** ÉCON cooperative, co-op. **-2.** SCOL: ~ **scolaire** fund-raising group (*of pupils under the supervision of a teacher*). ·

**coopération** [kɔɔperasjɔ̃] *nf* **-1.** [collaboration] cooperation; **il nous a offert sa** ~ he offered to cooperate (with us). **-2.** ÉCON & POL economic cooperation. **-3.** ADMIN *form of National Service in which the person works abroad on an aid project*; **le ministère de la Coopération et du Développement** ministry promoting the development of Third World countries. **-4.** ÉCON cooperation, cooperative action.

**coopérer** [18] [kɔɔpere] *vi* to cooperate; ~ **à qqch** to cooperate in (doing) sthg, to collaborate on doing sthg.

**cooptation** [kɔɔptasjɔ̃] *nf* co-option.

**coordinateur, trice** [kɔɔrdinatœr, tris] ◇ *adj* coordinating. ◇ *nm, f* coordinator.

**coordination** [kɔɔrdinasjɔ̃] *nf* **-1.** [d'une opération] coordination. **-2.** [des mouvements] coordination; **il n'a aucune** ~ he is totally uncoordinated.

**coordonné, e** [kɔɔrdɔne] *adj* **-1.** [harmonieux] coordinated. **-2.** LING: **propositions** ~**es** coordinate clauses. **-3.** [assorti] matching.
◆ **coordonnés** *nmpl* [vêtements] coordinates, (matching) separates; [linge] matched set.
◆ **coordonnées** *nfpl* **-1.** GÉOG & MATH coordinates. **-2.** *fam* [adresse]: **laissez-moi vos** ~**es** leave me your name, address and phone number.

**coordonner** [3] [kɔɔrdɔne] *vt* **-1.** [organiser] to coordinate, to integrate. **-2.** [assortir] to match. **-3.** LING to coordinate.

**copain, copine** [kɔpɛ̃, kɔpin] *fam* ◇ *nm, f* [ami] mate *Br*, buddy *Am*, friend; **un** ~ **d'école/de bureau** a school/an office chum; **être/rester bons** ~**s** to be/to remain good friends ❑ **petit** ~ boyfriend; **petite copine** girlfriend. ◇ *adj*: **être très** ~ OU **être** ~**-**~ **avec** to be very pally with; ~**s comme cochons** thick as thieves.

**copartage** [kɔparta3] *nm* coparcenary.

**coparticipant, e** [kɔpartisipɑ̃, ɑ̃t] ◇ *adj* in copartnership. ◇ *nm, f* copartner.

**coparticipation** [kɔpartisipasjɔ̃] *nf* copartnership.

**copaternité** [kɔpatɛrnite] *nf* joint responsibility (*for invention*).

**copeau, x** [kɔpo] *nm* [de métal] (metal) chip; [de bois] (wood) chip; **des** ~**x** [de métal] chips, filings; [pour l'emballage] woodwool.

**Copenhague** [kɔpɛnag] *npr* Copenhagen.

**Copernic** [kɔpɛrnik] *npr* Copernicus.

**copiage** [kɔpja3] *nm péj* [plagiat] copying; SCOL cribbing.

**copie** [kɔpi] *nf* **-1.** [reproduction légitime – d'un document] copy, duplicate; [– d'une lettre] copy; **je vais en faire une** ~

I'll go and make a copy (of it) ❑ ~ **carbone** carbon copy, cc; ~ **certifiée conforme** (à l'original) certified copy. **-2.** [reproduction frauduleuse – d'un tableau, d'une cassette, d'un produit] copy, imitation, reproduction. **-3.** [feuille] sheet; des ~s **simples/doubles** single-/double-width sheets of squared paper used for schoolwork. **-4.** SCOL [devoir] paper; **rendre** ~ **blanche** pr to hand in a blank paper; fig to fail to come up with the solution (for a problem). **-5.** CIN, RAD & TV copy. **-6.** PRESSE: **la** ~ copy. **-7.** INF: ~ **libre/en clair** blind/hard copy.
◆ **pour copie conforme** loc adv certified accurate.

**copier** [9] [kɔpje] vt **-1.** [modèle] to reproduce, to copy. **-2.** [bijou, tableau] to fake, to copy. **-3.** [transcrire – document, texte] to copy (out), to make a copy of; ~ **un rapport au propre** to make a fair copy of a report ‖ [punition] to copy out (sép). **-4.** SCOL [pour tricher] to copy; **il a copié** (l'exercice) **sur moi/son livre** he copied (the exercise) from me/his book. **-5.** [attitude, personne] to copy, to imitate. **-6.** fam loc: **tu me la copieras!, vous me la copierez!** that's something that's going to stick with me for a while!

**copieur, euse**[1] [kɔpjœr, øz] nm, f [plagiaire] plagiarist; SCOL & UNIV cribber.
◆ **copieur** nm [de documents] copier.

**copieusement** [kɔpjøzmɑ̃] adv [manger] heartily; [annoter] copiously; [servir] generously; **après un repas** ~ **arrosé** after a meal washed down with generous amounts of wine; **il s'est fait** ~ **insulter par sa femme** hum he got quite a mouthful from his wife.

**copieux, euse**[2] [kɔpjø, øz] adj [repas] copious, hearty, lavish; [ration] lavish, big, giant Am; [notes] copious.

**copiions** [kɔpijɔ̃] v → **copier**.

**copilote** [kɔpilɔt] nmf co-pilot.

**copinage** [kɔpinaʒ] nm fam & péj (mutually profitable) chumminess; **par** ~ through the old boy network Br ou one's connections.

**copine** [kɔpin] f → **copain**.

**copiner** [3] [kɔpine]
◆ **copiner avec** v + prép fam to pal up with.

**copiste** [kɔpist] nmf copyist, transcriber.

**coposséder** [18] [kɔposede] vt to own jointly, to have joint ownership of.

**coprocesseur** [kɔprɔsesœr] nm coprocessor.

**coproduction** [kɔprɔdyksjɔ̃] nf coproduction.

**coproduire** [80] [kɔprɔdɥir] vt to coproduce, to produce jointly.

**copropriétaire** [kɔprɔprijetɛr] nmf co-owner, joint owner, coproprietor.

**copropriété** [kɔprɔprijete] nf joint ownership.
◆ **en copropriété** loc adj jointly owned.

**copte** [kɔpt] adj Coptic.
◆ **Copte** nmf Copt.
◆ **copte** nm LING Coptic.

**copulatif, ive** [kɔpylatif, iv] adj copulative.

**copulation** [kɔpylasjɔ̃] nf copulation.

**copule** [kɔpyl] nf copula.

**copuler** [3] [kɔpyle] vi to copulate.

**copyright** [kɔpirajt] nm copyright.

**coq** [kɔk] ◇ nm **-1.** [mâle – de la poule] cock, rooster Am; [– des gallinacés] cock, cockbird; ~ **de bruyère** capercailie, capercaillie; ~ **de combat** gamecock; **être comme un** ~ **en pâte** to be in clover; **passer** ou **sauter du** ~ **à l'âne** to flit from one subject to another. **-2.** [figure, symbole]: ~ **de clocher** weathercock, weather vane; ~ **gaulois** French national symbol (a cockerel). **-3.** CULIN chicken; ~ **au vin coq au vin. -4.** fam [fanfaron, séducteur] lady-killer. **-5.** NAUT (ship's) cook. ◇ adj SPORT [catégorie, poids] bantam (modif).

**coq-à-l'âne** [kɔkalan] nm inv **-1.** [dans la conversation] sudden change of subject. **-2.** LITTÉRAT skit, satirical farce.

**coquard, coquart** [kɔkar] nm fam shiner, black eye.

**coque** [kɔk] nf **-1.** [mollusque] cockle. **-2.** [de noix, de noisette, d'amande] shell. **-3.** [boucle – de ruban] loop, bow; [– de cheveux] curl, lock. **-4.** [de chaussure de ski] shell. **-5.** fam [embarcation]: ~ (**de noix**) skiff.
◆ **à la coque** loc adj [œuf] soft-boiled.

**coquelet** [kɔklɛ] nm young cockerel.

**coquelicot** [kɔkliko] nm poppy.

**coqueluche** [kɔklyʃ] nf **-1.** MÉD whooping-cough, pertussis spéc. **-2.** fam & fig: **il est la** ~ **de l'école** he's the darling ou heartthrob of the school.

**coquerel** [kɔkrɛl] nm Can cockroach.

**coqueron** [kɔkrɔ̃] nm **-1.** NAUT peak. **-2.** Can [logement] tumbledown house.

**coquet, ette** [kɔkɛ, ɛt] adj **-1.** [qui s'habille bien] smartly dressed; [soucieux de son apparence] concerned about one's appearance. **-2.** [élégant – maison, mobilier] fashionable, stylish. **-3.** vieilli [qui cherche à séduire] coquettish, flirtatious. **-4.** fam [important – somme, indemnité] tidy, nice (little).
◆ **coquette** nf **-1.** [femme] coquette, flirt. **-2.** THÉÂT stage coquette.

**coquetier** [kɔktje] nm **-1.** [godet] eggcup. **-2.** [pêcheur] cockle gatherer. **-3.** fam loc: **gagner** ou **décrocher le** ~ to hit the jackpot.

**coquettement** [kɔkɛtmɑ̃] adv **-1.** [décorer, meubler] elegantly, stylishly; [s'habiller] smartly, stylishly, elegantly. **-2.** [sourire, répondre] coquettishly, flirtatiously.

**coquetterie** [kɔkɛtri] nf **-1.** [goût de la toilette] interest in one's looks, desire to look elegant. **-2.** litt [flirt] act of coquetry ou flirtatiousness. **-3.** fam loc: **avoir une** ~ **dans l'œil** to have a cast in one's eye ou a slight squint.

**coquillage** [kɔkijaʒ] nm **-1.** [mollusque] shellfish. **-2.** CULIN: **manger des** ~s to eat shellfish ou seafood. **-3.** [coquille] shell; **collectionner des** ~s to collect sea-shells.

**coquille** [kɔkij] nf **-1.** [de mollusque, d'œuf, de noix] shell; **rentrer dans sa** ~ fig to go ou to retire into one's shell; **rester dans sa** ~ fig to be introverted; **sortir de sa** ~ fig to come out of one's shell, to open up; ~ **Saint-Jacques** [mollusque] scallop; [enveloppe] scallop shell. **-2.** [récipient] shell, scallop, scallop-shaped dish. **-3.** CULIN: **de beurre** butter curl; ~ **de poisson** fish served in a shell. **-4.** ARCHIT shell. **-5.** [bateau]: ~ **de noix** fam cockleshell. **-6.** SPORT box. **-7.** MÉD spinal bed. **-8.** IMPR [en composition] misprint; [d'une seule lettre] literal; [en dactylographie] typo.
◆ **coquille d'œuf** adj inv eggshell.

**coquillette** [kɔkijɛt] nf: **des** ~s pasta shells.

**coquin, e** [kɔkɛ̃, in] ◇ adj **-1.** [espiègle] mischievous. **-2.** [grivois – histoire] risqué, naughty; **une œillade** ~**e** a provocative glance. **-3.** dial: ~ **de sort!** I'll be darned! ◇ nm, f [enfant] [little] rascal ou devil.
◆ **coquin** nm arch [voyou] rogue, scoundrel.
◆ **coquine** nf arch strumpet.

**cor** [kɔr] nm **-1.** MUS horn; ~ (**de chasse**) hunting horn; ~ **anglais** cor anglais, English horn. **-2.** [au pied] corn.
◆ **à cor et à cri** loc adv: **réclamer qqch/qqn à** ~ **et à cri** to clamour for sthg/sb.

**corail, aux** [kɔraj, o] nm **-1.** JOAILL & ZOOL coral. **-2.** CULIN coral, red part.
◆ **de corail** loc adj [rouge] coral-red, coral, coral-coloured.

**corallien, enne** [kɔraljɛ̃, ɛn] adj coralloid, coralline.

**Coran** [kɔrɑ̃] nm: **le** ~ the Koran.

**coranique** [kɔranik] adj [texte, école] Koranic.

**corbeau, x** [kɔrbo] nm **-1.** ORNITH crow. **-2.** fam & péj [auteur anonyme] writer of poison-pen letters. **-3.** vieilli [escroc] shark.

**corbeille** [kɔrbɛj] nf **-1.** [contenant, contenu] basket; ~ **à courrier** desk tray; ~ **à ouvrage** workbasket; ~ **à pain** breadbasket; ~ **à papier** wastepaper basket ou bin. **-2.** THÉÂT dress circle. **-3.** ARCHIT bell. **-4.** BOURSE [à Paris] trading floor; **à la** ~ [en style journalistique] on the (Paris) Stock Exchange.
◆ **corbeille de mariage** nf [des invités] wedding presents; [du marié] groom's wedding presents (to the bride).

**corbillard** [kɔrbijar] nm hearse.

**cordage** [kɔrdaʒ] nm **-1.** [lien] rope; **les** ~s ropes and cables. **-2.** [mesure] measuring by the cord. **-3.** [d'une raquette] strings; [action de corder] stringing.
◆ **cordages** nmpl NAUT rigging.

**corde** [kɔrd] nf **-1.** [lien] rope; **attaché au poteau par une** ~ roped to the post ❑ **tirer** (**un peu trop**) **sur la** ~ fam [profiter d'autrui] to push one's luck, to go a bit too far; [abuser de sa santé, ses forces] to push o.s. to the limits, to overdo it; **il tombe** ou **pleut des** ~s fam it's raining cats and dogs, it's

bucketing down. **-2.** [câble tendu]: ~ à linge clothesline; ~ raide high wire, tightrope; être sur la ~ raide *pr* to be on ou to walk the tightrope; *fig* to walk a tightrope, to do a (difficult) balancing act. **-3.** [pour pendre] rope; la ~ [supplice] the rope; passer la ~ au cou à qqn to send sb to the gallows ❏ se mettre ou se passer la ~ au cou [se mettre à la merci de qqn] to put one's head in a noose; [se marier] to saddle o.s. with a wife. **-4.** [matériau] cord, rope. **-5.** ACOUST & MUS string; instruments à ~s string instruments; toucher ou faire vibrer ou faire jouer la ~ sensible to touch an emotional chord, to tug at the heartstrings. **-6.** JEUX, LOISIRS & SPORT rope; ÉQUIT rail; ~ à nœuds knotted climbing rope; ~ à sauter skipping rope; sauter à la ~ to skip; ~ lisse climbing rope. **-7.** [d'une arbalète, d'une raquette] string; avoir plus d'une ~ ou plusieurs ~s à son arc to have more than one string to one's bow. **-8.** ANAT cord; ~s vocales vocal cords; c'est dans ses ~s it's right up her street, it's her line. **-9.** TEXT thread. **-10.** [mesure] cord. **-11.** MATH chord.
◆ **cordes** *nfpl* [instruments] strings, stringed instruments.
◆ **à la corde** *loc adv* AUT & ÉQUIT: être à la ~ to be on the inside; prendre un virage à la ~ to hug a bend.
◆ **dans les cordes** *loc adv* [d'un ring] on the ropes.
◆ **de corde, en corde** *loc adj* [semelle] cord *(modif)*; [revêtement] whipcord *(modif)*; [échelle] rope *(modif)*.

**cordeau, x** [kɔrdo] *nm* **-1.** [fil] string, line; tiré au ~ [allée] perfectly straight, straight as a die. **-2.** [mèche] fuse.

**cordée** [kɔrde] *nf* roped party.

**cordelette** [kɔrdəlɛt] *nf* cord.

**cordelière** [kɔrdəljɛr] *nf* **-1.** [corde] cord. **-2.** ARCHIT cable moulding, ropework.

**corder** [3] [kɔrde] *vt* **-1.** [lier] to rope up *(sép)*. **-2.** [mettre en corde] to twist (into ropes ou a rope). **-3.** [raquette] to string. **-4.** [mesurer – bois] to cord.

**corderie** [kɔrd(ə)ri] *nf* **-1.** [industrie] ropemaking trade ou industry. **-2.** [usine] rope factory.

**cordial, e, aux** [kɔrdjal, o] *adj* warm, cordial, friendly; une haine/aversion ~e pour... a heartfelt hatred of/disgust for...
◆ **cordial, aux** *nm* [boisson] tonic, pick-me-up.

**cordialement** [kɔrdjalmɑ̃] *adv* **-1.** [saluer] warmly, cordially; ils se détestent ~ they heartily detest each other. **-2.** [dans la correspondance]: ~ vôtre kind regards.

**cordialité** [kɔrdjalite] *nf* warmth, cordiality.

**cordillère** [kɔrdijɛr] *nf* mountain range, cordillera *spéc*; la ~ des Andes the Andes (cordillera).

**cordon** [kɔrdɔ̃] *nm* **-1.** [de rideaux] cord; [d'un bonnet, d'un sac] string; [de soulier] lace; ~ de sonnette bellpull ❏ tenir les ~s de la bourse to hold the purse strings. **-2.** [ligne – de policiers] row, cordon; [– de peupliers] row, line; ~ sanitaire MÉD cordon sanitaire; MIL cordon sanitaire, buffer zone. **-3.** ANAT: ~ ombilical umbilical cord. **-4.** GÉOL: ~ littoral offshore bar. **-5.** [insigne] sash; avoir ou recevoir le grand ~ to be awarded the grand-croix of the Légion d'honneur.

**cordon-bleu** [kɔrdɔ̃blø] *(pl* **cordons-bleus***) nm* cordon bleu (cook), gourmet cook.

**cordonnerie** [kɔrdɔnri] *nf* **-1.** [boutique – moderne] heel bar, shoe repair shop *Br* ou store *Am*; [– artisanale] cobbler's. **-2.** [activité] shoe repairing, cobbling.

**cordonnet** [kɔrdɔnɛ] *nm* **-1.** [pour lier] (piece of) cord. **-2.** [pour orner] (piece of) braid.

**cordonnier, ère** [kɔrdɔnje, ɛr] *nm, f* [qui répare] shoe repairer, cobbler; [qui fabrique] shoemaker; les ~s sont toujours les plus mal chaussés *prov* the shoemaker's son always goes barefoot *prov*.

**Corée** [kɔre] *npr f* Korea; (la) ~ du Nord/Sud North/South Korea.

**coréen, enne** [kɔreɛ̃, ɛn] *adj* Korean.
◆ **Coréen, enne** *nm, f* Korean.
◆ **coréen** *nm* LING Korean.

**coresponsable** [kɔrɛspɔ̃sabl] ◇ *adj* jointly responsible. ◇ *nmf* person sharing responsibility.

**Corfou** [kɔrfu] *npr* Corfu.

**coriace** [kɔrjas] *adj* **-1.** [dur – viande] tough, chewy. **-2.** [problème, personne] tough; des taches ~s tough stains, stains that won't come out.

**coriandre** [kɔrjɑ̃dr] *nf* [plante] (fresh) coriander; [graines] co-

riander seeds.

**coricide** [kɔrisid] *adj* corn remover.

**corinthien, enne** [kɔrɛ̃tjɛ̃, ɛn] *adj* Corinthian.

**cormoran** [kɔrmɔrɑ̃] *nm* cormorant.

**cornac** [kɔrnak] *nm* elephant keeper, mahout.

**corne** [kɔrn] *nf* **-1.** [d'un animal, d'un diable] horn; faire les ~s à qqn to mock sb *(by making a gesture with one's fingers shaped like horns)*; avoir ou porter des ~s *fam* to be a cuckold; faire porter des ~s à qqn *fam* to cuckold sb. **-2.** [matériau] horn. **-3.** [outil]: ~ à chaussures shoehorn. **-4.** MUS horn; ~ de brume fog horn. **-5.** [récipient] horn; ~ d'abondance [ornement] horn of plenty, cornucopia; BOT horn of plenty. **-6.** [callosité]: avoir de la ~ to have calluses. **-7.** [coin de page] dog-ear; faire une ~ à to turn down the corner of. **-8.** [forme – d'un mont] peak; [– d'un bois] (horn-shaped) corner; [– de la Lune, d'un champ, d'une terre] horn. **-9.** CULIN: ~ de gazelle *oriental horn-shaped cake.*
◆ **à cornes** *loc adj* **-1.** [bête] horned. **-2.** [chapeau] cocked.

**corné, e**[1] [kɔrne] *adj* [qui a l'apparence de la corne] corneous, horned.

**cornée**[2] [kɔrne] *nf* ANAT cornea.

**cornéen, enne** [kɔrneɛ̃, ɛn] *adj* corneal.

**corneille** [kɔrnɛj] *nf* crow.

**cornélien, enne** [kɔrneljɛ̃, ɛn] *adj* [héros, vers] Cornelian, of Corneille; choix ou dilemme ~ conflict of love and duty.

**cornemuse** [kɔrnəmyz] *nf* (set of) bagpipes.

**corner**[1] [kɔrner] *nm* FTBL corner kick.

**corner**[2] [3] [kɔrne] ◇ *vt* **-1.** [plier – par négligence] to dog-ear; [– volontairement] to turn down the corner ou corners of. **-2.** [clamer – nouvelle] to blare out *(sép)*; (en usage absolu): ~ aux oreilles de qqn to deafen sb. ◇ *vi* **-1.** CHASSE to sound a horn. **-2.** AUT *arch* to hoot, to sound one's horn. **-3.** VÉTÉR to wheeze. **-4.** *loc*: les oreilles ont dû lui/te ~ his/your ears must have been burning.

**cornet** [kɔrnɛ] *nm* **-1.** [papier] cornet; [contenu] cornet, cornetful; un ~ de frites a bag of chips *Br* ou French fries *Am*; mettre sa main en ~ to cup one's hand to one's ear. **-2.** *Helv* [sac en papier] paper bag; [sac en plastique] plastic bag. **-3.** CULIN [gaufrette] cone; [gaufrette et glace] ice cream cone, cornet *Br*. **-4.** [gobelet]: ~ à dés dice cup. **-5.** MUS [d'un orgue] cornet stop; [instrument]: ~ (à pistons) cornet. **-6.** ACOUST: ~ acoustique ear trumpet.

**cornette** [kɔrnɛt] *nf* [de religieuse] cornet.
◆ **cornettes** *nfpl Helv* cone-shaped Swiss pasta.

**corniaud** [kɔrnjo] *nm* **-1.** [chien] mongrel. **-2.** *fam* [imbécile] nitwit, nincompoop.

**corniche** [kɔrniʃ] *nf* **-1.** GÉOG [roche] ledge; [neige] cornice. **-2.** [route] corniche (road). **-3.** ARCHIT cornice.

**cornichon** [kɔrniʃɔ̃] *nm* **-1.** [légume] gherkin; [condiment] (pickled) gherkin. **-2.** *fam* [imbécile] nitwit, nincompoop.

**Cornouailles** [kɔrnwaj] *npr f*: (la) ~ Cornwall.

**cornu, e** [kɔrny] *adj* horned.
◆ **cornue** *nf* retort.

**corollaire** [kɔrɔlɛr] *nm* [conséquence] consequence; LOGIQUE corollary; cela a pour ~ une inflation endémique a consequence of this is endemic inflation, this results in endemic inflation.

**corolle** [kɔrɔl] *nf* corolla.

**coron** [kɔrɔ̃] *nm* [quartier] mining village; [maison] miner's cottage.

**coronaire** [kɔrɔnɛr] ◇ *adj* coronary. ◇ *nf* coronary artery.

**coronarien, enne** [kɔrɔnarjɛ̃, ɛn] *adj* coronary.

**corporatif, ive** [kɔrpɔratif, iv] *adj* [institution, système] corporative; [image, esprit] corporate.

**corporation** [kɔrpɔrasjɔ̃] *nf* [groupe professionnel] corporate body; dans notre ~ in our profession.

**corporatisme** [kɔrpɔratism] *nm* **-1.** POL corporatism. **-2.** *péj* [esprit de caste] professional protectionism.

**corporatiste** [kɔrpɔratist] *adj & nmf* corporatist.

**corporel, elle** [kɔrpɔrɛl] *adj* **-1.** [douleur] physical; [fonction] bodily; [châtiment] corporal; [hygiène] personal; soins ~s care of ou caring for one's body. **-2.** PHILOS endowed with a (physical) body.

**corps** [kɔr] *nm* **-1.** PHYSIOL body; nationaliser? il faudra me

passer sur le ~! *fig & hum* nationalize? (it'll be) over my dead body!; elle te passerait sur le ~ pour obtenir le poste *fig* she'd trample you underfoot to get the job ❏ faire ~ avec to be at ou as one with. **-2.** [cadavre] body. **-3.** [élément, substance] body; ~ simple/composé simple/compound body; ~ céleste celestial ou heavenly body; ~ étranger foreign body; ~ gras fatty substance; ~ noir black body. **-4.** [groupe, communauté] corporation; le ~ médical the medical profession; le ~ diplomatique the diplomatic corps; le ~ professoral the teaching profession (*excluding primary school teachers*); le ~ électoral the electorate, the body of voters; le ~ enseignant the teaching profession; ~ législatif legislative body; ~ politique body politic ❏ ~ d'état ou de métier a building trade; le ~ de ballet DANSE the corps de ballet; ~ constitué constituent body; grand ~ de l'État *senior civil servants recruited through the École nationale d'administration.* **-5.** MIL: ~ d'armée army corps; ~ de cavalerie cavalry brigade; ~ expéditionnaire task force; ~ de garde [soldats] guards; [local] guardroom; plaisanteries de ~ de garde barrack-room jokes; ~ de troupes unit of troops. **-6.** [partie principale – d'un texte] body; [– d'une machine] main part; [– d'un cylindre] barrel; ~ de bâtiment wing (of a building); ~ de logis main building ‖ [majorité] bulk, greater part. **-7.** [ensemble – de lois, de textes] body; corpus; [– de preuves] body; le ~ du délit corpus delicti. **-8.** [consistance – d'un tissu, d'un arôme] body; donner ~ à une idée/un plan to give substance to an idea/a scheme; prendre ~ [sauce] to thicken; [projet] to become more concrete, to take shape. **-9.** ANAT: ~ caverneux erectile tissue (*of the penis*); ~ vitré vitreous body. **-10.** RELIG: le ~ mystique du Christ the Body of Christ.
◆ **à corps perdu** *loc adv* with all one's might; se jeter ou se lancer à ~ perdu dans une aventure/entreprise to throw o.s. headlong into an affair/a task.
◆ **à mon corps défendant, à son corps défendant** *etc loc adv* reluctantly.
◆ **corps et âme** *loc adv* body and soul.
◆ **corps et biens** *loc adv* NAUT: perdu ~ et biens lost with all hands; il s'est perdu ~ et biens *fig* he's disappeared without trace.

**corps à corps** [kɔrakɔr] ◇ *nm pr* hand-to-hand combat ou fight; *fig* hard struggle. ◇ *loc adv* [lutter] hand to hand.

**corps-mort** [kɔrmɔr] (*pl* **corps-morts**) *nm* moorings, (mooring) buoys.

**corpulence** [kɔrpylɑ̃s] *nf* **-1.** [volume corporel] build. **-2.** [obésité] stoutness, corpulence; un monsieur d'une certaine ~ *euph* a rather portly gentleman, a gentleman of ample girth.

**corpulent, e** [kɔrpylɑ̃, ɑ̃t] *adj* stout, corpulent, portly.

**corpus** [kɔrpys] *nm* **-1.** [recueil] corpus, collection. **-2.** LING corpus.

**corpusculaire** [kɔrpyskylɛr] *adj* corpuscular.

**corpuscule** [kɔrpyskyl] *nm* ANAT & PHYS corpuscle.

**corral, als** [kɔral] *nm* corral.

**correct, e** [kɔrɛkt] *adj* **-1.** [sans fautes – calcul, description] correct, accurate; [– déroulement] correct, proper. **-2.** [tenue] proper, correct, decent. **-3.** [courtois] courteous, polite; tu n'as pas été très ~ en partant sans prévenir it was rather ill-mannered ou impolite of you to leave without warning. **-4.** [acceptable – somme, offre] acceptable, decent. **-5.** [peu remarquable – repas, soirée] decent, OK.

**correctement** [kɔrɛktəmɑ̃] *adv* **-1.** [sans fautes] correctly, accurately. **-2.** [selon la décence, la courtoisie] properly, decently. **-3.** [de façon peu remarquable] reasonably well.

**correcteur, trice** [kɔrɛktœr, tris] ◇ *adj* corrective. ◇ *nm, f* **-1.** SCOL & UNIV examiner. **-2.** IMPR proofreader.
◆ **correcteur** *nm* **-1.** [dispositif] corrector. **-2.** [liquide]: ~ fluide correction fluid.

**correctif, ive** [kɔrɛktif, iv] *adj* corrective.
◆ **correctif** *nm* **-1.** [rectification] qualifying statement, corrective. **-2.** [atténuation] toning down.

**correction** [kɔrɛksjɔ̃] *nf* **-1.** [rectificatif] correction; apporter une ~ à une déclaration [mise au point] to qualify a statement; [atténuation] to tone down a statement ‖ [action de rectifier] correction, correcting; la ~ des troubles de la vue correcting eye defects. **-2.** SCOL marking *Br*, grading *Am.* **-3.** IMPR: la ~ [lieu] the proofreading department; [personnel]

proofreaders, the proofreading department ❏ ~ d'auteur author's corrections ou emendations; ~ d'épreuves proofreading. **-4.** [punition] beating. **-5.** [conformité] accuracy. **-6.** [comportement] correctness, propriety.

**correctionnel, elle** [kɔrɛksjɔnɛl] *adj*: tribunal ~ ≃ magistrate's *Br* ou criminal *Am* court.
◆ **correctionnelle** *nf*: la ~le ≃ magistrate's *Br* ou criminal *Am* court; passer en ~le to go before a magistrate *Br* ou judge.

**corrélat** [kɔrela] *nm* correlate.

**corrélatif, ive** [kɔrelatif, iv] *adj* LING & LOGIQUE correlative.
◆ **corrélatif** *nm* LING correlative.

**corrélation** [kɔrelasjɔ̃] *nf* **-1.** [rapport] correlation; il y a (une) ~ entre A et B A and B are correlated; il n'y a aucune ~ entre les deux the two are unrelated; mettre en ~ to correlate. **-2.** MATH correlation.

**corrélativement** [kɔrelativmɑ̃] *adv* correlatively.

**correspondance** [kɔrɛspɔ̃dɑ̃s] *nf* **-1.** [lettres] post *Br*, mail *Am*, correspondence; [échange de lettres] correspondence; ~ commerciale business correspondence; être en ~ avec [par lettre] to correspond with; cours par ~ correspondence courses. **-2.** PRESSE correspondence. **-3.** TRANSP connection; [train, bus] connection; [vol] connecting flight; la ~ est au bout du quai change trains at the end of the platform. **-4.** [similitude] conformity; [rapport] correspondence. **-5.** MATH correspondence; *voir* USAGE *au verso.*

**correspondant, e** [kɔrɛspɔ̃dɑ̃, ɑ̃t] ◇ *adj* **-1.** [qui s'y rapporte] corresponding, correspondent, relevant; une commande et la facture ~e an order and the corresponding invoice ou the invoice that goes with it. **-2.** *sout* [qui écrit] corresponding. ◇ *nm, f* **-1.** TÉLÉC *person one is speaking to*; votre ~ est en ligne you're through; nous recherchons votre ~ we're trying to connect you. **-2.** [épistolaire] correspondent; le ~ de mon fils my son's pen-friend. **-3.** [avec qui l'on traite] correspondent; mon ~ était Butier Butier was the person I was dealing with. **-4.** PRESSE: ~ (de presse) (press) correspondent. **-5.** SCOL guardian (*of a boarder*).

**correspondre** [75] [kɔrɛspɔ̃dr] *vi* [par lettre] to correspond, to write (letters to one another); [par téléphone] to be in touch by telephone; ~ avec qqn [par lettre] to correspond with sb, to write to sb; [par téléphone] to stay in touch with sb; l'entreprise correspond avec l'Allemagne the firm has contacts in Germany.
◆ **correspondre à** *v + prép* **-1.** [équivaloir à] to be equivalent to. **-2.** [être conforme à – désir] to correspond to; [– vérité] to correspond to, to tally with; [– besoin] to meet. **-3.** [être lié à] to correspond to.
◆ **se correspondre** *vp (emploi réciproque)* **-1.** [communiquer – salles] to communicate, to connect. **-2.** [être en relation – idées, mots] to correspond.

**corrida** [kɔrida] *nf* **-1.** [de taureaux] bullfight. **-2.** *fam* [agitation] carry-on *Br*, to-do.

**corridor** [kɔridɔr] *nm* **-1.** [d'un bâtiment] corridor, passage. **-2.** [territoire] corridor.

**corrigé** [kɔriʒe] *nm* correct version; faire un ~ de qqch to give the correct version of sthg; un ~ du problème de physique a model answer to the physics problem.

**corriger** [17] [kɔriʒe] *vt* **-1.** SCOL [copie] to mark *Br*, to grade *Am*; [en cours] to correct, to give the correct version. **-2.** [vérifier – texte] to correct, to amend; [– faute] to correct; IMPR to proofread. **-3.** [modifier – vice] to cure; [– mauvaise habitude] to break; [– posture] to correct; [– comportement] to improve. **-4.** [débarrasser]: ~ qqn de [vice, mauvaise posture] to cure sb of; [mauvaise habitude] to rid sb of. **-5.** [adoucir – agressivité] to mitigate; [– parole dure] to soften. **-6.** ARM: ~ le tir to adjust the firing.
◆ **se corriger** ◇ *vp (emploi réfléchi)* **-1.** [élève, auteur] to correct one's (own) work; [orateur, présentateur] to correct o.s. **-2.** [devenir – plus sage] to improve (one's behaviour); [– moins immoral] to mend one's ways. **-3.** [se guérir]: se ~ de [avarice, paranoïa] to cure o.s. of; [mauvaise habitude] to rid o.s. of. ◇ *vp (emploi passif)* [être rectifié] to be put right.

**corrigible** [kɔriʒibl] *adj* rectifiable.

**corroborer** [3] [kɔrɔbɔre] *vt* to corroborate, to confirm.

**corrodant, e** [kɔrɔdɑ̃, ɑ̃t] *adj* corrosive.

**corroder** [3] [kɔrɔde] *vt* [métal] to corrode, to eat into (*insép*);

[amitié, bonheur] to corrode.

**corrompre** [78] [kɔrɔ̃pr] *vt* **-1.** [vicier – denrée] to taint, to spoil; [– sang] to taint, to rot; [– air] to taint, to pollute. **-2.** [pervertir – innocent, enfant] to corrupt. **-3.** [soudoyer – fonctionnaire] to bribe. **-4.** *litt* [faire dévier – langue, sens] to distort, to debase. **-5.** *litt* [troubler – joie, bonheur] to mar, to taint *litt*, to spoil.

**corrompu, e** [kɔrɔ̃py] ◇ *pp* → **corrompre.** ◇ *adj* **-1.** [en décomposition] rotting. **-2.** [vil] corrupted. **-3.** [vénal] venal; des juges ~s judges amenable to being bribed.

**corrosif, ive** [kɔrozif, iv] *adj* **-1.** [satire, auteur] corrosive, biting, caustic. **-2.** [acide] corrosive.

**corrosion** [kɔrozjɔ̃] *nf* CHIM, GÉOL & MÉTALL corrosion.

**corrupteur, trice** [kɔryptœr, tris] ◇ *adj* corrupting. ◇ *nm, f* **-1.** [qui soudoie] briber. **-2.** *litt* [qui débauche] corrupter.

**corruptible** [kɔryptibl] *adj* corruptible.

**corruption** [kɔrypsjɔ̃] *nf* **-1.** [vénalité] corruption; [fait de soudoyer] corruption, bribing; ~ de fonctionnaire bribery and corruption. **-2.** [avilissement – de la jeunesse, d'un innocent] corruption. **-3.** [putréfaction – d'un cadavre, d'une substance] corruption, decomposition, putrefaction. **-4.** *litt* [déviation – d'une langue, de termes] distortion, corruption, debasement *litt*; la ~ du jugement distortion of judgement.

**corsage** [kɔrsaʒ] *nm* [blouse] blouse; [d'une robe] bodice.

**corsaire** [kɔrsɛr] ◇ *nm* pirate, corsair. ◇ *adj*: pantalon ~ breeches.

**corse** [kɔrs] *adj* Corsican.
◆ **Corse** *nmf* Corsican.
◆ **corse** *nm* LING Corsican.

**Corse** [kɔrs] *npr f*: (la) ~ Corsica; (la) ~-du-Sud Southern Corsica; (la) Haute-~ Upper Corsica.

**corsé, e** [kɔrse] *adj* **-1.** [café] full-flavoured; [vin] full-bodied; [mets] spicy; l'addition était plutôt ~e! the bill was a bit steep!. **-2.** [scabreux] racy, spicy. **-3.** [difficile]: il était ~, cet examen! that exam was a real stinker!

**corselet** [kɔrsəlɛ] *nm* **-1.** [d'une armure] corselet, corslet. **-2.** ENTOM & VÉT corselet.

**corser** [3] [kɔrse] *vt* **-1.** [compliquer – problème] to aggravate, to make harder to solve; [– exercice] to complicate. **-2.** [rendre – plus intéressant] to liven up *(sép)*; [– plus osé] to make racier. **-3.** CULIN to make spicier; [boisson] to spike; [vin] to strengthen.

◆ **se corser** *vpi* **-1.** [se compliquer] to get complicated; l'affaire se corse the plot thickens. **-2.** [devenir osé] to become spicy. **-3.** [devenir plus intéressant] to liven up.

**corset** [kɔrsɛ] *nm* **-1.** [sous-vêtement] corset. **-2.** MÉD: ~ orthopédique (orthopedic) corset. **-3.** *fig* [contrainte] straightjacket.

**corseter** [28] [kɔrsəte] *vt* **-1.** [institution, jeunesse] to constrict. **-2.** VÉT to fit with a corset.

**corsetier, ère** [kɔrsətje, ɛr] *nm, f* corsetiere.

**corso** [kɔrso] *nm* procession of floats; ~ fleuri procession of flowered floats.

**cortège** [kɔrtɛʒ] *nm* **-1.** [accompagnateurs] cortege; [d'un roi] retinue. **-2.** [série] series, succession; un ~ d'échecs a trail of failures; la guerre et son ~ de malheurs the war and its attendant tragedies. **-3.** [défilé] procession; un ~ de manifestants a march (of protesters) ❑ ~ funèbre funeral cortege ou procession; ~ nuptial bridal procession.

**cortex** [kɔrtɛks] *nm* cortex.

**corticoïde** [kɔrtikɔid], **corticostéroïde** [kɔrtikɔsterɔid] *adj* & *nm* corticosteroid.

**corticosurrénal, e, aux** [kɔrtikɔsyrenal, o] *adj* adrenocortical.
◆ **corticosurrénale** *nf* adrenal cortex.

**corticothérapie** [kɔrtikɔterapi] *nf* corticotherapy.

**cortisone** [kɔrtizon] *nf* cortisone.

**corvéable** [kɔrveabl] *adj* & *nmf* HIST liable to the corvée.

**corvée** [kɔrve] *nf* **-1.** [activité pénible] chore; repasser, quelle ~! ironing's such a chore ou a drag! **-2.** [service] duty; MIL fatigue; être de ~ [soldat] to be on fatigue duty; on est de ~ de vaisselle we're on dishwashing duty. **-3.** HIST corvée.

**corvette** [kɔrvɛt] *nf* corvette.

**coryphée** [kɔrife] *nm* THÉÂT coryphaeus.

**coryza** [kɔriza] *nm* coryza, head cold.

**cosaque** [kɔzak] *nm* cossack.

**cosignataire** [kɔsiɲater] *nmf* cosignatory.

**cosinus** [kɔsinys] *nm* cosine.

**cosmétique** [kɔsmetik] *adj* & *nm* cosmetic.

**cosmétologie** [kɔsmetɔlɔʒi] *nf* cosmetology.

**cosmique** [kɔsmik] *adj* ASTRON cosmic.

**cosmogonie** [kɔsmɔgɔni] *nf* cosmogony.

---

## USAGE ▶  La correspondance

**Lettre amicale**

▷ *en-tête:*

Dear Fred/Mum/Auntie Jean,
Dearest Paul, [plus affectueux]

▷ *début:*

Sorry it's been so long since I last wrote.
Just a few lines to let you know how we all are.
Just a short note to thank you for your card.

▷ *fin:*

I must go now.
Write soon.
Give my love to Sarah/to your family.
Keep in touch.

▷ *formule finale:*

(With) best wishes,
Best regards, [Am]
Yours,
(With) love,
Lots of love, [familier]

**Lettre commerciale/officielle**

▷ *en-tête:*

Dear Mr/Mrs/Ms Edmonds
Dear Mr./Mrs./Ms. Edmonds: [Am, soutenu]

Dear Jane Brown
Dear Sirs [Br: si l'on s'adresse à une société en général]
Gentlemen: [Am: si l'on s'adresse à une société en général]
Dear Sir [si le destinataire est un homme]
Dear Madam [si le destinataire est une femme]
Dear Sir or Madam [si l'on ne connaît pas précisément le destinataire]

▷ *début:*

Thank you for your letter of 25th June [Br] ou June 25.
With reference to ou Re your letter of June 25:...
Further to ou Following our recent telephone conversation,...

▷ *corps de la lettre:*

I am writing to ask for details of your offer.
Please find enclosed a cheque for the full amount.
I should be grateful if you would confirm the dates of your visit as soon as possible

▷ *fin:*

If you (should) require any further information, please do not hesitate to contact me.
I look forward to hearing from you.

▷ *formule finale:*

Yours faithfully [Br: à quelqu'un dont on ne connaît pas le nom]
Yours sincerely [à quelqu'un dont on connaît le nom]
Sincerely yours [Am]

**cosmographie** [kɔsmɔgrafi] *nf* cosmography.

**cosmologie** [kɔsmɔlɔ3i] *nf* cosmology.

**cosmonaute** [kɔsmɔnot] *nmf* cosmonaut.

**cosmopolite** [kɔsmɔpɔlit] ◇ *adj* **-1.** [ville, foule] cosmopolitan, multi-ethnic. **-2.** [personne] cosmopolitan, international. **-3.** BOT & ZOOL ubiquitous. ◇ *nmf* cosmopolitan person.

**cosmopolitisme** [kɔsmɔpɔlitism] *nm* **-1.** [d'une personne] cosmopolitanism, internationalism. **-2.** [d'un lieu] cosmopolitan air.

**cosmos** [kɔsmos] *nm* [univers] cosmos; [espace] space, outer-space.

**cossard, e**ᵛ [kɔsar, ard] ◇ *adj* lazy. ◇ *nm, f* lazybones.

**cosse** [kɔs] *nf* BOT pod, husk.

**cossu, e** [kɔsy] *adj* [famille] affluent, well-off, wealthy; [quartier] affluent, moneyed; [maison] wealthy-looking, affluent-looking.

**costal, e, aux** [kɔstal, o] *adj* costal, rib (*modif*).

**costard** [kɔstar] *nm fam* suit.

**Costa Rica** [kɔstarika] *nprm*: le ~ Costa Rica.

**costaud, e** [kɔsto, od] *fam* ◇ *adj* **-1.** [personne] hefty, beefy; elle est ~ OU ~e she's pretty hefty; un type ~ a great hulk of a bloke *Br* OU guy *Am*. **-2.** [meuble, arbre, tissu] strong, tough, resilient. **-3.** [problème] tough. **-4.** [alcool] strong, robust. ◇ *nm, f* beefy bloke *Br* OU fellow (*f* hefty lass).

◆ **costaud** *nm fam*: c'est du ~ it's solid stuff.

**costume** [kɔstym] *nm* **-1.** [complet] suit. **-2.** [tenue] costume; en ~ de cérémonie in ceremonial costume OU dress ❑ en ~ d'Adam/d'Ève in his/her birthday suit; ~ de bain bathing costume *Br* OU suit. **-3.** HIST & THÉÂT costume.

**costumé, e** [kɔstyme] *adj*: des enfants ~s children in fancy dress; bal ~ fancy-dress ball.

**costumier, ère** [kɔstymje, ɛr] *nm, f* **-1.** [vendeur, loueur] costumier, costumer. **-2.** THÉÂT wardrobe master (*f* mistress).

**cosy** [kɔzi] *nm vieilli* bed with built-in shelves running along the headboard and down one side.

**cotation** [kɔtasjɔ̃] *nf* BOURSE quotation.

**cote** [kɔt] *nf* BOURSE [valeur] quotation; [liste] share (price) index; inscrit à la ~ [valeurs] listed. **-2.** COMM quoted value. **-3.** [estime]: ~ d'amour OU de popularité [d'un homme politique] standing with the electorate OU (popular) rating OU popularity; [d'un film, d'une idée] (popular) rating; avoir la ~ *fam* to be popular. **-4.** ARCHIT, CONSTR & TRAV PUBL measurement. **-5.** GÉOG height; ~ d'alerte *pr* flood OU danger level; *fig* crisis OU flash point. **-6.** [dans une bibliothèque – sur un livre] shelf mark; [– sur un périodique] serial mark. **-7.** ADMIN assessment; ~ mobilière property rate.

**coté, e** [kɔte] *adj* **-1.** [quartier] sought-after; [produit] highly rated; être bien/mal ~ to have a good/bad reputation. **-2.** BOURSE listed; valeurs ~es en Bourse listed securities.

**côte** [kot] *nf* **-1.** [hauteur] slope, incline; [à monter, à descendre] hill; monter la ~ to go uphill; descendre la ~ to go downhill; en haut de la ~ on the top of the hill. **-2.** [rivage] coast; [vu d'avion, sur une carte] coastline. **-3.** ANAT rib; se tenir les ~s (de rire) *fam* to be in stitches; caresser OU chatouiller les ~s à qqn *fam* to give sb a good hiding. **-4.** [de porc, d'agneau, de veau] chop; [de bœuf] rib. **-5.** ARCHIT, BOT & TEXT rib; point de ~s ribbing stitch. **-6.** NAUT: aller à la ~ to hug the coast.

◆ **côte-à-côte** *loc adv* [marcher, s'asseoir] side by side; [travailler, lutter] side by side, shoulder to shoulder.

**côté** [kote] *nm* **-1.** [d'un tissu, d'une médaille] side. **-2.** [d'un jardin, d'une pièce, d'une rue] side; allons de ce ~-ci let's go this way; de ce/de l'autre ~ de la barrière *pr* & *fig* on this side/ on the other side of the fence ❑ ~ cour/jardin THÉÂT stage left/right; ~ sous le vent NAUT leeward side; ~ du vent NAUT windward side; voir de quel ~ vient le vent *fig* to see which way the wind blows *loc*; tomber du ~ où ça penche *fig* to follow one's inclinations. **-3.** [du corps] side, flank; dormir sur le ~ to sleep on one's side. **-4.** [parti] side; il s'est mis de mon ~ he sided with me; être aux ~s de qqn to be by sb's side. **-5.** [aspect] side; le ~ publicité the advertizing side (of things); ~ travail *fam* on the work front, workwise. **-6.** [facette – d'une personnalité] side, facet; [– d'une situation] side, aspect; elle a un ~ naïf there's a naive side to her; chaque emploi a ses bons et ses mauvais ~s every job has its

good and bad sides OU points; prendre qqch du bon/ mauvais ~ to take sthg in good/bad part; voir le bon ~ des choses to look on the bright side ❑ d'un ~ ... in a way, in some respects; d'un ~ ... d'un autre ~ on the one hand ... on the other hand.

◆ **à côté** *loc adv* **-1.** [tout près] next door; [pas très loin] nearby; les voisins d'à ~ the nextdoor neighbours. **-2.** [mal]: passer OU tomber à ~ to miss; elle a répondu à ~ [exprès] she avoided the question; [involontairement] her answer was not to the point.

◆ **à côté de** *loc prép* **-1.** [pas loin] next to; à ~ de la cible off target; passer à ~ de [chemin, difficulté, porte] to miss; [occasion] to miss out on ❑ à ~ de ça on the other hand; être à ~ de la plaque *fam* to have (got hold of) the wrong end of the stick. **-2.** [par rapport à] by OU in comparison with.

◆ **de côté** *loc adv* **-1.** [regarder] sideways; [sauter, tomber] aside, to one side; la casquette posée de ~ the cap worn to OU on one side. **-2.** [en réserve] aside, to one side; mettre qqch de ~ to put sthg aside OU by; laisser qqch de ~ to put sthg to one side; laisser qqn de ~ to leave sb out.

◆ **de mon côté, de son côté** *etc loc adv* **-1.** [en ce qui concerne] for my/his *etc* part. **-2.** [de la famille] on my/his *etc* side of the family.

◆ **de tous côtés** *loc adv* **-1.** [partout – courir] everywhere, all over the place; [– chercher] everywhere, high and low. **-2.** [de partout] from all sides.

◆ **du côté de** *loc prép* **-1.** [dans l'espace]: elle est partie du ~ du village she went towards the village; du ~ de chez toi around where you live. **-2.** [parmi]: cherchons du ~ des auteurs classiques let's look amongst classical authors.

◆ **d'un côté et de l'autre** *loc adv* here and there.

**coteau, x** [kɔto] *nm* **-1.** [versant] hillside, slope. **-2.** [colline] hill.

◆ **coteaux** *nmpl* vineyards (*on a hillside*).

**Côte-d'Ivoire** [kotdivwar] *nprf*: (la) ~ the Ivory Coast.

**côtelé, e** [kotle] *adj* ribbed.

**côtelette** [kotlɛt] *nf* **-1.** [de viande]: ~ d'agneau lamb chop. **-2.** *fam* [d'une personne] rib.

**coter** [3] [kɔte] *vt* **-1.** BOURSE to list (on the share index); coté en Bourse ≃ listed on the Stock Exchange. **-2.** COMM to price, to give a list price for. **-3.** [évaluer – œuvre d'art] to rate. **-4.** [dans une bibliothèque – livre] to assign a class OU shelf mark to; [– périodique] to assign a serial mark to. **-5.** GÉOG to write in the heights on.

**coterie** [kɔtri] *nf péj* set, clique *péj*, coterie *litt*.

**cothurne** [kɔtyrn] *nm* buskin, cothurnus.

**côtier, ère** [kotje, ɛr] *adj* [région, navigation] coastal; [pêche] inshore; [chemin] coast (*modif*); un fleuve ~ a coastal river.

**cotillon** [kɔtijɔ̃] *nm* **-1.** *hum* petticoat. **-2.** [farandole] cotillion, cotillon.

◆ **cotillons** *nmpl* party novelties.

**cotisant, e** [kɔtizɑ̃, ɑ̃t] ◇ *adj* contributing. ◇ *nm, f* [à une association] subscriber; [à une assurance, à une fête] contributor.

**cotisation** [kɔtizasjɔ̃] *nf* [pour une fête] contribution; [à une association] subscription, dues; [pour la protection sociale] contributions.

**cotiser** [3] [kɔtize] *vi* [par choix] to subscribe; [par obligation] to pay one's contributions.

◆ **se cotiser** *vpi* to club together.

**côtoie** [kotwa] *v* → **côtoyer**.

**côtoiement** [kotwamɑ̃] *nm* contact; le ~ du danger contact with danger.

**côtoierai** [kotware] *v* → **côtoyer**.

**coton** [kɔtɔ̃] ◇ *nm* **-1.** BOT [fibre, culture] cotton; [plante] cotton plant. **-2.** TEXT [tissu] cotton; [fil] (cotton) thread, piece of cotton. **-3.** [ouate]: ~ (hydrophile) cotton wool *Br* (absorbent) cotton *Am*. **-4.** [tampon de ouate] cotton wool pad *Br*, cotton pad *Am*. ◇ *adj fam* tough, tricky.

**cotonnade** [kɔtɔnad] *nf* cotton fabric, cottonade.

**cotonneux, euse** [kɔtɔnø, øz] *adj* **-1.** BOT downy. **-2.** *litt* [vaporeux] fleecy. **-3.** [sourd – bruit] muffled.

**cotonnier, ère** [kɔtɔnje, ɛr] ◇ *adj* cotton (*modif*). ◇ *nm, f* cotton spinner.

◆ **cotonnier** *nm* cotton (plant).

**Coton-Tige**® [kɔtɔ̃ti3] (*pl* **Cotons-Tiges**) *nm* cotton bud *Br*, Q-tip® *Am*.

**côtoyer** [13] [kotwaje] vt **-1.** [fréquenter] to mix with. **-2.** [être confronté à] to deal with; elle côtoie le danger tous les jours she faces danger everyday. **-3.** [suj: chemin] to skirt ou to run alongside; [suj: fleuve] to flow ou to run alongside.

**cotte** [kɔt] nf **-1.** ARM: ~ d'armes coat of arms; ~ de mailles coat of mail. **-2.** [de travail] overalls (pl), dungarees (pl).

**cotylédon** [kɔtiledɔ̃] nm ANAT & BOT cotyledon.

**cou** [ku] nm **-1.** ANAT neck; un pendentif autour du ~ a pendant round her neck; sauter ou se jeter au ~ de qqn to throw one's arms around sb's neck; se casser ou se rompre le ~ pr to break one's neck; fig to come a cropper Br, to take a tumble ❏ il y est jusqu'au ~ he's up to his neck in it. **-2.** ZOOL neck. **-3.** VÊT neck. **-4.** [d'une bouteille, d'un vase] neck.

**couac** [kwak] ◇ nm [note] false note.
◇ onomat arrk, quack.

**couard, e** [kwar, ard] litt ◇ adj cowardly. ◇ nm, f coward, poltroon litt.

**couardise** [kwardiz] nf litt cowardice.

**couchage** [kuʃaʒ] nm [matériel] bed; [préparatifs] sleeping arrangements; matériel de ~ bedding.

**couchant, e** [kuʃɑ̃, ɑ̃t] adj → chien, soleil.
◆ **couchant** nm litt [occident] west.

**couche** [kuʃ] nf **-1.** [épaisseur – de peinture] coat; [– de maquillage] layer; avoir ou en tenir une ~ fam to be (as) thick as a brick Br ou as two short planks Br, to be as dumb as they come Am. **-2.** ASTRON & GÉOL layer, stratum. **-3.** SOCIOL level, social stratum. **-4.** HORT hotbed. **-5.** [de bébé] nappy Br, diaper Am. **-6.** litt [lit] bed.
◆ **couches** nfpl vieilli [accouchement] confinement; elle est morte en ~s she died in childbirth.

**couché, e** [kuʃe] adj **-1.** [allongé] lying down; [au lit] in bed; ~! [à un chien] (lie) down!**-2.** [écriture] slanting, sloping. **-3.** [pli] recumbent.

**couche-culotte** [kuʃkylɔt] (pl **couches-culottes**) nf disposable nappy Br ou diaper Am.

**coucher¹** [kuʃe] nm **-1.** [action] going to bed; le ~ du roi the king's going-to-bed ceremony. **-2.** [moment] bedtime; ~ de soleil sunset; au ~ du soleil at sunset, at sundown Am.

**coucher²** [3] [kuʃe] ◇ vt **-1.** [mettre au lit] to put to bed; [allonger] to lay down (sép); ~ qqn sur le carreau fam to knock sb down, to lay sb out. **-2.** [héberger] to put up (sép), to accommodate. **-3.** [poser – par terre] to lay down (sép); ~ une bouteille/moto to lay a bottle/motorbike on its side; la pluie a couché les herbes the rain flattened the grasses; le vent coucha le bateau the wind made the boat keel over ou keeled the boat over; ~ un fusil en joue ARM to aim a gun. **-4.** sout [écrire] to set down (in writing ou on paper); ~ ses pensées sur le papier to write down one's thoughts, to commit one's thoughts to writing; ~ qqn sur son testament to name sb in one's will.
◇ vi **-1.** [aller dormir] to go to bed; cela va te faire ~ tard that will keep you up late. **-2.** [dormir] to sleep; on couchera à l'hôtel [une nuit] we'll spend the night ou we'll sleep in a hotel; [plusieurs nuits] we'll stay in a hotel; ~ à la belle étoile to sleep out in the open; ~ sous les ponts to sleep rough. **-3.** ▽ [sexuellement] to sleep around.
◆ **coucher avec** v + prép fam to go to bed ou to sleep with.
◆ **se coucher** vpi **-1.** [dans un lit] to go to bed; vous m'empêche de vous ~? am I keeping you up? ❏ va te ~! fam get lost ou knotted Br!**-2.** [s'allonger] to lie down; se ~ en chien de fusil to lie curled up ou in the foetal position; se ~ à plat ventre to lie face down. **-3.** [soleil, lune] to set, to go down. **-4.** NAUT to keel over.

**coucherie** [kuʃri] nf fam sleeping around.

**couche-tard** [kuʃtar] nmf inv night owl.

**couche-tôt** [kuʃto] nmf inv: c'est un ~ he always goes to bed early.

**couchette** [kuʃɛt] nf [d'un train] couchette; [d'un bateau] bunk.

**coucheur, euse** [kuʃœr, øz] nm, f fam: c'est un ~ he sleeps around, he's promiscuous ❏ mauvais ~ awkward customer.

**couci-couça** [kusikusa] loc adv fam so-so.

**coucou** [kuku] ◇ nm **-1.** ZOOL cuckoo; (pendule à) ~ cuckoo clock. **-2.** BOT cowslip. **-3.** fam [avion] crate, heap.
◇ interj [cri] hi.

**coude** [kud] nm **-1.** ANAT elbow; ~s au corps elbows in; jusqu'au ~ up to one's elbow ❏ jouer des ~s pr to push and shove, to jostle; fig to manoeuvre; ~ à ~ [marcher, travailler] shoulder to shoulder, side by side; garder ou mettre ou tenir qqch sous le ~ to keep sthg shelved indefinitely, to keep sthg on the back burner; lever le ~ fam to booze; se serrer ou se tenir les ~s to stick together. **-2.** [d'un vêtement] elbow; [pièce en cuir, en tissu] elbow patch. **-3.** ·[d'un tuyau] bend, elbow; [d'une route] bend.

**coudé, e** [kude] adj bent, angled.
◆ **coudée** nf **-1.** loc: avoir les ~es franches to have elbow room. **-2.** arch [mesure] cubit.

**cou-de-pied** [kudpje] (pl **cous-de-pied**) nm instep.

**couder** [3] [kude] vt to bend (at an angle).

**coudière** [kudjɛr] nf elbow pad.

**coudoie** [kudwa] v → coudoyer.

**coudoiement** [kudwamɑ̃] nm: le ~ de mixing with.

**coudoyer** [13] [kudwaje] vt **-1.** [fréquenter] to rub shoulders ou to mix with. **-2.** [frôler] to brush past. **-3.** [suj: réalité, image] to stand side by side with.

**coudre** [86] [kudr] vt **-1.** COUT [robe] to make up (sép); [morceaux] to sew ou to stitch together (sép); [bouton] to sew on (sép); [semelle] to sew ou to stitch on (sép); cousu (à la) machine machined || (en usage absolu): j'aime ~ I enjoy sewing; ~ à la main/machine to sew by hand/machine ❏ cousu main/à la main hand-stitched; du cousu main fam top-quality stuff; être (tout) cousu d'or to be extremely wealthy; c'est cousu de fil blanc it's plain for all to see; mensonge cousu de fil blanc transparent lie. **-2.** [plaie] to stitch up (sép), to sew up (sép). **-3.** [livre] to stitch (together).
◆ **à coudre** loc adj sewing.

**Coué** [kwe] npr: méthode ~ autosuggestion, Couéism.

**couenne** [kwan] nf [de porc] rind.

**couette** [kwɛt] nf **-1.** [de cheveux]: des ~s bunches. **-2.** [édredon] duvet, (continental) quilt.

**couffin** [kufɛ̃] nm **-1.** [pour bébé] Moses basket, bassinet Am. **-2.** [cabas] (straw) basket.

**cougouar** [kugwar], **couguar** [kug(w)ar] nm cougar.

**couic** [kwik] onomat eek.

**couille**▽ [kuj] nf **-1.** [testicule] nut, ball, bollock Br; avoir des ~s (au cul) to have balls; casser ou peler les ~s à qqn to get on sb's tits Br, to break sb's balls Am.**-2.** [échec erreur] cock-up Br, ball-up Am.**-3.** [personne]: une ~ molle a wimp.

**couillon** ▽ [kujɔ̃] ◇ nm [imbécile] wally Br, airhead; [dupe] mug. ◇ adj damned stupid.

**couillonnade**▽ [kujɔnad] nf [histoire] damn stupid thing to say; [action] damn stupid thing to do; [objet] piece of junk.

**couillonner**▽ [3] [kujɔne] vt to con; te laisse pas ~ don't let yourself be conned, don't be taken for a sucker.

**couinement** [kwinmɑ̃] nm **-1.** [d'une souris] squeak, squeaking; [d'un lièvre, d'un porc] squeal, squealing. **-2.** [d'un enfant] whine, whining. **-3.** [d'un frein] squeal, squealing.

**couiner** [3] [kwine] vi **-1.** [souris] to squeak; [lièvre, porc] to squeal. **-2.** [enfant] to whine. **-3.** [frein] to squeal.

**coulage** [kulaʒ] nm [d'une statue] casting; [d'un métal, de la cire, du verre] pouring.

**coulant, e** [kulɑ̃, ɑ̃t] adj **-1.** fam [personne] easygoing, lax péj. **-2.** style, prose] free, free-flowing. **-3.** [fromage] runny.

**coulée** [kule] nf **-1.** [de sang, de peinture] streak. **-2.** [chute]: ~ de lave lava flow; ~ de neige snowslide; ~ de boue mudslide. **-3.** MÉTALL [injection] casting; [masse] casting.

**couler** [3] [kule] ◇ vi **-1.** [fleuve, eau] to run, to flow; [larmes] to run down, to flow; la sueur coulait sur son visage [abondamment] sweat was pouring down his face; [goutte à goutte] sweat was trickling down his face; le vin coulait à flots wine flowed freely; le sable/l'argent coule entre ses doigts sand/money trickles through her fingers; fais ~ l'eau turn on the water; faire ~ un bain to run a bath; avoir le nez qui coule to have a runny nose; faire ~ de la salive fig to cause some tongue-wagging, to set the tongues wagging; faire ~ beaucoup d'encre fig to cause a lot of ink to flow ❏ il coulera de l'eau sous les ponts avant que... there'll be a lot of water under the bridge before... **-2.** [progresser facilement] to flow; le temps coule litt time slips by ❏ ~ de source to follow (on naturally); cela coule de source it's obvious;

laisse ~! *fam* don't bother!, just drop it!-**3.** [avoir une fuite – robinet] to leak, to drip. -**4.** [se liquéfier – fromage, bougie] to run. -**5.** [sombrer – nageur] to go under; [– bateau] to go down, to sink; ~ à pic to sink straight to the bottom ‖ [entreprise, politicien] to sink, to go down.
◊ *vt* -**1.** [faire sombrer – bateau] to sink; [– entreprise, concurrent] to sink, to bring down *(sép)*. -**2.** *litt* [passer]: ~ des jours heureux to spend some happy days. -**3.** [ciment] to pour; [métal] to cast. -**4.** [fabriquer – statue] to cast. -**5.** AUT: ~ une bielle to run a rod.
◆ **se couler** ◊ *vpi* [se glisser]: se ~ dans [lit, foule] to slip into; se ~ le long de to slide alongside. ◊ *vpt*: se la ~ douce *fam* to have an easy time (of it).

**couleur** [kulœr] *nf* -**1.** [impression visuelle] colour; de ~ vive brightly-coloured; une jolie ~ verte a pretty shade of green; je n'ai jamais vu la ~ de son argent *fig* I've never seen the colour of his money ❏ ~s primaires ou fondamentales primary colours; ~s complémentaires complementary colours; ~ de muraille stone grey; on en a vu de toutes les ~s *fam* we've been through some hard times; en faire voir à qqn de toutes les ~s to give sb a hard time. -**2.** [pour les cheveux] tint, colour; se faire faire une ~ to have one's hair tinted, to have some colour put in one's hair. -**3.** JEUX *suit.* -**4.** [vivacité] colour; ~ locale local colour. -**5.** [aspect – général] light, colour; l'avenir m'apparaissait sous les ~s les plus sombres/sous de belles ~s the future presented itself (to me) in an unfavourable/favourable light; quelle sera la ~ politique de votre nouveau journal? what will be the political colour of your new newspaper? -**6.** [d'une personne] shade, colour; changer de ~ to change colour; passer par toutes les ~s de l'arc-en-ciel to go (through) all the colours of the rainbow ‖ [carnation]: la ~ de la peau skin colour. -**7.** [linge] coloureds. -**8.** HÉRALD & MUS colour.
◆ **couleurs** *nfpl* -**1.** [linge] coloureds. -**2.** [peintures] coloured paints. -**3.** [bonne mine] (healthy) glow, colour; prendre des ~s to get a tan ou a bit of colour in one's cheeks; avoir des ~s to look well. -**4.** SPORT [d'une équipe] colours; [d'un jockey, d'un cheval] livery; elle a défendu les ~s de la France she defended the French flag. -**5.** HÉRALD colour.
◆ **aux couleurs de** *loc prép*: aux ~s du parti in party colours; aux ~s du propriétaire [yacht] flying the owner's flag; [cheval] in the owner's colours.
◆ **de couleur** *loc adj* coloured.
◆ **en couleur** *loc adv* in colour; tout en ~ in full colour ❏ haut en ~ very lively ou colourful ou picturesque.

**couleuvre** [kulœvr] *nf*: ~ (à collier) grass snake.

**couleuvrine** [kulœvrin] *nf* culverin.

**coulis** [kuli] *nm* -**1.** CULIN purée, coulis. -**2.** [mortier] grout.

**coulissant, e** [kulisã, ãt] *adj* sliding.

**coulisse** [kulis] *nf* -**1.** THÉÂT: la ~, les ~s the wings; les ~s du pouvoir the corridors of power ❏ dans les ~s, en ~ THÉÂT in the wings; *fig* behind the scenes. -**2.** [glissière] runner. -**3.** COUT hem *(through which to pass tape)*.
◆ **à coulisse** *loc adj* sliding.

**coulisser** [3] [kulise] ◊ *vi* to slide. ◊ *vt* -**1.** [volet] to provide with runners. -**2.** COUT to hem *(in order to run a tape through)*.

**couloir** [kulwar] *nm* -**1.** [d'un bâtiment] corridor, passage; [d'un wagon] corridor; les ~s du métro the corridors of the tube *Br* ou subway *Am*; intrigues de ~ backstage manoeuvring; bruits de ~s rumours. -**2.** TRANSP: ~ (de circulation) lane; ~ aérien air traffic lane. -**3.** [des régions, des pays] corridor. -**4.** GÉOG gully, couloir *spéc*; ~ d'avalanche avalanche corridor. -**5.** [d'un appareil de projection] track. -**6.** SPORT lane; TENNIS tramlines, alley *Am*.

**coulpe** [kulp] *nf*: battre sa ~ to beat one's breast.

**coulure** [kulyr] *nf* -**1.** [traînée] streak. -**2.** MÉTALL run-out.

**country** [kuntri] *nm inv* ou *nf inv* country (and western) music.

**coup** [ku] *nm* **A.** HEURT, DÉFLAGRATION -**1.** [gén] blow, knock; [avec le poing] punch, blow; [avec le pied] kick; un ~ violent a hard knock; elle a failli mourir sous ses ~s she thrashed her to within an inch of her life, he nearly battered her to death; frapper à ~s redoublés to hit twice as hard; donner un petit ~ à ou sur qqch to tap sthg lightly; donner un ~ sec sur qqch to give sthg a (hard ou smart) tap; il frap-

pait sur la porte à grands ~s/à petits ~s he banged on the door/he knocked gently at the door; donner un ~ sur la table [avec le poing] to thump the table, to bang one's fist (down) on the table; en arriver ou en venir aux ~s to come to blows; j'ai pris un ~ sur la tête I got a knock ou a bang on the head; prendre des ~s to get knocked about; recevoir un ~ to get hit; rendre ~ pour ~ *pr* & *fig* to hit back, to give as good as one gets ❏ ~s et blessures JUR grievous bodily harm; porter un ~ à qqn *pr* & *fig* to deal sb a blow; les grandes surfaces ont porté un (rude) ~ au petit commerce *fig* small traders have been dealt a (severe) blow by large retail chains; le ~ a porté *pr* & *fig* the blow struck home. -**2.** [attaque, choc] blow, shock; ça m'a fait un ~ [émotion] it gave me a shock; [déception] it was a blow ❏ sale ~ (pour la fanfare)! *fam* that's a bit of a blow ou downer!; en prendre un ~ *fam*: trois échecs d'affilée, son moral en a pris un ~ with three successive failures, her morale has taken a bit of a bashing; avec le krack boursier, l'économie en a pris un ~ the economy has suffered a great deal from the crash; accuser le ~ to reel under the blow; tenir le ~: j'ai trop de travail, je ne sais pas si je tiendrai le ~ I've got too much work, I don't know if I'll be able to cope. -**3.** BOXE punch, blow; ~ bas *pr* & *fig* blow ou punch below the belt; tous les ~s sont permis *pr* & *fig* (there are) no holds barred; compter les ~s *pr* & *fig* to keep score. -**4.** ARM shot, blast; un ~ de revolver a shot, a gunshot; le ~ est parti [revolver] the gun went off; [fusil] the rifle went off; tirer un ~ de canon to fire ou to blast a cannon ❏ (revolver à) six ~s six-shot gun; faire ~ double CHASSE to do a right and left; *fig* to kill two birds with one stone. -**5.** [bruit – gén] knock; [– sec] rap; [craquement] snap; des ~s au carreau knocking ou knocks on the window; un ~ de gong a bang on a gong ‖ [heure sonnée] stroke. -**6.** ▼ [éjaculation]: tirer un ou son ~ to shoot one's load.
**B.** GESTE, ACTION -**1.** [mouvement d'une partie du corps]: un ~ de corne a butt with the horn; elle nettoyait ses chatons à (grands) ~s de langue she was licking the kittens clean ❏ ~ de bec *pr* peck; *fig* cutting remark; ~ de dent *pr* bite; *fig* cutting remark; ~ de griffe ou patte *pr* swipe of the paw; *fig* cutting remark. -**2.** [emploi d'un instrument]: donner un (petit) ~ de brosse/chiffon à qqch to give sthg a (quick) brush/wipe; je vais me donner un ~ de peigne I'll just comb my hair ou give my hair a (quick) comb; je viens pour un ~ de peigne [chez le coiffeur] I just want a quick comb through; passe un ~ d'aspirateur au salon give the living room a quick vacuum; passe un ~ d'éponge sur la table give the table a wipe (with the sponge); un ~ de marteau a blow with a hammer; il s'est donné un ~ de marteau sur le doigt he hit his finger with a hammer; en deux ~s de rame nous pouvons traverser la rivière we can cross the river in a couple of strokes; passe un ~ dans la salle de bains *fam* give the bathroom a going-over ❏ en donner ou ficher *fam* ou mettre *fam* un ~ to get down to business; il a fallu qu'ils en mettent un sacré ~ they really had to pull out the stops. -**3.** GOLF & BILLARD stroke; TENNIS shot, stroke; ~ droit forehand stroke. -**4.** *fam* [savoir-faire] knack; ah, tu as le ~ pour mettre la pagaille! you really have a gift ou a knack for creating havoc, don't you!; une fois que tu auras pris le ~, ça ira tout seul! you'll find it's very easy once you get used to it ou once you've got the knack!-**5.** MÉTÉO: ~ de chaleur heatwave; ~ de mer heavy swell; ~ de vent gust of wind. -**6.** [effet soudain] wave; j'ai un ~ de cafard I feel down all of a sudden; j'ai eu un ~ de fatigue suddenly, a wave of tiredness came over me; il a eu un ~ de folie et a acheté une Rolls he went mad and bought himself a Rolls-Royce ❏ avoir un ~ de chaleur to feel the beginnings of sunstroke. -**7.** *fam* [boisson] drink; j'ai le hoquet – bois un ~ I've got (the) hiccups – drink something ou have a drink; tu me sers un ~ (à boire)? could you pour me a drink?; boire un ~ de trop to have one too many; un ~ de rouge a glass of red wine. -**8.** [lancer] throw; elle a renversé toutes les boîtes de conserve en un seul ~ she knocked down all the cans in one throw ‖ [aux dés] throw (of the dice) ‖ [action] JEUX move; CARTES go; c'est un ~ pour rien [essai] it's a trial run; [échec] it's a failure.
**C.** ACTE OU SITUATION EXCEPTIONNELS -**1.** *fam* [mauvais tour] trick; (faire) un mauvais ou sale ~ (à qqn) (to play) a dirty trick (on sb); je parie que c'est un ~ de Julie! I bet Julie's behind this!; ~ en traître blow below the belt, stab in

the back; monter un ~ contre qqn to set sb up, to frame sb; il nous a encore fait le ~ he's pulled the same (old) trick on us again; faire le ~ de la panne à qqn to come the old breakdown routine to sb; ne me fais pas le ~ de ne pas venir! now don't stand me up, will you! ❏ ~ monté put-up job, frame-up; faire un ~ en douce: il fait toujours ses ~s en douce he's always going behind people's backs. **-2.** ▽ *arg crime* [vol, escroquerie] job. **-3.** *fam* [affaire]: je veux l'acheter mais on est plusieurs sur le ~ I want to buy it but there are several people interested; expliquer le ~ à qqn to explain the situation ou set-up to sb; être dans tous les ~s to have a finger in every pie; rattraper le ~ to sort things out; elle a réussi son ~ she pulled it off; c'est un ~ à avoir un accident, ça! that's the sort of thing that causes accidents!; combien crois-tu que ça va coûter? — oh, c'est un ~ de 3 000 F how much do you think it will cost? — oh, about 3,000 F ‖ [personne – sexuellement]▼: c'est un bon ~ he/she's a good lay. **-4.** [action remarquable, risquée] coup; faire un beau ou joli ~ to pull a (real) coup; quand il s'agit d'un gros ~, elle met la main à la pâte when it's something really important, she lends a hand; c'est un ~ à faire ou tenter it's worth trying ou a try. **-5.** [circonstance marquante]: marquer le ~ to mark the occasion; un ~ du ciel ou de la Providence a twist of fate; un ~ de chance ou de pot *fam* ou de bol *fam* a stroke of luck, a lucky break.
**D.** FOIS time, go; du premier ~ first time, at the first attempt; essaie encore un ~ have another go; ce ~-ci, on s'en va this time, we're off; pour un ~ *fam* just for (this) once; un bon ~ *fam*: c'est ça, pleure un bon ~ that's it, have a good cry; vous devriez vous expliquer un bon ~! you should have it out once and for all!; un grand ~ *fam*: souffle un grand ~! [en se mouchant, sur des bougies] blow!; respire un grand ~ take a deep breath.
◆ **à coups de** *loc prép*: démoli à ~s de marteau smashed to pieces with a hammer; la productivité a été augmentée à ~s de primes spéciales productivity was increased through ou by dint of special bonuses.
◆ **à coup sûr** *loc adv* undoubtedly, certainly, for sure; elle ne s'engage qu'à ~ sûr she only commits herself when she's certain of the outcome.
◆ **après coup** *loc adv* afterwards, later on.
◆ **au coup par coup** *loc adv fam* bit by bit; négocier au ~ par ~ to have piecemeal negotiations.
◆ **coup sur coup** *loc adv* one after the other, in quick succession.
◆ **dans le coup** *fam* ◇ *loc adj*: elle est dans le ~ [complice] she's in on it ou involved in it; [à la mode] she's hip ou with it; moi, je ne suis plus dans le ~ [dans l'affaire] count me out ou leave me out of it; [au courant] I'm a bit out of touch ou out of it. ◇ *loc adv*: mettre qqn dans le ~ to let sb in on the act.
◆ **du coup** *loc adv* so, as a result; elle ne pouvait pas venir, du ~ j'ai reporté le dîner? as she couldn't come I put the dinner off, she couldn't come so I put the dinner off.
◆ **d'un (seul) coup** *loc adv* **-1.** [en une seule fois] in one (go), all at once. **-2.** [soudainement] all of a sudden; j'ai eu envie de pleurer/de le gifler, ça m'a pris d'un ~ *fam* I got a sudden urge to cry/to slap him.
◆ **pour le coup** *loc adv*: pour le ~, je ne savais plus quoi faire at that point, I didn't know what to do next; j'ai aussi failli renverser le lait, c'est pour le ~ qu'il aurait été en colère! *fam* I nearly spilt the milk as well, he really would have been furious then!
◆ **sous le coup de** *loc prép*: sous le ~ de la colère, on dit des choses qu'on regrette après when you're in a temper, you say things which you regret later; il est encore sous le ~ de l'émotion he still hasn't got over the shock; tomber sous le ~ de qqch to come within the scope of sthg; tomber sous le ~ de la loi to be punishable by law.
◆ **sur le coup** *loc adv* **-1.** [mourir] instantly. **-2.** [à ce moment-là] straightaway, there and then; je n'ai pas compris sur le ~ I didn't understand immediately ou straightaway.
◆ **sur le coup de** *loc prép*: sur le ~ de 6 h/de midi round-about 6 o'clock/midday.
◆ **coup d'aile** *nm*: tous les moineaux se sont envolés d'un ~ d'aile all the sparrows took wing suddenly; Paris-Bruxelles en un ~ d'aile *fig* Paris-Brussels in one short hop.
◆ **coup de balai** *nm*: la cuisine a besoin d'un bon ~ de balai the kitchen needs a good sweep; donner un ~ de balai

to sweep (out) a room; le comité aurait besoin d'un bon ~ de balai *fig* the committee could do with a shake-up.
◆ **coup de barre** *nm fam*: j'ai le ~ de barre I feel tired all of a sudden.
◆ **coup de chapeau** *nm* praise; donner un ~ de chapeau à qqn to praise sb; son livre mérite un ~ de chapeau his book deserves some recognition.
◆ **coup de coude** *nm*: donner un ~ de coude à qqn [en signe] to nudge sb; [agressivement] to dig one's elbow into sb.
◆ **coup d'éclat** *nm* feat; faire un ~ d'éclat to pull off a coup.
◆ **coup d'État** *nm* **-1.** [putsch] coup (d'état). **-2.** *fig* coup.
◆ **coup de feu** *nm* **-1.** [tir] tirer un ~ de feu to fire a shot, to shoot; on a entendu des ~s de feu we heard shots being fired ou gunfire. **-2.** *fig*: c'est le ~ de feu there's a sudden rush on.
◆ **coup de fil** = coup de téléphone.
◆ **coup de filet** *nm* [poissons] draught, haul; [suspects] haul.
◆ **coup de foudre** *nm* **-1.** MÉTÉO flash of lightning. **-2.** *fig* love at first sight.
◆ **coup de fouet** *nm*: donner un ~ de fouet à qqn *pr* to lash ou to whip sb; *fig* to give sb a boost; le cocher a donné un ~ de fouet aux chevaux the coachman cracked his whip at the horses.
◆ **coup fourré** *nm fig* low trick.
◆ **coup franc** *nm* free kick.
◆ **coup de fusil** *nm* **-1.** [acte] shot; [bruit] shot, gunshot; donner un ~ de fusil à qqn to shoot sb (with a rifle); on entendait des ~s de fusil you could hear shooting ou shots being fired; recevoir un ~ de fusil to get shot. **-2.** *fig*: on y mange bien, mais après c'est le ~ de fusil! it's a good restaurant, but the bill is a bit of a shock!
◆ **coup de grâce** *nm pr* & *fig* coup de grâce, deathblow.
◆ **coup du lapin** *nm* [coup] rabbit punch; [dans un accident de voiture] whiplash (U).
◆ **coup de main** *nm* **-1.** [raid] smash-and-grab (attack); MIL coup de main. **-2.** [aide]: donner un ~ de main à qqn to give ou to lend sb a hand. **-3.** [savoir-faire]: avoir le ~ de main to have the knack ou the touch.
◆ **coup d'œil** *nm* **-1.** [regard] look, glance; elle s'en rendit compte au premier ~ d'œil she noticed straight away ou immediately ou at a glance; donner ou jeter un petit ~ d'œil à to have a quick look ou glance at; d'un ~ d'œil, il embrassa le tableau he took in the situation at a glance ❏ avoir le ~ d'œil to have a good eye; valoir le ~ d'œil to be (well) worth seeing. **-2.** [panorama] view.
◆ **coup de pied** *nm* **-1.** [d'une personne, d'un cheval] kick; le ~ de pied de l'âne *fig* the parting shot.
◆ **coup de poing** *nm* punch; donner un ~ de poing à qqn to give sb a punch, to punch sb; faire le ~ de poing to brawl, to fight.
◆ **coup de poker** *nm* (bit of a) gamble.
◆ **coup de pouce** *nm* bit of help; donner un ~ de pouce à qqn to pull (a few) strings for sb; donner un ~ de pouce à qqch to give sthg a bit of a boost.
◆ **coup de sang** *nm* **-1.** MÉD stroke. **-2.** *fig* angry outburst.
◆ **coup de soleil** *nm* sunburn (U); prendre ou attraper un ~ de soleil to get sunburnt.
◆ **coup du sort** *nm* [favorable] stroke of luck; [défavorable] stroke of bad luck.
◆ **coup de téléphone** *nm* (phone) call; donner ou passer un ~ de téléphone to make a call; donner ou passer un ~ de téléphone à qqn to phone ou to call sb; recevoir un ~ de téléphone to receive ou to get a phone call.
◆ **coup de tête** *nm* **-1.** [dans une bagarre] head butt; donner un ~ de tête à qqn to head-butt sb. **-2.** SPORT header. **-3.** *fig* (sudden) impulse; sur un ~ de tête on (a sudden) impulse.
◆ **coup de théâtre** *nm* THÉÂT coup de théâtre, sudden twist in the action; *fig* sudden turn of events.
◆ **coup de torchon** *nm fam* [bagarre] fist-fight; [nettoyage] clear-out *Br*, cleanup.
◆ **coup de vent** *nm* **-1.** [rafale] gust (of wind). **-2.** *loc*: en ~ de vent in a flash ou a whirl; entrer/partir en ~ de vent to rush in/off; elle est passée par Lausanne en ~ de vent she paid a flying visit to Lausanne; manger en ~ de vent to grab something to eat.

**coupable** [kupabl] ◇ *adj* **-1.** [fautif] guilty; prendre un air ~ to look sheepish ou guilty. **-2.** [responsable] guilty, culpable; JUR guilty. **-3.** *litt* [amour, rêve, pensée] sinful, reprehensible; [action] culpable. ◇ *nmf* **-1.** [élément responsable] culprit. **-2.** JUR guilty party.

**coupant, e** [kupɑ̃, ɑ̃t] *adj* **-1.** [tranchant – ciseaux] sharp. **-2.** [caustique – ton, remarque] cutting, biting.
◆ **coupant** *nm* cutting edge.

**coup-de-poing** [kudpwɛ̃] (*pl* **coups-de-poing**) ◇ *nm*: ~ américain knuckle-duster. ◇ *adj* [argument, chanson] hard-hitting; [politique] tough and uncompromising.

**coupe** [kup] *nf* **-1.** [action] cutting (out); [coiffure]: ~ (de cheveux) cut, haircut; ~ au carré (square) bob. **-2.** COUT [forme] cut; [action] cutting; [tissu] length. **-3.** [dessin] section. **-4.** [au microscope] section. **-5.** JEUX [séparation] cut, cutting. **-6.** [sciage] cutting (down); [étendue] felling area; [entaille] section; ~ sombre *pr* thinning out; *fig* drastic cut; mettre en ~ réglée *pr* to fell on a regular basis; *fig* to bleed ou to drain systematically. **-7.** LING & LITTÉRAT break, caesura; ~ syllabique syllable break. **-8.** [verre, contenu – à boire] glass; [– à entremets] dish; ~ de glace/fruits [dessert] ice cream/fruit (*presented in a dish*) ❏ ~ à glace sundae dish; la ~ est pleine the cup is full.
◆ **à la coupe** *loc adj*: fromage/jambon à la ~ cheese cut/ ham sliced at the request of the customer.
◆ **sous la coupe de** *loc prép* **-1.** [soumis à]: être sous la ~ de qqn to be under sb's thumb; tomber sous la ~ de qqn to fall into sb's clutches. **-2.** JEUX: jouer sous la ~ de qqn to lead after sb has cut.

**coupé** [kupe] *nm* AUT & DANSE coupé.

**coupe-choux** [kupʃu] *nm inv fam* **-1.** [sabre] sabre. **-2.** *hum* (cut-throat) razor.

**coupe-cigares** [kupsigar] *nm inv* cigar cutter.

**coupe-circuit** [kupsirkɥi] (*pl inv* ou **coupe-circuits**) *nm* cutout.

**coupe-coupe** [kupkup] *nm inv* machete.

**coupe-faim** [kupfɛ̃] *nm inv* **-1.** [gén] snack. **-2.** MÉD appetite suppressant.

**coupe-feu** [kupfø] *nm inv* **-1.** [espace] firebreak, fire line. **-2.** [construction] fireguard.

**coupe-file** [kupfil] (*pl* **coupe-files**) *nm* pass.

**coupe-gorge** [kupgɔrʒ] *nm inv* [quartier] dangerous area; [bâtiment] death trap.

**coupelle** [kupɛl] *nf* **-1.** [petite coupe] (small) dish. **-2.** CHIM cupel.

**coupe-ongles** [kupɔ̃gl] *nm inv* (pair of) nail clippers.

**coupe-papier** [kuppapje] (*pl inv* ou **coupe-papiers**) *nm* paper knife.

**couper** [3] [kupe] ◇ *vt* **-1.** [entailler – légèrement] to cut; [– gravement] to slash; ~ le souffle ou la respiration à qqn to take sb's breath away; beau à ~ le souffle breathtakingly beautiful; à ~ au couteau: le brouillard était à ~ au couteau the fog was so thick you couldn't see your hand in front of your face; un accent à ~ au couteau a very strong accent; un silence à ~ au couteau a silence you could cut with a knife. **-2.** [membre] to cut off (*sép*); [tête] to cut off, to chop (off); ~ la tête ou le cou à un canard to chop a duck's head off❏ ~ bras et jambes à qqn [surprise] to amaze sb; ça lui a coupé les jambes [de fatigue] that's really tired him out. **-3.** [mettre en morceaux – ficelle] to cut; [– gâteau] to cut up (*sép*); [– saucisson] to cut up, to slice (up); [– bois] to chop (up); ~ en tranches to cut up, to cut into slices, to slice ❏ elle se ferait ~ en morceaux plutôt que de... she'd rather die than...; ~ la poire en deux to meet half-way, to come to a compromise; ~ les ponts avec qqn to break all ties ou to break off relations with sb; ~ les cheveux en quatre to split hairs. **-4.** [tailler – fleurs] to cut; [– bordure] to cut off (*sép*); [– arbre] to cut ou to chop down (*sép*), to fell; ~ les cheveux à qqn to cut sb's hair; ~ qqn de qqch to cut sb off from sthg ❏ ~ le mal à la racine to strike at the root of the evil. **-5.** COUT [robe] to cut out (*sép*); [tissu] to cut. **-6.** [écourter – film, texte] to cut; [ôter – remarque, séquence] to cut (out), to edit out (*sép*). **-7.** [arrêter – crédit] to cut; ~ l'eau [par accident] to cut off the water; [volontairement] to turn ou to switch off the water; son père va lui ~ les vivres his father will stop supporting him ou will cut off his means of subsistence. **-8.** [interrompre – fièvre] to bring down (*sép*); [– appétit] to spoil, to ruin; [– relations diplomatiques, conversation] to break off; ~ la

parole à qqn to cut sb short; ~ qqn *fam* to interrupt sb; je vais à la gym à midi, ça (me) coupe la journée I go to the gym at lunchtime, it helps to break the day up; ~ la chique ou le sifflet *fam* à qqn to shut sb up; ~ ses effets à qqn to take the wind out of sb's sails. **-9.** [barrer – route] to cut off (*sép*); [– retraite] to block off (*sép*), to cut off; l'arbre nous coupait la route the tree blocked our path; la voiture nous a coupé la route the car cut across in front of us. **-10.** [diviser – surface] to cut; [– ligne] to cut, to intersect; [– voie] to cross, to cut across; depuis, la famille est coupée en deux since then, the family has been split in two; je me sens coupé de tout I feel cut off from everything ou totally isolated. **-11.** [diluer – lait] to add water to, to thin ou to water down (*sép*); ~ du vin [à l'eau] to water wine down; [avec d'autres vins] to blend wine. **-12.** CIN: coupez! cut!. **-13.** TÉLÉC to cut off (*sép*). **-14.** JEUX [partager] to cut; [jouer l'atout] to trump. **-15.** SPORT [balle] to slice.
◇ *vi* **-1.** [être tranchant] to cut, to be sharp. **-2.** [prendre un raccourci]: à travers champs to cut across fields ou country; ~ par une petite route to cut through by a minor road; ~ au plus court to take the quickest way. **-3.** [interrompre] to cut in.
◆ **couper à** *v* + *prép*: ~ court à qqch [mettre fin à] to cut sthg short, to curtail sthg; ~ à qqch to get out of sthg; y ~: on n'y a pas coupé, à son sermon! sure enough we got a lecture from him!
◆ **se couper** ◇ *vp* (*emploi réfléchi*) to cut o.s.; se ~ les ongles to cut ou to trim one's nails; se ~ le ou au front to cut one's forehead ❏ se ~ en quatre pour qqn [une fois] to bend over backwards to help sb; [continuellement] to devote o.s. utterly to sb. ◇ *vpi* **-1.** [lignes, routes] to cut across one another, to intersect. **-2.** [se contredire] to contradict o.s.

**couper-coller** [kupekɔle] *vt* & *vi* to cut-and-paste.

**couperet** [kuprɛ] *nm* **-1.** [d'une guillotine] blade, knife. **-2.** [à viande] cleaver, chopper.

**couperose** [kuproz] *nf* red blotches (on the face), rosacea *spéc*.

**couperosé, e** [kuproze] *adj* blotchy and red, affected by rosacea *spéc*.

**coupeur, euse** [kupœr, øz] *nm, f* **-1.** COUT cutter. **-2.** *loc*: un ~ de cheveux en quatre a nitpicker.

**coupe-vent** [kupvɑ̃] *nm inv* **-1.** VÊT windcheater *Br*, Windbreaker® *Am*. **-2.** TRANSP V-shaped deflector.

**couplage** [kuplaʒ] *nm* ÉLECTR & MÉCAN coupling.

**couple** [kupl] ◇ *nm* **-1.** [de gens] couple; [d'animaux] pair. **-2.** MÉCAN & PHYS couple. **-3.** MATH pair. ◇ *nf* CHASSE [chiens] couple; [colliers] leash.

**coupler** [3] [kuple] *vt* **-1.** [mettre deux à deux] to couple together, to pair up ou off (*sép*). **-2.** ÉLECTR & MÉCAN to couple.

**couplet** [kuplɛ] *nm* [strophe] verse; [chanson] song.

**coupleur** [kuplœr] *nm* **-1.** ÉLECTR, RAIL & TRANSP coupler. **-2.** INF coupler.

**coupole** [kupɔl] *nf* ARCHIT dome; la Coupole [Académie] the Académie française; [restaurant] *restaurant in Paris famous as a former meeting place for artists*.

**coupon** [kupɔ̃] *nm* **-1.** TEXT remnant. **-2.** [de papier] coupon. **-3.** FIN [droit attaché à un titre] coupon. **-4.** TRANSP: ~ annuel/ mensuel yearly/monthly pass ‖ *Belg* rail ou train ticket.

**coupon-réponse** [kupɔ̃repɔ̃s] (*pl* **coupons-réponse**) *nm* reply coupon.

**coupure** [kupyr] *nf* **-1.** [blessure] cut. **-2.** [trêve, repos] break. **-3.** ÉLECTR power cut, blackout; il y a une ~ de gaz/d'eau the gas/the water has been cut off. **-4.** [suppression – dans un texte] deletion. **-5.** [article]: ~ de journal/presse newspaper/press cutting. **-6.** FIN note, bill *Am*; grosses ~s large denominations.

**couque** [kuk] *nf Belg* cake.

**cour** [kur] *nf* **-1.** [d'immeuble] courtyard; [de ferme] yard, farmyard; ~ d'honneur main courtyard; ~ de récréation SCOL playground; ~ des Miracles HIST *area in Paris where vagrants had the right of sanctuary*; c'était la ~ des Miracles dans la salle d'attente *fig* the waiting room was utter bedlam; n'en jetez plus, la ~ est pleine! *fam* please, no more!. **-2.** [d'un roi] court; *fig* [admirateurs] following, inner circle (of admirers); être bien en ~ to be in favour; être mal en ~ to be out of favour. **-3.** JUR [magistrats] court; Messieurs, la Cour! all rise!, be upstanding in court! *Br* ‖ [tribunal]: ~ **d'appel** Court of Appeal, appellate court *Am*; ~ **d'assises** ≈ Crown Court *Br*, ≈ Circuit court *Am*; **Cour de cassation** final Court of Appeal; **Cour européenne des droits de l'homme** European Court of Human Rights; **Haute** ~ High Court *(for impeachment of president or ministers)*. **-4.** ADMIN: **Cour des comptes** *the French audit office,* ≈ controller and auditor general *Br*, ≈ General Accounting Office *Am*. **-5.** *loc:* **faire la** ~ **à qqn** to court sb, to woo sb.

**courage** [kuraʒ] *nm* **-1.** [bravoure] courage, bravery; **avec** ~ courageously, bravely; **avoir le** ~ **de ses opinions** to have the courage of one's convictions ❑ **prendre son** ~ **à deux mains** to muster all one's courage. **-2.** [énergie] will, spirit; **travailler avec** ~ to work with a will; **bon** ~! good luck!, hope it goes well!; ~, **la journée est bientôt finie** keep it up, the day's nearly over; **un whisky pour te donner du** ~ a whisky to buck you up; **prendre** ~ to take heart; **perdre** ~ to lose heart, to become discouraged; **je n'ai pas le** ~ **d'aller travailler/de le lui dire** I don't feel up to going to work/to telling her.

**courageusement** [kuraʒøzmɑ̃] *adv* **-1.** [se battre, parler] courageously, bravely. **-2.** [travailler] with a will.

**courageux, euse** [kuraʒø, øz] *adj* courageous, brave; ~ **mais pas téméraire** brave but not reckless ou foolhardy.

**couramment** [kuramɑ̃] *adv* **-1.** [bien] fluently; **elle parle le danois** ~ she speaks Danish fluently ou fluent Danish. **-2.** [souvent] commonly; **l'expression s'emploie** ~ the expression is in common usage; **ça se dit** ~ it's a common ou an everyday expression; **cela se fait** ~ it's common practice.

**courant¹** [kurɑ̃] *nm* **-1.** ÉLECTR: ~ **(électrique)** (electric) current; **branché sur le** ~ plugged into the mains; **couper le** ~ to cut the power off; **mettre le** ~ to switch the power on; **rétablir le** ~ to put the power back on ❑ ~ **alternatif/continu** alternating/direct current; **le** ~ **passe bien entre nous** we're on the same wavelength; **le** ~ **passe bien entre lui et le public** he comes across well to the public. **-2.** [dans l'eau] current, stream; **il y a trop de** ~ the current is too strong ❑ **suivre le** ~ *pr* to go with the current; *fig* to follow the crowd, to go with the tide; **nager contre** ou **remonter le** ~ *pr* to swim against the current; *fig* to go against the tide. **-3.** [dans l'air] current; ~ **(atmosphérique)** airstream, current; ~ **d'air** draught; **il y a des** ~**s d'air** it's draughty; **se déguiser** ou **se transformer en** ~ **d'air** *hum* to vanish into thin air. **-4.** [tendance] current, trend; **les** ~**s de l'opinion** currents ou trends in public opinion; **un** ~ **d'optimisme** a wave of optimism. **-5.** [masse mouvante] movement, shift; **les** ~**s de population** shifts of population.
◆ **au courant** *loc adj* [informé]: **personne/journal bien au** ~ well-informed person/paper; **il est parti mais les gens au** ~ **n'ont rien dit** he left but those who knew about it ou who were in the know kept quiet. ◇ *loc adv:* **se tenir au** ~ to keep abreast of things ou o.s. informed; **mettre qqn au** ~ to let sb know, to fill sb in; **tenir qqn au** ~ to keep sb posted ou informed.
◆ **au courant de** *loc prép* **-1.** [informé de]: **au** ~ **des nouvelles méthodes** well up on new methods; **tu es au** ~ **de la panne?** do you know about the breakdown? **-2.** *litt* [au fil de]: **écrire qqch au** ~ **de la plume** [rapidement] to dash sthg off; [sans effort] to pen sthg with ease.
◆ **dans le courant de** *loc prép* in ou during the course of.

**courant², e** [kurɑ̃, ɑ̃t] *adj* **-1.** [quotidien – vie, dépenses] everyday; [– travail] everyday, routine; **en anglais** ~ in everyday ou conversational English. **-2.** [commun – problème, maladie] common; [– incident] everyday. **-3.** [normal – modèle, pointure] standard. **-4.** [actuel] current; **votre lettre du 17** ~ your letter of the 17th instant *Br* ou the 17th of this month.
◆ **courante** *nf fam* [diarrhée]: **la** ~**e** the runs.

**courbatu, e** [kurbaty] *adj* aching (and stiff).

**courbature** [kurbatyr] *nf* ache; **plein de** ~**s** aching (and stiff) all over.

**courbaturé, e** [kurbatyre] *adj* aching (and stiff).

**courbe** [kurb] ◇ *adj* curving, rounded, curved. ◇ *nf* **-1.** GÉOM curve, curved ou rounded line. **-2.** [sur un graphique] curve; **tracer la** ~ **de** to plot the curve of, to graph. **-3.** GÉOG: ~ **de niveau** contour line.

**courber** [3] [kurbe] ◇ *vt* **-1.** [plier] to bend. **-2.** [personne]: ~

**la tête** to bow ou to bend one's head; ~ **le front sur qqch** to bend over sthg; **marcher le dos courbé** to walk with a stoop ❑ ~ **l'échine** ou **le dos devant qqn** to give in ou to submit to sb. ◇ *vi litt:* ~ **sous le poids** to be weighed down by a burden.
◆ **se courber** *vpi* **-1.** [ployer – arbre, barre] to bend. **-2.** [personne – gén] to bend down; [– de vieillesse] to stoop; [– pour saluer] to bow (down); [– par soumission]: **se** ~ **devant qqch** to bow before sthg, to submit to sthg.

**courbette** [kurbɛt] *nf* **-1.** [salut] low bow; **faire des** ~**s à qqn** *péj* to kowtow to sb, to bow and scrape to sb. **-2.** [d'un cheval] curvet.

**courbure** [kurbyr] *nf* curved line ou shape, curvature.

**courette** [kurɛt] *nf* [d'un immeuble] small yard ou courtyard, close; [d'une ferme] small yard ou farmyard.

**coureur, euse** [kurœr, øz] ◇ *adj* **-1.** [cheval] racing. **-2.** *fam* [séducteur]: **il est très** ~ he's a womanizer ou philanderer; **elle est très coureuse** she's always chasing men. ◇ *nm, f* **-1.** SPORT runner; [sauteur de haies] hurdler; ~ **de fond/demi-fond** long-distance/middle-distance runner; ~ **cycliste** (racing) cyclist; ~ **automobile** racing driver; ~ **motocycliste** motorcycle ou motorbike driver. **-2.** *fam* [séducteur] womanizer *(f maneater)*; ~ **de dot** dowry-hunter; ~ **de jupons** womanizer, philanderer. **-3.** [amateur]: **un** ~ **de fêtes/musées** inveterate party-goer/museum-goer. **-4.** *Can:* ~ **des bois** fur trader.

**courge** [kurʒ] *nf* **-1.** CULIN (vegetable) marrow *Br*, squash *Am*; [plante, fruit] gourd, squash. **-2.** *fam* [imbécile] idiot, dope, twit.

**courgette** [kurʒɛt] *nf* courgette *Br*, zucchini *Am*.

**courir** [45] [kurir] ◇ *vi* **-1.** [gén] to run; [sportif, lévrier] to run, to race; **entrer/sortir/traverser en courant** to run in/out/across; **j'ai couru à fond de train** ou **à toutes jambes** I ran as fast as my legs could carry me; ~ **ventre à terre** to run flat out; ~ **tête baissée (vers)** to rush headlong (towards); ~ **après qqn** to run after sb ❑ ~ **comme un lièvre** to run like a hare. **-2.** [se déplacer – nuée] to race along ou by; [– eau] to rush, to run; **ses doigts couraient sur les touches** his fingers ran up and down the keyboard; **laisser** ~ **sa plume** to let one's pen run freely. **-3.** [se précipiter] to rush, to run; **j'y cours** I'll rush over; **la pièce qui fait** ~ **tout Paris** the play all Paris is flocking to see; **j'ai couru toute la journée** I've been in a rush ou I've been run off my feet all day. **-4.** [se propager – rumeur, idée]: **un bruit qui court** a rumour that's going round; **le bruit court que...** rumour has it that... **-5.** [temps] to run; **l'année qui court** the current year; **la location court jusqu'au 25** it's rented until the 25th; **par les temps qui courent** nowadays. **-6.** [s'étendre]: ~ **le long de** to run along. **-7.** FIN [intérêt] to accrue; **laisser** ~ **des intérêts** to allow interest to accrue. **-8.** *loc:* **tu peux (toujours)** ~! *fam* no way!; **l'épouser? il peut toujours** ~! *fam* marry her? he doesn't have a hope in hell!; **laisser** ~ *fam* [abandonner] to forget, to drop; ~ **sur le système**▽ ou **le haricot**▽ **à qqn** [l'énerver] to get up sb's nose *Br* ou on sb's nerves; **il commence à me** ~! he's beginning to get up my nose *Br* ou to tick me off! *Am*.
◇ *vt* **-1.** SPORT [course] to compete in, to run. **-2.** [sillonner – ville, mers] to roam, to rove; **cela court les rues** [idée, style] it's run-of-the-mill; **quelqu'un comme ça, ça ne court pas les rues** people like that are hard to come by. **-3.** [fréquenter] to go round; ~ **les filles/les garçons** to chase girls/boys ❑ ~ **le jupon** ou **le cotillon** to flirt with women; ~ **la gueuse** ou **le guilledou** ou **la prétentaine** *hum* & *vieilli* to go wenching. **-4.** [rechercher – honneurs, poste] to seek; [encourir]: ~ **un risque** ou **un risque** [tenter]: ~ **sa chance** to try one's chance. **-5.** CHASSE to hunt; **il ne faut pas** ~ **deux lièvres à la fois** *prov* if you run after two hares you will catch neither *prov.*
◆ **courir à** *v* + *prép* [faillite, désastre] to head for; **elle court à sa perte** she's on the road to ruin.
◆ **courir après** *v* + *prép* [rechercher]: ~ **après qqn** *fam* to bug sb; ~ **après un poste** to be after a job; ~ **après la célébrité** to strive for recognition; **il court toujours après le temps** he's always short of time; **elle ne court pas après l'argent** she's not after money.
◆ **courir sur** *v* + *prép* [approcher de]: ~ **sur ses 60 ans** to be approaching 60.
◆ **se courir** *vp (emploi passif):* **le tiercé se court à Enghien au-**

jourd'hui today's race is being run at Enghien.

**couronne** [kurɔn] *nf* **-1.** [coiffure – d'un souverain] crown; [– d'un pair] coronet; ~ **de lauriers** crown of laurels, laurel wreath; ~ **d'épines** crown of thorns; ~ **royale** royal crown ❑ ~ **mortuaire** (funeral) wreath; **porter la** ~ *pr* & *fig* to wear the crown. **-2.** HIST & POL: **la Couronne d'Angleterre/de Belgique** the English/Belgian Crown; **prétendre à la** ~ to lay claim to the throne. **-3.** [cercle] crown, circle. **-4.** [périphérie]: **la petite** ~ *the suburbs adjacent to Paris.* **-5.** DANSE crown. **-6.** [pain] ring OU ring-shaped loaf. **-7.** [prothèse dentaire] crown. **-8.** ARCHIT & ASTRON corona. **-9.** [monnaie] crown. **-10.** [d'un arbre] crown.
◆ **en couronne** *loc adj* **-1.** [en rond]: **fleurs en** ~ wreath of flowers; **nattes en** ~ plaits (worn) in a crown. **-2.** CULIN in a ring.

**couronnement** [kurɔnmã] *nm* **-1.** [cérémonie] coronation, crowning. **-2.** [réussite] crowning achievement. **-3.** [récompense]: **cette année a vu le** ~ **de ses efforts** this year her efforts were finally rewarded.

**couronner** [3] [kurɔne] *vt* **-1.** [roi] to crown; **elle fut couronnée reine/impératrice** she was crowned queen/empress ‖ ANTIQ & HIST [orateur, soldat] to crown with a laurel wreath. **-2.** [récompenser – poète, chercheur] to award a prize to; [– œuvre, roman] to award a prize for. **-3.** [conclure – carrière, recherches, vie] to crown; **et pour** ~ **le tout** *fam* and to crown it all, and on top of all that. **-4.** [dent] to crown.
◆ **se couronner** *vpt*: **se** ~ **les genoux** to graze one's knees.

**courrai** [kurre] *v* → **courir.**

**courre** [kur] → **chasse.**

**courrier** [kurje] *nm* **-1.** [correspondance – reçue] mail, letters, post *Br*; [– à envoyer] letters (to be sent); **il y a du** ~ **pour moi aujourd'hui?** are there any letters for me ou have I got any mail OU is there any post *Br* for me today?; **avec la grève, il y a du retard dans le** ~ with the strike, there are delays in mail deliveries; **faites partir ça avec le premier** ~ send this first post today *Br*, send this by the first mail *Am*. **-2.** [lettre]: **un** ~ a letter. **-3.** ADMIN & POL [messager] courier. **-4.** [chronique] column; ~ **du cœur** agony column, problem page; ~ **des lecteurs** letters (to the editor). **-5.** INF: ~ **électronique** email. **-6.** TRANSP mail; HIST [homme] messenger.

**courriériste** [kurjerist] *nmf* columnist.

**courroie** [kurwa] *nf* **-1.** [gén] belt strap. **-2.** TECH belt; ~ **de transmission** driving belt; ~ **de ventilateur** AUT fan belt.

**courroucer** [16] [kuruse] *vt sout* to anger, to infuriate.
◆ **se courroucer** *vpi sout* to become infuriated.

**courroux** [kuru] *nm sout* anger, ire *litt*, wrath *litt*.

**cours** [kur] *nm* **A.** ÉCOULEMENT, SUCCESSION **-1.** GÉOG [débit] flow; [parcours] course; **avoir un** ~ **lent** to be slow-flowing; **avoir un** ~ **rapide** to be fast-flowing ❑ ~ **d'eau** [ruisseau] stream; [rivière] river. **-2.** [déroulement – des années, des saisons, de pensées] course; [– d'événements] course, run; [– de négociations, d'une maladie, de travaux] course, progress; **donner** OU **laisser (libre)** ~ **à** [joie, indignation] to give vent to; [imagination, chagrin] to give free rein to; **reprendre son** ~: **la vie reprend son** ~ life goes on; **l'Histoire reprend son** ~ history must take its course; **en suivant/remontant le** ~ **du temps** going forward/back in time. **-3.** [dans des noms de rue] avenue.
**B.** DANS LE DOMAINE FINANCIER **-1.** [de devises] rate; ~ **des devises** OU **du change** foreign exchange rate OU rate of exchange ❑ ~ **forcé** forced currency; **avoir** ~ [monnaie] to be legal tender OU legal currency; [pratique] to be common; **avoir** ~ **légal** to be legal tender OU a legal currency; **ne plus avoir** ~ [monnaie] to be out of circulation, to be no longer legal tender OU a legal currency; [pratique, théorie] to be obsolete; **expression, terme] to be obsolete OU no longer in use. **-2.** [d'actions] price, trading rate; **au** ~ **du marché** at the market OU trading price; **au** ~ **du jour** at today's rate; ~ **limite** limit price; **premier** ~, ~ **d'ouverture** opening price; **dernier** ~, ~ **de clôture** closing price.
**C.** DANS LE DOMAINE SCOLAIRE ET UNIVERSITAIRE **-1.** SCOL [classe] class, lesson; UNIV class, lecture; [ensemble des leçons] course; **aller en** ~ to go to one's class; **être en** ~ to be in class; **suivre des** ~ to attend a course; **suivre un** ~ OU **des** ~ **d'espagnol** to go to OU to attend a Spanish class; **prendre des** ~ to take lessons OU a course; **elle prend des** ~

au Conservatoire she attends the Conservatoire; **j'ai** ~ **tout à l'heure** [élève, professeur] I have a class later; **j'ai** ~ **tous les jours** [élève, professeur] I have classes every day; **faire** ~: **c'est moi qui vous ferai** ~ **cette année** I'll be teaching you this year; **les professeurs ne font pas** ~ **cet après-midi** there are no lessons this afternoon; **tu ne vas pas me faire un** ~ **sur la politesse?** are you going to give me a lecture on how to be polite? ❑ ~ **par correspondance** correspondence course; UNIV ≃ Open University course *Br*; ~ **magistral** lecture; **donner/prendre des** ~ **particuliers** to give/to have private tuition; ~ **de perfectionnement** proficiency course; ~ **du soir** evening class. **-2.** [manuel] course, coursebook, textbook. **-3.** [degré – dans l'enseignement primaire]: ~ **préparatoire** ≃ first-year infants class *Br*, ≃ nursery school *Am*; ~ **élémentaire** ≃ second-year infants class *Br*, ≃ first grade *Am*; ~ **moyen** ≃ third-year infants class *Br*, ≃ second grade *Am*. **-4.** [établissement] school.
◆ **au cours de** *loc prép* during, in OU during the course of; **au** ~ **des siècles** over the centuries; **au** ~ **de notre dernier entretien** when we last spoke; **ça se décidera au** ~ **des prochaines semaines** it'll be decided in the weeks to come.
◆ **en cours** *loc adj* [actuel]: **l'année/le tarif en** ~ the current year/price; **affaire/travail en** ~ business/work in hand; **examen en** ~ examination in progress; **être en** ~ [débat, réunion, travaux] to be under way, to be in progress.
◆ **en cours de** *loc prép* in the process of; **en** ~ **de réparation** in the process of being repaired, undergoing repairs; **c'est en** ~ **d'étude** it's being examined; **en** ~ **de route** on the way.

**course** [kurs] *nf* **-1.** SPORT [compétition] race; **épuisé par sa** ~ exhausted from his running; **il a dû arrêter en pleine** ~ he had to stop in the middle of the race; **faire la** ~ to race; **faire la** ~ **avec qqn** to race (with) sb; **les enfants, on ne fait pas la** ~! children, no running!; **c'est toujours la** ~ **au bureau** *fig* we're always run off our feet at the office ❑ ~ **attelée/handicap** harness/handicap race; ~ **de fond** OU **d'endurance** long-distance race; ~ **automobile** motor OU car race; ~ **de chevaux** (horse) race; ~ **cycliste** cycle race; ~ **de demi-fond** middle-distance race; ~ **d'obstacles** ÉQUIT steeplechase; ~ **à pied** race; ~ **de relais** relay race; ~ **en sac** sack race; ~ **de taureaux** bullfight; ~ **de vitesse** sprint *Br*, dash *Am*; ~ **contre la montre** *pr* race against the clock, time-trial; *fig* race against time; **être dans la** ~ *fam* to be hip OU with it; *vieilli*; **rester dans la** ~ to stay in OU to be still in the race. **-2.** [activité]: **la** ~ [à pied] running; [en voiture, à cheval] racing; **je fais de la** ~ **à pied tous les jours** I run every day; **la** ~ **à**: **la** ~ **aux armements** the arms race; **la** ~ **au pouvoir/à la présidence** the race for power/the presidency. **-3.** [randonnée]: **faire une** ~ **en montagne** to go for a trek in the mountains. **-4.** [d'un taxi – voyage] journey; [– prix] fare. **-5.** [commission] errand; **j'ai une** ~ **à faire** I've got to buy something OU to get something from the shops ‖ [d'un coursier] errand. **-6.** [trajectoire – d'un astre, d'un pendule] course, trajectory; [– d'un missile] flight; [– d'un piston] stroke. **-7.** *Helv* [trajet] trip *(by train or boat)*; [excursion] excursion.
◆ **courses** *nfpl* **-1.** [commissions]: **faire les/des** ~s to do the/some shopping. **-2.** [de chevaux] races; **jouer aux** ~s to bet on the races OU on the horses.

**course-poursuite** [kurspursɥit] *(pl* **courses-poursuites**) *nf* **-1.** SPORT track race. **-2.** [entre policiers et voleurs] car chase.

**courser** [3] [kurse] *vt fam* to chase, to run after *(insép)*.

**coursier, ère** [kursje, ɛr] *nm, f* errand boy *(f* girl); [à moto] dispatch rider.
◆ **coursier** *nm* **-1.** [transporteur]: **envoyer qqch par** ~ to send sthg by courier ❑ ~ **international** courier company. **-2.** *litt* [cheval] steed.

**coursive** [kursiv] *nf* **-1.** NAUT gangway. **-2.** CONSTR (raised) passageway.

**court, e** [kur, kurt] *adj* **A.** DANS L'ESPACE **-1.** [en longueur – cheveux, ongles] short; ~ **sur pattes** *fam* [chien] short-legged; [personne] short; **la jupe est trop** ~e **de trois centimètres** the skirt is three centimetres too short; **il y a un chemin plus** ~ there's a shorter OU quicker way. **-2.** ANAT [os, muscle] short. **-3.** RAD [onde] short.
**B.** DANS LE TEMPS **-1.** [bref, concis – discours, lettre, séjour, durée etc] short, brief; **pendant un** ~ **instant** for a brief OU fleeting moment ❑ ~ **cycle** ~ *course of studies leading to qualifi-*

cations exclusive of university entrance. **-2.** [proche]: à ~ terme short-term *(avant n)*; j'ai des projets à ~ terme I have some plans in ou for the short term.
**C.** FAIBLE, INSUFFISANT **-1.** [faible – avance, avantage] small; [– majorité] small, slender; **gagner d'une ~e tête** *pr & fig* to win by a short head. **-2.** [restreint]: **avoir la respiration ~e** ou **le souffle ~** to be short of breath ou wind. **-3.** *fam* [insuffisant – connaissances] slender, slim; [– quantité, mesure] meagre, skimpy; **deux bouteilles pour six, c'est un peu ~** two bottles for six people, that's a bit on the mean *Br* ou stingy side; **l'avion décolle dans 30 minutes — c'est trop ~ pour l'avoir** the plane takes off in 30 minutes — we won't make it in time; **plutôt ~ comme excuse!** (it's) a bit of a pathetic excuse!; **à ~es vues** [personne] limited (in one's understanding); [explication] limited ❏ **avoir la vue ~e** *pr & fig* to be short-sighted *Br* ou nearsighted *Am*; **avoir la mémoire ~e** to have a short memory.
◆ **court** ◇ *adv* **-1.** [en dimension]: **je me suis fait couper les cheveux ~** I had my hair cut short; **elle s'habille ~** she wears her skirts short. **-2.** [en durée]: **pour faire ~** *fam* to cut a long story short. **-3.** [brusquement]: **s'arrêter ~** to stop short; **tourner ~** [discussion, projet] to come to an abrupt end. ◇ *nm* **-1.** [terrain]: ~ **(de tennis)** tennis court; **sur le ~** on (the) court. **-2.** COUT & VÊT: **le ~** short fashions ou hemlines ou styles. **-3.** *loc*: **aller au plus ~** to take the quickest course of action; **prendre par le** ou **au plus ~** [chemin, procédure] to take a short cut.
◆ **à court** *loc adv fam* short on cash, hard-up, a bit short.
◆ **à court de** *loc prép*: **être à ~ d'idées/de vivres** to have run out of ideas/food; **nous étions presque à ~ d'eau** we were low on ou running short of water; **être à ~ d'argent** to be short of money; **elle n'est jamais à ~ d'arguments** she's never at a loss for an argument.
◆ **de court** *loc adv*: **prendre qqn de ~** [ne pas lui laisser de délai de réflexion] to give sb (very) short notice; [le surprendre] to catch sb unawares ou napping.
◆ **tout court** *loc adv*: **appelez-moi Jeanne, tout ~** just call me Jeanne; **cela indigne les chrétiens démocrates et même les chrétiens tout ~** this is shocking to Christian Democrats and even to Christians full stop *Br* ou period.
**courtage** [kurtaʒ] *nm* brokerage; **vente par ~** selling on commission.
**courtaud, e** [kurto, od] *adj* [personne] short-legged, squat, dumpy.
**court-bouillon** [kurbujɔ̃] *(pl* **courts-bouillons)** *nm* court-bouillon.
**court-circuit** [kursirkɥi] *(pl* **courts-circuits)** *nm* ÉLECTR short circuit; **faire ~** to short-circuit.
**court-circuiter** [3] [kursirkɥite] *vt* **-1.** ÉLECTR to short, to short-circuit. **-2.** *fam* [assemblée, personnel] to bypass; [procédure] to bypass, to short-circuit.
**courtepointe** [kurtəpwɛt] *nf* duvet, counterpane.
**courtier, ère** [kurtje, ɛr] *nm, f* **-1.** BOURSE broker. **-2.** COMM: ~ **en assurances/vins** insurance/wine broker; ~ **maritime** ship ou shipping broker.
**courtisan** [kurtizɑ̃] *nm* **-1.** HIST courtier. **-2.** *sout* [flatteur] flatterer, sycophant.
**courtisane** [kurtizan] *nf litt* courtesan.
**courtiser** [3] [kurtize] *vt* **-1.** [femme] to court, to woo, to pay court to. **-2.** [pays, puissants] to woo; **il le courtisait servilement** he fawned on him obsequiously.
**court-jus** [kurʒy] *(pl* **courts-jus)** *nm fam* short ELEC.
**court(-)métrage** [kurmetraʒ] *(pl* **courts(-)métrages)** *nm* short film, short.
**courtois, e** [kurtwa, az] *adj* **-1.** [poli – personne, manières] civil, courteous; [– un ton ~] civilly, courteously. **-2.** HIST & LITTÉRAT [amour] courtly; [roman, littérature] about courtly love.
**courtoisement** [kurtwazmɑ̃] *adv* courteously.
**courtoisie** [kurtwazi] *nf* courteousness; **avec ~** courteously.
**court-vêtu, e** [kurvety] *(mpl* **court-vêtus,** *fpl* **court-vêtues)** *adj*: **des femmes ~es** women in short skirts.
**couru, e** [kury] ◇ *pp* → **courir.** ◇ *adj* **-1.** [populaire] fashionable, popular; [spectacle] popular. **-2.** *fam* [certain]: **c'est ~ (d'avance)!** it's a (dead) cert! *Br,* it's a sure thing! *Am.*
**courus** [kury] *v* → **courir.**

**cousais** [kuze] *v* → **coudre.**
**couscous** [kuskus] *nm* couscous.
**couscoussier** [kuskusje] *nm* couscous steamer.
**cousette** [kuzɛt] *nf fam & vieilli* dressmaker's apprentice.
**cousin, e** [kuzɛ̃, in] *nm, f* cousin; ~ **germain** first ou full cousin; **petit ~,** ~ **au second degré** second cousin; ~ **éloigné** ou **à la mode de Bretagne** *hum* distant relation.
◆ **cousin** *nm* ENTOM (big) mosquito.
**cousinage** [kuzinaʒ] *nm vieilli* [parenté] cousinhood.
**cousis** [kuzi], **cousons** [kuzɔ̃] *v* → **coudre.**
**coussin** [kusɛ̃] *nm* **-1.** [de siège, de meuble] cushion; *Belg* [oreiller] pillow; **un ~ de feuilles/mousse** a cushion of leaves/moss. **-2.** TECH: ~ **d'air** air cushion.
**coussinet** [kusinɛ] *nm* **-1.** [petit coussin] small cushion. **-2.** ZOOL cushion.
**cousu, e** [kuzy] *pp* → **coudre.**
**coût** [ku] *nm* **-1.** [prix] cost, price; ~ **d'achat/de remplacement** purchase/replacement cost; ~ **de production** production cost; ~ **de la vie** cost of living; ~ **du crédit** credit charges ou cost; ~ **salarial** cost of an employee for his employer. **-2.** *fig*: **le ~ social de la privatisation** the social cost of privatization.
**coûtant** [kutɑ̃] *adj m* cost *(modif).*
**couteau, x** [kuto] *nm* **-1.** [à main] knife; [d'une machine, d'un mixer] blade; ~ **à beurre/pain** butter/bread knife; ~ **de cuisine/de table** kitchen/table knife; ~ **économe** ou **éplucheur** ou **à éplucher** potato peeler; ~ **pliant** ou **de poche** pocket knife; ~ **de chasse** hunting knife; ~ **à arrêt** flick-knife; ~ **à désosser** boning knife; ~ **électrique** electric carving knife; ~ **à viande** carving knife; **coup de ~ stab** (with a knife); **donner un coup de** ~ **à qqn** to stab sb (with a knife); **prendre** *fam* ou **recevoir un coup de** ~ to be knifed, to get stabbed; **remuer** ou **retourner le ~ dans la plaie** to twist the knife in the wound; **avoir le ~ sous la gorge** to have a gun pointed at one's head; **être à ~x tirés avec qqn** to be at daggers drawn with sb. **-2.** [d'une balance] knife edge. **-3.** BX-ARTS palette knife; **peinture au ~** knife painting. **-4.** ZOOL razor shell *Br* ou clam *Am.*
**coutelas** [kutla] *nm* **-1.** [de cuisine] large kitchen knife. **-2.** ARM cutlass.
**coutelier, ère** [kutəlje, ɛr] *nm, f* cutler, cutlery specialist.
**coutellerie** [kutelri] *nf* **-1.** [ustensiles] cutlery. **-2.** [lieu de fabrication] cutlery works. **-3.** [lieu de vente] kitchen-ware shop *Br* ou store *Am* (specializing in cutlery). **-4.** [industrie] cutlery industry.
**coûter** [3] [kute] *vt* **-1.** [somme] to cost; **combien ça coûte?** *fam* how much is it?, how much does it cost?; **cela m'a coûté 200 francs** it cost me 200 francs; **je veux cette maison, ça coûtera ce que ça coûtera** I want that house no matter how much it costs ‖ *(en usage absolu)*: **une voiture, ça coûte!** *fam* a car is an expensive thing! ❏ ~ **la peau des fesses** *fam* ou **une fortune** ou **les yeux de la tête** to cost a fortune ou the earth ou an arm and a leg; ~ **cher** [produit, service] to be expensive, to cost a lot of money; **ça va lui ~ cher!** *fig* she's going to pay for this!; **cela ne coûte pas cher** it's cheap ou inexpensive. **-2.** [exiger – efforts] to cost; **ça ne coûte rien d'être aimable!** it doesn't cost anything to be kind!; **ça te coûterait beaucoup d'être poli/de me répondre?** would it be asking too much for you to be polite/to answer me?; **cette démarche lui a beaucoup coûté** it was a very difficult ou painful step for him to take; **tu peux bien l'aider, pour ce que ça te coûte!** it wouldn't be any trouble for you to help her! **-3.** [provoquer – larmes] to cost, to cause. **-4.** [entraîner la perte de – carrière, membre, votes] to cost; **ça a failli lui ~ la vie** it nearly cost him his life; **un accident qui a coûté la vie à dix personnes** an accident which claimed the lives of ten people.
◆ **coûte que coûte** *loc adv* at all costs, whatever the cost, no matter what.
**coûteux, euse** [kutø, øz] *adj* **-1.** [onéreux] expensive, costly; **peu ~** cheap. **-2.** [lourd de conséquences] costly; **des préjugés ~ pour l'avenir de l'homme** prejudices which prove costly for future generations.
**coutil** [kuti] *nm* drill.
**coutume** [kutym] *nf* **-1.** [tradition] custom; **comme c'est la ~ en Alsace** as is the custom ou is customary in Alsace;

d'après ou selon la ~ as custom dictates; **selon une** ~ **ancienne** according to an age-old tradition. **-2.** [habitude, manie] habit, custom; **avoir (pour)** ~ **de faire** to be in the habit of ou accustomed to doing; **il pleuvait, comme de** ~ as usual, it was raining; **moins que de** ~ less than usual, not as much as usual; **plus que de** ~ more than usual. **-3.** JUR customary.

**coutumier, ère** [kutymje, ɛr] *adj* **-1.** [habituel] customary, usual. **-2.** [habitué à]: ~ **de**: j'ai oublié et pourtant je ne suis pas ~ **du fait** I forgot, and yet it's not something I usually do.

**couture** [kutyr] *nf* **-1.** [action de coudre, passe-temps, produit]: j'ai de la ~ **à faire** I've got some sewing to do ‖ [confection]: la ~ (artisanale) dressmaking; **la haute** ~ (haute) couture, fashion design. **-2.** [suite de points] seam; **faire une** ~ **à qqch** to seam sthg; ~ **apparente** ou **sellier** top stitching, overstitching. **-3.** *litt* [cicatrice] scar; [points de suture] stitches. **-4.** [d'un moulage, d'une sculpture] seam.
◆ **à coutures** *loc adj* [bas, collant] seamed, with seams.
◆ **sans coutures** *loc adj* [bas, collant] seamless.
◆ **sous toutes les coutures** *loc adv* from every angle, very closely, under a microscope *fig*.

**couturier, ère** [kutyrje, ɛr] *nm, f* [fabricant – de complets] tailor; [– de chemises] shirtmaker; [– de robes] dressmaker.
◆ **couturier** *nm* [de haute couture]: (grand) ~ fashion designer.
◆ **couturière** *nf* THÉÂT *rehearsal preceding the final dress rehearsal, enabling last-minute alterations to costumes.*

**couvaison** [kuvɛzɔ̃] *nf* **-1.** [période] incubation. **-2.** [action] brooding.

**couvée** [kuve] *nf* **-1.** [œufs] clutch. **-2.** [oisillons] brood, clutch. **-3.** *fam* [famille]: **sa** ~ her brood.

**couvent** [kuvɑ̃] *nm* **-1.** [de religieuses] convent; [de religieux] monastery; **entrer au** ~ to enter a convent ou nunnery *vieilli*. **-2.** [pensionnat] convent school.

**couver** [3] [kuve] ◇ *vt* **-1.** [suj: oiseau] to sit on *(insép)*; [suj: incubateur] to hatch, to incubate; *(en usage absolu):* **quand la mouette couve** when the seagull sits on its eggs ou broods ou is broody. **-2.** [protéger – enfant] to overprotect, to cocoon; ~ **des yeux** ou **du regard** [personne aimée] to gaze fondly at; [friandise, bijou] to look longingly at. **-3.** [maladie] to be coming down with; **je crois que je couve quelque chose** I can feel something coming on. **-4.** *litt* [vengeance, revanche] to plot. ◇ *vi* **-1.** [feu] to smoulder. **-2.** [rébellion] to be brewing (up); [sentiment] to smoulder; ~ **sous la cendre** to be brewing (up), to bubble under the surface.

**couvercle** [kuvɛrkl] *nm* [qui se pose, s'enfonce] lid, top; [qui se visse] top, screw-top, cap.

**couvert¹** [kuvɛr] *nm* **-1.** [cuiller, fourchette, couteau] knife, fork and spoon; **des** ~**s en argent** silver cutlery ‖ [avec assiette et verre] place setting; **mettre le** ~ to lay ou to set the table; **j'ai mis trois** ~**s** I've laid three places ou the table for three. **-2.** [prix d'une place au restaurant] cover charge.

**couvert², e** [kuvɛr, ɛrt] ◇ *pp* → **couvrir**. ◇ *adj* **-1.** [abrité – allée, halle, marché] covered; [– piscine] indoor *(avant n)*. **-2.** [vêtu – chaudement] warmly-dressed, (well) wrapped-up ou muffled-up; [– décemment] covered (up); **rester** ~ [garder son chapeau] to keep one's hat on. **-3.** MÉTÉO [temps] dull, overcast; [ciel] overcast, clouded-over.
◆ **couvert** *nm litt* leafy canopy.
◆ **à couvert** *loc adv*: **être à** ~ [de projectiles] to be under cover; [de critiques, de soupçons] to be safe; **se mettre à** ~ [de projectiles] to get under ou to take cover; [de critiques, de soupçons] to cover ou to safeguard o.s.
◆ **à couvert de** *loc prép* protected against.
◆ **sous couvert de** *loc prép* in the guise of; **sous** ~ **de sollicitude, elle me suit partout** under the pretext of being concerned for me, she follows me around everywhere.
◆ **sous le couvert de** *loc prép* **-1.** [sous l'apparence de] in the guise of. **-2.** [sous la responsabilité de]: **il l'a fait sous le** ~ **de son chef/frère** he did it using his boss/brother as a shield. **-3.** *litt* [à l'abri de]: **sous le** ~ **d'un bois** in the shelter of a wood.

**couverture** [kuvɛrtyr] *nf* **-1.** [morceau de tissu] blanket; **sous les** ~**s** under the blankets ou covers; ~ **chauffante** electric blanket; ~ **de survie** space ou survival blanket; **amener** ou **tirer la** ~ **à soi** [après un succès] to take all the credit; [dans

une transaction] to get the best of the deal. **-2.** CONSTR [activité] roofing; [ouvrage] (type of) roof. **-3.** PRESSE [activité] coverage; **assurer la** ~ **d'un événement** to give coverage of ou to cover an event ‖ [page] cover, front page; **mettre un sujet en** ~ to put a story on the front page, to make a story front-page news. **-4.** [d'un livre] cover. **-5.** [d'un besoin] covering, catering for; ~ **sociale** Social Security cover; **avoir une** ~ **sociale** to belong to a benefit scheme. **-6.** [prétexte] disguise, façade; **le financier/la société qui leur servait de** ~ the financier/company they used as a front. **-7.** MIL cover.
◆ **de couverture** *loc adj* MIL & PRESSE cover *(modif)*.

**couveuse** [kuvøz] *nf* **-1.** [poule] brooder, sitter. **-2.** [machine]: ~ (artificielle) incubator.

**couvrant, e** [kuvrɑ̃, ɑ̃t] *adj* [peinture, vernis] that covers well.

**couvre-chef** [kuvrəʃɛf] *(pl* **couvre-chefs**) *nm hum* hat, headgear.

**couvre-feu** [kuvrəfø] *(pl* **couvre-feux**) *nm* curfew.

**couvre-lit** [kuvrəli] *(pl* **couvre-lits**) *nm* bedspread.

**couvre-livre** [kuvrəlivr] *(pl* **couvre-livres**) *nm* dust jacket.

**couvre-pied** *(pl* **couvre-pieds**) *nm*, **couvre-pieds** *nm inv* [kuvrəpje] quilt.

**couvreur** [kuvrœr] *nm* roofer.

**couvrir** [34] [kuvrir] ◇ *vt* **-1.** [d'une protection, d'une couche – meuble] to cover; [– livre, cahier] to cover, to put a dust cover on; [d'un couvercle – poêle] to cover, to put a lid on; ~ **le feu** to bank up the fire; ~ **de** [surface]: ~ **un mur de peinture** to paint a wall; **il avait couvert le mur de graffiti/posters** he'd covered the wall with graffiti/posters; ~ **avec** ou **de** [protéger] to cover with; ~ **qqn de** [lui donner en abondance]: ~ **qqn de cadeaux/d'injures/de louanges/de reproches** to shower sb with gifts/insults/praise/reproaches; ~ **qqn de caresses/baisers** to stroke/to kiss sb all over; ~ **qqn de honte** to make sb feel ashamed; ~ **qqn d'or** to shower sb with gifts. **-2.** [vêtir] to wrap up ou to cover ou to muffle up *(sép)*; **couvre bien ta gorge!** make sure your throat is covered up! ‖ [envelopper] to cover; **une mantille lui couvrait la tête** her head was covered with a mantilla, a mantilla covered her head. **-3.** [dissimuler – erreur] to cover up *(sép)*; [protéger – complice] to cover up for. **-4.** [voix] to drown (out). **-5.** [assurer – dégâts, frais, personne, risque] to cover, to insure. **-6.** [inclure] to cover, to include. **-7.** [compenser] to cover; **nous couvrons nos frais maintenant** we're paying our way now. **-8.** MIL [retraite, soldat] to cover; ~ **ses arrières** to cover one's rear. **-9.** [parcourir] to cover. **-10.** [englober – dans l'espace] to cover; [– dans le temps] to span. **-11.** [suj: émetteur, représentant] to cover. **-12.** PRESSE to cover, to give coverage to. **-13.** FIN [emprunt] to underwrite; [enchère] to bid higher than, to outbid. **-14.** VÉTÉR to cover. **-15.** JEUX [carte] to cover.
◇ *vi*: **cette peinture couvre bien** this paint covers well.
◆ **se couvrir** ◇ *vp (emploi réfléchi)* **-1.** [se vêtir] to dress warmly, to wrap up (well). **-2.** [mettre un chapeau] to put on one's hat. **-3.** SPORT to cover o.s. **-4.** [se garantir] to cover o.s. ◇ *vpi* [ciel] to become overcast, to cloud over.
◆ **se couvrir de** *vp + prép*: **se** ~ **de fleurs/bourgeons/feuilles** to come into bloom/bud/leaf; **le champ s'est couvert de coquelicots** poppies have come up all over the field; **se** ~ **de ridicule** to make o.s. look ridiculous; **se** ~ **de honte/gloire** to cover o.s. with shame/glory.

**cover-girl** [kɔvœrgœrl] *(pl* **cover-girls**) *nf* cover girl.

**cow-boy** [kɔbɔj] *(pl* **cow-boys**) *nm* cowboy.

**coyote** [kɔjɔt] *nm* coyote.

**CP** *(abr de* **cours préparatoire**) *nm first year of primary school.*

**CPAM** *(abr de* **caisse primaire d'assurances maladie**) *nf national health insurance office.*

**cps** *(abr écrite de* **caractères par seconde**) cps.

**cpt** *abr écrite de* **comptant**.

**CQFD** *(abr de* **ce qu'il fallait démontrer**) QED; **et voilà,** ~! and there you are!

**crabe** [krab] *nm* CULIN & ZOOL crab.
◆ **en crabe** *loc adv*: **marcher/se déplacer en** ~ to walk/to move sideways.

**crac** [krak] *onomat* [bois, os] crack, snap; [biscuit] snap; [tissu] rip.

**crachat** [kraʃa] *nm* [salive] spit; **des** ~**s** spit, spittle.

**craché, e** [kraʃe] *adj fam*: **tout** ~: **c'est son père tout** ~! he's the spitting image of his dad!; ça, c'est du Maud tout ~! that's just like Maud!, that's Maud all over!

**crachement** [kraʃmɑ̃] *nm* **-1.** [fait de cracher] spitting; [crachat] mucus, sputum *spéc*; avoir des ~s de sang to spit blood. **-2.** [projection – de flammes, vapeur] burst, shower; [– de scories, d'étincelles] shower. **-3.** [bruit – d'un haut-parleur] crackle, crackling.

**cracher** [3] [kraʃe] ◇ *vi* **-1.** [personne] to spit; ~ sur qqn *pr* & *fig* to spit at sb; ~ à la figure de qqn *pr* & *fig* to spit in sb's face; c'est comme si on crachait en l'air! *fam* it's like whistling in the wind!; il ne faut pas ~ dans la soupe don't bite the hand that feeds you; ~ sur qqch *fam*: je ne cracherais pas sur 2 000 francs! I wouldn't turn my nose up at ou say no to 2,000 francs!; ~ au bassinet to cough up. **-2.** [chat, marmotte] to spit, to hiss. **-3.** [fuir – stylo] to splutter; [– robinet] to splutter, to splash. **-4.** [nasiller – haut-parleur, radio] to crackle. ◇ *vt* **-1.** [rejeter – sang] to spit; [– aliment] to spit out *(sép)*; ~ ses poumons *fam* to cough up one's lungs. **-2.** [suj: volcan, canon] to belch (forth ou out); [suj: fusil] to shoot a burst of, to spit; [suj: robinet] to spit ou to splutter out *(sép)*; ~ des flammes ou du feu [dragon] to breathe fire. **-3.** [énoncer – insultes] to spit out *(sép)*, to hiss. **-4.** *fam* [donner – argent] to cough up *(sép)*, to fork out *(sép)*.

**cracheur, euse** [kraʃœr, øz] ◇ *adj* ZOOL spitting *(avant n)*. ◇ *nm, f* spitter; ~ (de feu) fire-eater.

**crachin** [kraʃɛ̃] *nm* (fine) drizzle.

**crachoir** [kraʃwar] *nm* spittoon; tenir le ~ *fam* to go on and on, to monopolize the conversation.

**crachotement** [kraʃɔtmɑ̃] *nm* [d'une radio, d'un téléphone] crackle, crackling; [d'un robinet, d'une personne] splutter, spluttering.

**crachoter** [3] [kraʃɔte] *vi* [personne] to splutter, to sputter; [radio, téléphone] to crackle; [robinet] to splutter.

**crack** [krak] *nm* **-1.** ÉQUIT crack. **-2.** *fam* [personne – gén] wizard; [– en sport] ace; c'est un ~ en ski he's an ace skier; c'est un ~ en latin he's brilliant at Latin. **-3.** [drogue] crack.

**cracra** *fam* [krakra], **cradingue**▽ [kradɛ̃g], **crado** *fam* [krado] *adj inv* [personne, objet] filthy; [restaurant] grotty *Br*, lousy *Am*.

**craie** [krɛ] *nf* chalk, limestone; une ~ a stick of chalk; écrire qqch à la ~ to chalk sthg, to write sthg with chalk.

**craignais** [krɛɲɛ], **craignis** [krɛɲi], **craignons** [krɛɲɔ̃] *v* → craindre.

**craignos**▽ [krɛɲos] *adj inv*: c'est ~! [louche] it's dodgy! *Br*; [ennuyeux] it's a real pain!

**craindre** [80] [krɛ̃dr] *vt* **-1.** [redouter – personne] to fear, to be frightened ou afraid of; [– événement] to fear, to be afraid ou scared of; ~ Dieu to go in fear of ou to fear God; sa grosse voix le faisait ~ de tous ses élèves his booming voice made all his pupils afraid of him; je ne crains pas les piqûres I'm not afraid ou scared of injections; ~ le pire to fear the worst; ne crains rien have no fear, never fear, don't be afraid; il n'y a rien à ~ there's no cause for alarm, there's nothing to fear; il y a tout à ~ d'une intervention militaire one can expect the worst from a military intervention; craignant de la réveiller, il a retiré ses chaussures he took off his shoes, for fear of waking her up. **-2.** [tenir pour probable] to fear; alors, je suis renvoyé? — je le crains so, I'm fired? — I'm afraid so; elle pourrait nous dénoncer — c'est à ~ she might give us away — unfortunately, (I think) it's likely; je crains de l'avoir blessée I'm afraid I've hurt her; je crains fort qu'il (ne) soit déjà trop tard I fear ou I'm very

much afraid it's already too late; je crains que oui/non I fear ou I'm afraid so/not. **-3.** [être sensible à]: ça craint le froid [plante] it's sensitive to cold, it doesn't like the cold; c'est une étoffe qui ne craint rien it's a material that'll stand up to anything. **-4.** ▽ *loc*: ça craint [c'est louche] it's dodgy *Br*; [c'est ennuyeux] it's a real pain.

◆ **craindre pour** *v* + *prép*: ~ pour qqn/qqch to fear for sb/sthg.

**craint, e** [krɛ̃, ɛ̃t] *pp* → craindre.

◆ **crainte** *nf* [anxiété] fear; la ~e de l'échec fear of failure ou failing; il vivait dans la ~e d'être reconnu he lived ou went in fear of being recognized; n'aie aucune ~e ou sois sans ~e, tout se passera bien don't worry ou never fear, everything will be all right; éveiller ou susciter les ~es de qqn to alarm sb.

◆ **de crainte de** *loc prép (suivi de l'infinitif)* for fear of.

◆ **de crainte que** *loc conj (suivi du subj)* for fear of, fearing that; de ~e qu'on (ne) l'accuse for fear of being accused, fearing that she might be accused; il faut agir vite, de ~e que la situation (n') empire we must act quickly, lest ou in case the situation should get worse.

**craintif, ive** [krɛ̃tif, iv] ◇ *adj* **-1.** [facilement effarouché – personne] timid, shy; [– animal] timid. **-2.** [qui reflète la peur – regard, geste] timorous, fearful. ◇ *nm, f* **-1.** [timide] timid ou shy person. **-2.** [timoré] faint-hearted ou timorous person.

**craintivement** [krɛ̃tivmɑ̃] *adv* **-1.** [timidement] timidly, shyly. **-2.** [avec peur] timorously, fearfully.

**cramé, e** [krame] *adj fam* [rôti] burnt, charred; [tissu] burnt, scorched.

◆ **cramé** *nm fam*: ça sent le ~ there's a smell of burning.

**cramer** [3] [krame] *fam* ◇ *vi* [immeuble] to be on fire; [rôti, tissu] to burn; [circuit électrique, prise] to burn out. ◇ *vt* [rôti] to burn (to a cinder), to let burn; [vêtement] to burn, to scorch.

**cramoisi, e** [kramwazi] *adj* [velours] crimson; [visage] flushed, crimson; il est devenu ~ [de honte, de timidité] he flushed crimson ou blushed; [de colère] his face turned crimson ❑ rouge ~ crimson red.

◆ **cramoisi** *nm* crimson.

**crampe** [krɑ̃p] *nf* MÉD cramp; j'ai une ~ au pied I have cramp *Br* ou a cramp *Am* in my foot; ~ d'estomac [gén] stomach cramp; [de faim] hunger pang; la ~ de l'écrivain writer's cramp.

**crampon** [krɑ̃pɔ̃] *nm* **-1.** [de chaussures – de sport] stud; [– de montagne] crampon; [de fer à cheval] calk. **-2.** BOT [de plante grimpante] tendril; [d'algue] sucker. **-3.** [crochet] cramp. **-4.** *fam* & *péj* [personne]: c'est un/une ~ he/she sticks like a leech ‖ *(comme adj)*: un enfant un peu ~ a clinging child.

**cramponner** [3] [krɑ̃pɔne] *vt* **-1.** *fam* [s'accrocher à] to cling to. **-2.** TECH [pièces] to cramp together.

◆ **se cramponner** *vpi* **-1.** [s'agripper] to hold on, to hang on; se ~ à [branche, barre] to cling (on) ou to hold on to; [personne] to cling (on) to. **-2.** *fam* [s'acharner – malade] to cling ou to hang on; [– étudiant] to stick with it; se ~ à la vie/à un espoir to cling to life/hope.

**cran** [krɑ̃] *nm* **-1.** [entaille – d'une étagère, d'une crémaillère] notch; [trou – d'une ceinture] hole, notch; il resserra/desserra sa ceinture d'un ~ he tightened/loosened his belt one notch; baisser/monter d'un ~ [dans une hiérarchie] to come down/to move up a peg; [voix] to fall/to rise slightly. **-2.** COUT [sur un ourlet] notch; [point de repère] nick. **-3.** [mèche] wave. **-4.** ARM catch; ~ de sûreté safety catch; ~ d'arrêt

**Exprimer sa peur**

I'm frightened ou scared ou terrified (of spiders).
She has no fear of heights.
I was scared out of my wits ou absolutely petrified!

**Exprimer son inquiétude pour quelqu'un**

I'm worried about him.
I'm concerned for her health.
Do you think she's all right?
I don't like to ou I hate to think of him alone in the house.

Doctors say his condition is giving some cause for concern. [soutenu]

**Exprimer son inquiétude de ce qui pourrait arriver**

I'm worried ou afraid that he might get hurt.
I'm worried ou afraid in case he gets hurt.
I'm afraid he'll get hurt.
My one fear is that he'll get hurt.
I'm dreading (the thought of) telling her.
I'm not looking forward to the operation. [moins fort]

*fam* [couteau] flick-knife. **-5.** *fam* [courage]: **avoir du** ~ **to have guts.**
◆ **à cran** *loc adj fam* uptight, edgy, on edge.

**crâne** [krɑn] ◇ *nm* **-1.** ANAT skull, cranium *spéc.* **-2.** *fam* [tête]: **avoir mal au** ~ to have a headache; **mets-toi bien ça dans le** ~! get that into your head! ❑ **alors,** ~ **d'œuf!** hey, baldy! ◇ *adj litt* [courageux] bold, gallant.

**crânement** [krɑnmɑ] *adv litt* [fièrement] gallantly.

**crâner** [3] [krɑne] *vi fam* to show off, to swank *Br.*

**crânerie** [krɑnri] *nf litt* **-1.** [bravoure] gallantry. **-2.** [vanité] conceit.

**crâneur, euse** [krɑnœr, øz] *fam & péj* ◇ *adj*: **être** ~ to be a bit of a show-off. ◇ *nm, f* show-off, hotshot *Am*; **faire le** ~ to show off, to swank *Br.*

**crânien, enne** [krɑnjɛ̃, ɛn] *adj* cranial.

**cranté, e** [krɑ̃te] *adj* [ourlet] notched; [lame de ciseaux] serrated; [cheveux] wavy.

**crapahuter**∇ [3] [krapayte] *vi arg mil* to plough along.

**crapaud** [krapo] *nm* **-1.** ZOOL toad; ~ **de mer** angler-fish. **-2.** MINÉR flaw. **-3.** MUS baby grand piano. **-4.** [fauteuil] squat armchair.

**crapule** [krapyl] ◇ *nf* [individu] crook, villain; **petite** ~! you little rat! ◇ *adj* roguish.

**crapuleux, euse** [krapylø, øz] *adj* **-1.** [malhonnête] crooked, villainous. **-2.** *litt* [débauché] dissolute.

**craquelé, e** [krakle] *adj* **-1.** [fissuré] cracked; **j'ai la peau des mains toute** ~**e** my hands are badly chapped. **-2.** [décoré de craquelures] crackled.
◆ **craquelé** *nm*: **le** ~ [procédé] crackling; [verre] crackleware.

**craquèlement** [krakɛlmɑ̃] *nm* cracks, cracking.

**craqueler** [24] [krakle] *vt* [fendiller] to crack; [poterie] to crackle.
◆ **se craqueler** *vpi* [peinture, peau] to crack; [poterie] to crackle.

**craquelure** [kraklyr] *nf* **-1.** [accidentelle] crack. **-2.** [artificielle] crackle.

**craquement** [krakmɑ̃] *nm* [de bois qui casse] snap, crack; [d'un plancher] creak; [d'herbes sèches] crackle; [de chaussures] squeak, creak.

**craquer** [3] [krake] ◇ *vi* **-1.** [plancher] to creak; [bois qui casse] to snap, to crack; [cuir, soulier] to squeak, to creak; [herbes sèches] to crackle; **faire** ~ **ses doigts** to crack one's knuckles; **faire** ~ **une allumette** to strike a match. **-2.** [se fendre – couture, tissu] to split; [– sac] to split open; [– fil, lacets] to break, to snap off; [– banquise] to crack, to split (up); [– collant] to rip. **-3.** *fam* [psychologiquement] to break down, to crack up; **ses nerfs ont craqué** she had a nervous breakdown, she cracked up. **-4.** *fam* [être séduit] to go wild; **elle me fait** ~ I'm wild about this guy; **j'ai craqué pour cette robe** I went wild over that dress. **-5.** *fam* [s'effondrer – institution, projet] to founder, to be falling apart, to be on the verge of collapse. ◇ *vt* **-1.** [couture] to split, to tear. **-2.** [allumette] to strike. **-3.** *fam* [dépenser] to blow. **-4.** PÉTR to crack.

**craqueter** [27] [krakte] *vi* **-1.** [brindille, sachet en plastique] to crackle. **-2.** [cigogne, grue] to screech; [cigale] to chirp.

**crash** [kraʃ] *nm* **-1.** [accident] crashing (to the ground). **-2.** [atterrissage forcé] crash landing; **faire un** ~ to crash-land.
◆ **se crasher** *vpi fam* **-1.** AÉRON [s'écraser] to crash; [atterrir] to crash-land. **-2.** [véhicule] to crash; **il s'est crashé contre un arbre** he smashed ou crashed into a tree.

**crasse** [kras] ◇ *nf* **-1.** [saleté] filth. **-2.** *fam* [mauvais tour] dirty ou nasty trick; **faire une** ~ **à qqn** to play a dirty ou nasty trick on sb. **-3.** TECH: **la** ~, **les** ~**s** [scories] scum, dross, slag; [résidus] scale. ◇ *adj fam* [stupidité] crass; **d'une ignorance** ~ abysmally ignorant, pig-ignorant.

**crasseux, euse** [krasø, øz] *adj* [mains, vêtements] filthy, grimy, grubby; [maison] filthy, squalid; [personne] filthy.

**cratère** [kratɛr] *nm* ANTIQ & GÉOG crater.

**cravache** [kravaʃ] *nf* riding crop, horsewhip.
◆ **à la cravache** *loc adv* ruthlessly, with an iron hand.

**cravacher** [3] [kravaʃe] ◇ *vt* [cheval] to use the whip on; [personne] to horsewhip. ◇ *vi fam* **-1.** [en voiture] to belt along, to go at full tilt ou speed. **-2.** [travailler dur] to slog *Br*

ou to plug *Am* away.

**cravate** [kravat] *nf* tie, necktie *Am*; **en costume (et)** ~ wearing a suit and a tie ❑ ~ **de chanvre** *fam* hangman's noose; **s'en envoyer** ou **s'en jeter un derrière la** ~ *fam* to knock back a drink.

**cravater** [3] [kravate] *vt* **-1.** VÊT [homme] to put a tie on. **-2.** [attraper par le cou] to grab by the neck; SPORT to get in a headlock, to put a headlock on. **-3.** ∇ [voler] to pinch, to swipe.
◆ **se cravater** *vp* (*emploi réfléchi*) to put on a tie.

**crawl** [krol] *nm* crawl; **faire du** ou **nager le** ~ to do ou to swim the crawl.

**crawler** [3] [krole] *vi* to do ou to swim the crawl.

**crawleur, euse** [krolœr, øz] *nm, f* crawl specialist (*swimmer*).

**crayeux, euse** [krɛjø, øz] *adj* **-1.** GÉOL chalky. **-2.** [teint] chalk-like.

**crayon** [krɛjɔ̃] *nm* **-1.** [pour écrire, dessiner] pencil; ~ **gras** ou **à mine grasse** soft lead pencil; ~ **à** ou **de papier** lead pencil; ~ **sec** ou **à mine sèche** hard lead pencil; ~ **de couleur** coloured pencil, crayon; ~ **à dessin** drawing pencil; ~ **à lèvres** lipliner pencil; ~ **noir** [à papier] (lead) pencil; ~ **pour les yeux** ou ~ **à eyeliner** pencil; ~ **à sourcils** eyebrow pencil; **coup de** ~ [rature] pencil stroke; [d'un artiste] drawing style; **avoir un bon coup de** ~ to be good at drawing. **-2.** BX-ARTS [œuvre] pencil drawing. **-3.** OPT: ~ **optique** ou **lumineux** electronic ou light pen. **-4.** PHARM: ~ **(médicamenteux)** pencil; ~ **hémostatique** styptic pencil.
◆ **crayons** *nmpl fam* [cheveux]: **se faire tailler les** ~**s** to get a haircut.
◆ **au crayon** ◇ *loc adj* [ajout, trait] pencilled. ◇ *loc adv* [dessiner, écrire] in pencil; **écrire/dessiner qqch au** ~ to write/to draw sthg in pencil; **faire ses yeux au** ~ to outline one's eyes with eye pencil.

**crayon-feutre** [krɛjɔ̃føtr] (*pl* **crayons-feutres**) *nm* felt-tip (pen).

**crayon-lecteur** [krɛjɔ̃lɛktœr] (*pl* **crayons-lecteurs**) *nm* electronic ou light pen.

**crayonner** [3] [krɛjɔne] *vt* **-1.** [dessiner rapidement] to sketch (in pencil). **-2.** [gribouiller – feuille, mur] to scribble on (*insép*); ~ **sur un bloc-notes** to doodle on a notepad. **-3.** [écrire – au crayon] to pencil; [– rapidement] to jot down (*sép*).

**CRDP** (*abr de* **centre régional de documentation pédagogique**) *nm local centre for educational resources.*

**créance** [kreɑ̃s] *nf* **-1.** FIN & JUR [dette] claim, debt; [titre] letter of credit; ~ **exigible** debt due; ~ **hypothécaire** debt secured by a mortgage; ~ **irrécouvrable** bad debt. **-2.** *litt* [foi] credence; **donner** ~ **à** [ajouter foi à] to give ou to attach credence to; [rendre vraisemblable] to lend credibility to.

**créancier, ère** [kreɑ̃sje, ɛr] *nm, f* creditor.

**créateur, trice** [kreatœr, tris] ◇ *adj* creative. ◇ *nm, f* designer.
◆ **Créateur** *nm*: **le Créateur** the Creator, our Maker.

**créatif, ive** [kreatif, iv] ◇ *adj* [esprit] creative, imaginative, inventive. ◇ *nm, f* [gén] creative person; [de publicité] designer.

**création** [kreasjɔ̃] *nf* **-1.** [œuvre originale – bijou, parfum, vêtement] creation; COMM & INDUST new product. **-2.** THÉÂT [d'un rôle] creation; [d'une pièce] first production, creation. **-3.** [fait de créer – une mode, un style] creation; [– un vêtement] designing, creating; [– une entreprise] setting up; [– une association] founding, creating; [– des emplois] creating, creation; **il y a eu 3 000** ~**s d'emplois en mai** 3,000 new jobs were created in May; **il s'agit d'une** ~ **de poste** it's a newly created post. **-4.** BIBLE: **la** ~ the Creation.

**créative** [kreativ] *f* → **créatif**.

**créativité** [kreativite] *nf* **-1.** [qualité] creativity, creativeness, creative spirit. **-2.** LING creativity.

**créature** [kreatyr] *nf* **-1.** [personne ou bête créée] creature; **les** ~**s de Dieu** God's creatures. **-2.** [femme]: ~ **de rêve** gorgeous creature ‖ *péj* creature. **-3.** [personne soumise] slave, tool.

**crécelle** [kresɛl] *nf* rattle.
◆ **de crécelle** *loc adj*: **une voix de** ~ a grating ou rasping voice.

**crèche**[1] [krɛʃ] *v* → **crécher**.

**crèche**[2] [krɛʃ] *nf* **-1.** [établissement préscolaire] crèche *Br*, day nursery *esp Br*, child-care center *Am*; [dans un centre sportif, un magasin] crèche Br, day-care center Am.-**2.** [de la Nativité]: ~ (de Noël) (Christ Child's) crib ‖ litt [mangeoire] manger, crib.

**crécher**ᵛ [18] [kreʃe] vi -**1.** [habiter] to live. -**2.** [loger temporairement] to doss down Br, to crash.

**crédence** [kredɑ̃s] nf -**1.** [desserte d'église] credence (table), credenza. -**2.** [buffet] credenza.

**crédibiliser** [3] [kredibilize] vt to give credibility to.

**crédibilité** [kredibilite] nf credibility; **perdre sa** ~ to lose one's credibility.

**crédible** [kredibl] adj credible, believable.

**CRÉDIF, Crédif** [kredif] (abr de **Centre de recherche et d'étude pour la diffusion du français**) npr m official body promoting use of the French language.

**crédit** [kredi] nm -**1.** BANQUE [actif] credit; [en comptabilité] credit, credit side; **porter 100 francs au** ~ **de qqn** to credit sb ou sb's account with 100 francs; **porter 100 francs to sb** ou sb's account; **j'ai 2 890 francs à mon** ~ I am 2,890 francs in credit. -**2.** COMM [paiement différé, délai] credit; [somme allouée] credit; ~ **sur six mois** six months' credit; **faire** ~ **à qqn** to give sb credit, to give credit to sb; **'la maison ne fait** ou **nous ne faisons pas** ~' 'no credit'; **accorder/obtenir un** ~ to grant/to obtain credit; **j'ai pris un** ~ **sur 25 ans pour la maison** I've got a 25-year mortgage on the house ❑ - **à long/court terme** long-term/short-term credit; ~ **gratuit/illimité** free/unlimited credit; ~ **bancaire** bank credit; ~ **à la consommation** consumer credit; ~ **documentaire** documentary credit; ~ **à l'exportation** export credit; ~ **d'impôt** tax rebate ou credit (for bondholders); ~ **personnalisé** individual ou personal credit arrangement ou facility; ~ **public** public loan; ~ **relais**, ~**-relais** bridging loan. -**3.** sout [confiance, estime] credibility, esteem; **jouir d'un grand** ~ **auprès de qqn** to be high in sb's esteem; **connaître un grand** ~ [idée, théorie] to be widely accepted ou held; **il n'a plus aucun** ~ to have lost all credibility; **donner du** ~ **aux propos de qqn** to give credence to what sb says; **trouver** ~ **auprès de qqn** [personne] to win sb's confidence; [histoire] to find credence with ou to be believed by sb. -**4.** Can UNIV credit.

◆ **crédits** nmpl [fonds] funds; **accorder des** ~**s** to grant ou to allocate funds ‖ [autorisation de dépenses]: ~**s budgétaires** supplies; **voter des** ~**s** to vote supplies.

◆ **à crédit** loc adj → **vente**. ◇ loc adv: **acheter à** ~ to buy on credit; **vendre qqch à** ~ to sell sthg on credit.

◆ **à mon crédit, à son crédit** etc loc adv to my/her etc credit; **c'est à mettre** ou **porter à son** ~ one must credit him with it.

◆ **de crédit** loc adj [agence, établissement] credit (modif).

**crédit-bail** [kredibaj] (pl **crédits-bails**) nm leasing.

**créditer** [3] [kredite] vt -**1.** BANQUE [somme] to credit; **mon compte a été crédité de 5000F** 5000F were credited to my account; **les intérêts seront crédités sur votre compte à la fin de chaque mois** the interest will be credited to your account at the end of every month. -**2.** SPORT to credit with. -**3.** fig: **être crédité de** to be given credit ou to get the praise for; **c'est lui qui en sera crédité** he'll get (all) the credit for it.

**créditeur, trice** [kreditœr, tris] ◇ adj [solde] credit (modif); **avoir un compte** ~ to have an account in credit. ◇ nm, f customer in credit, credit-worthy customer.

**credo** [kredo] nm inv -**1.** [principe] credo, creed. -**2.** RELIG: **le Credo** the (Apostles') Creed.

**crédule** [kredyl] adj gullible, credulous.

**crédulité** [kredylite] nf gullibility, credulity.

**créer** [15] [kree] vt -**1.** [inventer – personnage, style] to create; [– machine] to invent; [– vêtement] to create, to design; [– mot] to invent, to coin. -**2.** THÉÂT [rôle] to create, to play for the first time; [pièce] to produce for the first time. -**3.** [occasionner, engendrer – emploi, différences, difficultés] to create; [– poste] to create, to establish; [– atmosphère] to create, to bring about (insép); [– tension] to give rise to; [– précédent] to set; ~ **des ennuis ou difficultés à qqn** to create problems for ou to cause trouble to sb; **elle a créé la surprise en remportant le match** she caused a sensation by winning the match. -**4.** [fonder – association, mouvement] to create, to found; [– entreprise] to set up (sép); [– État] to establish, to create.

◆ **se créer** ◇ vp (emploi passif) [être établi] to be set up ou created. ◇ vpt: **il s'est créé un monde à lui** he's created a world of his own; **se** ~ **une clientèle** to build up a clientele.

**crémaillère** [kremajɛr] nf -**1.** [de cheminée] trammel (hook). -**2.** AUT & MÉCAN rack. -**3.** RAIL rack.

◆ **à crémaillère** loc adj: **engrenage/direction à** ~ rack (and pinion) gearing/steering; **chemin de fer à** ~ rack railway.

**crémation** [kremasjɔ̃] nf cremation.

**crématoire** [krematwar] ◇ adj crematory. ◇ nm cremator Br, cinerator Am.

**crématorium** [krematɔrjɔm] nm crematorium Br, crematory Am.

**crème** [krɛm] ◇ nf -**1.** CULIN [préparation] cream; [entremets] cream (dessert); [du lait] skin; ~ **anglaise** custard; ~ **au beurre** butter cream; ~ **brûlée** crème brûlée; ~ **(au) caramel** crème caramel; ~ **Chantilly** sweetened chilled whipped cream; ~ **épaisse** double Br ou heavy Am cream; ~ **fouettée** whipped cream; ~ **fraîche** dairy ou fresh cream; ~ **glacée** ice-cream; ~ **du lait** top of the milk; ~ **liquide** single cream; ~ **pâtissière** confectioner's custard; ~ **renversée** custard cream Br, cup custard Am; **la** ~ **de: c'est la** ~ **des maris** he's the perfect husband. -**2.** [potage]: ~ **de poireaux** cream of leek soup. -**3.** [boisson]: ~ **de cassis** crème de cassis; ~ **de cacao/menthe** crème de cacao/menthe. -**4.** [cosmétique] cream; ~ **(de soins) pour les mains/le visage** hand/face cream; ~ **antirides** anti-wrinkle cream; ~ **de beauté** beauty ou skin cream; ~ **décolorante** bleaching cream; ~ **dépilatoire** hair removing cream; ~ **hydratante** moisturizing cream, moisturizer; ~ **à raser** shaving cream. ◇ adj inv off-white, cream, cream-coloured. ◇ nm -**1.** [couleur] cream (colour). -**2.** fam [café] white coffee Br, coffee with milk ou cream; **un grand/petit** ~ a large/small cup of white coffee.

◆ **à la crème** loc adj [gâteau] cream (modif); **escalopes à la** ~ escalopes with cream sauce.

**crémerie** [krɛmri] nf [boutique] shop selling cheese and other dairy products.

**crémeux, euse** [kremø, øz] adj -**1.** [onctueux] creamy, unctuous, smooth. -**2.** [gras – fromage] soft.

**crémier, ère** [kremje, ɛr] nm, f dairyman (f dairywoman).

**crémone** [kremɔn] nf espagnolette.

**créneau, x** [kreno] nm -**1.** ARCHIT [creux] crenel (embrasure), crenelle; [bloc de pierre] crenellation; **à** ~**x** crenellated ❑ **monter au** ~ fam to step into the breach. -**2.** [meurtrière] slit, loophole; ~ **de visée** aiming slit. -**3.** AUT [espace] gap, (parking) space; **faire un** ~ to reverse into a (parking) space Br, to parallel park Am. -**4.** RAD & TV [temps d'antenne] slot; ~ **horaire/publicitaire** time/advertizing slot ‖ [dans un emploi du temps] slot, gap. -**5.** ÉCON gap (in the market), opening; **trouver un bon** ~ to find a good opening (in the market).

**crénelé, e** [krenle] adj -**1.** ARCHIT crenellated. -**2.** MÉTALL notched; [pièce de monnaie] milled.

**créneler** [24] [krenle] vt -**1.** ARCHIT to crenellate. -**2.** MÉTALL to notch; [pièce de monnaie] to mill.

**crénelure** [krenlyr] nf -**1.** ARCHIT crenellation. -**2.** MÉTALL notch.

**crénom** [krenɔ̃] interj fam & vieilli: ~ **(de nom** ou **de Dieu)!** [d'impatience] for God's ou Pete's sake!; [de colère] damn it!; [de surprise] blimey! Br, holy cow! Am.

**créole** [kreɔl] adj creole.

◆ **Créole** nmf Creole.

◆ **créole** nm LING creole.

**crêpage** [krepaʒ] nm -**1.** [de tissu] crimping; [de papier] cockling ou crinkling (up). -**2.** [des cheveux] backcombing.

**crêpe¹** [krɛp] nm -**1.** TEXT crepe, crêpe; ~ **de Chine** crepe de Chine; ~ **de deuil** ou **noir** black mourning crepe; **porter un** ~ [brassard] to wear a black armband; [au revers de la veste] to wear a black ribbon; [sur le chapeau] to wear a black hatband. -**2.** [caoutchouc] crepe rubber.

◆ **de crêpe** loc adj -**1.** [funéraire] mourning. -**2.** [chaussures, semelle] rubber (modif).

**crêpe²** [krɛp] nf CULIN pancake; ~ **au beurre/sucre** pancake with butter/sugar; ~ **au jambon et aux champignons** pancake filled with ham and mushrooms ❑ ~ **dentelle** light very thin pancake; ~ **Suzette** crêpe suzette.

**crêpelé, e** [krɛple] adj [ondulé] frizzy; [à l'africaine] afro.

**crêper** [4] [krepe] *vt* **-1.** [cheveux] to backcomb. **-2.** TEXT to crimp, to crisp. **-3.** [papier] to cockle OU to crinkle (up).
◆ **se crêper** *vpt*: se ~ **les cheveux** to backcomb one's hair ❏ se ~ **le chignon** *fam* to have a go at each other OU a bust-up.

**crêperie** [krɛpri] *nf* [restaurant] pancake restaurant, creperie; [stand] pancake stall.

**crépi, e** [krepi] *adj* roughcast *(modif)*.
◆ **crépi** *nm* roughcast.

**crêpier, ère** [krepje, ɛr] *nm, f* [d'un restaurant] pancake restaurant owner; [d'un stand] pancake maker OU seller.
◆ **crêpière** *nf* [poêle] pancake pan; [plaque] griddle.

**crépine** [krepin] *nf* ZOOL & CULIN caul.

**crépinette** [krepinɛt] *nf* CULIN flat sausage *(in a caul)*.

**crépir** [32] [krepir] *vt* to roughcast.

**crépitation** [krepitasjɔ̃] *nf* MÉD: ~ **osseuse** crepitation, crepitus.
◆ **crépitations** *nfpl* [d'un feu] crackle, crackling.

**crépitement** [krepitmɑ̃] *nm* [d'un feu] crackle, crackling; [d'une fusillade] rattle; [d'une friture] splutter; [de la pluie] pitter-patter; **les ~s de la grêle sur les feuilles** the pattering of hail on the leaves.

**crépiter** [3] [krepite] *vi* **-1.** [feu, coups de feu] to crackle; [pluie] to patter; [friture] to splutter. **-2.** MÉD to crepitate.

**crépon** [krepɔ̃] *nm* **-1.** [papier] crepe paper. **-2.** TEXT crepon, seersucker.

**CREPS, Creps** [krɛps] *(abr de* **centre régional d'éducation physique et sportive***) nm regional sports centre.*

**crépu, e** [krepy] *adj* [cheveux] frizzy.

**crépusculaire** [krepyskylɛr] *adj* **-1.** *litt* [lueur, moment] twilight *(modif)*. **-2.** ZOOL crepuscular.

**crépuscule** [krepyskyl] *nm* **-1.** [fin du jour] twilight, dusk. **-2.** ASTRON [lumière – du soir] twilight; [– du matin] dawn light.
◆ **au crépuscule de** *loc prép litt*: **au** ~ **de sa vie/du siècle** in the twilight of his life/the closing years of the century.

**crescendo** [kreʃɛndo, kreʃɛ̃do] ◇ *nm* **-1.** MUS crescendo. **-2.** [montée] escalation. ◇ *adv* crescendo; **aller** ~ [notes] to go crescendo; [bruits, voix] to grow louder and louder; [violence] to rise, to escalate; [mécontentement] to reach a climax.

**cresson** [kresɔ̃] *nm* BOT & CULIN cress; ~ **(d'eau** OU **de fontaine)** water cress.

**crésus** [krezys] *nm* Croesus, rich man.

**Crésus** [krezys] *npr* Croesus.

**Crète** [krɛt] *npr f*: **(la)** ~ Crete.

**crête** [krɛt] *nf* **-1.** ORNITH crest; [de volaille] comb. **-2.** MIL [d'un casque] crest. **-3.** [d'une montagne, d'un toit] crest, ridge; [d'un mur] top; [d'une vague] crest. **-4.** SC peak.

**crête-de-coq** [krɛtdəkɔk] *(pl* **crêtes-de-coq***) nf* **-1.** BOT cockscomb. **-2.** MÉD venereal papilloma.

**crétin, e** [kretɛ̃, in] ◇ *adj* moronic. ◇ *nm, f* **-1.** [imbécile] moron, cretin. **-2.** MÉD & *vieilli* cretin.

**crétinerie** [kretinri] *nf* **-1.** [comportement] stupidity, idiocy, moronic behaviour. **-2.** [acte] idiotic thing (to do); [propos] idiotic thing (to say).

**crétinisme** [kretinism] *nm* **-1.** [caractère] stupidity, idiocy. **-2.** MÉD & *vieilli* cretinism.

**crétois, e** [kretwa, az] *adj* Cretan.
◆ **Crétois, e** *nm, f* Cretan.

**cretonne** [krətɔn] *nf* cretonne.

**creusement** [krøzmɑ̃] *nm* [d'un trou] digging; [d'un canal] digging, cutting; [d'un puits] digging, sinking.

**creuser** [3] [krøze] *vt* **-1.** [excaver – puits, mine] to dig, to sink; [– canal] to dig, to cut; [– tranchée] to dig, to excavate; [– sillon] to plough; [– passage souterrain, tunnel] to make, to bore, to dig; ~ **un trou** [à la pelle] to dig a hole; [en grattant] to scratch a hole; **la rivière a creusé son lit** the river has hollowed out its bed; ~ **sa propre tombe** *fig* to dig one's own grave; **ça a creusé un abîme** OU **fossé entre eux** this has opened up a gulf between them; ~ **sa tombe avec ses dents** to eat o.s. into an early grave. **-2.** [faire un trou dans – gén] to hollow (out); [– avec une cuillère] to scoop (out); ~ **la terre** to dig (a hole in) the earth. **-3.** [ployer]: ~ **les reins** OU **le dos** to arch one's back; ~ **la taille** to exaggerate one's waist. **-4.** [marquer – traits du visage]: **joues creusées par la souffrance** cheeks sunken with pain; **le visage creusé par**

la fatigue his face hollow with fatigue. **-5.** *fam* [ouvrir l'appétit de] to make hungry; **la marche m'a creusé (l'estomac)** the walk gave me an appetite OU whetted my appetite OU made me feel hungry ‖ *(en usage absolu)*: **les émotions, ça creuse!** *hum* excitement gives you an appetite! **-6.** [approfondir – idée] to look OU to go into *(insép)*; [– problème, question] to look OU to delve into *(insép); (en usage absolu)*: **il paraît intelligent, mais il vaut mieux ne pas** ~ **(trop loin)** he seems intelligent, but it might be better not to go into it too deeply. **-7.** COUT [décolleté] to make deeper OU lower; [emmanchure] to make bigger.
◆ **se creuser** ◇ *vp (emploi réfléchi)*: **tu ne t'es pas beaucoup creusé pour écrire ce texte!** you didn't overtax yourself when you wrote this text! ❏ se ~ **la tête** OU **la cervelle** *fam* to rack one's brains. ◇ *vpi* **-1.** [yeux, visage] to grow hollow; [joues] to grow gaunt OU hollow; [fossettes, rides] to appear; **la mer commence à se** ~ the sea's starting to swell. **-2.** [augmenter – écart] to grow bigger.

**creuset** [krøzɛ] *nm* **-1.** PHARM & TECH crucible, melting pot; [d'un haut-fourneau] crucible, hearth. **-2.** [rassemblement] melting pot, mixture; ~ **de cultures** a melting pot of cultures.

**creux, euse** [krø, krøz] *adj* **-1.** [évidé – dent, tronc] hollow; *fig*: **j'ai le ventre** ~ my stomach feels hollow, I feel hungry. **-2.** [concave – joues] hollow, gaunt; [– visage] gaunt; [– yeux] sunken, hollow; **un chemin** ~ a sunken lane. **-3.** [qui résonne – voix] cavernous, hollow; [– son] hollow. **-4.** *péj* [inconsistant – discours, phrases] empty, meaningless; [– promesses] hollow, empty; [– argumentation] weak. **-5.** [sans activité]: **périodes creuses** [au travail] slack periods; [dans une tarification] off-peak periods; **pendant la saison creuse** [pour le commerce] during the slack season; [pour les vacanciers] during the off-peak season; **heures creuses: la communication/le trajet aux heures creuses ne vous coûtera que 15 F** the phone call/journey will cost you only 15 F off-peak. **-6.** COUT [pli] inverted.
◆ **creux** ◇ *nm* **-1.** [trou – dans un roc] hole, cavity; [– d'une dent, d'un tronc] hollow (part), hole, cavity; **la route est pleine de** ~ **et de bosses** the road is bumpy OU is full of potholes; **avoir un** ~ (à l'estomac) *fam* to feel peckish *Br* OU a bit hungry. **-2.** [concavité – d'une main, d'une épaule] hollow; [– de l'estomac] pit; **il a bu dans le** ~ **de ma main** it drank out of my hand; **j'ai mal dans le** ~ **du dos** OU **des reins** I've a pain in the small of my back. **-3.** [dépression – d'une courbe, d'une vague] trough. **-4.** [inactivité] slack period; **il y a un** ~ **des ventes en janvier** business slows down OU slackens off in January. **-5.** BX-ARTS mould. **-6.** NAUT [d'une voile] belly. ◇ *adv*: **sonner** ~ to give OU to have a hollow sound.
◆ **au creux de** *loc prép*: **au** ~ **de ses bras** (nestled) in his arms ❏ **au** ~ **de la vague** *pr* in the trough of the wave; **être au** ~ **de la vague** *fig* [entreprise, personne] to be going through a bad patch.

**crevaison** [krəvɛzɔ̃] *nf* puncture *Br*, flat *Am*; **avoir une** ~ to have a puncture OU a flat tyre *Br*, to have a flat *Am*.

**crevant, e** [krəvɑ̃, ɑ̃t] *adj fam* **-1.** [pénible – travail] exhausting, backbreaking; [– enfant] exhausting. **-2.** [drôle – personne] killing, priceless; [– histoire, spectacle] killing, side-splitting.

**crevasse** [krəvas] *nf* **-1.** GÉOG [dans le sol] crevice, fissure, split; [sur un roc] crack, crevice, fissure; [d'un glacier] crevasse. **-2.** [sur les lèvres, les mains] crack, split.

**crevassé, e** [krəvase] *adj* **-1.** [sol] cracked, fissured. **-2.** [peau] chapped.

**crevasser** [3] [krəvase] *vt* **-1.** [sol] to cause cracks OU fissures in. **-2.** [peau] to chap.
◆ **se crevasser** *vpi* **-1.** [sol] to become cracked. **-2.** [peau] to become chapped.

**crevé, e** [krəve] *adj* **-1.** [pneu] flat, punctured; [tympan] pierced; [yeux] gouged-out; [ballon] burst. **-2.** [mort – animal] dead. **-3.** [fatigué] shattered *Br*, bushed *Am*.
◆ **crevé** *nm* COUT slash.
◆ **à crevés** *loc adj* [chaussure, manche] slashed.

**crève[1]** [krɛv] *v* → **crever**.

**crève[2]** [krɛv] *nf fam* [rhume] bad cold; **tu vas attraper la** ~ you'll catch your death (of cold).

**crève-cœur** [krɛvkœr] *nm inv*: **c'est un** ~ **de les voir** it's a heartbreaking OU heart-rending sight to see them.

**crève-la-faim** [krɛvlafɛ̃] *nm inv* half-starved wretch.

**crever** [19] [krəve] ◇ *vt* **-1.** [faire éclater – abcès] to burst (open); [– bulle, ballon, sac] to burst; [– pneu] to puncture, to burst; [– tympan] to puncture, to pierce; **un cri vint ~ le silence** a cry pierced ou rent the silence; **~ un œil à qqn** [agression] to gouge ou to put out sb's eye; [accident] to blind sb in one eye; **cela crève le cœur** it's heartbreaking ou heart-rending; **tu me crèves le cœur!** you're breaking my heart! ❏ **ça crève les yeux** *fam* [c'est évident] it's as plain as the nose on your face, it sticks out a mile; [c'est visible] it's staring you in the face, it's plain for all to see; **~ la paillasse à qqn**ᵛ to do sb in; **~ le plafond** [prix] to go through the roof; **~ l'écran** [acteur] to have great presence (on the screen). **-2.** *fam* [fatiguer] to wear out; **~ sa monture** to ride one's horse to death. **-3.** *loc*: **~ la faim** *fam* [par pauvreté] to be starving.
◇ *vi* **-1.** [éclater – pneu] to puncture; [– ballon, bulle, nuage] to burst; [– abcès] to burst; **on a crevé sur la rocade** *fam* we had a puncture *Br* ou a flat *Am* on the bypass. **-2.** ᵛ [mourir] to snuff it *Br*, to kick the bucket; **qu'il crève!** to hell with him!; **ils me laisseraient ~ comme un chien** they'd just let me die like a dog. **-3.** [mourir – animal, végétal] to die (off).
◆ **crever de** *v + prép* **-1.** [éprouver]: **~ de faim** [par pauvreté] to be starving; [être en appétit] to be starving ou famished; **~ de soif** to be parched; **je crève de chaud!** I'm baking ou boiling!; **on crève de froid ici** it's freezing cold ou you could freeze to death here; **~ de peur/d'inquiétude** to be scared/worried to death. **-2.** [être plein de]: **~ de jalousie** to be eaten up with jealousy; **~ d'orgueil** to be puffed up ou bloated with pride; **je crève d'impatience de le voir** I can't wait to see him; **~ d'envie de faire qqch** to be dying to do sthg.
◆ **se crever** *vp (emploi réfléchi)*: **se ~ au boulot** ou **à la tâche** to work o.s. to death ❏ **se ~ le cul**ᵛ to bust a gut *Br*, to bust one's ass *Am*.

**crevette** [krəvɛt] *nf*: **~ d'eau douce** (freshwater) shrimp; **~ grise** shrimp; **~ rose** (common) prawn.

**CRF** *npr f abr de* **Croix-Rouge française.**

**cri** [kri] *nm* **-1.** [éclat de voix – gén] cry; [– puissant] shout, yell; [– perçant] shriek, scream; **un petit ~ aigu** a squeak; **~ de douleur** ou **de peine** cry ou scream of pain; **~ de joie** cry ou shout of joy; **~ d'indignation** cry ou scream of indignation; **~ d'horreur** shriek ou scream of horror; **jeter** ou **pousser un ~** to cry out; **pousser un ~ de joie/douleur** to cry out with joy/in pain ❏ **pousser des ~s** *fig* to shout; *fig* to make loud protests; **jeter** ou **pousser des hauts ~s** to raise the roof, to raise a hue and cry, to kick up a fuss; **pousser des ~s d'orfraie** ou **de paon** [hurler] to screech like a thing possessed; [protester] to raise the roof. **-2.** ZOOL [d'un oiseau] call; [d'un petit oiseau] chirp; [d'une chouette, d'un paon, d'un singe] screech; [d'une mouette] cry; [d'un dindon] gobble; [d'un perroquet] squawk; [d'un canard] quack; [d'une oie] honk; [d'une souris] squeak; [d'un porc] squeal. **-3.** [parole] cry; **~ d'amour** cry of love; **~ de détresse** cry of distress; **jeter** ou **lancer un ~ d'alarme** to warn against the danger; **faire au ~ de «des subventions!»** to march chanting 'more subsidies now!' ❏ **~ du cœur** cri de coeur, cry from the heart.
◆ **à grands cris** *loc adv*: **appeler qqn à grands ~s** to shout for sb; **demander** ou **réclamer qqch à grands ~s** to cry out ou to clamour for sthg.
◆ **dernier cri** *loc adj* [voiture, vidéo] state-of-the-art; **il s'est acheté des chaussettes dernier ~** he bought the latest thing in socks. ◇ *nm inv*: **c'est le dernier ~** [vêtement] it's the (very) latest vogue ou fashion ou thing; [machine, vidéo] it's state-of-the-art.

**criaillement** [kriajmɑ̃] *nm* ORNITH [d'une oie] honk; [d'un paon] screech; [d'un faisan] cry.
◆ **criaillements** *nmpl* [de dispute] screeching, shrieking.

**criailler** [3] [kriaje] *vi* **-1.** *fam* [crier sans cesse] to screech, to shriek. **-2.** ORNITH [faisan] to cry; [oie] to honk; [paon] to squawk, to screech.

**criailleries** [kriajri] *nfpl* [de dispute] screeching, shrieking.

**criant, e** [krijɑ̃, ɑ̃t] *adj* [erreur] glaring; [mauvaise foi, mensonge] blatant, glaring, rank *adj*; [parti pris] blatant; [différence, vérité] obvious, striking; [injustice] flagrant, blatant, rank; [preuve] striking, glaring.

**criard, e** [krijar, ard] *adj* **-1.** [voix] shrill, piercing; **un enfant ~** a noisy child. **-2.** [couleur] loud, garish; [tenue] garish,

gaudy. **-3.** [urgent – dettes] pressing.

**criblage** [kriblaʒ] *nm* **-1.** [tamisage – de sable, de grains] riddling, sifting; [– de charbon] riddling, screening, sifting; [– d'un minerai] screening, jigging. **-2.** [calibrage – de fruits, d'huîtres] grading.

**crible** [kribl] *nm* [pour des graines, du sable] riddle, sift; [pour un charbon, un minerai] screen; **passer au ~** [charbon] to riddle, to screen, to sift; [grains, sable] to riddle, to sift; [fruits, œufs] to grade; [région] to go over with a fine-tooth comb, to comb; [preuves] to sift ou to examine closely; [document] to examine closely, to go over with a fine-tooth comb; [candidat] to screen (for a job).

**cribler** [3] [krible] *vt* **-1.** [tamiser – sable, grains] to riddle, to sift; [– minerai] to screen, to jig; [– charbon] to riddle, to screen. **-2.** [calibrer – fruits, œufs] to grade. **-3.** **~ de** [trouer de]: **~ qqch de trous** to riddle sthg with holes. **-4.** **~ de** [assaillir de]: **~ qqn de coups** to rain blows on sb; **~ qqn de questions** to bombard sb with questions, to fire questions at sb; **~ qqn de reproches** to heap reproaches on sb. **-5.** **être criblé de** [accablé de] to be covered in; **être criblé de dettes** to be crippled with debt, to be up to one's eyes in debt.

**cribleur** [kriblœr] *nm* [personne] screener, sifter; [machine] sifter, sifting machine.

**cric**¹ [krik] *onomat* [bruit de déchirement] rip, crack; **~ (crac)!** [tour de clé] click!

**cric**² [krik] *nm* AUT (car) jack; **mettre une voiture sur** ou **élever une voiture avec un ~** to jack a car up ❏ **~ hydraulique/à vis** hydraulic/screw jack.

**cricket** [krikɛt] *nm* SPORT cricket; **jouer au ~** to play cricket.

**cricri** [krikri] *nm* **-1.** *fam* [grillon] cricket. **-2.** [cri du grillon] chirp, chirp-chirp.

**criée** [krije] *nf* fish market *(where auctions take place)*.
◆ **à la criée** ◇ *loc adj* → **vente.** ◇ *loc adv* by auction; **vendre du thon à la ~** to auction off tuna.

**crier** [10] [krije] ◇ *vi* **-1.** [gén] to cry (out); [d'une voix forte] to shout, to yell; [d'une voix perçante] to scream, to screech, to shriek; **ne fais pas ~ ta mère!** don't get your mother angry!; **~ de douleur** to scream with ou to cry out in pain; **~ de joie** to shout for joy; **~ de plaisir** to cry out with pleasure ❏ **~ comme un sourd** *fam* to shout one's head off; **~ comme un damné** ou **putois** ou **veau** *fam* [fort] to shout ou to yell at the top of one's voice; [avec des sons aigus] to squeal like a stuck pig; [protester] to scream blue murder; **~ à:** **~ à l'injustice** to call it an injustice; **~ au miracle** to hail it as a miracle; **~ au scandale** to call it a scandal, to cry shame; **~ à l'assassin** to cry blue murder; **~ au loup** to cry wolf; **~ au voleur** to cry (stop) thief; **~ à l'aide** ou **au secours** to shout for help. **-2.** ZOOL [oiseau] to call; [souris] to squeak; [porc] to squeal; [chouette, singe] to call, to screech; [perroquet] to squawk; [paon] to screech; [oie] to honk. **-3.** [freins, pneu] to squeak, to screech; [cuir, craie] to squeak; [charnière] to creak.
◇ *vt* **-1.** [dire d'une voix forte – avertissement] to shout ou to cry (out); [– insultes, ordres] to bawl ou to yell out *(sép)*; **elle nous cria de partir** she shouted at us to go ❏ **sans ~ gare** [arriver] without warning; [partir] without so much as a by-your-leave. **-2.** [faire savoir]: **~ son innocence** to proclaim ou to protest one's innocence; **~ famine** to complain of hunger; **~ misère** [se plaindre] to complain of hardship; **~ victoire** to crow (over one's victory); **~ contre** to complain ou to shout about *(insép)* ❏ **~ qqch sur les toits** [le rendre public] to shout ou to proclaim sthg from the rooftops; [s'en vanter] to let everyone know about sthg. **-3.** [demander]: **~ vengeance** to call for revenge ❏ **~ grâce** *pr* to beg for mercy; *fig* to cry for mercy.
◆ **crier après** *v + prép* **-1.** [s'adresser à] to shout ou to yell at. **-2.** [réprimander] to scold.

**crieur, euse** [krijœr, øz] *nm, f* **-1.** [vendeur de journaux] newspaper seller ou vendor. **-2.** [dans une criée] auctioneer. **-3.** HIST: **~ (public)** town crier.

**criions** [krijɔ̃] *v* → **crier.**

**crime** [krim] *nm* **-1.** JUR [infraction pénale] crime, (criminal) offence; **commettre un ~** to commit a crime ❏ **un ~ contre l'État** (high) treason ou a crime against the state; **~ contre l'humanité** crime against humanity; **~ contre la paix** crime against peace; **~ de guerre** war crime; **~ de**

**lèse-majesté** [lɛzmaʒɛste] *pr* act ou crime of lèse-majesté; ~ **politique** political offence. **-2.** [meurtre] murder; c'est le ~ **parfait** it's the perfect crime; l'heure du ~ the time of the murder; le motif du ~ the motive for the murder; **commettre un** ~ to commit a murder ❏ ~ **crapuleux** heinous crime; ~ (à motif) sexuel sex crime ou murder; ~ **passionnel** crime passionnel, crime of passion; l'arme du ~ the murder weapon. **-3.** [acte immoral] crime, act; c'est un ~ de démolir ces églises it's a crime ou it's criminal to knock down these churches; ce n'est pas un ~! it's not a crime! ❏ ~ **contre nature** act ou crime against nature; 'Crime et châtiment' Dostoïevski 'Crime and Punishment'. **-4.** [criminalité]: le ~ crime.

**Crimée** [krime] *nprf*: (la) ~ (the) Crimea.

**criminaliser** [3] [kriminalize] *vt* to criminalize.
◆ **se criminaliser** *vpi* to become criminalized.

**criminalité** [kriminalite] *nf* **-1.** SOCIOL crime; la grande/petite ~ serious/petty crime. **-2.** *sout* [caractère criminel] criminality, criminal nature.

**criminel, elle** [kriminɛl] ◇ *adj* **-1.** [répréhensible – action, motif] criminal; acte ~ criminal offence, crime; une organisation ~le a criminal organization, a crime syndicate. **-2.** [relatif aux crimes – droit, enquête] criminal; [– bangade] crime (modif). **-3.** [condamnable – acte] criminal, reprehensible; c'est ~ de... it's criminal to..., it's a crime to...; avoir des pensées ~les to think wicked thoughts. ◇ *nm, f* [gén] criminal; [meurtrier] murderer; ~ de guerre war criminal.
◆ **criminel** *nm* JUR [juridiction criminelle]: le ~ criminal law; avocat au ~ criminal lawyer; poursuivre qqn au ~ to institute criminal proceedings against sb.

**criminellement** [kriminɛlmɑ̃] *adv* **-1.** [répréhensiblement] criminally. **-2.** JUR: poursuivre qqn ~ to institute criminal proceedings against sb.

**criminologie** [kriminɔlɔʒi] *nf* criminology.

**crin** [krɛ̃] *nm* **-1.** [de cheval] hair. **-2.** [rembourrage] horse hair.
◆ **à tout crin, à tous crins** *loc adj* out-and-out, diehard.
◆ **de crin, en crin** *loc adj* horsehair (modif).

**crincrin** [krɛ̃krɛ̃] *nm fam* (squeaky) fiddle.

**crinière** [krinjɛr] *nf* **-1.** ZOOL mane. **-2.** *fam* [chevelure] mane, mop *péj* ou *hum*. **-3.** [d'un casque] plume.

**crinoline** [krinɔlin] *nf* **-1.** TEXT crinoline. **-2.** VÊT crinoline petticoat.
◆ **à crinoline** *loc adj* [robe] crinoline (modif).

**crique** [krik] *nf* GÉOG creek, inlet, (small) rocky beach.

**criquet** [krikɛ] *nm* locust; ~ **pèlerin** ou **migrateur** migratory locust.

**crise** [kriz] *nf* **-1.** [période, situation difficile] crisis; traverser une ~ to go through a crisis ou a critical time; la ~ de la quarantaine the midlife crisis; ~ de confiance crisis of confidence; ~ de conscience crisis of conscience; ~ d'identité identity crisis. **-2.** ÉCON & POL crisis; ~ du logement/papier housing/paper shortage; ~ boursière [grave] crisis ou panic on the Stock Exchange; [passagère] blip on the Stock Exchange; ~ économique economic crisis ou slump; ~ politique political crisis; la ~ de 1929 the 1929 slump. **-3.** [accès] outburst, fit; ~ de colère fit of temper; ~ de rage angry outburst; ~ de larmes fit of crying; ~ de désespoir fit of despair; ~ de jalousie fit of jealousy; quelle ~ la ~ (de rire)! *fam* what a scream ou hoot ou riot!; être pris d'une ~ de rire to laugh uproariously ‖ [de colère] (fit of) rage; piquer une ~ *fam* to throw ou to have a fit; pas besoin de nous faire une ~ pour ça! *fam* no need to kick up such a fuss! ‖ [besoin urgent]: pris d'une ~ de rangement feeling an urge to tidy things up. **-4.** MÉD: ~ d'appendicite/d'arthrose attack of appendicitis/arthritis; ~ épileptique ou d'épilepsie epileptic fit ❏ une ~ cardiaque a heart attack; ~ de foie queasy feeling; tu vas attraper une ~ de foie à manger tous ces chocolats *fam* you'll make yourself sick if you eat all these chocolates; ~ de nerfs fit of hysterics, attack of nerves; elle a fait une ~ de nerfs she went into hysterics.
◆ **en crise** *loc adj*: être en ~ to undergo a crisis.

**crispant, e** [krispɑ̃, ɑ̃t] *adj* [attente] nerve-racking; [stupidité, personne] exasperating, irritating, infuriating; [bruit] irritating; arrête de me dire comment jouer, c'est ~ à la fin! stop telling me how to play, it's getting on my nerves!

**crispation** [krispasjɔ̃] *nf* **-1.** [du visage] tension; [des membres] contraction. **-2.** [tic] twitch. **-3.** [anxiété] nervous tension. **-4.** [du cuir] shrivelling; [du papier] cockling.

**crispé, e** [krispe] *adj* **-1.** [contracté – sourire, rire] strained, tense; [– personne, visage, doigts] tense. **-2.** *fam* [irrité] irritated, exasperated.

**crisper** [3] [krispe] *vt* **-1.** [traits du visage] to contort, to tense; [poings] to clench; le visage crispé par la souffrance his face contorted ou tense with pain. **-2.** *fam* [irriter]: ~ qqn to get on sb's nerves. **-3.** [rider – cuir] to shrivel up (*sép*); [papier] to cockle up (*sép*).
◆ **se crisper** *vpi* **-1.** [se contracter – visage] to tense (up); [– personne] to become tense; [– doigts] to contract; [– sourire] to become strained ou tense; [– poings] to clench. **-2.** *fam* [s'irriter] to get annoyed.

**criss** [kris] = **kriss**.

**crissement** [krismɑ̃] *nm* [de pneus, de freins] squealing, screeching; [du cuir] squeaking; [de neige, de gravillons] crunching; [d'étoffe, de papier] rustling; [d'une craie, d'une scie] grating.

**crisser** [3] [krise] *vi* [pneus, freins] to squeal, to screech; [cuir] to squeak; [neige, gravillons] to crunch; [étoffe, papier] to rustle; [craie, scie] to grate.

**cristal, aux** [kristal, o] *nm* **-1.** MINÉR: un ~, du ~ crystal ❏ ~ de roche rock crystal. **-2.** [objet] piece of crystalware ou of fine glassware; des cristaux crystalware, fine glassware ‖ [d'un lustre] crystal droplets.
◆ **de cristal** *loc adj* **-1.** [vase] crystal (modif). **-2.** [pur – eau] crystal-like, crystalline; [– voix] crystal-clear, crystalline.

**cristallerie** [kristalri] *nf* **-1.** [fabrication] crystal-making. **-2.** [usine] (crystal) glassworks. **-3.** [objets]: de la ~ crystalware, fine glassware.

**cristallin, e** [kristalɛ̃, in] *adj* **-1.** *litt* [voix] crystal-clear, crystalline; [eau] crystalline. **-2.** MINÉR [massif, rocher] crystalline.
◆ **cristallin** *nm* ANAT crystalline lens.

**cristallisation** [kristalizasjɔ̃] *nf* crystallization, crystallizing.

**cristallisé, e** [kristalize] *adj* crystallized.

**cristalliser** [3] [kristalize] *vt* to crystallize.
◆ **se cristalliser** *vpi* to crystallize.

**cristallographie** [kristalɔgrafi] *nf* crystallography.

**cristaux** [kristo] *pl* → **cristal**.

**critère** [kritɛr] *nm* **-1.** [principe] criterion; ~ **moral/religieux** moral/religious criterion; ~s de sélection selection criteria. **-2.** [référence] reference (point), standard.

**critérium** [kriterjɔm] *nm* SPORT [en cyclisme] rally; [en natation] gala; le grand ~, le ~ des deux ans ÉQUIT maiden race for two-year-olds.

**critiquable** [kritikabl] *adj* which lends itself to criticism; une décision peu ~ an uncontentious decision.

**critique** [kritik] ◇ *adj* **-1.** [qui condamne – article, personne] critical; *péj* [– personne] faultfinding; se montrer très ~ envers ou à l'égard de to be very critical towards; voir qqch d'un ~ œil (très) ~ to have (great) reservations about sthg. **-2.** [plein de discernement – analyse, œuvre, personne] critical; avoir l'esprit ou le sens ~ to have good judgement, to be discerning. **-3.** [crucial – phase, période] critical, crucial; [– opération, seuil] critical. **-4.** [inquiétant – état de santé, situation] critical. **-5.** SC critical.
◇ *nmf* [commentateur] critic, reviewer; ~ d'art art critic; ~ de cinéma film critic ou reviewer; ~ littéraire book reviewer, literary critic; ~ musical music critic; ~ de théâtre drama critic.
◇ *nf* **-1.** PRESSE review; UNIV critique, appreciation; ~ cinématographique film review; ~ littéraire literary ou book review; ~ musicale/théâtrale music/drama review. **-2.** [activité]: la ~ théâtrale drama criticism; la ~ gastronomique food writing; la ~ littéraire literary criticism; faire la ~ de PRESSE to review; UNIV to write an appreciation ou a critique of. **-3.** [personnes]: très bien/mal accueilli par la ~ acclaimed/panned by the critics; l'approbation/le mépris de la ~ critical acclaim/scorn. **-4.** [blâme] criticism; adresser ou faire une ~ à un auteur to level criticism at an author. **-5.** [fait de critiquer]: la ~ criticism, criticizing ❏ la ~ est aisée ou facile (mais l'art est difficile) it's easy to be a critic (but hard to be an artist).

**critiquer** [3] [kritike] *vt* **-1.** [blâmer – initiative, mesure, personne] to criticize, to be critical of; **tu es toujours à me ~!** you find fault with everything I do! **-2.** [analyser] to critique, to criticize.

**critiqueur, euse** [kritikœr, øz] *nm, f péj* faultfinder.

**croassement** [krɔasmã] *nm* caw, cawing.

**croasser** [3] [krɔase] *vi* to caw.

**croate** [krɔat] *adj* Croat, Croatian.

◆ **Croate** *nmf* Croat, Croatian.

◆ **croate** *nm* LING Croat, Croatian.

**Croatie** [krɔasi] *npr f:* (la) ~ Croatia.

**croc** [kro] *nm* **-1.** ZOOL [de chien] tooth, fang; [d'ours, de loup] fang; **montrer les ~s** [animal] to bare its teeth *ou* fangs; **la Prusse montrait les ~s** *fig* Prussia was showing its teeth. **-2.** *fam* [dent] (long) tooth; **avoir les ~s:** **j'ai les ~s** I could eat a horse. **-3.** [crochet – de boucher] butcher's *ou* meat hook; [– de marinier] hook, boathook.

**croc-en-jambe** [krɔkãʒãb] (*pl* **crocs-en-jambe**) *nm*: **faire un ~ à qqn** *pr & fig* to trip sb up.

**croche** [krɔʃ] *nf* MUS quaver *Br*, eighth note *Am*; **double ~** semiquaver *Br*, sixteenth note *Am*.

**croche-patte** [krɔʃpat] (*pl* **croche-pattes**), **croche-pied** [krɔʃpje] (*pl* **croche-pieds**) = **croc-en-jambe**.

**crochet** [krɔʃɛ] *nm* **-1.** [attache, instrument] hook; [pour volets] catch; **~ d'arrêt** pawl, catch; **~ d'attelage** coupling hook; **~ à bottes** boot-hook; **~ de boucher** *ou* **boucherie** meat-hook, butcher's hook; **~ à boutons** buttonhook. **-2.** [de serrurier] picklock, lock pick. **-3.** COUT [instrument] crochet hook; [technique] crochet; [ouvrage] crochetwork; **faire du ~** to crochet. **-4.** SPORT hook; **il l'a envoyé à terre d'un ~ à la tête** he knocked him down with a hook to the head; **~ du droit/gauche** right/left hook. **-5.** [détour] detour, roundabout way; **faire un ~** to make a detour, to go a roundabout way. **-6.** [virage brusque – d'une voie] sudden *ou* sharp turn; [– d'une voiture] sudden swerve; **faire un ~** [rue] to bend sharply; [conducteur] to swerve suddenly. **-7.** [concours]: **~ radiophonique** talent contest. **-8.** IMPR square bracket; **entre ~s** in square brackets. **-9.** ZOOL [d'un serpent] fang; [d'un chamois] horn; ENTOM hook.

◆ **au crochet** ◇ *loc adj* [nappe, châle] crocheted. ◇ *loc adv:* **faire un vêtement au ~** to crochet a garment.

**crocheter** [28] [krɔʃte] *vt* [serrure] to pick; [porte] to pick the lock on.

**crochu, e** [krɔʃy] *adj* [nez] hooked, hook (*modif*); [doigts, mains] claw-like.

**croco** [krɔko] *nm fam* crocodile, crocodile-skin.

◆ **en croco** *loc adj fam* crocodile (*modif*).

**crocodile** [krɔkɔdil] *nm* **-1.** ZOOL crocodile. **-2.** [peau] crocodile, crocodile skin.

◆ **en crocodile** *loc adj* crocodile (*modif*).

**crocus** [krɔkys] *nm* crocus.

**croire** [107] [krwar] ◇ *vt* **-1.** [fait, histoire, personne] to believe; **je te crois sur parole** I'll take your word for it; **crois-moi, on n'a pas fini d'en entendre parler!** believe me, we haven't heard the last of this!; **je te crois!** *iron* I believe you!; **je n'en crois pas un mot** I don't believe a word of it; **je te prie de ~ qu'il va entendre parler de nous!** believe me, we haven't finished with him!; **tu ne me feras pas ~ que...** I refuse to believe that...; **en ~** [se fier à]: **croyez-en ceux qui ont l'expérience** take it from those who know; **à l'en ~ if** he is to be believed; **si j'en crois cette lettre** if I go by what this letter says; **si vous m'en croyez** if you ask me *ou* want my opinion; **je n'en crois pas mes yeux/oreilles** I can't believe my eyes/ears ❏ **~ dur comme fer que** *fam* to be firmly convinced that; **ne va pas ~ ça!** don't you believe it! **-2.** [penser] to believe, to think; **je croyais pouvoir venir plus tôt** I thought *ou* assumed I could come earlier; **à la voir on croirait sa sœur** to look at her, you'd think she was her sister; **on croit rêver!** it's unbelievable!; **tu ne crois pas si bien dire** you don't know how right you are; **on l'a crue enceinte** she was believed *ou* thought to be pregnant; **je veux ~ qu'il finira par accepter la vérité** I want to believe he'll accept the truth in the end; **je ne suis pas celle que vous croyez** I'm not that kind of person; **il faut ~ que tu avais tort** it looks like you were wrong; **je crois que oui** I believe *ou* think so; **il croit que non** he doesn't think so, he thinks not; **on croirait qu'il dort** he looks as if he's asleep ❏ **il faut**

**~, faut ~** *fam* (it) looks like it, it would seem so.

◇ *vi* **-1.** [sans analyser] to believe. **-2.** RELIG to believe; **croit he's a believer; je ne crois plus** I've lost my faith.

◆ **croire à** *v + prép* **-1.** [avoir confiance en] to believe in; **il faut ~ à l'avenir** one must have faith in the future. **-2.** [accepter comme réel] to believe in; **tu crois encore au Père Noël!** you're so naive!; **c'est à n'y pas ~!** you just wouldn't believe *ou* credit it! **-3.** RELIG to believe in; **~ à la vie éternelle** to believe in eternal life; **il ne croit ni à Dieu ni au diable** he's a complete heathen. **-4.** [dans la correspondance]: **je vous prie de ~ à mes sentiments les meilleurs** yours sincerely; **croyez à mon amitié toute dévouée** yours ever.

◆ **croire en** *v + prép* **-1.** [avoir confiance en] to believe in. **-2.** RELIG: **~ en Dieu** to believe in God.

◆ **se croire** ◇ *vp* [penser avoir]: **se ~ qqch:** **il se croit tous les droits** *ou* **tout permis** he thinks he can get away with anything. ◇ *vpi* **-1.** [se juger]: **il se croit beau/intelligent** he thinks he's handsome/intelligent; **elle se croit quelqu'un** she thinks she's something special; **où te crois-tu?** where do you think you are? **-2.** *fam loc:* **se ~ sorti de la cuisse de Jupiter** he think one is God's gift (to mankind); **s'y ~:** **il s'y croit!** he really thinks a lot of himself!; **et ton nom en grosses lettres sur l'affiche, mais tu t'y crois déjà!** and your name in huge letters on the poster, you're letting your imagination run away with you!

**croîs** [krwa] *v* → **croître**.

**croisade** [krwazad] *nf* **-1.** HIST crusade; **les ~s** the (Holy) Crusades. **-2.** *fig* [campagne] campaign, crusade.

**croisé, e** [krwaze] *adj* **-1.** [bras] folded; [jambes] crossed; **il était debout, les bras ~s** he was standing with his arms folded; **ne reste pas là les bras ~s!** don't just stand there!; **assis les jambes ~es** sitting cross-legged. **-2.** LITTÉRAT [rimes] alternate. **-3.** [hybride – animal, plante] crossbred. **-4.** VÊT [veste, veston] double-breasted. **-5.** ÉCON: **détention** *ou* **participation ~e** crossholding.

◆ **croisé** *nm* HIST crusader.

◆ **croisée** *nf* **-1.** [intersection] crossing; **être à la ~e des chemins** to be at the parting of the ways. **-2.** ARCHIT: **~e d'ogives** intersecting ribs. **-3.** [fenêtre] casement.

**croisement** [krwazmã] *nm* **-1.** [intersection] crossroads, junction; **au ~ de la rue et de l'avenue** at the intersection of the street and the avenue. **-2.** [hybridation] crossbreeding, crossing, interbreeding; **faire des ~s (de races)** to crossbreed *ou* to interbreed (animals); **c'est un ~ entre un épagneul et un setter** it's a cross between a spaniel and a setter, it's a spaniel-setter crossbreed. **-3.** [rencontre]: **le ~ de deux voitures/navires** two cars/boats passing each other.

**croiser** [3] [krwaze] ◇ *vt* **-1.** [mettre en croix – baguettes, fils] to cross; **~ les jambes** to cross one's legs; **~ les bras** to cross *ou* to fold one's arms ❏ **~ le fer** *ou* **l'épée avec qqn** *pr & fig* to cross swords with sb. **-2.** [traverser] to cross, to intersect, to meet; **là où la route croise la voie ferrée** where the road and the railway cross, at the junction of the road and the railway ❏ **~ la route** *ou* **le chemin de qqn** *fig* to come across sb. **-3.** [rencontrer] to pass, to meet; **ses yeux ont croisé les miens** her eyes met mine. **-4.** [hybrider] to cross, to crossbreed, to interbreed. ◇ *vi* **-1.** VÊT to cross over. **-2.** NAUT to cruise.

◆ **se croiser** ◇ *vp* (*emploi réciproque*) **-1.** [se rencontrer] to come across *ou* to meet *ou* to pass each other; **leurs regards se sont croisés** their eyes met. **-2.** [aller en sens opposé – trains] to pass (each other); [– lettres] to cross; **nos chemins se sont croisés, nos routes se sont croisées** our paths met. ◇ *vpt:* **se ~ les bras** *pr* to fold one's arms; *fig* [être oisif] to twiddle one's thumbs. ◇ *vpi* HIST to go off to the Crusades.

**Croisette** [krwazɛt] *npr f:* (le boulevard de) la ~ *famous boulevard running along the seafront in Cannes.*

**croiseur** [krwazœr] *nm* MIL cruiser.

**croisière** [krwazjer] *nf* cruise; **faire une ~ aux Bahamas** to go on a cruise to the Bahamas.

**croisiériste** [krwazjerist] *nmf* tourist on a cruise.

**croisillon** [krwazijɔ̃] *nm* [d'une fenêtre] cross bar.

**croissais** [krwasɛ] *v* → **croître**.

**croissance** [krwasãs] *nf* **-1.** PHYSIOL growth; **elle est en pleine ~** she's growing fast. **-2.** [développement – d'une plante] growth; [– d'un pays] development, growth; [– d'une entreprise] growth, expansion; **~ démographique** population growth; **la ~ zéro** zero growth; **notre entreprise est en pleine ~** our company is growing ou expanding.

**croissant[1]** [krwasɑ̃] *nm* **-1.** CULIN croissant; **~ au beurre** croissant made with butter; **~ ordinaire** croissant made without butter; **~ au fromage** cheese-filled croissant. **-2.** [forme incurvée] crescent. **-3.** ASTRON crescent; **~ de lune** crescent of moon. **-4.** HIST & GÉOG: **le Croissant fertile** the Fertile Crescent.

**croissant[2], e** [krwasɑ̃, ɑ̃t] *adj* growing, increasing.

**croissanterie** [krwasɑ̃tri] *nf* croissant shop Br ou store Am.

**Croissant-Rouge** [krwasɑ̃ruʒ] *npr m*: **le ~** the Red Crescent.

**croître** [93] [krwatr] *vi* **-1.** PHYSIOL to grow. **-2.** [augmenter – rivière] to swell; [– lune] to wax; **les jours ne cessent de ~** the days are growing longer; **elle sentait ~ en elle une violente colère** she could feel a violent rage growing within her; **ça ne fait que ~ et embellir** it's getting better and better; *iron* it's getting worse and worse; **~ en: ~ en beauté et en sagesse** to grow wiser and more beautiful; **aller croissant** to be on the increase; **le bruit allait croissant** the noise kept growing.

**croix** [krwa] *nf* **-1.** [gibet] cross; **il est mort sur la ~** he died on the cross ❏ **la (Sainte) Croix** RELIG the (Holy) Cross; **porter sa ~** to have one's cross to bear. **-2.** [objet cruciforme] cross; **c'est la ~ et la bannière pour le faire manger** it's an uphill struggle to get him to eat; **~ de bois, ~ de fer, si je mens, je vais en enfer** cross my heart (and hope to die). **-3.** [emblème] cross; **~ de Malte/St André** Maltese/St Andrew's cross; **~ ansée** ansate cross; **~ gammée** swastika; **la ~ de Lorraine** the cross of Lorraine (*cross with two horizontal bars, the symbol of the Gaullist movement*). **-4.** [récompense] cross, medal; [de la Légion d'honneur] Cross of the Legion of Honour; **la ~ de guerre** the Military Cross. **-5.** [signe écrit] cross; **signer d'une ~** to sign with a cross; **marquer qqch d'une ~** to put a cross on sthg ❏ **c'est un jour à marquer d'une ~ blanche** it's a red-letter day; **faire ou mettre une croix sur qqch** to forget ou to kiss goodbye to sthg. **-6.** PRESSE: **la Croix (l'Événement)** Catholic daily newspaper. **-7.** COUT: **point de ~** cross-stitch. **-8.** ASTRON: **Croix du Sud** Southern Cross.

◆ **en croix** *loc adv*: **placer ou mettre deux choses en ~** to lay two things crosswise.

**Croix-Rouge** [krwaruʒ] *nprf*: **la ~** the Red Cross.

**croquant[1], e** [krɔkɑ̃, ɑ̃t] *adj* crisp, crunchy.

**croquant[2]** *nm péj & litt* [paysan] peasant, yokel.

**croque-madame** [krɔkmadam] *nm inv* toasted cheese and ham sandwich with a fried egg on top.

**croque-mitaine** [krɔkmitɛn] (*pl* **croque-mitaines**) *nm* bogeyman.

**croque-monsieur** [krɔkməsjø] *nm inv* toasted cheese and ham sandwich.

**croque-mort** [krɔkmɔr] (*pl* **croque-morts**) *nm* undertaker's assistant; **il a vraiment une allure de ~** he has a really funereal look about him.

**croquenot**[V] [krɔkno] *nm* clodhopper, beetlecrusher.

**croquer** [3] [krɔke] ◇ *vt* **-1.** [pomme, radis, sucre d'orge] to crunch. **-2.** *fam* [dépenser – héritage] to squander. **-3.** [esquisser] to sketch; [décrire] to outline; **il est (joli ou mignon) à ~** *fam* he looks good enough to eat. ◇ *vi* to be crisp ou crunchy.

◆ **croquer dans** *v + prép* to bite into.

**croquet** [krɔkɛ] *nm* **-1.** JEUX croquet. **-2.** CULIN almond biscuit Br ou cookie Am.

**croquette** [krɔkɛt] *nf* CULIN croquette.

◆ **croquettes** *nfpl* [pour animal] dry food.

**croqueur, euse** [krɔkœr, øz] ◇ *adj* crisp, crunchy. ◇ *nm, f* devourer; **croqueuse de diamants** *fam* gold-digger.

**croquignolet, ette** *fam* [krɔkiɲɔlɛ, ɛt] sweet, cute.

**croquis** [krɔki] *nm* sketch; **faire un ~ de qqch** to sketch sthg.

**cross-country** [krɔskuntri] (*pl* **cross-countrys** ou **cross-countries**) *nm*, **cross** [krɔs] *nm inv* [à pied] cross-country running; [à cheval] cross-country riding; **faire du ~** [à pied] to go cross-country running; [à cheval] to go cross-country riding.

**crosse** [krɔs] *nf* **-1.** RELIG crosier, crozier. **-2.** SPORT [canne –

de hockey] stick; [– de golf] club; [– du jeu de crosse] crosse. **-3.** *Can* [jeu] lacrosse. **-4.** [extrémité – d'une canne] crook; [– d'un violon] scroll. **-5.** ARM [d'un revolver] grip, butt; [d'un fusil] butt; [d'un canon] trail; **ils l'ont tué à coups de ~** they beat him to death with their rifle butts. **-6.** BOT [d'une fougère] crosier.

**crotale** [krɔtal] *nm* rattlesnake.

**crotte** [krɔt] *nf* **-1.** [d'un animal] dropping; [d'un bébé] poo (U); **~ de bique!** *fam* sugar!-**2.** *fam & péj* [chose ou personne méprisée]: **c'est de la ~ (de bique)** it's a load of rubbish Br ou garbage Am; **il se prend pas pour de la ~!** he really fancies himself! Br, he thinks he's God's gift!-**3.** CULIN: **~ au chocolat** chocolate. **-4.** [morve]: **~ de nez** bogey.

**crotté, e** [krɔte] *adj* muddy, mucky.

**crotter** [3] [krɔte] ◇ *vt* [chaussures, voiture] to dirty, to muddy. ◇ *vi fam* [chien] to do its business.

**crottin** [krɔtɛ̃] *nm* **-1.** [de cheval] dung, manure. **-2.** CULIN small round goat's milk cheese.

**croulant, e** [krulɑ̃, ɑ̃t] ◇ *adj* crumbling, tumbledown. ◇ *nm, f fam & péj* old fogey.

**crouler** [3] [krule] *vi* **-1.** [tomber – édifice] to collapse, to crumble, to topple; **~ sous: l'étagère croule sous le poids des livres** the shelf is sagging under the weight of the books; **un baudet qui croulait sous son chargement** a donkey weighed down with its load; **~ sous le poids des ans/soucis** *fig* to be weighed down by age/worry; **la salle croula sous les applaudissements** *fig* the auditorium thundered with applause. **-2.** [se désintégrer – empire, société] to be on the verge of collapse, to be crumbling.

**croupe** [krup] *nf* **-1.** ZOOL croup, rump; **monter en ~** to ride pillion. **-2.** *fam* ANAT behind. **-3.** [sommet – d'une colline] hilltop; [– d'une montagne] mountain top.

**croupetons** [kruptɔ̃]

◆ **à croupetons** *loc adv*: **être à ~** to crouch, to squat; **se mettre à ~** to squat down, to crouch (down).

**croupi, e** [krupi] *adj* [eau] stagnant, foul.

**croupier** [krupje] *nm* JEUX croupier.

**croupion** [krupjɔ̃] *nm* **-1.** ORNITH rump. **-2.** CULIN parson's Br ou pope's Am nose. **-3.** *fam* [fesses] bum Br, butt Am.

**croupir** [32] [krupir] *vi* **-1.** [eau] to stagnate, to grow foul. **-2.** *fig* [s'encroûter, moisir]: **je ne vais pas ~ ici toute ma vie** I'm not going to rot here all my life; **~ dans l'ignorance** to wallow in one's ignorance.

**croupissant, e** [krupisɑ̃, ɑ̃t] *adj* [eau, mare] putrid, foul.

**CROUS, Crous** [krus] (*abr de* **Centre régional des œuvres universitaires et scolaires**) *npr m* student representative body dealing with accommodation, catering etc.

**crousille** [kruzij] *nf Helv* piggybank.

**croustade** [krustad] *nf* croustade.

**croustillant, e** [krustijɑ̃, ɑ̃t] *adj* **-1.** CULIN [biscuit, gratin] crisp, crunchy; [baguette, pain] crusty. **-2.** [osé] saucy.

**croustiller** [3] [krustije] *vi* [biscuit, gratin] to be crisp ou crunchy; [baguette, pain] to be crusty.

**croûte** [krut] *nf* **-1.** [partie – du pain] crust; [– du fromage] rind; **une ~ de pain** a crust ‖ [préparation] pastry shell; **~ de vol-au-vent** vol-au-vent case. **-2.** [V] [nourriture] grub. **-3.** [dépôt] layer; **~ de rouille/saleté** layer of rust/dirt. **-4.** GÉOL: **la ~ terrestre** the earth's crust. **-5.** MÉD scab; **~s de lait** cradle cap. **-6.** *fam & péj* [tableau] (bad) painting. **-7.** [de cuir] hide. **-8.** *péj* [personne]: **quelle ~!** what a stick-in-the-mud!

**croûteux, euse** [krutø, øz] *adj* scabby.

**croûton** [krutɔ̃] *nm* **-1.** CULIN [frit] crouton; [quignon] (crusty) end, crust. **-2.** *fam & péj* [personne]: **vieux ~** fossil.

**croyable** [krwajabl] *adj* believable, credible; **c'est à peine ~** it's hardly credible; **son histoire n'est pas ~** his story is incredible ou unbelievable.

**croyais** [krwajɛ] *v* → **croire**.

**croyance** [krwajɑ̃s] *nf* **-1.** [pensée] belief; **les ~s populaires** popular beliefs, conventional wisdom. **-2.** [fait de croire] faith; **la ~ en Dieu** faith ou belief in God; **la ~ à ou en la démocratie** belief in democracy. **-3.** [religion] faith, religion.

**croyant, e** [krwajɑ̃, ɑ̃t] ◇ *adj*: **il est/n'est pas ~** he's a believer/non-believer, he believes/he doesn't believe in God. ◇ *nm, f* believer.

**croyons** [krwajɔ̃] *v* → **croire**.

**CRS** (*abr de* **compagnie républicaine de sécurité**) *nm* [policier] state security policeman; les ~ ont chargé les manifestants the security police charged the demonstrators.

**cru¹** [kry] nm ŒNOL [terroir] vineyard; [vin] vintage, wine; les grands ~s de Bourgogne the great wines of Burgundy.
◆ **de mon cru, de son cru** etc loc adj: une histoire de son ~ a story of his own invention.
◆ **du cru** loc adj: un vin du ~ a local wine; les gens du ~ the locals.

**cru², e¹** [kry] pp → **croire**.

**cru³, e²** [kry] adj **-1.** [non cuit – denrée] raw, uncooked; [– céramique] unfired; [non pasteurisé]: beurre/lait ~ unpasteurized butter/milk. **-2.** [sans préparation – soie] raw; [– minerai] crude; [– bois] untreated. **-3.** [aveuglant – couleur] crude, harsh, glaring; [– éclairage] harsh, blinding, glaring. **-4.** [net] blunt, uncompromising: la vérité toute ~e it's the pure, unadorned truth. **-5.** [osé] coarse, crude.
◆ **cru** ◇ nm CULIN: le ~ et le cuit the raw and the cooked.
◇ adv **-1.** [sans cuire]: manger qqch ~ to eat sthg raw ❑ avaler ou manger qqn tout ~ to make mincemeat out of ou to wipe the floor with sb. **-2.** [brutalement]: parler ~ to speak bluntly; je vous le dis tout ~ I'm telling you it as it is.
◆ **à cru** loc adv ÉQUIT bareback.

**crû, ue³** [kry] pp → **croître**.

**cruauté** [kryote] nf **-1.** [dureté] cruelty. **-2.** [acte] cruel act, act of cruelty. **-3.** litt [rudesse] harshness, (extreme) severity, cruelty litt.

**cruche** [kryʃ] ◇ nf **-1.** [récipient] pitcher, jug. **-2.** [contenu] jugful. **-3.** fam & péj [personne] nitwit, dumbbell. ◇ adj fam & péj dumb, stupid.

**crucial, e, aux** [krysjal, o] adj crucial, vital.

**crucifié, e** [krysifje] ◇ adj crucified. ◇ nm, f **-1.** [victime] crucified person. **-2.** RELIG: le Crucifié Jesus Christ.

**crucifier** [9] [krysifje] vt **-1.** [mettre en croix]: ~ qqn to crucify sb. **-2.** litt [humilier] to crucify.

**crucifix** [krysifi] nm crucifix.

**crucifixion** [krysifiksjɔ̃] nf crucifixion.

**cruciforme** [krysifɔrm] adj cruciform, shaped like a cross.

**cruciverbiste** [krysivɛrbist] nmf crossword (puzzle) enthusiast.

**crudité** [krydite] nf **-1.** [d'une couleur, de la lumière] harshness. **-2.** [brutalité – d'une réponse] bluntness. **-3.** [vulgarité] coarseness, crudeness.
◆ **crudités** nfpl CULIN raw vegetables; [sur un menu] mixed salads, assorted raw vegetables.

**crue⁴** [kry] nf **-1.** [élévation de niveau] rise in the water level; la rivière en ~ a inondé la ville the river burst its banks and flooded the town. **-2.** [inondation]: la ~ des rivières au printemps the swelling of the rivers in the spring; en période de ~ when there are floods.

**cruel, elle** [kryɛl] ◇ adj **-1.** [méchant – personne] cruel; [dur – propos] cruel, harsh. **-2.** [pénible – destin] cruel, harsh, bitter; [– dilemme, choix] cruel, painful; [– perte] cruel. ◇ nm, f litt cruel man (f woman).

**cruellement** [kryɛlmɑ̃] adv **-1.** [méchamment] cruelly; traiter qqn ~ to be cruel to sb. **-2.** [péniblement] sorely; faire ~ défaut to be sorely lacking.

**crûment** [krymɑ̃] adv **-1.** [brutalement] bluntly. **-2.** [grossièrement] coarsely.

**crus** [kry] v → **croire**.

**crûs** [kry] v → **croître**.

**crustacé, e** [krystase] adj crustaceous.
◆ **crustacé** nm ZOOL crustacean; les ~s the Crustacea, the Crustaceans. **-2.** CULIN: des ~s seafood.

**cryochirurgie** [krijɔʃiryrʒi] nf cryosurgery.

**cryptage** [kriptaʒ] nm **-1.** [d'un message] coding. **-2.** [d'une émission de télévision] coding, scrambling TV.

**crypte** [kript] nf ARCHIT & ANAT crypt.

**crypté, e** [kripte] adj **-1.** [message] coded. **-2.** [émission de télévision] coded, scrambled.

**cryptogramme** [kriptɔgram] nm cryptogram.

**cryptographie** [kriptɔgrafi] nf cryptography.

**cs** (abr écrite de **cuillère à soupe**) tbs, tbsp.

**CSA** (abr de **Conseil supérieur de l'audiovisuel**) npr m French broadcasting supervisory body.

**CSCE** (abr de **Conférence sur la sécurité et la coopération**

en Europe) npr f CSCE.

**CSG** (abr de **contribution sociale généralisée**) nf income-related tax contribution.

**Cuba** [kyba] npr Cuba; à ~ in Cuba.

**cubage** [kyba3] nm **-1.** [évaluation] cubage, cubic content. **-2.** [volume] cubic volume, cubature, cubage.

**cubain, e** [kybɛ̃, ɛn] adj Cuban.
◆ **Cubain, e** nm, f Cuban.

**cube** [kyb] ◇ adj cubic; centimètre ~ cubic centimetre. ◇ nm **-1.** GÉOM & MATH cube; quel est le ~ de 4? what's 4 cubed ou the cube of 4? **-2.** [objet cubique] cube. **-3.** JEUX (building) block. **-4.** fam [cylindrée]: un gros ~ [moto] a big bike.

**cuber** [3] [kybe] ◇ vt to determine the cubic volume of. ◇ vi [contenir]: le réservoir cube 100 litres the tank has a cubic capacity of 100 litres.

**cubique** [kybik] adj **-1.** [en forme de cube] cube-shaped, cube-like, cubic. **-2.** MATH & MINÉR cubic. // nf MATH cubic.

**cubisme** [kybism] nm Cubism.

**cubiste** [kybist] ◇ adj Cubist, Cubistic. ◇ nmf Cubist.

**cubitus** [kybitys] nm ulna.

**cucul** [kyky] adj inv fam: ~ (la praline) silly, goofy.

**cucurbitacée** [kykyrbitase] nf cucurbit; les ~s the Cucurbitaceae.

**cueillerai** [kœjre] v → **cueillir**.

**cueillette** [kœjɛt] nf **-1.** [ramassage – de fruits] gathering, picking; [– de fleurs] picking. **-2.** [récolte] crop, harvest. **-3.** SOCIOL gathering; une tribu qui vit de la ~ a tribe of gatherers.

**cueilleur, euse** [kœjœr, øz] nm, f [de fruits] picker, gatherer; [de fleurs] picker.

**cueillir** [41] [kœjir] vt **-1.** [récolter – fruits] to gather, to pick; [– fleurs] to pick, to pluck. **-2.** [trouver] to pick up (sép), to collect; il est venu me ~ chez moi he came to pick me up at my place; où es-tu allé ~ pareille idée? where on earth did you get that idea? **-3.** fam [surprendre] to catch, to grab; être cueilli à froid to be caught off guard. **-4.** fam [arrêter] to nab, to collar. **-5.** [saisir au passage] to snatch, to grab; ~ un baiser to snatch a kiss.

**cui-cui** [kɥikɥi] nm inv tweet-tweet; faire ~ to tweet, to go tweet-tweet.

**cuillère, cuiller** [kɥijer] nf **-1.** [instrument] spoon; ~ à café ou à moka teaspoon; ~ à dessert dessert spoon; ~ à soupe tablespoon; petite ~ teaspoon; en deux ou trois coups de ~ à pot fam in a jiffy, in no time at all. **-2.** [contenu] spoonful; une ~ à café de sucre a teaspoonful of sugar; deux ~s à soupe de farine two tablespoonfuls of flour. **-3.** PÊCHE spoon, spoonbait. **-4.** ARM [d'une grenade] safety catch. **-5.** ∇ [main] mitt, paw.
◆ **à la cuillère** ◇ loc adj: pêche à la ~ spinning, trolling. ◇ loc adv **-1.** [en mangeant]: nourrir ou faire manger qqn à la ~ to spoon-feed sb. **-2.** PÊCHE: pêcher la truite à la ~ to spin ou to troll for trout.

**cuillerée** [kɥijere] nf spoonful; une ~ à soupe de a tablespoonful of; une ~ à café de a teaspoonful of.

**cuir** [kɥir] nm **-1.** [peau – traitée] leather; [– brute] hide; VÊT leather clothes; COMM & INDUST leather goods; un ~ fam a leather jacket ❑ ~ de Russie Russia leather. **-2.** [peau humaine] skin; ~ chevelu scalp; tomber sur ou tanner le ~ à qqn fam to tan sb's hide, to give sb a belting. **-3.** [lanière]: ~ à rasoir strop. **-4.** fam [faute de liaison] incorrect liaison (introducing an unwanted consonant between two words).
◆ **de cuir, en cuir** loc adj leather (modif).

**cuirasse** [kɥiras] nf **-1.** HIST [armure] breastplate, cuirass, corselet. **-2.** MIL [d'un char] armour. **-3.** [carapace] cuirass.

**cuirassé, e** [kɥirase] adj [char, navire] armoured, armour-plated.
◆ **cuirassé** nm battleship; 'le Cuirassé Potemkine' Eisenstein 'The Battleship Potemkin'.

**cuirasser** [3] [kɥirase] vt **-1.** MIL to armour, to armour-plate. **-2.** [endurcir] to harden.
◆ **se cuirasser** vpi **-1.** HIST to put on a breastplate. **-2.** [s'endurcir] to harden o.s.

**cuire** [98] [kɥir] ◇ vt **-1.** CULIN [viande, légumes] to cook; [pain] to bake. **-2.** [brûler – peau] to burn. ◇ vi **-1.** CULIN [ali-

ment] to cook; ~ à **feu doux** ou **petit feu** to simmer; ~ à **gros bouillons** to boil hard; **poulet prêt à** ~ oven-ready chicken; **faire** ~ **qqch** to cook sthg; **j'ai trop fait** ~ **les légumes** I've overcooked the vegetables; **tu n'as pas fait assez** ~ **la viande** you've undercooked the meat ❑ **laisser qqn** ~ **dans son jus** *fam* to let sb stew in his/her own juice; **va te faire** ~ **un œuf!** *fam* get lost!; **je l'ai envoyé se faire** ~ **un œuf** *fam* I sent him packing. **-2.** *fam* [souffrir de la chaleur]: **on cuit dans cette voiture!** it's boiling hot in this car!-**3.** [brûler] to burn, to sting; **les yeux me cuisent** my eyes are burning ou stinging. **-4.** *sout*: **il vous en cuira** you'll regret it.
◆ **à cuire** *loc adj*: **chocolat à** ~ cooking chocolate; **pommes à** ~ cooking apples.

**cuisant, e** [kµizã, ãt] *adj* **-1.** [douleur, sensation] burning, stinging. **-2.** [affront, injure] stinging, bitter.

**cuisine** [kµizin] *nf* **-1.** [lieu] kitchen; ~ **roulante** field kitchen. **-2.** [activité] cooking, cookery *Br*; **faire la** ~ to cook; **elle fait très bien la** ~ she's an excellent cook; **j'aime faire la** ~ I enjoy cooking; **la** ~ **au beurre/à l'huile** cooking with butter/oil. **-3.** [ensemble de mets] cuisine, food, dishes; ~ **fine et soignée** carefully prepared dishes ou food; **apprécier la** ~ **chinoise** to enjoy Chinese food ❑ ~ **allégée**, ~ **minceur** cuisine minceur, lean cuisine. **-4.** [cuisiniers]: **la** ~ [dans un château] the kitchen staff; [à la cantine] the catering ou kitchen staff. **-5.** [meubles] kitchen (furniture); ~ **intégrée** fitted kitchen. **-6.** *fam* & *péj* [complications] complicated ou messy business; [malversations] wheelerdealing.
◆ **cuisines** *nfpl* [au restaurant] kitchen; NAUT galley.
◆ **de cuisine** *loc adj* [table, couteau] kitchen *(modif)*.

**cuisiné, e** [kµizine] *adj* → **plat**.

**cuisiner** [3] [kµizine] ◇ *vt* **-1.** [plat, dîner] to cook. **-2.** *fam* [interroger – accusé, suspect] to grill. ◇ *vi* to cook; **j'aime** ~ **I** like cooking.

**cuisinier, ère** [kµizinje, εr] *nm, f* cook.
◆ **cuisinière** *nf* stove, cooker *Br*; **cuisinière électrique** electric cooker; **cuisinière à gaz** gas cooker ou stove.

**cuisis** [kµizi], **cuisons** [kµizɔ̃] *v* → **cuire**.

**cuissardes** [kµisard] *nfpl* **-1.** [de femme] thigh boots. **-2.** [de pêcheur] waders.

**cuisse** [kµis] *nf* **-1.** ANAT thigh. **-2.** ZOOL leg. **-3.** CULIN leg; ~**s de grenouille** frogs' legs; ~ **de poulet** chicken leg.

**cuissettes** [kµiset] *nfpl Helv* (sports) shorts.

**cuisson** [kµisɔ̃] *nf* **-1.** CULIN [fait de cuire – le pain, les gâteaux] baking; [– un rôti] roasting, cooking; **temps de** ~ cooking time ‖ [manière de cuire] cooking technique. **-2.** [brûlure] burning, smarting.

**cuissot** [kµiso] *nm* [de gibier] haunch.

**cuistot** [kµisto] *nm fam* cook, chef.

**cuistre** [kµistr] *nm sout* **-1.** [pédant] pedant, prig. **-2.** [rustre] lout, boor.

**cuistrerie** [kµistrəri] *nf* pedantry, priggishness.

**cuit, e** [kµi, kµit] ◇ *pp* → **cuire**. ◇ *adj* **-1.** [aliment] cooked; **viande bien** ~ well-done meat; **viande** ~ **à point** medium rare meat ❑ **jambon** ~ cooked ham; **attendre que ça tombe tout** ~ **(dans le bec)** to wait for things to fall into one's lap. **-2.** [brûlé – peau] burnt, sunburnt; [– jardin, champ] parched. **-3.** *fam* [usé] worn down, threadbare. **-4.** *fam* [perdu]: **je suis** ~! I'm done for!, I've had it!; **notre sortie de dimanche, c'est** ~! we can kiss our Sunday excursion goodbye!-**5.** ▽ [ivre] loaded, plastered.
◆ **cuit** *nm* **-1.** CULIN: **le** ~ the cooked. **-2.** *loc*: **du tout** ~: **c'est du tout** ~ it's as good as done (already); **ça n'a pas été du tout** ~ it was no walkover.
◆ **cuite** *nf* ▽ [beuverie]: **(se) prendre une** ~**e** to get plastered.

**cuiter** [3] [kµite]
◆ **se cuiter** ▽ *vpi* to get plastered.

**cuivre** [kµivr] *nm* **-1.** MÉTALL copper; ~ **jaune** brass; ~ **rouge** copper. **-2.** BX-ARTS [planche] copperplate.
◆ **cuivres** *nmpl* **-1.** [casseroles] copper (pots and) pans. **-2.** MUS brass instruments.

**cuivré, e** [kµivre] *adj* **-1.** BX-ARTS copperplated. **-2.** [rouge] copper-coloured; **avoir le teint** ~ ou **la peau** ~**e** [par le soleil] to be tanned; [naturellement] to be swarthy; **des cheveux** ~**s** auburn hair.

**cuivrer** [3] [kµivre] *vt* **-1.** MÉTALL to copperplate, to coat ou to

sheathe with copper. **-2.** [donner une teinte rougeâtre] to bronze, to tan.

**cuivreux, euse** [kµivrø, øz] *adj* cupreous.

**cul** [ky] *nm* **-1.** ▼ [fesses] arse *Br*, ass *Am*; **un coup de pied au** ~ a kick up the pants ou backside ❑ **avoir du** ~ to be a jammy *Br* ou lucky bastard; **avoir** ou **être le** ~ **entre deux chaises** to have a foot in each camp; **on va lui foutre les flics au** ~ let's get the cops on his tail; **comme** ~ **et chemise** as thick as thieves; ~ **par-dessus tête** arse over tit *Br*, head over heels; **tu l'as dans le** ~ you're screwed; **tu peux te le foutre** ou **mettre au** ~! go (and) fuck yourself!, up yours!; **j'en suis tombé** ou **ça m'a mis le** ~ **par terre** I was flabbergasted ou stunned; **mon** ~! my arse!; **en avoir plein le** ~ to be totally pissed off; **pousser qqn au** ~ to be on sb's back; **je suis tombé sur le** ~! [fatigué] I'm knackered! *Br*, I'm bushed! *Am*; [surpris] I can't believe it!; **tomber sur le** ~ to fall on one's arse; **(en) tomber** ou **rester sur le** ~ to be flabbergasted. **-2.** ▼ [sexe] sex; **un film de** ~ a porn film. **-3.** [fond d'une bouteille] bottom; **faire** ~ **sec** to down a drink in one; ~ **sec!** bottoms up!-**4.** *loc*: **gros** ~ *fam* [camion] juggernaut *Br*, big truck *Am*; ~ **béni**▽ religious bigot.

**culasse** [kylas] *nf* **-1.** ARM breech. **-2.** MÉCAN cylinder head.

**culbute** [kylbyt] *nf* **-1.** [pirouette] somersault; **faire des** ~**s** to do somersaults. **-2.** [chute] fall, tumble; **il a fait la** ~ **dans l'escalier** he fell head over heels down the stairs. **-3.** *fam* COMM & FIN collapse; **faire la** ~ [faire faillite] to go bankrupt, to collapse; [revendre] to double one's investment.

**culbuter** [3] [kylbyte] ◇ *vi* [à la renverse] to tumble, to fall (over backwards); [en avant] to fall ou to tumble (headfirst). ◇ *vt* **-1.** [faire tomber – personne] to knock over *(sép)*. **-2.** [venir à bout de – régime] to topple, to overthrow. **-3.** MIL: ~ **l'ennemi** to overwhelm the enemy. **-4.** ▽ [femme] to lay.

**culbuteur** [kylbytœr] *nm* **-1.** [jouet] tumbler. **-2.** AUT rocker arm.

**cul-de-jatte** [kydʒat] *(pl* **culs-de-jatte)** *nmf* legless person.

**cul-de-lampe** [kydlɑ̃p] *(pl* **culs-de-lampe)** *nm* **-1.** IMPR tailpiece. **-2.** ARCHIT [dans une église] cul-de-lampe, pendant; [dans una maison] bracket, corbel.

**cul-de-poule** [kydpul]
◆ **en cul-de-poule** *loc adj*: **une bouche en** ~ a pouting little mouth.

**cul-de-sac** [kydsak] *(pl* **culs-de-sac)** *nm* **-1.** [rue] dead end, cul-de-sac. **-2.** [situation] blind alley, no-win situation. **-3.** ANAT cul-de-sac.

**culinaire** [kyliner] *adj* culinary.

**culminant, e** [kylminã, ãt] *adj* → **point**.

**culminer** [3] [kylmine] *vi* **-1.** GÉOG: **les plus hauts sommets culminent à plus de 8 000 mètres** the highest peaks are more than 8,000 meters high; **l'Everest culmine à 8 848 mètres** Everest is 8,848 metres at its highest point. **-2.** [être à son maximum] to reach its peak, to peak. **-3.** ASTRON to culminate.

**culot** [kylo] *nm* **-1.** *fam* [aplomb] cheek *Br*, nerve; **tu as un sacré** ~! you've got a nerve ou a cheek! **-2.** [partie inférieure – d'une lampe] base, bottom; [– d'une cartouche] base, cap; [– d'une ampoule] base. **-3.** MÉTALL [résidu] residue, cinder, slag. **-4.** [d'une pipe] dottle.
◆ **au culot** *loc adv fam*: **faire qqch au** ~ to bluff one's way through sthg.

**culotte** [kylɔt] *nf* **-1.** [sous-vêtement – de femme] (pair of) knickers *Br* ou panties *Am*; [– d'enfant] (pair of) knickers *Br* ou pants; **faire dans sa** ~ *fam* to dirty one's pants; [avoir peur] to be scared stiff. **-2.** [pantalon] trousers *Br*, pants *Am*; HIST breeches; ~**s courtes** shorts; **tu étais encore en** ~ **courte** ou ~**s courtes** *fig* you were still in short pants; **porter la** ~ to wear the trousers *Br* ou pants *Am*; ~ **de cheval** VÉT riding breeches, jodhpurs; MÉD cellulite *(on the tops of the thighs)*; **(vieille)** ~ **de peau** Colonel Blimp *Br*, (old) military type. **-3.** [pièce de viande] rump. **-4.** VÉT: **une jupe**-~ culottes.

**culotté, e** [kylɔte] *adj fam* [effronté] cheeky *Br*, sassy *Am*.

**culotter** [3] [kylɔte] *vt* **-1.** [vêtir] to put trousers *Br* ou pants *Am* on. **-2.** [pipe] to season; [théière] to blacken.

**culpabilisant, e** [kylpabilizã, ãt] *adj* guilt-provoking.

**culpabilisation** [kylpabilizasjɔ̃] *nf*: **la** ~ **des victimes** making the victims feel guilty, putting the burden of guilt on the victims.

**culpabiliser** [3] [kylpabilize] ◇ *vt:* ~ qqn to make sb feel guilty. ◇ *vi* to feel guilty, to blame o.s.
◆ **se culpabiliser** *vp (emploi réfléchi)* to feel guilty, to blame o.s.

**culpabilité** [kylpabilite] *nf* **-1.** PSYCH guilt, guilty feeling; je ressens un certain sentiment de ~ à son égard I feel rather guilty about her. **-2.** JUR guilt.

**culte** [kylt] *nm* **-1.** RELIG [religion] religion, faith; [cérémonie] service; [dans le protestantisme]: assister au ~ to attend church; célébrer le ~ to worship. **-2.** [adoration] cult, worship; le ~ de la personnalité personality cult; vouer un ~ à qqn to worship sb. **-3.** *(comme adj)* cult; film ~ cult film *Br* ou movie *Am*.

**cul-terreux** [kytɛrø] *(pl* **culs-terreux)** *nm fam & péj* country bumpkin, redneck *Am*.

**cultivable** [kyltivabl] *adj* [région, terre] arable, farmable.

**cultivateur, trice** [kyltivatœr, tris] *nm, f* farmer.

**cultivé, e** [kyltive] *adj* **-1.** AGR cultivated. **-2.** [éduqué] cultured, educated, well-educated.

**cultiver** [3] [kyltive] *vt* **-1.** AGR [champ, terres] to cultivate, to farm; [plantes] to grow. **-2.** [conserver obstinément – accent] to cultivate; elle cultive le paradoxe she cultivates a paradoxical way of thinking. **-3.** [entretenir – relations, savoir] to keep up. **-4.** [protéger] to protect, to safeguard.
◆ **se cultiver** ◇ *vpi* to educate o.s.
◇ *vpt:* se ~ l'esprit to cultivate the mind.

**cultuel, elle** [kyltɥɛl] *adj* [association, liberté] religious.

**cultural, e, aux** [kyltyral, o] *adj* [activité, méthode] farming.

**culturalisme** [kyltyralism] *nm* cultural anthropology.

**culture** [kyltyr] *nf* **-1.** [production – de blé, de maïs] farming; [– d'arbres, de fleurs] growing; ~ **intensive/extensive** intensive/extensive farming; ~ associée companion crop; ~ maraîchère market gardening *Br*, truck farming *Am.* **-2.** [terrains] fields ou lands (under cultivation); de grande/ moyenne ~ [pays, région] with a high percentage of large/ middle-sized farms. **-3.** [espèce] crop; introduire une nouvelle ~ to introduce a new crop. **-4.** [connaissance]: la ~ culture; parfaire sa ~ to improve one's mind ❑ ~ générale general knowledge; avoir une bonne ~ générale [candidat] to be well up on general knowledge; [étudiant] to have had a broadly-based education; ~ de masse mass culture. **-5.** [civilisation] culture, civilization. **-6.** BIOL culture; faire une ~ de cellules to grow cells ❑ ~ de tissus tissue culture; ~ microbienne microbe culture. **-7.** *vieilli & SCOL:* ~ physique SCOL physical education, PE.
◆ **de culture** *loc adj* AGR farming *(modif)*.
◆ **en culture** *loc adv* under cultivation.

**culturel, elle** [kyltyrɛl] *adj* cultural.

**culturisme** [kyltyrism] *nm* bodybuilding.

**culturiste** [kyltyrist] *nmf* bodybuilder.

**cumin** [kymɛ̃] *nm* **-1.** [plante] cumin. **-2.** [condiment] caraway.

**cumul** [kymyl] *nm* **-1.** [de plusieurs activités] multiple responsibilities ou functions; [de plusieurs salaires] concurrent drawing; faire du ~ *fam* [directeur] to wear several hats; [artisan] to moonlight ❑ ~ des fonctions POL plurality of offices, pluralism. **-2.** JUR plurality, combination; ~ d'infractions combination of offences; ~ des peines cumulative sentence.

**cumulable** [kymylabl] *adj*: fonctions ~s posts which may be held concurrently; retraites ~s retirement pensions which may be drawn concurrently.

**cumulard, e** [kymylar, ard] *nm, f fam & péj* **-1.** POL politician with several mandates. **-2.** [directeur] *person making money as the head of several companies.* **-3.** [employé] holder of several jobs.

**cumulatif, ive** [kymylatif, iv] *adj* cumulative.

**cumuler** [3] [kymyle] *vt* **-1.** [réunir – fonctions] to hold concurrently; [– retraites, salaires] to draw concurrently. **-2.** [accumuler] to pile up *(sép)*. **-3.** JUR to accrue; intérêts cumulés accrued interest.

**cumulo-nimbus** [kymylɔnɛ̃bys] *nm inv* cumulonimbus.

**cumulus** [kymylys] *nm* **-1.** MÉTÉO cumulus. **-2.** [citerne] hot water tank.

**cunéiforme** [kyneifɔrm] *adj & nm* cuneiform.

**cunnilingus** [kynilɛ̃gys], **cunnilinctus** [kynilɛ̃ktys] *nm* cunnilingus.

**cupide** [kypid] *adj litt* grasping, greedy; il regardait l'argent d'un air ~ he was looking greedily at the money.

**cupidité** [kypidite] *nf litt* greed.

**cupidon** [kypidɔ̃] *nm* MYTH [ange] cupid.

**Cupidon** [kypidɔ̃] *npr* MYTH Cupid.

**curable** [kyrabl] *adj* curable, which can be cured.

**curaçao** [kyraso] *nm* curaçao, curaçoa.

**curare** [kyrar] *nm* curare, curari.

**curateur, trice** [kyratœr, tris] *nm, f* guardian, trustee JUR.

**curatif, ive** [kyratif, iv] *adj* healing.

**cure** [kyr] *nf* **-1.** MÉD [technique, période] treatment; ~ d'amaigrissement slimming *Br* ou weight-loss *Am* course; ~ de repos rest cure; ~ de sommeil sleep therapy; ~ thermale treatment at a spa. **-2.** PSYCH: la ~ the talking cure. **-3.** *fig:* faire une ~ de romans policiers to go through a phase of reading nothing but whodunits. **-4.** *loc:* il n'a ~ de... *litt* he cares nothing about... **-5.** RELIG [fonction] cure; [paroisse] parish; [presbytère] vicarage.

**curé** [kyre] *nm* (Catholic) priest; aller à l'école chez les ~s to be educated by priests.

**cure-dent(s)** [kyrdɑ̃] *(pl* **cure-dents)** *nm* toothpick.

**curée** [kyre] *nf* **-1.** CHASSE quarry. **-2.** [ruée] (mad) scramble, rush.

**cure-ongle(s)** [kyrɔ̃gl] *(pl* **cure-ongles)** *nm* nail cleaner.

**cure-oreille(s)** [kyrɔrɛj] *(pl* **cure-oreilles)** *nm* ear pick.

**cure-pipe(s)** [kyrpip] *(pl* **cure-pipes)** *nm* pipe cleaner.

**curer** [3] [kyre] *vt* to scrape clean.
◆ **se curer** *vpt:* se ~ les ongles to clean one's nails; se ~ les dents to pick one's teeth (clean); se ~ les oreilles to clean (out) one's ears.

**curetage** [kyrtaʒ] *nm* **-1.** MÉD curettage. **-2.** CONSTR renovation *(of a historical part of a town)*.

**cureter** [27] [kyrte] *vt* to curette.

**cureton** [kyrtɔ̃] *nm fam & péj* priest.

**curette** [kyrɛt], **curetterai** [kyrɛtre] *v* → **cureter**.

**curie** [kyri] *nf* **-1.** ANTIQ curia. **-2.** RELIG curia, Curia. **-3.** PHYS [unité] curie.

**curieusement** [kyrjøzmɑ̃] *adv* **-1.** [avec curiosité – regarder] curiously. **-2.** [étrangement – s'habiller] oddly, strangely; ~, il n'a rien voulu dire strangely ou funnily enough, he wouldn't say anything.

**curieux, euse** [kyrjø, øz] ◇ *adj* **-1.** [indiscret] curious, inquisitive. **-2.** [étrange] curious, odd, strange; c'est un ~ personnage he's a strange character. **-3.** [avide de savoir] inquiring, inquisitive; avoir un esprit ~ to have an inquiring mind; ~ de: il est ~ d'entomologie he has a keen interest in entomology; soyez ~ de tout let your interests be wide-ranging. ◇ *nm, f* **-1.** [badaud] bystander, onlooker. **-2.** [indiscret] inquisitive person.
◆ **curieux** *nm* **-1.** [ce qui est étrange]: c'est là le plus ~ de l'affaire that's what's so strange. **-2.** ▽ *arg crime* examining magistrate, beak *Br*.
◆ **en curieux** *loc adv*: je suis venu en ~ I just came to have a look.

**curiosité** [kyrjozite] *nf* **-1.** [indiscrétion] inquisitiveness, curiosity; puni de sa ~ punished for being overinquisitive; par (pure) ~ out of (sheer) curiosity, just for curiosity's sake ❑ la ~ est un vilain défaut *prov* curiosity killed the cat *prov*. **-2.** [intérêt] curiosity. **-3.** [caractéristique] oddity, idiosyncrasy. **-4.** [objet] curio, curiosity, oddity; boutique ou magasin de ~s bric-à-brac ou curiosity *vieilli* shop.
◆ **curiosités** *nfpl*: les ~s de Nemours interesting and unusual things to see in Nemours.

**curiste** [kyrist] *nmf person taking the waters at a spa;* les ~s viennent ici pour... people come to this spa in order to...

**curling** [kœrliŋ] *nm* curling SPORT.

**curriculum vitae** [kyrikylɔmvite] *nm inv* curriculum vitae, CV, résumé *Am*.

**curry** [kyri] = **cari.**

**curseur** [kyrsœr] *nm* cursor.

**cursif, ive** [kyrsif, iv] *adj* [écriture] cursive; [lecture, style] cursory.
◆ **cursive** *nf* cursive.

**cursus** [kyrsys] *nm* degree course; ~ **universitaire** degree course.

**curviligne** [kyrviliɲ] *adj* curvilinear, curvilineal.

**cutané, e** [kytane] *adj* cutaneous *spéc*, skin *(modif)*.

**cuti** [kyti] *(abr de* **cuti-réaction**) *nf fam* → **virer**.

**cuticule** [kytikyl] *nf* ANAT, BOT & ZOOL cuticle.

**cuti-réaction** [kytireaksjɔ̃] *(pl* **cuti-réactions**) *nf* skin test *(for detecting TB or allergies)*.

**cutter** [kœtœr, kytɛr] *nm* Stanley® knife.

**cuvage** [kyvaʒ] *nm*, **cuvaison** [kyvɛzɔ̃] *nf* ŒNOL fermentation in vats.

**cuve** [kyv] *nf* **-1.** [réservoir] tank, cistern. **-2.** [pour le blanchissage, la teinture] vat. **-3.** ŒNOL vat, tank.

**cuvée** [kyve] *nf* **-1.** [contenu] tankful, vatful. **-2.** ŒNOL vintage; la ~ 1987 sera excellente the 1987 vintage will be excellent; la dernière ~ de Polytechnique *hum* the latest batch of graduates from the École Polytechnique.

**cuver** [3] [kyve] ◇ *vi* [vin] to ferment. ◇ *vt:* ~ son vin to sleep off the booze ‖ *(en usage absolu):* laisse-le ~ en paix leave him to sleep it off.

**cuvette** [kyvɛt] *nf* **-1.** [récipient – gén] basin, bowl, washbowl; [– des WC] pan; [– d'un lavabo] basin. **-2.** GÉOG basin.

**CV** ◇ *nm* *(abr de* **curriculum vitae**) CV *Br*, résumé *Am*. ◇ *(abr écrite de* **cheval**) [fiscal] *classification for scaling of car tax*.

**cyanure** [sjanyr] *nm* cyanide.

**cybernéticien, enne** [sibɛrnetisjɛ̃, ɛn] ◇ *adj* cybernetic. ◇ *nm, f* cyberneticist.

**cybernétique** [sibɛrnetik] *nf* cybernetics *(U)*.

**cyclable** [siklabl] *adj* cycle *(modif)*.

**Cyclades** [siklad] *nprfpl:* les ~ the Cyclades.

**cyclamen** [siklamɛn] *nm* cyclamen.

**cycle** [sikl] *nm* **-1.** [série] cycle; le ~ des saisons the cycle of the seasons ❏ ~ **lunaire/solaire** ASTRON lunar/solar cycle. **-2.** [évolution] cycle; ~ **économique** ÉCON economic cycle. **-3.** SCOL & UNIV cycle; il suit un ~ court/long ≃ he'll leave school at sixteen/go on to higher education ❏ **premier** ~ SCOL lower secondary school years *Br*, junior high school *Am*; UNIV first and second years *Br*, freshman and sophomore years *Am*; **second** ~ SCOL upper school *Br*, high school *Am*; UNIV last two years of a degree course; **troisième** ~ postgraduate studies; **être en troisième** ~ to be a postgraduate student. **-4.** LITTÉRAT cycle; le ~ d'Arthur the Arthurian cycle. **-5.** [véhicule] cycle. **-6.** PHYSIOL: ~ **œstral** oestrous cycle.

**cyclique** [siklik] *adj* cyclic, cyclical.

**cyclisme** [siklism] *nm* cycling; ~ **sur piste** track cycle racing; ~ **sur route** road cycle racing.

**cycliste** [siklist] ◇ *adj:* **coureur** ~ racing cyclist, cycler *Am*; **course** ~ cycle race. ◇ *nmf* cyclist, cycler *Am*. ◇ *nm* [short] (pair of) cycling shorts.

**cyclo-cross** [siklɔkrɔs] *nm inv* cyclo-cross.

**cyclomoteur** [siklɔmɔtœr] *nm* small motorcycle, scooter.

**cyclomotoriste** [siklɔmɔtɔrist] *nmf* scooter rider.

**cyclone** [siklon] *nm* [dépression] cyclone; [typhon] cyclone, hurricane.

**cyclope** [siklɔp] *nm* ZOOL cyclops.
◆ **Cyclope** *nm* Cyclops.

**cyclopéen, enne** [siklɔpeɛ̃, ɛn] *adj* **-1.** ARCHÉOL Pelasgian, Pelasgic. **-2.** *litt* [gigantesque] Cyclopean, titanic, colossal.

**cyclo-pousse** [siklɔpus] *nm inv* ≃ (pedal-powered) rickshaw.

**cyclothymique** [siklɔtimik] *adj* & *nmf* cyclothymic, cyclothymiac.

**cyclotourisme** [siklɔturism] *nm* cycle touring; **faire du** ~ to go on a cycling holiday *Br* ou vacation *Am*.

**cyclotron** [siklɔtrɔ̃] *nm* cyclotron.

**cygne** [siɲ] *nm* swan; ~ **mâle** cob; **jeune** ~ cygnet.
◆ **Cygne** *nm* ASTRON: le Cygne Cygnus, the Swan.

**cylindre** [silɛ̃dr] *nm* **-1.** AUT & GÉOM cylinder; **un moteur à quatre/six** ~s a four-/six-cylinder engine ❏ **une six** ~s a six-cylinder car. **-2.** MÉCAN roller.

**cylindrée** [silɛ̃dre] *nf* cubic capacity, capacity displacement *Am*; **une petite** ~ a small ou small-engined car.

**cylindrer** [3] [silɛ̃dre] *vt* **-1.** TRAV PUBL to roll. **-2.** TEXT to mangle.

**cylindrique** [silɛ̃drik] *adj* cylindric, cylindrical.

**cymaise** [simɛz] = **cimaise**.

**cymbale** [sɛ̃bal] *nf* cymbal; **coup de** ~s crash of cymbals.

**cymbalier, ère** [sɛ̃balje, ɛr] *nm, f,* **cymbaliste** [sɛ̃balist] *nmf* cymbalist.

**cynique** [sinik] ◇ *adj* cynical. ◇ *nmf* **-1.** [gén] cynic. **-2.** PHILOS Cynic.

**cyniquement** [sinikmɑ̃] *adv* cynically.

**cynisme** [sinism] *nm* **-1.** [attitude] cynicism. **-2.** PHILOS Cynicism.

**cyphose** [sifoz] *nf* kyphosis.

**cyprès** [siprɛ] *nm* cypress.

**cypriote** [siprijɔt] *adj* [paysan, village] Cypriot, Cypriote; [paysage] Cypriot, Cyprus *(modif)*.
◆ **Cypriote** *nmf* Cypriot, Cypriote.

**cyrillique** [sirilik] *adj* Cyrillic.

**Cyrus** [sirys] *npr* Cyrus.

**cystite** [sistit] *nf* cystitis.

**Cythère** [sitɛr] *npr* Cythera.

**cytise** [sitiz] *nm* laburnum.

**cytobiologie** [sitɔbjɔlɔʒi] *nf* cytobiology.

**cytodiagnostic** [sitɔdjagnɔstik] *nm* cytodiagnosis.

**cytologie** [sitɔlɔʒi] *nf* cytology.

**cytolyse** [sitɔliz] *nf* cytolysis.

**cytoplasme** [sitɔplasm] *nm* cytoplasm.

**czar** [tsar] = **tsar**.

# D

**d, D** [de] *nm* d, D.
**d** *abr écrite de* **déci**.
**d'** [d] → **de**.
**da** (*abr écrite de* **déca-**) da.
**d'abord** [dabɔr] → **abord**.
**d'ac** [dak] *loc adv fam* OK.
**d'accord** [dakɔr] → **accord**.
**daktyle** [daktil] *nm* -**1**. LITTÉRAT dactyl, dactylic. -**2**. BOT cocksfoot.
**dactylo** [daktilo] *nmf* typist.
**dactylographe** [daktilɔgraf] *nmf* typist.
**dactylographie** [daktilɔgrafi] *nf* typing, typewriting; prendre des cours de ~ to learn how to type.
**dactylographier** [9] [daktilɔgrafje] *vt* to type (up).
**dada** [dada] ◇ *adj* Dadaist, Dadaistic. ◇ *nm* -**1**. BX-ARTS & LITTÉRAT Dada, Dadaism. -**2**. [cheval] gee-gee *Br*, horsie. -**3**. *fam* [passe-temps] hobby; [idée] hobbyhorse; le voilà reparti sur ou il a enfourché son ~ he's on his hobbyhorse again.
**dadais** [dadɛ] *nm* oaf; grand ~ clumsy oaf.
**dadaïsme** [dadaism] *nm* Dada, Dadaism.
**dadaïste** [dadaist] ◇ *adj* Dadaist, Dadaistic. ◇ *nmf* Dadaist.
**dague** [dag] *nf* -**1**. ARM dagger. -**2**. ZOOL [du cerf] spike.
**daguerréotype** [dagerɛɔtip] *nm* daguerreotype.
**dahlia** [dalja] *nm* dahlia.
**daigner** [4] [deɲe] *vt*: ~ faire qqch to deign to do sthg.
**daim** [dɛ̃] *nm* -**1**. ZOOL (fallow) deer; ~ mâle buck. -**2**. [cuir suédé] buckskin, doeskin.
◆ **de daim, en daim** *loc adj* suede (*modif*).
**dais** [dɛ] *nm* canopy.
**Dakar** [dakar] *npr* Dakar.
**dalaï-lama** [dalailama] (*pl* **dalaï-lamas**) *nm* Dalai Lama.
**dallage** [dalaʒ] *nm* [action] paving; [surface] pavement.
**dalle** [dal] *nf* -**1**. [plaque] flagstone; ~ de marbre/pierre marble/stone slab ❏ ~ funéraire tombstone. -**2**. CONSTR slab; ~ de béton concrete slab; ~ de recouvrement cover slab; ~ pleine reinforced concrete slab. -**3**. *fam* [faim]: avoir ou crever la ~ to be starving ou famished. -**4**. *fam loc*: avoir la ~ en pente to be a boozer.
◆ **que dalle** *loc adv fam* damn all *Br*, zilch *Am*; on n'y voit que ~ you can't see a damn thing.
**daller** [3] [dale] *vt* to pave.
**Dalloz** [daloz] *npr*: les ~ series of law reference books.
**dalmatien, enne** [dalmasjɛ̃, ɛn] *nm* Dalmatian ZOOL.
**daltonien, enne** [daltɔnjɛ̃, ɛn] ◇ *adj* daltonic *spéc*, colourblind.
◇ *nm, f* colour-blind person.
**daltonisme** [daltɔnism] *nm* daltonism *spéc*, colour blindness.
**dam** [dam] *nm*: au grand ~ de qqn *litt* [à son préjudice] to the detriment of sb; [à son mécontentement] to the great displeasure of sb.
**damas** [dama(s)] *nm* -**1**. TEXT damask. -**2**. BOT damson. -**3**. MÉTALL damask steel.
**Damas** [damas] *npr* Damascus.
**damasquiner** [3] [damaskine] *vt* to damascene.
**damassé, e** [damase] *adj* damask (*modif*).
◆ **damassé** *nm* damask.
**damasser** [3] [damase] *vt* to damask.

**dame** [dam] ◇ *nf* -**1**. [femme] lady; ah, ma bonne ou pauvre ~ *fam*, les temps ont bien changé! ah, my dear, times have changed!; qu'est-ce que je vous sers, ma petite ~? *fam* what would you like, love *Br* ou miss? ❏ ~ de charité Lady Bountiful; ~ de compagnie lady's companion; la Dame de fer the Iron Lady; ~ patronnesse patroness; ~ pipi *fam* lavatory attendant. -**2**. *fam* [épouse]: votre ~ your missus ou old lady. -**3**. [titre] lady; une grande ~ a (noble) lady ❏ ~ d'honneur lady-in-waiting; la première ~ de France France's First Lady; faire ou jouer les grandes ~s *péj* to put on airs; sa ~, la ~ de ses pensées his ladylove. -**4**. JEUX [aux dames] king; aller à la ou mener un pion à ~ to crown ‖ [aux cartes et aux échecs] queen; la ~ de cœur the queen of hearts. -**5**. NAUT: ~ de nage rowlock *Br*, oarlock *Am*. -**6**. [outil de pavage] beetle, rammer.
◇ *interj dial* ou *vieilli* of course, well; ~ oui! yes, indeed!
◆ **dames** *nfpl*: (jeu de) ~s draughts *Br*, checkers *Am*.
◆ **de dames, pour dames** *loc adj* [bicyclette] ladies'.
**dame-jeanne** [damʒan] (*pl* **dames-jeannes**) *nf* demijohn.
**damer** [3] [dame] *vt* -**1**. [tasser – terre] to ram down (*sép*), to pack down (*sép*); [– neige] to pack down; [– piste] to groom. -**2**. JEUX [pion] to crown; ~ le pion à qqn *fig* to outwit sb.
**damier** [damje] *nm* JEUX draughtboard *Br*, checkerboard *Am*; un tissu à ou en ~ checked material.
**damnation** [danasjɔ̃] *nf* -**1**. RELIG damnation. -**2**. *arch* [juron]: ~! damnation!
**damné, e** [dane] ◇ *adj* -**1**. *fam* & *péj* [maudit] cursed, damn, damned. -**2**. RELIG damned. ◇ *nm, f* RELIG damned person ou soul; les ~s the damned; comme un ~ like a thing possessed.
**damner** [3] [dane] *vt* RELIG to damn; faire ~ qqn *fam* & *fig* to drive sb round the bend.
◆ **se damner** *vp* (*emploi réfléchi*) to damn o.s.
**Damoclès** [damɔklɛs] *npr* Damocles; l'épée de ~ the sword of Damocles.
**damoiseau, x** [damwazo] *nm* -**1**. HIST [gentilhomme] (young) squire. -**2**. *hum* [jeune empressé] (dashing) young blade.
**damoiselle** [damwazɛl] *nf* HIST -**1**. [fille noble] damsel, (*title given to an unmarried noblewoman*). -**2**. [femme de damoiseau] (young) squire's wife.
**dan** [dan] *nm* dan; premier/deuxième ~ first/second dan.
**dancing** [dɑ̃siŋ] *nm* dance hall.
**dandiner** [3] [dɑ̃dine]
◆ **se dandiner** *vp* [canard, personne] to waddle.
**dandy** [dɑ̃di] *nm* dandy.
**Danemark** [danmark] *npr m*: le ~ Denmark.
**danger** [dɑ̃ʒe] *nm* danger; attention ~! danger!; les ~s de la route the hazards of the road; en grand ~ de in great danger of; en ~ de mort in danger of one's life; pas de ~ *fam*: il n'y a pas de ~ qu'il dise oui it's not likely he'll say yes; moi, t'accompagner? pas de ~! you mean I'd have to go with you? no way! ❏ ~ public *fam* public menace.
◆ **en danger** *loc adj*: être en ~ [personne] to be in danger; [paix, honneur] to be jeopardized; la patrie est en ~ the nation is under threat; ses jours sont en ~ there are fears for his life; ses jours ne sont plus en ~ his condition is now stable; mettre qqn en ~ to put sb's life at risk; mettre un projet en ~ to jeopardize a project.
◆ **sans danger** ◇ *loc adj* [médicament] safe.
◇ *loc adv* safely; tu peux y aller sans ~ it's quite safe (to go there).
**dangereusement** [dɑ̃ʒrøzmɑ̃] *adv* dangerously, perilously.

**dangereux, euse** [dɑ̃ʒrø, øz] *adj* **-1.** [risqué] dangerous, perilous, hazardous; **zone dangereuse** danger area ou zone. **-2.** [nuisible] dangerous, harmful.

**danois, e** [danwa, az] *adj* Danish.
◆ **Danois, e** *nm, f* Dane.
◆ **danois** *nm* **-1.** LING Danish. **-2.** ZOOL Great Dane.

**dans** [dɑ̃] *prép* **-1.** [dans le temps – gén] in; [– insistant sur la durée] during; [– dans le futur] in; [– indiquant un délai] within; ~ **une semaine** in ou during the week; **c'était à la mode** ~ **les années 50** it was fashionable in ou during the 50's; **je n'ai qu'un jour de libre** ~ **la semaine** I only have one day off during the week; ~ **dix ans, on ne parlera plus de son livre** in ten years ou years' time, his book will be forgotten; **vous serez livré** ~ **la semaine** you'll get the delivery within the week ou some time this week; **à consommer** ~ **les cinq jours** eat within five days of purchase. **-2.** [dans l'espace – gén] in; [– avec des limites] within; [– avec mouvement] into; **ils ont cherché partout** ~ **la maison** they looked through the whole house, they looked everywhere in the house; ~ **le métro** [wagon] on the underground; [couloirs] in the underground; ~ **le train/ l'avion** on the train/the plane; **monte** ~ **la voiture** get in ou into the car; **partout** ~ **le monde** all over the world, the world over; **habiter** ~ **Paris** to live in (central) Paris; **je suis bien** ~ **ces chaussures** I feel comfortable in these shoes, these shoes are comfortable; **avoir mal** ~ **le dos** to have backache; **ils se sont couchés** ~ **l'herbe** they lay down in ou on the grass; ~ **ces murs** within these walls; ~ **un rayon de 15 km** within a 15 km radius; **entrer** ~ **une pièce** to go into a room; ~ **la brume/pénombre** in the mist/dark; **je ne pouvais pas l'entendre** ~ **ce vacarme** I couldn't hear him in all that noise; ~ **Descartes** in (the works of) Descartes; **c'est** ~ **le journal** it's in the paper. **-3.** [à partir de – prendre, boire, manger] out of, from; **boire** ~ **un verre** to drink out of ou from a glass; **la phrase a été prise** ~ **mon discours** the quote was lifted from my speech. **-4.** [à travers] through; **un murmure a couru** ~ **la foule** a murmur ran through the crowd. **-5.** [indiquant l'appartenance à un groupe]: ~ **l'enseignement** in ou within the teaching profession; **il est** ~ **le commerce** he's in business; **il est** ~ **mon équipe** he's on ou in my team; ~ **nos rangs** within our ranks. **-6.** [indiquant la manière, l'état]: ~ **son sommeil** in his sleep; **mettre qqn** ~ **l'embarras** to put sb in an awkward situation; **je ne suis pas** ~ **le secret** I haven't been let in on ou I'm not in on the secret; **je l'ai fait** ~ **ce but** I did it with this aim in mind; ~ **le but de** in order to, with the aim of; **un contrat rédigé** ~ **les formes légales** a contract drawn out ou up in legal terms; **c'est quelqu'un** ~ **ton genre** it's somebody like you. **-7.** [indiquant une approximation]: **ça coûtera** ~ **les 200 francs** it'll cost around 200 francs; **il était** ~ **les cinq heures du soir** it was around five pm; **il doit avoir** ~ **les 50 ans** he must be about 50.

**dansable** [dɑ̃sabl] *adj* danceable.

**dansant, e** [dɑ̃sɑ̃, ɑ̃t] *adj* **-1.** [qui danse] dancing. **-2.** [qui invite à danser]: **un rythme** ~ a rhythm which makes you want to (get up and) dance. **-3.** [où l'on danse]: **soirée** ~**e** dance; **thé** ~ tea dance.

**danse** [dɑ̃s] *nf* **-1.** [activité] dance; **il aime la** ~ he likes dancing ❑ ~ **classique** ballet ou classical dancing; ~ **folklorique** folk dancing; ~ **sur glace** ice-dancing; ~ **paysanne** country dancing; ~ **de salon** ballroom dancing; ~ **du ventre** belly dancing; **école de** ~ [classique] ballet school; [moderne] dance school; **entrer dans la** ~ *pr* to join in the dance; *fig* to join in; **conduire** ou **mener la** ~ *pr* to lead the dance; *fig* to call the tune. **-2.** [suite de pas – dans un ballet, au bal] dance; **jouer une** ~ to play a dance (tune); **la** ~ **des hirondelles dans les airs** swallows swooping back and forth in the sky. **-3.** [agitation]: **c'est la** ~ **des valeurs ce mois-ci à la Bourse** share values are fluctuating this month on the Stock Exchange. **-4.** MÉD: ~ **de Saint-Guy** St Vitus' dance; **tu as la** ~ **de Saint-Guy, ou quoi?** *fam* can't you stop fidgeting? **-5.** ▽ [correction] hiding, thrashing, belting. **-6.** BX-ARTS: ~ **macabre** dance of death, danse macabre.

**danser** [3] [dɑ̃se] ◇ *vi* **-1.** DANSE to dance; **on danse?** shall we (have a) dance?; ~ **sur une corde raide** to walk a tightrope; **faire** ~ **qqn** [suj: cavalier] to (have a) dance with sb; [suj: musicien] to play dance tunes for sb ❑ ~ **devant le buffet** *fam*: **chez nous, on dansait devant le buffet** at home,

the cupboard was always bare. **-2.** [bouger – reflet, bouchon] to move, to bob up and down; [– mots, lignes] to swim. ◇ *vt* to dance; ~ **une valse/un tango** to (dance a) waltz/tango.

**danseur, euse** [dɑ̃sœr, øz] *nm, f* **-1.** [gén] dancer; [de ballet] ballet dancer; ~ **de claquettes** tap-dancer; ~ **de corde** tightrope walker; ~ **étoile** principal dancer; **danseuse étoile** prima ballerina. **-2.** [cavalier]: **mon** ~ my partner.
◆ **danseur** *nm*: ~ **mondain** (male) escort.
◆ **en danseuse** *loc adv*: **monter la colline en danseuse** to cycle up the hill standing on the pedals.

**dantesque** [dɑ̃tɛsk] *adj litt* Dantean, Dantesque.

**Danube** [danyb] *npr m*: **le** ~ the (River) Danube.

**DAO** (*abr de* **dessin assisté par ordinateur**) *nm* CAD.

**dard** [dar] *nm* **-1.** ENTOM [d'une abeille, d'une guêpe] sting. **-2.** ARM & HIST javelin.

**Dardanelles** [dardanɛl] *npr fpl*: **le détroit des** ~ the Dardanelles.

**darder** [3] [darde] *vt* **-1.** [lancer] to shoot; **le soleil du matin dardait ses rayons sur la plage** shafts of morning sunlight fell on the beach. **-2.** [dresser] to point.

**dare-dare** [dardar] *loc adv fam* double-quick, on the double.

**darne** [darn] *nf* fish steak, thick slice of fish (*cut across the body*).

**dartre** [dartr] *nf* dartre; **avoir des** ~**s** to have dry patches on one's skin.

**darwinien, enne** [darwinjɛ̃, ɛn] *adj* Darwinian.

**darwiniste** [darwinist] ◇ *adj* Darwinist, Darwinistic. ◇ *nmf* Darwinist.

**DAT** (*abr de* **digital audio tape**) *nm* DAT.

**datable** [databl] *adj* datable, dateable; **ces rochers sont facilement/difficilement** ~**s** these rocks are easy to date/ are not easily dated.

**datage** [dataʒ] *nm*: **le** ~ **de qqch** assigning a date to ou dating sthg.

**DATAR, Datar** [datar] (*abr de* **Délégation à l'aménagement du territoire et à l'action régionale**) *npr f* regional land development agency.

**datation** [datasjɔ̃] *nf* dating; **il y a eu une erreur de** ~ **du fossile** the fossil was incorrectly dated.

**date** [dat] *nf* **-1.** [moment précis] date; **une lettre sans** ~ an undated letter; **nous avons décidé de tenir la** ~ **de la conférence au 13 juin** we have decided to hold the conference on June 13th; **se retrouver chaque année à** ~ **fixe** to meet on the same day every year; **prenons** ~ let's decide on a date ❑ ~ **de départ** date of departure; ~ **limite** [pour un projet] deadline; ~ **limite de consommation** best before date; ~ **limite de vente** COMM sell-by date; ~ **de naissance** date of birth; ~ **de péremption** expiry date. **-2.** [période] date; **à la** ~ **dont tu me parles, j'étais encore aux Etats-Unis** at the time you're telling me about, I was still in the United States; **les grandes** ~**s de notre histoire** the most important dates in our history ❑ **faire** ~: **c'est une réalisation qui fera** ~ (**dans l'histoire**) it's an achievement which will stand out (in history); **de longue** ~ long-standing; **c'est une amitié de fraîche** ~ they haven't been friends for very long. **-3.** BANQUE: ~ **de valeur** value date.
◆ **en date** *loc adv*: **quelle est sa dernière conquête en** ~? what is his latest conquest (to date)?
◆ **en date du** *loc prép*: **lettre en** ~ **du 28 juin** letter dated June 28th.

**dater** [3] [date] ◇ *vt* **-1.** [inscrire la date] to date, to put a date on; **carte datée de mardi** postcard dated Tuesday. **-2.** [déterminer l'âge de – fossile, manuscrit, édifice] to date. ◇ *vi* **-1.** [compter] to stand out, to be a milestone; **cet événement datera dans sa vie** this event will stand out in his life. **-2.** [être désuet – tenue] to look dated ou old-fashioned; [– expression] to sound old-fashioned; [– film] to show its age, to have aged, to be dated.
◆ **dater de** *v + prép* to date from, to go back to; **un livre qui date du XVIIe siècle** a book dating back to the 17th century; **de quand date votre dernière visite?** when was your last visit?; **notre amitié ne date pas d'hier** we go ou our friendship goes back a long way; **voilà une idée qui ne date pas d'hier** this idea's been around for some time.
◆ **à dater de** *loc prép*: **à** ~ **du 1er mars, vous ne faites plus partie du service** as of ou effective from March 1st, you are

no longer on the staff.

**dateur** [datœr] ◇ *adj m* → **timbre**.
◇ *nm* date stamp.

**datif, ive** [datif, iv] *adj* JUR: tuteur ~ guardian appointed by a court; tutelle dative trusteeship OU guardianship ordered by a court.

◆ **datif** *nm* LING dative.

**datte** [dat] *nf* date.

**dattier** [datje] *nm* date palm.

**daube** [dob] *nf* CULIN stew; bœuf en ~ stewed beef.

**dauber** [3] [dobe] *litt* ◇ *vt* to jeer OU to scoff at. ◇ *vi* to jeer, to scoff.

**dauphin** [dofɛ̃] *nm* **-1.** ZOOL dolphin. **-2.** HIST: le ~ the dauphin. **-3.** [successeur] heir apparent, successor.

**dauphine** [dofin] *nf* HIST: la ~ the dauphine.

**dauphinois, e** [dofinwa, az] *adj* from the Dauphiné.

**daurade** [dɔrad] *nf* sea bream.

**davantage** [davɑ̃taʒ] *adv* **-1.** [plus] more; donne-m'en ~ give me some more; je ne t'en dirai pas ~ I won't tell you any more; il a eu ~ de chance que les autres he was luckier than the others. **-2.** [de plus en plus]: chaque jour qui passe nous rapproche ~ each day that goes by brings us closer together. **-3.** [plus longtemps]: je n'attendrai pas ~ I won't wait any longer.

**David** [david] *npr* BIBLE David.

**Davis** [devis] *npr*: coupe ~ Davis Cup.

**dB** (*abr écrite de* **décibel**) dB.

**DB** *nf abr de* **division blindée**.

**DCA** (*abr de* **défense contre les aéronefs**) *nf* AA (*antiaircraft*).

**DCT** (*abr de* **diphtérie, coqueluche, tétanos**) *nm* vaccine against diphtheria, tetanus and whooping cough.

**DDA** (*abr de* **Direction départementale de l'agriculture**) *npr f local offices of the Ministry of Agriculture.*

**DDASS, Ddass** [das] (*abr de* **Direction départementale d'action sanitaire et sociale**) *npr f department of health and social security*; un enfant de la ~ a state orphan.

**DDD** (*abr de* **digital digital digital**) DDD.

**DDE** (*abr de* **Direction départementale de l'équipement**) *npr f local offices of the Ministry of the Environment.*

**DDT** (*abr de* **dichloro-diphényl-trichloréthane**) *nm* DDT.

**DDTAB** (*abr de* **diphtérie, tétanos, typhoïde, paratyphoïde A**) *nm* vaccine against diphtheria, tetanus, typhoid and paratyphoid.

**de** [də] (*devant voyelle ou h muet* **d'** [d], *contraction de 'de' avec 'le'* **du** [dy], *contraction de 'de' avec 'les'* **des** [de]) ◇ *prép* **A.** INDIQUANT L'ORIGINE, LE POINT DE DÉPART **-1.** [indiquant la provenance] from; il n'est pas d'ici he's not from (around) here; il a sorti un lapin de son chapeau he produced OU pulled a rabbit out of his hat. **-2.** [à partir de]: de quelques fleurs des champs, elle a fait un bouquet she made a posy out of OU from a few wild flowers; faire un drame de rien to make a fuss over nothing. **-3.** [indiquant l'auteur] by. **-4.** [particule]: Madame de Sévigné Madame de Sévigné; épouser un/une de quelque chose *fam* to marry a man/woman with an aristocratic sounding name.
**B.** DANS LE TEMPS **-1.** [à partir de] from; de ce jour from that day. **-2.** [indiquant le moment]: de jour during the OU by day; travailler de nuit to work nights; il n'a pas travaillé de l'année he hasn't worked all year; je ne le vois pas de la semaine I don't see him at all during the week; le train de 9 h 30 the 9.30 train ‖ [depuis]: de longtemps, on n'avait vu cela such a thing hadn't been seen for a long time.
**C.** INDIQUANT LA CAUSE: rougir de plaisir to blush with pleasure; mourir de peur/de faim to die of fright/of hunger; pleurer de joie to cry for joy; souffrir de rhumatismes to suffer from rheumatism; se tordre de douleur/de rire to be doubled up in pain/with laughter.
**D.** INDIQUANT LE MOYEN, L'INSTRUMENT: faire signe de la main to wave; il voit mal de l'œil gauche he can't see properly with his left eye.
**E.** INDIQUANT LA MANIÈRE: manger de bon appétit to eat heartily; de toutes ses forces with all one's strength.
**F.** AVEC DES NOMBRES, DES MESURES **-1.** [emploi distributif]: 100 francs de l'heure 100 francs per OU an hour. **-2.** [intro-

duisant une mesure]: un appartement de 60 m² a 60 m² flat; un homme d'1 m 80 a man who is 1 m 80 tall; une femme de 30 ans a 30-year-old woman; un moteur de 15 chevaux a 15 h.p. engine; un cadeau de 3 000 francs a gift worth 3,000 francs; une équipe de 15 personnes a team of 15. **-3.** [indiquant une différence dans le temps, l'espace, la quantité]: distant de cinq kilomètres five kilometres away; ma montre retarde de 10 mn my watch is 10 minutes slow; ce colis est trop lourd de 100 grammes this parcel is 100 grammes too heavy.
**G.** INDIQUANT L'APPARTENANCE: la maison de mes parents/Marie my parents'/Marie's house; la porte du salon the living room door; les pays de la CEE the countries in the EEC, the EEC countries; pour les membres du club for members of the club OU club members; les élèves de sa classe the pupils in his class.
**H.** MARQUANT LA DÉTERMINATION **-1.** [indiquant la matière, la qualité, le genre etc]: un buffet de chêne an oak dresser; un bonhomme de neige a snowman; une réaction d'horreur a horrified reaction; une pause de publicité a commercial break; un livre d'un grand intérêt a book of great interest; elle est d'un snob! she is so snobbish!, she's such a snob! **-2.** [indiquant le contenu, le contenant]: l'eau de la citerne the water in the tank; un pot de fleurs [récipient] a flowerpot; [fleurs] a pot of flowers. **-3.** [dans un ensemble]: le plus jeune de la classe the youngest pupil in the class; la plus jeune des deux the younger of the two. **-4.** [avec une valeur emphatique]: l'as des as the champ; le fin du fin the very latest thing.
**I.** SERVANT DE LIEN SYNTAXIQUE **-1.** [après un verbe]: parler de qqch to speak about OU of sthg; se séparer de qqn to leave sb; se libérer du passé to free o.s. from the past; instruire qqn de ses intentions to notify sb of one's plans; ce champ est entouré d'une palissade this field is surrounded by a fence. **-2.** [après un substantif]: l'amour de qqch the love of sthg; troubles de l'audition hearing problems. **-3.** [après un adjectif]: sûr de soi sure of o.s.; il est facile de critiquer it's easy to criticize. **-4.** [après un pronom]: rien de nouveau nothing new; quoi de plus beau que la mer? what is more beautiful than the sea? **-5.** [devant un adjectif, participe ou adverbe]: c'est une heure de perdue that's an hour lost; restez une semaine de plus stay (for) one more OU an extra week. **-6.** [introduisant un nom en apposition]: le mois de janvier the month of January; au mois de janvier in January; cet imbécile de Pierre that idiot Pierre. **-7.** [indiquant le sujet d'un ouvrage]: De l'art d'être mère The Art of Being a Mother. **-8.** *litt* [introduisant un infinitif]: et tous de rire they all burst into laughter.
◇ *article partitif* **-1.** [dans une affirmation]: j'ai acheté de la viande I bought (some) meat; c'est de la provocation/de l'entêtement! it's sheer provocation/pig-headedness!; j'ai bu de ce vin I drank some of that wine; manger de la viande to eat meat; chanter du Fauré to sing some Fauré OU a piece by Fauré ‖ [dans une interrogation]: prends-tu du sucre dans ton café? do you take sugar in your coffee? ‖ [dans une négation]: il n'y a pas de place there's no room, there isn't any room. **-2.** [exprimant une comparaison]: il y a du prophète chez lui he's a bit like a prophet ▢ ça c'est du Julien tout craché OU du pur Julien that's Julien all over, that's typical of Julien.
◇ *article défini* [dans une affirmation]: il a de bonnes idées he has OU he's got (some) good ideas ‖ [dans une négation]: nous ne faisons pas de projets pour cet été we are not making any plans for this summer.

◆ **de... à** *loc corrél* **-1.** [dans l'espace] from... to. **-2.** [dans le temps] from... to; d'un instant à l'autre [progressivement] from one minute to the next; [bientôt] any minute OU time now; d'ici à demain by tomorrow. **-3.** [dans une énumération] from... to. **-4.** [dans une évaluation]: ça vaut de 500 à 600 francs it's worth between 500 and 600 francs.

◆ **de... en** *loc corrél* **-1.** [dans l'espace] from... to. **-2.** [dans le temps]: de jour en jour from day to day; l'espoir s'amenuisait d'heure en heure hope dwindled as the hours went by; le nombre d'étudiants augmente d'année en année the number of students is getting bigger by the year OU every year OU from one year to the next. **-3.** [dans une évolution]: de déduction en déduction, il avait trouvé le coupable he'd deduced who the culprit was; aller de déception en déception to go from one disappointment to the next; **un musée où vous irez de surprise en surprise** a museum where many surprises await you.

**DE** *adj abr de* **diplômé d'État.**

**dé** [de] *nm* **-1.** JEUX die; **des ~s** dice; **jouer aux ~s** to play dice ❑ **coup de ~ ou ~s** throw of the dice; **jouer qqch sur un coup de ~s** to gamble sth away; **les ~s (en) sont jetés** the die is cast. **-2.** CULIN cube; **couper du lard en ~s** to dice bacon. **-3.** COUT: **~ (à coudre)** thimble; **je prendrai un ~ à coudre de cognac** I'll have a tiny glass of cognac.

**DEA** (*abr de* **diplôme d'études approfondies**) *nm* postgraduate diploma.

**dealer[1]** [dilœr] *nm fam* pusher.

**dealer[2]** [dile] *vt fam* to push.

**déambulateur** [deɑ̃bylatœr] *nm* walking frame, Zimmer®.

**déambulation** [deɑ̃bylasjɔ̃] *nf litt* strolling, ambling (along).

**déambulatoire** [deɑ̃bylatwar] *nm* ambulatory.

**déambuler** [3] [deɑ̃byle] *vi* to stroll, to amble (along).

**débâcher** [3] [debaʃe] *vt* [camion, toit] to take the canvas sheet ou the tarpaulin off.

**débâcle** [debakl] *nf* **-1.** [d'une rivière] breaking up (of ice). **-2.** MIL rout. **-3.** [faillite – d'une institution, d'un système] collapse; **c'est la ~!** it's absolute chaos!

**déballage** [debalaʒ] *nm* **-1.** [des bagages] unpacking. **-2.** [éventaire] display. **-3.** *fam* [aveu] outpouring; **un ~ de sentiments** an outpouring of feeling.

**déballer** [3] [debale] *vt* **-1.** [bagages] to unpack. **-2.** [exposer – produits] to display; (*en usage absolu*): **il déballe le dimanche aux Puces** he has a stall on Sundays at the flea market. **-3.** *fam* [sentiments] to unload.

**débandade** [debɑ̃dad] *nf* **-1.** [déroute] rout. **-2.** [panique] panic, rush.

◆ **à la débandade** *loc adv*: **les enfants sortent de l'école à la ~** children are piling out of school.

**débander** [3] [debɑ̃de] ◇ *vt* **-1.** MÉD [plaie] to remove ou to take the bandages off. **-2.** TECH [arc] to unbend; [ressort] to slacken, to loosen. ◇ *vi* **-1.** ▼ to lose one's hard-on. **-2.** *fam loc*: **sans ~** without letting up.

**débaptiser** [3] [debatize] *vt* [place, rue] to change the name of, to give another name to.

**débarbouillage** [debarbujaʒ] *nm* washing.

**débarbouiller** [3] [debarbuje] *vt* [enfant, visage] to wash.

◆ **se débarbouiller** *vp* (*emploi réfléchi*) *fam* to wash one's face.

**débarbouillette** [debarbujɛt] *nf Can* face flannel *Br*, washcloth *Am*.

**débarcadère** [debarkadɛr] *nm* [de passagers] landing stage; [de marchandises] wharf.

**débardeur** [debardœr] *nm* **-1.** [ouvrier] docker *Br*, longshoreman *Am*. **-2.** VÊT [tricot] tank top; [tee-shirt] sleeveless T-shirt.

**débarqué, e** [debarke] ◇ *adj* [passager] disembarked. ◇ *nm, f* disembarked passenger.

**débarquement** [debarkəmɑ̃] *nm* **-1.** [déchargement – de marchandises] unloading; [– de passagers] landing. **-2.** HIST: **le (jour du) ~** D-day, the Normandy landings.

◆ **de débarquement** *loc adj* [quai] arrival (*modif*); [navire, troupe, fiche] landing (*modif*).

**débarquer** [3] [debarke] ◇ *vt* **-1.** [décharger – marchandises] to unload; [– voyageurs] to land. **-2.** *fam* [limoger] to fire, to sack *Br*, to can *Am*; **il s'est fait ~** he got the sack *Br* ou boot. ◇ *vi* **-1.** NAUT to disembark, to land; MIL to land. **-2.** [descendre]: **~ de** [train] to get off, to alight from. **-3.** *fam* [arriver] to turn ou to show up. **-4.** *fam* [être ignorant]: **tu débarques ou quoi?** where have you been?; **mets-moi au courant, je débarque** give me an update, I haven't a clue what's going on.

**débarras** [debara] *nm* **-1.** [dépôt] storage room. **-2.** *fam loc*: **bon ~!** good riddance!

**débarrasser** [3] [debarase] *vt* **-1.** [nettoyer – table] to clear; [enlever – assiette] to clear (away); **~ le plancher** *fam* to clear ou to buzz off. **-2.** [désencombrer]: **~ qqn/qqch de: je vais te ~ de ta valise** I'll take your case; **il m'a demandé de le ~ de sa vieille table** he asked me to take his old table off his hands; **~ la ville de ses voyous** to rid the city of its hooligans, to flush the hooligans out of the city; **~ la cave de vieilles bouteilles** to clear old bottles out of the cellar; **je fais le nettoyage maintenant pour en être débarrassé (plus tard)** I'll do the cleaning now to get it out of the way;

**~ qqn de ses mauvaises habitudes** to rid sb of his bad habits.

◆ **se débarrasser de** *vp* + *prép* **-1.** [se défaire de] to get rid of. **-2.** [éloigner – importun] to get rid of; [– serviteur] to get rid of, to dismiss. **-3.** [veste, gants] to take off, to remove; [sac à main, éventail] to put down.

**débat** [deba] *nm* **-1.** [controverse] debate, discussion. **-2.** [conflit intérieur] inner turmoil; **~ de conscience** moral dilemma.

◆ **débats** *nmpl* POL & JUR proceedings.

**débâtir** [32] [debatir] *vt* COUT to unpick the basting from.

**débattre** [83] [debatr] *vt* [discuter – thème, question] to discuss, to thrash out (*sép*); **ils ont longtemps débattu le prix** they haggled at length over the price.

◆ **débattre de, débattre sur** *v* + *prép* to debate, to discuss.

◆ **se débattre** *vpi* **-1.** [s'agiter – victime] to struggle; [– poisson] to thrash about; **se ~ contre un voleur** to struggle with a thief. **-2.** [lutter]: **se ~ dans les problèmes financiers** to struggle against financial difficulties.

◆ **à débattre** *loc adj*: **'prix à ~'** open to offers, negotiable; **'3 000 F à ~'** '3,000 F or nearest offer'; **conditions à ~** conditions to be negotiated.

**débauchage** [deboʃaʒ] *nm* **-1.** [renvoi] laying off, making redundant *Br*. **-2.** [détournement]: **le ~ des meilleurs cerveaux** luring away the best brains.

**débauche** [deboʃ] *nf* **-1.** [dévergondage] debauchery; **inciter qqn à la ~** to debauch sb. **-2.** [profusion]: **une ~ de mets rares** an abundance of rare delicacies; **une ~ de couleurs** a riot of colours.

◆ **de débauche** *loc adj* [passé, vie] dissolute.

**débauché, e** [deboʃe] ◇ *adj* [personne] debauched; [vie] dissolute. ◇ *nm, f* debauched person, libertine.

**débaucher** [3] [deboʃe] *vt* **-1.** [licencier] to lay off; (*en usage absolu*): **on débauche dans le textile** there are lay-offs in the textile industry. **-2.** [corrompre] to debauch. **-3.** *fam* [détourner] to lure ou to tempt away (*sép*). **-4.** [inciter – à la grève] to incite to strike; [– à quitter un emploi] to lure ou to tempt away (*sép*), to poach.

**débecter**[∇] [4], **débéqueter**[∇] [28] [debɛkte] *vt*: **ça me débecte** it makes me sick ou want to puke.

**débile** [debil] ◇ *adj* **-1.** *fam* [inepte – livre, film, décision] stupid, daft *Br*, dumb *Am*; [– personne, raisonnement] stupid, moronic; **il est complètement ~** he's a complete idiot. **-2.** *litt* [faible – corps] frail, weak, feeble; [– intelligence] deficient. ◇ *nmf* **-1.** *fam* [idiot] moron, cretin, idiot. **-2.** PSYCH: **~ léger/moyen/profond** mildly/moderately/severely retarded person; **~ mental** *vieilli* retarded person.

**débilitant, e** [debilitɑ̃, ɑ̃t] *adj* **-1.** [affaiblissant] debilitating, enervating. **-2.** *fam* [abrutissant] mindnumbing.

**débilité** [debilite] *nf* **-1.** *fam* [caractère stupide] stupidity, silliness, inanity. **-2.** PSYCH: **~ (mentale)** (mental) retardation.

**débiliter** [3] [debilite] *vt sout* **-1.** [affaiblir] to debilitate, to enervate, to weaken. **-2.** [déprimer] to drag down (*sép*), to dishearten, to demoralize.

**débine**[∇] [debin] *nf* poverty; **être dans la ~** to be hard up ou broke; **c'est la ~!** times are hard!

**débiner** [3] [debine] *vt fam* to run down (*sép*).

◆ **se débiner** *vpi fam* **-1.** [s'enfuir] to clear out; **te débine pas, j'ai à te parler** stick around, I want to talk to you; **n'essaie pas de te ~, je veux une réponse** *fig* don't try to change the subject, I want an answer. **-2.** [s'écrouler] to come ou to fall apart.

**débit** [debi] *nm* **-1.** [d'eau, de passagers] flow; [de vapeur] capacity; [de gaz] output; [de marchandises, de clients] turnover; GÉOG flow. **-2.** [élocution] (speed of) delivery; **il a un sacré ~** *fam* he talks nineteen to the dozen. **-3.** INF & TÉLÉC rate; **~ de traitement** data throughput ou speed. **-4.** ÉLECTR output; **~ de courant** power output, delivery rate. **-5.** COMM: **~ de boissons** bar; **~ de tabac** tobacconist *Br*, tobacco store *Am*. **-6.** MÉD output, rate; **~ sanguin** circulation rate. **-7.** FIN debit; [sur un relevé] debit side. **-8.** COMM bill.

◆ **au débit de** *loc prép*: **inscrire une somme au ~ d'un compte** to charge an amount of money to sb's account; **porter une somme au ~ d'un compte** to debit an account; **5 200 francs à votre ~** 5,200 francs on the debit side (of your account).

**débitant, e** [debitɑ̃, ɑ̃t] *nm, f*: ~ de boissons publican *Br*, bar owner *Am*; ~ de tabac tobacconist *Br*, tobacco dealer *Am*.

**débiter** [3] [debite] *vt* **-1.** [couper – matériau, tissu, bœuf] to cut up *(sép)*; [– bois] to cut ou to saw up *(sép)*. **-2.** COMM to retail, to sell (retail). **-3.** INDUST [machine, usine] to turn out *(sép)*, to produce. **-4.** [déverser – pompe] to discharge, to yield; [– fleuve] to have a flow rate of. **-5.** *péj* [texte] to reel off *(sép)*; [sermon] to deliver; [banalité] to trot out; ~ **des mensonges** to come out with a lot of lies. **-6.** FIN to debit.

**débiteur, trice** [debitœr, tris] ◇ *adj* [colonne, compte, solde] debit *(modif)*; [personne, société] debtor *(modif)*. ◇ *nm, f* **-1.** FIN debtor. **-2.** *sout* [obligé]: être ~ de qqn to be indebted to sb ou in sb's debt.

**déblai** [deblɛ] *nm* [dégagement] digging ou cutting (out).
◆ **déblais** *nmpl* [gravats] debris *(sg)*, excavated material, rubble; [terre] (dug ou excavated) earth.
◆ **en déblai** *loc adj* sunken.

**déblaie** [deblɛ] *v* → **déblayer**.

**déblaiement** [deblɛmɑ̃] *nm* **-1.** [d'un terrain, d'une ruine] clearing (out). **-2.** MIN removing the overburden, stripping.

**déblatérer** [18] [deblatere]
◆ **déblatérer contre** *v* + *prép péj* to rant (and rave) about, to sound off about.

**déblayage** [deblɛjaʒ] *nm* = **déblaiement**.

**déblayer** [11] [debleje] *vt* **-1.** [dégager – neige, terre] to clear away; [– lieu] to clear out. **-2.** TRAV PUBL to cut, to excavate, to dig. **-3.** *fig* [travail] to do the groundwork ou spadework on; ~ **le terrain** [se débarrasser des détails] to do the groundwork; **allez, déblaie le terrain!** *fam* [va-t'en] go on, clear ou shove off!

**déblocage** [deblɔkaʒ] *nm* **-1.** MÉCAN [d'un écrou, d'un dispositif] unblocking, releasing; [de freins] unjamming. **-2.** [réouverture – d'un tuyau] clearing, freeing, unblocking; [– d'une route] clearing. **-3.** ÉCON [des salaires, des prix] unfreezing; BANQUE [d'un compte] freeing.

**débloquer** [3] [deblɔke] ◇ *vt* **-1.** MÉCAN [écrou, dispositif] to release, to unblock, to free; [freins] to unjam, to release. **-2.** [rouvrir – rue] to clear (of obstructions); ~ **les discussions** *fig* to get the negotiations back on course; ~ **la situation** [après un conflit] to break the stalemate; [la sortir de l'enlisement] to get things moving again. **-3.** ÉCON [prix, salaires] to unfreeze; BANQUE [compte, crédit] to free, to unfreeze; COMM [stock] to release. **-4.** *fam* [décontracter]: **ça m'a débloqué** it got rid of some of my inhibitions. ◇ *vi fam* **-1.** [en parlant] to talk rubbish *Br* ou nonsense. **-2.** [être déraisonnable] to be nuts ou cracked; **tu débloques!** you're out of your mind!

**débobiner** [debɔbine] *vt* to unwind, to uncoil.

**déboguer** [debɔge] *vt* to debug.

**déboires** [debwar] *nmpl* disappointments, setbacks, (trials and) tribulations; **s'épargner** ou **s'éviter des** ~ to spare o.s. a lot of trouble.

**déboisement** [debwazmɑ̃] *nm* deforestation, clearing (of trees).

**déboiser** [3] [debwaze] *vt* **-1.** [couper les arbres de] to deforest, to clear of trees. **-2.** MIN to draw the timbers of, to clear.

**déboîtement** [debwatmɑ̃] *nm* [luxation – de l'épaule, de la hanche] dislocation; [– de la rotule] slipping.

**déboîter** [3] [debwate] ◇ *vt* **-1.** [démonter – tuyau] to disconnect; [– objet] to unfasten, to release, to uncouple; [– porte, fenêtre] to take off its hinges. **-2.** MÉD to dislocate, to put out *(sép)*. ◇ *vi* [véhicule] to pull out.

**débonnaire** [debɔnɛr] *adj* [air] kindly, debonair; [personne] good-natured, easy-going, debonair.

**débordant, e** [debɔrdɑ̃, ɑ̃t] *adj* [extrême – affection] overflowing; [– activité] tireless; [– imagination] wild, unbridled, boundless; **d'un enthousiasme** ~ bubbling with enthusiasm; **être** ~ **de** to be full of; ~ **d'éloges/d'énergie** full of praise/of energy; ~ **de santé/de vie** bursting with health/with vitality.

**débordé, e** [deborde] *adj* **-1.** [peu disponible] (very) busy. **-2.** [surmené] overworked.

**débordement** [debɔrdəmɑ̃] *nm* **-1.** [écoulement – d'une rivière] overflowing; [– d'un liquide] running over, overflowing. **-2.** [profusion – de paroles] rush, torrent; [– d'injures] outburst, volley; [– de joie] outburst, explosion. **-3.** [manœuvre]

outflanking. **-4.** INF overflow.
◆ **débordements** *nmpl* [agitation] wild ou uncontrolled ou extreme behaviour; *litt* [débauche] excesses.

**déborder** [3] [deborde] ◇ *vi* **-1.** [rivière] to overflow; [bouillon, lait] to boil over; **le fleuve a débordé de son lit** the river has burst its banks; **l'eau a débordé du lavabo** the sink has overflowed; **son chagrin/sa joie débordait** she could no longer contain her grief/her delight; ~ **de** to overflow ou to be bursting with; ~ **de joie** to be bursting with joy. **-2.** [récipient] to overflow, to run over; [tiroir, sac] to be crammed, to spill over; **la casserole est pleine à** ~ the saucepan's full to the brim ou to overflowing; **laisser** ~ **la baignoire** to let the bath overflow; ~ **de**: **sac qui déborde de vêtements** bag overflowing with clothes. **-3.** [faire saillie] to stick ou to jut out, to project; **la pile de gravats débordait sur l'allée** the heap of rubble had spilled out into the lane; **en coloriant un dessin** to go over the edges while colouring in a picture.
◇ *vt* **-1.** [dépasser] to stick ou to jut out from. **-2.** [s'écarter de]: **vous débordez le sujet** you've gone beyond the scope of the topic ∥ *(en usage absolu)*: **nous débordons un peu, il est midi et deux minutes** we're going slightly over time, it's two minutes past twelve. **-3.** [submerger – troupe, parti, équipe] to outflank; **être débordé**: **être débordé de travail** to be up to one's eyes in ou snowed under with work; **être débordé par les événements** to let things get on top of one. **-4.** [tirer]: ~ **les draps** to untuck the sheets.
◆ **se déborder** *vpi*: **se** ~ **en dormant** to come untucked ou to throw off one's covers in one's sleep.

**débotter** [3] [debɔte] *vt* to remove the boots of.
◆ **se débotter** *vp (emploi réfléchi)* to take one's boots off.

**débouché** [debuʃe] *nm* **-1.** [possibilité d'emploi] career prospect. **-2.** [perspective de vente] outlet, avenue for products; [marché] market. **-3.** [issue] end; **avoir un** ~ **sur la mer** to have an outlet to the sea.
◆ **au débouché de** *loc prép* at the end of; **au** ~ **du défilé dans la vallée** where the pass opens out into the valley.

**déboucher** [3] [debuʃe] ◇ *vt* **-1.** [ouvrir – bouteille de bière, tube] to uncap, to take the top off, to open; [– bouteille de vin] to uncork, to open; [– flacon] to unstop, to remove the stopper from. **-2.** [débloquer – pipe, trou, gicleur] to clear, to clean out *(sép)*; [– lavabo] to unblock, to unstop, to clear; [– tuyau, conduit] to clear, to unclog; [– nez] to unblock; [– oreille] to clean out *(sép)*. ◇ *vi* **-1.** [aboutir]: ~ **de** to emerge from, to come out of; ~ **sur** to open into, to lead to. **-2.** *fig*: ~ **sur** to lead to; **des études qui ne débouchent sur rien** a course that doesn't lead anywhere; ~ **sur des résultats** to have positive results.
◆ **se déboucher** *vpt*: **se** ~ **le nez** to clear one's nose.

**déboucheur** [debuʃœr] *nm* **-1.** [produit] drain clearing liquid. **-2.** [dispositif]: ~ **à ventouse** plunger, plumber's friend *Am*.

**déboucler** [3] [debukle] *vt* [détacher – ceinture] to unbuckle, to undo, to unfasten.

**déboulé** [debule] *nm* **-1.** DANSE déboulé. **-2.** SPORT burst of speed. **-3.** CHASSE breaking of cover.
◆ **au déboulé** *loc adv*: **tirer un animal au** ~ to shoot an animal as it breaks cover.

**débouler** [3] [debule] ◇ *vi* **-1.** [surgir] to emerge suddenly; **ils ont déboulé dans le couloir** they charged ou hurtled into the passage. **-2.** CHASSE to start, to bolt. **-3.** [tomber] to tumble down. ◇ *vt*: ~ **les escaliers** [en courant] to race ou to hurtle down the stairs; [après être tombé] to tumble down the stairs.

**déboulonner** [3] [debulɔne] *vt* **-1.** TECH to unbolt, to remove the bolts (from); ~ **une statue** to take down a statue. **-2.** *fam* [évincer] to oust; **se faire** ~ to get fired, to get the sack *Br* ou the boot.

**débourber** [3] [deburbe] *vt* **-1.** [nettoyer – minerai, charbon] to wash, to clean, to clear (from mud); [– rivière] to dredge. **-2.** [sortir de la boue] to pull ou to drag ou to haul out of the mud.

**débourrer** [3] [debure] *vt* **-1.** [trou] to clear. **-2.** [cheval] to break in *(sép)*. **-3.** TEXT to fettle, to strip.

**déboursement** [debursəmɑ̃] *nm* disbursement.

**débourser** [3] [deburse] *vt* to spend, to lay out *(sép)*; **sans rien** ~ without spending ou paying a penny.

**déboussoler** [3] [debusɔle] *vt* to confuse, to disorientate, to bewilder.

**debout** [dəbu] *adv* **-1.** [en parlant des personnes – en station verticale] standing up; **manger** ~ to eat standing up; ~! get OU stand up!; **il était** ~ **sur la table** he was standing on the table; **ils l'ont mis** ~ they helped him to his feet OU helped him up; **se mettre** ~ to stand (up), to rise; **je préfère rester** ~ I'd rather stand; **je suis resté** ~ **toute la journée** I was on my feet all day; **ne restez pas** ~ (please) sit down; **bébé se tient** ~ baby can stand up; **il ne tient plus** ~ [fatigué] he's dead on his feet; [ivre] he's legless. **-2.** [en parlant d'animaux]: **le poulain se tient déjà** ~ the foal is already up on its feet. **-3.** [en parlant d'objets] upright, vertical; **mettre une chaise** ~ to stand a chair up ‖ *fig*: **mettre un projet** ~ to set up a project; **ça ne tient pas** ~ it doesn't make sense; **le raisonnement ne tient pas** ~ the argument doesn't hold water OU hold up. **-4.** [éveillé] up; ~! get up!; **être** ~ **à 5 h** to be up at 5 o'clock; **je reste** ~ **très tard** I stay up very late. **-5.** [en bon état] standing; **les murs sont encore** ~ the walls are still standing; **la maison de mon enfance est encore** ~ the house where I lived as a child is still there; **la république ne restera pas longtemps** ~ the republic won't hold out for long. **-6.** [guéri] up on one's feet (again), up and about; [sorti de chez soi, de l'hôpital] out and about. **-7.** *litt* [dignement] uprightly, honourably.

**débouter** [3] [debute] *vt* to nonsuit, to dismiss.

**déboutonner** [3] [debutɔne] *vt* to unbutton.

◆ **se déboutonner** *vp (emploi réfléchi)* [pour se déshabiller] to unbutton (o.s.).

**débraie** [debrɛ], **débraierai** [debrere] *v* → **débrayer.**

**débraillé, e** [debraje] *adj* [allure, vêtements, personne] slovenly, sloppy, scruffy; [manières] slovenly; [conversation] unrestrained.

**débrancher** [3] [debrɑ̃ʃe] *vt* [déconnecter – tuyau] to disconnect; [– appareil électrique] to unplug.

**débrayage** [debrɛjaʒ] *nm* **-1.** AUT disengaging of the clutch. **-2.** [grève] stoppage, walkout.

**débrayer** [11] [debrɛje] ◇ *vt* **-1.** AUT to declutch *Br*, to disengage the clutch of. **-2.** [machine] to throw out of gear, to put out of operation.
◇ *vi* **-1.** AUT to declutch *Br*, to disengage the clutch; **débrayez!** put the clutch in!**-2.** [faire grève] to stop work, to come out OU to go on strike.

**débridé, e** [debride] *adj* unbridled, unrestrained, unfettered.

**débrider** [3] [debride] *vt* **-1.** [cheval] to unbridle. **-2.** MÉD [abcès, blessure] to incise. **-3.** *loc*: **sans** ~ nonstop, without stopping, at a stretch.

**débris** [debri] *nm* **-1.** *(gén pl)* [fragment – de verre] piece, splinter, shard; [– de vaisselle] (broken) piece OU fragment; [– de roche] crumb, debris *(sg)*; [– de métal] scrap; [– de végétal] piece OU crumb of vegetable matter, debris *(sg)*. **-2.** *(gén pl)* [nourriture] scraps, crumbs; *litt* [restes – d'une fortune, d'un royaume] last shreds, remnants; [détritus] litter, rubbish *Br*.**-3.** ▽ [vieillard]: (vieux) ~ old codger.

**débrouillard, e** [debrujar, ard] ◇ *adj* resourceful. ◇ *nm, f* resourceful person.

**débrouillardise** [debrujardiz] *nf* resourcefulness.

**débrouille** [debruj] *nf fam*: **s'en sortir par la** ~ to improvise one's way out of trouble.

**débrouiller** [3] [debruje] *vt* **-1.** [démêler – fils] to unravel, to untangle; [– énigme] to puzzle out *(sép)*, to untangle, to unravel; [– les affaires de qqn] to sort out sb's business affairs. **-2.** *fam* [enseigner les bases à] to teach the basics to.

◆ **se débrouiller** *vpi* **-1.** [faire face aux difficultés] to manage; **débrouille-toi** you'll have to manage by yourself; **comment vas-tu te** ~ **maintenant qu'elle est partie?** how will you cope now that she's gone?; **elle se débrouille très bien dans Berlin** she really knows her way around Berlin; **tu parles espagnol?** — **je me débrouille** do you speak Spanish? — I get by; **j'ai dû me** ~ **avec le peu que j'avais** I had to make do OU manage with what little I had; **se** ~ **pour se faire inviter par qqn** to wangle an invitation out of sb □ **donne cette casserole, tu débrouilles comme un pied** *fam* give me that pan, you're all thumbs. **-2.** [subsister financièrement] to make ends meet, to manage.

**débroussaillage** [debrusajaʒ], **débroussaillement** [debru-

sajmɑ̃] *nm* **-1.** [nettoyage] clearing. **-2.** [étude]: **le** ~ **d'un problème** the groundwork OU spadework OU preliminary work on a problem.

**débroussailler** [3] [debrusaje] *vt* **-1.** [terrain] to clear (of brambles). **-2.** *fig* [travail, problème] to do the groundwork OU spadework on.

**débudgétiser** [3] [debydʒetize] *vt* to remove from the budget, to debudget.

**débusquer** [3] [debyske] *vt* **-1.** CHASSE to start, to flush. **-2.** [découvrir] to hunt out *(sép)*.

**début** [deby] *nm* **-1.** [commencement] beginning, start; **salaire de** ~ starting salary; **un** ~: **ce n'est pas mal pour un** ~ it's quite good for a first try OU attempt; **ce n'est qu'un** ~ that's just the start OU beginning; **il y a un** ~ **à tout** you have to start sometime; **un** ~ **de**: **ressentir un** ~ **de fatigue** to start feeling tired; **un** ~ **de grippe** the first signs of flu. **-2.** [dans l'expression des dates]: ~ **mars** at the beginning of OU in early March.

◆ **débuts** *nmpl* [dans une carrière] start; [dans le spectacle] debut; **il a eu des** ~**s difficiles** it wasn't easy for him at the start; **mes** ~**s dans le journalisme** my first steps OU early days as a journalist; **en être à ses** ~**s** [projet] to be in its early stages; [personne] to have just started (out) ‖ [en société] debut; **faire ses** ~**s** to make one's debut ‖ [première période] beginnings; **le rock à ses** ~**s** early rock music.

◆ **au début** *loc adv* at first, to begin with.

◆ **au début de** *loc prép*: **au** ~ **du printemps/de l'année** at the beginning of spring/of the year; **j'en suis encore au** ~ **du livre** I've only just started the book.

◆ **au tout début, tout au début** *loc adv* at the very beginning, right at the beginning.

◆ **dès le début** *loc adv* from the outset OU very start OU very beginning.

◆ **du début à la fin** *loc adv* [d'un livre, d'une histoire] from beginning to end; [d'une course, d'un événement] from start to finish.

**débutant, e** [debytɑ̃, ɑ̃t] ◇ *adj* [dans un apprentissage] novice *(modif)*; [dans une carrière] young. ◇ *nm, f* [dans un apprentissage] beginner, novice; [dans une carrière] beginner; **grand** ~ absolute beginner; **se faire avoir comme un** ~ *fam* to be taken in like a real greenhorn.

**débuter** [3] [debyte] ◇ *vi* **-1.** [commencer] to start, to begin; ~ **par** to start (off) with. **-2.** [être inexpérimenté] to be a beginner, to begin; **elle débute dans le métier** she's new to the job. **-3.** [commencer à travailler] to start (out), to begin; **il a débuté comme serveur dans un restaurant** he started out as a waiter in a restaurant. **-4.** [artiste] to make one's debut. **-5.** [en société]: ~ **(dans le monde)** to make one's debut, to come out. ◇ *vt fam*: **c'est nous qui débutons le concert** we're on first, we're opening the show.

**deçà** [dəsa] *adv*: ~ **(et) delà** *litt* hither and thither.

◆ **en deçà** *loc adv* on this side.

◆ **en deçà de** *loc prép* **-1.** [de ce côté-ci de] (on) this side of. **-2.** *fig*: **en** ~ **d'un certain seuil** below a certain level; **rester en** ~ **de la vérité** to be short of the truth; **ce travail est en** ~ **de ses possibilités** this job doesn't exploit his potential to the full.

**déca** [deka] *nm fam* decaffeinated coffee, decaf.

**déca-** [deka] *préf* deca-.

**décacheter** [27] [dekaʃte] *vt* [ouvrir – en déchirant] to open, to tear open; [– en rompant le cachet] to unseal, to break open.

**décade** [dekad] *nf* **-1.** [série de dix] decade. **-2.** [dix jours] period of ten days. **-3.** [dix ans] decade.

**décadenasser** [3] [dekadnase] *vt* to remove the padlock from, to take the padlock off.

**décadence** [dekadɑ̃s] *nf* decadence, decline, decay; **la** ~ **de l'Empire romain** the decline OU fall of the Roman Empire.

◆ **en décadence** ◇ *loc adj* declining, decaying, decadent. ◇ *loc adv*: **tomber** OU **entrer en** ~ to become decadent, to start to decline.

**décadent, e** [dekadɑ̃, ɑ̃t] ◇ *adj* **-1.** [en déclin] decadent, declining, decaying. **-2.** BX-ARTS & LITTÉRAT decadent. ◇ *nm, f* decadent.

◆ **décadents** *nmpl*: **les** ~**s** the Decadents.

**décadrer** [3] [dekadre] *vt* [décentrer]: **être décadré** INF [perforation] to be off-punch; CIN to be off-cent.

**décaféiné, e** [dekafeine] *adj* decaffeinated.
◆ **décaféiné** *nm* decaffeinated coffee.
**décagone** [dekagɔn] *nm* decagon.
**décaisser** [4] [dekese] *vt* **-1.** FIN to pay, to disburse *spéc*. **-2.** [déballer] to unpack, to take out of its container.
**décalage** [dekalaʒ] *nm* **-1.** [dans l'espace] space, interval, gap. **-2.** [dans le temps] interval, time-lag, lag; ~ horaire time difference; souffrir du ~ horaire to have jet lag. **-3.** [manque de concordance] discrepancy, gap. **-4.** AUDIO shift, displacement; ~ de l'image image displacement; ~ son-image pull-up sound advance, sound to image stagger. **-5.** ASTRON: ~ spectral spectral shift. **-6.** INF shift.
◆ **en décalage** *loc adj* **-1.** [dans le temps]: nous sommes en ~ par rapport à Bangkok there's a time difference between here and Bangkok. **-2.** [sans harmonie]: on est en complet ~ we're on completely different wavelengths.
**décalaminer** [3] [dekalamine] *vt* **-1.** [moteur] to decarbonize, to decoke, to decarburize. **-2.** MÉTALL to descale.
**décalcification** [dekalsifikasjɔ̃] *nf* decalcification, decalcifying.
**décalcifier** [9] [dekalsifje] *vt* to decalcify.
◆ **se décalcifier** *vpi* to become decalcified.
**décalcomanie** [dekalkɔmani] *nf* **-1.** [image] transfer, decal, decalcomania *spéc*; faire des ~s to do transfers. **-2.** [procédé] transfer process, decal, decalcomania *spéc*.
**décaler** [3] [dekale] *vt* **-1.** [dans l'espace] to pull ou to shift (out of line); les sièges sont décalés the seats are staggered. **-2.** [dans le temps – horaire] to shift; l'horaire a été décalé d'une heure [avancé] the schedule was brought forward an hour; [reculé] the schedule was brought ou moved one hour back. **-3.** [désorienter]: être décalé par rapport à la réalité to be out of phase with reality.
◆ **se décaler** *vpi* to move (out of line); décalez-vous d'un rang en avant/arrière move forward/back a row.
**décalitre** [dekalitr] *nm* decalitre.
**décalogue** [dekalɔg] *nm* Decalogue.
**décalotter** [3] [dekalɔte] *vt*: ~ le pénis to pull back the foreskin.
**décalque** [dekalk] *nm* tracing.
**décalquer** [3] [dekalke] *vt* to trace, to transfer.
**Décaméron** [dekamerɔ̃] *npr*: 'Décaméron' *Boccace* 'The Decameron'.
**décamètre** [dekamɛtr] *nm* decametre.
**décamper** [3] [dekɑ̃pe] *vi* to make o.s. scarce, to buzz off; décampe! clear out!, beat it!; faire ~ qqn to chase ou to drive sb out.
**décan** [dekɑ̃] *nm* decan.
**décaniller** [3] [dekanije] *vi fam* to clear out ou off, to scram.
**décantage** [dekɑ̃taʒ] *nm*, **décantation** [dekɑ̃tasjɔ̃] *nf* [d'un liquide] settling, clarification; [de l'argile] washing; [des eaux usées] clarification; [du vin] decantation, settling.
**décanter** [3] [dekɑ̃te] *vt* **-1.** [purifier – liquide] to allow to settle, to clarify; [– argile] to wash; [– produit chimique] to decant. **-2.** [éclaircir] to clarify.
◆ **se décanter** *vpi* **-1.** [liquide] to settle. **-2.** [situation] to settle down.
**décapant, e** [dekapɑ̃, ɑ̃t] *adj* **-1.** [nettoyant]: agent ou produit ~ stripper. **-2.** [incisif – remarque] caustic, vitriolic; [– roman, article] corrosive; elle avait un humour ~ she had a caustic sense of humour.
◆ **décapant** *nm* stripper CONSTR.
**décaper** [3] [dekape] *vt* **-1.** [nettoyer – gén] to clean off *(sép)*; [– en grattant] to scrape clean; [– avec un produit chimique] to strip; [– à la chaleur] to burn off *(sép)*. **-2.** *fam* [râcler] to burn through *(insép)*, to scour *péj*; ça décape la gorge it burns your throat.
**décapitation** [dekapitasjɔ̃] *nf* beheading, decapitation.
**décapiter** [3] [dekapite] *vt* **-1.** [personne]: ~ qqn [le supplicier] to behead sb, to cut sb's head off, to decapitate sb; [accidentellement] to cut sb's head off, to decapitate sb. **-2.** [arbre, fleur] to top, to cut the top off. **-3.** [entreprise, gouvernement] to decapitate, to deprive of leaders.
**décapotable** [dekapɔtabl] *adj & nf* convertible.
**décapoter** [3] [dekapɔte] *vt* **-1.** [replier le toit de] to fold back the roof of *Br*, to lower the top of *Am*. **-2.** [enlever le toit de] to

remove the roof *Br* ou top *Am* of.
**décapsulage** [dekapsylaʒ] *nm* opening.
**décapsuler** [3] [dekapsyle] *vt* to uncap, to take the top off.
**décapsuleur** [dekapsylœr] *nm* bottle-opener.
**décarcasser** [3] [dekarkase]
◆ **se décarcasser** *vpi fam* to go through a lot of hassle, to sweat (blood).
**décarreler** [24] [dekarle] *vt* [sol] to take tiles up from; [mur] to strip tiles off.
**décasyllabe** [dekasilab], **décasyllabique** [dekasilabik] *adj* decasyllabic.
◆ **décasyllabe** *nm* decasyllable.
**décathlon** [dekatlɔ̃] *nm* decathlon.
**décathlonien, enne** [dekatlɔnjɛ̃, ɛn] *nm, f* decathlete.
**décati, e** [dekati] *adj fam* [personne] decrepit; [corps] decrepit, wasted.
**décéder** [18] [desede] *vi sout* to die, to pass away *euph*; personne décédée deceased person; s'il vient à ~ in the event of his death.
**décelable** [deslabl] *adj* **-1.** [par analyse] detectable. **-2.** [par observation] discernible, detectable, perceivable.
**déceler** [25] [desle] *vt* **-1.** [repérer – erreur] to detect, to spot, to discover; je n'ai rien décelé d'anormal I've found nothing wrong; [– percevoir] to detect, to discern, to perceive. **-2.** [révéler] to reveal, to betray, to give away *(sép)*.
**décélération** [deselerasjɔ̃] *nf* deceleration, slowing down.
**décélérer** [18] [deselere] *vi* to decelerate, to slow down.
**décembre** [desɑ̃br] *nm* December; *voir aussi* **mars**.
**décemment** [desamɑ̃] *adv* **-1.** [correctement] decently, properly. **-2.** [suffisamment] properly. **-3.** [raisonnablement] decently; on ne peut pas ~ lui raconter ça we can't very well ou we can hardly tell him that.
**décence** [desɑ̃s] *nf* decency; avoir la ~ de to have the (common) decency to.
**décennat** [desena] *nm* decade *(of leadership)*.
**décennie** [deseni] *nf* decade, decenium, decennary.
**décent, e** [desɑ̃, ɑ̃t] *adj* **-1.** [convenable] decent; il serait plus ~ de ne rien lui dire it would be more fitting ou proper not to tell him anything. **-2.** [acceptable] decent, reasonable; un prix ~ a reasonable ou fair price; un repas ~ a decent meal.
**décentralisation** [desɑ̃tralizasjɔ̃] *nf* decentralization, decentralizing.
**décentraliser** [3] [desɑ̃tralize] *vt* to decentralize.
**décentrer** [3] [desɑ̃tre] *vt* to bring out of centre; être décentré to be off-centre.
**déception** [desɛpsjɔ̃] *nf* disappointment.
**décérébrer** [18] [deserebre] *vt* to decerebrate, to pith.
**décerner** [3] [deserne] *vt* **-1.** [prix, médaille] to award; [titre, distinction] to confer on. **-2.** JUR to issue.
**décerveler** [24] [deservəle] *vt* to brain.
**décès** [desɛ] *nm* JUR ou *sout* death.
**décevant, e** [desəvɑ̃, ɑ̃t] *adj* disappointing.
**décevoir** [52] [desəvwar] *vt* to disappoint; elle l'a beaucoup déçu he was quite disappointed in ou with her; tu me déçois I'm disappointed in you; il ne va pas être déçu! *iron* he's going to get a shock!
**déchaîné, e** [deʃene] *adj* [mer, vent] raging, wild; [passions] unbridled, raging; [personne] wild; [public] raving, delirious; [opinion publique] outraged; [foule] riotous, uncontrollable; tu es ~, ce soir! *fam* you're on top form tonight!
**déchaînement** [deʃenmɑ̃] *nm* [des éléments, de la tempête] raging, fury; [de colère, de rage] outburst.
**déchaîner** [4] [deʃene] *vt* **-1.** [déclencher – violence, colère] to unleash, to arouse; [– enthousiasme] to arouse; [– rires] to trigger off *(sép)*; ~ l'hilarité générale to set off a storm of laughter; ~ les passions: son article a déchaîné les passions his article caused an outcry ou aroused strong passions. **-2.** [mettre en colère]: il est déchaîné contre vous he's ranting and raving against you.
◆ **se déchaîner** *vpi* **-1.** [tempête, vent] to rage. **-2.** [hilarité, applaudissements] to break ou to burst out; [instincts] to be unleashed; se ~ contre to rave at ou against; la presse s'est déchaînée contre le gouvernement the press railed at the government; elle s'est déchaînée contre son frère she

lashed out ou let fly at her brother.

**déchanter** [3] [deʃɑ̃te] vi to be disillusioned, to become disenchanted.

**décharge** [deʃarʒ] nf **-1.** ARM [tir] shot; **prendre** ou **recevoir une ~ en pleine poitrine** to get shot in the chest. **-2.** ÉLECTR discharge; **~ électrique** electric ou field discharge; **prendre une ~** fam to get a shock. **-3.** [écrit, quittance] discharge paper, chit. **-4.** [dépotoir] dump, rubbish tip Br, garbage dump Am; '**~ interdite**'-'no dumping'. **-5.** PHYSIOL rush; **~ d'adrénaline** rush of adrenaline.
♦ **à la décharge de** loc prép: **à sa ~, il faut dire que...** in his defence, it has to be said that...
♦ **de décharge** loc adj CONSTR [arc] relieving.

**déchargeai** [deʃarʒe] v → **décharger.**

**déchargement** [deʃarʒəmɑ̃] nm **-1.** [d'une arme, d'un véhicule] unloading. **-2.** ÉLECTRON dump.

**décharger** [17] [deʃarʒe] ◇ vt **-1.** [débarrasser de sa charge – véhicule, animal] to unload; [– personne] to unburden; **je vais te ~** [à un voyageur] let me take your luggage; [au retour des magasins] let me take your parcels for you. **-2.** [enlever – marchandises] to unload, to take off (sép); [– passagers] to set down (sép); **~ la cargaison/des caisses d'un navire** to unload the cargo/crates off a ship. **-3.** [soulager] to relieve, to unburden; **~ qqn de qqch** to relieve sb of sthg; **être déchargé de ses fonctions** to be discharged ou dismissed. **-4.** [disculper] to clear, to exonerate. **-5.** CONSTR to relieve, to discharge. **-6.** ARM [tirer avec] to fire, to discharge; **~ son arme sur qqn** to fire one's gun at sb ‖ [ôter la charge de] to unload. **-7.** ÉLECTR to discharge. **-8.** ÉLECTRON to dump. **-9.** [laisser libre cours à] to vent, to give vent to; **~ sa bile** to vent one's spleen; **~ sa colère** to give vent to one's anger; **~ sa mauvaise humeur sur qqn** to vent one's ill temper on sb. ◇ vi **-1.** [déteindre – étoffe] to run. **-2.** ▼ [éjaculer] to come.
♦ **se décharger** vpi **-1.** ÉLECTR [batterie] to run down, to go flat; [accumulateur] to run down, to lose its charge. **-2.** [se débarrasser]: **se ~ (de qqch) sur: je vais essayer de me ~ de cette corvée sur quelqu'un** I'll try to hand over the chore to somebody else.

**déchargeur** [deʃarʒœr] nm [appareil] unloader.

**décharné, e** [deʃarne] adj [maigre – personne] emaciated, gaunt, wasted; [– visage] emaciated, gaunt, haggard; [– main] bony.

**déchaussé, e** [deʃose] adj **-1.** [sans chaussures – pied] bare, shoeless, unshod; [– personne] barefoot. **-2.** [branlant – dent] loose; [– mur] laid bare. **-3.** [moine, nonne] discalced.

**déchausser** [3] [deʃose] vt **-1.** [personne]: **~ qqn** to take off sb's shoes ‖ [retirer]: **~ ses skis** to take off one's skis ‖ (en usage absolu) to lose one's skis. **-2.** CONSTR [mur] to lay bare.
♦ **se déchausser** ◇ vp (emploi réfléchi) [personne] to take off one's shoes. ◇ vpi [dent] to come loose; **avoir les dents qui se déchaussent** to have receding gums.

**dèche**▽ [dɛʃ] nf dire poverty; **être dans la ~** to be skint Br ou broke.

**déchéance** [deʃeɑ̃s] nf **-1.** [avilissement] (moral) degradation; **tomber dans la ~** to go into (moral) decline. **-2.** [déclin social] lowering of social standing. **-3.** RELIG fall. **-4.** JUR loss, forfeit; **~ de l'autorité parentale** loss of parental authority. **-5.** POL [d'un monarque] deposition, deposing; [d'un président] removal (after impeachment).

**décherrai** [deʃerre] v → **déchoir.**

**déchet** [deʃɛ] nm **-1.** [portion inutilisable]: **dans un ananas il y a beaucoup de ~** there's a lot of waste in a pineapple. **-2.** péj [personne] (miserable) wretch. **-3.** COMM: **~ de route** losses in transit.
♦ **déchets** nmpl **-1.** [résidus] waste; **des ~s de nourriture** food scraps; **~s radioactifs/toxiques** radioactive/toxic waste. **-2.** PHYSIOL waste matter.

**déchetterie** [deʃetri] nf waste collection centre (for sorting and recycling).

**déchiffrable** [deʃifrabl] adj decipherable; **écriture ~ legible** handwriting.

**déchiffrage** [deʃifraʒ] nm sight-reading.

**déchiffrer** [3] [deʃifre] vt **-1.** [comprendre – inscription, manuscrit] to decipher; [– langage codé] to decipher, to decode; **je déchiffre à peine son écriture** I can barely make out her handwriting. **-2.** [lire] to spell out (sép). **-3.** MUS to sight-

read. **-4.** [élucider – énigme] to puzzle out (sép), to make sense of.

**déchiffreur, euse** [deʃifrœr, øz] nm, f decipherer.

**déchiqueté, e** [deʃikte] adj **-1.** [irrégulier – feuille] jagged; [– montagne] jagged, ragged. **-2.** [taillade] torn to bits, hacked about.

**déchiqueter** [27] [deʃikte] vt [papier, tissu] to rip (to shreds), to tear (to bits).

**déchirant, e** [deʃirɑ̃, ɑ̃t] adj [spectacle] heartbreaking, heartrending; [cri] agonizing, harrowing; [séparation] unbearably painful.

**déchirement** [deʃirmɑ̃] nm **-1.** [arrachement] tearing, ripping, rending. **-2.** [souffrance] wrench. **-3.** [désunion] rift.

**déchirer** [3] [deʃire] vt **-1.** [lacérer] to tear, to rip; **attention, tu vas ~ ton collant** mind not to rip your tights. **-2.** [mettre en deux morceaux] to tear; **~ une page en deux** to tear a page into two ‖ [mettre en morceaux] to tear up ou to pieces. **-3.** [arracher] to tear off (sép). **-4.** [ouvrir]: **~ une enveloppe** to tear ou to rip open an envelope. **-5.** [blesser] to tear (the skin ou flesh of), to gash; **un bruit qui déchire les tympans** an earpiercing ou earsplitting noise; **une douleur qui déchire la poitrine** a stabbing pain in the chest; **~ qqn** ou **le cœur de qqn** litt to break sb's heart, to make sb's heart bleed. **-6.** litt [interrompre – nuit, silence] to rend, to pierce. **-7.** [diviser] to tear apart; **le pays est déchiré par la guerre depuis 10 ans** the country has been torn apart by war for 10 years; **des familles déchirées par la guerre** war-torn families; **je suis déchiré entre eux deux** I'm torn between the two of them.
♦ **se déchirer** ◇ vp (emploi réciproque) [se faire souffrir] to tear each other apart. ◇ vp (emploi passif) to tear; **ce tissu se déchire facilement** this material tears easily. ◇ vpi [vêtement, tissu, papier] to tear, to rip; [membrane] to break. ◇ vpt MÉD: **se ~ un muscle/tendon/ligament** to tear a muscle/tendon/ligament.

**déchirure** [deʃiryr] nf **-1.** [accroc] tear, rip, split. **-2.** litt [souffrance] wrench. **-3.** MÉD tear; **~ musculaire** pulled muscle. **-4.** [trouée] crack, opening.

**déchoir** [71] [deʃwar] ◇ vi **-1.** (aux être): **il est déchu de son rang** he has lost ou forfeited his social standing. **-2.** litt (aux avoir) [s'abaisser] to demean o.s.; [diminuer – fortune, prestige] to wane. ◇ vt [priver]: **~ qqn d'un droit** to deprive sb of a right.

**déchristianiser** [3] [dekristjanize] vt to dechristianize.

**déchu, e** [deʃy] ◇ pp → **déchoir.** ◇ adj [prince, roi] deposed, dethroned; [président] deposed; [ange, humanité] fallen.

**déci** [desi] nm Helv decilitre of wine.

**décibel** [desibel] nm decibel.

**décidé, e** [deside] adj **-1.** [résolu] resolute, determined, decided; **elle est entrée d'un pas ~** she strode resolutely into the room. **-2.** [réglé] settled.

**décidément** [desidemɑ̃] adv definitely, clearly; **~, ça ne marchera jamais** obviously it'll never work out; **~, c'est une manie** you're really making a habit of it, aren't you?; **j'ai encore cassé un verre — ~!** I've broken another glass — it's not your day, is it!

**décider** [3] [deside] vt **-1.** [choisir] to decide (on); **~ de faire** to decide ou to resolve to do; **ils ont décidé d'accepter/de ne pas accepter la proposition** they've decided in favour of/against the proposal; **~ que: il a décidé qu'il ne prendrait pas l'avion** he's decided not to ou that he won't fly; **~ combien/quoi/comment/si** to decide how much/what/how/whether; **c'est décidé** it's settled ‖ (en usage absolu): **c'est toi qui décides** it's your decision, it's up to you; **c'est le temps qui décidera** it will depend on the weather. **-2.** [entraîner]: **~ qqn à** to convince ou to persuade sb to; **décide-la à rester** persuade her to stay. **-3.** sout [régler – ordre du jour] to decide, to set; [– point de droit] to resolve, to give a ruling on; (en usage absolu): **~ en faveur de qqn** to give a ruling in favour of sb.
♦ **décider de** v + prép **-1.** [influencer] to determine; **le résultat de l'enquête décidera de la poursuite de ce projet** the results of the survey will determine whether (or not) we carry on with the project. **-2.** [choisir – lieu, date] to choose, to determine, to decide on. **-3.** [juger]: **ta mère en a décidé ainsi!** your mother's decision is final!; **le sort en décida autrement** fate decreed otherwise.
♦ **se décider** ◇ vp (emploi passif) to be decided (on); **les**

choses se sont décidées très vite things were decided very quickly. ◇ *vpi* [faire son choix] to make up one's mind; se ~ pour to decide on; se ~ à: je me suis décidé à l'acheter I decided ou resolved to buy it; elle s'est décidée à déménager she's made up her mind to move out; je ne me décide pas à le jeter I can't bring myself to throw it out; la voiture s'est enfin décidée à démarrer the car finally decided to start || *(tournure impersonnelle)*: il se décide à faire beau it looks like the weather's trying to improve.

**décideur** [desidœr] *nm* decision-maker.

**décigramme** [desigram] *nm* decigramme, decigram.

**décilitre** [desilitr] *nm* decilitre.

**décimal, e, aux** [desimal, o] *adj* decimal; fraction ~e decimal, decimal fraction.

◆ **décimale** *nf* decimal place; nombre à trois ~es number given to three decimal places.

**décimaliser** [3] [desimalize] *vt* to decimalize.

**décime** [desim] *nm* -**1.** ADMIN 10% increase *(in tax)*. -**2.** HIST [dix centimes] tenth part of a franc, ten centimes.

**décimer** [3] [desime] *vt* to decimate.

**décimètre** [desimɛtr] *nm* decimetre.

**décintrer** [3] [desɛtre] *vt* -**1.** CONSTR to strike down ou to take down the center. -**2.** COUT to let out *(sép)*.

**décisif, ive** [desizif, iv] *adj* [déterminant – influence, intervention] decisive; [– preuve] conclusive; [– élément, facteur, coup] decisive, deciding; il n'y a encore rien de ~ there's nothing conclusive ou definite yet; à un moment ~ de ma vie at a decisive moment ou at a watershed in my life.

**décision** [desizjɔ̃] *nf* -**1.** [résolution] decision; arriver à une ~ to come to ou to reach a decision; prendre une ~ to make a decision; la ~ t'appartient the decision is yours, it's for you to decide; soumettre qqch à la ~ d'un comité to ask a committee to make a decision on sthg. -**2.** JUR: ~ judiciaire court ruling. -**3.** [fermeté] decision; agir avec ~ to be resolute; avoir de la ~ to be decisive; manquer de ~ to be hesitant ou irresolute. -**4.** INF decision.

◆ **de décision** *loc adj* [organe, centre] decision-making.

**décisionnaire** [desizjɔnɛr] *nmf* decision-maker.

**décisionnel, elle** [desizjɔnɛl] *adj* decision-making *(modif)*.

**déclamateur, trice** [deklamatœr, tris] *péj* ◇ *adj* bombastic. ◇ *nm, f* declaimer.

**déclamation** [deklamasjɔ̃] *nf* -**1.** [art de réciter] declamation. -**2.** [emphase] declamation, ranting.

**déclamatoire** [deklamatwar] *adj* -**1.** [art] declamatory. -**2.** *péj* [style] declamatory, bombastic.

**déclamer** [3] [deklame] *vt* to declaim.

**déclaratif, ive** [deklaratif, iv] *adj* -**1.** JUR declaratory. -**2.** GRAMM declarative.

**déclaration** [deklarasjɔ̃] *nf* -**1.** [communication] declaration, statement; faire une ~ à la presse to issue a declaration ou statement to the press; je ne ferai aucune ~! no comment!-**2.** [témoignage] declaration, statement; faire une ~ aux gendarmes to make a statement to the police; selon les ~s du témoin according to the witness's statement. -**3.** ADMIN declaration; faire une ~ à la douane to declare something at customs; faire une ~ à son assurance to file a claim with one's insurance company; ~ de perte: faire une ~ de perte de passeport à la police to report the loss of one's passport to the police ❏ ~ d'impôts tax return; ~ de naissance birth registration; ~ sous serment statement under oath. -**4.** [aveu] declaration; faire une ~ d'amour ou sa ~ (à qqn) to declare one's love (to sb). -**5.** [proclamation] declaration, proclamation; ~ de guerre/d'indépendance declaration of war/of independence; la Déclaration des droits de l'homme et du citoyen the Declaration of Human Rights *(of 1791)*; ~ de principe declaration of principle. -**6.** INF declaration.

**déclaré, e** [deklare] *adj* [ennemi] declared, sworn; [intention, opinion] declared; un fasciste ~ a professed ou self-confessed fascist; un opposant ~ an avowed opponent.

**déclarer** [3] [deklare] *vt* -**1.** [proclamer] to declare, to announce, to assert; ~ forfait SPORT to withdraw; *fig* to throw in the towel; ~ la guerre à *pr* & *fig* to declare war on. -**2.** *(avec un adj ou une loc adj)* [juger]: ~ qqn coupable to find sb guilty; on l'a déclaré incapable de gérer sa fortune he was pronounced incapable of managing his estate. -**3.** [affirmer]

to profess, to claim; il déclare être innocent he claims to be innocent ou protests his innocence; il déclare être resté chez lui he claims he stayed at home. -**4.** [révéler – intention] to state, to declare; ~ son amour ou sa flamme à qqn *litt* to declare one's love to sb. -**5.** [dire officiellement] to declare; ~ ses revenus/employés to declare one's income/employees; ~ un enfant à la mairie to register the birth of a child; ~ un vol to report a theft; rien à ~ nothing to declare.

◆ **se déclarer** *vpi* -**1.** [se manifester – incendie, épidémie] to break out; [– fièvre, maladie] to set in. -**2.** [se prononcer] to take a stand; se ~ pour/contre l'avortement to come out in favour of/against abortion, to declare for/against abortion. -**3.** *(avec un adj ou une loc adj)* [se dire] to say; il s'est déclaré ravi he said how pleased he was. -**4.** *litt* [dire son amour] to declare one's love.

**déclassé, e** [deklase] ◇ *adj* -**1.** SOCIOL déclassé. -**2.** [hôtel, joueur] downgraded. ◇ *nm, f*: c'est un ~ he has lost his social status ou come down in the world.

**déclassement** [deklasmã] *nm* -**1.** [dans la société] fall ou drop in social standing; [dans une hiérarchie] downgrading, loss of status. -**2.** [dévalorisation] depreciation. -**3.** [mise en désordre] putting out of order. -**4.** RAIL change to a lower class. -**5.** NAUT decommissioning.

**déclasser** [3] [deklase] *vt* -**1.** [déranger] to put out of order. -**2.** [rétrograder] to downgrade. -**3.** [déprécier] to demean. -**4.** [changer de catégorie – hôtel] to downgrade; RAIL to change to a lower class. -**5.** NAUT & NUCL to decommission.

◆ **se déclasser** *vpi* -**1.** SOCIOL to move one step down the social scale. -**2.** [dans un train] to change to a lower-class compartment; [dans un navire] to change to lower-class accommodation.

**déclenchement** [deklãʃmã] *nm* -**1.** [début – d'un événement] starting point, start, trigger; [– d'une attaque] launching. -**2.** ÉLECTRON triggering. -**3.** MÉCAN release.

**déclencher** [3] [deklãʃe] *vt* -**1.** [provoquer – attaque] to launch; [– révolte, conflit] to trigger (off), to bring about *(sép)*; [– grève, émeute, rires] to trigger ou to spark off *(sép)*. -**2.** TECH [mettre en marche – mécanisme, minuterie] to trigger, to activate; [– sonnerie, alarme] to set off *(sép)*. -**3.** INF to trigger.

◆ **se déclencher** *vpi* -**1.** [commencer – douleur, incendie] to start. -**2.** [se mettre en marche – sirène, sonnerie, bombe] to go off; [– mécanisme] to be triggered off ou released.

**déclencheur** [deklãʃœr] *nm* -**1.** ÉLECTR release, circuit breaker. -**2.** PHOT shutter release; ~ automatique time release, self-timer. -**3.** TECH release, tripping device.

**déclic** [deklik] *nm* -**1.** [mécanisme] trigger, releasing mechanism. -**2.** [bruit] click. -**3.** [prise de conscience]: il s'est produit un ~ et elle a trouvé la solution things suddenly fell into place ou clicked and she found the answer.

**déclin** [deklɛ̃] *nm* -**1.** [diminution] decline, waning; le soleil à son ~ the setting sun. -**2.** *litt* [fin] close; le ~ du jour nightfall, dusk.

◆ **en déclin** *loc adj* on the decline.

◆ **sur le déclin** *loc adj* [prestige, puissance] declining, on the wane; [malade] declining; un acteur sur le ~ an actor who's seen better days.

**déclinaison** [deklinɛzɔ̃] *nf* -**1.** GRAMM declension. -**2.** ASTRON & PHYS declination.

**déclinant, e** [deklinã, ãt] *adj* [force] declining, deteriorating; [influence, grandeur] declining, waning, fading; [société] declining, decaying.

**décliner** [3] [dekline] ◇ *vt* -**1.** GRAMM to decline. -**2.** [énoncer – identité] to give, to state. -**3.** [refuser – responsabilité, invitation] to decline, to refuse; [– offre] to decline, to refuse, to reject; ~ toute responsabilité to refuse all responsibilities. ◇ *vi* [soleil] to set; [vieillard, jour] to decline; [malade] to decline, to fade; [santé, vue] to deteriorate; [prestige] to wane, to decline.

**déclivité** [deklivite] *nf* -**1.** [descente] downward slope, declivity *spéc*, incline. -**2.** [inclinaison – d'une route, d'un chemin de fer] gradient.

**décloisonner** [3] [deklwazɔne] *vt* to decompartmentalize.

**déclouer** [3] [deklue] *vt* [planche] to remove ou to pull the nails out of; [couvercle] to prise *Br* ou to pry *Am* open *(sép)*.

◆ **se déclouer** *vpi* to fall ou to come apart.

**décocher** [3] [dekɔʃe] *vt* -**1.** [flèche] to shoot, to fire; [coup]

to throw; **il m'a décoché un coup de pied** he kicked me; **le cheval lui a décoché une ruade** the horse lashed out ou kicked at him. **-2.** [regard, sourire] to dart, to flash, to shoot; [plaisanterie, méchanceté] to fire, to shoot.

**décoction** [dekɔksjɔ̃] *nf* decoction.

**décodage** [dekɔdaʒ] *nm* **-1.** [d'un texte] decoding, deciphering. **-2.** INF & TV decoding, unscrambling.

**décoder** [3] [dekɔde] *vt* **-1.** [texte] to decode. **-2.** INF & TV to decode, to unscramble.

**décodeur** [dekɔdœr] ◇ *adj m* decoding. ◇ *nm* decoder.

**décoiffer** [3] [dekwafe] *vt* **-1.** [déranger la coiffure de]: ~ **qqn** to mess up sb's hair; **elle est toute décoiffée** her hair's in a mess. **-2.** [ôter le chapeau de]: ~ **qqn** to remove sb's hat. **-3.** *fam loc*: **ça décoiffe** it takes your breath away.
◆ **se décoiffer** *vp (emploi réfléchi)* **-1.** [déranger sa coiffure] to mess up ou *Am* to muss up one's hair. **-2.** [ôter son chapeau] to remove one's hat.

**décoincer** [16] [dekwɛ̃se] *vt* [débloquer – objet] to unjam, to free; [– vertèbre, articulation] to loosen up *(sép)*.
◆ **se décoincer** *vpi* **-1.** [objet] to unjam, to work loose. **-2.** *fam* [personne] to relax, to let one's hair down.

**déçois** [deswa], **déçoivent** [deswav] *v* → **décevoir**.

**décolérer** [18] [dekɔlere] *vi*: **ne pas** ~: **il n'a pas décoléré de la journée** he's been furious ou fuming all day; **elle ne décolère jamais** she's permanently in a temper.

**décollage** [dekɔlaʒ] *nm* **-1.** AÉRON takeoff; ASTRONAUT lift-off, blast-off; **au** ~ AÉRON at ou on takeoff; ASTRONAUT on takeoff ou lift-off. **-2.** [d'une enveloppe, d'un papier] unsticking. **-3.** ÉCON & SOCIOL takeoff.

**décollé, e** [dekɔle] *adj*: **avoir les oreilles ~es** to have ears that stick out.

**décollement** [dekɔlmã] *nm* **-1.** [d'un papier] unsticking. **-2.** MÉD: ~ **de la rétine** detachment ou separation of the retina.

**décoller** [3] [dekɔle] ◇ *vi* **-1.** AÉRON to take off; ASTRONAUT to take ou to lift ou to blast off. **-2.** [quitter le sol – skieur, motocycliste] to take off. **-3.** *fam* [partir] to leave. **-4.** [progresser – exportation, pays] to take off. **-5.** [s'échapper] to escape.
◇ *vt* **-1.** [détacher – papier] to unstick, to unglue, to peel off *(sép)*; **~ à la vapeur** to steam off; ~ **dans l'eau** to soak off. **-2.** *fam* [faire partir] to tear ou to prise away *(sép)*; **on ne peut pas le** ~ **de la télévision** there's no prising him away from the TV. **-3.** LOISIRS [au billard] to nudge away from the cushion.
◆ **se décoller** ◇ *vp (emploi passif)* to come off; **ça se décolle simplement en tirant dessus** just pull it and it comes off. ◇ *vpi* **-1.** [se détacher] to come ou to peel off. **-2.** MÉD to become detached.

**décolleté, e** [dekɔlte] *adj* **-1.** VÊT low-cut, low-necked, décolleté; **robe ~e dans le dos** dress cut low in the back. **-2.** [femme] décolletée, wearing a low-cut dress.
◆ **décolleté** *nm* **-1.** VÊT low neckline; **un** ~ **plongeant a** plunging neckline. **-2.** [d'une femme] cleavage.

**décolleter** [27] [dekɔlte] *vt* **-1.** [robe] to give a low neckline to; [personne] to reveal the neck and shoulders of. **-2.** AGR to top. **-3.** TECH to cut off *(sép)*.

**décolonisation** [dekɔlɔnizasjɔ̃] *nf* decolonization.

**décoloniser** [3] [dekɔlɔnize] *vt* to decolonize.

**décolorant, e** [dekɔlɔrã, ãt] *adj* [gén] decolorant, decolouring. **-2.** [pour cheveux] decolorizing *(avant n)*, decolorant, bleaching *(avant n)*.
◆ **décolorant** *nm* **-1.** [gén] decolorant. **-2.** [pour cheveux] decolorizing agent, bleaching agent.

**décoloration** [dekɔlɔrasjɔ̃] *nf* **-1.** [atténuation de la couleur] fading, discolouration. **-2.** [disparition de la couleur] bleaching, discolouring. **-3.** [des cheveux] bleach treatment; **faire une** ~ to bleach someone's hair.

**décoloré, e** [dekɔlɔre] *adj* **-1.** [fané] faded. **-2.** [blondi] bleached; **une femme ~e** a peroxide ou bleached blonde. **-3.** [livide – visage, joue] ashen, pale.

**décolorer** [3] [dekɔlɔre] *vt* **-1.** [affaiblir la couleur de] to fade. **-2.** [éclaircir – cheveux] to bleach; **cheveux décolorés par le soleil** hair lightened ou bleached by the sun.
◆ **se décolorer** *vp (emploi réfléchi)* [personne] to bleach one's hair. ◇ *vpi* **-1.** [tissu, papier] to fade, to lose its colour. **-2.** [liquide] to lose its colour.

**décombres** [dekɔ̃br] *nmpl* **-1.** [d'un bâtiment] debris *(sg)*,

rubble, wreckage. **-2.** *litt* [d'une civilisation] ruins.

**décommander** [3] [dekɔmãde] *vt* [commande] to cancel; [invitation, rendez-vous] to cancel, to call off *(sép)*; [invité] to put off *(sép)*.
◆ **se décommander** *vpi* to cancel (one's appointment).

**décomplexer** [4] [dekɔ̃plɛkse] *vt* to encourage, to reassure; **ça m'a décomplexé** it made me feel more confident ou less inadequate.

**décomposable** [dekɔ̃pozabl] *adj* **-1.** [corps chimique, matière] decomposable. **-2.** [texte, idée] analysable, that can be broken down. **-3.** MATH [équation] that can be factorized; [polynôme] that can be broken up. **-4.** PHYS resoluble.

**décomposer** [3] [dekɔ̃poze] *vt* **-1.** CHIM to decompose, to break down *(sép)*. **-2.** PHYS [force] to resolve; [lumière] to disperse. **-3.** MATH to factorize; ~ **en facteurs premiers** to resolve into prime factors. **-4.** [analyser – texte, raisonnement] to break down *(sép)*, to analyse; [– mouvement, processus] to decompose, to break up *(sép)*; [– exercice, mélodie] to go through (step by step) *(insép)*; ~ **un pas de danse** to go through a dance step ‖ GRAMM [phrase] to parse. **-5.** [pourrir – terre, feuilles] to decompose, to rot. **-6.** [altérer]: **un visage décomposé par la peur** a face distorted with fear; **être décomposé** to look stricken.
◆ **se décomposer** ◇ *vp (emploi passif)*: **le texte se décompose en trois parties** the text can be broken down ou divided into three parts ‖ GRAMM [phrase] to be parsed; MATH to be factorized. ◇ *vpi* **-1.** [pourrir] to decompose, to decay, to rot. **-2.** [s'altérer – visage] to become distorted.

**décomposition** [dekɔ̃pozisjɔ̃] *nf* **-1.** CHIM decomposition, breaking down. **-2.** PHYS [de la lumière] dispersion; [d'une force] resolution. **-3.** MATH factorization. **-4.** [analyse] analysis, breaking down; GRAMM parsing. **-5.** INF breakdown. **-6.** [pourrissement – de la matière organique] decomposition, decay, rot; [– de la société] decline, decay, decadence; **en (état de)** ~ [cadavre] decomposing, decaying, rotting; [société] declining, decaying. **-7.** [altération – des traits] contortion.

**décompresser** [4] [dekɔ̃prese] *vt* **-1.** [plongeur] to undergo decompression. **-2.** *fam* [se détendre] to relax, to unwind.

**décompresseur** [dekɔ̃presœr] *nm* **-1.** PHYS decompression device. **-2.** AUT & MÉCAN decompressor.

**décompression** [dekɔ̃presjɔ̃] *nf* **-1.** MÉD & TECH decompression. **-2.** *fam* [détente] unwinding, relaxing. **-3.** AUT & MÉCAN decompression.

**décompte** [dekɔ̃t] *nm* **-1.** [calcul] working out, reckoning, calculation; **faire le** ~ **des voix** to count the votes; **faire le** ~ **des points** to add ou to reckon up the score. **-2.** [déduction] deduction.

**décompter** [3] [dekɔ̃te] ◇ *vt* **-1.** [déduire] to deduct. **-2.** [dénombrer] to count.
◇ *vi* to strike the wrong time.

**déconcentration** [dekɔ̃sɑ̃trasjɔ̃] *nf* **-1.** ADMIN devolution. **-2.** ÉCON [décentralisation] decentralization, dispersion. **-3.** [dilution] dilution. **-4.** [manque d'attention] lack of concentration.

**déconcentrer** [3] [dekɔ̃sɑ̃tre] *vt* **-1.** [transférer – pouvoir] to devolve. **-2.** [distraire]: ~ **qqn** to distract sb's attention. **-3.** CHIM [solution]: ~ **une solution** to dilute a solution.
◆ **se déconcentrer** *vpi* to lose (one's) concentration.

**déconcertant, e** [dekɔ̃sɛrtɑ̃, ɑ̃t] *adj* disconcerting, off-putting.

**déconcerter** [3] [dekɔ̃sɛrte] *vt* to disconcert.

**déconditionner** [3] [dekɔ̃disjɔne] *vt* to decondition.

**déconfit, e** [dekɔ̃fi, it] *adj* crestfallen.

**déconfiture** [dekɔ̃fityr] *nf* **-1.** [échec] collapse, defeat, rout. **-2.** JUR insolvency.

**décongélation** [dekɔ̃ʒelasjɔ̃] *nf* defrosting, thawing.

**décongeler** [25] [dekɔ̃ʒle] *vt* to defrost, to thaw.

**décongestionner** [3] [dekɔ̃ʒɛstjɔne] *vt* **-1.** [dégager – route] to relieve congestion in, to ease the traffic load in. **-2.** MÉD to decongest, to relieve congestion in ou the congestion of.

**déconnecter** [4] [dekɔnɛkte] *vt* **-1.** [débrancher – tuyau, fil électrique] to disconnect. **-2.** *fam* & *fig* to disconnect, to cut off *(sép)*; **il est totalement déconnecté de la réalité** he's totally cut off from reality.

**déconner**▽ [3] [dekɔne] *vi* **-1.** [dire des bêtises] to talk rubbish *Br*, to bullshit. **-2.** [s'amuser] to horse ou to fool around. **-3.** [faire des bêtises] to mess around. **-4.** [mal fonctionner] to be on the blink.

**déconneur, euse**▽ [dekɔnœr, øz] *nm, f* clown.

**déconseiller** [4] [dekɔ̃seje] *vt* to advise against; c'est déconseillé it's not (to be) recommended, it's to be avoided.

**déconsidération** [dekɔ̃siderasjɔ̃] *nf litt* discredit.

**déconsidérer** [18] [dekɔ̃sidere] *vt* to discredit.
♦ **se déconsidérer** *vp (emploi réfléchi)* to discredit o.s., to bring discredit upon o.s., to lose one's credibility.

**déconstruction** [dekɔ̃stryksjɔ̃] *nf* LITTÉRAT & PHILOS deconstruction.

**décontamination** [dekɔ̃taminasjɔ̃] *nf* decontamination.

**décontaminer** [3] [dekɔ̃tamine] *vt* to decontaminate.

**décontenancer** [16] [dekɔ̃tnɑ̃se] *vt* to disconcert, to discountenance.
♦ **se décontenancer** *vpi* to lose one's composure.

**décontracté, e** [dekɔ̃trakte] *adj* **-1.** [détendu – muscle, corps] relaxed; [– caractère] easy-going, relaxed; [– attitude] relaxed, composed, unworried; [– style, vêtements] casual. **-2.** *péj* [désinvolte] casual, off-hand.

**décontracter** [3] [dekɔ̃trakte] *vt* [muscle] to relax, to unclench.
♦ **se décontracter** *vpi* to relax.

**décontraction** [dekɔ̃traksjɔ̃] *nf* **-1.** [relâchement, détente] relaxation, relaxing. **-2.** [aisance] coolness, collectedness.

**déconvenue** [dekɔ̃vny] *nf* disappointment.

**décor** [dekɔr] *nm* **-1.** [décoration – d'un lieu] interior decoration, decor; [– d'un objet] pattern, design. **-2.** [environs] setting; la maison était située dans un ~ magnifique the house stood in magnificent scenery ou surroundings. **-3.** CIN, THÉÂT & TV set, scenery, setting; ~ de cinéma film *Br* ou movie *Am* set; ~ de théâtre stage set; tourné en ~s naturels shot on location ‖ [toile peinte] backdrop, backcloth. **-4.** [apparence] façade, pretence.
♦ **dans le(s) décor(s)** *loc adv fam*: aller ou entrer ou valser dans le ~ [voiture, automobiliste] to go off the road; d'un coup de poing, elle l'a envoyé dans le ~ she sent him flying against the wall with a punch.

**décorateur, trice** [dekɔratœr, tris] *nm, f* **-1.** [d'appartement] interior decorator ou designer. **-2.** THÉÂT [créateur] set designer ou decorator; [peintre] set painter.

**décoratif, ive** [dekɔratif, iv] *adj* decorative, ornamental.

**décoration** [dekɔrasjɔ̃] *nf* **-1.** [ornement] decoration *(C)*. **-2.** [technique] decoration, decorating. **-3.** [médaille] medal, decoration.

**décoré, e** [dekɔre] ◇ *adj* [qui a reçu une distinction] decorated; [qui porte un insigne] wearing one's medals. ◇ *nm, f* person who has been awarded a decoration.

**décorer** [3] [dekɔre] *vt* **-1.** [orner – intérieur, vase, assiette] to decorate; [– table, arbre] to decorate, to adorn. **-2.** [personne] to decorate; être décoré de la Légion d'honneur to be awarded the Legion of Honour.

**décorner** [3] [dekɔrne] *vt* **-1.** [animal] to dehorn. **-2.** [page] to smooth out *(sép)*.

**décorticage** [dekɔrtikaʒ] *nm* **-1.** [d'une crevette] peeling, shelling; [du grain] hulling, husking; [d'une noix] shelling. **-2.** [analyse] dissection, thorough analysis.

**décortiquer** [3] [dekɔrtike] *vt* **-1.** [éplucher – crevette] to peel, to shell; [– grain] to hull, to husk; [– noix, amande] to shell. **-2.** [analyser] to dissect, to analyse.

**décorum** [dekɔrɔm] *nm* **-1.** [bienséance] decorum, propriety. **-2.** [protocole] etiquette, ceremonial.

**découcher** [3] [dekuʃe] *vi* to stay out all night.

**découdre** [86] [dekudr] ◇ *vt* [vêtement, couture] to undo, to unpick; [point] to take out *(sép)*; [bouton] to take ou to cut off *(sép)*. ◇ *vi*: en ~ to fight; vouloir en ~ to be spoiling for a fight; en ~ avec qqn to cross swords with sb.
♦ **se découdre** *vpi* [vêtement] to come unstitched; [bouton] to come off.

**découler** [3] [dekule]
♦ **découler de** *v + prép* to follow from; ... et tous les avantages qui en découlent ... and all the ensuing benefits ‖ *(tournure impersonnelle)*: il découle de cette idée que... it follows from this idea that...

**découpage** [dekupaʒ] *nm* **-1.** [partage – d'un tissu, d'un gâteau] cutting (up); [– d'une volaille, d'une viande] carving; [– en

tranches] slicing (up). **-2.** [image – à découper] figure *(for cutting out)*; [– découpée] cut-out (picture). **-3.** CIN shooting script. **-4.** INF: ~ du temps time slicing. **-5.** POL: ~ électoral division into electoral districts, apportionment *Am.* **-6.** TECH blanking, cutting.

**découpe** [dekup] *nf* **-1.** COUT piece of appliqué work. **-2.** [de la viande] (type of) cut. **-3.** [tronçonnage] cutting (up).

**découpé, e** [dekupe] *adj* **-1.** [irrégulier – côte] indented, ragged; [– montagne] rugged, craggy, jagged; [– feuille d'arbre] incised, serrate. **-2.** [en morceaux] cut.

**découper** [3] [dekupe] *vt* **-1.** [détacher – image] to cut out *(sép)*; ~ des articles dans le journal to take cuttings out of the newspaper. **-2.** [partager – gâteau, papier, tissu] to cut up *(sép)*; [– viande, volaille] to carve; il a découpé le gâteau en parts égales he cut the cake into equal parts; couteau à ~ carving knife. **-3.** [disséquer – texte, film] to dissect; [– phrase] to parse.
♦ **se découper sur** *vp + prép* to be outlined against.

**découpeur, euse** [dekupœr, øz] *nm, f* cutting machine operator.

**découplé, e** [dekuple] *adj*: bien ~ well-built, strapping.

**découpler** [3] [dekuple] *vt* **-1.** CHASSE & ÉLECTR to uncouple. **-2.** ÉLECTRON to decouple.

**découpure** [dekupyr] *nf* **-1.** [découpe] workmanship. **-2.** [bord – d'une dentelle, d'une guirlande] edge; [– d'une côte] indentations.
♦ **découpures** *nfpl* [de papier] clippings, shavings, shreds; [de tissu] cuttings, off-cuts.

**décourageai** [dekuraʒe] *v* → **décourager**.

**décourageant, e** [dekuraʒɑ̃, ɑ̃t] *adj* **-1.** [nouvelle, situation] discouraging, disheartening, depressing. **-2.** [personne] hopeless.

**découragement** [dekuraʒmɑ̃] *nm* discouragement, despondency, despondence.

**décourager** [17] [dekuraʒe] *vt* **-1.** [abattre] to discourage, to dishearten; ~ qqn de faire qqch to discourage sb from doing sthg; avoir l'air découragé to look discouraged ou dispirited; ne te laisse pas ~ don't be discouraged. **-2.** [refuser – familiarité] to discourage.
♦ **se décourager** *vpi* to get discouraged, to lose heart; ne te décourage pas don't give up.

**découronner** [3] [dekurɔne] *vt* **-1.** [roi] to dethrone, to depose. **-2.** *litt* [ôter le sommet de] to cut the top off.

**décousais** [dekuze], **décousis** [dekuzi], **décousons** [dekuzɔ̃] *v* → **découdre**.

**décousu, e** [dekuzy] ◇ *pp* → **découdre**. ◇ *adj* **-1.** COUT [défait – vêtement] undone, unstitched; [– ourlet] undone. **-2.** [incohérent – discours] incoherent, disjointed; [– conversation] desultory, disjointed; [– style] disjointed, rambling; [– idées] disjointed, disconnected, random.

**découvert, e**[1] [dekuvɛr, ɛrt] ◇ *pp* → **découvrir**. ◇ *adj* [terrain, allée, voiture] open; [tête, partie du corps] bare, uncovered.
♦ **découvert** *nm* **-1.** COMPTA deficit. **-2.** BANQUE overdraft; avoir un ~ de to be overdrawn by. **-3.** BOURSE short (account).
♦ **à découvert** ◇ *loc adj* **-1.** FIN [sans garantie] uncovered, unsecured. **-2.** BOURSE without cover; être à ~ to be caught short ❑ vente à ~ short sale. **-3.** BANQUE overdrawn; être à ~ to be overdrawn, to have an overdraft. ◇ *loc adv* **-1.** [sans dissimuler] openly. **-2.** [sans protection] without cover; sortir à ~ to break cover; la marée laisse ces rochers à ~ the tide leaves these rocks exposed.

**découverte**[2] [dekuvɛrt] *nf* **-1.** [détection] discovery, discovering; [chose détectée] discovery, find. **-2.** [prise de conscience] discovery, discovering. **-3.** [personne de talent] discovery, find. **-4.** THÉÂT & TV backcloth. **-5.** MIN cutting.
♦ **à la découverte de** *loc prép* **-1.** [en explorant] on a tour of; ils sont partis à la ~ de la forêt amazonienne they went exploring in the Amazon rain forest. **-2.** [à la recherche de] in search of; aller à la ~ d'un trésor to go in search of a treasure.

**découvreur, euse** [dekuvrœr, øz] *nm, f* discoverer.

**découvrir** [34] [dekuvrir] *vt* **-1.** [dénicher] to discover, to find; ~ des armes dans une cache to unearth a cache of weapons; on a découvert l'arme du crime the murder weapon has been found; ~ du pétrole/de l'or to strike oil/

gold; j'ai découvert les lettres par accident I came across the letters by accident; ~ l'Amérique to discover America. **-2.** [solution – en réfléchissant] to discover, to work out *(sép)*; [– subitement] to hit on ou upon *(insép)*. **-3.** [détecter] to discover, to detect; ~ qqch à qqn: on lui a découvert une tumeur they found he had a tumour. **-4.** [surprendre – voleur, intrus] to discover; [– secret, complot] to discover, to uncover; et si l'on vous découvrait? what if you were found out?; j'ai découvert que c'était faux I found out (that) it wasn't true ❏ ~ le pot aux roses to discover the truth. **-5.** [faire connaître] to uncover, to disclose, to reveal; ~ son jeu to show one's hand. **-6.** [apercevoir] to see; le rideau levé, on découvrit une scène obscure the raised curtain revealed a darkened stage. **-7.** [ôter ce qui couvre – fauteuil] to uncover; [– statue] to unveil; [– casserole] to uncover; to take the lid off; il fait chaud dans la chambre, va ~ le bébé it's hot in the bedroom, take the covers off the baby. **-8.** [exposer – flanc, frontière] to expose. **-9.** [mettre à nu – épaule, cuisse] to uncover, to bare, to expose; [– mur, pierre] to uncover, to expose; sa robe lui découvrait le dos her dress revealed her back.

◆ **se découvrir** ◇ *vp (emploi réfléchi)* **-1.** [se déshabiller] to dress less warmly, to take a layer ou some layers off; [au lit] to throw off one's bedclothes. **-2.** [ôter son chapeau] to take off one's hat. **-3.** [se connaître] (to come to) understand o.s. **-4.** [s'exposer] to expose o.s. to attack; un boxeur ne doit pas se ~ a boxer mustn't lower his guard. ◇ *vp (emploi passif)* to emerge, to be discovered; des scandales, il s'en découvre tous les jours scandals come to light ou are discovered every day. ◇ *vp (emploi réciproque)* to discover each other. ◇ *vpt:* se ~ qqch [se trouver qqch]: je me suis découvert une grosseur à l'aine I discovered I had a lump in my groin; elle s'est découvert des amis partout she discovered she had friends everywhere; il s'est découvert un don pour la cuisine he found he had a gift for cooking. ◇ *vpi:* ça se découvre it's clearing up.

◆ **se découvrir à** *vp + prép litt* [se confier] to confide in, to open up to.

**décrasser** [3] [dekrase] *vt* **-1.** [nettoyer – peigne, tête de lecture] to clean; [– poêle, casserole] to scour, to clean out *(sép)*; [– linge] to scrub; [– enfant] to scrub (down), to clean up *(sép)*. **-2.** *fam* [dégrossir] to give a basic grounding, to teach the basics. **-3.** AUT & INDUST to clean out *(sép)*, to decoke. **-4.** *fam* [remettre en forme] to get back into shape, to tone up.

◆ **se décrasser** ◇ *vp (emploi réfléchi)* [se laver] to clean up, to give o.s. a good scrub. ◇ *vpi fam* [se dérouiller] to get some exercise.

**décrédibiliser** [3] [dekredibilize] *vt* to discredit, to deprive of credibility, to take away the credibility of.

**décrêper** [4] [dekrepe] *vt* to straighten (out).

**décrépir** [32] [dekrepir] *vt* to strip the roughcast off.

◆ **se décrépir** *vpi:* la façade se décrépit the roughcast is coming off the front of the house.

**décrépit, e** [dekrepi, it] *adj* decrepit.

**décrépitude** [dekrepityd] *nf* **-1.** [décadence] decay; tomber en ~ [civilisation] to decline, to decay; [institution] to become obsolete. **-2.** [mauvais état] decrepitude, decrepit state.

**decrescendo** [dekre∫ɛndo] ◇ *nm inv* decrescendo. ◇ *adv:* jouer ~ to decrescendo; aller ~ *fig* to wane.

**décret** [dekre] *nm* **-1.** JUR decree, edict; promulguer un ~ to issue a decree ❏ ~ d'application *presidential decree affecting the application of a law.* **-2.** RELIG decree.

◆ **décrets** *nmpl litt:* les ~s du destin/de la Providence what fate/Providence has decreed; les ~s de la mode the dictates of fashion.

◆ **par décret** *loc adv:* gouverner par ~ to rule by decree.

**décréter** [18] [dekrete] *vt* **-1.** [ordonner – nomination, mobilisation] to order; [– mesure] to decree, to enact. **-2.** [décider]: le patron a décrété qu'on ne changerait rien the boss decreed ou ordained that nothing would change; quand il a décrété quelque chose, il ne change pas d'avis when he's made up his mind about something, he doesn't change it.

**décrier** [10] [dekrije] *vt* [collègues, entourage] to disparage; [livre, œuvre, théorie] to criticize, to censure, to decry.

**décriminaliser** [3] [dekriminalize] *vt* to decriminalize.

**décrire** [99] [dekrir] *vt* **-1.** [représenter] to describe, to portray; son exposé décrit bien la situation his account gives a

good picture of the situation. **-2.** [former – cercle, ellipse] to describe, to draw; [– trajectoire] to follow, to describe; ~ des cercles dans le ciel to fly in circles; la route décrit une courbe the road curves ou bends.

**décrispation** [dekrispasjɔ̃] *nf* thaw, thawing; la ~ entre les deux pays the easing of tension between the two countries.

**décrisper** [3] [dekrispe] *vt* **-1.** [muscle] to relax, to untense. **-2.** [relations] to thaw; [ambiance] to ease.

◆ **se décrisper** *vpi* to relax, to unwind.

**décrit, e** [dekri, it], **décrivais** [dekrivɛ], **décrivons** [dekrivɔ̃] *v* → **décrire.**

**décrochage** [dekrɔ∫aʒ] *nm* **-1.** [enlèvement – d'un rideau, d'un tableau] unhooking, taking down; [– d'un wagon] uncoupling. **-2.** ÉLECTR pulling out of synchronism. **-3.** MIL disengagement. **-4.** AÉRON stall. **-5.** ASTRONAUT leaving orbit. **-6.** RAD break in transmission. **-7.** *fam* [désengagement]: le ~ par rapport à la réalité being out of touch with reality.

**décrochement** [dekrɔ∫mɑ̃] *nm* **-1.** [fait de se décrocher] slipping. **-2.** ARCHIT [retrait] recess; faire un ~ [bâtiment] to form an angle; [mur] to form ou to have a recess. **-3.** GÉOL thrust fault. **-4.** MÉD: ~ de la mâchoire dislocation of the jaw.

**décrocher** [3] [dekrɔ∫e] ◇ *vt* **-1.** [dépendre] to unhook, to take down *(sép)*; ~ un peignoir to take a bathrobe off the hook ou peg; il a décroché ses gants de boxe *fig* he went back to boxing ou into the ring again ❏ ~ la lune to do the impossible; ~ la timbale *fam* ou le coquetier *fam* ou le cocotier *fam* ou le pompon *fam* to hit the jackpot. **-2.** [enlever – chaîne, laisse] to take off *(sép)*; [– wagon] to uncouple. **-3.** TÉLÉC: ~ le téléphone [le couper] to take the phone off the hook; [pour répondre] to pick up the phone; tu décroches? could you answer ou get it? **-4.** *fam* [obtenir] to land, to get. ◇ *vi* **-1.** *fam* [abandonner] to opt out. **-2.** *fam* [se déconcentrer] to switch off. **-3.** [être distancé] to drop ou to fall behind. **-4.** *fam* [se désintoxiquer] to kick the habit; ~ de l'héroïne to come off ou to kick heroin. **-5.** AÉRON to stall. **-6.** FIN: le franc a décroché du mark the franc has lost against the German mark.

◆ **se décrocher** ◇ *vpi:* le tableau s'est décroché the painting came unhooked. ◇ *vpt:* il s'est décroché la mâchoire he dislocated his jaw.

**décrocheur, euse** [dekrɔ∫œr, øz] *nm, f Can* (high school) dropout.

**décrois** [dekrwa] *v* → **décroître.**

**décroiser** [3] [dekrwaze] *vt:* ~ les jambes/les bras to uncross one's legs/one's arms.

**décroissais** [dekrwasɛ] *v* → **décroître.**

**décroissance** [dekrwasɑ̃s] *nf* [diminution] decrease, fall, decline; une ~ rapide de la natalité a sharp decline in the birth rate.

**décroissant, e** [dekrwasɑ̃, ɑ̃t] *adj* **-1.** MATH decreasing. **-2.** ASTRON waning, decreasing, decrescent.

**décroître** [94] [dekrwatr] *vi* **-1.** [diminuer – nombre, intensité, force] to decrease, to diminish; [– eaux] to subside, to go down; [– fièvre] to abate, to subside, to decrease; [– bruit] to die down, to lessen, to decrease; [– son] to fade, to die down; [– vent] to let up, to die down; [– intérêt, productivité] to decline, to drop off; [– vitesse] to slacken off, to drop; [– taux d'écoute] to drop; [– lumière] to grow fainter, to grow dimmer, to fade; [– influence] to decline, to wane; les jours décroissent the days are drawing in ou getting shorter; il voyait leurs silhouettes ~ à l'horizon he could see their silhouettes getting smaller and smaller on the horizon; aller en décroissant to be on the decrease. **-2.** ASTRON to wane.

**décrotter** [3] [dekrɔte] *vt* **-1.** [nettoyer] to scrape the mud off. **-2.** *fam* [dégrossir] to refine, to take the rough edges off.

**décrottoir** [dekrɔtwar] *nm* [pour chaussures] (boot) scraper.

**décrû, ue** [dekry] *pp* → **décroître.**

◆ **décrue** *nf* decrease ou dropping of the water level.

**décrus** [dekry] *v* → **décroître.**

**décryptage** [dekriptaʒ], **décryptement** [dekriptəmɑ̃] *nm* **-1.** [décodage] deciphering, decipherment, decoding. **-2.** [éclaircissement] elucidation, working out.

**décrypter** [3] [dekripte] *vt* **-1.** [décoder – message, texte ancien] to decode, to decipher. **-2.** [éclaircir] to elucidate, to work out *(sép)*.

**déçu, e** [desy] ◇ *pp* → **décevoir.** ◇ *adj* **-1.** [personne] disappointed. **-2.** [amour] disappointed, thwarted; [espoir] disappointed.

**de cujus** [dekyʒys] *nm:* le ~ [qui a fait un testament] the testator; [sans testament] the deceased.

**déculottée**[V] [dekylɔte] *nf* thrashing, clobbering, hammering; **prendre une** ~ to get thrashed ou clobbered ou hammered.

**déculotter** [3] [dekylɔte] *vt:* ~ qqn [lui enlever sa culotte] to take sb's pants *Br* ou underpants *Am* off; [lui enlever son pantalon] to take sb's trousers *Br* ou pants *Am* off.
◆ **se déculotter** ◇ *vp (emploi réfléchi)* [enlever – sa culotte] to take one's pants *Br* ou underpants *Am* down; [– son pantalon] to drop one's trousers *Br* ou pants *Am*.◇ *vpi* **-1.** *fam* [se montrer lâche] to lose one's nerve ou bottle *Br*.**-2.** [V] [avouer] to squeal.

**déculpabilisation** [dekylpabilizasjɔ̃] *nf:* la ~ de la sexualité removing the guilt attached to sexuality.

**déculpabiliser** [3] [dekylpabilize] *vt:* ~ qqn to stop sb feeling guilty.
◆ **se déculpabiliser** *vp (emploi réfléchi)* to get rid of one's guilt.

**déculturation** [dekyltyrasjɔ̃] *nf* loss of cultural identity.

**décuple** [dekypl] *nm:* le ~ de trois ten times three.
◆ **au décuple** *loc adv* tenfold.

**décuplement** [dekypləmɑ̃] *nm* [d'une somme, d'un chiffre] tenfold increase.

**décupler** [3] [dekyple] ◇ *vt* **-1.** [rendre dix fois plus grand] to increase tenfold. **-2.** [augmenter] to increase greatly. ◇ *vi* to increase tenfold.

**déçus** [desy] *v* → **décevoir.**

**dédaignable** [dedɛɲabl] *adj:* ce n'est pas ~ it's not to be scoffed at.

**dédaigner** [4] [dedeɲe] *vt* **-1.** [mépriser – personne] to look down on *(sép)*, to despise, to scorn; [– compliment, richesse] to despise, to disdain. **-2.** [refuser – honneurs, argent] to despise, to disdain, to spurn; **une augmentation, ce n'est pas à** ~ a salary increase is not to be sniffed at; **ne dédaignant pas la bonne chère** not being averse to good food. **-3.** [ignorer – injure, difficulté] to ignore, to disregard.
◆ **dédaigner de** *v* + *prép litt*: **elle a dédaigné de parler** she didn't deign to speak; **il n'a pas dédaigné de goûter à ma cuisine** he was not averse to tasting my cooking.

**dédaigneusement** [dedɛɲøzmɑ̃] *adv* contemptuously, disdainfully.

**dédaigneux, euse** [dedɛɲø, øz] ◇ *adj* **-1.** [méprisant – sourire, moue, remarque] contemptuous, disdainful. **-2.** *sout:* ~ de [indifférent à] disdainful ou contemptuous of; **je n'ai jamais été** ~ **de l'argent** I've never been one to spurn ou to despise money. ◇ *nm, f* disdainful ou scornful ou contemptuous person.

**dédain** [dedɛ̃] *nm* scorn, contempt, disdain.
◆ **de dédain** *loc adj* disdainful, scornful, contemptuous.

**dédale** [dedal] *nm* maze; **dans le** ~ **des rues** in the maze of streets; **dans le** ~ **des lois** in the maze of the law.

**Dédale** [dedal] *npr* Daedalus.

**dedans** [dədɑ̃] ◇ *adv* [reprenant 'dans' + substantif] inside, in it/them *etc*; [par opposition à 'dehors'] inside, indoors; [à partir de – prendre, boire, manger] out of, from; **de** ~, **on ne voit rien** you can't see anything from inside; **il y a de l'anis** ~ there's aniseed in it; **le tiroir était ouvert, j'ai pris l'argent** ~ the drawer was open, I took the money out of ou from it; **il faut élargir l'ourlet et passer l'élastique** ~ you must widen the hem and run the elastic band through it; **on n'apprécie pas le luxe quand on vit** ~ you don't appreciate luxury when you've got it ❑ **ne me parle pas de comptes, je suis en plein** ~ *fam* don't talk to me about the accounts, I'm right in the middle of them ou up to my eyeballs in them; **tu veux du mystère? on est en plein** ~ you want mystery? we're surrounded by it; **mettre** ou **ficher qqn** ~ *fam* [le tromper] to confuse ou to muddle sb; [en prison] to put sb inside; **je me suis fichu** ~ *fam* I got it wrong; **le piège, il est tombé en plein** ~ he fell right into the trap. ◇ *nm* inside.

◆ **en dedans** *loc adv*: **c'est creux en** ~ it's hollow inside; **marcher les pieds en** ~ to be pigeon-toed.

◆ **en dedans de** *loc prép*: **en** ~ **d'elle-même, elle regrette son geste** deep down ou inwardly, she regrets what she did.

**dédicaçai** [dedikase] *v* → **dédicacer.**

**dédicace** [dedikas] *nf* **-1.** [formule manuscrite – d'un ami] (signed) dedication; [– d'une personnalité] autograph, (signed) dedication. **-2.** [formule imprimée] dedication. **-3.** RAD dedication. **-4.** RELIG [consécration] dedication, consecration; [fête] *celebration of the consecration of a place of worship.*

**dédicacer** [16] [dedikase] *vt* **-1.** [ouvrage, photo]: ~ un livre à qqn to autograph ou to sign a book for sb. **-2.** RAD to dedicate.

**dédié, e** [dedje] *adj* INF dedicated.

**dédier** [9] [dedje] *vt* **-1.** [livre, symphonie] to dedicate. **-2.** *litt* [vouer]: **dédiant toutes ses pensées à son art** dedicating ou devoting all her thoughts to her art.

**dédifférencier** [9] [dediferɑ̃sje]
◆ **se dédifférencier** *vpi* to undergo dedifferentiation.

**dédiions** [dedijɔ̃] *v* → **dédier.**

**dédire** [103] [dedir]
◆ **se dédire** *vpi* **-1.** [se rétracter – délibérément] to recant, to retract. **-2.** [manquer – à sa promesse] to go back on ou to fail to keep one's word; [– à son engagement] to fail to honour one's commitment; **se** ~ **de** [promesse] to go back on, to fail to keep; [engagement] to fail to honour.

**dédit, e**[1] [dedi, it] *pp* → **dédire.**
◆ **dédit** *nm* **-1.** *sout* [rétractation] retraction; [désengagement] failure to keep one's word. **-2.** JUR [modalité] default; [somme] forfeit, penalty.

**dédite**[2] [dedit] *nf Helv* = **dédit** *nm*.

**dédommageai** [dedɔmaʒe] *v* → **dédommager.**

**dédommagement** [dedɔmaʒmɑ̃] *nm* compensation; **demander** ou **réclamer un** ~ to claim compensation.
◆ **en dédommagement** *loc adv* as compensation.
◆ **en dédommagement de** *loc prép* as a ou in compensation for, to make up for.

**dédommager** [17] [dedɔmaʒe] *vt* **-1.** [pour une perte] to compensate, to give compensation to; ~ qqn d'une perte to compensate sb for a loss, to make good sb's loss; **fais-toi** ~ **pour le dérangement** claim compensation for the inconvenience. **-2.** [pour un désagrément] to compensate.

**dédouanage** [dedwanaʒ], **dédouanement** [dedwanmɑ̃] *nm* [action] clearing through customs; [résultat] customs clearance.

**dédouaner** [3] [dedwane] *vt* **-1.** ADMIN [marchandise] to clear through customs. **-2.** [personne] to clear (the name of).
◆ **se dédouaner** *vp (emploi réfléchi)* to make up for one's past misdeeds.

**dédoublement** [dedubləmɑ̃] *nm* **-1.** [d'un groupe, d'une image] splitting ou dividing in two. **-2.** PSYCH: ~ de la personnalité dual personality. **-3.** TRANSP putting on an extra train.

**dédoubler** [3] [deduble] *vt* **-1.** [diviser – groupe] to split ou to divide in two; [– brin de laine] to separate into strands. **-2.** TRANSP: ~ un train to put on ou to run an extra train. **-3.** COUT to remove the lining of.
◆ **se dédoubler** *vpi* **-1.** PSYCH: **sa personnalité se dédouble** he suffers from a split ou dual personality; **je cuisine, viens ici, je ne peux pas me** ~! *hum* I'm cooking, come here, I can't be everywhere at once!**-2.** [se diviser – convoi, image] to be split ou divided in two; [– ongle] to split.

**dédramatiser** [3] [dedramatize] *vt* [situation] to make less dramatic.

**déductibilité** [dedyktibilite] *nf* **-1.** [d'une hypothèse] deducibility. **-2.** MATH deductibility.

**déductible** [dedyktibl] *adj* deductible; **frais** ~**s des revenus** expenditure deductible against tax.

**déductif, ive** [dedyktif, iv] *adj* deductive.

**déduction** [dedyksjɔ̃] *nf* **-1.** [d'une somme] deduction; ~ **faite de** after deduction of, after deducting. **-2.** [conclusion] conclusion, inference. **-3.** [enchaînement d'idées] deduction; **faire une** ~ to go through a process of deduction.
◆ **par déduction** *loc adv* by deduction, through a process of deduction.

**déduire** [98] [dedɥir] vt -1. [frais, paiement] to deduct, to take off *(sép)*. -2. [conclure] to deduce, to infer.

**déesse** [deɛs] nf -1. MYTH & RELIG goddess. -2. [femme] stunningly beautiful woman.
◆ **de déesse** loc adj [allure, port] majestic.

**de facto** [defakto] loc adv de facto.

**défaillance** [defajãs] nf -1. [évanouissement] blackout; [malaise] feeling of faintness; **avoir une ~** [s'évanouir] to faint, to have a blackout; [être proche de l'évanouissement] to feel faint; **des ~s dues à la chaleur** weak spells caused by the heat. -2. [faiblesse] weakness. -3. [lacune] lapse, slip; **une ~ de mémoire** a memory lapse; **les ~s du rapport** the weak spots in the report. -4. [mauvais fonctionnement] failure, fault; **en cas de ~ du système** in case of a failure in the system. -5. MÉD: **~ cardiaque/rénale** heart/kidney failure. -6. JUR default.
◆ **sans défaillance** loc adj [mémoire] faultless; [attention, vigilance] unflinching.

**défaillant, e** [defajɑ̃, ɑ̃t] adj -1. [près de s'évanouir]: **des spectateurs ~s** spectators about to faint ou on the verge of fainting. -2. [faible – santé] declining, failing; [– cœur, poumon] weak, failing; [– force, mémoire] failing; [– détermination] weakening, faltering; [– voix] faltering. -3. [qui ne remplit pas son rôle – appareil] malfunctioning; **dû à l'organization ~e du concert** due to the poor organization of the concert. -4. JUR defaulting.

**défaillir** [47] [defajir] vi litt -1. [être près de s'évanouir] to be about to faint ou on the verge of fainting. -2. [s'amollir]: **~ de plaisir** to swoon with pleasure. -3. [forces, mémoire] to fail; [détermination] to weaken, to falter, to flinch.

**défaire** [109] [defɛr] vt -1. [détacher – nœud] to untie, to unfasten; [– fermeture] to undo, to unfasten; [– cravate] to undo, to untie; **~ les lacets d'une botte** to unlace a boot; **~ ses cheveux** to let one's hair down *literal*; **avec les cheveux défaits** [pas encore arrangés] with her hair undone, with tousled hair; [que l'on a dérangés] with her hair messed up. -2. [découdre – ourlet] to undo, to unpick. -3. [démonter – décor de théâtre] to take down *(sép)*, to dismantle; [– maquette] to take apart *(sép)*, to disassemble; [– tente] to take down *(sép)*. -4. [déballer – paquet] to open, to unwrap; **~ ses valises** to unpack. -5. [mettre en désordre]: **~ le lit** [pour changer les draps] to strip the bed; [en jouant] to rumple the bedclothes; **le lit défait** [pas encore fait] the unmade bed; **le lit n'a pas été défait** the bed hasn't been slept in. -6. [détruire]: **faire et ~ des gouvernements** to make and break governments. -7. litt [délivrer]: **~ qqn** to get rid sb of. -8. litt [armée] to defeat.
◆ **se défaire** vpi -1. [se détacher – nœud] to come loose ou undone; [– coiffure, paquet] to come undone; [– tricot] to fray, to come undone, to unravel. -2. [être détruit – gouvernement, amitié] to break; [– destinée] to come apart. -3. [se décomposer]: **son visage se défit** [de chagrin] he looked distraught; [de déception] his face fell.
◆ **se défaire de** vp + prép sout [employé, dettes, meuble] to get rid of, to rid o.s. of; [idée] to put out of one's mind; [habitude] to break.

**défait, e¹** [defɛ, ɛt] ◇ pp → **défaire**. ◇ adj -1. [accablé]: être **~ to be broken. -2. [décomposé]: il se tenait là, le visage ~ he stood there, looking distraught.

**défaite²** [defɛt] nf MIL, POL & SPORT defeat.

**défaites** [defɛt] v → **défaire**.

**défaitisme** [defetism] nm -1. MIL defeatism. -2. [pessimisme] defeatism, negative attitude.

**défaitiste** [defetist] ◇ adj defeatist. ◇ nmf -1. MIL defeatist. -2. [pessimiste] defeatist.

**défalquer** [3] [defalke] vt to deduct.

**défasse** [defas] v → **défaire**.

**défatiguer** [3] [defatige] vt to refresh, to relax.

**défaufiler** [3] [defofile] vt to remove the tacking from.

**défaut** [defo] nm -1. [imperfection – d'un visage, de la peau] blemish, imperfection; [– d'un tissu, d'un appareil] defect, flaw; [– d'un diamant, d'une porcelaine] flaw; [– d'un projet] drawback, snag; **le ~ de** ou **avec** fam **ton attitude, c'est que...** the trouble with your attitude is that... ❑ **~ d'élocution** ou **de prononciation** speech defect ou impediment; **~ de fabrication** manufacturing defect; **il y a comme un ~!** fam & hum there's something wrong somewhere!-2. [tache morale] fault, failing. -3. [manque]: **~ de lack** ou **want of; ~ de mémoire** memory lapse; **~ d'attention** lapse in concentration; **faire ~** to be lacking; **l'argent faisant ~** [il y a peu d'argent] money being short; [il n'y a pas d'argent] there being no money; **ses forces lui ont fait ~** his strength failed him; **le temps me fait ~** I don't have the time; **l'imagination est loin de lui faire ~** he is far from lacking (in) imagination; **notre fournisseur nous a fait ~** our supplier let us down. -4. [bord, lisière]: **le ~ de la cuirasse** ou **de l'armure** the chink in one's ou the armour. -5. JUR default; **faire ~** to default ❑ **~ de paiement** default in payment, non-payment. -6. INF default setting.
◆ **à défaut** loc adv if not, failing that.
◆ **à défaut de** loc prép for lack ou for want of; **un voyage reposant à ~ d'être intéressant** a restful if not interesting trip.
◆ **en défaut** loc adv [en faute]: être en **~ to be at fault; prendre qqn en ~ to catch sb out, to fault sb.
◆ **par défaut** loc adv -1. [sans agir] by default. -2. MATH: **calculé par ~** (worked out) to the nearest decimal point. -3. JUR by default. -4. INF by default.
◆ **sans défaut** loc adj flawless.

**défaveur** [defavœr] nf discredit, disfavour; **c'est tombé en ~** it's gone out of favour ou fashion; **cela a tourné à ma ~** it worked against me in the end.

**défavorable** [defavɔrabl] adj unfavourable; **voir qqch d'un œil ~** to view sthg unfavourably.

**défavorablement** [defavɔrabləmɑ̃] adv unfavourably.

**défavorisé, e** [defavɔrize] adj: **régions ~es** depressed areas; **classes ~es** underprivileged social classes.

**défavoriser** [3] [defavɔrize] vt [dans un partage] to treat unfairly; [dans un examen, une compétition] to put at a disadvantage.

**défécation** [defekasjɔ̃] nf PHYSIOL defecation.

**défectif, ive** [defɛktif, iv] adj defective GRAMM.

**défection** [defɛksjɔ̃] nf -1. [fait de quitter] abandonment, abandoning; **après la ~ de son père** after his father walked out. -2. [désistement – d'un allié, d'un partisan] withdrawal of support, defection; [– d'un touriste, d'un client] cancellation; **faire ~** [allié] to withdraw support; [invité] to fail to appear.

**défectueusement** [defɛktɥøzmal] adv in a faulty manner.

**défectueux, euse** [defɛktɥø, øz] adj [appareil, produit] faulty, defective, substandard; [loi] defective.

**défectuosité** [defɛktɥozite] nf -1. [mauvaise qualité] substandard quality, defectiveness. -2. [malfaçon] imperfection, defect, fault.

**défendable** [defɑ̃dabl] adj -1. MIL defensible. -2. [justifiable – position] defensible; [– comportement] justifiable; [– idée] tenable, defensible.

**défendeur, eresse** [defɑ̃dœr, drɛs] nm, f defendant.

**défendre** [73] [defɑ̃dr] vt -1. [interdire] to forbid; **~ l'accès au jardin** to forbid access to the garden; **~ à qqn de faire qqch** to forbid sb to do sthg; **~ qqch à qqn: l'alcool lui est défendu** he's not allowed to drink alcohol; **c'est défendu** it's not allowed, it's forbidden. -2. MIL [pays, population] to defend; [forteresse] to defend, to hold; **~ chèrement sa vie** to fight for dear life. -3. [donner son appui à – ami] to defend, to protect, to stand up for; [– idée, cause] to defend, to champion, to support; **~ ses couleurs/son titre** to defend ou to fight for one's colours/title; **je défends mon point de vue** I'm defending ou standing up for my point of view. -4. [préserver]: **~ qqn contre** ou **de qqch** to protect sb from ou against sthg. -5. JUR to defend.
◆ **se défendre** ◇ vp (emploi réfléchi) -1. [en luttant – physiquement] to defend o.s.; [– verbalement] to stand up for ou to defend o.s. -2. [se protéger]: se **~ de** ou **contre** to protect o.s. from ou against. ◇ vp (emploi passif) [être plausible] to make sense. ◇ vpi fam [être compétent] to get by; **il se défend bien en maths** he's quite good at maths; **pour un débutant il ne se défend pas mal!** he's not bad for a beginner!
◆ **se défendre de** vp + prép -1. [s'interdire de]: se **défendant de penser du mal d'elle** refusing to think ill of her ‖ [s'empêcher de] to refrain from. -2. [nier]: se **~ de toute compromission** to deny being compromised; **il se défend de vouloir la quitter** he won't admit that he wants to leave her.

**défenestrer** [3] [defənɛstre] vt to defenestrate, to throw out of the window.

**défense** [defɑ̃s] *nf* **-1.** [interdiction] prohibition; malgré la ~ de sa mère despite his mother having forbidden it; mais ~ expresse d'en parler! but you're strictly forbidden to talk about it!; '~ d'entrer' 'no admittance ou entry'; 'danger, ~ d'entrer' 'danger, keep out'; '~ d'afficher' 'stick no bills'; '~ de fumer' 'no smoking'; '~ de déposer des ordures' 'no dumping'. **-2.** [protection] defence; la ~ de la langue française the defence of the French language; pour la ~ des institutions in order to defend ou to safeguard the institutions ‖ [moyen de protection] defence; ne pas avoir de ~ to be unable to defend o.s.-**3.** [dans un débat] defence; prendre la ~ de qqn/qqch to stand up for ou to defend sb/sthg. **-4.** MIL defence; la Défense nationale national defence; ~ passive civil defence; un secret Défense a military secret. **-5.** PHYSIOL & PSYCH defence. **-6.** JUR defence; présenter la ~ to put the case for the defence. **-7.** SPORT: la ~ the defence; jouer la ~ to play a defensive game. **-8.** ZOOL tusk.
◆ **défenses** *nfpl* MIL defences.
◆ **de défense** *loc adj* **-1.** MIL → **ligne**. **-2.** PSYCH defence *(modif)*.
◆ **pour ma défense, pour sa défense** *etc loc adv* in my/his *etc* defence.
◆ **sans défense** *loc adj* **-1.** [animal, bébé] defenceless, helpless. **-2.** MIL undefended.
◆ **Défense** *npr f*: la Défense *ultra-modern business district west of Paris.*

**défenseur** [defɑ̃sœr] *nm* **-1.** [partisan – de la foi] defender; les ~s des idées advocates ou supporters of these ideas. **-2.** JUR counsel for the defence *Br*, defense attorney *Am*; l'accusé et son ~ the accused and his counsel. **-3.** SPORT defender.

**défensif, ive** [defɑ̃sif, iv] *adj* [armes, mesures] defensive.
◆ **défensive** *nf*: être ou se tenir sur la défensive to be (on the) defensive; ne sois pas toujours sur la défensive don't be so defensive.

**déféquer** [18] [defeke] ◇ *vi* to defecate. ◇ *vt* to defecate, to purify.

**déferai** [defre] *v* → **défaire**.

**défère** [defɛr] *v* → **déférer**.

**déférence** [deferɑ̃s] *nf* respect, deference.

**déférent, e** [deferɑ̃, ɑ̃t] *adj* [employé, attitude, discours] deferential, respectful.

**déférer** [18] [defere] *vt* [affaire] to refer to a court; [accusé] to bring before a court; ~ qqn à la justice to hand sb over to the law.
◆ **déférer à** *v* + *prép* to defer to.

**déferlant, e** [defɛrlɑ̃, ɑ̃t] *adj* [vague] breaking.
◆ **déferlante** *nf* [vague] breaker.

**déferlement** [defɛrləmɑ̃] *nm* **-1.** [de vagues] breaking. **-2.** [invasion]: ~ de [soudain] flood of; [continu] stream of. **-3.** [accès]: un ~ d'émotion a surge ou wave of emotion.

**déferler** [3] [defɛrle] ◇ *vi* **-1.** [vague] to break. **-2.** [se répandre] to rush into; ils déferlaient dans la rue they flooded into the streets. **-3.** [fuser – émotion, applaudissements] to erupt. ◇ *vt* to unfurl, to stream NAUT.

**déferrer** [4] [defere] *vt* [cheval] to unshoe; [coffre] to remove iron plates from.

**défi** [defi] *nm* **-1.** [appel provocateur] challenge; jeter ou lancer un ~ à qqn to throw down the gauntlet to sb, to challenge sb; relever un ~ to take up the gauntlet ou a challenge ‖ [attitude provocatrice] defiance; refuser par ~ to refuse out of defiance. **-2.** [remise en question]: c'est un ~ à ma position de chef de famille it's a challenge to my position as head of the family; c'est un ~ au bon sens it defies common sense.
◆ **au défi** *loc adv*: mettre qqn au ~ (de faire) to challenge sb (to do).
◆ **de défi** *loc adj* [attitude, air] defiant.

**défiance** [defjɑ̃s] *nf* **-1.** [méfiance] mistrust, distrust; enfant sans ~ unsuspecting child; parler sans ~ to speak unsuspectingly. **-2.** [désapprobation]: vote de ~ vote of no confidence.

**défiant, e** [defjɑ̃, ɑ̃t] *adj* [enfant, air] mistrustful, distrustful.

**défibrillation** [defibrijasjɔ̃] *nf* defibrillation.

**déficeler** [24] [defisle] *vt* [paquet] to untie, to take the string

off; [rôti] to remove the string from, to take the string off.

**déficience** [defisjɑ̃s] *nf* **-1.** MÉD deficiency. **-2.** PSYCH: ~ mentale mental retardation.

**déficient, e** [defisjɑ̃, ɑ̃t] *adj* **-1.** MÉD deficient. **-2.** [insuffisant – théorie] weak, feeble.

**déficit** [defisit] *nm* **-1.** ÉCON & FIN deficit; société en ~ company in deficit ❑ ~ budgétaire budget deficit; ~ commercial trade deficit ou gap. **-2.** MÉD: ~ immunitaire immunodeficiency; ~ intellectuel PSYCH mental retardation. **-3.** [manque] gap, lack.

**déficitaire** [defisitɛr] *adj* **-1.** ÉCON & FIN in deficit. **-2.** [insuffisant – production, récolte] poor.

**défier** [9] [defje] *vt* **-1.** [dans un duel, un jeu] to challenge; ~ qqn du regard to give sb a challenging look; je te défie de trouver moins cher I defy you to find a better price. **-2.** [affronter – danger] to defy, to brave; défiant les lois de l'équilibre defying the laws of gravity; prix/qualité défiant toute concurrence absolutely unbeatable prices/quality.
◆ **se défier de** *vp* + *prép litt* to mistrust, to distrust.

**défigurer** [3] [defigyre] *vt* **-1.** [personne] to disfigure. **-2.** [ville, environnement] to blight, to ruin. **-3.** [caricaturer – vérité, faits] to distort.

**défiions** [defijɔ̃] *v* → **défier**.

**défilé** [defile] *nm* **-1.** [procession – pour une fête] procession; [– de militaires] march, parade; [– de manifestants] march; un ~ de mode a fashion show. **-2.** [multitude – d'invités, de pensées] stream, procession; [– de souvenirs] string, procession. **-3.** GÉOG defile, narrow pass.

**défilement** [defilmɑ̃] *nm* **-1.** [d'un film, d'une bande] unwinding; [d'un texte sur écran] scrolling. **-2.** MIL defilade.

**défiler** [3] [defile] ◇ *vi* **-1.** [marcher en file] to file (along); [pour être vu] to march, to parade; [pour manifester] to march. **-2.** [être nombreux]: les journalistes ont défilé au ministère toute la journée the journalists were in and out of the ministry all day; ses amis ont défilé à son chevet his friends came to his bedside one after the other. **-3.** [se dérouler – bande magnétique] to unwind; [– texte informatique] to scroll; [– souvenirs, publicité] to stream past; toute ma vie a défilé dans ma tête my whole life flashed before my eyes. ◇ *vt* [perles] to unthread; [collier] to unstring.
◆ **se défiler** *vpi fam* **-1.** [fuir] to slip away. **-2.** [esquiver une responsabilité]: n'essaie pas de te ~ don't try to get out of it.

**défini, e** [defini] *adj* **-1.** [qui a une définition] defined; [précis] precise; une utilisation bien ~e a well-defined usage. **-2.** GRAMM: article ~ definite article; passé ~ preterite.

**définir** [32] [definir] *vt* **-1.** [donner la définition de] to define; on définit le dauphin comme un mammifère the dolphin is defined as a mammal. **-2.** [décrire – sensation] to define, to describe; [– personne] to describe, to portray. **-3.** [circonscrire – objectif, politique, condition] to define; je définirais mon rôle comme étant celui d'un négociateur I'd define ou describe my role as that of a negotiator.

**définissable** [definisabl] *adj* definable.

**définitif, ive** [definitif, iv] *adj* **-1.** [irrévocable – décision] final; [– acceptation] definitive; leur séparation est définitive they're splitting up for good; à ce stade de ma vie, je veux du ~ at my time of life I want something more definite. **-2.** [qui fait autorité – œuvre] definitive; [– argument] conclusive.
◆ **en définitive** *loc adv* **-1.** [somme toute] finally, when all's said and done, in the final analysis. **-2.** [après tout] after all.

**définition** [definisjɔ̃] *nf* **-1.** [d'une idée, d'un mot] definition. **-2.** LOGIQUE definition. **-3.** [de mots croisés] clue. **-4.** PHOT & TÉLÉC definition.
◆ **par définition** *loc adv* by definition.

**définitivement** [definitivmɑ̃] *adv* for good.

**défis** [defi] *v* → **défaire**.

**défiscaliser** [3] [defiskalize] *vt* to exempt from tax.

**déflagration** [deflagrasjɔ̃] *nf* **-1.** [explosion] explosion; [combustion] deflagration. **-2.** [conflit] clash; une ~ mondiale a worldwide conflict.

**déflation** [deflasjɔ̃] *nf* FIN & GÉOL deflation.

**déflationniste** [deflasjɔnist] ◇ *adj* [principe] deflationist; [mesure] deflationary. ◇ *nmf* deflationist.

**déflecteur** [deflɛktœr] *nm* AUT quarter light *Br*, vent *Am*.

**défloration** [deflɔrasjɔ̃] *nf* defloration.

**déflorer** [3] [deflɔre] *vt* **-1.** [fille] to deflower. **-2.** *litt* [sujet] to corrupt, to spoil.

**défoliant** [defɔljã] *nm* defoliant.

**défoliation** [defɔljasjɔ̃] *nf* defoliation.

**défonçai** [defɔ̃se] *v* → **défoncer.**

**défonce**[V] [defɔ̃s] *nf* high *(n)*; son seul plaisir, c'est la ~ his only pleasure in life is getting high; ~ aux amphétamines taking speed, speeding.

**défoncé, e** [defɔ̃se] *adj* **-1.** [cabossé – lit, sofa] battered; [– chemin] rutted. **-2.** [V] [drogué] stoned, high.

**défoncer** [16] [defɔ̃se] *vt* [démolir – porte] to smash in *(sép)*, to knock down *(sép)*; [– mur] to smash ou to knock down *(sép)*, to demolish; [– chaussée] to break up *(sép)*; [– caisse, tonneau] to smash ou to stave in *(sép)*; le choc lui a défoncé trois côtes the impact cracked three of her ribs; il a eu le crâne défoncé his skull was smashed.
◆ **se défoncer** *vpi* **.** *fam* [se démener – au travail] to work flat out; [– en se distrayant] to have a wild time; **il s'est défoncé sur scène hier soir** he gave it all he had on stage last night. **-2.** [V] [se droguer] to get high; **il se défonce à l'héroïne/à la colle** he does heroin/glue; moi je me défonce au café *hum* coffee's MY drug.

**défont** [defɔ̃] *v* → **défaire.**

**déforestation** [defɔrɛstasjɔ̃] *nf* deforestation.

**déformant, e** [defɔrmã, ãt] *adj* distorting.

**déformation** [defɔrmasjɔ̃] *nf* **-1.** [changement de forme – gén] putting out of shape; [– par torsion] bending out of shape; [– en frappant] knocking out of shape; [– par la chaleur] warping. **-2.** [travestissement – d'une pensée, de la réalité] distortion, misrepresentation; [– d'une image] distortion, warping; ~ **professionnelle: elle pose toujours des questions, c'est une ~ professionnelle** she's always asking questions because she's used to doing it in her job; ne fais pas attention, c'est de la ~ professionnelle! *hum* don't worry, it's just my job!

**déformer** [3] [defɔrme] *vt* **-1.** [changer la forme de – planche] to warp; [– barre] to bend (out of shape); [– pare-chocs] to knock out of shape, to buckle; [– chaussure, pantalon] to put out of shape, to ruin the shape of. **-2.** [transformer – corps] to deform; [– visage, voix] to distort; **traits déformés par la haine** features contorted with hatred. **-3.** [changer le comportement de]: l'enseignement l'a déformé he's taken on all the mannerisms of the typical teacher. **-4.** [fausser – réalité, pensée] to distort, to misrepresent; [– image] to distort; [– goût] to warp; [– paroles] to misquote.
◆ **se déformer** *vpi* [vêtement] to become shapeless, to go out of ou to lose its shape; [planche] to become warped; [barre] to become bent.

**défoulement** [defulmã] *nm* release.

**défouler** [3] [defule]
◆ **se défouler** *vpi* to let steam off, to unwind.

**défourner** [defurne] *vt* [pain] to take out (of the oven); [poterie] to take out (of the kiln).

**défraîchi, e** [defreʃi] *adj*: des articles ~s shopsoiled articles; les fleurs sont ~es the flowers are past their best; des idées un peu ~es *fig* rather stale ideas.

**défraîchir** [32] [defreʃir] *vt* [rideau] to give a worn look to; [couleur] to fade.
◆ **se défraîchir** *vpi* [rideau, couleur] to fade; [pantalon] to become worn.

**défrayer** [11] [defreje] *vt* **-1.** [indemniser]: ~ qqn de to meet sb's expenses for. **-2.** *loc*: ~ la chronique to be the talk of the town *loc*, to be widely talked about; ~ la conversation to be the main topic of conversation.

**défrichage** [defriʃaʒ] *nm* [d'un terrain] clearing.

**défrichement** [defriʃmã] *nm* → **défrichage.**

**défricher** [3] [defriʃe] *vt* **-1.** [nettoyer – terrain] to clear; ~ le terrain avant de négocier *fig* to clear the way for negotiations. **-2.** [préparer – texte] to have a first look at; [– enquête] to do the spadework for.

**défricheur, euse** [defriʃœr, øz] *nm, f*: les premiers ~s the people ou settlers who first cleared the land.

**défriper** [3] [defripe] *vt* to smooth out *(sép)*, to take the creases out of.

**défriser** [3] [defrize] *vt* **-1.** [cheveux, moustache] to straight-

en out *(sép)*, to take the curl ou curls out of. **-2.** *fam* [contrarier] to bug.

**défroisser** [3] [defrwase] *vt* to smooth out *(sép)*, to take the creases out of.
◆ **se défroisser** *vpi* to lose its creases.

**défroque** [defrɔk] *nf* **-1.** [vêtement] (old) rags. **-2.** [d'un religieux] effects.

**défroqué, e** [defrɔke] *adj* defrocked, unfrocked.
◆ **défroqué** *nm* [prêtre] defrocked priest; [moine] defrocked monk.

**défunt, e** [defœ̃, œ̃t] *litt* ◇ *adj* **-1.** [décédé – parent, mari] late. **-2.** [terminé – royauté] defunct; [– espoir, amour] lost, extinguished. ◇ *nm, f* deceased person; le ~ the deceased; **prière pour les ~s** prayer for the dead.

**dégagé, e** [degaʒe] *adj* **-1.** [vue] open; [pièce, passage] cleared. **-2.** [épaules] bare; **je la préfère avec le front ~** I prefer her with her hair back. **-3.** [désinvolte – air, ton] casual; **dit-elle d'un air ~** she said casually ou trying to look casual. **-4.** MÉTÉO clear, cloudless.
◆ **dégagé** *nm* DANSE dégagé.

**dégagement** [degaʒmã] *nm* **-1.** [émanation – d'odeur] emanation; [– de chaleur] release, emission, emanation; [volontaire] a release of gas. **-2.** [espace – dans une maison] passage, hall; [– dans une ville] open space; [– dans un bois] clearing; un ~ d'un mètre entre le pont et le véhicule one metre headroom between the bridge and the vehicle. **-3.** [déblaiement] opening out, digging out; le ~ du temple par les archéologues excavation of the temple by the archaeologists. **-4.** MIL & POL disengagement. **-5.** [au mont-de-piété] redeeming *(from pawn)*. **-6.** SPORT [d'un ballon] clearance.

**dégager** [17] [degaʒe] *vt* **-1.** [sortir] to free; **il a essayé de ~ sa main de la mienne** he tried to pull his hand away ou to free his hand from mine; ~ un prisonnier de ses chaînes to unshackle ou to unfetter a prisoner. **-2.** [enlever – arbres tombés, ordures] to remove, to clear; ~ les branches de la route to clear the branches off the road, to clear the road of branches. **-3.** [désencombrer – couloir, table, salle] to clear (out); [– sinus] to clear, to unblock; [– poitrine, gorge] to clear; [– ouverture, chemin] to open; **une coupe qui dégage la nuque** a hairstyle cut very short at the back; **la robe dégage les épaules** the dress leaves the shoulders bare; **dégagez la piste!** *fam & fig* (get) out of the way!**-4.** FIN [crédit] to release. **-5.** [annuler]: ~ sa responsabilité to deny responsibility; ~ qqn de sa promesse to release ou to free sb from their promise; ~ qqn de ses dettes to cancel sb's debt; **il est dégagé des obligations militaires** he has completed his military service. **-6.** [émettre – odeur] to give off *(insép)*, to emit; [– gaz] to release, to emit. **-7.** [manifester – quiétude] to radiate. **-8.** [extraire – règle, principe] to draw; [– vérité] to draw, to bring out *(sép)*, to extract. **-9.** [du mont-de-piété] to redeem *(from pawn)*. **-10.** ESCRIME to disengage. **-11.** DANSE to perform a dégagé. **-12.** *(en usage absolu) fam* [partir]: **dégage!** clear off!, get lost!
◆ **se dégager** ◇ *vp (emploi passif)* [conclusion] to be drawn; [vérité] to emerge, to come out; **il se dégage du rapport que les torts sont partagés** it appears from the report that both sides are to blame. ◇ *vp (emploi réfléchi)* **-1.** [s'extraire]: se ~ d'un piège to free o.s. from a trap; se ~ d'une étreinte to extricate o.s. from an embrace; se ~ du peloton to leave the bunch behind. **-2.** [se libérer – d'un engagement]: j'étais invité mais je vais me ~ I was invited but I'll get out of it; se ~ d'une affaire/d'une association to drop out of a deal/an association; se ~ d'une obligation to free o.s. from an obligation; se ~ de sa promesse to break one's word. ◇ *vpi* **-1.** [se déplacer] to move ou to step aside, to step back, to move out of the way. **-2.** [se vider – route] to clear; [– ciel] to clear; [– sinus] to become unblocked, to clear. **-3.** [émaner – odeur, gaz, fumée] to emanate, to be given off; [se manifester – quiétude] to emanate, to radiate.

**dégaine** [degɛn] *nf fam* [démarche] (peculiar) gait; [aspect ridicule] (gawky) look; **tu parles d'une ~!** just look at that!

**dégainer** [4] [degene] *vt* **-1.** ARM [épée] to unsheathe, to draw; [revolver] to draw; *(en usage absolu)*: **avant que le gangster ait pu ~** before the gangster could draw his gun. **-2.** TECH to unsheathe.

**déganter** [3] [degãte]
◆ **se déganter** *vp (emploi réfléchi)* to take off ou to remove

one's glove ou gloves.

**dégarni, e** [degarni] adj -1. [arbre, rayon, mur] bare. -2. [personne, crâne] balding; **il a le front ~** he has a receding hairline.

**dégarnir** [32] [degarnir] vt -1. [ôter les objets de – salon] to empty; [– collection] to deplete. -2. [ôter l'argent de – portefeuille] to empty, to deplete; [– compte en banque] to drain, to draw heavily on. -3. [ôter les feuilles de] to strip of its leaves.
◆ **se dégarnir** vpi -1. [se vider – boîte, collection, rayonnage] to become depleted; [– groupe] to become depleted, to thin out. -2. [devenir chauve] to go bald, to start losing one's hair; **son front se dégarnit** his hairline is receding; **son crâne se dégarnit** he's losing hair ou thinning on top. -3. [arbre] to lose its leaves; [forêt] to become depleted ou thinner.

**dégât** [dega] nm damage (U); **il n'y a pas de ~s?** fam [après un accident] no harm done?; **faire des ~s** to cause damage ❏ **~s des eaux** water damage; **~s matériels** structural damage.

**dégauchir** [32] [degoʃir] vt -1. [redresser] to straighten out (sép). -2. MENUIS to plane.

**dégazer** [3] [degaze] ◇ vt MÉTALL to extract gas from. ◇ vi [pétrolier] to degas.

**dégel** [deʒɛl] nm -1. MÉTÉO thaw. -2. [après un conflit] thaw; **une période de ~** POL a period of detente.

**dégèle** [deʒɛl] v → **dégeler**.

**dégelée** [deʒle] nf fam thrashing.

**dégeler** [25] [deʒle] ◇ vt -1. [décongeler] to defrost. -2. [réchauffer – sol, étang] to thaw (out); [– tuyau] to unfreeze. -3. fam [mettre à l'aise] to thaw (out), to relax; **je n'arrive pas à ~ mon collègue** I can't warm my colleague to loosen up; **elle sait ~ un auditoire** she knows how to warm up an audience. -4. [améliorer – relations diplomatiques] to thaw. -5. FIN [crédits] to unfreeze. ◇ vi -1. [se réchauffer – banquise, étang] to thaw. -2. [décongeler] to defrost.
◆ **se dégeler** vpi -1. [se décongeler] to defrost. -2. [se réchauffer – sol, étang] to thaw (out). -3. fam [être moins timide] to thaw (out), to relax. -4. [s'améliorer – relations] to improve.

**dégénératif, ive** [deʒeneratif, iv] adj degenerative.

**dégénère** [deʒenɛr] v → **dégénérer**.

**dégénéré, e** [deʒenere] adj & nm, f degenerate.

**dégénérer** [18] [deʒenere] vi -1. [perdre ses qualités – race, plante] to degenerate; **ses gags ont beaucoup dégénéré** his jokes have really gone downhill. -2. [s'aggraver – situation] to worsen, to deteriorate; [– discussion] to get out of hand ‖ MÉD [tumeur] to become malignant. -3. [se changer]: **~ en** to degenerate into; **sa bronchite a dégénéré en pneumonie** his bronchitis developed into pneumonia.

**dégénérescence** [deʒeneresɑ̃s] nf -1. BIOL degeneration. -2. litt [déclin] degeneration, becoming degenerate.

**dégingandé, e** [deʒɛ̃gɑ̃de] adj gangling, lanky.

**dégivrage** [deʒivraʒ] nm -1. [d'un congélateur] defrosting; [d'une surface, d'un avion] de-icing.

**dégivrer** [3] [deʒivre] vt [congélateur] to defrost; [surface] to de-ice.

**dégivreur** [deʒivrœr] nm [d'un réfrigérateur] defroster.

**déglaçage** [deglasaʒ] nm -1. CULIN deglazing. -2. [d'un bassin] melting of the ice, thawing. -3. [du papier] removal of gloss.

**déglacer** [16] [deglase] vt -1. CULIN [poêle] to deglaze. -2. [papier] to remove the gloss from. -3. [étang] to remove the ice from, to melt the ice on.

**déglinguer** [3] [deglɛ̃ge] vt fam -1. [mécanisme] to break, to bust; **un vélo tout déglingué** a bike which is coming apart ou falling to pieces. -2. [santé] to wreck.
◆ **se déglinguer** vpi fam -1. [ne plus fonctionner] to be bust; [mal fonctionner] to go on the blink; [se détacher] to come ou to work loose. -2. [santé] to get worse; [poumons, reins] to go to pieces; **je me déglingue** hum I'm falling to pieces.

**déglutir** [32] [deglytir] vi to swallow, to gulp.

**déglutition** [deglytisjɔ̃] nf -1. [de salive] swallowing, deglutition spéc. -2. [d'aliments] swallowing, deglutition spéc.

**dégobiller** [3] [degɔbije] vt fam to throw up (sép).

**dégoiser** [3] [degwaze] fam & péj ◇ vt to spout, to come out with. ◇ vi to blather.

**dégommer** [3] [degɔme] vt -1. [timbre] to remove the gum off ou from. -2. fam [renvoyer] to sack Br, to can Am, to fire; [destituer] to unseat.

**dégonflage** [degɔ̃flaʒ] nm -1. {d'un ballon, d'une bouée, d'un pneu] letting air out of. -2. fam [lâcheté] chickening ou bottling Br out.

**dégonflé, e** [degɔ̃fle] ◇ adj -1. [ballon] deflated; [pneu] flat. -2. fam [lâche] chicken (modif). ◇ nm, f fam chicken.

**dégonfler** [3] [degɔ̃fle] vt -1. [ballon, bouée, pneu] to deflate, to let air out of. -2. MÉD [jambes, doigt] to bring down ou to reduce the swelling in. -3. [démystifier – prétention, mythe] to deflate, to debunk.
◆ **se dégonfler** vpi -1. [ballon] to go down, to deflate. -2. MÉD [jambes, doigt] to become less swollen; **ma cheville se dégonfle** the swelling in my ankle's going down. -3. fam [perdre courage] to chicken ou to bottle Br out.

**dégorgeai** [degɔrʒe] v → **dégorger**.

**dégorgement** [degɔrʒəmɑ̃] nm -1. [fait de déverser] disgorging. -2. [décharge – d'égout] discharging, overflow.

**dégorger** [17] [degɔrʒe] ◇ vt -1. [déverser] to disgorge. -2. [débloquer – conduit] to unblock. -3. TEXT to clean, to cleanse. -4. ŒNOL to remove the sediment from (a bottle). ◇ vi -1. TEXT to bleed. -2. CULIN [ris de veau, cervelle] to soak (in cold water); [concombre] to drain (having been sprinkled with salt); **faire ~** [ris de veau, cervelle] to (leave to) soak; [concombre] to drain of water (by sprinkling with salt); [escargot] to clean (by salting and starvation).

**dégoter, dégotter** [3] [degɔte] vt fam [objet rare] to unearth; [idée originale] to hit on (insép).

**dégoulinade** [degulinad] nf [coulée] trickle, drip.

**dégoulinant, e** [degulinɑ̃, ɑ̃t] adj dripping.

**dégoulinement** [degulinmɑ̃] nm [en traînées] trickling; [goutte à goutte] dripping.

**dégouliner** [3] [deguline] vi [peinture, sauce] to drip; [larmes, sang] to trickle down; **son maquillage dégoulinait** her make-up was running.

**dégoupiller** [3] [degupije] vt ARM to take the pin out of.

**dégourdi, e** [degurdi] fam ◇ adj: **être ~** to be smart ou on the ball; **il n'est pas très ~** he's a bit slow on the uptake. ◇ nm, f: **c'est un petit ~!** there are no flies on him!

**dégourdir** [32] [degurdir] vt -1. [ranimer – membres] to bring the circulation back to. -2. [réchauffer – liquide] to warm up (sép). -3. fam [rendre moins timide]: **~ qqn** to teach sb a thing or two, to wise sb up.
◆ **se dégourdir** vpt [remuer]: **se ~ les jambes** to stretch one's legs; **se ~ les doigts avant de jouer du piano** to warm up before playing the piano. ◇ vpi fam [devenir moins timide] to learn a thing or two, to wise up.

**dégoût** [degu] nm -1. [aversion] disgust, distaste; **éprouver du ~ pour qqch/qqn** to have an aversion to sthg/sb. -2. [lassitude] weariness.

**dégoûtant, e** [degutɑ̃, ɑ̃t] ◇ adj [sale] disgusting, disgustingly dirty; [salace – film, remarque] disgusting, dirty; **c'est ~! [injuste] it's disgusting ou awful!** ◇ nm, f -1. [personne sale]: **petit ~!** you little pig! -2. [vicieux]: **vieux ~!** you dirty old man! -3. fam [personne injuste]: **quelle ~e!** that wretched woman!; **quel ~!** the swine!

**dégoûté, e** [degute] ◇ adj -1. [écœuré] repulsed, disgusted; **prendre des airs ~s** to put on a look of disgust, to wrinkle one's nose; **il n'est pas ~!** hum he's not very fussy! -2. [indigné] outraged, revolted, disgusted. ◇ nm, f: **faire le ~** to be fussy, to make a fuss.

**dégoûter** [3] [degute] vt -1. [écœurer] to disgust, to repel, to be repugnant to. -2. [indigner] to disgust, to outrage, to be (morally) repugnant to. -3. [lasser] to put off; **il gagne toujours, c'est à vous ~!** he always wins, it's enough to make you sick!; **la vie le dégoûtait** he was weary of life ou sick of living; **~ qqn de qqch** to put sb off sthg; **c'est à vous ~ d'être serviable** it's enough to put you (right) off being helpful.
◆ **se dégoûter** vp (emploi réfléchi): **je me dégoûte!** I disgust myself!
◆ **se dégoûter de** vp + prép: **se ~ de qqn/qqch** to get sick of sb/sthg.

**dégouttant, e** [degutɑ̃, ɑ̃t] adj dripping; **toute ~e de pluie** dripping wet; **les mains ~es de sang** hands dripping with blood.

**dégoutter** [3] [degute] *vi* to drip; son front dégoutte de sueur his forehead is dripping with sweat, sweat is dripping off his forehead.

**dégradant, e** [degradɑ̃, ɑ̃t] *adj* degrading.

**dégradation** [degradasjɔ̃] *nf* **-1.** [destruction – d'un objet] wear and tear; [– d'un bâtiment] dilapidation. **-2.** [détérioration – de rapports, d'une situation] deterioration, worsening; [– de l'environnement] degradation. **-3.** [avilissement] degradation. **-4.** CHIM degradation. **-5.** PHYS: ~ de l'énergie dissipation of energy. **-6.** INF: ~ de données corruption of data. **-7.** [d'une couleur] toning down, gradation; [de la lumière] gradation. **-8.** [d'un officier] ≃ dishonourable discharge; ~ civique loss of civil rights.

**dégradé** [degrade] *nm* **-1.** [technique] shading off; [résultat] gradation. **-2.** [d'une coiffure] layered style.
◆ **en dégradé** *loc adj*: tons en ~ colours shading off (into one another).

**dégrader** [3] [degrade] *vt* **-1.** [abîmer] to damage. **-2.** [envenimer – rapports humains] to damage, to cause to deteriorate. **-3.** [avilir] to degrade. **-4.** [couleurs] to shade (into one another); [lumières] to reduce gradually. **-5.** [cheveux] to layer. **-6.** MIL: ~ un officier to strip an officer of his rank.
◆ **se dégrader** *vpi* [meuble, bâtiment] to deteriorate; [relation] to deteriorate; [santé] to decline; [langage] to deteriorate, to become debased; [temps] to get worse.

**dégrafer** [3] [degrafe] *vt* [papiers] to unstaple; [col, robe] to undo, to unfasten; [ceinture] to undo; [bracelet] to unclasp, to unhook; tu veux que je te dégrafe? *fam* shall I undo your dress?
◆ **se dégrafer** ◇ *vp (emploi passif)* [robe] to undo. ◇ *vp (emploi réfléchi)* [ôter sa robe] to undo ou to unfasten one's dress; [ôter son corset] to undo ou to unfasten one's corset. ◇ *vpi* [jupe] to come undone; [papiers] to come unstapled; [collier] to come unhooked.

**dégraissage** [degresaʒ] *nm* **-1.** [nettoyage] removal of grease marks. **-2.** *fam* [diminution du personnel] shedding staff. **-3.** *fam* [élimination du surplus] trimming. **-4.** CULIN [d'un bouillon] skimming off the fat; [d'une viande] trimming off the fat.

**dégraissant, e** [degresɑ̃, ɑ̃t] *adj* [détachant] grease-removing.
◆ **dégraissant** *nm* [détachant] grease remover.

**dégraisser** [4] [degrese] *vt* **-1.** [ôter les taches de] to remove grease marks from. **-2.** *fam* [entreprise] to make cutbacks in; [personnel] to cut back (sép), to shed; (en usage absolu): il va falloir ~ there will have to be cutbacks in staff. **-3.** *fam* [dissertation, manuscrit] to pare down (sép), to trim down (sép). **-4.** CULIN [sauce] to skim the fat off; [viande] to cut ou to trim the fat off.

**degré** [dəgre] *nm* **-1.** [échelon – d'une hiérarchie] degree; [– d'un développement] stage; à un ~ avancé de at an advanced stage of ❏ le premier/second ~ SCOL primary/secondary education; second ~: une remarque à prendre au second ~ a remark not to be taken at face value. **-2.** [point] degree; un tel ~ de dévouement such a degree of devotion; compréhensif jusqu'à un certain ~ understanding up to a point ou to a degree; courageux au plus haut ~ most courageous. **-3.** [unité] degree; un gin à 47,5 ~s 83° proof gin, 47,5 degree gin (on the Gay-Lussac scale) ❏ ~ alcoolique ou d'alcool alcohol content; ~ Baumé/Celsius/Fahrenheit degree Baumé/Celsius/Fahrenheit. **-4.** ASTRON, GÉOM & MATH degree; équation du premier/second ~ equation of the first/second degree. **-5.** GRAMM degree. **-6.** MUS degree. **-7.** [de parenté] degree; cousin au premier ~ first cousin. **-8.** (surtout au pl) [d'un escalier] step; [d'une échelle] rung.
◆ **par degrés** *loc adv* by ou in degrees, gradually.

**dégressif, ive** [degresif, iv] *adj* [tarif] on a sliding scale; [impôt] on a sliding scale according to income.

**dégrève** [degrɛv] *v* → **dégrever**.

**dégrèvement** [degrɛvmɑ̃] *nm* FIN: ~ fiscal [d'une entreprise] tax relief; [d'un produit] reduction of tax ou duty.

**dégrever** [19] [degrəve] *vt* **-1.** FIN [contribuable, entreprise] to grant tax relief to; [produit] to reduce the tax ou duty on. **-2.** JUR to lift a mortgage.

**dégriffé, e** [degrife] *adj* reduced (and with the designer label removed).
◆ **dégriffé** *nm* reduced (and unlabelled) designer item.

**dégringolade** [degrɛ̃gɔlad] *nf* **-1.** [chute] tumbling (down). **-2.** [baisse – des prix] slump; [– d'une réputation] plunge; [– des cours] collapse; l'industrie est en pleine ~ the industry is in the middle of a slump; il était si admiré, quelle ~! he was so admired, what a comedown!

**dégringoler** [3] [degrɛ̃gɔle] ◇ *vi* **-1.** [chuter] to tumble down; [bruyamment] to crash down. **-2.** [baisser – prix] to slump, to tumble; [– réputation] to plunge. **-3.** [pleuvoir]: ça dégringole! it's tipping it down! ◇ *vt*: ~ l'escalier [courir] to run ou to race down the stairs; [tomber] to tumble down the stairs.

**dégrippant** [degripɑ̃] *nm* penetrating grease.

**dégripper** [3] [degripe] *vt* to release (parts which are stuck).

**dégriser** [3] [degrize] *vt* [désillusionner] to bring back down to earth, to sober up (sép); [après l'ivresse] to sober up (sép).
◆ **se dégriser** *vpi* to sober up.

**dégrossir** [32] [degrosir] *vt* **-1.** [apprenti, débutant] to polish, to smooth the rough edges of; des jeunes gens mal dégrossis uncouth young men. **-2.** [théorie, question] to do the groundwork on; [texte du programme] to have a first look at. **-3.** [bloc de pierre, de bois] to rough-hew.

**dégrossissage** [degrosisaʒ], **dégrossissement** [degrosismɑ̃] *nm* **-1.** [d'une personne] polishing, smoothing the rough edges of. **-2.** [d'une théorie, d'une question] sorting out, doing the spadework on. **-3.** [d'un bloc de pierre, de bois] rough-hewing.

**dégrouiller** [3] [degruje]
◆ **se dégrouiller**▽ *vpi* to get a move on, to hurry up.

**dégrouper** [3] [degrupe] *vt* [classe] to divide ou to split (up); [objets] to split (up).

**déguenillé, e** [degənije] ◇ *adj* ragged, tattered. ◇ *nm, f* ragamuffin.

**déguerpir** [32] [degɛrpir] *vi* to run away, to decamp; faire ~ un intrus to drive away an intruder.

**dégueu**▽ [dəgø] *adj inv* yucky; c'est pas ~! it's pretty good!

**dégueulasse**▽ [degœlas] ◇ *adj* **-1.** [sale] disgusting, filthy, yucky. **-2.** [injuste] disgusting, lousy. **-3.** [vicieux] disgusting, filthy. **-4.** [sans valeur] lousy, crappy; c'est pas ~ comme cadeau it's a pretty nice present, it's not a bad present. ◇ *nmf* **-1.** [personne sale] filthy pig. **-2.** [pervers]: un gros ~ a filthy lecher. **-3.** [personne immorale – homme] swine; [– femme] bitch.

**dégueulasser**▽ [3] [degœlase] *vt* to muck *Br* ou to louse *Am* up (sép).

**dégueuler**▽ [5] [degœle] ◇ *vi* to throw up, to puke. ◇ *vt* to throw up (sép), to puke up (sép).

**dégueulis**▽ [degœli] *nm* puke.

**déguisé, e** [degize] *adj* **-1.** [pour une fête] in fancy dress; [pour duper] in disguise, disguised. **-2.** *péj* [mal habillé] ridiculously dressed. **-3.** [changé – voix] disguised. **-4.** [caché – intention] disguised, masked, veiled; [– agressivité] veiled.

**déguisement** [degizmɑ̃] *nm* **-1.** [pour une fête] fancy dress, costume; [pour duper] disguise. **-2.** [d'une voix] disguising.

**déguiser** [3] [degize] *vt* **-1.** [pour une fête] to dress up (sép); déguisé en: déguisé en pirate dressed (up) as a pirate, wearing a pirate costume ‖ [pour duper] to disguise. **-2.** [mal habiller] to dress ridiculously. **-3.** [changer – voix] to disguise. **-4.** [cacher – intention, vérité] to disguise, to mask; [– honte] to conceal.
◆ **se déguiser** *vp (emploi réfléchi)* [pour une fête] to dress up; [pour duper] to put on a disguise, to disguise o.s.; se ~ en courant d'air *fam* to vanish, to do a disappearing act.

**dégurgiter** [3] [degyrʒite] *vt* [aliment] to bring (back) up (sép).

**dégustateur, trice** [degystatœr, tris] *nm, f* taster.

**dégustation** [degystasjɔ̃] *nf* **-1.** [par un convive] tasting (U); [par un dégustateur] tasting, sampling. **-2.** [dans une cave] (free) tasting. **-3.** [à un étalage, dans un restaurant] tasting (C); '~ de fruits de mer à toute heure' 'seafood served all day'.

**déguster** [3] [degyste] ◇ *vt* **-1.** [manger, boire – suj: convive] to taste; [– suj: dégustateur professionnel] to taste, to sample. **-2.** [écouter, lire, regarder] to savour. ◇ *vi fam* [recevoir des coups] to get a bashing; [être mal traité] to have a rough time; [souffrir] to be in agony, to go through hell; attends qu'il rentre, tu vas ~! just wait till he gets home, you'll really catch it!

**déhanché, e** [deɑ̃ʃe] *adj* **-1.** [balancé] swaying. **-2.** [boiteux]

limping.

**déhanchement** [deɑ̃ʃmɑ̃] *nm* **-1.** [démarche – séduisante] swaying walk; [– claudicante] limp, lop-sided walk. **-2.** [posture] *standing with one's weight on one leg.*

**déhancher** [3] [deɑ̃ʃe]

◆ **se déhancher** *vpi* **-1.** [en marchant] to sway (one's hips). **-2.** [sans bouger] to stand with one's weight on one leg.

**dehors¹** [dəɔr] ◇ *nm* **-1.** [surface extérieure d'une boîte, d'un bâtiment] outside. **-2.** [plein air] outside; **les bruits du** ~ the noises from outside. **-3.** [étranger]: **menace venue du** ~ threat from abroad. ◇ *nmpl* [apparences] appearances; **sous des** ~ **égoïstes** beneath a selfish exterior.

**dehors²** [dəɔr] *adv* [à l'extérieur] outside; [en plein air] outside, outdoors, out of doors; [hors de chez soi] out; **on ne voit rien de** ~ you can't see anything from the outside; **mettre qqn** ~ *fam* to kick sb out; [renvoyer] to sack sb.

◆ **en dehors** *loc adv* **-1.** [à l'extérieur] outside. **-2.** [vers l'extérieur]: **avoir** ou **marcher les pieds en** ~ to walk with one's feet turned out.

◆ **en dehors de** *loc prép* **-1.** [excepté] apart from. **-2.** [à l'écart de]: **reste en** ~ **de leur dispute** don't get involved in ou stay out of their quarrel. **-3.** [au-delà de] outside (of), beyond.

**déictique** [deiktik] *adj* & *nm* deictic.

**déification** [deifikasjɔ̃] *nf* deification.

**déifier** [9] [deifje] *vt* to deify, to turn into a god.

**déisme** [deism] *nm* deism.

**déiste** [deist] ◇ *adj* deistic, deistical. ◇ *nmf* deist.

**déité** [deite] *nf* deity, god.

**déjà** [deʒa] *adv* **-1.** [dès maintenant, dès lors] already; **il doit être** ~ **loin** he must be far away by now; **il savait** ~ **lire à l'âge de 4 ans** he already knew how to read at the age of 4; **enfant, il aimait** ~ **les fleurs** even as a child he liked flowers. **-2.** [précédemment]: **je vous l'ai** ~ **dit** I've told you already; **tu l'as** ~ **vu sur scène?** have you ever seen him on stage?; **il l'a** ~ **vue quelque part** he's seen her somewhere before. **-3.** [emploi expressif]: **il est d'accord sur le principe, c'est** ~ **beaucoup** he's agreed on the principle, that's something; ~ **qu'il est en mauvaise santé** he's in poor health as it is; **elle est** ~ **assez riche** she's rich enough as it is; **ce n'est** ~ **pas si mal** you could do worse; **c'est** ~ **quelque chose** it's better than nothing; **donne 10 francs, ce sera** ~ **ça** give 10 francs, that'll be a start; **on a perdu une valise, mais ni l'argent ni les passeports, c'est** ~ **ça!** we lost a case, but not our money or passports, which is something at least!; **il faut** ~ **qu'il ait son examen** he needs to pass his exam first, before he does anything else he has to pass his exam. **-4.** *fam* [pour réitérer une question] again; **elle s'appelle comment** ~? what did you say her name was?, what's she called again?

**déjanter** [3] [deʒɑ̃te] *vt* **-1.** [pneu] to remove from its rim, to take the rim off. **-2.** ▽ *(au pp)* *fig*: **complètement déjanté, le mec** that guy's off his trolley.

**déjà-vu** [deʒavy] *nm inv* **-1.** [banalité] commonplace; **c'est du** ~ **comme idée** that idea's a bit banal. **-2.** [sensation]: **(sensation** ou **impression de)** ~ (feeling of) déjà vu.

**déjection** [deʒɛksjɔ̃] *nf* **-1.** PHYSIOL [action] evacuation. **-2.** GÉOL [d'un volcan]: ~**s** ejecta.

◆ **déjections** *nfpl* PHYSIOL faeces, dejecta *spéc.*

**déjeté, e** [deʒte] *adj* [dévié – mur, corps] lop-sided, crooked; [– colonne vertébrale] twisted.

**déjeuner¹** [5] [deʒœne] *vi* **-1.** [le midi] to (have) lunch; **invite-le à** ~ invite him for ou to lunch; **j'ai déjeuné d'une salade** I had a salad for lunch. **-2.** *dial* [le matin] to have breakfast.

**déjeuner²** [deʒœne] *nm* **-1.** [repas de la mi-journée] lunch, luncheon; **prendre son** ~ to have lunch; **un** ~ **d'affaires** a business lunch. **-2.** *dial* [repas du matin] breakfast. **-3.** [tasse et soucoupe] (large) breakfast cup and saucer. **-4.** *loc:* ~ **de soleil** short-lived feeling, flash in the pan.

**déjouer** [6] [deʒwe] *vt* [vigilance] to evade, to elude; [complot, machination] to thwart, to foil; [plan] to thwart, to frustrate; [feinte] to outsmart.

**de jure** [deʒyre] *loc adv* de jure.

**delà** [dəla] *adv* → **deçà.**

**délabré, e** [delabre] *adj* **-1.** [en ruine – maison, mur] dilapida-

ted, crumbling. **-2.** [qui n'est plus florissant – santé, réputation] ruined.

**délabrement** [delabrəmɑ̃] *nm* **-1.** [d'un bâtiment] disrepair, ruin, dilapidation. **-2.** [d'un esprit, d'un corps] deterioration. **-3.** [d'une réputation] ruin; [d'une fortune] depletion.

**délabrer** [3] [delabre] *vt* **-1.** [bâtiment, meuble] to ruin. **-2.** [santé] to ruin; [organe] to damage. **-3.** [réputation] to ruin.

◆ **se délabrer** *vpi* [bâtiment] to go to ruins; [meuble] to become rickety, to fall apart; [entreprise] to collapse.

**délacer** [16] [delase] *vt* [soulier, botte] to undo (the laces of); [corset] to unlace.

◆ **se délacer** ◇ *vp (emploi réfléchi)* [ôter ses souliers] to undo ou to unlace one's shoes; [ôter ses bottes] to undo ou to unlace one's boots; [ôter son corset] to unlace one's corset; [ôter sa robe] to unlace one's dress. ◇ *vpi* [soulier] to become undone; [corset] to become unlaced.

**délai** [delɛ] *nm* **-1.** [répit] extension (of time); **donner** ou **accorder un** ~ **(supplémentaire) à qqn** to grant sb an extension; **laissez-moi un** ~ **de réflexion** give me time to think. **-2.** [temps fixé] time limit; ~ **de livraison** delivery time; ~ **de paiement** repayment period. **-3.** [période d'attente] waiting period; **il faut un** ~ **de trois jours avant que votre compte soit crédité** the cheque will be credited to your account after a period of three working days. **-4.** JUR: ~ **de grâce** period of grace; **un** ~ **de grâce de 10 jours** 10 days' grace.

◆ **dans les délais** *loc adv* within the (prescribed ou allotted) time limit, on time.

◆ **dans les meilleurs délais, dans les plus brefs délais** *loc adv* in the shortest possible time, as soon as possible.

◆ **dans un délai de** *loc prép* within (a period of); **livrable dans un** ~ **de 30 jours** allow 30 days for delivery.

◆ **sans délai** *loc adv* without delay, immediately.

**délai-congé** [delɛkɔ̃ʒe] (*pl* **délais-congés**) *nm* JUR term ou period of notice.

**délaie** [delɛ], **délaierai** [delɛre] *v* → **délayer.**

**délaissé, e** [delese] *adj* [époux] deserted; [ami] forsaken, neglected; [parc] neglected.

**délaissement** [delɛsmɑ̃] *nm* **-1.** *sout* [abandon – par un époux] desertion; [– par un ami] neglecting. **-2.** JUR [d'un bien] relinquishment; [d'un droit] relinquishment, renunciation.

**délaisser** [4] [delese] *vt* **-1.** [quitter – époux] to desert; [– ami] to neglect. **-2.** [ne plus exercer – temporairement] to neglect; [– définitivement] to give up *(sép)*. **-3.** JUR to relinquish.

**délassant, e** [delasɑ̃, ɑ̃t] *adj* [bain, lotion] relaxing, refreshing, soothing; [film] relaxing.

**délassement** [delasmɑ̃] *nm* **-1.** [passe-temps] way of relaxing. **-2.** [état] relaxation, rest.

**délasser** [3] [delase] *vt* [physiquement] to relax, to refresh, to soothe; [mentalement] to relax, to soothe.

◆ **se délasser** *vpi* to relax.

**délateur, trice** [delatœr, tris] *nm, f sout* & *péj* informer *péj.*

**délation** [delasjɔ̃] *nf sout* denouncing, informing.

**délavé, e** [delave] *adj* [tissu] faded; [aquarelle] toned down; [terres] waterlogged.

**délayage** [delɛjaʒ] *nm* **-1.** [mélange – de farine, de poudre] mixing. **-2.** *fig* & *péj* [d'un exposé] toning down; [d'une idée] watering down; **faire du** ~ to waffle *Br*, to spout off *Am.*

**délayer** [11] [deleje] *vt* **-1.** [diluer – poudre] to mix. **-2.** *péj* [une idée, un discours] to pad ou to spin out *(sép)*; [un exposé] to thin ou to water down *(sép)*.

**Delco**® [dɛlko] *nm* distributor AUT.

**délectable** [delɛktabl] *adj litt* delectable, delightful.

**délectation** [delɛktasjɔ̃] *nf litt* delight, delectation *litt.*

**délecter** [4] [delɛkte]

◆ **se délecter** *vpi litt*: **se** ~ **à qqch/à faire qqch** to take great delight in sthg/in doing sthg.

**délégataire** [delegatɛr] *nmf* delegatee.

**délégation** [delegasjɔ̃] *nf* **-1.** [groupe envoyé] delegation; **envoyé en** ~ sent as a delegation. **-2.** [commission] commission. **-3.** [fait de mandater] delegation; **agir par** ~ **pour qqn** to act on the authority of ou as a proxy for sb ❑ ~ **de pouvoirs** delegation of powers; ~ **de vote** proxy voting. **-4.** [dans des noms d'organismes] delegation.

**délègue** [delɛg] *v* → **déléguer.**

**délégué, e** [delege] *nm, f* delegate; ~ **de classe** *pupil elected to represent his class*, ≃ class rep; ~ **des parents** parents' representative; ~ **du personnel** staff representative; ~ **syndical** union representative, shop steward.

**déléguer** [18] [delege] *vt* **-1.** [envoyer – groupe, personne] to delegate. **-2.** [transmettre – pouvoir] to delegate; *(en usage absolu)*: **il faut savoir** ~ you must learn to delegate.

**délestage** [delɛstaʒ] *nm* **-1.** AÉRON & NAUT unballasting. **-2.** TRANSP relief; **itinéraire de** ~ relief route. **-3.** ÉLECTR selective power cut.

**délester** [3] [delɛste] *vt* **-1.** [décharger]: ~ **qqn d'une valise/d'une obligation** to relieve sb of a suitcase/of an obligation. **-2.** AÉRON & NAUT to unballast. **-3.** TRANSP to relieve traffic congestion on. **-4.** ÉLECTR [secteur] to cut off power from, to black out *(sép)*.
♦ **se délester de** *vp* + *prép* to get rid of.

**délétère** [deletɛr] *adj* **-1.** [gaz] noxious, deleterious. **-2.** *sout* [doctrine, pouvoir] deleterious, obnoxious.

**Delhi** [deli] *npr* Delhi.

**délibératif, ive** [deliberatif, iv] *adj* [fonction] deliberative.

**délibération** [deliberasjɔ̃] *nf* **-1.** [discussion] deliberation; **le projet sera mis en** ~ the project will be debated; **après** ~ **du jury** after due deliberation by the jury. **-2.** [réflexion] deliberation, thinking; **après (múre)** ~ after careful consideration.
♦ **délibérations** *nfpl* [décisions] resolutions, decisions.

**délibère** [deliber] *v*→ **délibérer**.

**délibéré, e** [delibere] *adj* **-1.** [intentionné] deliberate, wilful. **-2.** [décidé] resolute, determined, thought-out.
♦ **délibéré** *nm* deliberation of the court; **mettre en** ~ to adjourn for further deliberation.

**délibérément** [deliberemã] *adv* **-1.** [intentionnellement] deliberately, intentionally, wilfully. **-2.** [après réflexion] after thinking it over (long and hard), after due consideration.

**délibérer** [18] [delibere] *vi* **-1.** [discuter] to deliberate; ~ **de** to deliberate. **-2.** *litt* [réfléchir] to ponder, to deliberate.

**délicat, e** [delika, at] ◇ *adj* **-1.** [fragile – tissu] delicate; [– peau] sensitive; [– santé] delicate, frail; [– intestin, estomac] sensitive, delicate; [– enfant, plante] fragile. **-2.** [sensible – palais] discerning. **-3.** [subtil – forme, aquarelle, nuance, travail] delicate, fine; [– doigts, traits] delicate, dainty; [– mets, saveur] refined; [– odeur] delicate; **il posa le vase d'un geste** ~ he put the vase down delicately ou gently. **-4.** [difficile – situation] delicate, awkward, tricky; [– opération chirurgicale, problème] difficult, tricky. **-5.** [courtois] thoughtful, considerate. **-6.** [difficile à contenter] fussy, particular; **être** ~ **sur la nourriture** to be fussy about one's food. **-7.** [scrupuleux – conscience, procédé] scrupulous. ◇ *nm, f*: **faire le** ~ [devant un mets] to be fussy; [devant le sang, la malhonnêteté] to be squeamish; **ne fais pas le** ~, **tu en as entendu bien d'autres!** don't act so shocked, you've heard worse than that in your life!

**délicatement** [delikatmã] *adv* **-1.** [sans brusquerie – poser, toucher] delicately, gently; [– travailler, orner] delicately, daintily. **-2.** [agréablement et subtilement – peindre, écrire] delicately, finely; [– parfumer] delicately, subtly. **-3.** [avec tact] delicately, tactfully.

**délicatesse** [delikatɛs] *nf* **-1.** [subtilité – d'une saveur, d'un coloris] delicacy, subtlety; [– d'une dentelle, d'un geste, d'un visage] delicacy, fineness, daintiness; [– d'un travail artisanal] delicacy; [– d'une mélodie] subtlety. **-2.** [fragilité – d'un tissu] delicate texture, fragility. **-3.** [honnêteté] scrupulousness, punctiliousness. **-4.** [tact] delicacy, tact, tactfulness; **il n'en a rien dit, par** ~ he kept quiet out of tact, he tactfully said nothing; **quelle** ~! how tactful!**-5.** [difficulté – d'une situation, d'une opération] delicacy, sensitiveness, trickiness.
♦ **délicatesses** *nfpl litt* [gestes aimables] kind attentions.

**délice** [delis] *nm* **-1.** [source de plaisir] delight; **c'est un** ~ [mets, odeur] it's delicious; [d'être au soleil, de nager] it's sheer delight. **-2.** [ravissement] delight, (great) pleasure; **ses paroles la remplissaient de** ~ his words filled her with delight.
♦ **délices** *nfpl* [plaisirs] delights, pleasures; **faire les** ~**s de qqn** to delight sb, to give sb great pleasure; **faire ses** ~**s de qqch** to take delight in sthg, to enjoy sthg greatly.
♦ **avec délice(s)** *loc adv* with great pleasure, with delight.

**délicieusement** [delisjøzmã] *adv* **-1.** [agréablement] deliciously, delightfully, exquisitely; **elle était** ~ **parfumée** her perfume was delightful ou divine. **-2.** [en intensif]: **son repas était** ~ **bon** his meal was absolutely delicious; **elle était** ~ **bien dans ses bras** she was wonderfully happy in his arms.

**délicieux, euse** [delisjø, øz] *adj* **-1.** [qui procure du plaisir – repas, parfum, sensation] delicious; [– lieu, promenade, chapeau] delicious, lovely; [– femme, geste] lovely, delightful; **votre sœur est délicieuse!** your sister's a delight (to be with)!

**délictuel, elle** [deliktɥɛl], **délictueux, euse** [deliktɥø, øz] *adj sout* criminal.

**délié, e** [delje] *adj* **-1.** [sans épaisseur – écriture] fine; [– cou] slender. **-2.** [agile – esprit] sharp; [– doigt] nimble, agile; **avoir la langue ~e** to be chatty.
♦ **délié** *nm* upstroke.

**délier** [9] [delje] *vt* **-1.** [dénouer – ruban, mains] to untie; [– gerbe, bouquet] to undo. **-2.** [rendre agile]: **un exercice pour** ~ **les jambes/les doigts** an exercise to loosen the leg muscles/the fingers. **-3.** [délivrer]: ~ **qqn de** [promesse, engagement] to free ou to release sb from. **-4.** RELIG to absolve.
♦ **se délier** ◇ *vpi* [langue] to loosen; **après quelques verres, les langues se délient** a few drinks help to loosen people's tongues. ◇ *vpt* [s'exercer]: **se** ~ **les jambes/les doigts** to relax one's leg muscles/one's fingers.
♦ **se délier de** *vp* + *prép* to release o.s. from.

**délimitation** [delimitasjɔ̃] *nf* **-1.** [fait de circonscrire – un terrain] demarcation, delimitation; [– un sujet, un rôle] defining, delineating, delimitation. **-2.** [limites] delimitation.

**délimiter** [3] [delimite] *vt* [espace, frontière] to demarcate, to delimit, to circumscribe; [sujet] to define, to delimit.

**délinquance** [delɛ̃kɑ̃s] *nf*: **la** ~ **criminality** ❏ **la** ~ **juvénile** juvenile delinquency; **la petite** ~ petty crime.

**délinquant, e** [delɛ̃kɑ̃, ɑ̃t] ◇ *adj* delinquent. ◇ *nm, f* offender; ~ **primaire** first offender.

**déliquescence** [delikesɑ̃s] *nf* **-1.** CHIM deliquescence. **-2.** [déclin] gradual decay, creeping rot.
♦ **en déliquescence** ◇ *loc adj* declining, decaying. ◇ *loc adv*: **tomber en** ~ to be on the decline, to fall into decline.

**délirant, e** [delirɑ̃, ɑ̃t] *adj* **-1.** [malade] delirious; **fièvre ~e** delirious fever. **-2.** *fam* [insensé – accueil, foule] frenzied, tumultuous; [– imagination] frenzied, wild; [– luxe, prix] unbelievable, incredible; **c'est** ~ **de travailler dans de telles conditions** working in such conditions is sheer madness ou lunacy.

**délire** [delir] *nm* **-1.** MÉD delirium, delirious state ❏ ~ **de grandeur** PSYCH delusions of grandeur; ~ **de persécution** persecution mania. **-2.** [incohérences]: **un** ~ **d'ivrogne** a drunkard's ravings. **-3.** *fam loc*: **c'est le** ou **du** ~: **partout où il se produit, c'est le** ou **du** ~ wherever he performs, audiences go wild ou crazy; **demander aux gens de payer 50 % en plus, c'est du** ~! asking people to pay 50% over the odds is stark staring madness!; **ce n'est plus de la mise en scène, c'est du** ~! it's no longer stage production, it's sheer madness!
♦ **en délire** *loc adj* delirious, ecstatic.

**délirer** [3] [delire] *vi* [malade] to be delirious, to rave; **tu délires!** *fig* you're out of your mind!

**delirium tremens** [delirjɔmtremɛ̃s] *nm inv* delirium tremens.

**délit** [deli] *nm* **-1.** JUR [infraction] (nonindictable) offence *Br*, misdemeanor *Am*; ~ **d'adultère** adultery; ~ **civil** tort; ~ **de fuite** failure to report an accident; **être incarcéré pour** ~ **d'opinion** to be put in prison because of one's beliefs; ~ **de presse** violation of the press laws. **-2.** BOURSE: ~ **d'initié** insider trading ou dealing.

**délivrance** [delivrɑ̃s] *nf* **-1.** *litt* [libération – d'une ville] liberation, deliverance; [– d'un captif] release. **-2.** [soulagement] relief; **attendre la** ~ *euph* to await death as a release from pain. **-3.** [d'un visa, d'un certificat] issue. **-4.** MÉD expulsion ou birth of the afterbirth.

**délivrer** [3] [delivre] *vt* **-1.** [libérer – prisonnier] to release, to (set) free. **-2.** [soulager]: **se sentir délivré** to feel relieved; **ainsi délivré de ses incertitudes, il décida de...** thus freed from doubt, he decided to... **-3.** [visa, titre] to deliver, to issue; [ordonnance, autorisation] to give, to issue. **-4.**

[faire parvenir – paquet, courrier] to deliver; [– signal] to put out (*sép*).

**délocalisation** [delɔkalizasjɔ̃] *nf* relocation.

**délocaliser** [3] [delɔkalize] *vt* to relocate.

**déloger** [17] [delɔʒe] ◇ *vt* -**1.** [congédier – locataire] to throw *ou* to turn out (*sép*), to oust. -**2.** [débusquer – lapin] to start. ◇ *vi* -**1.** [décamper] to move out (hurriedly); **il finira bien par ~** he'll clear off eventually; **faire ~ qqn** to throw sb out, to get sb to move.

**déloyal, e, aux** [delwajal, o] *adj* -**1.** [infidèle – ami] disloyal, unfaithful, untrue *litt*. -**2.** [malhonnête – concurrence] unfair; [– méthode] dishonest, underhand; [– coup] foul, below-the-belt.

**déloyauté** [delwajote] *nf* -**1.** [caractère perfide] disloyalty, treacherousness. -**2.** [action] disloyal act, betrayal; **commettre une ~ envers qqn** to play sb false, to be disloyal to sb.

**Delphes** [dɛlf] *npr* Delphi.

**delta** [dɛlta] ◇ *nm inv* [lettre] delta. ◇ *nm* GÉOG: **~ (littoral)** delta; **le ~ du Nil** the Nile Delta.

**deltaplane** [dɛltaplan] *nm* -**1.** [véhicule] hang-glider. -**2.** [activité] hang-gliding; **faire du ~** to go hang-gliding.

**déluge** [delyʒ] *nm* -**1.** [averse] downpour, deluge. -**2.** BIBLE: **le Déluge** the Flood □ **ça remonte au ~** *fam* it's ancient history; **après moi le ~!** *allusion Madame de Pompadour* what happens when I'm gone is none of my concern!-**3.** [abondance – de paroles, de larmes, de plaintes] flood, deluge; [– de coups] shower; **le standard est submergé par un ~ d'appels** the switchboard is deluged with calls.

**déluré, e** [delyre] ◇ *adj* -**1.** [malin – enfant, air] quick, sharp, resourceful. -**2.** *péj* [effronté – fille] forward, brazen. ◇ *nm, f*: **un petit ~** a smart kid; **une petite ~e** a brazen little thing.

**délurer** [3] [delyre] *vt* [dévergonder]: **~ qqn** to open sb's eyes.

◆ **se délurer** *vpi* -**1.** [devenir éveillé] to wake up *fig*, to become aware. -**2.** [se dévergonder] to become knowing; **vers 14 ans, ils se délurent** when they're about 14 they start learning the ways of the world.

**démagnétiser** [3] [demaɲetize] *vt* [carte] to demagnetize.

◆ **se démagnétiser** *vpi* to become demagnetized.

**démagogie** [demagɔʒi] *nf* demagogy, demagoguery.

**démagogique** [demagɔʒik] *adj* demagogic, demagogical.

**démagogue** [demagɔg] ◇ *adj* demagogic, rabble-rousing; **ils sont très ~s** they're real rabble-rousers. ◇ *nmf* demagogue.

**démailler** [3] [demaje] *vt* [défaire – tricot] to undo, to unravel; [– chaîne] to unlink.

◆ **se démailler** *vpi* [tricot] to unravel, to fray, to come undone.

**démailloter** [3] [demajɔte] *vt* [bébé] to take the nappy *Br ou* diaper *Am* off, to change; [doigt blessé] to take the bandage off; [momie] to unwrap.

**demain** [dəmɛ̃] *adv* -**1.** [lendemain] tomorrow; **~ matin/après-midi** tomorrow morning/afternoon; **pendant la journée de ~** tomorrow; **les journaux de ~** tomorrow's papers; **~ en huit** a week tomorrow, tomorrow week *Br*; **~**

**en quinze** two weeks tomorrow; **salut, à ~!** bye, see you tomorrow!; **avance, on ne va pas rester là jusqu'à ~!** *fam*, **avance, sinon on y sera encore ~!** *fam* come on, let's not stay here all night! □ **~ il fera jour** tomorrow is another day; **ce n'est pas ~ la veille que le système changera** the system's not going to change overnight; **l'égalité des salaires n'est pas pour ~** equal pay isn't just around the corner. -**2.** [à l'avenir] in the future.

◆ **de demain** *loc adj* [futur]: **les architectes/écoles de ~** the architects/schools of tomorrow.

**démancher** [3] [demɑ̃ʃe] *vt* [couteau, marteau] to remove the handle of; [lame] to work out of its handle.

◆ **se démancher** *vpi* -**1.** [balai] to lose its handle, to work loose in the handle. -**2.** *fam* [se démener]: **se ~ pour obtenir qqch** to move heaven and earth *ou* to bust a gut to get sthg.

**demande** [dəmɑ̃d] *nf* -**1.** [requête] request; **~ d'argent** request for money; **adresser toute ~ de renseignements à...** send all inquiries to...; **accéder à/refuser une ~** to grant/to turn down a request □ **~ (en mariage)** (marriage) proposal; **faire sa ~ en mariage (auprès de qqn)** to propose (to sb); **~ de rançon** ransom demand. -**2.** ADMIN & COMM application; **faire une ~ de bourse/visa** to apply for a scholarship/visa; **~ d'indemnité** claim for compensation; **remplir une ~** to fill in an application (form) □ **~ d'emploi** job application; **'~s d'emploi'** 'situations wanted'. -**3.** ÉCON demand; **~ excédentaire** excess demand; **la ~ des consommateurs** consumer demand; **il y a une forte ~ de traducteurs** translators are in great demand, translators are very much sought after. -**4.** JUR: **~ en justice** petition; **~ en renvoi** request for transfer of a case (to another court). -**5.** [expression d'un besoin] need; **la ~ doit venir du patient lui-même** the patient must express a need.

◆ **à la demande** *loc adj* & *adv* on demand.

◆ **à la demande générale** *loc adv* by popular request.

**demandé, e** [dəmɑ̃de] *adj* sought-after, in demand.

**demander** [3] [dəmɑ̃de] *vt* -**1.** [solliciter – rendez-vous, conseil, addition] to ask for (*insép*), to request; **le cuisinier a demandé son samedi** the cook has asked to have Saturday off; **~ l'aumône** *ou* **la charité** to ask for charity, to beg for alms; **je ne demande pas la charité** *fig* I'm not asking for any favours; **~ le divorce** to petition *ou* to file for divorce; **~ la main de qqn** to ask for sb's hand (in marriage); **~ qqn en mariage** to propose to sb; **~ grâce** to ask *ou* to beg for mercy; **~ pardon** to apologize; **je te demande pardon** I'm sorry; **il m'a demandé pardon de sa conduite** he apologized to me for his behaviour; **je vous demande pardon, mais c'est ma place** I beg your pardon, but this is my seat; **je vous demande pardon?** (I beg your) pardon?; **~ qqch à qqn:** **~ une faveur** *ou* **un service à qqn** to ask sb a favour; **~ audience à qqn** to request an audience with sb; **je ne t'ai jamais demandé quoi que ce soit** I never asked you for anything; **~ à qqn de faire:** **il m'a demandé de lui prêter ma voiture** he asked me to lend him my car ‖ *(en usage absolu)*: **il suffisait de ~** you only had to *ou* all you had to do was ask. -**2.** [exiger – indemnité, dommages] to claim, to demand; [– rançon] to demand, to ask for; **~ l'impossible** to ask for the impossible; **~ justice** to demand justice *ou* fair treatment; **~ qqch à qqn** to ask sthg of sb; **en ~:** **il ne faut**

---

**Formuler une demande**

Could you give me a hand with this?
I don't suppose you'd have time to help me with this?
Would you mind getting me some stamps while you're out?
We would appreciate it if you didn't tell anybody.
I was wondering whether or not you might be able to lend me £10?
Do me a favour and answer the door, will you? [familier]

▷ *plus poliment:*

Could you possibly come back later?
Could I *ou* May I see your passport, please?
Please will you help me with these bags?
If you would sign here, please.
Tenants are kindly requested to... [formule écrite]

**Y répondre**

I'd be glad to/I'm sorry, no.
I'm sorry, I won't be able to.
Not at all — how many do you want?
Of course, I quite understand.
I suppose so/I'd rather not. [ton réticent]
Sure. [familier]

▷ *plus poliment:*

Yes, of course.
Yes, here you are.
With pleasure.
Certainly.

pas trop m'en ~/lui en ~ you mustn't ask too much of me/him; il en demande 500 F he wants ou he's asking 500 F for it; ~ que: tout ce que je demande, c'est qu'on me laisse seul all I want ou ask is to be left alone ❏ qui ne demande rien n'a rien if you don't ask, you don't get; je ne demande que ça ou pas mieux! I'd be only too pleased!; tu es riche et célèbre, que demande le peuple? *fam* you're rich and famous, what more do you want?; partir sans ~ son compte ou sans reste to leave without further ado ou without so much as a by-your-leave *hum*. **-3.** [réclamer la présence de – gén] to want; [– médecin] to send for *(insép)*, to call (for); [– prêtre] to ask for *(insép)*; on te demande au téléphone/aux urgences you're wanted on the telephone/ in casualty; il y a une demoiselle qui vous demande there's a young lady wanting to see you ‖ [au téléphone]: qui demandez-vous? who would you like to speak to?; demandez-moi le siège à Paris/M. Blanc get me the head office in Paris/Mr Blanc. **-4.** [chercher à savoir] to ask; ~ qqch à qqn: ~ l'heure à qqn to ask sb the time; ~ son chemin à qqn to ask sb for directions; je lui ai demandé la raison de son départ I asked her why she (had) left; ~ des nouvelles de qqn to ask after sb; j'ai demandé de tes nouvelles à Marie I asked for news of you from Marie, I asked Marie about you; on ne t'a rien demandé (à toi)! nobody asked you!, nobody asked for your opinion! ‖ *(en usage absolu)*: demandez à votre agent de voyages ask your travel agent ❏ à quoi sert la police, je vous le demande ou je vous demande un peu! *fam* what are the police for, I ask you?**-5.** [faire venir – ambulance, taxi] to send for *(sép)*, to call (for). **-6.** [chercher à recruter – vendeur, ingénieur] to want, to require; 'on demande un livreur' 'delivery boy wanted ou required'; on demande beaucoup de secrétaires there's a great demand for secretaries, secretaries are in great demand. **-7.** [nécessiter] to need, to require, to call for *(insép)*; ça demande réflexion it needs thinking about, it needs some thought.
◆ **demander à** *v + prép* to ask to; je n'ai pas demandé à naître I never asked to be born; il demande à voir le chef de rayon he wants to see the department supervisor; je demande à voir! *fam* I'll believe it when I see it! ❏ je ne demande qu'à vous embaucher/aider I'm more than willing to hire/help you.
◆ **demander après** *v + prép*: ils ont demandé après toi [ils t'ont réclamé] they asked for you; [pour avoir de tes nouvelles] they asked how you were ou after you.
◆ **se demander** ◇ *vp (emploi passif)*: cela ne se demande pas! need you ask! *iron*. ◇ *vpi* to wonder, to ask o.s.; on est en droit de se ~ pourquoi/comment/si... one may rightfully ask o.s. why/how/whether...

**demandeur¹, eresse** [dəmãdœr, drɛs] *nm, f* plaintiff, complainant; ~ en appel appellant.
**demandeur², euse** [dəmãdœr, øz] ◇ *nm, f* **-1.** TÉLÉC caller. **-2.** ADMIN: ~ d'emploi job seeker; je suis ~ d'emploi I'm looking for a job. ◇ *adj*: les Français sont très ~s de ce produit there is an enormous demand for this product in France.

**démangeai** [demãʒe] *v* → **démanger**.
**démangeaison** [demãʒɛzɔ̃] *nf* **-1.** [irritation] itch; j'ai des ~s partout I'm itching all over; donner des ~s à qqn to make sb itch. **-2.** *fam* [envie] itch.
**démanger** [17] [demãʒe] *vt* to itch, to be itching; ce pull me démange that pullover makes me itch; la langue le ou lui démangeait *fam & fig* he was itching ou dying to say something; ça la ou lui démangeait de dire la vérité she was itching ou dying to tell the truth.
**démantèle** [demãtɛl] *v* → **démanteler**.
**démantèlement** [demãtɛlmã] *nm* **-1.** [démolition] demolition, pulling ou taking to pieces. **-2.** [d'un réseau, d'une secte] breaking up, dismantling.
**démanteler** [25] [demãtle] *vt* **-1.** [démolir – rempart] to demolish, to tear down *(sép)*. **-2.** [désorganiser – réseau, secte] to break up *(sép)*; [– entreprise, service] to dismantle.
**démantibuler** [3] [demãtibyle] *vt* to demolish, to take to bits ou pieces.
◆ **se démantibuler** *vpi fam* [se rompre] to fall apart, to come to pieces.

**démaquillage** [demakijaʒ] *nm* make-up removal; le ~ dure deux heures it takes two hours to remove ou to take off the

make-up; gel/lotion pour le ~ des yeux eye make-up removing gel/lotion.
**démaquillant, e** [demakijã, ãt] *adj*: crème/lotion ~e cleansing cream/lotion.
◆ **démaquillant** *nm* cleanser, make-up remover; ~ pour les yeux eye makeup remover.
**démaquiller** [3] [demakije] *vt* to remove the make-up from.
◆ **se démaquiller** *vp (emploi réfléchi)* to remove ou to take off one's make-up; se ~ les yeux to remove one's eye make-up.
**démarcation** [demarkasjɔ̃] *nf* **-1.** [limite] demarcation, dividing line. **-2.** [fait de démarquer] boundary-defining, demarcating.
**démarchage** [demarʃaʒ] *nm* COMM door-to-door selling; '~ interdit' 'no hawkers' ❏ ~ électoral POL canvassing.
**démarche** [demarʃ] *nf* **-1.** [allure] gait, walk; avoir une ~ gracieuse to have a graceful gait, to walk gracefully. **-2.** [initiative] step, move; faire toutes les ~s nécessaires to take all the necessary steps; faire une ~ auprès d'un organisme to approach an organisation; ~s administratives/ juridiques administrative/legal procedures. **-3.** [approche d'un problème] approach.
**démarcher** [3] [demarʃe] *vt* [client, entreprise] to visit.
**démarcheur, euse** [demarʃœr, øz] *nm, f* COMM door-to-door salesman (*f* saleswoman).
**démarquage** [demarkaʒ] *nm* **-1.** COMM markdown, marking down. **-2.** [fait d'ôter la marque]: le ~ des vêtements [pour les vendre moins cher] removing the designer labels from clothes. **-3.** SPORT: le ~ d'un joueur escaping from a marker.
**démarque** [demark] *nf* **-1.** COMM marking down, markdown. **-2.** SPORT freeing.
**démarquer** [3] [demarke] *vt* **-1.** [enlever la marque de]: ~ des vêtements to remove the designer labels from clothes. **-2.** COMM to mark down *(sép)*. **-3.** SPORT to free. **-4.** [plagier] to copy, to plagiarize.
◆ **se démarquer** *vp (emploi réfléchi)* SPORT to shake off one's marker.
◆ **se démarquer de** *vp + prép* to distinguish o.s. ou to be different from.
**démarrage** [demaraʒ] *nm* **-1.** AUT & MÉCAN [mouvement] moving off; ~ en trombe shooting off ‖ [mise en marche] starting; le ~ de la voiture starting the car; ~ en côte hill-start. **-2.** [commencement] start. **-3.** SPORT kick.
**démarrer** [3] [demare] ◇ *vt* to start.
◇ *vi* **-1.** AUT & MÉCAN [se mettre à fonctionner] to start (up); [s'éloigner] to move off. **-2.** [débuter] to start; le feuilleton démarre le 18 mars the series starts on March 18th. **-3.** [dans une progression – économie] to take off, to get off the ground; les ventes ont bien démarré sales have got off to a good start; l'association a mis du temps à ~ the association got off to a slow start. **-4.** SPORT [coureur] to kick. **-5.** *fam* [s'en aller] to shift *Br*, to budge.
**démarreur** [demarœr] *nm* starter; ~ automatique self-starter.
**démarrions** [demarjɔ̃] *v* → **démarrer**.
**démasquer** [3] [demaske] *vt* **-1.** [ôter le masque de] to unmask. **-2.** [confondre – traître, menteur] to unmask, to expose. **-3.** [dévoiler – hypocrisie] to unmask, to reveal. **-4.** *loc*: ~ ses batteries *pr* to unmask one's guns; *fig* to show one's hand.
◆ **se démasquer** *vp (emploi réfléchi)* **-1.** [ôter son masque] to take off one's mask, to unmask o.s. **-2.** *fig* to throw off ou to drop one's mask.
**démâter** [3] [demate] ◇ *vt* to dismast. ◇ *vi* to lose its mast ou masts, to be dismasted.
**démazouter** [3] [demazute] *vt* to remove fuel oil from.
**démêlant, e** [demɛlã, ãt] *adj* [baume] conditioning.
◆ **démêlant** *nm* hair conditioner.
**démêlé** [demele] *nm* [querelle] quarrel; avoir des ~s avec qqn to have a bit of trouble ou a few problems with sb.
**démêler** [4] [demele] *vt* **-1.** [cheveux] to untangle, to disentangle, to comb out *(sép)*; [nœud, filet] to disentangle, to untangle. **-2.** [éclaircir – mystère, affaire] to clear up *(sép)*, to disentangle, to see through *(insép)*; ~ la vérité du mensonge ou le vrai du faux to disentangle truth from falsehood, to sift out the truth from the lies. **-3.** *litt loc*: avoir quelque chose à ~ avec qqn to have a bone to pick with sb.

◆ **se démêler** *vp (emploi passif)* [cheveux] to comb out, to be disentangled.

**démembrement** [demᾱbrᵊmᾱ] *nm* **-1.** [partage] dismemberment, breaking up, carving up. **-2.** JUR: ~ de la propriété division of inherited property *(between heirs)*.

**démembrer** [3] [demᾱbre] *vt* **-1.** [dépecer – carcasse] to dismember. **-2.** [désorganiser – association] to carve ou to split up *(sép)*, to dismantle.

**déménageai** [demenaᶾe] *v→* **déménager.**

**déménagement** [demenaᶾmᾱ] *nm* **-1.** [changement de domicile] move; on les a aidés à faire leur ~ we helped them move house *Br* ou to move ❑ camion de ~ removal *Br* ou moving *Am* van; entreprise de ~ removal company ou firm *Br*, mover *Am*.**-2.** [déplacement des meubles]: le ~ du salon est fini we've finished moving the furniture out of the living room.

**déménager** [17] [demenaᶾe] ◇ *vt* [salon] to move the furniture out of, to empty of its furniture; [piano, meubles] to move; j'ai tout déménagé dans ma chambre I moved everything into my bedroom. ◇ *vi* **-1.** [changer de maison] to move (house *Br*); il déménage, tu veux reprendre son appartement? he's moving out, do you want to rent his flat? **-2.** [changer de lieu] to move. **-3.** *fam* [partir] to clear off; il est dans mon bureau? je vais le faire ~ vite fait! in my office, is he? I'll have him out of there in no time!**-4.** ∇ [déraisonner] to be off one's nut ou rocker. **-5.** ∇ [faire de l'effet]: t'as vu la blonde? elle déménage! did you see that blonde? she's a knockout!; un rock qui déménage a mind-blowing rock number.

**déménageur** [demenaᶾœr] *nm* [ouvrier] removal man *Br*, (furniture) mover *Am*; [entrepreneur] furniture remover *Br*, mover *Am*.

**déménageuse** [demenaᶾøz] *nf Helv* removal *Br* ou moving *Am* van.

**démence** [demᾱs] *nf* **-1.** [gén] insanity, madness. **-2.** MÉD dementia; ~ précoce dementia praecox; ~ présénile presenile dementia. **-3.** *fam* [conduite déraisonnable]: c'est de la ~! it's madness!

**démener** [19] [demne]

◆ **se démener** *vpi* **-1.** [s'agiter] to thrash about, to struggle; se ~ comme un beau diable to thrash about, to struggle violently. **-2.** [faire des efforts]: se ~ pour to exert o.s. ou to go out of one's way (in order) to; je me suis démenée pour le retrouver I went to great lengths to find him.

**démens** [demᾱ] *v→* **démentir.**

**dément, e** [demᾱ, ᾱt] ◇ *adj* **-1.** [gén] mad, insane. **-2.** MÉD demented. **-3.** *fam* [remarquable] fantastic, terrific. **-4.** *fam* & *péj* [inacceptable] incredible, unbelievable. ◇ *nm, f* MÉD dementia sufferer, demented person.

**démenti** [demᾱti] *nm* denial; publier un ~ to print a denial; opposer un ~ formel à une rumeur to deny a rumour categorically; le témoignage reste sans ~ the testimony remains uncontradicted.

**démentiel, elle** [demᾱsjɛl] *adj* **-1.** PSYCH insane. **-2.** MÉD dementia *(modif)*. **-3.** [excessif, extravagant] insane *fig*.

**démentir** [37] [demᾱtir] *vt* **-1.** [contredire – témoin] to contradict. **-2.** [nier – nouvelle, rumeur] to deny, to refute; son regard démentait ses paroles the look in his eyes belied his words.

◆ **se démentir** *vpi*: son amitié pour moi ne s'est jamais démentie his friendship has been unfailing; des méthodes dont l'efficacité ne s'est jamais démentie methods that have proved consistently efficient.

**démerdard, e**∇ [demerdar, ard] *adj*: il est ~, il s'en sortira he's always got some trick up his sleeve, he'll make it; il n'est pas ~ pour deux sous he hasn't got a clue.

**démerder** [3] [demɛrde]

◆ **se démerder**∇ *vpi* to get by, to manage.

**démériter** [3] [demerite] *vi sout* [s'abaisser]: ~ aux yeux de qqn to come down in sb's esteem; il n'a jamais démérité he has never proved unworthy of the trust placed in him.

**démesure** [demᵊzyr] *nf* [d'un personnage] excessiveness, immoderation; [d'une passion, d'une idée] outrageousness; donner dans la ~ to (tend to) be excessive.

**démesuré, e** [demᵊzyre] *adj* **-1.** [énorme – empire] vast, enormous; d'une longueur ~e interminable. **-2.** [exagéré – or-

gueil] immoderate, inordinate; [– appétit] huge, gross; cette affaire a pris une importance ~e this affair has been blown up out of all proportion.

**démesurément** [demᵊzyremᾱ] *adv* excessively, immoderately, inordinately; la plante avait poussé ~ the plant had grown inordinately tall.

**Déméter** [demetɛr] *npr* Demeter.

**démettre** [84] [demɛtr] *vt* **-1.** MÉD [os, bras] to dislocate, to put out of joint. **-2.** [destituer] to dismiss; ~ qqn de ses fonctions to dismiss sb from his duties.

◆ **se démettre** ◇ *vpt*: se ~ le poignet to dislocate one's wrist, to put one's wrist out of joint. ◇ *vpi* to resign, to hand in one's resignation; se ~ de son poste [directeur] to resign one's post ou from one's job; [député, président] to resign from office.

**demeurant** [demœrᾱ]

◆ **au demeurant** *loc adv* [du reste] for all that, notwithstanding; photographe de talent et très joli garçon au ~ a talented photographer and very good-looking with it.

**demeure** [demœr] *nf* **-1.** [maison] residence. **-2.** *sout* [domicile] dwelling-place, abode. **-3.** JUR delay; mettre qqn en ~ de payer to give sb notice to pay; mettre qqn en ~ de témoigner/de s'exécuter to order sb to testify/to comply.

◆ **à demeure** *loc adv*: il s'est installé chez elle à ~ he moved in with her permanently ou for good.

**demeuré, e** [demœre] ◇ *adj* half-witted, backward. ◇ *nm, f* half-wit.

**demeurer** [5] [demœre] *vi* **-1.** *(aux être)* [rester – dans tel état] to remain; ~ silencieux/inconnu to remain silent/unknown; en ~ là: l'affaire en est demeurée là the matter rested there; il vaut mieux en ~ là pour aujourd'hui we'd better leave it at that for today. **-2.** *(aux être)* [subsister] to remain, to be left; peu de traces demeurent there are few traces left; cette épée nous est demeurée de notre père this sword was left to us by our father. **-3.** *(aux avoir) sout* [habiter] to live, to stay.

**demi, e** [dᵊmi] ◇ *adj inv (devant le nom, avec trait d'union)* **-1.** [moitié] half; une ~-pomme half an apple; plusieurs ~-pommes several halves of apple; une ~-livre de pommes a half-pound of ou half a pound of apples. **-2.** [incomplet]: cela n'a été qu'un ~-succès it wasn't a complete ou it was only a partial success. ◇ *nm, f* [moitié] half; j'achète un pain? — non, un ~ should I buy a loaf? — no, just (a) half.

◆ **demi** *nm* **-1.** [bière]: ~ (de bière) ≈ half *Br*, ≈ half-pint *Br*. **-2.** SPORT: ~ droite FTBL right half ou halfback; ~ de mêlée RUGBY scrum half; ~ d'ouverture RUGBY fly ou stand-off half. **-3.** *Helv* [vin] half a litre of wine.

◆ **demie** *nf*: la ~e half past; à la ~e de chaque heure every hour on the half hour, at half past every hour; à la ~e de 4h at half past 4.

◆ **à demi** *loc adv* **-1.** *(avec un adjectif)*: à ~ mort half-dead. **-2.** *(avec un verbe)*: ouvrir la porte à ~ to half-open the door; faire les choses à ~ to do things by halves.

◆ **et demi, et demie** *loc adj* **-1.** [dans une mesure] and a half; ça dure deux heures et ~e it lasts two and a half hours; boire une bouteille et ~e to drink a bottle and a half. **-2.** [en annonçant l'heure]: à trois heures et ~e at three thirty, at half past three.

**demiard** [demjar] *nm Can* [vin] *quarter of a pint of wine*.

**demi-bouteille** [dᵊmibutɛj] *(pl* **demi-bouteilles)** *nf* half-bottle, half a bottle.

**demi-canton** [dᵊmikᾱtɔ̃] *(pl* **demi-cantons)** *nm Helv state of the Swiss confederation which is one half of a divided canton*.

**demi-cercle** [dᵊmisɛrkl] *(pl* **demi-cercles)** *nm* half-circle, semicircle.

◆ **en demi-cercle** *loc adv* in a semicircle.

**demi-deuil** [dᵊmidœj] *nm* half-mourning.

**demi-dieu** [dᵊmidjø] *(pl* **demi-dieux)** *nm* demigod.

**demi-douzaine** [dᵊmiduzɛn] *(pl* **demi-douzaines)** *nf* **-1.** [six] half-dozen, half-a-dozen; deux ~s two half-dozens; une ~ de tomates a half-dozen ou half-a-dozen tomatoes. **-2.** *fam* [environ size]: une ~ de gens attendaient half-a-dozen people were waiting.

**demi-fin, e** [dᵊmifɛ̃, e] *(mpl* **demi-fins, fpl demi-fines)** *adj* COMM: petits pois ~s garden peas; haricots ~s green beans.

**demi-finale** [dᵊmifinal] *(pl* **demi-finales)** *nf* semifinal.

**demi-finaliste** [dəmifinalist] (*pl* **demi-finalistes**) *nmf* semifinalist.

**demi-fond** [dəmifɔ̃] *nm inv* **-1.** [activité] middle-distance running. **-2.** [course] middle-distance race.

**demi-frère** [dəmifrɛr] (*pl* **demi-frères**) *nm* half-brother.

**demi-gros** [dəmigro] *nm inv* wholesale (*dealing in retail quantities*).

**demi-heure** [dəmijœr] (*pl* **demi-heures**) *nf* half-hour; une ~ half an hour; il y en a un toutes les ~s there's one every half-hour.

**demi-jour** [dəmiʒur] (*pl* **demi-jours**) *nm* [clarté] half-light; [crépuscule] twilight, dusk.

**demi-journée** [dəmiʒurne] (*pl* **demi-journées**) *nf* half-day, half-a-day; une ~ de travail half a day's work, a half-day's work; je lui dois sa ~ I owe her half-a-day's pay ou for half-a-day's work.

**démilitarisation** [demilitarizasjɔ̃] *nf* demilitarization.

**démilitariser** [3] [demilitarize] *vt* to demilitarize.

**demi-litre** [dəmilitr] (*pl* **demi-litres**) *nm* half-litre, half a litre; un ~ de lait, s'il vous plaît half a litre of milk please.

**demi-longueur** [dəmilɔ̃gœr] (*pl* **demi-longueurs**) *nf* half-length, half a length; une ~ d'avance a half-length's lead.

**demi-lune** [dəmilyn] (*pl* **demi-lunes**) *nf* [ouvrage fortifié] demi-lune, half-moon.

◆ **en demi-lune** *loc adj* half-moon (*modif*), half-moon-shaped.

**demi-mesure** [dəmiməzyr] (*pl* **demi-mesures**) *nf* **-1.** [compromis] half measure; elle ne connaît pas les ~s ou ne fait pas de *fam* ~s she doesn't do things by halves. **-2.** [moitié d'une mesure] half measure.

**demi-mondaine** [dəmimɔ̃dɛn] (*pl* **demi-mondaines**) *nf* demimondaine.

**demi-mot** [dəmimo]

◆ **à demi-mot** *loc adv*: il comprend à ~ he doesn't need to have things spelled out for him; on se comprend à ~ we know how each other's mind works.

**déminage** [deminaʒ] *nm* [sur la terre] mine clearance; [en mer] mine sweeping.

**déminer** [3] [demine] *vt* to clear of mines.

**déminéraliser** [3] [demineralize] *vt* **-1.** [eau] to demineralize. **-2.** PHYSIOL to deprive of minerals.

◆ **se déminéraliser** *vpi* [malade] to become deficient in essential minerals.

**démineur** [deminœr] ◇ *adj m* bomb-disposal (*modif*). ◇ *nm* bomb-disposal expert, member of a bomb-disposal unit.

**demi-pause** [dəmipoz] (*pl* **demi-pauses**) *nf* minim *Br*, half-note rest *Am*.

**demi-pension** [dəmipɑ̃sjɔ̃] (*pl* **demi-pensions**) *nf* [à l'hôtel] half-board; être en ~ SCOL to have school lunches ou dinners.

**demi-pensionnaire** [dəmipɑ̃sjɔnɛr] (*pl* **demi-pensionnaires**) *nmf* pupil who has school dinners.

**demi-portion** [dəmipɔrsjɔ̃] *nf* **-1.** [moitié de portion] half-helping. **-2.** *fam & hum* [personne] half-pint, pipsqueak.

**demi-queue** [dəmikø] (*pl* **demi-queues**) *adj & nm*: un (piano) ~ a baby grand (piano).

**démis, e** [demi, iz] *pp* → **démettre**.

**demi-saison** [dəmisɛzɔ̃] (*pl* **demi-saisons**) *nf* [printemps] spring; [automne] autumn, fall *Am*; un temps de ~ the sort of mild weather you get in spring or autumn.

**demi-sel** [dəmisɛl] *nm inv* **-1.** [beurre] slightly salted butter. **-2.** [fromage] Demi-sel (*slightly salted cream cheese*). **-3.** ▽ *arg crime* [souteneur] small-time pimp; [voyou] small-time gangster.

**demi-sœur** [dəmisœr] (*pl* **demi-sœurs**) *nf* half-sister.

**demi-sommeil** [dəmisɔmɛj] (*pl* **demi-sommeils**) *nm* half-sleep, doze, drowsiness; dans mon ~, j'ai entendu... while I was half asleep, I heard...

**démission** [demisjɔ̃] *nf* **-1.** [départ] resignation; donner sa ~ to hand in ou to tender one's resignation, to resign. **-2.** [irresponsabilité] abdication of responsibility; à cause de la ~ des parents because of the refusal of parents to shoulder their responsibilities.

**démissionnaire** [demisjɔnɛr] ◇ *adj* resigning, outgoing.

◇ *nmf* person resigning; les ~s those who have resigned.

**démissionner** [3] [demisjɔne] ◇ *vi* **-1.** [quitter son emploi] to resign, to hand in one's resignation ou notice; ~ de son poste de directeur to resign (one's position) as manager. **-2.** [refuser les responsabilités] to fail to shoulder one's responsibilities; ~ devant qqn to give in to sb; ~ devant qqch to give in when faced with sthg; c'est trop difficile, je démissionne it's too hard, I give up. ◇ *vt fam* [renvoyer]: ~ qqn to talk sb into resigning.

**demi-tarif** [dəmitarif] (*pl* **demi-tarifs**) *nm* [billet] half-price ticket; [carte] half-price card; [abonnement] half-price subscription; voyager à ~ to travel at half-fare.

**demi-teinte** [dəmitɛ̃t] (*pl* **demi-teintes**) *nf* halftone.

◆ **en demi-teinte** *loc adj* **-1.** PHOT halftone. **-2.** [subtil] subtle, delicate.

**demi-ton** [dəmitɔ̃] (*pl* **demi-tons**) *nm* semitone *Br*, half step *Am*; ~ diatonique/chromatique diatonic/chromatic semitone *Br* ou half step *Am*.

**demi-tour** [dəmitur] (*pl* **demi-tours**) *nm* **-1.** [pivotement] about-face, about-turn; faire un ~ [gén & MIL] to about-face, to about-turn; ~, droite! MIL (right) about face!**-2.** AUT U-turn; faire un ~ to do ou to pull a U-turn; faire ~ [piéton] to retrace one's steps; [conducteur] to turn back.

**démiurge** [demjyrʒ] *nm* demiurge, creator.

**démobilisateur, trice** [demɔbilizatœr, tris] *adj* [démotivant] demobilizing.

**démobilisation** [demɔbilizasjɔ̃] *nf* **-1.** MIL demobilization; à la ~ when demobilization time came. **-2.** [démotivation] growing apathy.

**démobiliser** [3] [demɔbilize] *vt* **-1.** MIL to demobilize. **-2.** [démotiver] to cause to lose interest, to demotivate.

**démocrate** [demɔkrat] ◇ *adj* **-1.** [gén] democratic. **-2.** [dans des noms de partis] Democratic. ◇ *nmf* **-1.** [gén] democrat. **-2.** [aux États-Unis] Democrat.

**démocrate-chrétien, enne** [demɔkratkretjɛ̃, ɛn] (*mpl* **démocrates-chrétiens**, *fpl* **démocrates-chrétiennes**) *adj & nm, f* Christian Democrat.

**démocratie** [demɔkrasi] *nf* **-1.** [système] democracy; ~ directe/représentative direct/representative democracy; ~ populaire people's democracy. **-2.** [pays] democracy, democratic country; vivre en ~ to live in a democracy; on est en ~, non? *fam* this is a free country, as far as I know!

**démocratique** [demɔkratik] *adj* **-1.** POL democratic. **-2.** [respectueux des désirs de tous] democratic; notre groupe est très ~ in our group, everyone gets a chance to have their say.

**démocratiquement** [demɔkratikmɑ̃] *adv* democratically.

**démocratisation** [demɔkratizasjɔ̃] *nf* **-1.** POL democratization, making more democratic. **-2.** [mise à la portée de tous]: la ~ du ski putting skiing holidays within everyone's reach.

**démocratiser** [3] [demɔkratize] *vt* **-1.** POL to democratize, to make more democratic. **-2.** [rendre accessible] to bring within everyone's reach.

◆ **se démocratiser** *vpi* **-1.** POL to become more democratic. **-2.** [devenir accessible] to become available to anyone.

**Démocrite** [demɔkrit] *npr* Democritus.

**démodé, e** [demɔde] *adj* [style, technique] old-fashioned, outdated, out-of-date; [parents] old-fashioned.

**démoder** [3] [demɔde]

◆ **se démoder** *vpi* to go out of fashion ou vogue, to become old-fashioned.

**démographie** [demɔgrafi] *nf* [science] demography; [croissance de la population] population growth.

**démographique** [demɔgrafik] *adj* demographic, population (*modif*).

**demoiselle** [dəmwazɛl] *nf* **-1.** [jeune femme] young lady; ~ d'honneur bridesmaid; ~ de compagnie lady's companion. **-2.** *vieilli* [célibataire] maiden lady. **-3.** ZOOL dragonfly. **-4.** [outil] rammer.

**démolir** [32] [demɔlir] *vt* **-1.** [détruire – immeuble, mur] to demolish, to pull ou to tear down (*sép*); [– jouet, voiture] to wreck, to smash up (*sép*). **-2.** [anéantir – argument, théorie] to demolish; [– projet] to ruin, to play havoc with; [– réputation, autorité] to shatter, to destroy; l'alcool lui a démoli la santé alcohol ruined ou wrecked his health. **-3.** *fam* [anéantir – auteur, roman] to pan. **-4.** *fam* [battre] to beat up *(sép)*; ~ le portrait à qqn to beat ou to smash sb's face in. **-5.** *fam* [épuiser – physiquement] to do in *(sép)*; [– moralement] to shatter.

◆ **se démolir** *vpt*: se ~ la santé to ruin one's health; se ~ la santé à faire qqch to kill o.s. ou to bust a gut doing sthg.

**démolisseur** [demɔlisœr] *nm* **,-1.** [ouvrier] demolition worker, wrecker *Am*. **-2.** [entrepreneur] demolition contractor. **-3.** [détracteur] destructive critic.

**démolition** [demɔlisjɔ̃] *nf* demolition, pulling ou tearing down.

◆ **de démolition** *loc adj*: chantier/entreprise de ~ demolition site/contractors.

◆ **en démolition** *loc adj* being demolished, under demolition.

**démon** [demɔ̃] *nm* **-1.** RELIG: le ~ the Devil; être possédé du ~ to be possessed by the devil ❏ comme un ~ like a thing possessed. **-2.** MYTH daemon, daimon; son ~ intérieur *fig* [mauvais] the evil ou demon within (him); [bon] the good spirit within (him). **-3.** [tentation] demon; le ~ de midi *lust affecting a man in mid-life*. **-4.** [enfant turbulent]: (petit) ~ (little) devil ou demon.

**démonétiser** [3] [demɔnetize] *vt* FIN to demonetize, to demonetarize.

**démoniaque** [demɔnjak] ◇ *adj* [ruse, rire] demonic, diabolical, fiendish. ◇ *nmf* person possessed by the devil.

**démonstrateur, trice** [demɔ̃stratœr, tris] *nm, f* COMM demonstrator, salesperson (in charge of demonstrations).

**démonstratif, ive** [demɔ̃stratif, iv] *adj* **-1.** [expressif] demonstrative, expressive, effusive; peu ~ reserved, undemonstrative. **-2.** [convaincant] demonstrative, conclusive. **-3.** GRAMM demonstrative.

◆ **démonstratif** *nm* [pronom] demonstrative pronoun; [adjectif] demonstrative adjective.

**démonstration** [demɔ̃strasjɔ̃] *nf* **-1.** LOGIQUE & MATH [preuve] demonstration, proof; [ensemble de formules] demonstration; la ~ n'est plus à faire *fig* it has been proved beyond all doubt ❏ ~ par l'absurde reductio ad absurdum. **-2.** COMM demonstration; faire la ~ d'un aspirateur to demonstrate a vacuum cleaner. **-3.** [prestation] display, demonstration; ~ aérienne air display; faire une ~ de karaté to give a karate demonstration. **-4.** [fait de manifester] demonstration, show; faire une ~ de force to display one's strength.

◆ **démonstrations** *nfpl* [effusions] (great) show of feeling, gushing; [crises] outbursts; ~s de tendresse/joie/colère show of tenderness/joy/anger; faire de grandes ~s d'amitié à qqn to put on a great show of friendship for sb.

**démontable** [demɔ̃tabl] *adj* which can be dismantled ou taken to pieces.

**démontage** [demɔ̃taʒ] *nm* dismantling, taking to pieces; pour faciliter le ~ to make it easier to dismantle.

**démonté, e** [demɔ̃te] *adj* [mer] raging, stormy.

**démonte-pneu** [demɔ̃tpnø] *(pl* **démonte-pneus)** *nm* tyre lever *Br*, tire iron *Am*.

**démonter** [3] [demɔ̃te] *vt* **-1.** [désassembler – bibliothèque, machine] to dismantle, to take down *(sép)*; [– moteur] to strip down *(sép)*, to dismantle; [– fusil, pendule] to dismantle, to take to pieces, to take apart *(sép)*; [– manche de vêtement, pièce rapportée] to take off *(sép)*. **-2.** [détacher – pneu, store, persienne] to remove, to take off *(sép)*; [– rideau] to take down *(sép)*. **-3.** [décontenancer] to take aback *(sép)*; ma question l'a démontée she was taken aback ou flummoxed by my question; ne te laisse pas ~ par son ironie don't be flustered by his ironic remarks. **-4.** ÉQUIT to unseat, to unhorse.

◆ **se démonter** ◇ *vp (emploi passif)* to be taken to pieces, to be dismantled; ça se démonte facilement it can be easily dismantled.

◇ *vpi* [se troubler] to lose countenance, to get flustered.

**démontrable** [demɔ̃trabl] *adj* demonstrable, provable; c'est facilement ~ it's easy to prove.

**démontrer** [3] [demɔ̃tre] *vt* **-1.** MATH to prove; ~ qqch par A plus B to prove sthg conclusively. **-2.** [montrer par raisonnement] to prove, to demonstrate; ~ son erreur à qqn to prove to sb that he/she's wrong, to prove sb wrong. **-3.** [révéler] to show, to reveal, to indicate.

**démoralisant, e** [demɔralizɑ̃, ɑ̃t] *adj* [remarque, nouvelle] demoralizing, disheartening, depressing.

**démoralisateur, trice** [demɔralizatœr, tris] *adj* demoralizing.

**démoraliser** [3] [demɔralize] *vt* to demoralize, to dishearten; il ne faut pas te laisser ~ you mustn't let it get you down.

◆ **se démoraliser** *vpi* to become demoralized, to lose heart.

**démordre** [76] [demɔrdr]

◆ **démordre de** *vp + prép*: ne pas ~ de to stick to, to stand by; il ne démord pas de son idée he won't budge from his position; rien ne m'en fera ~ I'll stick to my guns come what may; elle n'en démord pas she won't have it any other way.

**démotivant, e** [demɔtivɑ̃, ɑ̃t] *adj* demotivating, disheartening, dispiriting.

**démotiver** [3] [demɔtive] *vt* to demotivate, to discourage.

**démoulage** [demulaʒ] *nm* [d'une statuette] removal from the mould; [d'un gâteau] turning out.

**démouler** [3] [demule] *vt* [statuette] to remove from the mould; [gâteau] to turn out *(sép)*; [tarte] to remove from its tin.

**démultiplication** [demyltiplikasjɔ̃] *nf*: (rapport de) ~ reduction ratio.

**démultiplier** [10] [demyltiplije] *vt* **-1.** MÉCAN to reduce, to gear down *(sép)*. **-2.** *fam* [multiplier] to increase.

**démuni, e** [demyni] *adj* **-1.** [pauvre] destitute. **-2.** [sans défense] powerless, resourceless.

**démunir** [32] [demynir] *vt* to deprive; ~ qqn de qqch to deprive ou to divest sb of sthg.

◆ **se démunir de** *vp + prép* to part with, to give up.

**démuseler** [24] [demyzle] *vt* [animal] to unmuzzle, to remove the muzzle from; ~ la presse to lift restrictions on the freedom of the press.

**démystifiant, e** [demistifjɑ̃, ɑ̃t] *adj* **-1.** [qui détrompe] eye-opening. **-2.** [qui rend moins mystérieux] demystifying.

**démystificateur, trice** [demistifikatœr, tris] ◇ *adj* **-1.** [qui détrompe] eye-opening. **-2.** [qui rend moins mystérieux] demystifying. ◇ *nm, f* demystifier.

**démystifier** [9] [demistifje] *vt* **-1.** [détromper] to open the eyes of. **-2.** [rendre plus clair] to explain, to demystify.

**démythifier** [9] [demitifje] *vt* to demythologize, to make less mythical ou into less of a myth.

**dénatalité** [denatalite] *nf* fall ou drop in the birth rate.

**dénationaliser** [3] [denasjɔnalize] *vt* to denationalize.

**dénaturaliser** [3] [denatyralize] *vt* to denaturalize.

**dénaturé, e** [denatyre] *adj* **-1.** [alcool] denatured. **-2.** [pervers – goût] unnatural, perverted.

**dénaturer** [3] [denatyre] *vt* **-1.** [modifier – alcool] to adulterate, to denature; [– saveur] to alter, to adulterate. **-2.** [fausser – propos, faits, intention] to distort, to misrepresent, to twist.

**dénégation** [denegasjɔ̃] *nf* **-1.** [contestation] denial. **-2.** PSYCH denial.

◆ **de dénégation** *loc adj* [geste, attitude] denying, of denial; en signe de ~ as a sign of disagreement.

**déneiger** [23] [deneʒe] *vt* to clear of snow, to clear the snow from.

**déni** [deni] *nm* **-1.** JUR denial; ~ de justice denial of justice. **-2.** PSYCH: ~ de réalité denial.

**déniaiser** [4] [denjeze] *vt* **-1.** [dépuceler] to take away sb's innocence. **-2.** [rendre moins naïf] to open the eyes of.

◆ **se déniaiser** *vpi* [devenir moins naïf] to learn the ways of the world.

**dénicher** [3] [denife] ◇ *vt* **-1.** *fam* [trouver – collier, trésor] to find, to unearth; [– informations] to dig up ou out *(sép)*; [– chanteur, cabaret] to discover, to spot. **-2.** [oiseau] to remove from the nest. ◇ *vi* [oiseau] to leave the nest, to fly away.

**dénicheur, euse** [denifœr, øz] *nm, f* **-1.** [d'oiseaux] bird's nester. **-2.** [découvreur]: ~ de talents talent scout ou spotter; ~ de bibelots rares curio-hunter.

**denier** [dənje] *nm* **-1.** HIST [monnaie – romaine] denarius; [– française] denier; j'en suis de mes ~s I had to pay with my own money ❏ le ~ du culte contribution to parish costs; **le ~ de Saint-Pierre** *annual diocesan gift made to the Pope (since 1849)*; **les ~s publics** OU **de l'État** public money. **-2.** TEXT denier; **bas de 20 ~s** 20-denier stockings.

**dénier** [9] [denje] *vt* **-1.** [rejeter – responsabilité] to deny, to disclaim. **-2.** [refuser] to deny, to refuse; **~ qqch à qqn** to deny OU to refuse sb sthg.

**dénigrement** [denigrəmɑ̃] *nm* denigration, disparagement; **le mot ne s'emploie que par ~** the word is only used disparagingly.
◆ **de dénigrement** *loc adj*: **esprit/paroles de ~** disparaging spirit/remarks; **campagne de ~** smear campaign.

**dénigrer** [3] [denigre] *vt* to disparage, to denigrate, to run down *(sép)*.

**déniions** [denijɔ̃] *v* → **dénier**.

**denim** [dənim] *nm* denim.

**dénivelé** *nm*, **dénivelée** *nf* [denivle] difference in level OU height.

**déniveler** [24] [denivle] *vt* to make uneven.

**dénivellation** [denivɛlasjɔ̃] *nf*, **dénivellement** [denivɛlmɑ̃] *nm* **-1.** [action] making uneven, putting out of level. **-2.** [pente] slope; **les ~s de la route** the dips in the road.

**dénivelle** [denivɛl], **dénivellerai** [denivɛlre] *v* → **déniveler**.

**dénombrable** [denɔ̃brabl] *adj* countable; **non ~** uncountable.

**dénombrement** [denɔ̃brəmɑ̃] *nm* counting (out), count.

**dénombrer** [3] [denɔ̃bre] *vt* to count (out); **on dénombre 130 morts à ce jour** at the latest count there were 130 dead.

**dénominateur** [denɔminatœr] *nm* MATH denominator; **~ commun** common denominator; **plus grand ~ commun** highest common denominator.

**dénomination** [denɔminasjɔ̃] *nf* **-1.** [fait de nommer] naming, denomination. **-2.** [nom] designation, denomination, name.

**dénommé, e** [denɔme] *adj*: **le ~ Joubert** the man called Joubert; **une ~e Madame Barda** a certain OU one Mrs Barda.

**dénommer** [3] [denɔme] *vt* **-1.** [donner un nom à] to name, to call. **-2.** JUR to name.

**dénoncer** [16] [denɔ̃se] *vt* **-1.** [complice, fraudeur] to denounce, to inform on *(insép)*; [camarade de classe] to tell on *(insép)*; **~ qqn aux autorités** to denounce sb OU to give sb away to the authorities. **-2.** [condamner – pratiques, dangers, abus] to denounce, to condemn. **-3.** [annuler – armistice, traité] to renege on *(insép)*; [– contrat] to terminate. **-4.** *sout* [dénoter] to indicate, to betray.
◆ **se dénoncer** *vp (emploi réfléchi)* to give o.s. up.

**dénonciateur, trice** [denɔ̃sjatœr, tris] ◇ *adj* denunciatory; **lettre dénonciatrice** letter of denunciation. ◇ *nm, f* informer.

**dénonciation** [denɔ̃sjasjɔ̃] *nf* **-1.** [accusation] denunciation; **arrêté sur la ~ de son frère** arrested on the strength of his brother's denunciation ❏ **~ calomnieuse** false accusation. **-2.** [révélation – d'une injustice] exposure, denouncing, castigating. **-3.** [rupture – d'un traité] denunciation, reneging on; [– d'un contrat] termination.

**dénonçons** [denɔ̃sɔ̃] *v* → **dénoncer**.

**dénoter** [3] [denɔte] *vt* **-1.** LING & PHILOS to denote. **-2.** [être signe de] to denote, to indicate.

**dénouement** [denumɑ̃] *nm* [d'un film, d'une histoire, d'une pièce] dénouement; [d'une crise, d'une affaire] outcome, conclusion; **un heureux ~** a happy ending, a favourable outcome.

**dénouer** [6] [denwe] *vt* **-1.** [défaire – ficelle, lacet] to undo, to untie, to unknot; [– cheveux] to let down *(sép)*, to loosen. **-2.** [résoudre – intrigue] to unravel, to untangle.
◆ **se dénouer** ◇ *vpi* **-1.** [cheveux] to come loose OU undone; [lacet] to come undone OU untied. **-2.** [crise] to end, to be resolved.
◇ *vpt*: **se ~ les cheveux** to let one's hair down *literal*.

**dénoyauter** [3] [denwajote] *vt* to stone *Br*, to pit *Am*.

**dénoyauteur** [denwajotœr] *nm* stoner *Br*, pitter *Am*.

**denrée** [dɑ̃re] *nf* commodity; **~s de première nécessité** staple foods, staples ❏ **~s alimentaires** foodstuffs; **~s périssables** perishable goods, perishables; **c'est une ~ rare que la générosité** generosity is hard to come by.

**dense** [dɑ̃s] *adj* **-1.** [épais – brouillard, végétation] thick,

dense. **-2.** [serré – foule] thick, tightly packed; [– circulation] heavy; **population peu ~** sparse population. **-3.** [concis – style] compact, condensed. **-4.** PHYS dense.

**densément** [dɑ̃semɑ̃] *adv* [cultivé] thickly, densely; [peuplé] densely; [écrit] tightly, tautly.

**densification** [dɑ̃sifikasjɔ̃] *nf* [du brouillard, de la foule] thickening; **la ~ de la population sur le littoral** the increasing concentration of population along the coast.

**densifier** [9] [dɑ̃sifje] *vt* to make denser, to increase the density of.

**densité** [dɑ̃site] *nf* **-1.** PHYS density; **~ de charge/courant** ÉLECTR charge/current density. **-2.** [du brouillard, de la foule] denseness, thickness; **selon la ~ de la circulation** depending on how heavy the traffic is ❏ **~ de population** population density; **pays à faible/forte ~ de population** sparsely/densely populated country. **-3.** PHOT density. **-4.** INF: **~ d'enregistrement** packing OU recording OU data density.

**dent** [dɑ̃] *nf* **-1.** ANAT tooth; **faire** OU **percer ses ~s** to cut one's teeth, to teethe ❏ **~s du bas/haut** lower/upper teeth; **~s de devant/du fond** front/back teeth; **~ de lait** baby OU milk *Br* tooth; **~ permanente** permanent OU second tooth; **~ à pivot** post; **~ de sagesse** wisdom tooth; **fausses ~s** false teeth; **avoir la ~** *fam* to be ravenous OU starving; **avoir** OU **garder une ~ contre qqn** *fam* to have a grudge against sb, to bear sb a grudge; **avoir les ~s longues** to fix one's sights high; **être sur les ~s** *fam* [occupé] to be frantically busy; [anxieux] to be stressed out; **montrer les ~s** *pr & fig* to show one's teeth; **parler entre ses ~s** to mutter; **se faire les ~s** to cut one's teeth; **l'escalade du mont Blanc, c'était juste pour se faire les ~s** climbing Mont Blanc was just for starters; **on n'avait rien à se mettre sous la ~** we didn't have a thing to eat; **tout ce qui lui tombe sous la ~** anything he can get his teeth into. **-2.** [de roue, d'engrenage] cog; [de courroie] tooth. **-3.** [pointe – d'une scie, d'un peigne] tooth; [– d'une fourchette, d'une herse] tooth, prong. **-4.** BOT serration. **-5.** GÉOG jag. **-6.** ÉLECTRON: **~s de scie** sawtooth waveform.
◆ **à belles dents** *loc adv*: **mordre dans** OU **croquer** OU **manger qqch à belles ~s** *pr* to eat one's way through sthg; **mordre dans** OU **croquer la vie à belles ~s** *fig* to live (one's) life to the full.
◆ **en dents de scie** *loc adj* [couteau] serrated; **évolution en ~ de scie** uneven development.

**dentaire** [dɑ̃ter] ◇ *adj* [hygiène] oral, dental; [cabinet, études, école] dental. ◇ *nf* **-1.** ENS dental school; **faire ~** to study dentistry. **-2.** BOT toothwort.

**dental, e, aux** [dɑ̃tal, o] *adj* PHON dental.
◆ **dentale** *nf* dental (consonant).

**dent-de-lion** [dɑ̃dəljɔ̃] (*pl* **dents-de-lion**) *nf* dandelion.

**denté, e** [dɑ̃te] *adj* [courroie] toothed; [feuille] serrate, dentate.

**dentelé, e** [dɑ̃tle] *adj* [contour] jagged, indented; [feuille] dentate, serrate.

**denteler** [24] [dɑ̃tle] *vt* to indent the edge of, to give a jagged outline to; **machine/ciseaux à ~** pinking machine/shears.

**dentelle¹** [dɑ̃tɛl] *v* → **denteler**.

**dentelle²** [dɑ̃tɛl] ◇ *nf* **-1.** [tissu] lace, lacework; **faire de la ~** to do lacework; **des gants de** OU **en ~** lace gloves ❏ **~ à l'aiguille** OU **au point** needlepoint; **~ au fuseau** pillow lace; **~ de papier** lacy paper; **il ne fait pas dans la ~** *fam* he doesn't go in for subtleties. **-2.** [morceau de tissu] piece of lacework. ◇ *adj inv* **-1.** VÊT: **bas ~** lace stocking. **-2.** CULIN: **crêpes ~** paper-thin pancakes.

**dentellerai** [dɑ̃tɛlre] *v* → **denteler**.

**dentellier, ère** [dɑ̃təlje, ɛr] *nm, f* lacemaker, laceworker.

**dentelure** [dɑ̃tlyr] *nf* **-1.** [découpe] serration, jagged edge. **-2.** ARCHIT denticulation. **-3.** [d'un timbre] perforation.

**dentier** [dɑ̃tje] *nm* denture, dentures, dental plate.

**dentifrice** [dɑ̃tifris] ◇ *adj*: **eau ~** mouthwash; **pâte ~** toothpaste; **poudre ~** tooth powder. ◇ *nm* toothpaste.

**dentine** [dɑ̃tin] *nf* dentin, dentine.

**dentiste** [dɑ̃tist] *nmf* dentist.

**dentisterie** [dɑ̃tistəri] *nf* dentistry.

**dentition** [dɑ̃tisjɔ̃] *nf* **-1.** [dents] teeth, dentition *spéc*; avoir une **bonne** ~ to have good teeth. **-2.** [poussée] tooth growth.

**denture** [dɑ̃tyr] *nf* **-1.** ANAT & ZOOL set of teeth, dentition *spéc.* **-2.** TECH teeth, cogs.

**dénucléariser** [3] [denyklearize] *vt* [région] to denuclearize.

**dénudé, e** [denyde] *adj* [dos, corps] bare, unclothed; [crâne] bald; [terrain] bare, bald; [fil électrique] bare.

**dénuder** [3] [denyde] *vt* [dos, épaules] to leave bare; [sol, câble, os, veine] to strip.

♦ **se dénuder** *vpi* **-1.** [se déshabiller] to strip (off). **-2.** [se dégarnir – crâne] to be balding; [– arbre] to become bare; [fil électrique] to show through.

**dénué, e** [denɥe] *adj*: ~ de lacking in, devoid of; ~ d'ambiguïté unambiguous; ~ de sincérité lacking in ou devoid of sincerity; être ~ de tout to be destitute.

**dénuement** [denymɑ̃] *nm* destitution; être dans le ~ le plus complet to be utterly destitute.

**dénutri, e** [denytri] ◇ *adj* malnourished. ◇ *nm, f* person suffering from malnutrition.

**déodorant** [deɔdɔrɑ̃] ◇ *adj m* deodorant (*modif*). ◇ *nm* deodorant.

**déontologie** [deɔ̃tɔlɔʒi] *nf* professional code of ethics, deontology.

**dépannage** [depanaʒ] *nm* **-1.** [réparation] fixing, repairing, repair job; faire un ~ to fix a breakdown. **-2.** *fam* [aide] helping out.

♦ **de dépannage** *loc adj*: voiture de ~ breakdown lorry *Br*, tow truck *Am*; service de ~ breakdown service.

**dépanner** [3] [depane] *vt* **-1.** [réparer – voiture, mécanisme] to repair, to fix; ~ qqn sur le bord de la route *fam* to help sb who's broken down on the side of the road ‖ (*en usage absolu*): nous dépannons 24 heures sur 24 we have a 24-hour breakdown service. **-2.** *fam* [aider] to help out (*sép*), to tide over (*sép*); elle m'a dépanné en me prêtant sa voiture she helped me out by lending me her car.

**dépanneur, euse** [depanœr, øz] *nm, f* [d'appareils] repairman (*f* repairwoman); [de véhicules] breakdown mechanic.

♦ **dépanneur** *nm* Can ≃ corner shop *Br*, ≃ convenience store *Am*.

♦ **dépanneuse** *nf* breakdown lorry *Br*, tow truck *Am*.

**dépareillé, e** [depareje] *adj* **-1.** [mal assorti – serviettes, chaussettes] odd; mes draps sont tous ~s none of my sheets match; articles ~s oddments. **-2.** [incomplet – service, collection] incomplete. **-3.** [isolé] : un volume ~ d'une collection a single volume ~ (that used to be part) of a collection.

**dépareiller** [4] [depareje] *vt* **-1.** [désassortir] : ~ des draps to put unmatched ou non matching sheets together. **-2.** [ôter des éléments à] to leave gaps in.

**déparer** [3] [depare] *vt* [paysage] to disfigure, to spoil, to be a blight on; [visage] to disfigure; un compact qui ne dépare pas ma collection a compact disc well worthy of my collection.

**dépars** [depar], **départ**¹ [depar] *v* → **départir**.

**départ**² [depar] *nm* **-1.** TRANSP departure; le ~ du train est à 7 h the train leaves at 7a.m.; le ~ est dans une heure we're leaving in an hour □ hall des ~s RAIL (departure) concourse; AÉRON & NAUT departure lounge. **-2.** [fait de quitter un lieu] going; on en a parlé après son ~ we discussed it after he went □ les grands ~s *the mass exodus of people from Paris and other major cities at the beginning of the holiday period, especially in August*; le grand ~ *fig* the big move; *fig* the passage into the great beyond; être sur le ~ to be ready to go. **-3.** [d'une course] start; douze chevaux/voitures ont pris le ~ (de la course) there were twelve starters □ prendre un bon/mauvais ~ *pr* & *fig* to get off to a good/bad start; prendre un nouveau ~ dans la vie to make a fresh start in life, to turn over a new leaf. **-4.** [de son travail] departure; [démission] resignation; au ~ du directeur when the manager left ou quit (the firm); ~ en préretraite early retirement; ~ volontaire voluntary redundancy. **-5.** [origine] start, beginning; au ~ at first, to begin with. **-6.** COMM: prix ~ usine factory price, ex works price *Br*. **-7.** *sout* [distinction] distinction, separation, differenciation; faire le ~ entre to draw a distinction between.

♦ **au départ de** *loc prép*: visites au ~ des Tuileries tours departing from the Tuileries; au ~ du Caire, tout allait en core bien entre eux when they left Cairo, everything was still fine between them.

♦ **de départ** *loc adj* **-1.** [gare, quai, heure] departure (*modif*). **-2.** [initial]: l'idée de ~ the initial ou original idea; prix de ~ [dans une enchère] upset ou asking price; salaire de ~ initial ou starting salary.

**départager** [17] [departaʒe] *vt* **-1.** [séparer – ex-æquo] to decide between. **-2.** ADMIN & POL to settle the voting, to give the casting vote.

**département** [departəmɑ̃] *nm* **-1.** [du territoire français] département, department; les ~s d'outre-mer French overseas departments. **-2.** [service] department, service, division; le ~ du contentieux the legal department. **-3.** [ministère] department, ministry; ~ ministériel ministry; le Département d'État the State Department, the Department of State. **-4.** Helv administrative authority in a Swiss canton.

**départemental, e, aux** [departəmɑ̃tal, o] *adj* **-1.** [des départements français] of the département, departmental. **-2.** [dans une entreprise, une organisation] departmental, sectional. **-3.** [ministériel] ministerial.

♦ **départementale** *nf* [route] secondary road, ≃ B-road *Br*.

**départementaliser** [3] [departəmɑ̃talize] *vt* **-1.** [territoire d'outre-mer] to confer the statute of département on, to make into a département. **-2.** [budget, responsabilité] to devolve to the départements.

**départir** [32] [departir] *vt litt* to assign, to apportion.

♦ **se départir de** *vp + prép*: se ~ de to depart from, to abandon, to lose; sans se ~ de sa bonne humeur without losing his good humour; elle ne se départit pas de son calme she remained unruffled.

**dépassé, e** [depase] *adj* [mentalité, technique] outdated, old-fashioned; c'est ~ tout ça! all that's old hat!; tu es ~, mon pauvre! you're behind the times, my friend!

**dépassement** [depasmɑ̃] *nm* **-1.** AUT passing, overtaking *Br*. **-2.** [excès] exceeding, excess; ~ de coûts cost overrun; ~ d'horaire de 15 minutes overrun of 15 minutes □ ~ budgétaire ou de budget FIN overspend; être en ~ budgétaire to be over budget. **-3.** [surpassement]: ~ (de soi-même) surpassing o.s., transcending one's own capabilities. **-4.** ADMIN *charging, by a medical practitioner, of more than the standard fee recognized by the social services.*

**dépasser** [3] [depase] ◇ *vt* **-1.** [doubler – voiture] to pass, to overtake *Br*; [– coureur] to outrun, to outdistance. **-2.** [aller au-delà de – hôtel, panneau] to pass, to go ou to get past; [– piste d'atterrissage] to overshoot. **-3.** [être plus grand que] to stand ou to be taller than; elle me dépasse d'une tête she's a head taller than me. **-4.** [déborder sur] to go over ou beyond; il a dépassé son temps de parole he talked longer than had been agreed, he went over time; votre renommée dépasse les frontières your fame has spread abroad. **-5.** [suivi d'une quantité, d'un chiffre] to exceed, to go beyond; 'ne pas ~ la dose prescrite' 'do not exceed the stated dose'; les socialistes nous dépassent en nombre the socialists outnumber us, we're outnumbered by the socialists; ~ le budget de 15 millions to go 15 million over budget; je n'ai pas dépassé 60 km/h I did not exceed ou I stayed below 60 km/h; elle a dépassé la trentaine she's turned thirty, she's over thirty; ça dépasse mes moyens it's beyond my means, it's more than I can afford. **-6.** [surpasser – adversaire] to surpass, to be ahead of; ~ l'attente de qqn to surpass ou to exceed sb's expectations; cela dépasse tout ce que j'avais pu espérer this is beyond all my hopes ou my wildest dreams; ~ qqn/qqch en: ~ qqn/qqch en drôlerie/stupidité to be funnier/more stupid than sb/sthg; ça dépasse tout ce que j'ai vu en vulgarité for sheer vulgarity, it beats everything I've ever seen; elle nous dépassait tous en musique she was a far better musician than any of us. **-7.** [outrepasser – ordres, droits] to go beyond, to overstep; la tâche dépasse mes forces the task is beyond me; les mots ont dépassé ma pensée I got carried away and said something I didn't mean □ ~ les bornes ou les limites ou la mesure ou la dose *fam* to go too far, to overstep the mark. **-8.** [dérouter]: être dépassé par les événements to be overtaken ou swamped by events; une telle ignorance me dépasse such ignorance defeats me; les échecs, ça me dépasse! chess is (quite) beyond me! **-9.** [surmonter]: avoir dépassé un stade/une phase to have gone beyond a stage/a

phase. ◇ *vi* **-1.** AUT to pass, to overtake *Br*; 'interdiction de ~' 'no overtaking' *Br*, 'no passing' *Am*.**-2.** [étagère, balcon, corniche] to jut out, to protrude; notre perron dépasse par rapport aux autres our front steps stick out further than the others. **-3.** [chemisier, doublure] to be hanging out OU untucked; ton jupon dépasse! your slip's showing!; ~ de to be sticking out OU protruding from (under); pas une mèche ne dépassait de son chignon her chignon was impeccable OU hadn't a hair out of place.
◆ **se dépasser** ◇ *vp (emploi réciproque)* to pass one another. ◇ *vpi* [se surpasser] to surpass OU to excel o.s.

**dépassionner** [3] [depasjɔne] *vt* [débat] to take the heat out of, to calm OU to cool down.

**dépatouiller** [3] [depatuje]
◆ **se dépatouiller** *vpi fam* to manage to get by; qu'il se OU s'en dépatouille tout seul! he can get out of this one by himself!

**dépaver** [3] [depave] *vt* to remove the cobblestones from.

**dépaysant, e** [depeizã, ãt] *adj* : un voyage ~ a trip that gives you a complete change of scene.

**dépaysement** [depeizmã] *nm* **-1.** [changement de cadre] change of scene OU scenery; à Moscou, on a une extraordinaire impression de ~ when you're in Moscow everything feels totally unfamiliar. **-2.** [malaise] feeling of unfamiliarity; les enfants n'aiment pas le ~ children don't like changes in environment.

**dépayser** [3] [depeize] *vt* **-1.** [changer de cadre] to give a change of scenery OU surroundings to; laissez-vous ~ treat yourself to a change of scene OU scenery. **-2.** [désorienter] to disorientate; se sentir dépaysé to feel like a stranger; on fait tout pour que le touriste ne soit pas dépaysé we do everything possible to make the tourist feel at home.

**dépecer** [29] [depəse] *vt* **-1.** [démembrer – proie] to tear limb from limb; [– volaille] to cut up *(sép)*. **-2.** [détruire – empire] to dismember, to carve up *(sép)*.

**dépêche** [depɛʃ] *nf* **-1.** ADMIN dispatch; ~ diplomatique diplomatic dispatch. **-2.** TÉLÉC : ~ (télégraphique) telegram, wire; envoyer une ~ à qqn to wire OU to telegraph sb. **-3.** [nouvelle] news item *(sent through an agency)*; une ~ vient de nous arriver a news item OU some news has just reached us.

**dépêcher** [4] [depeʃe] *vt sout* [enquêteur] to send, to dispatch.
◆ **se dépêcher** *vpi* to hurry (up); pas besoin de se ~ (there's) no need to hurry; mais dépêche-toi donc! come on, hurry up!; dépêche-toi de finir cette lettre hurry up and finish that letter; on s'est dépêchés de rentrer we hurried home, we went back home in a hurry.

**dépeçons** [depɔsɔ̃] *v* → **dépecer**.

**dépeignais** [depeɲe] *v* → **dépeindre**.

**dépeigner** [4] [depeɲe] *vt* : ~ qqn to mess up OU to muss OU to ruffle sb's hair; elle est toujours dépeignée her hair's always untidy OU dishevelled.

**dépeindre** [81] [depɛ̃dr] *vt* to depict, to portray.

**dépenaillé, e** [depənaje] *adj* [vêtement, rideau] scruffy, ragged, tattered; un mendiant tout ~ a beggar in rags.

**dépénaliser** [3] [depenalize] *vt* to decriminalize.

**dépendance** [depãdãs] *nf* **-1.** [subordination] dependence; vivre dans la ~ to be dependent, to lead a dependent life ‖ [d'un drogué] dependence. **-2.** [annexe] outhouse, outbuilding. **-3.** [territoire] dependency.

**dépendant, e** [depãdã, ãt] *adj* **-1.** [subordonné] dependent; être ~ de qqn/qqch to be dependent on sb/sthg. **-2.** [drogué] dependent.

**dépendre** [73] [depãdr] *vt* [décrocher – tableau, tapisserie] to take down *(sép)*.
◆ **dépendre de** *v* + *prép* **-1.** [employé, service] to be answerable to; il dépend du chef de service he's answerable OU he reports to the departmental head; nous dépendons du Ministère we're answerable to the Ministry. **-2.** [propriété, domaine, territoire] to be a dependency of, to belong to; le parc dépend du château the park is part of the castle property. **-3.** [financièrement] to depend on OU upon, to be dependent on; ~ (financièrement) de qqn to be financially dependent on OU upon sb; je ne dépends que de moi-même I'm my own boss; ~ d'un pays pour le pétrole to be depen-

dent on a country for one's oil supply. **-4.** [décision, choix, résultat] to depend on; notre avenir en dépend our future depends OU rests on it; ça ne dépend pas que de moi it's not entirely up to me ‖ *(en usage absolu):* ça dépend! it (all) depends! ‖ *(tournure impersonnelle)* : il dépend de toi que ce projet aboutisse whether this project succeeds depends on OU is up to you.

**dépens** [depã] *nmpl* JUR costs.
◆ **aux dépens de** *loc prép* at the expense of; rire aux ~ de qqn to laugh at sb's expense; je l'ai appris à mes ~ I learnt it to my cost.

**dépense** [depãs] *nf* **-1.** [frais] expense, expenditure; occasionner de grosses ~s to mean a lot of expense OU a big outlay; je ne peux pas me permettre cette ~ I can't afford to lay out OU to spend so much money; faire des ~s to spend (money) ❑ ~s du ménage household expenses; ~s publiques public OU government spending; ~s et recettes ÉCON & FIN expenditure and income. **-2.** [fait de dépenser] spending; pousser qqn à la ~ to push OU to encourage sb to spend (money); regarder à la ~ to watch what one spends, to watch every penny; ne regardez pas à la ~ spare no expense. **-3.** [consommation] consumption; ~ physique physical exertion; c'est une ~ de temps inutile it's a waste of time ❑ ~ de carburant fuel consumption.

**dépenser** [3] [depãse] *vt* **-1.** [argent] to spend; ~ son salaire en cadeaux to spend one's salary on gifts ‖ *(en usage absolu):* ~ sans compter to spend (money) lavishly OU without counting the cost. **-2.** [consommer – mazout] to use. **-3.** [employer – temps] to spend; [– énergie] to expend.
◆ **se dépenser** *vpi* **-1.** [se défouler] to let off steam; il se dépense beaucoup physiquement he uses up a lot of energy; elle a besoin de se ~ she needs an outlet for her (pent-up) energy. **-2.** [se démener] to expend a lot of energy, to work hard; se ~ en efforts inutiles to waste one's energies in useless efforts; se ~ sans compter pour qqch to put all one's energies into sthg, to give sthg one's all.

**dépensier, ère** [depãsje, ɛr] ◇ *adj* extravagant; j'ai toujours été ~ I've always been a big spender, money has always slipped through my fingers. ◇ *nm, f* spendthrift; un grand ~ a big spender.

**déperdition** [deperdisjɔ̃] *nf* [de chaleur, de matière] loss.

**dépérir** [32] [deperir] *vi* [malade] to fade OU to waste away; [de tristesse] to pine away; [plante] to wilt, to wither; [industrie] to decline.

**dépérissement** [deperismã] *nm* [affaiblissement] fading OU wasting OU pining away; [déclin] decline.

**dépersonnalisation** [depɛrsɔnalizasjɔ̃] *nf* [gén & PSYCH] depersonalization.

**dépersonnaliser** [3] [depɛrsɔnalize] *vt* [gén & PSYCH] to depersonalize.
◆ **se dépersonnaliser** *vpi* [individu] to become depersonalized, to lose one's personality; [lieu, œuvre] to become anonymous.

**dépêtrer** [4] [depetre] *vt* : ~ qqn/qqch de to extricate sb/sthg from.
◆ **se dépêtrer de** *vp* + *prép* **-1.** [de filets, de pièges] to free o.s. from. **-2.** [d'un gêneur] to shake off *(sép)*; [d'une situation] to get out of; il nous a dit tant de mensonges qu'il ne peut plus s'en ~ he's told us so many lies that he can no longer extricate himself from them; j'ai tant de dettes que je ne peux plus m'en ~ I have so many debts I don't even know how to start paying them off.

**dépeuplement** [depœpləmã] *nm* **-1.** SOCIOL depopulation. **-2.** [désertion] : le ~ de la forêt [déboisement] clearing OU thinning (out) the forest; [absence d'animaux] the disappearance of animal life from the forest; le ~ des rivières [volontaire] destocking the rivers; [par la pollution] the destruction of the fish stocks of the rivers.

**dépeupler** [5] [depœple] *vt* **-1.** SOCIOL to depopulate. **-2.** [volontairement – étang] to empty (of fish), to destock; [– forêt] to clear (of trees), to thin out the trees of; ~ l'étang/la forêt [involontairement] to kill off the fish stocks in the pond/trees in the forest.
◆ **se dépeupler** *vpi* **-1.** SOCIOL to become depopulated. **-2.** [rivière] to lose its stock; [forêt] to thin out.

**déphasé, e** [defaze] *adj* **-1.** ÉLECTR out-of-phase. **-2.** [désorienté] disorientated; être ~ par rapport à la réalité to be out of touch with reality.

**déphaser** [3] [defaze] *vt* -1. ÉLECTR to cause a phase difference in. -2. [désorienter]: son séjour prolongé à l'hôpital l'a déphasé his long stay in hospital made him lose touch with reality.

**dépiauter** [3] [depjote] *vt fam* -1. [enlever la peau de – lapin, poisson] to skin, to take the skin off; [– fruit] to peel. -2. [analyser]: ~ un texte to dissect a text.

**dépigmentation** [depigmɑ̃tasjɔ̃] *nf* depigmentation, loss of pigmentation.

**dépilation** [depilasjɔ̃] *nf* -1. MÉD hair loss. -2. [épilation] hair removal, removal of (unwanted) hair.

**dépilatoire** [depilatwar] ◇ *adj* depilatory. ◇ *nm* depilatory OU hair-removing cream.

**dépistage** [depistaʒ] *nm* -1. MÉD screening; le ~ du cancer screening for cancer; le ~ du sida AIDS testing. -2. [recherche] detection, unearthing.

**dépister** [3] [depiste] *vt* -1. [criminel] to track down (*sép*); [source, ruse] to detect, to unearth. -2. MÉD to screen for; des techniques pour ~ le cancer cancer screening techniques. -3. CHASSE [lièvre] to track down (*sép*); [chien] to put off the scent. -4. [perdre – poursuivant] to throw off (*sép*).

**dépit** [depi] *nm* pique; faire qqch par ~ to do sthg in a fit of pique OU out of spite; j'en aurais pleuré de ~ I was so vexed I could have cried ❑ ~ amoureux heartache, unrequited love.

◆ **en dépit de** *loc prép* despite, in spite of; faire qqch en ~ du bon sens [illogiquement] to do sthg with no regard for common sense; [n'importe comment] to do sthg any old how.

**dépité, e** [depite] *adj* (greatly) vexed, piqued.

**déplaçai** [deplase] *v* → **déplacer**.

**déplacé, e** [deplase] *adj* -1. [malvenu – démarche, remarque, rire] inappropriate; sa présence était ~e his presence was uncalled-for. -2. [de mauvais goût – plaisanterie] indelicate, shocking. -3. SOCIOL displaced.

**déplacement** [deplasmɑ̃] *nm* -1. [mouvement] moving, shifting; le ~ de l'aiguille sur le cadran the movement of the hands around the clock face ❑ ~ d'air displacement of air. -2. [sortie] moving about; [voyage d'affaires] (business) trip; Josie me remplace pendant mes ~s Josie steps in for me when I'm away on business; le docteur m'a interdit tout ~ the doctor said I mustn't move about; merci d'avoir fait le ~ thanks for coming all this way; joli panorama, ça vaut le ~! *fam* what a lovely view, it's definitely worth going out of your way to see it!; la soirée ne valait pas le ~ the party wasn't worth going to. -3. [mutation – d'un employé] transfer; ~ d'office transfer. -4. NAUT displacement; navire de 15 000 tonnes de ~ ship with a 15,000-ton displacement. -5. MÉD: ~ d'organe organ displacement; de ~ de vertèbre slipped disc. -6. PSYCH displacement.

◆ **de déplacement** *loc adj* -1. TRANSP: moyen de ~ means OU mode of transport. -2. PSYCH displacement (*modif*).

◆ **en déplacement** *loc adv* away; Bordeaux est en ~ à Marseille SPORT Bordeaux are playing away against Marseilles; la directrice est en ~ the manager's away (on business); envoyer qqn en ~ to send sb away on a business trip.

**déplacer** [16] [deplase] *vt* -1. [objet, pion, voiture] to move, to shift; déplace-les vers la droite move OU shift it to the right ❑ ~ de l'air *fam* & *hum* [en parlant] to talk big OU a lot of hot air. -2. [élève, passager] to move; [population] to displace. -3. [infléchir]: ne déplacez pas le problème OU la question don't change the question. -4. MÉD to displace, to put out of joint; [vertèbre] to slip. -5. [muter – fonctionnaire] to transfer. -6. [faire venir – médecin, dépanneur] to send for; ils ont déplacé l'ambulance pour cela? did they really get the ambulance out for that?; son concert a déplacé des foules crowds flocked to his concert. -7. [dans le temps – festival, rendez-vous] to change, to shift, to move; ~ une date [l'avancer] to move a date forward; [la reculer] to put back a date. -8. NAUT to have a displacement of.

◆ **se déplacer** ◇ *vpi* -1. [masse d'air, nuages] to move, to be displaced *spéc*; [aiguille d'horloge] to move. -2. [marcher] to move about OU around, to get about OU around; se ~ à l'aide de béquilles to get about on crutches; avec notre messagerie, faites vos courses sans vous ~ do your shopping from home with our Teletext service; cela ne vaut pas/vaut le coup de se ~ *fam* it's not worth/it's worth

the trip. -3. [voyager] to travel, to get about. ◇ *vpt*: se ~ une vertèbre to slip a disc.

**déplaire** [110] [deplɛr]

◆ **déplaire à** *v* + *prép* -1. [rebuter] to put off (*sép*); il m'a tout de suite déplu I took an instant dislike to him; je lui déplais tant que ça? does he dislike me as much as that?; un café? voilà qui ne me déplairait pas OU ne serait pas pour me ~ a coffee? I wouldn't say no!; il m'a parlé franchement, ce qui n'a pas été pour me ~ he was frank with me, which I liked; il ne lui déplairait pas de vivre à la campagne he wouldn't object to living in the country. -2. [contrarier] to annoy, to offend; ce que je vais dire risque de vous ~ I'm afraid you may not like what I'm going to say; ne vous (en) déplaise *litt* OU *hum* whether you like it or not.

◆ **se déplaire** ◇ *vp (emploi réciproque)* [ne pas se plaire l'un à l'autre] to dislike each other OU one another. ◇ *vpi* [être mal à l'aise] to be unhappy OU dissatisfied; je ne me suis pas déplu ici I quite enjoyed OU liked it here.

**déplaisant, e** [deplɛzɑ̃, ɑ̃t] *adj* -1. [goût, odeur, atmosphère] unpleasant, nasty. -2. [personne, comportement] unpleasant, offensive; cette surveillance est assez ~e being watched like this is rather unpleasant.

**déplaisir** [deplɛzir] *nm* -1. *litt* [tristesse] unhappiness. -2. [mécontentement] displeasure, disapproval; elle me verrait sans ~ accepter she'd be quite pleased if I accepted; je fais les corvées ménagères sans ~ I don't mind doing the housework; à mon/son grand ~ much to my/his chagrin.

**déplaisons** [deplɛzɔ̃], **déplaît** [deplɛ] *v* → **déplaire**.

**déplanter** [3] [deplɑ̃te] *vt* [arbuste] to uproot, to take up (*sép*); [jardin] to clear (of plants), to remove the plants from; [piquet] to dig out (*sép*).

**déplâtrer** [3] [deplatre] *vt* -1. CONSTR to strip of plaster, to remove the plaster from. -2. MÉD to take out of a plaster cast; on le déplâtre ~ demain his plaster cast's comes off tomorrow.

**dépliant, e** [deplijɑ̃, ɑ̃t] *adj* extendable, extensible.

◆ **dépliant** *nm* -1. [brochure] brochure, leaflet; ~ publicitaire advertising leaflet; ~ touristique travel brochure. -2. IMPR foldout.

**déplier** [10] [deplije] *vt* -1. [journal, lettre] to open out OU up (*sép*), to unfold; ~ la pièce de tissu to spread the cloth out ‖ [bras, jambes] to stretch. -2. [mètre pliant, canapé] to open out.

◆ **se déplier** *vp (emploi passif)* -1. [document] to unfold, to open out; les cartes routières ne se déplient pas facilement roadmaps aren't very easy to unfold. -2. [canapé, mètre pliant] to open out; un canapé qui se déplie a foldaway sofa-bed.

**déploie** [deplwa] *v* → **déployer**.

**déploiement** [deplwamɑ̃] *nm* -1. [des ailes d'un oiseau] spreading out, unfolding; NAUT unfurling. -2. MIL deployment; un grand ~ OU tout un ~ de police a large deployment of police ❑ ~ en éventail fan-shaped deployment. -3. [manifestation]: ~ de show OU demonstration OU display of; un grand ~ de force a great show of strength; un ~ d'affection a display of affection; *péj* a gush of affection.

**déploierai** [deplware] *v* → **déployer**.

**déplomber** [3] [deplɔ̃be] *vt* -1. [dent] to remove the filling from. -2. [ouvrir] to take the seals off, to remove the seals from. -3. INF to break through the protection of, to hack into (*insép*).

**déplorable** [deplɔrabl] *adj* -1. [regrettable] deplorable, regrettable, lamentable. -2. [mauvais – résultat] appalling; [– plaisanterie] awful, terrible, appalling; elle s'habille avec un goût ~ she dresses with appallingly bad taste.

**déplorer** [3] [deplɔre] *vt* -1. *sout* [regretter] to object to, to regret, to deplore; nous déplorons cet incident we regret this incident; je déplore que vous n'ayez pas compris I find it regrettable that you didn't understand. -2. [constater]: nous n'avons eu que peu de dégâts à ~ fortunately, we suffered only slight damage; on déplore la mort d'une petite fille dans l'accident sadly, a little girl was killed in the accident. -3. *litt* [pleurer sur] to lament OU to mourn for; ~ la mort d'un ami to grieve over the death of a friend.

**déployer** [13] [deplwaje] *vt* -1. [déplier] to spread out (*sép*), to unfold, to unroll; ~ les voiles NAUT to unfurl OU to extend the sails. -2. [faire montre de] to display, to exhibit; elle a dé-

ployé toute son éloquence she brought all her eloquence to bear; **il m'a fallu ~ des trésors de persuasion auprès d'elle** I had to work very hard at persuading her. **-3.** MIL to deploy.
♦ **se déployer** vpi **-1.** NAUT to unfurl. **-2.** [foule] to extend, to stretch out. **-3.** MIL to be deployed.
**déplu** [deply] pp → **déplaire.**
**déplumé, e** [deplyme] adj **-1.** [sans plumes] moulting; **des tourterelles ~es** turtledoves that have lost their feathers. **-2.** fam [chauve] bald, balding.
**déplumer** [3] [deplyme]
♦ **se déplumer** vpi **-1.** [perdre ses plumes] to lose ou to drop its feathers. **-2.** fam [devenir chauve]: **il** ou **son crâne se déplume** he's going bald ou thinning on top.
**déplus** [deply] v → **déplaire.**
**dépoitraillé, e** [depwatraje] adj fam & péj bare-chested; **tout ~** with his shirt open almost down to his navel.
**dépolariser** [3] [depɔlarize] vt to depolarize.
**dépoli, e** [depɔli] adj frosted, ground.
**dépolir** [32] [depɔlir] vt to grind.
**dépolissage** [depɔlisaʒ] nm [du verre] grinding.
**dépolitisation** [depɔlitizasjɔ̃] nf [d'une personne, d'un thème] depoliticization.
**dépolitiser** [3] [depɔlitize] vt to depoliticize.
**dépolluer** [7] [depɔlɥe] vt to cleanse, to clean up (sép).
**dépollution** [depɔlysjɔ̃] nf cleaning up, decontamination; **~ de l'eau** water purification.
**dépopulation** [depɔpylasjɔ̃] nf depopulation.
**déportation** [depɔrtasjɔ̃] nf **-1.** HIST [exil] transportation, deportation. **-2.** [en camp] deportation, internment; **pendant mes années de ~** during my years in a concentration camp.
**déporté, e** [depɔrte] nm, f **-1.** [prisonnier] deportee, internee. **-2.** HIST convict.
**déportement** [depɔrtəmɑ̃] nm [embardée] swerve, swerving.
**déporter** [3] [depɔrte] vt **-1.** [exiler] to deport, to send to a concentration camp. **-2.** [déplacer]: **la voiture a été déportée sur la gauche** the car swerved to the left.
♦ **se déporter** vpi [doucement] to move aside; [brusquement] to swerve; **se ~ vers la droite/gauche** to veer (off) to the right/left.
**déposer** [3] [depoze] ◇ vt **-1.** [poser – gén] to lay ou to put down (sép); [laisser – gerbe] to lay; [– objet livré] to leave, to drop off (sép); [– valise] to leave. **-2.** [faire descendre de véhicule] to drop (off); **je te dépose?** can I drop you off?, can I give you a lift? ‖ [décharger – matériel] to unload, to set down (sép). **-3.** [argent, valeurs] to deposit; **~ de l'argent en banque** to deposit money with a bank; **~ de l'argent sur son compte** to pay money into one's account; **~ des titres en garde** to deposit securities in safe custody. **-4.** ADMIN: **~ son bilan** to file for bankruptcy, to go into (voluntary) liquidation; **~ un brevet** to file a patent application, to apply for a patent; **~ sa candidature** to apply; **~ une plainte** to lodge a complaint; **~ un projet de loi** to introduce ou to table a bill. **-5.** [destituer – roi] to depose. **-6.** litt [donner]: **~ un baiser sur le front de qqn** to kiss sb's forehead gently. **-7.** [démonter – radiateur, étagère] to remove, to take out ou down (sép). ◇ vi **-1.** JUR to give evidence, to testify. **-2.** ŒNOL to settle, to form a sediment.
♦ **se déposer** vpi to settle.
**dépositaire** [depozitɛr] nmf **-1.** JUR depositary, trustee; **être le ~ d'une lettre** to hold a letter in trust. **-2.** COMM agent; **~ exclusif** sole agent; **~ d'une marque** agent for a brand; **~ de journaux** newsagent. **-3.** litt [confident] repository; **faire de qqn le ~ d'un secret** to entrust sb with a secret.
**déposition** [depozisjɔ̃] nf **-1.** [témoignage] deposition, evidence, statement; **faire une ~** to testify; **recevoir une ~** to take a statement. **-2.** [destitution – d'un roi] deposition.
**déposséder** [18] [deposede] vt to dispossess; **sa famille a été dépossédée** his family was stripped of all its possessions; **~ qqn de** to deprive sb of.
**dépossession** [deposesjɔ̃] nf deprivation, dispossessing.
**dépôt** [depo] nm **-1.** [remise – d'un rapport] handing in, submission; [– d'un paquet, d'un télégramme] handing in. **-2.** ADMIN [inscription] application, filing; [enregistrement] filing,

registration; **~ d'une liste électorale** presentation of a list of candidates ❑ **~ de bilan** petition in bankruptcy; **~ de brevet** patent registration; **~ légal** legal copyrighting; **~ d'une marque** registration of a trademark. **-3.** FIN [démarche] depositing; [somme] deposit; **~ à terme/vue** open-access/restricted-access deposit. **-4.** GÉOL deposit; **~ alluvial/de cendres/de carbone** alluvial/ash/carbon deposit; **~ glaciaire** glacial drift. **-5.** [couche] layer; [sédiment] deposit, sediment; **~ calcaire** ou **de tartre** layer of scale ou fur; **~ marin** silt. **-6.** ŒNOL sediment. **-7.** [entrepôt] store, warehouse; **~ des machines** engine house ❑ **~ de charbon** coal depot; **~ de matériel** storage yard; **~ mortuaire** mortuary; **~ d'ordures** rubbish dump ou tip Br, garbage dump Am. **-8.** MIL depot; **~ de munition** ammunition dump; **~ de vivres** supply dump, commissary Am. **-9.** TRANSP depot, station Am. **-10.** [boutique] retail outlet; **~ de pain** ≃ bread shop; **l'épicier fait ~ de pain** the grocer sells bread. **-11.** [prison] (police) cells (in Paris); **au ~** in the cells.
♦ **en dépôt** loc adv FIN in trust, in safe custody; **avoir en ~** to have on bond; **mettre en ~** to bond.
**dépoter** [3] [depɔte] vt HORT to plant out (sép), to transplant.
**dépotoir** [depɔtwar] nm **-1.** [décharge] dump; [usine] disposal plant, sewage works. **-2.** péj [lieu sale] pigsty; **il faut empêcher la Manche de devenir un ~** we must prevent the Channel becoming an open sewer. **-3.** fam [débarras] dumping ground.
**dépôt-vente** [depovɑ̃t] (pl dépôts-ventes) nm second-hand shop; **mettre qqch en ~** to put sthg on sale or return.
**dépouille** [depuj] nf **-1.** [cadavre]: **~ (mortelle)** (mortal) remains. **-2.** [peau – d'un mammifère] hide, skin; [– d'un reptile] slough.
♦ **dépouilles** nfpl [trophée] booty, plunder, spoils.
**dépouillé, e** [depuje] adj **-1.** [sans peau] skinned; [sans feuilles] bare, leafless. **-2.** [sans ornement] plain, simple, uncluttered; **un style ~** a concise ou terse style. **-3.** [dénué]: **~ de** lacking in.
**dépouillement** [depujmɑ̃] nm **-1.** [analyse] breakdown, collection and analysis; [des données data reduction; **~ d'un scrutin** tally ou counting of the votes. **-2.** [ouverture]: **~ du courrier** opening of the mail. **-3.** [simplicité – d'un décor] bareness, soberness. **-4.** [concision] conciseness, terseness. **-5.** [dénuement] dispossession, destitution.
**dépouiller** [3] [depuje] vt **-1.** [lapin] to skin. **-2.** [câble] to strip; **la bise a dépouillé les arbres de leurs feuilles** the north wind has stripped the trees bare ou of their leaves. **-3.** [voler] to dispossess, to despoil litt; **~ qqn de** to deprive sb of; **ils m'ont dépouillé de tout ce que j'avais sur moi** they stripped me of ou took everything I had on me. **-4.** [lire – journal, courrier, inventaire] to go through (insép); [analyser – questionnaire, réponses] to analyse, to study, to scrutinize; [– données] to process; **~ le scrutin** POL to count the votes. **-5.** sout [quitter] to cast aside (sép), to strip off (sép); **les reptiles dépouillent leur peau** ZOOL reptiles slough off ou shed their skin.
♦ **se dépouiller** vpi **-1.** [arbre, végétation]: **les arbres se dépouillent peu à peu** the trees are gradually losing ou shedding their leaves. **-2.** ZOOL to slough off its skin.
♦ **se dépouiller de** vp + prép **-1.** [se défaire de]: **se ~ de ses vêtements** to strip off; **se ~ de tous ses biens** to give away all one's property. **-2.** litt [se départir de] to cast off (sép).
**dépourvu, e** [depurvy] adj **-1.** [misérable] destitute. **-2.** [manquant]: **~ de** devoid of, lacking in; **c'est ~ de tout intérêt** it is of ou holds no interest at all; **totalement ~ de scrupules** totally unscrupulous; **sa remarque n'était pas entièrement ~e de bon sens** his remark was not entirely devoid of common sense.
♦ **au dépourvu** loc adv: **prendre qqn au ~** to catch sb off guard ou unawares; **ils ont été pris au ~ par cette information** the news caught them unawares.
**dépoussiérage** [depusjeraʒ] nm dust removal, dusting.
**dépoussiérant, e** [depusjerɑ̃, ɑ̃t] adj dust-removing; **filtre ~** dust filter.
♦ **dépoussiérant** nm dust remover.
**dépoussiérer** [18] [depusjere] vt **-1.** [nettoyer] to dust (off). **-2.** [rajeunir] to rejuvenate, to give a new lease of life to.
**dépravation** [depravasjɔ̃] nf depravity, perversion, perverseness.

**dépravé, e** [deprave] ◊ *adj* immoral, depraved, perverted. ◊ *nm, f* degenerate, pervert.

**dépraver** [3] [deprave] *vt* [corrompre] to deprave, to corrupt, to pervert.

**dépréciateur, trice** [depresjatœr, tris] ◊ *adj* disparaging, deprecatory, depreciative. ◊ *nm, f* depreciator, disparager.

**dépréciatif, ive** [depresjatif, iv] *adj* derogatory, disparaging.

**dépréciation** [depresjasjɔ̃] *nf* depreciation, drop ou fall in value; la ~ des propriétés foncières the drop in property values.

**déprécier** [9] [depresje] *vt* **-1.** FIN to depreciate, to cause to drop in value. **-2.** [dénigrer] to run down *(sép)*, to belittle, to disparage.
◆ **se déprécier** ◊ *vp (emploi réfléchi)* [se déconsidérer] to belittle ou to disparage o.s., to run o.s. down. ◊ *vpi* FIN to depreciate.

**déprédateur, trice** [depredatœr, tris] ◊ *adj* depredatory, plundering. ◊ *nm, f* [pilleur] depredator, plunderer; [escroc] swindler, embezzler.

**déprédation** [depredasjɔ̃] *nf* **-1.** [dégâts] (wilful) damage. **-2.** [détournement]: ~ de biens misappropriation of property; ~ des finances publiques embezzlement of public funds.

**déprendre** [79] [deprɑ̃dr]
◆ **se déprendre de** *vp* + *prép litt* to give up; se ~ de qqn to fall out of love with sb.

**dépressif, ive** [depresif, iv] *adj* [personne] depressive, easily depressed out; [caractère] depressive.

**dépression** [depresjɔ̃] *nf* **-1.** MÉD & PSYCH depression, depressiveness; ~ nerveuse nervous breakdown; ~ ou faire *fam* une ~ (nerveuse) to have a nervous breakdown. **-2.** GÉOG depression. **-3.** [absence de pression] vacuum; [différence de pression] suction. **-4.** MÉTÉO cyclone, barometric depression, low. **-5.** ÉCON depression, slump.

**déprimant, e** [deprimɑ̃, ɑ̃t] *adj* [démoralisant] depressing, disheartening, demoralizing.

**déprime** [deprim] *nf fam*: faire une ~ to be depressed; il est en pleine ~ he's really down at the moment.

**déprimé, e** [deprime] *adj* [abattu] dejected, depressed; je suis plutôt ~ aujourd'hui I feel rather down today.

**déprimer** [3] [deprime] ◊ *vt* [abattre] to depress, to demoralize. ◊ *vi fam* to be depressed.

**dépris, e** [depri, iz] *pp* → **déprendre**.

**déprogrammer** [3] [deprograme] *vt* RAD & TV to withdraw ou to remove from the schedule.

**dépucelage** [depysla3] *nm* [d'une fille] defloration, deflowering; [d'un garçon] loss of virginity.

**dépuceler** [24] [depysle] *vt* to deflower; c'est elle qui l'a dépucelé he lost his virginity to her.

**depuis** [dəpɥi] ◊ *prép* **-1.** [à partir d'une date ou d'un moment précis] since; ~ le 10 mars since March 10th; ~ le début from the very beginning, right from the beginning; il nous suit ~ Tours he's been following us since (we left) Tours; je ne fais du golf que ~ cette année I only started to play golf this year. **-2.** [exprimant une durée] for; ~ 10 ans for 10 years; ~ longtemps for a long time; ~ quelque temps of late; il ne joue plus ~ quelque temps he hasn't been playing of late ou lately, he hasn't played for some time; ~ peu recently, not long ago; la piscine n'est ouverte que ~ peu the pool opened only recently; les hommes font la guerre ~ toujours men have always waged war; ~ combien de temps le connais-tu? how long have you known him for? □ ~ le temps: et tu ne sais toujours pas t'en servir ~ le temps! and you still don't know how to use it after all this time!; il me l'a rendu hier — ~ le temps! he gave it back to me yesterday — it took him long enough ou and not before time! **-3.** [dans l'espace, un ordre, une hiérarchie] from; il lui a fait signe ~ sa fenêtre he waved to him from his window; des matelas ~ 300 francs mattresses from 300 francs (upwards).
◊ *adv*: je ne l'ai rencontré qu'une fois, je ne l'ai jamais revu ~ I only met him once and I've not seen him again since (then).
◆ **depuis... jusqu'à** *loc corrél* **-1.** [dans le temps] from... to; ~ 12 h jusqu'à 20 h from 12 to ou till 8 p.m. **-2.** [dans l'espace, un ordre, une hiérarchie] from... to; ils vendent de tout, ~ les

parapluies jusqu'aux sandwiches they sell everything, from umbrellas to sandwiches.
◆ **depuis le temps que** *loc conj*: ~ le temps que tu me le promets...˙you've been promising me that for such a long time...; ~ le temps que tu le connais, tu pourrais lui demander considering how long you've known him you could easily ask him.
◆ **depuis lors** *loc adv sout* since then.
◆ **depuis quand** *loc adv* **-1.** [pour interroger sur la durée] how long; ~ quand m'attends-tu? how long have you been waiting for me?-**2.** [exprimant l'indignation, l'ironie] since when; ~ quand est-ce que tu me donnes des ordres? since when do you give me orders?
◆ **depuis que** *loc conj* since; je ne l'ai pas revu ~ qu'il s'est marié I haven't seen him since he got married; ~ que j'ai arrêté de fumer, je me sens mieux I feel better since I stopped smoking.

**dépuratif, ive** [depyratif, iv] *adj* cleansing, depurative.

**députation** [depytasjɔ̃] *nf* **-1.** [envoi] deputation, mandating. **-2.** [groupe] delegation, deputation. **-3.** POL office of Deputy, membership of the Assemblée Nationale; se présenter à la ~ to stand for the position of Deputy.

**député** [depyte] *nm* **-1.** [représentant] delegate, representative. **-2.** POL [en France] deputy; [en Grande-Bretagne] member of Parliament; [aux États-Unis] Congressman (f Congresswoman); ~-**maire** *deputy who is also a mayor*; femme ~ [en Grande-Bretagne] woman MP; [aux États-Unis] Congresswoman.

**députer** [3] [depyte] *vt sout* to send, to delegate; ~ qqn auprès d'un ministre to send sb (as delegate) ou to delegate sb to speak to the Minister.

**déqualification** [dekalifikasjɔ̃] *nf* deskilling.

**déqualifier** [9] [dekalifje] *vt* to deskill.

**der** [dɛr] *nm* ou *nf inv* la ~ des ~s the war to end all wars.

**déraciné, e** [derasine] ◊ *adj* BOT & *fig* uprooted; ils se sentent ~s they feel cut off from their roots. ◊ *nm, f* person without roots.

**déracinement** [derasinmɑ̃] *nm* **-1.** BOT uprooting. **-2.** [extirpation] eradication, suppression. **-3.** [exil] uprooting (from one's environment); ce fut pour eux un ~ complet it was a complete change of environment for them.

**déraciner** [3] [derasine] *vt* **-1.** BOT to uproot; ~ qqn *fig* to uproot sb, to deprive sb of his roots. **-2.** [détruire – vice, racisme] to root out *(sép)*; ces habitudes sont difficiles à ~ these habits die hard.

**déraillement** [derajmɑ̃] *nm* RAIL derailment; il y a eu un ~ à Foissy a train came off the track ou was derailed at Foissy.

**dérailler** [3] [deraje] *vi* **-1.** RAIL to go off ou to leave the rails; faire ~ un wagon to derail a truck. **-2.** *fam* [fonctionner mal] to be on the blink; faire ~ les négociations to derail the talks. **-3.** *fam* [déraisonner] to go off the rails; [se tromper] to talk through one's hat; tu dérailles complètement! you're talking utter nonsense!

**dérailleur** [derajœr] *nm* derailleur.

**déraison** [derɛzɔ̃] *nf litt* foolishness, folly.

**déraisonnable** [derɛzɔnabl] *adj* foolish, senseless; une attente/attitude ~ irrational expectation/behaviour.

**déraisonner** [3] [derɛzɔne] *vi* **-1.** [dire des sottises] to talk nonsense. **-2.** [divaguer] to rave.

**dérangé, e** [derɑ̃ʒe] *adj* **-1.** *fam* [bizarre] crazy, odd *Am*; t'es pas un peu ~? have you gone out of your mind?; il a l'esprit un peu ~ his mind is going. **-2.** [malade] upset; il a l'estomac ou il est ~ he's got an upset stomach. **-3.** [en désordre – coiffure] dishevelled, messed-up; [– tenue] untidy.

**dérangeai** [derɑ̃ʒe] *v* → **déranger**.

**dérangeant, e** [derɑ̃ʒɑ̃, ɑ̃t] *adj* **-1.** [qui fait réfléchir] thought-provoking. **-2.** [qui crée un malaise] distressing, upsetting, worrying.

**dérangement** [derɑ̃ʒmɑ̃] *nm* **-1.** [désordre] disarrangement, disorder. **-2.** [gêne] trouble, inconvenience. **-3.** MÉD disturbance, upset; ~ de l'esprit insanity, mental derangement □ ~ gastrique ou intestinal ou de l'intestin stomach upset. **-4.** [déplacement] trip; cela m'épargnera le ~ it'll save me having to go; cela ne vaut pas/vaut le ~ it isn't/it's worth the trip.
◆ **en dérangement** *loc adj* out of order, faulty; 'en ~' 'out

of order'.

**déranger** [17] [derɑ̃ʒe] ◇ *vt* **-1.** [mettre en désordre] to mix ou to muddle up *(sép)*, to make a mess of; **ne dérange pas mes papiers!** don't get my papers mixed up ou in a muddle!; ~ **la coiffure de qqn** to mess up sb's hair. **-2.** [gêner] to bother, to disturb; **'ne pas ~'** 'do not disturb'; **si cela ne vous dérange pas** if you don't mind; **est-ce que cela vous dérange si** ou **que...?** do you mind if...?; **ça ne te dérange pas de poster ma lettre?** would you mind posting my letter for me?; **et alors, ça te dérange?** *fam* so, what's it to you?; **ça te dérangerait d'être poli?** *fam* would it be too much trouble for you to be polite?**-3.** [interrompre] to interrupt, to intrude upon; **allô, Marie, je te dérange?** hello Marie, is this a good time to call?; **désolé de vous ~** sorry to disturb you. **-4.** [perturber – projets] to interfere with, to upset; **ça lui a dérangé l'esprit** she was badly shaken up by it. **-5.** [estomac] to upset. ◇ *vi*: **ses livres dérangent** his books are challenging.
◆ **se déranger** *vpi* **-1.** [venir] to come; [sortir] to go out; **il a refusé de se ~** he wouldn't come (out); **je refuse de me ~** I refuse to go; **s'est-elle dérangée pour la réunion?** did she put in an appearance at the meeting?; **ce coup de fil m'a évité de me ~** that phone call saved me a useless journey; **se ~ pour rien** to have a wasted journey. **-2.** [se pousser] to move (aside); **ne te dérange pas, je passe très bien** stay where you are, I can get through. **-3.** [se donner du mal] to put o.s. out; **ne vous dérangez pas, je reviendrai** please don't go to any trouble, I'll come back later.

**dérapage** [derapaʒ] *nm* **-1.** SPORT [en ski] side-slipping; **faire du ~** to sideslip ‖ [en moto] skidding. **-2.** AÉRON & AUT skid; **~ contrôlé** controlled skid. **-3.** [dérive] (uncontrolled) drifting; **le ~ des prix** the uncontrolled increase in prices. **-4.** [erreur] mistake, slip-up.

**déraper** [3] [derape] *vi* **-1.** [gén] to skid. **-2.** [au ski] to sideslip. **-3.** AÉRON to skid sideways. **-4.** *fig* to go wrong; **ça a complètement dérapé** it went completely wrong; **la conversation a vite dérapé sur la politique** the conversation soon got round to politics.

**dératé, e** [derate] *nm, f*: **courir comme un ~** to run like lightning.

**dératisation** [deratizasjɔ̃] *nf* rodent control.

**dératiser** [3] [deratize] *vt* to clear of rats ou rodents.

**derechef** [dərəʃef] *adv hum* once again, one more time.

**déréglage** [dereglaʒ] *nm* [gén] malfunction; RAD & TV detuning.

**dérègle** [deregl] *v* → **dérégler**.

**dérèglement** [dereglǝmɑ̃] *nm* [dérangement] disturbance, trouble.
◆ **dérèglements** *nmpl* [écarts] dissoluteness, debauchery.

**déréglementer** [3] [dereglǝmɑ̃te] *vt* to deregulate.

**dérégler** [18] [deregle] *vt* **-1.** MÉCAN [mécanisme] to disturb, to put out *(sép)*; [carburateur] to put ou to throw out of tuning; **le compteur est déréglé** the meter's not working properly; **l'orage a déréglé la pendule électrique** the storm has sent the electric clock haywire. **-2.** [perturber] to unsettle, to upset; **son sommeil** to disturb one's sleep pattern.
◆ **se dérégler** *vpi* MÉCAN to go wrong, to start malfunctioning; **le carburateur s'est déréglé** the carburettor's out, the idling needs adjusting; **ma fixation s'est déréglée** my binding's come loose.

**déréguler** [3] [deregyle] *vt* to deregulate.

**déréliction** [dereliksjɔ̃] *nf* RELIG dereliction *(of man by God)*.

**dérider** [3] [deride] *vt* **-1.** [détendre] to cheer up *(sép)*; **je n'ai pas réussi à le ~** I couldn't get a smile out of him. **-2.** [déplisser] to unwrinkle.
◆ **se dérider** *vpi* to brighten, to cheer up.

**dérision** [derizjɔ̃] *nf* **-1.** [moquerie] derision, mockery; **tourner qqn/qqch en ~** to scoff at sb/sthg. **-2.** [ironie] irony; **quelle ~!** how ironic!

**dérisoire** [derizwar] *adj* **-1.** [risible] ridiculous, laughable. **-2.** [piètre – salaire, prix] derisory, ridiculous. **-3.** [sans effet] inadequate, trifling, pathetic.

**dérivatif, ive** [derivatif, iv] *adj* derivating LING.
◆ **dérivatif** *nm* derivative *spéc*, distraction, escape.

**dérivation** [derivasjɔ̃] *nf* **-1.** [d'un cours d'eau] diversion. **-2.**

ÉLECTR shunt, branch circuit. **-3.** CHIM, LING & MATH derivation. **-4.** NAUT drift. **-5.** MÉD diversion.

**dérive** [deriv] *nf* **-1.** [dérapage] drifting, drift; **la ~ de l'économie** the downward spiral of the economy; **aller à la ~** *pr* to drift, to go adrift; *fig* to go downhill. **-2.** NAUT [déplacement] drift, drifting off course; [quille] centreboard, keel; **partir à la ~** to drift off course. **-3.** AÉRON [trajectoire] drift, drifting off course; [empennage] fin, stabilizer. **-4.** GÉOG: **~ des continents** continental drift.

**dérivé, e** [derive] *adj* **-1.** LING & MATH derived. **-2.** ÉLECTR diverted, shunt; **circuit ~** branch circuit.
◆ **dérivé** *nm* **-1.** CHIM derivative. **-2.** LING derivation. **-3.** [sous-produit] by-product.
◆ **dérivée** *nf* MATH derivative.

**dériver** [3] [derive] ◇ *vi* NAUT to drift, to be adrift. ◇ *vt* **-1.** [détourner – rivière] to divert (the course of). **-2.** ÉLECTR to shunt. **-3.** CHIM & MATH to derive.
◆ **dériver de** *v* + *prép* **-1.** [être issu de] to derive ou to come from. **-2.** CHIM to be produced from. **-3.** LING to stem ou to derive from.

**dériveur** [derivœr] *nm* [bateau] sailing dinghy *(with a centreboard)*.

**dermabrasion** [dɛrmabrazjɔ̃] *nf* dermabrasion.

**dermato** [dɛrmato] *nmf fam* dermatologist, skin-specialist.

**dermatologie** [dɛrmatɔlɔʒi] *nf* dermatology.

**dermatologiste** [dɛrmatɔlɔʒist], **dermatologue** [dɛrmatɔlɔg] *nmf* dermatologist, skin-specialist.

**dermatose** [dɛrmatoz] *nf* dermatosis, skin disease; **~ professionnelle** industrial dermatosis.

**derme** [dɛrm] *nm* derm, (true) skin.

**dermique** [dɛrmik] *adj* dermic, dermal.

**dernier, ère** [dɛrnje, *devant nm commençant par voyelle ou h muet* dɛrnjer, dɛrnjɛr] ◇ *adj* **A.** DANS LE TEMPS **-1.** *(avant le nom)* [qui vient après tous les autres – avion, bus, personne] last; [– détail, préparatif] final; **un ~ mot/point!** one final word/point!; **il vient de terminer ses ~s examens** [en fin de cycle d'études] he's just taken his final exams ou finals; **le ~ enchérisseur** the highest bidder; **un Warhol dernière période** a late Warhol; **les dernières années de sa vie** the last years of his life; **jusqu'à son ~ jour** to his dying day, until the day he died; **ce furent ses dernières paroles** these were his dying ou last words; **ses dernières volontés** his last wishes ❏ **~ arrivant** ou **arrivé** ou **venu** latecomer; **sa dernière demeure** her final resting place; **la dernière édition** the late edition; **la dernière séance** the last day performance; **avoir le ~ mot:** **il faut toujours qu'il ait le ~ mot** he always has to have the last word; **rendre les ~s devoirs** ou **honneurs** ou **un ~ hommage à qqn** to pay a final tribute ou one's last respects to sb. **-2.** *(avant le nom)* [arrêté, ultime] final; **c'est mon ~ prix** [vendeur] it's the lowest I'll go; [acheteur] that's my final offer; **dans un ~ sursaut de rage** in a final burst of rage; **en dernière analyse** in the final ou last analysis, when all's said and done. **-3.** [précédent] last, previous; **la nuit dernière** last night; **la dernière fois, la fois dernière** last time; **ces dix dernières années** these last ten years. **-4.** *(avant le nom)* [le plus récent] last, latest; **achète-moi la dernière biographie de Proust** get me the latest biography of Proust; **je ferai mes valises au ~ moment** I'll pack at the last minute ou possible moment; **une nouvelle de dernière minute** a late newsflash; **on nous apprend/ils apprirent en dernière minute que...** we've just heard this minute/at the last minute they heard that..; **ces ~s temps** lately, of late; **les ~s temps de** the last stages ou days of, the end of; **tu connais la dernière nouvelle?** have you heard the latest?; **aux dernières nouvelles, le mariage aurait été annulé** according to the latest news, the wedding's been cancelled; **aux dernières nouvelles, elle était en Alaska** she was last heard of in Alaska; **de dernière heure** [changement] last-minute.
**B.** DANS L'ESPACE **-1.** [du bas – étagère] bottom; **les chaussettes sont dans le ~ tiroir** the socks are in the bottom drawer. **-2.** [du haut] top; **au ~ étage** on the top floor. **-3.** [du bout] last; **un siège au ~ rang** a seat in the back (row).
**C.** DANS UN CLASSEMENT, UNE HIÉRARCHIE **-1.** [dans une série] last; **suite à la dernière page** continued on the back page. **-2.** [le plus mauvais] last, bottom; **en dernière position** in last position, last; **le ~ élève de la classe** the pupil at the

bottom of the class; **je suis ~ à l'examen** I came last ou bottom *Br* in the exam; **arriver bon ~** to come in last. **-3.** [le meilleur] top, highest; **le ~ échelon** the highest level.
**D.** EN INTENSIF **-1.** *(avant le nom)* [extrême, sens positif]: **de la dernière importance** of paramount ou of the utmost importance; **du ~ chic** extremely smart; **atteindre le ~ degré de la perfection** to attain the summit of perfection. **-2.** *(avant le nom)* [extrême, sens négatif]: **un acte de la dernière lâcheté** the most cowardly of acts; **traiter qqn avec le ~ mépris** to treat sb with the greatest contempt; **c'est de la dernière effronterie/impolitesse** it's extremely cheeky/rude; **du ~ mauvais goût** in appalling bad taste; **c'est la dernière chose à faire** it's the last thing one should do; **il est la dernière personne à qui je penserais** he's the last person I'd have thought of!; **c'est le ~ métier qu'on puisse imaginer** it's the lowest job you could imagine ❏ **faire subir les ~s outrages à une femme** *euph* to violate a woman.
◇ *nm, f* **-1.** [dans le temps] last ou final one; **je suis partie la dernière** I left last, I was the last one to leave; **je suis arrivé dans les ~s** I was among the last ou final ones to arrive ‖ [dans une famille] youngest; **le ~** the youngest ou last (boy); **la dernière** the youngest ou last (girl); **ses deux ~s** his two youngest (children); **le petit ~** the youngest son; **la petite dernière** the youngest daughter. **-2.** [dans l'espace – celui du haut] top one; [– celui du bas] last ou bottom one; [– celui du bout] last one; **son dossier est le ~ de la pile** her file is at the bottom of the pile. **-3.** [dans une hiérarchie – le pire]: **j'étais toujours le ~ en classe** I was always (at the) bottom of the class; **tu arrives le ~ avec 34 points** you come last with 34 points; **elle est la dernière à qui je le dirais** she's the last person I'd tell; **le ~ des ~s** *fam* the lowest of the low; **tu es le ~ des imbéciles!** *fam* you're a complete idiot; **le ~ des lâches n'aurait pas fait ça** even the worst coward wouldn't have done that; **je serais vraiment le ~ des idiots!** I'd be a complete fool!; **c'est le ~ des maris** he's a terrible husband ‖ [dans une série] last one; **allez, on en prend un ~!** [verre] let's have a last one (for the road)!; **ils les ont tués jusqu'au ~** every single one of them was killed. **-4.** [dans une narration]: **ce ~, cette dernière** [de deux] the latter; [de plusieurs] this last, the last-mentioned; **il attendait la réponse de Luc, mais ce ~ se taisait** he was waiting for Luc's answer but the latter kept quiet.
◆ **dernier** *nm* **-1.** [étage] top floor. **-2.** [dans une charade]: **mon ~ est/a...** my last is/has...
◆ **dernière** *nf* **-1.** THÉÂT last performance. **-2.** *fam* [nouvelle]: **tu connais la dernière?** have you heard the latest?
◆ **au dernier degré, au dernier point** *loc adv* extremely, to the highest ou last degree; **j'étais excédé au ~ point** I was utterly furious; **c'est un alcoolique au ~ degré** he's a complete alcoholic; **drogué au ~ degré** drugged to the eyeballs.
◆ **au dernier degré de** *loc prép* in the utmost; **au ~ degré du désespoir** in the depths of despair.
◆ **dernier délai** *loc adv* at the latest.
◆ **en dernier** *loc adv* last; **entrer en ~** to go in last, to be the last one to go in; **ajoute le sel en ~** add the salt last ou at the end.

**dernièrement** [dɛrnjɛrmɑ̃] *adv* lately, not long ago, (quite) recently.

**dernier-né, dernière-née** [dɛrnjene, dɛrnjɛrne] *(mpl* **derniers-nés,** *fpl* **dernières-nées)** *nm, f* **-1.** [benjamin] lastborn (child), youngest child. **-2.** COMM: **le ~ de notre gamme d'ordinateurs** the latest addition to our range of computers.

**dérobade** [derɔbad] *nf* **-1.** [fuite] avoidance, evasion. **-2.** ÉQUIT jib, refusal.

**dérobé, e** [derɔbe] *adj sout* **-1.** [caché] hidden, concealed, secret. **-2.** [volé] stolen, purloined *litt.*
◆ **à la dérobée** *loc adv* secretly, on the sly, furtively; **regarder qqn à la ~e** to steal a glance at sb; **il la surveillait à la ~e** he was watching her furtively.

**dérober** [3] [derɔbe] *vt sout* **-1.** [voler] to steal; **~ qqch à qqn** to steal sthg from sb; **on lui a dérobé son argent** he has been robbed of his money; **~ un baiser (à qqn)** *litt* to steal a kiss (from sb). **-2.** [cacher]: **~ qqch à la vue** to hide ou to conceal sthg from view.
◆ **se dérober** *vpi* **-1.** [éluder la difficulté] to shy away; **n'essaie pas de te ~** don't try to be evasive. **-2.** ÉQUIT to jib,

to refuse; **se ~ devant l'obstacle** to refuse at the jump. **-3.** [s'effondrer] to collapse, to give way; **ses jambes se sont dérobées sous lui** his legs gave way under him.
◆ **se dérober à** *vp + prép* to avoid, to evade.

**dérogation** [derɔgasjɔ̃] *nf* (special) dispensation ou exemption; **~ aux usages** departure from custom.

**dérogatoire** [derɔgatwar] *adj* dispensatory.

**déroger** [17] [derɔʒe] *vi sout* to demean o.s.
◆ **déroger à** *v + prép* **-1.** [manquer à] to depart from. **-2.** HIST: **~ à son rang** to lose caste *(after working at a demeaning occupation).*

**dérouillée**ᵛ [deruje] *nf* belting, thrashing.

**dérouiller** [3] [deruje] ◇ *vt* **-1.** [enlever la rouille sur] to remove the rust from. **-2.** [assouplir – doigts, esprit] to loosen up *(sép)*; [– jambes] to stretch. ◇ *vi fam* **-1.** [être battu] to get it; **tu vas ~!** you're for it ou going to get it!**-2.** [souffrir] to be in agony.
◆ **se dérouiller** *vpt*: **se ~ les doigts** to loosen up one's fingers; **se ~ les jambes** to stretch one's legs.

**déroulement** [derulmɑ̃] *nm* **-1.** [débobinage] unreeling, unwinding. **-2.** [cours – d'une cérémonie, d'un discours] course; **le ~ des événements** the course ou sequence of events.

**dérouler** [3] [derule] *vt* [débobiner – câble] to unroll, to unwind, to uncoil; [– tapis, rouleau] to unroll; **~ le tapis rouge pour qqn** *fig* to roll out the red carpet for sb.
◆ **se dérouler** *vpi* **-1.** [se déployer – câble, bande] to unwind, to uncoil, to unroll; **le paysage se déroule sous nos yeux** the landscape unfolds before our eyes. **-2.** [avoir lieu] to take place, to be going on; **les spectacles qui se déroulent en ce moment** the shows currently running; **les épreuves se sont déroulées conformément au règlement** the exams were conducted in accordance with the rules. **-3.** [progresser] to develop, to progress.

**dérouleur** [derulœr] *nm* **-1.** [de papier, de bande] tape winder; **~ de bande magnétique** tape unit, magnetic tape drive. **-2.** [de cuisine] kitchen roll dispenser.

**déroutant, e** [derutɑ̃, ɑ̃t] *adj* perplexing, disconcerting, puzzling.

**déroute** [derut] *nf* **-1.** MIL retreat, rout; **être en pleine ~** to be in full flight; **mettre qqn en ~** to disconcert sb; **l'armée a été aisément mise en ~** the army was easily routed. **-2.** [débâcle] ruin; **l'entreprise est en pleine ~** the firm's collapsing.

**dérouter** [3] [derute] *vt* **-1.** [changer l'itinéraire de] to reroute. **-2.** [étonner] to disconcert, to perplex. **-3.** CHASSE to throw off the track.

**derrick** [derik] *nm* derrick.

**derrière** [dɛrjɛr] ◇ *prép* **-1.** [en arrière de] behind; **ça s'est passé ~ chez moi** it happened behind my house; **il y a un chien ~ la grille** there's a dog (on) the other side of the gate ‖ *fig*: **être ~ qqn** [le soutenir] to support sb; **ne sois pas toujours ~ moi!** [à me surveiller] stop watching everything I do all the time! ❏ **je sais bien ce qu'elle dit ~ mon dos** I'm quite aware of what she says behind my back; **il faut toujours être ~ lui** ou **~ son dos** he has to be watched all the time. **-2.** [à la suite de – dans un classement] behind. **-3.** [sous] beneath, under; **~ son indifférence apparente** beneath his apparent indifference; **qu'y a-t-il ~ tout ça?** what's the key to all this?, what's behind all this?, what's all this really about?
◇ *adv* **-1.** [en arrière] behind, the other side; **tu vois le bureau de poste?** la bibliothèque est juste **~** the library's just behind the post office? the library's just behind it; **passe ~, tu verras mieux** come through, you'll get a better view. **-2.** [du côté arrière] at the back; **tes cheveux sont trop longs ~** your hair's too long at the back ‖ [sur la face arrière] on the back; **écris le nom de l'expéditeur ~** write the sender's name on the back. **-3.** [dans le fond] at the rear ou back; **installe-toi ~** [dans une voiture] sit in the back. **-4.** *fig* behind; **elle est loin ~** she's a long way behind.
◇ *nm* **-1.** [d'un objet, d'un espace] back. **-2.** *fam* [fesses] bottom, posterior *hum*; **pousse ton ~!** shift your backside!; **avoir le ~ à l'air** to be bare-bottomed ❏ **coup de pied au ~** kick up the backside ou *Am* in the pants; **être** ou **rester** ou **tomber le ~ par terre** to be stunned ou flabbergasted. **-3.** ZOOL rump; **le chien assis sur son ~** the dog sitting on its haunches.

◆ **de derrière** ◇ *loc adj* [dent, jardin, roue etc] back *(modif).*
◇ *loc prép* **-1.** [par l'arrière de] from behind. **-2.** *loc*: de ~ les
fagots very special.
◆ **par derrière** ◇ *loc adv* from behind; il est passé par ~ [la
maison] he went round the back; dire du mal de qqn par ~ to
criticize sb behind his/her back. ◇ *loc prép* from behind; passer par ~ la maison to go around the back of the house.
**derviche** [dɛrviʃ] *nm* dervish; ~ **tourneur** whirling dervish.
**des** [de] ◇ *dét (art indéf)* → **un.** ◇ *prép* → **de.**
**dès** [dɛ] *prép* **-1.** [dans le temps] from; ~ **son retour, il faudra
y penser** as soon as he comes back, we'll have to think
about it; ~ **le début** from the beginning; **prêt** ~ **8 h** ready
by 8 o'clock; ~ **le quinzième siècle** as far back as the
fifteenth century; **je vais le faire** ~ **aujourd'hui** I'm going to
do it this very day; **vous pouvez réserver vos places** ~
**maintenant** booking is now open; **pouvez-vous commencer** ~ **maintenant?** can you start straight away?**-2.** [dans
un ordre, une hiérarchie]: ~ **la seconde année** from the second year onwards; ~ **sa nomination** as soon as he was appointed; ~ **le deuxième verre, il ne savait plus ce qu'il disait** after his second glass he started talking nonsense. **-3.**
[dans l'espace]: ~ **la frontière** on reaching the border; ~ **la
sortie du village commence la forêt** the woods lie just
beyond the village.
◆ **dès lors** *loc adv* **-1.** [à partir de là] from then on, since
(then); **il a quitté la ville;** ~ **lors, on n'a plus entendu parler de lui** he left the town and he's never been heard of
since. **-2.** [en conséquence] consequently, therefore.
◆ **dès lors que** *loc conj* **-1.** [étant donné que] as, since; [du moment où] from the moment (that); ~ **lors qu'il a renoncé à
ce poste, il ne peut prétendre à une augmentation** given
that ou since ou as he refused that job, he can't expect a rise.
**-2.** [dès que] as soon as; ~ **lors que la loi entre en vigueur,
il faut s'y conformer** as soon as the law comes into force, it
must be respected.
◆ **dès que** *loc conj* **-1.** [aussitôt que] as soon as; ~ **que possible** as soon as possible; ~ **que tu pourras** as soon as you
can. **-2.** [chaque fois que] whenever; ~ **qu'il peut, il part en
vacances** whenever he can, he goes off on holiday.
**désabusé, e** [dezabyze] *adj* **-1.** [déçu] disillusioned, disenchanted. **-2.** [amer] embittered.
**désaccord** [dezakɔr] *nm* **-1.** [litige] conflict, disagreement,
dissension *(U).* **-2.** [contraste] discrepancy, disharmony *litt.*
◆ **en désaccord** *loc adj*: **les parties en** ~ the dissenting parties; **ils sont en** ~ **en ce qui concerne l'éducation de leurs
enfants** they disagree about their children's education; **être
en** ~ **avec qqn sur qqch** to be in conflict with sb over sthg;
**sa conduite est en** ~ **avec ses principes** his behaviour is
not consistent with his principles.
**désaccorder** [3] [dezakɔrde] *vt* MUS to detune; **le piano est
désaccordé** the piano's out of tune.
◆ **se désaccorder** *vpi* MUS to go out of tune.
**désaccoutumer** [3] [dezakutyme] *vt* **-1.** [déshabituer] to dis-
accustom, to cause to lose a habit. **-2.** MÉD & PSYCH: ~ **qqn** to
end sb's dependency.
**désacralisation** [desakralizasjɔ̃] *nf* deconsecration.
**désacraliser** [3] [desakralize] *vt* to remove the sacred character from; *fig* to demythologize.
**désactiver** [3] [dezaktive] *vt* **-1.** CHIM to deactivate, to make
ineffective. **-2.** NUCL to decontaminate.
**désaffectation** [dezafɛktasjɔ̃] *nf* [d'une église] deconsecra-

tion, secularization, secularizing; [d'une gare] closing down,
putting out of use ou commission.
**désaffecté, e** [dezafɛkte] *adj* [église] deconsecrated, secular-
ized; [gare, entrepôt] disused.
**désaffecter** [4] [dezafɛkte] *vt* [église] to deconsecrate, to
secularize; [entrepôt] to close down, to put out of use ou
commission.
**désaffection** [dezafɛksjɔ̃] *nf* disaffection, loss of interest;
**manifester une certaine** ~ **pour qqch** to lose interest in ou
to turn one's back on sthg.
**désagréable** [dezagreabl] *adj* **-1.** [déplaisant] disagreeable,
unpleasant; ~ **à voir** unsightly; **une odeur** ~ a nasty smell;
**ce n'est pas** ~ it's rather pleasant ou nice. **-2.** [peu sociable]
bad-tempered, rude; **elle est** ~ **avec tout le monde** she's
rude to everybody.
**désagréablement** [dezagreabləmɑ̃] *adv* unpleasantly, offensively; **un bruit qui résonne** ~ **aux oreilles** a noise that
grates on the ears.
**désagrégation** [dezagregasjɔ̃] *nf* **-1.** [d'un tissu, d'un béton]
disintegration. **-2.** GÉOL weathering. **-3.** [d'une équipe]
break-up, breaking ou splitting up, disbanding.
**désagréger** [22] [dezagreʒe] *vt* **-1.** [effriter] to break up *(sép),*
to cause to disintegrate ou to crumble. **-2.** [désunir – équipe]
to break up *(sép),* to disband.
◆ **se désagréger** *vpi* **-1.** [s'effriter] to powder; GÉOL to be
weathered. **-2.** [groupe, équipe] to break up, to disband.
**désagrément** [dezagremɑ̃] *nm* trouble *(U),* inconvenience
*(U);* **causer des** ~**s à qqn** to cause trouble for sb, to
inconvenience sb; **les voyages impliquent parfois quelques** ~**s** travelling sometimes involves inconvenience.
**désalpe** [dezalp] *nf* Helv transhumance *(from the high pastures).*
**désaltérant, e** [dezalterɑ̃, ɑ̃t] *adj* refreshing, thirst-
quenching.
**désaltérer** [18] [dezaltere] *vt* to refresh, to quench the thirst
of.
◆ **se désaltérer** *vpi* to quench ou to slake one's thirst.
**désambiguïser** [3] [dezɑ̃bigɥize] *vt* to disambiguate.
**désamorçage** [dezamɔrsaʒ] *nm* **-1.** ARM [d'une bombe] defus-
ing; [d'une arme] unpriming. **-2.** ÉLECTR running down, de-
energization. **-3.** MÉCAN air-binding.
**désamorcer** [16] [dezamɔrse] *vt* **-1.** ARM [grenade] to defuse;
[arme] to unprime. **-2.** ÉLECTR to run down *(sép),* to de-
energize. **-3.** MÉCAN: ~ **une pompe** to draw off the water
from a pump. **-4.** [contrecarrer] to defuse, to forestall, to inhibit.
**désappointé, e** [dezapwɛ̃te] *adj sout* disappointed, frustrated.
**désappointement** [dezapwɛ̃tmɑ̃] *nm litt* disappointment,
dissatisfaction.
**désappointer** [3] [dezapwɛ̃te] *vt sout* to disappoint.
**désapprendre** [79] [dezaprɑ̃dr] *vt* to forget, to unlearn; **ce
n'est pas facile de** ~ **à mentir** it's not easy to get out of the
habit of lying.
**désapprobateur, trice** [dezaprɔbatœr, tris] *adj* censorious,
disapproving; **d'un air** ~ with a look of disapproval.
**désapprobation** [dezaprɔbasjɔ̃] *nf* disapproval; *voir* USAGE *au
verso.*
**désapprouver** [3] [dezapruve] *vt* **-1.** [condamner] to disapprove of; **un mariage civil? sachez que je désapprouve!** a
registry office *Br* ou civil *Am* wedding? let me say that I thor-

---

**USAGE ▶ Le désaccord**

**Marqué**

I totally disagree.
That is out of the question.
I can't accept that.
I totally refute that suggestion. [soutenu]
It's just not on! [familier]

**Moins marqué**

I'm sorry, but I can't agree with you there.

I'm afraid I can't go along with you on that.
I'm not convinced!
With respect, I think you're forgetting one important point.
I beg to differ. [soutenu]

**Peu marqué**

You have a point, but...
Be that as it may, I still think...
That's all very well, but...
We'll just have to agree to differ then.

oughly disapprove ou I do not approve! **-2.** [s'opposer à – projet, idée] to object to, to reject.

**désarçonner** [3] [dezarsɔne] *vt* **-1.** ÉQUIT to unseat, unhorse. **-2.** [déconcerter] to throw, to put off one's stride.

**désargenté, e** [dezarʒɑ̃te] *adj fam* penniless.

**désargenter** [3] [dezarʒɑ̃te] *vt* **-1.** MIN to desilver. **-2.** [bijou, couvert] to wear off the silver plate of. **-3.** *fam* [priver d'argent] to deprive of cash.

**désarmant, e** [dezarmɑ̃, ɑ̃t] *adj* **-1.** [touchant] disarming; **elle est ~e de gentillesse** she is disarmingly sweet. **-2.** [confondant] amazing, breathtaking.

**désarmé, e** [dezarme] *adj* **-1.** ARM uncocked. **-2.** NAUT laid up. **-3.** [surpris] dumbfounded. **-4.** [privé de moyens]: **être ~ devant la vie/les mauvaises influences** to be ill-equipped to cope with life/to deal with bad influences.

**désarmement** [dezarməmɑ̃] *nm* MIL & POL disarmament.

**désarmer** [3] [dezarme] ◇ *vt* **-1.** MIL & POL to disarm. **-2.** ARM to uncock. **-3.** [attendrir] to disarm; **être désarmé par la bonne volonté de qqn** to find sb's willingness disarming. **-4.** NAUT to lay up *(sép)*, to put out of commission. ◇ *vi* **-1.** MIL to disarm. **-2.** *loc*: **il ne désarme pas** he won't give in, he keeps battling on; **les journaux ne désarmeront pas** the press stories will go on and on.

**désarroi** [dezarwa] *nm* dismay, (utter) confusion; **être dans le ~ le plus profond** to be utterly dismayed, to be in utter confusion.

**désarticulé, e** [dezartikyle] *adj* dislocated, out of joint.

**désarticuler** [3] [dezartikyle] *vt* to disjoint, to dislocate.
◆ **se désarticuler** ◇ *vpi* [se contorsionner] to twist ou to contort o.s. ◇ *vpt* [par accident]: **se ~ un doigt/le genou** to put a finger/one's knee out of joint.

**désastre** [dezastr] *nm* **-1.** [calamité] calamity, catastrophe, disaster; **ils ne purent que constater l'ampleur du ~** they could only record the extent of the damage. **-2.** [échec] disaster, failure; **le gâteau d'anniversaire fut un ~** the birthday cake was a complete failure.

**désastreux, euse** [dezastrø, øz] *adj* [résultat, effet] disastrous, awful, terrible; **des résultats ~ en physique** appalling results in physics; **le spectacle/pique-nique a été ~** the show/picnic was a complete disaster.

**désatelliser** [3] [dezatelize] *vt* [pays] to free from dependence, to release from satellite status.

**désavantage** [dezavɑ̃taʒ] *nm* **-1.** [inconvénient] disadvantage, drawback; **avoir tous les ~s de qqch** to get the worst ou brunt of sthg. **-2.** [infériorité] disadvantage, handicap.
◆ **au désavantage de** *loc prép*: **c'est à ton ~** it's not to your advantage; **se montrer à son ~** to show o.s. in an unfavourable light; **tourner au ~ de qqn** to go against sb, to turn out to be a handicap for sb.

**désavantager** [17] [dezavɑ̃taʒe] *vt* [défavoriser] to (put at a) disadvantage, to penalize; **il est désavantagé par son jeune âge** he is handicapped by his youth, his youth is against him; **elle est désavantagée simplement parce que c'est une femme** she's at a disadvantage simply because she is a woman.

**désavantageusement** [dezavɑ̃taʒøzmɑ̃] *adv* disadvantageously.

**désavantageux, euse** [dezavɑ̃taʒø, øz] *adj* detrimental, disadvantageous; **c'est ~ pour les petites entreprises** this works against the interests of small businesses.

**désaveu, x** [dezavø] *nm* **-1.** [reniement] disavowal, retraction. **-2.** [condamnation] repudiation; **il n'a pas supporté ce ~ public** he couldn't stand the idea of being condemned in public. **-3.** JUR: **~ de paternité** repudiation of paternity. **-4.**

PSYCH denial.

**désavouer** [6] [dezavwe] *vt* **-1.** [renier – propos] to disavow, to repudiate; [– dette] to repudiate; **~ sa promesse** to go back on one's word, to break one's promise. **-2.** [refuser de reconnaître – représentant, candidat] to challenge the authority ou legitimacy of; **elle avait un si bon accent qu'un autochtone ne l'aurait pas désavouée** her accent was so good that she could have passed for a native. **-3.** JUR to disclaim, to repudiate.
◆ **se désavouer** *vpi* to retract.

**désaxé, e** [dezakse] ◇ *adj* **-1.** MÉCAN out of alignment; **roue ~e** dished wheel. **-2.** [dérangé] mentally deranged, unbalanced, unhinged. ◇ *nm, f* (dangerous) lunatic, psychopath.

**désaxer** [3] [dezakse] *vt* **-1.** MÉCAN to offset, to throw out of alignment. **-2.** [perturber] to unhinge.

**desceller** [4] [desele] *vt* **-1.** [ouvrir] to unseal, to take the seal off. **-2.** [détacher] to loosen; **les briques sont descellées** the bricks have worked loose ou are loose.

**descendance** [desɑ̃dɑ̃s] *nf* **-1.** JUR descent, lineage. **-2.** [progéniture] descendants.

**descendant, e** [desɑ̃dɑ̃, ɑ̃t] ◇ *adj* down *(avant n)*, downward, descending; **escalator ~** down escalator; **mouvement ~** downward movement. ◇ *nm, f* [dans une famille] descendant.

**descendre** [73] [desɑ̃dr] ◇ *vi (aux être)* **A. -1.** [personne, mécanisme, avion – vu d'en haut] to go down; [– vu d'en bas] to come down; [oiseau] to fly ou to swoop down; **j'ai rencontré la concierge en descendant** I met the caretaker on my way down; **aide-moi à ~** help me down; **je descends toujours par l'escalier** I always go down by the stairs ou take the stairs down; **notre équipe est descendue à la huitième place** our team moved down ou dropped to eighth place; **le premier coureur à ~ au-dessous de dix secondes au 100 mètres** the first runner to break ten seconds for the 100 metres; **la pièce de monnaie ne voulait pas ~ (dans la fente)** the coin wouldn't go down (the slot); **son chapeau lui descendait jusqu'aux yeux** his hat came down over his eyes; **faire ~: fais ~ la malade** help the patient down; **ils ont fait ~ les passagers sur les rails** they made the passengers get down onto the tracks; **c'est ce mécanisme qui fait ~ la plate-forme** this mechanism brings the platform down ou lowers the platform; **~ de** [échafaudage, échelle] to come ou to climb down from, to get down from; [arbre] to climb ou to come down out of; [balançoire] to get off ❑ **~ dans la rue** to take to the streets. **-2.** [air froid, brouillard] **~** to come down; [soleil] to go down; **la nuit ou le soir descend** night is closing in ou falling. **-3.** [se rendre – dans un lieu d'altitude inférieure, dans le Sud, à la campagne] to go down; **~ en ville** to go into town, to go downtown *Am*; **je suis descendu à Bordeaux en voiture** I drove down to Bordeaux. **-4.** [poser pied à terre – d'un véhicule] to get out, to alight; **'ne pas ~ avant l'arrêt complet du train'** 'please do not attempt to alight until the train has come to a complete standstill'; **~ à terre** to go ashore; **~ de bateau** to get off a boat, to land; **~ de voiture** to get out of a car; **~ de vélo** to get off one's bike. **-5.** [faire irruption]: **la police est descendue chez elle/dans son bar** the police raided her place/her bar. **-6.** [se loger] to stay; **~ dans un hôtel** to put up at ou to stay at a hotel. **-7.** *fam* [repas, boisson] to go ou to slip down; **ton petit vin rouge descend bien** your red wine goes down very easily; **bois un café pour faire ~ tout ça** have a coffee to wash it all down ❑ **avec lui, ça descend!** [il boit] he certainly knows how to knock it back!; [il mange] he certainly knows how to tuck it away!-**8.** DANSE & THÉÂT to go downstage.

---

**USAGE ▶  La désapprobation**

**D'une personne, d'une action, d'un comportement**

I don't approve of smoking.
I can't say I approve of her.
I don't hold with drinking.
Frankly, I don't think much of him.
I'm not happy about you staying out late.

▷ *plus marquée:*

She was wrong to ou it was wrong of her to say that.
I can't condone that kind of behaviour. [soutenu]
We utterly condemn this kind of irresponsible attitude. [soutenu]
That's no way to behave! [familier]

**B. -1.** ~ à ou jusqu'à [cheveux, vêtement] to come down to; [puits] to go down to; la jupe doit ~ jusqu'au-dessous du genou the skirt must cover the knee. **-2.** [suivre une pente – rivière] to flow down; [- route] to go down ou downwards; [- toit] to slope down; le sentier descendait parmi les oliviers the path threaded its way down through the olive grove; la route descend brusquement the road suddenly dips.

**C. -1.** [baisser – marée, mer] to go out *(insép)*, to ebb; [- prix] to go down, to fall; la température est descendue au-dessous de zéro the temperature has dropped ou fallen below zero; les températures ne descendent jamais au-dessous de 10° temperatures never go below 10°; le thermomètre descend *fam* the weather's ou it's getting colder; le pain est descendu à 2 francs bread's gone down to 2 francs; faire ~ [cours, fièvre, notes] to bring down *(sép)*; [inflation, prix] to bring ou to push down *(sép)*; j'ai essayé de lui faire ~ son prix I tried to get him to lower his price. **-2.** [s'abaisser moralement] to stoop; ~ dans l'estime de qqn to go down in sb's estimation. **-3.** MUS to go ou to drop down; ~ d'une octave to go down ou to drop an octave.

◇ *vt (aux avoir)* **-1.** [parcourir – escalier, montagne] to go down *(insép)*; ~ le courant [détritus, arbre] to float downstream; ~ un fleuve [en nageant] to swim downstream; [en bateau] to sail down a river; ils ont descendu le Mississippi en radeau they went down the Mississippi on a raft; il a descendu tout le terrain balle au pied FTBL he ran the length of the field with the ball. **-2.** [placer plus bas – tableau] to lower; [- store] to pull down *(sép)*, to lower; il faudrait ~ le cadre de deux centimètres the frame should be taken down two centimetres. **-3.** [porter vers le bas – colis] to take down *(sép)*, to get down *(sép)*; [porter vers soi] to bring down *(sép)*; descendez les chaises en bas de la pelouse carry the chairs down to the far end of the lawn; tu pourrais me ~ une veste, s'il te plaît? could you bring me down a jacket please?; ils ont descendu le sauveteur au bout d'une corde they lowered the rescuer on the end of a rope. **-4.** [amener en voiture] to take ou to drive down *(sép)*. **-5.** *fam* [abattre – gangster] to gun ou to shoot down *(sép)*; [- avion] to bring ou to shoot down *(sép)*; se faire ~ to get shot. **-6.** *fam* [boire – bouteille] to down, to knock back *(sép)*. **-7.** MUS: ~ la gamme to go down the scale.

◆ **descendre de** *v* + *prép* [être issu de] to be descended from.

**descente** [desɑ̃t] *nf* **-1.** [pente] slope, hill; courir/déraper dans la ~ to run/to skid down; on ira vite, il n'y a que des ~s we'll do it in no time, it's all downhill. **-2.** [progression] going down; [chute] drop, fall. **-3.** [sortie d'un véhicule] getting off, alighting; à sa ~ d'avion as he disembarked ou got off the aircraft; à sa ~ du bateau as he landed ou disembarked. **-4.** SKI downhill race; ALPINISME: ~ en rappel abseiling. **-5.** AÉRON descent; ~ en piqué dive; ~ en spirale spinning dive, spiral descent; ~ en vol plané glide, gliding fall. **-6.** MÉD: ~ d'organe ou d'organes prolapse. **-7.** [contrôle] inspection; [attaque] raid; faire une ~ ADMIN to carry out a (surprise) inspection; MIL to mount a raid; *fam* to make an unexpected visit; faire une ~ sur qqch *fig* & *hum* to raid; il a encore fait une ~ sur le chocolat! he's been raiding ou he's been at the chocolate again! ❑ ~ de police police raid. **-8.** *fam loc*: avoir une bonne ~ [boire beaucoup] to be able to take one's drink; [manger beaucoup] to be a big eater.

◆ **descente de lit** *nf* **-1.** [tapis] bedside rug. **-2.** *fam* & *péj* toady.

**déscolariser** [3] [deskɔlarize] *vt* to take out of the school system.

**descriptif, ive** [dɛskriptif, iv] *adj* **-1.** [présentation, texte] descriptive; devis ~ specification. **-2.** BX-ARTS, LING & LITTÉRAT descriptive.

◆ **descriptif** *nm* [d'un appartement] description; [de travaux] specification.

**description** [dɛskripsjɔ̃] *nf* **-1.** [fait de décrire] description, depiction; faire la ~ de qqch to describe ou to depict sthg. **-2.** BX-ARTS & LITTÉRAT description, descriptive passage. **-3.** LING descriptive analysis ou study.

**déségrégation** [desegregasjɔ̃] *nf* desegregation.

**désembourber** [3] [dezɑ̃burbe] *vt* to pull ou to get out of the mud.

**désembouteiller** [4] [dezɑ̃buteje] *vt* **-1.** AUT to unblock; ~

les grandes villes to ease the traffic in the big cities. **-2.** TÉLÉC: ~ le standard to remove the overload from ou to un-jam the exchange.

**désembrouiller** [3] [dezɑ̃bruje] *vt* to disentangle, to unmesh, to make less complicated.

**désembuer** [7] [dezɑ̃bɥe] *vt* to demist.

**désemparé, e** [dezɑ̃pare] *adj* **-1.** [perdu]: être tout ~ to be lost; sans argent dans cette ville étrangère, il était complètement ~ in a foreign town with no money, he had no idea what to do. **-2.** AÉRON & NAUT crippled.

**désemparer** [3] [dezɑ̃pare] *vi*: sans ~ without a pause ou break.

**désemplir** [32] [dezɑ̃plir] *vi*: leur maison ne désemplit pas their house is always full.

**désenchanté, e** [dezɑ̃ʃɑ̃te] ◇ *adj* disenchanted, disillusioned. ◇ *nm, f* disenchanted ou disaffected person; les ~s du socialisme those who have become disenchanted with socialism.

**désenchantement** [dezɑ̃ʃɑ̃tmɑ̃] *nm* disillusionment, disenchantment, disillusion.

**désenclaver** [3] [dezɑ̃klave] *vt* to open to the outside world.

**désencombrer** [3] [dezɑ̃kɔ̃bre] *vt* to clear, to unblock.

**désencrasser** [3] [dezɑ̃krase] *vt* [ustensile, four] to clean out; [moteur] to decarbonize, to decoke.

**désendettement** [dezɑ̃dɛtmɑ̃] *nm* clearing of debts, debt-clearing.

**désendetter** [4] [dezɑ̃dɛte] *vt*: ~ qqn to free sb of ou to release sb from debt.

◆ **se désendetter** *vp (emploi réfléchi)* to get out of debt, to clear one's debts.

**désenfiler** [3] [dezɑ̃file]

◆ **se désenfiler** *vpi* to come unthreaded.

**désenfler** [3] [dezɑ̃fle] ◇ *vt* to bring down *(sép)* ou to reduce the swelling of. ◇ *vi* to become less swollen; ma cheville désenfle the swelling in my ankle's going down.

**désenfumer** [3] [dezɑ̃fyme] *vt* to clear of smoke.

**désengageai** [dezɑ̃gaʒe] *v* → **désengager**.

**désengagement** [dezɑ̃gaʒmɑ̃] *nm* disengagement, backing out.

**désengager** [17] [dezɑ̃gaʒe] *vt* to free ou to release from (a) commitment.

◆ **se désengager** *vp (emploi réfléchi)* **-1.** [se dépolitiser] to give up one's political commitment. **-2.** [se décommander] to back out of a commitment.

**désengorger** [17] [dezɑ̃gɔrʒe] *vt* [tuyau, rue] to unblock, to clear; ~ le marché ÉCON to reduce the overload on the market.

**désenivrer** [3] [dezɑ̃nivre] *vt* to sober up *(sép)*.

◆ **se désenivrer** *vpi* to sober up.

**désensabler** [3] [dezɑ̃sable] *vt* **-1.** [extraire] to get out of ou to extract from the sand. **-2.** [nettoyer] to free ou to clear of sand.

**désensibilisation** [desɑ̃sibilizasjɔ̃] *nf* MÉD & PHOT desensitizing, desensitization.

**désensibiliser** [3] [desɑ̃sibilize] *vt* **-1.** MÉD & PHOT to desensitize. **-2.** [désintéresser]: ~ qqn de qqch to make sb less interested in sthg.

**désensorceler** [24] [dezɑ̃sɔrsəle] *vt* to free ou to release from a spell.

**désentraver** [3] [dezɑ̃trave] *vt* to unchain.

**désenvaser** [3] [dezɑ̃vaze] *vt* **-1.** [extraire] to get out of ou to extract from the mud. **-2.** [nettoyer] to clear (of mud).

**désépaissir** [32] [dezepesir] *vt* [sauce] to thin (down), to dilute; [cheveux] to thin (out).

**déséquilibre** [dezekilibr] *nm* **-1.** [inégalité] imbalance; il y a un ~ dans les programmes de la chaîne the channel's schedule is unbalanced ‖ ÉCON disequilibrium, imbalance; ~ de la balance commerciale unfavourable trade balance. **-2.** [perte d'équilibre] loss of balance. **-3.** PSYCH: ~ mental ou psychique derangement. **-4.** PHYSIOL imbalance.

◆ **en déséquilibre** *loc adj* [mal posé] off balance; [branlant] unsteady, wobbly.

**déséquilibré, e** [dezekilibre] ◇ *adj* [personne, esprit] unbalanced, deranged. ◇ *nm, f* maladjusted person.

**déséquilibrer** [3] [dezekilibre] *vt* **-1.** [faire perdre l'équilibre à] to throw off balance; [faire tomber] to tip over. **-2.** [déstabiliser – système, économie] to throw off balance, to destabilize. **-3.** [faire déraisonner]: ~ qqn to disturb the balance of sb's mind.

**désert, e** [dezɛr, ɛrt] adj [abandonné] deserted, empty; [inhabité] desolate, uninhabited.
◆ **désert** nm **-1.** GÉOG desert. **-2.** [lieu inhabité] desert, wilderness, wasteland; c'est le ~ ici! it's deserted here!; un ~ de béton a concrete desert ❑ il crie ou parle ou prêche dans le ~ his words fall on deaf ears. **-3.** litt [monotonie] vacuity; le ~ de ma vie my vacuous ou empty life.

**déserter** [3] [dezɛrte] ◇ vi MIL to desert. ◇ vt **-1.** [quitter sans permission] to desert. **-2.** [abandonner – parti, cause] to abandon, to give up on (insép). **-3.** [suj: touristes, clients] to desert.

**déserteur** [dezɛrtœr] nm deserter.

**désertification** [dezɛrtifikasjɔ̃] nf GÉOG desertification.

**désertifier** [9] [dezɛrtifje]
◆ **se désertifier** vpi to turn into a desert.

**désertion** [dezɛrsjɔ̃] nf **-1.** MIL desertion. **-2.** [fait de quitter]: la ~ des campagnes the rural exodus. **-3.** [d'une cause, d'un parti] deserting, abandoning.

**désertique** [dezɛrtik] adj [du désert] desert (modif); [sans végétation] infertile.

**désespérant, e** [dezɛsperã, ãt] adj **-1.** [navrant] hopeless; d'une paresse ~e hopelessly lazy. **-2.** [très mauvais – temps] appalling, dreadful. **-3.** [douloureux] appalling, distressing, terrible.

**désespère** [dezɛspɛr] v→ **désespérer.**

**désespéré, e** [dezɛspere] ◇ adj **-1.** [au désespoir] desperate, despairing. **-2.** [extrême – tentative] desperate, reckless; [– mesure] desperate. **-3.** [sans espoir] hopeless; c'est un cas ~ [incorrigible] it's a hopeless case; [gravement malade] the patient is critical; être dans un état ~ [malade] to be in a critical condition. **-4.** [très déçu] deeply ou horribly disappointed. ◇ nm, f **-1.** [personne sans espoir] desperate person. **-2.** [suicidé] suicide.

**désespérément** [dezɛsperemã] adv **-1.** [avec désespoir] desperately; on entendait appeler ~ à l'aide desperate cries for help could be heard. **-2.** [extrêmement] hopelessly, desperately.

**désespérer** [18] [dezɛspere] ◇ vi to despair, to give up hope; il ne faut jamais ~! never say die! hum, you should never give up hope! ◇ vt **-1.** [exaspérer] to drive to despair; tu me désespères! what am I going to do with you?**-2.** [décourager] to drive ou to reduce to despair; elle en a désespéré plus d'un she'd driven more than one (suitor) to despair.
◆ **se désespérer** vpi to (be in) despair.

**désespérer de** v + prép: ~ de qqch to have lost faith in sthg; ~ de faire qqch to despair of doing sthg; je ne désespère pas d'obtenir le poste I still think I may get ou I haven't yet given up on the idea of getting the job.
◆ **se désespérer** vpi to (be in) despair.

**désespoir** [dezɛspwar] nm despair; faire le ~ de qqn to drive ou to reduce sb to despair; à mon grand ~, il n'a pu venir to my despair, he was unable to help you. ◇ loc adv: mettre qqn au ~ to drive ou to reduce sb to despair.
◆ **au désespoir** ◇ loc adj: être au ~ [être désespéré] to be desperate, to have lost all hope; je suis au ~ de ne pouvoir vous aider I'm deeply ou desperately sorry that I am unable to help you.
◆ **en désespoir de cause** loc adv in desperation, as a last resort.

**déshabillage** [dezabijaʒ] nm **-1.** [d'une personne] undressing. **-2.** [dégarnissage – d'une pièce] emptying (of ornaments); [– d'un fauteuil] stripping of upholstery.

**déshabillé** [dezabije] nm négligé.

**déshabiller** [3] [dezabije] vt **-1.** [dévêtir]: ~ qqn to undress sb, to take sb's clothes off; ~ qqn du regard to undress sb with one's eyes. **-2.** [vider – pièce] to empty (of ornaments); [dégarnir – fauteuil] to strip the upholstery from.
◆ **se déshabiller** vp (emploi réfléchi) **-1.** [se dénuder] to strip (off), to take one's clothes off. **-2.** [ôter un vêtement]: déshabille-toi take off your coat.

**déshabituer** [7] [dezabitɥe] vt: ~ qqn du tabac to make sb give up (using) tobacco; ~ qqn de faire qqch to break sb of the habit of doing sthg.

**désherbage** [dezɛrbaʒ] nm weeding.

**désherbant, e** [dezɛrbã, ãt] adj weed-killing (avant n).
◆ **désherbant** nm weedkiller.

**désherber** [3] [dezɛrbe] vt to weed.

**déshérité, e** [dezerite] ◇ adj **-1.** [pauvre] underprivileged, deprived. **-2.** [région] poor (lacking natural advantages). **-3.** [privé d'héritage] disinherited. ◇ nm, f deprived person; les ~s the destitute.

**déshériter** [3] [dezerite] vt **-1.** [priver d'héritage] to cut out of one's will, to disinherit; si tu continues, je te déshérite! hum carry on like this and I'll cut you off without a penny!**-2.** [défavoriser]: il se croit déshérité he feels hard done by.

**déshonneur** [dezɔnœr] nm **-1.** [perte de l'honneur] disgrace, dishonour Br, dishonor Am; vivre dans le ~ to live in dishonour. **-2.** [honte] disgrace; c'est le ~ de sa famille he's a disgrace to his family.

**déshonorant, e** [dezɔnɔrã, ãt] adj **-1.** [qui prive de l'honneur] dishonourable, disgraceful. **-2.** [humiliant] degrading, shameful.

**déshonorer** [3] [dezɔnɔre] vt **-1.** [nuire à l'honneur de] to dishonour, to bring shame upon, to bring into disrepute. **-2.** litt [abuser de – femme, jeune fille] to ruin. **-3.** litt [lieu, monument] to spoil ou to ruin the look of.
◆ **se déshonorer** vp (emploi réfléchi) to bring disgrace upon o.s.

**déshumanisé, e** [dezymanize] adj **-1.** [lieu] impersonal; [personne, ton] coldhearted, unsympathetic. **-2.** [fabrication, travail] automated.

**déshumaniser** [3] [dezymanize] vt to dehumanize.
◆ **se déshumaniser** vpi to become dehumanized.

**déshydratant, e** [dezidratã, ãt] adj demoisturizing.
◆ **déshydratant** nm desiccant.

**déshydratation** [dezidratasjɔ̃] nf **-1.** PHYSIOL dehydration; [de la peau] loss of moisture, dehydration. **-2.** TECH dehydration, dewatering. **-3.** CHIM dehydration.

**déshydraté, e** [dezidrate] adj **-1.** PHYSIOL dehydrated; [aliment] desiccated, dehydrated.

**déshydrater** [3] [dezidrate] vt **-1.** PHYSIOL to dehydrate; [peau] to dehydrate, to dry (out). **-2.** TECH to dehydrate, to dewater. **-3.** [aliment] to dehydrate, to desiccate. **-4.** CHIM to dehydrate.
◆ **se déshydrater** vpi [personne] to become dehydrated; [peau] to lose moisture, to become dehydrated.

**désidérabilité** [deziderabilite] nf ÉCON desirability, use-value.

**desiderata** [deziderata] nmpl sout requirements, wishes.

**design** [dizajn] nm [création] design; ~ industriel industrial design ‖ (comme adj inv) designer (modif); mobilier ~ designer furniture.

**désignation** [deziɲasjɔ̃] nf **-1.** JUR: ~ du défendeur/requérant name of the defendant/plaintiff. **-2.** [nomination] appointment, nomination.

**désigné, e** [deziɲe] adj: tout ~: c'est le porte-parole tout ~ des élèves he's the ideal spokesperson for the students; être tout ~ pour faire qqch to be the right person to do sthg.

**designer¹** [dizajnœr] nm designer.

**désigner²** [3] [deziɲe] vt **-1.** [montrer] to indicate, to point at ou to (sép) [3] to show; ~ qqn du doigt to point at sb. **-2.** [choisir] to choose, to single out (sép); ~ qqn comme héritier to name sb as one's heir. **-3.** [nommer – expert, président] to appoint; [– représentant] to nominate; [élire] to elect; ~ qqn pour un poste to appoint sb to a post. **-4.** [s'appliquer à] to designate, to refer to; le mot «félin» désigne de nombreux animaux the word 'feline' refers to many animals. **-5.** ADMIN [répertorier] to list, to set out (sép); les conditions désignées à l'annexe ii specifications set out in Annex ii. **-6.** [exposer]: ~ qqn à: un geste qui vous désignera à sa fureur a gesture which will surely unleash his fury on you.
◆ **se désigner** vpi [se proposer] to volunteer.
◆ **se désigner à** vp + prép: se ~ à l'attention générale to draw attention to o.s.

**désillusion** [dezilyzjɔ̃] nf disappointment, disillusionment, disillusion; connaître des ~s to be disillusioned ou disenchanted.

**désillusionner** [3] [dezilyzjɔne] vt to disillusion, to undeceive; être désillusionné to be disenchanted ou disillusioned.

**désincarné, e** [dezɛ̃karne] adj **-1.** [sans corps] disembodied. **-2.** [irréel] insubstantial, unreal.

**désincrustant, e** [dezɛ̃krystɑ̃, ɑ̃t] adj **-1.** [pour la peau] cleansing. **-2.** [détartrant] descaling.

**désincruster** [3] [dezɛ̃kryste] vt **-1.** [peau] to cleanse. **-2.** [détartrer] to scale off (sép).

**désindexer** [4] [dezɛ̃dɛkse] vt to stop indexation of; ces pensions ont été désindexées these retirement schemes are no longer index-linked.

**désindustrialisation** [dezɛ̃dystrijalizasjɔ̃] nf deindustrialization.

**désinence** [dezinɑ̃s] nf GRAMM inflection, ending.

**désinfectant, e** [dezɛ̃fɛktɑ̃, ɑ̃t] adj disinfecting (avant n).
◆ **désinfectant** nm disinfectant.

**désinfecter** [4] [dezɛ̃fɛkte] vt to disinfect.

**désinfection** [dezɛ̃fɛksjɔ̃] nf disinfection, disinfecting.

**désinflation** [dezɛ̃flasjɔ̃] nf deflation, disinflation.

**désinformation** [dezɛ̃fɔrmasjɔ̃] nf disinformation.

**désinformer** [3] [dezɛ̃fɔrme] vt to disinform.

**désinsectisation** [dezɛ̃sɛktizasjɔ̃] nf insect control.

**désinsertion** [dezɛ̃sɛrsjɔ̃] nf: ~ sociale dropping out.

**désintégration** [dezɛ̃tegrasjɔ̃] nf **-1.** [d'un matériau, d'un groupe] disintegration, breaking-up, splitting. **-2.** NUCL disintegration; ~ radioactive radioactive decay.

**désintégrer** [18] [dezɛ̃tegre] vt **-1.** [matériau] to crumble, to disintegrate; [groupe, famille] to break up (sép), to split (up) (sép). **-2.** NUCL to disintegrate.
◆ **se désintégrer** vpi **-1.** [exploser] to disintegrate. **-2.** [groupe, famille, théorie] to disintegrate, to collapse. **-3.** hum [disparaître] to vanish into thin air.

**désintéressé, e** [dezɛ̃terese] adj **-1.** [conseil, jugement] disinterested, objective, unprejudiced. **-2.** [personne] selfless, unselfish.

**désintéressement** [dezɛ̃terɛsmɑ̃] nm **-1.** [impartialité] disinterestedness, impartiality, absence of bias. **-2.** [générosité] selflessness. **-3.** [désintérêt]: ~ pour lack of interest in, indifference to. **-4.** FIN buying out.

**désintéresser** [4] [dezɛ̃terese] vt [créancier] to pay off (sép); [actionnaire] to buy out (sép).
◆ **se désintéresser de** vp + prép: se ~ de qqch [ignorer] to be uninterested in; [perdre son intérêt pour] to lose interest in sthg.

**désintérêt** [dezɛ̃terɛ] nm indifference, lack of interest.

**désintoxication** [dezɛ̃tɔksikasjɔ̃] nf **-1.** MÉD detoxification. **-2.** [contre-propagande] counteracting.

**désintoxiquer** [3] [dezɛ̃tɔksike] vt **-1.** MÉD to detoxify. **-2.** [informer] to counteract.

**désinvestissement** [dezɛ̃vɛstismɑ̃] nm **-1.** ÉCON disinvestment. **-2.** PSYCH withdrawal of involvement.

**désinvolte** [dezɛ̃vɔlt] adj **-1.** [sans embarras] casual, nonchalant. **-2.** péj [trop libre] offhand.

**désinvolture** [dezɛ̃vɔltyr] nf [légèreté] casualness; péj [sans-gêne] off-handedness; avec ~ offhandedly.

**désir** [dezir] nm **-1.** [aspiration] want, wish, desire; j'ai toujours eu le ~ d'écrire I've always wanted ou had a desire to write; tu prends tes ~s pour des réalités! wishful thinking! || [souhait exprimé] wish; selon le ~ de qqn following sb's wishes; il sera fait selon votre ~ it shall be done as you wish. **-2.** [motivation] desire, drive; ~ d'enfant PSYCH wish to reproduce. **-3.** [appétit sexuel] desire; rempli de ~ [personne] consumed with desire; [regard] lustful.

**désirable** [dezirabl] adj **-1.** [souhaitable] desirable; peu ~ undesirable. **-2.** [séduisant] desirable, (sexually) exciting.

**désirer** [3] [dezire] vt **-1.** [aspirer à - paix, bonheur] to wish for; ~ ardemment to crave ou to long for; il a tout ce qu'il peut ~ he has everything he could wish for || (en usage absolu): tu ne peux ~ mieux you couldn't wish for anything better || (suivi d'un infinitif): elle a toujours désiré posséder un piano she's always wanted to own a piano; je désirerais savoir si... I would like to know if... □ se faire ~: ton père se fait ~! where could your father have got to?; cette bière se fait ~! how long's that beer going to take?; laisser à ~ to leave

something to be desired, to fail to come up to expectations. **-2.** [vouloir]: ~ faire to want ou to wish to do; il ne désirait pas vous faire de la peine he didn't mean to hurt you; ~ que: je désire que tu restes I want ou wish you to stay. **-3.** [dans un achat, une prestation de service]: vous désirez? can I help you?; où désirez-vous aller? where would you like to go?. **-4.** [sexuellement] to desire.

**désireux, euse** [dezirø, øz] adj: ~ de faire inclined ou willing to do; très ~ de faire eager to do.

**désistement** [dezistəmɑ̃] nm POL withdrawal, standing down.

**désister** [3] [deziste]
◆ **se désister** vpi POL to stand down, to withdraw.

**désobéir** [32] [dezɔbeir] vi **-1.** [être désobéissant] to be disobedient. **-2.** [enfreindre un ordre] to disobey; ~ à to disobey, to fail to obey; ~ aux ordres/à ses parents to disobey orders/one's parents; ~ aux lois to break the law.

**désobéissance** [dezɔbeisɑ̃s] nf **-1.** [manque de discipline] disobedience, rebelliousness. **-2.** [action] act of disobedience.

**désobéissant, e** [dezɔbeisɑ̃, ɑ̃t] adj [enfant] disobedient, rebellious; [chien] disobedient.

**désobligeai** [dezɔbliʒe] v → désobliger.

**désobligeant, e** [dezɔbliʒɑ̃, ɑ̃t] adj **-1.** [inamical] disagreeable, unkind. **-2.** [blessant] invidious.

**désobliger** [17] [dezɔbliʒe] vt sout to offend, to hurt, to upset; sans vouloir vous ~ no offence (meant).

**désodorisant, e** [dezɔdorizɑ̃, ɑ̃t] adj deodorizing (avant n).
◆ **désodorisant** nm deodorizer, air-freshener.

**désodoriser** [3] [dezɔdorize] vt to deodorize.

**désœuvré, e** [dezœvre] adj: être ~ to have nothing to do.

**désœuvrement** [dezœvrəmɑ̃] nm idleness; ils ne le font que par ~ they only do it because they have nothing better to do.

**désolant, e** [dezɔlɑ̃, ɑ̃t] adj **-1.** [triste – spectacle] wretched, pitiful, awful. **-2.** [contrariant] annoying, irritating.

**désolation** [dezɔlasjɔ̃] nf **-1.** [chagrin] desolation, grief; être plongé dans la ~ to be disconsolate. **-2.** [cause de chagrin]: cet enfant est ma ~ I despair of this child. **-3.** litt [d'un lieu, d'un paysage] desolation, desolateness, bleakness.

**désolé, e** [dezole] adj **-1.** [contrit] apologetic, contrite; [pour s'excuser] sorry; ~ de vous déranger sorry to disturb you; ~, j'étais là avant vous! iron excuse me ou sorry, (but) I was here before you!. **-2.** litt [triste] disconsolate, sorrowful. **-3.** litt [aride] desolate, bleak.

**désoler** [3] [dezole] vt **-1.** [attrister] to distress, to sadden. **-2.** [irriter]: tu me désoles! I despair!
◆ **se désoler** vpi to be sorry; se ~ de qqch to be disconsolate ou in despair about ou over sthg; ses parents se désolent de la voir si malheureuse it grieves her parents to see her so unhappy.

**désolidariser** [3] [desolidarize]
◆ **se désolidariser de** vp + prép to dissociate o.s. from.

**désopilant, e** [dezopilɑ̃, ɑ̃t] adj hilarious, hysterically funny.

**désordonné, e** [dezɔrdone] adj **-1.** [désorganisé - dossier, esprit] confused, untidy. **-2.** [personne] disorderly. **-3.** [lieu] untidy, messy. **-4.** [irrégulier] helter-skelter (modif); courir de façon ~e to run helter-skelter ou pell-mell. **-5.** litt [immoral] disorderly, disordered.

**désordre** [dezɔrdr] ◇ nm **-1.** [fouillis] mess; quel ~ là-dedans! what a mess ou it's chaos in there!; mettre le ~ dans une pièce to mess up a room. **-2.** [manque d'organisation] muddle, confusion, disarray; ~ des idées confused ideas. **-3.** [agitation] disorder, disturbance; semer le ~ to cause a disturbance, to wreak havoc □; ~ sur la voie publique JUR disorderly conduct. **-4.** litt [immoralité] disorderliness; vivre dans le ~ to live in disorder. **-5.** JEUX: gagner le tiercé dans le ~ to win a place bet in the wrong order. ◇ adj messy, untidy.
◆ **désordres** nmpl **-1.** [émeutes] riots. **-2.** litt [débauche] dissolute ou disorderly behaviour.
◆ **en désordre** ◇ loc adj [lieu] messy, untidy; [cheveux] unkempt, dishevelled; mon bureau était tout en ~ my desk was in a terrible mess. ◇ loc adv: mettre en ~ to mess ou to muddle up.

**désorganiser** [3] [dezɔrganize] vt [service] to disorganize, to disrupt; [fiches] to disrupt the order of.

**désorientation** [dezɔrjɑ̃tasjɔ̃] *nf* [perplexité] disorientation, confusion.

**désorienté, e** [dezɔrjɑ̃te] *adj* **-1.** [perplexe] confused, disoriented. **-2.** [égaré] lost.

**désorienter** [3] [dezɔrjɑ̃te] *vt* **-1.** [faire s'égarer] to cause to become disoriented, to disorientate. **-2.** [déconcerter] to confuse, to throw into confusion ou disarray, to disorientate.

**désormais** [dezɔrmɛ] *adv* [à partir de maintenant] from now on, henceforth; [dans le passé] from that moment on, from then on, from that time (on).

**désosser** [3] [dezose] *vt* [viande] to bone.
◆ **se désosser** *vpi* [se désarticuler] to contort o.s.

**désoxyribonucléique** [dezɔksiribɔnykleik] *adj* BIOL: acide ~ deoxyribonucleic acid.

**despote** [dɛspɔt] *nm* **-1.** POL despot, tyrant. **-2.** [personne autoritaire] tyrant, bully.

**despotique** [dɛspɔtik] *adj* **-1.** POL despotic, tyrannical, dictatorial. **-2.** [autoritaire] despotic, domineering, bullying.

**despotisme** [dɛspɔtism] *nm* **-1.** POL despotism; ~ éclairé HIST enlightened despotism. **-2.** [autorité] tyranny, bullying.

**desquamer** [3] [dɛskwame] *vi* [peau] to flake, to desquamate *spéc*; [écailles] to scale off.
◆ **se desquamer** *vpi* [peau] to flake (off), to desquamate *spéc*; [écailles] to scale off.

**desquelles** *fpl*, **desquels** *mpl* [dekɛl] → **lequel**.

**DESS** (*abr de* **diplôme d'études supérieures spécialisées**) *nm* postgraduate diploma.

**dessaisir** [32] [desezir] *vt* JUR: ~ qqn de to deny sb jurisdiction over.
◆ **se dessaisir de** *vp* + *prép* **-1.** [se départir de] to part with, to relinquish. **-2.** JUR: se ~ d'une affaire to decline (to exercise) jurisdiction over a case.

**dessaler** [3] [desale] ◇ *vt* **-1.** [ôter le sel de] to desalinate, to remove the salt from; ~ du poisson to freshen fish. **-2.** *fam* [dégourdir] to wise up (*sép*), to educate in the ways of the world. ◇ *vi* NAUT to overturn, to capsize.
◆ **se dessaler** *vpi fam* to get wise, to wise up.

**dessaouler** [desule] = **dessoûler**.

**desséchant, e** [desefɑ̃, ɑ̃t] *adj* **-1.** [asséchant] drying, withering; un vent ~ a searing wind. **-2.** [activité, études] soul-destroying. **-3.** CHIM desiccating.

**dessèche** [desɛʃ] *v* → **dessécher**.

**desséché, e** [desefe] *adj* **-1.** [pétale, feuille] withered, dried; [cheveux, peau] dry; [gorge] parched. **-2.** [décharné] emaciated, wasted. **-3.** [cœur, personne] hardened.

**dessèchement** [desɛʃmɑ̃] *nm* **-1.** [perte d'humidité] drying up. **-2.** [procédé] desiccation, drying (out). **-3.** [stérilité – du cœur] hardening; [– de la créativité] drying up.

**dessécher** [18] [desefe] *vt* **-1.** [peau, cheveux] to dry out (*sép*); [pétale, feuille] to wither; la bouche desséchée par la peur mouth dry ou parched with fear. **-2.** [amaigrir] to emaciate, to waste. **-3.** [endurcir]: ~ le cœur de qqn to harden sb's heart.
◆ **se dessécher** *vpi* **-1.** [peau, cheveux] to go dry. **-2.** [cœur] to harden.

**dessein** [desɛ̃] *nm litt* intention, goal, purpose; son ~ est de prendre ma place his intention is to ou he has determined to take my place; former ou avoir le ~ de faire qqch to determine to do sthg.
◆ **à dessein** *loc adv* deliberately, purposely.
◆ **dans le dessein de** *loc prép* in order ou with a view to.

**desseller** [4] [desele] *vt* to unsaddle.

**desserrer** [4] [desere] *vt* **-1.** [vis, cravate, ceinture] to loosen. **-2.** [relâcher – étreinte, bras] to relax; [dents] to unclench; il n'a pas desserré les dents ou lèvres *fig* he didn't utter a word, he never opened his mouth. **-3.** [frein] to release.
◆ **se desserrer** *vpi* **-1.** [se dévisser] to come loose. **-2.** [se relâcher – étreinte] to relax.

**dessers** [desɛr], **dessert¹** [desɛr] *v* → **desservir**.

**dessert²** [desɛr] *nm* dessert, pudding *Br*, sweet *Br*; veux-tu un ~? will you have some dessert?; au ~ at the end of the meal ❑ cuillère à ~ dessert spoon.

**desserte** [desɛrt] *nf* **-1.** [meuble] sideboard; [table roulante]

tea-trolley *Br*, tea wagon *Am*. **-2.** TRANSP service; ~ aérienne air service.

**dessertir** [32] [desɛrtir] *vt* to unset.
◆ **se dessertir** *vpi* to come unset.

**desservir** [38] [desɛrvir] *vt* **-1.** [débarrasser] to clear (away); (*en usage absolu*): puis-je ~? may I clear the table?-**2.** [désavantager] to be detrimental ou harmful to, to go against; son intervention m'a desservi he did me a disservice by intervening. **-3.** TRANSP to serve; le village est mal desservi public transport to the village is poor; ce train dessert les stations suivantes this train stops at the following stations. **-4.** RELIG [paroisse] to serve. **-5.** [donner accès à] to lead to; un couloir dessert les chambres a corridor leads off to the bedrooms.

**dessiccation** [desikasjɔ̃] *nf* [gén] desiccation, drying; [du bois] drying.

**dessiller** [3] [desije] *vt litt*: ~ les yeux de ou à qqn to cause the scales to fall from sb's eyes, to open sb's eyes.
◆ **se dessiller** *vpi litt*: mes yeux se dessillent the scales have fallen from my eyes.

**dessin** [desɛ̃] *nm* **-1.** [croquis] drawing; ~ humoristique ou de presse cartoon (*in a newspaper*); ~ animé cartoon; ~ à main levée free hand drawing; ~ à la plume pen and ink drawing; ~ au trait outline drawing; tu veux peut-être aussi que je te fasse un ~? *fam* do you want me to spell it out for you?-**2.** [art]: le ~ drawing; apprendre le ~ to learn (how) to draw. **-3.** [technique]: la vigueur de son ~ the firmness of her drawing technique. **-4.** TECH: ~ industriel draughtsmanship, industrial design; ~ assisté par ordinateur computer-aided design. **-5.** [forme, ligne] line, outline. **-6.** [ornement] design, pattern; un tissu à ~s géométriques a fabric with geometric patterns.
◆ **de dessin** *loc adj*: cours/école de ~ art class/school.

**dessinateur, trice** [desinatœr, tris] *nm, f* **-1.** [technicien]: ~ (industriel) draughtsman. **-2.** [concepteur] designer. **-3.** BX-ARTS: il est meilleur ~ que peintre he draws better than he paints; ~ humoristique cartoonist.

**dessiné, e** [desine] *adj*: bien ~ well-formed, well-defined.

**dessiner** [3] [desine] *vt* **-1.** BX-ARTS to draw; (*en usage absolu*): il dessine bien he's good at drawing; ~ à la plume/au crayon/au fusain to draw in pen and ink/in pencil/in charcoal. **-2.** [former] to delineate; bouche finement dessinée finely drawn ou chiselled mouth. **-3.** TECH [meuble, robe, bâtiment] to design; [paysage, jardin] to landscape. **-4.** [souligner] to show up the shape of.
◆ **se dessiner** *vpi* **-1.** *litt* [se profiler] to stand out. **-2.** [apparaître – solution] to emerge.

**dessoûler** [3] [desule] ◇ *vt* to sober up (*sép*); tu es dessoûlé maintenant? are you sober now? ◇ *vi* to sober up; il ne dessoûle pas de la journée he's drunk all day.

**dessous** [dəsu] ◇ *adv* underneath; les prix sont marqués ~ the prices are marked underneath; mets-toi ~ get under it. ◇ *nm* [d'un meuble, d'un objet] bottom; [d'une feuille] underneath; les gens du ~ the people downstairs, the downstairs neighbours ❑ les ~ de la politique/de la finance the hidden agenda in politics/in finance; le ~ des cartes ou du jeu the hidden agenda; avoir le ~ to come off worst, to get the worst of it; être dans le trente-sixième ~ to be down in the dumps. ◇ *nmpl* [sous-vêtements] underwear.
◆ **de dessous** *loc prép* from under, from underneath.
◆ **en dessous** *loc adv* underneath; la feuille est verte en ~ the leaf is green underneath; les gens qui habitent en ~, les gens d'en ~ *fam* the people downstairs ❑ agir en ~ to act in an underhand way; rire en ~ to laugh up one's sleeve; regarder qqn par en ~ to steal a glance at sb.
◆ **en dessous de** *loc prép* below; vous êtes très en ~ de la vérité you're very far from the truth.

**dessous-de-plat** [dəsudpla] *nm inv* table mat (*to protect the table from hot dishes*), hot pad *Am*.

**dessous-de-table** [dəsudtabl] *nm inv péj* bribe.

**dessus** [dəsy] ◇ *adv* [placer, monter] on top; [marcher, écrire] on it/them *etc*; [passer, sauter] over it/them *etc*; ils lui ont tiré/tapé ~ they shot at him/hit him; ne compte pas trop ~ don't count on it too much; je suis ~ depuis un moment [affaire, travail] I've been (working) on it for a while; [appartement] I've been looking into it for a while; ça nous est tombé ~ à l'improviste it was like a bolt out of the blue; il

a fallu que ça me tombe ~! it had to be me!
◇ *nm* **-1.** [d'un objet, de la tête, du pied] top; [de la main] back; avoir/prendre le ~ to have/to get the upper hand; reprendre le ~ [gagner] to get back on top (of the situation), to regain the upper hand; elle a bien repris le ~ [après une maladie] she was soon back on her feet again; [après une dépression] she got over it quite well; le ~ du panier [personnes] the cream, the elite; [choses] the top of the pile ou heap. **-2.** [étage supérieur]: les voisins du ~ the people upstairs, the upstairs neighbours; l'appartement du ~ the flat above.
◆ **de dessus** *loc prép*: enlève ça de ~ la table! take it off the table!
◆ **en dessus** *loc adv* on top.
**dessus-de-lit** [dəsydli] *nm inv* bedspread.
**déstabilisateur, trice** [destabilizatœr, tris], **déstabilisant, e** [destabilizɑ̃, ɑ̃t] *adj* [conflit, politique] destabilizing.
**déstabiliser** [3] [destabilize] *vt* [pays, régime] to destabilize.
**déstalinisation** [destalinizasjɔ̃] *nf* destalinization.
**destin** [dɛstɛ̃] *nm* **-1.** [sort] fate, destiny; le ~ a voulu que... fate decreed that...; un coup du ~ a blow from fate. **-2.** [vie personnelle] life, destiny, fate; maître de son ~ master of his (own) fate. **-3.** [évolution] destiny, fate; son roman a connu un ~ imprévu her novel had an unexpected fate.
**destinataire** [dɛstinatɛr] *nmf* **-1.** [d'une lettre] addressee; [de produits] consignee. **-2.** [ɛmploi] listener.
**destination** [dɛstinasjɔ̃] *nf* **-1.** [lieu] destination; arriver à ~ to reach one's destination. **-2.** [emploi] purpose, use.
◆ **à destination de** *loc prép*: avion/vol à ~ de Nice plane/ flight to Nice; les voyageurs à ~ de Paris passengers for Paris.
**destinée** [dɛstine] *nf* **-1.** [sort]: la ~ fate; la ~ de qqn/qqch the fate in store for sb/sthg. **-2.** [vie] destiny; il tient ma ~ entre ses mains he holds my destiny in his hands.
◆ **destinées** *nfpl sout*: les dieux qui président à nos ~s the gods who decide our fate (on earth); promis à de hautes ~s destined for great things.
**destiner** [3] [dɛstine] *vt* **-1.** [adresser]: ~ qqch à qqn to intend sthg for sb; voici le courrier qui lui est destiné here is his mail ou the mail for him. **-2.** [promettre]: ~ qqn à to destine sb for; rien ne/tout me destinait au violon nothing/ everything was meant to become a violonist; nous étions destinés l'un à l'autre we were meant for each other; on la destine à quelque gros industriel her family wants to marry her off to some rich industrialist; il était destiné à régner he was destined to reign; son idée était destinée à l'échec dès le départ his idea was bound to fail ou doomed (to failure) from the very start. **-3.** [affecter]: ~ qqch à to set sthg aside for.
◆ **se destiner à** *vp* + *prép*: se ~ au journalisme to want to become a journalist.
**destituer** [7] [dɛstitɥe] *vt* [fonctionnaire] to relieve from duties, to dismiss; [roi] to depose; [officier] to demote.
**destitution** [dɛstitysjɔ̃] *nf* [d'un fonctionnaire] dismissal; [d'un roi] deposition, deposal; [d'un officier] demotion.
**destrier** [dɛstrije] *nm arch* charger, steed.
**destructeur, trice** [dɛstryktœr, tris] ◇ *adj* destructive. ◇ *nm, f* destroyer.
**destructible** [dɛstryktibl] *adj* destructible; facilement ~ easy to destroy.
**destructif, ive** [dɛstryktif, iv] *adj* [action, croyance] destructive.
**destruction** [dɛstryksjɔ̃] *nf* **-1.** [fait d'anéantir] destroying, destruction. **-2.** [dégâts] damage; les ~s causées par la tornade the damage caused by the tornado.
**déstructurer** [3] [destryktyre] *vt* to remove the structure from.
◆ **se déstructurer** *vpi* to lose (its) structure, to become destructured.
**désuet, ète** [dezɥɛ, ɛt] *adj* [mot, vêtement] outdated, old-fashioned, out-of-date; [technique] outmoded, obsolete.
**désuétude** [dezɥetyd] *nf* obsolescence; tomber en ~ [mot] to fall into disuse, to become obsolete; [technique, pratique] to become obsolete.
**désuni, e** [dezyni] *adj* **-1.** [brouillé – famille, ménage] disunited, divided. **-2.** ÉQUIT off his stride.

**désunion** [dezynjɔ̃] *nf* division, dissension *(U)*.
**détachable** [detaʃabl] *adj* [feuillet, capuchon] removable, detachable.
**détachage** [detaʃaʒ] *nm* [nettoyage] cleaning, dry-cleaning.
**détachant, e** [detaʃɑ̃, ɑ̃t] *adj* [produit] stain-removing.
◆ **détachant** *nm* stain remover.
**détaché, e** [detaʃe] *adj* **-1.** [ruban] untied. **-2.** [air, mine] detached, casual, offhand. **-3.** ADMIN: fonctionnaire ~ civil servant on secondment *Br* ou on a temporary assignment *Am*. **-4.** MUS detached.
**détachement** [detaʃmɑ̃] *nm* **-1.** [désintéressement] detachment. **-2.** [troupe] detachment. **-3.** ADMIN secondment *Br*, temporary assignment *Am*.
◆ **en détachement** *loc adv* on secondment *Br*, on a temporary assignment *Am*; en ~ auprès de seconded to *Br*, on a temporary assignment with *Am*.
**détacher** [3] [detaʃe] *vt* **-1.** [libérer] to untie; ~ ses cheveux to untie one's hair, to let one's hair down; ~ une guirlande to take down a garland; ~ une caravane to unhitch ou to unhook a caravan. **-2.** [séparer]: ~ une photo d'une lettre [enlever le trombone] to unclip a picture from a letter; [enlever l'agrafe] to unstaple a picture from a letter; ~ une recette d'un magazine/un timbre d'un carnet to tear a recipe out of a magazine/a stamp out of a book || *(en usage absolu)*: ~ suivant le pointillé tear (off) along the dotted line. **-3.** [défaire – ceinture] to unfasten; [– col] to unfasten, to loosen. **-4.** [détourner]: ~ ses yeux ou son regard de qqn to take one's eyes off sb; ~ son attention d'une lecture to stop paying attention to one's reading || [affectivement]: ~ qqn de to take sb away from; être détaché de to be detached from ou indifferent to. **-5.** ADMIN to send on secondment *Br* ou temporary assignment *Am*; je vais être détaché auprès du ministre I will be sent on secondment to the Ministry. **-6.** [faire ressortir] to separate (out); détachez bien chaque mot/note make sure every word/note stands out (clearly). **-7.** [nettoyer] to clean; j'ai donné ton costume à ~ I took your suit to the cleaner's.
◆ **se détacher** ◇ *vp (emploi réfléchi)* [se libérer] to untie ou to free o.s. ◇ *vpi* **-1.** [sandale, lacet] to come undone; [étiquette] to come off; [page] to come loose. **-2.** SPORT [se séparer – du peloton] to break away. **-3.** [se profiler] to stand out.
◆ **se détacher de** *vp* + *prép* **-1.** [se décrocher de] to come off. **-2.** [s'éloigner de]: il a eu du mal à se ~ d'elle he found it hard to leave her behind; puis je me suis détachée de ma famille/de l'art figuratif later, I grew away from my family/from figurative art.
◆ **à détacher** *loc adj*: fiche/recette à ~ tear-off card/recipe.
**détail** [detaj] *nm* **-1.** [exposé précis] breakdown, detailed account, itemization; faire le ~ de qqch to break sthg down, to itemize sthg; faites-moi le ~ de ce qui s'est passé tell me in detail what happened; il n'a pas fait le ~! *fam* he was a bit heavy-handed! **-2.** [élément – d'un récit, d'une information] detail, particular; je te passe les ~s [ennuyeux] I won't bore you with the details; [horribles] I'll spare you the (gory) details; jusque dans les moindres ~s down to the smallest detail; pour plus de ~s, écrivez à... for further details, write to... || [point sans importance] detail, minor point; ne nous arrêtons pas à ces ~s let's not worry about these minor details. **-3.** BX-ARTS detail; Clémenceau, ~ d'un portrait par Manet Clemenceau, a detail from a portrait by Manet. **-4.** COMM retail. **-5.** [petite partie – d'un meuble, d'un édifice] detail.
◆ **au détail** ◇ *loc adj* [vente] retail *(modif)*. ◇ *loc adv*: vendre qqch au ~ to sell sthg retail; vous vendez les œufs au ~? do you sell eggs separately?
◆ **de détail** *loc adj* **-1.** [mineur]: faire quelques remarques de ~ to make a few minor comments. **-2.** COMM retail *(modif)*.
◆ **en détail** *loc adv* in detail.
**détaillant, e** [detajɑ̃, ɑ̃t] *nm, f* retailer.
**détaillé, e** [detaje] *adj* [récit] detailed; [facture] itemized.
**détailler** [3] [detaje] *vt* **-1.** COMM to sell retail; nous détaillons cet ensemble pull, jupe et pantalon we sell the sweater, skirt and trousers separately. **-2.** [dévisager] to scrutinize, to examine; ~ qqn de la tête aux pieds to look sb over from head to foot, to look sb up and down. **-3.** [énumérer – faits, facture] to itemize, to detail.

**détaler** [3] [detale] *vi* [animal] to bolt; [personne] to decamp, to cut and run *Am*; **les gamins ont détalé comme des lapins** the kids scattered like rabbits.

**détartrage** [detartraʒ] *nm* [des dents] scaling; [d'une bouilloire] descaling; **se faire faire un ~ (des dents)** to have one's teeth cleaned.

**détartrant, e** [detartrɑ̃, ɑ̃t] *adj* [produit, substance] descaling.
◆ **détartrant** *nm* descaling agent.

**détartrer** [3] [detartre] *vt* [dents] to scale; [bouilloire] to descale.

**détaxation** [detaksasjɔ̃] *nf*: **la ~ des magnétoscopes** [réduction] the reduction of duty ou tax on videorecorders; [suppression] the lifting of duty ou tax off videorecorders.

**détaxer** [3] [detakse] *vt*: **~ l'alcool** [en diminuant la taxe] to reduce the duty ou tax on alcohol; [en supprimant la taxe] to lift the duty ou tax on alcohol.

**détectable** [detɛktabl] *adj* detectable.

**détecter** [4] [detɛkte] *vt* to detect, to spot.

**détecteur** [detɛktœr] *nm* detector; **~ de faux billets** forged banknote detector; **~ de fumée** smoke detector, smoke alarm; **~ d'incendie** fire detector; **~ de mines** mine detector; **~ de particules** particle detector.

**détection** [detɛksjɔ̃] *nf* [gén] detection, detecting, spotting.

**détective** [detɛktiv] *nm* detective; **~ privé** private detective ou investigator.

**déteindre** [81] [detɛ̃dr] ◇ *vi* -**1.** [se décolorer] to run; **~ au lavage** to run in the wash; **le noir va ~ sur le rouge** the black will run into the red. -**2.** *fam* [humeur, influence]: **~ sur qqn** to rub off on sb, to influence sb. ◇ *vt* [linge] to discolour *Br*, to discolor *Am*; [tenture, tapisserie] to fade.

**dételer** [24] [detle] ◇ *vt* -**1.** [cheval] to unharness, to unhitch; [bœuf] to unyoke. -**2.** [caravane, voiture] to unhitch; [wagon] to uncouple. ◇ *vi fam* [s'arrêter] to ease off.
◆ **sans dételer** *loc adv fam* without a break, non-stop.

**détendre** [73] [detɑ̃dr] *vt* -**1.** [relâcher – corde] to ease, to loosen, to slacken; [– ressort] to release. -**2.** [décontracter] to relax; **il a réussi à ~ l'atmosphère avec quelques plaisanteries** he made things more relaxed by telling a few jokes. -**3.** [gaz] to depressurize.
◆ **se détendre** *vpi* -**1.** [corde, courroie] to ease, to slacken. -**2.** [se décontracter] to relax. -**3.** [s'améliorer – ambiance] to become more relaxed. -**4.** [gaz] to be reduced in pressure.

**détendu, e** [detɑ̃dy] ◇ *pp* → **détendre**. ◇ *adj* -**1.** [calme] relaxed. -**2.** [corde, courroie] slack.

**détenir** [40] [detnir] *vt* -**1.** [posséder – record] to hold, to be the holder of; [– actions] to hold; [– document, bijou de famille] to hold, to have (in one's possession); [– secret] to hold. -**2.** JUR [emprisonner] to detain; **~ qqn préventivement** to hold sb on remand.

**détente** [detɑ̃t] *nf* -**1.** [relaxation] relaxation; **j'ai besoin de ~** I need to relax. -**2.** POL: **la ~** détente. -**3.** [d'une horloge] catch; [d'un ressort] release mechanism. -**4.** ARM trigger. -**5.** SPORT spring. -**6.** [d'un gaz] expansion.

**détenteur, trice** [detɑ̃tœr, tris] *nm, f* holder; **être le ~ d'un record** to hold a record; **~ d'actions** shareholder.

**détention** [detɑ̃sjɔ̃] *nf* -**1.** [emprisonnement] detention; **être maintenu en ~** to be detained ❑ **~ criminelle** imprisonment; **en ~ préventive** ou **provisoire** in detention awaiting trial, on remand; **mettre qqn en ~ préventive** to remand sb in custody. -**2.** [possession] possession; **arrêté pour ~ d'armes** arrested for illegal possession of arms.

**détenu, e** [detny] ◇ *pp* → **détenir**. ◇ *adj* [accusé, prisonnier] imprisoned. ◇ *nm, f* prisoner; **les ~s manifestent** the prison inmates are demonstrating.

**détergent, e** [detɛrʒɑ̃, ɑ̃t] *adj* detergent *(modif)*.
◆ **détergent** *nm* [gén] detergent; [en poudre] washing powder; [liquide] liquid detergent.

**détérioration** [deterjɔrasjɔ̃] *nf* [de la santé, des relations] worsening, deterioration; [des locaux] deterioration.

**détériorer** [3] [deterjɔre] *vt* to cause to deteriorate, to damage, to harm.
◆ **se détériorer** *vpi* [temps, climat social] to deteriorate, to worsen.

**déterminant, e** [detɛrminɑ̃, ɑ̃t] *adj* deciding, determining.
◆ **déterminant** *nm* -**1.** MATH determinant. -**2.** LING deter-

miner.

**déterminatif, ive** [detɛrminatif, iv] *adj* determining.
◆ **déterminatif** *nm* determining adjective, determiner.

**détermination** [detɛrminasjɔ̃] *nf* -**1.** [ténacité] determination, resoluteness. -**2.** [résolution] determination, decision. -**3.** [de causes, de termes] determining, establishing. -**4.** LING & PHILOS determination. -**5.** BIOL determination, determining; **~ des sexes** sex determination; **~ du groupe sanguin** blood typing.

**déterminé, e** [detɛrmine] *adj* -**1.** [défini] determined, defined, circumscribed; **il n'a pas d'opinion ~e à ce sujet** he doesn't really have a strong opinion on the matter; **dans un but bien ~** for a definite reason; **à un prix bien ~** at a set price. -**2.** [décidé] determined, resolute. -**3.** LING & PHILOS determined.

**déterminer** [3] [detɛrmine] *vt* -**1.** [définir] to ascertain, to determine. -**2.** [inciter] to incite, to encourage; **~ qqn à faire qqch** to encourage sb to do sthg. -**3.** [causer] to determine; **qu'est-ce qui détermine l'achat?** what determines whether somebody will buy or not? -**4.** LING & PHILOS to determine. -**5.** BIOL [sexe] to determine; [groupe sanguin] to type.
◆ **se déterminer** *vpi* to decide, to make a decision, to make up one's mind; **se ~ à** to make up one's mind to.

**déterminisme** [detɛrminism] *nm* determinism.

**déterré, e** [detere] *nm, f*: **avoir l'air d'un ~** ou **une mine de ~** ou **une tête de ~** to look deathly pale.

**déterrer** [4] [detere] *vt* -**1.** [os, trésor] to dig up *(sép)*, to unearth. -**2.** [exhumer – cadavre] to dig up *(sép)*, to disinter. -**3.** [dénicher – secret, texte] to dig out *(sép)*, to unearth.

**détersif, ive** [detɛrsif, iv] = **détergent, e**.

**détestable** [detɛstabl] *adj* dreadful, detestable, foul.

**détester** [3] [detɛste] *vt* -**1.** [personne] to hate, to detest, to loathe. -**2.** [viande, jazz, politique etc] to hate, to detest, to loathe; **je déteste qu'on me mente** I hate ou I can't stand being lied to; **je ne déteste pas une soirée tranquille à la maison** I'm quite partial to a quiet evening at home.

**déthéiné, e** [deteine] *adj* decaffeinated.

**détiendrai** [detjɛ̃dre], **détiennent** [detjɛn], **détins** [detɛ̃] *v* → **détenir**.

**détonant, e** [detɔnɑ̃, ɑ̃t] *adj* detonating.

**détonateur** [detɔnatœr] *nm* -**1.** ARM detonator. -**2.** *fig* [déclencheur] detonator, trigger; **servir de ~ à qqch** to trigger off sthg.

**détonation** [detɔnasjɔ̃] *nf* -**1.** [coup de feu – gén] shot; [– d'un canon] boom, roar. -**2.** AUT backfiring.

**détoner** [3] [detɔne] *vi* to detonate.

**détonner** [3] [detɔne] *vi* -**1.** MUS to be out of tune ou off key. -**2.** [contraster – couleurs, styles] to clash; [– personne]: **j'ai peur de ~ parmi ces gens-là** I'm afraid of being out of place among these people.

**détordre** [76] [detɔrdr] *vt* [câble, corde, linge] to untwist.

**détour** [detur] *nm* -**1.** [tournant] bend, curve, turn; [méandre] wind, meander; **la route fait de nombreux ~s jusqu'au bout/jusqu'en bas/jusqu'en haut de la vallée** the road winds all the way through/down/up the valley; **faire un brusque ~** to make a sharp turn. -**2.** [crochet] detour, diversion; **faire un ~ par un village** to make a detour through a village; **elle nous a fait faire un ~ pour venir ici** she brought us a roundabout way; **faisons un petit ~ par la psychanalyse** *fig* let's go off at a tangent for a minute and talk about psychoanalysis ❑ **valoir le ~** [restaurant, paysage] to be worth the detour. -**3.** [faux-fuyant] roundabout way; **un discours plein de ~s** a roundabout ou circumlocutory way of speaking.
◆ **au détour de** *loc prép* -**1.** [en cheminant le long de]: **au ~ du chemin** as you follow the path. -**2.** [en consultant, en écoutant]: **au ~ de votre livre/œuvre, on devine vos préoccupations** leafing through your book/glancing through your work, one gets an idea of your main concerns; **au ~ de la conversation** in the course of the conversation.
◆ **sans détour** *loc adv* [parler, répondre] straightforwardly, without beating about the bush.

**détourné, e** [deturne] *adj* -**1.** [route, voie] roundabout *(avant n)*, circuitous. -**2.** [façon, moyen] indirect, roundabout, circuitous; **apprendre qqch de façon ~e** to learn sthg indirectly; **agir de façon ~e** to behave deviously.

**détournement** [deturnəmã] *nm* **-1.** [dérivation – d'une rivière] diverting, diversion. **-2.** AÉRON: ~ d'avion hijacking; faire un ~ d'avion to hijack a plane. **-3.** FIN misappropriation; ~ de fonds embezzlement. **-4.** JUR: ~ de mineur corruption of a minor; ~ de pouvoir abuse of power (*especially by a local government body*).

**détourner** [3] [deturne] *vt* **-1.** TRANSP [circulation] to redirect, to divert, to reroute; [fleuve] to divert. **-2.** [avion, autocar] to hijack. **-3.** [éloigner – coup] to parry; [– arme] to turn aside ou away *(sép)*; ~ les yeux ou le regard to avert one's eyes, to look away; ~ la tête to turn one's head away; ~ l'attention de qqn to divert sb's attention; ~ les soupçons to divert suspicion (away from o.s.); ~ les soupçons sur qqn to divert suspicion toward sb. **-4.** [déformer – paroles, texte] to distort, to twist. **-5.** [détacher] to take away *(sép)*; ~ qqn de son devoir to divert sb from his/her duty; ~ qqn du droit chemin to lead sb astray. **-6.** [extorquer] to misappropriate. **-7.** JUR [mineur] to corrupt.

♦ **se détourner** *vpi* [tourner la tête] to turn (one's head), to look away.

♦ **se détourner de** *vp + prép* to turn away from.

**détracteur, trice** [detraktœr, tris] ♦ *adj* disparaging, detractory. ♦ *nm, f* disparager, detractor; tous ses ~s all his critics ou those who have attacked him.

**détraqué, e** [detrake] ♦ *adj* **-1.** [cassé] broken. **-2.** *fam* [dérangé]: elle a les nerfs complètement ~s she's a nervous wreck. **-3.** *fam* [désaxé] crazy, psychotic.
♦ *nm, f fam* maniac, psychopath; ~ sexuel sex maniac.

**détraquer** [3] [detrake] *vt* **-1.** [appareil] to damage. **-2.** *fam* [déranger]: toutes ces études lui ont détraqué le cerveau *hum* all that studying has addled his brain.

♦ **se détraquer** ♦ *vpi* [mal fonctionner] to go wrong; [cesser de fonctionner] to break down. ♦ *vpt fam*: se ~ le foie/le système to ruin one's liver/health.

**détrempe** [detrãp] *nf* **-1.** MÉTALL softening, annealing. **-2.** [produit – à base de lait, d'eau] distemper; [– à base d'œuf] tempera; [œuvre] distemper painting; peindre un tableau à la ou en ~ to distemper a painting.

**détremper** [3] [detrãpe] *vt* **-1.** MÉTALL to soften, to anneal. **-2.** [cuir] to soak, to soften. **-3.** [mouiller – chiffon, papier] to soak (through); [– chaux] to slake; [– mortier] to mix with water. **-4.** BX-ARTS to distemper.

**détresse** [detrɛs] *nf* **-1.** [désespoir] distress, anxiety; pousser un cri de ~ to cry out in distress. **-2.** [pauvreté] distress; les familles dans la ~ families in dire need ou straits.
♦ **en détresse** *loc adj* [navire, avion] in distress.

**détricoter** [3] [detrikɔte] *vt* to unknit, to unravel.

**détriment** [detrimã] *nm litt* detriment.
♦ **au détriment de** *loc prép* to the detriment of, at the cost of.

**détritus** [detrity(s)] *nm* piece of rubbish *Br* ou garbage *Am*; des ~ refuse.

**détroit** [detrwa] *nm* **-1.** GÉOG strait; les Détroits the Dardanelles and the Bosphorus. **-2.** ANAT strait; ~ inférieur/supérieur du bassin pelvic outlet/inlet.

**détromper** [3] [detrãpe] *vt* to disabuse; ~ qqn to put ou to set sb right.
♦ **se détromper** *vpi*: détrompez-vous! don't be so sure!

**détrôner** [3] [detrone] *vt* **-1.** [roi] to dethrone, to depose. **-2.** [supplanter] to oust, to push into second position; les compacts vont-ils ~.les cassettes? will cassettes be ousted by CDs?

**détrousser** [3] [detruse] *vt litt* to rob.

**détruire** [98] [detrɥir] *vt* **-1.** [démolir, casser] to destroy; ma vie est détruite my life is in ruins. **-2.** [éliminer – population, parasites] to destroy, to wipe out *(sép)*; [tuer – ennemi] to kill; [– animal malade, chien errant] to destroy. **-3.** [porter préjudice à – santé, carrière] to ruin, to destroy, to wreck; tous ses espoirs ont été détruits en un instant all her hopes were shattered in an instant.
♦ **se détruire** *vp (emploi réfléchi) vieilli* to do away with o.s.

**dette** [dɛt] *nf* **-1.** [d'argent] debt; avoir une ~ to have run up a debt; avoir des ~s to be in debt; avoir des ~s vis-à-vis de qqn to be in debt to sb; être couvert ou criblé ou perdu de ~s to be up to one's eyes *Br* ou ears *Am* in debt; faire des ~s to get ou to run into debt; je n'ai plus de ~s I've cleared my

debts ❏ ~ de l'État, ~ publique national debt; ~ extérieure external ou foreign debt; ~ d'honneur debt of honour; ~ de jeu gambling debt. **-2.** [obligation morale] debt; régler sa ~ envers la société to pay one's debt to society; avoir une ~ de reconnaissance envers qqn to be in sb's debt, to owe sb a debt of gratitude.

**DEUG** [dœg] (*abr de* diplôme d'études universitaires générales) *nm university diploma taken after 2 years.*

**deuil** [dœj] *nm* **-1.** [chagrin] grief, mourning; faire son ~ de *fam*: j'en ai fait mon ~ I've resigned myself to not having it; ta nouvelle voiture, tu peux en faire ton ~ you might as well kiss your new car goodbye. **-2.** [décès] bereavement. **-3.** [tenue conventionnelle] mourning; porter/prendre le ~ (de qqn) to be in/to go into mourning (for sb). **-4.** [période] mourning. **-5.** [convoi] funeral procession; conduire ou mener le ~ to be the chief mourner.
♦ **de deuil** *loc adj* [vêtement] mourning *(modif)*; brassard de ~ black armband.
♦ **en deuil** *loc adj* bereaved; une femme en ~ a woman in mourning.
♦ **en deuil de** *loc prép*: être en ~ de qqn to mourn for sb.

**deus ex machina** [deysɛksmakina] *nm inv* deus ex machina.

**DEUST** [dœst] (*abr de* diplôme d'études universitaires scientifiques et techniques) *nm university diploma taken after 2 years of science courses.*

**Deutéronome** [døterɔnɔm] *nprm* Deuteronomy.

**deuton** [døtɔ̃] *nm* deuteron.

**deux** [dø] ♦ *dét* **-1.** two; eux/nous ~ both of them/us; des ~ côtés on both sides; ~ fois plus de livres twice as many books; ~ fois moins de livres half as many books; j'ai ~ mots à te dire I want a word with you; ~ ou trois a couple of, a few, one or two; une personne à ~ visages a two-faced individual ❏ à ~ pas close by, not far away; à ~ pas de close by, not far away from; à ~ doigts de close to, within an inch of; j'ai été à ~ doigts de le renvoyer I came very close to ou I was within inches of firing him; entre ~ âges middle-aged; pris entre ~ feux MIL exposed to crossfire; *fig* caught in the crossfire; nager entre ~ eaux to sit on the fence; je l'ai vu entre ~ portes I only saw him briefly; de ~ choses l'une there's a choice; il n'a pas ~ sous de jugeote he hasn't got a scrap of common sense; en ~ temps trois mouvements *fam* in no time at all, in a jiffy; il n'y a pas ~ poids (et) ~ mesures the same standards have got to apply to everyone; ~ avis valent mieux qu'un two heads are better than one; ~ précautions valent mieux qu'une *prov* better safe than sorry; de ~ maux, il faut choisir le moindre one must choose the lesser of two evils. **-2.** [dans des séries] two, second; à la page ~ on page two, on the second page; le ~ novembre on November (the) second, on the second of November; Henri II Henry the Second.
♦ *nm* **-1.** [gén] two; venez, tous les ~ come along, both of you ❏ à nous ~! right, let's get on with it!; lui et le dessin, ça fait ~! *fam* he can't draw to save his life!; elle et la propreté, ça fait ~! *fam* she doesn't know the meaning of the word 'clean'!; en moins de ~ in no time at all, in the twinkling of an eye. **-2.** JEUX: le ~ de trèfle the two of clubs; *voir aussi* **cinq**.
♦ **à deux** *loc adv* [vivre] as a couple; [travailler] in pairs; il faudra s'y mettre à ~ it'll take two of us.
♦ **deux à deux** *loc adv* in twos ou pairs.
♦ **deux par deux** *loc adv* in twos ou pairs; les enfants, mettez-vous ~ par ~ children, get into twos ou pairs.

**deuxième** [døzjɛm] ♦ *adj num* second. ♦ *nmf* second; elle est la ~ sur la liste she's second on the list; *voir aussi* **cinquième**.

**deuxièmement** [døzjɛmmã] *adv* secondly, in second place.

**deux-mâts** [døma] *nm inv* two-master.

**deux-pièces** [døpjɛs] *nm inv* **-1.** [maillot de bain] two-piece. **-2.** [costume] two-piece. **-3.** [appartement] two-room flat *Br* ou apartment *Am*.

**deux-roues** [døru] *nm inv* two-wheeled vehicle.

**deuzio** [døzjo] *adv fam* = secondly, second.

**devais** [dəvɛ] *v* → **devoir**.

**dévaler** [3] [devale] ♦ *vt* [en courant] to run ou to race ou to hurtle down; [en roulant] to tumble down. ♦ *vi* **-1.** [personne] to hurry ou to hurtle down; [torrent] to gush down; [animal] to run down. **-2.** [s'abaisser – terrain] to fall ou to slope away. **-3.** [rouler] to tumble ou to bump down.

**dévaliser** [3] [devalize] *vt* **-1.** [voler – banque, diligence] to rob. **-2.** *fam* [vider] to raid; **tous les marchands de glaces ont été dévalisés** all the ice-cream vendors have sold out.

**dévaloir** [devalwar] *nm Helv* **-1.** [à la montagne] *path through a mountain forest for transporting logs.* **-2.** [vide-ordures] rubbish *Br* ou garbage *Am* chute.

**dévalorisant, e** [devalɔrizɑ̃, ɑ̃t] *adj* **-1.** FIN depreciating. **-2.** [humiliant] humbling, humiliating.

**dévalorisation** [devalɔrizasjɔ̃] *nf* **-1.** FIN depreciation. **-2.** [perte de prestige] devaluing, loss of prestige.

**dévaloriser** [3] [devalɔrize] *vt* **-1.** [discréditer – personne, talent] to depreciate, to devalue. **-2.** COMM to cause a drop in the commercial value of. **-3.** FIN to devalue.

◆ **se dévaloriser** ◇ *vp (emploi réfléchi)* [se discréditer] to lose credibility; **se ~ aux yeux de qqn** to lose credibility with sb. ◇ *vpi* FIN to become devalued.

**dévaluation** [devalɥasjɔ̃] *nf* devaluation, devaluing.

**dévaluer** [7] [devalɥe] *vt* **-1.** FIN to devalue. **-2.** [déprécier] to devalue; **il l'a fait pour te ~ à tes propres yeux** he did it to make you feel cheap.

◆ **se dévaluer** *vpi* to drop in value.

**devancer** [16] [dəvɑ̃se] *vt* **-1.** [dans l'espace – coureur, peloton] to get ahead of, to outdistance; **je la devançais de quelques mètres** I was a few metres ahead of her. **-2.** [dans le temps] to arrive ahead of; **elle m'avait devancé de deux jours** she had arrived two days before me; **~ l'appel** MIL to enlist before call-up; *fig* to jump the gun. **-3.** [agir avant – personne]: **tu m'as devancé, c'est ce que je voulais lui offrir/lui dire** you beat me to it, that's just what I wanted to give her/to say to her. **-4.** FIN: **~ la date d'un paiement** to make a payment before it falls due.

**devant** [dəvɑ̃] ◇ *prép* **-1.** [en face de] in front of; [avec mouvement] past; **il a déposé le paquet ~ la porte** he left the parcel outside the door; **toujours ~ la télé!** always glued to the TV!; **elle est passée ~ moi sans me voir** she walked right past (me) without seeing me. **-2.** [en avant de] in front of; [en avance sur] ahead of; **nous passerons ~ lui pour lui montrer le chemin** we'll go ahead of him to show him the way; **l'ère de la communication est ~ nous** the age of communication lies ahead of ou before us ❑ **~ soi:** **aller droit ~ soi** to go straight on ou ahead; *fig* to carry on regardless; **j'ai une heure ~ moi** I have an hour to spare; **elle avait une belle carrière ~ elle** she had a promising career ahead of her; **avoir quelques économies ~ soi** to have some savings put by. **-3.** [en présence de]: **pleurer ~ tout le monde** [devant les gens présents] to cry in front of everyone; [en public] to cry in public; **porter une affaire ~ la justice** to bring a case before the courts ou to court; **je jure ~ Dieu...** I swear to God... **-4.** [face à] in the face of, faced with; [étant donné]; **son attitude ~ le malheur** his attitude in the face of *litt* ou disaster; **égaux ~ la loi** equal before the law. ◇ *adv* **-1.** [à l'avant]: **mettez les plus petits de la classe ~** put the shortest pupils at the ou in front; **installe-toi ~** sit in the front (of the car); **ça se boutonne ~** it buttons up at the front; **faites passer la pétition ~** pass the petition forward ❑ **~ derrière** back to front, the wrong way round. **-2.** [en face]: **tu es juste ~** it's right in front of you; **tu peux te garer juste ~** you can park (right) in front; **je suis passé ~ sans faire attention** I went past without paying attention. **-3.** [en tête]: **elle est loin ~** she's a long way ahead; **passe ~, tu verras mieux** come ou go through you'll get a better view; **marche ~** walk in front. ◇ *nm* [gén] front; NAUT bow, bows, fore; **la jupe est plus longue sur le ~** the skirt is longer at the front; **sur le ~ de la scène** *fig* in the lime light ❑ **prendre les ~s** to make the first move, to be the first to act.

◆ **de devant** ◇ *loc adj* [dent, porte] front. ◇ *loc prép*: **va-t-en de ~ la fenêtre** move away from the window.

**devanture** [dəvɑ̃tyr] *nf* **-1.** [vitrine] shop window *Br*, store window *Am*. **-2.** [étalage] (window) display. **-3.** [façade] frontage, shopfront *Br*, storefront *Am*.

◆ **en devanture** *loc adv* in the window.

**dévastateur, trice** [devastatœr, tris] *adj* devastating.

**dévastation** [devastasjɔ̃] *nf* devastation, havoc.

**dévaster** [3] [devaste] *vt* **-1.** [pays, ville] to devastate, to lay waste; [récolte] to ruin, to destroy. **-2.** *litt* [cœur] to ravage; **la souffrance a dévasté son visage** her looks have been ra-

vaged ou devastated by suffering.

**déveine** [devɛn] *nf* bad luck.

**développé** [devlɔpe] *nm* **-1.** DANSE developpé. **-2.** SPORT press.

**développement** [devlɔpmɑ̃] *nm* **-1.** [fait de grandir] development; **le ~ normal de l'enfant/du chêne** a child's/an oak's normal development ‖ [fait de progresser] development, growth; **pour aider au ~ du sens des responsabilités chez les jeunes** in order to foster a sense of responsibility in the young. **-2.** ÉCON: **le ~ development**; **une région en plein ~** a fast-developing area. **-3.** [exposé] exposition; **entrer dans des ~s superflus** to go into unnecessary detail ‖ MUS development (section). **-4.** [perfectionnement] developing; **nous leur avons confié le ~ du prototype** we asked them to develop the prototype for us. **-5.** PHOT [traitement complet] processing, developing; [étape du traitement] developing. **-6.** MÉCAN gear; **bicyclette avec un ~ de six mètres** bicycle with a six metre gear. **-7.** MATH development. **-8.** [déploiement – d'une banderole] unrolling.

◆ **développements** *nmpl* [prolongements – d'une affaire] developments.

**développer** [3] [devlɔpe] *vt* **-1.** [faire croître – faculté] to develop; [– usine, secteur] to develop, to expand; [– pays, économie] to develop; **pour ~ les muscles** for muscle development. **-2.** [exposer – argument, plan] to develop, to enlarge on. **-3.** [symptôme, complexe] to develop. **-4.** PHOT [traiter] to process; [révéler] to develop; **faire ~ une pellicule** to have a film processed. **-5.** MATH to develop. **-6.** MÉCAN: **une bicyclette qui développe cinq mètres** a bicycle with a five metre gear. **-7.** [déballer – coupon] to unfold, to open out *(sép)*; [– paquet] to unwrap; [– banderole] to unroll.

◆ **se développer** *vpi* **-1.** [croître – enfant, plante] to develop, to grow; [– usine, secteur] to develop, to expand; [– pays, économie] to develop, to become developed; **une région qui se développe** a developing area; **elle n'est pas très développée pour son âge** she's physically underdeveloped for her age. **-2.** [apparaître – membrane, moisissure] to form, to develop. **-3.** [se déployer – armée] to be deployed; [– cortège] to spread out; [– argument] to develop, to unfold; [– récit] to develop, to progress, to unfold. **-4.** [se diversifier – technique, science] to improve, to develop. **-5.** [s'aggraver – maladie] to develop.

**devenir¹** [dəvnir] *nm litt* **-1.** [évolution] evolution. **-2.** [avenir] future.

◆ **en devenir** *loc adj litt* [société, œuvre] evolving, changing; **en perpétuel ~** constantly changing, ever-changing.

**devenir²** [40] [dəvnir] *vi* **-1.** [acquérir telle qualité] to become; **~ professeur** to become a teacher; **tu es devenue une femme** you're a woman now; **~ réalité** to become a reality; **~ vieux** to get ou to grow old; **~ rouge/bleu** to go red/blue; **l'animal peut ~ dangereux lorsqu'il est menacé** the animal can be dangerous when threatened ❑ **à (vous faire) ~ dingue** *fam*, **à (vous faire) ~ fou**, **à (vous faire) ~ chèvre** *fam* enough to drive you round the bend ou to make you scream. **-2.** [avoir tel sort]: **que sont devenus tes amis de jeunesse?** what happened to the friends of your youth?; **que sont devenues tes belles intentions?** what has become of your good intentions?; **et moi, qu'est-ce que je vais ~?** what's to become of me?; **et moi, qu'est-ce que je deviens dans tout ça?** and where do I fit into all this?; **je ne sais pas ce que je deviendrais sans toi** I don't know what I'd do without you. **-3.** *fam* [pour demander des nouvelles]: **que devenez-vous?** how are you getting on?; **et lui, qu'est-ce qu'il devient?** what about him?, what's he up to these days? **-4.** *(tournure impersonnelle)*: **il devient difficile de...** it's getting difficult to...; **il devient inutile de...** it's now pointless to...

**dévergondage** [devergɔ̃daʒ] *nm* licentiousness, licentious ou immoral behaviour.

**dévergondé, e** [devergɔ̃de] ◇ *adj* licentious, shameless. ◇ *nm, f* shameless person; **quel ~!** he's a wild one!

**dévergonder** [3] [devergɔ̃de] *vt* to corrupt, to pervert, to lead into a life of licentiousness.

◆ **se dévergonder** *vpi* to adopt a dissolute life style, to lead a life of licentiousness; **dis donc, tu te dévergondes!** *hum* you're letting your hair down!

**déverrouiller** [3] [deveruje] *vt* **-1.** ARM & INF to unlock. **-2.**

[porte] to unbolt.

**déversement** [devɛrsəmã] *nm* **-1.** [écoulement] flowing. **-2.** [déchargement – d'eaux usées] pouring, discharging; [– de passagers] offloading, discharging; [– d'ordures] dumping, tipping *Br*.

**déverser** [3] [devɛrse] *vt* **-1.** [répandre – liquide] to pour, to discharge. **-2.** [décharger] to discharge; les paysans ont déversé des tonnes de fruits sur la chaussée the farmers dumped tons of fruit on the road. **-3.** [exprimer – chagrin, rage, plainte] to vent, to let *ou* to pour out; ~ des flots d'injures to come out with a stream of abuse.

◆ **se déverser** *vpi* **-1.** [couler] to flow; se ~ dans la mer to flow into the sea. **-2.** [tomber]: le chargement s'est déversé sur la route the load tipped over *ou* spilled onto the road.

**déversoir** [devɛrswar] *nm* [d'un barrage] spillway, wasteweir *Br*.

**dévêtir** [44] [devetir] *vt* to undress.

◆ **se dévêtir** *vp (emploi réfléchi)* to undress o.s., to get undressed, to take one's clothes off.

**déviance** [devjãs] *nf* deviance, deviancy.

**déviant, e** [devjã, ãt] *adj & nm, f* deviant.

**déviation** [devjasjɔ̃] *nf* **-1.** TRANSP detour, diversion *Br*; '~ à 500 mètres' 'diversion in 500 metres'. **-2.** [écart] swerving, deviating; il ne se permet aucune ~ par rapport à la ligne du parti he will not deviate from *ou* be deflected away from the party line. **-3.** MÉD: ~ de la colonne vertébrale curvature of the spine. **-4.** ÉLECTRON deflection.

**déviationnisme** [devjasjɔnism] *nm* deviationism.

**dévider** [3] [devide] *vt* **-1.** TEXT to wind up, to reel, to spool (up). **-2.** [dérouler – bobine] to unwind; [– câble, corde] to uncoil; ~ son rosaire to say the rosary.

**dévidoir** [devidwar] *nm* **-1.** TEXT reel, spool. **-2.** [de tuyau d'incendie] reel.

**deviendrai** [dəvjɛ̃dre], **devienne** [dəvjɛn], **deviens** [dəvjɛ̃] *v* → **devenir.**

**dévier** [9] [devje] ◇ *vi* **-1.** [s'écarter] to swerve, to veer; le bus a brusquement dévié sur la droite/gauche the bus suddenly veered off to the right/left; ~ de to move away, to swerve from. **-2.** [dans un débat, un projet] to diverge, to deviate; faire ~ la conversation to change the subject; l'association ne doit pas ~ par rapport à son but premier the association must not be diverted from its original purpose *ou* must pursue its original goal unswervingly; ~ de to move away from, to stray off. **-3.** [se pervertir]: la conversation dévie (sur un sujet scabreux) the conversation is becoming a bit risqué. ◇ *vt* **-1.** [balle, projectile] to deflect, to turn away *ou* aside *(sép)*; [coup] to parry; [circulation] to divert, to redirect, to reroute. **-2.** PHYS to refract. **-3.** [distraire – attention] to divert.

**devin, devineresse** [dəvɛ̃, dəvinrɛs] *nm, f* soothsayer; il n'est pas ~! he's not a mind-reader!; (il n'y a) pas besoin d'être ~ pour comprendre you don't need to be a genius to understand.

**devinable** [dəvinabl] *adj* **-1.** [énigme] solvable; [secret] guessable. **-2.** [prévisible – avenir] foreseeable.

**deviner** [3] [dəvine] *vt* **-1.** [imaginer] to guess, to work out *(sép)*, to figure (out) *(sép)*; devine qui est là! guess who's here!; je n'ai fait que ~ it was sheer guesswork. **-2.** [découvrir – énigme, mystère]: il a tout de suite deviné ses intentions he saw through her right away; tu ne devineras jamais ce qui m'est arrivé you'll never guess what happened to me; ~ que: j'ai deviné qu'il y avait quelque chose de bizarre I guessed there was something strange. **-3.** [prédire – avenir] to foresee, to foretell. **-4.** [apercevoir]: on devinait son soutien-gorge sous son chemisier her bra showed through slightly under her blouse. **-5.** *litt* [percer à jour]: ~ qqn to see through sb.

◆ **se deviner** *vp (emploi passif)* **-1.** [être aperçu] to be made out; sa tête se devine derrière le rideau you can just make out her head behind the curtain. **-2.** [transparaître – sentiment] to show (through).

**devineresse** [dəvinrɛs] *f* → **devin.**

**devinette** [dəvinɛt] *nf* riddle; poser une ~ (à qqn) to ask (sb) a riddle; jouer aux ~s *pr* to play (at) riddles; *fig* to speak in riddles.

**devins** [dəvɛ̃] *v* → **devenir.**

**déviriliser** [3] [devirilize] *vt* [homme] to unman.

**devis** [dəvi] *nm*: ~ (estimatif) estimate, quotation; faire *ou* établir un ~ to draw up an estimate; il a fait un ~ de 40 000 F he quoted 40,000 F (in his estimate); sur ~ on the basis of an estimate.

**dévisager** [17] [devizaʒe] *vt* to stare (persistently) at.

**devise** [dəviz] *nf* **-1.** HÉRALD device. **-2.** [maxime] motto. **-3.** FIN currency; acheter des ~s to buy foreign currency ❏ ~ forte/faible hard/soft currency; ~ flottante floating currency.

**deviser** [3] [dəvize] ◇ *vi litt* to converse *litt*, to talk. ◇ *vt Helv*: ~ qqn to give sb an estimate.

**dévisser** [3] [devise] ◇ *vt* **-1.** [desserrer – écrou, vis] to loosen; [détacher] to undo, to unscrew, to screw off *(sép)*. **-2.** [tordre – bras, cou] to twist. ◇ *vi* [en montagne] to fall *ou* to come off.

◆ **se dévisser** ◇ *vp (emploi passif)* [se détacher] to unscrew, to undo; le bouchon se dévisse facilement the top twists off the bottle easily. ◇ *vpt*: se ~ le cou/la tête to screw one's neck/one's head round.

**de visu** [devizy] *loc adv*: je l'ai constaté ~ I saw it for myself *ou* with my own eyes.

**dévitaliser** [3] [devitalize] *vt* to remove the nerve from, to devitalize *spéc*.

**dévitrifier** [9] [devitrifje] *vt* to devitrify.

**dévoie** [devwa], **dévoierai** [devware] *v* → **dévoyer.**

**dévoilement** [devwalmã] *nm* **-1.** [d'une statue, d'un visage] unveiling. **-2.** [d'un secret, d'intentions] disclosing, revealing.

**dévoiler** [3] [devwale] *vt* **-1.** [dénuder – visage, épaule, statue] to unveil, to uncover; ~ ses charmes *euph* to reveal all. **-2.** [exprimer – intention, sentiment] to disclose, to reveal, to unveil.

◆ **se dévoiler** ◇ *vp (emploi réfléchi)* [ôter son voile] to unveil one's face *ou* o.s. ◇ *vpi* [se manifester] to be disclosed *ou* revealed, to show up, to come to light.

**devoir¹** [dəvwar] *nm* **-1.** SCOL assignment, exercise; ~ de chimie chemistry assignment *ou* exercise; ~ de français French essay; faire ses ~s to do one's homework ❏ ~ sur table (written) class test; ~s de vacances holiday *Br ou* vacation *Am* homework. **-2.** [impératifs moraux] duty; le ~ m'appelle duty calls; je ne l'ai prévenu que par ~ I warned him only because I thought it was my duty. **-3.** [tâche à accomplir] duty, obligation; faire *ou* accomplir *ou* remplir son ~ to carry out *ou* to do one's duty; avoir le ~ de to have the duty to; se faire un ~ de faire qqch to make it one's duty to do sthg; se mettre en ~ de faire qqch to set about (doing) sthg ❏ ~ conjugal conjugal duties.

◆ **devoirs** *nmpl*: rendre les derniers ~s à qqn to pay sb a final homage *ou* tribute; rendre ses ~s à qqn to pay one's respects to sb.

◆ **de devoir** *loc adj*: homme/femme de ~ man/woman with a (strong) sense of duty.

◆ **du devoir de** *loc prép*: il est du ~ de tout citoyen de voter it is the duty of every citizen to vote; j'ai cru de mon ~ de l'aider I felt duty-bound to help him.

**devoir²** [53] [dəvwar] ◇ *v aux* **-1.** [exprime l'obligation]: il doit he has to, he needs to, he must; dois-je être plus clair? do I need *ou* have to be more explicit?; je dois admettre que... I must admit that...; il ne doit pas he must not, he musn't; on ne doit pas fumer smoking is forbidden *ou* is not allowed. **-2.** [dans des conseils, des suggestions]: il devrait he ought to, he should; tu ne devrais pas boire you shouldn't drink. **-3.** [indique une prévision, une intention]: il doit m'en donner demain he's due to *ou* he should give me some tomorrow; c'est une pièce que l'on doit voir depuis un an! it's a play we've supposedly been going to see *ou* we've been planning to see for a year! ‖ [dans le passé]: il devait venir mais je ne l'ai pas vu he was supposed to come *ou* to have come but I didn't see him. **-4.** [exprime une probabilité]: il/cela doit he/it must, he's/it's got to; il doit être fatigué he must be tired, he's probably tired; il ne devait pas beaucoup l'aimer pour écrire cela he can't have really loved her to write this; il doit y avoir *ou* cela doit faire un an que je ne l'ai pas vu it must be a year since I (last) saw him; une offre qui devrait les intéresser an offer which should interest them. **-5.** [exprime l'inévitable]: nous devons tous mourir un jour we all have to die one day; la maison où elle devait écrire

«Claudine» the house where she was to write 'Claudine' ‖ [exprime une norme]: un bon chanteur doit savoir chanter en direct a good singer should be able to sing live; le four ne devrait pas faire ce bruit the oven isn't supposed to ou shouldn't make that noise. **-6.** *sout*: je l'aiderai, dussé-je aller en prison/y passer ma vie I'll help him, even if it means going to prison/devoting my life to it.

◇ *vt* **-1.** [avoir comme dette] to owe; ~ qqch à qqn to owe sb sthg, to owe sthg to sb; je te dois l'essence I owe you for the petrol; je ne demande que ce qui m'est dû I'm only asking for my due. **-2.** [être moralement obligé de fournir]: ~ qqch à qqn to owe sb sthg; je te dois bien ça that's the least I can do for you; traiter qqn avec le respect qu'on lui doit to treat sb with due respect; selon les honneurs dus à sa fonction with such pomp as befits her office. **-3.** [être redevable de]: ~ qqch à qqn to owe sthg to sb; c'est à Guimard que l'on doit cette découverte we have Guimard to thank ou we're indebted to Guimard for this discovery; c'est à lui que je dois d'avoir trouvé du travail it's thanks to him that I found a job; le son doit sa qualité à des enceintes très performantes the good quality of the sound is due to excellent speakers; sa victoire ne doit rien au hasard her victory has nothing to do with luck.

◆ **se devoir** *vp (emploi réciproque)* [avoir comme obligation mutuelle]: les époux se doivent fidélité spouses ou husbands and wives must be faithful to each other.

◆ **se devoir à** *vp + prép*: tu te dois à ta musique you must dedicate yourself to your music; je me dois à mon public I must attend to my fans.

◆ **se devoir de** *vp + prép* to have it as one's duty to; tu es grand, tu te dois de donner l'exemple you're a big boy now, it's your duty to show a good example.

**dévolu, e** [devɔly] *adj* **-1.** JUR: ~ à devolving on ou upon. **-2.** [destiné]: argent ~ à cet usage money allocated to that purpose.

◆ **dévolu** *nm loc*: jeter son ~ sur [chose] to go for, to choose; [personne] to set one's cap at.

**dévolution** [devɔlysjɔ̃] *nf* devolution.

**dévorant, e** [devɔrã, ãt] *adj* **-1.** [faim] gnawing; [soif] burning. **-2.** [amour, passion] consuming, all-consuming, burning, powerful. **-3.** *litt* [feu] all-consuming.

**dévorer** [3] [devɔre] *vt* **-1.** [manger – suj: animal, personne] to devour; *(en usage absolu)*: il dévore! he eats like a horse! ‖ *fig*: dévoré par les moustiques eaten alive ou bitten to death by mosquitoes; une voiture qui dévore les kilomètres a car which eats up the miles; ~ qqch des yeux ou du regard to stare hungrily ou to gaze greedily at sthg; ~ qqn des yeux ou du regard to stare hungrily ou to gaze greedily at sb; ~ qqn de baisers to smother sb with kisses. **-2.** [lire] to devour, to read avidly. **-3.** [consommer] to use (up); dans mon métier, je dévore du papier/de la pellicule in my job I use (up) huge quantities of paper/of film; ne te laisse pas ~ par ton travail don't let your work monopolize your time. **-4.** [tenailler] to devour; l'ambition le dévore he's eaten ou devoured by ambition; être dévoré par l'envie/la curiosité/les remords to be eaten up with envy/curiosity/remorse.

**dévoreur, euse** [devɔrœr, øz] *nm, f fam*: ~ de: c'est une dévoreuse de romans she's an avid reader of novels.

**dévot, e** [devo, ɔt] ◇ *adj* devout. ◇ *nm, f* **-1.** [qui croit] staunch believer. **-2.** *péj* [bigot] sanctimonious individual.

**dévotement** [devɔtmã] *adv* devoutly, religiously.

**dévotion** [devɔsjɔ̃] *nf* **-1.** RELIG devoutness, religiousness, piety; fausse ~ *péj* false piety; ~ à la Sainte Vierge devotion to the Blessed Virgin. **-2.** *litt* [attachement] devotion; il voue une véritable ~ à sa mère he worships his mother.

◆ **dévotions** *nfpl* [prières] devotions; faire ses ~s to perform one's devotions.

**dévoué, e** [devwe] *adj* **-1.** [fidèle] devoted, faithful; être ~ à ses amis to be devoted to one's friends; nous vous remercions de votre appui ~ we thank you for your staunch support. **-2.** *sout* [dans des formules de politesse]: votre ~ serviteur your humble servant; je vous prie de croire à mes sentiments les plus ~s Yours sincerely ou *Am* truly.

**dévouement** [devumã] *nm* **-1.** [abnégation] dedication, devotedness, devotion; soigner qqn avec ~ to look after sb devotedly; avoir l'esprit de ~ to be self-sacrificing. **-2.** [loyauté] devotion; son ~ à la cause his devotion to the

cause.

**dévouer** [6] [devwe] *vt litt*: ~ qqch à to dedicate ou to devote sthg to.

◆ **se dévouer** *vpi* [proposer ses services]: allez, dévoue-toi pour une fois! come on, make a sacrifice for once!; qui va se ~ pour faire le ménage? who's going to volunteer to clean up?; finir la tarte? bon, je me dévoue! *hum* you want me to finish up the tart? oh well, if I must!

◆ **se dévouer à** *vp + prép* [se consacrer à] to dedicate o.s. to.

**dévoyé, e** [devwaje] ◇ *adj* perverted, corrupted. ◇ *nm, f* corrupt individual.

**dévoyer** [13] [devwaje] *vt litt* to lead astray.

◆ **se dévoyer** *vpi* to go astray.

**dextérité** [dɛksterite] *nf* dexterity, deftness.

**dg** *(abr écrite de* **décigramme)** dg.

**DG** *(abr de* **directeur général)** *nm* GM, CEO *Am*.

**DGI** *(abr de* **Direction générale des impôts)** *npr f central tax office.*

**DGSE** *(abr de* **Direction générale de la sécurité extérieure)** *npr f French intelligence and espionage service,* ≃ MI6 *Br,* ≃ CIA *Am*.

**DI** *nf abr de* **division d'infanterie.**

**diabète** [djabɛt] *nm* diabetes; ~ sucré diabetes mellitus.

**diabétique** [djabetik] *adj & nmf* diabetic.

**diable** [djabl] ◇ *nm* **-1.** RELIG devil; le ~ the Devil ❏ aller au ~ to go to hell; envoyer qqn au ~ to send sb packing; au ~ les convenances! to hell with propriety!; avoir le ~ au corps: ce gamin a le ~ au corps *fam* this child's a real handful; comme un beau ~ [courir, sauter] like the (very) devil, like a thing possessed; [hurler] like a stuck pig; comme un ~ dans un bénitier like a cat on a hot tin roof; habiter au ~ vauvert ou vert to live miles away; tirer le ~ par la queue to live from hand to mouth; ce serait bien le ~ si ... I' be very surprised if he refused!; ce n'est pourtant pas le ~! it's really not that difficult!; c'est bien le ~ si je ne récupère pas mon argent! I'll be damned if I don't get my money back!; le ~ soit de ces gens-là/tes principes *arch* the devil take these people/your principles; (que) le ~ m'emporte si je mens! the devil take me if I'm lying!. **-2.** [enfant] (little) devil; [homme]: un bon ~ a good sort; un grand ~ a great tall fellow; un mauvais ~ a bad sort; un pauvre ~ a wretched man, a poor wretch. **-3.** [chariot] trolley. **-4.** [jouet] jack-in-the-box. **-5.** [casserole] earthenware (cooking) pot.

◇ *adj* **-1.** [espiègle]: que tu es ~! stop being such a little devil!-**2.** CULIN [sauce] devilled.

◇ *adv*: qui/que/comment ~? who/what/how the devil?, who/what/how on earth?

◇ *interj* heck, my goodness, goodness me; ~, voilà une histoire bien compliquée! goodness me, what a complicated story!

◆ **à la diable** *loc adv* **-1.** [vite et mal]: un repas préparé à la ~ a meal thrown together quickly. **-2.** CULIN: œuf à la ~ devilled eggs.

◆ **diable de** *loc adj*: ce ~ de rhumatisme! this damned rheumatism!

◆ **du diable, de tous les diables** *loc adj*: faire un boucan de tous les ~s *fam* to kick up a hell of a racket; il a eu un mal de tous les ~s pour finir à temps he had a devil of a job to finish in time.

◆ **en diable** *loc adv sout* devilishly; jolie en ~ pretty as a picture; retors en ~ sly as a fox.

**diablement** [djabləmã] *adv fam & vieilli* damned.

**diablesse** [djables] *nf* **-1.** RELIG she-devil. **-2.** [femme méchante] witch. **-3.** [fillette]: petite ~ little devil.

**diablotin** [djablɔtɛ̃] *nm* **-1.** MYTH small ou little devil. **-2.** [enfant] imp. **-3.** [pétard] cracker.

**diabolique** [djabɔlik] *adj* diabolic, diabolical, devilish.

**diaboliquement** [djabɔlikmã] *adv* diabolically, devilishly.

**diabolo** [djabɔlo] *nm* **-1.** [jouet] diabolo. **-2.** CULIN: ~ menthe lemon soda with mint syrup.

**diachronie** [djakrɔni] *nf* diachrony.

**diaconat** [djakɔna] *nm* diaconate.

**diacre** [djakr] *nm* deacon.

**diacritique** [djakritik] *adj & nm* diacritic.

**diadème** [djadɛm] *nm* diadem.

**diagnostic** [djagnɔstik] *nm* diagnosis; ~ prénatal antenatal diagnosis.

**diagnostiquer** [3] [djagnɔstike] *vt* to diagnose; on lui a diagnostiqué un diabète he's been diagnosed as suffering from diabetes.

**diagonal, e, aux** [djagɔnal, o] *adj* diagonal.
◆ **diagonale** *nf* diagonal (line).
◆ **en diagonale** *loc adv* **-1.** [en biais] diagonally. **-2.** [vite]: lire ou parcourir un livre en ~e to skim through a book.

**diagramme** [djagram] *nm* **-1.** [graphique] graph. **-2.** [croquis] diagram; ~ en secteurs pie chart.

**dialectal, e, aux** [djalɛktal, o] *adj* dialectal.

**dialecte** [djalɛkt] *nm* dialect.

**dialectique** [djalɛktik] ◇ *adj* dialectic, dialectical. ◇ *nf* dialectic, dialectics *(aussi sg)*.

**dialogue** [djalɔg] *nm* **-1.** [discussion] dialogue *Br*, dialog *Am*; le ~ Est-Ouest dialogue between East and West; entre eux, c'était un véritable ~ de sourds they were not on the same wavelength at all. **-2.** CIN & THÉÂT dialogue. **-3.** INF: ~ homme-machine interactive use (of a computer).

**dialoguer** [3] [djalɔge] ◇ *vi* **-1.** [converser] to converse. **-2.** [négocier] to have ou to hold talks; les syndicats vont de nouveau ~ avec le ministre the unions are to resume talks ou their dialogue with the minister. **-3.** INF: ~ avec un ordinateur to interact with a computer. ◇ *vt* [film, scénario] to write the dialogue for.

**dialoguiste** [djalɔgist] *nmf* dialogue writer.

**dialyse** [djaliz] *nf* dialysis; se faire faire une ~ to undergo dialysis; être sous ~ to be on dialysis.

**dialysé, e** [djalize] *nm, f* dialysis patient.

**dialyser** [3] [djalize] *vt* to dialyse.

**diamant** [djamã] *nm* diamond.

**diamantaire** [djamãter] *nmf* **-1.** [vendeur] diamond merchant. **-2.** [tailleur] diamond cutter.

**diamétral, e, aux** [djametral, o] *adj* diametral, diametric, diametrical.

**diamétralement** [djametralmã] *adv* diametrically; ~ opposé diametrically opposed.

**diamètre** [djamɛtr] *nm* diameter; le fût fait 30 cm de ~ the barrel is 30 cm across ou in diameter; couper le cercle dans son ~ cut the circle across.

**Diane** [djan] *npr* MYTH Diana.

**diantre** [djãtr] *arch* ◇ *interj* ye gods *aussi hum.* ◇ *adv*: qui ~ a dit cela? who the deuce ou the devil said that?

**diapason** [djapazɔ̃] *nm* [instrument] tuning fork; [registre] range, diapason.
◆ **au diapason** *loc adv* in tune; *fig*: il n'est plus au ~ he's out of touch; se mettre au ~ (de qqn) to fall ou to step into line (with sb).

**diaphane** [djafan] *adj* diaphanous.

**diaphragme** [djafragm] *nm* **-1.** ANAT & TECH diaphragm. **-2.** MÉD diaphragm *spéc*, (Dutch) cap. **-3.** PHOT stop, diaphragm.

**diapo** [djapo] *nf fam* slide PHOT.

**diapositive** [djapozitiv] *nf* slide PHOT.

**diapré, e** [djapre] *adj litt* mottled.

**diarrhée** [djare] *nf* diarrhoea; avoir la ~ to have diarrhoea.

**diaspora** [djaspɔra] *nf* diaspora; la ~ arménienne the Armenian diaspora, Armenian communities throughout the world; la Diaspora the Diaspora.

**diatonique** [djatɔnik] *adj* diatonic.

**diatribe** [djatrib] *nf* diatribe, (vicious) attack.

**dicastère** [dikaster] *nm* Helv administrative division in the Swiss local government system.

**dichotomie** [dikɔtɔmi] *nf* dichotomy.

**dichotomique** [dikɔtɔmik] *adj* dichotomous.

**dico** [diko] *nm fam* dictionary.

**Dictaphone®** [diktafɔn] *nm* Dictaphone®.

**dictateur** [diktatœr] *nm* dictator.

**dictatorial, e, aux** [diktatɔrjal, o] *adj* dictatorial.

**dictature** [diktatyr] *nf* dictatorship; la ~ du prolétariat the dictatorship of the proletariat; la ~ de la mode the edicts of fashion.

**dictée** [dikte] *nf* **-1.** [à des élèves] dictation; ~ musicale musical dictation. **-2.** [à une secrétaire, un assistant] dictating; j'ai écrit le rapport sous sa ~ he dictated the report to me.

**dicter** [3] [dikte] *vt* **-1.** SCOL to read out as dictation. **-2.** [courrier, lettre, résumé] to dictate. **-3.** [imposer – choix] to dictate, to impose, to force; [– condition] to dictate; on lui a dicté ses réponses his replies had been dictated to him.

**diction** [diksjɔ̃] *nf* diction.
◆ **de diction** *loc adj* speech *(modif)*.

**dictionnaire** [diksjɔner] *nm* **-1.** [livre] dictionary; ~ bilingue bilingual dictionary; ~ de la musique/des beaux-arts dictionary of music/of art; ~ encyclopédique/de langue encyclopedic/language dictionary. **-2.** INF dictionary.

**dicton** [diktɔ̃] *nm* dictum, (popular) saying; comme dit le ~ as they say, as the saying goes.

**didacticiel** [didaktisjɛl] *nm* piece of educational software, teachware *Am*.

**didactique** [didaktik] ◇ *adj* **-1.** [de l'enseignement] didactic. **-2.** [instructif] didactic, educational. **-3.** PSYCH: analyse ~ training analysis. ◇ *nf* didactics *(sg)*.

**dièdre** [djedr] *nm* dihedron.

**diérèse** [djerɛz] *nf* LING & LITTÉRAT diaeresis, dieresis.

**dièse** [djez] *nm* sharp; la ~ A sharp.

**diesel** [djezɛl] *nm* **-1.** [moteur] diesel engine ou motor. **-2.** [véhicule] diesel. **-3.** [combustible] diesel (oil).

**diète** [djet] *nf* **-1.** [régime] diet. **-2.** [absence de nourriture] fasting *(for health reasons)*. **-3.** HIST diet.
◆ **à la diète** *loc adv* **-1.** [au régime] on a diet. **-2.** [sans nourriture]: mettre qqn à la ~ to prescribe a fast for sb.

**diététicien, enne** [djetetisjɛ̃, ɛn] *nm, f* dietician, dietitian, nutrition specialist.

**diététique** [djetetik] ◇ *adj* [aliment] health *(modif)*; [boutique] health food *(modif)*. ◇ *nf* nutrition science, dietetics *(sg) spéc*.

**dieu, x** [djø] *nm* **-1.** [divinité] god; le ~ de la Guerre/l'Amour the god of war/love; il y a un ~ pour les ivrognes! there must be a god who looks after drunks! ❑ comme un ~ divinely, like a god; jurer ses grands ~x to swear to God. **-2.** [héros] god, idol. **-3.** [objet de vénération] god.
◆ **Dieu** *npr* **-1.** [gén] God; Dieu le père God the father; il se prend pour Dieu le père *péj* he thinks he's God (Himself) ❑ le bon Dieu the good Lord; c'est le bon Dieu qui t'a puni you got your just deserts (for being bad); apporter le bon Dieu à un malade to bring the Holy Sacrament to a sick person; tous les jours ou chaque jour que (le bon) Dieu fait every blessed day; on lui donnerait le bon Dieu sans confession he looks as if butter wouldn't melt in his mouth; il vaut mieux s'adresser à Dieu qu'à ses saints it's better to talk to the organ-grinder than the monkey; si Dieu me prête vie if I'm still alive (by then). **-2.** [dans des exclamations]: Dieu me damne ou maudisse (si...)! *litt* may God strike me dead (if...)!; Dieu m'est témoin *litt* as God is my witness; Dieu me pardonne! *litt* (may) God forgive me!; Dieu nous protège god ou Lord protect us; Dieu vous bénisse/entende! *litt* may God bless/hear you!; Dieu vous garde *litt* God be with you; c'est pas ou c'est-y Dieu possible! *fam* it just can't be (true)!; Dieu sait combien il l'a aimée! God knows he loved her!; Dieu seul le sait! God (only) knows!; à Dieu va ou vat! *litt* it's in God's hands!, in God's hands be it!; à Dieu ne plaise! *litt* God forbid!; bon Dieu! *fam* for God's sake!, for Pete's sake!; bon Dieu de... *fam* blasted..., blessed...; bon Dieu de bon Dieu! for crying out loud!; Dieu ait son âme! *litt* God rest his soul!; Dieu merci! thank God ou the Lord!; grand Dieu! good God ou Lord!; grands dieux! good heavens ou gracious!; mon Dieu! my God!, my goodness!, good Lord!; mon Dieu [dans des prières] Lord, God; vingt dieux! *hum* struth!
◆ **des dieux** *loc adj* [festin] sumptuous, princely; [plaisir] divine, exquisite.

**diffamant, e** [difamã, ãt] *adj* [texte] defamatory, libellous; [geste, parole] slanderous; des propos ~s slander.

**diffamateur, trice** [difamatœr, tris] ◇ *adj* [texte] defamatory, libellous; [geste, parole] slanderous. ◇ *nm, f* slanderer, defamer *litt*.

**diffamation** [difamasjɔ̃] *nf* **-1.** [accusation – gén] defamation; [– par un texte] libelling; [– par des discours] slandering. **-2.** [texte] libel; [geste, parole] slander.

◆ **de diffamation** *loc adj* [campagne] smear *(modif)*.

◆ **en diffamation** *loc adj*: intenter un procès en ~ à qqn [pour un texte injurieux] to bring an action for libel against sb; [pour des paroles injurieuses] to bring an action for slander against sb.

**diffamatoire** [difamatwar] *adj* [texte] defamatory, libellous; [geste, parole] slanderous

**diffamer** [3] [difame] *vt* [par écrit] to defame, to libel; [oralement] to slander.

**diffère** [difɛr] *v→* **différer**.

**différé, e** [difere] *adj* **-1.** [paiement, rendez-vous, réponse] deferred, postponed. **-2.** RAD & TV prerecorded.

◆ **en différé** *loc adj* RAD & TV prerecorded.

**différemment** [diferamɑ̃] *adv* differently; il agit ~ des autres he's not behaving like the others, he's behaving differently from the others.

**différence** [diferɑ̃s] *nf* **-1.** [distinction] difference, dissimilarity; **faire la** ~ **entre** to make the distinction between, to distinguish between; les électeurs indécis feront la ~ the don't-knows will tip the balance; c'est ce qui fait toute la ~! that's what makes all the difference!; il s'est excusé — cela ne fait aucune ~ he apologized — it doesn't make any ou it makes no difference; faire des ~s entre ses enfants to treat one's children differently from each other. **-2.** [écart] difference; ~ d'âge age difference ou gap; ~ de caractère difference in characters; il y a deux ans de ~ entre eux there are two years between them. **-3.** [particularité – culturelle, sexuelle]: **revendiquer sa** ~ to be proud to be different. **-4.** MATH [d'une soustraction] result; [ensemble] difference. **-5.** PHILOS difference.

◆ **à la différence de** *loc prép* unlike.

◆ **à cette différence (près) que**, **à la différence que** *loc conj* except that; j'ai accepté son offre à cette ~ près que, cette fois, je sais ce qui m'attend I accepted his offer but this time I know what to expect.

**différenciateur, trice** [diferɑ̃sjatœr, tris] *adj* differentiating.

**différenciation** [diferɑ̃sjasjɔ̃] *nf* **-1.** [distinction] differentiation. **-2.** BIOL: ~ **des sexes** sex determination.

**différencier** [9] [diferɑ̃sje] *vt* **-1.** [distinguer] to distinguish, to differentiate; rien ne les différencie it's impossible to tell them apart; ce qui nous différencie des animaux that which sets us apart from animals. **-2.** BIOL to differentiate.

◆ **se différencier** *vpi* **-1.** [se distinguer] to be different, to differ; ils se différencient (l'un de l'autre) par leur manière de parler they're different from one another by the way they speak. **-2.** BIOL to differentiate.

**différend** [diferɑ̃] *nm* disagreement, dispute; avoir un ~ avec qqn to be in dispute with sb.

**différent, e** [diferɑ̃, ɑ̃t] ◇ *adj* **-1.** [distinct] different; ~ de unlike, different from *Br* ou than *Am*; il n'est pas désagréable, il est timide, c'est ~ he isn't unpleasant, he's shy, there's a difference. **-2.** [original] different; un week-end un peu ~ a weekend with a difference. ◇ *dét (adj indéf, devant un nom au pluriel)* different, various.

**différentiel, elle** [diferɑ̃sjɛl] *adj* differential.

◆ **différentiel** *nm* [pourcentage] differential.

**différentier** [9] [diferɑ̃sje] *vt* MATH to differentiate.

**différer** [18] [difere] ◇ *vt* [repousser – rendez-vous, réponse, réunion] to defer, to postpone; ~ le paiement d'une dette to put off ou to delay paying a debt. ◇ *vi* **-1.** [se différencier] to differ, to vary; les coutumes diffèrent d'un endroit à un autre customs vary from one place to another. **-2.** [s'opposer – dans un débat] to differ, to be at variance.

**difficile** [difisil] ◇ *adj* **-1.** [route, montée] difficult, hard, tough. **-2.** [tâche] difficult, hard; ce sera un livre ~ à vendre this book will be hard to sell; il s'en sortira? — à dire will he manage? — it's hard to say. **-3.** [douloureux] difficult, hard, tough; il m'est ~ de lui parler de son père it's difficult ou hard for me to talk to him about his father. **-4.** [personne – d'un tempérament pénible] difficult, demanding; [– pointilleuse] particular, awkward, fussy; être ~ (sur la nourriture) to be fussy about one's food; elle est très ~ sur le choix de ses amis she's very particular about her friends; il est si ~ à satisfaire! he's so hard to please!. **-5.** [moralement] difficult, tricky; [financièrement] difficult, tough. **-6.** [impénétrable – œuvre, auteur] difficult, abstruse. ◇ *nmf* fusspot, fussbudget; ne fais pas le ~! don't be so awkward ou fussy! ◇ *nm*: le ~

dans cette affaire est de plaire à tous the difficult part of this business is knowing how to please everyone.

**difficilement** [difisilmɑ̃] *adv* with difficulty; il s'endort ~ he has a hard time getting to sleep; je peux ~ accepter I find it difficult ou it's difficult for me to accept.

**difficulté** [difikylte] *nf* **-1.** [caractère ardu] difficulty; exercices d'une ~ croissante increasingly difficult exercises; chercher la ~ to look for problems || [gêne] difficulty; avoir de la ~ à faire qqch to find it difficult to do sthg; avoir de la ~ à marcher to have difficulty walking, to walk with difficulty. **-2.** [problème] problem, difficulty; faire des ~s to create problems, to make a fuss; avoir des ~s avec qqn to have difficulties ou problems with sb || [ennui – financier]: avoir des ~s financières to be in financial difficulties ou straits. **-3.** [point difficile] difficulty; les ~s de ce requiem the difficult passages in this requiem. **-4.** [impénétrabilité – d'une œuvre, d'un auteur] difficult ou abstruse nature.

◆ **en difficulté** *loc adj* & *loc adv* [nageur] in difficulties; [navire, avion] in distress; un enfant en ~ [scolairement] a child with learning difficulties; [psychologiquement] a child with behavioural problems; un couple en ~ [sur le plan affectif] a couple who are having problems; [financièrement] a couple with money problems; mettre qqn en ~ to put sb in a difficult ou an awkward situation.

◆ **sans difficulté** *loc adv* easily, with no difficulty.

**difforme** [difɔrm] *adj* deformed, misshapen.

**difformité** [difɔrmite] *nf* deformity, misshapenness.

**diffraction** [difraksjɔ̃] *nf* diffraction.

**diffus, e** [dify, yz] *adj* [gén & BOT] diffuse.

**diffusément** [difyzemɑ̃] *adv* diffusely.

**diffuser** [3] [difyze] *vt* **-1.** [répandre – chaleur, lumière] to spread, to disseminate. **-2.** AUDIO, RAD & TV to broadcast; émission diffusée en direct/différé live/prerecorded broadcast; de l'accordéon diffusé par haut-parleur accordion music broadcast over a loud-speaker. **-3.** [propager – nouvelle, rumeur] to spread. **-4.** [distribuer – tracts] to hand out *(sép)*, to distribute; || [cette l'édition] to distribute, to sell.

**diffuseur** [difyzœr] *nm* **-1.** COMM distributing agent, distributor. **-2.** ACOUST, ÉLECTR & MÉCAN diffuser. **-3.** [conduit] diffuser.

**diffusion** [difyzjɔ̃] *nf* **-1.** ACOUST diffusion, diffusivity. **-2.** PHYS [d'une particule] diffusion. **-3.** OPT diffusion. **-4.** MÉD spreading. **-5.** AUDIO, RAD & TV broadcasting. **-6.** [propagation – du savoir, d'une théorie] spreading. **-7.** [distribution – de tracts] distribution, distributing; [– de livres] distribution, selling. **-8.** [exemplaires vendus] number of copies sold, circulation.

◆ **en deuxième diffusion**, **en seconde diffusion** *loc adj* TV repeated, repeat *(modif)*.

**digérer** [18] [diʒere] *vt* **-1.** PHYSIOL to digest; je ne digère pas le lait milk doesn't agree with me, I can't digest milk. **-2.** [assimiler – connaissances, lecture] to digest, to assimilate; des notions de psychologie mal digérées half-understood ideas on psychology. **-3.** *fam* [supporter] to stomach, to take.

**digeste** [diʒɛst] *adj*: un aliment ~ an easily digested foodstuff.

**digestif, ive** [diʒestif, iv] *adj* digestive.

◆ **digestif** *nm* [alcool] digestif.

**digestion** [diʒestjɔ̃] *nf* digestion; avoir une ~ lente to digest one's food slowly; ne te baigne pas pendant la ~ don't go swimming right after a meal.

**digital, e[1], aux** [diʒital, o] *adj* **-1.** ANAT digital. **-2.** [numérique] digital.

**digitale[2]** [diʒital] *nf* digitalis.

**digitaline** [diʒitalin] *nf* digitalin.

**digitaliser** [3] [diʒitalize] *vt* to digitalize, to digitize.

**digne** [diɲ] *adj* **-1.** [noble] dignified; d'un air très ~ in a dignified manner. **-2.** ~ de [qui mérite] worthy ou deserving of; toute amie ~ de ce nom aurait accepté a true friend would have accepted; je n'ai pas eu de vacances ~s de ce nom depuis une éternité I haven't had any holidays as such for ages; ~ de confiance trustworthy; ~ de foi credible; ~ d'être mentionné worth mentioning. **-3.** ~ de [en conformité avec] worthy of; ce n'est pas ~ de toi it's unworthy of you.

**dignement** [diɲmɑ̃] *adv* **-1.** [noblement] with dignity, in a

**dignified** manner. **-2.** *litt* [justement]: ~ récompensé justly rewarded.

**dignitaire** [diɲitɛr] *nm* dignitary.

**dignité** [diɲite] *nf* **-1.** [noblesse] dignity; [maintien] poise. **-2.** [respect] dignity; **une atteinte à la ~ de l'homme** an affront to human dignity. **-3.** [fonction] dignity.

**digression** [digresjɔ̃] *nf* digression; **tomber** ou **se perdre dans des ~s** to digress (endlessly).

**digue** [dig] *nf* **-1.** [mur] dyke, seawall; [talus] embankment. **-2.** *fig* [protection] safety valve, barrier.

**diktat** [diktat] *nm* diktat.

**dilapidateur, trice** [dilapidatœr, tris] ◇ *adj* spendthrift, wasteful. ◇ *nm, f* squanderer, spendthrift; **~ de fonds publics** embezzler of public funds.

**dilapidation** [dilapidasjɔ̃] *nf* wasting, frittering away, squandering; **~ de fonds publics** embezzlement of public funds.

**dilapider** [3] [dilapide] *vt* [gén] to waste, to fritter away *(sép)*, to squander; [fonds publics] to embezzle.

**dilatateur, trice** [dilatatœr, tris] *adj* dilatator *(modif)*, dilator *(modif)*.

**dilatation** [dilatasjɔ̃] *nf* **-1.** PHYS expansion. **-2.** [des narines, des pupilles] dilation; [de l'estomac] distension; [du col de l'utérus] dilation, opening. **-3.** *litt* [du cœur, de l'âme] filling.

**dilater** [3] [dilate] *vt* **-1.** PHYS to cause to expand. **-2.** [remplir d'air – tuyau, pneu] to inflate, to blow up *(sép)*. **-3.** [élargir – narine, pupille, veine] to dilate; [– col de l'utérus] to dilate, to open; [– poumons] to expand; **~ la rate à qqn** *fam* to have sb in stitches.

◆ **se dilater** ◇ *vpi* **-1.** PHYS to expand. **-2.** [être gonflé – tuyau, pneu] to blow up, to inflate. **-3.** [être élargi – narine, pupille, veine] to dilate; [– col de l'utérus] to dilate, to open; [– poumons] to expand. ◇ *vpt*: **se ~ les poumons** to fill one's lungs ❑ **se ~ la rate** *fam* to die laughing.

**dilatoire** [dilatwar] *adj* delaying, dilatory, procrastinating; **user de moyens ~s** to play for time; **donner une réponse ~** to answer evasively *(so as to play for time)*.

**dilemme** [dilɛm] *nm* dilemma; **être devant un ~** to face a dilemma.

**dilettante** [diletɑ̃t] ◇ *nmf* dilettante, dabbler. ◇ *adj* dilettantish, amateurish.

◆ **en dilettante** *loc adv*: **il fait de la peinture en ~** he dabbles in painting.

**dilettantisme** [diletɑ̃tism] *nm* **-1.** [attitude dilettante] dilettantism. **-2.** [amateurisme] amateurishness.

**diligemment** [diliʒamɑ̃] *adv litt* **-1.** [soigneusement] scrupulously, conscientiously. **-2.** [rapidement] promptly, speedily, hastily.

**diligence** [diliʒɑ̃s] *nf litt* **-1.** [véhicule] stagecoach. **-2.** *litt* haste, dispatch *litt*; **avec ~** hastily, promptly, with dispatch *litt*.

**diligent, e** [diliʒɑ̃, ɑ̃t] *adj litt* **-1.** [actif] prompt, speedy, active. **-2.** [assidu – soins] constant, assiduous; [– élève] diligent; [– employé] conscientious, scrupulous.

**diluant** [dilyɑ̃] *nm* diluent.

**diluer** [7] [dilɥe] *vt* **-1.** [allonger – d'eau] to dilute; **~ to water down** *(sép)*; [– sirop] to dilute. **-2.** [délayer] to thin down *(sép)*. **-3.** *péj* [discours, exposé] to pad ou to stretch out *(sép)*; [idée, argument] to dilute.

**dilution** [dilysjɔ̃] *nf* **-1.** [mélange de liquides] dilution, diluting; [ajout d'eau] dilution, watering down. **-2.** [désépaississement] thinning down. **-3.** [dissolution – d'un comprimé] dissolving. **-4.** *péj* [d'un discours] padding ou stretching out.

**diluvien, enne** [dilyvjɛ̃, ɛn] *adj* **-1.** BIBLE diluvial, diluvian. **-2.** [pluie] torrential.

**dimanche** [dimɑ̃ʃ] *nm* Sunday; **le ~ de Pâques** Easter Sunday; **le ~ des Rameaux** Palm Sunday; *voir aussi* **mardi**.

◆ **du dimanche** *loc adj* **-1.** [journal] Sunday *(modif)*. **-2.** *fam* & *péj* [amateur]: **chauffeur du ~** Sunday driver.

**dîme** [dim] *nf* tithe; **prélever une ~ (sur qqch)** *pr* to levy a tithe (on sthg), *fig* to take one's cut (of sthg).

**dimension** [dimɑ̃sjɔ̃] *nf* **-1.** [mesure] dimension, measurement; **prendre les ~s de qqch** to measure sthg (up). **-2.** [taille] size, dimension; **une pièce de petite/grande ~** a small-size(d)/large-size(d) room. **-3.** [importance] dimension; **cela donne une nouvelle ~ au problème** this gives a

new dimension to the problem; **lorsque l'information prend les ~s d'une tragédie** when news assumes tragic proportions. **-4.** MATH & PHYS dimension.

◆ **à deux dimensions** *loc adj* two-dimensional.

◆ **à la dimension de** *loc prép* corresponding ou proportionate to.

◆ **à trois dimensions** *loc adj* three-dimensional.

**dimensionner** [3] [dimɑ̃sjɔne] *vt* to lay 'out *(sép)*; **un appartement bien dimensionné** a well-laid-out apartment.

**diminué, e** [diminɥe] *adj* **-1.** [affaibli]: **il est très ~** [physiquement] his health is failing; [mentalement] he's losing his faculties. **-2.** MUS diminished. **-3.** [rang de tricot] decreased.

**diminuer** [7] [diminɥe] ◇ *vt* **-1.** [réduire – prix, impôts, frais, ration] to reduce, to cut; [– longueur] to shorten; [– taille, effectifs, volume, vitesse, consommation] to reduce ‖ [atténuer – douleurs, souffrance] to alleviate, to lessen. **-2.** [affaiblir – personne]: **la maladie l'a beaucoup diminué** his illness has affected him very badly; **sortir diminué d'une attaque** to suffer from the aftereffects of an attack. **-3.** [humilier – personne] to belittle, to cut down to size; **elle sort diminuée de cette affaire** her reputation has been badly damaged by this business ‖ [déprécier – qualité]: **cela ne diminue en rien votre mérite** this doesn't ou lessen your merit at all. **-4.** [en tricot] to decrease. **-5.** MUS to diminish. **-6.** *fam* [employé] to cut the pay of.

◇ *vi* **-1.** [pression] to fall, to drop; [volume] to decrease; [prix] to fall, to come down; [chômage, accidents, criminalité] to decrease, to be on the decrease ou wane. **-2.** [s'affaiblir – forces] to ebb away, to wane, to lessen; [– peur] to lessen; [– intérêt, attention] to drop, to lessen, to dwindle. **-3.** [raccourcir]: **les jours diminuent** the days are getting shorter ou drawing in.

**diminutif, ive** [diminytif, iv] *adj/nm* diminutive.

◆ **diminutif** *nm* **-1.** [nom] diminutive; **Greg est le ~ de Gregory** Greg is short for Gregory. **-2.** LING diminutive.

**diminution** [diminysjɔ̃] *nf* **-1.** [réduction – de prix, d'impôts, des frais, des rations] reduction, cutting; [– de longueur] shortening; [– de taille] reduction, shortening; [– de volume] decrease, decreasing; [– de pression] fall; [– de vitesse, de consommation, des effectifs] reduction; [– du chômage, de la violence] drop, decrease; **une ~ des effectifs** a reduction in the number of staff. **-2.** [affaiblissement – d'une douleur] alleviation; [– des forces] waning, lessening; [– de l'intérêt, de l'attention] lessening; [– de l'appétit] decrease. **-3.** MUS diminution. **-4.** [entricot] decrease; **faire une ~** to decrease.

**dinanderie** [dinɑ̃dri] *nf* **-1.** [technique] sheet metal craft. **-2.** [objets] objects made from sheet metal.

**dînatoire** [dinatwar] *adj*: **buffet ~** buffet-dinner.

**dinde** [dɛ̃d] *nf* **-1.** ORNITH turkey (hen). **-2.** CULIN turkey. **-3.** [sotte]: **quelle petite ~!** what a stupid little goose!

**dindon** [dɛ̃dɔ̃] *nm* **-1.** ORNITH turkey (cock). **-2.** [sot] fool; **être le ~ de la farce** [dupe] to be taken for a ride; [victime de railleries] to end up a laughing stock.

**dindonneau, x** [dɛ̃dɔno] *nm* poult, young turkey.

**dîner¹** [dine] *nm* **-1.** [repas du soir] dinner. **-2.** *dial* [déjeuner] lunch.

**dîner²** [3] [dine] *vi* **-1.** [faire le repas du soir] to dine, to have dinner; **dînons au restaurant** let's eat out, let's go out for dinner; **avoir des amis à ~** to have friends to dinner ou round for dinner; **nous avons dîné d'un simple potage** we just had soup for dinner. **-2.** *dial* [déjeuner] to have lunch.

**dîner-spectacle** [dinespɛktakl] *(pl* **dîners-spectacles)** *nm* cabaret dinner.

**dînette** [dinɛt] *nf* **-1.** [jouet] toy ou doll's tea set; **jouer à la ~** to play (at) tea-parties. **-2.** *fam* [repas] light ou quick meal.

**dîneur, euse** [dinœr, øz] *nm, f* diner.

**dingo** [dɛ̃go] ◇ *adj fam* nuts, cracked. ◇ *nmf fam* nutcase, loony, wack *Am*. ◇ *nm* [chien] dingo.

**dingue** [dɛ̃g] *fam* ◇ *adj* **-1.** [fou] nuts, crazy, screwy *Am*. **-2.** [incroyable – prix, histoire] crazy, mad; **c'est ~ ce qu'il peut faire chaud ici** it's hot as hell here. ◇ *nmf* nutcase, nutter, screwball *Am*; **c'est une maison de ~s!** this place is a real loony bin!; **c'est un ~ de motos** he's a motorbike freak.

**dinguer** [3] [dɛ̃ge] *vi fam* & *vieilli*: **les assiettes dinguaient dans la cuisine!** plates were flying all over the kitchen!

**dinosaure** [dinozɔr] *nm* ZOOL & *fig* dinosaur.

**diocésain, e** [djɔsezɛ̃, ɛn] *adj* & *nm, f* diocesan.

**diocèse** [djɔsɛz] *nm* diocese.

**diode** [djɔd] *nf* diode.

**Diogène** [djɔʒɛn] *npr* Diogenes.

**dionysiaque** [djɔnizjak] *adj* Dionysiac, Dionysian.

**Dionysos** [djɔnizos] *npr* Dionysus, Dionysos.

**dioxine** [diɔksin] *nf* dioxin.

**dioxyde** [diɔksid] *nm* dioxide.

**diphasé, e** [difaze] *adj* diphase, diphasic, two-phase *(avant n)*.

**diphtérie** [difteri] *nf* diphtheria.

**diphtérique** [difterik] ◇ *adj* diphtherial, diphtheric, diphtheritic. ◇ *nmf* diphtheria sufferer.

**diphtongue** [diftɔ̃g] *nf* diphthong.

**diplodocus** [diplodɔkys] *nm* diplodocus.

**diplomate** [diplɔmat] ◇ *adj* diplomatic. ◇ *nmf* POL & *fig* diplomat. ◇ *nm* CULIN diplomat pudding.

**diplomatie** [diplɔmasi] *nf* **-1.** POL [relations, représentation] diplomacy; **la** ~ [corps] the diplomatic corps *ou* service. **-2.** [tact] diplomacy, tact; **avec** ~ diplomatically, tactfully.

**diplomatique** [diplɔmatik] ◇ *adj* **-1.** POL diplomatic. **-2.** [adroit] diplomatic, tactful, courteous; **faire un mensonge** ~ to tell a white lie. ◇ *nf* diplomatics *(U)*.

**diplomatiquement** [diplɔmatikmɑ̃] *adv* **-1.** POL diplomatically. **-2.** [adroitement] diplomatically, courteously, tactfully.

**diplôme** [diplom] *nm* **-1.** [titre] diploma, qualification; **un** ~ **d'ingénieur** an engineering diploma; **elle a des** ~**s** she's highly qualified ❑ ~ **d'études approfondies** → DEA; ~ **d'études supérieures spécialisées** → DESS; ~ **d'études universitaires générales** → DEUG; ~ **universitaire de technologie** → DUT; ~ **d'études universitaires scientifiques et techniques** → DEUST. **-2.** [examen] exam. **-3.** HIST diploma.

**diplômé, e** [diplome] ◇ *adj* qualified. ◇ *nm, f* holder of a qualification.

**diptère** [diptɛr] *nm* dipteran, dipteron; **les** ~**s** the Diptera.

**diptyque** [diptik] *nm* **-1.** BX-ARTS diptych. **-2.** [œuvre] *literary or artistic work in two parts.*

**dire¹** [dir] *nm* JUR [mémoire] statement.

◆ **dires** *nmpl* statement; **confirmer les** ~**s de qqn** to confirm what sb says; **d'après** *ou* **selon les** ~**s de son père** according to his father *ou* to what his father said.

◆ **au dire de** *loc prép*: **au** ~ **de son professeur** according to his teacher *ou* to what his teacher says.

**dire²** [102] [dir] *vt* **A.** ARTICULER, PRONONCER **-1.** [énoncer] to say; **quel nom dis-tu? Castagnel?** what name did you say *ou* what's the name again? Castagnel?; **il n'arrive pas à** ~ **ce mot** he cannot pronounce that word; **vous avez dit «démocratie»?** 'democracy', did you say?; **je te dis merde!**∇ [pour porter bonheur] break a leg!; [pour insulter] get lost!; **je ne dirais pas qu'il est distant, je dirais plutôt effarouché** I wouldn't say he's haughty, rather that he's been frightened off; **une honte, que dis-je, une infamie!, une honte, pour ne pas** ~ **une infamie!** a shame, not to say an infamy!; **qui dit... dit...:** en ce temps-là, qui disait vol disait galère in those days, theft meant the gallows; **si (l') on peut** ~ in a way, so to speak; **disons-le, disons le mot** let's not mince words; ~ **non** to say no, to refuse; ~ **non au nucléaire** to say no to nuclear energy; **tu veux un gin?** — **je ne dis pas non** would you like a gin? — I wouldn't say no; ~ **oui** [gén] to say yes; [à une proposition] to accept; [au mariage] to say I do; ~ **bonjour de la main** to wave (hello); ~ **oui de la tête** to nod; ~ **non de la tête** to shake one's head ❑ **obéissant?** il faut le ~ **vite** *fam* obedient? I'm not so sure about that; **déménager, c'est vite dit!** *fam* move? that's easier said than done; **menteur!** — **c'est celui qui (le) dit qui y est** *ou* **qui l'est!** *fam* liar! — you're the liar!-**2.** [réciter – prière, table de multiplication] to say; [– texte] to say, to recite, to read; [– rôle] to speak; ~ **la/une messe to say mass/a mass;** ~ **des vers** to recite verse, to give a recitation ‖ *(en usage absolu)*: **nul n'a oublié à quel point elle disait juste** nobody can forget how accurate her rendering was.

**B.** EXPRIMER **-1.** [oralement] to say; **que dis-tu là?** what did you say?, what was that you said?; **tu ne sais ce que tu dis** you don't know what you're talking about; **elle dit tout ce qui lui passe par la tête** she says anything that comes

into her head; **j'ai l'habitude de** ~ **ce que je pense** I always speak my mind *ou* say what I think; **bon, bon, je n'ai rien dit!** OK, sorry I spoke!; **pourquoi ne m'as-tu rien dit de tout cela?** why didn't you speak to me *ou* tell me about any of this?; **il me dit comme ça, «t'as pas le droit»** *fam* so he says to me 'you can't do that'; **je suis un raté?** **tu sais ce qu'il te dit, le raté?** *fam* so I'm a loser, am I? well, do you want to hear what this loser's got to say to you?; **faire** ~: **ne me fais pas** ~ **ce que je n'ai pas dit!** don't put words into my mouth!; **laisser qqn** ~ **qqch** to let sb say sthg; **laissez-la** ~! let her speak!; **pouvoir** ~: **je peux** ~ **que tu m'as fait peur!** you certainly frightened me!; **j'ai failli faire tout rater!** — **ça, tu peux le** ~! I nearly messed everything up — you can say that again! ‖ *(en usage absolu)*: **c'est idiot** — **dis toujours** it's silly — say it anyway; **j'ai une surprise** — **dis vite!** I have a surprise — let's hear it *ou* do tell!; **comment** ~ *ou* **dirais-je?** how shall I put it *ou* say?; **bien dit!** well said! ❑ **dites donc, pour demain, on y va en voiture?** by the way, are we driving there tomorrow?; **tu te fiches de moi, dis!** *fam* you're pulling my leg, aren't you?; **merde!**∇ — **dis donc, sois poli!** shit! — hey, (mind your) language!; **je peux y aller, dis?** can I go, please?; **vous lui parlerez de moi, dites?** you will talk to her about me, won't you?; **tu es bien habillé, ce soir, dis donc!** my word, aren't you smartly turned out tonight!; **il y a eu 60 morts** — **ben dites donc!** *fam* 60 people were killed — good God!; **il nous faut, disons, deux secrétaires** we need, (let's) say, two secretaries; **ce disant** with these words, so saying; **ce qui est dit est dit** there's no going back on what's been said (before); **c'est (te/vous)** ~ **s'il est riche!** that gives you an idea how wealthy he is!; **il ne m'a même pas répondu, c'est tout** ~ he never even answered me, that says it all; **pour tout** ~ in fact, to be honest; **je ne te/vous le fais pas** ~ how right you are, I couldn't have put it better myself; **il va sans** ~ **que...** needless to say (that)...; **ça va sans** ~ it goes without saying; **ce n'est pas pour** ~, **mais à sa place j'aurais réussi** *fam* though I say it myself, if I'd been him I'd have succeeded; **ce n'est pas pour** ~ **mais c'est bruyant** I don't mean to complain but it's noisy; **il en est incapable, enfin (moi), ce que j'en dis...** he's not capable of it, at least that's what I'd say...; **je ne dis pas** *fam* maybe; **voici une confiture maison, je ne te dis que ça** here's some homemade jam that's out of this world; **il y avait un monde, je te dis pas!** you wouldn't have believed the crowds! **-2.** [symboliquement] to express, to tell of; **je voudrais** ~ **mon espoir** I'd like to express my hope; **vouloir** ~ [signifier] to mean; **un haussement d'épaules dans ce cas-là, ça dit bien ce que ça veut** ~ in a situation like that, a shrug (of the shoulders) speaks volumes ❑ **est-ce à** ~ **que...?** *sout* does this mean that...?; **vous partez, madame, qu'est-ce à** ~? Madam, what mean you by leaving?-**3.** [écrire] to say; **dans sa lettre, elle dit que...** in her letter she says that...-**4.** [annoncer – nom, prix] to give; **cela t'a coûté combien?** — **dis un prix!** how much did it cost you? — have a guess!; **le général vous fait** ~ **qu'il vous attend** the general has sent me to tell you he's waiting for you; **faire** ~ **à qqn de venir** to send for sb; **je lui ai fait** ~ **qu'on se passerait de lui** I let him know that we'd manage without him. **-5.** [prédire] to foretell, to tell; **tu verras ce que je te dis!** you just wait and see if I'm right!; **qui aurait dit que je l'épouserais?** who would have said that I'd marry him?; **je te l'avais bien dit** I told you so; **tu vas le regretter, moi je te** ~ *fam* **ou c'est moi qui t'en le dis!** you'll be sorry for this, let me tell you *ou* mark my words!-**6.** [ordonner] to tell; **il m'a dit d'arrêter** he told me to stop ❑ **il ne se l'est pas fait** ~ **deux fois** he didn't have to be told twice ‖ [conseiller] to tell; **tu me dis d'oublier, mais... you** tell me I must forget, but...-**7.** [objecter] to say, to object; **sa mère ne lui dit jamais rien** her mother never tells her off; **toi, on ne peut jamais rien te** ~! you can't take the slightest criticism!; **mais, me direz-vous, il n'est pas majeur** but, you will object *ou* I hear you say, he's not of age; **j'aurais des choses à** ~ **sur l'organisation du service** I have a few things to say *ou* some comments to make about the organization of the department; **c'est tout ce que tu as trouvé à** ~? is that the best you could come up with?; **Pierre n'est pas d'accord** — **il n'a rien à** ~ Pierre doesn't agree — he's in no position to make any objections; **il n'a rien trouvé à** ~ **sur la qualité** he had no criticisms to make about the quality; **elle est maligne, il n'y a pas à** ~ *ou* **on ne peut pas** ~

(le contraire) *fam* she's shrewd, there's no denying it ou and no mistake. **-8.** [affirmer] to say, to state; **si c'est vous qui le dites, si vous le dites, du moment que vous le dites** if you say so; **puisque je vous le dis!** I'm telling you!, you can take it from me!; **c'est le bon train?** — **je te dis que oui!** is it the right train? — yes it is! ou I'm telling you it is!; **il va neiger** — **la météo a dit que non** it looks like it's going to snow — the weather forecast said it wouldn't; **tu étais content, ne me dis pas le contraire!** you were pleased, don't deny it ou don't tell me you weren't!; **on dit qu'il a un autre fils** rumour has it that ou it's rumoured that ou it's said that he has another son; **loin des yeux, loin du cœur, dit-on** out of sight, out of mind, so the saying goes ou so they say; **on le disait lâche** he was said ou alleged ou reputed to be a coward ❏ **je m'en moque** — **on dit ça** *fam* I don't care — that's what you say ou that's what they all say; **elle trouvera bien une place** — **qu'elle dit** *fam* she'll find a job, no problem — that's what she thinks!; **on dira ce qu'on voudra, mais l'amour ça passe avant tout** whatever people say, love comes before everything else; **on ne dira jamais assez l'importance d'un régime alimentaire équilibré** I cannot emphasize enough the importance of a balanced diet. **-9.** [prétendre] to claim, to allege; **elle disait ne pas savoir qui le lui avait donné** she claimed ou alleged that she didn't know who'd given it to her ‖ [dans des jeux d'enfants]: **on dirait qu'on serait des rois** let's pretend we're kings. **-10.** [admettre] to say, to admit; **je dois ~ qu'elle est jolie** I must say ou admit she's pretty; **il faut bien ~ qu'il n'est plus tout jeune** he's not young any more, let's face it; **il faut ~ qu'elle a des excuses** (to) give her her due, there are mitigating circumstances; **disons que... let's say** (that)... **-11.** [décider]: **il est dit que...** fate has decreed that...; **il ne sera pas dit que...** let it not be said that...; **rien n'est dit** [décidé] nothing's been decided yet; [prévisible] nothing's for certain (yet); **tout est dit** [il n'y a plus à discuter] the matter is closed; **tout n'est pas encore dit** nothing's final yet; **aussitôt dit, aussitôt fait** no sooner said than done ‖ *(en usage absolu)*: **j'ai dit!** *hum* I have spoken!

**C.** PENSER, CROIRE **-1.** [penser] to say, to think; **~ de: que dis-tu de ma perruque?** what do you think of ou how do you like my wig?; **et comme dessert?** — **que dirais-tu d'une mousse au chocolat?** and to follow? — what would you say to ou how about a chocolate mousse?; **~ que... to think that... -2.** [croire]: **on dirait** [introduit une comparaison, une impression]: **on dirait du thé** [au goût] it tastes like tea; [à l'odeur] it smells like tea; [d'apparence] it looks like tea; **on dirait de la laine** [au toucher] it feels like wool; **on dirait que je te fais peur** you behave as if ou as though you were scared of me ‖ [exprime une probabilité]: **on dirait sa fille, au premier rang** it looks like her daughter there in the front row.

**D.** INDIQUER, DONNER DES SIGNES DE **-1.** [indiquer – suj: instrument] to say; [– suj: attitude, regard] to say, to show; **que dit le baromètre?** what does the barometer say?; **un geste qui disait sa peur** a gesture that betrayed his fear; **mon intuition** ou **quelque chose me dit qu'il reviendra** I have a feeling (that) he'll be back. **-2.** [stipuler par écrit] to say; **que dit la Bible/le dictionnaire à ce sujet?** what does the Bible/dictionary say about this?**-3.** [signifier quelque chose à]: **~ quelque chose: son visage me dit quelque chose** I've seen her face before, her face seems familiar; **Lambert, cela ne vous dit rien?** Lambert, does that mean anything to you?; **cela ne me dit rien de bon** ou **qui vaille** I'm not sure I like (the look of) it. **-4.** [tenter]: **ta proposition me dit de plus en plus** your suggestion's growing on me; **tu viens?** — **ça ne me dit rien** are you coming? — I'm not in the mood ou I don't feel like it; **la viande ne me dit rien du tout en ce moment** I'm off meat at the moment; **ça te dirait d'aller à Bali?** (how) would you like a trip to Bali?

◆ **se dire** ◇ *vp (emploi réciproque)* [échanger – secrets, paroles] to tell each other ou one another; **nous n'avons plus rien à nous ~** we've got nothing left to say to each other; **nous nous disions tout** we had no secrets from each other; **qu'on se le dise** *arch* let this be known.

◇ *vp (emploi passif)* **-1.** [être formulé]: **comment se dit «bonsoir» en japonais?** how do you say 'goodnight' in Japanese?, what's the Japanese for 'goodnight'?; **il est vraiment hideux** — **peut-être, mais ça ne se dit pas** he's really hideous — maybe, but it's not the sort of thing you say; **se dit**

**de** [pour définir un terme] (is) said of, (is) used for, describes. **-2.** [être en usage] to be in use, to be accepted usage.

◇ *vpt* [penser] to think (to o.s.), to say to o.s.; **maintenant, je me dis que j'aurais dû accepter** now I think I should have accepted; **dis-toi bien que je ne serai pas toujours là pour t'aider** you must realize that ou get it into your head that I won't always be here to help you.

◇ *vpi* [estimer être] to say; **il se dit flatté de l'intérêt que je lui porte** he says he's ou he claims to be flattered by my interest in him ‖ [se présenter comme] to say, to claim; **ils se disent attachés à la démocratie** they claim to ou (that) they care about democracy.

**direct, e** [dirɛkt] *adj* **-1.** [sans détour – voie, route, chemin] direct, straight. **-2.** TRANSP direct, without a change; **c'est ~ en métro jusqu'à Pigalle** the metro goes direct to Pigalle; **un vol ~ Paris-New York** a direct ou nonstop flight from Paris to New York; **c'est un train ~ jusqu'à Genève** the train is nonstop to Geneva. **-3.** [franc – question] direct; [– langage] straightforward; [– personne] frank, straightforward. **-4.** [sans intermédiaire – cause, conséquence] immediate; [– supérieur, descendant] direct; **mettez-vous en relation ~e avec Bradel** get in touch with Bradel himself. **-5.** ASTRON, GRAMM & MÉCAN direct. **-6.** LOGIQUE positive. **-7.** JUR: **impôts ~s** income tax.

◆ **direct** *nm* **-1.** SPORT straight punch; **un ~ du gauche** a straight left. **-2.** RAIL through ou nonstop train. **-3.** TV live; **il préfère le ~ au playback** he prefers performing live to lipsynching.

◆ **en direct** *loc adj & loc adv* live.

**directement** [dirɛktəmɑ̃] *adv* **-1.** [tout droit] straight. **-2.** [franchement]: **entrer ~ dans le sujet** to broach a subject immediately; **allez ~ au fait** come straight to the point. **-3.** [inévitablement] straight, inevitably. **-4.** [sans intermédiaire] direct; **adresse-toi ~ au patron** go straight to the boss; **vendre ~ au public** to sell direct to the public; **il descend ~ des du Mail** he's a direct descendant of the du Mail family. **-5.** [personnellement]: **adressez-moi ~ votre courrier** address your correspondence directly to me; **cela ne vous concerne pas ~** this doesn't affect you personally ou directly.

**directeur, trice** [dirɛktœr, tris] ◇ *adj* **-1.** [principal – force] controlling, driving; [– principe] guiding; [– idée, ligne] main, guiding. **-2.** AUT [roue] front *(modif)*. ◇ *nm, f* **-1.** [dans une grande entreprise] manager, director; [dans une petite entreprise] manager (*f* manageress); **~ financier/régional/du personnel** financial/regional/personnel manager; **~ général** general manager, chief executive officer *Am*.**-2.** ADMIN & POL director; **~ de prison** prison governor *Br* ou warden *Am*; **~ de cabinet** ≃ principal private secretary *Br*, ≃ chief of staff *Am*.**-3.** SCOL: **~ d'école** head teacher *Br*, principal *Am*; **directrice d'école** head teacher *Br*, (lady) principal *Am*.**-4.** UNIV [d'un département] head of department; **~ de thèse** (thesis) supervisor. **-5.** CIN, THÉÂT & TV director; **~ artistique** artistic director; **~ de la photo** director of photography; **~ du son** sound director.

◆ **directeur** *nm* **-1.** HIST Director. **-2.** RELIG: **~ spirituel** ou **de conscience** spiritual director.

◆ **directrice** *nf* MATH directrix.

**directif, ive** [dirɛktif, iv] *adj* directive.

◆ **directive** *nf* ADMIN, MIL & POL directive.

◆ **directives** *nfpl* orders, instructions.

**direction** [dirɛksjɔ̃] *nf* **-1.** [fonction de chef – d'une entreprise] management, managing; [– d'un orchestre] conducting, direction *Am*; [– d'un journal] editorship; [– d'une équipe sportive] captaining; **prendre la ~ de** [société, usine] to take over the running ou management of; [journal] to take over the editorship of; **se voir confier la ~ d'une société/d'un journal/d'un lycée** to be appointed manager of a firm/chief editor of a newspaper/head of a school; **orchestre** (placé) **sous la ~ de** orchestra conducted by. **-2.** [organisation – de travaux] supervision; [– d'un débat] chairing, conducting; [– de la circulation, des opérations] directing. **-3.** [maîtrise, cadres]: **la ~ refuse toute discussion avec les syndicats** (the) management refuses to talk to the unions. **-4.** [bureau] manager's office. **-5.** [sens] direction, way; **dans la ~ opposée** in the opposite direction; **il a lancé la balle dans ma ~** he threw the ball towards me; **vous allez dans quelle ~?** which way are you going?, where are you heading for?;

prenez la ~ Nation [dans le métro] take the Nation line; 'toutes ~s' 'all routes'; partir dans toutes les ~s [coureurs, ballons] to scatter; [pétards] to go off in all directions; [conversation] to wander. **-6.** CIN, THÉÂT & TV: ~ (d'acteurs) directing, direction. **-7.** AUT & MÉCAN steering; ~ assistée power steering.
◆ **de direction** *loc adj* [équipe] managerial.
◆ **en direction de** *loc prép* in the direction of, towards; embouteillages en ~ de Paris holdups for Paris-bound traffic; les trains/avions/vols en ~ de Marseille trains/planes/flights to Marseilles; jeter un regard en ~ de qqn to cast a glance at ou towards sb; il a tiré en ~ des policiers he fired at the policemen.

**directionnel, elle** [dirɛksjɔnɛl] *adj* directional.

**directive** *f* → **directif.**

**directivisme** [dirɛktivism] *nm péj* authoritarianism.

**directo** [dirɛkto] *adv fam* straight, right.

**directoire** [dirɛktwar] *nm* ADMIN & COMM directorate *(sg ou pl)*, board of directors.
◆ **Directoire** *npr m*: le Directoire the (French) Directory.

**directorat** [dirɛktɔra] *nm* **-1.** ADMIN, SCOL & THÉÂT directorate, directorship. **-2.** COMM managership.

**directorial, e, aux** [dirɛktɔrjal, o] *adj* **-1.** [fonction, pouvoir] managerial, executive, directorial. **-2.** HIST Directory *(modif)*, of the Directory.

**dirigeable** [diriʒabl] ◇ *adj* dirigible. ◇ *nm* airship, dirigible.

**dirigeai** [diriʒe] *v* → **diriger.**

**dirigeant, e** [diriʒɑ̃, ɑ̃t] ◇ *adj* ruling. ◇ *nm, f* POL [d'un parti] leader; [d'un pays] ruler, leader.
◆ **dirigeants** *nmpl* COMM: ~s sociaux managerial staff.

**diriger** [17] [diriʒe] *vt* **-1.** [être à la tête de – usine, entreprise] to run, to manage; [– personnel, équipe] to manage; [– service, département] to be in charge of, to be head of; [– école] to be head of; [– orchestre] to conduct, to direct *Am*; [– journal] to edit; mal ~ une société to mismanage a company ‖ *(en usage absolu)*: savoir ~ to be a (good) manager. **-2.** [superviser – travaux] to supervise, to manage, to oversee; [– débat] to conduct; [– thèse, recherches] to supervise, to oversee; [– circulation] to direct; [– opérations] to direct, to oversee. **-3.** CIN, THÉÂT & TV to direct. **-4.** [piloter – voiture] to steer; [– bateau] to navigate, to steer; [– avion] to fly, to pilot; [– cheval] to drive; [guider – aveugle] to guide; [– dans une démarche] to direct, to steer; ~ qqn vers la sortie to direct sb to the exit; on vous a mal dirigé you were misdirected; elle a été mal dirigée dans son choix de carrière she had poor career guidance; ~ un élève vers un cursus littéraire to guide ou to steer a student towards an arts course. **-5.** [acheminer – marchandises] to send; ~ des colis sur ou vers la Belgique to send parcels to Belgium; je fais ~ mes appels sur mon autre numéro I have my calls redirected ou rerouted to my other number. **-6.** [orienter – pensée] to direct; ~ son regard vers qqn to look in the direction of sb; tous les yeux étaient dirigés sur elle everyone was staring at her ‖ ~ ses pas vers *pr & fig* to head for. **-7.** [adresser hostilement] to level, to direct; ~ des accusations contre qqn to level accusations at sb; leurs moqueries étaient dirigées contre lui he was the butt of their jokes. **-8.** [braquer]: une antenne dirigée vers la tour Eiffel an aerial trained on the Eiffel tower; lorsque la flèche est dirigée vers la droite when the arrow points to the right ‖ ARM [tir] to aim; ~ un canon vers ou sur une cible to aim ou to level ou to point a cannon at a target.
◆ **se diriger** *vp i* **-1.** [aller]: se ~ sur ou vers [frontière] to head ou to make for; se ~ vers la sortie to make one's way to the exit; nous nous dirigeons vers le conflit armé *fig* we're headed for armed conflict. **-2.** [trouver son chemin] to find one's way; savoir se ~ dans une ville to be able to find one's way round a city; on apprend aux élèves à se ~ dans leurs études pupils are taught to take charge of their own studies.

**dirigisme** [diriʒism] *nm* state control, state intervention.

**dirigiste** [diriʒist] ◇ *adj* interventionist. ◇ *nmf* partisan of state control.

**dirlo** [dirlo] *nmf arg scol* head, principal.

**disais** [dizɛ] *v* → **dire.**

**discal, e, aux** [diskal, o] *adj* discal.

**discernable** [disɛrnabl] *adj* discernible, discernable, perceptible.

**discernement** [disɛrnəmɑ̃] *nm* **-1.** [intelligence] (good) judgement, discernment. **-2.** *sout* [discrimination] distinguishing, discrimination, discriminating.

**discerner** [3] [disɛrne] *vt* **-1.** [voir] to discern, to distinguish, to make out *(insép)*. **-2.** [deviner] to discern, to perceive, to detect; ~ les motivations de qqn to see through sb. **-3.** [différencier]: ~ qqch de qqch: ~ le bien du mal to distinguish (between) right and wrong, to tell right from wrong.

**disciple** [disipl] *nm* **-1.** RELIG & SCOL disciple. **-2.** [partisan] follower, disciple.

**disciplinaire** [disiplinɛr] *adj* disciplinary.

**discipline** [disiplin] *nf* **-1.** [règlement] discipline. **-2.** [obéissance] discipline; avoir de la ~ to be disciplined ❑ ~ alimentaire observance of one's diet; ~ de vote voting discipline. **-3.** SCOL & UNIV [matière] subject, discipline. **-4.** HIST discipline, whip, scourge.

**discipliné, e** [disipline] *adj* **-1.** [personne] obedient, disciplined. **-2.** [cheveux] neat (and tidy), well-groomed.

**discipliner** [3] [disipline] *vt* **-1.** [faire obéir – élèves, classe] to discipline, to (bring under) control. **-2.** [maîtriser – instincts] to control, to master; [– pensée] to discipline, to train. **-3.** [endiguer – rivière] to control. **-4.** [coiffer – cheveux] to groom.
◆ **se discipliner** *vp (emploi réfléchi)* to discipline o.s.

**disc-jockey** [diskʒɔkɛ] *(pl* **disc-jockeys)** *nmf* disc jockey.

**disco** [disko] ◇ *adj* disco; musique ~ disco (music). ◇ *nm* [musique] disco (music); [danse, chanson] disco number. ◇ *nf fam & vieilli* [discothèque] disco.

**discographie** [diskɔgrafi] *nf* discography.

**discontinu, e** [diskɔ̃tiny] *adj* **-1.** [ligne] broken; [effort] discontinuous, intermittent; le bruit est ~ the noise occurs on and off. **-2.** LING & MATH discontinuous.

**discontinuer** [7] [diskɔ̃tinɥe] *vt & vi litt* to stop, to cease.
◆ **sans discontinuer** *loc adv* nonstop, continuously.

**discontinuité** [diskɔ̃tinɥite] *nf* [gén & MATH] discontinuity.

**disconvenir** [40] [diskɔ̃vnir]
◆ **disconvenir de** *v + prép sout*: vous avez raison, je n'en disconviens pas I don't deny that you're right.

**discordance** [diskɔrdɑ̃s] *nf* **-1.** MUS discord, discordance, disharmony. **-2.** [disharmonie – de couleurs, de sentiments] lack of harmony, clash; [– entre des personnes, idées] clash, conflict, disagreement. **-3.** [écart] contradiction, inconsistency. **-4.** GÉOL discordance, discordancy, unconformability. **-5.** PSYCH dissociation.

**discordant, e** [diskɔrdɑ̃, ɑ̃t] *adj* **-1.** MUS discordant; [criard] harsh, grating. **-2.** [opposé – styles, couleurs, avis, diagnostics] clashing.

**discorde** [diskɔrd] *nf* discord, dissension, dissention.

**discothèque** [diskɔtɛk] *nf* **-1.** [collection] record collection. **-2.** [meuble] record case ou holder. **-3.** [établissement de prêt] record ou music library. **-4.** [boîte de nuit] disco, night club.

**discount** [disk(a)unt] ◇ *nm* **-1.** [rabais] discount; un ~ de 20 % (a) 20% discount, 20% off. **-2.** [technique] discount selling. ◇ *adj inv* discount *(modif)*.

**discounter**[1] [disk(a)unte] *vt & vi* to sell at a discount.

**discounter**[2] [disk(a)untœr] *nm* discount dealer.

**discoureur, euse** [diskurœr, øz] *nm, f péj* speechifier.

**discourir** [45] [diskurir] *vi* **-1.** *litt* [bavarder] to talk. **-2.** *péj* [disserter] to speechify.

**discours** [diskur] *nm* **-1.** [allocution] speech, address; faire un ~ to make a speech ❑ ~ de bienvenue welcoming speech ou address; ~ d'inauguration inaugural lecture ou speech; ~-programme keynote speech; ~ du trône POL inaugural speech *(of a sovereign before a Parliamentary session)*, King's Speech, Queen's Speech; 'Discours de la méthode' Descartes 'Discourse on Method'. **-2.** *péj* [bavardage] chatter; se perdre en longs ~ to talk ou to chatter endlessly; tous ces (beaux) ~ ne servent à rien all this fine talk doesn't get us anywhere. **-3.** LING [langage réalisé] speech; [unité supérieure à la phrase] discourse; ~ direct GRAMM direct speech; ~ indirect GRAMM reported ou indirect speech. **-4.** LOGIQUE discourse. **-5.** [expression d'une opinion] discourse; le ~ des jeunes the sorts of things young people say; tenir un ~ de droite to talk like a right-winger.

**discourtois, e** [diskurtwa, az] *adj* discourteous, impolite.
**discourtoisie** [diskurtwazi] *nf* discourtesy.
**discouru** [diskury], **discourus** [diskury] *v* → **discourir**.
**discrédit** [diskredi] *nm* discredit, disrepute; jeter le ~ sur qqn/qqch to discredit sb/sthg; tomber dans le ~ to fall into disrepute.
**discréditer** [3] [diskredite] *vt* to discredit, to bring into disrepute.
◆ **se discréditer** ◇ *vp (emploi réfléchi)* [personne] to bring discredit upon o.s.; se ~ auprès du public to lose one's good name. ◇ *vpi* [idée, pratique] to become discredited.
**discret, ète** [diskrɛ, ɛt] *adj* **-1.** [réservé – personne, attitude] reserved, discreet. **-2.** [délicat – personne] tactful, discreet, diplomatic. **-3.** [qui garde le secret] discreet. **-4.** [effacé – personne, manières] unobtrusive, unassuming. **-5.** [dissimulé]: envoi ~, sous pli ~ under plain cover. **-6.** [neutre – toilette, style] plain, sober, understated; [– couleur] subtle; [– lumière] subdued, soft; [– parfum] subtle; [– maquillage] light, subtle. **-7.** [isolé – lieu] quiet, secluded. **-8.** MATH discrete.
**discrètement** [diskrɛtmã] *adv* **-1.** [sans être remarqué] quietly, discreetly, unobtrusively. **-2.** [se maquiller, se parfumer] discreetly, lightly, subtly; [s'habiller] discreetly, quietly, soberly.
**discrétion** [diskresjɔ̃] *nf* **-1.** [réserve] discretion, tact, tactfulness. **-2.** [modestie] unobtrusiveness, self-effacement. **-3.** [sobriété – d'un maquillage] lightness, subtlety; [– d'une toilette] soberness. **-4.** [silence] discretion; '~ assurée' 'write in confidence'.
◆ **à discrétion** *loc adv*: vous pouvez manger à ~ you can eat as much as you like.
◆ **à la discrétion de** *loc prép* at the discretion of.
**discrétionnaire** [diskresjɔnɛr] *adj* discretionary.
**discriminant, e** [diskriminã, ãt] *adj* distinguishing, discriminating.
**discrimination** [diskriminasjɔ̃] *nf* **-1.** [ségrégation]: ~ raciale racial discrimination. **-2.** *litt* [distinction] discrimination, distinction.
**discriminatoire** [diskriminatwar] *adj* discriminatory.
**discriminer** [3] [diskrimine] *vt* to distinguish.
**disculper** [3] [diskylpe] *vt*: ~ qqn de qqch to exonerate sb from sthg.
◆ **se disculper** *vp (emploi réfléchi)*: se ~ de qqch to exonerate o.s. from sthg.
**discursif, ive** [diskyrsif, iv] *adj* **-1.** [raisonné] discursive. **-2.** LING discourse *(modif)*.
**discussion** [diskysjɔ̃] *nf* **-1.** [négociation] talk, discussion; [querelle] quarrel, argument; pas de ~! no arguing!, don't argue! **-2.** [débat] debate, discussion; la question de l'avortement donne matière ou est sujet à ~ the issue of abortion lends itself to debate. **-3.** [conversation] discussion, conversation.
**discutable** [diskytabl] *adj* [fait, théorie, décision] debatable, questionable; [sincérité, authenticité] questionable, doubtful; [goût] dubious.
**discutailler** [3] [diskytaje] *vi fam & péj* to quibble.
**discutailleur, euse** [diskytajœr, øz] *adj fam & péj*: il est très ~ he's a real quibbler.
**discuté, e** [diskyte] *adj* **-1.** [débattu] debated, discussed; très ~ hotly debated. **-2.** [contesté – nomination] controversial, disputed.
**discuter** [3] [diskyte] ◇ *vt* **-1.** [débattre – projet de loi] to debate, to discuss; [– sujet, question] to discuss, to argue, to consider; ~ le coup *fam* to have a chat. **-2.** [contester – ordres] to question, to dispute; [– véracité] to debate, to question; [– prix] to haggle over; *(en usage absolu)*: inutile de ~, je ne céderai pas it's no use arguing, I'm not going to give in. ◇ *vi* **-1.** [parler] to talk, to have a discussion; ~ de to talk about *(insép)*, to discuss; ~ de choses et d'autres to talk about this and that. **-2.** [négocier] to negotiate.
◆ **se discuter** *vp (emploi passif)* **-1.** [sujet, question] to be debated. **-2.** [point de vue]: ça se discute that's debatable.
**dise** [diz] *v* → **dire**.
**disert, e** [dizɛr, ɛrt] *adj litt* articulate, eloquent, fluent.
**disette** [dizɛt] *nf* **-1.** [pénurie – gén] shortage, dearth; [– de nourriture] scarcity of food, food shortage. **-2.** *litt* [manque]: ~ d'argent want ou lack of money.

**diseur, euse** [dizœr, øz] *nm, f*: ~ de bonne aventure fortune-teller; fin ~ fine talker.
**disgrâce** [disgras] *nf* **-1.** *sout* [défaveur] disgrace, disfavour; tomber en ~ to fall into disfavour, to fall from grace. **-2.** *litt* [manque de grâce] inelegance, awkwardness.
**disgracier** [9] [disgrasje] *vt litt* to disgrace.
**disgracieux, euse** [disgrasjø, øz] *adj* **-1.** [laid – visage] ugly, unattractive; [– geste] awkward, ungainly; [– comportement] uncouth; [– personne] unattractive, unappealing; [– objet] unsightly. **-2.** *litt* [discourtois] ungracious, discourteous.
**disgraciions** [disgrasijɔ̃] *v* → **disgracier**.
**disjoindre** [82] [diszwɛ̃dr] *vt* **-1.** [planches] to break up *(sép)*. **-2.** [causes, problèmes] to separate, to consider separately.
◆ **se disjoindre** *vpi* to come apart.
**disjoint, e** [diszwɛ̃, ɛ̃t] ◇ *pp* → **disjoindre**. ◇ *adj* **-1.** MATH disjoint. **-2.** MUS disjunct.
**disjoncter** [3] [diszɔ̃kte] *vi* to short-circuit.
**disjoncteur** [diszɔ̃ktœr] *nm* circuit breaker, cutout (switch).
**dislocation** [dislɔkasjɔ̃] *nf* **-1.** [d'une caisse] breaking up; [d'un empire] dismantling; [d'un parti] breaking up, disintegration; [d'une manifestation] breaking up, dispersal. **-2.** MÉD & PHYS dislocation.
**disloquer** [3] [dislɔke] *vt* **-1.** [caisse] to take to pieces, to break up *(sép)*; [poupée] to pull apart *(sép)*; [corps] to mangle. **-2.** [faire éclater – empire] to dismantle; [– parti] to break up *(sép)*. **-3.** MÉD to dislocate.
◆ **se disloquer** *vpi* **-1.** [meuble] to come ou to fall apart, to fall to pieces. **-2.** [fédération] to disintegrate, to break up *(sép)*; [empire] to break up. **-3.** [se disperser – manifestation] to disperse, to break up. **-4.** MÉD to be dislocated. **-5.** [se contorsionner] to contort o.s.
**disons** [dizɔ̃] *v* → **dire**.
**disparaître** [91] [disparɛtr] *vi* **-1.** [se dissiper – peur, joie] to evaporate, to fade, to disappear; [– douleur, problème, odeur] to disappear; [– bruit] to stop, to subside; [– brouillard] to clear, to vanish; faire ~ qqch [gén] to remove sthg; [supprimer] to get rid of sthg ‖ COMM: 'tout doit ~' 'everything must go'. **-2.** [devenir invisible – soleil, lune] to disappear; [– côte, bateau] to vanish, to disappear; elle a disparu dans la foule she vanished into the crowd. **-3.** [être inexplicablement absent] to disappear, to vanish; son mari a disparu (sans laisser d'adresse) her husband has absconded; faire ~ qqn/qqch to conceal sb/sthg ❏ ~ de la circulation ou dans la nature *fam* to vanish into thin air. **-4.** [ne plus exister – espèce, race] to die out, to become extinct; [– langue, coutume] to die out; [– bateau; [mourir] to pass away, to die; faire ~ qqn *euph* to eliminate sb, to have sb removed; ~ en mer to be lost at sea.
**disparate** [disparat] *adj* **-1.** [hétérogène – objets, éléments] disparate, dissimilar. **-2.** [mal accordé – mobilier] ill-assorted, non-matching; [– couple] ill-assorted, ill-matched.
**disparité** [disparite] *nf* disparity; ~ de [sommes d'argent] disparity in.
**disparition** [disparisjɔ̃] *nf* **-1.** [du brouillard] lifting, clearing; [du soleil] sinking, setting; [d'une côte, d'un bateau] vanishing; [de la peur, du bruit] fading away; [du doute] disappearance; frotter jusqu'à ~ des taches rub until the stains disappear. **-2.** [absence – d'une personne, d'un porte-monnaie] disappearance. **-3.** [extinction – d'une espèce] extinction; [– d'une langue, d'une culture] dying out, disappearance. **-4.** [mort] death, disappearance.
**disparu, e** [dispary] ◇ *pp* → **disparaître**. ◇ *adj* **-1.** [mort] dead; porté ~ [soldat] missing (in action); [marin] lost at sea; [passager, victime] missing believed dead. **-2.** [langue] dead; [coutume, culture] vanished, dead; [ère, époque] bygone. ◇ *nm, f* **-1.** [défunt] dead person; les ~s the dead; les ~s en mer [marins] men lost at sea. **-2.** [personne introuvable] missing person.
**disparus** [dispary] *v* → **disparaître**.
**dispatcher** [3] [dispatʃe] *vt* to dispatch, to send around *(sép)*.
**dispendieux, euse** [dispãdjø, øz] *adj litt* expensive, costly.
**dispensaire** [dispãsɛr] *nm* clinic.
**dispensateur, trice** [dispãsatœr, tris] *nm, f* dispenser.
**dispense** [dispãs] *nf* **-1.** [exemption] exemption. **-2.** [certificat] exemption certificate. **-3.** [autorisation spéciale]: ~ d'âge special permission for people under or over the age limit. **-4.** JUR:

~ **de peine** dismissal of charges. **-5.** RELIG dispensation.

**dispenser** [3] [dispɑ̃se] *vt* **-1.** [exempter]: ~ **qqn de qqch** to exempt sb from sthg; **se faire ~ de gymnastique** to be excused (from) gym; **je vous dispense de me rendre un rapport cette fois** I'll excuse you from writing me a report this time; ~ **qqn de faire** to exempt sb from doing; **je te dispense de tes sarcasmes** spare me your sarcasm. **-2.** [donner – charité] to dispense, to administer; [– parole] to utter; ~ **des soins aux malades** to provide patients with medical care.
◆ **se dispenser de** *vp + prép* [obligation] to get out of; **je me dispenserais bien de cette corvée!** I could do without this chore!; **peut-on se ~ de venir à la répétition?** is it possible to skip the rehearsal?

**dispersé, e** [dispɛrse] *adj* **-1.** [famille, peuple] scattered; [habitations] scattered, spread out. **-2.** *fig*: **élève trop ~** [sur bulletin de notes] should pay more attention in class; **dans mon ancien poste j'étais trop ~** in my old job, I had too many different things to do. **-3.** PHYS disperse *(modif)*.

**disperser** [3] [dispɛrse] *vt* **-1.** [répandre – cendres, graines] to scatter. **-2.** [brume, brouillard] to disperse, to lift. **-3.** [efforts] to dissipate; [attention] to divide. **-4.** [foule, manifestants] to disperse, to break up *(sép)*, to scatter; [collection] to break up, to scatter. **-5.** [troupes] to spread out *(sép)*.
◆ **se disperser** *vpi* **-1.** [brume, brouillard] to lift, to disperse. **-2.** [manifestation, foule] to disperse, to break up. **-3.** [dans son travail] to tackle too many things at once; **la production s'est (trop) dispersée** the firm has overdiversified.

**dispersion** [dispɛrsjɔ̃] *nf* **-1.** [de cendres, de débris] scattering. **-2.** [de la brume] dispersal, lifting. **-3.** [de troupes, de policiers] spreading out. **-4.** [d'une foule, de manifestants] dispersal. **-5.** [des forces, de l'énergie] waste; [de l'attention] dividing of attention; **une trop grande ~ de la production** overdiversification in manufacturing. **-6.** CHIM & PHYS dispersion. **-7.** [en statistiques] dispersion.

**disponibilité** [dispɔnibilite] *nf* **-1.** [d'une fourniture, d'un service] availability. **-2.** [liberté] availability *(for an occupation)*; ~ **d'esprit** open-mindedness, receptiveness. **-3.** ADMIN: **mise en ~** (extended) leave; **professeur en ~** teacher on (extended) leave; **se mettre en ~** to take (extended) leave. **-4.** JUR [de bien] (owner's) free disposal of property.
◆ **disponibilités** *nfpl* available funds, liquid assets.

**disponible** [dispɔnibl] ◇ *adj* **-1.** [utilisable – article, service] available. **-2.** [libre – personnel, employé] free, available. **-3.** [ouvert – personne] receptive, open-minded. **-4.** ADMIN on (extended) leave. ◇ *nmf* ADMIN civil servant on (extended) leave of absence. ◇ *nm* COMM stock items.

**dispos** [dispo, oz] *adj* in good form ou shape.

**disposé, e** [dispoze] *adj* **-1.** [arrangé]: **bien/mal ~** well-/poorly-laid out. **-2.** [personne]: **bien/mal ~ (à l'égard de qqn)** in a good/bad mood (with sb).

**disposer** [3] [dispoze] ◇ *vt* **-1.** [arranger – verres, assiettes] to lay, to set; [– fleurs] to arrange; [– meubles] to place, to arrange; **j'ai disposé la chambre autrement** I've changed the layout of the bedroom. **-2.** [inciter]: ~ **qqn à** to incline sb to ou towards; **l'heure ne dispose pas aux confidences** this is not a suitable time for sharing secrets. **-3.** [préparer]: ~ **qqn à** to prepare sb for; **être disposé à faire qqch** to feel disposed ou to be willing to do sthg; **être peu disposé à faire qqch** to be disinclined to do sthg; **j'étais en retard, ce qui l'a tout de suite mal disposé à mon égard** I was late, which put him off me straightaway. ◇ *vi* [partir]: **vous pouvez ~** you may leave ou go.
◆ **disposer de** *v + prép* **-1.** [avoir] to have (at one's disposal ou available). **-2.** [utiliser] to use; **disposez de moi comme il vous plaira** I am at your service. **-3.** JUR: ~ **de ses biens** to dispose of one's property.
◆ **se disposer à** *vp + prép* to prepare to.

**dispositif** [dispozitif] *nm* **-1.** [appareil, mécanisme] machine, device; ~ **d'alarme/de sûreté** alarm/safety device. **-2.** [mesures] plan, measure; **un important ~ policier sera mis en place** there will be a large police presence. **-3.** MIL plan. **-4.** CIN, THÉÂT & TV: ~ **scénique** set. **-5.** JUR [jugement] sentence; [acte, traité] purview.

**disposition** [dispozisjɔ̃] *nf* **-1.** [arrangement – de couverts] layout; [– de fleurs, de livres, de meubles] arrangement; **la ~ des pièces dans notre maison** the layout of the rooms in

our house; **la ~ de la vitrine** the window display. **-2.** [fait d'arranger – des couverts] laying out, setting; [– des meubles] laying out, arranging; [– des fleurs] arranging. **-3.** [tendance – d'une personne] tendency; **avoir une ~ à la négligence/à grossir** to have a tendency to carelessness/to put on weight. **-4.** [aptitude] aptitude, ability, talent; **avoir une ~ pour** to have a talent for. **-5.** JUR clause, stipulation; **les ~s testamentaires de...** the last will and testament of... ‖ [jouissance] disposal; **avoir la ~ de ses biens** to be free to dispose of one's property. **-6.** ADMIN: **mise à la ~** secondment *Br*, temporary transfer *Am*.
◆ **dispositions** *nfpl* **-1.** [humeur] mood; **être dans de bonnes/mauvaises ~s** to be in a good/bad mood; **être dans de bonnes/mauvaises ~s à l'égard de qqn** to be well-disposed/ill-disposed towards sb. **-2.** [mesures] measures; **prendre des ~s** [précautions, arrangements] to make arrangements, to take steps; [préparatifs] to make preparations.
◆ **à la disposition de** *loc prép* at the disposal of; **mettre ou tenir qqch à la ~ de qqn** to place sthg at sb's disposal, to make sthg available to sb; **se tenir à la ~ de** to make o.s. available for; **je suis à votre ~** I am at your service; **je suis ou me tiens à votre entière ~ pour tout autre renseignement** should you require further information, please feel free to contact me.

**disproportion** [disprɔpɔrsjɔ̃] *nf* disproportion.

**disproportionné, e** [disprɔpɔrsjɔne] *adj* **-1.** [inégal] disproportionate; **un prix ~ avec ou à la qualité** a price out of (all) proportion to the quality. **-2.** [démesuré – cou, jambes] long; [– mains, yeux] large.

**dispute** [dispyt] *nf* quarrel, argument.

**disputer** [3] [dispyte] *vt* **-1.** [participer à – match, tournoi] to play; [– combat] to fight; ~ **le terrain** MIL to dispute every inch of ground; *fig* to fight tooth and nail. **-2.** [tenter de prendre]: ~ **qqch à qqn** to fight with sb over sthg; ~ **la première place à qqn** to contend ou to vie with sb for first place. **-3.** *fam* [réprimander] to scold, to tell off *(sép)*; **tu vas te faire ~!** you're in for it! **-4.** *litt* [contester] to deny. **-5.** *loc*: **le ~ en... à qqn** *litt*: **nul ne le lui disputait en courage** nobody could rival his courage.
◆ **disputer de** *v + prép litt* to debate, to discuss.
◆ **se disputer** ◇ *vp (emploi passif)* [avoir lieu] to take place. ◇ *vp (emploi réciproque)* [se quereller] to quarrel, to argue, to fight. ◇ *vpt*: **se ~ qqch** to fight over sthg.
◆ **se disputer avec** *vp + prép* to have an argument ou a row with.

**disquaire** [diskɛr] *nmf* **-1.** [commerçant] record dealer. **-2.** [vendeur] record salesman (*f* saleswoman).

**disqualification** [diskalifikasjɔ̃] *nf* disqualification.

**disqualifier** [9] [diskalifje] *vt* **-1.** SPORT to disqualify. **-2.** [discréditer] to discredit, to bring discredit on.
◆ **se disqualifier** *vp (emploi réfléchi)* to lose credibility.

**disque** [disk] *nm* **-1.** [cercle plat] disc; ~ **de stationnement** parking disc. **-2.** ANAT, ASTRON & MATH disc. **-3.** SPORT discus. **-4.** AUDIO record, disc; ~ **compact** compact disc; ~ **vidéo** videodisc. **-5.** INF disk; ~ **analyseur/dur/magnétique** scanner/hard/magnetic disk; ~ **optique compact** CD-Rom; ~ **optique numérique** digital optical disk; ~ **souple, mini ~** floppy disk.

**disquette** [diskɛt] *nf* floppy disk, diskette.

**dissection** [disɛksjɔ̃] *nf* **-1.** MÉD dissection. **-2.** [analyse] (close ou minute) analysis, dissection.

**dissemblable** [disɑ̃blabl] *adj* different, dissimilar.

**dissémination** [diseminasjɔ̃] *nf* [de graines] scattering; [de troupes] scattering, spreading, dispersion; [de maisons, de habitants] scattering.

**disséminer** [3] [disemine] *vt* [graines] to scatter.
◆ **se disséminer** *vpi* [graines] to scatter; [personnes] to spread (out).

**dissension** [disɑ̃sjɔ̃] *nf* disagreement, difference of opinion.

**dissentiment** [disɑ̃timɑ̃] *nm litt* disagreement.

**disséquer** [18] [diseke] *vt* **-1.** MÉD to dissect. **-2.** [analyser] to dissect, to carry out a close ou minute analysis of.

**dissertation** [disɛrtasjɔ̃] *nf* **-1.** SCOL & UNIV essay. **-2.** *péj* [discours] (long and boring) speech.

**disserter** [3] [disɛrte] *vi* **-1.** ~ **sur** SCOL & UNIV to write an essay on. **-2.** *fig* & *péj* to hold forth on ou about.

**dissidence** [disidãs] *nf* **-1.** [rébellion] dissidence. **-2.** [dissidents] dissidents, rebels. **-3.** [scission] scission.

**dissident, e** [disidã, ãt] ◇ *adj* **-1.** [rebelle] dissident *(avant n)*, rebel *(avant n)*; un groupe ~ a splinter ou breakaway group. **-2.** RELIG dissenting. ◇ *nm, f* **-1.** [rebelle] dissident, rebel. **-2.** RELIG dissenter, nonconformist.

**dissimilitude** [disimilityd] *nf* dissimilarity.

**dissimulateur, trice** [disimylatœr, tris] ◇ *adj* dissembling. ◇ *nm, f* dissembler.

**dissimulation** [disimylasjɔ̃] *nf* **-1.** [fait de cacher] concealment. **-2.** [hypocrisie] deceit, dissimulation, hypocrisy; [sournoiserie] dissembling, secretiveness. **-3.** JUR: ~ d'actif (unlawful) concealment of assets.

**dissimulé, e** [disimyle] *adj* **-1.** [invisible – haine, jalousie] concealed. **-2.** *péj* [fourbe] deceitful, hypocritical.

**dissimuler** [3] [disimyle] *vt* **-1.** [cacher à la vue] to hide (from sight). **-2.** [ne pas révéler – identité] to conceal; [– sentiments, difficultés] to hide, to conceal, to cover up *(sép)*; [– fait] to conceal, to disguise; je ne vous dissimulerai pas que... I won't hide from you (the fact) that... **-3.** JUR [revenus, bénéfices] to conceal.

◆ **se dissimuler** ◇ *vp (emploi réfléchi)* [se cacher] to hide ou to conceal o.s. ◇ *vpt:* se ~ qqch to hide sthg from o.s.

**dissipateur, trice** [disipatœr, tris] *litt* ◇ *adj* wasteful, spendthrift. ◇ *nm, f* squanderer, spendthrift.

**dissipation** [disipasjɔ̃] *nf* **-1.** [de nuages] dispersal, clearing; [du brouillard] lifting; [de craintes] dispelling. **-2.** [d'un héritage] wasting, squandering. **-3.** *litt* [débauche] dissipation. **-4.** [indiscipline] lack of discipline, misbehaviour.

**dissipé, e** [disipe] *adj* **-1.** [indiscipliné – classe] unruly, rowdy, undisciplined; élève ~ [sur bulletin de notes] this pupil doesn't pay enough attention in class. **-2.** [débauché] dissolute.

**dissiper** [3] [disipe] *vt* **-1.** [nuages, brouillard, fumée] to disperse; [malentendu] to clear up *(sép)*; [crainte, inquiétude] to dispel. **-2.** [dilapider – héritage, patrimoine] to dissipate, to squander. **-3.** [distraire] to distract, to divert.

◆ **se dissiper** *vpi* **-1.** [orage] to blow over; [nuages] to clear away, to disperse; [brouillard] to lift, to clear; [fumée] to disperse. **-2.** [craintes] to disappear, to vanish; [migraine, douleurs] to go, to disappear. **-3.** [s'agiter – enfant] to misbehave, to be undisciplined ou unruly.

**dissociable** [disɔsjabl] *adj* [questions, chapitres] separable.

**dissociation** [disɔsjasjɔ̃] *nf* [de questions, de chapitres, d'une famille] separation.

**dissocier** [9] [disɔsje] *vt* **-1.** [questions, chapitres] to separate; [famille] to break up *(sép)*. **-2.** CHIM to dissociate.

**dissolu, e** [disɔly] *adj litt* dissolute.

**dissolution** [disɔlysjɔ̃] *nf* **-1.** [d'un produit, d'un comprimé] dissolving. **-2.** [d'une société] dissolution; [d'un groupe] splitting, breaking up. **-3.** JUR [d'un mariage, d'une association] dissolution; POL [d'un parlement] dissolution. **-4.** [pour pneus] rubber solution. **-5.** *litt* [débauche] dissoluteness, debauchery.

**dissolvais** [disɔlvɛ] *v* → dissoudre.

**dissolvant, e** [disɔlvã, ãt] *adj* **-1.** [substance] solvent, dissolvent. **-2.** *litt* [climat] enervating.

◆ **dissolvant** *nm* **-1.** [détachant] solvent. **-2.** [de vernis à ongles] nail polish remover.

**dissolvons** [disɔlvɔ̃] *v* → dissoudre.

**dissonance** [disɔnãs] *nf* **-1.** [cacophonie] dissonance, discord. **-2.** *litt* [de couleurs, d'idées] discord *litt*, clash, mismatch. **-3.** MUS dissonance.

**dissonant, e** [disɔnã, ãt] *adj* **-1.** [sons, cris] dissonant, discordant, jarring; *litt* [couleurs] discordant *litt*, clashing. **-2.** MUS discordant.

**dissoudre** [87] [disudr] *vt* **-1.** [diluer – sel, sucre, comprimé] to dissolve. **-2.** [désunir – assemblée, mariage] to dissolve; [– parti] to break up *(sép)*, to dissolve; [– association] to dissolve, to break up *(sép)*, to bring to an end.

◆ **se dissoudre** *vpi* **-1.** [sel, sucre, comprimé] to dissolve. **-2.** [groupement] to break up, to come to an end.

**dissuader** [3] [disɥade] *vt:* ~ qqn de (faire) qqch to dissuade sb from (doing) sthg.

**dissuasif, ive** [disɥazif, iv] *adj* **-1.** [qui décourage] dissuasive, discouraging, off-putting *Br*. **-2.** MIL deterrent.

**dissuasion** [disɥazjɔ̃] *nf* dissuasion.

◆ **de dissuasion** *loc adj* [puissance] dissuasive.

**dissymétrie** [disimetri] *nf* dissymmetry.

**dissymétrique** [disimetrik] *adj* dissymmetrical.

**distançai** [distãse] *v* → distancer.

**distance** [distãs] *nf* **-1.** [intervalle – dans l'espace] distance; la ~ entre Pau et Tarbes ou de Pau à Tarbes the distance between Pau and Tarbes ou from Pau to Tarbes; on les entend à une ~ de 100 mètres you can hear them (from) 100 metres away ou at a distance of 100 metres; nous habitons à une grande ~ de la ville we live far (away) from the city;

---

USAGE ▶ **Dissertation: les articulations de l'exposé**

### Introduction

In this essay, I propose to discuss ...
It is often said that ...
Nowadays, it is increasingly clear that ...
In order to assess ..., we must first consider ...
By way of introduction, I would like to examine ...
The question of ... raises many important issues.
It is a well-known fact that ...
It is widely acknowledged that ...

### Présenter les arguments

▷ *structurer les arguments:*

First, I will discuss ...; then, I will examine ...; finally, I propose to ...
On the one hand ...; on the other hand ...
As for ... ou As regards ...
As far as ... is concerned, ...
Similarly, ... ou Equally, ...

▷ *donner son opinion:*

In my opinion, ...
It seems to me that ...
For my part, I ...

▷ *donner un exemple:*

For example, ...

For instance, ...
Let us consider ...
Take, for example, the case of ...

▷ *faire référence à un auteur:*

According to Althusser, ...
To quote Freud, ...
As Irigaray says, ...

▷ *présenter des arguments contraires:*

This may well be true. Nevertheless, ...
It must be said, however, that ...
In spite of these arguments, it remains the case that ...
These arguments sound very convincing. However, I cannot help feeling that ...
The author claims ..., whereas in fact ...
This is far from being the case. Indeed, ...

### Conclusion

In conclusion, ...
To sum up, ...
All in all, ...
Ultimately, ...
What emerges from all this is that ...
Having considered all aspects of the question, we may conclude that ...
Overall, then, it would seem that ...

il a mis une ~ respectueuse entre lui et le fisc *hum* he made sure he stayed well out of reach of the taxman ❑ garder ses ~s to stay aloof, to remain distant; **prendre ses ~s** SPORT to space out; MIL to spread out in ou to form open order; prendre ses ~s envers ou à l'égard de qqn to hold o.s. aloof ou to keep one's distance from sb. **-2.** [parcours] distance; tenir la ~ *pr & fig* to go the distance, to stay the course. **-3.** [intervalle – dans le temps]: ils sont nés à deux mois de ~ they were born within two months of each other; il l'a revue à deux mois de ~ he saw her again two months later. **-4.** [écart, différence] gap, gulf, great difference; ce malentendu a mis une certaine ~ entre nous we've become rather distant from each other since that misunderstanding.

◆ **à distance** *loc adv* **-1.** [dans l'espace] at a distance, from a distance, from afar; cette chaîne peut se commander à ~ this stereo has a remote control; tenir qqn à ~ to keep sb at a distance ou at arm's length; se tenir à ~ (de) to keep one's distance (from). **-2.** [dans le temps] with time.

◆ **de distance en distance** *loc adv* at intervals, in places.

**distancer** [16] [distɑ̃se] *vt* **-1.** SPORT to outdistance. **-2.** [surclasser] to outdistance, to outstrip; se faire ~ économiquement to lag behind economically.

**distanciation** [distɑ̃sjasjɔ̃] *nf* [gén] detachment.

**distancier** [9] [distɑ̃sje]
◆ **se distancier de** *vp + prép*: se ~ de qqch/qqn to distance o.s. from sthg/sb.

**distançons** [distɑ̃sɔ̃] *v →* **distancer**.

**distant, e** [distɑ̃, ɑ̃t] *adj* **-1.** [dans l'espace] far away, distant; être ~ de qqch to be far ou some distance from sthg; les deux écoles sont ~es de 5 kilomètres the (two) schools are 5 kilometres away from each other. **-2.** [dans le temps] distant. **-3.** [personne] aloof, distant; [air, sourire] remote, distant; [rapports] distant, cool.

**distendre** [73] [distɑ̃dr] *vt* **-1.** [étirer – ressort] to stretch, to overstretch; [– peau] to stretch, to distend *spéc*; [– muscle] to strain. **-2.** [rendre moins intime – liens] to loosen.

◆ **se distendre** *vpi* **-1.** [s'étirer – peau, ventre] to stretch, to become distended *spéc*. **-2.** [devenir moins intime – liens] to loosen.

**distension** [distɑ̃sjɔ̃] *nf* [étirage – de l'intestin, de l'estomac] distension; [– d'un muscle] straining; [– d'un ressort] slackening (off).

**distillat** [distila] *nm* distillate.

**distillateur** [distilatœr] *nm* distiller.

**distillation** [distilasjɔ̃] *nf* distillation.

**distiller** [3] [distile] *vt* **-1.** [alcool, pétrole, eau] to distil. **-2.** *litt* [suc, venin] to secrete. **-3.** *litt* [ennui, tristesse] to exude.

**distillerie** [distilri] *nf* **-1.** [usine, atelier] distillery. **-2.** [activité] distilling.

**distinct, e** [distɛ̃, ɛ̃kt] *adj* **-1.** [clair, net] distinct, clear. **-2.** [différent] distinct, different.

**distinctement** [distɛ̃ktəmɑ̃] *adv* distinctly, clearly.

**distinctif, ive** [distɛ̃ktif, iv] *adj* **-1.** [qui sépare] distinctive, distinguishing. **-2.** LING distinctive.

**distinction** [distɛ̃ksjɔ̃] *nf* **-1.** [différence] distinction; faire une ~ entre deux choses to make ou to draw a distinction between two things. **-2.** [élégance, raffinement] refinement, distinction.

◆ **distinctions** *nfpl* [honneurs] honour.

◆ **sans distinction** *loc adv* indiscriminately, without exception.

◆ **sans distinction de** *loc prép* irrespective of.

**distingué, e** [distɛ̃ge] *adj* **-1.** [élégant – personne] distinguished; [– manières, air] refined, elegant, distinguished. **-2.** [brillant, éminent] distinguished, eminent. **-3.** [dans une lettre]: veuillez croire en l'assurance de mes sentiments ~s yours faithfully ou sincerely.

**distinguer** [3] [distɛ̃ge] *vt* **-1.** [voir] to distinguish, to make out *(sép)*; *(en usage absolu)*: on distingue mal dans le noir it's hard to see in the dark. **-2.** [entendre] to hear, to distinguish, to make out *(sép)*. **-3.** [percevoir]: je commence à ~ ses mobiles I'm beginning to understand his motives; j'ai cru ~ une certaine colère dans sa voix I thought I detected a note of anger in his voice. **-4.** [différencier] to distinguish; ~ le vrai du faux to distinguish truth from falsehood; je n'arrive pas à les ~ I can't tell which is which, I can't tell them

apart; je n'arrive pas à ~ ces deux arbres I can't tell the difference between these two trees. **-5.** [honorer] to single out (for reward), to honour.

◆ **se distinguer** ◇ *vp (emploi passif)* **-1.** [être vu] to be seen ou distinguished. **-2.** [différer]: se ~ par: ces vins se distinguent par leur robe you can tell these wines are different because of their colour. ◇ *vpi* **-1.** [se faire remarquer] to distinguish o.s.; son fils s'est distingué en musique his son has distinguished himself ou done particularly well in music. **-2.** [devenir célèbre] to become famous.

◆ **se distinguer de** *vp + prép* **-1.** [différer de]: le safran se distingue du curcuma par l'odeur you can tell the difference between saffron and turmeric by their smell. **-2.** [être supérieur à]: il se distingue de tous les autres poètes he stands out from all other poets.

**distinguo** [distɛ̃go] *nm* distinction.

**distordre** [76] [distɔrdr] *vt* to twist.

**distorsion** [distɔrsjɔ̃] *nf* **-1.** [déformation] distortion. **-2.** [déséquilibre] imbalance.

**distraction** [distraksjɔ̃] *nf* **-1.** [caractère étourdi] absent-mindedness; par ~ inadvertently ‖ [acte] lapse in concentration; excusez ma ~ forgive me, I wasn't concentrating. **-2.** [détente]: il lui faut de la ~ he needs to have his mind taken off things ‖ [activité] source of entertainment; il n'y a pas assez de ~s le soir there's not enough to do at night.

**distraire** [112] [distrɛr] *vt* **-1.** [déranger] to distract; tu laisses trop facilement ~ you're too easily distracted. **-2.** [amuser] to entertain, to divert. **-3.** [détourner]: ~ qqn de: un ami de ses soucis to take a friend's mind off his worries.

◆ **se distraire** *vpi* **-1.** [s'amuser] to have fun, to enjoy o.s. **-2.** [se détendre] to relax, to take a break.

◆ **se distraire de** *vp + prép*: elle ne parvient pas à se ~ de son malheur she can't take her mind off her grief.

**distrait, e** [distrɛ, ɛt] ◇ *pp →* **distraire**. ◇ *adj* absent-minded; avoir l'air ~ to look preoccupied; d'un air ~ abstractedly, absent-mindedly. ◇ *nm, f* absent-minded person.

**distraitement** [distrɛtmɑ̃] *adv* absent-mindedly, abstractedly.

**distrayais** [distrɛjɛ] *v →* **distraire**.

**distrayant, e** [distrɛjɑ̃, ɑ̃t] *adj* amusing, entertaining.

**distrayons** [distrɛjɔ̃] *v →* **distraire**.

**distribanque** [distribɑ̃k] *nm* cash dispenser.

**distribué, e** [distribɥe] *adj* **-1.** [appartement]: bien/mal ~ well/poorly-laid-out. **-2.** [données, information] distributed.

**distribuer** [7] [distribɥe] *vt* **-1.** [donner – feuilles, cadeaux, bonbons] to distribute, to give ou to hand out *(sép)*; [– cartes] to deal; [– courrier] to deliver; [– vivres] to dispense, to share out *(sép)*, to distribute; [– argent] to apportion, to distribute, to share out *(sép)*. **-2.** [attribuer – rôles] to allocate, to assign; [– tâches, travail] to allot, to assign. **-3.** [répartir] to distribute, to divide (out). **-4.** [approvisionner] to supply; l'eau est distribuée dans tous les villages water is supplied ou carried to all the villages. **-5.** CIN & THÉÂT [rôle] to cast; CIN [film] to distribute. **-6.** COMM & IMPR to distribute.

**distributaire** [distribytɛr] ◇ *adj* distributional. ◇ *nmf* recipient *(in a distribution)*.

**distributeur, trice** [distribytœr, tris] *nm, f* distributor, dispenser.

◆ **distributeur** *nm* **-1.** [non payant] dispenser; ~ de savon/gobelets/billets soap/cup/cash dispenser ‖ [payant]: ~ (automatique) vending ou slot machine; ~ de cigarettes/de timbres cigarette/stamp machine. **-2.** COMM [vendeur] distributor.

**distribution** [distribysjɔ̃] *nf* **-1.** [remise – de vêtements, de cadeaux] distribution, giving ou handing out; [– de cartes] dealing; [– de secours] dispensing, distributing; [– de tâches, du travail] allotment, assignment; [– du courrier] delivery; assurer la ~ du courrier to deliver the mail ❑ la ~ des prix prize-giving day SCH. **-2.** [répartition dans l'espace – de pièces] layout; [– de joueurs] positioning. **-3.** [approvisionnement] supply; ~ d'eau/de gaz water/gas supply. **-4.** BOT & SOCIOL [classement] distribution. **-5.** CIN & THÉÂT [des rôles] cast; c'est elle qui s'occupe de la ~ she's the one in charge of casting; ~ par ordre d'entrée en scène characters in order of appearance ‖ CIN [des films] distribution. **-6.** COMM distri-

bution; la grande ~ supermarkets and hypermarkets. **-7.**
ÉCON, JUR & MATH distribution. **-8.** AUT timing. **-9.** LING (distributional) context.

**district** [distrikt] *nm* **-1.** [région] district, region. **-2.** [d'une
ville] district.

**dit, e** [di, dit] ◇ *pp* → **dire.** ◇ *adj* **-1.** [surnommé] (also)
known as. **-2.** [fixé] appointed, indicated; le jour ~ on the
agreed ou appointed day.
◆ **dit** *nm* PSYCH: le ~ et le non-~ the spoken and the unspoken.

**dites** [dit] *v* → **dire.**

**dithyrambe** [ditirɑ̃b] *nm* **-1.** ANTIQ dithyramb. **-2.** [panégy-
rique] panegyric, eulogy.

**dithyrambique** [ditirɑ̃bik] *adj* eulogistic, laudatory.

**diurétique** [djyretik] *adj* & *nm* diuretic.

**diurne** [djyrn] *adj* diurnal.

**diva** [diva] *nf* diva, (female) opera singer.

**divagations** [divagasjɔ̃] *nfpl* ramblings, meanderings.

**divaguer** [3] [divage] *vi* **-1.** [malade] to ramble, to be delirious. **-2.** *fam* & *péj* [déraisonner] to be off one's head.

**divan** [divɑ̃] *nm* **-1.** [meuble] divan, couch. **-2.** HIST: le ~ the
divan.

**divergeai** [diverʒe] *v* → **diverger.**

**divergence** [diverʒɑ̃s] *nf* **-1.** [différence]: ~ (d'idées ou de
vues) difference of opinion. **-2.** OPT & PHYS divergence.

**divergent, e** [diverʒɑ̃, ɑ̃t] *adj* **-1.** [opinions, interprétations, inté-
rêts] divergent, differing. **-2.** OPT & PHYS divergent.

**diverger** [17] [diverʒe] *vi* **-1.** [intérêts, opinions] to differ, to
diverge; ~ de to diverge ou to depart from. **-2.** OPT & PHYS to
diverge; ~ de to diverge from.

**divers, e** [diver, ɛrs] ◇ *dét (adj indéf)* [plusieurs] various, several; en ~es occasions on several ou various occasions; à
usages ~ multipurpose (*avant n*). ◇ *adj* **-1.** [variés – éléments,
musiques, activités] diverse, varied; nous avons abordé les
sujets les plus ~ we talked about a wide range of topics;
pour ~es raisons for a variety of reasons; articles ~ COMM
miscellaneous items. **-2.** [dissemblables – formes, goûts, mo-
tifs] different, various. **-3.** *sout* [multiple – sujet] complex;
[– paysage] varied, changing.

**diversement** [diversəmɑ̃] *adv* **-1.** [différemment] in different
ways. **-2.** [de façon variée] in diverse ou various ways.

**diversification** [diversifikasjɔ̃] *nf* diversification.

**diversifier** [9] [diversifje] *vt* **-1.** [production, tâches] to diversify. **-2.** [varier] to make more varied.
◆ **se diversifier** *vpi* [entreprise, économie, centres d'intérêt] to
diversify.

**diversion** [diversjɔ̃] *nf* **-1.** *sout* [dérivatif] diversion, distraction; faire ~ to create a distraction; faire ~ à la douleur de
qqn to take sb's mind off his/her suffering. **-2.** MIL diversion.

**diversité** [diversite] *nf* [variété] diversity, variety; [pluralité –
de formes, d'opinions, de goûts] diversity.

**divertir** [32] [divertir] *vt* **-1.** [amuser – suj: clown, spectacle,
lecture] to entertain, to amuse. **-2.** JUR to divert, to misappropriate. **-3.** *litt* [éloigner]: ~ qqn de to turn sb away ou to
distract sb from.
◆ **se divertir** *vpi* **-1.** [se distraire] to amuse ou to entertain
o.s. **-2.** [s'amuser] to enjoy o.s., to have fun.
◆ **se divertir de** *vp + prép*: se ~ de qqn to make fun of sb.

**divertissant, e** [divertisɑ̃, ɑ̃t] *adj* amusing, entertaining.

**divertissement** [divertismɑ̃] *nm* **-1.** [jeu, passe-temps] distraction; [spectacle] entertainment. **-2.** [amusement] entertaining, distraction. **-3.** MUS [intermède] divertissement; [di-
vertimento] divertimento; DANSE divertissement. **-4.** JUR [de
fonds] misappropriation.

**dividende** [dividɑ̃d] *nm* FIN & MATH dividend; toucher ou recevoir un ~ to receive ou to get a dividend; sans ~ ex-
dividend.

**divin, e** [divɛ̃, in] *adj* **-1.** RELIG divine; le ~ enfant the Holy
Child; 'la Divine Comédie' *Dante* 'The Divine Comedy'.
**-2.** [parfait – beauté, corps, repas, voix] divine, heavenly, exquisite.

**divinateur, trice** [divinatœr, tris] ◇ *adj* divining, clairvoyant; puissance divinatrice power of divination. ◇ *nm, f*
diviner.

**divination** [divinasjɔ̃] *nf* divination, divining.

**divinatoire** [divinatwar] *adj* divinatory.

**divinement** [divinmɑ̃] *adv* divinely, exquisitely.

**diviniser** [3] [divinize] *vt* to deify.

**divinité** [divinite] *nf* **-1.** [dieu] deity, divinity. **-2.** [qualité] divinity, divine nature.

**divisé, e** [divize] *adj* **-1.** [en désaccord – opinion, juges, parti]
divided; être ~ sur to be divided on (the question of). **-2.**
[fragmenté] divided.

**diviser** [3] [divize] *vt* **-1.** [fragmenter – territoire] to divide up
(*sép*), to partition; [– somme, travail] to divide up (*sép*); [– cellule, molécule] to divide, to split. **-2.** MATH to divide; 9 divisé
par 3 égale 3 9 divided by 3 makes 3; la classe est divisée
en 3 groupes the class is divided up into 3 groups. **-3.** [op-
poser] to divide, to set against each other; l'association est
divisée en deux sur le problème de l'intégration the association is split down the middle on the problem of integration ❑ c'est ~ pour (mieux) régner it's (a case of) divide
and rule.
◆ **se diviser** ◇ *vp (emploi passif)* MATH to be divisible. ◇ *vpi*
**-1.** [cellule] to divide ou to split (up); [branche, voie] to divide, to fork; le texte se divise en cinq parties the text is divided into five parts. **-2.** [opposition, parti] to split.

**diviseur** [divizœr] *nm* MATH divisor; plus grand commun ~
highest common factor.

**divisibilité** [divizibilite] *nf* divisibility.

**divisible** [divizibl] *adj* divisible.

**division** [divizjɔ̃] *nf* **-1.** MATH division; faire une ~ to do a
division ❑ à un chiffre simple division; ~ à plusieurs
chiffres long division. **-2.** [fragmentation – d'un territoire]
splitting, division, partition; la ~ du travail ÉCON the divi-
sion of labour; ~ cellulaire BIOL cell division || PHYS splitting.
**-3.** [désaccord] division, rift. **-4.** FTBL division; la première
~ du championnat the first league division; un club de
première/deuxième/troisième ~ a first/second/third division club; ~ d'honneur ≃ fourth division; en deuxième ~,
X bat Y in league division two, X beat Y || BASE-BALL league.
**-5.** MIL & NAUT division; ~ blindée armoured division. **-6.**
ADMIN division. **-7.** [graduation] gradation.

**divisionnaire** [divizjɔner] ◇ *adj* ADMIN [service] divisional.
◇ *nm* **-1.** MIL major general. **-2.** [commissaire] ≃ chief superintendent *Br*, ≃ police chief *Am*.

**divorçai** [divorse] *v* → **divorcer.**

**divorce** [divors] *nm* **-1.** JUR divorce; demander le ~ to ask ou
to petition for a divorce; obtenir le ~ d'avec qqn to get a
divorce from sb ❑ ~ par consentement mutuel divorce by
mutual consent, no-fault divorce *Am*. **-2.** *sout* [divergence]
gulf.

**divorcé, e** [divorse] ◇ *adj* divorced. ◇ *nm, f* divorcee.

**divorcer** [16] [divorse] *vi* JUR to get a divorce, to get divorced;
~ de qqn ou d'avec qqn to divorce from ou to divorce
sb.

**divulgateur, trice** [divylgatœr, tris] *nm, f* divulger.

**divulgation** [divylgasjɔ̃] *nf* divulgation, disclosure.

**divulguer** [3] [divylge] *vt* to divulge, to disclose, to reveal.

**dix** [dis, *devant consonne* di, *devant voyelle ou h muet* diz] ◇ *dét*
ten; il ne sait rien faire de ses ~ doigts he can't do anything
with his hands ❑ les ~ commandements BIBLE the Ten
Commandments; 'les Dix Commandements' *C.B. De Mille*
'The Ten Commandments'. ◇ *nm* ten; *voir aussi* **cinq.**

**dix-huit** [dizɥit] *dét* & *nm inv* eighteen; *voir aussi* **cinq.**

**dix-huitième** [dizɥitjɛm] *adj num* & *nmf* eighteenth; *voir aussi*
**cinquième.**

**dixième** [dizjɛm] *adj num* & *nmf* tenth; *voir aussi* **cinquième.**

**dix-neuf** [diznœf, *devant an, heure et homme* diznœv] *dét* & *nm
inv* nineteen; *voir aussi* **cinq.**

**dix-neuvième** [diznœvjɛm] *adj num* & *nmf* nineteenth; *voir
aussi* **cinquième.**

**dix-sept** [disɛt] *dét* & *nm inv* seventeen; *voir aussi* **cinq.**

**dix-septième** [disɛtjɛm] *adj num* & *nmf* seventeenth; *voir
aussi* **cinquième.**

**dizaine** [dizɛn] *nf* **-1.** [dix] ten. **-2.** [environ dix] about ou
around ten, ten or so.

**DJ** [didʒi, didʒe] (*abr de* disc-jockey) *nm* DJ.

**Djakarta** [dʒakarta] *npr* Djakarta, Jakarta.

**Djibouti** [dʒibuti] *npr* **-1.** [État] Djibouti. **-2.** [ville] Djibouti City.

**djihad** [dʒiad] *nm* jihad.

**djinn** [dʒin] *nm* jinn.

**dm** (*abr écrite de* **décimètre**) dm.

**DM** (*abr écrite de* **Deutsche Mark**) DM.

**do** [do] *nm inv* C; [chanté] doh.

**doberman** [dɔbɛrman] *nm* Doberman (pinscher).

**doc** [dɔk] (*abr de* **documentation**) *nf fam* literature, brochures.

**DOC** [dɔk] *nm abr de* **disque optique compact**.

**docile** [dɔsil] *adj* [animal] docile, tractable; [enfant, nature] docile, obedient; [cheveux] manageable.

**docilement** [dɔsilmɑ̃] *adv* docilely, obediently.

**docilité** [dɔsilite] *nf* [d'un animal, d'une personne] docility; avec ~ docilely.

**dock** [dɔk] *nm* **-1.** [bassin] dock; ~ de carénage/flottant dry/floating dock. **-2.** [bâtiments, chantier]: les ~s the docks, the dockyard ❑ les ~s de Londres London's Docklands. **-3.** [entrepôt] warehouse.

**docker** [dɔkɛr] *nm* docker.

**docte** [dɔkt] *adj litt* learned, erudite.

**doctement** [dɔktəmɑ̃] *adv* knowledgeably.

**docteur** [dɔktœr] *nm* **-1.** [médecin]: le ~ Jacqueline R. Dr Jacqueline R.; faites venir le ~ send for the doctor; dites-moi, ~ tell me, Doctor ❑ ~ en médecine doctor (of medicine); 'le Docteur Jivago' *Pasternak* 'Doctor Zhivago'. **-2.** UNIV Doctor; ~ en histoire/physique PhD in history/ physics; Vuibert, ~ ès lettres Vuibert, PhD. **-3.** RELIG: ~ de l'Église Doctor of the Church.

**doctoral, e, aux** [dɔktɔral, o] *adj* **-1.** [pédant] pedantic. **-2.** UNIV doctoral.

**doctoralement** [dɔktɔralmɑ̃] *adv* pedantically.

**doctorat** [dɔktɔra] *nm* doctorate; ~ en droit/chimie PhD in law/chemistry; ~ d'État doctorate (*leading to high-level research*); ~ de troisième cycle doctorate (*awarded by a specific university*), PhD.

**doctoresse** [dɔktɔrɛs] *nf vieilli* (woman) doctor.

**doctrinaire** [dɔktrinɛr] ◇ *adj* doctrinaire, dogmatic. ◇ *nmf* doctrinaire.

**doctrinal, e, aux** [dɔktrinal, o] *adj* doctrinal.

**doctrine** [dɔktrin] *nf* doctrine.

**document** [dɔkymɑ̃] *nm* **-1.** INF file. **-2.** [d'un service de documentation] document. **-3.** [de travail] document, paper. **-4.** [témoignage] document; ~ sonore piece of sound archive. **-5.** JUR document, paper; ~s de transport transport documents.

**documentaire** [dɔkymɑ̃tɛr] ◇ *adj* **-1.** [qui témoigne – livre] documentary. **-2.** [de documentation] document (*modif*). ◇ *nm* CIN & TV documentary.

**documentaliste** [dɔkymɑ̃talist] *nmf* **-1.** [gén] archivist. **-2.** SCOL (school) librarian.

**documentariste** [dɔkymɑ̃tarist] *nmf* documentary maker.

**documentation** [dɔkymɑ̃tasjɔ̃] *nf* **-1.** [publicités] literature; [instructions] instructions, specifications. **-2.** [informations] (written) evidence. **-3.** [technique] documentation (technique). **-4.** [service]: la ~ the research department.

**documenté, e** [dɔkymɑ̃te] *adj*: bien ou très ~ [reportage, thèse] well-documented; [personne] well-informed.

**documenter** [3] [dɔkymɑ̃te] *vt* [thèse] to document; [avocat] to supply ou to provide with documents, to document.

◆ **se documenter** *vpi* to inform o.s.; se ~ sur to gather information ou material about.

**dodeliner** [3] [dɔdəline]

◆ **dodeliner de** *v + prép*: ~ de la tête to nod gently.

**dodo** [dodo] *nm langage enfantin* [sommeil] sleep, beddy-byes; faire ~ to go beddy-byes ou bybyes ‖ [lit] bed; va au ~ (time) to go to beddy-byes.

**dodu, e** [dɔdy] *adj* [oie] plump; [personne, visage] plump, fleshy, chubby; [bébé] chubby.

**doge** [dɔʒ] *nm* doge.

**dogmatique** [dɔgmatik] ◇ *adj* dogmatic. ◇ *nmf* dogmatic person. ◇ *nf* dogmatics (U).

**dogmatiser** [3] [dɔgmatize] *vi* to pontificate, to dogmatize.

**dogmatisme** [dɔgmatism] *nm* dogmatism.

**dogme** [dɔgm] *nm* dogma.

**dogue** [dɔg] *nm* mastiff.

**doigt** [dwa] *nm* **-1.** ANAT finger, digit *spéc*; le ~ sur la bouche with one's finger on one's lips; lever le ~ to put one's hand up; manger avec ses ~s to eat with one's fingers; mettre ses ~s dans ou se mettre les ~s dans le nez to pick one's nose; mettre son ~ dans l'œil de qqn to poke sb in the eye ❑ le ~ de Dieu the hand of God; ~ de pied toe; les ~s de pied en éventail *fam* ou en bouquet de violettes *fam* with one's feet up; ~s de fée: couturière aux ~s de fée very talented seamstress; petit ~ little finger; ils sont comme les (deux) ~s de la main they're like brothers, they're as thick as thieves; glisser ou filer entre les ~s de qqn to slip through sb's fingers; mettre le ~ dans l'engrenage to get involved; se fourrer *fam* ou se mettre *fam* ou se foutre▽ le ~ dans l'œil (jusqu'au coude) to be barking up the wrong tree; mener ou faire marcher qqn au ~ et à l'œil to have sb toe the line, to rule sb with a rod of iron; il lui obéit au ~ et à l'œil she rules him with a rod of iron; les ~s dans le nez *fam*: tu pourrais le faire? — les ~s dans le nez! could you do it? — standing on my head!; gagner les ~s dans le nez to win hands down; mettre le ~ sur, toucher du ~ to identify precisely; tu as mis le ~ dessus! that's precisely it!, you've put your finger on it!; là, nous touchons du ~ le problème principal now we're getting to the crux of the problem; c'est mon petit ~ qui me l'a dit a little bird told me; il ne bougera ou lèvera pas le petit ~ pour faire... he won't lift a finger to do... **-2.** [mesure] little bit; servez-m'en un — just pour me out a drop.

◆ **à un doigt de, à deux doigts de** *loc prép* within an inch ou a hair's breadth of.

**doigté** [dwate] *nm* **-1.** MUS [annotation, position] fingering; [technique] fingering technique. **-2.** [adresse] dexterity; pour ouvrir un coffre-fort il faut beaucoup de ~ to open a safe you need a very fine touch. **-3.** [tact] tact, diplomacy; ne pas avoir de/avoir du ~ to be tactless/tactful.

**doigtier** [dwatje] *nm* fingerstall.

**dois, doit¹** [dwa] *v* → **devoir**.

**doit²** [dwa] *nm* FIN debit; ~ et avoir debit and credit.

**doive** [dwav] *v* → **devoir**.

**Dolby®** [dɔlbi] *nm* Dolby®; en ~ stéréo in Dolby stereo.

**doléances** [dɔleɑ̃s] *nfpl* complaints, grievances.

**dolent, e** [dɔlɑ̃, ɑ̃t] *adj* **-1.** *litt* [plaintif – personne] doleful, mournful; [– voix] plaintive, mournful. **-2.** *péj* [sans énergie – personne] sluggish, lethargic.

**dollar** [dɔlar] *nm* **-1.** [en Amérique du Nord] dollar. **-2.** CEE: ~ vert green dollar.

**dolmen** [dɔlmɛn] *nm* dolmen.

**Dolomites** [dɔlɔmit] *npr fpl*: les ~ the Dolomites.

**DOM** [dɔm] (*abr de* **département d'outre-mer**) *nm French overseas département*.

**domaine** [dɔmɛn] *nm* **-1.** [propriété] estate, (piece of) property; mis en bouteille au ~ [dans le Bordelais] chateau-bottled ❑ le ~ royal ≃ Crown lands ou property; HIST [en France] the property of the Kings of France; ~ skiable area developed for skiing (*within a commune or across several communes*); ~ vinicole domaine. **-2.** [lieu préféré] domain. **-3.** JUR: le ~ State property ❑ ~ privé private ownership; ~ public public ownership (of rights); être dans le ~ public to be out of copyright; tomber dans le ~ public to come into the public domain. **-4.** [secteur d'activité] field, domain, area; dans le ~ de la prévention, il y a encore beaucoup à faire as far as preventive action is concerned, there's still a lot to do; dans tous les ~s in every field ou domain; dans tous les ~s de la recherche in all research areas ‖ [compétence, spécialité] field; l'art oriental, c'est son ~ she's a specialist in oriental art; l'électricité, c'est mon ~ I know quite a bit about electricity. **-5.** [d'un dictionnaire] field; [indication] field label. **-6.** MATH domain.

◆ **Domaines** *nmpl* ADMIN: cet étang appartient aux Domaines this pond is State property.

**domanial, e, aux** [dɔmanjal, o] *adj* **-1.** [de l'État] national, state (*modif*). **-2.** [privé] belonging to a private estate.

**dôme** [dom] *nm* **-1.** [en Italie – cathédrale] cathedral; [– église] church. **-2.** ARCHIT dome, cupola *spéc*. **-3.** *litt* [voûte] vault, canopy. **-4.** GÉOL dome.

**domestication** [dɔmɛstikasjɔ̃] *nf* [d'un animal, d'une plante] domestication; [d'une énergie] harnessing.

**domesticité** [dɔmɛstisite] *nf*: la ~ [dans une maison] the (domestic ou household) staff. ⌐

**domestique** [dɔmɛstik] ◇ *adj* **-1.** [familial – problème, vie] family *(modif)*; [– lieu] household *(modif)*. **-2.** [du ménage – affaires, devoirs, tâches] household *(modif)*, domestic; les travaux ~s household work, domestic chores; personnel ~ domestic staff, (domestic) servants. **-3.** ÉCON [économie, marché] domestic, home *(modif)*. **-4.** [animal] domesticated; les animaux ~s pets.
◇ *nmf* domestic, servant; les ~s domestic staff, (domestic) servants, domestics; il nous prend pour ses ~s he thinks we're his servants.

**domestiquer** [3] [dɔmɛstike] *vt* [animal] to domesticate; [plante] to turn into a cultivated variety; [énergie] to harness.

**domicile** [dɔmisil] *nm* **-1.** [lieu de résidence] home, place of residence, domicile; [adresse] (home) address; être sans ~ [sans foyer] to be homeless; sans ~ fixe of no fixed abode ou address ❏ ~ fiscal/légal address for tax/legal purposes; ~ conjugal marital home; ~ permanent permanent place of residence. **-2.** [d'une entreprise] registered address.
◆ **à domicile** ◇ *loc adj*: soins à ~ domiciliary care, home treatment. ◇ *loc adv* [chez soi] at home; travailler à ~ to work from home; nous livrons à ~ we deliver to your home.

**domiciliataire** [dɔmisiljatɛr] *nmf* paying agent BANK.

**domiciliation** [dɔmisiljasjɔ̃] *nf*: ~ (bancaire) domiciliation.

**domicilié, e** [dɔmisilje] *adj*: être fiscalement ~ dans un pays to be liable to pay tax in a country; ~ à Tokyo/en Suède domiciled in Tokyo/in Sweden.

**domicilier** [9] [dɔmisilje] *vt* **-1.** ADMIN to domicile; se faire ~ chez son père to use one's father's address for official purposes. **-2.** BANQUE & COMM to domicile.

**dominance** [dɔminɑ̃s] *nf* **-1.** BIOL & PHYSIOL dominance, dominant nature. **-2.** ZOOL dominant behaviour.

**dominant, e** [dɔminɑ̃, ɑ̃t] *adj* **-1.** [principal – facteur, thème, trait de caractère] dominant, main; [– espèce] dominant; [– couleur] dominant, main, predominant; [– intérêt] main, chief; [– idéologie] prevailing; [– position] commanding. **-2.** BIOL [caractère, gène] dominant. **-3.** MÉTÉO [vent] dominant, prevailing.
◆ **dominante** *nf* **-1.** [aspect prépondérant] dominant ou chief ou main characteristic. **-2.** [teinte] predominant colour. **-3.** MUS dominant. **-4.** UNIV main subject *Br*, major *Am*.

**dominateur, trice** [dɔminatœr, tris] ◇ *adj* **-1.** [puissant – esprit, force, nation] dominating; [– passion] ruling. **-2.** [autoritaire – personne] domineering, overbearing; [– ton] imperious. ◇ *nm, f* **-1.** POL ruler. **-2.** [personne autoritaire] tyrant, despot.

**domination** [dɔminasjɔ̃] *nf* **-1.** [politique, militaire] domination, dominion, rule; territoires sous ~ allemande territories under German domination ou rule. **-2.** [prépondérance – d'un facteur] preponderance, domination. **-3.** [ascendant personnel, influence] domination, influence; il exerçait sur eux une étrange ~ he had a strange hold over them; subir la ~ de qqn to be dominated by sb. **-4.** [contrôle – de sentiments] control; ~ de soi-même self-control.

**dominer** [3] [dɔmine] *vt* **-1.** POL [nation, peuple] to dominate, to rule. **-2.** [contrôler – marché] to control, to dominate; ils ont dominé le match they had the best of ou they controlled the match. **-3.** [influencer – personne] to dominate; elle domine complètement son patron she's got her boss under her thumb. **-4.** [surclasser] to dominate, to outclass; ils se sont fait ~ en mêlée they were weaker in the scrums; elle domine toutes les autres danseuses she outclasses the other dancers. **-5.** [colère] to control; [complexe, dégoût, échec, timidité] to overcome; [passion] to master, to control; [matière, question] to master; ~ la situation to keep the situation under control. **-6.** [prédominer dans – œuvre, style, débat] to predominate in, to dominate ‖ *(en usage absolu)* [couleur, intérêt] to predominate, to be predominant; [caractéristique] to dominate, to be dominant; [idéologie, opinion] to prevail; les femmes dominent dans l'enseignement women outnumber men in teaching. **-7.** [surplomber] to overlook, to dominate; ~ qqn de la tête et des épaules *pr* to be

taller than sb by a head; *fig* to tower above sb, to be head and shoulders above sb.
◆ **se dominer** *vp (emploi réfléchi)* to control o.s.; ne pas savoir se ~ to have no self-control.

**dominicain, e**[1] [dɔminikɛ̃, ɛn] *adj* & *nm, f* RELIG Dominican.

**dominicain, e**[2] [dɔminikɛ̃, ɛn] *adj* [de Saint-Domingue] Dominican.
◆ **Dominicain, e** *nm, f* Dominican.

**dominical, e, aux** [dɔminikal, o] *adj* Sunday *(modif)*, dominical.

**dominion** [dɔminjɔ̃] *nm* dominion.

**Dominique** [dɔminik] *npr f*: la ~ Dominica; à la ~ in Dominica.

**domino** [dɔmino] *nm* **-1.** JEUX & VÊT domino; jouer aux ~s to play dominoes. **-2.** ÉLECTR connecting block.

**Domitien** [dɔmisjɛ̃] *npr* Domitian.

**Dom Juan** [dɔ̃ʒɥɑ̃] *npr* Don Juan.

**dommage** [dɔmaʒ] *nm* **-1.** JUR [préjudice] harm, injury; causer un ~ à qqn to cause ou to do sb harm ❏ ~ corporel physical injury; ~s de guerre war damage; ~s et intérêts, ~s-intérêts damages. **-2.** *(gén pl)* [dégât matériel]: ~ matériel, ~s matériels (material) damage; causer des ~s à to cause damage to; en cas de ~s sur le véhicule in case of damage to the vehicle. **-3.** [expression d'un regret]: (c'est) ~! what a shame ou pity!; c'est vraiment ~ de devoir abattre ce chêne it's a real shame to have to cut down this oak; ça ne m'intéresse pas! — ~! I'm not interested! — pity!; ~ que tu n'aies pas pu venir! what a pity ou shame you couldn't come!; je ne peux pas venir — ~ pour toi! I can't come — too bad (for you)!

**dommageable** [dɔmaʒabl] *adj* detrimental, damaging; ~ à detrimental to, damaging to.

**domotique** [dɔmɔtik] *nf* home automation.

**domptage** [dɔ̃taʒ] *nm* taming.

**dompter** [3] [dɔ̃te] *vt* **-1.** [animal] to tame. **-2.** [litt [révoltés] to quash; [peuple] to subjugate. **-3.** [énergie, vent, torrent] to master; [rébellion] to break, to put down *(sép)*.

**dompteur, euse** [dɔ̃tœr, øz] *nm, f* tamer, liontamer.

**DOM-TOM** [dɔmtɔm] *(abr de départements et territoires d'outre-mer) npr mpl* French overseas départements and territories.

**don** [dɔ̃] *nm* **-1.** [aptitude naturelle] talent, gift; avoir le ~ de voyance to be clairvoyant; elle a le ~ de trouver des vêtements pas chers she has a flair for finding cheap clothes; tu as le ~ d'envenimer les situations! you have a knack for stirring up trouble!; elle a un ~ pour la danse she has a talent for dancing, she's a gifted dancer. **-2.** [cadeau] gift, donation; la collection dont elle m'a fait ~ the collection she gave me as a present; ceux qui ont fait ~ de leur vie pour leur pays those who have laid down ou sacrificed their lives for their country ❏ le ~ de soi ou de sa personne self-denial, self-sacrifice; ~ en argent cash donation; ~ en nature donation in kind. **-3.** JUR donation; faire ~ d'un bien à qqn to donate a piece of property to sb. **-4.** MÉD donation, donating; encourager les ~ d'organes to promote organ donation. **-5.** [en Espagne] Don.

**DON** [dɔn] *nm abr de* disque optique numérique.

**donataire** [dɔnatɛr] *nmf* donee, recipient.

**donateur, trice** [dɔnatœr, tris] *nm, f* donor.

**donation** [dɔnasjɔ̃] *nf* [gén] donation, disposition; [d'argent] donation; faire une ~ à un musée to make a donation to a museum ❏ ~ entre vifs donation inter vivos.

**donc** [dɔ̃k] *conj* **-1.** [par conséquent] so, therefore; je n'en sais rien, inutile ~ de me le demander I don't know anything about it, so there's no use asking me; il faudra ~ envisager une autre solution we should therefore think of another solution. **-2.** [indiquant une transition] so; nous disions ~ que... so, we were saying that... **-3.** [indiquant la surprise] so; c'était ~ toi! so it was you! **-4.** [renforçant une interrogation, une assertion, une injonction]: mais qu'y a-t-il ~? what's the matter, then?; fermez ~ la porte! shut the door, will you!; viens ~ avec nous! come on, come with us!; allons ~, vous vous trompez come on (now), you're mistaken; allons ~, je ne te crois pas! come off it, I don't believe you!; comment ~ est-ce possible? how can that be possible?; eh ben dis ~! well, really!; essaie ~! go on, try!; essaie ~ pour voir! *iron* just (you) try it!, go on then!; **tiens ~!** well, well, well!; **dites ~, pour qui vous vous prenez?** look here, who do you think you are?; **dis ~, à propos, tu l'as vue hier soir?** oh, by the way, did you see her yesterday evening?; **range ~ tes affaires!** why don't you put your things away?

**dondon** [dɔ̃dɔ̃] *nf fam & péj:* **une grosse ~** a big fat lump.

**donjon** [dɔ̃ʒɔ̃] *nm* keep, donjon.

**don Juan** [dɔ̃ʒɥɑ̃] (*pl* **dons Juans**) *nm* **-1.** [séducteur] Don Juan, lady's man. **-2.** MUS & LITTÉRAT: 'Don Juan' *Mozart* 'Don Giovanni'; 'Don Juan' *Byron* 'Don Juan'; *Pouchkine* 'The Stone Guest'.

**donjuanesque** [dɔ̃ʒɥanɛsk] *adj* [attitude, manières] of a Don Juan.

**donne** [dɔn] *nf* CARTES deal; **il y a eu fausse ou mauvaise ~** there was a misdeal.

**donné, e** [dɔne] *adj* **-1.** [heure, lieu] fixed, given; **sur un parcours ~** on a given ou certain route. **-2.** [particulier, spécifique]: **sur ce point ~** on this particular point; **à cet instant ~** at this (very) moment; **à un moment ~** at one point. **-3.** [bon marché]: **c'est ~!** it's dirt cheap!; **c'est pas ~!** it's hardly what you'd call cheap!
◆ **donné** *nm* PHILOS given.
◆ **donnée** *nf* **-1.** INF, MATH & SC piece of data, datum; **~es** data; **fichier/saisie/transmission de ~es** data file/capture/transmission; **en ~es corrigées des variations saisonnières** ÉCON with adjustments for seasonal variations, seasonally adjusted. **-2.** [information] piece of information; **~es** facts, information; **je ne connais pas toutes les ~es du problème** I don't have all the information about this question.

**donner** [3] [dɔne] ◇ *vt* **A.** CÉDER, ACCORDER **-1.** [offrir] to give; [se débarrasser de] to give away *(sép)*; [distribuer] to give out *(sép)*; **~ qqch à qqn** to give sthg to sb, to give sb sthg; **~ qqch en cadeau à qqn** to make sb a present of sthg; **~ qqch en souvenir à qqn** to give ou to leave sb sthg as a souvenir; **il est joli, ce tableau! — je te le donne** what a lovely picture! — please have it; **à ce prix-là, ma petite dame, je vous le donne!** at that price, dear, I'm giving it away!; **c'était donné, l'examen, cette année!** *fam* the exam was a piece of cake this year!; **dis donc, on te l'a donné, ton permis de conduire!** *hum* how on earth did you pass your driving test!; **~ sa place à qqn dans le train** to give up one's seat to sb on the train; **~ à boire à un enfant** to give a child a drink ou something to drink; **~ à manger aux enfants/chevaux** to feed the children/horses ‖ *(en usage absolu)* **to give; ~ aux pauvres** to give to the poor; **~ de son temps** to give up one's time; **~ de sa personne** to give of o.s. ❑ **j'ai déjà donné!** *fam* I've been there ou through that already!**-2.** JUR [léguer] to leave; [faire don public de – argent, œuvre d'art, organe] to donate, to give. **-3.** [accorder – subvention] to give, to hand out *(sép)*; [– faveur, interview, liberté] to give, to grant; [– prix, récompense] to give, to award; **~ sa fille en mariage à qqn** to marry one's daughter to sb; **~ la permission à qqn de faire qqch** to allow sb to do sthg, to give sb permission to do sthg; **~ rendez-vous à qqn** ADMIN to make an appointment with sb; [ami, amant] to make a date with sb; **~ à qqn l'occasion de faire qqch** to give sb the opportunity to do sthg ou of doing sthg; **~ son soutien à qqn** to give sb one's support to sb, to support sb ‖ *(tournure impersonnelle)*: **il n'est pas donné à tout le monde de...** not everybody is fortunate enough to... **-4.** [laisser – délai] to give, to leave. **-5.** [confier] to give, to hand, to pass; **~ une tâche à qqn** to entrust sb with a job; **elle m'a donné sa valise à porter** she gave me her suitcase to carry; **~ ses enfants à garder** to have one's children looked after. **-6.** [remettre – gén] to give; [– devoir] to give, to hand in *(sép)*; **donne la balle, Rex, donne!** come on Rex, let go (of the ball)!; **donnez vos papiers** hand over your papers. **-7.** [vendre - suj: commerçant] to give. **-8.** [payer] to give; **combien t'en a-t-on donné?** how much did you get for it?; **je donnerais cher pour le savoir** I'd give a lot to know that; **je donnerais n'importe quoi pour le retrouver** I'd give anything to find it again. **-9.** [administrer – médicament, sacrement] to give, to administer; [– bain] to give; **~ 15 ans de prison à qqn** to give sb a 15-year prison sentence; **~ une punition à qqn** to punish sb. **-10.** [appliquer – coup, baiser] to give; **~ une fessée à qqn** to smack sb's bottom, to spank sb; **~ un coup de rabot/**

râteau/pinceau à qqch to go over sthg with a plane/rake/paintbrush. **-11.** [passer, transmettre] to give, to pass on *(sép)*; **son père lui a donné le goût du théâtre** she got her liking for the theatre from her father. **-12.** [organiser – dîner, bal] to give, to throw. **-13.** *loc:* **je vous le donne en cent** ou **mille** *fam* you'll never guess in a month of Sundays ou in a million years.
**B.** CONFÉRER **-1.** [assigner] to give; **~ un nom à qqn** to give sb a name, to name sb; **je donne peu d'importance à ces choses** I attach little importance to these things. **-2.** [attribuer]: **on ne lui donnerait pas son âge** he doesn't look his age; **quel âge me donnez-vous?** how old would you say I am?**-3.** [prédire] to give; **je ne lui donne pas trois mois** [à vivre] I give her less than three months to live; [avant d'échouer] I'll give it three months at the most.
**C.** GÉNÉRER **-1.** [suj: champ] to yield; [suj: arbre fruitier] to give, to produce. **-2.** [susciter, provoquer – courage, énergie, espoir] to give; [– migraine] to give, to cause; [– sensation] to give, to create; [– impression] to give, to produce; **~ du souci à qqn** to worry sb; **les enfants donnent du travail** children are a lot of work; **~ des boutons à qqn** to make sb come out in spots; **faire la vaisselle me donne des boutons** *fig* I'm allergic to washing-up; **ça donne la diarrhée** it gives you ou causes diarrhoea; **~ chaud/froid/faim/soif à qqn** to make sb hot/cold/hungry/thirsty; **~ mal au cœur à qqn** to make sb (feel) sick ou nauseous. **-3.** [conférer – prestige] to confer, to give; [– aspect, charme] to give, to lend; **le grand air t'a donné des couleurs** the fresh air has brought colour to your cheeks; **pour ~ plus de mystère à l'histoire** to make the story more mysterious. **-4.** [aboutir à – résultats] to give, to yield; [– effet] to result in; **en ajoutant les impôts, cela donne la somme suivante** when you add (in ou on) the tax, it comes to the following amount ❑ **et ta candidature, ça donne quelque chose?** have you had anything about your application?; **les recherches n'ont rien donné** the search was fruitless; **la robe ne donne pas grand-chose comme cela, essaie avec une ceinture** the dress doesn't look much like that, try it with a belt; **j'ai ajouté du vin à la sauce — qu'est-ce que ça donne?** I've added some wine to the sauce — what is it like now?
**D.** EXPRIMER, COMMUNIQUER **-1.** [présenter, fournir – garantie, preuve, précision] to give, to provide; [– explication, avis] to give; [– argument] to put forward *(sép)*; [– ordre, consigne] to give; **~ un conseil à qqn** to give sb a piece of advice, to advise sb; **~ ses sources** to quote one's sources; **~ une certaine image de son pays** to show one's country in a particular light; **~ à entendre** ou **comprendre que** to let it be understood that; **ces faits nous ont été donnés comme vrais** we were led to believe that these facts were true; **~ qqch pour certain** to give sthg as a certainty; **on le donnait pour riche** he was said ou thought to be rich. **-2.** [dire] to give; **~ des nouvelles à qqn** to give sb news; **donnez-moi de ses nouvelles** tell me how he is ❑ **je te le donne pour ce que ça vaut** *fam* that's what I was told, anyway. **-3.** [indiquer – suj: instrument] to give, to indicate, to show. **-4.** *fam* [dénoncer] to give away *(sép)*, to rat on, to shop *Br.***-5.** [rendre public – causerie, cours] to give; [– œuvre, spectacle] to put on; **qu'est-ce qu'on donne au Rex?** what's on at the Rex?
◇ *vi* **-1.** [produire – arbre] to bear fruit, to yield; [– potager, verger, terre] to yield; **la vigne a bien/mal donné cette année** the vineyard had a good/bad yield this year; **dis donc, elle donne, ta chaîne hi-fi!** *fam* that's a mean sound system you've got there! ❑ **~ à plein** [radio] to be on full blast, to be blaring (out); [campagne de publicité, soirée] to be in full swing; **le soleil donne à plein** the sun is beating down. **-2.** CARTES to deal; **à toi de ~** your deal. **-3.** [attaquer] to charge; **faire ~ la garde/troupe** to send in the guards/troops.
◆ **donner dans** *v + prép* **-1.** [tomber dans]: **~ dans une embuscade** to be ambushed; **sans ~ dans le mélodrame** without becoming too melodramatic ❑ **~ dans le piège** to fall into the trap. **-2.** [se cogner contre]: **l'enfant est allé ~ dans la fenêtre** the child crashed into the window. **-3.** [déboucher sur] to give out onto.
◆ **donner de** *v + prép* **-1.** [cogner avec]: **~ du coude/de la tête contre une porte** to bump one's elbow/one's head against a door. **-2.** [utiliser]: **~ du cor** to sound the horn; **~ de la voix** to raise one's voice ❑ **~ de la tête** [animal] to shake its head; **ne plus savoir où ~ de la tête** *fig* to be run off one's feet. **-3.** NAUT: **~ de la bande** to list. **-4.** *loc:* **elle**

lui donne du «monsieur» she calls him 'Sir'.

◆ **donner sur** *v* + *prép* **-1.** [se cogner contre]: la barque alla ~ sur le rocher the boat crashed into the rock. **-2.** [être orienté vers]: la chambre donne sur le jardin/la mer the room overlooks the garden/the sea.

◆ **se donner** ◇ *vp (emploi passif)* [film, pièce] to be on.

◇ *vpi* **-1.** [employer son énergie]: monte sur scène et donne-toi à fond get on the stage and give it all you've got; se ~ à: se ~ à une cause to devote o.s. to a cause; elle s'est donnée à fond ou complètement dans son entreprise she put all her effort into her business. **-2.** *sout* [sexuellement]: se ~ à qqn to give o.s. to sb.

◇ *vpt* **-1.** [donner à soi-même]: se ~ un coup de marteau sur les doigts to hit one's fingers with a hammer; se ~ les moyens de faire qqch to give o.s. the means to do sthg; se ~ du bon temps [gén] to have fun; *euph* to give o.s. a good time ‖ [s'accorder – délai] to give ou to allow o.s. **-2.** [échanger] to give one another ou each other; se ~ un baiser to give each other a kiss, to kiss; ils se sont donné leurs impressions they swapped views. **-3.** [se doter de] to give o.s. **-4.** [prétendre avoir]: il se donne trente ans he claims to be thirty. **-5.** *loc*: s'en ~ à cœur joie, s'en ~: les enfants s'en sont donné au square the children had the time of their lives in the park.

◆ **se donner pour** *vp* + *prép* to pass o.s. off as, to claim to be.

◆ **donnant donnant** *loc adv* that's fair, fair's fair; d'accord, mais c'est donnant donnant OK, but I want something in return.

**donneur, euse** [dɔnœr, øz] *nm, f* **-1.** MÉD donor; ~ de sang blood donor; ~ universel universal blood donor. **-2.** JEUX dealer. **-3.** *fam* [délateur] squealer, informer.

◆ **donneur** *nm* **-1.** ÉCON & FIN: ~ d'ordres principal. **-2.** CHIM donor. **-3.** MÉD: ~ de sperme sperm donor.

**don Quichotte** [dɔ̃kiʃɔt] (*pl* **dons Quichottes**) *nm* LITTÉRAT: 'Don Quichotte de la Manche' *Cervantès* 'Don Quixote'.

**dont** [dɔ̃] *pron rel* **-1.** [exprimant le complément du nom – personne] whose; [– chose] whose, of which; le club ~ je suis membre the club to which I belong ou of which I'm a member, the club I belong to. **-2.** [exprimant la partie d'un tout – personnes] of whom; [– choses] of which; des livres ~ la plupart ne valent rien books, most of which are worthless; deux personnes ont téléphoné, ~ ton frère two people phoned, including your brother. **-3.** [exprimant le complément de l'adjectif]: le service ~ vous êtes responsable the service for which you are responsible; c'est la seule photo ~ je sois fier it's the only photograph I'm proud of ou of which I'm proud. **-4.** [exprimant l'objet indirect]: ce ~ nous avons discuté what we talked about; une corvée ~ je me passerais bien a chore (which) I could well do without. **-5.** [exprimant le complément du verbe – indiquant la provenance, l'agent, la manière etc]: une personne ~ on ne sait rien a person nobody knows anything about; cette femme ~ je sais qu'elle n'a pas d'enfants that woman who I know doesn't have any children; la famille ~ je viens the family (which) I come from; les amis ~ il est entouré the friends he is surrounded by; les cadeaux ~ il a été comblé the many presents (which) he received.

**donzelle** [dɔ̃zɛl] *nf fam & hum* young lady ou thing.

**dopage** [dɔpaʒ] *nm* drug use *(in sport)*.

**dopant, e** [dɔpɑ̃, ɑ̃t] *adj* stimulant *(modif)*.

**dope**▽ [dɔp] *nf* dope.

**doper** [3] [dɔpe] *vt* **-1.** [droguer] to dope *(in a competition)*; ~ l'économie to stimulate the economy artificially. **-2.** CHIM to dope.

◆ **se doper** *vp (emploi réfléchi)* to take drugs *(in a competition)*.

**doping** [dɔpiŋ] = dopage.

**Doppler** [dɔplɛr] *npr*: effet ~ Doppler effect.

**dorade** [dɔrad] = daurade.

**Dordogne** [dɔrdɔɲ] *npr f*: la ~ [région] (the) Dordogne (region); [rivière] the Dordogne (River).

**doré, e** [dɔre] *adj* **-1.** [bouton, robinetterie] gilt, gilded; ~ à la feuille gilded with gold leaf; ~ sur tranche [livre] gilt-edged, with gilded edges. **-2.** [chevelure, lumière] golden; [peau] golden brown; [gâteau, viande] browned, golden brown. **-3.** [idéal – jours, rêves] golden. **-4.** [dans des noms d'animaux] golden.

◆ **doré** *nm* **-1.** [dorure] gilt. **-2.** *Can* ZOOL yellow ou wall-eyed pike.

**dorénavant** [dɔrenavɑ̃] *adv* [à partir de maintenant] from now on, henceforth, henceforward; [dans le passé] from then on.

**dorer** [3] [dɔre] ◇ *vt* **-1.** [couvrir d'or] to gild; faire ~ qqch to have sthg gilded ❑ ~ la pilule à qqn *fam* to sugar the pill for sb. **-2.** [brunir – peau] to give a golden colour to, to tan; [– blés, poires] to turn gold; [– paysage] to shed a golden light on. **-3.** CULIN: ~ une pâte à l'œuf/au lait to glaze pastry with egg yolk/with milk. ◇ *vi* CULIN to turn golden; faites ~ les oignons cook ou fry the onions until golden.

◆ **se dorer** *vp (emploi réfléchi)* [touriste] to sunbathe; se ~ la pilule *fam* [bronzer] to lie in the sun getting o.s. cooked to a turn *hum*; [ne rien faire] to do sweet FA *Br* ou zilch *Am*.

**doreur, euse** [dɔrœr, øz] *nm, f* gilder.

**dorien, enne** [dɔrjɛ̃, ɛn] *adj* **-1.** HIST & MUS Dorian. **-2.** LING Doric.

◆ **Dorien, enne** *nm, f* Dorian.

**dorique** [dɔrik] ◇ *adj* [ordre] Doric. ◇ *nm*: le ~ the Doric order.

**dorloter** [3] [dɔrlɔte] *vt* to pamper, to cosset.

**dormant, e** [dɔrmɑ̃, ɑ̃t] *adj* **-1.** [eau] still. **-2.** *litt* [passion, sensualité] dormant. **-3.** BIOL dormant, latent. **-4.** CONSTR [bâti, chassis] fixed.

◆ **dormant** *nm* **-1.** CONSTR [bâti] fixed frame, casing *(C)*; [vitre] fixed. **-2.** NAUT standing end.

**dormeur, euse** [dɔrmœr, øz] ◇ *adj* [poupée, poupon] sleeping. ◇ *nm, f* sleeper; c'est un grand ou gros ~ he likes his sleep.

**dormir** [36] [dɔrmir] *vi* **-1.** PHYSIOL to sleep; [à un moment précis] to be asleep, to be sleeping; tu as bien dormi? did you sleep well?; dors bien! sleep tight!; j'ai dormi tout l'après-midi I was asleep ou I slept all afternoon; il dort tard le dimanche he sleeps in on Sundays; on dort mal dans ce lit you can't get a good night's sleep in this bed; tu as pu ~ dans le train? did you manage to get some sleep on the train?; je n'ai pas dormi de la nuit I didn't sleep a wink all night; la situation m'inquiète, je n'en dors pas ou plus (la nuit) the situation worries me, I'm losing sleep over it; le thé m'empêche de ~ tea keeps me awake; avoir envie de ~ to be ou to feel sleepy; ~ d'un sommeil léger [habituellement] to be a light sleeper; [à tel moment] to be dozing; ~ d'un sommeil profond ou lourd ou de plomb [habituellement] to be a heavy sleeper; [à tel moment] to be fast asleep, to be sound asleep, to be in a deep sleep ❑ ~ à poings fermés to be fast asleep, to be sleeping like a baby; ~ comme un ange [bébé] to be sound asleep; [adulte] to sleep like a baby; ~ comme une bûche ou un loir ou une marmotte ou une souche ou un sabot to sleep like a log; ~ debout: tu dors debout you can't (even) keep awake, you're dead on your feet; ~ sur ses deux oreilles tu peux dormir sur tes deux oreilles there's no reason for you to worry, you can sleep soundly in your bed at night; je ne dors que d'un œil [je dors mal] I can hardly sleep, I hardly get a wink of sleep; [je reste vigilant] I sleep with one eye open; qui dort dîne *prov* he who sleeps forgets his hunger. **-2.** [être sans activité – secteur] to be dormant ou asleep; [– volcan] to be dormant; [– économies personnelles] to lie idle; [– économie nationale] to be stagnant; ils ont laissé ~ le projet they left the project on the back burner. **-3.** [être inattentif]: ce n'est pas le moment de ~! now's the time for action!

**dorsal, e, aux** [dɔrsal, o] *adj* ANAT & ZOOL dorsal, back *(modif)*.

◆ **dorsal** *nm* ANAT: grand ~, long ~ latissimus dorsi.

◆ **dorsale** *nf* **-1.** ZOOL dorsal fin. **-2.** GÉOL [élévation] ridge; [montagne] mountain range.

**dortoir** [dɔrtwar] *nm* dormitory; cité ou ville ~ dormitory town.

**dorure** [dɔryr] *nf* **-1.** [or] gilt; bureau couvert de ~s desk covered in gilding. **-2.** [processus] gilding; ~ à la feuille/à la poudre gold leaf/powder gilding; ~ sur tranches [reliure] edge-gilding.

**dos** [do] *nm* **-1.** ANAT back; le bas de son ~ the small of her back; avoir le ~ rond to be hunched up ou round-shouldered; avoir le ~ voûté to have a stoop; j'ai mal au ~ my back hurts, I've got (a) backache; j'avais le soleil dans le ~ the sun was behind me ou on my back; être sur le ~ to be (lying) on one's back; tourner le ~ à qqn [assis] to sit with one's back to sb; [debout] to stand with one's back to sb; [l'éviter] to turn one's back on sb; je ne l'ai vu que de ~ ! only saw him from behind ou the back; où est la gare? — vous lui tournez le ~ where is the station? — you're going away from it; dès que j'ai le ~ tourné, il fait des bêtises as soon as my back is turned, he gets into mischief ❏ avoir bon ~: comme d'habitude, j'ai bon ~! as usual, I get the blame!; avoir le ~ large: j'ai le ~ large mais il ne faut pas exagérer! I can take a lot ou I may be resilient, but there are limits!; avoir qqch sur le ~ *fam*: ce gosse n'a rien sur le ~! that kid's not dressed warmly enough!; c'est moi qui ai tous les préparatifs sur le ~ I've been saddled with all the preparations; faire qqch dans ou derrière le ~ de qqn to do sthg behind sb's back; être sur le ~ de *fam*: tu es toujours sur le ~ de ce gosse, laisse-le un peu! you're always nagging that kid, leave him alone!; vous aurez les syndicats sur le ~ the unions will be breathing down your necks; faire le gros ~ [chat] to arch its back; *fig* to lie low; faire qqch sur le ~ de: ils ont bâti leur empire sur le ~ des indigènes they built their empire at the expense of the natives; l'avoir dans le ~ *fam*: il l'a dans le ~! he's been had ou done!; se mettre qqn à ~ to put sb's back up; il les avait tous à ~ they were all after him; mettre qqch sur le ~ de qqn *fam* [crime, erreur] to pin sthg on sb; je n'ai rien/pas grand-chose à me mettre sur le ~ I have got nothing/ virtually nothing to wear; si le fisc lui tombe sur le ~, ça va lui coûter cher! *fam* if the taxman gets hold of ou catches him, it'll cost him!; avoir le ~ au mur to have one's back to the wall. **-2.** [d'une fourchette, d'un habit] back; [d'un couteau] blunt edge; [d'un livre] spine; il n'y est pas allé avec le ~ de la cuillère! *fam* [dans une action] he didn't go in for half-measures!; [dans une discussion] he didn't mince words!**-3.** SPORT: ~ crawlé back crawl.

◆ **à dos de** *loc prép* on the back of; aller à ~ d'âne/ d'éléphant to ride (on) a donkey/an elephant; le matériel est transporté à ~ de lamas/d'hommes the equipment is carried by llamas/men.

◆ **au dos** *loc adv* [d'une feuille] on the other side ou the back, overleaf.

◆ **au dos de** *loc prép* [d'une feuille] on the back of; signer au ~ d'un chèque to endorse a cheque.

◆ **dos à dos** *loc adv* with their backs to one another; mettez-vous ~ à ~ *pr* stand back to back ou with your backs to one another; mettre ou renvoyer deux personnes ~ à ~ *fig* to refuse to get involved in an argument between two people.

**DOS, Dos** [dɔs] *(abr de* **Disc Operating System)** *nm* DOS.

**dosage** [dozaʒ] *nm* **-1.** [détermination] measurement of ou measuring a quantity; faire un ~ to determine a quantity. **-2.** [dose précise de médicaments] (prescribed) dose. **-3.** [mélange]: le ~ de ce cocktail est... the (correct) proportions for this cocktail are... **-4.** [équilibre] balance.

**dos-d'âne** [dodan] *nm inv* sleeping policeman *Br*, speed bump *Am*.

**dose** [doz] *nf* **-1.** PHARM dose; MÉD dose, dosage; prendre une forte ~ ou une ~ massive de sédatifs to take an overdose of sedatives; 'respecter les ~s prescrites' 'do not exceed the prescribed dose'. **-2.** COMM [quantité prédéterminée – gén] dose, measure; [– en sachet] sachet; une ~ de désherbant pour 10 ~s d'eau one part weedkiller to 10 parts water. **-3.** [quantité – d'un aliment, d'un composant] amount, quantity; ~ de: ses documentaires ont tous une petite ~ d'humour there's a touch of humour in all his documentaries; il a une ~ de paresse peu commune he's uncommonly lazy; avec une petite ~ de bon sens/volonté with a modicum of common sense/willpower; j'ai eu ma ~ de problèmes! *fam* I've had my (fair) share of problems!; du moment qu'il a sa ~ journalière de télévision, il est content as long as he gets his daily dose of television, he's happy. **-4.** *loc*: avoir sa ~ *fam*: il a sa ~ [lassé, ivre] he's had a bellyful ou as much as he can stand; en avoir sa ~ *fam*: les problèmes, j'en ai ma ~! *fam* don't talk to me about problems!; il tient sa ou en a une bonne ~ *fam* he's as thick as two short planks *Br*, he's as dumb as they come *Am*.

◆ **à faible dose** *loc adv* in small doses ou quantities.

◆ **à forte dose** *loc adv* in large quantities ou amounts.

◆ **à haute dose** *loc adv* in large doses ou quantities; irradié à haute ~ having received a large level of radiation.

◆ **à petite dose, à petites doses** *loc adv* in small doses ou quantities.

**doser** [3] [doze] *vt* **-1.** [médicament] to measure a dose of; [composant, ingrédient] to measure out *(sép)*. **-2.** [équilibrer – cocktail, vinaigrette] to use the correct proportions for; sa collection de printemps dose admirablement fantaisie et rigueur his spring collection is a wonderful combination of fantasy and severity. **-3.** [utiliser avec mesure]: ~ ses forces ou son effort to pace o.s; il faut savoir ~ ses critiques you have to know how far you can go in your criticism. **-4.** MÉD [albumine] to determine the quantity of.

**doseur** [dozœr] *nm* measure; *(comme adj)*: bouchon/gobelet ~ measuring cap/cup.

**dossard** [dosar] *nm* SPORT number *(worn by a competitor)*; portant le ~ numéro 3 wearing number 3.

**dossier** [dosje] *nm* **-1.** [d'une chaise, d'un canapé] back. **-2.** [documents] file, dossier; constituer ou établir un ~ sur un suspect to build up a file on a suspect; les élèves doivent faire un ~ sur un sujet de leur choix the pupils must do a project on the subject of their choice ‖ JUR [d'un prévenu] record; [d'une affaire] case file, dossier; ADMIN [d'un cas social] case file; ~ d'inscription UNIV registration forms; ~ médical medical file ou records; ~ scolaire SCOL school record *Br*, student file *Am*.**-3.** PRESSE, RAD & TV: numéro spécial avec un ~ sur le Brésil special issue with an extended report on Brazil ❏ ~ de presse press pack. **-4.** [chemise cartonnée] folder, file.

**Dostoïevski** [dɔstɔjɛfski] *npr* Dostoevski, Dostoievsky.

**dot** [dɔt] *nf* [d'une mariée] dowry; [d'une religieuse] (spiritual) dowry.

◆ **en dot** *loc adv* as dowry; apporter qqch en ~ to bring sthg as one's dowry, to bring a dowry of sthg.

**dotation** [dɔtasjɔ̃] *nf* **-1.** [fonds versés – à un particulier, une collectivité] endowment; [– à un service public] grant, funds. **-2.** [revenus – du président] (personal) allowance, emolument; [– d'un souverain] civil list. **-3.** [attribution – de matériel] equipment; ~ en personnel *Can* allocation of posts *(in the public service)*.

**doter** [3] [dɔte] *vt* **-1.** [équiper] ~ qqch de to provide ou to equip sthg with. **-2.** [gratifier]: pays doté d'une puissante industrie country with a strong industrial base; quand on est doté d'une bonne santé when you enjoy good health. **-3.** [donner une dot à] to give a dowry to. **-4.** [financer – particulier, collectivité] to endow; [– service public] to fund.

◆ **se doter de** *vp* + *prép* to acquire.

**douairière** [dwɛrjɛr] *nf* **-1.** [veuve] dowager (lady). **-2.** *péj* [femme] rich old woman.

**douane** [dwan] *nf* **-1.** [à la frontière]: poste de ~ customs; passer à la ~ to go through customs. **-2.** [administration]: la ~, les ~s, le service des ~s [gén] the Customs (service); [en Grande-Bretagne] Customs and Excise (department); inspecteur des ~s customs officer. **-3.** [taxe]: (droits de) ~ customs duty ou dues; exempté de ~ duty-free, nondutiable.

**douanier, ère** [dwanje, ɛr] ◇ *adj* [tarif, visite] customs *(modif)*. ◇ *nm, f* customs officer.

**doublage** [dublaʒ] *nm* **-1.** CIN [d'un film] dubbing; [d'un acteur]: il n'y a pas de ~ pour les cascades there's no stand-in for the stunts. **-2.** [habillage d'un coffre] lining. **-3.** COUT lining.

**double** [dubl] ◇ *adj* **-1.** [deux fois plus grand – mesure, production] double; un ~ whisky a double whisky ❏ chambre/lit ~ double room/bed; disquette ~ densité/~ face double-density/double-sided disk; ~ menton double chin. **-2.** [à deux éléments identiques] double; contrat en ~ exemplaire contract in duplicate ❏ ~ deux/cinq JEUX double two/five; ~ allumage dual ignition; en ~ aveugle double-blind; ~ commande dual controls; faire un ~ débrayage to double-declutch *Br*, to double-clutch *Am*; ~ faute TENNIS double fault; en ~ file: stationner en ~ file to double-park; je suis en ~ file I'm double-parked; à ~ fond [mallette] double-bottomed, false-bottomed; ~ nœud double knot; ~ page double page spread; ~ vitrage double glazing; faire ~ emploi to be redundant; faire ~ emploi avec qqch to replicate sthg. **-3.** [à éléments différents – avantage, objectif] double, twofold; [– fonction, personnalité, tarification] dual; avoir la ~ nationalité to have dual nationality; mener une

~ **vie** to lead a double life ❏ à ~ **emploi** ou **usage** dual-purpose *(avant n)*; ~ **jeu** *fig* double-dealing; **jouer** ou **mener (un)** ~ **jeu** to play a double game; **coup** ~: **faire coup** ~ CHASSE to kill two animals with one shot; *fig* to kill two birds with one stone.
◇ *nm* **-1.** [en quantité]: **six est le** ~ **de trois** six is twice three ou two times three; **coûter le** ~ **de** to cost twice as much as; **j'ai payé le** ~ I paid double that price ou twice as much; **je croyais que ça coûtait 300 F** — **c'est plus du** ~ I thought it was 300 F — it's more than twice that ou double that price. **-2.** [exemplaire – d'un document] copy; [– d'un timbre de collection] duplicate, double; **tu as un** ~ **de la clé?** have you got a spare ou duplicate key? **-3.** [sosie] double, doppelgänger. **-4.** SPORT: **jouer un** ~ to play (a) doubles (match) ❏ ~ **messieurs/dames/mixte** men's/women's/mixed doubles.
◇ *adv* [compter] twice as much, double; [voir] double.
♦ **à double sens** ◇ *loc adj*: **une phrase à** ~ **sens** a double-entendre. ◇ *loc adv*: **on peut prendre la remarque à** ~ **sens** you can interpret ou take that remark two ways.
♦ **à double tranchant** *loc adj* [couteau, action] double-edged, two-edged; **c'est un argument à** ~ **tranchant** the argument cuts both ways.
♦ **à double tour** *loc adv*: **fermer à** ~ **tour** to double lock; **enfermer qqn à** ~ **tour** to lock sb up.
♦ **en double** *loc adv*: **les draps sont pliés en** ~ the sheets are folded double ou doubled over; **j'ai une photo en** ~ I've got two of the same photograph; **jouer en** ~ SPORT to play (a) doubles (match).

**doublé, e** [duble] *adj* **-1.** COUT lined; **non** ~ unlined. **-2.** CIN dubbed.
♦ **doublé** *nm* **-1.** CHASSE right and left. **-2.** [succès] double. **-3.** MUS turn. **-4.** JOAILL rolled gold.

**double-croche** [dubləkrɔʃ] *(pl* **doubles-croches***) nf* semi-quaver *Br*, sixteenth note *Am*.

**double-décimètre** [dublədesimɛtr] *(pl* **doubles-décimètres***) nm* ruler.

**doublement¹** [dubləmɑ̃] *nm* [d'une consonne] doubling.

**doublement²** [dubləmɑ̃] *adv* double; **c'est** ~ **ironique** there's a double irony there; **je suis** ~ **déçu/surpris** I'm doubly disappointed/surprised.

**doubler** [3] [duble] ◇ *vt* **-1.** [dépasser – coureur, véhicule] to overtake *Br*, to pass. **-2.** [porter au double – bénéfices, personnel, quantité] to double; ~ **l'allure** ou **le pas** to quicken one's pace ❏ ~ **la mise** JEUX to double the stake; *fig* to raise the stakes. **-3.** [garnir d'une doublure – coffret, jupe, tenture] to line. **-4.** CIN [voix] to dub; [acteur] to stand in for, to double; **il se fait** ~ **pour les cascades** he's got a stand-in for his stunts. **-5.** [mettre en double – corde, fil] to double; [– couverture] to fold (in half), to double (over). **-6.** *fam* [trahir]: ~ **qqn** [le voler] to pull a fast one on sb *(and get something that was rightly his)*; [le devancer] to pip sb at the post *Br*, to beat sb out *Am*. **-7.** MUS [parties] to split. **-8.** NAUT [cap] to double, to round; ~ **le cap de la trentaine** *fig* to turn thirty; **l'inflation a doublé le cap des 5 %** inflation has broken the 5% barrier. **-9.** *Belg* SCOL to repeat. ◇ *vi* **-1.** [bénéfices, poids, quantité] to double, to increase twofold. **-2.** TENNIS to double bounce.
♦ **se doubler de** *vp* + *prép* to be coupled with.

**double-rideau** [dublrido] *(pl* **doubles-rideaux***) nm* double curtains.

**doublet** [duble] *nm* JOAILL, LING & PHYS doublet.

**doublon** [dublɔ̃] *nm* **-1.** [pièce] doubloon. **-2.** IMPR doublet.

**doublure** [dublyr] *nf* **-1.** [garniture] lining *(C)*. **-2.** CIN stand-in; THÉÂT understudy.

**douceâtre** [dusatr] *adj* [odeur, goût, saveur] sweetish; [sourire, ton, voix] sugary.

**doucement** [dusmɑ̃] *adv* **-1.** [avec délicatesse, sans brusquerie – caresser, poser, prendre] gently; [– manier] gently, with care; [– démarrer] smoothly; ~**!** gently!, careful!; ~ **avec les verres!** careful ou go gently with the glasses!; ~ **avec le champagne/poivre!** (go) easy on the champagne/pepper!; **vas-y** ~, **il est encore petit** go easy on ou with him, he's only a child. **-2.** [lentement – marcher, progresser, rouler] slowly. **-3.** [graduellement – augmenter, s'élever] gently, gradually. **-4.** [sans bruit – chantonner] softly; **parle plus** ~, **il dort** lower your voice ou keep your voice down, he's sleeping; **mets la radio, mais** ~ put the radio on, but quietly. *fam* [discrètement]: **ça me fait** ~ **rigoler, son projet de créer**

une **entreprise** his idea of setting up a company is a bit of a joke. **-6.** [pour calmer, contrôler]: ~, ~, **vous n'allez pas vous battre, tout de même!** calm down, you don't want a fight, do you?; ~, **je n'ai jamais dit ça!** hold on, I never said that! **-7.** *fam* [moyennement] so-so.

**doucereux, euse** [dusrø, øz] *adj* [goût, liqueur] sweetish; *péj* sickly sweet; [voix, ton, paroles] sugary, honeyed; [manières, personne] suave, smooth.

**doucettement** [dusɛtmɑ̃] *adv* *fam* [marcher, progresser] slowly.

**douceur** [dusœr] *nf* **-1.** [toucher – d'une étoffe, d'une brosse] softness; [– des cheveux, de la peau] softness, smoothness [goût – d'un vin] sweetness; [– d'un fromage] mildness. **-2.** [délicatesse – de caresses, de mouvements, de manières] gentleness; [– d'une voix] softness; **parler avec** ~ to speak softly; **prendre qqn par la** ~ to use the soft approach with sb; **la** ~ **de vivre** the gentle pleasures of life. **-3.** [bonté – d'une personne] sweetness, gentleness; [– d'un regard, d'un sourire] gentleness. **-4.** [d'un relief] softness; **la** ~ **de ses traits** his soft features. **-5.** TECH [d'une eau] softness. **-6.** MÉTÉO mildness. **-7.** [friandise] sweet.
♦ **douceurs** *nfpl* **-1.** [agréments] pleasures; **les** ~**s de la vie** the pleasures of life, the pleasant things in life. **-2.** [propos agréables] sweet words; **les deux conducteurs échangeaient des** ~**s** *iron* the two drivers were swapping insults.
♦ **en douceur** ◇ *loc adj* [décollage, démarrage] smooth. ◇ *loc adv* [sans brusquerie – gén] gently; [– démarrer, s'arrêter] smoothly.

**douche** [duʃ] *nf* **-1.** [jet d'eau] shower; **prendre une** ~ to have ou to take a shower; **il est sous la** ~ he's in the shower ❏ ~ **écossaise** *pr* hot and cold shower *(taken successively)*; **c'est la** ~ **écossaise avec lui!** he blows hot and cold! **-2.** [bac, cabine] shower unit; **les** ~**s** the showers. **-3.** *fam* [averse]: **recevoir** ou **prendre une bonne** ~ to get drenched ou soaked. **-4.** *fam* [choc, surprise] shock; [déception] letdown, anticlimax; **ça m'a fait l'effet d'une** ~ **(froide)** it came as a shock to me. **-5.** *fam* [reproches] telling-off, dressing-down.

**doucher** [3] [duʃe] *vt* **-1.** [laver] to shower, to give a shower to; **je me suis fait** ~ *fam* [par la pluie] I got drenched ou soaked. **-2.** *fam* [décevoir] to let down. **-3.** *fam* [réprimander]: ~ **qqn** to tell sb off, to give sb a good telling-off.
♦ **se doucher** *vp (emploi réfléchi)* to have ou to take a shower.

**doudoune** [dudun] *nf* (thick) quilted jacket ou anorak.

**doué, e** [dwe] *adj* **-1.** [acteur, musicien] gifted, talented; **être** ~ **en dessin** to have a gift for ou be good at drawing; **être** ~ **pour tout** to be an all-rounder; **tu es vraiment** ~ **pour envenimer les situations!** you've got a real knack for stirring things up!; **je n'arrive pas à brancher le tuyau** — **tu n'es pas** ~**!** *fam* I can't connect the hose — you're hopeless! **-2.** [doté]: ~ **de** [obj: intelligence, raison] endowed with; [obj: mémoire] gifted ou blessed ou endowed with.

**douer** [6] [dwe] *vt*: **la nature l'a doué de...** nature has endowed ou blessed him with...

**douille** [duj] *nf* **-1.** [de cuisine] piping nozzle. **-2.** ARM (cartridge) case. **-3.** [d'une ampoule] (lamp) socket. **-4.** [de cylindre] casing.

**douiller**[V] [3] [duje] *vi* to cough up, to fork out.

**douillet, ette** [dujɛ, ɛt] *adj* **-1.** [très sensible à la douleur] oversensitive; [qui a peur de la douleur] afraid of getting hurt; **que tu es** ~**!** *péj* don't be so soft! **-2.** [confortable – vêtement, lit] (nice and) cosy, snug.
♦ **douillette** *nf* **-1.** [robe de chambre] quilted dressing gown. **-2.** [de prêtre] quilted overcoat.

**douillettement** [dujɛtmɑ̃] *adv* cosily, snugly.

**douleur** [dulœr] *nf* **-1.** [physique] pain; **une** ~ **fulgurante/sourde** a searing/dull pain; ~**s abdominales** stomachache; ~**s rhumatismales** rheumatic pains; **j'ai une** ~ **à la cuisse** my thigh hurts, my thigh's sore, I've got a pain in my thigh; **quand mes vieilles** ~**s se réveillent** when my old pains ou aches and pains return. **-2.** [psychologique] grief, sorrow, pain; **nous avons la** ~ **de vous faire part du décès de...** it is with great ou deep sorrow (and regret) that we have to announce the death of...

**douloureusement** [dulurøzmɑ̃] *adv* **-1.** [physiquement] painfully. **-2.** [moralement] painfully, grievously; ~ **touché par le départ de sa femme** wounded ou deeply hurt by his wife's leaving him.

**douloureux, euse** [dulurø, øz] *adj* **-1.** [brûlure, coup, coupure] painful; [articulation, membre] painful, sore. **-2.** [humiliation, souvenirs] painful; [circonstances, sujet, période] painful, distressing; [nouvelle] grievous, painful, distressing; [poème, regard] sorrowful.
◆ **douloureuse** *nf fam* & *hum* [au restaurant] bill, check *Am*; [facture] bill.

**doute** [dut] *nm* **-1.** [soupçon] doubt; avoir des ~s sur ou quant à ou au sujet de qqch to have (one's) doubts ou misgivings about sthg; je n'ai pas le moindre ~ là-dessus I haven't the slightest doubt about it; il n'y a aucun ~ (possible), c'est lui it's him, (there's) no doubt about it; sa victoire ne faisait aucun ~ there was no doubt about her being the winner, her victory was certain; de gros ~s pèsent sur lui heavy suspicion hangs over him; il y a des ~s quant à l'identité du peintre there is some doubt as to the identity of the painter. **-2.** [perplexité, incertitude] doubt, uncertainty; PHILOS doubt; il ne connaît pas le ~ he never has any doubts; jeter le ~ sur to cast ou to throw doubt on; tu as semé ou mis le ~ dans mon esprit you've made me doubtful.
◆ **dans le doute** *loc adv*: être dans le ~ to be doubtful ou uncertain; laisser qqn dans le ~ [suj: personne, circonstances] to leave sb in a state of uncertainty.
◆ **en doute** *loc adv*: mettre en ~ [suj: personne] to question, to challenge; [suj: circonstances, témoignage] to cast doubt on; mettez-vous ma parole en ~? do you doubt my word?
◆ **sans doute** *loc adv* **-1.** [probablement] most probably, no doubt. **-2.** [assurément]: sans aucun ~ without (a) doubt, undoubtedly, indubitably. **-3.** [certes]: tu me l'avais promis — sans ~, mais... you'd promised me — that's true ou I know, but...

**douter** [3] [dute]
◆ **douter de** *v + prép* **-1.** [ne pas croire à – succès, victoire] to be doubtful of; [– fait, éventualité] to doubt; on peut ~ de la sécurité du système the safety of the system is open to doubt; tu viendras? — j'en doute fort will you come? — I very much doubt it; elle ne doute de rien she has no doubt about anything; je doute que le projet voie le jour I have (my) doubts about the future of the project, I doubt whether the project will ever be realised. **-2.** [traiter avec défiance – ami, motivation] to have doubts about; ~ de la parole de qqn to doubt sb's word; ~ de soi [habituellement] to have doubts about ou to lack confidence in o.s.; [à un moment] to have doubts about o.s. **-3.** RELIG to have doubts about.
◆ **se douter de** *vp + prép* [s'attendre à] to know, to suspect; j'aurais dû m'en ~ I should have known; je me doutais un peu de sa réaction I half expected him to react the way he did, his reaction didn't surprise me; comme tu t'en doutes sûrement as you've probably guessed; il a eu très peur — je m'en doute he got quite a fright — I can (well) imagine that; il faudra que tu viennes me chercher — je m'en doute! [irritation] you'll have to come and fetch me — well, yes, I expected that!; j'ai raté le train — vu l'heure, on s'en serait douté! I missed my train — given the time, that's pretty obvious!; se ~ de qqch [soupçonner qqch] to suspect sthg; se ~ que: je ne me serais jamais douté que c'était possible I'd never have thought it (was) possible; je lui ai proposé de travailler pour moi, tout en me doutant bien qu'il refuserait I suggested him the work for me, but I knew he wouldn't accept; j'étais loin de me ~ que... little did I know that...; tu te doutes bien que je te l'aurais dit si je l'avais su! you know very well that I would have told you if I'd known!

**douteux, euse** [dutø, øz] *adj* **-1.** [non certain, non assuré – authenticité, fait] doubtful, uncertain, questionable; [– avenir, issue, origine etc] doubtful, uncertain; [– signature] doubtful; il est ~ que... it's doubtful whether... **-2.** *péj* [inspirant la méfiance – individu] dubious-looking; [– comportement, manœuvres, passé etc] dubious, questionable; le portrait/sa plaisanterie était d'un goût ~ the portrait/her joke was in dubious taste. **-3.** [sale, dangereux] dubious; du linge ~ clothes that are none too clean; l'installation électrique est douteuse the wiring's none too safe.

**douve** [duv] *nf* **-1.** ÉQUIT water jump. **-2.** [d'un château] moat. **-3.** [d'un fût] stave. **-4.** ZOOL fluke.

**Douvres** [duvr] *npr* Dover.

**doux, douce** [du, dus] ◇ *adj* **-1.** [au toucher – cheveux, peau] soft, smooth; [– brosse à dents] soft. **-2.** [au goût – vin] sweet; [– fromage] mild. **-3.** [détergent, savon, shampooing] mild; [énergie, technique] alternative; [drogue] soft; **médecines douces** alternative medicine. **-4.** [sans brusquerie – geste, caresse, personne] gentle; [– pression] soft, gentle; [– balancement, pente] gentle; [– accélération] smooth; [– véhicule] smooth-running. **-5.** [bon, gentil – personne, sourire, tempérament etc] gentle; ~ **comme un agneau** meek as a lamb. **-6.** [modéré – châtiment] mild; [– reproche] mild, gentle; [– éclairage, teinte] soft, subdued; [– chaleur, campagne, forme] gentle. **-7.** MÉTÉO [air, climat] mild; [chaleur, vent] gentle. **-8.** [harmonieux – intonation, mélodie, voix] soft, sweet, gentle; **quel** ~ **prénom!** what a sweet-sounding name! **-9.** [plaisant – rêves, souvenir] sweet, pleasant; [– paix, succès] sweet. **-10.** PHON soft.
◇ *nm, f* [par affection]: **ma douce** my sweet.
◆ **doux** *adv* **-1.** [tiède]: il fait ~ it's mild out. **-2.** *loc*: tout ~! [sans brusquerie] gently (now)!; [pour calmer] calm down!, no stress!
◆ **en douce** *loc adv fam* [dire, donner, partir etc] on the quiet, sneakily.

**doux-amer, douce-amère** [duzamɛr, dusamɛr] (*mpl* **doux-amers,** *fpl* **douces-amères**) *adj* bittersweet.

**douzaine** [duzɛn] *nf* **-1.** [douze] dozen. **-2.** [environ douze]: une ~ de a dozen, around twelve; une ~ d'escargots a dozen snails; une ~ de pages about ou roughly twelve pages.
◆ **à la douzaine** *loc adv* [acheter, vendre] by the dozen; des chanteurs comme lui, il y en a à la ~! fam singers like him are two a penny!, you'll find dozens of singers like him!

**douze** [duz] *dét* & *nm inv* twelve; *voir aussi* **cinq.**

**douzième** [duzjɛm] *adj num* & *nmf* twelfth; *voir aussi* **cinquième.**

**Dow Jones** [dodʒɔns] *nm*: (indice) ~ Dow Jones (index).

**doyen, enne** [dwajɛ̃, ɛn] *nm, f* **-1.** [d'un club, d'une communauté] most senior member; [d'un pays] eldest ou oldest citizen; [d'une profession] doyen (*f* doyenne). **-2.** UNIV dean.
◆ **doyen** *nm* RELIG dean.

**DPLG** (*abr de* diplômé par le gouvernement) *adj* certificate for architects, engineers etc.

**dr** (*abr écrite de* **droite**) R, r.

**Dr** (*abr écrite de* **Docteur**) Dr.

**dracher** [3] [draʃe] *vi* Belg to pour with rain.

**drachme** [drakm] *nf* drachma.

**draconien, enne** [drakɔnjɛ̃, ɛn] *adj* [mesure] drastic, draconian, stringent; [règlement] harsh, draconian; [régime] strict.

**dragage** [dragaʒ] *nm* [pour prélèvement] dragging, dredging; [pour nettoyage] dredging.

**dragée** [draʒe] *nf* **-1.** [confiserie] sugared almond; PHARM (sugar-coated) pill; tenir la ~ haute à qqn [dans une discussion, un match] to hold out on sb. **-2.** [balle] lead shot. **-3.** AGR dredge.

**dragéifié, e** [draʒeifje] *adj* sugared, sugar-coated.

**dragon** [dragɔ̃] *nm* **-1.** MYTH dragon. **-2.** [gardien] dragon. **-3.** *vieilli* [mégère] dragon. **-4.** ARM & HIST dragoon.

**dragonne** [dragɔn] *nf* [d'un bâton de ski, d'une cravache] wrist-strap, wrist-loop; [d'une épée] swordknot.

**drague** [drag] *nf* **-1.** TRAV PUBL dredge. **-2.** PÊCHE dragnet. **-3.** *fam* [flirt]: pour la ~, il est doué! he's always on the pull *Br* ou on the make! *Am*

**draguer** [3] [drage] ◇ *vt* **-1.** [nettoyer – fleuve, canal, port] to dredge. **-2.** [retirer – mine] to sweep; [– ancre] to drag (an anchor). **-3.** *fam* [fille, garçon] to chat up (*sép*) *Br*, to sweet-talk *Am*, to try to pick up (*sép*); [en voiture] to cruise. ◇ *vi* to be on the pull *Br* ou on the make *Am*; ~ en voiture to cruise.

**dragueur, euse** [dragœr, øz] *nm, f fam*: c'est un ~ he's always on the pull *Br* ou on the make *Am*; sa sœur est une sacrée dragueuse her sister's always chasing after boys.
◆ **dragueur** *nm* **-1.** [navire] dredger; ~ de mines minesweeper. **-2.** [matelot] dredgerman. **-3.** PÊCHE dragnet fisherman.

**drain** [drɛ̃] *nm* ÉLECTRON, MÉD & TRAV PUBL drain.

**drainage** [drɛnaʒ] *nm* **-1.** [d'une plaie, d'un sol] drainage. **-2.** [de capital, de ressources] tapping. **-3.** [massage]: ~ lymphatique lymphatic draining.

**drainer** [4] [drene] *vt* -1. [assécher] to drain. -2. [rassembler – capital, ressources] to tap. -3. [canaliser – foule] to channel. -4. GÉOG: la Seine draine les eaux de toute cette région the waterways throughout the area flow towards ou drain into the Seine.

**drakkar** [drakar] *nm* NAUT & HIST drakkar.

**dramatique** [dramatik] ◇ *adj* -1. THÉÂT [musique, œuvre] dramatic. -2. [grave – conséquences, issue, période, situation] horrendous, appalling; j'ai raté mon permis de conduire — ce n'est pas un ~! I've failed my driving test — it's not the end of the world!-3. [tragique – dénouement, événement] dramatic. ◇ *nf* TV television play ou drama; RAD radio play ou drama.

**dramatiquement** [dramatikmɑ̃] *adv* tragically.

**dramatiser** [3] [dramatize] *vt* -1. [exagérer – histoire] to dramatize. -2. THÉÂT [œuvre] to dramatize, to turn into a play.

**dramaturge** [dramatyrʒ] *nm* playwright, dramatist.

**dramaturgie** [dramatyrʒi] *nf* -1. [art] dramatic art, drama. -2. [traité] treatise on dramatic art.

**drame** [dram] *nm* -1. THÉÂT [œuvre] drama; [genre] drama. -2. RAD & TV drama, play. -3. [événement] drama; il l'a renversé, mais ce n'est pas un ~ he spilt it but it's not the end of the world; faire un ~ de qqch to make a drama out of sthg; tourner ou virer au ~: l'excursion a tourné ou viré au ~ the trip ended tragically; ~ de la jalousie hier à Lyon jealousy caused a tragedy yesterday in Lyons.

**drap** [dra] *nm* -1. [pour lit]: ~ (de lit) (bed) sheet; des ~s sheets, bedlinen; ~ de dessus/dessous top/bottom sheet; dans de beaux ou vilains ~s: nous voilà dans de beaux ou vilains ~s! we're in a fine mess!-2. [serviette]: ~ de bain bathtowel; ~ de plage beach towel. -3. TEXT woollen cloth; ~ fin broadcloth.

**drapé** [drape] *nm* [plis, tombé]: la jupe a un beau ~ the skirt hangs beautifully.

**drapeau, x** [drapo] *nm* -1. [pièce d'étoffe] flag; MIL flag, colours; le ~ blanc the white flag, the flag of truce; le ~ britannique the British flag, the Union Jack; le ~ rouge the red flag; le ~ tricolore the French flag, the tricolour (flag); combattre/se ranger sous le ~ de qqn to fight under/to rally round sb's flag. -2. [patrie]: pour le ~ ou l'honneur du ~ *aussi hum* ≃ for King and country *Br*, ≃ for the red, white and blue *Am*.-3. INF (flag) marker. -4. GOLF pin.
◆ **sous les drapeaux** *loc adv*: être sous les ~x [au service militaire] to be doing one's military service; [en service actif] to serve in one's country's armed forces.

**draper** [3] [drape] *vt* -1. [couvrir – meuble] to drape, to cover with a sheet. -2. [arranger – châle, rideaux] to drape.
◆ **se draper** *vp (emploi réfléchi)*: se ~ dans un châle to drape ou to wrap o.s. in a shawl; se ~ dans sa dignité to stand on one's dignity; se ~ dans sa vertu to cloak o.s. in virtue.

**draperie** [drapri] *nf* -1. [tissu disposé en grands plis] drapery, hanging. -2. [industrie] cloth trade; [fabrique] cloth manufacture. -3. BX-ARTS drapery.

**drap-housse** [draus] *(pl draps-housses) nm* fitted sheet.

**drapier, ère** [drapje, ɛr] ◇ *adj*: marchand ~ draper *Br*, clothier *Am*. ◇ *nm, f* [fabricant] cloth manufacturer; [vendeur] draper *Br*, clothier *Am*.

**drastique** [drastik] *adj* -1. [mesure] harsh, drastic; [règlement] strict. -2. PHARM drastic.

**drave** [drav] *nf* Can drive (of floating logs).

**dravidien, enne** [dravidjɛ̃, ɛn] *adj* Dravidian.

**dressage** [dresaʒ] *nm* [d'un fauve] taming (U); [d'un cheval sauvage] breaking in (U); [d'un chien de cirque, de garde] training (U); [d'un cheval de parade] dressage.

**dressé, e** [drese] *adj* -1. [oreille, queue] (standing) erect. -2. [chien] trained.

**dresser** [4] [drese] *vt* -1. [ériger – mât, pilier] to put up (sép), to raise, to erect; [– statue] to put up (sép), to erect; [– tente, auvent] to pitch, to put up (sép). -2. [construire – barricade, échafaudage] to put up (sép), to erect; [– muret] to erect, to build; ~ des obstacles devant qqn to put obstacles in sb's way, to raise difficulties for sb. -3. [installer – autel] to set up (sép); ~ un camp to set up camp; ~ le couvert ou la table to lay ou to set the table ❏ ~ ses batteries to lay one's plans. -4. [lever – bâton] to raise, to lift; [– menton] to stick out; [– tête] to

raise, to lift; ~ les oreilles [suj: chien] to prick up ou to cock its ears; ~ l'oreille [suj: personne] to prick up one's ears. -5. [dompter – fauve] to tame; [– cheval sauvage] to break in (sép); [– cheval de cirque, chien de garde] to train. -6. *fam* [mater – soldat] to drill, to lick into shape; je vais le ~, moi! I'll make him toe the line!-7. [établir – liste, inventaire] to draw up (sép), to make out (sép); [– bilan] to draw up, to prepare; ~ le bilan d'une situation to take stock of a situation; ~ (une) contravention to give a ticket (for a driving offence). -8. [opposer]: ~ qqn contre qqn/qqch to set sb against sb/sthg.
◆ **se dresser** *vpi* -1. [se mettre debout] to stand up, to rise; se ~ sur la pointe des pieds to stand on tiptoe; se ~ sur son séant to sit up straight. -2. [oreille de chien] to prick up; c'est à vous faire ~ les cheveux sur la tête! it makes your hair stand on end! -3. [être vertical – montagne, tour] to stand, to rise; [dominer] to tower. -4. [surgir – obstacles] to rise, to stand; [– objet]: on vit soudain se ~ les miradors the watchtowers loomed up suddenly.
◆ **se dresser contre** *vp* + *prép* to rise up ou to rebel against.

**dresseur, euse** [dresœr, øz] *nm, f* [de fauves] tamer; [de chiens de cirque, de garde] trainer; [de chevaux sauvages] horsebreaker.

**dressing** [dresiŋ] *nm* dressing room (near a bedroom).

**dressoir** [dreswar] *nm* sideboard.

**drève** [drɛv] *nf* Belg tree-lined avenue.

**Dreyfus** [drɛfys] *npr*: l'Affaire ~ the Dreyfus Affair.

**dreyfusard, e** [drɛfyzar, ard] *nm, f* Dreyfus supporter.

**DRH** ◇ *nf (abr de* direction des ressources humaines*) personnel department.* ◇ *nm (abr de* directeur des ressources humaines*) personnel manager.*

**dribble** [dribl] *nm* dribble SPORT; faire un ~ to dribble.

**dribbler** [3] [drible] *vi* to dribble SPORT.

**drille** [drij] *nm* → joyeux.

**drisse** [dris] *nf* halyard.

**drive** [drajv] *nm* INF & SPORT drive.

**drogue** [drɔg] *nf* -1. [narcotique] drug (C); la télévision est une ~ pour eux they're television addicts ❏ ~ douce/dure soft/hard drug. -2. [usage]: la ~ drug-taking, drugs; la ~ est un fléau moderne drugs are a scourge of society. -3. CHIM & PHARM drug (C).

**drogué, e** [drɔge] *nm, f* drug addict; les ~s du travail *fam* workaholics.

**droguer** [3] [drɔge] *vt* -1. [toxicomane] to drug. -2. [malade] to dose with drugs. -3. [boisson] to drug, to lace with a drug; [repas] to put a drug in.
◆ **se droguer** *vpi* to take drugs, to be on drugs.

**droguerie** [drɔgri] *nf* -1. [boutique] hardware shop *Br* ou store *Am*.-2. [activité] hardware trade.

**droguiste** [drɔgist] *nmf* keeper of a hardware shop *Br* ou store *Am*.

**droit¹** [drwa] *nm* -1. JUR: le ~ [lois, discipline] law; faire son ~ to study law; étudiant en ~ law student; avoir le ~ pour soi to have right ou the law on one's side ❏ ~ civil/commercial/constitutionnel civil/business/constitutional law; ~ privé/public private/public law; ~ commun ou coutumier common law; ~ international international law; ~ pénal criminal law; point de ~ point of law. -2. [prérogative particulière] right; avoir des ~s sur qqch to have rights to sthg; tu n'as aucun ~ sur moi you have no power over me ❏ ~ d'aînesse primogeniture; ~ d'asile right of asylum; ~ d'association right of (free) association; ~ à la couronne entitlement to the crown; ~ de cuissage HIST droit de seigneur; dans cette entreprise, le ~ de cuissage est monnaie courante sexual harassment is very common in this company; ~ de grâce right of reprieve; ~ de grève right to strike; ~ de passage right of way *Br* ou easement *Am*; le ~ des peuples à disposer d'eux-mêmes the right of peoples to self-determination; ~ de préemption preemptive right; ~ de visite right of access; ~ de voirie *tax paid by businesses who wish to place displays, signs etc on the public highway*; le ~ de vote the franchise, the right to vote; les ~s de l'homme human rights; avoir ~ de cité [idéologie] to be established, to have currency; ils se croient tous les ~s, ces gens-là! these people think they can do what they like!-3. [autorisation sociale ou morale] right; de quel ~ l'a-t-il lue? what gave him the right to read it?, what right had he

to read it?; **donner ~ à**: le billet donne ~ à une consommation gratuite the ticket entitles you to one free drink; **donner le ~ à qqn de faire qqch** to give sb the right to ou to entitle sb to do sthg; **être en ~ de faire** to be entitled ou to have the right to do; **faire ~ à une demande** to accede to ou to grant a request; **reprendre ses ~s** [idée, habitude, nature] to reassert itself; **avoir ~ à** [explications] to have a right to; [bourse, indemnité] to be entitled to, to be eligible for; [reconnaissance, respect] to deserve; **et moi, je n'y ai pas ~, au gâteau?** *fam* don't I get any cake then?; **on a encore eu ~ à ses souvenirs de guerre!** we were regaled with his war memories as usual!; **on va avoir ~ à une bonne saucée!** *fam* we'll get well and truly soaked!; **avoir ~ de regard sur** [comptabilité, dossier] to have the right to examine ou to inspect; [activités] to have the right to control; **avoir le ~ de faire** [gén] to be allowed ou to have the right to do; [officiellement] to have the right ou to be entitled to do; **tu as le ~ de te taire** *hum* you can shut up; **j'ai bien le ~ de me reposer!** I'm entitled to some rest, aren't I? ❏ **le ~ à la différence** the right to be different; **~ de réponse** right of reply. **-4.** [impôt, taxe] duty, tax; **exempt de ~s** duty-free ❏ **~ de timbre** stamp duty; **~s de douane** customs duties; **~s de succession** death duties. **-5.** [frais] fee; **~ d'entrée** entrance fee; **~s d'inscription** registration fee ou fees. **-6.** *loc*: **à bon ~** quite rightly, with good reason; **à qui de ~** to whom it may concern; **il est tout à fait dans son bon ~ d'exiger...** he's well within his rights to demand...; **de (plein) ~** by rights, as a right; **membre de plein ~** ex officio member.
◆ **droits** *nmpl*: **~s (d'auteur)** [prérogative] rights, copyright; [somme] royalties; **avoir les ~s exclusifs pour** to have (the) sole rights for; **tous ~s (de reproduction) réservés** copyright ou all rights reserved.
**droit²**, **e¹** [drwa, drwat] *adj* **-1.** [rectiligne – allée, bâton, nez] straight; **rentrer dans le ~ chemin** to mend one's ways; **rester dans le ~ chemin** to keep to the straight and narrow (path). **-2.** [vertical, non penché – mur] upright, straight, plumb *spéc*; [– dossier, poteau] upright, straight; **restez le dos bien ~** keep your back straight; **être ou se tenir ~** [assis] to sit up straight; [debout] to stand up straight ❏ **~ comme un cierge** ou **un i** ou **un piquet** (as) stiff as a poker ou a ramrod ou a post. **-3.** [d'aplomb] straight. **-4.** [loyal – personne] upright, honest. **-5.** [sensé – raisonnement] sound, sane. **-6.** vêt: **manteau/veston ~** single-breasted coat/jacket; **col ~** stand-up collar; **jupe ~e** straight skirt.
◆ **droit** *adv* [écrire] in a straight line; [couper, rouler] straight *(adv)*; **après le carrefour, c'est toujours tout ~** after the crossroads, keep going straight on ou ahead ❏ **aller ~ à**: **j'irai ~ au but** I'll come straight to the point, I won't beat about the bush; **il est allé ~ à l'essentiel** ou **au fait** he went straight to the point; **aller ~ à la catastrophe/l'échec** to be heading straight for disaster/a failure; **ça m'est allé ~ au cœur** it went straight to my heart.
◆ **droite** *nf* GÉOM straight line.
**droit³**, **e²** [drwa, drwat] *adj* [ailier, jambe, œil] right; **le côté ~** the right-hand side.
◆ **droit** *nm* right; **crochet du ~** right hook.
◆ **droite** *nf* **-1.** [côté droit]: **la ~e** the right (side), the right-hand side; **tenir sa ~e** AUT to keep to the right; **de ~e et de gauche** from all quarters ou sides. **-2.** POL: **la ~e** the right wing.
◆ **à droite** *loc adv* **-1.** [du côté droit]: **conduire à ~e** to drive on the right-hand side; **tourne à ~e** turn right; **le poster est trop à ~e** the poster's too far to the right; **à ~e et à gauche** *fig* here and there, hither and thither *litt* ou *hum*, all over the place. **-2.** MIL: **à ~e**, **~e!** right wheel! **-3.** POL: **être à ~e** to be right-wing ou on the right.
◆ **à droite de** *loc prép* to ou on the right of.
◆ **de droite** *loc adj* **-1.** [du côté droit]: **la porte de ~e** the door on the right, the right-hand door. **-2.** POL: **les gens de ~e** rightwingers, people on the right; **être à ~e** to be right-wing.
**droitement** [drwatmɑ̃] *adv* uprightly, honestly.
**droit-fil** [drwafil] *(pl* **droits-fils)** *nm* **-1.** COUT straight grain. **-2.** *fig*: **dans le ~** de in line ou keeping with.
**droitier**, **ère** [drwatje, ɛr] ◇ *adj* right-handed. ◇ *nm, f* right-handed person, right-hander.
**droiture** [drwatyr] *nf* [d'une personne] uprightness, honesty; [d'intentions, de motifs] uprightness.

**drôle** [drol] ◇ *adj* **-1.** [amusant – personne, film, situation etc] comical, funny, amusing; **le plus ~ c'est que...** the funny thing is that...; **ce n'est pas ~!** [pas amusant] it's not funny!, I don't find that funny ou amusing!; [pénible] it's no joke!; **ce n'est pas toujours ~ au bureau!** life at the office isn't always a barrel of laughs!; **tu aurais dû le laisser faire — tu es ~, il se serait fait mal!** *fam* you should' have let him — are you kidding? he'd have hurt himself!-**2.** [étrange] strange, funny, peculiar; **(tout/toute) ~** *fam*: **ça me fait (tout) ~ de revenir ici** it feels really strange to be back; **se sentir (tout) ~** to feel (really) weird; **~ de: en voilà une ~ d'idée!** what a strange ou funny ou weird idea!; **ça fait un ~ de bruit** it makes a strange ou funny noise!; **~s de gens!** what peculiar ou strange people!; **tu en fais une ~ de tête!** you look as if something's wrong!; **avoir un ~ d'air** to look strange ou funny ❏ **la ~ de guerre** HIST the phoney war. -**3.** [en intensif]: **~ de** *fam*: **il a de ~s de problèmes en ce moment** he hasn't half got some problems at the moment; **il faut un ~ de courage pour faire ça!** you need a hell of a lot of courage to do that!; **ça a de ~s d'avantages!** it's got terrific ou fantastic advantages!
◇ *nm litt* [voyou] rascal, rogue; [enfant déluré] little rascal ou rogue.
◆ **drôles** *nfpl fam* [histoires]: **il en a entendu/raconté de ~s!** he heard/told some very weird stories!
**drôlement** [drolmɑ̃] *adv* **-1.** *fam* [vraiment]: **~ ennuyeux** awfully ou terribly boring; **ça sent ~ bon** it smells really great; **j'ai ~ eu peur** I had quite a fright; **je me suis ~ fait mal** I really hurt myself. **-2.** [bizarrement – regarder, parler] in a strange ou funny ou peculiar way. **-3.** [de façon amusante] amusingly, comically.
**drôlerie** [drolri] *nf* **-1.** [d'une personne, d'un spectacle, d'une remarque] drollness, funniness, comicalness. **-2.** [acte] funny ou amusing ou comical thing (to do); [remarque] funny ou amusing ou comical thing (to say).
**drôlesse** [drolɛs] *nf vieilli* [femme] (brazen) hussy.
**dromadaire** [drɔmadɛr] *nm* dromedary.
**dru**, **e** [dry] *adj* [cheveux, végétation] dense, thick; [pluie] heavy.
◆ **dru** *adv* [croître, pousser] densely, thickly; [pleuvoir] heavily.
**drugstore** [drœgstɔr] *nm* small shopping centre *Br* ou mall *Am*.
**druide** [drɥid] *nm* druid.
**druidisme** [drɥidism] *nm* druidism.
**druze** [dryz] *adj* Druzean, Druzian.
◆ **Druze** *nmf* Druze.
**dry** [draj] ◇ *adj inv* [apéritif, champagne] dry. ◇ *nm inv* dry Martini.
**DST** *(abr de* **Direction de la surveillance du territoire)** *npr f* internal state security department, ≃ MI5 *Br*, ≃ CIA *Am*.
**du** [dy] → **de**.
**dû**, **due** [dy] ◇ *pp* → **devoir**. ◇ *adj* [à payer] owed.
◆ **dû** *nm* due; **je ne fais que lui réclamer mon ~** I'm only asking for what he owes me.
◆ **en bonne et due forme** *loc adv* JUR in due form.
**dual**, **e**, **aux** [dɥal, o] *adj* dual.
**dualisme** [dɥalism] *nm* dualism.
**dualiste** [dɥalist] ◇ *adj* dualistic. ◇ *nmf* dualist.
**dualité** [dɥalite] *nf* duality.
**Dubayy** [dybaj] *npr* Dubai.
**dubitatif**, **ive** [dybitatif, iv] *adj* dubious, sceptical.
**Dublin** [dyblɛ̃] *npr* Dublin.
**dublinois**, **e** [dyblinwa, az] *adj* from Dublin.
◆ **Dublinois**, **e** *nm, f* Dubliner.
**duc** [dyk] *nm* **-1.** [titre] duke. **-2.** ZOOL horned owl.
**ducal**, **e**, **aux** [dykal, o] *adj* ducal.
**ducat** [dyka] *nm* ducat.
**duché** [dyʃe] *nm* duchy, dukedom.
**duchesse** [dyʃɛs] *nf* **-1.** [titre] duchess; **faire la ~** *péj* to play the fine lady. **-2.** [poire] duchess pear. **-3.** [meuble] duchesse.
**ductile** [dyktil] *adj* ductile.
**ductilité** [dyktilite] *nf* ductility.
**duègne** [dɥɛɲ] *nf* duenna.

**duel** [dɥɛl] *nm* **-1.** [entre deux personnes] duel; **se battre en ~ avec un rival** to fight a duel *ou* to duel with a rival. **-2.** [conflit – entre États, organisations] battle; **~ d'artillerie** artillery battle. **-3.** [compétition]: **~ oratoire** verbal battle. **-4.** LING dual.

**duelliste** [dɥelist] *nmf* duellist.

**duettiste** [dɥetist] *nmf* duettist.

**duffle-coat** (*pl* **duffle-coats**), **duffel-coat** (*pl* **duffel-coats**) [dœfœlkot] *nm* duffel coat.

**dulcinée** [dylsine] *nf hum* ladylove, dulcinea *litt*.

**dûment** [dymɑ̃] *adv* duly.

**dumping** [dœmpiŋ] *nm* dumping ECON; **faire du ~** to dump (goods).

**dune** [dyn] *nf* dune.

**Dunkerque** [dœ̃kɛrk] *npr* Dunkirk.

**duo** [dyo] *nm* **-1.** [spectacle – chanté] duet; [– instrumental] duet, duo; **chanter en ~** to sing a duet; **un ~ comique** a (comic) double-act. **-2.** [dialogue] exchange.

**duodénum** [dyɔdenɔm] *nm* duodenum.

**dupe** [dyp] ◇ *nf* dupe; **prendre qqn pour ~** to dupe sb, to take sb for a ride; **jeu de ~s** fool's game. ◇ *adj*: **elle ment, mais je ne suis pas ~** she's lying but it doesn't fool me.

**duper** [3] [dype] *vt litt* to dupe, to fool.

◆ **se duper** *vp (emploi réfléchi)* to fool o.s.

**duperie** [dypri] *nf* dupery.

**duplex** [dyplɛks] *nm* **-1.** [appartement] maisonnette *Br*, duplex *Am*. **-2.** TÉLÉC duplex; **(émission en) ~** linkup.

**duplexer** [4] [dyplɛkse] *vt* to set up a linkup.

**duplicata** [dyplikata] *nm* duplicate.

**duplicateur** [dyplikatœr] *nm* duplicator.

**duplication** [dyplikasjɔ̃] *nf* **-1.** [fait de copier] duplication, duplicating (U). **-2.** AUDIO linking up. **-3.** BIOL doubling.

**duplicité** [dyplisite] *nf* duplicity, falseness, hypocrisy.

**dupliquer** [3] [dyplike] *vt* [document] to duplicate.

**duquel** [dykɛl] → **lequel**.

**dur, e** [dyr] ◇ *adj* **-1.** [ferme – viande] tough; [– muscle] firm, hard; [– lit, mine de crayon] hard; **~ comme du bois** *ou* **le marbre** *ou* **le roc** rock-hard. **-2.** [difficile] hard, difficult; **la route est ~e à monter** it's a hard road to climb; **c'est plutôt ~ à digérer, ton histoire!** *fam* your story's rather hard to take!; **il est parfois ~ d'accepter la vérité** accepting the truth can be hard *ou* difficult; **le plus ~ dans l'histoire, c'est de comprendre ce qui s'est passé** the hardest part of the whole business is understanding what really happened. **-3.** [pénible à supporter – climat] harsh; **les conditions de vie sont de plus en plus ~es** life gets harder and harder; **le plus ~ est passé** maintenant the worst is over now; **les temps sont ~s** these are hard times ❑ **~ ~ ...** *fam*: **pas de congé?/plus de café? ~ ~!** no time off?/no coffee left? that's a blow! **-4.** [cruel]: **ne sois pas ~ avec lui** don't be nasty to *ou* tough on him. **-5.** [rude, froid] harsh; **d'une voix ~e** in a harsh voice; **des yeux d'un bleu très ~** steely blue eyes. **-6.** [endurci] tough; **~ à: il est ~ à la douleur** he's tough, he can bear a lot of (physical) pain; **il est ~ au travail** *ou* **à l'ouvrage** he's a hard worker ❑ **avoir le cœur ~** to have a heart of stone, to be hardhearted; **il est ~ à cuire** *fam* he's a hard nut to crack; **~ à la détente** *fam* tight-fisted; **être ~ d'oreille** *ou* **de la feuille** *fam* to be hard of hearing. **-7.** [intransigeant] hard; **la droite/gauche ~e** the hard right/left. **-8.** PHON hard. **-9.** PHYS hard.

◇ *nm, f fam* **-1.** [personne sans faiblesse] toughie, tough nut *Br ou* cookie *Am*; **un ~ en affaires** a hard-nosed businessman ❑ **c'est un ~ à cuire** he's a hard nut to crack. **-2.** [voyou] tough guy, toughie; **un ~ de ~** a real tough nut *Br ou* tough guy. **-3.** POL hard-liner, hawk; **les ~s du parti** the hard core in the party.

◆ **dur** *adv* **-1.** [avec force] hard; **il a tapé** *ou* **frappé ~** he hit hard; **il travaille ~ sur son nouveau projet** he's working hard *ou* he's hard at work on his new project ❑ **il croit ~ comme fer qu'elle va revenir** he believes doggedly *ou* he's adamant that she'll come back. **-2.** [avec intensité]: **le soleil tape ~ aujourd'hui** the sun is beating down today.

◆ **dures** *nfpl fam* [histoires, moments]: **il lui en a fait voir de ~es** he gave her a hard time; **il nous en a dit de ~es** he told us some really nasty things.

◆ **à la dure** *loc adv*: **élever ses enfants à la ~e** to bring up

one's children the hard way.

◆ **en dur** *loc adj*: **construction/maison en ~** building/house built with non-temporary materials.

◆ **sur la dure** *loc adv*: **coucher sur la ~e** to sleep on the ground.

**durabilité** [dyrabilite] *nf* [qualité] durableness, durability.

**durable** [dyrabl] *adj* [permanent] enduring, lasting, long-lasting.

**durablement** [dyrabləmɑ̃] *adv* durably, enduringly, for a long time.

**durant** [dyrɑ̃] *prép* **-1.** *(avant le nom)* [au cours de] during, in the course of. **-2.** *(après le nom)* [insistant sur la durée] for; **il peut parler des heures ~** he can speak for hours (on end); **toute sa vie ~** his whole life through, throughout his whole life.

**duratif, ive** [dyratif, iv] *adj* LING durative.

◆ **duratif** *nm* LING durative.

**durcir** [32] [dyrsir] ◇ *vt* [rendre plus dur] to harden, to make firmer; *fig* to harden, to toughen; **cette coupe de cheveux lui durcit le visage** that haircut makes her look severe. ◇ *vi* [sol, plâtre] to harden, to go hard.

◆ **se durcir** *vpi* [personne] to harden o.s.; [cœur] to become hard.

**durcissement** [dyrsismɑ̃] *nm* **-1.** [raffermissement – du sol, du plâtre] hardening. **-2.** [renforcement]: **le ~ de l'opposition** the tougher stance taken by the opposition. **-3.** MIL stiffening (of enemy resistance).

**durcisseur** [dyrsisœr] *nm* hardener; **~ pour ongles** nail hardener.

**durée** [dyre] *nf* **-1.** [période] duration, length; **pendant la ~ de** during, for the duration of; **vente promotionnelle pour une ~ limitée** special sale for a limited period; **la ~ hebdomadaire du travail est de 39 heures** the statutory working week is 39 hours ❑ **disque longue ~** long playing record; **~ de conservation** ≃ sell-by date. **-2.** [persistance] lasting quality. **-3.** MUS, PHON & LITTÉRAT length. **-4.** PSYCH perceived (passage of) time.

◆ **de courte durée** *loc adj* short-lived.

◆ **de longue durée** *loc adj* [chômeur, chômage] long-term.

**durement** [dyrmɑ̃] *adv* **-1.** [violemment – frapper] hard. **-2.** [avec sévérité] harshly, severely. **-3.** [douloureusement]: **~ éprouvé par la mort de** deeply distressed by the death of; **son absence est ~ ressentie** she's sorely missed. **-4.** [méchamment – répondre] harshly.

**dure-mère** [dyrmɛr] (*pl* **dures-mères**) *nf* dura mater.

**durer** [3] [dyre] *vi* **-1.** [événement, tremblement de terre] to last, to go on *ou* carry on; **la situation n'a que trop duré** the situation has gone on far too long; **ça ne peut plus ~!** it can't go on like this!; **ça durera ce que ça durera!** *fam* it might last and then it might not! **-2.** [rester, persister] to last; **ce soleil ne va pas ~** this sunshine won't last long; **faire ~:** **faire ~ les provisions** to stretch supplies, to make supplies last; **faire ~ le plaisir** to spin things out. **-3.** [moteur, appareil] to last; [œuvre] to last, to endure. **-4.** [peser]: **le temps me dure** time is lying heavy (on my hands) *ou* hangs heavily on me. **-5.** [vivre] to last.

**dureté** [dyrte] *nf* **-1.** [du sol, du plâtre] hardness, firmness. **-2.** [du climat, de conditions] harshness. **-3.** [d'un maître, d'une règle] severity, harshness; [d'une grève] bitterness, harshness. **-4.** [d'une teinte, d'une voix, d'une lumière] harshness. **-5.** CHIM [de l'eau] hardness. **-6.** PHYS hardness.

**durillon** [dyrijɔ̃] *nm* callus.

**Durit**® [dyrit] *nf* flexible pipe.

**dus** [dy] *v* → **devoir**.

**DUT** *(abr de* **diplôme universitaire de technologie)** *nm* diploma taken after two years at an institute of technology.

**duvet** [dyvɛ] *nm* **-1.** [poils] down, downy hairs. **-2.** [plumes] down. **-3.** [sac de couchage] sleeping bag; [couette] duvet, quilt. **-4.** *Belg & Helv* eiderdown.

**duveter** [27] [dyvte]

◆ **se duveter** *vpi* to go *ou* to become downy, to get covered in down.

**duveteux, euse** [dyvtø, øz] *adj* downy.

**dynamique** [dinamik] ◇ *adj* **-1.** [énergique] dynamic, energetic. **-2.** [non statique] dynamic. ◇ *nf* **-1.** MUS & SC dynamics *(sg)*. **-2.** [mouvement] dynamics *(sg)*, dynamic. **-3.** PSYCH:

~ de groupe group dynamics.

**dynamiquement** [dinamikmã] *adv* dynamically.

**dynamisation** [dinamizasjɔ̃] *nf* [excitation]: responsable de la ~ de l'équipe responsible for injecting enthusiasm into the team.

**dynamiser** [3] [dinamize] *vt* [équipe] to dynamize, to inject enthusiasm into.

**dynamisme** [dinamism] *nm* -**1**. [entrain] energy, enthusiasm. -**2**. PHILOS dynamism.

**dynamitage** [dinamitaʒ] *nm* blowing up ou blasting (with dynamite).

**dynamite** [dinamit] *nf* dynamite.

**dynamiter** [3] [dinamite] *vt* -**1**. [détruire à l'explosif] to blow up ou to blast (with dynamite). -**2**. [abolir – préjugé] to do away with, to sweep away.

**dynamiteur, euse** [dinamitœr, øz] *nm, f* -**1**. [à l'explosif] dy-namiter, dynamite expert. -**2**. [démystificateur] destroyer of received ideas.

**dynamo** [dinamo] *nf* dynamo, generator.

**dynamomètre** [dinamɔmɛtr] *nm* dynamometer.

**dynastie** [dinasti] *nf* -**1**. [de rois] dynasty. -**2**. [famille]: la ~ des Bach/Bruegel the line of famous Bachs/Bruegels.

**dysenterie** [disɑ̃tri] *nf* dysentery.

**dysfonctionnement** [disfɔ̃ksjɔnmã] *nm* malfunction, malfunctioning.

**dyslexie** [dislɛksi] *nf* dyslexia.

**dyslexique** [dislɛksik] *adj* & *nmf* dyslexic.

**dysménorrhée** [dismenɔre] *nf* dysmenorrhoea *Br*, dysmenorrhea *Am*.

**dyspepsie** [dispɛpsi] *nf* dyspepsia.

**e, E** [ə] *nm* -**1**. [lettre] e, E; e ouvert/fermé open/close e; e muet silent e. -**2**. MATH & PHYS e.

**E** (*abr écrite de* **est**) E.

**EAO** (*abr de* **enseignement assisté par ordinateur**) *nm* CAL.

**eau, x** [o] *nf* -**1**. [liquide incolore] water; se mettre à l'~ [pour se baigner] to go in the water (for a swim); des légumes/melons pleins d'~ watery vegetables/melons; prendre l'~ [chaussure, tente] to leak, to be leaky, to be leaking □ ~ déminéralisée/distillée demineralized/distilled water; ~ calcaire ou dure hard water; ~ bénite holy water; ~ courante running water; avoir l'~ courante to have running water; ~ douce fresh water; d'~ douce freshwater, river *(modif)*; ~ de jouvence waters of youth; ~ de mer seawater; ~ de pluie rainwater; ~ de vaisselle dish ou washing-up water; jeu d'~ ou d'~x fountains; comme l'~ et le feu as different as chalk and cheese *Br* ou as night and day *Am*; ça doit valoir 15 000 F, enfin, c'est dans ces ~x-là! *fam* it costs around 15,000 F more or less; tu apportes de l'~ à mon moulin you're adding weight to my argument; il est passé/il passera beaucoup d'~ sous les ponts a lot of water has gone/will flow under the bridge; il y a de l'~ dans le gaz *fam* there's trouble brewing; j'en ai l'~ à la bouche my mouth is watering. -**2**. [boisson] water; ~ plate still water; ~ gazeuse soda ou fizzy water; ~ minérale mineral water; ~ du robinet tap water; ~ de Seltz soda water; ~ de source spring water; point d'~ [pour les animaux] watering hole; [dans un village] standpipe; mettre de l'~ dans son vin to climb down, to back off. -**3**. CULIN water; ~ de cuisson cooking water; ~ de fleur d'oranger orange flower water; finir ou partir ou tourner ou s'en aller en ~ de boudin *fam* to peter ou to fizzle out. -**4**. [parfum & PHARM]: ~ de Cologne (eau de) Cologne; ~ dentifrice mouthwash; ~ de parfum perfume; ~ de rose rose water; ~ de toilette toilet water. -**5**. CHIM: ~ écarlate stain-remover; ~ de Javel bleach, Clorox® *Am*; ~ oxygénée hydrogen peroxide. -**6**. [limpidité – d'un diamant] water; de la plus belle ~ *pr* & *fig* of the first water. -**7**. NAUT: faire de l'~ [s'approvisionner] to take on water; faire ~ [avoir une fuite] to take on water; faire ~ de toutes parts *fig* to go under.
◆ **eaux** *nfpl* -**1**. [masse] water; les ~x se retirent [mer] the tide's going out; [inondation] the (flood) water's subsiding □ ~x ménagères waste water; ~x usées sewage; hautes/basses ~x GÉOG high/low water; grandes ~x: les grandes ~x de Versailles the fountains of Versailles; on a eu droit aux grandes ~x (de Versailles) *fam* & *fig* she turned on the waterworks. -**2**. NAUT [zone] waters; ~x internationales/

territoriales international/territorial waters; ~x côtières inshore waters; dans les ~x de in the wake of. -**3**. [d'une accouchée] waters. -**4**. [thermes]: prendre les ~x to take the waters, to stay at a spa *(for one's health)*. -**5**. ADMIN: les Eaux et Forêts ≃ the Forestry Commission.
◆ **à grande eau** *loc adv*: laver à grande ~ [au jet] to hose down; [dans un évier, une bassine] to wash in a lot of water; rincer à grande ~ to rinse (out) thoroughly ou in a lot of water.
◆ **à l'eau** ◇ *loc adj* -**1**. CULIN boiled. -**2**. [perdu]: mon weekend est à l'~ bang goes my weekend. ◇ *loc adv* -**1**. CULIN: cuire à l'~ [légumes] to boil; [fruits] to poach. -**2**. *loc*: se jeter ou se lancer à l'~ to take the plunge; tomber à l'~ to fall through.
◆ **à l'eau de rose** *loc adj péj* sentimental.
◆ **de la même eau** *loc adj péj* of the same ilk.
◆ **en eau** *loc adj* sweating profusely.
◆ **en eau profonde** *loc adv* NAUT in deep (sea) waters.

**eau-de-vie** [odvi] (*pl* **eaux-de-vie**) *nf* eau de vie.

**eau-forte** [ofɔrt] (*pl* **eaux-fortes**) *nf* -**1**. CHIM aqua fortis. -**2**. BX-ARTS etching.

**ébahi, e** [ebai] *adj* flabbergasted, stunned.

**ébahir** [32] [ebair] *vt* to astound, to dumbfound, to stun.
◆ **s'ébahir de** *vp* + *prép* to marvel ou to wonder at.

**ébahissement** [ebaismã] *nm* amazement, astonishment.

**ébarber** [3] [ebarbe] *vt* -**1**. MÉTALL to burr, to edge, to trim. -**2**. [feuilles de papier] to trim. -**3**. AGR to clip, to trim. -**4**. CULIN [poisson] to trim.

**ébats** [eba] ◇ *v* → **ébattre**. ◇ *nmpl* frolics, frolicking; ~ amoureux lovemaking.

**ébattre** [83] [ebatr]
◆ **s'ébattre** *vpi* to frolic.

**ébaubi, e** [ebobi] *adj hum* dumbfounded, flabbergasted, stunned.

**ébauche** [eboʃ] *nf* -**1**. [première forme – d'un dessin] rough sketch ou draft; [– d'un plan] outline; projet à l'état d'~ project in its early stages. -**2**. [début]: l'~ de: l'~ d'un sourire the beginning of a ou an incipient smile; une ~ de réconciliation the first steps towards reconciliation.

**ébaucher** [3] [eboʃe] *vt* -**1**. [esquisser – dessin, portrait] to rough ou to sketch out; [– plan] to outline; des formes vagues à peine ébauchées a few indistinct shapes. -**2**. [commencer] to begin, to start; ~ des négociations/une réconciliation to start the process of negotiation/reconciliation; elle ébaucha un vague sourire/geste she

made as if to smile/to move.
◆ **s'ébaucher** *vpi* to (take) form, to start up.
**ébène** [ebɛn] *nf* ebony; **une table en ~** an ebony table; **noir d'~** ebony black.
**ébénier** [ebenje] *nm* ebony (tree).
**ébéniste** [ebenist] *nm* cabinetmaker.
**ébénisterie** [ebenistəri] *nf* -**1.** [métier] cabinetmaking. -**2.** [placage] veneer.
**éberlué, e** [ebɛrlɥe] *adj* dumbfounded, stunned.
**éblouir** [32] [ebluir] *vt* -**1.** [aveugler] to dazzle. -**2.** [impressionner] to dazzle, to stun.
**éblouissant, e** [ebluisɑ̃, ɑ̃t] *adj* -**1.** [aveuglant – couleur, lumière] dazzling. -**2.** [impressionnant – femme, performance] dazzling, stunning; **~ de: mise en scène ~e d'ingéniosité** stunningly ingenious staging.
**éblouissement** [ebluismɑ̃] *nm* -**1.** [fait d'être aveuglé] being dazzled. -**2.** [vertige] dizziness; **avoir un ~** to have a dizzy spell. -**3.** [enchantement] dazzlement, bedazzlement.
**ébonite** [ebɔnit] *nf* ebonite, vulcanite.
**éborgner** [3] [ebɔrɲe] *vt* to blind in one eye.
◆ **s'éborgner** *vp (emploi réfléchi)* to put one's eye out.
**éboueur** [ebwœr] *nm* dustman *Br*, garbage collector *Am*.
**ébouillanter** [3] [ebujɑ̃te] *vt* to scald.
◆ **s'ébouillanter** *vp (emploi réfléchi)* to scald o.s.
**éboulement** [ebulmɑ̃] *nm* -**1.** [chute] crumbling, subsiding, collapsing; **un ~ de terrain** a landslide. -**2.** [éboulis – de terre] mass of fallen earth; [– de rochers] mass of fallen rocks, rock slide; [– en montagne] scree.
**ébouler** [3] [ebule] *vt* to break *ou* to bring down *(sép)*.
◆ **s'ébouler** *vpi* [petit à petit] to crumble, to subside; [brutalement] to collapse, to cave in.
**éboulis** [ebuli] *nm* [de terre] mass of fallen earth; [de rochers] mass of fallen rocks, rock slide; [en montagne] scree.
**ébouriffant, e** [eburifɑ̃, ɑ̃t] *adj* breathtaking, staggering, stunning.
**ébouriffé, e** [eburife] *adj* tousled, dishevelled.
**ébouriffer** [3] [eburife] *vt* -**1.** [décoiffer] to ruffle, to tousle. -**2.** *fam* [ébahir] to amaze, to dumbfound, to stun.
**ébranlement** [ebrɑ̃lmɑ̃] *nm* -**1.** [départ – d'un cortège] moving *ou* setting off. -**2.** [tremblement – d'une vitre] tremor, shaking; **causer l'~ du cabinet** *fig* to shake the Cabinet. -**3.** [choc] shock.
**ébranler** [3] [ebrɑ̃le] *vt* -**1.** [faire trembler] to shake, to rattle. -**2.** [affaiblir] to shake, to weaken; **~ la confiance de qqn** to shake *ou* to undermine sb's confidence; **~ les nerfs de qqn** to make sb very nervous. -**3.** [atteindre moralement] to shake; **très ébranlé par la mort de son fils** shattered by the death of his son.
◆ **s'ébranler** *vpi* [cortège, train] to move *ou* to set off, to pull away.
**ébrécher** [18] [ebreʃe] *vt* -**1.** [assiette, vase] to chip; [couteau, lame] to nick, to notch; **une assiette ébréchée** a chipped plate. -**2.** [fortune, héritage] to make a hole in, to deplete.
**ébriété** [ebrijete] *nf sout* intoxication; **être en état d'~** to be under the influence (of drink).
**ébrouer** [3] [ebrue]
◆ **s'ébrouer** *vpi* -**1.** [cheval] to snort. -**2.** [personne, chien] to shake o.s.
**ébruitement** [ebrɥitmɑ̃] *nm* disclosing, spreading.
**ébruiter** [3] [ebrɥite] *vt* to disclose, to spread.
◆ **s'ébruiter** *vpi* to spread.
**ébullition** [ebylisjɔ̃] *nf* boiling; **point d'~** boiling point.
◆ **à ébullition** *loc adv*: **porter de l'eau/du lait à ~** to bring water/milk to the boil.
◆ **en ébullition** *loc adj* [liquide] boiling; *fig* in turmoil.
**écaillage** [ekajaʒ] *nm* -**1.** [du poisson] scaling; [des huîtres] opening. -**2.** [d'une peinture] flaking *ou* peeling *ou* scaling off; [d'un vernis] chipping off.
**écaille** [ekaj] *nf* -**1.** ZOOL [de poisson, de serpent] scale; [matière] tortoiseshell; **les ~s finiront par lui tomber des yeux** the scales will fall from his eyes. -**2.** [fragment – gén] chip; [– de peinture] flake. -**3.** BOT scale.
◆ **en écaille** *loc adj* tortoiseshell *(modif)*.
**écaillé, e** [ekaje] *adj* [plâtre, vernis] chipped, flaking off; [peinture] peeling.

**écailler¹** [3] [ekaje] *vt* -**1.** CULIN [poisson] to scale; [huître] to open. -**2.** [plâtre, vernis] to cause to flake off *ou* to chip.
◆ **s'écailler** *vpi* [vernis, plâtre] to flake off; [peinture] to peel off.
**écailler², ère** [ekaje, ɛr] *nm, f* oyster seller.
**écale** [ekal] *nf* husk.
**écaler** [3] [ekale] *vt* [noisette, noix] to husk.
**écarlate** [ekarlat] *adj* scarlet.
**écarquiller** [3] [ekarkije] *vt*: **~ les yeux** to open one's eyes wide, to stare (wide-eyed).
**écart** [ekar] *nm* -**1.** [variation] difference, discrepancy; **~ de poids/température** difference in weight/temperature □ **~ type** standard deviation. -**2.** [intervalle] gap, distance; **un ~ de huit ans les sépare, il y a huit ans d'~ entre eux** there's an eight-year gap between them; **réduire** *ou* **resserrer l'~** entre to close *ou* to narrow the gap between. -**3.** [déviation] swerving; **~ par rapport à la norme** deviation from the norm; **faire un ~** [cheval] to shy; [voiture, vélo] to swerve; **j'ai fait un petit ~ aujourd'hui: j'ai mangé deux gâteaux** I gave my diet a break today: I ate two cakes. -**4.** [excès]: **~s de langage** strong language; **~s de jeunesse** youthful indiscretions. -**5.** [hameau] hamlet. -**6.** [jeux] danse & sport: **faire le grand ~** to do the splits. -**8.** COMPTA margin; [en statistiques] deviation.
◆ **à l'écart** *loc adv* -**1.** [de côté] aside; **mettre qqn à l'~** to put sb on the sidelines; **tenir qqn à l'~** to keep sb out of things; **rester** *ou* **se tenir à l'~** [dans une réunion, dans la société] to remain an outsider, to stay in the background. -**2.** [loin des habitations]: **vivre à l'~** to live in a remote spot.
◆ **à l'écart de** *loc prép*: **nous sommes un peu à l'~ du village** we live a little way away from the village; **il essaie de la tenir à l'~ de tous ses problèmes** he's trying to keep her away from all his problems; **se tenir à l'~ de la vie politique/du monde** to keep out of politics/the world.
**écarté, e** [ekarte] *adj* -**1.** [isolé] isolated, remote. -**2.** [loin l'un de l'autre]: **gardez les bras ~s** keep your arms outspread; **avoir les dents ~es** to be gap-toothed; **avoir les yeux ~s** to have widely-spaced eyes.
◆ **écarté** *nm* JEUX écarté.
**écartèle** [ekartɛl] *v* → **écarteler**.
**écartèlement** [ekartɛlmɑ̃] *nm* [torture] quartering, tearing apart.
**écarteler** [25] [ekartəle] *vt* -**1.** [torturer] to quarter, to tear apart *(sép)*. -**2.** [partager] to tear apart *(sép)*; **écartelé entre le devoir et l'amour** torn between duty and love.
**écartement** [ekartəmɑ̃] *nm* -**1.** RAIL: **~ (des rails** *ou* **de voie)** gauge. -**2.** AUT: **~ des essieux** wheelbase; **~ des roues** tracking. -**3.** [fait d'ouvrir] spreading (open), opening. -**4.** [évincement – d'un directeur] dismissing, removing.
**écarter** [3] [ekarte] *vt* -**1.** [séparer – objets] to move apart *(sép)*; [– personnes] to separate; **ils écartèrent la foule pour passer** they pushed their way through the crowd ‖ [en parlant de parties du corps]: **~ les bras** to open *ou* to spread one's arms; **~ les jambes/doigts/orteils** to spread one's legs/fingers/toes. -**2.** [éloigner] to move away *ou* aside *(sép)*, to pull away *ou* aside *(sép)*; **écarte plus la table du mur** move the table further away from the wall. -**3.** [détourner] to divert; **cette route vous écarte un peu** that road takes you a little bit out of your way. -**4.** [refuser – idée] to dismiss, to set aside *(sép)*, to rule out *(sép)*. -**5.** [tenir à distance]: **~ qqn de** [succession, conseil d'administration] to keep sb out of; **~ qqn du pouvoir** [aspirant] to cut sb off from the road to power; [homme d'État] to manoeuvre sb out of power. -**6.** JEUX to discard.
◆ **s'écarter** *vpi* to move away *ou* out of the way, to step *ou* to draw aside; **s'~ de sa trajectoire** [fusée] to deviate from its trajectory; [pilote] to deviate from one's course; **s'~ du droit chemin** to go off the straight and narrow (path); **s'~ du sujet** to stray *ou* to wander from the subject.
**écarteur** [ekartœr] *nm* retractor.
**ecchymose** [ekimoz] *nf* bruise, ecchymosis *spéc*.
**ecclésial, e, aux** [eklezjal, o] *adj* ecclesial.
**Ecclésiaste** [eklezjast] *nm*: **(le livre de) l'~** Ecclesiastes.
**ecclésiastique** [eklezjastik] ◇ *adj* [devoir] ecclesiastic, ecclesiastical; [habitude] priestly; priestlike. ◇ *nm* priest, ecclesiastic.

**écervelé, e** [esɛrvəle] ◇ *adj* scatterbrained. ◇ *nm, f* scatterbrain.

**échafaud** [eʃafo] *nm* scaffold; **monter sur l'~** to be executed.

**échafaudage** [eʃafodaʒ] *nm* **-1.** CONSTR scaffolding. **-2.** [pile] heap, pile, stack. **-3.** [élaboration – de systèmes] elaboration, construction.

**échafauder** [3] [eʃafode] ◇ *vt* **-1.** [entasser] to stack ou to heap ou to pile (up). **-2.** [construire – systèmes, théories] to build up, to construct; **~ des projets** to make plans. ◇ *vi* CONSTR to put up scaffolding, to scaffold.

**échalas** [eʃala] *nm* **-1.** [perche] pole, stake; **être droit** ou **raide comme un ~** to be as stiff as a poker ou ramrod. **-2.** *fam* [personne] beanpole.

**échalote** [eʃalɔt] *nf* shallot.

**échancré, e** [eʃɑ̃kre] *adj* **-1.** VÊT low-necked; **une robe très ~e sur le devant** a dress with a plunging neckline. **-2.** BOT serrated. **-3.** GÉOG [côte, littoral] indented, jagged.

**échancrer** [3] [eʃɑ̃kre] *vt* **-1.** COUT to cut a low neckline in. **-2.** [entailler] to indent.

**échancrure** [eʃɑ̃kryr] *nf* **-1.** VÊT low neckline. **-2.** BOT serration. **-3.** GÉOG indentation.

**échange** [eʃɑ̃ʒ] *nm* **-1.** [troc] swap, exchange; **faire un ~** to swap, to do a swap; **~ de prisonniers** exchange of prisoners ❑ **~ standard** replacement (*of a spare part*). **-2.** ÉCON trade; **~s internationaux** international trade. **-3.** [aller et retour] exchange; **avoir un ~ de vues** to exchange opinions; **~s culturels** cultural exchanges ❑ **c'est un ~ de bons procédés** one good turn deserves another. **-4.** [visite]: **~** (linguistique) (language) exchange. **-5.** JEUX: **faire** (un) **~** [aux échecs] to exchange pieces. **-6.** SPORT: **~ de balles** [avant un match] knocking up; [pendant le match] rally. **-7.** BIOL: **~s gazeux** gaseous interchange. **-8.** JUR exchange.

◆ **en échange** *loc adv* in exchange, in return.

◆ **en échange de** *loc prép* in exchange ou return for.

**échangeable** [eʃɑ̃ʒabl] *adj* exchangeable.

**échanger** [17] [eʃɑ̃ʒe] *vt* **-1.** [troquer] to exchange, to swap; **~ un stylo contre** ou **pour un briquet** to exchange ou to swap a pen for a lighter. **-2.** [se donner mutuellement] to exchange; **ils ont échangé des lettres** there was an exchange of letters between them; **~ un regard/sourire** to exchange glances/smiles; **~ quelques mots avec qqn** to exchange a few words with sb. **-3.** SPORT: **~ des balles** [avant le match] to knock up.

◆ **s'échanger** ◇ *vp* (*emploi passif*) [être troqué] to be swapped; BOURSE to trade. ◇ *vp* (*emploi réciproque*): **s'~ des disques** to swap records with each other.

**échangeur** [eʃɑ̃ʒœr] *nm* **-1.** TRANSP [carrefour] interchange; [donnant accès à l'autoroute] feeder. **-2.** PHYS: **~** (de chaleur) heat exchanger.

**échangisme** [eʃɑ̃ʒism] *nm* [sexuel] partner swapping.

**échangiste** [eʃɑ̃ʒist] *nmf* **-1.** JUR exchanger. **-2.** [sexuellement] swinger.

**échantillon** [eʃɑ̃tijɔ̃] *nm* **-1.** COMM & SC sample, specimen; **~ publicitaire** free sample. **-2.** [cas typique] example, sample. **-3.** [de population] cross-section.

**échantillonnage** [eʃɑ̃tijɔnaʒ] *nm* **-1.** [action] sampling, selecting. **-2.** [de parfum] selection; [de papier peint, de moquette] sample book. **-3.** INF & TÉLÉC sampling.

**échantillonner** [3] [eʃɑ̃tijɔne] *vt* **-1.** COMM & SC to sample. **-2.** [population] to take a cross-section of.

**échappatoire** [eʃapatwar] *nf* loophole, way out.

**échappé, e** [eʃape] *nm, f* competitor who has broken away.

◆ **échappée** *nf* **-1.** SPORT breakaway. **-2.** [espace ouvert à la vue] vista, view. **-3.** [dans un escalier] headroom. **-4.** [passage] space, gap; **l'~e d'un garage** garage entrance. **-5.** [instant]: **une brève ~e de soleil** a brief sunny spell.

◆ **par échappées** *loc adv* every now and then, in fits and starts.

**échappement** [eʃapmɑ̃] *nm* **-1.** [de gaz] exhaust; **~ libre** cutout. **-2.** [d'horloge] escapement. **-3.** [d'un escalier] headroom.

**échapper** [3] [eʃape] ◇ *vt loc*: **l'~ belle** to have a narrow escape. ◇ *vi* **-1.** [s'enfuir]: **faire ~** [animal] to let out; [détenu] to help to escape; **il a laissé ~ le chien** he let the dog loose. **-2.** [secret, paroles]: **pas un mot n'échappa de ses lèvres** ou **sa bouche** he didn't utter a single word; **laisser ~** to let slip. **-3.** [glisser] to slip; **le vase lui a échappé des mains** the vase slipped out of her hands. **-4.** [erreur, occasion]: **laisser ~:** **j'ai pu laisser ~ quelques fautes** I may have overlooked a few mistakes; **laisser ~ une occasion** to miss an opportunity.

◆ **échapper à** *v* + *prép* **-1.** [se soustraire à] to avoid, to evade; **~ à ses obligations** to evade one's duties. **-2.** [éviter] to escape from, to get away from; **elle sent que sa fille lui échappe** she can feel (that) her daughter's drifting away from her. **-3.** [être dispensé de]: **~ à l'impôt** [officiellement] to be exempt from taxation; [en trichant] to evade income tax. **-4.** [être oublié par]: **rien ne lui échappe** she doesn't miss a thing; **ce détail m'a échappé** that detail escaped me; **quelques erreurs ont pu m'~** I may have overlooked a few mistakes; **son nom m'échappe** his name escapes me ou has slipped my mind; **je me souviens de l'air mais les paroles m'échappent** I remember the tune but I forget the lyrics || (*tournure impersonnelle*): **il ne m'a pas échappé qu'il avait l'air ravi** it was obvious to me that he looked delighted; **il ne vous aura pas échappé que...** it will not have escaped your attention that... **-5.** [être enlevé à]: **la victoire lui a échappé** victory eluded him. **-6.** [être prononcé par]: **si des paroles désagréables m'ont échappé, je te prie de m'excuser** if I let slip an unpleasant remark, I apologize; **la phrase lui aura échappé** the remark must have slipped out.

◆ **s'échapper** *vpi* **-1.** [s'enfuir] to escape, to get away; **s'~ d'un camp** to escape from a camp. **-2.** [se rendre disponible] to get away; **je ne pourrai pas m'~ avant midi** I won't be able to get away before noon. **-3.** [jaillir] to escape, to leak; **des mèches s'échappaient de son foulard** wisps of hair poked out from underneath her scarf. **-4.** [disparaître] to disappear, to vanish. **-5.** SPORT [coureur] to break ou to draw away.

**écharde** [eʃard] *nf* splinter.

**écharpe** [eʃarp] *nf* **-1.** VÊT scarf; [d'un député, d'un maire] sash; **l'~ tricolore** sash worn by French mayors at civic functions. **-2.** [pansement] sling.

◆ **en écharpe** *loc adv*: **avoir le bras en ~** to have one's arm in a sling.

**écharper** [3] [eʃarpe] *vt* to tear to pieces.

**échasse** [eʃas] *nf* **-1.** [bâton] stilt; **marcher** ou **être monté sur des ~s** *fam* to have long legs. **-2.** ZOOL stilt.

**échassier** [eʃasje] *nm* wader, wading bird.

**échauder** [3] [eʃode] *vt* **-1.** [ébouillanter – volaille] to scald; [– vaisselle] to run boiling water over; [– théière] to warm. **-2.** [décevoir]: **l'expérience de l'année dernière m'a échaudé** my experience last year taught me a lesson; **il a déjà été échaudé une fois** he's had his fingers burned once already.

**échauffement** [eʃofmɑ̃] *nm* **-1.** [réchauffement – du sol, d'une planète] warming (up). **-2.** SPORT [processus] warming-up; [exercices, période] warm-up. **-3.** [excitation] overexcitement. **-4.** MÉCAN overheating. **-5.** AGR fermenting.

**échauffer** [3] [eʃofe] *vt* **-1.** [chauffer] to heat (up), to warm up (*sép*). **-2.** [exciter] to heat, to fire, to stimulate; **les esprits sont échauffés** feelings are running high ❑ **il m'échauffe la bile** ou **les oreilles** *fam* he really gets my goat ou on my nerves. **-3.** MÉCAN to overheat; [fermenter] to cause fermentation. **-4.** SPORT to warm up (*sép*).

◆ **s'échauffer** *vpi* **-1.** SPORT to warm up. **-2.** [s'exciter] to become heated.

**échauffourée** [eʃofure] *nf* clash, skirmish.

**échauguette** [eʃoget] *nf* HIST watchtower.

**échéance** [eʃeɑ̃s] *nf* **-1.** [date – de paiement] date of payment; [– de maturité] date of maturity; [– de péremption] expiry date; **venir à ~** to fall due; **payable à quinze jours d'~** payable at two weeks' date. **-2.** [somme d'argent] financial commitment. **-3.** [moment] term; **nous sommes à trois mois de l'~ électorale** there are three months to go before the date set for the election; **un mois avant l'~ de l'examen** one month before the exam (is due to take place).

◆ **à brève échéance, à courte échéance** ◇ *loc adj* short-term. ◇ *loc adv* in the short run.

◆ **à longue échéance** ◇ *loc adj* long-term. ◇ *loc adv* in the long run.

**échéancier** [eʃeɑ̃sje] *nm* **-1.** [livre] bill book, tickler *Am*. **-2.** [délais] schedule of repayments.

**échéant, e** [eʃeɑ̃, ɑ̃t] *adj* → **cas**.

**échec** [eʃɛk] *nm* **-1.** [revers] failure; **la réunion s'est soldée par un ~** nothing came out of the meeting; **faire ~ à** to foil, to prevent ❏ **l'~ scolaire** underperforming at school. **-2.** [défaite] defeat; **son ~ au championnat** his defeat in the championship. **-3.** JEUX: **~ (au roi)!** check!; **~ et mat!** checkmate!; **faire ~** to check; **faire ~ et mat** to checkmate.
◆ **échecs** *nmpl* chess (U); **jouer aux ~s** to play chess.
◆ **en échec** *loc adv*: **mettre/tenir qqn en ~** to put/to hold sb in check.

**échelle** [eʃɛl] *nf* **-1.** [outil] ladder; **monter dans l'~ sociale** *fig* to climb the social ladder ❏ **~ coulissante** extension ladder; **~ de corde** rope ladder; **~ d'incendie** fireman's ladder; **~ de meunier** straight wooden staircase; **faire la courte ~ à qqn** *pr* to give sb a leg up; *fig* to give sb a leg up, to help sb better his/her prospects; **il n'y a plus qu'à tirer l'~** *fam* we might as well just give up. **-2.** [mesure] scale; **une carte à l'~ 1/10 000** a map on a scale of 1/10,000; **réduire l'~ d'un dessin** to scale a drawing down. **-3.** GÉOL scale; **sur l'~ de Richter** on the Richter scale. **-4.** [dimension] scale; **des évènements à l'~ mondiale** great world events; **des villes à l'~ humaine** cities (built) on a human scale. **-5.** JUR & ADMIN scale; **~ des valeurs** scale of values; **~ (mobile) des salaires** (sliding) salary scale. **-6.** MUS: **~ diatonique/chromatique** diatonic/chromatic scale.
◆ **à grande échelle** *loc adj* **-1.** [dessin] large-scale. **-2.** [projet] ambitious. ◇ *loc adv* on a big scale.
◆ **à l'échelle** *loc adv*: **dessiner une carte à l'~** to scale a map.
◆ **à l'échelle de** *loc prép* at the level ou on a scale of; **à l'~ de la région/planète** on a regional/world scale.

**échelon** [eʃlɔ̃] *nm* **-1.** [barreau] rung. **-2.** ADMIN grade; **grimper d'un ~** to go up one step ou grade. **-3.** [niveau] level; **à l'~ local** at local level. **-4.** MIL echelon.
◆ **à l'échelon de** *loc prép* at the level of; **à l'~ du ministère** at Ministry level.

**échelonnement** [eʃlɔnmɑ̃] *nm* **-1.** [dans l'espace] spreading out, placing at regular intervals. **-2.** [dans le temps – d'un paiement] spreading (out); [– de congés] staggering. **-3.** [graduation – de difficultés] grading.

**échelonner** [3] [eʃlɔne] *vt* **-1.** [dans l'espace – arbres, poteaux] to space out (*sép*), to place at regular intervals. **-2.** [dans le temps – livraisons, remboursements, publication] to spread (out), to stagger, to schedule at regular intervals; **paiements échelonnés** payments in instalments, staggered payments. **-3.** [graduer – difficultés, problèmes] to grade, to place on a sliding scale. **-4.** MIL to echelon.
◆ **s'échelonner sur** *vp + prép* [suj: projet, travaux] to be spread out over.

**écherra** [eʃɛra], **échet** [eʃɛ] *v →* échoir.

**écheveau, x** [eʃvo] *nm* **-1.** TEXT hank, skein. **-2.** [labyrinthe de rues] maze. **-3.** [embrouillamini] tangle.

**échevelé, e** [eʃəvle] *adj* **-1.** [ébouriffé] dishevelled, tousled. **-2.** [effréné] frantic, wild; **une danse ~e** a wild dance.

**écheveler** [24] [eʃəvle] *vt litt* to tousle the hair of.

**échevin** [eʃvɛ̃] *nm* **-1.** HIST deputy mayor of a town. **-2.** *Belg* deputy burgmaster ou burgomaster.

**échine** [eʃin] *nf* ANAT & ZOOL backbone, spine; **courber ou plier l'~ devant qqn** to submit to sb. **-2.** CULIN chine. **-3.** ARCHIT echinus.

**échiner** [3] [eʃine] 
◆ **s'échiner à** *vp + prép*: **s'~ à faire qqch** to wear o.s. out doing sthg.

**échiquier** [eʃikje] *nm* **-1.** JEUX chessboard; **le rôle que nous jouons sur l'~ européen/mondial** *fig* the part we play on the European/world scene. **-2.** POL: **L'Échiquier** the (British) Exchequer.
◆ **en échiquier** *loc adv* in a check pattern.

**écho** [eko] *nm* **-1.** ACOUST echo; **il y a de l'~** there is an echo ❏ **~ multiple** reverberations; **~ simple** echo. **-2.** *fig*: **j'en ai eu des ~s** I heard something about it; **sa proposition n'a pas trouvé d'~** his offer wasn't taken into consideration; **aucun journal ne s'en est fait l'~** the story was not picked up by any newspaper. **-3.** TV ghosting. **-4.** [rubrique de journal] gossip column.
◆ **à tous les échos** *loc adv* in all directions.

**échographie** [ekɔɡrafi] *nf* (ultrasound) scan; **se faire faire une ~** to have a scan ou ultrasound scan.

**échoir** [70] [eʃwar] *vi* FIN to fall due; **intérêts à ~** accruing interest.
◆ **échoir à** *v + prép sout*: **~ à qqn** to fall to sb; **le sort qui lui est échu n'est guère enviable** one can hardly envy his lot ‖ *(tournure impersonnelle)*: **c'est à moi qu'il échoit d'annoncer la mauvaise nouvelle** it falls to me to announce the bad news.

**échoppe** [eʃɔp] *nf* **-1.** [outil] burin. **-2.** *vieilli* shop *Br*, store *Am*.

**échotier, ère** [ekɔtje, ɛr] *nm, f* [journaliste] gossip columnist.

**échouer** [6] [eʃwe] ◇ *vi* **-1.** [rater – projet, tentative] to fail, to fall through; **ils ont échoué dans leur tentative de coup d'État** their attempted coup failed; **~ à un examen** to fail an exam; **faire ~** to foil, to frustrate. **-2.** [finir] to end ou to wind up. **-3.** NAUT to ground, to run aground. ◇ *vt* NAUT [accidentellement] to ground, to run aground; [volontairement] to beach.
◆ **s'échouer** *vpi* NAUT to run aground; **quelques caisses échouées sur la plage** a few boxes washed up ou stranded on the beach.

**échu, e** [eʃy] ◇ *pp →* échoir. ◇ *adj*: **payer un loyer à terme ~** to pay at the end of the rental term.

**échurent** [eʃyr], **échut** [eʃy] *v →* échoir.

**écimer** [3] [esime] *vt* to pollard.

**éclabousser** [3] [eklabuse] *vt* **-1.** [asperger] to splash, to spatter; **éclaboussé de** éclabousser: **éclaboussé de boue** mud-spattered. **-2.** [nuire à la réputation de]: **~ qqn** to malign sb, to tarnish sb's reputation. **-3.** *litt* [impressionner]: **~ qqn de son luxe/sa richesse** to flaunt one's luxurious lifestyle/one's wealth in sb's face.

**éclaboussure** [eklabusyr] *nf* **-1.** [tache – de boue, de peinture] splash, spatter. **-2.** [retombée] smear.

**éclair** [eklɛr] *nm* **-1.** MÉTÉO flash of lightning; **~s lightning**; **ses yeux jetaient ou lançaient des ~s** *fig* her eyes were flashing; **un ~ de colère passa dans ses yeux** anger flashed ou blazed in his eyes ❏ **le peloton est passé comme un ~** the pack of cyclists flashed past; **prompt ou rapide ou vif comme l'~** (as) quick as a flash; **avec la rapidité ou vitesse de l'~** (as) quick as a flash. **-2.** [lueur – d'un coup de feu, d'un flash] flash. **-3.** [bref instant]: **dans un ~ de lucidité** in a flash of lucidity; **un ~ de génie** a flash of inspiration. **-4.** CULIN éclair. **-5.** *(comme adj)* lightning *(modif)*; **visite ~** lightning ou flying visit.
◆ **en un éclair** *loc adv* in a flash ou a trice ou an instant.

**éclairage** [eklɛraʒ] *nm* **-1.** [illumination artificielle] lighting; **~ indirect** indirect ou concealed lighting. **-2.** [intensité de lumière] light. **-3.** [installation]: **l'~, les ~s** use the lighting; **~ aux projecteurs** floodlighting. **-4.** BX-ARTS ou sight ; PHOT light. **-5.** [aspect] light, perspective; **vu sous cet ~** seen in this light; **apporter à qqch un ~ nouveau** to throw new light on sthg. **-6.** MIL scouting expedition.

**éclairagiste** [eklɛraʒist] *nmf* **-1.** CIN, THÉÂT & TV lighting engineer. **-2.** COMM dealer in lights and lamps.

**éclairant, e** [eklɛrɑ̃, ɑ̃t] *adj* **-1.** [lumineux] lighting. **-2.** [édifiant – commentaire, conclusion] enlightening.

**éclaircie** [eklɛrsi] *nf* **-1.** MÉTÉO sunny spell, bright interval. **-2.** [amélioration] improvement. **-3.** [de forêt] clearing.

**éclaircir** [32] [eklɛrsir] *vt* **-1.** [rendre moins sombre] to make lighter; **~ ses cheveux** to make one's hair (look) lighter; [par mèches] to put highlights in one's hair. **-2.** [rendre plus audible]: **des pastilles pour ~ la voix ou gorge** lozenges to clear the throat. **-3.** CULIN [sauce, soupe] to thin (down), to dilute. **-4.** [forêt] to thin (out). **-5.** [élucider – affaire, mystère] to clear up; [– situation] to clarify.
◆ **s'éclaircir** *vpi* **-1.** MÉTÉO to clear (up), to brighten up. **-2.** [pâlir – cheveux] to go lighter ou paler ou blonder. **-3.** [devenir plus rare]: **ses cheveux s'éclaircissent** his hair's getting thinner, he's going bald. **-4.** [être clarifié – mystère] to be solved; [– situation] to become clearer. ◇ *vpt*: **s'~ la voix** ou gorge to clear one's throat.

**éclaircissant, e** [eklɛrsisɑ̃, ɑ̃t] *adj* [lotion, shampooing] lightening, highlighting.

**éclaircissement** [eklɛrsismɑ̃] *nm* **-1.** [d'une peinture] lightening. **-2.** [explication] explanation.

**éclairé, e** [eklere] *adj* **-1.** [lumineux]: **une pièce bien/mal ~e** a well-/badly-lit room. **-2.** [intelligent] enlightened.

**éclairer** [4] [eklere] ◇ *vt* **-1.** [chemin, lieu] to light (up); **~ un**

stade avec des projecteurs to floodlight a stadium; marchez derrière moi, je vais vous ~ walk behind me, I'll light the way for you. **-2.** [égayer] to brighten ou to light up *(sép)*, to illuminate; le visage éclairé par un sourire his face lit up by a smile. **-3.** [rendre compréhensible] to clarify, to throw light on. **-4.** [informer] to enlighten; j'ai besoin qu'on m'éclaire sur ce point I need sb to explain this point to me ou to enlighten me on this point □ ~ la lanterne de qqn to put sb in the picture. **-5.** MIL to scout out. ◇ *vi*: la lampe n'éclaire plus the lamp's gone out; cette ampoule éclaire bien/mal this bulb throws out a lot of/doesn't throw out much light.
◆ **s'éclairer** ◇ *vp (emploi réfléchi)*: s'~ à l'électricité to have electric lighting; s'~ à la bougie to use candlelight; tiens, prends ma lampe électrique pour t'~ here, take my flashlight to light your way.
◇ *vpi* **-1.** [s'allumer] to be lit. **-2.** [visage, regard] to brighten ou to light up. **-3.** [se résoudre] to get clearer; enfin, tout s'éclaire! it's all clear (to me) now!

**éclaireur, euse** [eklɛʀœʀ, øz] *nm, f* [scout] boy scout (*f* girl scout); les Éclaireurs de France the (French) Scout Association.
◆ **éclaireur** *nm* MIL scout.
◆ **en éclaireur** *loc adv*: envoyer qqn en ~ to send sb scouting; partir en ~ to go (off) and scout around.

**éclat** [ekla] *nm* **-1.** [fragment – de verre, de métal] splinter, shard; [– de bois] splinter, sliver; des ~s d'obus shrapnel. **-2.** [bruit] burst; ~ de rire burst ou roar of laughter; on entendait des ~s de voix loud voices could be heard. **-3.** [scandale] scandal; faire un ~ en public to cause a public scandal ou embarrassment. **-4.** [de la lumière, du jour] brightness; [du soleil, de projecteur] glare; l'~ d'un diamant the sparkle of a diamond. **-5.** [du regard, d'un sourire, d'une couleur] brightness; [du teint] radiance, bloom; elle a perdu tout son ~ she has lost all her bloom ou sparkle. **-6.** [splendeur] glamour, glitter; donner de l'~ à to make glamorous. **-7.** ASTRON: ~ absolu/apparent true/apparent luminosity.

**éclatant, e** [eklatɑ̃, ɑ̃t] *adj* **-1.** [soleil, couleur] dazzling, brilliant; [miroir, surface] sparkling; [dents] gleaming; draps d'une blancheur ~e ou ~s de blancheur dazzling white sheets; écharpe d'un rouge ~ bright red scarf; un sourire ~ a dazzling smile. **-2.** [excellent – santé, teint] radiant, glowing; ~ de: ~e de beauté radiantly beautiful. **-3.** [spectaculaire – revanche] spectacular; [– triomphe, victoire] resounding. **-4.** [bruyant] loud, resounding; on entendait son rire ~ his booming ou hearty laugh could be heard.

**éclatement** [eklatmɑ̃] *nm* **-1.** [déflagration – d'une bombe] explosion; [– d'un pneu, d'un fruit] bursting. **-2.** [rupture – d'un parti] breakup.

**éclater** [3] [eklate] *vi* **-1.** [exploser] to explode, to blow up, to burst; j'ai l'impression que ma tête/mon cœur/ma poitrine va ~ I feel as if my head/heart/chest is going to burst; mon pneu a éclaté my tyre burst. **-2.** [se fractionner] to split, to break up. **-3.** [retentir]: l'orage a enfin éclaté the thunderstorm finally broke; un coup de tonnerre a soudain éclaté there was a sudden thunderclap; des coups de feu ont éclaté shots rang out; ~ de: ~ de rire to burst out laughing; ~ en: ~ en larmes/sanglots to burst into tears/sobs; ~ en reproches to let out a stream of reproaches. **-4.** [se déclencher – guerre, scandale] to break out. **-5.** [apparaître] to stand out. **-6.** [de colère] to explode. **-7.** [être célèbre] to be an instant success.
◆ **s'éclater** *vpi fam* to have a whale of a time ou a ball; il s'éclate en faisant de la photo he gets his kicks from photography.

**éclectique** [eklɛktik] ◇ *adj* [distraction, goût, opinion] eclectic, varied. ◇ *nmf* eclectic, person with eclectic tastes.

**éclectisme** [eklɛktism] *nm* eclecticism.

**éclipse** [eklips] *nf* **-1.** ASTRON eclipse; ~ de Soleil/Lune solar/lunar eclipse; ~ annulaire/totale/partielle annular/total/partial eclipse. **-2.** [éloignement] eclipse, decline. **-3.** MÉD blackout.
◆ **à éclipses** *loc adj*: phare/feu à ~s intermittent beacon/light; une carrière à ~s *fig* a career progressing in fits and starts.

**éclipser** [3] [eklipse] *vt* **-1.** ASTRON to eclipse. **-2.** [surclasser] to eclipse, to overshadow, to outshine.

◆ **s'éclipser** *vpi fam* to slip away ou out, to sneak off.

**éclisse** [eklis] *nf* **-1.** MÉD splint. **-2.** RAIL fishplate. **-3.** [claie à fromages] cheese tray.

**éclopé, e** [eklope] ◇ *adj* lame, limping. ◇ *nm, f* person with a limp.

**éclore** [113] [eklɔʀ] *vi (aux être ou avoir)* **-1.** [œuf, poussin] to hatch (out); *litt* [fleur] to open out. **-2.** *litt* [apparaître – jour, amour] to dawn; [– doute] to be born.

**éclosion** [eklozjɔ̃] *nf* **-1.** [d'un œuf] hatching; *litt* [d'une fleur] opening (out). **-2.** *litt* [d'un amour] dawning.

**écluse** [eklyz] *nf* lock; une porte d'~ a lock ou sluice gate □ lâcher ou ouvrir les ~s to turn on the waterworks.

**écluser** [3] [eklyze] ◇ *vt* **-1.** NAUT [canal, voie d'eau] to lock; [bateau, péniche] to lock, to sluice. **-2.** ∇ [boire] to down, to knock back. ◇ *vi* ∇ to booze, to knock back the booze.

**éclusier, ère** [eklyzje, ɛʀ] *nm, f* lockkeeper.

**écœurant, e** [ekœʀɑ̃, ɑ̃t] *adj* **-1.** [nauséeux] nauseating, cloying, sickly. **-2.** [indigne] disgusting. **-3.** *fam* [démoralisant] sickening, disheartening.

**écœurement** [ekœʀmɑ̃] *nm* **-1.** [nausée] nausea; manger des chocolats jusqu'à ~ to make o.s. sick eating chocolates. **-2.** [aversion] disgust, aversion, distaste. **-3.** *fam* [découragement] discouragement.

**écœurer** [5] [ekœʀe] *vt* **-1.** [donner la nausée] to sicken; la vue de ce gâteau m'écœure looking at that cake makes me feel sick. **-2.** [inspirer le mépris à] to disgust, to sicken; sa mauvaise foi m'écœure I'm disgusted by his bad faith. **-3.** *fam* [décourager] to dishearten, to discourage.

**écolage** [ekɔlaʒ] *nm Helv* school fees.

**école** [ekɔl] *nf* **-1.** [établissement] school; aller à l'~ [tous les matins] to go to school; [à six ans] to start school, to reach school age □ ~ libre ou privée private school; ~ communale local primary school; ~ maternelle, petite ~ *fam* nursery school; ~ primaire, grande ~ *fam* primary school; ~ publique state school *Br*, public school *Am*; maître d'~ schoolmaster; maîtresse d'~ schoolmistress; bateau-~ training ship; voiture-~ driving-school car; faire l'~ buissonnière to play truant; il peut retourner à l'~, on ferait bien de le renvoyer à l'~ he doesn't know anything, he's still got a thing or two to learn. **-2.** [cours] school. **-3.** [système]: l'~ laïque secular education; l'~ obligatoire compulsory schooling. **-4.** [collège supérieur]: grande ~ competitive-entry higher education establishment; École (nationale) des chartes *grande école for archivists and librarians*; École nationale d'administration → **ENA**; École nationale de la magistrature *grande école for the judiciary*; École normale d'instituteurs *former primary school teachers' training college*; École normale supérieure *prestigious training college for teachers and researchers*. **-5.** [lieu spécialisé] school; ~ de l'air flying school; ~ de conduite driving school; ~ de danse ballet school; ~ navale naval college; ~ de ski skiing school; ~ de voile sailing school. **-6.** [pédagogie]: l'~ active the active method of teaching. **-7.** [disciples] school; l'~ de Pythagore the Pythagorean school; l'~ française du Louvre the French collections at the Louvre □ il est de la vieille ~ he's one of the old school ou guard; il a fait ~ he attracted a following; une hypothèse qui fera ~ a hypothesis bound to gain wide currency. **-8.** *fig*: une ~ de courage a lesson in courage □ être à bonne ~ to learn a lot; être à rude ~ to learn the hard way.

**écolier, ère** [ekɔlje, ɛʀ] *nm, f* **-1.** SCOL [garçon] schoolboy; [fille] schoolgirl. **-2.** [novice] beginner.

**écolo** [ekɔlo] *fam* ◇ *adj* green. ◇ *nmf*: les ~s the Greens.

**écologie** [ekɔlɔʒi] *nf* ecology.

**écologique** [ekɔlɔʒik] *adj* [gén] ecological; [politique, parti] green.

**écologiquement** [ekɔlɔʒikmɑ̃] *adv* ecologically.

**écologisme** [ekɔlɔʒism] *nm* ecology.

**écologiste** [ekɔlɔʒist] *nmf* **-1.** [expert] ecologist, environmentalist. **-2.** [partisan] ecologist, green.

**écomusée** [ekɔmyze] *nm* ≃ heritage centre (*in rural area*).

**éconduire** [98] [ekɔ̃dɥiʀ] *vt* [importun, vendeur] to get rid of; [soupirant] to jilt, to reject.

**économat** [ekɔnɔma] *nm* **-1.** [service – dans un collège, un hôpital] bursarship; [– dans un club] stewardship. **-2.** [bureau – dans un collège, un hôpital] bursar's office; [– dans un club]

steward's office. -3. [coopérative] staff co-op.
**économe** [ekɔnɔm] ◊ *adj* -1. [avec l'argent] thrifty; être ~ to be careful with money. -2. [parcimonieux]: être ~ de ses paroles/gestes to be sparing with one's words/gestures; être ~ de son temps to give of one's time sparingly. ◊ *nmf* [d'une institution, d'un hôpital] bursar; [d'un club, d'un collège] steward. ◊ *nm* [couteau] (vegetable) peeler.
**économie** [ekɔnɔmi] *nf* -1. [système] economy; ~ libérale/socialiste free-market/socialist economy; ~ dirigée ou planifiée planned economy; ~ mixte mixed economy; ~ parallèle ou souterraine black-market economy. -2. [discipline] economics; ~ (politique) economics; ~ d'entreprise business economics. -3. [épargne] economy, thrift; une ~ de: nous avons réalisé une ~ de cinq francs par pièce produite we made a saving of ou we saved five francs on each item produced; faire des ~s d'énergie to conserve ou to save energy; les ~s d'énergie energy conservation; ce sera une ~ de temps/d'argent it'll save time/money; avec une grande ~ de moyens with very limited means; faire l'~ de to save ❏ une ~ ou des ~s de bouts de chandelles *péj* cheeseparing. -4. [structure]: nous n'approuvons pas l'~ générale du projet we do not approve of the structure of the project.
◆ **économies** *nfpl* savings; faire des ~s to save money; ~s d'échelle economies of scale; il n'y a pas de petites ~s *prov* take care of the pennies and the pounds will take care of themselves *prov*.
**économique** [ekɔnɔmik] ◊ *adj* -1. ÉCON economic; géographie ~ economic geography. -2. [peu coûteux] economical, cheap, inexpensive; classe ~ economy class. ◊ *nm*: l'~ the economic situation.
**économiquement** [ekɔnɔmikmɑ̃] *adv* -1. [frugalement] frugally. -2. ÉCON economically, from an economic point of view; les ~ faibles the lower-income groups.
**économiser** [3] [ekɔnɔmize] ◊ *vt* -1. [épargner] to economize, to save. -2. [ménager – force] to save; [– ressources] to husband. -3. [limiter la consommation de] to save, to conserve. ◊ *vi* to save money; ~ sur l'habillement to cut down on buying clothes, to spend less on clothes.
**économiste** [ekɔnɔmist] *nmf* economist.
**écope** [ekɔp] *nf* bailer.
**écoper** [3] [ekɔpe] ◊ *vt* [barque, bateau] to bail out. ◊ *vi fam* [recevoir une sanction, une réprimande] to take the rap.
◆ **écoper de** *v + prép fam* to cop *Br*, to get; il a écopé de cinq ans de prison he got five years inside.
**écoproduit** [ekɔprɔdɥi] *nm* green product.
**écorçai** [ekɔrse] *v → écorcer*.
**écorce** [ekɔrs] *nf* -1. [d'un arbre] bark; [d'un fruit] peel. -2. GÉOG: l'~ terrestre the earth's crust. -3. [extérieur] exterior, outward appearance.
**écorcer** [16] [ekɔrse] *vt* [arbre] to bark; [fruit] to peel; [riz] to husk.
**écorché, e** [ekɔrʃe] *nm, f*: c'est un ~ vif he's hypersensitive.
◆ **écorché** *nm* -1. BX-ARTS écorché. -2. [dessin] cutaway.
**écorcher** [3] [ekɔrʃe] *vt* -1. [animal] to skin. -2. [torturer] to flay; ~ vif to flay alive; il crie comme si on l'écorchait vif he's squealing like a stuck pig. -3. [blesser] to scratch, to graze; ça t'écorcherait la bouche de dire merci/demander pardon? *fam* it wouldn't actually hurt to say thank you/sorry, would it?; la musique lui écorchait les oreilles the music grated on his ears; ce langage lui écorchait les oreilles he found these words offensive. -4. [mal prononcer – mot] to mispronounce. -5. *fam* [escroquer] to fleece, to swindle.
◆ **s'écorcher** *vp (emploi réfléchi)* to scrape ou to scratch o.s.; je me suis écorché le pied I scraped ou scratched my foot.
**écorcheur** [ekɔrʃœr] *nm* -1. [d'animaux] flayer, skinner. -2. *fam* [escroc] swindler, crook.
**écorchure** [ekɔrʃyr] *nf* scratch, graze.
**écorçons** [ekɔrsɔ̃] *v → écorcer*.
**écorner** [3] [ekɔrne] *vt* -1. [endommager – cadre, meuble] to chip a corner off; [– livre, page] to fold down the corner of, to dog-ear; un livre tout écorné a dog-eared book. -2. [fortune, héritage] to make a dent in.
**écossais, e** [ekɔsɛ, ɛz] *adj* -1. GÉOG [coutume, lande] Scottish; whisky ~ Scotch (whisky). -2. TEXT tartan.
◆ **Écossais, e** *nm, f* Scot, Scotsman (*f* Scotswoman); les

Écossais Scottish people, the Scots.
◆ **écossais** *nm* -1. LING Scots Gaelic. -2. TEXT tartan.
**Écosse** [ekɔs] *npr f*: l'(l') ~ Scotland.
**écosser** [3] [ekɔse] *vt* [petits pois] to shell, to pod; [fèves] to shell.
**écosystème** [ekɔsistɛm] *nm* ecosystem.
**écot** [eko] *nm* share; payer chacun son ~ to pay one's share.
**écoulement** [ekulmɑ̃] *nm* -1. [déversement] flowing out, outflow; système d'~ des eaux drainage system. -2. MÉD discharge. -3. [mouvement – de la foule] dispersal. -4. [passage]: l'~ du temps the passing of time. -5. [vente] selling, distributing.
**écouler** [3] [ekule] *vt* -1. [vendre] to sell; ~ entièrement son stock to clear one's stock. -2. [se débarrasser de – fausse monnaie, bijoux volés] to dispose ou to get rid of.
◆ **s'écouler** *vpi* -1. [se déverser – liquide] to flow (out); [– foule] to pour out. -2. [passer – année, temps] to go by, to pass (by).
**écourter** [3] [ekurte] *vt* -1. [rendre plus court] to shorten, to cut short. -2. VÉTÉR to dock.
**écoute** [ekut] *nf* -1. RAD listening; heure ou période de grande ~ RAD peak listening time; TV peak viewing time, prime time; aux heures de grande ~ RAD & TV in prime time. -2. [détection] listening (in); ~ clandestine wiretapping; ~ sous-marine sonar; ~s (téléphoniques) phone tapping; mettre ou placer qqn sur ~s to tap sb's phone; être sur ~s: elle est sur ~s her phone's been tapped; poste d'~ listening post; table d'~ wiretapping set. -3. [attention] ability to listen; avoir une bonne ~ to be good at listening ou a good listener. -4. NAUT sheet.
◆ **à l'écoute** *loc adv* -1. RAD: rester à l'~ to stay tuned; restez à l'~ de nos programmes de nuit stay tuned to our late night programmes. -2. [attentif à]: il est toujours à l'~ (des autres) he's always ready to listen (to others); être à l'~ de l'actualité to be well up on current affairs.
◆ **aux écoutes** *loc adv*: être aux ~s to be tuned in to what's going on.
**écouter** [3] [ekute] *vt* -1. [entendre – chanson, discours, émission] to listen to *(insép)*; c'est un des jeux les plus écoutés en France it's one of the most popular radio games in France || *(en usage absolu)*: n'~ que d'une oreille: je n'écoutais que d'une oreille I was only half listening; ~ de toutes ses oreilles to be all ears; ~ aux portes to eavesdrop. -2. [porter attention à] to listen to; écoutez-moi avant de vous décider listen to what I have to say before you make up your mind || *(en usage absolu)*: il sait ~ he's a good listener; il n'a même pas voulu ~ he wouldn't even listen. -3. [obéir à] to listen to; n'écoutant que sa colère/sa douleur/son cœur guided by his anger/pain/heart alone; ~ la voix de la sagesse to listen to the voice of reason. -4. [à l'impératif, à valeur d'insistance]: écoutez, nous n'allons pas nous disputer! listen ou look, let's not quarrel!
◆ **s'écouter** ◊ *vp (emploi passif)*: c'est le genre de musique qui s'écoute dans le recueillement this is the kind of music one should listen to with reverence. ◊ *vp (emploi réfléchi)*: il s'écoute trop he's a bit of a hypochondriac; si je m'écoutais, je le mettrais dehors if I had any sense, I'd throw him out ❏ s'~ parler to love the sound of one's own voice.
**écouteur** [ekutœr] *nm* -1. TÉLÉC earpiece. -2. AUDIO earphone.
**écoutille** [ekutij] *nf* hatch, hatchway.
**écouvillon** [ekuvijɔ̃] *nm* -1. ARM & MÉD swab. -2. [goupillon] bottlebrush.
**écrabouiller** [3] [ekrabuje] *vt fam* to crush, to squash.
**écran** [ekrɑ̃] *nm* -1. [d'une console, d'un ordinateur] screen; ~ cathodique cathode screen; ~ à cristaux liquides liquid crystal display; ~ plat flat-faced screen; ~ tactile touch-sensitive screen; ~ de visualisation visual display unit, VDU. -2. CIN cinema screen; à l'~ ou sur les ~s, cette semaine what's on this week (at the cinema ou movies *Am*); porter un roman à l'~ to adapt a novel for the screen; vedettes de l'~ movie stars, stars of the big screen ❏ le grand ~ the big screen. -3. TV: le petit ~ television; vedette du petit ~ TV star. -4. [protection] screen, shield; il se fit un ~ de sa main he shielded his eyes with his hand; ~ de fumée

*pr* & *fig* smoke screen; **faire ~ à: les nombreuses citations font ~ à la clarté de l'article** the numerous quotations make the article difficult to understand ❑ **~ anti-bruit** noise-reduction screen; **~ pare-fumée** smoke deflector; **~ de protection** shield; **~ solaire** sun screen; **crème ~ total** total protection sun cream ou block. **-5.** BX-ARTS silk screen. **-6.** RAD & TV: **~ (publicitaire)** advertising slot.

**écrasant, e** [ekrazɑ̃, ɑ̃t] *adj* **-1.** [insupportable – gén] crushing, overwhelming; [– chaleur] unbearable; [– responsabilité] weighty, burdensome. **-2.** [charge de travail, proportion] overwhelming.

**écrasé, e** [ekraze] *adj* squashed.

**écrasement** [ekrazmɑ̃] *nm* **-1.** [de fruits, de graines] squashing, crushing, pulping; [de pommes de terre] mashing. **-2.** [anéantissement – d'une révolte] crushing.

**écraser** [3] [ekraze] ◇ *vt* **-1.** [appuyer sur] to crush; **~ l'accélérateur** ou **le champignon** *fam* to step on it, to step on the gas *Am*; **~ le frein** to slam on the brake; **~ les prix** to slash prices. **-2.** [fruit, pomme de terre] to mash; **~ un moustique** to swat a mosquito; **~ une cigarette** to stub a cigarette out. **-3.** [piéton, chat] to run over; **il s'est fait ~** he was run over. **-4.** [faire mal à] to crush, to squash; **tu m'écrases les pieds** you're treading on my feet. **-5.** [accabler] to crush; **~ de: ~ un pays d'impôts** to overburden a country with taxes; **être écrasé de fatigue** to be overcome by fatigue. **-6.** [rendre plus petit] to dwarf. **-7.** [anéantir] to crush. **-8.** [dominer] to outdo; **essayer d'~ qqn** to try and beat sb at his own game; **il écrase tout le monde de son luxe** he flaunts his luxurious lifestyle everywhere. ◇ *vi* ▽ **-1.** [se taire]: **écrase, tu veux bien!** shut up, will you! **-2.** *loc:* **en ~** to sleep like a log.
◆ **s'écraser** ◇ *vp (emploi passif)* to be crushed. ◇ *vpi* **-1.** [fruit, légume] to get crushed ou mashed ou squashed. **-2.** [tomber – aviateur, avion] to crash; [– alpiniste] to crash to the ground; **s'~ contre un mur** to crash against a wall. **-3.** *fam* [se presser] to be ou to get crushed; **les gens s'écrasent pour entrer** there's a great crush to get in. **-4.** ▽ [se taire] to shut up, to pipe down; **il vaut mieux s'~** better keep quiet ou mum.

**écraseur, euse** [ekrazœr, øz] *nm, f fam* road hog.

**écrémage** [ekremaʒ] *nm* **-1.** CULIN skimming, creaming. **-2.** MÉTALL & PÉTR skimming.

**écrémer** [18] [ekreme] *vt* **-1.** CULIN to skim. **-2.** MÉTALL & PÉTR to skim. **-3.** [sélectionner] to cream off *(sép)*; **~ une collection** to cream off the best pieces from a collection.

**écrevisse** [ekrəvis] *nf* crayfish, crawfish *Am*; **avancer** ou **marcher comme une ~** to take one step forward and two steps back.

**écrier** [10] [ekrije]
◆ **s'écrier** *vpi* to cry ou to shout (out), to exclaim.

**écrin** [ekrɛ̃] *nm* [gén] box, case; [à bijoux] casket.

**écrire** [99] [ekrir] *vt* **-1.** [tracer – caractère, mot] to write; *(en usage absolu)*: **mon crayon écrit mal** my pen doesn't write properly; **tu écris mal** [illisiblement] your handwriting is bad ❑ **~ comme un chat** to scrawl. **-2.** [rédiger – lettre, livre] to write; [– chèque, ordonnance] to write (out); **~ une lettre à la machine/sur un traitement de texte** to type a letter on a typewriter/a word processor; **c'est écrit noir sur blanc** ou **en toutes lettres** *fig* it's written (down) in black and white ‖ *(en usage absolu)*: **~ pour demander des renseignements** to write in ou off for information; **elle écrit bien/mal** [du point de vue du style] she's a good/bad writer; **c'était écrit** it was bound to happen; **il était écrit qu'ils se retrouveraient** they were bound ou fated to find each other again. **-3.** [noter] to write down; **écris ça qu'il te dicte** write down what he dictates to you ‖ *(en usage absolu)*: **~ sous la dictée** to take a dictation; **elle a écrit sous ma dictée** she took down what I dictated. **-4.** [épeler] to spell.
◆ **s'écrire** ◇ *vp (emploi passif)* [s'épeler] to be spelled; **ça s'écrit comment?** how do you spell it? ◇ *vp (emploi réciproque)* [échanger des lettres] to write to each other.

**écrit, e** [ekri, it] *pp* → **écrire**. ◇ *adj* written; **épreuves ~s** d'un examen written part of an examination.
◆ **écrit** *nm* **-1.** [document] document. **-2.** [œuvre] written work. **-3.** ENS [examen] written examination ou papers; [partie] written part (of the examination).
◆ **par écrit** *loc adv* in writing; **mettre qqch par ~** to put sthg

down in writing.

**écriteau, x** [ekrito] *nm* board, notice, sign.

**écritoire** [ekritwar] *nf* **-1.** [coffret] writing case. **-2.** [en Afrique] writing implement.

**écriture** [ekrityr] *nf* **-1.** [calligraphie] writing; [tracé] handwriting, writing; **avoir une ~ élégante** to have elegant handwriting, to write (in) an elegant hand. **-2.** [système] writing; **~ idéographique** ideographic writing. **-3.** [type de caractère] script; **~ droite/en italique** upright/italic script. **-4.** [style] writing, style; [création] writing. **-5.** FIN entry; **passer une ~** to make an entry. **-6.** JUR written document. **-7.** RELIG: **l'~ sainte, les Écritures** the Scriptures.
◆ **écritures** *nfpl* COMM accounts, entries; **tenir les ~s** to do the bookkeeping ❑ **jeu d'~s** dummy entry.

**écrivailler** [3] [ekrivaje] *vi péj* to scribble.

**écrivaillon** [ekrivajɔ̃] *nm péj* [gén] scribbler; [journaliste] hack.

**écrivain** [ekrivɛ̃] *nm* writer; **~ public** public letter writer.

**écrivais** [ekrivɛ] *v* → **écrire**.

**écrivassier, ère** [ekrivasje, ɛr] *nm, f péj* scribbler.

**écrivis** [ekrivi], **écrivons** [ekrivɔ̃] *v* → **écrire**.

**écrou** [ekru] *nm* **-1.** MÉCAN nut. **-2.** JUR committal.

**écrouer** [3] [ekrue] *vt* to imprison, to jail.

**écroulement** [ekrulmɑ̃] *nm* [d'un édifice, d'une théorie] collapse.

**écrouler** [3] [ekrule]
◆ **s'écrouler** *vpi* **-1.** [tomber – mur] to fall (down), to collapse; [– plafond, voûte] to cave in. **-2.** [être anéanti – empire, monnaie] to collapse; **tous ses espoirs se sont écroulés** all her hopes vanished. **-3.** [défaillir – personne] to collapse; **s'~ de sommeil/fatigue** to be overcome by sleep/weariness. **-4.** *fam loc:* **s'~ (de rire)** to kill o.s. laughing; **ils étaient écroulés** they were killing themselves laughing.

**écru, e** [ekry] *adj* **-1.** TEXT raw. **-2.** [couleur] ecru.

**ectoplasme** [ɛktoplasm] *nm* BIOL ectoplasm.

**écu** [eky] *nm* **-1.** HIST shield. **-2.** [ancienne monnaie] crown.

**ÉCU, écu** [eky] *(abr de* **European Currency Unit***) nm* ECU, ecu; **~ dur** hard ECU.

**écueil** [ekœj] *nm* **-1.** NAUT reef. **-2.** *litt* [difficulté] pitfall, danger, hazard.

**écuelle** [ekɥɛl] *nf* bowl.

**éculé, e** [ekyle] *adj* **-1.** [botte, chaussure] down at heel, worn down at the heel. **-2.** [plaisanterie] hackneyed, well-worn.

**écumant, e** [ekymɑ̃, ɑ̃t] *adj* litt foamy, frothy; **~ de rage** spitting with rage, foaming at the mouth (with rage).

**écume** [ekym] *nf* **-1.** [de la bière] foam, froth; [de la mer] foam, spume. **-2.** *litt* [de la société] scum, dross. **-3.** MÉTALL dross.

**écumer** [3] [ekyme] ◇ *vi* [cheval] to lather; **~ (de rage** ou **colère)** to be foaming at the mouth (with rage), to foam with anger. ◇ *vt* **-1.** CULIN [confiture] to remove the scum from; [bouillon] to skim. **-2.** MÉTALL to scum. **-3.** [piller] to plunder; *fig* to go through; **~ les mers** to scour the seas.

**écumeur** [ekymœr] *nm* HIST: **~ des mers** pirate.

**écumeux, euse** [ekymø, øz] *adj* litt foamy, frothy, spumy *litt*.

**écumoire** [ekymwar] *nf* skimmer, skimming laddle.

**écureuil** [ekyrœj] *nm* squirrel; **l'Écureuil** nickname for the Caisse d'épargne (whose logo is a squirrel).

**écurie** [ekyri] *nf* **-1.** [local à chevaux, mulets, ânes] stable; **mettre à l'~** to stable ❑ **sortir l'~** to be in the home straight. **-2.** *fam* [endroit sale] pigsty. **-3.** [chevaux] stable; **portant la casaque de l'~ Sarmantes** riding in the colours of the Sarmantes stable ‖ SPORT stable, team. **-4.** [dans une maison d'édition] (writing) team.

**écusson** [ekysɔ̃] *nm* **-1.** [écu] badge. **-2.** HIST escutcheon, coat of arms. **-3.** HORT bud.

**écuyer, ère** [ekɥije, ɛr] *nm, f* **-1.** [acrobate de cirque] circus rider. **-2.** [cavalier] rider.
◆ **écuyer** *nm* **-1.** HIST [d'un chevalier] squire; [d'un souverain] (royal) equerry. **-2.** [professeur d'équitation] riding teacher.

**eczéma** [ɛgzema] *nm* eczema.

**eczémateux, euse** [ɛgzematø, øz] *adj* eczema *(modif)*, eczematous *spéc*.

**éd.** *(abr écrite de* **édition***)* ed., edit.

**édam** [edam] *nm* Edam (cheese).

**edelweiss** [edɛlvɛs] *nm* edelweiss.

**éden** [edɛn] *nm* **-1.** BIBLE: l'Éden (the Garden of) Eden. **-2.** *litt*: un ~ an earthly paradise.

**édenté, e** [edɑ̃te] *adj* [vieillard, peigne, sourire] toothless.

**édenter** [3] [edɑ̃te] *vt* to break the teeth of.

**EDF** (*abr de* Électricité de France) *npr French national electricity company*.

**édicter** [3] [edikte] *vt* [loi] to decree, to enact.

**édifiant, e** [edifjɑ̃, ɑ̃t] *adj* **-1.** [lecture] instructive, improving, edifying. **-2.** *hum* [révélateur] edifying, instructive.

**édification** [edifikasjɔ̃] *nf* **-1.** [construction] erection, construction. **-2.** [instruction] edification, enlightenment; pour l'~ des masses for the edification of the masses.

**édifice** [edifis] *nm* **-1.** CONSTR edifice, building; ~ public public building. **-2.** [structure] structure, edifice, system; l'~ des lois the legal system, the structure of the law. **-3.** [assemblage] heap, mound, pile.

**édifier** [9] [edifje] *vt* **-1.** [construire – temple] to build, to construct, to erect. **-2.** [rassembler – fortune] to build up (*sép*), to accumulate; [– théorie] to construct, to develop. **-3.** [instruire] to edify, to enlighten.

**édile** [edil] *nm* **-1.** ANTIQ aedile, edile. **-2.** *aussi hum* [magistrat municipal] town councillor, local worthy ou dignitary (*on the town council*).

**Édimbourg** [edɛ̃buʀ] *npr* Edinburgh.

**édit** [edi] *nm* edict, decree; l'~ de Nantes the Edict of Nantes.

**éditer** [3] [edite] *vt* **-1.** COMM [roman, poésie] to publish; [disque] to produce, to release; [meuble, robe] to produce, to present. **-2.** INF to print out, to edit.

**éditeur, trice** [editœʀ, tris] ◇ *adj* publishing; société éditrice publishing company. ◇ *nm, f* publisher, editor; ~ de disques record producer.

◆ **éditeur** *nm* INF: ~ de textes text editor.

**édition** [edisjɔ̃] *nf* **-1.** [activité, profession] publishing; le monde de l'~ the publishing world; travailler dans l'~ to be in publishing ou in the publishing business. **-2.** [livre] edition; ~ augmentée enlarged edition; ~ originale first edition; ~ de poche paperback edition, pocket book *Am*; ~ revue et corrigée revised edition. **-3.** [disque – classique] edition, release; [– de rock] release. **-4.** [de journaux] edition; ~ spéciale [de journal] special edition; [de revue] special issue; tu me l'as déjà dit, c'est la deuxième ou troisième ~! *fam & hum* that's the second ou third time you've told me that!-**5.** TV: ~ du journal télévisé (television) news bulletin; dans la dernière ~ de notre journal in our late news bulletin ❑ ~ spéciale en direct de Budapest special report live from Budapest. **-6.** INF editing; ~ électronique electronic publishing.

**édito** [edito] *nm fam* editorial.

**éditorial, e, aux** [editɔrjal, o] *adj* editorial.

◆ **éditorial** *nm* [de journal] editorial, leader *Br*.

**éditorialiste** [editɔrjalist] *nmf* leader *Br* ou editorial writer.

**Édouard** [edwar] *npr* [roi] Edward.

**édredon** [edrədɔ̃] *nm* eiderdown, quilt.

**éducable** [edykabl] *adj* teachable.

**éducateur, trice** [edykatœr, tris] ◇ *adj* educational, educative. ◇ *nm, f* teacher, youth leader.

**éducatif, ive** [edykatif, iv] *adj* educational; le système ~ the education system.

**éducation** [edykasjɔ̃] *nf* **-1.** [instruction] education; avoir reçu une bonne ~ to be well-educated ❑ l'Éducation nationale the (French) Education Department; ~ permanente continuing education; ~ physique (et sportive) physical education, PE; ~ professionnelle professional training; ~ sexuelle sex education; ~ spécialisée special education; ~ surveillée education in community homes *Br* ou reform schools *Am*. **-2.** [d'un enfant] upbringing; [bonnes manières] good manners; avoir de l'~ to be well-bred ou well-mannered; comment, tu ne connais pas, c'est toute une ~ à refaire! *hum* what do you mean you've never heard of it, where on earth have you been?

**éducationnel, elle** [edykasjɔnɛl] *adj* educational.

**édulcorant, e** [edylkɔrɑ̃, ɑ̃t] *adj* sweetening.

◆ **édulcorant** *nm* sweetener, sweetening agent; ~ de

**synthèse** artificial sweetener.

**édulcorer** [3] [edylkɔre] *vt* **-1.** [sucrer] to sweeten. **-2.** *litt* [modérer – propos, compte rendu] to soften, to water down (*sép*); [– texte] to bowdlerize.

**éduquer** [3] [edyke] *vt* **-1.** [instruire – élève, masses] to teach, to educate. **-2.** [exercer – réflexe, volonté] to train; ~ le goût de qqn to shape ou to influence sb's taste. **-3.** [élever – enfant] to bring up (*sép*), to raise; être bien éduqué to be well brought up ou well-bred ou well-mannered; être mal éduqué to be badly brought up ou ill-bred ou ill-mannered.

**effaçable** [efasabl] *adj* erasable.

**effaçai** [efase] *v* → effacer.

**effacé, e** [efase] *adj* **-1.** [couleur] faded, discoloured. **-2.** [personne] self-effacing, retiring. **-3.** [épaules] sloping; [poitrine] flat.

**effacement** [efasmɑ̃] *nm* **-1.** [annulation – d'une faute] erasing; [oubli – d'un cauchemar, d'un souvenir] erasing, blotting out, obliteration. **-2.** [modestie] ~ de soi self-effacement. **-3.** LING deletion. **-4.** AUDIO erasing, wiping out.

**effacer** [16] [efase] *vt* **-1.** [ôter – tache, graffiti] to erase, to remove, to clean off (*sép*); [– mot] to rub out *Br* (*sép*), to erase *Am*; [nettoyer – ardoise] to clean, to wipe; effacez avec un chiffon humide wipe off with a damp cloth. **-2.** [cassette, disquette] to erase, to wipe off (*sép*). **-3.** [occulter – rêve, image] to erase; [– bêtise] to erase, to obliterate; on efface tout et on recommence [on se pardonne] let bygones be bygones, let's wipe the slate clean; [on reprend] let's go back to square one, let's start afresh. **-4.** [éclipser – adversaire] to eclipse, to outshine.

◆ **s'effacer** ◇ *vp* (*emploi passif*): le crayon à papier s'efface très facilement pencil rubs out easily ou is easily erased. ◇ *vpi* **-1.** [encre, lettres] to fade, to wear away; [couleur] to fade. **-2.** [s'écarter] to move ou to step aside; s'~ pour laisser entrer qqn to step aside (in order) to let sb in; il a dû s'~ au profit de son frère he had to step aside in favour of his brother. **-3.** [disparaître – souvenir, impression] to fade, to be erased.

**effaceur** [efasœr] *nm*: ~ (d'encre) ink rubber *Br* ou eraser *Am*.

**effaçons** [efasɔ̃] *v* → effacer.

**effarant, e** [efarɑ̃, ɑ̃t] *adj* [cynisme, luxe] outrageous, unbelievable; [étourderie, maigreur] unbelievable, stunning.

**effaré, e** [efare] *adj* **-1.** [effrayé] alarmed. **-2.** [troublé] bewildered, bemused.

**effarement** [efarmɑ̃] *nm* **-1.** [peur] alarm. **-2.** [trouble] bewilderment, bemusement.

**effarer** [3] [efare] *vt* **-1.** [effrayer] to alarm. **-2.** [troubler] to bewilder, to bemuse.

**effaroucher** [3] [efaruʃe] *vt* [intimider] to frighten away ou off, to scare away ou off.

◆ **s'effaroucher** *vpi* [prendre peur] to take fright; s'~ de to shy at, to take fright at.

**effectif, ive** [efɛktif, iv] *adj* [réel – travail, gain, participation] real, actual, effective; l'armistice est devenu ~ ce matin the armistice became effective ou took effect this morning ‖ FIN effective.

◆ **effectif** *nm* [d'un lycée] size, (total) number of pupils; [d'une armée] strength; [d'un parti] size, strength; réduction de l'~ des classes reduction in the number of pupils per class; nos ~s sont au complet we are at full strength.

◆ **effectifs** *nmpl* MIL numbers, strength.

**effectivement** [efɛktivmɑ̃] *adv* **-1.** [efficacement] effectively, efficiently. **-2.** [véritablement] actually, really; c'est ~ le cas this is actually the case. **-3.** [en effet] actually; j'ai dit cela, ~ I did indeed say so; on pourrait ~ penser que... one may actually ou indeed think that...

**effectuer** [7] [efɛktɥe] *vt* [expérience, essai] to carry out (*sép*), to perform; [trajet, traversée] to make, to complete; [saut, pirouette] to make, to execute; [service militaire] to do; [retouche, enquête, opération] to carry out (*sép*).

◆ **s'effectuer** *vpi* [avoir lieu] to take place.

**efféminé, e** [efemine] *adj* effeminate.

**efféminer** [3] [efemine] *vt litt* to make effeminate.

**effervescence** [efɛrvesɑ̃s] *nf* **-1.** CHIM effervescence. **-2.** [agitation] agitation, turmoil.

◆ **en effervescence** *loc adj* bubbling ou buzzing with excitement.

**effervescent, e** [efɛrvesɑ̃, ɑ̃t] *adj* **-1.** CHIM effervescent. **-2.** [excité] agitated.

**effet** [efɛ] *nm* **-1.** [résultat] effect, result, outcome; c'est un ~ de la pesanteur it's a result of gravity; c'est bien l'~ du hasard si... it's really quite by chance that...; avoir un ~: cela n'a pas eu l'~ escompté it didn't have the desired ou intended effect; avoir pour ~ de: ton insistance n'aura pour ~ que de l'agacer the only thing you'll achieve ou do by insisting is (to) annoy him; faire un ~: attends que le médicament fasse son ~ wait for the medicine to take effect; tes somnifères ne m'ont fait aucun ~ your sleeping pills didn't work on me ou didn't have any effect on me; rester ou demeurer sans ~ to have no effect, to be ineffective; mettre à ~ to bring into effect, to put into operation; prendre ~: prendre ~ à partir de to take effect ou to come into operation as of ❑ ~ placebo placebo effect; ~ en retour blacklash; ~ secondaire MÉD side-effect; relation de cause à ~ cause and effect relationship. **-2.** [impression] impression; faire beaucoup d'~/peu d'~ to be impressive/unimpressive; faire bon/mauvais/meilleur ~: son discours a fait (très) bon/mauvais ~ sur l'auditoire the audience was (most) favourably impressed/extremely unimpressed by his speech; une jupe fera meilleur ~ qu'un pantalon a skirt will make a better impression than a pair of trousers; faire l'~ de: il me fait l'~ d'un jeune homme sérieux he strikes me as (being) a reliable young man; elle me fait l'~ d'un personnage de bande dessinée she reminds me of a cartoon character; faire un ~: faire ou produire son petit ~ *fam* to cause a bit of a stir; c'est tout l'~ que ça te fait? *fam* you don't seem to be too impressed; quel ~ cela t'a-t-il fait de le revoir? how did seeing him again affect you?; ça m'a fait un sale ~ it gave me a nasty turn. **-3.** [procédé] effect; ~ de contraste/d'optique contrasting/visual effect; ~ (de) domino domino effect; ~ de style stylistic effect; ~ de perspective 3-D ou 3-dimensional effect; rechercher l'~ to strive for effect; manquer ou rater son ~ [magicien] to spoil one's effect; [plaisanterie] to fall flat, to misfire; créer un ~ de surprise to create a surprise effect; ça m'a coupé tous mes ~s it stole my thunder; faire des ~s de voix to make dramatic use of one's voice ❑ ~ de lumière THÉÂT lighting effect; ~s spéciaux CIN special effects. **-4.** FIN & COMM: ~ escomptable/négociable discountable/negotiable bill; ~s à payer/recevoir notes payable/receivable; ~ de commerce bill of exchange; ~ à courte échéance short ou short-dated bill; ~ à longue échéance long ou long-dated bill; ~ au porteur bill payable to bearer; ~ à vue sight bill, demand bill ou draft; ~s publics government securities. **-5.** SC effect; ~ Doppler/Compton/Joule Doppler/Compton/Joule-Thompson effect; ~ de serre greenhouse effect. **-6.** SPORT spin; donner de l'~ à une balle to put a spin on a ball.
◆ **effets** *nmpl* [affaires] things; [vêtements] clothes; ~s personnels personal effects ou belongings.
◆ **à cet effet** *loc adv* to that effect ou end ou purpose.
◆ **en effet** *loc adv* **-1.** [effectivement]: oui, je m'en souviens en ~ yes, I do remember; c'est en ~ la meilleure solution it's actually ou in fact the best solution; on peut en ~ interpréter l'événement de cette façon it is indeed possible to interpret what happened in that way. **-2.** [introduisant une explication]: je ne pense pas qu'il vienne; en ~ il est extrêmement pris ces derniers temps I don't think he'll come, he's really very busy these days; il n'a pas pu venir; en ~, il était malade he was unable to come since he was ill. **-3.** [dans une réponse]: drôle d'idée! — en ~! what a funny idea! — indeed ou isn't it!
◆ **sous l'effet de** *loc prép*: être sous l'~ d'un calmant/de l'alcool to be under the effect of a tranquillizer/the influence of alcohol; j'ai dit des choses regrettables sous l'~ de la colère anger made me say things which I later regretted.

**effeuillage** [efœjaʒ] *nm* **-1.** HORT thinning out of leaves. **-2.** *fam* [déshabillage] strip-tease.

**effeuillaison** [efœjɛzɔ̃] *nf*, **effeuillement** [efœjmɑ̃] *nm* shedding of leaves.

**effeuiller** [5] [efœje] *vt* [arbre] to thin out (the leaves of); [fleurs] to pull the petals off; ~ la marguerite [fille] to play 'he loves me, he loves me not'; [garçon] to play 'she loves

me, she loves me not'.
◆ **s'effeuiller** *vpi* [arbre] to shed ou to lose its leaves; [fleur] to shed ou to lose its petals.

**efficace** [efikas] *adj* **-1.** [utile – politique, intervention] effective, efficient, efficacious. **-2.** [actif – employé] efficient; [– médicament] effective, efficacious.

**efficacement** [efikasmɑ̃] *adv* effectively, efficiently, efficaciously.

**efficacité** [efikasite] *nf* effectiveness, efficiency, efficaciousness.

**efficience** [efisjɑ̃s] *nf sout* efficiency.

**efficient, e** [efisjɑ̃, ɑ̃t] *adj sout* efficient.

**effigie** [efiʒi] *nf* effigy.
◆ **à l'effigie de** *loc prép* bearing the effigy of, in the image of.
◆ **en effigie** *loc adv* in effigy.

**effilé, e** [efile] *adj* **-1.** [mince – doigt] slender, tapering; [– main] slender; [– cheveux] thinned; **amandes ~es** CULIN split almonds. **-2.** [effiloché] frayed.

**effilé** *nm* COUT fringe.

**effiler** [3] [efile] *vt* **-1.** [tissu] to fray, to unravel. **-2.** [allonger – ligne, forme] to streamline. **-3.** [cheveux] to thin.
◆ **s'effiler** *vpi* **-1.** [s'effilocher] to fray, to unravel. **-2.** [s'allonger] to taper (off).

**effilochage** [efiloʃaʒ] *nm* fraying.

**effilocher** [3] [efiloʃe] *vt* to fray, to unravel.
◆ **s'effilocher** *vpi* to fray, to unravel.

**efflanqué, e** [eflɑ̃ke] *adj* [animal] raw-boned; [homme] lanky, tall and skinny.

**effleurage** [eflœraʒ] *nm* **-1.** [du cuir] buffing (of leather). **-2.** [massage] gentle massage.

**effleurement** [eflœrmɑ̃] *nm* **-1.** [contact] light touch. **-2.** [caresse] light touch, gentle stroke ou caress.

**effleurer** [5] [eflœre] *vt* **-1.** [frôler – cime, eau] to skim, to graze; [– peau, bras] to touch lightly, to brush (against). **-2.** [aborder – sujet] to touch on ou upon *(insép)*; ça ne m'a même pas effleuré it didn't even occur to me ou cross my mind. **-3.** [cuir] to buff.

**effloraison** [eflɔrɛzɔ̃] *nf* early flowering ou blooming.

**efflorescence** [eflɔresɑ̃s] *nf* **-1.** BOT & CHIM efflorescence. **-2.** *litt* blooming, flowering.

**efflorescent, e** [eflɔresɑ̃, ɑ̃t] *adj* BOT & CHIM efflorescent.

**effluent, e** [eflyɑ̃, ɑ̃t] *adj* effluent.
◆ **effluent** *nm* [eaux – de ruissellement] drainage water; [– usées] (untreated) effluent; ~s radioactifs effluent.

**effluve** [eflyv] *nm* **-1.** [odeur]: ~s [bonnes odeurs] fragrance, exhalations; [mauvaises odeurs] effluvia, miasma. **-2.** PHYS: ~ électrique discharge.

**effondrement** [efɔ̃drǝmɑ̃] *nm* **-1.** [chute – d'un toit, d'un pont] collapse, collapsing, falling down; [– d'une voûte, d'un plafond] falling ou caving in. **-2.** [anéantissement – des prix, du dollar] collapse, slump; [– d'un empire] collapse. **-3.** [abattement] dejection.

**effondrer** [3] [efɔ̃dre] *vt* **-1.** AGR to subsoil. **-2.** *fig*: être effondré: après la mort de sa femme, il était effondré he was prostrate with grief after his wife's death.
◆ **s'effondrer** *vpi* **-1.** [tomber – mur] to fall (down), to collapse; [– plafond, voûte] to collapse, to fall ou to cave in. **-2.** [être anéanti – monnaie] to collapse, to plummet, to slump; [– empire] to collapse, to crumble, to fall apart; [– rêve, projet] to collapse, to fall through; [– raisonnement] to collapse. **-3.** [défaillir] to collapse, to slump; s'~ dans un fauteuil to slump ou to sink into an armchair.

**efforcer** [16] [efɔrse]
◆ **s'efforcer** *vpi*: s'~ de: s'~ de faire qqch to endeavour to do sthg; s'~ de sourire to force o.s. to smile; s'~ à: s'~ à l'amabilité to try one's best to be polite.

**effort** [efɔr] *nm* **-1.** [dépense d'énergie] effort; ~ physique/intellectuel physical/intellectual effort; avec ~ with an effort; sans ~ effortlessly; encore un (petit) ~! one more try!; fournir un gros ~ to make a great deal of effort; tu aurais pu faire l'~ d'écrire/de comprendre you could (at least) have tried to write/to understand; faire un ~ to make an effort; chacun doit faire un petit ~ everybody must do their share; faire un ~ sur soi-même pour rester poli to force o.s. to remain polite; faire un ~ d'imagination to try to use one's imagination; **faire un (gros) ~ de mémoire** to try hard to remember; **faire tous ses ~s pour obtenir qqch** to do one's utmost ou all one can to obtain sthg. **-2.** MÉCAN & TECH stress, strain; **~ de cisaillement/torsion** shearing/torsional stress; **~ de rupture** breaking strain; **~ de traction** traction.

**effraction** [efraksjɔ̃] *nf* JUR breaking and entering, house-breaking.

**effraie¹** [efrɛ] *v* → **effrayer**.

**effraie²** [efrɛ] *nf*: (chouette) **~** barn owl.

**effraierai** [efrɛre] *v* → **effrayer**.

**effranger** [17] [efrɑ̃ʒe] *vt* to fray into a fringe.
◆ **s'effranger** *vpi* to fray.

**effrayant, e** [efrɛjɑ̃, ɑ̃t] *adj* **-1.** [qui fait peur] frightening, fearsome. **-2.** [extrême – chaleur, charge de travail] frightful, appalling; **c'est ~ ce qu'il peut être lent!** *fam* it's frightening how slow he can be!

**effrayer** [11] [efreje] *vt* **-1.** [faire peur à] to frighten, to scare. **-2.** [décourager] to put ou to frighten off *(sép)*.
◆ **s'effrayer** *vpi* **-1.** [avoir peur] to become frightened, to take fright; **s'~ de qqch** to be frightened of sthg. **-2.** [s'alarmer] to become alarmed.

**effréné, e** [efrene] *adj* [poursuite, recherche] wild, frantic; [orgueil, curiosité, luxe] unbridled, unrestrained; [vie, rythme] frantic, hectic.

**effritement** [efritmɑ̃] *nm* **-1.** [dégradation] crumbling away. **-2.** [affaiblissement] disintegration, erosion.

**effriter** [3] [efrite] *vt* to cause to crumble.
◆ **s'effriter** *vpi* **-1.** [se fragmenter – roche, bas-relief] to crumble away, to be eroded. **-2.** [diminuer – majorité, popularité] to crumble, to be eroded; [– valeurs, cours] to decline (in value).

**effroi** [efrwa] *nm* terror, dread; **inspirer de l'~ à qqn** to fill sb with terror; **regard plein d'~** frightened look; **un spectacle qui inspire l'~** an awe-inspiring sight.

**effronté, e** [efrɔ̃te] ◇ *adj* [enfant, manières, réponse] impudent, cheeky *Br*; [menteur, mensonge] shameless, barefaced, brazen. ◇ *nm, f* **-1.** [enfant] impudent ou cheeky child; **petite ~e!** you cheeky *Br* ou sassy *Am* little girl!-**2.** [adulte] impudent fellow *(f* brazen hussy).

**effrontément** [efrɔ̃temɑ̃] *adv* impudently, cheekily *Br*; **mentir ~** to lie shamelessly ou barefacedly ou brazenly.

**effronterie** [efrɔ̃tri] *nf* [d'un enfant, d'une attitude] insolence, impudence, cheek *Br*; [d'un mensonge] shamelessness, brazenness.

**effroyable** [efrwajabl] *adj* **-1.** [épouvantable] frightening, appalling, horrifying. **-2.** [extrême – maigreur, misère] dreadful, frightful.

**effroyablement** [efrwajabləmɑ̃] *adv* awfully, terribly.

**effusion** [efyzjɔ̃] *nf* effusion, outpouring, outburst; **~ de sang** bloodshed; **sans ~ de sang** without any bloodshed; **~s de joie/tendresse** demonstrations of joy/affection; **remercier qqn avec ~** to thank sb effusively.

**égaie** [egɛ] *v* → **égayer**.

**égaiement** [egɛmɑ̃] *nm* cheering up, enlivenment, brightening up.

**égaierai** [egɛre] *v* → **égayer**.

**égailler** [3] [egaje]
◆ **s'égailler** *vpi* to disperse, to scatter.

**égal, e, aux** [egal, o] ◇ *adj* **-1.** [identique] equal; **à prix ~, tu peux trouver mieux** for the same price, you can find something better; **à ~e distance de A et de B** equidistant from A and B, an equal distance from A and B; **la partie n'est pas ~e entre les deux joueurs** the players are unevenly matched ❑ **toutes choses ~es d'ailleurs** all (other) things being equal; **faire jeu ~** *pr* to have an equal score, to be evenly matched (in the game); *fig* to be neck and neck; **~ à lui-même/soi-même:** **être** ou **rester ~ à soi-même** to remain true to form, to be still one's old self; **~ à lui-même, il n'a pas dit un mot** typically, he didn't say a word. **-2.** MATH: **3 est ~ à 2 plus 1** 3 is equal to 2 plus 1. **-3.** [régulier – terrain] regular, even, level; [– souffle, pouls] even, regular; [– pas] even, regular, steady; [– climat] equable, unchanging; **être de caractère ~** ou **d'humeur ~e** to be even-tempered. **-4.** *loc:* **ça m'est (complètement) ~** [ça m'est indifférent] I don't care either way; [ça ne m'intéresse pas] I don't care at all, I couldn't care

less; **en train ou en avion, ça m'est ~** I don't care whether we go by train or plane; **c'est ~** *sout* all the same. ◇ *nm, f* [personne] equal; **nos égaux** our equals; **la femme est l'~e de l'homme** woman is equal to man; **il n'a pas son ~ pour animer une fête** he's second to none when it comes to livening up a party; **son arrogance n'a d'~e que sa sottise** *sout* his arrogance is only equalled by his foolishness.
◆ **à l'égal de** *loc prép litt*: **je l'aimais à l'~ d'un fils** I loved him like a son.
◆ **d'égal à égal** *loc adv* [s'entretenir] on equal terms; [traiter] as an equal.
◆ **sans égal** *loc adj* matchless, unequalled, unrivalled.

**égalable** [egalabl] *adj*: **un exploit difficilement ~** a feat difficult to match.

**également** [egalmɑ̃] *adv* **-1.** [autant] equally; **je crains ~ le froid et la chaleur** I dislike the cold as much as the heat. **-2.** [aussi] also, too, as well; **elle m'a ~ dit que...** she also told me that...

**égaler** [3] [egale] *vt* **-1.** [avoir la même valeur que] to equal, to match. **-2.** MATH: **3 fois 2 égale 6** 3 times 2 equals 6. **-3.** *arch* [comparer] to rank. **-4.** [niveler] to level (out), to make flat.

**égalisateur, trice** [egalizatœr, tris] *adj* equalizing, levelling.

**égalisation** [egalizasjɔ̃] *nf* [nivellement – des salaires, d'un terrain] levelling.

**égaliser** [3] [egalize] ◇ *vt* [sentier] to level (out); [frange] to trim; [conditions, chances] to make equal, to balance (out). ◇ *vi* SPORT to equalize *Br*, to tie.
◆ **s'égaliser** *vpi* to become more equal, to balance out.

**égalitaire** [egalitɛr] *adj* egalitarian.

**égalitarisme** [egalitarism] *nm* egalitarianism.

**égalité** [egalite] *nf* **-1.** ÉCON & SOCIOL equality; **~ des salaires/droits** equal pay/rights; **politique/principe d'~ des chances** equal opportunities policy/principle. **-2.** MATH equality; **(signe d') ~** equal ou equals sign. **-3.** GÉOM: **~ de deux triangles** isomorphism of two triangles. **-4.** TENNIS deuce; FTBL draw, tie. **-5.** [uniformité – du pouls] regularity; [– du sol] evenness, levelness; [– du tempérament] evenness.
◆ **à égalité** *loc adv* TENNIS at deuce; [dans des jeux d'équipe] in a draw ou tie; **ils ont fini le match à ~** they tied; **ils sont à ~ avec Riom** they're lying equal with Riom.

**égard** [egar] *nm* [point de vue]: **à bien des ~s** in many respects; **à cet/aucun ~** in this/no respect.
◆ **égards** *nmpl* [marques de respect] consideration; **être plein d'~s** ou **avoir beaucoup d'~s pour qqn** to show great consideration for ou to be very considerate towards sb; **manquer d'~s envers qqn** to show a lack of consideration for ou to be inconsiderate towards sb.
◆ **à l'égard de** *loc prép* **-1.** [envers] towards; **être dur/tendre à l'~ de qqn** to be hard on/gentle with sb; **ils ont fait une exception à mon ~** they made an exception for me ou in my case. **-2.** [à l'encontre de] against; **prendre des sanctions à l'~ de qqn** to impose sanctions against ou to apply sanctions to sb. **-3.** [quant à] with regard to; **elle émet des résistances à l'~ de ce projet** she's putting up some resistance with regard to the project.
◆ **à tous égards** *loc adv* in all respects ou every respect.
◆ **eu égard à** *loc prép* *sout* in view of, considering.
◆ **par égard pour** *loc prép* out of consideration ou respect for.
◆ **sans égard pour** *loc prép* with no respect ou consideration for, without regard for.

**égaré, e** [egare] *adj* **-1.** [perdu – dossier, touriste] lost; [– chat] lost, stray. **-2.** [affolé – esprit] distraught; [– regard] wild, distraught.

**égarement** [egarmɑ̃] *nm* **-1.** [folie] distraction, distractedness; **dans un moment d'~** in a moment of panic ou confusion. **-2.** [perte] loss.
◆ **égarements** *nmpl litt*: **les ~s de la passion** the follies of passion; **revenir de ses ~s** to see the error of one's ways.

**égarer** [3] [egare] *vt* **-1.** [perdre – bagage, stylo] to lose, to mislay. **-2.** [tromper – opinion, lecteur] to mislead, to deceive; [– jeunesse] to lead astray. **-3.** *litt* [affoler] to make distraught, to drive to distraction; **la douleur vous égare** you're distraught with pain.
◆ **s'égarer** *vpi* **-1.** [se perdre – promeneur] to lose one's way, to get lost; [– dossier, clef] to get lost ou mislaid; **s'~ hors du droit chemin** to go off the straight and narrow. **-2.** [sortir du

sujet] to wander; **ne nous égarons pas!** let's not wander off the point!, let's stick to the subject!**-3.** *litt* [s'oublier] to lose one's self-control, to forget o.s.

**égayer** [11] [egeje] *vt* [convives] to cheer up *(sép)*; [chambre, robe, vie] to brighten up *(sép)*; [ambiance, récit] to brighten up *(sép)*, to liven up *(sép)*, to enliven.

◆ **s'égayer** *vpi sout:* **s'~ aux dépens de qqn** to have fun at sb's expense.

**Égée** [eʒe] *npr:* **la mer ~** the Aegean Sea.

**égéen, enne** [eʒeɛ̃, ɛn] *adj* ANTIQ Aegean.

**égérie** [eʒeri] *nf* **-1.** [inspiratrice] muse; **elle est l'~ du groupe** she inspires the members of the group. **-2.** ANTIQ: **Égérie** Egeria.

**égide** [eʒid] *nf* MYTH aegis.

◆ **sous l'égide de** *loc prép sout* under the aegis of; **prendre qqn sous son ~** to take sb under one's wing.

**églantier** [eglɑ̃tje] *nm* wild ou dog rose (bush).

**églantine** [eglɑ̃tin] *nf* wild ou dog rose.

**églefin** [eglǝfɛ̃] *nm* haddock.

**église** [egliz] *nf* [édifice] church; **aller à l'~** [pratiquer] to go to church, to be a churchgoer; **se marier à l'~** to be married in church, to have a church wedding.

**Église** [egliz] *nf:* **l'~** the Church; **l'~ anglicane** the Church of England, the Anglican Church; **l'~ catholique** the (Roman) Catholic Church; **l'~ orthodoxe** the Orthodox Church; **l'~ protestante** the Protestant Church; **l'~ réformée** the Reformed Church ❑ **l'~ militante/triomphante** the Church militant/triumphant.

◆ **d'Église** *loc adj:* **homme d'~** clergyman; **gens d'~** priests, clergymen.

**églogue** [eglɔg] *nf* eclogue.

**ego** [ego] *nm* ego.

**égocentrique** [egɔsɑ̃trik] ◇ *adj* egocentric, self-centred. ◇ *nmf* egocentric ou self-centred person.

**égocentrisme** [egɔsɑ̃trism] *nm* egocentricity, self-centredness.

**égoïsme** [egɔism] *nm* selfishness.

**égoïste** [egɔist] ◇ *adj* selfish. ◇ *nmf* selfish man (*f* woman).

**égoïstement** [egɔistǝmɑ̃] *adv* selfishly.

**égorger** [17] [egɔrʒe] *vt* to cut ou to slit the throat of.

**égorgeur** [egɔrʒœr] *nm* cutthroat.

**égosiller** [3] [egozije]

◆ **s'égosiller** *vpi* **-1.** [crier] to shout o.s. hoarse. **-2.** [chanter fort] to sing at the top of one's voice.

**égotisme** [egɔtism] *nm* egotism.

**égout** [egu] *nm* sewer; **~ collecteur** main sewer.

**égoutter** [3] [egute] ◇ *vt* [linge] to leave to drip; [vaisselle] to drain; **~ des légumes dans une passoire** to strain vegetables in a sieve. ◇ *vi* [vaisselle] to drain; [linge] to drip; **faire ~ les haricots** to strain the beans.

◆ **s'égoutter** *vpi* [linge] to drip; [légumes, vaisselle] to drain.

**égouttoir** [egutwar] *nm* **-1.** [passoire] strainer, colander. **-2.** [pour la vaisselle] draining rack ou board, drainer.

**égrainer** [4] [egrene] = **égrener.**

**égratigner** [3] [egratiɲe] *vt* **-1.** [jambe, carrosserie] to scratch, to scrape; [peau] to graze. **-2.** *fam* [critiquer] to have a dig ou a go at.

◆ **s'égratigner** *vp (emploi réfléchi):* **s'~ le genou** to scrape ou to scratch ou to skin one's knee.

**égratignure** [egratiɲyr] *nf* **-1.** [écorchure] scratch, scrape, graze. **-2.** [rayure] scratch.

**égrener** [19] [egrǝne] *vt* **-1.** [blé] to shell; [pois] to shell, to pod; [coton] to gin; [ôter de sa tige – fruits] to take off the stalk. **-2.** [faire défiler]: **~ son chapelet** to tell one's beads, to say one's rosary; **~ un chapelet d'injures** to let out a stream of abuse.

◆ **s'égrener** *vpi* **-1.** [grains de raisin] to drop off the bunch; [grains de blé] to drop off the stalk. **-2.** [se disperser – famille, foule] to scatter ou to disperse slowly, to trickle away. **-3.** *litt* [heures] to tick by; [notes] to be heard one by one.

**égrillard, e** [egrijar, ard] *adj* [histoire] bawdy, ribald; [personne] ribald.

**Égypte** [eʒipt] *npr f:* **(l') ~** Egypt.

**égyptien, enne** [eʒipsjɛ̃, ɛn] *adj* Egyptian.

◆ **Égyptien, enne** *nm, f* Egyptian.

◆ **égyptien** *nm* LING Egyptian.

**égyptologie** [eʒiptɔlɔʒi] *nf* Egyptology.

**eh** [e] *interj* hey; **eh vous, là-bas!** hey you, over there!; **eh, eh! j'en connais un qui a fait une bêtise** who's done something silly then, eh?

◆ **eh bien** *loc adv* **-1.** [au début d'une histoire] well, right. **-2.** [en interpellant] hey. **-3.** [pour exprimer la surprise] well, well.

◆ **eh non** *loc adv* well no.

◆ **eh oui** *loc adv* well (, actually,) yes; **c'est fini? — eh oui!** is it over? — I'm afraid so!

**éhonté, e** [eɔ̃te] *adj* [menteur, tricheur] barefaced, brazen, shameless; [mensonge, hypocrisie] brazen, shameless.

**Eire** [ɛr] *npr f:* **(l') ~** Eire.

**éjaculation** [eʒakylasjɔ̃] *nf* ejaculation; **~ précoce** premature ejaculation.

**éjaculer** [3] [eʒakyle] *vt & vi* to ejaculate.

**éjecter** [4] [eʒɛkte] *vt* **-1.** ARM to eject. **-2.** AÉRON & AUT to eject. **-3.** *fam* [renvoyer] to kick ou to chuck ou to boot out; **se faire ~ d'une boîte de nuit** to get kicked ou chucked ou booted out of a night club.

◆ **s'éjecter** *vp (emploi réfléchi)* AÉRON to eject.

**éjection** [eʒɛksjɔ̃] *nf* **-1.** AÉRON, ARM & AUT ejection. **-2.** *fam* [expulsion] kicking ou chucking ou booting out.

**élaboration** [elabɔrasjɔ̃] *nf* **-1.** [d'une théorie, d'une idée] working out; **l'~ d'un projet de loi** drawing up a bill. **-2.** PHYSIOL elaboration. **-3.** PSYCH: **~ psychique** working out repressed emotions.

**élaboré, e** [elabɔre] *adj* [complexe – dessin] elaborate, intricate, ornate; [perfectionné – système] elaborate, sophisticated; [détaillé – carte, schéma] elaborate, detailed.

**élaborer** [3] [elabɔre] *vt* **-1.** [préparer – plan, système] to develop, to design, to work out *(sép)*. **-2.** PHYSIOL to elaborate.

◆ **s'élaborer** *vpi* [système, théorie] to develop.

**élagage** [elagaʒ] *nm* pruning.

**élaguer** [3] [elage] *vt* **-1.** HORT to prune. **-2.** [rendre concis – texte, film] to prune, to cut down *(sép)*. **-3.** [ôter – phrase, scène] to edit out *(sép)*, to cut.

**élagueur** [elagœr] *nm* tree-trimmer.

**élan** [elɑ̃] *nm* **-1.** SPORT run-up, impetus; **prendre son ~** to take a run-up; **saut avec/sans ~** running/standing jump. **-2.** [énergie] momentum; **prendre de l'~** to gather speed ou momentum ❑ **être emporté par son propre ~** *pr & fig* to be carried along by one's own momentum; **emporté par son ~, il a tout raconté à sa mère** he got carried away and told his mother everything. **-3.** [impulsion] impulse, impetus; **donner de l'~ à une campagne** to give an impetus to ou to provide an impetus for a campaign. **-4.** [effusion] outburst, surge, rush; **~s de tendresse** surges ou rushes of affection; **~ de générosité** generous impulse; **contenir les ~s du cœur** to check the impulses of one's heart; **l'~ créateur** creative drive; **avec ~** eagerly, keenly, enthusiastically. **-5.** PHILOS: **l'~** vital the life force. **-6.** ZOOL elk, moose *Am.*

**élançai** [elɑ̃se] *v* → **élancer.**

**élancé, e** [elɑ̃se] *adj* slim, slender; **à la taille ~e** slim-waisted.

**élancement** [elɑ̃smɑ̃] *nm* sharp ou shooting ou stabbing pain.

**élancer** [16] [elɑ̃se] *vi:* **mon bras m'élance** I've got a shooting pain in my arm.

◆ **s'élancer** *vpi* **-1.** [courir] to rush ou to dash forward; **s'~ à la poursuite de qqn** to dash after sb; **s'~ au secours de qqn** to rush to sb's aid, to rush to help sb; **s'~ vers qqn** to dash ou to rush towards sb. **-2.** SPORT to take a run-up. **-3.** [se dresser – tour, flèche] to soar upwards.

**élargir** [32] [elarʒir] ◇ *vt* **-1.** [rendre moins étroit – veste] to let out *(sép)*; [– chaussure] to stretch, to widen; [– route] to widen; **le miroir élargit la pièce** the mirror makes the room look wider. **-2.** [débat] to broaden, to enlarge, to widen; **~ son horizon** to broaden ou to widen one's outlook. **-3.** [renforcer]: **le gouvernement cherche à ~ sa majorité** the government is seeking to increase its majority. **-4.** JUR [libérer – détenu] to free, to release. ◇ *vi fam* to get broader, to get bigger *(across the shoulders)*.

◆ **s'élargir** *vpi* **-1.** [être moins étroit – sentier, rivière] to widen, to get wider, to broaden (out); [– sourire] to widen. **-2.** [se relâcher – vêtement] to stretch. **-3.** [horizon, débat] to broaden out, to widen.

**élargissement** [elarʒismã] *nm* **-1.** [agrandissement – d'une route] widening. **-2.** [extension – d'un débat] broadening, widening. **-3.** *sout* [libération] freeing, release.

**élasticité** [elastisite] *nf* **-1.** [extensibilité] stretchiness, stretch, elasticity. **-2.** ANAT elasticity. **-3.** [souplesse – d'un geste] suppleness; [– d'un pas] springiness. **-4.** *fam & péj* [laxisme – d'une conscience, d'un règlement] accommodating nature. **-5.** [variabilité] flexibility; l'~ de l'offre/de la demande the elasticity of supply/of demand.

**élastique** [elastik] ◇ *adj* **-1.** [ceinture, cuir, tissu] stretchy, elastic; [badine] supple. **-2.** [agile – démarche] springy, buoyant. **-3.** *fam & péj* [peu rigoureux – conscience, règlement] accommodating, elastic. **-4.** [variable – horaire] flexible; [– demande, offre] elastic. ◇ *nm* **-1.** [bracelet] elastic band. **-2.** [ruban]: de l'~ elastic.

**Élastiss**® [elastis] *nm* elasticated material.

**élastomère** [elastɔmɛr] *nm* elastomer.

**Elbe** [ɛlb] ◇ *npr f* [fleuve]: l'~ the (River) Elbe. ◇ *npr*: l'île d'~ Elba.

**eldorado** [ɛldɔrado] *nm* Eldorado.

**électeur, trice** [elɛktœr, tris] *nm, f* **-1.** POL voter; les ~s the voters, the electorate ❑ grands ~s *body electing members of the (French) Senate.* **-2.** HIST Elector; le Grand Électeur the Great Elector.

**électif, ive** [elɛktif, iv] *adj* **-1.** POL elective. **-2.** [douleur, traitement] specific.

**élection** [elɛksjɔ̃] *nf* **-1.** [procédure] election, polls; les ~s ont lieu aujourd'hui today is election ou polling day; procéder à une ~ to hold an election; les résultats de l'~ the results of the election ou polling; se présenter aux ~s to stand *Br* ou to run *Am* as a candidate ❑ ~s législatives/municipales general/local elections; ~ partielle by-election; ~ présidentielle presidential election. **-2.** [nomination] election. **-3.** *litt* [choix] choice. **-4.** JUR: ~ de domicile choice of domicile.

◆ **d'élection** *loc adj* [choisi – patrie, famille] of (one's own) choice ou choosing, chosen.

**électoral, e, aux** [elɛktɔral, o] *adj* [liste] electoral; [succès] electoral, election *(modif)*; [campagne] election *(modif)*; en période ~e at election time; nous avons le soutien ~ des syndicats we can rely on the union vote.

**électoraliste** [elɛktɔralist] *adj péj* [promesse, programme] vote-catching.

**électorat** [elɛktɔra] *nm* **-1.** [électeurs] electorate; l'importance de l'~ féminin/noir the importance of the women's/the black vote ❑ ~ flottant floating voters. **-2.** HIST electorate.

**Électre** [elɛktr] *npr* Electra.

**électricien, enne** [elɛktrisjɛ̃, ɛn] *nm, f* **-1.** [artisan] electrician. **-2.** [commerçant] electrical goods dealer.

**électricité** [elɛktrisite] *nf* **-1.** INDUST, SC & TECH electricity; ~ statique static (electricity). **-2.** [installation domestique] wiring; faire installer l'~ dans une maison to have a house wired; nous n'avons pas l'~ dans notre maison de campagne there's no electricity in our country cottage; allumer l'~ [au compteur] to switch on (at) the mains. **-3.** [consommation] electricity (bill); payer son ~ to pay one's electricity bill. **-4.** *fam* [tension] tension, electricity; il y a de l'~ dans l'air! there's a storm brewing!

**électrification** [elɛktrifikasjɔ̃] *nf* **-1.** [d'une ligne de chemin de fer] electrification, electrifying. **-2.** [d'une région]: l'~ des campagnes reculées bringing electricity to remote villages.

**électrifier** [9] [elɛktrifje] *vt* **-1.** [ligne de chemin de fer] to electrify. **-2.** [région] to bring electricity to.

**électrique** [elɛktrik] *adj* **-1.** TECH [moteur, radiateur, guitare] electric; [appareil, équipement] electric, electrical; [système, énergie] electrical; atmosphère ~ *fig* highly-charged atmosphere ❑ chaise ~ electric chair. **-2.** [par l'électricité statique] static; elle a les cheveux ~s *fam* her hair is full of static. **-3.** [couleur]: bleu ~ electric-blue.

**électriquement** [elɛktrikmã] *adv* electrically; commandé ~ working off electricity.

**électrisant, e** [elɛktrizã, ãt] *adj* **-1.** TECH electrifying. **-2.** [exaltant] electrifying, exciting.

**électriser** [3] [elɛktrize] *vt* **-1.** TECH to electrify, to charge. **-2.** *fam* [stimuler] to electrify, to rouse.

**électroacoustique** [elɛktrɔakustik] ◇ *adj* electroacoustic, electroacoustical. ◇ *nf* electroacoustics *(sg)*.

**électroaimant** [elɛktrɔemã] *nm* electromagnet.

**électrocardiogramme** [elɛktrɔkardjɔgram] *nm* electrocardiogram.

**électrochimie** [elɛktrɔʃimi] *nf* electrochemistry.

**électrochoc** [elɛktrɔʃɔk] *nm* electric shock *(for therapeutic purposes)*; (traitement par) ~s electroconvulsive ou electroshock therapy; faire des ~s à qqn to give sb electroconvulsive therapy.

**électrocuter** [3] [elɛktrɔkyte] *vt* to electrocute.

◆ **s'électrocuter** *vp (emploi réfléchi)* to electrocute o.s., to be electrocuted; il a failli s'~ he got a very bad electric shock.

**électrocution** [elɛktrɔkysjɔ̃] *nf* electrocution.

**électrode** [elɛktrɔd] *nf* electrode.

**électroencéphalogramme** [elɛktrɔɑ̃sefalɔgram] *nm* electroencephalogram.

**électrogène** [elɛktrɔʒɛn] *adj* **-1.** ZOOL electric. **-2.** ÉLECTR electricity-generating.

**électrolyse** [elɛktrɔliz] *nf* electrolysis.

**électromagnétisme** [elɛktrɔmaɲetism] *nm* electromagnetism.

**électromécanique** [elɛktrɔmekanik] ◇ *adj* electromechanical. ◇ *nf* electromechanical engineering.

**électroménager** [elɛktrɔmenaʒe] ◇ *adj* (domestic ou household) electrical. ◇ *nm*: l'~ [appareils] domestic ou household electrical appliances; [activité] the domestic ou household electrical appliance industry; le petit ~ small household appliances.

**électrométallurgie** [elɛktrɔmetalyrʒi] *nf* electrometallurgy.

**électromoteur, trice** [elɛktrɔmɔtœr, tris] *adj* electromotive.

**électron** [elɛktrɔ̃] *nm* electron; ~ négatif negatron; ~ positif positron.

**électronégatif, ive** [elɛktrɔnegatif, iv] *adj* electronegative.

**électronicien, enne** [elɛktrɔnisjɛ̃, ɛn] *nm, f* electronics engineer.

**électronique** [elɛktrɔnik] ◇ *adj* **-1.** INDUST & TECH [équipement] electronic; [microscope] electron *(modif)*; [industrie] electronics *(modif)*. **-2.** [de l'électron] electron *(modif)*. **-3.** MUS electronic. ◇ *nf* electronics *(sg)*.

**électrophone** [elɛktrɔfɔn] *nm* record player.

**électropositif, ive** [elɛktrɔpozitif, iv] *adj* electropositive.

**électrotechnicien, enne** [elɛktrɔteknisjɛ̃, ɛn] *nm, f* electrotechnician.

**électrothérapie** [elɛktrɔterapi] *nf* electrotherapy.

**élégamment** [elegamã] *adv* [s'habiller] elegantly, smartly; [écrire, parler] stylishly, elegantly.

**élégance** [elegɑ̃s] *nf* **-1.** [chic] elegance, smartness. **-2.** [délicatesse – d'un geste, d'un procédé] elegance; savoir perdre avec ~ to be a good ou graceful loser. **-3.** [harmonie] grace, elegance, harmoniousness. **-4.** [d'un style littéraire] elegance; [tournure] elegant ou well-turned phrase.

**élégant, e** [elegã, ãt] ◇ *adj* **-1.** [chic – personne, mobilier] elegant, smart, stylish; se faire ~ to smarten o.s. up. **-2.** [courtois – procédé, excuse] handsome, graceful. **-3.** [harmonieux – architecture, proportions] elegant, harmonious, graceful; [– démonstration] elegant, neat. ◇ *nm, f* [homme] dandy; [femme] elegant ou smart woman; vouloir faire l'~ to try to look fashionable.

**élégiaque** [eleʒjak] *adj* **-1.** LITTÉRAT elegiac. **-2.** *litt* [mélancolique] melancholy *(adj)*.

**élégie** [eleʒi] *nf* **-1.** ANTIQ elegy. **-2.** [poème, œuvre] elegy, lament.

**élément** [elemã] *nm* **-1.** [partie – d'un parfum, d'une œuvre] component, ingredient, constituent. **-2.** [donnée] element, factor, fact; ~s d'information facts, information; il n'y a aucun ~ nouveau there are no new developments. **-3.** [personne] element; ~s indésirables undesirables; c'est un des meilleurs ~s de mon service he's one of the best people in my department; il y a de bons ~s dans ma classe there are some good students in my class. **-4.** CHIM element; ~ radioactif radioactive element. **-5.** ÉLECTR [de pile, d'accumulateur] cell; **batterie de cinq ~s** five-cell battery ‖

[de bouilloire, de radiateur] element. **-6.** [de mobilier]: ~ (de cuisine) kitchen unit; ~s de rangement storage units. **-7.** [milieu] element; l'~ liquide water; les quatre ~s the four elements ❑ être dans son ~ to be in one's element; je ne me sens pas dans mon ~ ici I don't feel at home ou I feel like a fish out of water here. **-8.** MIL unit; ~s blindés/motorisés armoured/motorized units.

◆ **éléments** *nmpl* [notions] elements, basic principles; [comme titre]: « Éléments de géométrie » 'Elementary Geometry'.

**élémentaire** [elemãtɛr] *adj* **-1.** [facile – exercice] elementary; c'est ~! it's elementary! **-2.** [fondamental – notion, principe] basic, elementary; la plus ~ politesse aurait dû l'empêcher de partir basic good manners ou common courtesy should have prevented him from leaving. **-3.** NUCL elementary. **-4.** CHIM elemental. **-5.** SCOL primary.

**éléphant** [elefã] *nm* elephant; il a une démarche d'~ *hum & péj* he walks like an elephant; ~ femelle cow elephant ❑ ~ d'Asie/d'Afrique Indian/African elephant; comme un ~ dans un magasin de porcelaine like a bull in a china shop.

◆ **éléphant de mer** *nm* sea elephant, elephant seal.

**éléphanteau, x** [elefãto] *nm* baby ou young elephant.

**éléphantesque** [elefãtɛsk] *adj* gigantic, mammoth (modif).

**élevage** [ɛlvaʒ] *nm* **-1.** [activité] animal husbandry, breeding ou rearing (of animals); faire de l'~ to breed animals; ~ de poulets ou volaille [intensif] battery-farming of chickens; [extensif] rearing free-range chickens, free-range chicken-farming; ~ des abeilles beekeeping; ~ en batterie battery farming; ~ des bovins cattle-rearing; ~ des chevaux horse-breeding; ~ des lapins rabbit-breeding; ~ des moutons sheep-farming. **-2.** [entreprise] farm; un ~ de vers à soie/de visons a silkworm/mink farm.

◆ **d'élevage** *loc adj* **-1.** [poulet] battery-reared. **-2.** [région]: pays d'~ [bovin] cattle-rearing country; [ovin] sheep-farming country.

**élévateur, trice** [elevatœr, tris] *adj* **-1.** ANAT elevator (modif). **-2.** TECH [appareil, matériel] lifting.

◆ **élévateur** *nm* **-1.** ANAT elevator. **-2.** [en manutention] elevator, hoist.

**élévation** [elevasjɔ̃] *nf* **-1.** [augmentation] rise; ~ du niveau de vie rise in the standard of living; ~ des températures rise in temperatures. **-2.** MATH: ~ d'un nombre au carré squaring of a number; ~ d'un nombre à une puissance raising a number to a power. **-3.** ARCHIT [construction] erection, putting up; [plan] elevation. **-4.** [promotion] raising; l'~ à la dignité de... being elevated to the rank of... **-5.** [noblesse – de style, des sentiments] elevation, nobility; ~ d'âme ou d'esprit high-mindedness. **-6.** ARM elevation. **-7.** RELIG: l'Élévation (de l'hostie) [moment, geste] the Elevation (of the Host).

**élevé, e** [elve] *adj* **-1.** [fort – prix, niveau de vie] high; taux peu ~ low rate. **-2.** [étage] high; [arbre] tall, lofty *litt*. **-3.** [important – position] high, high-ranking; [– rang, condition] high, elevated. **-4.** *litt* [noble – inspiration, style] elevated, noble, lofty; un sens ~ du devoir a strong sense of duty; avoir une âme ~e to be high-minded. **-5.** [éduqué]: bien ~ well-mannered, well-bred, well brought-up; mal ~ bad-mannered, ill-mannered, rude; c'est très mal ~ de répondre it's very rude ou it's bad manners to answer back ‖ [grandi]: avec des enfants ~s, je dispose de plus de liberté now that my children are grown-up, I have more freedom.

**élève¹** [elɛv] *v* → **élever**.

**élève²** [elɛv] *nmf* **-1.** SCOL [enfant] pupil; [adolescent] student; ~ pilote trainee pilot; ~ professeur student ou trainee teacher. **-2.** [disciple] disciple, pupil. **-3.** MIL cadet; ~ officier officer cadet (in the Merchant Navy); ~ officier de réserve military cadet.

**élever** [19] [elve] *vt* **-1.** [éduquer – enfant] to bring up (sép), to raise; ~ qqn dans du coton to overprotect sb, to mollycoddle sb. **-2.** [nourrir – bétail] to breed, to raise; [– moutons, chiens] to breed; [– abeilles] to keep. **-3.** [hisser – fardeau] to raise, to lift (up) (sép). **-4.** [ériger – statue, chapiteau] to erect, to raise, to put up (sép). **-5.** [augmenter – prix, niveau, volume] to raise; ~ la voix ou le ton to raise one's voice. **-6.** [manifester – objection, protestation] to raise; [– critique] to make. **-7.** [promouvoir] to elevate, to raise; ~ qqn au grade d'officier

promote ou to raise sb to (the rank of) officer. **-8.** [ennoblir] to elevate, to uplift; ~ le débat to raise the tone of the debate. **-9.** GÉOM: ~ une perpendiculaire to raise a perpendicular ‖ MATH: ~ un nombre au carré/cube to square/to cube a number; ~ un nombre à la puissance 3 to raise a number to the power of 3.

◆ **s'élever** *vpi* **-1.** [augmenter – taux, niveau] to rise, to go up; la température s'est élevée de 10 degrés the temperature has risen by ou has gone up 10 degrees. **-2.** [se manifester]: on entend s'~ des voix you can hear voices being raised; s'~ contre [protester contre] to protest against; [s'opposer à] to oppose. **-3.** [monter – oiseau] to soar, to fly ou to go up, to ascend; [– cerf-volant] to go up, to soar. **-4.** [être dressé – falaise, tour] to rise; [– mur, barricades] to stand. **-5.** *fig* [moralement, socialement] to rise; s'~ au-dessus de [jalousies, passions, préjugés] to rise above; s'~ dans l'échelle sociale to work one's way up ou to climb the social ladder; s'~ à la force du poignet to work one's way up unaided.

◆ **s'élever à** *vp + prép* [facture, bénéfices, pertes] to total, to add up to, to amount to.

**éleveur, euse** [elvœr, øz] *nm, f* stockbreeder; ~ de bétail cattle breeder ou farmer, cattle rancher *Am*; ~ de chiens dog breeder; ~ de moutons/volaille sheep/chicken farmer.

**elfe** [ɛlf] *nm* elf, spirit of the air.

**élider** [3] [elide] *vt* to elide *spéc*, to drop.

◆ **s'élider** *vp* (emploi passif) to elide *spéc*, to be dropped, to disappear.

**Élie** [eli] *npr* BIBLE Elijah.

**éligibilité** [eliʒibilite] *nf* POL eligibility.

**éligible** [eliʒibl] *adj* POL eligible.

**élimé, e** [elime] *adj* worn, threadbare.

**élimer** [3] [elime] *vt* to wear thin.

◆ **s'élimer** *vpi* to wear thin, to become threadbare.

**élimination** [eliminasjɔ̃] *nf* **-1.** PHYSIOL eliminating, voiding, expelling. **-2.** [exclusion] elimination, eliminating, excluding; procéder par ~ to work sthg out by a process of elimination.

**éliminatoire** [eliminatwar] ◇ *adj* [note, épreuve] eliminatory; [condition, vote] disqualifying. ◇ *nf* (souvent pl) SPORT preliminary heat.

**éliminer** [3] [elimine] *vt* **-1.** PHYSIOL [déchets, urine] to void, to expel; [se débarrasser de] to remove, to get rid of; (en usage absolu): il faut boire pour ~ you have to drink to clean out your system. **-2.** SPORT to eliminate, to knock out (sép). **-3.** [rejeter – hypothèse, possibilité] to eliminate, to dismiss, to rule out (sép); ~ qqch de to exclude sthg from. **-4.** [tuer] to eliminate, to liquidate. **-5.** MATH to eliminate.

**élire** [106] [elir] *vt* **-1.** POL to elect; être élu à une assemblée to be elected to an assembly; ~ un nouveau président to elect ou to vote in a new president. **-2.** *litt* [choisir] to elect *litt*, to choose. **-3.** *loc*: ~ domicile to take up residence ou to make one's home in.

**Élisabeth** [elizabɛt] *npr*: la reine ~ Queen Elizabeth.

**élisabéthain, e** [elizabetɛ̃, ɛn] *adj* Elizabethan.

**élisais** [elize] *v* → **élire**.

**élision** [elizjɔ̃] *nf* elision; il y a ~ du «e» the 'e' elides.

**élisons** [elizɔ̃] *v* → **élire**.

**élite** [elit] *nf* [groupe] elite; une ~ an elite; l'~ de the elite ou cream of.

◆ **d'élite** *loc adj* elite (modif), top (avant n).

**élitisme** [elitism] *nm* elitism.

**élitiste** [elitist] *adj & nmf* elitist.

**élixir** [eliksir] *nm* MYTH & PHARM elixir; ~ d'amour/de longue vie elixir of love/life; ~ parégorique paregoric (elixir).

**elle** [ɛl] (fpl **elles**) *pron pers f* **-1.** [sujet d'un verbe – personne] she; [– animal, chose] it; [– animal de compagnie] she; ~s they. **-2.** [emphatique – dans une interrogation]: ta mère est-~ rentrée? has your mother come back? **-3.** [emphatique – avec 'qui' et 'que']: c'est ~ qui me l'a dit she's the one who told me, it was she who told me. **-4.** [complément – personne] her; [– animal, chose] it; [– animal de compagnie] her; dites-le-lui à ~ tell it to her, tell her it.

**elle-même** [ɛlmɛm] *pron pers* [désignant – une personne] herself; [– une chose] itself; **elles-mêmes** themselves.

**elles** [εl] *fpl* → **elle**.

**ellipse** [elips] *nf* -**1**. MATH ellipse. -**2**. LING ellipsis; **parler par ~s** [allusivement] to hint at things, to express o.ş. elliptically.

**elliptique** [eliptik] *adj* -**1**. MATH elliptic, elliptical. -**2**. LING elliptical.

**élocution** [elɔkysjɔ̃] *nf* [débit] delivery; [diction] diction, elocution.

**éloge** [elɔʒ] *nm* -**1**. [compliment] praise; **couvrir qqn d'~s** to shower sb with praise; **digne d'~** praiseworthy; **faire l'~ de** to speak highly of ou in praise of; **faire son propre ~** to sing one's own praises, to blow one's own trumpet *Br* ou horn *Am*. -**2**. *litt* [panégyrique] eulogy; **faire l'~ d'un écrivain** to eulogize a writer ❏ **prononcer l'~ funèbre de qqn** to deliver a funeral oration in praise of sb.
◆ **à l'éloge de** *loc prép* (much) to the credit of; **elle a refusé, c'est tout à son ~** she said no, (much) to her credit.

**élogieusement** [elɔʒjøzmɑ̃] *adv* highly, favourably.

**élogieux, euse** [elɔʒjø, øz] *adj* laudatory, complimentary, eulogistic; **parler en termes ~ de** to speak very highly of, to be full of praise for.

**éloigné, e** [elwaɲe] *adj* -**1**. [loin de tout – province, village] distant, remote, faraway. -**2**. [distant]: **les deux villes sont ~es de 50 kilomètres** the two towns are 50 kilometres apart; **maintenant que tout danger est ~** now that there is no further risk, now that the danger is past; **~ de** [à telle distance de]: **ce n'est pas très ~ de l'aéroport** it's not very far (away) from the airport; **se tenir ~ du feu** to keep away from the fire; **se tenir ~ de la politique** to keep away from ou to steer clear of politics; **rien n'est plus ~ de mes pensées** nothing could ou nothing is further from my thoughts. -**3**. [dans le temps] distant, remote, far-off; **dans un passé/avenir pas si ~ que ça** in the not-too-distant past/future. -**4**. [par la parenté] distant. -**5**. [différent]: **~ de** far removed ou very different from.

**éloignement** [elwaɲmɑ̃] *nm* -**1**. [distance dans l'espace] distance, remoteness. -**2**. [retrait]: **l'~ de la vie politique m'a fait réfléchir** being away from politics made me do some thinking. -**3**. [mise à distance] taking away, removing, removal; **le tribunal a ordonné l'~ de mes enfants** the court has ordered that my children be taken away from me.

**éloigner** [3] [elwaɲe] *vt* -**1**. [mettre loin] to move ou to take away *(sép)*; **ça nous éloignerait du sujet** that would take us away from the point. -**2**. [séparer]: **~ qqn de** to take sb away from; **mon travail m'a éloigné de ma famille** my work's kept me away from my family; **~ qqn du pouvoir** to keep sb out of power; **il a éloigné tous ses amis par son snobisme** his snobbish ways have alienated all his friends. -**3**. [repousser – insectes, mauvaises odeurs] to keep off *(sép)*, to keep at bay. -**4**. [dissiper – idée, souvenir] to banish, to dismiss; [– danger] to ward off *(sép)*; **~ les soupçons de qqn** to avert suspicion from sb. -**5**. [reporter – échéance] to postpone, to put off *(sép)*.
◆ **s'éloigner** *vpi* -**1**. [partir – tempête, nuages] to pass, to go away; [– véhicule] to move away; [– personne] to go away; **les bruits de pas s'éloignèrent** the footsteps grew fainter; **s'~ à la hâte/à coups de rame** to hurry/to row away; **ne vous éloignez pas trop, les enfants** don't go too far (away), children; **éloignez-vous du bord de la falaise** move away ou get back from the edge of the cliff; **éloignez-vous de cette ville quelque temps** leave this town for a while; **s'~ du sujet** to wander away from ou off the point. -**2**. [s'estomper – souvenir, rêve] to grow more distant ou remote; [– crainte] to go away; [– danger] to pass. -**3**. [s'isoler] to move ou to grow away; **s'~ du monde des affaires** to move away from ou to abandon one's involvement with the world of business; **s'~ de la réalité** to lose touch with reality. -**4**. [affectivement]: **il sentait qui s'éloignait de lui** he could feel that she was growing away from him ou becoming more and more distant. -**5**. [dans le temps]: **plus on s'éloigne de cette période...** the more distant that period becomes...

**élongation** [elɔ̃gasjɔ̃] *nf* -**1**. MÉD [d'un muscle] strained ou pulled muscle; [d'un ligament] pulled ligament; **se faire une ~** [d'un muscle] to strain ou to pull a muscle; [d'un ligament] to pull a ligament. -**2**. PHYS displacement. -**3**. ASTRON elongation.

**éloquence** [elɔkɑ̃s] *nf* -**1**. [art de parler] eloquence, fine ora-

tory. -**2**. [expressivité] eloquence, expressiveness. -**3**. [persuasion] persuasiveness, eloquence.

**éloquent, e** [elɔkɑ̃, ɑ̃t] *adj* -**1**. [parlant bien] eloquent; **il est très ~** he's a fine speaker. -**2**. [convaincant – paroles] eloquent, persuasive; [– chiffres, réaction] eloquent. -**3**. [expressif] eloquent, expressive; **le geste était très ~** the gesture said it all; **ces images sont ~es** these pictures speak volumes ou for themselves.

**élu, e** [ely] ◇ *pp* → **élire**. ◇ *adj* -**1**. RELIG chosen. -**2**. POL elected.
◇ *nm, f* -**1**. POL [député] elected representative; [conseiller] elected representative, councillor; **les ~s locaux** local councillors. -**2**. *hum* [bien-aimé]: **qui est l'heureux ~?** who's the lucky man?; **l'~ de mon/ton cœur** my/your beloved. -**3**. RELIG **les ~s** the chosen ones, the elect.

**élucidation** [elysidasjɔ̃] *nf* elucidation, clarification.

**élucider** [3] [elyside] *vt* [mystère] to elucidate, to explain, to clear up *(sép)*; [problème, texte] to elucidate, to clarify.

**élucubrations** [elykybrasjɔ̃] *nfpl péj* ravings, rantings.

**éluder** [3] [elyde] *vt* to elude, to evade.

**élus** [ely] *v* → **élire**.

**Élysée** [elize] *npr m* -**1**. MYTH Elysium. -**2**. POL: **(le palais de) l'~** the Élysée Palace *(the official residence of the French President)*.

**élyséen, enne** [elizeɛ̃, ɛn] *adj* -**1**. MYTH Elysian. -**2**. POL from the Élysée Palace, presidential.

**émacié, e** [emasje] *adj* emaciated, wasted.

**émacier** [9] [emasje] *vt* to emaciate.
◆ **s'émacier** *vpi* to become emaciated ou wasted.

**émail** [emaj] *(pl sens 1 & 2* **émaux** [emo], *pl sens 3* **émails**) *nm* -**1**. [matière] enamel. -**2**. [objet] piece of enamelware ou enamelwork. -**3**. ANAT enamel.
◆ **émaux** *nmpl* coloured enamels.
◆ **d'émail, en émail** *loc adj* enamel *(modif)*, enamelled.

**émailler** [3] [emaje] *vt* -**1**. [en décoration] to enamel. -**2**. [parsemer] to dot, to scatter, to speckle; **le pré est émaillé de coquelicots, les coquelicots émaillent le pré** the field is scattered ou dotted ou speckled with poppies; **~ un discours de citations** to pepper ou to sprinkle a speech with quotations; **un ciel émaillé d'étoiles** a star-studded sky.

**émanation** [emanasjɔ̃] *nf* [expression] expression.
◆ **émanations** *nfpl* [vapeurs] smells, emanations; **des ~s de gaz** a smell of gas; **~s pestilentielles** miasmas, foul emanations; **~s volcaniques** volatiles; **~s toxiques** toxic fumes.

**émancipateur, trice** [emɑ̃sipatœr, tris] ◇ *adj* emancipatory, liberating. ◇ *nm, f* emancipator, liberator.

**émancipation** [emɑ̃sipasjɔ̃] *nf* [libération – gén] emancipation; [– de la femme] emancipation, liberation.

**émancipé, e** [emɑ̃sipe] *adj* [peuple] emancipated; [femme] emancipated, liberated.

**émanciper** [3] [emɑ̃sipe] *vt* -**1**. [libérer – gén] to emancipate; [– femmes] to emancipate, to liberate; **~ qqn de** to liberate ou to free sb from. -**2**. JUR to emancipate.
◆ **s'émanciper** *vpi* -**1**. [se libérer – gén] to become emancipated; [– femme] to become emancipated ou liberated; **s'~ de** to become free from. -**2**. *péj* [devenir trop libre] to become rather free in one's ways.

**émaner** [3] [emane]
◆ **émaner de** *v + prép* [suj: odeur, lumière] to emanate ou to come from; [suj: demande, mandat] to come from, to be issued by; [suj: autorité, pouvoir] to issue from; **il émanait d'elle un charme mélancolique** she had an aura of melancholy charm.

**émargeai** [emarʒe] *v* → **émarger**.

**émargement** [emarʒəmɑ̃] *nm* -**1**. [fait de signer] signing; **~ d'un contrat** initialling a contract. -**2**. [signature] signature.

**émarger** [17] [emarʒe] *vt* -**1**. [signer] to sign; [annoter] to annotate. -**2**. [réduire la marge de] to trim.
◆ **émarger à** *v + prép*: **~ au budget de l'État** to be paid out of state funds.

**émasculation** [emaskylasjɔ̃] *nf* -**1**. [castration] emasculation, emasculating. -**2**. *litt* [affaiblissement – gén] emasculation *litt*, weakening; [– d'une œuvre] bowdlerization.

**émasculer** [3] [emaskyle] *vt* -**1**. [castrer] to emasculate. -**2**. *litt* [affaiblir – politique, directive] to weaken; [– œuvre] to

bowdlerize.
**émaux** [emo] *pl*→ **émail**.
**emballage** [ūbalaʒ] *nm* **-1.** [gén] packaging; [papier] wrapper; [matière] wrapping ou packing materials; ~ consigné/perdu returnable/non-returnable packing. **-2.** [processus] packing ou wrapping (up). **-3.** *fam* SPORT final sprint.
◆ **d'emballage** *loc adj* [papier] packing, wrapping; toile d'~ canvas wrapper.
**emballant, e** [ūbalã, ãt] *adj* inspiring, thrilling, exciting.
**emballement** [ūbalmã] *nm* **-1.** [d'un cheval] bolting; [d'un moteur] racing; l'~ des cours à la Bourse the Stock-Exchange boom. **-2.** [enthousiasme] sudden passion, flight ou burst of enthusiasm. **-3.** [emportement]: dans un moment d'~ without thinking.
**emballer** [3] [ūbale] *vt* **-1.** [empaqueter – marchandises] to pack (up); [– cadeau] to wrap (up). **-2.** [moteur] to race. **-3.** *fam* [enthousiasmer – projet, livre] to grab, to thrill (to bits); ça n'a pas l'air de l'~ he doesn't seem to think much of the idea. **-4.** ∇ [arrêter – truand] to pull ou to run in *(sép)*, to nick *Br*, to bust *Am*.**-5.** ∇ [séduire] to chat up, to pull *Br*.
◆ **s'emballer** *vpi* **-1.** [cheval] to bolt; [moteur] to race; [cours, taux] to take off. **-2.** *fam* [s'enthousiasmer] to get carried away; s'~ pour qqch to get excited about sthg. **-3.** [s'emporter] to flare ou to blow up.
**embarcadère** [ūbarkader] *nm* landing stage, pier.
**embarcation** [ūbarkasjɔ̃] *nf* (small) boat ou craft.
**embardée** [ūbarde] *nf* [d'une voiture] swerve, lurch; [d'un bateau] yaw, lurch; faire une ~ [voiture] to swerve, to lurch; [bateau] to yaw, to lurch.
**embargo** [ūbargo] *nm* **-1.** NAUT embargo; mettre l'~ sur un navire to lay ou to put an embargo on a ship, to embargo a ship. **-2.** ÉCON embargo; mettre un ~ sur to enforce an embargo on, to embargo; lever l'~ sur les ventes d'armes to lift ou to raise the embargo on arms sales.
**embarquement** [ūbarkəmã] *nm* **-1.** [de marchandises] loading. **-2.** [des passagers – d'un navire] embarkation, boarding; [– d'un avion] boarding.
**embarquer** [3] [ūbarke] ◇ *vt* **-1.** TRANSP [matériel, troupeau] to load; [passagers] to embark, to take on board. **-2.** NAUT: ~ de l'eau to take in ou to ship water. **-3.** *fam* [emporter – voiture, chien] to cart off ou away *(sép)*; m'embarque pas mon blouson! don't walk ou waltz off with my jacket!**-4.** *fam* [voler] to pinch, to filch, to nick *Br*. **-5.** *fam* [arrêter – gang, manifestant] to pull in; se faire ~ par les flics to get pulled in by the police. **-6.** *fam* [entraîner] to lug ou to take off *(sép)*. **-7.** *fam* [commencer]: la réunion est bien/mal embarquée the meeting's got off to a flying/lousy start. ◇ *vi* **-1.** [aller à bord] to board, to go aboard ou on board. **-2.** [partir en bateau] to embark.
◆ **s'embarquer** *vpi* [aller à bord] to embark, to go on board, to board.
◆ **s'embarquer dans** *vp + prép* to embark on ou upon, to begin, to undertake; dans quelle histoire me suis-je embarqué! what sort of a mess have I got myself into!
**embarras** [ūbara] *nm* **-1.** [malaise] embarrassment, confusion; à mon grand ~, il m'a embrassé to my great embarrassment, he kissed me. **-2.** [souci]: l'~, les ~ trouble; avoir des ~ financiers ou d'argent to be in financial difficulties, to have money problems; être dans l'~ [dans la pauvreté] to be short of money. **-3.** [cause de souci] nuisance, cause of annoyance; être un ~ pour qqn to be a nuisance to sb. **-4.** [position délicate] predicament, awkward position ou situation; être dans l'~ [mal à l'aise] to be in a predicament ou in an awkward position; [face à un dilemme] to be in ou caught on the horns of a dilemma; mettre dans l'~: ma question l'a mis dans l'~ my question put him on the spot; tirer un ami d'~ to help a friend out of a predicament ❏ l'~ du choix an embarrassment of riches; on les a en dix teintes; vous avez ou vous n'avez que l'~ du choix they come in ten different shades, you're spoilt for choice; on n'a pas l'~ du choix, il faut accepter we don't have much of a choice, we have to accept. **-5.** *péj* [simagrées]: faire des ~ to make a fuss. **-6.** MÉD: ~ gastrique upset stomach, stomach upset. **-7.** *vieilli*: les ~ de la circulation traffic congestion.
**embarrassant, e** [ūbarasã, ãt] *adj* **-1.** [gênant – silence, situation] embarrassing, awkward. **-2.** [difficile – problème, question] awkward, thorny, tricky. **-3.** [encombrant – colis,

vêtement] cumbersome.
**embarrassé, e** [ūbarase] *adj* **-1.** [gêné – personne] embarrassed; [– sourire, regard] embarrassed, uneasy; avoir l'air ~ to look embarrassed ou awkward. **-2.** [confus – explication] confused, muddled. **-3.** [encombré]: avoir les mains ~es to have one's hands full. **-4.** [pauvre] short (of money). **-5.** MÉD: avoir l'estomac ~ to have an upset stomach.
**embarrasser** [3] [ūbarase] *vt* **-1.** [mettre mal à l'aise] to embarrass; ça m'embarrasse de lui demander son âge I'm embarrassed to ask her how old she is. **-2.** [rendre perplexe]: ce qui m'embarrasse le plus c'est l'organisation du budget what I find most awkward is how to organize the budget; je serais bien embarrassé de dire qui a raison I'd be hard put ou at a loss to decide who was right. **-3.** [encombrer] to clutter up *(sép)*, to obstruct; laisse ta valise ici, elle va t'~ leave your suitcase here, it'll get in your way; si je t'embarrasse, dis-le moi please tell me if I'm in your way. **-4.** MÉD: ~ l'estomac to cause a stomach upset.
◆ **s'embarrasser dans** *vp + prép*: s'~ dans sa traîne to trip over one's train; s'~ dans ses mensonges/explications to get tangled up in one's lies/explanations.
◆ **s'embarrasser de** *vp + prép* **-1.** [s'encombrer de] to burden o.s. with. **-2.** [s'inquiéter de] to trouble o.s. with; sans s'~ de présentations without bothering with the (usual) introductions.
**embauche** [ūboʃ] *nf* hiring; il n'y a pas d'~ (chez eux) they're not hiring anyone, there are no vacancies.
**embaucher** [3] [ūboʃe] *vt* to take on *(sép)*, to hire.
**embauchoir** [ūboʃwar] *nm* shoetree.
**embaumer** [3] [ūbome] ◇ *vt* **-1.** [parfumer – air] to make fragrant; la lavande embaumait la salle the scent of lavender filled the room. **-2.** [sentir – parfum] to be fragrant with the scent of; [– odeur de cuisine] to be fragrant with the aroma of. **-3.** [momifier] to embalm. ◇ *vi* [femme] to be fragrant; [mets] to fill the air with a pleasant smell ou a delicious aroma; [fleur, plante] to fill the air with a lovely fragrance ou a delicate scent.
**embellie** [ūbeli] *nf* **-1.** MÉTÉO [de soleil] bright interval; [du vent] lull. **-2.** [amélioration]: dans sa vie a happier period in her life; une ~ dans leurs rapports an improvement in their relationship.
**embellir** [32] [ūbelir] ◇ *vt* **-1.** [enjoliver – rue] to make prettier; [– pièce] to decorate, to adorn; ~ une femme to make a woman prettier ou more beautiful. **-2.** [exagérer – histoire] to embellish, to embroider on *(insép)*, to add frills to; ~ la réalité to make things seem more attractive than they really are. ◇ *vi (aux avoir ou être)* to grow prettier ou more beautiful.
**embellissement** [ūbelismã] *nm* **-1.** [fait d'améliorer] embellishment, embellishing. **-2.** [apport – à un décor] embellishment; [– à une histoire] embellishment, frill.
**emberlificoter** [3] [ūbɛrlifikɔte] *vt fam* **-1.** [tromper – personne] to soft-soap, to sweet-talk. **-2.** [compliquer] to muddle up *(sép)*. **-3.** [empêtrer] to tangle up *(sép)*.
◆ **s'emberlificoter** *vpt*: s'~ les pieds dans to get (one's feet) tangled up in.
◆ **s'emberlificoter dans** *vp + prép fam* **-1.** [tissu, câbles] to get tangled up in. **-2.** [récit, calcul] to get muddled ou mixed up with.
**emberlificoteur, euse** [ūbɛrlifikɔtœr, øz] *fam* ◇ *adj* softsoaping, sweet-talking. ◇ *nm, f* sweet-talker.
**embêtant, e** [ūbɛtã, ãt] *adj fam* **-1.** [lassant – travail] tiresome, boring. **-2.** [importun – enfant] annoying; tu es ~ avec tes questions you're a nuisance with all these questions. **-3.** [gênant] tricky, awkward.
**embêtement** [ūbɛtmã] *nm fam* problem, hassle; ~s trouble; avoir des ~s: va les voir au commissariat, sinon tu peux avoir des ~s go and see them at the police station or you could get into trouble; en ce moment, je n'ai que des ~s it's just one damn thing after another at the moment.
**embêter** [4] [ūbɛte] *vt fam* **-1.** [importuner] to annoy, to bother. **-2.** [lasser] to bore. **-3.** [mettre mal à l'aise] to bother, to annoy; cela m'embête d'avoir oublié it annoys ou bothers me that I forgot.
◆ **s'embêter** *vpi fam* **-1.** [s'ennuyer] to be bored; s'~ à mourir to be bored to death ou tears. **-2.** *loc*: il s'embête pas! [il est sans scrupules] he's got a nerve!; [il est riche] he does pretty well for himself!

◆ **s'embêter à** *vp* + *prép*: je ne vais pas m'~ à les éplucher I'm not going to bother peeling them; **et moi qui me suis embêtée à le refaire!** to think I went to (all) the trouble of doing it again!

**emblée** [ãble]

◆ **d'emblée** *loc adv* straightaway, right away.

**emblématique** [ãblematik] *adj* emblematic.

**emblème** [ãblɛm] *nm* **-1.** [blason] emblem. **-2.** [insigne] emblem, symbol.

**embobeliner** [ãbɔbline], **embobiner** [3] [ãbɔbine] *vt fam* **-1.** [tromper] to take in (*sép*), to hoodwink. **-2.** [manipuler] to get round (*insép*); **il sait t'**~ he knows how to twist you round his little finger *ou* to get round you.

**emboîtable** [ãbwatabl] *adj*: **cubes/tuyaux** ~s cubes/pipes fitting into each other.

**emboîtement** [ãbwatmã] *nm*: l'~ **de deux tuyaux/os** the interlocking of two pipes/bones.

**emboîter** [3] [ãbwate] *vt* **-1.** [ajuster – tuyaux] to fit together; [– poupées russes] to fit into each other. **-2.** *loc*: ~ **le pas à qqn** *pr* to follow close behind sb; *fig* to follow sb, to follow sb's lead.

◆ **s'emboîter** *vpi* to fit together *ou* into each other.

**embolie** [ãbɔli] *nf* embolism.

**embonpoint** [ãbɔ̃pwɛ̃] *nm* stoutness, portliness; **prendre de l'**~ to flesh out, to become stout, to put on weight.

**embouché, e** [ãbuʃe] *adj*: **mal** ~ *fam* [grossier] foulmouthed.

**emboucher** [3] [ãbuʃe] *vt* MUS to put to one's mouth. **-2.** ÉQUIT: ~ **un cheval** to put the bit in a horse's mouth.

**embouchure** [ãbuʃyr] *nf* **-1.** GÉOG mouth. **-2.** MUS mouthpiece, embouchure. **-3.** ÉQUIT mouthpiece.

**embourber** [3] [ãburbe] *vt* [enliser] to stick.

◆ **s'embourber** *vpi* [dans la boue] to get bogged down *ou* stuck in the mud; **s'**~ **dans ses mensonges/contradictions** to get bogged down in one's lies/contradictions.

**embourgeoisement** [ãburʒwazmã] *nm* [d'un groupe] becoming (more) bourgeois.

**embourgeoiser** [3] [ãburʒwaze]

◆ **s'embourgeoiser** *vpi* **-1.** POL to become (more) bourgeois. **-2.** *péj* [gén] to become fonder and fonder of one's creature comforts; [jeune couple] to settle down to a comfortable married life.

**embout** [ãbu] *nm* **-1.** [d'un parapluie] tip, ferrule. **-2.** [bout – d'un tuyau] nozzle; [– d'une seringue] adapter.

**embouteillage** [ãbutɛjaʒ] *nm* **-1.** AUT traffic jam; [à un carrefour] gridlock AM; **il y a de gros** ~s traffic is (jammed) solid. **-2.** *fam* TÉLÉC logjam (of calls).

**embouteiller** [4] [ãbuteje] *vt* **-1.** [mettre en bouteilles] to bottle. **-2.** AUT to jam (up) (*sép*); **les routes sont embouteillées** the roads are congested *ou* jammed.

**emboutir** [32] [ãbutir] *vt* **-1.** [heurter] to crash into (*insép*); **je me suis fait** ~ **par un bus** I was hit by a bus; **l'aile est toute emboutie** the wing's all dented. **-2.** MÉTALL to stamp.

**embraie** [ãbrɛ], **embraierai** [ãbrɛre] *v* → **embrayer.**

**embranchement** [ãbrãʃmã] *nm* **-1.** [carrefour – routier] fork; [– ferroviaire] junction. **-2.** [voie annexe – routière] side road; [– ferroviaire] branch line. **-3.** [d'égout] junction. **-4.** ZOOL & BOT phylum.

**embrancher** [3] [ãbrãʃe]

◆ **s'embrancher** *vpi*: **s'**~ (**sur**) to join (up with).

**embrasement** [ãbrazmã] *nm litt* **-1.** [incendie] blaze. **-2.** [rougeoiement]: l'~ **du couchant** the blaze of the setting sun. **-3.** [exaltation – de l'âme] kindling; [– de l'imagination] firing.

**embraser** [3] [ãbraze] *vt litt* **-1.** [incendier] to set ablaze *ou* on fire, to set fire to. **-2.** [illuminer] to set ablaze *ou* aglow. **-3.** [rendre brûlant] to make burning hot. **-4.** [exalter – imagination] to fire; [– âme] to kindle, to set aflame.

◆ **s'embraser** *vpi litt* **-1.** [prendre feu] to catch fire, to blaze *ou* to flare up. **-2.** [s'illuminer] to be set ablaze. **-3.** [devenir brûlant] to become burning hot. **-4.** [s'exalter – âme, imagination] to be set on fire, to be kindled; [– opprimés] to rise up; **les esprits s'embrasaient** [par enthousiasme] imaginations were fired; [par colère] passions were running high.

**embrassade** [ãbrasad] *nf*: **une** ~ a hug and a kiss; **des** ~s hugging and kissing, hugs and kisses.

**embrassements** [ãbrasmã] *nmpl* hugging and kissing, hugs and kisses.

**embrasser** [3] [ãbrase] *vt* **-1.** [donner un baiser à] to kiss; ~ **qqn sur la bouche** to kiss sb on the lips; **embrasse Mamie, on s'en va!** kiss Granny good-bye!; **vous embrasserez vos parents pour moi** (kind) regards to your parents; **embrasse Lucie pour moi!** give Lucie a big kiss *ou* hug for me!-**2.** *litt* [serrer dans ses bras] to embrace, to hug. **-3.** [adopter – idée, foi] to embrace, to take up (*sép*); [– carrière] to take up. **-4.** [saisir]: ~ **du regard** to behold *litt*; ~ **d'un seul coup d'œil** to take in at a single glance. **-5.** [comprendre] to grasp. **-6.** [englober] to encompass, to embrace.

◆ **s'embrasser** *vp* (*emploi réciproque*) to kiss (one another).

**embrasure** [ãbrazyr] *nf* **-1.** [de porte] door-frame; [de fenêtre] window-frame; **se tenir dans l'**~ **d'une porte/fenêtre** to be framed in a doorway/window. **-2.** ARCHIT embrasure.

**embrayage** [ãbrɛjaʒ] *nm* **-1.** [mécanisme] clutch. **-2.** [pédale] clutch (pedal). **-3.** [fait d'embrayer] putting in the clutch; **voiture à** ~ **automatique** automatic car.

**embrayer** [11] [ãbreje] ◇ *vt* AUT to put in the clutch of. ◇ *vi* **-1.** AUT to put in *ou* to engage the clutch; **embraye!** clutch in!-**2.** *fam* [commencer] to get cracking, to go into action; ~ **sur** to get straight into.

**embrigadement** [ãbrigadmã] *nm* **-1.** MIL [dans une brigade] brigading; [enrôlement forcé] being dragooned into the army *ou* pressed into service. **-2.** *péj* [adhésion forcée] pressganging.

**embrigader** [3] [ãbrigade] *vt* **-1.** MIL [dans une brigade] to brigade; [de force] to dragoon into the army, to press into service. **-2.** *péj* [faire adhérer] to press-gang.

**embringuer** [3] [ãbrɛ̃ge] *vt fam*: ~ **qqn dans** to drag sb into.

**embrocation** [ãbrɔkasjɔ̃] *nf* embrocation.

**embrocher** [3] [ãbrɔʃe] *vt* **-1.** CULIN to spit, to spit-roast. **-2.** *fam* [transpercer]: ~ **qqn avec qqch** to run sthg through sb.

**embrouillamini** [ãbrujamini] *nm* (hopeless) muddle *ou* mix-up.

**embrouille** [ãbruj] *nf fam*: **des** ~s shenanigans, funny business.

**embrouillé, e** [ãbruje] *adj* **-1.** [fils, câbles] tangled up, entangled, snarled up. **-2.** [situation] muddled, confusing.

**embrouillement** [ãbrujmã] *nm*: **tous ces incidents ont contribué à l'**~ **de la situation** all these incidents helped confuse the situation.

**embrouiller** [3] [ãbruje] *vt* **-1.** [emmêler] to tangle up; **j'ai embrouillé les fils** I got the wires tangled up ‖ *fig*: ~ **qqn** to muddle sb, to confuse sb. **-2.** [compliquer] to complicate; ~ **la situation** *ou* **les choses** to confuse matters.

◆ **s'embrouiller** *vpi* to get muddled (up), to get confused.

**embroussaillé, e** [ãbrusaje] *adj* [jardin] overgrown; [cheveux] bushy; [barbe] bushy, shaggy.

**embrumer** [3] [ãbryme] *vt* **-1.** MÉTÉO to cover in mist; **la ligne embrumée des cimes** the misty mountain tops. **-2.** *litt & fig* to cloud.

◆ **s'embrumer** *vpi* **-1.** MÉTÉO to mist over. **-2.** [esprit, intelligence] to become clouded.

**embruns** [ãbrœ̃] *nmpl*: **les** ~ the sea spray *ou* spume.

**embryologie** [ãbrijɔlɔʒi] *nf* embryology.

**embryologiste** [ãbrijɔlɔʒist] *nmf* embryologist.

**embryon** [ãbrijɔ̃] *nm* **-1.** BIOL & BOT embryo. **-2.** *fig* [commencement] embryo, beginning.

**embryonnaire** [ãbrijɔnɛr] *adj* **-1.** BIOL & BOT embryonic. **-2.** *fig* [non développé] embryonic, incipient.

**embûche** [ãbyʃ] *nf* **-1.** [difficulté] pitfall, hazard. **-2.** [piège] trap; **examen semé d'**~s exam paper full of trick questions.

**embuer** [7] [ãbɥe] *vt* to mist (up *ou* over); **des lunettes embuées** misted-up spectacles; **les yeux embués de larmes** eyes misty with tears.

**embuscade** [ãbyskad] *nf* ambush; **se tenir en** ~ to lie in ambush; **tomber dans une** ~ *pr & fig* to be caught in an ambush; **tendre une** ~ **à qqn** *pr & fig* to set up an ambush for sb.

**embusqué, e** [ãbyske] *nm, f* MIL & *péj*: **les** ~s **de l'arrière** the troops that keep behind the lines.

**embusquer** [3] [ãbyske]

◆ **s'embusquer** *vpi* -1. [pour attaquer] to lie in ambush. -2. *péj* [pendant la guerre] to avoid active service.

**éméché, e** [emeʃe] *adj* tipsy.

**émécher** [18] [emeʃe] *vt* to make tipsy.

**émeraude** [emrod] ◇ *nf* emerald. ◇ *adj inv* emerald *(modif)*, emerald-green.

**émergé, e** [emɛrʒe] *adj*: les terres ~es the land above water level; la partie ~e de l'iceberg the visible part of the iceberg.

**émergeai** [emɛrʒe] *v* → **émerger**.

**émergence** [emɛrʒɑ̃s] *nf* -1. [apparition – d'une idée] (sudden) appearance ou emergence. -2. GÉOG [d'une source] source.

**émergent, e** [emɛrʒɑ̃, ɑ̃t] *adj* [idée] emerging, developing.

**émerger** [17] [emɛrʒe] *vi* -1. *fam* [d'une occupation, du sommeil] to emerge; ~ de to emerge from, to come out of. -2. [soleil] to rise, to come up. -3. [dépasser]: ~ de [eau] to float (up) to the top of, to emerge from; une bonne copie/un bon élève qui émerge du lot a paper/pupil standing out from the rest.

**émeri** [emri] *nm* emery.

**émérite** [emerit] *adj* [éminent] (highly experienced and) skilled, expert *(avant n)*.

**émerveillement** [emɛrvɛjmɑ̃] *nm* -1. [émotion] wonder, wonderment *litt*. -2. [chose merveilleuse] wonder.

**émerveiller** [4] [emɛrveje] *vt* to fill with wonder ou wonderment *litt*.

◆ **s'émerveiller** *vpi* to be filled with wonder, to marvel; il s'émerveillait d'un rien he marvelled at the smallest thing.

**émétique** [emetik] *adj & nm* emetic.

**émets** [emɛ] *v* → **émettre**.

**émetteur, trice** [emetœr, tris] ◇ *adj* -1. RAD transmitting. -2. FIN issuing. ◇ *nm, f* -1. FIN drawer. -2. LING speaker.

◆ **émetteur** *nm* RAD [appareil] transmitter; [élément] emitter.

**émetteur-récepteur** [emetœrresɛptœr] *(pl* **émetteurs-récepteurs)** *nm* transmitter-receiver, transceiver.

**émettre** [84] [emɛtr] ◇ *vt* -1. [produire – rayon, son, onde, signal] to emit, to give out *(sép)*; [– odeur] to give off *(sép)*, to produce. -2. [exprimer – hypothèse, opinion] to venture, to put forward, to volunteer; [– doute, réserve] to express. -3. FIN [billet] to issue; [emprunt] to float. -4. RAD & TV to broadcast, to transmit. ◇ *vi*: ~ sur grandes ondes to broadcast on long wave.

**émeus** [emø] *v* → **émouvoir**.

**émeute** [emøt] *nf* riot; il y a eu des ~s there has been rioting; tourner à l' ~ to turn into a riot.

**émeutier, ère** [emøtje, ɛr] *nm, f* rioter.

**émeuvent** [emøv] *v* → **émouvoir**.

**émiettement** [emjɛtmɑ̃] *nm* [dispersion – des efforts] frittering away, dissipating; [– du pouvoir] fragmentation.

**émietter** [4] [emjete] *vt* -1. [mettre en miettes – gâteau] to crumble, to break up *(sép) (into crumbs)*. -2. [morceler – propriété] to break up *(sép)*. -3. *litt* [gaspiller – efforts] to fritter away *(sép)*, to disperse, to dissipate.

**émigrant, e** [emigrɑ̃, ɑ̃t] *nm, f* emigrant.

**émigration** [emigrasjɔ̃] *nf* emigration, emigrating *(U)*.

**émigré, e** [emigre] ◇ *adj* migrant. ◇ *nm, f* emigrant; HIST émigré.

**émigrer** [3] [emigre] *vi* -1. [s'expatrier] to emigrate. -2. ZOOL to migrate.

**éminçai** [emɛ̃se] *v* → **émincer**.

**émincé** [emɛ̃se] *nm* émincé; ~ de veau émincé of veal, veal cut into slivers *(and served in a sauce)*.

**émincer** [16] [emɛ̃se] *vt* CULIN to slice thinly, to cut into thin strips.

**éminemment** [eminamɑ̃] *adv* eminently.

**éminence** [eminɑ̃s] *nf* -1. GÉOG hill, hillock, knoll. -2. ANAT protuberance. -3. *loc*: ~ grise éminence grise.

**Éminence** [eminɑ̃s] *nf* -1. [titre]: son ~ le cardinal Giobba his Eminence Cardinal Giobba. -2. [cardinal] cardinal, Eminence.

**éminent, e** [eminɑ̃, ɑ̃t] *adj* eminent, prominent, noted; mon ~ collègue *sout* my learned colleague.

**émir** [emir] *nm* emir, amir.

**émirat** [emira] *nm* emirate; les Émirats arabes unis the United Arab Emirates.

**émis, e** [emi, iz] *pp* → **émettre**.

**émissaire** [emisɛr] *nm* [envoyé] emissary, envoy.

**émission** [emisjɔ̃] *nf* -1. PHYS [de son, de lumière, de signaux] emission. -2. RAD & TV [transmission de sons, d'images] transmission, broadcasting; [programme] programme; ~ en direct/en différé live/recorded broadcast. -3. FIN [de monnaie, d'emprunt] issuing. -4. [de sons articulés]: ~ de voix utterance. -5. PHYSIOL emission.

**emmagasiner** [3] [ɑ̃magazine] *vt* -1. COMM [marchandises – dans une arrière-boutique] to store; [– dans un entrepôt] to warehouse. -2. [accumuler – connaissances] to store up *(sép)*, to accumulate; [– provisions] to stock up on, to stockpile; ~ la chaleur to keep in the heat.

**emmailloter** [3] [ɑ̃majɔte] *vt* [bébé] to swaddle; [membre] to wrap up *(sép)*.

**emmanché, e** [ɑ̃mɑ̃ʃe] *nm, f* jerk, dickhead.

**emmancher** [3] [ɑ̃mɑ̃ʃe] *vt* [ajuster – tête de râteau, lame] to fit into a handle.

◆ **s'emmancher** *vpi fam* [commencer]: l'affaire était mal emmanchée the business got off to a bad start.

**emmanchure** [ɑ̃mɑ̃ʃyr] *nf* armhole.

**Emmaüs** [emays] *npr* Emmaüs.

**emmêler** [4] [ɑ̃mele] *vt* -1. [mêler – cheveux, fils, brins de laine] to entangle, to tangle (up), to get into a tangle; complètement emmêlé all tangled up. -2. [rendre confus, confondre] to mix up *(sép)*; j'emmêle les dates I'm getting the dates confused; des explications emmêlées confused ou muddled explanations.

◆ **s'emmêler** ◇ *vpi* -1. [être mêlé] to be tangled ou knotted ou snarled up. -2. [être confus – faits, dates] to get mixed up. ◇ *vpt*: s'~ les pieds dans to get one's feet caught in; s'~ les pieds ou pédales ou pinceaux ou crayons dans qqch *fam & fig* to get sthg all muddled up.

**emménageai** [ɑ̃menaʒe] *v* → **emménager**.

**emménagement** [ɑ̃menaʒmɑ̃] *nm* moving in.

**emménager** [17] [ɑ̃menaʒe] *vi* to move in.

**emmener** [19] [ɑ̃mne] *vt* -1. [inviter à aller] to take along *(sép)*; je t'emmène en montagne I'll take you (with me) to the mountains; ~ qqn dîner to take sb out to dinner. -2. [forcer à aller] to take away *(sép)*. -3. [accompagner]: ~ qqn à la gare to take sb to the station; [en voiture] to give sb a lift ou to drop sb off at the station. -4. *fam* [emporter] to take (away). -5. SPORT [sprint, peloton] to lead.

**emmerdant, e**[V] [ɑ̃mɛrdɑ̃, ɑ̃t] *adj* -1. [importun]: il est ~ he's a pain (in the neck). -2. [gênant] bloody *Br* ou damn awkward; c'est ~ d'avoir à laisser la porte ouverte having to leave the door open is a real pain ou a bloody nuisance. -3. [ennuyeux] bloody *Br* ou godawful *Am* boring.

**emmerde**[V] [ɑ̃mɛrd] *nf* hassle; avoir des ~s: en ce moment j'ai que des ~s it's just one frigging hassle after another at the moment.

**emmerdement**[V] [ɑ̃mɛrdəmɑ̃] *nm* hassle; être dans les ~s jusqu'au cou to be up the creek.

**emmerder**[V] [3] [ɑ̃mɛrde] *vt* -1. [gêner] to bug; plus j'y pense, plus ça m'emmerde the more I think about it, the more it bugs me; d'y aller, ça m'emmerde! it's a bloody *Br* ou goddam *Am* nuisance having to go!-2. *(comme exclam)*: je t'emmerde! sod *Br* ou screw *Am* you!

◆ **s'emmerder**[V] *vpi* -1. [s'ennuyer] to be bored stiff ou rigid; on s'emmerde (à cent sous de l'heure) ici! it's so bloody boring here! -2. *loc*: il s'emmerde pas! [il est sans scrupules] he's got a (bloody) nerve!; [il est riche] he does pretty well for himself!

◆ **s'emmerder à**[V] *vp + prép* -1. [se donner du mal]: et moi qui me suis emmerdé à tout recopier! to think I went to the trouble of copying the whole bloody thing out!

**emmerdeur, euse**[V] [ɑ̃mɛrdœr, øz] *nm, f* bloody *Br* ou damn pain.

**emmitoufler** [3] [ɑ̃mitufle] *vt* to wrap up (well) *(sép)*.

◆ **s'emmitoufler** *vp (emploi réfléchi)* to wrap up well; s'~ dans une cape to wrap o.s. up in a cape.

**emmurer** [3] [ɑ̃myre] *vt* -1. [enfermer] to wall up ou in *(sép)*. -2. *fig & litt* [isoler] to immure.

◆ **s'emmurer dans** *vp + prép litt*: s'~ dans le silence to retreat into silence.

**émoi** [emwa] *nm litt* [émotion] agitation; [tumulte] commotion; elle était tout en ~ she was all in a fluster; la population est en ~ there's great agitation among the population.

**émollient, e** [emɔljɑ̃, ɑ̃t] *adj* emollient.

**émoluments** [emɔlymɑ̃]·*nmpl* [d'un employé] salary, wages; [d'un notaire] fees.

**émonder** [3] [emɔ̃de] *vt* [arbuste, buisson] to prune; [arbre] to trim (the top of).

**émotif, ive** [emɔtif, iv] ◇ *adj* [personne] emotional, sentimental; [trouble, choc] psychological. ◇ *nm, f*: c'est un grand ~ he's very emotional.

**émotion** [emosjɔ̃] *nf* -**1.** [sensation] feeling; ~s fortes strong feelings; ils se sont quittés avec ~ they had an emotional parting; sans ~ without emotion. -**2.** [affectivité] emotion, emotionality; se laisser gagner par l'~ to become emotional. -**3.** [qualité – d'une œuvre] emotion.
◆ **émotions** *nfpl fam*: des ~s a (nasty) fright; donner des ~s à qqn to give sb a (nasty) turn ou a fright.

**émotionnel, elle** [emosjɔnel] *adj* [réaction] psychological.

**émotionner** [3] [emosjɔne] *vt fam* [émouvoir] to upset, to shake up *(sép)*.
◆ **s'émotionner** *vpi fam* [s'émouvoir]: il s'émotionne pour un rien he gets worked up about the slightest little thing.

**émotivité** [emɔtivite] *nf* emotionalism.

**émoulu, e** [emuly] *adj* → **frais**.

**émousser** [3] [emuse] *vt* -**1.** [rasoir, épée] to blunt, to take the edge off. -**2.** [affaiblir – appétit, goût, peine] to dull, to take the edge off; [– curiosité] to temper.
◆ **s'émousser** *vpi* -**1.** [couteau] to become blunt, to lose its edge. -**2.** [faiblir – appétit, peine] to dull; [– curiosité] to become tempered.

**émoustillant, e** [emustijɑ̃, ɑ̃t] *adj* exhilarating.

**émoustiller** [3] [emustije] *vt* [animer] to excite, to exhilarate; le champagne les avait tous émoustillés they'd all got merry on champagne.

**émouvant, e** [emuvɑ̃, ɑ̃t] *adj* moving, touching; de façon ~e movingly; un moment ~ an emotional moment.

**émouvoir** [55] [emuvwar] *vt* -**1.** [attendrir] to touch, to move; ému jusqu'aux larmes moved to tears. -**2.** [perturber] to disturb, to unsettle; nullement ému par ces accusations quite undisturbed by these accusations; se laisser ~ to let o.s. be affected.
◆ **s'émouvoir** *vpi* -**1.** [s'attendrir] to be touched ou moved; s'~ à la vue de to be affected by the sight of. -**2.** [être perturbé] to be disturbed ou perturbed.
◆ **s'émouvoir de** *vp + prép* to pay attention to; le gouvernement s'en est ému it came to the notice ou attention of the government.

**empaillé, e** [ɑ̃paje] *nm, f fam & péj* fat lump.

**empailler** [3] [ɑ̃paje] *vt* -**1.** [animal] to stuff. -**2.** [chaise] to bottom with straw. -**3.** HORT to cover with straw.

**empailleur, euse** [ɑ̃pajœr, øz] *nm, f* -**1.** [d'animaux] taxidermist. -**2.** [de chaises] chair caner.

**empalement** [ɑ̃palmɑ̃] *nm* impalement.

**empaler** [3] [ɑ̃pale] *vt* -**1.** [supplicier] to impale. -**2.** [embrocher] to put on a spit.
◆ **s'empaler** *vpi*: s'~ sur une fourche/un pieu to impale o.s. on a pitchfork/stake.

**empanacher** [3] [ɑ̃panaʃe] *vt* to plume, to deck out *(sép)* ou to decorate with plumes; casque empanaché plumed helmet.

**empanner** [3] [ɑ̃pane] *vt* to wear NAUT.

**empaqueter** [27] [ɑ̃pakte] *vt* -**1.** COMM to pack, to package. -**2.** [envelopper] to wrap up *(sép)*.

**emparer** [3] [ɑ̃pare]
◆ **s'emparer de** *vp + prép* -**1.** [avec la main – gén] to grab (hold of), to grasp, to seize; [– vivement] to snatch. -**2.** [prendre de force – territoire] to take over *(sép)*, to seize; [– véhicule] to commandeer; la grande industrie s'est emparée des médias big business has taken over the media; s'~ de la conversation to monopolize the conversation. -**3.** [tirer parti de – prétexte, idée] to seize (hold of). -**4.** [envahir]: la colère s'est emparée d'elle anger swept over her; l'émotion s'est emparée d'elle she was seized by a strong emotion; le

doute s'est emparé de moi ou mon esprit I became a prey to ou my mind was seized with doubt.

**empâté, e** [ɑ̃pate] *adj* [langue, voix] slurred.

**empâtement** [ɑ̃patmɑ̃] *nm* -**1.** [obésité] fattening out; [épaississement – des traits] coarsening; [– de la taille] thickening. -**2.** BX-ARTS impasto.

**empâter** [3] [ɑ̃pate] *vt* -**1.** [bouffir] to make podgier; les grossesses successives lui ont empâté la taille she's grown fatter round the waist with each pregnancy. -**2.** [rendre pâteux]: le vin lui a empâté la langue his speech has become slurred from drinking wine. -**3.** BX-ARTS impaste.
◆ **s'empâter** *vpi* to put on weight; sa taille/figure s'est empâtée his grown fatter round the waist/fatter in the face.

**empathie** [ɑ̃pati] *nf sout* empathy.

**empattement** [ɑ̃patmɑ̃] *nm* -**1.** [d'un arbre, d'une branche] (wide) base. -**2.** AUT wheelbase.

**empêché, e** [ɑ̃peʃe] *adj*: il a été ~ [par un problème] he hit a snag; [il n'est pas venu] he couldn't make it; [il a été retenu] he was held up.

**empêchement** [ɑ̃peʃmɑ̃] *nm* -**1.** [obstacle] snag, hitch, holdup; si tu as un ~, téléphone [si tu as un problème] if you hit a snag, phone; [si tu ne viens pas] if you can't make it, phone; [si tu es retenu] if you're held up, phone. -**2.** JUR: ~ à mariage impediment to a marriage.

**empêcher** [4] [ɑ̃peʃe] ◇ *vt* -**1.** [ne pas laisser]: ~ qqn de faire qqch to prevent sb (from) ou to keep sb from ou to stop sb (from) doing sthg; pousse-toi, tu m'empêches de voir! move over, I can't see!; ~ que qqn/qqch (ne) fasse to stop sb/sthg from doing, to prevent sb/sthg from doing □ le café m'empêche de dormir *pr* coffee keeps me awake; ce n'est pas ça qui va l'~ de dormir! *fig* he's not going to lose any sleep over that! -**2.** [pour renforcer une suggestion] to stop, to prevent; cela ne t'empêche pas ou rien ne t'empêche de l'acheter à crédit you could always buy it in instalments; qu'est-ce qui nous empêche de le faire? what's to prevent us (from) doing it?; qu'est-ce qui vous empêche d'écrire à ses parents? why don't you write to his parents?. -**3.** [prévenir – mariage, famine] to prevent, to stop; ~ l'extension d'un conflit to stop a conflict spreading □ ça n'empêche pas ou rien! *fam* it makes no difference! -**4.** [retenir]: être empêché de faire: empêché de venir, il n'a pas pu voter he couldn't vote, as he was (unavoidably) detained.
◇ *v impers*: il n'empêche qu'elle ne l'a jamais compris the fact remains that she's never understood him; il n'empêche que tu es encore en retard maybe, but you're late again all the same.
◆ **s'empêcher de** *vp + prép*: je ne peux pas m'~ de penser qu'il a raison I can't help thinking he's right; il n'a pas pu s'~ de le dire he just had to say it; elle ne peut pas s'~ de se ronger les ongles she can't stop (herself) biting her nails.
◆ **n'empêche** *loc adv fam* all the same, though; n'empêche, tu aurais pu (me) prévenir! all the same ou even so, you could have let me know!
◆ **n'empêche que** *loc conj*: on ne m'a pas écouté, n'empêche que j'avais raison! they didn't listen to me, even though I was right!

**empêcheur, euse** [ɑ̃peʃœr, øz] *nm, f*: un ~ de danser ou tourner en rond *fam* a spoilsport.

**empeigne** [ɑ̃pɛɲ] *nf* upper *(of a shoe)*.

**empennage** [ɑ̃pɛnaʒ] *nm* -**1.** AÉRON empennage. -**2.** ARM [d'un obus, d'une bombe] tail fins; [d'une arbalète] feathers.

**empereur** [ɑ̃prœr] *nm* emperor; l'Empereur HIST Napoleon (Bonaparte ou the First).

**empesé, e** [ɑ̃pəze] *adj* -**1.** [tissu] starched. -**2.** [discours, style] starchy.

**empeser** [19] [ɑ̃pəze] *vt* to starch.

**empester** [3] [ɑ̃pɛste] ◇ *vt* [pièce] to stink out *(sép)* Br, to make stink; [parfum] to stink of. ◇ *vi* to stink.

**empêtré, e** [ɑ̃petre] ◇ *adj* [air] awkward, self-conscious. ◇ *pp* -**1.** [entortillé]: ~ dans ses couvertures all tangled up in his blankets. -**2.** *fig*: être ~ dans ses explications to be bogged down ou muddled up in one's explanations; être ~ dans ses mensonges to be caught in the web of ou trapped in one's own lies.

**empêtrer** [4] [ɑ̃petre] *vt* -**1.** [entortiller – personne] to trap, to

entangle; [– jambes, chevilles] to trap, to catch. **-2.** [embarrasser] to bog down *(sép)*.
◆ **s'empêtrer** *vpi* **-1.** [s'entortiller] to become tangled up ou entangled. **-2.** [s'enferrer]: **s'**~ **dans** [mensonges, explications] to get bogged down ou tied up in.
**emphase** [ɑ̃faz] *nf* **-1.** *péj* [grandiloquence] pomposity, bombast; **un discours plein d'**~ a pompous speech; **avec** ~ pompously, bombastically. **-2.** LING emphasis.
**emphatique** [ɑ̃fatik] *adj* **-1.** *péj* [grandiloquent] pompous, bombastic. **-2.** LING emphatic.
**emphysème** [ɑ̃fizɛm] *nm* emphysema.
**empiècement** [ɑ̃pjɛsmɑ̃] *nm* yoke TEX.
**empierrer** [4] [ɑ̃pjere] *vt* **-1.** [route] to gravel, to metal *Br*. **-2.** [pour le drainage] to line with stones.
**empiète** [ɑ̃pjɛt] *v* → **empiéter**.
**empiétement** [ɑ̃pjetmɑ̃] *nm* encroachment, encroaching *(U)*.
**empiéter** [18] [ɑ̃pjete]
◆ **empiéter sur** *v* + *prép* **-1.** [dans l'espace, le temps] to encroach on ou upon *(insép)*, to overlap with *(insép)*. **-2.** [droit, liberté] to encroach on ou upon *(insép)*, to cut ou to eat into *(insép)*.
**empiffrer** [3] [ɑ̃pifre]
◆ **s'empiffrer** *vpi fam* to stuff o.s.; **s'**~ **de gâteaux** to stuff o.s. with cakes.
**empilable** [ɑ̃pilabl] *adj* stackable.
**empilage** [ɑ̃pilaʒ] *nm* [de boîtes] piling ou stacking up; [de chaises] stacking up.
**empilement** [ɑ̃pilmɑ̃] *nm* [ordonné] stack; [désordonné] heap, pile, mound.
**empiler** [3] [ɑ̃pile] *vt* **-1.** [mettre en tas] to pile ou to heap up *(sép)*; [ranger en hauteur] to stack (up). **-2.** [thésauriser] to amass (large quantities of).
◆ **s'empiler** ◇ *vp (emploi passif)* to be stacked up. ◇ *vpi* [s'entasser] to pile up; **s'**~ **dans** [entrer nombreux dans] to pile ou to pack into.
**empire** [ɑ̃pir] *nm* **-1.** [régime, territoire] empire; **je ne m'en séparerais pas pour (tout) un** ~**!** I wouldn't be without it for the world!; **l'**~ **d'Occident** the Western Empire; **l'**~ **d'Orient** [romain] the Eastern (Roman) Empire; [byzantin] the Byzantine Empire; **l'**~ **du Soleil Levant** the Land of the Rising Sun. **-2.** MYTH & RELIG: **l'**~ **céleste** the kingdom of heaven; **l'**~ **des ténèbres** hell. **-3.** COMM & INDUST empire. **-4.** *sout* [influence] influence; **avoir de l'**~ **sur qqn** to have a hold on ou over sb.
◆ **sous l'empire de** *loc prép sout* [poussé par]: **sous l'**~ **de l'alcool** under the influence of alcohol; **sous l'**~ **de la jalousie** in the grip of jealousy.
**Empire** [ɑ̃pir] *npr m*: **l'**~, **le premier** ~ the (Napoleonic) Empire; **sous l'**~ during the Napoleonic era; **noblesse d'**~ nobility created by Napoleon (Bonaparte); **le Second** ~ the Second Empire ‖ *(comme adj inv)*: **meubles** ~ Empire furniture, furniture in the French Empire style.
**empirer** [3] [ɑ̃pire] ◇ *vi* [santé] to become worse, to worsen, to deteriorate; [mauvais caractère] to become worse; [problème, situation] to get worse. ◇ *vt* to make worse, to cause to deteriorate.
**empirique** [ɑ̃pirik] *adj* **-1.** PHILOS & SC empirical. **-2.** *péj* [non rigoureux] empirical, purely practical.
**empirisme** [ɑ̃pirism] *nm* **-1.** PHILOS & SC empiricism. **-2.** *péj* [pragmatisme] empiricism, charlatanry.
**empiriste** [ɑ̃pirist] *adj* & *nmf* empiricist.
**emplacement** [ɑ̃plasmɑ̃] *nm* **-1.** [pour véhicule] parking space. **-2.** [position – d'un édifice, d'un monument] site, location; [– d'une démarcation] position, place.
**emplâtre** [ɑ̃platr] *nm* PHARM plaster.
**emplette** [ɑ̃plɛt] *nf* **-1.** [fait d'acheter]: **faire ses/des** ~**s** to do one's/some shopping. **-2.** [objet acheté] purchase.
**emplir** [32] [ɑ̃plir] *vt* [récipient] to fill (up) *(sép)*; [salle] to fill.
◆ **s'emplir** *vpi* to fill up; **s'**~ **de** to fill up with.
**emploi** [ɑ̃plwa] *nm* **-1.** [travail] job; **il est sans** ~ he is unemployed ou out of a job. **-2.** [fait d'employer] employing. **-3.** ÉCON: **l'**~ employment; **la situation de l'**~ the job ou employment situation. **-4.** [au spectacle] part; **avoir le physique** ou **la tête de l'**~ to look the part. **-5.** [utilisation] use;

**d'un** ~ **facile** easy to use; **faire mauvais** ~ **de son argent** to misuse one's money. **-6.** SCOL: ~ **du temps** [de l'année] timetable; [d'une journée, des vacances] timetable, schedule; **un** ~ **du temps chargé** a busy timetable ou schedule. **-7.** [cas d'utilisation – d'un objet] use; [– d'une expression] use, usage. **-8.** [en comptabilité] entry.
**emploie** [ɑ̃plwa], **emploierai** [ɑ̃plware] *v* → **employer**.
**employable** [ɑ̃plwajabl] *adj* [personne] employable; [objet] usable.
**employé, e** [ɑ̃plwaje] *nm, f* employee; ~ **de banque** bank clerk; ~ **de bureau** office worker; **j'attends un** ~ **du gaz** I'm expecting someone from the gas board *Br* ou company *Am*; ~ **de maison** servant; ~**s de maison** domestic staff; ~ **des postes** postal worker.
**employer** [13] [ɑ̃plwaje] *vt* **-1.** [professionnellement] to employ; ~ **qqn à faire qqch** [l'assigner à une tâche] to use sb to do sthg. **-2.** [manier – instrument, machine] to use. **-3.** [mettre en œuvre – méthode, ruse] to employ, to use; ~ **la force** to use force; ~ **son énergie à faire qqch** to devote ou to apply one's energy to doing sthg; **de l'argent bien employé** money well spent, money put to good use. **-4.** [expression] to use; **mal** ~ **un mot** to misuse a word, to use a word incorrectly. **-5.** [temps, journée] to spend; **bien** ~ **son temps** to make good use of one's time; **mal** ~ **son temps** to misuse one's time, to use one's time badly, to waste one's time. **-6.** COMPTA to enter.
◆ **s'employer** *vp (emploi passif)* **-1.** [mot] to be used. **-2.** [outil, machine] to be used.
◆ **s'employer à** *vp* + *prép* [se consacrer à] to devote ou to apply o.s. to; **je m'y emploie** I'm working on it.
**employeur, euse** [ɑ̃plwajœr, øz] *nm, f* employer.
**emplumer** [3] [ɑ̃plyme] *vt* to decorate with feathers.
**empocher** [3] [ɑ̃pɔʃe] *vt* **-1.** [mettre dans sa poche] to pocket. **-2.** [s'approprier] to snap up *(sép)*.
**empoignade** [ɑ̃pwaɲad] *nf* **-1.** [coups] brawl, set-to. **-2.** [querelle] row, set-to.
**empoigne** [ɑ̃pwaɲ] *nf* → **foire**.
**empoigner** [3] [ɑ̃pwaɲe] *vt* [avec les mains] to grab, to grasp.
◆ **s'empoigner** *vp (emploi réciproque)* to set to.
**empois** [ɑ̃pwa] *nm* starch.
**empoisonnant, e** [ɑ̃pwazɔnɑ̃, ɑ̃t] *adj fam* **-1.** [exaspérant] annoying. **-2.** [ennuyeux] tedious, boring.
**empoisonnement** [ɑ̃pwazɔnmɑ̃] *nm* PHYSIOL poisoning.
**empoisonner** [3] [ɑ̃pwazɔne] *vt* **-1.** [tuer] to poison. **-2.** [rendre malade] to poison. **-3.** [mettre du poison sur – flèche] to poison. **-4.** [dégrader – rapports] to poison, to taint, to blight; [– esprit] to poison; ~ **l'existence à qqn** to make sb's life a misery. **-5.** [importuner] to bother; **tu m'empoisonnes avec tes questions!** you're being a real nuisance with your questions!
◆ **s'empoisonner** *vpi* **-1.** PHYSIOL to get food poisoning. **-2.** *fam* [s'ennuyer] to be bored stiff.
◆ **s'empoisonner à** *vp* + *prép* [se donner du mal pour]: **je ne vais pas m'**~ **à coller toutes ces enveloppes!** I can't be bothered to seal all those envelopes!
**empoisonneur, euse** [ɑ̃pwazɔnœr, øz] *nm, f* **-1.** *fam* [importun – qui lasse] nuisance, bore; [– qui gêne] nuisance, pain (in the neck). **-2.** [assassin] poisoner.
**empoissonner** [3] [ɑ̃pwasɔne] *vt* to stock with fish.
**emporté, e** [ɑ̃pɔrte] ◇ *adj* [coléreux – homme] quick-tempered; [– ton] angry. ◇ *nm, f* quick-tempered person.
**emportement** [ɑ̃pɔrtəmɑ̃] *nm* **-1.** [colère] anger *(U)*; [accès de colère] fit of anger. **-2.** *litt* [passion] transport; **aimer qqn avec** ~ to love sb passionately.
**emporte-pièce** [ɑ̃pɔrtəpjɛs] *nm inv* punch TECH.
◆ **à l'emporte-pièce** *loc adj*: **avoir des formules/jugements à l'**~ to have a bold turn of phrase/very clear views.
**emporter** [3] [ɑ̃pɔrte] *vt* **-1.** [prendre avec soi] to take; ~ **un secret dans la** ou **sa tombe** to take ou to carry a secret to the grave; **il ne l'emportera pas au paradis!** he's not getting away with that! **-2.** [transporter – stylo, parapluie, chaton] to take; [– bureau, piano, blessé] to carry (off ou away); **emporte tout ça au grenier/à la cave** take these things (up) to the attic/(down) to the cellar. **-3.** [retirer – livre, stylo] to take (away), to remove; [– malle, piano] to carry away *(sép)*, to remove; **feuilles emportées par le vent** leaves carried ou

swept along by the wind ❏ 'Autant en emporte le vent' *Mitchell* 'Gone With the Wind'. **-4.** [voler] to take, to go off with. **-5.** [endommager] to tear off; il a eu le bras emporté par l'explosion he lost an arm in the explosion, the explosion blew his arm off; cette sauce emporte la bouche this sauce takes the roof of your mouth off. **-6.** [émouvoir – suj: amour, haine] to carry (along) *(sép)*; [– suj: élan] to carry away *(sép)*; il s'est laissé ~ par son imagination he let his imagination run away with him. **-7.** [tuer – suj: maladie]: il a été emporté par un cancer he died of cancer. **-8.** [gagner – victoire] to win, to carry off *(sép)*; ~ la décision to win ou to carry the day; ~ l'adhésion de qqn to win sb's support ❏ ~ le morceau *fam* to have the upper hand; l'~ [argument] to win ou to carry the day; [attitude, méthode] to prevail; le plus fort l'emportera [boxeurs] the stronger man will win; [concurrents] the best competitor will come out on top ou carry the day; Cendrillon l'emportait en beauté (sur les autres) Cinderella's beauty far outshone the others; l'~ sur to win ou to prevail over. **-9.** MIL [place] to take.
◆ **s'emporter** *vpi* **-1.** [personne] to lose one's temper, to flare up. **-2.** [cheval] to bolt.
◆ **à emporter** *loc adj* to take away *Br*, to go *Am*.

**empoté, e** [ɑ̃pɔte] *fam* ◇ *adj* clumsy, awkward. ◇ *nm, f* clumsy oaf.

**empoter** [3] [ɑ̃pɔte] *vt* to pot HORT.

**empourprer** [3] [ɑ̃purpre] *vt litt* [horizon] to (tinge with) crimson.
◆ **s'empourprer** *vpi litt* **-1.** [horizon] to turn crimson. **-2.** [joues, personne] to flush (bright crimson).

**empoussiérer** [18] [ɑ̃pusjere] *vt* to cover with dust, to make dusty.

**empreindre** [81] [ɑ̃prɛ̃dr] *vt litt* [pensée] to mark, to stamp; [cœur, comportement] to mark; empreint de: empreint d'un amour véritable marked by true love; ses manières sont empreintes de bonté her ways are full of kindness; d'un ton empreint de gravité in a grave tone of voice.
**empreint, e** [ɑ̃prɛ̃, ɛ̃t] *pp* → **empreindre**.
◆ **empreinte** *nf* **-1.** [du pas humain] footprint; [du gibier] track; ~es (digitales) fingerprints. **-2.** [d'un sceau] imprint; [sur une médaille] stamp. **-3.** [d'une serrure] impression. **-4.** [influence] mark, stamp. **-5.** PSYCH imprint. **-6.** [d'une dent] impression. **-7.** GÉOL imprint. **-8.** BIOL: ~e génétique genetic fingerprint.

**empressé, e** [ɑ̃prese] ◇ *adj* [fiancé] thoughtful, attentive; [serveuse, garde-malade] attentive; *péj* overzealous. ◇ *nm, f*: faire l'~ auprès de qqn to fawn over sb.

**empressement** [ɑ̃prɛsmɑ̃] *nm* **-1.** [zèle] assiduousness, attentiveness; montrer de l'~ to be eager to please. **-2.** [hâte] enthusiasm, eagerness, keenness; il est allé les chercher avec ~/sans (aucun) ~ he went off to get them enthusiastically/(very) reluctantly; son ~ à se déclarer coupable éveilla les soupçons suspicions were aroused by the fact that he was so eager to admit his guilt.

**empresser** [4] [ɑ̃prese]
◆ **s'empresser** *vpi*: s'~ autour ou auprès de qqn [s'activer] to bustle around sb; [être très attentif] to surround sb with attentions, to attend to sb's needs; les hommes s'empressent autour d'elle she always has men hovering around her.
◆ **s'empresser de** *vp* + *prép*: s'~ de faire qqch to hasten to do sthg.

**emprise** [ɑ̃priz] *nf* **-1.** [intellectuelle, morale] hold; l'~ du désir the ascendancy of desire; sous l'~ de la peur in the grip of fear; être sous l'~ de qqn to be under sb's thumb. **-2.** ADMIN & JUR expropriation.

**emprisonnement** [ɑ̃prizɔnmɑ̃] *nm* imprisonment; condamné à 5 ans d'~ sentenced to 5 years in prison, given a 5-year sentence ❏ ~ à perpétuité life imprisonment.

**emprisonner** [3] [ɑ̃prizɔne] *vt* **-1.** [incarcérer – malfaiteur] to imprison, to put in jail, to put in prison. **-2.** [immobiliser] to trap; le cou emprisonné dans une minerve his neck tightly held in ou constricted by a surgical collar. **-3.** [psychologiquement]: emprisonné dans des habitudes dont il ne peut pas se défaire trapped in habits he is unable to break.

**emprunt** [ɑ̃prœ̃] *nm* **-1.** FIN [procédé] borrowing; [argent] loan; faire un ~ to borrow money, to take out a loan; faire un ~ de 10 000 francs to raise a loan of ou to borrow

10,000 francs; ~ à 11 % loan at 11% ❏ ~ d'État/public national/public loan. **-2.** [d'un vélo, d'un outil] borrowing. **-3.** LING [processus] borrowing; [mot] loan (word). **-4.** [fait d'imiter] borrowing; [élément imité] borrowing.
◆ **d'emprunt** *loc adj* [nom] assumed.

**emprunté, e** [ɑ̃prœ̃te] *adj* [peu naturel – façon] awkward; [– personne] awkward, self-conscious.

**emprunter** [3] [ɑ̃prœ̃te] *vt* **-1.** FIN to borrow. **-2.** [outil, robe] to borrow. **-3.** [nom] to assume. **-4.** [imiter – élément de style] to borrow, to take. **-5.** [route] to take; [circuit] to follow; vous êtes priés d'~ le souterrain you are requested to use the underpass. **-6.** LING to borrow; mot emprunté loan (word).

**emprunteur, euse** [ɑ̃prœ̃tœr, øz] *nm, f* borrower.

**empuantir** [32] [ɑ̃pɥɑ̃tir] *vt* [salle] to stink out *(sép) Br*, to make stink; [air] to fill with a foul smell.

**EMT** *(abr de* **éducation manuelle et technique)** *nf* practical sciences.

**ému, e** [emy] ◇ *pp* → **émouvoir**. ◇ *adj* [de gratitude, de joie, par une musique, par la pitié] moved; [de tristesse] affected; [d'inquiétude] agitated; [d'amour] excited; ~ jusqu'aux larmes moved to tears; parler d'une voix ~e to speak with (a voice full of) emotion; trop ~ pour parler too overcome by emotion to be able to speak; je garde d'elle un souvenir ~ I have fond memories of her.

**émulateur** [emylatœr] *nm* emulator.

**émulation** [emylasjɔ̃] *nf* **-1.** [compétition] emulation. **-2.** INF emulation.

**émule** [emyl] *nmf* emulator; le dictateur et ses ~s the dictator and his followers.

**émulseur** [emylsœr] *nm* [appareil] emulsifier.

**émulsif, ive** [emylsif, iv] *adj* emulsive.
◆ **émulsif** *nm* emulsifier.

**émulsifiant, e** [emylsifiɑ̃, ɑ̃t] = **émulsif**.

**émulsion** [emylsjɔ̃] *nf* CHIM, CULIN & PHOT emulsion.

**émulsionner** [3] [emylsjɔne] *vt* **-1.** [produit] to emulsify. **-2.** PHOT to coat with emulsion.

**émus** [emy] *v* → **émouvoir**.

**en** [ɑ̃] ◇ *prép* **A.** DANS LE TEMPS [indiquant – le moment] in; [– la durée] in, during; en soirée in the evening; en deux heures c'était fini it was over in two hours; en 40 ans de carrière ... in my 40 years in the job ... **B.** DANS L'ESPACE [indiquant – la situation] in; [– la direction] to; se promener en forêt/en ville to walk in the forest/around the town; faire une croisière en Méditerranée to go on a cruise around the Mediterranean; aller en Espagne to go to Spain; partir en forêt to go off into the forest ǀǀ *fig*: en moi-même, j'avais toujours cet espoir deep down ou in my heart of hearts, I still had that hope; trouver en soi la force de faire qqch to find in o.s. the strength to do sthg; ce que j'apprécie en lui what I like about him. **C.** INDIQUANT LE DOMAINE: bon en latin/physique good at Latin/physics; je ne m'y connais pas en peinture I don't know much about painting; il fait de la recherche en agronomie he's doing research in agronomy; en cela ou ce en quoi il n'a pas tort and I have to say he's right ou not wrong there. **D.** INDIQUANT LA COMPOSITION: chaise en bois/fer wooden/iron chair; c'est en quoi? *fam* what's it made of? **E.** INDIQUANT LA MANIÈRE, LE MOYEN **-1.** [marquant l'état, la forme, la manière]: être en colère/en rage to be angry/in a rage; être en forme to be on (good) form; le pays est en guerre the country is at war; se conduire en gentleman to behave like a gentleman; en véritable ami, il m'a prévenu good friend that he is ou being a true friend, he warned me; je suis venu en ami I came as a friend; il m'a envoyé ces fleurs en remerciement he sent me these flowers to say thank you; peint en bleu painted blue; je la préfère en vert I prefer it in green; il était en pyjama he was in his pyjamas, he had his pyjamas on; couper qqch en deux to cut sthg in two ou in half; en (forme de) losange diamond-shaped; j'ai passé Noël en famille I spent Christmas with my family; faire qqch en cachette/en vitesse/en douceur to do sthg secretly/quickly/smoothly; du sucre en morceaux sugar cubes; une rue en pente a street on a slope ou a hill. **-2.** [introduisant une mesure] in; je veux le résultat en dollars I

want the result in dollars; **un tissu en 140 de large** 140 cm wide material; **auriez-vous la même robe en 38?** do you have the same dress in a 38?-**3.** [indiquant une transformation] into; **l'eau se change en glace** water turns into ice; **se déguiser en fille** to dress up as a girl. -**4.** [marquant le moyen]: **j'y vais en bateau** I'm going by boat; **ils ont fait le tour de l'île en voilier** they sailed round the island (in a yacht); **en voiture/train** by car/train; **avoir peur en avion** to be scared of flying; **payer en liquide** to pay cash.
**F.** AVEC LE GÉRONDIF -**1.** [indiquant la simultanéité]: **il est tombé en courant** he fell while running; **nous en parlerons en prenant un café** we'll talk about it over a cup of coffee; **c'est en le voyant que j'ai compris** when I saw him I understood; **rien qu'en le voyant, elle se met en colère** she gets angry just seeing him, the mere sight of him makes her angry; **tout en marchant, elles tentaient de trouver une réponse** while walking ou as they walked, they tried to find an answer. -**2.** [indiquant la concession, l'opposition]: **en étant plus conciliant, il ne changeait toujours pas d'avis** whilst ou although he was more conciliatory, he still wouldn't change his mind. -**3.** [indiquant la cause, le moyen, la manière]: **il marche en boitant** he walks with a limp; **il est parti en courant** he ran off; **retapez en changeant toutes les majuscules** type it out again and change all the capitals; **ce n'est pas en criant que l'on résoudra le problème** shouting won't solve the problem. -**4.** [introduisant une condition, une supposition] if; **en prenant un cas concret, on voit que...** if we take a concrete example, we can see that...; **en supposant que...** supposing that...
**G.** INTRODUISANT LE COMPLÉMENT DU VERBE in; **croire en qqn/qqch** to believe in sb/sthg.
◊ *pron* **A.** COMPLÉMENT DU VERBE -**1.** [indiquant le lieu]: **il faudra que tu ailles à la poste — j'en viens** you'll have to go to the post office — I've just got back from ou just been there. -**2.** [indiquant la cause, l'agent]: **on en meurt** you can die of ou from it; **je n'en dors plus** it's keeping me awake at nights; **elle était tellement fatiguée qu'elle en pleurait** she was so tired (that) she was crying. -**3.** [complément d'objet]: **voilà des fraises/du lait, donne-lui-en** here are some strawberries/here's some milk, give him some; **passe-moi du sucre — il n'en reste plus** give me some sugar — there's none left; **si tu n'aimes pas la viande/les olives, n'en mange pas** if you don't like meat/olives, don't eat any; **tous les invités ne sont pas arrivés, il en manque deux** all the guests haven't arrived yet, two are missing; **tu en as acheté beaucoup** you've bought a lot (of it/of them); **tu n'en as pas dit assez** you haven't said enough. -**4.** [avec une valeur emphatique]: **tu en as de la chance!** you really are lucky, you are!-**5.** [complément d'objet indirect] about it; **ne vous en souciez plus** don't worry about it any more. -**6.** [comme attribut]: **les volontaires? — j'en suis!** any volunteers? — me!
**B.** COMPLÉMENT DU NOM OU DU PRONOM: **j'en garde un bon souvenir** I have good memories of it; **écoute ces voix et admires-en la beauté** listen to these voices and admire their beauty.
**C.** COMPLÉMENT DE L'ADJECTIF: **sa maison en est pleine** his house is full of it/them; **tu en es sûr?** are you sure (of that)?
**D.** DANS DES LOCUTIONS VERBALES: **il en va de même pour lui** the same goes for him; **s'en prendre à qqn** to blame ou to attack sb.
**ENA, Ena** [ena] (*abr de* **École nationale d'administration**) *npr f prestigious grande école training future government officials*.
**enamourer** [3] [ānamure]
◆ **s'enamourer de** *vp + prép litt* to become enamoured with.
**énarchie** [enarʃi] *nf old-boy network of graduates of the ENA*.
**énarque** [enark] *nmf student or former student of the École nationale d'administration*.
**encablure** [ākablyr] *nf* cable, 195 metres; *fig*: **à une ~ de** a stone's throw away from.
**encadré** [ākadre] *nm* box PRINT.
**encadrement** [ākadrəmā] *nm* -**1.** [mise sous cadre] framing; [cadre] frame. -**2.** [embrasure – d'une porte] door frame; [– d'une fenêtre] window frame; **il apparut dans l'~ de la porte** he appeared (framed) in the doorway. -**3.** [responsabilité – de formation] training; [– de surveillance] supervision;

[– d'organisation] backing; [personnel]: **l'~** [pour former] the training staff; [pour surveiller] the supervisory staff. -**4.** ÉCON: **~ des prix** price controls; **~ des crédits** credit control.
**encadrer** [3] [ākadre] *vt* -**1.** [dans un cadre] to (put into a) frame. -**2.** [border] to frame, to surround; **un dessin encadré de bleu** a drawing with a blue border; **le visage encadré de boucles** her face framed with curls. -**3.** [flanquer] to flank; **deux potiches encadraient la cheminée** two large vases stood on either side of ou flanked the fireplace. -**4.** [surveiller, organiser] to lead, to organize, to supervise; **les scouts sont bien encadrés** the scout pack has responsible leaders. -**5.** *fam* [supporter – personne] to stand; **je ne peux pas l'~** I can't stand (the sight of) him.
**encadreur, euse** [ākadrœr, øz] *nm, f* picture framer.
**encagoulé, e** [ākagule] *adj* hooded, wearing a hood ou balaclava.
**encaissable** [ākesabl] *adj* cashable.
**encaisse** [ākɛs] *nf* cash in hand, cash balance.
**encaissé, e** [ākese] *adj* [vallée] deep, steep-sided.
**encaissement** [ākɛsmā] *nm* -**1.** [d'une vallée] steep-sidedness. -**2.** FIN [d'argent] cashing in, receipt; [d'un chèque] cashing. -**3.** [de marchandises] boxing, packing.
**encaisser** [4] [ākese] *vt* -**1.** FIN [argent] to receive; [chèque] to cash. -**2.** *fam* [gifle, injure, échec] to take; **~ un coup** SPORT to take a blow; **il n'a pas encaissé que tu lui mentes/ce que tu lui as dit** he just can't stomach the fact that you lied to him/what you told him ‖ *(en usage absolu)*: **ne dis rien, encaisse!** take it, don't say anything!-**3.** *fam* [tolérer]: **je ne peux pas l'~** I can't stand him. -**4.** [empaqueter] to box, to pack in boxes. -**5.** [planter – arbuste] to plant (out) in a box ou tub.
**encaisseur, euse** [ākesœr, øz] *nm, f* debt collector.
**encalminé, e** [ākalmine] *adj* becalmed NAUT.
**encanailler** [3] [ākanaje]
◆ **s'encanailler** *vpi* -**1.** [par snobisme] to mix with the riff-raff, to slum it *hum.* -**2.** [se dégrader] to go to the dogs.
**encapuchonner** [3] [ākapyʃɔne] *vt* -**1.** [personne, tête] to put a hood on. -**2.** [stylo] to put the cap on.
**encart** [ākar] *nm* insert; **~ publicitaire** advertising insert.
**en-cas, encas** [āka] *nm inv* snack, something to eat.
**encastrable** [ākastrabl] *adj* built-in.
**encastrement** [ākastrəmā] *nm* -**1.** [d'un placard – action] building in, recessing; [placard, étagères] built-in fitting. -**2.** [d'un interrupteur – action] flushing in; [interrupteur] flush fitting.
**encastrer** [3] [ākastre] *vt* -**1.** [placard] to build in *(sép)*, to slot in *(sép)*; [interrupteur] to recess, to fit flush; [coffre-fort] to recess; **four encastré** built-in oven. -**2.** [dans un boîtier, un mécanisme] to fit.
**encaustique** [ākostik] *nf* polish, wax.
**encaustiquer** [3] [ākostike] *vt* to polish, to wax.
**encaver** [3] [ākave] *vt* to cellar.
**enceindre** [81] [āsɛdr] *vt litt*: **~ la ville de murs** to encircle ou to surround the city with walls.
**enceint, e**[1] [āsɛ̃, ɛ̃t] *pp* → **enceindre**.
◆ **enceinte** *nf* -**1.** [mur]: (mur d') **~e** surrounding wall. -**2.** [ceinture] enclosure, fence; **protégé par une ~e de fossés** closed in by a circular moat. -**3.** ACOUST speaker.
◆ **dans l'enceinte de** *loc prép* within (the boundary of); **dans l'~e du parc** within ou inside the park; **dans l'~e du tribunal** within the courtroom.
**enceinte**[2] [āsɛ̃t] *adj f* [femme] pregnant; **~ de son premier enfant** expecting her first child; **~ de trois mois** three months pregnant.
**encens** [āsā] *nm* -**1.** [résine] incense. -**2.** *fig & litt* sycophancy, flattery.
**encensement** [āsāsmā] *nm* -**1.** [d'un écrivain] praising to the skies. -**2.** RELIG incensing.
**encenser** [3] [āsāse] *vt* -**1.** RELIG to incense. -**2.** [louer – mérites] to praise to the skies; [– écrivain] to praise to the skies, to shower praise upon.
**encensoir** [āsāswar] *nm* RELIG censer.
**encéphale** [āsefal] *nm* encephalon.
**encéphalogramme** [āsefalɔgram] *nm* encephalogram.
**encercler** [3] [āsɛrkle] *vt* -**1.** [marquer] to ring, to draw a ring

round, to encircle; **encerclé d'un trait rouge** circled in red. **-2.** [entourer] to surround, to encircle, to form a circle around. **-3.** [cerner] to surround, to encircle, to hem in *(sép)*; **village encerclé par des soldats** village surrounded by troops.

**enchaîné** [ɑ̃ʃene] *nm* dissolve.

**enchaînement** [ɑ̃ʃenmɑ̃] *nm* **-1.** [série] sequence, series *(sg)*; **un ~ de circonstances favorables** a series of favourable circumstances. **-2.** [lien] (logical) link; **faire un ~** [dans un raisonnement] to link up two ideas; [dans un exposé] to link up two items. **-3.** [structure] structure, logical sequence. **-4.** DANSE enchaînement, linked-up steps. **-5.** SPORT linked-up movements; **faire un ~** to perform a sequence. **-6.** MUS: **~ des accords** chord progression.

**enchaîner** [4] [ɑ̃ʃene] ◇ *vt* **-1.** [lier – personne] to put in chains, to chain; **~ à** to chain (up) to. **-2.** [attacher ensemble – prisonniers] to chain (up) together *(sép)*; [– maillons] to link (up) *(sép)*. **-3.** [asservir – média] to trammel, to shackle; [– personne] to enslave; [– libertés] to put in chains OU shackles. **-4.** [relier – idées, mots] to link (up), to link OU to string together; **vos arguments ne sont pas bien enchaînés** your arguments aren't presented in logical sequence OU don't follow on from each other *Br*. **-5.** [dans une conversation]: «**c'est faux**», **enchaîna-t-elle** 'it's not true', she went on. **-6.** DANSE to link; SPORT [mouvements] to run together OU into each other, to link up (together). ◇ *vi* **-1.** [poursuivre] to move OU to follow on; **~ sur: elle a enchaîné sur les élections** she went on to talk about the election. **-2.** RAD & TV to link up two items of news; **enchaînons** let's go on to the next item. **-3.** CIN to fade; **~ sur une scène** to fade into a scene. ◆ **s'enchaîner** *vpi* [idées] to follow on (from one another) *Br*, to be connected; [images, épisodes] to form a (logical) sequence; [événements] to be linked together.

**enchanté, e** [ɑ̃ʃɑ̃te] *adj* **-1.** [magique] enchanted. **-2.** [ravi] delighted, pleased; **~!** pleased to meet you!; **je serais enchanté de...** I'd be delighted OU very pleased to...; **~ de faire votre connaissance!** how do you do!, pleased to meet you!

**enchantement** [ɑ̃ʃɑ̃tmɑ̃] *nm* **-1.** [en magie] (magic) spell, enchantment; **comme par ~** as if by magic. **-2.** [merveille] delight, enchantment; **la soirée fut un véritable ~** the evening was absolutely delightful OU enchanting.

**enchanter** [3] [ɑ̃ʃɑ̃te] *vt* **-1.** [faire plaisir à] to enchant, to charm, to delight; **cela ne l'enchante pas (beaucoup)** OU **guère he's** none too pleased OU happy (at having to do it). **-2.** [par la magie] to bewitch, to cast a spell on.

**enchanteur, eresse** [ɑ̃ʃɑ̃tœr, trɛs] *adj* enchanting, bewitching, magical. ◆ **enchanteur** *nm* **-1.** [magicien] enchanter, sorcerer. **-2.** [séducteur] charmer. ◆ **enchanteresse** *nf* **-1.** [magicienne] enchantress, witch. **-2.** [séductrice] charmer, enchantress.

**enchâssement** [ɑ̃ʃasmɑ̃] *nm* JOAILL setting.

**enchâsser** [3] [ɑ̃ʃase] *vt* JOAILL to set.

**enchère** [ɑ̃ʃɛr] *nf* **-1.** [vente] auction; **vendre aux ~s** to sell by auction; **mettre aux ~s** to put up for auction. **-2.** [offre d'achat] bid; **faire monter les ~s** *pr* to raise the bidding; *fig* to raise the stakes. **-3.** JEUX bid.

**enchérir** [32] [ɑ̃ʃerir] *vi litt* [devenir cher] to become dearer OU more expensive, to go up in price. ◆ **enchérir sur** *v + prép* [dans une enchère]: **~ sur une offre** to make a higher bid; **~ sur une somme** to go over and above an amount; **~ sur qqn** to bid higher than sb.

**enchérisseur, euse** [ɑ̃ʃerisœr, øz] *nm, f* bidder.

**enchevêtrement** [ɑ̃ʃəvɛtrəmɑ̃] *nm* **-1.** [objets emmêlés] tangle, tangled mass; **un ~ de branches** tangled branches, a tangle of branches. **-2.** [confusion] tangle, tangled state, confusion.

**enchevêtrer** [4] [ɑ̃ʃəvɛtre] *vt* **-1.** [mêler – fils, branchages] to tangle (up), to entangle. **-2.** [embrouiller – histoire] to confuse, to muddle; **une intrigue enchevêtrée** a complicated OU muddled plot. ◆ **s'enchevêtrer** *vpi* **-1.** [être emmêlé – fils] to become entangled, to get into a tangle; [– branchages] to become entangled. **-2.** [être confus – idées, événements] to become confused OU muddled.

**enclave** [ɑ̃klav] *nf* **-1.** [lieu] enclave. **-2.** [groupe, unité] en-

clave. **-3.** GÉOL inclusion, xenolith.

**enclavement** [ɑ̃klavmɑ̃] *nm* [d'une nation] setting up as an enclave; [d'un jardin] enclosing, hemming in.

**enclaver** [3] [ɑ̃klave] *vt* **-1.** [entourer – terrain] to enclose, to hem in *(sép)*. **-2.** [insérer]: **~ entre** to insert between. **-3.** [placer l'un dans l'autre] to fit into each other, to interlock.

**enclenchement** [ɑ̃klɑ̃ʃmɑ̃] *nm* **-1.** [action] engaging; [résultat] engagement; **avant l'~ du loquet** before the catch engages. **-2.** [dispositif] interlock.

**enclencher** [3] [ɑ̃klɑ̃ʃe] *vt* **-1.** MÉCAN to engage. **-2.** [commencer – démarche, procédure] to set in motion, to get under way, to set off *(sép)*. ◆ **s'enclencher** *vpi* **-1.** MÉCAN to engage. **-2.** [démarche, procédure] to get under way, to get started.

**enclin, e** [ɑ̃klɛ̃, in] *adj*: **~ à qqch/à faire qqch** inclined to sthg/to do sthg.

**enclore** [113] [ɑ̃klɔr] *vt* to enclose; **enclos d'une haie** hedged in; **enclos d'un mur** walled in.

**enclos, e** [ɑ̃klo, oz] *pp* → **enclore**. ◆ **enclos** *nm* **-1.** [terrain] enclosed plot of land; [à moutons] pen, fold; [à chevaux] paddock. **-2.** [muret] wall. **-3.** [grillage] (wire) fence.

**enclosons** [ɑ̃klozɔ̃] *v* → **enclore**.

**enclume** [ɑ̃klym] *nf* [du forgeron] anvil; [du couvreur] (slater's) iron; [du cordonnier] last; **entre l'~ et le marteau** between the devil and the deep blue sea.

**encoche** [ɑ̃kɔʃ] *nf* **-1.** [entaille] notch. **-2.** [d'une flèche] nock. **-3.** [d'un livre] thumb index.

**encocher** [3] [ɑ̃kɔʃe] *vt* **-1.** [faire une entaille à] to notch. **-2.** [flèche] to nock.

**encodage** [ɑ̃kɔdaʒ] *nm* encoding.

**encoder** [3] [ɑ̃kɔde] *vt* to encode.

**encodeur, euse** [ɑ̃kɔdœr, øz] *nm, f* encoder.

**encoignure** [ɑ̃kwaɲyr, ɑ̃kɔɲyr] *nf* **-1.** [angle] corner. **-2.** [table] corner table; [placard] corner cupboard; [siège] corner chair.

**encollage** [ɑ̃kɔlaʒ] *nm* pasting, sizing.

**encoller** [3] [ɑ̃kɔle] *vt* to paste, to size.

**encolleuse** [ɑ̃kɔløz] *nf* sizing machine.

**encolure** [ɑ̃kɔlyr] *nf* **-1.** ANAT, VÉT & ZOOL neck. **-2.** ÉQUIT neck; **à une ~ du vainqueur** a neck behind the winner.

**encombrant, e** [ɑ̃kɔ̃brɑ̃, ɑ̃t] *adj* **-1.** [volumineux] bulky, cumbersome; **j'ai dû m'en débarrasser c'était trop ~** I had to get rid of it, it was taking up too much space or it was getting in the way. **-2.** [importun] inhibiting, awkward; **le jeune couple trouvait la petite sœur ~e** the young couple felt the little sister was in the way.

**encombre** [ɑ̃kɔ̃br] ◆ **sans encombre** *loc adv* safely, without mishap.

**encombré, e** [ɑ̃kɔ̃bre] *adj* **-1.** [route]: **l'autoroute est très ~e** traffic on the motorway is very heavy, there is very heavy traffic on the motorway. **-2.** [plein d'objets]: **avoir les mains ~es** to have one's hands full; **un salon ~** a cluttered living room. **-3.** [bronches] congested.

**encombrement** [ɑ̃kɔ̃brəmɑ̃] *nm* **-1.** [embouteillage] traffic jam. **-2.** [fait d'obstruer] jamming, blocking; **par suite de l'~ des lignes téléphoniques/de l'espace aérien** because the telephone lines are overloaded/the air space is overcrowded. **-3.** [entassement] clutter, cluttered state. **-4.** [dimension] size; **meuble de faible ~** small OU compact piece of furniture. **-5.** MÉD: **~ des voies respiratoires** congestion of the respiratory system.

**encombrer** [3] [ɑ̃kɔ̃bre] *vt* **-1.** [remplir] to clutter (up), to fill OU to clog up *(sép)*; **~ qqch de** to clutter sthg (up) with. **-2.** [obstruer – couloir] to block (up); [– route] to block OU to clog up *(sép)*; [– circulation] to hold up *(sép)*; **une ville très encombrée** a congested city, a city choked with traffic. **-3.** [saturer]: **les logiciels encombrent le marché** there's a surplus OU glut of software packages on the market; **une profession encombrée** an overcrowded profession. **-4.** [charger – d'un objet lourd] to load (down), to encumber; **~ qqn de** to load sb down with. **-5.** [suj: objet gênant]: **tiens, je te donne ce vase, il m'encombre here**, have this vase, I don't know what to do with it; **que faire de ces sacs qui nous encombrent?** what shall we do with these bags that are in the

way?**-6.** [gêner] to burden, to encumber; **son enfant l'encombre** her child's a burden to her. **-7.** TÉLÉC to overload, to jam.
◆ **s'encombrer** ◇ *vpi* [avoir trop de bagages, de vêtements] to be loaded ou weighed down; **s'~ de** *fig* to be overburdened with; **il ne s'encombre pas de scrupules** he's not exactly overburdened with scruples. ◇ *vpt:* **s'~ l'esprit de** to fill one's mind ou to cram one's head with; **s'~ la mémoire de** to fill ou to load one's memory with.

**encontre** [ãkɔ̃tr]
◆ **à l'encontre** *loc adv sout* in opposition.
◆ **à l'encontre de** *loc prép sout*: **aller à l'~ de** to go against, to run counter to; **cette décision va à l'~ du but recherché** this decision is self-defeating ou counterproductive.

**encorbellement** [ãkɔrbɛlmã] *nm* corbelled construction; **balcon en ~** corbelled balcony.

**encorder** [3] [ãkɔrde] *vt* to rope up *(sép)*.
◆ **s'encorder** *vpi* to rope up (together).

**encore** [ãkɔr] *adv* **-1.** [toujours] still; **ils en sont ~ à taper tout à la machine** they're still using typewriters. **-2.** [pas plus tard que] only; **ce matin ~, il était d'accord** only this morning he was in agreement. **-3.** [dans des phrases négatives]: **pas ~** not yet; **je n'ai pas ~ fini** I haven't finished yet; **~ rien** still nothing, nothing yet; **vous n'avez ~ rien vu!** you haven't seen anything yet!; **je n'avais ~ jamais vu ça!** I'd never seen anything like it before!**-4.** [de nouveau]: **tu manges ~!** you're not eating again, are you!; **je me suis coupé — ~!** I've cut myself — not again!; **~ une fois, c'est non!** the answer's still no!; **si tu fais ça ~ une fois...** if you do that again ou one more time ou once more...; **~ de la glace?** some more ou a little more ice-cream?; **je te sers ~ un verre?** will you have another drink?; **quoi ~?** [dans une énumération] what else?; *fam* [ton irrité] now what?; **qu'est-ce qu'il y a ~?** what is it this time?; **et puis quoi ~?** [dans une énumération] what else?; *iron* will that be all?; [marquant l'incrédulité] whatever next?; **elle est bien élevée, charmante, mais ~?** she's well brought-up and charming, and (apart from that)?; **~ un qui ne sait pas ce qu'il veut!** another one who doesn't know what he wants!**-5.** [davantage]: **il va grandir ~** he's still got a bit more growing to do; **réduisez-le ~** reduce it even more; **il faudra ~ travailler cette scène** that scene still needs more work on it ‖ [devant un comparatif]: **il est ~ plus gentil que je n'imaginais** he is even nicer than I'd imagined (he'd be); **~ autant** as much again; **~ pire** even ou still worse. **-6.** [introduisant une restriction]: **c'est bien beau d'avoir des projets, ~ faut-il les réaliser** it's all very well having plans, but the important thing is to put them into practice; **si ~ il ou ~ s'il était franc, on lui pardonnerait** if only ou if at least he was honest you could forgive him ❏ **je t'en donne 100 francs, et ~ I'll** give you 100 francs for it, if that!; **et ~, on ne sait pas tout!** and even then we don't know the half of it!; **~ heureux!** thank goodness for that!; **~ une chance qu'il n'ait pas été là!** thank goodness it's lucky he wasn't there!
◆ **encore que** *loc conj*: **j'aimerais y aller, ~ qu'il soit tard** I'd like to go even though it's late; **~ que nous pourrions le faire nous-mêmes!** although, we could do it ourselves!

**encorner** [3] [ãkɔrne] *vt* to gore.

**encornet** [ãkɔrne] *nm* squid.

**encourageai** [ãkuraʒe] *v* → encourager.

**encourageant, e** [ãkuraʒã, ãt] *adj* [paroles] encouraging; [succès, résultat] encouraging, promising.

**encouragement** [ãkuraʒmã] *nm* encouragement, support.

**encourager** [17] [ãkuraʒe] *vt* **-1.** [inciter] to encourage; **~ qqn du geste** to wave to sb in encouragement; **~ qqn de la voix** to cheer sb (on); **~ qqn à faire qqch** to encourage sb to do sthg. **-2.** [favoriser] to stimulate; **un prix fondé pour ~ l'initiative** an award set up to stimulate ou to foster the spirit of enterprise.
◆ **s'encourager** ◇ *vp (emploi réfléchi)* to spur o.s. on. ◇ *vp (emploi réciproque)* to cheer each other on.

**encourir** [45] [ãkurir] *vt* [dédain, reproche, critique] to incur, to bring upon o.s.

**encrage** [ãkraʒ] *nm* inking.

**encrassement** [ãkrasmã] *nm* [d'un filtre] clogging (up); [d'un tuyau] clogging (up), fouling (up); [d'une arme] fouling (up).

**encrasser** [3] [ãkrase] *vt* **-1.** [obstruer – filtre] to clog up *(sép)*; [– tuyau] to clog ou to foul up *(sép)*; [– arme] to foul up *(sép)*. **-2.** [salir] to dirty, to muck up *(sép)*.
◆ **s'encrasser** *vpi* **-1.** [s'obstruer – filtre] to become clogged (up); [– tuyau] to become clogged (up), to become fouled up; [– arme] to become fouled up. **-2.** [se salir] to get dirty.

**encre** [ãkr] *nf* **-1.** [pour écrire] ink; **écrire à l'~** to write in ink ❏ **~ de Chine** Indian ink; **~ sympathique** invisible ink. **-2.** [style]: **écrire de sa plus belle ~** to write in one's best style. **-3.** ZOOL ink.

**encrer** [3] [ãkre] *vt* to ink.

**encreur** [ãkrœr] *adj m* inking.

**encrier** [ãkrije] *nm* [pot] inkpot; [accessoire de bureau] inkstand; [récipient encastré] inkwell.

**encroûté, e** [ãkrute] *fam* ◇ *adj*: **être ~** [dans ses préjugés] to be a fuddy-duddy ou stick-in-the-mud; [dans sa routine] to be stuck in a rut. ◇ *nm, f* **-1.** [personne ayant des préjugés]: **un vieil ~** an old fuddy-duddy ou stick-in-the-mud. **-2.** [personne routinière]: **mener une vie d'~** to be in a rut.

**encroûter** [3] [ãkrute] *vt* **-1.** [couvrir – de terre, de sang] to encrust; [– de calcaire] to fur up *(sép)*. **-2.** [rendre routinier] to get stuck in a rut. **-3.** *fam* [abêtir] to turn into a vegetable.
◆ **s'encroûter** *vpi* **-1.** [s'encrasser – vêtement] to become encrusted; [– bouilloire] to scale ou to fur up. **-2.** *fam* [devenir routinier] to be in a rut; **il s'encroûte dans ses habitudes** he's got into a rut; **il s'encroûte dans son métier** he's really in a rut in that job.

**enculé, e**ᵛ [ãkyle] *nm, f* bastard, arsehole *Br*, asshole *Am*.

**enculer**ᵛ [3] [ãkyle] *vt* to bugger, to fuck; **je t'encule!, va te faire ~!** fuck off! ❏ **~ les mouches** to nit-pick.

**encuver** [3] [ãkyve] *vt* to vat.

**encyclique** [ãsiklik] *adj & nf* encyclical.

**encyclopédie** [ãsiklɔpedi] *nf* encyclopedia.

**encyclopédique** [ãsiklɔpedik] *adj* **-1.** [d'une encyclopédie] encyclopedic. **-2.** [érudit]: **un esprit/une mémoire ~** a mind/memory that retains every detail ‖ [connaissances] exhaustive, extensive, encyclopedic.

**encyclopédisme** [ãsiklɔpedism] *nm* quest for all-round knowledge.

**encyclopédiste** [ãsiklɔpedist] *nmf* **-1.** [auteur] encyclopedist. **-2.** HIST: **les ~s ou Encyclopédistes** Diderot's Encyclopedists, the contributors to the Encyclopédie.

**endémie** [ãdemi] *nf* endemic disease.

**endémique** [ãdemik] *adj* [gén & MÉD] endemic; **~ en Malaisie/dans notre société** endemic to Malaysia/our society.

**endettement** [ãdɛtmã] *nm* indebtedness; **~ extérieur** foreign debt.

**endetter** [4] [ãdete] *vt* **-1.** FIN to get into debt; **il est lourdement endetté** he's heavily in debt. **-2.** *fig*: **être endetté envers qqn** to be indebted to sb.
◆ **s'endetter** *vpi* to get ou to run into debt; **je me suis endetté de 100 000 francs** I got 100,000 francs in debt.

**endeuiller** [5] [ãdœje] *vt* **-1.** [famille, personne] to plunge into mourning. **-2.** [réception, course] to cast a tragic shadow over. **-3.** *litt* [tableau, paysage] to give a dismal aspect to.

**endiablé, e** [ãdjable] *adj* **-1.** [danse, musique, poursuite] wild, frenzied. **-2.** [enfant] boisterous, unruly.

**endiguement** [ãdigmã] *nm* **-1.** [d'un cours d'eau] dyking (up). **-2.** [d'émotions, d'un développement] holding back; [du chômage, de dettes] checking, curbing.

**endiguer** [3] [ãdige] *vt* **-1.** [cours d'eau] to dyke (up). **-2.** [émotion, développement] to hold back *(sép)*, to check; [chômage, excès] to curb.

**endimanché, e** [ãdimãʃe] *adj* in one's Sunday best.

**endive** [ãdiv] *nf* chicory, French endive.

**endocrine** [ãdɔkrin] *adj* endocrine.

**endocrinien, enne** [ãdɔkrinjɛ̃, ɛn] *adj* endocrinal, endocrinous.

**endocrinologie** [ãdɔkrinɔlɔʒi] *nf* endocrinology.

**endoctrinement** [ãdɔktrinmã] *nm* indoctrination.

**endoctriner** [3] [ãdɔktrine] *vt* to indoctrinate.

**endogamie** [ãdɔgami] *nf* endogamy.

**endogène** [ãdɔʒɛn] *adj* BIOL & GÉOL endogenous.

**endolori, e** [ɑ̃dɔlɔri] *adj* painful, aching; **le corps tout ~** aching all over.

**endolorir** [32] [ɑ̃dɔlɔrir] *vt* to make painful.

**endommageai** [ɑ̃dɔmaʒe] *v* → **endommager**.

**endommagement** [ɑ̃dɔmaʒmɑ̃] *nm* damaging.

**endommager** [17] [ɑ̃dɔmaʒe] *vt* [bâtiment] to damage; [environnement, récolte] to damage, to harm.

**endormant, e** [ɑ̃dɔrmɑ̃, ɑ̃t] *adj* **-1.** [professeur, film] boring. **-2.** [massage, tisane] sleep-inducing.

**endormeur, euse** [ɑ̃dɔrmœr, øz] *nm, f litt* beguiler, enticer.

**endormi, e** [ɑ̃dɔrmi] ◇ *adj* **-1.** [sommeillant] sleeping; **à moitié ~** half asleep. **-2.** [apathique] sluggish, lethargic. **-3.** [calme – ville] sleepy, drowsy. **-4.** [faible – désir] dormant; [– vigilance] lulled. ◇ *nm, f* [personne apathique] do-nothing, ne'er-do-well.

**endormir** [36] [ɑ̃dɔrmir] *vt* **-1.** [d'un sommeil naturel] to put ou to send to sleep; [avec douceur] to lull to sleep. **-2.** [anesthésier] to put to sleep. **-3.** [ennuyer] to send to sleep, to bore. **-4.** [tromper – électeurs, public] to lull into a false sense of security. **-5.** [affaiblir – douleur] to deaden; [– scrupules] to allay; **~ la vigilance de qqn** to get sb to drop his guard.
◆ **s'endormir** *vpi* **-1.** [d'un sommeil naturel] to drop off ou to go to sleep, to fall asleep. **-2.** [sous anesthésie] to go to sleep. **-3.** [mourir] to pass away ou on. **-4.** [se relâcher] to let up, to slacken off; **s'~ sur ses lauriers** to rest on one's laurels. **-5.** [devenir calme – maisonnée, pays] to grow calm. **-6.** [s'affaiblir – douleur] to subside, to die down; [– scrupules] to be allayed; [– vigilance] to slacken.

**endormissement** [ɑ̃dɔrmismɑ̃] *nm*: **qui aide à l'~** sleepinducing.

**endors** [ɑ̃dɔr] *v* → **endormir**.

**endoscopie** [ɑ̃dɔskɔpi] *nf* endoscopy.

**endossable** [ɑ̃dɔsabl] *adj* endorsable.

**endossement** [ɑ̃dosmɑ̃] *nm* BANQUE & FIN endorsement.

**endosser** [3] [ɑ̃dose] *vt* **-1.** [revêtir] to put ou to slip on *(sép)*, to don. **-2.** [assumer] to assume; **~ la responsabilité de qqch** to shoulder ou to assume the responsibility for sthg; **il a essayé de me faire ~ les conséquences de sa décision** he tried to make me take the responsibility for the consequences of his decision. **-3.** BANQUE & FIN to endorse.

**endosseur** [ɑ̃dosœr] *nm* endorser.

**endroit** [ɑ̃drwa] *nm* **-1.** [emplacement] place; **à quel ~ tu l'as mis?** where ou whereabouts did you put it?; **ce n'est pas au bon ~** it's not in the right place; **l'~ de la réunion** the place for ou the venue of the meeting. **-2.** [localité] place, spot; **un ~ tranquille** a quiet place ou spot; **l'~** the locality, the area. **-3.** [partie – du corps, d'un objet] place; [– d'une œuvre, d'une histoire] place, point; **cela fait mal à quel ~?** where does it hurt?; **en plusieurs ~s** in several places; **c'est l'~ le plus drôle du livre** it's the funniest part ou passage in the book ❑ **toucher qqn à un ~ sensible** *pr* to touch a sore spot; *fig* to touch a nerve. **-4.** [d'un vêtement] right side.
◆ **à l'endroit** *loc adv* **-1.** [le bon côté en haut] right side up. **-2.** [le bon côté à l'extérieur] right side out. **-3.** [le bon côté devant] right side round. **-4.** TRICOT [dans les explications]: **deux mailles à l'~** two plain, knit two; **un rang à l'~** knit one row.
◆ **à l'endroit de** *loc prép litt* [personne] towards; [événement, objet] regarding, with regard to, in regard to.
◆ **par endroits** *loc adv* in places, here and there.

**enduire** [98] [ɑ̃dɥir] *vt* **-1.** [recouvrir] to coat ou to spread ou to cover with *(sép)*; **~ de**: **~ de beurre le fond d'un plat** to smear the bottom of a dish with butter; **~ qqch de colle** to apply glue to sthg. **-2.** CONSTR: **~ un mur** to plaster a wall over, to face a wall *(with finishing plaster)*.

**enduit, e** [ɑ̃dɥi, it] *pp* → **enduire**.
◆ **enduit** *nm* **-1.** [revêtement] coat, coating, facing. **-2.** [plâtre] plaster. **-3.** MÉD coating *(on the tongue, the stomach)*.

**endurable** [ɑ̃dyrabl] *adj* endurable, bearable.

**endurance** [ɑ̃dyrɑ̃s] *nf* **-1.** [d'une personne] endurance, stamina. **-2.** [d'une matière, d'une machine] endurance, resilience. **-3.** SPORT endurance.

**endurant, e** [ɑ̃dyrɑ̃, ɑ̃t] *adj* resistant, tough.

**endurci, e** [ɑ̃dyrsi] *adj* **-1.** [invétéré] hardened, inveterate; **célibataire ~** confirmed bachelor. **-2.** [insensible – âme, caractère] hardened; **des cœurs ~s** hard-hearted people.

**endurcir** [32] [ɑ̃dyrsir] *vt* **-1.** [rendre résistant – corps, personne] to harden, to toughen; **être endurci à** to be hardened to, to be inured to. **-2.** [rendre insensible] to harden.
◆ **s'endurcir** *vpi* **-1.** [devenir résistant] to harden o.s., to become tougher; **je me suis endurci avec l'âge** age has made me tougher ou has toughened me; **s'~ à** to become hardened ou inured to. **-2.** [devenir insensible] to harden one's heart.

**endurcissement** [ɑ̃dyrsismɑ̃] *nm* **-1.** [endurance] hardening, toughening. **-2.** [insensibilité]: **son ~ au fil des années** his increasing heart-heartedness over the years.

**endurer** [3] [ɑ̃dyre] *vt* to endure, to bear, to stand; **il a dû ~ beaucoup d'épreuves** he had to put up with ou to suffer a lot of trials and tribulations.

**Énée** [ene] *npr* Aeneas.

**Énéide** [eneid] *nf*: **'l'~'** Virgile 'The Aeneid'.

**énergétique** [enɛrʒetik] ◇ *adj* **-1.** ÉCOL & ÉCON energy *(modif)*. **-2.** [alimentation] energy-giving, energizing; [besoins, apport] energy *(modif)*.
◇ *nf* energetics *(sg)*.

**énergie** [enɛrʒi] *nf* **-1.** [dynamisme] energy, stamina, drive; **se mettre au travail avec ~** to start work energetically; **avoir de l'~** to have a lot of energy; **donner de l'~ à qqn** to invigorate ou to energize sb; **être sans ou manquer d'~** to lack energy, to be listless; **mettre toute son ~ à** to devote ou to apply all one's energies to. **-2.** [force] energy, vigour, strength; **il faudrait dépenser trop d'~** it would be too much of an effort ❑ **avec l'~ du désespoir** with the strength born of desperation. **-3.** SC & TECH energy, power; **~ électrique/solaire** electrical/solar energy; **~ éolienne** wind power; **~ nucléaire** nuclear power ou energy; **les ~s nouvelles** new sources of energy. **-4.** PSYCH: **~ psychique** psychic energy.
◆ **énergies** *nfpl*: **nous aurons besoin de toutes les ~s** we'll need all the help we can get.

**énergique** [enɛrʒik] *adj* **-1.** [fort – mouvement, intervention] energetic, vigorous; [– mesure] energetic, drastic, extreme; [– paroles] emphatic; [– traitement] strong, powerful. **-2.** [dynamique – personne, caractère] energetic, forceful, active; [– visage] determined-looking.

**énergiquement** [enɛrʒikmɑ̃] *adv* [bouger, agir] energetically, vigorously; [parler, refuser] energetically, emphatically.

**énergisant, e** [enɛrʒizɑ̃, ɑ̃t] *adj* energizing, energy-giving.
◆ **énergisant** *nm* energizer.

**énergumène** [enɛrgymɛn] *nmf* energumen *litt*, wild-eyed fanatic ou zealot.

**énervant, e** [enɛrvɑ̃, ɑ̃t] *adj* irritating, annoying, trying.

**énervé, e** [enɛrve] *adj* **-1.** [irrité] irritated, annoyed. **-2.** [tendu] edgy. **-3.** [agité] agitated, restless.

**énervement** [enɛrvmɑ̃] *nm* **-1.** [agacement] irritation, annoyance. **-2.** [tension] edginess. **-3.** [agitation] restlessness.

**énerver** [3] [enɛrve] *vt* **-1.** [irriter] to annoy, to irritate; **cette musique m'énerve** this music is getting on my nerves. **-2.** [agiter] to make restless, to excite, to overexcite.
◆ **s'énerver** *vpi* **-1.** [être irrité] to get worked up ou annoyed ou irritated. **-2.** [être excité] to get worked up ou excited ou overexcited.

**enfance** [ɑ̃fɑ̃s] *nf* **-1.** [période de la vie – gén] childhood; [– d'un garçon] boyhood; [– d'une fille] girlhood; **dès son ~** from an early age; **il retombe en ~** he's in his second childhood ❑ **la petite ~** infancy, babyhood, early childhood. **-2.** [enfants] children; **l'~ délinquante/malheureuse** delinquant/unhappy children. **-3.** [commencement] infancy, start, early stage; **c'est l'~ de l'art** it's child's play.
◆ **d'enfance** *loc adj* childhood *(modif)*.

**enfant** [ɑ̃fɑ̃] ◇ *adj* **-1.** [jeune]: **il était encore ~ quand il comprit, tout ~ encore, il comprit** he was still a child when he understood. **-2.** [naïf] childlike.
◇ *nmf* **-1.** [jeune – gén] child; [– garçon] little boy; [– fille] little girl; **un ~ à naître** an unborn child ou baby; **faire l'~** to act like a child ❑ **~ bleu** blue baby; **~ de chœur** *pr* choirboy, altarboy; **comme un ~ de chœur** *fig* like an angel ou a cherub; **ce n'est pas un ~ de chœur** he's no angel; **~ gâté** spoilt child; **l'~ Jésus** Baby Jesus; **~ prodige** child prodigy; **~ terrible** enfant terrible; **~ trouvé** foundling; **grand ~** overgrown child; **petit ~** infant, little child, small child;

dormir comme un ~ to sleep like a baby. **-2.** [descendant] child; **faire un** ~ to have a child; **faire un** ~ **à une femme** to have a child with a woman; **avoir de jeunes** ~**s/de grands** ~**s** to have a young family/grown-up children; **un couple sans** ~**s** a childless couple; **être en mal d'**~ to be longing for a child; **décédé sans** ~**s** JUR having died without issue; **un** ~ **de la crise/des années 80** a child of the depression/of the 80s ❑; ~ **de l'amour** love child; ~ **de la balle: je suis un** ~ **de la balle** [théâtre] I was born into the theatre; [cirque] I was born under the big top; ~ **du pays** [homme] son of the soil; [femme] daughter of the soil; **l'**~ **prodigue** the prodigal son. **-3.** [en appellatif] child; **mon** ~ my child; **belle** ~ dear girl OU child; **alors, les** ~**s, encore un peu de champagne?** *fam* a bit more champagne, boys and girls OU folks? ‖ [comme insulte]: ~ **de**▼: ~ **de putain** OU **de salaud** son of a bitch.

◆ **bon enfant** *loc adj inv* good-natured; **d'un ton bon** ~ good-naturedly.

◆ **d'enfant** *loc adj* **-1.** [des enfants – dessin, imagination] child's. **-2.** [puéril] childlike, childish *péj*, babyish *péj*. ·

**enfantement** [ɑ̃fɑ̃tmɑ̃] *nm litt* **-1.** [création] birth, bringing forth. **-2.** [accouchement] childbirth.

**enfanter** [3] [ɑ̃fɑ̃te] *vt litt* **-1.** [produire] to give birth to, to create, to bring forth *(sép) litt*. **-2.** [suj: mère] to give birth to; **tu enfanteras dans la douleur** BIBLE in sorrow thou shalt bring forth children.

**enfantillage** [ɑ̃fɑ̃tijaʒ] *nm* **-1.** [action, parole] piece of childishness; **arrête ces** ~**s!** don't be so childish!, do grow up!**-2.** [chose sans importance] trifle, trifling matter.

**enfantin, e** [ɑ̃fɑ̃tɛ̃, in] *adj* **-1.** [de l'enfance] childlike; **voix** ~**e** child's OU childlike voice ‖ [adulte] childlike. **-2.** [simple] easy; **c'est** ~ there's nothing to it, it's child's play. **-3.** [puéril] childish, infantile, puerile.

**enfariné, e** [ɑ̃farine] *adj* covered with white powder; **il est arrivé à 4 h, la gueule** ~**e** OU **le bec** ~ he breezed in at 4 as if nothing was the matter.

**enfer** [ɑ̃fɛr] *nm* **-1.** RELIG hell; ~ **et damnation!** *hum* (hell and) damnation!, heck!**-2.** [lieu, situation désagréable] hell; **sa vie est un véritable** ~ his life is absolute hell; **l'**~ **de la guerre** the inferno of war.

◆ **enfers** *nmpl* MYTH: **les** ~**s** the underworld; **descendre aux** ~**s** to go down into the underworld.

◆ **d'enfer** *loc adj* [vie] hellish; [bruit] deafening; [feu] blazing, raging.

**enfermement** [ɑ̃fɛrməmɑ̃] *nm* **-1.** [action d'enfermer] shutting OU locking up. **-2.** [fait d'être enfermé] seclusion.

**enfermer** [3] [ɑ̃fɛrme] *vt litt* **-1.** [mettre dans un lieu clos – personne, animal] to shut up OU in *(sép)*. **-2.** [emprisonner – criminel] to lock up OU away *(sép)*, to put under lock and key; [– fou] to lock up; ~ **qqn dans une cellule** to shut sb up in a cell; **ce type-là, il faudrait l'**~**!** [dangereux] that guy ought to be locked up!; [fou] that guy needs his head examined!**-3.** [ranger] to put OU to shut away *(sép)*; [en verrouillant] to lock up OU away *(sép)*. **-4.** [confiner] to confine, to coop up *(sép)*; **ne restez pas enfermés, voilà le soleil!** don't stay indoors, the sun's come out!; ~ **qqn dans un dilemme** to put sb in a dilemma; ~ **qqn dans un rôle** *pr* & *fig* to typecast sb. **-5.** [entourer] to enclose. **-6.** [contenir – allusion, menace] to contain; **un triangle enfermé dans un cercle** a triangle circumscribed by OU in a circle. **-7.** [maintenir – dans des règles] to confine, to restrict. **-8.** SPORT to hem in *(sép)*.

◆ **s'enfermer** *vp (emploi réfléchi)* **-1.** [se cloîtrer – dans un couvent] to shut o.s. up OU away. **-2.** [verrouiller sa porte] to shut o.s. up in, to lock o.s. in; **s'**~ **dehors** to lock OU to shut o.s. out. **-3.** [s'isoler] to shut o.s. away; **s'**~ **dans le silence** to retreat into silence; **s'**~ **dans ses contradictions** to become caught up in one's own contradictions; **s'**~ **dans un rôle** to stick to a role.

**enferrer** [4] [ɑ̃fere] *vt* [avec une lame] to run through *(sép)*, to transfix.

◆ **s'enferrer** *vpi* **-1.** [s'enfoncer] to make matters worse; **s'**~ **dans ses explications** to get tangled OU muddled up in one's explanations; **s'**~ **dans ses mensonges** to be caught OU trapped in the mesh of one's lies. **-2.** [s'embrocher] to spike on to a spear o.s. **-3.** PÊCHE [poisson] to hook itself.

**enfiévrer** [18] [ɑ̃fjevre] *vt* to fire, to stir up *(sép)*; ~ **les esprits** to stir people up; ~ **l'imagination** to fire the imagination; **une atmosphère enfiévrée** a feverish atmosphere.

◆ **s'enfiévrer** *vpi* to get excited.

**enfilade** [ɑ̃filad] *nf* **-1.** [rangée] row, line. **-2.** MIL enfilade.

◆ **en enfilade** ◇ *loc adj*: **des pièces en** ~ a suite of adjoining rooms. ◇ *loc adv*: **prendre en** ~ MIL to enfilade; **prendre les rues en** ~ to follow along in a straight line from one street to the next.

**enfilage** [ɑ̃filaʒ] *nm* threading.

**enfiler** [3] [ɑ̃file] *vt* **-1.** [faire passer]: ~ **un élastique dans un ourlet** to thread a piece of elastic through a hem. **-2.** [disposer – sur un fil] to thread OU to string (on) *(sép)*; [– sur une tige] to slip on *(sép)*; ~ **une aiguille** to thread a needle; **elle enfila ses bagues** she slipped her rings on ❑ – **des perles** *fam* to waste one's time with trifles. **-3.** [mettre – vêtement] to pull OU to slip on *(sép)*, to slip into *(sép)*; ~ **son collant** to slip on one's tights. **-4.** [suivre] to take, to use; [à bicyclette] to ride down a long passage; **la voiture a enfilé la rue jusqu'au carrefour** the car drove up the street to the crossroads. **-5.** ▼ [sexuellement] to screw.

◆ **s'enfiler** ◇ *vpi*: **s'**~ **dans** to go into; **s'**~ **sous un porche** to disappear into a doorway. ◇ *vpt fam* **-1.** [avaler – boisson] to knock back, to put away; [– nourriture] to guzzle, to gobble up *(sép)*, to put away *(sép)*. **-2.** [faire – corvée] to get through *(insép)*.

**enfin** [ɑ̃fɛ̃] *adv* **-1.** [finalement] at last; ~**!** depuis le temps! and not before!, and about time too!; ~ **seuls!** alone at last!; **un accord a été** ~ **conclu** an agreement has at last been reached. **-2.** [en dernier lieu] finally; ~, **j'aimerais vous remercier de votre hospitalité** finally, I would like to thank you for your hospitality. **-3.** [bref] in short, in brief, in a word. **-4.** [cependant] still, however, after all; **elle est triste, mais** ~ **elle s'en remettra** she's sad, but still, she'll get over it; **oui mais** ~, **c'est peut-être vrai** after all it might well be true. **-5.** [avec valeur restrictive] well, at least; **elle est jolie,** ~, **à mon avis** she's pretty, (or) at least I think she is. **-6.** [emploi expressif]: ~**! c'est la vie!** oh well, such is life!; **ce n'est pas la même chose,** ~**!** oh come on, it's not the same thing at all!; ~, **reprends-toi!** come on, pull yourself together!; ~ **qu'est-ce qu'il y a?** what on earth is the matter?; **c'est son droit,** ~**!** it's his right, after all!; **tu ne peux pas faire ça,** ~**!** you can't DO that!

**enflammé, e** [ɑ̃flame] *adj* **-1.** [allumette, torche] lighted, burning; [bûche] burning. **-2.** *litt* [visage] burning; [regard] fiery. **-3.** [passionné – discours, déclaration] impassioned, fiery; [– nature] fiery, hot-blooded. **-4.** MÉD inflamed.

**enflammer** [3] [ɑ̃flame] *vt* **-1.** [mettre le feu à – bois] to light, to kindle, to ignite; [– branchages] to ignite; [– allumette] to light, to strike; [– papier] to ignite, to set on fire, to set alight. **-2.** *litt* [rougir] to flush. **-3.** [exalter – imagination, passion] to kindle, to fire; [– foule] to inflame. **-4.** MÉD to inflame.

◆ **s'enflammer** *vpi* **-1.** [prendre feu – forêt] to go up in flames, to catch fire, to ignite; [– bois] to burst into flame, to light. **-2.** *litt* [rougir – visage, ciel] to flush. **-3.** [s'intensifier – passion] to flare up. **-4.** [s'enthousiasmer] to be fired with enthusiasm.

**enflé, e** [ɑ̃fle] ◇ *adj* swollen. ◇ *nm, f* ▽ fathead, jerk.

**enfler** [3] [ɑ̃fle] ◇ *vt* **-1.** [gonfler – forme] to cause to swell, to make swell; [– voix] to make louder, to raise. **-2.** [majorer – calcul, budget] to inflate. **-3.** *litt* [exagérer – difficulté, prestige] to overestimate. ◇ *vi* [augmenter de volume – cheville] to swell (up); [– voix] to boom (out).

◆ **s'enfler** *vpi* [voix] to boom (out); [voile] to billow OU to swell OU to fill out.

**enflure** [ɑ̃flyr] *nf* **-1.** [partie gonflée] swelling. **-2.** [emphase] bombast, turgidity, pompousness. **-3.** ▽ [personne détestable] jerk.

**enfoiré, e**▽ [ɑ̃fware] *nm, f* bastard.

**enfonçai** [ɑ̃fɔ̃sɛ] *v* → **enfoncer**.

**enfoncé, e** [ɑ̃fɔ̃se] *adj* [yeux] sunken, deep-set.

**enfoncement** [ɑ̃fɔ̃smɑ̃] *nm* **-1.** [destruction – d'un mur] breaking down; [– d'une porte] breaking down, bashing in. **-2.** [cavité] depression, hollow. **-3.** MÉD fracture; ~ **de la boîte crânienne** skull fracture; ~ **du thorax** flail chest.

**enfoncer** [16] [ɑ̃fɔ̃se] ◇ *vt* **-1.** [faire pénétrer – piquet, aiguille] to push in *(sép)*; [– vis] to drive OU to screw in *(sép)*; [– clou] to drive OU to hammer in *(sép)*; [– épingle, punaise] to push OU to stick in *(sép)*; [– couteau] to stick OU to thrust in *(sép)*; **il a enfoncé le pieu d'un seul coup** he drove OU stuck the stake

home in one ❏ il faut ~ le clou it's important to ram the point home. **-2.** [faire descendre] to push ou to ram (on); il enfonça son chapeau jusqu'aux oreilles he rammed his hat onto his head. **-3.** [briser – côte, carrosserie] to stave in (sép), to crush; [– porte] to break down (sép), to bash in (sép), to force open (sép); [– barrière, mur] to smash, to break down (sép); la voiture a enfoncé la barrière the car crashed through the fence ❏ ~ une porte ouverte ou des portes ouvertes to labour Br ou to labor Am the point. **-4.** [vaincre – armée, troupe] to rout, to crush; ~ un adversaire fam to crush an opponent. **-5.** [condamner]: ~ qqn: son témoignage n'a fait que l'~ he just dug himself into a deeper hole with that statement. ◇ vi to sink; ~ dans la neige to sink into the snow.
◆ **s'enfoncer** ◇ vpi **-1.** [dans l'eau, la boue, la terre] to sink (in); ils s'enfoncèrent dans la neige jusqu'aux genoux they sank knee-deep into the snow; les vis s'enfoncent facilement dans le bois screws go ou bore easily through wood. **-2.** [se lover]: s'~ dans to sink into; s'~ sous une couette to burrow ou to snuggle under a quilt‖ péj: s'~ dans son chagrin to bury o.s. in one's grief. **-3.** [s'engager]: s'~ dans to penetrate ou to go into; le chemin s'enfonce dans la forêt the path runs into the forest; plus on s'enfonce dans la forêt plus le silence est profond the further you walk into the forest the quieter it becomes; ils s'enfoncèrent dans la nuit they disappeared into the night. **-4.** [s'affaisser – plancher, terrain] to give way, to cave in. **-5.** [aggraver son cas] to get into deep ou deeper waters, to make matters worse. ◇ vpt: s'~ une épine dans le doigt to get a thorn (stuck) in one's finger; s'~ une idée dans la tête fam to get an idea into one's head.
**enfonceur, euse** [ɑ̃fɔ̃sœr, øz] nm, f: c'est un ~ de portes ouvertes he's a great one for stating the obvious.
**enfonçons** [ɑ̃fɔ̃sɔ̃] v → enfoncer.
**enfouir** [32] [ɑ̃fwir] vt **-1.** [mettre sous terre – os, trésor] to bury. **-2.** [blottir] to nestle; elle a enfoui sa tête dans l'oreiller she buried her head in the pillow. **-3.** [cacher] to stuff, to bury.
◆ **s'enfouir** vpi **-1.** [s'enterrer] to bury o.s. **-2.** [se blottir] to burrow; s'~ dans un terrier/sous les couvertures to burrow in a hole/under the blankets.
**enfourcher** [3] [ɑ̃furʃe] vt [bicyclette, cheval] to mount, to get on (insép); [chaise] to straddle; ~ son cheval de bataille ou son dada to get on one's hobbyhorse.
**enfourner** [3] [ɑ̃furne] vt **-1.** [mettre dans un four] to put into an oven; ~ des briques to feed a kiln (with bricks). **-2.** fam [entasser] to shove ou to cram ou to push (in). **-3.** fam [manger] to put away (sép), to wolf down (sép).
◆ **s'enfourner** vpt fam: s'~ qqch [le manger] to wolf sthg down; s'~ qqch dans la bouche to cram ou to stuff sthg into one's mouth.
◆ **s'enfourner dans** vp + prép [entrer dans] to rush ou to pile into.
**enfreignais** [ɑ̃frɛɲɛ] v → enfreindre.
**enfreindre** [81] [ɑ̃frɛ̃dr] vt to infringe; ~ la loi ou to break ou to infringe the law; ~ le règlement to fail to comply with ou to break the rules.
**enfreint, e** [ɑ̃frɛ̃, ɛ̃t] pp → enfreindre.
**enfuir** [35] [ɑ̃fɥir]
◆ **s'enfuir** vpi to run away, to flee; s'~ avec qqn [pour échapper à des sanctions] to run away ou off with sb; [pour se marier] to elope with sb; s'~ de prison to break out of ou to escape from jail; s'~ de chez soi to run away from home; s'~ d'un pays to flee a country.
**enfumé, e** [ɑ̃fyme] adj [pièce] smoky, smoke-filled; [paroi] sooty.
**enfumer** [3] [ɑ̃fyme] vt **-1.** [abeille, renard] to smoke out (sép). **-2.** [pièce] to fill with smoke; [paroi] to soot up (insép).
**enfuyais** [ɑ̃fɥijɛ], **enfuyons** [ɑ̃fɥijɔ̃] v → enfuir.
**engagé, e** [ɑ̃gaʒe] ◇ adj **-1.** [artiste, littérature] political, politically committed, engagé. **-2.** ARCHIT engaged. **-3.** [inscrit]: les concurrents ~s dans la course the competitors who are signed up to take part in the race. ◇ nm, f MIL volunteer.
**engageai** [ɑ̃gaʒe] v → engager.
**engageant, e** [ɑ̃gaʒɑ̃, ɑ̃t] adj [manières, sourire] engaging, winning; [regard] inviting; [perspective] attractive, inviting.

**engagement** [ɑ̃gaʒmɑ̃] nm **-1.** [promesse] commitment, undertaking, engagement; contracter un ~ to enter into a commitment; faire honneur à/manquer à ses ~s to honour/to fail to honour one's commitments; passer un ~ avec qqn to come to an agreement with sb; prendre l'~ de to undertake ou to agree to; respecter ses ~s envers qqn to fulfil Br ou to fulfill Am one's commitments ou obligations towards sb; sans ~ de date date subject to change; sans ~ de votre part with no obligation on your part; [dans une publicité] no obligation to buy. **-2.** [dette] (financial) commitment, liability; faire face à ses ~s to meet one's commitments. **-3.** [embauche] appointment, hiring; ~ à l'essai appointment for a trial period ‖ CIN & THÉÂT job; acteur sans ~ out of work actor. **-4.** [début] beginning, start. **-5.** MIL [combat] engagement, action, clash; [mise en action]: ~ d'une troupe committing troops to action ‖ [recrutement] enlistment. **-6.** [prise de position] commitment. **-7.** [mise en gage] pawning. **-8.** MÉD engagement. **-9.** SPORT [participation] entry; FTBL kickoff.
**engager** [17] [ɑ̃gaʒe] vt **-1.** [insérer – clef, disquette] to insert, to put ou to slot in (sép); ~ une vitesse to put a car into gear ‖ [faire pénétrer]: ~ une péniche dans une écluse to move a barge into a lock. **-2.** [lier] to bind, to commit; voilà ce que je pense, mais ça n'engage que moi that's how I see it, but it's my own view; cela ne t'engage à rien it doesn't commit you to anything. **-3.** [mettre en jeu – énergie, ressources] to invest, to commit; [– fonds] to put in (sép); ~ sa parole to give one's word (of honour Br ou honour Am); ~ sa responsabilité to accept responsibility. **-4.** [inciter]: ~ qqn à: je vous engage à la prudence/modération I advise you to be prudent/moderate; ~ qqn à faire qqch to advise sb to do sthg. **-5.** [commencer] to open, to start, to begin; ~ la conversation avec qqn to engage sb in conversation, to strike up a conversation with sb; ~ le débat to start the discussion; l'affaire est mal engagée the whole thing is off to a bad start; ~ le match FTBL to kick off; RUGBY to begin. **-6.** [embaucher] to take on (sép), to hire. **-7.** MIL [envoyer] to commit to military action; [recruter] to enlist. **-8.** [mettre en gage] to pawn.
◆ **s'engager** vpi **-1.** [commencer – négociations, procédure, tournoi] to start, to begin. **-2.** [prendre position] to take a stand; s'~ contre la peine de mort to campaign against ou to take a stand against the death penalty. **-3.** MIL to enlist; s'~ avant l'appel to volunteer before conscription. **-4.** [auprès d'un employeur] to hire o.s. out; s'~ comme jeune fille au pair to get a job as an au pair.
◆ **s'engager à** vp + prép: s'~ à faire qqch [promettre] to commit o.s. to doing sthg, to undertake to do sthg.
◆ **s'engager dans** vp + prép **-1.** [avancer dans – suj: véhicule, piéton] to go ou to move into; la voiture s'est engagée dans une rue étroite the car drove ou turned into a narrow street; s'~ dans un carrefour to pull ou to draw out into a crossroads. **-2.** [entreprendre] to enter into, to begin; le pays s'est engagé dans la lutte armée the country has committed itself to ou has entered into armed struggle. **-3.** SPORT: s'~ dans une course/compétition to enter a race/an event.
**engazonner** [3] [ɑ̃gazɔne] vt [par plaques] to turf; [par semis] to grass.
**engeance** [ɑ̃ʒɑ̃s] nf péj scum, trash Am.
**engelure** [ɑ̃ʒlyr] nf chilblain.
**engendrer** [3] [ɑ̃ʒɑ̃dre] vt **-1.** [procréer] to beget BIBLE, to father. **-2.** [provoquer – sentiment, situation] to generate, to create, to breed péj; il n'engendre pas la mélancolie hum he's great fun. **-3.** LING & MATH to generate.
**engin** [ɑ̃ʒɛ̃] nm **-1.** [appareil] machine, appliance; ~ agricole piece of farm machinery; ~s de levage lifting gears; ~ de manutention conveyor, handling equipment. **-2.** MIL weaponry. **-3.** fam [chose] contraption, thingamabob, thingamajig. -4. ᵛ [pénis] tool.
**engineering** [ɛnʒiniriŋ] nm: l'~ engineering.
**englober** [3] [ɑ̃glɔbe] vt **-1.** [réunir] to encompass. **-2.** [inclure] to include; ~ un texte dans un recueil to include a piece in an anthology.
**engloutir** [32] [ɑ̃glutir] vt **-1.** [faire disparaître] to swallow up (sép), to engulf; une île engloutie par la mer an island swallowed up by the sea. **-2.** [manger] to gobble up (sép), to gulp ou to wolf down (sép). **-3.** [dépenser] to squander; les tra-

vaux ont englouti tout mon argent the work swallowed up all my money; **il a englouti son capital dans son agence** he sank all his capital into his agency.

◆ **s'engloutir** *vpi* [vaisseau] to be swallowed up ou engulfed, to sink.

**engloutissement** [ãglutismã] *nm* **-1.** [d'un navire, d'une ville] swallowing up, engulfment. **-2.** [d'une fortune] squandering.

**engluer** [3] [ãglye] *vt* **-1.** CHASSE [oiseau, branche] to lime, to birdlime. **-2.** [rendre collant] to make sticky; **des doigts englués de colle** fingers sticky with glue.

◆ **s'engluer** *vpi* **-1.** [se couvrir de glu] to become gluey. **-2.** *fig*: **s'~ dans qqch** to get bogged down in sthg.

**engoncer** [16] [ãgõse] *vt* to cramp, to restrict; **être engoncé dans ses vêtements** to be restricted by one's clothes; **tu as l'air (d'être) engoncé dans ce manteau** that coat looks too tight for you.

**engorgeai** [ãgɔrʒe] *v* → **engorger**.

**engorgement** [ãgɔrʒamã] *nm* [d'un tuyau] flooding; [d'un sol] saturation; **l'~ des grandes villes** congestion in the big cities; **l'~ du marché automobile** saturation in the car industry, the glut of cars on the market.

**engorger** [17] [ãgɔrʒe] *vt* [canalisation] to flood; [route] to congest, to jam; [organe] to engorge; [sol] to saturate; [marché] to saturate, to glut.

**engouement** [ãgumã] *nm* **-1.** [pour une activité, un type d'objet] keen interest; **un ~ pour le jazz** a keen interest in jazz. **-2.** [élan amoureux] infatuation; **avoir un ~ pour** to be infatuated with.

**engouer** [6] [ãgwe]

◆ **s'engouer de, s'engouer pour** *vp* + *prép* [activité, objet] to have a craze ou a sudden passion for; [personne] to become infatuated with.

**engouffrer** [3] [ãgufre] *vt* **-1.** [avaler] to wolf ou to shovel (down), to cram (in). **-2.** [entasser] to cram ou to stuff (in). **-3.** [dépenser] to swallow up *(sép)*.

◆ **s'engouffrer** *vpi* [foule] to rush, to crush; [personne] to rush, to dive; [mer] to surge, to rush; [vent] to blow, to sweep, to rush; **s'~ dans un taxi** [seul] to dive into a taxi; [à plusieurs] to pile into a taxi.

**engoulevent** [ãgulvã] *nm* nightjar.

**engourdi, e** [ãgurdi] *adj* **-1.** [doigt, membre] numb, numbed. **-2.** [esprit, imagination] slow, lethargic.

**engourdir** [32] [ãgurdir] *vt* **-1.** [insensibiliser – doigt, membre] to numb, to make numb; [– sens] to deaden; **être engourdi par le froid** to be numb with cold; **la chaleur a engourdi les élèves** the heat made the pupils drowsy ou sluggish. **-2.** [ralentir – esprit, faculté] to blunt, to dull; **la fatigue lui engourdissait l'esprit** he was so tired he couldn't think straight.

◆ **s'engourdir** *vpi* to go numb.

**engourdissant, e** [ãgurdisã, ãt] *adj* [froid] numbing; [chaleur] oppressive.

**engourdissement** [ãgurdismã] *nm* **-1.** [insensibilité physique] numbness. **-2.** [affaiblissement – des facultés] blunting, blurring. **-3.** [torpeur] drowsiness, sleepiness.

**engrais** [ãgrɛ] *nm* fertilizer; **~ chimique** artificial fertilizer; **~s verts** ou **végétaux** green ou vegetable manure; **mettre une bête à l'~** to fatten (up) an animal.

**engraissement** [ãgrɛsmã], **engraissage** [ãgrɛsaʒ] *nm* fattening (up).

**engraisser** [4] [ãgrese] ◇ *vt* AGR [bétail] to fatten up *(sép)*; **~ une oie** to fatten a goose ‖ [terre] to feed. ◇ *vi* to grow fat ou fatter, to put on weight.

◆ **s'engraisser** *vpi* to get fat; **il s'engraisse sur le dos de ses employés** *fig* he lines his pockets by underpaying his employees.

**engrangeai** [ãgrãʒe] *v* → **engranger**.

**engrangement** [ãgrãʒmã] *nm* **-1.** AGR gathering in, storing. **-2.** [de documents] storing, collecting.

**engranger** [17] [ãgrãʒe] *vt* **-1.** AGR to gather in *(sép)*. **-2.** [documents] to store (up), to collect.

**engrenage** [ãgrǝnaʒ] *nm* **-1.** MÉCAN gear; **les ~s d'une machine** the wheelwork ou train of gears ou gearing of a machine. **-2.** *fig* trap; **être pris dans l'~** to be caught in a trap; **être pris dans l'~ du jeu** to be trapped in the vicious circle of gambling.

**engrener** [19] [ãgrǝne] ◇ *vt* **-1.** MÉCAN to gear, to mesh. **-2.**

AGR to feed with grain, to fill with grain. ◇ *vi* to gear, to mesh.

◆ **s'engrener** *vpi* to gear, to mesh, to be in mesh.

**engrosser**[V] [3] [ãgrose] *vt* to knock up *(sép)*.

**engueulade**[V] [ãgœlad] *nf* **-1.** [réprimande] rollicking *Br*, bawling out *Am*; **recevoir une ~** to get a rollicking *Br* ou bawled out *Am*. **-2.** [querelle] slanging match *Br*, run-in *Am*; **avoir une ~ avec qqn** to have a slanging match *Br* ou a run-in *Am* with sb.

**engueuler**[V] [5] [ãgœle] *vt*: **~ qqn** to give sb a rollicking *Br*, to bawl sb out *Am*; **se faire ~** to get a rollicking *Br*, to get chewed out *Am*.

◆ **s'engueuler**[V] ◇ *vp (emploi réciproque)*: **on ne va tout de même pas s'~ pour ça** we're not going to fight over this, are we? ◇ *vpi*: **s'~ avec qqn** to have a row with sb.

**enguirlander** [3] [ãgirlãde] *vt* **-1.** [décorer] to garland, to deck with garlands. **-2.** *fam* [réprimander] to tick off *(sép) Br*, to chew out *(sép) Am*; **se faire ~** to get a ticking-off *Br* ou a chewing-out *Am*.

**enhardir** [32] [ãardir] *vt* to embolden, to make bolder, to encourage.

◆ **s'enhardir** *vpi*: **l'enfant s'enhardit et entra dans la pièce** the child plucked up courage and went into the room.

**enharmonie** [ãnarmɔni] *nf* enharmony.

**énième** [enjɛm] *adj* umpteenth, nth; **pour la ~ fois** for the umpteenth time.

**énigmatique** [enigmatik] *adj* enigmatic, mysterious, puzzling.

**énigmatiquement** [enigmatikmã] *adv* enigmatically.

**énigme** [enigm] *nf* **-1.** [mystère] riddle, enigma, puzzle. **-2.** [devinette] riddle.

**enivrant, e** [ãnivrã, ãt] *adj* **-1.** [qui rend ivre] intoxicating. **-2.** [exaltant] heady, exhilarating.

**enivrement** [ãnivrǝmã] *nm* elation, exhilaration.

**enivrer** [3] [ãnivre] *vt* **-1.** [soûler – suj: vin] to make drunk, to intoxicate. **-2.** [exalter] to intoxicate, to exhilarate, to elate; **le succès l'enivrait** he was intoxicated by his success.

◆ **s'enivrer** *vpi* to get drunk; **s'~ de** *fig* to become intoxicated with.

**enjambée** [ãʒãbe] *nf* stride; **avancer à grandes ~s dans la rue** to stride along the street; **faire de grandes ~s** to take long steps ou strides; **il a franchi le ruisseau en une ~** he crossed the stream in one stride.

**enjambement** [ãʒãbmã] *nm* **-1.** LITTÉRAT enjambment. **-2.** BIOL crossing-over.

**enjamber** [3] [ãʒãbe] *vt* [muret, rebord] to step over *(insép)*; [fossé] to stride across ou over *(insép)*; [tronc d'arbre] to stride ou to step over *(insép)*; **le pont enjambe le Gard** the bridge spans the river Gard.

**enjeu** [ãʒø] *nm* JEUX stake, stakes; **c'est un ~ important** the stakes are high; **l'~ d'une guerre** the stakes of war.

**enjoignais** [ãʒwaɲe] *v* → **enjoindre**.

**enjoindre** [82] [ãʒwɛ̃dr] *vt litt*: **~ à qqn de faire qqch** to enjoin sb to do sthg.

**enjôler** [3] [ãʒole] *vt* to cajole, to wheedle; **il a réussi à m'~** he managed to cajole me (into accepting).

**enjôleur, euse** [ãʒolœr, øz] ◇ *adj* cajoling, wheedling; **un sourire ~** a wheedling smile. ◇ *nm, f* cajoler, wheedler.

**enjolivement** [ãʒɔlivmã] *nm* embellishment, embellishing.

**enjoliver** [3] [ãʒɔlive] *vt* **-1.** [décorer – vêtement] to embellish, to adorn; **enjolivé de** adorned with. **-2.** [travestir – histoire, récit, vérité] to embellish, to embroider.

**enjoliveur** [ãʒɔlivœr] *nm* hubcap.

**enjolivure** [ãʒɔlivyr] *nf* embellishment, ornament.

**enjoué, e** [ãʒwe] *adj* [personne, caractère] cheerful, jolly, genial; [remarque, ton] playful, cheerful, jolly.

**enjouement** [ãʒumã] *nm* cheerfulness, playfulness.

**enkyster** [3] [ãkiste]

◆ **s'enkyster** *vpi* to encyst, to turn into a cyst.

**enlaçai** [ãlase] *v* → **enlacer**.

**enlacement** [ãlasmã] *nm* **-1.** [entrecroisement] intertwining, interlacing, entwinement. **-2.** [embrassement] (lovers') embrace.

**enlacer** [16] [ãlase] *vt* **-1.** [étreindre] to clasp; **~ qqn** to em-

brace sb (tenderly); **ils étaient tendrement enlacés** they were locked in a tender embrace. **-2.** [mêler] to interweave, to intertwine, to interlace; **initiales enlacées** interwoven initials.
◆ **s'enlacer** *vp (emploi réciproque)* [amoureux] to embrace, to hug.

**enlaidir** [32] [ɑ̃ledir] ◇ *vt* to make ugly; **~ le paysage** to be a blot on the landscape ou an eyesore. ◇ *vi* to become ugly.
◆ **s'enlaidir** *vpi* to make o.s. (look) ugly.

**enlaidissement** [ɑ̃ledismɑ̃] *nm*: **les nouvelles constructions ont contribué à l'~ du quartier** the area has been disfigured partly by the new buildings.

**enlevé, e** [ɑ̃lve] *adj* [style, rythme] lively, spirited.

**enlève** [ɑ̃lɛv] *v* → **enlever**.

**enlèvement** [ɑ̃lɛvmɑ̃] *nm* **-1.** [rapt] abduction, kidnapping; **l'~ des Sabines** the rape of the Sabine women. **-2.** [fait d'ôter] removal, taking away; **l'~ d'une tache/d'un organe** the removal of a stain/of an organ. **-3.** [ramassage]: **l'~ des ordures a lieu le mardi** rubbish is collected on Tuesdays.

**enlever** [19] [ɑ̃lve] *vt* **-1.** [ôter – couvercle, housse, vêtement] to remove, to take off *(sép)*; [– étagère] to remove, to take down *(sép)*; **enlève ton manteau, mets-toi à l'aise** take your coat off and make yourself comfortable; **~ les pépins** to take the pips out; **ils ont enlevé le reste des meubles ce matin** they took away ou collected what was left of the furniture this morning ❑ **enlevez, c'est pesé!** that's it!**-2.** [arracher; en lavant] to remove, to pull out; **se faire ~ une dent** to have a tooth pulled out ou extracted; **~ un clou avec des tenailles** to prise *Br* ou to pry *Am* a nail out with a pair of pliers. **-3.** [faire disparaître] to remove; **~ une tache** [gén] to remove a stain; [en lavant] to wash out a stain; [en frottant] to rub out a stain; [à l'eau de Javel] to bleach out a stain; **~ les plis d'une chemise** to take the creases out of a shirt. **-4.** [soustraire]: **~ qqch à qqn** to take sthg away from sb, to deprive sb of sthg; **ça m'enlève mes scrupules** it dispels ou allays my misgivings; **j'ai peur qu'on ne m'enlève la garde de mon enfant** I'm afraid they'll take my child away from me; **ne m'enlevez pas tous mes espoirs** don't deprive ou rob me of all hope. **-5.** [obtenir – récompense] to carry off *(sép)*, to win; **il a enlevé la victoire** he ran away with the victory; **~ un marché** to get ou to secure a deal. **-6.** [soulever] to lift; **~ 10 kilos sans effort** to lift 10 kilos easily. **-7.** *litt* [faire mourir] to carry off *(sép)*; **c'est un cancer qui nous l'a enlevé** cancer took him from us. **-8.** [exécuter vite – sonate, chanson] to dash off *(sép)*. **-9.** [kidnapper] to abduct, to kidnap, to snatch; **il a été enlevé à son domicile** he was snatched from his home; **il l'a enlevée pour l'épouser** he ran off with her to get married.
◆ **s'enlever** ◇ *vp (emploi passif)* **-1.** [vêtement, étiquette] to come off; [écharde] to come out; **ça s'enlève en arrachant/décollant** it tears/peels off; **comment ça s'enlève?** how do you take it off?**-2.** [s'effacer – tache] to come out ou off. ◇ *vpt*: **s'~ une écharde du doigt** to pull a splinter out of one's finger; **s'~ une épine du pied** *fig* to get rid of a niggling problem.

**enlisement** [ɑ̃lizmɑ̃] *nm* **-1.** [enfoncement] sinking. **-2.** [stagnation] stagnation.

**enliser** [3] [ɑ̃lize] *vt*: **~ ses roues** to get one's wheels stuck.
◆ **s'enliser** *vpi* **-1.** [s'embourber] to get bogged down ou stuck, to sink; **s'~ dans des sables mouvants** to sink ou to get sucked (down) into quicksand. **-2.** *fig* to get bogged down; **s'~ dans la routine** to get ou to be bogged down in routine.

**enluminer** [3] [ɑ̃lymine] *vt* to illuminate.

**enlumineur, euse** [ɑ̃lyminœr, øz] *nm, f* illuminator.

**enluminure** [ɑ̃lyminyr] *nf* illumination.

**ENM** *nprf abr de* **École nationale de la magistrature.**

**enneigé, e** [ɑ̃neʒe] *adj* [champ, paysage] snow-covered; [pic] snow-capped; **les routes sont ~es** the roads are snowed up.

**enneigement** [ɑ̃neʒmɑ̃] *nm* snow cover; **l'~ annuel** yearly ou annual snowfall; **bulletin d'~** snow report.

**enneiger** [23] [ɑ̃neʒe] *vt* to cover with ou in snow.

**ennemi, e** [ɛnmi] ◇ *adj* **-1.** MIL enemy *(modif)*, hostile. **-2.** [inimical] hostile, unfriendly; [adverse]: **familles/nations ~es** feuding families/nations. **-3.** **~ de** [opposé à]: **être ~**

**du changement** to be opposed ou averse to change. ◇ *nm, f* **-1.** MIL enemy, foe *litt*; **passer à l'~** to go over to the enemy. **-2.** [individu hostile] enemy; **se faire des ~s** to make enemies; **se faire un ~ de qqn** to make an enemy of sb ❑ **~ mortel** mortal enemy; **~ public** (numéro un) public enemy (number one). **-3.** [antagoniste]: **l'~ de: le bien est l'~ du mal** good is the enemy of evil.

**ennoblir** [32] [ɑ̃nɔblir] *vt* [personne] to ennoble; [caractère, esprit] to ennoble, to elevate; [physique] to lend dignity to.

**ennoblissement** [ɑ̃nɔblismɑ̃] *nm* [élévation] ennoblement, ennobling.

**ennui** [ɑ̃nɥi] *nm* **-1.** [problème] problem, difficulty; **des ~s** trouble, troubles, problems; **attirer des ~s à qqn** to get sb into trouble; **avoir des ~s**: **avoir de gros ~s** to be in bad trouble; **tu vas avoir des ~s** you're going to get into trouble; **avoir des ~s avec la police** to be in trouble with the police; **des ~s de**: **avoir des ~s d'argent** to have money problems; **avoir des ~s de voiture** to have problems with one's car; **des ~s de moteur** to have engine trouble; **avoir des ~s de santé** to have health problems; **faire des ~s à qqn** to get sb into trouble; **l'~: c'est ça l'~!** that's the hitch ou trouble!; **l'~ c'est que...** the trouble is that... **-2.** [lassitude] boredom; **c'était à mourir d'~** it was dreadfully ou deadly boring. **-3.** *litt* [mélancolie] ennui.

**ennuyer** [14] [ɑ̃nɥije] *vt* **-1.** [contrarier] to worry, to bother; **ce contretemps m'ennuie beaucoup** this complication worries me a great deal; **avoir l'air ennuyé** to look bothered ou worried; **ça m'ennuie de les laisser seuls** I am loath to ou I don't like to leave them alone; **ça m'ennuie de te le dire mais...** I'm sorry to have to say this to you but...; **cela m'ennuierait d'être en retard** I'd hate to be late. **-2.** [déranger] to bother, to annoy; **je ne voudrais pas vous ~ mais...** I don't ou wouldn't like to bother you but...; **tu m'ennuies avec tes questions** you're annoying him with your questions. **-3.** [lasser] to bore; **les jeux de cartes m'ennuient** I find card games boring.
◆ **s'ennuyer** *vpi* [être lassé] to be bored; **elle s'ennuie toute seule** she gets bored on her own; **avec lui on ne s'ennuie pas!** *hum* he's great fun! ❑ **s'~ comme un rat mort** *fam* to be bored to death.
◆ **s'ennuyer de** *vp + prép*: **s'~ de qqn/qqch** to miss sb/sthg.

**ennuyeux, euse** [ɑ̃nɥijø, øz] *adj* **-1.** [lassant – travail, conférencier, collègue] boring, dull; **~ à mourir** ou **à périr** ou **comme la pluie** ou **la mort** (as) dull as ditchwater *Br* ou dishwater *Am*, deadly boring. **-2.** [fâcheux] annoying, tiresome; **c'est ~ qu'il ne puisse pas venir** [regrettable] it's a pity (that) he can't come; [contrariant] it's annoying ou a nuisance that he can't come.

**énonçai** [enɔ̃se] *v* → **énoncer.**

**énoncé** [enɔ̃se] *nm* **-1.** [libellé – d'un sujet de débat] terms; [– d'une question d'examen, d'un problème d'arithmétique] wording. **-2.** [lecture] reading, declaration; **à l'~ des faits** when the facts were stated; **écouter l'~ du jugement** to listen to the verdict being read out. **-3.** LING utterance.

**énoncer** [16] [enɔ̃se] *vt* [formuler] to formulate, to enunciate, to express.

**énonciatif, ive** [enɔ̃sjatif, iv] *adj* enunciative.

**énonciation** [enɔ̃sjasjɔ̃] *nf* **-1.** [exposition] statement, stating. **-2.** LING enunciation.

**énonçons** [enɔ̃sɔ̃] *v* → **énoncer.**

**enorgueillir** [32] [ɑ̃nɔrgœjir] *vt litt* to make proud.
◆ **s'enorgueillir de** *vp + prép* to be proud of.

**énorme** [enɔrm] *adj* **-1.** [gros] enormous, huge. **-2.** [important] huge, enormous, vast; **100 francs, ce n'est pas ~** 100 francs isn't such a huge amount; **elle n'a pas dit non, c'est déjà ~** it didn't say no, that's a great step forward!**-3.** [exagéré – mensonge] outrageous.

**énormément** [enɔrmemɑ̃] *adv* enormously, hugely; **le spectacle m'a ~ plu** I liked the show very much indeed; **s'amuser ~** to enjoy o.s. immensely ou tremendously; **~ de** [argent, bruit] an enormous ou a huge ou a tremendous amount of; **il y avait ~ de monde dans le train** the train was extremely crowded; **ils ont mis ~ de temps à comprendre** it took them ages to understand.

**énormité** [enɔrmite] *nf* **-1.** [ampleur – d'une difficulté] enormity; [– d'une tâche, d'une somme, d'une population] enormity, size. -2. [extravagance] outrageousness, enormity. -3. [propos] piece of utter ou outrageous nonsense.

**enquérir** [39] [ākerir]
◆ **s'enquérir de** vp + prép sout to inquire about ou after; s'~ de la santé de qqn to inquire ou to ask after sb's health.

**enquête** [āket] nf -1. [investigation] investigation, inquiry; faire ou mener sa petite ~ to make discreet inquiries; il a fait l'objet d'une ~ he was the subject of an investigation; mener une ~ sur un meurtre to investigate a murder; ouvrir/conduire une ~ to open/to conduct an investigation ❑ ~ judiciaire (suite à un décès) inquest; ~ d'utilité publique public inquiry. -2. [étude] survey, investigation; faire une ~ to conduct a survey. -3. PRESSE (investigative) report, exposé.

**enquêté, e** [ākete] nm, f interviewee.

**enquêter** [4] [ākete] vi to investigate; ~ sur un meurtre to inquire into ou to investigate a murder.

**enquêteur, euse** ou **trice** [āketœr, øz, tris] nm, f -1. [de police] officer in charge of investigations, investigator. -2. [de sondage] pollster. -3. [sociologue] researcher.

**enquièrent** [ākjɛr], **enquiers** [ākjɛr] v → **enquérir**.

**enquiquinant, e** [ākikinā, āt] adj fam irritating; des voisins ~s awkward neighbours.

**enquiquinement** [ākikinmā] nm fam: des ~s hassle; je n'ai eu que des ~s avec cette voiture I've had nothing but hassle with this car.

**enquiquiner** [3] [ākikine] vt fam -1. [ennuyer] to bore (stiff). -2. [irriter] to bug.
◆ **s'enquiquiner** vpi fam [s'ennuyer] to be bored (stiff).
◆ **s'enquiquiner à** vp + prép fam: je ne vais pas m'~ à tout recopier I can't be fagged Br ou bothered to copy it out again.

**enquiquineur, euse** [ākikinœr, øz] nm, f fam pain, drag, nuisance.

**enquis, e** [āki, iz] pp → **enquérir**.

**enraciné, e** [ārasine] adj: bien ~ [idée] firmly implanted ou entrenched; [habitude] deeply ingrained; [croyance] deep-seated, deep-rooted.

**enracinement** [ārasinmā] nm -1. BOT rooting. -2. fig [d'une opinion, d'une coutume] deep-rootedness.

**enraciner** [3] [ārasine] vt -1. [fixer – dans un lieu, une culture] to root. -3. [fixer dans l'esprit] to fix, to implant.
◆ **s'enraciner** vpi -1. BOT to take root, to take root. -2. [se fixer] to take root, to become firmly fixed; s'~ profondément dans une culture/l'esprit to become deeply rooted in a culture/the mind.

**enragé, e** [āraʒe] ◇ adj -1. [furieux] enraged, livid. ◇ nm, f -1. HIST [pendant la Révolution française] enragé; [en 1968] militant student. -2. [passionné]: un ~ de: un ~ de football/ski/musique a football/skiing/music fanatic.

**enrageant, e** [āraʒā, āt] adj fam maddening, infuriating.

**enrager** [17] [āraʒe] vi [être en colère] to be furious ou infuriated; j'enrage de m'être laissé prendre I'm enraged ou furious at having been caught; faire ~ qqn [l'irriter] to annoy sb; [le taquiner] to tease sb mercilessly.

**enraie** [ārɛ] v → **enrayer**.

**enraiement** [ārɛmā], **enrayement** [ārɛjmā] nm stopping, checking; l'~ d'une épidémie checking the progress of an epidemic.

**enraierai** [ārɛre] v → **enrayer**.

**enrayage** [ārɛjaʒ] nm -1. ARM jamming. -2. MÉCAN blocking.

**enrayer** [11] [ārɛje] vt -1. ARM to jam. -2. MÉCAN to block. -3. [empêcher la progression de – processus] to check, to stop, to call a halt to; ~ la crise to halt the economic recession; ~ l'inflation to check ou to control ou to curb inflation; l'épidémie est enrayée the epidemic has been halted.
◆ **s'enrayer** vpi to jam.

**enrégimenter** [3] [āreʒimāte] vt to press-gang; ~ qqn dans qqch to press-gang sb into sthg.

**enregistrement** [ārəʒistrəmā] nm -1. JUR [fait de déclarer] registration, registering; [entrée] entry. -2. COMM [fait d'inscrire] booking; [entrée] booking, entry. -3. TRANSP [à l'aéroport] check-in; [à la gare] registration. -4. AUDIO recording; ~ magnétique tape recording; ~ audio/vidéo/sur cassette audio/video/cassette recording. -5. INF [informations] record; [duplication] recording; [consignation] logging. -6. [diagramme] trace.
◆ **d'enregistrement** loc adj -1. COMM registration (modif). -2. INF [clef, tête, structure] format (modif); [densité, support] recording (modif); [unité] logging (modif).

**enregistrer** [3] [ārəʒistre] vt -1. [inscrire – opération, transaction, acte] to enter, to record; [– déclaration] to register, to file; [– note, mention] to log; [– commande] to book (in); ~ un jugement to enrol Br ou to enroll Am ou to enter a judgement. -2. [constater] to record, to note; l'entreprise a enregistré un bénéfice de... the company showed a profit of...; on enregistre une baisse du dollar the dollar has fallen in value. -3. AUDIO [cassette audio, disque] to record, to tape; [cassette vidéo] to record, to video, to video-tape; musique enregistrée taped ou recorded music ‖ [pour commercialiser – disque, émission, dialogue] to record; (en usage absolu): ils sont en train d'~ they're doing ou making a recording. -4. [afficher] to register, to record, to show; l'appareil n'a rien enregistré nothing registered on the apparatus, the apparatus did not register anything. -5. [retenir] to take in (sép); d'accord, c'est enregistré all right, I've got that ‖ (en usage absolu): je lui ai dit mais il n'a pas enregistré I told him but it didn't register ou he didn't take it in. -6. TRANSP [à l'aéroport] to check in (sép); [à la gare] to register.

**enregistreur, euse** [ārəʒistrœr, øz] adj recording (modif).
◆ **enregistreur** nm recorder, recording device.

**enrhumé, e** [āryme] adj: être ~ to have a cold.

**enrhumer** [3] [āryme]
◆ **s'enrhumer** vpi to catch cold, to get a cold.

**enrichi, e** [āriʃi] adj -1. péj [personne] nouveau riche. -2. [amélioré] enriched.

**enrichir** [32] [āriʃir] vt -1. [rendre riche] to enrich, to make rich ou richer. -2. [améliorer – savon, minerai, culture] to enrich; [– esprit] to enrich, to improve; cette expérience m'a enrichi I'm all the richer for that experience.
◆ **s'enrichir** ◇ vpi -1. [devenir riche] to grow rich ou richer, to become rich ou richer. -2. [se développer – collection] to increase, to develop; [– esprit] to be enriched, to grow. ◇ vpt: s'~ l'esprit to improve one's mind.

**enrichissant, e** [āriʃisā, āt] adj [rencontre] enriching; [travail] rewarding; [lecture] enriching, improving.

**enrichissement** [āriʃismā] nm -1. [thésaurisation] becoming rich ou richer. -2. [amélioration – d'un minerai, d'un sol, de l'esprit] improvement, improving. -3. NUCL enrichment.

**enrobage** [ārɔbaʒ] nm [d'un aliment] coating.

**enrobé, e** [ārɔbe] adj [personne] plump, chubby.

**enrober** [3] [ārɔbe] vt -1. [enduire] to coat; ~ qqch de to coat sthg with. -2. [adoucir] to wrap ou to dress up (sép); il a enrobé son reproche de mots affectueux he wrapped his criticism in kind words.

**enrôlé** [ārole] nm enlisted private.

**enrôlement** [ārolmā] nm -1. MIL enlistment. -2. ADMIN & JUR enrolment.

**enrôler** [3] [ārole] vt -1. MIL to enrol Br, to enroll Am, to enlist. -2. fig: ~ qqn dans un parti/groupe to recruit sb into a party/group. -3. ADMIN & JUR to enrol Br, to enroll Am, to record.
◆ **s'enrôler** vpi to enrol Br, to enroll Am, to enlist, to sign up.

**enroué, e** [ārwe] adj: je suis ~ I'm hoarse; d'une voix ~e hoarsely.

**enrouement** [ārumā] nm hoarseness.

**enrouer** [6] [ārwe]
◆ **s'enrouer** vpi [de froid] to get hoarse; [en forçant sa voix] to make o.s. hoarse.

**enroulement** [ārulmā] nm -1. [mise en rouleau] rolling up, winding up. -2. [volute] whorl, scroll. -3. ÉLECTR [bobinage] winding; [bobine] coil.

**enrouler** [3] [ārule] vt -1. [mettre en rouleau – corde] to wind, to coil (up); [– ressort] to coil; [– papier, tapis] to roll up (sép); lierre enroulé autour d'un arbre ivy twined ou wound round a tree. -2. [envelopper]: ~ dans to roll ou to wrap in.
◆ **s'enrouler** vp [emploi réfléchi]: s'~ dans une couverture to wrap o.s. up in a blanket. ◇ vpi [corde, fil] to be wound ou to wind (up); [serpent] to coil (itself).

**enrouleur, euse** [ārulœr, øz] adj winding, coiling.

◆ **enrouleur** *nm* **-1.** [tambour] drum, reel. **-2.** [galet] idle pulley, idler, roller; ~ **de ceinture automatique** automatic seat belt winder, inertia reel.

◆ **à enrouleur** *loc adj* self-winding.

**enrubanner** [3] [ãrybane] *vt* to decorate ou to adorn with ribbons.

**ENS** *npr f abr de* **École normale supérieure.**

**ensablement** [ãsabləmã] *nm* [d'un bateau] running aground; [d'un tuyau] choking (up) with sand; [d'une route] sanding over; [d'un port] silting up; **il y a risque d'**~ there is a risk of getting stuck in the sand.

**ensabler** [3] [ãsable] *vt* **-1.** [couvrir de sable]: **être ensablé** [port, estuaire] to be silted up; [route, piste] to be covered in sand (drifts). **-2.** [enliser]: **une voiture ensablée** a car stuck in the sand.

◆ **s'ensabler** *vpi* **-1.** [chenal] to silt up. **-2.** [véhicule] to get stuck in the sand. **-3.** [poisson] to bury itself in the sand.

**ensacher** [3] [ãsaʃe] *vt* to bag, to sack.

**ENSAD, Ensad** [ɛnsad] *(abr de* **École nationale supérieure des arts décoratifs)** *npr f grande école for applied arts.*

**ENSAM, Ensam** [ɛnsam] *(abr de* **École nationale supérieure des arts et métiers)** *npr f grande école for engineering.*

**ensanglanter** [3] [ãsãglãte] *vt* **-1.** [tacher] to bloody; **un mouchoir ensanglanté** a bloodstained handkerchief; **il entra, le visage ensanglanté** he came in with his face covered in blood. **-2.** [lieu, époque] to bathe in blood.

**enseignant, e** [ãsɛɲã, ãt] ◇ *adj* → **corps.** ◇ *nm, f* teacher.

**enseigne** [ãsɛɲ] ◇ *nm* **-1.** MIL: ~ **de vaisseau 1re classe** sub-lieutenant *Br*, lieutenant junior grade *Am*; ~ **de vaisseau 2e classe** midshipman *Br*, ensign *Am*.**-2.** HIST [porte-drapeau] ensign. ◇ *nf* **-1.** [panneau] sign; ~ **lumineuse** ou **au néon** neon sign. **-2.** *litt* [étendard] ensign.

**enseignement** [ãsɛɲmã] *nm* **-1.** [instruction] education; ~ **assisté par ordinateur** computer-assisted learning; ~ **par correspondance** correspondence courses. **-2.** [méthodes d'instruction] teaching (methods). **-3.** [système scolaire]: ~ **primaire/supérieur** primary/higher education; ~ **privé** private education; ~ **professionnel** vocational education; ~ **public** state education ou schools; **l'**~ **du second degré** secondary education; ~ **technique** technical education. **-4.** [profession]: **l'**~ teaching, the teaching profession; **entrer dans l'**~ to go into teaching; **travailler dans l'**~ to work in education ou the teaching profession. **-5.** [leçon] lesson, teaching; **tirer un** ~ **de qqch** to learn (a lesson) from sthg.

**enseigner** [4] [ãsɛɲe] *vt* to teach; ~ **qqch à qqn** to teach sb sthg ou sthg to sb || *(en usage absolu):* **elle enseigne depuis trois ans** she's been teaching for three years.

**ensemble¹** [ãsãbl] *nm* **-1.** [collection – d'objets] set, collection; [– d'idées] set, series; [– de données, d'informations, de textes] set, body, collection. **-2.** [totalité] whole; **la question dans son** ~ the question as a whole; **l'**~ **de: l'**~ **des joueurs** all the players; **l'**~ **des réponses montre que...** the answers taken as a whole show that...; **il s'est adressé à l'**~ **des employés** he spoke to all the staff ou the whole staff. **-3.** [simultanéité] unity; **manquer d'**~ to lack unity; **ils ont protesté dans un** ~ **parfait** they protested unanimously. **-4.** [groupe] group; ~ **instrumental** (instrumental) ensemble; ~ **vocal** vocal group. **-5.** VÊT suit, outfit; ~ **pantalon** trouser suit. **-6.** MATH set; ~ **vide** empty set.

◆ **dans l'ensemble** *loc adv* on the whole, by and large, in the main.

◆ **d'ensemble** *loc adj* **-1.** [général] overall, general; **mesures d'**~ comprehensive ou global measures; **vue d'**~ overall ou general view. **-2.** MUS: **faire de la musique d'**~ to play in an ensemble.

**ensemble²** [ãsãbl] *adv* **-1.** [l'un avec l'autre] together; **elles en sont convenues** ~ they agreed (between themselves); **nous en avons parlé** ~ we spoke ou we had a talk about it; **aller bien** ~ [vêtements, couleurs] to go well together; [personnes] to be well-matched; **ils vont mal** ~ [vêtements] they don't match; [couple] they're ill-matched; **être bien/mal** ~ to be on good/bad terms. **-2.** [en même temps] at once, at the same time.

**ensemblier** [ãsãblije] *nm* **-1.** [décorateur] interior designer. **-2.** CIN & TV props assistant.

**ensemencer** [16] [ãsəmãse] *vt* **-1.** AGR to sow, to seed. **-2.**

BIOL to culture.

**enserrer** [4] [ãsere] *vt* **-1.** [agripper] to clutch, to grasp, to grip. **-2.** [être autour de – suj: col, bijou] to fit tightly around; **des fortifications enserrent la vieille ville** fortified walls form a tight circle around the old town.

**ENSET, Enset** [ɛnsɛt] *(abr de* **École nationale supérieure de l'enseignement technique)** *npr f grande école training science and technology teachers.*

**ensevelir** [32] [ãsəvlir] *vt* **-1.** *litt* [dans un linceul] to shroud, to enshroud *litt*; [dans la tombe] to entomb. **-2.** [enfouir] to bury.

◆ **s'ensevelir dans** *vp + prép pr* & *fig* to bury o.s. in.

**ensevelissement** [ãsəvlismã] *nm* **-1.** *litt* [mise – dans un linceul] enshrouding; [– au tombeau] entombment. **-2.** [disparition – d'une ruine, d'un souvenir] burying.

**ensiler** [3] [ãsile] *vt* to ensile, to silage.

**ensileuse** [ãsiløz] *nf* silo filler.

**en-soi** [ãswa] *nm inv:* **l'**~ the thing in itself.

**ensoleillé, e** [ãsoleje] *adj* sunny, sunlit; **très** ~ sundrenched.

**ensoleillement** [ãsolɛjmã] *nm* (amount of) sunshine, insolation *spéc.*

**ensoleiller** [4] [ãsoleje] *vt* **-1.** [donner du soleil à] to bathe in ou to fill with sunlight. **-2.** *fig* to brighten (up).

**ensommeillé, e** [ãsomeje] *adj* sleepy, drowsy, dozy; **les yeux tout** ~**s** eyes heavy with sleep.

**ensorcelant, e** [ãsorsəlã, ãt] *adj* bewitching, entrancing, spellbinding.

**ensorceler** [24] [ãsorsəle] *vt* to bewitch, to cast a spell over; **elle m'a ensorcelé** I fell under her spell.

**ensorceleur, euse** [ãsorsəlœr, øz] ◇ *adj* bewitching, entrancing, spellbinding. ◇ *nm, f* **-1.** [sorcier] enchanter (*f* enchantress), sorcerer (*f* sorceress). **-2.** [charmeur] charmer.

**ensorcelle** [ãsorsɛl] *v* → **ensorceler.**

**ensorcellement** [ãsorsɛlmã] *nm* bewitchment, enchantment.

**ensorcellerai** [ãsorsɛlre] *v* → **ensorceler.**

**ensuite** [ãsɥit] *adv* **-1.** [dans le temps – puis] then, next; [– plus tard] later, after, afterwards; **et** ~, **que s'est-il passé?** and what happened next?, and then what happened?; **ils ne sont arrivés qu'**~ they didn't arrive until later; **ils se sont disputés;** ~ **de quoi on ne l'a jamais revu** they fell out, after which we didn't see him again. **-2.** [dans l'espace] then, further on.

**ensuivre** [89] [ãsɥivr]

◆ **s'ensuivre** *vpi* **-1.** [en résulter] to follow, to ensue; **sa maladie et toutes les conséquences qui s'en sont suivies** his illness and all the ensuing consequences || *(tournure impersonnelle):* **il s'ensuit que** it follows that. **-2.** *litt* [venir après] to follow (on). **-3.** *loc:* **et tout ce qui s'ensuit** and so on (and so forth).

**entacher** [3] [ãtaʃe] *vt* **-1.** [souiller] to sully, to soil. **-2.** [marquer] to mar; **une attitude entachée d'hypocrisie** an attitude marred by hypocrisy. **-3.** JUR: **entaché de nullité** null.

**entaille** [ãtaj] *nf* **-1.** [encoche] notch, nick. **-2.** [blessure] gash, slash, cut; **petite** ~ nick; **se faire une** ~ **au front** to gash one's forehead.

**entailler** [3] [ãtaje] *vt* **-1.** [fendre] to notch, to nick. **-2.** [blesser] to gash, to slash, to cut.

**entame** [ãtam] *nf* **-1.** [morceau – de viande] first slice ou cut; [– de pain] crust. **-2.** JEUX opening.

**entamer** [3] [ãtame] *vt* **-1.** [jambon, fromage] to start; [bouteille, conserve] to open. **-2.** [durée, repas] to start, to begin; [négociation] to launch, to start, to initiate; [poursuites] to institute, to initiate. **-3.** [réduire – fortune, économies] to make a dent ou hole in; [– résistance] to lower, to deal a blow to; [– ligne ennemie] to break through. **-4.** [ébranler] to shake; **rien ne peut** ~ **sa confiance en lui** nothing can shake ou undermine his self-confidence. **-5.** [user] to damage; **l'acide entame le fer** acid eats into ou corrodes metal. **-6.** [écorcher – peau] to graze. **-7.** JEUX to open.

**entartrage** [ãtartraʒ] *nm* **-1.** [d'une chaudière, d'un tuyau] scaling, furring (up) *Br*.**-2.** [d'une dent – processus] scaling; [– état] scale, tartar deposit.

**entartrer** [3] [ãtartre] *vt* **-1.** [chaudière, tuyau] to scale, to fur (up) *Br*.**-2.** [dent] to cover with tartar ou scale.

◆ **s'entartrer** *vpi* **-1.** [chaudière, tuyau] to scale, to fur up

*Br.*-**2.** [dent] to become covered in tartar ou scale.

**entassement** [ātasmā] *nm* -**1.** [amas] heap, pile, stack; [mise en tas] heaping ou piling up, stacking. -**2.** [fait de s'agglutiner] crowding.

**entasser** [3] [ātase] *vt* -**1.** [mettre en tas] to heap ou to pile ou to stack (up); ~ **de la terre** to heap up ou to bank up earth. -**2.** [accumuler – vieilleries, journaux] to pile ou to heap (up). -**3.** [thésauriser – fortune, argent] to pile up *(sép)*, to heap up *(sép)*. -**4.** [serrer] to cram ou to pack (in); **ils vivent entassés à quatre dans une seule pièce** the four of them live in one cramped room.
◆ **s'entasser** *vpi* [neige, terre] to heap ou to pile up, to bank; [vieilleries, journaux] to heap ou to pile up; [personnes] to crowd (in ou together), to pile in.

**ente** [āt] *nf* [greffon] scion; [greffe] graft.

**entendement** [ātādmā] *nm* comprehension, understanding; **cela dépasse l'**~ it's beyond all comprehension ou understanding.

**entendeur** [ātādœr] *nm*: **à bon** ~ **salut** *prov* a word to the wise is enough *prov*.

**entendre** [73] [ātādr] *vt* -**1.** [percevoir par l'ouïe] to hear; **parlez plus fort, on n'entend rien** speak up, we can't hear a word (you're saying); **silence, je ne veux pas vous** ~! quiet, I don't want to hear a sound from you!; **tu entends ce que je te dis?** do you hear me?; **elle a dû m'**~ **le lui dire** she must have overheard me telling him; **j'entends pleurer à côté** I can hear someone crying next door; ~ **dire** to hear; **j'ai entendu dire qu'il était parti** I heard that he had left; **c'est la première fois que j'entends (dire) ça** that's the first I've heard of it; **je ne connais l'Islande que par ce que j'en ai entendu dire** I only know Iceland through what I've heard other people say about it; ~ **parler de** to hear about ou of; **il ne veut pas** ~ **parler d'informatique** he won't hear of computers; **je ne veux plus** ~ **parler de lui** I don't want to hear him mentioned again; **on n'entend parler que de lui/de sa pièce** he's/his play's the talk of the town; **vous n'avez pas fini d'en** ~ **parler!** you haven't heard the last of this! ‖ *(en usage absolu)*: **j'entends mal de l'oreille droite** my hearing's bad in the right ear ❏ **on entendrait/on aurait entendu voler une mouche** you could hear/could have heard a pin drop; **j'aurai tout entendu!** whatever next?; **j'en ai entendu de belles** ou **de bonnes** ou **des vertes et des pas mûres sur son compte** *fam* I've heard a thing or two about him; **ce qu'il faut** ~!, **ce qu'il faut pas** ~! *fam* the things some people come out with!, the things you hear!; **il vaut mieux** ~ **ça que d'être sourd!** *fam* what a load of rubbish *Br* ou hogwash *Am*!-**2.** [écouter] to hear, to listen to; **essayer de se faire** ~ to try to make o.s. heard; **il ne veut rien** ~ **he won't listen** ❏ **à l'**~, **à les** ~: **à les** ~ **tout serait de ma faute** to hear them talk ou according to them it's all my fault; ~ **raison** to see sense; **faire** ~ **raison à qqn** to make sb listen to reason, to bring sb to his/her senses; **il va m'**~! I'll give him hell!-**3.** [accepter – demande] to agree to *(insép)*; [– vœu] to grant; **nos prières ont été entendues** our prayers were answered. -**4.** RELIG: ~ **la messe** to attend ou to hear mass; ~ **une confession** to hear ou to take a confession. -**5.** JUR [témoin] to hear, to interview. -**6.** *sout* [comprendre] to understand; **entend-il la plaisanterie?** can he take a joke?; **il doit être bien entendu que...** it must be properly understood that...; **donner qqch à** ~ ou **laisser** ~ **qqch à qqn**: **elle m'a laissé** ou **donné à** ~ **que...** she gave me to understand that...; ~ **qqch à:** **y entendez-vous quelque chose?** do you know anything about it? ‖ *(en usage absolu)*: **j'entends bien I** (do) understand ❏ **n'y** ~ **rien** ou **goutte** *vieilli*: **je n'y entends rien en politique** I don't understand a thing about politics; **il ne l'entend pas de cette oreille** he won't have any of it. -**7.** [apprendre] to hear. -**8.** [vouloir dire] to mean; **y** ~ **finesse** ou **malice** *vieilli*: **sans y** ~ **malice** without meaning any harm (by it). -**9.** [vouloir] to want, to intend; **fais comme tu l'entends** do as you wish ou please; **j'entends qu'on m'obéisse** I intend ou I mean to ou I will be obeyed; **il entend bien partir demain** he's determined to go tomorrow.
◆ **s'entendre** ◇ *vp (emploi passif)* -**1.** [être perçu] to be heard; **cela s'entend de loin** you can hear it ou it can be heard from far off ‖ [être utilisé – mot, expression] to be heard; **cela s'entend encore dans la région** you can still hear it said ou used around here. -**2.** [être compris] to be understood; **ces**

**chiffres s'entendent hors taxes** these figures do not include tax; **(cela) s'entend** [c'est évident] obviously, it's obvious, that much is clear; **après l'hiver, (cela) s'entend** when the winter is over, of course ou it goes without saying.
◇ *vp (emploi réciproque)* -**1.** [pouvoir s'écouter] to hear each other ou one another. -**2.** [s'accorder] to agree; **s'**~ **sur un prix** to agree on a price; **entendons-nous bien** let's get this straight. -**3.** [sympathiser] to get on; **s'**~ **comme chien et chat** to fight like cat and dog; **s'**~ **comme larrons en foire** to be as thick as thieves.
◇ *vp (emploi réfléchi)* -**1.** [percevoir sa voix] to hear o.s.; **on ne s'entend plus tellement il y a de bruit** there's so much noise, you can't hear yourself think; **tu ne t'entends pas!** you should hear yourself (talking)!, if (only) you could hear yourself!-**2.** *loc*: **quand je dis qu'il est grand, je m'entends,** **il est plus grand que moi** when I say he's tall I really mean he's taller than myself.
◇ *vpi*: **s'y** ~ [s'y connaître]: **il s'y entend en mécanique** he's good at ou he knows (a lot) about mechanics; **s'y** ~ **pour** to know how to.
◆ **s'entendre avec** *vp* + *prép* -**1.** [s'accorder avec] to reach an agreement with; **parvenir à s'**~ **avec qqn sur qqch** to come to an understanding ou to reach an agreement with sb about sthg. -**2.** [sympathiser avec] to get on with.

**entendu, e** [ātādy] ◇ *pp* → **entendre.** ◇ *adj* -**1.** [complice – air, sourire] knowing; **hocher la tête d'un air** ~ to nod knowingly. -**2.** [convenu] agreed; **(c'est)** ~, **je viendrai** all right ou very well, I'll come.

**entente** [ātāt] *nf* -**1.** [harmonie] harmony; **il y a une bonne** ~ **entre eux** they're on good terms (with each other); **vivre en bonne** ~ to live in harmony. -**2.** POL agreement, understanding; **arriver à une** ~ **sur** to come to an understanding ou agreement over ‖ ÉCON agreement, accord; ~ **entre producteurs** agreement between producers ❏ ~ **industrielle** cartel, combine. -**3.** HIST: **l'Entente cordiale** the Entente Cordiale.
◆ **à double entente** *loc adj* ambiguous; **c'est à double** ~ it's ambiguous ou a double entendre.

**enter** [3] [āte] *vt* HORT to graft.

**entérinement** [āterinmā] *nm* -**1.** JUR ratification. -**2.** [acceptation – d'un usage] confirmation, ratification, adoption; [– d'un état de fait] acceptance, approval.

**entériner** [3] [āterine] *vt* -**1.** JUR to ratify, to confirm. -**2.** [approuver – usage] to adopt; [– état de fait, situation] to go along with, to assent to.

**entérite** [āterit] *nf* enteritis.

**enterrement** [ātɛrmā] *nm* -**1.** [funérailles] funeral; **cette soirée, c'était un** ~ **de première classe** it was like watching paint dry, that party. -**2.** [ensevelissement] burial. -**3.** [cortège] funeral procession. -**4.** [abandon – d'une idée, d'une dispute] burying; [– d'un projet] shelving, laying aside.
◆ **d'enterrement** *loc adj* [mine, tête] gloomy, glum; **faire une tête d'**~ to wear a gloomy ou long expression.

**enterrer** [4] [ātere] *vt* -**1.** [ensevelir] to bury; **être enterré vivant** to be buried alive. -**2.** [inhumer] to bury, to inter; **vous nous enterrerez tous** you'll outlive us all ❏ ~ **sa vie de garçon** to celebrate one's last night as a bachelor, to hold a stag party. -**3.** [oublier – scandale] to bury, to hush (up); [– souvenir, passé, querelle] to bury, to forget (about); [– projet] to shelve, to lay aside.
◆ **s'enterrer** *vp (emploi réfléchi) pr* to bury o.s.; *fig* to hide o.s. away.

**entêtant, e** [ātɛtā, āt] *adj* heady.

**en-tête** [ātɛt] *nm* -**1.** [sur du papier à lettres] letterhead, heading. -**2.** IMPR head, heading. -**3.** INF header.
◆ **à en-tête** *loc adj* [papier, bristol] headed; **papier à** ~ **de la compagnie** company notepaper.
◆ **en en-tête** *loc prép* at the head ou top of.

**entêté, e** [ātete] ◇ *adj* obstinate, stubborn. ◇ *nm, f* stubborn ou obstinate person.

**entêtement** [ātɛtmā] *nm* stubbornness, obstinacy.

**entêter** [4] [ātete] *vt* to make dizzy; **ce parfum m'entête I** find this perfume quite intoxicating.
◆ **s'entêter** *vpi*: **s'**~ **à faire** to persist in doing; **s'**~ **dans:** **s'**~ **dans l'erreur** to persist in one's error.

**enthousiasmant, e** [ātuzjasmā, āt] *adj* exciting, thrilling.

**enthousiasme** [ɑ̃tuzjasm] *nm* enthusiasm, keenness; être plein d'~, déborder d'~ to be full of ou to be bubbling with enthusiasm; avec ~ enthusiastically.

**enthousiasmer** [3] [ɑ̃tuzjasme] *vt* to fill with enthusiasm; cela n'avait pas l'air de l'~ he didn't seem very enthusiastic (about it).
◆ **s'enthousiasmer** *vpi*: il s'enthousiasme facilement he's easily carried away; s'~ pour qqn/qqch to be enthusiastic about sb/sthg.

**enthousiaste** [ɑ̃tuzjast] ◇ *adj* enthusiastic, keen. ◇ *nmf* enthusiast.

**entiché, e** [ɑ̃tiʃe] *adj*: être ~ de to be wild about.

**enticher** [3] [ɑ̃tiʃe]
◆ **s'enticher de** *vp + prép*: s'~ de qqn [s'amouracher de qqn] to become infatuated with sb; s'~ de qqch [s'enthousiasmer pour qqch] to become very keen on sthg.

**entier, ère** [ɑ̃tje, ɛr] *adj* **-1.** [complet] whole, entire; une semaine entière a whole ou an entire week; pendant des journées/des heures entières for days/hours on end; dans le monde ~ in the whole world, throughout the world; payer place entière to pay the full price; tout ~, tout entière: je le voulais tout ~ pour moi I wanted him all to myself; tout ~ à, tout entière à: être tout ~ à son travail to be completely wrapped up ou engrossed in one's work. **-2.** *(avant le nom)* [en intensif] absolute, complete; donner entière satisfaction à qqn to give sb complete satisfaction. **-3.** *(après le verbe)* [intact] intact; la difficulté reste entière the problem remains unresolved. **-4.** [absolu – personne]: c'est quelqu'un de très ~ she is someone of great integrity. **-5.** CULIN [lait] full-cream *Br*, whole. **-6.** MATH nombre ~ integer, whole number. **-7.** VÉTÉR entire.
◆ **entier** *nm* MATH [nombre] integer, whole number.
◆ **dans son entier** *loc adv* as a whole.
◆ **en entier** *loc adv*: manger un gâteau en ~ to eat a whole ou an entire cake; je l'ai lu en ~ I read all of it, I read the whole of it, I read it right through.

**entièrement** [ɑ̃tjɛrmɑ̃] *adv* entirely, completely; le bureau a été ~ refait the office has been completely refitted; la maison avait été construite ~ en pierre de taille the house had been made entirely of freestone; je l'ai ~ lu I read all of it, I read the whole of it, I read it (all) through; tu as ~ raison you're quite ou absolutely right; tu n'as pas ~ tort there's some truth in what you say.

**entièreté** [ɑ̃tjɛrte] *nf* entirety.

**entité** [ɑ̃tite] *nf* [abstraction] entity.

**entoiler** [3] [ɑ̃twale] *vt* **-1.** [renforcer] to mount on canvas. **-2.** [recouvrir] to cover with canvas.

**entôler**▽ [3] [ɑ̃tole] *vt* to fleece.

**entomologie** [ɑ̃tɔmɔlɔʒi] *nf* entomology.

**entomologiste** [ɑ̃tɔmɔlɔʒist] *nmf* entomologist.

**entonner** [3] [ɑ̃tɔne] *vt* **-1.** [hymne, air] to strike up *(insép)*, to start singing. **-2.** [du vin] to barrel.

**entonnoir** [ɑ̃tɔnwar] *nm* **-1.** [ustensile] funnel. **-2.** GÉOG sinkhole, swallow hole. **-3.** [trou d'obus] shell-hole, crater.

**entorse** [ɑ̃tɔrs] *nf* **-1.** [foulure] sprain; se faire une ~ au poignet to sprain one's wrist. **-2.** [exception] infringement (of); faire une ~ au règlement to bend the rules; faire une ~ à son régime to break one's diet.

**entortiller** [3] [ɑ̃tɔrtije] *vt* **-1.** [enrouler – ruban, mouchoir] to twist, to wrap. **-2.** [compliquer]: être entortillé to be convoluted. **-3.** *fam* [tromper] to hoodwink, to con.
◆ **s'entortiller** *vpi* **-1.** [s'enrouler – lierre] to twist, to wind. **-2.** [être empêtré] to get caught ou tangled up; s'~ dans ses explications to get tangled up in one's explanations.

**entourage** [ɑ̃turaʒ] *nm* [gén] circle; [d'un roi, d'un président] entourage; ~ familial family circle; on dit dans l'~ du Président que... sources close to the President say that...

**entouré, e** [ɑ̃ture] *adj* **-1.** [populaire]: une actrice très ~e an actress who is very popular ou who is the centre of attraction. **-2.** [par des amis]: heureusement, elle est très ~e fortunately, she has a lot of friends around her.

**entourer** [3] [ɑ̃ture] *vt* **-1.** [encercler – terrain, mets] to surround; ~ qqch/qqn de: un champ de barbelés to surround a field with barbed wire, to put barbed wire around a field; ~ un mot de ou en rouge to circle a word in red; ~ qqn de ses bras to put ou to wrap one's arms around sb. **-2.**

[environner]: le monde qui nous entoure the world around us ou that surrounds us. **-3.** [graviter autour de – suj: foule, conseillers] to surround, to be around. **-4.** [soutenir – malade, veuve] to rally round *(insép)*; ~ un ami de son affection to surround a friend with affection.
◆ **s'entourer de** *vp + prép* **-1.** [placer autour de soi] to surround o.s. with, to be surrounded by; *(en usage absolu)*: savoir s'~ to know all the right people. **-2.** [vivre au sein de]: s'~ de mystère to shroud o.s. in mystery; s'~ de beaucoup de précautions to take elaborate precautions.

**entourloupe** [ɑ̃turlup], **entourloupette** [ɑ̃turlupɛt] *nf fam* nasty ou dirty trick; faire une ~ à qqn to play a dirty trick on sb.

**entournure** [ɑ̃turnyr] *nf* armhole.

**entracte** [ɑ̃trakt] *nm* **-1.** CIN & THÉÂT interval *Br*, intermission *Am*; à ou pendant l'~ in the interval *Br*, during the intermission *Am*.**-2.** [spectacle] interlude, entr'acte. **-3.** [pause] break, interlude.

**entraide** [ɑ̃trɛd] *nf* mutual aid; comité d'~ ADMIN support committee.

**entraider** [4] [ɑ̃trede]
◆ **s'entraider** *vp (emploi réciproque)* to help one another ou each other.

**entrailles** [ɑ̃traj] *nfpl* **-1.** ANAT & ZOOL entrails, guts; être pris aux ~ [être ému] to be stirred to the depths of one's soul. **-2.** *litt* [ventre] womb. **-3.** [profondeur – de la terre] depths, bowels; [– d'un piano, d'un navire] innards.

**entrain** [ɑ̃trɛ̃] *nm* **-1.** [fougue] spirit; avoir beaucoup d'~, être plein d'~ to be full of life ou energy; retrouver son ~ to cheer ou to brighten up again. **-2.** [animation] liveliness; la fête manquait d'~ the party wasn't very lively.
◆ **avec entrain** *loc adv* with gusto, enthusiastically.
◆ **sans entrain** *loc adv* half-heartedly, unenthusiastically.

**entraînable** [ɑ̃trenabl] *adj*: facilement ~ easily influenced.

**entraînant, e** [ɑ̃trenɑ̃, ɑ̃t] *adj* [chanson] catchy, swinging; [rythme] swinging, lively; [style, éloquence] rousing, stirring.

**entraînement** [ɑ̃trenmɑ̃] *nm* **-1.** [d'un sportif] training, coaching; [d'un cheval] training; séance d'~ training session; manquer d'~ to be out of training. **-2.** [habitude] practice. **-3.** MÉCAN drive; ~ à chaîne/par courroie chain/belt drive.
◆ **d'entraînement** *loc adj* **-1.** ÉQUIT & SPORT [séance, matériel] training *(modif)*. **-2.** MÉCAN drive *(modif)*.

**entraîner** [4] [ɑ̃trene] *vt* **-1.** [emporter] to carry ou to sweep along *(sép)*; *fig* to carry away *(sép)*; entraînés par la foule swept along by the crowd; se laisser ~ par la musique to let o.s. be carried away by the music; cette discussion nous entraînerait trop loin that discussion would carry ou take us too far ‖ [tirer – wagons] to pull, to haul; [actionner – bielle] to drive; poulie entraînée par une courroie belt-driven pulley. **-2.** [conduire] to drag (along); c'est lui qui m'a entraîné dans cette affaire he's the one who dragged me into this mess; ce sont les grands qui les entraînent à faire des bêtises it's the older children who encourage them to be naughty ❏ ~ qqn dans sa chute *pr* to pull ou to drag sb down in one's fall; *fig* to pull sb down with one. **-3.** [occasionner] to bring about *(sép)*, to lead to *(insép)*, to involve; cela risque d'~ de gros frais this is likely to involve heavy expenditure. **-4.** ÉQUIT & SPORT [équipe, boxeur] to train, to coach; [cheval] to train.
◆ **s'entraîner** *vpi* SPORT to train; s'~ pour les ou en vue des jeux Olympiques to be in training ou to train for the Olympic Games; s'~ à faire qqch [gén] to teach o.s. to do sthg; SPORT to train o.s. to do sthg.

**entraîneur, euse** [ɑ̃trenœr, øz] *nm, f* [d'un cheval] trainer; [d'un sportif] trainer, coach; ~ d'hommes *fig* leader of men.
◆ **entraîneuse** *nf* hostess *(in a bar)*.

**entrant, e** [ɑ̃trɑ̃, ɑ̃t] ◇ *adj* incoming. ◇ *nm, f* **-1.** SPORT substitute. **-2.** [celui qui entre]: les ~s et les sortants those who go in and those who come out.

**entrapercevoir, entr'apercevoir** [52] [ɑ̃trapɛrsəvwar] *vt* to catch a (fleeting) glimpse of.

**entrave** [ɑ̃trav] *nf* **-1.** [obstacle] hindrance, obstacle; cette mesure est une ~ au libre-échange this measure is an obstacle ou a hindrance to free trade. **-2.** [chaîne – d'esclave] chain, fetter, shackle; [– de cheval] shackle, fetter.
◆ **sans entraves** *loc adj* unfettered.

**entravé, e** [ɑ̃trave] *adj* **-1.** VÊT hobble *(modif)*. **-2.** PHON checked.

**entraver** [3] [ɑ̃trave] *vt* **-1.** [gêner – circulation] to hold up *(sép)*. **-2.** [contrecarrer – initiative, projet] to hinder, to hamper, to get in the way of. **-3.** [attacher – esclave] to put in chains; [– cheval] to fetter, to shackle. **-4.** ▿ *arg crime:* j'y **entrave** rien OU que dalle OU que couic I don't get this at all.

**entre** [ɑ̃tr] *prép* **-1.** [dans l'espace] between; [dans] in; [à travers] through, between; **tenir qqch ~ ses mains** to hold sthg in one's hands; **ce sont deux moitiés de génoise avec du chocolat ~** it's two halves of sponge cake with chocolate in between; **il passa la main ~ les barreaux** he put his hand through the bars. **-2.** [dans le temps] between; **~ le travail et le transport, je n'ai plus de temps à moi** between work and travel, I haven't any time left. **-3.** [indiquant un état intermédiaire]: **une couleur ~ le jaune et le vert** a colour between yellow and green; **elle était ~ le rire et les larmes** she didn't know whether to laugh or cry; **le cidre est doux ou sec? — ~ les deux** is the cider sweet or dry? — it's between the two OU in between; **c'était bien? — ~ les deux** *fam* was it good? — so-so. **-4.** [exprimant une approximation] between; **il y a ~ 10 et 12 km** it's between 10 and 12 kms; **les températures oscilleront ~ 10° et 15°** temperatures will range from 10° to 15°; **ils ont invité ~ 15 et 20 personnes** they've invited 15 to 20 people. **-5.** [parmi] among; **partagez le gâteau ~ les enfants** [entre deux] share the cake between the children; [entre plusieurs] share the cake among the children; **ceux d'~ vous qui désireraient venir** those among you OU of you who'd like to come; **lequel est le plus âgé d'~ vous?** who is the oldest amongst you?; **tu as le choix ~ trois réponses** you've got a choice of three answers; **je me souvenais de ce jour ~ tous** I remembered that day above all others; **je le reconnaîtrais ~ tous** [personne] I'd know him anywhere; [objet] I couldn't fail to recognize it; **brave ~ les braves** bravest of the brave. **-6.** [dans un groupe]: **parle, nous sommes ~ amis** you can talk, we're among friends OU we're all friends here; **on se réunit ~ anciens combattants** we've got together a gathering of veterans; **nous ferons une petite fête, juste ~ nous** [à deux] we'll have a small party, just the two of us; [à plusieurs] we'll have a party, just among ourselves; **ils ont tendance à rester ~ eux** they tend to keep themselves to themselves; **~ nous, il n'a pas tort** [à deux] between you and me, he's right; [à plusieurs] between us, he's right; **~ vous et moi** between you and me. **-7.** [indiquant une relation] between; **les clans se battent ~ eux** the clans fight (against) each other, there are fights between the clans; **qu'y a-t-il ~ vous?** what is there between you?
◆ **entre autres** *loc adv*: **sa fille, ~ autres, n'est pas venue** his daughter, for one OU among others, didn't come; **sont exposés, ~ autres, des objets rares, des œuvres de jeunesse du peintre, etc.** the exhibition includes, among other things, rare objects, examples of the artist's early work etc.

**entrebâillement** [ɑ̃trəbɑjmɑ̃] *nm*: **dans/par l'~ de la porte** in/through the half-open door.

**entrebâiller** [3] [ɑ̃trəbɑje] *vt* [porte, fenêtre] to half-open; **laisse la porte entrebâillée** leave the door half-open OU ajar.

**entrebâilleur** [ɑ̃trəbɑjœr] *nm* door chain.

**entrechat** [ɑ̃trəʃa] *nm* **-1.** DANSE entrechat. **-2.** *hum* [bond] leap, spring.

**entrechoquer** [3] [ɑ̃trəʃɔke] *vt* to knock OU to bang together.
◆ **s'entrechoquer** *vp (emploi réciproque)* **-1.** [se heurter – verres] to clink (together); [– épées] to clash (together); [– dents] to chatter. **-2.** [affluer – images, mots] to jostle together.

**entrecôte** [ɑ̃trəkot] *nf* entrecôte (steak).

**entrecoupé, e** [ɑ̃trəkupe] *adj* [voix] broken.

**entrecouper** [3] [ɑ̃trəkupe] *vt* **-1.** [interrompre]: **la conversation a été entrecoupée de sonneries de téléphone** the phone kept interrupting the conversation; **une voix entrecoupée de sanglots** a voice broken by sobs. **-2.** [émailler]: **~ qqch de** to intersperse OU to pepper sthg with.
◆ **s'entrecouper** *vp (emploi réciproque)* to intersect.

**entrecroiser** [3] [ɑ̃trəkrwaze] *vt* to intertwine.
◆ **s'entrecroiser** *vp (emploi réciproque)* to intersect.

**entre-déchirer** [3] [ɑ̃trədeʃire]

◆ **s'entre-déchirer** *vp (emploi réciproque)* *pr* & *fig* to tear one another to pieces.

**entre-deux** [ɑ̃trədø] *nm inv* **-1.** [dans l'espace] space between, interspace. **-2.** [dans le temps] intervening period, period in between. **-3.** SPORT jump ball. **-4.** [meuble] console table *(placed between two windows)*.

**entre-deux-guerres** [ɑ̃trədøgɛr] *nm inv* OU *nf inv*: **l'~** the interwar period.

**entre-dévorer** [3] [ɑ̃trədevɔre]
◆ **s'entre-dévorer** *vp (emploi réciproque)* *pr* to devour one another; *fig* to tear one another to pieces.

**entrée** [ɑ̃tre] *nf* **-1.** [arrivée] entrance, entry; **à son ~, tout le monde s'est levé** everybody stood up as she walked in OU entered; **faire une ~ discrète** to enter discreetly; **faire son ~ dans le monde** [demoiselle] to come out into society; **~ en: ~ en action** coming into play; **dès son ~ en fonction, il devra...** as soon as he takes up office, he will have to...; **l'~ en guerre de la France** France's entry into OU France's joining the war; **~ en matière** [d'un livre] introduction; **~ en scène** entrance; **au moment de mon ~ en scène** as I made my entrance OU as I walked onto the stage; **l'~ en vigueur d'une loi** the promulgation of a law. **-2.** [adhésion] entry, admission; **l'~ de l'Espagne dans le Marché commun** Spain's entry into the Common Market; **au moment de l'~ à l'université** when students start university. **-3.** [accès] entry, admission; **l'~ est gratuite pour les enfants** there is no admission charge for children; **'entrée'** 'way in'; **'~ libre'** [dans un magasin] 'no obligation to buy'; [dans un musée] 'free admission'; **'~ interdite'** [dans un local] 'no entry', 'keep out'; [pour empêcher le passage] 'no way in', 'no access'; [dans un bois] 'no trespassing'; **'~ interdite à tout véhicule'** 'pedestrians only'; **'~ réservée au personnel'** 'staff only'; **avoir ses ~s:** **avoir ses ~s auprès de qqn** to have (privileged) access to sb; **avoir ses ~s dans un club** to be a welcome visitor to a club. **-4.** [voie d'accès – à un immeuble] entrance (door); [– à un tunnel, une grotte] entry, entrance, mouth; **~ des artistes** stage door; **~ principale** main entrance; **~ de service** service OU tradesmen's entrance. **-5.** [vestibule – dans un lieu public] entrance (hall), lobby; [– dans une maison] hall, hallway. **-6.** LOISIRS [billet] ticket; [spectateur] spectator; [visiteur] visitor; **le film a fait deux millions d'~s** two million people have seen the film. **-7.** CULIN first course, starter; [dans un repas de gala] entrée. **-8.** INF: **~ des données** [gén] inputting of data, data input; [par saisie] keying in OU keyboarding of data. **-9.** [inscription] entry; **faire une ~ dans un registre/dictionnaire** to enter an item into a register/dictionary. **-10.** [réplique] cue. **-11.** TECH: **~ d'air** air inlet. **-12.** MUS entry.
◆ **entrées** *nfpl* COMPTA receipts, takings.
◆ **à l'entrée de** *loc prép* **-1.** [dans l'espace] at the entrance OU on the threshold of. **-2.** *litt* [dans le temps] at the beginning of.
◆ **d'entrée, d'entrée de jeu** *loc adv* from the outset, right from the beginning.

**entrefaites** [ɑ̃trəfɛt] *nfpl*: **sur ces ~** at that moment OU juncture.

**entrefilet** [ɑ̃trəfilɛ] *nm* short piece, paragraph (*in a newspaper*).

**entregent** [ɑ̃trəʒɑ̃] *nm*: **avoir de l'~** to know how to handle people.

**entr'égorger** [17] [ɑ̃tregɔrʒe]
◆ **s'entr'égorger** *vp (emploi réciproque)* to cut one another's throats.

**entrejambe** [ɑ̃trəʒɑ̃b] *nm* crotch.

**entrelaçai** [ɑ̃trəlase] *v* → **entrelacer**.

**entrelacer** [16] [ɑ̃trəlase] *vt* to intertwine, to interlace.
◆ **s'entrelacer** *vp (emploi réciproque)* to intertwine, to interlace.

**entrelacs** [ɑ̃trəla] *nm* interlacing.

**entrelardé, e** [ɑ̃trəlarde] *adj* [rôti] larded; [tranche de poitrine] streaky.

**entrelarder** [3] [ɑ̃trəlarde] *vt* **-1.** CULIN to lard. **-2.** [entrecouper]: **~ qqch de** to intersperse OU to interlard sthg with.

**entremêler** [4] [ɑ̃trəmele] *vt* **-1.** [mêler – rubans, fleurs] to intermingle, to mix together *(sép)*. **-2.** [entrecouper]: **paroles entremêlées de sanglots** words broken with sobs.
◆ **s'entremêler** *vp (emploi réciproque)* [fils, cheveux] to become

entangled; [idées, intrigues] to become intermingled.

**entremets**[1] [ɑ̃trəmɛ] *v*→ **entremettre**.

**entremets**[2] [ɑ̃trəmɛ] *nm* entremets.

**entremetteur, euse** [ɑ̃trəmɛtœr, øz] *nm, f* **-1.** *vieilli* [intermédiaire] mediator, go-between. **-2.** *péj* [dans des affaires galantes] procurer (*f* procuress).

**entremettre** [84] [ɑ̃trəmɛtr]
◆ **s'entremettre** *vpi* [à bon escient] to intervene; [à mauvais escient] to interfere.

**entremis, e** [ɑ̃trəmi, iz] *pp*→ **entremettre**.
◆ **entremise** *nf* intervention, intervening (U); **offrir son ~e** to offer to act as mediator.
◆ **par l'entremise de** *loc prép* through.

**entrepont** [ɑ̃trəpɔ̃] *nm* steerage.

**entreposage** [ɑ̃trəpozaʒ] *nm* storing (U), storage.

**entreposer** [3] [ɑ̃trəpoze] *vt* **-1.** [mettre en entrepôt] to store, to put in a warehouse, to warehouse. **-2.** [déposer] to leave.

**entrepôt** [ɑ̃trəpo] *nm* warehouse; **~ de douane** bonded warehouse; **ville d'~** entrepôt, free port.

**entreprenais** [ɑ̃trəprənɛ] *v*→ **entreprendre**.

**entreprenant, e** [ɑ̃trəprənɑ̃, ɑ̃t] *adj* **-1.** [dynamique] enterprising. **-2.** [hardi] forward.

**entreprendre** [79] [ɑ̃trəprɑ̃dr] *vt* **-1.** [commencer – lecture, étude] to begin, to start (on); [– croisière, carrière] to set out on ou upon *(insép)*; [– projet, démarche] to undertake, to set about *(insép)*; **~ des études de droit** to begin studying law, to undertake law studies. **-2.** [séduire – femme] to make (amorous) advances towards. **-3.** [interpeller – passant] to buttonhole; **~ qqn sur un sujet** to tackle sb about ou over a matter.

**entrepreneur, euse** [ɑ̃trəprənœr, øz] *nm, f* **-1.** CONSTR: **~ de bâtiment** ou **construction** (building) contractor, builder. **-2.** [chef d'entreprise] entrepreneur; **petit ~** small businessman; **~ de transports** haulier *Br*, hauler *Am*; **~ de pompes funèbres** funeral director, undertaker.

**entreprennent** [ɑ̃trəprɛn], **entreprenons** [ɑ̃trəprənɔ̃] *v*→ **entreprendre**.

**entrepris, e** [ɑ̃trəpri, iz] *pp*→ **entreprendre**.
◆ **entreprise** *nf* **-1.** [société] firm, concern, business; **monter une ~e** to set up a business ❏ **~e commerciale/industrielle** business/industrial concern; **~e agricole** farm; **~e familiale** family business ou firm; **~e de pompes funèbres** funeral director's, undertaker's; **~e de transports** transport company; **~e de travaux publics** civil engineering firm; **~e d'utilité publique** public utility company; **junior ~** *company set up by students to gain experience in business*; **petite/moyenne/grosse ~e** small/medium-sized/large firm. **-2.** [monde des affaires]: **l'~e** business, the business world. **-3.** [régime économique] enterprise (U); **l'~e publique/privée** public/private enterprise. **-4.** [initiative] undertaking, initiative.
◆ **entreprises** *nfpl hum* [avances] (amorous) advances.
◆ **d'entreprise** *loc adj* [matériel, véhicule] company *(modif)*.

**entrer** [ɑ̃tre] ◇ *vi (aux être)* **A.** PÉNÉTRER **-1.** [personne – gén] to enter; [– vu de l'intérieur] to come in; [– vu de l'extérieur] to go in; [– à pied] to walk in; [– à cheval, à bicyclette] to ride in; [véhicule] to drive in; **toc, toc!** – **entrez! knock, knock!** – **come in!; entrez, entrez!** do come in!, come on in!; **la cuisine est à droite en entrant** the kitchen is on the right as you come ou go in; **empêche-les d'~** keep them out, don't let them in; **entrez sans frapper** go (straight) in; **il m'invita à ~** he invited me in; **il me fit signe d'~** he beckoned me in; **les voleurs sont entrés par la porte de derrière** the burglars got in by the back door; **il n'a fait qu'~ et sortir** he just popped in for a moment; **~ en gare** to pull in (to the station); **~ au port** to come into ou to enter harbour; **et voici les joueurs qui entrent sur le terrain/court** here are the players coming onto the field/court; **faire ~ qqn: faites-la ~** [en lui montrant le chemin] show her in; [en l'appelant] call her in ‖ [vent, eau]: **le vent entrait par rafales** the wind was blowing in in gusts; **par où entre l'eau?** how does the water penetrate ou get in?; **laisser ~:** **ce genre de fenêtre laisse ~ plus de lumière** this kind of window lets more light in. **-2.** [adhérer]: **~ à l'université** to go to university; **elle entre à la maternelle/en troisième année** she's going to nursery school/moving up into the third year; **~ au ser-**

vice de qqn to enter sb's service; **il a fait ~ sa fille comme attachée de presse** he got a job for his daughter as a press attaché. **-3.** ÉCON [devises, produits] to enter; **faire ~ des marchandises** [gén] to get goods in; [en fraude] to smuggle goods in. **-4.** [tenir, trouver sa place]: **je peux faire ~ un autre sac sous le siège** [gén] I can fit another bag under the seat; [en serrant] I can squeeze another bag under the seat. **-5.** *fam* [connaissances, explication] to sink in; **la chimie n'entre pas du tout** I just can't get the hang of chemistry; **l'informatique, ça entre tout seul avec elle** learning about computers is very easy with her as a teacher. **-6.** RELIG: **~ en religion** to enter the religious life; **~ au couvent** to enter a convent.
**B.** DÉBUTER: **~ en:** **~ en pourparlers** to start ou to enter negotiations; **~ en conversation avec qqn** to strike up a conversation with sb; **~ en concurrence** to enter into competition; **~ en ébullition** to reach boiling point, to begin to boil; **~ en guerre** to go to war.
◇ *vt (aux avoir)* **-1.** [produits – gén] to take in *(sép)*, to bring in *(sép)*, to import; [– en fraude] to smuggle in *(sép)*. **-2.** [enfoncer] to dig. **-3.** [passer]: **entre la tête par ce trou-là** get your head through that hole. **-4.** INF to enter.
◆ **entrer dans** *v* + *prép* **-1.** [pénétrer dans – obj: lieu] to enter, to come into, to go into; [à pied] to walk into; **~ dans l'eau** to get into the water; **y a-t-il un autre moyen d'~ dans cette pièce?** is there another way into this room?; **ils nous ont fait ~ dans une cellule** they got us into a cell; **il ne les laisse jamais ~ dans la chambre noire** he never lets ou allows them into the black room; **un rayon de soleil entra dans la chambre** a ray of sunlight entered the room. **-2.** [adhérer à – obj: club, association, parti] to join, to become a member of; [– obj: entreprise] to join; **~ dans le monde du travail** to start work; **~ dans une famille** [par mariage] to marry into a family; **il l'a fait ~ dans la société** he got him a job with the firm. **-3.** [heurter – pilier, mur] to crash into, to hit; [– voiture] to collide with. **-4.** [constituant]: **~ dans la composition de** to go into; **l'eau entre pour moitié dans cette boisson** water makes up 50% of this drink. **-5.** [se mêler de] to enter into; **je ne veux pas ~ dans vos histoires** I don't want to have anything to do with ou to be involved in your little schemes ‖ [se lancer dans]: **sans ~ dans les détails** without going into details. **-6.** [être inclus dans]: **c'est entré dans les mœurs** it's become accepted; **~ dans l'usage** [terme] to come into common use, to become part of everyday language; **elle est entrée dans la légende de son vivant** she became a living legend; **la TVA n'est pas dans le prix** VAT isn't included in the price. **-7.** [s'enfoncer, pénétrer dans]: **la balle/flèche est entrée dans son bras** the bullet/arrow lodged itself in her arm; **faire ~ qqch de force dans** to force sthg into. **-8.** [tenir dans] to get in, to go in, to fit in; **tout n'entrera pas dans la valise** we won't get everything in the suitcase, everything won't fit in the suitcase; **faire ~:** **faire ~ des vêtements dans une valise** [en poussant] to press clothes in ou down in a suitcase. **-9.** [obj: période] to enter; **elle entre dans sa 97e année** she's entering her 97th year; **quand on entre dans l'âge adulte** when one becomes an adult. **-10.** [relever de – rubrique] to fall into, to come into; [– responsabilités] to be part of; **cela n'entre pas dans mes attributions** this is not within my responsibilities; **j'espère ne pas ~ dans cette catégorie de personnes** I hope I don't belong to that category of people. **-11.** *fam* [obj: connaissances, explication]: **faire ~ qqch dans la tête de qqn** to put sthg into sb's head; [à force de répéter] to drum ou to hammer sthg into sb's head; **tu ne lui feras jamais ~ dans la tête que c'est impossible** you'll never get it into his head ou convince him that it's impossible.

**entresol** [ɑ̃trəsɔl] *nm* mezzanine, entresol; **à l'~** on the mezzanine, at mezzanine level.

**entre-temps** [ɑ̃trətɑ̃] *adv* meanwhile, in the meantime.

**entretenir** [40] [ɑ̃trətnir] *vt* **-1.** [tenir en bon état – locaux, château] to maintain, to look after *(insép)*, to see to the upkeep of; [– argenterie, lainage] to look after *(insép)*; [– matériel, voiture, route] to maintain; [– santé, beauté] to look after *(insép)*, to maintain; **~ sa forme** ou **condition physique** to keep o.s. fit ou in shape. **-2.** [maintenir – feu] to keep going ou burning; [– querelle, rancune] to foster, to feed; [– enthousiasme] to foster, to keep alive *(sép)*; [– espoirs, illusions] to cherish, to entertain; [– fraîcheur, humidité] to maintain; **~**

une correspondance avec qqn to keep up ou to carry on a correspondence with sb. **-3.** [encourager]: ~ qqn dans: c'est ce qui m'a entretenu dans l'erreur that is what kept me from seeing the mistake; ~ qqn dans l'idée que to keep sb believing that. **-4.** [payer les dépenses de – enfants] to support; [– maîtresse] to keep, to support; [– troupes] to keep, to maintain; entretenu à ne rien faire paid to do nothing; se faire ~ par qqn to be kept by sb. **-5.** ~ qqn de [lui parler de] to converse with ou to speak to sb about.

◆ **s'entretenir** ◇ *vp (emploi réciproque)* to have a discussion, to talk. ◇ *vp (emploi passif)*: le synthétique s'entretient facilement man-made fabrics are easy to look after.

◆ **s'entretenir avec** *vp + prép* to converse with, to speak to; s'~ de qqch avec qqn to have a discussion with sb about sthg.

**entretenu, e** [ɑ̃trətny] ◇ *pp* → **entretenir.** ◇ *adj* **-1.** [personne] kept. **-2.** [lieu]: maison bien ~e [où le ménage est fait] well-kept house; [en bon état] house in good repair; maison mal ~e [sale et mal rangée] badly kept house; [en mauvais état] house in bad repair; jardin bien/mal ~ well-kept/ neglected garden.

**entretien** [ɑ̃trətjɛ̃] *nm* **-1.** [maintenance] maintenance, upkeep. **-2.** [discussion – entre employeur et candidat] interview; [colloque] discussion; solliciter/accorder un ~ to request/to grant an interview ❑ ~ d'embauche job interview. **-3.** RAD & TV [questions] interview.

**entretiendrai** [ɑ̃trətjɛ̃dre], **entretiennent** [ɑ̃trətjɛn], **entretins** [ɑ̃trətɛ̃] *v* → **entretenir.**

**entre-tuer** [7] [ɑ̃trətɥe]
◆ **s'entre-tuer** *vp (emploi réciproque)* to kill one another.

**entreverrai** [ɑ̃trəvere] *v* → **entrevoir.**

**entrevoir** [62] [ɑ̃trəvwar] *vt* **-1.** [apercevoir] to catch sight ou a glimpse of. **-2.** [pressentir – solution, vie meilleure] to glimpse; [– difficultés, issue] to foresee, to anticipate.

**entrevu, e** [ɑ̃trəvy] *pp* → **entrevoir.**
◆ **entrevue** *nf* [réunion] meeting; [tête-à-tête] interview.

**entropie** [ɑ̃trɔpi] *nf* entropy.

**entrouvert, e** [ɑ̃truvɛr, ɛrt] ◇ *pp* → **entrouvrir.** ◇ *adj* [porte] half-open, ajar.

**entrouvrir** [34] [ɑ̃truvrir] *vt* to half-open.
◆ **s'entrouvrir** *vpi* [porte] to half-open; [rideau] to draw back *(sép)* (slightly); [lèvres] to part.

**entuber**[V] [3] [ɑ̃tybe] *vt* to con, to rip off *(sép)*; se faire ~ to be conned, to get ripped off.

**enturbanné, e** [ɑ̃tyrbane] *adj* turbaned.

**énucléer** [15] [enyklee] *vt* **-1.** [œil] to enucleate. **-2.** [noyau] to stone, to pit.

**énumératif, ive** [enymeratif, iv] *adj* enumerative.

**énumération** [enymerasjɔ̃] *nf* **-1.** [énonciation] enumeration, enumerating. **-2.** [liste] list, catalogue.

**énumérer** [18] [enymere] *vt* to enumerate, to list.

**énurésie** [enyrezi] *nf* enuresis *spéc*, bedwetting.

**énurétique** [enyretik] ◇ *adj* enuretic *spéc*, bedwetting *(modif)*. ◇ *nmf* enuresis sufferer *spéc*, bedwetter.

**env.** *abr écrite de* **environ.**

**envahir** [32] [ɑ̃vair] *vt* **-1.** [occuper – pays, palais] to invade, to overrun. **-2.** [se répandre dans] to overrun; plate-bande envahie par les mauvaises herbes border overrun with weeds; jardin envahi par la végétation overgrown garden. **-3.** [déranger]: se laisser ~ par les tâches quotidiennes to let o.s. be swamped by daily duties. **-4.** [suj: sensation, crainte] to sweep over *(insép)*, to seize; le doute l'a envahi he was seized with doubt.

**envahissant, e** [ɑ̃vaisɑ̃, ɑ̃t] *adj* **-1.** [qui s'étend – végétation] overgrown; [– ambition, passion] invasive. **-2.** [importun – voisin, ami] interfering, intrusive.

**envahissement** [ɑ̃vaismɑ̃] *nm* invasion.

**envahisseur** [ɑ̃vaisœr] *nm* invader.

**envasement** [ɑ̃vazmɑ̃] *nm* silting up.

**envaser** [3] [ɑ̃vaze] *vt* to silt up *(sép)*.
◆ **s'envaser** *vpi* [canal] to silt up; [barque] to get stuck in the mud.

**enveloppant, e** [ɑ̃vlɔpɑ̃, ɑ̃t] *adj* [voix, paroles] enticing, seductive.

**enveloppe** [ɑ̃vlɔp] *nf* **-1.** [pour lettre] envelope; prière de

joindre une ~ affranchie please enclose stamped addressed envelope ou s.a.e. *Br* ❑ ~ autoadhésive self-sealing envelope; ~ à fenêtre window envelope; ~ gommée stick-down envelope; ~ de réexpédition *special envelope used for forwarding several items at once*; ~ rembourrée padded envelope, Jiffy bag®. **-2.** BOT [membrane] covering membrane; [cosse] husk. **-3.** [revêtement – d'un pneu] cover, casing; [– d'un tuyau] lagging *(U)*, jacket. **-4.** FIN [don] sum of money, gratuity; [don illégal] bribe; [crédits] budget; l'~ (budgétaire) du ministère de la Culture the Arts budget. **-5.** [aspect] exterior, outward appearance.

◆ **sous enveloppe** *loc adv*: mettre/envoyer sous ~ to put/ to send in an envelope; envoyer un magazine sous ~ [pour le dissimuler] to send a magazine under plain cover.

**enveloppement** [ɑ̃vlɔpmɑ̃] *nm* **-1.** [emballage] wrapping, packing *(U)*. **-2.** MIL encirclement, surrounding.

**envelopper** [3] [ɑ̃vlɔpe] *vt* **-1.** [empaqueter] to wrap (up); je vous l'enveloppe? *hum* is that a deal?- **2.** [emmailloter] to wrap (up); ~ un enfant dans une couverture to wrap a child in a blanket ou a blanket around a child. **-3.** [entourer] ~ qqn de sa sollicitude to lavish one's attention on sb; ~ du regard: il enveloppa le paysage du regard he took in the landscape; ~ qqn du regard to gaze at sb. **-4.** [voiler – suj: brume, obscurité] to shroud, to envelop.

◆ **s'envelopper dans** *vp + prép* [vêtement] to wrap o.s. in.

**envenimer** [3] [ɑ̃vnime] *vt* **-1.** MÉD to poison, to infect. **-2.** [aggraver – conflit] to inflame, to fan the flames of; [– rapports] to poison, to spoil; tu n'as fait qu'~ les choses you've only made things ou matters worse.

◆ **s'envenimer** *vpi* **-1.** MÉD to fester, to become septic. **-2.** [empirer – relation] to grow more bitter ou acrimonious; [– situation] to get worse, to worsen.

**envergure** [ɑ̃vɛrgyr] *nf* **-1.** [d'un oiseau, d'un avion] wingspan, wingspread. **-2.** NAUT breadth. **-3.** [importance – d'une manifestation, d'une œuvre] scale, scope; de grande ~ large-scale; son entreprise a pris de l'~ her company has expanded. **-4.** [d'un savant, d'un président] calibre; il manque d'~ he doesn't have a strong personality.

**enverrai** [ɑ̃vere] *v* → **envoyer.**

**envers** [ɑ̃vɛr] ◇ *prép* [à l'égard de] towards, to; elle est loyale ~ ses amis she's loyal to her friends; son attitude ~ moi his attitude towards me ❑ ~ et contre tout ou tous in the face of ou despite all opposition. ◇ *nm* **-1.** [autre côté]: l'~ [d'un papier] the other side, the back; [d'une feuille d'arbre] the underside; [d'une médaille, d'un tissu] the reverse side; [d'une peau] the inside. **-2.** [mauvais côté] wrong side; l'~ du décor ou tableau the other side of the coin.

◆ **à l'envers** *loc adv* **-1.** [dans le mauvais sens]: mettre à l'~ [chapeau] to put on the wrong way round, to put on back to front; [chaussettes] to put on inside out; [portrait] to hang upside down ou the wrong way up. **-2.** [mal, anormalement]: tout va ou marche à l'~ everything is upside down ou topsy-turvy; tu as tout compris à l'~ you misunderstood the whole thing; il a l'esprit ou la tête à l'~ his mind is in a whirl, he doesn't know whether he's coming or going. **-3.** [dans l'ordre inverse] backwards, in reverse.

**envi** [ɑ̃vi]
◆ **à l'envi** *loc adv litt*: ils se sont déchaînés contre moi à l'~ they vied with one another in venting their rage on me; trois sketches féroces à l'~ three sketches, each more corrosive than the last.

**enviable** [ɑ̃vjabl] *adj* enviable; peu ~ unenviable.

**envie** [ɑ̃vi] *nf* **-1.** [souhait, désir] desire; l'~ de qqch/de faire qqch the desire for sthg/to do sthg; avoir ~ de: j'avais (très) ~ de ce disque I wanted that record (very much); avoir ~ de rire/pleurer to feel like laughing/crying; avoir ~ de vomir to feel sick; je n'ai pas ~ de passer ma vie à ça I don't want to spend the rest of my life doing that; j'ai presque ~ de ne pas y aller I have half a mind not to go; il avait moyennement ~ de la revoir he didn't really feel like seeing her again; je le ferai quand j'en aurai ~ I'll do it when I feel like it; mourir ou crever *fam* d'~ de faire qqch to be dying to do sthg; donner à qqn ~ de faire: ça m'a donné ~ de les revoir it made me want to see ou feel like seeing them again; avoir ~ que: elle n'a pas ~ que tu restes she doesn't want you to stay; faire ~ à qqn: un voyage au Brésil, ça ne te fait pas ~? aren't you tempted by a trip to Brazil?; l'~ lui prend de ou il lui prend l'~ de faire... he feels like ou fancies doing...; ôter ou faire passer à qqn l'~ de faire: voilà qui lui ôtera l'~ de revenir this'll make sure he's not tempted to come back ❑ ~ de femme enceinte (pregnant woman's) craving. **-2.** [désir sexuel] desire; j'ai ~ de toi I want you. **-3.** [besoin] urge; être pris d'une ~ (pressante ou naturelle) to feel the call of nature, to be taken short *Br*. **-4.** [jalousie] envy; faire ~ à qqn: sa réussite me fait ~ I envy her success, her success makes me jealous; tant de luxe, ça (vous) fait ~ such luxury makes one ou you envious ❑ ~ du pénis PSYCH penis envy. **-5.** ANAT [tache] birthmark; [peau] hangnail.

**envier** [9] [ãvje] *vt*: ~ qqch à qqn to envy sb (for) sthg; vous n'avez rien à lui ~ you have no reason to be envious of her; ~ qqn d'avoir fait qqch to envy sb for having done sthg.

**envieux, euse** [ãvjø, øz] ◇ *adj* envious; être ~ de to be envious of, to envy. ◇ *nm, f* envious person; faire des ~ to arouse ou to excite envy.

**enviions** [ãvijõ] *v* → **envier**.

**environ** [ãvirõ] *adv* about, around; il y a ~ six mois about six months ago; il était ~ midi it was around ou about 12; il habite à ~ 100 m ou à 100 m ~ d'ici he lives about 100 m from here.

**environnant, e** [ãvironã, ãt] *adj* surrounding.

**environnement** [ãvironmã] *nm* **-1.** [lieux avoisinants] environment, surroundings, surrounding area. **-2.** [milieu] background; l'~ culturel/familial the cultural/family background. **-3.** ÉCOL: l'~ the environment; un produit qui respecte l'~ an environment-friendly product; pollution/politique de l'~ environmental pollution/policy.

**environnemental, e, aux** [ãvironmãtal, o] *adj* environmental.

**environnementaliste** [ãvironmãtalist] *nmf* environmentalist.

**environner** [3] [ãvirone] *vt* to surround, to encircle.
◆ **s'environner de** *vp* + *prép* to surround o.s. with.

**environs** [ãvirõ] *nmpl* surroundings, surrounding area; les ~ de Paris the area around Paris.
◆ **aux environs de** *loc prép* **-1.** [dans l'espace] near, close to. **-2.** [dans le temps] around, round about.
◆ **dans les environs** *loc adv* in the local ou surrounding area.
◆ **dans les environs de** *loc prép* in the vicinity of, near.

**envisageable** [ãvizaʒabl] *adj* conceivable.

**envisager** [17] [ãvizaʒe] *vt* **-1.** [examiner] to consider; ~ tous les aspects d'un problème to consider all the aspects of a problem. **-2.** [prévoir] to envisage, to contemplate, to consider; ~ des licenciements/réparations to consider lay-offs/repairs; j'envisage d'aller vivre là-bas I'm contemplating going ou I'm thinking of going to live there.

**envoi** [ãvwa] *nm* **-1.** [de marchandises, d'argent] sending; faire un ~ [colis] to send a parcel; [lettre] to send a letter; ~ contre remboursement cash on delivery; contre ~ de on receipt of. **-2.** [d'un messager, de soldats] sending in, dispatching, dispatch. **-3.** [colis] parcel, consignment; [lettre] letter; ~ franco de port postage-paid consignment; ~ recommandé [colis] registered parcel; [lettre] registered letter; ~ recommandé avec accusé de réception [colis] recorded delivery parcel *Br*, registered package with return receipt *Am*; [lettre] recorded delivery letter *Br*, registered letter with return receipt *Am*; ~ groupé joint consignment; un ~ en nombre a (mass) mailing. **-4.** SPORT: coup d'~ kick-off; donner le coup d'~ d'un match [arbitre] to give the sign for the match to start; [joueur] to kick off; donner le coup d'~ d'une campagne *fig* to get a campaign off the ground. **-5.** LITTÉRAT envoi.

**envoie** [ãvwa] *v* → **envoyer**.

**envol** [ãvɔl] *nm* **-1.** [d'un oiseau] taking flight; l'aigle prit son ~ the eagle took flight. **-2.** AÉRON taking off (*U*), takeoff.

**envolée** [ãvɔle] *nf* **-1.** [élan] flight; ~ lyrique flight of lyricism; il s'est lancé dans une grande ~ lyrique *hum* he waxed lyrical. **-2.** [augmentation] sudden rise; l'~ du mark the sudden rise of the mark.

**envoler** [3] [ãvɔle]
◆ **s'envoler** *vpi* **-1.** [oiseau] to fly off ou away. **-2.** AÉRON [avion] to take off. **-3.** [passer – temps] to fly. **-4.** [augmenter –

cours, dollar] to soar. **-5.** [être emporté – écharpe] to blow off ou away. **-6.** [disparaître – voleur, stylo] to disappear, to vanish (into thin air).

**envoûtant, e** [ãvutã, ãt] *adj* spellbinding, bewitching, entrancing.

**envoûtement** [ãvutmã] *nm* bewitchment, spell.

**envoûter** [3] [ãvute] *vt* to bewitch, to cast a spell on; être envoûté par une voix/femme to be under the spell of a voice/woman.

**envoûteur, euse** [ãvutœr, øz] *nm, f* sorcerer (*f* sorceress).

**envoyé, e** [ãvwaje] *nm, f* [gén] messenger; POL envoy; PRESSE correspondent; de notre ~ spécial à Londres from our special correspondent in London.

**envoyer** [30] [ãvwaje] *vt* **-1.** [expédier – gén] to send (off); [– message radio] to send out (*sép*); [– marchandises] to send, to dispatch; [– invitation] to send (out); [– vœux, condoléances] to send; [– CV, candidature] to send (in); [– argent, mandat] to send, to remit; ~ qqch par bateau to ship sthg, to send sthg by ship; Fred t'envoie ses amitiés Fred sends you his regards; ~ un (petit) mot à qqn to drop sb a line ❑ ~ des fleurs à qqn *pr* to send sb flowers; *fig* to give sb a pat on the back. **-2.** [personne] to send; ~ un enfant à l'école to send a child (off) to school; on m'a envoyé aux nouvelles I've been sent to find out whether there's any news; ~ des soldats à la mort to send soldiers to their deaths ‖ *(suivi d'un infinitif):* ~ chercher qqn to have sb picked up; je l'ai envoyé la chercher à la gare I sent him to the station to pick her up ou to fetch her; ~ chercher un médecin to send for a doctor ❑ ~ dire: elle ne le lui a pas envoyé dire she told him straight ou to his face; ~ promener ou balader ou paître ou bouler qqn *fam*, ~ qqn au diable *fam*, ~ qqn sur les roses *fam* to send sb packing; j'avais envie de tout ~ promener *fam* ou valser *fam* I felt like chucking the whole thing in; ~ dinguer qqn *fam* [le repousser] to send sb sprawling; [l'éconduire] to send sb packing. **-3.** [projeter]: ~ un adversaire à terre ou au tapis to knock an opponent down ou to the ground; ~ une voiture dans le décor *fam* to send a car skidding off the road. **-4.** [lancer – projectile] to throw, to fling; [– ballon] to throw; [– balle de tennis] to send; ~ sa fumée dans les yeux de qqn to blow smoke into sb's eyes; ~ des baisers à qqn to blow sb kisses. **-5.** [donner – coup]: ~ des gifles ou baffes *fam* à qqn to slap sb (in the face); ~ des coups de pied/poing à qqn to kick/to punch sb ❑ il le lui a envoyé dans les dents *fam* ou gencives *fam* he really let him have it. **-6.** [hisser – pavillon] to hoist.
◆ **s'envoyer** *vp* [*emploi réciproque*] to send one another; s'~ des fleurs *fam* to pat each other on the back. ◇ *vpt* **-1.** *fam* [subir – corvée] to get saddled with. **-2.** *fam* [consommer – bière, bouteille] to knock back (*sép*), to down; [– gâteau] to wolf down; [sexuellement]ᵛ: s'~ qqn to get off with sb. **-3.** [se donner]: je m'enverrais des gifles ou *fam* baffes! I could kick myself! ◇ *vpi loc*: s'~ en l'air to have it off.

**envoyeur, euse** [ãvwajœr, øz] *nm, f* sender.

**enzyme** [ãzim] *nf* ou *nm* enzyme.

**éocène** [eɔsɛn] ◇ *adj* eocene. ◇ *nm* Eocene (period).

**Éole** [eɔl] *npr* Aeolus.

**éolien, enne** [eɔljɛ̃, ɛn] *adj* aeolian *spéc*, wind (*modif*).
◆ **éolienne** *nf* windmill, wind pump.

**éolithe** [eɔlit] *nm* eolith.

**éosine** [eɔzin] *nf* eosin, eosine.

**épagneul** [epaɲœl] *nm* spaniel; ~ breton Breton spaniel.

**épais, aisse** [epɛ, ɛs] *adj* **-1.** [haut – livre, strate, tranche] thick; [– couche de neige] thick, deep; une planche épaisse de 10 centimètres a board 10 centimetres thick. **-2.** [charnu – lèvres, cheville, taille] thick; [– corps] thickset, stocky; il n'est pas (bien) ~ *fam* he's thin (as a rake). **-3.** [dense – fumée, sauce, foule] thick; [– nuit] pitch-black, bushy. **-4.** [profond – silence, sommeil] deep; [– nuit] pitch-black. **-5.** *péj* [non affiné – esprit, intelligence] dull, coarse.
◆ **épais** ◇ *adv* au plus ~ de la forêt deep in the heart of the forest. ◇ *adv* [tartiner, semer] thick, thickly; il n'y en avait pas ~, de la viande *fam* there wasn't much meat.

**épaisseur** [epɛsœr] *nf* **-1.** [d'un mur, d'un tissu, d'une strate] thickness; un mur de 30 centimètres d'~ a wall 30 centimetres thick. **-2.** [couche] layer, thickness; plier un papier en quatre/cinq ~s to fold a piece of paper in four/five. **-3.**

[densité – du brouillard, d'une soupe, d'un feuillage] thickness. **-4.** [intensité – du silence, du sommeil] depth; [– de la nuit] darkness, depth. **-5.** [substance] depth.

**épaissir** [32] [epesir] ◇ *vt* **-1.** [sauce, enduit] to thicken (up). **-2.** [grossir] to thicken; **les traits épaissis par l'alcool** his features bloated with alcohol. ◇ *vi* **-1.** [fumée, peinture, mayonnaise] to thicken, to get thicker. **-2.** [grossir – taille] to get thicker ou bigger; [– traits du visage] to get coarser, to coarsen; **il a beaucoup épaissi** he's put on a lot of weight. ◆ **s'épaissir** *vpi* **-1.** [fumée, crème] to thicken, to get thicker. **-2.** [augmenter – couche de neige] to get thicker ou deeper; [– pile de feuilles] to get bigger. **-3.** [grossir – traits] to get coarse ou coarser; [– taille] to get thicker ou bigger; [– personne] to grow stout ou stouter. **-4.** *fig* [mystère, ténèbres] to deepen.

**épaississant, e** [epesisɑ̃, ɑ̃t] *adj* thickening *(avant n)*.

**épanchement** [epɑ̃ʃmɑ̃] *nm* **-1.** [confidences] outpouring. **-2.** MÉD extravasation; **~ de synovie** housemaid's knee.

**épancher** [3] [epɑ̃ʃe] *vt* [tendresse, craintes] to pour out *(sép)*; [colère] to vent, to give vent to; **~ son cœur** to open one's heart, to pour out one's feelings. ◆ **s'épancher** *vpi* **-1.** [se confier]: **s'~ auprès d'un ami** to open one's heart to ou to pour out one's feelings to a friend. **-2.** [couler] to pour out.

**épandage** [epɑ̃daʒ] *nm* manure spreading, manuring.

**épandre** [74] [epɑ̃dr] *vt* to spread.

**épanoui, e** [epanwi] *adj* [rose, jeunesse] blooming; [sourire] beaming, radiant; [personne] radiant; **son corps ~** her body in its prime.

**épanouir** [32] [epanwir] *vt* **-1.** *litt* [fleur] to open (up). **-2.** [détendre – visage] to light up *(sép)*. ◆ **s'épanouir** *vpi* **-1.** [fleur] to bloom, to open. **-2.** [visage] to light up. **-3.** [personne] to blossom.

**épanouissant, e** [epanwisɑ̃, ɑ̃t] *adj* fulfilling.

**épanouissement** [epanwismɑ̃] *nm* **-1.** [d'une plante] blooming, opening up. **-2.** [d'un visage] lighting up; [d'un enfant, d'une personnalité] fulfilment, self-fulfilment; **une civilisation en plein ~** a civilization in full bloom.

**épargnant, e** [eparɲɑ̃, ɑ̃t] *nm, f* saver, investor; **petits ~s** small investors.

**épargne** [eparɲ] *nf* **-1.** [économies]: **l'~** savings. **-2.** [fait d'économiser] saving.

**épargne-logement** [eparɲlɔʒmɑ̃] *(pl* **épargnes-logements)** *nf*: **plan d'~** home savings plan; **prêt ~** home loan.

**épargner** [3] [eparɲe] ◇ *vt* **-1.** [économiser – argent, essence, forces] to save; **tu n'as pas épargné la chantilly!** *hum* you didn't skimp on the whipped cream!; **n'~ ni sa peine ni son temps** to spare neither time nor trouble. **-2.** [éviter]: **tu m'as épargné un déplacement inutile** you spared ou saved me a wasted journey; **je vous épargnerai les détails** I'll spare you the details. **-3.** [ménager – vieillard, adversaire] to spare; **personne ne sera épargné** nobody ou no life will be spared. ◇ *vi* to save (money), to put money aside; **~ sur qqch** *péj* to save on sthg. ◆ **s'épargner** *vpt*: **s'~ qqch** to save o.s. sthg.

**éparpillement** [eparpijmɑ̃] *nm* **-1.** [de papiers, de graines] scattering, dispersal. **-2.** [de la pensée, des efforts] dissipation.

**éparpiller** [3] [eparpije] *vt* **-1.** [disperser – lettres, graines] to scatter; [– troupes, famille] to disperse; **éparpillés un peu partout dans le monde** scattered about the world. **-2.** [dissiper – attention, forces] to dissipate. ◆ **s'éparpiller** *vpi* **-1.** [se disperser – foule, élèves] to scatter, to disperse. **-2.** [disperser son énergie] to dissipate one's energies.

**épars, e** [epar, ars] *adj* scattered.

**épatant, e** [epatɑ̃, ɑ̃t] *adj fam & vieilli* splendid.

**épate** [epat] *nf fam & péj* showing off; **faire de l'~** to show off.

**épaté, e** [epate] *adj* **-1.** *fam* [étonné] amazed. **-2.** [aplati – nez, forme] flat, snub.

**épatement** [epatmɑ̃] *nm* [du nez] flatness.

**épater** [3] [epate] *vt fam* **-1.** [étonner] to amaze; **ça t'épate, hein? how about that then?-2.** *péj* [impressionner] to im-

press; **pour ~ la galerie** in order to cause a sensation; **pour ~ le bourgeois** in order to shock *(middle-class values)*. ◆ **s'épater** *vpi* [s'élargir] to spread out.

**épaule** [epol] *nf* **-1.** ANAT shoulder; **être large d'~s** to be broad-shouldered ❑ **avoir les ~s tombantes** ou *fam* en accent circonflexe to be round-shouldered; **donner un coup d'~ à qqn** to give sb a helping hand. **-2.** CULIN shoulder; **~ d'agneau** shoulder of lamb.

**épaulement** [epolmɑ̃] *nm* **-1.** CONSTR retaining wall. **-2.** GÉOG escarpment.

**épauler** [3] [epole] *vt* **-1.** [fusil] to raise (to the shoulder). **-2.** [aider] to support, to back up *(sép)*; **il a besoin de se sentir épaulé** he needs to feel that people are supporting him ou are behind him. **-3.** VÊT to put shoulder pads into; **veste très épaulée** jacket with big shoulder pads. ◆ **s'épauler** *vp (emploi réciproque)* to help ou to support one another.

**épaulette** [epolɛt] *nf* **-1.** MIL epaulette. **-2.** VÊT shoulder pad. **-3.** [bretelle] shoulder strap.

**épave** [epav] *nf* **-1.** [débris] piece of flotsam (and jetsam). **-2.** [véhicule, bateau] wreck. **-3.** [personne] (human) wreck.

**épée** [epe] *nf* **-1.** ARM sword; **l'~ de Damoclès** the sword of Damocles; **c'est un coup d'~ dans l'eau** it's a waste of time. **-2.** [escrimeur] swordsman *(f swordswoman)*.

**épeler** [24] [eple] *vt* [un nom] to spell (out). ◆ **s'épeler** *vp (emploi passif)*: **comment ça s'épelle?** how do you spell it?, how is it spelt?

**épépiner** [3] [epepine] *vt* to seed, to de-seed.

**éperdu, e** [eperdy] *adj* **-1.** [fou – regard, cri] wild, distraught; **la quête ~e de la vérité** the frantic quest for truth; **une fuite ~e** a headlong flight; **~ de** overcome with; **~ de joie** overcome with joy, overjoyed; **~ de douleur** frantic ou distraught with grief. **-2.** [intense – gratitude] boundless; [– besoin] violent, intense.

**éperdument** [eperdymɑ̃] *adv* **-1.** [à la folie] madly, passionately. **-2.** [en intensif]: **je m'en moque** ou **fiche** *fam* **~** I couldn't care less ou give a damn.

**éperlan** [eperlɑ̃] *nm* smelt.

**éperon** [eprɔ̃] *nm* **-1.** ÉQUIT & TRAV PUBL spur. **-2.** BOT & GÉOG spur. **-3.** NAUT cutwater.

**éperonner** [3] [eprɔne] *vt* **-1.** ÉQUIT to spur (on). **-2.** [munir d'éperons] to put spurs on. **-3.** [stimuler] to spur on *(sép)*. **-4.** NAUT to ram.

**épervier** [epervje] *nm* **-1.** ORNITH sparrowhawk. **-2.** PÊCHE cast ou casting net.

**éphèbe** [efɛb] *nm* ANTIQ ephebe; **(jeune) ~** *fig & hum* Adonis.

**éphémère** [efemɛr] ◇ *adj* [gloire, sentiment] short-lived, ephemeral, transient; [mode] short-lived; [regret] passing. ◇ *nm* ZOOL mayfly, dayfly, ephemera *spéc*.

**éphéméride** [efemerid] *nf* [calendrier] tear-off calendar. ◆ **éphémérides** *nfpl* ASTRON ephemeris.

**épi** [epi] *nm* **-1.** [de fleur] spike; [de céréale] ear. **-2.** [de cheveux] tuft; **il a un ~** [toujours] his hair sticks out; [en ce moment] his hair's sticking up. ◆ **en épi** *loc adv*: **voitures stationnées en ~** cars parked at an angle to the kerb.

**épiçai** [epise] *v →* **épicer**.

**épice** [epis] *nf* spice.

**épicé, e** [epise] *adj* **-1.** CULIN highly spiced, hot, spicy. **-2.** [grivois – histoire] spicy.

**épicéa** [episea] *nm* spruce.

**épicentre** [episɑ̃tr] *nm* epicentre.

**épicer** [16] [epise] *vt* **-1.** CULIN to spice. **-2.** [corser – récit] to add spice to.

**épicerie** [episri] *nf* **-1.** [magasin] grocery shop *Br* ou store *Am*; **à l'~ du coin** at the local grocer's; **~ fine** delicatessen. **-2.** [profession] grocery trade. **-3.** [aliments] provisions, groceries.

**épicier, ère** [episje, ɛr] *nm, f* grocer.

**épiçons** [episɔ̃] *v →* **épicer**.

**Épicure** [epikyr] *npr* Epicurus.

**épicurien, enne** [epikyrjɛ̃, ɛn] ◇ *adj* **-1.** PHILOS Epicurean. **-2.** [hédoniste] epicurean. ◇ *nm, f* **-1.** PHILOS Epicurean. **-2.** [bon vivant] epicure, bon viveur.

**épicurisme** [epikyrism] *nm* **-1.** PHILOS Epicureanism. **-2.** [hédonisme] hedonism, epicureanism.

**épidémie** [epidemi] *nf* epidemic; ~ de typhus epidemic of typhus, typhus epidemic; c'est devenu une véritable ~ *pr & fig* it has reached epidemic proportions.

**épidémiologie** [epidemjɔlɔʒi] *nf* epidemiology.

**épidémique** [epidemik] *adj* epidemic.

**épiderme** [epidɛrm] *nm* skin, epidermis *spéc*; avoir l'~ sensible *pr* to have a sensitive ou a delicate skin; *fig* to be thin-skinned ou touchy.

**épidermique** [epidɛrmik] *adj* **-1.** ANAT epidermic *spéc*, epidermal *spéc*, skin *(modif)*; [blessure] surface *(modif)*; [greffe] skin *(modif)*. **-2.** [immédiat – sentiment, réaction] instant; je ne peux pas le sentir, c'est ~ I don't know why, I just can't stand him.

**épidural, e, aux** [epidyral, o] *adj* epidural.

**épier** [9] [epje] *vt* **-1.** [espionner] to spy on *(insép)*. **-2.** [réaction, mouvement] to watch closely; [bruit] to listen out for; [occasion] to be on the look-out, to watch for *(insép)*.

**épieu, x** [epjø] *nm* MIL pike; CHASSE hunting spear.

**épigastre** [epigastr] *nm* epigastrium.

**épiglotte** [epiglɔt] *nf* epiglottis.

**épigramme** [epigram] *nf* [poème] epigram; [mot] witticism.

**épigraphe** [epigraf] *nf* epigraph.

**épiions** [epijɔ̃] *v* → **épier.**

**épilation** [epilasjɔ̃] *nf* hair removal; l'~ des jambes removal of hair from the legs.

**épilatoire** [epilatwar] *adj* depilatory, hair-removing *(avant n)*.

**épilepsie** [epilɛpsi] *nf* epilepsy.

**épileptique** [epilɛptik] *adj* & *nmf* epileptic.

**épiler** [3] [epile] *vt* [aisselles, jambes] to remove unwanted hair from; [sourcils] to pluck.
◆ **s'épiler** *vp (emploi réfléchi)* to remove unwanted hair; s'~ les jambes à la cire to wax one's legs.

**épilogue** [epilɔg] *nm* **-1.** LITTÉRAT & THÉÂT epilogue. **-2.** [issue] conclusion, dénouement.

**épiloguer** [3] [epilɔge] *vi*: c'est fini, on ne va pas ~! it's over and done with, there's no point going on about it!; ~ sur qqch to hold forth about ou to go over (and over) sthg.

**épinard** [epinar] *nm* spinach; ~s en branches spinach leaves.

**épine** [epin] *nf* **-1.** [de fleur] thorn, prickle; [de hérisson] spine, prickle; tirer ou ôter une ~ du pied à qqn to get sb out of a spot. **-2.** [buisson] thorn bush.
◆ **épine dorsale** *nf* backbone.

**épinette** [epinɛt] *nf* **-1.** MUS spinet. **-2.** *Can* [épicéa] spruce.

**épineux, euse** [epinø, øz] ◇ *adj* **-1.** BOT thorny, prickly. **-2.** [délicat – problème, contexte] thorny, tricky. ◇ *nm* thorn bush.

**épingle** [epɛ̃gl] *nf* COUT pin; ~ anglaise ou à nourrice ou de sûreté safety pin; ~ à chapeau hatpin; ~ à cheveux hairpin; ~ à linge clothes peg *Br* ou pin *Am*; monter qqch en ~ to highlight sthg; tirer ou retirer son ~ du jeu to pull out.

**épingler** [3] [epɛ̃gle] *vt* **-1.** [attacher – badge, papier] to pin (on); ~ une robe [pour l'assembler] to pin a dress together; [pour l'ajuster] to pin a dress up. **-2.** *fam* [arrêter] to nab; se faire ~ to get nabbed.

**épinoche** [epinɔʃ] *nf* stickleback.

**épiphanie** [epifani] *nf* **-1.** [fête]: l'Épiphanie Twelfth Night, the Epiphany. **-2.** [du Christ]: l'~ Epiphany.

**épiphénomène** [epifenɔmɛn] *nm* epiphenomenon.

**épiphyse** [epifiz] *nf* [os] epiphysis; [glande] epiphysis (cerebri), pineal gland.

**épique** [epik] *adj* **-1.** LITTÉRAT epic. **-2.** [extraordinaire – discussion, scène] epic; pour retrouver sa trace, ça a été ~! finding out where he was was quite a saga!

**épiscopal, e, aux** [episkɔpal, o] *adj* episcopal.

**épiscopat** [episkɔpa] *nm* episcopate, episcopacy.

**épisiotomie** [epizjɔtɔmi] *nf* episiotomy.

**épisode** [epizɔd] *nm* **-1.** [partie] episode, instalment; feuilleton en six ~s six-part serial. **-2.** [circonstance] episode.
◆ **à épisodes** *loc adj* serialized; sa vie est un roman à ~s *fig* her life is a real saga.

**épisodique** [epizɔdik] *adj* **-1.** [ponctuel] occasional. **-2.** [secondaire] minor, secondary.

**épisodiquement** [epizɔdikmɑ̃] *adv* occasionally.

**épissure** [episyr] *nf* splice NAUT.

**épistémologie** [epistemɔlɔʒi] *nf* epistemology.

**épistémologiste** [epistemɔlɔʒist], **épistémologue** [epistemɔlɔg] *nmf* epistemologist.

**épistolaire** [epistɔlɛr] *adj* [roman] epistolary; [style] letter-writing *(modif)*; être en relations ~s avc qqn *sout* to have a correspondence with sb.

**épitaphe** [epitaf] *nf* epitaph.

**épithélium** [epiteljɔm] *nm* epithelium.

**épithète** [epitɛt] ◇ *adj* attributive. ◇ *nf* **-1.** GRAMM attribute. **-2.** [qualificatif] epithet.

**épître** [epitr] *nf* **-1.** RELIG epistle; l'Épître aux Corinthiens the Epistle to the Corinthians; Épîtres des Apôtres Epistles. **-2.** LITTÉRAT epistle. **-3.** ANTIQ epistle.

**éploré, e** [eplɔre] *adj* [parent, veuve] tearful, weeping; [voix] tearful; [visage] bathed ou covered in tears.

**épluchage** [eplyʃaʒ] *nm* **-1.** [de légumes] peeling. **-2.** [examen] dissection, critical examination.

**éplucher** [3] [eplyʃe] *vt* **-1.** [peler – pomme] to peel; [– poireau] to clean. **-2.** [analyser – texte] to dissect, to go over *(insép)* with a fine-tooth comb; [– liste, statistiques] to go through *(insép)*.

**épluchette** [eplyʃɛt] *nf* *Can* corn-husking party.

**éplucheur, euse** [eplyʃœr, øz] *nm, f* peeler.
◆ **éplucheur** *nm* [couteau] potato ou vegetable peeler.
◆ **éplucheuse** *nf* automatic potato ou vegetable peeler.

**épluchure** [eplyʃyr] *nf* piece of peeling; ~s de pommes apple peelings.

**éponge** [epɔ̃ʒ] *nf* **-1.** ZOOL sponge. **-2.** [pour nettoyer] sponge; ~ métallique scouring pad, scourer; effacer une tache d'un coup d'~ to sponge a stain out ou away; jeter l'~ to throw in the sponge; passer l'~ sur qqch to forget all about sthg; boire comme une ~, avoir une ~ dans le gosier ou l'estomac to drink like a fish. **-3.** BOT: ~ végétale loofah, vegetable sponge. **-4.** *fam* [poumon] lung.

**éponger** [17] [epɔ̃ʒe] *vt* **-1.** [absorber – encre, vin] to soak ou to sponge (up); ~ ses dettes *fig* to pay off one's debts. **-2.** [nettoyer – table] to wipe, to sponge (down); [– visage] to sponge, to wipe.
◆ **s'éponger** *vpt*: s'~ le front to mop one's brow.

**éponyme** [epɔnim] *adj* eponymous.

**épopée** [epɔpe] *nf* [poème] epic (poem); [récit] epic (tale).

**époque** [epɔk] *nf* **-1.** [moment, date] time; ça n'existait pas à l'~ it didn't exist at the time ou in those days; à cette ~-là at that time, in those days; à l'~ où j'étais étudiant when I was a student; les jeunes de notre ~ the young people of today; être de ou vivre avec son ~ to move with the times; quelle ~! what times we live in!; on vit une drôle d'~ we live in strange times. **-2.** [période historique] age, era, epoch; la Belle Époque the Belle Epoque. **-3.** [style] period; la Haute ~ [Moyen Âge] the Middle Ages; [XVIe siècle] the High Renaissance. **-4.** GÉOL period. **-5.** ASTRON epoch.
◆ **d'époque** *loc adj* period *(modif)*; la pendule est d'~ it's a period clock.

**épouiller** [3] [epuje] *vt* to delouse.

**époumoner** [3] [epumɔne]
◆ **s'époumoner** *vpi* to shout o.s. hoarse.

**épousailles** [epuzaj] *nfpl arch* nuptials.

**épouse** [epuz] *nf* wife, spouse; voulez-vous prendre Maud Jolas pour ~? do you take Maud Jolas to be your lawful wedded wife?

**épousée** [epuze] *nf arch* ou *dial* bride.

**épouser** [3] [epuze] *vt* **-1.** [se marier avec] to marry; ~ une grosse dot ou fortune to marry money ou into a rich family. **-2.** [adopter – idées] to espouse, to embrace; [– cause] to take up *(sép)*. **-3.** [suivre]: une robe qui épouse la forme du corps a figure-hugging ou close-fitting dress.
◆ **s'épouser** *vp (emploi réciproque)* to marry, to get married.

**époussetage** [epusta3] *nm* dusting (off).

**épousseter** [27] [epuste] *vt* **-1.** [nettoyer] to dust. **-2.** [enlever – poussière] to dust ou to flick off *(sép)*.

**époustouflant, e** [epustuflɑ̃, ɑ̃t] *adj fam* stunning, astounding, staggering.

**époustoufler** [3] [epustufle] *vt fam* to stun, to astound, to flabbergast.

**épouvantable** [epuvɑ̃tabl] *adj* **-1.** [très désagréable] awful, horrible, terrible. **-2.** [effrayant] frightening, dreadful.

**épouvantablement** [epuvɑ̃tabləmɑ̃] *adv* **-1.** [en intensif] frightfully, terribly, dreadfully. **-2.** [de façon effrayante] frighteningly, dreadfully.

**épouvantail** [epuvɑ̃taj] *nm* **-1.** [pour oiseaux] scarecrow. **-2.** [menace] bogey, bogeyman. **-3.** *péj* [personne – laide] fright; [– mal habillée] mess, sight.

**épouvante** [epuvɑ̃t] *nf* terror, dread; être glacé d'~ to be terror-struck ou terror-stricken.

◆ **d'épouvante** *loc adj* [film, roman] horror *(modif)*.

**épouvanter** [3] [epuvɑ̃te] *vt* to terrify, to fill with terror ou dread.

**époux** [epu] *nm* husband, spouse; **voulez-vous prendre Paul Hilbert pour ~?** do you take Paul Hilbert to be your lawful wedded husband?; **les ~ Bertier** Mr and Mrs Bertier; **les futurs ~** the engaged couple; **les jeunes ~** the newly-weds.

**éprendre** [79] [eprɑ̃dr]

◆ **s'éprendre de** *vp + prép litt*: s'~ de qqn to fall for sb, to become enamoured of sb *litt*.

**épreuve** [eprœv] *nf* **-1.** [test] test; l'~ du temps the test of time ❑ ~ de force trial of strength. **-2.** [obstacle] ordeal, trial; vie remplie d'~s life of hardship ‖ *litt* [adversité]: l'~ adversity, hardship. **-3.** SCOL & UNIV [examen] test, examination; ~ écrite paper, written test; ~ orale oral (test) ‖ [copie] paper, script; corriger des ~s to mark exam papers. **-4.** SPORT event; ~ d'athlétisme track events ❑ ~ éliminatoire heat; ~ d'endurance endurance trial; ~ contre la montre time trial. **-5.** IMPR proof; corriger ou revoir les ~s d'un livre to proofread a book ❑ dernière/première ~ final/galley proof. **-6.** PHOT print; ~s de tournage CIN rushes. **-7.** HIST ordeal; ~s judiciaires trial by ordeal; l'~ du feu ordeal by fire.

◆ **à l'épreuve** *loc adv*: mettre qqn à l'~ to put sb to the test.

◆ **à l'épreuve de** *loc prép* proof against; à l'~ des balles bulletproof; à l'~ du feu fireproof.

◆ **à rude épreuve** *loc adv*: mettre qqch à rude ~ to put sthg to the test; mettre les nerfs de qqn à rude ~ to put sb's nerves to the test.

◆ **à toute épreuve** *loc adj* [mécanisme] foolproof; [patience, bonne humeur] unfailing.

**épris, e** [epri, iz] ◇ *pp* → **éprendre**. ◇ *adj litt*: être ~ de qqn to be in love with sb; être ~ de liberté to be in love with freedom.

**éprouvant, e** [epruvɑ̃, ɑ̃t] *adj* trying, testing.

**éprouvé, e** [epruve] *adj* [méthode, matériel] well-tested, tried and tested, proven; [compétence, courage] proven; [spécialiste] proven, experienced.

**éprouver** [3] [epruve] *vt* **-1.** [ressentir – douleur, haine] to feel, to experience; ~ une grande honte/déception to feel deeply ashamed/disappointed. **-2.** [tester – procédé] to try ou to test (out); [– courage, personne] to test; ~ la patience de qqn to try sb's patience, to put sb's patience to the test. **-3.** [subir – pertes] to suffer, to sustain. **-4.** [faire souffrir] to try, to test; son divorce l'a beaucoup éprouvée her divorce was a very trying experience for her; une région durement éprouvée par la crise an area that has been hard-hit by the recession.

**éprouvette** [epruvɛt] *nf* test tube.

**EPS** *(abr de éducation physique et sportive) nf* PE.

**epsilon** [ɛpsilɔn] *nm* epsilon.

**épuisant, e** [epɥizɑ̃, ɑ̃t] *adj* exhausting.

**épuisé, e** [epɥize] *adj* **-1.** [fatigué] exhausted, worn-out, tired-out. **-2.** COMM [article] sold-out; [livre] out of print; [stock] exhausted.

**épuisement** [epɥizmɑ̃] *nm* **-1.** [fatigue] exhaustion. **-2.** COMM & INDUST exhaustion; jusqu'à ~ des stocks while stocks last.

**épuiser** [3] [epɥize] *vt* **-1.** [fatiguer] to exhaust, to wear ou to tire out *(sép)*. **-2.** [exploiter – puits] to work dry *(sép)*; [– gisement, veine] to exhaust, to work out *(sép)*; [– sol, sujet] to exhaust. **-3.** [consommer – vivres, ressources] to exhaust, to use up *(sép)*; [– stocks] to exhaust.

◆ **s'épuiser** *vpi* **-1.** [être très réduit – provisions, munitions] to

run out, to give out; [– source] to dry up; [– filon] to be worked out. **-2.** [se fatiguer – athlète] to wear o.s. out, to exhaust o.s.; [– corps] to wear itself out, to run out of steam; s'~ à faire qqch [s'évertuer à faire qqch] to wear o.s. out doing sthg.

**épuisette** [epɥizɛt] *nf* **-1.** [filet] landing net. **-2.** [pelle] bailer.

**épurateur** [epyratœr] *nm* filter, purifier; ~ d'air air filter; ~ d'eau water filter.

**épuration** [epyrasjɔ̃] *nf* **-1.** [de l'eau] purification, filtering. **-2.** [du style] refinement, refining. **-3.** POL purge.

**épure** [epyr] *nf* [dessin fini] working drawing.

**épurer** [3] [epyre] *vt* **-1.** [liquide] to filter; [pétrole] to refine. **-2.** [style, langue] to refine, to make purer. **-3.** POL [administration] to purge.

**équarrir** [32] [ekarir] *vt* **-1.** [bois, pierre] to square (off). **-2.** [animal] to cut up *(sép)*.

**équarrisseur** [ekarisœr] *nm* **-1.** [de bois, de pierre] squarer. **-2.** [aux abattoirs] butcher *(at a slaughterhouse)*.

**équateur** [ekwatœr] *nm* equator; sous l'~ at the equator.

**Équateur** [ekwatœr] *npr m*: (la république de) l'~ (the Republic of) Ecuador.

**équation** [ekwasjɔ̃] *nf* **-1.** MATH equation; ~ du premier/second degré simple/quadratic equation. **-2.** CHIM ~ chimique chemical equation.

**équatorial, e, aux** [ekwatɔrjal, o] *adj* ASTRON & GÉOG equatorial.

◆ **équatorial** *nm* equatorial *(telescope)*.

**équatorien, enne** [ekwatɔrjɛ̃, ɛn] *adj* Ecuadoran, Ecuadorian.

◆ **Équatorien, enne** *nm, f* Ecuadoran, Ecuadorian.

**équerre** [ekɛr] *nf*: ~ à dessin set square; ~ en T, double ~ T-square.

◆ **à l'équerre, d'équerre** *loc adj* [mur] straight; [pièce] square.

◆ **en équerre** *loc adj* T-shaped.

**équestre** [ekɛstr] *adj* [statue, peinture] equestrian; [exercice, centre] horseriding *(modif)*; le sport ~ (horse) riding.

**équeuter** [3] [ekøte] *vt* [fruit] to pull the stalk off, to remove the stalk from.

**équidé** [ekide] *nm* member of the horse family ou of the Equidae.

**équidistance** [ekɥidistɑ̃s] *nf* equidistance.

◆ **à équidistance de** *loc prép*: à ~ de Moscou et de Prague half-way between Moscow and Prague.

**équidistant, e** [ekɥidistɑ̃, ɑ̃t] *adj* equidistant.

**équilatéral, e, aux** [ekɥilateral, o] *adj* equilateral.

**équilibrage** [ekilibraʒ] *nm* balancing, counterbalancing; faire faire l'~ des roues AUT to have the wheels balanced.

**équilibrant, e** [ekilibrɑ̃, ɑ̃t] *adj* balancing *(modif)*.

**équilibre** [ekilibr] *nm* **-1.** [stabilité du corps] balance; garder/perdre l'~ to keep/to lose one's balance; faire perdre l'~ à qqn to throw sb off balance *literal*. **-2.** [rapport de force] balance; rétablir l'~ to restore the balance; l'~ des forces ou du pouvoir the balance of power; l'~ de la terreur the balance of terror; l'~ naturel the balance of nature. **-3.** ÉCON & FIN: ~ budgétaire balance in the budget; ~ économique economic equilibrium. **-4.** PSYCH: manquer d'~ to be (mentally ou emotionally) unbalanced ❑ ~ mental (mental) equilibrium. **-5.** CHIM & PHYS equilibrium.

◆ **en équilibre** ◇ *loc adj* [plateau, pile de livres] stable. ◇ *loc adv*: marcher en ~ sur un fil to balance on a tightrope; le clown tenait un verre en ~ sur son nez the clown was balancing a glass on his nose.

**équilibré, e** [ekilibre] *adj* **-1.** PSYCH balanced, stable. **-2.** [budget] balanced; [alimentation, emploi du temps] balanced, well-balanced; mal ~ unbalanced, unstable.

**équilibrer** [3] [ekilibre] *vt* **-1.** [contrebalancer – poids, forces] to counterbalance; faire ~ ses roues to have the wheels balanced. **-2.** [rendre stable – balance, budget] to balance; ~ son régime to follow a balanced diet.

◆ **s'équilibrer** *vp (emploi réciproque)* to counterbalance each other ou one another, to even out.

**équilibreur** [ekilibrœr] *nm* stabilizer.

**équilibriste** [ekilibrist] *nmf* [acrobate] acrobat; [funambule] tightrope walker.

**équinoxe** [ekinɔks] *nm* equinox; ~ de printemps/d'automne spring/autumn equinox.

**équipage** [ekipaʒ] *nm* -**1.** AÉRON & NAUT crew; membres de l'~ members of the crew, crew members. -**2.** *arch* [escorte – d'un prince] retinue, suite. -**3.** MIL [matériel] equipment.

**équipe** [ekip] *nf* -**1.** [groupe – de chercheurs, de secouristes] team; travailler en ~ to work as a team; faire ~ avec qqn to team up with sb. -**2.** INDUST: ~ de jour/nuit day/night shift; travailler en ou par ~s [à l'usine] to work in shifts; [sur un chantier] to work in gangs. -**3.** SPORT [gén] team; [sur un bateau] crew; jouer en ou par ~s to play in teams; l'~ de France de rugby/hockey the French rugby/hockey team; l'Équipe PRESSE *daily sports newspaper*. -**4.** [bande] crew, gang; on formait une joyeuse ~ we were a happy lot.
◆ **d'équipe** *loc adj* -**1.** [collectif]: esprit d'~ team ou group spirit; travail d'~ teamwork. -**2.** [sport, jeu] team *(modif)*.

**équipée** [ekipe] *nf* -**1.** [aventure] escapade. -**2.** *hum* [promenade] jaunt.

**équipement** [ekipmɑ̃] *nm* -**1.** [matériel – léger] equipment, supplies; [– lourd] equipment; ~ de bureau office supplies; ~ électrique electrical supplies; ~s spéciaux AUT [pneus] snow tyres; [chaînes] chains. -**2.** [panoplie] kit, gear. -**3.** [infrastructure]: ~s collectifs public amenities; ~s sportifs/scolaires sports/educational facilities; l'~ routier/ferroviaire du pays the country's road/rail infrastructure; (le service de) l'Équipement *local government department responsible for road maintenance and issuing building permits.* -**4.** [fait de pourvoir]: procéder à l'~ d'un terrain de jeu to equip a playing field.

**équiper** [3] [ekipe] *vt* -**1.** [pourvoir de matériel – armée, élève, skieur] to kit out *(sép)*, to fit out; [– navire] to fit out *(sép)*, to commission; [– salle] to equip, to fit out *(sép)*; [– usine] to equip; cuisine tout ou entièrement équipée fully-equipped kitchen; être bien équipé pour une expédition to be all set up ou kitted out for an expedition; ~ qqch de: ~ une maison d'un système d'alarme to install a burglar alarm in a house. -**2.** [pourvoir d'une infrastructure]: ~ une ville d'un réseau d'égouts to equip a town with a sewage system; ~ industriellement une région to bring industry to a region.
◆ **s'équiper** *vp (emploi réfléchi)* to equip o.s., to kit o.s. out *Br*.

**équipier, ère** [ekipje, ɛr] *nm, f* team member.

**équitable** [ekitabl] *adj* [verdict, répartition] fair, equitable; [juge] fair, fair-minded, even-handed.

**équitablement** [ekitabləmɑ̃] *adv* fairly, equitably.

**équitation** [ekitasjɔ̃] *nf* horseriding, riding; faire de l'~ to go horseriding.
◆ **d'équitation** *loc adj* [école, professeur] riding *(modif)*.

**équité** [ekite] *nf* equity, fairness, fair-mindedness.
◆ **en toute équité** *loc adv* very equitably ou fairly.

**équivalence** [ekivalɑ̃s] *nf* -**1.** [gén, LOGIQUE & MATH] equivalence. -**2.** UNIV: faire une demande d'~, demander une ~ to request an equivalent rating of one's qualifications; quels sont les diplômes étrangers admis en ~? which foreign diplomas are recognized?

**équivalent, e** [ekivalɑ̃, ɑ̃t] *adj* [gén & MATH] equivalent; le prix de vente est ~ au prix de revient the selling price is equivalent to the cost price.
◆ **équivalent** *nm* [élément comparable] equivalent.

**équivaloir** [60] [ekivalwar]
◆ **équivaloir à** *v + prép* [être égal à] to be equal ou equivalent to; [revenir à] to amount to; ça équivaut à s'avouer vaincu it amounts to admitting defeat.
◆ **s'équivaloir** *vp (emploi réciproque)* to be equivalent.

**équivoque** [ekivɔk] ◇ *adj* -**1.** [ambigu – terme, réponse] equivocal, ambiguous; [– compliment] double-edged, backhanded. -**2.** [suspect – fréquentation, comportement] questionable, dubious; [– personnage] shady. ◇ *nf* -**1.** [caractère ambigu] ambiguity *(U)*; déclaration sans ~ unambiguous ou unequivocal statement. -**2.** [malentendu] misunderstanding *(C)*. -**3.** [doute] doubt; pour lever ou dissiper l'~ sur mes intentions so as to leave no doubt as to my intentions.

**érable** [erabl] *nm* maple.

**éradication** [eradikasjɔ̃] *nf* eradication, rooting.

**éradiquer** [3] [eradike] *vt* to eradicate, to root out *(sép)*.

**érafler** [3] [erafle] *vt* -**1.** [écorcher – peau, genou] to scrape, to

scratch, to graze. -**2.** [rayer – peinture, carrosserie] to scrape, to scratch.
◆ **s'érafler** *vpt*: s'~ les mains to graze one's hands.

**éraflure** [eraflyr] *nf* scratch, scrape.

**éraillé, e** [eraje] *adj* -**1.** [rauque] rasping, hoarse. -**2.** [rayé – surface] scratched. -**3.** [injecté]: avoir l'œil ~ to have bloodshot eyes.

**érailler** [3] [eraje] *vt* -**1.** [surface] to scratch. -**2.** [voix] to make hoarse.
◆ **s'érailler** *vpt*: s'~ la voix to make o.s. hoarse.

**Érasme** [erasm] *npr* Erasmus.

**ère** [ɛr] *nf* -**1.** [époque] era; 270 ans avant notre ~ 270 BC; en l'an 500 de notre ~ in the year 500 AD, in the year of our Lord 500 ❑ l'~ chrétienne the Christian era. -**2.** GÉOL era.

**érectile** [erɛktil] *adj* erectile.

**érection** [erɛksjɔ̃] *nf* -**1.** PHYSIOL erection; avoir une ~ to have an erection. -**2.** *litt* [édification] erection, raising *(U)*.

**éreintage** [erɛ̃taʒ] *nm* [critique] slating *Br*, panning.

**éreintant, e** [erɛ̃tɑ̃, ɑ̃t] *adj* gruelling, backbreaking.

**éreintement** [erɛ̃tmɑ̃] *nm sout* -**1.** [d'un auteur] slating *Br*, panning. -**2.** [fatigue] exhaustion.

**éreinter** [3] [erɛ̃te] *vt* -**1.** [épuiser] to exhaust, to wear out *(sép)*; être éreinté to be worn out. -**2.** [critiquer – pièce, acteur] to slate *Br*, to pan.
◆ **s'éreinter** *vpi* to wear o.s. out; s'~ à faire qqch to wear o.s. out doing sthg.

**érémiste** [eremist] *nmf fam* person receiving the RMI benefit.

**erg** [ɛrg] *nm* GÉOG & PHYS erg.

**ergonomie** [ɛrgɔnɔmi] *nf* ergonomics *(sg)*.

**ergonomique** [ɛrgɔnɔmik] *adj* ergonomic.

**ergot** [ɛrgo] *nm* -**1.** [de coq] spur; [de chien] dewclaw; monter ou se dresser sur ses ~s to get on one's high horse. -**2.** BOT ergot.

**ergotage** [ɛrgɔtaʒ] *nm* quibbling.

**ergoter** [3] [ɛrgɔte] *vi* to quibble; ~ sur des détails to quibble about details.

**ergoteur, euse** [ɛrgɔtœr, øz] *nm, f* quibbler.

**ergothérapie** [ɛrgɔterapi] *nf* occupational therapy.

**Érié** [erje] *npr*: le lac ~ Lake Erie.

**ériger** [17] [eriʒe] *vt* -**1.** [édifier – statue, temple] to erect, to raise. -**2.** [instituer – comité, tribunal] to set up *(sép)*, to establish. -**3.** ~ qqch/qqn en [le transformer en]: le cynisme érigé en art cynicism raised to the status of fine art.
◆ **s'ériger** *vpi*: s'~ en moraliste/censeur to set o.s. up as a moralist/a censor.

**Érin** [erin] *npr f litt* Erin.

**ermitage** [ɛrmitaʒ] *nm* -**1.** [d'un ermite] hermitage. -**2.** [retraite] retreat.

**ermite** [ɛrmit] *nm* -**1.** RELIG hermit. -**2.** [reclus] hermit, recluse; vivre comme un ~ ou en ~ to live like ou as a hermit, to lead the life of a hermit.

**éroder** [3] [erɔde] *vt* to erode.

**érogène** [erɔʒɛn] *adj* erogenous, erogenic.

**éros** [eros] *nm*: l'~ Eros PSYCH.

**Éros** [eros] *npr* Eros.

**érosif, ive** [erozif, iv] *adj* erosive.

**érosion** [erozjɔ̃] *nf* -**1.** GÉOG & MÉD erosion. -**2.** [dégradation] erosion; ~ monétaire erosion of the value of money.

**érotique** [erɔtik] *adj* erotic.

**érotiquement** [erɔtikmɑ̃] *adv* erotically.

**érotisation** [erɔtizasjɔ̃] *nf* eroticization, eroticizing.

**érotiser** [3] [erɔtize] *vt* to eroticize.

**érotisme** [erɔtism] *nm* eroticism.

**érotomane** [erɔtoman] *nmf* erotomaniac.

**errance** [erɑ̃s] *nf litt* wandering, roaming.

**errant, e** [ɛrɑ̃, ɑ̃t] *adj* wandering, roaming; mener une vie ~e to lead the life of a wanderer.

**errata** [erata] ◇ *pl* → **erratum**. ◇ *nm inv* [liste] list of errata.

**erratique** [eratik] *adj* -**1.** GÉOL & MÉD erratic. -**2.** *sout* [variation] erratic.

**erratum** [eratɔm] *(pl* errata [-ta]*) nm* erratum.

**errements** [ɛrmɑ̃] *nmpl litt* erring ways *litt*, bad habits.

**errer** [4] [ɛre] *vi* **-1.** [marcher] to roam, to wander; ~ comme une âme en peine to wander about like a lost soul. **-2.** [imagination] to wander, to stray; [regard] to wander, to rove. **-3.** *litt* [se tromper] to err.

**erreur** [ɛrœr] *nf* **-1.** [faute] mistake, error; il doit y avoir une ~ there must be a ou some mistake; il y a ~ sur la personne you've got the wrong person, it's a case of mistaken identity; c'est lui, pas d'~! that's him all right!; être dans l'~ to be wrong ou mistaken; faire ou commettre une ~ to make a mistake ou an error; faire ~ to be wrong ou mistaken ❑ ~ de calcul miscalculation; ~ typographique ou d'impression misprint, printer's error; ~ de traduction mistake in translation, mistranslation; l'~ est humaine to err is human. **-2.** [errement] error; des ~s de jeunesse youthful indiscretions; racheter ses ~s passées to mend one's ways; retomber dans les mêmes ~s to lapse back into the same old bad habits. **-3.** JUR: ~ judiciaire miscarriage of justice.

◆ **par erreur** *loc adv* by mistake.

◆ **sauf erreur** *loc adv*: sauf ~ de ma part, ce lundi-là est férié unless I'm (very much) mistaken, that Monday is a public holiday.

◆ **sauf erreur ou omission** *loc adv* COMM & JUR errors and omissions excepted.

**erroné, e** [ɛrɔne] *adj* erroneous, mistaken.

**ersatz** [ɛrzats] *nm* ersatz, substitute; un ~ de café ersatz coffee; un ~ d'aventure/d'amour a substitute for adventure/for love.

**éructer** [3] [erykte] ◇ *vi* to eruct, to belch. ◇ *vt sout*: ~ des injures to belch (forth) insults.

**érudit, e** [erydi, it] ◇ *adj* erudite, learned, scholarly. ◇ *nm, f* scholar, erudite ou learned person.

**érudition** [erydisjɔ̃] *nf* erudition, scholarship.

**éruption** [erypsjɔ̃] *nf* **-1.** ASTRON & GÉOL eruption; entrer en ~ to erupt; volcan en ~ erupting volcano. **-2.** MÉD outbreak; ~ cutanée rash; ~ de boutons outbreak of spots. **-3.** *fig* outbreak; ~ de colère fit of anger, angry outburst.

**érythème** [eritɛm] *nm* erythema.

**Érythrée** [eritre] *nprf*: (l') ~ Eritrea.

**es** [ɛ] *v* → **être**.

**E/S** (*abr écrite de* **entrée/sortie**) I/O.

**ès** [ɛs] *prép*: licencié ès lettres ≃ Bachelor of Arts, ≃ BA; licencié ès sciences ≃ Bachelor of Sciences, ≃ BSc; docteur ès lettres ≃ Doctor of Philosophy, ≃ PhD.

**esbroufe** [ɛzbruf] *nf fam* bluff; faire de l'~ to bluff.

◆ **à l'esbroufe** *fam loc adv*: il l'a fait à l'~ he bluffed his way through it.

**escabeau, x** [ɛskabo] *nm* **-1.** [tabouret] stool. **-2.** [échelle] stepladder.

**escadre** [ɛskadr] *nf* **-1.** NAUT squadron. **-2.** AÉRON wing.

**escadrille** [ɛskadrij] *nf* **-1.** NAUT squadron. **-2.** AÉRON flight, squadron; ~ de chasse fighter squadron.

**escadron** [ɛskadrɔ̃] *nm* **-1.** [dans la cavalerie] squadron; [dans l'armée blindée] squadron; [dans la gendarmerie] company; ~ de la mort POL death squad. **-2.** *fam & hum* [groupe] bunch, gang.

**escalade** [ɛskalad] *nf* **-1.** SPORT [activité] rock climbing (*U*); faire de l'~ to go rock climbing ‖ [ascension] climb; ~ artificielle artificial climb. **-2.** [d'un mur, d'une grille] climbing (*U*), scaling (*U*); JUR illegal entry. **-3.** [aggravation] escalation; l'~ de la violence the escalation of violence; l'~ des prix the soaring of prices.

**escalader** [3] [ɛskalade] *vt* [grille, portail] to climb, to scale, to clamber up (*insép*); [montagne] to climb; [muret] to scramble up (*insép*).

**Escalator**® [ɛskalatɔr] *nm* escalator, moving staircase.

**escale** [ɛskal] *nf* **-1.** [lieu] NAUT port of call; AÉRON stop. **-2.** [halte] NAUT call; AÉRON stop, stopover; faire ~ à [navire] to call at, to put in at; [avion] to stop over at ❑ ~ technique refuelling stop.

◆ **sans escale** *loc adj* nonstop, direct.

**escalier** [ɛskalje] *nm* staircase, (flight of) stairs; les ~s the staircase ou stairs; en bas des ~s downstairs; en haut des ~s upstairs; être dans l'~ ou les ~s to be on the stairs ❑ ~ mécanique ou roulant escalator; ~ en colimaçon ou en vrille spiral staircase; ~ dérobé hidden staircase; ~

d'honneur main staircase; ~ de secours fire escape; ~ de service backstairs, service stairs.

◆ **escaliers** *nmpl Belg* [marches] steps.

**escalope** [ɛskalɔp] *nf* escalope; ~ de veau/de poulet veal/ chicken escalope ❑ ~ panée escalope in breadcrumbs.

**escamotable** [ɛskamɔtabl] *adj* [train d'atterrissage] retractable; [lit, table] collapsible, foldaway.

**escamotage** [ɛskamɔtaʒ] *nm* **-1.** [disparition] conjuring ou spiriting away (*U*). **-2.** [vol] filching (*U*).

**escamoter** [3] [ɛskamɔte] *vt* **-1.** [faire disparaître – mouchoir, carte] to conjure ou to spirit away (*sép*); [– placard, lit] to fold away (*sép*). **-2.** [voler] to filch. **-3.** [éluder – difficultés] to evade, to skirt round (*insép*); [– mot, note] to skip. **-4.** AÉRON to retract.

**escampette** [ɛskɑ̃pɛt] *nf* → **poudre**.

**escapade** [ɛskapad] *nf* **-1.** [fugue]: faire une ~ to run off ou away. **-2.** [séjour] jaunt; une ~ de deux jours à Deauville a two-day visit ou jaunt to Deauville.

**escarbille** [ɛskarbij] *nf* piece of soot.

**escarcelle** [ɛskarsɛl] *nf arch* moneybag.

**escargot** [ɛskargo] *nm* snail; avancer comme un ~ ou à une allure d'~ to go at a snail's pace.

**escarmouche** [ɛskarmuʃ] *nf* skirmish.

**escarpé, e** [ɛskarpe] *adj* steep.

**escarpement** [ɛskarpəmɑ̃] *nm* [pente] steep slope.

**escarpin** [ɛskarpɛ̃] *nm* court shoe.

**escarpolette** [ɛskarpɔlɛt] *nf arch* [balançoire] swing.

**escarre** [ɛskar] *nf* scab.

**Escaut** [ɛsko] *npr m*: l'~ the (River) Scheldt.

**eschatologie** [ɛskatɔlɔʒi] *nf* eschatology.

**Eschyle** [eʃil] *npr* Aeschylus.

**escient** [esjɑ̃] *nm*: à bon ~ advisedly, judiciously; à mauvais ~ injudiciously, unwisely.

**esclaffer** [3] [ɛsklafe]

◆ **s'esclaffer** *vpi* to burst out laughing, to guffaw.

**esclandre** [ɛsklɑ̃dr] *nm* scene, scandal; faire un ~ to make a scene.

**esclavage** [ɛsklavaʒ] *nm* **-1.** SOCIOL slavery; réduire qqn en ~ to reduce sb to slavery, to make a slave out of sb. **-2.** [contrainte] slavery, bondage *litt*. **-3.** [dépendance]: vivre dans l'~ de to be a slave to.

**esclavagisme** [ɛsklavaʒism] *nm* SOCIOL slavery.

**esclavagiste** [ɛsklavaʒist] *nmf* supporter of slavery.

**esclave** [ɛsklav] ◇ *adj* **-1.** SOCIOL: un peuple ~ an enslaved people. **-2.** *fig*: ~ de [assujetti à]: ne sois pas ~ de ses moindres désirs don't give in to her every whim; être ~ de l'alcool/du tabac to be a slave to drink/to tobacco. ◇ *nm* **-1.** SOCIOL slave. **-2.** *fig* slave; l'~ de a slave to, the slave of.

**escogriffe** [ɛskɔgrif] *nm*: un grand ~ a beanpole.

**escomptable** [ɛskɔ̃tabl] *adj* discountable.

**escompte** [ɛskɔ̃t] *nm* **-1.** BANQUE: faire un ~ à 2 % to allow a discount of 2%. **-2.** COMM discount.

**escompter** [3] [ɛskɔ̃te] *vt* **-1.** [espérer]: ~ qqch to rely ou to count ou to bank on sthg; c'est mieux que ce que j'escomptais it's better than what I expected. **-2.** BANQUE to discount.

**escompteur** [ɛskɔ̃tœr] *nm* discounter.

**escorte** [ɛskɔrt] *nf* **-1.** AÉRON, MIL & NAUT escort. **-2.** [personne, groupe] escort; servir d'~ à qqn to escort sb.

◆ **d'escorte** *loc adj* [escadron, avion] escort (*modif*).

◆ **sous bonne escorte** *loc adv*: être sous bonne ~ to be in safe hands; reconduit sous bonne ~ jusqu'à la prison brought back to prison under heavy escort.

**escorter** [3] [ɛskɔrte] *vt* **-1.** [ami, président, célébrité] to escort; [femme] to escort, to be the escort of. **-2.** AÉRON, MIL & NAUT to escort.

**escorteur** [ɛskɔrtœr] *nm* escort ship.

**escouade** [ɛskwad] *nf* **-1.** MIL squad. **-2.** [équipe – de balayeurs, de contrôleurs] squad, gang.

**escrime** [ɛskrim] *nf* fencing (*U*); faire de l'~ to fence.

**escrimer** [3] [ɛskrime]

◆ **s'escrimer** *vpi*: s'~ à faire qqch to strive to do sthg; s'~ sur qqch *fig* to plug away at sthg.

**escrimeur, euse** [ɛskrimœr, øz] *nm, f* fencer.

**escroc** [ɛskro] *nm* swindler, crook.

**escroquer** [3] [ɛskrɔke] *vt* **-1.** [voler – victime, client] to swindle; [– argent, milliard] to swindle; ~ de l'argent à qqn to swindle money out of sb, to swindle sb out of (his/her) money. **-2.** [extorquer]: ~ une signature à qqn to worm a signature out of sb.

**escroquerie** [ɛskrɔkri] *nf* **-1.** [pratique malhonnête] swindle; 100 F le kilo, c'est de l'~! 100 F a kilo, it's daylight *Br* ou highway *Am* robbery!**-2.** JUR fraud.

**escudo** [ɛskydo] *nm* escudo.

**esgourde** [ɛsgurd] *nf fam* earhole.

**eskimo** [ɛskimo] = **esquimau.**

**Ésope** [ezɔp] *npr* Aesop.

**ésotérique** [ezɔterik] *adj* esoteric.

**ésotérisme** [ezɔterism] *nm* esotericism.

**espaçai** [ɛspase] *v* → **espacer.**

**espace¹** [ɛspas] *nm* **-1.** [gén & ASTRON]: voyager dans l'~ to travel through space ‖ LITTÉRAT (outer) space. **-2.** [place, volume] space, room; as-tu assez d'~? do you have enough space ou room?; manquer d'~ to be cramped ❏ ~ vital living space. **-3.** [distance – physique] space, gap; [– temporelle] gap, interval, space; laissez un ~ d'un mètre entre les deux arbres leave (a gap of) one metre between the two trees. **-4.** [surface] space, stretch; ~ publicitaire advertising space; un ~ vert a park; des ~s verts parkland. **-5.** GÉOM & MATH space; ~ euclidien Euclidean space. **-6.** PSYCH space. **-7.** AÉRON: ~ aérien airspace.
◆ **dans l'espace de, en l'espace de** *loc prép* [dans le temps] within (the space of).

**espace²** [ɛspas] *nf* IMPR space.

**espacement** [ɛspasmɑ̃] *nm* **-1.** [dans le temps] spreading ou spacing out; l'~ des paiements staggering of payments. **-2.** [distance] space. **-3.** IMPR [entre deux lettres] space; [interligne] space (between the lines), spacing.

**espacer** [16] [ɛspase] *vt* **-1.** [séparer – lignes, mots, arbustes] to space out *(sép)*. **-2.** [dans le temps] to space out; vous devriez ~ vos rencontres you should meet less often ou less frequently.
◆ **s'espacer** *vpi* **-1.** [dans le temps – visites] to become less frequent. **-2.** [s'écarter – gymnastes]: espacez-vous move further away from each other.

**espace-temps** [ɛspastɑ̃] *(pl* espaces-temps) *nm* space-time (continuum).

**espaçons** [ɛspasɔ̃] *v* → **espacer.**

**espadon** [ɛspadɔ̃] *nm* swordfish.

**espadrille** [ɛspadrij] *nf* espadrille.

**Espagne** [ɛspaɲ] *npr f:* (l') ~ Spain.

**espagnol, e** [ɛspaɲɔl] *adj* Spanish.
◆ **Espagnol, e** *nm, f* Spaniard; les Espagnols the Spanish.
◆ **espagnol** *nm* LING Spanish.

**espagnolette** [ɛspaɲɔlɛt] *nf* window catch.

**espalier** [ɛspalje] *nm* **-1.** HORT espalier. **-2.** SPORT gym ladder.

**espèce** [ɛspɛs] *nf* **-1.** SC species *(sg)*; l'~ humaine the human race, mankind; des ~s animales/végétales animal/plant species; ~ en voie de disparition endangered species. **-2.** [sorte] sort, kind; rangez ensemble les livres de même ~ put books of the same kind together; des escrocs de ton/son ~ crooks like you/him; des gens de leur ~ their sort *péj*, the likes of them *péj*; les gens de cette ~ that sort, people of that ilk; de la pire ~ terrible; c'est un menteur de la pire ~ he's the worst kind of liar, he's a terrible liar; ça n'a aucune ~ d'importance! it's of absolutely no importance! ❏ une ~/l'~ de *aussi péj*: c'était une ~ de ferme it was a sort of farm ou a farm of sorts; l'~ de malfrat barbu qui nous conduisait the shady-looking fellow with a beard who was driving; ~ de *fam* & *péj*: ~ d'idiot! you idiot!**-3.** JUR particular ou specific case.
◆ **espèces** *nfpl* **-1.** FIN cash; payer en ~s to pay cash ❏ ~s sonnantes et trébuchantes hard cash. **-2.** RELIG species.
◆ **en l'espèce** *loc adv* in this particular case.

**espérance** [ɛsperɑ̃s] *nf* **-1.** [espoir] hope, expectation. **-2.** [cause d'espoir] hope. **-3.** SOCIOL: ~ de vie life expectancy. **-4.** RELIG hope.
◆ **espérances** *nfpl* **-1.** [perspectives] prospects; donner des ~s to be promising ‖ [aspirations] hopes; fonder ses ~s sur

qqn to pin one's hopes on sb. **-2.** *euph* [espoir d'hériter] expectations, prospects of inheritance.
◆ **contre toute espérance** *loc adv* contrary to (all) ou against all expectations.

**espérantiste** [ɛsperɑ̃tist] *adj* & *nmf* Esperantist.

**espéranto** [ɛsperɑ̃to] *nm* Esperanto.

**espérer** [18] [ɛspere] ◇ *vt* **-1.** [souhaiter] to hope; ~ le succès to hope for success, to hope to succeed; j'espère que vous viendrez I hope (that) you will come; j'espère vous revoir bientôt I hope to see you soon ‖ *(en usage absolu)*: j'espère (bien)! I (do ou certainly) hope so!**-2.** [escompter] to expect; n'espère pas qu'elle te rembourse don't expect her to pay you back; je n'en espérais pas tant de lui I didn't expect that much of him. **-3.** [attendre] to expect, to wait for *(insép)*.
◇ *vi* to hope; ~ en *sout* to have faith in; ~ en Dieu to have faith ou to trust in God; il faut ~ en des temps meilleurs we must live in hope of better times.

**esperluette** [ɛsperlɥet] *nf* ampersand.

**espiègle** [ɛspjɛgl] ◇ *adj* [personne] impish, mischievous; [regard, réponse] mischievous. ◇ *nmf* (little) rascal, imp.

**espièglerie** [ɛspjɛglɔri] *nf* **-1.** [caractère] impishness, mischievousness. **-2.** [farce] prank, trick, piece of mischief.

**espion, onne** [ɛspjɔ̃, ɔn] *nm, f* spy.
◆ **espion** *nm (comme adj; avec ou sans trait d'union)* spy *(modif)*; micro ~ bug; satellite ~ spy satellite.

**espionnage** [ɛspjɔnaʒ] *nm* **-1.** [action] spying. **-2.** [activité] espionage; ~ industriel industrial espionage.
◆ **d'espionnage** *loc adj* [film, roman] spy *(modif)*.

**espionner** [3] [ɛspjɔne] *vt* to spy on *(insép)*; *(en usage absolu)*: elle est toujours là, à ~ she's always snooping (around).

**esplanade** [ɛsplanad] *nf* esplanade.

**espoir** [ɛspwar] *nm* **-1.** [espérance] hope; être plein d'~ to be very hopeful; j'ai l'~ de le voir revenir I'm hopeful that he'll return; j'ai bon ~ qu'il va gagner ou de le voir gagner I'm confident that he'll win; il n'y a plus d'~ [il va mourir] there's no hope left; [nous avons perdu] we've had it. **-2.** [cause d'espérance] hope; tu es mon dernier ~ you're my last hope; c'est un des ~s du tennis français he's one of France's most promising young tennis players.
◆ **dans l'espoir de** ◇ *loc prép* in the hope of. ◇ *loc conj* in the hope of; dans l'~ de vous voir bientôt hoping to see you soon.
◆ **sans espoir** *loc adj* hopeless.

**esprit** [ɛspri] *nm* **-1.** [manière de penser] mind; avoir l'~ clair to be clear-thinking; avoir l'~ critique to have a critical mind; avoir l'~ étroit/large to be narrow-minded/broadminded; avoir l'~ lent/vif to be slow-witted/quick-witted; avoir l'~ mal tourné *fam* to have a dirty mind; ~ de: ~ d'analyse analytical mind; avoir l'~ d'aventure to have a spirit of adventure; avoir l'~ d'à-propos to be quick off the mark; avoir l'~ de contradiction to be contrary ou argumentative; ~ de suite consistency; sans ~ de suite inconsistently; avoir l'~ de synthèse to be good at drawing ideas together ❏ finesse d'~ shrewdness; avoir l'~ de l'escalier to be slow off the mark. **-2.** [facultés, cerveau] mind, head; as-tu perdu l'~? are you out of your mind?, have you completely lost your head?; maintenant que j'ai fini le rapport, j'ai l'~ libre now I've finished the report, I can relax; où avais-je l'~? what was I thinking of?; j'ai l'~ ailleurs I'm not concentrating; il n'a pas l'~ à ce qu'il fait his mind is elsewhere ou is not on what he's doing; ça m'a traversé l'~ it occurred to me, it crossed my mind; une idée me vient à l'~ I've just thought of something. **-3.** [idée] sense; il a eu le bon ~ de ne pas téléphoner he had the sense not to call. **-4.** [mentalité] spirit; ~ dans lequel cela a été fait the spirit in which it was done; avoir l'~ sportif to be fond of sport ❏ ~ de chapelle ou clan ou clocher ou parti parochial attitude; avoir l'~ de clocher to be parochial; ~ de compétition/d'équipe competitive/team spirit; (avoir l') ~ de corps (to have) esprit de corps; avoir l'~ d'entreprise to be enterprising; avoir l'~ de famille to be familyminded; ~ de révolte rebelliousness; ~ de sacrifice spirit of sacrifice; c'est un mauvais ~ he's a troublemaker; c'est du mauvais ~ he's/they're *etc* just trying to make trouble; faire preuve de mauvais ~ to be a troublemaker; 'De l'~ des lois' Montesquieu 'The Spirit of Laws'. **-5.** [humeur]:

avoir l'~ à: je n'ai pas l'~ à rire I'm not in the mood for laughing. **-6.** [idée]: dans son ~ nous devrions voter according to him we should vote; dans mon ~, la chambre était peinte en bleu in my mind's eye, I saw the bedroom painted in blue; dans mon ~, les enfants partaient avant nous what I had in mind was for the children to go before us. **-7.** [personne] mind; c'est un ~ tatillon he's far too fussy; un des ~s marquants de ce siècle one of the great minds ou leading lights of this century ❏ un ~ fort a freethinker; un bel ~ a wit; les grands ~s se rencontrent *hum* great minds think alike. **-8.** [humour] wit; faire de l'~ *péj* to try to be witty ou funny; une remarque pleine d'~ a witty remark, a witticism; une femme (pleine) d'~ a witty woman; avoir de l'~ to be witty. **-9.** RELIG spirit; l'~ est fort mais la chair est faible *allusion Bible* the spirit is willing but the flesh is weak; rendre l'~ *litt* to give up the ghost ‖ [ange]: Esprit Spirit; Esprits célestes Celestial ou Heavenly Spirits; Esprit malin, Esprit des ténèbres Evil Spirit, Evil One; Esprit Saint Holy Spirit ou Ghost. **-10.** [fantôme] ghost, spirit; ~, es-tu là? is there anybody there? ❏ ~ frappeur poltergeist. **-11.** LING breathing. **-12.** CHIM [partie volatile] spirit; ~ de sel, ~-de-sel spirits of salt; ~ de vin, ~-de-vin spirits of wine, ethanol.
◆ **esprits** *nmpl* senses; reprendre ses ~s to get a grip on o.s.
◆ **dans un esprit de** *loc prép*: dans un ~ de conciliation in an attempt at conciliation; dans un ~ de justice in a spirit of justice, in an effort to be fair.

**esquif** [ɛskif] *nm litt* skiff.

**esquille** [ɛskij] *nf* [de bois] splinter; [d'os] bone splinter.

**esquimau, aude, x** [ɛskimo, od] *adj* Eskimo.
◆ **Esquimau, aude, x** *nm, f* Eskimo; les Esquimaux the Eskimos.
◆ **esquimau** *nm* LING Eskimo.

**Esquimau**® [ɛskimo] *nm* choc-ice on a stick *Br*, Eskimo *Am*.

**esquinter** [3] [ɛskɛ̃te] *vt fam* **-1.** [endommager – chose] to bust; [– voiture] to smash up, to total *Am* & *Can*; [– santé] to ruin; la moto est complètement esquintée the bike is a wreck. **-2.** [épuiser – personne] to exhaust, to knock out (*sép*). **-3.** [dénigrer – livre, film] to pan, to slate *Br*.
◆ **s'esquinter** *vp (emploi réfléchi) fam* **-1.** [s'épuiser] to kill o.s. **-2.** [s'abîmer]: s'~ la santé to ruin one's health; tu vas t'~ les yeux avec cet écran you'll strain your eyes with that screen.

**esquisse** [ɛskis] *nf* **-1.** BX-ARTS sketch. **-2.** [d'un projet, d'un discours, d'un roman] draft, outline. **-3.** [d'un sourire] hint, shadow, ghost; [d'un geste] hint; sans l'~ d'un regret with no regrets at all, without the slightest regret.

**esquisser** [3] [ɛskise] *vt* **-1.** BX-ARTS to sketch. **-2.** [projet, histoire] to outline, to draft. **-3.** [geste, mouvement] to give a hint of; ~ un sourire to give a faint ou slight smile.
◆ **s'esquisser** *vpi* [sourire] to appear, to flicker; [solution, progrès] to appear.

**esquive** [ɛskiv] *nf* dodge, side step.

**esquiver** [3] [ɛskive] *vt* **-1.** [éviter – coup] to dodge. **-2.** [se soustraire à – question] to evade, to avoid, to skirt; [– difficulté] to skirt, to avoid, to side step; [– démarche, obligation] to shirk, to evade.
◆ **s'esquiver** *vpi* to slip ou to sneak out (unnoticed).

**essai** [ɛsɛ] *nm* **-1.** [vérification – d'un produit, d'un appareil] test, testing, trial; [– d'une voiture] test, testing, test-driving. **-2.** [tentative] attempt, try; au deuxième ~ at the second try; nous avons fait plusieurs ~s we had several tries, we made several attempts; après notre ~ de vie commune after our attempt at living together ❏ coup d'~ first attempt ou try. **-3.** [expérimentation]: faire l'~ de qqch to try sthg (out). **-4.** LITTÉRAT essay; 'Essais' *Montaigne* 'Essays'. **-5.** RUGBY try.
◆ **à l'essai** *loc adv* **-1.** [à l'épreuve]: mettre qqn/qqch à l'~ to put sb/sthg to the test. **-2.** COMM & JUR: engager ou prendre qqn à l'~ to appoint sb for a trial period; prendre qqch à l'~ to take sthg on approval.
◆ **d'essai** *loc adj* **-1.** AÉRON: pilote d'~ test pilot. **-2.** [période] trial (*modif*).

**essaie** [ɛsɛ], **essaierai** [esere] *v* → essayer.

**essaim** [ɛsɛ̃] *nm* **-1.** ENTOM swarm. **-2.** [foule]: un ~ de [supporters, admirateurs] a throng ou swarm of; [adolescentes] a gaggle *péj* of.

**essaimer** [4] [eseme] *vi* **-1.** ENTOM to swarm. **-2.** *litt* [se disperser – groupe] to spread, to disperse; [– firme] to expand.

**essayage** [esɛjaʒ] *nm* COUT & VÊT [séance] fitting; [action] trying on.

**essayer** [11] [eseje] *vt* **-1.** [tenter]: ~ de faire to try to do, to try and do; ~ que *fam*: j'essaierai que la soirée soit réussie I'll do my best to make the party a success ‖ *(en usage absolu)*: essaie un peu! *fam* just you try!**-2.** [utiliser pour la première fois] to try (out) *(sép)*. **-3.** [mettre – vêtement, chaussures] to try on. **-4.** [expérimenter] to try, to test; ~ un vaccin sur des animaux to test a vaccine on animals; ~ une voiture [pilote, client] to test-drive a car.
◆ **s'essayer à** *vp + prép*: s'~ à (faire) qqch to try one's hand at (doing) sthg.

**essayeur, euse** [esɛjœr, øz] *nm, f* COUT fitter.

**essayiste** [esejist] *nmf* essayist, essay writer.

**ESSEC, Essec** [ɛsɛk] (*abr de* **École supérieure des sciences économiques et commerciales**) *npr f* grande école for management and business studies.

**essence** [esɑ̃s] *nf* **-1.** PÉTR petrol *Br*, gas *Am*, gasoline *Am*; ~ ordinaire two-star petrol *Br*, regular gas *Am*; ~ sans plomb unleaded petrol *Br* ou gasoline *Am*.**-2.** [solvant] spirits, spirits; ~ de térébenthine spirit ou spirits of turpentine, turps. **-3.** CULIN essence. **-4.** PHARM [cosmétique] (essential) oil, essence. **-5.** CHIM quintessence. **-6.** BOT species. **-7.** PHILOS essence. **-8.** *sout* [contenu fondamental] essence, gist.
◆ **par essence** *loc adv sout* essentially, in essence.

**essentiel, elle** [esɑ̃sjɛl] *adj* **-1.** [indispensable] essential; ~ à: ~ à la vie essential to life; condition ~le à la réussite du projet condition which is essential for the success of the project. **-2.** [principal] main, essential. **-3.** PHILOS essential. **-4.** PHARM idiopathic.
◆ **essentiel** *nm* **-1.** [l'indispensable]: l'~ the basic essentials. **-2.** [le plus important]: l'~ c'est que tu comprennes the most important ou the main thing is that you should understand; l'~ de l'article se résume en trois mots the bulk of the article can be summed up in three words. **-3.** [la plus grande partie]: elle passe l'~ de son temps au téléphone she spends most of her time on the phone.

**essentiellement** [esɑ̃sjɛlmɑ̃] *adv* **-1.** [par nature] in essence, essentially. **-2.** [principalement] mainly, essentially.

**esseulé, e** [esœle] *adj litt* **-1.** [délaissé] forsaken. **-2.** [seul] forlorn, lonely.

**essieu, x** [esjø] *nm* axle, axletree.

**essor** [esɔr] *nm* [d'un oiseau] flight; [d'une entreprise, d'une industrie] rise, development; la sidérurgie connaît un nouvel ~ the steel industry has taken on a new lease of life; prendre son ~ [oiseau] to soar; [adolescent] to fend for o.s., to become self-sufficient; [économie, entreprise] to grow.

**essorage** [esɔraʒ] *nm* [à la machine] spinning; [à l'essoreuse à rouleaux] mangling; [à la main] wringing; 'pas d'~' 'do not spin'.

**essorer** [3] [esɔre] *vt* [sécher]: ~ le linge [à la machine] to spin-dry the laundry; [à l'essoreuse à rouleaux] to put the laundry through the mangle; [à la main] to wring the laundry; ~ la salade to dry ou to spin-dry the lettuce.

**essoreuse** [esɔrøz] *nf* **-1.** [pour le linge]: ~ (à tambour) spin-drier. **-2.** [pour la salade] salad drier.

**essoufflement** [esuflǝmɑ̃] *nm* breathlessness.

**essouffler** [3] [esufle] *vt* to make breathless; être essoufflé to be breathless ou out of breath.
◆ **s'essouffler** *vpi* **-1.** PHYSIOL to get breathless. **-2.** [s'affaiblir – moteur] to get weak; [– production, économie] to lose momentum; [– inspiration, écrivain] to dry up.

**essuie** [esɥi] *v* → essuyer.

**essuie-glace** [esɥiglas] (*pl* essuie-glaces) *nm* windscreen *Br* ou windshield *Am* wiper; ~ arrière back wiper.

**essuie-mains** [esɥimɛ̃] *nm inv* hand towel.

**essuierai** [esɥire] *v* → essuyer.

**essuie-tout** [esɥitu] *nm inv* kitchen roll.

**essuyage** [esɥijaʒ] *nm* **-1.** [séchage – de la vaisselle] wiping, drying up; [– des mains, du sol, d'une surface] wiping, drying. **-2.** [nettoyage – d'un meuble] dusting (down); [– d'un tableau noir] wiping, cleaning; [– d'une planche farinée, d'un mur plâtreux] wiping (down).

**essuyer** [14] [esɥije] *vt* **-1.** [sécher – vaisselle] to wipe, to dry

(up); [– sueur] to wipe, to mop up *(sép)*, to wipe (off); [– main] to dry, to wipe dry; [– surface] to wipe (down); [– sol] to wipe, to dry; ~ une larme to wipe away a tear; ~ les larmes de qqn to dry sb's tears ❏ ~ les plâtres *fam* to have to endure initial problems. **-2.** [nettoyer – surface poussiéreuse] to dust (down); [– tableau noir] to wipe (clean), to clean; tes mains sont pleines de farine, essuie-les wipe your hands, they're covered in flour; essuie tes pieds sur le paillasson wipe your feet on the doormat. **-3.** [subir – reproches] to endure; [– refus] to meet with *(insép)*; [– défaite, échec, pertes] to suffer; [– tempête] to weather, to bear up against; ~ un coup de feu to be shot at.
◆ **s'essuyer** *vp (emploi réfléchi)* [se sécher] to dry o.s.; s'~ les mains to dry ou to wipe one's hands.

**est¹** [ε] *v*→ **être**.

**est²** [εst] ◇ *nm inv* **-1.** [point cardinal] east; ~ nord-~ east-north-east; ~ sud-~ east-south-east; nous allons vers l'~ we're heading eastward ou eastwards; une terrasse exposée à l'~ an east-facing ou east terrace; le soleil se lève à l'~ the sun rises in the east; la bise souffle de l'~ it's a harsh eastern wind. **-2.** [partie d'un pays, d'un continent] east, eastern area ou regions; l'Est HIST & POL Eastern Europe, Eastern European countries; [en France] the East (of France); l'Europe de l'Est Eastern Europe; les pays de l'Est the Eastern Bloc. ◇ *adj inv* [façade] east *(modif)*, east-facing; [secteur, banlieue] east *(modif)*, eastern; la côte ~ des États-Unis the East coast ou Eastern seaboard of the United States.
◆ **à l'est de** *loc prép* (to the) east of.

**establishment** [establiʃmɛnt] *nm*: l'~ [en GB] the Establishment; [gén] the dominant ou influential group ou body.

**estafette** [εstafεt] *nf* MIL courier.

**estafilade** [εstafilad] *nf* slash, gash.

**est-allemand, e** [εstalmɑ̃, ɑ̃d] *adj* East German.

**estaminet** [εstaminε] *nm* estaminet *litt*, seedy café ou bar.

**estampe** [εstɑ̃p] *nf* **-1.** [image] engraving, print. **-2.** [outil] stamp.

**estamper** [3] [εstɑ̃pe] *vt* **-1.** TECH [façonner, marquer] to stamp. **-2.** *fam* [escroquer] to swindle, to con.

**estampille** [εstɑ̃pij] *nf* [sur un document] stamp; [sur une marchandise] mark, trademark.

**estampiller** [3] [εstɑ̃pije] *vt* [document] to stamp; [marchandise] to mark.

**est-ce que** [εskə] *(devant voyelle ou h muet* **est-ce qu'** [εsk]) *adv interr* **-1.** *(suivi d'un verbe plein)* [au présent]: ~ vous aimez le thé? do you like tea? ‖ [au passé]: ~ vous avez acheté la maison? did you buy the house? ‖ [au futur]: ~ tu iras? will you go?**-2.** *(suivi d'un auxiliaire)* [au présent]: ~ tu as une enveloppe? do you have ou have you got an envelope? ‖ [au passé]: ~ tu y étais? were you there? ‖ [au futur]: ~ tu seras là? will you be there? ‖ [au futur proche]: ~ tu vas lui téléphoner? are you going to ou will you phone her?**-3.** [avec un adverbe interrogatif]: quand est-ce qu'il arrive? when does he arrive?

**ester¹** [εste] *vi* JUR [seulement à l'infinitif]: ~ en justice to go to court.

**ester²** [εstεr] *nm* CHIM ester.

**esthète** [εstεt] *nmf* aesthete.

**esthéticien, enne** [εstetisjɛ̃, εn] *nm, f* [en institut de beauté] beautician.

**esthétique** [εstetik] ◇ *adj* **-1.** BX-ARTS & PHILOS aesthetic. **-2.** [joli] beautiful, lovely. ◇ *nf* **-1.** BX-ARTS & PHILOS [science] aesthetics *(sg)*; [code] aesthetic. **-2.** [harmonie] beauty, harmony. **-3.** INDUST: ~ industrielle industrial design.

**esthétiquement** [εstetikmɑ̃] *adv* **-1.** BX-ARTS & PHILOS aesthetically. **-2.** [harmonieusement] harmoniously, beautifully. **-3.** [du point de vue de la beauté] aesthetically, from an aesthetic point of view.

**esthétisant, e** [εstetizɑ̃, ɑ̃t] *adj péj* mannered.

**esthétisme** [εstetism] *nm* aestheticism.

**estimable** [εstimabl] *adj* **-1.** [digne de respect – personne] respectable. **-2.** [assez bon – ouvrage, film] decent.

**estimatif, ive** [εstimatif, iv] *adj* estimated.

**estimation** [εstimasjɔ̃] *nf* **-1.** [évaluation – d'un vase] appraisal, valuation; [– de dégâts] estimation, assessment; [– d'une distance] gaging, gauging. **-2.** [montant] estimate, estima-

tion. **-3.** [prévision] projection.

**estime** [εstim] *nf* esteem, respect; avoir de l'~ pour qqn/qqch to have a great deal of respect for sb/sthg, to hold sb/sthg in high esteem; baisser/monter dans l'~ de qqn to go down/up in sb's esteem.
◆ **à l'estime** *loc adv* **-1.** NAUT by dead reckoning. **-2.** [approximativement] roughly.

**estimé, e** [εstime] *adj sout* [respecté]: notre ~ collègue our esteemed colleague; une pneumologue très ~e a highly regarded lung specialist.

**estimer** [3] [εstime] *vt* **-1.** [expertiser – valeur, dégâts] to appraise, to evaluate, to assess; les dégâts ont été estimés à mille francs the damage was estimated at a thousand francs; faire ~ un tableau to have a painting valued. **-2.** [évaluer approximativement – quantité] to estimate; [– distance] to gage, to gauge. **-3.** [apprécier – ami, écrivain, collègue] to regard with esteem, to esteem, to think highly of; je l'estime trop pour ça I respect him too much for that; ~ qqn à sa juste valeur to judge sb correctly. **-4.** [juger] to think, to consider, to believe; j'estime avoir mon mot à dire I think I have the right to offer an opinion.
◆ **s'estimer** *vpi (suivi d'un adj)*: s'~ heureux to count o.s. lucky; s'~ satisfait de/que to be happy with/that.

**estival, e, aux** [εstival, o] *adj* summer *(modif)*.

**estivant, e** [εstivɑ̃, ɑ̃t] *nm, f* summer tourist, holidaymaker *Br*, vacationer *Am*.

**estocade** [εstɔkad] *nf* **-1.** *litt loc*: donner ou porter l'~ à qqn to deal the death-blow to sb. **-2.** [lors d'une corrida] final sword thrust.

**estomac** [εstɔma] *nm* **-1.** ANAT stomach; j'ai mal à l'~ I have a stomach ache; il a pris de l'~ *fam* he's developed a paunch ou potbelly; avoir l'~ bien accroché *fam* to have a strong stomach ❏ ça m'est resté sur l'~ *fam* & *pr* it weighed on my stomach; *fig* it stuck in my craw; avoir l'~ dans les talons *fam* to be famished ou ravenous. **-2.** *fam* [hardiesse]: avoir de l'~ to have a cheek *Br* ou a nerve; manquer d'~ to lack guts.
◆ **à l'estomac** *loc adv fam*: ils y sont allés à l'~ they bluffed their way through it.

**estomaquer** [3] [εstɔmake] *vt fam* to stagger, to flabbergast.

**estompe** [εstɔ̃p] *nf* **-1.** [outil] stump, tortillon. **-2.** [dessin] stump drawing.

**estomper** [3] [εstɔ̃pe] *vt* **-1.** BX-ARTS to stump, to shade off *(sép)*. **-2.** [chose] to smooth over *(sép)*; [silhouette] to dim, to blur. **-3.** [souvenir, sentiment] to dim, to blur.
◆ **s'estomper** *vpi* **-1.** [disparaître – contours] to become blurred. **-2.** [s'affaiblir – souvenir] to fade away; [– douleur, rancune] to diminish, to die down.

**Estonie** [εstɔni] *nprf*: (l') ~ Estonia.

**estonien, enne** [εstɔnjɛ̃, εn] *adj* Estonian.
◆ **Estonien, enne** *nm, f* Estonian.

**estourbir** [32] [εsturbir] *vt fam* & *vieilli* **-1.** [assommer] to knock out *(sép)*, to lay out *(sép)*. **-2.** [tuer] to do in.

**estrade** [εstrad] *nf* [plancher] platform, rostrum, dais.

**estragon** [εstragɔ̃] *nm* tarragon.

**estropié, e** [εstrɔpje] ◇ *adj* crippled, maimed. ◇ *nm, f* cripple, disabled ou maimed person.

**estropier** [εstrɔpje] *vt* **-1.** *pr* to cripple, to maim. **-2.** *fig* [en prononçant] to mispronounce; [à l'écrit] to misspell; [texte] to mutilate; ~ une citation to misquote a text.

**estuaire** [εstɥεr] *nm* estuary.

**estudiantin, e** [εstydjɑ̃tɛ̃, in] *adj litt* student *(avant n)*.

**esturgeon** [εstyrʒɔ̃] *nm* sturgeon.

**et** [e] *conj* **-1.** [reliant des termes, des propositions] and; une belle et brillante jeune fille a beautiful, clever girl; une robe courte et sans manches a short sleeveless dress; toi et moi, nous savons ce qu'il faut faire you and I know what should be done; il y a mensonge et mensonge there are lies, and then there are lies; quand il pleut et qu'on s'ennuie when it rains and you're feeling bored; il connaît l'anglais, et très bien he speaks English, and very well at that. **-2.** [exprimant une relation de simultanéité, de succession ou de conséquence]: il s'est levé et il a quitté la pièce he got up and left the room; j'ai bien aimé ce film, et toi? I really liked the film, how ou what about you?; il travaille et ne réussit pas he works but he's not successful. **-3.** [reliant des propositions comparatives]: **plus ça va, et plus la situation s'aggrave** as time goes on, the situation just gets worse; **moins je le vois et mieux je me porte!** the less I see him the better I feel!**-4.** [avec une valeur emphatique]: **et d'un, je n'ai pas faim, et de deux, je n'aime pas ça** for one thing I'm not hungry and for another I don't like it; **j'ai dû supporter et les enfants et les parents!** I had to put up with both the parents and the children ou with the parents AND the children!; **je l'ai dit et répété** I've said it over and over again, I've said it more than once; **c'est fini et bien fini!** that's the end of that!; **et les dix francs que je t'ai prêtés?** and (what about) the ten francs I lent you?; **et si on lui disait tout?** what if we told him everything?; **et pourquoi pas?** (and) why not?; **et pourtant...** and yet ou still...; **et voilà!** there you are!, there you go!; **et moi je vous dis que je n'irai pas!** and I'm telling you that I won't go!; **et voilà comment l'argent s'en va!** that's how money disappears!; **et on a ri!** how we laughed! ‖ *litt*: **et chacun d'exprimer sa satisfaction** whereupon each expressed his satisfaction. **-5.** [dans les nombres composés, les horaires, les poids et les mesures]: **vingt et un** twenty one; **vingt et unième** twenty-first; **deux heures et demie** half past two; **deux kilos et demi** two and a half kilos.

**ét.** *(abr écrite de* **étage)** fl.

**ETA** *(abr de* **Euskadi Ta Askatasuna)** *nprf* ETA.

**étable** [etabl] *nf* cowshed.

**établi** [etabli] *nm* workbench.

**établir** [32] [etablir] *vt* **-1.** [duplex, liaison téléphonique] to set up *(sép)*, to establish. **-2.** [implanter – usine, locaux, quartier général] to establish, to set ou to put up *(sép)*; [– filiale] to establish; **~ son domicile à Paris** to take up residence in Paris. **-3.** *vieilli* [pourvoir d'une situation] to set up *(sép)* (in business); [marier] to marry off *(sép)*. **-4.** [instaurer – règlement] to introduce, to promulgate; [– usage] to pass; [– pouvoir] to install, to implement; [– ordre, relation] to establish; **contester les coutumes établies** to challenge convention; **une fois le silence établi** once calm has been established; **~ un précédent** to set a precedent; **~ des liens d'amitié** to establish friendly relations. **-5.** [bâtir – réputation] to establish; [– empire] to build; **avoir une réputation bien établie** to have a well established reputation. **-6.** [prouver]: **~ l'innocence de qqn** to establish sb's innocence, to vindicate sb; **~ l'identité de qqn** to establish sb's identity. **-7.** [dresser – organigramme] to set out *(sép)*; [– liste] to draw up *(sép)*; [– devis] to provide; [– chèque] to make out; [– programme, prix] to fix. **-8.** SPORT: **~ un record** to set a record.
◆ **s'établir** *vpi* **-1.** [vivre]: **ils ont préféré s'~ en banlieue** they chose to live in the suburbs. **-2.** [professionnellement] to set (o.s.) up (in business); **s'~ à son compte** to set (o.s.) up in business, to become self-employed. **-3.** [être instauré]: **enfin, le silence s'établit** silence was finally restored; **une relation stable s'est établie entre nous** a stable relationship has developed between the two of us.

**établissement** [etablismã] *nm* **A. -1.** [institution] establishment, institution; **~ hospitalier** hospital; **~ pénitentiaire** prison, penitentiary *Am*; **~ religieux** [monastère] monastery; [couvent] convent; [collège] religious ou denominational school; [séminaire] seminary; **~ scolaire** school. **-2.** COMM firm; **les ~s Leroy** Leroy and Co; **les ~s Fourat et fils** Fourat and Sons ❏ **~ financier** financial institution; **~ d'utilité publique** public utility. **-3.** ADMIN: **~ public** state-owned enterprise.
**B. -1.** [construction – d'un barrage, d'une usine] building, construction. **-2.** [instauration – d'un empire] setting up, establishing; [– d'un régime, d'une république] installing; [– d'un usage] establishing. **-3.** [préparation – d'un devis] drawing up, preparation; [– d'une liste] drawing up; [– d'un organigramme] laying out, drawing up. **-4.** [installation]: **l'~ des Français en Afrique** the settlement of the French in Africa. **-5.** *vieilli* [dans une profession] setting up; [par le mariage]: **l'~ de sa fille** his marrying off his daughter. **-6.** [preuve – de la vérité] establishment.

**étage** [etaʒ] *nm* **-1.** [dans une maison] floor, storey *Br*, story *Am*; [dans un parking] level; **au troisième ~** [maison] on the third floor *Br*, on the fourth floor *Am*; [aéroport] on level three; **habiter au premier/dernier ~** to live on the first/top floor; **elle est dans les ~s** she's upstairs somewhere; **un immeuble de cinq ~s** a five-storey building. **-2.** [division – d'une pièce montée] tier; [– d'un buffet, d'une bibliothèque] shelf.

**-3.** GÉOL stage, layer.
◆ **étages** *nmpl* **-1.** [escaliers]: **grimper/monter les ~s** to climb/to go upstairs; **monter les ~s à pied/en courant** to walk/to run up the stairs; **monter les ~s quatre à quatre** to take the stairs four at a time. **-2.** BOT: **~s de végétation** levels of vegetation.
◆ **à l'étage** *loc adv* upstairs, on the floor ou storey above.
◆ **de bas étage** *loc adj péj* [vulgaire – cabaret] sleazy; [– plaisanterie] cheap.

**étageai** [etaʒe] *v* → **étager**.

**étagement** [etaʒmã] *nm* [de collines, de vignobles] terracing.

**étager** [17] [etaʒe] *vt* to stack, to set out ou to range in tiers.
◆ **s'étager** *vpi*: **les maisons s'étageaient le long de la pente** the houses rose up the slope in tiers.

**étagère** [etaʒɛr] *nf* [planche] shelf; [meuble] (set of) shelves.

**étai** [etɛ] *nm* **-1.** NAUT stay. **-2.** [poutre] stay, prop, strut.

**étaie** [etɛ], **étaierai** [etere] *v* → **étayer**.

**étain** [etɛ̃] *nm* **-1.** [métal blanc] tin. **-2.** [vaisselle] piece of pewter ware; **des ~s** pewter (pieces).
◆ **en étain** *loc adj* pewter *(modif)*.

**étais** [etɛ] *v* → **être**.

**étal, als** [etal] *nm* **-1.** [au marché] (market) stall. **-2.** [de boucher] block.

**et al.** [etal] *loc adv* et al.

**étalage** [etalaʒ] *nm* **-1.** [vitrine] (display) window; [stand] stall; **faire un ~** [vitrine] to dress a window; [stand] to set up a stall. **-2.** *péj* [démonstration]: **un tel ~ de luxe suscite des jalousies** such a display ou show of wealth causes jealousy; **faire ~ de**: **faire ~ de ses succès** to show off one's success; **faire ~ de son argent** to flaunt one's wealth.

**étalagiste** [etalaʒist] *nmf* window dresser.

**étale** [etal] ◇ *adj* **-1.** [mer, fleuve] slack; [navire] becalmed; [vent] steady. **-2.** [circulation] slack. ◇ *nm* slack (water).

**étalement** [etalmã] *nm* [des vacances, des horaires, des paiements] staggering, spreading out.

**étaler** [3] [etale] *vt* **-1.** [exposer – marchandise] to display, to lay out *(sép)*. **-2.** [exhiber – richesse, luxe] to flaunt, to show off *(sép)*; **~ ses malheurs** to parade one's misfortunes; **~ ses connaissances** to show off one's knowledge. **-3.** [disposer à plat – tapis, tissu] to spread (out); [– plan, carte, journal] to open ou to spread (out); [– pâte à tarte] to roll out *(sép)*; **~ ses cartes** ou **son jeu** to show one's hand. **-4.** [appliquer en couche – beurre, miel] to spread; [– pommade, fond de teint] to rub ou to smooth on; [– enduit] to apply. **-5.** [dates, paiements, rendez-vous] to spread out *(sép)*; **les entreprises essaient d'~ les vacances de leurs employés** firms try to stagger their employees' holidays. **-6.** *arg scol*: **se faire ~** (à un examen) to flunk an exam.
◆ **s'étaler** ◇ *vp (emploi passif)* [s'appliquer] to spread. ◇ *vpi* **-1.** [s'étendre – ville, plaine] to stretch ou to spread out. **-2.** [être exhibé]: **son nom s'étale à la une de tous les journaux** his name is in ou is splashed over all the papers. **-3.** *fam* [tomber] to fall (down), to take a tumble. **-4.** *fam* & *péj* [prendre trop de place] to spread o.s. out.
◆ **s'étaler sur** *vp + prép* [vacances, paiements] to be spread over.

**étalon** [etalɔ̃] *nm* **-1.** ZOOL [cheval] stallion; [âne, taureau] stud. **-2.** [référence] standard; **~-or** gold standard; **~ monétaire** monetary ou standard. **-3.**

**étalonnage** [etalɔnaʒ], **étalonnement** [etalɔnmã] *nm* TECH [graduation] calibration, calibrating; [vérification] standardization, standardizing.

**étalonner** [3] [etalɔne] *vt* **-1.** TECH [graduer] to calibrate; [vérifier] to standardize. **-2.** SC [test] to table, to grade.

**étamine** [etamin] *nf* **-1.** BOT stamen. **-2.** COUT etamine, etamin; CULIN muslin.

**étanche** [etãʃ] *adj* [chaussure, montre] waterproof; [réservoir] watertight; [surface] water-resistant, water-repellent; **~ à l'air** airtight.

**étanchéité** [etãʃeite] *nf* [d'une montre, de chaussures] waterproofness; [d'un réservoir] watertightness; [d'un revêtement] water-resistance; **~ à l'air** airtightness.

**étancher** [3] [etãʃe] *vt* **-1.** [rendre étanche] to make waterproof. **-2.** [arrêter – sang] to stanch, to staunch, to stem; [– voie d'eau] to stop up *(sép)*; **~ sa soif** to quench ou to slake one's thirst.

**étang** [etɑ̃] *nm* pond.

**étant¹** [etɑ̃] *p prés*→ être.

**étant²** [etɑ̃] *nm* PHILOS being.

**étant donné** [etɑ̃dɔne] *loc prép* given, considering.
◆ **étant donné que** *loc conj* since, given the fact that.

**étape** [etap] *nf* **-1.** [arrêt] stop, stopover; **nous avons fait** ~ **à Lille** we stopped at Lille. **-2.** [distance] stage; **voyager par (petites)** ~**s** to travel in (easy) stages. **-3.** SPORT stage. **-4.** [phase] phase, stage, step.

**état** [eta] *nm* **A.** MANIÈRE D'ÊTRE PHYSIQUE **-1.** [d'une personne – condition physique] state, condition; [– apparence] state; **le malade est dans un** ~ **grave** the patient's condition is serious; **tu t'es mis dans un drôle d'**~**!** look at the state of you!; **te voilà dans un triste** ~**!** you're in a sorry ou sad state!; **être dans un** ~ **second** [drogué] to be high; [en transe] to be in a trance; **en** ~ **de: être en** ~ **d'ivresse** ou **d'ébriété** to be under the influence (of alcohol), to be inebriated; **être en** ~ **de faire qqch** to be fit to do sthg; **être hors d'**~ **de, ne pas être en** ~ **de** to be in no condition to ou totally unfit to; **mettre qqn hors d'**~ **de nuire** [préventivement] to make sb harmless; [après coup] to neutralize sb❑ ~ **général** general state of health; ~ **de santé** (state of) health, condition; ~ **de veille** waking state. **-2.** [d'un appartement, d'une route, d'une machine, d'un colis] condition, state; **être en bon/mauvais** ~ [meuble, route, véhicule] to be in good/poor condition; [bâtiment] to be in a good/bad state of repair; [colis, marchandises] to be undamaged/damaged; **vendu à l'**~ **neuf** [dans petites annonces] as new; **réduit à l'**~ **de cendres/poussière** reduced to ashes/a powder; **en** ~ **de marche** in working order; **quand tu seras de nouveau en** ~ **de marche** *fam* & *hum* when you're back on your feet again ou back in circulation; **en** ~ **de rouler** AUT roadworthy; **en** ~ **de naviguer** NAUT seaworthy; **en** ~ **de voler** AÉRON airworthy; **être hors d'**~ **(de fonctionner)** to be out of order; **laisser une pièce en l'**~ to leave a room as it is; **remettre en** ~ [appartement] to renovate, to refurbish; [véhicule] to repair; [pièce de moteur] to recondition; **maintenir qqch en** ~ [bâtiment, bateau, voiture] to keep sthg in good repair. **-3.** [situation particulière – d'un développement, d'une technique] state; **dans l'**~ **actuel des choses** as things stand at the moment, in the present state of affairs; **(en)** ~ **d'alerte/d'urgence** (in a) state of alarm/emergency; **être en** ~ **d'arrestation** to be under arrest; **je me suis renseigné sur l'**~ **d'avancement des travaux** I enquired about the progress of the work ❑ ~ **de choses** state of things; ~ **de fait** (established) fact; ~ **de guerre** state of war; **être en** ~ **de siège** to be under siege. **-4.** CHIM & PHYS: ~ **gazeux/liquide/solide** gaseous/liquid/ solid state ❑ à l'~ **brut** [pétrole] crude, unrefined, raw; **c'est de la bêtise à l'**~ **brut** it's plain stupidity; à l'~ **pur** [gemme, métal] pure; **c'est du racisme à l'**~ **pur** it's nothing more than racism. **-5.** LING: **verbe d'**~ stative verb.
**B.** MANIÈRE D'ÊTRE MORALE, PSYCHOLOGIQUE state; **être dans un** ~ **de grande excitation** to be in a state of great excitement ou very excited; **elle n'est pas dans son** ~ **normal** she's not her normal ou usual self; **ne te mets pas dans cet** ~**!** [à une personne inquiète, déprimée] don't worry!; [à une personne énervée] don't get so worked up! ❑ ~ **de conscience** state of consciousness; ~ **d'esprit** state ou frame of mind; ~ **limite** borderline state; **être dans tous ses** ~**s** [d'anxiété] to be beside o.s. with anxiety; [de colère] to be beside o.s. (with anger); **se mettre dans tous ses** ~**s** [en colère] to go off the deep end, to go spare.
**C.** CONDITION SOCIALE **-1.** [profession] trade, profession; [statut social] social position, standing, station; **il est cordonnier de son** ~ he's a shoemaker by trade. **-2.** ADMIN: (**bureau de l'**) ~ **civil** registry office. **-3.** HIST: **les États généraux** the States ou Estates General.
**D.** DOCUMENT COMPTABLE OU LÉGAL **-1.** [compte rendu] account, statement; [inventaire] inventory; **l'**~ **des dépenses/ des recettes** statement of expenses/takings; ~ **appréciatif** evaluation, estimation; **figurer sur les** ~**s d'une entreprise** to be on a company's payroll; ~ **de frais** bill of costs; ~**s de service** MIL service record; [professionnellement] professional record ❑ ~ **des lieux** inventory (of fixtures); **dresser** ou **faire un** ~ **des lieux** *pr* to draw up an inventory of fixtures; *fig* to take stock of the situation. **-2.** *loc:* **faire** ~ **de** [sondage, témoignages, thèse] to put forward *(sép)*; [document] to refer

to; [fait] to mention; [soucis] to mention.
◆ **état d'âme** *nm* mood; **elle ne me fait pas part de ses** ~**s d'âme** she doesn't confide in me; **j'en ai assez de leurs** ~**s d'âme!** I'm fed up with hearing about how THEY feel!; **je me fiche de vos** ~**s d'âme!** I don't care whether you're happy about it or not!; **avoir des** ~**s d'âme** to suffer from angst *hum.*

**État** [eta] *nm* **-1.** POL [nation] state; **l'**~ **français** the French state ou nation; **l'**~ **de Washington** the State of Washington; **les** ~**s membres** the member states ❑ **l'**~**-patron** the State as an employer; **l'**~**-providence** the Welfare state; **un** ~ **dans l'**~ a state within a state; **l'**~**, c'est moi** *famous phrase attributed to Louis XIV proclaiming the absolute nature of the monarchy.* **-2.** ADMIN & ÉCON state; **géré par l'**~ state-run, publicly run; **entreprise d'**~ state-owned ou *Br* public company.

**étatique** [etatik] *adj* under state control, state-controlled.

**étatisation** [etatizasjɔ̃] *nf* **-1.** [nationalisation] nationalization. **-2.** [dirigisme] state control.

**étatiser** [3] [etatize] *vt* to bring under state control; **une firme étatisée** a state-owned company.

**étatisme** [etatism] *nm* state control.

**étatiste** [etatist] ◇ *adj* state-control *(modif).* ◇ *nmf* supporter of state control.

**état-major** [etamaʒɔr] *(pl* **états-majors)** *nm* **-1.** MIL [officiers] general staff; [locaux] headquarters. **-2.** [direction – d'une entreprise] management; [– d'un parti politique] leadership; **le président et son** ~ the president and his advisers.

**États-Unis** [etazyni] *npr mpl:* **les** ~ (**d'Amérique)** the United States (of America); **aux** ~ in the United States.

**étau, x** [eto] *nm* vice; **être pris** ou **enserré (comme) dans un** ~ *fig* to be caught in a vice; **l'**~ **se resserre** *fig* the noose is tightening.

**étayage** [eteja ʒ], **étayement** [etɛjmɑ̃] *nm* **-1.** [d'un mur] propping-up, shoring-up. **-2.** [d'un raisonnement] support, supporting, shoring-up.

**étayer** [11] [eteje] *vt* **-1.** [mur] to prop ou to shore up. **-2.** [raisonnement] to support, to back ou to shore up.
◆ **s'étayer sur** *vp* + *prép* [s'appuyer sur] to be based on.

**etc.** *(abr écrite de* **et cetera)** etc.

**et cetera, et cætera** [ɛtsetera] *loc adv* et cetera, and so on (and so forth).

**été¹** [ete] *pp* → être.

**été²** [ete] *nm* summer; ~ **indien** Indian summer.
◆ **d'été** *loc adj:* **robe d'**~ summer dress; **nuit d'**~ summer's night; **l'heure d'**~ daylight-saving time.

**éteignais** [etɛɲɛ], **éteignis** [etɛɲi] *v* → éteindre.

**éteindre** [81] [etɛ̃dr] *vt* **-1.** [arrêter la combustion de – cigarette, incendie] to put out *(sép),* to extinguish; [– bougie] to put ou to blow out *(sép);* [– gaz, chauffage] to turn off *(sép).* **-2.** ÉLECTR [phare, lampe] to turn ou to switch off *(sép);* [radio, télévision] to turn off; **va** ~ (**dans) la chambre** *fam* switch off the light in the bedroom; **c'était éteint chez les voisins** the neighbours' lights were out. **-3.** [faire perdre son éclat à]: **le chagrin avait éteint son regard** *litt* her eyes had been dulled by sorrow. **-4.** [annuler – dette, rente] to wipe out *(sép).* **-5.** *litt* [soif] to quench, to slake *litt;* [désirs, sentiments] to kill.
◆ **s'éteindre** *vpi* **-1.** [feu, gaz, chauffage] to go out; [bougie] to blow out; [cigarette] to burn out; [volcan] to die down. **-2.** ÉLECTR [lampe] to go out; [radio, télévision] to go off. **-3.** *litt* [se dissiper – ardeur, amour] to fade away; [– colère] to abate, to cool down. **-4.** *euph* [mourir – personne] to pass away. **-5.** [race] to die out, to become extinct.

**éteint, e** [etɛ̃, ɛ̃t] ◇ *pp* → éteindre. ◇ *adj* **-1.** [sans éclat – regard] dull, lacklustre; [– voix] lifeless; [– visage, esprit] dull; [– couleur] faded; **elle est plutôt** ~**e ces temps-ci** she's lost her spark recently. **-2.** [chaux] slaked.

**étendard** [etɑ̃dar] *nm* MIL standard; **lever l'**~ **de la révolte** *fig* to raise the standard of revolt.

**étendre** [73] [etɑ̃dr] *vt* **-1.** [beurre, miel] to spread; [pommade, fond de teint] to rub ou to smooth on. **-2.** [tapis, tissu] to unroll; [plan, carte, journal] to open ou to spread (out); [pâte à tarte] to roll out *(sép);* ~ **ses bras/jambes** to stretch (out) one's arms/legs. **-3.** [faire sécher]: ~ **du linge** [dehors] to put the washing out to dry, to hang out the washing; [à l'intérieur] to hang up the washing. **-4.** [allonger – personne] to

stretch out *(sép)*; ~ un blessé sur une civière to place an injured person on a stretcher. **-5.** [élargir – pouvoir] to extend; [– recherches] to broaden, to extend; [– cercle d'amis] to widen; ~ son vocabulaire to increase ou to extend one's vocabulary; ~ qqch à: ~ une grève au secteur privé to extend a strike to the private sector. **-6.** [diluer – peinture] to dilute, to thin down *(sép)*; [– sauce] to thin out ou down *(sép)*, to water down *(sép)*; [– vin] to water down *(sép)*. **-7.** *fam* [vaincre] to thrash; se faire ~ [à un match de boxe] to get knocked ou laid out; [aux élections] to be trounced; [à un examen] to be failed.
◆ **s'étendre** *vpi* **-1.** [dans l'espace] to stretch; les banlieues s'étendaient à l'infini the suburbs stretched out endlessly; s'~ à: son ambition s'étendait aux plus hautes sphères de la politique his ambition extended to the highest echelons of politics; une loi qui s'étend à toutes les circonscriptions a law that covers all districts. **-2.** [dans le temps]: la période qui s'étend du XVIIe au XIXe siècle the period stretching from the 17th to the 19th century; les vacances s'étendent sur trois mois the vacation stretches over three months. **-3.** [se développer – épidémie, grève] to spread; [– cercle d'amis] to widen; [– pouvoir] to widen, to increase, to expand; [– culture, vocabulaire] to increase, to broaden. **-4.** [s'allonger – malade] to stretch out, to lie down.
◆ **s'étendre sur** *vp + prép* to enlarge on; je ne m'étendrai pas davantage sur ce sujet I won't discuss this subject at any greater length.
**étendu, e** [etɑ̃dy] ◇ *pp* → étendre. ◇ *adj* **-1.** [vaste – territoire] big, wide, spread-out; [– banlieue] sprawling; un panorama ~ a vast panorama. **-2.** [considérable – pouvoir, connaissances] extensive, wide-ranging. **-3.** [étiré]: les bras ~s with outstretched arms; les jambes ~es with legs stretched out. **-4.** [dilué – vin, sauce] watered-down; [– peinture, couleur] thinned-down.
◆ **étendue** *nf* **-1.** [surface] area, stretch; une ~e désertique a stretch of desert. **-2.** [dimension] area; un domaine d'une grande ~e a large estate. **-3.** [durée]: l'~e d'un discours the length of a speech; sur une ~e de 10 ans over a period of 10 years. **-4.** [ampleur] extent. **-5.** MUS range. **-6.** PHILOS extension.
**éternel, elle** [etɛʀnɛl] *adj* **-1.** PHILOS & RELIG eternal. **-2.** [sans fin] eternal, endless; je lui voue une reconnaissance ~le I'll be for ever ou eternally grateful to him; cette situation ne sera pas ~le this situation won't last for ever. **-3.** *(avant le nom)* [invariable]: c'est un ~ mécontent he's perpetually discontented, he's never happy; leurs ~les discussions politiques their endless ou interminable political discussions; son ~ cigare à la bouche his inevitable cigar ❑ l'~ féminin womankind.
◆ **Éternel** *npr m*: l'Éternel the Eternal ❑ grand voyageur/menteur devant l'Éternel *fam* great ou inveterate traveller/liar.
**éternellement** [etɛʀnɛlmɑ̃] *adv* eternally; je ne l'attendrai pas ~ I'm not going to wait for him for ever.
**éterniser** [3] [etɛʀnize] *vt* **-1.** *péj* [prolonger – discussion, crise] to drag ou to draw out *(sép)*. **-2.** *litt* [perpétuer – nom, mémoire] to perpetuate.
◆ **s'éterniser** *vpi péj* **-1.** [durer – crise, discussion] to drag on. **-2.** *fam* [s'attarder]: on ne va pas s'~ ici we're not going to stay here for ever; j'espère qu'elle ne va pas s'~ chez moi I hope she's not going to hang around here too long.
**éternité** [etɛʀnite] *nf* **-1.** PHILOS & RELIG eternity. **-2.** [longue durée] eternity; il y avait une ~ que je ne l'avais vu I hadn't seen him for ages ou an eternity; la construction du stade va durer une ~ it will take forever to build the stadium.
◆ **de toute éternité** *loc adv litt* from time immemorial.
**éternuement** [etɛʀnymɑ̃] *nm* sneeze.
**éternuer** [7] [etɛʀnɥe] *vi* to sneeze.
**êtes** [ɛt] *v* → être.
**étêter** [4] [etete] *vt* [arbre] to pollard; [poisson] to cut off the head of; [clou, épingle] to knock the head off.
**éthanol** [etanɔl] *nm* ethanol.
**éther** [etɛʀ] *nm* CHIM ou *litt* ether.
**éthéré, e** [etere] *adj* CHIM ou *litt* ethereal.
**éthéromane** [eteʀɔman] ◇ *adj* addicted to ether. ◇ *nmf* ether addict.
**éthéromanie** [eteʀɔmani] *nf* addiction to ether.
**Éthiopie** [etjɔpi] *npr f*: (l') ~ Ethiopia.

**éthiopien, enne** [etjɔpjɛ̃, ɛn] *adj* Ethiopian.
◆ **Éthiopien, enne** *nm, f* Ethiopian.
◆ **éthiopien** *nm* LING Ethiopic.
**éthique** [etik] ◇ *adj* ethic, ethical. ◇ *nf* **-1.** PHILOS ethics *(sg)*. **-2.** [code moral] ethic.
**ethnie** [etni] *nf* ethnic group.
**ethnique** [etnik] *adj* ethnic, ethnical.
**ethnocentrisme** [ɛtnɔsɑ̃trism] *nm* ethnocentrism.
**ethnocide** [ɛtnɔsid] *nm* ethnocide.
**ethnographe** [ɛtnɔɡraf] *nmf* ethnographer.
**ethnographie** [ɛtnɔɡrafi] *nf* ethnography.
**ethnolinguistique** [ɛtnɔlɛ̃ɡɥistik] ◇ *adj* ethnolinguistic. ◇ *nf* ethnolinguistics *(sg)*.
**ethnologie** [ɛtnɔlɔʒi] *nf* ethnology.
**ethnologique** [ɛtnɔlɔʒik] *adj* ethnologic, ethnological.
**ethnologue** [ɛtnɔlɔɡ] *nmf* ethnologist.
**éthologie** [etɔlɔʒi] *nf* ethology.
**éthylène** [etilɛn] *nm* ethylene.
**éthylique** [etilik] ◇ *adj* ethyl *(modif)*. ◇ *nmf* alcoholic.
**éthylisme** [etilism] *nm* alcoholism.
**Étienne** [etjɛn] *npr*: saint ~ Saint Stephen.
**étincelant, e** [etɛ̃slɑ̃, ɑ̃t] *adj* **-1.** [brillant – diamant, étoile] sparkling, gleaming, twinkling; [– soleil] brightly shining; [bien lavé – vaisselle] shining, sparkling, gleaming. **-2.** [vif – regard, œil] twinkling; les yeux ~s de colère/de haine eyes glinting with rage/with hate. **-3.** [plein de brio – conversation, esprit, style] brilliant, sparkling.
**étinceler** [24] [etɛ̃sle] *vi* **-1.** [diamant, étoile] to sparkle, to gleam, to twinkle; [soleil] to shine brightly; [vaisselle] to shine, to sparkle, to gleam; la mer étincelait the sea was sparkling. **-2.** [regard, œil] to sparkle, to glitter; ses yeux étincelaient de colère/jalousie/passion her eyes glittered with anger/jealousy/passion; ses yeux étincelaient de bonheur/fierté her eyes were sparkling with happiness/pride. **-3.** [conversation, style] to sparkle, to be brilliant.
**étincelle** [etɛ̃sɛl] ◇ *v* → étinceler. ◇ *nf* **-1.** [parcelle incandescente] spark; ~ électrique electric spark ❑ faire des ~s *pr* to throw off sparks; *fig* to cause a huge sensation, to be a big success; c'est l'~ qui a mis le feu aux poudres it was this which sparked everything off. **-2.** [lueur] spark, sparkle; jeter des ~s to sparkle; ses yeux jettent des ~s [de joie] his eyes shine with joy; [de colère] his eyes flash with rage. **-3.** [bref élan]: ~ d'intelligence spark of intelligence; l'~ du génie the spark of genius.
**étincellement** [etɛ̃sɛlmɑ̃] *nm* [d'un diamant, d'une lame] sparkle, glitter; [de la mer] glitter.
**étincellerai** [etɛ̃sɛlre] *v* → étinceler.
**étiolement** [etjɔlmɑ̃] *nm* **-1.** AGR & BOT bleaching, blanching, etiolation *spéc*. **-2.** [affaiblissement – d'une personne] decline, weakening; [– d'un esprit] weakening.
**étioler** [3] [etjɔle] *vt* **-1.** AGR & BOT to bleach, to blanch, to etiolate *spéc*. **-2.** [personne] to make weak ou pale ou sickly.
◆ **s'étioler** *vpi* **-1.** AGR & BOT to blanch, to wither. **-2.** [s'affaiblir – personne] to decline, to fade away, to become weak; [– esprit] to become lacklustre ou dull.
**étiologie** [etjɔlɔʒi] *nf* aetiology.
**étique** [etik] *adj litt* skinny, emaciated, scrawny.
**étiqueter** [27] [etikte] *vt* **-1.** [marchandise] to mark, to label; [colis] to ticket, to label. **-2.** *péj* [cataloguer] to label.
**étiqueteur, euse** [etiktœr, øz] *nm, f* labeller.
◆ **étiqueteuse** *nf* labelling machine.
**étiquette** [etikɛt] ◇ *v* → étiqueter. ◇ *nf* **-1.** [marque – portant le prix] ticket; ~ autocollante sticky label, sticker. **-2.** [appartenance] label; mettre une ~ à qqn to label sb; sans ~ politique [candidat, journal] independent. **-3.** INF label. **-4.** [protocole]: l'~ etiquette ❑ ~ de Cour court etiquette.
**étiquetterai** [etikɛtre] *v* → étiqueter.
**étirement** [etirmɑ̃] *nm* [des membres, du corps] stretching.
**étirer** [3] [etire] *vt* **-1.** [allonger – membres, cou] to stretch; [– peloton, convoi] to stretch out *(sép)*. **-2.** [verre, métal] to draw (out). **-3.** TEXT to stretch.
◆ **s'étirer** *vpi* **-1.** [personne, animal] to stretch (out). **-2.** [s'éterniser – journée, récit] to draw out.
**Etna** [ɛtna] *npr m*: l'~, le mont ~ (Mount) Etna.

**étoffe** [etɔf] *nf* **-1.** TEXT material, fabric. **-2.** [calibre → d'un professionnel, d'un artiste] calibre; **il est d'une autre/de la même ~** he's in a different/the same league; **il a l'~ d'un héros** he has the makings of a hero, he's the stuff heroes are made of; **avoir l'~ d'un chef** to be leadership material. **-3.** TECH base-metal alloy.

**étoffé, e** [etɔfe] *adj* [roman, récit] full of substance, well-rounded; [voix] deep, sonorous.

**étoffer** [3] [etɔfe] *vt* **-1.** [faire grossir] to put weight on; **son séjour à la campagne l'a étoffé** his spell in the country has made him fill out a bit. **-2.** [développer – roman, personnage] to flesh ou to fill out *(sép)*, to give substance to.
◆ **s'étoffer** *vpi* to fill out, to put on weight.

**étoile** [etwal] *nf* **-1.** ASTRON star; **contempler ou observer les ~s** to stargaze; **ciel parsemé ou semé d'~s** starry sky, sky studded with stars; **une nuit sans ~s** a starless night ❑ ; **~ du matin/soir** morning/evening star; **~ du berger** morning star; **~ filante** shooting star; **~ Polaire** pole star; **carrefour en ~** multi-lane junction. **-2.** [insigne] star; **hôtel trois/quatre ~s** three-star/four-star hotel❑ ; **l'~ jaune/rouge** the yellow/red star; **l'Étoile de David** the Star of David. **-3.** [destin] stars, fate; **c'est sa bonne ~** it's his lucky star. **-4.** *vieilli* [célébrité] star. **-5.** DANSE prima ballerina. **-6.** IMPR star, asterisk. **-7.** [au ski] badge (of achievement); **première/deuxième/troisième ~** beginners/intermediate/advanced badge of proficiency *(at skiing)*. **-8.** ZOOL: **~ de mer** starfish. **-9.** MATH asterisk. **-10.** [à Paris]: **(place de) l'Étoile** place de l'Étoile *(in Paris)*.
◆ **à la belle étoile** *loc adv* [coucher, dormir] (out) in the open, outside.

**étoilé, e** [etwale] *adj* [ciel] starry, star-studded; [nuit] starry.

**étoiler** [3] [etwale] *vt* **-1.** *litt* [parsemer – d'étoiles] to spangle with stars; **les vitres étoilées de givre** the window panes glittering with frost. **-2.** [fêler – vitre] to craze, to crack.
◆ **s'étoiler** *vpi* **-1.** *litt* [ciel] to become starry. **-2.** [vitre] to crack.

**étole** [etɔl] *nf* COUT & RELIG stole.

**étonnamment** [etɔnamɑ̃] *adv* amazingly, astonishingly.

**étonnant, e** [etɔnɑ̃, ɑ̃t] *adj* **-1.** [remarquable – personne, acteur, mémoire] remarkable, astonishing; [– roman] great, fantastic; [– voyage] fabulous. **-2.** [surprenant] surprising, amazing; **rien d'~ à ce qu'il ait divorcé** no wonder he got divorced; **ça n'a rien d'~** it's no wonder.

**étonné, e** [etɔne] *adj* astonished, amazed.

**étonnement** [etɔnmɑ̃] *nm* surprise, astonishment.

**étonner** [3] [etɔne] *vt* to amaze, to surprise; **elle m'étonne par son courage** I'm astonished at her courage; **ça m'étonne qu'elle ne t'ait pas appelé** I'm surprised she didn't call you; **cela m'étonnerait** I'd be surprised; **ça ne m'étonne pas de toi!** you do surprise me! *iron*.
◆ **s'étonner** *vpi* to be surprised; **je ne m'étonne plus de rien** nothing surprises me anymore.

**étouffant, e** [etufɑ̃, ɑ̃t] *adj* **-1.** [oppressant – lieu, climat, ambiance] stifling. **-2.** [indigeste – mets] stodgy, heavy.

**étouffe-chrétien** [etufkretjɛ̃] *nm inv fam* heavy ou stodgy food; *(comme adj)* heavy, stodgy.

**étouffée** [etufe] ◆ **à l'étouffée** ◇ *loc adj* steamed *(in a tightly shut pot)*. ◇ *loc adv*: **cuire qqch à l'~** to steam sthg *(in a tightly shut steamer)*.

**étouffement** [etufmɑ̃] *nm* **-1.** [asphyxie] suffocation. **-2.** [respiration difficile] breathlessness; **avoir une sensation d'~** to have a feeling of breathlessness ou suffocation ‖ [crise] fit of breathlessness. **-3.** [répression – d'une révolte] quelling; [– d'une rumeur] stifling; [camouflage – d'un scandale] hushing-up, covering-up.

**étouffer** [3] [etufe] ◇ *vt* **-1.** [asphyxier – personne, animal]: **le bébé a été étouffé** [accident] the baby suffocated to death; [meurtre] the baby was smothered; **mourir étouffé** to die of suffocation, to choke to death; **ne le serre pas si fort, tu l'étouffes!** *hum* don't hug him so hard, you'll smother him! ❑ **ce n'est pas la politesse qui l'étouffe** *fam* & *hum* politeness isn't exactly his strong point; **ça t'étoufferait de dire bonjour/de ranger ta chambre?** would it kill you to say hello/to tidy your room? **-2.** [oppresser – suj: famille, entourage] to smother; [– suj: ambiance] to stifle. **-3.** [émouvoir fortement]: **la colère/l'émotion l'étouffe** he's choking

with anger/emotion. **-4.** [arrêter, atténuer – feu] to put out *(sép)*, to smother; [– bruit] to muffle, to deaden; [– cris, pleurs, sentiment, rire] to stifle, to hold back *(sép)*; [– voix] to lower; [– révolte, rumeur] to quash; [– scandale] to hush ou to cover up *(sép)*.
◇ *vi* **-1.** [s'asphyxier] to suffocate, to choke; **j'ai failli ~ en avalant de travers** I almost choked on my food; **~ de:** **~ de colère/jalousie** to choke with anger/jealousy. **-2.** [avoir chaud] to suffocate, to be gasping for air. **-3.** [être oppressé] to feel stifled.
◆ **s'étouffer** *vpi* to choke; **une sardine et une demi-tomate, on ne risque pas de s'~!** *hum* a sardine and half a tomato! there's no fear of us choking on that!

**étouffoir** [etufwar] *nm* **-1.** [pour la braise] charcoal extinguisher. **-2.** MUS damper. **-3.** *fam* [lieu] oven.

**étoupe** [etup] *nf* [lin, chanvre] tow.

**étourderie** [eturdəri] *nf* **-1.** [faute] careless mistake. **-2.** [caractère] carelessness.
◆ **par étourderie** *loc adv* carelessly, without thinking.

**étourdi, e** [eturdi] ◇ *adj* [personne] careless; [acte, réponse] thoughtless. ◇ *nm, f* scatterbrain.

**étourdiment** [eturdimɑ̃] *adv* thoughtlessly, carelessly, foolishly.

**étourdir** [32] [eturdir] *vt* **-1.** [assommer] to stun, to daze. **-2.** [griser – suj: vertige, sensation, alcool] to make dizzy ou light-headed; [– suj: odeur] to overpower; **le succès l'étourdissait** success had gone to his head; **cette perspective l'étourdissait** he was exhilarated at the prospect. **-3.** [abasourdir – suj: bruit] to deafen; **ces enfants m'étourdissent!** these children are making me dizzy (with their noise)! **-4.** *litt* [calmer – douleur, chagrin] to numb, to deaden.
◆ **s'étourdir** *vpi*: **s'~ dans le plaisir** to live a life of pleasure; **s'~ de paroles** to get drunk on words.

**étourdissant, e** [eturdisɑ̃, ɑ̃t] *adj* **-1.** [bruyant] deafening, ear-splitting. **-2.** [extraordinaire – beauté, créativité, activité] stunning; **être ~ d'esprit** to be very glib. **-3.** [grisant – adulation, passion] exciting, exhilarating.

**étourdissement** [eturdismɑ̃] *nm* **-1.** [vertige] fit of giddiness ou dizziness, dizzy spell; MÉD fainting fit, blackout; **j'ai eu un léger ~** dû à la chaleur I felt slightly dizzy on account of the heat. **-2.** *litt* [griserie] exhilaration.

**étourneau, x** [eturno] *nm* **-1.** ORNITH starling. **-2.** *fam* [étourdi] birdbrain.

**étrange** [etrɑ̃ʒ] *adj* strange, odd; [chose, fait] strange, funny, odd; **chose ~, elle a dit oui** strangely enough, she says yes.

**étrangement** [etrɑ̃ʒmɑ̃] *adv* [bizarrement] oddly, strangely; [inhabituellement] strangely.

**étranger, ère** [etrɑ̃ʒe, ɛr] ◇ *adj* **-1.** [visiteur, langue, politique] foreign. **-2.** [extérieur à un groupe] outside *(adj)*; **~ à:** **je suis ~ à leur communauté** I'm not a member of ou I don't belong to their community; **des personnes étrangères au service** non-members of staff. **-3.** [non familier – voix, visage, région, sentiment] unknown, unfamiliar. **-4.** **~ à** [sans rapport avec]: **je suis complètement ~ à cette affaire** I'm in no way involved in ou I have nothing to do with this business; **ce sont là des considérations étrangères à notre discussion** those points are irrelevant ou extraneous to our discussion. **-5.** *sout*: **~ à** [qui n'a pas le concept de] closed ou impervious to; **il est ~ à la pitié** he's completely lacking in compassion; **~ à** [inconnu de] unknown to; **ce sentiment/visage ne m'est pas ~** that feeling/face is not unknown to me. ◇ *nm, f* **-1.** [habitant d'un autre pays] foreigner, alien ADMIN; **l'Étranger'** *Camus* 'The Stranger'. **-2.** [inconnu] stranger.
◆ **étranger** *nm*: **l'~** foreign countries.
◆ **à l'étranger** *loc adv* abroad.

**étrangeté** [etrɑ̃ʒte] *nf* **-1.** [singularité – d'un discours, d'un comportement] strangeness, oddness. **-2.** *litt* [remarque] funny ou strange ou odd thing; [incident] strange ou odd fact.

**étranglé, e** [etrɑ̃gle] *adj* **-1.** [rauque – voix, son] tight, strained. **-2.** [resserré – rue, passage] narrow.

**étranglement** [etrɑ̃gləmɑ̃] *nm* **-1.** [strangulation] strangling, strangulation. **-2.** [étouffement, resserrement] tightening, constriction; **j'ai compris à l'~ de sa voix que...** the tightness in his voice told me that... **-3.** [passage étroit] bottleneck; **grâce à l'~ du tuyau** owing to the narrower section of the pipe. **-4.** *litt* [restriction – des libertés] stifling. **-5.** MÉD strangulation.

**étrangler** [etrɑ̃gle] *vt* **-1.** [tuer – intentionnellement] to strangle; [– par accident] to strangle, to choke. **-2.** [serrer] to choke, to strangle, to constrict. **-3.** [faire balbutier – suj: colère, peur] to choke. **-4.** [ruiner] to decimate, to squeeze out of existence. **-5.** *litt* [restreindre – libertés] to stifle.
◆ **s'étrangler** *vpi* **-1.** [personne] to choke; s'~ avec un os to choke on a bone; s'~ de: s'~ de rire to choke with laughter; s'~ d'indignation to be speechless with indignation. **-2.** [voix] to choke. **-3.** [chemin, rue, vallée] to form a bottleneck, to narrow (down).

**étrangleur, euse** [etrɑ̃glœr, øz] *nm, f* strangler.

**étrave** [etrav] *nf* stem.

**être¹** [2] [etr] ◇ *vi* **A.** EXPRIME L'EXISTENCE, LA RÉALITÉ **-1.** [exister] to be, to exist; ne nie pas ce qui est don't deny the facts; si Dieu est if God exists; si cela est if (it is) so; mon fils n'est plus *litt* my son is no more *litt* ou has died ou passed away; la nounou la plus patiente qui soit the most patient nanny that ever was ou in the world; le plus petit ordinateur qui soit the tiniest computer ever ❑ ~ ou ne pas ~ to be or not to be; on ne peut pas ~ et avoir été you only live once. **-2.** MATHS: soit une droite AB let AB be a straight line. **B.** RELIE L'ATTRIBUT, LE COMPLÉMENT AU SUJET **-1.** [suivi d'un attribut] to be; elle est professeur she's a teacher; je ne te le prêterai pas! — comment ou comme tu es! *fam* I won't lend it to you! — you see what you're like!; je suis comme je suis I am what I am; Bruno/ce rôle est tout pour moi Bruno/this part means everything to me; elle n'est plus rien pour lui she no longer matters to him; elle n'est plus ce qu'elle était she's not what she used to be; qui était-ce? who was it? **-2.** [suivi d'une préposition] ~ à [se trouver à]: ~ à l'hôpital to be in hospital; je suis à la gare I'm at the station; cela fait longtemps que je ne suis plus à Paris I left Paris a long time ago; j'y suis, j'y reste here I am and here I stay; je n'y suis pour personne [à la maison] I'm not at home for anyone; [au bureau] I won't see anybody; je suis à vous dans un instant I'll be with you in a moment; je suis à vous [je vous écoute] I'm all yours; la Sardaigne est au sud de la Corse Sardinia is (situated) south of Corsica; tout le monde est à la page 15/au chapitre 9? is everybody at page 15/chapter 9?; vous êtes (bien) au 40 06 24 08 this is 40 06 24 08; nous ne sommes qu'au début du tournoi the tournament has just started; ~ à [appartenir à]: ce livre est à moi the book's mine; ~ à [être occupé à]: il est tout à son travail he's busy with his work; ~ à [être en train de]: il est toujours à me questionner he's always asking me questions; ~ de [provenir de] to be from, to come from; ~ de [dater de]: l'église est du XVIᵉ the church is from ou dates back to the 16th century; la lettre est du 12 the letter's dated the 12th; les œufs sont d'hier the eggs were laid yesterday; ~ de [appartenir à] to belong to, to be a member of; Bruno est de sa famille Bruno is a member of her family ou is a relative of hers; ~ de [participer à]: je suis de mariage le mois prochain I've got (to go to) a wedding next month; qui est de corvée de vaisselle? who's on washing-up duty?; ~ de [se joindre à]: acceptez-vous d'~ (un) des nôtres? would you care to join us?; ~ en [lieu]: ~ en prison/en France to be in prison/in France; ~ en [matériau]: la table est en chêne the table is made of oak; ~ en [pour exprimer l'état]: ~ en bonne santé to be in good health; les dossiers qui sont en attente the pending files; ~ sans: vous n'êtes pas sans savoir que... I'm sure you're aware that...; ~ en ~ à: le projet n'en est qu'au début the project has only just started; où en es-tu avec Michel? how is it going with Michel?; j'en suis au moment où il découvre le trésor I've got to the part ou the bit where he discovers the treasure; où en étais-je? [après une interruption dans une conversation] where was I?; où en sont les travaux? how's the work coming along?; en ~ à faire qqch: j'en suis à me demander si... I'm beginning to wonder if...; tu en es encore à lui chercher des excuses! — oh non, je n'en suis plus là! you're still trying to find excuses for him! — oh no, I'm past that!; ne plus savoir où l'on en est: je ne sais plus du tout où j'en suis dans tous ces calculs I don't know where I am any more with all these calculations; j'ai besoin de faire le point, je ne sais plus où j'en suis I've got to take stock, I've completely lost track of everything; y ~ [être prêt]: tout le monde y est? is everyone ready?; y ~ [comprendre]: tu te souviens bien de Marie,

une petite brune! — ah, oui, j'y suis maintenant! but you must remember Marie, a brunette! — oh yes, I'm with you now!; je n'y suis pas du tout! I'm lost!; mais non, vous n'y êtes pas du tout! you don't understand! ❑ en ~ *fam*, ~ de ceux-là *fam* [être homosexuel] to be one of them. **-3.** [dans l'expression du temps] to be; nous sommes le 8/jeudi today is the 8th/Thursday; quel jour sommes-nous? what day is it today?; on était en avril it was April. **C.** SUBSTITUT DE ALLER, PARTIR to go; tu y as déjà été? have you already been there?; elle s'en fut lui porter la lettre *litt* she went to take him the letter.
◇ *v impers* **-1.** [exister]: il est *(suivi d'un sg)* [il y a] there is; *(suivi d'un pl)* there are; il était une fois un prince... once (upon a time) there was a prince...; s'il en est: un escroc s'il en est a crook if ever there was one. **-2.** [pour exprimer l'heure]: il est 5 h it's 5 o'clock; quelle heure est-il? what time is it? **-3.** *sout loc*: il en est ainsi de toutes les démocraties that's how it is in all democracies; on a dit que vous vouliez démissionner — il n'en est rien it was rumoured you wanted to resign — that's not true; il n'est que de: il n'est que de lire les journaux pour s'en rendre compte you only have to read the newspapers to be aware of it.
◇ *v auxiliaire* **-1.** [sert à former les temps composés]: je suis/j'étais descendu I came/had come down; serais-tu resté? would you have stayed? **-2.** [sert à former le passif]: des arbres ont été déterrés par la tempête trees were uprooted during the storm. **-3.** [sert à exprimer une obligation]: ce dossier est à préparer pour lundi the file must be ready for Monday; cela est à prouver we have no proof of that yet.
◆ **cela étant** *loc adv* [dans ces circonstances] things being what they are; [cela dit] having said that.

**être²** [etr] *nm* **-1.** BIOL & PHILOS being; l'~ PHILOS being ❑ ~ humain human being; ~ de raison rational being; ~ vivant living thing. **-2.** RELIG: l'Être éternel ou infini ou suprême the Supreme Being. **-3.** [personne] person; un ~ cher a loved one. **-4.** [cœur, âme] being, heart, soul; je le crois de tout mon ~ I believe it with all my heart.

**étreindre** [81] [etrɛ̃dr] *vt* **-1.** [serrer entre ses bras – ami, amant, adversaire] to hug, to clasp *litt*, to embrace. **-2.** *sout* [oppresser – suj: émotion, colère, peur] to seize, to grip.
◆ **s'étreindre** *vp (emploi réciproque)* [amis, amants] to hug (each other), to embrace each other; [lutteurs] to grip each other, to have each other in a tight grip.

**étreint, e** [etrɛ̃, ɛ̃t] *pp* → **étreindre**.
◆ **étreinte** *nf* **-1.** [embrassement] hug, embrace. **-2.** [d'un boa] constriction; [d'un lutteur] grip; les troupes ennemies resserrent leur ~ autour de la ville the enemy troops are tightening their grip ou stranglehold on the city. **-3.** *litt* [oppression] grip, grasp.

**étrenne** [etren] *nf loc litt*: avoir l'~ de qqch to have the first use of sthg.
◆ **étrennes** *nfpl* [cadeau] New Year's Day present; [pourboire] New Year's tip *(given to postmen, dustmen, delivery men etc in the weeks running up to the New Year)*; ≃ Christmas box *Br*, ≃ Christmas bonus *Am*.

**étrenner** [4] [etrene] ◇ *vt* [machine] to use for the first time; [robe, chaussures] to wear for the first time. ◇ *vi* [souffrir]: c'est toi qui vas ~! you're going to get ou catch it!

**étrier** [etrije] *nm* **-1.** ÉQUIT stirrup; coup de ~ stirrup cup, one for the road; tenir l'~ à qqn *pr* to help sb mount; *fig* to give sb a leg up. **-2.** [d'escalade] étrier *Br*, stirrup *Am*.

**étrille** [etrij] *nf* [peigne] currycomb.

**étriller** [3] [etrije] *vt* **-1.** [cheval] to curry, to currycomb. **-2.** *fam* [vaincre] to crush, to trounce. **-3.** *fam* [critiquer] to pan, to slate *Br*. **-4.** *fam* [escroquer] to swindle, to con.

**étriper** [3] [etripe] *vt* **-1.** [poisson] to gut; [volaille, gibier] to draw, to clean out *(sép)*. **-2.** *fam* [tuer]: je vais l'~, celui-là! I'm going to kill him ou to make mincemeat of him ou to have his guts for garters!
◆ **s'étriper** *vp (emploi réciproque) fam* to tear each other to pieces.

**étriqué, e** [etrike] *adj* **-1.** [trop petit – vêtement] skimpy. **-2.** [mesquin – vie, habitudes, caractère] mean, petty.

**étroit, e** [etrwa, at] *adj* **-1.** [rue, bande, sentier] narrow; [vêtement] tight. **-2.** [mesquin – esprit] narrow; [– idées] limited; être ~ d'esprit to be narrow-minded. **-3.** [liens, rapport, complicité, collaboration] close. **-4.** [surveillance] close, strict,

tight; [acception, interprétation] narrow, strict.
◆ **à l'étroit** *loc adv*: **on est un peu à l'**~ ici it's rather cramped in here; **ils vivent** ou **sont logés à l'**~ they haven't much living space.

**étroitement** [etrwatmã] *adv* **-1.** [strictement – respecter] strictly; [– surveiller] closely, strictly. **-2.** [intimement – relier] closely. **-3.** [à l'étroit]: **être** ~ **logé** to live in cramped conditions.

**étroitesse** [etrwatɛs] *nf* **-1.** [d'une route, d'un couloir] narrowness. **-2.** [mesquinerie]: ~ **d'esprit** ou **de vues** narrowmindedness.

**étron** [etrɔ̃] *nm* piece of excrement.

**Étrurie** [etryri] *nprf:* **(l')** ~ Etruria.

**étrusque** [etrysk] *adj* Etruscan, Etrurian.
◆ **Étrusque** *nmf* Etruscan, Etrurian.

**étude** [etyd] *nf* **-1.** [apprentissage] study; **l'**~ **des langues** the study of languages; **elle a le goût de l'**~ she has a thirst for learning. **-2.** [analyse, essai] study, paper; ~ **de texte** SCOL textual analysis. **-3.** [travail préparatoire] study; **ce projet est à l'**~ this project is under study ou being studied ❑ ~ **de faisabilité** feasability study; ~ **de marché** market research. **-4.** SCOL [salle] study ou *Br* prep room; **elle reste à l'**~ **le soir** she stays on to study in the evenings ‖ [période] study-time. **-5.** JUR [charge] practice; [locaux] office. **-6.** MUS study, étude. **-7.** BX-ARTS study.
◆ **études** *nfpl* SCOL & UNIV studies; **faire des** ~s to study; **elle fait des** ~s **d'histoire** she studies history; **arrêter ses** ~s [par choix] to give up studying; [par rébellion] to drop out; **il a fait ses** ~s **à Bordeaux** he studied in Bordeaux; **payer ses** ~s to pay for one's education.

**étudiant, e** [etydjã, ãt] ◇ *adj* student *(modif)*. ◇ *nm, f* [avant la licence] undergraduate, student; [après la licence] postgraduate, student; ~ **en droit/médecine** law/medical student; ~ **de première année** first year (student).

**étudié, e** [etydje] *adj* **-1.** [bien fait – plan, dessin] specially ou carefully designed; [– discours] carefully composed; [– tenue] carefully selected. **-2.** COMM [prix] rockbottom. **-3.** [affecté – gestes] studied.

**étudier** [9] [etydje] ◇ *vt* **-1.** [apprendre – matière] to learn, to study; [– leçon] to learn; [– piano] to learn (to play), to study; [– auteur, période] to study; ~ **l'histoire** SCOL to study history; UNIV to study ou *Br* to read history ‖ [observer – insecte] to study. **-2.** [examiner – contrat] to study, to examine; [– proposition] to consider, to examine; [– liste, inventaire] to go through *(insép)*, to check over *(insép)*; ~ **le terrain** to survey the land. **-3.** [observer – passant, adversaire] to watch, to observe. **-4.** [concevoir – méthode] to devise; [– modèle, maquette] to design; **être très étudié** to be specially designed; **c'est étudié pour** *fam* that's what it's for.
◇ *vi* **-1.** [faire ses études] to study, to be a student. **-2.** [travailler] to study.
◆ **s'étudier** ◇ *vp (emploi réfléchi)* **-1.** [se regarder soi-même] to gaze at ou to study o.s. **-2.** *péj* [s'observer avec complaisance] to admire o.s. ◇ *vp (emploi réciproque)* [se regarder l'un l'autre] to observe each other.

**étui** [etɥi] *nm* [à lunettes, à cigares, de violon] case; ~ **de revolver** holster.

**étuve** [etyv] *nf* **-1.** [sauna] steamroom; **quelle** ~ ou **c'est une vraie** ~ ici! it's steaming hot in here!**-2.** TECH [pour stériliser] sterilizer, autoclave; [pour sécher] drier.

**étuvée** [etyve] = **étouffée.**

**étuver** [3] [etyve] *vt* **-1.** CULIN to steam. **-2.** [sécher] to dry, to heat. **-3.** TECH to bake, to stove.

**étymologie** [etimɔlɔʒi] *nf* **-1.** [discipline] etymology, etymological research. **-2.** [origine] etymology, origin.

**étymologique** [etimɔlɔʒik] *adj* etymological.

**étymologiquement** [etimɔlɔʒikmã] *adv* etymologically.

**étymologiste** [etimɔlɔʒist] *nmf* etymologist.

**eu, e** [y] *pp* → **avoir.**

**E-U, E-U A** *(abr de* **États-Unis (d'Amérique))** *npr mpl* US, USA.

**eucalyptus** [økaliptys] *nm* eucalyptus.

**eucharistie** [økaristi] *nf:* **l'**~ the Eucharist, Holy Communion.

**eucharistique** [økaristik] *adj* Eucharistic.

**Euclide** [øklid] *npr* Euclid.

**euclidien, enne** [øklidjɛ̃, ɛn] *adj* Euclidean, Euclidian.

**eugénique** [øʒenik] ◇ *adj* eugenic. ◇ *nf* = **eugénisme.**

**eugénisme** [øʒenism] *nm* eugenics *(sg)*.

**euh** [ø] *interj* er.

**eunuque** [ønyk] *nm* eunuch.

**euphémisme** [øfemism] *nm* euphemism.
◆ **par euphémisme** *loc adv* euphemistically.

**euphonie** [øfɔni] *nf* euphony.

**euphorie** [øfɔri] *nf* euphoria.

**euphorique** [øfɔrik] *adj* euphoric.

**euphorisant, e** [øfɔrizã, ãt] *adj* **-1.** [médicament, drogue] euphoriant. **-2.** [atmosphère, succès] heady.
◆ **euphorisant** *nm* [médicament] anti-depressant; [drogue] euphoriant.

**euphoriser** [3] [øfɔrize] *vt* to make euphoric.

**eurafricain, e** [ørafrikɛ̃, ɛn] *adj* Afro-European.

**eurasiatique** [ørazjatik] *adj* Eurasian.

**Eurasie** [ørazi] *nprf:* **(l')** ~ Eurasia.

**eurasien, enne** [ørazjɛ̃, ɛn] *adj* Eurasian.
◆ **Eurasien, enne** *nm, f* Eurasian.

**eurêka** [øreka] *interj* eureka.

**Euripide** [øripid] *npr* Euripides.

**eurocentrisme** [ørosãtrism] *nm* Eurocentrism.

**eurochèque** [ørɔʃɛk] *nm* Eurocheque.

**eurocrate** [ørɔkrat] *nmf* Eurocrat.

**eurodevise** [ørɔdəviz] *nf* Eurocurrency.

**eurodollar** [ørɔdɔlar] *nm* Eurodollar.

**eurofranc** [ørɔfrã] *nm* Eurofranc.

**euromarché** [ørɔmarʃe] *nm* Euromarket.

**euromissile** [ørɔmisil] *nm* Euromissile.

**euromonnaie** [ørɔmɔnɛ] = **eurodevise.**

**euro-obligation** [ørɔɔbligasjɔ̃] *(pl* **euro-obligations)** *nf* Eurobond.

**Europe** [ørɔp] *npr f* **-1.** GÉOG: **(l')** ~ **Europe; (l')** ~ **centrale** Central Europe; **(l')** ~ **continentale** mainland Europe; **(l')** ~ **de l'Est** East ou Eastern Europe; **(l')** ~ **du Nord** Northern Europe; **(l')** ~ **du Sud** Southern Europe; **l'**~ **verte** European (community) agriculture; **l'**~ **des douze** the Twelve, the twelve member states (of the EC). **-2.** RAD: ~ **1** radio station broadcasting popular entertainment and general interest programmes; ~ **2** radio station broadcasting mainly music.

**européanisation** [ørɔpeanizasjɔ̃] *nf* Europeanization, Europeanizing *(U).*

**européaniser** [3] [ørɔpeanize] *vt* to Europeanize, to make European.

**européen, enne** [ørɔpeɛ̃, ɛn] *adj* European.
◆ **Européen, enne** *nm, f* European.

**Eurovision** [ørovizjɔ̃] *nf* Eurovision.

**eus** [y], **eusse** [ys] *v* → **avoir.**

**euthanasie** [øtanazi] *nf* euthanasia.

**eux** [ø] *pron pers* **-1.** [sujet] they; **nous sommes invités,** ~ **pas** ou **non** we are invited but they aren't ou but not them; **ce sont** ~ **les responsables** they are the ones ou it is they who are responsible; ~ **seuls connaissent la réponse** they alone ou only they know the answer; ~, **voter?** cela m'étonnerait them? vote? I doubt it very much! **-2.** [après une préposition] them; **avec** ~, **on ne sait jamais** you never know with them ‖ *(en fonction de pronom réfléchi)* themselves; **ils ne pensent qu'à** ~ they only think of themselves. **-3.** [suivi d'un nombre]: ~ **deux** both ou the two of them.

**eux-mêmes** [ømɛm] *pron pers* themselves.

**eV** *(abr écrite de* **électron-volt))** eV.

**EV** *(abr écrite de* **en ville))** by hand.

**évacuateur, trice** [evakɥatœr, tris] *adj* evacuative, evacuation *(modif).*

**évacuation** [evakɥasjɔ̃] *nf* **-1.** PHYSIOL [de toxines] elimination, eliminating *(U);* [du pus] draining off. **-2.** [écoulement] draining. **-3.** [d'une ville, d'un lieu] evacuation. **-4.** [sauvetage] evacuation, evacuating.

**évacué, e** [evakɥe] ◇ *adj:* **personne** ~**e** evacuee. ◇ *nm, f* evacuee.

**évacuer** [7] [evakɥe] *vt* **-1.** PHYSIOL [toxine] to eliminate; [excrément] to evacuate; [pus] to drain off *(sép).* **-2.** [faire s'écouler] to drain. **-3.** MIL [terrain] to move off *(insép)*; [position] to retreat from *(insép)*; [place forte] to leave. **-4.** [navire, hôpital] to evacuate; **faire ~ un bâtiment** to evacuate OU to clear a building. **-5.** [faire sortir]: **~ qqn de** to evacuate sb from.

**évadé, e** [evade] ◇ *adj* escaped. ◇ *nm, f* escaped prisoner.

**évader** [3] [evade]
◆ **s'évader** *vpi* **-1.** [s'enfuir]: **s'~ de** to escape from, to break out of. **-2.** [pour oublier ses soucis] to escape, to get away from it all.

**évaluable** [evalɥabl] *adj* appraisable, assessable.

**évaluation** [evalɥasjɔ̃] *nf* **-1.** [estimation] assessment, evaluation, valuation. **-2.** [quantité évaluée] estimation.

**évaluer** [7] [evalɥe] *vt* **-1.** [estimer – bijou, tableau] to appraise, to assess, to evaluate; **faire ~ qqch** to have sth valued; **la propriété a été évaluée à trois millions** the estate has been valued at OU the value of the estate has been put at three million. **-2.** [mesurer – dégâts, volume, débit] to estimate; **~ qqch à** to estimate OU to evaluate sth at. **-3.** [estimer approximativement – distance] to gauge; **on évalue sa fortune à trois millions de dollars** his fortune is estimated at three million dollars. **-4.** [juger – qualité] to weigh up *(sép)*, to gauge, to assess; **mal ~ les risques** to miscalculate the risks.

**évanescence** [evanesɑ̃s] *nf litt* evanescence.

**évanescent, e** [evanesɑ̃, ɑ̃t] *adj litt* evanescent.

**évangélique** [evɑ̃ʒelik] *adj* **-1.** [de l'Évangile] evangelic, evangelical. **-2.** [protestant] Evangelical.

**évangélisateur, trice** [evɑ̃ʒelizatœr, tris] ◇ *adj* evangelistic. ◇ *nm, f* evangelist.

**évangélisation** [evɑ̃ʒelizasjɔ̃] *nf* evangelization, evangelizing.

**évangéliser** [3] [evɑ̃ʒelize] *vt* to evangelize.

**évangélisme** [evɑ̃ʒelism] *nm* evangelism.

**évangéliste** [evɑ̃ʒelist] *nm* Evangelist.

**évangile** [evɑ̃ʒil] *nm* **-1.** RELIG: **l'Évangile** the Gospel; **les Évangiles** the Gospels; **l'Évangile selon saint...** the Gospel according to Saint... **-2.** [credo] gospel.

**évanouir** [32] [evanwir]
◆ **s'évanouir** *vpi* **-1.** MÉD to faint, to pass out. **-2.** [disparaître – personne] to vanish (into thin air); [– craintes, illusions] to vanish, to disappear, to evaporate *litt*; **s'~ dans la nature** to fade into the background.

**évanouissement** [evanwismɑ̃] *nm* **-1.** [syncope] fainting *(U)*, blackout; **avoir un ~** to (go into a) faint. **-2.** [disparition] disappearance, disappearing, vanishing. **-3.** TÉLÉC fading.

**évaporation** [evapɔrasjɔ̃] *nf* evaporation.

**évaporé, e** [evapɔre] ◇ *adj* scatterbrained, birdbrained. ◇ *nm, f* birdbrain, dimwit.

**évaporer** [3] [evapɔre] *vt* to evaporate.
◆ **s'évaporer** *vpi* **-1.** [liquide] to evaporate. **-2.** [colère, crainte] to vanish, to disappear, to evaporate *litt*. **-3.** *fam* [disparaître] to vanish (into thin air).

**évasé, e** [evaze] *adj* [robe] flared; [ouverture, tuyau] splayed; [récipient] tapered.

**évasement** [evazmɑ̃] *nm* [d'une ouverture, d'un tuyau] splay; [d'un entonnoir] widening-out.

**évaser** [3] [evaze] *vt* [jupe] to flare; [ouverture, tuyau] to splay.
◆ **s'évaser** *vpi* [chenal] to open out, to broaden; [forme, vêtement] to flare; [tuyau] to splay.

**évasif, ive** [evazif, iv] *adj* evasive, non-committal.

**évasion** [evazjɔ̃] *nf* **-1.** [d'un prisonnier] escape. **-2.** [distraction]: **j'ai besoin d'~** I need to get away from it all. **-3.** FIN & JUR: **~ fiscale** tax evasion. **-4.** ÉCON: **~ de capitaux** flight of capital.
◆ **d'évasion** *loc adj* escapist.

**évasivement** [evazivmɑ̃] *adv* evasively.

**Ève** [ɛv] *npr* BIBLE Eve; **je ne le connais ni d'~ ni d'Adam** I don't know him from Adam; **en cóstume** OU **en tenue d'~** naked, in her birthday suit *hum*, in the altogéther.

**évêché** [eveʃe] *nm* **-1.** [territoire] bishopric, diocese. **-2.** [demeure] bishop's palace OU house. **-3.** [ville] cathedral town.

**éveil** [evɛj] *nm* **-1.** *sout* [fin du repos] awakening *(C)*. **-2.** [déclenchement]: **l'~ de** the awakening OU early development

OU first stirrings of; **l'~ des sens/de la sexualité** the awakening of the senses/of sexuality; **l'~ de qqn à qqch** sb's awakening to sthg; **l'auteur raconte l'~ à l'amour d'une toute jeune fille** the author recounts the dawning of love in a young girl's heart. **-3.** ENS: **activité** OU **matière d'~** early learning *(U)*. **-4.** [alerte]: **donner l'~** to raise the alarm.
◆ **en éveil** *loc adv* **-1.** [sur ses gardes]: **être en ~** to be on the alert. **-2.** [actif]: **à quatre ans, leur curiosité est en ~** by the time they're four, their curiosity is fully roused.

**éveillé, e** [eveje] *adj* **-1.** [vif – enfant, esprit] alert, bright, sharp; [– intelligence] sharp. **-2.** [en état de veille] awake; **tenir qqn ~** to keep sb awake.

**éveiller** [4] [eveje] *vt* **-1.** *litt* [tirer du sommeil] to awaken, to waken. **-2.** [susciter – désir, jalousie, passion] to kindle, to arouse; [– amour, méfiance] to arouse; [– curiosité, soupçons] to arouse, to awaken; [– espoir] to awaken; [– attention, intérêt] to attract. **-3.** [stimuler – intelligence] to stimulate, to awaken.
◆ **s'éveiller** *vpi* **-1.** [animal, personne] to awaken, to wake up, to waken. **-2.** *litt* [s'animer – campagne, village] to come to life, to wake up. **-3.** [se révéler – intelligence, talent] to reveal itself, to come to light. **-4.** [naître – curiosité, jalousie, méfiance] to be aroused; [– amour] to dawn, to stir.
◆ **s'éveiller à** *vp + prép*: **s'~ à l'amour** to discover love.

**événement, évènement** [evɛnmɑ̃] *nm* **-1.** [fait] event, occurrence, happening *(C)*; **vacances pleines d'~s** eventful holidays; **nous sommes débordés** OU **dépassés par les ~s** we have been overtaken by events. **-2.** POL: **les ~s d'Algérie** the Algerian War of Independence; **les ~s de mai 68** the events of May 68. **-3.** [fait important] event; **leur rencontre est un ~ historique** their meeting is a historic event; **~ sportif** sporting event; **faire** OU **créer l'~** to be news OU a major event.

**événementiel, elle, évènementiel, elle** [evɛnmɑ̃sjɛl] *adj* purely descriptive.

**éventail** [evɑ̃taj] *nm* **-1.** [accessoire] fan. **-2.** [gamme] range; **l'~ de son répertoire** the range OU scope of his repertory; **~ des salaires** salary range OU spread. **-3.** COMM range.
◆ **en éventail** *loc adj* [queue] spread-out.

**éventaire** [evɑ̃tɛr] *nm* **-1.** [étalage] stall. **-2.** [plateau] (street vendor's) tray.

**éventé, e** [evɑ̃te] *adj* **-1.** [altéré – bière, limonade] flat, stale; [– parfum, vin] musty, stale. **-2.** [connu – complot] discovered.

**éventer** [3] [evɑ̃te] *vt* **-1.** [avec un éventail, un magazine] to fan. **-2.** [grain] to aerate; [mine] to ventilate. **-3.** [révéler – secret] to disclose, to give away *(sép)*. **-4.** CHASSE to scent, to get the scent of.
◆ **s'éventer** ◇ *vp (emploi réfléchi)* [se rafraîchir] to fan o.s. ◇ *vp (emploi passif)* [être divulgué – plan d'attaque, secret] to get out, to become public knowledge. ◇ *vpi* [s'altérer – parfum, vin] to go musty OU stale; [– limonade, eau gazeuse] to go flat OU stale.

**éventrer** [3] [evɑ̃tre] *vt* **-1.** [personne – avec un couteau] to disembowel; **il a été éventré par le taureau** he was gored by the bull. **-2.** [canapé, oreille, sac] to rip (open); [boîte en carton] to tear open; [coffret] to break open. **-3.** [champ] to rip open *(sép)*, to rip holes in; [immeuble] to rip apart *(sép)*.
◆ **s'éventrer** ◇ *vp (emploi réfléchi)* to disembowel o.s. ◇ *vpi* [se fendre – oreiller, sac] to burst open; **la barque s'est éventrée sur un récif** the boat hit a reef, ripping a hole in its hull.

**éventreur** [evɑ̃trœr] *nm* ripper; **Jack l'Éventreur** Jack the Ripper.

**éventualité** [evɑ̃tɥalite] *nf* **-1.** [possibilité] possibility, contingency; **cette ~ ne m'avait pas effleuré** this possibility hadn't occurred to me. **-2.** [circonstance] eventuality, possibility, contingency; **pour parer** OU **être prêt à toute ~** to be ready for anything that might crop up; **il faut envisager toutes les ~s** we must consider all the possibilities; **dans cette ~** in such an OU in this event.
◆ **dans l'éventualité de** *loc prép* in the event of.

**éventuel, elle** [evɑ̃tɥɛl] *adj* [potentiel – client] potential, prospective; [– bénéfice] eventual, potential; [– issue, refus, remplaçant etc] possible.

**éventuellement** [evɑ̃tɥɛlmɑ̃] *adv*: **tu me le prêterais? — —** would you lend it to me? — maybe OU if need be; **les entre-**

prises qui pourraient ~ nous racheter the companies which might ou could buy us out.

**évêque** [evɛk] *nm* bishop.

**Everest** [evrɛst] *npr m*: l'~, le mont ~ Mount Everest.

**évertuer** [7] [evɛrtɥe]
◆ **s'évertuer à** *vp* + *prép*: s'~ à faire qqch to strive ou to endeavour to do sthg; je ne m'évertuerai pas à te convaincre I won't waste energy trying to convince you.

**éviction** [eviksjɔ̃] *nf* **-1.** JUR eviction. **-2.** [expulsion]: ~ d'un poste removal from a position ❏ ~ scolaire expulsion, suspension.

**évidemment** [evidamɑ̃] *adv* **-1.** [bien entendu] of course; [manifestement] obviously; **tu me crois?** — ~! do you believe me? — of course (I do)!**-2.** [avec colère, irritation] needless to say, predictably enough; ~, **elle n'a rien préparé!** needless to say she hasn't prepared a thing!; **j'ai oublié mes clés** — ~! [ton irrité] I've forgotten my keys — you would!

**évidence** [evidɑ̃s] *nf* **-1.** [caractère certain] obviousness. **-2.** [fait manifeste] obvious fact; **c'est une** ~ it's obvious; **il n'a dit que des** ~s *péj* he just stated the obvious. **-3.** [ce qui est indubitable]: **accepter** ou **se rendre à l'**~ to accept ou to recognize the obvious; **c'est l'**~ **même!** it's quite obvious ou evident!; **refuser** ou **nier l'**~ to refuse to accept the obvious.
◆ **en évidence** *loc adv* [chose, personne] in evidence; **ses décorations bien en** ~ **sur le buffet** his medals lying conspicuously ou there for all to see on the sideboard; **mettre en** ~ [exposer] to display; [détail, talent] to bring out; **se mettre en** ~ [se faire remarquer] to make o.s. conspicuous.
◆ **à l'évidence, de toute évidence** *loc adv* evidently, obviously.

**évident, e** [evidɑ̃, ɑ̃t] *adj* **-1.** [manifeste – manque, plaisir] obvious, evident; [– choix, raison] obvious, evident, self-evident. **-2.** [certain] obvious, certain; **il viendra?** — **pas** ~! will he come? — I wouldn't bet on it!; **l'issue du match semblait** ~**e** it seemed fairly certain what the result of the match would be; **il est** ~ **que...** it's obvious ou evident that... **-3.** *fam* [facile]: **pas** ~ not easy.

**évider** [3] [evide] *vt* [rocher, fruit] to hollow ou to scoop out (*sép*).

**évier** [evje] *nm* (kitchen) sink; ~ **à deux bacs** double sink.

**évinçai** [evɛ̃se] *v* → **évincer**.

**évincement** [evɛ̃smɑ̃] *nm* **-1.** [d'un concurrent, d'un rival] ousting. **-2.** JUR eviction.

**évincer** [16] [evɛ̃se] *vt* **-1.** [concurrent, rival] to oust, to supplant; ~ **qqn d'un emploi** to oust sb from a job. **-2.** JUR to evict.

**éviscérer** [18] [evisere] *vt* to eviscerate.

**évitable** [evitabl] *adj* [obstacle] avoidable; [accident] preventable.

**évitement** [evitmɑ̃] *nm* RAIL shunting.
◆ **d'évitement** *loc adj* **-1.** RAIL: **voie d'**~ siding. **-2.** PSYCH [réaction] avoidance (*modif*).

**éviter** [3] [evite] *vt* **-1.** [ne pas subir – coup] to avoid; [– danger] to avoid, to steer clear of; [– corvée] to avoid, to shun; **la catastrophe a été évitée de justesse** a catastrophe was averted by a hair's breadth; ~ **que: pour** ~ **que la mayonnaise (ne) tourne** to prevent the mayonnaise from ou to stop the mayonnaise curdling. **-2.** [ne pas heurter – ballon] to avoid, to dodge, to stay out of the way of; [– obstacle] to avoid. **-3.** [regard, personne] to avoid, to shun. **-4.** [lieu, situation] to avoid; **j'évite les restaurants, ils sont trop enfumés** I avoid going into restaurants, they're too smoky; **elle évite la foule** she shies away from crowds. **-5.** [maladresse, impair] to avoid; **évitez le franglais** try not to use franglais; ~ **de faire qqch** to avoid doing sthg, to try not to do sthg. **-6.** [aliment] to avoid. **-7.** [épargner]: ~ **qqch à qqn** to spare sb sthg; **évitons-lui tout souci** let's keep him from worrying (about anything) ou spare him any worries; **cela lui évitera d'avoir à sortir** that'll save him having to go out.
◆ **s'éviter** ◇ *vp (emploi réciproque)* to avoid each other ou one another, to stay out of each other's way. ◇ *vpt*: **s'**~ **qqch** to save ou to spare o.s. sthg.

**évocateur, trice** [evɔkatœr, tris] *adj* evocative, suggestive.

**évocation** [evɔkasjɔ̃] *nf* **-1.** [rappel – du passé, d'une personne, d'un paysage etc] evocation, recalling; **la simple** ~ **de cette** scène la faisait pleurer just recalling this scene made her weep; **je commencerai par une brève** ~ **du passé de notre collège** I shall start with a brief recapitulation of the history of our college. **-2.** JUR evocation.

**évolué, e** [evɔlɥe] *adj* **-1.** [civilisé – peuple, société] advanced, sophisticated. **-2.** [progressiste – parents] broadminded; [– idées] progressive. **-3.** [méthode, technologie] advanced, sophisticated.

**évoluer** [7] [evɔlɥe] *vi* **-1.** [changer – maladie] to develop; [– mœurs, circonstances] to change; **la position du syndicat a évolué depuis hier** the union's position has changed since yesterday. **-2.** [progresser – pays] to develop; [– civilisation, technique] to develop, to advance; [– personne] to mature. **-3.** [danseur] to perform; [cerf-volant] to fly around; [poisson] to swim (about); **ils évoluent sur scène en patins à roulettes** they move around the stage on roller-skates; **les cercles dans lesquels elle évoluait** *fig* the circles in which she moved. **-4.** MIL & NAUT to manoeuvre. **-5.** BIOL to evolve.

**évolutif, ive** [evɔlytif, iv] *adj* **-1.** [poste] with career prospects; **une situation évolutive** a situation which keeps developing, a fluid situation. **-2.** MÉD [maladie] progressive.

**évolution** [evɔlysjɔ̃] *nf* **-1.** [changement – de mœurs] change; [– d'une institution, de la mode] evolution; [– d'idées, d'événements] development. **-2.** [progrès – d'un pays] development; [– d'une technique] development, advancement, evolution. **-3.** MÉD [d'une maladie] development, progression; [d'une tumeur] growth; **à** ~ **lente/rapide** slow/rapidly developing. **-4.** BIOL evolution. **-5.** *(souvent pl)* SPORT linked-up dance movements; **les** ~**s** [d'un joueur, d'un patineur] movements; ~**s aquatiques** water ballet.

**évolutionnisme** [evɔlysjɔnism] *nm* evolutionism, evolutionary theory.

**évolutionniste** [evɔlysjɔnist] *adj* & *nmf* evolutionist.

**évoquer** [3] [evɔke] *vt* **-1.** [remémorer – image, journée] to conjure up (*sép*), to evoke; [– souvenirs] to call up (*sép*), to recall, to evoke; ~ **qqch à qqn** to remind sb of sthg; **le nom ne lui évoquait rien** the name didn't ring any bells with ou meant nothing to him. **-2.** [recréer – pays, atmosphère] to call to mind, to conjure up (*sép*), to evoke. **-3.** [rappeler par ressemblance] to be reminiscent of; **un goût qui évoque un peu le romarin** a taste slightly reminiscent of rosemary; **elle m'évoque un peu ma tante** she reminds me of my aunt a little. **-4.** [aborder – affaire, question] to refer to (*insép*), to mention. **-5.** [appeler – démon, fantôme] to call up (*sép*). **-6.** JUR *to transfer (a case) from an inferior to a superior court.*

**ex-** [ɛks] *préf* ex-; **mon** ~**mari** my ex-husband ou former husband.

**ex abrupto** [ɛksabrypto] *loc adv* abruptly, without warning.

**exacerbation** [ɛgzasɛrbasjɔ̃] *nf* [d'une douleur] exacerbation, aggravation; [d'une tension] heightening.

**exacerbé, e** [ɛgzasɛrbe] *adj* exaggerated; **il est d'une susceptibilité** ~**e** he's extremely touchy.

**exacerber** [3] [ɛgzasɛrbe] *vt sout* [douleur, tension] to exacerbate, to aggravate; [colère, curiosité, désir] to exacerbate, to sharpen; [mépris, remords] to deepen.
◆ **s'exacerber** *vpi* to intensify.

**exact, e** [ɛgzakt] *adj* **-1.** [conforme à la réalité – description, information] exact, accurate; [– copie, réplique] exact, true; [– prédiction] correct, accurate; **c'est** ~, **je t'avais promis de t'y emmener** quite right ou true ou correct, I'd promised I'd take you there; **il est** ~ **que nous n'avions pas prévu son départ** true (enough), we hadn't anticipated (that) he'd leave. **-2.** [précis – mesure, poids, lieu] exact, precise; [– expression, mot] exact, right; **as-tu l'heure** ~**e?** have you got the right ou correct time?; **pour être** ~, **disons que...** to be accurate, let's say that... ‖ MATH right, correct, accurate. **-3.** [fonctionnant avec précision – balance, montre] accurate. **-4.** [ponctuel] punctual, on time; **être très** ~ to be always on time ou very punctual.

**exactement** [ɛgzaktəmɑ̃] *adv* **-1.** [précisément] exactly, precisely; **ce n'est pas** ~ **ce que je cherchais** it's not exactly ou quite what I was looking for; **mais c'est** ~ **le contraire!** but it's exactly ou precisely the opposite!; **il est très** ~ **2 h 13** it is 2.13 precisely. **-2.** [tout à fait]: ~! exactly!, precisely!

**exaction** [ɛgzaksjɔ̃] *nf* exaction, extortion.
◆ **exactions** *nfpl sout* violent acts, acts of violence; **se livrer à** ou **commettre des** ~**s** to perpetrate ou to commit acts of

violence.

**exactitude** [εgzaktityd] *nf* **-1.** [conformité à la réalité] exactness, accuracy; l'~ historique historical accuracy. **-2.** [expression précise – d'une mesure] exactness, precision; [– d'une localisation] exactness; je me souviens avec ~ des mots de sa lettre I can remember the precise ou exact words she used in her letter. **-3.** [d'un instrument de mesure] accuracy. **-4.** [justesse – d'une traduction, d'une réponse] exactness, correctness. **-5.** [ponctualité] punctuality; être d'une parfaite ~ to be always perfectly on time ❏ l'~ est la politesse des rois *prov* punctuality is the politeness of kings. **-6.** *sout* [minutie] punctiliousness, meticulousness.

**ex aequo** [εgzeko] ◇ *loc adj* placed equal; être ~ (avec) to tie ou to be placed equal (with); on trouve Lille et Nantes ~ à la troisième place Lille and Nantes come joint third; premiers ~, Maubert et Vuillet [à un concours] the joint winners are, Maubert and Vuillet; SCOL top marks *Br* ou highest grades *Am* have been awarded to Maubert and to Vuillet. ◇ *nmf inv*: il y a deux ~ pour la troisième place there's a tie for third place.

**exagération** [εgzaʒerasjɔ̃] *nf* **-1.** [amplification] exaggeration, overstating *(U)*. **-2.** [écrit, parole] exaggeration, overstatement. **-3.** [outrance – d'un accent, d'une attitude] exaggeration.
◆ **sans exagération** *loc adv*: tout le village a été détruit, sans ~ the whole village was destroyed, literally ou and that's no exaggeration.

**exagère** [εgzaʒεr] *v* → **exagérer.**

**exagéré, e** [εgzaʒere] *adj* **-1.** [excessif – dépense, prix] excessive; [– éloge, critique] exaggerated, overblown; [– optimisme, prudence] excessive, exaggerated; [– hâte, mécontentement] undue; [– ambition, confiance en soi] excessive, overweening; 500 F par personne, c'est un peu ~! 500 F per person, that's a bit much!; il n'est pas ~ de parler de menace it wouldn't be an overstatement to call it a threat. **-2.** [outré – accent, attitude] exaggerated, overdone; en boitant de façon ~e limping exaggeratedly.

**exagérément** [εgzaʒeremɑ̃] *adv* excessively, exaggeratedly; ~ méticuleux over-meticulous.

**exagérer** [18] [εgzaʒere] ◇ *vt* **-1.** [amplifier – importance, dangers, difficultés] to exaggerate, to overemphasize, to overstate; [– mérites, pouvoir] to exaggerate, to overrate, to overstate; tu exagères mon influence you're crediting me with more influence than I have; n'exagérons rien let's not get carried away ‖ *(en usage absolu)*: sans ~ without any exaggeration. **-2.** [outrer – accent, attitude] to overdo, to exaggerate. ◇ *vi*: ça fait deux heures que j'attends, il ne faut pas ~! I've been waiting for two hours, that's a bit much!; j'étais là avant vous, faut pas ~! *fam* I was there before you, you've got a nerve!
◆ **s'exagérer** *vpt*: s'~ qqch to make too much of sthg; s'~ les mérites de qqn to exaggerate sb's merits.

**exaltant, e** [εgzaltɑ̃, ɑ̃t] *adj* [expérience, perspective] exciting; [harangue] elating, stirring.

**exaltation** [εgzaltasjɔ̃] *nf* **-1.** [excitation] (intense) excitement; [joie] elation. **-2.** [célébration – d'un talent, du travail] extolling, exalting, glorification.

**exalté, e** [εgzalte] ◇ *adj* **-1.** [intense – désir, passion] inflamed. **-2.** [excité – personne] excited; [– esprit] excited, inflamed; [– imagination] wild. ◇ *nm, f péj* fanatic, hothead *péj.*

**exalter** [3] [εgzalte] *vt* **-1.** [intensifier – désir] to excite, to kindle; [– enthousiasme] to fire, to excite; [– imagination] to fire, to stimulate, to stir up *(sép).* **-2.** [exciter – foule, partisan] to excite; exalté à l'idée de carried away by the idea of. **-3.** *litt* [faire l'éloge de – beautés, talent] to glorify, to extol, to exalt *litt.* **-4.** *litt* [élever] to exalt, to ennoble.
◆ **s'exalter** *vpi* to become excited.

**examen** [εgzamɛ̃] *nm* **-1.** SCOL & UNIV examination, exam; tu as eu combien à l'~? what did you get in the exam?; passer un ~ [série d'épreuves] to take an exam; [écrit] to sit *Br* ou to write *Am* a paper; [oral] to take a viva *Br* ou an oral (exam) ❏ ~ blanc mock exam *Br*, practice test *Am*; ~ écrit written exam; ~ d'entrée entrance exam; ~ de fin d'études final examination; ~ oral viva *Br*, oral (exam); ~ partiel midterm exam; ~ de passage end-of-year ou sessional exam *Br*, final exam *Am* *(for admission to the year above).* **-2.** MÉD [auscultation]: ~ (médical) (medical) examination [analyse] test; ~s

complémentaires further tests; ~ neurologique/sérologique neurological/serological test; se faire faire un ~/des ~s to have a test/some tests done; je vais chercher mes ~s demain I'll go and pick up my test results tomorrow. **-3.** [inspection] inspection, examination; après ~ du corps de la victime having examined the body of the victim. **-4.** [de documents, d'un dossier, d'un projet de loi] examination; [d'une requête] examination, consideration; [d'un texte] study; [d'une comptabilité] checking inspection; son argumentation ne résiste pas à l'~ his arguments don't stand up to examination ou under scrutiny ❏ ~ de conscience examination of (one's) conscience; faire son ~ de conscience [réfléchir] to do some soul-searching, to search one's conscience.
◆ **à l'examen** *loc adv* under consideration; mettre une question à l'~ to put a topic on the table for discussion.

**examinateur, trice** [εgzaminatœr, tris] *nm, f* examiner; les ~s [jury] the examining panel; [réunion] the board of examiners.

**examiner** [3] [εgzamine] *vt* **-1.** [réfléchir sur – dossier, documents] to examine, to go through *(insép)*; [– circonstances] to examine; [– requête] to examine, to consider; [– affaire] to investigate, to examine, to go into *(insép).* **-2.** [regarder de près – personne, meuble, signature etc] to examine; [– emplacement, site] to examine, to inspect ❏ ~ qqch à la loupe *pr* to look at sthg through a magnifying glass; *fig* to have a very close look at, to scrutinize. **-3.** MÉD [lésion, malade] to examine; se faire ~ les yeux to have one's eyes tested. **-4.** SCOL & UNIV [candidat] to examine.
◆ **s'examiner** ◇ *vp (emploi réfléchi)* to examine o.s. ◇ *vp (emploi réciproque)* to scrutinize one another ou each other; ils s'examinaient avec méfiance they were eyeing each other up.

**exaspérant, e** [εgzaspɛrɑ̃, ɑ̃t] *adj* exasperating, infuriating.

**exaspération** [εgzasperasjɔ̃] *nf* **-1.** [colère] extreme annoyance, exasperation. **-2.** [d'un désir] exacerbation; [d'une émotion] heightening; [d'une douleur] aggravation, worsening.

**exaspérer** [18] [εgzaspere] *vt* **-1.** [irriter] to infuriate, to exasperate; être exaspéré contre qqn to be exasperated with sb. **-2.** *sout* [intensifier – dépit, désir] to exacerbate; [– douleur, tension] to aggravate.
◆ **s'exaspérer** *vpi* [désir, passion] to become exacerbated; [douleur] to worsen.

**exauçai** [εgzose] *v* → **exaucer.**

**exaucement** [εgzosmɑ̃] *nm* fulfilment, granting.

**exaucer** [16] [εgzose] *vt* **-1.** [vœu] to grant, to fulfil; [prière] to answer, to grant. **-2.** [personne] to grant the wish of.

**ex cathedra** [εkskatedra] *loc adv* **-1.** RELIG ex cathedra. **-2.** [doctement] solemnly, with authority.

**excavateur, trice** [εkskavatœr, tris] *nm, f* excavator, digger.

**excavation** [εkskavasjɔ̃] *nf* **-1.** [trou – artificiel] excavation, hole; [– naturel] hollow, cave. **-2.** [creusement] excavation, excavating, hollowing out.

**excaver** [3] [εkskave] *vt* to excavate.

**excédant, e** [εksedɑ̃, ɑ̃t] *adj* exasperating, infuriating.

**excède** [εksεd] *v* → **excéder.**

**excédé, e** [εksede] *adj* infuriated, exasperated.

**excédent** [εksedɑ̃] *nm* **-1.** [surplus] surplus, excess; ~ de main-d'œuvre labour surplus; il y a un ~ de personnel dans le service the department is overstaffed; vous avez un ~ de bagages your luggage is overweight. **-2.** ÉCON & FIN: ~ brut d'exploitation gross operating profit; ~ de la balance commerciale balance of trade surplus; ~s pétroliers excess oil production.
◆ **en excédent** *loc adj* surplus *(modif)*, excess.

**excédentaire** [εksedɑ̃tεr] *adj* [budget, balance commerciale] surplus *(modif)*; [solde] positive; [poids] excess; cette année, la récolte est ~ this year, the crop exceeds requirements.

**excéder** [18] [εksede] *vt* **-1.** [dépasser – poids, prix] to exceed, to be over, to be in excess of; [– durée] to exceed, to last more than; [– limite] to go beyond *(insép).* **-2.** [outrepasser – pouvoirs, responsabilités] to exceed, to go beyond *(insép)*, to overstep; [– forces, ressources] to overtax. **-3.** [exaspérer] to exasperate, to infuriate. **-4.** *litt* [épuiser]: excédé de: excédé de fatigue exhausted, overtired; excédé de travail overworked.

**excellemment** [ɛkselamɑ̃] *adv sout* excellently.

**excellence** [ɛkselɑ̃s] *nf* -**1.** [qualité – d'une prestation, d'un produit] excellence. -**2.** [titre]: Son/Votre Excellence His/Your Excellency.

◆ **par excellence** *loc adv* par excellence, archetypal; c'est le macho par ~ he's the archetypal male chauvinist, he's the male chauvinist par excellence.

**excellent, e** [ɛkselɑ̃, ɑ̃t] *adj* [très bon – artiste, directeur, nourriture] excellent, first-rate; [– article, devoir, note] excellent; [– santé] excellent, perfect; [– idée] excellent.

**exceller** [4] [ɛksele] *vi* to excel, to shine; elle excelle dans la pâtisserie she excels at baking, she's an excellent pastry cook; ~ en: je n'excelle pas en latin Latin isn't my strong point; ~ à faire to be particularly good at doing.

**excentré, e** [ɛksɑ̃tre] *adj* -**1.** MÉCAN thrown off centre, set over. -**2.** [quartier, stade] outlying; c'est très ~ it's quite a long way out.

**excentrer** [3] [ɛksɑ̃tre] *vt* -**1.** MÉCAN to throw off centre *(sép)*, to set over *(sép)*. -**2.** [bâtiment, stade] to build far from the town centre.

**excentricité** [ɛksɑ̃trisite] *nf* -**1.** [attitude, acte] eccentricity. -**2.** ASTRON & MATH eccentricity.

**excentrique** [ɛksɑ̃trik] ◇ *adj* -**1.** [bizarre] eccentric. -**2.** MATH eccentric. -**3.** [quartier, habitation] outlying. ◇ *nmf* [personne] eccentric. ◇ *nm* MÉCAN eccentric.

**excepté¹** [ɛksɛpte] *prép* except, apart from; il accepte tout, ~ d'avoir à me rendre des comptes he accepts everything, except having to be accountable to me; je viens avec toi, ~ si tu y vas en train I'll come with you, so long as you're not going by train OR unless you're going by train.

◆ **excepté que** *loc conj* except for OU apart from the fact that.

**excepté²,** [ɛksɛpte] *adj (après le nom)*: elle ~e except her, apart from her.

**excepter** [4] [ɛksɛpte] *vt* to except; si l'on excepte Marie, elles sont toutes là with the exception of OU except for Marie they are all here; toute son œuvre, sans ~ ses essais all her work, including OU without excluding her essays.

**exception** [ɛksɛpsjɔ̃] *nf* -**1.** [chose, être ou événement hors norme] exception; cette règle admet des ~s there are (some) exceptions to this rule; ils sont tous très paresseux, à une ~/quelques ~s près all of them with one exception/a few exceptions are very lazy; faire ~ to be an exception; être l'~ to be the OU an exception; les collisions entre avions restent l'~ plane collisions are still very rare ❏ l'~ confirme la règle the exception proves the rule. -**2.** [dérogation] exception; faire une ~ pour qqn/qqch to make an exception for sb/sthg; faire une ~ à to make an exception to; faire ~ de [exclure] to make an exception of, to except. -**3.** JUR plea; ~ péremptoire peremptory plea; ~ d'illégalité/d'incompétence plea of illegality/incompetence; opposer une ~ to put in a demurrer OU plea.

◆ **à l'exception de, exception faite de** *loc prép* except, with the exception of.

◆ **d'exception** *loc adj* -**1.** [mesure] exceptional; [loi] emergency *(modif)*. -**2.** [remarquable] remarkable, exceptional.

◆ **sans (aucune) exception** *loc adv* without (any) exception; sortez tous, sans ~! out, every (single) one of you!

**exceptionnel, elle** [ɛksɛpsjɔnɛl] *adj* -**1.** [très rare – faveur, chance, circonstances] exceptional; [– accident, complication] exceptional, rare; [– mesure] exceptional, special; [unique – concert] special, one-off *Br*; 'ouverture ~le le dimanche 22 décembre' open Sunday 22nd December. -**2.** [remarquable – intelligence, œuvre] exceptional; [– personne] remarkable, exceptional. -**3.** POL [assemblée, conseil, mesures] special, emergency *(modif)*.

**exceptionnellement** [ɛksɛpsjɔnɛlmɑ̃] *adv* -**1.** [beau, doué] exceptionally, extremely. -**2.** [contrairement à l'habitude] exceptionally; notre magasin sera ouvert lundi ~ next week only, our shop will be open on Monday.

**excès** [ɛksɛ] ◇ *nm* -**1.** [surabondance] surplus, excess; ~ de poids/calories excess weight/calories; ~ de prudence/rigueur/sévérité excessive care/rigour/harshness; ~ de zèle overzealousness; pas d'~ de zèle! there's no need to be overzealous! -**2.** TRANSP: ~ de vitesse speeding; faire un ~ de vitesse to exceed OU to break the speed limit. -**3.** [abus]: ~ de langage immoderate language; se livrer à OU commettre des ~ de langage to use strong language; ~ de

pouvoir JUR abuse of power, action ultra vires *spéc*. -**4.** [manque de mesure]: tomber dans l'~ to be extreme; tomber dans l'~ inverse to go to the opposite extreme. ◇ *nmpl*: ~ (de table) overindulgence; faire des ~ to eat and drink too much, to overindulge ‖ [violences] excesses; [débauche] excesses.

◆ **à l'excès** *loc adv* to excess, excessively.

◆ **avec excès** *loc adv* to excess, excessively, immoderately.

◆ **sans excès** *loc adv* with moderation, moderately.

**excessif, ive** [ɛksesif, iv] *adj* -**1.** [chaleur, sévérité, prix] excessive; [colère] undue; [enthousiasme, optimisme] undue, excessive; 500 F, ce n'est pas ~ 500 F is quite a reasonable amount to pay. -**2.** [personne] extreme; c'est quelqu'un de très ~ he's given to extremes of behaviour. -**3.** [grand]: sans excessive gentillesse without being especially pleasant.

**excessivement** [ɛksesivmɑ̃] *adv* -**1.** [trop – raffiné] excessively; [– cher] excessively, inordinately. -**2.** [extrêmement]: il fait ~ froid it's hideously cold.

**excipient** [ɛksipjɑ̃] *nm* excipient.

**exciser** [3] [ɛksize] *vt* to excise.

**excision** [ɛksizjɔ̃] *nf* excision.

**excitable** [ɛksitabl] *adj* -**1.** [facilement irrité]: il est très ~ he gets worked up quickly OU annoyed easily. -**2.** BIOL excitable.

**excitant, e** [ɛksitɑ̃, ɑ̃t] *adj* -**1.** [stimulant – boisson] stimulating. -**2.** [aguichant – femme, homme, tenue] arousing. -**3.** [passionnant – aventure, projet, vie] exciting, thrilling; [– film, roman] exciting.

◆ **excitant** *nm* stimulant, excitant.

**excitation** [ɛksitasjɔ̃] *nf* -**1.** [exaltation] excitement; en proie à une grande ~ very excited, in a state of great excitement; dans l'~ du moment in the heat of the moment. -**2.** [stimulation – d'un sens] excitation; [– sexuelle] sexual arousal OU excitement. -**3.** PHYSIOL excitation, stimulation. -**4.** ÉLECTR & PHYS excitation.

**excité, e** [ɛksite] ◇ *adj* -**1.** [enthousiasmé] excited, thrilled; nous étions tout ~s à l'idée de la revoir we were really excited at OU thrilled by the idea of seeing her again. -**2.** [stimulé – sens, curiosité, imagination] aroused, fired. -**3.** [agité – enfant, chien] excited, restless; [– candidat] tense, excited. -**4.** [sexuellement – organe, personne] excited, aroused. ◇ *nm, f péj* hothead; les ~s du volant dangerous drivers.

**exciter** [3] [ɛksite] *vt* -**1.** [exalter] to excite, to exhilarate; la vitesse l'excite speed exhilarates her; n'excite pas les enfants avant le coucher don't get the children excited before bed. -**2.** [rendre agité – drogue, café] to make excited, to overstimulate, to stimulate. -**3.** [pousser]: ~ à: ~ qqn à la révolte to urge sb to rebel, to incite sb to rebellion; ~ un chien à l'attaque to egg a dog on to attack; ~ qqn contre qqn to work sb up against sb. -**4.** [attiser – admiration, envie] to provoke; [– curiosité, intérêt, soupçons] to arouse, to stir up *(sép)*; [– amour, jalousie] to arouse, to inflame, to kindle. -**5.** [intensifier – appétit] to whet; [– rage] to whip up *(sép)*; [– désir] to increase, to sharpen; [– douleur] to intensify. -**6.** [sexuellement] to excite, to arouse. -**7.** *fam* [intéresser] to excite, to thrill, to get worked up; cette perspective ne m'excite pas vraiment! I can't say I'm thrilled OU wild about the idea!-**8.** *fam* [mettre en colère] to annoy, to bug. -**9.** BIOL to stimulate. -**10.** ÉLECTR to excite.

◆ **s'exciter** *vpi* -**1.** *fam* [se mettre en colère] to get worked up. -**2.** *fam* [s'acharner]: j'ai commencé à m'~ sur la serrure I was losing my patience with the lock. -**3.** [s'exalter] to get carried away OU excited OU overexcited.

**exclamatif, ive** [ɛksklamatif, iv] *adj* exclamatory; proposition exclamative exclamation.

**exclamation** [ɛksklamasjɔ̃] *nf* -**1.** [cri] exclamation, cry; des ~s de joie/surprise cries of joy/surprise; pousser une ~ de joie/surprise to cry out with joy/in surprise. -**2.** LING exclamation.

**exclamer** [3] [ɛksklame]

◆ **s'exclamer** *vpi* to exclaim, to cry out; s'~ sur: s'~ sur la beauté de qqch to cry out in admiration over the beauty of sthg; tous s'exclamaient sur le nouveau-né they were all admiring the new-born baby.

**exclu, e** [ɛkskly] ◇ *adj* -**1.** [non compris] excluded, left out; du 15 au 30 ~ from the 15th to the 30th exclusive. -**2.** [rejeté – hypothèse, solution] ruled out, dismissed, rejected; une victoire de la gauche n'est pas ~e a victory of the left is not to be ruled out; il est ~ que je m'y rende my going there is totally out of the question; il n'est pas ~ qu'on les retrouve it's not impossible that they might be found. **-3.** [renvoyé – définitivement] expelled; [– provisoirement] suspended. ◇ *nm, f*: le grand ~ du palmarès à Cannes the big loser in the Cannes festival.

**exclure** [96] [εksklyr] *vt* **-1.** [expulser – membre, élève] to expel; [– étudiant] to send down *Br (sép)*, to expel; [– sportif] to ban; elle a été exclue du comité she was expelled from ou thrown off the committee; elle s'est fait ~ de l'école pour 3 jours she's been suspended from school for 3 days. **-2.** [écarter] to exclude; les enfants sont exclus de la bibliothèque the library is out of bounds to the children. **-3.** [mettre à part] to exclude, to leave aside ou out *(sép)*; sont exclus tous les internes this doesn't apply to boarders; si l'on exclut le mois de mars March excluded; si l'on exclut de petits incidents techniques apart from a few minor technical hitches. **-4.** [être incompatible avec] to exclude, to preclude; l'un n'exclut pas l'autre they're not mutually exclusive; sa nomination exclut qu'elle vienne vous voir en octobre her appointment will prevent her coming to see you in October. **-5.** [rejeter – hypothèse] to exclude, to rule out *(sép)*, to reject.

◆ **s'exclure** ◇ *vp (emploi réciproque)* [solutions, traitements] to exclude ou to preclude one another, to be incompatible ou mutually exclusive.

◇ *vp (emploi réfléchi)* [s'exposer au rejet] to cut o.s. off; s'~ de to cut o.s. off from.

**exclusif, ive** [εksklyzif, iv] *adj* **-1.** [droit, modèle, privilège] exclusive; [droits de reproduction, usage] exclusive, sole; [dépositaire, concessionnaire] sole; vente exclusive en pharmacie sold exclusively in pharmacies. **-2.** [incompatible avec] exclusive of, incompatible with; les services proposés ne sont pas ~s l'un de l'autre the services offered are not mutually exclusive. **-3.** [absolu – amour, relation] exclusive; avoir un goût ~ pour to like only; dans le but ~ de with the sole aim of. **-4.** [intolérant] blinkered. **-5.** [dossier, image, reportage] exclusive. **-6.** LING & MATH disjunctive.

◆ **exclusive** *nf sout* [exclusion] debarment; frapper qqn/un pays d'exclusive to debar sb/a country; jeter ou prononcer l'exclusive contre qqn to debar sb.

**exclusion** [εksklyzjɔ̃] *nf* **-1.** [renvoi] expulsion; demander l'~ de qqn to ask for sb to be expelled; son ~ du comité his expulsion ou exclusion from the committee □ ~ temporaire suspension. **-2.** [mise à l'écart] exclusion, denial of access; l'~ des femmes de la scène politique the exclusion of women from the world of politics. **-3.** MATH exclusion.

◆ **à l'exclusion de** *loc prép* except, apart from, with the exception of.

**exclusive** [εksklyziv] *f→* **exclusif.**

**exclusivement** [εksklyzivmã] *adv* **-1.** [uniquement] exclusively, solely; ouvert le lundi ~ open on Mondays only. **-2.** [non inclus] : du 1er au 10 ~ from the 1st to the 10th exclusive. **-3.** [aimer] exclusively, in an exclusive way.

**exclusivité** [εksklyzivite] *nf* **-1.** COMM [droit] exclusive rights;

avoir l'~ de to have the exclusive rights for; avoir l'~ d'une interview to have (the) exclusive coverage of an interview. **-2.** [objet unique] : ce modèle est une ~ this is an exclusive design ∥ [article] exclusive (article); [interview] exclusive interview. **-3.** CIN film *Br* ou movie *Am* on general release. **-4.** [privilège exclusif] : il n'a pas l'~ du talent he doesn't have a monopoly on talent.

◆ **en exclusivité** *loc adv* **-1.** COMM exclusively; chemises Verpé en ~ chez Flakk Flakk, sole authorized distributor for Verpé shirts. **-2.** [diffusé, publié] exclusively. **-3.** CIN: en première ~ on general release.

**excommunication** [εkskɔmynikasjɔ̃] *nf* excommunication.

**excommunié, e** [εkskɔmynje] ◇ *adj* excommunicated. ◇ *nm, f* excommunicated person, excommunicate.

**excommunier** [9] [εkskɔmynje] *vt* to excommunicate.

**excrément** [εkskremã] *nm* excrement; ~s excrement, faeces.

**excrétion** [εkskresjɔ̃] *nf* PHYSIOL excretion.

◆ **excrétions** *nfpl* [substance] excreta.

**excroissance** [εkskrwasãs] *nf* **-1.** MÉD growth, excrescence *spéc.* **-2.** *fig* excrescence *péj.*

**excursion** [εkskyrsjɔ̃] *nf* **-1.** [voyage – en car] excursion, trip; [– à pied] ramble, hike; [– à bicyclette] ride, tour; [– en voiture] drive; faire une ~ [avec un véhicule] to go on an excursion; [à pied] to go on ou for a hike; ~ d'un jour day-trip; ~s de deux jours au pays de Galles two-day tours ou trips to Wales. **-2.** [sortie – scolaire] outing, trip.

**excursionniste** [εkskyrsjɔnist] *nmf* **-1.** [touriste en car, bateau] holiday-maker *Br*, vacationer *Am*; [d'un jour] day-tripper. **-2.** [randonneur] hiker, rambler.

**excusable** [εkskyzabl] *adj* excusable, forgivable; tu n'es pas ~ you have no excuse.

**excuse** [εkskyz] *nf* **-1.** [motif allégué] excuse, pretext; j'étais fatigué ~ ou c'est pas une ~! I was tired – it's no excuse!; tu n'as aucune ~ you have no excuse; elle a donné pour ~ le manque d'argent she used lack of money as an excuse; trouver des ~s à qqn to find excuses for ou to excuse sb □ la belle ~! *iron* what an ou that's some excuse!; faites ~! *hum* [regrets] I do apologize!; [objection] excuse me! **-2.** JUR: ~ atténuante extenuating excuse; ~ légale legal excuse.

◆ **excuses** *nfpl* apology; faire ou présenter ses ~s à qqn to offer one's apologies ou to apologize to sb; il vous fait ses plus plates ~s he apologizes to you most humbly; tu me dois des ~s you owe me an apology.

**excuser** [3] [εkskyze] *vt* **-1.** [pardonner – conduite] to excuse, to forgive; [– personne] to forgive; excusez mon indiscrétion mais... excuse my ou forgive me for being indiscreet but...; excuse-moi d'appeler si tard forgive me ou I do apologize for phoning so late; excusez-moi [regret] forgive me, I'm sorry, I do apologize; [interpellation, objection, après un hoquet] excuse me; oh, excusez-moi, je vous ai fait mal? oh, sorry, did I hurt you? je vous prie de ou veuillez m'~ I (do) beg your pardon, I do apologize; tu es tout excusé you are forgiven, please don't apologize □ excusez du peu! *iron* is that all?-**2.** [justifier – attitude, personne] to excuse, to find excuses ou an excuse for; sa grossièreté ne peut être excusée

**Présenter ses excuses**

▷ *immédiatement:*

Sorry! (I didn't see you there).
I'm sorry, I didn't mean it.
Sorry about that.
Sorry to bother you.
Sorry to interrupt, but could someone show me the way out?
You must excuse him, he's only a puppy.
I beg your pardon. [soutenu]

▷ *après coup:*

I'm sorry about ou for the confusion this morning.
I'm sorry if I offended you the other day.
I'm really sorry I couldn't make it to your party.

▷ *à l'écrit/style plus soutenu:*

I (really) must apologize for the other evening.
I can't apologize enough.
Please accept our sincere apologies for any inconvenience caused.

▷ *à l'avance:*

I'm sorry (that) I can't come on Saturday.
I'm afraid we're going to have to cancel dinner next week.

**Répondre à des excuses**

That's ou it's OK. [familier]
Don't worry (about it). [familier]
Let's say no more about it.
There's no need to apologize.

his rudeness is inexcusable, there is no excuse for his rudeness. **-3.** [accepter l'absence de] to excuse; **se faire ~** to ask to be excused. **-4.** [présenter les excuses de]: **excuse-moi auprès de lui** apologize to him for me.

◆ **s'excuser** *vpi* **-1.** [demander pardon] to apologize; **tu pourrais t'~!** it wouldn't hurt you to say sorry!; **s'~ auprès de qqn** to apologize to sb; **je m'excuse de mon retard/de vous interrompre** sorry for being late/for interrupting you. **-2.** [ton indigné]: **je m'excuse (mais...)! excuse me** ou **I'm sorry (but...)!**

**exécrable** [ɛgzekrabl] *adj* **-1.** [mauvais – dîner, goût, spectacle] abysmal, awful, foul; [– temps] awful, rotten, wretched; [– travail] abysmal; **il est d'une humeur ~ aujourd'hui** he's in a foul ou filthy mood today; **avoir un caractère ~** to be foul-tempered. **-2.** *sout* [odieux – crime] heinous.

**exécration** [ɛgzekrasjɔ̃] *nf sout* [dégoût, horreur] execration; **avoir qqch en ~** to loathe ou to abhor sthg.

**exécrer** [18] [ɛgzekre] *vt sout* to loathe, to abhor.

**exécutable** [ɛgzekytabl] *adj* possible, feasible.

**exécutant, e** [ɛgzekytɑ̃, ɑ̃t] *nm, f* **-1.** [musicien] performer. **-2.** *péj* [subalterne] subordinate, underling *péj.*

**exécuter** [3] [ɛgzekyte] *vt* **-1.** [mouvement, cabriole] to do, to execute. **-2.** [confectionner – maquette, statue] to make; [– tableau] to paint. **-3.** [interpréter – symphonie] to perform, to play; [– chorégraphie] to perform, to dance. **-4.** [mener à bien – consigne, ordre, mission] to carry out *(sép)*, to execute; [– projet] to carry out; **~ un projet jusqu'au bout** to see a project through to the end. **-5.** [commande] to carry out *(sép)*. **-6.** [tuer – condamné] to execute, to put to death; [– victime] to execute, to kill. **-7.** *fam* [vaincre – joueur] to slaughter, to trounce. **-8.** *fam* [critiquer] to slate *Br*, to pan. **-9.** JUR [testament] to execute; [contrat] to fulfil the terms of; [arrêt, jugement, traité] to enforce; [débiteur] to distrain upon *(insép)*. **-10.** INF to run.

◆ **s'exécuter** *vpi* to comply, to do what one is told.

**exécuteur, trice** [ɛgzekytœr, tris] *nm, f* JUR [d'un jugement] enforcer; [mandataire]: **~ testamentaire** [homme] executor; [femme] executor, executrix.

◆ **exécuteur** *nm*: **~ des hautes œuvres** HIST executioner; *hum* axeman.

**exécutif, ive** [ɛgzekytif, iv] *adj* executive; **le pouvoir ~** the executive (branch).

◆ **exécutif** *nm*: **l'~** the executive.

**exécution** [ɛgzekysjɔ̃] *nf* **-1.** [d'une maquette] execution, making; [d'un tableau] execution, painting *(U)*. **-2.** [d'une symphonie, d'une chorégraphie] performance, performing. **-3.** [d'une menace, d'une décision] carrying out; [d'un projet] execution; **mettre qqch à ~** to carry sthg out ❏ **~!** MIL at the double!; **va ranger ta chambre, ~!** *hum* go and tidy up your bedroom, NOW ou on the double! **-4.** [d'une commande] carrying out. **-5.** [d'un condamné]: **~ (capitale)** execution. **-6.** JUR [d'un jugement, d'un traité] enforcement; [d'un contrat] fulfilment; BOURSE distraint, distress.

**exécutoire** [ɛgzekytwar] ◇ *adj* [jugement] enforceable; **formule ~** executory formula; **mesure ~** binding measure. ◇ *nm* writ of execution.

**exégèse** [ɛgzeʒez] *nf* exegesis; **faire l'~ de** to write a critical interpretation of.

**exégète** [ɛgzeʒet] *nmf* exegete.

**exemplaire¹** [ɛgzãplɛr] *adj* **-1.** [qui donne l'exemple – conduite] exemplary, perfect; [– personne] exemplary, model; **d'une correction ~** perfectly correct. **-2.** [qui sert d'exemple – punition] exemplary.

**exemplaire²** [ɛgzãplɛr] *nm* **-1.** [d'un document] copy; **en deux ~s** in duplicate; **en trois ~s** in triplicate; **le contrat est fait en quatre ~s** there are four copies of the contract; **le livre a été tiré à 10 000 ~s** 10,000 copies of the book were published; **le journal tire à 150 000 ~s** the newspaper has a circulation of 150,000. **-2.** [d'un coquillage, d'une plante] specimen, example.

**exemplarité** [ɛgzãplarite] *nf* exemplariness, exemplarity.

**exemple** [ɛgzãpl] *nm* **-1.** [d'architecture, d'un défaut, d'une qualité] example; [d'une situation] example, instance; **donner qqch en** ou **comme ~** to give sthg as an example; **citer qqch en ~** to quote sthg as an example. **-2.** [modèle] example, model; **elle est l'~ de la parfaite secrétaire** she's a mo-

del secretary; **il est l'~ type du yuppie** he's a typical yuppie; **donner l'~** to give ou to set the example; **faire un ~** to make an example; **prendre ~ sur qqn** to take sb as a model ou an example; **que cela vous serve d'~** let this be a warning to you; **suivre l'~ de qqn** to follow sb's example, to take one's cue from sb; **la France a dit non et d'autres pays ont suivi son ~** France said no and other countries followed suit. **-3.** GRAM & LING (illustrative) example.

◆ **à l'exemple de** *loc prép*: **à l'~ de son maître** following his master's example.

◆ **par exemple** *loc adv* **-1.** [comme illustration] for example ou instance. **-2.** [marque la surprise]: **(ça) par ~, c'est Pierre!** Pierre! well I never!; **ça par ~, le verre a disparu!** well, well, well, the glass has disappeared!

◆ **pour l'exemple** *loc adv*: **fusillé pour l'~** shot as an example (to others).

◆ **sans exemple** *loc adj* unprecedented.

**exemplifier** [9] [ɛgzãplifje] *vt* to exemplify.

**exempt, e** [ɛgzã, ãt] *adj* **-1.** [dispensé]: **~ de** [d'une obligation] exempt from; **~ d'impôts** non taxable, exempt from tax; **produits ~s de taxes** duty-free ou non dutiable goods; **~ de port** carriage free. **-2.** [dépourvu]: **~ d'erreur** faultless; **son attitude n'était pas ~e d'un certain mépris** her attitude wasn't without contempt.

**exempté, e** [ɛgzãte] *adj*: **~ du service militaire** exempt from military service.

◆ **exempté** *nm* man exempt from military service.

**exempter** [3] [ɛgzãte] *vt*: **~ qqn de qqch:** **il a été exempté du service militaire** he has been exempted from doing military service; **~ qqn d'impôts** to exempt sb from taxes.

**exemption** [ɛgzãpsjɔ̃] *nf* **-1.** [dispense] exemption; **bénéficier de l'~ d'une taxe** to be exempt from a tax. **-2.** MIL exemption from military service.

**exerçai** [ɛgzɛrse] *v* → **exercer.**

**exercé, e** [ɛgzɛrse] *adj* [oreille, œil] trained, keen; [personne] trained, experienced.

**exercer** [16] [ɛgzɛrse] *vt* **-1.** [pratiquer – talent] to exercise; [– fonction] to fulfil, to exercise; [– art] to practise; **quel métier exercez-vous?** what's your job?; **~ le métier de dentiste/forgeron** to work as a dentist/blacksmith ‖ *(en usage absolu)* [suj: dentiste, avocat, médecin] to be in practice, to practise. **-2.** [autorité, influence] to exercise, to exert; [droit, privilège] to exercise; [sanctions] to carry out; **~ une action sur** to act on; **~ un attrait sur qqn** [personne] to be attractive to ou to attract sb; [art, voyages] to appeal ou to be appealing to; **~ un contrôle sur** to control; **~ une pression sur qqch** to press sthg, to exert pressure on sthg; **~ une pression sur qqn** to put pressure on ou to pressure sb; **~ des poursuites contre qqn** to bring an action against sb. **-3.** [entraîner – oreille, esprit, mémoire] to exercise, to train; **~ qqn à faire qqch** to train sb to do sthg. **-4.** *litt* [mettre à l'épreuve – patience] to try (sorely).

◆ **s'exercer** *vpi* **-1.** [s'entraîner] to practise; **s'~ au piano** to practise (playing) the piano; **s'~ à faire des grimaces** to practise pulling faces. **-2.** [s'appliquer]: **s'~ sur** [force, pression] to be brought to bear on, to be exerted on.

**exercice** [ɛgzɛrsis] *nm* **-1.** [mouvement physique]: **~s d'assouplissement/d'échauffement** stretching/warm-up exercises; **faire des ~s** to exercise. **-2.** [sport]: **l'~ (physique)** physical exercise, exercising; **faire de l'~** to take exercise; **je manque d'~** I don't take enough exercise. **-3.** SCOL exercise; **faire un ~** to do an exercise; **~ de chimie** chemistry exercise ❏ **~ de style** LITTÉRAT stylistic composition; **sa dernière collection est un ~ de style** *fig* his latest collection is an exercise in style. **-4.** MIL drill, exercise; **~s de tir** shooting drill ou practice. **-5.** [usage]: **l'~ du pouvoir/d'un droit** exercising power/a right; **l'~ de responsabilités** carrying out responsibilities; **l'~ d'un métier** plying a trade; **condamné pour ~ illégal de la médecine** condemned for illegal practice of medicine; **dans l'~ de ses fonctions** in the execution of her duties. **-6.** FIN year; **les impôts pour l'~ 1993** taxes for the 1993 fiscal ou tax year ❏ **~ budgétaire** budgetary year.

◆ **à l'exercice** *loc adv* MIL on parade.

◆ **en exercice** *loc adj* [député, juge] sitting; [membre de comité] serving; [avocat, médecin] practising; **être en ~** [diplomate, magistrat] to be in ou to hold office.

**exerçons** [εgzεrsɔ̃] v → **exercer.**

**exergue** [εgzεrg] *nm* **-1.** [dans un livre] inscription; **mettre qqch en ~**: mettre une citation en ~ à un ou d'un texte to head a text with quotation, to write a quotation as an epigraph to a text; **mettre un argument en ~** *fig* to underline ou to stress an argument. **-2.** [sur une médaille – espace] exergue; [– inscription] epigraph.

**exfoliant, e** [εksfɔljɑ̃, ɑ̃t] *adj* exfoliative.
◆ **exfoliant** *nm* exfoliant.

**exfolier** [9] [εksfɔlje] *vt* to exfoliate.

**exhalaison** [εgzalεzɔ̃] *nf sout* [odeur – agréable] fragrance; [– désagréable] unpleasant odour.

**exhalation** [εgzalasjɔ̃] *nf* exhalation.

**exhaler** [3] [εgzale] *vt* **-1.** [dégager – parfum] to exhale; [– gaz, effluves, vapeur] to exhale, to give off *(sép)*. **-2.** [émettre – soupir] to breathe; [– gémissement] to utter, to give forth *(insép)* *litt.* **-3.** *litt* [être empreint de]: **la maison exhalait la mélancolie/le bonheur** the house exuded melancholy/radiated happiness. **-4.** [en respirant] to exhale.

**exhaustif, ive** [εgzostif, iv] *adj* exhaustive.

**exhaustivité** [εgzostivite] *nf* exhaustiveness.

**exhiber** [3] [εgzibe] *vt* **-1.** [afficher – décorations, muscles] to display, to show off *(insép)*; [– richesses] to display, to make a (great) show of; [– savoir] to show off. **-2.** [au cirque, à la foire] to show, to exhibit. **-3.** [document officiel] to produce, to show, to present.
◆ **s'exhiber** *vpi* [parader] to parade (around); [impudiquement] to expose o.s.

**exhibition** [εgzibisjɔ̃] *nf* **-1.** [comportement] piece of provocative behaviour; **après cette ~ ridicule, tu n'as plus qu'à t'excuser!** apologize after making such an absurd exhibition of yourself! **-2.** *péj* [étalage] display. **-3.** [dans un concours] showing; **~ de bétail** cattle show ‖ [comme attraction] exhibiting; **~ d'animaux de cirque** exhibiting circus animals. **-4.** SPORT exhibition. **-5.** [présentation – de documents] presentation.

**exhibitionnisme** [εgzibisjɔnism] *nm* exhibitionism.

**exhibitionniste** [εgzibisjɔnist] *nmf* exhibitionist.

**exhortation** [εgzɔrtasjɔ̃] *nf* exhortation; **~s à la modération** calls for moderation.

**exhorter** [3] [εgzɔrte] *vt* to urge; **~ qqn à la prudence** to urge ou to exhort sb to be careful; **~ qqn à faire qqch** to exhort ou to urge sb to do sthg.
◆ **s'exhorter à** *vp* + *prép*: **s'~ à qqch**: **elle s'exhortait à la patience** she was exhorting herself to be patient; **s'~ à faire qqch** to exhort o.s. to do sthg.

**exhumation** [εgzymasjɔ̃] *nf* **-1.** [d'un cadavre] exhumation; [d'objets enfouis] excavation, digging out. **-2.** *fig* [de sentiments] unearthing; [de vieux documents] digging out ou up.

**exhumer** [3] [εgzyme] *vt* **-1.** [déterrer – cadavre] to exhume; [– objets enfouis] to excavate, to dig out *(sép)*. **-2.** [sentiments] to unearth; [vieux documents] to dig out ou up *(sép)*, to rescue from oblivion.

**exigeai** [εgziʒe] v → **exiger.**

**exigeant, e** [εgziʒɑ̃, ɑ̃t] *adj* **-1.** [pointilleux – maître, professeur] demanding, exacting; [– malade] demanding; [– client] demanding, particular, hard to please; **je suis très ~ sur la qualité** I'm very particular about quality; **tu es trop ~e avec tes amis** you ask ou expect too much from your friends. **-2.** [revendicateur]: **ne sois pas trop ~, c'est ton premier emploi** don't be too demanding ou don't expect too much, it's your first job. **-3.** [ardu – métier] demanding, exacting.

**exigence** [εgziʒɑ̃s] *nf* **-1.** [demande – d'un client] requirement; [– d'un ravisseur] demand. **-2.** [nécessité] demand, requirement; **répondre aux ~s de qualité/sécurité** to meet quality/safety requirements. **-3.** [caractère exigeant – d'un client] particularity; [– d'un professeur, d'un parent] strictness, exactingness.
◆ **exigences** *nfpl* [salaire] expected salary; **quelles sont vos ~s?** what salary do you expect?

**exiger** [17] [εgziʒe] *vt* **-1.** [compensation, dû] to demand, to claim. **-2.** [excuse] to require, to demand, to insist on *(insép)*; **~ beaucoup/trop de qqn** to expect a lot/too much from sb. **-3.** [déclarer obligatoire] to require; **la connaissance du russe n'est pas exigée** knowledge of Russian is not a requirement; **le port du casque est exigé** hard hats must be worn; **aucun visa n'est exigé** no visa is needed. **-4.** [nécessiter] to require, to need; **un métier qui exige beaucoup de précision** a job requiring great accuracy; **le poste exige beaucoup de déplacements** the post involves a lot of travelling; **nous interviendrons si la situation l'exige** we'll intervene if it becomes necessary.

**exigible** [εgziʒibl] *adj* [impôt] due (for payment), payable.

**exigu, ë** [εgzigy] *adj* [appartement, pièce] very small, tiny; [couloir] very narrow.

**exiguïté** [εgziguite] *nf* [d'une pièce] smallness; [d'un couloir] narrowness.

**exil** [εgzil] *nm* exile.
◆ **en exil** ◇ *loc adj* exiled.
◇ *loc adv* [vivre] in exile; **envoyer qqn en ~** to exile sb.

**exilé, e** [εgzile] ◇ *adj* exiled. ◇ *nm, f* exile.

**exiler** [3] [εgzile] *vt* to exile.
◆ **s'exiler** *vpi* **-1.** [quitter son pays] to go into self-imposed exile. **-2.** [s'isoler] to cut o.s. off.

**existant, e** [εgzistɑ̃, ɑ̃t] *adj* [modèle, loi, tarif] existing, current, currently in existence.

**existence** [εgzistɑ̃s] *nf* **-1.** [vie] life, existence; **que d'~s misérables!** so many wretched lives! ‖ [mode de vie] lifestyle; **j'en ai assez de cette ~** I've had enough of this (kind of) life. **-2.** [durée – d'une constitution, d'une civilisation] lifespan, lifetime. **-3.** [réalité – d'un complot] existence; [– d'une substance] presence, existence. **-4.** [présence – d'une personne] presence; **manifester ou signaler son ~** to make one's presence known.

**existentialisme** [εgzistɑ̃sjalism] *nm* existentialism.

**existentialiste** [εgzistɑ̃sjalist] *adj & nmf* existentialist.

**existentiel, elle** [εgzistɑ̃sjεl] *adj* existential.

**exister** [3] [εgziste] *vi* **-1.** [être réel] to exist, to be real; **ce personnage a bien existé, il vivait au XVIIe siècle** this character is real ou did exist, he lived in the 17th century; **le savon, ça existe!** *fam* there is such a thing as soap, you know!; **si elle n'existait pas, il faudrait l'inventer!** *hum* what would we do without her! **-2.** [subsister] to exist; **l'hôtel existe toujours/n'existe plus** the hotel is still there/isn't there anymore; **la galanterie, ça n'existe plus** (the age of) chivalry is dead. **-3.** [être important] to matter; **seul son métier existe pour lui** his job's the only thing that matters to him. **-4.** [vivre – personne] to live; **fais comme si je n'existais pas** pretend I'm not here. **-5.** *(tournure impersonnelle)*: **il existe** *(suivi d'un sg)* there is, there's; *(suivi d'un pl)* there are.

**exit** [εgzit] *adv*: **le Président** *fig* out goes the President.

**ex-libris** [εkslibris] *nm inv* ex-libris.

**exode** [εgzɔd] *nm* **-1.** [départ] exodus; **l'~ des cerveaux** the brain drain; **l'~ des capitaux** the flight of capital; **l'~ rural** the drift away from the land; **l'~** HIST *the flight southward and westward of French civilians before the occupying German army in 1940.* **-2.** BIBLE: **l'Exode** the Exodus.

**exonération** [εgzɔnerasjɔ̃] *nf* exemption, exempting *(U)*; **~ fiscale ou d'impôt** tax exemption.

**exonérer** [18] [εgzɔnere] *vt* **-1.** [contribuable, revenus] to exempt; **~ qqn d'impôts** to exempt sb from income tax; **marchandises exonérées** non-dutiable freight; **intérêt: 12 %, exonéré d'impôts** 12% interest rate, non-taxable ou free of tax. **-2.** *sout* [dégager]: **~ qqn de** [obligation] to free sb from; [responsabilité] to exonerate ou to free sb from.

**exorbitant, e** [εgzɔrbitɑ̃, ɑ̃t] *adj* **-1.** [trop cher – loyer] exorbitant, extortionate. **-2.** [démesurée – requête] outrageous; [– prétention] absurd.

**exorbité, e** [εgzɔrbite] *adj* bulging.

**exorciser** [3] [εgzɔrsize] *vt* to exorcize.

**exorcisme** [εgzɔrsism] *nm* exorcism.

**exorciste** [εgzɔrsist] *nm* exorcist.

**exotique** [εgzɔtik] *adj* [produit, fruit, pays] exotic.

**exotisme** [εgzɔtism] *nm* exoticism.

**expansé, e** [εkspɑ̃se] *adj* [polystyrène] expanded.

**expansible** [εkspɑ̃sibl] *adj* expansible, liable to expand.

**expansif, ive** [εkspɑ̃sif, iv] *adj* **-1.** [caractère, personne] expansive, exuberant, effusive. **-2.** PHYS expansive.

**expansion** [εkspɑ̃sjɔ̃] *nf* **-1.** ÉCON: **~ (économique)** (economic) growth; **l'Expansion** PRESSE *weekly business magazine.*

**-2.** [augmentation – d'un territoire, de l'univers] expansion, expanding *(U)*. **-3.** [propagation – d'une idéologie, d'une influence] spread. **-4.** CHIM & PHYS expansion, expanding *(U)*. **-5.** *litt* [épanchement] expansiveness, effusiveness.
◆ **en expansion** *loc adj* ÉCON expanding, booming.

**expansionnisme** [ɛkspɑ̃sjɔnism] *nm* expansionism.

**expansionniste** [ɛkspɑ̃sjɔnist] *adj & nmf* expansionist.

**expansivité** [ɛkspɑ̃sivite] *nf* expansiveness.

**expatrié, e** [ɛkspatrije] *adj & nm, f* expatriate.

**expatrier** [10] [ɛkspatrije] *vt* to expatriate.
◆ **s'expatrier** *vpi* to become an expatriate, to leave one's country (of origin).

**expectative** [ɛkspɛktativ] *nf* [attente – incertaine] state of uncertainty; [– prudente] cautious wait; [– pleine d'espoir] expectancy, expectation.
◆ **dans l'expectative** *loc adv*: être dans l'~ [espérer] to be in a state of expectation; [être incertain] to be in a state of uncertainty.

**expectorant** [ɛkspɛktɔrɑ̃] *nm* expectorant.

**expectorer** [3] [ɛkspɛktɔre] *vi & vt* to expectorate.

**expédient, e** [ɛkspedjɑ̃, ɑ̃t] *adj sout* expedient.
◆ **expédient** *nm* **-1.** [moyen] expedient. **-2.** *loc*: user OU vivre d'~s to live by one's wits.

**expédier** [9] [ɛkspedje] *vt* **-1.** [envoyer – colis, lettre] to send, to dispatch; ~ par avion to send by air mail; ~ par bateau [lettre, paquet] to send surface mail; [marchandises] to send by sea, to ship; ~ par la poste to send through the post *Br* OU mail. **-2.** [personne] to send off *(sép)*; je vais l'~ en colonie de vacances I'm going to send her off to a summer camp; ~ qqn dans l'autre monde *fam* OU au cimetière *fam* to send sb off to meet their maker. **-3.** [bâcler, finir sans soin – dissertation, lettre] to dash off *(sép)*; [– corvée, travail] to make short work of, to dispatch; elle a expédié le match en deux sets she wrapped up the match in two sets. **-4.** [avaler vite – repas] to dispatch, to swallow; [– verre de vin] to knock back *(sép)*. **-5.** JUR to draw up *(sép)*. **-6.** *loc*: ~ les affaires courantes [employé] to deal with day-to-day matters (only); [président] to be a caretaker president.

**expéditeur, trice** [ɛkspeditœr, tris] ◇ *adj* [bureau, gare, société] dispatching, forwarding.
◇ *nm, f* sender, forwarder.

**expéditif, ive** [ɛkspeditif, iv] *adj* **-1.** [efficace et rapide – procédé] expeditious, quick; [– personne] expeditious, prompt. **-2.** *péj* [trop rapide – procès, justice] hasty.

**expédition** [ɛkspedisjɔ̃] *nf* **-1.** [voyage] expedition; ~ en Antarctique expedition to the Antarctic; partir en ~ to go on an expedition; pour traverser la capitale, quelle ~! *fam* it's quite an expedition to get across the capital! ‖ [équipe] (members of the) expedition. **-2.** MIL expedition. **-3.** [raid]: ~ punitive punitive raid OU expedition. **-4.** [envoi] sending, dispatch, dispatching; ~ par bateau [de marchandises] shipping. **-5.** [cargaison]: une ~ de bananes a consignment of bananas. **-6.** JUR (exemplified) copy.

**expéditionnaire** [ɛkspedisjɔner] ◇ *adj* MIL expeditionary.
◇ *nmf* COMM forwarding agent.

**expéditive** [ɛkspeditiv] *f* → **expéditif**.

**expérience** [ɛksperjɑ̃s] *nf* **-1.** [connaissance] experience; avoir de l'~ (en) to have experience OU to be experienced (in); plusieurs années d'~ en gestion seraient souhaitables several years' experience in management OU management experience would be desirable. **-2.** [apprentissage] experience; ses ~s amoureuses her love affairs; ses premières ~s amoureuses his first amorous experiences; tenter une ~ de vie commune to try living together; faire l'~ de la haine to experience hatred; ~ de chimie chemistry experiment; faire des ~s (sur des rats) to carry out experiments OU to experiment (on rats).
◆ **par expérience** *loc adv* from experience.
◆ **sans expérience** *loc adj* inexperienced.

**expérimental, e, aux** [ɛksperimɑ̃tal, o] *adj* **-1.** [avion] trial *(modif)*, experimental. **-2.** [méthode, sciences] experimental.

**expérimentalement** [ɛksperimɑ̃talmɑ̃] *adv* experimentally.

**expérimentation** [ɛksperimɑ̃tasjɔ̃] *nf* experimentation.

**expérimenté, e** [ɛksperimɑ̃te] *adj* experienced, practised.

**expérimenter** [3] [ɛksperimɑ̃te] *vt* to try out *(sép)*, to test.

**expert, e** [ɛkspɛr, ɛrt] *adj* **-1.** [agile] expert; d'une main ~e

with an expert hand; d'une oreille ~e with a trained ear. **-2.** [savant] highly knowledgeable; être ~ en la matière to be a specialist in the subject; être ~ en littérature chinoise to be an expert on OU a specialist in Chinese literature.
◆ **expert** *nm* **-1.** [chargé d'expertise] expert, specialist; [en bâtiments] surveyor; [en assurances] valuer; ~ judiciaire legal expert; ~ maritime surveyor ‖ *(comme adj; avec ou sans trait d'union)*: chimiste ~ expert in chemistry; médecin ~ medical expert. **-2.** [connaisseur] expert, connoisseur; ~ de OU en expert on, specialist in.

**expert-comptable** [ɛkspɛrkɔ̃tabl] *(pl* **experts-comptables)** *nm* ≃ chartered accountant *Br*, ≃ certified public accountant *Am*.

**expertement** [ɛkspɛrtəmɑ̃] *adv* expertly.

**expertise** [ɛkspɛrtiz] *nf* **-1.** [examen – d'un meuble, d'une voiture] (expert) appraisal OU evaluation OU valuation; faire faire une ~ [pour assurer un bien] to have a valuation done; ~ judiciaire JUR court-ordered appraisal; ~ médicale et psychiatrique JUR expert opinion *(by a doctor)*. **-2.** [document] expert's OU valuer's report.

**expertiser** [3] [ɛkspɛrtize] *vt* [véhicule] to value; [dommages, meuble, tableau] to appraise, to assess, to value; faire ~ une voiture [gén] to have a car valued; [après un accident] to have the damage on a car looked at *(for insurance purposes)*.

**expiable** [ɛkspjabl] *adj* expiable.

**expiation** [ɛkspjasjɔ̃] *nf*: ~ de expiation of, atonement for.

**expiatoire** [ɛkspjatwar] *adj* expiatory.

**expier** [9] [ɛkspje] *vt* [crime, péché] to expiate, to atone for *(insép)*; *sout* [erreur, faute] to pay OU to atone for *(insép)*.

**expiration** [ɛkspirasjɔ̃] *nf* **-1.** [d'air] breathing out. **-2.** [fin] expiration, expiry; le bail arrive à ~ le 30 août the lease expires by August 30th; date d'~ expiry date.
◆ **à l'expiration de** *loc prép*: à l'~ du bail when the lease expires; à l'~ du délai at the end of the stated period.

**expirer** [3] [ɛkspire] ◇ *vi* **-1.** *sout* [mourir] to expire, to breathe one's last. **-2.** *litt* [s'évanouir – lueur, son] to expire, to die away. **-3.** *(aux avoir ou être)* [cesser d'être valide – abonnement, bail, délai] to expire, to end; [– carte de crédit] to expire.
◇ *vt* [air] to breathe out *(sép)*.

**explétif, ive** [ɛkspletif, iv] *adj* expletive, expletory.

**explicable** [ɛksplikabl] *adj* explainable, explicable; c'est un phénomène difficilement ~ it's a phenomenon which is difficult to explain OU which is not easily explained.

**explicatif, ive** [ɛksplikatif, iv] *adj* **-1.** [brochure, lettre] explanatory; notice OU note explicative [sur un emballage] instructions OU directions for use; [dans un dossier] explanatory note. **-2.** GRAMM: proposition relative explicative nonrestrictive relative clause.

**explication** [ɛksplikasjɔ̃] *nf* **-1.** [éclaircissement – d'un fait, d'une situation] explanation; ça se passe d'~ it's self-explanatory. **-2.** [motif – d'une attitude, d'un retard] explanation; donner l'~ de qqch to give the reason for sthg, to explain sthg. **-3.** SCOL & UNIV [d'une œuvre] commentary, analysis; ~ de texte critical analysis, appreciation of a text. **-4.** [discussion] discussion; [querelle] argument; avoir une ~ avec qqn sur qqch [discussion] to talk sthg over with sb; [querelle] to have an argument with sb about sthg; *voir* USAGE *au verso*.
◆ **explications** *nfpl* [mode d'emploi] instructions OU directions (for use).

**explicitation** [ɛksplisitasjɔ̃] *nf* **-1.** [d'intentions] making explicit OU plain. **-2.** [d'un texte] clarifying, clarification.

**explicite** [ɛksplisit] *adj* explicit; suis-je assez ~? do I make myself plain (enough)?

**explicitement** [ɛksplisitmɑ̃] *adv* explicitly.

**expliciter** [3] [ɛksplisite] *vt* **-1.** [intentions] to make explicit OU plain. **-2.** [phrase] to clarify, to explain.

**expliquer** [3] [ɛksplike] *vt* **-1.** [faire comprendre – événement, réaction, fonctionnement etc] to explain; ~ qqch à qqn to explain sthg to sb. **-2.** [justifier – attitude, retard] to explain (away), to account for *(insép)*. **-3.** SCOL & UNIV [texte] to analyse, to make a critical analysis of, to comment on *(insép)*.
◆ **s'expliquer** ◇ *vp (emploi passif)* [être intelligible] to be explained; tout s'explique! that explains it! ◇ *vp (emploi réciproque)*: sors, on va s'~! *fam* we'll talk this over outside! ◇ *vpi* [s'exprimer] to explain o.s., to make o.s. clear;

explique-toi mieux make yourself clearer; s'~ sur [éclaircir]: s'~ clairement to explain o.s. clearly; s'~ sur ses intentions to make plain ou to explain one's intentions. ◇ vpt [comprendre] to understand; je n'arrive pas à m'~ son silence I can't understand why he remains silent.
◆ s'expliquer avec vp +,prép -1. [avoir une discussion avec] to talk things over with. -2._[se disputer avec] to have it out with.

exploit [ɛksplwa] nm -1. [action d'éclat] feat, exploit; ~ sportif remarkable sporting achievement; ~ technique technical feat ou exploit; ses ~s amoureux his amorous exploits; il ne s'est pas vanté de ses ~s! he didn't have much to be proud of!; avoir réussi à la convaincre relève de l'~! it's no mean achievement to have convinced her!-2. JUR: ~ (d'huissier) writ.

exploitable [ɛksplwatabl] adj [idée, mine, terre etc] exploitable, workable; [énergie] exploitable.

exploitant, e [ɛksplwatɑ̃, ɑ̃t] nm, f [d'une carrière, d'un cinéma] owner; ~ (agricole) farmer; petit ~ smallholder Br, small farmer.

exploitation [ɛksplwatasjɔ̃] nf -1. [entreprise]: ~ à ciel ouvert open-cast mine; ~ agricole farm (estate); petite ~ agricole smallholding Br, small farm; ~ familiale family holding; ~ minière mine; ~ vinicole [vignes] vineyard; [société] wine-producing establishment. -2. [d'un réseau ferroviaire] operating; [d'un cinéma] running; [d'une carrière, d'une forêt, d'une mine, d'un sol] exploitation, working; l'~ forestière forestry, lumbering; mettre en ~ [carrière, mine, terres] to exploit, to work. -3. [utilisation – d'une idée, d'un talent] exploitation, exploiting (U), utilizing (U). -4. [fait d'abuser] exploitation, exploiting; leur ~ de la misère d'autrui their exploitation of other people's wretchedness‖ [de la main-d'œuvre] exploitation; l'~ de l'homme par l'homme man's exploitation of man.
◆ d'exploitation loc adj FIN & INF operating.

exploité, e [ɛksplwate] adj -1. [ferme, carrière, sous-sol] exploited. -2. [main-d'œuvre] exploited.

exploiter [3] [ɛksplwate] vt -1. [mettre en valeur – forêt, mine, terre etc] to exploit, to work; [faire fonctionner – cinéma] to run; [– tunnel, réseau ferroviaire] to run, to operate. -2. [tirer avantage de – talent] to exploit, to make use of; [– thème] to exploit; [– situation] to exploit, to make capital out of, to take advantage of. -3. péj [abuser de] to exploit, to take (unfair) advantage of; ~ la naïveté de qqn to take advantage of sb's naivety ‖ [main-d'œuvre] to exploit.

exploiteur, euse [ɛksplwatœr, øz] nm, f exploiter.

explorateur, trice [ɛksplɔratœr, tris] nm, f explorer.

exploration [ɛksplɔrasjɔ̃] nf -1. GÉOG & MÉD exploration. -2. [analyse] exploration, examination.

exploratoire [ɛksplɔratwar] adj exploratory, tentative.

explorer [3] [ɛksplɔre] vt -1. [voyager dans – contrée, île] to explore. -2. MÉD [voie respiratoire, tube digestif] to explore. -3. [examiner – possibilité] to explore, to examine.

exploser [3] [ɛksploze] vi -1. [détoner – grenade, mine, maison] to explode, to blow up; [– dynamite, gaz] to explode; faire ~ une bombe to set off ou explode ou to detonate a bomb. -2. [augmenter – population] to explode; [– prix] to shoot up, to soar. -3. [se révéler soudain – mécontentement, joie] to explode; [– rage] to explode, to burst out; [– rires] to

burst out; [– artiste] to burst onto the scene; la salle explosa en applaudissements the audience burst into thunderous applause. -4. fam [s'emporter] to flare up, to lose one's temper ou cool.

explosif, ive [ɛksplozif, iv] adj -1. [mélange, puissance] explosive; [obus] high-explosive. -2. [dangereux – situation, sujet] explosive, highly sensitive; [– atmosphère] explosive, charged. -3. [fougueux – tempérament] fiery, explosive. -4. LING explosive.
◆ explosif nm ARM explosive.
◆ explosive nf LING explosive (consonant).

explosion [ɛksplozjɔ̃] nf -1. [détonation – d'une bombe, d'une chaudière, d'une mine] explosion, blowing up; [– d'un gaz] explosion; faire ~ [bombe] to go off, to explode; [obus] to explode. -2. [manifestation]: ~ d'enthousiasme/ d'indignation burst of enthusiasm/indignation; ~ de joie outburst ou explosion of joy; ce fut une ~ de rire dans le public the audience burst out into peals of laughter. -3. [accroissement]: ~ démographique population boom ou explosion.

exponentiel, elle [ɛkspɔnɑ̃sjɛl] adj exponential.

exportable [ɛkspɔrtabl] adj exportable, which can be exported.

exportateur, trice [ɛkspɔrtatœr, tris] ◇ adj exporting; être ~ de to be an exporter of, to export; les pays ~s de pétrole/céréales oil/grain exporting countries. ◇ nm, f exporter.

exportation [ɛkspɔrtasjɔ̃] nf -1. [sortie] export, exportation. -2. [marchandises] exports.
◆ d'exportation loc adj export (modif).

exporter [3] [ɛkspɔrte] vt -1. COMM & ÉCON to export. -2. [répandre à l'étranger – idées, culture] to export, to spread abroad.

exposant, e [ɛkspozɑ̃, ɑ̃t] nm, f -1. [dans une galerie, une foire] exhibitor. -2. JUR petitioner.
◆ exposant nm MATH exponent.

exposé, e [ɛkspoze] adj -1. [orienté]: ce balcon est bien/mal ~ the balcony gets a lot of sun/doesn't get much sun; la chambre est ~e au nord the room faces north. -2. [non abrité] exposed, wind-swept. -3. [montré] on show, on display; objet ~ [dans une galerie, une foire] item on show, exhibit. -4. [par les médias]: le ministre est toujours très ~ the Minister is always in the public eye ou gets a lot of media coverage.
◆ exposé nm -1. [compte rendu] account, exposition; faire un ~ sur to give an account of. -2. SCOL & UNIV [écrit] (written) paper; [oral] talk, lecture; faire un ~ sur [oral] to give a talk ou to read a paper on; [écrit] to write a paper on. -3. JUR: ~ des motifs exposition of motives.

exposer [3] [ɛkspoze] vt -1. [dans un magasin] to display, to put on display, to set out (sép); [dans une galerie, une foire] to exhibit, to show. -2. [soumettre]: ~ qqch à: ~ qqch aux radiations to expose ou to subject sthg to radiation; ~ qqn à [critiques, ridicule] to expose sb to. -3. [mettre en danger – honneur, vie] to endanger, to put at risk. -4. [faire connaître – arguments, motifs] to expound, to put forward (sép); [– intentions] to set forth ou out (sép), to explain; [– revendications] to set forth, to put forward, to make known. -5. LITTÉRAT & MUS to set out (sép); [thème] to introduce; dialogue

---

**USAGE ▶   Les explications**

**Demander une explication**

What do you mean exactly?
What do you mean by that?
Why do you say that?
How do you mean?
What do you mean by 'exaggeration'?

▷ plus poliment:

Could you explain more fully what you meant by 'unfair competition'?
Could you say a little more about that?
I wonder if you could be a little more specific?

Can I ask how you came to that conclusion?
Would you care to elaborate on ou develop the last point you made? [soutenu]

**Fournir une explication**

What I mean is...
What I'm trying to say is...
The point I'm trying to make is...
Let me explain.
Let me put it another way.
The thing is,... [familier]
If I could just expand on that last point... [soutenu]

destiné à ~ l'action expository dialogue. **-6.** PHOT to expose.

◆ **s'exposer** *vp (emploi réfléchi)* **-1.** [se compromettre] to leave o.s. exposed; s'~ à **des poursuites judiciaires** to lay o.s. open to OU to run the risk of prosecution; s'~ à **des représailles** to expose o.s. to retaliation. **-2.** [se placer]: s'~ **au soleil** to expose one's skin to the sun.

**exposition** [ɛkspozisjɔ̃] *nf* **-1.** [d'œuvres d'art] show, exhibition; [de produits manufacturés] exhibition, exposition; ~ **de peinture/photos** painting/photo exhibition ❑ l'~ universelle the World Fair. **-2.** [d'un corps] lying in state. **-3.** [d'arguments, de motifs] exposition, expounding *(U)*; [d'une situation, d'une théorie] exposition. **-4.** LITTÉRAT & MUS exposition. **-5.** [soumission]: ~ à [danger, radiation, risque] exposure to; **éviter l'~ au soleil** do not stay in the sun. **-6.** [orientation] orientation, aspect; ~ **au sud** orientation to the south. **-7.** PHOT exposure.

◆ **d'exposition** *loc adj* expository, introductory.

**exposition-vente** [ɛkspozisjɔ̃vɑ̃t] *(pl* **expositions-ventes)** *nf* exhibition (of items for sale).

**exprès¹** [ɛksprɛ] *adv* **-1.** [délibérément] on purpose, intentionally, deliberately; **faire ~: tu l'as vexé — je ne l'ai pas fait ~** you've offended him — I didn't mean to ou it wasn't intentional; **elle fait ~ de me contredire** she makes a point of contradicting me, she deliberately contradicts me; **il y a du papier à l'intérieur — c'est fait ~** there's some paper inside — it's meant to be like that. **-2.** [spécialement] especially, specially.

**exprès², expresse** [ɛksprɛs] *adj* **-1.** [avertissement, autorisation, ordre] express, explicit; [recommandation] express, strict; **défense expresse de fumer** smoking strictly prohibited. **-2.** [lettre, paquet] express *Br,* special delivery *Am (modif)*.

◆ **en exprès**, **par exprès** *loc adv:* **envoyer qqch en ~** to send sthg by express post *Br* ou special delivery *Am.*

**express** [ɛksprɛs] ◇ *adj inv* **-1.** TRANSP → **train. -2.** [café] espresso. ◇ *nm* **-1.** RAIL express OU fast train. **-2.** [café] espresso (coffee). **-3.** PRESSE: l'Express *weekly news magazine.*

**expressément** [ɛksprɛsemɑ̃] *adv* **-1.** [catégoriquement – défendre, ordonner] expressly, categorically; [– conseiller, prévenir] expressly. **-2.** [spécialement] specially, specifically.

**expressif, ive** [ɛksprɛsif, iv] *adj* **-1.** [suggestif – style] expressive, vivid; [– regard, visage] expressive, meaningful; [– ton] expressive. **-2.** LING expressive.

**expression** [ɛksprɛsjɔ̃] *nf* **-1.** [mot, tournure] expression, phrase, turn of phrase; **avoir une ~ malheureuse** to use an unfortunate turn of phrase; **passez-moi l'~** (if you'll) pardon the expression ‖ [dans la correspondance]: **veuillez croire à l'~ de ma considération distinguée** yours faithfully *Br* ou truly *Am* ❑ **familière** colloquial expression, colloquialism; ~ **figée** set phrase OU expression, fixed expression, idiom; ~ **toute faite** [figée] set phrase OU expression; [cliché] hackneyed phrase, cliché. **-2.** [fait de s'exprimer] expression, expressing *(U),* voicing *(U).* **-3.** [pratique de la langue]: **auteurs d'~ allemande** authors writing in German ❑ ~ **écrite/orale** written/oral expression. **-4.** [extériorisation – d'un besoin, d'un sentiment] expression, self-expression; **trouver son ~ dans** to find (its) expression in ❑ ~ **corporelle** self-expression through movement. **-5.** [vivacité] expression; **geste/regard plein d'~** expressive gesture/look. **-6.** [du visage] expression, look. **-7.** INF & MATH expression.

◆ **sans expression** *loc adj* expressionless, poker-faced.

**expressionnisme** [ɛksprɛsjɔnism] *nm* expressionism.

**expressionniste** [ɛksprɛsjɔnist] *adj & nmf* expressionist.

**expressivité** [ɛksprɛsivite] *nf* expressivity, expressiveness; **avec beaucoup d'~** very expressively.

**exprimable** [ɛksprimabl] *adj* expressible; **ma joie est difficilement ~** my joy is difficult to express.

**exprimer** [3] [ɛksprime] *vt* **-1.** [dire – sentiment] to express; [– idée, revendication] to express, to voice; **comment vous ~ toute mon admiration?** how can I tell you how much I admire you? **-2.** [manifester – mécontentement, surprise] to express, to show. **-3.** [pour chiffrer une quantité, une somme] to state, to express; ~ **une quantité en kilos** to state a quantity in kilos. **-4.** [extraire – jus, pus] to express, to squeeze out *(sép).*

◆ **s'exprimer** ◇ *vp (emploi passif)* [idée, sentiment] to be expressed, to be made known; [opinion] to be heard. ◇ *vpi* **-1.**

[dire sa pensée] to express o.s.; **chacun doit s'~** all opinions must be heard; **vas-y, exprime-toi!** *hum* come on, out with it!; **je me suis exprimée sur ce sujet** I've expressed myself ou made my opinions known on the subject; s'~ **par signes** to use sign language. **-2.** [choisir ses mots] to express o.s.; **exprime-toi clairement** express yourself clearly, make yourself clear; **non, je me suis mal exprimé** no, I've put it badly; **si je peux m'~ ainsi** if I can put it that way. **-3.** [manifester sa personnalité] to express o.s. **-4.** [se manifester – talent, sentiment] to express ou to show itself; **laisse ton cœur s'~** let your heart speak.

**expropriateur, trice** [ɛksprɔprijatœr, tris] *adj* expropriating *(avant n).*

**expropriation** [ɛksprɔprijasjɔ̃] *nf* **-1.** [d'une personne] expropriation. **-2.** [d'une propriété] compulsory purchase.

**exproprié, e** [ɛksprɔprije] *adj* expropriated.

**exproprier** [10] [ɛksprɔprije] *vt* **-1.** [personne] to expropriate. **-2.** [maison, terre] to expropriate, to place a compulsory purchase order on *Br.*

**expulser** [3] [ɛkspylse] *vt* **-1.** [renvoyer – locataire] to evict, to throw out *(sép)*; [– membre, participant] to expel; [– immigrant] to expel, to deport; [– joueur] to send off *(sép).* **-2.** MÉD to evacuate, to expel.

**expulsion** [ɛkspylsjɔ̃] *nf* **-1.** [d'un locataire] eviction; [d'un membre de comité] expulsion; [d'un étudiant] sending down *Br,* expulsion *Am;* [d'un immigrant] expulsion, deportation; [d'un joueur] sending off. **-2.** MÉD expulsion, evacuation.

**expurger** [17] [ɛkspyrʒe] *vt* to expurgate, to bowdlerize.

**exquis, e** [ɛkski, iz] *adj* [saveur, vin, gentillesse etc] exquisite; [personne] delightful.

**exsangue** [ɛksɑ̃g] *adj* **-1.** *litt* [pâle – figure, lèvres] bloodless, livid. **-2.** [ayant perdu du sang – corps, victime] bloodless; **après la guerre, notre industrie était ~** *fig* this country's industry was bled white by the war.

**exsudation** [ɛksydasjɔ̃] *nf* exudation.

**extase** [ɛkstaz] *nf* **-1.** [exaltation] ecstasy, rapture; **être** ou **rester en ~ devant** to be in raptures OU ecstasies over; **tomber en ~ devant qqch/qqn** to go into ecstasies at the sight of sthg/sb. **-2.** RELIG ecstasy.

**extasié, e** [ɛkstazje] *adj* enraptured, ecstatic.

**extasier** [9] [ɛkstazje]

◆ **s'extasier** *vpi:* s'~ **devant** to go into raptures OU ecstasies over.

**extatique** [ɛkstatik] *adj* **-1.** [de l'extase – vision, transport] ecstatic; **état ~** ecstasy, trance. **-2.** [émerveillé] enraptured.

**extenseur** [ɛkstɑ̃sœr] ◇ *adj* ANAT extensor. ◇ *nm* **-1.** ANAT extensor. **-2.** [machine] chest expander.

**extensibilité** [ɛkstɑ̃sibilite] *nf* extensibility.

**extensible** [ɛkstɑ̃sibl] *adj* [organe] extensible; [matière] tensible, extensible; [tissu] stretch; [liste] extendable; **mon budget n'est pas ~** I can't stretch my budget any further, I can't make my budget go any further.

**extensif, ive** [ɛkstɑ̃sif, iv] *adj* **-1.** AGR extensive. **-2.** PHYS [paramètre, force] extensive.

**extension** [ɛkstɑ̃sjɔ̃] *nf* **-1.** [étirement – d'un élastique, d'un muscle] stretching; [– d'une matière] extension; MÉD traction, extension. **-2.** [agrandissement – d'un territoire] expansion, enlargement; [– d'une entreprise, d'un marché, d'un réseau] expansion, extension; [– de pouvoirs, d'un incendie, d'une infection] extension, spreading; [– de droits] extension; **prendre de l'~** [territoire] to get bigger, to expand; [secteur] to grow, to develop; [infection] to spread, to extend; [incendie] to spread. **-3.** [élargissement]: **on a décidé l'~ des mesures à toute la population** it has been decided to extend the scope of the measures to include the entire population. **-4.** [partie ajoutée – d'un bâtiment, d'un réseau] extension. **-5.** INF extension; **carte d'~** expansion board. **-6.** LING & MATH extension.

◆ **en extension** *loc adj* **-1.** [secteur] developing, expanding; [production] increasing. **-2.** [muscle, ressort] stretched.

◆ **par extension** *loc adv* by extension.

**extenso** [ɛkstɑ̃so] → **in extenso.**

**exténuant, e** [ɛkstenɥɑ̃, ɑ̃t] *adj* exhausting.

**exténuer** [7] [ɛkstenɥe] *vt* to exhaust, to tire out *(sép).*

◆ **s'exténuer** *vpi* to exhaust o.s., to tire ou to wear o.s. out; s'~ **à faire qqch** to exhaust o.s. doing sthg.

**extérieur, e** [ɛksterjœr] *adj* **-1.** [escalier, bruit] outside; [cour, poche, mur, orbite, bord] outer; [porte] external, outer; avoir des activités ~es [hors du foyer] to have interests outside the home; [hors du travail] to have interests outside of work. **-2.** [excentré – quartier] outlying, out-of-town *Am*.**-3.** [non subjectif – monde, réalité] external. **-4.** [étranger à la personne, la chose considérée – influence, aide] outside, external; ~ à outside (of); personnes ~es à l'entreprise persons not belonging to the staff. **-5.** [apparent] external, surface *(modif)*, outward; l'aspect ~ [d'un édifice, d'un objet] the outward appearance; [d'une personne] the exterior. **-6.** *péj* [superficiel] superficial, surface *(modif)*, token *(modif)*. **-7.** [dette] foreign, external. **-8.** GÉOM exterior. **-9.** TÉLÉC outside. ◆ **extérieur** *nm* **-1.** l'~ [le plein air] the outside OU outdoors. **-2.** l'~ [à une personne] the outside (world); être tourné vers l'~ to be outgoing; l'~ ÉCON & POL abroad. **-3.** [bord]: l'~ de: l'~ de la chaussée the outside (of the road). **-4.** [apparence] outward appearance, exterior. **-5.** SPORT: l'~ [d'une piste, d'un circuit] the outside. **-6.** CIN location shot; ~s tournés à Rueil shot on location in Rueil. ◆ **à l'extérieur** *loc adv* **-1.** [en plein air] outside, outdoors; manger à l'~ [en plein air] to eat outside OU outdoors; [hors de chez soi] to eat out. **-2.** [hors du système, du groupe] outside. **-3.** SPORT [sur une piste] on the outside; [dans une autre ville] away; match joué à l'~ away match. **-4.** ÉCON & POL abroad. **-5.** TÉLÉC outside; téléphoner à l'~ to make an outside call. ◆ **à l'extérieur de** *loc prép* outside (of). ◆ **de l'extérieur** *loc adv* **-1.** [dans l'espace] from (the) outside. **-2.** [dans un système] from the outside; considérer un problème de l'~ to look at a problem from the outside; des gens venus de l'~ outsiders.

**extérieurement** [ɛksterjœrmã] *adv* **-1.** [au dehors] on the outside, externally. **-2.** [apparemment] outwardly.

**extériorisation** [ɛksterjɔrizasjɔ̃] *nf* **-1.** [de sentiments] expression, show, display. **-2.** PSYCH exteriorization, externalization.

**extérioriser** [3] [ɛksterjɔrize] *vt* **-1.** [montrer – sentiment] to express, to show. **-2.** PSYCH to exteriorize, to externalize. ◆ **s'extérioriser** ◇ *vp (emploi passif)* [joie, mécontentement] to be expressed, to show. ◇ *vpi* [personne] to show one's feelings.

**extériorité** [ɛksterjɔrite] *nf* exteriority.

**exterminateur, trice** [ɛkstɛrminatœr, tris] ◇ *adj* exterminating. ◇ *nm, f* exterminator.

**extermination** [ɛkstɛrminasjɔ̃] *nf* extermination.

**exterminer** [3] [ɛkstɛrmine] *vt* **-1.** [tuer – peuple, race] to exterminate. **-2.** *hum* [vaincre – adversaire] to annihilate.

**externat** [ɛkstɛrna] *nm* **-1.** SCOL [école] day school; [élèves] day pupils; [statut] non-residency. **-2.** [en médecine] non-resident (medical) studentship.

**externe** [ɛkstɛrn] ◇ *adj* **-1.** [cause, facteur] external. **-2.** [orbite, bord] outer, external. ◇ *nmf* **-1.** SCOL day-pupil, non-boarder. **-2.** [en médecine] non-resident (medical) student *Br*, extern *Am*.

**exterritorialité** [ɛkstɛritɔrjalite] *nf* exterritoriality, extraterritoriality.

**extincteur, trice** [ɛkstɛ̃ktœr, tris] *adj* extinguishing *(avant n)*. ◆ **extincteur** *nm* (fire) extinguisher.

**extinction** [ɛkstɛ̃ksjɔ̃] *nf* **-1.** [arrêt – d'un incendie] extinction, extinguishment, putting out; ~ des feux lights out. **-2.** [suppression – d'une dette] extinguishment; espèce animale menacée OU en voie d'~ endangered animal species. **-3.** [affaiblissement]: ~ de voix MÉD loss of voice, aphonia *spéc*; avoir une ~ de voix to have lost one's voice.

**extirper** [3] [ɛkstirpe] *vt* **-1.** [ôter – tumeur] to remove, to extirpate *spéc*; [– épine, racine] to pull out *(sép)*; [– plante] to root up OU out *(sép)*, to uproot, to pull up *(sép)*; ~ qqn d'un fauteuil/piège to drag sb out of an armchair/a trap. **-2.** [détruire – préjugés, vice] to eradicate, to root out *(sép)*. ◆ **s'extirper** *vp (emploi réfléchi)*: s'~ du lit to drag OU to haul o.s. out of bed.

**extorquer** [3] [ɛkstɔrke] *vt* [fonds] to extort; ~ de l'argent à qqn to extort money from sb; ~ une signature à qqn to force a signature out of sb.

**extorsion** [ɛkstɔrsjɔ̃] *nf* extortion; ~ de fonds extortion of money.

**extra** [ɛkstra] ◇ *adj inv* **-1.** *fam* [exceptionnel – journée, personne, spectacle] great, terrific, super. **-2.** COMM: poires (de qualité) ~ first class pears.◇ *nm inv* **-1.** [gâterie] (special) treat; faire OU s'offrir un ~ to give o.s. a treat, to treat o.s.**-2.** [frais] extra cost OU expenditure, incidental expenditure. **-3.** [emploi ponctuel]: faire des ~ comme ouvreuse to earn extra money by working (occasionally) as an usherette. **-4.** [serveur] help.

**extrabudgétaire** [ɛkstrabydʒetɛr] *adj*: des dépenses ~s extrabudgetary costs, costs that have not been budgeted for.

**extraconjugal, e, aux** [ɛkstrakɔ̃ʒygal, o] *adj* extramarital.

**extracteur** [ɛkstraktœr] *nm* ARM, CHIM & MÉD extractor.

**extractif, ive** [ɛkstraktif, iv] *adj* extractive.

**extraction** [ɛkstraksjɔ̃] *nf* **-1.** [origine] extraction, origin; d'~ bourgeoise from a bourgeois family. **-2.** MIN & PÉTR extraction; l'~ de la pierre quarrying (for stone); l'~ du charbon coal extraction OU mining. **-3.** [d'une dent, d'une épine] pulling out, extraction. **-4.** CHIM & MATH extraction, extracting. ◆ **de basse extraction** *loc adj* of humble birth. ◆ **de haute extraction** *loc adj* highborn.

**extrader** [3] [ɛkstrade] *vt* to extradite.

**extradition** [ɛkstradisjɔ̃] *nf* extradition.

**extrafin, e** [ɛkstrafɛ̃, in] *adj* [haricots, petits pois] extra fine; [chocolats] superfine.

**extrafort, e** [ɛkstrafɔr, ɔrt] *adj* [carton] strong, stiff; [colle] extra-strong; [moutarde] hot. ◆ **extrafort** *nm* bias-binding.

**extraire** [112] [ɛkstrɛr] *vt* **-1.** MIN & PÉTR [charbon] to extract, to mine; [pétrole] to extract; [pierre] to extract, to quarry. **-2.** [ôter – dent, écharde] to extract, to remove, to pull out *(sép)*; ~ qqch/qqn de: ~ une balle d'une jambe to extract OU to remove a bullet from a leg; ~ un ticket de sa poche to take OU to dig a ticket out of one's pocket; ils ont eu du mal à l'~ de sa voiture accidentée they had great difficulty extricating him from the wreckage of his car. **-3.** CHIM, CULIN & PHARM to extract; [en pressant] to squeeze out *(sép)*; [en écrasant] to crush out *(sép)*; [en tordant] to wring out *(sép)*. **-4.** MATH to extract; ~ la racine carrée/cubique d'un nombre to extract the square/cube root of a number. **-5.** [citer – passage, proverbe]: ~ de to take OU to extract from. ◆ **s'extraire** *vp (emploi réfléchi)*: s'~ de qqch to climb OU to clamber out of sthg; s'~ d'une voiture [rescapé d'un accident] to extricate o.s. from (the wreckage of) a car; s'~ d'un puits to climb out of a well.

**extrait, e** [ɛkstrɛ, ɛt] *pp* → **extraire**. ◆ **extrait** *nm* **-1.** [morceau choisi] extract; un petit ~ de l'émission d'hier soir a short sequence from last night's programme. **-2.** ADMIN: ~ (d'acte) de naissance birth certificate; ~ de casier judiciaire extract from police records. **-3.** CULIN & PHARM extract, essence; ~ de violette extract OU essence of violets.

**extralucide** [ɛkstralysid] *adj* & *nmf* clairvoyant.

**extra-muros** [ɛkstramyros] *loc adv* & *loc adj* outside the town, out of town.

**extraordinaire** [ɛkstraɔrdinɛr] *adj* **-1.** [inhabituel – histoire] extraordinary, amazing; [– cas, personnage, intelligence] extraordinary, exceptional; [– talent, courage] extraordinary, exceptional, rare; [– circonstances] extraordinary, special. **-2.** POL [mesures, impôt] special; [pouvoirs] special, emergency *(modif)*; assemblée ~ special session, extraordinary meeting. **-3.** [remarquable – artiste, joueur, spectacle] remarkable, outstanding; [– temps] wonderful; le repas n'avait rien d'~ OU n'était pas ~ there was nothing special about the meal. **-4.** [étrange] extraordinary, strange; qu'y-a-t-il d'~ à cela? what's so strange OU special about that? ◆ **par extraordinaire** *loc adv*: si par ~ il arrivait que... if by some unlikely chance it happened that...; quand par ~ il me rendait visite on those rare occasions when he would visit me.

**extraordinairement** [ɛkstraɔrdinɛrmã] *adv* **-1.** [très] extraordinarily, extremely, exceptionally. **-2.** [bizarrement] extraordinarily, strangely, bizarrely.

**extrapolation** [ɛkstrapɔlasjɔ̃] *nf* [gén & SC] extrapolation.

**extrapoler** [3] [ɛkstrapɔle] *vt* & *vi* [gén & SC] to extrapolate; ~ qqch d'un fait to extrapolate sthg from a fact.

**extrascolaire** [ɛkstraskɔlɛr] *adj* out-of-school *(modif)*.

**extrasensoriel, elle** [ɛkstrasɑ̃sɔrjɛl] *adj* extrasensory.

**extraterrestre** [ɛkstratɛrɛstr] ◇ *adj* extraterrestrial. ◇ *nmf* extraterrestrial (being ou creature).

**extra-utérin, e** [ɛkstrayterɛ̃, in] (*mpl* **extra-utérins,** *fpl* **extra-utérines**) *adj* extra-uterine.

**extravagance** [ɛkstravagɑ̃s] *nf* **-1.** [outrance – d'une attitude, d'une personne, d'une réponse] extravagance; [– d'une demande, de dépenses] extravagance, unreasonableness; [– d'une tenue] extravagance, eccentricity. **-2.** [acte] extravagance; [parole] foolish thing (to say); **faire des ~s** to behave extravagantly, to do eccentric things; **dire des ~s** to talk wildly.

**extravagant, e** [ɛkstravagɑ̃, ɑ̃t] *adj* **-1.** [déraisonnable – attitude, personne, tenue] extravagant, eccentric; [– idée] extravagant, wild, crazy. **-2.** [excessif – demande, exigence, dépenses] extravagant, unreasonable.

**extraverti, e** [ɛkstravɛrti] ◇ *adj* extroverted. ◇ *nm, f* extrovert.

**extrayais** [ɛkstrɛje], **extrayons** [ɛkstrɛjɔ̃] *v* → **extraire**.

**extrême** [ɛkstrɛm] ◇ *adj* **-1.** [intense – confort, importance, soin etc] extreme, utmost; [– froid] extreme, intense; **d'une complexité/maigreur ~** extremely complex/skinny. **-2.** [radical – idée] extreme; [– mesures] extreme, drastic; **être ~ dans ses idées** to hold extreme views. **-3.** [exceptionnel – cas, exemple, situation] extreme. **-4.** [le plus éloigné]: **la limite ~, l'~ limite** the furthest point ❏ **l'~ droite/gauche** POL the extreme right/left. ◇ *nm* **-1.** [cas limite] extreme; **passer d'un ~ à l'autre** to go from one extreme to the other ou to another. **-2.** SC [terme] extreme.
◆ **à l'extrême** *loc adv* extremely, in the extreme; **porter** ou **pousser les choses à l'~** to take ou to carry things to extremes.

**extrêmement** [ɛkstrɛmmɑ̃] *adv* extremely.

**extrême-onction** [ɛkstrɛmɔ̃ksjɔ̃] (*pl* **extrêmes-onctions**) *nf* extreme unction.

**Extrême-Orient** [ɛkstrɛmɔrjɑ̃] *npr m*: **(l')~** the Far East.

**extrême-oriental, e, aux** [ɛkstrɛmɔrjɑ̃tal, o] *adj* Far Eastern.

**extremis** [ɛkstremis] → **in extremis**.

**extrémisme** [ɛkstremism] *nm* extremism.

**extrémiste** [ɛkstremist] *adj* & *nmf* extremist.

**extrémité** [ɛkstremite] *nf* **-1.** [d'un bâtiment, d'une table, d'une jetée] end; [d'un bâton] end, tip; [d'un doigt, de la langue] tip; [d'un champ] edge, end; [d'un territoire] (furthest) boundary. **-2.** ANAT & MATH extremity. **-3.** [acte radical] extreme act; **pousser qqn à des ~s** to drive sb to extremes. **-4.** *sout* [brutalité] act of violence. **-5.** *sout* [situation critique] plight, straits, extremity; **être réduit à la dernière ~** to be in dire straits ou in a dreadful plight.

**extrinsèque** [ɛkstrɛ̃sɛk] *adj* extrinsic; **valeur ~ d'une monnaie** face value of a currency.

**extrusion** [ɛkstryzjɔ̃] *nf* INDUST extrusion, extruding.

**exubérance** [ɛgzyberɑ̃s] *nf* **-1.** [entrain] exuberance, joie de vivre; **avec ~** exuberantly. **-2.** *litt* [action] exuberant behaviour *(U)*. **-3.** [énergie, vigueur – d'une végétation, d'un style] luxuriance; [– d'une imagination] wildness, exuberance; [– de figures, de formes] abundance, luxuriance.

**exubérant, e** [ɛgzyberɑ̃, ɑ̃t] *adj* **-1.** [joyeux – attitude, personne] exuberant. **-2.** [vigoureux – végétation, style] luxuriant; [– imagination] wild, exuberant.

**exultation** [ɛgzyltasjɔ̃] *nf litt* exultation *litt*, rejoicing.

**exulter** [3] [ɛgzylte] *vi* to exult, to rejoice.

**exutoire** [ɛgzytwar] *nm* **-1.** [dérivatif]: **un ~ à** an outlet for. **-2.** [pour liquides] outlet.

**ex-voto** [ɛksvɔto] *nm inv* ex voto.

**eye-liner** [ajlajnœr] (*pl* **eye-liners**) *nm* eyeliner.

**Ézéchiel** [ezekjɛl] *npr* BIBLE Ezekiel.

# F

**f, F** [ɛf] *nm* **-1.** [lettre] f, F. **-2.** [appartement]: **un F3** ≃ a two-bedroomed flat *Br* ou apartment *Am*; **un F4** ≃ a three-bedroomed flat *Br* ou apartment *Am*.

**F -1.** (*abr écrite de franc*) F; **500 F** 500 F, F 500, Ff 500. **-2.** (*abr écrite de* **fahrenheit/farad**) F.

**fa** [fa] *nm inv* F; **en ~ majeur/mineur** in F major/minor; **un ~ bémol/dièse** an F flat/sharp ‖ [chanté] fa, fah.

**FAB** [fab] (*abr de* **franco à bord**) *adj inv* & *adv* FOB, fob.

**fable** [fabl] *nf* **-1.** LITTÉRAT fable. **-2.** *péj* [invention] lie, invention. **-3.** *litt* [légende] legend, tale. **-4.** *arch loc*: **être la ~ du village** to be the laughing stock of the village.

**fabliau, x** [fablijo] *nm* fabliau.

**fabricant, e** [fabrikɑ̃, ɑ̃t] *nm, f* manufacturer, maker; **~ de voitures** car manufacturer; **~ de chaussures** shoemaker.

**fabrication** [fabrikasjɔ̃] *nf* **-1.** INDUST manufacture, production; **~ assistée par ordinateur** computer-aided manufacturing; **~ en série** mass production. **-2.** [contrefaçon] counterfeiting, forging; **~ de fausse monnaie** counterfeiting. **-3.** [production] workmanship; **de ~ maison** home-made; **c'est de ta ~?** did you make it yourself?
◆ **de fabrication** *loc adj* [coûts, procédés] manufacturing *(modif)*; [numéro] serial *(modif)*.

**fabrique** [fabrik] *nf* INDUST factory, works, mill; **~ de papier** paper mill.
◆ **de fabrique** *loc adj* [prix, secret] manufacturer's, trade *(modif)*; [marque] trade *(modif)*.

**fabriqué, e** [fabrike] *adj* **-1.** ÉCON [produit] manufactured. **-2.**

[sans spontanéité – sentiment, réaction] lacking in spontaneity.

**fabriquer** [3] [fabrike] *vt* **-1.** INDUST to make, to produce, to manufacture; [gâteau, pull-over, guirlande] to make. **-2.** *fam* [faire] to do, to cook up *(sép)*; **ça alors, qu'est-ce que tu fabriques par ici?** what on earth are you doing here?; **qu'est-ce que tu as encore fabriqué avec mes clefs?** *péj* now what have you gone and done with my keys?; **qu'est-ce qu'il fabrique, ce bus?** what's that bus up to? **-3.** *péj* [histoire] to concoct; [personnalité] to build up *(sép)*; **~ qqch de toutes pièces** to make sthg up, to fabricate sthg.

**fabulation** [fabylasjɔ̃] *nf* fabrication.

**fabuler** [3] [fabyle] *vi* **-1.** PSYCH to fabricate. **-2.** *péj* [mentir] to tell tales.

**fabuleusement** [fabyløzmɑ̃] *adv* fabulously, fantastically.

**fabuleux, euse** [fabylø, øz] *adj* **-1.** [de légende] fabulous, legendary. **-2.** [hors du commun] incredible, fabulous; **un destin ~** an incredible fate. **-3.** [élevé – prix, somme] tremendous, astronomical.

**fabuliste** [fabylist] *nmf* fabulist, writer of fables.

**fac** [fak] *nf fam*: **en ~, à la ~** at university ou college.

**façade** [fasad] *nf* **-1.** ARCHIT: **la ~ du château** the front of the palace ❏ **~ latérale** side (aspect); **~ principale** façade, (main) frontage. **-2.** [paroi] front wall ou panel. **-3.** [apparence] outward appearance, façade; **ce n'est qu'une ~** it's all show ou a façade ‖ *péj* [faux-semblant] cover, pretence. **-4.** ▽ [visage] mug, face; **se refaire la ~** to touch up one's make-up; **se faire refaire la ~** to have a face-lift. **-5.** GÉOG: **la**

~ **atlantique** the Atlantic coast.
◆ **de façade** *loc adj*: une générosité de ~ a show of magnanimity.

**face** [fas] *nf* -**1.** [visage] face; les muscles de la ~ facial muscles; des lésions de la ~ lesions on the face; tomber ~ contre terre to fall flat on one's face ❏ arborer ou avoir une ~ de carême to have a long face; perdre/sauver la ~ to lose/to save face; se voiler la ~ *litt* to avert one's gaze. -**2.** [aspect]: changer la ~ de to alter the face of; examiner un problème sous toutes ses ~s to consider every aspect of a problem. -**3.** [côté – d'une médaille] obverse; [– d'une monnaie] head, headside; [– d'un disque] side; la ~ B d'un disque the B-side ou flipside of a record; la ~ cachée d'un problème *fig* the hidden side ou aspect of a problem. -**4.** GÉOM & MÉCAN face, side; ~ **portante** bearing face. -**5.** INF: **disquette double** ~ double-sided disk. -**6.** COUT: **tissu double** ~ double-faced fabric. -**7.** *loc*: **faire** ~ to face up to things, to cope; **faire** ~ **à** *pr* to stand opposite to, to face; [danger] to face up to; [obligations, dépense] to meet.
◆ **à la face de** *loc prép* -**1.** [devant]: à la ~ de son frère to his brother's face. -**2.** [publiquement]: à la ~ du monde ou de tous openly, publicly; à la ~ de Dieu before God.
◆ **de face** *loc adj* face *(modif)*, facing; photo/portrait de ~ BX-ARTS & PHOT full-face photograph/portrait; vue de ~ ARCHIT front view ou elevation.
◆ **d'en face** *loc adj*: ceux d'en ~ [adversaires] the opposition; [voisins] the people opposite.
◆ **en face** *loc adv* [de front]: avoir le soleil en ~ to have the sun (shining) in one's face; regarder qqn en ~ to look sb in the face; regarder la mort en ~ to face up to death; regarder les choses en ~ to face facts; je lui ai dit la vérité en ~ I told him the truth to his face.
◆ **en face de** *loc prép*: juste en ~ de moi right in front of me; sa maison est en ~ de l'église his house is opposite ou faces the church; mettre qqn en ~ des réalités to force sb to face reality; en ~ l'un de l'autre, l'un en ~ de l'autre face to face.
◆ **face à** *loc prép* [dans l'espace] in front of; ~ à l'ennemi/aux médias faced with the enemy/media.
◆ **face à face** *loc adv* face to face; mettre qqn ~ à ~ avec to bring sb face to face with.

**face-à-face** [fasafas] *nm inv* [conversation] (face-to-face) meeting; [conflit] (one-to-one) confrontation; ~ **télévisé** television debate *(between two politicians)*.

**face-à-main** [fasamɛ̃] *(pl* faces-à-main*) nm* lorgnette.

**facétie** [fasesi] *nf* [plaisanterie] facetious remark, joke; [trait d'esprit] witticism; [farce] prank; se livrer à des ~s to fool around.

**facétieux, euse** [fasesjø, øz] ◇ *adj* facetious, humorous. ◇ *nm, f* joker, prankster.

**facette** [faset] *nf* -**1.** ENTOM & JOAILL facet. -**2.** [aspect] facet, aspect, side.
◆ **à facettes** *loc adj* -**1.** GÉOL & JOAILL multifaceted. -**2.** [personnalité, talent] multifaceted, many-sided.

**fâché, e** [faʃe] *adj* -**1.** [irrité] angry, cross. -**2.** [brouillé]: ils sont ~s they're not on speaking terms. -**3.** *fig & hum*: être ~ avec qqch [sans goût pour]: je suis ~ avec les langues/les chiffres languages/figures are not my line; il est ~ avec le savon he's allergic to soap.

**fâcher** [3] [faʃe] *vt* [contrarier] to annoy, to vex; je suis fâché de l'avoir manqué I'm really sorry I missed him ‖ *(au négatif)*: n'être pas fâché de: je ne serais pas fâché d'avoir une réponse I wouldn't mind getting an answer; ils n'étaient pas fâchés de se retrouver chez eux they were rather pleased to be home again.
◆ **se fâcher** *vpi* -**1.** [se brouiller] to fall out ou to quarrel (with one another); se ~ avec qqn to quarrel ou to fall out with sb. -**2.** [se mettre en colère] to get cross ou angry, to lose one's temper; se ~ tout rouge to blow one's top; se ~ contre qqn to get angry with sb.

**fâcheusement** [faʃøzmɑ̃] *adv* [malheureusement] unfortunately; [désagréablement] unpleasantly.

**fâcheux, euse** [faʃø, øz] ◇ *adj* regrettable, unfortunate; une fâcheuse habitude an unfortunate habit; c'est ~! it's rather a pity! ◇ *nm, f litt* bore.

**facho** [faʃo] *adj & nmf fam & péj* fascist.

**facial, e, aux** [fasjal, o] *adj* facial.

**faciès** [fasjɛs] *nm* -**1.** [traits] facial aspect, features. -**2.** *péj* [visage] face. -**3.** BOT & GÉOL facies.

**facile** [fasil] ◇ *adj* -**1.** [aisé] easy; rien de plus ~ nothing easier; il ne m'est pas ~ d'expliquer la situation it's not easy for me to explain the situation; ~ à faire easy to do, easily done; c'est ~ à dire (mais moins ~ à faire), c'est plus ~ à dire qu'à faire easier said than done; ~ d'accès easy to reach, easily reached, readily accessible ❏ ~ comme bonjour easy as pie. -**2.** [spontané, naturel]: elle a la parole/plume ~ speaking/writing comes easily to her; avoir la larme ~ to be easily moved to tears ‖ *péj* facile; avoir l'ironie ~ to be unnecessarily sarcastic; avoir l'argent ~ to be very casual about money. -**3.** [souple – caractère] easy, easy-going; être ~ (à vivre) to be easy-going. -**4.** *péj* [libertin]: une femme ~ ou de mœurs ~s a woman of easy virtue. ◇ *adv fam*: je te fais ça en deux heures ~ I can have it done for you in two hours, no problem; d'ici à la maison, il reste trente kilomètres ~ from here to the house, there's still a good thirty kilometres.

**facilement** [fasilmɑ̃] *adv* -**1.** [sans difficulté] easily, readily. -**2.** [au moins] at least; je gagnerais ~ le double I would easily earn twice as much.

**facilité** [fasilite] *nf* -**1.** [simplicité] easiness, ease; selon le degré de ~ des exercices depending on how easy the exercises are; céder à ou se laisser aller à ou choisir la ~ *péj* to take the easy way out ou the easy option. -**2.** [possibilité] possibility; avoir toute ~ pour faire qqch to have every opportunity of doing sthg. -**3.** [aptitude] gift, talent; ~ de parole fluency; avoir beaucoup de ~ pour to have a gift for; avec ~ easily, with ease; avec une grande ~ with the greatest of ease; il n'a pas la ~ de son frère things don't come as easily to him as they do to his brother.
◆ **facilités** *nfpl* -**1.** [capacités] ability, aptitude. -**2.** FIN facilities; ~s de caisse overdraft facilities; ~s de paiement easy terms.

**faciliter** [3] [fasilite] *vt* to ease, to help along *(sép)*, to make easy; ça ne va pas ~ les choses entre eux it won't make things easier ou smoother between them.

**façon** [fasɔ̃] *nf* -**1.** [manière] manner, way; la phrase peut se comprendre de plusieurs ~s the sentence can be interpreted in several ways; demande-lui de quelle ~ il compte payer ask him how he wishes to pay; je n'aime pas la ~ dont il me parle I don't like the way he talks ou his way of talking to me; d'une ~ désordonnée in a disorderly fashion; d'une ~ générale generally speaking; de ~ systématique systematically ❏ ce n'est qu'une ~ de parler ou dire it's just a manner of speaking; généreux, ~ de parler, il ne m'a jamais donné un centime! *fam* generous, that's a funny way of putting it, he never gave me a penny!; je vais lui dire ma ~ de penser, moi! I'll give him a piece of my mind!; ça dépend de ta ~ de voir les choses it depends on your way of looking at things; ils n'ont pas les mêmes ~s de voir they see things differently. -**2.** [moyen] way. -**3.** [fabrication] making, fashioning; [facture] craftsmanship, workmanship; [main-d'œuvre] labour. -**4.** COUT & VÊT cut; de bonne ~ well-made, (beautifully) tailored. -**5.** *(suivi d'un nom)* [qui rappelle] une nappe ~ grand-mère a tablecloth like Grandma used to have ‖ [imitant]: ~ marbre/bois imitation marble/wood.
◆ **façons** *nfpl* [manières] manners, behaviour; en voilà des ~s! manners!, what a way to behave!; avoir des ~s engageantes to be charming; elle a des ~s de petite vieille she sometimes behaves like a little old woman; faire des ~s [se faire prier] to make a fuss; [se pavaner] to put on airs.
◆ **à façon** *loc adj* [artisan] jobbing; [travail] contract *(modif)*; centre de traitement ou travail à ~ INF data processing ou computer ou service bureau.
◆ **à la façon de** *loc prép* like, in the manner of.
◆ **à ma façon, à sa façon** *etc* ◇ *loc adj*: une recette à ma/ta ~ a recipe of mine/yours; un tour à sa ~ one of his tricks; une invitation à leur ~ their style of invitation. ◇ *loc adv*: chante-le à ta ~ sing it your way ou any way you like.
◆ **de cette façon** *loc adv* -**1.** [comme cela] (in) this way, thus, in this manner. -**2.** [par conséquent] that way.
◆ **de façon à** *loc prép* so as to, in order to; j'ai fermé la fenêtre de ~ à éviter les courants d'air I shut the window in order to prevent draughts.
◆ **de façon (à ce) que** *loc conj* so that; il s'est levé de bonne heure de ~ à ce que tout soit prêt he got up early so that

                                                               **faiblesse**

everything would be ready in time.

◆ **de la belle façon** *loc adv iron*: il s'est fait recevoir de la belle ~! he got the sort of reception he deserves!

◆ **de la même façon** *loc adv* the same (way), identically, in like manner.

◆ **de la même façon que** *loc conj* like, as, the same (way) as.

◆ **de ma façon, de sa façon** *etc loc adj*: une recette de ma/ta ~ a recipe of mine/yours; **un tour de sa** ~ one of his tricks.

◆ **de telle façon** *loc adv* so; pourquoi criez-vous de telle ~? why are you shouting like that?

◆ **de telle façon que** *loc conj* so that, in such a way that.

◆ **de toute façon, de toutes les façons** *loc adv* anyway, in any case.

◆ **d'une certaine façon** *loc adv* in a way, in a manner of speaking, so to speak.

◆ **sans façon(s)** ◇ *loc adj* [style] simple, unadorned; [cuisine] plain; [personne] simple. ◇ *loc adv* **-1.** [familièrement]: elle m'a pris le bras sans ~ ou ~s she took my arm quite naturally. **-2.** [non merci] no thank you.

◆ **sans plus de façons** *loc adv* without further ado.

**faconde** [fakɔ̃d] *nf litt & péj* fluency, flow of words.

**façonnage** [fasɔnaʒ] *nm* **-1.** [mise en forme] shaping, working. **-2.** IMPR forwarding.

**façonné** [fasɔne] *nm* TEXT figured fabric.

**façonnement** [fasɔnmɑ̃] = façonnage.

**façonner** [3] [fasɔne] *vt* **-1.** [modeler – argile] to shape, to fashion; [– métal] to shape, to work; ~ **l'argile** to fashion clay. **-2.** *fig* [caractère] to mould, to shape. **-3.** [fabriquer] to manufacture, to produce, to make; **façonné à la main** handmade.

**fac-similé** [faksimile] (*pl* **fac-similés**) *nm* **-1.** [reproduction] facsimile. **-2.** TÉLÉC [technique] facsimile; [document] facsimile, fax.

**facteur¹** [faktœr] *nm* **-1.** MATH & SC coefficient, factor; ~ **premier** prime factor. **-2.** MÉD: ~ **Rhésus** rhesus ou Rh factor; ~ **Rhésus négatif/positif** rhesus negative/positive. **-3.** [élément] element, factor; ~ **humain** personal element; **le** ~ **temps** the time factor; **la courtoisie peut être un** ~ **de réussite** courtesy may be one of the ways to success. **-4.** [manutentionnaire] (transport) agent; ~ **en douane** customs agent. **-5.** MUS instrument maker; ~ **de pianos** piano maker; ~ **d'orgues** organ builder.

**facteur², trice** [faktœr, tris] *nm, f* ADMIN postman *Br* (*f* postwoman), mailman *Am* (*f* mailwoman); **est-ce que le** ~ **est passé?** has the postman been yet?

**factice** [faktis] *adj* **-1.** [imité – diamant] artificial, false; [– marchandise de présentation] dummy (*modif*). **-2.** [inauthentique] artificial, simulated, false.

**factieux, euse** [faksjø, øz] ◇ *adj* seditious. ◇ *nm, f* rebel.

**faction** [faksjɔ̃] *nf* **-1.** [groupe] faction. **-2.** MIL sentry ou guard duty; **être en** ou **de** ~ to be on sentry ou guard duty; **mettre une sentinelle de** ~ **devant la porte** to post a sentry in front of the door. **-3.** [dans une entreprise] (8-hour) shift.

**factionnaire** [faksjɔnɛr] *nm* MIL sentry, guard. ◇ *nmf* [ouvrier] shift worker.

**factorisation** [faktɔrizasjɔ̃] *nf* factorization, factorizing.

**factotum** [faktɔtɔm] *nm* factotum, handyman.

**factuel, elle** [faktɥɛl] *adj* [gén & PHILOS] factual.

**facturation** [faktyrasjɔ̃] *nf* **-1.** [action] invoicing, billing; ~ **détaillée** itemized bill; ~ **séparée** INF unbundling. **-2.** [service] invoice department.

**facture** [faktyr] *nf* **-1.** COMM invoice, bill; **établir une** ~ to make out an invoice ❏ ~ **pro forma** ou **provisoire** pro forma invoice; **fausse** ~ faked ou forged invoice; **payer la** ~ to pay the price. **-2.** MUS [de piano] making; [d'orgues] building. **-3.** [technique] craftsmanship, workmanship.

◆ **de bonne facture** *loc adj* [meuble, piano] well-made, beautifully crafted; [tableau] skilfully executed.

**facturer** [3] [faktyre] *vt* [article, service]: ~ **qqch à qqn** to bill ou to invoice sb for sthg; ~ **séparément le matériel et le logiciel** INF to unbundle.

**facturette** [faktyrɛt] *nf* (credit card sales) receipt, record of charge form.

**facturier, ère** [faktyrje, ɛr] *nm, f* invoice clerk.

**facultatif, ive** [fakyltatif, iv] *adj* **-1.** [au choix] optional. **-2.** [sur demande]: **arrêt** ~ request stop.

**facultativement** [fakyltativmɑ̃] *adv* optionally.

**faculté** [fakylte] *nf* **-1.** [capacité] ability, capability; ~ **d'adaptation** adaptability, ability to adapt. **-2.** [fonction] ability; **les humains possèdent la** ~ **d'abstraire** mankind is capable of abstract thought. **-3.** *sout* [droit] freedom, right; **avoir la** ~ **de** to have the right to ou the option of ‖ [autorité] power; **avoir la** ~ **de** to be entitled to. **-4.** JUR: ~**s contributives** ability to pay. **-5.** UNIV [avant 1968] faculty; **la** ~ **des sciences** the science faculty ‖ [depuis 1969] university, college; **on s'est connu à la** ou **en** ~ [étudiants] we met at university ou when we were students. **-6.** *hum* [médecins]: **la Faculté lui recommande de faire du sport** his doctors encourage him to engage in sports.

◆ **de faculté** *loc adj* [cours, professeur] university (*modif*); **des souvenirs de** ~ memories of one's university ou student days.

◆ **facultés** *nfpl* [esprit] faculties, powers; **avoir toutes ses** ~**s** to be of sound mind ou in full possession of one's faculties.

**fada** [fada] *fam & dial* ◇ *adj* cracked, nuts. ◇ *nmf* [fou]: **les** ~**s de la moto** motorbikes freaks.

**fadaise** [fadɛz] *nf* piece of nonsense; ~**s** drivel, nonsense, rubbish.

**fadasse** [fadas] *adj péj* **-1.** [sans goût] insipid, tasteless, bland. **-2.** [sans éclat] dull.

**fade** [fad] *adj* **-1.** [sans saveur] insipid, tasteless, bland. **-2.** [banal] dull, pointless, vapid.

**fadeur** [fadœr] *nf* **-1.** [insipidité] blandness, lack of flavour. **-2.** [banalité] blandness, vapidity.

**fading** [fadiŋ] *nm* fade RADIO.

**fagot** [fago] *nm* **-1.** [branches] bundle (of wood). **-2.** [en Afrique] firewood.

**fagotage** [fagotaʒ] *nm* **-1.** *fam & péj* [habillement] ridiculous getup. **-2.** [du bois] bundling (up).

**fagoté, e** [fagote] *adj fam & péj*: **mal** ~ badly dressed.

**fagoter** [3] [fagote] *vt* **-1.** [bois, branches] to bind together (*sép*), to tie up (*sép*) in bundles. **-2.** *fam & péj* [habiller]: **sa mère le fagote n'importe comment** his mother dresses him like nothing on earth.

◆ **se fagoter** *vp* (*emploi réfléchi*) *fam & péj*: **t'as vu comme elle se fagote!** have you seen some of the things she wears!

**Fahrenheit** [farɛnajt] *npr*: **degré/échelle** ~ Fahrenheit degree/scale.

**faiblard, e** [fɛblar, ard] *adj fam* **-1.** [vieillard, convalescent] weak, frail. **-2.** [excuse] feeble, lame; [argument] feeble. **-3.** [lumière] weak.

**faible** [fɛbl] ◇ *adj* **-1.** [malade, vieillard] weak, frail; **se sentir** ~ to feel weak ‖ [fonction organique]: **avoir la vue** ~ to have weak ou poor eyesight; **avoir le cœur/la poitrine** ~ to have a weak heart/chest; **avoir les reins** ~**s** to have kidney trouble; **être de** ~ **constitution** to have a weak constitution. **-2.** [étai, construction] weak, flimsy, fragile. **-3.** [esprit] weak, deficient. **-4.** [médiocre – étudiant, résultat] weak, poor, mediocre; **elle est** ~ **en travaux manuels** she's not very good at handicrafts. **-5.** [trop tempéré – style, argument, réforme] weak; [– jugement] mild; [– prétexte] feeble, flimsy; **le mot est** ~! that's an understatement! **-6.** [complaisant] weak, lax; [sans volonté] weak, spineless. **-7.** [impuissant – nation, candidat] weak. **-8.** COMM & ÉCON [demande] slack; [marge] low; [monnaie] weak; [revenus] low; [ressources] scant, thin. **-9.** [léger – lumière] dim, faint; [– bruit] faint; [– brise] light. **-10.** [peu] low, small; **aller à** ~ **vitesse** to proceed at low speed; **de** ~ **encombrement** compact; **à** ~ **teneur en alcool** low in alcohol; **avoir de** ~**s chances de succès** to have slight ou slender chances of succeeding; **donner une** ~ **idée de** to give a faint idea of. **-11.** LING weak, unstressed.

◇ *nmf* weak-willed person; **c'est un** ~ he's weak-willed; ~ **d'esprit** simpleton.

◇ *nm* **-1.** [préférence]: **avoir un** ~ **pour qqch** to be partial to sthg; **avoir un** ~ **pour qqn** to have a soft spot for sb. **-2.** *litt* [point sensible] weak spot; **prendre qqn par son** ~ to find sb's Achilles heel.

**faiblement** [fɛbləmɑ̃] *adv* **-1.** [sans force] feebly, weakly. **-2.** [légèrement] faintly.

**faiblesse** [fɛblɛs] *nf* **-1.** [physique] weakness, frailty; **ressentir une grande** ~ to feel very weak; **la** ~ **de sa cons-**

titution his weak constitution. **-2.** [d'une construction] weakness, flimsiness, fragility; [d'une économie, d'un système] weakness, fragility, vulnerability; [d'une voix, d'un son] dimness, faintness; [de la vue, de la poitrine] weakness. **-3.** [médiocrité – d'un élève] weakness; [– d'une œuvre, d'un argument] feebleness, weakness; ~ **d'esprit** feeblemindedness. **-4.** [insignifiance – d'une différence, d'un écart] insignificance; **la ~ des effectifs** [employés] a shortage of staff; [élèves] insufficient numbers. **-5.** *litt* [lâcheté] weakness, spinelessness; **être d'une grande ~ envers qqn** [trop indulgent] to be overlenient with sb; **avoir la ~ de croire/dire** to be foolish enough to believe/to say; **avoir un moment de ~** to have a moment of weakness; **pour lui, l'amour filial est une ~** he considers that loving one's parents is a weakness. **-6.** [défaut] failing, flaw, shortcoming; **c'est là la grande ~ du scénario** this is the script's major flaw. **-7.** [préférence] weakness, partiality; **avoir une ~ pour** to have a weakness for, to be partial to. **-8.** *litt* [évanouissement] fainting fit, dizzy spell; **avoir une** ou **être pris de ~** to feel faint.

**faiblir** [32] [feblir] *vi* **-1.** [perdre de sa force – personne, pouls] to get weaker; [– mémoire, mécanisme] to fail; **chez elle, c'est la tête qui faiblit** she's going weak in the head. **-2.** [diminuer – vent, orage, bourrasque] to drop; [– lumière] to dwindle; [– enthousiasme, colère, intérêt] to wane, to dwindle; **le jour faiblit** it's getting dark; **le succès de la pièce ne faiblit pas** the play is still a great success. **-3.** [cesser d'être efficace – athlète, élève] to get weaker. **-4.** [plier – paroi, tige] to show signs of weakening; [– résistance] to weaken. **-5.** *litt* [défaillir] to have a fainting fit.

**faiblissant, e** [feblisã, ãt] *adj* **-1.** [vieillard, malade] weakening. **-2.** [lumière, vent] failing. **-3.** [économie, pouvoir d'achat] slackening.

**faïence** [fajãs] *nf* faience *spéc*, (glazed) earthenware.

**faïencerie** [fajãsri] *nf* **-1.** [usine] pottery works. **-2.** [articles] (glazed) earthenware.

**faïencier, ère** [fajãsje, er] *nm, f* potter, maker of (glazed) earthenware.

**faignant, e** [fɛɲã, ãt] = **feignant**.

**faille¹** [faj] *v* → **falloir**.

**faille²** [faj] *nf* **-1.** GÉOL fault. **-2.** [faiblesse] flaw, weakness; [incohérence] inconsistency, flaw. **-3.** TEXT faille.
◆ **sans faille** *loc adj* [logique] faultless, flawless; [fidélité, dévouement] unfailing, unwavering.

**failli, e** [faji] *adj* & *nm, f* bankrupt.

**faillibilité** [fajibilite] *nf* fallibility.

**faillible** [fajibl] *adj* fallible.

**faillir** [46] [fajir] *vi* **-1.** [être sur le point de]: **j'ai failli rater la marche** I nearly missed the step; **tu l'as attrapé? — non, mais j'ai failli!** *fam* did you catch it? — not quite! ❏ **j'ai failli attendre** *hum* so you decided to come, did you? **-2.** *litt* to fail in one's duty.
◆ **faillir à** *v* + *prép sout*: ~ **à une promesse** to fail to keep a promise; ~ **à son devoir** to fail in one's duty.
◆ **sans faillir** *loc adv* unfailingly.

**faillite** [fajit] *nf* **-1.** COMM bankruptcy, insolvency; **faire ~** to go bankrupt. **-2.** [échec] failure; **le spectacle a connu une ~ complète** the show was a total failure; **la ~ de ses espoirs** *litt* the end ou collapse of his hopes;
◆ **en faillite** *loc adj* bankrupt, insolvent; **être en ~** to be bankrupt. ◇ *loc adv*: **se mettre en ~** to file a petition for bankruptcy.

**faim** [fɛ̃] *nf* **-1.** [appétit] hunger; **avoir ~** to be hungry; **j'ai une de ces ~s, je meurs de ~, je crève** *fam* **de ~** I'm famished ou starving; **merci, je n'ai plus ~** I've had enough, thank you; **ça me donne ~** it makes me hungry; **j'ai une petite ~** I'm feeling peckish; **manger à sa ~** to eat one's fill ❏ **j'ai une faim de loup** ou **à dévorer les montagnes** I could eat a horse, I'm ravenous; **rester sur sa ~** *pr* to be still hungry; *fig* to be left unsatisfied ou frustrated; **tromper sa ~** to stave off hunger; **la ~ chasse le loup (hors)** ou **fait sortir le loup du bois** *prov* hunger drives the wolf out of the wood. **-2.** [famine]: **la ~** hunger, famine; **souffrir de la ~** to be starving ou a victim of starvation; **mourir de ~** to starve to death, to die of starvation. **-3.** [envie]: ~ **de**: **sa ~ de tendresse** his yearning for tenderness.

**faine** [fɛn] *nf* beechnut.

**fainéant, e** [feneã, ãt] ◇ *adj* idle, lazy. ◇ *nm, f* idler, layabout.

**fainéanter** [3] [feneãte] *vi* to idle about ou around.

**fainéantise** [feneãtiz] *nf* idleness, laziness.

**faire** [109] [fer] ◇ *vt* **A.** FABRIQUER, RÉALISER **-1.** [confectionner – objet, vêtement] to make; [– construction] to build; [– tableau] to paint; [– film] to make; [– repas, café] to make, to prepare; [– gâteau, pain] to make, to bake; [– vin] to make; [– bière] to brew; [concevoir – thèse, dissertation] to do; **qu'as-tu fait (à manger) pour ce soir?** what have you prepared for dinner?; **c'est elle qui fait ses chansons** she writes her own songs; **il sait tout ~** he can turn his hand to anything; **grand-mère est super — oui, on n'en fait plus des comme ça!** *fam* grandma's great — yes, they broke the mould when they made her! **-2.** [produire, vendre]: ~ **de l'élevage de bétail** to breed cattle; ~ **du blé/de la vigne** to grow wheat/grapes; ~ **une marque/un produit** to stock a make/an article; **je vous fais les deux à 350 F** *fam* you can have both for 350 F, I'll take 350 F for both. **-3.** [obtenir, gagner – bénéfices] to make; ~ **de l'argent** to earn ou to make money. **-4.** [mettre au monde]: ~ **un enfant** to have a child; **il lui a fait deux enfants** he had two children with her; **la chatte a fait des petits** the cat has had kittens. **-5.** PHYSIOL: ~ **ses besoins** *euph* to do one's business ‖ *(en usage absolu)*: **tu as fait ce matin?** did you go to the toilet this morning?; **il a fait dans sa culotte** *fam* he messed his pants.
**B.** ACCOMPLIR, EXÉCUTER **-1.** [effectuer – mouvement, signe] to make; [saut périlleux, roue] to do; **fais-moi un bisou** *fam/* **un sourire** give me a kiss/a smile ❏ ~ **la tête** ou **la gueule** *fam* to sulk. **-2.** [accomplir – choix, erreur, réforme, proposition] to make; [– inventaire] to do; [– discours] to deliver, to make, to give; [– conférence] to give; [– exercice] to do; [– recherches] to do, to carry out *(sép)*; [– enquête] to carry out *(sép)*; ~ **ses études** to study; ~ **son devoir** to do one's duty; ~ **une blague à qqn** to play a joke on sb; ~ **son lit** to make one's bed ❏ **la ~ à qqn** *fam*: **on ne me la fait pas, à moi!** [plaisanterie] I won't be taken in!; **on me l'a déjà faite, celle-là** I know that one already. **-3.** [étudier – matière, œuvre] to study, to do; [suivre les cours de]: **elle voulait ~ l'ENA** she wanted to go to the ENA. **-4.** [pratiquer]: ~ **de la poterie** to do pottery; ~ **de la flûte/du violon** to play the flute/the violin; ~ **de la danse** [cours] to go to dance classes; **il voulait ~ de la danse** he wanted to be a dancer; ~ **de l'équitation/de la natation/de la voile** to go horseriding/ swimming/sailing; ~ **du basket/du tennis** to play basketball/tennis. **-5.** [écrire – lettre] to write; [– contrat, testament] to write, to make. **-6.** [dire] to say; **il fit oui/non de la tête** he nodded/he shook his head; «**non**», **fit-elle 'no'**, she said; **la vache fait «meuh!»** the cow goes 'moo!' **-7.** [nettoyer – chambre, vitres] to clean, to do; [– chaussures] to polish, to clean; [tapisser, aménager – pièce, maison] to do, to decorate. **-8.** [action non précisée] to do; **que fais-tu dans la vie?** what do you do (for a living)?; **je ne t'ai jamais rien fait!** I've never done you any harm!; **elle ne fait que se plaindre** she does nothing but complain ❏ **je ne veux rien avoir à ~ avec eux!** I don't want anything to do with them!; **qu'ai-je fait de mes clefs?** what have I done with ou where did I put my keys?; **que fais-tu de mes sentiments dans tout ça?** what about my feelings?; **que vais-je ~ de toi?** what am I going to do with you?; **donne-le moi! — non, rien à ~!** give it to me! — nothing doing ou no way!; **tu lui as parlé? — oui, mais rien à ~, il ne cédera pas** did you talk to him? — yes, but it's no use, he won't give in; **je vais vous raccompagner — n'en faites rien!** *sout* I'll take you back — there's really no need!; ~ **avec** *fam* to make do; **j'apprécie peu sa façon de travailler mais il faut bien ~ avec!** I don't like the way he works but I suppose I'll just have to put up with it!; ~ **sans** *fam* to (make) do without; **autant que ~ se peut** if possible, as far as possible; **n'avoir que ~ de: je n'ai que ~ de tes conseils** I don't need your advice; **mais bien sûr, tu n'as que ~ de ma carrière!** but of course, my career matters very little to you! ou you don't care about my career!; **pour ce ~** for that; **ce faisant** in so doing.
**C.** AVEC IDÉE DE DÉPLACEMENT **-1.** [se déplacer à la vitesse de]: **le train peut ~ jusqu'à 400 km/h** the train can do 400 km/h. **-2.** [couvrir – distance]: **le Concorde fait Paris-New York en moins de cinq heures** Concorde goes ou flies from

Paris to New York in less than five hours; **il y a des cars qui font Londres-Glasgow** there's a coach service between London and Glasgow. **-3.** [visiter – pays, ville] to do, to go to, to visit; [inspecter, passer au crible]: **j'ai fait tous les étages avant de vous trouver** I looked on every floor before I found you; **j'ai fait tous les hôtels de la ville** [j'y suis allé] I did ou went to ou tried every hotel in town; [j'ai téléphoné] I called ou did ou tried every hotel in town; **~ les antiquaires** to go round the antique shops. **D.** AVEC IDÉE DE TRANSFORMATION **-1.** [nommer]: **elle l'a fait baron** she gave him the title of Baron, she made him a baron; **elle l'a fait chevalier** she knighted him. **-2.** [transformer en]: **~ qqch de qqn/qqch: des rats, la fée fit des laquais** the fairy changed the rats into footmen; **ce feuilleton en a fait une vedette** this series made him a star; **et ta robe bleue?** — **j'en ai fait une jupe** what about your blue dress? — I made it into a skirt; **garde les restes, j'en ferai une soupe** keep the leftovers, I'll make a soup with them; **c'était un tyran et votre livre en fait un héros!** he was a tyrant, and your book shows ou presents him as a hero!**-3.** [devenir]: **«cheval» fait «chevaux» au pluriel** the plural of 'cheval' is 'chevaux'. **-4.** [servir de]: **une fois plié, le billard fait table** the billiard table, when folded, can be used ou can serve as a normal table; **un canapé qui fait lit** a convertible settee; **c'est un hôtel qui fait restaurant** it's a hotel with a restaurant. **-5.** [remplir un rôle, une fonction]: **il fera un bon mari** he'll make ou be a good husband; **il fait le Père Noël dans les rues** he goes around the streets disguised as Father Christmas ‖ CIN & THÉÂT to play the part of, to be; [imiter – personne] to imitate, to take off, to impersonate; [– automate, animal] to imitate; **ne fais pas l'idiot** don't be stupid; **ne fais pas l'innocent** don't play the innocent, don't come the innocent with me *Br*; **il essayait de ~ son intéressant** he was showing off. **E.** INDIQUE UN RÉSULTAT **-1.** [provoquer]: **~ de la poussière** to raise dust; **ce charbon fait beaucoup de fumée** this coal makes a lot of smoke; **ça va ~ une marque/une auréole** it will leave a mark/a ring; **l'accident a fait cinq morts** the accident left five dead ou claimed five lives; **ce qui fait l'intérêt de son livre** what makes his book interesting; **~ quelque chose à qqn** [l'émouvoir] to move sb, to affect sb; **la vue du sang ne me fait rien** I don't mind the sight of blood, the sight of blood doesn't bother me; **si cela ne vous fait rien** if you don't mind; **~ que: la gravitation, force qui fait que les objets s'attirent** gravitation, the force which causes objects to be attracted towards each other; **ce qui fait que je suis arrivé en retard** which meant I was late ‖ [pour exprimer un souhait]: **faites qu'il ne lui arrive rien!** please don't let anything happen to him!**-2.** [importer]: **qu'est-ce que cela peut ~?** what does it matter?, so what?; **qu'est-ce que cela peut te ~?** what's it to (do with) you?; **cela ne fait rien** it doesn't matter, never mind. **F.** INDIQUE UNE QUALITÉ, UNE FORME, UNE MESURE **-1.** [former]: **la route fait un coude** the road bends; **le circuit fait un huit** the circuit is (in the shape of) a figure of eight; **le tas fait une pyramide** the heap looks like a pyramid. **-2.** [coûter] to be, to cost; **ça fait combien?** how much is it? **-3.** [valoir, égaler] to be, to make; **2 et 2 font 4** 2 and 2 are 4; **ça fait 23 en tout** that makes 23 altogether; **on a 150 francs, ça ne fait pas assez** we've got 150 francs, that's not enough. **-4.** [mesurer]: **il doit bien ~ 1 m 90** he must be 1 m 90 tall ‖ [taille, pointure]: **je fais du 38** I take size 38 ‖ [peser]: **je fais 56 kg** I weigh ou am 56 kg. **-5.** [indique la durée, le temps]: **ça fait deux jours qu'il n'a pas mangé** he hasn't eaten for two days; **elle a téléphoné, cela fait bien une heure** she phoned at least an hour ago ‖ *fam* [durer – suj: vêtement, objet] to last; **ton cartable te fera encore bien cette année** your schoolbag will last ou do you this year; **il n'a pas fait deux mois dans cette entreprise** he didn't stay in the company more than two months. **G.** VERBE ATTRIBUTIF **-1.** [paraître]: **la broche fait bien** ou **joli** ou **jolie sur ta robe** the brooch looks nice on your dress; **elle parle avec un léger accent, il paraît que ça fait bien!** she talks with a slight accent, it's supposed to be smart!; **ça fait bizarre** it looks strange; **il me faudrait un nom qui fasse artiste** I would need a name which sounds good for an artist; **ça fait comment** ou **quoi de voir ton nom sur une affiche?** what's it like to see your name on a poster?; **~ son âge** to look one's age. **-2.** *fam* [devenir, embrasser la carrière

de] to be; **je veux ~ pompier** I want to be a fireman. **H.** VERBE DE SUBSTITUTION: **range ta chambre** — **je l'ai déjà fait** go and tidy up your room — I've already done it; **vous le lui expliquerez mieux que je ne saurais le ~** you'll explain it to her better than I could; **tu lui écriras?** — **oui, je le ferai** will you write to him? — yes I will; **puis-je prendre cette chaise?** — **(mais) faites donc!** *sout* may I take this chair? — please do ou by all means!

◇ *vi* [agir] to do; **fais comme chez toi** [à l'arrivée de qqn] make yourself at home; **fais comme chez toi, surtout!** *iron* you've got a nerve!, don't mind me! *iron*; **faites comme vous voulez** do as you please; **fais comme tu veux!** [ton irrité] suit yourself!; **je le lui ai rendu** — **tu as bien fait!** I gave it back to him — you did the right thing ou you did right!; **pourquoi l'as-tu acheté?** — **je croyais bien ~!** why did you buy it? — I thought it was a good idea!; **tu ferais bien d'y réfléchir** you'd do well to ou you should ou you'd better think about it!; **pour bien ~, il faudrait réserver aujourd'hui** for the best thing would be to book today, ideally we should book today; **ça commence à bien ~!** enough is enough!

◇ *v impers* **-1.** MÉTÉO: **il fait chaud/froid** it's hot/cold; **il faisait nuit** it was dark; **il fait (du) soleil** the sun is shining. **-2.** *loc*: **c'en est fait de** *sout*: **c'en est fait de vous** you've had it, you're done for; **c'est bien fait pour toi** it serves you right.

◇ *v aux* **-1.** [provoquer une réaction]: **tu l'as fait rougir** you made her blush; **ça me fait dormir** it puts ou sends me to sleep. **-2.** [forcer à] to make, to have; **fais-moi penser à le lui demander** remind me to ask him; **faites-le attendre** [pour qu'il s'impatiente] let him wait; [en lui demandant] ask him to wait; **n'essaie pas de me ~ croire que...** don't try to make ou to have me believe that...; **ne me fais pas dire ce que je n'ai pas dit** don't put words into my mouth; **il me faisait ~ ses dissertations** he had me write his essays for him. **-3.** [commander de]: **~ faire qqch par qqn** to have sb do ou make sthg, to have sthg done ou made by sb; **il fait ~ ses costumes sur mesure** he has his suits tailormade.

◆ **faire dans** *v + prép fam*: **il ne fait pas dans le détail** he doesn't bother about details; **son entreprise fait maintenant dans les produits de luxe** her company now produces luxury items.

◆ **se faire** ◇ *vp (emploi réfléchi)* **-1.** [réussir]: **elle s'est faite seule** she's a self-made woman. **-2.** [se forcer à]: **se ~ pleurer/vomir** to make o.s. cry/vomit.

◇ *vp (emploi réciproque)*: **se ~ la guerre** to wage war on each other.

◇ *vp (emploi passif)* **-1.** [être à la mode] to be fashionable, to be in fashion; **les salopettes ne se font plus** dungarees are out of fashion. **-2.** [être convenable]: **ça ne se fait pas de demander son âge à une femme** it's rude ou it's not done to ask a woman her age. **-3.** [être réalisé]: **sans argent le film ne se fera pas** without money the film will never be made; **les choses se font petit à petit** things evolve gradually; **je dois signer un nouveau contrat, mais je ne sais pas quand cela va se ~** I'm going to sign a new contract, but I don't know when that will be; **tu pourrais me prêter 1 500 F?** — **ça pourrait se ~** could you lend me 1,500 F? — that should be possible ‖ *(tournure impersonnelle)*: **comment se fait-il que...?** how come ou how is it that...?; **il pourrait se ~ que... il** might ou may be that...; **c'est possible that...; c'est ce qui se fait de mieux en papiers peints lavables** it's the best washable wallpaper available.

◇ *vpi* **-1.** [se former]: **les couples se font et se défont** people get together and separate. **-2.** *(suivi d'un infinitif)*: **se ~ opérer** to have an operation; **se ~ tuer** to get killed; **se ~ couper les cheveux** to have one's hair cut. **-3.** [devenir] to become; **sa voix se fit plus grave** his voice became deeper; **il s'arrive à l'heure, je veux bien me ~ nonne!** *fam* if he arrives on time, I'll eat my hat! ‖ *(tournure impersonnelle)*: **il se fait tard** it's getting late. **-4.** [s'améliorer – fromage] to ripen; [– vin] to mature; **mes chaussures me serrent** — **elles vont se ~ my** shoes feel tight — they'll stretch.

◇ *vpt* **-1.** [fabriquer]: **elle se fait ses vêtements** she makes her own clothes. **-2.** [effectuer sur soi]: **il se fait ses piqûres seul** he gives himself his own injections; **je me suis fait une natte** I've plaited my hair ‖ [se maquiller]: **se ~ les ongles** to do one's nails; **se ~ les yeux** to make up one's eyes. **-3.** [gagner]: **elle se fait 30 000 F par mois** she earns 30,000 F per month, she gets 30,000 F every month. **-4.** *fam*

[s'accorder]: on se fait un film/un petit café? what about going to see a film/going for a coffee?; on s'est fait les trois musées dans la journée we did the three museums in one day. **-5.** *fam* [supporter]: il faut se la ~! she's a real pain!**-6.** ▽ *arg crime* [tuer] to kill, to bump off; [agresser] to beat up. **-7.** ▼[posséder sexuellement] to screw, to lay.
◆ **se faire à** *vp* + *prép* to get used to.
◆ **s'en faire** *vpi* to worry; je ne m'en fais pas pour lui I'm not worried about him; elle s'en souviendra, ne t'en fais pas! she'll remember, don't you worry!; encore au lit? tu ne t'en fais pas! still in bed? you're taking it easy, aren't you?; tu as ouvert mon courrier? faut pas t'en ~! *fam* you've opened my mail? you've got some nerve ou don't mind me!

**faire-part** [fɛrpar] *nm inv* [dans la presse] announcement; ~ de décès death notice; ~ de mariage wedding announcement ‖ [carte] *card sent to family or friends announcing a birth, wedding, death etc.*

**faire-valoir** [fɛrvalwar] *nm inv* **-1.** THÉÂT stooge, straight man; c'est lui le ~ de Robert he acts as straight man to Robert. **-2.** AGR farming.

**fair-play** [fɛrplɛ] ◇ *nm inv* fair play, fair-mindedness. ◇ *adj inv* fair-minded; il est ~ [joueur] he plays fair; *fig* he has a sense of fair play.

**faisabilité** [fəzabilite] *nf* feasibility.

**faisable** [fəzabl] *adj* [réalisable] feasible; [possible] possible; ce n'est pas ~ par un enfant no child could do it.

**faisais** [fəzɛ] *v* → **faire**.

**faisan** [fəzɑ̃] *nm* **-1.** ZOOL (cock) pheasant. **-2.** *fam & péj* crook, con-man.

**faisandé, e** [fəzɑ̃de] *adj* **-1.** CULIN gamy, high. **-2.** [goût, littérature] decadent.

**faisander** [3] [fəzɑ̃de] *vt* CULIN to hang.
◆ **se faisander** *vpi* **-1.** CULIN to get high. **-2.** [pourrir] to rot.

**faisane** [fəzan] *adj f & nf*: (poule) ~ (hen) pheasant.

**faisant** [fəzɑ̃] *p prés* → **faire**.

**faisceau, x** [fɛso] *nm* **-1.** [rayon] beam, ray; ~ cathodique cathode ray; ~ électronique electron beam; ~ hertzien radio beam; ~ lumineux light beam. **-2.** [gerbe] cluster, bundle; ~ de fils wiring harness; ~ de preuves *fig* accumulation of evidence. **-3.** MIL [pyramides d'armes] stack of arms; former/rompre les ~x to stack/to unstack arms. **-4.** ANAT & BOT fascicle. **-5.** RAIL: ~ de voies group of sidings. **-6.** ANTIQ & HIST fasces.

**faiseur, euse** [fəzœr, øz] *nm, f* **-1.** [artisan] maker; le bon ~ a first-class tailor. **-2.** *péj*: faiseuse d'anges back-street abortionist; ~ d'embarras fusspot; ~ de miracles miracle worker; ~ de vers poetaster. **-3.** *péj* [escroc] swindler, dishonest businessman; [hâbleur] show-off, braggart.

**faisons** [fəzɔ̃] *v* → **faire**.

**faisselle** [fɛsɛl] *nf* **-1.** [récipient] cheese basket. **-2.** [fromage] fromage frais (*packaged in its own draining basket*).

**fait¹** [fɛ] *nm* **-1.** [action] act, deed; l'erreur est de son ~ it was his mistake ❑ ~ d'armes feat of arms; ~s de guerre acts of war; les ~s et gestes de qqn everything sb says and does, sb's every move; hauts ~s heroic deeds; prendre qqn sur le ~ to catch sb red-handed; prendre ~ et cause pour qqn to side with sb. **-2.** [événement] event, fact, occurrence; ~ nouveau new development; au moment des ~s at the time; racontez-nous les ~s tell us what happened; les ~s qui lui sont reprochés the charge laid against him; de ce ~ thereby; il est pénalisé par le seul ~ de son divorce the very fact that he's divorced puts him at a disadvantage; par le seul ~ que (solely) because of, due (solely) to the fact that; ~ (juridique) JUR fact; ~ concluant JUR conclusive evidence; ~s constitutifs de délit JUR factors that constitute an offence; ~ exprès: c'est (comme) un ou on dirait un ~ exprès it's almost as if it was deliberate; comme (par) un ~ exprès, il n'avait pas de monnaie funnily enough, he had no change. **-3.** [réalité] fact; c'est un ~ it's a (matter of) fact; le ~ que nous étions en retard the fact is we were late ❑ placer ou mettre qqn devant le ~ accompli to present sb with a fait accompli; considérer qqch comme un ~ acquis to take sthg for granted; état de ~ (inescapable) fact; le ~ est! *fam* that's right!, you've said it!**-4.** [sujet, question] point; aller (droit) au ~ to go straight to the point; venons-en au

~ let's come ou get to the point. **-5.** *loc*: dire son ~ à qqn to give sb a piece of one's mind.
◆ **au fait** *loc adv* by the way, incidentally.
◆ **au fait de** *loc prép* well aware of, fully informed about; mettre qqn au ~ de la situation to inform sb about the situation.
◆ **de fait** *loc adj* **-1.** JUR actual, de facto. **-2.** [en affirmation]: il est de ~ que it is true ou a fact that.
◆ **de fait, en fait** *loc adv* in fact, actually, as a matter of fact.
◆ **du fait de** *loc prép* because of, due to, on account of.
◆ **du fait que** *loc conj* because (of the fact that).
◆ **en fait de** *loc prép* **-1.** [en guise de] by way of; en ~ de nourriture, il n'y a qu'une boîte de sardines there's only a can of sardines by way of food. **-2.** [au lieu de] instead of.

**fait², e** [fɛ, fɛt] ◇ *pp* → **faire**. ◇ *adj* **-1.** [formé]: elle a la jambe bien ~e she's got shapely ou nice legs; une femme fort bien ~e a very good-looking woman ❑ ~ au tour shapely, well-turned. **-2.** [mûr] mature, ripe; un fromage ~ a fully ripened cheese; trop ~ over-ripe. **-3.** [maquillé] made-up; elle a les yeux ~s she's wearing eye make-up. **-4.** [prêt]: tout ~ [vêtement] ready-made, ready-to-wear; [tournure] set, ready-made; une expression toute ~e a set phrase, a cliché.

**faîtage** [fɛtaʒ] *nm* [poutre] ridgeboard, ridgepiece; [couverture] ridge tiling.

**fait divers** (*pl* faits divers), **fait-divers** (*pl* faits-divers) [fɛdiver] *nm* **-1.** [événement] news story, news item. **-2.** [rubrique] (news) in brief; [page] news in brief.

**faîte** [fɛt] *nm* **-1.** GÉOG crest, top. **-2.** [sommet] top, summit. **-3.** CONSTR ridgepiece. **-4.** [summum] climax, acme; le ~ de la gloire the height of glory.

**faites** [fɛt] *v* → **faire**.

**faîtière** [fɛtjɛr] ◇ *adj f* → **lucarne, tuile**. ◇ *nf* crest tile, ridge-tile.

**faitout** [fɛtu] *nm*, **fait-tout** [fɛtu] *nm inv* stewpot, cooking pot.

**faix** [fɛ] *nm litt* burden, load.

**fakir** [fakir] *nm* **-1.** RELIG fakir. **-2.** [magicien] conjurer.

**falaise** [falɛz] *nf* cliff.

**falbalas** [falbala] *nmpl péj* frills (and furbelows); une architecture sans ~ an unadorned style of architecture.
◆ **à falbalas** *loc adj* [robe, rideau] flouncy, frilly.

**Falkland** [folklãd] *npr fpl*: les (îles) ~ the Falkland Islands, the Falklands.

**fallacieux, euse** [falasjø, øz] *adj* **-1.** [trompeur] deceptive, misleading, fallacious; l'espoir ~ de les rencontrer the illusory hope of meeting them; sous un prétexte ~ on some pretext. **-2.** [spécieux] insincere, specious.

**falloir** [69] [falwar] *v impers* **A.** EXPRIME LE BESOIN **-1.** [gén]: pour ce tricot, il faut des aiguilles n° 6 to knit this jumper, you need number 6 needles; il faut deux heures pour y aller it takes two hours to get there; faut-il vraiment tout ce matériel? is all this equipment really necessary?; il est inspecteur des impôts — il en faut! *hum* he's a tax inspector — someone has to do it!; ajoutez de la moutarde, juste ce qu'il faut add some mustard, not too much; je crois que nous avons trouvé l'homme qu'il nous faut [pour un poste] I think we've found the right person for the job; c'est tout ce qu'il vous fallait? [dans une boutique] anything else?; il me faudrait deux filets de cabillaud, s'il vous plaît I'd like two cod fillets, please; j'ai plus d'argent qu'il n'en faut I've got more money than I need; il ne lui en faut pas beaucoup pour se mettre en colère it doesn't take a lot ou much to make her angry ❑ il t'a fait ses excuses, qu'est-ce qu'il te faut de plus? *fam* he apologized, what more do you want?; il n'est pas très beau — qu'est-ce qu'il te faut! *fam* he's not really good-looking — you're hard to please!; ce n'est pas très cher — qu'est-ce qu'il te faut! *fam* it's not very expensive — well, what do you call expensive then?; je suis satisfait de lui — il t'en faut peu! *fam* I'm satisfied with him — you're not hard to please!; il faut ce qu'il faut! *fam* well, you might as well do things in style! **-2.** (*suivi d'une complétive au subj*): il faudrait que nous nous réunissions plus souvent we should have more regular meetings. **B.** EXPRIME L'OBLIGATION **-1.** [gén]: je lui ai dit — le fallait-il vraiment? I told him — was it really necessary ou did you really have to?; il ne fallait pas *fam* [en recevant un cadeau] you shouldn't have; **s'il le faut** if I/we must, if necessary. **-2.** *(suivi de l'infinitif)*: **il faut m'excuser** please forgive me, you must forgive me; **j'ai besoin d'aide — d'accord, que faut-il faire?** I need help — all right, what do you want me to do?; **c'est un film qu'il faut voir (absolument)** this film's a must; **il faut bien se souvenir/se dire que...** it has to be remembered/said that...; **s'il fallait faire attention à tout ce que l'on dit!** if one had to mind one's Ps and Qs all the time!; **il ne fallait pas commencer!** you shouldn't have started!; **j'ai faim — il fallait le dire!** I'm hungry — why didn't you say so?; **qui faut-il croire?** who is to be believed?; **il me fallait lui mentir** *sout* I had to lie to him. **-3.** *(suivi d'une complétive au subj)*: **il a fallu que je m'absente** I had to go out for a while. **-4.** *(au conditionnel, sens affaibli)*: **il aurait fallu prévenir la police** the police should have been called; **attention, il ne faudrait pas que tu te trompes!** careful, you'd better not make any mistakes!; **il ne faudrait pas me prendre pour une idiote!** do you think I'm stupid?**-5.** [en intensif]: **il faut le voir pour le croire!** *fam* it has to be seen to be believed!; **il faut le faire** *fam*: il faut le faire! [en regardant un acrobate, un magicien] that's amazing!; **ne pas fermer sa voiture, faut le faire!** it takes a fool *ou* you've got to be completely stupid to leave your car unlocked!; **ça représente un cheval — il fallait le deviner!** it's supposed to be a horse — I'd never have known!; **il fallait l'entendre!** you should have heard him! **C.** EXPRIME UNE FATALITÉ: **il a fallu que le téléphone sonne juste à ce moment-là!** the phone had to ring just then! **D.** POUR JUSTIFIER, EXPLIQUER: **il faut que tu aies fait mal à Rex pour qu'il t'ait mordu!** you must have hurt Rex to make him bite you! ◆ **s'en falloir** *v impers*: **il s'en faut de beaucoup qu'il n'ait fini!** he's far from having finished!; **peu s'en est fallu que je ne manque le train!** I very nearly *ou* almost missed the train!; **il s'en est fallu de rien** *ou* **d'un cheveu** *fam* **ou** **d'un doigt** *fam* **qu'il ne fût décapité** he came within inches of having his head chopped off ❑ **tant s'en faut** far from it, not by a long way.

**fallu** [faly], **fallut** [faly] *v* → **falloir**.

**falot¹** [falo] *nm* lantern.

**falot², e** [falo, ɔt] *adj* colourless, bland, vapid; **c'est un personnage assez ~** he's rather insipid.

**falsifiable** [falsifjabl] *adj* **-1.** [signature, document] falsifiable, forgeable. **-2.** PHILOS which can be falsified.

**falsificateur, trice** [falsifikatœr, tris] *nm, f* falsifier, forger.

**falsification** [falsifikasjɔ̃] *nf* falsification, faking, forgery; **~ des registres** tampering with registers.

**falsifier** [9] [falsifje] *vt* [vin, lait] to adulterate; [document, signature] to forge, to falsify.

**falzar**▽ [falzar] *nm* trouser *Br*, pants *Am*.

**famé, e** [fame] *adj* → **mal famé, e**.

**famélique** [famelik] *adj* [chat] scrawny; [prisonnier] half-starved.

**fameusement** [famøzmɑ̃] *adv fam* very, really.

**fameux, euse** [famø, øz] *adj* **-1.** [célèbre] famous, renowned, well-known. **-2.** *fam* [bon – gén] brilliant; [– repas, mets] excellent, delicious. **-3.** [en intensif]: **c'est un ~ mystère** it's quite a mystery; **un ~ exemple de courage** an outstanding example of courage. **-4.** [dont on parle] famous; **et où as-tu acheté ce ~ bouquin?** where did you buy the book you were talking about?**-5.** *iron* so-called; **c'est ça, ton ~ trésor?** is THAT your famous treasure?

**familial, e, aux** [familjal, o] *adj* **-1.** [de famille] domestic, family *(modif)*; **vie/réunion ~e** family life/meeting; **une atmosphère ~e** a friendly atmosphere; **querelles ~es** domestic quarrels; **cet élève a des problèmes familiaux** this pupil has problems at home ❑ **la cuisine ~e** home cooking; **quotient/revenu ~** family quotient/income. **-2.** COMM family-sized, economy *(modif)*; **emballage ~** economy-size *ou* family pack.

**familiarisation** [familjarizasjɔ̃] *nf* familiarization.

**familiariser** [3] [familjarize] *vt*: **~ qqn avec** to make sb familiar *ou* to familiarize sb with, to get sb used to. ◆ **se familiariser avec** *vp + prép* to familiarize o.s. with; **~ avec les lieux** to get one's bearings; **se ~ avec une technique/langue** to master a technique/language.

**familiarité** [familjarite] *nf* **-1.** [désinvolture] familiarity, casualness. **-2.** [connaissance]: **il a une grande ~ avec l'œuvre de Proust** he has a close *ou* an intimate knowledge of the work of Proust. ◆ **familiarités** *nfpl* liberties, undue familiarity; **s'autoriser** *ou* **prendre des ~s avec qqn** to take liberties *ou* to be overfamiliar with sb.

**familier, ère** [familje, ɛr] *adj* **-1.** [connu] familiar; **~ à: le problème m'est ~** I am familiar with the problem; **la maison lui était familière** he remembered the house quite clearly; **ce spectacle/bruit lui était ~** it looked/sounded familiar to him. **-2.** [habituel] usual; **une tâche familière** a routine task; **~ à: ce genre de travail leur est ~** they are used to this kind of work. **-3.** [apprivoisé] domestic, tame. **-4.** *péj* [cavalier] overfamiliar. **-5.** LING colloquial, informal. ◆ **familier** *nm* **-1.** [ami] familiar, friend. **-2.** [client] habitué, regular.

**familièrement** [familjɛrmɑ̃] *adv* **-1.** [amicalement] familiarly, informally, casually. **-2.** [couramment] colloquially, in conversation; **la saxifrage, ~ appelée mignonnette** saxifrage, commonly named London pride.

**famille** [famij] *nf* **-1.** [foyer] family, household; **la ~ Laverne** the Laverne family, the Lavernes; **il rentre dans sa ~ tous les week-ends** he goes back home every weekend ❑ **~ monoparentale** single-parent family; **~ nombreuse**, *Helv* **grande ~** large family. **-2.** [enfants] family, children; **comment va la petite ~?** how are the children? **-3.** [tous les parents] family, relatives; **ils sont de la même ~** they're related; **prévenir la ~** to inform sb's relatives; JUR to inform the next of kin; **c'est une ~ de danseurs** they're all dancers in their family, they're a family of dancers. **-4.** BOT, LING & ZOOL family, group; **~ de langues** group of languages; **~ de mots/plantes** family of words/plants ‖ CHIM & PHYS chain, family; **~ de l'uranium** uranium series ‖ MATH & MUS family; **la ~ des instruments à vent** winds, the wind family. **-5.** [idéologie] obedience, persuasion; **de la même ~ politique** of the same political persuasion. ◆ **de bonne famille** *loc adj* well-bred, from a good family. ◆ **de famille** ◇ *loc adj* [cercle, médecin, biens] family *(modif)*; **chef de ~** head of the family, (main) breadwinner. ◇ *loc adv*: **c'est** *ou* **cela tient de ~** it runs in the family, it's in the blood. ◆ **des familles** *loc adj fam* cosy, nice (little). ◆ **en famille** *loc adv* **-1.** [en groupe]: **passer Noël en ~** to spend Christmas with one's family *ou* at home. **-2.** [en confiance]: **se sentir en ~** to feel at home; **ma petite Sylvie, vous serez (comme) en ~ ici!** my dear Sylvie, please consider yourself at home here!

**famine** [famin] *nf* famine, starvation; **ils souffrent de la ~** they're victims of the famine, they're starving.

**fan** [fan] *nmf fam, cin ~ de jazz* he is a jazz fan.

**fana** [fana] *fam* ◇ *adj* enthusiastic, crazy; **il est ~ de sport** he is crazy about sport. ◇ *nmf* fan; **c'est une ~ de cinéma** she loves the cinema.

**fanal, aux** [fanal, o] *nm* lantern, lamp.

**fanatique** [fanatik] ◇ *adj* **-1.** RELIG & *péj* fanatical, bigoted, zealous. **-2.** [passionné] enthusiastic; **il est ~ des jeux vidéo** he's mad about video games; **je ne suis pas ~ de la bière** I'm not (that) keen on beer. ◇ *nmf* **-1.** RELIG & *péj* zealot. **-2.** [partisan] fan, fanatic.

**fanatiser** [3] [fanatize] *vt* to fanaticize, to make fanatical.

**fanatisme** [fanatism] *nm* fanaticism.

**fan-club** [fanklœb] *(pl* **fans-clubs)** *nm* **-1.** [d'un artiste] fan club. **-2.** *hum* admirers, supporters, fan club *fig*.

**fane** [fan] *nf* **-1.** [de légumes] top; **~s de carotte/radis** carrot/radish tops. **-2.** [feuille morte] (dead *ou* fallen) leaf.

**faner** [3] [fane] ◇ *vi* **-1.** [faire] make hay. **-2.** [se flétrir] to wither. ◇ *vt* **-1.** AGR to ted, to toss. **-2.** [décolorer] to fade; **fané par le soleil** faded by the sun, sun-bleached; **des couleurs fanées** faded *ou* washed-out colours. ◆ **se faner** *vpi* **-1.** BOT to fade, to wither. **-2.** [perdre son éclat] to wane, to fade.

**fanfare** [fɑ̃far] *nf* [air] fanfare; [orchestre – civil] brass band; [– militaire] military band. ◆ **en fanfare** *loc adv* [réveiller] noisily, brutally; **annoncer la nouvelle en ~** to trumpet the news.

**fanfaron, onne** [fɑ̃farɔ̃, ɔn] ◇ *adj* boastful, swaggering;

d'un air ~ boastfully. ◇ *nm, f* boaster, braggart, swaggerer; faire le ~ to crow; ah, tu ne fais plus le ~, maintenant? ah, so you're not so pleased with yourself now?

**fanfaronnade** [fɑ̃faʀɔnad] *nf* **-1.** [acte] bravado *(U)*. **-2.** [remarque] boast.

**fanfaronner** [3] [fɑ̃faʀɔne] *vi* to boast, to brag, to swagger.

**fanfreluche** [fɑ̃fʀəlyʃ] *nf*: des ~s frills (and furbelows).

**fange** [fɑ̃ʒ] *nf litt* mire; vivre dans la ~ to live a life of degradation.

**fanion** [fanjɔ̃] *nm* flag, pennant.

**fanon** [fanɔ̃] *nm* **-1.** [d'une baleine] whalebone plate. **-2.** [bajoue – d'un bœuf] dew-lap; [– d'une dinde] lappet, wattle. **-3.** [d'un cheval] fetlock.

**fantaisie** [fɑ̃tezi] *nf* **-1.** [originalité] imagination; donner libre cours à sa ~ to give free rein to one's imagination; manquer de ~ to lack imagination ‖ *péj* fantasy; vous interprétez le règlement avec beaucoup de ~ you have a rather imaginative interpretation of the rules. **-2.** [lubie] whim; c'est sa dernière ~ it's his latest whim; et s'il lui prend la ~ de partir? what if he should take it into his head to leave?; je m'offre une petite ~, un week-end à Amsterdam I'm giving myself a little treat, a weekend in Amsterdam; n'en faire qu'à sa ~ to do exactly as one pleases. **-3.** [bibelot] fancy; un magasin de ~s a novelty shop. **-4.** BX-ARTS & LITTÉRAT (piece of) fantasy; MUS fantasy, fantasia; [créativité] fancy, imagination, imaginative power. **-5.** *(comme adj inv)* [simulé] imitation; bijou ~ piece of costume jewellery ‖ [peu classique] fancy; des boutons ~ fancy buttons.

◆ **de fantaisie** *loc adj* [à bon marché] novelty *(modif)*; article de ~ novelty.

**fantaisiste** [fɑ̃tezist] ◇ *adj* **-1.** [farfelu] eccentric, unconventional. **-2.** [inventé] fanciful. ◇ *nmf* **-1.** THÉÂT variety artist, sketcher. **-2.** *péj* [dilettante] joker, clown.

**fantasmagorie** [fɑ̃tasmagɔʀi] *nf* **-1.** [féerie] phantasmagoria. **-2.** [effets de style] gothic effects.

**fantasmagorique** [fɑ̃tasmagɔʀik] *adj* magical, phantasmagorical *litt*.

**fantasmatique** [fɑ̃tasmatik] *adj* fantasy *(modif)*.

**fantasme** [fɑ̃tasm] *nm* fantasy.

**fantasmer** [3] [fɑ̃tasme] *vi* to fantasize; ~ sur qqch/qqn to fantasize about sthg/sb.

**fantasque** [fɑ̃task] *adj* **-1.** [capricieux] capricious, whimsical. **-2.** *litt* [bizarre] odd, weird.

**fantassin** [fɑ̃tasɛ̃] *nm* foot soldier, infantry man.

**fantastique** [fɑ̃tastik] ◇ *adj* **-1.** [fabuleux – animal, personnage] fantastical, fabulous, fantasy *(modif)*. **-2.** CIN & LITTÉRAT: roman ~ gothic novel; cinéma ~ science-fiction ou fantasy films. **-3.** *fam* [formidable] great, brilliant. **-4.** [étonnant] extraordinary, unbelievable; il a un courage ~ he's incredibly courageous. ◇ *nm*: le ~ [l'étrange] the fantastic, the supernatural; [genre] the gothic (genre).

**fantoche** [fɑ̃tɔʃ] *nm péj* puppet; *(comme adj)*: un gouvernement/souverain ~ a puppet government/king; une armée ~ a non-existent army.

**fantomatique** [fɑ̃tɔmatik] *adj* phantom *(modif)*, ghostly.

**fantôme** [fɑ̃tom] *nm* **-1.** [revenant] ghost, phantom, spirit. **-2.** *litt* [apparence] ghostly image ou shape, ghost; un ~ de parti politique a phantom political party. **-3.** *(comme adj)*: cabinet ~ shadow cabinet; société ~ bogus company; où est ce rapport ~? where is this supposed report?

**FAO** ◇ *nf (abr de* fabrication assistée par ordinateur*)* CAM. ◇ *npr f (abr de* Food and Agricultural Organisation*)* FAO.

**faon** [fɑ̃] *nm* fawn.

**faquin** [fakɛ̃] *nm arch* knave.

**far** [faʀ] *nm*: ~ (breton) *Breton custard tart with prunes.*

**farad** [faʀad] *nm* farad.

**faramineux, euse** [faʀaminø, øz] *adj fam* [somme, fortune] huge, tremendous.

**farandole** [faʀɑ̃dɔl] *nf* DANSE farandole.

**faraud, e** [faʀo, od] ◇ *adj* boastful; il n'était pas si ~ pendant l'orage he wasn't so cocky during the storm. ◇ *nm, f*: faire le ~ to show off.

**farce[1]** [faʀs] ◇ *nf* **-1.** [tour] practical joke, prank, trick; faire une ~ à qqn to play a trick on sb; la situation tournait à la

~ things were becoming farcical; une mauvaise ~ a joke gone wrong. **-2.** LITTÉRAT & THÉÂT farce; la vie n'est qu'une ~ life is nothing but a farce. ◇ *adj vieilli* comical.

◆ **farces et attrapes** *nfpl* assorted tricks.

**farce[2]** [faʀs] *nf* CULIN forcemeat, stuffing.

**farceur, euse** [faʀsœʀ, øz] ◇ *adj* mischievous; il a l'œil ~ he has a waggish look; ils sont ~s they like playing tricks. ◇ *nm, f* practical joker, prankster; petit ~! you rascal!

**farci, e** [faʀsi] *adj* CULIN stuffed.

**farcir** [32] [faʀsiʀ] *vt* **-1.** CULIN to stuff. **-2.** *fam* [remplir]: ~ qqch avec ou de to fill sthg choc-a-block with, to cram sthg with; elle avait la tête farcie de superstitions her head was crammed full of superstitious beliefs.

◆ **se farcir** *vpt*: se ~ qqn *fam* [le subir] to have to put up with ou to have to take sb; [sexuellement]▼to have it off with *Br* ou to screw sb; se ~ qqch *fam* [le subir] to have to put up with ou to have to take sthg; [le boire] to knock sthg back, to down sthg; [le manger] to stuff o.s. with sthg; son beau-frère, faut se le ~! his brother-in-law is a real pain!

**fard** [faʀ] *nm* **-1.** [produit] colour *(for make-up)*; ~ à joues blusher; ~ à paupières eyeshadow. **-2.** *vieilli* [maquillage]: le ~ [gén] make-up; THÉÂT greasepaint.

◆ **sans fard** ◇ *loc adj* straightforward, frank. ◇ *loc adv* straightforwardly, frankly.

**farde** [faʀd] *nf Belg* **-1.** [cahier] exercise book. **-2.** [chemise] folder. **-3.** [cartouche] carton *(of cigarettes)*.

**fardeau, x** [faʀdo] *nm* **-1.** [poids] burden, load. **-2.** [contrainte] burden, millstone.

**farder** [3] [faʀde] *vt* **-1.** [maquiller] to make up *(sép)*. **-2.** [cacher] to conceal, to mask; ~ la réalité/ses sentiments to disguise the truth/one's feelings. **-3.** COMM to camouflage.

◆ **se farder** *vp (emploi réfléchi)* to make up one's face, to put one's make-up on.

**farfadet** [faʀfade] *nm* imp, elf, goblin.

**farfelu, e** [faʀfəly] *fam* ◇ *adj* crazy, strange, cranky. ◇ *nm, f* oddball, weirdo, crackpot.

**farfouiller** [3] [faʀfuje] *fam* ◇ *vi* to rummage about. ◇ *vt* [chercher]: qu'est-ce que tu farfouilles? what are you after?

**faribole** [faʀibɔl] *nf litt* piece of nonsense; ~s! nonsense!

**farine** [faʀin] *nf* **-1.** CULIN flour; ~ d'avoine oatmeal; ~ de froment/seigle wheat/rye flour; ~ de maïs cornflour. **-2.** [poudre] powder.

**fariner** [3] [faʀine] *vt* to flour, to sprinkle flour over.

**farineux, euse** [faʀinø, øz] *adj* **-1.** [fariné] floury, flour-covered. **-2.** [pâteux – poire] mealy; [– pomme de terre] floury. **-3.** [au goût de farine] chalky, floury. **-4.** [féculent] farinaceous *spéc*, starchy.

◆ **farineux** *nm* starchy food.

**farlouche** [faʀluʃ] *nf Can* mixture of raisins and molasses used in tarts.

**farniente** [faʀnjɛnte, faʀnjɑ̃t] *nm* idleness, laziness.

**farouche** [faʀuʃ] *adj* **-1.** [caractère] fierce, unflinching; [volonté] fierce. **-2.** [animal] wild; un animal peu ~ a tame animal ‖ [personne] shy, coy. **-3.** [brutal] cruel, savage.

**farouchement** [faʀuʃmɑ̃] *adv* **-1.** [ardemment] definitely, unquestionably; je suis ~ contre! I am definitely against it!; il est toujours ~ décidé à ne pas bouger he's still adamant he won't move. **-2.** [violemment] fiercely, savagely.

**fart** [faʀ(t)] *nm* skiing wax.

**farter** [3] [faʀte] *vt* to wax *(skis)*.

**fascicule** [fasikyl] *nm* **-1.** [partie d'un ouvrage] instalment, part, section; publié par ~s published in parts. **-2.** [livret] booklet, manual.

**fascinant, e** [fasinɑ̃, ɑ̃t] *adj* captivating, fascinating.

**fascination** [fasinasjɔ̃] *nf* fascination; exercer une ~ sur to be fascinating to.

**fasciner** [3] [fasine] *vt* [charmer – suj: spectacle] to captivate, to fascinate; elle est fascinée par ce garçon she has been bewitched by that boy, she is under that boy's spell.

**fascisant, e** [faʃizɑ̃, ɑ̃t] *adj* fascist, fascistic, pro-fascist.

**fascisme** [faʃism] *nm* **-1.** [gén] fascism. **-2.** HIST Fascism.

**fasciste** [faʃist] *adj & nmf* **-1.** [gén] fascist. **-2.** HIST Fascist.

**fasse** [fas] *v* → faire.

**faste** [fast] ◇ *adj* [favorable – année] good; [– jour] good, lucky. ◇ *nm* [luxe] sumptuousness, splendour; avec ~

sumptuously, with pomp (and circumstance), munificent-
ly; **sans** ~ simply, quietly, plainly.
◆ **fastes** *nmpl litt* pomp.

**fast-food** [fastfud] *nm* fast-food restaurant.

**fastidieux, euse** [fastidjø, øz] *adj* boring, dull, tedious.

**fastueux, euse** [fastɥø, øz] *adj* magnificent, munificent,
sumptuous.

**fat** [fa(t)] *litt* ◇ *adj m* bumptious, conceited, self-satisfied;
**prendre un air** ~ to look smug. ◇ *nm* smug person.

**fatal, e, als** [fatal] *adj* -**1.** [fixé par le sort] fateful; **l'instant** ~
the fatal moment. -**2.** [désastreux] disastrous, terrible. -**3.**
[mortel – collision, blessure] fatal, mortal; **porter un coup** ~ **à**
[frapper] to deliver a deadly ou mortal blow to; *fig* to administer the coup de grâce to. -**4.** [inévitable] inevitable.

**fatalement** [fatalmã] *adv* inevitably; **il devait** ~ **perdre** he
was bound to lose.

**fatalisme** [fatalism] *nm* fatalism.

**fataliste** [fatalist] ◇ *adj* fatalist, fatalistic. ◇ *nmf* fatalist.

**fatalité** [fatalite] *nf* -**1.** [sort] destiny, fate; **poursuivi par la** ~
pursued by fate; **la** ~ **s'acharne contre eux** they're dogged
by misfortune. -**2.** [circonstance fâcheuse] mischance; **je le**
**vois chaque fois que j'y vais, c'est une** ~! there must be a
curse on me! every time I go there, I see him!

**fatidique** [fatidik] *adj* -**1.** [marqué par le destin – date, jour]
fated, fateful. -**2.** [important] crucial; **c'est l'instant** ~! it's
now or never!

**fatigable** [fatigabl] *adj*: **facilement** ~ easily tired; **difficile-**
**ment** ~ untiring.

**fatigant, e** [fatigã, ãt] *adj* -**1.** [épuisant] tiring, wearing; **c'est**
**très** ~ it's exhausting; **la lumière vive est** ~**e pour les yeux**
bright light is a strain on the eyes. -**2.** [agaçant] tiresome,
tedious, annoying; **ce que tu peux être** ~! you're a real nuisance!

**fatigue** [fatig] *nf* -**1.** [lassitude] tiredness, weariness; **je**
**tombe** ou **je suis mort de** ~ I'm dead on my feet. -**2.** [ten-
sion – physique] strain; [– nerveuse] stress ~ **musculaire** stiffness; ~ **nerveuse** nervous exhaustion; ~ **oculaire**
eyestrain.

**fatigué, e** [fatige] *adj* -**1.** [las] tired, weary; ~ **de rester**
**debout/d'attendre** tired of standing/waiting. -**2.** [usé – vê-
tement] worn; [– livre] well-thumbed.

**fatiguer** [fatige] [3] ◇ *vt* -**1.** [épuiser] to tire ou to wear out
*(sép)*; **si ça ne te fatigue pas trop** *hum* if you don't mind. -**2.**
[lasser] to annoy; **tu me fatigues avec tes critiques!** your
constant criticism is getting on my nerves! -**3.** [user –
machine, moteur] to put a strain on. -**4.** *dial* [remuer]: ~ **la sa-**
**lade** to toss the (green) salad. ◇ *vi* -**1.** [peiner] to grow tired,
to flag; **dépêche-toi, je fatigue!** hurry up, I'm getting tired!
-**2.** MÉCAN [faiblir] to become weakened; [forcer] to bear a
heavy strain.
◆ **se fatiguer** ◇ *vpi* -**1.** [s'épuiser] to get tired, to tire o.s.
out; **se** ~ **à: tu ne vas pas te** ~ **à tout nettoyer!** don't tire
yourself out cleaning everything! -**2.** [faire un effort] to push
o.s.; **ils ne se sont pas fatigués** they didn't exactly kill
themselves. -**3.** [faire des efforts inutiles]: **ne te fatigue pas**
don't waste your time; **c'était bien la peine que je me fati-**
**gue!** I don't know why I bothered!; **je me fatigue à le lui ré-**
**péter** I wear myself out telling her. ◇ *vpt*: **se** ~ **la vue** ou **les**
**yeux** to put a strain on ou to strain one's eyes.
◆ **se fatiguer de** *vp + prép*: to get tired of.

**fatma** [fatma] *nf péj* North African woman.

**fatras** [fatra] *nm péj* -**1.** [tas] clutter, jumble. -**2.** [mélange]
hotchpotch *Br*, hodgepodge *Am*; **un** ~ **de connaissances** a
confused mass of knowledge.

**fatuité** [fatɥite] *nf* complacency, conceit, smugness.

**faubourg** [fobur] *nm* suburb; ~ **résidentiel** residential suburb; **les** ~**s de la ville** the outskirts of the city.

**faubourien, enne** [foburjɛ̃, ɛn] *adj* suburban; **accent** ~
working-class accent.

**fauchage** [foʃaʒ] *nm* cutting, reaping.

**fauche** [foʃ] *nf* -**1.** *fam* [vol] thieving, (petty) theft; [dans un
magasin] shoplifting. -**2.** AGR & *vieilli* reaping.

**fauché, e** [foʃe] ◇ *adj* -**1.** *fam* [sans argent] broke, skint *Br*,
cleaned out; ~ **comme les blés** flat broke, stony broke
*Br*. -**2.** AGR cut, reaped. ◇ *nm, f fam* penniless individual; **ce**

**sont tous des** ~**s** they haven't got a penny between them.

**faucher** [3] [foʃe] *vt* -**1.** AGR to reap. -**2.** [renverser] to knock
ou to mow down *(sép)*. -**3.** [tuer]: **tous ces jeunes artistes**
**fauchés à la fleur de l'âge** all these young artists struck
down in the prime of life. -**4.** *fam* [voler] to pinch, to swipe;
**qui a fauché le sel?** who's got the salt?

**faucheur, euse** [foʃœr, øz] *nm, f* mower, reaper.
◆ **faucheuse** *nf* -**1.** AGR mechanical reaper. -**2.** *litt*: **la Fau-**
**cheuse** the (grim) Reaper.

**faucheux** [foʃø] *nm* harvest spider, daddy-long-legs.

**Fauchon** [foʃɔ̃] *npr luxury food shop in Paris.*

**faucille** [fosij] *nf* sickle, reaping hook; **la** ~ **et le marteau**
the hammer and sickle.

**faucon** [fokɔ̃] *nm* -**1.** ORNITH falcon, hawk. -**2.** POL hawk.

**fauconnerie** [fokɔnri] *nf* -**1.** [activité] hawking. -**2.** [abri]
hawk-house.

**fauconnier, ère** [fokɔnje, ɛr] *nm, f* falconer.

**faudra** [fodra] *v* → **falloir.**

**faufil** [fofil] *nm* basting ou tacking thread.

**faufiler** [3] [fofile] *vt* COUT to baste, to tack.
◆ **se faufiler** *vpi* to slip through, to edge; **se** ~ **dans la foule**
to weave through the crowd; **se** ~ **entre les voitures** to
weave one's way through the traffic; **les enfants es-**
**sayaient de se** ~ **au premier rang** the children were trying
to sneak up to the front.

**faune** [fon] ◇ *nf* -**1.** ZOOL fauna, animal life. -**2.** *péj* [groupe]
mob, bunch, crowd. ◇ *nm* MYTH faun.

**faussaire** [fosɛr] *nmf* faker, forger, falsifier.

**fausse** [fos] *f* → **faux.**

**faussement** [fosmã] *adv* -**1.** [à tort] wrongfully. -**2.** [en ap-
parence] falsely, spuriously; **d'un air** ~ **ingénu** with a falsely innocent look, with feigned innocence.

**fausser** [3] [fose] *vt* -**1.** [déformer – clef, lame] to bend, to put
out of true; [détériorer – serrure] to damage. -**2.** [réalité, résultat, fait] to distort; [comptes] to falsify; **faire une présenta-**
**tion qui fausse la réalité** to present a distorted vision of
reality. -**3.** [diminuer la justesse de – esprit, raisonnement] to
distort, to twist. -**4.** *loc*: ~ **compagnie à qqn** to give sb the
slip.
◆ **se fausser** *vpi* [voix d'orateur] to become strained; [voix de
chanteur] to lose pitch.

**fausset** [fosɛ] *nm* -**1.** MUS falsetto (voice). -**2.** TECH spigot.

**fausseté** [foste] *nf* -**1.** [inexactitude] falseness, falsity. -**2.**
[duplicité] duplicity, treachery.

**faut** [fo] *v* → **falloir.**

**faute** [fot] *nf* -**1.** [erreur] error, mistake; **faire une** ~ to make
a mistake ❑ ~ **de conduite** driving error; **commettre une**
~ **de goût** to show a lack of taste; ~ **de grammaire** grammatical error ou mistake; ~ **d'impression** misprint; ~
**d'inattention** careless mistake; ~ **d'orthographe** spelling
mistake; ~ **de prononciation** pronunciation mistake. -**2.**
[manquement] misdeed, transgression; **commettre une** ~ to
go wrong; **il n'a commis aucune** ~ he did nothing wrong
❑ ~ **avouée est à moitié pardonnée** *prov* a fault confessed
is half removed *prov*. -**3.** [responsabilité] fault; **c'est (de)**
**ma/ta** ~ it's my/your fault; **c'est bien sa** ~ **s'il est toujours**
**en retard** it's his own fault that he's always late; **tout ça,**
**c'est ta** ~! it's your fault, the whole thing!; **c'est la** ~ **de ton**
**frère** ou **à ton frère** it's your brother's fault; **à qui la** ~?,
**la** ~ **à qui?** *fam* [question] who's to blame?, whose fault is
it?; [accusation] you're the one to blame; **imputer la** ~ **à qqn**
to lay the blame at sb's door; **la** ~ **en revient à l'inflation**
it's because of inflation ❑ **c'est la** ~ **à pas de chance** *fam* it's
just bad luck. -**4.** ADMIN & JUR offence, wrongful act; **respon-**
**sabilité des** ~**s et négligences du personnel** liability for
the faults and defaults of the staff; **fait ou** ~ **de l'assuré** act
or fault of the insured ❑ ~ **par abstention** affirmative
negligence; ~ **commise dans l'exercice de fonctions offi-**
**cielles** instance of official misconduct; ~ **délictuelle** technical offence; ~ **disciplinaire** breach of discipline; ~ **grave**
serious offence, high misdemeanour; ~ **intentionnelle** deliberate transgression of duty; ~ **légère** minor offence; ~
**professionnelle** professional misconduct. -**5.** *vieilli* [défaut]:
**ne pas se faire** ~ **de:** **ils ne se sont pas fait** ~ **de nous pré-**
**venir** they did warn us several times; **je ne me suis pas fait**
~ **de lui rappeler sa promesse** I insisted on his keeping his

promise. **-6.** SPORT fault; ~ de pied foot fault; ~ de main handball, handling the ball.
◆ **en faute** *loc adv*: être en ~ to be at fault; prendre qqn en ~ to catch sb in the act.
◆ **faute de** *loc prép* for want of; ~ de mieux for want of anything better; ~ de quoi otherwise; ~ de pouvoir aller au théâtre, il a regardé la télévision since he couldn't go to the theatre he watched television (instead) ❏ ~ de grives, on mange des merles *prov* half a loaf is better than no bread *prov*, beggars can't be choosers *prov*.
◆ **par la faute de** *loc prép* because of, owing to.
◆ **sans faute** ◇ *loc adj* faultless, offenceless; un parcours sans ~ a perfect race. ◇ *loc adv* without fail.
**fauter** [3] *vi* *euph* & *hum* to sin, to go astray; ~ avec qqn to be led astray by sb.
**fauteuil** [fotœj] *nm* **-1.** [meuble] armchair, chair, seat; ~ à bascule rocking-chair; ~ club club chair; ~ de jardin deck-chair; ~ roulant wheelchair; gagner ou arriver dans un ~ to win hands down. **-2.** THÉÂT: ~ de balcon dress-circle seat; ~ d'orchestre seat in the stalls *Br* ou the orchestra *Am*.
**fauteur, trice** [fotœr, tris] *nm, f*: ~ de troubles trouble-maker.
**fautif, ive** [fotif, iv] ◇ *adj* **-1.** [défectueux – liste] incorrect; [– citation] inaccurate. **-2.** [coupable] offending, responsible; se sentir ~ to feel guilty. ◇ *nm, f* offender; qui est le ~? who's to blame?, who's the culprit?
**fautivement** [fotivmã] *adv* erroneously, by mistake.
**fauve** [fov] ◇ *adj* **-1.** [couleur] fawn-coloured, tawny. **-2.** [âpre – odeur] musky. ◇ *nm* **-1.** ZOOL big cat; les grands ~s the big cats; ça sent le ~ dans cette pièce this room stinks of sweat. **-2.** [couleur] fawn. **-3.** BX-ARTS Fauve, Fauvist.
**fauvette** [fovɛt] *nf* warbler.
**fauvisme** [fovism] *nm* Fauvism.
**faux**[1] [fo] *nf* AGR scythe.
**faux**[2], **fausse** [fo, fos] *adj* **A.** CONTRAIRE À LA VÉRITÉ, À L'EXACTITUDE **-1.** [mensonger – réponse] wrong; [– affirmation] untrue; [– excuse, prétexte] false; [– nouvelle, promesse, témoignage] false; condamné pour ~ serment sentenced for perjury. **-2.** [inexact – raisonnement] false, faulty; [– calcul] wrong; [– balance] faulty; t'as tout ~ *fam* you're completely wrong. **-3.** [non vérifié – argument] false; [– impression] mistaken, wrong; [– espoir] false; tu te fais une fausse idée de lui you've got the wrong idea about him; c'est un ~ problème ou débat this is not the issue. **-4.** MUS [piano, voix] out of tune.
**B.** CONTRAIRE AUX APPARENCES **-1.** [dent, nez, barbe, poche] false; [– bijou, cuir, fourrure, marbre] imitation; [plafond, poutre] false. **-2.** [falsifié – monnaie] false, counterfeit, forged; [– carte à jouer] trick; [– papiers, facture] forged, false; [– testament] spurious; fabriquer de la fausse monnaie to counterfeit money; c'est un ~ Renoir it's a fake Renoir. **-3.** [feint – candeur, émotion] feigned. **-4.** [pseudo – policier] bogus; [– intellectuel] pseudo. **-5.** [hypocrite – caractère, personne] false, deceitful; [– regard] deceitful, treacherous.
◆ **faux** ◇ *adv* **-1.** MUS [jouer, chanter] out of tune, off-key; sonner ~ [excuse] to have a hollow ou false ring; ça sonne ~ it doesn't ring true. **-2.** *loc*: porter à ~ [cloison] to be out of plumb ou true; [objet] to be precariously balanced; [argument, raisonnement] to be unfounded. ◇ *nm* **-1.** [objet, activité] forgery; c'est un ~ [document, tableau] it's a fake ou a forgery ❏ inculper qqn pour ~ et usage de ~ to prosecute sb for forgery and use of forgeries. **-2.** [imitation]: c'est du cuir? – non, c'est du ~ is it leather? – no, it's imitation.
◆ **fausse couche** *nf* miscarriage; faire une fausse couche to have a miscarriage.
◆ **fausse alerte** *nf pr* & *fig* false alarm.
◆ **faux ami** *nm* false friend.
◆ **faux-cul** ◇ *adj* ▽il est ~-cul he's a two-faced bastards. ◇ *nm* VÊT bustle. ◇ *nm, f inv* ▽two-faced bastard (*f* two-faced bitch).
◆ **faux départ** *nm pr* & *fig* false start.
◆ **faux frère** *nm* false friend.
◆ **faux jeton** *fam* ◇ *adj inv* hypocritical. ◇ *nm f* hypocrite.
◆ **faux pas** *nm* **-1.** [en marchant]: faire un ~ pas to trip, to stumble. **-2.** [erreur] false move. **-3.** [maladresse] faux pas, gaffe.

**faux-filet** [fofilɛ] (*pl* **faux-filets**) *nm* sirloin.
**faux-fuyant** [fofɥijã] (*pl* **faux-fuyants**) *nm* excuse, subterfuge; répondre par des ~s to give evasive answers.
**faux-monnayeur** [fomɔnɛjœr] (*pl* **faux-monnayeurs**) *nm* forger, counterfeiter.
**faux-semblant** [fosãblã] (*pl* **faux-semblants**) *nm*: ne vous laissez pas abuser par des ~s don't let yourself be taken in by pretence.
**faux-sens** [fosãs] *nm inv* mistranslation.
**favela** [favɛla] *nf* favela, (Brazilian) shantytown.
**faveur** [favœr] *nf* **-1.** [plaisir] favour; faire une ~ à qqn to do sb a favour; faites-moi une ~ do me a favour; elle ne lui fit même pas la ~ d'un sourire she didn't even favour him with a smile; nous ferez-vous la ~ de votre visite? will you honour us with a visit?; faites-moi la ~ de m'écouter quand je parle would you mind listening when I speak? **-2.** [bienveillance] favour; il a la ~ du président he's in the president's good books; elle a eu la ~ de la presse/du public she found favour with the press/with the public. **-3.** [ruban] ribbon, favour.
◆ **faveurs** *nfpl sout* favours; accorder/refuser ses ~s à qqn *euph* to give/to refuse sb one's favours.
◆ **à la faveur de** *loc prép* owing to, with the help of; à la ~ de la nuit under cover of darkness.
◆ **de faveur** *loc adj* preferential.
◆ **en faveur** *loc adj*: être/ne pas être en ~ to be in/out of favour; être en ~ auprès de qqn to be in favour with sb.
◆ **en faveur de** *loc prép* **-1.** [à cause de] on account of. **-2.** [au profit de] to the benefit of, in favour of; en ma/votre ~ in my/your favour. **-3.** [favorable à] in favour of.
**favorable** [favɔrabl] *adj* **-1.** [propice] favourable, right; saisir le moment ~ to take the opportunity. **-2.** [bien disposé] favourable; se montrer sous un jour ~ to show o.s. in a favourable light; regarder qqch d'un œil ~ to be favourable to sthg; je suis plutôt ~ à son départ I'm rather in favour of his going; je suis ~ à cette décision/à vos idées I approve of this decision/of your ideas.
**favorablement** [favɔrablǝmã] *adv* favourably; répondre ~ to say yes; il a répondu ~ à mon invitation he accepted my invitation; si les choses tournent ~ if things turn out all right.
**favori, ite** [favɔri, it] ◇ *adj* [mélodie, dessert] favourite; [idée, projet] favourite, pet *(modif)*. ◇ *nm, f* **-1.** SPORT favourite. **-2.** [parmi les enfants] favourite.
◆ **favori** *nm* HIST (king's ou royal) favourite.
◆ **favorite** *nf* HIST: la ~te the King's mistress.
◆ **favoris** *nmpl* sideboards, sideburns.
**favorisé, e** [favɔrize] *adj* fortunate; les pays les plus ~s the most favoured nations.
**favoriser** [3] [favɔrize] *vt* **-1.** [traiter avantageusement] to favour, to give preferential treatment to. **-2.** [être avantageux pour] to favour, to be to the advantage of. **-3.** [faciliter] to further, to promote; ~ le développement de l'économie to promote economic development.
**favoritisme** [favɔritism] *nm* favouritism.
**fax** [faks] (*abr de* **Téléfax**) *nm* **-1.** [machine] fax (machine). **-2.** [message] fax; par ~ by fax.
**faxer** [3] [fakse] *vt* to fax.
**fayard** [fajar] *nm Helv* beech.
**fayot** [fajo] *nm fam* **-1.** [haricot] bean. **-2.** *péj* [personne servile] toady, creep.
**fayoter** [3] [fajɔte] *vi fam* to lick sb's boots.
**FB** (*abr écrite de* **france belge**) BF.
**FBI** [ɛfbiaj] (*abr de* **Federal Bureau of Investigation**) *npr m* FBI.
**FCFA** (*abr écrite de* **franc CFA**) *currency used in former French colonies in Africa*.
**fébrile** [febril] *adj* **-1.** MÉD febrile. **-2.** [agité] feverish, restless; déployer une activité ~ to be in a fervent activity.
**fébrilement** [febrilmã] *adv* **-1.** [avec inquiétude] feverishly. **-2.** [avec hâte] hastily.
**fébrilité** [febrilite] *nf* febrility *spéc*, feverishness.
**fécal, e, aux** [fekal, o] *adj* faecal.
**fèces** [fɛs] *nfpl* faeces.
**fécond, e** [fekɔ̃, ɔ̃d] *adj* **-1.** BIOL fecund, fertile. **-2.** [prolifi-

que – terre] rich, fertile; [– écrivain, inventeur] prolific, productive; [– imagination] lively, powerful; une idée ~e *litt* a rich idea; ~ en: terre ~e en fruits de toute sorte *litt* land rich in every kind of fruit; une journée ~e en événements an eventful day.

**fécondateur, trice** [fekɔ̃datœr, tris] *adj* fertilizing.

**fécondation** [fekɔ̃dasjɔ̃] *nf* **-1.** BIOL [des mammifères] fertilization, impregnation; [des ovipares] fertilization; ~ artificielle/in vitro artificial/in vitro fertilization. **-2.** BOT fertilization, fertilizing.

**féconder** [3] [fekɔ̃de] *vt* **-1.** BIOL [femme, femelle] to impregnate; [œuf] to fertilize. **-2.** *litt* [terre, champ] to make fertile.

**fécondité** [fekɔ̃dite] *nf* **-1.** BIOL fecundity. **-2.** *litt* [d'une terre, d'un jardin] fruitfulness. **-3.** *litt* [d'un créateur] fertility.

**fécule** [fekyl] *nf* starch; ~ (de maïs) cornflour *Br*, cornstarch *Am*; ~ de pomme de terre potato flour.

**féculent, e** [fekylɑ̃, ɑ̃t] *adj* [aliment] starchy.
♦ **féculent** *nm* starchy food, starch.

**fed(d)ayin** [fedajin] *nm* fedayee; les ~s the Fedayeen.

**fédéral, e, aux** [federal, o] *adj* **-1.** POL federal. **-2.** *Helv* federal *(relative to the Swiss Confederation).*

**fédéraliser** [3] [federalize] *vt* to federalize, to turn into a federation.

**fédéralisme** [federalism] *nm* **-1.** POL federalism. **-2.** *Helv political tendency defending the independence of the Swiss cantons from federal authority.*

**fédéraliste** [federalist] ◇ *adj* federalist, federalistic. ◇ *nmf* federalist, federal.

**fédérateur, trice** [federatœr, tris] ◇ *adj* federative, federating. ◇ *nm, f* unifier.

**fédératif, ive** [federatif, iv] *adj* federative.

**fédération** [federasjɔ̃] *nf* **-1.** POL [gén] federation; [au Canada] confederation; la Fédération de Russie the Federation of Russia. **-2.** [groupe] federation; ~ syndicale trade union.

**fédéraux** [federo] *nmpl* → **fédéral**.

**fédère** [feder] *v* → **fédérer**.

**fédéré, e** [federe] *adj* federated.
♦ **fédéré** *nm* HIST federate.

**fédérer** [18] [federe] *vt* to federate, to form into a federation.

**fée** [fe] *nf* fairy; sa bonne ~ his good fairy, his fairy godmother; la ~ Carabosse the wicked fairy; c'est une ~ du logis she's a wonderful housewife.

**feed-back** [fidbak] *nm inv* TECH feedback.

**féerie** [fe(e)ri] *nf* **-1.** THÉAT spectacular. **-2.** [merveille] enchantment.

**féerique** [fe(e)rik] *adj* **-1.** MYTH fairy *(modif)*, magic, magical. **-2.** [beau – vue, spectacle] enchanting, magical.

**feignais** [fɛɲɛ] *v* → **feindre**.

**feignant, e** [fɛɲɑ̃, ɑ̃t] *fam* ◇ *adj* lazy, idle. ◇ *nm, f* loafer.

**feindre** [81] [fɛ̃dr] ◇ *vt* to feign. ◇ *vi* [dissimuler] to dissemble *litt*, to pretend; elle feint de s'intéresser à cette histoire she pretends she's interested in this story.

**feint, e**[1] [fɛ̃, fɛ̃t] *pp* → **feindre**.

**feinte**[2] [fɛ̃t] *nf* **-1.** [ruse] ruse. **-2.** *litt* [dissimulation] dissembling *(U)*, dissimulation, pretence; sans ~ frankly, without pretence. **-3.** SPORT [à la boxe et à l'escrime] feint; [au football, au rugby etc] dummy *Br*, fake *Am*. **-4.** MIL feint, sham

attack.

**feinter** [3] [fɛ̃te] ◇ *vt* **-1.** SPORT: ~ l'adversaire [à la boxe et à l'escrime] to feint at the opponent; ~ la passe [au football et au rugby] to sell a dummy *Br*, to fake a pass *Am* ‖ *(en usage absolu)* to feint. **-2.** *fam* [duper] to fool, to take in *(sép)*; feinté! foiled again! ◇ *vi* to dummy *Br*, to fake *Am*.

**fêlé, e** [fele] ◇ *adj* **-1.** [voix, son] hoarse, cracked. **-2.** *fam* [fou] nuts. ◇ *nm, f fam* nut, loony.

**fêler** [4] [fele] *vt* to crack.
♦ **se fêler** *vpi* [tasse] to crack.

**félicitations** [felisitasjɔ̃] *nfpl* congratulation, congratulations; (toutes mes) ~ congratulations!; adresser ses ~ à qqn to congratulate sb; recevoir les ~ de qqn pour qqch to be congratulated by sb on sthg; avec les ~ du jury UNIV with the examining board's utmost praise, summa cum laude.

**félicité** [felisite] *nf litt* bliss, felicity.

**féliciter** [3] [felisite] *vt* to congratulate; ~ qqn de qqch to congratulate sb on sthg; permettez-moi de vous ~! congratulations!; je ne vous félicite pas! you'll get no thanks from me!
♦ **se féliciter de** *vp* + *prép* **-1.** [se réjouir de]: se ~ de qqch to be glad you did sthg. **-2.** [se louer de]: je me félicite d'être resté calme I'm pleased to say I remained calm.

**félin, e** [felɛ̃, in] *adj* **-1.** ZOOL feline. **-2.** [regard, démarche] feline, catlike.
♦ **félin** *nm* cat; les ~s the cat family.

**fellaga, fellagha** [felaga] *nm* fellagha *(name given by the French to Algerians fighting for independence).*

**fellah** [fela] *nm* fellah.

**fellation** [felasjɔ̃] *nf* fellatio, fellation.

**félon, onne** [felɔ̃, ɔn] *adj* **-1.** *litt* [perfide] disloyal, treacherous, felonious *litt*. **-2.** HIST rebellious.
♦ **félon** *nm* **-1.** *litt* [traître] traitor. **-2.** HIST felon.

**félonie** [felɔni] *nf* **-1.** *litt* [traîtrise] disloyalty, treachery, act of betrayal. **-2.** HIST felony.

**felouque** [fəluk] *nf* felucca.

**fêlure** [felyr] *nf* **-1.** [d'un objet] crack; il y a une ~ dans leur amitié cracks are beginning to show in their friendship. **-2.** [de la voix] crack. **-3.** MÉD fracture.

**femelle** [fəmɛl] ◇ *adj* **-1.** ZOOL female. **-2.** ORNITH hen. **-3.** BOT & ÉLECTR female; une prise ~ a socket. ◇ *nf* ZOOL female.

**féminin, e** [feminɛ̃, in] *adj* **-1.** BIOL: la morphologie ~e the female body. **-2.** [composé de femmes]: des craintes parmi la population ~e fears among the female population; l'équipe ~e the women's team. **-3.** [considéré comme typique de la femme]: une réaction typiquement ~e a typical female reaction; elle est très ~e she's very feminine; il avait une voix ~e he had a woman's voice. **-4.** [qui a rapport à la femme]: le tennis ~ women's tennis. **-5.** GRAMM & LITTÉRAT [nom, rime] feminine.
♦ **féminin** *nm* **-1.** GRAMM feminine (gender). **-2.** → **éternel**.

**féminisant, e** [feminizɑ̃, ɑ̃t] *adj* feminizing BIOL.

**féminisation** [feminizasjɔ̃] *nf* **-1.** BIOL feminization, feminizing *(U)*. **-2.** SOCIOL: la ~ d'une profession/d'un milieu increased female participation in a profession/in a group.

**féminiser** [3] [feminize] *vt* **-1.** BIOL to feminize. **-2.** GRAMM [mot] to put into the feminine gender. **-3.** [homme] to make effeminate.

---

USAGE ▶    **Les félicitations**

**Féliciter quelqu'un verbalement**

Congratulations!
That's great ou wonderful!
That's great news!
I'm so pleased ou happy for you!
How marvellous!
Well done! [Br]
Great job! [Br, familier]

▷ *à l'occasion d'un anniversaire:*

Happy birthday!

Many happy returns!
Happy anniversary!

**Féliciter quelqu'un par écrit**

Congratulations on your promotion/engagement.
I was delighted to hear that you'd been promoted.
I'd like to offer my congratulations on your recent promotion.
Please accept our best wishes for your coming wedding.
With warmest congratulations on your wedding anniversary. [sur une carte de vœux/pour accompagner un cadeau]

◆ **se féminiser** *vpi* **-1.** BIOL to feminize. **-2.** [homme] to become effeminate. **-3.** SOCIOL: notre profession se féminise more and more women are entering our profession.

**féminisme** [feminism] *nm* [mouvement] feminism.

**féministe** [feminist] *adj* & *nmf* feminist.

**féminité** [feminite] *nf* femininity.

**femme** [fam] *nf* **-1.** [personne] woman; ~ ingénieur/soldat woman engineer/soldier; une ~ à poigne/de parole a tough/reliable woman; ~ d'affaires businesswoman; ~ de chambre maid, chambermaid; ~ écrivain woman writer; ~ de ménage, ~ à journée ou d'ouvrage *Belg* cleaning lady, daily (woman) *Br*, maid *Am*; ~ de petite vertu woman of easy virtue; ~ policier policewoman, WPC *Br*; une ~ enfant a childlike woman; ~ fatale femme fatale. **-2.** [adulte]: à treize ans elle fait déjà très ~ at thirteen she already looks very much a woman. **-3.** [ensemble de personnes]: la ~, les ~s woman, women; la libération/les droits de la ~ women's liberation/rights. **-4.** [épouse] wife; prendre qqn pour ~ to take sb as one's wife; prendre ~ *sout* to take a wife. **-5.** *(comme adj)* [féminine]: être très ~ to be very feminine.

**femmelette** [famlet] *nf péj* [homme] sissy.

**femme-objet** [famɔbʒɛ] *(pl* **femmes-objets)** *nf woman seen or treated as an object.*

**fémoral, e, aux** [femɔral, o] *adj* femoral *spéc*, thigh *(modif)*.

**fémur** [femyr] *nm* thigh bone, femur *spéc*.

**FEN** [fɛn] *(abr de* **Fédération de l'Éducation nationale)** *npr f teachers' trade union,* ≈ NUT *Br*.

**fenaison** [fənɛzɔ̃] *nf* [récolte] haymaking; [époque] haymaking time.

**fendant**[1] [fɑ̃dɑ̃] *nm* **-1.** ESCRIME sword thrust. **-2.** [raisin] Fendant grape. **-3.** [vin] Fendant (wine).

**fendant**[2]**, e** [fɑ̃dɑ̃, ɑ̃t] *adj fam* hilarious, killing.

**fendillement** [fɑ̃dijmɑ̃] *nm* [d'un miroir, d'un mur, d'un tableau] cracking; [du bois] splitting, springing; [du verre, de l'émail, du vernis, de la porcelaine] crazing, crackling.

**fendiller** [3] [fɑ̃dije] *vt* [miroir, mur, tableau] to crack; [bois] to split; [émail, verre, vernis, poterie] to craze, to crackle.

◆ **se fendiller** *vpi* [miroir, mur, tableau] to crack; [bois] to spring; [verre, poterie, émail, vernis] to craze, to crackle.

**fendre** [73] [fɑ̃dr] *vt* **-1.** [couper – bois, roche] to split, to cleave; [– lèvre] to cut ou to split (open); ~ une bûche en deux to split ou to chop a log down the middle; ~ le crâne à qqn to split sb's skull (open); ça vous fend ou c'est à vous ~ le cœur it breaks your heart, it's heartbreaking, it's heartrending. **-2.** [fissurer – terre, sol, mur] to crack. **-3.** COUT [veste, jupe, robe] to make a slit in. **-4.** [traverser – foule] to push ou to force one's way through; ~ les flots/l'air/le vent *litt* ou *hum* to cleave through the seas/the air/the breeze.

◆ **se fendre** ◇ *vpi* **-1.** [s'ouvrir – bois] to split; [– terre, sol, mur] to crack. **-2.** *fam* [se ruiner]: tu ne t'es pas trop fendu! this really didn't ruin ou break you, did it!; se ~ de: se ~ de 100 francs to fork out ou to shell out 100 francs. **-3.** ESCRIME to lunge. ◇ *vpt*: se ~ qqch: elle s'est fendu la lèvre she cut her lip (open); se ~ le crâne to crack one's skull (open); se ~ la gueule▽ ou *pêche fam* ou pipe *fam* ou poire *fam* [rire] to split one's sides; [s'amuser] to have a ball.

**fendu, e** [fɑ̃dy] ◇ *pp* → fendre. ◇ *adj* [robe, jupe] slit; [yeux] almond-shaped; une bouche ~e jusqu'aux oreilles a broad grin ou smile.

**fenêtre** [fənɛtr] *nf* **-1.** CONSTR window; regarder par la ~ to look out of the window; ouvrir une ~ sur *fig* to open a window on ❏ ~ à coulisse ou à guillotine sash window; ~ mansardée dormer window; fausse ~ blind window. **-2.** INF window; ~ de lecture-écriture read-write slot. **-3.** [espace blanc] space, blank. **-4.** [d'une enveloppe] window.

**fennec** [fenɛk] *nm* fennec.

**fenouil** [fənuj] *nm* fennel.

**fente** [fɑ̃t] *nf* **-1.** [fissure – dans du bois] cleft, split; [– dans un sol, un mur] crack, fissure; [– dans une roche] cleft. **-2.** [ouverture – d'une jupe, des volets] slit; [– dans une boîte, sur une vis] slot; [– dans une veste] vent; [– pour passer les bras] armhole. **-3.** ESCRIME lunge.

**féodal, e, aux** [feɔdal, o] *adj* feudal.

◆ **féodal** *nm* [propriétaire] landlord; [seigneur] feudal lord.

**féodalisme** [feɔdalism] *nm* feudalism.

**féodalité** [feɔdalite] *nf* **-1.** [système] feudal system. **-2.** *péj* [puissance] feudal power.

**fer** [fɛr] *nm* **-1.** CHIM iron *(U)*. **-2.** MÉTALL iron *(U)*; ~ forgé wrought iron. **-3.** [dans les aliments] iron *(U)*. **-4.** [barre] (iron) bar. **-5.** [lame] blade; ~ de lance *pr* & *fig* spearhead; par le ~ et par le feu by fire and sword. **-6.** [pour repassage]: ~ à repasser iron; ~ à vapeur steam iron; ~ électrique (electric) iron; passer un coup de ~ sur un pantalon to give a pair of trousers a quick iron; ton pantalon a besoin d'un petit coup de ~ your trousers could do with a quick iron. **-7.** [instrument]: ~ à friser curling tongs *Br* ou iron *Am*; ~ à gaufrer goffering iron; ~ à souder soldering iron; ~ rouge brand. **-8.** [de chaussure] metal tip. **-9.** [de golf] iron *(C)*. **-10.** RAIL: le ~ rail, the railway system, the railways. **-11.** *litt* [épée] blade.

◆ **fers** *nmpl* [chaînes] irons, shackles; mettre qqn aux ~s to put sb in irons.

◆ **de fer** *loc adj* [moral, santé] cast-iron *(modif)*; [discipline, volonté] iron *(modif)*.

◆ **fer à cheval** *nm* horseshoe; en ~ à cheval [escalier, table] horseshoe-shaped, horseshoe *(modif)*.

**ferai** [fəre] *v* → faire.

**fer-blanc** [fɛrblɑ̃] *(pl* **fers-blancs)** *nm* tin, tinplate.

◆ **en fer-blanc** *loc adj* tin *(modif)*.

**ferblanterie** [fɛrblɑ̃tri] *nf* **-1.** [manufacture] tinplate making. **-2.** [objets] tinware. **-3.** *péj* [décorations] medals.

**ferblantier** [fɛrblɑ̃tje] *nm* tinsmith.

**feria** [ferja] *nf* fair *(yearly, in Spain and Southern France)*.

**férié, e** [ferje] *adj*: c'est un jour ~ it's a (public) holiday.

**férir** [ferir] *vt loc litt*: sans coup ~ without any problem ou difficulty.

**fermage** [fɛrmaʒ] *nm* **-1.** [location] tenant farming. **-2.** [redevance] farm rent.

**ferme**[1] [fɛrm] *nf* **-1.** [maison] farmhouse; [exploitation] farm. **-2.** JUR: prendre ~ to rent, to farm; donner à ~ to let. **-3.** ARCHIT truss.

**ferme**[2] [fɛrm] ◇ *adj* **-1.** [dur – sol] solid, firm; [– corps, chair, fruit, muscle] firm. **-2.** [stable]: être ~ sur ses jambes to stand steady on one's legs ou firm on one's feet. **-3.** [décidé – ton, pas] firm, steady; ..., dit-elle d'une voix ~ ..., she said firmly. **-4.** [inébranlable – volonté, décision] firm; [– réponse] definite; des prix ~s et définitifs firm ou definite prices. **-5.** ÉCON steady, firm; le dollar est resté ~ the dollar stayed steady. **-6.** COMM [achat, vente] firm. ◇ *adv* **-1.** [solidement]: tenir ~ [clou] to hold; [personne, troupe] to stand firm, to hold on. **-2.** [beaucoup – travailler, boire] hard; il boit ~ he's a heavy ou a hard drinker. **-3.** [avec passion – discuter] with passion, passionately.

**fermé, e** [fɛrme] *adj* **-1.** [passage] closed, blocked; 'col ~' 'pass closed to traffic'. **-2.** [porte, récipient] closed, shut; j'ai laissé la porte à demi ~e I left the door ajar ou half-open; une boîte ~e a box which is shut, a closed box ‖ [à clef] locked; ~ à clef locked; ~ à double tour double-locked. **-3.** [radiateur, robinet] off. **-4.** [bouche, œil] shut, closed (up). **-5.** [magasin, bureau, restaurant] closed; ~ le lundi closed on Mondays, closing day Monday. **-6.** CHASSE & PÊCHE closed. **-7.** [méfiant – visage] closed, inscrutable, impenetrable; [– regard] impenetrable; une personnalité ~e a secretive ou uncommunicative personality. **-8.** [exclusif – milieu, ambiance] exclusive, select. **-9.** PHON [syllabe, voyelle] closed. **-10.** SPORT [jeu] tight. **-11.** INF & MATH closed.

**fermement** [fɛrməmɑ̃] *adv* **-1.** [avec force] firmly, solidly, steadily. **-2.** [résolument] firmly, strongly.

**ferment** [fɛrmɑ̃] *nm* **-1.** CHIM ferment, leaven; ~s lactiques bacilli used in making yoghurt. **-2.** *litt* [facteur]: un ~ de: leur présence est un ~ de haine their presence stirs up hatred.

**fermentation** [fɛrmɑ̃tasjɔ̃] *nf* **-1.** CHIM fermentation, fermenting. **-2.** *litt* [agitation] fermentation, commotion.

◆ **en fermentation** *loc adj* [raisin] fermenting.

**fermenté, e** [fɛrmɑ̃te] *adj* fermented.

**fermenter** [3] [fɛrmɑ̃te] *vi* **-1.** CHIM to ferment. **-2.** *litt* [sentiment] to be stirred; [esprit] to be in a ferment.

**fermer** [3] [fɛrme] ◇ *vt* **-1.** [yeux] to shut, to close; [poing, doigts] to close; [enveloppe] to seal, to shut, to close; [éventail] to fold, to close; [col, jupe] to fasten, to do up *(sép)*; [sac, va-

lise, bocal, livre] to shut, to close; ~ **les rideaux** to draw the curtains (together), to pull the curtains shut; **ferme le tiroir** shut the drawer ❏ ~ **les yeux sur qqch** to turn a blind eye to sthg; **je n'ai pas fermé l'œil de la nuit** I didn't get a wink (of sleep) all night; ~ **sa bouche** *fam* ou **sa gueule**▽ ou **son bec** *fam* to shut up, to shut one's trap; **la ~**▽: **je le savais mais je l'ai fermée** I knew it but I didn't let on; **la ferme!**▽ shut up!, shut your face!**-2.** [porte] to close, to shut; ~ **une porte à clef** to lock a door; ~ **une porte à double tour** to double-lock a door; **il a fermé la porte d'un coup de pied** he kicked the door shut; ~ **ses portes** [boutique, musée] to shut, to close || *(en usage absolu)*: **on ferme!** closing now! **-3.** [éteindre – électricité, lumière, compteur] to turn ou to switch off *(sép)*; [– robinet] to turn off *(sép)*. **-4.** [rendre inaccessible – rue, voie] to block, to bar, to obstruct. **-5.** [interdire – frontière, port] to close; **cette filière vous fermerait toutes les carrières scientifiques** this course would prevent you from following any scientific career. **-6.** [faire cesser l'activité de]: ~ **un restaurant/théâtre** [pour un congé] to close a restaurant/theatre; [définitivement] to close a restaurant/theatre (down) ❏ ~ **boutique** [pour un congé] to shut up shop; [pour cause de faillite] to stop ou to cease trading; *fig* to give up. **-7.** [rendre insensible]: ~ **qqch à**: ~ **son cœur à qqn** to harden one's heart to sb; ~ **son esprit à qqch** to close one's mind to sthg. **-8.** [être à la fin de]: ~ **la marche** to be at the back of the procession. **-9.** [délimiter]: **les montagnes qui ferment l'horizon/la vue** the mountains which shut off the horizon/block the view. **-10.** BANQUE & FIN [compte, portefeuille d'actions] to close. **-11.** SPORT: ~ **le jeu** to tighten up play.
◇ *vi* **-1.** [se verrouiller – couvercle, fenêtre, porte] to close; **le portail ferme mal** the gate is difficult to close ou won't close properly; **le radiateur ferme mal** the radiator won't turn off properly. **-2.** [cesser son activité temporairement] to close; [pour toujours] to close down.
◆ **se fermer** ◇ *vp (emploi passif)* [être attaché – col, robe, veste] to fasten, to do up. ◇ *vpi* **-1.** [être verrouillé – porte, fenêtre] to close; **se ~ à** [être inaccessible à]: **les sociétés occidentales se ferment à l'immigration** Western societies are closing their doors to immigrants; **son cœur s'est fermé à la pitié** he has become impervious to pity. **-2.** [se serrer, se plier – bras, fleur, huître, main] to close (up); [– aile] to fold; [– bouche, œil, paupière, livre, rideau] to close; [– blessure] to close (up), to heal; **mes yeux se ferment tout seuls** I can't keep my eyes open. **-3.** [être impénétrable]: **on ne peut pas lui parler, elle se ferme aussitôt** there's no talking to her, she just switches off ou freezes up.
**fermeté** [fɛrməte] *nf* **-1.** [solidité – d'un objet] solidness, firmness; [– d'un corps] firmness. **-2.** [assurance – d'un geste] assurance, steadiness; [– d'une voix] firmness. **-3.** [autorité] firmness; **faire preuve de ~ à l'égard de qqn** to be firm with sb; **avec ~** firmly, resolutely, steadfastly; **sans ~** irresolutely, waveringly. **-4.** BOURSE steadiness.
**fermette** [fɛrmɛt] *nf* **-1.** [habitation] small farm ou farmhouse. **-2.** CONSTR small truss.
**fermeture** [fɛrmətyr] *nf* **-1.** [obstruction]: **après la ~ du puits/tunnel** once the well/tunnel is blocked off; **la ~ du coffre se fera devant témoins** the safe will be locked ou sealed in the presence of witnesses. **-2.** [rabattement] closing; **la ~ des grilles aura lieu à midi** the gates were closed at noon; **'ne pas gêner la ~ des portes'** 'please do not obstruct the doors'. **-3.** COMM [arrêt des transactions]: **au moment de la ~** [du bureau] at the end of the day's work; [de la banque, du magasin, du café] at closing time; **'~ annuelle'** 'closed for annual holiday'; **à la ~** BOURSE at the close of trading || ADMIN & FIN closing; **jour de ~** [hebdomadaire] closing day; [férié] public holiday. **-4.** [fin – d'une session, d'un festival] close, closing; CHASSE & PÊCHE closing. **-5.** VÊT: ~ **Éclair**® ou **à glissière** zip (fastener) *Br*, zipper.
**fermier, ère** [fɛrmje, ɛr] *adj* **-1.** ÉCON [compagnie, société] farm *(modif)*. **-2.** COMM: **poulet/œuf ~** free-range chicken/egg; **lait/beurre ~** dairy milk/butter.
◆ **fermier** *nm* **-1.** AGR [locataire] tenant farmer; [agriculteur, propriétaire] farmer. **-2.** HIST: ~ **général** farmer general.
◆ **fermière** *nf* **-1.** [épouse] farmer's wife. **-2.** [cultivatrice] woman farmer.
**fermoir** [fɛrmwar] *nm* [de collier, de sac] clasp, fastener.
**féroce** [feɾɔs] *adj* **-1.** [brutal – tyran, soldat] cruel, blood-

thirsty. **-2.** [acerbe – humour, examinateur] cruel, harsh, ferocious. **-3.** [qui tue – animal, bête] ferocious. **-4.** [extrême – appétit] voracious.
**férocement** [feɾɔsmã] *adv* **-1.** [brutalement] cruelly. **-2.** [avec dureté] harshly, ferociously.
**férocité** [feɾɔsite] *nf* **-1.** [brutalité] cruelty, bloodlust. **-2.** [intransigeance] harshness, ferociousness. **-3.** [d'une bête] ferocity.
**Féroé** [feɾɔe] *npr fpl*: **les (îles) ~** the Faeroes, the Faeroe Islands.
**ferrage** [fɛɾaʒ] *nm* **-1.** [d'une roue] rimming; [d'une canne] tipping with metal. **-2.** [d'un cheval, d'un bœuf] shoeing. **-3.** PÊCHE striking.
**ferraillage** [fɛɾajaʒ] *nm* **-1.** [action] framing with iron. **-2.** [armatures] iron framework.
**ferraille** [fɛɾaj] *nf* **-1.** [débris]: **de la ~** scrap (iron); **un bruit de ~** a clanking noise. **-2.** [rebut]: **la ~**: **bon pour la** ou **à mettre à la ~** ready for the scrapheap, good for scrap. **-3.** *fam* [monnaie] small change.
**ferrailler** [3] [fɛɾaje] *vi* **-1.** ESCRIME to clash swords. **-2.** *fig* to clash, to cross swords.
**ferrailleur** [fɛɾajœr] *nm* **-1.** CONSTR ≈ building worker *(in charge of iron frameworks)*. **-2.** [commerçant] scrap merchant. **-3.** *arch* [duelliste] swashbuckler.
**ferré, e** [fɛɾe] *adj* **-1.** [muni de fers – cheval] shod; [– chaussure] hobnailed; [– roue] rimmed; [– lacets] tagged. **-2.** *fam loc*: **être ~ sur qqch** to be a genius at sthg; **être ~ en qqch** to be well up on sthg.
**ferrer** [4] [fɛɾe] *vt* **-1.** [garnir – roue] to rim; [– canne] to tip with metal. **-2.** [cheval, bœuf] to shoe. **-3.** PÊCHE to strike.
**ferreux, euse** [fɛɾø, øz] *adj* ferrous.
**ferrique** [fɛɾik] *adj* ferric.
**ferronnerie** [fɛɾɔnri] *nf* **-1.** [art]: ~ **(d'art)** wrought-iron craft. **-2.** [ouvrage]: **une belle ~ du XVIIIe siècle** a fine piece of 18th-century wrought ironwork ou wrought-iron work; **des ~s, de la ~** wrought ironwork, wrought-iron work. **-3.** [atelier] ironworks *(sg ou pl)*.
◆ **de ferronnerie, en ferronnerie** *loc adj* wrought-iron *(modif)*.
**ferronnier** [fɛɾɔnje] *nm*: ~ **(d'art)** wrought-iron craftsman.
**ferroviaire** [fɛɾɔvjɛr] *adj* [trafic, tunnel, réseau] rail *(modif)*, railway *Br (modif)*, railroad *Am (modif)*.
**ferrugineux, euse** [fɛɾyʒinø, øz] *adj* ferrugineous, ferruginous.
**ferrure** [fɛɾyr] *nf* **-1.** [garniture] metal hinge. **-2.** [fait de ferrer] shoeing *(U)*. **-3.** [fers] horseshoes.
**ferry** [fɛɾi] *(pl ferries)* *nm* [pour voitures] car-ferry, ferry; [pour voitures ou trains] ferry, ferry-boat.
**ferry-boat** [fɛɾibot] *(pl ferry-boats)* *nm* ferry-boat.
**fertile** [fɛɾtil] *adj* **-1.** AGR & GÉOG fertile, rich; ~ **en rich in**; **région ~ en agrumes** area rich in citrus fruit. **-2.** *fig*: ~ **en rich in**; **une année ~ en événements** a very eventful year. **-3.** BIOL [femelle, femme, couple] fertile.
**fertilisable** [fɛɾtilizabl] *adj* AGR fertilizable.
**fertilisant, e** [fɛɾtilizã, ãt] *adj* AGR fertilizing.
◆ **fertilisant** *nm* fertilizer.
**fertilisation** [fɛɾtilizasjɔ̃] *nf* AGR & BIOL fertilization, fertilizing.
**fertiliser** [3] [fɛɾtilize] *vt* AGR to fertilize.
**fertilité** [fɛɾtilite] *nf* **-1.** AGR fertility, fruitfulness. **-2.** BIOL [d'un couple, d'une femme] fertility. **-3.** [d'un esprit, d'un cerveau] fertility.
**féru, e** [feɾy] *adj*: **être ~ de qqch** to be keen on ou highly interested in sthg.
**férule** [feɾyl] *nf* **-1.** [fouet] ferule, ferula. **-2.** *loc*: **être sous la ~ de qqn** to be under sb's strict authority.
**fervent, e** [fɛɾvã, ãt] ◇ *adj* fervent, ardent. ◇ *nm, f* devotee, enthusiast, addict.
**ferveur** [fɛɾvœr] *nf* fervour, ardour, enthusiasm; **avec ~** with enthusiasm, fervently.
**fesse** [fɛs] *nf* **-1.** ANAT buttock, cheek; **les ~s** the buttocks; **montrer ses ~s** à tout le monde to be bare-bottomed; **pose tes ~s!** *fam* sit yourself down! **-2.** **la ~**▽ [le sexe] sex; [la pornographie] pornography, the porn industry; **raconter des histoires de ~s** *fam* to tell dirty jokes.

◆ **aux fesses** *loc adv fam*: avoir qqn aux ~s to have sb on one's back.

**fessée** [fese] *nf* spanking; donner une ~ à qqn to spank sb.

**fesser** [4] [fese] *vt* to spank.

**fessier, ère** [fesje, ɛr] *adj* buttocks *(modif)*, gluteal *spéc*.

◆ **fessier** *nm* **-1.** ANAT buttocks, gluteus *spéc*. **-2.** *fam* [postérieur] behind, bottom, bum *Br*.

**fessu, e** [fesy] *adj fam* big-bottomed.

**festif, ive** [fɛstif, iv] *adj sout* festive.

**festin** [fɛstɛ̃] *nm* feast, banquet.

**festival, als** [fɛstival] *nm* festival; un ~ de jazz a jazz festival; un ~ de *fig* a brilliant display of.

**festivalier, ère** [fɛstivalje, ɛr] ◇ *adj* festival *(modif)*. ◇ *nm, f* festival-goer.

**festivités** [fɛstivite] *nfpl* festivities.

**festoie** [fɛstwa] *v* → **festoyer.**

**festoiement** [fɛstwamɑ̃] *nm* feasting.

**festoierai** [fɛstware] *v* → **festoyer.**

**feston** [fɛstɔ̃] *nm* **-1.** [guirlande & ARCHIT] festoon. **-2.** COUT scallop.

**festonner** [3] [fɛstɔne] *vt* **-1.** ARCHIT to festoon. **-2.** *litt* [orner] to adorn, to embellish. **-3.** COUT: ~ un col to trim a collar with fancy edging.

**festoyer** [3] [fɛstwaje] *vi* to feast.

**fêtard, e** [fɛtar, ard] *nm, f* party animal.

**fête** [fɛt] *nf* **-1.** [célébration – civile] holiday; [– religieuse] feast; demain c'est ~ tomorrow we have a day off ❑ la ~ de l'Assomption (the feast of) the Assumption; ~ légale public holiday; la ~ des Mères Mother's Day, Mothering Sunday *Br*; la ~ des Morts All Souls' Day; la ~ nationale [gén] the national holiday; [en France] Bastille Day; [aux États-Unis] Independence Day; la ~ de Noël (the celebration of) Christmas; la ~ des Pères Father's Day; la ~ des Rois Twelfth Night, Epiphany; la ~ du Travail May Day. **-2.** [d'un saint] saint's day, name day; souhaiter sa ~ à qqn to wish sb a happy saint's ou name day ❑ on va lui faire sa ~! we're going to teach him a lesson he won't forget!; ça va être ta ~! you'll cop it *Br* ou catch hell *Am*. **-3.** [réunion – d'amis] party; on donne ou organise une petite ~ pour son anniversaire we're giving a party for his birthday, we're giving him a birthday party; le film est une vraie ~ pour l'esprit/les sens the film is really uplifting/a real treat for the senses ❑ une ~ de famille a family celebration ou gathering; vous serez de la ~? will you be joining us/them?; être à la ~: il n'a jamais été à pareille ~ *fig* he's never had such a good time; que la ~ commence! let the festivities begin! **-4.** [foire] fair; [kermesse] fête, fete; [festival] festival, show; (et) la ~ continue! the fun's not over yet!; ce n'est pas tous les jours (la) ~! it's not everyday you've got something to celebrate!; faire la ~ to have a party ou (some) fun ou a good time ❑ la ~ de la bière the beer festival; ~ foraine [attractions] funfair *Br*, carnival *Am*; la ~ de l'Humanité ou de l'Huma *fam annual festival organized by the Communist daily newspaper 'l'Humanité'*; la ~ de la Musique *annual music festival organized on the 21st of June in the streets of large towns*; ~ à Neu-Neu *large funfair held in the Bois de Boulogne every summer*; ~ patronale *town or village festival marking the patron saint's name*. **-5.** *loc*: faire (la) ~ à qqn to greet sb warmly; mon chien m'a fait (la) ~ quand je suis revenu my dog was all over me when I got back; se faire une ~ de to look forward eagerly to.

◆ **fêtes** *nfpl* [gén] holidays; [de Noël et du jour de l'an] the Christmas and New Year celebrations; les ~s juives/catholiques the Jewish/Catholic holidays ❑ ~s galantes BX-ARTS fêtes galantes.

◆ **de fête** *loc adj* [air, habits] festive.

◆ **en fête** *loc adj*: la ville/les rues en ~ the festive town/streets.

**Fête-Dieu** [fɛtdjø] *(pl* Fêtes-Dieu*) nf*: la ~ Corpus Christi.

**fêter** [4] [fete] *vt* **-1.** [célébrer – anniversaire, événement] to celebrate. **-2.** [accueillir – personne] to fête, to fete; ils l'ont fêté à son retour they celebrated his return.

**fétiche** [fetiʃ] *nm* **-1.** [objet de culte] fetish, fetich. **-2.** [porte-bonheur] mascot; *(comme adj)* lucky. **-3.** PSYCH fetish.

**fétichisme** [fetiʃism] *nm* **-1.** [culte] fetishism, fetichism. **-2.** PSYCH fetishism. **-3.** [admiration] worship, cult.

**fétichiste** [fetiʃist] ◇ *adj* **-1.** RELIG & PSYCH fetishistic. **-2.** [admiratif] worshipping. ◇ *nmf* RELIG & PSYCH fetishist, fetichist.

**fétide** [fetid] *adj* fetid.

**fétidité** [fetidite] *nf* fetidness.

**fétu** [fety] *nm*: ~ (de paille) (wisp of) straw.

**feu¹, x** [fø] ◇ *nm* **-1.** [combustion] fire; faire du ou un ~ to make a fire; allumer un ~ [gén] to light a fire; [dehors] to light a bonfire ou fire; ~ de bois (wood) fire; ~ de braises (glowing) embers; ~ de cheminée chimney fire; mettre le ~ à une maison to set a house on fire; au ~! fire! ❑ ~ de camp campfire; ~ d'enfer blazing fire; ~ de joie bonfire; ~ de paille flash in the pan; les ~x de la Saint-Jean *bonfires lit to celebrate Midsummer's Day*; le ~, l'épreuve du ~ HIST ordeal by fire; prendre ~ *pr* to catch fire; avoir le ~ sacré to burn with enthusiasm; il n'y a pas le ~ (au lac)! *hum* what's the big hurry?, where's the fire?; elle n'a pas fait long ~ dans l'entreprise she didn't last long in the company; jouer avec le ~ to play with fire; il n'y a vu que du ~ he never saw a thing, he was completely taken in; il se jetterait dans le ~ pour lui/eux he'd do anything for him/them; avoir le ~ au derrière *fam* ou aux fesses *fam* ou au cul▼ [être pressé] to be in a tearing hurry; [sexuellement] to be horny. **-2.** [brûleur] ring, burner; à ~ doux [plaque] on a gentle ou slow heat; [four] in a slow oven ou heat; mijoter ou faire cuire à petit ~ to cook slowly; tuer ou faire mourir qqn à petit ~ *fig* to kill sb slowly; à grand ~ ou ~ vif on a fierce heat; avoir qqch sur le ~ to be (in the middle of) cooking sthg; j'ai laissé le lait sur le ~! I've left the milk on!; un plat/ramequin qui va sur le ~ a fireproof dish/ramekin. **-3.** [briquet]: il n'a jamais de ~ he's never got a light. **-4.** [en pyrotechnie]: ~ d'artifice [spectacle] fireworks display; son récital, un vrai ~ d'artifice! *fig* his recital was a virtuoso performance!; des ~x d'artifice fireworks; ~ de Bengale Bengal light. **-5.** MIL [tir] fire, shooting; [combats] action; ouvrir le ~ (sur) to open fire (on), to start firing (at); cesser le ~ to cease fire; faire ~ to fire, to shoot; ~ ! fire! ❑ un ~ croisé, des ~x croisés *pr* a crossfire; pris dans le ~ croisé de leurs questions *fig* caught in the crossfire of their questions; ~ nourri *pr* continuous ou constant stream; un ~ nourri de plaisanteries *fig* a constant stream of jokes; ~ roulant *pr* constant barrage; un ~ roulant de commentaires *fig* a running commentary; mettre le ~ aux poudres *pr* to spark off an explosion; *fig* to spark things off. **-6.** TRANSP [signal]: ~ (tricolore ou de signalisation) traffic lights; ~ rouge/orange/vert red/amber/green light; à droite au troisième ~ (rouge) right at the third set of (traffic) lights; donner le ~ vert à qqn/qqch *fig* to give sb/sthg the green light. **-7.** AÉRON, AUT & NAUT light; ~ arrière taillight; ~ de position sidelight; ~ de recul reversing light; ~x de stationnement parking lights; ~x de croisement headlights; ~x de détresse warning lights; ~x de navigation sailing lights; ~x de route headlights on full beam. **-8.** CIN & THÉÂT: les ~x de la rampe the footlights; être sous le ~ des projecteurs *pr* to be in front of the spotlights; *fig* to be in the limelight; il est sous les ~x de l'actualité he's very much in the news at the moment. **-9.** *litt* [ardeur] fire, passion, ardour. **-10.** *litt* [éclat, lumière] fire, light; le ~ de son regard her fiery eyes; les ~x de la ville the city lights; les cristaux brillaient de tous leurs ~x the crystals sparkled brightly; le ~ d'un diamant the blaze ou fire of a diamond. **-11.** [sensation de brûlure] burn; le ~ me monta au visage I went ou turned red, my face ou I flushed; le ~ du rasoir razor burn. **-12.** *arch* [maison] house, homestead. **-13.** *fam* [pistolet] gun, rod *Am*. ◇ *adj inv* flame *(modif)*, tan, flame-coloured.

◆ **à feu et à sang** *loc adv*: mettre un pays à ~ et à sang to ransack and pillage a country.

◆ **avec feu** *loc adv* passionately.

◆ **dans le feu de** *loc prép* in the heat of.

◆ **en feu** *loc adj* **-1.** [incendié] blazing, burning. **-2.** [brûlant]: j'ai la bouche/gorge en ~ my mouth/throat is burning; il entra, les joues en ~ he came in, cheeks ablaze.

◆ **sans feu ni lieu** *loc adv litt*: être sans ~ ni lieu to have nowhere to lay one's head.

◆ **tout feu tout flamme** *loc adj* burning with enthusiasm.

◆ **feu follet** *nm* will-o'-the-wisp.

**feu², e** [fø] *adj sout (inv avant l'article ou le possessif)* late; ~ la reine the late Queen.

**feuillage** [fœjaʒ] *nm* **-1.** [sur l'arbre] foliage *spéc*, leaves. **-2.**

[coupé] foliage *spéc*, greenery.

**feuillaison** [fœjɛzɔ̃] *nf* **-1.** [phénomène] foliation. **-2.** [époque] foliation period; **au moment de la ~** when trees foliate.

**feuillantine** [fœjɑ̃tin] *nf* **-1.** CULIN feuillantine pastry, puff pastry cake. **-2.** RELIG Feuillant nun.

**feuille** [fœj] *nf* **-1.** BOT leaf; **~ morte** dead ou fallen leaf. **-2.** [morceau de papier] sheet; **les ~s d'un cahier** the sheets ou leaves ou pages of a notebook❏ **une ~ de papier** a sheet (of paper), a piece of paper; **~ volante** (loose) sheet of paper. **-3.** PRESSE: **~ à sensations** gossip sheet. **-4.** [imprimé] form, slip; **~ de maladie** ou **de soins** claim form for reimbursement of medical expenses; **~ de route** ou **de déplacement** MIL travel warrant; **~ d'émargement** pay sheet; **~ d'impôts** tax form, tax return; **~ de paie** payslip; **~ de présence** attendance sheet; **~ de température** MÉD temperature chart. **-5.** [plaque] leaf, sheet; **~ de métal/d'or** metal/gold leaf. **-6.** INF sheet.
◆ **feuille de chêne** *nf* [laitue] oakleaf.
◆ **feuille de chou** *nf* **-1.** PRESSE rag. **-2.** *loc*: **oreilles en ~ de chou** *fam* sticking-out ears.
◆ **feuille de vigne** *nf* **-1.** BOT vine leaf. **-2.** BX-ARTS fig-leaf. **-3.** CULIN: **~s de vigne farcies** dolmades, stuffed vine leaves.

**feuille-à-feuille** [fœjafœj] *adj inv* sheet-fed.

**feuille-morte** [fœjmɔrt] *adj inv* russet, yellowish-brown.

**feuillet** [fœjɛ] *nm* [d'un formulaire] page, leaf.

**feuilleté, e** [fœjte] *adj* CULIN puff *(modif)*.
◆ **feuilleté** *nm* **-1.** [dessert] puff pastry. **-2.** [hors-d'œuvre] puff pastry case; **~ aux asperges** asparagus in puff pastry.

**feuilleter** [27] [fœjte] *vt* **-1.** [album, magazine] to leaf ou to flip ou to flick through *(insép)*, to skim (through). **-2.** CULIN: **~ de la pâte** to work the dough (into puff pastry) by rolling and folding it.

**feuilleton** [fœjtɔ̃] *nm* **-1.** PRESSE series *(sg)*, serial. **-2.** TV: **~** (télévisé) [sur plusieurs semaines] TV serial, mini-series; [sur plusieurs années] soap opera. **-3.** LITTÉRAT feuilleton. **-4.** *fig* saga.

**feuilletoniste** [fœjtɔnist] *nmf* feuilletonist, serial writer.

**feuillette** [fœjɛt], **feuilletterai** [fœjɛtre] *v* → **feuilleter**.

**feuillu, e** [fœjy] *adj* leafy.
◆ **feuillu** *nm* lobed-leaved tree.

**feulement** [følmɑ̃] *nm* growl.

**feuler** [3] [føle] *vi* to growl.

**feutrage** [føtraʒ] *nm* felting.

**feutre** [føtr] *nm* **-1.** TEXT [étoffe] felt. **-2.** [chapeau] felt hat, ≈ fedora. **-3.** [stylo] felt-tip (pen).

**feutré, e** [føtre] *adj* **-1.** [pull, vêtement] felted. **-2.** [garni de feutre – bourrelet] felt *(modif)*. **-3.** [silencieux – salon, atmosphère] quiet; [– voix] muffled; **marcher à pas ~s** to creep stealthily.

**feutrer** [3] [føtre] ◇ *vt* **-1.** TEXT to felt. **-2.** [garnir – selle] to pad ou to line (with felt). ◇ *vi* to felt, to become felted ou matted.
◆ **se feutrer** *vpi* to felt, to become felted ou matted.

**feutrine** [føtrin] *nf* felt.

**fève** [fɛv] *nf* **-1.** BOT bean. **-2.** [des Rois] *lucky charm or token made of porcelain and hidden in a 'galette des Rois'.*

**février** [fevrije] *nm* February; *voir aussi* **mars**.

**fez** [fɛz] *nm* fez.

**FF** *(abr écrite de* **de franc français)** FF.

**FFA** *(abr de* **Forces françaises en Allemagne)** *npr fpl French forces in Germany.*

**FFI** *(abr de* **Forces françaises de l'intérieur)** *npr fpl French Resistance forces during World War II.*

**FFL** *(abr de* **Forces françaises libres)** *npr fpl free French Army during World War II.*

**FFR** *(abr de* **Fédération française de rugby)** *npr f French rugby federation.*

**fg** *abr écrite de* **faubourg**.

**FGEN** *(abr de* **Fédération générale de l'Éducation nationale)** *npr f teachers' trade union.*

**fi** [fi] *interj* **-1.** *hum*: **~!** pooh! **-2.** *loc*: **faire ~ de** [mépriser] to turn one's nose up at, to spurn; [ignorer] to ignore.

**fiabilité** [fjabilite] *nf* [crédibilité] reliability.

**fiable** [fjabl] *adj* [crédible] reliable.

**FIAC** [fjak] *(abr de* **Foire internationale d'art contemporain)** *npr f annual international contemporary art fair in Paris.*

**fiacre** [fjakr] *nm* fiacre, (horse-drawn) carriage.

**fiançai** [fijɑ̃se] *v* → **fiancer**.

**fiançailles** [fijɑ̃saj] *nfpl* **-1.** [promesse] engagement. **-2.** [cérémonie] engagement party. **-3.** [durée] engagement (period).

**fiancé, e** [fijɑ̃se] *nm, f* fiancé *(f* fiancée); **les ~s** the betrothed *litt* ou *hum*, the engaged couple.

**fiancer** [16] [fijɑ̃se] *vt* to betroth; **elle est fiancée à Paul** she's engaged to Paul, she and Paul are engaged.
◆ **se fiancer** *vpi* to get engaged; **se ~ avec qqn** to get engaged to sb.

**fiasco** [fjasko] *nm* **-1.** [entreprise, tentative] fiasco, flop; [film, ouvrage] flop; **faire ~** to flop, to be a (total) failure. **-2.** [échec sexuel] failure to perform.

**fiasque** [fjask] *nf* (Italian) wine flask.

**fibre** [fibr] *nf* **-1.** [du bois] fibre, woodfibre; **dans le sens de la ~** going with the grain (of the wood). **-2.** OPT & TECH fibre; **~ de verre** fibreglass; **~ optique** fibre optics *(sg)*. **-3.** TEXT: **une ~** textile a fibre; **les ~s naturelles/synthétiques** naturally-occurring/man-made fibres. **-4.** [dans un muscle] muscle fibre. **-5.** [sentiment] feeling; **avoir la ~ commerçante** to be a born shopkeeper; **faire jouer** ou **vibrer la ~ patriotique de qqn** to play upon sb's patriotic feelings.

**fibreux, euse** [fibrø, øz] *adj* **-1.** [dur – viande] stringy, tough. **-2.** [à fibres – tissu, muscle] fibrous.

**fibrillation** [fibrijasjɔ̃] *nf* fibrillation, fibrillating *(U)*.

**fibrille** [fibrij] *nf* [fibre – courte] short fibre; [– fine] thin fibre.

**fibrome** [fibrom] *nm* [tumeur] fibroma; [dans l'utérus] fibroid.

**fibroscopie** [fibrɔskɔpi] *nf* fibrescopy.

**fibrose** [fibroz] *nf* fibrosis.

**ficelage** [fislaʒ] *nm* tying up.

**ficelé, e** [fisle] *adj*: **bien ~** [histoire, scénario] tight, seamless.

**ficeler** [24] [fisle] *vt* to tie up *(sép)*; **ficelé comme un saucisson** *fig* trussed up like a chicken.

**ficelle** [fisɛl] ◇ *v* → **ficeler**. ◇ *nf* **-1.** [corde] piece of string; **de la ~** string❏ **la ~ est un peu grosse** *fig* it sticks out like a sore thumb; **connaître toutes les ~s du métier** to know the ropes; **ça, c'est une des ~s du métier** that's one of the tricks of the trade; **tirer les ~s** to pull the strings. **-2.** [pain] *very thin baguette*. **-3.** ∇ *arg mil* officer's stripe.

**ficellerai** [fisɛlre] *v* → **ficeler**.

**fichage** [fiʃaʒ] *nm* [mise sur fichier] filing, recording.

**fiche¹** [fiʃ] *vt fam* **~** = **ficher** *fam*. **-2.** *loc*: **il n'en a rien à ~** he couldn't care less; **va te** ou **allez vous faire ~!** get lost!
◆ **se fiche** *fam* = **se ficher de** *fam*.
◆ **se fiche de** *fam* = **se ficher de** *fam*.

**fiche²** [fiʃ] *nf* **-1.** [carton] piece of (stiff) card, (index) card; **~ cuisine** recipe card; **mettre qqch sur ~** to index ou to card-index *Br* sthg. **-2.** [papier] sheet, slip; **~ de paie** pay slip; **~ signalétique** identification slip ou sheet. **-3.** [formulaire] form; **mettre qqn en** ou **sur ~** to open a file on sb❏ **remplir une ~ d'hôtel** to register (with a hotel), to fill in a (hotel) registration card. **-4.** JEUX counter. **-5.** INF: **~ suiveuse** route card. **-6.** ÉLECTR plug; **~ téléphonique** phone ou jack plug; **~ multiple** multiple adaptor ou adapter.

**ficher¹** [3] [fiʃe] *vt* **-1.** [enfoncer] to drive ou to stick (in). **-2.** [information] to file, to put on file; [suspect] to put on file; **il est fiché** the police have got a file on him.

**ficher²** [3] [fiʃe] *vt (pp* **fichu)** *fam* **-1.** [mettre]: **fiche-le à la porte!** throw ou kick him out!; **son patron l'a fichu à la porte** his boss fired him ou threw him out ou sacked *Br* him; **fiche ça dans le placard** throw ou stick it in the closet; **fiche-moi ça dehors!** get rid of this!; **je lui ai fichu mon poing dans la figure** I punched him in the face; **~ à plat**: **ce temps me fiche à plat** this weather really wipes me out; **~ dedans: c'est cette phrase qui m'a fichu dedans** it was that phrase that got me into trouble ou hot water; **~ en l'air: tu l'as fichue en l'air, sa lettre?** did you throw away his letter?; **ce contretemps fiche tout en l'air** this last-minute hitch really messes everything up; **~ en rogne: c'est le genre de remarque qui me fiche en rogne** that's the kind of

remark that drives me mad; ~ par terre: fais attention sur ce vélo, tu vas te ~ par terre! mind how you go on that bike or you'll fall off!; si c'est fermé mardi, ça fiche tout par terre! if it's closed on Tuesday, everything's ruined! **-2.** [faire] to do; qu'est-ce que tu fiches ici? what on earth are you doing here?; je n'ai rien fichu aujourd'hui I haven't done a thing today; bon sang, qu'est-ce qu'il fiche? [où est-il] for God's sake, where on earth is he?; [que fait-il] what the heck is he doing?**-3.** [donner]: ~ qqch à qqn: ça me fiche le cafard it makes me feel down ou depressed; ça m'a fichu la chair de poule/la trouille it gave me the creeps/the willies; fiche-moi la paix! leave me alone!; je t'en ficherai, moi, du champagne! champagne? I'll give you champagne! ❏ je te fiche mon billet que... I'll bet my bottom dollar that...
◆ **se ficher** *vpi fam* [se mettre]: ils se sont fichus dans un fossé [en voiture] they drove into a ditch; [pour passer inaperçus] they jumped into a ditch; se ~ en l'air to do o.s. in; se ~ dedans to land o.s. right in it.
◆ **se ficher de** *vp + prép fam* **-1.** [railler]: elle n'arrête pas de se ~ de lui she keeps making fun of him, she's forever pulling his leg; tu te fiches de moi ou quoi? are you kidding me?; 300 F pour ça? il se fiche de toi! 300 F for this? he's trying to swindle you ou he really takes you for a sucker; eh bien, tu ne t'es pas fichu de nous! well, you've really done things in style!**-2.** [être indifférent à]: je me fiche de ce que disent les gens I don't care what ou I don't give a damn about what people say ❏ je m'en fiche comme de ma première chemise ou comme de l'an quarante ou complètement I don't give a damn (about it), I couldn't care less.
**fichier** [fiʃje] *nm* **-1.** [fiches] (card index) file, catalogue; le ~ de nos clients our file of customers. **-2.** [meuble] filing cabinet; [boîte] file. **-3.** INF file; ~ à accès limité restricted file; ~ de détail/travail detail/scratch file; ~ principal main ou master file; ~ séquentiel sequential file.
**fichtre** [fiʃtr] *interj fam & vieilli*: ~! (my) gosh!, my (my)!
**fichtrement** [fiʃtrəmɑ̃] *adv fam & vieilli* darn.
**fichu1** [fiʃy] *nm* (large) scarf.
**fichu2, e** [fiʃy] *adj fam* **-1.** [perdu]: il est ~ he's had it; pour samedi soir, c'est ~ Saturday evening's up the spout *Br* ou down the drain *Am*.**-2.** *(avant le nom)* [mauvais] lousy, rotten; quel ~ temps! what lousy weather! **-3.** *(avant le nom)* [important]: j'ai un ~ mal de dents I've got one hell of a nasty toothache. **-4.** [capable]: ~ de: il n'est même pas ~ de prendre un message correctement he can't even take a message properly. **-5.** bien ~: il est bien ~ he's got a nice body; ce système est très bien ~ it's a very clever device; mal ~: il est mal ~ [de corps] he hasn't got a very nice body; leur manuel est mal ~ their handbook is lousy; je suis mal ~ aujourd'hui [malade] I feel lousy today.
**fictif, ive** [fiktif, iv] *adj* **-1.** [imaginaire] imaginary, fictitious. **-2.** [faux – promesse] false. **-3.** FIN fictitious.
**fiction** [fiksjɔ̃] *nf* **-1.** [domaine de l'imaginaire]: la ~ fiction; un livre de politique-~ a political novel. **-2.** [histoire] story, (piece of) fiction. **-3.** JUR fiction *(C)*; ~ légale ou de droit legal fiction.
**fictivement** [fiktivmɑ̃] *adv* fictitiously.
**ficus** [fikys] *nm* ficus.
**fidèle** [fidɛl] ◇ *adj* **-1.** [constant – ami] faithful, loyal, true; [– employé, animal] loyal, faithful; [– conjoint] faithful; [– client] regular; ~ à: elle a été ~ à sa parole ou promesse she kept her word; être ~ à une idée to stand by ou to be true to an idea; être ~ à une marque/un produit to stick with a particular brand/product; ~ à elle-même true to herself ❏ elle est toujours ~ au poste you can always rely ou depend on her. **-2.** [conforme – copie, description] true, exact; [– traduction] faithful, close; [– historien, narrateur] faithful; [– mémoire] reliable, correct; [– balance] reliable, accurate; ~ à: livre ~ à la réalité book which is true to life. ◇ *nmf* **-1.** RELIG believer; les ~s [croyants] the believers; [pratiquants] the faithful; [assemblée] the congregation. **-2.** [adepte] devotee, follower; [client] regular; je suis un ~ de votre émission I never miss one of your shows.
**fidèlement** [fidɛlmɑ̃] *adv* **-1.** [régulièrement] regularly. **-2.** [loyalement] faithfully, loyally. **-3.** [conformément] exactly, faithfully.
◆ **fidèlement vôtre** *loc adv* yours (ever).

**fidélisation** [fidelizasjɔ̃] *nf*: ~ des clients ou d'une clientèle fostering of customer loyalty *(by a marketing policy)*.
**fidéliser** [3] [fidelize] *vt*: ~ ses clients ou sa clientèle to foster customer loyalty *(by a marketing policy)*; ~ un public to maintain a regular audience *(by a commercial policy)*.
**fidélité** [fidelite] *nf* **-1.** [loyauté – d'un ami, d'un employé, d'un animal] faithfulness, loyalty; [– d'un conjoint] faithfulness, fidelity; [– d'un client] loyalty. **-2.** [exactitude – d'un récit, d'une description] accuracy, faithfulness; [– de la mémoire] reliability; [– d'un instrument] accuracy, reliability.
**Fidji** [fidʒi] *npr fpl*: les (îles) ~ Fiji, the Fiji Islands.
**fiduciaire** [fidysjɛr] *adj* fiduciary.
**fief** [fjɛf] *nm* **-1.** HIST fief. **-2.** [domaine réservé] fief, kingdom; un ~ électoral a politician's fief.
**fieffé, e** [fjefe] *adj* **-1.** HIST enfeoffed. **-2.** *péj* [extrême] complete, utter; un ~ menteur/voleur an arrant liar/thief.
**fiel** [fjɛl] *nm* **-1.** [bile] gall, bile. **-2.** *litt* [amertume] rancour, bitterness, gall; [méchanceté] venom; des propos pleins de ~ venomous words.
**fielleux, euse** [fjelø, øz] *adj litt* venomous, spiteful.
**fiente** [fjɑ̃t] *nf*: de la ~ droppings.
**fier1** [9] [fje]
◆ **se fier à** *vp + prép* **-1.** [avoir confiance en] to trust (in); se ~ aux apparences to go by ou on appearances; ne vous y fiez pas! don't be fooled by it/him *etc*! **-2.** [compter sur] to rely on.
**fier2, fière** [fjɛr] ◇ *adj* **-1.** [satisfait] proud; il n'y a pas de quoi être ~ it's nothing to be proud of; ~ de proud of; j'étais ~ d'avoir gagné I was proud (that) I won; je n'étais pas ~ de moi I wasn't pleased with ou proud of myself. **-2.** [noble] noble, proud; une âme fière *litt* a noble mind. **-3.** [arrogant – personnage] proud, arrogant, haughty; [– regard] haughty, supercilious; quand il a fallu sauter, il n'était plus tellement ~ when it came to jumping, he didn't seem so sure of himself; avoir fière allure to cut (quite) a dash ❏ être ~ comme Artaban ou comme un coq to be as proud as a peacock. **-4.** *(avant le nom) fam* [extrême]: tu as un ~ culot! you've got some nerve! ◇ *nm, f* proud person; faire le ~ to put on airs and graces.
**fier-à-bras** [fjerabra] *(pl inv ou* **fiers-à-bras)** *nm* braggart.
**fièrement** [fjɛrmɑ̃] *adv* proudly.
**fiérot, e** [fjero, ɔt] *fam* ◇ *adj* proud. ◇ *nm, f*: faire le ~ to show off.
**fierté** [fjɛrte] *nf* **-1.** [dignité] pride; par ~, je ne lui ai pas parlé my pride wouldn't let me talk to him; ravaler sa ~ to swallow one's pride; elle n'a pas beaucoup de ~ she hasn't much pride ou self-respect. **-2.** [arrogance] arrogance, haughtiness, superciliousness. **-3.** [satisfaction] (source of) pride; tirer ~ ou une grande ~ de to take (a) pride in, to pride o.s. on.
◆ **avec fierté** *loc adv* proudly.
**fiesta** [fjɛsta] *nf fam* (wild) party, rave-up *Br*, blowout *Am*; faire la ~ to live it up.
**fièvre** [fjɛvr] *nf* **-1.** MÉD fever, temperature; avoir de la ~ to have a temperature ou a fever; il a 40 de ~ his temperature is up to 40°, he has a temperature of 40°; pour faire baisser la ~ (in order) to get the temperature down ❏ ~ aphteuse foot and mouth disease; ~ jaune yellow fever; ~ de Malte Malta fever; ~ quinte quintan fever; ~ typhoïde typhoid fever. **-2.** *sout* [agitation] excitement; elle parlait avec ~ she spoke excitedly; dans la ~ du moment in the heat of the moment. **-3.** [désir]: avoir la ~ de l'or to have a passion for gold.
**fiévreusement** [fjevrøzmɑ̃] *adv* MÉD & *fig* feverishly.
**fiévreux, euse** [fjevrø, øz] *adj* MÉD & *fig* feverish, febrile.
**FIFA** [fifa] *(abr de* **Fédération internationale de football association)** *nprf* FIFA.
**fifille** [fifij] *nf fam* little girl.
**fifre** [fifr] *nm* **-1.** [flûte] fife. **-2.** [joueur] fife player.
**fifty-fifty** [fiftififti] *loc adv fam* fifty-fifty, half-and-half; faisons ~ let's go halves.
**fig.** *abr écrite de* **figure.**
**Figaro** [figaro] *npr m*: le ~ PRESSE *French daily newspaper with a conservative bias.*
**figé, e** [fiʒe] *adj* set; debout devant la fenêtre dans une atti-

tude ~e standing motionless in front of the window.

**figeai** [fiʒe] v→ **figer**.

**figer** [17] [fiʒe] ◇ vt -1. [coaguler – huile] to congeal; [– sang] to coagulate, to clot. -2. [immobiliser – personne]: sa réponse m'a figé sur place his answer struck me dumb. ◇ vi [huile] to congeal; [sang] to coagulate, to clot.
◆ **se figer** vpi -1. [être coagulé – huile] to congeal; [– sang] to coagulate, to clot; mon sang s'est figé dans mes veines my blood froze. -2. [s'immobiliser – attitude, sourire] to stiffen; [– personne] to freeze; elle se figea sous l'effet de la terreur she was rooted to the spot with fear.

**fignolage** [fiɲɔlaʒ] nm perfecting, touching up, polishing (up).

**fignoler** [3] [fiɲɔle] vt to perfect, to polish ou to touch up (sép); un travail fignolé a polished piece of work.

**fignoleur, euse** [fiɲɔlœr, øz] ◇ adj meticulous, péj finicky. ◇ nm, f meticulous ou finicky péj worker.

**figue** [fig] nf fig; ~ de Barbarie prickly pear.

**figuier** [figje] nm fig tree; ~ de Barbarie prickly pear, opuntia sp.

**figurant, e** [figyrã, ãt] nm, f CIN extra; THÉÂT extra, walk-on actor; DANSE figurant; être réduit au rôle de ~ ou à jouer les ~s [dans une réunion] to be a mere onlooker; [auprès d'une personne importante] to be a stooge.

**figuratif, ive** [figyratif, iv] adj [art] figurative, representational; [artiste] representational; [plan] figurative.
◆ **figuratif** nm representational artist.

**figuration** [figyrasjõ] nf -1. [métier]: la ~ CIN being an ou working as an extra; THÉÂT doing a walk-on part; DANSE being a ou dancing as a figurant; faire de la ~ CIN to work as an extra; THÉÂT to do walk-on parts; DANSE to dance as a figurant. -2. [fait de représenter] representation, figuration.

**figure** [figyr] nf -1. [visage] face; [mine] face, features; faire triste ou piètre ~ to cut a sad figure, to be a sad ou sorry sight; faire bonne ~ to look contented; faire ~ de: parmi tous ces imbéciles, il fait ~ de génie! all those idiots make him look like a genius!; prendre ~ to take shape ❑ ne plus avoir ~ humaine to be totally unrecognizable ou disfigured. -2. [personnage] figure; une grande ~ de la politique a great political figure. -3. NAUT & fig: ~ de proue figurehead. -4. [illustration] figure, illustration; [schéma, diagramme] diagram, figure; ~ géométrique geometrical figure. -5. JEUX picture card. -6. DANSE, MUS & SPORT figure; ~s libres freestyle; ~s imposées compulsory figures. -7. LING: ~ de style stylistic device.

**figuré, e** [figyre] adj LING [langage, sens] figurative.
◆ **au figuré** loc adv figuratively.

**figurer** [3] [figyre] ◇ vt -1. [représenter] to represent, to show, to depict. -2. [symboliser] to symbolize. ◇ vi -1. [apparaître] to appear; votre nom ne figure pas sur la liste your name doesn't appear ou isn't on the list; ~ au nombre des élus to be among the successful candidates. -2. CIN to be an extra; THÉÂT to do a walk-on part.
◆ **se figurer** vpt -1. [imaginer] to imagine. -2. [croire] to believe; figure-toi qu'il n'a même pas appelé! he didn't even call, can you believe it!; eh bien figure-toi que moi non plus, je n'ai pas le temps! surprising though it may seem, I haven't got the time either!

**figurine** [figyrin] nf figurine, statuette.

**fil** [fil] nm -1. TEXT [matière – de coton, de soie] thread; [– de laine] yarn (U); [brin – de coton, de soie] piece of thread; [– de laine] strand; cachemire trois/quatre ~s three-ply/four-ply cashmere ❑ ~ à bâtir/à coudre basting/sewing thread; ~ dentaire dental floss; ~ d'Écosse lisle; ~ de Nylon® nylon thread; de ~ en aiguille one thing leading to another; donner du ~ à retordre à qqn to cause sb (no end of) trouble. -2. [lin] linen; draps de ~ linen sheets. -3. [filament – de haricot] string; haricots pleins de/sans ~s stringy/stringless beans. -4. [corde – à linge] line; [– d'équilibriste] tightrope, high wire; [– pour marionnette] string; ~ d'Ariane MYTH Ariadne's thread; ~ conducteur ou d'Ariane [d'une enquête] (vital) lead; [dans une histoire] main theme; débrouiller ou démêler les ~s d'une intrigue to unravel the threads ou strands of a plot; sa vie ne tient qu'à un ~ his life hangs by a thread; un ~ de la Vierge a gossamer thread; avoir un ~ à la patte to be tied down, to have one's hands tied. -5. [câble] wire; ~ de cuivre/d'acier copper/steel wire ❑ ~

télégraphique/téléphonique telegraph/telephone wire; ~ de terre earth Br ou ground Am wire; ~ à couper le beurre cheesewire; ~ électrique wire; ~ de fer wire; ~ de fer barbelé barbed wire; clôture en ~ de fer [gén] wire fence; [barbelé] barbed wire fence; c'est un ~ de fer, ce type! that guy's as thin as a rake!; ~ à plomb plumbline; ~ à souder soldering wire. -6. fam [téléphone]: au bout du ~ on the phone, on the line; à l'autre bout du ~ on the other end of the line. -7. [tranchant] edge; passer qqn au ~ de l'épée to put sb to the sword; être sur le ~ du rasoir to be on a knife-edge. -8. [sens – du bois, de la viande] grain; dans le sens contraire au ~, contre le ~ against the grain. -9. [cours – de l'eau] current, stream; [– de la pensée, d'une discussion] thread; perdre/reprendre le ~ d'une histoire to lose/ to pick up the thread of a story; le ~ des événements the chain of events.
◆ **au fil de** loc prép -1. [le long de]: aller au ~ de l'eau to go with the current ou stream. -2. [au fur et à mesure de]: au ~ du temps as time goes by; au ~ des semaines as the weeks go by, with the passing weeks; au ~ de la discussion je m'aperçus que... as the discussion progressed I realized that...
◆ **sans fil** loc adj [télégraphie, téléphonie] wireless (modif); [rasoir, téléphone] cordless.

**fil-à-fil** [filafil] nm inv pepper-and-salt cloth.

**filage** [filaʒ] nm -1. TEXT spinning. -2. THÉÂT run-through.

**filament** [filamã] nm -1. [fibre] filament. -2. TEXT thread. -3. ÉLECTR filament.

**filamenteux, euse** [filamãtø, øz] adj filamentous, filamentary.

**filandreux, euse** [filãdrø, øz] adj -1. [fibreux – viande] stringy. -2. péj [confus – style, discours] long-winded.

**filant, e** [filã, ãt] adj -1. [qui file – liquide] free-running. -2. MÉD [pouls] (very) weak.

**filasse** [filas] ◇ nf tow. ◇ adj inv: cheveux (blonds) ~ péj dirty blond hair.

**filature** [filatyr] nf -1. TEXT [opérations] spinning; [usine] (spinning) mill. -2. [surveillance] shadowing, tailing; prendre qqn en ~ to shadow ou to tail sb.

**fildefériste** [fildeferist] nmf high wire acrobat.

**file** [fil] nf -1. [suite – de véhicules] line, row; [– de personnes] line; se mettre en ~ to queue up Br, to line up, to stand in line ❑ ~ d'attente queue Br, line Am; en ~ indienne in single file. -2. TRANSP lane; la ~ de droite the right-hand lane; sur deux ~s in two lanes. -3. MIL file of soldiers.
◆ **à la file** loc adv in a row, one after another ou the other.

**filer** [3] [file] ◇ vt -1. TECH & TEXT to spin; ~ un mauvais coton fam [être malade] to be in bad shape; [se préparer des ennuis] to be heading for trouble. -2. ENTOM to spin. -3. [dérouler – câble, amarre] to pay out (sép), to release. -4. [développer – image, métaphore] to draw ou to spin out (sép); [tenir – note, son] to draw out (sép). -5. JEUX [carte] to palm off (sép); ~ les cartes [au poker] to show one's hand. -6. [suivre – suj: détective] to tail, to shadow. -7. [déchirer – collant, bas] to ladder Br, to run Am. -8. fam [donner] to give; il m'a filé un coup de poing he landed Br ou beaned Am me one; on m'a filé le sale boulot they landed Br ou stuck Am me with the rotten job; elle m'a filé la grippe she's given me the flu; ~ une gifle à qqn to smack ou to slap sb in the face. -9. loc: ~ le parfait amour to live a great romance.
◇ vi -1. [liquide] to run, to flow; [fromage] to run. -2. [flamme, lampe] to smoke. -3. [se dérouler – câble] to run out. -4. NAUT: ~ (à) 20 nœuds to sail ou to proceed at 20 knots. -5. [collants, bas] to ladder Br, to run; [maille] to run. -6. [passer vite – coureur, véhicule] to dash; [– nuage] to fly (past); [– temps] to fly; il a filé dans sa chambre [gén] he dashed ou flew into his bedroom; [après une réprimande] he stormed off to his room; bon, je file! right, I'm off!; l'argent lui file entre les doigts money just slips through his fingers. -7. fam [disparaître – cambrioleur] to scram, to scarper Br, to skedaddle Am; je t'ai assez vu, file! I've had enough of you, scram! ou clear off! ❑ ~ à l'anglaise to sneak off, to take French leave. -8. fam [argent] to go, to disappear, to vanish. -9. loc: ~ doux to behave o.s.

**filet** [file] nm -1. ANAT fibre. -2. ARCHIT fillet. -3. TECH thread. -4. IMPR rule. -5. [petite quantité]: un ~ de: un ~ d'eau a trickle of water; un ~ de bave a dribble of saliva; un ~ de sang a trickle of blood; un ~ d'air a (light) stream of air; un ~ de lumière a (thin) shaft of light; un ~ de citron/vinaigre a dash of lemon/vinegar; un (petit) ~ de voix a thin (reedy) voice. **-6.** CULIN [de viande, de poisson] fillet; un morceau dans le ~ [de bœuf] ≃ a sirloin OU porterhouse steak ❑ ~ mignon filet mignon. **-7.** [ouvrage à mailles] net; ~ à cheveux/à papillons hair/butterfly net; ~ (à bagages) (luggage) rack; ~ à provisions string shopping bag; ~ (de pêche) (fishing) net; attirer qqn dans ses ~s *fig* to entrap OU to ensnare sb; tendre un ~ [pour la chasse] to set a snare; *fig* to lay a trap. **-8.** SPORT [au football, au hockey, au tennis] net; [d'acrobate] safety net; envoyer la balle dans le ~ to hit the ball into the net ❑ monter au ~ to come to the net; travailler sans ~ *pr* to perform without a safety net; *fig* to take risks.

**fileter** [28] [filte] *vt* **-1.** TECH to thread. **-2.** CULIN to fillet.

**fileur, euse** [filœr, øz] *nm, f* spinner.

**filial, e, aux** [filjal, o] *adj* filial.

◆ **filiale** *nf* subsidiary (company).

**filiation** [filjasjɔ̃] *nf* **-1.** [entre individus] line of descent, filiation; JUR filiation. **-2.** [entre des mots, des idées] relationship.

**filière** [filjɛr] *nf* **-1.** [procédures] procedures, channels; passer par la ~ administrative to go through administrative channels. **-2.** [réseau – de trafiquants, de criminels] network, connection; remonter une ~ to trace a network back to its ringleaders. **-3.** SCOL & UNIV: la ~ technique/scientifique technical/scientific subjects. **-4.** MÉTALL: ~ (à machine) [pour étirage] draw, drawing plate; [pour tréfilage, filage] die. **-5.** ENTOM spinneret. **-6.** TEXT spinneret. **-7.** NAUT guardrail. **-8.** INDUST industry.

**filiforme** [filiform] *adj* **-1.** [maigre] lanky, spindly. **-2.** MÉD [pouls] thready.

**filigrane** [filigran] *nm* **-1.** [d'un papier] watermark. **-2.** JOAILL filigree.

◆ **en filigrane** *loc adv* between the lines.

**filigraner** [3] [filigrane] *vt* **-1.** [papier] to watermark; du papier filigrané watermarked paper. **-2.** JOAILL to filigree.

**filin** [filɛ̃] *nm* rope.

**fille** [fij] *nf* **-1.** [enfant] girl; tu es une grande ~ maintenant you're a big girl now; c'est encore une petite ~ she's still a little girl. **-2.** [jeune fille] girl; [femme] woman; une ~ de la campagne a country girl; rester ~ *vieilli* to remain single OU unmarried ❑ ~ mère unmarried mother. **-3.** [descendante] daughter; une ~ de bonne famille a respectable girl; tu es bien la ~ de ton père! you're just like your father! **-4.** [en appellatif]: ma ~ (my) girl. **-5.** *vieilli* [employée]: ~ de cuisine kitchen maid; ~ de ferme farm girl. **-6.** *vieilli* [prostituée] whore; ~ publique OU de joie OU des rues OU perdue *litt* prostitute; ~ à soldats camp follower. **-7.** HIST: ~ d'honneur maid of honour.

**fillette** [fijet] *nf* **-1.** [enfant] little girl. **-2.** [bouteille] small bottle *(for wine)*.

**filleul, e** [fijœl] *nm, f* godchild, godson *(f* goddaughter).

**film** [film] *nm* **-1.** CIN [pellicule] film; [œuvre] film *Br*, movie *Am*; tourner un ~ to shoot a film; les ~s d'aventures/ d'épouvante adventure/horror films; ~ doublé dubbed film ❑ ~ muet silent film; ~ parlant talking film, talkie; ~ en noir et blanc/en couleur black and white/colour film; ~ d'auteur film d'auteur; ~ catastrophe disaster film *Br* OU movie *Am*; ~ documentaire documentary film; ~X X OU adults-only film. **-2.** PHOT film. **-3.** [couche] film; un ~ d'huile a film of oil. **-4.** [déroulement] sequence; le ~ des événements the sequence of events.

**filmer** [3] [filme] *vt* [scène, événement] to film, to shoot; [personnage] to film.

**filmique** [filmik] *adj* cinematic.

**filmographie** [filmɔgrafi] *nf* filmography.

**filmothèque** [filmɔtɛk] *nf* microfilm collection.

**filocher** [3] [filɔʃe] *fam* ◇ *vt* [suivre]: ~ qqn to tail sb. ◇ *vi* [aller vite] to scarper *Br*, to skedaddle *Am*.

**filon** [filɔ̃] *nm* **-1.** GÉOL seam, vein; ils ont déjà exploité ce ~ *fig* they have already exploited this goldmine. **-2.** *fam loc*: trouver le ~: il a trouvé le ~ pour gagner de l'argent [moyen] he found an easy way to make money; trouver le ~ [situation lucrative] to strike it rich, to find the right connection *Am*; c'est un bon ~ it's a gold mine OU a money-

spinner.

**filou** [filu] *nm* **-1.** [voleur] crook, rogue. **-2.** [ton affectueux] rascal, scamp.

**filouter** [3] [filute] *vt fam* **-1.** [dérober] to pinch, to swipe. **-2.** [escroquer] to cheat, to swindle.

**filouterie** [filutri] *nf* [vol] fraud, swindle.

**fils** [fis] *nm* **-1.** [enfant] son, boy; un ~ à papa *fam* a daddy's boy; il est bien le ~ de son père! he's just like his father!; un ~ de famille a wealthy young man; ~ spirituel spiritual son. **-2.** COMM: Brunet & Fils Brunet & Son OU Sons; je voudrais parler à M. Picard ~ I'd like to talk to Mr Picard junior. **-3.** *litt* [descendant] descendant; [natif] son; un ~ du terroir a son of the land. **-4.** RELIG: le Fils de l'homme OU de Dieu the Son of man OU of God; mon ~ my son. **-5.** *loc*: être ~ de ses œuvres to be a self-made man.

**filtrage** [filtraʒ] *nm* [d'un liquide] filtering; [de l'information, de personnes] screening.

**filtrant, e** [filtrɑ̃, ɑ̃t] *adj* [matériau, dispositif] filtering *(avant n)*; [crème, huile solaire] sunscreen *(modif)*; [verre] filter *(modif)*.

**filtrat** [filtra] *nm* filtrate.

**filtration** [filtrasjɔ̃] *nf* filtration, filtering.

**filtre** [filtr] *nm* filter; ~ à café/huile coffee/oil filter; ~ solaire sunscreen; ~ à air air filter.

**filtrer** [3] [filtre] ◇ *vt* **-1.** [liquide, air, lumière] to filter. **-2.** [visiteurs, informations] to screen. ◇ *vi* **-1.** [liquide] to seep OU to filter through; [lumière, bruit] to filter through. **-2.** [nouvelles] to filter through.

**fin¹** [fɛ̃] *nf* **-1.** [terme – d'une période, d'un mandat] end; [– d'une journée, d'un match] end, close; [– d'une course] end, finish; [– d'un film, d'un roman] ending *(C)*; jusqu'à la ~ des temps OU des siècles until the end of time; par une ~ d'après-midi de juin late on a June afternoon; ~ mai/1997 (at the) end of May/1997; se battre/rester jusqu'à la ~ to fight/to stay to the very end; mener qqch à bonne ~ to pull OU to carry sthg off (successfully); mettre ~ à qqch to put an end to sthg; mettre ~ à ses jours to put an end to one's life, to take one's own life; prendre ~ to come to an end; tirer OU toucher à sa ~ to come to an end, to draw to a close ❑ ~ de citation end of quotation; ~ de semaine weekend; en ~ de semaine at the end of the week; faire une ~ to settle down, to get married; on n'en voit pas la ~ there doesn't seem to be any end to it; ça y est, j'en vois la ~! at last, I can see the light at the end of the tunnel!; avoir OU connaître des ~s de mois difficiles to find it hard to make ends meet (at the end of the month). **-2.** [disparition] end; la ~ de la civilisation inca the end OU death of Inca civilization; ce n'est quand même pas la ~ du monde! it's not the end of the world, is it! ❑ c'est la ~ de tout OU des haricots! *fam & hum* our goose is cooked! **-3.** [mort] death, end; avoir une ~ tragique/lente to die a tragic/slow death; la ~ approche the end is near. **-4.** [objectif] end, purpose; à cette ~ to this end, for this purpose, with that aim in mind; à seule ~ de with the sole aim of, (simply) for the sake of, purely in order to; arriver OU parvenir à ses ~s to achieve one's aim; à des ~s personnelles for personal OR private use; à des ~s politiques/religieuses to political/religious ends ❑ ~ en soi end in itself; la ~ justifie les moyens *prov*, qui veut la ~ veut les moyens *prov* the end justifies the means *prov*. **-5.** JUR: ~ de non-recevoir demurrer; opposer une ~ de non-recevoir à qqn *fig* to turn down sb's request bluntly. **-6.** COMM: ~ courant at the end of the current month; ~s de série oddments.

◆ **à la fin** *loc adv* **-1.** [finalement] in the end, eventually. **-2.** *fam* [ton irrité]: mais à la ~, où est-il? where on earth is it?; tu es énervant à la ~! you're beginning to get on my nerves!

◆ **à la fin de** *loc prép* at the end OU close of.

◆ **à toutes fins utiles** *loc adv* **-1.** [pour information]: je vous signale à toutes ~s utiles que... for your information, let me point out that... **-2.** [le cas échéant] just in case.

◆ **en fin de** *loc prép*: en ~ de soirée/match towards the end of the evening/match; être en ~ de liste to be OU to come at the end of the list; être en ~ de course [athlète, président] to be at the end of the road *fig*; être en ~ de droit to come to the end of one's entitlement *(to an allowance)*.

◆ **en fin de compte** *loc adv* in the end, when all is said and done.

◆ **fin de race** *loc adj* degenerate.

◆ **fin de siècle** *loc adj* decadent, fin de siècle.
◆ **sans fin** ◇ *loc adj* **-1.** [interminable] endless, interminable, never-ending. **-2.** TECH endless. ◇ *loc adv* endlessly, interminably.

**fin², e¹** [fɛ̃, fin] *adj* **-1.** [mince – sable, pinceau] fine; [– cheveu, fil] fine, thin; [– écriture] fine, small; [– doigt, jambe, taille, main] slim, slender; [peu épais – papier, tranche] thin; [– collant, bas] sheer; **pluie fine** drizzle; **haricots verts ~s** high quality green beans. **-2.** [aiguisé – pointe] sharp. **-3.** [de qualité – aliments, produit] high-quality, top-quality; [– mets, repas] delicate, exquisite, refined; [– dentelle, lingerie] delicate, fine; [– or, pierre, vin] fine. **-4.** [subtil – observation, description] witty, clever; [– personne] sharp, acute; [– esprit] sharp, keen, shrewd; [– plaisanterie] witty; **ce n'était pas très ~ de ta part** it wasn't very smart ou clever of you; **c'est ~!** *iron* very clever!; **ne joue pas au plus ~ avec moi** don't try to outwit ou to outsmart me ❏ **c'est une fine mouche** he's a sharp customer. **-5.** [sensible – ouïe, vue] sharp, keen, acute; [– odorat] discriminating, sensitive. **-6.** *(avant le nom)* [extrême]: **dans le** ou **au ~ fond du placard** at the very back of the closet; **au ~ fond de la campagne** in the depths of the countryside, in the middle of nowhere *péj*; **le ~ mot de l'histoire c'est ... ** the best of it is ... **-7.** *(avant le nom)* [excellent]: **~ connaisseur** (great) connoisseur; **un ~ tireur** a crack shot ❏ **la fine équipe!** what a team!; **un ~ gourmet** a gourmet.
◆ **fin** *adv* **-1.** [finement – moulu] fine, finely; [– taillé] sharp, sharply; **c'est écrit trop ~** it's written too small. **-2.** [tout à fait]: **être ~ prêt** to be ready.
◆ **fine bouche** *nf* **-1.** [gourmet]: **c'est une fine bouche** he's a gourmet. **-2.** *loc*: **tu ne vas pas faire la fine bouche!** don't be so choosy!
◆ **fine gueule** *nf fam* gourmet.

**final, e, als** ou **aux** [final, o] *adj* **-1.** [qui termine] final, end *(modif)*. **-2.** LING & PHILOS final.
◆ **final, finale** *nm* DANSE & MUS finale.
◆ **finale** *nf* **-1.** LING [syllabe] final syllable; [voyelle] final vowel. **-2.** SPORT final.

**finalement** [finalmã] *adv* **-1.** [à la fin] finally, eventually, in the end. **-2.** [tout compte fait] after all, when all is said and done.

**finaliser** [3] [finalize] *vt* to finalize.

**finalisme** [finalism] *nm* finalism.

**finaliste** [finalist] ◇ *adj* **-1.** SPORT: **l'équipe ~** the team of finalists ‖ JEUX: **candidat ~** finalist. **-2.** PHILOS finalistic. ◇ *nmf* JEUX, PHILOS & SPORT finalist.

**finalité** [finalite] *nf* **-1.** [but] aim, purpose, end. **-2.** PHILOS finality.

**finançai** [finãse] *v* → **financer.**

**finance** [finãs] *nf* [profession]: **entrer dans la ~** to enter the world of finance ❏ **la haute ~** high finance.
◆ **finances** *nfpl* **-1.** POL: **les Finances** ≃ the Exchequer *Br*, ≃ the Treasury Department *Am*; **~s publiques** public finance. **-2.** *fam* [budget]: **ça dépendra de mes ~s** it will depend on whether I can afford it or not; **mes ~s sont à zéro** my finances have hit rock-bottom.

**financement** [finãsmã] *nm* financing *(U)*, finance.

**financer** [16] [finãse] *vt* [journal, projet] to finance, to back (financially), to put up the finance for; *(en usage absolu)*: **une fois de plus, ce sont ses parents qui vont ~** *fam* once again, his parents will fork out.

**financier, ère** [finãsje, ɛr] *adj* **-1.** [crise, politique] financial; **problèmes ~s** [d'un État] financial problems; [d'une personne] money problems. **-2.** CULIN **sauce financière, financière sauce** *(made with sweetbreads, mushrooms etc)*.
◆ **financier** *nm* CULIN financier.
◆ **à la financière** *loc adj* à la financière, with financière sauce.

**financièrement** [finãsjɛrmã] *adv* financially.

**finançons** [finãsõ] *v* → **financer.**

**finasser** [3] [finase] *vi fam* to scheme.

**finasserie** [finasri] *nf fam* scheming.

**finaud, e** [fino, od] ◇ *adj* cunning, shrewd, wily. ◇ *nm, f*: **c'est un (petit) ~** he's a crafty ou sly one.

**fine²** [fin] ◇ *f* → **fin.** ◇ *nf* **-1.** [eau-de-vie] ≃ brandy; **~ champagne** variety of Cognac. **-2.** [huître]: **~s de claire** spe-

cially fattened greenish oysters.

**finement** [finmã] *adv* **-1.** [de façon fine – hacher, dessiner] finely. **-2.** [subtilement] subtly, with finesse.

**finesse** [fines] *nf* **-1.** [délicatesse – d'un mets, d'un vin] delicacy; [– d'une étoffe] delicacy, fineness; **un portrait d'une grande ~ d'exécution** a very delicately painted portrait. **-2.** [perspicacité] flair, finesse, shrewdness. **-3.** [subtilité] subtlety *(U)*; **une remarque pleine de ~** a very subtle remark; **~ d'esprit** intellectual refinement; **~ de goût** refined taste. **-4.** [acuité] sharpness, keenness. **-5.** [minceur – de la taille] slenderness, slimness; [– des cheveux, d'une poudre] fineness; [– du papier, d'un fil] thinness; **la ~ de ses traits** the fineness of her features; **des draps d'une grande ~** sheets of the finest cloth.
◆ **finesses** *nfpl* [subtilités] subtleties, niceties.

**fini, e** [fini] *adj* **-1.** [terminé] finished; **c'est un homme ~** he's finished. **-2.** *péj* [en intensif] complete, utter; **un imbécile ~** a complete ou an utter fool. **-3.** MATH & PHILOS finite. **-4.** [accompli, terminé] finished, accomplished.
◆ **fini** *nm* **-1.** [perfection] finish. **-2.** PHILOS: **le ~** that which is finite.

**finir** [32] [finir] ◇ *vt* **-1.** [achever – tâche, ouvrage] to finish (off); [– guerre, liaison] to end; [– études] to complete; [– période, séjour] to finish, to complete; **il a fini ses jours à Cannes** he ended his days in Cannes; **~ la soirée au poste** to wind up in a police cell (at the end of a night out); **mon travail est fini maintenant** my work's done now ‖ *(en usage absolu)*: **je n'ai pas fini!** I haven't finished (what I have to say)! ❏ **c'en est fini de** *sout*: **c'en est bien fini de mes rêves!** that's the end of all my dreams; **en ~**: **finissons-en** let's get it over with; **elle a voulu en ~** [se suicider] she tried to end it all; **il faut en ~, cette situation ne peut plus durer** we must do something to put an end to this state of affairs; **en ~ avec**: **il veut en ~ avec la vie** he's had enough of life; **nous devons en ~ avec la crise économique** we must end the slump; **j'en aurai bientôt fini avec lui** I'll be done with him soon. **-2.** [plat, boisson] finish (off ou up); **finis ton assiette** *fam* eat up ou finish off what's on your plate; **je finissais toujours les vêtements de mes aînés** I was always dressed in my elder brothers' hand-me-downs. **-3.** *(en usage absolu)* *fam* [en réprimande]: **tu n'as pas bientôt fini!** will you stop it! ◇ *vi* **-1.** [arriver à son terme] to finish, to end; **la route finit au pont** the road stops at the bridge; **la réunion a fini dans les hurlements** the meeting ended in uproar; **quand finit ton stage?** when's the end of your placement?; **je finirai sur ce vers de Villon** let me end with this line from Villon; **pour ~** in the end, finally; **~ par** *(suivi d'un infinitif)*: **il a fini par renoncer/réussir** he finally gave up/succeeded; **ça finit par coûter cher** it costs a lot of money in the end; **ça a fini par des embrassades** it ended in a lot of hugging and kissing ❏ **fini de** *fam*: **et maintenant, fini de se croiser les bras!** and now let's see some action!; **en janvier, fini de rigoler, tu te remets au travail** come January there'll be no more messing around, you're going to have to get down to some work; **n'en pas ~, n'en plus ~**: **cette journée/son discours n'en finit pas** there's no end to this day/his speech; **des plaintes à n'en plus ~** endless ou never-ending complaints; **~ en queue de poisson** *fam* to fizzle out. **-2.** [avoir telle issue]: **elle a fini juge** she ended up a judge; **il a mal fini** [délinquant] he came to a bad end; **un roman qui finit bien/mal** a novel with a happy/sad ending; **comment tout cela va-t-il ~?** where ou how will it all end? ❏ **tout est bien qui finit bien** *prov* all's well that ends well *prov*. **-3.** [mourir] to die.

**finish** [finiʃ] *nm inv* SPORT finish; **jouer un match/une partie au ~** (to play a) match/game to the finish.

**finissage** [finisaʒ] *nm* finishing.

**finissant, e** [finisã, ãt] *adj litt* finishing; **au jour ~** at dusk.

**finition** [finisjõ] *nf* **-1.** [détail]: **la ~ de l'anorak est très bien faite** the anorak's nicely finished; **les ~s** the finishing touches. **-2.** [perfectionnement] finishing off *(U)*; **les travaux de ~ prendront plusieurs jours** it will take several days to finish off the work.

**finitude** [finityd] *nf* finiteness.

**finlandais, e** [fɛ̃lãde, ɛz] *adj* Finnish.
◆ **Finlandais, e** *nm, f* Finn.
◆ **finlandais** *nm* LING Finnish.

**Finlande** [fɛ̃lãd] *npr f*: **(la) ~** Finland.

**finnois, e** [finwa, az] *adj* Finnish.
◆ **finnois** *nm* LING Finnish.

**finno-ougrien, enne** [finougrijɛ̃, ɛn] *(mpl* **finno-ougriens,**
*fpl* **finno-ougriennes)** *adj* Finno-Ugric, Finno-Ugrian.
◆ **finno-ougrien** *nm* LING Finno-Ugric, Finno-Ugrian.

**FINUL, Finul** [finyl] *(abr de* **Forces intérimaires des Nations
unies au Liban)** *nprf* UNIFIL.

**fiole** [fjɔl] *nf* -**1.** [bouteille] phial. -**2.** ▽ [tête] mug.

**fioritures** [fjɔrityr] *nfpl* -**1.** [décorations] embellishments.
-**2.** MUS fioritura.
◆ **sans fioritures** *loc adj* plain, unadorned.

**fioul** [fjul] *nm* fuel (oil).

**FIP** [fip] *(abr de* **France Inter Paris)** *npr* French national radio
station broadcasting light music and traffic information.

**firmament** [firmamɑ̃] *nm litt* firmament *litt*, heavens.

**firme** [firm] *nf* firm, company.

**fis** [fi] *v →* **faire.**

**FIS** [fis] *(abr de* **Front islamique de salut)** *npr m*: le ~ the FIS,
the Islamic Salvation Front.

**fisc** [fisk] *nm* ≃ Inland *Br* ou Internal *Am* Revenue; des problèmes avec le ~ problems with the taxman.

**fiscal, e, aux** [fiskal, o] *adj* fiscal, tax *(modif)*; dans un but ~
for the purpose of revenue ❑ pression ou charge ~e tax
burden; l'administration ~e the tax authorities; conseiller
~ tax adviser.

**fiscalement** [fiskalmɑ̃] *adv* fiscally, from the point of view
of taxation.

**fiscalisation** [fiskalizasjɔ̃] *nf* taxing, taxation.

**fiscaliser** [3] [fiskalize] *vt* to tax.

**fiscalité** [fiskalite] *nf* [système, législation] tax system.

**fissible** [fisibl], **fissile** [fisil] *adj* MINÉR & NUCL fissile.

**fission** [fisjɔ̃] *nf* fission.

**fissuration** [fisyrasjɔ̃] *nf* fissuring *spéc*, cracking.

**fissure** [fisyr] *nf* -**1.** [fente] crack, fissure *spéc*. -**2.** MÉD fissure.
-**3.** *fig* [défaut] fissure, crack, chink.

**fissurer** [3] [fisyre] *vt* [mur, paroi] to crack, to fissure *spéc*.

**fiston** [fistɔ̃] *nm fam* son.

**fistule** [fistyl] *nf* fistula.

**FIV** [fiv] *(abr de* **fécondation in vitro)** *nf* IVF.

**FIVETE, fivete** [fivet] *(abr de* **fécondation in vitro et transfert d'embryon)** *nf* GIFT; une ~ a test-tube baby.

**fixage** [fiksaʒ] *nm* fixing PHOT.

**fixateur, trice** [fiksatœr, tris] *adj* fixative.
◆ **fixateur** *nm* -**1.** PHOT fixer. -**2.** [pour les cheveux] setting lotion. -**3.** BIOL fixative. -**4.** BX-ARTS fixative.

**fixatif, ive** [fiksatif, iv] *adj* fixative.
◆ **fixatif** *nm* fixative.

**fixation** [fiksasjɔ̃] *nf* -**1.** [accrochage] fixing, fastening. -**2.**
[établissement – d'un prix] setting; [– d'un rendez-vous] making,
fixing. -**3.** CHIM & BIOL fixation. -**4.** BX-ARTS & PHOT fixation. -**5.**
PSYCH fixation, obsession; faire une ~ sur qqch to be ob-
sessed with ou by sthg. -**6.** [de ski] binding.

**fixe** [fiks] ◇ *adj* -**1.** [invariable – repère] fixed; prendre un
médicament à heure ~ to take (a) medicine at a set time ❑
virgule ~ INF fixed point. -**2.** MIL: (à vos rangs,) ~! attention!-**3.** [immobile – œil, regard] fixed, staring. -**4.** [durable –
emploi] permanent, steady. -**5.** ÉCON, FIN & JUR [droit] fixed
duty *(modif)*; [prix] set; [revenu, salaire] fixed. ◇ *nm* (fixed ou
regular) salary.
◆ **au beau fixe** *loc adj* -**1.** MÉTÉO continuously sunny, set fair
*spéc*. -**2.** [optimiste]: humeur/moral au beau ~ permanently
sunny mood/optimistic outlook.

**fixement** [fiksəmɑ̃] *adv* fixedly; elle le regarde ~ she's staring at him.

**fixer** [3] [fikse] *vt* -**1.** [accrocher – gén] to fix; [– par des épingles, des punaises] to pin (on); [– avec de l'adhésif] to tape
(on); [– avec un fermoir, un nœud] to fasten. -**2.** [en regardant]
to stare; tout le monde avait les yeux fixés sur elle everybody was staring at her. -**3.** [concentrer]: ~ son attention/
esprit sur qqch to fix one's attention/mind on sthg; il a
enfin fixé son choix sur une montre he finally decided on a
watch. -**4.** [définir – date, lieu] to fix, to set, to decide on
*(insép)*; ~ le prix d'une réparation to cost a repair job; ~ un
rendez-vous à qqn to arrange a meeting with sb. -**5.** [in-

former]: cette conversation m'a fixé sur son compte that
conversation set me straight about him; te voilà fixé! now
you know!-**6.** [établir]: ~ son domicile à Paris to take up
(permanent) residence ou to settle (down) in Paris. -**7.** [sta-
biliser] to fix; ~ la langue/l'orthographe to standardize the
language/the spelling. -**8.** BX-ARTS, CHIM & PHOT to fix.
◆ **se fixer** ◇ *vp (emploi passif)* [s'accrocher] to be fixed ou fastened. ◇ *vpi* -**1.** [s'installer] to settle. -**2.** [se stabiliser] to
settle down. -**3.** ▽ *arg drogue* to shoot up. ◇ *vpt*: il s'est fixé
un but dans la vie, réussir he has (set himself) one aim in
life, to succeed.
◆ **se fixer sur** *vp + prép* [choisir] to decide on.

**fixité** [fiksite] *nf* [d'une disposition] fixity, unchangeableness;
[du regard] fixedness, steadiness.

**fjord** [fjɔrd] *nm* fjord.

**flac** [flak] *interj* splash.

**flacon** [flakɔ̃] *nm* [de parfum, de solvant] (small) bottle; [de
spiritueux] flask.

**fla-fla** [flafla] *(pl* **fla-flas)** *nm fam & vieilli*: faire du ~ to make
a huge fuss.
◆ **sans fla-flas** *loc adv fam* simply, without fuss.

**flagada** [flagada] *adj inv fam & vieilli* pooped, washed-out.

**flagellation** [flaʒelasjɔ̃] *nf* flagellation.

**flagelle** [flaʒel] *nm* flagellum.

**flageller** [4] [flaʒele] *vt* [battre] to whip.

**flageolant, e** [flaʒɔlɑ̃, ɑ̃t] *adj* [jambe] shaking, trembling,
wobbly.

**flageoler** [3] [flaʒɔle] *vi* [jambes] to shake, to tremble, to
wobble.

**flageolet** [flaʒɔlɛ] *nm* -**1.** BOT (flageolet) bean. -**2.** MUS flageolet.

**flagorner** [3] [flagɔrne] *vt litt* to fawn on *(insép)*.

**flagornerie** [flagɔrnəri] *nf litt* fawning, flattering, toadying.

**flagorneur, euse** [flagɔrnœr, øz] *nm, f litt* flatterer, toady.

**flagrant, e** [flagrɑ̃, ɑ̃t] *adj* -**1.** [évident] blatant, obvious, flagrant. -**2.** JUR: ~ délit flagrante delicto; en ~ délit in flagrante delicto; *fig* in the act, red-handed; pris en ~ délit de
mensonge caught lying.

**flair** [flɛr] *nm* -**1.** [odorat] scent. -**2.** [perspicacité] flair; il a du
~ he has flair.

**flairer** [4] [flɛre] *vt* -**1.** [humer – suj: chien] to scent, to sniff at
*(insép)*; [– suj: personne] to smell. -**2.** [deviner] to sense; ~ le
danger to have a sense of impending danger ❑ ~ le vent to
see which way ou how the wind blows.

**flamand, e** [flamɑ̃, ɑ̃d] *adj* Flemish.
◆ **Flamand, e** *nm, f* Fleming; les Flamands the Flemish.
◆ **flamand** *nm* LING Flemish.

**flamant** [flamɑ̃] *nm* flamingo; ~ rose (pink) flamingo.

**flambant, e** [flɑ̃bɑ̃, ɑ̃t] *adj* -**1.** *litt* [bois, fagot] burning, blazing; MIN [houille] bituminous. -**2.** *loc*: ~ neuf brand new.
◆ **flambant** *nm* MIN bituminous coal.

**flambard, flambart** [flɑ̃bar] *nm fam & vieilli* braggart.

**flambé, e** [flɑ̃be] *adj* -**1.** CULIN flambéed. -**2.** *fam* [personne]
ruined.
◆ **flambée** *nf* -**1.** [feu] blaze, fire. -**2.** *fig* [poussée]: ~e de:
une ~e de colère an outburst of anger; une ~e de violence
an outbreak ou a sudden wave of violence; la ~e des prix
the leap in prices.

**flambeau, x** [flɑ̃bo] *nm* -**1.** [torche] torch; [chandelier]
candlestick; *fig* torch; marche ou retraite aux ~x torchlit
procession; passer ou transmettre le ~ to pass on the
torch; se passer ou se transmettre le ~ (de génération en
génération) to pass the tradition down (from generation to
generation). -**2.** *litt* [lumière]: le ~ du rationalisme/de la foi
the light of rationalism/faith.

**flamber** [3] [flɑ̃be] ◇ *vt* -**1.** CULIN [lapin, volaille] to singe;
[omelette] to flambé. -**2.** *fam* [dilapider] to blow, to throw
away *(sép)*. ◇ *vi* -**1.** [se consumer] to burn (brightly). -**2.**
[briller] to flash. -**3.** *fam* [jouer] to gamble (for big stakes).

**flambeur, euse** [flɑ̃bœr, øz] *nm, f* big-time gambler.

**flamboie** [flɑ̃bwa] *v →* **flamboyer.**

**flamboiement** [flɑ̃bwamɑ̃] *nm* [d'un incendie] blaze; [du re-
gard] flashing.

**flamboierai** [flɑ̃bware] *v →* **flamboyer.**

**flamboyant, e** [flɑ̃bwajɑ̃, ɑ̃t] *adj* -**1.** [brillant – foyer] blazing,

flaming; [~ regard] flashing. **-2.** ARCHIT flamboyant *spéc*; le gothique ~ high Gothic style.
◆ **flamboyant** *nm* BOT flamboyant.

**flamboyer** [13] [flɑ̃bwaje] *vi* **-1.** [être en flammes] to blaze ou to flare (up). **-2.** [briller – œil, regard] to flash.

**flamenco, ca** [flamɛnko, ka] *adj* flamenco.
◆ **flamenco** *nm* flamenco.

**flamingant, e** [flamɛ̃gɑ̃, ɑ̃t] ◇ *adj* Flemish-speaking. ◇ *nm, f* **-1.** LING Flemish speaker. **-2.** POL Flemish nationalist.

**flamme** [flam] *nf* **-1.** [feu] flame; faire une ~ to flare ou to blaze up; cracher ou jeter ou lancer des ~s [dragon] to breathe fire; [canon] to flare ❑ la ~ du tombeau du Soldat inconnu the Eternal Flame. **-2.** *litt* [éclat] fire; dans la ~ de son regard in her fiery eyes. **-3.** [ferveur] fire; discours plein de ~ impassioned speech. **-4.** *arch* ou *litt* [amour] ardour. **-5.** [fanion – d'un navire de guerre] pennent, pennon; [– de la cavalerie] pennon. **-6.** [sur une lettre] slogan. **-7.** ÉLECTR: (ampoule) ~ candle bulb.
◆ **flammes** *nfpl*: périr dans les ~s to burn to death, to be burnt alive ❑ les ~s éternelles ou de l'enfer *fig* hell fire.
◆ **à la flamme de** *loc prép* by the light of.
◆ **avec flamme** *loc adv* passionately.
◆ **en flammes** ◇ *loc adj* burning, blazing. ◇ *loc adv*: l'avion est tombé en ~s the plane went down in flames; descendre un auteur/une pièce en ~s *fam* to pan an author/a play.

**flammèche** [flamɛʃ] *nf* (flying) spark.

**flan** [flɑ̃] *nm* **-1.** CULIN (baked) egg custard. **-2.** *fam loc*: c'est du ~! it's a load of bunkum ou bunk!; en rester comme deux ronds de ~ to be flabbergasted.

**flanc** [flɑ̃] *nm* **-1.** ANAT [entre les côtes et le bassin] flank; [côté du corps] side. **-2.** ZOOL flank, side. **-3.** [côté – d'un navire] side; [– d'une colline] side, slope. **-4.** MIL flank. **-5.** *litt* [ventre maternel] womb. **-6.** *loc*: tirer au ~ to be bone-idle.
◆ **à flanc de** *loc prép*: à ~ de coteau on the hillside.
◆ **sur le flanc** ◇ *loc adj* être sur le ~ [épuisé] to be exhausted; [malade] to be laid up. ◇ *loc adv* [sur le côté] on one's side.

**flancher** [3] [flɑ̃ʃe] *vi* **-1.** [faiblir] to give out, to fail; j'ai la mémoire qui flanche my memory's giving out on ou failing me. **-2.** [manquer de courage] to waver; ce n'est vraiment pas le moment de ~ this is really no time for weakness.

**Flandre** [flɑ̃dr] *npr f*: (la) ~, (les) ~s Flanders; en ~ ou ~s in Flanders.

**flanelle** [flanɛl] *nf* flannel TEX.

**flâner** [3] [flane] *vi* **-1.** [se promener] to stroll ou to amble (along). **-2.** *péj* [perdre son temps] to hang about, to lounge around, to idle.

**flânerie** [flɑ̃ri] *nf* stroll, wander.

**flâneur, euse** [flɑ̃nœr, øz] *nm, f* stroller.

**flanquer** [3] [flɑ̃ke] *vt* **-1.** *fam* [lancer] to fling, to throw, to chuck; ~ qqn dehors ou à la porte [l'expulser] to kick sb out; [le licencier] to sack *Br* ou to can *Am* sb ❑~ qqch par terre: il a flanqué les bouquins par terre [volontairement] he chucked the books on the floor; [par maladresse] he knocked the books onto the floor; j'ai tellement voulu réussir et toi tu vas tout ~ par terre *fig* I wanted to succeed so badly and now you're going to mess it all up (for me). **-2.** *fam* [donner]: ~ un P-V à qqn to give sb a ticket; ~ une gifle à qqn to smack ou to slap sb; ~ un coup de poing à qqn to punch sb; ~ un coup de pied à qqn to kick sb; ~ la trouille ou frousse à qqn to scare the pants off sb; ça m'a flanqué le cafard it really got me down. **-3.** [être à côté de] to flank. **-4.** *fam & péj* [accompagner]: être flanqué de: elle est arrivée, flanquée de ses deux frères she came in with her two brothers at her side ou flanked by her two brothers. **-5.** MIL to flank.
◆ **se flanquer** ◇ *vpi fam*: se ~ par terre to take a tumble. ◇ *vpt*: je me suis flanqué une bonne indigestion I gave myself a right dose of indigestion ❑ se ~ la figure ou gueule▽ par terre to fall flat on one's face.

**flapi, e** [flapi] *adj fam* washed-out, worn-out.

**flaque** [flak] *nf* puddle; une large ~ d'huile a pool of oil.

**flash** [flaʃ] (*pl* **flashs** ou **flashes**) *nm* **-1.** PHOT [éclair] flash; [ampoule] flash bulb; avoir un ~ *fam* to have a brainwave. **-2.** RAD & TV [d'information] newsflash. **-3.** CIN & TV [plan] flash. **-4.** ▽ [d'un drogué] flash.

**flash-back** [flaʃbak] *nm inv* flashback.

**flasher** [3] [flaʃe] *vi* [clignoter] to flash (on and off).
◆ **flasher sur** *v* + *prép fam* to go crazy over.

**flasque¹** [flask] *adj* **-1.** [muscle, peau] flaccid, flabby. **-2.** [veule] spineless.

**flasque²** [flask] *nm* MÉCAN [d'une machine] flange, end-plate.

**flasque³** [flask] *nf* [pour whisky] (hip) flask; [à mercure] flask.

**flatter** [3] [flate] *vt* **-1.** [encenser] to flatter; ~ bassement qqn to fawn upon sb. **-2.** [embellir] to be flattering to; ce portrait la flatte plutôt this portrait of her is rather flattering. **-3.** [toucher] to touch, to flatter; il sera flatté de ou par tes remarques he will be very touched by what you said. **-4.** *litt* [encourager] to encourage; ~ les caprices de qqn to pander to sb's whims; ~ la vanité de qqn to indulge sb's vanity. **-5.** [caresser – cheval, chien] to stroke. **-6.** [être agréable à – vue, odorat etc] to delight, to be pleasing to; un vin qui flatte le palais a (wonderfully) smooth wine.
◆ **se flatter** *vpi*: sans vouloir me ~, je crois que j'ai raison though I say it myself, I think I'm right; elle se flatte de savoir recevoir she prides herself on knowing how to entertain ou on her skills as a hostess.

**flatterie** [flatri] *nf* **-1.** [adulation] flattery. **-2.** [propos] flattering remark.

**flatteur, euse** [flatœr, øz] ◇ *adj* flattering.
◇ *nm, f* flatterer.

**flatteusement** [flatøzmɑ̃] *adv* flatteringly.

**flatulence** [flatylɑ̃s] *nf* flatulence.

**flatulent, e** [flatylɑ̃, ɑ̃t] *adj* flatulent.

**flatuosité** [flatɥozite] *nf* flatus.

**FLB** (*abr de* **franco long du bord**) *adj inv & adv* FAS.

**FLE, fle** [flə] (*abr de* **français langue étrangère**) *nm* French as a foreign language.

**fléau, x** [fleo] *nm* **-1.** [désastre] curse, plague. **-2.** *fam* [cause de désagréments] pain; ces baladeurs, quel ~! personal stereos are a real pain! **-3.** [d'une balance] beam. **-4.** AGR flail. **-5.** ARM: ~ d'armes flail.

**fléchage** [fleʃaʒ] *nm* marking (with arrows).

**flèche** [flɛʃ] ◇ *v* → **flécher**.
◇ *nf* **-1.** ARM [projectile] arrow; partir comme une ~ to shoot off ‖ [d'un canon] trail. **-2.** [en balistique]: ~ d'une trajectoire highest point of a trajectory. **-3.** [signe] arrow; suivez la ~ follow the arrow. **-4.** ARCHIT [d'un arc] broach; [d'un clocher] spire. **-5.** [d'une balance] pointer. **-6.** MÉCAN [d'une grue] boom. **-7.** SPORT [au ski] giant slalom proficiency test. **-8.** *litt* [raillerie] broadside, jibe; la ~ du Parthe the Parthian ou parting shot.
◆ **en flèche** *loc adv* **-1.** [spectaculairement]: monter en ~ *pr* to go straight up (like an arrow), to shoot up; *fig* to shoot up; les tarifs montent en ~ prices are rocketing; partir en ~ *pr* to go off like an arrow, to shoot off; *fig* to shoot off. **-2.** [atteler]: bœufs/chevaux attelés en ~ oxen/horses harnessed in tandem.

**fléché, e** [fleʃe] *adj* sign-posted.

**flécher** [3] [fleʃe] *vt* to mark with arrows, to sign-post.

**fléchette** [fleʃɛt] *nf* dart.

**fléchi, e** [fleʃi] *adj* LING inflected.

**fléchir** [32] [fleʃir] ◇ *vt* **-1.** [ployer] to bend, to flex; ~ le genou devant qqn to bow the knee to sb. **-2.** [apitoyer – juge, tribunal] to move, to pity; se laisser ~ to relent. ◇ *vi* **-1.** [se ployer] to bend; elle sentait ses genoux ~ sous elle she could feel her knees giving way. **-2.** [baisser] to fall; le dollar a de nouveau fléchi the dollar has fallen again. **-3.** [céder] to weaken; nous ne fléchirons pas devant la menace we will not give in to threats; leur père ne fléchissait jamais their father was utterly inflexible.

**fléchissement** [fleʃismɑ̃] *nm* **-1.** [flexion – d'une partie du corps] flexing, bending. **-2.** [affaiblissement – des genoux] sagging; [– de la nuque] drooping. **-3.** [de la volonté] failing; ~ de la production/natalité fall in production/in the birthrate.

**fléchisseur** [fleʃisœr] ◇ *adj m*: muscle ~ flexor. ◇ *nm* flexor.

**flegmatique** [flɛgmatik] ◇ *adj* phlegmatic. ◇ *nmf* phlegmatic person.

**flegme** [flɛgm] *nm* phlegm, composure; perdre son ~ to

lose one's composure.
◆ **avec flegme** *loc adv* coolly, phlegmatically.
**flemmard, e** [flɛmar, ard] *fam* ◊ *adj* idle, lazy, workshy.
◊ *nm, f* idler, loafer.
**flemmarder** [3] [flɛmarde] *vi fam* to loaf about.
**flemmardise** [flɛmardiz] *nf fam* idleness, laziness.
**flemme** [flɛm] *nf fam* idleness, laziness; j'ai vraiment la ∼
d'y aller I just can't be bothered to go ❏ il tire une de ces ∼s
aujourd'hui! he's been loafing around all day!
**flétan** [fletɑ̃] *nm* halibut.
**flétrir** [32] [fletrir] *vt* -1. BOT to wither, to wilt. -2. *litt* [ôter
l'éclat de – couleur] to fade; [– teint] to wither. -3. *litt* [avilir –
ambition, espoir] to sully, to corrupt, to debase. -4. *litt*
[condamner] to condemn, to denounce.
◆ **se flétrir** *vpi* -1. BOT to wither, to wilt. -2. *litt* [peau] to
wither; [couleur, beauté] to fade.
**flétrissure** [fletrisyr] *nf* -1. BOT wilting. -2. *litt* [altération – du
teint, de la peau] withering (U). -3. *litt* [déshonneur] stain.
**fleur** [flœr] *nf* -1. BOT flower; [d'un arbre] blossom; une robe
à ∼s a flowery dress, a dress with a flower motif ❏ ∼ de lotus lotus blossom; ∼ d'oranger [fleur] orange flower; [es-
sence] orange flower water; 'les Fleurs du mal' *Baudelaire*
'The Flowers of Evil'. -2. *fig*: la ∼ de [le meilleur de]: la ∼ de
l'âge the prime of life; ∼ de farine fine wheat flour; la ∼ de
la jeunesse the full bloom of youth; la fine ∼ de [l'élite de]:
c'est la fine ∼ de l'école he's the pride of his school; la fine
∼ de la canaille a prize swine. -3. BIOL: ∼ de vin/vinaigre
flower of wine/vinegar. -4. HÉRALD: ∼ de lis ou lys fleur-de-
lis. -5. *vieilli* [virginité] virginity; perdre sa ∼ to lose one's virtue. -6. *loc*: faire une ∼ à qqn *fam* to do sb an unexpected favour ou a favour; comme une ∼: arriver comme une ∼ to
turn up out of the blue; faire qqch comme une ∼ to do sthg
almost without trying; c'est passé comme une ∼ it was as
easy as pie.
◆ **fleurs** *nfpl* -1. LITTÉRAT: ∼s de rhétorique flowers of
rhetoric, rhetorical flourishes. -2. [louanges]: couvrir qqn
de ∼s to praise sb highly; s'envoyer ou se jeter des ∼s *fam*
[mutuellement] to sing one another's praises, to pat one another on the back; [à soi-même] to pat o.s. on the back.
◆ **à fleur de** *loc prép* on the surface of; à ∼ d'eau just above
the surface (of the water); une sensibilité à ∼ de peau
hypersensitivity.
◆ **en fleur(s)** *loc adj* [rose, pivoine] in flower ou bloom,
blooming; [arbre, arbuste] blossoming, in blossom.
◆ **fleur bleue** *loc adj* sentimental.
**fleurdelisé, e** [flœrdəlize] *adj* decorated with fleurs-de-lis.
**fleurer** [5] [flœre] ◊ *vt* to smell of; son histoire fleure le
scandale *fig* his story smacks of scandal.
◊ *vi*: ∼ bon to smell nice.
**fleuret** [flœrɛ] *nm* foil FENCING.
**fleurette** [flœrɛt] *nf* small flower, floweret, floret.
**fleurettiste** [flœretist] *nmf* foilsman (f foilswoman).
**fleuri, e** [flœri] *adj* -1. [arbre, arbuste] in bloom ou blossom;
un balcon ∼ a balcony decorated with flowers. -2. [orné de
fleurs] flowered, flowery. -3. *litt* [teint] florid. -4. [conversa-
tion, style] flowery, overornate.
**fleurir** [32] [flœrir] ◊ *vi* -1. BOT [rose, pivoine] to flower, to
bloom; [arbre, arbuste] to flower, to blossom. -2. [apparaître]
to burgeon. -3. [se développer – affaire, commerce] to flourish, to thrive. ◊ *vt* to decorate with flowers; ∼ la tombe de
qqn to put flowers on sb's grave.
**fleuriste** [flœrist] *nmf* -1. [vendeur] florist. -2. [cultivateur]
flower grower.
**fleuron** [flœrɔ̃] *nm* -1. [ornement – de reliure] flower, fleuron;
[– en pierre] finial; le (plus beau) ∼ de... *fig* the jewel of...; on
a volé le ∼ de sa collection d'émeraudes the finest emerald in his collection has been stolen. -2. BOT floret.
**Fleury-Mérogis** [flœrimerɔʒis] *npr* *town near Paris with a*
*famous prison.*
**fleuve** [flœv] *nm* -1. [rivière] river (*flowing into the sea*); ∼
international *river going across national borders* ❏ ∼ côtier
coastal river; le ∼ Jaune the Yellow River. -2. [écoulement]:
un ∼ de: un ∼ de boue a river of mud, a mudslide; un ∼ de
larmes a flood of tears. -3. *(comme adj; avec ou sans trait d'union)*:
une lettre ∼ a very long letter.
**flexibilité** [flɛksibilite] *nf* -1. [d'un matériau] pliability. -2.

PSYCH flexible ou adaptable nature. -3. [d'un arrangement,
d'un horaire] flexibility, adaptability; [d'un dispositif] versatility.
**flexible** [flɛksibl] ◊ *adj* -1. [pliable] pliable, flexible. -2.
PSYCH flexible, adaptable, amenable to change. -3. [variable –
arrangement, horaire] flexible; [– dispositif] versatile. ◊ *nm* -1.
[tuyau] flexible tube. -2. MÉCAN flexible shaft.
**flexion** [flɛksjɔ̃] *nf* -1. [d'un arc, d'un ressort] bending (U),
flexion. -2. [des membres] flexing (U); ∼, extension! bend,
stretch! -3. LING inflection; ∼ nominale noun inflection.
**flibuste** [flibyst] *nf*: la ∼ [piraterie] freebooting; [pirates] free-
booters.
**flibustier** [flibystje] *nm* freebooter, buccaneer.
**flic** [flik] *nm fam* cop.
**flicaille**[V] [flikaj] *nf péj*: la ∼ the pigs ou cops.
**flic flac** [flikflak] *interj* splash splash, splish splosh.
**flingue**[V] [flɛ̃g] *nm* piece, gat *Am*.
**flinguer**[V] [3] [flɛ̃ge] *vt* to blow away *(sép)*, to waste.
◆ **se flinguer**[V] *vp (emploi réfléchi)* to blow one's brains out;
c'est à se ∼, il y a de quoi se ∼! it's enough to drive you
round the bend!
**flippant, e**[V] [flipɑ̃, ɑ̃t] *adj* [déprimant] depressing; [inquiétant]
worrying.
**flipper**[1] [flipœr] *nm* pinball machine.
**flipper**[2][V] [3] [flipe] *vi* -1. [être déprimé] to feel down. -2.
[paniquer] to flip. -3. [drogué] to have a bad trip.
**flirt** [flœrt] *nm vieilli* -1. [relation] (little) fling. -2. [ami] boyfriend; [amie] girlfriend.
**flirter** [3] [flœrte] *vi* [badiner] to flirt; elle aime ∼ she's a flirt,
she loves flirting ❏ ∼ avec qqn *pr* to have a little fling with
sb; il a longtemps flirté avec le socialisme he had a long
flirtation with socialism.
**flirteur, euse** [flœrtœr, øz] ◊ *adj* flirting. ◊ *nm, f* flirt.
**FLN** *(abr de* Front de libération nationale) *npr m* one of the
main political parties in Algeria, established as a resistance movement, in 1954, at the start of the war for independence.
**FLNC** *(abr de* Front de libération nationale corse) *npr m* Corsican liberation front.
**FLNKS** *(abr de* Front de libération nationale kanak et socialiste) *npr m* Kanak independence movement in New Caledonia.
**floc** [flɔk] *interj* splash.
**floche** [flɔʃ] *adj* flossy; fil/soie ∼ floss thread/silk.
**flocon** [flɔkɔ̃] *nm* [parcelle – de laine, de coton] flock; [– de
neige] snowflake, flake; ∼s d'avoine oatmeal; ∼s de maïs
cornflakes.
**floconner** [3] [flɔkɔne] *vi* to go fluffy.
**floconneux, euse** [flɔkɔnø, øz] *adj* fluffy.
**flonflon** [flɔ̃flɔ̃] *nm* oompah; on entendait les ∼s du bal
music could be heard coming from the dance.
**flop** [flɔp] *nm fam* flop; faire un ∼ to be a flop.
**flopée** [flɔpe] *nf fam*: une ∼ de a whole bunch of.
**floraison** [flɔrezɔ̃] *nf* -1. BOT [éclosion] blooming, blossoming, flowering; [saison] flowering time. -2. [apparition –
d'artistes, d'œuvres]: il y a actuellement une ∼ de publicités
pour des banques at present there is something of a rash of
advertisements for banks.
**floral, e, aux** [flɔral, o] *adj* [décor] floral; [exposition] flower
*(modif)*.
**floralies** [flɔrali] *nfpl* flower show.
**flore** [flɔr] *nf* -1. [végétation] flora. -2. [ouvrage] flora. -3.
MÉD: ∼ intestinale intestinal flora.
**floréal** [flɔreal] *nm* 8th month in the French Revolutionary calendar (from April 21 to May 20).
**Florence** [flɔrɑ̃s] *npr* Florence.
**florentin, e** [flɔrɑ̃tɛ̃, in] *adj* Florentine.
◆ **Florentin, e** *nm, f* Florentine.
◆ **florentin** *nm* Florentine (biscuit containing almonds and
candied fruit with a chocolate base).
**florès** [flɔres] *nm*: faire ∼ *litt* to enjoy great success, to be a
huge success.
**floricole** [flɔrikɔl] *adj* flower-dwelling.
**floriculture** [flɔrikyltyr] *nf* floriculture *spéc*, flower-
growing.

**Floride** [flɔrid] *nprf*: (la) ~ Florida.

**florifère** [flɔrifɛr] *adj* floriferous *spéc*, flowering.

**florilège** [flɔrilɛʒ] *nm* anthology.

**florin** [flɔrɛ̃] *nm* florin.

**florissait** [flɔrisɛ] *v*→ **fleurir 3**.

**florissant, e** [flɔrisɑ̃, ɑ̃t] ◇ *pprés* → **fleurir 3**. ◇ *adj* [affaire, plante] thriving, flourishing; [santé] blooming.

**flot** [flo] *nm* **-1.** [de larmes, de paroles] flood; [de boue] stream; un ~ de gens a stream of people; un ~ de cheveux blonds *litt* flowing blond hair ❑ faire couler des ~s d'encre to cause much ink to flow; déverser des ~s de bile to pour out one's gall. **-2.** [marée]: le ~ the incoming ou rising tide.
◆ **flots** *nmpl litt*: les ~s the waves.
◆ **à flot** *loc adv* **-1.** NAUT: mettre un navire à ~ to launch a ship; remettre un bateau à ~ to refloat a boat. **-2.** [sorti de difficultés financières]: je suis à ~ maintenant I'm back on an even keel now; remettre à ~ [personne, entreprise] to get back on an even keel.
◆ **à flots** *loc adv* in floods ou torrents; la lumière du soleil entre à ~s dans la chambre sunlight is flooding ou streaming into the bedroom.

**flottabilité** [flɔtabilite] *nf* buoyancy.

**flottable** [flɔtabl] *adj* [bois] buoyant; [fleuve] floatable.

**flottage** [flɔtaʒ] *nm* [du bois, du verre] floating.

**flottaison** [flɔtɛzɔ̃] *nf* **-1.** [sur l'eau] buoyancy. **-2.** FIN floating.

**flottant, e** [flɔtɑ̃, ɑ̃t] *adj* **-1.** [sur l'eau – épave, mine] floating. **-2.** [ondoyant – chevelure] flowing; [– drapeau] billowing. **-3.** [hésitant – caractère, pensée] irresolute. **-4.** [variable] fluctuating, variable. **-5.** FIN floating. **-6.** ANAT [côte, rein] floating.
◆ **flottant** *nm* VÊT pair of baggy shorts.

**flotte** [flɔt] *nf* **-1.** AÉRON & NAUT fleet. **-2.** *fam* [pluie] rain; [eau] water.

**flottement** [flɔtmɑ̃] *nm* **-1.** [incertitude] indecisiveness, wavering *(U)*; on note un certain ~ dans ses réponses his answers seem hesitant ou indecisive. **-2.** [imprécision] looseness, imprecision. **-3.** [ondoiement] flapping, fluttering. **-4.** [fluctuation – d'une monnaie] floating; [– de chiffres] fluctuation. **-5.** MIL swaying.

**flotter** [3] [flɔte] ◇ *vi* **-1.** [surnager] to float. **-2.** [être en suspension] to hang; une bonne odeur de soupe flottait dans la cuisine the kitchen was filled with a delicious smell of soup; ~ dans l'air [idée, rumeur] to be going around. **-3.** [ondoyer – banderole] to flap, to flutter; ses cheveux flottent au vent/sur ses épaules her hair is streaming in the wind/ hangs loose over her shoulders. **-4.** [être trop large] to flap (around); [être au large]: elle flotte dans sa robe she's lost in that dress, her dress is too big for her. **-5.** *litt* [errer] to wander, to roam; un vague sourire flottait sur ses lèvres a faint smile crossed her lips. **-6.** FIN [monnaie] to float. ◇ *vt* [bois] to float. ◇ *v impers fam* [pleuvoir] to rain.

**flotteur** [flɔtœr] *nm* ball, float.

**flottille** [flɔtij] *nf* **-1.** NAUT flotilla. **-2.** AÉRON squadron.

**flou, e** [flu] *adj* **-1.** [imprécis – souvenir] blurred, hazy; [– renseignements] vague. **-2.** CIN & PHOT out of focus. **-3.** [souple – vêtement] ample, flowing, loose-fitting; [– coiffure] soft.
◆ **flou** ◇ *nm* **-1.** CIN & PHOT blurredness, fuzziness; ~ artistique *pr* soft-focus effect; il a préféré rester ou donner *fam* dans le ~ artistique *fig* he chose to remain very vague about it. **-2.** [imprécision] vagueness. ◇ *adv*: je vois ~ I can't focus properly.

**flouer** [3] [flue] *vt fam* to rook, to con.

**flouse**▽, **flouze**▽ [fluz] *nm* dosh *Br*, dough *Am*.

**fluctuant, e** [flyktɥɑ̃, ɑ̃t] *adj* fluctuating.

**fluctuation** [flyktɥasjɔ̃] *nf* fluctuation.

**fluctuer** [3] [flyktɥe] *vi* to fluctuate.

**fluet, ette** [flyɛ, ɛt] *adj* [personne] slender, slim; [voix] reedy.

**fluide** [flɥid] ◇ *adj* **-1.** CHIM fluid. **-2.** [qui coule facilement] fluid, smooth; la circulation est ~ *fig* there are no hold-ups (in the traffic); en un style ~ in a flowing style; en une langue ~ fluently. **-3.** [fluctuant – situation] fluctuating, changeable; [– pensée] elusive. **-4.** [flou – forme, blouse, robe] flowing. ◇ *nm* **-1.** CHIM fluid. **-2.** [d'un médium] aura; il a du ~ he has occult powers.

**fluidifiant, e** [flɥidifjɑ̃, ɑ̃t] *adj* MÉD expectorant.

**fluidifier** [9] [flɥidifje] *vt* to fluidize.

**fluidité** [flɥidite] *nf* **-1.** [qualité – d'une crème, d'une sauce] smoothness, fluidity; grâce à la ~ de la circulation because there were no hold-ups in the traffic. **-2.** [flou – d'une forme, d'un vêtement] fluid ou flowing contours. **-3.** ÉCON flexibility.

**fluo** [flyo] *adj* fluorescent, Day-Glo®.

**fluor** [flyɔr] *nm* fluorine.

**fluoré, e** [flyɔre] *adj* fluoridated.

**fluorescence** [flyɔresɑ̃s] *nf* fluorescence.

**fluorescent, e** [flyɔresɑ̃, ɑ̃t] *adj* fluorescent.

**fluorure** [flyɔryr] *nm* fluoride.

**flush** [flœʃ, flaʃ] (*pl* **flushes**) *nm* JEUX flush; ~ royal royal flush.

**flûte** [flyt] ◇ *nf* **-1.** [instrument] flute; ~ à bec recorder; ~ de Pan panpipe; ~ traversière flute; petite ~ piccolo; 'la Flûte enchantée' *Mozart* 'The Magic Flute'. **-2.** [verre] flute (*glass*). **-3.** [pain] *thin loaf of French bread*. ◇ *interj fam* drat, bother.

**flûté, e** [flyte] *adj* [rire, voix] reedy.

**flûtiau, x** [flytjo] *nm* tin ou penny whistle.

**flûtiste** [flytist] *nmf* flautist.

**fluvial, e, aux** [flyvjal, o] *adj* [érosion] fluvial; [navigation] river (*modif*).

**fluvio-glaciaire** [flyvjoglasjɛr] (*pl* **fluvio-glaciaires**) *adj* fluvioglacial.

**fluviométrique** [flyvjɔmetrik] *adj* [mesure] fluviometric.

**flux** [fly] *nm* **-1.** [marée] incoming tide; le ~ et le reflux the ebb and flow; le ~ et le reflux de la foule the ebbing and flowing of the crowd. **-2.** [écoulement – d'un liquide] flow; [– du sang menstruel] menstrual flow. **-3.** [abondance]: un ~ de: noyé dans un ~ de paroles carried away by a stream of words; devant ce ~ de recommandations faced with this string of recommendations. **-4.** PHYS flux; ~ électrique electric flux; ~ magnétique magnetic flux. **-5.** COMM: distribution à ~ tendus just-in-time distribution.

**fluxion** [flyksjɔ̃] *nf* MÉD inflammation; ~ de poitrine *vieilli* pneumonia.

**FM** (*abr de* **frequency modulation**) *nf* FM.

**Fme** *abr écrite de* **femme**.

**FMI** (*abr de* **Fonds monétaire international**) *nprm* IMF.

**FN** *nprm abr de* **Front national**.

**FNAC, Fnac** [fnak] (*abr de* **Fédération nationale des achats des cadres**) *nprf* chain of large stores selling hi-fi, books etc.

**FNEF, Fnef** [fnɛf] (*abr de* **Fédération nationale des étudiants de France**) *nprf* students' union, ≃ NUS *Br*.

**FNSEA** (*abr de* **Fédération nationale des syndicats d'exploitants agricoles**) *nprf* farmers' union, ≃ NFU *Br*.

**FO** (*abr de* **Force ouvrière**) *npr f* moderate workers' union (*formed out of the split with Communist CGT in 1948*).

**FOB** [fɔb] (*abr de* **free on board**) *adj inv* & *adv* FOB.

**foc** [fɔk] *nm* jib.

**focal, e, aux** [fɔkal, o] *adj* [central]: point ~ d'un raisonnement main ou central point in an argument.
◆ **focale** *nf* OPT & PHOT focal distance ou length.

**focalisation** [fɔkalizasjɔ̃] *nf* **-1.** OPT & PHYS focalization, focussing. **-2.** [concentration] focussing.

**focaliser** [3] [fɔkalize] *vt* **-1.** OPT & PHYS to focus. **-2.** [concentrer] to focus.
◆ **se focaliser sur** *vp* + *prép* to be focussed ou to focus on.

**fœhn** [føn] *nm* **-1.** [vent] foehn, föhn. **-2.** *Helv* hairdryer.

**fœtal, e, aux** [fetal, o] *adj* foetal, fetal.

**fœtoscopie** [fetɔskɔpi] *nf* foetoscopy.

**fœtus** [fetys] *nm* foetus.

**fofolle** [fɔfɔl] *fam f*→ **foufou**.

**föhn** [føn] = **fœhn**.

**foi** [fwa] *nf* **-1.** RELIG faith; avoir la ~ to have faith; il faut avoir la ~ pour travailler avec elle *hum* you have to be really dedicated to work with her ❑ acte/article/profession de ~ act/article/profession of faith; faire sa profession de ~ *fig* to set out one's ideas and beliefs; avoir la ~ du charbonnier RELIG to have a naive belief in God; *fig* to be naively trusting; n'avoir ni ou être sans ~ ni loi to fear neither God nor man; il n'y a que la ~ qui sauve! *hum* faith is a wonderful thing! **-2.** [confiance] faith, trust; ajouter ou accorder ~ à des rumeurs to give credence to rumours; avoir ~ en ou dans qqn to have faith in ou to trust (in) sb; elle a une ~ aveugle en lui she trusts him blindly. **-3.** *litt* [parole] pledged word; ~ de: ~ d'honnête homme! on my word of honour! **-4.** [preuve]: il n'y a qu'une pièce officielle qui fasse ~ only an official paper is valid; les coupons doivent être envoyés avant le 1er septembre, le cachet de la poste faisant ~ the coupons must be postmarked no later than September 1st. **-5.** *loc*: en ~ de quoi: JUR in witness whereof; il avait dit qu'il viendrait, en ~ de quoi j'ai préparé un petit discours *sout* he had said he would come, on the strength of which I have prepared a little speech; ma ~! well!; viendrez-vous? — ma ~ oui! will you come? — why, certainly!; c'est ma ~ possible, qui sait? it might be possible, who knows?

◆ **sous la foi de** *loc prép*: sous la ~ du serment on ou under oath.

◆ **sur la foi de** *loc prép*: sur la ~ de ses déclarations/de sa réputation on the strength of his statement/of his reputation.

◆ **bonne foi** *nf*: être de bonne ~ to be sincere; les gens de bonne ~ honest people, decent folk; il a agi en toute bonne ~ he acted in good faith.

◆ **mauvaise foi** *nf*: être de mauvaise ~ to be insincere; écoutez-le, il est de mauvaise ~! listen to him, he himself doesn't believe what he's saying!

**foie** [fwa] *nm* **-1.** ANAT liver. **-2.** CULIN liver; ~ de génisse cow's liver; ~ gras foie gras; ~ de veau calf's liver (*from a milk-fed animal*); ~ de volaille chicken liver.

◆ **foies**▽ *nmpl*: avoir les ~s to be scared stiff.

**foin**[1] [fwɛ̃] *nm* **-1.** AGR hay; c'est la saison des ~s it's hay-making season; faire les ~s to make hay ❏ chercher une aiguille ou une épingle dans une botte ou une meule de ~ to look for a needle in a haystack. **-2.** [d'un artichaut] choke. **-3.** *loc*: faire du ~ *fam* [être bruyant] to make a din; [faire un scandale] to kick up a fuss.

**foin**[2] [fwɛ̃] *interj litt*: ~ de l'argent et de la gloire! the Devil take money and glory!

**foire** [fwar] *nf* **-1.** [marché] fair; ~ aux bestiaux cattle fair ou market. **-2.** [exposition] trade fair. **-3.** [fête foraine] funfair; la ~ du Trône *large annual funfair on the outskirts of Paris*. **-4.** *fam* [désordre] mess; c'est une vraie ~ dans cette maison! this house is a real dump!; faire la ~ to live it up. **-5.** *loc*: ~ d'empoigne free-for-all.

**foire-exposition** [fwarɛkspozizjɔ̃] (*pl* **foires-expositions**) *nf* trade fair.

**foirer** [3] [fware] *vi* **-1.** *fam* [rater] to fall through; tu as encore tout fait ~ you blew it again. **-2.** ARM to fail. **-3.** [vis] to slip.

**foireux, euse** [fwarø, øz] *adj* **-1.** *fam & péj* [mal fait]: cette bagnole foireuse this wreck of a car. **-2.** *fam* [poltron] yellow-bellied, chicken.

**fois** [fwa] *nf* **-1.** [exprime la fréquence]: une ~ once; deux ~ twice; trois ~ three times, thrice *litt*; payez en six ~ pay in six instalments; une autre ~ peut-être [pour refuser une invitation] some other ou another time maybe; neuf ~ sur dix, quatre-vingt-dix-neuf ~ sur cent nine times out of ten, ninety-nine times out of a hundred; par deux ~ *litt* twice; pour la énième ~ for the umpteenth time; pour une ~ for once; une (bonne) ~ pour toutes once and for all; cette ~, je gagnerai this time, I'll win; ça ira pour cette ~, mais ne recommencez pas it's alright this once, but don't do it again; (à) chaque ~ que, toutes les ~ que every ou each time ❏ cent francs une ~, deux ~, trois ~, adjugé, vendu! a hundred francs, going, going, gone!; une ~ n'est pas coutume just the once won't hurt; il était une ~ un roi once upon a time there was a king. **-2.** [dans les comparaisons] time; c'est trois ~ plus grand it's three times as big; il y a dix ~ moins de spectateurs que l'année dernière there are ten times fewer spectators than last year. **-3.** (*comme distributif*): deux ~ par mois twice a month; une ~ par semaine once a week; trois ~ par an, trois ~ l'an three times a year. **-4.** MATH times; 15 ~ 34 15 times 34 ❏ deux ou trois ~ rien virtually nothing, hardly anything; ma maladie? trois ~ rien my illness? it was nothing, really. **-5.** *loc*: une ~ (*suivi d'un pp*): une ~ nettoyé, il sera comme neuf once ou after it's been cleaned, it'll be as good as new; tu n'as qu'à venir une ~ ton travail terminé just come as soon as your work is finished; une ~ que: une ~ que tu auras compris, tout

sera plus facile once you've understood, you'll find everything's easier; des ~ *fam* [parfois] sometimes; non mais des ~! honestly!; tu n'aurais pas vu mon livre, des ~? you wouldn't happen to have seen my book anywhere, would you?; je préfère l'appeler, des ~ qu'elle aurait oublié I'd rather call her in case she's forgotten.

◆ **à la fois** *loc adv* together, at a time, at the same time; pas tous à la ~! one at a time!, not all at once!

◆ **(tout) à la fois** *loc adv* both; il rit et pleure (tout) à la ~ he's laughing and crying at (one and) the same time; elle est (tout) à la ~ auteur et traductrice she's both an author and a translator.

◆ **une fois** *loc adv Belg* indeed.

**foison** [fwazɔ̃]

◆ **à foison** *loc adv* litt galore, plenty.

**foisonnant, e** [fwazɔnɑ̃, ɑ̃t] *adj* abundant.

**foisonnement** [fwazɔnmɑ̃] *nm* **-1.** [de la végétation, d'idées] abundance, proliferation. **-2.** CHIM & TECH expansion.

**foisonner** [3] [fwazɔne] *vi* **-1.** [abonder] to abound; une œuvre où les idées foisonnent a work rich in ideas; notre littérature foisonne de jeunes auteurs de talent our literature abounds in ou is full of talented young authors. **-2.** CHIM & TECH to expand.

**fol** [fɔl] *m* → **fou.**

**folâtre** [fɔlatr] *adj* [enjoué] frisky, frolicsome; être d'humeur ~ to be in a playful mood.

**folâtrer** [3] [fɔlatre] *vi* to frolic, to fool around.

**foldingue** [fɔldɛ̃g] *adj* batty.

**foliacé, e** [fɔljase] *adj* foliaceous, foliate.

**foliation** [fɔljasjɔ̃] *nf* BOT & GÉOL foliation.

**folichon, onne** [fɔliʃɔ̃, ɔn] *adj fam*: un après-midi pas bien ~ a pretty dull afternoon; on ne peut pas dire que ses amis soient très ~s his friends weren't exactly a bundle of laughs ou a laugh a minute.

**folie** [fɔli] *nf* **-1.** MÉD [démence] madness; un accès ou une crise de ~ a fit of madness. **-2.** [déraison] madness, lunacy; c'est pure ~ it's utter madness ou sheer folly; elle a la ~ du jeu she's got the gambling bug ❏ c'est de la ~ douce que de vouloir la raisonner it's sheer lunacy to try to reason with her; sortir par ce temps, c'est de la ~ furieuse! it's (sheer) madness to go out in weather like this!; avoir la ~ des grandeurs to suffer from ou to have delusions of grandeur. **-3.** [acte déraisonnable] crazy thing to do, folly *litt*; ce sont des ~s de jeunesse those are just the crazy things you get up to when you're young; j'ai fait une ~ en achetant ce manteau I was crazy ou mad to buy that coat; faire des ~s [dépenser] to be extravagant. **-4.** HIST [maison] folly.

◆ **à la folie** *loc adv* passionately, to distraction; aimer qqn à la ~ to be madly in love with sb, to love sb to distraction.

**folié, e** [fɔlje] *adj* foliate.

**folio** [fɔljo] *nm* folio.

**folioter** [3] [fɔljote] *vt* to folio, to foliate.

**folk** [fɔlk] ◇ *adj* folk (*modif*). ◇ *nm* folk music.

**folklo** [fɔlklo] *adj inv fam* weird.

**folklore** [fɔlklɔr] *nm* **-1.** DANSE & MUS: le ~ folklore. **-2.** *fam & péj*: c'est du ~ it's a load of nonsense.

**folklorique** [fɔlklɔrik] *adj* **-1.** DANSE & MUS folk (*modif*). **-2.** *fam* [insolite, ridicule] bizarre, weird.

**folle** [fɔl] ◇ *f* → **fou.** ◇ *nf* PÊCHE wide-mesh fishing net.

**follement** [fɔlmɑ̃] *adv* **-1.** [excessivement] madly; s'amuser ~ to have a great time; le prix en est ~ élevé the price is ridiculously high; ce n'est pas ~ gai it's not that much fun. **-2.** [déraisonnablement] madly, wildly.

**follet** [fɔlɛ] *adj m* → **feu.**

**follicule** [fɔlikyl] *nm* ANAT & BOT follicle.

**folliculine** [fɔlikylin] *nf* oestrone.

**fomenter** [3] [fɔmɑ̃te] *vt litt* to foment *litt*, to cause.

**fonçai** [fɔ̃se] *v* → **foncer.**

**foncé, e** [fɔ̃se] *adj* dark, deep.

**foncer** [16] [fɔ̃se] ◇ *vi* **-1.** [s'élancer] to charge; ~ contre ou sur son adversaire to rush at one's adversary; ~ droit devant soi to go straight ahead ❏ ~ dans le tas *fam* to charge in, to pile in. **-2.** *fam* [se déplacer très vite] to speed along. **-3.** *fam* [se hâter]: nous avons tous foncé pour boucler le journal we all rushed to finish the newspaper in time ❏ ~ dans le brouillard to forge ahead (without worrying about the consequences). **-4.** [s'assombrir – cheveu] to go darker. ◇ *vt* **-1.** [teinte] to make darker, to darken. **-2.** [mettre un fond à] to (fit with a) bottom. **-3.** CULIN [au lard] to line with bacon fat; [avec de la pâte] to line with pastry.

**fonceur, euse** [fɔ̃sœr, øz] ◇ *adj* dynamic. ◇ *nm, f* dynamic type.

**foncier, ère** [fɔ̃sje, ɛr] *adj* **-1.** ADMIN & FIN [impôt, politique, problème] land *(modif)*; **biens ~s** (real) property, real estate; **droit ~** ground law; **propriétaire ~** landowner; **propriété foncière** land ownership, ownership of land. **-2.** [fondamental] fundamental, basic.
♦ **foncier** *nm* land ou property tax.

**foncièrement** [fɔ̃sjɛrmɑ̃] *adv* **-1.** [fondamentalement] fundamentally, basically. **-2.** [totalement] deeply, profoundly.

**fonçons** [fɔ̃sɔ̃] *v* → **foncer**.

**fonction** [fɔ̃ksjɔ̃] *nf* **-1.** [emploi] office; **entrer en ~** ou **~s** to take up one's post; **faire ~ de** to act as; **il a pour ~ d'écrire les discours du président** his job is to write the president's speeches; **il occupe de hautes ~s** he has important responsibilities; **est-ce que cela entre dans tes ~s?** is this part of your duties?; **remplir ses ~s** to carry out one's job ou functions; **se démettre de ses ~s** to resign one's post ou from one's duties; **démettre qqn de ses ~s** to dismiss sb (from his duties); **prendre ses ~s** to take up one's post. **-2.** [rôle] function; **~s de nutrition** nutritive functions; **la pièce a pour ~ de maintenir l'équilibre de la balance** the part serves to keep the scales balanced. **-3.** **être ~ de** [dépendre de]: **sa venue est ~ de son travail** whether he comes or not depends on his work. **-4.** CHIM, LING & MATH function; **en ~ inverse de** in inverse ratio to.
♦ **de fonction** *loc adj*: **appartement** ou **logement de ~** tied accommodation *Br*, accommodation that goes with the job; **voiture de ~** company car.
♦ **en fonction de** *loc prép* according to.
♦ **fonction publique** *nf*: **la ~ publique** the civil ou public service.

**fonctionnaire** [fɔ̃ksjɔnɛr] *nmf* civil servant; **~ municipal** local government official; **haut ~** senior civil servant; **petit ~** minor official; **avoir une mentalité de petit ~** péj to have a petty bureaucratic mentality.

**fonctionnaliser** [3] [fɔ̃ksjɔnalize] *vt* [ameublement, cuisine] to make more functional.

**fonctionnalité** [fɔ̃ksjɔnalite] *nf* functionality.

**fonctionnariat** [fɔ̃ksjɔnarja] *nm* employment by the state.

**fonctionnariser** [3] [fɔ̃ksjɔnarize] *vt* to make part of the civil service.

**fonctionnel, elle** [fɔ̃ksjɔnɛl] *adj* **-1.** MATH, MÉD & PSYCH functional. **-2.** [adapté] practical, functional. **-3.** LING: linguistique **~le** functional linguistics; **mot ~** function word.

**fonctionnement** [fɔ̃ksjɔnmɑ̃] *nm* functioning, working; **pour assurer le bon ~ de votre machine à laver** to keep your washing machine in good working order; **ça vient d'un mauvais ~ de la prise** it's due to a fault in the plug.

**fonctionner** [3] [fɔ̃ksjɔne] *vi* [mécanisme, engin] to function, to work; [métro, véhicule] to run; **le moteur fonctionne mal/bien** the engine isn't/is working properly; **mon cœur fonctionne encore bien!** my heart is still going strong!; **faire ~ une machine** to operate a machine; **les freins n'ont pas fonctionné** the brakes failed.

**fond** [fɔ̃] *nm* **-1.** [d'un récipient] bottom; [d'un placard] back; [extrémité] bottom, far end; [de la gorge] back; **sans ~** bottomless; [d'une pièce] far end, back; [d'un jardin] far end, bottom; **au fin ~ du désert** in the middle of the desert; **il y a cinq mètres de ~** [de profondeur] the water is five metres deep ou in depth; **aller par le ~** to sink; **couler par 100 m de ~** to sink to a depth of 100 m ❑ **~ de culotte** ou **de pantalon** seat (of one's pants); **le ~ d'œil** MÉD the back of the eye; **faire un examen du ~ d'œil** MÉD to have an ophthalmoscopy; **les grands ~s marins** the depths of the ocean; **à ~** to cale at rock bottom; **gratter** ou **vider** ou **racler les ~s de tiroir** *fam* fig to scrape around (for money, food etc). **-2.** fig depths; **toucher le ~ (du désespoir)** to reach the depths of despair; **il connaît le ~ de mon cœur/âme** he knows what's in my heart/soul; **je vous remercie du ~ du cœur** I thank you from the bottom of my heart. **-3.** [cœur, substance] heart, core, nub; **puis-je te dire le ~ de ma pensée?** can I tell you what I really think?; **le ~ et la forme** LITTÉRAT substance and form; **sur le ~, vous avez raison** you're basically right. **-4.** [tempérament]: **il a un bon ~** he's basically a good ou kind person; **elle n'a pas vraiment un mauvais ~** she's not really a bad person. **-5.** [arrière-plan] background; **il y a un ~ de vérité dans ce que vous dites** there's some truth in what you're saying; **~ sonore** background music; **le ~ de l'air est frais** there's a chill ou nip in the air. **-6.** [reste] drop; **il reste un ~ de café** there's a drop of coffee left ❑ **boire** ou **vider les ~s de bouteilles** to drink up the dregs; **le ~ du panier** the leftovers. **-7.** CULIN: **~ de sauce/soupe** basis for a sauce/soup; **~ d'artichaut** artichoke heart; **~ de tarte** pastry case. **-8.** MIN: **travailler au ~** to work at the coal face; **descendre au ~ de la mine** to go down the pit ❑ **les mineurs de ~** the men in the pits.
♦ **à fond** *loc adv* in depth; **respirer à ~** to breathe deeply; **faire le ménage à ~ dans la maison** *fam* to clean the house thoroughly, to spring-clean; **se donner à ~** to give one's all; **se donner à ~ dans** ou **à qqch** to throw o.s. completely into sthg.
♦ **à fond de train** *loc adv* (at) full tilt.
♦ **à fond la caisse, à fond les manettes** *loc adv fam* = à fond de train.
♦ **au fond** *loc adv* basically; **au ~, c'est mieux comme ça** it's better that way, really; **au ~, on pourrait y aller en janvier** in fact, we could start in January.
♦ **au fond de** *loc prép*: **c'est au ~ du couloir/de la salle** it's at the (far) end of the corridor/of the hall; **au ~ de la rivière** at the bottom of the river; **regarder qqn au ~ des yeux** to look deeply into sb's eyes.
♦ **dans le fond** = au fond.
♦ **de fond** *loc adj* **-1.** SPORT [épreuve, coureur, course] long-distance *(avant n)*; **ski de ~** cross-country skiing. **-2.** [analyse, remarque, texte] basic, fundamental.
♦ **de fond en comble** *loc adv* [nettoyer, fouiller] from top to bottom; **revoir un texte de ~ en comble** fig to revise a text thoroughly.
♦ **fond de robe** *nm* slip.
♦ **fond de teint** *nm* (make-up) foundation.

**fondamental, e, aux** [fɔ̃damɑ̃tal, o] *adj* **-1.** SC fundamental, basic; **la recherche ~e** basic ou fundamental research. **-2.** [de base] elementary, basic. **-3.** [important] fundamental, essential, crucial. **-4.** PHYS [niveau] fundamental. **-5.** MUS fundamental.

**fondamentalement** [fɔ̃damɑ̃talmɑ̃] *adv* fundamentally; **c'est ~ la même chose** it's basically the same thing; **~ opposés** radically opposed.

**fondamentalisme** [fɔ̃damɑ̃talism] *nm* (religious) fundamentalism.

**fondamentaliste** [fɔ̃damɑ̃talist] ◇ *adj* fundamentalist, fundamentalistic. ◇ *nmf* fundamentalist.

**fondant, e** [fɔ̃dɑ̃, ɑ̃t] *adj* **-1.** [glace, neige] melting, thawing. **-2.** [aliment]: **un rôti ~** a tender roast; **un bonbon/chocolat ~** a sweet/chocolate that melts in the mouth.
♦ **fondant** *nm* **-1.** CULIN [bonbon, gâteau] fondant. **-2.** MÉTALL flux.

**fondateur, trice** [fɔ̃datœr, tris] *nm, f* **-1.** [gén] founder. **-2.** JUR incorporator.

**fondation** [fɔ̃dasjɔ̃] *nf* **-1.** [création – d'une ville, d'une société] foundation; [– d'une bourse, d'un prix] establishment, creation. **-2.** [institution] foundation.
♦ **fondations** *nfpl* CONSTR foundations.

**fondé, e** [fɔ̃de] *adj* **-1.** [argument, peur] justified; **un reproche non ~** an unjustified reproach; **mal ~** ill-founded. **-2.**: **être ~ à** [avoir des raisons de]: **je serais ~ à croire qu'il y a eu malversation** I would be justified in thinking ou I would have grounds for believing that embezzlement has taken place.
♦ **fondé de pouvoir** *nm* proxy.

**fondement** [fɔ̃dmɑ̃] *nm* **-1.** [base] foundation; **jeter les ~s d'une nouvelle politique** to lay the foundations of a new policy. **-2.** *hum* derrière *hum*, behind, backside. **-3.** PHILOS fundament.
♦ **sans fondement** *loc adj* [crainte, rumeur] groundless, unfounded.

**fonder** [3] [fɔ̃de] *vt* **-1.** [construire – empire, parti] to found; **~ un foyer** ou **une famille** *sout* to start a family. **-2.** COMM to found, to set up; 'maison fondée en 1930' 'Established 1930'. **-3.** [appuyer]: elle fondait tous ses espoirs sur son fils she pinned all her hopes on her son. **-4.** [légitimer – réclamation, plainte] to justify.

◆ **se fonder sur** *vp + prép* **-1.** [se prévaloir de] to base o.s. on; sur quoi te fondes-tu pour affirmer pareille chose? what grounds do you have for such a claim? **-2.** [remarque, théorie] to be based on.

**fonderie** [fɔ̃dri] *nf* **-1.** [procédé] casting, founding. **-2.** [usine] smelting works. **-3.** [atelier] foundry.

**fondeur, euse** [fɔ̃dœr, øz] *nm, f* **-1.** SPORT langläufer, cross-country skier. **-2.** [de bronze] caster; [de l'or, de l'argent] smelter.

**fondre** [75] [fɔ̃dr] ◇ *vt* **-1.** [rendre liquide] to melt; ~ de l'or/de l'argent to smelt gold/silver. **-2.** [fabriquer – statue, canon, cloche] to cast, to found. **-3.** [dissoudre] to dissolve. **-4.** [combiner – couleurs] to blend, to merge; [– sociétés] to combine, to merge. ◇ *vi* **-1.** [se liquéfier] to melt; la glace fond au-dessus de 0° C ice thaws at 0° C ❏ ~ comme cire ou neige au soleil to vanish into thin air. **-2.** [se dissoudre] to dissolve; faire ~ du sucre to dissolve sugar; ~ dans la bouche to melt in the mouth. **-3.** [s'affaiblir – animosité, rage] to melt away, to disappear; il sent son cœur ~ quand il voit ses enfants he can feel his heart melting when he sees his children ❏ ~ en larmes to dissolve into tears. **-4.** *fam* [maigrir] to get thin; il fond à vue d'œil the weight's dropping off him.

◆ **fondre sur** *v + prép* to sweep ou to swoop down on.

◆ **se fondre** *vpi* **-1.** [se liquéfier] to melt. **-2.** [se mêler] to merge, to mix; se ~ dans la nuit/le brouillard to disappear into the night/mist.

**fondrière** [fɔ̃drijɛr] *nf* **-1.** [sur une route] pothole. **-2.** [marécage] bog, quagmire.

**fonds** [fɔ̃] ◇ *nm* **-1.** [propriété] business; un ~ de commerce a business. **-2.** FIN fund; ~ commun de placement unit trust, mutual fund *Am*; ~ d'amortissement sinking fund; ~ de réserve reserve fund; ~ de roulement working capital; Fonds monétaire international International Monetary Fund. **-3.** [ressources] collection. ◇ *nmpl* **-1.** FIN funds; être en ~ to be in funds; rentrer dans ses ~ to recoup one's costs; mes ~ sont au plus bas *hum* funds are low; prêter de l'argent à ~ perdus to loan money without security ❏ ~ de prévoyance contingency reserve; les ~ publics public funds; les ~ propres ÉCON shareholders' ou stockholders' equity; ~ secrets secret funds; collecte de ~ financial appeal, fundraising *(U)*. **-2.** [argent] money.

**fondu, e** [fɔ̃dy] ◇ *pp* → **fondre**. ◇ *adj* **-1.** [liquéfié] melted; MÉTALL molten; de la neige ~e slush ❏ fromage ~ cheese spread. **-2.** [ramolli] melted. **-3.** BX-ARTS [teinte] blending.

◆ **fondu** *nm* **-1.** CIN dissolve; ~ enchaîné fade-in fade-out. **-2.** BX-ARTS blend.

◆ **fondue** *nf* CULIN ~ e bourguignonne meat fondue; ~ e savoyarde (Swiss) cheese fondue.

**fongicide** [fɔ̃ʒisid] ◇ *adj* fungicidal. ◇ *nm* fungicide.

**font** [fɔ̃] *v* → **faire**.

**fontaine** [fɔ̃tɛn] *nf* **-1.** [édifice] fountain; ~ Wallace dark green ornate drinking fountain (typical of Paris). **-2.** [source] spring; il ne faut pas dire: ~ je ne boirai pas de ton eau *prov* never say never *prov*.

**fontanelle** [fɔ̃tanɛl] *nf* fontanelle.

**fonte** [fɔ̃t] *nf* **-1.** MÉTALL cast iron. **-2.** [fusion – gén] melting; [– du métal] smelting; [– des neiges] thawing; à la ~ des neiges/glaces when the snow/ice thaws. **-3.** IMPR fount, font *Am*. **-4.** AGR & HORT: ~ des semis damping off seedlings.

**fonts** [fɔ̃] *nmpl*: ~ (baptismaux) (baptismal) font.

**foot** [fut] *nm fam* football *Br*, soccer; jouer au ~ to play football.

**football** [futbol] *nm* football *Br*, soccer; jouer au ~ to play football; ~ américain American football, football *Am*.

**footballeur, euse** [futbolœr, øz] *nm, f* footballer *Br*, soccer player *Am*.

**footing** [futiŋ] *nm*: le ~ jogging; faire un ~ to go jogging, to go for a jog.

**for** [fɔr] *nm*: en mon ~ intérieur deep down ou inside, in my heart of hearts.

**forage** [fɔraʒ] *nm* [d'un puits de pétrole] boring, drilling; [d'un puits, d'une mine] sinking.

**forain, e** [fɔrɛ̃, ɛn] ◇ *adj* [boutique] fairground *(modif)*; marchand ~ stallholder. ◇ *nm, f* stallholder.

**forban** [fɔrbɑ̃] *nm* **-1.** [pirate] freebooter. **-2.** *péj* [escroc] crook.

**forçai** [fɔrse] *v* → **forcer**.

**forçat** [fɔrsa] *nm* HIST [sur une galère] galley slave; [dans un bagne] convict; travailler comme un ~ to work like a slave.

**force** [fɔrs] ◇ *nf* **-1.** [puissance – d'une tempête, d'un coup] strength, force; [– d'un sentiment] strength; [– d'une idée, d'un argument] strength, power; dans toute la ~ du mot ou terme in the strongest sense of the word ou term; un vent (de) ~ 7 MÉTÉO a force 7 wind ❏ les ~s du mal the forces of evil. **-2.** [vigueur physique] strength; avoir beaucoup de ~ to be very strong; avoir la ~ de to have the strength to; il sent sa ~ l'abandonner avec l'âge he feels himself growing weaker with age; sans ~ bereft of strength; reprendre des ~s to regain one's strength; c'est au-dessus de mes ~s it's beyond me; de toutes mes/ses ~s with all my/his strength, with all my/his might; je le veux de toutes mes ~s I want it with all my heart ❏ être une ~ de la nature to be a mighty force; être dans la ~ de l'âge to be in the prime of life; les ~s vives de la nation the nation's resources. **-3.** [contrainte, autorité] force; vaincre par la ~ to win by (using) force; avoir recours à la ~ to resort to force; nous ne céderons pas à la ~ we will not yield to force ❏ avoir ~ exécutoire to be enforceable; avoir ~ de loi to have the force of law; ~ majeure JUR force majeure; c'est un cas de ~ majeure it's completely unavoidable; il y a (cas de) ~ majeure there are circumstances beyond one's control; un coup de ~ POL & ÉCON a takeover by force. **-4.** [puissance morale] strength; ce qui fait sa ~, c'est sa conviction politique his political commitment is his strength ❏ ~ d'âme spiritual strength; ~ de caractère strength of character. **-5.** [niveau]: c'est un orateur de première ~ he's a first-class speaker; je ne suis pas de ~ à lui faire concurrence I'm no match for him. **-6.** ADMIN & MIL: la ~ nucléaire stratégique ou de frappe ou ~ de dissuasion de la France France's nuclear strike capacity; la ~ publique, les ~s de l'ordre the police; les ~s armées (the armed) forces; ~ d'intervention task force; les ~s navales/aériennes the naval/air forces. **-7.** [suprématie] strength, might; occuper une position de ~ to be in a position of strength. **-8.** PHYS force; ~ centrifuge/centripète centrifugal/centripetal force; ~ électromotrice electromotive force; ~ d'inertie force of inertia. **-9.** IMPR: ~ de corps body size. **-10.** NAUT: faire ~ de rames to ply the oars; faire ~ de voiles to cram on sail. **-11.** *loc*: ~ est de sout ~ est de constater que... there is no choice but to accept that...; par la ~ des choses/de l'habitude by force of circumstance/of habit.

◇ *adv litt* ou *hum* many.

◆ **à force** *loc adv fam*: tu vas le casser, à ~! you'll break it if you go on like that!; à ~, je suis fatigué I'm getting tired.

◆ **à force de** *loc prép* by dint of.

◆ **à la force de** *loc prép* by the strength of; s'élever à la ~ du poignet *fig* to go up in the world by the sweat of one's brow.

◆ **à toute force** *loc adv* at all costs.

◆ **de force** *loc adv* by force; il est entré de ~ he forced his way in; on les a fait sortir de ~ they were made to leave.

◆ **en force** *loc adv* **-1.** [en nombre] in force, in large numbers. **-2.** SPORT [sans souplesse]: faire qqch en ~ to do sthg by brute force.

◆ **par force** *loc adv*: par ~ nous nous sommes résignés à son départ we were forced to accept ou we had to resign ourselves to his departure.

**forcé, e** [fɔrse] ◇ *adj* **-1.** [obligé] forced; atterrissage ~ emergency ou forced landing; liquidation ~e compulsory liquidation; contraint et ~ under duress. **-2.** [inévitable] inevitable. **-3.** [sans spontanéité] strained; rire ~ forced laugh; comparaison ~e artificial comparison. ◇ *pp*: être ~ de faire qqch to be forced to do sthg; je suis ~ de rester au lit I have (no choice but) to stay in bed.

**forcement** [fɔrsəmɑ̃] *nm* forcing.

**forcément** [fɔrsəmɑ̃] *adv* inevitably, necessarily; ça devait ~ arriver it was bound to happen; pas ~ not necessarily; elle est très mince — ~, elle ne mange rien! she's very slim — that's hardly surprising, she never eats a thing!

**forcené, e** [fɔʀsəne] ◇ *adj* -**1.** [passionné] fanatical, frenzied. -**2.** [violent] frenzied; une haine ~e a fanatical hatred. ◇ *nm, f* [fou] maniac.

**foreeps** [fɔʀseps] *nm* forceps.

**forcer** [16] [fɔʀse] ◇ *vt* -**1.** [obliger] to compel, to force; ~ qqn à faire qqch: il l'a forcée à quitter la société he forced her out of the firm □ on lui a forcé la main he was made to do it, his hand was forced. -**2.** [ouvrir de force – tiroir, valise] to force (open); [– serrure, mécanisme] to force; ~ un coffre-fort to force a safe open; ~ la porte de qqn *fig* to barge ou to force one's way into sb's house. -**3.** [outrepasser]: ~ la dose PHARM to prescribe too large a dose; *fig* to go too far. -**4.** *arch* [violer – personne] to violate. -**5.** [susciter]: son courage a forcé l'admiration/le respect de tous his courage commanded everybody's admiration/respect. -**6.** [influencer – destin, événements] to influence. -**7.** [presser]: ~ le pas to force the pace; ~ son cheval ÉQUIT to overtax ou to over-ride one's horse. -**8.** AGR & HORT to force. -**9.** [pousser trop loin]: ~ sa voix to strain one's voice; ~ sa nature to go against one's true nature. -**10.** CHASSE to run down. ◇ *vi* to force, to strain; ne force pas, tu vas casser le mécanisme don't force the mechanism, you'll break it; pliez la jambe sans ~ bend your leg very gently ou without straining.

◆ **forcer sur** *v* + *prép* to overdo; ~ sur la bouteille *fam* to drink too much.

◆ **se forcer** *vp (emploi réfléchi)* [gén] to make an effort; [en mangeant] to force o.s.; se ~ à lire/travailler to force o.s. to read/to work.

**forcing** [fɔʀsiŋ] *nm* SPORT pressure; faire du ~ *fam* & *fig* to use fair means and foul.

**forcir** [32] [fɔʀsiʀ] *vi* to get bigger.

**forclos, e** [fɔʀklo, oz] *adj* JUR foreclosed.

**forçons** [fɔʀsɔ̃] *v* → forcer.

**forer** [3] [fɔʀe] *vt* [puits de pétrole] to bore, to drill; [puits, mine] to sink.

**forestier, ère** [fɔʀɛstje, ɛʀ] ◇ *adj* [chemin, code] forest *(modif)*. ◇ *nm, f* forester.

**foret** [fɔʀɛ] *nm* drill.

**forêt** [fɔʀɛ] *nf* -**1.** [arbres] forest; ~ vierge virgin forest. -**2.** [multitude]: une ~ de a forest of.

**Forêt-Noire** [fɔʀɛnwaʀ] *nprf*: la ~ the Black Forest.

**foreur** [fɔʀœʀ] ◇ *adj m* [ingénieur, ouvrier] drilling *(modif)*. ◇ *nm* TECH driller.

**foreuse** [fɔʀøz] *nf* drill.

**forfaire** [109] [fɔʀfeʀ]

◆ **forfaire à** *v* + *prép litt* to be false to.

**forfait** [fɔʀfɛ] *nm* -**1.** [abonnement – de transport, à l'opéra] season ticket; [– au ski] pass, ski-pass; ~ train plus hôtel package deal including train ticket and hotel reservation. -**2.** FIN: être au ~ to be taxed on estimated income. -**3.** COMM: payer qqn au ~ to pay sb a flat rate; travailler au ~ to work for a flat rate. -**4.** SPORT [somme] withdrawal; gagner par ~ to win by default. -**5.** *litt* [crime] infamy *litt*, (heinous) crime.

**forfaitaire** [fɔʀfetɛʀ] *adj* inclusive; montant ~ lump sum; voyage à prix ~ package tour.

**forfaiture** [fɔʀfetyʀ] *nf* -**1.** JUR abuse of authority. -**2.** HIST forfeiture.

**forfait-vacances** [fɔʀfevakɑ̃s] *nm* package holiday.

**forfanterie** [fɔʀfɑ̃tʀi] *nf litt* boastfulness.

**forge** [fɔʀʒ] *nf* -**1.** [atelier] forge, smithy. -**2.** [fourneau] forge.

**forger** [17] [fɔʀʒe] *vt* -**1.** TECH to forge; c'est en forgeant qu'on devient forgeron *prov* practice makes perfect *prov*. -**2.** [inventer – alibi] to make up *(sép)*; [– phrase] to coin; une histoire forgée de toutes pièces a fabricated story. -**3.** [fabriquer – document, preuve] to forge. -**4.** [aguerrir – personnalité, caractère] to form, to forge.

◆ **se forger** *vpt*: se ~ une réputation to earn o.s. a reputation; se ~ le caractère to build up one's character.

**forgeron** [fɔʀʒəʀɔ̃] *nm* blacksmith.

**forgeur** [fɔʀʒœʀ] *nm litt* [de mots, de phrases] coiner; [de documents] forger.

**formaliser** [3] [fɔʀmalize] *vt* [idée, théorie] to formalize.

◆ **se formaliser de** *vp* + *prép* to take offence at.

**formalisme** [fɔʀmalism] *nm* -**1.** [attitude] respect for eti-

quette. -**2.** BX-ARTS, PHILOS & LITTÉRAT formalism.

**formaliste** [fɔʀmalist] ◇ *adj* -**1.** [guindé] strict about etiquette. -**2.** BX-ARTS, LITTÉRAT & PHILOS formalistic. ◇ *nmf* -**1.** [personne guindée] stickler for etiquette. -**2.** BX-ARTS, LITTÉRAT & PHILOS formalist.

**formalité** [fɔʀmalite] *nf* -**1.** ADMIN formality; ~s administratives/douanières administrative/customs formalities. -**2.** [acte sans importance]: notre enquête n'est qu'une simple ou pure ~ we're just making routine enquiries; cet examen n'est qu'une ~ this medical test is a mere formality. -**3.** [cérémonial] formality.

**format** [fɔʀma] *nm* -**1.** [dimension] size; photo petit ~ small (format) print. -**2.** IMPR format; livre en ~ de poche paperback (book); papier ~ A4/A3 A4/A3 paper. -**3.** INF format.

**formatage** [fɔʀmataʒ] *nm* formatting.

**formater** [3] [fɔʀmate] *vt* to format COMPUT.

**formateur, trice** [fɔʀmatœʀ, tʀis] *adj* [rôle, influence] formative; ce stage a été très ~ this training course was very instructive.

**formation** [fɔʀmasjɔ̃] *nf* -**1.** [naissance] development, formation, forming. -**2.** [groupe] group; ~ musicale [classique] orchestra; [moderne] band; ~ politique political group; ~ syndicale (trade) union. -**3.** ENS [apprentissage] training *(U)*; [connaissances] cultural background; elle a une bonne ~ littéraire/scientifique she has a good literary/scientific background; il n'a aucune ~ musicale he has no musical training; architecte de ~, elle est devenue cinéaste having trained as an architect, she turned to making films □ ~ continue ou permanente *day release or night school education for employees provided by companies*; ~ accélérée intensive training; ~ professionnelle vocational training; ~ professionnelle pour adultes adult education. -**4.** MIL [détachement, disposition] formation. -**5.** DANSE & SPORT formation. -**6.** PHYSIOL puberty. -**7.** GÉOL formation. -**8.** LING: la ~ du vocabulaire formation.

**forme** [fɔʀm] *nf* -**1.** [configuration] form, shape; un dessin de ~ géométrique a geometrical pattern; la Terre a la ~ d'une sphère the Earth is spherical; ne plus avoir ~ humaine to be unrecognizable; mettre en ~: mettez vos idées en ~ give your ideas some shape; mettre un écrit en ~ to structure a piece of writing; prendre la ~ de to take (on) the form of, to assume the shape of; prendre ~ to take shape, to shape up. -**2.** [état] form; se présenter sous ~ gazeuse to come in gaseous form ou in the form of a gas; c'est le même sentiment sous plusieurs ~s it's the same feeling expressed in several different ways; nous voulons combattre la misère sous toutes ses ~s we want to fight poverty in all its forms. -**3.** [silhouette] figure, shape. -**4.** [type] form; des ~s de vie différentes sur d'autres planètes different forms of life on other planets. -**5.** [style] form; sacrifier à la ~ to put form above content. -**6.** MUS form. -**7.** LING form; mettre un verbe à la ~ interrogative/négative to put a verb into the interrogative/in the negative (form). -**8.** JUR form; respecter la ~ légale to respect legal procedures. -**9.** [condition physique] form; avoir ou tenir la ~ *fam* to be in great shape; je n'ai ou ne suis pas en ~ I'm in poor form; être en ~ to be on form; être au mieux ou sommet de sa ~, être en pleine ~ to be on top form. -**10.** [moule – pour chapeau] crown; [– pour chaussure] last; [– pour fromage] mould. -**11.** PSYCH: théorie de la ~ gestalt theory.

◆ **formes** *nfpl* -**1.** [physique]: avoir des ~s to have a shapely figure. -**2.** [convention]: y mettre les ~s to be tactful; elle a toujours respecté les ~s she has always respected convention.

◆ **dans les formes** *loc adv* following the proper form.

◆ **de pure forme** *loc adj* purely formal.

◆ **en bonne (et due) forme** ◇ *loc adj* [contrat] bona fide. ◇ *loc adv* [établir un document] in due form, according to the proper form.

◆ **en forme de** *loc prép* [ressemblant à]: en ~ de poisson shaped like a fish, fish-shaped.

◆ **pour la forme** *loc adv* for the sake of form, as a matter of form.

◆ **sans forme** *loc adj* shapeless.

◆ **sans autre forme de procès** *loc adv* without further ado.

◆ **sous forme de, sous la forme de** *loc prép* in the form of, as; un médicament qui existe sous ~ de comprimés a drug available in tablet form.

**formé, e** [fɔʀme] *adj* PHYSIOL fully-formed, fully-developed.

**formel, elle** [fɔʀmɛl] *adj* **-1.** [net – ordre, refus] definite; [– identification, preuve] positive; le médecin a été ~, pas de laitages! no milk products, the doctor was quite clear about that!**-2.** [de la forme] formal. **-3.** [superficiel] formal. **-4.** PHILOS formal.

**formellement** [fɔʀmɛlmã] *adv* **-1.** [nettement] categorically. **-2.** [stylistiquement] formally. **-3.** PHILOS formally.

**former** [3] [fɔʀme] *vt* **-1.** [donner un contour à – lettre] to shape, to form; [– phrase] to put together, to shape; Dieu forma l'homme à son image BIBLE God made man in his own image. **-2.** [créer – gouvernement, association] to form; ~ un train to make up a train. **-3.** [se constituer en] to form; ils ont formé un cortège/attroupement they formed a procession/a mob. **-4.** [dessiner] to form. **-5.** [constituer] to form; nous ne formions qu'un seul être we were as one; ils forment un couple uni they're a united couple; ils forment un couple étrange they make a strange couple. **-6.** [faire apparaître] to make, to form. **-7.** *sout* [créer, faire par la pensée]: ~ un projet to think up a plan; nous avons formé le dessein de nous marier we are planning to marry; ~ des vœux pour le succès de qqn/qqch to wish sb/sthg success; tous les espoirs que nous formons pour eux all the hopes we place in them. **-8.** LING to form. **-9.** [instruire] ~ les jeunes en entreprise to give young people industrial training; ~ son personnel à l'informatique to train one's staff to use computers; formé à la gestion trained in management (techniques). **-10.** [développer – caractère, goût] to develop.
◆ **se former** ◇ *vpi* **-1.** [apparaître – croûte, pellicule, peau] to form; [– couche, dépôt] to form, to build up. **-2.** se ~ en [se placer en] to form, to make; se ~ en carré to form a square. **-3.** [se perfectionner] to train o.s.; se ~ sur le tas to learn on the job OU as one goes along. ◇ *vpt*: se ~ une opinion to form an opinion.

**Formica®** [fɔʀmika] *nm* Formica®.

**formidable** [fɔʀmidabl] *adj* **-1.** [imposant] tremendous; *litt* formidable. **-2.** *vieilli* [invraisemblable] incredible, unbelievable. **-3.** [admirable] great, wonderful.

**formidablement** [fɔʀmidabləmã] *adv* tremendously.

**formol** [fɔʀmɔl] *nm* formalin.

**Formose** [fɔʀmoz] *npr* Formosa.

**formulaire** [fɔʀmylɛʀ] *nm* form ADMIN.

**formulation** [fɔʀmylasjɔ̃] *nf* formulation, wording; la ~ de votre problème est incorrecte you formulated your problem incorrectly, the way you formulated your problem is incorrect.

**formule** [fɔʀmyl] *nf* **-1.** [tournure] expression, (turn of) phrase; elle a terminé sa lettre par une belle ~/une ~ toute faite she ended her letter with a well-turned phrase/a ready-made phrase; ~ consacrée accepted expression; la ~ magique the magic words; ~ de politesse [dans une lettre] letter ending. **-2.** [imprimé] form. **-3.** CHIM & MATH formula. **-4.** PHARM formula, composition. **-5.** [solution] formula, trick; ils ont (trouvé) la ~ pour ne pas avoir d'ennuis they've found a way of not having any problems. **-6.** [en langage publicitaire] way; une ~ économique pour vos vacances an economical way to spend your holidays; nous vous proposons plusieurs ~s de crédit we offer you several credit options; une nouvelle ~ de spectacle/restaurant a new kind of show/restaurant; notre restaurant vous propose sa ~ à 90 F ou sa carte our restaurant offers you a set menu at 90 F ou an à la carte menu. **-7.** AUT formula. **-8.** MÉD: ~ dentaire dental formula.

**formuler** [3] [fɔʀmyle] *vt* **-1.** [exprimer – doctrine, revendication] to formulate. **-2.** [rédiger – théorème] to formulate; [– décret] to draw up *(sép)*.

**fornicateur, trice** [fɔʀnikatœʀ, tris] *nm, f litt* OU *hum* fornicator.

**fornication** [fɔʀnikasjɔ̃] *nf litt* OU *hum* fornication.

**forniquer** [3] [fɔʀnike] *vi litt* OU *hum* to fornicate.

**FORPRONU** [fɔʀpʀɔny] *(abr de Forces de protection des Nations unies) nf* UN-profor.

**forsythia** [fɔʀsisja] *nm* forsythia.

**fort, e** [fɔʀ, fɔʀt] *adj* **A.** QUI A DE LA PUISSANCE, DE L'EFFET **-1.** [vigoureux – personne, bras] strong, sturdy; [– vent] strong, high; [– courant, jet] strong; [– secousse] hard; [– pluies] heavy; mer ~e MÉTÉO rough sea; ~ comme un Turc OU un bœuf as strong as an ox. **-2.** [d'une grande résistance morale]: une âme ~e a steadfast soul; rester ~ dans l'adversité to remain strong OU to stand firm in the face of adversity. **-3.** [autoritaire, contraignant – régime] strong-arm *(avant n).* **-4.** [puissant – syndicat, parti, économie] strong, powerful; [– monnaie] strong, hard; [– carton, loupe, tranquillisant] strong; l'as est plus ~ que le roi the ace is higher than the king; colle (très) ~e (super OU extra) strong glue; c'est plus ~ que moi I can't help it; ~ de: ~ de son expérience with a wealth of experience behind him; une équipe ~e de 40 hommes a 40-strong team ❑ l'homme ~ du parti the strong man of the party. **-5.** [de grand impact – œuvre, film] powerful; [– argument] weighty, powerful, forcible.
**B.** MARQUÉ **-1.** [épais, corpulent – jambes] big, thick; [– personne] stout, large; [– hanches] broad, large, wide; avoir la taille ~e to be big around the waist. **-2.** [important quantitativement – dénivellation] steep, pronounced; [– accent] strong, pronounced, marked; [– fièvre, taux] high; [– hausse] large; [– somme] large, big; [– concentration] high; [– bruit] loud; [– différence] great, big; il est prêt à payer le prix ~ he's willing to pay the full price. **-3.** [grand, intense – amour, haine] strong, intense; [– douleur] intense, great; [– influence] strong, big, great; [– pronounced] marked; il recherche les sensations ~es he's after big thrills; avoir une ~e volonté to be strong-willed, to have a strong will; elle a une ~e personnalité she's got a strong personality. **-4.** [au goût prononcé – café, thé, moutarde, tabac] strong; [– sauce] hot, spicy; [odeur] strong. **-5.** *fam loc*: et c'est moi qui devrais payer? alors ça c'est trop ~! and I should pay? that's a bit much!; le plus ~, c'est qu'il avait raison! the best of it is that he was right!
**C.** HABILE: le marketing, c'est là qu'il est ~/que sa société est ~e marketing is his/his company's strong point; trouver plus ~ que soi to meet one's match; pour donner des leçons, elle est très ~e! she's very good at lecturing people!; ~ en gymnastique/en langues very good at gymnastics/at languages.
◆ **fort** ◇ *adv* **-1.** [avec vigueur – taper, tirer] hard; pousse plus ~ push harder ‖ [avec intensité]: sentir ~ to smell; mets le gaz plus/moins ~ turn the gas up/down; le gaz est trop ~ the gas is too high ❑ tu y vas un peu ~! you're going a bit far! **-2.** [bruyamment – parler] loudly, loud; parle plus ~, on ne t'entend pas speak up, we can't hear you; parle moins ~ lower your voice; mets le son plus/moins ~ turn the sound up/down. **-3.** *sout* [très]: ~ désagréable most disagreeable; ~ joli very pretty; ~ bien, partons à midi! very well, let's leave at noon!; j'en suis ~ aise! *hum* I'm very pleased to hear it! **-4.** *loc*: là, tu es allé très ~! you've really excelled yourself! ◇ *nm* **-1.** [physiquement, moralement]: les ~s et les faibles the strong and the weak ‖ [intellectuellement]: un ~ en thème a swot. **-2.** [spécialité] forte; la politesse n'est pas son ~! politeness isn't his strongest point! **-3.** [forteresse] fort.
◆ **au (plus) fort de** *loc prép*: au (plus) ~ de l'hiver in the depths of winter; au (plus) ~ de l'été in the height of summer.

**fortement** [fɔʀtəmã] *adv* **-1.** [avec force] hard; ~ salé heavily salted; ~ épicé highly spiced. **-2.** [avec netteté] strongly. **-3.** [beaucoup] strongly; il désire ~ vous rencontrer he wishes very much to meet you; être ~ tenté to be sorely tempted; être ~ intéressé par qqch to be most interested in sthg.

**forteresse** [fɔʀtəʀɛs] *nf* **-1.** [citadelle] fortress. **-2.** [prison] fortress. **-3.** AÉRON: ~ volante flying fortress.

**fortiche** [fɔʀtiʃ] *adj fam*: elle est ~ en anglais! she's dead Br OU real Am good at English!

**fortifiant, e** [fɔʀtifjã, ãt] *adj* **-1.** [nourriture] fortifying; [climat] bracing, invigorating. **-2.** *litt* [édifiant] uplifting.
◆ **fortifiant** *nm* tonic.

**fortification** [fɔʀtifikasjɔ̃] *nf* **-1.** [mur] fortification, wall. **-2.** [action]: la ~ d'une ville the fortification of a town.

**fortifier** [9] [fɔʀtifje] *vt* **-1.** [affermir – muscle, santé] to fortify, to strengthen; [– amitié, volonté] to strengthen; [– opinion] to strengthen. **-2.** [protéger] to fortify; une ville fortifiée a walled OU fortified town.

◆ **se fortifier** ◇ *vp (emploi passif)*: la ville s'est fortifiée au XIIᵉ siècle the town was fortified ou walls were built around the town in the 12th century.
◇ *vpi* [muscle] to firm up, to grow stronger; [amitié, amour] to grow stronger.

**fortin** [fɔrtɛ̃] *nm* small fort.

**fortiori** [fɔrsjɔri] → **a fortiori**.

**fortuit, e** [fɔrtµi, it] *adj* [événement] fortuitous; faire une rencontre ~e to meet somebody by chance.

**fortuitement** [fɔrtµitmɑ̃] *adv* fortuitously, by chance.

**fortune** [fɔrtyn] *nf* **-1.** [biens] wealth, fortune; ça lui a rapporté une (petite) ~ *fam* it brought him a nice little sum; c'était une ~ à l'époque it was a lot of money at the time; voici 50 francs, c'est toute ma ~! *hum* here's 50 francs, it's all my worldly wealth!; faire ~ to make one's fortune. **-2.** *litt* [hasard] good fortune, luck; il a eu la bonne ou l'heureuse ~ de la connaître he was fortunate enough to know her; il a eu la mauvaise ~ de tomber malade he was unlucky enough ou he had the misfortune to fall ill ❑ faire contre mauvaise ~ bon cœur to make the best of a bad job; inviter qqn à la ~ du pot to invite sb to take pot luck. **-3.** *litt* [sort] fortune; leurs livres ont connu des ~s très diverses their books had varying success.
◆ **de fortune** *loc adj* [lit] makeshift; [installation, réparation] temporary.
◆ **sans fortune** *loc adj* with no hope of an inheritance.

**fortuné, e** [fɔrtyne] *adj* **-1.** [riche] rich, wealthy. **-2.** *litt* [heureux] fortunate, blessed *litt*.

**forum** [fɔrɔm] *nm* ANTIQ & ARCHIT forum; [débat] forum.

**fosse** [fos] *nf* **-1.** [cavité] pit; ~ à purin ou fumier manure pit; ~ (d'aisances) cesspool; ~ aux lions lions' den; descendre dans la ~ aux lions to enter the lions' den; ~ septique septic tank. **-2.** AUT & SPORT pit. **-3.** MUS: ~ d'orchestre orchestra pit. **-4.** [tombe] grave; ~ commune common grave. **-5.** ANAT fossa; ~s nasales nasal fossae. **-6.** GÉOL trench. **-7.** MIN pit.

**fossé** [fose] *nm* **-1.** [tranchée] ditch; finir ou se retrouver dans le ~ to end up in a ditch; ~ antichar MIL antitank ditch. **-2.** *fig* gulf, gap; le ~ qui nous sépare the gulf which divides us. **-3.** GÉOL trough.

**fossette** [fosɛt] *nf* dimple.

**fossile** [fosil] ◇ *adj pr* fossil *(modif)*; *fig* fossil-like, fossilized. ◇ *nm pr* & *fig* fossil.

**fossilisation** [fosilizasjɔ̃] *nf* fossilization.

**fossiliser** [3] [fosilize] *vt* to fossilize.
◆ **se fossiliser** *vpi* to become fossilized.

**fossoyeur** [foswajœr] *nm* gravedigger; les ~s de la révolution *fig* & *litt* the destroyers ou gravediggers of the revolution.

**fou** [fu] *(devant nm commençant par voyelle ou h muet* **fol** [fɔl], *f* **folle** [fɔl]) ◇ *adj* **-1.** [dément] insane, mad; devenir ~ to go mad ou insane; un regard un peu ~ a somewhat crazed look; être ~ de bonheur/joie/douleur to be beside o.s. with happiness/joy/grief; être ~ d'inquiétude to be mad with worry ❑ être ~ furieux ou à lier to be (stark) raving mad. **-2.** [déraisonnable] mad; ton projet est complètement ~ your plan is completely crazy ou mad; avoir de folles pensées to have wild thoughts ❑ pas folle, la guêpe! *fam* he's/she's not stupid!**-3.** [hors de soi] wild, mad; rendre qqn ~ to drive ou to send sb mad. **-4.** [passionné]: être ~ de qqn/qqch to be mad ou wild about sb/sthg. **-5.** [intense] mad, wild; nous avons passé une folle soirée we had a wild evening; entre eux, c'est l'amour ~ they're crazy about each other, they're madly in love. **-6.** [incontrôlé] wild; se lancer dans une course folle to embark on a headlong chase; camion/train ~ runaway truck/train ❑ folle avoine wild oats; avoir des mèches folles to have wild ou straggly hair; ~ rire (uncontrollable) giggle ou giggles; avoir ou attraper le ~ rire to have a fit of the giggles. **-7.** *fam* [très important] tremendous; il y avait un monde ~ there was a huge crowd; un prix ~ an extortionate price; nous avons mis un temps ~ pour venir it took us ages to get here; gagner un argent ~ to make piles ou a lot of money. **-8.** [incroyable] incredible; c'est ~, ce qui lui est arrivé what happened to him is incredible.
◇ *nm, f* **-1.** [dément] madman *(f* madwoman*)*; envoyer qqn chez les ~s *vieilli* to have sb locked up ou put away; vous

n'avez pas vu le feu rouge, espèce de ~? didn't you see the red light, you stupid fool?; comme un ~ *pr* dementedly; [intensément] like mad ou crazy. **-2.** [excité] lunatic, fool; faire le ~ to act the fool ou idiot. **-3.** [passionné]: c'est un ~ de moto he's mad on ou crazy about bikes.
◆ **fou** *nm* **-1.** JEUX bishop. **-2.** HIST: ~ (du roi) (court) jester; plus on est de ~s plus on rit the more the merrier *loc*. **-3.** ORNITH: ~ (de Bassan) gannet.
◆ **folle** *nf fam* & *péj* [homosexuel] queen; grande folle raving queen.

**foucade** [fukad] *nf litt* whim, passing fancy.

**foudre¹** [fudr] *nm* **-1.** [tonneau] tun. **-2.** MYTH thunderbolt.
◆ **foudre de guerre** *nm* [guerrier] great warrior.

**foudre²** [fudr] *nf* **-1.** MÉTÉO lightning; il est resté comme frappé par la ~ he looked as if he had been struck by lightning ❑ prompt ou rapide comme la ~ (as) quick as lightning.
◆ **foudres** *nfpl litt* wrath, ire *litt*; il a tout fait pour s'attirer les ~s du public he did everything to bring down the public's wrath upon him ou to incur the public's wrath.

**foudroiement** [fudrwamɑ̃] *nm* **-1.** [fait de foudroyer] striking. **-2.** [fait d'être foudroyé] being struck.

**foudroyant, e** [fudrwajɑ̃, ɑ̃t] *adj* **-1.** [soudain] violent; une mort ~e (an) instant death. **-2.** [extraordinaire] striking, lightning *(modif)*; la pièce a connu un succès ~ the play was a massive success; à une vitesse ~e with lightning speed. **-3.** [furieux – regard]: jeter des regards ~s à qqn to look daggers at sb.

**foudroyer** [13] [fudrwaje] *vt* **-1.** MÉTÉO to strike; deux personnes ont été foudroyées hier pendant l'orage two people were struck by lightning yesterday during the thunderstorm. **-2.** [tuer] to strike down *(sép)*; ~ qqn du regard ou des yeux *fig* to look daggers at sb. **-3.** [anéantir] to strike down *(sép)*; la mort de ses parents l'a foudroyé he was crushed by his parents' death.

**fouet** [fwɛ] *nm* **-1.** [instrument] whip. **-2.** CULIN whisk.

**fouettard** [fwɛtar] *adj m* → **père**.

**fouetté, e** [fwɛte] *adj* [crème] whipped.
◆ **fouetté** *nm* DANSE fouetté.

**fouettement** [fwɛtmɑ̃] *nm* [de la pluie, de la grêle] lashing; [d'une voile] flapping.

**fouetter** [4] [fwɛte] *vt* **-1.** [frapper] to whip, to flog; ~ son cheval to whip one's horse ❑ fouette, cocher! don't spare the horses!; il n'y a pas de quoi ~ un chat there's nothing to get excited about. **-2.** CULIN [crème] to whip; [blanc d'œuf] to beat, to whisk. **-3.** [cingler – suj: pluie] to lash.

**foufou, fofolle** [fufu, fɔfɔl] *adj fam* daft, nutty, loopy.

**fougasse** [fugas] *nf* flat loaf traditionally cooked in woodash and sometimes flavoured with olives or anchovies.

**fougère** [fuʒɛr] *nf* fern.

**fougue** [fug] *nf* [ardeur] passion, spirit, ardour; un discours rempli ou plein de ~ a fiery speech; se battre avec ~ to fight with spirit, to put up a spirited fight; répondre avec ~ to answer with brio.

**fougueusement** [fugøzmɑ̃] *adv* ardently, with brio, with passion.

**fougueux, euse** [fugø, øz] *adj* [personne] ardent, fiery, impetuous; [cheval] spirited; [réponse, résistance] spirited, lively.

**fouille** [fuj] *nf* **-1.** [d'un lieu] search; passer à la ~ to be searched ❑ ~ corporelle [rapide] frisking; [approfondie] body search. **-2.** AGR digging (up).
◆ **fouilles** *nfpl* ARCHÉOL digs, excavations; participer à des ~s to take part in a dig.

**fouillé, e** [fuje] *adj* [enquête] thorough, wide-ranging; [étude] detailed; [détails] elaborate.

**fouiller** [3] [fuje] ◇ *vt* **-1.** [explorer – tiroir] to search (through); fouille un peu tes poches, tu vas sûrement le retrouver! have a look in your pockets, you're sure to find it ‖ [au cours d'une vérification] to search, to go through *(insép)*; ~ des voyageurs [rapidement] to frisk travellers; [de façon approfondie] to search travellers. **-2.** [creuser – suj: cochon, taupe] to dig; ~ un site ARCHÉOL to excavate a site. **-3.** [approfondir] to go deeply ou thoroughly; il aurait fallu ~ la question the question should have been researched more thoroughly. ◇ *vi* **-1.** [creuser] to dig. **-2.** [faire une recherche]: ~ dans qqch [légitimement] to go through, to search;

[par indiscrétion] to rifle through *péj*, to go through; ~ dans sa mémoire to search one's memory; ~ dans son esprit to rack one's brains; ~ dans le passé de qqn to delve into sb's past.

◆ **se fouiller** *vp (emploi réfléchi)*: se ~ les poches to go through one's pockets ❏ une participation? il peut se ~! let him have a share in the profits? he can whistle for it ou not likely!

**fouilleur, euse** [fujœr, øz] *nm, f* **-1.** ARCHÉOL excavator. **-2.** [policier] searcher.

**fouillis** [fuji] ◇ *nm* jumble; quel ~ dans ta chambre! what a dump your room is!; le jardin n'est qu'un ~ de ronces the garden's nothing but a mass of brambles; se perdre dans un ~ de détails to get bogged down in (a mass of) details. ◇ *adj* messy, untidy.

◆ **en fouillis** *fam* ◇ *loc adj* in a mess; une chambre en ~ a messy room; des dossiers en ~ muddled-up files. ◇ *loc adv*: laisser un lieu en ~ to leave a place in a mess.

**fouinard, e** [fwinar, ard] *adj fam* nosy, prying.
◆ **fouinard** *nm fam* busybody, nosy parker *Br.*

**fouine** [fwin] *nf* **-1.** ZOOL stone marten; avoir un visage de ~ to be weasel-faced. **-2.** *fam* [fouineur] busybody, nosy parker *Br.*

**fouiner** [3] [fwine] *vi fam* **-1.** [explorer] to go through; ~ au marché aux puces to go hunting for bargains at the flea market. **-2.** *péj* [être indiscret] to nose about ou around; il est toujours à ~ dans les affaires des autres he keeps poking his nose into other people's business.

**fouineur, euse** [fwinœr, øz] *fam* ◇ *adj* nosy, prying. ◇ *nm, f* **-1.** [indiscret] busybody, nosy parker *Br.***-2.** [chez les brocanteurs] bargain hunter.

**fouir** [32] [fwir] *vt* to burrow, to dig.

**fouisseur, euse** [fwisœr, øz] *adj* burrowing *(avant n)*, fossorial *spéc.*
◆ **fouisseur** *nm* burrower, fossorial animal *spéc.*

**foulant, e** [fulã, ãt] *adj fam* [fatigant] backbreaking, exhausting; c'est pas ~! it's not exactly backbreaking work!

**foulard** [fular] *nm* **-1.** VÊT scarf. **-2.** TEXT foulard.

**foule** [ful] *nf* **-1.** [gens] crowd, mob *péj*; il y a ~ *fam* there are crowds ou masses of people; il n'y a pas ~ *fam* there's hardly anyone around. **-2.** [masses populaires]: la ~, les ~s the masses; un président qui plaît aux ~s a popular president. **-3.** [grand nombre]: une ~ de: une ~ de gens a crowd of people; une ~ d'amis a host of friends; j'ai une ~ d'histoires à te raconter I've got lots of stories to tell you; il m'a donné une ~ de détails he gave me a whole mass of details.

◆ **en foule** *loc adv* [venir, se présenter] in huge numbers.

**foulée** [fule] *nf* stride.

◆ **dans la foulée** *loc adv fam*: dans la ~, j'ai fait aussi le repassage I did the ironing while I was at it.

◆ **dans la foulée de** *loc prép* SPORT: rester dans la ~ de qqn to stay close on sb's heels.

**fouler** [3] [fule] *vt* **-1.** [écraser – raisin] to press, to tread; [– céréale] to tread. **-2.** [marcher sur] to tread ou to walk on *(insép)*; ~ le sol natal *litt* to tread the native soil ❏ ~ qqch aux pieds *fig* to trample on sthg. **-3.** [cuir, peau] to tan. **-4.** TEXT to full.

◆ **se fouler** ◇ *vpi fam* [se fatiguer] to strain o.s. ◇ *vpt*: se ~ qqch [se faire mal]: se ~ la cheville to sprain ou to twist one's ankle.

**fouloir** [fulwar] *nm* **-1.** [pour le raisin] wine press. **-2.** TEXT fulling mill. **-3.** [de tanneur] tanning drum.

**foulure** [fulyr] *nf* sprain.

**four** [fur] *nm* **-1.** CULIN oven; un plat allant au ~ an ovenproof dish ❏ ~ à catalyse *oven fitted with catalytic liners*; ~ à micro-ondes microwave oven; ~ à pain baker's oven; ~ à pyrolyse pyrolitic oven; avoir qqch au ~ *or* to have sthg cooking (in the oven); *fig* to have sthg on the go *Br* ou in the pipeline; on ne peut pas être à la fois au ~ et au moulin you can't be in two places at the same time. **-2.** TECH furnace, kiln; ~ à chaux lime kiln; ~ solaire solar furnace. **-3.** HIST: ~ crématoire (Hitler's) gas ovens. **-4.** *fam* [fiasco] flop; sa pièce a été ou fait un ~ his play was a flop.

**fourbe** [furb] *litt* ◇ *adj* deceitful, treacherous. ◇ *nmf* cheat, treacherous ou false-hearted *litt* person.

**fourberie** [furbəri] *nf litt* **-1.** [duplicité] treacherousness. **-2.** [acte] treachery.

**fourbi** [furbi] *nm fam* **-1.** [ensemble hétéroclite] paraphernalia. **-2.** [truc] thingy.

**fourbir** [32] [furbir] *vt* **-1.** [nettoyer] to polish (up). **-2.** *litt & fig*: ~ ses armes to prepare for war.

**fourbu, e** [furby] *adj* **-1.** [personne] exhausted. **-2.** [cheval] foundered.

**fourche** [furʃ] *nf* **-1.** AGR fork. **-2.** [embranchement] fork; quitte le chemin là où il fait une ~ leave the path where it forks. **-3.** [d'une bicyclette, d'un arbre] fork. **-4.** [de cheveux] split end.

**fourcher** [3] [furʃe] *vi loc*: sa langue a fourché he made a slip (of the tongue).

**fourchette** [furʃet] *nf* **-1.** [pour manger] fork; ~ à escargots snail fork; elle a un bon coup de ~ she's a hearty eater. **-2.** [écart] bracket; une ~ comprise entre 1000 et 1500 francs prices ranging from 1,000 to 1,500 francs; dans une ~ de prix acceptable within an acceptable price range ou bracket.

**fourchu, e** [furʃy] *adj* **-1.** [cheveux]: avoir les cheveux ~s to have split ends. **-2.** [tronc, route] forked. **-3.** [pied] cloven-hoofed; [sabot] cloven, cleft.

**fourgon** [furgɔ̃] *nm* **-1.** [voiture] van; ~ à bestiaux cattle truck; ~ cellulaire police van *Br*, patrol ou police wagon *Am*; ~ de déménagement removal *Br* ou moving *Am* van; ~ funèbre ou funéraire ou mortuaire hearse; ~ postal mail van. **-2.** RAIL coach, waggon *Br*; ~ à bagages luggage van *Br*, baggage car *Am*. **-3.** [tige de métal] poker.

**fourgonnette** [furgɔnɛt] *nf* (small) van.

**fourguer** [3] [furge] *vt* **-1.** ▽ *arg crime* [vendre] to fence. **-2.** *fam & péj* [donner]: qui t'a fourgué ces vieilles nippes? who palmed off those old clothes on you?

**fouriérisme** [furjerism] *nm* Fourierism.

**fourmi** [furmi] *nf* **-1.** ENTOM ant; ~ rouge red ant. **-2.** [personne] busy bee. **-3.** *loc*: avoir des ~s dans les jambes to have pins and needles in one's legs.

◆ **de fourmi** *loc adj* [travail] meticulous, painstaking.

**fourmilier** [furmilje] *nm* ZOOL anteater.

**fourmilière** [furmiljer] *nf* **-1.** ENTOM anthill, antheap. **-2.** [lieu animé] hive of activity.

**fourmillement** [furmijmã] *nm* **-1.** [picotement] tingle; j'ai des ~s dans les doigts I've got pins and needles in my fingers. **-2.** [foisonnement – de promeneurs] swarming; [– d'idées] swarm.

**fourmiller** [3] [furmije] *vi* **-1.** [s'agiter] to swarm. **-2.** [être abondant] to abound; ~ de [insectes, personnes] to swarm with; [fautes, idées] to be full of, to be packed with. **-3.** [picoter] to tingle.

**fournaise** [furnɛz] *nf* **-1.** *litt* [feu] blaze. **-2.** [lieu caniculaire]: la ville est une ~ en été the city's like an oven in the summer.

**fourneau, x** [furno] *nm* **-1.** [cuisinière] stove; être aux ou derrière les ~x to be cooking. **-2.** MÉTALL furnace. **-3.** [d'une pipe] bowl. **-4.** [pour explosif] mine chamber.

**fournée** [furne] *nf* **-1.** [du boulanger] batch. **-2.** *fam* [ensemble de personnes] lot.

**fourni, e** [furni] *adj* **-1.** [touffu – cheveux] thick; [– barbe] heavy, thick; [– sourcils] bushy; [– haie] luxuriant. **-2.** [approvisionné]: abondamment ou bien ~ well supplied ou stocked.

**fournil** [furnil] *nm* bakehouse, bakery.

**fourniment** [furnimã] *nm fam* [attirail] gear, paraphernalia.

**fournir** [32] [furnir] *vt* **-1.** [ravitailler] to supply; c'est eux qui me fournissent en pain I buy (my) bread from them; il n'y a plus de quoi ~ les troupes there's nothing left to feed the army; ~ une entreprise en matières premières to supply a firm with raw materials ‖ *(en usage absolu)*: je ne peux plus ~, moi! *hum* I can't cope anymore!**-2.** [procurer] to provide; c'est la France qui leur fournit des armes it's France who is providing ou supplying them with weapons; ~ un alibi à qqn to provide sb with an alibi; la brochure vous fournira tous les renseignements nécessaires the brochure will give you all the necessary information; fournissez-moi l'argent demain let me have the money tomorrow. **-3.** [produire] to produce. **-4.** [accomplir]: ~ un effort to make an effort. **-5.** JEUX: ~ la couleur demandée to follow suit.

◆ **fournir à** v + prép: ~ **aux besoins de qqn** to provide for sb's needs; ~ **à la dépense** to defray the cost.

◆ **se fournir** vpi: se ~ **chez qqn** [alimentation, produits courants] to shop at sb's establishment; [fournitures, stocks] to get one's supplies from sb.

**fournisseur** [furnisœr] nm [établissement, marchand] supplier; ~**s de l'armée** army contractors.

**fourniture** [furnityr] nf [action] supplying, providing.

◆ **fournitures** nfpl [objets] materials; ~**s scolaires** school stationery.

**fourrage** [fura3] nm **-1.** AGR fodder. **-2.** VÊT [acte] lining; [peau] lining fur.

**fourrager**[1] [17] [fura3e]

◆ **fourrager dans** v + prép to rummage through (insép).

**fourrager**[2], **ère** [fura3e, εr] adj fodder (modif).

◆ **fourragère** nf **-1.** MIL [décoration] fourragère. **-2.** [champ] field (in which a fodder crop is grown). **-3.** [charrette] cart (for fodder).

**fourre** [fur] nf Helv [d'un oreiller] pillowcase; [pour un édredon] quilt cover; [d'un disque] sleeve; [d'un livre] jacket.

**fourré**[1] [fure] nm [bois] thicket.

**fourré**[2], **e** [fure] adj **-1.** [doublé de fourrure] fur-lined; **des chaussons** ~**s** lined slippers. **-2.** CULIN filled; **bonbons** ~**s à la fraise** sweets Br ou candy Am with strawberry-flavoured centres; **des dates** ~**es à la pâte d'amandes** marzipan-filled dates, dates stuffed with marzipan ❑ **chocolats** ~**s** chocolate creams.

**fourreau, x** [furo] nm **-1.** [d'une arme] sheath; [d'un parapluie] cover; **remettre son épée au** ~ to sheathe one's sword. **-2.** VÊT sheath dress.

**fourrer** [3] [fure] vt **-1.** [doubler de fourrure] to line with fur. **-2.** CULIN [fruit, gâteau] to fill. **-3.** fam [mettre] to stick, to shove; ~ **son doigt dans son nez** to stick one's finger up one's nose. **-4.** fam [laisser – papier, vêtement] to put, to leave; **où as-tu fourré ce dossier?** where have you put ou left that file? **-5.** fam [placer – personne, animal] to stick, to put; **être toujours fourré dans** ou **chez: il est toujours fourré chez ses parents/à l'église** he's always at his parents'/in the church; **ce chat/gosse, toujours fourré dans mes jambes!** that child/cat is always under my feet!

◆ **se fourrer** fam ◇ vpi **-1.** [se mettre] se ~ **au lit/sous les couvertures/dans son sac de couchage** to snuggle down in bed/under the blankets/into one's sleeping bag; **il ne savait plus où se** ~ he wished the earth would open up and swallow him. **-2.** [s'engager]: se ~ **dans une sale affaire** to get mixed up in a nasty business; se ~ **dans un (vrai) guêpier** to land o.s. in real trouble. ◇ vpt: se ~ **un doigt dans le nez** to stick one's finger up one's nose; se ~ **une idée dans la tête** to get an idea into one's head.

**fourre-tout** [furtu] nm inv **-1.** [pièce] junk room; [placard] junk cupboard. **-2.** [sac léger] holdall Br, carryall Am; [trousse] pencil case. **-3.** fig jumble, ragbag.

**fourreur** [furœr] nm furrier.

**fourrier** [furje] nm **-1.** MIL & NAUT quartermaster. **-2.** litt: être le ~ **de** to be a harbinger of. **-3.** HIST & MIL [responsable de la nourriture] quartermaster; [responsable du logement] billeting officer.

**fourrière** [furjɛr] nf [pour chiens, voitures] pound; **emmener une voiture en** ou **à la** ~ to impound a car.

**fourrure** [furyr] nf **-1.** VÊT fur; **un manteau/une veste de** ~ a fur coat/jacket; ~ **polaire** fleece. **-2.** [peau préparée] fur. **-3.** ZOOL fur, coat. **-4.** [commerce]: **la** ~ the fur trade. **-5.** HÉRALD fur (modif).

**fourvoiement** [furvwamɑ̃] nm litt going astray.

**fourvoyer** [13] [furvwaje] vt litt to lead astray, to mislead.

◆ **se fourvoyer** vpi to be in error, to make a mistake, to go astray.

◆ **se fourvoyer dans** vp + prép to get o.s. involved in.

**fous** [fu] v → **fou.**

**foutaise**[∇] [futɛz] nf crap, bull Am; **tout ça, c'est de la** ~! that's just a load of rubbish Br ou crap!

**foutoir**[∇] [futwar] nm dump, tip Br.

**foutre**[1][∇] [futr] adv: **je n'en sais** ~ **rien** I'm buggered Br ou the hell Am if I know.

**foutre**[2] [116] [futr] ◇ vt[∇] **-1.** [envoyer, mettre]: **fous-le dans la valise** bung it in the case; ~ **qqch par la fenêtre** to chuck sthg out of the window; ~ **qqn par terre** to throw sb to the ground; ~ **une pile de livres par terre** to knock a pile of books to the ground; ~ **un rêve/un projet par terre** fig to wreck a dream/a project; ~ **qqn à la porte** to throw ou to chuck sb out; ~ **qqch en l'air** to ruin sthg, to screw sthg up. **-2.** [donner] to give; ~ **une claque à qqn** to hit sb, to give sb a thump; ~ **la trouille à qqn** to give sb the creeps; ~ **le cafard à qqn** to get sb down; ~ **la paix à qqn** to leave sb alone, to get out of sb's hair; ~ **une raclée à qqn** pr to thump sb; **il m'a foutu une raclée au tennis** he gave me a hiding at tennis. **-3.** [faire] to do; **qu'est-ce que tu fous, on est pressés!** what the (bloody) hell are you doing, we're in a hurry! ❑ **qu'est-ce que ça peut te/lui** ~? what the hell does it matter to you/him?; **rien à** ~: **il en a rien à** ~ he couldn't give a damn ou a toss Br ou monkey's Br. **-4.** loc: **aller se faire** ~[∇]: **va te faire** ~ sod Br ou fuck off; **ça la fout mal** it looks pretty bad; **en** ~ **un coup**: **il va falloir en** ~ **un coup si on veut avoir fini demain** we'll have to get a bloody Br move on if we want to be finished by tomorrow!; ~ **le camp**: **mon mec a foutu le camp** my man's buggered off (and left me) Br ou run out on me Am; **fous le camp de chez moi!** get the hell out of my house!; **tout fout le camp!** this place is going to the dogs!; ~ **son billet à qqn que**: **je te fous mon billet qu'ils sont déjà partis** I'll bet you anything you like they've already left; **rembourser?** **je t'en fous, il ne remboursera jamais!** you think he's going to pay you back? you'll be lucky; **je t'en foutrai**: **je t'en foutrai, moi, du caviar!** caviar? I'll give you bloody caviar! ◇ nm[▼] come.

◆ **se foutre** [∇] ◇ vpi: **il s'est foutu par terre** he fell flat, he came a cropper Br ❑ se ~ **dedans** to blow it. ◇ vpt: **il s'est foutu de la peinture sur son pantalon** he spilt paint all over his trousers ❑ **s'en** ~ **plein la lampe** to make a pig of o.s.; **s'en** ~ **plein les poches** to line one's pockets.

◆ **se foutre de**[∇] vp + prép **-1.** [se moquer de] to laugh at, to make fun of; **tu te fous de moi ou quoi!** are you taking the piss?; **ils se foutent du monde!** they really take people for idiots! **-2.** [être indifférent à] not to give a damn ou a toss Br about.

**foutrement**[∇] [futrəmɑ̃] adv extremely, damn.

**foutu, e**[∇] [futy] ◇ pp → **foutre.** ◇ adj **-1.** [abîmé] buggered Br, screwed-up Am; [gâché] ruined; **une voiture** ~**e** a write-off. **-2.** (avant le nom) [considérable] bloody Br, damned; **tu as eu une** ~ **chance** you were damned lucky; **il lui a fallu une** ~**e volonté pour rester** he needed a hell of a lot of willpower to stay. **-3.** (avant le nom) [détestable] bloody Br, god-awful; **quel** ~ **caractère!** what a nasty individual!-**4.** loc: **bien** ~: **cette machine est bien** ~**e** what a clever machine; **une fille très bien** ~**e** a girl with a great figure; **mal** ~: **il est mal foutu** [de corps] he's got an ugly body; [malade] he feels awful; ~ **de** [en mesure de]: **pas** ~ **de planter un clou dans un mur!** can't even be bothered to hammer a nail into a wall!; **il est** ~ **de réussir** he just might succeed.

**fox** [fɔks] = **fox-terrier.**

**fox-hound** [fɔksaund] (pl **fox-hounds**) nm foxhound.

**fox-terrier** [fɔksterje] (pl **fox-terriers**) nm fox terrier.

**fox-trot** [fɔkstrɔt] nm inv fox-trot.

**foyer** [fwaje] nm **-1.** [chez soi] home; ~ **conjugal** family home; **femme au** ~ housewife; **être mère au** ~ to be a housewife and mother; **il est père au** ~ he keeps house and looks after the children, he's a house husband. **-2.** [résidence collective] hall; ~ **pour le troisième âge** retirement home ❑ ~ **d'étudiants** (students') hall of residence; ~ **d'immigrés** immigrant workers' hostel. **-3.** [lieu de réunion-gén] hall; [– pour le public d'un théâtre] foyer; ~ **socio-éducatif** ≈ community centre Br ou center Am.-**4.** [âtre] hearth. **-5.** [dans une machine] firebox. **-6.** [centre] seat, centre; **un** ~ **d'incendie** a fire. **-7.** MÉD: ~ **infectieux** ou **d'infection** source of infection. **-8.** OPT & PHYS focus, focal point; **des lunettes à double** ~ bifocals; **lentilles à** ~ **variable** variable focus lenses. **-9.** GÉOM focus. **-10.** ADMIN: ~ **fiscal** fiscal household.

**FP** (abr de **franchise postale**) PP.

**FPA** nf abr de **formation professionnelle pour adultes.**

**FPLP** (abr de **Front populaire de libération de la Palestine**) npr m FPLP.

**frac** [frak] nm tailcoat.

**fracas** [fraka] *nm* [bruit] crash, roar.
◆ **à grand fracas** *loc adv* **-1.** [bruyamment] with a great deal of crashing and banging. **-2.** [spectaculairement] with a lot of fuss.

**fracassant, e** [frakasã, ãt] *adj* **-1.** [assourdissant] deafening, thunderous. **-2.** [qui fait de l'effet] sensational, staggering.

**fracasser** [3] [frakase] *vt* to smash; ~ qqch en mille morceaux to smash sthg into pieces.
◆ **se fracasser** ◇ *vpi* to smash; se ~ contre ou sur to smash into. ◇ *vpt*: il s'est fracassé le crâne en tombant he cracked his head when he fell.

**fraction** [fraksjõ] *nf* **-1.** MATH fraction. **-2.** [partie] fraction, part; une large ~ de la population a large proportion of the population; une ~ de seconde a fraction of a second. **-3.** RELIG breaking of the bread.

**fractionnaire** [fraksjɔnɛr] *adj* MATH fractional.

**fractionnement** [fraksjɔnmã] *nm* **-1.** CHIM fractionation. **-2.** [morcellement] splitting ou dividing up.

**fractionner** [3] [fraksjɔne] *vt* **-1.** [diviser] to divide, to split up *(sép)*. **-2.** CHIM to fractionate.
◆ **se fractionner** *vpi* to split (up).

**fracture** [fraktyr] *nf* **-1.** MÉD fracture; ~ du crâne fractured skull; il a eu une ~ du crâne his skull was fractured; ~ fermée closed ou simple fracture; ~ multiple compound fracture; ~ ouverte open fracture. **-2.** GÉOL fracture.

**fracturer** [3] [fraktyre] *vt* **-1.** [briser] to break open *(sép)*; ~ un coffre-fort à l'explosif to blow a safe. **-2.** PÉTR to fracture.
◆ **se fracturer** *vpt*: je me suis fracturé le bras/poignet I fractured my arm/wrist.

**fragile** [fraʒil] *adj* **-1.** [peu solide] fragile; 'attention, ~' 'fragile', 'handle with care'; c'est une pendule très ~ it's a very delicate clock. **-2.** [constitution] frail; il est de santé ~ his health is rather delicate; il a l'estomac très ~ he has a delicate stomach. **-3.** [personnalité] delicate. **-4.** [équilibre] fragile, frail.

**fragiliser** [3] [fraʒilize] *vt* **-1.** PSYCH to weaken. **-2.** MÉTALL to embrittle.

**fragilité** [fraʒilite] *nf* **-1.** [d'une horloge, d'une construction] fragility, weakness. **-2.** [d'un organe, d'un malade] weakness. **-3.** [d'un sentiment, d'une conviction, d'une victoire] fragility, frailty.

**fragment** [fragmã] *nm* **-1.** [débris] chip, fragment, piece; des ~s de verre bits of shattered glass, shards of glass. **-2.** [morceau – d'une œuvre en partie perdue] fragment; [– d'un air, d'une conversation] snatch; il nous a lu quelques ~s de son dernier roman he read a few extracts of his last novel for us; ~ de vérité shred of truth.

**fragmentaire** [fragmãtɛr] *adj* fragmentary, sketchy, incomplete.

**fragmentation** [fragmãtasjõ] *nf* division, splitting up.

**fragmenter** [3] [fragmãte] *vt* to divide, to split (up).
◆ **se fragmenter** *vpi* to fragment, to split.

**fragrance** [fragrãs] *nf litt* fragrance.

**frai** [frɛ] *nm* **-1.** [œufs] spawn. **-2.** [poissons] fry. **-3.** [période] spawning season.

**fraîche** [frɛʃ] *f* → **frais**.

**fraîchement** [frɛʃmã] *adv* **-1.** [nouvellement] freshly, newly. **-2.** [froidement] coolly; il nous a reçus plutôt ~ he greeted us rather coolly. **-3.** *loc*: ça va plutôt ~ aujourd'hui *fam* it's a bit chilly today.

**fraîcheur** [frɛʃœr] *nf* **-1.** [température] coolness; dans la ~ du petit jour in the cool of early dawn. **-2.** [bonne qualité] freshness. **-3.** [intensité – des couleurs] freshness, brightness; la robe n'est plus de la première ~ *fam* the dress isn't exactly brand new. **-4.** [éclat] freshness. **-5.** [indifférence] coolness.

**fraîchir** [32] [frɛʃir] *vi* **-1.** [se refroidir] to get cooler. **-2.** NAUT [vent] to freshen, to get stronger.

**fraie** [frɛ], **fraierai** [frɛre] *v* → **frayer**.

**frais**[1] [frɛ] *nmpl* **-1.** [dépenses] expenditure, expense, costs; cela lui a occasionné des ~ it cost him a certain amount (of money); les ~ du ménage a family's everyday expenditure; faire des ~ to pay out a lot of money; faire des ~ de toilette to spend money on clothes; à grands ~ with much

expense, (very) expensively; à moindre ~ cheaper; à peu de ~ cheaply ❏; ~ de déplacement travelling expenses; ~ d'entretien maintenance costs; ~ de garde child-minding costs; ~ d'habillement clothing expenses; ~ de représentation entertainment allowance; ~ d'exploitation operating costs; ~ professionnels professional expenses; tous ~ payés all expenses paid; en être pour ses ~ to waste one's time; faire les ~ de qqch to pay the price for sthg; faire les ~ de la conversation to be the centre of the conversation; rentrer dans ou faire ses ~ to break even, to recoup one's expenses; il en a été pour ses ~ *pr* he didn't even break even; *fig* he was let down; se mettre en ~ to spend money; aux ~ de la princesse *fam*: hôtel cinq étoiles, restaurants de luxe, tout ça aux ~ de la princesse five-star hotel, smart restaurants, all on expenses. **-2.** COMPTA outgoings; ~ généraux overheads; ~ variables variable costs; faux ~ incidental costs. **-3.** JUR: ~ (de justice) (legal) costs; être condamné aux ~ to be ordered to pay costs. **-4.** ADMIN fees; ~ d'inscription registration fees; ~ de scolarité school fees.

**frais**[2], **fraîche** [frɛ, frɛʃ] ◇ *adj* **-1.** [un peu trop froid] cool, fresh; l'air est ~ ce soir it's chilly tonight. **-2.** [rafraîchissant] cooled, chilled; des boissons fraîches cold drinks. **-3.** [récent – œuf, huître] fresh; [– encre, peinture] wet; œufs ~ du matin eggs newly laid this morning; il y avait des fleurs fraîches sur la table there were freshly cut flowers on the table; j'ai reçu des nouvelles fraîches I've got some recent news; la blessure ou la plaie est encore fraîche the wound is still fresh ❏ de fraîche date recent, new. **-4.** [agréable] fresh, sweet; avoir la bouche ou l'haleine fraîche to have sweet breath. **-5.** [reposé] fresh; je ne me sens pas trop ~ ce matin *fam* I don't feel too good ou well this morning ❏ être ~ comme un gardon to be on top form; ~ et dispos as fresh as a daisy. **-6.** [éclatant] fresh; fraîche comme une rose fit as a fiddle. **-7.** [indifférent – accueil, réception] cool. **-8.** *fam* [en mauvais état]: me voilà ~ I'm in a mess!**-9.** ÉCON: argent ~ ready cash. ◇ *adv* newly, freshly; des fleurs ~ ou fraîches coupées freshly cut flowers.
◆ **frais** ◇ *adv* **-1.** [nouvellement] newly; ~ émoulu: ~ émoulu de la faculté de droit freshly graduated from law school. **-2.** [froid]: il fait ~ dans la maison it's chilly in the house; boire ~ drink chilled; servir ~ serve cold ou chilled. ◇ *nm* [air frais]: le ~ the fresh air; si on allait prendre un peu le ~ à la campagne? how about going to the countryside for a breath of (fresh) air?
◆ **fraîche** *nf* **-1.** [heure] cool (of evening); à la fraîche in the cool evening air. **-2.** ▽ *arg crime* cash.
◆ **au frais** *loc adv* **-1.** [dans un lieu froid] in a cool place. **-2.** ▽ *arg crime* [en prison] in the cooler.

**fraisage** [frɛzaʒ] *nm* **-1.** [usinage] milling. **-2.** [élargissement – d'un trou] reaming; [– pour vis] countersinking.

**fraise** [frɛz] ◇ *nf* **-1.** BOT strawberry; ~ des bois wild strawberry; aller aux ~s to go (off) for a roll in the hay. **-2.** *fam* [visage] mug. **-3.** [pour couper] mill, cutter. **-4.** [pour faire – un trou] reamer; [– un trou de vis] countersink (bit). **-5.** DENT drill. **-6.** ORNITH wattle. **-7.** CULIN [de veau] caul. **-8.** VÊT ruff. ◇ *adj inv* strawberry (pink), strawberry-coloured.
◆ **à la fraise** *loc adj* strawberry *(modif)*, strawberry-flavoured.

**fraiser** [4] [frɛze] *vt* [usiner] to mill; [évaser – trou] to ream; [– trou de vis] to countersink.

**fraiseur, euse** [frɛzœr, øz] *nm, f* milling machine operator.
◆ **fraiseuse** *nf* milling machine.

**fraisier** [frɛzje] *nm* **-1.** BOT strawberry plant. **-2.** CULIN strawberry cream cake.

**framboise** [frãbwaz] *nf* **-1.** BOT raspberry. **-2.** [alcool] raspberry liqueur.

**framboisier** [frãbwazje] *nm* **-1.** BOT raspberry cane. **-2.** [gâteau] raspberry cream cake.

**franc**[1] [frã] *nm* [monnaie] franc; ancien/nouveau ~ old/new franc; ~ constant constant ou inflation-adjusted francs; exprimé en ~s courants in real terms; ~ symbolique nominal sum.

**franc**[2], **franche** [frã, frãʃ] *adj* **-1.** [honnête – réponse] frank, straightforward, honest; un rire ~ an open laugh; pour être ~ avec vous to be honest with you; il a l'air ~ he looks like an honest person, he has an honest look (about him) ❏ être ~ comme l'or to be as honest as the day is long; jouer ~ jeu

to play fair; être ~ du collier to be straightforward. **-2.** [pur] strong; un rouge ~ a strong red. **-3.** *(avant le nom) sout &* *péj* [parfait, extrême] utter; un ~ scélérat, une franche canaille a downright scoundrel; l'ambiance n'était pas à la franche gaieté the atmosphere wasn't exactly a happy one; rencontrer une franche hostilité to encounter outright hostility. **-4.** JUR: jour ~: le jugement est exécutable au bout de trois jours ~s the decision of the court to be carried out within three clear days. **-5.** COMM & FIN free; port ~ free port; ville franche HIST free city; zone franche free zone.
◆ **franc** ◇ *adv*: parlons ~ let's be frank. ◇ *adj m*: ~ de port (et d'emballage) postage paid.

**franc[3], franque** [frã, frãk] *adj* HIST Frankish.
◆ **Franc, Franque** *nm, f* Frank.

**français, e** [frãsɛ, ɛz] *adj* French.
◆ **Français, e** *nm, f* Frenchman (*f* Frenchwoman); les Français [la population] French people, the French; [les hommes] Frenchmen; les Françaises French women; le Français n'aime pas... the average Frenchman OU French person doesn't like...
◆ **français** *nm* LING French; en bon ~ in proper French; parler ~ to speak French.
◆ **à la française** ◇ *loc adj* [jardin, parquet] French, French-style. ◇ *loc adv* (in) the French way.

**franc-bord** [frãbɔr] (*pl* **francs-bords**) *nm* NAUT freeboard.

**franc-comtois, e** [frãkɔ̃twa, az] (*mpl* **francs-comtois**, *fpl* **franc-comtoises**) *adj* from Franche-Comté.

**France** [frãs] ◇ *npr f*: **-1.** (la) ~ France; vivre en ~ to live in France; la ~ profonde grassroots France. **-2.** TV: ~ 2, ~ 3 *French state-owned television channels.* ◇ *npr m* [navire]: le ~ the 'France' (*French luxury liner*).
◆ **vieille France** *loc adj inv*: être OU faire (très) vieille ~ to be rather old-fashioned.

**France-Culture** [frãskyltyr] *npr radio station broadcasting mainly arts programmes.*

**France-Dimanche** [frãsdimãʃ] *npr* PRESSE *popular Sunday newspaper.*

**France-Infos** [frãsɛ̃fo] *npr 24-hour radio news station.*

**France-Inter** [frãsɛ̃tɛr] *npr radio station broadcasting mainly current affairs programmes, interviews and debates.*

**France-Musique** [frãsmyzik] *npr radio music station.*

**France-Soir** [frãswar] *npr* PRESSE *daily newspaper with right-wing tendencies.*

**Francfort** [frãkfɔr] *npr*: ~ (sur-le-Main) Frankfurt (am Main).

**franche** [frãʃ] *f→* **franc** *adj*.

**franchement** [frãʃmã] *adv* **-1.** [sincèrement] frankly; parlons ~ let's be frank; pour vous parler ~, je ne sais pas de quoi il s'agit to be honest with you, I don't know what it's all about; ~, je ne sais que faire I honestly don't know what to do; écoute, ~, tu crois vraiment qu'il le fera? listen, do you honestly think he'll do it? **-2.** [sans équivoque] clearly, definitely; il a pris ~ parti pour son Premier ministre he came down unequivocally on the side of his Prime Minister. **-3.** [résolument] boldly; appuie ~ sur le bouton press firmly on the button; ils y sont allés ~ [dans un projet] they got right down to it; [dans une conversation, une négociation] they didn't mince words. **-4.** [vraiment] really; elle est devenue ~ jolie she became really pretty; il est ~ insupportable he's downright unbearable.

**franchir** [32] [frãʃir] *vt* **-1.** [passer par-dessus – barrière, mur] to get over (*insép*); il a franchi le fossé d'un bond he jumped over the ditch ❑ ~ un obstacle *fig* to get over an obstacle; une difficulté to overcome a difficulty. **-2.** [outrepasser – ligne, limite, date] to cross; au moment de ~ le seuil, je m'arrêtai I halted just as I was stepping across the threshold; ~ le mur du son to break through the sound barrier; il y a certaines limites à ne pas ~ there are certain limits which should not be overstepped ❑ ~ un cap *fig* to reach a milestone OU turning point; ~ le cap de la trentaine/cinquantaine to turn thirty/fifty. **-3.** [dans le temps] to last through.

**franchisage** [frãʃizaʒ] *nm* franchising.

**franchise** [frãʃiz] *nf* **-1.** COMM & FIN [exploitation] franchise agreement; [exonération] exemption; ~ douanière exemp-

tion from customs duties; en ~ postale official paid. **-2.** [d'une assurance] excess *Br*, deductible *Am*. **-3.** [honnêteté] frankness, straightforwardness; avec ~ frankly, straightforwardly; en toute ~ quite frankly, to be honest with you.

**franchisé** [frãʃize] *nm* franchisee.

**franchiseur** [frãʃizœr] *nm* franchisor.

**franchissable** [frãʃisabl] *adj*: un mur difficilement ~ a wall which is difficult to climb.

**franchissement** [frãʃismã] *nm* [d'une barrière, d'un mur] getting over; [d'une rivière] crossing; [d'un obstacle, d'une difficulté] getting over, overcoming.

**francilien, enne** [frãsiljɛ̃, ɛn] *adj* from Île-de-France (*region around Paris*).

**franciscain, e** [frãsiskɛ̃, ɛn] *adj & nmf* Franciscan.

**franciser** [3] [frãsize] *vt* LING [mot, terme] to gallicize.

**francisque** [frãsisk] *nf* francisc, francesque.

**franc-jeu** [frãʒø] (*pl* **francs-jeux**) *nm* fair play.

**franc-maçon, onne** [frãmasɔ̃, ɔn] (*mpl* **francs-maçons**, *fpl* **franc-maçonnes**) *nm, f* Freemason.

**franc-maçonnerie** [frãmasɔnri] (*pl* **franc-maçonneries**) *nf* [société secrète]: la ~ Freemasonry.

**franco** [frãko] ◇ *adj inv & adv* **-1.** [dans un envoi]: ~ (de port) postage paid. **-2.** COMM: ~ à bord → FAB; ~ wagon FOR. ◇ *adv fam* [franchement]: y aller ~ to go straight OU right ahead.

**franco-** [frãko] *préf* Franco-.

**franco-canadien, enne** [frãkokanadjɛ̃, ɛn] (*mpl* **franco-canadiens**, *fpl* **franco-canadiennes**) *adj* French Canadian.
◆ **franco-canadien** *nm* LING Canadian French.

**François** [frãswa] *npr* Francis; saint ~ (d'Assise) Saint Francis (of Assisi); ~ 1er Francis I.

**francophile** [frãkofil] ◇ *adj* Francophil, Francophile. ◇ *nmf* Francophile.

**francophilie** [frãkofili] *nf* love of (all) things French.

**francophobie** [frãkofɔbi] *nf* Francophobia, dislike of (all) things French.

**francophone** [frãkofɔn] ◇ *adj* Francophone, French-speaking. ◇ *nmf* Francophone, French speaker.

**francophonie** [frãkofɔni] *nf*: la ~ French-speaking countries.

**franc-parler** [frãparle] (*pl* **francs-parlers**) *nm* outspokenness; il a un ~ he doesn't mince (his) words.

**franc-tireur** [frãtirœr] (*pl* **francs-tireurs**) *nm* **-1.** MIL franctireur, irregular (soldier). **-2.** [indépendant] maverick.

**frange** [frãʒ] *nf* **-1.** [de cheveux] fringe, bangs *Am*. **-2.** [de tissu] fringe. **-3.** [minorité] fringe; la ~ des indécis the waverers. **-4.** [bordure] (fringed) edge.
◆ **à franges** *loc adj* fringed.

**franger** [17] [frãʒe] *vt* [vêtement, tissu] to (edge with a) fringe.

**frangin** [frãʒɛ̃] *nm fam* brother, bro.

**frangine** [frãʒin] *nf fam* **-1.** [sœur] sister, sis. **-2.** [femme] chick.

**frangipane** [frãʒipan] *nf* **-1.** CULIN [crème, gâteau] frangipane. **-2.** [fruit] frangipani.

**frangipanier** [frãʒipanje] *nm* frangipani (tree).

**franglais** [frãglɛ] *nm* Franglais.

**franque** [frãk] *f→* **franc** *adj* HIST.

**franquette** [frãkɛt] *nf*: à la bonne ~ *fam* simply, informally; recevoir qqn à la bonne ~ to have sb round for a simple meal (among friends).

**franquisme** [frãkism] *nm* Francoism.

**franquiste** [frãkist] ◇ *adj* pro-Franco. ◇ *nmf* Franco supporter.

**fransquillon** [frãskijɔ̃] *nm Belg* **-1.** *péj* [personne affectée] *Belgian who speaks French with an affected accent.* **-2.** [Flamand francophone] *French-speaking Flemish person.*

**frappant, e** [frapã, ãt] *adj* [ressemblance, exemple] striking.

**frappe** [frap] *nf* **-1.** [d'une secrétaire, d'un pianiste] touch; donner son texte à la ~ to give one's text (in) to be typed ❑ erreur OU faute de ~ typing error. **-2.** [copie] typed copy, typescript. **-3.** [d'une monnaie] minting. **-4.** SPORT [d'un footballeur] kick; [d'un boxeur] punch. **-5.** ▽ [voyou] hooligan, hoodlum.

**frappé, e** [frape] *adj* **-1.** [boisson] iced; café ~ iced coffee; servir bien ~ serve chilled. **-2.** TEXT embossed. **-3.** *fam* [fou] crazy. **-4.** [bien exprimé]: **parole bien ~e** well-chosen word.

**frapper** [3] [frape] ◇ *vt* **-1.** [battre – adversaire] to hit, to strike; **~ qqn à la tête** to aim for sb's head. **-2.** [donner] to hit, to strike; **~ un grand coup** ou **un coup décisif** *fig* to strike a decisive blow; **~ les trois coups** *to give three knocks to announce the start of a theatrical performance*. **-3.** [percuter] to hit; **~ les touches d'un clavier** to strike the keys on a keyboard; **~ la terre** ou **le sol du pied** to stamp (one's foot); **être frappé d'une balle au front** to be hit ou struck by a bullet in the forehead; **être frappé par la foudre** to be struck by lightning. **-4.** [affecter] to strike ou to bring down, to hit; **le deuil/mal qui nous frappe** the bereavement/pain we are suffering ‖ *(en usage absolu)*: **le voleur de parapluies a encore frappé!** *hum* the umbrella thief strikes again!**-5.** [s'appliquer à – suj: loi, sanction, taxe] to hit; **un châtiment qui frappe les coupables** a punishment which falls on the guilty. **-6.** [surprendre] to strike; **ce qui me frappe chez lui, c'est sa désinvolture** what strikes me about him is his offhandedness ‖ [impressionner] to upset, to shock; **j'ai été frappé de sa pâleur** I was shocked by his pallor; **être frappé de stupeur** to be stupefied ou struck dumb. **-7.** ~ **qqn/qqch de** [le soumettre à]: **~ qqn d'anathème** to put an anathema on sb; **~ qqn d'une interdiction de séjour** to ban sb; **~ l'alcool d'un impôt spécial** to put a special tax on alcohol. **-8.** [vin] to chill. **-9.** BX-ARTS & TEXT to emboss. **-10.** MÉTALL to stamp; **frappé au coin de** *fig* which bears the mark ou hallmark of. ◇ *vi* **-1.** [pour entrer] to knock; **~ à la porte/fenêtre** to knock on the door/window; **on a frappé** someone knocked at the door; **~ à toutes les portes** *fig* to try every avenue; **~ à la bonne/mauvaise porte** *fig* to go to the right/wrong place. **-2.** [pour exprimer un sentiment]: **~ dans ses mains** to clap one's hands; **~ du poing sur la table** to bang one's fist on the table; **~ du pied** to stamp one's foot. **-3.** [cogner] to strike; **~ dur** ou **sec** to strike hard; **~ fort** *pr* to hit hard; *fig* to hit hard, to act decisively; **~ à la tête** to aim for the top.

◆ **se frapper** ◇ *vp (emploi réfléchi)* to hit o.s.; **se ~ la poitrine** to beat one's chest; **se ~ le front** to slap one's forehead. ◇ *vp (emploi réciproque)* to hit one another ou each other. ◇ *vpi fam* [s'inquiéter] to worry, to get (o.s.) worked up.

**frasil** [frazil] *nm Can* frazil.

**frasques** [frask] *nfpl* escapades, pranks; **des ~ de jeunesse** youthful indiscretions.

**fraternel, elle** [fratɛrnɛl] *adj* brotherly, fraternal.

**fraternellement** [fratɛrnɛlmɑ̃] *adv* brotherly, fraternally; **agir ~ envers qqn** to act in a brotherly way towards sb.

**fraterniser** [3] [fratɛrnize] *vi* to fraternize.

**fraternité** [fratɛrnite] *nf* [lien] brotherhood, fraternity; **~ d'armes** brotherhood of arms.

**fratricide** [fratrisid] ◇ *adj* [guerre, haine] fratricidal. ◇ *nmf* [meurtrier] fratricide. ◇ *nm* [meurtre] fratricide.

**fraude** [frod] *nf* **-1.** [tromperie] fraud; **la ~ aux examens** cheating at exams. **-2.** JUR: **~ électorale** electoral fraud, vote ou ballot rigging; **~ fiscale** tax evasion; **~ sur les produits** fraudulent trading.

◆ **en fraude** *loc adv*: **entrer/sortir en ~** to smuggle o.s. in/out; **passer qqch en ~** to smuggle sthg in.

**frauder** [3] [frode] ◇ *vt* [état] to defraud; **~ le fisc** to evade taxation. ◇ *vi* to cheat; **~ à** ou **dans un examen** to cheat at an exam; **~ sur le poids** to cheat on the weight, to give short measure.

**fraudeur, euse** [frodœr, øz] ◇ *adj* [attitude, tempérament] cheating. ◇ *nm, f* [envers le fisc] tax evader; [à la douane] smuggler; [à un examen] cheat; **les ~s seront poursuivis** those guilty of fraud will be prosecuted.

**frauduleusement** [frodyløzmɑ̃] *adv* fraudulently; **faire entrer/sortir qqch ~** to smuggle sthg in/out.

**frauduleux, euse** [frodylø, øz] *adj* fraudulent.

**frayer** [11] [freje] ◇ *vt* [route, voie] to clear; **~ un chemin en abattant les arbres** to clear a path by felling the trees; **~ la voie à qqch/qqn** *fig* to pave the way for sthg/sb. ◇ *vi* ZOOL to spawn.

◆ **frayer avec** *v + prép* to associate with *(sép)*.

◆ **se frayer** *vpt*: **se ~ un chemin un passage dans la foule** to force ou to push one's way through the crowd; **se ~ un chemin** ou **une route vers la gloire** *fig* to work one's way towards fame.

**frayeur** [frejœr] *nf* fright; **faire une ~ à qqn** to give sb a

fright.

**fredaines** [frodɛn] *nfpl* escapades, pranks; **faire des ~** to get into ou up to mischief.

**Frédéric** [frederik] *npr*: **~ le Grand** Frederick the Great.

**Frédéric-Guillaume** [frederikgijom] *npr* Frederick William.

**fredonnement** [frodɔnmɑ̃] *nm* humming.

**fredonner** [3] [frodɔne] ◇ *vt* [air, chanson] to hum. ◇ *vi* to hum.

**free-lance** [frilɑ̃s] (*pl* **free-lances**) ◇ *adj inv* freelance. ◇ *nmf* freelance, freelancer. ◇ *nm* freelancing, freelance work.

**freesia** [frezja] *nm* freesia.

**freezer** [frizœr] *nm* freezer compartment.

**frégate** [fregat] *nf* **-1.** ORNITH frigate bird. **-2.** NAUT frigate.

**frein** [frɛ̃] *nm* AUT brake; **mettre le ~** *fam* to pull on the handbrake ❏ **~ à disque** disc brake; **~ à main** handbrake; **~ moteur** engine brake; **coup de ~**: **donner un brusque coup de ~** to brake sharply ou suddenly; **c'est un coup de ~ à l'économie** *fig* this will act as a brake on the economy; **mettre un ~ à** to block.

◆ **sans frein** *loc adj* unbridled.

**freinage** [frɛnaʒ] *nm* braking.

**freiner** [4] [frene] ◇ *vt* **-1.** [ralentir – véhicule] to slow down *(sép)*; [– évolution] to check. **-2.** [amoindrir – impatience] to curb; [– enthousiasme] to dampen. ◇ *vi* [conducteur, auto] to brake; **ta voiture freine bien/mal** your car brakes are good/bad.

**frelaté, e** [frolate] *adj* **-1.** [nourriture, vin] adulterated. **-2.** *fig* & *litt* artificial.

**frelater** [3] [frolate] *vt* [lait, vin] to adulterate.

**frêle** [frel] *adj* **-1.** [fragile – corps, santé] frail, fragile; [– voix] thin, reedy. **-2.** [ténu – espoir] frail, flimsy.

**frelon** [frolɔ̃] *nm* hornet.

**freluquet** [frolykɛ] *nm* **-1.** *fam* [homme chétif] pipsqueak, (little) runt. **-2.** *litt* [prétentieux] (young) whippersnapper.

**frémir** [32] [fremir] *vi* **-1.** [trembler] to shiver, to shudder; **~ de colère** to quiver with anger; **~ d'impatience** to tremble with impatience; **~ de plaisir** to quiver with pleasure. **-2.** *litt* [vibrer – tige, herbe] to quiver, to tremble; [– surface d'un lac] to ripple. **-3.** [avant l'ébullition] to simmer.

**frémissant, e** [fremisɑ̃, ɑ̃t] *adj* **-1.** [avant l'ébullition] simmering. **-2.** *litt* [feuilles] quivering, rustling; [surface d'un lac] quivering. **-3.** [en émoi] quivering, trembling.

**frémissement** [fremismɑ̃] *nm* **-1.** [d'indignation, de colère] quiver, shiver, shudder. **-2.** *litt* [des feuilles] rustling; [de la surface d'un lac] rippling. **-3.** [avant l'ébullition] simmer, simmering.

**french cancan** [frɛnʃkɑ̃kɑ̃] (*pl* **french cancans**) *nm* (French) cancan.

**frêne** [frɛn] *nm* **-1.** [arbre] ash (tree). **-2.** [bois] ash.

**frénésie** [frenezi] *nf* frenzy; **être pris d'une ~ de voyages** to have a strong urge to travel, to have the travel bug; **avec ~** frantically, frenetically, wildly.

**frénétique** [frenetik] *adj* [agitation, hurlement] frantic; [joie, passion] frenzied; **des applaudissements ~s** frenzied applause.

**frénétiquement** [frenetikmɑ̃] *adv* frantically, frenetically, wildly.

**fréquemment** [frekamɑ̃] *adv* frequently, often.

**fréquence** [frekɑ̃s] *nf* **-1.** [périodicité] frequency; **quelle est la ~ des trains sur cette ligne?** how many trains a day run on this line? **-2.** MÉD: **du pouls** fast pulse rate. **-3.** ACOUST frequency; **basse/moyenne/haute ~** low/middle/high frequency ‖ TÉLÉC wavelength, (wave) band, frequency. **-4.** [en statistique] frequency.

**fréquent, e** [frekɑ̃, ɑ̃t] *adj* [répété] frequent.

**fréquentable** [frekɑ̃tabl] *adj*: **sa famille n'est guère ~** her family isn't exactly the kind you'd care to associate with; **c'est un endroit bien peu ~** it's not the sort of place you'd like to be seen in.

**fréquentatif, ive** [frekɑ̃tatif, iv] *adj* LING frequentative.

**fréquentation** [frekɑ̃tasjɔ̃] *nf* **-1.** [d'un lieu] frequenting. **-2.** COMM attendance. **-3.** [relation] acquaintance; **avoir de mauvaises ~s** to keep bad company; **ce garçon n'est pas une ~ pour toi** you shouldn't associate with this boy. **-4.** *litt* [lecture]: la ~ des bons auteurs/de la littérature italienne reading good books/Italian literature.

**fréquenter** [3] [frekɑ̃te] *vt* **-1.** [lieu] to frequent; un endroit bien/mal fréquenté a place with a good/bad reputation; c'est un café très fréquenté par les jeunes it's a café that's very popular with young people. **-2.** [personne] to see frequently, to associate with; [courtiser]: elle fréquente mon frère depuis un an she's been going out with my brother for a year ‖ *(en usage absolu)*: il paraît qu'elle fréquente *fam &* *vieilli* there are rumours she's courting. **-3.** *litt* [lire]: ~ les bons écrivains/la littérature italienne to read good books/Italian literature.

◆ **se fréquenter** *vp (emploi réciproque)*: ils se fréquentent depuis deux ans they've been going out for two years; ils se fréquentent assez peu they don't see much of each other.

**frère** [frɛr] *nm* **-1.** [dans une famille] brother; ~ aîné/cadet older/younger brother; ~ jumeau twin brother; ~ de lait foster brother; mon grand/petit ~ [de deux] my older/younger brother; [de plusieurs] my oldest/youngest brother; tu vas avoir un petit ~ you are going to have a little baby brother; comme des ~s: se ressembler comme des ~s to be like two peas (in a pod); en ~s as brothers; partager en ~s to share fairly; ce sont des ~s ennemis a friendly rivalry exists between them. **-2.** [compagnon] brother; salut, vieux ~! *fam* hello, old pal!; j'ai un bougeoir qui a perdu son ~ *fam & hum* I've got one candle holder but I've lost its companion ❑ ~s d'armes brothers in arms. **-3.** RELIG brother, friar; aller à l'école chez les ~s to go to a Catholic boys' school. **-4.** [au sein d'une communauté] brother. **-5.** *(comme adj)* [groupe, parti, pays] sister *(modif)*.

**frérot** [frero] *nm fam* kid brother, little brother.

**Fresnes** [frɛn] *npr town in the Paris suburbs with a well-known prison.*

**fresque** [frɛsk] *nf* **-1.** BX-ARTS fresco. **-2.** [description] panorama, detailed picture.

**fret** [frɛ] *nm* **-1.** [chargement – d'un avion, d'un navire] cargo, freight; [– d'un camion] load; donner à ~ to freight; prendre à ~ to charter. **-2.** [prix – par air, mer] freight, freightage; [– par route] carriage.

**fréter** [18] [frete] *vt* [avion] to charter; [navire] to freight; [camionnette] to hire.

**fréteur** [fretœr] *nm* freighter.

**frétillant, e** [fretijɑ̃, ɑ̃t] *adj* [ver, poisson] wriggling; [queue] wagging; tout ~ d'impatience *fig* quivering with impatience.

**frétillement** [fretijmɑ̃] *nm* [de la queue] wagging; [de vers, de poissons] wriggling.

**frétiller** [3] [fretije] *vi* [ver, poisson] to wriggle; [queue] to wag; il frétille d'impatience *fig* he's quivering with impatience.

**fretin** [frɔtɛ̃] *nm fam* fry.

**freudien, enne** [frødjɛ̃, ɛn] *adj & nm, f* Freudian.

**freudisme** [frødism] *nm* Freudianism.

**friabilité** [frijabilite] *nf* [d'une roche] friableness, friability; [d'un biscuit] crumbliness.

**friable** [frijabl] *adj* [roche] crumbly, friable; [biscuit] crumbly.

**friand, e** [frijɑ̃, ɑ̃d] *adj*: ~ de [sucreries] fond of; être ~ de compliments to enjoy receiving compliments.

◆ **friand** *nm* **-1.** [salé] ≃ meat pie *(in puff pastry)*. **-2.** [sucré] ≃ almond biscuit *Br* ou cookie *Am*.

**friandise** [frijɑ̃diz] *nf* sweetmeat, (sweet) delicacy, titbit.

**Fribourg** [fribur] *npr* Fribourg.

**fric** [frik] *nm fam* cash, money; il est bourré de ~ he's loaded.

**fricasse** [frikas] *nf Helv* [grand froid] freeze.

**fricassée** [frikase] *nf* [ragoût] fricassee; ~ de museaux *fam & hum* exchange of kisses.

**fric-frac**▽ [frikfrak] *nm inv* burglary, break-in.

**friche** [friʃ] *nf* **-1.** AGR piece of fallow land, fallow. **-2.** INDUST: ~ industrielle industrial wasteland.

◆ **en friche** *loc adj* **-1.** AGR: terre en ~ plot of fallow land. **-2.** [inactif] unused.

**frichti** [friʃti] *nm fam* grub *Br*, chow *Am*.

**fricot** [friko] *nm fam* **-1.** [ragoût] ≈ stew. **-2.** [cuisine]: faire le ~ to cook.

**fricoter** [3] [frikɔte] *vt fam* **-1.** [cuisiner] to stew. **-2.** [manigancer] to cook up.

◆ **fricoter avec** *v + prép fam* **-1.** [sexuellement] to knock around with. **-2.** [être complice de] to cook something up with.

**fricoteur, euse** [frikɔtœr, øz] *nm, f fam* fiddler.

**friction** [friksjɔ̃] *nf* **-1.** [frottement] chafing. **-2.** [massage – gén] rub (down); [– du cuir chevelu] scalp massage. **-3.** [désaccord] friction. **-4.** GÉOL & MÉCAN friction.

**frictionner** [3] [friksjɔne] *vt* to rub (down).

◆ **se frictionner** *vp (emploi réfléchi)* to rub o.s.

**Frigidaire®** [friʒidɛr] *nm* **-1.** [portant la marque] Frigidaire® (refrigerator). **-2.** [appareil quelconque] refrigerator, fridge; mettre qqch au ~ *fig* to put sthg on the back burner, to shelve sthg.

**frigide** [friʒid] *adj* frigid.

**frigidité** [friʒidite] *nf* frigidity.

**frigo** [frigo] *nm fam* **-1.** [réfrigérateur] fridge. **-2.** [chambre froide] cold room.

**frigorifié, e** [frigɔrifje] *adj fam & fig* frozen stiff.

**frigorifier** [9] [frigɔrifje] *vt* to refrigerate; la promenade m'a complètement frigorifié *fam & fig* I'm frozen stiff after that walk.

**frigorifique** [frigɔrifik] ◇ *adj* refrigerated. ◇ *nm* **-1.** [établissement] cold store. **-2.** [appareil] refrigerator.

**frileusement** [friløzmɑ̃] *adv*: s'envelopper ~ dans des couvertures to wrap o.s. in blankets.

**frileux, euse** [frilø, øz] ◇ *adj* **-1.** [qui a froid] sensitive to cold. **-2.** [prudent] timid, unadventurous. ◇ *nm, f person who is sensitive to cold.*

**frimaire** [frimɛr] *nm 3rd month in the French Revolutionary calendar (from Nov 22 to Dec 21).*

**frimas** [frima] *nm litt* hoarfrost.

**frime** [frim] *nf fam* put-on; pour la ~ for show ou effect.

**frimer** [3] [frime] *vi fam* to show off, to put on an act.

**frimeur, euse** [frimœr, øz] *fam* ◇ *adj* [attitude, ton] showy. ◇ *nm, f* show-off.

**frimousse** [frimus] *nf* (sweet) little face.

**fringale** [frɛ̃gal] *nf fam* **-1.** [faim] hunger; j'ai une de ces ~s! I'm starving!. **-2.** [désir]: une ~ de a craving for.

**fringant, e** [frɛ̃gɑ̃, ɑ̃t] *adj* **-1.** [personne] dashing; encore ~ (still) spry; je ne me sens pas trop ~ aujourd'hui I don't feel too good ou well today. **-2.** [cheval] frisky, spirited.

**fringuer** [3] [frɛ̃ge] *vt fam* to dress.

◆ **se fringuer** *vp (emploi réfléchi) fam* **-1.** [s'habiller] to dress o.s.; être bien/mal fringué to be well/badly dressed. **-2.** [s'habiller bien] to do ou to get o.s. up.

**fringues** [frɛ̃g] *nfpl fam* gear, clobber *Br*, threads *Am*.

**fripe** [frip] *nf*: la ~, les ~s secondhand clothes.

**friper** [3] [fripe] *vt* **-1.** [chiffonner] to crumple ou to crease (up). **-2.** [rider]: avoir un visage tout fripé to have creasemarks all over one's face.

◆ **se friper** *vpi* to crumple, to get crumpled.

**friperie** [fripri] *nf* **-1.** [boutique] secondhand clothes shop *Br* ou store *Am*. **-2.** [vêtements] secondhand clothes.

**fripier, ère** [fripje, ɛr] *nm, f* secondhand clothes dealer.

**fripon, onne** [fripɔ̃, ɔn] ◇ *adj* [enfant] mischievous, roguish; · [sourire] roguish. ◇ *nm, f rogue*; tu n'es qu'un petit ~! you little rogue ou scamp!

**fripouille** [fripuj] *nf* **-1.** *péj* [scélérat] rascal, rogue. **-2.** [ton affectueux]: (petite) ~! you little rogue!

**friqué, e** [frike] *adj fam* loaded.

**frire** [115] [frir] ◇ *vt* CULIN to fry; [en friteuse, dans un bain d'huile] to deep-fry; poisson frit fried fish. ◇ *vi* to fry; faire ~ des poissons to fry fish.

**frisant, e** [frizɑ̃, ɑ̃t] *adj* [lumière] oblique.

**Frisbee®** [frizbi] *nm* Frisbee®.

**frise** [friz] *nf* **-1.** ARCHIT & BX-ARTS frieze. **-2.** THÉÂT border.

**Frise** [friz] *npr f*: (la) ~ Friesland.

**frisé, e** [frize] *adj* **-1.** [barbe, cheveux] curly; [personne] curly-haired; être ~ comme un mouton to have curly ou frizzy hair. **-2.** [chicorée] curly.

◆ **frisée** *nf* [chicorée] curly endive; ~e aux lardons *curly endive salad with fried bacon pieces.*

**friser** [3] [frize] ◇ *vt* **-1.** [barbe, cheveux] to curl; **se faire ~ to have one's hair curled. -2.** [effleurer] to graze, to skim. **-3.** [être proche de]: **elle doit ~ la quarantaine** she must be getting on for forty; **nous avons frisé la catastrophe** we came within an inch of disaster. ◇ *vi* to have curly hair.

**frisette** [frizɛt] *nf* [de cheveux] small curl.

**frison, onne** [frizõ, ɔn] *adj* Friesian, Frisian.
◆ **frisonne** *nf* [vache]: **~ne (pie-noire)** Friesian *Br,* Holstein *Am.*

**frisottant, e** [frizɔtɑ̃, ɑ̃t] *adj* [cheveux] frizzy.

**frisotter** [3] [frizɔte] ◇ *vt* to frizz. ◇ *vi* to be frizzy.

**frisquet, ette** [friskɛ, ɛt] *adj fam* [temps, vent] chilly; **il fait plutôt ~ aujourd'hui** it's rather chilly *ou* there's a nip in the air today.

**frisson** [frisõ] *nm* **-1.** [de froid, de fièvre] shiver; [de peur] shudder; **ton livre m'a donné des ~s** your book gave me the shivers; **être pris** *ou* **saisi de ~s** to get the shivers. **-2.** *litt* [bruissement – de l'eau] ripple; [– des feuilles] ripple.

**frissonnant, e** [frisɔnɑ̃, ɑ̃t] *adj* **-1.** [eau] simmering. **-2.** [personne] shivering; **être ~ de froid/fièvre** to shiver with cold/a high temperature.

**frissonnement** [frisɔnmɑ̃] *nm* **-1.** [de froid, de fièvre] shiver; [de peur] shudder; **un ~ lui parcourut le corps** a shiver ran through her body. **-2.** *litt* [de la surface d'un étang] ripple, rippling *(U)*; [des feuilles] rustling *(U)*.

**frissonner** [3] [frisɔne] *vi* **-1.** [de froid, de fièvre] to shiver; [de peur] to shudder; [de joie] to quiver; **elle frissonnait de bonheur** she was trembling with happiness. **-2.** *litt* [feuilles] to rustle; [surface d'un étang] to ripple.

**frisure** [frizyr] *nf* curls.

**frit, e**[1] [fri, frit] ◇ *pp* → **frire.** ◇ *adj* fried.

**frite**[2] [frit] *nf* **-1.** CULIN chip *Br,* French fry *Am;* **des ~s** chips *Br,* French fries *Am.* **-2.** *loc:* **avoir la ~** *fam* to be on top form.

**friterie** [fritri] *nf* [restaurant] ≃ fast-food restaurant; [ambulante] chip van *Br,* French fry vendor *Am.*

**friteuse** [fritøz] *nf* deep fryer, chip pan *Br;* **~ électrique** electric fryer.

**friture** [frityr] *nf* **-1.** [aliments frits] fried food; [poissons] fried fish; **acheter de la ~** to buy (small) fish for frying. **-2.** CULIN [cuisson] frying; [matière grasse] deep fat. **-3.** ACOUST static; **il y a de la ~** we're getting some interference. **-4.** *Belg* [friterie] ≃ chip van *Br,* French fry vendor *Am.*

**fritz**[▽] [frits] *nm vieilli* & *injur offensive term used with reference to Germans,* ≃ Kraut.

**frivole** [frivɔl] *adj* [personne] frivolous, shallow; [sujet] frivolous.

**frivolement** [frivɔlmɑ̃] *adv* frivolously.

**frivolité** [frivɔlite] *nf* **-1.** [légèreté] frivolity, frivolousness; [manque de sérieux – d'un projet, d'une œuvre] triviality. **-2.** [vétille] trifle; **perdre son temps à des ~s** to waste time in frivolous pursuits *ou* frivolities.
◆ **frivolités** *nfpl vieilli* fancy goods, novelties.

**froc** [frɔk] *nm* **-1.** *fam* [pantalon] trousers, pants *Am;* **faire dans son ~**[▼] to be scared shitless. **-2.** RELIG [habit] habit, frock; **jeter son ~ aux orties** to leave holy orders.

**froid, e** [frwa, frwad] *adj* **-1.** [boisson, temps, moteur] cold; **un jour d'hiver ~ et sec** a crisp winter day; **par un matin très ~** on a raw morning. **-2.** [indifférent – personne] cold, insensitive, unfeeling; [– tempérament] cold; [– accueil] cold, chilly; [– réponse] cold, cool; [– attitude] cold, unfriendly; **ton/ regard ~** hostile tone/stare; **devant ce spectacle, il est resté ~** he was unmoved by the sight; **ça me laisse ~** it leaves me cold; **style ~** bloodless *ou* cold style ❑ **colère ~e** cold fury; **~ comme le marbre** as cold as marble. **-3.** [triste] cold, bleak; **des murs ~s et nus** cold bare walls. **-4.** [couleur] cold, cool. **-5.** [ancien] cold, dead; **la piste est ~e** the scent is cold, the trail's gone dead.
◆ **froid** ◇ *nm* **-1.** [température]: **le ~** [climat] cold weather, the cold; [air] the cold (air); **par ce ~** in this cold; **conserver qqch au ~** to store sthg in a cold place ❑ **coup de ~** cold spell *ou* snap; **il fait un ~ de canard** *ou* **sibérien** it's freezing *ou* bitterly cold. **-2.** [sensation]: **avoir ~** to be *ou* to feel cold; **j'ai ~ aux mains** my hands are cold; **attraper** *ou* **prendre ~** to get *ou* to catch a cold; **je meurs de ~** I'm freezing (cold) ❑ **avoir ~ dans le dos** to feel one's blood run cold; **ça me**

**donne ~ dans le dos** it makes my blood run cold, it sends shivers down my spine; **une histoire qui fait ~ dans le dos** a chilling *ou* creepy story; **il n'a pas ~ aux yeux** he's bold *ou* plucky. **-3.** [malaise]: **il y a un ~ entre eux** things have gone cool between them ❑ **cela a jeté un ~** it cast a chill over the proceedings; **être en ~ avec qqn** to be on bad terms with sb. ◇ *adv:* **il fait ~ dehors** it's cold out; **en janvier, il fait ~** the weather's cold in January; **boire ~** [habituellement] to drink cold drinks; **remuez et buvez ~** stir and chill before drinking.
◆ **à froid** ◇ *loc adj* → **opération.** ◇ *loc adv* **-1.** [sans émotion] calmly, dispassionately. **-2.** [sans préparation]: **je ne peux pas répondre à ~** I can't answer off the top of my head; **prendre qqn à ~** to catch sb unawares *ou* off guard. **-3.** MÉTALL cold; **laminer à ~** to cold roll. **-4.** MÉD: **intervenir** *ou* **opérer à ~** to operate between attacks.

**froidement** [frwadmɑ̃] *adv* **-1.** [avec réserve] coldly, coolly. **-2.** [lucidement] dispassionately; **raisonner ~** to use cold logic. **-3.** [avec indifférence] cold-bloodedly; **abattre qqn ~** to shoot down sb in cold blood. **-4.** *loc:* **ça va ~!** *fam* I'm fine but a bit chilly!

**froideur** [frwadœr] *nf* **-1.** [indifférence méprisante] coldness, cold indifference. **-2.** [manque de sensualité] coldness. **-3.** *litt* [au toucher] feel; **son front avait la ~ du marbre** his forehead was cold as marble.
◆ **avec froideur** *loc adv* coldly, indifferently.

**froidure** [frwadyr] *nf litt* [temps] intense cold; [saison] cold season *ou* weather.

**froissement** [frwasmɑ̃] *nm* **-1.** [plis – d'un papier, d'une étoffe] crumpling, creasing. **-2.** [bruit] rustling, rustle. **-3.** *litt* [vexation] hurt feelings. **-4.** MÉD straining *(U).*

**froisser** [3] [frwase] *vt* **-1.** [triper – tissu] to crease, to crumple; [– papier] to crumple, to crease; **une chemise froissée** a creased shirt. **-2.** [carrosserie] to dent. **-3.** [blesser – orgueil] to ruffle, to bruise; [– personne] to offend. **-4.** MÉD to strain.
◆ **se froisser** ◇ *vpi* **-1.** [vêtement] to crush, to crease. **-2.** [personne] to get hurt, to take offence, to be offended. ◇ *vpt:* **se ~ un muscle** to strain a muscle.

**frôlement** [frolmɑ̃] *nm* **-1.** [frottement] brush, light touch. **-2.** [bruit] rustle, swish, rustling sound.

**frôler** [3] [frole] *vt* **-1.** [effleurer] to brush, to touch lightly, to graze; **l'avion a frôlé les arbres** the plane skimmed *ou* grazed the treetops; **il m'a frôlé la joue du doigt** he stroked my cheek lightly; **la branche lui a frôlé les cheveux** the branch brushed against his hair. **-2.** [passer très près de] to come close to touching. **-3.** [échapper à] to come within a hair's breadth of, to escape narrowly; **~ la mort** to come within a hair's breadth of death *ou* dying.
◆ **se frôler** *vp (emploi réciproque)* to brush against *ou* to jostle each other.

**frôleur, euse** [frolœr, øz] *adj* [geste] stroking.
◆ **frôleur** *nm* pervert *(who likes to rub up against women in crowds).*

**fromage** [frɔmaʒ] *nm* **-1.** [laitage] cheese; **un ~** a cheese; **du ~** cheese; **prenez du ~** have some cheese; **plusieurs sortes de ~s** several kinds of cheese ❑ **~ de vache/brebis/chèvre** cow's/sheep's/goat's milk cheese; **~ blanc** fromage frais; **~ à pâte molle** soft cheese; **~ à pâte pressée** hard cheese; **~ à tartiner** cheese spread; **en faire tout un ~** *fam* to kick up a (huge) fuss, to make a mountain out of a molehill. **-2.** *fam* [sinécure] cushy job *ou* number.
◆ **au fromage** *loc adj* [omelette, soufflé] cheese *(modif).*
◆ **fromage de tête** *nm* brawn *Br,* headcheese *Am.*

**fromager, ère** [frɔmaʒe, ɛr] ◇ *adj* cheese *(modif).* ◇ *nm, f* **-1.** [commerçant] cheesemonger *Br,* cheese seller *Am.* **-2.** [fabricant] cheese maker, dairyman *(f* dairywoman*).*
◆ **fromager** *nm* BOT kapok, silk-cotton tree, ceiba *spéc.*

**fromagerie** [frɔmaʒri] *nf* **-1.** [boutique] cheese shop *Br ou* store *Am.* **-2.** [fabrique] dairy.

**froment** [frɔmɑ̃] *nm* wheat.

**frometon** [frɔmtõ] *nm fam* cheese.

**françai** [frõse] *v* → **froncer.**

**fronce** [frõs] *nf* [de tissu] gather.
◆ **à fronces** *loc adj* gathered.

**froncement** [frõsmɑ̃] *nm:* **~ de sourcils** frown.

**froncer** [16] [frõse] *vt* **-1.** COUT to gather. **-2.** [rider]: **~ les**

sourcils to knit one's brow, to frown; ~ le nez to wrinkle one's nose.

**frondaison** [frɔ̃dɛzɔ̃] *nf* **-1.** [feuillage] foliage, leaves. **-2.** [époque] foliation.

**fronde** [frɔ̃d] *nf* **-1.** ARM sling. **-2.** [lance-pierres] catapult *Br*, slingshot *Am*. **-3.** *litt* [révolte] rebellion, revolt; la Fronde HIST the Fronde rebellion. **-4.** BOT frond.

**fronder** [3] [frɔ̃de] *vt litt* to revolt against.

**frondeur, euse** [frɔ̃dœr, øz] ◇ *adj* insubordinate, rebellious. ◇ *nm, f* **-1.** HIST member of the Fronde, Frondeur. **-2.** [rebelle] rebel, troublemaker.

**front** [frɔ̃] *nm* **-1.** ANAT forehead, brow; baisser le ~ *pr* to lower one's head; baisser *ou* courber le ~ *fig* to submit; relever le ~ to regain confidence; le ~ haut proudly, with one's head held high. **-2.** [d'une montagne] face; [d'un monument] frontage, façade; ~ de mer seafront. **-3.** [audace]: avoir le ~ de faire to have the audacity *ou* impudence to do. **-4.** POL front; le Front populaire the Popular Front; le Front national the National Front; ~ uni united front; faire ~ to form a united front, to close ranks; faire ~ devant l'adversaire to present a united front to the enemy; faire ~ commun contre qqn/qqch to make common cause against sb/sthg. **-5.** MIL [zone] front; [ligne] front line. **-6.** MIN [gén] face; [dans une houillère] coalface; ~ de taille working face. **-7.** MÉTÉO front; ~ froid/chaud cold/warm front.
◆ **de front** *loc adv* **-1.** [attaquer] head-on; aborder une difficulté de ~ to tackle a problem head-on. **-2.** [en vis-à-vis] head-on; se heurter de ~ [véhicules] to collide head-on; [adversaires] to come into direct confrontation. **-3.** [côte à côte] abreast; on ne peut pas passer de ~ you can't get through side by side; nous marchions de ~ we were walking next to one another; rouler à trois voitures de ~ to drive three (cars) abreast. **-4.** [en même temps] at the same time, at a time.

**frontal, e, aux** [frɔ̃tal, o] *adj* **-1.** ANAT & GÉOM frontal. **-2.** [conflit, attaque] head-on.
◆ **frontal** *nm* ANAT frontal bone.

**frontalier, ère** [frɔ̃talje, ɛr] ◇ *adj* border *(modif)*. ◇ *nm, f* cross-border commuter.

**frontière** [frɔ̃tjɛr] *nf* **-1.** POL border; poste/ville/zone ~ border post/town/area. **-2.** [démarcation] boundary; la ~ entre la veille et le sommeil the borderline between sleeping and waking □ ~ naturelle/linguistique natural/linguistic boundary. **-3.** [limite] frontier.

**frontispice** [frɔ̃tispis] *nm* [titre, illustration] frontispiece.

**fronton** [frɔ̃tɔ̃] *nm* **-1.** ARCHIT pediment. **-2.** SPORT [mur] fronton; [court] pelota court.

**frottement** [frɔtmɑ̃] *nm* **-1.** [friction] rubbing *(U)*, friction. **-2.** [bruit] rubbing *ou* scraping noise.
◆ **frottements** *nmpl* [mésentente] dispute, disagreement.

**frotter** [3] [frɔte] ◇ *vt* **-1.** [pour nettoyer] to rub, to scrub; ~ une tache avec une brosse/avec du savon to scrub a stain with a brush/with soap; ~ une casserole to scour a saucepan. **-2.** [pour enduire] to rub. **-3.** [mettre en contact]: ~ deux pierres l'une contre l'autre to rub *ou* to scrape two stones together; ~ une allumette to strike a match. **-4.** [frictionner] to rub; ~ le dos de qqn to give sb's back a rub, to rub sb's back. ◇ *vi* to scrape, to rub; il y a quelque chose qui frotte sous la voiture there's something under the car making a scraping noise; le frein de mon vélo frotte the brakes on my bike keep sticking.
◆ **se frotter** *vp (emploi réfléchi)* [se frictionner] to rub o.s. (down); se ~ les yeux to rub one's eyes □ se ~ les mains *pr* to rub one's hands (together); *fig* to rub one's hands.
◆ **se frotter à** *vp + prép* **-1.** [effleurer]: se ~ à une contre to rub (up) against; ne te frotte pas à lui quand il est en colère *fig* steer clear of him when he's angry □ s'y ~: ne vous y frottez pas, c'est trop dangereux don't interfere *ou* meddle, it's too dangerous; qui s'y frotte s'y pique if you meddle you'll get your fingers burnt. **-2.** [se confronter à] to face. **-3.** [fréquenter] to rub shoulders with.

**frottis** [frɔti] *nm* **-1.** MÉD smear; ~ vaginal cervical smear (test); se faire faire un ~ (vaginal) to have a smear test *ou* a cervical smear. **-2.** BX-ARTS scumbling.

**frottoir** [frɔtwar] *nm* rough strip *(on a box of matches)*.

**froufrou, frou-frou** [frufru] *(pl* frous-frous) *nm* [bruit] swish, rustle, froufrou.

◆ **froufrous, frous-frous** *nmpl* VÊT frills (and furbelows).

**froufroutant, e** [frufrutɑ̃, ɑ̃t] *adj* **-1.** [bruissant] rustling, swishing. **-2.** [à volants – robe, jupe] frilly, flouncy.

**froufroutement** [frufrutmɑ̃] *nm* rustle, swish.

**froufrouter** [3] [frufrute] *vi* to rustle, to swish.

**froussard, e** [frusar, ard] *fam* ◇ *adj* cowardly, chicken, yellow-bellied. ◇ *nm, f* coward, chicken, yellow-belly.

**frousse** [frus] *nf fam* fright; avoir la ~ to be scared; donner *ou* flanquer la ~ à qqn to put the wind up *Br ou* to scare sb, to give sb the willies.

**fructidor** [fryktidɔr] *nm* 12th month in the French Revolutionary calendar (from Aug 18/19 to Sep 17/18).

**fructifier** [9] [fryktifje] *vi* **-1.** AGR to be productive; BOT to bear fruit, to fructify. **-2.** ÉCON to yield a profit; faire ~ son capital to make one's capital yield a profit. **-3.** [produire des résultats] to bear fruit, to be productive *ou* fruitful.

**fructose** [fryktoz] *nm* fructose, fruit sugar.

**fructueux, euse** [fryktɥø, øz] *adj* **-1.** [fécond] fruitful, productive; vos recherches ont-elles été fructueuses? were your investigations fruitful *ou* successful? **-2.** [profitable] profitable.

**frugal, e, aux** [frygal, o] *adj* **-1.** [simple] frugal. **-2.** [qui mange peu] frugal.

**frugalement** [frygalmɑ̃] *adv* frugally.

**frugalité** [frygalite] *nf* frugality.

**fruit** [frɥi] *nm* **-1.** BOT: un ~: après ton fromage, veux-tu un ~? would you like some fruit *ou* a piece of fruit after your cheese?; des ~s fruit; manger des ~s to eat fruit; la tomate est un ~ the tomato is a (type of) fruit □ ~s des bois fruits of the forest; ~ défendu forbidden fruit; ~ de la passion passion fruit; un ~ sec *pr* a piece of dried fruit; *fig* a failure; un ~ vert *fig* an immature young girl; ~s confits candied *ou* crystallized fruit; ~s déguisés prunes, dates etc, stuffed with almond paste; ~s jumeaux double fruits. **-2.** CULIN: ~s de mer seafood. **-3.** [résultat] fruit; le ~ de son travail the fruit *ou* result of his labours; le ~ de ses entrailles *litt* the fruit of her womb; cela a porté ses ~s it bore fruit; les ~s de la Terre the fruits *ou* bounty of the Earth; avec ~ *litt* fruitfully, profitably. **-4.** CONSTR batter.

**fruité, e** [frɥite] *adj* fruity.

**fruitier, ère** [frɥitje, ɛr] ◇ *adj* fruit *(modif)*. ◇ *nm, f* fruiterer, greengrocer *Br*, fruit seller *Am*.
◆ **fruitier** *nm* **-1.** [verger] orchard. **-2.** [arbre] fruit tree. **-3.** [local] storeroom (for fruit).
◆ **fruitière** *nf* cooperative cheese dairy.

**frusques** [frysk] *nfpl fam* togs, gear.

**fruste** [fryst] *adj* **-1.** [grossier – personne] uncouth, rough. **-2.** [sans élégance – style] unpolished, crude, rough. **-3.** MÉD mild.

**frustrant, e** [frystrɑ̃, ɑ̃t] *adj* frustrating.

**frustration** [frystrasjɔ̃] *nf* frustration.

**frustré, e** [frystre] ◇ *adj* frustrated. ◇ *nm, f* frustrated person; 'les Frustrés' cartoon characters created by Claire Bretécher representing modern middle-class intellectuals.

**frustrer** [3] [frystre] *vt* **-1.** [décevoir] to frustrate, to thwart. **-2.** [priver]: ~ qqn to rob sb of. **-3.** PSYCH to frustrate. **-4.** JUR: ~ qqn de... to defraud sb of...

**FS** *(abr de* franc suisse) SFr.

**FTP** *(abr de* Francs-tireurs et partisans) *nmpl* Communist resistance during World War II.

**fuchsia** [fyʃja] *nm* fuchsia.

**fucus** [fykys] *nm* wrack, fucus *spéc*.

**fuel** [fjul], **fuel-oil** [fjulɔjl] *(pl* fuel-oils) *nm* (fuel *ou* heating) oil; ~ domestique domestic heating oil.

**fugace** [fygas] *adj* [beauté] transient, evanescent, ephemeral; [impression, souvenir, pensée] transient, fleeting.

**fugacité** [fygasite] *nf* transience, fleetingness.

**fugitif, ive** [fyʒitif, iv] ◇ *adj* **-1.** [en fuite] runaway, fugitive. **-2.** [fugace – vision, idée] fleeting, transient; [– bonheur] short-lived; [– souvenir] elusive. ◇ *nm, f* runaway, fugitive.

**fugue** [fyg] *nf* **-1.** MUS fugue. **-2.** [fuite]: faire une ~ [de chez soi] to run away from home; [d'une pension] to run away from boarding school; [pour se marier] to elope.

**fugué, e** [fyge] *adj* fugato.

**fuguer** [1] [fyge] *vi* to run away, to do a bunk *Br*.

**fugueur, euse** [fygœr, øz] ◊ *adj*: c'était un enfant ~ as a child,.he used to run away repeatedly. ◊ *nm, f* runaway.

**Führer** [fyrœr] *npr m*: le ~ the Führer.

**fuir** [35] [fɥir] ◊ *vi* **-1.** [s'enfuir] to run away, to flee; faire ~ qqn to frighten sb away, to put sb to flight; ~ à toutes jambes to run for dear ou one's life; ~ devant le danger to flee in the face of danger. **-2.** [s'éloigner] to vanish, to recede; des lignes qui fuient vers l'horizon lines that converge towards the horizon; le paysage fuyait par la vitre du train the landscape flashed past the window of the train. **-3.** *litt* [passer] to fly, to slip away. **-4.** [se dérober] to run away; ~ devant ses responsabilités to shirk ou .to evade one's responsibilities. **-5.** [se répandre – eau] to leak; [– gaz] to leak, to escape. **-6.** [perdre son contenu – tonneau, stylo] to leak, to be leaky.
◊ *vt* **-1.** [abandonner] to flee (from); elle a fui le pays she fled the country. **-2.** [éviter] to avoid, to shun; ~ les gens to avoid contact with other people; ~ le regard de qqn to avoid looking sb in the eye; ~ le danger to keep away from ou to avoid danger. **-3.** [se soustraire à, s'éloigner de] to shirk, to evade; ~ la tentation to flee from ou to avoid temptation. **-4.** [résister à] to elude; le sommeil le fuyait he couldn't sleep, sleep would not come to him.

**fuite** [fɥit] *nf* **-1.** [départ] escape, flight; prendre la ~ [prisonnier] to run away, to (make one's) escape; être en ~ to be on the run; mettre qqn/un animal en ~ to put sb/an animal to flight ❏ ~ en avant: l'action du gouvernement est considérée par certains comme une ~ en avant some people accuse the government of blindly refusing to come to terms with the problem; la ~ des cerveaux the brain drain. **-2.** FIN: ~ de capitaux flight of capital (abroad); ~ devant l'impôt tax evasion. **-3.** [écoulement de liquide] leak, leakage; [– de gaz] leak; [– de courant] escape. **-4.** [d'un pneu] puncture; [d'une canalisation, d'un récipient] leak. **-5.** [indiscrétion] leak. **-6.** BX-ARTS: point de ~ vanishing point.

**Fuji-Yama** [fuʒijama] *npr m*: le (mont) ~ the Fujiyama, Mount Fuji.

**fulgurant, e** [fylgyrã, ãt] *adj* **-1.** [rapide – réponse] lightning *(modif)*; [– idée] sudden; [– carrière] dazzling; j'ai eu une idée ~e an idea flashed ou shot through my mind. **-2.** [intense – douleur] shooting, fulgurating *spéc*; [– lumière] blinding, dazzling, fulgurant. **-3.** *litt* [éclatant – éclair] flashing; [– regard] blazing, flashing; [– beauté] dazzling.

**fuligineux, euse** [fyliʒinø, øz] *adj* **-1.** [qui produit de la suie] fuliginous *spéc*, sooty, smoky. **-2.** *fig & litt* fuliginous.

**full** [ful] *nm* full house GAMES.

**fulminant, e** [fylminã, ãt] *adj litt* [menaçant – regard] furious, enraged, irate; [– lettre] venomous, vituperative.

**fulminer** [3] [fylmine] ◊ *vi litt* to fulminate, to rail; ~ contre le gouvernement to fulminate ou to rail against the government. ◊ *vt litt* [proférer] to thunder, to roar, to utter.

**fumage** [fymaʒ] *nm* **-1.** CULIN smoking, curing. **-2.** AGR manuring, dunging.

**fumant, e** [fymã, ãt] *adj* **-1.** [cheminée, feu] smoking, smoky; [cendres, décombres] smouldering. **-2.** [liquide, nourriture] steaming. **-3.** [furieux] fuming; être ~ de colère to flare up with anger. **-4.** *fam* [remarquable] brilliant; un coup ~ a masterstroke. **-5.** CHIM fuming.

**fumé, e¹** [fyme] *adj* smoked.
◆ **fumé** *nm* [aliment] smoked food.

**fume-cigare** [fymsigar] *nm inv* cigar holder.

**fume-cigarette** [fymsigarɛt] *nm inv* cigarette holder.

**fumée²** [fyme] *nf* **-1.** [de combustion] smoke; partir ou s'en aller en ~ to go up in smoke; il n'y a pas de ~ sans feu *prov* there's no smoke without fire. **-2.** [vapeur] steam.
◆ **fumées** *nfpl litt* stupor.

**fumer** [3] [fyme] ◊ *vt* **-1.** [tabac] to smoke; ~ la pipe to smoke a pipe ❏ ~ comme un pompier ou un sapeur to smoke like a chimney. **-2.** CULIN to smoke. **-3.** AGR to manure, to dung, to fatten.
◊ *vi* **-1.** [feu, cheminée] to smoke, to give off smoke; [cendres, décombres] to smoke, to smoulder. **-2.** [liquide, nourriture] to steam, to give off steam; on voyait ~ les flancs des chevaux you could see the steam coming ou rising off the horses' flanks. **-3.** CHIM to fume, to give off fumes. **-4.**

*fam* [être furieux] to fume, to be mad *Am*.

**fumerie** [fymri] *nf* opium den.

**fumerolle** [fymrɔl] *nf* fumarole.

**fumet** [fymɛ] *nm* **-1.** [odeur – d'un plat] (pleasant) smell, aroma; [– d'un vin] bouquet. **-2.** CULIN stock, fumet. **-3.** CHASSE scent.

**fumeur, euse¹** [fymœr, øz] *nm, f* **-1.** [adepte du tabac] smoker; compartiment ~s smoking compartiment ou car *Am*. **-2.** INDUST curer.

**fumeux, euse²** [fymø, øz] *adj* **-1.** [confus] hazy; idée fumeuse vague ou nebulous idea; il a l'esprit ~ his ideas are a bit woolly, he's woolly-minded. **-2.** [bougie, lampe] smoky.

**fumier** [fymje] *nm* **-1.** AGR manure. **-2.** ▽ [personne] bastard.

**fumigateur** [fymigatœr] *nm* **-1.** AGR fumigator. **-2.** MÉD inhaler.

**fumigation** [fymigasjɔ̃] *nf* **-1.** [pour un local] fumigation. **-2.** AGR & MÉD fumigation.

**fumigène** [fymiʒɛn] ◊ *adj* smoke *(modif)*. ◊ *nm* smoke generator.

**fumiste** [fymist] ◊ *nm* **-1.** [installateur] heating specialist. **-2.** [ramoneur] chimney sweep. ◊ *adj* lackadaisical. ◊ *nmf péj* shirker.

**fumisterie** [fymistəri] *nf* **-1.** *fam & péj* humbug, sham, farce; une vaste ~ an absolute farce. **-2.** [métier – d'installateur] boiler installation ou fitting; [– de ramoneur] chimney sweeping.

**fumoir** [fymwar] *nm* **-1.** [pour fumeurs] smoking room, smoke room *Br.* **-2.** [pour aliments] smokehouse.

**fumure** [fymyr] *nf* **-1.** [engrais] manure, fertilizer. **-2.** [fertilisation] manuring, fertilizing.

**funambule** [fynãbyl] *nmf* tightrope walker, funambulist.

**funboard** [fœnbɔrd] *nm* funboard.

**funèbre** [fynɛbr] *adj* **-1.** [relatif aux funérailles] funeral *(modif)*; cérémonie ~ funeral service; chant ~ dirge; convoi/oraison/marche ~ funeral procession/oration/march; veillée ~ deathwatch, wake. **-2.** [lugubre] gloomy, lugubrious, funereal.

**funérailles** [fyneraj] *nfpl* funeral.

**funéraire** [fynerɛr] *adj* funeral *(modif)*, funerary *spéc*; urne/chambre ~ funerary urn/chamber.

**funérarium** [fynerarjɔm] *nm* funeral parlour, funeral home *Am*.

**funeste** [fynɛst] *adj* **-1.** [désastreux] disastrous, catastrophic; le jour ~ où je l'ai rencontré that fateful ou ill-fated day when I met him; l'ignorance est souvent ~ ignorance is often dangerous ou harmful; suites ~s tragic ou disastrous ou dire consequences; être ~ à qqn to have terrible consequences for sb. **-2.** *litt* [triste] lugubrious; un récit ~ a sad tale. **-3.** *litt* [mortel] fatal, lethal.

**funiculaire** [fynikylɛr] ◊ *adj* funicular. ◊ *nm* funicular (railway).

**funky** [fœnki] *nm* jazz funk.

**furax** [fyraks] *adj inv fam* livid, hopping mad.

**furet** [fyrɛ] *nm* **-1.** ZOOL ferret; aller à la chasse au ~ to go ferreting. **-2.** JEUX pass the slipper.

**fur et à mesure** [fyreamzyr]
◆ **au fur et à mesure** *loc adv* gradually; donnez-les moi au ~ give them to me gradually ou as we go along; il s'adaptera au ~ he'll get used to it in time; je préfère faire mon travail au ~ plutôt que de le laisser s'accumuler I prefer to do my work as and when it comes rather than letting it pile up.
◆ **au fur et à mesure de** *loc prép* as; au ~ de l'avance des travaux as work proceeds; au ~ des besoins as needed; je vous les enverrai au ~ de leur disponibilité I'll send them to you as and when they are available.
◆ **au fur et à mesure que** *loc conj* as; l'eau s'écoule au ~ que je remplis l'évier the water drains away as (soon as) I fill up the sink.

**fureter** [28] [fyrte] *vi* **-1.** [fouiller] to ferret (around ou about), to snoop (around ou about). **-2.** CHASSE to ferret.

**fureteur, euse** [fyrtœr, øz] ◊ *adj péj* prying. ◊ *nm, f péj* [indiscret] snooper.

**fureur** [fyrœr] *nf* **-1.** [colère] rage, fury; accès de ~ fit of anger ou rage; ~ noire blind anger ou rage; se mettre dans

une ~ noire to fly into a rage. -2. [passion] passion; la ~ du jeu a mania ou passion for gambling; la ~ de vivre a lust for life ❑ faire ~ to be all the rage. -3. *litt* [violence] rage, fury, wrath *litt*.
◆ **avec fureur** *loc adv* -1. [colériquement] furiously. -2. [passionnément] passionately.
◆ **en fureur** ◇ *loc adj* furious, enraged. ◇ *loc adv*: entrer en ~ to fly into a rage ou fury; mettre qqn en ~ to send sb wild with rage, to enrage sb.

**furibard, e** [fyribar, ard] *adj fam* hopping mad, livid.

**furibond, e** [fyribɔ̃, ɔ̃d] *adj* furious; être ~ contre qqn to be furious with sb.

**furie** [fyri] *nf* -1. [colère] fury, rage. -2. [mégère] fury; elle s'est jetée sur lui comme une ~ she flew at him like a fury. -3. MYTH: Furie Fury.
◆ **avec furie** *loc adv* -1. [avec colère] furiously, angrily. -2. [ardemment] ardently, passionately, furiously. -3. [violemment] furiously, wildly, savagely.
◆ **en furie** *loc adj* furious, enraged; les éléments en ~ *litt* the raging elements.

**furieusement** [fyrjøzmɑ̃] *adv* -1. [avec colère] furiously, angrily. -2. [violemment] furiously, wildly, savagely. -3. [extrêmement] hugely, tremendously, extremely; avoir ~ envie de to have a tremendous urge to.

**furieux, euse** [fyrjø, øz] ◇ *adj* -1. [enragé – personne] furious, (very) angry; [– geste, cri] furious; cela me rend ~ it makes me furious; d'un air ~ looking like thunder; être ~ contre qqn to be furious with sb; être ~ de: être ~ de son échec to be enraged ou infuriated at one's failure; il est ~ d'avoir attendu he's furious at having been kept waiting. -2. *litt* [violent] raging, wild. -3. *litt* [passionné] furious. -4. [extrême] tremendous; avoir une furieuse envie de dormir to have an overwhelming desire to go to sleep. ◇ *nm, f* madman (*f* madwoman), maniac.

**furoncle** [fyrɔ̃kl] *nm* boil, furuncle *spéc*.

**furonculose** [fyrɔ̃kyloz] *nf* furunculosis.

**furtif, ive** [fyrtif, iv] *adj* -1. [comportement] furtive; [geste, action] furtive, surreptitious, stealthy; [regard] furtive, sly; [sourire] quiet, secret; [larme] hidden. -2. MIL anti-radar.

**furtivement** [fyrtivmɑ̃] *adv* stealthily, surreptitiously, furtively.

**fus** [fy] *v* → **être**.

**fusain** [fyzɛ̃] *nm* -1. BOT spindle (tree). -2. BX-ARTS [crayon] piece of charcoal; [dessin] charcoal.
◆ **au fusain** ◇ *loc adj* charcoal (*modif*). ◇ *loc adv* [dessiner, illustrer] in charcoal.

**fuseau, x** [fyzo] *nm* -1. [bobine] spindle; dentelle/ouvrage aux ~x bobbin lace/needlework. -2. VÊT ski pants (*with elasticated instep*). -3. GÉOM lune.
◆ **en fuseau** ◇ *loc adj* tapered, spindle-shaped. ◇ *loc adv*: tailler qqch en ~ to taper sthg.
◆ **fuseau horaire** *nm* time zone; changer de ~ horaire to go into a different time zone.

**fusée** [fyze] *nf* -1. [ASTRONAUT] rocket; ~ à étages multiples multiple-stage rocket; ~ orbitale orbital rocket; partir comme une ~ to be off like a shot, to shoot off. -2. [signal] rocket; ~ de détresse flare; ~ éclairante flare; ~ de signalisation signal (sky) rocket. -3. ARM rocket, missile; ~ anti-engin antimissile missile || [détonateur] fuse. -4. MÉD sinus (*of boil*). -5. [de roue] stub axle.

**fuselage** [fyzlaʒ] *nm* fuselage.

**fuselé, e** [fyzle] *adj* [doigt] slender, tapered, tapering; [jambe] slender; [muscle] well-shaped; [colonne] tapered, tapering, spindle-shaped.

**fuseler** [24] [fyzle] *vt* -1. [former en fuseau] to taper. -2. AÉRON, AUT & NAUT to streamline.

**fuser** [3] [fyze] *vi* -1. [jaillir – vapeur] to gush ou to spurt (out); [– liquide] to jet ou to gush ou to spurt (out); [– lumière] to stream out; [– étincelle] to fly; un projectile a fusé dans l'espace a missile shot through the air. -2. [retentir – rire, voix] to burst out. -3. [bougie] to melt; [poudre] to burn slowly; [sels] to crackle.

**fusible** [fyzibl] ◇ *adj* -1. [qui peut fondre] fusible, meltable. -2. [à point de fusion bas] fusible. ◇ *nm* fuse; un ~ a grillé a fuse blew ❑ ~ à cartouche cartridge fuse.

**fusil** [fyzi] *nm* -1. ARM gun, rifle; ~ automatique/semi-automatique automatic/semiautomatic rifle; ~ à canon scié sawn-off shotgun; ~ de chasse shotgun; ~ à deux coups double-barrelled gun; ~ à lunette rifle with telescopic sight; ~ à répétition repeating rifle; ~ sous-marin speargun. -2. [tireur]: un bon ~ a good shot. -3. [affiloir] steel.

**fusilier** [fyzilje] *nm* rifleman, fusilier *Br*.

**fusillade** [fyzijad] *nf* -1. [bruit] shooting (*U*), gunfire; j'ai entendu une ~ I heard a volley of shots. -2. [combat] gunfight, gun battle. -3. [exécution] shooting.

**fusiller** [3] [fyzije] *vt* [exécuter] to shoot; ~ qqn du regard to look daggers ou to glare at sb.

**fusil-mitrailleur** [fyzimitrajœr] (*pl* fusils-mitrailleurs) *nm* light machine gun.

**fusion** [fyzjɔ̃] *nf* -1. MÉTALL fusion, melting. -2. MIN smelting. -3. [dissolution – du sucre, de la glace] melting. -4. NUCL: ~ (nucléaire) fusion; ~ du cœur nuclear meltdown. -5. [union – d'idées, de sentiments] fusion; [– de groupes] fusion, merging; [– de peuples, de cultures] fusion, merging. -6. ÉCON merger, merging. -7. INF merge, merging.
◆ **en fusion** ◇ *loc adj* molten. ◇ *loc adv*: mettre deux éléments en ~ to fuse two elements (together).

**fusionnement** [fyzjɔnmɑ̃] *nm* -1. ÉCON amalgamation, merger. -2. [rassemblement – de groupes, de cultures] merging, fusion.

**fusionner** [3] [fyzjɔne] ◇ *vt* to merge. ◇ *vi* -1. ÉCON to amalgamate, to merge. -2. INF to merge.

**fusse** [fys] *v* → **être**.

**fustiger** [17] [fystiʒe] *vt litt* -1. [battre] to thrash. -2. [critiquer – personne, attitude] to censure, to criticize harshly; [– vice] to castigate.

**fût¹** [fy] *v* → **être**.

**fût²** [fy] *nm* -1. [d'un arbre] bole. -2. [tonneau] cask. -3. [partie – d'une vis, d'un poteau] shaft; [– d'une colonne] shaft, body. -4. [d'un canon] stock.

**futaie** [fytɛ] *nf* forest, (piece of) timberland *Am*; haute ou vieille ~ established ou mature forest.

**futaille** [fytaj] *nf* cask, barrel.

**futal** [fytal], **fute** [fyt] *nm fam* trousers, pants *Am*.

**futé, e** [fyte] ◇ *adj* sharp, smart, clever; il n'est pas très ~ he's not very bright. ◇ *nm, f* sharp person; hé, petit ~, comment tu l'enlèves maintenant? hey, smarty-pants, now how are you going to get it off again?

**futile** [fytil] *adj* -1. [frivole – raison] frivolous, trifling; [– occupation, lecture, personne] frivolous. -2. [sans valeur – vie] pointless, futile.

**futilité** [fytilite] *nf* [caractère futile] triviality; il perd son temps à ~s he wastes his time in trivial pursuits; ils ne se racontaient que des ~s their conversation consisted of nothing but trivialities.

**futur, e** [fytyr] ◇ *adj* -1. [à venir – difficulté, joie] future (*modif*); les ~s emplois the jobs to come; les générations ~es future ou coming generations; la vie ~e RELIG the afterlife. -2. (*avant le nom*): ~e mère mother-to-be; mon ~ époux my future husband; un ~ client a prospective client; un ~ mathématicien a future ou budding mathematician. ◇ *nm, f hum* intended *hum*, husband-to-be (*f* wife-to-be).
◆ **futur** *nm* -1. [avenir]: le ~ the future; le ~ proche the immediate future. -2. GRAMM future (tense); ~ antérieur future perfect.

**futurisme** [fytyrism] *nm* futurism.

**futuriste** [fytyrist] ◇ *adj* -1. [d'anticipation] futuristic. -2. BX-ARTS & LITTÉRAT futurist. ◇ *nmf* futurist.

**futurologie** [fytyrɔlɔʒi] *nf* futurology.

**futurologue** [fytyrɔlɔg] *nmf* futurologist.

**fuyais** [fɥijɛ] *v* → **fuir**.

**fuyant, e** [fɥijɑ̃, ɑ̃t] *adj* -1. [insaisissable – caractère] elusive; [– regard] shifty, elusive. -2. [menton, front] receding. -3. BX-ARTS vanishing; ligne ~e converging line. -4. *litt* [fugitif] fleeting, transient.

**fuyard, e** [fɥijar, ard] *nm, f* runaway, fugitive.
◆ **fuyard** *nm* MIL retreating soldier.

**fuyons** [fɥijɔ̃] *v* → **fuir**.

# G

**g, G** [ʒe] *nm* **-1.** [lettre] g, G; G majuscule capital G; g minuscule small g; ça commence par un g it begins with g; G comme Georges G for George; ça s'écrit avec deux g it's spelt with a double g *ou* two g's. **-2.** *(abr écrite de* **gramme**) g. **-3.** *(abr écrite de* **gauss**) G. **-4.** *(abr écrite de* **giga**) G. **-5.** PHYS [accélération de l'appesanteur] g. **-6.** PSYCH: **facteur g** g factor.

**g.** *(abr écrite de* **gauche**) L, l.

**G7** *npr m*: **le ~** G7 *(the seven most industrialised countries)*.

**GAB** [ɡab] *(abr de* **guichet automatique de banque**) *nm* ATM *Am*, ≈ Minibank *Br*.

**gabardine** [ɡabardin] *nf* **-1.** [tissu] gabardine, gaberdine. **-2.** [vêtement] gabardine (coat).

**gabarit** [ɡabari] *nm* **-1.** [dimension] size; 'hors ~' 'heavy vehicles'. **-2.** *fam* [carrure] size, build; c'est un tout petit ~ he/she is very slightly built; [stature] he's a bit on the short side. **-3.** *fam & fig* calibre; elle a/n'a pas le ~ she is/isn't up to it; ils sont bien du même ~ it's six of one and half a dozen of the other. **-4.** TECH [pour mesure] gauge; [maquette] template; ~ de mise en page IMPR (filmsetting) grid.

**gabegie** [ɡabʒi] *nf*: **la ~** administrative bureaucratic waste.

**Gabon** [ɡabɔ̃] *npr m*: **le ~** Gabon.

**gabonais, e** [ɡabɔnɛ, ɛz] *adj* Gabonese.
◆ **Gabonais, e** *nm, f* Gabonese; **les Gabonais** the Gabonese.

**gâche** [ɡɑʃ] *nf* **-1.** [de maçon] trowel. **-2.** [de verrou] keeper, strike; [de crémone] (espagnolette) plate.

**gâcher** [3] [ɡɑʃe] *vt* **-1.** [gaspiller – argent, talent, temps] to waste. **-2.** [abîmer] to spoil, to ruin; ne va pas me ~ le plaisir *fam* don't go spoiling *ou* ruining it for me; ~ le métier to spoil it for the others *(by undercutting prices or working for lower wages)*. **-3.** CONSTR [plâtre, ciment] to mix.

**gâchette** [ɡɑʃɛt] *nf* [d'arme à feu] trigger; appuyez sur la ~ pull the trigger; avoir la ~ facile/rapide to be trigger-happy/quick on the draw.

**gâcheur, euse** [ɡɑʃœr, øz] ◇ *adj* wasteful. ◇ *nm, f* [gaspilleur] wasteful person, wastrel; [bâcleur] bungler, botcher.

**gâchis** [ɡɑʃi] *nm* **-1.** [gaspillage] waste; sa vie est un véritable ~ her life has been completely wasted. **-2.** [désordre] mess; faire du ~ to make a mess; ~ politique political muddle.

**gadget** [ɡadʒɛt] *nm* **-1.** [appareil] gadget. **-2.** [idée, projet] gimmick. **-3.** *(comme adj; avec ou sans trait d'union)*: une mesure ~ a gimmicky measure; une réforme ~ a token reform.

**gadin**ᵛ [ɡadɛ̃] *nm*: prendre *ou* ramasser un ~ to come a cropper *Br*, to fall flat on one's face.

**gadoue** [ɡadu] *nf fam* [boue] mud, muck.

**gaélique** [ɡaelik] ◇ *adj* Gaelic. ◇ *nm* LING Gaelic; ~ d'Écosse Scots Gaelic; ~ d'Irlande Irish.

**gaffe** [ɡaf] *nf* **-1.** *fam* [bêtise – en paroles] gaffe; [– en actions] blunder, boob *Br*, goof *Am*; tu as fait une ~ en le lui racontant you put your foot in it *ou* you dropped a clanger *Br ou* you goofed *Am* when you told her that. **-2.** *fam loc*: faire ~ [faire attention] to be careful. **-3.** NAUT boat-hook, hook.

**gaffer** [3] [ɡafe] ◇ *vi fam* [en parlant] to drop a clanger *Br*, to make a gaffe; [en agissant] to put one's foot in it, to boob *Br*, to goof *Am*. ◇ *vt* PÊCHE to gaff.

**gaffeur, euse** [ɡafœr, øz] *nm, f* blunderer; c'est une gaffeuse née she's always putting her foot in it.

**gag** [ɡaɡ] *nm* gag, joke; ~ à répétition CIN running gag.

**gaga** [ɡaɡa] *fam* ◇ *adj* senile, gaga. ◇ *nmf*: quel vieux ~! what a doddering old fool!

**gage** [ɡaʒ] *nm* **-1.** [caution] security, collateral *(U)*; [au mont-de-piété] pledge; laisser qqch en ~ to leave sthg as security; mettre qqch en ~ to pawn *ou Am* to hock sthg. **-2.** *fig* [garantie] guarantee; sa compétence sera le ~ d'une bonne gestion his competence will guarantee *ou* secure good management. **-3.** [témoignage] proof, token; en ~ de as proof of; en ~ de mon amour as proof *ou* a pledge of my love; en ~ de ma bonne volonté as a token of my goodwill; son premier film est le ~ d'un grand talent his first film gives proof *ou* shows evidence of great talent. **-4.** JEUX forfeit.
◆ **gages** *nmpl vieilli* [salaire] wages, pay; être aux ~s de qqn to be in sb's employ (as a servant).

**gagé, e** [ɡaʒe] *adj* **-1.** [objet] pledged, pawned. **-2.** [emprunt] secured.

**gager** [17] [ɡaʒe] *vt* **-1.** FIN [emprunt] to secure, to guarantee. **-2.** *litt* [parier] to wager.

**gageure** [ɡaʒyr] *nf sout* challenge; pour le gouvernement, c'est une ~ the government is attempting the impossible; soutenir la ~ to take up the challenge.

**gagnant, e** [ɡaɲɑ̃, ɑ̃t] ◇ *adj* [ticket, coupon] winning *(avant n)*; il est donné ~ he is favourite *ou* has been tipped to win; il fallait jouer Fleur de Lys ~ you should have backed Fleur de Lys to win; coup ~ TENNIS winner (shot); partir ~ *fig*: elle part ~e all the odds are in her favour; jouer ~ *fig* to hold all the trump cards. ◇ *nm, f* winner; c'est toi le grand ~ de l'histoire you've come out on top, you've got the best of the bargain.

**gagne** [ɡaɲ] *nf fam & SPORT* winning edge.

**gagne-pain** [ɡaɲpɛ̃] *nm inv* livelihood; c'est mon seul ~ it's my only means of existence.

**gagne-petit** [ɡaɲpəti] *nmf inv* **-1.** [qui gagne peu]: les ~ the lowpaid; ce sont des ~ they work for a pittance. **-2.** *péj* [qui manque d'ambition] small-time operator, small-timer.

**gagner** [3] [ɡaɲe] ◇ *vt* **-1.** [partie, match, élection, prix] to win; ce n'est pas gagné d'avance it's an early to start talking about success; c'est gagné! *iron* now you've got what you asked for! ❏ ~ le gros lot *pr & fig* to win *ou* to hit the jackpot; à tous les coups l'on *ou* on gagne! everyone's a winner!; c'est un pari gagné d'avance it's in the bag. **-2.** [argent – comme rémunération] to earn, to make; [– comme récompense] to earn; [– dans une transaction] to make a profit of, to make; ~ gros *fam* to earn *ou* to make big money; ~ une fortune à la loterie to win a fortune on the lottery; allez, prends, tu l'as bien gagné! go on, take it, you've earned it! ❏ ~ des mille et des cents to earn a fortune; ~ sa vie *ou* son pain *ou* son bifteck *fam ou* sa croûte *fam* to earn a living *ou* one's daily bread; eh bien, j'ai gagné ma journée! *fam & iron* I should have stayed in bed today!-3. [avantage] to gain; il y a tout à ~ à faire cette démarche there's everything to gain *ou* to be gained from making this move; et si j'accepte, qu'est-ce que j'y gagne? and if I accept, what do I get out of it?; qu'est-ce que tu gagnes à tout changer? what's the point of changing everything? ❏ c'est toujours ça de gagné! that's something, anyway!-4. [économiser] to save; ~ de la place to save space; en enlevant la porte on gagne 10 cm if you take the door off you gain an extra 10 cm; ~ du temps [en allant très vite] to save time; [en atermoyant] to play for time. **-5.** ÉCON to gain; l'indice a gagné deux points the index has gone up by *ou* has gained two points. **-6.** [conquérir – ami] to win; [– partisan] to win over *(sép)*; ~ l'amitié/l'appui de qqn to win sb's friendship/support; ~

qqn à une cause to win sb over (to a cause). **-7.** [suj: sentiment, sensation] to overcome; **je sentais la panique me** ~ I could feel panic coming OU creeping over me ‖ [suj: épidémie, feu, nuages] to spread to; **s'ils se laissent** ~ **par le froid, ils sont perdus** if they allow the cold to take a grip of OU to get to them, they are finished; **j'ai fini par me laisser** ~ **par son enthousiasme** I ended up being infected by her enthusiasm ❑ ~ **du terrain** *pr* & *fig* to gain ground. **-8.** [rejoindre] to reach, to get to; **il gagna la sortie** he made his way to the exit; **le ferry gagna le port/le large** the ferry reached port/ got out into the open sea.
◇ *vi* **-1.** [l'emporter] to win; **on a gagné (par) 3 buts à 2 we won (by) 3 goals to 2, we won 3-2;** ~ **aux courses** to win at the races; ~ **aux échecs** to win at chess; **à ce petit jeu, ce n'est pas toi qui gagneras** you're not going to beat me at that little game. **-2.** [avancer – incendie, érosion] to gain ground; ~ **sur** to gain OR to advance on; ~ **en** to increase OU to gain in; ~ **en longueur** to increase in length, to grow longer; **notre production gagne en qualité** the quality of our product is improving.
◆ **gagner à** *v* + *prép*: **elle gagne à être connue** once you get to know her a bit she grows on you; **vin qui gagne à vieillir** wine for laying down OU which improves with age; **ils gagneraient à ce que nul ne l'apprenne** it would be to their advantage if nobody found out ❑ **accepte, tu y gagnes** OU **tu gagnes au change** say yes, it's to your advantage.
◆ **se gagner** ◇ *vp (emploi passif)*: **l'argent ne se gagne pas si facilement** it isn't so easy to make money. ◇ *vpt* to win, to earn; **se** ~ **un adepte** to win over a follower.

**gagneur, euse** [ɡaɲœʀ, øz] *nm, f* winner, go-getter.

**gai, e** [ɡe] ◇ *adj* **-1.** [mine, décor, personnalité] cheerful, happy; [musique] cheerful, jolly; [couleur] bright, cheerful; **sa vie n'a pas toujours été très** ~**e** his life hasn't always been much fun OU a happy one; **cette couleur rend la pièce plus** ~**e** this colour makes the room look more cheerful; **il pleut encore, c'est** ~! *iron* great, it's raining again! ❑ ~ **comme un pinson** happy as a lark OU a sandboy *Br*. **-2.** [un peu ivre] merry, tipsy. **-3.** [homosexuel]= **gay.**
◇ *nm, f* = **gay.**

**gaiement** [ɡemɑ̃] *adv* **-1.** [avec joie] cheerfully, cheerily. **-2.** [avec enthousiasme] cheerfully, heartily; **allons-y** ~ let's get on with it!

**gaieté** [ɡete] *nf* **-1.** [bonne humeur] cheerfulness, gaiety; **elle a retrouvé sa** ~ she's cheered up again; **tu n'es pas d'une** ~ **folle ce matin** you're not exactly a bundle of fun this morning; **un accès de** ~ a burst of merriment. **-2.** [d'une couleur] brightness, gaiety.
◆ **de gaieté de cœur** *loc adv* willingly, gladly; **je ne l'ai pas fait de** ~ **de cœur!** it's not something I enjoyed doing!

**gaillard, e** [ɡajaʀ, aʀd] ◇ *adj* **-1.** [grivois] bawdy, lewd. **-2.** [vigoureux] lusty; **il est encore** ~ he is still sprightly OU lively. ◇ *nm, f* [personne forte]: **c'est un sacré** ~! [homme viril] he's a lusty OU red-blooded fellow!; [costaud] he's a great strapping lad!; **c'est une (rude)** ~**e** she's no shrinking violet; **c'est une grande** ~**e** she's a big strapping girl OU lass *Br*.
◆ **gaillard** *nm fam* [avec menace]: **toi mon** ~, **tu n'as pas intérêt à bouger!** you'd better not move, mate! *Br* OU buddy! *Am* ‖ [avec amitié]: **c'est un** ~ **qui promet** he's a promising lad *Br* OU boy.
◆ **gaillarde** *nf* DANSE & MUS galliard.

**gaillardement** [ɡajaʀdəmɑ̃] *adv* **-1.** [gaiement]: **elle accepte/supporte tout ça** ~ she accepts/bears it all cheerfully. **-2.** [vaillamment] valiantly, gamely; **on se mit en marche** ~ we set off boldly OU in good spirits; **elle va** ~ **sur ses 70 ans** she'll soon be a sprightly 70.

**gaîment** [ɡemɑ̃] *arch* = **gaiement.**

**gain** [ɡɛ̃] *nm* **-1.** [succès] winning, gaining; ~ **de cause: elle a eu** OU **obtenu** ~ **de cause** [dans un procès] she won the case; *fig* it was agreed that she was in the right. **-2.** [économie] saving; **cela permet un (énorme)** ~ **de place/temps** it saves (a lot of) space/time. **-3.** [progrès] benefit; **un** ~ **de 30 sièges aux élections** a gain of 30 seats in the elections. **-4.** [bénéfice financier] profit, gain; **faire des** ~**s importants à la Bourse** to make a big profit on the stock exchange ‖ [rémunération] earnings; ~**s illicites** illicit earnings; **l'amour du** ~ the love of gain.

**gaine** [ɡɛn] *nf* **-1.** [étui – de poignard] sheath; [– de parapluie]

cover. **-2.** ANAT & BOT sheath. **-3.** ARM priming tube. **-4.** BX-ARTS [piédestal] plinth. **-5.** CONSTR [conduit vertical] shaft, duct; [de climatisation] duct; ~ **d'aération** OU **de ventilation** ventilation shaft; ~ **d'ascenseur** lift shaft *Br*, elevator shaft *Am*. **-6.** ÉLECTRON jacket. **-7.** NAUT tabling. **-8.** NUCL can. **-9.** VÊT girdle.

**gaine-culotte** [ɡɛnkylɔt] (*pl* **gaines-culottes**) *nf* panty girdle.

**gainer** [4] [ɡene] *vt* [câble] to sheathe, to encase; [cylindre, tuyau] to lag; **flacon gainé de cuir** leather-cased flask.

**gaîté** [ɡete] *arch* = **gaieté.**

**gala** [ɡala] *nm* gala; ~ **de charité** charity gala.
◆ **de gala** *loc adj* gala (*modif*).

**galactique** [ɡalaktik] *adj* galactic.

**galamment** [ɡalamɑ̃] *adv* gallantly.

**galant, e** [ɡalɑ̃, ɑ̃t] *adj* **-1.** [courtois] gallant, gentlemanly; **sois** ~, **porte-lui son paquet** be a gentleman and carry her parcel for her; **un** ~ **homme** *sout* an honourable man, a gentleman. **-2.** *litt* [amoureux]: **un rendez-vous** ~ a date, a rendezvous, a lover's tryst *vieilli*; **en** ~**e compagnie** in the company of the opposite sex.
◆ **galant** *nm vieilli* suitor, admirer.

**galanterie** [ɡalɑ̃tʀi] *nf* **-1.** [courtoisie] courteousness, gallantry, chivalry. **-2.** [compliment] gallant remark, gallantry.

**galantine** [ɡalɑ̃tin] *nf* galantine.

**Galapagos** [ɡalapaɡos] *npr fpl*: **les (îles)** ~ the Galapagos islands.

**galapiat** [ɡalapja] *nm fam* & *vieilli* [polisson] rapscallion *arch*, rascal; [vaurien] good-for-nothing.

**galaxie** [ɡalaksi] *nf* galaxy; **la Galaxie** the Galaxy.

**galbe** [ɡalb] *nm* curve; **des jambes d'un** ~ **parfait** shapely legs.

**galbé, e** [ɡalbe] *adj* **-1.** [commode, poterie] curved, with a curved outline. **-2.** [mollet – de femme] shapely; [– de sportif] muscular.

**gale** [ɡal] *nf* **-1.** MÉD scabies; **mauvais** OU **méchant comme la** ~ wicked as sin. **-2.** *fam* [personne odieuse] rat, nasty piece of work *Br*. **-3.** VÉTÉR [du chien, du chat] mange; [du mouton] scab. **-4.** BOT scab.

**galéjade** [ɡaleʒad] *nf dial* tall story.

**galère** [ɡalɛʀ] *nf* **-1.** [navire] galley; **condamné** OU **envoyé aux** ~**s** sent to the galleys. **-2.** *fam* [situation pénible] hassle; **mais qu'allais-tu faire dans cette** ~? *allusion Molière* why on earth did you have to get mixed up in this?

**galérer** [18] [ɡaleʀe] *vi fam* [avoir du mal]: **on a galéré 2 heures dans la banlieue** we wasted two whole hours driving around the suburbs; **j'ai galéré toute la journée pour faire mes inscriptions** I've been running around (like mad) all day sorting out my enrolment; **elle a vachement galéré avant d'être connue** she had a hard time of it before she made it.

**galerie** [ɡalʀi] *nf* **-1.** [local – d'expositions, de ventes] (art) gallery, private gallery; ~ **d'art** OU **de peinture** OU **de tableaux** art gallery. **-2.** [salle d'apparat] hall, gallery; **la** ~ **des Glaces** the Hall of Mirrors. **-3.** [passage couvert] gallery; [arcade] arcade; ~ **marchande** OU **commerciale** shopping arcade *Br*, shopping mall *Am*. **-4.** THÉÂT: **la** ~ the gallery, the balcony ❑ **les deuxièmes** ~**s** [qui ne sont pas les plus hautes] the dress circle; [les plus hautes] the upper circle; **jouer pour la** ~ to play to the gallery; **tout ce qu'il fait, c'est pour la** ~ everything he does is to show off OU is calculated to impress; **amuser la** ~ to play for laughs. **-5.** [souterrain – de taupe] tunnel; [– de termites] gallery. **-6.** MIN gallery, level. **-7.** AUT roof rack.

**galérien** [ɡaleʀjɛ̃] *nm* galley slave; **travailler comme un** ~ to work like a (galley) slave OU a horse OU a Trojan.

**galet** [ɡalɛ] *nm* **-1.** [caillou] pebble; **sur les** ~**s** on the shingle OU the pebble beach. **-2.** [roue] roller; MÉCAN roller.

**galette** [ɡalɛt] *nf* **-1.** [crêpe – épaisse] pancake, griddle cake; [– de froment, de sarrasin] pancake; [pain azyme] matzo bread; [biscuit] shortbread; **la** ~ **des Rois** pastry traditionally eaten on Twelfth Night (in France). **-2.** ▽ [argent] dough *Am*, dosh *Br*; **elle a de la** ~ she's rolling in it.

**Galice** [ɡalis] *npr f*: **(la)** ~ Galicia.

**Galicie** [ɡalisi] *npr f*: **(la)** ~ Galicia.

**Galilée** [galile] ◊ *npr f* GÉOG: **(la) ~** Galilee. ◊ *npr* HIST Galileo.

**galiléen, enne** [galileẽ, ɛn] *adj* GÉOG & SC Galilean.
◆ **Galiléen, enne** *nm, f* Galilean.
◆ **Galiléen** *nm*: **le Galiléen** the Galilean.

**galimatias** [galimatja] *nm* gibberish *(U)*, gobbledegook *(U)*, nonsense *(U)*.

**galipette** [galipɛt] *nf* forward roll, somersault.

**Galles** [gal] *npr*: **le pays de ~** Wales; **au pays de ~** in Wales.

**gallicisme** [galisism] *nm* LING [calque du français] gallicism; [emprunt au français] French idiom, gallicism.

**gallinacé, e** [galinase] *adj* ZOOL gallinaceous, gallinacean.
◆ **gallinacé** *nm* gallinacean; **les ~s** the chicken family, the Gallinaceae *spéc*.

**gallois, e** [galwa, az] *adj* Welsh.
◆ **Gallois, e** *nm, f* Welshman (*f* Welshwoman); **les Gallois** the Welsh.
◆ **gallois** *nm* LING Welsh.

**gallon** [galɔ̃] *nm* gallon; **un ~ aux 30 miles** 30 miles to the ou per gallon ❑ **le ~ américain** the US gallon; **le ~ impérial** the imperial ou British gallon.

**gallo-romain, e** [galɔrɔmɛ̃, ɛn] (*mpl* **gallo-romains**, *fpl* **gallo-romaines**) *adj* Gallo-Roman.
◆ **Gallo-Romain, e** *nm, f* Gallo-Roman.

**galoche** [galɔʃ] *nf* [chaussure] wooden-soled shoe, clog (*with leather uppers*).

**galon** [galɔ̃] *nm* **-1.** TEXT [ruban] braid *(U)*, trimming *(U)*. **-2.** MIL [insigne] stripe; **prendre du ~** to take a step up the ladder, to get a promotion.

**galonné** [galɔne] *nm fam & arg mil* officer, brass hat *Br*; **les ~s** the top brass.

**galonner** [3] [galɔne] *vt* to braid, to trim (with braid).

**galop** [galo] *nm* **-1.** ÉQUIT gallop; **prendre le ~** to break into a gallop; **~ d'essai** *pr* warm-up gallop; *fig* dry run. **-2.** DANSE galop.
◆ **au galop** *loc adv* at a gallop; **mettre sa monture au ~** to put one's horse into a gallop; **il a descendu la colline au ~** he galloped down the hill; **va m'acheter le journal, et au ~!** go and buy me the newspaper, and be quick about it!; **au triple ~** *fig* at top speed.

**galopade** [galɔpad] *nf* **-1.** [course] (mad) rush. **-2.** ÉQUIT lope.

**galopant, e** [galɔpɑ̃, ɑ̃t] *adj* [consommation, inflation] galloping; [urbanisation] uncontrolled, unplanned.

**galoper** [3] [galɔpe] *vi* **-1.** ÉQUIT to gallop. **-2.** [aller trop vite – idées, images] to race; [– enfants] to charge; **ne galopez pas dans les escaliers!** don't charge up and down the stairs!; **~ après qqn/qqch** *fam* to chase (around) after sb/sthg.

**galopin** [galɔpɛ̃] *nm fam* (street) urchin, scamp; **espèce de petit ~!** you little devil!, you little brat!

**galvanisation** [galvanizasjɔ̃] *nf* **-1.** MÉD galvanization. **-2.** MÉTALL galvanization.

**galvaniser** [3] [galvanize] *vt* **-1.** MÉD to galvanize. **-2.** MÉTALL to electroplate, to galvanize, to zinc-plate. **-3.** [stimuler] to galvanize ou to spur into action; **~ les foules** to whip up ou to provoke the crowds; **ça l'a galvanisé** [après une catastrophe] it galvanized ou spurred him into action; [après une bonne nouvelle] it lifted his spirits.

**galvaudé, e** [galvode] *adj* [mot] hackneyed, commonplace, clichéd; [plaisanterie] corny.

**galvauder** [3] [galvode] *vt* **-1.** [réputation] to sully, to tarnish. **-2.** [don, qualité] to prostitute. **-3.** [mot, sens] to debase.
◆ **se galvauder** *vpi* to demean ou to lower o.s.

**gamba** [gɑ̃ba, *pl* gɑ̃bas] *nf* type of large Mediterranean prawn.

**gambade** [gɑ̃bad] *nf* [cabriole] leap, caper; **faire des ~s** [chien] to frisk about; [enfant] to skip about.

**gambader** [3] [gɑ̃bade] *vi* to gambol, to leap ou to caper about; **les enfants gambadaient de joie autour de l'arbre de Noël** the children were gleefully capering around the Christmas tree.

**gamberge**▽ [gɑ̃bɛrʒ] *nf*: **il est en pleine ~** [il combine quelque chose] he's plotting something; [il rêvasse] he's day-dreaming.

**gamberger**▽ [17] [gɑ̃bɛrʒe] ◊ *vi* [penser] to think. ◊ *vt* [combiner]: **je me demande ce qu'il gamberge** I wonder what he's up to.

**gambette** [gɑ̃bɛt] *nf fam* [jambe] leg, pin *Br*, gam *Am*; **jouer ou tricoter des ~s** to go off like a shot, to leg it.

**Gambie** [gɑ̃bi] *npr f* **-1.** [pays]: **(la) ~** the Gambia. **-2.** [fleuve]: **la ~, le fleuve ~** the Gambia (River).

**gambien, enne** [gɑ̃bjɛ̃, ɛn] *adj* Gambian.
◆ **Gambien, enne** *nm, f* Gambian.

**gamelle** [gamɛl] *nf* **-1.** [récipient – d'un soldat] mess tin; [– d'un ouvrier] lunch box *Br* ou pail *Am*. **-2.** MIL & NAUT mess. **-3.** *fam* CIN spot, spotlight. **-4.** ▽ *loc*: **ramasser ou prendre une ~** to fall flat on one's face, to come a cropper *Br*.

**gamète** [gamɛt] *nm* gamete.

**gamin, e** [gamɛ̃, in] ◊ *nm, f* kid. ◊ *adj* [puéril] childish; [espiègle] childlike, impish, playful.

**gaminerie** [gaminri] *nf* [acte] childish ou silly prank; [comportement] childishness, infantile behaviour; **ses ~s m'exaspéraient** his childish ways were driving me mad.

**gamma** [gama] *nm* gamma.

**gamme** [gam] *nf* **-1.** MUS scale, gamut *spéc*; **faire ses ~s** *pr* to play one's scales; *fig* to go through the basics, to learn the ropes. **-2.** [de produits] range; [de sentiments] gamut. **-3.** COMM: **bas/haut de ~: produits bas/haut de ~** down-market/up-market products; **un téléviseur haut de ~** an up-market ou top-of-the-range TV.

**gammée** [game] *adj f* → **croix**.

**Gand** [gɑ̃] *npr* Ghent.

**gandin** [gɑ̃dɛ̃] *nm sout* [dandy] dandy, fop.

**gang** [gɑ̃g] *nm* gang.

**Gange** [gɑ̃ʒ] *npr m*: **le ~** the (River) Ganges.

**ganglion** [gɑ̃glijɔ̃] *nm* MÉD ganglion.

**ganglionnaire** [gɑ̃glijɔnɛr] *adj* ganglionic, ganglial.

**gangrène** [gɑ̃grɛn] ◊ *vt* → **gangrener**. ◊ *nf* **-1.** MÉD gangrene. **-2.** [corruption] scourge, canker.

**gangrener** [19] [gɑ̃grəne] *vt* **-1.** MÉD to cause to become gangrenous, to gangrene. **-2.** [corrompre] to corrupt, to rot.
◆ **se gangrener** *vpi* to become gangrenous.

**gangster** [gɑ̃gstɛr] *nm* **-1.** [bandit] gangster. **-2.** [escroc] cheat, swindler.

**gangstérisme** [gɑ̃gsterism] *nm* gangsterism.

**gangue** [gɑ̃g] *nf* **-1.** MIN [d'une pierre précieuse, d'un minéral] gangue. **-2.** [couche] coating; **recouvert d'une ~ de glace** coated with ice. **-3.** *fig*: **ils sont enfermés dans une ~ de préjugés** they are hidebound with prejudice.

**ganse** [gɑ̃s] *nf* COUT braid ou twine binding.

**ganser** [3] [gɑ̃se] *vt* [robe, tissu] to braid, to trim; [chapeau] to trim; **~ une couture** to pipe a seam.

**gant** [gɑ̃] *nm* [accessoire] glove; **~ de boxe/d'escrime** boxing/fencing glove; **~ de crin** massage glove; **~ de motard** motorcycle glove; **~ de toilette** flannel *Br*, washcloth *Am*, facecloth *Am*; **ça te/lui va comme un ~** it fits you/him like a glove; **mettre ou prendre des ~s avec qqn** to handle sb with kid gloves; **pour lui annoncer la nouvelle je te conseille de prendre des ~s** I'd advise you to break the news to him very gently; **jeter le ~ (à qqn)** to throw down the gauntlet (to sb); **relever ou ramasser le ~** to take up the gauntlet, to accept the challenge.

**gantelet** [gɑ̃tlɛ] *nm* **-1.** HIST & SPORT gauntlet. **-2.** INDUST gauntlet, hand guard.

**ganter** [3] [gɑ̃te] ◊ *vt* to glove; **ses mains étaient gantées de dentelle noire** her hands were gloved in black lace, she was wearing black lace gloves. ◊ *vi*: **vous gantez du combien?** what size gloves do you take?
◆ **se ganter** *vp* (*emploi réfléchi*) [mettre ses gants] to put on ou to slip on one's gloves.

**ganterie** [gɑ̃tri] *nf* **-1.** [industrie] glove-making industry; [fabrique] glove factory. **-2.** [boutique] glove shop *Br* ou store *Am*, glover's; [négoce]: **la ~** the glove trade.

**gantier, ère** [gɑ̃tje, ɛr] *nm, f* glover.

**GAO** (*abr de* **gestion assistée par ordinateur**) *nf* CAM, computer-aided management.

**garage** [garaʒ] *nm* **-1.** [de voitures] garage; [de bateaux] boathouse; [de vélos] shed; [d'avions] shed, hangar; [de bus] garage, depot; **la voiture est au ~** the car is in the garage. **-2.** [atelier] garage, car repair shop *Am*; **ma voiture est au ~** my car is at the garage. **-3.** RAIL siding.

**garagiste** [garaʒist] *nmf* [propriétaire] garage owner; [gérant] garage manager; [mécanicien] (garage) mechanic.

**garance** [garɑ̃s] ◇ *nf* **-1.** BOT madder. **-2.** [teinture] madder (dye). ◇ *adj inv* [rouge] ruby red.

**garant, e** [garɑ̃, ɑ̃t] ◇ *adj* **-1.** JUR: être ~ d'une dette to stand guarantor OU surety for a debt. **-2.** [responsable]: être/se porter ~ de to vouch OU to answer for; les pays ~s d'un traité countries acting as guarantors of a treaty; désormais, vous serez ~e de ses faits et gestes from now on, you'll be answerable OU responsible for his conduct. ◇ *nm, f* **-1.** [personne]: tu es la ~e de notre réussite thanks to you, we are assured of success. **-2.** [responsable] guarantor; les membres du GATT sont les ~s de la liberté des échanges the members of GATT are the guarantors of free trade.
◆ **garant** *nm* **-1.** JUR [personne] guarantor; [somme, bien, document] surety, security; être le ~ de qqn to stand surety for sb. **-2.** [garantie] guarantee, warranty.

**garantie** [garɑ̃ti] *nf* **-1.** COMM [assurance] guarantee; contrat de ~ guarantee; rupture de ~ breach of warranty. **-2.** JUR [obligation] guarantee; ~ de paiement guarantee of payment. **-3.** [gage] guarantee; c'est sans ~! I'm not promising OU guaranteeing anything! **-4.** POL: ~ individuelle, ~s individuelles guarantee of individual liberties.
◆ **sous garantie** *loc adj* under guarantee.

**garantir** [32] [garɑ̃tir] *vt* **-1.** [veiller sur] to guarantee, to safeguard. **-2.** [assurer – appareil] to guarantee. **-3.** [promettre] to guarantee, to assure; suis mes conseils et je te garantis le succès take my advice and I guarantee you'll succeed OU I guarantee you success; il m'a garanti que ça serait livré demain, il m'a garanti la livraison pour demain he assured me that it would be delivered tomorrow, he guaranteed delivery for tomorrow; je te garantis que tu le regretteras! I can assure you you'll regret it! **-4.** [protéger]: ~ qqn de to protect sb from. **-5.** JUR: ~ qqn contre to cover sb against. **-6.** FIN [paiement] to guarantee; [emprunt] to guarantee, to back; [créance] to secure.

**garce**ᵛ [gars] *nf péj* bitch.

**garçon** [garsɔ̃] ◇ *nm* **-1.** [enfant] boy; grand ~: un grand ~ comme toi, ça ne pleure pas big boys like you don't cry; petit ~ little boy ❏ ~ manqué tomboy. **-2.** [homme] boy; ~ d'honneur best man; il est plutôt joli ~ he's quite good-looking; c'est un bon OU brave ~ he's a good sort; c'est un mauvais ~ he's a bad lot *Br*, he's bad news. **-3.** [célibataire] bachelor. **-4.** [employé]: ~ de bureau/courses office/errand boy; ~ boucher butcher's boy OU assistant. **-5.** [serveur]: ~ (de café OU de salle) waiter. **-6.** *fam* [en appellatif]: attention, mon ~! watch it, sonny! ◇ *adj m* **-1.** [célibataire] unmarried. **-2.** [qui a une apparence masculine] boyish.

**garçonne** [garsɔn] *nf* HIST: les ~s des années vingt the flappers.
◆ **à la garçonne** *loc adv*: coiffée à la ~ with an Eton crop; habillée à la ~ dressed like a (twenties) flapper.

**garçonnet** [garsɔnε] *nm* **-1.** [petit garçon] (little) boy. **-2.** *(comme adj)*: rayon ~ boyswear (department).

**garçonnier, ère** [garsɔnje, εr] *adj* boyish.
◆ **garçonnière** *nf* bachelor pad.

**garde¹** [gard] *nf* **A. -1.** [surveillance – d'un bien, d'un lieu]: je te confie la ~ du manuscrit I am entrusting you with the manuscript, I am leaving the manuscript in your safekeeping OU care; assurer la ~ d'un immeuble [police] to guard a building; [concierge] to look after a building, to be caretaker of a building; faire bonne ~: on te prête la maison pour le week-end, mais fais bonne ~ we'll let you use our house for the weekend, but look after it carefully; affecté à la ~ du palais présidentiel on guard duty at the presidential palace; monter la ~ to stand guard. **-2.** [protection – d'un enfant, d'un animal] care; je confierai la ~ des enfants à ma tante I will leave the children in the care of my aunt; puis-je te confier la ~ de mon chien pendant deux jours? would you take care of OU look after my dog for two days? **-3.** MÉD [service de surveillance]: interne qui fait des ~s locum *Br*, locum tenens *Br*, intern on duty *Am* ❏ ~ de nuit night duty. **-4.** JUR custody; la ~ des enfants fut confiée à la mère the mother was given custody of the children, the children were left in the custody of their mother ❏ ~ à vue police custody; droit de ~ (right of) custody. **B.** SPORT guard; tenir la ~ haute to keep one's guard up; baisser sa ~ to drop one's guard; ne pas baisser sa ~ (de-

vant qqn) to remain on one's guard ❏ n'avoir ~ de faire *sout*: je n'aurai ~ de vous contredire I'll take good care not to contradict you; prendre ~: prends ~ watch out!; prendre ~ à: prenez ~ à la marche mind *Br* OU watch *Am* the step; prendre ~ de: prenez ~ de ne rien oublier make sure OU take care you don't leave anything behind; prendre ~ (à ce) que *sout*: prends ~ qu'on ne te voie pas make sure nobody sees you. **C. -1.** [escorte, milice] guard; ~ (d'honneur) guard of honour; ~ mobile (State) security police; la Garde républicaine the Republican Guard *(on duty at French state occasions)*; la vieille ~ the old guard *(of a political party)*. **-2.** [soldats en faction] guard; ~ montante/descendante relief/old guard. **D.** ARM [d'une arme blanche] hilt; jusqu'à la ~ *fig* up to the hilt; il s'est enferré dans ses mensonges jusqu'à la ~ he got completely tangled up in his own lies.
◆ **gardes** *nfpl* guard *(civil militia, 1789-1871)*; être/se tenir sur ses ~s to be/to stay on one's guard.
◆ **de garde** *loc adj* **-1.** → **chien. -2.** MÉD duty *(modif)*; médecin de ~ duty doctor, doctor on duty; elle est de ~ trois nuits par semaine she's on duty three nights a week.
◆ **en garde** *loc adv* **-1.** MIL & SPORT: en ~ on (your) guard!; mettez-vous en ~ take your guard. **-2.** [sous surveillance]: ils prennent des animaux en ~ l'été they board pets during the summer. **-3.** JUR in care *Br*, in custody *Am*. **-4.** *loc*: mettre qqn en ~ to warn sb; je l'avais mise en ~ contre les dangers du tabac I had warned her against the dangers of smoking.
◆ **sous bonne garde** *loc adv*: le stade est sous bonne ~ the stadium is under (heavy) guard; ton argent est sous bonne ~ your money is in safe hands.

**garde²** [gard] ◇ *nmf* [personne]: la ~ des enfants est une jeune Allemande the childminder *Br* OU baby-sitter is a young German girl. ◇ *nm* **-1.** [surveillant] warden; ~ champêtre rural policeman; ~ du corps bodyguard; ~ forestier forest warden *Br*, forest ranger *Am*; ~ mobile member of the (State) security police; ~ de nuit night watchman; ~ républicain Republican guardsman *(on duty at French state occasions)*; ~ des Sceaux (French) Minister of Justice, ≈ Lord Chancellor *Br*, ≈ Attorney General *Am*. **-2.** [soldat – en faction] guard; [– en service d'honneur] guardsman; ~ rouge Red Guard. ◇ *nf* MÉD nurse.

**garde-à-vous** [gardavu] *nm inv*: des soldats au ~ soldiers standing at OU to attention; ~, fixe! attention!, 'shun!; se mettre au ~ to stand to attention.

**garde-barrière** [gardəbarjer] *(pl* **gardes-barrière** OU **gardes-barrières)** *nmf* level-crossing keeper *Br*, grade-crossing keeper *Am*.

**garde-boue** [gardəbu] *nm inv* mudguard.

**garde-chasse** [gardəʃas] *(pl* **gardes-chasse** OU **gardes-chasses)** *nm* gamekeeper.

**garde-chiourme** [gardəʃjurm] *(pl* **gardes-chiourme** OU **gardes-chiourmes)** *nm* **-1.** HIST warder *(in charge of a gang of convicts)*. **-2.** *péj* [surveillant brutal] martinet, disciplinarian.

**garde-corps** [gardəkɔr] *nm inv* [balustrade] railing, handrail; [parapet] parapet.

**garde-côtes** [gardəkot] *nm inv* coastguard vessel.

**garde-feu** [gardəfø] *(pl inv* OU **garde-feux)** *nm* fireguard, fire screen.

**garde-fou** [gardəfu] *(pl* **garde-fous)** *nm* **-1.** [barrière] railing, guardrail; [talus] (raised) bank. **-2.** *fig* [défense]: servir de ~ contre to safeguard against.

**garde-frontière(s)** [gardəfrɔ̃tjer] *(pl* **gardes-frontières)** *nm* border guard.

**garde-malade** [gardəmalad] *(pl* **gardes-malade** OU **gardes-malades)** *nmf* nurse.

**garde-manger** [gardəmɑ̃ʒe] *nm inv* [placard] food OU meat safe; [réserve] pantry, larder.

**garde-meuble(s)** [gardəmœbl] *(pl* **garde-meubles)** *nm* furniture depository *Br* OU storehouse; mettre qqch au ~ to put sthg in storage.

**Gardénal**® [gardenal] *nm* phenobarbitone *Br*, phenobarbital *Am*.

**gardénia** [gardenja] *nm* gardenia.

**garde-pêche** [gardəpεʃ] ◇ *nm* *(pl* **gardes-pêche)** water bailiff *Br*, fish warden *Am*. ◇ *nm inv* [en mer] fisheries protection vessel; [sur rivière] bailiff's boat *Br*, fish warden's boat *Am.*

**garder** [3] [garde] *vt* **A. -1.** [veiller sur – personne, animal] to look after *(insép)*; [– boutique] to keep an eye on, to mind; elle garde des enfants she does some childminding *Br* ou baby-sitting; les moutons sont gardés par des chiens the sheep are guarded by dogs ❑ on n'a pas gardé les cochons ensemble! *fam* don't be so familiar!**-2.** [surveiller – personne, lieu] to guard. **-3.** *litt* [prémunir]: ~ qqn de qqch to protect ou to save sb from sthg. **-4.** JUR: ~ qqn à vue to keep ou to hold sb in custody. **B. -1.** [suj: malade]: ~ le lit to be confined to bed, to be laid up; elle garde la chambre she is confined to her room ou staying in her room. **-2.** MIL: ~ les arrêts to remain under arrest. **C. -1.** [conserver – aliment] to keep. **-2.** [ne pas se dessaisir de] to keep; garde-le, un jour il aura de la valeur hold onto it, one day it will be valuable. **-3.** [conserver sur soi] to keep on *(sép)*; puis-je ~ mon chapeau/manteau? may I keep my hat/coat on?**-4.** [conserver en dépôt] to keep; la voisine garde mon courrier pendant mon absence my neighbour keeps my mail for me when I'm away. **-5.** [réserver] to save, to keep; ne te fatigue pas trop, il faut ~ des forces pour ce soir don't overtire yourself, save some of your energy for tonight; attends que je termine mon histoire, j'ai gardé le meilleur pour la fin wait for me to finish my story, I've kept the best bit until last ❑ ~ une poire pour la soif to keep something for a rainy day. **-6.** [retenir – personne] to keep; tu es pressé, je ne te garderai pas longtemps as you're in a hurry I won't keep you long; ~ qqn à dîner to have sb stay for dinner; on les a gardés au commissariat they were held at the police station; va-t-elle ~ le bébé? is she going to keep the baby?**-7.** [ne pas révéler] to keep; ~ le secret sur qqch to keep sthg secret; tu ferais bien de ~ ça pour toi you'd better keep that to yourself. **-8.** [avoir à l'esprit]: je n'ai pas gardé de très bons souvenirs de cette époque my memories of that time are not very happy ones; ~ qqch présent à l'esprit to bear ou to keep sthg in mind. **-9.** [maintenir – attitude, sentiment] to keep; ~ l'anonymat to remain anonymous; ~ son calme to keep calm ou cool; ~ son sérieux to keep a straight face; ~ le silence to keep silent; ~ rancune à qqn de qqch to bear ou to harbour a grudge against sb for sthg; ~ la tête froide to keep one's head ou a cool head; ~ les yeux baissés to keep one's eyes lowered. **-10.** *sout* [observer, respecter – règle, loi]: ~ le jeûne to observe a fast; ~ ses distances to keep one's distance. **-11.** [ne pas perdre – qualité]: le mot garde encore toute sa valeur the word still retains its full meaning.

◆ **se garder** ◇ *vp (emploi passif)* [aliment] to keep. ◇ *vp (emploi réfléchi)*: les enfants sont grands, ils se gardent tout seuls maintenant the children are old enough to be left without a baby-sitter now.

◆ **se garder de** *vp + prép sout* **-1.** [éviter de]: garde-toi bien de le vexer be very careful not to offend him. **-2.** [se méfier de]: il faut se ~ des gens trop expansifs one should beware ou be wary of over-effusive people.

**garderie** [gardəri] *nf* [de quartier] day nursery *Br*, day-care center *Am*; [liée à une entreprise] crèche *Br*, baby-sitting services *Am.*

**garde-rivière** [gardərivjɛr] *(pl* **gardes-rivière** ou **gardes-rivières)** *nm* riverkeeper, river patrolman, waterways board official *Br.*

**garde-robe** [gardərɔb] *(pl* **garde-robes)** *nf* **-1.** [vêtements] wardrobe; ~ d'hiver winter wardrobe; il serait temps que je renouvelle ma ~ it's high time I bought myself some new clothes. **-2.** [penderie] wardrobe.

**gardeur, euse** [gardœr, øz] *nm, f litt*: ~ d'oies gooseherd.

**gardian** [gardjã] *nm* herdsman *(in the Camargue).*

**gardien, enne** [gardjɛ̃, ɛn] *nm, f* **-1.** [surveillant]: ~ d'immeuble caretaker *Br*, porter *Br*, janitor *Am*; le ~ du domaine the warden of the estate ❑ ~ de musée museum attendant; ~ de nuit night watchman; ~ de phare lighthouse keeper; ~ de prison prison warder *Br* ou officer, prison guard *Am*.**-2.** *fig* [protecteur] guardian, custodian.

◆ **gardien** *nm*: ~ de but goalkeeper; ~ de la paix police officer.

◆ **gardienne** *nf*: ~ne d'enfants nursery help ou helper *Br*, day-care assistant *Am.*

**gardiennage** [gardjɛnaʒ] *nm*: assurer le ~ d'un entrepôt to be in charge of security in a warehouse; société de ~ security firm; assurer le ~ d'une résidence to be the caretaker ou porter in a block of flats *Br*, to be the doorman ou janitor in an apartment block *Am.*

**gardienne** [gardjɛn] *f→* **gardien.**

**gardon** [gardɔ̃] *nm* ZOOL roach.

**gare** [gar] ◇ *nf* **-1.** RAIL [installations et voies] station; [hall] (station) concourse; [bâtiments] station building ou buildings; le train de 14 h 30 à destination de Paris va entrer en ~ voie 10 the train now arriving at platform 10 is the two-thirty to Paris ❑ ~ frontière/maritime border/harbour station; ~ de passagers/marchandises passenger/goods station; ~ de triage marshalling yard *Br*, switchyard *Am*; romans de ~ cheap ou trashy novels. **-2.** [garage à bateaux] (river) basin; [d'un canal] passing place. **-3.** TRANSP: ~ routière [de poids lourds] haulage depot; [de cars] bus station, coach station *Br*. ◇ *interj*: ~ à toi!, ~ à tes fesses! *fam* you just watch it!; ~ à vous si vous rentrez après minuit if you come home after midnight, there'll be trouble!, you'd better be in by midnight, or else!; ~ à tes doigts avec ce couteau watch your fingers with that knife; ~ dessous! look out ou watch out down below!

**garenne** [garɛn] ◇ *nf* [lieu boisé] (rabbit) warren. ◇ *nm* ZOOL wild rabbit.

**garer** [3] [gare] *vt* **-1.** [véhicule] to park; bien/mal garé parked legally/illegally; garé en double file double-parked. **-2.** TRANSP [canot] to dock, to berth; [avion léger – dans un hangar] to put away *(sép)*; [– sur la piste] to park. **-3.** RAIL to shunt, to move into a siding, to switch *Am.*

◆ **se garer** *vpi* **-1.** [en voiture] to park; trouver à se ~ to find a parking place ou space. **-2.** [s'écarter]: gare-toi! get out of the way!

◆ **se garer de** *vp + prép* [éviter]: se ~ d'un danger to steer clear of a danger.

**gargantua** [gargɑ̃tɥa] *nm*: un (véritable) ~ a glutton.

**Gargantua** [gargɑ̃tɥa] *npr*: '(Vie inestimable du grand) ~' *Rabelais* 'Gargantua and Pantagruel'.

**gargantuesque** [gargɑ̃tɥɛsk] *adj* gargantuan.

**gargariser** [3] [gargarize]

◆ **se gargariser** *vpi* to gargle.

◆ **se gargariser de** *vp + prép* to delight in *(insép).*

**gargarisme** [gargarism] *nm* [rinçage] gargling; [produit] mouthwash; faire des ~s to gargle.

**gargote** [gargɔt] *nf péj* cheap restaurant.

**gargouille** [garguj] *nf* ARCHIT gargoyle.

**gargouillement** [gargujmɑ̃] *nm* **-1.** [d'une fontaine] gurgling. **-2.** [de l'estomac] rumbling; j'ai des ~s dans le ventre my stomach is rumbling.

**gargouiller** [3] [garguje] *vi* **-1.** [liquide] to gurgle. **-2.** [estomac] to rumble.

**gargouillis** [garguji] = **gargouillement.**

**garnement** [garnəmɑ̃] *nm* brat, rascal.

**garni, e** [garni] *adj* **-1.** CULIN [plat du jour, viande] with vegetables. **-2.** *vieilli* [chambre, logement, hôtel] furnished.

◆ **garni** *nm vieilli* furnished rooms ou accommodation.

**garnir** [32] [garnir] *vt* **-1.** [décorer]: ils ont garni la table de fleurs et de bougies they decorated the table with flowers and candles. **-2.** [remplir]: nous vendons la corbeille garnie de fruits the basket is sold (complete) with an assortment of fruit; il est bien garni, ton frigo! your fridge is very well stocked! **-3.** [équiper]: les semelles sont garnies de pointes d'acier the soles are steel-tipped ‖ AUT & RAIL [aménager – intérieur d'un véhicule] to fit. **-4.** [de tissu – siège] to cover, to upholster; [– vêtement, coffret] to line. **-5.** CULIN [remplir] to fill; [pour accompagner]: toutes nos viandes sont garnies de pommes sautées all our meat dishes come with ou are served with sautéed potatoes. **-6.** [remplir du nécessaire] to fill (up); ~ la chaudière pour la nuit to stoke ou to fill (up) the boiler for the night.

◆ **se garnir** *vpi* **-1.** [se remplir] to fill up. **-2.** [se couvrir]: les murs du nouveau musée se garnissent peu à peu the walls of the new museum are gradually becoming lined with exhibits.

**garnison** [garnizɔ̃] *nf* garrison; le régiment est en ~ à Nancy the regiment is garrisoned ou stationed in Nancy.

◆ **de garnison** *loc adj* garrison *(modif)*.

**garnissage** [garnisaʒ] *nm* **-1.** [d'un chapeau] trim. **-2.** AUT [intérieur d'un véhicule] (interior) trim.

**garniture** [garnityr] *nf* **-1.** [ensemble] (matching) set; ~ de cheminée (set of) mantelpiece ornaments; une ~ de lit a matching set of sheets and pillow-cases. **-2.** [ornementation]: avec une ~ de dentelle trimmed with lace; la ~ d'une automobile the interior trim ou the upholstery of a car. **-3.** [protection]: ~ de frein/d'embrayage brake/clutch lining; ~ de porte door liner. **-4.** CULIN [d'un feuilleté] filling; [accompagnement – décoratif] garnish; [– de légumes]: que servez-vous comme ~ avec le poisson? what does the fish come with?, what is the fish served with?; c'est servi sans ~ it is served without vegetables ou on its own.

**garrigue** [garig] *nf* scrubland, garigue.

**garrot** [garo] *nm* **-1.** MÉD tourniquet; mettre un ~ to apply a tourniquet. **-2.** [supplice] garrotte. **-3.** ZOOL withers.

**garrotter** [3] [garɔte] *vt* **-1.** [attacher] to tie up *(sép)*, to bind. **-2.** *fig* [priver de liberté] to stifle, to muzzle. **-3.** [supplicier] to garrotte.

**gars** [ga] *nm fam* **-1.** [garçon, fils] boy, lad *Br*; qu'est-ce qui ne va pas, mon petit ~? what's the matter, kid ou sonny? **-2.** [jeune homme] boy, lad *Br*, guy *Am*; allons-y, les ~ let's go, boys; c'est un ~ bizarre he's a weird bloke *Br* ou guy *Am*; salut, les ~ hi, lads! *Br*, hi, guys! *Am*.

**Gascogne** [gaskɔɲ] *npr f*: (la) ~ Gascony; le golfe de ~ the Bay of Biscay.

**gascon, onne** [gaskõ, ɔn] *adj* Gascon.

◆ **Gascon, onne** *nm, f* Gascon; une offre de Gascon an empty promise.

◆ **gascon** *nm* LING Gascon (variety).

**gas-oil** *(pl* **gas-oils)**, **gasoil** [gazɔjl, gazwal] *nm* = **gazole**.

**Gaspar(d)** [gaspar] *npr* BIBLE Caspar.

**gaspillage** [gaspijaʒ] *nm* waste; évitez le ~ de nourriture/ d'électricité don't waste food/electricity.

**gaspiller** [3] [gaspije] *vt* [denrée, temps, talent] to waste; [économies] to squander.

**gaspilleur, euse** [gaspijœr, øz] ◇ *adj* wasteful. ◇ *nm, f* squanderer, spendthrift.

**gastralgie** [gastralʒi] *nf* stomach pains, gastralgia *spéc.*

**gastrique** [gastrik] *adj* gastric, stomach *(modif)*; embarras/ lésion ~ stomach trouble/lesion.

**gastrite** [gastrit] *nf* gastritis.

**gastro-entérite** [gastrɔãterit] *(pl* **gastro-entérites)** *nf* gastroenteritis *(U)*.

**gastro-entérologie** [gastrɔãterɔlɔʒi] *nf* gastroenterology.

**gastro-intestinal, e, aux** [gastrɔẽtɛstinal, o] *adj* gastrointestinal.

**gastronome** [gastronɔm] *nmf* gastronome, gourmet.

**gastronomie** [gastronɔmi] *nf* gastronomy; ça ne va pas être de la haute ~, je fais un poulet rôti don't expect anything fancy, I'm only doing roast chicken.

**gastronomique** [gastronɔmik] *adj* gastronomic, gastronomical; buffet ~ gourmet buffet.

**gâteau, x** [gato] *nm* **-1.** CULIN [pâtisserie] cake; [biscuit] biscuit *Br*, cookie *Am*; ~ de riz/de semoule ≃ rice/semolina pudding; ~ d'anniversaire birthday cake; ~ apéritif savoury biscuit *Br*, cracker *Am* (*to eat with drinks*); ~ marbré marble cake; ~ sec (sweet) biscuit *Br* ou cookie *Am*; ça n'est pas du ~ *fam* it isn't as easy as it looks; c'est du ~ *fam* it's a piece of cake ou a walkover *Am*. **-2.** *Helv* tart. **-3.** [masse pressée] cake; ~ de miel ou de cire honeycomb.

◆ **gâteau** *adj inv fam*: c'est un papa ~ he's a soft touch with his children.

**gâter** [3] [gate] *vt* **-1.** [combler – ami, enfant] to spoil; du champagne! vous nous avez gâtés! champagne! you shouldn't have!; tu n'es qu'une enfant gâtée! a spoilt brat, that's what you are!; quel beau temps, nous sommes vraiment gâtés we're really lucky with the weather; nous sommes gâtés avec cette pluie! iron lovely weather for ducks!; ne pas être gâté: tu as vu ce qu'il y a à la télé ce soir, on n'est pas gâtés! *fam* have you seen what's on TV tonight, great, isn't it? *iron*; il n'est pas gâté par la nature nature wasn't very kind to him. **-2.** [abîmer] to spoil; l'humidité gâte les fruits moisture/makes fruit go bad ou

spoils fruit; elle a beaucoup de dents gâtées she's got a lot of bad teeth. **-3.** [gâcher] to spoil; il est beau et riche, ce qui ne gâte rien he's good-looking and wealthy, which does him no harm.

◆ **se gâter** *vpi* **-1.** [pourrir – viande, poisson, lait] to go off *Br* ou bad; [– fruit] to go bad. **-2.** [se carier – dent] to decay, to go rotten. **-3.** [se détériorer – situation] to go wrong; voilà ses potes, attention ça va se ~ *fam* here come his mates, things are going to get nasty; regarde le ciel, le temps se gâte look at the sky, it's starting to cloud over ou the weather's changing for the worse.

**gâterie** [gatri] *nf* **-1.** [cadeau] treat, present. **-2.** [friandise] treat, titbit.

**gâte-sauce** [gatsos] *(pl inv* ou **gâte-sauces)** *nm* kitchen help.

**gâteux, euse** [gatø, øz] ◇ *adj* **-1.** [sénile] doddering, doddery; un vieillard ~ an old dodderer. **-2.** *fam* [stupide] gaga; le bébé les rend tous ~ they are all completely besotted by the baby, they all go gaga over the baby. ◇ *nm, f*: un vieux ~ *péj* a silly ou doddering old fool.

**gâtifier** [9] [gatifje] *vi fam* [devenir gâteux] to go soft in the head.

**gâtisme** [gatism] *nm* MÉD senility; il se répète, c'est du ~! *péj* he is repeating himself, he must be going senile!

**GATT, Gatt** [gat] *(abr de* **General Agreement on Tariffs and Trade)** *npr m* GATT.

**gauche** [goʃ] ◇ *adj* **-1.** [dans l'espace] left; la partie ~ du tableau est endommagée the left ou left-hand side of the painting is damaged; il est ailier ~ he plays on the left wing. **-2.** [maladroit – adolescent] awkward, gawky; [– démarche] ungainly; [– manières] awkward, gauche; [– geste, mouvement] awkward, clumsy. ◇ *nm* SPORT [pied gauche]: marquer un but du ~ to score a goal with one's left (foot) ‖ [poing gauche]: il a un ~ imparable he has an unstoppable left. ◇ *nf* **-1.** [côté gauche]: la ~ the left ou left-hand side; il confond sa droite et sa ~ he mixes up (his) right and left; la page de ~ the left-hand page; l'église est à ~ de l'hôtel the church is to the left of the hotel; la deuxième rue sur votre ~ the second street on your left. **-2.** POL left; elle vote à ~ she votes (for the) left; la ~ caviar champagne Socialism.

◆ **à gauche** ◇ *loc interj* MIL: à ~, ~! left (turn)! ◇ *loc adv* **-1.** [sur le côté gauche] on the left; tournez à ~ turn left. **-2.** *fam loc*: mettre de l'argent à ~ to put ou to tuck some money away.

◆ **de gauche** *loc adj* left-wing; être de ~ to be left-wing ou a left-winger.

◆ **jusqu'à la gauche** *loc adv fam*: on s'est fait arnaquer jusqu'à la ~ we got completely ripped off, they cheated us good and proper; il est compromis jusqu'à la ~ dans cette affaire he's involved right up to the hilt in this business.

**gauchement** [goʃmã] *adv* clumsily.

**gaucher, ère** [goʃe, ɛr] ◇ *adj* left-handed; il n'est pas ~! he is (rather) good with his hands! ◇ *nm, f* [gén] left-hander; [boxeur] southpaw.

**gaucherie** [goʃri] *nf* **-1.** [attitude] clumsiness. **-2.** [acte, geste] awkwardness *(U)*; [expression] tactless ou insensitive statement; bon exposé, malgré quelques ~s a good essay, despite some clumsy turns of phrase. **-3.** MÉD [prévalence manuelle] left-handedness.

**gauchir** [32] [goʃir] ◇ *vt* [altérer] to distort. ◇ *vi* to warp.

**gauchisant, e** [goʃizã, ãt] POL ◇ *adj*: être ~ to have left-wing tendencies. ◇ *nm, f*: c'est un ~ he's on the left, he's got left-wing tendencies.

**gauchisme** [goʃism] *nm* POL [gén] leftism; [depuis 1968] New Leftism.

**gauchissement** [goʃismã] *nm* **-1.** CONSTR warping. **-2.** *fig* distortion, misrepresentation.

**gauchiste** [goʃist] POL ◇ *adj* [gén] left; [depuis 1968] (New) Leftist. ◇ *nmf* [gén] leftist; [depuis 1968] (New) Leftist.

**gaucho¹** [goʃo] *nm* [gardien de troupeaux] gaucho.

**gaucho²** [goʃo] *adj inv* & *nmf fam* & *péj* lefty, pinko.

**gaudriole** [godrijɔl] *nf fam* **-1.** [plaisanterie] bawdy joke. **-2.** [sexe]: il ne pense qu'à la ~ he's got a one-track mind.

**gaufrage** [gofraʒ] *nm* **-1.** [relief – sur du cuir, du métal] embossing; [– sur une étoffe] diapering. **-2.** [plissage d'un tissu] goffering. **-3.** IMPR goffering.

**gaufre** [gofr] *nf* **-1.** CULIN waffle. **-2.** [de cire] honeycomb.

**gaufrer** [3] [gofre] *vt* **-1.** [imprimer un relief sur – cuir, métal, papier] to emboss, to boss; [– étoffe] to diaper. **-2.** [plisser – tissu] to goffer; [– cheveux] to crimp.

**gaufrerie** [gofrəri] *nf Can* waffle.

**gaufrette** [gofrɛt] *nf* wafer.

**gaufrier** [gofrije] *nm* waffle iron.

**gaule** [gol] *nf* **-1.** [perche] pole. **-2.** PÊCHE fishing rod.

**Gaule** [gol] *npr f*: la ~ Gaul.

**gauler** [3] [gole] *vt* **-1.** [arbre] to beat; [fruit] to beat down (*sép*) (from the tree). **-2.** ▽ *loc*: se faire ~ to get nicked *Br* ou busted *Am*.

**gaullien, enne** [goljɛ̃, ɛn] *adj* of de Gaulle, de Gaulle's.

**gaullisme** [golism] *nm* Gaullism.

**gaulliste** [golist] *adj & nmf* Gaullist.

**gaulois, e** [golwa, az] *adj* **-1.** HIST Gallic, Gaulish. **-2.** [grivois] bawdy.
◆ **Gaulois, e** *nm, f* Gaul.
◆ **gaulois** *nm* LING Gaulish.
◆ **gauloise** *nf* [cigarette] Gauloise.

**gauloiserie** [golwazri] *nf* **-1.** [plaisanterie] bawdy joke; [remarque] bawdy remark. **-2.** [attitude] bawdiness.

**Gault et Millaut** [goemijo] *nm*: le ~ well-known French restaurant guide.

**gausser** [3] [gose]
◆ **se gausser** *vpi litt* to mock; vous vous gaussez! you jest!

**gavage** [gavaʒ] *nm* **-1.** AGR force-feeding, gavage. **-2.** MÉD tube-feeding.

**gave** [gav] *nm* (mountain) stream (*in SW France*).

**gaver** [3] [gave] *vt* **-1.** AGR to force-feed. **-2.** [bourrer]: on l'a gavé d'antibiotiques he has been stuffed with antibiotics; la télévision nous gave de publicités we get an overdose of commercials on television.
◆ **se gaver de** *vp + prép* to fill ou to stuff o.s. up with; cet été je me suis gavé de romans policiers *fig* this summer I indulged myself with detective stories.

**gavroche** [gavrɔʃ] ◇ *adj* [air, expression] mischievous, impish. ◇ *nm*: un vrai petit ~ a typical Parisian urchin.

**gay** [gɛ] *adj & nmf inv* gay; il/elle est ~ he's/she's gay.

**gaz** [gaz] *nm inv* **-1.** [pour le chauffage, l'éclairage] gas; avoir le ~ to have gas, to be on gas *Br*; employé du ~ gasman ❑ ~ de ville town gas; Gaz de France the French gas board. **-2.** CHIM gas; ~ asphyxiant/hilarant/lacrymogène asphyxiating/laughing/tear gas; ~ carbonique carbon dioxide; ~ naturel natural gas; ~ propulseur propellant; ~ toxique toxic gas. **-3.** MÉD [pour anesthésie] gas. ◇ *nmpl* **-1.** PHYSIOL: avoir des ~ to have wind *Br* ou gas *Am*. **-2.** [carburant]: ~ brûlés ou d'échappement exhaust fumes; ~ d'admission air-fuel mixture; mettre les ~ *fam* to put one's foot down *Br*, to step on the gas *Am*; on roulait (à) pleins ~ *fam* we were going flat out ou at full speed.

**Gaza** [gaza] *npr* Gaza; la bande de ~ the Gaza Strip.

**gaze** [gaz] *nf* **-1.** TEXT gauze. **-2.** MÉD gauze; ~ stérilisée aseptic gauze.

**gazé, e** [gaze] ◇ *adj* gassed. ◇ *nm, f* (poison) gas victim.

**gazéification** [gazeifikasjɔ̃] *nf* **-1.** CHIM gasification. **-2.** MIN: ~ souterraine underground gasification. **-3.** [de l'eau] aeration; [avec du gaz carbonique] carbonation.

**gazéifier** [9] [gazeifje] *vt* **-1.** CHIM to gasify. **-2.** [eau] to aerate; [avec du gaz carbonique] to carbonate.

**gazelle** [gazɛl] *nf* gazelle.

**gazer** [3] [gaze] ◇ *vt* **-1.** [asphyxier] to gas. **-2.** TEXT to singe. ◇ *vi fam* **-1.** [aller bien]: alors, ça gaze? — ça gaze! how's things? ou how's it going? — great!; ça ne gaze pas du tout en ce moment things aren't too great at the moment. **-2.** [foncer]: allez, gaze! step on it!, get a move on!

**gazetier, ère** [gaztje, ɛr] *nm, f* **-1.** *arch* gazette proprietor, gazetteer. **-2.** *péj* hack.

**gazette** [gazɛt] *nf arch* [journal] gazette, newspaper; la Gazette de Lausanne PRESSE Swiss daily newspaper.

**gazeux, euse** [gazø, øz] *adj* **-1.** CHIM gaseous. **-2.** [boisson] fizzy, sparkling; [eau] sparkling, carbonated, fizzy; eau gazeuse naturelle naturally carbonated water. **-3.** MÉD gas (*modif*).

**gazier, ère** [gazje, ɛr] *adj* gas (*modif*).

◆ **gazier** *nm* **-1.** [employé du gaz] gasman. **-2.** ▽ [individu] guy, bloke *Br*, dude *Am*.

**gazinière** [gazinjɛr] *nf* gas stove, gas cooker *Br*.

**gazoduc** [gazɔdyk] *nm* gas pipeline.

**gazole** [gazɔl] *nm* **-1.** [pour moteur Diesel] diesel (oil), derv *Br*. **-2.** [combustible]: ~ de chauffe (domestic) fuel oil.

**gazoline** [gazɔlin] *nf* gasoline, gasolene.

**gazomètre** [gazɔmɛtr] *nm* gasholder, gasometer.

**gazon** [gazɔ̃] *nm* **-1.** [herbe]: du ~ turf. **-2.** [pelouse] lawn.

**gazonner** [3] [gazɔne] *vt* to turf, to grass (over).

**gazouillement** [gazujmã] *nm* **-1.** [d'oiseau] chirping (*U*), warbling (*U*). **-2.** [d'un bébé] babbling (*U*), gurgling (*U*). **-3.** *litt* [de l'eau] babbling.

**gazouiller** [3] [gazuje] *vi* **-1.** [oiseau] to chirp, to warble. **-2.** [bébé] to babble, to gurgle. **-3.** *litt* [ruisseau, eau] to babble, to murmur, to gurgle.

**gazouillis** [gazuji] *nm* = **gazouillement**.

**GB, G-B** (*abr écrite de* **Grande-Bretagne**) *npr f* GB.

**gd** *abr écrite de* **grand**.

**GDF** *npr abr de* **Gaz de France**.

**geai** [ʒɛ] *nm* jay.

**géant, e** [ʒeã, ãt] ◇ *adj* **-1.** [énorme] giant; une ville ~e a gigantic town; un écran ~ a giant screen; une clameur ~e an almighty clamour. **-2.** ASTRON giant. **-3.** *fam* [formidable]: c'est ~! it's wicked ou brill! ◇ *nm, f* **-1.** [personne, chose de grande taille] giant; le projet avance à pas de ~ the project is coming on *Br* ou moving along *Am* in leaps and bounds. **-2.** *fig*: les ~s de la littérature classique the giants ou great names of classical literature; c'est un des ~s de l'électronique ÉCON it's one of the giants of the electronics industry. **-3.** MYTH giant.

**Geiger** [ʒeʒɛr] *npr*: compteur (de) ~ Geiger counter.

**geignais** [ʒɛɲɛ] *v* → **geindre**.

**geignard, e** [ʒɛɲar, ard] *fam* ◇ *adj* [personne, voix] whining, whingeing *Br*, whiny *Am*. ◇ *nm, f* [enfant] crybaby; [adulte] moaner, whinger *Br*, bellyacher *Am*.

**geignement** [ʒɛɲəmã] *nm* moaning (*U*), groaning (*U*).

**geindre** [81] [ʒɛ̃dr] *vi* **-1.** [gémir] to groan, to moan. **-2.** *fam* [pour des riens] to whine, to gripe. **-3.** *litt* [vent] to moan.

**geisha** [geʃa] *nf* geisha (girl).

**gel** [ʒɛl] *nm* **-1.** MÉTÉO frost; persistance du ~ sur toute la moitié ouest it will stay frosty in the west. **-2.** [suspension]: le ~ des opérations militaires the suspension of military operations. **-3.** ÉCON freezing; le ~ des salaires the wage freeze. **-4.** CHIM gel; ~ coiffant hair gel.

**gélatine** [ʒelatin] *nf* **-1.** CULIN gelatine; ~ de poisson isinglass, fish glue. **-2.** PHOT: une plaque enduite de ~ a gelatine-coated plate.

**gélatiné, e** [ʒelatine] *adj* PHOT: papier ~ gelatine paper; plaque ~e gelatinized plate.

**gélatineux, euse** [ʒelatinø, øz] *adj* **-1.** [contenant de la gélatine] gelatinous. **-2.** [flasque] gelatinous, jellylike, flaccid.

**gelé, e** [ʒəle] *adj* **-1.** AGR & MÉTÉO [sol] frozen; [pousse, bourgeon] frostbitten, frozen; [arbre] frozen. **-2.** *fig* [glacé] frozen; des draps ~s ice-cold sheets; être ~ jusqu'aux os to be frozen to the bone, to be frozen stiff. **-3.** MÉD frostbitten. **-4.** ÉCON & FIN frozen. **-5.** [hostile] icy, stone-cold.
◆ **gelée** *nf* **-1.** MÉTÉO frost; ~ blanche white frost, hoarfrost. **-2.** CULIN jelly; ~ de groseilles redcurrant jelly ou preserve.
◆ **en gelée** *loc adj* in jelly.
◆ **gelée royale** *nf* royal jelly.

**geler** [25] [ʒəle] ◇ *vt* **-1.** [transformer en glace – eau, sol] to freeze. **-2.** [bloquer – tuyau, serrure] to freeze up (*sép*). **-3.** [détruire – plante, tissu organique] to freeze. **-4.** [transir – visage] to chill, to numb; [– membres] to freeze. **-5.** [paralyser – négociations] to halt; [– projet] to halt, to block; [– capitaux, salaires, prix] to freeze. ◇ *vi* **-1.** [eau, liquide] to freeze; [lac] to freeze over. **-2.** [tuyau, serrure] to freeze up. **-3.** [pousses, légumes] to freeze, to be nipped by the frost. **-4.** [personne] to freeze; je gèle I'm frozen (stiff); ferme la porte, on gèle ici shut the door, it's freezing in here. ◇ *v impers*: il gèle it's freezing; il a gelé cette nuit it was below freezing ou zero last night ❑ il gèle à pierre fendre it is freezing hard.
◆ **se geler** ◇ *vpi* [personne]: je me suis gelé là-bas I got (absolutely) frozen down there. ◇ *vpt*: on se gèle▽ it's

damned cold, it's brass monkey weather *Br*.

**gélifiant, e** [ʒelifjɑ̃, ɑ̃t] *adj* gelling.
◆ **gélifiant** *nm* gellant.

**gélification** [ʒelifikasjɔ̃] *nf* BOT & CHIM gelation, gelling.

**gélifier** [9] [ʒelifje] *vt* **-1.** CHIM to gel. **-2.** CULIN to make into a jelly, to jellify.

**gélule** [ʒelyl] *nf* capsule PHARM.

**gelure** [ʒəlyr] *nf* frostbite (U).

**Gémeaux** [ʒemo] *npr mpl* **-1.** ASTRON: Gemini. **-2.** ASTROL Gemini; les ~ Gemini; elle est ~ she's (a) Gemini.

**gémellaire** [ʒemelɛr] *adj* twin (*modif*), gemellary *spéc*.

**géminé, e** [ʒemine] *adj* **-1.** [double] twin (*modif*), geminate *spéc*. **-2.** LING: consonne ~e geminate consonant.

**gémir** [32] [ʒemir] *vi* **-1.** [blessé, malade] to moan, to groan. **-2.** [vent] to moan, to wail; [parquet, gonds] to creak. **-3.** [se plaindre] to moan, to whine. **-4.** *litt* [souffrir]: ~ dans les fers to languish in irons.

**gémissant, e** [ʒemisɑ̃, ɑ̃t] *adj* [blessé, malade] moaning, groaning; *fig*: les accents ~s d'un violon the wailing strains of a violin.

**gémissement** [ʒemismɑ̃] *nm* **-1.** [gén] moan, groan; pousser un ~ to (utter a) groan; le ~ du vent the moaning ou wailing of the wind. **-2.** [de la tourterelle] cooing (U).

**gemme** [ʒɛm] ◇ *nf* **-1.** [pierre précieuse] gem. **-2.** [résine] (pine) resin. ◇ *adj* → **sel**.

**gémonies** [ʒemɔni] *nfpl* **-1.** ANTIQ the Gemonies. **-2.** *loc*: traîner ou vouer qqn aux ~ to pillory sb; traîner ou vouer qqch aux ~ to hold sthg up to public ridicule.

**gênant, e** [ʒenɑ̃, ɑ̃t] *adj* **-1.** [encombrant] in the way. **-2.** [ennuyeux] annoying; c'est ~ qu'elle ne soit pas là it's annoying ou it's a bit of a nuisance that she's not here; ce n'est pas ~ it doesn't matter; est-ce que c'est ~? does it matter?-**3.** [embarrassant] awkward, embarrassing; c'est ~ d'y aller sans avoir été invité I feel a bit awkward ou uncomfortable about going there without an invitation.

**gencive** [ʒɑ̃siv] *nf* ANAT gum; j'ai les ~s enflées my gums are swollen; prendre un coup dans les ~s *fam* to get socked in the jaw, to get a kick in the teeth.

**gendarme** [ʒɑ̃darm] *nm* **-1.** [policier] gendarme, policeman; jouer au ~ et au voleur ou aux ~s et aux voleurs to play cops and robbers. **-2.** *fam* [personne autoritaire]: faire le ~ to lay down the law; leur mère est un vrai ~ their mother's a real ou *Br* right battle-axe. **-3.** *fam* [hareng] smoked herring. **-4.** [saucisse] dry, flat sausage. **-5.** [pointe rocheuse] gendarme.

**gendarmer** [3] [ʒɑ̃darme]
◆ **se gendarmer** *vpi*: se ~ (contre) [protester] to kick up a fuss (about); [s'indigner] to get on one's high horse (about).

**gendarmerie** [ʒɑ̃darməri] *nf* **-1.** [corporation] gendarmerie, police force. **-2.** [bureaux] gendarmerie, police station; [caserne] police ou gendarmerie barracks.

**gendre** [ʒɑ̃dr] *nm* son-in-law.

**gène** [ʒɛn] *nm* gene.

**gêne** [ʒɛn] *nf* **-1.** [matérielle]: je resterais bien un jour de plus si ça ne vous cause aucune ~ I would like to stay for another day if it doesn't put you to any trouble ou if that's no bother; sa présence parmi nous est une ~ his being here with us is a bit awkward. **-2.** [morale] embarrassment; j'éprouvais une grande ~ à lui annoncer qu'il était renvoyé I felt deeply embarrassed having to tell him that he was dismissed; il a accepté l'argent avec une certaine ~ he was uncomfortable about taking the money; un moment de ~ an awkward moment ❏ où il y a de la ~, il n'y a pas de plaisir there's no need to stand on ceremony; [ton indigné] don't mind me *iron*. **-3.** physique] difficulty, discomfort; éprouver ou avoir de la ~ à faire qqch to find it difficult to do sthg. **-4.** [pauvreté]: être dans la ~ to be in need.
◆ **sans gêne** *loc adj* inconsiderate.

**gêné, e** [ʒene] *adj* **-1.** [personne, sourire] embarrassed; pourquoi prends-tu cet air ~? why are you looking so embarrassed?; il n'est pas ~, lui! *fam* he's got a nerve ou *Br* a cheek!-**2.** [serré] ill at ease, uncomfortable; être ~ aux entournures [mal à l'aise] to feel ill at ease ou self-conscious. **-3.** [financièrement]: les personnes momentanément ~es peuvent demander une avance people with temporary financial difficulties can ask for an advance.

**généalogie** [ʒenealɔʒi] *nf* **-1.** [ascendance] ancestry; faire ou dresser sa ~ to trace one's ancestry ou family tree. **-2.** [science] genealogy.

**généalogique** [ʒenealɔʒik] *adj* genealogical.

**généalogiste** [ʒenealɔʒist] *nmf* genealogist.

**gêner** [4] [ʒene] *vt* **-1.** [incommoder – suj: chose] to bother; mes lunettes me gênent pour mettre mon casque my glasses get in the way when I put my helmet on; j'ai oublié mes lunettes, ça me gêne pour lire I've left my glasses behind and I'm finding it difficult to read. **-2.** [encombrer] to be in the way of; ne bougez pas, vous ne me gênez pas du tout don't move, you're not in my ou the way at all || (*en usage absolu*): c'est le placard qui gêne pour ouvrir la porte the door won't open because of the cupboard. **-3.** [empêcher]: la neige gênait la visibilité visibility was hindered ou impaired by the snow; ce camion gêne la circulation that lorry is holding up the traffic; je suis gêné dans mon métier par mes lacunes en mathématiques the gaps in my knowledge of mathematics are a handicap ou a drawback in my line of business. **-4.** [importuner – suj: personne] to put out (*sép*), to bother, to inconvenience; ça ne le gênerait pas que j'arrive après minuit? would it bother him ou put him out if I arrived after midnight?; ça vous gêne si j'ouvre la fenêtre? do you mind if I open the window?; ça ne me gêne pas de le lui dire I don't mind telling him (about it); oui pourquoi, ça te gêne? *fam* yes why, what's it to you ou got any objections? || (*en usage absolu*): ça ne me gêne pas que tu viennes, il y a de la place it'll be no bother ou trouble at all if you come, there's enough room. **-5.** [intimider] to embarrass; les plaisanteries de son ami la gênaient her friend's jokes embarrassed her ou made her feel uncomfortable. **-6.** [mettre en difficulté financière]: en ce moment, cela me gênerait un peu de vous prêter cet argent I can't really afford to lend you the money at the moment.
◆ **se gêner** ◇ *vp* (*emploi réciproque*): la chambre est trop petite, on se gêne les uns les autres the room is too small, we're in each other's way.
◇ *vpi fam*: je vais me ~, tiens! just watch me!; tu aurais tort de te ~! why should you worry ou care?; ne pas se ~: continuez votre repas, ne vous gênez pas pour moi go on with your meal, don't mind me; vous avez pris ma place, surtout ne vous gênez pas! *iron* go on, take my seat, don't mind me!; il y en a qui ne se gênent pas! some people have got a nerve!

**général, e, aux** [ʒeneral, o] *adj* **-1.** [d'ensemble] general; la situation ~e the general ou overall situation; le phénomène est ~ the phenomenon is widespread, it's a general phenomenon; le sens ~ d'un mot the general ou broad meaning of a word; l'état ~ du malade est stationnaire the patient's overall condition remains unchanged. **-2.** [imprécis] general; il s'en est tenu à des remarques ~es he confined himself to generalities ou to some general remarks. **-3.** [collectif] general, common; le bien ~ the common good; à la demande ~e by popular request; à la surprise/l'indignation ~e to everybody's surprise/ indignation. **-4.** [total] general; amnistie ~e general amnesty. **-5.** ADMIN & POL [assemblée, direction] general; il a été nommé directeur ~ he's been appointed managing director. **-6.** [discipline, science] general.
◆ **général, aux** *nm* MIL general; ~ en chef commander in chief; ~ d'armée general; ~ de corps d'armée lieutenant general; ~ de division major general; ~ de division aérienne air vice-marshal *Br*, major general *Am*; ~ de corps aérien air marshal *Br*, lieutenant general *Am*.-**2.** RELIG general. **-3.** (*tjrs au sing*) general; aller du ~ au particulier to move from the general to the particular.
◆ **générale** *nf* **-1.** THÉÂT (final) dress rehearsal. **-2.** MIL alarm call; battre ou sonner la ~ to sound the alarm. **-3.** [épouse du général] general's wife.
◆ **en général** *loc adv* **-1.** [habituellement] generally, usually. **-2.** [globalement]: on parlait de l'amour en ~ we were talking about love in general; tu parles en ~ ou (tu parles) de nous? are you talking generally ou in general terms or (are you talking) about us?; est-ce que vous êtes d'accord avec ses propos? — en ~, non! do you agree with what he says? — generally speaking, no!

**généralement** [ʒeneralmɑ̃] *adv* **-1.** [habituellement] generally, usually. **-2.** [globalement] generally; ~ parlant generally speaking; on croit ~ que... there is a widespread belief that..., it is widely believed that...

**généralisable** [ʒeneralizabl] *adj*: l'expérience/la théorie est intéressante, mais est-elle ~? it's an interesting experiment/theory, but can it be generalized ou applied more generally?

**généralisateur, trice** [ʒeneralizatœr, tris] *adj*: c'est un livre trop ~ the book generalizes too much ou indulges in too many generalizations.

**généralisation** [ʒeneralizasjɔ̃] *nf* **-1.** [propos, idée] generalization. **-2.** [extension] generalization.

**généralisé, e** [ʒeneralize] *adj* [cancer] general; [conflit, crise] widespread, generalized.

**généraliser** [3] [ʒeneralize] *vt* **-1.** [répandre]: cette méthode/interdiction a été généralisée this method/ban now applies to everybody; cette mesure a été généralisée en 1969 this measure was extended across the board in 1969. **-2.** [globaliser] to generalize.
◆ **se généraliser** *vpi* [crise, famine] to become widespread; l'usage de la carte de crédit s'est généralisé credit cards are now in general use.

**généraliste** [ʒeneralist] ◇ *adj* [chaîne de télévision] general-interest (*avant n*). ◇ *nmf* MÉD general practitioner, GP.

**généralité** [ʒeneralite] *nf* **-1.** [universalité] generality. **-2.** [majorité]: dans la ~ des cas in most cases.
◆ **généralités** *nfpl* [points généraux] general remarks; [banalités] generalities.

**générateur, trice** [ʒeneratœr, tris] *adj* **-1.** [créateur]: la nouvelle politique salariale sera génératrice d'emplois the new wages policy will create jobs ou generate employment; une industrie génératrice d'emplois a job-creating industry; un fanatisme ~ de violence a fanaticism that breeds violence. **-2.** MATH: ligne génératrice d'une surface line which generates a surface.
◆ **générateur** *nm* ÉLECTR: ~ d'électricité electricity generator; ~ de vapeur steam generator.
◆ **génératrice** *nf* **-1.** ÉLECTR generator. **-2.** MATH generatrix.

**génératif, ive** [ʒeneratif, iv] *adj* generative.

**génération** [ʒenerasjɔ̃] *nf* **-1.** BIOL generation; ~ spontanée spontaneous generation. **-2.** [groupe d'âge] generation; la ~ perdue *fig* the lost generation ‖ [durée] generation; des immigrés de la seconde ~ second-generation immigrants. **-3.** [d'une technique]: les lecteurs de disques compacts de la quatrième ~ fourth-generation compact disc ou CD players. **-4.** INF generation.

**générer** [18] [ʒenere] *vt* to generate.

**généreusement** [ʒenerøzmã] *adv* **-1.** [avec libéralité] generously. **-2.** [avec noblesse] generously. **-3.** [en grande quantité]: se servir à manger ~ to help o.s. to a generous portion; se verser ~ à boire to pour o.s. a good measure.

**généreux, euse** [ʒenerø, øz] *adj* **-1.** [prodigue] generous; il a été très ~ he gave very generously, he was very generous. **-2.** [noble – geste, tempérament] noble; des sentiments ~ unselfish ou noble sentiments. **-3.** [fertile – terre] generous, fertile. **-4.** [abondant – portion] generous; [– repas] lavish. **-5.** [plantureux]: aux formes généreuses .curvacious; une femme à la poitrine généreuse a woman with an ample bosom. **-6.** ŒNOL [riche – en alcool] high in alcohol; [– en saveur] full-bodied.

**générique** [ʒenerik] ◇ *adj* generic. ◇ *nm* **-1.** CIN & TV credits; ~ de début/fin opening/final credits. **-2.** [indicatif musical] signature tune.

**générosité** [ʒenerozite] *nf* **-1.** [largesse] generosity. **-2.** [bonté] generosity, kindness. **-3.** [d'un vin] full body; [des formes] opulence.
◆ **générosités** *nfpl* [cadeaux] gifts, liberalities.

**Gênes** [ʒɛn] *npr* Genoa.

**genèse** [ʒənɛz] *nf* **-1.** [élaboration] genesis; faire la ~ de qqch to trace the evolution of sthg. **-2.** BIBLE: la Genèse (the Book of) Genesis.

**genet** [ʒənɛ] *nm* ZOOL jennet (*horse*).

**genêt** [ʒənɛ] *nm* BOT broom (*U*).

**généticien, enne** [ʒenetisjɛ̃, ɛn] *nm, f* geneticist.

**génétique** [ʒenetik] ◇ *adj* genetic. ◇ *nf* genetics (*sg*).

**génétiquement** [ʒenetikmã] *adv* genetically.

**gêneur, euse** [ʒenœr, øz] *nm, f*: il ne cesse de m'appeler, quel ~! he keeps phoning me, what a nuisance (he is)!

**Genève** [ʒənɛv] *npr* Geneva; le lac de ~ Lake Geneva.

**genevois, e** [ʒənvwa, az] *adj* Genevan, Genevese.
◆ **Genevois, e** *nm, f* Genevan, Genevese; les Genevois the Genevans, the Genevese.

**genévrier** [ʒənevrije] *nm* juniper.

**génial, e, aux** [ʒenjal, o] *adj* **-1.** [qui a du génie] of genius. **-2.** [ingénieux] brilliant; ce fut une invention ~e it was a brilliant invention. **-3.** *fam* [sensationnel] brilliant, great, fantastic; je n'ai pas trouvé cette exposition ~e I didn't think much of that exhibition; pas ~ not exactly brilliant; elle est ~e, ta copine your girlfriend is great ou fantastic; ~! brilliant ou great!

**génialement** [ʒenjalmã] *adv* with genius, masterfully, brilliantly.

**génie** [ʒeni] *nm* **-1.** [don] genius; avoir du ~ to be a genius; elle a le ~ des affaires she has a genius for business; tu as vraiment le ~ pour te mettre dans des situations impossibles! you have a real gift for ou the knack of always getting into difficult situations!**-2.** [personne] genius; c'est loin d'être un ~ he's no genius; à 15 ans, c'était déjà un ~ de l'électronique at 15 he was already an electronics wizard. **-3.** [essence] genius; le ~ de la langue française the genius ou spirit of the French language. **-4.** LITTÉRAT & MYTH [magicien] genie; [esprit] spirit; être le bon/mauvais ~ de qqn to be a good/bad influence on sb. **-5.** TECH: le Génie engineering; les officiers du Génie ≃ the Royal Engineers *Br*, ≃ the (Army) Corps of Engineers *Am*; ~ atomique/chimique/ civil/génétique nuclear/chemical/civil/genetic engineering; ~ maritime/militaire marine/military engineering; ~ logiciel systems engineering.
◆ **de génie** *loc adj* [musicien, inventeur] of genius; [idée] brilliant.

**genièvre** [ʒənjɛvr] *nm* **-1.** BOT [arbre] juniper; [fruit] juniper berry; grain de ~ juniper berry. **-2.** [eau-de-vie] geneva.

**génisse** [ʒenis] *nf* heifer.

**génital, e, aux** [ʒenital, o] *adj* ANAT & PSYCH genital.

**géniteur, trice** [ʒenitœr, tris] *nm, f hum* progenitor.
◆ **géniteur** *nm* ZOOL sire.

**génitif** [ʒenitif] *nm* GRAMM genitive (case).

**génito-urinaire** [ʒenitoyrinɛr] (*pl* **génito-urinaires**) *adj* genito-urinary.

**génocide** [ʒenɔsid] *nm* genocide.

**génois, e** [ʒenwa, az] *adj* Genoese, Genovese.
◆ **Génois, e** *nm, f* Genoese, Genovese; les Génois the Genoese, the Genovese.
◆ **génoise** *nf* CULIN sponge cake.

**génome** [ʒenom] *nm* genome.

**genou, x** [ʒənu] *nm* **-1.** ANAT knee; on était dans la neige jusqu'aux ~x we were knee-deep ou up to our knees in snow; cette année les jupes s'arrêtent au ~ knee-length skirts are the fashion this year; mon jean est troué aux ~x my jeans have got holes at ou in the knees; mettre un ~ à terre to go down on one knee; assis sur les ~x de sa mère sitting on his mother's lap ou knee; être sur les ~x to be exhausted. **-2.** COUT knee pad.
◆ **à genoux** *loc adv* **-1.** [sur le sol]: mets-toi à ~x get down on your knees, kneel down. **-2.** *fig*: être à ~x devant qqn [lui être soumis] to be on one's knees before sb; [être en adoration devant lui] to worship sb; c'est à tomber ou se mettre à ~x tellement c'est beau it's so beautiful it bowls you over; je ne vais pas me mettre à ~x devant lui [le supplier] I'm not going to go down on my knees to him; je te le demande à (deux) ~x I beg of you.

**genouillère** [ʒənujɛr] *nf* **-1.** [protection] knee pad. **-2.** [bandage] knee bandage ou support. **-3.** ARM knee piece, genouillère.

**genre** [ʒãr] *nm* **-1.** [sorte, espèce] kind, sort, type; quel ~ de femme est-elle? what kind of woman is she?; ce n'est pas le ~ à renoncer she's not the sort to give up ou who gives up; partir sans payer, ce n'est pas son ~ it's not like him to leave without paying; dans le ~ vulgaire on ne fait pas mieux! beat that for vulgarity!; il a exigé qu'on lui rembourse le dessert, tu vois le ~! he had the dessert deducted from the bill, you know the sort!; **un ~ de** [une sorte de] a kind ou sort of; **elle m'a répondu quelque chose du ~** «je ne suis pas ta bonne» she answered something along the lines of 'I'm not here to wait on you'. **-2.** [comportement, manières] type, style; **le ~ intellectuel** the intellectual type; **~ de vie** lifestyle; **avoir un drôle de ~** to be an odd sort; **avoir bon/mauvais ~:** leurs enfants ont vraiment bon ~ their children really know how to behave; **elle a mauvais ~** she's a bit vulgar; **il est romantique, tout à fait mon ~!** he's a romantic, just my type! ❑ **faire du ~, se donner un ~** to put on airs, to give o.s. airs. **-3.** BIOL genus; **le ~ humain** mankind, the human race. **-4.** GRAMM gender. **-5.** LITTÉRAT genre; **le ~ policier** the detective genre, detective stories; **le ~ romanesque** the novel.

◆ **dans son genre** *loc adv* [à sa façon] in his/her (own) way.
◆ **en son genre** *loc adv* [dans sa catégorie]: **elle est unique en son ~** she's in a class of her own.
◆ **en tout genre, en tous genres** *loc adv* of all kinds.

**gens¹** [ʒɛ̃s] (*pl* **gentes** [ʒɛ̃tɛs]) *nf* [groupe de familles] gens; **la ~ Cornelia** the gens Cornelia.

**gens²** [ʒɑ̃] *nmpl* ou *nfpl* **-1.** [personnes] (*adj au f si placé avant; adj au m si placé après*) people; **les vieilles ~** old people, old folk; **beaucoup de ~** many people, a lot of people; **il y a des ~ qui demandent à vous voir** there are some people who want to see you; **~ de la campagne** country folk ou people; **les ~ d'ici** people from around here, the locals; **les ~ du monde** society people; **des ~ simples** ordinary folk ou people; **les ~ de la ville** townspeople, townsfolk; **petites ~** people of limited means; **les bonnes ~ murmurent que...** people are saying ou whispering that... **-2.** [corporation]: **comme disent les ~ du métier** as the experts ou the professionals say ❑ **les ~ d'Église** clergymen, the clergy, the cloth; **~ de lettres** men and women of letters; **~ de maison** servants, domestic staff; **les ~ de robe** *litt* the legal profession; **~ du spectacle** stage ou showbusiness people; **les ~ du voyage** [artistes] travelling players ou performers; [gitans] travellers.

**gent** [ʒɑ̃] *nf hum* [espèce]: **la ~ masculine/féminine** the male/female sex.

**gentiane** [ʒɑ̃sjan] *nf* **-1.** [plante] gentian. **-2.** [liqueur] gentian bitters.

**gentil, ille** [ʒɑ̃ti, ij] *adj* **-1.** [serviable] kind; **ils sont ~s avec moi** they're kind ou nice to me; **sois ~, apporte-moi mes lunettes** do me a favour and get my glasses for me; **vous serez ~ de me prévenir de leur arrivée** be kind enough to let me know when they are arriving; **merci, c'est ~** thanks, that's very kind of you. **-2.** [aimable] nice, sweet; **elle a pris mon idée sans me le dire, ce n'est pas très ~** she stole my idea without telling me, that's not very nice (of her). **-3.** [joli] nice, pretty, cute; **un ~ petit minois** a cute little face. **-4.** [exprimant l'impatience]: **c'est bien ~ tout ça mais si on parlait affaires?** that's all very well but what about getting down to business? **-5.** [obéissant] good; **si tu es ~/~le** if you're a good boy/girl. **-6.** (*avant le nom*) [considérable]: **une ~le somme** a tidy ou fair sum.

◆ **gentil** *nm* [non-juif] Gentile; **les ~s** the Gentiles.

**gentilhomme** [ʒɑ̃tijɔm] (*pl* **gentilshommes** [ʒɑ̃tizɔm]) *nm* **-1.** HIST nobleman, gentleman; **~ de la garde** gentleman-at-arms; **~ campagnard** (country) squire, country gentleman. **-2.** *litt* [gentleman] gentleman.

**gentilhommière** [ʒɑ̃tijɔmjɛr] *nf* country seat, manor house.

**gentillesse** [ʒɑ̃tijɛs] *nf* **-1.** [d'une personne] kindness (*U*); **j'étais touché par la ~ de leur accueil** I was moved by their kind welcome. **-2.** [dans des formules de politesse]: **ayez la ~ de me prévenir à l'avance** be so kind as to let me know beforehand. **-3.** [parole] kind word; **échanger des ~s** *iron* to exchange insults. **-4.** [acte] act of kindness; **elle est toujours prête à toutes les ~s** she's always ready to help people out.

**gentillet, ette** [ʒɑ̃tijɛ, ɛt] *adj* **-1.** [mignon]: **il est ~, leur appartement** they've got a lovely little flat *Br* ou apartment *Am*. **-2.** *péj*: **c'est un film ~, sans plus** it's a pleasant enough film, but that's about it.

**gentiment** [ʒɑ̃timɑ̃] *adv* **-1.** [aimablement] kindly; **les retardataires se sont fait ~ taper sur les doigts** the latecomers got a rap on the knuckles. **-2.** [sagement]: **on discutait ~ quand...** we were chatting away nicely ou quietly chatting away when...

away when...

**gentleman** [dʒɛntləman] (*pl* **gentlemen** [-mɛn]) *nm* gentleman.

**génuflexion** [ʒenyflɛksjɔ̃] *nf* genuflection.

**géochimie** [ʒeoʃimi] *nf* geochemistry.

**géochimiste** [ʒeoʃimist] *nmf* geochemist.

**géode** [ʒeɔd] *nf* GÉOL & MÉD geode.

**géodésie** [ʒeodezi] *nf* geodesy, geodetics (*sg*).

**géodésique** [ʒeodezik] ◇ *adj* **-1.** MATH geodesic. **-2.** GÉOG geodetic. ◇ *nf* **-1.** MATH geodesic (line). **-2.** GÉOG geodesic (line).

**géographe** [ʒeograf] *nmf* geographer.

**géographie** [ʒeografi] *nf* **-1.** [science] geography; **~ humaine** human geography. **-2.** [livre] geography book.

**géographique** [ʒeografik] *adj* geographic, geographical.

**geôle** [ʒol] *nf litt* jail, gaol *Br*.

**geôlier, ère** [ʒolje, ɛr] *nm, f litt* jailer, gaoler *Br*.

**géologie** [ʒeɔlɔʒi] *nf* geology.

**géologique** [ʒeɔlɔʒik] *adj* geologic, geological.

**géologue** [ʒeɔlɔg] *nmf* geologist.

**géomètre** [ʒeɔmɛtr] ◇ *nmf* **-1.** MATH geometer, geometrician. **-2.** [arpenteur] land surveyor. ◇ *nm* ENTOM [chenille] measuring worm, looper; [papillon] geometrid ou geometer moth.

**géométrie** [ʒeɔmetri] *nf* **-1.** MATH geometry; **~ euclidienne/non euclidienne** Euclidean/non-Euclidean geometry; **~ plane/dans l'espace** plane/solid geometry. **-2.** [livre] geometry book.

◆ **à géométrie variable** *loc adj* **-1.** [avion] swing-wing (*modif*). **-2.** *fig* [susceptible d'évoluer] flexible, adaptable.

**géométrique** [ʒeɔmetrik] *adj* **-1.** MATH geometric, geometrical; **progression/suite ~** geometric progression/series. **-2.** BX-ARTS geometric.

**géométriquement** [ʒeɔmetrikmɑ̃] *adv* geometrically.

**géophysicien, enne** [ʒeofizisjɛ̃, ɛn] *nm, f* geophysicist.

**géophysique** [ʒeofizik] ◇ *adj* geophysical. ◇ *nf* geophysics (*sg*).

**géopolitique** [ʒeopolitik] ◇ *adj* geopolitical. ◇ *nf* geopolitics (*sg*).

**Georges** [ʒɔrʒ] *npr*: **saint ~** Saint George.

**Géorgie** [ʒeɔrʒi] *npr f*: **(la) ~** Georgia.

**georgien, enne** [ʒɔrʒjɛ̃, ɛn] *adj* GÉOG Georgian.

**géorgien, enne** [ʒeɔrʒjɛ̃, ɛn] *adj* GÉOG Georgian.

◆ **Géorgien, enne** *nm, f* Georgian.
◆ **géorgien** *nm* LING Georgian.

**géorgique** [ʒeɔrʒik] *adj* LITTÉRAT georgic.

**géosphère** [ʒeosfɛr] *nf* geosphere.

**géostationnaire** [ʒeostasjɔnɛr] *adj*: **satellite ~** geostationary satellite.

**géostatistique** [ʒeostatistik] *nf* geostatistics (*sg*).

**géostratégie** [ʒeostrateʒi] *nf* geostrategy.

**gérable** [ʒerabl] *adj* manageable.

**gérance** [ʒerɑ̃s] *nf* management; **assurer la ~ de** to be (the) manager of, to manage; **prendre/reprendre un fonds en ~** to take on/to take over the management of a business; **mettre un fonds en ~** to appoint a manager to a business ❑ **~ libre** tenant management.

**géranium** [ʒeranjɔm] *nm* geranium.

**gérant, e** [ʒerɑ̃, ɑ̃t] *nm, f* manager (*f* manageress); **~ d'immeubles** managing agent (*for an apartment block*); **~ de société** managing director (*of a company*); **~ de magasin** store manager.

**gerbe** [ʒɛrb] *nf* **-1.** [de blé] sheaf; [de fleurs] wreath. **-2.** [de feu d'artifice] spray, gerbe *spéc*. **-3.** [jaillissement – d'eau] spray; [– d'étincelles] shower; **une ~ de flammes** a blaze, a burst of flame.

**gerber** [3] [ʒɛrbe] ◇ *vt* **-1.** [blé] to bind, to sheave, to bind into sheaves. **-2.** [fûts, paquets] to pile (up) (*sép*), to stack (up) (*sép*). ◇ *vi* **-1.** ▽ [vomir] to throw up, to puke. **-2.** [feu d'artifice] to shower, to fan out.

**gerbier** [ʒɛrbje] *nm* stack, rick.

**gerboise** [ʒɛrbwaz] *nf* jerboa.

**gerça** [ʒɛrsa] *v → gercer.*

**gerce** [ʒɛʀs] *nf* -**1.** MÉTALL crack. -**2.** [dans le bois] crack, flaw.
**gercer** [16] [ʒɛʀse] ◇ *vi* -**1.** [peau, mains, lèvres] to chap, to crack. -**2.** [bois, métal, enduit] to crack. ◇ *vt* to chap, to crack.
◆ **se gercer** *vpi* [peau, mains, lèvres] to chap, to get chapped, to crack; [terre] to crack.
**gerçure** [ʒɛʀsyʀ] *nf* -**1.** [des mains, des lèvres] crack, chapping *(U)*; j'ai des ~s aux mains/lèvres I've got chapped hands/lips. -**2.** TECH [d'un métal, d'un enduit] hairline crack; [d'un diamant, du bois] flaw; [d'un tronc] shake.
**gère** [ʒɛʀ] *v*→ **gérer.**
**géré, e** [ʒeʀe] *adj* -**1.** [affaire, entreprise]: bien ~ well managed; mal ~ poorly managed. -**2.** INF: ~ par ordinateur computer-assisted, computer-controlled; ~ par le système system-maintained.
**gérer** [18] [ʒeʀe] *vt* -**1.** [budget, fortune] to administer, to manage; mal ~ qqch to mismanage sthg; ~ une tutelle to administer the estate of a ward; ils se contentent de ~ la crise *fig* they're (quite) happy to sit out the crisis. -**2.** [entreprise, hôtel, magasin] to manage, to run; [stock, production] to control. -**3.** [ménage] to administer; [temps] to organize. -**4.** INF to manage; ~ des données/un fichier to manage data/a file.
**gerfaut** [ʒɛʀfo] *nm* gerfalcon, gyrfalcon.
**gériatre** [ʒeʀjatʀ] *nmf* geriatrician, geriatrist.
**gériatrie** [ʒeʀjatʀi] *nf* geriatrics *(sg)*.
**gériatrique** [ʒeʀjatʀik] *adj* geriatric.
**germain, e** [ʒɛʀmɛ̃, ɛn] *adj* -**1.** [ayant un grand-parent commun]: cousine ~e first cousin. -**2.** [du même père et de la même mère]: frère ~ full brother; sœur ~e full sister. -**3.** [d'Allemagne] Germanic, German.
◆ **Germain, e** *nm, f* German.
**Germanie** [ʒɛʀmani] *nprf* HIST: (la) ~ Germania.
**germanique** [ʒɛʀmanik] ◇ *adj* -**1.** HIST Germanic. -**2.** [allemand] Germanic. ◇ *nm* LING Germanic; HIST & LING Germanic, Proto-Germanic.
**germanisant, e** [ʒɛʀmanizɑ̃, ɑ̃t] *nm, f* Germanist.
**germaniser** [3] [ʒɛʀmanize] *vt* to Germanize.
**germanisme** [ʒɛʀmanism] *nm* Germanism.
**germaniste** [ʒɛʀmanist] *nmf* Germanist.
**germanophile** [ʒɛʀmanɔfil] ◇ *adj* German-loving, Germanophile. ◇ *nmf* Germanophile.
**germanophilie** [ʒɛʀmanɔfili] *nf* love of Germany, Germanophilia.
**germanophobe** [ʒɛʀmanɔfɔb] ◇ *adj* German-hating, Germanophobic. ◇ *nmf* Germanophobe.
**germanophobie** [ʒɛʀmanɔfɔbi] *nf* hatred towards Germany, Germanophobia.
**germanophone** [ʒɛʀmanɔfɔn] ◇ *adj* German-speaking. ◇ *nmf* German speaker; les ~s German-speaking people ou peoples.
**germe** [ʒɛʀm] *nm* -**1.** ANAT, BIOL & MÉD germ; ~ dentaire tooth bud. -**2.** [pousse]: ~ de pomme de terre potato sprout □ ~ de blé wheat germ; ~s de soja soya bean sprouts. -**3.** [origine]: le ~ d'une idée the germ of an idea; les ~s de la révolution the seeds of revolution.
◆ **en germe** *loc adv*: la théorie était déjà présente en ~ dans leur premier manifeste the theory was already there in embryonic form in their first manifesto.
**germé, e** [ʒɛʀme] *adj* [pomme de terre] sprouting; [blé] germinated.
**germer** [3] [ʒɛʀme] *vi* -**1.** AGR & HORT [graine] to germinate; [bulbe, tubercule] to shoot, to sprout; faire ~ du blé to germinate corn. -**2.** [idées] to germinate; le concept a d'abord germé dans l'esprit des urbanistes the notion first took shape in the minds of town planners.
**germinal, e, aux** [ʒɛʀminal, o] *adj* germinal.
◆ **germinal** *nm* Germinal *(7th month of the French Revolutionary calendar from March 22 to April 20).*
**germinatif, ive** [ʒɛʀminatif, iv] *adj* [du germe] germinative.
**germination** [ʒɛʀminasjɔ̃] *nf* BIOL germination.
**germoir** [ʒɛʀmwaʀ] *nm* -**1.** [pot] seed tray. -**2.** [bâtiment] germination area.
**gérondif** [ʒeʀɔ̃dif] *nm*: [en latin] gerundive; [en français] gerund.
**gérontologie** [ʒeʀɔ̃tɔlɔʒi] *nf* gerontology.

**gérontologue** [ʒeʀɔ̃tɔlɔg] *nmf* gerontologist.
**gésier** [ʒezje] *nm* gizzard.
**gésir** [49] [ʒeziʀ] *vi* -**1.** [être étendu] to lie, to be lying. -**2.** [être épars] to lie.
**gestation** [ʒɛstasjɔ̃] *nf* -**1.** BIOL gestation; période de ~ gestation period. -**2.** *fig* [d'une œuvre] gestation (period).
◆ **en gestation** *loc adj* -**1.** BIOL [fœtus] gestating. -**2.** *fig*: un roman en ~ a novel in preparation.
**geste** [ʒɛst] ◇ *nm* -**1.** [mouvement] movement; [signe] gesture; faire des ~s en parlant to speak with one's hands; d'un ~, elle le pria de sortir she motioned to him (that she wanted him) to go out; faire un ~ approbateur to nod one's assent ou approval; d'un ~ de la main, il refusa le whisky he waved aside the glass of whisky; congédier qqn d'un ~ to dismiss sb with a wave of the hand; avoir un ~ malheureux to make a clumsy gesture ou movement; sans un ~ without moving; pas un ~ ou je tire! don't move or I'll shoot!; il épie mes moindres ~s ou tous mes ~s he watches my every move. -**2.** [action] gesture; un ~ politique/diplomatique a political/diplomatic gesture; faire un beau ~ to make a noble gesture; allez, fais un ~! come on, do something!; vous n'avez qu'un ~ à faire you only have to say the word; il a eu un ~ touchant, il m'a apporté des fleurs a rather touching thing he did was to bring me some flowers. ◇ *nf* LITTÉRAT gest, geste.
**gesticulation** [ʒɛstikylasjɔ̃] *nf* gesticulation.
**gesticuler** [3] [ʒɛstikyle] *vi* to gesticulate, to wave one's arms about.
**gestion** [ʒɛstjɔ̃] *nf* -**1.** COMM & INDUST management; par une mauvaise ~ through bad management, through mismanagement; techniques de ~ management techniques ou methods □ ~ administrative office management; ~ d'affaires (day-to-day) running of affairs ou business; ~ assistée par ordinateur computer-aided management; ~ de la production production management; ~ de stock inventory ou stock control. -**2.** INF management; système de ~ de base de données database management system; ~ des projets/travaux project/job scheduling; ~ de fichiers file management; ~ intégrée integrated management; ~ des performances performance monitoring ou tuning.
**gestionnaire** [ʒɛstjɔnɛʀ] ◇ *adj* administrative, managing, management *(modif)*. ◇ *nmf* -**1.** ADMIN administrator. -**2.** COMM & INDUST manager, administrator. ◇ *nm* INF manager; ~ de base de données database administrator; ~ de fichiers file manager; ~ de tâches task scheduler.
**gestuel, elle** [ʒɛstɥɛl] *adj* gestural.
◆ **gestuelle** *nf* -**1.** [gén] non-verbal communication. -**2.** DANSE & THÉÂT gesture.
**geyser** [ʒezɛʀ] *nm* geyser.
**Ghana** [gana] *npr m*: le ~ Ghana.
**ghanéen, enne** [ganeɛ̃, ɛn] *adj* Ghanaian, Ghanian.
◆ **Ghanéen, enne** *nm, f* Ghanaian, Ghanian.
**ghetto** [gɛto] *nm* ghetto.
**gibecière** [ʒibsjɛʀ] *nf* -**1.** CHASSE gamebag. -**2.** *vieilli* [d'un écolier] satchel.
**gibelin, e** [ʒiblɛ̃, in] *adj* & *nm, f* Ghibelline.
**gibelotte** [ʒiblɔt] *nf* rabbit stew *(made with white wine)*.
**giberne** [ʒibɛʀn] *nf* cartridge pouch.
**gibet** [ʒibɛ] *nm* -**1.** [potence] gibbet, gallows. -**2.** RELIG: le ~ the Rood.
**gibier** [ʒibje] *nm* -**1.** [animaux] game *(U)*; gros/petit ~ big/small game; ~ à plumes game birds ou fowl *(U)*; ~ à poil game animals. -**2.** CULIN [viande] game. -**3.** *fam* [personne] quarry, prey; ces types-là, c'est du gros ~ these guys are in the big-time; un ~ de potence a gallows bird.
**giboulée** [ʒibule] *nf* shower; ~s de mars April showers.
**Gibraltar** [ʒibraltaʀ] *npr* Gibraltar; le détroit de ~ the strait of Gibraltar.
**GIC** ◇ *nm abr de* **grand invalide civil.** ◇ *npr m abr de* **Groupe interministériel de contrôle.**
**giclée** [ʒikle] *nf* -**1.** [de liquide] jet, spurt, squirt. -**2.** ▽ [coup de feu] burst (of machine-gun fire).
**gicler** [3] [ʒikle] *vi* [liquide] to spurt, to squirt; arrête de faire ~ de l'eau! stop splashing ou squirting water!

**gicleur** [ʒiklœr] nm AUT (carburettor) jet.

**GIE** nm abr de **groupement d'intérêt économique**.

**gifle** [ʒifl] nf -1. [coup] slap (in the face); donner une ~ à qqn to slap sb's face, to box sb's ears; une fameuse ~ a real smack in the face. -2. [humiliation] (burning) insult, slap in the face.

**gifler** [3] [ʒifle] vt -1. [suj: personne]: ~ qqn to slap sb's face ou sb in the face. -2. [suj: pluie, vent] to lash. -3. [humilier] to humiliate.

**GIG** (abr de **grand invalide de guerre**) nm war invalid.

**gigantesque** [ʒigɑ̃tɛsk] adj -1. [animal, plante, ville] gigantic, giant (modif). -2. [projet] gigantic, giant (modif); [erreur] huge, gigantic.

**gigantisme** [ʒigɑ̃tism] nm -1. ANAT, BOT & ZOOL gigantism, giantism. -2. fig gigantic size.

**gigaoctet** [ʒigaɔktɛ] nm INF gigabyte.

**GIGN** (abr de **Groupe d'intervention de la gendarmerie nationale**) npr m special crack force of the gendarmerie ≃ SAS Br, ≃ SWAT Am.

**gigogne** [ʒigɔɲ] adj → **lit**, **poupée**, **table**.

**gigolo** [ʒigɔlo] nm fam gigolo.

**gigot** [ʒigo] nm CULIN leg; ~ (d'agneau) leg of lamb.

**gigoter** [3] [ʒigɔte] vi [bébé] to wriggle (about); [enfant] to fidget.

**gigue** [ʒig] nf -1. DANSE gigue, jig; danser la ~ fig to wriggle about, to jig up and down. -2. MUS gigue. -3. fam [jambe] leg. -4. fam [personne]: une grande ~ a beanpole. -5. CULIN: ~ de chevreuil haunch of venison.

**gilet** [ʒilɛ] nm -1. [vêtement - taillé] waistcoat Br, vest Am; [- tricoté] cardigan. -2. [sous-vêtement] vest Br, undershirt Am.-3. [protection]: ~ pareballes bulletproof vest; ~ de sauvetage life jacket.

**gin** [dʒin] nm gin.

**gingembre** [ʒɛ̃ʒɑ̃br] nm ginger.

**gingival, e, aux** [ʒɛ̃ʒival, o] adj gingival spéc, gum (modif).

**gingivite** [ʒɛ̃ʒivit] nf gum disease, gingivitis spéc.

**ginseng** [ʒinsɑ̃g] nm ginseng.

**gin-tonic** [dʒintɔnik] (pl **gin-tonics**) nm gin and tonic.

**girafe** [ʒiraf] nf -1. ZOOL giraffe. -2. fam [personne] beanpole. -3. fam CIN, RADIO & TV boom.

**girafeau, x** [ʒirafo], **girafon** [ʒirafɔ̃] nm baby giraffe.

**giration** [ʒirasjɔ̃] nf gyration.

**giratoire** [ʒiratwar] adj gyrating, gyratory.

**girl** [gœrl] nf chorus ou show girl.

**girofle** [ʒirɔfl] nm clove.

**giroflée** [ʒirɔfle] nf BOT gillyflower.

**giroflier** [ʒirɔflije] nm clove (tree).

**girolle** [ʒirɔl] nf chanterelle.

**giron** [ʒirɔ̃] nm -1. [d'une personne] lap; dans le ~ de sa mère in his mother's lap. -2. litt [communauté] bosom; ~ familial the family fold; accepté dans le ~ de l'Église accepted into the fold ou the bosom of the Church. -3. [d'une marche] tread. -4. HÉRALD giron, gyron.

**girondin, e** [ʒirɔ̃dɛ̃, in] adj -1. GÉOG from the Gironde. -2. HIST Girondist.
◆ **Girondin, e** nm, f -1. GÉOG inhabitant of or person from the Gironde. -2. HIST Girondist. -3. SPORT: les Girondins (de Bordeaux) the Bordeaux football team.

**girouette** [ʒirwɛt] nf -1. [sur un toit] weathercock, weather vane. -2. NAUT (mast) telltale. -3. fam [personne] weathercock.

**gis** [ʒi], **gisais** [ʒizɛ] v → **gésir**.

**gisant, e** [ʒizɑ̃, ɑ̃t] adj litt [corps] lifeless, motionless.
◆ **gisant** nm BX-ARTS recumbent figure ou statue.

**gisement** [ʒizmɑ̃] nm GÉOL & MIN deposit; ~ aurifère ou d'or goldfield; ~ houiller [filon] coal deposit ou measures; [bassin] coalfield; ~ de pétrole ou pétrolifère oilfield.

**gisons** [ʒizɔ̃], **gît** [ʒi] v → **gésir**.

**gitan, e** [ʒitɑ̃, an] adj Gypsy (modif).
◆ **Gitan, e** nm, f Gypsy.
◆ **gitane** nf Gitane (cigarette).

**gîte** [ʒit] ◇ nm -1. [foyer] home; le ~ et le couvert room and board ❏ ~ d'étape [pour randonneurs] halt; ~ rural gîte. -2.

---

CHASSE [de gibier] lair; [de lièvre] form. -3. [viande] shin Br ou shank Am (of beef); ~ à la noix topside Br, round Am.
◇ nf NAUT list.

**gîter** [3] [ʒite] vi -1. sout [voyageur] to stay. -2. [lapin] to couch; [oiseau] to perch. -3. NAUT to list.

**givrage** [ʒivraʒ] nm -1. AÉRON icing. -2. [sur un verre] frosting.

**givrant, e** [ʒivrɑ̃, ɑ̃t] adj: brouillard ~ freezing fog.

**givre** [ʒivr] nm -1. [glace] frost; couvert de ~ frosted over. -2. JOAILL white fleck.

**givré, e** [ʒivre] adj -1. [arbre] covered with frost; [serrure] iced up. -2. [verre] frosted (with sugar). -3. CULIN: orange ~e orange sorbet Br ou sherbet Am (served inside the fruit). -4. fam [fou] screwy, nuts.

**givrer** [3] [ʒivre] vt -1. [avec du sucre] to frost. -2. [couvrir de givre] to cover with frost.
◆ **se givrer** vpi [se couvrir de givre] to frost ou to ice up.

**glabre** [glabr] adj -1. [imberbe] smooth-chinned; [rasé] clean-shaven. -2. BOT glabrous, hairless.

**glaçage** [glasaʒ] nm -1. [d'un tissu, du cuir, du papier, de photos] glazing; INDUST [polissage] surfacing, burnishing. -2. CULIN [d'un gâteau] icing; [de bonbons] sugar coating; [de légumes, d'un poisson, d'une viande] glazing.

**glaçai** [glase] v → **glacer**.

**glaçant, e** [glasɑ̃, ɑ̃t] adj [regard, attitude] cold, frosty.

**glace** [glas] nf -1. [eau gelée] ice; rompre ou briser la ~ to break the ice. -2. [crème glacée] ice cream, ice Br; [sucette] ice lolly Br, popsicle Am; [cône] ice cream (cone); ~ à la vanille/à l'abricot vanilla/apricot ice cream. -3. CULIN icing; ~ royale royal icing ‖ [de viande] glaze. -4. [miroir] mirror; une ~ sans tain a two-way mirror. -5. [vitre – d'un véhicule, d'une boutique] window. -6. TECH sheet of plate glass; ~ flottée float glass. -7. JOAILL (white) fleck ou flaw. -8. INDUST: ~ sèche ou carbonique dry ice.
◆ **glaces** nfpl [du pôle] ice fields; [sur un fleuve] ice sheets; [en mer] ice floes, drift ice; le navire est pris dans les ~s the ship is icebound.
◆ **de glace** loc adj [accueil, visage, regard] icy, frosty; être ou rester de ~ to remain unmoved.

**'glacé, e** [glase] adj -1. [transformé en glace] frozen. -2. [lieu] freezing ou icy (cold). -3. [personne] frozen, freezing cold; j'ai les pieds glacés my feet are frozen. -4. [hostile] frosty, icy. -5. CULIN [dessert, soufflé, café] iced; [petit four] glacé; [oignon, viande, poisson] glazed. -6. [brillant – photo] glossy; [– papier] glazed; [– cuir, soie] glazed, glacé.
◆ **glacé** nm glaze, gloss.

**glacer** [16] [glase] vt -1. [transformer en glace] to freeze. -2. [refroidir – bouteille] to chill. -3. [transir]: un froid qui vous glace jusqu'aux os weather that chills you to the bone. -4. fig [pétrifier]: son regard me glace the look in his eye turns me cold; ça m'a glacé le sang (dans les veines) it made my blood run cold; un hurlement à vous ~ le sang a blood-curdling scream; ce souvenir me glace encore le cœur the memory still sends shivers down my spine. -5. CULIN [petit four, oignon, poisson etc] to glaze; [gâteau] to ice, to frost Am.-6. INDUST & TECH to glaze, to glacé.
◆ **se glacer** vpi: leur sang se glaça dans leurs veines their blood ran cold.

**glacerie** [glasri] nf -1. [fabrication] ice-cream making. -2. [commerce] ice-cream trade.

**glaciaire** [glasjɛr] ◇ adj glacial. ◇ nm: le ~ the Ice Age, the glacial period ou epoch.

**glacial, e, als** ou **aux** [glasjal, o] adj -1. [climat] icy, freezing; [vent] bitter, freezing; [pluie] freezing (cold). -2. [sourire] frosty; [abord, personne] cold; elle est vraiment ~e she's really cold ou a real iceberg.
◆ **glacial** adv: il fait ~ it's freezing cold.

**glaciation** [glasjasjɔ̃] nf glaciation; pendant la ~ during the Ice Age.

**glacier** [glasje] nm -1. GÉOL glacier; ~ de vallée valley ou Alpine glacier. -2. [confiseur] ice cream man ou salesman.

**glacière** [glasjɛr] nf -1. [local] cold room. -2. [armoire] refrigerated cabinet; [récipient] cool box; mon bureau est une ~! fig my office is like a fridge ou an icebox!

**glaciologie** [glasjɔlɔʒi] nf glaciology.

**glacis** [glasi] nm -1. HIST: le ~ soviétique the Soviet buffer zone. -2. BX-ARTS glaze, scumble. -3. GÉOG glacis; ~

d'érosion pediment.

**glaçon** [glasɔ̃] *nm* **-1.** GÉOG & MÉTÉO [sur un fleuve] block of ice, ice floe; [sur un étang] patch of ice; [en mer] ice floe. **-2.** [pour boisson] ice cube; **voulez-vous un ~?** would you like some ice?; **servi avec des ~s** served with ice ou on the rocks. **-3.** *fig*: **cette fille est un ~** that girl's a real cold fish.

**glaçons** [glasɔ̃] *v* → **glacer.**

**gladiateur** [gladjatœr] *nm* gladiator.

**glaïeul** [glajœl] *nm* gladiolus; **des ~s** gladioli.

**glaire** [glɛr] *nf* **-1.** PHYSIOL mucus; **~ cervicale** cervical mucus. **-2.** [d'œuf] white.

**glaise** [glɛz] ◇ *nf* clay. ◇ *adj f*: **terre ~** (potter's) clay.

**glaive** [glɛv] *nm* glaive *arch*, broadsword.

**gland** [glɑ̃] *nm* **-1.** [du chêne] acorn. **-2.** COUT tassel. **-3.** ANAT glans. **-4.** ▽ [imbécile] prat *Br*, jerk *Am*.

**glande** [glɑ̃d] *nf* **-1.** ANAT gland; **~s endocrines/exocrines** endocrine/exocrine glands; **~ lacrymale** tear gland; **~ salivaire** salivary gland. **-2.** [ganglion] (neck) gland. **-3.** ▽ *loc*: **foutre les ~s à qqn** to scare the hell out of sb.

**glander**▽ [3] [glɑ̃de] *vi* **-1.** [ne rien faire] to loaf about. **-2.** [attendre] to hang around. **-3.** *loc*: **j'en ai rien à ~** I don't give a damn.

**glandeur, euse**▽ [glɑ̃dœr, øz] *nm, f* layabout.

**glandouiller**▽ [glɑ̃duje] = **glander.**

**glandulaire** [glɑ̃dylɛr], **glanduleux, euse** [glɑ̃dylø, øz] *adj* glandular.

**glaner** [3] [glane] *vt* **-1.** [ramasser – épis] to glean; [– bois] to gather; [– fruits] to gather, to pick up *(sép)*. **-2.** *fig* [renseignements, détails] to glean, to gather.

**glaneur, euse** [glanœr, øz] *nm, f* gleaner.

**glapir** [32] [glapir] ◇ *vi* **-1.** [renard] to bark; [chiot] to yelp, to yap. **-2.** [personne] to yelp, to squeal. ◇ *vt* to shriek.

**glapissement** [glapismɑ̃] *nm* **-1.** [du chien] yelp; [du renard] bark. **-2.** [d'une personne]: **les enfants surexcités poussaient des ~s** the overexcited children were squealing.

**glas** [gla] *nm* knell; **on sonne le ~ pour notre cousine** the bell is tolling ou they are tolling the knell for our cousin.

**glaucome** [glokom] *nm* glaucoma.

**glauque** [glok] *adj* **-1.** *sout* [verdâtre] bluish-green, glaucous *litt*. **-2.** *fam* [lugubre] dreary.

**glissade** [glisad] *nf* **-1.** [jeu] sliding *(U)*. **-2.** DANSE glissade. **-3.** AÉRON: **~ sur l'aile** sideslip. **-4.** [glissoire] slide.

**glissant, e** [glisɑ̃, ɑ̃t] *adj* **-1.** [sol] slippery; **être sur une pente ~e/sur un terrain ~** to be on a slippery slope/on slippery ground. **-2.** [coulissant] sliding.

**glisse** [glis] *nf* [d'un ski] friction coefficient; **sports de ~** *generic term referring to sports such as skiing, surfing, windsurfing etc.*

**glissement** [glismɑ̃] *nm* **-1.** [déplacement] sliding *(U)*. **-2.** [évolution] shift; **la politique du gouvernement a connu un net ~ à droite** there's been a marked shift to the right in government policy. **-3.** LING: **~ de sens** shift in meaning. **-4.** GÉOL: **~ de terrain** landslide, landslip.

**glisser** [3] [glise] ◇ *vi* **-1.** [déraper – personne] to slip; [– voiture] to skid; **mon pied a glissé** my foot slipped; **attention, ça glisse par terre** watch out, it's slippery underfoot ou the ground's slippery. **-2.** [s'échapper accidentellement] to slip; **ça m'a glissé des mains** it slipped out of my hands. **-3.** [tomber] to slide; **il se laissa ~ à terre** he slid to the ground. **-4.** [avancer sans heurt – skieur, patineur] to glide along; [– péniche, ski] to glide. **-5.** [passer]: **son regard glissa de la fenêtre à mon fauteuil** his eyes drifted from the window to my chair; **glissons sur ce sujet!** let's say no more about it; **sur toi, tout glisse comme sur les plumes d'un canard** it's like water off a duck's back with you. **-6.** *fig* [s'orienter]: **~ à** ou **vers** to shift to ou towards; **une partie de l'électorat a glissé à gauche** part of the electorate has shifted ou moved to the left; **il glisse vers le mélodrame** he is slipping into melodrama. **-7.** DANSE to glissade.

◇ *vi* **-1.** [introduire] to slip; **~ une lettre sous la porte** to slip a letter under the door ‖ [dire furtivement]: **j'ai glissé ton nom dans la conversation** I managed to slip ou to drop your name into the conversation. **-2.** [confier]: **~ un petit mot/une lettre à qqn** to slip sb a note/a letter; **~ qqch à l'oreille de qqn** to whisper sthg in sb's ear. **-3.** *loc*: **~ un œil dans**

une pièce to peep ou to peek into a room.

◆ **se glisser** *vpi* **-1.** [se faufiler]: **se ~ au premier rang** [rapidement] to slip into the front row; **glisse-toi là** [sans prendre de place] squeeze (yourself) in there. **-2.** [erreur]: **des fautes ont pu se ~ dans l'article** some mistakes may have slipped ou crept into the article. **-3.** [sentiment]: **le doute s'est peu à peu glissé en lui** little by little doubt crept into his mind.

**glissière** [glisjɛr] *nf* **-1.** TECH slide, runner; **à ~** sliding; **porte à ~** sliding door. **-2.** TRAV PUBL: **~ de sécurité** crash barrier.

**glissoire** [gliswar] *nf* slide *(on ice)*.

**global, e, aux** [glɔbal, o] *adj* overall, global; **as-tu une idée ~e du coût?** have you got a rough idea of the cost?; **somme ~e** total sum ❑ **revenu ~** total income.

**globalement** [glɔbalmɑ̃] *adv* all in all, overall.

**globalisation** [glɔbalizasjɔ̃] *nf* [d'un marché, d'un conflit] globalization.

**globaliser** [3] [glɔbalize] *vt* [réunir]: **le syndicat a globalisé ses revendications** the union is putting forward its demands en bloc.

**globalité** [glɔbalite] *nf* [ensemble]: **envisageons le processus dans sa ~** let's view the process as a whole; **si l'on envisage les problèmes dans leur ~** if we look at all the problems together.

**globe** [glɔb] *nm* **-1.** [sphère] globe; **le ~** [la Terre] the globe, the world; **sur toute la surface du ~** all over the globe; **une région déshéritée du ~** a poor part of the world ❑ **~ céleste** celestial globe; **le ~ terrestre** the terrestrial globe. **-2.** [d'une lampe] (glass) globe. **-3.** [pour protéger] glass dome; **c'est une idée géniale, il faut la mettre sous ~!** *fig* that's a brilliant idea, we must make a note of it and keep it safe! **-4.** ANAT globe; **~ oculaire** eye.

**globe-trotter** [glɔbtrɔtœr] *(pl* **globe-trotters)** *nm* globe-trotter.

**globulaire** [glɔbylɛr] *adj* **-1.** [sphérique] globular, globe-shaped. **-2.** BIOL & PHYSIOL corpuscular.

**globule** [glɔbyl] *nm* BIOL & PHYSIOL corpuscle; **~ blanc/rouge** white/red corpuscle.

**globuleux, euse** [glɔbylø, øz] *adj* **-1.** [forme] globular, globulous. **-2.** [œil] protruding, bulging.

**gloire** [glwar] *nf* **-1.** [renom] fame; **connaître la ~** to find fame; **au faîte** ou **sommet de sa ~** at the height ou pinnacle of his fame; **ne t'attends pas à être payé, on fait ça pour la ~** don't expect payment, we're doing it for love. **-2.** [mérite] glory, credit; **toute la ~ vous en revient** the credit is all yours; **se faire ~ de** to boast about ❑ **c'est pas la ~** *fam* it's not exactly brilliant. **-3.** [éloge] praise; **écrit à la ~ de...** written in praise of...; **rendre ~ au courage de qqn** to praise sb's courage; **~ à Dieu** praise be to ou glory to God. **-4.** [personne] celebrity. **-5.** BX-ARTS [auréole] aureole; [ciel décoré] glory. **-6.** RELIG glory; **le séjour de ~** the Kingdom of Glory.

**gloriette** [glɔrjɛt] *nf* [pavillon] gazebo.

**glorieux, euse** [glɔrjø, øz] *adj* **-1.** [remarquable] glorious. **-2.** *litt* [fier]: **~ de sa victoire** priding himself on his victory. **-3.** RELIG glorious. **-4.** *fam* & *fig*: **ce n'est pas ~** it's not exactly brilliant.

◆ **Glorieuse** *nf* HIST: **les Trois Glorieuses** *the three-day Revolution in 1830 (27, 28 and 29 July).*

**glorification** [glɔrifikasjɔ̃] *nf* *sout* glorification.

**glorifier** [9] [glɔrifje] *vt* [exploit, qualité, héros] to glorify, to praise; [Dieu] to glorify.

◆ **se glorifier de** *vp* + *prép*: **se ~ de qqch** to glory in sthg; **se ~ d'avoir fait qqch** to boast of having done sthg.

**gloriole** [glɔrjɔl] *nf* vainglory; **faire qqch par ~** to do sthg to show off ou for show.

**glose** [gloz] *nf* gloss.

**gloser** [3] [gloze] *vt* [annoter] to annotate, to gloss.

◆ **gloser sur** *v* + *prép* **-1.** [discourir sur]: **~ sur qqch** to ramble on about sthg. **-2.** [jaser sur]: **~ sur qqch/qqn** to gossip about sthg/sb.

**glossaire** [glɔsɛr] *nm* glossary, vocabulary.

**glotte** [glɔt] *nf* ANAT glottis; **coup de ~** LING glottal stop.

**glouglou** [gluglu] *nm* **-1.** *fam* [d'une fontaine] gurgle, gurgling; [d'une bouteille] glug-glug; **faire ~** [fontaine] to gurgle; [bouteille] to go glug-glug. **-2.** [du dindon] gobbling.

**glouglouter** [3] [gluglute] *vi* **-1.** *fam* [fontaine] to gurgle; [bouteille] to go glug-glug. **-2.** [dindon] to gobble.

**gloussement** [glusmã] *nm* **-1.** [d'une personne] chuckle; ~s giggling. **-2.** [d'une poule] clucking.

**glousser** [3] [gluse] *vi* **-1.** [personne] to chuckle. **-2.** [poule] to cluck.

**glouton, onne** [glutɔ̃, ɔn] ◇ *adj* greedy, gluttonous. ◇ *nm, f* glutton.

◆ **glouton** *nm* ZOOL wolverine, glutton.

**gloutonnerie** [glutɔnri] *nf* gluttony.

**glu** [gly] *nf* **-1.** [substance visqueuse] birdlime; **prendre des oiseaux à la** ~ to lime birds. **-2.** *fam* [personne]: **c'est une vraie** ~ she sticks to you like glue.

**gluant, e** [glyã, ãt] *adj* sticky, slimy; **riz** ~ glutinous rice.

**glucide** [glysid] *nm* carbohydrate.

**glucose** [glykoz] *nm* glucose.

**gluten** [glytɛn] *nm* gluten.

**glycémie** [glisemi] *nf* glycemia, glycaemia *Br*.

**glycérine** [gliserin] *nf* glycerin, glycerine.

**glycine** [glisin] *nf* **-1.** BOT wisteria. **-2.** CHIM glycine, glycocoll.

**GMT** (*abr de* **Greenwich Mean Time**) GMT.

**gnangnan** [ɲãɲã] *fam* ◇ *adj inv péj* **-1.** [personne] dopey. **-2.** [œuvre, style]: **j'ai vu le film, que c'était** ~! I saw the film, it was so soppy! ◇ *nmf* wimp.

**gnognot(te)** [ɲɔɲɔt] *nf fam*: **c'est de la** ~ [c'est facile] that's OU it's a cinch; [c'est sans valeur] that's OU it's rubbish *Br* OU garbage *Am*.

**gnole**▽, **gnôle**▽ [ɲol] *nf* hard stuff, hooch *Am*.

**gnome** [gnom] *nm* **-1.** [génie] gnome. **-2.** *sout* [nabot] dwarf, gnome.

**gnon** [ɲɔ̃] *nm fam* **-1.** [coup] thump. **-2.** [enflure] bruise.

**gnose** [gnoz] *nf* gnosis.

**gnosticisme** [gnɔstisism] *nm* Gnosticism.

**gnostique** [gnɔstik] *adj & nmf* Gnostic.

**gnou** [gnu] *nm* wildebeest, gnu.

**go** [go] *nm inv* go; **le jeu de go** go.

◆ **tout de go** *loc adv fam* [dire, annoncer etc] straight out; **il est entré tout de go** he went straight in.

**GO** *nfpl* (*abr de* **grandes ondes**) LW.

**goal** [gol] *nm* [gardien] goalkeeper.

**gobelet** [gɔblɛ] *nm* **-1.** [timbale] tumbler, beaker; ~ **jetable** [en papier] paper cup; [en plastique] plastic cup. **-2.** JEUX shaker.

**Gobelins** [gɔblɛ̃] *npr mpl*: **la manufacture des** ~ *the factory in Paris where Gobelin tapestry is made.*

**gobe-mouches** [gɔbmuʃ] *nm inv* **-1.** ORNITH flycatcher. **-2.** *fam & vieilli* [naïf] gull.

**gober** [3] [gɔbe] *vt* **-1.** [avaler – huître] to swallow; [– œuf] to suck; [– insecte] to catch (and eat). **-2.** *fam* [croire] to swallow. **-3.** *fam* [supporter]: **je n'ai jamais pu la** ~! I never could stand OU stick *Br* her! **-4.** *fam loc*: **ne reste pas là à** ~ **les mouches!** don't just stand there gawping!, don't just stand there like a lemon! *Br* OU lump! *Am*

◆ **se gober** *vpi fam* to think a lot of o.s.

**goberger** [17] [gɔbɛrʒe]

◆ **se goberger** *vpi fam* **-1.** [festoyer] to have a ball, to whoop it up. **-2.** [se prélasser] to laze (about).

**Gobi** [gɔbi] *npr*: **le désert de** ~ the Gobi desert.

**godailler** [gɔdaje] = **goder.**

**godasse** [gɔdas] *nf fam* shoe.

**godelureau, x** [gɔdlyro] *nm hum* (young) Romeo, ladies' man.

**godendart** [gɔdãdar] *nm Can* two-handed saw.

**goder** [3] [gɔde] *vi* COUT to pucker, to be puckered.

**godet** [gɔdɛ] *nm* **-1.** [petit récipient] jar; [verre] tumbler; **un** ~ **en étain** a pewter mug. **-2.** [pour peinture] pot. **-3.** [d'une pipe] bowl. **-4.** [nacelle – d'une noria] scoop; [– d'une roue à eau, en manutention] bucket. **-5.** COUT [à ondulation] flare; [à découpe] gore; [défaut] pucker, ruck.

**godiche** [gɔdiʃ] *fam* ◇ *adj* [maladroit] oafish; [niais] silly, dumb *Am*. ◇ *nf* [maladroite] clumsy thing; [niaise] silly thing.

**godille** [gɔdij] *nf* **-1.** [rame] (stern-mounted) scull; **avancer à**

**la** ~ to scull. **-2.** [à ski] wedeln.

**godiller** [3] [gɔdije] *vi* **-1.** NAUT to scull. **-2.** [au ski] to wedeln.

**godillot** [gɔdijo] *nm* **-1.** [chaussure] clodhopper. **-2.** *fam* [personne] party-liner, yes-man.

**goéland** [gɔelã] *nm* seagull; ~ **argenté/cendré** herring/common gull.

**goélette** [gɔelɛt] *nf* schooner.

**goémon** [gɔemɔ̃] *nm* wrack.

**goglu** [gogly] *nm Can* bobolink.

**gogo** [gogo] *nm fam* sucker.

◆ **à gogo** *loc adv fam* galore.

**goguenard, e** [gɔgnar, ard] *adj* mocking, jeering.

**goguenardise** [gɔgnardiz] *nf sout* mocking, jeering.

**goguette** [gɔgɛt]

◆ **en goguette** *loc adj* merry, a little tiddly.

**goïm** [gɔjim] *pl* → **goy.**

**goinfre** [gwɛ̃fr] *nmf fam* pig.

**goinfrer** [3] [gwɛ̃fre]

◆ **se goinfrer** *vpi fam* to pig OU to stuff o.s.; **se** ~ **de qqch** to stuff o.s. with sthg.

**goinfrerie** [gwɛ̃frəri] *nf fam* piggyness.

**goitre** [gwatr] *nm* goitre.

**goitreux, euse** [gwatrø, øz] ◇ *adj* goitrous. ◇ *nm, f person with a goitre.*

**golden** [gɔldɛn] *nf* Golden Delicious.

**golf** [gɔlf] *nm* **-1.** SPORT: **le** ~ golf. **-2.** [terrain] (golf) links, golf course; ~ **miniature** miniature golf, mini-golf.

**golfe** [gɔlf] *nm* gulf.

**Golfe** [gɔlf] *npr m*: **le** ~ the Gulf; **les États/la Guerre du** ~ the Gulf States/War.

**golfeur, euse** [gɔlfœr, øz] *nm, f* golfer.

**Gomina®** [gɔmina] *nf* brilliantine; ≃ Brylcreem®.

**gominer** [3] [gɔmine]

◆ **se gominer** *vp (emploi réfléchi)* to put Brylcreem® OU hair cream on.

**gommage** [gɔmaʒ] *nm* **-1.** [effacement] erasing. **-2.** [de la peau] exfoliation; **se faire faire un** ~ to have one's skin deep-cleansed. **-3.** [encollage] gumming.

**gomme** [gɔm] *nf* **-1.** [pour effacer] rubber *Br*, eraser; ~ **à encre** ink rubber OU eraser. **-2.** [substance] gum; ~ **arabique** gum arabic. **-3.** MÉD gumma. **-4.** [friandise] gum; ~ **à mâcher** chewing-gum, bubble-gum. **-5.** *fam loc*: **à la** ~ lousy; **mettre (toute) la** ~ [en voiture] to step on it; [au travail] to pull out all the stops.

**gommé, e** [gɔme] *adj* [papier] gummed.

**gommer** [3] [gɔme] *vt* **-1.** [avec une gomme] to rub out *Br* (*sép*), to erase. **-2.** [faire disparaître] to chase away (*sép*), to erase. **-3.** [estomper]: ~ **les contours** to soften the outline. **-4.** [encoller] to gum.

**Gomorrhe** [gɔmɔr] *npr* → **Sodome.**

**Goncourt** [gɔ̃kur] *npr*: **le prix** ~ *prestigious annual literary prize awarded by the Académie Goncourt.*

**gond** [gɔ̃] *nm* hinge; **sortir de ses** ~s to blow one's top, to fly off the handle.

**gondolage** [gɔ̃dɔlaʒ] *nm* [du bois] warping; [d'une tôle] buckling; [du papier] cockling.

**gondolant, e**▽ [gɔ̃dɔlã, ãt] *adj vieilli* hysterical, sidesplitting.

**gondole** [gɔ̃dɔl] *nf* COMM & NAUT gondola; **tête de** ~ COMM gondola head.

**gondolement** [gɔ̃dɔlmã] *nm* = **gondolage.**

**gondoler** [3] [gɔ̃dɔle] ◇ *vi* [bois] to warp, to get warped; [tôle] to buckle. ◇ *vt* to wrinkle, to crinkle; **un disque gondolé** a warped record.

◆ **se gondoler** *vpi* **-1.** [se déformer – bois] to warp; [– papier] to wrinkle; [– tôle] to buckle. **-2.** ▽ [rire] to fall about (laughing).

**gondolier, ère** [gɔ̃dɔlje, ɛr] *nm, f* COMM merchandise assistant.

◆ **gondolier** *nm* [batelier] gondolier.

**gonflable** [gɔ̃flabl] *adj* [canot] inflatable; [ballon, poupée] blow-up.

**gonflage** [gɔ̃flaʒ] *nm* **-1.** [d'un pneu] inflating; [d'un ballon] blowing up; **vérifie le ~ des pneus** check the tyre pressure. **-2.** CIN enlargement.

**gonflant, e** [gɔ̃flɑ̃, ɑ̃t] *adj* **-1.** [bouffant – jupon] full; [– manche] puffed. **-2.** ▽ [irritant]: **c'est ~!** what a drag!
◆ **gonflant** *nm* [d'un tissu, d'une chevelure] volume.

**gonflé, e** [gɔ̃fle] *adj* **-1.** [enflé] swollen, puffed up. **-2.** *fam loc*: **t'es ~!** [effronté] you've got a nerve ou some cheek!; [courageux] you've got guts!; **être ~ à bloc** [en pleine forme] to be full of beans; [plein d'ardeur] to be itching ou raring to go.

**gonflement** [gɔ̃fləmɑ̃] *nm* **-1.** [grosseur] swelling. **-2.** [augmentation – des prix] inflation; [– des statistiques] exaggeration; [– des impôts] excessive increase. **-3.** AUT blowing up, inflating.

**gonfler** [3] [gɔ̃fle] ◇ *vt* **-1.** [remplir d'un gaz – bouée, pneu] to inflate, to blow up (*sép*); [– poumons] to fill; **avoir le cœur gonflé de peine/de chagrin/de joie** to be heartbroken/grief-stricken/overjoyed. **-2.** [faire grossir – voiles] to fill; **un abcès lui gonflait la joue** his cheek was swollen with an abscess; **les yeux gonflés de sommeil/de larmes** eyes swollen with sleep/with tears. **-3.** [augmenter – prix, devis] to inflate, to push up (*sép*); [– frais, statistiques] to exaggerate, to inflate; [– importance, impact] to exaggerate, to blow out of all proportion. **-4.** CIN to enlarge. **-5.** ▽ [irriter]: **~ qqn** to get on sb's nerves ou *Br* wick. ◇ *vi* **-1.** CULIN [pâte] to rise; [riz] to swell (up). **-2.** [enfler] to be puffed up ou bloated; **le bois a gonflé** the wood has warped; **la bière fait ~ l'estomac** beer bloats the stomach.
◆ **se gonfler** ◇ *vp (emploi passif)*: **ce matelas se gonfle à l'aide d'une pompe** this air bed can be blown up with a pump. ◇ *vpi* **-1.** [voile] to swell; [éponge] to swell up. **-2.** [se remplir de gaz] to inflate. **-3.** *fig*: **son cœur se gonfle d'allégresse** her heart is bursting with joy.

**gonflette** [gɔ̃flɛt] *nf fam & péj*: **faire de la ~** to pump iron.

**gonfleur** [gɔ̃flœr] *nm* (air) pump.

**gong** [gɔ̃g] *nm* **-1.** MUS gong. **-2.** SPORT bell.

**gonocoque** [gɔnɔkɔk] *nm* gonococcus.

**gonzesse**▽ [gɔ̃zɛs] *nf* **-1.** [femme] bird *Br*, chick *Am*. **-2.** [homme] sissy, pantywaist *Am*.

**gordien** [gɔrdjɛ̃] *adj m*: **trancher le nœud ~** to cut the Gordian knot.

**goret** [gɔrɛ] *nm* **-1.** [porcelet] piglet. **-2.** *fam* [personne]: **petit ~!** you grubby little pig!

**gorge** [gɔrʒ] *nf* **-1.** [gosier] throat; **avoir mal à la ~** to have a sore throat □ **l'arête m'est restée en travers de la ~** *pr* the bone got stuck in my throat; **son refus m'est resté en travers de la ~** *fig* his refusal stuck in my throat; **avoir la ~ nouée** ou **serrée** to have a lump in one's throat; **l'odeur/la fumée vous prenait à la ~** the smell/smoke made you gag; **rire à ~ déployée** to roar with laughter; **prendre qqn à la ~** *pr* to grab ou to take sb by the throat; **pris à la ~, ils ont dû emprunter** *fig* they had a gun to their heads, so they had to borrow money; **tenir qqn à la ~** *pr* to hold sb by the throat; *fig* to have a stranglehold on sb; **faire rendre ~ à qqn** to force sb to pay ou to cough up; **faire des ~s chaudes de qqn/qqch** to have a good laugh about sb/sthg. **-2.** *litt* [seins] bosom. **-3.** GÉOG gorge. **-4.** ARCHIT groove, glyph, channel. **-5.** CONSTR [d'une cheminée] throat; [d'une fenêtre] groove. **-6.** MÉCAN [d'une poulie] groove, score; [d'une serrure] tumbler.

**gorgeai** [gɔrʒe] *v* → **gorger**.

**gorgée** [gɔrʒe] *nf* mouthful; **à petites ~s** in little sips; **à grandes ~s** in great gulps; **d'une seule ~** in one gulp.

**gorger** [17] [gɔrʒe] *vt*: **~ un enfant de sucreries** to stuff a child full of sweets; **des champs gorgés d'eau** waterlogged fields.
◆ **se gorger de** *vp + prép* **-1.** [se remplir de]: **au moment de la mousson, les rizières se gorgent d'eau** during the monsoon the rice paddies fill to overflowing with water. **-2.** [manger avec excès]: **se ~ de fruits** to gorge o.s. with fruit.

**gorgone** [gɔrgɔn] *nf* **-1.** *litt* [femme] gorgon, virago. **-2.** ZOOL gorgonian.

**gorille** [gɔrij] *nm* **-1.** ZOOL gorilla. **-2.** *fam* [garde] bodyguard, gorilla.

**Gorki** [gɔrki] *npr*: **Maxime ~** Maxim Gorky.

**gosette** [gozɛt] *nf Belg* fruit-filled pastry.

**gosier** [gozje] *nm* [gorge] throat, gullet; **ça m'est resté en**

---

**travers du ~** *fam* it really stuck in my throat.

**gospel** [gɔspɛl] *nm* gospel (music).

**gosse** [gɔs] *nmf fam* **-1.** [enfant] kid; **sale ~!** you brat!; **c'est une ~ de la rue** she grew up in the street. **-2.** [fils, fille] kid. **-3.** [jeune]: **il est beau ~** he's a good-looking chap.

**Gotha** [gɔta] *nm*: **tout le ~ de la mode était là** (all) the big names in fashion were there.

**gothique** [gɔtik] ◇ *adj* **-1.** BX-ARTS & HIST Gothic. **-2.** LITTÉRAT Gothic. ◇ *nm* **-1.** BX-ARTS: **le ~** the Gothic style. **-2.** LITTÉRAT: **le ~** Gothic. ◇ *nf* Gothic (type).

**Goths** [go] *npr mpl*: **les ~** the Goths.

**gouache** [gwaʃ] *nf* gouache.

**gouaille** [gwaj] *nf vieilli* cheeky humour.

**gouailleur, euse** [gwajœr, øz] *adj vieilli* mocking, cheeky.

**gouape** [gwap] *nf fam & vieilli* hoodlum, hood.

**gouda** [guda] *nm* Gouda (cheese).

**goudron** [gudrɔ̃] *nm* tar; **~ bitumineux** bitumen.
◆ **goudrons** *nmpl* [cigarette] tar.

**goudronnage** [gudrɔnaʒ] *nm* tarring, surfacing.

**goudronné, e** [gudrɔne] *adj*: **papier ~** tar-lined paper; **route ~e** tarred road.

**goudronner** [3] [gudrɔne] *vt* **-1.** [route] to tar, to surface (with tar). **-2.** [bateau] to pay.

**goudronneux, euse** [gudrɔnø, øz] *adj* tarry.
◆ **goudronneuse** *nf* [machine] tar tank ou spreader.

**gouffre** [gufr] *nm* GÉOL [dû à l'effondrement] trough fault (valley); [dû à un fleuve] swallow hole; [abîme] chasm, abyss, pit; **cette affaire sera un ~ financier** this business will just swallow up money, we'll have to keep on pouring money into this business; **être au bord du ~** to be on the edge of the abyss.

**gouille** [guj] *nf Helv* pond.

**gouine**▽ [gwin] *nf péj* dyke.

**goujat** [guʒa] *nm sout* boor.

**goujaterie** [guʒatri] *nf sout* boorishness, uncouthness.

**goujon** [guʒɔ̃] *nm* **-1.** ZOOL gudgeon. **-2.** CONSTR [de bois] dowel; [de métal] gudgeon. **-3.** MÉCAN [de poulie] pin.

**goujonner** [3] [guʒɔne] *vt* **-1.** CONSTR [bois] to dowel; [métal] to bolt. **-2.** MÉCAN to bolt (with gudgeons).

**goulache** [gulaʃ] *nm* goulash.

**goulag** [gulag] *nm* Gulag.

**goulasch** [gulaʃ] *nm* = **goulache**.

**goulée** [gule] *nf* **-1.** [de liquide] gulp. **-2.** [d'air]: **prendre une ~ d'air** to take in a lungful of air.

**goulet** [gulɛ] *nm* **-1.** [rétrécissement] narrowing; **~ d'étranglement** bottleneck. **-2.** GÉOL gully, (narrow) gorge. **-3.** [chenal] channel.

**gouleyant, e** [gulejɑ̃, ɑ̃t] *adj* ŒNOL lively.

**goulot** [gulo] *nm* **-1.** [de bouteille] neck; **boire au goulot** to drink straight from the bottle. **-2.** *fig*: **~ d'étranglement** bottleneck.

**goulu, e** [guly] ◇ *adj* greedy, gluttonous. ◇ *nm, f* glutton.

**goulûment** [gulymɑ̃] *adv* greedily.

**goupil** [gupi] *nm arch* fox.

**goupille** [gupij] *nf* (joining) pin, cotter (pin).

**goupiller** [3] [gupije] *vt* **-1.** TECH to pin, to (fix with a) cotter. **-2.** *fam* [combiner] to set up (*sép*); **je voudrais bien savoir ce qu'elle est en train de ~** I'd really like to know what she's up to; **elle avait bien goupillé son coup** she'd set it up neatly ou planned it just right.
◆ **se goupiller** *vpi fam* [se dérouler] to turn out; **ça s'est bien/mal goupillé** things turned out well/badly.

**goupillon** [gupijɔ̃] *nm* **-1.** [brosse] bottle-brush. **-2.** RELIG aspersorium.

**gourd, e**[1] [gur, gurd] *adj* [engourdi] numb, stiff.

**gourde**[2] [gurd] ◇ *adj fam* dopey, thick. ◇ *nf* **-1.** [récipient – en peau] leather flask, wineskin; [– en métal ou plastique] bottle, flask. **-2.** [courge] gourd. **-3.** *fam* [personne] blockhead, twit.

**gourdin** [gurdɛ̃] *nm* cudgel.

**gourer** [3] [gure]
◆ **se gourer** *vpi fam* [se tromper]: **je me suis gouré d'adresse** I made a slip-up with the address; **je me suis gouré dans les**

horaires I got the times mixed up.

**gourmand, e** [gurmã, ãd] *adj* **-1.** [personne] greedy; ~ de chocolat fond of chocolate ‖ [gastronomique]: notre page ~e our food ou gastronomy page; les petites recettes ~es de Julie Julie's special ou tasty recipes. **-2.** [bouche] greedy; [lèvres] eager; [regard] greedy, eager. **-3.** [État, fisc] greedy.

**gourmander** [3] [gurmãde] *vt sout* to rebuke, to castigate, to upbraid.

**gourmandise** [gurmãdiz] *nf* **-1.** [caractère] greediness, greed. **-2.** [sucrerie] delicacy.

**gourme** [gurm] *nf* **-1.** [du cheval] strangles *(sg)*, equine distemper. **-2.** *fam loc*: jeter sa ~ *vieilli* to sow one's wild oats.

**gourmet** [gurmε] *nm* gourmet, epicure.

**gourmette** [gurmεt] *nf* **-1.** JOAILL (chain) bracelet. **-2.** [pour cheval] curb (chain).

**gourou** [guru] *nm* **-1.** RELIG guru. **-2.** *fig* guru, mentor.

**gousse** [gus] *nf* [de haricot] pod, husk; [de petit pois] pod; [d'ail] clove; [de vanille] bean, pod.

**gousset** [gusε] *nm* **-1.** COUT [de gilet] waistcoat pocket; [de pantalon] fob pocket. **-2.** CONSTR [traverse] support; [plaque] gusset, plate.

**goût** [gu] *nm* **-1.** [sens] taste; perdre le ~ to lose one's sense of taste. **-2.** [saveur] taste; avoir un drôle de ~ to taste funny; ça a un ~ de miel/moutarde it tastes of honey/mustard; ce vin a un ~ de bouchon this wine is corked; ça n'a aucun ~ it's tasteless, it's got no taste; ajoutez du sucre selon votre ~ add sugar to taste ❑ je vais lui faire passer le ~ du mensonge I'm going to put a stop to his lying once and for all. **-3.** [préférence] taste; un ~ marqué ou particulier pour... a great liking ou fondness for...; avoir des ~s de luxe to have expensive tastes; prendre ~ à qqch to develop a taste for sthg; c'est (une) affaire ou question de ~ it's a matter of taste; à chacun son ~, chacun son ~ each to his own ❑ tous les ~s sont dans la nature it takes all sorts (to make a world); des ~s et des couleurs on ne discute pas *prov* there's no accounting for taste. **-4.** [intérêt] taste, liking; il faut leur donner le ~ des maths we've got to give them a taste ou a liking for maths; ne plus avoir ~ à qqch to have lost one's taste for sthg; faire qqch par ~ to do sthg out of ou by inclination. **-5.** [jugement esthétique] taste; les gens de ~ people of taste; elle a bon/mauvais ~ she has good/bad taste; elle n'a aucun ~ she has no taste; une décoration de bon ~ a tasteful decoration; il serait de bon ~ de nous retirer ou que nous nous retirions it would be proper to take our leave; il a eu le (bon) ~ de se taire he had the sense to remain silent; cette plaisanterie est d'un ~ douteux that joke is in poor ou doubtful taste; une remarque de mauvais ~ a remark in poor ou bad taste. **-6.** [mode]: c'était le ~ de l'époque it was the style of the time; être au ~ du jour to be in line with current tastes; remettre qqch au ~ du jour to update sthg; dans ce ~-là: c'était une fourrure en renard, ou quelque chose dans ce ~-là it was a fox fur, or

something of the sort.

◆ **à mon goût, à son goût** *etc loc adj & loc adv* to my/his *etc* liking.

**goûter**[1] [3] [gute] ◇ *vt* **-1.** [aliment, boisson] to taste, to try; voulez-vous ~ ma sauce? would you like to taste ou try my sauce? **-2.** *sout* [apprécier] to savour, to enjoy. **-3.** *Belg* [avoir un goût de] to taste. ◇ *vi* **-1.** [prendre une collation] to have an afternoon snack, to have tea *Br*. **-2.** *Belg* [avoir bon goût] to taste nice.

◆ **goûter à** *v* + *prép* **-1.** [manger]: tu ne dois pas ~ au gâteau avant le dessert you mustn't take any cake before the dessert; goûtez donc à ces biscuits do try some of these biscuits. **-2.** [faire l'expérience de] to have a taste of.

◆ **goûter de** *v* + *prép* **-1.** [plat] to taste, to try. **-2.** [faire l'expérience de] to have a taste of.

**goûter**[2] [gute] *nm* [collation] *afternoon snack for children, typically consisting of bread, butter, chocolate, and a drink*; [fête] children's party; invité à un ~ d'anniversaire invited to a (children's) birthday party.

**goûteur, euse** [gutœr, øz] *nm, f* taster.

**goutte** [gut] *nf* **-1.** [d'eau, de lait, de sang] drop; [de sueur] drop, bead; [de pluie] drop (of rain), raindrop; il est tombé une ~ (ou deux) there was a drop (or two) of rain; ~ de rosée dewdrop ❑ avoir la ~ au nez to have a runny nose; c'est une ~ d'eau dans la mer it's a drop in the ocean; c'est la ~ d'eau qui fait déborder le vase it's the straw that broke the camel's back. **-2.** [petite quantité]: une ~ de ~ a (tiny) drop of. **-3.** MÉD gout. **-4.** ARCHIT drop, gutta.

◆ **gouttes** *nfpl* PHARM: ~s pour le nez/les oreilles/les yeux nose/ear/eye drops.

◆ **goutte à goutte** *loc adv* drop by drop; tomber ~ à ~ to drip; ils laissent filtrer les informations ~ à ~ *fig* they are letting the news filter out bit by bit.

◆ **ne... goutte** *loc adv arch*: je n'y comprends ou entends ~ I can't understand a thing.

**Goutte d'Or** [gutdɔr] *npr*: la ~ *working-class area of Paris with high immigrant population.*

**goutte-à-goutte** [gutagut] *nm inv* MÉD drip *Br*, IV *Am*; ils lui ont mis un ~ they've put him on a drip.

**gouttelette** [gutlεt] *nf* droplet.

**goutter** [3] [gute] *vi* to drip.

**goutteux, euse** [gutø, øz] ◇ *adj* gouty. ◇ *nm, f* goutsufferer.

**gouttière** [gutjεr] *nf* **-1.** CONSTR gutter; ~ verticale drainpipe. **-2.** MÉD (plaster) cast.

**gouvernable** [guvεrnabl] *adj* governable.

**gouvernail, s** [guvεrnaj] *nm fig*: être au ou tenir le ~ to call the tune.

**gouvernant, e** [guvεrnã, ãt] ◇ *adj* ruling; les classes ~es the ruling classes. ◇ *nm, f* man (f woman) in power; les ~s the people in power, the Government.

◆ **gouvernante** *nf* **-1.** [préceptrice] governess. **-2.** [dame de

---

**USAGE ▶**    **Les goûts**

**Comment dire que l'on n'aime pas quelque chose ou quelqu'un**

▷ *de façon marquée:*

I hate him.
I loathe football.
I can't stand liars.
If there's one thing I can't abide, it's cheating.
I hate ou detest having to be polite to people I hardly know.
I can't bear it when you talk to me like that.
What I don't like about him ou The thing I don't like about him is his arrogance.
He really gets on my nerves.
He gives me the creeps. [familier]

▷ *de façon moins marquée:*

I don't enjoy opera that much.
I'm not awfully fond of ballet. [Br]
I'm not very keen on poetry. [Br]
I'm not really into sport. [familier]

I'm not (too) wild about the idea. [familier]
I'm not crazy about hockey. [familier]
Camping isn't really my thing ou my cup of tea. [familier]

**Comment dire que l'on aime quelque chose ou quelqu'un**

▷ *de façon marquée:*

I love ou adore opera.
I (really) like her.
I like nothing better ou There's nothing I like more than a hot bath.
I'm really into jazz. [familier]
I'm wild ou crazy about jazz. [familier]

▷ *de façon moins marquée:*

I'm very interested in current affairs.
I'm keen on sport. [Br]
I'm rather fond of cream cakes. [Br]
It's/He's OK. [familier]

compagnie] housekeeper.

**gouverne** [guvɛrn] *nf* -**1.** *sout* [instruction]: pour ma/ta ~ for my/your information. -**2.** NAUT steering. -**3.** AÉRON control surface; ~ de direction (tail) rudder.

**gouvernement** [guvɛrnəmɑ̃] *nm* -**1.** [régime] government; ~ fantoche puppet government; il est au ~ depuis 15 ans he has been in government ou in power for 15 years. -**2.** [ensemble des ministres] Government; le Premier ministre a formé son ~ the Prime Minister has formed his government ou cabinet; le ~ a démissionné the Government has resigned.

**gouvernemental, e, aux** [guvɛrnəmɑ̃tal, o] *adj* [parti] ruling, governing; [presse] pro-government; [politique, décision, crise] government (*modif*); des dispositions ~es measures taken by the government; l'équipe ~e the Government ou Cabinet Br ou Administration Am.

**gouverner** [3] [guvɛrne] ◇ *vt* -**1.** POL to rule, to govern; le pays n'était plus gouverné the country no longer had a government. -**2.** *litt* [maîtriser] to govern, to control; ~ ses passions to control one's passions; ne nous laissons pas ~ par la haine let us not be governed ou ruled by hatred. -**3.** NAUT to steer. -**4.** GRAMM to govern.
◇ *vi* NAUT to steer.
◆ **se gouverner** *vp (emploi réfléchi)* to govern o.s.; le droit des peuples à se ~ eux-mêmes the right of peoples to self-government.

**gouvernés** [guvɛrne] *nmpl*: les ~ those who are governed.

**gouverneur** [guvɛrnœr] *nm* ADMIN & POL governor; le Gouverneur de la Banque de France the Governor of the Bank of France; Gouverneur général Can Governor general.

**goy** [gɔj] *(pl* **goyim** ou **goïm** [gɔjim]) ◇ *adj* goyish. ◇ *nmf* goy; les goyim goyims, goys.

**goyave** [gɔjav] *nf* guava.

**goyim** [gɔjim] *pl* → **goy**.

**GPL** *(abr de* **gaz de pétrole liquéfié**) *nm* LPG.

**GQG** *(abr de* **grand quartier général**) *nm* GHQ.

**GR** *nm abr de* **(sentier de) grande randonnée**.

**gr** *abr écrite de* **grade**.

**Graal** [gral] *npr m*: le ~ the (Holy) Grail.

**grabat** [graba] *nm sout* pallet, litter.

**grabataire** [grabatɛr] ◇ *adj* bedridden. ◇ *nmf* (bedridden) invalid; les ~s the bedridden.

**grabuge** [grabyʒ] *nm fam*: il y avait du ~ there was a bit of a rumpus; ça va faire du ~ that's going to cause havoc.

**grâce** [gras] ◇ *nf* -**1.** [beauté – d'une personne] grace; [– d'un paysage] charm; plein de ~ graceful; sans ~ graceless. -**2.** [volonté]: de bonne ~ with good grace, willingly; avoir la bonne ~ de dire/faire to have the grace to say/to do; de mauvaise ~ with bad grace; vous auriez mauvaise ~ à ou de vous plaindre it would be ungracious of you to complain. -**3.** [faveur] favour; être en ~ auprès de qqn to be in favour with sb; rentrer en ~ auprès de qqn to come back into sb's favour; fais-moi la ~ de m'écouter do me the favour of listening to me; trouver ~ aux yeux de qqn to find favour with sb. -**4.** [sursis – de peine] pardon; [– dans un délai] grace; accorder sa ~ à qqn to pardon sb; crier ou demander ~ to beg for mercy; faire ~ à qqn (de qqch): je te fais ~ des centimes I'll let you off the centimes; je te fais ~ du récit complet I'll spare you the full story; une semaine/un mois de ~ one week's/month's grace □ ~ amnistiante free pardon. -**5.** RELIG grace; avoir la ~ to be inspired; par la ~ de Dieu by the grace of God; à la ~ de Dieu [advienne que pourra] come what may; [n'importe comment] any old way; être en état de ~ to be in a state of grace; le président est en état de ~ *fig* the President can do no wrong ‖ [reconnaissance]: ~ à Dieu! thanks be to God!; rendre ~ ou ~s à Dieu to give thanks to God. -**6.** [titre]: Sa Grâce His/Her Grace.
◇ *interj arch* mercy; de ~! for God's ou pity's sake!
◆ **grâces** *nfpl* -**1.** [faveurs]: rechercher les bonnes ~s de qqn to curry favour with sb, to seek sb's favour; être/entrer dans les bonnes ~s de qqn to be/to get in favour with sb ‖ [manières]: faire des ~s to put on airs (and graces). -**2.** RELIG: dire les ~s to give thanks (after eating).
◆ **grâce à** *loc prép* thanks to.

**Grâces** [gras] *npr fpl*: les trois ~ the three Graces.

**graciable** [grasjabl] *adj* pardonable.

**gracier** [9] [grasje] *vt* to reprieve.

**gracieusement** [grasjøzmɑ̃] *adv* -**1.** [joliment] gracefully. -**2.** [aimablement] graciously, kindly. -**3.** [gratuitement] free (of charge), gratis.

**gracieux, euse** [grasjø, øz] *adj* -**1.** [élégant] charming, graceful. -**2.** [aimable] affable, amiable, gracious. -**3.** [gratuit] free (of charge).

**graciions** [grasijɔ̃] *v* → **gracier**.

**gracile** [grasil] *adj litt* slender.

**gracilité** [grasilite] *nf litt* slenderness, slimness.

**Gracques** [grak] *npr mpl*: les ~ the Gracchi.

**gradation** [gradasjɔ̃] *nf* -**1.** [progression]: il y a une ~ dans nos exercices we grade our exercises; avec une ~ lente gradually, by degrees □ ~ ascendante/descendante gradual increase/decrease. -**2.** [étape] stage.

**grade** [grad] *nm* -**1.** [rang] rank; avancer ou monter en ~ to be promoted □ en prendre pour son ~ *fam* to get it in the neck *esp* Br, to get hauled over the coals. -**2.** [niveau]: ~ universitaire degree. -**3.** GÉOM (centesimal) grade. -**4.** CHIM grade.

**gradé, e** [grade] ◇ *adj*: militaire ~ non-commissioned officer, NCO. ◇ *nm, f* non-commissioned officer, NCO; tous les ~s all ranks.

**gradient** [gradjɑ̃] *nm* -**1.** MÉTÉO gradient. -**2.** MATH: ~ d'une fonction gradient of a function. -**3.** ÉLECTR: ~ de potentiel voltage gradient.

**gradin** [gradɛ̃] *nm* -**1.** [dans un amphithéâtre] tier, (stepped) row of seats; [dans un stade]: les ~s the terraces. -**2.** GÉOG step, terrace. -**3.** AGR terrace; à ~s terraced. -**4.** [d'un autel] gradin, gradine.

**graduation** [graduasjɔ̃] *nf* -**1.** [repère] mark. -**2.** [échelle de mesure] scale. -**3.** [processus] graduating.

**gradué, e** [gradɥe] *adj* -**1.** [à graduations] graduated. -**2.** [progressif] graded.

**graduel, elle** [gradɥɛl] *adj* gradual, progressive.

**graduer** [7] [gradɥe] *vt* -**1.** [augmenter] to increase gradually; il faut ~ la difficulté des tests the tests should become gradually more difficult. -**2.** [diviser] to graduate.

**graffiti** [grafiti] *(pl inv* ou **graffitis**) *nm* -**1.** [inscription] graffiti; un ~ a piece of graffiti; des ~s graffiti (U). -**2.** ARCHÉOL graffito.

**grafigner** [grafiɲe] *vt* Can to scratch.

**grailler** [3] [graje] *vi* -**1.** [corneille] to caw. -**2.** [personne] to speak hoarsely ou throatily. -**3.** ∇ [manger] to eat. ◇ *vt* ∇ to eat.

**graillon** [grajɔ̃] *nm fam* [friture]: une odeur de ~ a smell of grease.

**grain** [grɛ̃] *nm* -**1.** [de sel, de sable] grain, particle; [de riz] grain; [de poussière] speck; *fig*: un ~ de folie a touch of madness; il n'a pas un ~ de bon sens he hasn't got an ounce ou a grain of common sense □ mettre son ~ de sel *fam* to stick one's oar in; elle a un ~ *fam* she's got a screw loose. -**2.** [céréales]: le ~, les ~s (cereal) grain □ alcool ou eau-de-vie de ~ grain alcohol. -**3.** [d'un fruit, d'une plante]: ~ de café [avant torréfaction] coffee berry; [après torréfaction] coffee bean; ~ de cassis/groseille blackcurrant/redcurrant (berry); ~ de poivre peppercorn; ~ de raisin grape. -**4.** [perle] bead; un collier à ~s d'ambre an amber necklace. -**5.** [aspect – de la peau] grain, texture; [– du bois, du papier] grain; à gros ~ coarse-grained; à petit ~ close-grained, fine-grained; aller/travailler dans le sens du ~ to go/to work with the grain. -**6.** MÉTÉO squall. -**7.** PHOT grain; la photo a du ~ the photo is ou looks grainy.
◆ **en grains** *loc adj* [café, poivre] unground, whole.
◆ **grain de beauté** *nm* beauty spot, mole.

**graine** [grɛn] *nf* -**1.** [semence] seed; ~ de lin linseed; ~s (pour oiseaux) birdseed (U); monter en ~ *pr* to go to seed; *fig* to shoot up; c'est de la mauvaise ~, ce garçon-là! that boy is bad news!; son frère, c'est de la ~ de voyou! his brother has the makings of a hooligan!; en prendre de la ~ *fam*: ton frère a réussi tous ses examens, prends-en de la ~ your brother has passed all his exams, take a leaf out of his book. -**2.** [du ver à soie] silkworm eggs, graine.

**grainer** [4] [grene] ◇ *vi* AGR to seed. ◇ *vt* [rendre grenu] to grain.

**graineterie** [grɛntri] *nf* -**1.** [commerce] seed trade. -**2.**

[magasin] seed merchant's.

**grainetier, ère** [grɛntje, ɛr] ◇ *adj*: le commerce ~ the seed trade. ◇ *nm, f* [marchand – de graines] seed merchant; [– de grain] corn chandler.

**graissage** [grɛsaʒ] *nm* AUT & MÉCAN [avec de l'huile] oiling, lubrication; [avec de la graisse] greasing, lubrication; faire faire un ~ to have one's car lubricated.

**graisse** [grɛs] *nf* -1. [corps gras] fat; régime pauvre en ~s low-fat diet; prendre de la ~ *fam* to put on weight ❑ ~ animale/végétale animal/vegetable fat; ~ de baleine/phoque whale/seal blubber; ~ à chaussures dubbin, dubbing; ~ de porc lard. -2. MÉCAN grease. -3. IMPR thickness, boldness.

**graisser** [4] [grɛse] ◇ *vt* -1. [enduire – moteur] to lubricate; [– pièce, mécanisme] to grease, to oil; [– fusil] to grease; [– chaussures] to dub; [– moule] to grease; une crème qui ne graisse pas les mains a non-greasy cream ❑ ~ la patte à qqn to grease sb's palm. -2. [tacher] to grease, to soil with grease. ◇ *vi* [devenir gras]: ses cheveux graissent très vite his hair gets greasy very quickly.

**graisseur, euse¹** [grɛsœr, øz] *adj* greasing, lubricating.
♦ **graisseur** *nm* -1. [gén] lubricator, oiler. -2. AUT grease nipple.

**graisseux, euse²** [grɛsø, øz] *adj* -1. [cheveux, col] greasy. -2. [tumeur] fatty.

**Gram** [gram] *nm inv* SC Gram; ~ positif Gram-positive; ~ négatif Gram-negative.

**graminée** [gramine] *nf* grass; les ~s (the) grasses, the gramineae *spéc*.

**grammaire** [gramɛr] *nf* -1. [règles] grammar; la ~ grammar; règle de ~ grammatical rule, rule of grammar ❑ ~ normative normative grammar. -2. [livre] grammar (book). -3. *fig*: la ~ du cinéma/dessin the grammar of cinema/drawing.

**grammairien, enne** [gramerjɛ̃, ɛn] *nm, f* grammarian.

**grammatical, e, aux** [gramatikal, o] *adj* -1. [de grammaire] grammatical; exercice ~ grammar exercise ❑ catégorie ~e part of speech. -2. [correct] grammatical; non ~ ungrammatical.

**grammaticalement** [gramatikalmɑ̃] *adv* grammatically.

**grammaticaliser** [3] [gramatikalize] *vt* to grammaticalize.

**gramme** [gram] *nm* gramme; je n'ai pas pris un ~ pendant les fêtes! I didn't put on an ounce over the Christmas holidays!; pas un ~ de bon sens/de compassion *fig* not an ounce of common sense/of compassion.

**grand, e** [grɑ̃, grɑ̃d, *devant nm commençant par voyelle ou h muet* grɑ̃t, grɑ̃d] ◇ *adj* **A.** ASPECT QUANTITATIF -1. [de taille élevée – adulte] tall; [– enfant] tall, big. -2. [de grandes dimensions – objet, salle, ville] big, large; [– distance] long; ~ A/B/C capital A/B/C; une ~e tour a high *ou* tall tower; un ~ fleuve a long *ou* big river; une statue plus ~e que nature a large-scale statue; de ~es jambes long legs; avoir de ~s pieds to have big *ou* large feet; ses ~s yeux bleus her big blue eyes; ouvrir de ~s yeux [être étonné] to open one's eyes wide (with astonishment); [être émerveillé] to open one's eyes wide (with wonder); marcher à ~s pas to walk with great *ou* long strides. -3. [d'un certain âge – être humain] big; tu es un ~ garçon maintenant you're a big boy now; tu es assez ~ pour comprendre you're old enough to understand ‖ [aîné – frère, sœur] big; [au terme de sa croissance – personne] grown-up; [– animal] fully grown, adult; quand je serai ~ when I'm grown-up *ou* big. -4. [qui dure longtemps] long; pendant un ~ moment for quite some time. -5. [intense, considérable] great; les risques sont ~s there are considerable risks; de ~e diffusion widely-distributed; une ~e fortune great wealth, a large fortune; ils ont marié leur fille à ~s frais they married off their daughter at great *ou* vast expense; rincer à ~e eau to rinse thoroughly; les ~s froids intense cold; pendant les ~es chaleurs in high summer, in *ou* at the height of summer; nous avons fait un ~ feu we made a big fire; un ~ incendie a major *ou* great fire ❑ ce sont des articles de ~e consommation they are everyday consumer articles; (à l'époque des) ~es marées (at) spring tide; au ~ jour in broad daylight. -6. [pour qualifier une mesure] large, great; la ~e majorité de the great *ou* vast majority of; son ~ âge explique cette erreur this mistake can be put down to her being so old; ils plongent à une ~e profondeur they

dive very deep *ou* to a great depth; un ~ nombre de passagers a large number of passengers. -7. [entier]: une ~e cuillerée de sucre a heaped spoonful of sugar; elle m'a fait attendre une ~e heure/semaine she made me wait a good hour/a good week. -8. BOT great, greater. -9. GÉOG: le Grand Canyon the Grand Canyon; les Grands Lacs the Great Lakes. -10. ZOOL: les ~s animaux (the) larger animals.
**B.** ASPECT QUALITATIF -1. [important] great, major; les ~s problèmes de notre temps the main *ou* major *ou* key issues of our time. -2. [acharné, invétéré] great, keen; c'est un ~ travailleur he's a hard worker, he's hard-working; c'est une ~e timide she's really shy; ce sont de ~s amis they're great *ou* very good friends; ~s fumeurs heavy smokers ❑ les ~s blessés/brûlés/invalides the seriously wounded/burned/disabled; les ~s handicapés the severely handicapped. -3. [puissant, influent – banque] top; [– industriel] top, leading, major; [– propriétaire, famille] important; [– personnage] great. -4. [dans une hiérarchie]: les ~es classes SCOL the senior *ou* upper forms *Br*, the upper grades *Am*; les ~s dignitaires du régime the leading *ou* important dignitaries of the regime ❑ le Grand rabbin (de France) the Chief Rabbi (of France); les ~s corps de l'État the major public bodies. -5. [noble]: avoir ~ air *ou* ~e allure to carry o.s. well, to be imposing. -6. [généreux]: il a un ~ cœur he's big-hearted, he has a big heart; une ~e âme a noble soul. -7. [exagéré] big; de ~s gestes extravagant gestures; ~s mots high-sounding words, high-flown language. -8. [fameux, reconnu] great; un ~ homme a great man; un ~ journaliste a great *ou* top journalist; les ~s textes classiques the classics; il ne descend que dans les ~s hôtels he only stays in the best hotels *ou* the most luxurious hotels; le ~ film de la soirée tonight's big *ou* feature film; le ~ jour the big day; les ~es dates de l'histoire de France the great *ou* most significant dates in French history; un ~ nom a great name; un ~ nom de la peinture contemporaine one of today's great painters ❑ les ~s couturiers the top fashion designers. -9. HIST: Alexandre/Pierre le Grand Alexander/Peter the Great. -10. [omnipotent, suprême] great; Dieu est ~ God is great.
**C.** EN INTENSIF: avec une (très) ~e facilité with (the greatest of) ease; sans ~ enthousiasme/intérêt without much enthusiasm/interest; sa ~e fierté, c'est son jardin he's very proud of *ou* he takes great pride in his garden; c'était un ~ moment it was a great moment; un ~ merci à ta sœur lots of thanks to *ou* a big thank you to your sister; le ~ amour: c'est le ~ amour! it's true love!; Robert fut son ~ amour Robert was the love of her life; tu aurais ~ avantage à la prévenir you'd be well advised to warn her; cette cuisine a ~ besoin d'être nettoyée this kitchen really needs *ou* is in dire need of a clean; faire ~ bien: ça m'a fait le plus ~ bien it did me a power of *ou* the world of good; il en a pensé le plus ~ bien he thought most highly of it; ~ bien lui fasse! much good may it do her!; faire ~ cas de to set great store by; toute la famille au ~ complet the whole family, every single member of the family; jamais, au ~ jamais je n'accepterai never in a million years will I accept; il n'y a pas ~ mal à demander des précisions there's no harm in asking for further details; il est parti de ~ matin he left at the crack of dawn; il n'y avait pas ~ monde à son concert there weren't many people at his concert; pour notre plus ~ plaisir to our (great) delight; prendre ~ soin de to take great care of; à sa ~e surprise much to his surprise, to his great surprise; il est ~ temps que tu le lises it's high time you read it.
◇ *nm, f* -1. [enfant – d'un certain âge]: l'école des ~s primary school ‖ [en appellatif]: merci mon ~! thanks, son!; allons, ma ~e, ne pleure pas! come on now, love, don't cry! ❑ comme un ~: je me débrouillerai tout seul, comme un ~/toute seule, comme une ~e I'll manage on my own, like a big boy/a big girl; la société a été admise dans la cour des ~s the company has now become a serious contender. -2. [adulte – gén] grown-up, adult; un jeu pour petits et ~s a game for young and old (alike) ‖ [en appellatif]: alors, ma ~e, tu as pu te reposer un peu? well dear, did you manage to get some rest? ‖ [personne de grande taille]: pour la photo, les ~s se mettront derrière for the photo, tall people *ou* the taller people will stand at the back.
♦ **grand** ◇ *adv* -1. VÊT: chausser ~: c'est un modèle qui

chausse ~ this is a large-fitting shoe; tailler ~: ça devrait vous aller, ça taille ~ it should fit you, it's cut large. **-2.** *loc*: ils ont vu trop ~ they bit off more than they could chew; elle voit ~ pour son fils she's got great hopes for her son; deux rôtis! tu as vu ~! two roasts! you don't do things by halves!**-3.** [largement]: ~ ouvert wide-open. **-4.** BX-ARTS: représenter qqch plus ~ que nature to enlarge sthg. ◊ *nm* **-1.** PHILOS→ **infiniment. -2.** [entrepreneur, industriel]: un ~ de la mode a leading light in the fashion business; les ~s de l'automobile the major ou leading car manufacturers.
♦ **grands** *nmpl* ÉCON & POL: les ~s [les puissants] the rich (and powerful); les ~s de ce monde the people in (positions of) power ou in high places; les deux Grands POL the two superpowers.
♦ **en grand** *loc adv* [complètement] on a large scale; il faut aérer la maison en ~ the house needs a thorough ou good airing; il a fait les choses en ~ *fig* he really did things properly.
♦ **grande école** *nf* competitive-entrance higher education establishment.
♦ **grand ensemble** *nm* housing scheme *Br*, housing project *Am*.
♦ **grande surface** *nf* hypermarket.
**grand-angle** [grãtãgl] (*pl* **grands-angles** [grãzãgl]), **grand-angulaire** [grãtãgylɛr] (*pl* **grands-angulaires** [grãzãgylɛr]) *nm* wide-angle lens.
**grand-chose** [grãʃoz] *pron indéf*: pas ~ not much; je n'y comprends pas ~ I don't understand much of it; il ne me reste plus ~ à dire there's not much more (left) to say.
**grand-duc** [grãdyk] (*pl* **grands-ducs**) *nm* **-1.** [titre] grand duke. **-2.** [oiseau] eagle owl.
**grand-ducal, e, aux** [grãdykal, o] *adj* **-1.** [du grand-duc] grand-ducal. **-2.** [du grand-duché] of the grand duchy.
**grand-duché** [grãdyʃe] (*pl* **grands-duchés**) *nm* grand duchy.
**Grande-Bretagne** [grãdbrətaɲ] *npr f*: (la) ~ (Great) Britain.
**grande-duchesse** [grãddyʃɛs] (*pl* **grandes-duchesses**) *nf* grand duchess.
**grandement** [grãdmã] *adv* **-1.** [largement] absolutely; si c'est là votre opinion, vous vous trompez ~! if that is what you believe, you are very much mistaken!; vous avez ~ raison/tort you are quite right/wrong. **-2.** [beaucoup] a great deal, greatly; il m'a ~ aidée he helped me a great deal, he's been a great help to me; être ~ reconnaissant à qqn de qqch to be truly grateful to sb for sthg. **-3.** [généreusement]: vous avez fait les choses ~! you've done things in great style!; ils ne seront pas ~ logés their accommodation will be nothing grand ou special.
**grandeur** [grãdœr] *nf* **-1.** [taille] size; (en) ~ nature life-size. **-2.** [noblesse] greatness; avec ~ nobly ❑ ~ d'âme magnanimity. **-3.** [splendeur] greatness, splendour; ~ et décadence de Byzance rise and fall of Byzantium. **-4.** ASTRON magnitude. **-5.** MATH & SC: chiffres de la même ~ figures of the same magnitude ❑ ~ de sortie output; ~s énergétiques energy consumption and supply.
**grand-guignol** [grãgiɲɔl] *nm*: c'est du ~ it's all blood and thunder.
**grand-guignolesque** [grãgiɲɔlɛsk] (*pl* **grand-guignolesques**) *adj* blood-and-thunder.
**grandiloquence** [grãdilɔkãs] *nf* grandiloquence, pomposity *péj*.
**grandiloquent, e** [grãdilɔkã, ãt] *adj* grandiloquent, pompous *péj*.
**grandiose** [grãdjoz] *adj* grandiose.
**grandir** [32] [grãdir] ◊ *vi* **-1.** [devenir grand] to grow; sa fille a grandi de cinq centimètres her daughter is five centimetres taller (than when I last saw her); je te trouve grandie you've grown ou you look taller since I last saw you; un enfant qui aurait grandi trop vite a lanky child. **-2.** [mûrir] to grow up; j'ai compris en grandissant I understood as I grew up ou older. **-3.** [s'intensifier – bruit] to increase, to grow louder; [– influence] to increase. **-4.** [s'étendre – ville] to spread. **-5.** *fig*: ~ en force/sagesse/beauté to get stronger/wiser/more beautiful, to grow in strength/wisdom/beauty; il a grandi dans mon estime he has gone up in my esteem. ◊ *vt* **-1.** [faire paraître plus grand]: ces talons hauts la grandissent encore these high-heeled shoes make her

(look) even taller. **-2.** [exagérer l'importance de] to exaggerate, to overstate. **-3.** [ennoblir]: ils n'en sortent pas vraiment grandis they don't come out of it terribly well, it hasn't done much for their reputation.
♦ **se grandir** *vp (emploi réfléchi)* [vouloir paraître – plus grand] to make o.s. (look) taller; [– plus important] to show o.s. in the best possible light.
**grandissant, e** [grãdisã, ãt] *adj* [effectifs, douleur, renommée] growing, increasing; [vacarme] growing; [pénombre] deepening.
**grandissement** [grãdismã] *nm* OPT magnification.
**grandissime** [grãdisim] *adj hum* extraordinary, marvellous.
**grand-livre** [grãlivr] (*pl* **grands-livres**) *nm* ledger.
**grand-maman** [grãmamã] (*pl* **grand-mamans** ou **grands-mamans**) *nf* granny, grandma.
**grand-mère** [grãmɛr] (*pl* **grand-mères** ou **grands-mères**) *nf* **-1.** [aïeule] grandmother. **-2.** *fam* [vieille femme] old woman *péj*, little old lady.
**grand-messe** [grãmɛs] (*pl* **grand-messes** ou **grands-messes**) *nf* **-1.** RELIG High Mass. **-2.** *fig*: la ~ du parti the party jamboree.
**grand-oncle** [grãtɔkl] (*pl* **grands-oncles** [grãzɔkl]) *nm* great-uncle.
**grand-papa** [grãpapa] (*pl* **grands-papas**) *nm* grandpa, grandad; le commerce/tourisme de ~ *fam* & *fig* old-fashioned ways of doing business/of holidaying.
**grand-peine** [grãpɛn]
♦ **à grand-peine** *loc adv* with great difficulty.
**grand-père** [grãpɛr] (*pl* **grands-pères**) *nm* **-1.** [parent] grandfather. **-2.** *fam* [vieil homme] grandad *Br*, old-timer *Am*.
**grand-route** [grãrut] (*pl* **grand-routes**) *nf* main road.
**grand-rue** [grãry] (*pl* **grand-rues**) *nf* high ou main street *Br*, mainstreet *Am*.
**grands-parents** [grãparã] *nmpl* grandparents.
**grand-tante** [grãtãt] (*pl* **grand-tantes** ou **grands-tantes**) *nf* great-aunt.
**grand-voile** [grãvwal] (*pl* **grand-voiles** ou **grands-voiles**) *nf* mainsail.
**grange** [grãʒ] *nf* barn.
**granit(e)** [granit] *nm* GÉOL granite; de ~ [indestructible] granitelike, made of granite; [insensible] of stone.
**granité, e** [granite] *adj* granitelike.
♦ **granité** *nm* [sorbet] granita.
**granitique** [granitik] *adj* granitic, granite *(modif)*.
**granivore** [granivɔr] *adj* seed-eating, granivorous *spéc*. ◊ *nmf* seedeater, granivore *spéc*.
**granny-smith** [granismis] *nf inv* Granny Smith *(apple)*.
**granulaire** [granylɛr] *adj* granular, granulous.
**granulation** [granylasjõ] *nf* **-1.** [gén] graining, granulation. **-2.** MÉD granulation. **-3.** PHOT grain, graininess.
**granule** [granyl] ◊ *nm* **-1.** [particule] (small) grain, granule; [pour animaux] pellet. **-2.** PHARM (small) tablet, pill. ◊ *nf* ASTRON granule.
**granulé, e** [granyle] *adj* [surface] granular; [présentation] granulated.
♦ **granulé** *nm* granule.
**granuler** [3] [granyle] *vt* to granulate.
**granuleux, euse** [granylø, øz] *adj* [aspect] granular, grainy.
**grape-fruit** (*pl* **grape-fruits**), **grapefruit** [grɛpfrut] *nm* grapefruit.
**graphe** [graf] *nm* **-1.** MATH graph. **-2.** INF graph.
**graphie** [grafi] *nf* written form.
**graphique** [grafik] ◊ *adj* **-1.** [relatif au dessin] graphic. **-2.** [relatif à l'écriture] written. **-3.** INF: informatique ~ computer graphics. **-4.** SC graphical. ◊ *nm* **-1.** MATH [courbe] graph; [tracé] diagram, chart; ~ à bandes bar chart; ~ circulaire pie chart. **-2.** [de température] chart. ◊ *nf* graphics *(sg)*.
**graphiquement** [grafikmã] *adv* graphically.
**graphisme** [grafism] *nm* **-1.** [écriture] handwriting. **-2.** [dessin]: un ~ vigoureux a vigorously executed drawing; le ~ de Dürer Dürer's draughtsmanship.
**graphiste** [grafist] *nmf* graphic artist.
**graphite** [grafit] *nm* graphite.
**graphologie** [grafɔlɔʒi] *nf* graphology.

**graphologique** [grafɔlɔʒik] *adj* graphological.
**graphologue** [grafɔlɔg] *nmf* graphologist.
**grappe** [grap] *nf* [de fleurs, de fruit]: ~ de glycine wisteria flowerhead; ~ de raisins bunch of grapes; ~s humaines *fig* clusters of people.
◆ **en grappe(s)** *loc adv* [tomber – fleurs] in bunches.
**grappiller** [3] [grapije] ◇ *vi* **-1.** *litt* [après la vendange] *to gather grapes left after the harvest.* **-2.** [faire de petits profits] to be on the take *ou* the fiddle *Br.* ◇ *vt* **-1.** *litt* [cerises, prunes] to pick; [brindilles] to gather; [fleurs] to pick, to gather. **-2.** *fam* [argent] to fiddle *Br*, to chisel *Am*.**-3.** *fam* [temps]: elle grappille tous les jours une demi-heure sur l'horaire she sneaks off half an hour early every day. **-4.** *fam* [informations] to pick up *(sép)*.
**grappillon** [grapijɔ̃] *nm* small bunch *ou* cluster.
**grappin** [grapɛ̃] *nm* **-1.** NAUT [ancre] grapnel; [d'abordage] grappling iron. **-2.** [de levage] grab. **-3.** [pour grimper] grappler, climbing iron. **-4.** *fam loc*: mettre le ~ sur qqn: il m'a mis le ~ dessus à la sortie he grabbed me on the way out; attends que je lui mette le ~ dessus! wait till I get my hands on him!
**gras, grasse** [gra, gras] *adj* **A. -1.** CULIN fatty; ne mettez pas trop de matière grasse do not add too much fat; fromage ~ full-fat cheese. **-2.** [dodu] fat, plump; être ~ comme une caille *ou* un chanoine *ou* un cochon *ou* un moine, être ~ à lard to be as round as a barrel. **-3.** [huileux] greasy, oily; [taché] greasy. **-4.** [vulgaire] crude, coarse. **-5.** CHIM fatty. **-6.** RELIG: jours ~ meat days. **B. -1.** [terre, boue] sticky, slimy. **-2.** [pavé] slippery. **-3.** [voix, rire] throaty. **-4.** *litt* [abondant – récompense] generous; [– pâturage] rich; ce n'est pas ~ *fam* [peu de chose] that's not much; [profit médiocre] it's not a fortune. **-5.** [épais – gén] thick; [– trait] bold; [– caractère] bold, bold-faced; en ~ IMPR in bold (type). **-6.** MÉD [toux] phlegmy. **-7.** *fam loc*: faire la grasse matinée to stay in bed (very) late, to have a long lie-in *Br*.
◆ **gras** ◇ *nm* **-1.** [d'une viande] fat; le ~ de jambon ham fat; au ~ CULIN cooked with meat stock. **-2.** [du corps] fleshy part; le ~ de la jambe the calf. **-3.** [substance] grease; des taches de ~ greasy stains. ◇ *adv* **-1.** [dans l'alimentation]: il mange trop ~ he eats too much fatty food. **-2.** RELIG: faire ~ to eat meat. **-3.** [en grasseyant]: parler ~ to speak coarsely *ou* gutturally. **-4.** *fam* [beaucoup]: il n'y a pas ~ à manger there's not much to eat.
**gras-double** [gradubl] (*pl* gras-doubles) *nm* (ox) tripe CULIN.
**grassement** [grasmɑ̃] *adv* **-1.** [largement] handsomely; il vit ~ de ses terres *litt* he makes a handsome living from the land he owns. **-2.** [vulgairement] coarsely, crudely.
**grasseyant, e** [grasɛjɑ̃, ɑ̃t] *adj*: avoir un parler/rire ~ to speak/to laugh from the back of one's throat.
**grasseyement** [grasɛjmɑ̃] *nm*: le ~ des Parisiens *the Parisian way of pronouncing Rs from the back of the throat*; LING the uvular Parisian R.
**grasseyer** [12] [grasɛje] ◇ *vi* to pronounce one's Rs from the back of the throat, to use Parisian Rs. ◇ *vt*: un R grasseyé LING a uvular R.
**grassouillet, ette** [grasujɛ, ɛt] *adj* podgy *Br*, pudgy *Am*.
**gratifiant, e** [gratifjɑ̃, ɑ̃t] *adj* gratifying, rewarding.
**gratification** [gratifikasjɔ̃] *nf* **-1.** [pourboire] tip; [prime] bonus. **-2.** [satisfaction] gratification.
**gratifier** [9] [gratifje] *vt* **-1.** [satisfaire]: sa réussite a beaucoup gratifié ses parents his success was very gratifying for his parents. **-2.** *iron*: ~ qqn de qqch: elle m'a gratifié d'un sourire she favoured me with a smile.
**gratin** [gratɛ̃] *nm* **-1.** CULIN [plat – recouvert de fromage] gratin (*dish with a topping of toasted cheese*); [– recouvert de chapelure] dish with a crispy topping; ~ dauphinois sliced potatoes baked with cream and browned on top ‖ [croûte – de fromage] cheese topping; [– de chapelure] crispy topping. **-2.** *fam* [élite]: le ~ the upper crust; tout le ~ parisien everybody who's anybody in Paris.
**gratiné, e** [gratine] *adj* **-1.** CULIN [doré] browned; [cuit au gratin] (cooked) au gratin. **-2.** *fam* [difficile]: c'était un sujet d'examen ~! it was a pretty tough exam question! ‖ [intense]: elle va avoir droit à un savon ~! she's in for a real telling-off!
◆ **gratinée** *nf* French onion soup.

**gratiner** [3] [gratine] ◇ *vt* [cuire en gratin] to cook au gratin; [dorer] to brown. ◇ *vi* to brown.
**gratis** [gratis] *fam* ◇ *adv* free (of charge); il a fait la réparation ~ he repaired it for nothing. ◇ *adj* free.
**gratitude** [gratityd] *nf* gratitude, gratefulness.
**grattage** [grataʒ] *nm* scraping.
**gratte** [grat] *nf fam* **-1.** [profit]: faire de la ~ to make a bit on the side. **-2.** [guitare] guitar.
**gratte-ciel** [gratsjɛl] *nm inv* sky-scraper.
**gratte-cul** [gratky] *nm inv fam* rosehip.
**gratte-dos** [gratdo] *nm inv* back-scratcher.
**grattement** [gratmɑ̃] *nm* scratching.
**gratte-papier** [gratpapje] *nm inv* fam & péj penpusher.
**gratte-pieds** [gratpje] *nm inv* shoe scraper, metal doormat.
**gratter** [3] [grate] ◇ *vt* **-1.** [avec des griffes, des ongles, une plume] to scratch; [avec un sabot] to paw. **-2.** [frotter – allumette] to strike; [– métal oxydé] to scrape, to rub; [– couche de saleté] to scrape *ou* to rub off *(sép)*. **-3.** [effacer] to scratch out *(sép)*. **-4.** [irriter]: une chemise/un pull-over qui gratte (la peau) a shirt/sweater which makes one itch; ça (me) gratte *fam* it's itchy; un gros rouge qui gratte la gorge *fam* a rough red wine which catches in the throat. **-5.** *fam* [grappiller] to fiddle *Br*, to chisel *Am*.**-6.** *fam* [devancer] to overtake. **-7.** *fam* [jouer de]: ~ du violon to scrape away at the violin. ◇ *vi* **-1.** [plume] to scratch. **-2.** [tissu, laine, pull] to itch, to be itchy. **-3.** *fam* [travailler] to work, to do odd jobs.
◆ **se gratter** *vp* (*emploi réfléchi*) to scratch (o.s.), to have a scratch; se ~ la tête/le bras to scratch one's head/arm ❑ tu peux toujours te ~!ᵛ you'll be lucky!
**grattoir** [gratwar] *nm* **-1.** [de bureau] erasing-knife. **-2.** [de graveur] scraper. **-3.** [allumettes] striking surface. **-4.** ARCHÉOL grattoir.
**gratuit, e** [gratɥi, it] *adj* **-1.** [en cadeau] free; 'entrée ~e' 'admission free'; c'est ~ it's free, there's no charge. **-2.** [sans fondement] unwarranted. **-3.** [absurde – violence] gratuitous; [– cruauté] wanton, gratuitous. **-4.** [désintéressé]: aide ~e free help; il est rare que les éloges soient ~s praise is rarely disinterested.
**gratuité** [gratɥite] *nf* **-1.** [accès non payant]: nous voulons la ~ de l'enseignement/des livres scolaires we want free education/schoolbooks. **-2.** [absence de motif] gratuitousness. **-3.** [désintéressement] disinterestedness.
**gratuitement** [gratɥitmɑ̃] *adv* **-1.** [sans payer] free (of charge). **-2.** [sans motif] gratuitously, for no reason.
**gravats** [grava] *nmpl* **-1.** [décombres] rubble. **-2.** [de plâtre] (screening) oversize.
**grave** [grav] ◇ *adj* **-1.** (*après le nom*) [solennel] grave, solemn; il la dévisageait, l'air ~ he stared at her gravely. **-2.** [sérieux – motif, problème] serious; [– opération] serious, major; [– faute] grave; l'heure est ~ this is a critical moment; ce n'est pas ~! never mind!, it doesn't matter!; elle a eu une ~ maladie she's been seriously ill; c'est ~, docteur? is it serious, doctor?**-3.** ACOUST & MUS [note] low; [voix] deep. **-4.** [accent] grave. ◇ *nm* MUS: le ~ the low register; les ~s et les aigus low and high notes, the low and high registers.
◇ *nf* TRAV PUBL aggregate.
◆ **graves** *nmpl* ACOUST bass.
**graveleux, euse** [gravlø, øz] *adj* **-1.** [grivois] smutty. **-2.** [fruit] gritty.
**gravement** [gravmɑ̃] *adv* **-1.** [solennellement] gravely, solemnly. **-2.** [en intensif]: ~ handicapé severely handicapped; ~ malade seriously ill; tu t'es ~ trompé you've made a serious *ou* big mistake; vous êtes ~ coupable de l'avoir laissé sortir seul the burden of guilt lies with you for having let him go out alone.
**graver** [3] [grave] *vt* **-1.** [tracer – sur métal, sur pierre] to carve, to engrave; [– sur bois] to carve. **-2.** *fig*: à jamais gravé (en lettres d'or) dans mon esprit/mon souvenir indelibly printed on my mind/memory; la souffrance était gravée sur son visage suffering was written on his face. **-3.** BX-ARTS to engrave; ~ à l'eau-forte to etch. **-4.** [disque] to cut.
**graveur, euse** [gravœr, øz] *nm, f* [personne] engraver, carver; ~ sur bois wood engraver *ou* cutter; ~ à l'eau-forte etcher.
**gravide** [gravid] *adj* MÉD pregnant, gravid *spéc*; truie ~ sow in pig.
**gravier** [gravje] *nm* **-1.** GÉOL grit, gravel. **-2.** [petits cailloux]

gravel; allée de ~ gravel path.

**gravillon** [gravijɔ̃] *nm* **-1.** [caillou] piece of gravel ou grit. **-2.** [revêtement] grit, fine gravel; '~s' 'loose chippings'.

**gravir** [32] [gravir] *vt* **-1.** *sout* [grimper] to climb; ~ une montagne/un escalier to climb up a mountain/a staircase. **-2.** [dans une hiérarchie]: il faut ~ (tous) les échelons you must go up through the ranks.

**gravissime** [gravisim] *adj* very serious.

**gravitation** [gravitasjɔ̃] *nf* gravitation PHYS.

**gravitationnel, elle** [gravitasjɔnɛl] *adj* gravitational.

**gravité** [gravite] *nf* **-1.** [sérieux, dignité] seriousness, solemnity; l'enfant la dévisagea avec ~ the child stared at her solemnly. **-2.** [importance] seriousness, gravity. **-3.** [caractère alarmant] seriousness; [d'une blessure] severity; un accident sans ~ s'est produit en gare d'Orléans there was a minor accident at the station in Orléans. **-4.** [pesanteur] gravity. **-5.** MUS lowness.

**graviter** [3] [gravite] *vi* **-1.** ASTRON: ~ autour de to revolve ou to orbit around. **-2.** *sout* [évoluer]: il a toujours gravité dans les sphères gouvernementales he has always moved in government circles.

**gravure** [gravyr] *nf* **-1.** [tracé en creux]: ~ sur bois [procédé] woodcutting; [objet] woodcut; ~ sur pierre stone carving; ~ sur verre glass engraving. **-2.** IMPR [processus] engraving, imprinting; ~ sur cuivre [procédé] copperplating; [plaque] copperplate; ~ directe hand cutting; ~ à l'eau-forte etching ‖ [image] engraving, etching; ~ de mode fashion plate; habillé ou vêtu comme une ~ de mode dressed like a model in a fashion magazine. **-3.** [d'un disque] cutting; ~ directe direct cut; disque à ~ universelle ou compatible stereo compatible record.

**gré** [gre] *nm* **-1.** [goût, convenance]: prenez n'importe quelle chaise, à votre ~ sit down wherever you wish ou please; il est trop jeune à mon ~ he's too young for my liking. **-2.** [volonté, accord]: elle a toujours agi à son ~ she has always done as she pleased; je suis venue de mon plein ou propre ~ I came of my own free will; il la suivit de bon ~ he followed her willingly ou of his own accord; on l'a fait signer contre son ~ they made her sign against her will ❑ bon ~ mal ~ il faudra que tu m'écoutes whether you like it or not you'll have to listen to me; ramenez-le ~ ou de force! bring him back by fair means or foul! **-3.** *sout* [gratitude]: savoir ~ à qqn de qqch to be grateful to sb for sthg; on vous saura mauvais ~ d'avoir dit la vérité you'll get little reward ou people won't thank you for having spoken the truth.

◆ **au gré de** *loc prép*: le bail est renouvelable au ~ du locataire the lease is renewable at the tenant's request; au ~ des flots *sout* at the mercy of the waves; se laisser aller au ~ du courant to let o.s. drift along with the current; ballotté au ~ des événements tossed about ou buffeted by events.

◆ **de gré à gré** *loc adv* JUR by mutual agreement.

**grec, grecque**[1] [grɛk] *adj* Greek; profil ~ Grecian profile.

◆ **Grec, Grecque** *nm, f* Greek.

◆ **grec** *nm* LING Greek; le ~ ancien ancient Greek; le ~ moderne modern ou demotic Greek.

◆ **à la grecque** *loc adj* [champignons, oignons] (cooked) à la grecque (*in olive oil and spices*).

**Grèce** [grɛs] *npr f*: (la) ~ Greece; la ~ antique Ancient Greece.

**Greco** [greko] *npr*: le ~ El Greco.

**gréco-latin, e** [grekɔlatɛ̃, in] (*mpl* **gréco-latins**, *fpl* **gréco-latines**) *adj* Greco-Latin.

**gréco-romain, e** [grekɔrɔmɛ̃, ɛn] (*mpl* **gréco-romains**, *fpl* **gréco-romaines**) *adj* Greco-Roman.

**grecque**[2] [grɛk] ◇ *adj* → **grec**. ◇ *nf* **-1.** → **grec**. **-2.** ARCHIT (Greek) fret.

**gredin, e** [grədɛ̃, in] *nm, f* rascal, rogue.

**gréement** [gremɑ̃] *nm* [voilure] rigging, rig; [processus] rigging.

**green** [grin] *nm* GOLF green.

**Greenwich** [grinwitʃ] *npr* Greenwich; le méridien de ~ the Greenwich Meridian.

**gréer** [15] [gree] *vt* [navire] to rig.

**greffage** [grefaʒ] *nm* HORT grafting.

**greffe** [grɛf] ◇ *nm* JUR clerk's office, clerk of the court's office; ~ du tribunal de commerce commercial court. ◇ *nf* **-1.** HORT [processus] grafting; [pousse] graft. **-2.** MÉD [organe, moelle osseuse] transplant; [os, peau] graft.

**greffé, e** [grɛfe] *nm, f* transplant patient; les ~s du cœur heart-transplant patients.

**greffer** [4] [grɛfe] *vt* **-1.** HORT to graft. **-2.** MÉD [os, peau] to graft; [organe, moelle osseuse] to transplant; on lui a greffé une cornée he had a cornea transplant, he was given a new cornea.

◆ **se greffer sur** *vp* + *prép*: puis d'autres problèmes sont venus se ~ là-dessus then additional problems came along ou arose.

**greffier** [grɛfje] *nm* **-1.** JUR clerk (of the court), registrar. **-2.** *fam* [chat] puss, pussy.

**greffon** [grɛfɔ̃] *nm* **-1.** HORT graft, scion *spéc*. **-2.** MÉD [tissu] graft; [organe] transplant.

**grégaire** [gregɛr] *adj* gregarious; l'instinct ~ the herd instinct.

**grégarisme** [gregarism] *nm* gregariousness, herd instinct.

**grège** [grɛʒ] ◇ *adj* [soie] raw, unbleached, undyed. ◇ *adj inv* [couleur] dove-coloured. ◇ *nm* greyish-beige, beigey-grey.

**Grégoire** [gregwar] *n pr*: ~ de Tours Gregory of Tours; ~ le Grand Gregory the Great.

**grégorien, enne** [gregɔrjɛ̃, ɛn] *adj* Gregorian.

◆ **grégorien** *nm* Gregorian chant.

**grêle** [grɛl] ◇ *adj* **-1.** [mince et long] spindly, thin. **-2.** [aigu-voix] reedy. ◇ *nf* **-1.** MÉTÉO hail; une averse de ~ a hailstorm. **-2.** *fig*: une ~ de coups a shower of blows; une ~ d'insultes a volley of insults.

**grêlé, e** [grele] *adj* [peau, visage] pockmarked, pitted.

**grêler** [4] [grele] ◇ *v impers*: il grêle it's hailing. ◇ *vt*: l'orage a grêlé les vignes the vines suffered hail damage in the storm.

**grêleux, euse** [grelø, øz] *adj*: le temps est souvent ~ en mars it often hails in March.

**grêlon** [grɛlɔ̃] *nm* hailstone.

**grelot** [grəlo] *nm* [clochette] (small sleigh ou jingle) bell.

**grelottant, e** [grəlɔtɑ̃, ɑ̃t] *adj* [tremblant] shivering; ~ de froid shivering with cold.

**grelottement** [grəlɔtmɑ̃] *nm* [tremblement] shivering.

**grelotter** [3] [grəlɔte] *vi* **-1.** [avoir froid]: ferme la fenêtre, on grelotte shut the window, it's freezing in here. **-2.** [trembler]: ~ de froid to shiver ou to tremble with cold; ~ de peur to shake with fear; ~ de fièvre to shiver with fever. **-3.** *sout* [cloche] to jingle.

**grenade** [grənad] *nf* **-1.** ARM grenade; ~ fumigène/incendiaire/lacrymogène smoke/incendiary/teargas grenade; ~ à fusil/main rifle/hand grenade; ~ sous-marine depth charge. **-2.** [écusson militaire] grenade ornament. **-3.** BOT pomegranate.

**Grenade** [grənad] ◇ *npr f* [île]: la ~ Grenada. ◇ *npr* [ville d'Espagne] Granada.

**grenadier** [grənadje] *nm* **-1.** MIL grenadier. **-2.** BOT pomegranate tree.

**grenadine** [grənadin] *nf* [sirop] grenadine (*bright red fruit syrup used in making drinks*); une ~ [boisson] a (glass of) grenadine.

**grenaille** [grənaj] *nf* **-1.** MÉTALL shot, steel grit; en ~ grained, granulated. **-2.** [plomb de chasse] shot; ~ de plomb lead shot.

**grenat** [grəna] ◇ *nm* [pierre, couleur] garnet. ◇ *adj inv* garnet, garnet-coloured.

**greneler** [24] [grənle] *vt* to grain.

**grenier** [grənje] *nm* **-1.** [combles] attic; ~ aménagé converted loft. **-2.** [à grain] loft; ~ à foin hayloft; le ~ à blé de la France *fig* the granary of France.

**Grenoble** [grənɔbl] *npr* Grenoble.

**grenoblois, e** [grənɔblwa, az] *adj* from Grenoble.

◆ **Grenoblois, e** *nm, f* inhabitant of or person from Grenoble.

**grenouille** [grənuj] *nf* ZOOL frog; ~ verte/rousse edible/common frog; c'est une vraie ~ de bénitier *fam* she's very churchy.

**grenouillère** [grənujɛr] *nf* **-1.** VÊT sleepsuit, sleeping-suit. **-2.** [lieu] frog pond.

**grenu, e** [grəny] *adj* **-1.** [surface] grainy, grained. **-2.** GÉOL granulose.

**grès** [grɛ] *nm* **-1.** GÉOL sandstone. **-2.** [vaisselle]: ~ (cérame) stoneware; des assiettes en ~ stoneware plates.

**grésil** [grezil] *nm* fine hail.

**grésillement** [grezijmɑ̃] *nm* **-1.** [de l'huile] sizzling; [du téléphone] crackling; il y a des ~s sur la ligne there's some interference on the line, the line's crackling. **-2.** [cri du grillon] chirping.

**grésiller** [3] [grezije] ◇ *v impers*: il grésille it's hailing. ◇ *vi* **-1.** [huile] to sizzle; [feu, téléphone] to crackle; ça grésille it's all crackly. **-2.** [grillon] to chirp.

**gressin** [gresɛ̃] *nm* grissino; des ~s grissini.

**GRETA, Greta** [greta] (*abr de* **groupements d'établissements pour la formation continue**) *npr m* state body organizing adult training programmes.

**greubons** [grøbɔ̃] *nmpl* *Helv* leftover fat from cooked meat, fried and used as an accompaniment to some Swiss dishes.

**grève¹** [grɛv] *v* → **grever**.

**grève²** [grɛv] *nf* **-1.** [cessation d'une activité] strike; être en ~, faire ~ to be on strike, to strike; se mettre en ~ to go on strike ❑ ~ bouchon disruptive strike; ~ de la faim hunger strike; ~ générale general strike; ~ partielle partial ou localized strike; ~ perlée go-slow *Br*, slowdown *Am*; ~ sauvage wildcat strike; ~ de solidarité sympathy strike; ils font une ~ de solidarité they've come out in sympathy; ~ surprise lightning strike; ~ sur le tas sit-down strike; ~ tournante staggered strike; ~ du zèle work-to-rule. **-2.** *litt* [plage] shore, strand *litt*; [rive] bank, strand *litt*.

**grever** [19] [grəve] *vt* **-1.** *sout* [économie] to put a strain on; l'inflation a grevé le pouvoir d'achat inflation has restricted ou put a squeeze on purchasing power; les vacances ont grevé mon budget the holidays have put a severe strain on my finances. **-2.** JUR: sa propriété est grevée d'hypothèques he's mortgaged up to the hilt.

**gréviste** [grevist] ◇ *nmf* striker, striking worker; ~ de la faim hunger striker. ◇ *adj* striking.

**GRH** (*abr de* **gestion des ressources humaines**) *nf* personnel management.

**gribouillage** [gribujaʒ] *nm* **-1.** [dessin] doodle; faire des ~s to doodle. **-2.** [écriture illisible] scrawl, scribble.

**gribouiller** [3] [gribuje] ◇ *vt* to scribble. ◇ *vi* to doodle, to scribble.

**gribouilleur, euse** [gribujœr, øz] *nm, f* scribbler.

**gribouillis** [gribuji] = **gribouillage**.

**grief** [grijef] *nm* *litt* grievance; faire ~ à qqn de qqch to hold sthg against sb; on lui a fait ~ d'avoir épousé un banquier they resented her marrying a banker.

**grièvement** [grijɛvmɑ̃] *adv* [blessé] seriously.

**griffe** [grif] *nf* **-1.** ZOOL claw; il fait ses ~s it's sharpening its claws; rentrer/sortir ses ~s to draw in/to show one's claws ❑ le voilà qui montre ses ~s now he's showing his teeth; tomber dans les ~s de qqn to fall into sb's clutches; il faut l'arracher des ~s de sa mère he needs to be rescued from his mother's clutches; donner un coup de ~ à qqn *pr* to scratch ou to claw sb; elle a reçu de nombreux coups de ~s *fig* she was the victim of quite a bit of back-biting. **-2.** [d'un couturier] label, signature; [d'un auteur] stamp. **-3.** BOT [de l'asperge] crown; [du lierre] tendril. **-4.** JOAILL claw.

**griffé, e** [grife] *adj* [vêtement] designer (*modif*).

**griffer** [3] [grife] *vt* **-1.** [suj: personne, animal] to scratch. **-2.** [suj: couturier] to put one's label on.

◆ **se griffer** *vp* (*emploi réfléchi*) to scratch o.s.

**griffon** [grifɔ̃] *nm* **-1.** MYTH griffin. **-2.** [chien] griffon. **-3.** ORNITH griffon (vulture).

**griffonnage** [grifɔnaʒ] *nm* **-1.** [écrit] scribbling. **-2.** [dessin] rough sketch.

**griffonner** [3] [grifɔne] ◇ *vt* **-1.** [noter – adresse] to scribble (down); [– plan] to sketch roughly, to do a quick sketch of. **-2.** [mal écrire] to scribble. ◇ *vi* to scribble.

**griffu, e** [grify] *adj* clawed.

**griffure** [grifyr] *nf* [d'une personne, d'une ronce] scratch; [d'un animal] scratch, claw mark.

**grignotage** [grijnɔtaʒ] *nm* wearing away, erosion; le ~ des voix par l'opposition the gradual loss of votes to the opposition.

**grignotement** [grijnɔtmɑ̃] *nm* nibbling, gnawing.

**grignoter** [3] [grijnɔte] ◇ *vt* **-1.** [ronger] to nibble (at ou on). **-2.** *fig* [amoindrir] to erode. **-3.** [acquérir] to acquire gradually. ◇ *vi* to nibble; ne grignotez pas entre les repas don't eat between meals.

**grigou** [grigu] *nm* skinflint.

**gri-gri** (*pl* **gris-gris**), **grigri** [grigri] *nm* grigri.

**gril** [gril] *nm* CULIN grill, broiler *Am*; faire cuire du poisson sur le ~ to grill fish, to broil fish *Am*; à cette heure-ci demain, je serai sur le ~ *fam & fig* this time tomorrow I'll be suffering.

**grillade** [grijad] *nf* grill, grilled meat.

**grillage** [grijaʒ] *nm* **-1.** [matériau] wire netting ou mesh. **-2.** [clôture] wire fence ou fencing. **-3.** [d'une fenêtre] wire screen. **-4.** CULIN roasting. **-5.** TEXT singeing.

**grillager** [17] [grijaʒe] *vt* **-1.** [fenêtre] to put wire mesh ou netting on. **-2.** [terrain] to surround with a wire fence.

**grille** [grij] *nf* **-1.** [porte] (iron) gate; [barrière] railing; [d'une fenêtre] bars. **-2.** [d'un égout, d'un foyer] grate; [d'un parloir, d'un comptoir, d'un radiateur] grill, grille. **-3.** [programme] schedule. **-4.** JEUX: une ~ de mots croisés a crossword grid ou puzzle; la ~ du Loto Loto card. **-5.** TRAV PUBL (frame) grate. **-6.** JUR & ÉCON: ~ des salaires payscale; ~ indiciaire [de la fonction publique] wage index.

**grillé, e** [grije] *adj* **-1.** [amandes, noisettes] roasted; [viande] grilled. **-2.** *fam* [personne]: il est ~ his cover's blown.

**grille-pain** [grijpɛ̃] *nm inv* toaster.

**griller** [3] [grije] ◇ *vt* **-1.** CULIN [pain] to toast; [cacahuète, café] to roast; [poisson, viande] to grill, to broil *Am*. **-2.** [cultures, végétation]: grillé par la chaleur scorched by the heat; grillé par le froid killed by the cold. **-3.** *fam* [ampoule, fusible] to blow; [moteur] to burn out. **-4.** *fam* [dépasser]: ~ un feu rouge to go through a red light; ~ quelques étapes to jump a few stages; ~ qqn (à l'arrivée) to pip sb at the post *Br*, to beat sb out *Am*. **-5.** *fam* [fumer]: ~ une cigarette, en ~ une to have a smoke. **-6.** *fam* [compromettre]: il nous a grillés auprès du patron he's really landed us in it with the boss. **-7.** [fermer d'une grille] to put bars on. ◇ *vi* **-1.** CULIN: faire ~ du pain to toast some bread; faire ~ du café to roast coffee beans; faire ~ de la viande to grill meat, to broil meat *Am*. **-2.** *fam* [avoir trop chaud] to roast, to boil; ouvre la fenêtre, on grille ici open the window, it's boiling in here || [brûler]: la ferme a entièrement grillé the farmhouse was burnt to the ground. **-3.** *fig*: je grille (d'envie ou d'impatience) de la rencontrer I'm itching ou dying to meet her.

◆ **se griller** ◇ *vp* (*emploi réfléchi*) [se démasquer]: il s'est grillé en disant cela he gave himself away by saying that. ◇ *vpt*: se ~ les orteils devant la cheminée to toast one's feet in front of the fire.

**grilloir** [grijwar] *nm* grill, broiler *Am*.

**grillon** [grijɔ̃] *nm* cricket.

**grimaçai** [grimase] *v* → **grimacer**.

**grimaçant, e** [grimasɑ̃, ɑ̃t] *adj* [sourire] painful; [bouche] twisted; [visage] contorted; [clown, gargouille] grimacing.

**grimace** [grimas] *nf* **-1.** [expression – amusante] funny face; [– douloureuse] grimace; [de douleur] to wince; [de peur] to grimace; une ~ de dégoût a disgusted look; faire la ~ to make a face. **-2.** VÊT pucker.

◆ **grimaces** *nfpl* *litt* [manières] airs.

**grimacer** [16] [grimase] *vi* **-1.** [de douleur] to grimace, to wince; [de dégoût] to make a face. **-2.** [pour faire rire] to make a funny face. **-3.** VÊT [robe] to pucker.

**grimacier, ère** [grimasje, ɛr] *adj* **-1.** [grotesque] grimacing. **-2.** *litt* [maniéré] affected.

**grimaçons** [grimasɔ̃] *v* → **grimacer**.

**grimage** [grimaʒ] *nm* make-up (*of a clown*).

**grimer** [3] [grime] *vt* to make up (*sép*); grimé en vieillard/chat made up as an old man/a cat.

◆ **se grimer** *vp* (*emploi réfléchi*): se ~ en to make o.s. up as.

**grimoire** [grimwar] *nm* **-1.** [livre de sorcellerie] book of magic spells. **-2.** *sout* [écrit illisible] illegible scrawl ou scribble.

**grimpant, e** [grɛ̃pɑ̃, ɑ̃t] *adj* [arbuste] climbing; [fraisier] creeping.

**grimpée** [grɛ̃pe] *nf* [pente, montée] stiff ou steep climb.

**grimper** [3] [grɛ̃pe] ◇ *vi* **-1.** [personne, animal, plante] to climb; ~ à une échelle/un mur to climb up a ladder/wall; ~ à un arbre to climb (up) a tree; [en s'aidant des jambes] to shin up a tree; ~ sur une table to climb on (to) a table; grimpe dans la voiture get into the car; le lierre grimpe le long du mur the ivy climbs up the wall. **-2.** [s'élever en pente raide] to climb; ça grimpe! it's steep!; ça grimpe à cet endroit-là there's a steep climb at that point. **-3.** [température, inflation] to soar. ◇ *vt* [escalier, pente] to climb (up) *(insép)*. ◇ *nm* SPORT rope-climbing.

**grimpette** [grɛ̃pɛt] *nf fam* steep ou stiff climb.

**grimpeur, euse** [grɛ̃pœr,øz] ◇ *adj* ORNITH scansorial. ◇ *nm, f* **-1.** SPORT climber. **-2.** ORNITH: les ~s scansorial birds.

**grinçai** [grɛ̃se] *v* → **grincer.**

**grinçant, e** [grɛ̃sɑ̃, ɑ̃t] *adj* **-1.** [porte, parquet] squeaking, creaking. **-2.** [voix, musique] grating. **-3.** [humour] sardonic.

**grincement** [grɛ̃smɑ̃] *nm* [bruit] grating, creaking; dans un ~ de freins with a squeal of brakes; il y a eu des ~s de dents *fig* there was much gnashing of teeth.

**grincer** [16] [grɛ̃se] *vi* **-1.** [bois] to creak; [frein] to squeal; [métal] to grate; [ressort] to squeak. **-2.** [personne]: ~ des dents *pr* to gnash one's teeth; le bruit de la craie sur le tableau me fait ~ des dents *fig* the noise the chalk makes on the board sets my teeth on edge.

**grincheux, euse** [grɛ̃ʃø,øz] ◇ *adj* grumpy, grouchy. ◇ *nm, f* grumbler.

**gringalet** [grɛ̃galɛ] *nm* [enfant] puny child; [adulte] puny man.

**gringue**▽ [grɛ̃g] *nm:* faire du ~ (à qqn) to sweet-talk (sb), to chat (sb) up *Br.*

**griotte** [grijɔt] *nf* BOT morello (cherry).

**grippage** [gripaʒ] *nm* MÉCAN jamming, seizing (up).

**grippal, e, aux** [gripal, o] *adj* flu *(modif)*, influenzal *spéc.*

**grippe** [grip] *nf* MÉD flu, influenza *spéc*; avoir la ~ to have (the) flu; ce n'est qu'une petite ~ it's just a touch of flu □ ~ intestinale gastric flu; prendre qqn/qqch en ~ to take a (strong) dislike to sb/sthg.

**grippé, e** [gripe] *adj* **-1.** MÉD: être ~ to have (the) flu. **-2.** MÉCAN seized (up), jammed.

**gripper** [3] [gripe] ◇ *vt* to block, to jam. ◇ *vi* to jam, to seize up; les rouages de l'État commencent à ~ *fig* the wheels of state are beginning to seize up.

◆ **se gripper** *vpi* to jam, to seize up.

**grippe-sou** [gripsu] *(pl inv* ou **grippe-sous)** *fam* ◇ *nm* skinflint. ◇ *adj inv* money-grabbing.

**gris, e** [gri, griz] *adj* **-1.** [couleur] grey, gray; ~ acier/anthracite/ardoise/argent/fer/perle steel/charcoal/slate/silver/iron/pearl grey; ~ souris mouse-colour; ~ bleu/vert bluish/greenish grey; une robe ~ foncé a dark grey dress; avoir les cheveux ~ to be grey-haired. **-2.** MÉTÉO overcast; ciel ~ sur tout le pays skies are grey ou overcast over the whole country; nous sommes partis par un matin ~ we left on a dull (grey) morning. **-3.** [terne] dull, grey; en apprenant la nouvelle, il a fait ~e mine his face fell when he heard the news. **-4.** *fam* [ivre] tipsy. **-5.** ŒNOL: vin ~ rosé (wine).

◆ **gris** ◇ *adv:* il a fait ~ toute la journée it's been grey ou dull all day. ◇ *nm* **-1.** [couleur] grey. **-2.** [tabac] *French caporal* tobacco in grey packet; ≃ shag. **-3.** [cheval] grey (horse).

**grisaille** [grizaj] *nf* **-1.** [morosité] dullness, greyness. **-2.** MÉTÉO dull weather. **-3.** BX-ARTS grisaille.

**grisailler** [3] [grizaje] ◇ *vt* to paint in grisaille. ◇ *vi* to turn ou to become grey.

**grisant, e** [grizɑ̃, ɑ̃t] *adj* **-1.** [enivrant] intoxicating, heady. **-2.** [excitant] exhilarating.

**grisâtre** [grizɑtr] *adj* [couleur] greyish.

**grisbi**▽ [grizbi] *nm arg crime* dough, cash.

**grise** [griz] *f* → **gris.**

**grisé** [grize] *nm* grey tint.

**griser** [3] [grize] *vt* **-1.** [colorer] to tint. **-2.** [enivrer] to intoxicate. **-3.** [étourdir, exciter] to intoxicate, to fascinate; grisé par la vitesse intoxicated by speed; le luxe ambiant l'a grisé the luxuriousness of the place went to his head.

◆ **se griser** *vpi* **-1.** [s'enivrer] to get drunk. **-2.** [s'exalter, s'étourdir]: se ~ de to get drunk on.

**griserie** [grizri] *nf* **-1.** [ivresse] intoxication. **-2.** [exaltation]:

se laisser porter par la ~ du succès to let success go to one's head.

**grisette** [grizɛt] *nf vieilli* grisette.

**grison, onne** [grizɔ̃, ɔn] *adj* from the Graubünden, of the Graubünden.

◆ **Grison, onne** *nm, f* inhabitant of or person from the Graubünden.

**grisonnant, e** [grizɔnɑ̃, ɑ̃t] *adj* greying; elle est ~e, elle a les cheveux ~s she's going grey; avoir les tempes ~es to be greying at the temples.

**grisonnement** [grizɔnmɑ̃] *nm* greying.

**grisonner** [3] [grizɔne] *vi* [barbe, cheveux] to be going grey.

**Grisons** [grizɔ̃] *npr mpl:* les ~ the Graubünden; viande des ~ thinly sliced dried beef, traditionally served with raclette.

**grisou** [grizu] *nm* firedamp; coup de ~ firedamp explosion.

**grive** [griv] *nf* thrush.

**grivelé, e** [grivle] *adj* speckled.

**griveler** [24] [grivle] *vi* to eat a meal or to stay at a hotel and deliberately leave without paying.

**grivelle** [grivɛl], **grivellerai** [grivɛlre] *v* → **griveler.**

**grivois, e** [grivwa, az] *adj* risqué, bawdy.

**grivoiserie** [grivwazri] *nf* **-1.** [caractère] bawdiness. **-2.** [histoire] bawdy story.

**grizzli, grizzly** [grizli] *nm* grizzly (bear).

**Groenland** [grɔɛnlɑ̃d] *npr m:* le ~ Greenland.

**grog** [grɔg] *nm* hot toddy; ~ au rhum rum toddy.

**groggy** [grɔgi] *adj inv* **-1.** [boxeur] groggy. **-2.** *fam* [abruti] stunned, dazed.

**grognard** [grɔɲar] *nm* HIST *soldier of Napoleon's Old Guard.*

**grognasse**▽ [grɔɲas] *nf* old bag, old bat.

**grogne** [grɔɲ] *nf* dissatisfaction, discontent.

**grognement** [grɔɲmɑ̃] *nm* **-1.** [d'une personne] grunt, growl. **-2.** [d'un cochon] grunt, grunting *(U)*; [d'un chien] growl, growling *(U).*

**grogner** [3] [grɔɲe] ◇ *vi* **-1.** [personne] to grumble, to grouse. **-2.** [cochon] to grunt; [chien] to growl. ◇ *vt* [réponse, phrase] to grunt (out).

**grognon, onne** [grɔɲɔ̃, ɔn] *adj fam* grumpy, crotchety; un air ~ a surly look.

◆ **grognon** *nmf fam* grumbler, moaner.

**groin** [grwɛ̃] *nm* **-1.** [d'un porc] snout. **-2.** *fam* [visage laid] mug.

**grol(l)e**▽ [grɔl] *nf* shoe.

**grommeler** [24] [grɔmle] ◇ *vi* **-1.** [personne] to grumble, to mumble. **-2.** [sanglier] to snort. ◇ *vt* to mutter.

**grommellement** [grɔmɛlmɑ̃] *nm* **-1.** [du sanglier] snorting. **-2.** [d'une personne] muttering.

**grommellerai** [grɔmɛlre] *v* → **grommeler.**

**grondement** [grɔ̃dmɑ̃] *nm* **-1.** [du tonnerre, du métro] rumbling; le ~ de la foule se fit de plus en plus fort the angry murmur of the crowd grew louder and louder. **-2.** [d'un chien] growling.

**gronder** [3] [grɔ̃de] ◇ *vi* **-1.** [rivière, tonnerre, métro] to rumble. **-2.** [chien] to growl. **-3.** *litt* [révolte] to be brewing. ◇ *vt* [réprimander] to scold, to tell off *(insép).*

**gronderie** [grɔ̃dri] *nf* scolding, telling-off.

**grondeur, euse** [grɔ̃dœr, øz] *adj* [personne, voix] scolding, grumbling; d'un ton ~ in a tone of reproof.

**grondin** [grɔ̃dɛ̃] *nm* gurnard.

**groom** [grum] *nm* [employé d'hôtel] bellboy.

**gros, grosse** [gro, *devant nm commençant par voyelle ou h muet* groz, gros] ◇ *adj* **-1.** [grand] large, big; [épais, solide] big, thick; de grosses chaussures heavy shoes; ~ drap coarse linen. **-2.** [corpulent] big, fat; de grosses jambes fat ou stout legs. **-3.** [en intensif]: par les grosses chaleurs in the hot season; un ~ bruit a loud ou big noise; un ~ mangeur a big ou hearty eater; un ~ buveur a heavy drinker; un ~ bêta *fam* a great ninny; un ~ malin *fam* a smart-aleck. **-4.** [abondant] heavy; son usine a de ~ effectifs his factory employs large numbers of people ou has a large workforce. **-5.** [important] big; le ~ avantage des supermarchés the big ou major advantage of supermarkets; de ~ dégâts extensive ou widespread damage; une grosse entreprise a large ou big company; avoir de ~ moyens to have a large income ou

considerable resources; de ~ profits big ou fat profits; il y a de ~ travaux à faire dans cette maison that house needs a lot (of work) done to it; une grosse angine a (very) sore throat; un ~ rhume a bad ou heavy cold; de ~ ennuis serious trouble, lots of trouble; une grosse journée (de travail) a hard day's work; de grosses pertes heavy losses ❑ ~ œuvre structural work, carcass *spéc.* -**6.** [prospère] big; les ~ actionnaires the major shareholders. -**7.** [rude]: une grosse voix a rough ou gruff voice; un ~ rire coarse laughter; l'astuce/la supercherie était un peu grosse the trick/the hoax was a bit obvious; grosse blague crude joke ‖ [exagéré]: j'ai trouvé ça un peu ~! I thought it was a bit much!; tout de suite, les grosses menaces! *fam* so it's threats already, is it?-**8.** MÉTÉO: par ~ temps/grosse mer in heavy weather/seas; ~ vent gale. -**9.** [rempli]: ~ de: un ciel ~ d'orage stormy skies; un cœur ~ de tendresse a heart full of tenderness; un choix ~ de conséquences a choice fraught with implications.
◇ *nm, f* fat person; un petit ~ a fat little man; ça va, mon ~? *fam* all right, son ou old boy?
◆ **gros** [gros] *nm* -**1.** [majorité]: le ~ de: le ~ des étudiants most of the students; le ~ de l'hiver est passé the worst of the winter is over; le ~ du chargement the bulk of the cargo. -**2.** COMM: le ~ the wholesale business. -**3.** *fam* [riche] rich person. ◇ *adv*: couper ~ to cut in large slices; écrire ~ to write big; coûter/gagner ~ to cost/to win a lot (of money); ça va vous coûter ~ *pr & fig* it'll cost you dear; jouer ~ to play for high stakes; jouer ou miser ou risquer ~ *fig* to take ou to run a big risk, to stick one's neck out; elle donnerait ~ pour savoir she'd give her right arm ou a lot to find out.
◆ **grosse** [gros] ◇ *nf* COMM gross. ◇ *adj f vieilli* [enceinte] pregnant.
◆ **de gros** *loc adj* COMM wholesale.
◆ **en gros** *loc adv* -**1.** [approximativement] roughly. -**2.** [en lettres capitales]: c'est imprimé en ~ it's printed in big letters. -**3.** COMM wholesale.
◆ **gros bonnet** *nm fam* bigwig, big shot.
◆ **grosse légume** *nf fam* [personne influente] bigwig, big shot; [officier] brass (hat).

**groseille** [grozɛj] ◇ *nf*: ~ rouge redcurrant; ~ blanche white currant; ~ à maquereau gooseberry. ◇ *adj inv* light red.

**groseillier** [grozeje] *nm* currant bush; ~ rouge redcurrant bush; ~ blanc white currant bush; ~ à maquereau gooseberry bush.

**gros-grain** [grogrɛ̃] (*pl* **gros-grains**) *nm* grosgrain.

**gros-porteur** [gropɔrtœr] (*pl* **gros-porteurs**) *nm* jumbo, jumbo jet.

**grosse** [gros] *f→* gros.

**grossesse** [grosɛs] *nf* pregnancy; ~ extra-utérine ectopic pregnancy; ~ nerveuse phantom pregnancy.

**grosseur** [grosœr] *nf* -**1.** [taille] size; de la ~ d'une noix the size of a walnut. -**2.** *sout* [obésité] weight, fatness. -**3.** MÉD lump.

**grossier, ère** [grosje, ɛr] *adj* -**1.** [approximatif] rough, crude *péj*; c'est du travail ~ it's shoddy work; j'ai qu'une idée grossière de l'endroit où il se trouve I've only got a rough idea (of) where he is. -**2.** [peu raffiné] coarse, rough; des traits ~s coarse features. -**3.** [impoli] rude, crude; [vulgaire] vulgar, uncouth; (quel) ~ personnage! what a rude ou vulgar individual!-**4.** [erreur] gross, stupid.

**grossièrement** [grosjɛrmɑ̃] *adv* -**1.** [approximativement] roughly (speaking). -**2.** [sans délicatesse] roughly. -**3.** [injurieusement] rudely. -**4.** [beaucoup] tu te méprends ~ you're grossly ou wildly mistaken.

**grossièreté** [grosjɛrte] *nf* -**1.** [impolitesse] coarseness, rudeness. -**2.** [manque de finesse – d'une personne] coarseness; [– d'une chose] crudeness, coarseness. -**3.** [gros mot] coarse remark; je me suis retenu pour ne pas lui dire des ~s I had to bite my tongue to avoid swearing at him ‖ [obscénité] rude joke.

**grossir** [32] [grosir] ◇ *vi* -**1.** [prendre du poids] to put on weight, to get fatter; elle a beaucoup grossi she's put on a lot of weight; j'ai grossi d'un kilo I've put on a kilo. -**2.** [augmenter] to grow; les bourgeons/ruisseaux grossissent the buds/streams are swelling; le bruit grossit the noise is getting louder. ◇ *vt* -**1.** [faire paraître gros]: ta robe te grossit your dress makes you look fatter. -**2.** [augmenter] to raise,

to swell; des pluies diluviennes ont grossi la rivière the river has been swollen by torrential rain; ~ le nombre/les rangs des manifestants to increase the numbers/to swell the ranks of the demonstrators. -**3.** [exagérer] to exaggerate, to overexaggerate; on a grossi l'affaire the affair was blown up out of all proportion. -**4.** [à la loupe] to magnify, to enlarge.

**grossissant, e** [grosisɑ̃, ɑ̃t] *adj* -**1.** [verre] magnifying. -**2.** *litt* [qui s'accroît] growing, swelling.

**grossissement** [grosismɑ̃] *nm* -**1.** [d'une tumeur] swelling, growth. -**2.** [avec une loupe] magnifying. -**3.** [exagération] exaggeration.

**grossiste** [grosist] *nmf* wholesaler.

**grosso modo** [grosomodo] *loc adv* roughly, more or less.

**grotesque** [grɔtɛsk] ◇ *adj* -**1.** [burlesque] ridiculous. -**2.** [absurde] ridiculous, ludicrous. ◇ *nm* -**1.** BX-ARTS & LITTÉRAT: le ~ the grotesque. -**2.** [absurdité] ludicrousness, preposterousness.
◆ **grotesques** *nfpl* BX-ARTS grotesques.

**grotte** [grɔt] *nf* -**1.** GÉOL cave. -**2.** ARCHIT grotto.

**grouillant, e** [grujɑ̃, ɑ̃t] *adj* swarming, teeming; les rues ~es de monde the streets swarming ou teeming with people.

**grouillement** [grujmɑ̃] *nm*: un ~ d'insectes a swarm of insects; un ~ de vers a wriggling mass of worms; le ~ de la foule the bustling ou milling ou seething crowd.

**grouiller** [3] [gruje] *vi* -**1.** [clients, touristes] to mill ou to swarm about; la foule grouille sur les boulevards the boulevards are bustling with people ‖ [asticots]: les vers grouillent sur la viande the meat is crawling with maggots. -**2.** ~ de [être plein de] to be swarming ou crawling with; ce texte grouille de termes techniques this text is crammed with technical terms. -**3.** ▽ [se dépêcher]: allez, grouillez, ça commence dans cinq minutes come on, get cracking ou get a move on, it starts in five minutes.
◆ **se grouiller** *vpi fam* to get a move on.

**groupage** [grupaʒ] *nm* -**1.** COMM bulking; le ~ des commandes bulk ordering. -**2.** MÉD [blood] grouping.

**groupe** [grup] *nm* -**1.** [de gens, d'objets] group; ils sont venus par ~s de quatre ou cinq they came in groups of four or five ou in fours and fives ❑ ~ hospitalier/scolaire hospital/school complex; ~ familial family group; ~ parlementaire parliamentary group; ~ de pression pressure group; ~ de rock rock band ou group; ~ de travail working group ou party. -**2.** ÉCON group; ~ de presse press consortium ou group. -**3.** BX-ARTS group. -**4.** ÉLECTR set; ~ électrogène generator. -**5.** LING: ~ consonantique consonant cluster; ~ de mots word group; ~ du verbe ou verbal verbal group; ~ du nom ou nominal nominal group. -**6.** MATH group. -**7.** MÉD: ~ sanguin blood group. -**8.** MIL group. -**9.** BOT & ZOOL [classification] group.
◆ **de groupe** *loc adj* group (*modif*); psychologie/psychothérapie de ~ group psychology/therapy.
◆ **en groupe** *loc adv* in a group.

**groupé, e** [grupe] *adj* -**1.** COMM→ achat. -**2.** INF blocked. -**3.** SPORT→ saut.

**groupement** [grupmɑ̃] *nm* -**1.** [association] group; ~ d'achat (commercial) bulk-buying group; ~ d'intérêt économique intercompany management syndicate. -**2.** [rassemblement]: on a procédé au ~ des commandes all the orders have been grouped together.

**grouper** [3] [grupe] *vt* -**1.** [réunir – personnes] to group together (*sép*); [– ressources] to pool. -**2.** [classer] to put ou to group together (*sép*). -**3.** COMM [paquets] to bulk. -**4.** MÉD to determine the blood group of.
◆ **se grouper** *vpi* -**1.** [dans un lieu] to gather. -**2.** [dans une association] to join together; se ~ autour d'un chef to join forces under one leader.

**groupie** [grupi] *nmf* -**1.** [d'un chanteur] groupie. -**2.** [inconditionnel] avid follower, groupie.

**groupuscule** [grupyskyl] *nm* POL & *péj* small group.

**grouse** [gruz] *nf* (red) grouse.

**gruau** [gryo] *nm* groats; farine de ~ fine wheat flour.

**grue** [gry] *nf* -**1.** TECH crane; ~ automotrice motor-driven crane; ~ flottante floating crane. -**2.** CIN & TV crane. -**3.** ORNITH crane. -**4.** ▽ *vieilli* [prostituée] tart *Br*, hooker *Am*.-**5.** *fam & vieilli* [femme stupide] silly goose.

**gruger** [17] [gryʒe] vt litt [tromper] to deceive, to swindle; se faire ~ to get swindled.

**grumeau, x** [grymo] nm lump.

**grumeler** [24] [grymle]

◆ **se grumeler** vpi [sauce] to go lumpy.

**grumeleux, euse** [grymlø, øz] adj **-1.** [sauce] lumpy. **-2.** [peau] uneven; [surface] granular. **-3.** [fruit] gritty.

**grumelle** [grymɛl], **grumellera** [grymɛlra] v → grumeler.

**grutier** [grytje] nm crane driver ou operator.

**gruyère** [gryjɛr] nm: ~, fromage de Gruyère Gruyere (cheese).

**Guadeloupe** [gwadlup] npr f: la ~ Guadeloupe; à la ou en ~ in Guadeloupe.

**guadeloupéen, enne** [gwadlupeɛ̃, ɛn] adj Guadeloupean.

◆ **Guadeloupéen, enne** nm, f Guadeloupean.

**guano** [gwano] nm guano.

**Guatemala** [gwatemala] npr m: le ~ Guatemala.

**guatémaltèque** [gwatemaltɛk] adj Guatemalan.

◆ **Guatémaltèque** nmf Guatemalan.

**gué** [ge] nm [passage] ford; **passer un ruisseau à ~** to ford a stream.

**guéguerre** [gegɛr] nf fam (little) war, squabble; **se faire la ~** to squabble, to bicker.

**guenilles** [gənij] nfpl rags (and tatters).

**guenon** [gənɔ̃] nf **-1.** ZOOL female monkey, she-monkey. **-2.** ▽ péj [femme] dog.

**guépard** [gepar] nm cheetah.

**guêpe** [gɛp] nf ZOOL wasp.

**guêpier** [gepje] nm **-1.** [nid de guêpes] wasp's nest. **-2.** [situation périlleuse] sticky situation. **-3.** ORNITH bee eater.

**guêpière** [gepjɛr] nf basque.

**guère** [gɛr] adv sout **-1.** [employé avec 'ne']: **il n'est ~ aimable** he's not very nice; **je n'aime ~ cela** I don't much like that, I don't like that much; **elle n'y voit plus ~** she can hardly see anymore; **il n'est ~ plus aimable qu'elle ne's** not much nicer than she is; **il n'y a ~ de monde** there's hardly anyone; **le beau temps ne dura ~** the fine weather lasted hardly any time at all ou didn't last very long; **il ne vient ~ nous voir** he hardly ever comes to see us; **il n'y a plus ~ de noyers dans la région** there are hardly ou scarcely any walnut trees left in this area; **il n'a ~ plus de vingt ans** he is barely ou scarcely twenty years old; **je ne suis plus ~ qu'à une heure de Paris** I'm only an hour away from Paris; **il ne se déplace plus ~ qu'avec une canne** he can hardly walk without a stick anymore. **-2.** [dans une réponse]: **aimez-vous l'art abstrait? — ~** do you like abstract art? — not really; **comment allez-vous? — ~ mieux** how are you? — not much better ou hardly any better.

**guéridon** [geridɔ̃] nm [table] occasional table.

**guérilla** [gerija] nf **-1.** [guerre] guerrilla warfare; **~ urbaine** urban guerrilla warfare. **-2.** [soldats] group of guerrillas, guerrilla unit.

**guérillero** [gerijero] nm guerrilla.

**guérir** [32] [gerir] ◇ vt **-1.** MÉD [malade, maladie] to cure; [blessure] to heal. **-2.** fig: **je vais le ~ de cette manie** I'll cure him of that habit; **le temps seul guérit les grands chagrins** only time can heal deep grief. ◇ vi **-1.** MÉD [convalescent] to recover, to be cured; **elle est guérie de sa rougeole** she's cured ou recovered from her measles; **ma mère est guérie** my mother's better ou recovered || [blessure] to heal, to mend. **-2.** fig: **il est guéri de sa timidité** he is cured of ou he has got over his shyness; **l'amour, il en est guéri!** you won't catch him falling in love again!

◆ **se guérir** ◇ vp (emploi réfléchi) to cure o.s. ◇ vpi **-1.** [maladie]: **est-ce que ça se guérit facilement?** is it easy to cure?**-2.** [personne]: **il ne s'est jamais guéri de sa jalousie** he never got over his jealousy.

**guérison** [gerizɔ̃] nf **-1.** MÉD [d'un patient] recovery; [d'une blessure] healing; **il est maintenant en voie de ~** he's now on the road to recovery. **-2.** fig: **la ~ sera lente après une telle déception** it'll take a long time to get over such a disappointment.

**guérissable** [gerisabl] adj MÉD [patient, mal] curable.

**guérisseur, euse** [gerisœr, øz] nm, f healer; péj quack.

**guérite** [gerit] nf **-1.** [de chantier] site office. **-2.** MIL sentry box.

**Guernesey** [gɛrnəze] npr Guernsey; **à ~** on Guernsey.

**guerre** [gɛr] nf **-1.** [conflit] war; **en temps de ~** in wartime; **être en ~ (contre)** to be at war (with); **des pays en ~** countries at war, warring countries; **entrer** ou **se mettre en ~ (contre)** to go to war (with); **déclarer la ~ (à)** to declare war (against ou on); **maintenant, entre Jeanne et moi c'est la ~** Jeanne and I are at each others' throats all the time now ❑ **~ atomique/nucléaire** atomic/nuclear war; **la ~ de Cent Ans** the Hundred Years War; **~ civile** civil war; **la ~ de Corée** the Korean War; **la ~ de Crimée** the Crimean War; **~ d'embuscade** guerrilla war; **la ~ des étoiles** Star Wars; **la ~ froide** the cold war; **~ des gangs** gang warfare; **la ~ du Kippour** the Yom Kippur War; **~ mondiale** world war; **~ des nerfs** war of nerves; **~ à outrance** all-out war; **~ ouverte** open war; **la ~ presse-bouton** push-button warfare; **~ de religion** war of religion; **~ sainte** Holy War; **la ~ de Sécession** the American Civil War; **la ~ des sexes** battle of the sexes; **la ~ des Six Jours** the Six-Day War; **la ~ de 70** the Franco-Prussian War; **~ totale** total war; **la ~ de Troie** the Trojan War; **~ d'usure** war of attrition; **la Grande Guerre** the Great War, the First World War, World War I; **la Seconde Guerre mondiale, la ~ de 40** World War II, the Second World War; **faire la ~ (à)** to wage war (against); fig **être en ~ en Europe** he was in the war in Europe; **je fais la ~ aux moustiques/fumeurs** I've declared war on mosquitoes/smokers; **elle lui fait la ~ pour qu'il mange plus lentement** she's always (nagging) on at him to eat more slowly; **mes chaussures/gants ont fait la ~** fam my shoes/gloves have been in the wars; **partir en ~ (contre)** pr to go to war (against); fig to launch an attack (on); **à la ~ comme à la ~** fam well, you just have to make the best of things; **c'est de bonne ~** all's fair in love and war prov; **de ~ lasse je l'ai laissé sortir** in the end I let him go out just to have some peace (and quiet); **'Guerre et Paix'** Tolstoï 'War and Peace'. **-2.** [technique] warfare; **~ biologique/chimique** biological/chemical warfare; **~ bactériologique** germ warfare; **~ éclair** blitzkrieg; **~ des ondes** radio propaganda warfare; **~ psychologique** psychological warfare; **~ de tranchées** trench warfare.

**guerrier, ère** [gɛrje, ɛr] adj [peuple] warlike; **un chant ~** a battle song ou chant.

◆ **guerrier** nm warrior.

**guerroyer** [13] [gɛrwaje] vi sout to (wage) war.

**guet** [gɛ] nm watch; **faire le ~** to be on the lookout.

**guet-apens** [gɛtapɑ̃] (pl guets-apens [gɛtapɑ̃]) nm ambush, trap; **tendre un ~ à qqn** to set a trap ou an ambush for sb; **tomber dans un ~** to fall into a trap, to be ambushed.

**guêtre** [gɛtr] nf **-1.** [bande de cuir] gaiter. **-2.** [en tricot] leggings.

**guetter** [4] [gete] vt **-1.** [surveiller] to watch. **-2.** fig [menacer]: **la mort le guette** death is lying in wait for him; **les ennuis la guettent** there's trouble in store for her. **-3.** [attendre] to watch for ou (insép); **le chat guette la souris** the cat is watching for the mouse; **il guette le facteur** he is on the lookout for the postman; **~ l'occasion propice** to watch out for the right opportunity.

**guetteur** [getœr] nm **-1.** MIL lookout; HIST watch, watchman. **-2.** [gén] lookout.

**gueulante**▽ [gœlɑ̃t] nf: **pousser une ~** to raise the roof.

**gueulard, e**▽ [gœlar, ard] ◇ adj **-1.** [personne] loud, loudmouthed; [radio, chanson] noisy, bawling. **-2.** [couleur] loud. ◇ nm, f [adulte] loudmouth; [bébé] bawler.

◆ **gueulard** nm MÉTALL (blast furnace) throat ou shaft.

**gueule** [gœl] nf **-1.** ▽ [bouche] gob Br, yap Am; **se soûler la ~** to get pissed Br ou juiced Am; **pousser un coup de ~** to yell out; **c'est une grande ~** ou **un fort en ~** he's a big mouth ou a loudmouth, he's always shooting his mouth off; **(ferme) ta ~!** shut your mouth ou trap!**-2.** ▽ [visage] mug, face; **quelle sale ~ (il a)!** [il est laid] what an ugly mug he's got!; [il est malade] he looks terrible!; **il va faire une sale ~ quand il saura la vérité** he's going to be mad ou livid when he finds out the truth; **j'en ai pris plein la ~** I got a right mouthful; **avoir** ou **faire une drôle de ~** to look funny ou weird; **elle a fait une de ces ~s** en trouvant la porte fermée! you should have seen her face when she saw the door was shut! ❑

cassée WW1 veteran (*with bad facial injuries*); ~ noire miner; faire la ~: il nous fait la ~ depuis notre arrivée he's been in a huff ou in a bad mood with us ever since we arrived. **-3.** *fam* [apparence]: cette pizza a une sale ~ that pizza looks disgusting. **-4.** ▽ [charme]: il a de la ~, ce type that guy's really got something; leur maison a vraiment de la ~ their house really has got style. **-5.** [d'un animal] mouth; se jeter dans la ~ du loup to throw o.s. into the lion's mouth ou jaws. **-6.** [d'un canon] muzzle; [d'un four] mouth.
◆ **gueule de bois** *nf fam* hangover.

**gueule-de-loup** [gœldəlu] (*pl* **gueules-de-loup**) *nf* BOT snapdragon.

**gueulement**▽ [gœlmã] *nm* bawl, yell; **pousser des** ~s to yell, to bawl.

**gueuler** [5] [gœle] *fam* ◇ *vi* **-1.** [personne – de colère] to shout; [– de douleur] to yell out; **faudrait** ~! we should kick up a fuss!; ~ **sur** qqn to shout at sb. **-2.** [radio, haut-parleur] to blare out *(insép)*; **faire** ~ **sa radio** to turn the radio up full blast. **-3.** [chien] to howl. ◇ *vt* to bellow out *(sép)*, to bawl out *(sép)*.

**gueules** [gœl] *nm* HÉRALD gules.

**gueuleton**▽ [gœltɔ̃] *nm* [repas] nosh-up *Br*, blowout.

**gueuletonner** [3] [gœltɔne] *vi fam* to have a blowout, to have a nosh-up *Br*.

**gueux, gueuse** [gø, gøz] *nm, f arch* ou *litt* beggar; **les** ~ the wretched.
◆ **gueuse** *nf* **-1.** MÉTALL pig (mould). **-2.** *arch* ou *litt* harlot, painted lady. **-3.** HIST: **la Gueuse** *name given to the French Republic by Royalists during the Third Republic.*

**gueuze** [gøz] *nf* gueuze (beer).

**gugusse** [gygys] *nm fam* clown, twit *Br*; **faire le** ~ to fool around.

**gui** [gi] *nm* **-1.** BOT mistletoe. **-2.** NAUT boom.

**guibolle**▽ [gibɔl] *nf* pin *Br*, gam *Am*.

**guiche** [giʃ] *nf* [mèche de cheveux] kiss curl *Br*, spit curl *Am*.

**guichet** [giʃɛ] *nm* **-1.** [d'une banque] counter; [d'un théâtre] ticket office; [d'une poste] counter, window; **'~ fermé'** 'position closed' ❑ ~ **automatique** cash dispenser; **jouer à** ~s **fermés** to play to packed houses. **-2.** [porte] hatch, wicket. **-3.** [judas] judas; [d'un confessionnal] shutter.

**guichetier, ère** [giʃtje, ɛr] *nm, f* counter clerk.

**guidage** [gidaʒ] *nm* guiding; ~ **de missile** missile guidance ou tracking.

**guide** [gid] ◇ *nmf* **-1.** SPORT: ~ (**de haute montagne**) mountain guide. **-2.** [pour touristes] (tour) guide. ◇ *nm* **-1.** [personne] guide, leader. **-2.** [principe] guiding principle. **-3.** [livre] guidebook; **Guide Bleu®** *detailed tourist guide*; **Guide Vert®** *Michelin guide*. ◇ *nf* **-1.** [scout] girl guide *Br*, girl scout *Am*. **-2.** [rêne] rein.

**guider** [3] [gide] *vt* **-1.** [diriger] to guide. **-2.** [conseiller] to guide; **guidée par son expérience** guided by her experience; **nous sommes là pour vous** ~ **dans vos recherches** we're here to help you find what you're looking for; **j'ai be-soin d'être guidé** I need some guidance.
◆ **se guider** *vp*: **il s'est guidé sur le soleil** he used the sun as a guide; **il s'est guidé sur l'exemple de son maître** he modelled himself on his master.

**guidon** [gidɔ̃] *nm* [d'un vélo] handlebars.

**guigne** [giɲ] *nf* **-1.** BOT sweet cherry; **il se soucie de son avenir comme d'une** ~ he doesn't care two hoots about his future. **-2.** *fam* [malchance] bad luck; **il porte la** ~ **à toute sa famille** he's the bane of his family; **avoir la** ~ to be jinxed, to have rotten luck.

**guigner** [3] [giɲe] *vt* to sneak a look at; **il guigne l'argent de son oncle depuis des années** *fig* he has had his eye on his uncle's money for years.

**guignol** [giɲɔl] *nm* **-1.** [pantin] (glove) puppet; [théâtre] puppet theatre; [spectacle] Punch and Judy show. **-2.** *fam & fig*: **faire le** ~ to clown around; **ce nouveau ministre est un** ~ that new minister is a (real) clown.
◆ **Guignol** *npr* (Mister) Punch.

**guilde** [gild] *nf* guild.

**guili-guili** [giligili] *nm inv langage enfantin* tickle; **faire** ~ to tickle.

**guillaume** [gijom] *nm* MENUIS rabbet plane.

**Guillaume** [gijom] *npr*: ~ **le Conquérant** William the Conqueror; ~ **le Roux** William Rufus; ~ **Tell** William Tell.

**guilledou** [gijdu] *nm*: → **courir**.

**guillemet** [gijmɛ] *nm* quotation mark, inverted comma *Br*; **ouvrir/fermer les** ~s to open/to close (the) inverted commas; **entre** ~s in inverted commas *Br*, in quotation marks, in quotes; **tu connais son sens de la «justice», entre** ~s you know his so-called sense of justice.

**guilleret, ette** [gijrɛ, ɛt] *adj* jolly, cheerful; **d'un air** ~ jauntily.

**guillotine** [gijɔtin] *nf* guillotine.

**guillotiné, e** [gijɔtine] ◇ *adj* guillotined. ◇ *nm, f* guillotined person.

**guillotiner** [3] [gijɔtine] *vt* to guillotine.

**guimauve** [gimov] *nf* **-1.** BOT & CULIN marshmallow. **-2.** *fig & péj*: **ses chansons, c'est de la** ~ his songs are all soppy ou schmaltzy.

**guimbarde** [gɛ̃bard] *nf* **-1.** *fam* [voiture] (old) banger *Br*, jalopy *Am*. **-2.** MUS jew's-harp.

**guindaille** [gɛ̃daj] *nf Belg fam* student party.

**guindé, e** [gɛ̃de] *adj* [personne] stiff, starchy; [discours] stilted; **d'un air** ~ starchily, stiffly; **prendre un ton** ~ to speak in a stilted manner.

**guinder** [3] [gɛ̃de] *vt* [personne]: **son costume le guinde** he looks very stiff and starchy in that suit.

**guinée** [gine] *nf* [monnaie] guinea.

**Guinée** [gine] *npr f*: **(la)** ~ Guinea; **(la)** ~-**Bissau** Guinea-Bissau; **(la)** ~-**Equatoriale** Equatorial Guinea.

**guinéen, enne** [gineɛ̃, ɛn] *adj* Guinean.
◆ **Guinéen, enne** *nm, f* Guinean.

**guingois** [gɛ̃gwa]
◆ **de guingois** ◇ *loc adj*: **l'affiche est de** ~ the poster is lopsided. ◇ *loc adv* [de travers]: **marcher de** ~ to walk lopsidedly.

**guinguette** [gɛ̃gɛt] *nf* open-air café or restaurant with dance floor.

**guipure** [gipyr] *nf* TEXT guipure (lace).

**guirlande** [girlɑ̃d] *nf* **-1.** [de fleurs] garland. **-2.** [de papier] paper garland; ~ **de Noël** (length of) tinsel. **-3.** [de lumières]: ~ **électrique** [de Noël] Christmas tree lights, fairy lights; [pour une fête] fairy lights. **-4.** *sout* [de personnes] string.

**guise** [giz]
◆ **à ma guise, à ta guise** *etc loc adv* as I/you *etc* please; **il n'en fait qu'à sa** ~ he does as he pleases ou likes.
◆ **en guise de** *loc prép* by way of; **en** ~ **de dîner, nous n'avons eu qu'un peu de soupe** for dinner, we just had a little soup.

**guitare** [gitar] *nf* guitar; **avec Christophe Banti à la** ~ with Christophe Banti on guitar ❑ ~ **basse/électrique** bass/electric guitar; ~ **hawaïenne/sèche** Hawaiian/acoustic guitar.

**guitariste** [gitarist] *nmf* guitar player, guitarist.

**Gulf Stream** [gœlfstrim] *npr m*: **le** ~ the Gulf Stream.

**guru** [guru] = **gourou**.

**gus(se)** [gys] *nm fam* guy, bloke *Br*.

**gustatif, ive** [gystatif, iv] *adj* gustatory, gustative.

**gustation** [gystasjɔ̃] *nf* tasting, gustation *spéc*.

**Gustave** [gystav] *npr* [roi] Gustav; ~ **Adolphe** Gustavus Adolphus.

**guttural, e, aux** [gytyral, o] *adj* **-1.** [ton] guttural; [voix] guttural, throaty. **-2.** PHON guttural.
◆ **gutturale** *nf* PHON guttural.

**Guyana** [gɥijana] *npr f* ou *npr m*: **(la** ou **le)** ~ Guyana.

**guyanais, e** [gɥijanɛ, ɛz] *adj* **-1.** [région, département] Guianian. **-2.** [république] Guyanan, Guyanese.
◆ **Guyanais, e** *nm, f* **-1.** [région, département] Guianese, Guianian; **les Guyanais** the Guianese, the Guianians. **-2.** [république] Guyanan, Guyanese; **les Guyanais** the Guyanans, the Guyanese.

**Guyane** [gɥijan] *npr f*: **la** ~, **les** ~s Guiana, the Guianas; **(la)** ~ **française** French Guiana; **(la)** ~ **hollandaise** Dutch Guiana.

**gym** [ʒim] *nf* [à l'école] PE; [pour adultes] gym; **aller à la** ~ to go to gym class; **faire de la** ~ to do exercises.

**gymkhana** [ʒimkana] *nm* **-1.** SPORT rally; ~ motocycliste scramble *Br*, motorcycle rally. **-2.** *fam* & *fig* obstacle course.

**gymnase** [ʒimnaz] *nm* [salle] gym, gymnasium.

**gymnasial** [ʒimnazjal] *adj Helv* secondary school *(modif) Br*, high school *(modif) Am*.

**gymnaste** [ʒimnast] *nmf* gymnast.

**gymnastique** [ʒimnastik] *nf* **-1.** SPORT physical education, gymnastics *(sg)*; professeur de ~ gymnastics OU PE teacher; faire de la ~ to do exercises ❏ ~ corrective remedial gymnastics; ~ rythmique eurhythmics *(sg)*; au pas (de) ~ at a jog trot. **-2.** *fig* gymnastics *(sg)*; ~ mentale OU intellectuelle mental gymnastics; ça a été toute une ~ pour obtenir des

billets getting tickets was a real hassle.

**gymnique** [ʒimnik] *adj* gymnastic.

**gynécée** [ʒinese] *nm* gynaeceum.

**gynéco** [ʒineko] *(abr de* **gynécologue**) *nmf fam* gynecologist.

**gynécologie** [ʒinekɔlɔʒi] *nf* gynecology.

**gynécologique** [ʒinekɔlɔʒik] *adj* gynecological.

**gynécologue** [ʒinekɔlɔg] *nmf* gynecologist.

**gypse** [ʒips] *nm* gypsum.

**gyrophare** [ʒirɔfar] *nm* rotating light OU beacon.

**gyroscope** [ʒirɔskɔp] *nm* gyroscope.

**h, H** [aʃ] *nm* h, H; h aspiré/muet aspirate/silent h.

**h** **-1.** *(abr écrite de* **heure**) hr. **-2.** *(abr écrite de* **hecto**) h.

**H** *abr écrite de* **homme**.

**ha¹** *(abr écrite de* **hectare**) ha.

**ha²** ['a] *interj* **-1.** [surprise]: ~, vous partez déjà? what, (are you) leaving already? ‖ [ironie, suspicion]: ~, ~, je t'y prends! aha! caught you! **-2.** [rire]: ~, ~, que c'est drôle! ha-ha, very funny!

**hab.** *abr écrite de* **habitant**.

**habeas corpus** [abeaskɔrpys] *nm inv*: l'~ habeas corpus.

**habile** [abil] *adj* **-1.** [adroit] skilful; être ~ de ses mains to be good OU clever with one's hands. **-2.** [intelligent, fin – personne] clever, bright; [– ouvrage] clever. **-3.** [rusé] clever, cunning.

**habilement** [abilmɑ̃] *adv* [travailler] cleverly, skilfully; [répondre] cleverly.

**habileté** [abilte] *nf* **-1.** [dextérité] skill, dexterity; un orfèvre d'une grande ~ a very skilful goldsmith, a goldsmith of great skill. **-2.** [ingéniosité] cleverness, smartness; son ~ en affaires est bien connue his business sense OU flair is well-known.

**habilitation** [abilitasjɔ̃] *nf* **-1.** JUR capacitation. **-2.** UNIV accreditation, habilitation.

**habilité, e** [abilite] *adj* JUR: ~ à fit to; toute personne ~e à signer any person who is entitled to sign.

◆ **habilité** *nf* JUR fitness, entitlement.

**habiliter** [3] [abilite] *vt* **-1.** JUR to entitle, to empower. **-2.** UNIV to accredit, to authorize, to habilitate.

**habillage** [abijaʒ] *nm* **-1.** [revêtement – d'une machine] casing; [– d'un produit] packaging; [– d'un ordinateur] cabinetry; AUT [– d'un siège] covering; [– d'un plafond] lining; [– d'un intérieur] trim. **-2.** CULIN dressing. **-3.** [d'un acteur] dressing.

**habillé, e** [abije] *adj* [vêtements] smart, dressy; dîner ~ dinner in evening dress.

**habillement** [abijmɑ̃] *nm* **-1.** [vêtements] clothes, clothing; [action d'habiller] dressing, clothing. **-2.** COMM clothing trade *Br*, garment industry *Am*.

**habiller** [3] [abije] *vt* **-1.** [vêtir] to dress; toujours habillé de OU en vert always dressed in green; il est mal habillé [sans goût] he's badly dressed. **-2.** [équiper – famille, groupe] to clothe; [– skieur, écolier] to kit out *(sép)*; j'habille toute la famille I make clothes for all the family; la somme devrait suffire à ~ toute la famille the money should be enough to keep the entire family in clothes ‖ [suj: couturier, tailleur] to design clothes for; elle est habillée par un grand couturier she gets her clothes from a top designer. **-3.** [déguiser]: elle a habillé sa fille en Zorro she dressed her daughter up as Zorro. **-4.** [décorer, recouvrir] to cover; ~ un mur de toile de jute to cover a wall with hessian. **-5.** MARKETING to package

(and present). **-6.** CULIN [volaille] to clean and truss.

◆ **s'habiller** *vp (emploi réfléchi)* **-1.** [se vêtir] to get dressed, to dress; il s'habille tout seul maintenant he's able to dress himself now; tu devrais t'~ plus jeune you should wear younger clothes; tu t'habilles mal you have no dress sense; habille-toi chaudement wrap up well ou warm; il s'habille chez un jeune couturier he buys his clothes from a young fashion designer; s'~ sur mesure to have one's clothes made OU tailor-made; s'~ en [se déguiser en] to dress up as. **-2.** [se parer] to dress up; s'~ pour le dîner to dress for dinner.

**habilleur, euse** [abijœr, øz] *nm, f* CIN, THÉÂT & TV dresser.

**habit** [abi] *nm* **-1.** [déguisement] costume, outfit; un ~ de fée/sorcière a fairy/witch outfit; ~ d'arlequin Harlequin suit OU costume. **-2.** [vêtement de cérémonie] tails; en ~ wearing tails; se mettre en ~ to wear tails ❏ ~ de cour court dress; l'~ de lumière the bullfighter's outfit; l'~ vert regalia worn by members of the Académie française; porter l'~ vert to be a member of the Académie française. **-3.** RELIG habit; l'~ ecclésiastique ecclesiastical dress; prendre l'~ [femme] to take the veil; [homme] to go into holy orders; quitter l'~ to leave orders ❏ l'~ ne fait pas le moine *prov* you can't judge a book by its cover *prov*.

◆ **habits** *nmpl* clothes; mettre ses ~s du dimanche to put on one's Sunday best.

**habitabilité** [abitabilite] *nf* **-1.** [d'un véhicule] capacity. **-2.** [d'un lieu] habitability.

**habitable** [abitabl] *adj*: la maison est tout à fait ~ the house is perfectly fit to live in.

**habitacle** [abitakl] *nm* **-1.** AÉRON cockpit. **-2.** AUT passenger compartment. **-3.** NAUT binnacle.

**habitant, e** [abitɑ̃, ɑ̃t] *nm, f* **-1.** [d'une ville, d'un pays] inhabitant; [d'un immeuble] occupant; [d'un quartier] inhabitant, resident; nous avons dormi chez l'~ we stayed with a family. **-2.** *(gén pl) litt* [animal] denizen. **-3.** *(gén pl) sout* [être humain] dweller; les ~s des cavernes cave-dwellers; les ~s de la terre earthlings. **-4.** *Can* farmer.

**habitat** [abita] *nm* **-1.** BOT & ZOOL habitat. **-2.** ANTHR & SOCIOL settlement; ~ dispersé open settlement; amélioration de l'~ home improvement.

**habitation** [abitasjɔ̃] *nf* **-1.** [immeuble] house, building; groupe d'~s housing estate *Br* OU development *Am*; ~ à loyer modéré → HLM. **-2.** [domicile] residence; ~ principale main residence. **-3.** [action d'habiter] living; les conditions d'~ sont très difficiles living OU housing conditions are very hard.

**habité, e** [abite] *adj* [maison] occupied; [planète] inhabited; engin spatial ~ manned spacecraft.

**habiter** [3] [abite] ◊ *vt* **-1.** [maison, ville, quartier] to live in; [ferme] to live on. **-2.** *fig* & *sout* to inhabit, to be OU to dwell in. **-3.** *sout* [animaux] to inhabit. ◊ *vi* to live; ~ à l'hôtel to live ou to stay in a hotel; **vous habitez chez vos parents?** do you live at home?

**habitude** [abityd] *nf* **-1.** [manière d'agir] habit; **avoir l'~ de: j'ai l'~ de me coucher tôt** I normally ou usually go to bed early; **je n'ai pas l'~ d'attendre!** I am not in the habit of being kept waiting!; **elle a l'~ de la conduite sur circuit** she's used to race track driving; **prendre l'~ de faire qqch** to get into the habit of doing sthg; **elle a ses petites ~s** she's got her own (little) ways ou habits; **ce n'est pas dans mes ~s d'insister ainsi** I don't usually insist on things like that; **à ou selon ou suivant son ~** as is his wont, as usual; **tu n'as rien préparé, comme à ton ~!** you didn't get a thing ready, as usual ou as always!**-2.** [usage] custom; **c'est l'~ chez nous** it's a custom with us ou our custom.

◆ **d'habitude** *loc adv* usually; **comme d'~** as usual.
◆ **par habitude** *loc adv* out of habit.

**habitué, e** [abitɥe] *nm, f* regular.

**habituel, elle** [abitɥɛl] *adj* **-1.** [traditionnel] usual, regular. **-2.** [ordinaire, courant] usual; **au sens ~ du terme** in the everyday sense of the term.

**habituellement** [abitɥɛlmɑ̃] *adv* usually, normally.

**habituer** [7] [abitɥe] *vt* to accustom; **~ qqn à qqch** to get sb used to sthg, to accustom sb to sthg; **on l'a habitué à se taire** he's been taught to keep quiet; **c'est facile quand on est habitué** it's easy once you're used ou once you get used to it.

◆ **s'habituer à** *vp + prép* to get ou to grow ou to become used to.

**hâblerie** [ɑbləri] *nf sout* [parole] boast.

**hâbleur, euse** [ɑblœr, øz] *sout* ◊ *adj* boastful. ◊ *nm, f* boaster, braggart.

**Habsbourg** [apzbur] *npr* Hapsburg, Habsburg.

**hache** [aʃ] *nf* **-1.** [instrument tranchant] axe; **abattre un arbre à la ~** to chop a tree down □ **~ de guerre** tomahawk; **enterrer la ~ de guerre** *pr & fig* to bury the hatchet; **déterrer la ~ de guerre** *pr & fig* to be on the warpath (again). **-2.** *fig*: **fait ou taillé à coups de ~** [ouvrage] rough-hewn, crudely worked; [visage] rough-hewn, rugged.

**haché, e** [aʃe] *adj* **-1.** CULIN [légume, amandes] chopped; [viande] minced *Br*, ground *Am*.**-2.** [style, tirade] jerky.
◆ **haché** *nm* minced meat *Am*.

**hache-légumes** [aʃlegym] *nm inv* vegetable chopper.

**hacher** [3] [aʃe] *vt* **-1.** [légumes, fines herbes] to chop (up); **~ de la viande** to mince *Br* ou to grind *Am* meat; **le persil doit être haché menu** the parsley should be chopped finely □ **je vais te ~ menu comme chair à pâté** I'll make mincemeat (out) of him; **se faire ~ (menu ou en morceaux): il se ferait ~ plutôt que de reconnaître ses torts** he'd die (screaming) rather than admit he was wrong. **-2.** [saccader] to break up *(insép)*.

**hachette** [aʃɛt] *nf,* **hachereau, x** [aʃro] *nm* [outil] hatchet.

**hache-viande** [aʃvjɑ̃d] *nm inv* mincer *Br* ou grinder *Am*.

**hachis** [aʃi] *nm* [de viande] mince *Br*, ground meat *Am*; [pour farce] (meat) stuffing, forcemeat; [de légumes] chopped vegetables; **~ Parmentier** CULIN hachis Parmentier (*dish similar to shepherd's pie*).

**hachisch** [aʃiʃ] = **haschisch**.

**hachoir** [aʃwar] *nm* **-1.** [couteau] chopping knife, chopper. **-2.** [planche] chopping board; [machine] (meat) mincer *Br* ou grinder *Am*.

**hachure** [aʃyr] *nf* **-1.** [en cartographie et dessin industriel] hachure. **-2.** [dessin, gravure] hatching *(U)*.

**hachurer** [3] [aʃyre] *vt* **-1.** TECH to hachure. **-2.** [dessin, gravure] to hatch.

**haddock** [adɔk] *nm* smoked haddock.

**Hadrien** [adrijɛ̃] *npr* Hadrian.

**Haendel** [ɛndɛl] *npr* Handel.

**hagard, e** [agar, ard] *adj* wild, crazed; **il me regardait avec des yeux ~s** he was looking at me with wild ou staring eyes; **avoir l'air ~** to look crazed, to have a wild look in one's eyes.

**hagiographe** [aʒjɔgraf] *nmf* hagiographer.

**hagiographie** [aʒjɔgrafi] *nf* **-1.** RELIG hagiography. **-2.** *fig* flattering biography.

**haï, e** [ai] *pp →* **haïr**.

**haie** [ɛ] *nf* **-1.** HORT hedge; **~ vive** quickset hedge. **-2.** SPORT hurdle; **courir le 400 mètres ~s** to run the 400 metres hurdles ‖ ÉQUIT fence; **course de ~s** hurdles race. **-3.** [file de gens] line, row; **les spectateurs ont fait une ~ pour laisser passer les coureurs** the spectators all drew back to let the runners go through □ **~ d'honneur** guard of honour.

**haillons** [ajɔ̃] *nmpl* rags, torn and tattered clothes; **être en ~** to be in rags.

**Hainaut** [eno] *npr m*: **le ~** Hainaut.

**haine** [ɛn] *nf* hatred, hate; **sa ~ de la guerre** his hatred of war; **être plein de ~ envers qqn** to be full of hatred ou filled with hatred for sb; **prendre qqn/qqch en ~** to take an immense dislike to sb/sthg; **sans ~** without hatred, with no hatred.

◆ **par haine de** *loc prép* out of hatred for.

**haineusement** [ɛnøzmɑ̃] *adv* with hatred.

**haineux, euse** [ɛnø, øz] *adj* full of hatred ou hate.

**haïr** [33] [air] *vt* **-1.** [personne] to hate; **il me hait de lui avoir menti** he hates me for having lied to him. **-2.** [attitude, comportement] to hate, to detest.

**haïssable** [aisabl] *adj sout* [préjugé, attitude, personne] hateful, loathsome, detestable.

**haïssais** [aisɛ] *v →* **haïr**.

**Haïti** [aiti] *npr* Haiti; **à ~** in Haiti.

**haïtien, enne** [aisjɛ̃, ɛn] *adj* Haitian.
◆ **Haïtien, enne** *nm, f* Haitian.

**halage** [alaʒ] *nm* [traction] hauling; [remorquage] warping, towing.

**hâle** [al] *nm* suntan, tan.

**hâlé, e** [ale] *adj* suntanned, tanned.

**haleine** [alɛn] *nf* **-1.** [mouvement de respiration] breath, breathing; **hors d'~** out of breath; **reprendre ~** to get o[ne]'s breath back □ **tenir qqn en ~** to keep sb in suspense o[n] tenterhooks; **courir à perdre ~** to run until one is out of breath. **-2.** [air expiré] breath; **avoir mauvaise ~** to have bad breath.

◆ **de longue haleine** *loc adj* long-term.

**haler** [3] [ale] *vt* [tirer] to haul; [remorquer] to warp, to tow.

**hâler** [3] [ale] *vt* [peau, corps] to tan.

**haletant, e** [altɑ̃, ɑ̃t] *adj* [chien] panting; **il est entré, tout ~** he came in, all out of breath.

**halète** [alɛt] *v →* **haleter**.

**halètement** [alɛtmɑ̃] *nm* **-1.** [respiration saccadée] panting *(U)*. **-2.** *sout* [rythme saccadé]: **le ~ de la locomotive** the puffing of the locomotive.

**haleter** [28] [alte] *vi* **-1.** [chien] to pant; [asthmatique] to gasp for breath; [pendant l'accouchement] to breathe hard, to pant; **~ d'émotion** to be breathless with emotion; **~ de colère** to choke with anger. **-2.** *sout* [faire un bruit saccadé] to sputter.

**haleur, euse** [alœr, øz] *nm, f* [personne] tower, hauler.
◆ **haleur** *nm* [remorqueur] tug.

**hall** [ol] *nm* [d'un hôtel] hall, lobby, foyer; [d'une banque] lobby, hall; **~ de gare** station, concourse; **~ d'exposition** exhibition room.

**hallali** [alali] *nm*: **l'~** [sonnerie] the mort.

**halle** [al] *nf* **-1.** [édifice] (covered) market; **elle fait ses courses aux ~s** she goes to the central food market to do her shopping. **-2. les Halles** the Paris food market until 1968 (now a shopping centre).

**hallebarde** [albard] *nf* **-1.** ARM halberd, halbert. **-2.** *fam loc*: **il pleut ou il tombe des ~s** it's raining cats and dogs.

**hallebardier** [albardje] *nm* halberdier.

**hallier** [alje] *nm* thicket, (brush) covert.

**hallucinant, e** [alysinɑ̃, ɑ̃t] *adj* **-1.** [frappant] staggering, incredible. **-2.** [qui rend fou] hallucinatory.

**hallucination** [alysinasjɔ̃] *nf* hallucination; **avoir des ~s** to hallucinate; **j'ai des ~s (ou quoi)!** *fam* I must be seeing things!

**hallucinatoire** [alysinatwar] *adj* hallucinatory.

**halluciné, e** [alysine] ◊ *adj* [regard] wild-eyed, crazed. ◊ *nm, f* visionary, lunatic *péj*; **comme un ~** like a madman.

**halluciner** [3] [alysine] ◊ *vi* **-1.** PSYCH to hallucinate, to suffer from OU to have hallucinations. **-2.** *fam & fig*: mais j'hallucine ou quoi? I don't believe this! ◇ *vt litt*: halluciné par le manque de sommeil seeing double through lack of sleep.

**hallucinogène** [alysinɔʒɛn] ◇ *adj* hallucinogenic. ◇ *nm* hallucinogen.

**halo** ['alo] *nm* **-1.** ASTRON halo, corona. **-2.** PHOT halo. **-3.** *litt* aureole, halo; un ~ de lumière/de gloire a halo of light/of glory.

**halogène** [alɔʒɛn] ◇ *adj* halogenous. ◇ *nm* **-1.** CHIM halogen. **-2.** [éclairage]: (lampe à) ~ halogen lamp.

**halte** ['alt] *nf* **-1.** [arrêt] stop, break; faire ~ to halt, to stop; faire une ~ to have a break, to pause. **-2.** [lieu] stopping OU resting place; RAIL halt *Br*. ◇ *interj* stop; MIL halt; ~ à la pollution! no more pollution!; ~, qui va là? halt, who goes there?; ~-là, ne t'emballe pas trop hold on, don't get carried away.

**halte-garderie** ['altəgardəri] (*pl* **haltes-garderies**) *nf* ≈ day nursery.

**haltère** [altɛr] *nm* [avec des sphères] dumbbell; [avec des disques] barbell; faire des ~s to do weight-lifting.

**haltérophile** [alterɔfil] *nmf* weight-lifter.

**haltérophilie** [alterɔfili] *nf* weight-lifting.

**hamac** ['amak] *nm* hammock.

**Hambourg** ['ãbur] *npr* Hamburg.

**hambourgeois, e** ['ãburʒwa, az] *adj* from Hamburg.
♦ **Hambourgeois, e** *nm, f* inhabitant of or person from Hamburg.

**hamburger** ['ãbœrgœr] *nm* hamburger.

**hameau, x** ['amo] *nm* hamlet.

**hameçon** [amsɔ̃] *nm* (fish) hook.

**hammam** ['amam] *nm* Turkish OU steam bath, hammam.

**hampe** ['ãp] *nf* **-1.** [d'un drapeau] pole. **-2.** ARM & PÊCHE shaft. **-3.** [d'une lettre – vers le haut] upstroke; [– vers le bas] downstroke. **-4.** [d'un pinceau] handle.

**hamster** ['amstɛr] *nm* hamster.

**han** ['ã] *nm inv* oof; pousser des ~ to grunt (with effort).

**hanap** ['anap] *nm* hanap *arch*, goblet.

**hanche** ['ãʃ] *nf* **-1.** ANAT hip; avoir des ~s larges/étroites to have wide/narrow hips, to be wide-/narrow-hipped; mettre les mains OU les poings sur les ~s to put one's hands on one's hips. **-2.** ZOOL haunch, hindquarter. **-3.** ENTOM coxa.

**handball** ['ãdbal] *nm* handball.

**handballeur, euse** ['ãdbalœr, øz] *nm, f* handball player.

**handicap** ['ãdikap] *nm* **-1.** [gén & SPORT] handicap. **-2.** (comme adj; avec ou sans trait d'union) handicap (modif).

**handicapant, e** ['ãdikapã, ãt] *adj*: c'est (très) ~ it's a (great) handicap.

**handicapé, e** ['ãdikape] ◇ *adj* handicapped; enfants ~s mentaux mentally handicapped children. ◇ *nm, f* handicapped OU disabled person; les ~s the disabled ❏ un ~ moteur a spastic.

**handicaper** [3] ['ãdikape] *vt* to handicap; ça l'a handicapé dans sa carrière it was a handicap to his career.

**handisport** ['ãdispɔr] *adj*: activité ~ sport for the disabled.

**hangar** ['ãgar] *nm* [gén] shed; [pour avions] (aircraft) hangar; [à bateaux] boathouse; un ~ à charbon a coal shed.

**hanneton** [antɔ̃] *nm* cockchafer, maybug.

**Hannibal** [anibal] *npr* Hannibal.

**Hanoi** [anɔj] *npr* Hanoi.

**Hanovre** ['anɔvr] *npr* Hanover.

**Hanse** ['ãs] *npr f*: (la) ~ Hanse.

**hanséatique** ['ãseatik] *adj* Hanseatic.

**hanté, e** ['ãte] *adj* [maison, forêt] haunted.

**hanter** [3] ['ãte] *vt* to haunt; ce souvenir le hante he's haunted by the memory.

**hantise** ['ãtiz] *nf* obsession, obsessive fear; avoir la ~ de la mort to be haunted OU obsessed by the fear of death; sa ~ d'un accident l'empêche de conduire his obsessive fear of accidents stops him from driving; chez lui, c'est une ~ he's obsessed by it, it's an obsession with him.

**happement** ['apmã] *nm* snapping (with the mouth).

**happening** ['apniŋ] *nm* [spectacle] happening.

**happer** [3] ['ape] *vt* **-1.** [avec le bec ou la bouche] to snap up; [avec la main ou la patte] to snatch, to grab. **-2.** [accrocher violemment] to strike OU to hit violently; être happé par un train/une voiture to be mown down OU hit by a train/car.

**happy end** ['apiɛnd] (*pl* **happy ends**) *nm* happy ending.

**hara-kiri** ['arakiri] (*pl* **hara-kiris**) *nm* hara-kiri; (se) faire ~ to commit hara-kiri.

**harangue** ['arãg] *nf* **-1.** [discours solennel] harangue. **-2.** *péj* [sermon] sermon.

**haranguer** [3] ['arãge] *vt* to harangue.

**haras** ['ara] *nm* stud farm.

**harassant, e** ['arasã, ãt] *adj* exhausting, wearing.

**harassé, e** ['arase] *adj* exhausted, worn out.

**harassement** ['arasmã] *nm litt* exhaustion, fatigue.

**harasser** [3] ['arase] *vt* to exhaust, to wear out *(sép)*.

**harcelant, e** ['arsəlã, ãt] *adj* **-1.** [obsédant] haunting. **-2.** [importun] harassing, pestering.

**harcèle** ['arsɛl] *v →* harceler.

**harcèlement** ['arsɛlmã] *nm* harassing, pestering; ~ sexuel sexual harassment.

**harceler** [25] ['arsəle] *vt* to harass; ~ qqn de questions to plague OU to pester sb with questions; cesse de me ~! stop pestering OU bothering me!; ~ l'ennemi to harass OU to harry the enemy.

**hard** ['ard] *fam* **-1.** = hard-core. **-2.** = hard-rock.

**hard-core** ['ardkɔr] ◇ *adj inv* hard-core; un film ~ a hard-core (porn) movie. ◇ *nm inv* [genre] hard-core porn.

**harde** ['ard] *nf* **-1.** [d'animaux sauvages] herd. **-2.** CHASSE [lien] leash; [chiens liés] set (of coupled hounds).

**hardes** ['ard] *nfpl litt & péj* rags, tatters.

**hardi, e** ['ardi] *adj* **-1.** [intrépide] bold, daring; l'hypothèse est un peu ~e *fig* the supposition is a bit rash OU hasty. **-2.** [licencieux] daring, bold.
♦ **hardi** *interj arch*: ~, les gars! go to it, boys!

**hardiesse** ['ardjɛs] *nf* **-1.** [intrépidité] boldness, daring, audacity; avoir la ~ de faire qqch to be forward OU daring enough to do sthg. **-2.** [acte, parole]: ~ de langage bold turn of phrase; des ~s de langage [propos crus] bold language; [effets de style] daring stylistic effects. **-3.** [indécence] boldness, raciness.

**hardiment** ['ardimã] *adv* boldly, daringly, fearlessly.

**hard-rock** ['ardrɔk] *nm inv* hard rock, heavy metal MUS.

**hardware** ['ardwɛr] *nm* hardware COMPUT.

**harem** ['arɛm] *nm* harem.

**hareng** ['arã] *nm* CULIN & ZOOL herring; un ~ saur a smoked herring, a kipper.

**hargne** ['arɲ] *nf* aggressiveness; avec ~ aggressively, cantankerously.

**hargneusement** ['arɲøzmã] *adv* aggressively, cantankerously.

**hargneux, euse** ['arɲø, øz] *adj* **-1.** [caractère] aggressive, quarrelsome; un vieil homme ~ a cantankerous old man. **-2.** [ton] scathing, caustic; des paroles hargneuses scathing remarks. **-3.** [animal] vicious.

**haricot** ['ariko] *nm* **-1.** [légume] bean; ~ blanc white (haricot) bean; ~ mange-tout runner OU string bean; ~ rouge red OU kidney bean; ~ vert French *Br* OU green *Am* OU string bean; ~s fins/extra-fins high-quality/superfine French *Br* OU green *Am* beans. **-2.** CULIN [ragoût]: ~ de mouton mutton haricot OU stew. **-3.** MÉD [cuvette] kidney tray OU dish.
♦ **haricots** *nmpl fam*: des ~s not a thing, zilch *esp Am*.

**harissa** ['arisa] *nf* harissa (sauce).

**harki** ['arki] *nm* Algerian who fought for the French during the Franco-Algerian War and who was subsequently given French nationality.

**harmonica** [armɔnika] *nm* harmonica, mouth organ.

**harmonie** [armɔni] *nf* **-1.** [élégance] harmony; l'~ du corps humain the beauty of the human body. **-2.** [entente] harmony. **-3.** MUS [accords] harmony; [instruments à vent et percussions] wind section (with percussion); [fanfare] brass band. **-4.** LING: ~ vocalique vowel harmony; ~ consonantique consonant drift.
♦ **en harmonie** ◇ *loc adv* in harmony, harmoniously; en

parfaite ~ in perfect harmony. ◊ *loc adj* in harmony; **le ta-pis n'est pas en ~ avec les meubles** the carpet doesn't go with ou match the furniture.

**harmonieusement** [aʀmɔnjøzmɑ̃] *adv* harmoniously, in harmony.

**harmonieux, euse** [aʀmɔnjø, øz] *adj* **-1.** [mélodieux – son, instrument] harmonious; [– voix] harmonious, tuneful, melodious. **-2.** [équilibré] harmonious, balanced; **des teintes harmonieuses** well-matched colours; **un visage ~** well-balanced features.

**harmonique** [aʀmɔnik] ◊ *adj* ACOUST, MATH & MUS harmonic; **série/progression ~** harmonic series/progression; **son ~** harmonic. ◊ *nm* **-1.** ACOUST & MUS harmonic. **-2.** PHYS harmonic, overtone.

**harmonisation** [aʀmɔnizasjɔ̃] *nf* **-1.** [mise en accord] harmonization. **-2.** MUS harmonizing.

**harmoniser** [3] [aʀmɔnize] *vt* MUS to harmonize; [styles, couleurs] to match; **~ les salaires du public et du privé** to bring public and private sector salaries into line.
♦ **s'harmoniser** *vpi*: **s'~ avec** to harmonize with; **ces couleurs s'harmonisent bien entre elles** these colours go together well.

**harmoniste** [aʀmɔnist] *nmf* **-1.** [spécialiste de l'harmonie] harmonist. **-2.** TECH tuner.

**harmonium** [aʀmɔnjɔm] *nm* harmonium.

**harnachement** [aʀnaʃmɑ̃] *nm* **-1.** [équipement] harness; [action] harnessing. **-2.** *hum* [accoutrement] outfit, get-up; [attirail] paraphernalia.

**harnacher** [3] [aʀnaʃe] *vt* **-1.** [cheval] to harness. **-2.** *hum* [accoutrer] to deck ou to rig out *(sép)*; [équiper] to kit out *(sép)*.
♦ **se harnacher** *vp (emploi réfléchi)* [s'équiper] to get kitted out.

**harnais** [aʀnɛ] *nm* **-1.** [d'un cheval] harness. **-2.** [sangles]: **~ (de sécurité)** (safety) harness; **mettre le ~ (de sécurité) à qqn** to strap sb in. **-3.** TECH backgear.

**haro** [aʀo] *nm*: **crier ~ sur qqn** to raise a hue and cry against sb; **on a crié ~ sur le baudet** there was a hue and cry.

**harpagon** [aʀpagɔ̃] *nm litt* Scrooge, skinflint.

**harpe** [aʀp] *nf* MUS harp.

**harpie** [aʀpi] *nf* **-1.** [mégère] shrew, harpy. **-2.** ORNITH harpy eagle.

**harpiste** [aʀpist] *nmf* harpist.

**harpon** [aʀpɔ̃] *nm* **-1.** PÊCHE harpoon. **-2.** ARCHÉOL harping iron, harpoon.

**harponnage** [aʀpɔnaʒ], **harponnement** [aʀpɔnmɑ̃] *nm* PÊCHE harpooning.

**harponner** [3] [aʀpɔne] *vt* **-1.** PÊCHE to harpoon. **-2.** *fam* [arrêter] to nab, to collar.

**harponneur** [aʀpɔnœʀ] *nm* harpooner.

**hasard** [azaʀ] *nm* **-1.** [providence] chance, fate; **s'il gagne, c'est le ~** if he wins it's luck ou it's by chance; **s'en remettre au ~** to leave it to chance, to trust to luck; **ne rien laisser au ~** to leave nothing to chance; **le ~ a voulu que je sois à l'étranger** as luck would have it I was abroad; **le ~ fait bien les choses** there are some lucky coincidences; **le ~ faisant bien les choses, ils se retrouvèrent quelques années plus tard** as chance would have it, they met again some years later. **-2.** [incident imprévu]: **quel heureux ~!** what a stroke of luck ou piece of good fortune!; **un ~ malheureux** a piece of bad luck. **-3.** [coïncidence]: **quel heureux ~!** what a fantastic coincidence!; **c'est un (pur) ~ que vous m'ayez trouvé chez moi à cette heure-ci** it's sheer luck that you've found me in at this time of day; **par un curieux ~, il était né le même jour** by a strange coincidence he was born on the same day; **par quel ~ étiez-vous là ce jour-là?** how come you happened to be there that day?; **par le plus grand des ~s** by the most extraordinary ou incredible coincidence; **tu n'aurais pas, par le plus grand des ~s, vu mes lunettes?** you wouldn't by any chance have happened to see my glasses, would you?. **-4.** JEUX: **jeu de ~** game of chance. **-5.** STATISTIQUES chance; **échantillonnage/nombres au ~** random sampling/numbers.
♦ **hasards** *nmpl* **-1.** [aléas]: **les ~s de la vie** life's ups and downs, life's vicissitudes. **-2.** *litt* [périls] hazards, dangers.
♦ **à tout hasard** *loc adv* on the off chance, just in case.
♦ **au hasard** *loc adv* at random; **j'ai ouvert le livre au ~** I opened the book at random; **aller ou marcher au ~** [par in-différence] to walk aimlessly; [par plaisir] to go where one's fancy takes one; **tirez ou piochez une carte au ~** pick a card (, any card).
♦ **au hasard de** *loc prép*: **je me suis fait des amis au ~ de mes voyages** I made friends with people I happened to meet on my travels.
♦ **de hasard** *loc adj* chance *(avant n)*; **des amours de ~** brief encounters.
♦ **par hasard** *loc adv* by chance ou accident; **si par ~ vous la voyez** if by any chance you should see her, should you happen to see her; **je suis entré par ~ et je l'ai pris la main dans le sac** I went in quite by chance and caught him red-handed; **comme par ~!** *iron* surprisingly enough!, surprise, surprise!

**hasardé, e** ['azaʀde] = **hasardeux**.

**hasarder** [3] ['azaʀde] *vt* [opinion, démarche] to hazard, to venture, to risk.
♦ **se hasarder** *vpi* [s'aventurer] to venture; **il se hasarda dans l'obscurité** he ventured into the darkness; **se ~ à: la nouvelle élève se hasarda à répondre** the new student plucked up courage to answer; **je ne m'y hasarderais pas** I wouldn't risk it ou chance it.

**hasardeux, euse** ['azaʀdø, øz] *adj* **-1.** [douteux] dubious; **l'issue en est hasardeuse** the outcome of all this is uncertain. **-2.** [dangereux] hazardous, dangerous; **une affaire hasardeuse** a risky business.

**hasch** ['aʃ] *nm fam* hash.

**haschi(s)ch** ['aʃiʃ] *nm* hashish.

**hâte** ['at] *nf* **-1.** [précipitation] haste, hurry, rush; **dans sa ~, il a oublié ses clés** he was in such a hurry ou rush (that) he left his keys behind; **avec ~** hastily, hurriedly; **sans ~** at a leisurely pace, without hurrying; **sans grande ~** with no great haste, unhurriedly. **-2.** **avoir ~ de** [être impatient de]: **avoir ~ de faire qqch** to be looking forward to doing sthg; **j'ai ~ que vous veniez/Noël arrive** I can't wait for you to come/Christmas to come round; **pourquoi avez-vous ~ de partir?** why are you in (such) a hurry ou rush to leave?; **il n'a qu'une ~, c'est d'avoir un petit-fils** he's dying to have a grandson.
♦ **à la hâte** *loc adv* hurriedly, hastily, in a rush; **faire qqch à la ~** to rush sthg.
♦ **en hâte, en grande hâte, en toute hâte** *loc adv* hurriedly, in (great) haste.

**hâter** [3] ['ate] *vt* **-1.** [accélérer] to speed up, to hasten; **~ le pas** to quicken one's pace, to walk quicker. **-2.** *sout* [avancer – date] to bring forward; [– naissance, mort, mariage] to precipitate; **je dois ~ mon départ** I must go sooner than I thought.
♦ **se hâter** *vpi sout* to hurry (up), to hasten, to make haste; **hâtez-vous de me répondre** answer me posthaste; **elle s'est hâtée de répandre la nouvelle** she hastened to spread the news.

**hâtif, ive** ['atif, iv] *adj* **-1.** [rapide – travail, repas] hurried, rushed; [– décision] hasty, rash. **-2.** [précoce – croissance] early.

**hâtivement** ['ativmɑ̃] *adv* hastily, hurriedly, in a rush.

**hauban** ['obɑ̃] *nm* **-1.** AÉRON & NAUT shroud. **-2.** TECH stay.

**hausse** ['os] *nf* **-1.** [augmentation] rise, increase; **la ~ du coût de la vie** the rise in the cost of living. **-2.** [élévation] rise.
♦ **à la hausse** *loc adv* **-1.** [au maximum]: **réviser le budget à la ~** to increase the budget. **-2.** BOURSE: **jouer à la ~** to speculate on the rising market ou on the bull market; **vendre à la ~** to sell in a rising market, to contrary sell *spéc*; **le marché évolue ou est à la ~** there is an upward trend in the market.
♦ **en hausse** *loc adj* increasing, rising; **être en ~** to be on the increase, to be rising.

**haussement** ['osmɑ̃] *nm*: **avec un ~ d'épaules** with a shrug (of his shoulders); **avec un ~ de sourcils** with raised eyebrows.

**hausser** [3] ['ose] *vt* **-1.** ÉCON to raise, to increase, to put up *(sép)*; **le prix a été haussé de 10 %** the price has been increased ou has gone up by 10%; **~ ses prétentions** to aim higher. **-2.** CONSTR & TRAV PUBL to raise; **~ qqn au niveau de** *fig* to raise sb up to the level of. **-3.** [partie du corps]: **~ les épaules** to shrug (one's shoulders); **~ le sourcil** ou **le sourcil** to raise one's eyebrows. **-4.** [intensifier]: **~ la voix** ou **le ton** to raise one's voice.

◆ **se hausser** *vpi* **-1.** [se hisser] to reach up; se ~ sur la pointe des pieds to stand on tiptoe. **-2.** [atteindre un degré supérieur]: elle est parvenue à se ~ au niveau de la classe she managed to reach the level of the other students in her class.

**haussier, ère** ['osje, ɛr] ◇ *adj* BOURSE: un marché ~ a rising ou bull market. ◇ *nm, f* bull ST. EX.

**haut, e** ['o, *devant nm commençant par voyelle ou h muet* 'ot, 'ot] *adj* **-1.** [de grande dimension] high, tall; les ~es colonnes du temple the lofty ou towering columns of the temple; les pièces sont ~es de plafond the rooms have high ceilings ‖ BOT [tige, tronc] tall; [qui a poussé] high. **-2.** [d'une certaine dimension]: ~ de: la maison est ~ de trois mètres the house is three metres high. **-3.** [situé en hauteur] high; le soleil est ~ dans le ciel the sun is high (up) in the sky; la partie ~e de l'arbre the top of the tree ❏ le Haut Nil the upper (reaches of the) Nile. **-4.** [extrême, intense] high; c'est de la plus ~e importance it's of the utmost ou greatest importance; à ~ risque high-risk ❏ ~e fréquence high frequency; ~e technologie high technology. **-5.** [dans une hiérarchie] high, top *(avant n)*; de ~ niveau top-level, high-level; des gens de ~ niveau high-fliers; de ~s dignitaires eminent dignitaries ❏ la ~e coiffure haute coiffure, designer hairdressing; la ~e cuisine haute cuisine; de ~es études commerciales/militaires advanced business/military studies; les ~s fonctionnaires top ou top-ranking civil servants; les ~s salaires the highest ou top salaries. **-6.** [dans une échelle de valeurs] high; d'une ~e intelligence highly intelligent; tenir qqn/qqch en ~e estime to hold sb/sthg in high esteem. **-7.** BOURSE & COMM high. **-8.** MUS & PHON high. **-9.** HIST: le ~ Moyen Âge the Early Middle Ages. **-10.** *litt* [noble] lofty, high-minded.
◆ **haut** ◇ *adv* **-1.** [dans l'espace] high; levez ~ la jambe raise your leg (up) high ou high up. **-2.** [dans le temps] far (back); [dans un livre]: voir plus ~ see above. **-3.** [fort, avec puissance]: (tout) ~ aloud; parlez plus ~ speak up, speak louder; dites-le ~ et clair ou bien ~ tell (it to) everyone, say it out loud. **-4.** MUS high. **-5.** [dans une hiérarchie] high; être ~ placé to be highly placed, to hold high office; des amis ~ placés friends in high places; nous l'avons toujours placé très ~ dans notre estime *fig* we've always held him in high regard. **-6.** BOURSE & COMM high. ◇ *nm* **-1.** [partie supérieure] top; [sur une caisse, un emballage]: 'haut' '(this way ou side) up'. **-2.** VÊT [gén] top; [de robe] bodice. **-3.** [hauteur]: un mur d'un mètre de ~ a metre (high) wall; tomber de tout son ~ [chuter] to fall headlong.
◆ **hauts** *nmpl* **-1.** [dans des noms de lieux] heights. **-2.** *loc*: avoir ou connaître des ~s et des bas to have one's ups and downs.
◆ **haute** *nf fam*: les gens de la ~e upper crust people.
◆ **de haut** *loc adv* **-1.** [avec détachement] casually, unconcernedly; prendre ou regarder ou voir les choses de ~ to look at things with an air of detachment. **-2.** [avec mépris]: prendre qqch de ~ to be high and mighty about sthg; regarder qqn de ~ to look down on sb; traiter qqn de ~ to treat sb high-handedly. **-3.** *loc*: tomber de ~ [être surpris] to be flabbergasted; [être déçu] to come down (to earth) with a bump.
◆ **de haut en bas** *loc adv* **-1.** [sans mouvement] from top to bottom. **-2.** [avec mouvement, vers le bas] from top to bottom, downwards. **-3.** [avec mépris]: regarder ou considérer qqn de ~ en bas to look sb up and down.
◆ **d'en haut** *loc adv* **-1.** [depuis la partie élevée] from above; d'en ~ on voit la mer you can see the sea from up there. **-2.** *fig* from on high; le bon exemple doit venir d'en ~ people in positions of authority must give the lead.
◆ **du haut** *loc adj*: les gens du ~ [de la partie haute du village] the people up the top end (of the village); [des étages supérieurs] the people upstairs; les chambres du ~ the upstairs bedrooms.
◆ **du haut de** *loc prép* **-1.** [depuis la partie élevée de – échelle, colline] from the top of. **-2.** *fig*: il nous regarde du ~ de sa grandeur he looks down his nose at us.
◆ **en haut** *loc adv* **-1.** [à l'étage supérieur] upstairs. **-2.** [dans la partie élevée] at the top; nous sommes passés par en ~ [par la route du haut] we came along the high road. **-3.** [en l'air] up in the sky.
◆ **en haut de** *loc prép* at the top of; tout en ~ d'une colline high up on a hill; regarde en ~ de l'armoire look on top of

the wardrobe.

**hautain, e** ['otɛ̃, ɛn] *adj* haughty; d'une façon ~e haughtily.

**hautbois** ['obwa] *nm* **-1.** [instrument] oboe. **-2.** [instrumentiste] oboe (player).

**hautboïste** ['oboist] *nmf* oboist, oboe (player).

**haut-commissaire** ['okomisɛr] *(pl* **hauts-commissaires)** *nm* high commissioner.

**haut-commissariat** ['okomisarja] *(pl* **hauts-commissariats)** *nm* **-1.** [fonction] high commissionership. **-2.** [bureaux] high commission.

**haut-de-chausse(s)** ['odʃos] *(pl* **hauts-de-chausse** ou **hauts-de-chausses)** *nm* knee-breeches, breeches, trunk-hose.

**haut-de-forme** ['odform] *(pl* **hauts-de-forme)** *nm* top hat.

**haute-contre** ['otkɔ̃tr] *(pl* **hautes-contre)** ◇ *nf* [voix] countertenor (voice). ◇ *nm* [chanteur] countertenor.

**haute-fidélité** ['otfidelite] *(pl* **hautes-fidélités)** *nf* **-1.** [technique] high fidelity, hi-fi. **-2.** *(comme adj)* high-fidelity *(avant n)*, hi-fi.

**hautement** ['otmɑ̃] *adv* **-1.** *sout* [fortement] highly, extremely. **-2.** [ouvertement] openly.

**hauteur** ['otœr] *nf* **-1.** [mesure verticale] height; il est tombé de toute sa ~ he fell headlong; la pièce fait trois mètres de ~ (sous plafond) the ceiling height in the room is three metres ‖ CONSTR height; COUT length; GÉOM: la ~ d'un triangle the perpendicular height of a triangle. **-2.** [altitude] height, altitude; prendre de la ~ to gain altitude ou height; n'étant plus mandaté, je me permets de voir les choses avec (une certaine) ~ as I'm no longer in office, I can afford to look upon things with a certain detachment. **-3.** MUS & PHON height, pitch. **-4.** *sout* [noblesse] nobility. **-5.** [arrogance] haughtiness, arrogance. **-6.** SPORT: la ~ the high jump.
◆ **hauteurs** *nfpl* heights; il y a de la neige sur les ~s there's snow on the higher slopes; l'aigle s'envola vers les ~s the eagle soared high up (into the sky ou air).
◆ **à hauteur de** *loc prép* [jusqu'à]: à ~ des yeux at eye level; à ~ d'homme about six feet off the ground; vous serez remboursé à ~ de 4 000 francs you'll be reimbursed up to 4,000 francs.
◆ **à la hauteur** *loc adj fam*: tu ne t'es pas montré à la ~ you weren't up to it ou equal to the task; elle a été (tout à fait) à la ~ she coped beautifully.
◆ **à la hauteur de** *loc prép* **-1.** [à côté de]: arrivé à sa ~, je m'aperçus qu'il parlait tout seul when I was ou drew level with him, I noticed he was talking to himself; elle habite à la ~ de l'église she lives near the church ou up by the church; arrivés à la ~ du cap when we were in line with ou when we were off the cape; il y a des embouteillages à la ~ de l'échangeur de Rocquencourt there are traffic jams at the Rocquencourt interchange. **-2.** [digne de] worthy of; une carrière à la ~ de ses ambitions a career commensurate with her ambitions; être à la ~ d'une situation to be equal to ou up to a situation.
◆ **en hauteur** *loc adv* **-1.** [debout] upright; mettez-le en ~ put it on its end. **-2.** [dans un endroit élevé]: range ces cartons en ~ put these boxes up out of the way.

**Haute-Volta** ['otvɔlta] *nprf*: (la) ~ Upper Volta.

**haut-fond** ['ofɔ̃] *(pl* **hauts-fonds)** *nm* shallow, shoal.

**haut-fourneau** ['ofurno] *(pl* **hauts-fourneaux)** *nm* blast furnace.

**haut-le-cœur** ['olkœr] *nm inv* **-1.** [nausée]: avoir ou des ~ to retch. **-2.** *fig*: une attitude aussi lâche me donne des ~ such cowardly behaviour makes me (feel) sick.

**haut-le-corps** ['olkɔr] *nm inv* start, jump; avoir un ~ to start, to jump.

**haut-parleur** ['oparlœr] *(pl* **haut-parleurs)** *nm* loudspeaker, speaker.

**haut-relief** ['orəljɛf] *(pl* **hauts-reliefs)** *nm* high relief.

**hauturier, ère** ['otyrje, ɛr] *adj* deep-sea; navigation hauturière ocean navigation.

**havanais, e** ['avanɛ, ɛz] *adj* from Havana.
◆ **Havanais, e** *nm, f* inhabitant of or person from Havana.
◆ **havanaise** *nf* habanera.

**havane** ['avan] ◇ *nm* **-1.** [tabac] Havana. **-2.** [cigare] Havana. ◇ *adj inv* Havana brown.

**Havane** ['avan] *npr*: La ~ Havana.

**hâve** ['av] *adj sout* haggard.

**havre** ['avr] *nm litt* haven, harbour; ~ **de paix** haven of peace.

**havresac** ['avrəsak] *nm* [de campeur] haversack, knapsack; [de militaire] haversack, kitbag.

**hawaïen** [awajɛ̃] = **hawaiien**.

**Hawaii** [awaj] *npr* Hawaii; **à** ~ in Hawaii.

**hawaiien, enne** [awajɛ̃, ɛn] *adj* Hawaiian.

◆ **Hawaiien, enne** *nm, f* Hawaiian.

◆ **hawaiien** *nm* LING Hawaiian.

**Haydn** [ajdən] *npr* Haydn.

**Haye** ['ɛ] *npr*: **La** ~ The Hague.

**hayon** ['ajɔ̃] *nm* -**1.** AUT tailgate; **véhicule à** ~ **arrière** hatchback (car). -**2.** TECH: ~ **élévateur** (fork) lift.

**HB, hdb** *abr écrite de* **heures de bureau**.

**hdr** *abr écrite de* **heures des repas**.

**hé** ['e] *interj* -**1.** [pour interpeller quelqu'un] hey. -**2.** [d'étonnement] hey, well (well, well); hé, la violà qui arrive! hey, here she comes!

**heaume** ['om] *nm* HÉRALD & HIST helm, helmet.

**hebdo** [ɛbdo] *nm* PRESSE weekly.

**hebdomadaire** [ɛbdɔmadɛr] *adj & nm* weekly.

**hebdomadairement** [ɛbdɔmadɛrmɑ̃] *adv* weekly, once a week.

**hébergeai** [ebɛrʒe] *v* → **héberger**.

**hébergement** [ebɛrʒəmɑ̃] *nm* -**1.** [lieu] lodgings, accommodation. -**2.** [action] lodging; **l'** ~ **est en chalet** chalet accommodation is provided.

**héberger** [17] [ebɛrʒe] *vt* [pour une certaine durée] to lodge, to accommodate; [à l'improviste] to put up *(sép)*; [réfugié, vagabond] to take in *(sép)*, to shelter; [criminel] to harbour, to shelter; **notre bâtiment hébergera le secrétariat pendant les travaux** the secretarial offices will be housed in our building during the alterations.

**hébète** [ebɛt] *v* → **hébéter**.

**hébété, e** [ebete] *adj* dazed, in a daze; **il avait un air** ~ he looked dazed.

**hébétement** [ebɛtmɑ̃] *nm* stupor.

**hébéter** [18] [ebete] *vt* to daze; **hébété par l'alcool/la drogue** in a drunken/drug-induced stupor.

**hébétude** [ebetyd] *nf* -**1.** *litt* stupor, stupefaction *litt*. -**2.** PSYCH hebetude.

**hébraïque** [ebraik] *adj* Hebraic, Hebrew *(modif)*.

**hébraïsme** [ebraism] *nm* Hebraism.

**hébreu, x** [ebrø] *adj m* Hebrew.

◆ **Hébreux** *nmpl*: **les Hébreux** the Hebrews.

◆ **hébreu** *nm* -**1.** LING Hebrew. -**2.** *fam loc*: **pour moi, c'est de l'** ~ I can't make head or tail of it, it's all Greek to me.

**Hébrides** [ebrid] *npr fpl*: **les (îles)** ~ the Hebrides.

**HEC** *(abr de* **Hautes études commerciales)** *npr grande école for management and business studies*.

**hécatombe** [ekatɔ̃b] *nf* -**1.** [carnage] slaughter, massacre; **l'** ~ **annuelle des blessés de la route** the carnage that occurs every year on the roads. -**2.** *fig*: **les jeux Olympiques ont été une véritable** ~ **pour leurs athlètes** the Olympics have been disastrous for their athletes. -**3.** ANTIQ hecatomb.

**hectare** [ɛktar] *nm* hectare.

**hectique** [ɛktik] *adj*: **fièvre** ~ hectic fever.

**hecto** [ɛkto] *nm fam* -**1.** *(abr de* **hectogramme)** hectogramme, hectogram. -**2.** *(abr de* **hectolitre)** hectolitre.

**hectogramme** [ɛktɔgram] *nm* hectogram, hectogramme.

**hectolitre** [ɛktɔlitr] *nm* hectolitre; **un** ~ a hundred litres, a hectolitre.

**hectomètre** [ɛktɔmɛtr] *nm* hectometre; **un** ~ a hundred metres, a hectometre.

**hectowatt** [ɛktɔwat] *nm* hectowatt; **un** ~ a hundred watts, a hectowatt.

**hédonisme** [edɔnism] *nm* hedonism.

**hédoniste** [edɔnist] ◇ *adj* hedonist, hedonistic. ◇ *nmf* hedonist.

**hégélianisme** [egeljanism] *nm* Hegelianism.

**hégélien, enne** [egeljɛ̃, ɛn] *adj & nm, f* Hegelian.

**hégémonie** [eʒemɔni] *nf* hegemony.

**hégémonique** [eʒemɔnik] *adj* hegemonic.

**hégémonisme** [eʒemɔnism] *nm* hegemonic tendencies.

**hégire** [eʒir] *nf*: **l'** ~ the Hegira ou Hejira.

**hein** ['ɛ̃] *interj fam* -**1.** [quoi]: ~? eh?, what?-**2.** [n'est-ce pas] eh; **c'est drôle,** ~! funny, eh ou isn't it! -**3.** [exprimant la colère] OK, right; **on se calme,** ~! cool it, will you!, that's enough, OK?

**hélas** ['elas] *interj* unfortunately, unhappily, alas *litt*.

**hèle** ['ɛl] *v* → **héler**.

**héler** [18] ['ele] *vt* to call out to *(insép)*, to hail; ~ **un taxi/porteur** to hail a cab/porter.

**hélianthe** [eljɑ̃t] *nm* sunflower, helianthus *spéc*.

**hélice** [elis] *nf* -**1.** MÉCAN & NAUT propeller, screw, screwpeller. -**2.** ARCHIT & MATH helix.

**hélico** [eliko] *nm fam* chopper AÉRON.

**hélicoïdal, e, aux** [elikɔidal, o] *adj* -**1.** [en forme de vrille] helical, spiral; **escalier** ~ spiral staircase. -**2.** MATH & MÉCAN helicoid, helicoidal.

**hélicoptère** [elikɔptɛr] *nm* helicopter.

**héliocentrique** [eljɔsɑ̃trik] *adj* heliocentric.

**héliogravure** [eljɔgravyr] *nf* photogravure, heliogravure.

**héliomarin, e** [eljɔmarɛ̃, in] *adj* [cure] involving sunshine and sea air therapy; [établissement] offering heliotherapy.

**Hélios** [eljos] *npr* Helios.

**héliothérapie** [eljɔterapi] *nf* heliotherapy.

**héliotrope** [eljɔtrɔp] *nm* BOT & MINÉR heliotrope.

**héliport** [elipɔr] *nm* heliport.

**héliportage** [elipɔrtaʒ] *nm* helicopter transportation.

**héliporté, e** [elipɔrte] *adj* -**1.** [transporté par hélicoptère] helicoptered·  ~oupes ~es airborne troops *(brought in by helicopter)*. -**2.** [ ~é par hélicoptère]: **une opération** ~e a helicopter mission.

**hélitransporté, e** [elitrɑ̃spɔrte] *adj* transported by helicopter, helicoptered.

**hélitreuiller** [5] [elitrœje] *vt* to winch up *(sép) (into a helicopter in flight)*.

**hélium** [eljɔm] *nm* helium.

**hellénique** [elenik] *adj* Hellenic.

**hellénisant, e** [elenizɑ̃, ɑ̃t] *nm, f* Hellenist.

**helléniser** [3] [elenize] *vt* to hellenize.

**hellénisme** [elenism] *nm* -**1.** [civilisation] Hellenism. -**2.** LING Hellenism, Graecism.

**helléniste** [elenist] = **hellénisant**.

**hello** ['ɛlo] *interj* hello.

**Héloïse** [elɔiz] *npr*: ~ **et Abélard** Heloïse and Abelard.

**Helsinki** ['ɛlsiŋki] *npr* Helsinki.

**helvète** [ɛlvɛt] *adj* Helvetian, Swiss.

◆ **Helvète** *nmf* Helvetian, Swiss.

**Helvétie** [ɛlvesi] *npr f* HIST: **(l')** ~ Helvetia.

**helvétique** [ɛlvetik] *adj* Swiss, Helvetian.

**helvétisme** [ɛlvetism] *nm* LING *characteristic word or expression used by French-speaking Swiss*.

**hem** ['ɛm] *interj* -**1.** [exprimant – le doute] hum, ahem, mmm; [– une hésitation] hum, er. -**2.** [pour attirer l'attention] ahem.

**hématie** [emasi] *nf* erythrocyte.

**hématite** [ematit] *nf* haematite.

**hématologie** [ematɔlɔʒi] *nf* haematology.

**hématologique** [ematɔlɔʒik] *adj* haematological, haematologic.

**hématologiste** [ematɔlɔʒist], **hématologue** [ematɔlɔg] *nmf* haematologist.

**hématome** [ematom] *nm* bruise, haematoma *spéc*.

**hémicycle** [emisikl] *nm* -**1.** [espace en demi-cercle] semicircle. -**2.** [salle garnie de gradins] semicircular amphitheatre; **l'** ~ POL [salle] the benches ou chamber of the French National Assembly; [Assemblée] the French National Assembly.

**hémiplégie** [emipleʒi] *nf* hemiplegia.

**hémiplégique** [emipleʒik] *adj & nmf* hemiplegic.

**hémisphère** [emisfɛr] *nm* hemisphere; **l'** ~ **Nord/Sud** the Northern/Southern hemisphere.

**hémisphérique** [emisferik] *adj* hemispheric, hemispherical.

**hémistiche** [emistiʃ] *nm* hemistich.

**hémoglobine** [emɔglɔbin] *nf* **-1.** BIOL haemoglobin. **-2.** *fam* [sang] gore, blood and guts.

**hémopathie** [emɔpati] *nf* blood disease.

**hémophile** [emɔfil] *adj & nmf* haemophiliac.

**hémophilie** [emɔfili] *nf* haemophilia.

**hémorragie** [emɔraʒi] *nf* **-1.** MÉD haemorrhage, bleeding *(U)*; ~ cérébrale cerebral haemorrhage; ~ interne/externe internal/external haemorrhage; faire une ~ to haemorrhage. **-2.** *fig* [perte] drain; l'~ des capitaux the drain OU haemorrhage of capital.

**hémorragique** [emɔraʒik] *adj* haemorrhagic.

**hémorroïdaire** [emɔrɔider] ◇ *adj* haemorrhoidal; [malade] suffering from haemorrhoids. ◇ *nmf* haemorrhoids sufferer.

**hémorroïdal, e, aux** [emɔrɔidal, o] *adj* haemorrhoidal.

**hémorroïdes** [emɔrɔid] *nf* haemorrhoids; avoir des ~ to suffer from haemorrhoids, to have piles.

**hémostatique** [emɔstatik] *adj & nm* haemostatic.

**henné** [ene] *nm* [BOT & poudre] henna.

**hennin** ['enɛ̃] *nm* hennin.

**hennir** [32] ['enir] *vi* **-1.** [cheval] to neigh, to whinny. **-2.** [personne] to bray.

**hennissant, e** ['enisɑ̃, ɑ̃t] *adj* **-1.** [cheval] neighing. **-2.** [rire] braying.

**hennissement** ['enismɑ̃] *nm* **-1.** [d'un cheval] neigh, whinny. **-2.** [d'une personne] braying *(U)*.

**Henri** [ɑ̃ri] *npr* [roi de France] Henri; [roi d'Angleterre] Henry.

**hep** ['ɛp] *interj* hey.

**hépatique** [epatik] ◇ *adj* hepatic, liver *(modif)*. ◇ *nmf* person suffering from liver ailments. ◇ *nf* BOT liverwort, hepatic.

**hépatite** [epatit] *nf* hepatitis; ~ virale viral hepatitis.

**Héphaïstos** [efaistos] *npr* Hephaestus.

**heptagonal, e, aux** [ɛptagɔnal, o] *adj* heptagonal.

**heptagone** [ɛptagɔn] *nm* heptagon.

**heptathlon** [ɛptatlɔ̃] *nm* heptathlon.

**Héra** [era] *npr* Hera.

**Héraclès** [erakles] *npr* Heracles.

**Héraclite** [eraklit] *npr* Heraclitus.

**héraldique** [eraldik] ◇ *adj* heraldic. ◇ *nf* heraldry.

**héraldiste** [eraldist] *nmf* heraldry specialist, heraldist.

**héraut** ['ero] *nm* **-1.** HIST herald; ~ d'armes officer OU herald of arms. **-2.** *fig & litt* herald, messenger.

**herbacé, e** [ɛrbase] *adj* herbaceous.

**herbage** [ɛrbaʒ] *nm* [prairie] grazing land, pasture (land).
◆ **herbages** *nmpl* PÊCHE coral fishing nets.

**herbager, ère** [ɛrbaʒe, ɛr] *nm, f* grazier.

**herbe** [ɛrb] *nf* **-1.** [plante, gazon] grass; laisser un champ en ~ to leave a field under grass ❑ ~s folles wild grass; une mauvaise ~ a weed; je connais ce type, c'est de la mauvaise ~ *fam & fig* I know this guy, he's no good; comme de la mauvaise ~ like wildfire; couper OU faucher l'~ sous le pied à qqn to cut the ground OU to pull the rug from under sb's feet; l'~ du voisin est toujours plus verte *prov* the grass is always greener on the other side of the fence. **-2.** *fam* [marihuana] grass.
◆ **herbes** *nfpl* : fines ~s CULIN herbs, fines herbes; ~s (médicinales) PHARM medicinal herbs.
◆ **en herbe** *loc adj* BOT green; *fig* in the making; c'est un musicien en ~ he has the makings of a musician, he's a budding musician.

**herbeux, euse** [ɛrbø, øz] *adj* grassy.

**herbicide** [ɛrbisid] ◇ *adj* herbicidal. ◇ *nm* weedkiller, herbicide *spéc.*

**herbier** [ɛrbje] *nm* **-1.** [collection, lieu] herbarium. **-2.** GÉOG aquatic plant habitat.

**herbivore** [ɛrbivɔr] ◇ *adj* herbivorous. ◇ *nm* herbivore.

**herboriser** [3] [ɛrbɔrize] *vi* to botanize, to collect plants.

**herboriste** [ɛrbɔrist] *nmf* herbalist, herb doctor.

**herboristerie** [ɛrbɔristəri] *nf* herbalist's (shop).

**herbu, e** [ɛrby] *adj* grassy.

**hercule** [ɛrkyl] *nm* **-1.** [homme fort] Hercules. **-2.** LOISIRS: ~ (de foire) strong man.

**Hercule** [ɛrkyl] *npr* MYTH Hercules.

**herculéen, enne** [ɛrkyleɛ̃, ɛn] *adj* [tâche] Herculean; [force] Herculean, superhuman.

**hercynien, enne** [ɛrsinjɛ̃, ɛn] *adj* Hercynian.

**hère** ['ɛr] *nm* **-1.** *litt* : un pauvre ~ a poor wretch. **-2.** ZOOL (yearling) stag.

**héréditaire** [ereditɛr] *adj* **-1.** JUR hereditary. **-2.** BIOL inherited, hereditary.

**héréditairement** [ereditɛrmɑ̃] *adv* hereditarily, through heredity.

**hérédité** [eredite] *nf* **-1.** BIOL heredity; elle a une ~ chargée OU une lourde ~ her family history has a lot to answer for. **-2.** JUR : action en pétition d'~ *claim to succeed to an estate held by a third party.*

**hérésie** [erezi] *nf* **-1.** [erreur] sacrilege, heresy. **-2.** RELIG heresy.

**hérétique** [eretik] ◇ *adj* heretical. ◇ *nmf* heretic.

**hérissé, e** [erise] *adj* **-1.** [cheveux, poils – naturellement raides] bristly; [– dressés de peur] bristling, standing on end. **-2.** [parsemé]: ~ de full of; un texte ~ de difficultés a text bristling with OU full of difficult points. **-3.** BOT spiny.

**hérisser** [3] ['erise] *vt* **-1.** [dresser]: le chat hérissait ses poils the cat's fur was bristling; le perroquet hérissait ses plumes the parrot was ruffling its feathers. **-2.** [irriter]: cette question le hérisse OU lui hérisse le poil that question gets his back up OU really makes his hackles rise.
◆ **se hérisser** *vpi* **-1.** [se dresser – pelage] to bristle; [– cheveux] to stand on end. **-2.** [dresser son pelage]: le chat se hérisse the cat's coat is bristling. **-3.** [s'irriter] to bristle; elle se hérisse facilement she's easily ruffled.

**hérisson** [erisɔ̃] *nm* **-1.** ZOOL hedgehog. **-2.** *fam* [personne]: c'est un vrai ~ he's really prickly. **-3.** MIL cheval-de-frise. **-4.** [égouttoir] bottle drainer. **-5.** [brosse] flue brush, chimney sweep's brush.

**héritage** [eritaʒ] *nm* **-1.** JUR [destiné à – une personne] inheritance; [– une institution] bequest; faire un ~ to inherit; faire un gros ~ to come into a fortune; elle m'a laissé ses bijoux en ~ she left me her jewels; avoir eu qqch en ~ to have inherited sthg. **-2.** *fig* heritage, legacy.

**hériter** [3] [erite] ◇ *vi* to inherit; ~ de qqch [recevoir en legs] to inherit sthg; nous héritons d'une longue tradition humaniste *fig* we are the inheritors of a long-standing tradition of humanism; comment as-tu hérité de cette toile? how did you come into possession of OU come by OU acquire this canvas? ◇ *vt* **-1.** [bien matériel] to inherit; *(en usage absolu)*: ~ de qqn to inherit from sb; elle a hérité de sa mère she received an inheritance OU a legacy from her mother. **-2.** [qualité physique ou moral]: ~ qqch de qqn: elle a hérité sa bonne humeur de sa famille paternelle she inherited her even temper from her father's side of the family.

**héritier, ère** [eritje, ɛr] *nm, f* **-1.** JUR heir (*f* heiress); l'~ d'une fortune/d'une grosse entreprise the heir to a fortune/to a big firm; l'unique OU le seul ~ the sole heir ❑ l'~ apparent/présomptif the heir apparent/presumptive; l'~ naturel the heir-at-law; ~ testamentaire devisee, legatee. **-2.** *fam* [enfant] heir; [fils] son and heir; [fille] daughter. **-3.** [disciple] heir, follower.

**hermaphrodisme** [ɛrmafrɔdism] *nm* hermaphroditism.

**hermaphrodite** [ɛrmafrɔdit] ◇ *adj* hermaphrodite, hermaphroditic. ◇ *nmf* hermaphrodite.

**herméneutique** [ɛrmenøtik] ◇ *adj* hermeneutic, hermeneutical. ◇ *nf* hermeneutics *(U)*.

**Hermès** [ɛrmɛs] *npr* Hermes.

**hermétique** [ɛrmetik] *adj* **-1.** [étanche – gén] hermetically sealed, hermetic; [– à l'eau] watertight; [– à l'air] airtight. **-2.** [incompréhensible] abstruse. **-3.** [impénétrable – visage] inscrutable, impenetrable; son expression était parfaitement ~ his face was totally expressionless. **-4.** [insensible]: être ~ à to be unreceptive OU impervious to.

**hermétiquement** [ɛrmetikmɑ̃] *adv* hermetically.

**hermétisme** [ɛrmetism] *nm* **-1.** [doctrine] alchemy. **-2.** *sout* [caractère incompréhensible] abstruseness, reconditeness.

**hermine** [ɛrmin] *nf* **-1.** ZOOL [brune] stoat; [blanche] ermine. **-2.** [fourrure] ermine *(U)*; [sur une robe de magistrat] ermine.

**herniaire** ['ɛrnjɛr] *adj* hernial.

**hernie** ['ɛrni] *nf* **-1.** MÉD hernia, rupture; ~ discale prolapsed invertebral disc *spéc*, slipped disc; ~ étranglée/hiatale strangulated/hiatus hernia. **-2.** [d'un pneu] bulge.

**Hérode** [erɔd] *npr* Herod; vieux comme ~ as old as Methuselah OU the hills.

**héroïne** [erɔin] *nf* **-1.** [drogue] heroin. **-2.** [femme]→ **héros**.

**héroïnomane** [erɔinɔman] *nmf* heroin addict.

**héroïnomanie** [erɔinɔmani] *nf* heroin addiction.

**héroïque** [erɔik] *adj* **-1.** [courageux] heroic; je lui ai opposé un refus ~ hum I heroically refused his offer. **-2.** LITTÉRAT heroic. **-3.** [mémorable]: l'époque ~ des machines volantes the pioneering OU great days of the flying machines ❏ les temps ~s, l'âge ~ ANTIQ the heroic age.

**héroïquement** [erɔikmɑ̃] *adv* heroically.

**héroïsme** [erɔism] *nm* heroism; épouser un homme comme ça, mais c'est de l'~! *hum* marrying a man like that is nothing short of heroic.

**héron** ['erɔ̃] *nm* heron.

**héros, héroïne** ['ero, erɔin] *nm, f* hero (*f* heroine); il est mort en ~ he died a hero's death OU like a hero; tu ne t'es pas comporté en ~ you weren't exactly heroic.
♦ **héros** *nm* ANTIQ: les dieux et les ~ grecs the gods and heroes of Greece.

**herpès** [ɛrpɛs] *nm* herpes (*U*); avoir de l'~ à la bouche to have a cold sore (on one's mouth).

**herse** ['ɛrs] *nf* **-1.** AGR harrow. **-2.** [d'un château] portcullis; [pour barrer la route] cheval-de-frise. **-3.** THÉÂT batten. **-4.** RELIG candleholder.

**herser** [3] ['ɛrse] *vt* to harrow AGR.

**hertz** [ɛrts] *nm* hertz.

**hertzien, enne** ['ɛrtsjɛ̃, ɛn] *adj* Hertzian.

**Hésiode** [ezjɔd] *npr* Hesiod.

**hésitant, e** [ezitɑ̃, ɑ̃t] *adj* **-1.** [indécis] hesitant; je suis encore un peu ~ I haven't quite made up my mind yet. **-2.** [peu assuré] hesitant, faltering.

**hésitation** [ezitasjɔ̃] *nf* **-1.** [atermoiement] hesitation; après quelques minutes d'~ after hesitating for a few minutes OU a few minutes' hesitation. **-2.** [arrêt] pause; marquer OU avoir une ~ to pause, to hesitate. **-3.** [doute] doubt; pas d'~, c'est lui! it's him, no doubt about it OU without a doubt!
♦ **sans hésitation** *loc adv* unhesitatingly, without hesitation; je préfère le ciné à la télé, sans ~ I prefer cinema to television any day.

**hésiter** [3] [ezite] *vi* **-1.** [être dans l'incertitude] to hesitate; sans ~ without hesitating ou, il n'y a pas à ~ why wait?; elle hésite encore sur la pointure she's still not sure about the size. **-2.** [être réticent]: ~ à to hesitate to; n'hésitez pas à m'appeler don't hesitate to call me; j'hésite à lui dire I'm not sure whether to tell him. **-3.** [marquer un temps d'arrêt] to pause, to falter; il a hésité en prononçant le nom he faltered ou stumbled over the name.

**Hespérides** [esperid] *npr fpl* **-1.** [nymphes]: les ~ the Hesperides. **-2.** [îles]: les ~ the Hesperides, the Islands of the Blessed.

**hétaïre** [etair] *nf* **-1.** ANTIQ hetaera, hetaira. **-2.** *litt* courtesan.

**hétéro** [etero] *adj & nmf fam* hetero, straight.

**hétéroclite** [eterɔklit] *adj* disparate.

**hétérodoxe** [eterɔdɔks] *adj* **-1.** RELIG heterodox. **-2.** *sout* [non conformiste] heterodox, unorthodox.

**hétérodoxie** [eterɔdɔksi] *nf* heterodoxy.

**hétérogamie** [eterɔgami] *nf* **-1.** BIOL heterogamy. **-2.** SOCIOL: l'~ est fréquente mixed marriages are common.

**hétérogène** [eterɔʒɛn] *adj* **-1.** [mêlé] heterogeneous, mixed. **-2.** CHIM heterogeneous.

**hétérogénéité** [eterɔʒeneite] *nf* heterogeneousness, heterogeneity.

**hétérosexualité** [eterɔsɛksɥalite] *nf* heterosexuality.

**hétérosexuel, elle** [eterɔsɛksɥɛl] *adj & nm, f* heterosexual.

**hétérozygote** [eterɔzigɔt] ◇ *adj* heterozygous. ◇ *nmf* heterozygote.

**hêtraie** ['ɛtrɛ] *nf* beech grove.

**hêtre** ['ɛtr] *nm* **-1.** BOT beech (tree). **-2.** MENUIS beech

(wood).

**heu** ['ø] *interj* **-1.** [exprime le doute] h'm, um, er. **-2.** [exprime l'hésitation] er, um.

**heur** [œr] *nm sout* good fortune.

**heure** [œr] *nf* **-1.** [unité de temps] hour; j'attends depuis une bonne OU grande ~ I've been waiting for a good hour; revenez dans une petite ~ be back in less than OU in under an hour; à 45 km à l'~ at 45 km an OU per hour; 24 ~s sur 24 round-the-clock, 24 hours a day; pharmacie ouverte 24 ~s sur 24 all-night OU 24-hour chemist ❏ d'~ en ~ by the hour. **-2.** [durée d'un trajet] hour; à deux ~s (de voiture OU de route) de chez moi two hours' (drive) from my home; il y a trois ~s de marche/vol it's a three hour walk/flight. **-3.** [unité de travail ou de salaire] hour; un travail (payé) à l'~ a job paid by the hour; cent francs de l'~ a hundred francs an OU per hour; une ~ de travail an hour's work, an hour of work; sans compter les ~s de main-d'œuvre excluding labour (costs); une ~ de chimie SCOL a chemistry period OU class ❏ une ~ supplémentaire an OU one hour's overtime; des ~s supplémentaires overtime (*U*). **-4.** [point précis de la journée] time; 15 h ~ locale 3 p.m. local time; elle est passée sur le coup de huit ~s *fam* she dropped in at about eight; à deux ~s juste OU sonnantes *fam* on the stroke of two, at two on the dot; c'est l'~! [de partir] it's time (to go)!; [de rendre sa copie] time's up!; l'~, c'est l'~ on time is on time; quand c'est l'~, c'est l'~! *fam* when you've got to go, you've got to go!; avant l'~ before time; avant l'~, c'est pas l'~, après l'~ c'est plus l'~ there's a right time for every thing; quelle ~ est-il? what time is it?, what's the time?; vous avez l'~? do you have the time?; quelle ~ avez-vous? what time do you make it?; tu as vu l'~ (qu'il est)? have you any idea what time it is?; il ne sait pas encore lire l'~ he can't tell the time yet; il y a une ~ pour tout, chaque chose a son ~ there's a time (and a place) for everything; il n'y a pas d'~ pour les braves! when a man's got to go, a man's got to go!; il n'a pas d'~, avec lui il n'y a pas d'~ *fam* [il n'est pas ponctuel] he just turns up when it suits him ❏ l'~ d'été British Summer Time *Br*, daylight (saving) time *Am*; passer à l'~ d'été/d'hiver to put the clocks forward/back; l'~ de Greenwich Greenwich Mean Time, GMT; l'~ H zero hour. **-5.** [moment] time; à une ~ indue at some ungodly OU godforsaken hour; ce doit être ma tante qui appelle, c'est son ~ that must be my aunt, this is her usual time for calling; ton ~ sera la mienne (you) choose OU name a time; elle est romancière à ses ~s she writes the odd novel (now and again); l'~ d'aller au lit bedtime; l'~ du déjeuner lunchtime ❏ les ~s d'affluence the rush hour; ~s de bureau office hours; les ~s creuses [sans foule] off-peak period; [sans clients] slack period; les ~s de grande écoute prime time, peak viewing time; les ~s de pointe [où il y a foule] peak time, the rush hour; pendant les ~s d'ouverture COMM when the shops are open, during (normal) opening hours; ADMIN during (normal) office OU working hours; ~ de table lunch break; à l'~ qu'il est *fam*, à l'~ actuelle: ils ont dû atterrir à l'~ qu'il est *fam* they must have landed by now; à l'~ qu'il est OU à l'~ actuelle, je ne sais pas si les otages ont été libérés at this (point in) time I don't know whether the hostages have been freed. **-6.** [période d'une vie] hour; son ~ de gloire his moment of glory; l'~ est grave things are serious; l'~ est à l'action now is the time for action; c'est sa dernière ~ his time is near; dis-toi que ce n'est pas ton ~ don't worry, your time will come ❏ l'~ de vérité the moment of truth. **-7.** INF: ~s machine computer time. **-8.** ASTRON hour.
♦ **heures** *nfpl* RELIG hours; livre d'~s Book of Hours.
♦ **à la bonne heure** *loc adv* good.
♦ **à l'heure** ◇ *loc adj* **-1.** [personne] on time. **-2.** [montre]: la montre est à l'~ the watch is keeping good time. ◇ *loc adv*: mettre sa montre/une pendule à l'~ to set one's watch/a clock right ❏ le Japon à l'~ anglaise the Japanese go British.
♦ **à l'heure de** *loc prép* in the era OU age of.
♦ **de bonne heure** *loc adv* [tôt] early; [en avance] in good time.
♦ **pour l'heure** *loc adv* for now OU the time being OU the moment.
♦ **sur l'heure** *loc adv litt* straightaway, at once.
♦ **tout à l'heure** *loc adv* **-1.** [dans un moment] later, in a (short

ou little) while; à tout à l'~! see you later! **-2.** [il y a un moment] earlier (today).

**heureusement** [œrøzmɑ̃] *adv* **-1.** [par chance] fortunately, luckily; je le surveillais, et ~! I was keeping an eye on him, and just as well ou and a good thing too!; il a freiné à temps — oh, ~! he braked in time — thank God ou goodness for that!; il m'a remboursé et s'est même excusé — eh bien, ~! he paid me back and even apologized — I should hope ou think so too!; ~ que: la soirée fut une catastrophe, ~ que tu n'es pas venu the party was a total flop, (it's a) good thing you didn't come. **-2.** *sout* [avec succès] successfully. **-3.** [favorablement] well. **-4.** [dans le bonheur] happily.

**heureux, euse** [œrø, øz] ◇ *adj* **-1.** [qui éprouve du bonheur] happy; rendre qqn ~ to make sb happy; elle a tout pour être heureuse she has everything going for her; ~ en ménage happily married; ~ (celui) qui... *sout* happy is he who... ❏ ils vécurent ~ et eurent beaucoup d'enfants they lived happily ever after. **-2.** [satisfait] happy, glad; être ~ de to be happy with; être ~ que: il était trop ~ de partir he was only too glad to leave; (très) ~ de faire votre connaissance pleased ou nice to meet you. **-3.** [chanceux] lucky, fortunate; il est ~ que... it's fortunate ou it's a good thing that... ❏ l'~ élu the lucky man (*to be married or recently married*); l'heureuse élue the lucky girl (*to be married or recently married*); ~ au jeu, malheureux en amour *prov* lucky at cards, unlucky in love. **-4.** [bon] good; un ~ événement *euph* a happy event; bonne et heureuse année! happy new year! **-5.** [réussi] good, happy, felicitous *sout* ou *hum*; c'est un choix ~ it's well-chosen; ce n'est pas très ~ comme prénom pour une fille it's a rather unfortunate name for a girl. ◇ *nm, f* happy man (*f* woman); faire des ~ to make some people happy.

**heuristique** [øristik] *adj* & *nf* heuristic.

**heurt** [œr] *nm* **-1.** [choc – léger] bump, knock, collision; [– violent] crash, collision. **-2.** *sout* [contraste] clash. **-3.** [conflit] clash, conflict; le concert/débat s'est déroulé sans ~s the concert/debate went off smoothly.

**heurté, e** [œrte] *adj* **-1.** [style] jerky, abrupt. **-2.** [mouvement] halting, jerky.

**heurter** [3] [œrte] *vt* **-1.** [cogner] to strike, to hit, to knock; en descendant du train, je l'ai heurté avec mon sac I caught him with my bag ou I bumped into him with my bag as I got off the train; son front a violemment heurté le carrelage she banged her forehead on the tiled floor. **-2.** [aller à l'encontre de] to run counter to, to go against; son discours risque de ~ l'opinion publique his speech is likely to go against public opinion. **-3.** [choquer] to shock, to offend; ~ la sensibilité de qqn to hurt sb's feelings.
◆ **heurter à** *v* + *prép litt* [porte] to knock at.
◆ **heurter contre** *v* + *prép* to bump into; le voilier a heurté contre un récif the sailing boat struck a reef.
◆ **se heurter** *vp (emploi réciproque)* **-1.** [passants, véhicules] to collide, to bump ou to run into each other. **-2.** [être en désaccord] to clash (with each other).
◆ **se heurter à** *vp* + *prép* [rencontrer] to come up against; il s'est heurté à un refus catégorique he met with a categorical refusal.

**heurtoir** [œrtwar] *nm* **-1.** [de porte] (door) knocker. **-2.** MÉCAN stop, stopper. **-3.** RAIL buffer.

**hévéa** [evea] *nm* hevea.

**hexaèdre** [ɛgzaɛdr] ◇ *adj* hexahedral. ◇ *nm* hexahedron.

**hexagonal, e, aux** [ɛgzagɔnal, o] *adj* **-1.** GÉOM & SC hexagonal. **-2.** *fig* [français] French; *péj* chauvinistically French.

**hexagone** [ɛgzagɔn] *nm* **-1.** GÉOM hexagon. **-2.** *fig:* l'Hexagone [la France] (metropolitan) France.

**hexamètre** [ɛgzametr] ◇ *adj* hexametric, hexametrical. ◇ *nm* hexameter.

**HF** (*abr écrite de* **hautes fréquences**) HF.

**hi** [ʼi] *interj:* ~ ~ ha ha.

**hiatal, e, aux** [jatal, o] *adj* hiatal.

**hiatus** [jatys] *nm* **-1.** [interruption] break, hiatus, gap. **-2.** LING hiatus. **-3.** MÉD hiatus.

**hibernal, e, aux** [ibɛrnal, o] *adj* **-1.** BOT hibernal. **-2.** ZOOL winter (*modif*).

**hibernant, e** [ibɛrnɑ̃, ɑ̃t] *adj* hibernating.

**hibernation** [ibɛrnasjɔ̃] *nf* **-1.** ZOOL hibernation. **-2.** MÉD: ~

artificielle induced hypothermia.
◆ **en hibernation** *loc adj fig* in mothballs.

**hiberner** [3] [ibɛrne] *vi* to hibernate.

**hibiscus** [ibiskys] *nm* hibiscus.

**hibou, x** [ʼibu] *nm* owl.

**hic** [ʼik] *nm inv fam* snag; c'est bien là ou voilà le ~ there's the rub, that's the trouble.

**hic et nunc** [iketnɔ̃k] *loc adv* here and now.

**hidalgo** [idalgo] *nm* hidalgo.

**hideur** [idœr] *nf litt* hideousness.

**hideusement** [ʼidøzmɑ̃] *adv* hideously.

**hideux, euse** [ʼidø, øz] *adj* hideous.

**hier** [ijɛr] *adv* **-1.** [désignant le jour précédent] yesterday; ~ (au) soir yesterday evening; le journal d'~ yesterday's paper; j'y ai consacré la journée/l'après-midi d'~ I spent all (day) yesterday/all yesterday afternoon doing it. **-2.** [désignant un passé récent]: ~ encore on ignorait tout de cette maladie until very recently, this disease was totally unknown.

**hiérarchie** [ʼjerarʃi] *nf* **-1.** [structure] hierarchy; la ~ des salaires the wage ladder. **-2.** *fam* [supérieurs]: la ~ the top brass. **-3.** INF: ~ de mémoire memory hierarchy, hierarchical memory structure.

**hiérarchique** [ʼjerarʃik] *adj* hierarchic, hierarchical; passer par la voie ou le canal ~ to go through official channels.

**hiérarchisation** [ʼjerarʃizasjɔ̃] *nf* [action] establishment of a hierarchy; [structure] hierarchical structure.

**hiérarchisé, e** [ʼjerarʃize] *adj* [gén & INF] hierarchical.

**hiérarchiser** [3] [ʼjerarʃize] *vt* **-1.** ADMIN to organize along hierarchical lines; ~ les salaires to introduce wage differentials. **-2.** [classer – données] to structure, to classify; [– besoins] to grade ou to assess according to importance.

**hiératique** [jeratik] *adj* hieratic.

**hiéroglyphe** [ʼjerɔglif] *nm* hieroglyph.
◆ **hiéroglyphes** *nmpl hum* [écriture illisible] hieroglyphics.

**hiéroglyphique** [ʼjerɔglifik] *adj* **-1.** ARCHÉOL hieroglyphic, hieroglyphical. **-2.** [illisible] scrawled, illegible.

**hi-fi** [ʼifi] *nf inv* hi-fi.

**hi-han** [ʼiɑ̃] *onomat* & *nm inv* hee-haw.

**hi-hi** [ʼiʼi] *interj* **-1.** [rire – gén] tee-hee; [– méchant] snigger snigger. **-2.** [pleurs] boo-hoo.

**hilarant, e** [ilarɑ̃, ɑ̃t] *adj* hilarious.

**hilare** [ilar] *adj* laughing, smiling, joyful.

**hilarité** [ilarite] *nf* hilarity, mirth, gaiety.

**Himalaya** [imalaja] *npr m*: l'~ the Himalayas.

**himalayen, enne** [imalajɛ̃, ɛn] *adj* Himalayan.

**hindi** [ʼindi] *nm* LING Hindi.

**hindou, e** [ɛ̃du] *adj* hindu.
◆ **Hindou, e** *nm, f* Hindu.

**hindouisme** [ɛ̃duism] *nm* Hinduism.

**Hindoustan** [ɛ̃dustɑ̃] *npr m*: (l') ~ Hindostan, Hindustan.

**hinterland** [interlɑ̃d] *nm* GÉOG hinterland.

**hip** [ʼip] *interj*: ~, ~, ~, hourra! hip, hip, hooray!

**hippie** [ʼipi] *adj* & *nmf* hippie, hippy.

**hippique** [ipik] *adj* horse (*modif*); concours ~ horse trials ou show; course ~ horse race ou racing; sport ~ equestrian sports.

**hippisme** [ipism] *nm* equestrian sports, equestrianism.

**hippocampe** [ipɔkɑ̃p] *nm* ZOOL sea horse.

**Hippocrate** [ipɔkrat] *npr* Hippocrates.

**hippodrome** [ipɔdrom] *nm* **-1.** [champ de courses] racecourse. **-2.** ANTIQ hippodrome.

**hippogriffe** [ipɔgrif] *nm* hippogriff, hippogryph.

**hippomobile** [ipɔmɔbil] *adj* horsedrawn.

**hippophagique** [ipɔfaʒik] *adj*: boucherie ~ horsemeat butcher's.

**hippopotame** [ipɔpɔtam] *nm* **-1.** ZOOL hippopotamus. **-2.** *fam* [personne] elephant.

**hippopotamesque** [ipɔpɔtamɛsk] *adj fam* hippo-like.

**hippy** [ʼipi] = **hippie**.

**hirondelle** [irɔ̃dɛl] *nf* **-1.** ORNITH swallow; ~ de mer tern. **-2.** *fam* & *vieilli* [policier] bobby *Br*, cop *Am*.

**Hiroshima** [iʀɔʃima] *npr* Hiroshima.

**hirsute** [iʀsyt] *adj* [échevelé] bushy-haired; [touffu – sourcils] bushy; [– barbe, cheveux] unkempt.

**hispanique** [ispanik] *adj* **-1.** [gén] Hispanic. **-2.** [aux États-Unis] Spanish-American.

◆ **Hispanique** *nmf* [aux États-Unis] Spanish American.

**hispanisant, e** [ispanizɑ̃, ɑ̃t] *nm, f* Hispanicist.

**hispanisme** [ispanism] *nm* Hispanism, Hispanicism.

**hispaniste** [ispanist] = **hispanisant**.

**hispano-américain, e** [ispanɔameʀikɛ̃, ɛn] (*mpl* **hispano-américains**, *fpl* **hispano-américaines**) *adj* Spanish-American.

◆ **Hispano-Américain, e** *nm, f* Spanish American.

**hispano-arabe** [ispanɔaʀab] (*pl* **hispano-arabes**) *adj* Hispano-Moorish.

**hispano-mauresque** (*pl* **hispano-mauresques**), **hispano-moresque** (*pl* hispano-moresques [ispanɔmɔʀɛsk]) = **hispano-mauresque**.

**hispanophone** [ispanɔfɔn] ◇ *adj* Spanish-speaking. ◇ *nmf* Spanish speaker.

**hisse** [ʼis] *interj* : ho ~! heave!, heave-ho!

**hisser** [3] [ʼise] *vt* **-1.** [lever – drapeau] to run up *(sép)*; [– voile] to hoist; [– ancre] to raise; [– épave] to raise, to haul up *(sép)*; [soulever – personne] to lift up *(sép)*; ~ qqn sur ses épaules to lift sb onto one's shoulders. **-2.** *fig* : ~ qqn au poste de directeur to raise sb to the position of manager.

◆ **se hisser** *vpi* **-1.** [s'élever] to hoist o.s.; se ~ sur la pointe des pieds to stand up on tiptoe; se ~ sur une balançoire to heave ou to hoist o.s. (up) onto a swing. **-2.** *fig* : elle s'est hissée au poste d'adjointe de direction she worked her way up to the position of assistant manager.

**histogenèse** [istɔʒənɛz] *nf* histogenesis.

**histogramme** [istɔgʀam] *nm* histogram.

**histoire** [istwaʀ] *nf* **-1.** [passé] history; **un lieu chargé d'~ a** place steeped in history. **-2.** [mémoire, postérité] history; **rester dans l'~** to go down in history ou in the history books; **l'~ dira si nous avons eu raison** history will tell whether we were right. **-3.** [période précise] history; **l'~ et la préhistoire** history and prehistory. **-4.** [discipline] : **l'Histoire avec un grand H** History with a capital H; **l'~ de l'art/la littérature** art/literary history; **l'~ ancienne/du Moyen Âge** Ancient/Medieval History; **tout ça, c'est de l'~ ancienne** *fig* that's all ancient history; **l'~ contemporaine** contemporary history; ~ **naturelle** BIOL & *vieilli* natural history; **l'Histoire sainte** Biblical history; **licence d'~** ≃ History degree *Br*, ≃ BA in History; **pour la petite ~** for the record; **sais-tu, pour la petite ~, qu'il est né au Pérou?** do you know that he was born in Peru, by the way? **-5.** [récit, écrit] story; **elle a écrit une ~ du village** she wrote a history of the village; **je leur raconte une ~ tous les soirs** every night I tell them a story; **l'~ de la pièce** the plot ou story of the play; **c'est une ~ vraie** it's a true story; **il m'arrive une sale ~** something terrible's happened (to me); **nous avons vécu ensemble une belle ~ d'amour** we had a wonderful romance; **attends, je ne t'ai pas encore dit le plus beau** ou **le meilleur de l'~!** wait, the best part ou bit is still to come! ❑ **une ~ drôle** a joke, a funny story; ~ **à dormir debout** *fam* cock and bull story, tall story. **-6.** [mensonge] : **tout ça, c'est des** ~**s** *fam* that's a load of (stuff and) nonsense, that's all hooey ou baloney *Am*; **raconter des** ~**s** to tell tall stories; **allez, tu me racontes des** ~**s!** come on, you're pulling my leg! **-7.** *fam* [complications] trouble, fuss; **faire des** ~**s** to make a fuss; **ça va faire toute une** ~ there'll be hell to pay; **c'est toute une** ~ **tous les matins pour la coiffer** what a palaver ou struggle doing her hair every morning; **elle en a fait (toute) une** ~ she kicked up a (huge) fuss about it; **sans faire d'~** ou **d'~s** without (making) a fuss. **-8.** [ennuis] trouble; **faire des** ~**s (à qqn)** to cause ou to make trouble (for sb); **si tu ne veux pas avoir d'~s** if you want to keep ou to stay out of trouble; **tu vas nous attirer** ou **nous faire avoir des** ~**s** you'll get us into trouble; **taisez-vous toutes les trois, j'en ai assez de vos** ~ **s!** shut up you three, I've had enough of you going on like that! **-9.** [question, problème] : **pourquoi démissionne-t-elle?** — **oh, une** ~ **de contrat** why is she resigning? — oh, something to do with her contract; **se fâcher pour une** ~ **d'argent** to fall out over a question of money; **ne pensons plus à cette** ~ let's forget

the whole thing ou business; **qu'est-ce que c'est que cette** ~**?** what's this I hear?, what's all this about?; **c'est toujours la même** ~ it's always the same (old) story; **c'est une (toute) autre** ~ that's quite a different matter. **-10.** *fam loc* : ~ **de** [afin de] just to; **on va leur téléphoner,** ~ **de voir s'ils sont là** let's ring them up, just to see if they're there; ~ **de dire quelque chose** for the sake of saying something.

◆ **sans histoires** *loc adj* [gens] ordinary; [voyage] uneventful, trouble-free.

**histologie** [istɔlɔʒi] *nf* histology.

**histologique** [istɔlɔʒik] *adj* histologic, histological.

**historicité** [istɔʀisite] *nf* historicity.

**historié, e** [istɔʀje] *adj* **-1.** [manuscrit] storiated, historiated. **-2.** ARCHIT historied.

**historien, enne** [istɔʀjɛ̃, ɛn] *nm, f* **-1.** [spécialiste] historian. **-2.** [étudiant] history student.

**historiette** [istɔʀjɛt] *nf* anecdote.

**historiographie** [istɔʀjɔgʀafi] *nf* historiography.

**historique** [istɔʀik] ◇ *adj* **-1.** [relatif à l'histoire – méthode, roman] historical; [– fait, personnage] historical. **-2.** [célèbre] historic. **-3.** [mémorable] historic. ◇ *nm* background history, (historical) review; **faire l'~ des jeux Olympiques** to trace the (past) history of the Olympic Games.

**historiquement** [istɔʀikmɑ̃] *adv* historically.

**histrion** [istʀijɔ̃] *nm* **-1.** ANTIQ histrion. **-2.** HIST [jongleur] wandering minstrel, troubadour.

**histrionique** [istʀijɔnik] *adj* **-1.** *litt* thespian. **-2.** PSYCH histrionic.

**hit** [ʼit] *nm* [succès] hit song.

**hitlérien, enne** [itleʀjɛ̃, ɛn] ◇ *adj* Hitlerian, Hitlerite. ◇ *nm, f* Hitlerite.

**hitlérisme** [itleʀism] *nm* Hitlerism.

**hit-parade** [ʼitpaʀad] (*pl* **hit-parades**) *nm* **-1.** MUS charts; **ils sont premiers au** ~ they're (at the) top of ou they're number one in the charts. **-2.** *fig* [classement] : **placé au** ~ **des hommes politiques** among the top ou leading politicians.

**hittite** [ʼitit] *adj* Hittite.

◆ **Hittite** *nmf* : **les Hittites** the Hittites.

**HIV** (*abr de* **human immunodeficiency virus**) *nm* HIV.

**hiver** [iveʀ] *nm* **-1.** [saison] winter; **en** ~ ou **l'~, on rentre les géraniums** we bring in the geraniums in (the) winter; **l'~ dernier** last winter; **l'~ prochain** next winter; **l'~ fut précoce/tardif** winter came early/late; **tout l'~** all winter long, all through the winter; **au cœur de l'~** in the middle of winter, in midwinter ❑ ~ **nucléaire** nuclear winter. **-2.** *fig & litt* : **à l'~ de sa vie** in the twilight ou evening of his life.

◆ **d'hiver** *loc adj* [ciel, paysage] wintry; [quartiers, vêtements, fruits] winter *(modif)*.

**hivernage** [iveʀnaʒ] *nm* **-1.** AGR [activité] winter feeding, wintering; [fourrage] winter fodder. **-2.** MÉTÉO winter season *(in tropical regions)*. **-3.** NAUT wintering. **-4.** [des abeilles] wintering.

**hivernal, e, aux** [iveʀnal, o] *adj* [propre à l'hiver] winter *(modif)*; [qui rappelle l'hiver] wintry.

**hivernant, e** [iveʀnɑ̃, ɑ̃t] *adj* wintering.

**hiverner** [3] [iveʀne] ◇ *vi* [passer l'hiver] to winter. ◇ *vt* AGR to winter.

**hl** (*abr écrite de* **hectolitre**) hl.

**HLM** (*abr de* **habitation à loyer modéré**) *nm* ou *nf* low rent, state-owned housing, ≃ council house/flat *Br*, ≃ public housing unit *Am*.

**hm** (*abr écrite de* **hectomètre**) hm.

**ho** [ʼo] *interj* **-1.** [de surprise] oh. **-2.** [pour interpeller] hey.

**hobby** [ʼɔbi] (*pl* **hobbys** ou **hobbies**) *nm* hobby.

**hobereau, x** [ʼɔbʀo] *nm* **-1.** HIST [gentilhomme] squireling. **-2.** ORNITH hobby.

**hochement** [ʼɔʃmɑ̃] *nm* : ~ **de tête** [approbateur] nod; [désapprobateur] shake of the head.

**hochequeue** [ʼɔʃkø] *nm* wagtail.

**hocher** [3] [ʼɔʃe] *vt* : ~ **la tête** [pour accepter] to nod; [pour refuser] to shake one's head.

**hochet** [ʼɔʃɛ] *nm* **-1.** [jouet] rattle. **-2.** *fig & litt* gewgaw.

**hockey** [ʼɔkɛ] *nm* hockey; ~ **sur glace** ice hockey; ~ **sur gazon** hockey player *Br*, field hockey *Am*.

**hockeyeur, euse** [ˈɔkɛjœr, øz] *nm, f* hockey player.
**Hodgkin** [hɔdʒkin] *npr*: maladie de ~ Hodgkin's disease.
**holà** [ˈɔla] ◊ *interj* hey, whoa. ◊ *nm*: mettre le ~ à qqch to put a stop to sthg.
**holding** [ˈɔldiŋ] *nm* ou *nf* holding company.
**hold-up** [ˈɔldœp] *nm inv* raid, hold-up.
**hollandais, e** [ˈɔlãdɛ, ɛz] *adj* Dutch.
◆ **Hollandais, e** *nm, f* Dutchman (*f* Dutchwoman); les Hollandais the Dutch.
◆ **hollandais** *nm* LING Dutch.
◆ **hollandaise** *nf* **-1.** CULIN hollandaise (sauce). **-2.** [vache] Friesian.
**Hollande** [ˈɔlãd] *nprf*: (la) ~ Holland; en ~ in Holland.
**hollywoodien, enne** [ˈɔliwudjɛ̃, ɛn] *adj* [de Hollywood] Hollywood *(modif)*; [évoquant Hollywood] Hollywood-like.
**holocauste** [ɔlɔkost] *nm* **-1.** HIST: l'~, l'Holocauste the Holocaust. **-2.** [massacre] holocaust, mass murder. **-3.** RELIG burnt offering; offrir un animal en ~ to offer an animal in sacrifice.
**hologramme** [ɔlɔgram] *nm* hologram.
**holographe** [ɔlɔgraf] holograph.
**holographie** [ɔlɔgrafi] *nf* holography.
**holophrastique** [ɔlɔfrastik] *adj* holophrastic.
**homard** [ˈɔmar] *nm* lobster; ~ à la nage CULIN lobster cooked in court-bouillon.
**home** [ˈom] *nm* [centre d'accueil]: ~ d'enfants residential leisure centre (for children).
**homélie** [ɔmeli] *nf* **-1.** RELIG homily. **-2.** *sout* [sermon] lecture, sermon.
**homéopathe** [ɔmeɔpat] ◊ *nmf* homoeopath, homoeopathist. ◊ *adj*: médecin ~ homoeopathic doctor.
**homéopathie** [ɔmeɔpati] *nf* homoeopathy.
**homéopathique** [ɔmeɔpatik] *adj* homoeopathic.
**Homère** [ɔmɛr] *npr* Homer.
**homérique** [ɔmerik] *adj* **-1.** LITTÉRAT Homeric. **-2.** [phénoménal] Homeric.
**home-trainer** [ˈomtrɛnœr] *(pl* home-trainers) *nm* exercise bicycle.
**homicide** [ɔmisid] ◊ *adj* homicidal. ◊ *nmf litt* [personne] homicide. ◊ *nm* **-1.** [acte] killing *(U)*. **-2.** JUR homicide; ~ involontaire ou par imprudence involuntary manslaughter ou homicide; ~ volontaire murder.
**hominidé** [ɔminide] *nm* hominid; les ~s the Hominidae.
**hominien** [ɔminjɛ̃] *nm* hominoid ANTHR.
**hommage** [ɔmaʒ] *nm* **-1.** [marque de respect] tribute, homage; rendre ~ à qqn/qqch to pay homage ou (a) tribute to sb/ sthg. **-2.** [don]: ~ de l'éditeur complimentary copy. **-3.** HIST homage.
◆ **hommages** *nmpl sout*: être sensible aux ~s to appreciate receiving compliments; (je vous présente) mes ~s, Madame my respects, Madam; veuillez agréer, Madame, mes ~s respectueux ou mes respectueux ~s yours faithfully *Br*, yours truly *Am*.
◆ **en hommage à** *loc prép* in tribute ou homage to.
**hommasse** [ɔmas] *adj péj* mannish, masculine.
**homme** [ɔm] *nm* **-1.** [individu de sexe masculin] man; sors si t'es un ~! step outside if you're a man!; le service militaire en a fait un ~ national service made a man of him; il est ~ à démissionner si besoin est he's the sort (of man ou person) who'll resign if necessary; trouver son ~ [pour un travail] to find one's man; si vous voulez quelqu'un de tenace, Lambert est votre ~ if you want somebody who'll stick at it, then Lambert's just the person; une double page sur l'~ du jour a two-page spread on the man of the moment; c'est lui qui est l'~ fort de l'alliance he is the kingpin in the partnership; une discussion d'~ à ~ a man-to-man talk || *(comme adj)*: je n'ai que des professeurs ~s all my teachers are male ou men □ ~ d'action man of action; ~ d'affaires businessman; ~ d'Église man of the Church ou cloth; ~ d'État statesman; ~ à femmes ladies' man, womanizer *péj*; ~ de loi lawyer; ~ de main henchman; c'est un parfait ~ du monde he's a real gentleman; ~ de paille man of straw; ~ de peine labourer; ~ de science scientist, man of science; ~ à tout faire jack-of-all-trades; les ~s du Président the President's men; un magazine pour ~s a men's

magazine; un ~ averti en vaut deux *prov* forewarned is forearmed *prov*; les ~s naissent libres et égaux en droit allusion *Déclaration des droits de l'homme et du citoyen* ≃ all men are born equal. **-2.** [être humain] man; l'~ man, mankind, humankind; les ~s man, mankind, human beings □ l'~ des cavernes caveman; depuis l'~ de Cro-Magnon since Cro-Magnon Man; l'~ de Neandertal Neanderthal Man; l'~ propose, Dieu dispose *prov* man proposes, God disposes *prov*; l'~ de la rue the man in the street. **-3.** *fam* [amant, époux]: mon/son ~ my/her man; où est mon petit ~? [fils] where's my little man? □ l'~ idéal Mr Right; elle a rencontré l'~ de sa vie she's met the love of her life. **-4.** NAUT [marin]: ~ de barre helmsman; ~ d'équipage crew member, crewman; ~ de quart man ou sailor on watch; ~ de vigie lookout; un ~ à la mer! man overboard!**-5.** MIL: les officiers et leurs ~s the officers and their men □ ~ de troupe private. **-6.** HIST: ~ d'armes man-at-arms; ~ lige liege (man). **-7.** AÉRON crewman, crew member.
**homme-grenouille** [ɔmgrənuj] *(pl* hommes-grenouilles) *nm* frogman, diver.
**homme-orchestre** [ɔmɔrkɛstr] *(pl* hommes-orchestres) *nm* **-1.** MUS one-man band. **-2.** *fig* jack-of-all-trades.
**homme-sandwich** [ɔmsãdwitʃ] *(pl* hommes-sandwichs) *nm* sandwich man.
**homo** [ɔmo] *adj & nmf fam* [homosexuel] gay.
**homocentrique** [ɔmɔsãtrik] *adj* homocentric.
**homogène** [ɔmɔʒɛn] *adj* **-1.** [substance, liquide] homogeneous. **-2.** [gouvernement, classe] uniform, consistent, coherent. **-3.** CHIM & MATH homogeneous.
**homogénéisation** [ɔmɔʒeneizasjɔ̃] *nf* **-1.** [d'une substance] homogenization. **-2.** *fig* [uniformisation] standardization.
**homogénéiser** [3] [ɔmɔʒeneize] *vt* [substance, liquide]: ~ qqch to homogenize sthg, to make sthg homogeneous.
**homogénéité** [ɔmɔʒeneite] *nf* **-1.** [d'une substance] homogeneity, homogeneousness. **-2.** [d'une œuvre, d'une équipe] coherence, unity.
**homographe** [ɔmɔgraf] ◊ *adj* homographic. ◊ *nm* homograph.
**homologation** [ɔmɔlɔgasjɔ̃] *nf* **-1.** [de conformité] accreditation. **-2.** JUR [entérinement] ratification, approval. **-3.** SPORT ratification.
**homologie** [ɔmɔlɔʒi] *nf* MATH & SC homology.
**homologue** [ɔmɔlɔg] ◊ *adj* **-1.** [équivalent] homologous, homologic, homological; amiral est le grade ~ de général an Admiral is equal in rank to a General. **-2.** BIOL & MÉD homologous. **-3.** MATH homologous, homologic, homological. ◊ *nmf* [personne] counterpart, opposite number. ◊ *nm* CHIM homologue.
**homologuer** [3] [ɔmɔlɔge] *vt* **-1.** [déclarer conforme] to approve, to accredit; prix homologué authorized price. **-2.** JUR [entériner] to sanction, to ratify. **-3.** SPORT to ratify.
**homoncule** [ɔmɔ̃kyl] = homuncule.
**homonyme** [ɔmɔnim] ◊ *adj* homonymous. ◊ *nmf* [personne, ville] namesake. ◊ *nm* LING homonym.
**homonymie** [ɔmɔnimi] *nf* homonymy.
**homophone** [ɔmɔfɔn] ◊ *adj* **-1.** LING homophonous. **-2.** MUS homophonic. ◊ *nm* LING homophone.
**homophonie** [ɔmɔfɔni] *nf* LING & MUS homophony.
**homosexualité** [ɔmɔsɛksɥalite] *nf* homosexuality.
**homosexuel, elle** [ɔmɔsɛksɥɛl] *adj & nm, f* homosexual, gay.
**homosphère** [ɔmɔsfɛr] *nf* homosphere.
**homuncule** [ɔmɔ̃kyl] *nm* [en alchimie] homunculus.
**Honduras** [ˈɔ̃dyras] *npr m*: le ~ Honduras.
**hondurien, enne** [ˈɔ̃dyrjɛ̃, ɛn] *adj* Honduran.
◆ **Hondurien, enne** *nm, f* Honduran.
**Hongkong, Hong Kong** [ˈɔ̃gkɔ̃g] *npr* Hong Kong.
**hongre** [ˈɔ̃gr] ◊ *adj m* gelded. ◊ *nm* gelding.
**Hongrie** [ˈɔ̃gri] *nprf*: (la) ~ Hungary.
**hongrois, e** [ˈɔ̃grwa, az] *adj* Hungarian.
◆ **Hongrois, e** *nm, f* Hungarian.
◆ **hongrois** *nm* LING Hungarian, Magyar.
**honnête** [ɔnɛt] *adj* **-1.** [scrupuleux - vendeur, associé] honest. **-2.** [franc] honest; il faut être ~, elle n'a aucune chance de réussir let's face it ou we might as well face facts, she hasn't

got a hope of succeeding. **-3.** [acceptable] decent, fair; **12 sur 20, c'est** ~ 12 out of 20, that's not bad. **-4.** [respectable] honest, respectable, decent; **des gens ~s** respectable people; **un ~ homme** *litt* ≈ a gentleman.

**honnêtement** [ɔnɛtmɑ̃] *adv* **-1.** [sincèrement] honestly, frankly, sincerely; **~, je ne la connais pas!** honestly, I don't know her!; **non mais, ~, tu la crois?** come on now, be honest, do you believe her? **-2.** [décemment] fairly, decently; **elle a terminé ~ son année scolaire** she finished the year with reasonable marks. **-3.** [de façon morale] honestly; **vivre ~** to live ou to lead an honest life; **c'est de l'argent ~ gagné** it's money honestly earned; **il a relaté les faits ~** he told the story honestly ou candidly.

**honnêteté** [ɔnɛtte] *nf* **-1.** [franchise] honesty, candour; **avec ~** honestly, candidly. **-2.** [intégrité – d'une conduite] honesty, decency; [– d'une personne] integrity, decency.

◆ **en toute honnêteté** *loc adv* **-1.** [avec sincérité] in all honesty, frankly; **répondez en toute ~** give an honest answer. **-2.** [pour être honnête] to tell the truth, to be perfectly honest.

**honneur** [ɔnœr] *nm* **-1.** [dignité] honour; **l'~ est sauf** my/ his *etc* honour is saved ou intact; **c'est une question d'~** it's a matter of honour; **mettre un point d'~ à** ou **se faire un point d'~ de faire qqch** to make a point of honour of doing sthg; **venger l'~ de qqn** to avenge sb's honour; **se faire ~ de** to pride o.s. on ou upon. **-2.** [mérite]: **c'est tout à votre ~** it is greatly to your credit; **l'~ vous en revient** the credit is yours; **faire ~ à qqn** to do sb credit; **ces sentiments ne lui font pas ~** these feelings do him no credit. **-3.** [marque de respect] honour; **vous me faites trop d'~** you're being too kind (to me); **c'est lui faire trop d'~** he doesn't deserve such respect; **à vous l'~!** after you!; **~ aux dames!** ladies first! ∥ *sout* [dans des formules de politesse] privilege, honour; **c'est un ~ pour moi de vous présenter...** it's a great privilege for me to introduce to you...; **j'ai l'~ de solliciter votre aide** I would be most grateful for your assistance; **nous avons l'~ de vous informer que...** we have the pleasure of informing you that...; **faites-nous l'~ de venir nous voir** would you honour us with a visit?; **faites-moi l'~ de m'accorder cette danse** may I have the honour of this dance?; **à qui ai-je l'~?** to whom do I have the honour (of speaking)? **-4.** [titre]: **votre/son Honneur** Your/His Honour. **-5.** *loc*: **faire ~ à qqch**: **faire ~ à ses engagements/sa signature** to honour one's commitments/signature; **ils ont fait ~ à ma cuisine/mon gigot** they did justice to my cooking/leg of lamb.

◆ **honneurs** *nmpl* **-1.** [cérémonie] honours; **les ~s dus à son rang** the honours due to his rank ❏ **~s funèbres** last honours; **enterré avec les ~s militaires** buried with (full) military honours; **rendre les ~s à qqn** to pay sb one's last respects; **les ~s de la guerre** MIL the honours of war; **avoir les ~s de la première page** to get a write-up on the front page ❏ **faire à qqn les ~s de qqch** to show sb round sthg. **-3.** CARTES honours.

◆ **à l'honneur** *loc adj*: **être à l'~** to have the place of honour; **les organisateurs de l'exposition ont voulu que la sculpture soit à l'~** the exhibition organizers wanted sculpture to take pride of place.

◆ **d'honneur** *loc adj* [invité, place, tour] of honour; [membre, président] honorary; [cour, escalier] main.

◆ **en honneur** *loc adj* in favour; **mettre qqch en ~** to bring sthg into favour.

◆ **en l'honneur de** *loc prép* in honour of; **une fête en mon/ son ~** a party for me/him; **en quel ~?** *fam* why, for goodness' sake?; **ce regard noir, c'est en quel ~?** *fam & hum* what's that frown in aid of? *Br*, what's that frown for?

◆ **sur l'honneur** *loc adv* upon ou on one's honour; **jurer sur l'~** to swear on one's honour.

**honnir** [32] [ɔnir] *vt litt* to despise; **honni soit qui mal y pense** honi soit qui mal y pense, shame to him who thinks evil of it.

**honorabilité** [ɔnɔrabilite] *nf* respectability.

**honorable** [ɔnɔrabl] *adj* **-1.** [digne de respect] respectable, honourable. **-2.** *hum (avant le nom)*: **mon ~ collègue** my esteemed colleague. **-3.** [satisfaisant] fair, decent; **son bulletin scolaire est tout à fait ~/est ~ sans plus** her school report

is quite satisfactory/is just satisfactory.

**honorablement** [ɔnɔrabləmɑ̃] *adv* **-1.** [de façon respectable] decently, honourably. **-2.** [de façon satisfaisante] creditably, honourably; **gagner ~ sa vie** to earn an honest living.

**honoraire** [ɔnɔrɛr] *adj* **-1.** [conservant son ancien titre]: **professeur ~** professor emeritus. **-2.** [ayant le titre mais non les fonctions] honorary.

**honoraires** [ɔnɔrɛr] *nmpl* fee, fees.

**honoré, e** [ɔnɔre] *adj* **-1.** [honorable]: **mes chers et ~s confrères** most honourable and esteemed colleagues. **-2.** [lors de présentations]: **très ~!** I'm (greatly) honoured!

◆ **honorée** *nf* COMM: **par votre ~e du 20 avril** by your letter of the 20th April.

**honorer** [3] [ɔnɔre] *vt* **-1.** [rendre hommage à] to honour. **-2.** [respecter, estimer] to honour; **tu honoreras ta famille** you will respect your family. **-3.** [contribuer à la réputation de] to honour, to be a credit ou an honour to; **votre sincérité vous honore** your sincerity does you credit. **-4.** [gratifier] to honour; **votre présence m'honore** you honour me with your presence. **-5.** [payer]: **~ un chèque** to honour a cheque. **-6.** RELIG: **~ Dieu** to honour ou to praise God.

◆ **s'honorer de** *vp* + *prép* to be proud of, to take pride in, to pride o.s. upon.

**honorifique** [ɔnɔrifik] *adj* honorary.

**honoris causa** [ɔnɔriskoza] *loc adj*: **être docteur ~** to be the holder of an honorary doctorate.

**honte** [ɔ̃t] *nf* **-1.** [sentiment d'humiliation] shame; **avoir ~ (de qqn/qqch)** to be ou to feel ashamed (of sb/sthg); **vous devriez avoir ~!** you should be ashamed!; **j'ai ~ d'arriver les mains vides** I feel ou I'm ashamed at arriving empty-handed; **faire ~ à qqn** to make sb (feel) ashamed, to shame sb; **il fait ~ à son père** [il lui est un sujet de mécontentement] his father is ashamed of him; [il lui donne un sentiment d'infériorité] he puts his father to shame ❏ **toute ~ bue**: **trois ans plus tard, toute ~ bue, il recommençait son trafic** three years later, totally lacking in any sense of shame, he started up his little racket again. **-2.** [indignité, scandale] disgrace, (object of) shame; **être la ~ de sa famille** to be a disgrace to one's family; **la société laisse faire, c'est une ~!** it's outrageous ou it's a crying shame that society just lets it happen! **-3.** [déshonneur] shame, shamefulness; **essuyer** ou **subir la ~ d'un refus** to suffer the shame of a rebuff; **à ma grande ~** to my shame; **~ à celui/celle qui...** shame on him/her who...; **il n'y a pas de ~ à être au chômage** being unemployed is nothing to be ashamed of. **-4.** *dial* [peur] fear; **tu as ~ de venir me dire bonjour?** are you afraid to come and say hello? **-5.** [pudeur]: **fausse ~** bashfulness.

◆ **sans honte** *loc adv* shamelessly, without shame, unashamedly; **vous pouvez parler sans ~** you may talk quite openly.

**honteusement** [ɔ̃tøzmɑ̃] *adv* **-1.** [avec gêne] shamefully, ashamedly; **elle cacha ~ son visage dans ses mains** she hid her face in shame. **-2.** [scandaleusement] shamefully, disgracefully.

**honteux, euse** [ɔ̃tø, øz] *adj* **-1.** [déshonorant] shameful, disgraceful; **maladie honteuse** venereal disease. **-2.** [scandaleux – exploitation, pollution] disgraceful, outrageous, shocking; **c'est ~ de lui prendre le peu qu'elle a** it's disgraceful ou a disgrace to take from her the little she has. **-3.** [qui a des remords] ashamed.

**hooligan** ['uligan] = **houligan**.

**hop** ['ɔp] *interj*: **allez, ~!** [à un enfant] come on, upsadaisy!; **et** ou **allez ~, on s'en va!** (right,) off we go!

**hôpital, aux** [ɔpital, o] *nm* **-1.** [établissement] hospital; **~ de jour** day hospital *Br*, outpatient clinic *Am*; **~ psychiatrique** psychiatric hospital. **-2.** *(comme adj; avec ou sans trait d'union)* hospital *(modif)*; **navire ~** hospital ship.

**hoquet** ['ɔkɛ] *nm* **-1.** [spasme] hiccup, hiccough; **avoir le ~** to have the hiccups. **-2.** [d'un appareil] chug, gasp.

**hoqueter** [27] ['ɔkte] *vi* **-1.** [personne] to hiccup, to have (the) hiccups. **-2.** [appareil] to judder.

**Horace** [ɔras] *npr* [poète] Horace.

**horaire** [ɔrɛr] ◇ *adj* hourly. ◇ *nm* **-1.** [de travail] schedule, timetable; **nous n'avons pas les mêmes ~s** we don't work the same hours; **je n'ai pas d'~** I don't have any particular schedule ❏ **~ individualisé** ou **souple** ou **à la carte** flexible working hours, flexitime *Br*; **nous avons un** ~ **à la carte** we work flexitime *Br*, we have flexible working hours. **-2.** [de train, d'avion] schedule, timetable; **je ne connais pas l'**~ **des trains** I don't know the train times.

**horde** [ɔrd] *nf* horde.

**horizon** [ɔrizɔ̃] *nm* **-1.** [ligne] horizon; **à l'**~ *pr* & *fig* on the horizon; **le soleil disparaît à l'**~ the sun is disappearing below the horizon; **rien à l'**~ *pr* & *fig* nothing in sight ou view. **-2.** [paysage] horizon, view, vista; **changer d'**~ to have a change of scene ou scenery. **-3.** [domaine d'activité] horizon; **élargir ses** ~**s** to broaden one's horizons. **-4.** [perspectives d'avenir]: **notre** ~ **est janvier 1999** our objective is ou we are working towards January 1999; **les prévisions à l'**~ **2000** the forecast for 2000; **ouvrir des** ~**s** to open up new horizons ou prospects ❑ ~ **économique/politique** ÉCON economic/political prospects. **-5.** ASTRON (celestial) horizon. **-6.** BX-ARTS: **ligne/plan d'**~ horizon line/plane.

**horizontal, e, aux** [ɔrizɔ̃tal, o] *adj* horizontal; **mettez-vous en position** ~**e** lie down (flat); **le un** ~ [aux mots croisés] one across.

◆ **horizontale** *nf* horizontal.

◆ **à l'horizontale** *loc adv* horizontally, in a horizontal position; **placer qqch à l'**~**e** to lay sthg down (flat).

**horizontalement** [ɔrizɔ̃talmɑ̃] *adv* horizontally; ~: **un, en six lettres, oiseau** one across, six letters, bird.

**horizontalité** [ɔrizɔ̃talite] *nf* horizontalness, horizontality.

**horloge** [ɔrlɔʒ] *nf* [pendule] clock; ~ **atomique/biologique** atomic/biological clock; ~ **normande** grandfather ou long-case *Br* clock; ~ **parlante** speaking clock *Br*, time (telephone) service *Am*; ~ **pointeuse** time clock.

**horloger, ère** [ɔrlɔʒe, ɛr] ◇ *adj* clock-making; **la production horlogère** clock and watch making. ◇ *nm, f* watchmaker, clockmaker; ~ **bijoutier** jeweller.

**horlogerie** [ɔrlɔʒri] *nf* **-1.** [technique, métier] clock (and watch) ou timepiece making; **pièce d'**~ [interne] clock component; [horloge] timepiece. **-2.** [boutique] watchmaker's, clockmaker's; ~ **(bijouterie)** jewellery shop *Br*, jewelry store *Am*.

**hormis** [ɔrmi] *prép litt* save (for).

◆ **hormis que** *loc conj litt* except ou save that.

**hormonal, e, aux** [ɔrmɔnal, o] *adj* [gén] hormonal; [traitement, crème] hormone *(modif)*.

**Hormuz** [ɔrmuz] *npr*: **le détroit d'**~ the strait of Hormuz.

**hormone** [ɔrmɔn] *nf* hormone.

**Horn** [ɔrn] *npr*: **le cap** ~ Cape Horn.

**horodaté, e** [ɔrɔdate] *adj* stamped *(with the date and time)*; **stationnement** ~ pay and display parking zone.

**horodateur, trice** [ɔrɔdatœr, tris] *adj* time-stamping.

◆ **horodateur** *nm* [administratif] time-stamp; [de parking] ticket machine.

**horokilométrique** [ɔrɔkilɔmetrik] *adj*: **rendement** ~ time-distance ratio.

**horoscope** [ɔrɔskɔp] *nm* horoscope.

**horreur** [ɔrœr] *nf* **-1.** [effroi] horror; **saisi** ou **rempli d'**~ horror-stricken, filled with horror; **hurler/reculer d'**~ to cry out/to shrink away in horror; **avoir qqch en** ~ [dégoût] to have a horror of ou to loathe sthg; **avoir qqn en** ~ to loathe sb; **avoir** ~ **de** to loathe, to hate; **j'ai** ~ **qu'on me dérange** I hate ou I can't stand being disturbed; **faire** ~ **à qqn** to horrify ou to terrify sb, to fill sb with horror; **film d'**~ horror film. **-2.** [cruauté] horror, ghastliness; **il décrit la guerre des tranchées dans toute son** ~ he describes trench warfare in all its horror. **-3.** *fam* [chose ou personne laide]: **c'est une** ~ [personne] he's/she's repulsive; [objet] it's hideous; **jette-moi toutes ces vieilles** ~**s** throw away all these horrible old things. **-4.** [dans des exclamations]: **oh, quelle** ~! that's awful ou terrible!; **quelle** ~, **cette odeur!** what a disgusting ou vile smell!; **une goutte de bière sur mon tapis neuf, l'**~! *hum* a drop of beer on my new carpet, oh no!

◆ **horreurs** *nfpl* **-1.** [crimes] horrors; **les** ~**s de la guerre** the horrors of war; **les** ~**s dont il est responsable** the horrible ou dreadful deeds he is responsible for. **-2.** [calomnies]: **on m'a raconté des** ~**s sur lui** I've heard horrible things about him.

**horrible** [ɔribl] *adj* **-1.** [effroyable – cauchemar] horrible,

dreadful; [– mutilation, accident] horrible, horrific; [– crime] horrible, ghastly; [– cri] horrible, frightful. **-2.** [laid – personne] horrible, hideous, repulsive; [– vêtement] ghastly, frightful; [– décor, style] horrible, hideous, ghastly. **-3.** [méchant] horrible, nasty, horrid; **être** ~ **avec qqn** to be horrible ou horrible to sb; **raconter des histoires** ~**s sur qqn** to say horrible ou nasty things about sb. **-4.** [infect] horrible, disgusting, frightful. **-5.** [temps] terrible, dreadful; [douleur] terrible, awful.

**horriblement** [ɔribləmɑ̃] *adv* **-1.** [en intensif] horribly, terribly, awfully; **je suis** ~ **confus** I'm terribly sorry; **faire qqch** ~ **mal** to do sthg very badly indeed; ~ **mal habillé** appallingly dressed; **ça fait** ~ **mal** it hurts terribly. **-2.** [atrocement] horribly.

**horrifiant, e** [ɔrifjɑ̃, ɑ̃t] *adj* horrifying, terrifying.

**horrifier** [9] [ɔrifje] *vt*: ~ **qqn** to horrify sb, to fill sb with horror; **elle recula, horrifiée** she shrank back in horror.

**horrifique** [ɔrifik] *adj litt* horrific, horrendous, horrifying.

**horripilant, e** [ɔripilɑ̃, ɑ̃t] *adj fam* infuriating, exasperating, irritating; **il est** ~, **avec sa manie de jeter les journaux!** he gets on my nerves, always throwing out the papers!

**horripiler** [3] [ɔripile] *vt* **-1.** *fam* [exaspérer] to exasperate; **ses petites manies m'horripilaient** his annoying little habits were getting on my nerves. **-2.** MÉD to horripilate *spéc*.

**hors** [ɔr] *prép* **-1.** *litt* [hormis] except (for), save (for). **-2.** *loc*: ~ **antenne** off the air; ~ **barème** off-scale, unquoted; ~ **cadre** ADMIN seconded, on secondment; ~ **catégorie** outstanding, exceptional; ~ **circuit**: **mettre une lampe** ~ **circuit** to disconnect a lamp; **être** ~ **circuit** *fig* to be out of circulation; ~ **commerce** not for sale to the general public; **est** ~ **concours** [exclu] he's been disqualified; *fig* he is in a class of his own; **le film a été** ~ **présenté** ~ **concours** the film was presented out of competition; **être** ~**-course** to be out of touch; **il est** ~ **jeu** SPORT he's offside; ~ **la loi**: **mettre qqn** ~ **la loi** to declare sb an outlaw, to outlaw sb; **se mettre** ~ **la loi** to place o.s. outside the law; ~ **les murs** [festival] out of town; ~ **normes** non-standard; ~ **pair**, ~ **ligne** exceptional, outstanding; ~ **saison** off-season; **louer** ~ **saison** to rent in the off-season; ~ **série** [remarquable] outstanding, exceptional; [personnalisé] custom built, customized; **numéro** ~ **série** [publication] special issue; ~ **service** out of order; ~ **sujet** irrelevant, off the subject; ~ **taxe** ou **taxes** excluding tax; [à la douane] duty-free; **planche** ~ **texte** plate; ~ **tout** overall.

◆ **hors de** *loc prép* **-1.** [dans l'espace – à l'extérieur de] out of, outside; [– loin de] away from; ~ **de ma vue** out of my sight; ~ **d'ici!** *sout* get out of here!**-2.** [dans le temps]: ~ **de saison** out of season; ~ **du temps** timeless; **elle est** ou **elle vit** ~ **de son temps** she lives in a different age. **-3.** *loc*: ~ **de portée (de)** [trop loin] out of reach ou range (of); *fig* out of reach (of); **être** ~ **d'affaire** to have come ou pulled through; **être** ~ **de combat** SPORT to be knocked out ou hors de combat; *fig* to be out of the game ou running; ~ **du commun** outstanding, exceptional; **ici, vous êtes** ~ **de danger** you're safe ou out of harm's reach here; **la victime n'est pas encore** ~ **de danger** the victim isn't out of danger yet; **il est** ~ **de doute que** it's beyond doubt that; **il est** ~ **d'état de nuire** he's been rendered harmless; *euph* [tué] he's been taken care of; ~ **de prix** prohibitively ou ruinously expensive; ~ **de propos** inopportune, untimely; **c'est** ~ **de question** it's out of the question; ~ **de soi**: **il était** ~ **de lui** he was beside himself; **elle m'a mis** ~ **de moi** she infuriated me, she made me furious *Br* ou mad *Am*; ~ **d'usage** out of service.

**hors-bord** [ɔrbɔr] *nm inv* **-1.** [moteur] outboard motor. **-2.** [bateau] speedboat, outboard.

**hors-cote** [ɔrkɔt] ◇ *adj inv* BOURSE unlisted. ◇ *nm inv* [marché] unlisted securities market.

**hors-d'œuvre** [ɔrdœvr] *nm inv* **-1.** CULIN starter, hors d'œuvre; ~ **variés** (assorted) cold meats and salads. **-2.** *fig*: **et ce n'était qu'un** ~ and that was just the beginning.

**hors-jeu** [ɔrʒø] *nm inv* offside.

**hors-la-loi** [ɔrlalwa] *nm inv* outlaw.

**hors-piste(s)** [ɔrpist] ◇ *nm inv*: **faire du** ~ to ski off piste. ◇ *adj inv*: **le ski** ~ off-piste skiing.

**hors-texte** [ɔrtɛkst] *nm inv* plate PRINT.

**hortensia** [ɔrtɑ̃sja] *nm* hydrangea.

**horticole** [ɔrtikɔl] *adj* horticultural.
**horticulteur, trice** [ɔrtikyltœr, tris] *nm, f* horticulturist.
**horticulture** [ɔrtikyltyr] *nf* horticulture.
**hosanna** [ozana] *nm* hosanna.
**hospice** [ɔspis] *nm* **-1.** [asile]: ~ (de vieillards) (old people's) home. **-2.** RELIG hospice.
**hospitalier, ère** [ɔspitalje, ɛr] ◊ *adj* **-1.** ADMIN [frais, service, personnel] hospital *(modif)*; établissement ~ hospital. **-2.** [accueillant – personne, peuple, demeure] hospitable, welcoming; sout [– rivage, île] inviting. **-3.** RELIG [frère, sœur, ordre] Hospitaller. ◊ *nm, f* member of hospital staff; les ~s hospital staff ou workers.
◆ **hospitalier** *nm* Knight Hospitaller.
**hospitalisation** [ɔspitalizasjɔ̃] *nf* hospitalization; pendant mon ~ while I was in hospital ❑ ~ à domicile home care.
**hospitalisé, e** [ɔspitalize] *nm, f* hospital patient.
**hospitaliser** [3] [ɔspitalize] *vt* to hospitalize; se faire ~ to be admitted ou taken to hospital; elle est hospitalisée à La Salpêtrière she's in hospital at La Salpêtrière.
**hospitalité** [ɔspitalite] *nf* **-1.** [hébergement] hospitality; offrir/donner l'~ à qqn to offer/to give sb hospitality. **-2.** [cordialité]: nous vous remercions de votre ~ [après un séjour, un repas] thank you for making us (feel) welcome.
**hospitalo-universitaire** [ɔspitaloyniversitɛr] *(pl* hospitalo-universitaires) *adj*: centre ~ teaching ou university hospital; enseignement ~ clinical teaching.
**hostellerie** [ɔstɛlri] *nf arch* inn, hostelry.
**hostie** [ɔsti] *nf* host RELIG.
**hostile** [ɔstil] *adj* **-1.** [inamical] hostile, unfriendly. **-2.** [opposé] hostile; être ~ à qqn to be hostile to ou opposed to ou against sb. **-3.** ÉCOL hostile.
**hostilement** [ɔstilmɑ̃] *adv* hostilely, with hostility.
**hostilité** [ɔstilite] *nf* hostility.
◆ **hostilités** *nfpl* MIL: les ~s hostilities; reprendre les ~s to reopen ou to resume hostilities.
**hosto** [ɔsto] *nm fam* [hôpital] hospital.
**hot** [ɔt] ◊ *adj inv* [jazz] hot. ◊ *nm inv* hot jazz.
**hôte, hôtesse** [ot, otɛs] *nm, f sout* [personne qui reçoit] host *(f* hostess).
◆ **hôte** *nm* **-1.** [invité] guest; [client dans un hôtel] patron, guest; ~ payant paying guest. **-2.** *litt* [habitant]: les ~s des bois/lacs the denizens of the woodlands/lakes. **-3.** BIOL host. **-4.** INF host (computer).
◆ **hôtesse** *nf* [responsable de l'accueil – dans un hôtel] receptionist; [– dans une exposition] hostess; hôtesse d'accueil receptionist; hôtesse de l'air air hostess *Br*, stewardess.
**hôtel** [otɛl] *nm* **-1.** COMM & LOISIRS hotel; ~ tout confort hotel with all mod cons ❑ ~ de passe *hotel used for prostitution*. **-2.** [bâtiments administratifs]: l'~ Drouot *sale rooms in Paris where auctions are held*; ~ des ventes sale room ou rooms, auction room ou rooms; ~ de ville town ou city hall.
◆ **hôtel particulier** *nm* (private) mansion, town house.
**hôtel-Dieu** [otɛldjø] *(pl* hôtels-Dieu) *nm* general hospital.
**hôtelier, ère** [otəlje, ɛr] ◊ *adj* [relatif à l'hôtellerie] hotel *(modif)*. ◊ *nm, f* COMM & LOISIRS hotelier, hotel manager ou owner.
◆ **hôtelier** *nm* RELIG hospitaller.
**hôtellerie** [otɛlri] *nf* **-1.** COMM & LOISIRS hotel trade ou business ou industry. **-2.** RELIG hospice.
**hôtel-restaurant** [otɛlrɛstorɑ̃] *(pl* hôtels-restaurants) *nm* hotel and restaurant.
**hôtesse** [otɛs] *f* → **hôte**.
**hotte** [ɔt] *nf* **-1.** [de cheminée, de laboratoire] hood; ~ aspirante ou filtrante [de cuisine] extractor hood. **-2.** [de vendangeur] basket; la ~ du Père Noël Father Christmas's sack.
**hottentot, e** [ɔtɑ̃to, ɔt] *adj* Hottentot.
◆ **Hottentot, e** *nm, f* Hottentot.
**hou** [u] *interj* [pour effrayer] boo; [pour faire honte] shame.
**houblon** [ublɔ̃] *nm* BOT hop (plant); [de bière] hops.
**houe** [u] *nf* HORT hoe; AGR (drag) hoe; ~ rotative rotary (motor) hoe.
**houille** [uj] *nf* **-1.** MIN coal; ~ flambante bituminous coal; ~ maigre/grasse lean/bituminous coal. **-2.** ÉLECTR: ~ blanche hydroelectric power *(from waterfalls)*; ~ bleue wave and tidal power; ~ verte hydroelectric power *(from rivers)*.
**houiller, ère** [uje, ɛr] *adj* [bassin, production] coal *(modif)*; [sol,

roche] coal-bearing, carboniferous *spéc.*
◆ **houiller** *nm* [en Europe] Upper Carboniferous; [aux États-Unis] Pennsylvanian.
◆ **houillère** *nf* coalmine.
**houle** [ul] *nf* [mouvement de la mer] swell; grosse ou grande ~ heavy swell; il y a de la ~ the sea's rough.
**houlette** [ulɛt] *nf* **-1.** [d'un berger] crook. **-2.** HORT trowel.
◆ **sous la houlette de** *loc prép* under the leadership ou direction ou aegis of.
**houleux, euse** [ulø, øz] *adj* **-1.** [mer] rough, choppy. **-2.** [débat, réunion] stormy.
**houligan** [uligan] *nm* (football) hooligan.
**houppe** [up] *nf* **-1.** [à maquillage] powder puff. **-2.** [de cheveux] tuft (of hair). **-3.** [décorative] tassel. **-4.** ORNITH tuft.
**houppelande** [uplɑ̃d] *nf* mantle.
**houppette** [upɛt] *nf* powder puff.
**hourra** [ura] ◊ *interj* hurrah, hooray. ◊ *nm* cheer (of joy); pousser des ~s to cheer.
**houspiller** [3] [uspije] *vt* to tell off *(sép)*; se faire ~ to get told off.
**housse** [us] *nf* [de machine à écrire] dust cover; [de couette, de coussin] cover; [de meubles – pour protéger] dustsheet; [– pour décorer] cover *Br*, slipcover *Am*; [de vêtements] suit sack.
**houx** [u] *nm* holly.
**HS** *(abr de* hors service) *adj fam* [appareil] out of order; [personne] shattered.
**HT** ◊ *adj (abr de* hors taxe) *not including tax*; 300 F ~ ≃ 300 F plus VAT. ◊ *nf (abr de* haute tension) HT.
**huard, huart** [yar] *nm Can* ORNITH (black-throated) diver *Br* ou loon *Am.*
**hublot** [yblo] *nm* [de bateau] porthole; [d'avion] window; [de machine à laver] (glass) door; mes ~s *fam* my specs.
**huche** [yʃ] *nf* chest; ~ à pain bread bin.
**Hudson** [ytsɔn] ◊ *npr m*: l'~ the Hudson River. ◊ *npr* → **baie**.
**hue** [y] *interj* gee up.
◆ **à hue et à dia** *loc adv*: tirer à ~ et à dia to pull ou to tug in opposite directions (at once).
**huée** [ɥe] *nf* CHASSE hallooing, halloos.
◆ **huées** *nfpl* boos, booing *(U)*; il quitta la scène sous les ~s he was booed off stage.
**huer** [7] [ɥe] ◊ *vt* **-1.** [par dérision] to boo. **-2.** CHASSE to halloo. ◊ *vi* [hibou] to hoot; [héron] to croak.
**huguenot, e** [ygno, ɔt] *adj & nm, f* Huguenot.
**huilage** [ɥilaʒ] *nm* oiling, lubrication.
**huile** [ɥil] *nf* **-1.** CULIN oil; à l'~: pommes à l'~ potatoes (done) in an oil dressing ❑ ~ d'arachide/de coco/de colza/d'olive/de maïs/de noix/de tournesol groundnut/coconut/rapeseed ou colza/corn/walnut/sunflower oil; ~ de cuisson cooking oil; ~ de cade ou of cade; ~ de table (salad) oil; ~ végétale vegetable oil; ~ vierge unrefined ou virgin oil; jeter ou mettre ou verser de l'~ sur le feu to add fuel to the flames. **-2.** [pour chauffer, pour lubrifier] oil; ~ de chauffage *Can* domestic fuel; ~ de coude *fam* elbow grease; ~ (pour) moteur engine oil; ~ de vidange waste (lubricating) oil. **-3.** PHARM: ~ d'amandes douces/amères sweet/bitter almond oil; ~ essentielle ou volatile essential oil; ~ de lin/ricin linseed/castor oil; ~ de vaseline ou paraffine paraffin oil; ~ de foie de morue cod-liver oil. **-4.** RELIG: les saintes ~s the holy oils. **-5.** BX-ARTS [œuvre] oil (painting). **-6.** *fam* [personne importante] bigwig, VIP, big shot; les ~s du régiment the regimental (top) brass ou big shots.
◆ **d'huile** *loc adj* [mer] glassy.
**huilé, e** [ɥile] *adj* **-1.** [enduit d'huile] oiled. **-2.** [qui fonctionne]: bien ~ well-oiled.
**huiler** [3] [ɥile] *vt* to oil, to lubricate.
**huilerie** [ɥilri] *nf* [fabrique] oil works ou factory.
**huileux, euse** [ɥilø, øz] *adj* **-1.** [substance] oily. **-2.** [cheveux, doigts] oily, greasy.
**huilier, ère** [ɥilje, ɛr] *adj* oil *(modif)*.
◆ **huilier** *nm* **-1.** [ustensile de table] oil and vinegar set; [avec moutardier] cruet (stand), condiment set. **-2.** [fabricant] oil manufacturer.

**huis** [ɥi] *nm litt* door.

**huis clos** ['ɥiklo] *nm*: demander le ~ to ask for proceedings to be held in camera ❏ 'Huis clos' *Sartre* 'In Camera'.
◆ **à huis clos** *loc adv*: le procès se déroulera à ~ the trial will be held in camera; avoir une discussion à ~ to have a discussion behind closed doors.

**huisserie** [ɥisri] *nf* [de porte] (door) frame; [de fenêtre] (window) frame.

**huissier** [ɥisje] *nm* **-1.** [gardien, appariteur] usher. **-2.** JUR: ~ (de justice) ≃ bailiff.

**huit** ['ɥit, ɥi *devant consonne*] ◇ *dét* eight; ~ jours [une semaine] a week. ◇ *nm inv* **-1.** [nombre] eight; nous avons rendez-vous le ~ (mars) we are meeting on the eighth (of March); jeudi en ~ a week on *Br* ou from Thursday. **-2.** [dessin] figure of eight. **-3.** SPORT [en patinage] figure of eight; [en aviron]: ~ (barré) rowing eight. **-4.** LOISIRS: le grand ~ rollercoaster *(in figure of eight)*; *voir aussi* **cinq**.

**huitaine** ['ɥitɛn] *nf*: une ~ about eight, eight or so; une ~ (de jours) about a week, a week or so; sous ~ within a week; remis à ~ postponed for a week.

**huitième** ['ɥitjɛm] ◇ *adj num* eighth; le ~ art television; la ~ merveille du monde the eighth wonder of the world. ◇ *nmf*: il est arrivé ~ he finished eighth. ◇ *nm* eighth; les ~s de finale SPORT the round before the quarterfinals; *voir aussi* **cinquième**.

**huître** [ɥitr] *nf* ZOOL oyster.
◆ **huîtrier** [ɥitrije] *nm* ORNITH oystercatcher.
◆ **huîtrière** *nf* [banc] oyster bed; [parc] oyster farm ou bed.

**hulotte** ['ylɔt] *nf* tawny ou brown owl.

**hululement** ['ylylmɑ̃] *nm* hooting.

**hululer** [3] ['ylyle] *vi* to hoot.

**hum** ['œm] *interj* **-1.** [marquant le doute] er, um, h'mm. **-2.** [pour signaler sa présence] ahem.

**humain, e** [ymɛ̃, ɛn] *adj* **-1.** [propre à l'homme – corps, race, condition] human; **il cherche à se venger, c'est ~** he's looking for revenge, it's only human; une ville nouvelle aux dimensions ~es a new town planned with people in mind ou on a human scale. **-2.** [bienveillant] humane; être ~ avec qqn to act humanely towards sb, to treat sb humanely.
◆ **humain** *nm* **-1.** [être]: un ~ a human (being); les ~s mankind, humans, human beings. **-2.** *litt*: l'~ [nature] human nature; [facteur] the human element ou factor.

**humainement** [ymɛnmɑ̃] *adv* **-1.** [avec bienveillance] humanely. **-2.** [par l'homme] humanly; faire tout ce qui est ~ possible to do everything that is humanly possible.

**humanisation** [ymanizasjɔ̃] *nf* humanization.

**humaniser** [3] [ymanize] *vt* [environnement] to humanize, to adapt to human needs; [personne] to make more human.
◆ **s'humaniser** *vpi* to become more human.

**humanisme** [ymanism] *nm* humanism.

**humaniste** [ymanist] ◇ *adj* humanist, humanistic. ◇ *nmf* humanist.

**humanitaire** [ymanitɛr] *adj* humanitarian.

**humanitarisme** [ymanitarism] *nm* humanitarianism.

**humanitariste** [ymanitarist] *adj* & *nm* humanitarian.

**humanité** [ymanite] *nf* **-1.** [êtres]: l'~ humanity, mankind, humankind. **-2.** [compassion] humanity, humaneness; traiter qqn avec ~ to treat sb humanely. **-3.** PRESSE: l'Humanité *French daily newspaper representing the views of the French Communist Party.*
◆ **humanités** *nfpl* **-1.** *Belg* the three years leading to the baccalaureat examination in Belgium. **-2.** UNIV: les ~s *vieilli* the classics.

**humanoïde** [ymanɔid] *adj* & *nmf* humanoid.

**humble** [œ̃bl] *adj* **-1.** [effacé – personne] humble, meek; d'un ton ~ humbly, meekly. **-2.** [par déférence] humble; à mon ~ avis in my humble opinion. **-3.** [pauvre, simple – demeure, origine] humble; [– employé] humble, lowly, obscure.

**humblement** [œ̃bləmɑ̃] *adv* humbly.

**humecter** [4] [ymɛkte] *vt* [linge] to dampen; [visage – avec un liquide] to moisten; [– avec un linge mouillé] to dampen.
◆ **s'humecter** *vpt*: s'~ les lèvres to moisten one's lips.

**humer** [3] ['yme] *vt* [sentir] to smell; [inspirer] to inhale, to breathe in *(sép)*.

**humérus** [ymerys] *nm* humerus.

**humeur** [ymœr] *nf* **-1.** [état d'esprit] mood; être d'~ à faire qqch to be in the mood to do sthg ou for doing sthg; être de bonne/mauvaise ~ to be in a good/bad mood ❏ être d'une ~ noire to be in a foul mood. **-2.** [caractère] temper; être d'~ chagrine to be bad-tempered ou sullen; être d'~ égale/inégale to be even-tempered/moody. **-3.** *litt* [acrimonie] bad temper; humour; répondre avec ~ to answer testily ou moodily ❏ accès/mouvement d'~ outburst/fit of temper. **-4.** [caprice]: il a ses ~s he has his whims. **-5.** MÉD: ~ aqueuse/vitrée aqueous/vitreous humour.
◆ **humeurs** *nfpl arch* humours.

**humide** [ymid] *adj* [linge, mur] damp; [éponge] damp, moist; [cave] damp, dank; [chaussée] wet; [chaleur, air, climat] humid, moist; [terre] moist; j'ai les mains ~s my hands are wet; temps chaud et ~ muggy weather.

**humidificateur** [ymidifikatœr] *nm* humidifier.

**humidification** [ymidifikasjɔ̃] *nf* **-1.** [de l'air] humidification *spéc*, humidifying, moisturizing. **-2.** [du linge] dampening, moistening.

**humidifier** [9] [ymidifje] *vt* **-1.** [air] to humidify, to moisturize. **-2.** [linge] to dampen, to moisten.

**humidité** [ymidite] *nf* [de l'air chaud] humidity, moisture; [de l'air froid, d'une terre] dampness; [d'une cave] dampness, dankness; il y a des taches d'~ au plafond there are damp patches on the ceiling.

**humiliant, e** [ymiljɑ̃, ɑ̃t] *adj* humiliating.

**humiliation** [ymiljasjɔ̃] *nf* humiliation; infliger une ~ à qqn to humiliate sb.

**humilié, e** [ymilje] *adj* humiliated.

**humilier** [9] [ymilje] *vt* to humiliate, to shame.
◆ **s'humilier** *vp* (*emploi réfléchi*): s'~ devant qqn/qqch to humble o.s. before sb/sthg.

**humilité** [ymilite] *nf* **-1.** [d'une personne] humility, humbleness, modesty; avec ~ humbly. **-2.** *litt* [d'une tâche] humbleness, lowliness.
◆ **en toute humilité** *loc adv sout* in all humility.

**humoriste** [ymɔrist] *nmf* humorist.

**humoristique** [ymɔristik] *adj* [récit, ton] humorous.

**humour** [ymur] *nm* humour; avec ~ humorously; sans ~ humourless; avoir de ou le sens de l'~ to have a sense of humour ❏ ~ noir black humour.

**humus** [ymys] *nm* humus.

**Hun** ['œ̃] *nmf* Hun; les ~s (the) Hun.

**hune** ['yn] *nf* top NAUT.

**huppe** ['yp] *nf* ORNITH **-1.** [oiseau] hoopoe. **-2.** [plumes] crest; [chez certains pigeons] tuft, tufts.

**huppé, e** ['ype] *adj* **-1.** *fam* [personne, restaurant, soirée] posh *Br*, smart; les gens ~s the upper crust. **-2.** ORNITH crested.

**hurlant, e** ['yrlɑ̃, ɑ̃t] *adj* [foule] yelling, howling.

**hurlement** ['yrləmɑ̃] *nm* **-1.** [humain] yell, roar; des ~s de joie whoops of joy; des ~s d'indignation howls of indignation; pourquoi tous ces ~s? what is all this shouting about? **-2.** [d'un chien, d'un loup] howl. **-3.** *litt* [de la tempête] roar; [du vent] howling, screaming; [d'une sirène] howl.

**hurler** [3] ['yrle] ◇ *vi* **-1.** [crier] to yell, to scream; ~ de douleur to howl with pain; ~ de joie to whoop ou to shout with joy; ~ de rage to howl with rage. **-2.** [parler fort] to shout, to bellow. **-3.** [singe] to howl, to shriek; [chien, loup, sirène] to howl; ~ à la mort to bay at the moon; ~ avec les loups to follow the pack. **-4.** [jurer – couleur] to clash. ◇ *vt* **-1.** [ordre] to bawl out *(sép)*, to yell out *(sép)*. **-2.** [douleur, indignation, réponse] to howl out *(sép)*.

**hurleur, euse** ['yrlœr, øz] ◇ *adj* **-1.** [personne] howling, bawling, yelling. **-2.** ZOOL: singe ~ howler monkey. ◇ *nm, f* howler, bawler.

**hurluberlu, e** [yrlyberly] *nm, f fam* crank, weirdo.

**huron, onne** ['yrɔ̃, ɔn] *adj* Huron.
◆ **Huron, onne** *nm, f* Huron.
◆ **Huron** *npr*: le lac Huron Lake Huron.

**hurrah** ['ura] = **hourra**.

**hussard** ['ysar] *nm* hussar.

**hussarde** ['ysard] *nf*: à la ~ roughly, brutally.

**hutte** ['yt] *nf* hut, cabin.

**hyacinthe** [jasɛ̃t] *nf* **-1.** BOT hyacinth. **-2.** MINÉR hyacinth, jacinth.

**hybridation** [ibridasjɔ̃] *nf* hybridization.

**hybride** [ibrid] ◇ *adj* **-1.** BOT, ZOOL & LING hybrid. **-2.** [mêlé] hybrid, mixed. ◇ *nm* hybrid.

**hybridité** [ibridite] *nf* hybridity.

**hydrant** [idrɑ̃] *nm* Helv fire hydrant.

**hydratant, e** [idratɑ̃, ɑ̃t] *adj* **-1.** [crème, lotion] moisturizing. **-2.** CHIM hydrating.

◆ **hydratant** *nm* moisturizer.

**hydratation** [idratasjɔ̃] *nf* **-1.** [de la peau] moisturizing. **-2.** CHIM hydration.

**hydrate** [idrat] *nm* hydrate.

**hydrater** [3] [idrate] *vt* **-1.** [peau] to moisturize. **-2.** CHIM to hydrate.

◆ **s'hydrater** *vpi* **-1.** [peau] to become moisturized. **-2.** CHIM to become hydrated, to hydrate.

**hydraulique** [idrolik] ◇ *adj* hydraulic. ◇ *nf* hydraulics *(sg)*.

**hydravion** [idravjɔ̃] *nm* seaplane, hydroplane.

**hydre** [idr] *nf* ZOOL hydra.

**Hydre** [idr] *npr f* MYTH: **l'~ de Lerne** the Lernean Hydra.

**hydrobase** [idrobaz] *nf* seaplane ou hydroplane base.

**hydrocarbure** [idrokarbyr] *nm* hydrocarbon.

**hydrocéphale** [idrosefal] ◇ *adj* hydrocephalic, hydrocephalous. ◇ *nmf* hydrocephalic.

**hydrocortisone** [idrokɔrtizɔn] *nf* hydrocortisone.

**hydrocuté, e** [idrokyte] *nm, f* drowned person *(after syncope induced by cold water)*.

**hydrocution** [idrokysjɔ̃] *nf* drowning *(after syncope induced by cold water)*.

**hydrodynamique** [idrodinamik] ◇ *adj* hydrodynamic. ◇ *nf* hydrodynamics *(sg)*.

**hydroélectricité** [idroelɛktrisite] *nf* hydroelectricity.

**hydroélectrique** [idroelɛktrik] *adj* hydroelectric.

**hydrofuge** [idrofyʒ] ◇ *adj* waterproof, water-repellent. ◇ *nm* water-repellent.

**hydrogène** [idroʒɛn] ◇ *v* → **hydrogéner.** ◇ *nm* **-1.** [élément] hydrogen. **-2.** *(comme adj)* hydrogen *(modif).*

**hydrogéner** [8] [idroʒene] *vt* to hydrogenate.

**hydroglisseur** [idroglisœr] *nm* hydroplane (boat).

**hydrographe** [idrograf] *nmf* hydrographer.

**hydrographie** [idrografi] *nf* hydrography.

**hydrographique** [idrografik] *adj* hydrographic, hydrographical.

**hydrologie** [idrɔlɔʒi] *nf* hydrology.

**hydrolyse** [idroliz] *nf* hydrolysis.

**hydromel** [idromɛl] *nm* [non fermenté] hydromel *arch*; [fermenté] mead.

**hydromètre** [idromɛtr] ◇ *nm* [pour densité] hydrometer; [de réservoir] depth gauge. ◇ *nf* ENTOM water measurer.

**hydrométrie** [idrometri] *nf* hydrometry.

**hydrophile** [idrofil] ◇ *adj* CHIM hydrophilic. ◇ *nm* ENTOM scavenger beetle.

**hydrophobe** [idrofɔb] *adj* CHIM & TEXT hydrophobic.

**hydropneumatique** [idropnœmatik] *adj* hydropneumatic.

**hydroptère** [idroptɛr] *nm* hydrofoil.

**hydrosoluble** [idrosɔlybl] *adj* water-soluble.

**hydrosphère** [idrosfɛr] *nf* hydrosphere.

**hydrostatique** [idrostatik] ◇ *adj* hydrostatic. ◇ *nf* hydrostatics *(sg).*

**hydrothérapie** [idroterapi] *nf* **-1.** [cure] hydrotherapy. **-2.** [science] hydrotherapeutics *(sg).*

**hydroxyde** [idroksid] *nm* hydroxide.

**hyène** [jɛn] *nf* ZOOL hyena, hyaena.

**Hygiaphone®** [iʒjafɔn] *nm* speaking grill.

**hygiène** [iʒjɛn] *nf* **-1.** [principes] hygiene; **~ alimentaire/ corporelle** food/personal hygiene; **~ mentale/publique** mental/public health; **avoir une bonne ~ de vie** to live healthily. **-2.** [science] hygienics *(sg)*, hygiene. **-3.** JUR: **~ et sécurité du travail** industrial hygiene and safety.

**hygiénique** [iʒjenik] *adj* hygienic; **ce n'est pas ~** it's unhygienic; **un mode de vie ~** a healthy life style ❑ **une promenade ~** a constitutional.

**hygromètre** [igrɔmɛtr] *nm* hygrometer.

**hygrométrique** [igrɔmetrik] *adj* hygrometric.

**hymen** [imɛn] *nm* **-1.** ANAT hymen. **-2.** *litt* (bonds of) marriage.

**hyménée** [imene] *nm litt* (ties ou bonds of) marriage.

**hyménoptère** [imenɔptɛr] *nm* hymenopteran, hymenopteron; **les ~s** the Hymenoptera.

**hymne** [imn] *nm* **-1.** LITTÉRAT & RELIG hymn; **~ national** national anthem. **-2.** *litt* [glorification] hymn.

**hyper-** [ipɛr] *préf* **-1.** SC hyper-. **-2.** [en intensif]: **techniques ~spécialisées** highly specialized techniques; **elle est ~riche/~ sympa** *fam* she's dead rich/dead nice.

**hyperbole** [iperbɔl] *nf* **-1.** [figure de style] hyperbole. **-2.** GÉOM hyperbola.

**hyperbolique** [iperbɔlik] *adj* **-1.** [expression, compliments] hyperbolic. **-2.** GÉOM hyperbolic.

**hyperémotivité** [iperemɔtivite] *nf* hyperemotivity, hyperemotionality.

**hyperglycémie** [iperglisemi] *nf* hyperglycaemia.

**hypermarché** [ipermarʃe] *nm* hypermarket.

**hypermétrope** [ipermetrɔp] ◇ *adj* farsighted, longsighted, hypermetropic *spéc.* ◇ *nmf* farsighted ou hypermetropic *spéc* person.

**hypermétropie** [ipermetrɔpi] *nf* farsightedness, longsightedness, hypermetropia *spéc.*

**hypernerveux, euse** [ipɛrnɛrvø, øz] ◇ *adj* overexcitable. ◇ *nm, f* overexcitable person.

**hypernervosité** [ipɛrnɛrvozite] *nf* overexcitability, hyperexcitability *spéc.*

**hyperréalisme** [iperrealism] *nm* hyperrealism.

**hypersensibilité** [ipersɑ̃sibilite] *nf* hypersensitivity, hypersensitiveness.

**hypersensible** [ipersɑ̃sibl] ◇ *adj* hypersensitive. ◇ *nmf* hypersensitive (person).

**hypertendu, e** [ipertɑ̃dy] ◇ *adj* suffering from hypertension *spéc* ou high blood pressure. ◇ *nm, f* hypertensive.

**hypertension** [ipertɑ̃sjɔ̃] *nf* high blood pressure, hypertension *spéc.*

**hypertexte** [ipertɛkst] *nm* hypertext.

**hyperthyroïdie** [ipertirɔidi] *nf* hyperthyroidism *spéc*; **faire de l'~** to have an overactive thyroid.

**hypertrophie** [ipertrɔfi] *nf* **-1.** MÉD hypertrophia, hypertrophy. **-2.** *fig* exaggeration.

**hypertrophié, e** [ipertrɔfje] *adj* hypertrophied *spéc*, abnormally enlarged.

**hypertrophier** [9] [ipertrɔfje] *vt* to enlarge abnormally, to hypertrophy *spéc.*

◆ **s'hypertrophier** *vpi* to become abnormally large, to hypertrophy *spéc.*

**hypertrophique** [ipertrɔfik] *adj* abnormally enlarged, hypertrophic *spéc.*

**hypervitaminose** [ipervitaminoz] *nf* hypervitaminosis.

**hypnose** [ipnoz] *nf* hypnosis; **sous ~** under hypnosis.

**hypnotique** [ipnɔtik] ◇ *adj* MÉD hypnotic. ◇ *nm* hypnotic (drug).

**hypnotiser** [3] [ipnɔtize] *vt* **-1.** MÉD to hypnotize. **-2.** [fasciner] to fascinate.

◆ **s'hypnotiser sur** *vp* + *prép* to become obsessed with.

**hypnotiseur, euse** [ipnɔtizœr, øz] *nm, f* hypnotist.

**hypnotisme** [ipnɔtism] *nm* hypnotism.

**hypoallergénique** [ipoalerʒenik] = **hypoallergique** *adj.*

**hypoallergique** [ipoalerʒik] *adj* & *nm* hypoallergenic.

**hypocalcémie** [ipokalsemi] *nf* hypocalcaemia.

**hypocalorique** [ipokalɔrik] *adj* [régime] low-calorie.

**hypocondriaque** [ipokɔ̃drijak] ◇ *adj* hypochondriac, hypochondriacal. ◇ *nmf* hypochondriac.

**hypocondrie** [ipokɔ̃dri] *nf* hypochondria.

**hypocrisie** [ipokrizi] *nf* **-1.** [attitude] hypocrisy. **-2.** [action] hypocritical act.

**hypocrite** [ipokrit] ◇ *adj* **-1.** [sournois – personne] hypocritical, insincere. **-2.** [mensonger – attitude, regard] hypocritical; [– promesse] hollow. ◇ *nmf* hypocrite.

**hypocritement** [ipokritmɑ̃] *adv* hypocritically.

**hypoderme** [ipɔdɛrm] *nm* PHYSIOL hypodermis.
**hypodermique** [ipɔdɛrmik] *adj* hypodermic.
**hypoglycémie** [ipɔglisemi] *nf* hypoglycaemia.
**hypokhâgne** [ipɔkaɲ] *nf arg scol 1st year of a two-year Arts course, preparing for entrance to the École normale supérieure.*
**hypophyse** [ipɔfiz] *nf* hypophysis, pituitary gland.
**hypostase** [ipɔstaz] *nf* hypostasis.
**hypotaupe** [ipɔtop] *nf arg scol 1st year of advanced mathematics or physics prior to the competitive examination for the École normale supérieure.*
**hypotenseur** [ipɔtɑ̃sœr] *nm* hypotensive (drug).
**hypotension** [ipɔtɑ̃sjɔ̃] *nf* low blood pressure, hypotension *spéc.*
**hypoténuse** [ipɔtenyz] *nf* hypotenuse.
**hypothalamus** [ipɔtalamys] *nm* hypothalamus.
**hypothécable** [ipɔtekabl] *adj* mortgageable.
**hypothécaire** [ipɔteker] *adj* mortgage *(modif).*
**hypothèque** [ipɔtɛk] ◊ *v* → **hypothéquer.** ◊ *nf* **-1.** JUR mortgage; prendre une ~ to take out a mortgage; lever une ~ to raise a mortgage ❏ ~ légale legal mortgage. **-2.** *fig:* prendre une ~ sur l'avenir to count one's chickens before they're hatched; lever l'~ to remove the stumbling block ou the obstacle.
**hypothéquer** [18] [ipɔteke] *vt* **-1.** [propriété] to mortgage.

**-2.** *fig:* ~ son avenir to mortgage one's future.
**hypothermie** [ipɔtɛrmi] *nf* hypothermia.
**hypothèse** [ipɔtɛz] *nf* **-1.** [supposition] hypothesis, assumption; dans la meilleure des ~s at best; dans l'~ où il refuserait, que feriez-vous? supposing he refuses, what would you do; dans l'~ d'un tremblement de terre in the event of an earthquake; ce n'est pas une simple ~ d'école it's not just a speculative hypothesis ❏ ~ de travail working hypothesis. **-2.** LOGIQUE hypothesis.
◆ **en toute hypothèse** *loc adv* in any event, whatever the case.
**hypothétique** [ipɔtetik] *adj* **-1.** [supposé] hypothetical, assumed. **-2.** [peu probable] hypothetical, unlikely, dubious. **-3.** LOGIQUE hypothetical.
**hypothyroïdie** [ipɔtirɔidi] *nf* hypothyroidism *spéc*; faire de l'~ to have an underactive thyroid.
**hypotrophie** [ipɔtrɔfi] *nf* hypotrophy *spéc.*
**hypovitaminose** [ipovitaminoz] *nf* hypovitaminosis.
**hystérectomie** [isterɛktɔmi] *nf* hysterectomy.
**hystérie** [isteri] *nf* hysteria; ~ collective mass hysteria.
**hystérique** [isterik] ◊ *adj* hysterical. ◊ *nmf* hysteric.
**hystérographie** [isterɔgrafi] *nf* hysterography, uterography.
**Hz** *(abr écrite de* **hertz)** Hz.

# I

**i, I** [i] *nm* i; mettre les points sur les i *fig* to dot the i's and cross the t's.
**IA** *(abr de* **intelligence artificielle)** *nf* AI.
**IAC** *(abr de* **insémination artificielle entre conjoints)** *nf* AIH.
**IAD** *(abr de* **insémination artificielle par donneur extérieur)** *nf* AID.
**iambe** [jɑ̃b] *nm* iamb, iambus.
◆ **iambes** *nmpl* [pièce satirique] iambic.
**iambique** [jɑ̃bik] *adj* iambic.
**IAO** *(abr de* **ingénierie assistée par ordinateur)** *nf* CAE.
**ibère** [iber] *adj* Iberian.
◆ **Ibère** *nmf* Iberian.
**ibérique** [iberik] *adj* Iberian.
**ibid.** *(abr écrite de* **ibidem)** ibid.
**ibidem** [ibidɛm] *adv* ibidem.
**ibis** [ibis] *nm* ibis.
**Icare** [ikar] *npr* Icarus.
**ICBM** *(abr de* **Intercontinental Ballistic Missile)** *nm inv* ICBM.
**iceberg** [ajsbɛrg] *nm* **-1.** GÉOG iceberg. **-2.** *fig:* la partie immergée de l'~ the hidden aspects of the problem.
**icelle** [isɛl] *arch* ◊ *pron dém f* [personne] she; [objet] it. ◊ *adj dém f* this.

**icelui** [isəlɥi] *(pl* iceux [isø]*) arch* ◊ *pron dém m* [personne] he; [objet] it. ◊ *adj dém m* this.
**ichtyologie** [iktjɔlɔʒi] *nf* ichthyology.
**ici** [isi] *adv* **-1.** [dans ce lieu, à cet endroit] here; [dans un écrit, un discours] here, at this point; vous ~! what are you doing here?; vous êtes ~ chez vous make yourself at home; pour toute demande, s'adresser ~ please enquire within; c'est ~ que j'ai mal this is where it hurts; il y a 11 km d'~ au village it's 11 km from here to the village; les gens d'~ the locals, the people from around here. **-2.** [dans le temps]: d'~ (à) lundi, on a le temps we've got time between now and Monday; d'~ demain ce sera terminé it will be finished by tomorrow; d'~ peu before (very) long; d'~ là, tout peut arriver! in the meantime ou until then ou between now and then anything can happen!; vous serez guéri d'~ là you'll be better by then; d'~ à ce qu'il se décide *fam* by the time he makes up his mind; d'~ à ce qu'il change d'avis, il n'y a pas loin! it won't be long before he changes his mind again! ❏ je vois ça d'~! I can just see that!**-3.** [au téléphone, à la radio]: allô, ~ Paul hello, (it's) Paul here ou Paul speaking; ~ France Culture this is ou you are listening to France Culture.
◆ **par ici** *loc adv* **-1.** [dans cette direction] this way; elle est passée par ~ avant d'aller à la gare she stopped off here on her way to the station; par ~ la monnaie! *fam & hum* come on now, cough up! **-2.** [dans les environs] around here.

USAGE ▶ Les hypothèses

If you leave now, (then) you'll catch the last train.
We'll go tomorrow, unless it rains.
Unless he pays me tomorrow, I'm leaving.
You'll only get him to come if you tell him she won't be there.
The only way I'll go is if it's free.
His selection depends on his performance this afternoon.

As long as you keep to the main road, you'll be safe.
Assuming he's telling the truth, we should receive it tomorrow.
Provided there are no snags, we should finish on time.
In order for us to be able to confirm your reservation, please return the enclosed form as quickly as possible. [style écrit]

**ici-bas** [isiba] *adv* here below, on earth; **d'~** in this life ou world.

**Ici-Paris** [isipari] *npr* PRESSE *popular Sunday newspaper*.

**icône** [ikon] *nf* icon.

**iconoclasme** [ikɔnɔklasm] *nm* iconoclasm.

**iconoclaste** [ikɔnɔklast] ◇ *adj* iconoclastic. ◇ *nmf* iconoclast.

**iconographe** [ikɔnɔgraf] *nmf* iconographer.

**iconographie** [ikɔnɔgrafi] *nf* **-1.** [étude théorique] iconography. **-2.** [illustrations] artwork.

**iconographique** [ikɔnɔgrafik] *adj* iconographical.

**iconologie** [ikɔnɔlɔʒi] *nf* iconology.

**iconothèque** [ikɔnɔtɛk] *nf* **-1.** [dans un musée] iconography department (*of a museum*). **-2.** [dans une bibliothèque] photo ou picture library.

**ictère** [iktɛr] *nm* icterus *spéc*, jaundice.

**id.** (*abr écrite de* **idem**) id.

**idéal, e, als** ou **aux** [ideal, o] *adj* **-1.** [demeure, société, solution] ideal, best, perfect. **-2.** [pureté, bonheur] absolute.
♦ **idéal, als** ou **aux** *nm* **-1.** [modèle parfait] ideal. **-2.** [valeurs] ideal, ideals; **tous ces jeunes sans ~** ou **qui n'ont pas d'~!** all these young people with no ideal in life! **-3.** [solution parfaite]: **l'~ serait de/que...** the ideal ou best solution would be to/if...

**idéalement** [idealmɑ̃] *adv* ideally.

**idéalisation** [idealizasjɔ̃] *nf* idealization.

**idéaliser** [3] [idealize] *vt* to idealize.

**idéalisme** [idealism] *nm* [gén & PHILOS] idealism.

**idéaliste** [idealist] ◇ *adj* **-1.** [gén] idealistic. **-2.** PHILOS idealist. ◇ *nmf* idealist.

**idée** [ide] *nf* **-1.** [pensée] idea, thought; **se faire à l'~** to get used to the idea; **j'ai ~ que...** *fam* I've got the feeling that...; **rien qu'à l'~ de la revoir, je tremble** the mere thought ou the very idea of seeing her again makes me nervous; **heureusement qu'il a eu l'~ d'éteindre le gaz** luckily he thought of turning the gas off ou it occurred to him to turn the gas off; **je me faisais une autre ~ de la Tunisie/de sa femme** I had imagined Tunisia/his wife to be different; **il a eu la bonne ~ de ne pas venir** *hum* he was quite right not to come; **moi, t'en vouloir? en voilà une ~!** me, hold it against you? where did you get that idea (from)?; **se faire des ~s** to imagine things; **s'il croit obtenir le rôle, il se fait des ~s** if he thinks he's going to get the part, he's deceiving himself; **se faire des ~s sur qqn** to have the wrong idea about sb; **donner des ~s à qqn** to give sb ideas ou to put ideas in ou into sb's head ❑ **avoir une ~ derrière la tête** to be up to sthg; **avoir des ~s noires** to be down in the dumps, to have the blues. **-2.** [inspiration, création] idea; **qui a eu l'~ du barbecue?** whose idea was it to have ou who suggested having a barbecue? ‖ [imagination] ideas, imagination; **avoir de l'~** to be quite inventive; **pas mal ce dessin, il y a de l'~** *fam* not bad this drawing, it's got something. **-3.** [gré, convenance]: **faire à ton ~** do as you see fit ou as you please. **-4.** (*tjrs sg*) [esprit]: **avoir dans l'~ que...** to have an idea that..., to think that...; **avais-tu dans l'~ d'acheter des actions?** were you thinking of buying shares?; **tu la connais, quand elle a dans l'~ de faire quelque chose!** you know her, when she's got it into her head to do something!; **t'est-il jamais venu à l'~ que...?** has it never occurred to you ou entered your head that...?; **il ne me viendrait jamais à l'~ de le frapper** it would never cross my mind to hit him; **on va au concert ce soir?** ça m'était complètement sorti de l'~ *fam* we're going to the concert tonight? it had gone clean ou right out of my mind. **-5.** [point de vue]: **avoir des ~s bien arrêtées sur** to have set ideas ou definite views about; **je préfère me faire moi-même une ~ de la situation** I'd rather assess the situation for myself; **changer d'~** to change one's mind ❑ **~ fixe** idée fixe, obsession; **c'est une ~ fixe chez toi!** it's an obsession with you!; **~ reçue** commonplace, received idea, idée reçue; **~s préconçues** preconceived ideas, preconceptions; **avoir les ~s larges/étroites** to be broad-/narrow-minded; **avoir une haute ~ de qqn/qqch** to have a high opinion of sb/sthg, to think highly of sb/sthg. **-6.** [aperçu, impression] idea; **donnez-moi une ~ du prix que ça va coûter/du temps que ça va prendre** give me a rough idea ou some idea of the price/of the time it will take; **tu n'as pas ~ de son entêtement!** you have no idea ou you can't imagine how stubborn he is!; **je n'en ai pas la moindre ~** I haven't the slightest ou faintest idea; **aucune ~!** I haven't got a clue!, no idea! **-7.** (*en composition; avec ou sans trait d'union*): **une ~-cadeau** a gift idea.

**idée-force** [idefɔrs] (*pl* **idées-forces**) *nf* [point principal] crux, nub, mainstay; [point fort] strong point.

**idem** [idɛm] *adv* idem, ditto.

**identifiable** [idɑ̃tifjabl] *adj* identifiable; **difficilement ~** difficult to identify.

**identificateur** [idɑ̃tifikatœr] *nm* identifier COMPUT.

**identification** [idɑ̃tifikasjɔ̃] *nf* **-1.** [assimilation] identification; **~ à** identification with. **-2.** [d'un cadavre] identification; [d'un tableau] identification, attribution.

**identifier** [9] [idɑ̃tifje] *vt* **-1.** [reconnaître] to identify; **il a été identifié comme étant le voleur** he was identified as the robber. **-2.** [assimiler]: **~ qqn/qqch à** to identify sb/sthg with.
♦ **s'identifier à** *vp* + *prép*: **s'~ à qqn/qqch** to identify o.s. with sb/sthg; **elle s'est complètement identifiée à son personnage** she's got right into the part.

**identique** [idɑ̃tik] *adj* identical; **~ à qqn/qqch** identical to sb/sthg; **elle reste ~ à elle-même** she's still the same as she always ou was.

**identiquement** [idɑ̃tikmɑ̃] *adv* identically.

**identité** [idɑ̃tite] *nf* **-1.** [personnalité, état civil] identity; **établir son ~** to prove one's identity; **l'~ des victimes n'a pas été révélée** the names of the victims haven't been released ❑ **contrôle** ou **vérification d'~** (police) identity check. **-2.** [similitude] identity, similarity. **-3.** LOGIQUE, MATH & PSYCH identity. **-4.** JUR: **Identité judiciaire** ≃ Criminal Record Office.

**idéogramme** [ideɔgram] *nm* ideogram.

**idéographie** [ideɔgrafi] *nf* ideography.

**idéologie** [ideɔlɔʒi] *nf* ideology.

**idéologique** [ideɔlɔʒik] *adj* ideological.

**idéologue** [ideɔlɔg] *nmf* ideologist.

**ides** [id] *nfpl* ides.

**IDHEC** [idɛk] (*abr de* **Institut des hautes études cinématographiques**) *npr m former French film-making school*.

**idiolecte** [idjɔlɛkt] *nm* idiolect.

**idiomatique** [idjɔmatik] *adj* idiomatic; **une expression** ou **une tournure ~** an idiom, an idiomatic expression.

**idiome** [idjom] *nm* LING idiom.

**idiosyncrasie** [idjɔsɛ̃krazi] *nf* idiosyncrasy.

**idiot, e** [idjo, ɔt] ◇ *adj* **-1.** [stupide – individu, réponse] idiotic, stupid; [– sourire] idiotic; [– accident, mort] stupid; **un ricanement ~** a silly ou foolish snigger; **ce serait vraiment ~ de ne pas en profiter** it would be foolish ou stupid not to take advantage of it. **-2.** MÉD & *vieilli* idiotic. ◇ *nm, f* **-1.** [imbécile] idiot; **arrête de faire l'~!** [de faire le pitre] stop fooling around ou about!; [à un enfant] stop being stupid!; [à un simulateur] stop acting stupid! **-2.** MÉD & *vieilli* idiot; **l'~ du village** the village idiot.

**idiotement** [idjɔtmɑ̃] *adv* idiotically, stupidly.

**idiotie** [idjɔsi] *nf* **-1.** [caractère] idiocy, stupidity. **-2.** [acte, parole] stupid thing; **arrête de dire des ~s** stop talking nonsense; **il y en a des ~s à la télé!** they show such a lot of nonsense on TV!

**idiotisme** [idjɔtism] *nm* idiom, idiomatic phrase, idiomatic expression.

**idoine** [idwan] *adj litt* appropriate.

**idolâtre** [idɔlatr] ◇ *adj* **-1.** RELIG idolatrous. **-2.** [fanatique] adulatory. ◇ *nmf* **-1.** RELIG idolater (*f* idolatress). **-2.** [fanatique] devotee.

**idolâtrer** [3] [idɔlatre] *vt* **-1.** RELIG to idolize. **-2.** [adorer] to idolize.

**idolâtrie** [idɔlatri] *nf* **-1.** RELIG idolatry, idol worshipping. **-2.** [fanatisme]: **il l'aime jusqu'à l'~** he idolizes her.

**idole** [idɔl] *nf* **-1.** RELIG idol. **-2.** [personne] idol.

**IDS** (*abr de* **initiative de défense stratégique**) *nf* SDI.

**idylle** [idil] *nf* **-1.** [poème] idyll. **-2.** [amourette] romantic idyll.

**idyllique** [idilik] *adj* **-1.** LITTÉRAT idyllic. **-2.** [amour, couple, paysage] idyllic, perfect; **se faire une idée ~ de qqch** to have an idealized view of sthg.

**Iéna** [jena] *npr* Jena.

**if** [if] *nm* **-1.** BOT yew (tree). **-2.** MENUIS yew.

**IFOP, Ifop** [ifɔp] (*abr de* **Institut français d'opinion publique**) *npr m* French market research institute.

**IGF** *nm abr de* **impôt sur les grandes fortunes.**

**igloo** [iglu] *nm* igloo.

**IGN** (*abr de* **institut géographique national**) *npr m* national geographical institute, ≃ Ordnance Survey *Br.*

**Ignace** [iɲas] *npr:* **~ de Loyola** Ignatius Loyola.

**igname** [iɲam] *nf* yam.

**ignare** [iɲar] ◇ *adj* ignorant, uncultivated. ◇ *nmf* ignoramus.

**igné, e** [igne] *adj* **-1.** PHYS heat-engendered; CHIM pyrogenic; GÉOL igneous. **-2.** *litt* [en feu] fiery, burning, flaming.

**ignifuge** [ignifyʒ] ◇ *adj* [qui ne brûle pas] fireproof; [qui brûle difficilement] fire-retardant. ◇ *nm* [pour protéger du feu] fireproof substance; [pour ralentir la propagation] fire-retardant substance.

**ignifuger** [17] [ignifyʒe] *vt* to fireproof.

**ignition** [ignisjɔ̃] *nf* ignition PHYS.

**ignoble** [iɲɔbl] *adj* **-1.** [vil – individu] low, base; [– crime] infamous, heinous; [– accusation] shameful; [– conduite] unspeakable, disgraceful, shabby. **-2.** *fam* [bâtisse] hideous; [nourriture] revolting, vile; [logement] squalid.

**ignoblement** [iɲɔbləmɑ̃] *adv* vilely, disgracefully.

**ignominie** [iɲɔmini] *nf* **-1.** [caractère vil] ignominy, infamy; [déshonneur] ignominy, (public) disgrace ou dishonour; **se couvrir d'~** to disgrace o.s. **-2.** [action] ignominious, disgraceful act; **commettre une ~** to behave ignominiously ou disgracefully ‖ [parole] ignominy; **dire des ~s** to say disgraceful ou hateful things.

**ignominieux, euse** [iɲɔminjø, øz] *adj litt* ignominious.

**ignorance** [iɲɔrɑ̃s] *nf* ignorance; **être dans l'~ de qqch** to be unaware of sthg; **tenir qqn dans l'~ de qqch** to keep sb in ignorance of sthg; **pécher par ~** to err through ignorance.

**ignorant, e** [iɲɔrɑ̃, ɑ̃t] ◇ *adj* **-1.** [inculte] ignorant, uncultivated. **-2.** [incompétent]: **il est ~ en informatique** he doesn't know anything about computers. **-3.** [pas au courant]: **~ de** ignorant ou unaware of. ◇ *nm, f* ignoramus; **ne fais pas l'~** don't pretend you don't know.

**ignoré, e** [iɲɔre] *adj* **-1.** [cause, événement] unknown; **être ~ de qqn** to be unknown to sb. **-2.** [artiste] unrecognized.

**ignorer** [3] [iɲɔre] *vt* **-1.** [cause, événement etc] to be unaware of; **j'ignore son adresse/où il est/quand elle revient** I don't know her address/where he is/when she's coming back; **il ignorait tout de son passé/d'elle** he knew nothing about her past/her; **j'ignorais qu'il était malade** I was unaware that he was ill. **-2.** [personne, regard] to ignore, to take no notice of; [avertissement, panneau] to ignore, to take no heed of; [ordre, prière] to ignore. **-3.** *sout* [faim, pauvreté] to have had no experience of; **il ignore la peur** he knows no fear, he doesn't know the meaning of fear.
♦ **s'ignorer** ◇ *vp* (*emploi réciproque*) to ignore each other. ◇ *vpi:* **c'est un comédien qui s'ignore** he is unaware of his talent as an actor, he's an actor without knowing it.

**IGS** (*abr de* **inspection générale des services**) *npr f* police disciplinary body for Paris, ≃ Metropolitan Police Commission *Br.*

**iguane** [igwan] *nm* iguana.

**il** [il] (*pl* **ils**) *pron pers m* **-1.** [sujet d'un verbe – homme] he; [– animal, chose] it; [– animal de compagnie] he; **ils** they. **-2.** [sujet d'un verbe impersonnel]: **il pleut** it's raining; **il faut patienter** you/we have to wait ‖ [dans des tournures impersonnelles]: **il manque deux élèves** two pupils are missing. **-3.** [emphatique – dans une interrogation]: **ton père est-il rentré?** has your father come back?

**île** [il] *nf* **-1.** GÉOG island, isle *litt*; **une petite ~** an islet; **les habitants de l'~** the islanders; **vivre sur** ou **dans une ~** to live on an island; **aller sur une ~** to go to an island; **l'~ de la Cité** *island on the Seine in Paris where Notre-Dame stands*; **~ déserte** desert island; **l'~ de Beauté** Corsica; **les ~s de la mer**

Égée the Aegean ou Greek Islands. **-2.** *litt* ou *vieilli* [colonie]: **les Îles** the Caribbean (Islands), the West Indies. **-3.** CULIN: **~ flottante** floating island.

**Île-de-France** [ildəfrɑ̃s] *npr f*: **l'~** the Île-de-France; **en ~** in the Île-de-France region.

**Iliade** [iljad] *npr f*: **l'~** *Homère* 'The Iliad'.

**iliaque** [iljak] *adj* iliac; **artère ~** iliac artery; **fosses ~s** iliac fossae; **os ~** hip bone.

**illégal, e, aux** [ilegal, o] *adj* [contre la loi] illegal, unlawful; [sans autorisation] illicit; **détention ~e** unlawful detention.

**illégalement** [ilegalmɑ̃] *adv* illegally, unlawfully.

**illégalité** [ilegalite] *nf* **-1.** [caractère] illegality, unlawfulness; **être dans l'~** to be in breach of the law; **vivre dans l'~** to live outside the law, to be an outlaw. **-2.** [délit] illegal ou unlawful act.

**illégitime** [ileʒitim] *adj* **-1.** JUR [enfant, acte] illegitimate. **-2.** [requête, prétention] illegitimate; [frayeur] groundless.

**illégitimement** [ileʒitimmɑ̃] *adv* **-1.** illegitimately, unlawfully. **-2.** [injustement] unwarrantedly, unjustifiably.

**illégitimité** [ileʒitimite] *nf* **-1.** JUR [d'un enfant, d'un acte] illegitimacy. **-2.** [injustice] unwarrantedness, unfoundedness.

**illettré, e** [iletre] ◇ *adj* **-1.** [analphabète] illiterate. **-2.** [ignorant] uncultivated, uneducated. ◇ *nm, f* **-1.** [analphabète] illiterate. **-2.** [ignorant] uncultivated ou uneducated person.

**illettrisme** [iletrism] *nm* illiteracy.

**illicite** [ilisit] *adj* illicit; **pratiques/gains ~s** unlawful activities/gains.

**illicitement** [ilisitmɑ̃] *adv* illicitly.

**illico** [iliko] *adv:* **~ (presto)** right away, pronto.

**illimité, e** [ilimite] *adj* **-1.** [en abondance – ressources, espace] unlimited; [– patience, bonté] boundless, limitless. **-2.** [non défini – durée] unlimited, indefinite; **en congé ~** on indefinite leave. **-3.** MATH unrestricted; GÉOM unbounded. **-4.** INF: **accès ~** unrestricted access.

**illisible** [ilizibl] *adj* **-1.** [écriture] illegible, unreadable. **-2.** [écrivain, roman] unreadable.

**illogique** [ilɔʒik] *adj* illogical.

**illogisme** [ilɔʒism] *nm* illogicality, absurdity.

**illumination** [ilyminasjɔ̃] *nf* **-1.** [d'un monument] floodlighting. **-2.** [lumière] illumination, lighting (up). **-3.** [idée] flash of inspiration ou understanding; [révélation] illumination.
♦ **illuminations** *nfpl* illuminations, lights; **les ~s de Noël** the Christmas lights.

**illuminé, e** [ilymine] ◇ *adj* [monument] lit up, floodlit, illuminated; [rue] lit up, illuminated. ◇ *nm, f* **-1.** [visionnaire] visionary, illuminate *arch.* **-2.** *péj* [fou] lunatic.

**illuminer** [3] [ilymine] *vt* **-1.** [ciel – suj: étoiles, éclairs] to light up (*sép*); [monument] to floodlight; [pièce] to light. **-2.** [visage, regard] to light up (*sép*).
♦ **s'illuminer** *vpi* **-1.** *sout* [ciel, regard, visage] to light up; **~ de** to light up with. **-2.** [vitrine] to be lit up; [guirlande] to light up.

**illusion** [ilyzjɔ̃] *nf* **-1.** [idée fausse] illusion; **ne lui donne pas d'~s** don't give him (any) false ideas; **perdre ses ~s** to lose one's illusions; **se faire des ~s** to delude o.s.; **se bercer d'~s** to delude o.s., to harbour illusions. **-2.** [erreur de perception] illusion, trick; **le miroir donne une ~ de profondeur** the mirror gives an illusion of depth; **en donnant** ou **créant une ~ de stabilité** with an outward show of stability; **faire ~: c'est un vieux manteau mais il fait ~** it's an old coat but you wouldn't think so to look at it; **son aisance fait ~** his apparent ease is deceptive ❏ **~ d'optique** optical illusion.

**illusionner** [3] [ilyzjɔne] *vt* to delude.
♦ **s'illusionner** *vpi* to delude ou to deceive o.s.; **tu t'illusionnes sur ses intentions** you're deluding yourself ou you're mistaken about his intentions.

**illusionnisme** [ilyzjɔnism] *nm* **-1.** BX-ARTS illusionism. **-2.** [prestidigitation] conjuring tricks; [truquage] illusionism.

**illusionniste** [ilyzjɔnist] *nmf* conjurer, illusionist.

**illusoire** [ilyzwar] *adj* [promesse] deceptive, illusory; [bonheur, victoire] illusory, fanciful; **il serait ~ de croire que... il** would be wrong ou mistaken to believe that...

**illustrateur, trice** [ilystratœr, tris] *nm, f* illustrator.

**illustratif, ive** [ilystratif, iv] *adj* illustrative.

**illustration** [ilystrasjɔ̃] *nf* **-1.** [image, activité] illustration; [ensemble d'images] illustrations. **-2.** *fig* [démonstration] illustration; [exemple] illustration, example.

**illustre** [ilystr] *adj* illustrious; **l'~ compagnie** *sout* the Académie française; **~ inconnu, ~ inconnue** *hum*: **quel est cet ~ inconnu?** who is this famous person I've never heard of!

**illustré, e** [ilystre] *adj* illustrated.

◆ **illustré** *nm* pictorial, illustrated magazine.

**illustrer** [3] [ilystre] *vt* **-1.** [livre] to illustrate. **-2.** [définition, théorie] to illustrate.

◆ **s'illustrer** *vpi* to become renowned ou famous; **les Français se sont illustrés en natation** the French distinguished themselves at swimming.

**illustrissime** [ilystrisim] *adj hum* most illustrious.

**îlot** [ilo] *nm* **-1.** GÉOG small island, islet. **-2.** [espace] island; **dans l'~ de calme où je travaille** in the island ou oasis of peace where I work ❏ **~ de résistance** pocket of resistance. **-3.** [pâté de maisons] block; [pour surveillance policière] patrol area, beat. **-4.** [dans un magasin] (island) display unit.

**îlotage** [ilotaʒ] *nm* [d'un quartier] community policing, policing on the beat.

**ilote** [ilɔt] *nm* ANTIQ Helot.

**îlotier** [ilɔtje] *nm* community policeman, policeman on the beat.

**ils** [il] *pl* → **il.**

**IMA** [ima] *npr m abr de* **Institut du monde arabe.**

**image** [imaʒ] *nf* **-1.** [illustration] picture; **elle était l'~ du malheur/de la bonne santé** she was the very picture of tragedy/health ❏ **~ d'Épinal** *popular 19th-century print showing idealized scenes of French and foreign life, well-known characters or heroic events*; **~ pieuse** holy image; **livre d'~s** picture book. **-2.** [réflexion] image, reflection; PHYS image; **~ réelle/virtuelle** real/virtual image. **-3.** TV image; CIN frame; **25 ~s par seconde** 25 frames per second; **il n'y a plus d'~** there's nothing on screen. **-4.** LITTÉRAT image. **-5.** [idée] image, picture; **quelle ~ te fais-tu de lui?** how do you picture him? ❏ **~ mentale** PSYCH mental image. **-6.** MATH image. **-7.** INF [imprimée] hard copy; [sur l'écran] image; **~ mémoire** dump.

◆ **à l'image de** *loc prép*: **Dieu créa l'homme à son ~** God created man in his own image; **ce jardin est à l'~ de son propriétaire** this garden is the reflection of its owner.

◆ **image de marque** *nf* [d'un produit] brand image; [d'une entreprise] corporate image; [d'une personnalité, d'une institution] (public) image.

**imagé, e** [imaʒe] *adj* full of imagery; **elle a un langage très ~** she uses colourful imagery.

**imagerie** [imaʒri] *nf* **-1.** [ensemble d'images] prints, pictures; **l'~ napoléonienne** the imagery of the Napoleonic era. **-2.** [commerce] coloured print trade; [fabrication] printing. **-3.** MÉD: **~ médicale** medical imaging. **-4.** INF imagery.

**imaginable** [imaʒinabl] *adj* imaginable, conceivable; **c'est difficilement ~** it's hard to imagine; **ce n'est plus ~ à notre époque** it's just unthinkable nowadays.

**imaginaire** [imaʒinɛr] ◇ *adj* **-1.** [fictif – pays, personnage] imaginary. **-2.** MATH imaginary. ◇ *nm* imagination; **le domaine de l'~** the realm of fancy ❏ **l'~ collectif** PSYCH the collective imagination.

**imaginatif, ive** [imaʒinatif, iv] *adj* imaginative, fanciful.

**imagination** [imaʒinasjɔ̃] *nf* **-1.** [faculté] imagination; **c'est de l'~ pure et simple** it's sheer ou pure imagination; **essaie d'avoir un peu d'~** try to use your imagination; **avoir beaucoup d'~** to have a lot of imagination, to be very imaginative. **-2.** [chimère]: **~s que tout cela!** those are just imaginings!

**imaginer** [3] [imaʒine] *vt* **-1.** [concevoir] to imagine; **la maison est plus grande que je l'imaginais** the house is bigger than I imagined it (to be); **tu imagines sa tête quand je lui ai dit ça!** you can imagine ou picture his face when I told her that!; **tu n'imagines tout de même pas que je vais céder?** you don't really think ou imagine I'm going to give in, do you? **-2.** [supposer] to imagine, to suppose; **tu veux de l'argent, j'imagine!** you want some money, I suppose! **-3.** [inventer – personnage] to create, to imagine; [– gadget, mécanisme] to devise, to think up *(sép)*.

◆ **s'imaginer** ◇ *vp (emploi réfléchi)* to imagine o.s.; **j'ai du mal à m'~ grand-mère** I have a hard job picturing ou seeing myself as a grandmother. ◇ *vpt* [se représenter] to imagine, to picture; **s'~ que** to imagine ou to think that; **tu t'imagines bien que je n'ai pas vraiment apprécié** as you can imagine, I wasn't too pleased.

**imago** [imago] ◇ *nm* ENTOM imago. ◇ *nf* PSYCH imago.

**imam** [imam] *nm* imam.

**imbattable** [ɛ̃batabl] *adj* unbeatable.

**imbécile** [ɛ̃besil] ◇ *adj* [niais] stupid. ◇ *nmf* **-1.** [niais] idiot, fool; **ne fais pas l'~** [ne fais pas le pitre] stop fooling about ou around; [ne simule pas] stop acting stupid ou dumb; **le premier ~ venu peut comprendre ça** *fam* any (old) fool can understand that ❏ **espèce d'~! heureux!** *fam* you twit ou stupid idiot! **-2.** MÉD & *vieilli* imbecile.

**imbécillité** [ɛ̃besilite] *nf* **-1.** [caractère] stupidity, idiocy. **-2.** [parole] nonsense *(U)*; [acte] stupid behaviour *(U)*. **-3.** MÉD & *vieilli* imbecility.

**imberbe** [ɛ̃bɛrb] *adj* beardless.

**imbibé, e** [ɛ̃bibe] *adj fam* sozzled *Br*, soused *Am*.

**imbiber** [3] [ɛ̃bibe] *vt* to soak; **~ une éponge d'eau** to soak a sponge with water; **la terre est imbibée d'eau** the earth is completely waterlogged.

◆ **s'imbiber** *vpi* **-1.** [s'imprégner] to become soaked; **s'~ de** [suj: gâteau] to become soaked with ou in; [suj: terre] to become saturated with. **-2.** *fam* [boire] to booze.

**imbrication** [ɛ̃brikasjɔ̃] *nf* **-1.** [d'écailles, de pièces, de tuiles] imbrication *spéc*, overlapping. **-2.** [de considérations, d'hypothèses] interweaving, overlapping.

**imbriqué, e** [ɛ̃brike] *adj* **-1.** [écailles, pièces] imbricated; [cercles] overlapping. **-2.** [questions] interlinked.

**imbriquer** [3] [ɛ̃brike] *vt* [pièces] to fit into ou over each other; [tuiles] to overlap.

◆ **s'imbriquer** *vpi* **-1.** CONSTR [pièces] to fit into ou over each other; [tuiles, feuilles, écailles] to overlap, to imbricate *spéc*. **-2.** [être lié] to be interlinked ou closely linked; **des questions pratiques sont venues s'~ dans les considérations esthétiques** practical problems began to interfere with the purely aesthetic considerations.

**imbroglio** [ɛ̃brɔljo] *nm* imbroglio.

**imbu, e** [ɛ̃by] *adj*: **être ~ de sa personne** ou **de soi-même** to be full of o.s., to be full of a sense of one's own importance.

**imbuvable** [ɛ̃byvabl] *adj* **-1.** [boisson] undrinkable. **-2.** *fam* [individu] unbearable.

**imitable** [imitabl] *adj* imitable; **difficilement ~** hard to imitate.

**imitateur, trice** [imitatœr, tris] *nm, f* imitator; [de personnalités connues] impersonator, mimic; [de cris d'animaux] imitator, mimic.

**imitatif, ive** [imitatif, iv] *adj* imitative, mimicking.

**imitation** [imitasjɔ̃] *nf* **-1.** [parodie] imitation, impersonation; **elle a un talent d'~** she's a talented mimic. **-2.** BX-ARTS imitation, copy; LITTÉRAT imitation. **-3.** [matière artificielle] imitation; **~ marbre** imitation marble. **-4.** MUS & PSYCH imitation.

◆ **à l'imitation de** *loc prép* in imitation of.

**imiter** [3] [imite] *vt* **-1.** [copier – bruit, personne] to imitate; [– mouvements, façon de parler] to imitate, to mimic; **~ la signature de qqn** to imitate sb's signature; [à des fins criminelles] to forge sb's signature. **-2.** [suivre l'exemple de] to imitate, to copy; **si elle démissionne, d'autres l'imiteront** if she resigns, others will do the same ou follow suit ou do likewise. **-3.** [ressembler à] to look like; **c'est une matière qui imite le liège** it's imitation cork.

**immaculé, e** [imakyle] *adj sout* [blanc, neige] immaculate; [réputation] immaculate, unsullied, spotless; **l'Immaculée Conception** RELIG the Immaculate Conception.

**immanence** [imanɑ̃s] *nf* immanence.

**immanent, e** [imanɑ̃, ɑ̃t] *adj* immanent.

**immangeable** [ɛ̃mɑ̃ʒabl] *adj* uneatable, inedible.

**immanquable** [ɛ̃mɑ̃kabl] *adj* **-1.** [inévitable] inevitable. **-2.** [infaillible] sure, reliable, infallible.

**immanquablement** [ɛ̃mɑ̃kabləmɑ̃] *adv* definitely.

**immatérialité** [imaterjalite] *nf* immateriality.

**immatériel, elle** [imaterjɛl] *adj* **-1.** PHILOS immaterial. **-2.** *litt* [léger] ethereal. **-3.** COMM intangible.

**immatriculation** [imatrikylasjɔ̃] *nf* registration; numéro d'~ registration number *Br*, license number *Am*.

**immatriculer** [3] [imatrikyle] *vt*: (faire) ~ to register; car immatriculé à Paris coach with a Paris registration *Br* ou license *Am* number.

**immature** [imatyr] *adj* immature.

**immaturité** [imatyrite] *nf* immaturity.

**immédiat, e** [imedja, at] *adj* **-1.** [avenir] immediate; [réponse] immediate, instantaneous; [effet] immediate, direct; [soulagement] immediate, instant; **sa mort fut** ~**e** he died instantly. **-2.** [voisins] immediate, next-door *(avant n)*; [environs] immediate; **dans mon voisinage** ~ in close proximity to ou very near where I live; **supérieur** ~ direct superior. **-3.** SC & PHILOS immediate.
◆ **dans l'immédiat** *loc adv* for the time being, for the moment, for now.

**immédiatement** [imedjatmɑ̃] *adv* **-1.** [dans le temps] immediately, at once, forthwith *sout* ou *hum*. **-2.** [dans l'espace] directly, immediately.

**immédiateté** [imedjatte] *nf* **-1.** *sout* [instantanéité] immediacy, immediateness. **-2.** PHILOS immediacy.

**immémorial, e, aux** [imemɔrjal, o] *adj* age-old, immemorial; **de temps** ~ from time immemorial.

**immense** [imɑ̃s] *adj* [forêt, bâtiment, plaine] vast, huge; [talent] immense, towering; [soulagement, impact] immense, great, tremendous; [sacrifice, dévotion] immense, boundless.

**immensément** [imɑ̃semɑ̃] *adv* immensely, hugely.

**immensité** [imɑ̃site] *nf* **-1.** [d'un lieu] immensity, vastness; [de la mer] immensity. **-2.** [d'une tâche, d'un problème] enormity; [d'un talent, d'un chagrin] immensity.

**immergé, e** [imɛrʒe] *adj* [au-dessous de l'eau] submerged; **l'épave est** ~**e par 500 m de fond** the wreck is lying 500 m underwater ou under 500 m of water ❏ **plante** ~**e** aquatic plant; **terres** ~**es** submerged areas of land.

**immerger** [17] [imɛrʒe] *vt* [oléoduc, bombes] to lay under water, to submerge; [produits radioactifs] to dump ou to deposit at sea; [cadavre] to bury at sea.
◆ **s'immerger** *vpi* [sous-marin] to dive, to submerge.

**immérité, e** [imerite] *adj* undeserved, unmerited.

**immersion** [imɛrsjɔ̃] *nf* **-1.** [d'un sous-marin] diving, submersion; [d'un oléoduc, de bombes] underwater laying, submersion; [de déchets] dumping at sea; [d'un cadavre] burying at sea. **-2.** ASTRON & RELIG immersion.

**immettable** [ɛ̃metabl] *adj* [abîmé] no longer fit to wear; [indécent] unwearable.

**immeuble** [imœbl] ◇ *adj* JUR immovable, real; **biens** ~**s** immovables, real estate. ◇ *nm* **-1.** CONSTR [gén] building; [d'habitation] block of flats *Br*, apartment building *Am*; [de bureaux] office block *esp Br* ou building; [commercial] rented office block *esp Br* ou building; ~ **de rapport** investment property; ~ **à usage locatif** [résidentiel] block of rented flats *Br*, rental apartment building *Am*. **-2.** JUR real estate.

**immigrant, e** [imigrɑ̃, ɑ̃t] *adj* & *nm, f* immigrant.

**immigration** [imigrasjɔ̃] *nf* immigration.

**immigré, e** [imigre] *adj* & *nm, f* immigrant.

**immigrer** [3] [imigre] *vi* to immigrate; ~ **en France/aux États-Unis** to immigrate to France/to the (United) States.

**imminence** [iminɑ̃s] *nf* imminence.

**imminent, e** [iminɑ̃, ɑ̃t] *adj* imminent, impending; **c'est** ~ it's imminent, it won't be long (now).

**immiscer** [16] [imise]
◆ **s'immiscer dans** *vp* + *prép* [intervenir dans]: **s'**~ **dans une affaire** to interfere with ou in a matter.

**immixtion** [imiksjɔ̃] *nf* interference, interfering.

**immobile** [imɔbil] *adj* **-1.** [mer, surface] still, calm; [nuit, air] still; [feuillage, animal, personne] still, motionless; [visage] immobile. **-2.** *litt* [temps] immobile.

**immobilier, ère** [imɔbilje, ɛr] *adj* COMM & JUR [marché, opération] property *(modif)*; [action] real; [fortune] real estate *(modif)*; **biens** ~**s** immovables, real estate; **crédit** ~ mortgage.
◆ **immobilier** *nm*: l'~ COMM the property ou real estate business, realty.

**immobilisation** [imɔbilizasjɔ̃] *nf* **-1.** [d'un adversaire, de forces armées] immobilization; **le manque à gagner dû à l'**~ **des machines** losses through downtime. **-2.** FIN [de capi-

taux] tying up. **-3.** JUR conversion *(of personalty into realty)*. **-4.** SPORT hold. **-5.** MÉD immobilization.
◆ **immobilisations** *nfpl* fixed assets.

**immobiliser** [3] [imɔbilize] *vt* **-1.** [membre] to strap up *(sép)*, to immobilize; [adversaire, forces armées] to immobilize; [balancier] to stop; [circulation] to bring to a standstill ou to a halt; **il est resté immobilisé au lit pendant cinq semaines** he was laid up in bed for five weeks. **-2.** FIN [des capitaux] to tie up *(sép)*, to immobilize. **-3.** JUR to convert *(personalty into realty)*.
◆ **s'immobiliser** *vpi* [personne] to stand still ou stock-still; [véhicule] to come to a halt, to pull up.

**immobilisme** [imɔbilism] *nm* [gén] opposition to change; POL immobilism.

**immobiliste** [imɔbilist] ◇ *adj* conservative, immobilist *spéc*. ◇ *nmf* conservative, upholder of the status quo.

**immobilité** [imɔbilite] *nf* [d'un lac, d'une personne] stillness, motionlessness; [d'un regard] immobility, steadiness; **je suis contraint à l'**~ **totale** I've been confined to bed.

**immodéré, e** [imɔdere] *adj* immoderate, inordinate.

**immodérément** [imɔderemɑ̃] *adv* immoderately, excessively.

**immodeste** [imɔdɛst] *adj sout* immodest.

**immolateur** [imɔlatœr] *nm litt* immolator.

**immolation** [imɔlasjɔ̃] *nf sout* immolation.

**immoler** [3] [imɔle] *vt* **-1.** RELIG [sacrifier] to immolate; ~ **qqn à** to sacrifice sb to. **-2.** *litt* [exterminer] to kill. **-3.** *fig* & *litt* [renoncer à] to sacrifice.
◆ **s'immoler** *vp (emploi réfléchi) litt* to sacrifice o.s.; **il s'immola par le feu** he set fire to himself.

**immonde** [imɔ̃d] *adj* **-1.** RELIG [impur] unclean, impure. **-2.** [sale] foul, filthy, obnoxious. **-3.** [ignoble – crime, pensées, propos] sordid, vile, base; [– individu] vile, base, obnoxious.

**immondices** [imɔ̃dis] *nfpl* refuse, rubbish *Br*, trash *Am*.

**immoral, e, aux** [imɔral, o] *adj* immoral.

**immoralement** [imɔralmɑ̃] *adv* immorally.

**immoralité** [imɔralite] *nf* immorality.

**immortaliser** [3] [imɔrtalize] *vt* to immortalize.

**immortalité** [imɔrtalite] *nf* immortality; **son œuvre lui a assuré l'**~ her work won her everlasting fame ou immortality.

**immortel, elle** [imɔrtɛl] ◇ *adj* [dieu] immortal; [bonheur, gloire] immortal, everlasting, eternal. ◇ *nf* **-1.** MYTH Immortal. **-2.** *fam* [académicien]: **les Immortels** the members of the Académie française.
◆ **immortelle** *nf* BOT everlasting (flower), immortelle.

**immuable** [imɥabl] *adj* [principes, vérités, amour] immutable, unchanging; [sourire] unchanging, fixed; [politesse] eternal, unfailing; [opinion] unwavering, unchanging.

**immuablement** [imɥabləmɑ̃] *adv* eternally, perpetually, immutably.

**immun, e** [imœ̃, yn] *adj* MÉD immune.

**immunisation** [imynizasjɔ̃] *nf* immunization.

**immuniser** [3] [imynize] *vt* MÉD to immunize; ~ **qqn contre qqch** to immunize sb against sthg; **depuis le temps qu'elle me critique, je suis immunisé!** she's been criticizing me for so long, I'm immune to it now!; **son échec l'a immunisé contre l'aventurisme politique** his failure has cured him of political adventurism.

**immunitaire** [imynitɛr] *adj* immune; **système** ~ immune system.

**immunité** [imynite] *nf* **-1.** JUR immunity; ~ **diplomatique** diplomatic immunity; ~ **parlementaire** parliamentary privilege. **-2.** MÉD immunity; **acquérir une** ~ **(à)** to become immune (to) ou immunized (against).

**immunodéficitaire** [imynɔdefisitɛr] *adj* immunodeficient.

**immunodépresseur** [imynɔdeprɛsœr] *nm* immunosuppressive.

**immunogène** [imynɔʒɛn] *adj* immunogenic.

**immunoglobuline** [imynɔglɔbylin] *nf* immunoglobulin.

**immunologie** [imynɔlɔʒi] *nf* immunology.

**immunothérapie** [imynɔterapi] *nf* immunotherapy.

**impact** [ɛ̃pakt] *nm* **-1.** [choc – de corps] impact, collision; [– de projectiles] impact; **au moment de l'**~ on impact ❏

**point d'** ~ point of impact. **-2.** [influence, effet – de mesures] impact, effect; [– d'un mouvement, d'un artiste] impact, influence; **étude d'**~ ÉCOL environmental impact assessment.

**impair, e** [ɛ̃pɛr] *adj* **-1.** [chiffre] odd, uneven; **les jours** ~**s** odd ou odd-numbered days; **le côté** ~ [dans la rue] the uneven numbers. **-2.** LITTÉRAT [vers] irregular *(having an odd number of syllables)*.
◆ **impair** [ɛ̃pɛr] *nm* **-1.** [bévue] blunder; **faire** ou **commettre un** ~ to (make a) blunder. **-2.** JEUX: **l'**~ odd numbers; [à la roulette] impair.

**impalpable** [ɛ̃palpabl] *adj* impalpable, intangible.

**impaludé, e** [ɛ̃palyde] *adj*: **région** ~**e** malaria-infested ou malarious region.

**imparable** [ɛ̃parabl] *adj* **-1.** [coup, ballon] unstoppable. **-2.** [argument] unanswerable; [logique] irrefutable.

**impardonnable** [ɛ̃pardɔnabl] *adj* [erreur, oubli] unforgivable, inexcusable; **tu es** ~ **d'avoir oublié son anniversaire** it's unforgivable ou inexcusable for you to have forgotten her birthday.

**imparfait, e** [ɛ̃parfɛ, ɛt] *adj* **-1.** [incomplet] imperfect, partial; **guérison** ~**e** incomplete recovery. **-2.** [personne] imperfect. **-3.** [inexact] inaccurate.
◆ **imparfait** *nm* LING: **l'**~ the imperfect (tense); **l'**~ **du subjonctif** the imperfect subjunctive.

**imparfaitement** [ɛ̃parfɛtmɑ̃] *adv* imperfectly.

**imparité** [ɛ̃parite] *nf* imparity, oddness.

**impartageable** [ɛ̃partaʒabl] *adj* [expérience] which cannot be shared; [domaine] indivisible.

**impartial, e, aux** [ɛ̃parsjal, o] *adj* impartial, unprejudiced, unbiased.

**impartialement** [ɛ̃parsjalmɑ̃] *adv* impartially, without prejudice ou bias.

**impartialité** [ɛ̃parsjalite] *nf* impartiality, fairness; **juger avec** ~ to judge impartially.

**impartir** [32] [ɛ̃partir] *vt* **-1.** [temps]: ~ **un délai à qqn** to grant sb an extension; **le temps qui vous était imparti est écoulé** you have used up the time allotted to you. **-2.** *litt* [pouvoir]: **en vertu des pouvoirs qui me sont impartis by virtue of the powers** (that are) vested in me.

**impasse** [ɛ̃pas] *nf* **-1.** [rue] dead end, cul-de-sac; 'impasse' 'no through road'. **-2.** [situation] impasse, blind alley; **il faut absolument faire sortir les négociations de l'**~ we must break the deadlock in the negotiations ❏ ~ **budgétaire** FIN budget deficit. **-3.** *arg scol*: **j'ai fait une** ~ **sur la Seconde Guerre mondiale** I missed out *Br* ou skipped (over) *Am* World War II in my revision. **-4.** JEUX finesse; **j'ai fait l'**~ **au roi** I finessed against the king.

**impassibilité** [ɛ̃pasibilite] *nf* impassiveness, impassivity, composure.

**impassible** [ɛ̃pasibl] *adj* impassive, imperturbable.

**impatiemment** [ɛ̃pasjamɑ̃] *adv* impatiently; **nous attendons** ~ **le résultat** we eagerly await the result.

**impatience** [ɛ̃pasjɑ̃s] *nf* impatience; **avec** ~ impatiently, with impatience; **sans** ~ patiently.

**impatient, e** [ɛ̃pasjɑ̃, ɑ̃t] *adj* [personne, geste] impatient; ~ **de commencer** impatient to start; **êtes-vous** ~ **de rentrer?** are you anxious ou eager to get home?
◆ **impatiente** *nf* BOT impatiens *spéc*, balsam, busy lizzie *Br*.

**impatienter** [3] [ɛ̃pasjɑ̃te] *vt* to annoy, to irritate; **son entêtement a fini par m'**~ his stubbornness made me lose my patience in the end, I finally lost patience with his stubbornness.
◆ **s'impatienter** *vpi* [dans une attente] to grow ou to become impatient; [dans une discussion] to lose one's patience; **s'**~ **de qqch** to get impatient with sthg; **s'**~ **contre qqn** to get impatient with sb ‖ *(en usage absolu)*: **j'ai fini par m'**~ I lost patience in the end.

**impavide** [ɛ̃pavid] *adj litt* impassive, unruffled, composed.

**impayable** [ɛ̃pɛjabl] *adj fam* priceless; **il est vraiment** ~! he's priceless ou a scream!

**impayé, e** [ɛ̃pɛje] *adj* [facture] unpaid; [dette] outstanding; **tous les effets** ~**s le 8 mai** all bills not settled by May 8th.
◆ **impayé** *nm* [somme] unpaid ou dishonoured bill; 'les ~s' 'payments outstanding'.

**impeccable** [ɛ̃pekabl] *adj* **-1.** [propre et net – intérieur, vête-

ment] spotless, impeccable; [– coiffure, ongles] impeccable. **-2.** [parfait – manières, travail] impeccable, flawless, perfect; **10 heures, ça te va?** — **oui,** ~! *fam* would 10 o'clock suit you? — yes, great ou perfect!**-3.** RELIG impeccable.

**impeccablement** [ɛ̃pekabləmɑ̃] *adv* impeccably.

**impénétrabilité** [ɛ̃penetrabilite] *nf* impenetrability.

**impénétrable** [ɛ̃penetrabl] *adj* impenetrable.

**impénitent, e** [ɛ̃penitɑ̃, ɑ̃t] *adj* **-1.** RELIG impenitent, unrepentant. **-2.** [buveur, fumeur] inveterate.

**impensable** [ɛ̃pɑ̃sabl] *adj* [inconcevable] unthinkable, inconceivable; [incroyable] unbelievable.

**imper** [ɛ̃pɛr] *nm* raincoat, mac *Br*.

**impératif, ive** [ɛ̃peratif, iv] *adj* **-1.** [qui s'impose – mesure, intervention] imperative, urgent, vital; [– besoin, date] imperative; **il est** ~ **de...** it is imperative ou essential to... **-2.** [de commandement – appel, geste, voix] imperative, peremptory. **-3.** LING imperative.
◆ **impératif** *nm* **-1.** *(souvent pl)* [exigence] requirement, necessity; **les** ~**s de la mode** the dictates of fashion; **les** ~**s du direct** *fam* the constraints of live broadcasting. **-2.** LING: **l'**~ the imperative (mood); **verbe à l'**~ verb in the imperative.

**impérativement** [ɛ̃perativmɑ̃] *adv*: **il faut que je termine** ~ **pour ce soir** it's essential that I should finish tonight.

**impératrice** [ɛ̃peratris] *nf* empress.

**imperceptibilité** [ɛ̃pɛrsɛptibilite] *nf* imperceptibility.

**imperceptible** [ɛ̃pɛrsɛptibl] *adj* imperceptible.

**imperceptiblement** [ɛ̃pɛrsɛptibləmɑ̃] *adv* imperceptibly.

**imperdable** [ɛ̃pɛrdabl] ◇ *adj*: **ce match est** ~! this is a match you can't lose! ◇ *nf Helv* safety pin.

**imperfection** [ɛ̃pɛrfɛksjɔ̃] *nf* **-1.** [défaut – d'un tissu, d'un cuir] imperfection, defect; [– d'une personne] imperfection, shortcoming; [– d'un style, d'une œuvre] imperfection, weakness; [– d'un système] shortcoming; **toutes les petites** ~**s de la peau** all the small blemishes on the skin. **-2.** [état] imperfection.

**impérial, e, aux** [ɛ̃perjal, o] *adj* **-1.** HIST & POL imperial. **-2.** *fig* [allure, manières] imperial, majestic. **-3.** COMM imperial, of superior quality.
◆ **impériale** *nf* **-1.** [étage] top deck; **bus/rame à** ~**e** double-decker bus/train. **-2.** [dais] crown; [de lit] (domed) tester. **-3.** JEUX royal flush. **-4.** [barbe] imperial.

**impérialisme** [ɛ̃perjalism] *nm* imperialism.

**impérialiste** [ɛ̃perjalist] *adj & nmf* imperialist.

**impérieusement** [ɛ̃perjøzmɑ̃] *adv* **-1.** [impérativement] absolutely. **-2.** [autoritairement] imperiously, peremptorily.

**impérieux, euse** [ɛ̃perjø, øz] *adj* **-1.** [irrésistible – besoin, désir] urgent, compelling, pressing. **-2.** [de commandement – appel, personne, voix] imperious, peremptory; **d'un ton** ~ in a commanding tone.

**impérissable** [ɛ̃perisabl] *adj sout* [vérité] eternal, imperishable; [splendeur] undying; [souvenir] enduring.

**imperméabilisant, e** [ɛ̃pɛrmeabilizɑ̃, ɑ̃t] *adj* waterproofing.
◆ **imperméabilisant** *nm* waterproofing (substance).

**imperméabilisation** [ɛ̃pɛrmeabilizasjɔ̃] *nf* waterproofing.

**imperméabiliser** [3] [ɛ̃pɛrmeabilize] *vt* to (make) waterproof ou rainproof.

**imperméabilité** [ɛ̃pɛrmeabilite] *nf* **-1.** GÉOL, TEXT & VÊT impermeability. **-2.** [non-compréhension] imperviousness.

**imperméable** [ɛ̃pɛrmeabl] ◇ *adj* **-1.** GÉOL impermeable. **-2.** [combinaison de plongée] waterproof; [enduit intérieur] waterproof, water-resistant *spéc*; [vêtement, chaussure, enduit extérieur] waterproof, rainproof. **-3.** *sout* [insensible]: **être** ~ **à** to be impervious to. ◇ *nm* [vêtement] raincoat.

**impersonnalité** [ɛ̃pɛrsɔnalite] *nf* impersonality.

**impersonnel, elle** [ɛ̃pɛrsɔnɛl] *adj* **-1.** [atmosphère, décor, ton] impersonal, cold. **-2.** [approche, texte] impersonal. **-3.** LING impersonal.

**impersonnellement** [ɛ̃pɛrsɔnɛlmɑ̃] *adv* impersonally.

**impertinence** [ɛ̃pɛrtinɑ̃s] *nf* **-1.** [caractère] impertinence, impudence, effrontery. **-2.** [parole] impertinence, impertinent remark. **-3.** *sout* [manque d'à-propos] irrelevance, inappropriateness.

**impertinent, e** [ɛ̃pɛrtinɑ̃, ɑ̃t] ◇ *adj* **-1.** [impudent] impertinent, impudent. **-2.** *sout* [question, remarque] irrelevant. ◇ *nm, f* impertinent person.

**imperturbable** [ε̃pεrtyrbabl] *adj* imperturbable.
**imperturbablement** [ε̃pεrtyrbabləmɑ̃] *adv* imperturbably.
**impétigo** [ε̃petigo] *nm* impetigo.
**impétrant, e** [ε̃petrɑ̃, ɑ̃t] *nm, f* recipient.
**impétueux, euse** [ε̃petɥø, øz] *adj* **-1.** [personne] impetuous, rash, impulsive; [tempérament] fiery, impetuous. **-2.** *litt* [flot, rythme] impetuous, wild.
**impétuosité** [ε̃petɥozite] *nf* **-1.** [d'une personne, d'un tempérament] impetuousness, impetuosity, foolhardiness. **-2.** *litt* [des flots, d'un rythme] impetuosity, impetuousness.
**impie** [ε̃pi] *sout* ◇ *adj* impious. ◇ *nmf* impious ou ungodly person.
**impiété** [ε̃pjete] *nf* **-1.** [caractère] impiety, ungodliness. **-2.** [parole, acte] impiety.
**impitoyable** [ε̃pitwajabl] *adj* [juge, adversaire] merciless, pitiless; [haine, combat] merciless, relentless.
**impitoyablement** [ε̃pitwajabləmɑ̃] *adv* mercilessly, ruthlessly, pitilessly.
**implacable** [ε̃plakabl] *adj* **-1.** [acharné, inflexible] implacable. **-2.** *litt* [inéluctable] relentless, implacable *sout*; avec une logique ~ with relentless logic.
**implacablement** [ε̃plakabləmɑ̃] *adv* implacably, mercilessly, relentlessly.
**implant** [ε̃plɑ̃] *nm* implant; ~ dentaire (dental) implant.
**implantation** [ε̃plɑ̃tasjɔ̃] *nf* **-1.** [établissement] establishment, setting up. **-2.** [des cheveux] hairline. **-3.** MÉD (lateral) implantation; [en odontologie] implant. **-4.** ÉLECTRON implantation.
**implanté, e** [ε̃plɑ̃te] *adj*: une tradition bien ~e a well-established tradition.
**implanter** [3] [ε̃plɑ̃te] *vt* **-1.** [bâtiment] to locate; [entreprise] to set up, to establish, to locate; [idées] to implant; [coutumes, mode] to introduce; [parti politique] to establish. **-2.** MÉD to implant.
◆ **s'implanter** *vpi* [entreprise, ville] to be set up ou located ou established; [peuple] to settle.
**implication** [ε̃plikasjɔ̃] *nf* **-1.** [participation] involvement, implication. **-2.** PHILOS & MATH implication.
◆ **implications** *nfpl* implications, consequences.
**implicite** [ε̃plisit] *adj* **-1.** [tacite] implicit. **-2.** INF [option, valeur] default *(modif)*.
**implicitement** [ε̃plisitmɑ̃] *adv* **-1.** [tacitement] implicitly. **-2.** INF: toutes les variables prennent ~ la valeur 0 all the variables have the default value 0.
**impliquer** [3] [ε̃plike] *vt* **-1.** [compromettre] to implicate, to involve; ~ qqn dans qqch to implicate sb in sthg. **-2.** [supposer - suj: terme, phrase] to imply. **-3.** [entraîner - dépenses, remaniements] to imply, to involve, to entail. **-4.** MATH: p implique q if p then q.
◆ **s'impliquer dans** *vp* + *prép*: s'~ dans qqch to get (o.s.) involved in sthg.
**implorant, e** [ε̃plɔrɑ̃, ɑ̃t] *adj sout* [voix, regard, geste] imploring, beseeching; d'un ton ~ imploringly, beseechingly.
**imploration** [ε̃plɔrasjɔ̃] *nf sout* entreaty.
**implorer** [3] [ε̃plɔre] *vt* **-1.** [solliciter] to implore, to beseech; ~ le pardon de qqn to beg sb's forgiveness. **-2.** *sout* [supplier]: ~ qqn de faire qqch to implore ou beg sb to do sthg.
**imploser** [3] [ε̃ploze] *vi* to implode.
**implosif, ive** [ε̃plozif, iv] *adj* PHON implosive.
**implosion** [ε̃plozjɔ̃] *nf* PHON & PHYS implosion.
**impoli, e** [ε̃poli] ◇ *adj* impolite, rude, uncivil; être ~ envers qqn to be impolite ou rude to sb. ◇ *nm, f* impolite ou ill-mannered person.
**impoliment** [ε̃polimɑ̃] *adv* impolitely, rudely.
**impolitesse** [ε̃polites] *nf* **-1.** [caractère] impoliteness, rudeness; il est d'une ~! he's so rude! **-2.** [acte, parole] impolite thing; commettre une ~ to do something rude ou impolite.
**impondérable** [ε̃pɔ̃derabl] ◇ *adj* imponderable. ◇ *nm (gén pl)* unknown quantity, imponderable.
**impopulaire** [ε̃popylεr] *adj* [mesure, dirigeant] unpopular.
**impopularité** [ε̃popylarite] *nf* unpopularity.
**importable** [ε̃pɔrtabl] *adj* **-1.** ÉCON importable. **-2.** [habit] unwearable.

**importance** [ε̃pɔrtɑ̃s] *nf* **-1.** [qualitative - d'une décision, d'un discours, d'une personne] importance, significance; avoir de l'~ to be of importance, to matter; sans ~ [personne] unimportant, insignificant; [fait] of no importance, irrelevant; [somme] insignificant, trifling; que disais-tu? — c'est sans ~ what were you saying? — it's of no importance ou it doesn't matter; accorder ou attacher trop d'~ à qqch to attach too much importance ou significance to sthg; se donner de l'~ to act important. **-2.** [quantitative - d'une agglomération] size; [- de dégâts, de pertes] extent; prendre de l'~ to expand; une entreprise d'~ moyenne a medium-sized business.
◆ **d'importance** *loc adj* important.
**important, e** [ε̃pɔrtɑ̃, ɑ̃t] ◇ *adj* **-1.** [qualitativement - découverte, témoignage, rencontre, personnalité] important; [- date, changement] important, significant; [- conséquence] important, serious, far-reaching; [- position] important, high; c'est ~ pour moi de connaître la vérité finding out the truth matters ou is important to me. **-2.** [quantitativement - collection, effectif] sizeable, important, large; [- augmentation, proportion] substantial, significant, large; [- somme] substantial, considerable, sizeable; [- retard] considerable. **-3.** [présomptueux]: prendre ou se donner des airs ~s to act important, to give o.s. airs. ◇ *nm, f* [personne]: faire l'~ to act important.
◆ **important** *nm*: l'~, c'est de... the important thing is to..., the main thing is to...
**importateur, trice** [ε̃pɔrtatœr, tris] ◇ *adj* importing; les pays ~s de pétrole oil-importing countries. ◇ *nm, f* importer.
**importation** [ε̃pɔrtasjɔ̃] *nf* **-1.** ÉCON importation, importing; produit d'~ imported product, import. **-2.** [d'un mouvement, d'une invention] introduction, importation; [d'un animal] importing.
◆ **importations** *nfpl* COMM imports.
**importer** [3] [ε̃pɔrte] ◇ *vt* **-1.** [marchandises, main-d'œuvre, brevets] to import; [mode] to introduce, to import; [animal, végétal] to import, to introduce into the country; [idée] to import, to bring in *(sép)*; musique importée des États-Unis music imported from the United States. **-2.** INF to import. ◇ *vi* [avoir de l'importance] to matter; peu importe it doesn't matter; qu'importe! what does it matter!; ce qui importe avant tout c'est que tu sois heureuse the most important thing ou what matters most is your happiness; peu m'importe! it doesn't matter to me! ‖ *(tournure impersonnelle)*: il importe de partir/qu'elle vienne it is necessary to leave/ for her to come.
**import-export** [ε̃pɔrεkspɔr] *(pl* **imports-exports)** *nm* import-export; il travaille dans l'~ he works in the import-export business.
**importun, e** [ε̃pɔrtœ̃, yn] ◇ *adj* [question] importunate, untimely; [visite, visiteur] unwelcome, importunate. ◇ *nm, f* pest, nuisance.
**importunément** [ε̃pɔrtynemɑ̃] *adv litt* **-1.** [fâcheusement] irritatingly, importunately. **-2.** [mal à propos] inopportunely.
**importuner** [3] [ε̃pɔrtyne] *vt sout* [suj: musique, insecte] to bother, to disturb; [suj: personne] to importune, to bother.
**importunité** [ε̃pɔrtynite] *nf sout* [d'une question, d'une arrivée] untimeliness, importunity.
**imposable** [ε̃pozabl] *adj* taxable.
**imposant, e** [ε̃pozɑ̃, ɑ̃t] *adj* imposing, impressive.
**imposé, e** [ε̃poze] ◇ *adj* **-1.** SPORT → **figure**. **-2.** COMM → **prix**. ◇ *nm, f* [contribuable] taxpayer.
**imposer** [3] [ε̃poze] *vt* **-1.** [fixer - règlement, discipline] to impose, to enforce; [- amende, délai, corvée] to impose; ~ qqch à qqn to force sthg on sb; ~ le silence à qqn to impose silence on sb; ~ un effort à qqn to force sb to make an effort; ~ sa volonté/son point de vue to impose one's will/one's ideas; ~ sa loi (à qqn) to lay down the law (to sb). **-2.** [provoquer]: ~ l'admiration/le respect to command admiration/respect; cette affaire impose la prudence/la discrétion this matter requires prudence/discretion. **-3.** [rendre célèbre]: ~ son nom [personne] to make o.s. known; [entreprise] to become established. **-4.** ÉCON to tax; imposé à 33 % taxed at 33%. **-5.** *loc*: en ~ to be impressive; en ~ à qqn to impress sb; s'en laisser ~ to let o.s. be impressed.

**-6.** IMPR to impose.
◆ **s'imposer** ◇ *vpi* **-1.** [se faire accepter de force] to impose o.s.; **de peur de s'~** for fear of being in the way OU of imposing. **-2.** [se faire reconnaître] to stand out; **s'~ dans un domaine** to make a name for o.s. in a field; **elle s'impose par son talent** her talent makes her stand out. **-3.** [être inévitable] to be necessary; **cette dernière remarque ne s'imposait pas** that last remark was unnecessary OU uncalled for. ◇ *vpt* [se fixer]: **~ qqch** to impose sthg on o.s.; **s'~ un effort/un sacrifice** to force o.s. to make an effort/a sacrifice.

**imposition** [ɛ̃pozisjɔ̃] *nf* **-1.** ÉCON [procédé] taxation; [impôt] tax. **-2.** IMPR imposition. **-3.** RELIG: **~ des mains** laying on OU imposition of hands.

**impossibilité** [ɛ̃pɔsibilite] *nf* impossibility; **être dans l'~ de faire qqch** to be unable to do sthg.

**impossible** [ɛ̃pɔsibl] ◇ *adj* **-1.** [infaisable] impossible; **il est ~ de...** it's impossible OU not possible to...; **il m'est ~ de te répondre** it's impossible for me to give you an answer, I can't possibly answer you; **désolé, cela m'est ~** I'm sorry but I can't (possibly); **il n'est pas ~ que je vienne aussi** I might (just) OU there's a chance I might come too ❑ **~ n'est pas français** *prov* there's no such word as 'can't'. **-2.** [insupportable – personne] impossible, unbearable; [– situation, vie] impossible, intolerable. **-3.** *fam* [extravagant] impossible, ridiculous, incredible; **à des heures ~s** at the most ungodly hours; **un nom ~** a preposterous name. ◇ *nm*: **ne me demande pas l'~** don't ask me to do the impossible OU to perform miracles; **nous ferons l'~** we will do our utmost, we will move heaven and earth ❑ **à l'~ nul n'est tenu** *prov* nobody is expected to do the impossible.
◆ **par impossible** *loc adv*: **si par ~** if by any (remote) chance OU by some miracle.

**imposteur** [ɛ̃pɔstœr] *nm* impostor.

**imposture** [ɛ̃pɔstyr] *nf litt* fraud, (piece of) trickery, deception.

**impôt** [ɛ̃po] *nm* **-1.** [prélèvement] tax; **l'~** taxation, taxes; **les ~s** income tax; **payer des ~** to pay (income) tax; **payer 2 000 francs d'~** to pay 2,000 francs in taxes OU (in) tax; **c'est déductible des ~s** it's tax-deductible; **écrire/aller aux ~s** *fam* [à l'hôtel des impôts] to write to/to go and see the tax people; **financé par l'~** paid for out of taxes OU with the taxpayers' money ❑ **~ sur le capital** capital tax; **~ sur le chiffre d'affaires** turnover OU cascade *Br* tax; **~ direct/indirect** direct/indirect tax; **~ foncier** property tax; **~ forfaitaire** basic-rate tax; **~ sur les grandes fortunes** *former* wealth tax; **~s locaux** ≃ council tax *Br*, ≃ local property tax *Am*; **~ sur les plus-values** capital gains tax; **~ progressif** graduated tax; **~ sur le revenu** income tax; **~ de solidarité sur la fortune** wealth tax; **~ sur le transfert des capitaux** capital transfer tax. **-2.** *fig & litt*: **l'~ du sang** the duty to serve one's country.

**impotence** [ɛ̃potɑ̃s] *nf* loss of mobility (*through old age*), infirmity.

**impotent, e** [ɛ̃potɑ̃, ɑ̃t] ◇ *adj* [personne] infirm; [membre] withered. ◇ *nm, f* [personne] cripple.

**impraticable** [ɛ̃pratikabl] *adj* **-1.** [col] inaccessible, impassable; [fleuve] unnavigable; [aérodrome] unfit for use; [route] impassable. **-2.** *litt* [méthode, idée] unfeasible, unworkable, impracticable.

**imprécation** [ɛ̃prekasjɔ̃] *nf litt* imprecation *litt*, curse.

**imprécatoire** [ɛ̃prekatwar] *adj sout* imprecatory *litt*.

**imprécis, e** [ɛ̃presi, iz] *adj* **-1.** [témoignage, souvenir] imprecise, vague. **-2.** [appareil, instrument] imprecise, inaccurate.

**imprécision** [ɛ̃presizjɔ̃] *nf* **-1.** [d'un souvenir, d'un témoignage] vagueness, imprecision. **-2.** [d'un appareil, d'un instrument] inaccuracy, lack of precision.

**imprégnation** [ɛ̃preɲasjɔ̃] *nf* **-1.** [d'une matière] impregnation, saturation; [d'un esprit] impregnation, inculcation, imbuing. **-2.** ZOOL imprinting.

**imprégner** [18] [ɛ̃preɲe] *vt* **-1.** [imbiber] to soak, to impregnate; **être imprégné de** to be soaked in, to be impregnated with. **-2.** [être présent dans] to permeate, to pervade, to fill; **l'odeur du tabac imprègne ses vêtements** his clothes reek of tobacco.
◆ **s'imprégner de** *vp + prép* [éponge, bois] to become soaked OU impregnated with; [air] to become permeated OU

filled with; [personne, esprit] to become immersed in OU imbued with.

**imprenable** [ɛ̃prənabl] *adj* **-1.** MIL [ville] impregnable; [position] unassailable. **-2.** [gén]: **vue ~ sur la baie** uninterrupted view of the bay.

**imprésario, impresario** [ɛ̃presarjo] (*pl* **impresarii** [-ri]) *nm* impresario.

**imprescriptible** [ɛ̃prɛskriptibl] *adj* **-1.** JUR imprescriptible, indefeasible. **-2.** *sout* [éternel] eternal.

**impression** [ɛ̃presjɔ̃] *nf* **-1.** [effet, réaction] impression; **faire bonne/mauvaise ~** to make a good/a bad impression; **faire une forte** OU **grosse ~** to make quite a strong impression; **il donne l'~ de s'ennuyer** he seems to be bored. **-2.** **avoir l'~ (croire):** **j'ai l'~ qu'elle ne viendra plus** I have a feeling (that) she won't come; **j'ai comme l'~ qu'il mentait** *fam* I have a hunch he was lying; **j'ai l'~ d'avoir déjà vécu cette scène** I've got a strong sense of déjà vu. **-3.** [empreinte] impression, mark. **-4.** [motif, dessin] pattern. **-5.** IMPR printing; **envoyer un manuscrit à l'~** to send a manuscript off to press OU the printer's. **-6.** PHOT exposure. **-7.** [en peinture] priming, ground.

**impressionnable** [ɛ̃presjonabl] *adj* **-1.** [émotif] impressionable. **-2.** PHOT (photo) sensitive.

**impressionnant, e** [ɛ̃presjonɑ̃, ɑ̃t] *adj* **-1.** [imposant – œuvre, personnalité] impressive; [– portail, temple] awe-inspiring; [– exploit] impressive, stunning, sensational; [– somme] considerable. **-2.** *sout* [bouleversant] disturbing, upsetting.

**impressionner** [3] [ɛ̃presjone] *vt* **-1.** [frapper] to impress; **être impressionné par qqch** to be impressed by sthg; **se laisser ~** to let o.s. be impressed. **-2.** [bouleverser] to distress, to upset. **-3.** PHOT to expose.

**impressionnisme** [ɛ̃presjonism] *nm* impressionism.

**impressionniste** [ɛ̃presjonist] ◇ *adj* **-1.** BX-ARTS impressionist. **-2.** [subjectif] impressionistic. ◇ *nmf* impressionist.

**imprévisibilité** [ɛ̃previzibilite] *nf* unpredictability.

**imprévisible** [ɛ̃previzibl] *adj* unpredictable, unforeseeable.

**imprévision** [ɛ̃previzjɔ̃] *nf* lack of foresight.

**imprévoyance** [ɛ̃prevwajɑ̃s] *nf* [gén] lack of foresight; [financière] improvidence.

**imprévoyant, e** [ɛ̃prevwajɑ̃, ɑ̃t] ◇ *adj* [gén] lacking (in) foresight; [financièrement] improvident. ◇ *nm, f* improvident person.

**imprévu, e** [ɛ̃prevy] *adj* [inattendu] unexpected, unforeseen; **de manière ~e** unexpectedly.
◆ **imprévu** *nm* **-1.** [les surprises]: **j'adore l'~!** I love surprises!-**2.** [événement] unexpected event; **sauf ~** OU **à moins d'un ~, je serai à l'heure** unless anything unforeseen happens OU barring accidents, I'll be on time; **les ~s de la vie** life's little surprises. **-3.** [dépense] unforeseen OU hidden expense.

**imprimante** [ɛ̃primɑ̃t] *nf* printer; **~ matricielle** OU **par points** (dot) matrix printer; **~ (ligne) par ligne** line printer; **~ (à) laser** laser printer; **~ à bulles d'encre** bubblejet printer; **~ à jet d'encre** ink jet printer; **~ à impact** impact printer; **~ à marguerite** daisywheel printer.

**imprimé** [ɛ̃prime] *nm* **-1.** [brochure, livre] printed book OU booklet; **'~s'** 'printed matter'. **-2.** [formulaire] (printed) form. **-3.** [étoffe] printed fabric OU material.

**imprimer** [3] [ɛ̃prime] *vt* **-1.** IMPR [fabriquer] to print (out) (*sép*); [publier] to print, to publish. **-2.** TEXT to print. **-3.** [transmettre] to transmit, to impart, to give; **~ un mouvement à qqch** to impart OU to transmit a movement to sthg. **-4.** *litt* [marquer] to imprint; **il voulait ~ tous ces détails dans sa mémoire** he wanted to impress all these details on his memory.
◆ **s'imprimer** *vpi* to be printed.

**imprimerie** [ɛ̃primri] *nf* **-1.** [technique] printing. **-2.** [établissement] printing works (*sg*), printer's; [atelier] printing office OU house; PRESSE print room; **l'Imprimerie nationale** the French government stationery office. **-3.** [matériel] printing press OU machines; [jouet] printing set. **-4.** [industrie]: **l'~** the printing industry.

**imprimeur** [ɛ̃primœr] *nm* [industriel] printer; [ouvrier] printer, print worker.

**improbabilité** [ɛ̃probabilite] *nf* improbability.

**improbable** [ɛ̃probabl] *adj* unlikely, improbable.

**improductif, ive** [ɛ̃prɔdyktif, iv] ◇ *adj* unproductive. ◇ *nm, f* unproductive person; **les ~s** the nonproductive members of society.

**improductivité** [ɛ̃prɔdyktivite] *nf* unproductiveness, nonproductiveness.

**impromptu, e** [ɛ̃prɔ̃pty] *adj* [improvisé] impromptu, unexpected, surprise *(modif)*; **faire un discours ~** to give an impromptu ou off-the-cuff speech.
◆ **impromptu** *nm* LITTÉRAT & MUS impromptu.

**imprononçable** [ɛ̃prɔnɔ̃sabl] *adj* unpronounceable.

**impropre** [ɛ̃prɔpr] *adj* **-1.** [personne, produit] unsuitable, unsuited, unfit; **il est ~ à ce type de travail** he's unsuited to ou unsuitable for this kind of work ❏ **produits ~s à la consommation** products not fit ou unfit for human consumption. **-2.** [terme] inappropriate.

**improprement** [ɛ̃prɔprəmɑ̃] *adv* incorrectly, improperly.

**impropriété** [ɛ̃prɔprijete] *nf* **-1.** [caractère] incorrectness, impropriety *sout.* **-2.** [terme] mistake, impropriety *sout.*

**improvisateur, trice** [ɛ̃prɔvizatœr, tris] ◇ *adj* improvisational, improvising. ◇ *nm, f* improviser, improvisor.

**improvisation** [ɛ̃prɔvizasjɔ̃] *nf* **-1.** [gén] improvisation, improvising. **-2.** MUS & THÉÂT improvisation; **faire de l'~** to improvise.

**improvisé, e** [ɛ̃prɔvize] *adj* [discours] improvised, extempore; [explication] off-the-cuff, ad hoc; [mesure, réforme] hurried, makeshift, improvised; [décision] snap; **un repas ~** a makeshift meal.

**improviser** [3] [ɛ̃prɔvize] ◇ *vt* to improvise; **~ une explication** to give an off-the-cuff explanation; **on l'a improvisé trésorier** they set him up as treasurer ad hoc. ◇ *vi* **-1.** [parler spontanément] to improvise. **-2.** MUS to improvise.
◆ **s'improviser** ◇ *vp (emploi passif)* to be improvised; **l'orthographe, ça ne s'improvise pas** you can't just make spelling up as you go along. ◇ *vpi:* **s'~ journaliste/photographe** to act as a journalist/photographer; **on ne s'improvise pas peintre** you don't become a painter overnight ou just like that.

**improviste** [ɛ̃prɔvist]
◆ **à l'improviste** *loc adv* unexpectedly, without warning.

**imprudemment** [ɛ̃prydamɑ̃] *adv* recklessly, carelessly, imprudently; **agir ~** to act foolishly ou unwisely.

**imprudence** [ɛ̃prydɑ̃s] *nf* **-1.** [caractère] imprudence, carelessness, foolhardiness. **-2.** [acte] careless act ou action; **commettre une ~** to do something stupid ou thoughtless ou careless; **il a commis l'~ d'en parler aux journalistes** he was stupid enough to talk to the press about it; **pas d'~s!** be careful!, don't do anything silly!

**imprudent, e** [ɛ̃prydɑ̃, ɑ̃t] ◇ *adj* [conducteur] careless; [joueur] reckless. **-2.** [acte, comportement] unwise, imprudent; [remarque] foolish, careless, unwise; [projet] foolish, ill-considered; [décision] rash, unwise, ill-advised. ◇ *nm, f* [personne] careless ou reckless person.

**impubère** [ɛ̃pybɛr] *adj* prepubescent, preadolescent.

**impubliable** [ɛ̃pyblijabl] *adj* unpublishable, unprintable.

**impudemment** [ɛ̃pydamɑ̃] *adv* impudently, insolently, brazenly.

**impudence** [ɛ̃pydɑ̃s] *nf* **-1.** [caractère] impudence, insolence, brazenness. **-2.** [action] impudent act; [remarque] impudent remark.

**impudent, e** [ɛ̃pydɑ̃, ɑ̃t] ◇ *adj* impudent, insolent, brazen. ◇ *nm, f* impudent person.

**impudeur** [ɛ̃pydœr] *nf* **-1.** [immodestie] immodesty, shamelessness. **-2.** [impudence] brazenness, shamelessness.

**impudique** [ɛ̃pydik] *adj* **-1.** [immodeste] immodest, shameless. **-2.** [indécent] shameless, indecent.

**impuissance** [ɛ̃pɥisɑ̃s] *nf* **-1.** [faiblesse] powerlessness, helplessness. **-2.** [incapacité] inability, powerlessness; **~ à faire qqch** inability to do sthg. **-3.** MÉD & PSYCH impotence.

**impuissant, e** [ɛ̃pɥisɑ̃, ɑ̃t] *adj* **-1.** [vain] powerless, helpless. **-2.** MÉD & PSYCH impotent.
◆ **impuissant** *nm* MÉD & PSYCH impotent (man).

**impulsif, ive** [ɛ̃pylsif, iv] ◇ *adj* impulsive. ◇ *nm, f* impulsive person.

**impulsion** [ɛ̃pylsjɔ̃] *nf* **-1.** MÉCAN & PHYS impulse; ÉLECTRON pulse, impulse. **-2.** *fig* [dynamisme] impetus, impulse; don-ner une ~ au commerce to give an impetus to ou to boost trade; **sous l'~ des dirigeants syndicaux** spurred on by the union leaders. **-3.** [élan] impulse; **céder à une ~** to give in to an impulse; **sous l'~ de la haine** spurred on ou driven by hatred. **-4.** PSYCH impulsion.

**impulsivement** [ɛ̃pylsivmɑ̃] *adv* impulsively.

**impulsivité** [ɛ̃pylsivite] *nf* impulsiveness.

**impunément** [ɛ̃pynemɑ̃] *adv* with impunity.

**impuni, e** [ɛ̃pyni] *adj* unpunished.

**impunité** [ɛ̃pynite] *nf* impunity; **en toute ~** with impunity.

**impur, e** [ɛ̃pyr] *adj* **-1.** *sout* [pensée, sentiment] impure, unclean; [air, eau] impure, foul; [style] impure; [race] mixed, mongrel. **-2.** MÉTALL impure.

**impureté** [ɛ̃pyrte] *nf* **-1.** [caractère] impurity, foulness. **-2.** [élément] impurity. **-3.** *litt* [impudicité] lewdness. **-4.** ÉLECTRON impure atom.

**imputable** [ɛ̃pytabl] *adj* **-1.** [attribuable] : **~ à** imputable ou ascribable ou attributable to. **-2.** FIN: **~ sur** [crédit] chargeable ou to be credited to; [débit] to be debited from.

**imputation** [ɛ̃pytasjɔ̃] *nf* **-1.** [accusation] charge, imputation. **-2.** FIN charging.

**imputer** [3] [ɛ̃pyte] *vt* **-1.** [attribuer] : **~ un crime à qqn** to impute a crime to sb; **~ ses échecs à la malchance** to put one's failures down to bad luck. **-2.** FIN: **~ des frais à un budget** [déduire] to deduct expenses from a budget; **~ une somme à un budget** to allocate a sum to a budget.

**imputrescible** [ɛ̃pytresibl] *adj* rot-resistant, antirot.

**in** [in] *adj inv fam* in, trendy.

**INA** [ina] *(abr de Institut national de l'audiovisuel)* *npr m* national television archive.

**inabordable** [inabɔrdabl] *adj* [lieu] inaccessible; [personne] unapproachable, inaccessible; [prix] exorbitant; [produit, service] exorbitantly priced.

**inabouti, e** [inabuti] *adj* unsuccessful, failed.

**inabrogeable** [inabrɔʒabl] *adj* unrepealable.

**inaccentué, e** [inaksɑ̃tɥe] *adj* [voyelle] unstressed; [syllabe] unstressed, unaccentuated; [pronom] atonic.

**inacceptable** [inakseptabl] *adj* [mesure, proposition] unacceptable; [propos, comportement] unacceptable, intolerable, inadmissible.

**inaccessibilité** [inaksesibilite] *nf* inaccessibility.

**inaccessible** [inaksesibl] *adj* **-1.** [hors d'atteinte – sommet] inaccessible, out-of-reach, unreachable; [irréalisable – objectif, rêve] unfeasible, unrealizable; [inabordable – personne] unapproachable, inaccessible; [obscur – ouvrage] inaccessible, opaque. **-2.** [indifférent] : **être ~ à la pitié** to be incapable of feeling pity.

**inaccompli, e** [inakɔ̃pli] *adj* **-1.** [inachevé] unaccomplished. **-2.** LING imperfective.
◆ **inaccompli** *nm* LING imperfective.

**inaccoutumé, e** [inakutyme] *adj* unusual, unaccustomed; **~ à obéir** unused ou unaccustomed to obeying.

**inachevé, e** [inaʃve] *adj* [non terminé] unfinished, uncompleted; [incomplet] incomplete.

**inachèvement** [inaʃɛvmɑ̃] *nm* incompletion.

**inactif, ive** [inaktif, iv] ◇ *adj* **-1.** [personne – oisive] inactive, idle; [– sans travail] non-working. **-2.** [traitement, produit] ineffective. **-3.** BOURSE & COMM slack, slow. **-4.** GÉOL: **volcan ~** dormant volcano. ◇ *nm, f*: **les ~s** SOCIOL the non-working population, those not in active employment.

**inaction** [inaksjɔ̃] *nf* [absence d'activité] inaction; [oisiveté] idleness, lethargy.

**inactiver** [3] [inaktive] *vt* to inactivate.

**inactivité** [inaktivite] *nf* inactivity; **une période d'~** a slack period.

**inadaptation** [inadaptasjɔ̃] *nf* maladjustment; **~ à la vie scolaire** failure to adapt to school life; **l'~ du réseau routier aux besoins actuels** the inadequacy of the road system to cope with present-day traffic.

**inadapté, e** [inadapte] ◇ *adj* **-1.** [enfant] with special needs, maladjusted; **enfants ~s au système scolaire** children who fail to adapt to the educational system ❏ **enfance ~e** children with special needs. **-2.** [outil, méthode]: **~ à** unsuited ou not adapted to. ◇ *nm, f* [adulte] person with social difficulties, social misfit *péj*; [enfant] child with special needs, maladjusted child.

**inadéquat, e** [inadekwa, at] *adj sout* inadequate, inappropriate; ~ à qqch inadequate to ou for sthg.

**inadéquation** [inadekwasjɔ̃] *nf sout* inadequacy, inappropriateness.

**inadmissible** [inadmisibl] *adj* inadmissible, intolerable, unacceptable.

**inadvertance** [inadvɛrtɑ̃s] *nf sout* oversight, slip (up), inadvertence.
♦ **par inadvertance** *loc adv* inadvertently, by mistake.

**inaliénable** [inaljenabl] *adj* inalienable, unalienable.

**inaltérable** [inalterabl] *adj* **-1.** [métal] stable; [couleur] permanent, fast; ~ à l'air air-resistant ❏ peinture ~ non-fade paint. **-2.** [amitié] steadfast; [haine] eternal; [espoir] unfailing, steadfast; [humeur, courage] unfailing; [optimisme] steadfast, unshakeable.

**inaltéré, e** [inaltere] *adj* **-1.** [bois] unwarped. **-2.** [sentiment] unchanged.

**inamical, e, aux** [inamikal, o] *adj* unfriendly, inimical.

**inamovible** [inamɔvibl] *adj* **-1.** ADMIN [fonctionnaire] permanent, irremovable. **-2.** [fixé] fixed.

**inanimé, e** [inanime] *adj* **-1.** [mort] lifeless; [évanoui] unconscious. **-2.** LING inanimate.

**inanité** [inanite] *nf* futility, pointlessness.

**inanition** [inanisjɔ̃] *nf* [faim] starvation; [épuisement] total exhaustion, inanition *spéc*; tomber/mourir d'~ *pr* to faint/to die with hunger; *fig & hum* to be starving.

**inapaisable** [inapezabl] *adj litt* [soif] unquenchable; [faim] voracious, insatiable; [chagrin, souffrance] unappeasable.

**inapaisé, e** [inapeze] *adj litt* [soif] unquenched; [faim] unsatiated; [chagrin, souffrance] unappeased.

**inaperçu, e** [inapɛrsy] *adj* unnoticed; passer ~ to go unnoticed.

**inapplicable** [inaplikabl] *adj* inapplicable, not applicable.

**inappliqué, e** [inaplike] *adj* **-1.** [loi, règlement] not applied. **-2.** [personne] lacking in application.

**inappréciable** [inapresjabl] *adj* **-1.** [précieux] invaluable, priceless. **-2.** [difficile à évaluer] inappreciable, imperceptible.

**inapprochable** [inaprɔʃabl] *adj*: il est vraiment ~ en ce moment you can't say anything to him at the moment.

**inapproprié, e** [inaprɔprije] *adj* inappropriate; ~ à qqch inappropriate to ou unsuitable for sthg.

**inapte** [inapt] ◇ *adj* **-1.** [incapable] unsuitable; être ~ à qqch to be unsuitable ou unfit for sthg; être ~ à faire qqch to be unfit to do sthg. **-2.** MIL: ~ (au service militaire) unfit (for military service). ◇ *nmf* MIL army reject.

**inaptitude** [inaptityd] *nf* **-1.** [incapacité – physique] incapacity, unfitness; [– mentale] (mental) inaptitude; ~ à qqch unfitness for sthg; ~ à faire qqch unfitness for doing ou to do sthg. **-2.** MIL unfitness (for military service).

**inarticulé, e** [inartikyle] *adj* inarticulate.

**inassimilable** [inasimilabl] *adj* [substance] indigestible, unassimilable *spéc*; [connaissances] impossible to take in; [population] which cannot become integrated.

**inassouvi, e** [inasuvi] *adj sout* **-1.** [soif] unquenched; [faim] unappeased, unsatiated. **-2.** [passion] unappeased, unsatiated; [désir] unfulfilled.

**inattaquable** [inatakabl] *adj* **-1.** [personne] beyond reproach ou criticism; [conduite] unimpeachable, irreproachable; [argument, preuve] unassailable, irrefutable, unquestionable; [forteresse, lieu] impregnable. **-2.** MÉTALL corrosion-resistant.

**inattendu, e** [inatɑ̃dy] *adj* [personne] unexpected; [réflexion, événement] unexpected, unforeseen.

**inattentif, ive** [inatɑ̃tif, iv] *adj* inattentive; vous êtes trop ~ (à) you don't pay enough attention (to).

**inattention** [inatɑ̃sjɔ̃] *nf* lack of attention ou concentration, inattentiveness; un moment ou une minute d'~ a momentary lapse of concentration; faute ou erreur d'~ careless mistake.

**inaudible** [inodibl] *adj* **-1.** [imperceptible] inaudible. **-2.** [insupportable] unbearable.

**inaugural, e, aux** [inogyral, o] *adj* [discours, cérémonie] opening *(modif)*, inaugural; [voyage] maiden *(modif)*.

**inauguration** [inogyrasjɔ̃] *nf* **-1.** [cérémonie] inauguration. **-2.** [commencement] beginning, inauguration, initiation.

**inaugurer** [3] [inogyre] *vt* **-1.** [route, monument, exposition] to inaugurate; *fig* [système, méthode] to initiate, to launch; ~ les chrysanthèmes *hum* to be just a figurehead. **-2.** [marquer le début de] to usher in.

**inauthentique** [inotɑ̃tik] *adj* inauthentic.

**inavouable** [inavwabl] *adj* unmentionable, shameful.

**inavoué, e** [inavwe] *adj* secret, unconfessed.

**INC** (*abr de* **institut national de la consommation**) *npr m* consumer research organization.

**inca** [ɛ̃ka] *adj* Inca.
♦ **Inca** ◇ *nmf* Inca; les Incas the Inca, the Incas. ◇ *nm* [souverain] Inca.

**incalculable** [ɛ̃kalkylabl] *adj* **-1.** [considérable] incalculable, countless; un nombre ~ de a countless number of. **-2.** [imprévisible] incalculable.

**incandescence** [ɛ̃kɑ̃desɑ̃s] *nf* incandescence; être en ~ to be incandescent; porté à ~ heated until glowing, incandescent.

**incandescent, e** [ɛ̃kɑ̃desɑ̃, ɑ̃t] *adj* incandescent.

**incantation** [ɛ̃kɑ̃tasjɔ̃] *nf* incantation.

**incantatoire** [ɛ̃kɑ̃tatwar] *adj* incantatory; formule ~, paroles ~s incantation.

**incapable** [ɛ̃kapabl] ◇ *adj* **-1.** [par incompétence] incapable, incompetent, inefficient; ~ de: être ~ de faire qqch to be incapable of doing sthg; elle était ~ de répondre she was unable to answer, she couldn't answer; je serais bien ~ de le dire I really wouldn't know, I really couldn't tell you. **-2.** [par nature]: ~ de: être ~ de qqch to be incapable of sthg; elle est ~ d'amour she's incapable of loving ou love; elle est ~ de méchanceté there's no malice in her; être ~ de faire to be incapable of doing. **-3.** JUR incapable. ◇ *nmf* **-1.** [incompétent] incompetent. **-2.** JUR person under disability.

**incapacité** [ɛ̃kapasite] *nf* **-1.** [impossibilité] incapacity, inability; être dans l'~ de faire qqch to be unable to do sthg; son ~ à se décider his incapacity ou inability to make up his mind. **-2.** [incompétence] incapacity, incompetence, inefficiency. **-3.** MÉD disablement, disability; ~ permanente permanent disablement ou disability; ~ de travail industrial disablement. **-4.** JUR incapacity.

**incarcération** [ɛ̃karserasjɔ̃] *nf* imprisonment, incarceration.

**incarcérer** [18] [ɛ̃karsere] *vt* to incarcerate.

**incarnat, e** [ɛ̃karna, at] *adj* crimson.
♦ **incarnat** *nm* strong red, crimson.

**incarnation** [ɛ̃karnasjɔ̃] *nf* **-1.** MYTH & RELIG incarnation. **-2.** [manifestation] embodiment.

**incarné, e** [ɛ̃karne] *adj* **-1.** [personnifié] incarnate, personified; le diable ~ the devil incarnate. **-2.** MÉD: un ongle ~ an ingrowing ou ingrown toenail.

**incarner** [3] [ɛ̃karne] *vt* **-1.** [symboliser] to embody, to personify. **-2.** [interpréter – personnage] to play.
♦ **s'incarner** *vpi* **-1.** RELIG to become incarnate. **-2.** [se matérialiser] to be embodied. **-3.** MÉD: un ongle qui s'incarne an ingrowing toenail.

**incartade** [ɛ̃kartad] *nf* **-1.** [écart de conduite] misdemeanour, escapade; à la moindre ~, vous serez puni put one foot wrong and you'll be punished. **-2.** [d'un cheval] swerve.

**incassable** [ɛ̃kasabl] *adj* unbreakable.

**incendiaire** [ɛ̃sɑ̃djɛr] ◇ *adj* **-1.** ARM incendiary. **-2.** [propos] incendiary, inflammatory. ◇ *nmf* fire-raiser *Br*, arsonist.

**incendie** [ɛ̃sɑ̃di] *nm* **-1.** [feu] fire; maîtriser un ~ to bring a fire ou blaze under control ❏ ~ criminel (act of deliberate) arson; ~ de forêt forest fire. **-2.** *litt* [lumière] blaze, glow. **-3.** *fig* [violence] fire.

**incendié, e** [ɛ̃sɑ̃dje] ◇ *adj* **-1.** [ville, maison] burnt (down), destroyed by fire; les familles ~es seront dédommagées the families affected by the fire will be given compensation. **-2.** *litt* [éclairé] ablaze, aglow. ◇ *nm, f* fire victim.

**incendier** [9] [ɛ̃sɑ̃dje] *vt* **-1.** [mettre le feu à] to set fire to, to set on fire. **-2.** *fam* [invectiver]: ~ qqn to give sb hell; tu vas te faire ~! you'll be in for it!. **-3.** *fig* [brûler] to burn. **-4.** [esprit, imagination] to stir. **-5.** *litt* [illuminer] to light up.

**incertain, e** [ɛ̃sɛrtɛ̃, ɛn] *adj* **-1.** [peu sûr – personne] uncertain,

unsure; être ~ de qqch to be uncertain OU unsure of sthg. **-2.** [indéterminé – durée, date, quantité] uncertain, undetermined; [– fait] uncertain, doubtful. **-3.** [aléatoire – gén] uncertain; [– temps] unsettled. **-4.** [vague – contour] indistinct, vague, blurred; [– lumière] poor. **-5.** [mal équilibré – démarche, appui] unsteady, uncertain, hesitant.
◆ **incertain** nm BOURSE: coter l'~ to quote in a foreign currency.

**incertitude** [ɛ̃sɛrtityd] nf **-1.** [doute, précarité] uncertainty; nous sommes dans l'~ we're uncertain, we're not sure; il est seul face à ses ~s he's left alone with his doubts. **-2.** MATH & PHYS uncertainty.

**incessamment** [ɛ̃sesamɑ̃] adv shortly, soon; il doit arriver ~ he'll be here any minute now.

**incessant, e** [ɛ̃sesɑ̃, ɑ̃t] adj [effort] ceaseless, continual; [bruit, bavardage] incessant, ceaseless, continual; [douleur, pluie] unremitting, constant.

**incessible** [ɛ̃sesibl] adj JUR [privilège] non-transferable; [droit] inalienable, indefeasible.

**inceste** [ɛ̃sɛst] nm incest.

**incestueux, euse** [ɛ̃sɛstɥø, øz] adj **-1.** [personne, relation] incestuous. **-2.** [né d'un inceste]: **enfant** ~ child born of an incestuous relationship.

**inchangé, e** [ɛ̃ʃɑ̃ʒe] adj unchanged, unaltered.

**inchavirable** [ɛ̃ʃavirabl] adj non-capsizing, self-righting.

**inchiffrable** [ɛ̃ʃifrabl] adj unquantifiable, immeasurable.

**incidemment** [ɛ̃sidamɑ̃] adv [accessoirement] incidentally, in passing; [par hasard] incidentally, by chance.

**incidence** [ɛ̃sidɑ̃s] nf **-1.** [répercussion] effect, repercussion, impact; ~ **fiscale** ÉCON fiscal effect. **-2.** AÉRON & PHYS incidence.

**incident**[1] [ɛ̃sidɑ̃] nm **-1.** [événement] incident, event; [accrochage] incident; ~ **diplomatique/de frontière** diplomatic/border incident; ~ **technique** technical hitch OU incident ❑ avoir un ~ de parcours to come across a hitch (on the way); sa démission n'est qu'un ~ de parcours his resignation is only a minor incident; l'~ est clos the matter is (now) closed. **-2.** JUR: ~ (de procédure) objection (on a point of law). **-3.** LITTÉRAT (little) episode.

**incident**[2]**, e** [ɛ̃sidɑ̃, ɑ̃t] adj **-1.** [accessoire – remarque] incidental. **-2.** LING interpolated, parenthetical. **-3.** PHYS incident. **-4.** JUR incidental; **demande** ~e accessory claim.
◆ **incidente** nf GRAMM parenthetical clause.

**incinérateur** [ɛ̃sineratœr] nm incinerator.

**incinération** [ɛ̃sinerasjɔ̃] nf [de chiffons, de papiers] incineration; [de cadavres] cremation.

**incinérer** [18] [ɛ̃sinere] vt [linge, papier] to incinerate; [cadavre] to cremate.

**incise** [ɛ̃siz] nf **-1.** LING interpolated clause. **-2.** MUS phrase.

**inciser** [3] [ɛ̃size] vt **-1.** MÉD to incise, to make an incision; [abcès] to lance. **-2.** HORT to incise, to cut (a notch into); [pour extraire la résine] to tap.

**incisif, ive** [ɛ̃sizif, iv] adj [ironie, remarque, ton] cutting, incisive, biting; [regard] piercing.

**incision** [ɛ̃sizjɔ̃] nf **-1.** MÉD cut, incision spéc. **-2.** HORT notch, incision spéc; ~ **annulaire** ringing.

**incisive** [ɛ̃siziv] ◇ f → **incisif**. ◇ nf incisor.

**incitateur, trice** [ɛ̃sitatœr, tris] ◇ adj inciting, incentive. ◇ nm, f inciter.

**incitation** [ɛ̃sitasjɔ̃] nf [encouragement] incitement, encour-

agement; c'est une ~ à la violence it's incitement to OU it encourages violence; ~ **fiscale** ÉCON tax incentive.

**inciter** [3] [ɛ̃site] vt **-1.** [encourager]: ~ qqn à faire qqch to prompt OU to encourage sb to do sthg; ~ qqn à qqch: cela vous incite à la réflexion/prudence it makes you stop and think/makes you cautious. **-2.** JUR to incite.

**incivil, e** [ɛ̃sivil] adj sout uncivil, impolite.

**incivique** [ɛ̃sivik] adj vieilli lacking in civic OU public spirit, lacking in public-mindedness.

**inclassable** [ɛ̃klasabl] adj unclassifiable.

**inclément, e** [ɛ̃klemɑ̃, ɑ̃t] adj litt **-1.** [qui manque d'indulgence] merciless, pitiless. **-2.** [rigoureux – climat] inclement.

**inclinable** [ɛ̃klinabl] adj reclining, tilting.

**inclinaison** [ɛ̃klinɛzɔ̃] nf **-1.** [d'un plan] incline, slant; [d'un avion] tilt, tilting; [d'un toit, des combles, d'un pignon] pitch, slope; [d'un navire] list, listing; la faible/forte ~ du jardin the gentle slope/the steepness of the garden; l'~ de la voie RAIL & TRAV PUBL the gradient, the incline. **-2.** [d'une partie du corps]: l'~ de la tête the tilt of the head. **-3.** GÉOM inclination, angle. **-4.** ASTRON declination.

**inclination** [ɛ̃klinasjɔ̃] nf **-1.** [tendance] inclination, tendency; [goût] inclination, liking; avoir une ~ pour la musique to have a liking for music, to be musically inclined; une ~ à douter a tendency to doubt things; suivre son ~ to follow one's (natural) inclination. **-2.** [mouvement – de la tête] bow, inclination; [– du corps] bow; [signe d'acquiescement] nod. **-3.** litt [attirance]: avoir de l'~ pour qqn to have a liking for sb; un mariage d'~ a love match.

**incliné, e** [ɛ̃kline] adj [en pente] sloping; [penché – mur] leaning; [– dossier, siège] reclining.

**incliner** [3] [ɛ̃kline] vt **-1.** [courber] to bend; ~ la tête OU le front to bow OU to incline litt one's head; [pour acquiescer ou saluer] to nod (one's head); ~ le corps (en avant) to bend forward; [pour saluer] to bow ‖ [pencher – dossier, siège] to tilt; être incliné AÉRON to tilt; NAUT to list. **-2.** sout [inciter]: ~ qqn à faire to encourage OU to prompt sb to do; cette information m'incline à revoir mon point de vue this news leads me OU makes me inclined to reconsider my position; ~ qqn à la rigueur to encourage sb to be strict.
◆ **incliner à** v + prép to tend to OU towards, to incline towards.
◆ **s'incliner** vpi **-1.** [être penché – mur] to lean (over); [– toit, route] to slope; [– avion] to tilt, to bank; [– navire] to list; [– siège] to tilt; [se courber – personne] to bend forward; [– personne qui salue] to bow; [– cime d'arbre] to bend (over). **-2.** fig [se soumettre]: s'~ devant le talent to bow before talent; s'~ devant les faits to submit to OU to accept the facts; s'~ devant la supériorité de qqn to yield to sb's superiority; le Racing s'est incliné devant Toulon par 15 à 12 SPORT Racing Club lost OU went down to Toulon 15 to 12. **-3.** [se recueillir]: s'~ devant la dépouille mortelle de qqn to pay one's last respects to sb.

**inclure** [96] [ɛ̃klyr] vt **-1.** [ajouter] to include, to add, to insert. **-2.** [joindre] to enclose. **-3.** [comporter] to include; [impliquer]: cet accord inclut une autre condition the agreement includes a further condition.

**inclus, e** [ɛ̃kly, yz] ◇ pp → **inclure**. ◇ adj **-1.** [contenu] enclosed. **-2.** [compris] included; le service est ~ service is included; du 1er au 12 juin ~ from June 1st to June 12th inclusive, from June 1 through June 12 Am; jusqu'au dimanche ~ up to and including Sunday; dimanche ~ including Sundays. **-3.** MATH: l'ensemble X est ~ dans l'ensemble Z the

---

**USAGE ▶ L'incertitude**

▷ marquée:

I'm not sure whether it'll work.
I'm still in two minds about going.
I couldn't really say how long it will take.
I'm still undecided as to what to do.
It's too early to tell who will win.
It remains to be seen whether she'll agree.
She may agree, but then agains she may not.
We may come, but it's still up in the air. [familier]

It's anyone's guess when they'll get here. [familier]

▷ moins marquée:

I believe he's coming.
It seems OU Apparently she's arriving tomorrow.
From what I've heard OU As far as I know, everything is going ahead as planned.
Presumably, that's all been taken care of.
I suppose OU imagine he'll come and see us first.

set X is included in the set Z ou is a subset of Z. **-4.** MÉD: dent ~e impacted tooth.

**inclusif, ive** [ɛ̃klyzif, iv] *adj* inclusive; **prix** ~ all-inclusive price.

**inclusion** [ɛ̃klyzjɔ̃] *nf* **-1.** [action] inclusion. **-2.** MÉD impaction. **-3.** MÉTALL inclusion.

**inclusivement** [ɛ̃klyzivmɑ̃] *adv* up to and including, through *Am.*

**incoagulable** [ɛ̃kɔagylabl] *adj* non-coagulating.

**incoercible** [ɛ̃kɔɛrsibl] *adj* irrepressible, uncontrollable, incoercible.

**incognito** [ɛ̃kɔɲito] ◇ *adv* incognito. ◇ *nm* incognito; garder l'~ to remain anonymous ou incognito.

**incohérence** [ɛ̃kɔerɑ̃s] *nf* **-1.** [manque d'unité] inconsistency, incoherence. **-2.** [contradiction] inconsistency, contradiction, discrepancy.

**incohérent, e** [ɛ̃kɔerɑ̃, ɑ̃t] *adj* **-1.** [confus, décousu] incoherent, inconsistent. **-2.** [disparate] divided.

**incoiffable** [ɛ̃kwafabl] *adj* [cheveux] unmanageable.

**incollable** [ɛ̃kɔlabl] *adj* **-1.** CULIN: **riz** ~ non-stick rice. **-2.** *fam* [connaisseur] unbeatable; **elle est** ~ **en géographie** you can't trip her up in geography.

**incolore** [ɛ̃kɔlɔr] *adj* **-1.** [transparent – liquide] colourless; [– vernis, verre] clear; [– cirage] neutral. **-2.** *fig* [terne – sourire] wan; [– style] colourless, bland, nondescript.

**incomber** [3] [ɛ̃kɔbe]
◆ **incomber à** *v + prép* **-1.** [revenir à]: **les frais de déplacement incombent à l'entreprise** travelling expenses are to be paid by the company; **à qui en incombe la responsabilité?** who is responsible for it?; **cette tâche vous incombe** this task is your responsibility ‖ *(tournure impersonnelle)*: **il vous incombe de la recevoir** it's your duty ou it's incumbent upon you to see her. **-2.** JUR [être rattaché à]: **cette pièce incombe au dossier Falon** this document belongs in the Falon file.

**incombustibilité** [ɛ̃kɔbystibilite] *nf* incombustibility.

**incombustible** [ɛ̃kɔbystibl] *adj* non-combustible.

**incommensurable** [ɛ̃kɔmɑ̃syrabl] *adj* **-1.** [énorme] immeasurable. **-2.** MATH incommensurable.

**incommodant, e** [ɛ̃kɔmɔdɑ̃, ɑ̃t] *adj* [chaleur] unpleasant, uncomfortable; [bruit] irritating, irksome; [odeur] offensive, nauseating.

**incommode** [ɛ̃kɔmɔd] *adj* **-1.** [peu pratique – outil] impractical, awkward; [– livre] unwieldy, impractical; [– maison] inconvenient. **-2.** [inconfortable – position] uncomfortable, awkward; [– fauteuil] uncomfortable.

**incommoder** [3] [ɛ̃kɔmɔde] *vt* to bother.

**incommodité** [ɛ̃kɔmɔdite] *nf* [d'un outil] inconvenience, impracticability, unsuitability; [d'un meuble, d'une posture, d'un trajet] uncomfortableness, discomfort.

**incommunicable** [ɛ̃kɔmynikabl] *adj* incommunicable.

**incommutabilité** [ɛ̃kɔmytabilite] *nf* non-transferability.

**incommutable** [ɛ̃kɔmytabl] *adj* non-transferable.

**incomparable** [ɛ̃kɔparabl] *adj* **-1.** [très différent] not comparable, unique, singular. **-2.** [inégalable] incomparable, matchless, peerless.

**incomparablement** [ɛ̃kɔparabləmɑ̃] *adv* incomparably.

**incompatibilité** [ɛ̃kɔpatibilite] *nf* **-1.** [opposition] incompatibility; ~ **d'humeur** mutual incompatibility; **il y a une totale** ~ **entre eux** they are totally incompatible. **-2.** BOT, MÉD & PHARM incompatibility.

**incompatible** [ɛ̃kɔpatibl] *adj* incompatible.

**incompétence** [ɛ̃kɔpetɑ̃s] *nf* **-1.** [incapacité] incompetence. **-2.** [ignorance] ignorance, lack of knowledge. **-3.** JUR incompetence, incompetency, (legal) incapacity.

**incompétent, e** [ɛ̃kɔpetɑ̃, ɑ̃t] ◇ *adj* **-1.** [incapable] incompetent, inefficient. **-2.** [ignorant] ignorant; **je suis** ~ **en la matière** I'm not qualified ou competent to speak about this. **-3.** JUR & POL incompetent. ◇ *nm, f* incompetent.

**incomplet, ète** [ɛ̃kɔplɛ, ɛt] *adj* [fragmentaire] incomplete; [inachevé] unfinished.

**incomplètement** [ɛ̃kɔplɛtmɑ̃] *adv* incompletely, not completely.

**incompréhensibilité** [ɛ̃kɔpreɑ̃sibilite] *nf* incomprehen-

sibility.

**incompréhensible** [ɛ̃kɔpreɑ̃sibl] *adj* incomprehensible, impossible to understand.

**incompréhensif, ive** [ɛ̃kɔpreɑ̃sif, iv] *adj* unsympathetic, unfeeling.

**incompréhension** [ɛ̃kɔpreɑ̃sjɔ̃] *nf* lack of understanding ou comprehension.

**incompressibilité** [ɛ̃kɔpresibilite] *nf* **-1.** PHYS incompressibility. **-2.** [de dépenses, d'un budget] irreducibility.

**incompressible** [ɛ̃kɔpresibl] *adj* **-1.** PHYS incompressible. **-2.** [dépenses] which cannot be reduced. **-3.** JUR: **peine** ~ irreducible sentence.

**incompris, e** [ɛ̃kɔpri, iz] ◇ *adj* **-1.** [méconnu] misunderstood. **-2.** [énigmatique] impenetrable; **un texte qui jusqu'à ce jour était resté** ~ a text which had not been understood until today. ◇ *nm, f*: **je suis un éternel** ~ *hum* nobody ever understands me.

**inconcevable** [ɛ̃kɔsvabl] *adj* inconceivable, unthinkable, unimaginable.

**inconciliable** [ɛ̃kɔsiljabl] *adj* [incompatible] incompatible, irreconcilable; ~ **avec qqch** incompatible with sthg.

**inconditionnel, elle** [ɛ̃kɔdisjɔnɛl] ◇ *adj* **-1.** [appui] unconditional, wholehearted; [reddition] unconditional. **-2.** PHILOS unconditioned. ◇ *nm, f*: **un** ~ **de** a fan of; **pour les** ~**s de l'informatique** for computer buffs ou enthusiasts.

**inconditionnellement** [ɛ̃kɔdisjɔnɛlmɑ̃] *adv* unconditionally, unreservedly, wholeheartedly.

**inconduite** [ɛ̃kɔdɥit] *nf* *sout* [dévergondage] loose living; [mauvaise conduite] misconduct.

**inconfort** [ɛ̃kɔfɔr] *nm* [d'une maison] lack of comfort; [d'une posture] discomfort; [d'une situation] awkwardness.

**inconfortable** [ɛ̃kɔfɔrtabl] *adj* **-1.** [maison, siège] uncomfortable. **-2.** [situation, posture] uncomfortable, awkward.

**incongru, e** [ɛ̃kɔgry] *adj* [remarque, réponse] incongruous, out of place; [bruit] unseemly, rude; [personne] uncouth.

**incongruité** [ɛ̃kɔgrɥite] *nf* **-1.** [caractère incongru] incongruity, incongruousness. **-2.** [parole] unseemly remark.

**incongrûment** [ɛ̃kɔgrymɑ̃] *adv* *sout* in an unseemly manner.

**inconnu, e** [ɛ̃kɔny] ◇ *adj* **-1.** [personne – dont on ignore l'existence] unknown; [– dont on ignore l'identité]: **il est né de père** ~ the name of his father is not known; **'~ à cette adresse'** 'not known at this address'. **-2.** [destination] unknown. **-3.** [étranger] unknown; **ce visage ne m'est pas** ~ I've seen that face before ❑ ~ **au bataillon** *fam* never heard of him. **-4.** [sans notoriété] unknown. ◇ *nm, f* **-1.** [étranger] unknown person, stranger. **-2.** [personne sans notoriété] unknown person.
◆ **inconnu** *nm*: **l'**~ the unknown.
◆ **inconnue** *nf* **-1.** [élément ignoré] unknown quantity ou factor. **-2.** MATH unknown.

**inconsciemment** [ɛ̃kɔsjamɑ̃] *adv* [machinalement] unconsciously, unwittingly; [dans l'inconscient] unconsciously.

**inconscience** [ɛ̃kɔsjɑ̃s] *nf* **-1.** [insouciance] recklessness, thoughtlessness; [folie] madness, craziness. **-2.** [perte de connaissance] unconsciousness.

**inconscient, e** [ɛ̃kɔsjɑ̃, ɑ̃t] ◇ *adj* **-1.** être ~ **de qqch** [ne pas s'en rendre compte] to be unaware of sthg. **-2.** [insouciant] reckless, rash; [irresponsable] thoughtless, careless. **-3.** [automatique] mechanical, unconscious; PSYCH unconscious. **-4.** [évanoui] unconscious. ◇ *nm, f* reckless ou thoughtless ou crazy person.
◆ **inconscient** *nm* PSYCH: **l'**~ the unconscious; **l'**~ **collectif** the collective unconscious.

**inconséquence** [ɛ̃kɔsekɑ̃s] *nf* [manque – de cohérence] incoherence, inconsistency; [– de prudence] thoughtlessness, carelessness, recklessness.

**inconséquent, e** [ɛ̃kɔsekɑ̃, ɑ̃t] *adj* [incohérent] incoherent, inconsistent; [imprudent] thoughtless, unthinking, reckless.

**inconsidéré, e** [ɛ̃kɔsidere] *adj* thoughtless, rash, foolhardy.

**inconsidérément** [ɛ̃kɔsideremɑ̃] *adv* rashly, thoughtlessly, unwisely.

**inconsistance** [ɛ̃kɔsistɑ̃s] *nf* **-1.** [d'un roman, d'un argument] flimsiness, shallowness; [d'une personne] shallowness, superficiality. **-2.** [de la boue, de la vase] softness; [d'une crème] thinness, runniness; [d'une soupe] wateriness.

**inconsistant, e** [ɛ̃kɔ̃sistɑ̃, ɑ̃t] *adj* **-1.** [roman, argument] flimsy, weak, shallow; [personne, caractère] shallow, superficial, indecisive. **-2.** [crème, enduit] thin, runny; [soupe] watery.

**inconsolable** [ɛ̃kɔ̃sɔlabl] *adj* inconsolable.

**inconsolé, e** [ɛ̃kɔ̃sɔle] *adj* [peine, chagrin] unconsoled; [personne] disconsolate.

**inconsommable** [ɛ̃kɔ̃sɔmabl] *adj* unfit for consumption.

**inconstance** [ɛ̃kɔ̃stɑ̃s] *nf* **-1.** [infidélité, variabilité] inconstancy, fickleness. **-2.** *litt*: l'~ du succès the fickleness of fortune.

**inconstant, e** [ɛ̃kɔ̃stɑ̃, ɑ̃t] ◇ *adj* **-1.** [infidèle, d'humeur changeante] inconstant, fickle; être ~ en amour to be fickle. **-2.** *litt* [changeant – temps] changeable, unsettled. ◇ *nm, f* fickle person.

**inconstitutionnel, elle** [ɛ̃kɔ̃stitysjɔnɛl] *adj* unconstitutional.

**inconstructible** [ɛ̃kɔ̃stryktibl] *adj*: zone ~ site without development approval, permanently restricted zone *Am*.

**incontestable** [ɛ̃kɔ̃tɛstabl] *adj* incontestable, indisputable, undeniable; il a fait un gros effort, c'est ~ there's no denying the fact that he put in a lot of effort.

**incontestablement** [ɛ̃kɔ̃tɛstabləmɑ̃] *adv* indisputably, undeniably, beyond any shadow of (a) doubt.

**incontesté, e** [ɛ̃kɔ̃tɛste] *adj* uncontested, undisputed.

**incontinence** [ɛ̃kɔ̃tinɑ̃s] *nf* **-1.** MÉD incontinence. **-2.** *litt* [débauche] debauchery. **-3.** [dans le discours]: ~ verbale logorrhoea, verbal diarrhoea *hum*.

**incontinent, e** [ɛ̃kɔ̃tinɑ̃, ɑ̃t] *adj* **-1.** MÉD incontinent. **-2.** *litt* [débauché] debauched.
◆ **incontinent** *adv litt* forthwith, straightaway, directly.

**incontournable** [ɛ̃kɔ̃turnabl] *adj*: c'est un problème ~ this problem can't be ignored; son œuvre est ~ her work cannot be overlooked.

**incontrôlable** [ɛ̃kɔ̃trolabl] *adj* **-1.** [sentiment, colère] uncontrollable, ungovernable, wild; [personne] out of control. **-2.** [non vérifiable – affirmation] unverifiable, unconfirmable.

**incontrôlé, e** [ɛ̃kɔ̃trole] *adj* **-1.** [bande, groupe] unrestrained, unruly, out of control. **-2.** [non vérifié – nouvelle] unverified, unconfirmed.

**inconvenance** [ɛ̃kɔ̃vnɑ̃s] *nf* **-1.** [caractère] impropriety, indecency. **-2.** [parole] impropriety, rude remark; [acte] impropriety, rude gesture.

**inconvenant, e** [ɛ̃kɔ̃vnɑ̃, ɑ̃t] *adj* [déplacé] improper, indecorous, unseemly; [indécent] indecent, improper.

**inconvénient** [ɛ̃kɔ̃venjɑ̃] *nm* [désagrément] disadvantage, drawback, inconvenience; [danger] risk; je ne vois pas d'~ à ce que tu y ailles I can see nothing against your going; y voyez-vous un ~? [désagrément] can you see any difficulties ou drawbacks in this?; [objection] do you have any objection to this?, do you mind?

**inconvertible** [ɛ̃kɔ̃vɛrtibl] *adj* **-1.** FIN inconvertible. **-2.** RELIG unconvertable.

**incoordination** [ɛ̃kɔɔrdinasjɔ̃] *nf* **-1.** [incohérence – de la pensée, d'un discours] lack of coordination. **-2.** [des mouvements] uncoordination, lack of coordination, ataxia *spéc*.

**incorporable** [ɛ̃kɔrpɔrabl] *adj* **-1.** MIL recruitable *Br*, draftable *Am*. **-2.** [parcelle, matériau] incorporable.

**incorporation** [ɛ̃kɔrpɔrasjɔ̃] *nf* **-1.** MIL recruitment, conscription *Br*, induction *Am*. **-2.** [d'un produit] blending, incorporating, mixing; [d'un territoire] incorporation.

**incorporé, e** [ɛ̃kɔrpɔre] *adj* built-in, integrated.
◆ **incorporé** *nm* recruit, inductee *Am*.

**incorporel, elle** [ɛ̃kɔrpɔrɛl] *adj* **-1.** [intangible] insubstantial, incorporeal. **-2.** JUR: bien ~ intangible property; propriété ~le incorporeal hereditaments.

**incorporer** [3] [ɛ̃kɔrpɔre] *vt* **-1.** [mêler] to blend, to mix; incorporez le sucre peu à peu gradually mix in the sugar. **-2.** MIL to recruit *Br*, to draft *Am*, to induct *Am*. **-3.** [intégrer] to incorporate, to integrate.

**incorrect, e** [ɛ̃kɔrɛkt] *adj* **-1.** [erroné] incorrect, wrong; l'emploi ~ d'un mot the improper use of a word. **-2.** [indécent] improper, impolite, indecent; dans une tenue ~e improperly dressed. **-3.** [impoli] rude, discourteous, impolite. **-4.** [irrégulier] underhand, irregular, unscrupulous; il a été très ~ avec ses concurrents he behaved quite unscrupu-

lously towards his competitors.

**incorrectement** [ɛ̃kɔrɛktəmɑ̃] *adv* wrongly, incorrectly.

**incorrection** [ɛ̃kɔrɛksjɔ̃] *nf* **-1.** [caractère incorrect] impropriety, indecency. **-2.** [propos] impropriety, improper remark; [acte] improper act; c'est une ~ de... it's not proper to... **-3.** [emploi fautif] impropriety.

**incorrigible** [ɛ̃kɔriʒibl] *adj* **-1.** [personne] incorrigible; c'est un ~ paresseux he's incorrigibly lazy. **-2.** [défaut] incorrigible.

**incorruptibilité** [ɛ̃kɔryptibilite] *nf* **-1.** [honnêteté] incorruptibility. **-2.** [inaltérabilité – d'un métal] stability; [– d'un bois] incorruptibility, rot-resistance.

**incorruptible** [ɛ̃kɔryptibl] ◇ *adj* **-1.** [honnête] incorruptible; on la sait ~ everybody knows she wouldn't take a bribe. **-2.** [inaltérable – métal] stable; [– bois] non-decaying. ◇ *nmf* incorruptible; c'est un ~ he's incorruptible.

**incrédibilité** [ɛ̃kredibilite] *nf* incredibleness, incredibility.

**incrédule** [ɛ̃kredyl] ◇ *adj* **-1.** [sceptique] incredulous, disbelieving; d'un air ~ incredulously, in disbelief. **-2.** [incroyant] unbelieving. ◇ *nmf* [incroyant] nonbeliever, unbeliever.

**incrédulité** [ɛ̃kredylite] *nf* **-1.** [doute] incredulity, disbelief, unbelief; avec ~ incredulously, in disbelief. **-2.** [incroyance] lack of belief, unbelief.

**incrémenter** [3] [ɛ̃kremɑ̃te] *vt* to increment COMPUT.

**incrémentiel, elle** [ɛ̃kremɑ̃sjɛl] *adj* incremental COMPUT.

**increvable** [ɛ̃krəvabl] *adj* **-1.** [pneu, ballon] puncture-proof. **-2.** *fam* [personne] tireless; cette voiture est ~ this car will last for ever.

**incriminable** [ɛ̃kriminabl] *adj litt* condemnable.

**incrimination** [ɛ̃kriminasjɔ̃] *nf* incrimination, accusation.

**incriminer** [3] [ɛ̃krimine] *vt* **-1.** [rejeter la faute sur] to put the blame on, to incriminate. **-2.** [accuser – décision, négligence] to (call into) question; [– personne] to accuse; il avait déjà été incriminé dans une affaire de drogue he'd previously been implicated in a drugs case.

**incroyable** [ɛ̃krwajabl] ◇ *adj* **-1.** [peu vraisemblable] incredible, unbelievable; il est ~ que it's incredible ou hard to believe that. **-2.** [étonnant] incredible, amazing; tu es vraiment ~, pourquoi ne veux-tu pas venir? you're unbelievable, why don't you want to come?; d'une bêtise ~ incredibly stupid; c'est quand même ~, ce retard! this delay is getting ridiculous! ◇ *nmf* HIST Incroyable, dandy.

**incroyablement** [ɛ̃krwajabləmɑ̃] *adv* incredibly, unbelievably, amazingly.

**incroyance** [ɛ̃krwajɑ̃s] *nf* unbelief.

**incroyant, e** [ɛ̃krwajɑ̃, ɑ̃t] ◇ *adj* unbelieving. ◇ *nm, f* unbeliever.

**incrustation** [ɛ̃krystasjɔ̃] *nf* **-1.** [décoration] inlay; [procédé] inlaying. **-2.** GÉOL [action] encrusting; [résultat] incrustation. **-3.** COUT insertion. **-4.** TV (image) inlay, cut-in.

**incruster** [3] [ɛ̃kryste] *vt* **-1.** [orner] to inlay; ~ qqch de to inlay sthg with; un bracelet incrusté d'émeraudes a bracelet inlaid with emeralds. **-2.** [recouvrir – gén] to encrust, to coat; [– de calcaire] to fur up. **-3.** CONSTR [pierre] to insert.
◆ **s'incruster** *vpi* **-1.** [se couvrir de calcaire] to become incrusted, to become covered in scale, to fur up. **-2.** [adhérer] to build up. **-3.** *fam* [personne]: ne t'incruste pas don't stick around too long.

**incubateur, trice** [ɛ̃kybatœr, tris] *adj* incubating.
◆ **incubateur** *nm* incubator.

**incubation** [ɛ̃kybasjɔ̃] *nf* **-1.** [d'œufs] incubation. **-2.** [d'une maladie] incubation; l'~ dure trois jours the incubation period is three days.

**incuber** [3] [ɛ̃kybe] *vt* [œuf] to incubate.

**inculcation** [ɛ̃kylkasjɔ̃] *nf litt* inculcation, instilling.

**inculpation** [ɛ̃kylpasjɔ̃] *nf* indictment, charge; être sous le coup d'une ~ (pour) to be indicted (for) ou on a charge (of).

**inculpé, e** [ɛ̃kylpe] *nm, f*: l'~ the accused.

**inculper** [3] [ɛ̃kylpe] *vt* to charge; inculpé de meurtre charged with murder.

**inculquer** [3] [ɛ̃kylke] *vt* to inculcate; ~ qqch à qqn to inculcate sthg in sb.

**inculte** [ɛ̃kylt] *adj* **-1.** [campagne, pays] uncultivated. **-2.** [esprit, intelligence, personne] uneducated, uncultured, uncultivated. **-3.** [cheveux] unkempt, dishevelled; [barbe] untidy.

**incultivable** [ɛ̃kyltivabl] *adj* unworkable, uncultivable; **des terres** ~**s** wasteland.

**incultivé, e** [ɛ̃kyltive] *adj litt* [région, terre] uncultivated.

**inculture** [ɛ̃kyltyr] *nf* [d'une personne] lack of culture ou education.

**incurable** [ɛ̃kyrabl] ◇ *adj* -**1.** MÉD incurable. -**2.** [incorrigible – personne, défaut] incurable, inveterate. ◇ *nmf* incurable.

**incurablement** [ɛ̃kyrabləmɑ̃] *adv* -**1.** MÉD incurably. -**2.** [irrémédiablement] incurably, desperately, hopelessly.

**incurie** [ɛ̃kyri] *nf sout* carelessness, negligence.

**incursion** [ɛ̃kyrsjɔ̃] *nf* -**1.** [exploration] foray, incursion. -**2.** MIL foray, raid.

**incurver** [3] [ɛ̃kyrve] *vt* to curve (inwards), to make into a curve.
◆ **s'incurver** *vpi* -**1.** [trajectoire] to curve (inwards ou in), to bend. -**2.** [étagère] to sag.

**Inde** [ɛ̃d] *nprf*: (l') ~ India.

**indéboulonnable** [ɛ̃debulɔnabl] *adj hum*: **il est** ~! they'll never be able to sack him!

**indécemment** [ɛ̃desamɑ̃] *adv* indecently.

**indécence** [ɛ̃desɑ̃s] *nf* -**1.** [manque de pudeur] indecency. -**2.** [propos, acte] indecency, impropriety.

**indécent, e** [ɛ̃desɑ̃, ɑ̃t] *adj* -**1.** [honteux] indecent. -**2.** [licencieux] indecent, obscene.

**indéchiffrable** [ɛ̃deʃifrabl] *adj* -**1.** [code] undecipherable, indecipherable. -**2.** [écriture] illegible, unreadable. -**3.** [visage, mystère, pensée] inscrutable, impenetrable.

**indéchirable** [ɛ̃deʃirabl] *adj* tear-resistant.

**indécis, e** [ɛ̃desi, iz] ◇ *adj* -**1.** [flou] vague, indistinct. -**2.** [incertain] undecided, unsettled; **le temps est** ~ the weather is unsettled. -**3.** [hésitant] undecided, unsure, uncertain; [irrésolu] indecisive, irresolute; **je suis** ~ **(sur la solution à choisir)** I'm undecided (as to the best solution), I can't make up my mind (which solution is the best). ◇ *nm, f* indecisive person; [électeur] floating voter, don't-know; **le vote des** ~ the floating vote.

**indécision** [ɛ̃desizjɔ̃] *nf* [caractère irrésolu] indecisiveness; [hésitation] indecision; **être dans l'**~ **(quant à)** to be undecided ou unsure (about).

**indécollable** [ɛ̃dekɔlabl] *adj* [gén] non-removable; [revêtement] permanent.

**indécrottable** [ɛ̃dekrɔtabl] *adj fam* hopeless; **c'est un** ~ **imbécile!** he's hopelessly stupid!; **un** ~ **réactionnaire** an out-and-out reactionary.

**indéfectible** [ɛ̃defɛktibl] *adj* [amitié, soutien] staunch, unfailing, unshakeable; [confiance] unshakeable.

**indéfendable** [ɛ̃defɑ̃dabl] *adj* -**1.** [condamnable – personne, comportement] indefensible. -**2.** [insoutenable – théorie, opinion] indefensible, untenable.

**indéfini, e** [ɛ̃defini] *adj* -**1.** [sans limites] indefinite, unlimited; **un temps** ~ an undetermined length of time. -**2.** [confus] ill-defined, vague. -**3.** LING indefinite.

**indéfiniment** [ɛ̃definimɑ̃] *adv* indefinitely, for ever.

**indéfinissable** [ɛ̃definisabl] *adj* indefinable.

**indéformable** [ɛ̃deformabl] *adj* [chapeau, vêtement] which cannot be pulled out of shape; [semelle] rigid.

**indéfrichable** [ɛ̃defriʃabl] *adj* [sol, terre] unclearable.

**indélébile** [ɛ̃delebil] *adj* -**1.** [ineffaçable – encre] indelible, permanent; [– tache] indelible. -**2.** [indestructible – souvenir] indelible.

**indélébilité** [ɛ̃delebilite] *nf* indelibility.

**indélicat, e** [ɛ̃delika, at] *adj* -**1.** [grossier] coarse, indelicate, rude. -**2.** [véreux] dishonest, unscrupulous.

**indélicatesse** [ɛ̃delikatɛs] *nf* -**1.** [des manières] indelicacy, coarseness. -**2.** [caractère malhonnête] dishonesty, unscrupulousness. -**3.** [acte malhonnête] dishonest ou unscrupulous act.

**indémaillable** [ɛ̃demajabl] *adj* [bas, collant] runproof, ladderproof *Br*; [pull, tissu] run-resistant, runproof.

**indémêlable** [ɛ̃demelabl] *adj* [cheveux] hopelessly entangled; [intrigue] inextricable, entangled.

**indemne** [ɛ̃dɛmn] *adj* -**1.** [physiquement] unhurt, unharmed; **ma sœur est sortie** ~ **de la collision** my sister was unhurt in the collision. -**2.** [moralement] unscathed.

**indemnisable** [ɛ̃dɛmnizabl] *adj* [propriétaire, réfugié] entitled to compensation, compensable *Am*.

**indemnisation** [ɛ̃dɛmnizasjɔ̃] *nf* -**1.** [argent] compensation, indemnity; **il a reçu 100 000 francs d'**~ he received 100,000 francs compensation. -**2.** [procédé] compensating.

**indemniser** [3] [ɛ̃dɛmnize] *vt* -**1.** [après un sinistre] to compensate, to indemnify; **se faire** ~ to receive compensation. -**2.** [après une dépense]: **être indemnisé de ses frais** to have one's expenses paid for ou reimbursed.

**indemnitaire** [ɛ̃dɛmnitɛr] ◇ *adj* compensative, compensatory. ◇ *nmf* -**1.** [recevant une allocation] recipient of an allowance. -**2.** [après un sinistre] person awarded compensation.

**indemnité** [ɛ̃dɛmnite] *nf* -**1.** [après un sinistre] compensation; [dommages et intérêts] damages. -**2.** [allocation] allowance; ~ **journalière** sickness benefit; ~ **de licenciement** redundancy payment; ~ **parlementaire** ≃ MP's salary *Br*; ~ **de transport** travel allowance ou expenses; ~ **viagère de départ** *severance money for retiring farmers.*

**indémodable** [ɛ̃demɔdabl] *adj* perenially fashionable.

**indémontable** [ɛ̃demɔ̃tabl] *adj* [jouet, serrure] which cannot be taken apart ou dismantled; [étagère] fixed.

**indémontrable** [ɛ̃demɔ̃trabl] *adj* -**1.** LOGIQUE & MATH indemonstrable. -**2.** [non prouvable] unprovable.

**indéniable** [ɛ̃denjabl] *adj* undeniable.

**indéniablement** [ɛ̃denjabləmɑ̃] *adv* undeniably.

**indénombrable** [ɛ̃denɔ̃brabl] *adj* innumerable, uncountable.

**indentation** [ɛ̃dɑ̃tasjɔ̃] *nf* indentation.

**indépendamment** [ɛ̃depɑ̃damɑ̃] *adv* -**1.** [séparément] independently; ~ **l'un de l'autre** independently of one another. -**2.** ~ **de** [outre, mis à part] apart from.

**indépendance** [ɛ̃depɑ̃dɑ̃s] *nf* -**1.** [d'un pays, d'une personne] independence; **prendre son** ~ to assume one's independence ❏ **le jour de l'Indépendance** Independence Day. -**2.** [absence de relation] independence.

**indépendant, e** [ɛ̃depɑ̃dɑ̃, ɑ̃t] ◇ *adj* -**1.** [gén & POL] independent; **pour des raisons** ~**es de notre volonté** for reasons beyond our control. -**2.** [distinct]: **ces deux problèmes sont** ~**s l'un de l'autre** these two problems are separate ou distinct from each other; **une chambre** ~**e** a self-contained room; **avec salle de bains** ~**e** with own ou separate bathroom. -**3.** LING & MATH independent. ◇ *nm, f* POL independent.

**indépendantisme** [ɛ̃depɑ̃dɑ̃tism] *nm*: **l'**~ the independence ou separatist movement.

**indépendantiste** [ɛ̃depɑ̃dɑ̃tist] ◇ *adj*: **mouvement** ~ independence ou separatist movement. ◇ *nmf* separatist.

**indéracinable** [ɛ̃derasinabl] *adj* -**1.** [préjugé, habitude] entrenched, ineradicable. -**2.** [personne]: **deux ou trois poivrots** ~**s** *fam* two or three drunks who couldn't be shifted.

**indéréglable** [ɛ̃dereglabl] *adj* [mécanisme, montre] extremely reliable.

**Indes** [ɛ̃d] *nprfpl* Indies; **les** ~ **occidentales/orientales** HIST the West/East Indies; **la Compagnie des** ~ **orientales** HIST the East India Company.

**indescriptible** [ɛ̃dɛskriptibl] *adj* indescribable.

**indésirable** [ɛ̃dezirabl] ◇ *adj* undesirable, unwanted. ◇ *nmf* undesirable.

**indestructibilité** [ɛ̃dɛstryktibilite] *nf* indestructibility, indestructibleness.

**indestructible** [ɛ̃dɛstryktibl] *adj* [bâtiment, canon] indestructible, built to last; [amour, lien] indestructible.

**indéterminable** [ɛ̃detɛrminabl] *adj* indeterminable.

**indétermination** [ɛ̃detɛrminasjɔ̃] *nf* -**1.** [approximation] vagueness. -**2.** [indécision] indecision, uncertainty. -**3.** MATH indeterminacy. -**4.** PHILOS indetermination.

**indéterminé, e** [ɛ̃detɛrmine] *adj* -**1.** [non défini] indeterminate, unspecified; **à une date** ~**e** at an unspecified date; **l'origine du mot est** ~**e** the origin of the word is uncertain ou not known. -**2.** MATH indeterminate.

**indéterminisme** [ɛ̃detɛrminism] *nm* indeterminism.

**index** [ɛ̃dɛks] *nm* -**1.** [doigt] index finger, forefinger. -**2.** [repère] pointer. -**3.** [liste] index. -**4.** HIST: **l'Index** the Index ❏ **mettre qqn** ou **qqch à l'**~ to blacklist sb ou sthg; **mettre**

qqn à l'~ to blackball sb. **-5.** INF (fixed) index.

**indexage** [ɛ̃dɛksaʒ] *nm* indexing, indexation.

**indexation** [ɛ̃dɛksasjɔ̃] *nf* indexation, indexing.

**indexé, e** [ɛ̃dɛkse] *adj* ÉCON [loyer, prix] indexed; [salaire] indexed, index-linked; INF [valeur] indexed.

**indexer** [4] [ɛ̃dɛkse] *vt* [gén, ÉCON & INF] to index; ~ **les salaires sur le coût de la vie** to index salaries to the cost of living.

**indic** [ɛ̃dik] *nm fam* (police) informer.

**indicateur, trice** [ɛ̃dikatœr, tris] ◇ *adj* indicative. ◇ *nm, f* [informateur] (police) informer.

◆ **indicateur** *nm* **-1.** [plan, liste]: ~ **des rues** street guide OU directory; ~ **des chemins de fer** railway *Br* OU railroad *Am* timetable. **-2.** [appareil] indicator, gauge; ~ **de pression** pressure gauge; ~ **de vitesse** speedometer. **-3.** [indice] indicator, pointer; ~ **économique** economic indicator; ~ **de tendance** BOURSE market indicator. **-4.** CHIM & LING indicator. **-5.** NUCL (radioactive) indicator OU tracer.

**indicatif, ive** [ɛ̃dikatif, iv] *adj* [état, signe] indicative; GRAMM [mode] indicative.

◆ **indicatif** *nm* **-1.** GRAMM indicative. **-2.** RAD & TV theme OU signature tune. **-3.** TÉLÉC [de zone] (dialling) code; ~ **du pays** international dialling code.

**indication** [ɛ̃dikasjɔ̃] *nf* **-1.** [recommandation] instruction; les ~s **du mode d'emploi** the directions for use; ~s **scéniques** stage directions. **-2.** [information, renseignement] information *(U)*, piece of information. **-3.** [signe] sign, indication. **-4.** [aperçu] indication; **c'est une excellente** ~ **sur l'état de l'économie** it's an excellent indication of the state of the economy. **-5.** MÉD & PHARM: **sauf** ~ **contraire du médecin** unless otherwise stated by the doctor; ~ **thérapeutique** indication. **-6.** COMM: ~ **d'origine** label of origin.

**indice** [ɛ̃dis] *nm* **-1.** [symptôme – d'un changement, d'un phénomène] indication, sign; [– d'une maladie] sign, symptom; **aucun** ~ **ne laissait présager le drame** there was no hint of the coming tragedy; **la presse s'accorde à y voir l'**~ **de proches négociations** all the papers agree that this is evidence OU a sign that negotiations are imminent. **-2.** [d'une enquête policière] clue; [d'une énigme] clue, hint. **-3.** ÉCON, OPT & PHYS index; BOURSE index, average; ~ **du coût de la vie** cost of living index; **l'**~ **de l'INSEE** ≃ the retail price index; ~ **des prix (à la consommation)** (consumer) price index; ~ **de rémunération** OU **traitement** ADMIN salary grading. **-4.** RAD & TV: **l'**~ **d'écoute** the audience rating, the ratings. **-5.** PHOT: ~ **de lumination** exposure value OU index. **-6.** MATH index; **b** ~ **3** b subscript OU index 3. **-7.** LING index.

**indiciaire** [ɛ̃disjɛr] *adj* **-1.** ÉCON index-based. **-2.** ADMIN grade-related.

**indicible** [ɛ̃disibl] *adj* indescribable, unutterable.

**indien, enne** [ɛ̃djɛ̃, ɛn] *adj* Indian; **l'océan Indien** the Indian Ocean.

◆ **Indien, enne** *nm, f* **-1.** [de l'Inde] Indian. **-2.** [amérindien] American Indian, Native American.

◆ **indienne** *nf* **-1.** TEXT printed (Indian) cotton *Br*, printed calico *Am*. **-2.** [nage] overarm stroke.

**indiffère** [ɛ̃difɛr] *v* → **indifférer**.

**indifféremment** [ɛ̃diferamɑ̃] *adv* **-1.** [aussi bien]: **elle joue** ~ **de la main droite ou de la main gauche** she plays equally well with her right or left hand; **la radio marche** ~ **avec piles ou sur secteur** the radio can run on batteries or be plugged into the mains. **-2.** [sans discrimination] indiscriminately.

**indifférence** [ɛ̃diferɑ̃s] *nf* [détachement – envers une situation, un sujet] indifference, lack of interest; [– envers qqn] indifference; **son roman est paru dans la plus grande** ~ the publication of his novel went completely unnoticed; **son** ~ **totale pour la politique** his total lack of interest in OU complete indifference to politics.

**indifférenciation** [ɛ̃diferɑ̃sjasjɔ̃] *nf* **-1.** PHYSIOL absence of differentiation. **-2.** MÉD anaplasia.

**indifférencié, e** [ɛ̃diferɑ̃sje] *adj* **-1.** PHYSIOL [organisme] undifferentiated; [cellule] unspecialized. **-2.** MÉD anaplastic.

**indifférent, e** [ɛ̃diferɑ̃, ɑ̃t] ◇ *adj* **-1.** [insensible, détaché] indifferent; **laisser** ~: **leur divorce me laisse** ~ their divorce is of no interest to me OU is a matter of indifference to me; **elle ne le laisse pas** ~ he's not blind OU indifferent to her charms; **être** ~ **à la politique** to be indifferent towards politics. **-2.** [d'intérêt égal] indifferent, immaterial; [dans les petites annonces]: **'âge** ~' 'age unimportant OU immaterial'; **'religion/race** ~**e'** 'religion/race no barrier'. **-3.** [insignifiant] indifferent, uninteresting, of no interest; **parler de choses** ~**es** to talk about this and that; **ça m'est** ~ it's (all) the same to me OU I don't care either way; **il lui était** ~ **de partir (ou non)** it didn't matter OU it was immaterial to him whether he left or not; **la suite des événements m'est** ~**e** what happens next is of no concern OU interest to me. ◇ *nm, f* indifferent OU apathetic person; **il fait l'**~ OU **joue les** ~**s** he's feigning indifference.

**indifférer** [18] [ɛ̃difere]

◆ **indifférer à** *v + prép* **-1.** [n'inspirer aucun intérêt à]: **il m'indiffère complètement** I'm totally indifferent to him, I couldn't care less about him; **tout l'indiffère** she takes no interest in anything. **-2.** [être égal à] to be of no importance to; **le prix m'indiffère** the price is of no importance (to me); **ça m'indiffère** I don't mind, it's all the same to me.

**indigence** [ɛ̃diʒɑ̃s] *nf* **-1.** [matérielle] poverty, indigence; **vivre dans l'**~ to be destitute. **-2.** [intellectuelle] paucity, poverty.

**indigène** [ɛ̃diʒɛn] ◇ *adj* **-1.** [d'avant la colonisation – droits, pratique] native, indigenous. **-2.** [autochtone – population] native, indigenous. **-3.** BOT & ZOOL indigenous, native. ◇ *nmf* **-1.** [colonisé] native. **-2.** [autochtone] native. **-3.** BOT & ZOOL indien, indigene, native.

**indigent, e** [ɛ̃diʒɑ̃, ɑ̃t] ◇ *adj* **-1.** [pauvre] destitute, poor, indigent. **-2.** [insuffisant] poor. ◇ *nm, f* pauper; **les** ~**s** the destitute, the poor.

**indigeste** [ɛ̃diʒɛst] *adj* **-1.** [nourriture] indigestible, heavy. **-2.** [livre, compte-rendu] heavy-going.

**indigestion** [ɛ̃diʒɛstjɔ̃] *nf* **-1.** MÉD indigestion *(U)*; **avoir une** ~ to have (an attack of) indigestion. **-2.** *fig*: **avoir une** ~ **de** to get a surfeit OU an overdose of.

**indignation** [ɛ̃diɲasjɔ̃] *nf* indignation; **protester avec** ~ to protest indignantly; **un regard d'**~ an indignant look.

**indigne** [ɛ̃diɲ] ◇ *adj* **-1.** ~ **de** [honneur, confiance] unworthy of; **un mensonge/une corvée** ~ **de lui** a lie/chore unworthy of him; **des médisances** ~**s d'une sœur** malicious gossip one doesn't expect from a sister; **il est** ~ **de succéder à son père** he's not fit to take his father's place. **-2.** [choquant – action, propos] disgraceful, outrageous, shameful; **avoir une attitude** ~ to behave shamefully OU disgracefully ‖ [méprisable – personne] unworthy; **c'est une mère** ~ she's not fit to be a mother; **un fils** ~ an unworthy son. **-3.** JUR: **être** ~ **d'hériter** to be judicially debarred from inheriting. ◇ *nmf* (judicially) disinherited person.

**indigné, e** [ɛ̃diɲe] *adj* indignant, shocked, outraged.

**indignement** [ɛ̃diɲmɑ̃] *adv* disgracefully, shamefully.

**indigner** [3] [ɛ̃diɲe] *vt* to make indignant, to incense, to gall.

◆ **s'indigner** *vpi* [se révolter] to be indignant; **s'**~ **de** to be indignant about; **s'**~ **contre l'injustice** to cry out OU to inveigh against injustice.

**indignité** [ɛ̃diɲite] *nf* **-1.** [caractère indigne] unworthiness, disgracefulness. **-2.** [acte] shameful OU disgraceful act. **-3.** JUR: ~ **successorale** judicial debarment from succession. **-4.** HIST: ~ **nationale** loss of citizenship rights (*for having collaborated with Germany during WW II*).

---

USAGE ► L'indifférence

I can take it or leave it.
I don't mind either way.
I'm not bothered OU [familier] fussed about it.
I don't care one way or the other.

I don't mind, you choose.
You decide, it's all one OU the same to me.
I have no strong feelings on the matter. [plus soutenu]
It's a matter of complete indifference to me. [soutenu]

**indigo** [ɛ̃digo] ◇ *nm* indigo. ◇ *adj inv* indigo (blue).

**indiqué, e** [ɛ̃dike] *adj* -**1.** [recommandé – conduite] advisable. -**2.** [approprié – personne, objet]: **tout ~: tu es tout ~ pour le rôle** you're exactly the right person ou the obvious choice for the part; **ce médicament est/n'est pas ~ dans ce cas** this drug is appropriate/inappropriate in this case. -**3.** [date, jour] agreed; [endroit] agreed, appointed; [heure] appointed.

**indiquer** [3] [ɛ̃dike] *vt* -**1.** [montrer d'un geste – chose, personne, lieu] to show, to point out *(sép)*; **~ qqch de la tête** to nod towards sthg, to indicate sthg with a nod; **~ qqch de la main** to point out ou to indicate sthg with one's hand; **~ qqn/qqch du doigt** to point to sb/sthg. -**2.** [musée, autoroute, plage] to show the way to; [chemin] to indicate, to show; **pouvez-vous m'~ (le chemin de) la gare?** could you show me the way to ou direct me to the station? -**3.** [suj: carte, enseigne, pancarte, statistiques] to show, to say, to indicate; [suj: flèche, graphique] to show; [suj: horaire] to show, to say, to give; [suj: dictionnaire] to say, to give; **l'horloge indique 6 h** the clock says ou shows that it's 6 o'clock. -**4.** [noter – date, prix] to note ou to write (down); [– repère] to mark, to draw; **ce n'est pas indiqué dans le contrat** it's not written ou mentioned in the contract. -**5.** [conseiller – ouvrage, professionnel, restaurant] to suggest, to recommend; [– traitement] to prescribe, to give; **une auberge qu'elle m'avait indiquée** an inn she'd told me about. -**6.** [dire – marche à suivre, heure] to tell; [fixer – lieu de rendez-vous, jour] to give, to name. -**7.** [être le signe de – phénomène] to point to *(insép)*, to indicate; [– crainte, joie] to show, to betray; **tout indique que nous allons vers une crise** everything suggests that we are heading towards a crisis.

**indirect, e** [ɛ̃dirɛkt] *adj* -**1.** [approche] indirect, roundabout; [influence] indirect; **faire allusion à qqch de façon ~e** to refer obliquely ou indirectly to sthg; **elle m'a fait des reproches ~s** she told me off in a roundabout way. -**2.** JUR: **héritier ~** collateral heir. -**3.** GRAMM: **complément ~** [d'un verbe transitif] indirect complement; [d'un verbe intransitif] prepositional complement; **discours** ou **style ~** indirect ou reported speech.

**indirectement** [ɛ̃dirɛktəmɑ̃] *adv* indirectly.

**indiscernable** [ɛ̃disɛrnabl] *adj* indiscernible.

**indiscipline** [ɛ̃disiplin] *nf* [dans un groupe] lack of discipline, indiscipline; [d'un enfant] disobedience; [d'un soldat] insubordination; **faire preuve d'~** [écoliers] to be undisciplined; [militaires] to defy orders.

**indiscipliné, e** [ɛ̃disipline] *adj* [dans un groupe] undisciplined, unruly; [enfant] unruly, disobedient; [soldat] undisciplined, insubordinate; **cheveux ~s** unmanageable hair; **mèches ~es** flyaway wisps (of hair).

**indiscret, ète** [ɛ̃diskrɛ, ɛt] ◇ *adj* -**1.** [curieux – personne] inquisitive; [– demande, question] indiscreet; [– regard] inquisitive, prying; **sans (vouloir) être ~, combien est-ce que ça vous a coûté?** could I possibly ask you how much you paid for it?; **loin des oreilles indiscrètes** far from ou out of reach of eavesdroppers. -**2.** [révélateur – propos, geste] indiscreet, telltale; [– personne] indiscreet, garrulous. ◇ *nm, f* -**1.** [personne curieuse] inquisitive person. -**2.** [personne bavarde] indiscreet person.

**indiscrètement** [ɛ̃diskrɛtmɑ̃] *adv* -**1.** [sans tact] indiscreetly. -**2.** [avec curiosité] inquisitively.

**indiscrétion** [ɛ̃diskresjɔ̃] *nf* -**1.** [d'une personne] inquisitiveness, curiosity; [d'une question] indiscreetness, tactlessness; **pardonnez mon ~** forgive me for asking; **sans ~, avez-vous des enfants?** do you mind if I ask you if you've got

any children? -**2.** [révélation] indiscretion; **commettre une ~** to commit an indiscretion, to say something one shouldn't.

**indiscutable** [ɛ̃diskytabl] *adj* indisputable, unquestionable.

**indiscutablement** [ɛ̃diskytabləmɑ̃] *adv* indisputably, unquestionably.

**indiscuté, e** [ɛ̃diskyte] *adj* undisputed.

**indispensable** [ɛ̃dispɑ̃sabl] ◇ *adj* [fournitures, machine] essential, indispensable; [mesures] essential, vital, indispensable; [précautions] essential, required, necessary; [personne] indispensable; **mes lunettes me sont maintenant ~s** I can't do without my glasses now; **cette entrevue est-elle vraiment ~?** is this interview really necessary?, do I really have to go through with this interview?; **tes réflexions n'étaient pas ~s!** we could have done without your remarks!; **il est ~ de/que...** it's essential to/that...; **son fils lui est ~** he can't do without his son; **~ à tous les sportifs!** essential ou a must for all sportsmen!; **ce document m'est ~ pour continuer mes recherches** this document is absolutely vital ou essential if I am to carry on with my research. ◇ *nm*: **l'~** [le nécessaire] the essentials.

**indisponibilité** [ɛ̃dispɔnibilite] *nf* -**1.** [d'une machine] downtime *spéc*; [d'une marchandise, d'une personne] non-availability, unavailability. -**2.** JUR inalienability.

**indisponible** [ɛ̃dispɔnibl] *adj* -**1.** [marchandise, personne] not available, unavailable. -**2.** JUR inalienable.

**indisposé, e** [ɛ̃dispoze] *adj* -**1.** [légèrement souffrant] unwell, indisposed. -**2.** *sout* [mal disposé] ill-disposed, hostile.

◆ **indisposée** *adj f euph*: **je suis ~e** it's the time of the month.

**indisposer** [3] [ɛ̃dispoze] *vt* -**1.** [irriter] to annoy; **~ qqn contre** to set sb against. -**2.** [rendre malade] to upset, to make (slightly) ill, to indispose.

**indisposition** [ɛ̃dispozisjɔ̃] *nf* -**1.** [malaise] discomfort, ailment, indisposition; **j'ai eu une ~ passagère** I felt slightly off colour for a little while. -**2.** *euph* [menstruation] period.

**indissociable** [ɛ̃disɔsjabl] *adj* indissociable, inseparable.

**indissolubilité** [ɛ̃disɔlybilite] *nf* indissolubility.

**indissoluble** [ɛ̃disɔlybl] *adj* [lien, union] indissoluble.

**indistinct, e** [ɛ̃distɛ̃(kt), ɛ̃kt] *adj* [chuchotement] indistinct, faint; [forme] indistinct, unclear, vague; **prononcer des paroles ~es** to mumble inaudibly.

**indistinctement** [ɛ̃distɛ̃ktəmɑ̃] *adv* -**1.** [confusément – parler] indistinctly, unclearly; [– se souvenir] indistinctly, vaguely. -**2.** [sans distinction] indiscriminately.

**individu** [ɛ̃dividy] *nm* -**1.** [personne humaine] individual. -**2.** [quidam] individual, person; **un drôle d'~** a strange character; **un sinistre ~** a sinister individual. -**3.** BIOL, BOT & LOGIQUE individual.

**individualisation** [ɛ̃dividɥalizasjɔ̃] *nf* -**1.** [d'une espèce animale, d'une langue] individualization; [d'un système] adapting to individual requirements. -**2.** JUR: **~ de la peine** *sentencing depending upon the individual requirements or characteristics of the defendant.*

**individualisé, e** [ɛ̃dividɥalize] *adj* -**1.** [enseignement] individualized. -**2.** [méthode, caractère] distinctive; [groupe] separate, distinct.

**individualiser** [3] [ɛ̃dividɥalize] *vt* [système] to adapt to individual needs, to tailor.

◆ **s'individualiser** *vpi* to acquire individual characteristics.

**individualisme** [ɛ̃dividɥalism] *nm* individualism.

**individualiste** [ɛ̃dividɥalist] ◇ *adj* individualistic. ◇ *nmf* individualist.

---

**Style parlé**

How dare she call me a liar!
Who does he think he is!
I'll have you know I paid full price!
Are you accusing me of cheating?
Honestly, the way some people behave!
I don't see why I should have to apologize!

What business is it of yours, anyway?

**Style écrit/parlé**

It's a disgrace that people should have to live like this.
Nobody should have to put up with that kind of treatment.
It's about time something was done about this.
I must protest at the tone of your letter.

**individualité** [ɛ̃dividɥalite] *nf* **-1.** [caractère – unique] individuality; [– original] originality. **-2.** [style]: **une forte ~** a strong personal ou individual style.

**individuel, elle** [ɛ̃dividɥɛl] ◇ *adj* **-1.** [personnel] individual, personal. **-2.** [particulier] individual, private; **chambre ~le** (private) single room; **cas ~** individual case ❏ **ligne ~** TÉLÉC private line. **-3.** SPORT: **épreuve ~le** individual event. ◇ *nm, f* SPORT [gén] individual sportsman (*f* sportswoman); [athlète] individual athlete.

**individuellement** [ɛ̃dividɥɛlmɑ̃] *adv* **-1.** [séparément] individually, separately, one by one. **-2.** [de façon personnelle] individually, personally.

**indivis, e** [ɛ̃divi, iz] *adj* joint, undivided.
◆ **en indivis, par indivis** *loc adv* in common JUR; **posséder une propriété en ~** to own a property jointly.

**indivisibilité** [ɛ̃divizibilite] *nf* indivisibility.

**indivisible** [ɛ̃divizibl] *adj* indivisible.

**indivision** [ɛ̃divizjɔ̃] *nf* joint ownership; **propriété/biens en ~** jointly-owned property/goods.

**Indochine** [ɛ̃dɔʃin] *npr f*: **(l') ~** Indochina; **la guerre d'~** the Indochinese War.

**indochinois, e** [ɛ̃dɔʃinwa, az] *adj* Indo-Chinese.
◆ **Indochinois, e** *nm, f* Indo-Chinese.

**indocile** [ɛ̃dɔsil] ◇ *adj* disobedient, recalcitrant, indocile. ◇ *nmf* rebel.

**indocilité** [ɛ̃dɔsilite] *nf* disobedience, recalcitrance.

**indo-européen, enne** [ɛ̃dɔœrɔpeɛ̃, ɛn] (*mpl* **indo-européens,** *fpl* **indo-européennes**) *adj* Indo-European.
◆ **Indo-Européen, enne** *nm, f* Indo-European.
◆ **indo-européen** *nm* LING Indo-European.

**indolence** [ɛ̃dɔlɑ̃s] *nf* **-1.** [mollesse – dans le travail] indolence, apathy, lethargy; [– dans l'attitude] indolence, languidness. **-2.** MÉD benignancy.

**indolent, e** [ɛ̃dɔlɑ̃, ɑ̃t] *adj* **-1.** [apathique] indolent, apathetic, lethargic. **-2.** [languissant] indolent, languid. **-3.** MÉD benign.

**indolore** [ɛ̃dɔlɔr] *adj* painless.

**indomptable** [ɛ̃dɔ̃tabl] *adj* **-1.** [qu'on ne peut dompter] untamable, untameable. **-2.** *fig* [courage, volonté] indomitable, invincible.

**indompté, e** [ɛ̃dɔ̃te] *adj* **-1.** [sauvage] untamed, wild; **cheval ~** unbroken horse. **-2.** *fig* [qui ne se soumet pas] untamed; **nation ~e** unsubjugated nation.

**Indonésie** [ɛ̃dɔnezi] *npr f*: **(l') ~** Indonesia.

**indonésien, enne** [ɛ̃dɔnezjɛ̃, ɛn] *adj* Indonesian.
◆ **Indonésien, enne** *nm, f* Indonesian.
◆ **indonésien** *nm* LING Indonesian.

**indu, e** [ɛ̃dy] *adj* **-1.** [inopportun] undue, excessive. **-2.** JUR [non fondé – réclamation] unjustified, unfounded.
◆ **indu** *nm* JUR sum not owed.

**indubitable** [ɛ̃dybitabl] *adj* undoubted, indubitable, undisputed; **c'est ~** it's beyond doubt ou dispute.

**indubitablement** [ɛ̃dybitabləmɑ̃] *adv* undoubtedly, indubitably.

**inducteur, trice** [ɛ̃dyktœr, tris] *adj* inductive ELEC.
◆ **inducteur** *nm* inductor ELEC.

**inductif, ive** [ɛ̃dyktif, iv] *adj* PHILOS & PHYS inductive.

**induction** [ɛ̃dyksjɔ̃] *nf* PHILOS & PHYS induction; **procéder** ou **raisonner par ~** to employ inductive reasoning, to induce.

**induire** [98] [ɛ̃dɥir] *vt* **-1.** [inciter]: **~ qqn en erreur** to mislead sb; **~ qqn à mentir** *sout* to induce sb to lie. **-2.** [avoir pour conséquence] to lead to. **-3.** ÉLECTR, PHILOS & NUCL to induce.

**indulgence** [ɛ̃dylʒɑ̃s] *nf* **-1.** [clémence] leniency, tolerance, indulgence; **je fais appel à votre ~** I'm asking you to make allowances. **-2.** RELIG indulgence.
◆ **sans indulgence** ◇ *loc adj* [traitement, critique] severe, harsh; [regard] stern, merciless. ◇ *loc adv* [traiter, critiquer] severely, harshly; [regarder] sternly, mercilessly.

**indulgent, e** [ɛ̃dylʒɑ̃, ɑ̃t] *adj* **-1.** [qui pardonne] lenient, forgiving; **soyons ~s,** let's forgive and forget. **-2.** [sans sévérité – personne] indulgent, lenient; [– verdict] lenient; **tu es trop ~ avec eux** you're not firm enough with them; **sois ~ avec elle** go easy on her.

**indûment** [ɛ̃dymɑ̃] *adv* unjustifiably, without due ou just cause.

**induré, e** [ɛ̃dyre] *adj* GÉOL & MÉD indurate.

**industrialisation** [ɛ̃dystrijalizasjɔ̃] *nf* industrialization.

**industrialisé, e** [ɛ̃dystrijalize] *adj* [pays] industrialized; [agriculture] industrial.

**industrialiser** [3] [ɛ̃dystrijalize] *vt* **-1.** [doter d'industries] to industrialize. **-2.** [mécaniser] to mechanize, to industrialize.
◆ **s'industrialiser** *vpi* **-1.** [se doter d'industries] to industrialize, to become industrialized. **-2.** [se mécaniser] to become mechanized ou industrialized.

**industrie** [ɛ̃dystri] *nf* **-1.** [secteur de production] industry; **~ extractive** ou **minière** mining industry; **~ alimentaire** food (processing) industry; **~ automobile** car *Br* ou automobile *Am* industry; **~ légère** light industry; **~ lourde** heavy industry; **~ de luxe** luxury goods industry; **~ de pointe** high-tech industry; **~ de précision** precision tool industry; **~ textile** textile industry. **-2.** [secteur commercial] industry, trade, business; **l'~ hôtelière** the hotel industry ou trade ou business; **l'~ du spectacle** the entertainment business; **l'~ des loisirs** the leisure industry; **l'~ du crime** organized crime. **-3.** [équipements] plant, industry. **-4.** [entreprise] industrial concern, industry.

**industriel, elle** [ɛ̃dystrijɛl] *adj* **-1.** [procédé, secteur, zone, révolution, société] industrial; [pays] industrial, industrialized. **-2.** [destiné à l'industrie – véhicule, équipement, rayonnages] industrial, heavy, heavy-duty. **-3.** [non artisanal] mass-produced, factory-made; **des crêpes ~les** ready-made ou factory-made pancakes.
◆ **industriel** *nm* industrialist, manufacturer.

**industriellement** [ɛ̃dystrijɛlmɑ̃] *adv* industrially.

**industrieux, euse** [ɛ̃dystrijø, øz] *adj* industrious.

**inébranlable** [inebrɑ̃labl] *adj* **-1.** [ferme] steadfast, unshakeable, unwavering; **ma décision est ~** my decision is final; **elle a été ~** there was no moving her, she was adamant. **-2.** [solide – mur] immovable, (rock) solid.

**inécoutable** [inekutabl] *adj*: **de la musique ~** music which is impossible to listen to.

**inécouté, e** [inekute] *adj*: **rester ~** to remain unheeded ou ignored.

**INED, Ined** [inɛd] (*abr de* **Institut national d'études démographiques**) *npr m* national institute for demographic research.

**inédit, e** [inedi, it] *adj* **-1.** [correspondance, auteur] (hitherto) unpublished. **-2.** [jamais vu] new, original.
◆ **inédit** *nm* **-1.** [œuvre] unpublished work. **-2.** [nouveauté]: **c'est de l'~ pour nos trois alpinistes** it's a first for our three climbers.

**ineffable** [inefabl] *adj* **-1.** [indicible] ineffable, indescribable. **-2.** [amusant] hilarious.

**ineffaçable** [inefasabl] *adj* [marque] indelible; [souvenir, traumatisme] unforgettable, enduring.

**inefficace** [inefikas] *adj* **-1.** [méthode, médicament] ineffective; [personne] inefficient, ineffective.

**inefficacité** [inefikasite] *nf* [d'une méthode] inefficacy, ineffectiveness; [d'une personne] inefficiency, ineffectiveness; **d'une totale ~** totally ineffective.

**inégal, e, aux** [inegal, o] *adj* **-1.** [varié – longueurs, salaires] unequal, different; [mal équilibré] uneven, unequal; **le combat était ~** the fight was one-sided. **-2.** [changeant – écrivain, élève, pouls] uneven, erratic; [– humeur] changeable, uneven; **la qualité est ~e** it varies in quality; **le livre est ~** the book is uneven. **-3.** [rugueux] rough, uneven, bumpy.

**inégalable** [inegalabl] *adj* incomparable, matchless, peerless.

**inégalé, e** [inegale] *adj* unequalled, unmatched, unrivalled.

**inégalement** [inegalmɑ̃] *adv* **-1.** [différemment]: **~ remplis** unequally filled. **-2.** [irrégulièrement] unevenly.

**inégalitaire** [inegalitɛr] *adj* non-egalitarian, elitist.

**inégalité** [inegalite] *nf* **-1.** [disparité] difference, disparity; **~ entre deux variables/nombres** difference between two variables/numbers; **l'~ des salaires** the difference ou disparity in wages; **l'~ des chances** the lack of equal opportunities; **combattre les ~s sociales** to fight social injustice. **-2.** [qualité variable – d'une surface] roughness, unevenness; [– d'un travail, d'une œuvre] uneven quality, unevenness; [– du caractère] changeability. **-3.** MATH inequality.

**inélégamment** [inelegamɑ̃] *adv* *sout* inelegantly.

**inélégance** [inelegɑ̃s] *nf sout* **-1.** [d'allure] inelegance, ungainliness, gracelessness; [d'une méthode] inelegance, unwieldiness. **-2.** [acte, tournure] impropriety.

**inélégant, e** [inelegɑ̃, ɑ̃t] *adj sout* **-1.** [qui manque d'élégance – allure] inelegant, ungainly; [– manières] inelegant. **-2.** [indélicat] indelicate, inelegant.

**inéligible** [ineliʒibl] *adj* ineligible JUR.

**inéluctable** [inelyktabl] *adj* inevitable, unavoidable, ineluctable *litt.*

**inéluctablement** [inelyktabləmɑ̃] *adv* inevitably, inescapably, unavoidably.

**inemployable** [inɑ̃plwajabl] *adj* **-1.** [ressources, matériaux] unusable; [méthode] useless, unserviceable. **-2.** [travailleur] unemployable.

**inemployé, e** [inɑ̃plwaje] *adj* [ressources, talent] dormant, untapped; [énergie] untapped, unused.

**inénarrable** [inenarabl] *adj* hilarious.

**inentamé, e** [inɑ̃tame] *adj* [économies] intact, untouched; [bouteille, boîte] unopened.

**inepte** [inɛpt] *adj* [personne] inept, incompetent; [réponse, raisonnement] inept, foolish; [plan] inept, ill-considered.

**ineptie** [inɛpsi] *nf* **-1.** [caractère d'absurdité] ineptitude, stupidity. **-2.** [acte, parole] piece of nonsense; **dire des ~s to talk nonsense.**

**inépuisable** [inepɥizabl] *adj* **-1.** [réserves] inexhaustible, unlimited; [courage] endless, unlimited. **-2.** [bavard] inexhaustible; **elle est ~ sur mes imperfections** once she starts going about my faults, there's no stopping her.

**inépuisé, e** [inepɥize] *adj* not yet used up OU exhausted.

**inéquation** [inekwasjɔ̃] *nf* inequation *spéc*, inequality.

**inéquitable** [inekitabl] *adj* inequitable, unjust, unfair.

**inerte** [inɛrt] *adj* **-1.** [léthargique] inert, apathetic, lethargic. **-2.** [semblant mort] inert, lifeless. **-3.** CHIM & PHYS inert.

**inertie** [inɛrsi] *nf* **-1.** [passivité] lethargy, inertia, passivity. **-2.** MATH, MÉD, PHOT & PHYS inertia.

**inescomptable** [inɛskɔ̃tabl] *adj* undiscountable FIN.

**inespéré, e** [inɛspere] *adj* unhoped-for; **c'est pour moi un bonheur ~** it's a pleasure I hadn't dared hope for.

**inesthétique** [inɛstetik] *adj* unsightly, unattractive.

**inestimable** [inɛstimabl] *adj* **-1.** [impossible à évaluer] incalculable, inestimable. **-2.** [précieux] inestimable, invaluable, priceless.

**inévitable** [inevitabl] ◇ *adj* **-1.** [auquel on ne peut échapper] unavoidable, inevitable; **c'était ~!** it was bound to happen OU inevitable! **-2.** *(avant le nom)* [habituel] inevitable. ◇ *nm:* **l'~** the inevitable.

**inévitablement** [inevitabləmɑ̃] *adv* inevitably, predictably.

**inexact, e** [inɛgza(kt), akt] *adj* **-1.** [erroné] inexact, incorrect, inaccurate; **le calcul est ~** there's a mistake in the calculations; **il serait ~ de dire...** it would be wrong OU incorrect to say... **-2.** [en retard] unpunctual, late; **il est très ~** he's always late.

**inexactitude** [inɛgzaktityd] *nf* **-1.** [d'un raisonnement] inaccuracy, imprecision; [d'un récit] inaccuracy, inexactness; [d'un calcul] inaccuracy, inexactitude. **-2.** [erreur] inaccuracy, error. **-3.** [manque de ponctualité] unpunctuality, lateness.

**inexaucé, e** [inɛgzose] *adj* [demande] unanswered; [vœu] unfulfilled.

**inexcusable** [inɛkskyzabl] *adj* [action] inexcusable, unforgivable; [personne] unforgivable.

**inexécutable** [inɛgzekytabl] *adj* [plan, programme] unworkable, impractical; [tâche] unfeasible, impossible; [musique] unplayable; [pas de danse] undanceable; **des ordres ~s** orders which are impossible to carry out OU to execute.

**inexécuté, e** [inɛgzekyte] *adj* [ordre, travaux] not (yet) carried out OU executed.

**inexécution** [inɛgzekysjɔ̃] *nf* [d'un contrat] nonfulfilment; **~ des travaux** failure to carry out work.

**inexercé, e** [inɛgzɛrse] *adj* [recrue, novice] untrained, inexperienced; [oreille, main] unpractised, untrained, untutored.

**inexigible** [inɛgziʒibl] *adj* [dette, impôt] inexigible, unrecoverable.

**inexistant, e** [inɛgzistɑ̃, ɑ̃t] *adj* **-1.** [très insuffisant] nonexistent, inadequate. **-2.** [irréel – monstre, peur] imaginary.

**inexistence** [inɛgzistɑ̃s] *nf* **-1.** [de Dieu] nonexistence; [de preuves, structures] lack, absence. **-2.** [manque de valeur] uselessness. **-3.** ADMIN & JUR nullity.

**inexorable** [inɛgzɔrabl] *adj* **-1.** [inévitable] inexorable, inevitable. **-2.** *sout* [intransigeant] inexorable.

**inexorablement** [inɛgzɔrabləmɑ̃] *adv* [inévitablement] inexorably, inevitably.

**inexpérience** [inɛksperjɑ̃s] *nf* lack of experience.

**inexpérimenté, e** [inɛksperimɑ̃te] *adj* **-1.** [sans expérience] inexperienced. **-2.** [non testé] (as yet) untested.

**inexpert, e** [inɛkspɛr, ɛrt] *adj* inexpert, untrained; **confié à des mains ~es** placed in the hands of a novice.

**inexpiable** [inɛkspjabl] *adj* [inexcusable] inexpiable; **un crime ~** an unpardonable crime.

**inexpié, e** [inɛkspje] *adj* unexpiated.

**inexplicable** [inɛksplikabl] ◇ *adj* [comportement] inexplicable; [raison, crainte] inexplicable, unaccountable. ◇ *nm:* **l'~** the inexplicable.

**inexplicablement** [inɛksplikabləmɑ̃] *adv* inexplicably, unaccountably.

**inexpliqué, e** [inɛksplike] *adj* [décision] unexplained; [phénomène] unexplained, unsolved; [agissements, départ] unexplained, mysterious; **une disparition restée ~e jusqu'à ce jour** a disappearance that remains a mystery to this day.

**inexploitable** [inɛksplwatabl] *adj* [ressources] unexploitable; [mine] unworkable; [idée] impractical, unfeasible.

**inexploité, e** [inɛksplwate] *adj* [richesses] undeveloped, untapped; [idée, talent] untapped, untried; [technique] unexploited, untried.

**inexploré, e** [inɛksplɔre] *adj* unexplored.

**inexpressif, ive** [inɛkspresif, iv] *adj* [visage, regard] inexpressive, expressionless, blank.

**inexprimable** [inɛksprimabl] *adj* inexpressible, ineffable, indescribable.

**inexprimé, e** [inɛksprime] *adj* unspoken.

**inexpugnable** [inɛkspygnabl] *adj litt* [forteresse] unassailable, impregnable; [vertu] inexpugnable.

**inextensible** [inɛkstɑ̃sibl] *adj* [appareil, câble] non-stretchable, inextensible TECH; [tissu] non-stretch.

**in extenso** [inɛkstɛ̃so] *loc adv* in full, in extenso.

**inextinguible** [inɛkstɛ̃gibl] *adj litt* [feu] inextinguishable. **-2.** *sout* [soif, désir] inextinguishable, unquenchable; [amour] undying. **-3.** *sout* [rire] uncontrollable.

**in extremis** [inɛkstremis] *loc adv* **-1.** [de justesse] at the last minute, in the nick of time, at the eleventh hour; **réussir qqch ~ to** (only) just manage to do sthg. **-2.** [avant la mort] in extremis; **baptiser un enfant/un adulte ~** to christen a child before he dies/an adult on his deathbed.

**inextricable** [inɛkstrikabl] *adj* inextricable.

**inextricablement** [inɛkstrikabləmɑ̃] *adv* inextricably.

**infaillibilité** [ɛ̃fajibilite] *nf* [gén & RELIG] infallibility.

**infaillible** [ɛ̃fajibl] *adj* **-1.** [efficace à coup sûr] infallible. **-2.** [certain] infallible, reliable, guaranteed; **c'est la marque ~ d'une forte personnalité** it's a sure sign of a strong personality. **-3.** [qui ne peut se tromper] infallible; **nul n'est ~** no-one is infallible, everyone makes mistakes.

**infailliblement** [ɛ̃fajibləmɑ̃] *adv* **-1.** [inévitablement] inevitably, without fail. **-2.** *litt* [sans se tromper] infallibly.

**infaisable** [ɛ̃fəzabl] *adj* [choix] impossible; **c'est ~** [projet] it can't be done.

**infalsifiable** [ɛ̃falsifjabl] *adj* [carte d'identité] forgery-proof.

**infamant, e** [ɛ̃famɑ̃, ɑ̃t] *adj* **-1.** *sout* [déshonorant – acte, crime] heinous, infamous, abominable. **-2.** JUR→ peine.

**infâme** [ɛ̃fam] *adj* **-1.** [vil – despicable, loathsome, heinous; [– criminel] vile, despicable; [– traître] despicable. **-2.** [répugnant – odeur, nourriture] revolting, vile, foul; [– endroit] disgusting, revolting.

**infamie** [ɛ̃fami] *nf sout* **-1.** [déshonneur] infamy, disgrace. **-2.** [caractère odieux d'une action, d'une personne] infamy, vileness. **-3.** [acte révoltant] infamy, loathsome deed. **-4.** [propos] piece of (vile) slander, smear.

**infant, e** [ɛ̃fɑ̃, ɑ̃t] *nm, f* infante (*f* infanta).

**infanterie** [ɛ̃fɑ̃tri] *nf* infantry; ~ aéroportée/motorisée airborne/motorized infantry; ~ légère light infantry.
**infanticide** [ɛ̃fɑ̃tisid] ◇ *nm* infanticide. ◇ *nmf* [personne] child killer, infanticide *litt* OU JUR.
**infantile** [ɛ̃fɑ̃til] *adj* **-1.** MÉD & PSYCH child *(modif)*, infantile *spéc*. **-2.** *péj* [puéril] infantile, childish; se comporter de façon ~ to behave like a child.
**infantiliser** [3] [ɛ̃fɑ̃tilize] *vt* to infantilize.
**infantilisme** [ɛ̃fɑ̃tilism] *nm* **-1.** *péj* [puérilité] infantilism, immaturity; elle a refusé! — c'est de l'~! she said no! — how childish!-**2.** MÉD & PSYCH infantilism.
**infarctus** [ɛ̃farktys] *nm* infarct; avoir un ~ to have a heart attack OU a coronary ❑ ~ du myocarde myocardial infarc-. tion.
**infatigable** [ɛ̃fatigabl] *adj* **-1.** [toujours dispos] tireless, untiring, indefatigable. **-2.** [indéfectible – énergie, courage] inexhaustible, unwavering, unflagging; [– détermination] dogged, unflagging; [– dévouement] unstinting, unflagging.
**infatigablement** [ɛ̃fatigabləmɑ̃] *adv* tirelessly, untiringly, indefatigably.
**infatué, e** [ɛ̃fatɥe] *adj litt* **-1.** [vaniteux] self-satisfied, conceited, bumptious; ~ de sa personne self-important, full of o.s. **-2.** [entiché]: ~ de qqn/qqch infatuated with sb/sthg.
**infatuer** [7] [ɛ̃fatɥe]
◆ **s'infatuer** *vpi litt* [être content de soi] to be conceited.
◆ **s'infatuer de** *vp + prép litt* [s'enticher de] to become infatuated with.
**infécond, e** [ɛ̃fekɔ̃, ɔ̃d] *adj litt* **-1.** [sol, femme] infertile, barren *litt*. **-2.** *fig* [pensée] sterile, barren, unproductive.
**infécondité** [ɛ̃fekɔ̃dite] *nf litt* **-1.** [d'un sol, d'une femme] infertility, infecundity, barrenness *litt*. **-2.** *fig* [d'une pensée] sterility, barrenness, unproductiveness.
**infect, e** [ɛ̃fɛkt] *adj* **-1.** [répugnant – repas] rotten, revolting, disgusting; [– odeur] foul, rank, putrid; il est ~, leur vin their wine's awful OU disgusting. **-2.** *fam* [très laid, très désagréable] foul, appalling, lousy; c'est un type ~ he's a revolting individual; les enfants ont été ~s ce matin the kids were terrible OU awful this morning; être ~ avec qqn to be rotten to sb.
**infecter** [4] [ɛ̃fɛkte] *vt* **-1.** PHYSIOL to infect; plaie infectée septic wound. **-2.** [rendre malsain] to contaminate, to pollute. **-3.** *litt* [empester]: l'usine infecte toute la région the factory pollutes the whole area.
◆ **s'infecter** *vpi* to become infected, to go septic.
**infectieux, euse** [ɛ̃fɛksjø, øz] *adj* [maladie] infectious; un sujet ~ a carrier.
**infection** [ɛ̃fɛksjɔ̃] *nf* **-1.** MÉD infection. **-2.** [puanteur] (foul) stench; c'est une ~, ce marché! this market stinks (to high heaven)!
**inféoder** [3] [ɛ̃feɔde] *vt* **-1.** HIST to enfeoff. **-2.** [soumettre] to dominate.
◆ **s'inféoder à** *vp + prép* POL to become subservient OU subjected to.
**inférer** [18] [ɛ̃fere] *vt sout* to infer.
**inférieur, e** [ɛ̃ferjœr] ◇ *adj* **-1.** [du bas – étagères, membres] lower; [– lèvre, mâchoire] lower, bottom *(avant n)*; [situé en dessous] lower down, below; c'est à l'étage ~ it's on the floor below OU on the next floor down; la couche ~e the layer below OU beneath; être ~ à to be lower than OU below. **-2.** [moins bon – niveau] lower; [– rapport, espèce] inferior, lesser; [– qualité] inferior, poorer; les gens d'un rang ~ people of a lower rank OU lower in rank; se sentir ~ (par rapport à qqn) to feel inferior (to sb); ~ à inferior to, poorer than; en physique il est très ~ à sa sœur he's not nearly as good as his sister at physics. **-3.** [plus petit – chiffre, salaire] lower, smaller; [– poids, vitesse] lower; [– taille] smaller; nous (leur) étions ~s en nombre there were fewer of us (than of them); ~ à [chiffre] lower OU smaller OU less than; [rendement] lower than, inferior to; des températures ~es à 10°C temperatures below 10°C OU lower than 10°C. **-4.** [dans une hiérarchie – le plus bas] lower; animaux/végétaux ~s BOT & ZOOL lower animals/plants. **-5.** ASTRON inferior. **-6.** GÉOG [cours, région] lower.
◇ *nm, f* [gén] inferior; [subalterne] inferior, subordinate, underling *péj*.
**inférieurement** [ɛ̃ferjœrmɑ̃] *adv* [moins bien] less well; ~

entretenu/approvisionné/conçu less well-maintained/-stocked/-designed.
**inférioriser** [3] [ɛ̃ferjɔrize] *vt* **-1.** [dévaloriser]: ~ qqn to make sb feel inferior. **-2.** [minimiser] to minimise the importance of.
**infériorité** [ɛ̃ferjɔrite] *nf* **-1.** [inadéquation – en grandeur, en valeur] inferiority; [– en effectif] (numerical) inferiority. **-2.** [handicap] weakness, inferiority, deficiency; être en situation d'~ to be in a weak position.
**infernal, e, aux** [ɛ̃fɛrnal, o] *adj* **-1.** *fam* [insupportable] infernal, hellish, diabolical; cet enfant est ~! that child's a real terror!; ils mettent de la musique toute la nuit, c'est ~ they've got music on all night, it's absolute hell. **-2.** *litt* [de l'enfer] infernal. **-3.** [diabolique – engrenage, logique] infernal, devilish, diabolical; cycle ~ vicious circle.
**infertile** [ɛ̃fɛrtil] *adj litt* **-1.** [terre] infertile, barren. **-2.** [imagination, esprit] infertile, uncreative, sterile.
**infertilité** [ɛ̃fɛrtilite] *nf litt* **-1.** [de la terre, de l'imagination] infertility. **-2.** [d'une femme] infertility, barrenness.
**infestation** [ɛ̃fɛstasjɔ̃] *nf* **-1.** [infection] infection. **-2.** [de parasites, de moustiques] infestation.
**infester** [3] [ɛ̃fɛste] *vt* **-1.** [suj: rats] to infest, to overrun; [suj: pillards] to infest; la région est infestée de sauterelles/moustiques the area is infested with locusts/mosquitoes. **-2.** MÉD to infest.
**infibulation** [ɛ̃fibylasjɔ̃] *nf* infibulation.
**infidèle** [ɛ̃fidɛl] ◇ *adj* **-1.** [gén] disloyal, unfaithful; [en amour] unfaithful, untrue *litt*; [en amitié] disloyal; être ~ à sa parole to go back on one's word. **-2.** [inexact – témoignage, texte] inaccurate, unreliable; [– mémoire] unreliable; une traduction ~ an unfaithful OU inaccurate translation. **-3.** RELIG infidel. ◇ *nmf* RELIG infidel. ◇ *nf* LITTÉRAT: belle ~ well-turned but inaccurate translation (term used in 17th-century literature).
**infidèlement** [ɛ̃fidɛlmɑ̃] *adv* [inexactement] inaccurately, unfaithfully.
**infidélité** [ɛ̃fidelite] *nf* **-1.** [inconstance] infidelity, unfaithfulness; [aventure adultère] infidelity, affair; faire une ~ à qqn to be unfaithful to sb; j'ai fait une ~ à mon coiffeur *hum* I deserted my usual hairdresser. **-2.** [déloyauté] disloyalty, unfaithfulness; l'~ à la parole donnée being untrue to OU breaking one's word. **-3.** [caractère inexact] inaccuracy, unreliability; [inexactitude] inaccuracy, error.
**infiltration** [ɛ̃filtrasjɔ̃] *nf* **-1.** MÉD injection; ~ anesthésique infiltration anesthesia. **-2.** [gén & PHYSIOL] infiltration; il y a des ~s dans le plafond there are leaks in the ceiling; water is leaking OU seeping through the ceiling ❑ eaux d'~ GÉOG percolated water. **-3.** [d'une idée] penetration, percolation *litt*; [d'un agitateur] infiltration.
**infiltrer** [3] [ɛ̃filtre] *vt* **-1.** MÉD to infiltrate *spéc*, to inject. **-2.** [organisation, réseau] to infiltrate.
◆ **s'infiltrer** *vpi* [air, brouillard, eau] to seep; [lumière] to filter in; s'~ dans: quand l'eau s'infiltre dans le sable when the water seeps (through) into the sand; s'~ dans les lieux to get into the building; s'~ dans un réseau d'espions to infiltrate a spy network.
**infime** [ɛ̃fim] *adj* [quantité, proportion] infinitesimal, minute, tiny; [détail] minor.
**infini, e** [ɛ̃fini] *adj* **-1.** [étendue] infinite, vast, boundless; [ressources] infinite, unlimited. **-2.** [extrême – générosité, patience, reconnaissance] infinite, boundless, limitless; [– charme, douceur] infinite; [– précautions] infinite, endless; [– bonheur, plaisir] infinite, immeasurable; [– difficulté, peine] immense, extreme; mettre un soin ~ à faire qqch to take infinite pains to do sthg. **-3.** [interminable] never-ending, interminable, endless; j'ai dû attendre un temps ~ I had to wait interminably. **-4.** MATH infinite.
◆ **infini** *nm* **-1.** MATH, OPT & PHOT infinity; faire la mise au point sur l'~ PHOT to focus to infinity. **-2.** PHILOS: l'~ the infinite.
◆ **à l'infini** *loc adv* **-1.** [discuter, reproduire] endlessly, ad infinitum; [varier] infinitely; [s'étendre] endlessly. **-2.** MATH to OU towards infinity.
**infiniment** [ɛ̃finimɑ̃] *adv* **-1.** [extrêmement – désolé, reconnaissant] extremely, infinitely; [– généreux] immensely, boundlessly; [– agréable, douloureux] immensely, extremely; [– long, grand] infinitely, immensely; je vous remercie ~

thank you so much; c'est ~ mieux/pire que la dernière fois it's infinitely better/worse than last time; avec ~ de patience/de précautions with infinite patience/care. -2. MATH infinitely; l'~ grand the infinite, the infinitely great; l'~ petit the infinitesimal.

**infinité** [ɛ̃finite] *nf* -**1.** [très grand nombre]: une ~ de an infinite number of; on me posa une ~ de questions I was asked endless ou-à great many questions. -**2.** *litt*: l'~ de l'espace the infinity of space.

**infinitésimal, e, aux** [ɛ̃finitezimal, o] *adj* infinitesimal.

**infinitif, ive** [ɛ̃finitif, iv] *adj* infinitive.

◆ **infinitif** *nm* infinitive (mood); ~ de narration infinitive of narration.

**infirmatif, ive** [ɛ̃firmatif, iv] *adj* invalidating.

**infirmation** [ɛ̃firmasjɔ̃] *nf* invalidation.

**infirme** [ɛ̃firm] ◇ *adj* disabled, crippled. ◇ *nmf* disabled person; les ~s the disabled ❑ ~ moteur cérébral person suffering from cerebral palsy, spastic *vieilli*.

**infirmer** [3] [ɛ̃firme] *vt* -**1.** [démentir] to invalidate, to contradict. -**2.** JUR [arrêt] to revoke; [jugement] to quash.

**infirmerie** [ɛ̃firmǝri] *nf* [dans une école, une entreprise] sick bay ou room; [dans une prison] infirmary; [dans une caserne] infirmary, sick bay; [sur un navire] sick bay.

**infirmier, ère** [ɛ̃firmje, ɛr] ◇ *nm, f* male nurse (*f* nurse); elle fait un stage d'infirmière she's on *Br* ou in *Am* a nursing course ❑ ~ en chef, infirmière en chef charge nurse *Br*, head nurse *Am*; ~ militaire medical orderly; infirmière diplômée d'État Registered Nurse *Br*; infirmière visiteuse district nurse. ◇ *adj* nursing *(modif)*.

**infirmité** [ɛ̃firmite] *nf* -**1.** [invalidité] disability, handicap; ~ motrice cérébrale cerebral palsy. -**2.** *litt* [faiblesse] failing, weakness.

**inflammable** [ɛ̃flamabl] *adj* -**1.** [combustible] inflammable, flammable; gaz ~ flammable gas; matériaux ~s inflammable materials. -**2.** *litt* [impétueux] inflammable.

**inflammation** [ɛ̃flamasjɔ̃] *nf* MÉD inflammation; j'ai une ~ au genou my knee is inflamed.

**inflammatoire** [ɛ̃flamatwar] *adj* inflammatory MÉD.

**inflation** [ɛ̃flasjɔ̃] *nf* -**1.** ÉCON inflation; ~ par la demande/les coûts demand-pull/cost-push inflation; ~ galopante/larvée galloping/creeping inflation; des investissements à l'abri de l'~ inflation-proof investments. -**2.** [accroissement – des effectifs]: l'~ du nombre des bureaucrates the inflated ou swelling numbers of bureaucrats.

**inflationniste** [ɛ̃flasjɔnist] ◇ *adj* [tendance] inflationary; [politique] inflationist. ◇ *nmf* inflationist.

**infléchi, e** [ɛ̃fleʃi] *adj* [phonème] inflected.

**infléchir** [32] [ɛ̃fleʃir] *vt sout* -**1.** [courber] to bend, to inflect. -**2.** [influer sur] to modify, to influence; ~ le cours des événements to affect ou to influence the course of events.

◆ **s'infléchir** *vpi* -**1.** [décrire une courbe] to bend, to curve (round). -**2.** *fig* [changer de but] to shift, to change course.

**inflexibilité** [ɛ̃flɛksibilite] *nf* -**1.** [d'un matériau] inflexibility, rigidity. -**2.** [d'une personne] inflexibility, firmness.

**inflexible** [ɛ̃flɛksibl] *adj* -**1.** [matériau] rigid, inflexible. -**2.** [personne] inflexible, rigid, unbending; il est resté ~ he wouldn't change his mind. -**3.** [loi, morale] rigid, hard-and-fast; [règlement, discipline] strict.

**inflexiblement** [ɛ̃flɛksiblǝmɑ̃] *adv sout* inflexibly, rigidly.

**inflexion** [ɛ̃flɛksjɔ̃] *nf* -**1.** [modulation – de la voix] inflection, modulation. -**2.** [changement de direction] shift, change of course. -**3.** LING & MATH inflection. -**4.** [inclination]: avec une gracieuse ~ de la tête with a graceful nod; une ~ du buste a bow.

**infliger** [17] [ɛ̃fliʒe] *vt*: ~ une punition/une défaite/des souffrances/des pertes à qqn to inflict a punishment/a defeat/sufferings/losses on sb; ~ une amende/corvée à qqn to impose a fine/chore on sb; ~ une humiliation à qqn to put sb down, to humiliate sb; tel est le châtiment infligé aux traîtres such is the punishment meted out to traitors; ~ sa compagnie ou présence à qqn to inflict one's company ou presence on sb.

**influençable** [ɛ̃flyɑ̃sabl] *adj*: elle est beaucoup trop ~ she's far too easily influenced ou swayed.

**influençai** [ɛ̃flyɑ̃se] *v* → **influencer.**

**influence** [ɛ̃flyɑ̃s] *nf* -**1.** [marque, effet] influence; cela n'a eu aucune ~ sur ma décision it didn't influence my decision at all, it had no bearing (at all) on my decision. -**2.** [emprise – d'une personne, d'une drogue, d'un sentiment] influence; avoir une bonne ~ sur to be ou to have a good influence on; j'ai beaucoup d'~ sur lui I've got a lot of influence over him; subir l'~ de qqn to be influenced by sb; être sous l'~ de la boisson/drogue to be under the influence of drink/drugs. -**3.** PSYCH influence. -**4.** [poids social ou politique] influence; avoir de l'~ to have influence, to be influential.

**influencer** [16] [ɛ̃flyɑ̃se] *vt* to influence; ne te laisse pas ~ par la publicité don't let advertising influence you, don't let yourself be influenced by advertising.

**influent, e** [ɛ̃flyɑ̃, ɑ̃t] *adj* influential; c'est une personne ~e she's a person of influence ou an influential person.

**influer** [3] [ɛ̃flye]

◆ **influer sur** *v* + *prép* to have an influence on, to influence, to affect.

**influx** [ɛ̃fly] *nm*: ~ nerveux nerve impulse.

**info** [ɛ̃fo] *nf fam* info *(U).*

◆ **infos** *nfpl fam*: les ~s the news *(U).*

**Infographie®** [ɛ̃fografi] *nf* computer graphics.

**in-folio** [infɔljo] ◇ *adj inv* folio. ◇ *nm inv* folio; des ~ folios.

**infondé, e** [ɛ̃fɔ̃de] *adj* unfounded, groundless.

**informateur, trice** [ɛ̃fɔrmatœr, tris] *nm, f* informer.

**informaticien, enne** [ɛ̃fɔrmatisjɛ̃, ɛn] *nm, f* [dans une entreprise] data processor; [à l'université] computer scientist; son fils est ~ his son works in computers.

**informatif, ive** [ɛ̃fɔrmatif, iv] *adj* informative.

**information** [ɛ̃fɔrmasjɔ̃] *nf* -**1.** [indication] piece of information; des ~s (some) information; demander des ~s sur to ask (for information) about, to inquire about; je vais aux ~s I'll go and find out. -**2.** l'~ [mise au courant] information; l'~ circule mal entre les services there's poor communication between departments; nous demandons une meilleure ~ des consommateurs sur leurs droits we want consumers to be better informed about their rights; pour ton ~, sache que... for your (own) information, you should know that... -**3.** PRESSE, RAD & TV news item, piece of news; voici une ~ de dernière minute here is some last minute news; des ~s de dernière minute semblent indiquer que le couvre-feu est intervenu latest reports seem to indicate that there has been a ceasefire; des ~s économiques economic news, news about the economy; l'~ the news; la liberté d'~ freedom of information; place à l'~ priority to current affairs ❑ journal d'~ quality newspaper. -**4.** INF: l'~, les ~ data, information ❑ traitement de l'~ data processing. -**5.** JUR [instruction]: ouvrir une ~ to set up a preliminary inquiry ❑ ~ judiciaire preliminary investigation ou inquiry.

◆ **informations** *nfpl* RAD & TV [émission]: les ~s the news (bulletin); ~s télévisées/radiodiffusées television/radio news; c'est passé aux ~s it was on the news.

**informatique** [ɛ̃fɔrmatik] ◇ *adj* computer *(modif)*; un système ~ a computer system. ◇ *nf* [science] computer science, information technology; [traitement des données] data processing; faire de l'~ to work ou to be in computing ❑ ~ documentaire (electronic) information retrieval; ~ familiale home ou domestic computing; ~ de gestion [dans une administration] administrative data processing; [dans une entreprise] business data processing, business applications; ~ grand public mass (consumer) computing.

**informatisable** [ɛ̃fɔrmatizabl] *adj* computerizable.

**informatisation** [ɛ̃fɔrmatizasjɔ̃] *nf* computerization.

**informatisé, e** [ɛ̃fɔrmatize] *adj* [secteur, système] computerized; [enseignement] computer-based; [gestion] computer-aided, computer-assisted.

**informatiser** [3] [ɛ̃fɔrmatize] *vt* to computerize.

◆ **s'informatiser** *vpi* to become computerized; la bibliothèque s'est informatisée the library catalogue has been computerized; depuis que je me suis informatisé since I got a computer.

**informative** [ɛ̃fɔrmativ] *f* → **informatif.**

**informe** [ɛ̃fɔrm] *adj* -**1.** [inesthétique – vêtement, sculpture] shapeless. -**2.** [qui n'a plus de forme – chaussure] shapeless, battered. -**3.** [sans contours nets] formless, shapeless; une masse ~ de cellules an amorphous mass of cells. **-4.** [ébauché] rough, unfinished, undeveloped.

**informé, e** [ɛ̃fɔʀme] *adj* well-informed, informed; **de source bien ~e** from a well-informed ou an authoritative source; **c'est son amant — tu m'as l'air bien** ou **très ~!** he's her lover — you seem to know a lot!; **nous sommes mal ~s** [peu renseignés] we don't get enough information, we're not sufficiently informed; [avec de fausses informations] we're being misinformed; **se tenir ~ de** to keep o.s. informed about; **tenir qqn ~ (de qqch)** to keep sb informed (of sthg).
♦ **informé** *nm* (judicial ou legal) inquiry; **jusqu'à plus ample ~** pending further information.

**informel, elle** [ɛ̃fɔʀmɛl] *adj* **-1.** [non officiel, décontracté] informal. **-2.** BX-ARTS informal.
♦ **informel** *nm* informal artist.

**informer** [3] [ɛ̃fɔʀme] ◇ *vt* **-1.** [aviser]: ~ **qqn de** to inform ou to tell ou to advise sb of; **si le notaire téléphone, vous voudrez bien m'en ~** if the lawyer phones, will you please let me know ou inform me; ~ **qqn que** to inform ou to tell sb that; **l'a-t-on informé qu'il est muté?** has he been informed ou notified of his transfer?; **nous informons Messieurs les voyageurs que...** passengers are informed that... **-2.** [renseigner] to inform, to give information to. ◇ *vi* JUR: ~ **contre qqn** to start investigations concerning sb.
♦ **s'informer** *vpi*: **où puis-je m'~?** where can I get some information ou ask ou inquire?; **je me suis informé auprès de mon avocat/de la mairie** I asked my lawyer/at the town hall; **s'~ de** [droit, horaire, résultats] to inquire ou to ask about; **s'~ de la santé de qqn** to inquire after sb's health; **s'~ sur** to inform o.s. about; **je vais m'~ sur la marche à suivre** I'm going to find out what the procedure is.

**informulé, e** [ɛ̃fɔʀmyle] *adj* unformulated, unspoken.

**infortune** [ɛ̃fɔʀtyn] *nf litt* **-1.** [événement] misfortune. **-2.** [malheur] misfortune; ~ **conjugale** *euph* infidelity.

**infortuné, e** [ɛ̃fɔʀtyne] *litt* ◇ *adj (avant le nom)* [malchanceux – gén] unfortunate, luckless; [– mari] hapless, wretched. ◇ *nm, f* (unfortunate) wretch.

**infra** [ɛ̃fʀa] *adv*: **voir ~** see below.

**infraction** [ɛ̃fʀaksjɔ̃] *nf* **-1.** JUR breach of the law, offence; ~ **au code de la route** driving offence; **être en ~ à** to be in breach of the law; **je n'ai jamais été en ~** I've never committed an ou any offence ❑ ~ **politique** ≈ offence ou offences against the state. **-2.** [transgression] infringement, transgression; ~ **à** breach of, transgression against.

**infranchissable** [ɛ̃fʀɑ̃ʃisabl] *adj* **-1.** [col] impassable; [rivière] which cannot be crossed. **-2.** [difficulté] insuperable, insurmountable.

**infrarouge** [ɛ̃fʀaʀuʒ] ◇ *adj* infrared. ◇ *nm* infrared (radiation).

**infrason** [ɛ̃fʀasɔ̃] *nm* infrasound.

**infrasonore** [ɛ̃fʀasɔnɔʀ] *adj* infrasonic.

**infrastructure** [ɛ̃fʀastʀyktyʀ] *nf* **-1.** [ensemble d'équipements] infrastructure. **-2.** CONSTR substructure.

**infréquentable** [ɛ̃fʀekɑ̃tabl] *adj*: **ils sont ~s** they're not the sort of people you'd want to associate with; **tu es ~!** you're a disgrace!

**infroissable** [ɛ̃fʀwasabl] *adj* crease-resistant.

**infructueux, euse** [ɛ̃fʀyktɥø, øz] *adj* fruitless.

**infuse** [ɛ̃fyz] *adj* f → **science**.

**infuser** [3] [ɛ̃fyze] ◇ *vt* **-1.** [faire macérer – thé] to brew, to infuse; [– tisane] to infuse. **-2.** *litt* [insuffler]: ~ **qqch à qqn** to infuse ou to inject sb with sthg, to infuse ou to inject sthg into sb. ◇ *vi (aux être ou avoir)* [macérer – thé] to brew, to infuse; [– tisane] to infuse; **laissez ~ quelques minutes** leave to infuse for a few minutes.

**infusion** [ɛ̃fyzjɔ̃] *nf* **-1.** [boisson] herbal tea, infusion. **-2.** [macération – de thé] brewing, infusion; [– de tisane] infusion, infusing.

**ingambe** [ɛ̃gɑ̃b] *adj litt* nimble, spry, sprightly.

**ingénier** [9] [ɛ̃ʒenje]
♦ **s'ingénier à** *vp* + *prép* to try hard ou to endeavour ou to strive to; **s'~ à trouver une solution** to work hard at finding ou to do all one can to find a solution; **s'~ à plaire** to strive to please; **on dirait qu'il s'ingénie à me nuire** it's as if he's going out of his way to do me down.

**ingénierie** [ɛ̃ʒeniʀi] *nf* engineering; ~ **assistée par ordinateur** computer-assisted engineering; ~ **génétique** genetic engineering; ~ **de systèmes** systems engineering.

**ingénieur** [ɛ̃ʒenjœʀ] *nm* engineer; ~ **agronome** agricultural engineer; ~ **commercial** sales engineer; ~ **électricien** electrical engineer; ~ **du génie civil** civil engineer; ~ **informaticien** computer engineer; ~ **mécanicien** mechanical engineer; ~ **des ponts et chaussées** civil engineer; ~ **du son** sound engineer; ~ **système** systems engineer; ~ **des travaux publics** construction engineer.

**ingénieur-conseil** [ɛ̃ʒenjœʀkɔ̃sɛj] (*pl* **ingénieurs-conseils**) *nm* (engineering) consultant, consulting engineer.

**ingénieusement** [ɛ̃ʒenjøzmɑ̃] *adv* ingeniously.

**ingénieux, euse** [ɛ̃ʒenjø, øz] *adj* [personne] ingenious, clever, inventive; [plan, appareil, procédé] ingenious.

**ingéniions** [ɛ̃ʒenijɔ̃] *v* → **ingénier**.

**ingéniosité** [ɛ̃ʒenjozite] *nf* ingenuity, inventiveness.

**ingénu, e** [ɛ̃ʒeny] ◇ *adj* ingenuous, naive. ◇ *nm, f* ingenuous ou naive person.
♦ **ingénue** *nf* THÉÂT ingenue ou ingénue (role); **cesse de jouer les ~es** stop acting ou playing the innocent.

**ingénuité** [ɛ̃ʒenɥite] *nf* ingenuousness, naivety.

**ingénument** [ɛ̃ʒenymɑ̃] *adv* ingenuously, naively.

**ingérable** [ɛ̃ʒeʀabl] *adj fam* unmanageable.

**ingère** [ɛ̃ʒɛʀ] *v* → **ingérer**.

**ingérence** [ɛ̃ʒeʀɑ̃s] *nf* interference; POL interference, intervention.

**ingérer** [18] [ɛ̃ʒeʀe] *vt* to absorb, to ingest.
♦ **s'ingérer dans** *vp* + *prép* to interfere in; **s'~ dans la vie privée de qqn** to meddle in sb's private life.

**ingestion** [ɛ̃ʒɛstjɔ̃] *nf* ingestion.

**ingouvernable** [ɛ̃guvɛʀnabl] *adj* ungovernable.

**ingrat, e** [ɛ̃gʀa, at] ◇ *adj* **-1.** [sans grâce – visage] unattractive, unpleasant, coarse; **avoir un physique ~** to be unattractive ou graceless. **-2.** [tâche, travail] unrewarding, thankless; [terre] unproductive. **-3.** [sans reconnaissance] ungrateful; **être ~ avec** ou **envers qqn** to be ungrateful towards sb. ◇ *nm, f* ungrateful person.

**ingratitude** [ɛ̃gʀatityd] *nf* **-1.** [d'une personne] ingratitude, ungratefulness; **faire preuve d'~** to behave with ingratitude. **-2.** [d'une tâche] thanklessness.

**ingrédient** [ɛ̃gʀedjɑ̃] *nm* **-1.** [dans une recette, un mélange] ingredient. **-2.** *fig* [élément] ingredient.

**inguérissable** [ɛ̃geʀisabl] *adj* MÉD incurable.

**ingurgiter** [3] [ɛ̃gyʀʒite] *vt fam* **-1.** [avaler – aliments] to wolf ou to gulp down (*sép*); [– boisson] to gulp down (*sép*), to knock back (*sép*). **-2.** *fig* to take in (*sép*); **avec tout ce qu'on leur fait ~ avant l'examen!** with all the stuff they have to cram (into their heads) before the exam!; **faire ~ des faits/dates à qqn** to stuff sb's head full of facts/dates.

**inhabile** [inabil] *adj sout* **-1.** [sans aptitude] inept, unskilful; ~ **à** unfit for. **-2.** [maladroit – mouvement] clumsy, awkward; [– propos, méthode] inept, clumsy. **-3.** JUR (legally) incapable; ~ **à témoigner** incompetent to stand as a witness.

**inhabileté** [inabilte] *nf litt* ineptitude, ineptness, clumsiness.

**inhabilité** [inabilite] *nf* (legal) incapacity.

**inhabitable** [inabitabl] *adj* [maison, grenier] uninhabitable; [quartier] unpleasant to live in.

**inhabité, e** [inabite] *adj* [maison, chambre] uninhabited, unoccupied; [contrée] uninhabited.

**inhabituel, elle** [inabitɥɛl] *adj* unusual, odd.

**inhalateur, trice** [inalatœʀ, tris] *adj* inhaling, breathing.
♦ **inhalateur** *nm* **-1.** [pour inhalations] inhaler. **-2.** AÉRON oxygen mask.

**inhalation** [inalasjɔ̃] *nf* **-1.** [respiration] breathing in, inhalation *spéc*. **-2.** [traitement] (steam) inhalation.

**inhaler** [3] [inale] *vt* to inhale, to breathe in *(sép)*.

**inhérence** [ineʀɑ̃s] *nf* inherence.

**inhérent, e** [ineʀɑ̃, ɑ̃t] *adj* inherent; ~ **à** inherent in.

**inhibé, e** [inibe] ◇ *adj* inhibited, repressed. ◇ *nm, f* inhibited ou repressed person.

**inhiber** [3] [inibe] *vt* to inhibit.

**inhibiteur, trice** [inibitœʀ, tris] *adj* inhibitive, inhibitory.
♦ **inhibiteur** *nm* inhibitor.

**inhibition** [inibisjɔ̃] *nf* PHYSIOL & PSYCH inhibition.
**inhospitalier, ère** [inɔspitalje, ɛr] *adj* inhospitable.
**inhumain, e** [inymɛ̃, ɛn] *adj* inhuman.
**inhumainement** [inymɛnmã] *adv* inhumanly, inhumanely.
**inhumanité** [inymanite] *nf litt* inhumanity.
**inhumation** [inymasjɔ̃] *nf* burial, interment *sout*, inhumation *sout*.
**inhumer** [3] [inyme] *vt* to bury, to inter.
**inimaginable** [inimaʒinabl] *adj* unimaginable; un paysage d'une beauté ~ an unbelievably beautiful landscape.
**inimitable** [inimitabl] *adj* inimitable.
**inimité, e** [inimite] *adj* which has still to be imitated, unique.
**inimitié** [inimitje] *nf sout* enmity, hostility.
**ininflammable** [inɛ̃flamabl] *adj* [produit] non-flammable; [revêtement] flame-proof.
**inintelligence** [inɛ̃teliʒãs] *nf sout* -1. [stupidité] lack of intelligence. -2. [incompréhension] incomprehension, lack of understanding.
**inintelligent, e** [inɛ̃teliʒã, ãt] *adj sout* unintelligent.
**inintelligibilité** [inɛ̃teliʒibilite] *nf* unintelligibility.
**inintelligible** [inɛ̃teliʒibl] *adj* unintelligible, impossible to understand.
**inintelligiblement** [inɛ̃teliʒibləmã] *adv* unintelligibly.
**inintéressant, e** [inɛ̃terɛsã, ãt] *adj* uninteresting.
**ininterrompu, e** [inɛ̃terɔ̃py] *adj* [série, flot] unbroken, uninterrupted; [bruit] continuous; [tradition] continuous, unbroken; [effort] unremitting, steady; [bavardage] continuous, ceaseless; une nuit de sommeil ~ a night of unbroken sleep; nous diffusons aujourd'hui cinq heures de musique ~e today we are broadcasting five hours of non-stop ou uninterrupted music.
**inique** [inik] *adj sout* iniquitous, unjust, unfair.
**iniquité** [inikite] *nf sout* iniquity, injustice.
**initial, e, aux** [inisjal, o] *adj* initial.
♦ **initiale** *nf* [première lettre] initial.
**initialement** [inisjalmã] *adv* initially, at first, originally.
**initialisation** [inisjalizasjɔ̃] *nf* INF initialization.
**initialiser** [3] [inisjalize] *vt* INF to initialize.
**initiateur, trice** [inisjatœr, tris] ◇ *adj* initiatory. ◇ *nm, f* -1. [maître] initiator; elle a été son initiatrice en amour/musique it was thanks to her that he discovered love/music. -2. [novateur] pioneer; les ~s de la biologie/du structuralisme the founders of biology/of structuralism.
**initiation** [inisjasjɔ̃] *nf* -1. [approche] initiation, introduction; ~ à la psychologie/au russe introduction to psychology/to Russian. -2. CHIM & PHYS initiating, setting off. -3. ANTHR initiation.
**initiatique** [inisjatik] *adj* initiatory, initiation *(modif)*.
**initiative** [inisjativ] *nf* -1. [esprit de décision] initiative; avoir de l'~ to have initiative ou drive; manquer d'~ to lack initiative; esprit d'~ initiative. -2. [idée] initiative; à ~ sur l'~ de qqn on sb's initiative; les négociations ont été organisées à l'~ du Brésil the negotiations were initiated by Brazil ou organized on Brazil's initiative; prendre l'~ de qqch to initiate sthg, to take the initiative for sthg ❏ ~ gouvernementale governmental prerogative to propose legislation; ~ parlementaire parliamentary prerogative to legislate; ~ privée ÉCON private initiative; JUR & POL initiative. -3. [action spontanée] initiative; faire qqch de sa propre ~ to do sthg on one's own initiative; prendre des ~s to show initiative; elle nous laisse prendre des ~s she allows us freedom of action; prendre l'~ de faire qqch to take the initiative in doing sthg ❏ ~ de paix POL peace initiative ou overture.
**initiatrice** [inisjatris] *f* → **initiateur**.
**initié, e** [inisje] ◇ *adj* initiated. ◇ *nm, f* -1. [connaisseur] initiated person, initiate; les ~s the initiated; pour les ~s not for the uninitiated. -2. ANTHR initiate.
**initier** [9] [inisje] *vt* -1. [novice] to initiate; ~ qqn à qqch to initiate sb into sthg, to introduce sb to sthg. -2. ANTHR to initiate. -3. [faire démarrer] to initiate, to get going.
♦ **s'initier à** *vp* + *prép* to become initiated into, to initiate o.s. into; j'ai besoin de deux semaines pour m'~ au traite-

ment de texte I need two weeks to teach myself ou to learn how to use a word processor.
**injecté, e** [ɛ̃ʒɛkte] *adj* -1. [rougi]: yeux ~s de sang bloodshot eyes. -2. MÉD injected. -3. TECH injection-moulded.
**injecter** [4] [ɛ̃ʒɛkte] *vt* -1. CONSTR, GÉOL & MÉD to inject. -2. [introduire] to inject, to infuse, to instil; ~ des millions dans une affaire to inject ou to pump millions into a business. -3. MÉCAN to inject. -4. ASTRONAUT: ~ un engin sur orbite to inject a spacecraft (into its orbit).
♦ **s'injecter** *vpi* [yeux] to become bloodshot.
**injection** [ɛ̃ʒɛksjɔ̃] *nf* -1. CONSTR, GÉOL & MÉD injection. -2. ÉCON [apport – d'argent] injection. -3. TECH→ moulage. -4. MÉCAN injection; à ~ (fuel) injection *(modif)*.
**injoignable** [ɛ̃ʒwaɲabl] *adj*: j'ai essayé de l'appeler toute la matinée mais il était ~ I tried to phone him all morning, but I couldn't get through (to him) ou get hold of him.
**injonction** [ɛ̃ʒɔ̃ksjɔ̃] *nf* -1. *sout* [ordre] order; sur l'~ de qqn at sb's behest. -2. JUR injunction, (judicial) order; ~ de payer order to pay.
**injouable** [ɛ̃ʒwabl] *adj* unplayable; la sonate est ~ the sonata is impossible to play; la balle est ~ the ball is unplayable.
**injure** [ɛ̃ʒyr] *nf* -1. [insulte] insult, abuse *(U)*; un chapelet d'~s a stream of abuse ou insults; il se mit à lâcher des ~s he started hurling abuse; accabler ou couvrir qqn d'~s to heap abuse on sb ❏ ~ publique JUR ≈ slander without special damage. -2. *sout* [affront] affront, insult; c'est une ~ à la nation it's an insult to our country; il m'a fait l'~ de refuser mon invitation he insulted me by refusing my invitation.
**injurier** [9] [ɛ̃ʒyrje] *vt* -1. [adresser des insultes à] to insult, to abuse. -2. *litt* [offenser moralement] to be an insult to.
♦ **s'injurier** *vp* *(emploi réciproque)* to insult each other.
**injurieux, euse** [ɛ̃ʒyrjø, øz] *adj* abusive, insulting, offensive; des propos ~ abusive ou offensive language; être ~ envers qqn to be abusive ou insulting to sb.
**injuriions** [ɛ̃ʒyrijɔ̃] *v* → **injurier**.
**injuste** [ɛ̃ʒyst] *adj* -1. [décision] unjust, unfair. -2. [personne] unfair, unjust; ne sois pas ~! be fair!, don't be unfair!; être ~ envers qqn to do sb an injustice.
**injustement** [ɛ̃ʒystəmã] *adv* -1. [avec iniquité] unfairly, unjustly; punir ~ to punish unjustly. -2. [sans raison] without reason.
**injustice** [ɛ̃ʒystis] *nf* -1. [caractère inique] injustice, unfairness; l'~ sociale social injustice. -2. [acte inique] injustice, wrong; commettre une ~ envers qqn to do sb wrong ou an injustice; c'est une ~! that's unfair!
**injustifiable** [ɛ̃ʒystifjabl] *adj* unjustifiable.
**injustifié, e** [ɛ̃ʒystifje] *adj* [critique, punition] unjustified, unwarranted; [crainte] unfounded, groundless; [absence] unexplained.
**inlassable** [ɛ̃lasabl] *adj* [infatigable – personne] indefatigable, tireless, untiring; [– énergie] tireless.
**inlassablement** [ɛ̃lasabləmã] *adv* indefatigably, tirelessly, untiringly; elle répétait ~ le même mot she kept repeating the same word over and over again.
**inné, e** [ine] *adj* -1. [don] inborn, innate. -2. PHILOS innate.
**innerver** [3] [inerve] *vt* to innervate.
**innocemment** [inɔsamã] *adv* innocently.
**innocence** [inɔsãs] *nf* -1. [gén] innocence; en toute ~ in all innocence, quite innocently. -2. RELIG innocence; en état d'~ in a state of innocence. -3. JUR innocence; établir ou prouver l'~ de qqn to establish ou to prove sb's innocence.
**innocent, e** [inɔsã, ãt] ◇ *adj* -1. [non responsable – inculpé, victime] innocent; déclarer qqn ~ JUR to find sb innocent ou not guilty; être ~ de qqch to be innocent of sthg. -2. [plaisanterie, question, plaisirs] innocent, harmless; [baiser, jeune fille] innocent. -3. [candide – enfant, âge] innocent. -4. [niais] innocent, simple. ◇ *nm, f* -1. [personne non coupable] innocent person. -2. [personne candide] innocent; faire l'~ to play ou to act the innocent; ne joue pas l'~ ou les ~s avec moi! don't come the innocent with me!; c'est un grand ~! he's a bit naive! -3. [niais] simpleton.
**Innocent** [inɔsã] *npr* [pape] Innocent.
**innocenter** [3] [inɔsãte] *vt* -1. JUR [suj: jury] to clear, to find innocent ou not guilty; [suj: témoignage, document] to prove

innocent, to show to be innocent. **-2.** [excuser] to excuse.

**innocuité** [inɔkɥite] *nf* harmlessness, innocuousness.

**innombrable** [inɔ̃brabl] *adj* innumerable, countless; **une foule ~** a vast ou huge crowd.

**innomé, e** [inɔme] *adj* **-1.** [sans nom] unnamed. **-2.** ANTIQ & JUR: **contrat ~** innominate contract.

**innommable** [inɔmabl] *adj* unspeakable, loathsome, nameless.

**innovateur, trice** [inɔvatœr, tris] ◇ *adj* innovative, innovatory. ◇ *nm, f* innovator.

**innovation** [inɔvasjɔ̃] *nf* **-1.** [créativité] innovation. **-2.** [changement] innovation. **-3.** COMM innovation; **~ technologique** technological innovation.

**innover** [3] [inɔve] *vi* to innovate; **~ en (matière de)** to break new ground ou to innovate in (the field of).

**inobservation** [inɔpsɛrvasjɔ̃] *nf litt* ou JUR inobservance, breach; **~ d'une loi/d'un contrat** non-compliance with a law/with a contract.

**inoccupé, e** [inɔkype] *adj* **-1.** [vide – maison, local] unoccupied, empty. **-2.** [vacant – poste] unoccupied, vacant, available; [– taxi, fauteuil] empty, free. **-3.** [inactif] inactive, unoccupied, idle; **elle est longtemps restée ~e** for a long time she had nothing to do.

**inoculable** [inɔkylabl] *adj* inoculable.

**inoculation** [inɔkylasjɔ̃] *nf* **-1.** MÉD [vaccination] inoculation; [contamination] infection. **-2.** MÉTALL inoculation.

**inoculer** [3] [inɔkyle] *vt* **-1.** MÉD to inoculate; **on inocule le virus à un cobaye** a guinea pig is injected with the virus. **-2.** [transmettre – enthousiasme, manie] to infect, to pass on to.

**inodore** [inɔdɔr] *adj* **-1.** [sans odeur] odourless. **-2.** [sans intérêt] uninteresting, commonplace.

**inoffensif, ive** [inɔfɑ̃sif, iv] *adj* [personne] harmless, inoffensive; [animal] harmless; [remark] innocuous.

**inondable** [inɔ̃dabl] *adj* liable to flooding.

**inondation** [inɔ̃dasjɔ̃] *nf* **-1.** [d'eau] flood, flooding, inundation. **-2.** *fig* flood, deluge.

**inondé, e** [inɔ̃de] ◇ *adj* **-1.** [champ, maison, cave] flooded. **-2.** *fig*: **être ~ de réclamations/de mauvaises nouvelles** to be inundated with complaints/with bad news; **une pièce ~e de soleil** a room flooded with ou bathed in sunlight. ◇ *nm, f* flood victim.

**inonder** [3] [inɔ̃de] *vt* **-1.** [champs, maison, ville] to flood, to inundate; **tu ne peux donc pas prendre un bain sans tout ~?** can't you have a bath without flooding the bathroom? **-2.** [tremper] to soak; **les yeux inondés de pleurs** his eyes full of ou swimming with tears; **le front inondé de sueur** his forehead bathed in sweat; **elle avait inondé ses vêtements de parfum** her clothes were soaked with perfume. **-3.** *fig* [envahir – marché] to flood, to inundate, to swamp; [– suj: foule] to flood into, to swarm; [– suj: lumière] to flood ou to pour into, to swamp; **ils inondent le marché de leurs produits** they're flooding the market with their products; **ses fans l'inondent de lettres** she is inundated with fan mail.

◆ **s'inonder de** *vp + prép*: **chaque matin il s'inonde d'eau de Cologne** every morning he douses himself with eau de Cologne.

**inopérable** [inɔperabl] *adj* inoperable.

**inopérant, e** [inɔperɑ̃, ɑ̃t] *adj* inoperative, ineffective.

**inopiné, e** [inɔpine] *adj* [inattendu] unexpected.

**inopinément** [inɔpinemɑ̃] *adv* unexpectedly.

**inopportun, e** [inɔpɔrtœ̃, yn] *adj* ill-timed, inopportune, untimely.

**inopportunément** [inɔpɔrtynemɑ̃] *adv litt* inopportunely.

**inopportunité** [inɔpɔrtynite] *nf litt* inopportuneness, untimeliness.

**inorganique** [inɔrganik] *adj* inorganic.

**inorganisation** [inɔrganizasjɔ̃] *nf* lack of organization, disorganization.

**inorganisé, e** [inɔrganize] ◇ *adj* **-1.** [désordonné] disorganized, unorganized. **-2.** [non syndiqué] unorganized. **-3.** BIOL unorganized. ◇ *nm, f* [travailleur non syndiqué] non-union member, unorganized worker.

**inoubliable** [inublijabl] *adj* unforgettable, never to be forgotten.

**inouï, e** [inwi] *adj* **-1.** [incroyable] incredible, amazing, unbelievable. **-2.** *litt* [sans précédent – prouesse, performance] unheard of, unprecedented.

**Inox**® [inɔks] *nm inv* stainless steel; **couverts en ~** stainless steel cutlery.

**inoxydable** [inɔksidabl] ◇ *adj* stainless METALL. ◇ *nm* stainless steel.

**in petto** [inpeto] *loc adv litt* privately, in petto *litt*.

**input** [input] = **intrant**.

**inqualifiable** [ɛ̃kalifjabl] *adj* unspeakable; **un acte ~** an unspeakable act; **ce que tu as fait est ~** there are no words for what you've done.

**inquiet, ète** [ɛ̃kjɛ, ɛt] ◇ *adj* **-1.** [personne] worried, anxious, concerned; [regard] worried, uneasy, nervous; [attente] anxious; **je suis ~ de l'avoir laissé seul** I'm worried ou uneasy about having left him alone; **être ~ de qqch** to be worried about sthg; **je suis ~ de son silence** I'm worried about not having heard from her. **-2.** *litt* [activité, curiosité] restless. ◇ *nm, f* worrier.

**inquiétant, e** [ɛ̃kjetɑ̃, ɑ̃t] *adj* worrying, disturbing.

**inquiéter** [18] [ɛ̃kjete] *vt* **-1.** [troubler – suj: personne, situation] to worry, to trouble; **son silence m'inquiète beaucoup** I find her silence quite disturbing ou worrying; **qu'est-ce qui t'inquiète?** what are you worried about?, what's worrying you?; **il n'est pas encore arrivé? tu m'inquiètes!** hasn't he arrived yet? you've got me worried now! || *(en usage absolu)*: **ces nouvelles ont de quoi ~** this news is quite disturbing ou worrying ou alarming. **-2.** [ennuyer, harceler] to disturb, to bother, to harass; **le magistrat ne fut jamais inquiété par la police** the police never troubled the magistrate; **ils ont vidé les coffres sans être inquiétés** they were able to empty the safes without being disturbed ou interrupted; **il n'a jamais inquiété le champion du monde** he's never posed any threat to the world champion.

◆ **s'inquiéter** *vpi* [être soucieux] to worry, to be worried; **il y a de quoi s'~** that's something to be worried about, there's real cause for concern; **s'~ au sujet de** ou **pour qqn** to be worried ou concerned about sb; **ne t'inquiète pas pour elle!** don't (you) worry about her!; **je m'inquiète beaucoup de le savoir seul** it worries ou troubles me a lot to know that he's alone.

◆ **s'inquiéter de** *vp + prép* **-1.** [tenir compte de] to bother ou to worry about. **-2.** [s'occuper de] to see to sthg; **et son cadeau? — je m'en inquiéterai plus tard** what about her present? — I'll see about that ou take care of that later; **t'es-tu inquiété de réserver les places?** did you think of booking? ❑ **où tu vas? — t'inquiète!** *fam* where are you off to? — mind your own business! ou what's it to you? **-3.** [se renseigner sur] to inquire ou to ask about.

**inquiétude** [ɛ̃kjetyd] *nf* worry, anxiety, concern; **un sujet d'~** a cause for concern ou anxiety; **n'ayez aucune ~, soyez sans ~** rest easy, have no fear; **avoir des ~s** to be worried ou concerned.

**inquisiteur, trice** [ɛ̃kizitœr, tris] *adj* inquisitive, prying.
◆ **inquisiteur** *nm* inquisitor.

**inquisition** [ɛ̃kizisjɔ̃] *nf* **-1.** HIST: **la (Sainte) Inquisition** the (Holy) Inquisition. **-2.** *sout & péj* [ingérence] inquisition.

**inquisitoire** [ɛ̃kizitwar] *adj* inquisitorial JUR.

**inquisitorial, e, aux** [ɛ̃kizitɔrjal, o] *adj* **-1.** *sout* [méthode] inquisitorial, high-handed. **-2.** HIST inquisitorial, Inquisition *(modif)*.

**INR** *(abr de* institut national de radiodiffusion*) npr m* Belgian broadcasting company.

**INRA, Inra** [inra] *(abr de* Institut national de la recherche agronomique*) npr m* national institute for agronomic research.

**inracontable** [ɛ̃rakɔ̃tabl] *adj* [trop grivois] unrepeatable; [trop compliqué] too complicated for words.

**insaisissable** [ɛ̃sezisabl] *adj* **-1.** [imprenable – terroriste, voleur] elusive. **-2.** [imperceptible] imperceptible, intangible. **-3.** [fuyant] unfathomable, elusive. **-4.** JUR exempt from seizure.

**insalissable** [ɛ̃salisabl] *adj* dirtproof.

**insalubre** [ɛ̃salybr] *adj* [immeuble] insalubrious; [climat] insalubrious, unhealthy.

**insalubrité** [ɛ̃salybrite] *nf* [d'un immeuble] insalubrity; [du climat] insalubrity, unhealthiness.

**insanité** [ɛ̃sanite] *nf* **-1.** [folie] insanity. **-2.** [remarque] insane ou nonsensical remark; [acte] insane act, insane thing to do; **proférer des ~s** to say insane things; **tu n'es pas forcé d'écouter ses ~s** you don't have to listen to his ravings.

**insatiabilité** [ɛ̃sasjabilite] *nf* insatiability.

**insatiable** [ɛ̃sasjabl] *adj* insatiable.

**insatiablement** [ɛ̃sasjabləmɑ̃] *adv* insatiably.

**insatisfaction** [ɛ̃satisfaksjɔ̃] *nf* dissatisfaction.

**insatisfaisant, e** [ɛ̃satisfəzɑ̃, ɑ̃t] *adj* unsatisfactory.

**insatisfait, e** [ɛ̃satisfɛ, ɛt] ◇ *adj* **-1.** [inassouvi – curiosité, besoin] unsatisfied, frustrated. **-2.** [mécontent – personne] unsatisfied, dissatisfied, displeased; **être ~ de** to be unhappy about. ◇ *nm, f* discontented person; **les ~s** the discontented; **c'est un perpétuel ~** he's never satisfied ou happy.

**inscription** [ɛ̃skripsjɔ̃] *nf* **-1.** [ensemble de caractères] inscription, writing *(U)*; **il y avait une ~ sur le mur** there was an inscription ou something written on the wall. **-2.** [action d'écrire]: **l'~ d'un slogan sur un mur** daubing ou writing a slogan on a wall. **-3.** [action d'inclure]: **une question dont l'~ à l'ordre du jour s'impose** a question which must be (down) ou be placed on the agenda; **l'~ des dépenses au budget** the listing of expenses in the budget. **-4.** [formalité]: **~ à** [cours, concours] registration for, enrolment in; [club, parti] enrolment in, joining (of); **~ à l'université** university registration ou enrolment, university matriculation *Br*; **~ sur les listes électorales** registration on the electoral roll *Br*, voter registration *Am*; **dernière date pour les ~s** [à l'université] closing date for enrolment ou registration; [dans un club] closing date for enrolment ❏ **dossier d'~** UNIV admission form, ≃ UCCA form *Br*; **droits d'~** UNIV registration fees; **service des ~s** UNIV admissions office. **-5.** [personne inscrite] **il y a une trentaine d'~s au club/pour le rallye** about 30 people have joined the club/entered the rally. **-6.** JUR: **~ de faux** challenge *(to the validity of a document)*; **~ hypothécaire** mortgage registration. **-7.** BOURSE quotation (privilege).

**inscrire** [99] [ɛ̃skrir] *vt* **-1.** [écrire – chiffre, détail] to write ou to note (down); **inscris ton nom au tableau/sur la feuille** write your name (up) on the board/(down) on the sheet ‖ [graver] to engrave, to inscribe; **son visage reste inscrit dans ma mémoire** *fig* his face remains etched in my memory. **-2.** [enregistrer – étudiant] to register, to enrol; [– électeur, membre] to register; **(faire) ~ un enfant à l'école** to register ou to enrol a child for school, to put a child's name down for school; **les étudiants inscrits à l'examen** the students entered for the exam, the students sitting the exam *Br*; **les étudiants inscrits en droit** the students enrolled on *Br* ou in *Am* the law course; **se faire ~ sur les listes électorales** to register as a voter, to put one's name on the electoral register; **être inscrit au registre du commerce** to be on the trade register; **être inscrit à un club** to be a member of a club; **~ qqn (pour un rendez-vous)** to put sb's name down for an appointment; **et la liste des passagers? — il n'y est pas inscrit non plus** the passenger list? — he's not listed there ou his name's not on it either. **-3.** [inclure] to list, to include; **ces sommes sont inscrites au budget de la culture** these amounts are listed in the arts budget; **son style l'inscrit dans la tradition italienne** her style places ou situates her within the Italian tradition; **~ un prix littéraire/un disque d'or à son palmarès** to add a literary prize/a gold disc to one's list of achievements; **~ une question à l'ordre du jour** to put ou to place a question on the agenda; **parmi les sujets inscrits à l'ordre du jour** among the subjects on the agenda. **-4.** SPORT [but, essai] to score. **-5.** MATH to inscribe.

◆ **s'inscrire** ◇ *vp (emploi réfléchi)*: **s'~ à** [club, parti] to join, to enrol as a member of; [bibliothèque] to join; [université] to register ou to enrol at; [concours, rallye] to enter ou to put one's name down for; **s'~ au chômage** to register as unemployed; **s'~ sur une liste électorale** to register to vote. ◇ *vpi* **-1.** [apparaître] to appear, to come up. **-2.** JUR: **s'~ en faux contre** to lodge a challenge against; **s'~ en faux contre une politique/des allégations** *fig* to strongly denounce a policy/deny allegations. **-3.** BOURSE: **s'~ en hausse/baisse** to be (marked) up/down.

◆ **s'inscrire dans** *vp + prép sout* [suj: événement, attitude] to be consistent with, to be in keeping with, to be in line with;

[suj: auteur] to belong to, to rank amongst; [suj: œuvre] to take its place in; **cette mesure s'inscrit dans le cadre de notre campagne** this measure comes ou lies within the framework of our campaign.

**inscrit, e** [ɛ̃skri, it] ◇ *pp* → **inscrire**. ◇ *adj* **-1.** [étudiant, membre d'un club] enrolled, registered, matriculated *Br*; [chômeur] registered; POL [candidat, électeur] registered; [orateur] scheduled. **-2.** BANQUE & FIN registered; **créancier ~** ≃ member of the Finance Houses' Association *Br*. **-3.** MATH inscribed. ◇ *nm, f* [sur une liste] registered person; [à un club, à un parti] registered member; [étudiant] registered student; [candidat] registered candidate; [électeur] registered elector; **les ~s au prochain débat** POL the scheduled speakers for the next debate ❏ **~ maritime** NAUT registered seaman.

**inscrivais** [ɛ̃skrivɛ] *v* → **inscrire**.

**INSEAD** [insead] *(abr de* **Institut européen d'administration)** *npr m* European business school in Fontainebleau.

**insécable** [ɛ̃sekabl] *adj* indivisible.

**insecte** [ɛ̃sɛkt] *nm* insect.

**insecticide** [ɛ̃sɛktisid] ◇ *adj* insecticide *(modif)*, insecticidal. ◇ *nm* insecticide.

**insectivore** [ɛ̃sɛktivɔr] ◇ *adj* insectivorous. ◇ *nm* insectivore; **les ~s** the Insectivora.

**insécurité** [ɛ̃sekyrite] *nf* **-1.** [manque de sécurité] lack of safety; **l'~ qui règne dans les grandes villes** the climate of fear reigning in big cities; **le gouvernement veut prendre des mesures contre l'~** the government wants to introduce measures to improve public safety. **-2.** [précarité – de l'emploi] insecurity, precariousness; [– de l'avenir] uncertainty. **-3.** [angoisse] insecurity.

**INSEE, Insee** [inse] *(abr de* **Institut national de la statistique et des études économiques)** *npr m* national institute of statistics and information about the economy.

**inséminateur, trice** [ɛ̃seminatœr, tris] ◇ *adj* inseminating. ◇ *nm, f* inseminator.

**insémination** [ɛ̃seminasjɔ̃] *nf* insemination; **~ artificielle** artificial insemination; **~ artificielle entre conjoints/par donneur extérieur** artificial insemination by husband/by donor.

**inséminer** [3] [ɛ̃semine] *vt* to inseminate.

**insensé, e** [ɛ̃sɑ̃se] ◇ *adj* **-1.** [déraisonnable – projet, initiative] foolish, insane; [– espoir] unrealistic, mad; **il est complètement ~ de penser que...** it is utterly foolish ou absurd to think that...; **c'est ~!** this is absurd ou preposterous! **-2.** [excessif] enormous, considerable; **une somme ~e** an excessive ou a ludicrous amount of money. ◇ *nm, f litt* madman *(f* madwoman*)*.

**insensibilisation** [ɛ̃sɑ̃sibilizasjɔ̃] *nf* local anaesthesia.

**insensibiliser** [3] [ɛ̃sɑ̃sibilize] *vt* **-1.** MÉD to anaesthetize. **-2.** [endurcir] to harden; **être insensibilisé aux souffrances d'autrui** to be hardened ou to have become immune to the sufferings of others.

**insensibilité** [ɛ̃sɑ̃sibilite] *nf* **-1.** [absence de réceptivité]: **~ à** insensitiveness ou insensitivity to. **-2.** MÉD insensitivity, numbness.

**insensible** [ɛ̃sɑ̃sibl] *adj* **-1.** [privé de sensation, de sentiment]: **~ à** insensitive to; **~ à la douleur** insensitive to pain; **elle demeura ~ à ses prières** she remained indifferent to ou unmoved by his pleas. **-2.** [imperceptible] imperceptible.

**insensiblement** [ɛ̃sɑ̃sibləmɑ̃] *adv* imperceptibly, gradually.

**inséparable** [ɛ̃separabl] *adj* inseparable.

◆ **inséparables** *nmpl* ZOOL: **un couple d'~s** a pair of lovebirds.

**inséparablement** [ɛ̃separabləmɑ̃] *adv* inseparably.

**insérable** [ɛ̃serabl] *adj* insertable.

**insérer** [18] [ɛ̃sere] *vt* **-1.** [ajouter – chapitre, feuille] to insert; **~ qqch dans/entre** to insert sthg into/between; **faire ~ une clause dans un contrat** to have a clause added to ou put in ou inserted into a contract. **-2.** [introduire – clé, lame] to insert; **~ qqch dans** to insert sthg into.

◆ **s'insérer dans** *vp + prép* **-1.** [socialement] to become integrated into; **les jeunes ont souvent du mal à s'~ dans le monde du travail** young people often find it difficult to find their place in ou to fit into a work environment; **être bien/mal inséré dans la société** to be well/poorly integrated into society. **-2.** [s'inscrire dans] to be part of; **ces mesures** s'**insèrent** dans le cadre d'une politique globale these measures come within ou are part of an overall policy.

**INSERM, Inserm** [ɛsɛrm] (*abr de* **Institut national de la santé et de la recherche médicale**) *npr m*national institute for *medical research.*

**insert** [ɛsɛr] *nm* CIN & TV cut-in, insert.

**insertion** [ɛsɛrsjɔ̃] *nf* **-1.** [introduction] insertion, introduction. **-2.** [intégration] integration; ~ **sociale** social integration. **-3.** PRESSE: **tarif des** ~**s** advertising rates; **frais d'**~ advertising charge. **-4.** JUR correction; ~ **forcée** publication (of reply) by order of the court. **-5.** ANAT insertion.

**insidieusement** [ɛsidjøzmɑ̃] *adv* insidiously.

**insidieux, euse** [ɛsidjø, øz] *adj* **-1.** [perfide – question] insidious, treacherous; [– personne] *litt* insidious. **-2.** [sournois – odeur, poison] insidious. **-3.** MÉD insidious.

**insigne** [ɛsiɲ] ◇ *adj litt* [remarquable] remarkable, noteworthy; **faveur** ~ signal favour; **mensonge/calomnie** ~ unparalleled lie/slander. ◇ *nm* [marque distinctive – d'un groupe] badge, emblem, symbol; [– d'une dignité] insignia; **les** ~**s de la royauté** royal insignia.

**insignifiance** [ɛsiɲifjɑ̃s] *nf* insignificance, unimportance.

**insignifiant, e** [ɛsiɲifjɑ̃, ɑ̃t] *adj* **-1.** [sans intérêt] insignificant, trivial; **nous parlions de choses** ~**es** we were engaged in idle chatter; **des gens** ~**s** insignificant ou unimportant people. **-2.** [minime] insignificant, negligible; **erreur** ~**e** unimportant mistake; **somme** ~**e** trifling ou petty sum.

**insinuant, e** [ɛsinɥɑ̃, ɑ̃t] *adj* [personne, ton] ingratiating.

**insinuation** [ɛsinɥasjɔ̃] *nf* **-1.** [allusion] insinuation, innuendo; **quelles sont ces** ~**s?** what are you hinting at ou insinuating ou trying to suggest? **-2.** JUR insinuation.

**insinuer** [7] [ɛsinɥe] *vt* to insinuate; **que veut-elle** ~? what's she hinting at ou trying to insinuate?; **insinuez-vous que je mens?** are you insinuating ou implying that I'm lying?

◆ **s'insinuer** *vpi*: **s'**~ **dans** [suj: arôme, gaz] to creep in; [suj: eau] to filter ou to seep in; [suj: personne] to make one's way in, to infiltrate, to penetrate; **s'**~ **dans les bonnes grâces de qqn** to insinuate o.s. into sb's favour, to curry favour with sb; **le doute/une idée diabolique s'insinua en lui** doubt/an evil thought crept into his mind.

**insipide** [ɛsipid] *adj* **-1.** [sans goût] insipid, tasteless. **-2.** [sans relief – personne] insipid, bland, vapid; [– conversation, livre] insipid, uninteresting, dull.

**insipidité** [ɛsipidite] *nf sout* **-1.** [absence de goût] insipidity, insipidness, tastelessness. **-2.** *fig* [ennui] insipidity, insipidness, tediousness.

**insistance** [ɛsistɑ̃s] *nf* [obstination] insistence; **il lui demanda avec** ~ **de chanter** he insisted that she should sing; **regarder qqn avec** ~ to stare at sb insistently.

**insistant, e** [ɛsistɑ̃, ɑ̃t] *adj* **-1.** [persévérant] insistent. **-2.** [fort – parfum] pervasive, intrusive.

**insister** [3] [ɛsiste] *vi* **-1.** [persévérer] to insist; **je ne vous dirai rien, inutile d'**~**!** I'm not telling you anything, so there's no point pressing me any further!; **ça ne répond pas — insistez!** there's no answer — keep trying ou try again!; **il était en colère, alors je n'ai pas insisté** he was angry, so I didn't push the matter (any further) ou I didn't insist. **-2.** [demander instamment] to insist; **j'insiste pour que vous m'écoutiez jusqu'au bout** I insist that you hear me out.

◆ **insister sur** *v* + *prép* **-1.** [mettre l'accent sur – idée, problème] to stress, to emphasize, to underline; **on ne saurait trop** ~ **sur cette différence** this difference cannot be overemphasized; **si j'étais toi, je n'insisterais pas trop sur le salaire** if I were you, I wouldn't lay too much emphasis on the salary; **dans notre école, nous insistons beaucoup sur la discipline** in our school, we attach great importance to ou lay great stress on discipline. **-2.** [s'attarder sur – anecdote] to dwell on *(insép)*; [– tache, défaut] to pay particular attention to; **mes années d'école, sur lesquelles je n'insisterai pas** my school years which I'd rather skate over ou I'd rather not dwell on.

**insociable** [ɛsɔsjabl] *adj* [farouche] unsociable; [asocial] antisocial.

**insolation** [ɛsɔlasjɔ̃] *nf* **-1.** MÉD sunstroke, insolation *spéc.* **-2.** MÉTÉO sunshine, insolation *spéc.* **-3.** PHOT exposure (to the light).

**insolemment** [ɛsɔlamɑ̃] *adv* **-1.** [avec arrogance] insolently, arrogantly. **-2.** [avec effronterie] unashamedly.

**insolence** [ɛsɔlɑ̃s] *nf* **-1.** [irrespect] insolence; **avec** ~ insolently. **-2.** [remarque] insolent remark; [acte] insolent act. **-3.** [orgueil] arrogance.

**insolent, e** [ɛsɔlɑ̃, ɑ̃t] ◇ *adj* **-1.** [impoli] insolent. **-2.** [arrogant] arrogant. **-3.** [extraordinaire – luxe, succès] outrageous; **vous avez eu une chance** ~**e** you've been outrageously ou incredibly lucky. ◇ *nm, f* insolent person; **petit** ~**!** you impudent ou impertinent little boy!

**insolite** [ɛsɔlit] ◇ *adj* unusual, strange. ◇ *nm*: **l'**~ the unusual, the bizarre.

**insolubilité** [ɛsɔlybilite] *nf* insolubility, insolubleness.

**insoluble** [ɛsɔlybl] *adj* **-1.** CHIM insoluble. **-2.** [problème] insoluble, insolvable *Am*; **c'est une situation** ~ there's no solution to this situation.

**insolvabilité** [ɛsɔlvabilite] *nf* insolvency.

**insolvable** [ɛsɔlvabl] *adj & nmf* insolvent.

**insomniaque** [ɛsɔmnjak] *adj & nmf* insomniac.

**insomnie** [ɛsɔmni] *nf* insomnia *(U)*; **des nuits d'**~ sleepless nights.

**insondable** [ɛsɔ̃dabl] *adj* **-1.** [impénétrable – desseins, mystère] unfathomable, impenetrable; [– regard, visage] inscrutable. **-2.** [très profond] unfathomable; **une crevasse** ~ a seemingly bottomless crevasse. **-3.** [infini] abysmal; **il est d'une bêtise** ~ he's abysmally stupid.

**insonore** [ɛsɔnɔr] *adj* soundproof, sound-insulated *spéc.*

**insonorisation** [ɛsɔnɔrizasjɔ̃] *nf* soundproofing, (sound) insulation.

**insonoriser** [3] [ɛsɔnɔrize] *vt* to soundproof, to insulate; **studio d'enregistrement insonorisé** soundproof recording studio; **pièce mal insonorisée** inadequately soundproofed room.

**insouciance** [ɛsusjɑ̃s] *nf* lack of concern, carefree attitude, casualness; **vivre dans l'**~ to live a carefree ou untroubled existence; **son** ~ **à l'égard de ses études** his lack of concern for ou his happy-go-lucky attitude towards ou his easygoing attitude towards his studies; **l'**~ **de la jeunesse** the frivolity of youth.

**insouciant, e** [ɛsusjɑ̃, ɑ̃t] *adj* **-1.** [nonchalant] carefree, unconcerned, casual. **-2.** ~ **de** [indifférent à]: ~ **du danger** oblivious ou to the danger; ~ **de l'avenir** indifferent to ou unconcerned about the future.

**insoumis, e** [ɛsumi, iz] *adj* **-1.** [indiscipliné – jeunesse, partisan] rebellious; [– enfant] unruly, refractory. **-2.** [révolté – tribu] rebel, rebellious; [– pays] unsubdued, undefeated, rebellious. **-3.** MIL: **soldat** ~ [réfractaire au service militaire] draft dodger; [déserteur] soldier absent without leave.

◆ **insoumis** *nm* [réfractaire au service militaire] draft dodger; [déserteur] soldier absent without leave.

**insoumission** [ɛsumisjɔ̃] *nf* **-1.** [indiscipline] rebelliousness, insubordination. **-2.** [révolte] rebelliousness, rebellion. **-3.**

---

## USAGE ▶ L'insistance

Whatever you do, don't tell her.
You WILL remember to lock the door, won't you?
You haven't forgotten we're going out tonight?
Don't forget we're going out tonight, will you?
I don't want to go on about it, but please make sure you phone him.
I want it by tomorrow – and I mean tomorrow!

▷ *style plus écrit/soutenu:*

I cannot emphasize enough how important this is.
I must stress that these are only suggestions.
Do bear in mind that this is a temporary arrangement.
I must insist on the need for caution.
There is, I repeat, no cause for alarm.

MIL [objection] draft-dodging; [désertion] absence without leave.

**insoupçonnable** [ɛ̃supsɔnabl] *adj* above suspicion.

**insoupçonné, e** [ɛ̃supsɔne] *adj* [vérité] unsuspected; [richesses] undreamt-of, unheard-of.

**insoutenable** [ɛ̃sutnabl] *adj* **-1.** [insupportable – douleur, scène, température] unbearable, unendurable; [– lumière] blinding. **-2.** [impossible à soutenir – concurrence, lutte] unsustainable. **-3.** [indéfendable – opinion, thèse] untenable, unsustainable; [– position] indefensible.

**inspecter** [4] [ɛ̃spɛkte] *vt* **-1.** [contrôler – appartement, bagages, engin, travaux] to inspect, to examine; MIL [– troupes] to review, to inspect; [– école, professeur] to inspect. **-2.** [scruter] to inspect; ~ qqn des pieds à la tête to examine sb from head to foot.

**inspecteur, trice** [ɛ̃spɛktœr, tris] *nm, f* **-1.** [contrôleur] inspector; ~ général MIL inspector general; ~ (général) des Finances ≃ *general auditor (of the Treasury with special responsibilities) Br,* ≃ Comptroller General *Am;* ~ des impôts FIN tax inspector; ~ des mines inspector of mines; ~ du travail factory inspector; c'est un vrai ~ des travaux finis! *fig & hum* he always turns up when the work's done!**-2.** [policier] inspector, detective; un ~ de la brigade criminelle a detective from the crime squad; ~ de la police judiciaire *inspector belonging to the criminal investigation department,* ≃ CID inspector *Br* ❑ ~ de police detective sergeant *Br,* lieutenant *Am;* ~ principal ≃ detective inspector.**-3.** ENS: ~ d'Académie ≃ inspector of schools *Br,* ≃ Accreditation officer *Am.***-4.** *(comme adj)* JUR: magistrat ~ visiting magistrate.

**inspection** [ɛ̃spɛksjɔ̃] *nf* **-1.** [vérification] inspection; [surveillance] overseeing, supervising; les douaniers soumirent la valise/le passager à une ~ en règle the customs officers subjected the suitcase/the passenger to a thorough search; après ~, le dossier se révéla être un faux on inspection, the file turned out to be a forgery; passer une ~ [l'organiser] to carry out an inspection, to inspect; [la subir] to undergo an inspection, to be inspected; passer l'~ [être en règle] to pass (the test); prêt pour l'~! MIL ready for inspection!**-2.** ADMIN inspectorate; ~ académique ≃ Schools Inspectorate *Br,* ≃ Accreditation Agency *Am;* ~ générale des Finances *government department responsible for monitoring the financial affairs of state bodies;* ~ des impôts ≃ Inland Revenue *Br,* ≃ Internal Revenue Service *Am;* ~ du travail ≃ Health and Safety Executive *Br,* ≃ Labor Board *Am.***-3.** [inspectorat] inspectorship.

**inspirant, e** [ɛ̃spirɑ̃, ɑ̃t] *adj fam* inspiring.

**inspirateur, trice** [ɛ̃spiratœr, tris] ◇ *adj* **-1.** [inspirant] inspiring. **-2.** ANAT inspiratory. ◇ *nm, f* **-1.** [guide] inspirer. **-2.** [instigateur] instigator; l'~ d'un complot the instigator of OU the person behind a plot.
◆ **inspiratrice** *nf* [égérie] muse, inspiration.

**inspiration** [ɛ̃spirasjɔ̃] *nf* **-1.** [esprit créatif] inspiration; tirer son ~ de, trouver son ~ dans to draw (one's) inspiration from; je n'ai pas d'~ ce matin I don't feel inspired OU I don't have any inspiration this morning; musique pleine d'~ inspired music. **-2.** [idée, envie] inspiration, (bright) idea; agir selon l'~ du moment to act on the spur of the moment. **-3.** [influence] influence, instigation; c'est sous son ~ que le syndicat a été créé the union was created at his instigation; une architecture d'~ nordique an architecture with a Scandinavian influence, a Scandinavian-inspired architecture. **-4.** PHYSIOL breathing in, inspiration *spéc.***-5.** RELIG inspiration.

**inspiratoire** [ɛ̃spiratwar] *adj* inspiratory.

**inspiré, e** [ɛ̃spire] ◇ *adj* **-1.** [artiste, air, livre] inspired. **-2.** [avisé] : j'ai été bien ~ de lui résister I was well-advised to resist him, I did the right thing in resisting him; tu as été bien ~ de venir me voir aujourd'hui you did well to come and see me today. ◇ *nm, f* **-1.** [mystique] mystic, visionary. **-2.** *péj* [illuminé] crank.

**inspirer** [3] [ɛ̃spire] ◇ *vt* **-1.** [provoquer – décision, sentiment] to inspire; [– remarque] to inspire, to give rise to *(insép)*; [– conduite] to prompt; [– complot] to instigate; ~ confiance à qqn to inspire confidence in sb, to inspire sb with confidence; cette viande ne m'inspire pas confiance! I don't much like the look of that meat!; son état n'inspire pas d'inquiétude his health gives no cause for concern; sa

fille lui a inspiré ses plus belles chansons his daughter gave him the inspiration for his best songs. **-2.** [influencer – œuvre, personne] to inspire; le sujet de dissertation ne m'inspire guère! the subject of the essay doesn't really fire my imagination!**-3.** [aspirer – air, gaz] to breathe in *(sép)*, to inspire *spéc.* ~ de l'air to breathe air. ◇ *vi* to breathe in, to inspire *spéc.*
◆ **s'inspirer de** *vp + prép* to draw one's inspiration from, to be inspired by.

**instabilité** [ɛ̃stabilite] *nf* **-1.** CHIM & PHYS instability. **-2.** [précarité] instability, precariousness; l'~ du gouvernement the instability of the government. **-3.** PSYCH instability.

**instable** [ɛ̃stabl] ◇ *adj* **-1.** [branlant] unsteady, unstable; [glissant – terrain] unstable, shifting; être en équilibre ~ to be balanced precariously. **-2.** [fluctuant – situation, régime politique, prix] unstable; [– temps] unsettled; [– personnalité] unsteady, unreliable; [– population] shifting, unsettled, unstable. **-3.** CHIM, PHYS & PSYCH unstable. ◇ *nmf* unreliable OU unsteady person; PSYCH unstable person.

**installateur, trice** [ɛ̃stalatœr, tris] *nm, f* [d'appareils sanitaires] fitter; ÉLECTR, RAD & TV installer.

**installation** [ɛ̃stalasjɔ̃] *nf* **-1.** [dispositif, équipement] installation; [aménagement] set-up; une ~ de fortune a makeshift set-up ❑ ~ électrique wiring; ~ informatique computer facility; ~ téléphonique telephone installation. **-2.** [d'un dentiste, d'un médecin] setting up (practice); [d'un commerçant] opening, setting up (shop); [d'un locataire] moving in. **-3.** [mise en service – de l'électricité, du gaz, du chauffage] installation, installing, putting in; [– d'un appareil ménager] installation, installing; [– d'une grue] setting up; [– d'une antenne] installing; [– d'une cuisine, d'un atelier, d'un laboratoire] fitting out; qui a fait l'~ de la prise/du lave-linge? who wired the socket/plumbed in the washing machine?; refaire l'~ électrique (d'une maison) to rewire (a house). **-4.** [implantation – d'une usine] setting up.
◆ **installations** *nfpl* [dans une usine] machinery and equipment; [complexe, bâtiment] installations; ~s portuaires port installations.

**installé, e** [ɛ̃stale] *adj* **-1.** [aisé] well-off, established. **-2.** [aménagé] : un laboratoire bien/mal ~ a well/badly equipped laboratory; ils sont bien/mal ~s they have a really nice/uncomfortable house *etc.*

**installer** [3] [ɛ̃stale] *vt* **-1.** [mettre en service – chauffage, eau, gaz, électricité, téléphone] to install, to put in *(sép)*; [– appareil ménager] to install; nous avons dû faire ~ l'eau/le gaz/l'électricité we had to have the water laid on/the gas put in/the house wired. **-2.** [mettre en place – meuble] to put in *(sép)*, to install; [– tente] to put up *(sép)*, to pitch; [– barrière] to put up *(sép)*, to erect; [– campement] to set up *(sép)*; [– troupes] to position. **-3.** [faire asseoir, allonger] to put, to place; installez-le sur la civière lay him down on the stretcher; une fois qu'il est installé devant la télévision, il n'y a plus moyen de lui parler once he's settled himself down OU planted himself OU installed (himself) in front of the TV, there's no talking to him. **-4.** [pièce, logement – aménager] to fit out *(sép)*; [– disposer] to lay out *(sép)*; nous avons installé la salle de jeu au grenier we've turned the attic into a playroom. **-5.** [loger – jeune couple] to set up *(sép)*; [– visiteur] to put up *(sép)*, to install; les blessés furent installés dans la tour the wounded were accommodated OU put in the tower. **-6.** [implanter] : ~ une usine à la campagne to set up a factory in the countryside. **-7.** ADMIN to install; ~ qqn dans ses fonctions to install sb in his/her post.
◆ **s'installer** *vpi* **-1.** [s'asseoir, s'allonger] : installez-vous comme il faut, je reviens tout de suite make yourself comfortable OU at home, I'll be right back; s'~ au volant to sit at the wheel; s'~ dans un canapé to settle down on a couch. **-2.** [s'implanter – cirque, marché] to (be) set up; [– usine] to be set up; quand nous nous sommes installés when we settled in; s'~ à la campagne [emménager] to set up house OU to go and live OU to settle in the country; s'~ dans une maison to move into a house; je m'installai dans un petit hôtel I put up at a small hotel; s'~ dans de nouveaux bureaux [entreprise] to move into new offices; [employés] to move into one's new offices; si ça continue, elle va finir par s'~ chez moi! if this goes on, she'll end up moving in (permanently)!**-3.** [pour exercer – médecin, dentiste] to set up a practice; [– commerçant] to set up shop, to open; s'~

à son compte to set up one's own business ou on one's own; quand je me suis installé, la clientèle était rare when I started, there weren't many customers. **-4.** [se fixer – statu quo] to become established; [– maladie] to take a hold ou a grip; [– doute, peur] to creep in; [– silence] to take over; **il s'est installé dans le mensonge** he's become an habitual liar, he's well used to lying; **le pays s'installe peu à peu dans la crise** the country is gradually learning to live with the crisis.

**instamment** [ɛ̃stamɑ̃] *adv sout* insistently; **demander ~ que** to insist that.

**instance** [ɛ̃stɑ̃s] *nf* **-1.** [organisme] authority; **les plus hautes ~s du parti** the leading bodies of the party; **le dossier sera traité par une ~ supérieure** the file will be dealt with at a higher level ou by a higher authority. **-2.** JUR (legal) proceedings; **introduire une ~** to start ou to institute proceedings; **en première ~** on first hearing; **en seconde ~** on appeal.
◆ **instances** *nfpl sout* entreaties; **sur** ou **devant les ~s de son père, il finit par accepter** in the face of his father's entreaties ou pleas, he eventually accepted.
◆ **en dernière instance** *loc adv* in the last analysis.
◆ **en instance** *loc adj* [dossier] pending, waiting to be dealt with; JUR [affaire] pending, sub judice *Br*; [courrier] ready for posting.
◆ **en instance de** *loc prép*: **être en ~ de divorce** to be waiting for a divorce ou in the middle of divorce proceedings.

**instant¹** [ɛ̃stɑ̃] *nm* **-1.** [courte durée] moment, instant; **j'ai pensé, pendant un ~** ou **l'espace d'un ~, que...** for half a minute ou for a split second, I thought that...; **il ne s'est pas demandé un ~ ce qui pouvait arriver** he never asked himself once what might happen; **je n'en doute pas un seul ~** I don't doubt it at all, I've never doubted it for a minute; **(attendez) un ~!** just a moment!, just a second!; **je reviens dans un ~** I'll be right back, I'll be back in a minute; **c'est l'affaire d'un ~** it won't take a minute; **c'est prêt en un ~** it's ready in an instant ou in no time at all. **-2.** [moment précis] moment; **l'~ suprême** the supreme moment; **une joie de tous les ~s** eternal joy.
◆ **à l'instant (même)** *loc adv* this instant, this minute; **je suis rentré à l'~ (même)** I've just (this minute ou second) come in; **je l'apprends à l'~ (même)** I've just this moment heard about it; **nous devons partir à l'~ (même)** we must leave right now ou this instant ou this very minute; **à l'~ (même) où je m'apprêtais à partir** just as I was about to leave.
◆ **à tout instant** *loc adv* [continuellement] all the time; [d'une minute à l'autre] any time (now), any minute.
◆ **dans l'instant** *loc adv* at this moment, instantly.
◆ **dès l'instant que** *loc conj* [si] if; [puisque] since; [aussitôt que] as soon as, from the moment; **dès l'~ que tu me le promets** as soon as you promise me, once you've promised me.
◆ **par instants** *loc adv* at times, from time to time.
◆ **pour l'instant** *loc adv* for the moment, for the time being.

**instant², e** [ɛ̃stɑ̃, ɑ̃t] *adj litt* pressing, urgent, insistent.

**instantané, e** [ɛ̃stɑ̃tane] *adj* **-1.** [immédiat] instantaneous. **-2.** [soluble]: **café ~** instant coffee. **-3.** PHOT: **cliché ~** snapshot.
◆ **instantané** *nm* snap, snapshot.

**instantanément** [ɛ̃stɑ̃tanemɑ̃] *adv* instantaneously, instantly.

**instar** [ɛ̃star]
◆ **à l'instar de** *loc prép sout* following (the example of); **à l'~ de ses parents, il sera enseignant** like his parents, he's going to be a teacher.

**instaurateur, trice** [ɛ̃stɔratœr, tris] *nm, f litt* founder, establisher, creator.

**instauration** [ɛ̃stɔrasjɔ̃] *nf* ·institution, foundation, establishing.

**instaurer** [3] [ɛ̃stɔre] *vt* to institute, to found, to establish; **~ un régime** to set up a regime; **~ une nouvelle mode** to introduce ou to start a new fashion.

**instigateur, trice** [ɛ̃stigatœr, tris] *nm, f* instigator.

**instigation** [ɛ̃stigasjɔ̃] *nf* instigation; **à** ou **sur l'~ de qqn** at sb's instigation.

**instillation** [ɛ̃stilasjɔ̃] *nf* instillation.

**instiller** [3] [ɛ̃stile] *vt* **-1.** MÉD to instil; **~ un liquide dans l'œil** to drop ou to instil a liquid into the eye. **-2.** *litt* [insuffler] to instil.

**instinct** [ɛ̃stɛ̃] *nm* **-1.** PSYCH & ZOOL instinct; **~ de conservation** instinct of self-preservation; **~ maternel** maternal instinct. **-2.** [intuition] instinct; **il eut l'~ de parer le coup** he instinctively fended off the blow; **se fier à son ~** to trust one's instincts ou intuition. **-3.** [don] instinct; **elle a l'~ de la scène** she has a natural talent ou an instinct for the stage.
◆ **d'instinct** *loc adv* instinctively, by instinct.
◆ **par instinct** *loc adv* **-1.** PSYCH & ZOOL instinctively, by instinct. **-2.** [intuitivement] instinctively.

**instinctif, ive** [ɛ̃stɛ̃ktif, iv] ◇ *adj* **-1.** [irraisonné] instinctive. **-2.** [impulsif] instinctive, impulsive, spontaneous; **c'est un être ~** he's a creature of instinct. ◇ *nm, f* instinctive person.

**instinctivement** [ɛ̃stɛ̃ktivmɑ̃] *adv* instinctively.

**instit** [ɛ̃stit] *nmf fam* primary school teacher.

**instituer** [7] [ɛ̃stitɥe] *vt* **-1.** [instaurer, créer] to institute, to establish; **le ministre a institué une commission d'enquête** the minister set up a commission of inquiry. **-2.** JUR [désigner – héritier] to institute, to appoint.
◆ **s'instituer** *vpi* **-1.** [se désigner] to set o.s. up; **il s'est institué (comme) arbitre de leur querelle** he set himself up as the arbitrator of their quarrel. **-2.** [s'établir] to be ou to become established.

**institut** [ɛ̃stity] *nm* [établissement] institute; **~ de recherches/scientifique** research/scientific institute ❏ **~ de beauté** beauty salon ou parlour; **~ médico-légal** mortuary; **l'Institut du Monde Arabe** *Arab cultural centre and library in Paris holding regular exhibitions of Arab art.*
◆ **Institut (de France)** *npr m*: **l'Institut de France** the Institut de France, ≃ the Royal Society *Br*, ≃ the National Science Foundation *Am*.

**instituteur, trice** [ɛ̃stitytœr, tris] *nm, f* [de maternelle] (nursery school) teacher; [d'école primaire] (primary school) teacher.

**institution** [ɛ̃stitysjɔ̃] *nf* **-1.** [établissement privé] institution; **~ religieuse** [catholique] Catholic school; [autre] denominational school. **-2.** [coutume] institution. **-3.** [mise en place] institution, establishment; [d'une loi] introduction; [d'une règle] laying down. **-4.** JUR: **~ d'un héritier** appointment ou institution of an heir; **~ contractuelle** conventional designation *(of an heir)*. **-5.** RELIG: **~ d'un évêque** institution of a bishop.
◆ **institutions** *nfpl* institutions; **les ~s politiques** political institutions.

**institutionnaliser** [3] [ɛ̃stitysjɔnalize] *vt* to institutionalize.

**institutionnel, elle** [ɛ̃stitysjɔnel] *adj* institutional.

**institutrice** [ɛ̃stitytris] *f* → **instituteur**.

**instructeur, trice** [ɛ̃stryktœr, tris] *nm, f* instructor.
◆ **instructeur** ◇ *nm* AÉRON (flying) instructor; MIL instructor. ◇ *adj m*: **sergent ~** drill sergeant.

**instructif, ive** [ɛ̃stryktif, iv] *adj* informative, instructive; **c'est très ~ d'écouter aux portes!** *hum* you learn a lot listening at keyholes!

**instruction** [ɛ̃stryksjɔ̃] *nf* **-1.** *vieilli* [culture] (general) education; **manquer d'~** to be uneducated, to lack education. **-2.** [formation] education, teaching; **l'~ que j'ai reçue à l'école** the teaching ou education I was given at school ❏ **~ militaire** MIL military training; **~ religieuse** [gén] religious education; ENS religious instruction. **-3.** JUR preliminary investigation ou inquiry *(of a case by an examining magistrate)*; **qui est chargé de l'~?** who's setting up the inquiry? **-4.** INF instruction, statement; **jeu d'~s** instruction set. **-5.** [ordre] instruction; **sur les ~s de ses supérieurs** following orders from his superiors. **-6.** ADMIN [circulaire] directive.
◆ **instructions** *nfpl* [d'un fabricant] instructions, directions; **~s de montage** instructions ou directions for assembly.

**instruire** [98] [ɛ̃strɥir] ◇ *vt* **-1.** [enseigner à] to teach, to instruct; [former] to educate; MIL [recrue] to train; **une émission destinée à ~ en distrayant** a programme designed to be both entertaining and educational; **instruit par l'expérience** taught by experience. **-2.** *sout* [aviser]: **~ qqn de qqch** to inform sb of sthg, to acquaint sb with sthg. **-3.** JUR: **~ une affaire** ou **un dossier** to set up a preliminary inquiry. ◇ *vi* JUR: **~ contre qqn** to set up a preliminary inquiry against sb.

◆ **s'instruire** ◇ *vp (emploi réfléchi)* [se cultiver] to educate o.s., to improve one's mind. ◇ *vpi* [apprendre] to learn.
◆ **s'instruire de** *vp + prép* : s'~ de qqch to (try to) obtain information about sthg, to find out about sthg; s'~ de qqch auprès de qqn to inquire of sb about sthg, to ask sb about sthg.

**instruit, e** [ɛ̃strɥi, it] ◇ *pp* → **instruire**. ◇ *adj* well-educated, educated.

**instrument** [ɛ̃strymɑ̃] *nm* **-1.** [outil, matériel] instrument; ~ tranchant edged ou cutting tool ❏ ~s de bord instruments; ~ de mesure/d'observation measuring/observation instrument; un ~ de torture an instrument of torture; ~ de travail tool; c'est un de mes ~s de travail it's a tool of my trade. **-2.** MUS: ~ (de musique) (musical) instrument; ~ à cordes/à percussion/à vent string/percussion/wind instrument. **-3.** *fig* [agent] instrument, tool; être l'~ de qqn to be sb's instrument ou tool; il fut l'~ de leur ruine he brought about their ruin; il fut l'un des ~s de leur ruine he was instrumental in their ruin.

**instrumental, e, aux** [ɛ̃strymɑ̃tal, o] *adj* instrumental.
◆ **instrumental** *nm* LING instrumental (case).

**instrumentation** [ɛ̃strymɑ̃tasjɔ̃] *nf* **-1.** MUS orchestration, instrumentation. **-2.** TECH instrumentation.

**instrumenter** [3] [ɛ̃strymɑ̃te] ◇ *vi* to draw up an official document. ◇ *vt* **-1.** MUS to orchestrate, to score (for instruments). **-2.** TRAV PUBL to instrument.

**instrumentiste** [ɛ̃strymɑ̃tist] *nmf* **-1.** MUS instrumentalist. **-2.** MÉD theatre nurse.

**insu** [ɛ̃sy]
◆ **à l'insu de** *loc prép* **-1.** [sans être vu de] without the knowledge of, unbeknown ou unbeknownst to; sortir à l'~ de ses parents to go out without one's parents' knowing ou knowledge; à l'~ de tout le monde, il s'était glissé dans la cuisine he'd slipped unnoticed into the kitchen. **-2.** à mon/son ~ [sans m'en/s'en apercevoir] unwittingly, without being aware of it.

**insubmersible** [ɛ̃sybmɛrsibl] *adj* [canot] insubmersible; [jouet] unsinkable.

**insubordination** [ɛ̃sybɔrdinasjɔ̃] *nf* insubordination.

**insubordonné, e** [ɛ̃sybɔrdɔne] *adj* insubordinate.

**insuccès** [ɛ̃syksɛ] *nm* failure.

**insuffisamment** [ɛ̃syfizamɑ̃] *adv* insufficiently, inadequately; ~ nourri underfed.

**insuffisance** [ɛ̃syfizɑ̃s] *nf* **-1.** [manque] insufficiency, deficiency; ~ de ressources lack of ou insufficient resources; l'~ de la production industrielle the inadequacy of industrial production. **-2.** [point faible] weakness, deficiency; ses ~s en matière de pathologie his lack of knowledge of pathology. **-3.** MÉD: elle est morte d'une ~ cardiaque she died from heart failure; ~ rénale kidney failure ou insuffisanciency *spéc*.

**insuffisant, e** [ɛ̃syfizɑ̃, ɑ̃t] *adj* **-1.** [en quantité] insufficient; nous avons des effectifs ~s our numbers are too low, we're understaffed; c'est ~ pour ouvrir un compte it's not enough to open an account. **-2.** [en qualité] inadequate; des résultats ~s en mathématiques inadequate results in mathematics. **-3.** [inapte] incompetent; la plupart de nos élèves sont ~s en langues most of our pupils are poor ou weak at languages.

**insufflateur** [ɛ̃syflatœr] *nm* MÉD insufflator.

**insuffler** [3] [ɛ̃syfle] *vt* **-1.** MÉD & TECH to insufflate; ~ de l'air dans un corps to blow ou to insufflate air into a body. **-2.** *sout* [inspirer]: ~ qqch à qqn to instil sthg in sb, to infuse sb with sthg; la terreur lui insuffla du courage terror inspired her to be brave.

**insulaire** [ɛ̃sylɛr] ◇ *adj* island *(modif)*, insular; la population ~ the population of the island, the island population. ◇ *nmf* islander.

**insularité** [ɛ̃sylarite] *nf* **-1.** GÉOG insularity. **-2.** *péj* [étroitesse d'esprit] insularity.

**insuline** [ɛ̃sylin] *nf* insulin.

**insultant, e** [ɛ̃syltɑ̃, ɑ̃t] *adj* insulting; c'est ~ pour moi it's an insult to me, I'm insulted by it.

**insulte** [ɛ̃sylt] *nf* **-1.** [parole blessante] insult; je n'ai pas relevé l'~ I didn't react; lancer des ~s à qqn to throw abuse at sb. **-2.** *fig & sout* [atteinte, outrage] insult; une ~ au bon sens an insult to common sense.

**insulté, e** [ɛ̃sylte] ◇ *adj* insulted. ◇ *nm, f*: l'~ the injured party.

**insulter** [ɛ̃sylte] *vt* to insult; il m'a insulté he insulted me; ~ la mémoire de qqn to insult sb's memory.

**insupportable** [ɛ̃sypɔrtabl] *adj* **-1.** [insoutenable – démangeaison, vision] unbearable, unendurable; [– bruit] unbearable, insufferable; [– lumière] unbearably bright; [– situation] intolerable; sans toi, la vie m'est ~ without you, life is more than I can bear ou is too hard to bear. **-2.** [turbulent – enfant, élève] impossible, insufferable, unbearable.

**insupporter** [3] [ɛ̃sypɔrte] *vt*: il m'insupporte! I can't stand him!

**insurgé, e** [ɛ̃syrʒe] *adj* insurgent *(avant n)*.
◆ **insurgé** *nm* insurgent.

**insurger** [17] [ɛ̃syrʒe]
◆ **s'insurger** *vpi*: s'~ contre qqn to rise up ou to rebel against sb; s'~ contre qqch to rebel against ou to strongly oppose sthg; la nature humaine ne peut que s'~ devant un tel crime human nature cannot but rise up in protest before such a crime.

**insurmontable** [ɛ̃syrmɔ̃tabl] *adj* **-1.** [infranchissable – obstacle] insurmountable, insuperable. **-2.** [invincible – aversion, angoisse] uncontrollable, unconquerable.

**insurrection** [ɛ̃syrɛksjɔ̃] *nf* **-1.** [révolte] insurrection; le pays était en pleine ~ the country was in a state of open insurrection; ~ armée armed insurrection. **-2.** *litt* [indignation] revolt, rising up.

**insurrectionnel, elle** [ɛ̃syrɛksjɔnɛl] *adj* insurrectionary, insurrectional.

**intact, e** [ɛ̃takt] *adj* [réputation, économies] intact; le problème reste ~ the problem remains unsolved.

**intangibilité** [ɛ̃tɑ̃ʒibilite] *nf* intangibility; ~ d'une loi inviolability of a law.

**intangible** [ɛ̃tɑ̃ʒibl] *adj* **-1.** [impalpable] intangible. **-2.** [inviolable] inviolable, sacred, sacrosanct.

**intarissable** [ɛ̃tarisabl] *adj* **-1.** [inépuisable – source] inexhaustible, unlimited; [– mine] inexhaustible; [– imagination] inexhaustible, boundless, limitless. **-2.** [bavard] inexhaustible, unstoppable, tireless; sur le vin, il est ~ if you get him talking on wine, he'll go on for ever.

**intarissablement** [ɛ̃tarisablemɑ̃] *adv* inexhaustibly.

**intégrable** [ɛ̃tegrabl] *adj* [appareil] integrated.

**intégral, e, aux** [ɛ̃tegral, o] *adj* **-1.** [complet] complete; édition ~e des poèmes de Donne collected poems of Donne; remboursement ~ d'une dette full ou complete repayment of a debt ❏ texte ~ unabridged version; version ~e [film] uncut version. **-2.** *hum* [en intensif] utter, complete.
◆ **intégrale** *nf* **-1.** [œuvre] complete works; l'~e des quatuors à cordes de Chostakovitch the complete set of Shostakovich string quartets. **-2.** MATH integral.

**intégralement** [ɛ̃tegralmɑ̃] *adv* in full, fully, completely.

**intégralité** [ɛ̃tegralite] *nf* whole; l'~ de la dette the entire debt, the debt in full; la presse dans son ~ protesta the press protested as a body ou en bloc.

**intégrant, e** [ɛ̃tegrɑ̃, ɑ̃t] *adj*: faire partie ~e de qqch to be an integral part of sthg.

**intégrateur** [ɛ̃tegratœr] *nm* integrator.

**intégration** [ɛ̃tegrasjɔ̃] *nf* **-1.** [insertion] integration. **-2.** [entrée dans une école, une organisation] entry. **-3.** MATH, PHYS & PSYCH integration. **-4.** ÉCON integration.

**intègre**[1] [ɛ̃tɛgr] *v* → **intégrer**.

**intègre**[2] [ɛ̃tɛgr] *adj* **-1.** [honnête] honest. **-2.** [équitable, impartial] upright, righteous, upstanding.

**intégré, e** [ɛ̃tegre] *adj* **-1.** [appareil] built-in. **-2.** [entreprise] integrated. **-3.** NUCL integrated. **-4.** INF integrated; traitement ~ de l'information integrated (data) processing; avec système ~ with in-house ou in-plant system.

**intégrer** [8] [ɛ̃tegre] ◇ *vt* **-1.** [inclure] to integrate, to incorporate, to include; ~ qqch à ou dans un ensemble to integrate ou to incorporate sthg into a whole. **-2.** [assimiler – enseignement, notion] to assimilate, to internalize. **-3.** MATH to integrate. **-4.** [entrer à – école] to get into, to enter. ◇ *vi arg scol* to get into a Grande École.
◆ **s'intégrer** *vpi* **-1.** [élément d'un kit] to fit; s'~ à to fit into.

**-2.** [personne] to become integrated ou assimilated; **ils se sont mal intégrés à la vie du village** they never really fitted into village life.

**intégrisme** [ɛtegrism] *nm* RELIG fundamentalism.

**intégriste** [ɛtegrist] *adj & nmf* RELIG fundamentalist.

**intégrité** [ɛtegrite] *nf* **-1.** [totalité] integrity; **dans son ~ as a whole**, in its integrity ❏ **~ territoriale** ou **du territoire** territorial integrity. **-2.** [état originel] soundness, integrity. **-3.** [honnêteté] integrity, uprightness, honesty.

**intellect** [ɛtelɛkt] *nm* intellect, understanding.

**intellectualiser** [3] [ɛtelɛktɥalize] *vt* to intellectualize.

**intellectualisme** [ɛtelɛktɥalism] *nm* intellectualism.

**intellectuel, elle** [ɛtelɛktɥel] ◇ *adj* **-1.** [mental – capacité] intellectual, mental. **-2.** [abstrait] intellectual, cerebral. **-3.** [non manuel – travail] nonmanual. ◇ *nm, f* intellectual.

**intellectuellement** [ɛtelɛktɥɛlmɑ̃] *adv* intellectually.

**intelligemment** [ɛteliʒamɑ̃] *adv* intelligently, cleverly.

**intelligence** [ɛteliʒɑ̃s] *nf* **-1.** [intellect, discernement] intelligence; **ils ont l'~ vive** they are sharp-witted ou quick, they have sharp minds; **elle est d'une ~ supérieure** she's of superior ou above-average intelligence; **avec ~** intelligently; **il a eu l'~ de ne pas recommencer** he was bright ou intelligent enough not to try again ‖ [personne]: **c'est une grande ~** he's outstandingly intelligent. **-2.** *sout* [compréhension]: **pour l'~ de ce qui va suivre** in order to understand ou to grasp what follows; **elle a l'~ des affaires** she has a good understanding ou grasp of what business is all about ❏ **avoir l'~ du cœur** to be highly intuitive. **-3.** [relation]: **vivre en bonne/mauvaise ~ avec qqn** to be on good/bad terms with sb. **-4.** INF: **~ artificielle** artificial intelligence.

◆ **intelligences** *nfpl* contacts.

◆ **d'intelligence** *loc adv* in collusion; **être d'~ avec qqn** to be in collusion ou in league with sb; **agir d'~ avec qqn** to act in (tacit) agreement with sb.

**intelligent, e** [ɛteliʒɑ̃, ɑ̃t] *adj* **-1.** [gén] intelligent, bright, clever; **c'est ~!** *iron* brilliant!, that was clever!- **2.** INF intelligent.

**intelligentsia** [ɛteliʒɛnsja, ɛteligɛnsja] *nf*: **l'~** the intelligentsia.

**intelligibilité** [ɛteliʒibilite] *nf* intelligibility, intelligibleness.

**intelligible** [ɛteliʒibl] *adj* **-1.** [compréhensible – explication, raisonnable] intelligible, comprehensible; **je ne sais pas si mes propos sont ~s** I don't know if what I'm saying makes sense to you ou if you can make sense out of what I say. **-2.** [audible] intelligible, clear, audible; **parler à haute et ~ voix** to speak loudly and clearly.

**intelligiblement** [ɛteliʒibləmɑ̃] *adv* **-1.** [de façon compréhensible] intelligibly. **-2.** [de façon audible] intelligibly, clearly, audibly.

**intello** [ɛtelo] *adj & nmf fam & péj* highbrow.

**intempérance** [ɛtɑ̃perɑ̃s] *nf* **-1.** *litt* [de comportement] immoderation, intemperance *litt*, excess; **ses ~s de langage** his immoderate ou excessive ou unrestrained language. **-2.** [dans la vie sexuelle] debauchery, intemperance *litt*; [dans le manger, le boire] intemperance *litt*, lack of moderation.

**intempérant, e** [ɛtɑ̃perɑ̃, ɑ̃t] *adj* intemperate *litt*, excessive.

**intempéries** [ɛtɑ̃peri] *nfpl* bad weather.

**intempestif, ive** [ɛtɑ̃pɛstif, iv] *adj* untimely, ill-timed, inopportune.

**intempestivement** [ɛtɑ̃pɛstivmɑ̃] *adv* at an untimely moment, inopportunely.

**intemporalité** [ɛtɑ̃pɔralite] *nf* **-1.** [immuabilité] timelessness. **-2.** [immatérialité] immateriality.

**intemporel, elle** [ɛtɑ̃pɔrɛl] *adj* **-1.** [immuable] timeless. **-2.** [immatériel] immaterial.

**intenable** [ɛtənabl] *adj* **-1.** [insupportable] unbearable, intolerable. **-2.** [indiscipliné] uncontrollable, unruly, badly-behaved. **-3.** [non défendable – thèse] untenable; [– position] indefensible.

**intendance** [ɛtɑ̃dɑ̃s] *nf* **-1.** MIL [pour l'ensemble de l'armée de terre] Supply Corps; [dans un régiment] quartermaster stores. **-2.** SCOL [service, bureau] (domestic) bursar's office; [gestion] school management; **nous·avons eu des problèmes d'~** we had supply problems.

**intendant, e** [ɛtɑ̃dɑ̃, ɑ̃t] *nm, f* **-1.** [administrateur] steward,

bailiff. **-2.** UNIV bursar.

◆ **intendant** *nm* **-1.** HIST intendant. **-2.** MIL ≃ Quartermaster General *Br*.

**intense** [ɛtɑ̃s] *adj* **-1.** [extrême – chaleur] intense, extreme; [– froid] intense, extreme, severe; [– bruit] loud, intense; [– plaisir, désir, passion] intense, keen; [– douleur] intense, severe, acute; **vivre de façon ~** to live intensely. **-2.** [très vif – couleur] intense, bright, strong. **-3.** [abondant, dense – circulation, bombardement] heavy.

**intensément** [ɛtɑ̃semɑ̃] *adv* intensely.

**intensif, ive** [ɛtɑ̃sif, iv] *adj* **-1.** [soutenu] intensive; **cours ~s** crash ou intensive course. **-2.** LING [pronom, verbe] intensive; [préfixe] intensifying. **-3.** AGR & ÉCON intensive.

◆ **intensif** *nm* intensifier.

**intensification** [ɛtɑ̃sifikasjɔ̃] *nf* intensification.

**intensifier** [9] [ɛtɑ̃sifje] *vt* to intensify, to step up *(sép)*.

◆ **s'intensifier** *vpi* [passion, recherche] to intensify, to become ou to grow more intense; [douleur] to become more intense, to worsen; [bombardements, circulation] to become heavier.

**intensité** [ɛtɑ̃site] *nf* **-1.** [de la chaleur, du froid] intensity; [d'une douleur] intensity, acuteness; [d'une couleur, d'une émotion] intensity, depth, strength; [de la circulation] density, heaviness; [des bombardements] severity. **-2.** OPT & PHYS intensity; [d'un son] loudness; **~ d'un tremblement de terre** GÉOL earthquake magnitude ou intensity ❏ **~ acoustique** intensity level; **~ de courant** ÉLECTR current; **~ lumineuse/de rayonnement** luminous/radiant intensity.

**intensivement** [ɛtɑ̃sivmɑ̃] *adv* intensively.

**intenter** [3] [ɛtɑ̃te] *vt*: **~ une action en justice à** ou **contre qqn** to bring an action against sb; **~ un procès à** ou **contre qqn** to institute (legal) proceedings against sb, to take sb to court.

**intention** [ɛtɑ̃sjɔ̃] *nf* intention; **avoir de bonnes/mauvaises ~s** to be well-/ill-intentioned, to have good/bad intentions; **il est plein de bonnes ~s** he's full of good intentions; **c'est l'~ qui compte** it's the thought that counts; **avoir l'~ de faire qqch** to intend to do sthg, to have the intention of doing sthg; **il n'est pas** ou **il n'entre pas dans mes ~s de l'acheter maintenant** I don't intend to buy it now, I have no intention of buying it now; **dans l'~ de** with the intention of, with a view to; **sans ~** without meaning to, unintentionally ❏ **sans ~ de donner la mort** JUR without intent to kill.

◆ **à cette intention** *loc adv* for that purpose, with this intention.

◆ **à l'intention de** *loc prép* for; **brochure à l'~ des consommateurs** brochure for (the information of) consumers.

**intentionnalité** [ɛtɑ̃sjɔnalite] *nf* intentionality PHILOS.

**intentionné, e** [ɛtɑ̃sjɔne] *adj*: **bien/mal ~** well-/ill-intentioned.

**intentionnel, elle** [ɛtɑ̃sjɔnɛl] *adj* intentional, deliberate.

**intentionnellement** [ɛtɑ̃sjɔnɛlmɑ̃] *adv* intentionally, deliberately.

**inter** [ɛtɛr] *nm* **-1.** TÉLÉC & *vieilli* long-distance call, trunk call *Br vieilli*. **-2.** SPORT inside-forward.

**inter-** [ɛtɛr] *préf* inter-.

**interactif, ive** [ɛtɛraktif, iv] *adj* **-1.** [gén] interactive. **-2.** INF interactive.

**interaction** [ɛtɛraksjɔ̃] *nf* **-1.** [gén] interaction, interplay. **-2.** PHYS interaction.

**interallié, e** [ɛtɛralje] *adj* Allied.

**interarmées** [ɛtɛrarme] *adj inv*: **opération ~** interservice ou joint service operation.

**interbancaire** [ɛtɛrbɑ̃kɛr] *adj* [relations] interbank; **le marché ~** the money markets.

**intercalaire** [ɛtɛrkalɛr] ◇ *adj* **-1.** [feuille]: **feuillet ~** inset, insert; **fiche ~** divider. **-2.** BOT intercalary. ◇ *nm* **-1.** [feuillet] inset, insert. **-2.** [fiche] divider.

**intercalation** [ɛtɛrkalasjɔ̃] *nf* **-1.** [dans le calendrier] intercalation. **-2.** [de feuilles] insertion; [de termes] interpolation.

**intercaler** [3] [ɛtɛrkale] *vt* **-1.** IMPR to insert, to inset. **-2.** [insérer] to insert, to fit ou to put in *(sép)*. **-3.** [dans le calendrier] to intercalate.

◆ **s'intercaler** *vpi*: **s'~ entre** to come (in) ou to fit in between.

**intercéder** [8] [ɛ̃tɛrsede] *vi*: ~ **(auprès de qqn) en faveur de qqn** to intercede (with sb) for ou on behalf of sb.

**intercellulaire** [ɛ̃tɛrselylɛr] *adj* intercellular.

**intercepter** [4] [ɛ̃tɛrsɛpte] *vt* **-1.** [arrêter – véhicule] to stop; [– lettre, message] to intercept; **le store intercepte la lumière** the blind blocks out the light ou stops the light coming in. **-2.** MIL [avion] to intercept. **-3.** SPORT [ballon] to intercept.

**intercepteur** [ɛ̃tɛrsɛptœr] *nm* interceptor MIL.

**interception** [ɛ̃tɛrsɛpsjɔ̃] *nf* interception.

**intercesseur** [ɛ̃tɛrsesœr] *nm* RELIG ou *litt* intercessor.

**intercession** [ɛ̃tɛrsesjɔ̃] *nf litt* intercession.

**interchangeabilité** [ɛ̃tɛrʃɑ̃ʒabilite] *nf* interchangeability.

**interchangeable** [ɛ̃tɛrʃɑ̃ʒabl] *adj* interchangeable.

**interclasse** [ɛ̃tɛrklas] *nm* SCOL break.

**interclubs** [ɛ̃tɛrklœb] *adj* SPORT interclub.

**intercommunal, e, aux** [ɛ̃tɛrkɔmynal, o] *adj* intermunicipal; **projet** ~ joint project (*between two or more French communes*); **hôpital** ~ ≃ County ou Regional Hospital.

**intercommunautaire** [ɛ̃tɛrkɔmynotɛr] *adj* intercommunity; **projet** ~ joint project (*between two or more communities*); **relations** ~**s** relations between EC countries.

**interconnexion** [ɛ̃tɛrkɔnɛksjɔ̃] *nf* interconnection.

**intercontinental, e, aux** [ɛ̃tɛrkɔ̃tinɑ̃tal, o] *adj* intercontinental.

**interdépartemental, e, aux** [ɛ̃tɛrdepartəmɑ̃tal, o] *adj* interdepartmental; **projet** ~ joint project (*between two or more French départements*).

**interdépendance** [ɛ̃tɛrdepɑ̃dɑ̃s] *nf* interdependence.

**interdépendant, e** [ɛ̃tɛrdepɑ̃dɑ̃, ɑ̃t] *adj* interdependent, mutually dependent.

**interdiction** [ɛ̃tɛrdiksjɔ̃] *nf* **-1.** [prohibition] ban, banning; **passer outre à/lever une** ~ to ignore/to lift a ban; **l'** ~ **du livre en 1953 a assuré son succès** the banning of the book in 1953 guaranteed its success; **et maintenant,** ~ **d'utiliser la voiture!** and now you're banned from driving the car!; ~ **m'avait été faite d'en parler** I'd been forbidden to talk about it; **'** ~ **de faire demi-tour'** 'no U-turn'; **'** ~ **de marcher sur les pelouses'** 'keep off the grass', 'do not walk on the grass'; **'** ~ **de stationner'** 'no parking'; **'** ~ **de déposer des ordures'** 'no dumping'; **'** ~ **(formelle ou absolue) de fumer'** '(strictly) no smoking', 'smoking (strictly) prohibited'. **-2.** [suspension – d'un fonctionnaire] suspension (from duty); [– d'un aviateur] grounding; [– d'un prêtre] interdict, interdiction; ~ **bancaire** stopping of payment on all cheques *Br* ou checks *Am*; **vous risquez une** ~ **bancaire** you could have your chequebook *Br* ou checkbook *Am* taken away; ~ **d'écriture** INF write lockout; ~ **de séjour** banning order.

**interdire** [103] [ɛ̃tɛrdir] *vt* **-1.** [défendre] to forbid; ~ **l'alcool/le tabac à qqn** to forbid sb to drink/to smoke; ~ **à qqn de faire qqch** [suj: personne] to forbid sb to do sthg; [suj: règlement] to prohibit sb from doing sthg; **je lui ai interdit ma porte ou ma maison** I will not allow her into my ou I have banned her from my home ‖ *(tournure impersonnelle)*: **il m'est interdit d'en dire plus** I am not allowed ou at liberty to say any more; **il est interdit de fumer ici** smoking is forbidden ou isn't allowed here. **-2.** JUR [prohiber – circulation, stationnement, arme à feu, médicament] to prohibit, to ban; [– manifestation, revue] to ban. **-3.** [empêcher] to prevent, to preclude; **le mauvais temps interdit toute opération de sauvetage** bad weather is preventing any rescue operations. **-4.** [suspendre – magistrat] to suspend; [– prêtre] to (lay under an) interdict.

◆ **s'interdire** *vpt*: **s'** ~ **l'alcool/le tabac** to abstain from

drinking/smoking; **elle s'interdit tout espoir de la revoir** she denies herself all hope of seeing her again.

**interdisciplinaire** [ɛ̃tɛrdisiplinɛr] *adj* interdisciplinary.

**interdisons** [ɛ̃tɛrdizɔ̃] *v* → **interdire**.

**interdit, e** [ɛ̃tɛrdi, it] ◇ *pp* → **interdire**. ◇ *adj* **-1.** [non autorisé]: **'décharge/baignade** ~**e'** 'no dumping/bathing'; **'affichage** ~**'** '(stick ou post) no bills'; ~ **à: le pont est** ~ **aux voyageurs** the bridge is closed to passengers; **la zone piétonne est** ~**e aux véhicules** vehicles are not allowed in the pedestrian area; **'** ~ **au public'** 'no admittance'; **'** ~ **aux moins de 18 ans'** CIN adults only, ≃ '18' *Br*, ≃ 'NC-17' *Am*; **'** ~ **aux moins de 13 ans'** CIN ≃ 'PG' *Br*, ≃ 'PG-13' *Am*. **-2.** [privé d'un droit]: ~ **de séjour en France** banned ou prohibited from entering France; **être** ~ **de chéquier** to have (had) one's chequebook facilities *Br* ou checking privileges *Am* withdrawn; **appareil/pilote** ~ **de vol** grounded aircraft/pilot. **-3.** [frappé d'interdiction – film, revue] banned. **-4.** [stupéfait] dumbfounded, flabbergasted; **laisser qqn** ~ [très surpris] to take sb aback; [perplexe] to disconcert sb; **elle le dévisagea,** ~ she stared at him in bewilderment. ◇ *nm, f* JUR: ~ **de séjour en Suisse** person banned from ou not allowed to enter Switzerland.

◆ **interdit** *nm* **-1.** [de la société] (social) constraint; [tabou] taboo; **lever un** ~ to lift a restriction. **-2.** [condamnation]: **jeter l'** ~ **sur** ou **contre qqn** to cast sb out, to exclude sb. **-3.** ANTHR prohibition. **-4.** RELIG interdict.

**interentreprises** [ɛ̃tɛrɑ̃trəpriz] *adj inv* intercompany.

**intéressant, e** [ɛ̃terɛsɑ̃, ɑ̃t] ◇ *adj* **-1.** [conversation, œuvre, personne, visage etc] interesting; **elle cherche toujours à se rendre** ~**e** she's always trying to attract attention, she's an attention-seeker. ❑ **être dans un état** ~ ou **dans une position** ~**e** *hum & vieilli* to be in the family way. **-2.** [avantageux] attractive, favourable; [lucratif] profitable, worthwhile; **c'est une affaire très** ~**e** it's a very good deal; **cette carte n'est** ~**e que si tu voyages beaucoup** this card is only worth having if you travel a lot; **pas** ~ [offre, prix] not attractive, not worthwhile; [activité] not worthwhile, unprofitable; [personne] not worth knowing. ◇ *nm, f*: **faire l'** ~ ou **son** ~ *péj* to show off.

**intéressé, e** [ɛ̃terese] ◇ *adj* **-1.** [personne] self-interested, self-seeking, calculating; [comportement] motivated by self-interest; **je ne suis pas du tout** ~ I'm not doing it out of self-interest. **-2.** [concerné] concerned, involved; **les parties** ~**es** [gén] the people concerned ou involved; JUR the interested parties. **-3.** [financièrement]: **être** ~ **dans une affaire** to have a stake ou a financial interest in a business. ◇ *nm, f*: **l'** ~ the person concerned; **les premiers** ou **principaux** ~**s** the persons most closely concerned ou most directly affected.

**intéressement** [ɛ̃teresmɑ̃] *nm* profit-sharing scheme.

**intéresser** [4] [ɛ̃terese] *vt* **-1.** [passionner – suj: activité, œuvre, professeur etc] to interest; **l'histoire l'intéresse beaucoup** he's very interested in history, history interests him a lot; **notre offre peut peut-être vous** ~ our offer might interest you ou might be of interest to you; **le débat ne m'a pas du tout intéressé** I didn't find the debate at all interesting; **continue, tu m'intéresses!** go on, you're starting to interest me! **-2.** [concerner – suj: loi, réforme] to concern, to affect; **ces mesures intéressent essentiellement les mères célibataires** these measures mainly affect single mothers; **un problème qui intéresse la sécurité du pays** a problem which is relevant to ou concerns national security. **-3.** ÉCON & FIN: **notre personnel est intéressé aux bénéfices** our staff gets a share of our profits, we operate a profit-sharing scheme; **être intéressé dans une entreprise** to have a stake ou a

---

**USAGE ▶  L'interdiction**

You mustn't take things without asking.
You're not allowed to drive.
You can't take out more than three books at a time.
You're not meant to be in here at the weekend.
Don't you dare tell anyone about this!

▷ *plus soutenu:*

Under no circumstances should you speak to him.
On no account must you tell anyone about this meeting.
I expressly forbid you to leave.
'No Smoking'.

financial interest in a company.

◆ **s'intéresser** à *vp* + *prép*: s'~ à qqch/qqn to be interested in sthg/sb; elle ne s'intéresse à rien she is not interested ou she takes no interest in anything; à quoi vous intéressez-vous? what are your interests (in life)?; je m'intéresse vivement à sa carrière I take great ou a keen interest in her career; personne ne s'intéresse à moi! nobody cares about me!, nobody's interested in me!

**intérêt** [ɛterɛ] *nm* **-1.** [attention, curiosité] interest; avoir ou éprouver de l'~ pour qqch to be interested ou to take an interest in sthg; prendre ~ à qqch to take an interest in sthg ‖ [bienveillance] interest, concern; porter de l'~ à qqn to take an interest in sb; témoigner de l'~ à qqn to show an interest in sb, to show concern for sb. **-2.** [ce qui éveille l'attention]: son essai offre peu d'~ her essay is of no great interest. **-3.** [utilité] point, idea; l'~ d'un débat est que tout le monde participe the point in ou the idea of having a debate is that everybody should join in; je ne vois pas l'~ de continuer cette discussion I see no point in carrying on this discussion ‖ [importance] importance, significance; ses observations sont du plus haut ou grand ~ his comments are of the greatest interest ou importance. **-4.** [avantage – d'une personne, d'une cause] interest; elle sait où se trouve son ~ she knows what's in her best interests; agir dans/contre son ~ to act in/against one's own interest; dans l'~ général in the general interest; dans l'~ public in the public interest; dans l'~ de son travail/sa santé in the interest of her job/her health; d'~ public of public interest; tu as ~ à te faire tout petit! *fam* you'd be well-advised to ou you'd better keep your head down! ❑ si elle va me rembourser? (il) y a ~! *fam* will she pay me back? you bet (she will)!-**5.** [égoïsme] self-interest; il l'a fait par ~ he did it out of self-interest. **-6.** ÉCON & FIN interest; à 5 % d'~ 5% interest (rate); emprunter/prêter à ~ to borrow/to lend with interest; cela rapporte des ~s it yields ou bears interest ❑ ~s dus/exigibles interest due/payable; prêt sans ~ interest-free loan.

◆ **intérêts** *nmpl* [d'une personne, d'un pays] interests; servir les ~s de qqn/d'une société to serve sb's/a company's interests; avoir des ~s dans une société ÉCON & FIN to have a stake ou a financial interest in a company.

◆ **sans intérêt** *loc adj* [exposition, album] uninteresting, of no interest, devoid of interest; que disais-tu? — c'est sans ~ what were you saying? — it's not important ou it doesn't matter; c'est sans ~ pour la suite de l'enquête it's of no importance ou of no relevance to the rest of the inquiry. ◇ *loc adv* uninterestedly, without interest; je fais mon travail sans ~ I take no interest in my work.

**interface** [ɛterfas] *nf* interface.

**interfère** [ɛterfɛr] *v* → **interférer**.

**interférence** [ɛterferɑ̃s] *nf* **-1.** MÉTÉO, RAD & PHYS interference (U); il y a des ~s there is interference. **-2.** [interaction] interaction.

**interférer** [18] [ɛterfere] *vi* **-1.** PHYS to interfere. **-2.** [se mêler] to interact, to combine. **-3.** [intervenir]: ~ dans la vie de qqn to interfere ou to meddle in sb's life.

**intergalactique** [ɛtergalaktik] *adj* intergalactic.

**intergouvernemental, e, aux** [ɛterguvernəmɑ̃tal, o] *adj* intergovernmental.

**intérieur, e** [ɛterjœr] *adj* **-1.** [du dedans] inside, inner; les peintures ~es de la maison the interior decoration of the house. **-2.** [sentiment, vie] inner; des voix ~es inner voices. **-3.** [national – ligne aérienne] domestic, internal; [– politique, marché] domestic ❑ la dette ~e the national debt. **-4.** [interne] internal; les problèmes ~s d'un parti a party's internal problems. **-5.** GÉOG [désert, mer] inland. **-6.** GÉOM interior.

◆ **intérieur** *nm* **-1.** [d'un objet] inside, interior; [d'un continent, d'un pays] inside; l'~ (des terres) the interior; l'~ de l'île the interior of the island, the hinterland; les villages de l'~ inland villages. **-2.** [foyer, décor] interior, home; tenir un ~ to housekeep, to keep house ❑ homme d'~, femme d'~ homebody; scène d'~ interior. **-3.** CIN interior (shot); entièrement tourné en ~ with interior shots only. **-4.** *fam* POL: l'Intérieur ≃ the Home Office *Br*, ≃ the Department of the Interior *Am*.-**5.** SPORT inside-forward; ~ droit/gauche inside right/left.

◆ **à l'intérieur** *loc adv* **-1.** [dedans] inside. **-2.** [dans la maison] inside, indoors.

◆ **à l'intérieur de** *loc prép* **-1.** [lieu] in, inside; la pluie pénètre à l'~ du garage the rain is coming into the garage; reste à l'~ de ou de la voiture stay in ou inside the car; à l'~ des frontières within ou inside the frontiers; à l'~ des terres inland. **-2.** [groupe] within.

◆ **de l'intérieur** *loc adv* **-1.** [d'un lieu] from (the) inside. **-2.** [d'un groupe] from within.

**intérieurement** [ɛterjœrmɑ̃] *adv* **-1.** [à l'intérieur] inside, within. **-2.** [secrètement] inwardly.

**intérim** [ɛterim] *nm* **-1.** [période] interim (period); dans l'~ meanwhile, in the meantime, in the interim. **-2.** [remplacement]: j'assure l'~ de la secrétaire en chef I'm deputizing ou covering for the chief secretary. **-3.** [emploi] temporary work; faire de l'~ to temp ❑ agence d'~ temping agency.

◆ **par intérim** ◇ *loc adj* [président, trésorier] interim (*modif*), acting (*modif*); gouvernement par ~ caretaker government. ◇ *loc adv* in a temporary capacity, temporarily; gouverner par ~ to govern in the interim ou for an interim period.

**intérimaire** [ɛterimɛr] ◇ *adj* **-1.** [assurant l'intérim – directeur, trésorier, ministre] acting; [– personnel, employé] temporary; [– gouvernement, cabinet] caretaker. **-2.** [non durable – fonction] interim (*modif*); [– commission] provisional, temporary, stopgap. ◇ *nmf* [cadre] deputy; [secrétaire] temp; **travailler comme** ~ to temp, to do temping work.

**intériorisation** [ɛterjɔrizasjɔ̃] *nf* internalization, interiorization.

**intérioriser** [3] [ɛterjɔrize] *vt* **-1.** PSYCH to internalize, to interiorize. **-2.** [garder pour soi] to internalize, to keep in (*sép*).

**intériorité** [ɛterjɔrite] *nf* inwardness, interiority.

**interjection** [ɛterʒɛksjɔ̃] *nf* [exclamation] interjection.

**interligne** [ɛterliɲ] ◇ *nm* **-1.** [blanc] space (between the lines); IMPR & INF line spacing; simple/double ~ single/double spacing. **-2.** [ajout] interlineation. **-3.** MUS space.

**interlocuteur, trice** [ɛterlɔkytœr, tris] *nm, f* **-1.** [gén] person speaking or being spoken to; LING speaker, interlocutor; [dans un débat] speaker; mon ~ n'avait pas compris the man I was talking to hadn't understood. **-2.** [dans une négociation] negotiating partner.

**interlope** [ɛterlɔp] *adj* **-1.** [frauduleux] unlawful, illegal, illicit. **-2.** [louche] shady, dubious; relations ou amitiés ~s underworld connections.

**interloquer** [3] [ɛterlɔke] *vt* [décontenancer] to take aback (*sép*), to disconcert; [stupéfier] to stun.

**interlude** [ɛterlyd] *nm* interlude.

**intermède** [ɛtermɛd] *nm* **-1.** MUS interlude, intermedio, intermezzo *spéc*; THÉÂT interlude, interval piece. **-2.** *fig* interlude, interval.

**intermédiaire** [ɛtermedjɛr] ◇ *adj* **-1.** [moyen] intermediate, intermediary; solution ~ compromise (solution). **-2.** ENS intermediate. ◇ *nmf* **-1.** [médiateur] intermediary, mediator, go-between; servir d'~ to act as an intermediary ou as a go-between. **-2.** COMM intermediary, middleman. **-3.** BANQUE: ~ agréé authorized intermediary.

◆ **par l'intermédiaire de** *loc prép* [personne] through, via; il a appris l'anglais par l'~ de la radio he learnt English from the radio.

◆ **sans intermédiaire** *loc adv* **-1.** [directement] directly. **-2.** COMM direct, directly.

**interminable** [ɛterminabl] *adj* interminable, never-ending, endless.

**interminablement** [ɛterminabləmɑ̃] *adv* interminably, endlessly, without end.

**interministériel, elle** [ɛterministerjɛl] *adj* interdepartmental POL, joint ministerial *Br*.

**intermission** [ɛtermisjɔ̃] *nf* (period of) remission, intermission MÉD.

**intermittence** [ɛtermitɑ̃s] *nf* **-1.** [irrégularité] intermittence, irregularity. **-2.** MÉD intermission, remission.

◆ **par intermittence** *loc adv* intermittently.

**intermittent, e** [ɛtermitɑ̃, ɑ̃t] *adj* **-1.** [irrégulier – tir] intermittent, sporadic; [– travail] casual, occasional; [– pulsation] irregular, periodic; [– éclairage] intermittent; [– averses] occasional. **-2.** MÉD: pouls ~ irregular pulse.

◆ **intermittent** *nm*: les ~s du spectacle jobbing actors.

**internat** [ɛ̃tɛrna] *nm* **-1.** SCOL [école] boarding school; l'~ [régime] boarding. **-2.** MÉD [concours] *competitive examination leading to internship*; [stage] hospital training, time as a houseman *Br*, internship *Am*.

**international, e, aux** [ɛ̃tɛrnasjɔnal, o] ◇ *adj* international. ◇ *nm, f* international (player ou athlete).

◆ **internationaux** *nmpl* SPORT internationals; **les internationaux de France de tennis** the French Open.

**Internationale** [ɛ̃tɛrnasjɔnal] *nprf* **-1.** [chant]: l'~ the Internationale. **-2.** [groupement]: l'~ the International.

**internationalisation** [ɛ̃tɛrnasjɔnalizasjɔ̃] *nf* internationalization.

**internationaliser** [3] [ɛ̃tɛrnasjɔnalize] *vt* to internationalize.

◆ **s'internationaliser** *vpi* to take on an international dimension.

**internationalisme** [ɛ̃tɛrnasjɔnalism] *nm* internationalism.

**interne** [ɛ̃tɛrn] ◇ *adj* **-1.** [intérieur – paroi] internal, inside; [– face] internal; [– raison, cause, logique] internal, inner; [– conflit] internal; [– personnel] in-house; **il a fallu radiographier le côté ~ de la jambe/du pied** the inner part of the leg/foot had to be X-rayed. **-2.** MÉD [hémorragie, organe] internal. ◇ *nmf* **-1.** MÉD: ~ **(des hôpitaux)** houseman *Br*, junior hospital doctor *Br*, intern *Am*. **-2.** SCOL boarder; **c'est un** ~ he's at boarding school.

**interné, e** [ɛ̃tɛrne] ◇ *adj* **-1.** MÉD committed, sectioned *Br spéc.* **-2.** [emprisonné] interned. ◇ *nm, f* **-1.** MÉD committed ou sectioned *Br spéc* patient. **-2.** [prisonnier] internee.

**internement** [ɛ̃tɛrnəmɑ̃] *nm* **-1.** MÉD commitment, sectioning *Br spéc.* **-2.** [emprisonnement] internment; ~ **abusif** illegal internment.

**interner** [3] [ɛ̃tɛrne] *vt* **-1.** MÉD to commit, to section *Br spéc.* **-2.** POL to intern.

**interpellateur, trice** [ɛ̃tɛrpelatœr, tris] *nm, f* POL [questionneur] questioner, interpellator *spéc.*

**interpellation** [ɛ̃tɛrpelasjɔ̃] *nf* **-1.** [apostrophe] call, shout. **-2.** [par la police] (arrest for) questioning; **la police a procédé à plusieurs ~s** several people were detained ou taken in by police for questioning. **-3.** POL question, interpellation *spéc.*

**interpeller** [26] [ɛ̃tɛrpəle] *vt* **-1.** [appeler] to call out, to hail. **-2.** [suj: police] to call in ou to stop for questioning. **-3.** [concerner] to call out *(insép)* to; **ça m'interpelle quelque part** *hum* it says something to me. **-4.** POL to put a question to, to interpellate.

◆ **s'interpeller** *vp (emploi réciproque)* [s'appeler] to call out to ou to hail one another.

**interpénétration** [ɛ̃tɛrpenetrasjɔ̃] *nf* interpenetration.

**interpénétrer** [18] [ɛ̃tɛrpenetre]

◆ **s'interpénétrer** *vp (emploi réciproque)* to interpenetrate, to penetrate mutually; **des cultures qui s'interpénètrent** intermingling cultures.

**Interphone®** [ɛ̃tɛrfɔn] *nm* [dans un bureau] intercom; [à l'entrée d'un immeuble] entry ou security phone.

**interplanétaire** [ɛ̃tɛrplanetɛr] *adj* interplanetary.

**INTERPOL, Interpol** [ɛ̃tɛrpɔl] *npr* Interpol.

**interpolation** [ɛ̃tɛrpɔlasjɔ̃] *nf* interpolation, insertion.

**interpoler** [3] [ɛ̃tɛrpɔle] *vt* **-1.** [texte] to insert, to fit in ou into *(sép)*, to interpolate *spéc.* **-2.** MATH to interpolate.

**interposer** [3] [ɛ̃tɛrpoze] *vt* **-1.** [texte] to place, to insert, to interpose; **ils ont pu se contacter par personne interposée** they were able to make contact through an intermediary.

◆ **s'interposer** *vpi* **-1.** [faire écran]: **s'~ entre** to stand between. **-2.** [intervenir] to intervene, to step in *(insép)*, to interpose o.s.

**interposition** [ɛ̃tɛrpozisjɔ̃] *nf* **-1.** [d'un objet, de texte] interposition, interposing. **-2.** [intervention] interposition, intervention.

**interprétable** [ɛ̃tɛrpretabl] *adj* interpretable.

**interprétariat** [ɛ̃tɛrpretarja] *nm* interpreting; **faire de l'~** to work as an interpreter.

**interprétatif, ive** [ɛ̃tɛrpretatif, iv] *adj* **-1.** [explicatif] expository, interpretative, interpretive. **-2.** PSYCH interpretative.

**interprétation** [ɛ̃tɛrpretasjɔ̃] *nf* **-1.** [exécution – d'une œuvre musicale] interpretation, rendering, performance; [– d'un rôle] interpretation; [– d'un texte] reading. **-2.** [analyse] inter-

pretation, analysis. **-3.** [interprétariat] interpreting. **-4.** PSYCH: ~ **des rêves** interpretation of dreams.

**interprète** [ɛ̃tɛrprɛt] ◇ *v* → **interpréter.** ◇ *nmf* **-1.** [musicien, acteur] performer, player; [chanteur] singer; [danseur] dancer; **les ~s** [d'un film, d'une pièce] the cast; l'~ **de:** **il est devenu l'~ par excellence de Beckett** he became the foremost interpreter of Beckett's work; l'~ **de Cyrano n'était pas à la hauteur** the actor playing Cyrano wasn't up to the part; **les ~s de ce concerto sont...** the concerto will be played by... **-2.** [traducteur] interpreter; **servir d'~ à** to act as interpreter for; ~ **de conférence** conference interpreter. **-3.** [représentant] spokesperson, spokesman (*f* spokeswoman); **être l'~ de qqn auprès des autorités** to speak to the authorities on sb's behalf.

**interpréter** [18] [ɛ̃tɛrprete] *vt* **-1.** [exécuter, jouer] to perform, to interpret; ~ **un rôle** to play a part; ~ **une sonate au piano** to play a sonata on the piano; ~ **un air** to perform ou to sing a tune. **-2.** [comprendre – texte] to interpret; **mal ~ qqch** to misinterpret sthg; ~ **qqch en bien/mal** to take sthg well/the wrong way. **-3.** [traduire] to interpret.

◆ **s'interpréter** *vp (emploi passif)* [être compris] to be interpreted.

**interpréteur** [ɛ̃tɛrpretœr] *nm* interpreter COMPUT.

**interprofessionnel, elle** [ɛ̃tɛrprɔfesjɔnɛl] *adj* interprofessional.

**interracial, e, aux** [ɛ̃tɛrrasjal, o] *adj* interracial.

**interrégional, e, aux** [ɛ̃tɛrreʒjɔnal, o] *adj* interregional.

**interrègne** [ɛ̃tɛrrɛɲ] *nm* interregnum.

**interrogateur, trice** [ɛ̃tɛrɔgatœr, tris] ◇ *adj* [geste, regard] questioning, inquiring, probing; **sur un ton** ~ questioningly, searchingly. ◇ *nm, f* ENS (oral) examiner.

**interrogatif, ive** [ɛ̃tɛrɔgatif, iv] *adj* **-1.** [interrogateur] questioning, inquiring. **-2.** LING interrogative.

◆ **interrogatif** *nm* interrogative (word); l'~ the interrogative.

◆ **interrogative** *nf* interrogative ou question clause.

**interrogation** [ɛ̃tɛrɔgasjɔ̃] *nf* **-1.** [question] question, questioning; [doute] questioning, questions, doubts. **-2.** SCOL test; ~ **écrite/orale** written/oral test. **-3.** LING: **directe/indirecte** direct/indirect question. **-4.** INF & TÉLÉC search.

**interrogativement** [ɛ̃tɛrɔgativmɑ̃] *adv* **-1.** LING interrogatively. **-2.** [en demandant] questioningly, inquiringly.

**interrogatoire** [ɛ̃tɛrɔgatwar] *nm* **-1.** [par la police – d'un prisonnier, d'un suspect] interrogation, questioning; **faire subir à qqn un** ~ **serré** *fam* to grill sb; **faire subir à qqn un** ~ **musclé** *fam* to work sb over *(to obtain information)*. **-2.** JUR [dans un procès] examination, cross-examination, cross-questioning; [par un juge d'instruction] hearing; [procès-verbal] statement.

**interrogeable** [ɛ̃tɛrɔʒabl] *adj fam*: **répondeur** ~ **à distance** answering machine with remote-access facility.

**interroger** [17] [ɛ̃tɛrɔʒe] *vt* **-1.** [questionner – ami] to ask, to question; [– guichetier] to ask, to inquire of; [– suspect] to question, to interrogate, to interview; ~ **qqn pour savoir si** to ask sb whether, to inquire of sb whether; ~ **qqn sur qqch** to ask sb questions about sthg; ~ **qqn du regard** to look questioningly ou inquiringly at sb; ~ **sa mémoire/sa conscience/le ciel** to search one's memory/one's conscience/the sky. **-2.** SOCIOL to poll, to question; **personne interrogée** respondent. **-3.** ENS [avant l'examen] to test, to quiz; [à l'examen] to examine; **j'ai été interrogé sur la guerre de 14-18** I was asked questions on the 1914-18 war; **être interrogé par écrit** to be given a written test ou exam. **-4.** INF & TÉLÉC to interrogate, to search (through). **-5.** JUR to examine, to cross-examine.

◆ **s'interroger** *vpi*: **s'~ sur qqch** to question o.s. ou to wonder about sthg; **je ne sais pas si je vais l'acheter, je m'interroge encore** I don't know whether I'll buy it, I'm still wondering (about it) ou I haven't made up my mind yet.

**interrompre** [78] [ɛ̃tɛrɔ̃pr] *vt* **-1.** [perturber – conversation, études] to interrupt. **-2.** [faire une pause dans – débat] to stop, to suspend; [– session] to interrupt, to break off; [– voyage] to break; ~ **ses études pendant un an** to take a year off from one's studies. **-3.** [définitivement] to stop; ~ **sa lecture/son repas** to stop reading/eating; ~ **une grossesse** to terminate a pregnancy.

◆ **s'interrompre** *vpi* [dans une conversation] to break off, to stop; [dans une activité] to break off.

**interrupteur, trice** [ĕteryptœr, tris] *nm, f litt* [personne] interrupter.

◆ **interrupteur** *nm* [dispositif] switch.

**interruption** [ĕterypsjɔ̃] *nf* **-1.** [arrêt définitif] breaking off; ~ des relations diplomatiques breaking off ou severance of diplomatic relations; sans ~ continuously, uninterruptedly, without stopping; 'ouvert sans ~ de 9 h à 20 h' 'open all day 9 a.m.-8 p.m.' ❑ ~ volontaire de grossesse MÉD voluntary termination of pregnancy. **-2.** [pause – dans un spectacle] break. **-3.** [perturbation] interruption; des ~s continuelles l'empêchaient de travailler continual interruptions prevented him from working; veuillez excuser l'~ de nos programmes we apologise for the break in transmission ❑ ~ de courant ÉLECTR power cut.

**interscolaire** [ĕterskɔler] *adj* interschools.

**intersection** [ĕterseksjɔ̃] *nf* **-1.** [de routes] intersection, crossroads, junction; ~ avec une route secondaire intersection with a minor road; à l'~ des deux routes where the two roads intersect ou meet; à l'~ de plusieurs courants politiques where several different political tendencies meet ou come together. **-2.** MATH [de droites, de plans] intersection; [d'ensembles] set; LOGIQUE set.

**intersession** [ĕtersesjɔ̃] *nf* recess POL.

**intersidéral, e, aux** [ĕtersideral, o] *adj* intersideral; espace ~ deep space.

**interstice** [ĕterstis] *nm* crack, chink, interstice.

**intertitre** [ĕtertitr] *nm* **-1.** PRESSE subheading. **-2.** CIN subtitle.

**interurbain, e** [ĕteryrbĕ, ɛn] *adj* [gén] intercity, interurban; TÉLÉC & *vieilli* long-distance *(avant le nom)*, trunk *Br (modif)*.

◆ **interurbain** *nm* *vieilli* long-distance telephone service, trunk call service *Br*.

**intervalle** [ĕterval] *nm* **-1.** [durée] interval; un ~ de trois heures a three-hour interval ou gap; ils se sont retrouvés à trois mois d'~ they met again after an interval of three months; par ~s intermittently, at intervals, now and again; dans l'~, je ferai le nécessaire meanwhile ou in the meantime I'll do what has to be done. **-2.** [distance] interval, space; plantés à ~s de trois mètres ou à trois mètres d'~ planted three metres apart. **-3.** [brèche] gap.

**intervenant, e** [ĕtervənɑ̃, ɑ̃t] ◇ *adj* intervening. ◇ *nm, f* **-1.** [dans un débat, un congrès] contributor, speaker. **-2.** JUR intervening party.

**intervenir** [40] [ĕtervənir] *vi* **-1.** [agir] to intervene, to step in; ~ en faveur de qqn to intercede ou to intervene on sb's behalf; ~ auprès de qqn pour to intercede with sb in order to; on a dû faire ~ la police the police had to be brought in ou called in. **-2.** MÉD to operate. **-3.** [prendre la parole] to speak, to intervene. **-4.** MIL to intervene. **-5.** [jouer un rôle – circonstance, facteur]: ~ dans to influence, to affect. **-6.** [survenir – accord, décision] to be reached; [– incident] to occur, to take place; le changement/la mesure intervient au moment où... the change/measure comes at a time when... **-7.** JUR to intervene.

**intervention** [ĕtervɑ̃sjɔ̃] *nf* **-1.** [entrée en action] intervention; il a fallu l'~ des pompiers the fire brigade had to be called in ou brought in; malgré l'~ rapide des secours despite swift rescue action; ~ en faveur de qqn intervention in sb's favour. **-2.** MIL intervention; ~ des forces armées military intervention ❑ ~ aérienne air strike; ~ armée armed intervention. **-3.** [ingérence] interference; POL intervention. **-4.** [discours] speech, contribution; j'ai fait deux ~s I spoke twice. **-5.** MÉD: ~ (chirurgicale) (surgical) operation, surgery *(U)*. **-6.** JUR intervention.

**interventionnisme** [ĕtervɑ̃sjɔnism] *nm* interventionism.

**interventionniste** [ĕtervɑ̃sjɔnist] *adj* & *nmf* interventionist.

**intervenu, e** [ĕtervəny] *pp* → **intervenir.**

**interversion** [ĕterversjɔ̃] *nf* inversion.

**intervertir** [32] [ĕtervertir] *vt* to invert (the order of); ~ les rôles to reverse the roles.

**interviendrai** [ĕtervjĕdre], **interviennent** [ĕtervjɛn], **interviens** [ĕtervjɛ̃] *v* → **intervenir.**

**interview** [ĕtervju] *nf* ou *nm* interview PRESS.

**interviewé, e** [ĕtervjuve] ◇ *adj* interviewed PRESS. ◇ *nm, f*

interviewee PRESS.

**interviewer**[1] [3] [ĕtervjuve] *vt* to interview PRESS.

**interviewer**[2] [ĕtervjuvœr] *nm* interviewer PRESS.

**intervins** [ĕtervĕ] *v* → **intervenir.**

**intervocalique** [ĕtervɔkalik] *adj* intervocalic.

**intestat** [ĕtesta] ◇ *adj inv* intestate; mourir ~ to die intestate. ◇ *nmf* intestate.

**intestin**[1] [ĕtestĕ] *nm* ANAT intestine, bowel, gut; les ~s the intestines, the bowels ❑ ~ grêle small intestine; gros ~ large intestine.

**intestin**[2], **e** [ĕtestĕ, in] *adj sout* [interne] internal; luttes ~es internecine struggles.

**intestinal, e, aux** [ĕtestinal, o] *adj* intestinal; douleurs ~es stomach pains.

**intimation** [ĕtimasjɔ̃] *nf* **-1.** [d'un ordre] notification. **-2.** JUR [assignation] summons *(before a high court)*.

**intime** [ĕtim] ◇ *adj* **-1.** [proche] close; un ami ~ a close friend, an intimate. **-2.** [privé – pensée, vie] intimate; conversation ~ private conversation, tête-à-tête; avoir des relations ~s avec qqn to be on intimate terms with sb. **-3.** *euph* [génital]: hygiène ~ personal hygiene; parties ~s private parts. **-4.** [discret] quiet, intimate; soirée ~ [entre deux personnes] quiet dinner; [entre plusieurs] quiet get-together; restaurant ~ quiet little restaurant. **-5.** [profond] inner, intimate; il a une connaissance ~ de la langue he has a thorough knowledge of the language, he knows the language inside out || *(avant le nom)*: j'ai l'~ conviction qu'il ment I am privately convinced that he's lying. ◇ *nmf* [ami] close friend, intimate; moi, c'est Madeleine, Mado pour les ~s I'm Madeleine, Mado to my friends ou my friends call me Mado.

**intimé, e** [ĕtime] ◇ *adj*: partie ~e respondent party. ◇ *nm, f* respondent.

**intimement** [ĕtimmɑ̃] *adv* [connaître] intimately; ces deux faits sont ~ liés these two facts are closely connected; ~ convaincu ou persuadé profoundly convinced.

**intimer** [3] [ĕtime] *vt* **-1.** [ordonner] to instruct, to order, to tell; ~ à qqn l'ordre de se taire/de rester to tell sb to be quiet/to stay. **-2.** JUR [en appel] to summon; [faire savoir] to notify.

**intimidable** [ĕtimidabl] *adj* easily intimidated.

**intimidant, e** [ĕtimidɑ̃, ɑ̃t] *adj* intimidating.

**intimidation** [ĕtimidasjɔ̃] *nf* intimidation; céder à des ~s to give in to intimidation.

**intimider** [3] [ĕtimide] *vt* **-1.** [faire pression sur] to intimidate; vous croyez m'~? do you think you scare me? **-2.** [troubler] to intimidate, to overawe.

**intimisme** [ĕtimism] *nm* LITTÉRAT & BX-ARTS intimism.

**intimiste** [ĕtimist] *adj* & *nmf* LITTÉRAT & BX-ARTS intimist.

**intimité** [ĕtimite] *nf* **-1.** [vie privée, caractère privé] privacy; l'~ du foyer the privacy of one's own home; nous fêterons son succès dans l'~ we'll celebrate his success with just a few close friends; ils se sont mariés dans la plus stricte ~ they were married in the strictest privacy. **-2.** [familiarité] intimacy; l'~ conjugale the intimacy of married life. **-3.** [confort] intimacy, cosiness, snugness. **-4.** *litt* [profondeur] intimacy; dans l'~ de la prière in the privacy ou intimacy of prayer.

**intitulé** [ĕtityle] *nm* **-1.** [d'un livre] title; [d'un chapitre] heading, title. **-2.** JUR [d'un acte] premises; [d'un titre] abstract (of title); [d'une loi] long title; ~ de compte account particulars.

**intituler** [3] [ĕtityle] *vt* to call, to entitle; comment a-t-il intitulé le roman? what did he call the novel?, what title did he give the novel?

◆ **s'intituler** ◇ *vp* (emploi réfléchi) [personne] to give o.s. the title of, to call o.s. ◇ *vpi* [œuvre] to be entitled ou called.

**intolérable** [ĕtɔlerabl] *adj* **-1.** [insupportable] intolerable, unbearable. **-2.** [inadmissible] intolerable, inadmissible, unacceptable.

**intolérance** [ĕtɔlerɑ̃s] *nf* **-1.** [sectarisme] intolerance. **-2.** MÉD intolerance; ~ aux analgésiques intolerance to painkillers; ~ à l'alcool lack of tolerance to alcohol; ~ alimentaire allergy (to food).

**intolérant, e** [ĕtɔlerɑ̃, ɑ̃t] ◇ *adj* intolerant. ◇ *nm, f* intolerant person, bigot.

**intonation** [ɛ̃tɔnasjɔ̃] *nf* **-1.** [inflexion de la voix] tone, intonation. **-2.** LING intonation.

**intouchable** [ɛ̃tuʃabl] ◇ *adj* [qui ne peut être – touché, sanctionné] untouchable; [– critiqué] untouchable, beyond criticism, uncriticizable. ◇ *nmf* [paria] untouchable.

**intox** [ɛ̃tɔks] *nf fam* propaganda, brainwashing.

**intoxicant, e** [ɛ̃tɔksikɑ̃, ɑ̃t] *adj* poisonous, toxic.

**intoxication** [ɛ̃tɔksikasjɔ̃] *nf* **-1.** MÉD poisoning; ~ alimentaire food poisoning. **-2.** *fig* propaganda, brainwashing.

**intoxiqué, e** [ɛ̃tɔksike] ◇ *adj* **-1.** MÉD poisoned; ~ par l'alcool intoxicated, drunk; il fume beaucoup trop, il est complètement ~! he smokes far too much, he's become addicted! **-2.** [manipulé] indoctrinated, brainwashed. ◇ *nm, f* **-1.** [drogué] (drug) addict. **-2.** [endoctriné] indoctrinated ou brainwashed person.

**intoxiquer** [3] [ɛ̃tɔksike] *vt* **-1.** MÉD to poison. **-2.** *fig* to brainwash, to indoctrinate.
◆ **s'intoxiquer** *vpi* to poison o.s.; s'~ avec de la viande/des fraises to get food poisoning from (eating) meat/strawberries.

**intradermique** [ɛ̃tradɛrmik] *adj* intradermal, intracutaneous.

**intraduisible** [ɛ̃tradɥizibl] *adj* **-1.** [texte, mot] untranslatable. **-2.** [indicible] inexpressible, indescribable.

**intraitable** [ɛ̃trɛtabl] *adj* uncompromising, inflexible; il est resté ~ sur ce point he remained adamant on this point.

**intra-muros** [ɛ̃tramyros] ◇ *loc adj inv*: quartiers ~ districts within the city boundaries; Londres ~ inner London. ◇ *loc adv*: habiter ~ to live in the city itself.

**intramusculaire** [ɛ̃tramyskylɛr] *adj* intramuscular.

**intransigeance** [ɛ̃trɑ̃ziʒɑ̃s] *nf* intransigence; faire preuve d'~ to be uncompromising ou intransigent.

**intransigeant, e** [ɛ̃trɑ̃ziʒɑ̃, ɑ̃t] ◇ *adj* uncompromising, intransigent; se montrer ~ envers ou vis-à-vis de qqn to take a hard line ou to be uncompromising with sb; il est ~ sur la discipline he's a stickler for discipline. ◇ *nm, f* hardliner, uncompromising person.

**intransitif, ive** [ɛ̃trɑ̃zitif, iv] *adj* intransitive.
◆ **intransitif** *nm* intransitive (verb).

**intransitivité** [ɛ̃trɑ̃zitivite] *nf* intransitivity, intransitiveness.

**intransmissibilité** [ɛ̃trɑ̃smisibilite] *nf* **-1.** BIOL intransmissibility. **-2.** JUR untransferability, nontransferability, untransmissibility *spéc*.

**intransmissible** [ɛ̃trɑ̃smisibl] *adj* **-1.** BIOL intransmissible. **-2.** JUR untransferable, nontransferable, unassignable.

**intransportable** [ɛ̃trɑ̃spɔrtabl] *adj* **-1.** [objet] untransportable; c'est ~ it can't be moved ou transported. **-2.** [blessé]: il est ~ he shouldn't be moved, he's unfit to travel.

**intrant** [ɛ̃trɑ̃] *nm* input ECON.

**intra-utérin, e** [ɛ̃trayterɛ̃, in] (*mpl* **intra-utérins**, *fpl* **intra-utérines**) *adj* intrauterine; la vie ~e life in the womb, life in utero.

**intraveineux, euse** [ɛ̃travɛnø, øz] *adj* intravenous.
◆ **intraveineuse** *nf* intravenous injection.

**intrépide** [ɛ̃trepid] ◇ *adj* **-1.** [courageux] intrepid, bold, fearless. **-2.** *sout* [persévérant] unashamed, unrepentent. ◇ *nmf* intrepid ou brave person.

**intrépidité** [ɛ̃trepidite] *nf* **-1.** [courage] intrepidness, intrepidity, boldness. **-2.** *sout* [persévérance]: mentir avec ~ to lie shamelessly.

**intrigant, e** [ɛ̃trigɑ̃, ɑ̃t] ◇ *adj* scheming, conniving. ◇ *nm, f* schemer, plotter, intriguer.

**intrigue** [ɛ̃trig] *nf* **-1.** [scénario] plot. **-2.** [complot] intrigue, plot, scheme; déjouer une ~ to foil a plot; nouer une ~ contre qqn to hatch a plot against sb; ~s politiques political intrigues. **-3.** *litt* [liaison amoureuse] (secret) love affair, intrigue.

**intriguer** [3] [ɛ̃trige] ◇ *vt* to intrigue, to puzzle. ◇ *vi* to scheme, to plot, to intrigue.

**intrinsèque** [ɛ̃trɛ̃sɛk] *adj* intrinsic.

**intrinsèquement** [ɛ̃trɛ̃sɛkmɑ̃] *adv* intrinsically.

**intriqué, e** [ɛ̃trike] *adj* intricate, entangled.

**introducteur, trice** [ɛ̃trɔdyktœr, tris] *nm, f* **-1.** [auprès de qqn]: il fut mon ~ auprès de Michel he was the person

who introduced me to Michel. **-2.** [d'une idée, d'une mode] initiator.

**introductif, ive** [ɛ̃trɔdyktif, iv] *adj* introductory; discours ~ opening remarks.

**introduction** [ɛ̃trɔdyksjɔ̃] *nf* **-1.** [préambule] introduction; une ~ à la littérature an introduction to literature; quelques mots d'~ a few introductory remarks. **-2.** [contact] introduction; après leur ~ auprès de l'attaché after they were introduced to the attaché. **-3.** [importation] importing; [adoption – d'un mot, d'un règlement] introduction; ~ en France de techniques nouvelles/de drogues dures introducing new techniques/smuggling hard drugs into France. **-4.** BOURSE: ~ en Bourse listing on the stock market. **-5.** SPORT put-in.

**introduire** [98] [ɛ̃trɔdɥir] *vt* **-1.** [insérer] to insert, to introduce; ~ une clé dans une serrure to put ou to insert a key into a lock; ~ un sujet dans une conversation to introduce a topic into a conversation. **-2.** [faire adopter – idée, mot] to introduce, to bring in *(sép)*; [– règlement] to institute; [– mode, produit] to introduce, to launch; [– illégalement] to smuggle in *(sép)*, to bring in *(sép)*; ~ une instance JUR to institute an action at law, to institute legal proceedings; ~ des valeurs en Bourse BOURSE to list shares on the stock market; ~ un produit sur le marché ÉCON to bring out *(sép)* ou to launch a product onto the market. **-3.** [présenter] to introduce; ~ qqn auprès de to introduce sb to ‖ [faire entrer – visiteur] to show in *(sép)*. **-4.** SPORT: ~ le ballon to put the ball in.
◆ **s'introduire dans** *vp + prép* **-1.** [pénétrer dans – suj: clé, piston] to go ou to fit into; [– suj: eau] to filter ou to seep into; [– suj: cambrioleur] to break into; *fig* [suj: doute, erreur] to creep into. **-2.** [être accepté par – suj: idée] to penetrate (into), to spread throughout, to infiltrate *péj*; l'expression s'est introduite dans la langue the expression entered the language. **-3.** [se faire admettre dans – suj: postulant] to gain admittance to; [– suj: intrigant] to worm one's way into, to infiltrate.

**introduit, e** [ɛ̃trɔdɥi, it] ◇ *pp* → **introduire**. ◇ *adj*: il est très bien ~ dans ce milieu he's well established in these circles.

**introït** [ɛ̃trɔit] *nm* introit.

**intromission** [ɛ̃trɔmisjɔ̃] *nf* intromission.

**intronisation** [ɛ̃trɔnizasjɔ̃] *nf* **-1.** [d'un roi, d'un évêque] enthronement. **-2.** *fig* [mise en place] establishment.

**introniser** [3] [ɛ̃trɔnize] *vt* **-1.** [roi, évêque] to enthrone. **-2.** *fig* [établir] to establish.

**introspectif, ive** [ɛ̃trɔspɛktif, iv] *adj* introspective.

**introspection** [ɛ̃trɔspɛksjɔ̃] *nf* introspection.

**introuvable** [ɛ̃truvabl] *adj* nowhere to be found; elle reste ~ she's still missing, her whereabouts are still unknown; ces pendules sont ~s aujourd'hui you can't get hold of these clocks anywhere these days.

**introversion** [ɛ̃trɔvɛrsjɔ̃] *nf* introversion.

**introverti, e** [ɛ̃trɔverti] ◇ *adj* introverted. ◇ *nm, f* introvert.

**intrus, e** [ɛ̃try, yz] ◇ *adj* intruding, intrusive. ◇ *nm, f* intruder.

**intrusion** [ɛ̃tryzjɔ̃] *nf* **-1.** [ingérence] intrusion; c'est une ~ dans ma vie privée it's an intrusion into ou it's a violation of my privacy; ~ dans les affaires d'un pays étranger interference ou intervention in the affairs of a foreign country. **-2.** GÉOL intrusion.

**intubation** [ɛ̃tybasjɔ̃] *nf* intubation.

**intuber** [3] [ɛ̃tybe] *vt* to intubate.

**intuitif, ive** [ɛ̃tɥitif, iv] ◇ *adj* **-1.** [perspicace] intuitive, instinctive. **-2.** PHILOS intuitive. ◇ *nm, f* intuitive person.

**intuitivement** [ɛ̃tɥitivmɑ̃] *adv* intuitively, instinctively.

**intuition** [ɛ̃tɥisjɔ̃] *nf* **-1.** [faculté] intuition; l'~ féminine feminine intuition. **-2.** [pressentiment]: avoir l'~ d'un drame/de la mort to sense tragedy/death; il en a eu l'~ he knew it intuitively, he intuited it; j'ai l'~ qu'il est rentré I have a suspicion ou an inkling ou a hunch (that) he's home.

**inuit** [inɥit] *adj inv* Inuit.
◆ **Inuit** *nmf inv*: les Inuit the Inuit ou Inuits.

**inusable** [inyzabl] *adj* which will never wear out, hardwearing; achetez-en une paire, c'est ~! buy a pair, they'll last (you) forever!

**inusité, e** [inyzite] *adj* **-1.** LING [mot] uncommon, not in use (any longer). **-2.** *sout* [inhabituel] unusual, uncommon.

**inusuel, elle** [inyzyɛl] *adj sout* unusual, inhabitual.

**inutile** [inytil] ◊ *adj* **-1.** [gadget] useless; [digression] pointless; [effort] useless, pointless, vain; **(il est)** ~ **de m'interroger** there's no point in questioning me; ~ **de mentir!** it's no use lying!, lying is useless!; **j'ai écrit, téléphoné, tout s'est révélé** ~ I wrote, I phoned, (but) all to no avail. **-2.** [superflu] needless, unnecessary; **quelques précisions ne seront pas** ~s a few explanations will come in useful; **une leçon de conduite supplémentaire ne serait pas** ~ **avant l'examen** an extra driving lesson wouldn't go amiss before the test; ~ **de préciser qu'il faut arriver à l'heure** I hardly need to point out ou needless to say you have to turn up on time; ~ **de demander, sers-toi** just help yourself, there's no need to ask. ◊ *nmf péj* useless person.

**inutilement** [inytilmɑ̃] *adv* needlessly, unnecessarily, to no purpose.

**inutilisable** [inytilizabl] *adj* unusable, useless; **après l'accident, la voiture était** ~ the car was a write-off after the accident.

**inutilisé, e** [inytilize] *adj* unused.

**inutilité** [inytilite] *nf* [d'un objet] uselessness; [d'un argument] pointlessness; [d'un effort, d'une tentative] uselessness, pointlessness; [d'un remède] uselessness, ineffectiveness.

**invaincu, e** [ɛ̃vɛ̃ky] *adj* [équipe] unbeaten, undefeated; [armée] unvanquished, undefeated; [maladie] unconquered.

**invalidant, e** [ɛ̃validɑ̃, ɑ̃t] *adj* incapacitating, disabling.

**invalidation** [ɛ̃validasjɔ̃] *nf* [d'une élection] invalidation, quashing; [d'une décision juridique] quashing; [d'un contrat] nullification; [d'un élu] removal from office.

**invalide** [ɛ̃valid] ◊ *adj* **-1.** [infirme] disabled. **-2.** JUR invalid, null and void. ◊ *nmf* [infirme] disabled person; ~ **du travail** *person disabled in an industrial accident*; **grand** ~ **civil** *severely disabled person.* ◊ *nm:* ~ **de guerre** disabled ex-soldier *(wounded during the war).*

**invalider** [3] [ɛ̃valide] *vt* [élection] to invalidate, to make invalid, to nullify; [décision juridique] to quash; [élu] to remove from office.

**invalidité** [ɛ̃validite] *nf* disability, disablement.

**invariable** [ɛ̃varjabl] *adj* **-1.** [constant] invariable, unchanging; **d'une** ~ **bonne humeur** invariably good-humoured. **-2.** GRAMM invariable.

**invariablement** [ɛ̃varjabləmɑ̃] *adv* invariably.

**invasion** [ɛ̃vazjɔ̃] *nf* **-1.** MIL invasion; **armée/troupes d'**~ invading army/troops. **-2.** [arrivée massive] invasion, influx; **une** ~ **de rats** an invasion of rats; **l'**~ **de produits étrangers sur le marché** the flooding of the market by foreign products.

**invective** [ɛ̃vɛktiv] *nf* invective *(U)*, insult; **il s'est répandu en** ~s **contre moi** he started hurling abuse at me.

**invectiver** [3] [ɛ̃vɛktive] *vt* to curse, to insult, to heap insults ou abuse upon.

◆ **invectiver contre** *v + prép* to curse.

**invendable** [ɛ̃vɑ̃dabl] *adj* unsaleable, unsellable.

**invendu, e** [ɛ̃vɑ̃dy] *adj* unsold.

◆ **invendu** *nm* [gén] unsold article ou item; [journal] unsold copy; **les** ~s (the) unsold copies.

**inventaire** [ɛ̃vɑ̃tɛr] *nm* **-1.** [liste] inventory; **les locataires doivent faire ou dresser un** ~ (the) tenants must draw up an inventory; **faire l'**~ **des ressources d'un pays** to assess a country's resources. **-2.** COMM [procédure] stocktaking; [liste] stocklist, inventory *Am;* **faire l'**~ **de la marchandise** to take stock of the goods ❏ ~ **extracomptable** stocks, stock-in-trade *Br,* inventories *Am;* **livre d'**~ inventory ou stock book. **-3.** JUR inventory.

**inventer** [3] [ɛ̃vɑ̃te] *vt* **-1.** [créer – machine] to invent; [– mot] to coin; **il n'a pas inventé la poudre ou le fil à couper le beurre** he'll never set the world on fire. **-2.** [imaginer – jeu] to think ou to make up *(sép)*, to invent; [– système] to think ou to dream up *(sép)*, to work out *(sép)*, to concoct *péj*; **je ne sais plus quoi** ~ **pour les amuser** I've run out of ideas trying to keep them amused; **ils ne savent plus quoi** ~! *fam* what will they think of next!; **qu'est-ce que tu vas** ~ **là?** whatever gave you that idea?, where on earth did you get that idea from? **-3.** [forger] to think ou to make up *(sép)*, to invent;

**je n'invente rien!** I'm not inventing a thing!; **une histoire inventée de toutes pièces** an entirely made-up story, a complete fabrication. **-4.** JUR [trésor] to discover, to find.

◆ **s'inventer** *vp (emploi passif):* **ça ne s'invente pas** nobody could make up a thing like that, you don't make that sort of thing up.

**inventeur, trice** [ɛ̃vɑ̃tœr, tris] *nm, f* **-1.** [d'un appareil, d'un système] inventor. **-2.** [d'un trésor] finder, discoverer. **-3.** [de fausses nouvelles] fabricator.

**inventif, ive** [ɛ̃vɑ̃tif, iv] *adj* inventive, creative, resourceful.

**invention** [ɛ̃vɑ̃sjɔ̃] *nf* **-1.** SC & TECH invention; **grâce à l'**~ **du laser** thanks to the invention ou discovery of lasers. **-2.** [créativité] inventiveness, creativeness; **un modèle de mon** ~ a pattern I designed myself, one of my own designs. **-3.** [idée] invention; **leur liaison est une** ~ **de l'auteur** their love affair was made up by the author ou is the author's own invention ‖ [mensonge] invention, fabrication; **c'est (de la) pure** ~ it's all made up ou sheer invention ou pure fabrication. **-4.** JUR [d'un trésor] finding, discovering. **-5.** MUS: ~s **à deux voix** two-part inventions.

**inventivité** [ɛ̃vɑ̃tivite] *nf* inventiveness.

**inventorier** [9] [ɛ̃vɑ̃tɔrje] *vt* **-1.** [gén] to list, to make a list of. **-2.** COMM to take stock of, to list (for stocktaking). **-3.** JUR to make an inventory of, to inventory.

**invérifiable** [ɛ̃verifjabl] *adj* unverifiable, uncheckable.

**inverse** [ɛ̃vɛrs] ◊ *adj* **-1.** [opposé] opposite; **les voitures qui viennent en sens** ~ cars coming the other way ou from the opposite direction; **dans l'ordre** ~ in (the) reverse order, the other way round; **dans le sens** ~ **des aiguilles d'une montre** anticlockwise *Br,* counterclockwise *Am;* **être en proportion ou raison** ~ **de** to be inversely proportional ou in inverse proportion to. **-2.** MATH inverse. ◊ *nm* **-1.** [contraire]: **l'**~ the opposite, the reverse. **-2.** MATH inverse.

◆ **à l'inverse** *loc adv* conversely.

◆ **à l'inverse de** *loc prép* contrary to; **à l'**~ **de mon collègue/de ce que tu crois** contrary to my colleague/to what you think.

**inversé, e** [ɛ̃vɛrse] *adj* PHOT reverse, reversed.

**inversement** [ɛ̃vɛrsəmɑ̃] *adv* **-1.** [gén] conversely; **vous pouvez l'aider, et** ~ **il peut vous renseigner** you can help him, and in return he can give you some information; ~, **on pourrait conclure que...** conversely, you could conclude that... **-2.** MATH inversely; ~ **proportionnel à** inversely proportional to.

**inverser** [3] [ɛ̃vɛrse] *vt* **-1.** [intervertir] to reverse, to invert; ~ **les rôles** to swap parts ou roles; **les rôles ont été totalement inversés** there's been a complete role reversal. **-2.** ÉLECTR & PHOT to reverse.

**inverseur** [ɛ̃vɛrsœr] *nm* ÉLECTR reversing switch; ~ **de pôles** pole changing switch.

**inversible** [ɛ̃vɛrsibl] *adj* **-1.** MATH invertible. **-2.** PHOT reversible.

**inversion** [ɛ̃vɛrsjɔ̃] *nf* **-1.** [changement] reversal, inversion; ~ **des rôles** role reversal. **-2.** LING inversion. **-3.** ÉLECTR reversal. **-4.** PSYCH & *vieilli* inversion, homosexuality.

**invertébré, e** [ɛ̃vɛrtebre] *adj* invertebrate.

◆ **invertébré** *nm* invertebrate; **les** ~s the invertebrates ou Invertebrata *spéc.*

**inverti, e** [ɛ̃vɛrti] *adj* CHIM: **sucre** ~ invert sugar.

**investigateur, trice** [ɛ̃vɛstigatœr, tris] ◊ *adj* **-1.** [avide de savoir] inquiring, inquisitive. **-2.** [scrutateur – regard] searching, scrutinizing. ◊ *nm, f* investigator.

**investigation** [ɛ̃vɛstigasjɔ̃] *nf* investigation; ~s [policières] inquiries, investigation; [scientifiques] research, investigations.

**investiguer** [3] [ɛ̃vɛstige] *vi* to investigate, to research.

**investir** [32] [ɛ̃vɛstir] *vt* **-1.** FIN to invest; *(en usage absolu):* ~ **à court/long terme** to make a short-/long-term investment; ~ **dans la pierre** to invest (money) in bricks and mortar *Br* ou in real estate *Am.***-2.** [engager – ressources, temps, efforts] to invest, to commit; **j'avais beaucoup investi dans notre amitié** I had put a lot into our friendship. **-3.** *sout* [d'un pouvoir, d'une fonction]: ~ **qqn de** to invest ou endow sb with a function; ~ **qqn de sa confiance** to place one's trust in sb; **par l'autorité dont je suis investi** by the authority vested in ou conferred upon me; **elle se sentait inves-**

tie d'une mission she felt she'd been entrusted with a mission. **-4.** [encercler – suj: armée] to surround, to besiege; [– suj: police] to block off *(sép)*, to surround.
◆ **s'investir dans** *vp + prép*: **s'~ dans son métier** to be involved ou absorbed in one's job; **une actrice qui s'investit entièrement dans ses rôles** an actress who throws herself heart and soul into every part she plays; **je me suis énormément investie dans le projet** the project really meant a lot to me.

**investissement** [ɛ̃vɛstismɑ̃] *nm* **-1.** FIN investment; **ne te plains pas d'avoir appris l'arabe, c'est un ~ (pour l'avenir)** *fig* don't be sorry that you learnt Arabic, it'll stand you in good stead (in the future). **-2.** [effort] investment, commitment; **un important ~ en temps** a big commitment in terms of time. **-3.** MIL [encerclement] surrounding, siege.
◆ **d'investissement** *loc adj* FIN [société, banque] investment *(modif)*; [dépenses] capital *(modif)*.

**investisseur, euse** [ɛ̃vɛstisœr, øz] *adj* investing.
◆ **investisseur** *nm* investor.

**investiture** [ɛ̃vɛstityr] *nf* **-1.** POL [d'un candidat] nomination, selection; [d'un gouvernement] vote of confidence. **-2.** HIST & RELIG investiture.

**invétéré, e** [ɛ̃vetere] *adj* [habitude] ingrained, deep-rooted; [préjugé] deeply-held, deep-seated, confirmed; [buveur] inveterate, habitual.

**invincibilité** [ɛ̃vɛ̃sibilite] *nf* invincibility, invincibleness.

**invincible** [ɛ̃vɛ̃sibl] *adj* **-1.** [imbattable – héros, nation] invincible, unconquerable. **-2.** [insurmontable – dégoût] insuperable, insurmountable; [– passion] irresistible. **-3.** [irréfutable – argument] invincible, unbeatable.

**inviolabilité** [ɛ̃vjɔlabilite] *nf* **-1.** [gén] inviolability. **-2.** POL immunity; **l'~ parlementaire** Parliamentary privilege *Br*, congressional immunity *Am*. **-3.** INF [de données] (data) protection.

**inviolable** [ɛ̃vjɔlabl] *adj* **-1.** [droit, serment] inviolable. **-2.** [personne] untouchable, immune. **-3.** [imprenable] impregnable, inviolable.

**inviolé, e** [ɛ̃vjɔle] *adj sout* **-1.** [non enfreint – loi] inviolate, unviolated. **-2.** [non forcé – lieu] unforced, inviolate.

**invisibilité** [ɛ̃vizibilite] *nf* invisibility.

**invisible** [ɛ̃vizibl] *adj* **-1.** [imperceptible] invisible; **~ à l'œil nu** invisible ou not visible to the naked eye. **-2.** [occulte] hidden, secret. **-3.** [non disponible] unavailable; **tu es devenu ~ dernièrement** you've been rather elusive recently.
◆ **invisibles** *nmpl* ÉCON: **les ~s** [échanges] invisible trade; [exportations] invisible exports.

**invitant, e** [ɛ̃vitɑ̃, ɑ̃t] *adj*: **puissance ~e** host country.

**invitation** [ɛ̃vitasjɔ̃] *nf* **-1.** [requête] invitation; **une ~ à un cocktail** an invitation to a cocktail party; **à ou sur l'~ de nos amis** at the invitation of ou invited by our friends; **'sur ~' 'by invitation only'** ❑ **lettre d'~** letter of ou written invitation. **-2.** [incitation] invitation, provocation; **ce film est une ~ au voyage** this film makes you want to travel.

**invite** [ɛ̃vit] *nf* **-1.** *sout* [invitation] invitation, request. **-2.** JEUX lead.

**invité, e** [ɛ̃vite] *nm, f* guest; **~ de marque** distinguished guest; **~ d'honneur** guest of honour.

**inviter** [3] [ɛ̃vite] ◇ *vt* **-1.** [ami, convive] to invite; **~ qqn à déjeuner** to invite ou to ask sb to lunch; **~ qqn chez soi** to invite sb (over) to one's house; **puis-je vous ~ à danser?** may I have this dance? ‖ *(en usage absolu)* [payer]: **allez, c'est moi qui invite!** *fam* it's on me!**-2.** [exhorter]: **~ qqn à: je vous invite à observer une minute de silence** I invite you ou call upon you to observe a minute's silence; **vous êtes invités à me suivre** would you be so kind as to follow me. ◇ *vi* JEUX to lead.
◆ **s'inviter** *vp (emploi réfléchi)* to invite o.s.

**in vitro** [invitro] *loc adv & loc adj inv* in vitro.

**invivable** [ɛ̃vivabl] *adj* **-1.** [personne] impossible, unbearable, insufferable. **-2.** [habitation]: **cette maison est devenue ~** this house has become impossible to live in.

**in vivo** [invivo] *loc adv & loc adj inv* in vivo.

**invocation** [ɛ̃vɔkasjɔ̃] *nf* invocation.

**invocatoire** [ɛ̃vɔkatwar] *adj* invocatory.

**involontaire** [ɛ̃vɔlɔ̃tɛr] *adj* **-1.** [machinal] involuntary; **j'eus un mouvement de recul ~** I recoiled involuntarily ou instinctively. **-2.** [non délibéré] unintentional; **c'était ~** it was unintentional, I didn't do it on purpose; **une erreur ~** an inadvertent error. **-3.** [non consentant] unwilling, reluctant. **-4.** JUR involuntary.

**involontairement** [ɛ̃vɔlɔ̃tɛrmɑ̃] *adv* unintentionally, un-

---

## USAGE ▶   Les invitations

### Invitations

▷ *style écrit:*

Tony and Margaret Hansen request the pleasure of your company at dinner on Saturday, 14th February 1993, at 8pm. RSVP.

Mr & Mrs Richard Wilson request the pleasure of the company of Ms Mary Edwards at the marriage of their daughter Katherine to Mr Philip Smart, in St Steven's Church, Quinton, and afterwards at the Queen's Hotel, Harborne.

▷ *moins soutenu:*

Steve and I are organizing a class reunion and would very much like you to come?

Would you and your family care to join us for a weekend in the country sometime?

▷ *style parlé:*

Would you and Alice like to come over for an evening?
Are you free for lunch any day next week?
Why not come up next week, and I'll show you around.
Do come and stay — it would be so good to see you and the children.
What would you say to a holiday in Wales?
I was wondering whether or not you'd like to have dinner with me tonight.
How about having dinner some time?
Shall we go for a drive?
How about a game of tennis?
Do you feel like a drink? [familier]

### Réponses

▷ *style écrit:*

Thank you for your invitation to dinner on 14th February. I shall be glad to come.

Mary Edwards thanks Mr & Mrs Richard Wilson for their kind invitation to the marriage of their daughter Katharine on 14th February, and is glad to accept/but regrets that she is unable to attend.

▷ *moins soutenu:*

Thank you for inviting us. It'd be lovely to see everyone again.

Thanks for the offer — we'd love to come and stay with you.

▷ *style parlé:*

We'd love to, but I'm afraid we're busy.
Certainly — how would Tuesday suit you?
Thanks, I'd really appreciate that.
Thank you so much for the invitation, but I'm afraid we can't make it.
That'd be lovely.
That's very kind of you, but I'm afraid I'm already doing something.
Yes, I'd love to.
I'd rather not — I'm feeling a bit tired.
Why not?
Yes, I'd love one.

wittingly, without meaning to; **si je vous ai vexé, c'est tout à fait ~** if I've offended you, it really wasn't intentional OU I really didn't mean to.

**involution** [ɛ̃vɔlysjɔ̃] *nf* involution.

**invoquer** [3] [ɛ̃vɔke] *vt* **-1.** [avoir recours à – argument, prétexte] to put forward *(sép)*; **~ l'article 15 du Code pénal** to refer to OU to cite Article 15 of the Penal Code; **~ son ignorance** to plead ignorance. **-2.** [en appeler à – personne] to invoke, to appeal to *(insép)*; [– dieu] to invoke; [– aide] to call upon *(insép)*.

**invraisemblable** [ɛ̃vʀɛsɑ̃blabl] *adj* **-1.** [improbable – hypothèse] unlikely, improbable, implausible. **-2.** [incroyable – histoire] incredible, unbelievable. **-3.** [bizarre – tenue] weird, incredible, extraordinary. **-4.** [en intensif]: **elle a un toupet ~!** she has an amazing cheek!

**invraisemblance** [ɛ̃vʀɛsɑ̃blɑ̃s] *nf* **-1.** [caractère improbable] unlikelihood, unlikeliness, improbability. **-2.** [fait] improbability; **le scénario est truffé d'~s** the script is filled with implausible details.

**invulnérabilité** [ɛ̃vylnerabilite] *nf* invulnerability.

**invulnérable** [ɛ̃vylnerabl] *adj* **-1.** [physiquement] invulnerable. **-2.** [moralement] invulnerable; **le temps l'a rendue ~ aux critiques** with the passage of time she's become invulnerable OU immune to criticism. **-3.** [socialement] invulnerable.

**iode** [jɔd] *nm* iodine.

**iodé, e** [jɔde] *adj* iodized, iodated.

**ioder** [3] [jɔde] *vt* to iodize, to iodate.

**ion** [jɔ̃] *nm* ion.

**ionien, enne** [jɔnjɛ̃, ɛn] *adj* [de l'Ionie] Ionian, Ionic.

**ionique** [jɔnik] *adj* **-1.** [de l'Ionie] Ionic. **-2.** ÉLECTR ionic, ion *(modif)*.

**ionisant, e** [jɔnizɑ̃, ɑ̃t] *adj* ionizing.

**ionisation** [jɔnizasjɔ̃] *nf* ionization.

**ioniser** [3] [jɔnize] *vt* to ionize.

**iota** [jɔta] *nm inv* iota; **ne changez pas votre article d'un ~** OU un **~ dans votre article** don't change a thing in your article OU your article one iota.

**IPC** *(abr de* indice des prix à la consommation*) nm* CPI.

**Iphigénie** [ifiʒeni] *npr* MYTH Iphigenia.

**ipso facto** [ipsofakto] *loc adv* ipso facto, by that very fact.

**Ipsos** [ipsos] *npr* French market research institute.

**IRA** [ira] *(abr de* **Irish Republican Army***) npr f* IRA.

**irai** [ire] *v →* aller.

**Irak** [irak] *npr m*: **(l') ~** Iraq.

**irakien, enne** [irakjɛ̃, ɛn] *adj* Iraqi.
◆ **Irakien, enne** *nm, f* Iraqi.

**Iran** [irɑ̃] *npr m*: **(l') ~** Iran.

**iranien, enne** [iranjɛ̃, ɛn] *adj* Iranian.
◆ **Iranien, enne** *nm, f* Iranian.

**Iraq** [irak] = Irak.

**iraquien** [irakjɛ̃] = irakien.

**irascibilité** [irasibilite] *nf sout* irascibility, irritability, testiness.

**irascible** [irasibl] *adj* irascible, short-tempered, testy.

**ire** [ir] *nf litt* ire, wrath.

**iridium** [iridjɔm] *nm* iridium.

**iris** [iris] *nm* **-1.** ANAT iris. **-2.** BOT iris, flag. **-3.** PHOT iris (diaphragm). **-4.** *litt* [arc-en-ciel] iris *litt*, rainbow.

**irisation** [irizasjɔ̃] *nf* OPT iridescence, irization *spéc*.

**irisé, e** [irize] *adj* iridescent.

**iriser** [3] [irize] *vt* to make iridescent, to irizate *spéc*.
◆ **s'iriser** *vpi* to become iridescent.

**irlandais, e** [irlɑdɛ, ɛz] *adj* Irish.
◆ **Irlandais, e** *nm, f* Irishman (*f* Irishwoman); **les Irlandais** the Irish.
◆ **irlandais** *nm* LING Irish (Gaelic).

**Irlande** [irlɑ̃d] *npr f*: **(l') ~** Ireland; **(l') ~ du Nord/Sud** Northern/Southern Ireland; **la mer d'~** the Irish Sea; **la République d'~** the Irish Republic.

**ironie** [irɔni] *nf* irony; **l'~ du sort a voulu que je le rencontre** as fate would have it, I bumped into him.

**ironique** [irɔnik] *adj* ironic, ironical.

**ironiquement** [irɔnikmɑ̃] *adv* ironically.

**ironiser** [3] [irɔnize] *vi* to be sarcastic; **~ sur** to be sarcastic about.

**iroquois, e** [irɔkwa, az] *adj* Iroquois, Iroquoian.
◆ **Iroquois, e** *nm, f* Iroquois.
◆ **iroquoise** *nf* mohican (hairstyle).

**IRPP** *nm abr de* impôt sur le revenu des personnes physiques.

**irrachetable** [iraʃtabl] *adj* unredeemable, unreturnable COMM.

**irradiation** [iradjasjɔ̃] *nf* **-1.** [rayonnement] radiation, irradiation. **-2.** [exposition – d'une personne, d'un tissu] irradiation, exposure to radiation. **-3.** MÉD [traitement] irradiation. **-4.** PHOT halation.

**irradier** [9] [iradje] ◇ *vi* **-1.** PHYS to radiate. **-2.** [se propager] to spread; **la douleur irradiait dans toute la jambe** the pain spread to the whole leg. **-3.** *litt* [se diffuser – bonheur] to radiate. ◇ *vt* **-1.** [soumettre à un rayonnement] to irradiate. **-2.** *litt* [répandre – bonheur] to radiate.

**irraisonné, e** [irɛzɔne] *adj* unreasoned, irrational.

**irrationalisme** [irasjɔnalism] *nm* irrationalism.

**irrationalité** [irasjɔnalite] *nf* irrationality.

**irrationnel, elle** [irasjɔnɛl] *adj* [gén & MATH] irrational.
◆ **irrationnel** *nm* **-1.** [gén]: **l'~** the irrational. **-2.** MATH irrational (number).

**irrattrapable** [iratrapabl] *adj* irretrievable, which cannot be put right OU made good.

**irréalisable** [irealizabl] *adj* [ambition] unrealizable, unachievable; [idée] unworkable, impracticable.

**irréalisé, e** [irealize] *adj sout* unrealized, unachieved.

**irréalisme** [irealism] *nm* lack of realism.

**irréaliste** [irealist] ◇ *adj* unrealistic. ◇ *nmf* unrealistic person, (pipe) dreamer.

**irréalité** [irealite] *nf* unreality.

**irrecevabilité** [irəsəvabilite] *nf* **-1.** *sout* [d'un argument] unacceptability. **-2.** JUR inadmissibility.

**irrecevable** [irəsəvabl] *adj* **-1.** [inacceptable] unacceptable. **-2.** JUR inadmissible.

**irréconciliable** [irekɔ̃siljabl] *adj* [ennemis, adversaires] irreconcilable, unreconcilable.

**irrécouvrable** [irekuvrabl] *adj* irrecoverable.

**irrécupérable** [irekyperabl] *adj* [objet] beyond repair; [personne] irremediable, beyond redemption.

**irrécusable** [irekyzabl] *adj* undeniable; **des preuves ~s** indisputable evidence.

**irréductibilité** [iredyktibilite] *nf* **-1.** [ténacité] insurmountability, intractability. **-2.** CHIM & MATH irreducibility.

**irréductible** [iredyktibl] ◇ *adj* **-1.** [insurmontable – conflit, différence] insurmountable, intractable, insoluble. **-2.** [inflexible] invincible, implacable, uncompromising; **il s'est fait quelques ennemis ~s** he's made himself a few implacable enemies. **-3.** MATH & CHIM irreducible. ◇ *nmf* diehard, hardliner; **les ~s de (la) gauche/droite** the left-wing/right-wing diehards.

**irréductiblement** [iredyktibləmɑ̃] *adv* implacably.

**irréel, elle** [ireɛl] *adj* unreal.
◆ **irréel** *nm* **-1.** [gén & PHILOS]: **l'~** the unreal. **-2.** GRAMM: **~ du présent/passé** the hypothetical present/past.

**irréfléchi, e** [irefleʃi] *adj* [acte, parole] thoughtless, rash, reckless; [personne] unthinking, rash, reckless.

**irréflexion** [irefleksjɔ̃] *nf* thoughtlessness, rashness, recklessness.

**irréfutabilité** [irefytabilite] *nf* irrefutability.

**irréfutable** [irefytabl] *adj* irrefutable.

**irrégularité** [iregylarite] *nf* **-1.** [de forme, de rythme] irregularity, unevenness; [en qualité] unevenness, patchiness; **l'~ de votre travail ne permet pas le passage dans le groupe supérieur** (the quality of) your work is too uneven OU erratic for you to move up into the next group. **-2.** [surface irrégulière – bosse] bump; [– creux] hole; **les ~s du sol/relief** the unevenness of the ground/hilliness of the area. **-3.** [infraction] irregularity.

**irrégulier, ère** [iregylje, ɛr] *adj* **-1.** [dessin, rythme, surface] irregular, uneven; [traits] irregular; **il avait une respiration ir-

régulière his breathing was irregular; **je m'entraîne de façon irrégulière** I train intermittently ou sporadically; **nous
avons des horaires ~s** we don't work regular hours. **-2.**
[qualité, travail] uneven; **j'étais un étudiant ~** my work was
erratic when I was a student. **-3.** [illégal] irregular; **ils sont
en situation irrégulière dans le pays** their residence papers
are not in order; **des retraits de fonds ~s** unauthorized
withdrawals. **-4.** MIL irregular; **les soldats des troupes irré-
gulières** the irregulars. **-5.** BOT, GÉOM & GRAMM irregular.
◆ **irrégulier** nm MIL irregular (soldier).

**irrégulièrement** [iregyljɛrmã] adv **-1.** [de façon non uni-
forme] irregularly, unevenly. **-2.** [de façon illégale] irregularly, illegally. **-3.** [de façon inconstante] irregularly, erratically.

**irréligieux, euse** [ireliʒjø, øz] adj irreligious.

**irrémédiable** [iremedjabl] ◇ adj [rupture] irreparable, irretrievable; [dégâts] irreparable, irreversible; [maladie] incurable, fatal; **son mal est ~** his illness is irremediable ou incurable. ◇ nm: **l'~ a été commis** irreversible harm has
been done.

**irrémédiablement** [iremedjabləmã] adv irremediably, irretrievably; **tout espoir de le retrouver est ~ perdu** we have
definitely lost all hope of (ever) finding him.

**irrémissible** [iremisibl] adj litt **-1.** [impardonnable] unpardonable, irremissible. **-2.** [inexorable] implacable, inexorable.

**irrémissiblement** [iremisibləmã] adv litt relentlessly, inexorably, irremissibly.

**irremplaçable** [irãplasabl] adj irreplaceable.

**irréparable** [ireparabl] ◇ adj **-1.** [montre, voiture] unrepai-
rable, beyond repair. **-2.** [erreur] irreparable. ◇ nm: **l'~ est
arrivé** irreparable harm has been done.

**irréparablement** [ireparabləmã] adv [définitivement] irrepa-
rably; **sa réputation est ~ atteinte** his reputation has suffered an irreparable blow.

**irrépréhensible** [irepreãsibl] adj litt irreprehensible, irreproachable.

**irrépressible** [irepresibl] adj irrepressible.

**irréprochable** [ireprɔʃabl] adj **-1.** [personne, conduite] irreproachable. **-2.** [tenue] impeccable, irreproachable; **un travail ~** an impeccable ou a faultless piece of work.

**irréprochablement** [ireprɔʃabləmã] adv irreproachably,
impeccably, faultlessly.

**irrésistible** [irezistibl] adj **-1.** [séduisant] irresistible. **-2.** [ir-
répressible – besoin] compelling, pressing; [– envie] irresistible, uncontrollable, compelling.

**irrésistiblement** [irezistibləmã] adv irresistibly.

**irrésolu, e** [irezɔly] ◇ adj **-1.** [personne] irresolute, indecisive, unresolved. **-2.** [problème] unsolved, unresolved.
◇ nm, f irresolute person, ditherer péj.

**irrésolution** [irezɔlysjɔ̃] nf irresoluteness, indecisiveness.

**irrespect** [irɛspɛ] nm disrespect, lack of respect.

**irrespectueusement** [irɛspɛktɥøzmã] adv disrespectfully.

**irrespectueux, euse** [irɛspɛktɥø, øz] adj disrespectful, lacking in (proper) respect; **~ envers qqn** disrespectful to ou towards sb.

**irrespirable** [irɛspirabl] adj **-1.** [qu'on ne peut respirer]: à
l'intérieur, **l'air est ~** [trop chaud] it's close ou stifling ou
stuffy inside; [toxique] the air inside is unsafe ou not fit to
breathe. **-2.** [oppressant – ambiance] unbearable, stifling.

**irresponsabilité** [irɛspɔ̃sabilite] nf **-1.** [légèreté] irresponsibility; **agir avec une totale ~** to behave totally irresponsi-
bly. **-2.** [du chef de l'État] irresponsibility spéc, royal prerogative Br, (head of State's) unimpeachability; **~ parlementaire** parliamentary privilege Br, congressional immunity
Am.

**irresponsable** [irɛspɔ̃sabl] ◇ adj **-1.** [inconséquent] irresponsible. **-2.** JUR (legally) incapable. ◇ nmf irresponsible
person.

**irrétrécissable** [iretresisabl] adj unshrinkable.

**irrévérence** [ireverãs] nf **-1.** [irrespect] irreverence. **-2.** [re-
marque] irreverent remark; [acte] irreverent act.

**irrévérencieusement** [ireverãsjøzmã] adv irreverently.

**irrévérencieux, euse** [ireverãsjø, øz] adj irreverent.

**irréversibilité** [ireversibilite] nf irreversibility.

**irréversible** [ireversibl] adj **-1.** [gén] irreversible. **-2.** CHIM &
PHYS irreversible.

**irrévocabilité** [irevɔkabilite] nf irrevocability, finality.

**irrévocable** [irevɔkabl] adj irrevocable.

**irrévocablement** [irevɔkabləmã] adv irrevocably.

**irrigable** [irigabl] adj irrigable, suitable for irrigation.

**irrigateur** [irigatœr] nm AGR & MÉD irrigator.

**irrigation** [irigasjɔ̃] nf **-1.** AGR & MÉD irrigation. **-2.** PHYSIOL:
**l'~ des tissus par les vaisseaux sanguins** the supply of
blood to the tissues by blood vessels.

**irriguer** [3] [irige] vt **-1.** AGR to irrigate. **-2.** PHYSIOL to supply
(blood to).

**irritabilité** [iritabilite] nf **-1.** [irascibilité] irritability, quick
temper. **-2.** MÉD irritability.

**irritable** [iritabl] adj **-1.** [colérique] irritable, easily annoyed.
**-2.** MÉD irritable.

**irritant, e** [iritã, ãt] adj **-1.** [agaçant] irritating, annoying, aggravating. **-2.** MÉD irritant.
◆ **irritant** nm irritant.

**irritation** [iritasjɔ̃] nf **-1.** [agacement] irritation, annoyance.
**-2.** MÉD irritation; **~ cutanée** skin irritation.

**irrité, e** [irite] adj **-1.** [exaspéré] irritated, annoyed. **-2.** MÉD
irritated.

**irriter** [3] [irite] vt **-1.** [agacer] to irritate, to annoy. **-2.** MÉD
to irritate. **-3.** litt [exacerber – passion, désir] to inflame, to
arouse.
◆ **s'irriter** vpi **-1.** [s'énerver] to get annoyed ou irritated; **s'~
contre qqn** to get annoyed with ou at sb. **-2.** MÉD to become
irritated.

**irruption** [irypsjɔ̃] nf **-1.** [entrée] breaking ou bursting ou
storming in; **ils n'ont pas pu empêcher l'~ des spectateurs
sur le terrain** they were unable to stop spectators from
storming ou invading the pitch Br ou field Am; **faire ~ chez
qqn** to burst in on sb; **faire ~ dans** to burst ou to barge into.
**-2.** [émergence] upsurge, sudden development.

**Isaac** [iza(a)k] npr Isaac.

**isabelle** [izabɛl] adj inv & nm [cheval] Isabel, Isabella.

**Isaïe** [izai] npr BIBLE Isaiah.

**isard** [izar] nm izard.

**isba** [izba] nf isba.

**ISBN** (abr de **International standard book number**) nm
ISBN.

**Iseut** [izø] npr Isolde.

**ISF** nm abr de **impôt de solidarité sur la fortune**.

**Isis** [izis] npr Isis.

**islam** [islam] nm: **l'~** [religion] Islam.

**Islam** [islam] nm: **l'~** [civilisation] Islam.

**islamique** [islamik] adj Islamic.

**islamisation** [islamizasjɔ̃] nf Islamization.

**islamisme** [islamism] nm Islamism.

**islamiste** [islamist] ◇ adj Islamic. ◇ nmf Islamic fundamentalist.

**islandais, e** [islãdɛ, ɛz] adj Icelandic.
◆ **Islandais, e** nm, f Icelander.

**Islande** [islãd] npr f: (**l'**) ~ Iceland.

**isobare** [izɔbar] ◇ adj isobaric. ◇ nm PHYS isobar. ◇ nf MÉTÉO
isobar.

**isocèle** [izɔsɛl] adj isosceles.

**isolable** [izɔlabl] adj isolable, isolatable; **un virus difficilement ~** a virus (which is) difficult to isolate.

**isolant, e** [izɔlã, ãt] adj CONSTR & ÉLECTR insulating; [inso-
norisant] soundproofing. **-2.** LING isolating.
◆ **isolant** nm insulator, insulating material; **~ thermique /
électrique** thermal/electrical insulator.

**isolateur, trice** [izɔlatœr, tris] adj insulating.
◆ **isolateur** nm ÉLECTR & PHYS insulator.

**isolation** [izɔlasjɔ̃] nf **-1.** CONSTR insulation; **~ thermique**
heat ou thermal insulation; **~ phonique** ou acoustique
soundproofing, sound insulation. **-2.** ÉLECTR insulation. **-3.**
PSYCH isolation.

**isolationnisme** [izɔlasjɔnism] nm isolationism.

**isolationniste** [izɔlasjɔnist] adj & nmf isolationist.

**isolé, e** [izɔle] ◇ adj **-1.** [unique – cas, exemple] isolated. **-2.**
[coupé du monde – personne] isolated; [– hameau] isolated,
cut-off, remote; [– maison] isolated, secluded, remote;

[– forêt] remote, lonely. **-3.** [seul – activiste] maverick. **-4.** GÉOM & PHYS isolated. ◇ *nm, f* **-1.** [personne] isolated individual. **-2.** POL maverick, isolated activist.
◆ **isolé** *nm* MIL *soldier awaiting posting.*

**isolement** [izɔlmɑ̃] *nm* **-1.** [éloignement – géographique] isolation, seclusion, remoteness; [– affectif] isolation, loneliness; [sanction] solitary (confinement); ÉCON & POL isolation. **-2.** BIOL & MÉD isolation. **-3.** ÉLECTR insulation. **-4.** CONSTR [contre le bruit] insulation, soundproofing; [contre le froid, la chaleur] insulation.

**isolément** [izɔlemɑ̃] *adv* separately, individually.

**isoler** [3] [izɔle] *vt* **-1.** [séparer] to isolate, to separate off ou out *(sép)*, to keep separate; ~ une citation de son contexte to lift a quotation out of context, to isolate a quotation from its context. **-2.** [couper du monde – personne] to isolate, to leave isolated; [– endroit] to isolate, to cut off *(sép)*. **-3.** [distinguer] to isolate, to single ou to pick out *(sép)*; on n'a pas pu ~ la cause de la déflagration it was not possible to identify the cause of the explosion; ~ un cas parmi d'autres to pick out an isolated case. **-4.** CONSTR [du froid, de la chaleur] to insulate; [du bruit] to insulate (against sound), to soundproof. **-5.** ÉLECTR to insulate. **-6.** MÉD [malade, virus] to isolate. **-7.** CHIM to isolate. **-8.** ADMIN [prisonnier] to put into ou to place in solitary confinement.
◆ **s'isoler** *vp (emploi réfléchi)* to isolate o.s., to cut o.s. off; le jury s'isola pour délibérer the jury withdrew to consider its verdict; elles s'isolèrent [pour voter] they went into separate booths; pourrions-nous nous ~ un instant? is there somewhere we could talk privately ou in private for a moment?

**isoloir** [izɔlwar] *nm* polling booth.

**isomère** [izɔmɛr] ◇ *adj* isomeric. ◇ *nm* isomer.

**isométrique** [izɔmetrik] *adj* isometric.

**isomorphe** [izɔmɔrf] *adj* CHIM isomorphic, isomorphous.

**isomorphisme** [izɔmɔrfism] *nm* isomorphism.

**isotherme** [izɔtɛrm] ◇ *adj* isothermal. ◇ *nf* isotherm.

**isotope** [izɔtɔp] ◇ *adj* isotopic. ◇ *nm* isotope.

**Israël** [israɛl] *npr* Israel.

**israélien, enne** [israeljɛ̃, ɛn] *adj* Israeli.
◆ **Israélien, enne** *nm, f* Israeli.

**israélite** [israelit] *adj* **-1.** [juif] Jewish. **-2.** BIBLE Israelite.
◆ **Israélite** *nmf* **-1.** [juif] Jew (*f* Jewess). **-2.** BIBLE Israelite.

**issu, e¹** [isy] *adj*: être ~ de [résulter de] to stem ou to derive ou to spring from; être ~ d'une famille pauvre/nombreuse to be born into a poor/large family.

**issue²** [isy] *nf* **-1.** [sortie] exit; [déversoir] outlet; ~ de secours emergency exit. **-2.** [solution] solution, way out; il n'y a pas d'autre ~ que de se rendre there's no other solution ou we have no alternative but to surrender. **-3.** [fin] outcome.
◆ **à l'issue de** *loc prép* at the end ou close of.
◆ **sans issue** *loc adj* **-1.** [sans sortie] with no way out; ruelle sans ~ dead end; 'sans ~' 'no exit'. **-2.** [voué à l'échec] hopeless, doomed; [discussions] deadlocked.

**Istanbul** [istɑ̃bul] *npr* Istanbul.

**isthme** [ism] *nm* ANAT & GÉOG isthmus; l'~ de Panama the Isthmus of Panama; l'~ de Suez the Isthmus of Suez.

**isthmique** [ismik] *adj* GÉOG isthmian.

**italianisant, e** [italjanizɑ̃, ɑ̃t] ◇ *adj* [style] Italianate. ◇ *nm, f* **-1.** UNIV Italianist, Italian scholar. **-2.** BX-ARTS Italianizer.

**italianiser** [3] [italjanize] *vt* to Italianize.

**italianisme** [italjanism] *nm* Italianism.

**Italie** [itali] *npr f*: (l') ~ Italy.

**italien, enne** [italjɛ̃, ɛn] *adj* Italian.
◆ **Italien, enne** *nm, f* Italian.
◆ **italien** *nm* LING Italian.
◆ **à l'italienne** *loc adj* **-1.** CULIN [sauce] à l'italienne (*cooked with mushrooms, ham and herbs*); [pâtes] al dente. **-2.** IMPR landscape.

**italique** [italik] ◇ *adj* **-1.** IMPR italic. **-2.** LING Italic. ◇ *nm* **-1.** IMPR italics; écrire un mot en ~ to write a word in italics, to italicize a word. **-2.** LING Italic.

**item¹** [itɛm] *adv* ditto COMM.

**item²** [itɛm] *nm* LING & PSYCH item.

**itératif, ive** [iteratif, iv] *adj* **-1.** [répété] repeated, reiterated, iterated. **-2.** INF & LING iterative.

**itération** [iterasjɔ̃] *nf* **-1.** [répétition] iteration, repetition. **-2.** INF & LING iteration.

**itérativement** [iterativmɑ̃] *adv* iteratively, repeatedly.

**itinéraire** [itinerɛr] *nm* **-1.** [trajet] itinerary, route; ~ de dégagement alternative route. **-2.** [carrière] path.

**itinérant, e** [itinerɑ̃, ɑ̃t] *adj* [main-d'œuvre] itinerant, travelling; [inspecteur] peripatetic; [comédien, exposition] travelling.

**itou** [itu] *adv fam & vieilli* likewise, ditto.

**IUFM** (*abr de* **institut universitaire de formation des maîtres**) *nm* university department for teacher training.

**IUT** (*abr de* **institut universitaire de technologie**) *nm* ≃ polytechnic institute *Br*, ≃ technical institute *Am*.

**IVG** *nf abr de* **interruption volontaire de grossesse**.

**ivoire** [ivwar] *nm* **-1.** [matière] ivory (*U*); statuette d'~ ou en ~ ivory statuette. **-2.** [objet] (piece of) ivory.
◆ **d'ivoire** *loc adj litt* **-1.** [blanc] ivory (*modif*), ivory-coloured. **-2.** [ayant l'aspect de l'ivoire] ivory-like.

**ivoirien, enne** [ivwarjɛ̃, ɛn] *adj* Ivorian.
◆ **Ivoirien, enne** *nm, f* Ivorian.

**ivoirier, ère** [ivwarje, ɛr] *nm, f* ivory sculptor.

**ivoirin, e** [ivwarɛ̃, in] *adj litt* **-1.** [blanc] ivory (*modif*), ivory-coloured. **-2.** [ayant l'aspect de l'ivoire] ivory-like.

**ivraie** [ivrɛ] *nf*: séparer le bon grain de l'~ *allusion Bible* to separate the wheat from the chaff.

**ivre** [ivr] *adj* **-1.** [saoul] drunk, intoxicated; ~ mort blind drunk. **-2.** *fig*: être ~ de joie to be deliriously happy; être ~ de colère/bonheur to be beside o.s. with anger/happiness; ~ de fatigue dead tired; être ~ de sang to be thirsting for blood.

**ivresse** [ivrɛs] *nf* **-1.** [ébriété] drunkenness, intoxication; il était en état d'~ he was drunk ou intoxicated. **-2.** [excitation] ecstasy, euphoria, exhilaration; la vitesse procure un sentiment d'~ speed is exhilarating. **-3.** SPORT: ~ des profondeurs (diver's) staggers.

**ivrogne** [ivrɔɲ] *nmf* drunk, drunkard.

**ivrognerie** [ivrɔɲri] *nf* drunkenness.

# J

**j, J** [ʒi] *nm* [lettre] j, J.

**j'** [ʒ] → **je**.

**J -1.** (*abr écrite de* **joule**) J. **-2.** (*abr écrite de* **jour**): **le jour J** HIST D-day; [le grand jour] the big day.

**jabot** [ʒabo] *nm* **-1.** ZOOL crop. **-2.** VÊT ruffle, frill.

**jacasse** [ʒakas] *nf* magpie.

**jacassement** [ʒakasmɑ̃] *nm* **-1.** ZOOL. chatter. **-2.** *péj* [bavardage] chatter, prattle.

**jacasser** [3] [ʒakase] *vi* **-1.** ZOOL to chatter.ᐟ **-2.** *péj* [bavarder] to chatter, to prattle; ~ **comme une pie** to chatter like a magpie, to jabber away.

**jacasseur, euse** [ʒakasœr, øz] *péj* ◇ *adj* chattering, jabbering. ◇ *nm, f* chatterbox, jabberer.

**jachère** [ʒaʃɛr] *nf* **-1.** [pratique] (practice of) fallowing land; **mettre la terre en ~** to let the land lie fallow; **laisser en ~** [talent] to leave undeveloped OU untapped. **-2.** [champ] land lying fallow, fallow land.

**jacinthe** [ʒasɛ̃t] *nf* hyacinth.

**jack** [dʒak] *nm* TÉLÉC jack.

**jackpot** [dʒakpɔt] *nm* **-1.** [combinaison] jackpot; **toucher le ~** *pr & fig* to hit the jackpot. **-2.** [machine] slot machine.

**Jacob** [ʒakɔb] *npr* Jacob.

**jacobin, e** [ʒakɔbɛ̃, in] *adj* **-1.** HIST Jacobinic, Jacobinical, Jacobin (*modif*). **-2.** POL radical, Jacobin.
◆ **Jacobin** *nm* HIST Jacobin.

**jacobinisme** [ʒakɔbinism] *nm* Jacobinism.

**jacobite** [ʒakɔbit] ◇ *adj* Jacobitic. ◇ *nmf* HIST & RELIG Jacobite.

**jacquard** [ʒakar] *nm* **-1.** VÊT Jacquard OU Jacquard-style sweater. **-2.** TEXT [machine] Jacquard loom, jacquard; [tissu] Jacquard weave.

**jacquerie** [ʒakri] *nf* peasants' revolt, jacquerie.

**jactance** [ʒaktɑ̃s] *nf* **-1.** ▽ [baratin] chattering. **-2.** *litt* [infatuation] conceit, self-praise, vainglory *arch*.

**jacter**▽ [3] [ʒakte] ◇ *vt* (parler – langue] to jabber away in. ◇ *vi* [avouer] to squeal, to come clean.

**Jacuzzi®** [ʒakuzi] *nm* Jacuzzi®.

**jade** [ʒad] *nm* **-1.** [matière] jade. **-2.** [objet] jade (object OU artefact).

**jadis** [ʒadis] ◇ *adv sout* formerly, long ago, in olden days; **il y avait ~ un prince** there was once a prince, once upon a time there was a prince; **la ville a conservé sa splendeur de ~** the town has kept its former splendour. ◇ *adj litt*: **au temps ~** in days of yore OU old, in bygone days.

**jaguar** [ʒagwar] *nm* jaguar.

**jaillir** [32] [ʒajir] *vi* **-1.** [personne, animal] to spring OU to shoot OU to bolt out; **il jaillit de derrière le mur** he sprang OU leapt out from behind the wall. **-2.** [liquide, sang, source] to spurt (out), to gush (forth), to spout; [flamme] to leap OU to shoot OU to spring up; [larmes] to gush, to start flowing; [rire] to burst out OU forth; **la lumière d'un projecteur jaillit dans l'obscurité** a spot light suddenly shone out in the darkness. **-3.** [se manifester – doute] to spring up, to arise (suddenly); **une pensée jaillit dans son esprit** a thought suddenly came into his mind.

**jaillissant, e** [ʒajisɑ̃, ɑ̃t] *adj* spurting, gushing, spouting.

**jaillissement** [ʒajismɑ̃] *nm* [jet] spurting (U), gushing (U); **un ~ d'idées** an outpouring of ideas.

**jais** [ʒɛ] *nm* jet MINER; **des perles de ~** jet beads; **des yeux de ~** *fig* jet black eyes.

**jalon** [ʒalɔ̃] *nm* **-1.** [piquet] ranging pole OU rod. **-2.** [référence] milestone, landmark; **planter** OU **poser des ~s** *fig* to prepare the ground, to clear the way.

**jalonnement** [ʒalɔnmɑ̃] *nm* **-1.** [de terrain] marking OU staking out. **-2.** MIL screening.

**jalonner** [3] [ʒalɔne] ◇ *vt* **-1.** [terrain] to mark out OU off (*insép*). **-2.** [longer] to line; **une carrière jalonnée de succès** a career marked by a series of successes. **-3.** MIL to screen. ◇ *vi* [poser des jalons] to mark out OU off.

**jalousement** [ʒaluzmɑ̃] *adv* **-1.** [avec jalousie] jealously. **-2.** [soigneusement] jealously.

**jalouser** [3] [ʒaluze] *vt* to be jealous of.

**jalousie** [ʒaluzi] *nf* **-1.** [envie] jealousy, envy; [possessivité] jealousy. **-2.** [store] venetian blind, jalousie.

**jaloux, ouse** [ʒalu, uz] ◇ *adj* **-1.** [possessif] jealous; **rendre qqn ~** to make sb jealous; **être ~ de qqn** to be jealous of sb ▫ **~ comme un tigre** horribly jealous. **-2.** [envieux] jealous, envious; **~ de** jealous OU envious of. **-3.** *sout*: **~ de** [attaché à]: **la France, jalouse de sa réputation en matière de vins** France, jealous of her reputation for good wine. **-4.** *sout* [extrême]: **garder qqch avec une attention jalouse** to keep a jealous watch over sthg; **mettre un soin ~ à faire qqch** to do sthg with the utmost care. ◇ *nm, f* jealous person; **faire des ~** to make people jealous OU envious.

**jamaïquain, e, jamaïcain, e** [ʒamaikɛ̃, ɛn] *adj* Jamaican.
◆ **Jamaïquain, e, Jamaïcain, e** *nm, f* Jamaican.

**Jamaïque** [ʒamaik] *npr f*: **(la) ~** Jamaica.

**jamais** [ʒamɛ] ◇ *adv* **-1.** [sens négatif] never; **il n'a ~ su à quoi s'en tenir** he never knew where he stood; **il travaille sans ~ s'arrêter** he works without ever stopping; **vous ne le verrez plus ~, plus ~ vous ne le verrez** you'll never (ever) see him again; **~ (une) si grande émotion ne m'avait envahi** never before had I been so overcome with emotion; **~ homme ne fut plus comblé** *litt* there was never a happier man; **presque ~** hardly ever, almost never; **c'est du ~ vu!** it's never happened before!, it's totally unheard of!; **c'est le moment ou ~!** it's now or never!; **c'est le moment ou ~ d'y aller** now it's the best time to go; **on ne sait ~!** you never know!, who knows? ‖ (*en corrélation avec 'que'*): **ce n'est ~ qu'à 20 minutes à pied** it's only 20 minutes' walk ▫ **~ deux sans trois** everything comes in threes, if it's happened twice, it'll happen a third time; **~ de la vie!** not on your life!; **~, au grand ~, je n'ai fait une telle promesse!** I never ever made such a promise!, I never made such a promise, never on your life!. **-2.** [sens positif] ever; **a-t-on ~ vu pareille splendeur?** have you ever seen such splendour?; **si ~ il reste des places, tu en veux?** if by any chance there are tickets left, do you want any?; **plus/moins/pire que ~** more/less/worse than ever; **le seul/le plus beau que j'aie ~ vu** the only one/the most beautiful I have ever seen.
◆ **à jamais** *loc adv sout* for good, forever; **à tout ~** forever, for evermore *litt*; **nous avons à tout ~ perdu l'espoir de le revoir** we have lost all hope of ever seeing him again.
◆ **pour jamais** *loc adv sout* forever.

**jambage** [ʒɑ̃baʒ] *nm* **-1.** ARCHIT [pied-droit] jamb; [pilier] jamb, post. **-2.** [trait d'une lettre – vers le bas] downstroke; [– vers le haut] upstroke; [– au-dessous de la ligne] tail, descender.

**jambe** [ʒɑ̃b] *nf* **-1.** ANAT leg; **avoir les ~s nues** to be barelegged; **elle est tout en ~s** she's all legs; **il a (encore) des ~s de vingt ans** he's still very spry ▫ **~ artificielle/de bois** artificial/wooden leg; **il a un bon jeu de ~s** SPORT his footwork is good; **je n'ai plus de** OU **je ne sens plus mes ~s** I'm totally exhausted, my legs have gone; **en avoir plein les ~s** *fam* to be worn out ou dead tired; **il avait les ~s en coton** his legs were like jelly ou cotton wool; **il est toujours dans mes ~s** [enfant] he's always under my feet ou in my way; **ça me/lui fait une belle ~!** a fat lot of good that does me/him!; **la peur lui donnait des ~s** fear drove her on; **prendre ses ~s à son cou** to take to one's heels; **détaler** ou **s'enfuir à toutes ~s** to make a bolt for it; **tenir la ~ à qqn** *fam* to drone on (and on) at sb; **tirer dans les ~s de qqn** *pr* to aim (a shot) at sb's legs; *fig* to create (all sorts of) problems for sb; **traiter qqn par-dessus la ~** to treat sb off handedly; **une partie de ~s en l'air**▽ a bit of nooky. **-2.** [du cheval] leg. **-3.** VÊT (trouser) leg. **-4.** [d'un compas] leg. **-5.** CONSTR prop; **~ de force** [d'une poutre] strut; [d'un comble] joist stay.

◆ **à toutes jambes** *loc adv* full tilt, at full speed.

**jambière** [ʒɑ̃bjɛr] *nf* **-1.** [pour la danse] legwarmer. **-2.** [guêtre] legging, gaiter. **-3.** ÉQUIT pad, gaiter.

**jambon** [ʒɑ̃bɔ̃] *nm* **-1.** [viande] ham; **~ blanc** ou **de Paris** boiled ou cooked ham; **~ cru** ou **de pays** raw ham; **~ de Bayonne/Parme** Bayonne/Parma ham; **~ salé/fumé** salted/smoked ham; **~ à l'os** ham off the bone; **~ d'York** boiled ham on the bone; **un ~ beurre** *fam* a ham sandwich; **un ~ fromage** *fam* a ham and cheese sandwich. **-2.** ▽ [cuisse] thigh.

**jambonneau** [ʒɑ̃bɔno] *nm* [petit jambon] knuckle of ham.

**jamboree** [ʒɑ̃bɔri] *nm* jamboree.

**jam-session** [dʒamseʃœn] (*pl* **jam-sessions**) *nf* jam session.

**janissaire** [ʒanisɛr] *nm* janissary.

**jansénisme** [ʒɑ̃senism] *nm* **-1.** RELIG **le ~** Jansenism. **-2.** *litt* [piété austère] puritanism *fig*.

**janséniste** [ʒɑ̃senist] ◇ *adj* **-1.** RELIG Jansenist, Jansenistic. **-2.** *litt* [austère] puritanical *fig*. ◇ *nmf* **-1.** RELIG Jansenist. **-2.** *litt* [moraliste] puritan *fig*.

**jante** [ʒɑ̃t] *nf* (wheel) rim; **~s en aluminium** AUT (aluminium) alloy wheels.

**janvier** [ʒɑ̃vje] *nm* January; *voir aussi* **mars**.

**japon** [ʒapɔ̃] *nm* [papier] Japanese paper; [porcelaine] Japanese porcelain.

**Japon** [ʒapɔ̃] *npr m*: **le ~** Japan.

**japonais, e** [ʒapɔnɛ, ɛz] *adj* Japanese.

◆ **Japonais, e** *nm, f* Japanese (person); **les Japonais** the Japanese.

◆ **japonais** *nm* LING Japanese.

**japonisant, e** [ʒapɔnizɑ̃, ɑ̃t] ◇ *adj* BX-ARTS inspired by Japanese art. ◇ *nm, f* specialist in Japanese studies.

**jappement** [ʒapmɑ̃] *nm* [d'un chien] yelp, yap; [du chacal] bark.

**japper** [ʒape] *vi* [chien] to yelp, to yap; [chacal] to bark.

**jaquette** [ʒakɛt] *nf* **-1.** VÊT [d'homme] morning coat; [de femme] jacket. **-2.** [de livre] (dust) cover ou jacket, book jacket. **-3.** [couronne dentaire] crown.

**jardin** [ʒardɛ̃] *nm* **-1.** [terrain clos – gén] garden; [– d'une maison] garden, yard *Am*; **il est dans le** ou **au ~** he's in the garden; **les ~s du château de Windsor** the grounds of Windsor Castle ❏ **~ botanique** botanical garden ou gardens; **~ à la française/à l'anglaise** formal/landscape garden; **~ zoologique** ou **d'acclimatation** zoological garden ou gardens, zoo; **~ d'hiver** winter garden; **~ maraîcher** market garden; **~ paysager** landscaped garden; **~ potager** vegetable ou kitchen garden; **~ public** public garden ou gardens, park; **c'est mon ~ secret** that's my little secret; **mobilier de ~** garden furniture. **-2.** *litt* [région fertile] garden.

◆ **jardin d'enfants** *nm* kindergarten, playgroup ou pre-school nursery *Br*.

**jardinage** [ʒardinaʒ] *nm* **-1.** [d'un potager, de fleurs] gardening; **faire un peu de ~** to potter *Br* ou to putter *Am* around in the garden. **-2.** [de forêts] selective working.

◆ **de jardinage** *loc adj* [outil, magasin] gardening, garden (*modif*).

**jardiner** [ʒardine] ◇ *vi* to garden; **elle est dehors en train de ~** she's out doing some gardening. ◇ *vt* to select, to cull.

**jardinet** [ʒardinɛ] *nm* small garden.

**jardinier, ère** [ʒardinje, ɛr] ◇ *adj* **-1.** HORT garden (*modif*). **-2.** [de forêts] selective. ◇ *nm, f* gardener.

◆ **jardinière** *nf* **-1.** [sur un balcon] window box; [pour fleurs

coupées] jardiniere; [meuble] plant holder. **-2.** CULIN: **jardinière (de légumes)** (diced) mixed vegetables, jardiniere.

◆ **jardinière d'enfants** *nf* nursery-school ou kindergarten teacher, playgroup assistant *Br*.

**jargon** [ʒargɔ̃] *nm* **-1.** [langage incorrect] jargon; [langage incompréhensible] jargon, mumbo jumbo. **-2.** [langue spécialisée] jargon, argot; **~ administratif/des journalistes** officialese/journalese.

**jargonner** [ʒargɔne] *vi* **-1.** [s'exprimer – en jargon] to jargonize, to talk jargon; [– de façon incompréhensible] to jabber away. **-2.** [jars] to honk.

**jarre** [ʒar] *nf* [vase] (earthenware) jar.

**jarret** [ʒarɛ] *nm* ANAT back of the knee, ham; ZOOL hock; **~ de veau** CULIN knuckle of veal, veal shank *Am*; **avoir des ~s d'acier** ou **du ~** *fam* to have a good (sturdy) pair of legs.

**jarretelle** [ʒartɛl] *nf* suspender *Br*, garter *Am*.

**jarretière** [ʒartjɛr] *nf* VÊT garter; **la ~ de la mariée** the bride's garter (*worn on the wedding day, removed by the best man and auctioned off to the guests*).

**jars** [ʒar] *nm* gander.

**jaser** [ʒaze] *vi* **-1.** [médire] to gossip; **ça va faire ~ dans le quartier** that'll set the neighbours' tongues wagging. **-2.** *fam* [avouer] to squeal, to blab. **-3.** [gazouiller – pie, geai] to chatter; [– ruisseau, bébé] to babble; [– personne] to chatter.

**jaseur, euse** [ʒazœr, øz] ◇ *nm, f* [bavard] chatterbox; [mauvaise langue] gossip, scandal-monger. ◇ *adj* **-1.** [oiseau] chattering. **-2.** [personne – qui bavarde] chattering; [– qui médit] gossiping, gossipy.

◆ **jaseur** *nm* ORNITH waxwing.

**jasmin** [ʒasmɛ̃] *nm* jasmine; **thé au ~** jasmine tea.

**jatte** [ʒat] *nf* [petite] bowl; [grande] basin.

**jauge** [ʒoʒ] *nf* **-1.** [pour calibrer] gauge. **-2.** [indicateur] gauge; **~ d'essence** petrol gauge *Br*, gas gauge *Am*; **~ (de niveau) d'huile** AUT dipstick. **-3.** [contenance d'un réservoir] capacity; [tonnage d'un navire] tonnage, burden.

**jauger** [ʒoʒe] ◇ *vt* **-1.** [mesurer – fil] to gauge; [– réservoir] to gauge (the capacity of); [– liquide] to gauge (the volume of); [– navire] to measure the tonnage ou burden of. **-2.** *litt* [juger – dégâts] to assess; **~ qqn** to size sb up; **~ la situation** to size ou to weigh up the situation. ◇ *vi* NAUT: **navire jaugeant 600 tonneaux** ship with a tonnage of ou measuring 600 tons.

**jaunâtre** [ʒonatr] *adj* [couleur] yellowish, yellowy; [teint] yellowish, sallow, waxen.

**jaune** [ʒon] ◇ *adj* **-1.** [couleur] yellow; **avoir le teint ~** to look yellow ou sallow ou bilious ❏ **~ canari/citron** canary/lemon yellow; **~ moutarde** mustard-coloured; **~ d'or** golden yellow; **~ paille** straw-coloured; **~ comme un citron** ou **un coing** (as) yellow as a lemon. **-2.** *péj* & *vieilli* [d'Asie] yellow. ◇ *nmf* [non gréviste] strikebreaker. ◇ *nm* **-1.** [couleur] yellow; **elle aime s'habiller en ~** she likes to wear yellow. **-2.** CULIN: **~ (d'œuf)** (egg) yolk.

◆ **Jaune** *nmf péj* & *vieilli* Oriental.

**jaunet, ette** [ʒonɛ, ɛt] *adj litt* yellowish, yellowy.

**jaunir** [ʒonir] ◇ *vt* **-1.** [rendre jaune] to turn yellow; **ses dents sont jaunies par le tabac** his teeth have been turned yellow by smoking. **-2.** [défraîchir] to yellow, to turn yellow; **le soleil a jauni les pages** the sun has made the pages go ou turn yellow. ◇ *vi* **-1.** [devenir jaune] to turn ou to become yellow, to yellow. **-2.** [se défraîchir] to fade.

**jaunisse** [ʒonis] *nf* MÉD jaundice; **tu ne vas pas en faire une ~!** *fam* there's no need to get into a state ou to get worked up about it!

**jaunissement** [ʒonismɑ̃] *nm* yellowing.

**java** [ʒava] *nf* **-1.** [danse] java. **-2.** *fam* [fête] knees-up *Br*, shindig *Am*; **faire la ~** to have a (good old) knees-up.

**Java** [ʒava] *npr* Java; **à ~** in Java.

**javanais, e** [ʒavanɛ, ɛz] *adj* Javanese.

◆ **Javanais, e** *nm, f* Javanese; **les Javanais** the Javanese.

◆ **javanais** *nm* LING **-1.** [langue indonésienne] Javanese. **-2.** [argot] *slang using* -av- *or* -ad- *as an infix before each vowel sound.* [langage incompréhensible] **c'est du ~** *fam* that's gobbledegook.

**Javel** [ʒavɛl] *npr*: **eau de ~** bleach.

**javelliser** [ʒavelize] *vt* to chlorinate.

**javelot** [ʒavlo] *nm* javelin.

**jazz** [dʒaz] *nm* jazz.

**jazz-band** [dʒazbɑ̃d] (*pl* **jazz-bands**) *nm* jazz band.

**jazzique** [dʒazik], **jazzistique** [dʒazistik] *adj* jazz (*modif*).

**jazzman** [dʒazman] (*pl* **jazzmans** OU **jazzmen** [dʒazmɛn]) *nm* jazzman, jazz player OU musician.

**J.-C.** (*abr écrite de* **Jésus-Christ**) J.C.; en (l'an) 180 avant/ après ~ in (the year) 180 BC/AD.

**je** [ʒə] (*devant voyelle et h muet* **j'** [ʒ]) ◇ *pron pers* I. ◇ *nm inv*: le je LING the first person; PHILOS the self.

**jean** [dʒin] *nm* (pair of) jeans.

**Jean** [ʒɑ̃] *npr*: saint ~ Saint John.

**Jean-Baptiste** [ʒɑ̃batist] *npr*: saint ~ Saint John the Baptist.

**jean-foutre** ⱽ [ʒɑ̃futr] *nm inv* layabout, good-for-nothing.

**Jeanne** [ʒan] *npr*: ~ d'Arc OU la Pucelle Joan of Arc; elle est coiffée à la ~ d'Arc she wears her hair in a pageboy cut.

**jeannette** [ʒanɛt] *nf* **-1.** [pour repasser] sleeve-board. **-2.** [croix] gold cross (*worn around the neck*); [chaîne] gold chain (*for wearing a cross*). **-3.** [scout] Brownie (Guide) *Br*, Girl Scout *Am*.

**jeans** [dʒins] = **jean**.

**Jeep®** [dʒip] *nf* Jeep®.

**Jéhovah** [ʒeɔva] *npr* Jehovah; les témoins de ~ the Jehovah's Witnesses.

**je-m'en-foutisme** [ʒmɑ̃futism] *nm* couldn't-give-a-damn approach OU attitude.

**je-m'en-foutiste** [ʒmɑ̃futist] *fam* ◇ *adj* couldn't-give-a-damn (*avant n*). ◇ *nmf* couldn't-give-a-damn sort of person.

**je-ne-sais-quoi** [ʒənsekwa] *nm inv*: un ~ a je ne sais quoi, a certain something; un ~ de qqch a hint of sthg.

**jérémiades** [ʒeremjad] *nfpl* [lamentations] wailing; assez de ~! stop whining OU moaning OU complaining!; avec lui, ce ne sont que des ~ all you ever get from him is moaning.

**Jérémie** [ʒeremi] *npr* BIBLE Jeremiah.

**jerk** [dʒɛrk] *nm* jerk DANCE.

**jerrican(e)**, **jerrycan** [ʒerikan] *nm* jerrycan.

**jersey** [ʒɛrze] *nm* **-1.** VÊT jersey, sweater. **-2.** TEXT jersey, jersey knit.

**Jersey** [ʒɛrze] *npr* Jersey; à ~ in OU on Jersey.

**Jérusalem** [ʒeryzalɛm] *npr* Jerusalem; la nouvelle ~, la ~ céleste the New Jerusalem.

**jésuite** [ʒezɥit] ◇ *adj* **-1.** RELIG Jesuitic, Jesuitical. **-2.** *péj* [hypocrite] jesuitic, jesuitical, casuistic. ◇ *nmf péj* [hypocrite] jesuit, casuist. ◇ *nm* RELIG Jesuit; les ~s the Jesuits.

**jésuitique** [ʒezɥitik] *adj* **-1.** RELIG Jesuitic, Jesuitical. **-2.** *sout* & *péj* [hypocrite] jesuitic, jesuitical, casuistic.

**jésuitisme** [ʒezɥitism] *nm* **-1.** [système moral] Jesuitism. **-2.** *sout* & *péj* [hypocrisie] casuistry, jesuitry.

**jésus** [ʒezy] *nm* **-1.** [représentation] (figure of the) infant OU baby Jesus. **-2.** CULIN pork liver sausage (*from Franche-Comté and Switzerland*); ~ de Lyon ≃ pork salami. **-3.** *fam* [chérubin] cherub, angel.

**Jésus** [ʒezy] *npr* Jesus; (doux) ~!, ~ Marie! sweet Jesus!, in the name of Jesus!; Compagnie OU Société de ~ Society of Jesus.

**Jésus-Christ** [ʒezykri] *npr* Jesus Christ; en (l'an) 180 avant/après ~ in (the year) 180 BC/AD.

**jet¹** [dʒɛt] *nm* AÉRON jet (plane).

**jet²** [ʒɛ] *nm* **-1.** [embout] nozzle; [lance – de pompier] nozzle, fire (hose); [– de jardinier] (garden) hose. **-2.** [jaillissement – de flammes, de sang] spurt, jet; [– d'eau, de vapeur] jet, gush; [– de gaz] gush. **-3.** [lancer – de cailloux] throwing (*U*); des ~s de pierres stone-throwing ❑ à un ~ de pierre a stone's throw away. **-4.** SPORT throw.

◆ **d'un (seul) jet** *loc adv* in one go.

◆ **jet d'eau** *nm* [filet d'eau] fountain, spray; [mécanisme] fountain; MENUIS weather strip; AUT drip moulding.

**jetable** [ʒətabl] *adj* [couche, briquet, gobelet etc] disposable.

**jeté** [ʒəte] *nm* **-1.** DANSE jeté; petit ~ jeté; grand ~ grand jeté. **-2.** SPORT jerk. **-3.** [maille]: ~ (simple), 1 ~ make 1. **-4.** [couverture]: ~ de lit bedspread; ~ de table table runner.

**jetée** [ʒəte] *nf* **-1.** [en bord de mer] pier, jetty. **-2.** [dans une aérogare] passageway.

**jeter** [27] [ʒəte] *vt* **-1.** [lancer – balle, pierre] to throw; elle m'a

---

jeté la balle she threw me the ball, she threw the ball to me; ~ qqch par terre to throw sthg down (on the ground); ne jetez pas de papiers par terre don't drop litter; elle lui a jeté sa lettre à la figure she threw the letter in his face ❑ n'en jetez plus (la cour est pleine)! *fam* you're making me blush!, don't overdo it!; *iron* give it a rest!**-2.** [avec un mouvement du corps] to throw; l'enfant jeta ses bras autour de mon cou the child threw OU flung his arms around my neck; ~ un (coup d') œil sur OU à qqch to cast a glance OU to have a (quick) look at sthg. **-3.** [émettre – étincelle] to throw OU to give out (*sép*); [– lumière] to cast, to shed; [– ombre] to cast; [– son] to let OU to give out (*sép*); elle en jette, ta moto! *fam* that's some OU *Am* a neat bike you've got there!; elle en jetait dans sa robe de satin noir! she looked really something in her black satin dress!**-4.** [dire brusquement]: la petite phrase jetée par le ministre aux journalistes the cryptic remark the minister threw at the press; «venez!», me jeta-t-elle de son bureau 'come here!', she called out to me from her office; elle leur jeta à la figure qu'ils étaient des incapables she told them straight (to their faces) that they were incompetent ‖ [écrire rapidement] to jot down (*sép*), to scribble (down). **-5.** [mettre] to throw; ~ qqn dehors OU à la porte to throw sb out; ~ qqn à terre to throw sb down OU to the ground; ~ qqn en prison to throw sb into jail OU prison; ~ un châle sur ses épaules to throw on a shawl; la statue du dictateur a été jetée bas the dictator's statue was hurled to the ground ❑ se faire ~ *fam* [expulser] to get kicked out; ce n'est pas le moment de lui demander, tu vas te faire ~! now is not the time to ask him, he'll just send you away (with a flea in your ear)!**-6.** [mettre au rebut – ordures, vêtements] to throw away OU out (*sép*); ~ qqch à la poubelle to throw sthg into the dustbin; jette l'eau dans le caniveau pour the water (out) into the gutter; c'est bon à ~ it's fit for the dustbin *Br* OU trashcan *Am* ❑ ~ le bébé avec l'eau du bain to throw the baby out with the bathwater. **-7.** [plonger – dans un état, dans une humeur]: ~ qqn dans l'embarras to throw OU to plunge sb into confusion. **-8.** [établir – fondations] to lay; [– passerelle] to set up; [– pont] to throw; ~ les fondements d'une loi/politique to lay the foundations of a law/policy ‖ [maille] to make. **-9.** [répandre – doute] to cast; cela a jeté la consternation dans la famille it filled the whole family with dismay; ~ le discrédit sur qqn/qqch to cast discredit on sb/sthg, to discredit sb/sthg; ~ le trouble chez qqn to disturb ou to trouble sb.

◆ **se jeter** ◇ *vp (emploi passif)*: un rasoir qui se jette a disposable razor. ◇ *vpi* **-1.** [sauter] to throw OU to hurl o.s., to leap; se ~ dans le vide to throw o.s. OU to hurl o.s., to leap (off) into empty space; se ~ par la fenêtre to throw o.s. out of the window; se ~ de côté to leap aside, to take a sideways leap ❑ se ~ à l'eau *pr* to leap into the water; *fig* to take the plunge. **-2.** [se précipiter] to rush (headlong); se ~ sur qqn to set about OU to pounce on sb; les chiens se sont jetés sur la viande the dogs devoured the meat; elle se jeta dans un taxi she leapt into a taxi; vous vous êtes tous jetés sur la question B you all went for question B. **-3.** se ~ dans [commencer]: se ~ à corps perdu dans une aventure to fling o.s. body and soul into an adventure. **-4.** [cours d'eau] to run OU to flow into. ◇ *vpt* ⱽ *loc*: s'en ~ un (derrière la cravate) to have a quick drink OU a quick one.

**jeteur, euse** [ʒətœr, øz] *nm, f*: ~ de sort wizard (*f* witch).

**jeton** [ʒətɔ̃] *nm* **-1.** [pièce] token; ~ de téléphone token for the telephone. **-2.** JEUX counter; [à la roulette] chip, counter, jetton. **-3.** [dans une entreprise]: ~ (de présence) director's fees; il n'est là que pour toucher ses ~s he's just a time-server, all he does is draw his salary. **-4.** ⱽ [coup de poing] whack.

◆ **jetons** ⱽ *nmpl*: avoir les ~s to be scared stiff; ficher les ~s à qqn to put the wind up sb *Br*, to give sb the willies.

**jet-set** [dʒɛtsɛt] (*pl* **jet-sets**) *nm* OU *nf*, **jet-society** [dʒɛtsɔsajti] *nf* jet set; membre de la ~ jet-setter.

**jette** [ʒɛt], **jetterai** [ʒɛtre] *v* → **jeter**.

**jeu, x** [ʒø] *nm* **-1.** LOISIRS game; ce n'est qu'un ~! it's only a game!, it's only for fun!; c'est le ~! it's fair (play)!; ce n'est pas OU du ~! that's not fair! le ~ [activité] play; par ~ for fun, in play ❑ ~ d'adresse/de hasard game of skill/of chance; ~ électronique/vidéo electronic/video game; ~ radiophonique/télévisé radio/TV quiz (game); le ~ d'échecs the game of chess; ~ éducatif educational game;

~ de l'oie ≃ snakes and ladders; ~ de plein air outdoor game; ~ de société parlour game; c'est un ~ d'enfant! this is child's play!; se faire un ~ de to make light ou easy work of. **-2.** [cartes] hand; avoir du ~ ou un bon ~ to have a good hand; étaler son ~ to lay down one's hand ou cards ❑ elle nous a joué le grand ~ she pulled out all the stops on us; avoir beau ~ (de faire qqch) to have no trouble (in doing sthg), to find it easy (to do sthg); il a bien caché son ~ he played (his cards) very close to his chest! *fig.* **-3.** [ensemble de pièces] set; ~ de (32/52) cartes pack *Br* ou deck *Am* of (32/52) cards; un ~ de dames/d'échecs/de loto/de quilles a draughts/chess/lotto/skittles set; un ~ de clés/ tournevis a set of keys/screwdrivers ❑ ~ de caractères INF character set; ~ d'essai INF sample data ou deck; ~ d'orgue MUS organ stop. **-4.** [manigances] game; qu'est-ce que c'est que ce petit ~? [ton irrité] what are you playing at?, what's your game? ❑ entrer dans le ~ de qqn to play sb at their own game; faire le ~ de qqn to play into sb's hands; être pris à son propre ~ to be caught at one's own game; se (laisser) prendre au ~ to get caught up ou involved in what's going on; voir clair ou lire dans le ~ de qqn to see through sb's little game, to see what sb is up to; 'le Jeu de l'amour et du hasard' *Marivaux* 'The Game of Love and Chance'. **-5.** SPORT [activité] game; le ~ à XIII Rugby League ‖ [action] play; il y a eu du beau ~ there was some very good play ‖ [partie] game; faire ~ égal to be evenly matched; il a fait ~ égal avec le champion the champion met his match in him ‖ [au tennis] game; ~ Mériel! game to Mériel!; deux ~x partout two games all ❑ ~ blanc love game. **-6.** [terrain]: la balle est sortie du ~ the ball has gone out (of play) ❑ ~ de boules [sur gazon] bowling green; [de pétanque] ground *(for playing boules)*; ~ de quilles skittle alley. **-7.** [style d'un sportif] game, way of playing; il a un ~ défensif/ offensif he plays a defensive/an attacking game; il a un bon ~ de volée he's a good volleyer, he volleys well ‖ [interprétation – d'un acteur] acting; [– d'un musicien] playing. **-8.** [activité du parieur]: le ~ gambling *(for money)*; elle a tout perdu au ~ she gambled her entire fortune away, she lost her whole fortune (at) gambling. **-9.** [effets] play; ~ d'eau fountain; ~ de mots play on words, pun; des ~x de lumière [naturels] play of light; [artificiels] lighting effects. **-10.** [espace]: la vis a ou prend du ~ the screw is loose; il y a du ~ there's a bit of play ou of a gap; donner du ~ à qqch to loosen sthg up. **-11.** [action] play; c'est un ~ de ton imagination/ta mémoire it's a trick of your imagination/your memory; laisser faire le ~ de la concurrence to allow the free play of competition; il n'a obtenu le siège que par le ~ des alliances électorales he won the seat only through the interplay ou working of electoral alliances.
◆ **jeux** *nmpl* **-1.** [mise]: faites vos ~x (, rien ne va plus) faites vos jeux (rien ne va plus); les ~x sont faits *pr* les jeux sont faits; *fig* the die is cast, there's no going back now. **-2.** SPORT: les ~x (Olympiques) the (Olympic) Games; les ~x (Olympiques) d'hiver the Winter Olympics; les ~x Olympiques pour handicapés the Paralympic Games.
◆ **en jeu** ◇ *loc adj* **-1.** [en question] at stake. **-2.** [en action] at play; les forces en ~ sur le marché the competing forces ou the forces at play ou the forces at work on the market. **-3.** [parié] at stake; la somme en ~ the money at stake ou which has been staked. ◇ *loc adv* **-1.** SPORT: mettre le ballon en ~ FTBL to throw in the ball. **-2.** [marche]: les disjoncteurs ont été mis en ~ par le programmateur the circuit breakers were activated by the programmer. **-3.** [en pariant]: mettre une somme en ~ to place a bet; mettre qqch en ~ [risquer qqch] to put sthg at stake; entrer en ~ [intervenir] to come into play.
◆ **jeu de massacre** *nm* Aunt Sally; le débat s'est transformé en ~ de massacre *fig* the debate turned into a demolition session.

**jeudi** [ʒødi] *nm* Thursday; le Jeudi noir Black Thursday *(day of the Wall Street Crash, 1929)*; le ~ saint Maundy Thursday; *voir aussi* **mardi**.

**jeun** [ʒœ̃]
◆ **à jeun** ◇ *loc adj*: il est à ~ [il n'a rien mangé] he hasn't eaten anything; [il n'a rien bu] he's sober. ◇ *loc adv* on an empty stomach; venez à ~ don't eat anything before you come; trois comprimés à ~ three tablets to be taken on an empty stomach.

**jeune** [ʒœn] ◇ *adj* **-1.** [peu avancé en âge – personne, génération, population] young; **réussir** ~ to succeed at a young age; ma voiture n'est plus toute ~ *fam* my car's got quite a few miles on the clock now; ~ oiseau fledgling, young bird; ~ chien puppy, young dog; un ~ homme a young man, a youth; une ~ femme a (young) woman; un ~ garçon [enfant] a boy, a youngster; [adolescent] a youth, a teenager; une ~ fille a girl, a young woman; de ~s enfants young ou small children; ~ gens [garçons] young men; [garçons et filles] youngsters, young people; je suis plus ~ que lui de deux mois I'm younger than him by two months, I'm two months younger than him; ils font ~ ou ~s they look young. **-2.** [débutant]: on reparlera de ce ~ metteur en scène we haven't heard the last of this young director; 'cherchons ~ ingénieur' 'recently qualified engineer required'; être ~ dans le métier to be new to the trade ou business. **-3.** [du début de la vie] young, early; mes ~s années my youth; étant donné son ~ âge given his youth ou how young he is. **-4.** [qui a l'aspect de la jeunesse – personne] young, young-looking, youthful; [– couleur, coiffure] young, youthful; être ~ d'esprit ou de caractère to be young at heart. **-5.** [récent – discipline, entreprise, État] new, young. **-6.** [vin] young, green; [fromage] young. **-7.** *fam* [juste]: ça fait ou c'est (un peu) ~! [somme d'argent] that's a bit mean!; [temps] that's cutting it a bit fine!; [dimensions] that's a bit on the short ou small side!; [poids] that's a bit on the light side!
◇ *adv* [comme les jeunes]: s'habiller ~ to wear young-looking clothes.
◇ *nm* [garçon] young man, youngster; petit ~ *fam* young man.
◇ *nf* [fille] (young) girl; petite ~ *fam* young girl.
◆ **jeunes** *nmpl* youngsters, young people, the young; les ~s d'aujourd'hui today's young people, the young people of today, the young generation; une bande de ~s a bunch of kids.

**jeûne** [ʒøn] *nm* **-1.** [période] fast. **-2.** [pratique] fast, fasting *(U)*; observer une semaine de ~ to fast for a week.

**jeûner** [3] [ʒøne] *vi* **-1.** RELIG to fast. **-2.** [ne rien manger] to go without food.

**jeunesse** [ʒœnɛs] *nf* **-1.** [juvénilité – d'une personne] youth, youthfulness; [– d'une génération, d'une population] youthfulness, young age; [– d'un arbre, d'un animal] young age; [– des traits, d'un style] youthfulness; elle m'a rendu ma ~ she made me feel young again; tous furent impressionnés par la ~ de l'équipe gouvernementale they were all impressed by how young the government ministers were; j'apprécie la ~ d'esprit ou de caractère I appreciate a youthful outlook ou frame of mind. **-2.** [enfance – d'une personne] youth; [– d'une science] early period, infancy; dans ma ou au temps de ma ~ in my youth, when I was young, in my early years ❑ il faut que ~ se passe *prov* youth will have its fling. **-3.** SOCIOL: la ~ young people, the young; la ~ ouvrière young workers, working-class youth; émissions pour la ~ TV programmes for younger viewers; alors, la ~, on se dépêche! *fam* come on, you youngsters ou young folk, hurry up!; la ~ dorée gilded youth. **-4.** *vieilli* [jeune fille] (young) girl; ce n'est plus une ~ she's no longer young. **-5.** [d'un vin] youthfulness, greenness.
◆ **jeunesses** *nfpl* [groupe] youth; les ~s hitlériennes the Hitler Youth; les ~s communistes/socialistes Young Communists/Socialists.
◆ **de jeunesse** *loc adj*: ses amours/œuvres/péchés de ~ the loves/works/sins of his youth.

**jeunet, ette** [ʒœnɛ, ɛt] *adj* youngish, rather young.

**jeune-turc, jeune-turque** [ʒœntyrk] *(mpl* jeunes-turcs, *fpl* jeunes-turques) *nm, f* HIST & POL Young Turk.

**jeûneur, euse** [ʒønœr, øz] *nm, f* faster.

**jeunot, otte** [ʒœno, ɔt] ◇ *adj* youngish, rather young. ◇ *nm* [garçon] young, young lad *(f* lass).

**JF, jf -1.** *abr écrite de* **jeune fille. -2.** *abr écrite de* **jeune femme.**

**JH** *abr écrite de* **jeune homme.**

**jingle** [dʒinɡœl] *nm* jingle.

**jiu-jitsu** [ʒjyʒitsy] *nm* ju-jitsu, jiu-jitsu.

**Jivaro** [ʒivaro] *nmf* Jivaro; les ~s the Jivaro.

**JO** ◇ *nm abr de* **Journal officiel.** ◇ *nmpl abr de* **jeux Olympiques.**

**joaillerie** [ʒɔajri] *nf* **-1.** [art]: la ~ jewelling. **-2.** [commerce]:

la ~ the jewel trade, jewellery. **-3.** [magasin] jeweller's shop *Br*, jeweler's store *Am*. **-4.** [articles]: la ~ jewellery.

**joaillier, ère** [ʒɔaje, ɛr] ◇ *adj* jewel *(modif)*. ◇ *nm, f* jeweller.

**job** [dʒɔb] *nm fam* [travail – temporaire] (temporary) job; [– permanent] job.

**Job** [ʒɔb] *npr* Job; **pauvre comme ~** as poor as Job, as poor as a church mouse.

**jobard, e** [ʒɔbar, ard] *fam* ◇ *adj* [très naïf] gullible, naive. ◇ *nm, f* sucker, mug *Br*, patsy *Am*.

**Jocaste** [ʒɔkast] *npr* Jocasta.

**jockey** [ʒɔkɛ] *nm* jockey.

**Joconde** [ʒɔkɔd] *npr f*: '**la ~**' *de Vinci* 'The Mona Lisa'.

**jodhpurs** [ʒɔdpyr] *nmpl* jodhpurs.

**jodler** [3] [ʒɔdle] *vi* to yodel.

**jogger**[1] [dʒɔgœr] *nm ou* *nf* [chaussure] jogging shoe, trainer.

**jogger**[2] [3] [dʒɔge] *vi* to jog.

**joggeur, euse** [dʒɔgœr, øz] *nm, f* jogger.

**jogging** [dʒɔgiŋ] *nm* **-1.** [activité] jogging; **faire son ~ matinal** to go for one's morning jog. **-2.** VÊT track suit *(for jogging)*.

**Johannesburg** [ʒɔanɛsbur] *npr* Johannesburg.

**joie** [ʒwa] *nf* **-1.** [bonheur] joy, delight; **être fou de ~** to be wild with joy; **pousser un cri de ~** to shout *ou* to whoop for joy; **sauter** *ou* **bondir de ~** to jump *ou* to leap for joy; **travailler dans la ~** et la bonne humeur to work cheerfully and good-humouredly; **pour la plus grande ~ de ses parents, elle a obtenu la bourse** much to the delight of her parents *ou* to her parent's great delight, she won the scholarship ❑ **~ de vivre** joie de vivre, enjoyment of life; **déborder de ~ de vivre** to be full of the joys of spring; **c'est pas la ~ à la maison** *fam* life at home isn't exactly a laugh-a-minute *ou* a bundle of laughs. **-2.** [plaisir] pleasure; **nous avons la ~ de vous annoncer la naissance de Charles** we are happy to announce the birth of Charles; **je suis tout à la ~ de revoir mes amis** *sout* I'm overjoyed at the idea of *ou* I'm greatly looking forward to seeing my friends again; **des films qui ont fait la ~ de millions d'enfants** films which have given pleasure to *ou* delighted millions of children; **la petite Émilie fait la ~ de sa mère** little Emily is the apple of her mother's eye *ou* is her mother's pride and joy; **il se faisait une telle ~ de venir à ton mariage** he was so delighted at the idea of *ou* so looking forward to coming to your wedding ❑ **fausse ~**: tu m'as fait une fausse ~ you got me all excited for nothing.
◆ **joies** *nfpl* [plaisirs] joys; **les ~s de la vie/retraite** the joys of life/retirement.

**joignable** [ʒwaɲabl] *adj*: je suis ~ à ce numéro I can be reached at this number.

**joignais** [ʒwaɲɛ] *v* → joindre.

**joindre** [82] [ʒwɛdr] ◇ *vt* **-1.** [attacher – ficelles, bâtons] to join (together), to put together; [– câbles] to join, to connect ❑ **~ les deux bouts** to make ends meet. **-2.** [rapprocher] to put *ou* to bring together; **~ les mains** [pour prier] to clasp one's hands, to put one's hands together. **-3.** [lieux] to link. **-4.** [ajouter]: **~ qqch à** to add sthg to; **je joins à ce pli un chèque de 300 francs** please find enclosed a cheque for 300 francs; **voulez-vous ~ une carte aux fleurs?** would you like to send a card with *ou* to attach a card to the flowers? **-5.** [associer] to combine, to link; **~ la technique à l'efficacité** to combine technical know-how and efficiency. **-6.** [contacter] to contact, to get in touch with; **~ qqn par téléphone** to get through to sb on the phone, to contact sb by phone; **~ qqn par lettre** to contact sb in writing. ◇ *vi* [porte, planches, battants]: **des volets qui joignent bien/mal** shutters that close/don't close properly.
◆ **se joindre** *vp (emploi réciproque)* **-1.** [se contacter – par téléphone] to get through to each other; [– par lettre] to make contact. **-2.** [se nouer]: **leurs mains se sont jointes** their hands came together *ou* joined.
◆ **se joindre à** *vp + prép* [s'associer à] to join; **tu veux te ~ à nous?** would you like to come with us?; **se ~ à une conversation/partie de rami** to join in a conversation/game of rummy; **puis-je me ~ à vous pour acheter le cadeau de Pierre?** may I join in to (help) buy Pierre's present?; **Lisa se joint à moi pour vous souhaiter la bonne année** Lisa and I wish you *ou* Lisa joins me in wishing you a Happy New Year.

**joint, e** [ʒwɛ, ɛt] ◇ *pp* → joindre. ◇ *adj* **-1.** [rapproché]: **agenouillé, les mains ~es** kneeling with his hands (clasped) together. **-2.** [attaché]: **planches mal/solidement ~es** loose-/tight-fitting boards.
◆ **joint** *nm* **-1.** CONSTR & MENUIS [garniture d'étanchéité] joint; [ligne d'assemblage] join; **les ~s d'un mur** the jointing *ou* pointing of a wall. **-2.** MÉCAN [garniture d'étanchéité] seal, gasket; [ligne d'assemblage] joint; **~ de cardan** universal joint; **~ de culasse** AUT (cylinder) head gasket. **-3.** RAIL (rail) joint. **-4.** [de robinet] washer. **-5.** GÉOL joint. **-6.** *fam* [moyen]: **il cherche un ~ pour payer moins d'impôts** he's trying to find a clever way of paying less tax. **-7.** *fam* [drogue] joint.

**jointif, ive** [ʒwɛtif, iv] *adj* MENUIS butt-jointed.

**jointoyer** [13] [ʒwɛtwaje] *vt* to point (up) *(sép)* CONSTR.

**jointure** [ʒwɛtyr] *nf* **-1.** ANAT joint; **~s des doigts** knuckles ‖ [chez le cheval] pastern joint, fetlock. **-2.** [assemblage] joint; [point de jonction] join.

**jojo** [ʒoʒo] *fam* ◇ *adj inv* [joli]: **c'est pas ~ à regarder** it's not a pretty sight. ◇ *nm* [enfant]: **ce gamin est un affreux ~** that child is a little horror.

**joker** [ʒɔkɛr] *nm* **-1.** CARTES joker. **-2.** INF wild card.

**joli, e** [ʒɔli] ◇ *adj* **-1.** [voix, robe, sourire] pretty, lovely, nice; [poème] pretty, lovely; [voyage, mariage] lovely, nice; [personne] attractive; **il est ~ garçon** he's nice-looking *ou* attractive; **ce n'était pas ~ à voir, ce n'était pas ~, ~** *fam* it wasn't a pretty *ou* pleasant sight ❑ **être ~ comme un cœur** *ou* **à croquer** to be (as) pretty as a picture; **faire le ~ cœur** to flirt. **-2.** [considérable]: **une ~e (petite) somme, un ~ (petit) pécule** a nice *ou* tidy *ou* handsome (little) sum of money; **elle s'est taillé un ~ succès** she's been most *ou* very successful. **-3.** [usage ironique]: **elle est ~e, la politique!** what a fine *ou* nice thing politics is, isn't it?; **tu nous as mis dans un ~ pétrin** *fam* you got us into a fine mess *ou* pickle ❑ **tout ça c'est bien ~, mais...** that's all very well *ou* that's all well and good but... ◇ *nm, f* lovely; **viens, ma ~e!** come here, honey *ou* darling *ou* lovely!
◆ **joli** ◇ *nm iron* **-1.** [action blâmable]: **tu l'as cassé? c'est du ~!** you broke it? that's great! **-2.** *loc*: **faire du ~**: **quand il va voir les dégâts, ça va faire du ~!** when he sees the damage, there'll be all hell to pay! ◇ *adv*: **faire ~** to look nice *ou* pretty.

**joliesse** [ʒɔljɛs] *nf litt* prettiness, charm, grace.

**joliment** [ʒɔlimã] *adv* **-1.** [élégamment] prettily, nicely; **~ dit** nicely *ou* neatly put. **-2.** *fam* [en intensif] pretty, jolly *Br*; **elle est ~ énervée!** she's jolly *Br ou* darn *Am* annoyed! **-3.** *iron* [très mal]: **on s'est fait ~ accueillir!** a fine *ou* nice welcome we got there!

**Jonas** [ʒɔnas] *npr* Jonah, Jonas.

**jonc** [ʒõ] *nm* **-1.** BOT rush. **-2.** [canne] (Malacca) cane, rattan. **-3.** JOAILL: **~ d'or** [bague] gold ring; [bracelet] gold bangle *ou* bracelet.

**joncher** [3] [ʒõʃe] *vt* [couvrir] to strew; **les corps jonchaient le sol** the bodies lay strewn on the ground; **jonché de détritus** littered with rubbish; **jonché de pétales** strewn with petals.

**jonction** [ʒõksjõ] *nf* **-1.** [réunion] joining, junction; **opérer la ~ de deux câbles** to join up two cables; **opérer la ~ de deux armées** to combine two armies; **(point de) ~** meeting point *ou* junction; **à la ~** *ou* **au point de ~ des deux cortèges** where the two processions meet. **-2.** JUR: **~ d'instance** joinder (of causes of action). **-3.** ÉLECTRON, INF, RAIL & TÉLÉC junction.

**jongler** [3] [ʒõgle] *vi* **-1.** [avec des balles] to juggle; **~ avec le ballon** FTBL to juggle with the ball. **-2.** *fig*: **~ avec** [manier avec aisance] to juggle with.

**jonglerie** [ʒõgləri] *nf* **-1.** [action] juggling; [art] juggling, jugglery; [tour de passe-passe] juggling trick. **-2.** [ruse] juggling, trickery.

**jongleur, euse** [ʒõglœr, øz] *nm, f* juggler.
◆ **jongleur** *nm* HIST (wandering) minstrel, jongleur.

**jonque** [ʒõk] *nf* junk NAUT.

**jonquille** [ʒõkij] *nf* (wild) daffodil, jonquil.

**Jordanie** [ʒɔrdani] *npr f*: **(la) ~** Jordan.

· **jordanien, enne** [ʒɔrdanjẽ, ɛn] *adj* Jordanian.
◆ **Jordanien, enne** *nm, f* Jordanian.

**Joseph** [ʒɔzɛf] *npr*: saint ~ Saint Joseph.

**Joséphine** [ʒɔzefin] *npr*: l'impératrice ~ the Empress Josephine.

**Josué** [ʒɔzɥe] *npr* Joshua.

**jota** [xɔta] *nf* [lettre, danse] jota.

**jouable** [ʒwabl] *adj* **-1.** MUS & THÉÂT playable. **-2.** SPORT [coup] which can be played, feasible.

**joual** [ʒwal] *nm Can* joual.

**joue** [ʒu] *nf* **-1.** ANAT cheek; ~ contre ~ cheek to cheek; ce bébé a de bonnes ~s this baby's got really chubby cheeks. **-2.** CULIN: ~ de bœuf ox cheek.
◆ **joues** *nfpl* NAUT bows.
◆ **en joue** *loc adv*: coucher un fusil en ~ to take aim with OU to aim a rifle; coucher OU mettre qqn/qqch en ~ to (take) aim at sb/sthg; tenir qqn/qqch en ~ to hold sb/sthg in one's sights; en ~! take aim!

**jouer** [6] [ʒwe] ◇ *vi* **-1.** [s'amuser] to play; ~ au ballon/au train électrique/à la poupée to play with a ball/an electric train/a doll; ~ à la guerre to play soldiers; ~ à la marchande/au docteur to play (at) shops/doctors and nurses; on ne joue pas avec un fusil! a gun isn't a toy!; il jouait avec sa gomme he was playing OU fiddling with his eraser; ~ avec les sentiments de qqn to play OU to trifle with sb's feelings; tu joues avec ta santé/vie you're gambling with your health/life ❏ je ne joue plus *pr* I'm not playing anymore; *fig* I don't want to have any part of this any more. **-2.** LOISIRS & SPORT to play; ~ au golf/football/squash to play golf/football/squash; ~ aux cartes/au billard to play cards/billiards; il joue à l'avant/à l'arrière he plays up front/in defence; (c'est) à toi de ~ [aux cartes] (it's) your turn; [aux échecs] (it's) your move; *fig* now it's your move; ils ont bien joué en deuxième mi-temps there was some good play in the second half; ~ contre qqn/une équipe to play (against) sb/a team ❏ à quel jeu joues-tu? what do you think you're playing at?; je ne joue pas au plus fin avec moi! don't try to be smart OU clever with me! **-3.** [parier – au casino] to gamble; [– en Bourse] to play, to gamble; [– aux courses] to bet; ~ à la roulette to play roulette; ~ aux courses to bet on horses; ~ au loto sportif ≃ to do the pools *Br*, ≃ to play the pools *Am*; ~ à la Bourse to gamble on OU to speculate on OU to play the Stock Exchange. **-4.** CIN & THÉÂT to act, to perform; ~ dans un film/une pièce to be in a film/a play; j'ai déjà joué avec lui I've already worked with him; nous jouons à l'Apollo en ce moment at the moment, we are playing at OU our play is on at the Apollo; elle joue vraiment bien she's a really good actress. **-5.** MUS to play, to perform; bien/mal ~ [gén] to be a good/bad musician; [dans un concert] to give a good/bad performance, to play well/badly; tu joues d'un instrument? do OU can you play an instrument?; elle joue très bien du piano/de la clarinette she's a very good pianist/a very good clarinet player. **-6.** [intervenir – facteur] to be of consequence OU of importance; [– clause] to apply; les événements récents ont joué dans leur décision recent events have been a factor in OU have affected OU have influenced their decision; il a fait ~ la clause 3 pour obtenir des indemnités he had recourse to OU made use of clause 3 to obtain compensation; il a fait ~ ses relations pour obtenir le poste he pulled some strings to get the job; ~ pour OU en faveur de qqn to work in sb's favour; ~ contre OU en défaveur de qqn to work against sb. **-7.** [se déformer – bois] to warp; [avoir du jeu] to work loose. **-8.** [fonctionner]: faire ~ une clé (dans une serrure) [pour ouvrir la porte] to turn a key (in a lock); [pour l'essayer] to try a key (in a lock); fais ~ le pêne get the bolt to slide; faire ~ un ressort to trigger a spring. **-9.** [faire des effets]: une brise légère jouait dans OU avec ses cheveux a gentle breeze was playing with her hair.
◇ *vt* **-1.** LOISIRS & SPORT [match, carte] to play; [pièce d'échecs] to move, to play; ils jouent la balle de match it's match point; ils ont joué le ballon à la main they passed the ball; j'ai joué cœur I played hearts ‖ *fig*: il joue un drôle de jeu he's playing a strange OU funny (little) game ❏ bien joué! CARTES well played!; JEUX good move!; *fig* well done! rien n'est encore joué nothing has been decided yet. **-2.** [au casino – somme] to stake, to wager; [– numéro] to play (on) *(insép)*; [au turf – somme] to bet, to stake; [– cheval] to bet on *(insép)*, to back; je ne joue jamais d'argent I never play for money; il joue d'énormes

sommes he gambles vast sums, he plays for high stakes OU big money; ~ 500 francs sur un cheval to bet 500 francs on a horse; jouons les consommations! the loser pays for the drinks! ❏ ~ gros jeu *pr* & *fig* to play for high stakes OU big money. **-3.** [risquer – avenir, réputation] to stake. **-4.** [interpréter – personnage] to play (the part of), to act; [– concerto] to play, to perform; il a très bien joué Cyrano/la fugue he gave an excellent performance as Cyrano/of the fugue; l'intrigue est passionnante mais c'est mal joué the plot is gripping but the acting is poor; ~ Brecht [acteur] to play Brecht, to be in a Brecht play; [troupe] to play Brecht, to put on (a) Brecht (play); ~ du Chopin to play (some) Chopin; elle ne sait pas ~ la tragédie she's not a good tragic actress ‖ *fig*: ne joue pas les innocents! don't play the innocent OU don't act innocent (with me)!; ~ la prudence to play it safe; ~ l'étonnement/le remords to pretend to be surprised/sorry ❏ ~ un rôle *pr* & *fig* to play a part. **-5.** [montrer – film, pièce] to put on *(sép)*, to show; qu'est-ce qu'on joue en ce moment? what's on at the moment?; la pièce a toujours été jouée en anglais the play has always been performed in English. **-6.** *sout* [berner] to dupe, to deceive.
◆ **jouer de** *v + prép* **-1.** [se servir de] to make use of, to use; ~ du couteau/marteau to wield a knife/hammer; elle joue de son infirmité she plays on OU uses her handicap ❏ ~ des poings to use one's fists. **-2.** [être victime de]: ~ de malchance OU malheur to be dogged by misfortune OU bad luck.
◆ **jouer sur** *v + prép* [crédulité, sentiment] to play on *(insép)*; arrête de ~ sur les mots! stop quibbling!
◆ **se jouer** ◇ *vp (emploi passif)* **-1.** [film] to be on, to be shown; [pièce] to be on, to be performed; [morceau de musique] to be played OU performed; ce passage se joue legato this passage should be played legato; bien des drames se sont joués derrière ces murs *sout* these walls have witnessed many a scene. **-2.** SPORT to be played. **-3.** [être en jeu] to be at stake. ◇ *vpi* **-1.** [dépendre]: mon sort va se ~ cette décision my fate hangs on this decision; l'avenir du pays se joue dans cette négociation the fate of the country hinges OU depends on the outcome of these negotiations. **-2.** *sout* [produire un effet] to play. *loc*: (comme) en se jouant *sout* with the greatest of ease.
◆ **se jouer de** *vp + prép* **-1.** [ignorer] to ignore. **-2.** *litt* [duper] to deceive, to dupe, to fool.

**jouet** [ʒwe] *nm* **-1.** [d'enfant] toy. **-2.** [victime] plaything; j'ai été le ~ de leur machination I was a pawn in their game; tu as été le ~ d'une illusion you've been the victim of an illusion.

**joueur, euse** [ʒwœr, øz] ◇ *adj* **-1.** [chaton, chiot] playful. **-2.** [parieur]: être ~ to be fond of gambling. ◇ *nm, f* **-1.** MUS & SPORT player; ~s de cartes/d'échecs card/chess players; ~ de trompette trumpeter. **-2.** [pour de l'argent] gambler; être beau/mauvais ~ to be a good/bad loser OU sport.

**joufflu, e** [ʒufly] *adj* [bébé] chubby-cheeked; un visage ~ a chubby OU moon *péj* face.

**joug** [ʒu] *nm* **-1.** AGR yoke. **-2.** *litt* [assujettissement] yoke. **-3.** [d'une balance] beam.

**jouir** [32] [ʒwir] *vi* **-1.** ▽ [gén]: ça me fait ~ I get a kick out of it. **-2.** ▽ [sexuellement] to come.
◆ **jouir de** *v + prép* **-1.** [profiter de – vie, jeunesse] to enjoy, to get pleasure out of. **-2.** [se réjouir de – victoire] to enjoy, to delight in *(insép)*. **-3.** [avoir – panorama] to command; [– ensoleillement, droit] to enjoy, to have; [– privilège, réputation] to enjoy, to command; il ne jouit pas de toutes ses facultés he isn't in full possession of his faculties.

**jouissance** [ʒwisɑ̃s] *nf* **-1.** [plaisir] enjoyment, pleasure; [orgasme] climax, orgasm. **-2.** JUR [usage] use; avoir la ~ de qqch to have the use of sthg; entrer en ~ de qqch to enter OU to come into possession of sthg; avoir la (pleine) ~ de ses droits to enjoy one's (full) rights ❏ ~ légale legal enjoyment.

**jouisseur, euse** [ʒwisœr, øz] *nm, f* pleasure-seeker.

**jouissif, ive** [ʒwisif, iv] *adj fam* pleasurable, sensual; je suis allée chez le dentiste, c'était ~! *iron* I went to the dentist's, it was a barrel of laughs!

**joujou, x** [ʒuʒu] *nm* [jouet] toy, plaything; faire ~ avec *fam* to play with; va faire ~ *fam* go and play.

**joujouthèque** [ʒuʒutɛk] *nf Can* games library.

**joule** [ʒul] *nm* joule.

**jour** [ʒur] *nm* **A.** DIVISION TEMPORELLE **-1.** [division du calendrier] day; **un mois de trente ~s** a thirty-day month; **un ~ de repos** a day of rest; **un ~ de travail** a working day *Br*, a workday; **il me reste des ~s à prendre avant la fin de l'année** I still have some (days') leave (to take) before the end of the year; **dans deux/quelques ~s** in two/a few days' time; **il est resté ~s entiers sans sortir** he didn't go out for days on end ❑ **au ~ le ~** [sans s'occuper du lendemain] from day to day; [précairement] from hand to mouth; **de ~ en ~** [grandir] daily, day by day; [varier] from day to day, from one day to the next; **d'un ~ à l'autre** [incessamment] any day (now); [de façon imprévisible] from one day to the next; **~ après ~** [constamment] day after day; [graduellement] day by day; **~ par ~** day by day; **~ pour ~** to the day. **-2.** [exprime la durée]: **un bébé d'un ~** a day-old baby; **c'est à un ~ de marche/voiture** it's one day's walk/drive away; **nous avons eu trois ~s de pluie** we had rain for three days *ou* three days of rain; **j'en ai pour deux ~s de travail** it's going to take me two days' work; **ça va prendre un ~ de lessivage et trois ~s de peinture** it'll take one day to wash down and three days to paint. **-3.** [date précise] day; **l'autre ~** the other day; **le ~ où** the day *ou* time that; **dès le premier ~** from the very first day; **comme au premier ~** as it was in the beginning; **ils sont amoureux comme au premier ~** as they're much in love as when they first met; **le ~ est loin où j'étais heureux** it's a long time since I've been happy; **le ~ viendra où** the day will come when; **un ~** one day; **un ~ que** one day when; **le ~ de la rentrée** SCOL the first day (back) at school; **le vendredi, c'est le ~ de Nora/du poisson** Friday is Nora's day/is the day we have fish ❑ **le ~ de l'an** New Year's Day; **le ~ du Jugement dernier** doomsday, Judgment Day; **le ~ des morts** All Souls' Day; **le ~ des Rois** Twelfth Night; **le ~ du Seigneur** the Lord's Day, the Sabbath; **le grand ~** pour elle/lui her/his big day; **son manteau/son discours des grands ~s** the coat she wears/the speech she makes on important occasions; **mes chaussures de tous les ~s** my everyday *ou* ordinary shoes, the shoes I wear everyday; **ce n'est pas mon ~!** it's not my day!; **ce n'est (vraiment) pas le ~!, tu choisis bien ton ~!** *iron* you really picked your day!; **il est dans un mauvais ~** he's having one of his off days; **un beau ~** one (fine) day; **un de ces ~s, un ~ ou l'autre** one of these days; **à un de ces ~s! see you soon!**; **à ce ~** to this day, to date; **au ~ d'aujourd'hui** *fam* in this day and age. **B.** CLARTÉ **-1.** [lumière] daylight; **le ~ baisse** it's getting dark; **il fait (encore) ~** it's still light; **il faisait grand ~** it was broad daylight; **le ~ se lève** the sun is rising; **avant le ~** before dawn *ou* daybreak; **au petit ~** at dawn *ou* daybreak; **~ et nuit, nuit et ~** day and night, night and day; **je dors le ~** I sleep during the day *ou* in the daytime; **examine-le au ~** *ou* **en plein ~** look at it in the daylight ❑ **artificiel** artificial daylight. **-2.** [aspect]: **sous un certain ~** in a certain light; **le marché apparaît sous un ~ défavorable** the market does not look promising ❑ **enfin, il s'est montré sous son vrai ~!** he's shown his true colours at last!; **voir qqch sous son vrai** *ou* **véritable ~** to see sthg in its true light; **sous un faux ~** in a false light. **-3.** *loc*: **donner le ~ à** [enfant] to give birth to, to bring into the world; [projet] to give birth to; [mode, tendance] to start; **jeter un ~ nouveau sur** to throw *ou* cast new light on; **mettre au ~** to bring to light; **voir le ~** [bébé] to be born; [journal] to come out; [théorie, invention] to appear; [projet] to see the light of day. **C.** OUVERTURE **-1.** [interstice – entre des planches] gap, chink; [– dans un feuillage] gap. **-2.** ARCHIT opening; BX-ARTS light. **-3.** COUT opening *(made by drawing threads)*; **des ~s** openwork, drawn work. **-4.** *loc*: **se faire ~** to emerge, to become clear; **l'idée s'est fait ~ dans son esprit** the idea dawned on her.

◆ **jours** *nmpl* **-1.** [vie] days, life; **mettre fin à ses ~s** to put an end to one's life; **ses ~s ne sont plus en danger** we no longer fear for her life. **-2.** [époque]: **de la Rome antique à nos ~s** from Ancient Rome to the present day ❑ **les mauvais ~s** [les moments difficiles] unhappy days, hard times; [les jours où rien ne va] bad days; **il a sa tête des mauvais ~s** it looks like he's in a bad mood; **ce manteau a connu des ~s meilleurs** this coat has seen better days; **ses vieux ~s** his

old age; **de nos ~s** these days, nowadays; **les beaux ~s** [printemps] springtime; [été] summertime; **ah, c'étaient les beaux ~s!** [jeunesse] ah, those were the days!

◆ **à jour** ◇ *loc adj* [cahier, travail] kept up to date; [rapport] up-to-date, up-to-the-minute. ◇ *loc adv* up to date; **tenir/mettre qqch à ~** to keep/to bring sthg up to date; **mettre sa correspondance à ~** to catch up on one's letter writing.

◆ **au grand jour** *loc adv*: **faire qqch au grand ~** *fig* to do sthg openly *ou* in broad daylight; **l'affaire fut étalée au grand ~** the affair was brought out into the open.

◆ **de jour** ◇ *loc adj* [hôpital, unité] day, daytime *(modif)*. ◇ *loc adv* [travailler] during the day; [conduire] in the daytime, during the day; **être de ~** to be on day duty *ou* on days; **de ~ comme de nuit** day and night.

◆ **du jour** *loc adj* [mode, tendance, préoccupation] current, contemporary; [homme] of the moment; **le journal du ~** the day's paper; **un œuf du ~** a new-laid *ou* newly-laid *ou* freshly-laid egg; **le poisson est-il du ~?** is the fish fresh (today)?

◆ **du jour au lendemain** *loc adv* overnight.

◆ **d'un jour** *loc adj* short-lived, ephemeral, transient.

◆ **par jour** *loc adv* a day, per day; **trois fois par ~** three times a day.

**Jourdain** [ʒurdɛ̃] *npr m*: **le ~** the (River) Jordan.

**journal, aux** [ʒurnal, o] *nm* **-1.** [publication] paper, newspaper; **~ du matin/soir/dimanche** morning/evening/Sunday paper *ou* newspaper; **c'est dans** *ou* **sur le ~** it's in the paper ❑ **à scandale** *ou* **à sensation** scandal sheet; **le Journal officiel (de la République Française)** official publication in which public notices appear, ≃ Hansard *Br*, ≃ Federal Register *Am*. **-2.** [bureau] office, paper; [équipe] newspaper (staff). **-3.** RAD & TV [informations]: **~ parlé/télévisé** radio/television news; **ils l'ont dit au ~** *fam* they said so on the news. **-4.** [carnet] diary, journal; **~ (intime)** private diary; **tenir un ~** to keep a diary; **~ de bord** NAUT log, logbook. **-5.** COMM account book.

**journalier, ère** [ʒurnalje, ɛr] *adj* daily.

◆ **journalier** *nm* AGR day labourer.

**journalisme** [ʒurnalism] *nm* journalism; **faire du ~** to be a journalist.

**journaliste** [ʒurnalist] *nmf* journalist; **les ~s de la rédaction** the editorial staff.

**journalistique** [ʒurnalistik] *adj* journalistic.

**journée** [ʒurne] *nf* **-1.** [durée] day; **je n'ai rien fait de la ~** I haven't done a thing all day; **en début de ~** early in the morning *ou* day; **en fin de ~** at the end of the day, in the early evening; **bonne ~!** have a good *ou* *Am* nice day!; **à une ~/deux ~s d'ici** one day's/two days' journey away. **-2.** ÉCON & INDUST: **la ~ de 8 heures** the 8-hour day; **faire des ~s de 12 heures** to work a 12-hour day *ou* 12 hours a day; **faire de longues ~s** to work long hours; **je commence/finis ma ~ à midi** I start/stop work at noon; **embauché/payé à la ~** employed/paid on a daily basis; **~ de travail** working day; **faire des ~s (chez)** [femme de ménage] to work as a daily *Br ou* a maid *Am* (for) ❑ **~ d'action** day of (industrial) action; **faire la ~ continue** [entreprise] to work a continuous shift; [magasin] to stay open over the lunch hour. **-3.** [activité organisée] day; **les ~s du cancer** [séminaire] the cancer (research) conference; [campagne] cancer research (campaign) week *Br*; **les ~s (parlementaires) du parti** POL ≃ the party conference *Br*, ≃ the party convention *Am*; **~ portes ouvertes** open day.

**journellement** [ʒurnɛlmɑ̃] *adv* **-1.** [chaque jour] daily, every day. **-2.** [fréquemment] every day.

**joute** [ʒut] *nf* **-1.** HIST joust, tilt. **-2.** *litt* [rivalité] joust; [dialogue] sparring match; **~ littéraire/oratoire** literary/verbal contest.

**jouteur, euse** [ʒutœr, øz] *nm, f* **-1.** SPORT water jouster. **-2.** *fig & sout* adversary, opponent.

**jouvence** [ʒuvɑ̃s] *nf* → **bain, eau**.

**jouvenceau, x** [ʒuvɑ̃so] *nm hum* youngster, stripling *hum*.

**jouvencelle** [ʒuvɑ̃sɛl] *nf hum* damsel, maiden.

**jouxter** [3] [ʒukste] *vt* to be adjacent to, to adjoin.

**jovial, e, als** *ou* **aux** [ʒɔvjal, o] *adj* [visage] jovial, jolly; [rire] jovial, hearty; [caractère] jovial, cheerful.

**jovialement** [ʒɔvjalmɑ̃] *adv* jovially.

**jovialité** [ʒɔvjalite] *nf* joviality, cheerfulness; **sa ~ le rendait très populaire** his cheerful manner made him very popular.

**joyau, x** [ʒwajo] *nm* **-1.** [bijou] gem, jewel; **les ~x de la couronne** the crown jewels. **-2.** *fig* [monument] gem; [œuvre d'art] jewel.

**joyeusement** [ʒwajøzmɑ̃] *adv* joyfully, gladly.

**joyeux, euse** [ʒwajø, øz] *adj* joyful, joyous, merry; **mener joyeuse vie** to lead a merry life; **une joyeuse nouvelle** glad tidings; **et elle vient avec lui? c'est ~!** *iron* so she's coming with him? that'll be nice for you! ❑ **c'est un ~ luron** *ou* **drille** he's a jolly fellow.

**JT** *nm abr de* **journal télévisé**.

**jubilaire** [ʒybilɛr] ◇ *adj* jubilee *(modif)*. ◇ *nmf Helv* partygoer *(at a 'jubilé')*.

**jubilant, e** [ʒybilɑ̃, ɑ̃t] *adj fam* jubilant, exultant.

**jubilation** [ʒybilasjɔ̃] *nf* jubilation, exultation; **avec ~** jubilantly.

**jubilé** [ʒybile] *nm* **-1.** [célébration de 50 ans d'existence] jubilee. **-2.** *Helv* celebration marking the anniversary of a club, the arrival of a member of staff in a company etc.

**jubiler** [3] [ʒybile] *vi* to be jubilant, to rejoice, to exult.

**jucher** [3] [ʒyʃe] *vt* to perch. ◇ *vi* **-1.** [faisan, poule] to perch. **-2.** *fam* [personne] to live.

◆ **se jucher sur** *vp + prép* to perch (up) on.

**Juda** [ʒyda] *npr* Judah.

**judaïcité** [ʒydaisite] *nf* Jewishness.

**judaïque** [ʒydaik] *adj* Judaic, Judaical.

**judaïser** [3] [ʒydaize] *vt* to Judaize.

**judaïsme** [ʒydaism] *nm* Judaism.

**judas** [ʒyda] *nm* **-1.** [ouverture] judas (hole). **-2.** [traître] Judas.

**Judas** [ʒyda] *npr*: **~ (Iscariote)** Judas (Iscariot).

**Judée** [ʒyde] *nprf*: **(la) ~** Judaea, Judea.

**judéo-allemand, e** [ʒydeɔalmɑ̃, ɑ̃d] *(mpl* **judéo-allemands,** *fpl* **judéo-allemandes)** *adj* Judaeo-German.

◆ **judéo-allemand** *nm* LING Judaeo-German.

**judéo-chrétien, enne** [ʒydeɔkretjɛ̃, ɛn] *(mpl* **judéo-chrétiens,** *fpl* **judéo-chrétiennes)** *adj* Judaeo-Christian.

◆ **Judéo-Chrétien, enne** *nm, f* Judaeo-Christian.

**judéo-christianisme** [ʒydeɔkristjanism] *(pl* **judéo-christianismes)** *nm* Judaeo-Christianity.

**judéo-espagnol, e** [ʒydeɔɛspaɲɔl] *(mpl* **judéo-espagnols,** *fpl* **judéo-espagnoles)** *adj* Judaeo-Spanish.

◆ **judéo-espagnol** *nm* LING Judaeo-Spanish.

**judiciaire** [ʒydisjɛr] *adj* judicial, judiciary.

**judiciairement** [ʒydisjɛrmɑ̃] *adv* judicially.

**judicieusement** [ʒydisjøzmɑ̃] *adv* [décider] judiciously, shrewdly; [agencer, organiser] cleverly.

**judicieux, euse** [ʒydisjø, øz] *adj* [personne, esprit] judicious, shrewd; [manœuvre, proposition, décision] shrewd; [choix] judicious; [plan] well thought-out.

**judo** [ʒydo] *nm* judo; **au ~** in judo.

**judoka** [ʒydɔka] *nmf* judoka.

**juge** [ʒyʒ] *nm* **-1.** JUR judge; **le ~ X** Judge X; **Madame/Monsieur le Juge X** ≃ Mrs/Mr Justice X *Br* ≃ Judge X *Am*; **jamais, Monsieur le ~!** I never, Your Honour!; **les ~s** ≃ the Bench; **être nommé ~** to be appointed judge; ≃ to be raised to the Bench *Br*, ≃ to be appointed to the Bench *Am*; **aller/se retrouver devant le ~** to appear/to end up in court ❑ **~ aux affaires matrimoniales** divorce court judge; **~ de l'application des peines** *judge who follows up the way an individual sentence is carried out during probation and post-release periods*; **~ d'enfants** children's judge, juvenile magistrate *Br*; **~ d'instance**, **~ de paix** *vieilli* Justice of the Peace; **~ d'instruction** ≃ examining magistrate *ou* justice *Br*, ≃ committing magistrate *Am*. **-2.** [personne compétente]: **j'en suis seul ~** I am sole judge (of the matter); **je te laisse ~ de la situation** I'll let you be the judge of the situation; **être bon/mauvais ~ en matière de** to be a good/bad judge of. **-3.** SPORT judge; **~ de filet/fond** net cord/foot fault judge; **~ d'arrivée** finishing judge; **~ de ligne** linesman; **~ de touche** FTBL linesman; RUGBY linesman, touch judge. **-4.** BIBLE: **le Livre des Juges, les Juges** (the Book of) Judges.

**jugé** [ʒyʒe]

◆ **au jugé** *loc adv* at a guess; **au ~, je dirais que...** at a guess, I would say that...; **tirer au ~** to fire blind.

**jugeable** [ʒyʒabl] *adj* JUR judicable.

**jugeai** [ʒyʒe] *v →* **juger**.

**juge-arbitre** [ʒyʒarbitr] *(pl* **juges-arbitres)** *nm* referee.

**jugement** [ʒyʒmɑ̃] *nm* **-1.** JUR [verdict] sentence, ruling, decision JUR; **prononcer** *ou* **rendre un ~** to pass sentence, to give a ruling JUR; **faire passer qqn en ~** to bring sb to (stand) trial; **passer en ~** to stand trial ❑ **~ déclaratoire** declaratory judgment; **~ par défaut** judgment in absentia *ou* default; **~ définitif** final judgment. **-2.** RELIG: **le ~ dernier** the Last Judgment, Day of Judgment; **le ~ de Dieu** HIST the Ordeal. **-3.** [discernement] judgment, flair; **erreur de ~** error of judgment; **faire preuve de ~** to show sound *ou* good judgment; **elle a du/n'a aucun ~ (en matière de...)** she's a good/no judge (of...). **-4.** [évaluation] judgment; **~ préconçu** prejudgment, preconception; **formuler un ~ sur qqch/qqn** to express an opinion about sthg/sb; **porter un ~ sur qqch/qqn** to pass judgment on sthg/sb; **le ~ de l'histoire/la postérité** the verdict of history/posterity ❑ **~ de valeur** value judgment.

**jugeote** [ʒyʒɔt] *nf fam* commonsense.

**juger** [17] [ʒyʒe] *vt* **-1.** JUR [accusé] to try; [affaire] to judge, to try, to sit in judgment on; **être jugé pour vol** to be tried *ou* to stand trial for theft; **elle a été jugée coupable/non coupable** she was found guilty/not guilty || *(en usage absolu)*: **l'histoire/la postérité jugera** history/posterity will judge. **-2.** [trancher] to judge, to decide; **à toi de ~ (si/quand...)** it's up to you to decide *ou* to judge (whether/when...); **~ un différend** to arbitrate in a dispute. **-3.** [se faire une opinion de] to judge; **~ qqch/qqn à sa juste valeur** to form a correct opinion of sthg/sb || *(en usage absolu)*: **moi, je ne juge pas** I'm not in a position to judge, I'm not making any judgment; **~ par soi-même** to judge for o.s.; **il ne faut pas ~ sur** *ou* **d'après les apparences** don't judge from *ou* go by appearances. **-4.** [considérer]: **~ qqn capable/incompétent** to consider sb capable/incompetent; **son état est jugé très préoccupant** his condition is believed to be serious; **jugé bon pour le service** declared fit to join *ou* fit for the army; **mesures jugées insuffisantes** measures deemed inadequate; **~ qqn bien/mal** to have a good/poor opinion of sb; **vous me jugez mal** [à tort] you're misjudging me; **~ bon de faire qqch** to think fit to do sthg; **agissez comme vous jugerez bon** do as you think fit *ou* appropriate.

◆ **juger de** *v + prép* to judge; **à en ~ par son large sourire** if her broad smile is anything to go by; **si j'en juge par ce que j'ai lu** judging from *ou* by what I've read, if what I've read is anything to go by; **jugez-en vous-même** judge *ou* see for yourself; **jugez de mon indignation** imagine my indignation, imagine how indignant I felt.

◆ **se juger** ◇ *vp (emploi réfléchi)*: **elle se juge sévèrement** she has a harsh opinion of herself. ◇ *vp (emploi passif)* **-1.** JUR: **l'affaire se jugera mardi** the case will be heard on Tuesday. **-2.** [se mesurer] to be judged. ◇ *vpi*: **les commerçants se jugent lésés** shopkeepers consider *ou* think themselves hard done by.

**jugulaire** [ʒygylɛr] ◇ *adj* ANAT jugular. ◇ *nf* **-1.** ANAT jugular (vein). **-2.** [bride] chin strap.

**juguler** [3] [ʒygyle] *vt* **-1.** [arrêter – hémorragie, maladie] to halt, to check; [– sanglots] to suppress, to repress; [– chômage] to curb; **~ l'inflation** to curb inflation. **-2.** [étouffer – révolte] to quell.

**juif, ive** [ʒɥif, iv] *adj* Jewish.

◆ **Juif, ive** *nm, f* Jew (f Jewess).

◆ **juif** *nm fam*: **le petit ~** the funny bone.

**juillet** [ʒɥijɛ] *nm* July; *voir aussi* **mars**.

**juilletiste** [ʒɥijetist] *nmf person who goes on holiday in July.*

**juin** [ʒɥɛ̃] *nm* June; *voir aussi* **mars**.

**juive** [ʒɥiv] *f →* **juif**.

**juke-box** [dʒukbɔks] *(pl inv* ou **juke-boxes)** *nm* jukebox.

**jules**▽ [ʒyl] *nm* [amant] boyfriend; [mari] old man.

**Jules** [ʒyl] *npr* [pape] Julius; **~ César** Julius Caesar.

**julienne** [ʒyljɛn] *nf* **-1.** CULIN: **~ (de légumes)** (vegetable) julienne. **-2.** ZOOL ling. **-3.** BOT dame's violet.

**jumbo-jet** [dʒœmbodʒet] *(pl* **jumbo-jets)** *nm* jumbo (jet).

**jumeau, elle, x** [ʒymo, ɛl] ◇ *adj* **-1.** BIOL twin *(modif)*. **-2.** [symétrique] twin *(modif)*, identical. ◇ *nm, f* **-1.** BIOL twin; **vrais/**

faux ~x identical/fraternal twins. **-2.** [sosie] double.

◆ **jumeau, x** *nm* **-1.** ANAT gemellus muscle. **-2.** CULIN neck of beef.

**jumelage** [ʒymlaʒ] *nm* [association] twinning.

**jumelé, e** [ʒymle] *adj* [fenêtres] double; [colonne] twin; [villes] twin, twinned.

◆ **jumelé** *nm* first and second forecast.

**jumeler** [24] [ʒymle] *vt* **-1.** [villes] to twin; être jumelé à to be twinned with. **-2.** [moteurs] to combine, to couple.

**jumelle** [ʒymɛl] ◇ *v*→ **jumeler**. ◇ *f*→ **jumeau**.

**jumellerai** [ʒymɛlre] *v*→ **jumeler**.

**jumelles** [ʒymɛl] ◇ *fpl*→ **jumeau**. ◇ *nfpl* OPT binoculars; ~ de théâtre OU spectacle opera glasses.

**jument** [ʒymɑ̃] *nf* mare; ~ poulinière brood mare.

**jumping** [dʒœmpiŋ] *nm* ÉQUIT showjumping.

**jungle** [ʒœgl] *nf* **-1.** GÉOG jungle. **-2.** *fig* jungle; la ~ des affaires the jungle of the business world.

**junior** [ʒynjɔr] ◇ *adj inv* **-1.** [fils] junior; Douglas Fairbanks ~ Douglas Fairbanks Junior. **-2.** [destiné aux adolescents] junior; les nouveaux blousons ~ the new jackets for teenagers. **-3.** [débutant] junior. ◇ *adj* SPORT junior; les équipes ~s the junior teams. ◇ *nmf* SPORT junior.

**junkie**▽ [dʒœnki, *pl* dʒœnkiz] *nmf* junkie, junky.

**Junon** [ʒynɔ̃] *npr* Juno.

**junte** [ʒœt] *nf* junta.

**jupe** [ʒyp] *nf* **-1.** VÊT skirt; ~ cloche/entravée/plissée bell/hobble/pleated skirt; ~ à godets OU évasée flared skirt; ~ portefeuille wrapover OU wraparound skirt; il est toujours dans les OU accroché aux ~s de sa mère he's tied to his mother's apron strings. **-2.** TECH [d'un aéroglisseur] skirt, apron; [d'un piston, d'un rouleau] skirt.

**jupe-culotte** [ʒypkylɔt] (*pl* **jupes-culottes**) *nf* (pair of) culottes.

**jupette** [ʒypɛt] *nf* short skirt.

**Jupiter** [ʒypitɛr] *npr* **-1.** ASTRON Jupiter. **-2.** MYTH Jupiter, Jove.

**jupon** [ʒypɔ̃] *nm* VÊT petticoat, slip, underskirt.

**Jura** [ʒyra] *npr m* **-1.** [en France]: le ~ [chaîne montagneuse] the Jura (Mountains); [département] the Jura. **-2.** [en Suisse]: le ~ the Jura (canton).

**jurassien, enne** [ʒyrasjɛ̃, ɛn] *adj* from the Jura.

**jurassique** [ʒyrasik] ◇ *adj* Jurassic. ◇ *nm*: le ~ the Jurassic period.

**juré, e** [ʒyre] *adj* [ennemi] sworn; je ne recommencerai plus — (c'est) ~? I won't do it again — promise?

◆ **juré** *nm* JUR member of a jury, juror, juryman (*f* jurywoman); les ~s ont délibéré the jury has OU have reached a decision; elle a été convoquée comme ~ she's had to report for jury service Br OU jury duty Am.

**jurer** [3] [ʒyre] ◇ *vt* **-1.** [promettre] to swear; je ne l'ai jamais vue, je le jure! I've never seen her, I swear it!; ~ allégeance/fidélité/obéissance à qqn to swear OU to pledge allegiance/loyalty/obedience to sb; il a juré ma perte he has sworn OU vowed to bring about my downfall; je te jure que c'est vrai I swear it's true; j'ai juré de garder le secret I've sworn to secrecy; elle m'a fait ~ de garder le secret she swore me to secrecy **-2.** JUR [suj: témoin] to swear; jurez-vous de dire la vérité, toute la vérité, rien que la vérité? do you swear to tell the truth, the whole truth and nothing but the truth?; dites je le jure — je le jure do you so swear? — I swear OU I do ‖ *(en usage absolu):* ~ sur la Bible/devant Dieu to swear on the Bible/to God; ~ sur l'honneur to swear on one's honour; ~ sur la tête de qqn to swear on one's mother's grave.

◇ *vi* **-1.** [blasphémer] to swear, to curse; ~ après qqn/qqch to curse ou to swear at sb/sthg ❏ ~ comme un charretier to swear like a trooper. **-2.** [détonner – couleurs, architecture] to clash, to jar. **-3.** *fig*: ils ne jurent que par leur nouvel entraîneur they swear by their new coach.

◆ **jurer de** *v* + *prép* **-1.** [affirmer]: ~ de son innocence to swear to one's innocence; ~ de sa bonne foi to swear that one is sincere ❏ il ne faut ~ de rien you never can tell. **-2.** [au conditionnel]: j'en jurerais I'd swear to it.

◆ **se jurer** ◇ *vp (emploi réciproque):* se ~ fidélité to swear ou to vow to be faithful to each other. ◇ *vp (emploi réfléchi):* se ~ de

faire to promise o.s. OU to vow to do; se ~ que to vow to o.s. that.

**juridiction** [ʒyridiksjɔ̃] *nf* **-1.** [pouvoir] jurisdiction; exercer sa ~ to exercise one's power; tomber sous la ~ de to come under the jurisdiction of. **-2.** [tribunal] court (of law); [tribunaux] courts (of law); ~ d'instruction/de jugement examining/penal courts; ~ d'exception special court; ~ militaire ≃ military courts; ~ de premier degré ≃ Court of first instance *Br*; ~ de second degré ≃ Court of Appeal *Br*, ≃ Appellate Court *Am*.

**juridictionnel, elle** [ʒyridiksjɔnɛl] *adj* jurisdictional.

**juridique** [ʒyridik] *adj* [vocabulaire] legal, juridical; il a une formation ~ he studied law; situation ~ legal situation.

**juridiquement** [ʒyridikmɑ̃] *adv* legally, juridically.

**juridisme** [ʒyridism] *nm* legalism.

**jurisconsulte** [ʒyriskɔ̃sylt] *nm* jurisconsult.

**jurisprudence** [ʒyrisprydɑ̃s] *nf* [source de droit] case law, jurisprudence; faire ~ to set ou to create a precedent.

**juriste** [ʒyrist] *nmf* jurist, law ou legal expert; ~ d'entreprise company lawyer.

**juron** [ʒyrɔ̃] *nm* swearword, oath; proférer des ~s to swear, to curse.

**jury** [ʒyri] *nm* **-1.** JUR jury; membre du ~ juror, member of the jury; il fait partie du ~ he sits on the jury. **-2.** SCOL board of examiners, jury. **-3.** BX-ARTS & SPORT panel ou jury (*of judges*).

**jus** [ʒy] *nm* **-1.** [boisson] juice; ces oranges rendent ou donnent beaucoup de ~ these oranges are very juicy ❏ ~ de fruit ou fruits fruit juice. **-2.** CULIN juice, gravy; ~ (de viande) juice (from the meat); cuire ou mijoter dans son ~▽ to stew in one's (own) juice; c'est du ~ de chaussettes, leur café *fam* their coffee tastes like dishwater. **-3.** *fam* [café] coffee. **-4.** *fam* [courant électrique] juice; attention, tu vas prendre le ~! watch out, you'll get a shock! **-5.** *fam* [eau]: tout le monde au ~! everybody in (the water). **-6.** *fam loc*: être au ~ [au courant] to know.

**jusqu'au-boutiste** [ʒyskobutist] (*pl* **jusqu'au-boutistes**) *fam* ◇ *nmf* POL hard-liner; c'est un ~ he's a hard-liner. ◇ *adj* hard-line.

**jusque** [ʒyskə] (*devant voyelle ou h muet* **jusqu'** [ʒysk], *littéraire devant voyelle* **jusques** [ʒyska]) *prép* **-1.** [dans l'espace] (*suivi d'une préposition):* elle m'a suivi ~ chez moi she followed me all the way home; les nuages s'étendront ~ vers la Bourgogne the clouds will spread as far as Burgundy; je suis monté jusqu'en haut de la tour I climbed (right up) to the top of the tower ‖ *(suivi d'un adverbe):* jusqu'où? how far?; jusqu'où peut aller la bêtise/cruauté! (just) how stupid/cruel can people be! ❏ jusques et y compris up to and including. **-2.** *(suivi d'une préposition)* [dans le temps]: j'attendrai ~ vers 11 h I'll wait till ou until about 11 o'clock ‖ *(suivi d'un adverbe):* jusqu'alors (up) until ou till then. **-3.** [même, y compris] even; il y avait du sable ~ dans les lits there was even sand in the beds.

◆ **jusqu'à** *loc prép* **-1.** [dans l'espace]: jusqu'à Marseille as far as Marseilles; il a rempli les verres jusqu'au bord he filled the glasses (right up) to the brim; le sous-marin peut plonger jusqu'à 3 000 m de profondeur the submarine can dive (down) to 3,000 m; elle avait de l'eau jusqu'aux genoux she was up to her knees in water; il y a 300 m de chez nous jusqu'à la gare it's 300 m from our house to the station. **-2.** [dans le temps] until; la pièce dure jusqu'à quelle heure? what time does the play finish?; jusqu'à quand peut-on s'inscrire? when's the last (possible) date for registering?; tu vas attendre jusqu'à quand? how long are you going to wait?; jusqu'à nouvel ordre until further notice; jusqu'à preuve du contraire as far as I know. **-3.** [indiquant le degré]: jusqu'à quel point peut-on lui faire confiance? to what extent ou how far can we trust him?; sa désinvolture va jusqu'à l'insolence he's relaxed to the point of insolence; j'irais jusqu'à dire que c'était délibéré I would go as far as to say it was done on purpose; jusqu'à concurrence de 3 000 francs up to 3,000 francs maximum, up to (a limit of) 3,000 francs ❏ il nous aura embêtés jusqu'à la fin ou la gauche *fam*! he will have been a nuisance to us (right) to the bitter end! **-4.** [même, y compris] even; il a mangé tous les bonbons jusqu'au dernier he's eaten all the sweets (down to the last one), he's eaten every last ou single sweet.

◆ **jusqu'à ce que** *loc conj* until.

◆ **jusqu'au moment où** *loc conj* until.

◆ **jusque-là** *loc adv* **-1.** [dans le présent] up to now, (up) until ou till now; [dans le passé] up to then, (up) until ou till then; ~-là, tout va bien so far so good. **-2.** [dans l'espace]: je ne suis pas allé ~-là pour rien I didn't go all that way for nothing; ils sont arrivés ~-là et puis ils sont repartis they got so far and then they left; on avait de l'eau ~-là the water was up to here; je n'ai pas encore lu ~-là I haven't got ou read that far yet ❑ j'en ai ~-là de tes caprices! *fam* I've had it up to here with your whims!, I'm sick and tired of your whims!

◆ **jusqu'ici** *loc adv* **-1.** [dans l'espace] (up) to here, as far as here; je ne suis pas venu jusqu'ici pour rien! I haven't come all this way ou as far as this for nothing! **-2.** [dans le temps] so far, until now, up to now.

**justaucorps** [ʒystɔkɔr] *nm* **-1.** [de gymnaste, de danseur] leotard. **-2.** HIST jerkin.

**juste** [ʒyst] ◇ *adv* **-1.** [avec justesse]: chanter ~ to sing in tune; tomber ~ to guess right, to hit the nail on the head; tu as vu ou deviné ~! you guessed correctly ou right!-**2.** [exactement] exactly, just; il est 9 h ~ it's exactly 9 o'clock; la balle est passée ~ à côté du poteau the ball went just past the post; tu arrives ~ à temps you've come just in time; ~ quand ou comme le téléphone sonnait just as ou when the phone was ringing; il s'est fait renvoyer? — tout ~! so he was dismissed? — he was indeed!-**3.** [à peine, seulement] just; il vient ~ d'arriver he's just (this minute) arrived; il est ~ 9 h, vous n'allez pas partir déjà it's only 9 o'clock, you're not going to leave already; tout ~: j'ai tout ~ le temps de prendre un café I've just about enough ou I've just got enough time to have a cup of coffee; c'est tout ~ s'il ne m'a pas frappé he very nearly ou all but hit me; c'est tout ~ s'il dit bonjour he hardly bothers to say hello, you're lucky if he says hello. **-4.** [en quantité insuffisante]: un gâteau pour 8, ça fait (un peu) ~ one cake for 8 people, that won't go very far; tu as coupé le tissu un peu ~ you've cut the material a bit on the short side.

◇ *adj* **-1.** [équitable – partage, décision, personne] fair; être ~ envers ou avec qqn to be fair to sb; il ne serait que ~ qu'il soit remboursé it would only be fair ou right for him to get his money back; c'est pas ~! *fam* it's not fair ou right! ‖ *(avant le nom)* [justifié – cause, récompense, punition] just; [– requête] legitimate; [– colère] just, legitimate. **-2.** *(après le nom)* [exact – calcul, compte, réponse] right; as-tu l'heure ~? have you got the right ou exact time? ‖ [dans son fonctionnement – horloge] accurate, right; [– balance] accurate, true. **-3.** [précis – terme, expression] appropriate, right. **-4.** [serré – habit] tight; [– chaussures] tight, small; la nappe est un peu ~ en longueur/largeur the tablecloth is a bit on the short/narrow side; une heure pour aller à l'aéroport, c'est trop ~ an hour to get to the airport, that's not enough; ses notes sont trop ~s pour que vous le laissiez passer his marks are too borderline for you to pass him ‖ [de justesse]: elle a réussi l'examen, mais c'était ~ she passed her exam, but it was a close thing. **-5.** *(après le nom)* [compétent] good; avoir l'oreille/le coup d'œil ~ to have a good ear/eye ‖ [sensé, judicieux – raisonnement] sound; [– objection, observation] relevant, apt; ta remarque est tout à fait ~! your comment is quite right!; très ~! quite right!, good point!; j'ai moins d'expérience que lui — c'est ~ I'm less experienced than he is — that's true ou right ‖ MUS [voix, instrument] true, in tune; [note] true, right; le piano n'est pas ~ the piano is out of tune. **-6.** *(avant le nom)* [approprié]: apprécier qqch à son ~ prix to appreciate the true value ou worth of sthg; apprécier qqn à sa ~ valeur to appreciate the true worth ou value of sb.

◇ *nm* just man; les ~s the just.

◆ **au juste** *loc adv* exactly; combien sont-ils au ~? how many (of them) are there exactly?

◆ **au plus juste** *loc adv*: calculer qqch au plus ~ to calculate sthg to the nearest penny.

◆ **comme de juste** *loc adv* of course, needless to say.

◆ **juste ciel, juste Dieu** *interj* good heavens, heavens (above).

**justement** [ʒystəmɑ̃] *adv* **-1.** [à ce moment précis]: voilà ~ Paul talking of Paul, here he is; j'ai ~ besoin d'une secrétaire actually ou as it happens, I need a secretary; j'allais ~

te téléphoner I was just going to phone you. **-2.** [pour renforcer un énoncé] quite, just so; il se met vite en colère — ~, ne le provoque pas! he loses his temper very quickly — quite ou exactly ou that's right, so don't provoke him! **-3.** [exactement] exactly, precisely; j'ai ~ ce qu'il vous faut I've got exactly ou just what you need. **-4.** [pertinemment] rightly, justly; comme tu l'as dit si ~ as you (so) rightly said. **-5.** [avec justice] rightly, justly; elle fut ~ récompensée/condamnée she was justly rewarded/condemned.

**justesse** [ʒystɛs] *nf* **-1.** [d'un raisonnement, d'un jugement] soundness; [d'une observation] appropriateness, aptness, relevance; [d'un terme, d'un ton] appropriateness, aptness; elle raisonne avec ~ her reasoning is sound, she has sound reasoning. **-2.** MATH & MUS accuracy; [d'un mécanisme, d'une horloge, d'une balance] accuracy, precision.

◆ **de justesse** *loc adv* just, barely, narrowly; il a gagné de ~ he won by a narrow margin ou by a hair's breadth; j'ai eu mon permis de ~ I only just passed my driving test; on a évité la collision de ~ we very nearly had a crash.

**justice** [ʒystis] *nf* **-1.** [équité] justice, fairness; il traite ses hommes avec ~ he treats his men fairly ou justly ou with fairness; en bonne ~ in all fairness; ce n'est que ~ it's only fair ❑ ~ sociale social justice. **-2.** JUR: la ~ the law; rendre la ~ to administer ou to dispense justice; avoir la ~ pour soi to have the law on one's side; il a fait des aveux à la ~ he confessed to the law. **-3.** [réparation] justice; demander ~ to ask for justice to be done; obtenir ~ to obtain justice; nous voulons que ~ soit faite! we want justice to be done!; faire ~ [venger une faute] to take the law into one's own hands; faire ~ de qqch [montrer que c'est nocif] to prove sthg to be bad; [le réfuter] to prove sthg wrong, to give the lie to sthg; se faire ~ [se venger] to take the law into one's own hands; [se tuer] to take one's (own) life; rendre ~ à qqn to do sb justice; la postérité rendra ~ à son courage posterity will recognize his courage.

◆ **de justice** *loc adj*: un homme de ~ a man of the law.

◆ **en justice** *loc adv* JUR: aller en ~ to go to court; passer en ~ to stand trial, to appear in court.

**justiciable** [ʒystisjabl] ◇ *adj* **-1.** [responsable]: ~ de answerable for, responsible for. **-2.** ~ de [qui requiert] requiring; maladie ~ d'hydrothérapie illness requiring ou which calls for hydrotherapy. **-3.** JUR: il est ~ des tribunaux pour enfants he is subject to ou comes under the jurisdiction of the juvenile courts. ◇ *nmf* person liable ou subject to trial; les ~s those due to be tried.

**justicier, ère** [ʒystisje, ɛr] ◇ *adj* **-1.** [qui rend la justice] justiciary *(modif)*. **-2.** [qui fait justice lui-même]: le jury a condamné le mari — the jury condemned the husband who took the law into his own hands. ◇ *nm, f* [redresseur de torts] righter of wrongs.

◆ **justicier** *nm* HIST justiciar.

**justifiable** [ʒystifjabl] *adj* justifiable; tous vos arguments doivent être ~s you must be able to justify ou to substantiate every one of your arguments; sa négligence n'est pas ~ his negligence is unjustifiable ou cannot be justified.

**justificateur, trice** [ʒystifikatœr, tris] *adj* [témoignage] justifying, justificatory.

◆ **justificateur** *nm* IMPR & INF justifier.

**justificatif, ive** [ʒystifikatif, iv] *adj* [rapport] justificatory, supporting; [facture] justificatory; document ~ d'identité written proof of one's identity.

◆ **justificatif** *nm* **-1.** ADMIN written proof ou evidence; COMPTA receipt. **-2.** PRESSE press cutting ou clipping.

**justification** [ʒystifikasjɔ̃] *nf* **-1.** [motivation – d'une attitude, d'une politique] justification; la ~ de la violence apology for ou justification of violence. **-2.** [excuse] justification, reason. **-3.** ADMIN (written) proof *(of expenses incurred)*. **-4.** IMPR & INF justification.

**justifier** [9] [ʒystifje] *vt* **-1.** [motiver – conduite, mesure, dépense] to justify, to vindicate; rien ne saurait ~ de tels propos there's no possible justification for speaking in such terms. **-2.** [confirmer – crainte, théorie] to justify, to confirm, to back up *(sép)*; il a tout fait pour ~ ses dires he did everything to try and back up his statements. **-3.** [prouver – affirmation] to prove, to justify; [– versement] to give proof ou evidence of. **-4.** [innocenter] to vindicate. **-5.** IMPR & INF to justi-

fy; le paragraphe est justifié à gauche/droite the paragraph is left-/right-justified.
◆ **justifier de** *v* + *prép*: ~ de son identité to prove one's identity; pouvez-vous ~ de ce diplôme? can you provide evidence that ou can you prove that you are the holder of this qualification?
◆ **se justifier** *vp (emploi réfléchi)* to justify o.s.; se ~ d'une accusation to clear o.s.; se ~ d'une accusation, to clear one's name.
**jute** [ʒyt] *nm* jute; de ou en ~ jute *(modif)*.
**juter** [3] [ʒyte] *vi* [fruit] to ooze with juice; [viande] to give out ou to release a lot of juice.

**juteux, euse** [ʒytø, øz] *adj* -**1.** [fruit, viande] juicy. -**2.** *fam* [transaction] juicy.
◆ **juteux**▽ *nm arg mil* adjutant.
**juvénile** [ʒyvenil] *adj* -**1.** [jeune – silhouette] young, youthful; [– ardeur, enthousiasme] youthful. -**2.** PHYSIOL juvenile.
**juvénilité** [ʒyvenilite] *nf litt* youthfulness, juvenility.
**juxtaposé, e** [ʒykstapoze] *adj* juxtaposed.
**juxtaposer** [3] [ʒykstapoze] *vt* to juxtapose, to place side by side; ~ un mot à un autre to juxtapose two words.
**juxtaposition** [ʒykstapozisjɔ̃] *nf* juxtaposition.

**k, K** [ka] *nm* k, K.
**k** *(abr écrite de* **kilo)** k.
**K** *(abr écrite de* **kilo-octet)** K.
**K7** *(abr de* **cassette)** *nf* cassette; radio-~ radiocassette.
**kabbale** [kabal] = **cabale 2.**
**Kaboul** [kabul] *npr* Kabul.
**kabyle** [kabil] *adj* Kabylian.
◆ **Kabyle** *nmf* Kabylian.
◆ **kabyle** *nm* LING Kabylian.
**Kabylie** [kabili] *npr f*: (la) ~ Kabylia.
**kafkaïen, enne** [kafkajɛ̃, ɛn] *adj* Kafkaesque.
**Kaiser** [kajzɛr] *npr m*: le ~ the Kaiser.
**kakatoès** [kakatɔɛs] = **cacatoès.**
**kaki** [kaki] ◇ *adj inv* [couleur] khaki. ◇ *nm* -**1.** [couleur] khaki. -**2.** BOT [arbre] (Japanese) persimmon, kaki; [fruit] persimmon, sharon fruit.
**kalachnikov** [kalaʃnikɔf] *nm* kalashnikov.
**kaléidoscope** [kaleidɔskɔp] *nm* -**1.** OPT kaleidoscope. -**2.** *fig* rapidly changing pattern.
**kaléidoscopique** [kaleidɔskɔpik] *adj* kaleidoscopic.
**kamikaze** [kamikaz] *nm* kamikaze.
**kanak, e** [kanak] = **canaque.**
**Kandinsky** [kɑ̃dinski] *npr* Kandinski.
**kangourou** [kɑ̃guru] *nm* ZOOL kangaroo.
**kantien, enne** [kɑ̃sjɛ̃, ɛn] *adj* Kantian.
**kantisme** [kɑ̃tism] *nm* Kantianism.
**kaolin** [kaɔlɛ̃] *nm* kaolin.
**kapok** [kapɔk] *nm* kapok.
**karaté** [karate] *nm* karate.
**karatéka** [karateka] *nmf*: c'est une ~ she does karate.
**karité** [karite] *nm* shea (tree).
**karma** [karma], **karman** [karman] *nm* karma.
**kart** [kart] *nm* kart, go-kart; faire du ~ to go-kart, to go karting.
**karting** [kartiŋ] *nm* karting, go-karting; faire du ~ to go-kart, to go karting.
**kasher** [kaʃer] *adj inv* kosher.
**kawa** [kawa] *nm fam* [café] coffee.
**kayak** [kajak] *nm* kayak.
**Kazakhstan** [kazakstɑ̃] *npr m*: le ~ Kazakhstan.
**kelvin** [kɛlvin] *nm* kelvin.
**kendo** [kɛndo] *nm* kendo.
**Kenya** [kenja] *npr m*: le ~ Kenya; au ~ in Kenya.
**kenyan, e** [kenjɑ̃, an] *adj* Kenyan.
◆ **Kenyan, e** *nm, f* Kenyan.
**képi** [kepi] *nm* kepi.
**kératine** [keratin] *nf* keratin.

**kermesse** [kɛrmɛs] *nf* [dans les Flandres] kermis, kirmess; [de charité] charity fête, bazaar; ~ paroissiale church fête.
**kérosène** [kerɔzɛn] *nm* kerosene, kerosine.
**ketchup** [kɛtʃœp] *nm* ketchup.
**keynésien, enne** [kenezjɛ̃, ɛn] *adj* Keynesian.
**KF** *abr écrite de* **kilofrancs.**
**kg** *(abr écrite de* **kilogramme)** kg.
**KGB** *npr m* KGB.
**khâgne** [kaɲ] *nf arg scol* second year of a two-year Arts course preparing for entrance to the École normale supérieure.
**khâgneux, euse** [kaɲø, øz] *nm, f arg scol* student in 'khâgne'.
**khalife** [kalif] = **calife.**
**khan** [kɑ̃] *nm* -**1.** [titre] khan. -**2.** [abri] khan.
**Khatchatourian** [katʃaturjɑ̃] *npr* Khachaturian.
**khmer, ère** [kmɛr] *adj* Khmerian.
◆ **Khmer, ère** *nm, f* Khmer; les Khmers the Khmers.
◆ **khmer** *nm* LING Khmer.
**khôl** [kɔl] *nm* kohl.
**Khrouchtchev** [krutʃef] *npr*: Nikita ~ Nikita Khrushchev.
**kibboutz** [kibuts] *(pl inv* ou **kibboutzim** [-tsim]) *nm* kibbutz.
**kidnapper** [3] [kidnape] *vt* [personne] to kidnap.
**kidnappeur, euse** [kidnapœr, øz] *nm, f* kidnapper.
**kidnapping** [kidnapiŋ] *nm* kidnapping.
**kif** [kif] *nm* [haschisch] kif, kef.
**kif-kif** [kifkif] *adj inv fam*: c'est ~ (bourricot) it's all the same, it's six of one and half a dozen of the other.
**kiki** [kiki] *nm fam* -**1.** [cou] neck; [gorge] throat; serrer le ~ à qqn to throttle ou to strangle sb. -**2.** *loc*: c'est parti, mon ~! here we go!
**Kilimandjaro** [kilimɑ̃dʒaro] *npr m*: le (mont) ~ (Mount) Kilimanjaro.
**kilo** [kilo] *(abr de* **kilogramme)** *nm* kilo.
**kilofranc** [kilɔfrɑ̃] *nm* a thousand francs.
**kilogramme** [kilɔgram] *nm* kilogramme.
**kilohertz** [kilɔɛrts] *nm* kilohertz.
**kilométrage** [kilɔmetraʒ] *nm* -**1.** [d'un véhicule] mileage. -**2.** [d'une voie] marking out *(in kilometres)*.
**kilomètre** [kilɔmɛtr] ◇ *v* → **kilométrer.** ◇ *nm* -**1.** [distance] kilometre. -**2.** INF: frappe ou saisie au ~ straight keying.
**kilométrer** [18] [kilɔmetre] *vt* to mark with kilometric reference points.
**kilométrique** [kilɔmetrik] *adj*: au point ~ 21 at km 21 ❏ distance ~ distance in kilometres.
**kilo-octet** [kilɔɔktɛ] *(pl* **kilo-octets)** *nm* kilobyte.
**kilowatt** [kilɔwat] *nm* kilowatt.
**kilowattheure** [kilɔwatœr] *nm* kilowatt-hour.
**kilt** [kilt] *nm* [d'Écossais, de femme] kilt.
**kimono** [kimɔno] ◇ *nm* VÊT kimono. ◇ *adj inv*: manches ~

kimono ou loose sleeves.

**kinésithérapeute** [kineziterapøt] *nmf* physiotherapist *Br*, physical therapist *Am*.

**kinésithérapie** [kineziterapi] *nf* physiotherapy *Br*, physical therapy *Am*.

**kiosque** [kjɔsk] *nm* **-1.** [boutique]: ~ à journaux newspaper kiosk ou stand, news-stand; ~ à fleurs flower stall. **-2.** [édifice – dans un jardin] pavilion; ~ à musique bandstand. **-3.** NAUT [d'un navire] wheelhouse; [d'un sous-marin] conning tower.

**kippa** [kipa] *nf* kippa.

**Kippour** [kipur] *nm*: le ~ the Kippur.

**kir** [kir] *nm* kir.

**Kirghizistan** [kirgizistɑ̃] *npr m*: le ~ Kirgizia.

**kirsch** [kirʃ] *nm* kirsch.

**kit** [kit] *nm* kit; meubles en ~ kit furniture; vendu en ~ sold in kit form.

**kitchenette** [kitʃɘnɛt] *nf* kitchenette.

**kitsch** [kitʃ] ◇ *adj inv* kitsch (*modif*), kitschy. ◇ *nm inv* kitsch.

**kiwi** [kiwi] *nm* **-1.** BOT [fruit] kiwi (fruit), Chinese gooseberry; [arbre] kiwi tree. **-2.** ZOOL kiwi.

**Klaxon®** [klaksɔn] *nm* horn.

**klaxonner** [3] [klaksɔne] ◇ *vi* to honk ou to hoot *Br* (one's horn). ◇ *vt*: il m'a klaxonné he tooted ou hooted *Br* ou honked at me.

**Kleenex®** [klinɛks] *nm* (paper) tissue, paper handkerchief, Kleenex®.

**kleptomane** [klɛptɔman] *nmf* kleptomaniac.

**kleptomanie** [klɛptɔmani] *nf* kleptomania.

**km** (*abr écrite de* **kilomètre**) *nm* km.

**km/h** (*abr écrite de* **kilomètre par heure**) kmph.

**knickerbockers** [nikœrbɔkœr], **knickers** [nikœr] *nmpl* knickerbockers *Br*, knickers *Am*.

**knock-down** [nɔkdawn] *nm inv* knockdown SPORT.

**knock-out** [nɔkaut] ◇ *nm inv* knockout. ◇ *adj inv* knockedout, out for the count; il l'a mis ~ he knocked him out.

**Ko** (*abr écrite de* **kilo-octet**) Kb.

**K-O** ◇ *nm inv* KO. ◇ *adj inv* **-1.** SPORT KO'd; mettre qqn ~ to knock sb out; être ~ to be out for the count. **-2.** *fam* [épuisé] shattered *Br*, all in, dead beat.

**koala** [kɔala] *nm* koala (bear).

**kola** [kɔla] *nm* cola, Kola.

**kolkhoz(e)** [kɔlkoz] *nm* kolkhoz.

**kolkhozien, enne** [kɔlkozjɛ̃, ɛn] ◇ *adj* kolkhoz (*modif*). ◇ *nm, f* kolkhoznik.

**kommandantur** [kɔmɑ̃datur] *nf* HIST German military command.

**kot** [kɔt] *nm* Belg **-1.** [chambre d'étudiant] bedroom (*for student*). **-2.** [débarras] storeroom.

**kougelhof, kouglof** [kuglɔf] *nm* kugelhopf (*cake*).

**Koweït** [kɔwejt] *npr m*: le ~ Kuwait, Koweit.

**Koweït City** [kɔwejtsiti] *npr* Kuwait, Koweit.

**koweïtien, enne** [kɔwejtjɛ̃, ɛn] *adj* Kuwaiti. ◆ **Koweïtien, enne** *nm, f* Kuwaiti.

**krach** [krak] *nm*: ~ (boursier) crash.

**kraft** [kraft] ◇ *nm* kraft, (strong) brown wrapping paper. ◇ *adj inv*: papier/pâte ~ kraft paper/pulp.

**Kremlin** [krɛmlɛ̃] *npr m*: le ~ the Kremlin.

**kriss** [kris] *nm* kris.

**krypton** [kriptɔ̃] *nm* Krypton.

**Ku Klux Klan** [kyklyksklɑ̃] *npr m*: le ~ the Ku Klux Klan.

**kung-fu** [kuŋfu] *nm inv* kung fu.

**kurde** [kyrd] *adj* Kurd. ◆ **Kurde** *nmf* Kurd. ◆ **kurde** *nm* LING Kurdish.

**Kurdistan** [kyrdistɑ̃] *npr m*: le ~ Kurdistan.

**K-way®** [kawe] *nm inv* cagoule.

**kWh** (*abr écrite de* **kilowattheure**) kW/hr.

**kyrielle** [kirjɛl] *nf*: une ~ de bambins *fam* a whole bunch of kids; une ~ d'insultes a string of insults.

**kyste** [kist] *nm* cyst.

**kystique** [kistik] *adj* cystic.

**l, L** [ɛl] *nm* l, L.

**l** (*abr écrite de* **litre**) l.

**l'** [l] *m* ou *f*→ **le**.

**L** *abr écrite de* **licence**.

**la¹** [la] *f*→ **le**.

**la²** [la] *nm inv* **-1.** MUS A; [chanté] lah. **-2.** *loc*: donner le la to set the tone.

**là** [la] *adv* **-1.** [dans l'espace – là-bas] there; [– ici] here; elle habite Paris maintenant, c'est là qu'elle a trouvé du travail she lives in Paris now, that's where she found work; à quelques kilomètres de là a few kilometres away; je ne peux rien faire, il est toujours là I can't do anything, he's always around; est-ce qu'il est là? is he in?; je ne suis là pour personne if anybody asks I'm not in ou here; je suis là pour vous répondre it's my job to answer your questions. **-2.** [dans le temps]: c'est là que j'ai paniqué that's when I panicked; attendons demain et là nous déciderons let's wait until tomorrow and then (we'll) decide; ~, je n'ai pas le temps de lui en parler I don't have time to tell you about it right now; à partir de là from then on, from that moment on; à quelque temps de là some time after. **-3.** [dans cette situation]: c'est justement là où je ne vous suis plus that's just where you've lost me; nous n'en sommes pas encore là we haven't reached that stage yet; pour l'instant nous en sommes là that's how things stand at the moment; j'en étais là de mes réflexions quand le téléphone a sonné I'd got that far with my thinking when the phone rang; comment en es-tu arrivé là? how did you manage to let things go so far?; en rester ou en demeurer là: je n'ai pas l'intention d'en rester ou demeurer là I don't intend leaving it at that. **-4.** [dans cela]: ne voyez là aucune malice de ma part please don't take it the wrong way; la santé, tout est là (good) health is everything. **-5.** [pour renforcer]: c'est là mon intention that's my intention ou what I intend to do; c'est là le problème/la difficulté that's where the problem/the difficulty lies. **-6.** [emploi expressif]: oui, j'ai refusé ce travail, là, tu es content? yes I turned down that job, now are you satisfied?; alors là, je ne sais pas! well that I really don't know!; alors là, tu exagères! you've got a nerve!; c'est une belle grippe que tu as là! that's quite a bout of flu you've got there!; que me chantes-tu là? fam what are you on about?; malheureux, qu'as-tu fait là! what have you gone and done now?; là, là, calme-toi! now, now ou there, there, calm down!
◆ **de-ci de-là** *loc adv* litt here and there.
◆ **de là** *loc adv* **-1.** [dans l'espace]: de là je me suis dirigée vers l'église from there I headed towards the church; de là

jusqu'à la poste il y a **500 m** it is 500 m from the post office; **de là à dire que c'est un criminel, il y a loin** *fig* there's a big difference between that and saying he's a criminal. **-2.** [marquant la conséquence]: **de là son amertume** that's why he's bitter, that explains his bitterness, hence his bitterness; **on peut déduire de là que…** from that we can deduce that…

◆ **là contre** *loc adv sout*: **c'est votre droit, je n'ai rien à dire ~ contre** it's your right, I have nothing to say in opposion.

◆ **par là** *loc adv* **-1.** [dans l'espace]: **c'est par là** it's over there; **vous devriez passer par là** you should go that way. **-2.** *fig*: **si tu vas par là** if you take that line, in that case; **qu'entendez-vous ou que voulez-vous dire par là?** what do you mean by that?; **il faut en passer par là!** there's no alternative!, it can't be helped!

**-là** [la] *adv* **-1.** *(lié à un nom introduit par un adj dém)* that, those *(pl)*; **cette femme~** that woman; **ce stylo~** that pen; **dans ces endroits~** in those places; **tu fréquentes ces gens~?** *péj* are those the kind of people you go around with?; **ne fais pas cette tête~!** you needn't look like that! **-2.** *(lié à un pronom)*: **quel livre voulez-vous? — celui~** which book do you want? — that one; **celui~, alors!** honestly, that one! **-3.** [exprimant le passé]: **ce matin~** that morning; **en ce temps~** in those days, at that time.

**là-bas** [laba] *adv* **-1.** [en bas] down ou under there. **-2.** [en un lieu éloigné] there.

**label** [label] *nm* [étiquette] label; **~ d'origine** label of origin; **~ de qualité/d'exportation** quality/export label.

**labeur** [labœr] *nm litt* [travail pénible] toil, labour; [effort] hard work; **une vie de ~** a life of toil.

**labial, e, aux** [labjal, o] *adj* **-1.** ANAT lip *(modif)*, labial. **-2.** PHON labial.

◆ **labiale** *nf* labial (consonant).

**labialisation** [labjalizasjɔ̃] *nf* [d'une voyelle] rounding; [d'une consonne] labialization.

**labialiser** [3] [labjalize] *vt* [voyelle] to round; [consonne] to labialize.

**labile** [labil] *adj litt* [peu stable] unstable, temperamental.

**labiodental, e, aux** [labjɔdɑ̃tal, o] *adj* labiodental.

◆ **labiodentale** *nf* labiodental (consonant).

**labo** [labo] *nm fam* lab; **~ photo** darkroom.

**laborantin, e** [labɔrɑ̃tɛ̃, in] *nm, f* laboratory assistant, laboratory operator *Am*.

**laboratoire** [labɔratwar] *nm* **-1.** SC [lieu] laboratory; [équipe] (research) team; **~ d'analyses (médicales)** analytical laboratory; **~ expérimental** testing laboratory; **~ de recherche** research laboratory. **-2.** ENS: **~ de langue** ou **langues** language laboratory. **-3.** PHOT [salle] processing room; [usine] processing works.

◆ **en laboratoire** *loc adv* in the laboratory, under laboratory conditions.

**laborieusement** [labɔrjøzmɑ̃] *adv* [péniblement] laboriously, with great difficulty.

**laborieux, euse** [labɔrjø, øz] *adj* **-1.** [long et difficile – procédure, tâche, manœuvre] laborious. **-2.** [lourd – style] heavy, laboured; **trois heures pour faire une lettre, ce fut ~!** three hours to write a letter, that's slow going!; **dans un anglais ~** in halting English; **lecture/récitation laborieuse** laboured reading/recitation. **-3.** [industrieux] hardworking, industrious; **la classe laborieuse** the working ou labouring class.

**labour** [labur] *nm* **-1.** AGR tilling, ploughing; **les ~s** the ploughed fields; **commencer les ~s** to start ploughing. **-2.** HORT digging (over).

**labourable** [laburabl] *adj* ploughable; **des terres ~s** arable land.

**labourage** [labura3] *nm* **-1.** AGR tilling, ploughing. **-2.** HORT digging over.

**labourer** [3] [labure] *vt* **-1.** AGR to plough; HORT to dig (over). **-2.** [ravager] to furrow; **un terrain labouré par les obus** land churned up by artillery shells. **-3.** [lacérer] to dig into *(insép)*, to lacerate, to scratch.

**laboureur** [laburœr] *nm* **-1.** *litt* ploughman. **-2.** HIST husbandman, ≈ yeoman.

**labrador** [labradɔr] *nm* ZOOL Labrador retriever, labrador.

**labyrinthe** [labirɛ̃t] *nm* **-1.** [dédale] labyrinth, maze; **la**

**vieille ville est un ~ de ruelles étroites** the old (part of) town is a maze of narrow streets. **-2.** *fig* maze; **le ~ des lois** the intricacies of the law. **-3.** ANAT labyrinth.

**labyrinthique** [labirɛ̃tik] *adj* labyrinthine, mazelike.

**lac** [lak] *nm* [pièce d'eau] lake; **~ artificiel/de barrage** artificial/barrier lake; **c'est tombé dans le ~** it has fallen through.

**laçai** [lase] *v*→ **lacer**.

**lacer** [16] [lase] *vt* [vêtement] to lace (up) *(sép)*; [chaussure] to lace up *(sép)*, to tie up *(sép)*.

◆ **se lacer** *vp (emploi passif)* to lace (up).

**lacération** [laserasjɔ̃] *nf* **-1.** MÉD laceration, gash. **-2.** [fait de déchirer] ripping, tearing, slashing.

**lacérer** [18] [lasere] *vt* **-1.** [affiche, rideau] to rip up *(sép)*, to tear (to shreds), to slash. **-2.** [blesser] to lacerate, to gash.

**lacet** [lase] *nm* **-1.** [de chaussure] shoelace; [de botte] bootlace. **-2.** [piège] snare. **-3.** [d'une route] hairpin bend. **-4.** COUT tie.

◆ **à lacets** *loc adj* [chaussure] with laces, lace-up *(avant n)*.

◆ **en lacets** ◇ *loc adj* [route] winding, twisting, zigzag *(modif)*. ◇ *loc adv*: **la route monte en ~s** the road winds ou twists upwards.

**lâchage** [laʃa3] *nm fam* [abandon]: **c'est un ~ en règle de leur part** they've really let us down.

**lâche** [laʃ] ◇ *adj* **-1.** [poltron] cowardly, spineless; **être ~ to be cowardly**; **se montrer ~** to behave like a coward. **-2.** *(avant le nom)* [méprisable] cowardly; **un ~ attentat** a cowardly ou despicable attack. **-3.** [non serré – nœud] loose, slack; [– vêtement] loose, baggy. **-4.** [imprécis – dialogue, scénario] weak; [– raisonnement] woolly, slipshod. **-5.** [sans rigueur – loi, règlement] lax, over-lenient. **-6.** TEXT [étoffe] loose, loosely woven; [tricot] loose-knit. ◇ *nmf* coward.

**lâché, e** [laʃe] *adj* BX-ARTS sloppy, careless.

**lâchement** [laʃmɑ̃] *adv* **-1.** [sans courage] in a cowardly manner. **-2.** [sans tension] loosely, slackly.

**lâcher¹** [laʃe] *nm*: **ils ont fait un ~ de colombes** they released a flock of doves; **~ de ballons** balloon release.

**lâcher²** [3] [laʃe] ◇ *vt* **-1.** [desserrer] to loosen, to slacken; **~ la vapeur** to let off steam ❑ **~ la bonde** ou **les bondes à** to give vent to; **~ la bride à un cheval** *pr* to give a horse its head; **~ la bride à qqn** *fig* to allow sb more freedom of movement. **-2.** [cesser de tenir] to let go of *(insép)*; **~ la pédale du frein** to take one's foot off the brake (pedal); **elle a lâché la pile d'assiettes** she dropped the pile of plates; **il roule en lâchant le guidon** he rides with no hands; **lâche-moi!** let me go!, let go of me!; **elle ne la lâchait pas des yeux** ou **du regard** she didn't take her eyes off her for a moment; **~ prise** to let go; **cette idée ne m'a pas lâché** I couldn't get this idea out of my mind ❑ **tu me lâches, oui?** *fam* get out of my sight, will you?; **lâche-moi les baskets!** *fam* leave me alone!, get off my back!; **il les lâche avec un douzaine** *fam* he's a stingy ou tight-fisted old so-and-so; **~ la proie pour l'ombre** to chase rainbows; **~ pied** *pr & fig* to give way. **-3.** AÉRON [bombe] to drop; [ballon] to launch. **-4.** [libérer – oiseau] to let loose, to release, to let go; [– chien] to let off, to unleash; [– animal dangereux] to set loose; [– meute, faucon] to slip; **~ les chiens sur qqn** to set the dogs on sb; **le prof nous a lâchés plus tôt** *fam* the teacher let us out earlier. **-5.** *fam* [abandonner – ami, amant] to drop; [– emploi] to quit; **~ ses études** to drop out of school; **le moteur nous a lâchés le deuxième jour** the engine broke down on us on the second day. **-6.** [émettre] to let out, to come out with *(insép)*; **~ un juron** to let out an oath; **~ une sottise** to come out with a silly remark; **~ un pet** *fam* to break wind ❑ **~ le morceau** *fam* ou **le paquet** *fam* to come out with it, to come clean, to spill the beans. **-7.** SPORT [distancer – concurrent] to get a lead on, to leave behind *(sép)*; **~ le peloton** to leave the rest of the field behind, to (stage a) break from the pack. ◇ *vi* [se casser – câble] to snap, to break, to give (way); [– embrayage, frein] to fail.

**lâcheté** [laʃte] *nf* **-1.** [manque de courage] cowardice. **-2.** [caractère vil] baseness, lowness; [procédé] vil] low ou dirty trick; **commettre une ~** to do something despicable.

**lâcheur, euse** [laʃœr, øz] *nm, f fam*: **quel ~, il n'est pas venu!** what an unreliable so-and-so, he didn't come!

**lacis** [lasi] *nm* **-1.** [labyrinthe] maze, web. **-2.** [entrelacement] lattice, network, tracery.

**laconique** [lakɔnik] *adj* [lettre, réplique] laconic, terse; [personne] laconic.

**laconiquement** [lakɔnikmɑ̃] *adv* laconically, tersely.

**laconisme** [lakɔnism] *nm* terseness, laconism.

**laçons** [lasɔ̃] *v* → **lacer**.

**lacrymal, e, aux** [lakrimal, o] *adj* tear *(modif)*, lachrymal *spéc*, lacrimal *spéc*.

**lacrymogène** [lakrimɔʒɛn] *adj* [gaz] tear *(modif)*, lachrymatory *spéc*, lacrymogenic *spéc*; [grenade] tear-gas *(modif)*; [bombe] anti-mugger, tear-gas *(modif)*.

**lacs** [la] *nm* [piège] snare.

**lactation** [laktasjɔ̃] *nf* lactation.

**lacté, e** [lakte] *adj* **-1.** [contenant du lait] milky, lacteal *spéc*; farine ~e milk-enriched cereal. **-2.** *litt* [pareil au lait] milky, lacteous *litt*.

**lactifère** [laktifɛr] *adj* lactiferous.

**lactique** [laktik] *adj* lactic.

**lactose** [laktoz] *nm* lactose.

**lactosérum** [laktoserɔm] *nm* whey.

**lacunaire** [lakynɛr] *adj* [incomplet] incomplete, with gaps, lacunary *litt*.

**lacune** [lakyn] *nf* [omission] gap; il y a des ~s dans cette encyclopédie there are some omissions in this encyclopedia; j'ai des ~s en mathématiques there are gaps in my knowledge of mathematics.

**lacustre** [lakystr] *adj* **-1.** BIOL & BOT lacustrian. **-2.** CONSTR: cité ~ lakeside pile dwellings.

**lad** [lad] *nm* stable-boy, stable-lad *Br*.

**là-dedans** [laddɑ̃] *adv* **-1.** [ici] in here; [là-bas] in there; le tiroir est sens dessus dessous, je ne trouve rien ~ the drawer is in a mess, I can't find anything in here; debout ~! *fam* rise and shine!-**2.** [dans ce texte] in here; [dans ce qui est dit]: il y a ~ des choses qui m'échappent there are things that escape me in what was said; il y a du vrai ~ there's some truth in it. **-3.** *fam loc*: il y en a, ~! *hum* now THAT's a clever idea!

**là-dessous** [ladsu] *adv* **-1.** [sous cet objet-ci] under here; [sous cet objet-là] under there. **-2.** [dans cette affaire]: il y a quelque chose de bizarre ~ there's something strange ou odd about all this; qu'est-ce qui se cache ~? what's behind all this ou behind it all?

**là-dessus** [ladsy] *adv* **-1.** [sur cet objet-ci] on here; [sur cet objet-là] on there; ne t'appuie pas ~! don't lean on it!-**2.** [à ce sujet] about this ou it; je n'en sais pas plus que toi ~ I don't know any more than you about this. **-3.** [sur ce]: ~ je vous dis bonsoir at this point ou with that, I'll say good night; ~, elle se tut at which point ou whereupon, she stopped talking.

**ladite** [ladit] *f* → **ledit**.

**ladre** [ladr] ◇ *adj litt* [avare] miserly, measly. ◇ *nmf litt* [avare] miser, skinflint.

**ladrerie** [ladrəri] *nf* **-1.** *litt* [avarice] miserliness. **-2.** VÉTÉR measles.

**lady** [lɛdi] (*pl* ladys ou ladies [-diz]) *nf* lady; elle se prend pour une ~ she thinks she's really something.

**lagon** [lagɔ̃] *nm* [coral reef] lagoon.

**lagunaire** [lagynɛr] *adj* lagoonal.

**lagune** [lagyn] *nf* lagoon.

**là-haut** [lao] *adv* **-1.** [au-dessus] up there; leur maison est ~ sur la colline their house is up there on the hill; mais que fait-elle ~? [à l'étage] what's she doing upstairs?-**2.** [aux cieux] up there, (up) in Heaven, on high.

**lai, e** [lɛ] *adj* RELIG: frère ~ lay brother.
◆ **lai** *nm* LITTÉRAT lay.
◆ **laie** *nf* **-1.** ZOOL wild sow. **-2.** AGR [trouée] (compartment] line; [sentier] forest path.

**laïc, laïque** [laik] ◇ *adj* lay. ◇ *nm, f* layman (*f* laywoman); les ~s the laity.
◆ **laïque** *adj* **-1.** [non clérical] secular, lay, laic *litt*. **-2.** [indépendant du clergé]: un État laïque a secular state. **-3.** [empreint de laïcité]: l'esprit laïque secularism.

**laïcisation** [laisizasjɔ̃] *nf* secularization, laicization.

**laïciser** [3] [laisize] *vt* to secularize, to laicize.

**laïcisme** [laisism] *nm* secularism.

**laïcité** [laisite] *nf* secularism; la défense de la ~ defence of secular education (*in France*).

**laid, e** [lɛ, lɛd] *adj* **-1.** [inesthétique – bâtisse] ugly, unsightly; [– vêtement, tableau, décoration] ugly, unattractive, awful; [– personne] unattractive, ugly; il est/c'est très ~ he's/it's hideous ❏ ~ comme un pou ou un singe ou à faire fuir (as) ugly as sin. **-2.** [impoli] rude, unseemly.

**laidement** [lɛdmɑ̃] *adv* **-1.** [avec laideur] unattractively. **-2.** *sout* [ignoblement] basely *litt*, dirtily.

**laideron** [lɛdrɔ̃] *nm* ugly girl.

**laideur** [lɛdœr] *nf* **-1.** [physique – d'une personne, d'une chose] ugliness; d'une ~ repoussante repulsively ugly. **-2.** [chose laide] monstrosity. **-3.** [morale – d'un crime] heinousness; [– d'une accusation] meanness, baseness *litt*; il a dépeint l'hypocrisie dans toute sa ~ he portrayed hypocrisy in all its ugliness.

**lainage** [lɛnaʒ] *nm* **-1.** TEXT [tissu] woollen fabric ou material; [procédé] napping; une robe de ou en ~ a woollen dress. **-2.** VÊT [pull] woollen jumper *Br*, woollen sweater *Am*; [gilet] wool cardigan; mets un ~ put on a sweater; des ~s woollens.

**laine** [lɛn] *nf* **-1.** [poil – du mouton, de l'alpaga etc] wool; ~ vierge new wool; il se laisserait manger ou tondre la ~ sur le dos he'd let you take the shirt off his back. **-2.** TEXT [tissu] wool; en ~ peignée worsted *(modif)*. **-3.** VÊT: (petite) ~ *fam* woolly *Br*, sweater. **-4.** [isolant]: ~ de verre glass wool.
◆ **de laine** *loc adj* wool *(modif)*, woollen.

**lainer** [4] [lɛne] *vt* TEXT [tissu] to nap.

**laineux, euse** [lɛnø, øz] *adj* **-1.** TEXT & VÊT woollen. **-2.** BOT woolly, piliferous *spéc*.

**lainier, ère** [lɛnje, ɛr] ◇ *adj* [production] wool *(modif)*; [usine] wool-producing. ◇ *nm, f* **-1.** [industriel] wool manufacturer. **-2.** [ouvrier] wool worker. **-3.** [commerçant] wool stapler.

**laïque** [laik] *f* → **laïc**.

**laisse** [lɛs] *nf* **-1.** [lien] leash, lead; tirer sur la ~ to strain at the leash; tenir un chien en ~ to keep a dog on the leash ou lead; mener ou tenir qqn en ~ *fig* to keep a tight rein on sb, to have sb (well) under one's thumb ou in check. **-2.** GÉOG [partie de plage] foreshore; [ligne] tide-mark, high-water mark.

**laissé-pour-compte, laissée-pour-compte** [lesepurkɔ̃t] (*mpl* laissés-pour-compte, *fpl* laissées-pour-compte) *nm, f* [personne] social reject ou outcast; les laissés-pour-compte de l'industrialisation the casualties ou victims of industrialization.
◆ **laissé-pour-compte** *nm* COMM reject, return.

**laisser** [4] [lese] *vt* A. ABANDONNER **-1.** [ne pas prendre, renoncer à] to leave; elle a laissé son dessert she didn't touch her pudding; c'est à prendre ou à ~ (it's) take it or leave it; il y a à prendre et à ~ [il y a du bon et du mauvais] you have to pick and choose; [il y a du vrai et du faux] you have to be selective. **-2.** [quitter momentanément – personne, chose] to leave; j'ai laissé mes enfants chez mon frère I left my children at my brother's; j'ai laissé la voiture à la maison I left the car at home; laisse-nous, nous avons à parler leave us (alone), we have things to talk about; je vous laisse [au téléphone] I must hang up ou go now; [dans une lettre] that's all for now, I'll leave you now. **-3.** [quitter définitivement] to leave, to abandon; il a laissé femme et enfants he abandoned his wife and children, he walked out on his wife and children ‖ [après sa mort – famille] to leave; il laisse beaucoup de dettes he has left considerable debts (behind him); elle a laissé une œuvre considérable she left (behind her) a vast body of work. **-4.** [oublier] to leave, to forget; j'ai laissé mon sac à la maison I left my bag at home. **-5.** [perdre – membre, personne, bien matériel] to lose; y ~ la vie ou sa vie to lose one's life; y ~ sa santé to ruin one's health. **-6.** [déposer – trace, marque] to leave; ce vin laisse un arrière-goût désagréable this wine has an unpleasant aftertaste; il laisse un bon/un mauvais souvenir we have good/bad memories of him; elle laisse le souvenir d'une femme énergique she will be remembered as an energetic woman. **-7.** [négliger] to leave; laisse ton livre et viens avec moi put down ou leave your book and come with me; laissez la direction de Paris sur la gauche et tournez à droite go past ou leave the road to Paris on your left and turn right; laisse tes soucis et viens avec nous forget your worries and come with us. **-8.** *litt*: ne pas ~ de [ne pas manquer de]: cette réponse ne laisse pas de m'étonner I can't help but be surprised by this answer. **B.** DONNER, CÉDER **-1.** [accorder] to leave; ~ qqch à qqn to leave sthg for sb, to leave sb sthg; le juge lui a laissé les enfants the judge gave her custody of the children; laissez la priorité à droite give way to the right; laissez le passage à l'ambulance let the ambulance through; ~ sa place à qqn [siège] to give up one's seat to sb; laisse-nous un peu de place! let us have ou leave us some room!; laisse-lui le temps de le faire leave ou give her time to do it. **-2.** [confier] to leave; ~ des consignes à qqn to leave instructions with sb, to leave sb with instructions; laissez les clés chez le gardien drop the keys off at the caretaker's, leave the keys with the caretaker; tu me laisses tout le travail! you're leaving me with all the work!; ~ qqch à faire à qqn to leave sb to do sthg, to leave sthg for sb to do. **-3.** [vendre] to let have; je vous le laisse pour 100 francs I'll let you have it for 100 francs. **-4.** [transmettre]: après l'insurrection, il dut ~ le pouvoir à son fils after the rebellion, he had to hand over power to his son ‖ [après sa mort] to leave, to bequeath; il a laissé d'immenses propriétés à sa famille he left his family vast estates. **-5.** [réserver] to leave; laissez une marge pour les corrections leave a margin for corrections; ~ qqch pour la fin to leave sthg till last ou till the end. **-6.** *sout*: ~ à penser que [suj: chose] to make one think ou suppose that, to lead one to believe that; ta lettre laisse à penser que tu ne pourras pas venir your letter implies that you won't be coming; je vous laisse à imaginer s'ils étaient surpris I'll leave you to imagine how surprised they were ‖ (en usage absolu): elle n'est pas là, cela laisse à penser she's not here, it makes you wonder. **C.** DANS UN ÉTAT, UNE SITUATION **-1.** [faire demeurer] to leave, to keep; laisse la fenêtre fermée/ouverte leave the window shut/open; ~ un crime impuni to let a crime go unpunished, to leave a crime unpunished; ceci me laisse sceptique I remain sceptical (about it); cela me laisse froid ou indifférent it leaves me cold ou unmoved; ~ qqn tranquille ou en repos ou en paix to leave sb alone ou in peace; ~ qqch tranquille to leave sthg alone; ~ qqn dans l'ignorance de qqch to let sb remain ignorant of sthg, to leave sb in the dark about sthg; laissez le nom en blanc leave the name blank, do not write the name in; les corps ont été laissés sans sépulture the bodies remained ou were left unburied; ~ derrière soi *pr & fig* to leave behind ❏ ~ la bride sur le cou à un cheval *pr* to give a horse its head; ~ la bride sur le cou à qqn *fig* to give sb free rein. **-2.** (en usage absolu) [s'abstenir d'intervenir]: laisse, je vais le faire leave it, I'll do it (myself), laisse, je vais me débrouiller, ça va aller I'll be all right; laissez, je vous en prie please don't bother (with that); laisse, c'est moi qui paie put your money away, I'll pay for this. **D.** SUIVI D'UN INFINITIF **-1.** [autoriser] to let, to allow, to permit; ~ qqn faire qqch to let sb do sthg, to allow sb to do sthg. **-2.** [ne pas empêcher de] to let, to allow; ~ qqn faire to let sb do, to leave sb to do, to allow sb to do; laisse-le dormir let him sleep, leave him to sleep; laisse-moi le lui dire let me tell her/him (about it); ~ tomber qqch to drop sthg; ~ voir [montrer] to show, to reveal; son décolleté laissait voir une peau satinée her plunging neckline revealed skin like satin; ~ voir son émotion to show one's emotion; ~ condamner un innocent to allow an innocent man to be punished; ~ échapper un cri de douleur to let out a cry of pain; elle laissa échapper un soupir she gave a sigh; ~ sécher la colle to leave ou to allow the glue to dry; laissez bouillir quelques secondes let it boil for a few seconds; ceci laisse supposer que... this implies that..., this makes one think that... **-3.** *loc*: ~ dire: laissez dire et faites ce que vous avez à faire let them talk and do what you have to do; ~ faire: on n'y peut rien, il faut ~ faire there's nothing we can do (about it), you just have to let things take their course; laisse faire, ça n'est pas grave! don't worry, it doesn't matter!; tu t'imagines que je vais ~ faire ça? do you think I'm just going to stand by and watch while this happens?; ~ faire le temps to let time take its course; ~ tomber *fam*: tomber un ami to drop a friend; tu devrais ~ tomber, ça ne marchera jamais you should give up ou

drop it ou forget it, it'll never work; je te dois encore 50 francs — laisse tomber I still owe you 50 francs — forget it.
◆ **se laisser** ◇ *vp* (emploi passif): ça se laisse regarder [à la télévision] it's watchable; il se laisse boire, ton petit vin your little wine goes down nicely ou is very drinkable; ça se laisse manger it's rather tasty. ◇ *vpi*: elle s'est laissé accuser injustement she allowed herself to be ou she let herself be unjustly accused; il s'est laissé séduire he let himself be seduced; il s'est laissé mourir he let himself die, he just gave up living; ils se sont laissé surprendre par la nuit they were caught out by nightfall; se ~ tomber sur une chaise/dans un fauteuil to collapse onto a chair/into an armchair ❏ se ~ aller [se négliger] to let o.s. go; [se détendre] to let o.s. go, to relax; se ~ aller à to go as ou so far as; se ~ dire que to have heard (it said) that; se ~ faire: ne te laisse pas faire! stand up for yourself!, don't let yourself be taken advantage of!; la proposition est tentante, je crois que je vais me ~ faire it's an attractive offer, I think I'll give in to temptation; laisse-toi faire, ça nous fait plaisir de te l'offrir do take it ou come on, we'd love to give it to you; se ~ vivre *fam* to live for the moment, to take life as it comes.

**laisser-aller** [leseale] *nm inv*: il y a du ~ dans cette maison! things are a bit too easy-going ou slack in this house!; il y a du ~ dans sa tenue he dresses a bit too casually, he's a bit of a sloppy dresser.

**laisser-faire** [lesefɛʀ] *nm inv* laissez faire, non-interventionism.

**laissez-passer** [lesepase] *nm inv* **-1.** [autorisation] pass. **-2.** COMM carnet.

**lait** [lɛ] *nm* **-1.** [des mammifères] milk; avec ou sans ~? black or white? *Br*, with or without milk? ❏ ~ caillé curdled ou soured milk; ~ concentré sucré/non sucré condensed/evaporated milk; ~ demi-écrémé semi-skimmed milk; ~ écrémé skimmed milk; ~ entier full-cream milk *Br*, whole milk; ~ fraise *milk with strawberry syrup*; ~ homogénéisé homogenized milk; ~ longue conservation long-life milk; ~ maternel mother's ou breast milk; ~ maternisé baby formula milk; ~ en poudre dried ou powdered milk; ~ stérilisé sterilized milk. **-2.** [de certains fruits] milk; ~ d'amande almond milk; ~ de coco coconut milk. **-3.** [boisson préparée]: ~ de poule eggnog. **-4.** [pour la toilette] milk; ~ démaquillant cleansing milk. **-5.** CONSTR: ~ de chaux slaked lime wash.
◆ **au lait** *loc adj* with milk.
◆ **de lait** *loc adj* **-1.** [ayant la même nourrice] wetnurse *(modif)*. **-2.** [qu'on allaite encore] suckling. **-3.** [semblable au lait] milky; un teint de ~ a milk-white complexion.

**laitage** [lɛtaʒ] *nm* dairy product.

**laitance** [lɛtɑ̃s] *nf* ZOOL milt.

**laiterie** [lɛtri] *nf* **-1.** [fabrique, ferme, magasin] dairy. **-2.** [secteur d'activité] dairy industry ou farming.

**laiteux, euse** [lɛtø, øz] *adj* **-1.** [semblable au lait] milky; un liquide ~ a milky ou cloudy liquid. **-2.** [de la couleur du lait] milk white, milky white; un teint ~ a milky-white complexion.

**laitier, ère** [lɛtje, ɛʀ] ◇ *adj* **-1.** [du lait] dairy *(modif)*; des produits ~s dairy produce. **-2.** [bête] milk *(modif)*. ◇ *nm, f* **-1.** [livreur] milkman *f* milkwoman). **-2.** [éleveur] dairy farmer.
◆ **laitier** *nm* MÉTALL slag.
◆ **laitière** *nf* **-1.** [ustensile] milk can *Br*, milk pail, milk bucket *Am*. **-2.** [vache] milk ou milch ou dairy cow.

**laiton** [lɛtɔ̃] *nm* brass; un fil de ~ a piece of brass wire.

**laitue** [lety] *nf* lettuce; ~ pommée round lettuce.

**laïus** [lajys] *nm fam* long spiel, long-winded speech.

**lama** [lama] *nm* **-1.** RELIG lama; le Grand ~ the Dalai Lama. **-2.** ZOOL llama.

**lamaïsme** [lamaism] *nm* Lamaism.

**lamaserie** [lamazri] *nf* lamasery.

**lambda** [lɑ̃bda] *nm inv* **-1.** [lettre] lambda. **-2.** (comme adj) *fam*: un individu ~ your average bloke *Br* ou Joe *Am*.

**lambeau, x** [lɑ̃bo] *nm* **-1.** [morceau] scrap, strip, bit; ~x de chair strips of flesh. **-2.** MÉD flap.
◆ **en lambeaux** ◇ *loc adj* [déchiré] in tatters, in shreds. ◇ *loc adv*: les affiches partent ou tombent en ~x the posters are getting really tattered.

**lambin, e** [lɑ̃bɛ̃, in] ◇ *adj* dawdling, slow. ◇ *nm, f* dawdler, slowcoach *Br*, slowpoke *Am*.

**lambiner** [3] [lɑ̃bine] *vi fam* to dawdle.

**lambrequin** [lɑ̃brəkɛ̃] *nm* **-1.** [motif décoratif] lambrequin. **-2.** [d'un lit] valance; [d'une fenêtre] pelmet *Br*, lambrequin *Am*.

**lambris** [lɑ̃bri] *nm* **-1.** [en bois] panelling, wainscoting; sous les ~ dorés du ministère in the gilded halls of the ministry. **-2.** [en marbre, en stuc] casing.

**lambrisser** [3] [lɑ̃brise] *vt* to panel, to wainscot.

**lambswool** [lɑ̃bswul] *nm* lamb's wool.

**lame** [lam] *nf* **-1.** [de couteau] blade; [de scie] web; [de tournevis] shaft; ~ de rasoir razor blade. **-2.** *litt* [épée] sword; une bonne ou fine ~ [personne] a fine swordsman. **-3.** AUT [de ressort] leaf. **-4.** CONSTR [de store] slat; [en bois] lath, strip; ~s de parquet floorboards. **-5.** OPT slide. **-6.** [vague] wave; ~ de fond *pr & fig* ground swell.

**lamé, e** [lame] *adj* spangled, lamé.
♦ **lamé** *nm* lamé; un corsage en ~ a spangled ou lamé blouse.

**lamelle** [lamɛl] *nf* **-1.** BOT lamella, gill. **-2.** CULIN [de viande] thin strip; [de fromage, pomme] thin slice, sliver. **-3.** OPT coverslip, cover glass.
♦ **en lamelles** *loc adj* CULIN sliced.

**lamentable** [lamɑ̃tabl] *adj* **-1.** [désolant – accident] deplorable, frightful, lamentable; [pitoyable – plainte, vie] pathetic, pitiful; [– état] awful, terrible. **-2.** [mauvais – performance, résultat] pathetic, appalling.

**lamentablement** [lamɑ̃tabləmɑ̃] *adv* miserably, dismally.

**lamentation** [lamɑ̃tasjɔ̃] *nf* **-1.** [pleurs] wailing *(U)*, lamentation. **-2.** [récrimination] moaning *(U)*, complaining *(U)*.
♦ **lamentations** *nfpl* RELIG: les ~s the Lamentations of Jeremiah; le livre des Lamentations the Book of Lamentations.

**lamenter** [3] [lamɑ̃te]
♦ **se lamenter** *vpi* [gémir] to moan, to whine; se ~ sur qqch to moan about sthg, to bemoan sthg.

**lamento** [lamento] *nm* lament.

**laminage** [laminaʒ] *nm* **-1.** [du plastique, du métal, du verre] rolling, laminating; [du caoutchouc, du papier] calendering. **-2.** *fig* [réduction] reduction.

**laminer** [3] [lamine] *vt* **-1.** [plastique, métal, verre] to roll, to laminate; [caoutchouc, papier] to calender. **-2.** [réduire – revenus] to erode; [– effectifs] to decimate. **-3.** *fam* [personne] to exhaust.

**lamineur, euse** [laminœr, øz] ◇ *adj* laminating. ◇ *nm, f* mill-hand *(in a roller-mill)*.
♦ **lamineuse** *nf* roller *(for glass)*.

**laminoir** [laminwar] *nm* **-1.** MÉTALL rolling mill; passer au ~ to be put through the mill. **-2.** [à papier] calender.

**lampadaire** [lɑ̃padɛr] *nm* **-1.** [dans une maison] standard lamp *Br*, floor lamp *Am*. **-2.** [dans la rue] street lamp, streetlight.

**lampant, e** [lɑ̃pɑ̃, ɑ̃t] *adj* lamp *(modif)*.

**lampe** [lɑ̃p] *nf* **-1.** [luminaire] lamp, light; à la lumière de la ~ by lamplight ❑ ~ à arc arc lamp ou light; ~ de chevet bedside lamp; ~ halogène halogen lamp; ~ à huile oil lamp; ~ à incandescence incandescent lamp; ~ à pétrole paraffin lamp *Br*, kerosene lamp *Am*; ~ de poche torch *Br*, flashlight *Am*; ~ témoin warning light; ~ tempête storm lantern. **-2.** [instrument]: ~ à alcool spirit lamp; ~ à bronzer sunlamp; ~ à souder blowlamp *Br*, blowtorch *Am*. **-3.** RAD valve (tube).

**lampée** [lɑ̃pe] *nf fam* swig, gulp.

**lamper** [3] [lɑ̃pe] *vt fam* to swig, to gulp down *(sép)*.

**lampion** [lɑ̃pjɔ̃] *nm* paper ou Chinese lantern; scander des slogans sur l'air des ~s to chant slogans.

**lampiste** [lɑ̃pist] *nm* **-1.** HIST light maintenance man. **-2.** *fam* [subalterne] underling, menial, dogsbody *Br*.

**lançai** [lɑ̃se] *v* → lancer.

**lance** [lɑ̃s] *nf* **-1.** ARM spear. **-2.** [tuyau]: ~ à eau hose, pipe; ~ d'incendie fire hose. **-3.** MÉTALL: ~ à oxygène oxygen lance.

**lancé, e** [lɑ̃se] *adj* [personne]: le voilà ~! he's made it!
♦ **lancée** *nf* [vitesse acquise] momentum.
♦ **sur ma lancée, sur sa lancée** *etc loc adv*: il courait et sur sa ~e, il dribbla ses deux adversaires he ran up the field,

dribbling around two attackers as he went; sur sa ~e, il s'en prit même à son père he even took his father to task while he was at it; continuer sur sa ~e to keep going.

**lance-amarre** [lɑ̃samar] *nm inv* line-throwing gun.

**lance-bombes** [lɑ̃sbɔ̃b] *nm inv* bomb-dropping gear.

**lancée** [lɑ̃se] *f* → lancé.

**lance-flammes** [lɑ̃sflam] *nm inv* flamethrower.

**lance-fusées** [lɑ̃sfyze] *nm inv* rocket launcher.

**lance-grenades** [lɑ̃sgrənad] *nm inv* grenade launcher.

**lancement** [lɑ̃smɑ̃] *nm* **-1.** ASTRONAUT & NAUT launch, launching; créneau ou fenêtre de ~ firing ou launch window. **-2.** [d'un pont] le ~ d'un pont the throwing of a bridge. **-3.** [en publicité – opération] launching; [– cérémonie, réception] launch; le ~ d'un produit the launching of a product ❑ prix de ~ launch price.

**lance-missiles** [lɑ̃smisil] *nm inv* missile launcher.

**lance-pierres** [lɑ̃spjɛr] *nm inv* **-1.** [fronde] catapult. **-2.** *fam loc*: déjeuner/manger avec un ~ to gulp one's lunch/meal (down).

**lancer¹** [lɑ̃se] *nm* **-1.** PÊCHE casting; ~ léger/lourd fixed/free reel casting. **-2.** SPORT throw; le ~ du poids the shot; pratiquer le ~ du poids to put the shot.

**lancer²** [16] [lɑ̃se] ◇ *vt* **A.** ENVOYER, ÉMETTRE **-1.** [jeter] to throw; elle m'a lancé la balle she threw me the ball, she threw the ball to me; ~ la jambe en l'air to kick one's leg up; ~ le poids to put the shot; ils nous lançaient des regards curieux they looked at us curiously; ses yeux lançaient des éclairs her eyes flashed; ~ qqch à la figure de qqn to throw sthg in sb's face. **-2.** [à l'aide d'un instrument] to fire, to shoot; [bombe] to drop; ASTRONAUT to launch; ~ un projectile téléguidé to fire a remote-controlled missile. **-3.** [émettre – cri] to let out *(insép)*; [– remarque] to make; ~ un bon mot to crack a joke; ~ des injures à qqn to hurl insults at sb. **-4.** [diffuser – décret, consigne] to send ou to put out *(sép)*, to issue; ~ des invitations to send ou to give out invitations; ~ un SOS/un appel à la radio to send out an SOS/an appeal on the radio; ~ un mandat d'amener/un ultimatum to issue a summons/an ultimatum; ~ un emprunt to float a loan; ~ une souscription to start a fund. **-5.** PÊCHE to cast.
**B.** METTRE EN MARCHE, FAIRE DÉBUTER **-1.** [faire partir brusquement]: ils lancèrent les chiens sur les rôdeurs they set the dogs on the prowlers; ~ des troupes à l'attaque to send troops into the attack ‖ [mettre en train – campagne] to launch; [– affaire] to set up; [– idée] to float; [– mode] to start. **-2.** [faire fonctionner – gén] to get going ou started, to start; INF [– programme] to start; ~ un balancier to set a pendulum swinging; ~ un moteur to rev up ou to start an engine; une fois le moteur lancé once the engine is running; la voiture était lancée à toute vitesse the car was going at full speed; le train était lancé à 150 km/h quand... the train was hurtling along at 150 km/h when... **-3.** [faire connaître – produit] to launch; c'est ce roman/cette émission qui l'a lancé this novel/programme made him famous. **-4.** *fam* [orienter – discussion] to get going; une fois qu'il est lancé sur ce sujet, on ne peut plus l'arrêter once he gets going on the subject, there's no stopping him. **-5.** [engager] to lead; vous lancez le pays dans l'aventure you're leading the country into the unknown. **-6.** MIL to launch. **-7.** NAUT to launch.
◇ *vi* [élancer – douleur] to stab; ça me lance dans l'épaule, l'épaule me lance I've got a sharp stabbing pain in my shoulder.
♦ **se lancer** ◇ *vp (emploi réciproque)* to throw at one another; elles se lançaient des injures they were hurling insults back and forth, they were exchanging insults. ◇ *vpi* **-1.** [se précipiter] to throw o.s.; [courir] to rush (headlong), to dash; se ~ à la poursuite de to set off in pursuit of; se ~ dans le vide to jump ou to throw o.s. into empty space. **-2.** [se mettre à parler]: se ~ sur un sujet to get going on a topic. **-3.** [prendre l'initiative]: allez, lance-toi et demande une augmentation go on, take the plunge and ask for a rise; le bébé s'est lancé et a traversé la pièce the baby set off and crossed the room.
♦ **se lancer dans** *vp + prép* **-1.** [s'aventurer dans – explication, aventure] to embark on; ne te lance pas dans de grosses dépenses don't go spending a lot of money. **-2.** [se mettre à pratiquer] to get involved in.

**lance-roquettes** [lɑ̃srɔkɛt] *nm inv* (hand held) rocket launcher ou gun.

**lance-torpilles** [lɑ̃stɔrpij] *nm inv* torpedo (launching) tube.

**lancette** [lɑ̃sɛt] *nf* ARCHIT & MÉD lancet.

**lanceur, euse** [lɑ̃sœr, øz] *nm, f* **-1.** BASE-BALL pitcher; CRICKET bowler; ~ **de javelot** javelin thrower; ~ **de poids** shot putter. **-2.** [promoteur] promoter, originator.
◆ **lanceur** *nm* ASTRONAUT launch vehicle, launcher.

**lancier** [lɑ̃sje] *nm* MIL lancer.

**lancinant, e** [lɑ̃sinɑ̃, ɑ̃t] *adj* **-1.** [douleur] throbbing. **-2.** [obsédant – souvenir] haunting. **-3.** [répétitif] nerve-shattering; **une musique** ~**e** pounding music.

**lancinement** [lɑ̃sinmɑ̃] *nm* throbbing pain.

**lanciner** [3] [lɑ̃sine] ◇ *vt* [obséder] to obsess, to haunt, to plague; [tourmenter] to harass, to badger, to pester. ◇ *vi* to torment.

**lançons** [lɑ̃sɔ̃] *v* → **lancer**.

**Land** [lɑ̃d] (*pl* **Länder** [lɛndœr]) *nm* Land; **les Länder allemands** the German Länder.

**landais, e** [lɑ̃dɛ, ɛz] *adj* from the Landes.

**landau, s** [lɑ̃do] *nm* **-1.** [pour bébés] pram, baby carriage *Am*.**-2.** [attelage] landau.

**lande** [lɑ̃d] *nf* moor.

**langage** [lɑ̃gaʒ] *nm* **-1.** LING & PSYCH language; **le** ~ **enfantin** baby talk ❏ ~ **écrit/parlé** written/spoken language; **troubles du** ~ speech ou language disorders. **-2.** [code] language; **le** ~ **des animaux** animal language; **le** ~ **des fleurs** the language of flowers; **le** ~ **musical** the musical idiom; **le** ~ **de la peinture** the idiom of painting ❏ **le** ~ **des sourds-muets** deaf and dumb language, sign language. **-3.** [jargon] language; ~ **administratif/technique** administrative/technical language. **-4.** [style] language; ~ **familier/populaire** colloquial/popular language; ~ **correct/incorrect** [d'après la bienséance] polite/impolite language; ~ **argotique** slang; ~ **imagé** colourful ou picturesque language; ~ **poétique** poetic language; **qu'est-ce que c'est que ce** ~? what kind of language is that? **le beau** ~ educated speech. **-5.** [discours] language, talk; **tu tiens un drôle de** ~ **depuis quelque temps** you've been coming out with ou saying some very odd things recently; **tenir un tout autre** ~ to change one's tune; **c'est le** ~ **de la raison** that's a sensible thing to say. **-6.** INF & TÉLÉC language; ~ **chiffré** cipher; ~ **évolué** high-level language; ~ **machine** internal ou machine language; ~ **de programmation** programming language.

**langagier, ère** [lɑ̃gaʒje, ɛr] *adj* linguistic, language (*modif*).

**lange** [lɑ̃ʒ] *nm* [pour bébé] baby blanket.
◆ **langes** *nmpl vieilli* swaddling clothes.
◆ **dans les langes** *loc adv* [à ses débuts] in infancy; **le cinéma était encore dans les** ~**s** *fig* the cinema was still in its infancy.

**langer** [17] [lɑ̃ʒe] *vt* to swaddle.

**langoureusement** [lɑ̃gurøzmɑ̃] *adv* languorously.

**langoureux, euse** [lɑ̃gurø, øz] *adj* [alangui] languishing; [mélancolique] languid, languorous; **un regard** ~ a languid look.

**langouste** [lɑ̃gust] *nf* ZOOL crayfish; CULIN (spiny) lobster.

**langoustier** [lɑ̃gustje] *nm* **-1.** [bateau] lobster (fishing) boat. **-2.** [filet] crayfish net.

**langoustine** [lɑ̃gustin] *nf* ≃ Dublin bay prawn.

**langue** [lɑ̃g] *nf* **A.** ORGANE **-1.** ANAT tongue; **avoir la** ~ **blanche** ou **chargée** to have a coated ou furred tongue ❏ **une mauvaise** ~, **une** ~ **de vipère** a (malicious) gossip; **mauvaise** ~! that's a bit nasty of you!, that's a rather nasty thing to say!; **les** ~**s vont bon train** tongues are wagging; **tirer la** ~ **à qqn** to stick one's tongue out at sb; **tirer la** ~ *fam* & *fig* [avoir du mal] to have a hard ou rough time; [être fatigué] to be worn out ou knackered; **as-tu avalé** ou **perdu ta** ~? have you lost ou (has the) cat got your tongue?; **avoir la** ~ **bien affilée** ou **bien pendue** *fam* to be a chatterbox, to have the gift of the gab; **avoir la** ~ **fourchue** to speak with a forked tongue; **avoir la** ~ **trop longue** to have a big mouth; **coup de** ~ lick; **donner des coups de** ~ to lick; **le vin délie les** ~**s** wine always gets people chatting ou loosens people's tongues; **elle n'a pas la** ~ **dans sa poche** *fam* she's never at a loss for something to say ou for words; **donner sa** ~ **au chat** to give up (guessing); **tenir sa** ~ to keep a secret; **dans les réunions, il ne sait jamais tenir sa** ~ he never knows how to keep quiet in meetings; **tourne sept fois ta** ~ **dans ta bouche avant de parler** *fam* think twice before you open your mouth. **-2.** CULIN tongue; ~ **de bœuf** [chaude] boiled ox tongue; [froide] (cold pressed) ox tongue. **B.** LING **-1.** [moyen de communication] language, tongue; ~ **commune** common language; **décrire une** ~ to describe a language; **un professeur de** ~**s** a (foreign) language teacher; **les passagers de** ~ **anglaise** English-speaking passengers ❏ ~ **cible** ou **d'arrivée** target language; ~ **maternelle** mother tongue; ~ **nationale** national language; ~ **d'oc** langue d'oc (*language of southern France*); ~ **d'oïl** langue d'oïl (*language of northern France*); ~ **officielle** official language; ~ **source** ou **de départ** source language; ~ **de travail** working language; ~ **véhiculaire** lingua franca; **la** ~ **vernaculaire** the vernacular; ~**s anciennes** ou **mortes** dead languages; ~**s étrangères** foreign languages; ~**s orientales** oriental languages; **les** ~**s vivantes** ENS modern languages; [utilisées de nos jours] living languages. **-2.** [jargon] language; **dans la** ~ **du barreau** in legal parlance, in the language of the courts; **la** ~ **populaire/littéraire** popular/literary language ❏ ~ **de bois** hackneyed phrases; **la** ~ **de bois des politiciens** the clichés politicians come out with; ~ **savante** LING & HIST [latin] language of learning; ~ **vulgaire** LING & HIST [langue du peuple] vernacular; **la** ~ **verte** slang. **-3.** [style – d'une époque, d'un écrivain] language; **dans la** ~ **de Molière/Shakespeare** in French/English. **C.** FORME **-1.** [gén] tongue; **des** ~**s de feu** léchaient le mur tongues of fire were licking the wall. **-2.** GÉOG **une** ~ **de terre** a strip of land, a narrow piece of land.

**langue-de-bœuf** [lɑ̃gdəbœf] (*pl* **langues-de-bœuf**) *nf* BOT poor man's beefsteak.

**langue-de-chat** [lɑ̃gdəʃa] (*pl* **langues-de-chat**) *nf* langue de chat (biscuit).

**Languedoc** [lɑ̃gdɔk] *nprm*: **le** ~ Languedoc.

**languedocien, enne** [lɑ̃gdɔsjɛ̃, ɛn] *adj* from Languedoc ou the Languedoc region.

**languette** [lɑ̃gɛt] *nf* **-1.** [petite bande] strip. **-2.** [de chaussure] tab, stem. **-3.** [de balance] pointer. **-4.** MUS [d'orgue] languet; [d'instrument à anche] reed.

**langueur** [lɑ̃gœr] *nf* **-1.** [apathie] languidness. **-2.** [mélancolie] languor; **un sourire plein de** ~ a languid ou languorous smile.

**languide** [lɑ̃gid] *adj litt* languid, languishing.

**languir** [32] [lɑ̃gir] *vi* **-1.** *litt* [personne, animal] to languish, to pine; ~ **(d'amour) pour qqn** to be consumed ou languishing with love for sb. **-2.** [plante] to wilt. **-3.** [conversation, situation] to flag. **-4.** [attendre]: **faire** ~ **qqn** to keep sb waiting.
◆ **languir après** *v* + *prép* to languish ou to pine for.
◆ **se languir** *vpi* [personne] to pine; **il se languit de toi** he's pining for you; **je me languis de la Provence** I'm longing to go back to Provence.

**languissant, e** [lɑ̃gisɑ̃, ɑ̃t] *adj* **-1.** *litt* [qui dépérit] failing, dwindling. **-2.** *litt* [amoureux] languishing, lovelorn, lovesick. **-3.** [sans vigueur] languid, listless. **-4.** [morne]: **le commerce est** ~ business is slack; **conversation** ~**e** dull conversation.

**lanière** [lanjɛr] *nf* **-1.** [sangle] strap. **-2.** [d'un fouet] lash.

**lanoline** [lanɔlin] *nf* lanolin.

**lanterne** [lɑ̃tɛrn] *nf* **-1.** [lampe] lantern; ~ **sourde/vénitienne** dark/Chinese lantern ❏ **les aristocrates à la** ~! HIST string the aristocrats up!**-2.** CIN projector. **-3.** CONSTR lantern. **-4.** PHOT: ~ **magique** magic lantern.
◆ **lanternes** *nfpl* AUT sidelights *Br*, parking lights *Am*.
◆ **lanterne rouge** *nf* **-1.** RAIL rear ou tail light. **-2.** *loc*: **être la** ~ **rouge** [gén] to bring up the rear; SPORT [dans une course] to come (in) last; [équipe] to get the wooden spoon; [à l'école] to be bottom of the class.

**lanterneau, x** [lɑ̃tɛrno] *nm* skylight, roof light.

**lanterner** [3] [lɑ̃tɛrne] *vi* **-1.** [perdre son temps] to dawdle, to drag one's feet. **-2.** [attendre]: **faire** ~ **qqn** to keep sb hanging about ou waiting.

**lanternon** [lɑ̃tɛrnɔ̃] *nm* lantern (tower ou turret).

**Laos** [laos] *nprm*: **le** ~ Laos; **au** ~ in Laos.

**laotien, enne** [laɔsjɛ̃, ɛn] *adj* Laotian.
◆ **Laotien, enne** *nm, f* Laotian.

**La Palice** [lapalis] *npr*: une vérité de ~ a truism.

**lapalissade** [lapalisad] *nf* truism.

**lapement** [lapmɑ̃] *nm* lapping, lap.

**laper** [3] [lape] *vt* to lap (up).

**lapereau, x** [lapro] *nm* young rabbit.

**lapidaire** [lapidɛr] ◇ *adj* **-1.** [concis] terse, lapidary; un style ~ a pithy ou direct ou succinct style. **-2.** MINÉR lapidary. ◇ *nm* **-1.** [artisan] lapidary. **-2.** [commerçant] gem merchant.

**lapidation** [lapidasjɔ̃] *nf* stoning, lapidation.

**lapider** [3] [lapide] *vt* **-1.** [tuer] to stone to death, to lapidate. **-2.** *litt* [critiquer] to lambast.

**lapin** [lapɛ̃] *nm* **-1.** ZOOL rabbit; ~ mâle buck (rabbit)❑ ~ de garenne wild rabbit; poser un ~ à qqn *fam* to stand sb up. **-2.** CULIN rabbit. **-3.** [fourrure] rabbit (skin) *Br*, cony (skin) *Am*. **-4.** *fam* [terme d'affection] poppet *Br*, honey *Am*.

**lapine** [lapin] *nf* doe (rabbit).

**lapiner** [3] [lapine] *vi* to litter.

**lapinière** [lapinjɛr] *nf* rabbit hutches.

**lapis(-lazuli)** [lapis(lazyli)] *nm inv* lapis lazuli.

**lapon, one** ou **onne** [lapɔ̃, ɔn] *adj* Lapp, Lappish.
♦ **Lapon, one** ou **onne** *nm, f* Lapp, Laplander.

**Laponie** [laponi] *nprf*: (la) ~ Lapland.

**laps** [laps] *nm*: un ~ de temps a lapse of time, a while.

**lapsus** [lapsys] *nm* **-1.** [faute]: ~ linguae slip (of the tongue), lapsus linguae *spéc*; ~ calami slip of the pen. **-2.** PSYCH Freudian slip; ~ révélateur *hum* Freudian slip.

**laquage** [lakaʒ] *nm* TECH lacquering.

**laquais** [lakɛ] *nm* **-1.** [valet] footman. **-2.** *litt & péj* [homme servile] lackey *péj*.

**laque** [lak] ◇ *nf* **-1.** [vernis] lacquer. **-2.** [...ur cheveux] hair spray, (hair) lacquer *Br*. ◇ *nm* [objet] piece ['acquerwork]; des ~s lacquerware, lacquerwork.

**laqué, e** [lake] *adj* **-1.** BX-ARTS lacquered. **-2.** ...NSTR gloss; cuisine ~e (en) rouge kitchen in red gloss. **-3.** CULIN → canard.
♦ **laqué** *nm* [peinture] (high) gloss paint; [enduit] varnish *Br*, enamel *Am*.

**laquelle** [lakɛl] *f* → **lequel**.

**laquer** [3] [lake] *vt* **-1.** [recouvrir de laque] to lacquer. **-2.** [vernir] to varnish.

**larbin** ▽ [larbɛ̃] *nm pr & fig* flunkey.

**larcin** [larsɛ̃] *nm sout* **-1.** [petit vol] petty theft. **-2.** [objet volé]: le grenier était plein de ses ~s the attic was filled with his booty *litt* ou spoils.

**lard** [lar] *nm* **-1.** CULIN fat; ~ fumé smoked bacon; ~ gras, gros ~ fat bacon; ~ maigre, petit ~, ~ de poitrine streaky bacon; ~ salé salt pork. **-2.** *loc*: faire du ~ *fam* to get fat; avec eux, on se demande on ne sait pas si c'est du ~ ou du cochon *fam* with that lot, you never know where you are; rentrer dans le ~ à qqn *fam* to hit out at sb; un gros ~ ▽ a fatso, a fat slob.

**larder** [3] [larde] *vt* **-1.** CULIN to lard. **-2.** [poignarder]: ~ qqn de coups de couteau to stab sb repeatedly. **-3.** [truffer]: ~ une lettre de citations to pepper a letter with quotations.

**lardon** [lardɔ̃] *nm* **-1.** CULIN piece of diced bacon; achète des ~s pour le ragoût buy some bacon pieces for the stew. **-2.** ▽ [enfant] kid.

**lare** [lar] ◇ *adj*: dieux ~s lares. ◇ *nm* lar, household god.

**largable** [largabl] *adj* releasable.

**largage** [largaʒ] *nm* **-1.** [par parachute] dropping; [de troupes, de matériel] dispatching, dropping; point de ~ drop point. **-2.** [d'une bombe] dropping, releasing.

**large** [larʒ] ◇ *adj* **-1.** [grand – gén] broad, wide; [– plaine] big, wide; [– rue] broad; [– tache] large; ~ de 5 cm 5 cm wide; un chapeau à ~s bords a wide-brimmed hat; ~ d'épaules broad-shouldered; un ~ mouvement du bras a sweeping gesture with the arm; un ~ sourire a broad smile. **-2.** [ample – vêtement] big, baggy; [– chaussures] wide. **-3.** [considérable] large; elle a une ~ part de responsabilité she must bear a large ou major share of the blame; jouissant d'une ~ diffusion widely distributed; avoir un ~ vocabulaire to have a wide ou wide-ranging vocabulary; elle a fait de ~s concessions/un ~ tour d'horizon she made generous concessions/an extensive survey of the situation; les journaux ont publié de ~s extraits de son discours the papers quoted extensively from his speech. **-4.** [général]: prendre un mot dans son sens ~ to take a word in its broadest sense. **-5.** [généreux] generous. **-6.** [ouvert] open; leur père a l'esprit ~ their father is open-minded ou broad-minded. **-7.** [excessif]: ton estimation était un peu ~ your estimate was a bit wide of the mark.
◇ *nm* **-1.** [dimension] width; ici la rivière a 2 km de ~ here the river is 2 km wide. **-2.** NAUT: le ~ the open sea; respirer l'air du ~ to breathe the sea air; le vent du ~ offshore wind; au ~ offshore, at sea ❑ au ~ de Hong Kong off Hong Kong; se tenir au ~ de qqch *fig* to stand clear of sthg; gagner ou prendre le ~ *pr* to head for the open sea; il est temps de prendre le ~ *fam & fig* it's time we beat it.
◇ *adv*: calculer ou prévoir ~ to allow a good margin for error; voir ~ to think big.
♦ **en large** *loc adv* widthways.

**largement** [larʒəmɑ̃] *adv* **-1.** [amplement]: gagner ~ sa vie to make a good living; tu auras ~ le temps you'll easily have enough time, you'll have more than enough time; des pouvoirs ~ accrus considerably increased powers; une opinion ~ répandue a widely held opinion. **-2.** [généreusement] generously. **-3.** [de beaucoup] greatly; la demande excède ~ notre capacité demand greatly exceeds our capacity. **-4.** [facilement] easily; il vaut ~ son frère he's easily as good as his brother.

**largesse** [larʒɛs] *nf* [magnanimité] generosity, largesse.
♦ **largesses** *nfpl* [présents] gifts, liberalities.
♦ **avec largesse** *loc adv*: traiter qqn avec ~ to be generous to sb.

**largeur** [larʒœr] *nf* **-1.** [dimension] width; quelle est la ~ de la pièce? how wide is the room?; la route a une ~ de 5 m ou 5 m de ~ the road is 5 m wide; une remorque barrait la route dans ou sur toute sa ~ there was a trailer blocking the entire width of the road; déchiré dans ou sur toute la ~ torn all the way across; ~ hors tout overall width. **-2.** *fig* broadness, breadth; ~ d'esprit ou de vues broadness of mind, broad-mindedness. **-3.** COMM: grande ~ double-width. **-4.** IMPR breadth, set, width; ~ de la colonne width of column. **-5.** INF: ~ de la bande bandwidth.
♦ **dans les grandes largeurs** *loc adv fam*: on a été roulés dans les grandes ~s! we were well and truly taken for a ride!
♦ **en largeur** *loc adv* widthways, widthwise, crosswise.

**largué, e** [large] *adj fam*: être ~ to be out of one's depth.

**larguer** [3] [large] *vt* **-1.** NAUT [voile] to slip, to let out (*sép*), to unfurl; [amarre] to slip; (en usage absolu): larguez! let go! **-2.** AÉRON [bombe, charge] to drop; [réservoir] to jettison; [fusée] to release. **-3.** ▽ [abandonner – poste] to quit, to chuck (in) (*insép*), to walk out on (*insép*); [– vieillerie, projet] to chuck, to bin *Br*; [– amant] to dump, to jilt; [– personne avec qui l'on vit] to walk out on.

**larme** [larm] *nf* **-1.** PHYSIOL tear; verser des ~s to shed tears; retenir ses ~s to hold back one's tears; être en ~s to be in tears; ses yeux s'emplirent de ~s his eyes filled with tears; être au bord des ~s to be on the verge of tears; avec des ~s dans la voix with ou in a tearful voice; il y a de quoi vous arracher ou vous tirer des ~s it's enough to make you burst into tears; avoir les ~s aux yeux to have tears in one's eyes; il a toujours la ~ à l'œil, il a la ~ facile he cries easily; pleurer ou verser des ~s de joie to cry for joy, to shed tears of joy; il y est allé de sa (petite) ~ he shed a tear ❑ ~s de crocodile crocodile tears; ~s de sang *litt* tears of blood. **-2.** [petite quantité]: une ~ (de) a drop (of). **-3.** [d'un cerf] tear.

**larmoie** [larmwa] *v* → **larmoyer**.

**larmoiement** [larmwamɑ̃] *nm* PHYSIOL watering.
♦ **larmoiements** *nmpl litt* tears, snivelling (U) *péj*.

**larmoierai** [larmware] *v* → **larmoyer**.

**larmoyant, e** [larmwajɑ̃, ɑ̃t] *adj* **-1.** PHYSIOL watery. **-2.** *péj* [éploré]: le récit ~ de ses malheurs the sorry tale of her misfortunes; d'une voix ~e, elle nous annonça... she told us in a tearful voice...

**larmoyer** [13] [larmwaje] *vi* **-1.** PHYSIOL [œil] to water. **-2.** *péj* [se lamenter] to moan, to snivel *péj*, to whimper *péj*.

**larron** [larɔ̃] *nm* **-1.** *arch* [voleur] robber, thief. **-2.** BIBLE thief; le bon ~ et le mauvais ~ the penitent thief and the impenitent thief.

**larvaire** [larvɛr] *adj* **-1.** ZOOL larval. **-2.** *fig* embryonic, unformed; **le projet était encore à l'état ~** the plan was still in its early stage OU in embryo.

**larve** [larv] *nf* **-1.** ZOOL larva; [ver] maggot. **-2.** *fam* [fainéant] lazybones. **-3.** *sout* & *péj*: **~ (humaine)** worm. **-4.** ANTIQ spectre.

**larvé, e** [larve] *adj* **-1.** MÉD latent, larvate *spéc.* **-2.** [latent] latent, concealed.

**laryngé, e** [larɛ̃ʒe] *adj* laryngeal.

**laryngectomie** [larɛ̃ʒɛktɔmi] *nf* laryngectomy.

**laryngite** [larɛ̃ʒit] *nf* laryngitis.

**laryngologie** [larɛ̃gɔlɔʒi] *nf* laryngology.

**laryngologiste** [larɛ̃gɔlɔʒist], **laryngologue** [larɛ̃gɔlɔg] *nmf* throat specialist, laryngologist *spéc.*

**laryngoscope** [larɛ̃gɔskɔp] *nm* laryngoscope.

**laryngoscopie** [larɛ̃gɔskɔpi] *nf* laryngoscopy.

**laryngotomie** [larɛ̃gɔtɔmi] *nf* laryngotomy.

**larynx** [larɛ̃ks] *nm* voice-box, larynx *spéc.*

**las¹** [las] *interj litt* alas.

**las², lasse** [la, las] *adj* **-1.** *litt* [fatigué] weary. **-2.** [découragé, écœuré] weary; **être ~ de qqch** to be weary of sthg.

**lasagne** [lazaɲ] *(pl inv* OU **lasagnes)** *nf* lasagna *(U).*

**lascar** [laskar] *nm fam* **-1.** [individu rusé] rogue; **celui-là, c'est un drôle de ~!** he's a shady character!; **tu vas le regretter, mon ~!** [homme] you'll be sorry, buster OU pal!; [enfant] you'll be sorry, you little rascal! **-2.** [individu quelconque] character, customer.

**lascif, ive** [lasif, iv] *adj* **-1.** [sensuel] lascivious, sensual. **-2.** [lubrique] lustful, lewd.

**lascivité** [lasivite], **lasciveté** [lasivte] *nf* **-1.** [sensualité] wantonness, lasciviousness. **-2.** [lubricité] lust, lewdness.

**laser** [lazɛr] *nm* laser; **traitement au ~** laser treatment; **enregistrement ~** [procédé] laser recording; [disque] laser disc; **faisceau ~** laser beam.

**Lassa** [lasa] *npr:* **fièvre de ~** Lassa fever.

**lassant, e** [lasɑ̃, ɑ̃t] *adj* tedious; **tu es ~ à la fin!** you're beginning to irritate me!

**lasse** [las] *f* → **las.**

**lasser** [3] [lase] *vt* **-1.** *sout* [exténuer] to weary. **-2.** *sout* [importuner] to bore, to tire, to weary; **tu me lasses avec tes problèmes** I'm tired of hearing about your problems. **-3.** [décourager] to tax, to exhaust, to fatigue; **~ la patience de qqn** to try sb's patience ‖ *(en usage absolu):* **ses jérémiades finissent par ~** his moaning gets a bit trying after a while.
♦ **se lasser** *vpi* to get tired, to (grow) weary; **se ~ de qqn/de faire qqch** to get tired of sb/of doing sthg; **je ne me lasse pas d'écouter Mozart** I never get tired of listening to Mozart; **sans se ~** tirelessly.

**lassitude** [lasityd] *nf* **-1.** [fatigue] tiredness, weariness, lassitude *litt.* **-2.** [découragement] weariness; **être pris d'une immense ~** to be overcome by weariness.

**lasso** [laso] *nm* lasso, lariat *Am;* **attraper une bête au ~** to lasso an animal.

**lat.** *(abr écrite de* **latitude)** lat.

**latence** [latɑ̃s] *nf* latency; **période de ~** latency period.

**latent, e** [latɑ̃, ɑ̃t] *adj* latent; **à l'état ~** in the making.

**latéral, e, aux** [lateral, o] *adj* **-1.** [sur le côté] lateral, side *(modif)*; **porte/rue/sortie ~e** side door/street/exit. **-2.** [annexe] minor. **-3.** TÉLÉC: **bande ~e** sideband.
♦ **latérale** *nf* lateral.

**latéralement** [lateralmɑ̃] *adv* sideways, laterally; **la lumière de la bougie l'éclairait ~** the light from the candle fell on him from the side.

**latéralisation** [lateralizasjɔ̃] *nf* lateralization.

**latéralisé, e** [lateralize] *adj* lateralized.

**latex** [latɛks] *nm* latex.

**latin, e** [latɛ̃, in] *adj* **-1.** ANTIQ Latin. **-2.** LING [appartenant au latin] Latin; [issu du latin] Romance *(modif)*; **les langues ~es** the Romance OU Latin languages. **-3.** SOCIOL Latin; **les peuples ~s** the Latin races; **le tempérament ~** the Latin OU Mediterranean temperament. **-4.** RELIG Latin.
♦ **Latin, e** *nm, f* Latin; **les Latins** the Latin people, the Latins.

♦ **latin** *nm* LING Latin; **bas ~** low Latin; **~ de cuisine** dog Latin.

**latinisant, e** [latinizɑ̃, ɑ̃t] *adj* latinizing; **pour ceux qui sont ~s** for those who know Latin, for the Latin scholars.

**latinisation** [latinizasjɔ̃] *nf* latinization.

**latiniser** [3] [latinize] *vt* to latinize.

**latinisme** [latinism] *nm* **-1.** [idiotisme du latin] Latinism. **-2.** [emprunt au latin] Latin phrase.

**latiniste** [latinist] *nmf* Latin scholar, Latinist.

**latinité** [latinite] *nf* **-1.** [caractère] Latinity. **-2.** [civilisation] Latin world.

**latino-américain, e** [latinoamerikɛ̃, ɛn] *(mpl* **latino-américains,** *fpl* **latino-américaines)** *adj* Latin American.
♦ **Latino-Américain, e** *nm, f* Latin American.

**latitude** [latityd] *nf* **-1.** [liberté] latitude, scope; **j'ai toute ~ pour mener mon enquête** I have full scope OU a free hand to conduct my enquiry. **-2.** ASTRON & GÉOG latitude; **cette ville est à 70° de ~ Nord** this city is situated at latitude 70° North; **par 70° de ~ Nord** in latitude 70° North. **-3.** [région, climat]: **sous d'autres ~s** in other parts of the world.

**latrines** [latrin] *nfpl* latrine.

**lattage** [lataʒ] *nm* **-1.** [action] lathing, battening. **-2.** [lattis] lathwork.

**latte** [lat] *nf* **-1.** CONSTR & NAUT lath; [pour chevronnage] roof batten. **-2.** ∇ [pied] foot; [chaussure] shoe; **prendre un coup de ~** to get kicked.

**latter** [3] [late] *vt* CONSTR to lath, to batten.

**lattis** [lati] *nm* CONSTR lathwork *(U).*

**laudateur, trice** [lodatœr, tris] *nm, f litt* laudator.

**laudatif, ive** [lodatif, iv] *adj* laudatory, laudative.

**lauréat, e** [lɔrea, at] ◇ *adj* prizewinning. ◇ *nm, f* prizewinner, laureate; **~ du prix Nobel** Nobel prizewinner.

**laurier** [lɔrje] *nm* **-1.** BOT (bay) laurel, (sweet) bay. **-2.** CULIN: **mettre du ~ dans une sauce** to flavour a sauce with bay leaves ❑ **feuille de ~** bay leaf.
♦ **lauriers** *nmpl* [gloire] laurels; **il est revenu couvert de ~s** he came home covered in glory.

**laurier-cerise** [lɔrjesəriz] *(pl* **lauriers-cerises)** *nm* cherry-laurel.

**laurier-rose** [lɔrjeroz] *(pl* **lauriers-roses)** *nm* rose bay, oleander.

**laurier-sauce** [lɔrjesos] *(pl* **lauriers-sauce)** *nm* bay tree.

**Lausanne** [lozan] *npr* Lausanne.

**lavable** [lavabl] *adj* washable; **~ en machine** machine-washable.

**lavabo** [lavabo] *nm* **-1.** [évier] washbasin *Br,* washbowl *Am.* **-2.** RELIG lavabo.
♦ **lavabos** *nmpl* [toilettes] toilets, washroom *Am.*

**lavage** [lavaʒ] *nm* **-1.** [nettoyage – du linge] washing *(U)*; [– d'une surface] scrubbing *(U)*; **son jean a besoin d'un bon ~** his jeans need a good wash ❑ **'~ en machine'** 'machine wash'; **'~ à la main'** 'hand wash (only)'; **'instructions de ~'** 'washing instructions'. **-2.** MÉD lavage; **~ d'estomac** pumping out (of) the stomach; **faire un ~ d'estomac à qqn** to pump out sb's stomach. **-3.** MÉTALL & TEXT washing.
♦ **au lavage** *loc adv* in the wash.
♦ **lavage de cerveau** *nm* brainwashing; **subir un ~ de cerveau** to be brainwashed.

**lavallière** [lavaljɛr] *nf* necktie with a large bow.

**lavande** [lavɑ̃d] *nf* BOT lavender.

**lavandière** [lavɑ̃djɛr] *nf* **-1.** *litt* [blanchisseuse] washerwoman. **-2.** ORNITH (white) wagtail.

**lavasse** [lavas] *péj* ◇ *adj* [sans éclat] watery. ◇ *nf fam* [café, soupe] dishwater.

**lave** [lav] *nf* lava.

**lavé, e** [lave] *adj* **-1.** [délayé – couleur] faded, washed out. **-2.** BX-ARTS: **dessin ~** wash drawing.

**lave-auto** [lavoto] *nm Can* car wash.

**lave-dos** [lavdo] *nm inv* back-scrubber.

**lave-glace** [lavglas] *(pl* **lave-glaces)** *nm* windscreen washer *Br,* windshield washer *Am.*

**lave-linge** [lavlɛ̃ʒ] *nm inv* washing machine, washer; **~ à chargement frontal** front-loading washing machine.

**lave-mains** [lavmɛ̃] *nm inv* wash-hand basin *Br,* small washbowl *Am.*

**lavement** [lavmɑ̃] *nm* MÉD enema.

**laver** [3] [lave] *vt* **-1.** [vêtement, tissu] to wash; [tache] to wash out ou off *(sép)*; [surface] to wash down *(sép)*; [vaisselle] to wash up *Br*, to do the washing up *Br*, to wash *Am*; [avec une brosse] to scrub; ~ à grande eau to swill out ou down *(sép)*; la voiture a besoin d'être lavée the car needs washing ou a wash ❑ il vaut mieux ~ son linge sale en famille it's better not to wash one's dirty linen in public. **-2.** [faire la toilette de] to wash; ~ la tête ou les cheveux à qqn to wash sb's hair; ~ la tête à qqn *fam & fig* to give sb what for ou a good dressing down. **-3.** [expier – péché] to wash away *(sép)*; [dégager] to clear; ~ qqn d'une accusation to clear sb's name of an accusation; être lavé de tout soupçon to be clear of all suspicion; ~ un affront dans le sang to avenge an insult (by fighting). **-4.** BX-ARTS [dessin] to wash; [couleur] to dilute, to wash. **-5.** MÉD [plaie] to bathe, to cleanse; [estomac] to wash ou to pump out *(sép)*. **-6.** [minerai] to wash.
◆ **se laver** ◇ *vp (emploi réfléchi)* to (have a) wash; lave-toi tout seul, comme un grand you're old enough to wash yourself; se ~ la figure/les mains to wash one's face/hands; se ~ les dents to clean ou to brush one's teeth ❑ je m'en lave les mains I wash my hands of the entire matter. ◇ *vp (emploi passif)*: ça se lave très bien it's very easy to wash, it washes very well.
◆ **se laver de** *vp + prép*: se ~ d'un soupçon to clear o.s. of suspicion.

**laverie** [lavri] *nf* **-1.** [blanchisserie]: ~ (automatique) self-service laundry, launderette *Br*, Laundromat® *Am*. **-2.** MIN washing plant.

**lave-tête** [lavtɛt] *nm inv* shampoo basin.

**lavette** [lavɛt] *nf* **-1.** [chiffon] dishcloth; [brosse] washing-up brush *Br*, dish mop *Am*. **-2.** *fam* [personne] drip. **-3.** *Belg & Helv* [gant de toilette] face flannel *Br*, washcloth *Am*. **-4.** *Belg* [éponge] cleaning cloth.

**laveur, euse** [lavœr, øz] *nm, f* [de vaisselle] washer, dish washer; [de linge] washerman (*f* washerwoman); [de voiture] car washer; ~ de carreaux window cleaner.
◆ **laveur** *nm* **-1.** TECH washer. **-2.** ZOOL → raton.

**lave-vaisselle** [lavvesɛl] *nm inv* dishwasher.

**lavis** [lavi] *nm* **-1.** [technique] washing *(U)*. **-2.** [dessin] wash drawing.

**lavoir** [lavwar] *nm* **-1.** [lieu public] washhouse. **-2.** MIN washing plant.

**Lawrence** [lɔrɑ̃s] *npr*: ~ d'Arabie Lawrence of Arabia.

**laxatif, ive** [laksatif, iv] *adj* laxative.
◆ **laxatif** *nm* laxative.

**laxisme** [laksism] *nm* **-1.** [tolérance excessive] laxity, permissiveness. **-2.** RELIG laxism.

**laxiste** [laksist] ◇ *adj* **-1.** [trop tolérant] soft, lax. **-2.** RELIG laxist. ◇ *nmf* **-1.** [gén] over-lenient person. **-2.** RELIG laxist.

**layette** [lejet] *nf* baby clothes, layette; bleu/rose ~ baby blue/pink.

**Lazare** [lazar] *npr* Lazarus.

**lazulite** [lazylit] *nf* lazulite.

**lazzi** [ladzi] (*pl inv* ou **lazzis**) *nm* jeer, gibe.

**le** [lə] (*devant voyelle ou h muet* **l'** [l], *f* **la** [la], *pl* **les** [le]) ◇ *dét (art déf)* **-1.** [avec un nom commun] the. **-2.** [dans le temps]: l'été dernier last summer; l'été 1976 the summer of 1976 ‖ [devant une date]: le premier juillet the first of July; le 15 janvier 1991 15 January, 1991; il est passé nous voir le 15 août he came to see us on the 15th of August ou on August the 15th; [par écrit] he came to see us on August 15. **-3.** [dans les fractions]: a, an; le quart/tiers de a quarter/third of; la moitié de (a) half of. **-4.** [avec un sens distributif]: j'y vais le soir I go there in the evening; elle vient deux fois la semaine she comes twice a week; 10 francs le kilo 10 francs a ou per kilo; le docteur reçoit le lundi et le vendredi ou les lundis et vendredis the doctor sees patients on Monday and Friday ou Mondays and Fridays. **-5.** [avec valeur d'adjectif démonstratif]: on sait que le problème est difficile we know that it's a difficult problem. **-6.** [avec une valeur expressive]: what an ou a; la belle moto! what a beautiful bike!; vise un peu la tenue! *fam* look at that get-up!; alors, les amis, comment ça va? well, folks, how are you?**-7.** [avec valeur d'adjectif possessif]: le chapeau sur la tête her/his *etc* hat on

his/her *etc* head; il est parti le livre sous le bras he went off with the book under his arm. **-8.** [avec une valeur généralisante]: les hommes et les femmes men and women; la femme est l'égale de l'homme woman is man's equal; l'important dans tout ça the important thing (in all this); ne fais pas l'idiot don't be an idiot. **-9.** [marquant l'approximation]: vers les 4 h about ou around 4 o'clock; il va sur la quarantaine he's getting on for forty. **-10.** [avec un nom propre]: the; nous sommes invités chez les Durand we are invited to the Durands' (house); les Bourbons, les Stuarts the Bourbons, the Stuarts; ce n'est plus la Sophie que nous avons connue she's no longer the Sophie (that) we used to know; la Callas Callas.
◇ *pron pers* **-1.** [complément d'objet – homme] him; [– femme, nation, bateau] her; [– chose, animal] it; [– bébé, animal domestique] him, her, it; ce bordeaux, je l'ai déjà goûté I've already tasted this ou that Bordeaux; il l'a probablement oublié, ton livre he's probably forgotten your book ou that book of yours. **-2.** [représentant une proposition]: elle est partie hier soir, du moins je l'ai entendu dire she left last night, at least that's what I've heard; allez, dis-le-lui go on, tell him (about it); puisque je te le disais que ce n'était pas possible! but I TOLD you it was impossible!**-3.** [comme attribut]: êtes-vous satisfaite? — je le suis are you satisfied? — I am; pour être timide, ça, il l'est! boy, is he shy!, talk about shy!

**lé** [le] *nm* **-1.** [d'un tissu, d'un papier peint] width. **-2.** [d'une jupe] gore.

**LEA** (*abr de* **langues étrangères appliquées**) *applied modern languages.*

**leader** [lidœr] *nm* **-1.** [chef] leader. **-2.** COMM & ÉCON [entreprise] top ou leading firm; *(comme adj)*: c'est le produit ~ de la gamme it's the leading product in the range. **-3.** PRESSE leader, leading article. **-4.** SPORT: le ~ du championnat de France the team at the top of the French league.

**leadership** [lidœrʃip] *nm* [fonction de leader] leadership; [position dominante] leading position.

**leasing** [liziŋ] *nm* leasing.
◆ **en leasing** *loc adv* on lease, as part of a leasing contract.

**léchage** [leʃaʒ] *nm* **-1.** [gén] licking. **-2.** *fam* [fignolage] finishing touches.

**lèche¹** [lɛʃ] *v* → lécher.

**lèche²** [lɛʃ] *nf* bootlicking; faire de la ~ à qqn to suck up to sb.

**léché, e** [leʃe] *adj fam*: du travail ~ highly polished piece of work; un roman policier bien ~ a neat little detective novel.

**lèche-bottes** [lɛʃbɔt] *nmf inv fam* bootlicker.

**lèche-cul▼** [lɛʃky] *nmf inv* arse-licker *Br*, ass-kisser *Am*.

**lèchefrite** [lɛʃfrit] *nf* dripping pan *Br*, broiler pan *Am*.

**lécher** [18] [leʃe] *vt* **-1.** [passer la langue sur] to lick; ~ les bottes à qqn *fam* to lick sb's boots; ~ le cul à qqn▼ to lick sb's arse *Br* ou ass *Am*. **-2.** [confiture, miel] to lap up *(sép)*; l'enfant lécha la cuillère the child licked the spoon clean. **-3.** *fam* [perfectionner] to polish up *(sép)*. **-4.** [effleurer – suj: feu] to lick at.
◆ **se lécher** *vp (emploi réfléchi)* to lick o.s.; se ~ les doigts to lick one's fingers ❑ c'est à s'en ~ les doigts ou les babines! it's scrumptious!, it's really yummy!

**lécheur, euse** [leʃœr, øz] *nm, f fam & péj* bootlicker, groveller.
◆ **lécheur** *adj m* suctorial.

**lèche-vitrines** [lɛʃvitrin] *nm inv* window-shopping; faire du ~ to go window-shopping.

**lécithine** [lesitin] *nf* lecithin.

**leçon** [ləsɔ̃] *nf* **-1.** SCOL [cours] lesson; donner/prendre des ~s de français to give/to take French lessons; prenez la ~ sur la digestion à la page 50 turn to the lesson on digestion on page 50; la couture en 15 ~s needlework in 15 (easy) lessons ‖ [devoirs]: apprendre ses ~s to do one's homework; sais-tu ta ~ pour demain? have you learnt what you were set for tomorrow's lesson? **-2.** [cours privé] lesson; prendre des ~s de danse/piano to take dance/piano lessons ❑ ~ particulière private lesson. **-3.** [conseil] advice; en matière de politesse, il pourrait te donner des ~s as far as being polite is concerned, he could easily teach you a thing or two; je n'ai de ~s à recevoir de personne! I don't need advice from you or anybody else!, nobody's going to tell ME what to do!; **faire la** ~ **à qqn** to tell sb what to do. **-4.** *[avertissement]* lesson; **ça lui donnera une (bonne)** ~!, **ça lui servira de** ~! that'll teach him!; **que ceci vous serve de** ~! let this OU that be a lesson to you!; **donner une (bonne)** ~ **à qqn** to teach sb a lesson; **espérons qu'il retiendra la** ~ let's hope he's learnt his lesson.

**lecteur, trice** [lɛktœr, tris] *nm, f* **-1.** *[personne qui lit]* reader; **c'est un grand** ~ **de BD** he reads a lot of comics; **nos** ~**s** our readers, our readership SOCIOL. **-2.** *[récitant]* reader. **-3.** *[correcteur]* reader. **-4.** ENS foreign language assistant *(at university)*; ~ **de français** French foreign-language assistant. **-5.** IMPR proofreader. **-6.** RELIG lay reader.
◆ **lecteur** *nm* **-1.** AUDIO player; ~ **de cassettes** cassette player. **-2.** INF reader; ~ **de code (à) barres** bar code reader; ~ **de disquette** disk drive; ~ **optique** optical reader OU scanner.

**lectorat** [lɛktɔra] *nm* **-1.** PRESSE readership; SOCIOL. readers. **-2.** ENS foreign language assistantship.

**lecture** [lɛktyr] *nf* **-1.** *[déchiffrage – d'un texte, d'une carte]* reading; **la photocopie ne facilite pas la** ~ **du plan** the plan is more difficult to read because it has been photocopied; **il est occupé à la** ~ **du scénario** he's busy reading the script; **j'aime la** ~ I like reading. **-2.** ~ **rapide** speed reading. *(tjrs sg)* *[capacité]* reading; **l'apprentissage de la** ~ learning to read. **-3.** *[à voix haute]* reading; **une** ~ **publique de qqch** a public reading of sthg; **donner** ~ **de qqch** to read sthg out; **faire la** ~ **à qqn** to read to sb. **-4.** *[interprétation]* reading, interpretation. **-5.** *[ce qu'on lit]* reading matter, something to read; **il a de mauvaises** ~**s** he reads things he shouldn't. **-6.** AUDIO reading. **-7.** INF read-out; ~ **destructive** destructive read-out; ~ **optique** optical reading, optical character recognition. **-8.** MUS reading; ~ **à vue** sight-reading. **-9.** POL reading; **le texte a été adopté en première** ~ the bill was passed on its first reading. **-10.** RELIG reading.

**ledit** [lədi] *(f* **ladite** [ladit], *mpl* **lesdits** [ledi], *fpl* **lesdites** [ledit]) *adj* JUR the aforementioned, the aforesaid.

**légal, e, aux** [legal, o] *adj* JUR *[disposition]* legal; *[héritier]* lawful; **employer des moyens légaux contre qqn** to take legal action against sb ❏ **adresse** ~**e** registered address.

**légalement** [legalmɑ̃] *adv* legally, lawfully.

**légalisation** [legalizasjɔ̃] *nf* **-1.** *[action de légaliser]* legalization. **-2.** *[authentification]* certifying, ratification.

**légaliser** [3] [legalize] *vt* **-1.** *[rendre légal]* to legalize. **-2.** *[authentifier]* to certify, to authenticate.

**légalisme** [legalism] *nm* legalism.

**légaliste** [legalist] ◇ *adj* legalistic, legalist. ◇ *nmf* legalist.

**légalité** [legalite] *nf* **-1.** *[caractère légal]* legality. **-2.** *[actes autorisés par la loi]*: **la** ~ the law; **rester dans/sortir de la** ~ to keep within/to break the law; **en toute** ~ quite legally.

**légat** [lega] *nm* **-1.** ANTIQ legate. **-2.** *[du pape]* legate.

**légataire** [legatɛr] *nmf* legatee; ~ **universel** sole legatee.

**légation** [legasjɔ̃] *nf* **-1.** *[représentation diplomatique]* legation. **-2.** *[résidence]* legation, legate's residence. **-3.** *[charge]* legateship.

**légendaire** [leʒɑ̃dɛr] *adj* **-1.** *[mythique]* legendary. **-2.** *[connu de tous]*: **elle est d'une discrétion** ~ she's well-known for her discretion.

**légende** [leʒɑ̃d] *nf* **-1.** *[récit mythique]* legend, tale. **-2.** *[renommée]*: **la** ~ legend; **entrer dans la** ~ to become a legend. **-3.** *[commentaire – d'une photo]* caption; *[– d'une carte]* legend, key. **-4.** *[d'une médaille]* legend.
◆ **de légende** *loc adj* fairy-tale *(avant n)*.

**légender** [3] [leʒɑ̃de] *vt* to caption; **images copieusement légendées** pictures with a wealth of caption material.

**léger, ère** [leʒe, ɛr] *adj* **-1.** *[démarche]* light, springy; *[métal, véhicule]* light; *[ondée, vent]* light, slight; *[brouillard]* light; **gaz plus** ~ **que l'air** lighter-than-air gas; **je me sens plus** ~ *fig* I feel (as though) a great weight's been lifted off my shoulders; **d'un cœur** ~ with a light heart ❏ ~ **comme une plume** OU **bulle** (as) light as a feather. **-2.** *[fin – couche]* thin; *[– robe]* light, flimsy. **-3.** *[mobile – artillerie, industrie, matériel]* light; **escadre légère** flotilla. **-4.** *[modéré – consommation]* moderate; *[– bruit, odeur]* faint, slight; *[– maquillage]* light, discreet; **une légère tristesse/ironie** a hint of sadness/irony; **le beurre a un** ~ **goût de rance** the butter tastes

slightly rancid. **-5.** *[sans gravité – blessure, perte]* minor; *[– peine]* light; *[– responsabilité]* light, undemanding; *[– erreur]* slight, minor, unimportant; *[– douleur, picotement]* slight; *[– grippe]* mild; **il n'y a eu que des blessés** ~**s** there were only minor injuries. **-6.** *[gracieux – architecture, forme]* light, airy. **-7.** *[digeste – café, thé]* weak; *[– crème, vin]* light; **un repas** ~ a snack, a light meal. **-8.** *[irresponsable – personne, conduite]* irresponsible, thoughtless, unthinking; *[– raison, justification]* lightweight, flimsy; *[insufflant – excuse, devoir]* flimsy. **-9.** *[immoral – femme, mœurs]* loose; *[– plaisanterie]* risqué; *[–ton]* light-hearted. **-10.** MUS *[opéra, ténor]* light.
◆ **léger** *adv*: **manger** ~ to avoid rich food.
◆ **à la légère** *loc adv* lightly; **agir à la légère** to act thoughtlessly OU rashly; **conclure à la légère** to jump to conclusions.

**légèrement** [leʒɛrmɑ̃] *adv* **-1.** *[un peu]* slightly; **loucher/boiter** ~ to have a slight squint/limp; **il est** ~ **paranoïaque** he's a bit paranoid; **une boisson** ~ **alcoolisée** a slightly alcoholic drink; **un gâteau** ~ **parfumé au citron** a cake with a hint of lemon flavouring. **-2.** *[inconsidérément]* lightly; **agir** ~ to act thoughtlessly OU without thinking. **-3.** *[frugalement]*: **déjeuner** ~ to have a light lunch. **-4.** *[avec des vêtements légers]*: **s'habiller** ~ to wear light clothes.

**légèreté** [leʒɛrte] *nf* **-1.** *[poids]* lightness. **-2.** *[agilité]* lightness, nimbleness; **marcher avec** ~ to walk lightly. **-3.** *[finesse – de la dentelle, d'une pâtisserie, d'un vin]* lightness; *[– d'un parfum]* discreetness, subtlety. **-4.** *[désinvolture]* casualness; **il a fait preuve d'une certaine** ~ **dans ses propos** what he said was somewhat irresponsible; **avec** ~ casually. **-5.** *[clémence – d'une punition]* lightness.

**légiférer** [18] [leʒifere] *vi* to legislate.

**légion** [leʒjɔ̃] *nf* **-1.** MIL: **la Légion (étrangère)** the (French) Foreign Legion. **-2.** *[décoration]*: **la Légion d'honneur** the Légion d'Honneur, the Legion of Honour. **-3.** ANTIQ legion. **-4.** *[grand nombre]*: **une** ~ **de cousins** an army of cousins; **ses admirateurs sont** ~ her admirers are legion.

**légionnaire** [leʒjɔnɛr] ◇ *nm* **-1.** *[de la Légion étrangère]* legionnaire. **-2.** ANTIQ legionary. ◇ *nmf* *[membre de la Légion d'honneur]* member of the Légion d'Honneur.

**législateur, trice** [leʒislatœr, tris] ◇ *adj* law-making. ◇ *nm, f* lawmaker, legislator.
◆ **législateur** *nm*: **le** ~ the legislature.

**législatif, ive** [leʒislatif, iv] *adj* **-1.** *[qui fait les lois]* legislative; **les instances législatives** legislative bodies. **-2.** *[de l'Assemblée]* parliamentary *Br*.
◆ **législatif** *nm*: **le** ~ the legislature.
◆ **législatives** *nfpl* ≃ general election *Br*, ≃ Congressional election *Am*.

**législation** [leʒislasjɔ̃] *nf* legislation; ~ **du travail** labour laws.

**législatives** [leʒislativ] *fpl* → **législatif**.

**législature** [leʒislatyr] *nf* [durée du mandat] term (of office); **les crises qui ont agité la précédente** ~ the crises in the previous administration.

**légiste** [leʒist] ◇ *adj* → **médecin**. ◇ *nm* legist.

**légitimation** [leʒitimasjɔ̃] *nf* **-1.** JUR *[d'un enfant]* legitimization. **-2.** *[reconnaissance]* recognition; *[justification]* justification.

**légitime** [leʒitim] ◇ *adj* **-1.** *[légal – gén]* lawful, legal; *[– mariage]* lawful; *[– enfant]* legitimate. **-2.** *[justifié – revendication]* legitimate; **son refus** ~ **d'obéir** her rightful refusal to obey; **une colère** ~ a justifiable OU justified anger. ◇ *nf*▽ *[épouse]* missus.
◆ **légitime défense** *nf* self-defence.

**légitimé, e** [leʒitime] ◇ *adj* JUR *[enfant]* legitimized. ◇ *nm, f* legitimized child.

**légitimement** [leʒitimmɑ̃] *adv* **-1.** *[justement]* legitimately, justifiably; **vous auriez** ~ **pu vous plaindre** you would have been justified in complaining; **on peut** ~ **penser que...** we have good reason OU good cause to believe that... **-2.** JUR legitimately, lawfully.

**légitimer** [3] [leʒitime] *vt* **-1.** JUR *[enfant]* to legitimate; *[accord, union, titre]* to (make) legitimate, to legitimize, to legitimatize. **-2.** *[justifier]* to justify, to legitimate.

**légitimiste** [leʒitimist] *adj & nmf* legitimist.

**légitimité** [leʒitimite] *nf* **-1.** JUR & POL legitimacy. **-2.** *sout* [bien-fondé] rightfulness.

**Lego®** [lego] *nm* (set of) Lego®.

**Le Greco** [lagreko] *npr* El Greco.

**legs** [lɛg] *nm* **-1.** JUR legacy, bequest; faire un ~ à qqn to leave a legacy to sb, to leave sb a legacy; ~ à titre universel residuary bequest OU legacy, residue of one's estate; ~ à titre particulier specific bequest OU legacy; ~ universel general legacy. **-2.** [héritage] legacy, heritage.

**léguer** [18] [lege] *vt* **-1.** JUR to bequeath; ~ qqch à qqn to bequeath OU to leave sthg to sb. **-2.** *fig* to hand down *(sép)*, to pass on *(sép)*; il lui a légué son goût pour la musique he passed on his love of music to him.

**légume** [legym] *nm* **-1.** BOT & CULIN vegetable; ~s secs dried vegetables; ~s verts green vegetables. **-2.** *fam* [personne] vegetable.

**légumier, ère** [legymje, ɛr] ◇ *adj* vegetable *(modif)*. ◇ *nm, f Belg* greengrocer.

◆ **légumier** *nm* vegetable dish.

**légumineuse** [legyminøz] ◇ *nf* leguminous plant, legume. ◇ *adj f* leguminous.

**leibnizien, enne** [lɛbnitsjɛ̃, ɛn] *adj* Leibnizian.

**leitmotiv** [lajtmotif, lɛjtmotif] *(pl* **leitmotivs** OU **leitmotive)** *nm* **-1.** LITTÉRAT & MUS leitmotiv, leitmotif. **-2.** *fig* hobbyhorse.

**Léman** [lemã] *npr m:* le lac ~ Lake Geneva.

**lemming** [lemiŋ] *nm* lemming.

**lémurien** [lemyrjɛ̃] *nm* lemur.

**lendemain** [lɑ̃dmɛ̃] *nm* **-1.** [le jour suivant]: le ~ the next OU the following day, the day after; le ~ matin the next OU the following morning; le ~ son arrestation the day after he was arrested ❑ les ~s de fête sont souvent difficiles it's often hard to get through the morning after the night before *hum*; il ne faut pas remettre au ~ ce qu'on peut faire le jour même *prov* never put off till tomorrow what you can do today *prov*. **-2.** [futur]: le ~ tomorrow, the future; il dépense son argent sans penser au ~ he spends his money without thinking of the future.

◆ **lendemains** *nmpl* [avenir] future; des ~s difficiles a bleak future ❑ des ~s qui chantent a brighter future.

◆ **au lendemain de** *loc prép:* au ~ de la Révolution immediately OU just after the Revolution.

◆ **sans lendemain** *loc adj* short-lived.

**lénifiant, e** [lenifjɑ̃, ɑ̃t] *adj* **-1.** MÉD calming. **-2.** *fig & sout* [images, paroles] soothing, lulling, assuaging.

**lénifier** [9] [lenifje] *vt* **-1.** MÉD to calm. **-2.** *fig & sout* [calmer] to soothe, to lull, to assuage.

**Lénine** [lenin] *npr* Lenin.

**léninisme** [leninism] *nm* Leninism.

**léniniste** [leninist] *adj & nmf* Leninist.

**lent, e¹** [lɑ̃, lɑ̃t] *adj* **-1.** [pas rapide – esprit, mouvement, film] slow; [– circulation] slow, sluggish; [– animal] slow-moving; à combustion ~e slow-burning; ~ à: il est ~ à comprendre he's slow on the uptake; la fin est ~e a venir the end is a long time coming. **-2.** [progressif – agonie] lingering; [– effritement, évolution] slow, gradual; [– poison] slow-acting.

**lente²** [lɑ̃t] *nf* ENTOM nit.

**lentement** [lɑ̃tmɑ̃] *adv* slowly; ~ mais sûrement slowly but surely.

**lenteur** [lɑ̃tœr] *nf* slowness; avec ~ slowly; d'une ~ désespérante appallingly slow; ~s administratives administrative delays; les ~s de la justice the slowness of the courts, the slow course of justice.

**lentigo** [lɑ̃tigo] *nm,* **lentigine** [lɑ̃tiʒin] *nf* mole, lentigo *spéc.*

**lentille** [lɑ̃tij] *nf* **-1.** BOT & CULIN lentil; ~ d'eau duckweed *(U).* **-2.** OPT & PHYS lens; ~s cornéennes OU de contact contact lenses; ~s souples soft (contact) lenses.

**Léonard de Vinci** [leonardəvɛ̃si] *npr* Leonardo da Vinci.

**léonin, e** [leonɛ̃, in] *adj* **-1.** *sout* [commission, partage] unfair, one-sided; [contrat] leonine. **-2.** [de lion] leonine. **-3.** [vers] Leonine.

**léopard** [leopar] *nm* **-1.** ZOOL leopard; [fourrure] leopard skin. **-2.** *(en apposition):* tenue ~ MIL camouflage battle dress.

**LEP, Lep** [lɛp, ɛlapø] *nm abr de* **lycée d'enseignement professionnel.**

**lèpre** [lɛpr] *nf* **-1.** MÉD leprosy. **-2.** *fig* [fléau] blight, scourge.

**lépreux, euse** [leprø, øz] ◇ *adj* **-1.** MÉD leprous. **-2.** *litt* [mur] flaking, peeling. ◇ *nm, f* MÉD leper; traiter qqn comme un ~ to ostracize sb, to send sb to Coventry *Br.*

**léproserie** [leprozri] *nf* leper hospital, leprosy clinic.

**lequel** [ləkɛl] *(f* **laquelle** [lakɛl], *mpl* **lesquels** [lekɛl], *fpl* **lesquelles** [lekɛl], *avec 'à'* **auquel** [okɛl], **auxquels** [okɛl], **auxquelles** [okɛl], *avec 'de'* **duquel** [dykɛl], **desquels** [dekɛl], **desquelles** [dekɛl]) ◇ *pron rel* **-1.** [sujet – personne] who; [– chose] which. **-2.** [complément – personne] whom; [– chose] which; un ami auprès duquel trouver un réconfort a friend (who) one can find comfort with, a friend with whom one can find comfort; un ami avec ~ il sort souvent a friend with whom he often goes out, a friend (who) he often goes out with; une réaction à laquelle je ne m'attendais pas a reaction (which OU that) I wasn't expecting; la maison dans laquelle j'ai grandi the house where OU in which I grew up, the house (that) I grew up in; un dispositif au moyen duquel on peut... a device whereby OU by means of which it is possible to...; le livre à la rédaction duquel il se consacre the book (which) he is engaged in editing. ◇ *dét (adj rel) sout:* il avait contacté un deuxième avocat, ~ avocat avait également refusé de le défendre he contacted another lawyer who also refused to defend him ❑ auquel cas in which case. ◇ *pron interr* which (one); ~ d'entre vous a gagné? which (one) of you won?

**les** [le] *pl* → **le.**

**lès** [lɛ, *devant voyelle* lez] = **lez.**

**lesbianisme** [lɛsbjanism] *nm* lesbianism.

**lesbien, enne** [lɛsbjɛ̃, ɛn] *adj* lesbian.

◆ **lesbienne** *nf* lesbian.

**lèse** [lɛz] *v* → **léser.**

**lesdites** [ledit] *fpl,* **lesdits** [ledi] *mpl* → **ledit.**

**lèse-majesté** [lɛzmaʒɛste] *nf inv* lese-majesty, lèse-majesté.

**léser** [18] [leze] *vt* **-1.** [désavantager]: ~ qqn to wrong sb; ~ les intérêts de qqn to harm sb's interests; elle s'estime lésée par rapport aux autres she feels badly done by OU unfavourably treated compared with the others. **-2.** JUR: partie lésée injured party. **-3.** MÉD to injure.

**lésiner** [3] [lezine]

◆ **lésiner sur** *v + prép* to skimp on; tu n'as pas lésiné sur le sel! you got a bit carried away with OU you were a bit too generous with the salt!; il n'a pas lésiné sur les critiques! he didn't spare his criticism!

**lésion** [lezjɔ̃] *nf* **-1.** MÉD injury, lesion *spéc.* **-2.** JUR wrong.

**lésionnel, elle** [lezjɔnɛl] *adj* MÉD [résultant d'une lésion] due to a lesion; [causant lésion] lesion-causing.

**lesquelles** [lekɛl] *fpl,* **lesquels** [lekɛl] *mpl* → **lequel.**

**lessivable** [lesivabl] *adj* washable.

**lessivage** [lesivaʒ] *nm* **-1.** [d'un mur, d'un plancher] scrubbing, washing. **-2.** GÉOL leaching.

**lessive** [lesiv] *nf* **-1.** [poudre] detergent, washing OU soap powder; [liquide] (liquid) detergent. **-2.** [linge à laver] washing, laundry; [contenu d'une machine] (washing-machine) load. **-3.** [lavage] wash; faire la ~ to do the washing OU the laundry; faites deux ~s séparées pour la laine et le coton wash wool and cotton separately. **-4.** *fam* [épuration] clean-up (operation).

**lessiver** [3] [lesive] *vt* **-1.** [laver – vêtement, tissu] to wash; [– mur] to wash down *(sép).* **-2.** *fam* [épuiser] to wear out *(sép);* je suis lessivé I'm whacked *Br* OU all in *Am.* **-3.** CHIM & GÉOL to leach (out).

**lessiveuse** [lesivøz] *nf* boiler *(for clothes).*

**lest** [lɛst] *nm* AÉRON & NAUT ballast; lâcher du ~ *pr* to dump ballast; *fig* to make concessions, to yield some ground.

**lestage** [lɛstaʒ] *nm* AÉRON & NAUT ballasting.

**leste** [lɛst] *adj* **-1.** [souple et vif – personne] nimble; [– animal] agile, nimble. **-2.** [désinvolte – ton] offhand, disrespectful. **-3.** [libre – plaisanterie] risqué, crude.

**lestement** [lɛstəmɑ̃] *adv* **-1.** [avec souplesse] nimbly. **-2.** [avec désinvolture] offhandedly, casually. **-3.** [hardiment]: il plaisantait un peu ~ he was making rather risqué jokes.

**lester** [3] [lɛste] *vt* **-1.** AÉRON & NAUT to ballast. **-2.** *fam* [charger]: ~ qqch de to fill OU to cram sthg with.

**let** [lɛt] *adj inv* SPORT let; balle ~ let (ball).

**létal, e, aux** [letal, o] *adj* lethal.

**léthargie** [letarʒi] *nf* **-1.** MÉD lethargy; **tomber en ~** to fall into a lethargic state, to become lethargic. **-2.** *fig* [mollesse – physique] lethargy; [– psychological] apathy.

**léthargique** [letarʒik] *adj* MÉD & *fig* lethargic.

**letton, one** ou **onne** [letɔ̃, ɔn] *adj* Latvian.

◆ **Letton, Lettone** ou **onne** *nm, f* Latvian, Lett.

**Lettonie** [letɔni] *npr f*: **(la) ~** Latvia.

**lettre** [letr] *nf* **A.** CARACTÈRE **-1.** [d'un alphabet] letter; **un mot de neuf ~s** a nine-letter word ❑ **~ majuscule** capital (letter), uppercase letter; **~ minuscule** small ou lowercase letter; **en ~s de feu/d'or/de sang: leur révolte est écrite en ~s de feu dans ma mémoire** their revolt is branded on my memory; **leur abnégation est gravée en ~s d'or dans nos cœurs** their self-sacrifice is engraved indelibly in our hearts; **cette page d'histoire est imprimée en ~s de sang dans notre mémoire** this page of history has left a bloody impression in our memory. **-2.** IMPR [forme en plomb] character, letter. **B.** ÉCRIT **-1.** [correspondance] letter; **pas de ~s pour moi?** no mail ou no letters for me?; **mettre une ~ à la poste** to post a letter ❑ **~ d'amour/de menace** love/threatening letter; **~ anonyme** anonymous letter; **~ exprès** express letter; **~ d'introduction** letter of introduction; **~ de licenciement** notice in writing, redundancy letter *Br*, pink slip *Am*; **~ recommandée** [avec accusé de réception] recorded delivery letter *Br*, letter sent by certified mail *Am*; [avec valeur déclarée] registered letter; **~ de remerciements** letter of thanks, thank you letter; **passer comme une ~ à la poste** *fam* [boisson, aliment] to go down a treat; [demande, mesure] to go off without a hitch, to go off smoothly. **-2.** BANQUE: **~ de change** bill of exchange; **~ de crédit** letter of credit. **-3.** JUR: **~ d'intention** letter of intent. **-4.** HIST: **~s de noblesse** letters patent (of nobility); **conquérir** ou **recevoir des ~s de noblesse** *fig* to gain respectability. **-5.** POL: **~s de créance** credentials. **-6.** PRESSE: **~ ouverte** open letter. **-7.** LITTÉRAT [titre] **'les Lettres de mon moulin'** *Daudet* 'Letters from My Mill'; **'Lettres persanes'** *Montesquieu* 'Persian Letters'. **C.** SENS STRICT letter; **respecter la ~ de la loi** to respect ou to observe the letter of the law ❑ **rester ~ morte** to go unheeded, to be disregarded.

◆ **lettres** *nfpl* **-1.** ENS: **les ~s** arts subjects, the arts, the humanities; **étudiant en ~s** arts student; **~s classiques** classics, Latin and Greek; **~s modernes** modern literature; **~s supérieures** preparatory class (*leading to the École normale supérieure and lasting two years*). **-2.** LITTÉRAT: **les ~s** literature; **le monde des ~s** the literary world ❑ **avoir des ~s** to be well-read; **un homme/une femme de ~s** a man/a woman of letters.

◆ **à la lettre, au pied de la lettre** *loc adv* [suivre] to the letter; **ne prends pas ce qu'il dit au pied de la ~** don't take what he says at face value.

◆ **avant la lettre** *loc adv*: **c'était un surréaliste avant la ~** he was a surrealist before the term was ever invented.

◆ **en toutes lettres** *loc adv* **-1.** [entièrement] in full. **-2.** [très clairement] clearly, plainly; **c'est écrit en toutes ~s dans le contrat** it's written in black and white ou it's spelt out plainly in the contract.

**lettré, e** [letre] ◇ *adj* **-1.** *sout* [cultivé] well-read. **-2.** *Belg* [sachant lire et écrire]: **il est ~** he can read and write. ◇ *nm, f*: **c'est un fin ~** he's extremely well-read ou scholarly.

**lettrisme** [letrism] *nm* LITTÉRAT lettrism.

**leu** [lø] (*pl* **lei** [le]) *nm* [monnaie] leu; **quinze lei** fifteen lei.

**leucémie** [løsemi] *nf* leukaemia.

**leucémique** [løsemik] ◇ *adj* leukaemic. ◇ *nmf* leukaemia sufferer.

**leucocyte** [løkosit] *nm* leucocyte.

**leur** [lœr] ◇ *pron pers* them; **je ~ ai donné la lettre** I gave them the letter, I gave the letter to them; **il ~ est difficile de venir** it's difficult for them to come. ◇ *dét (adj poss)* their; **c'est ~ tour** it's their turn; **avec cette aisance qui a toujours été ~** *sout* with that characteristic ease of theirs; **ils ont fait ~ la langue anglaise** *sout* they made the English language their own.

◆ **le leur** (*f* **la leur,** *pl* **les leurs**) *pron poss* theirs; **ils ont pris une valise qui n'était pas la ~** they took a suitcase that wasn't theirs ou their own ❑ **je ne me suis jamais senti l'un**

des **~s** I never felt that I was one of them; **serez-vous aussi des ~s dimanche?** will you be there on Sunday too?; **ils ont été aidés, mais ils y ont mis beaucoup du ~** they were helped, but they put a lot of effort into it (themselves).

**leurre** [lœr] *nm* **-1.** [illusion] delusion, illusion; [tromperie] deception. **-2.** CHASSE decoy, lure; [en fauconnerie] lure. **-3.** PÊCHE lure; [vivant] bait.

**leurrer** [5] [lœre] *vt* **-1.** [tromper] to deceive, to delude; **ne te laisse pas ~ par ses beaux discours** do not be deceived by his fine words. **-2.** [en fauconnerie] to lure.

◆ **se leurrer** *vp (emploi réfléchi)* [se laisser abuser] to deceive ou to delude o.s.; **il ne faut pas se ~, on va perdre** let's not fool ourselves, we're going to lose.

**levage** [ləvaʒ] *nm* TECH lifting; **appareil de ~** lifting tackle *(U)* ou appliance.

**levain** [ləvɛ̃] *nm* CULIN [substance, pâte] leaven, leavening; **pain sans ~** unleavened bread. **-2.** *fig* & *litt*: **le ~ de la révolte** the seeds of revolt.

**levant** [ləvã] *nm sout*: **le ~** the east.

**Levant** [ləvã] *npr m*: **le ~** the Levant.

**levantin, e** [ləvãtɛ̃, in] *adj* Levantine.

**levé** [ləve] *nm* survey.

**lève** [lɛv] *v* → **lever**.

**levée** [ləve] *nf* **-1.** [ramassage – du courrier, des impôts] collection. **-2.** [suppression – de sanctions] lifting; **cela nécessiterait la ~ de son immunité parlementaire** this would involve withdrawing his parliamentary immunity. **-3.** JUR: **~ d'écrou** release (from prison); **~ des scellés** removal of the seals. **-4.** GÉOL levee. **-5.** MIL [de troupes] levying; [d'un siège] raising; **~ en masse** levy en masse; **~ de boucliers** *fig* outcry, uproar. **-6.** COMM: **~ d'option** taking up of the option. **-7.** [cérémonie]: **la ~ du corps** taking the body from the house (*for the funeral*).

**lève-glace** [lɛvglas] (*pl* **lève-glaces**) *nm* window winder.

**lever¹** [ləve] *nm* **-1.** [apparition]: **le ~ du soleil** sunrise; **le ~ du jour** daybreak, dawn. **-2.** [fait de quitter le lit]: **elle boit un grand verre d'eau au ~** she drinks a big glass of water as soon as she gets up ou first thing in the morning; **le ~ du roi** the levee of the king. **-3.** THÉÂT: **au ~ de rideau** when the curtain goes up. **-4.** [d'un plan] survey.

**lever²** [19] [ləve] ◇ *vt* **A. -1.** [faire monter] to raise, to lift; [soulever] to lift; [redresser] to lift up; **lève la vitre** close the window; **levons nos verres à sa réussite** let's raise our glasses to ou let's drink to his success; **~ le rideau** THÉÂT to raise the curtain ❑ **~ l'ancre** to weigh anchor; **~ l'étendard de la révolte** to rise up in revolt, to raise the banner (of rebellion). **-2.** [diriger vers le haut – partie du corps] to lift, to raise; **~ la tête** ou **la tête** ou **to raise one's head; ~ le pied** [automobiliste] to drive slowly; **~ les yeux** [de son livre etc] to look up; **~ les yeux au ciel** to lift up ou to raise one's eyes to heaven; **le chien lève la patte** the dog cocks its leg; **~ les bras au ciel** to lift up ou to raise one's arms to heaven ❑ **~ le cœur à qqn** to turn sb's stomach. **-3.** [sortir du lit]: **~ qqn** to get sb up, to get sb out of bed.

**B. -1.** [ramasser – filets de pêche] to raise; [– courrier, impôt] to collect. **-2.** [dessiner – carte] to draw (up). **-3.** CULIN [viande] to carve; **~ les filets d'un poisson** to fillet a fish. **-4.** [faire cesser – blocus, interdiction] to lift; [– séance, audience] to close; [– scrupules, ambiguïté] to remove; [– punition] to lift; [– obstacle] to get rid of, to remove. **-5.** BOURSE: **~ une valeur** to take up a security; **~ des titres** to take delivery of stock; **~ une option** to take up an option. **-6.** JEUX: **~ un pli** (*sép*); **~ les cartes** to take ou to pick up a trick.

**C. -1.** CHASSE to flush. **-2.** ▽ [séduire] to pull, to pick up. **-3.** MIL [mobiliser] to raise.

◇ *vi* **-1.** [pousser – blé] to come up (*insép*). **-2.** CULIN to rise, to prove.

◆ **se lever** *vpi* **-1.** [monter] to go up; **je vois une main qui se lève au fond de la classe** I see a hand going up at the back of the class; **tous les yeux** ou **regards se levèrent vers elle** all eyes turned towards her; **le rideau se lève sur un salon bourgeois** the curtain rises on a middle-class drawing room. **-2.** [se mettre debout] to stand up, to rise; **se ~ de sa chaise** to get up ou to rise from one's chair; **ne te lève pas de table!** don't leave the table!; **se ~ contre** *fig* to rise up against; **il est temps que les hommes de bonne volonté se lèvent** it is time for men of goodwill to stand up and be counted. **-3.** [sortir du lit – dormeur] to get up, to rise *litt*; [– malade] to get up; **je ne peux pas me ~ le matin** I can't get up ou I can't get out of bed in the morning ❏ **se ~ avec le soleil** to be up with the lark; **pour la prendre en défaut il faut se ~ tôt** ou **de bonne heure!** *fig* you'd have to be on your toes to catch her out!; **pour trouver du bon pain ici, tu peux te ~ de bonne heure** you've got your work cut out finding ou you'll be a long time finding good bread round here. **-4.** [apparaître – astre] to rise; [– jour] to dawn, to break. **-5.** MÉTÉO [vent] to get up; [brume] to lift, to clear; [orage] to break; **le temps se lève** [il fait meilleur] the sky's clearing (up). **-6.** *litt* [surgir, naître] to rise (up); **l'espoir commença à se ~ dans tous les cœurs** hope welled up in everyone's heart.

**lève-tard** [lɛvtar] *nmf inv* late riser.

**lève-tôt** [lɛvto] *nmf inv* early riser, early bird.

**levier** [ləvje] *nm* **-1.** MÉCAN lever; **faire ~ sur qqch** to lever sthg up ou off. **-2.** [manette]: **~ (de changement) de vitesse** gear lever *Br*, gearshift *Am*; **~ de frein à main** handbrake lever; **~ de commande** control (lever). **-3.** *fig* [moyen de pression] means of pressure, lever. **-4.** ÉCON: **effet de ~** leverage, gearing.

**lévitation** [levitasjɔ̃] *nf* levitation.

**lévite** [levit] *nm* HIST Levite.

**Lévitique** [levitik] *npr m*: **le ~** Leviticus.

**levraut** [ləvro] *nm* leveret.

**lèvre** [lɛvr] *nf* **-1.** [de la bouche] lip; **elle avait le sourire aux ~s** she had a smile on her lips; **lire sur les ~s** to lip-read ❏ **~ inférieure/supérieure** lower/upper lip; **être pendu** ou **suspendu aux ~s de qqn** to be hanging upon sb's every word. **-2.** [de la vulve] lip, labium; **les ~s** the labia; **grandes/petites ~s** labia majora/minora. **-3.** GÉOL edge, side, rim. **-4.** MÉD [d'une plaie] lip.

**levrette** [ləvrɛt] *nf* ZOOL greyhound bitch; **~ (d'Italie)** Italian greyhound.

**lévrier** [levrije] *nm* greyhound; **~ afghan** Afghan hound.

**levure** [ləvyr] *nf* yeast; **~ de bière** brewer's yeast, dried yeast; **~ (chimique)** baking powder.

**lexème** [lɛksɛm] *nm* lexeme.

**lexical, e, aux** [lɛksikal, o] *adj* lexical.

**lexicaliser** [3] [lɛksikalize] *vt* to lexicalize.

◆ **se lexicaliser** *vpi* to become lexicalized.

**lexicographe** [lɛksikɔgraf] *nmf* lexicographer.

**lexicographie** [lɛksikɔgrafi] *nf* lexicography.

**lexicographique** [lɛksikɔgrafik] *adj* lexicographical.

**lexicologie** [lɛksikɔlɔʒi] *nf* lexicology.

**lexicologue** [lɛksikɔlɔg] *nmf* lexicologist.

**lexique** [lɛksik] *nm* **-1.** [ouvrage] glossary, lexicon. **-2.** [d'une langue] lexis, vocabulary; [un auteur] vocabulary.

**lez** [lɛ, *devant voyelle* lɛz] *prép* by, near.

**lézard** [lezar] *nm* **-1.** ZOOL lizard; **faire le ~** to bask in the sun. **-2.** [peau] lizardskin.

**lézarde** [lezard] *nf* crack, crevice.

**lézarder** [3] [lezarde] ◇ *vi fam* [au soleil] to bask in the sun; [paresser] to laze about, to lounge (about). ◇ *vt* [fissurer] to crack.

◆ **se lézarder** *vpi* to crack.

**liage** [ljaʒ] *nm* [action de lier] binding.

**liaison** [ljɛzɔ̃] *nf* **-1.** [contact]: **le secrétaire assure la ~ entre les divers services** the secretary liaises between the various departments. **-2.** TÉLÉC contact; **la ~ téléphonique n'est pas très bonne** the line is not very good; **nous sommes en ~ directe avec notre correspondant** we have our correspondent on the line ❏ **~ radio** radio contact. **-3.** TRANSP link; **un train/car assure la ~ entre Édimbourg et Glasgow** there is a train/coach service operating between Edinburgh and Glasgow ❏ **~ aérienne/maritime/ ferroviaire/fluviale/routière** air/sea/rail/river/road link. **-4.** [rapport] connection, link; **son départ est sans ~ avec la dispute d'hier** his departure is in no way linked to yesterday's argument. **-5.** *litt* [relation] relationship; **avoir une ~ avec qqn** to have an affair with sb; **'les Liaisons dangereuses'** Laclos 'Dangerous Liaisons'. **-6.** CHIM bond. **-7.** INF link. **-8.** LING liaison. **-9.** MUS [pour tenir une note] tie; [pour lier plusieurs notes] phrase mark, slur.

◆ **de liaison** *loc adj* liaison *(modif)*.

◆ **en liaison** *loc adv* in touch, in contact; **être/rester en ~ (avec qqn)** to be/to remain in contact (with sb).

**liane** [ljan] *nf* [vigne, lierre] creeper; [en forêt équatoriale] liana.

**liant, e** [ljɑ̃, ɑ̃t] *adj* sociable.

◆ **liant** *nm litt* [affabilité]: **avoir du ~** to be sociable, to have a sociable nature.

**liasse** [ljas] *nf* [de billets] wad; [de documents] bundle.

**Liban** [libɑ̃] *npr m*: **le ~** (the) Lebanon.

**libanais, e** [libanɛ, ɛz] *adj* Lebanese.

◆ **Libanais, e** *nm, f* Lebanese (person); **les Libanais** the Lebanese.

**libation** [libasjɔ̃] *nf* ANTIQ libation.

◆ **libations** *nfpl*: **faire de joyeuses ~s** to drink copious amounts (of alcohol).

**Libé** [libe] *fam abr de* **Libération**.

**libelle** [libɛl] *nm* lampoon.

**libellé** [libele] *nm* wording.

**libeller** [4] [libele] *vt* **-1.** [lettre] to word. **-2.** ADMIN [texte juridique] to draw up *(sép)*. **-3.** [chèque] to make out *(sép)*; **libellez votre chèque au nom de...** make your cheque payable to...

**libellule** [libelyl] *nf* dragonfly.

**libérable** [liberabl] *adj* **-1.** MIL [militaire, contingent] dischargeable. **-2.** JUR [prisonnier] eligible for release.

**libéral, e, aux** [liberal, o] ◇ *adj* **-1.** [aux idées larges] liberal, liberal-minded, broad-minded. **-2.** ÉCON free-market, free-enterprise; **l'économie ~e** the free-market economy. **-3.** HIST liberal. **-4.** POL [en Grande-Bretagne, au Canada] Liberal; [en France] favouring the free-market economy. ◇ *nm, f* **-1.** POL [en Grande-Bretagne, au Canada] Liberal; [en France] free-marketeer. **-2.** [personne tolérante] broad-minded person.

**libéralement** [liberalmɑ̃] *adv* **-1.** [généreusement] liberally, generously. **-2.** [librement] broad-mindedly.

**libéralisation** [liberalizasjɔ̃] *nf* **-1.** POL liberalization. **-2.** ÉCON liberalization, easing (of restrictions).

**libéraliser** [3] [liberalize] *vt* **-1.** [mœurs, régime] to liberalize. **-2.** ÉCON [commerce] to ease ou to lift restrictions on; **~ l'économie** to reduce state intervention in the economy.

◆ **se libéraliser** *vpi* [régime] to become (more) liberal; [mœurs] to become freer.

**libéralisme** [liberalism] *nm* **-1.** POL liberalism. **-2.** ÉCON (doctrine of) free enterprise, liberalism. **-3.** [tolérance] broadmindedness, liberal-mindedness.

**libéralité** [liberalite] *nf* [générosité] generosity, liberality.

◆ **libéralités** *nfpl sout* [dons] (cash) donations, liberalities.

**libérateur, trice** [liberatœr, tris] ◇ *adj* **-1.** [rire, geste] liberating, cathartic *litt*. **-2.** POL liberating; **l'armée libératrice** the liberating army, the army of liberation. ◇ *nm, f* liberator.

**libération** [liberasjɔ̃] *nf* **-1.** [d'un pays] liberation; [d'un soldat] discharge; **la Libération** the Liberation (of France); **à la Libération** when France was liberated. **-2.** JUR [d'un détenu] release; **~ anticipée** early release; **~ conditionnelle** (release on) parole. **-3.** [émancipation]: **éprouver un sentiment de ~** *fig* to feel liberated ❏ **la ~ de la femme** women's liberation. **-4.** ÉCON: **la ~ des prix** the deregulation of prices, the removal of price controls; **la ~ des loyers** the lifting of rent control. **-5.** PRESSE: **Libération** French left-of-centre daily newspaper. **-6.** CHIM, PHYS & PHYSIOL release.

**libère** [libɛr] *v* → **libérer**.

**libéré, e** [libere] *adj* liberated.

**libérer** [18] [libere] *vt* **-1.** [délivrer] to free; **~ qqn de qqch** to free sb from sthg; **quand les Alliés libérèrent Paris** when the Allies liberated Paris. **-2.** [remettre en liberté] to release, to (set) free. **-3.** [décharger]: **~ qqn d'une promesse** to free ou to release sb from a promise. **-4.** [soulager – conscience] to relieve. **-5.** [laisser partir – élèves, employés] to let go; **on nous a libérés avant l'heure** we were allowed to leave ou they let us go early. **-6.** [rendre disponible – lieu] to vacate, to move out of; [– étagère] to clear; **libérez le passage** clear the way; **je n'arrive même pas à ~ une heure pour jouer au tennis** I can't even find a free hour ou an hour to spare to play tennis; **les postes libérés par les mises à la retraite anticipée** vacancies created by early retirement. **-7.** [débloquer – mécanisme, énergie, émotions] to release. **-8.** CHIM & PHYS to release. **-9.** ÉCON [prix, salaires] to free, to lift ou to

remove restrictions on. **-10.** MIL [conscrit] to discharge; **le candidat devra être libéré des obligations militaires** the applicant must be released from ou must have discharged his military service obligations.
♦ **se libérer** ◇ *vp (emploi réfléchi)* **-1.** [se délivrer] to free o.s.; **se ~ de ses chaînes** to free o.s. from one's chains. **-2.** [dans un emploi du temps]: **essaie de te ~ pour demain** try to be free ou to make some time tomorrow. **-3.** [s'émanciper – femmes] to become more liberated. ◇ *vp (emploi passif)* [emploi, appartement] to become vacant ou available; **il y a une place qui s'est libérée au coin de la rue** somebody's just left a parking space at the corner of the street.

**Liberia** [liberja] *nprm*: **le ~** Liberia.

**libertaire** [libɛrtɛr] *adj* & *nmf* libertarian, anarchist.

**liberté** [liberte] *nf* **-1.** [gén, JUR & POL] freedom; **rendre la ~ à un otage** to release a hostage; **rendre la ~ à un oiseau** to set a bird free; **le pays de la ~** the land of the free ou of freedom ❑ **~ individuelle** personal freedom; **~ sous caution** release on bail; **~ sur parole** (release on) parole; **~ provisoire** bail; **être mis en ~ provisoire** to be granted bail, to be released on bail; **~ surveillée** probation; **la statue de la Liberté** the Statue of Liberty. **-2.** [droit] right, freedom; **~ d'association/du travail** right of association/to work; **~ du culte/d'opinion/de mouvement** freedom of worship/thought/movement; **~ d'entreprise** free enterprise, right to set up a business; **~ de la presse/d'expression** freedom of the press/of speech; **Liberté, Égalité, Fraternité** Liberty, Equality, Fraternity *(motto of the French Revolution and, today, of France)*. **-3.** [indépendance] freedom; **~ de jugement/de pensée** freedom of judgement/thought; **avoir toute ~ pour décider** to be totally free ou to have full freedom to decide; **prendre la ~ de** to take the liberty to; **reprendre sa ~** [sentimentale] to regain one's freedom. **-4.** [temps libre] free time; **tous mes moments de ~** all my free time; **je n'ai pas un instant de ~** I haven't got a minute to myself. **-5.** [désinvolture, irrévérence]: **il prend trop de ~ avec nous** he is a bit overfamiliar with us; **il y a une trop grande ~ dans la traduction** the translation is not close enough to the original ou is too free; **~ de langage** overfree use of language. **-6.** ÉCON: **~ des prix** freedom from price controls; **instaurer la ~ des prix** to end ou to abolish price controls.
♦ **libertés** *nfpl* **-1.** [droits légaux] liberties, freedom; **atteinte aux/défense des ~s** attack on/defence of civil liberties; **les ~s publiques** civil liberties. **-2.** [privautés]: **prendre ou se permettre des ~s avec qqn** to take liberties with sb; **j'ai pris quelques ~s avec la recette** I took a few liberties with ou I didn't stick entirely to the recipe.
♦ **en liberté** *loc adj* & *loc adv* free; **être en ~** [personne] to be free ou at large; [animal] to be free ou in the wild; **un parc national où les animaux vivent en ~** a national park where animals roam free; **remettre qqn en ~** JUR to release sb, to set sb free.
♦ **en toute liberté** *loc adv* freely; **vous pouvez vous exprimer en toute ~** you can talk freely.

**libertin, e** [libɛrtɛ̃, in] ◇ *litt* [personne] dissolute, dissipated, debauched; [propos, publication] licentious. **-2.** HIST & RELIG libertine, freethinking. ◇ *nm, f* **-1.** *litt* [personne dissolue] libertine. **-2.** HIST & RELIG libertine, freethinker.

**libertinage** [libɛrtinaʒ] *nm* **-1.** *litt* [comportement] debauchery, dissipation, libertinism. **-2.** HIST & RELIG libertine philosophy, libertinism.

**libidinal, e, aux** [libidinal, o] *adj* PSYCH libidinal.

**libidineux, euse** [libidinø, øz] *adj sout* [vieillard] lecherous; [regard] libidinous, lustful.

**libido** [libido] *nf* libido.

**libitum** [libitɔm] → **ad libitum.**

**libraire** [librɛr] *nmf* bookseller.

**libraire-éditeur** [librɛreditœr] *(pl* **libraires-éditeurs)** *nm* publisher and bookseller.

**librairie** [libreri] *nf* **-1.** [boutique] bookshop *Br*, bookstore *Am*; **un livre qu'on ne trouve plus en ~** a book which is no longer on sale ❑ **~ d'art/d'occasion** art/secondhand bookshop. **-2.** **la ~** [commerce] bookselling; [profession] the book trade.

**librairie-papeterie** [libreripapetri] *(pl* **librairies-papeteries)** *nf* stationer's and bookseller's.

**libre** [libr] ◇ *adj* **-1.** [gén & POL] free; **à la suite du non-lieu,** l'accusé s'est retrouvé **~** owing to lack of evidence, the accused found himself a free man again; **~ de: il ne me laisse pas ~ d'inviter qui je veux** he doesn't leave me free to invite who ou whom I please; **être ~ de ses mouvements** to be free to do what one likes; **~ à toi/à elle de refuser** you're/she's free to say no; **j'y vais?** — **alors là, ~ à toi!** shall I go? — well, that's entirely up to you ou you're (entirely) free to do as you wish! ❑ **être ~ comme l'air** to be as free as (the) air. **-2.** [disponible – personne, salle] free, available; [– poste, siège] vacant, free; [– table] free; [– toilettes] vacant; [– passage] clear; **la ligne n'est pas ~** [au téléphone] the line is engaged *Br* ou busy *Am*; **la voie est ~** the way is clear; **'libre'** [sur un taxi] 'for hire'; **il faut que j'aie la tête ou l'esprit ~ pour prendre une décision** I have to have a clear head before I'm able to make a decision; **tu as un moment de ~?** have you got a minute (to spare)?; **êtes-vous ~ à déjeuner?** are you free for lunch?; **j'ai deux après-midi (de) ~s par semaine** I've got two afternoons off ou two free afternoons a week ‖ [sentimentalement] unattached; **je ne suis pas ~** I'm already seeing somebody. **-3.** [franc] free, open; **je suis très ~ avec elle** I am quite free (and easy) ou open with her ‖ [[désinvolte – personne]: **il se montre un peu trop ~ avec ses secrétaires** he is a bit overfamiliar ou too free with his secretaries ‖ [inconvenant – attitude] free, daring. **-4.** [non réglementé – prix, marché] free, deregulated; **l'entrée de l'exposition est ~** entrance to the exhibition is free ❑ **la ~ entreprise** free enterprise; **par le ~ jeu de la concurrence** through free competition. **-5.** [privé – radio, télévision] independent; [– école, enseignement] private *(in France, mostly Catholic)*. **-6.** [non imposé – improvisation, style] free; **je leur ai donné un sujet ~** I gave them a free choice of subject, I left it up to them to choose the subject ❑ **escalade ~** free climbing; **vers ~** free verse. **-7.** [non entravé – mouvement, membre] free. **-8.** [non fidèle – traduction, adaptation] free. **-9.** CHIM & MATH free. **-10.** MÉCAN & TECH free, disengaged.
◇ *adv*: **ça sonne ~ ou occupé?** is it ringing or engaged *Br* ou busy *Am*?

**libre(-)arbitre** [librarbitr] *nm* free will.

**libre-échange** [libreʃɑ̃ʒ] *(pl* **libres-échanges)** *nm* free trade.

**libre-échangisme** [libreʃɑ̃ʒism] *(pl* **libres-échangismes)** *nm* (doctrine of) free trade.

**libre-échangiste** [libreʃɑ̃ʒist] ◇ *adj* [politique, économie] free-trade *(modif)*; [idée, personne] in favour of free trade. ◇ *nmf* free trader.

**librement** [librəmɑ̃] *adv* freely.

**libre-pensée** [librəpɑ̃se] *(pl* **libres-pensées)** *nf* freethinking.

**libre-penseur** [librəpɑ̃sœr] *(pl* **libres-penseurs)** *nm* freethinker.

**libre-service** [librəsɛrvis] *(pl* **libres-services)** *nm* [magasin] self-service store; [cantine] self-service canteen; [restaurant] self-service restaurant; [station-service] self-service petrol *Br* ou gas *Am* station.

**librettiste** [libretist] *nmf* librettist.

**libretto** [libreto] *nm* libretto.

**Libye** [libi] *nprf*: **(la) ~** Libya.

**libyen, enne** [libjɛ̃, ɛn] *adj* Libyan.
♦ **Libyen, enne** *nm, f* Libyan.

**lice** [lis] *nf* **-1.** SPORT [bordure de piste] line; [en hippisme] rail. **-2.** HIST [palissade] lists; [terrain] tilt-yard. **-3.** CHASSE bitch. **-4.** TEXT = **lisse 2.**
♦ **en lice** *loc adv*: **entrer en ~** to enter the lists.

**licence** [lisɑ̃s] *nf* **-1.** *litt* [liberté excessive] licence; [débauche] licentiousness; **avoir toute ou pleine ~ de faire qqch** to be at liberty ou quite free to do sthg. **-2.** UNIV (bachelor's) degree; **~ d'économie** degree in economics; **~ de russe/de droit** Russian/law degree; **~ ès lettres** arts degree, ≈ BA; **~ ès sciences** science degree, ≈ BSc. **-3.** JUR licence. **-4.** SPORT membership card *(allowing entry into official competitions)*.
♦ **sous licence** *loc adj* licensed. ◇ *loc adv*: **fabriqué sous ~** produced under licence.

**licencié, e** [lisɑ̃sje] ◇ *adj* UNIV graduate. ◇ *nm, f* **-1.** UNIV (university) graduate; **~ ès lettres/ès sciences** arts/science graduate; **~ en droit** law graduate; **~ en anglais** English graduate, graduate in English. **-2.** SPORT registered member. **-3.** [chômeur – pour raisons économiques] laid off ou redundant *Br* employee; [– pour faute professionnelle] dismissed employee; **il y a eu 4 ~s** 4 employees were laid off ou made redundant *Br*, there were 4 layoffs ou redundancies *Br*.

**licenciement** [lisɑ̃simɑ̃] *nm* [structurel] layoff, redundancy *Br*; [pour faute professionnelle] dismissal ❑ ~ **(pour raison) économique** redundancy for economic reasons; ~ **sec** *redundancy without any form of statutory compensation*.

**licencier** [9] [lisɑ̃sje] *vt* [pour raison économique] to sack *Br*, to make redundant *Br*, to lay off *(sép)*; [pour faute] to dismiss, to fire.

**licencieux, euse** [lisɑ̃sjø, øz] *adj* licentious, lewd.

**licenciions** [lisɑ̃sijɔ̃] *v →* **licencier**.

**lichen** [likεn] *nm* BOT lichen.

**lichette** [liʃεt] *nf fam* [petite quantité]: **une ~ de vin/lait** a (teeny) drop of wine/milk; **une ~ de beurre** a smidgin ou a spot of butter; **une ~ de gâteau** a sliver ou (tiny) bit of cake.

**licite** [lisit] *adj* licit, lawful.

**liciter** [3] [lisite] *vt* to auction *(an estate in co-ownership)*.

**licol** [likɔl] = **licou**.

**licorne** [likɔrn] *nf* MYTH unicorn.

**licou** [liku] *nm* halter.

**lie** [li] *nf* -1. ŒNOL dregs, lees; **~ de vin** wine dregs; **il y a de la ~ au fond de la bouteille** there's some sediment at the bottom of the bottle ❑ **boire la coupe** ou **le calice jusqu'à la ~** to drink one's cup of sorrow to the dregs. -2. *sout* [rebut] dregs, rejects; **la ~ de la société** the dregs of society.

**lié, e** [lje] *adj* -1. MUS [notes différentes] slurred; [note tenue] tied. -2. MATH bound.

**Liechtenstein** [liʃtεnʃtajn] *npr m*: **le ~** Liechtenstein; **au ~** in Liechtenstein.

**lied** [lid] *(pl* **lieds** ou **lieder** [lidər]) *nm* lied; **un récital de ~s** ou **~er** a lieder recital.

**lie-de-vin** [lidvε̃] *adj inv* (red) wine-coloured.

**liège** [ljεʒ] *nm* cork.

**Liège** [ljεʒ] *npr* Liege.

**liégé, e** [ljeʒe] *adj* PÊCHE floated with cork, corked.

**liégeois, e** [ljeʒwa, az] *adj* -1. [personne] from Liège. -2. CULIN: **café/chocolat ~** coffee/chocolate sundae *(topped with whipped cream)*.

**lien** [ljε̃] *nm* -1. [entre des choses] link, connection; **~ de cause à effet** causal relationship, relationship of cause and effect. -2. [entre des gens] link, connection; **nouer des ~s d'amitié** to make friends, to become friends; **les ~s conjugaux** ou **du mariage** marriage bonds ou ties; **ils ont un vague ~ de parenté** there is some distant family connection between them, they're distantly related; **les ~s du sang** blood ties. -3. [lanière] tie. -4. INF link, linkage.

**lier** [9] [lje] *vt* -1. [attacher – cheveux, paquet, fagot] to tie up *(sép)*. -2. [logiquement] to link, to connect; **il faut ~ le nouveau paragraphe au reste du texte** the new paragraph must be linked to the rest of the text; **tout est lié** everything's interconnected, it all fits together. -3. [enchaîner – gestes] to link together *(sép)*. -4. [par contrat] to bind. -5. [associer volontairement]: **~ son sort à qqn** to join forces with sb; **~ son sort à qqch** to stick with sthg for better or worse. -6. [unir par des sentiments] to bind, to unite; **l'amitié qui nous lie** the friendship which binds us; **cette maison est liée à mon enfance** this house is linked to my childhood. -7. [commencer]: **~ amitié** to become friends; **~ connaissance/conversation avec qqn** to strike up an acquaintance/a conversation with sb. -8. CONSTR to bind. -9. CULIN [sauce] to thicken; [farce] to bind. -10. LING to link words *(with liaisons)*. -11. MUS: **~ les notes** to slur the notes.
◆ **se lier** *vpi*: **se ~** (d'amitié) to become friends; **se ~** (d'amitié) **avec qqn** to strike up a friendship with sb, to become friends with sb.

**lierre** [ljεr] *nm* ivy.

**liesse** [ljεs] *nf litt* jubilation, exhilaration; **une foule en ~** a jubilant crowd.

**lieu¹, s** [ljø] *nm* ZOOL hake; **~ jaune** pollack; **~ noir** coalfish.

**lieu², x** [ljø] *nm* -1. [endroit] place; **leur ~ de promenade habituel** the place where they usually go for a walk; **~ de rassemblement** place of assembly, assembly point; **~ de rencontre** meeting place; **fixons un ~ de rendez-vous** let's decide on somewhere to meet ou on a meeting place ❑ **~ de culte** place of worship; **~ de mémoire** memorial; *fig* repository of culture; **~ de naissance** birthplace, place of

birth; **~ de passage** port of call; **~ de pèlerinage** place of ou centre for pilgrimage; **~ de perdition** den of iniquity; **~ public** public place; **~ de résidence** (place of) residence; **sur le ~ de travail** in the workplace; **sur votre ~ de travail** at your place of work; **le haut ~ de... the Mecca of..., a Mecca for... -2.** GRAMM: **adverbe/complément (circonstanciel) de ~** adverb/complement of place. **-3.** *loc*: **avoir ~** [entrevue, expérience, spectacle] to take place; [accident] to happen; [erreur] to occur; **avoir ~ de** [avoir des raisons de] to have (good) reasons to; **vous n'aurez pas ~ de vous plaindre** you won't find any cause ou any reason for complaint; **tes craintes n'ont pas ~ d'être** your fears are groundless ou unfounded; **il n'y a pas ~ de s'affoler** there's no need to panic; **s'il y a ~** if necessary, should the need arise; **il y a tout ~ de croire** there is every reason to believe; **donner ~ à** [entraîner]: **donner ~ à des désagréments** to cause ou to give rise to trouble; **sa mort a donné ~ à une enquête** his death prompted an investigation; **tenir ~ de**: **ça tiendra ~ de champagne!** that will do instead of champagne!; **le canapé tient ~ de lit** the settee is used as a bed.
◆ **lieux** *nmpl* -1. [endroit précis] scene; **la police est déjà sur les ~x** (du crime) the police are already at the scene of the crime; **pour être efficace, il faut être sur les ~x 24 heures sur 24** if you want to do things properly, you have to be on the spot 24 hours a day ❑ **les Lieux saints** the Holy Places. **-2.** [bâtiments] premises; **les grévistes occupent les ~x** the strikers are occupying the premises ❑ **les ~x d'aisances** *euph* the smallest room *euph*, the lavatory *Br*, the bathroom *Am*.
◆ **au lieu de** *loc prép* instead of; **elle aurait dû me remercier, au ~ de ça, elle m'en veut** she should have thanked me, instead of which she bears a grudge against me; **au ~ de faire qqch** instead of doing sthg.
◆ **au lieu que** *loc conj* instead of; **je préfère ranger moi-même mon bureau au ~ que tu viennes tout changer de place** I prefer to tidy my desk myself rather than having you changing everything around.
◆ **en dernier lieu** *loc adv* finally, lastly, **n'ajoutez le sucre qu'en tout dernier ~** do not add the sugar until the last moment.
◆ **en haut lieu** *loc adv* in high places.
◆ **en lieu et place de** *loc prép sout* in place of, on behalf of, in lieu of.
◆ **en lieu sûr** *loc adv* in a safe place.
◆ **en premier lieu** *loc adv* in the first place, firstly, first of all.
◆ **en tous lieux** *loc adv* everywhere.
◆ **lieu commun** *nm* commonplace, platitude.

**lieu-dit** [ljødi] *(pl* **lieux-dits)** *nm* [avec maisons] hamlet; [sans maisons] place; **au ~ La Folie** at the place called La Folie.

**lieue** [ljø] *nf* -1. [mesure] league; **~ marine** marine league. -2. *loc*: **être à cent** ou **mille ~s de** [être loin de] to be far from; **nous étions à cent ~s de penser que...** it would never have occurred to us that..., we never dreamt that...; **à cent ~s à la ronde** for miles (and miles) around.

**Lieut.** *(abr écrite de* **Lieutenant)** Lieut.

**Lieut.-col.** *(abr écrite de* **Lieutenant-colonel)** Lieut.-Col.

**lieutenant** [ljøtnɑ̃] *nm* -1. MIL [de l'armée de terre, de la marine] lieutenant; [de l'armée de l'air] flying officer *Br*, first lieutenant *Am*. -2. [de la marine marchande] mate; **~ de vaisseau** lieutenant commander. -3. *Helv* second lieutenant; **premier ~** lieutenant. -4. [assistant] lieutenant, second in command.

**lieutenant-colonel** [ljøtnɑ̃kɔlɔnεl] *(pl* **lieutenants-colonels)** *nm* [de l'armée de terre] lieutenant colonel; [de l'armée de l'air] wing commander *Br*, lieutenant colonel *Am*.

**lièvre** [ljεvr] *nm* -1. ZOOL hare; **lever un ~** *pr* to start a hare; *fig* to raise a burning issue, to touch on a sore point. -2. [fourrure] hareskin. -3. SPORT pacemaker, pacesetter.

**lift** [lift] *nm* topspin.

**lifté, e** [lifte] *adj*: **une balle ~e** a ball with topspin; **elle a un jeu très ~** she plays a heavy topspin game.

**lifter** [3] [lifte] ◇ *vi* to put top spin on the ball. ◇ *vt* to put top spin on.

**liftier** [liftje] *nm* lift attendant *Br*, elevator attendant *Am*.

**lifting** [liftiŋ] *nm* -1. [de la peau] face-lift. -2. *fam* [rénovation – d'une institution, d'un bâtiment] face-lift.

**ligament** [ligamɑ̃] *nm* ANAT ligament.

**ligamentaire** [ligamɑ̃tɛr], **ligamenteux, euse** [ligamɑ̃tø, øz] *adj* ligamentous, ligamentary.

**ligature** [ligatyr] *nf* **-1.** MÉD [opération, fil] ligature; ~ des trompes (de Fallope) tubal ligation. **-2.** IMPR ligature, tied letter. **-3.** HORT [processus] tying up; [attache] tie.

**ligaturer** [3] [ligatyre] *vt* **-1.** [attacher] to tie on (sép). **-2.** MÉD to ligate, to ligature; se faire ~ les trompes to have one's (Fallopian) tubes tied.

**lige** [liʒ] *adj* liege.

**lignage** [liɲaʒ] *nm* **-1.** [ascendance] lineage; de haut ~ of noble lineage. **-2.** IMPR linage, lineage.

**ligne** [liɲ] *nf* **-1.** [gén & GÉOM] line; tracer OU tirer une ~ to draw a line; les ~s de la main the lines of the hand ❏ ~ de cœur/de tête/de vie heart/head/life line; une ~ droite [route] a straight stretch of road; la route est en ~ droite sur 3 km the road is straight for 3 km; une ~ de coke▽ a line of coke. **-2.** [texte] line; il est payé à la ~ he is paid by the OU per line; (allez) à la ~! new paragraph! **-3.** [limite] line; ~ blanche/jaune white/yellow line (on roads); ~ de départ/ d'arrivée starting/finishing line; ~ de fond/de service TENNIS base/service line; tracer les ~ d'un court to mark out a court; ~ d'eau OU de flottaison NAUT waterline; ~ de mire OU de visée line of sight; ~ de ballon mort RUGBY dead-ball line; ~ de but RUGBY goal line; ~s de côté TENNIS tramlines; ~ de démarcation [gén] boundary; MIL demarcation line; ~ d'eau NATATION (swimming) lane; passer la ~ (de l'équateur) to cross the line; ~ de faîte watershed, crest line; ~ d'horizon skyline; ~ de partage dividing line; ~ de partage des eaux watershed; ~ de touche touchline. **-4.** [silhouette – d'une personne] figure; avoir la ~ to have a good figure; je surveille ma ~ I look after OU watch my figure; garder la ~ to keep one's figure; la ~ de l'été sera très épurée this summer's look will be very simple ‖ [forme – d'un objet] lines; l'avion a une très belle ~ the plane is beautifully designed. **-5.** [rangée] line; hors ~ unrivalled, matchless ❏ la ~ d'avants/d'arrières SPORT the forwards/ backs; ~ de défense line of defence; les ~s ennemies the enemy lines; être/monter en première ~ MIL & fig to be in/ to go to the front line; un première/deuxième/troisième ~ RUGBY a front-row/second-row/back-row forward. **-6.** [orientation] line; il suit la ~ du parti he follows the party line; sa décision est dans la droite ~ de la politique gouvernementale his decision is completely in line with government policy ❏ ~ de conduite line of conduct; ~s directrices main lines; elle a décrit la situation dans ses grandes ~s she gave a broad outline of the situation, she outlined the situation. **-7.** [généalogique] line; ~ directe/collatérale direct/collateral line; descendre en ~ directe de to be directly descended from. **-8.** TRANSP line; ~ aérienne [société] airline (company); [service] air service, air link; ~ d'autobus [service] bus service; [itinéraire] bus route; ~ de chemin de fer railway line Br, railroad line Am; ~ maritime shipping line; ~ de métro underground line Br, subway line Am; les ~s de banlieue the suburban lines; les grandes ~s the main lines. **-9.** ÉLECTR & TÉLÉC line; la ~ est occupée the line is engaged Br OU busy Am ❏ ~ directe/intérieure/ extérieure TÉLÉC direct/internal/outside line; ~ à haute tension ÉLECTR high voltage line. **-10.** TV [d'une image] line. **-11.** PÊCHE fishing line; ~ de fond ground OU ledger line. **-12.** FIN: ~ de crédit OU de découvert line of credit, credit line. **-13.** Can [mesure] line. **-14.** loc: entrer en ~ de compte to come OU to be taken into consideration.

◆ **en ligne** loc adv **-1.** [en rang]: mettez-vous en ~! line up!, get into line! **-2.** INF on line. **-3.** MIL: monter en ~ [aller à l'assaut] to advance (for the attack). **-4.** TÉLÉC: restez en ~! hold the line!; parlez, vous êtes en ~ go ahead, you're through OU you're connected; elle est en ~, vous patientez? her line's engaged, will you hold?

◆ **sur toute la ligne** loc adv all down the line, from start to finish; gagner sur toute la ~ to win hands down; se tromper sur toute la ~ to be completely mistaken.

**lignée** [liɲe] *nf* **-1.** [descendance] descendants; le premier/ dernier d'une longue ~ the first/last of a long line (of descent). **-2.** [extraction, lignage] stock, lineage; être de noble ~ to be of noble lineage. **-3.** [tradition] line, tradition; elle s'inscrit dans la ~ des romancières féministes she is in the tradition of feminist novelists. **-4.** BIOL line, stock.

**ligner** [3] [liɲe] *vt* to line.

**ligneux, euse** [liɲø, øz] *adj* ligneous, woody.

**lignification** [liɲifikasjɔ̃] *nf* lignification.

**lignite** [liɲit] *nm* MIN brown coal, lignite.

**ligoter** [3] [ligɔte] *vt* to bind, to tie up (sép); ligoté à sa chaise tied to his chair.

**ligue** [lig] *nf* **-1.** [groupe] league, pressure group; ~ anti-alcoolique temperance league. **-2.** HIST & POL: la Ligue the League; la Ligue Arabe the Arab League.

**liguer** [3] [lige] *vt*: être ligué contre to be united against.

◆ **se liguer contre** *vp* + *prép* to join forces against.

**liions** [lijɔ̃] *v* → lier.

**lilas** [lila] ◇ *nm* [arbre] lilac (tree); [fleur] lilac. ◇ *adj inv* lilac (modif), lilac-coloured.

**Lille** [lil] *npr* Lille.

**lilliputien, enne** [lilipysjɛ̃, ɛn] *adj* Lilliputian, tiny.

◆ **Lilliputien, enne** *nm, f* Lilliputian.

**lillois, e** [lilwa, az] *adj* from Lille.

◆ **Lillois, e** *nm, f* inhabitant of or person from Lille.

**limace** [limas] *nf* **-1.** ZOOL slug. **-2.** fam & péj [personne] slowcoach Br, slowpoke Am.

**limaçon** [limasɔ̃] *nm* **-1.** ZOOL snail. **-2.** ANAT cochlea.

**limaille** [limaj] *nf* filings; ~ de fer iron filings.

**limande** [limɑ̃d] *nf* dab; fausse ~ megrim, scald fish.

**limbe** [lɛ̃b] *nm* ASTRON limb.

**limbes** [lɛ̃b] *nmpl* **-1.** RELIG limbo; dans les ~ in limbo. **-2.** [état vague, incertain]: être dans les ~ to be in (a state of) limbo; son projet est encore dans les ~ his project is still at the embryonic stage OU hasn't yet got off the ground.

**lime** [lim] *nf* **-1.** [outil] file; ~ à ongles nail file. **-2.** BOT & CULIN lime. **-3.** ZOOL lima.

**limé, e** [lime] *adj* [vêtement] worn, threadbare.

**limer** [3] [lime] *vt* [clé] to file; [rugosité] to file off OU away (sép); [pièce de métal, de bois] to file down (sép); [cadenas, barreau] to file through (insép).

◆ **se limer** *vpt*: se ~ les ongles to file one's nails.

**limette** [limɛt] *nf* BOT lime.

**limier** [limje] *nm* **-1.** CHASSE bloodhound. **-2.** fam [policier]: fin ~ sleuth.

**liminaire** [liminɛr] *adj* **-1.** [discours] introductory, preliminary. **-2.** PSYCH liminal, threshold (modif).

**limitatif, ive** [limitatif, iv] *adj* [liste] restrictive, limitative; [clause] restrictive.

**limitation** [limitasjɔ̃] *nf* limitation, restriction; ~ des naissances birth control; ~ des prix price restrictions OU controls; ~ de vitesse speed limit OU restrictions.

**limite** [limit] ◇ *nf* **-1.** [maximum ou minimum] limit; ~ de temps time limit; il veut mon article demain dernière ~ fam he wants my article by tomorrow at the (very) latest; fixer une ~ à qqch to set a limit to sthg, to limit sthg; 'entrée gratuite dans la ~ des places disponibles' 'free admission subject to availability'; dans les ~s du possible as far as is humanly possible; nos dépenses sont restées dans les ~s du raisonnable our expenses stayed within reasonable bounds; ma patience a des ~s! there's a limit to my patience!; sa haine ne connaît pas de ~ his hatred knows no bounds; son égoïsme est sans ~ his selfishness knows no bounds. **-2.** [d'un bois] border, edge; [d'un pays] boundary, border; [d'un terrain de sport]: essaie de jouer dans les ~ du court! try to keep the ball inside the court!**-3.** MATH limit. ◇ *adj* **-1.** [maximal]: âge/vitesse ~ maximum age/speed. **-2.** fam [juste]: j'ai réussi l'examen, mais c'était ~ I passed the exam, but it was a close OU near thing; je suis un peu ~ côté fric I'm a bit strapped for cash.

◆ **limites** *nfpl* [physiques, intellectuelles] limitations.

◆ **à la limite** loc adv: à la ~, on peut toujours dormir dans la voiture if the worst comes to the worst we can always sleep in the car.

◆ **à la limite de** loc prép: c'était à la ~ du mauvais goût/de l'insolence it was verging on bad taste/on impertinence.

**limité, e** [limite] *adj* **-1.** [influence, connaissances] limited; [nombre, choix, durée] limited, restricted. **-2.** fam [personne]: être ~ to have limited abilities, to be of limited ability; il est assez ~ en maths he's rather weak OU poor at maths.

**limiter** [3] [limite] *vt* **-1.** [réduire – dépenses, nombre] to limit, to restrict; [– temps, influence] to limit; la vitesse n'est pas li-

mitée there is no speed limit; essayez de ~ les dégâts *pr &
fig* try and limit the damage; ~ qqch à to limit ou to restrict
sthg to. **-2.** [circonscrire] to mark the limit of, to delimit.
◆ **se limiter** *vp (emploi réfléchi)*: il ne sait pas se ~ he's incapable of self-restraint; plus de gâteaux, merci, il faut que je
me limite no more cakes, thanks, I've got to watch what I
eat.
◆ **se limiter à** *vp + prép* **-1.** [se résumer à] to be restricted to,
to be confined to. **-2.** [se contenter de]: il se limite à faire ce
qu'on lui dit he only does what he's told to do.
**limitrophe** [limitʀɔf] *adj*: des comtés ~s adjoining ou
neighbouring counties; nos villages sont ~s our villages lie
(just) next to each other; les pays ~s de la Belgique the
countries bordering on Belgium.
**limogeage** [limɔʒaʒ] *nm* dismissal.
**limoger** [17] [limɔʒe] *vt* to dismiss; il s'est fait ~ he was dismissed.
**limon** [limɔ̃] *nm* **-1.** GÉOL silt, alluvium. **-2.** [d'attelage] shaft.
**-3.** [d'escalier] stringboard.
**limonade** [limɔnad] *nf* (fizzy) lemonade.
**limonaire** [limɔnɛʀ] *nm* [petit] barrel organ, hurdy-gurdy;
[grand] fairground organ.
**limoneux, euse** [limɔnø, øz] *adj* silty, silt-laden.
**limousin, e**[1] [limuzɛ̃, in] *adj* from the Limousin.
**limousine**[2] [limuzin] *nf* [automobile] limousine.
**Limoux** [limu] *npr* → **blanquette**.
**limpide** [lɛ̃pid] *adj* **-1.** [pur – lac, miroir, regard] limpid, clear.
**-2.** [intelligible – discours, style] clear, lucid; [– affaire] clear.
**limpidité** [lɛ̃pidite] *nf* **-1.** [d'une eau, d'un regard, d'un dia-
mant] clearness, limpidity *litt*. **-2.** [d'un texte] lucidity; [d'une
affaire] clarity, clearness.
**lin** [lɛ̃] *nm* **-1.** BOT flax. **-2.** TEXT linen, flax; en ~ linen *(modif)*.
**linceul** [lɛ̃sœl] *nm* [suaire] shroud.
**linéaire** [lineɛʀ] ◇ *adj* **-1.** BOT, ÉLECTRON, LING & MATH linear.
**-2.** [simple – discours, exposé] reductionist, one-
dimensional. ◇ *nm* COMM shelf space.
**linéaments** [lineamɑ̃] *nmpl litt* [d'une sculpture] lineaments;
[d'un visage] lineaments, features; [d'un ouvrage] lineaments,
outline.
**linéarité** [linearite] *nf* linearity.
**linge** [lɛ̃ʒ] *nm* **-1.** [pour l'habillement et la maison] linen; [lavé]
washing; étendre/repasser le ~ to hang out/to iron the
washing; pour un ~ plus blanc, employez X for a whiter
wash, use X ❑ ~ de corps underwear, underclothes; ~ de
maison household linen; ~ de table table linen; du petit ~
small items (of laundry); du gros ~ big items (of laundry); il
ne fréquente que du beau ~ *fam* he only mixes in high circles ou with the upper crust. **-2.** [chiffon] cloth.
**lingère** [lɛ̃ʒɛʀ] *nf* [d'une institution] laundry supervisor.
**lingerie** [lɛ̃ʒʀi] *nf* **-1.** [sous-vêtements] lingerie, women's underwear; ~ fine lingerie. **-2.** [lieu] linen room.
**lingot** [lɛ̃go] *nm* FIN ingot; ~ d'or gold ingot ou bar; or en ~
ou en ~s gold bullion.
**lingua franca** [lingwafʀɑ̃ka] *nf inv* lingua franca.
**lingual, e, aux** [lɛ̃gwal, o] *adj* lingual.
**linguiste** [lɛ̃gɥist] *nmf* linguist.
**linguistique** [lɛ̃gɥistik] ◇ *adj* linguistic. ◇ *nf* linguistics *(sg)*.
**linguistiquement** [lɛ̃gɥistikmɑ̃] *adv* linguistically.
**linier, ère** [linje, ɛʀ] *adj* flax *(modif)*.
**liniment** [linimɑ̃] *nm* liniment.
**linkage** [linkaʒ] *nm* linkage.
**links** [links] *nmpl* links SPORT.
**lino** [lino] *nm fam* linoleum, lino *Br*.
**linoléum** [linɔleɔm] *nm* linoleum.
**linotte** [linɔt] *nf* linnet.
**linteau, x** [lɛ̃to] *nm* lintel.
**lion** [ljɔ̃] *nm* ZOOL lion; ~ de mer sea lion; tourner comme
un ~ en cage to pace up and down (like a caged lion).
**Lion** [ljɔ̃] *npr m* **-1.** GÉOG: golfe du ~ Gulf of Lions. **-2.**
ASTRON Leo. **-3.** ASTROL Leo; je suis ~ I'm (a) Leo.
**lionceau, x** [ljɔ̃so] *nm* (lion) cub.
**lionne** [ljɔn] *nf* lioness.
**lipémie** [lipemi] *nf* lipemia, lipaemia.

**lipide** [lipid] *nm* lipid.
**lipidémie** [lipidemi] = **lipémie**.
**lipidique** [lipidik] *adj* lipidic.
**lipome** [lipom] *nm* lipoma.
**liposome** [lipɔzom] *nm* liposome.
**liposuccion** [lipɔsy(k)sjɔ̃] *nf* liposuction.
**lippe** [lip] *nf* [lèvre inférieure] lower lip.
**lippu, e** [lipy] *adj* thick-lipped.
**liquéfaction** [likefaksjɔ̃] *nf* liquefaction.
**liquéfiant, e** [likefjɑ̃, ɑ̃t] *adj* **-1.** CHIM & PÉTR liquefying. **-2.**
*fam* [épuisant] exhausting.
**liquéfier** [9] [likefje] *vt* **-1.** CHIM, MÉTALL & PÉTR to liquefy. **-2.**
*fam* [épuiser – personne] to exhaust.
◆ **se liquéfier** *vpi* **-1.** [plomb, gaz] to liquefy, to be liquefied.
**-2.** *fam* [s'amollir] to collapse in a heap.
**liquette** [likɛt] *nf fam* [chemise] (granddad) shirt.
**liqueur** [likœr] *nf* **-1.** [boisson] liqueur; bonbon à la ~
liqueur-filled sweet *Br* ou candy *Am*; chocolat à la ~ liqueur
(chocolate). **-2.** PHARM solution.
**liquidateur, trice** [likidatœr, tris] *adj* liquidating.
◆ **liquidateur** *nm* liquidator; ~ judiciaire official liquidator.
**liquidatif, ive** [likidatif, iv] *adj* of liquidation; valeur liquidative market ou breakup value.
**liquidation** [likidasjɔ̃] *nf* **-1.** [règlement] settling. **-2.** *fam* [as-
sassinat] elimination. **-3.** BOURSE settlement; ~ de fin de
mois monthly settlement. **-4.** [d'un commerce] closing
down; [d'un stock] clearance; ~ de stock stock clearance.
**-5.** FIN & JUR [d'une société] liquidation; [d'un impôt, d'une
dette] settlement, payment; ~ de biens selling (off) of assets.
◆ **en liquidation** *loc adv* JUR: être en ~ to have gone into liquidation; l'entreprise a été mise en ~ the firm was put
into liquidation.
**liquide** [likid] ◇ *adj* **-1.** [qui coule] liquid; des aliments ~s
fluids, liquid food ou foods. **-2.** [trop fluide] watery, thin. **-3.**
FIN [déterminé – créance] liquid. **-4.** [argent]: argent ~ cash.
**-5.** LING liquid. ◇ *nm* **-1.** [substance fluide] liquid, fluid. **-2.**
[aliment] fluid. **-3.** PHYSIOL fluid; ~ amniotique amniotic
fluid; ~ céphalo-rachidien spinal fluid. **-4.** [espèces]: cash;
payer en ~ to pay cash. ◇ *nf* LING liquid (consonant).
**liquider** [3] [likide] *vt* **-1.** FIN & JUR [marchandises, société] to
liquidate; [succession, compte] to settle; [dette] to settle, to
pay off *(sép)*. **-2.** COMM [volontairement – stock] to sell off *(sép)*,
to clear; [– commerce] to sell up *(sép)*, to wind up *(sép)*; 'on liquide' 'closing down sale'. **-3.** *fam* [éliminer – problème] to
get rid of, to scrap. **-4.** *fam* [boisson, nourriture] to polish off
*(sép)*. **-5.** *fam* [personne] to eliminate; il s'est fait ~ he got
himself eliminated.
**liquidité** [likidite] *nf* CHIM & FIN liquidity.
◆ **liquidités** *nfpl* FIN liquid assets; ~s internationales international liquidity.
**liquoreux, euse** [likɔrø, øz] *adj* syrupy.
**liquoriste** [likɔrist] *nmf* liqueur seller.
**lire**[1] [lir] *nf* [monnaie] lira.
**lire**[2] [106] [lir] *vt* **-1.** [texte, thermomètre, carte] to read; j'ai lu
tout Brecht I've read everything Brecht wrote; ~ un rap-
port en diagonale to flick ou to skim through a report; il
m'a lu ta lettre au téléphone he read me your letter over
the phone; je l'ai lu dans le magazine I read (about) it in the
magazine; vous êtes beaucoup lu many people read your
works; en espérant vous ~ bientôt [dans la correspondance]
hoping to hear from you soon; lu et approuvé [sur un
contrat] read and approved; allemand lu et parlé [dans un
curriculum] fluent German; il faut ~ 50 au lieu de 500 500
should read 50 || *(en usage absolu)*: apprendre à ~ to learn to
read; elle lit bien maintenant she can read well now; ~ sur
les lèvres to lip-read ❑ ~ entre les lignes to read between
the lines. **-2.** [déceler] to read; on lisait la déception dans
ses yeux you could read ou see the disappointment in his
eyes; ~ les lignes de la main to read sb's palm; ~ l'avenir
dans le marc de café ≈ to read (the future in the) tea leaves.
**-3.** [interpréter] to interpret; ils ne lisent pas Malraux de la
même manière their interpretations ou readings of Malraux differ. **-4.** INF [disquette] to read; [signes] to sense;
[images] to scan.

◆ **lire dans** *v + prép*: ~ dans les pensées de qqn to read sb's thoughts ou mind.

◆ **se lire** *vp (emploi passif)* **-1.** [être déchiffré] to read; ça se lit facilement it's easy to read; ça se lit comme un roman it reads like a novel. **-2.** [apparaître] to show; l'inquiétude se lisait sur son visage anxiety showed on ou was written all over his face.

**lis** [lis] *nm* lily; un teint de ~ a lily-white complexion.

**lisais** [lize] *v* → lire.

**Lisbonne** [lizbɔn] *npr* Lisbon.

**liseré** [lizre], **liséré** [lizere] *nm* edging ribbon, piping.

**liseron** [lizrɔ̃] *nm* bindweed, convolvulus *spéc*.

**liseur, euse** [lizœr, øz] *nm, f* reader.

◆ **liseuse** *nf* [veste] bed jacket.

**lisibilité** [lizibilite] *nf* [d'une écriture] legibility; [d'un texte] readability.

**lisible** [lizibl] *adj* **-1.** [écriture, signe] legible. **-2.** [roman] readable.

**lisiblement** [lizibləmɑ̃] *adv* legibly.

**lisier** [lizje] *nm* slurry.

**lisière** [lizjɛr] *nf* **-1.** [d'une forêt] edge. **-2.** TEXT selvage, selvedge.

**lisons** [lizɔ̃] *v* → lire.

**lissage** [lisaʒ] *nm* **-1.** [d'un cuir] sleeking. **-2.** ÉCON & MATH smoothing (out). **-3.** MÉD face-lift.

**lisse** [lis] ◇ *adj* [planche, peau, pâte] smooth; [chevelure, fourrure] sleek. ◇ *nf* **-1.** NAUT [membrures] ribband; [garde-fou] handrail. **-2.** TEXT heddle.

**lissé** [lise] *nm* gloss stage *(in sugar boiling)*.

**lisser** [3] [lise] *vt* [barbe, mèche] to smooth (down); [papier, tissu] to smooth out *(sép)*; [plumes] to preen; [cuir] to sleek.

**lissier** [lisje] *nm* TEXT loom setter.

**listage** [listaʒ] *nm* listing.

**liste** [list] *nf* **-1.** [énumération – de noms, de chiffres] list; faire ou dresser une ~ to make (out) ou to draw up a list; tu as la ~ des courses (à faire)? have you got the shopping list?; j'ai fait la ~ des avantages et des inconvénients I have listed the ou made a list of the pros and cons; tu n'es pas sur la ~ you're not on the list, your name isn't listed; la ~ des invités the guest list □ ~ d'attente waiting list; ~ de contrôle checklist; ~ de mariage wedding list; ~ noire blacklist; elle est sur la ~ noire she has been blacklisted; être sur la ~ rouge TÉLÉC to be ex-directory *Br*, to have an unlisted number *Am*. **-2.** POL: ~ électorale electoral roll; la ~ d'opposition the list of opposition candidates; ~ commune joint list (of candidates). **-3.** INF list. **-4.** AÉRON: ~ de vérification checklist. **-5.** [d'un cheval] star.

**lister** [3] [liste] *vt* **-1.** [mettre en liste] to list. **-2.** INF to list (out).

**listing** [listiŋ] *nm* **-1.** [gén] list. **-2.** INF printout, listing.

**lit** [li] *nm* **-1.** [meuble] bed; ~ en pin/en fer pine/iron bed; garder le ~, rester au ~ to stay ou to be in bed; aller au ~ to go to bed; envoyer/mettre qqn au ~ to send/to put sb to bed; se mettre au ~ to get into bed; tu es encore au ~! you are still in bed!; maintenant, au ~! come on now, it's bedtime!; faire ~ à part to sleep in separate beds; le ~ est/n'est pas défait the bed has/hasn't been slept in; faire le ~ de qqn to make sb's bed; c'est un hôpital de 150 ~s it's a 150-bed hospital □ ~ à baldaquin four-poster (bed); ~ de jour ou de repos daybed; ~ de camp camp bed; ~ d'enfant, petit ~ cot *Br*, crib *Am*; ~ à une personne/deux personnes single/double bed; ~ pliant folding bed; ~ en portefeuille apple-pie bed *Br*, short-sheeted bed *Am*; sur son ~ de mort on his deathbed; sur son ~ de douleur on her sickbed; ~s gigognes stowaway beds; ~s jumeaux twin beds; ~s superposés bunk bed, bunks; faire le ~ de qqch to pave the way for sthg; comme on fait son ~ on se couche *prov* as you make your bed, so you must lie in it *prov*. **-2.** JUR [mariage]: enfant d'un premier/deuxième ~ child of a first/second marriage. **-3.** [couche] bed, layer; ~ de feuilles/mousse bed of leaves/moss. **-4.** GÉOG [d'une rivière]: la rivière est sortie de son ~ the river has burst ou overflowed its banks. **-5.** NAUT: le ~ du courant the tideway; le ~ du vent the set of the wind, the wind's eye.

**litanie** [litani] *nf* [longue liste]: une ~ de plaintes a litany of complaints; (avec lui, c'est) toujours la même ~! he never stops moaning!

◆ **litanies** *nfpl* RELIG litanies.

**lit-cage** [likaʒ] *(pl* **lits-cages***) nm* folding cot *Br* ou crib *Am*.

**litchi** [litʃi] *nm* **-1.** [arbre] litchi, lychee. **-2.** [fruit] litchi, lychee, lichee.

**litée** [lite] *nf* **-1.** [groupe d'animaux – lions] pride; [– loups] pack. **-2.** [portée d'une laie] wild sow's litter.

**literie** [litri] *nf* bedding.

**lithiase** [litjaz] *nf* lithiasis.

**lithium** [litjɔm] *nm* lithium.

**litho** [lito] *nf fam* litho.

**lithographe** [litɔgraf] *nm* lithographer.

**lithographie** [litɔgrafi] *nf* **-1.** [procédé] lithography. **-2.** [estampe] lithograph.

**lithographier** [9] [litɔgrafje] *vt* to lithograph.

**lithographique** [litɔgrafik] *adj* lithographic.

**lithologie** [litɔlɔʒi] *nf* lithology.

**litière** [litjɛr] *nf* litter.

**litige** [litiʒ] *nm* **-1.** [différend] dispute; objet de ~ bone of contention. **-2.** JUR dispute; être en ~ to be in dispute ou involved in litigation.

**litigieux, euse** [litiʒjø, øz] *adj* litigious, contentious.

**litote** [litɔt] *nf* litotes; c'est une ~ that's an understatement.

**litre** [litr] *nm* **-1.** [unité] litre. **-2.** [bouteille] litre bottle.

**litron** ▽ [litrɔ̃] *nm* litre, bottle (of wine).

**littéraire** [literɛr] ◇ *adj* [style, œuvre, prix] literary; il fera des études ~s he's going to study literature. ◇ *nmf* [étudiant] arts student; [professeur] arts teacher; [amateur de lettres] a literary ou literary-minded person.

**littérairement** [literermɑ̃] *adv* in literary terms, literarily.

**littéral, e, aux** [literal, o] *adj* [transcription, traduction] literal, word-for-word; [sens] literal.

**littéralement** [literalmɑ̃] *adv* literally; c'est ~ du chantage! that's sheer blackmail!

**littéralité** [literalite] *nf* literality.

**littérateur** [literatœr] *nm péj* hack *(writer)*.

**littérature** [literatyr] *nf* **-1.** la ~ [art, œuvres] literature; [activité] writing; les discours des politiciens c'est de la ~ *péj* the politicians' speeches are just (a lot of) fine words □ ~ de colportage chapbooks. **-2.** [documentation] literature, material.

**littoral, e, aux** [litɔral, o] *adj* coastal, littoral *spéc*.

◆ **littoral, aux** *nm* coastline, littoral *spéc*.

**Lituanie** [lituani] *npr f*: (la) ~ Lithuania.

**lituanien, enne** [lituanjɛ̃, ɛn] *adj* Lithuanian.

◆ **Lituanien, enne** *nm, f* Lithuanian.

**liturgie** [lityrʒi] *nf* liturgy.

**liturgique** [lityrʒik] *adj* liturgical.

**livable** [livabl] *adj* which can be delivered.

**livraison** [livrɛzɔ̃] *nf* **-1.** COMM delivery; payer à la ~ to pay cash on delivery; faire des ~s to carry out ou to make deliveries □ '~ à domicile' 'we deliver'; '~ gratuite' 'free delivery'. **-2.** IMPR instalment.

**livre** [livr] ◇ *nm* **-1.** [œuvre, partie d'une œuvre] book; elle parlait comme un ~ she talked like a book *péj* □ ~ cartonné ou relié hardback (book); ~ de grammaire/d'histoire grammar/history book; ~ d'images/de prières picture/prayer book; ~ scolaire ou de classe schoolbook, textbook; c'est mon ~ de chevet it's a book I read and reread; ~ de cuisine cookery book *Br*, cookbook; ~s pour enfants children's books; ~ d'heures book of hours; ~ de messe hymnbook, missal; ~ de poche paperback (book); il est pour moi comme un ~ ouvert I can read him like a book. **-2.** [l'édition] the book trade; l'industrie du ~ the book industry; les ouvriers du ~ the printworkers. **-3.** [registre]: ~ de bord logbook; ~ de caisse cash book; ~ de comptes (account) books; ~ d'or visitors' book; ~ de paie payroll. **-4.** POL: ~ blanc white paper. ◇ *nf* **-1.** [unité de poids] half a kilo, ≈ pound; *Can* pound. **-2.** FIN pound; ~

égyptienne/chypriote Egyptian/Cypriot pound; ~ irlandaise Irish pound; ~ sterling pound (sterling). **-3.** HIST livre.
◆ **à livre ouvert** *loc adv* at sight.

**livre-cassette** [livrəkasɛt] (*pl* **livres-cassettes**) *nm* spoken word cassette.

**livrée** [livre] *nf* **-1.** [de domestique] livery; chauffeur en ~ liveried chauffeur. **-2.** ZOOL coat.

**livre-journal** [livrəʒurnal] (*pl* **livres-journaux** [-no]) *nm* daybook.

**livrer** [3] [livre] *vt* **-1.** [abandonner – personne, pays, ville] to hand over; **le pays est livré à la corruption** the country has been given over to ou has sunk into corruption; **son corps fut livré aux flammes** her body was committed to the flames; être livré à soi-même to be left to o.s. ou to one's own devices. **-2.** [dénoncer] to inform on (*insép*), to denounce. **-3.** [révéler]: ~ **un secret** to give away ou to betray a secret; **dans ses romans, elle livre peu d'elle-même** she doesn't reveal much about herself in her novels. **-4.** COMM [article, commande] to deliver; [client] to deliver to; ~ **qqch à domicile** to deliver sthg (*to the customer's home*). **-5.** *loc*: (une) **bataille** ou (un) **combat** [se battre] to wage ou to do battle; ~ **passage à** [laisser passer] to make way for.
◆ **se livrer** ◇ *vp (emploi réfléchi)* [se rendre]: **se** ~ **à la police** to give o.s. up to the police. ◇ *vpi* [faire des confidences]: **se** ~ **(à qqn)** to confide (in sb); **elle ne se livre jamais** she never confides in anybody, she never opens up.
◆ **se livrer à** *vp* + *prép* **-1.** [s'engager dans]: **se** ~ **à une enquête** to hold ou to conduct an investigation; **ils se livraient au chantage** they were engaged in blackmail; **se** ~ **à des suppositions** to make suppositions. **-2.** [s'abandonner à – débauche] to abandon o.s. to; [– sentiment] to give o.s. up to.

**livresque** [livrɛsk] *adj* acquired from books.

**livret** [livre] *nm* **-1.** [carnet] notebook. **-2.** BANQUE: ~ **de caisse d'épargne** savings book; **compte sur** ~ savings account. **-3.** JUR: ~ **de famille** ou **de mariage** family record book (*in which dates of births and deaths are registered*). **-4.** SCOL: ~ **scolaire** school report (book). **-5.** MIL: ~ **militaire** army ou military record. **-6.** MUS libretto. **-7.** *Helv* multiplication table.

**livreur, euse** [livrœr, øz] *nm, f* delivery man (*f* woman).

**loader** [lodœr] *nm* loader, loading machine.

**lob** [lɔb] *nm* lob; ~ **lifté** spin lob.

**lobby** [lɔbi] (*pl* **lobbys** ou **lobbies**) *nm* lobby, pressure group.

**lobe** [lɔb] *nm* **-1.** ANAT & BOT lobe; ~ **de l'oreille** ear lobe. **-2.** ARCHIT foil.

**lobé, e** [lɔbe] *adj* **-1.** BOT lobed. **-2.** ARCHIT foiled.

**lober** [3] [lɔbe] *vt & vi* to lob.

**lobotomie** [lɔbɔtɔmi] *nf* lobotomy.

**lobotomiser** [3] [lɔbɔtɔmize] *vt*: **il a été lobotomisé** he's had a lobotomy.

**lobule** [lɔbyl] *nm* lobule.

**local, e, aux** [lɔkal, o] *adj* [anesthésie, élu, radio] local; [averses] localized.
◆ **local, aux** *nm* **-1.** [à usage déterminé] premises; ~ **d'habitation** domestic premises; **locaux commerciaux** business premises. **-2.** [sans usage déterminé] place.

**localement** [lɔkalmã] *adv* **-1.** [à un endroit] locally; **demain le ciel sera** ~ **nuageux** tomorrow there will be patchy cloud ou it will be cloudy in places. **-2.** [par endroits] in places.

**localisable** [lɔkalizabl] *adj* localizable.

**localisation** [lɔkalizasjɔ̃] *nf* **-1.** [détection, emplacement] location. **-2.** ASTRONAUT location, tracking; [limitation] localization, confinement.

**localisé, e** [lɔkalize] *adj* **-1.** [déterminé] located. **-2.** [limité] local, localized; **combats** ~**s** localized fighting.

**localiser** [3] [lɔkalize] *vt* **-1.** [situer] to locate; **il a fallu** ~ **la fuite** we had to locate the leak. **-2.** [limiter] to confine, to localize.

**localité** [lɔkalite] *nf* [petite] village; [moyenne] small town.

**locataire** [lɔkatɛr] *nmf* [d'un appartement, d'une maison] tenant; [d'une chambre chez le propriétaire] lodger; ~ **(à bail)** JUR lessee.

**locatif, ive** [lɔkatif, iv] *adj* **-1.** [concernant le locataire, la chose louée]: **immeuble (à usage)** ~ block of rented flats; **valeur locative** rental value. **-2.** LING: **préposition locative** locative preposition.
◆ **locatif** *nm* locative (case).

**location** [lɔkasjɔ̃] *nf* **-1.** [par le propriétaire – d'un logement] letting *esp Br*, renting (out); [– de matériel, d'appareils] renting (out), rental, hiring (out) *esp Br*; [– de costumes, de skis] hire *esp Br*, rental; [– d'un navire, d'un avion] leasing; ~ **de voitures** self-drive hire. **-2.** [par le locataire – d'un logement] renting; [– d'une machine] hiring *esp Br*, renting; [– d'un avion, d'un navire] leasing. **-3.** [logement] rented accommodation; **désolé, nous n'avons pas de** ~**s** sorry, we have no accommodation for rent; ~ **meublée** furnished accommodation. **-4.** [réservation]: **la** ~ **est ouverte un mois à l'avance** booking starts a month in advance. **-5.** [période] lease; **(contrat de)** ~ **de 2 ans** 2-year rental ou tenancy agreement. **-6.** [prix – d'un logement] rent; [– d'un appareil] rental. **-7.** SOCIOL: ~ **d'utérus** surrogate motherhood.
◆ **en location** ◇ *loc adj*: **être en** ~ [locataire] to be renting (*a house*); [appartement] to be available for rent, to be up for rent; **j'ai un appartement, mais il est en** ~ [déjà loué] I've got a flat but it is rented out. ◇ *loc adv*: **donner** ou **mettre une maison en** ~ to rent (out) a house.

**location-accession** [lɔkasjɔ̃aksesjɔ̃] (*pl* **locations-accessions**) *nf* mortgage.

**location-gérance** [lɔkasjɔ̃ʒerãs] (*pl* **locations-gérances**) *nf* ≃ franchise COMM.

**location-vente** [lɔkasjɔ̃vãt] (*pl* **locations-ventes**) *nf* **-1.** [d'un véhicule, d'équipement] hire purchase *Br*, installment plan *Am*; **la voiture est en** ~ the car is being bought in instalments ou on hire purchase. **-2.** [d'une maison] mortgage.

**locative** [lɔkativ] *f* → **locatif**.

**loch** [lɔk] *nm* **-1.** GÉOG loch. **-2.** NAUT log.

**loche** [lɔʃ] *nf* **-1.** [poisson – de rivière] loach; [– de mer] rockling. **-2.** *dial* [limace] slug.

**lock-out** [lɔkaut] *nm inv* lockout.

**lock-outer** [3] [lɔkaute] *vt* to lock out (*sép*).

**locomoteur, trice** [lɔkɔmɔtœr, tris] *adj* **-1.** MÉCAN locomotive. **-2.** ANAT locomotive, locomotor (*modif*).
◆ **locomoteur** *nm* motor unit.

**locomotion** [lɔkɔmɔsjɔ̃] *nf* locomotion.

**locomotive** [lɔkɔmɔtiv] *nf* **-1.** MÉCAN locomotive, (railway) engine. **-2.** *fam* [d'un parti, d'une économie] pacemaker, pacesetter. **-3.** SPORT pacesetter, pacer.

**locomotrice** [lɔkɔmɔtris] *f* → **locomoteur**.

**locus** [lɔkys] *nm inv* locus.

**locuste** [lɔkyst] *nf* locust.

**locuteur, trice** [lɔkytœr, tris] *nm, f* LING speaker.

**locution** [lɔkysjɔ̃] *nf* **-1.** [expression] phrase, locution; **une** ~ **figée** ou **toute faite** a set phrase, an idiom. **-2.** GRAMM phrase; ~ **adverbiale/nominale** adverbial/noun phrase.

**loden** [lɔdɛn] *nm* **-1.** TEXT loden. **-2.** [manteau] loden coat.

**lof** [lɔf] *nm* windward side; **virer** ~ **pour** ~ to wear.

**lofer** [3] [lɔfe] *vi* to luff.

**loft** [lɔft] *nm* loft (conversion).

**logarithme** [lɔgaritm] *nm* logarithm.

**logarithmique** [lɔgaritmik] *adj* logarithmic.

**loge** [lɔʒ] *nf* **-1.** [d'artiste] dressing room; [de candidats] exam room. **-2.** [de concierge, de gardien] lodge. **-3.** [de francs-maçons] lodge; **la Grande Loge** the Grand Lodge. **-4.** THÉÂT box; **premières/secondes** ~**s** dress/upper circle boxes; **être aux premières** ~**s** *fig* to have a ringside ou front seat; **de notre fenêtre, on est aux premières** ~**s pour les défilés** we have a grandstand view of processions from our window. **-5.** ARCHIT loggia.

**logeable** [lɔʒabl] *adj*: **c'est** ~ **dans le placard** there's room for it in the cupboard.

**logeai** [lɔʒe] *v* → **loger**.

**logement** [lɔʒmã] *nm* **-1.** [habitation] accommodation (U); **un** ~ **de 3 pièces** a 3-room flat *Br* ou apartment *Am*; **ils ont construit des** ~**s pour leurs employés** they have built accommodation for their employees. **-2.** MIL [chez l'habitant] billet; [sur une base] (married) quarters. **-3.** [hébergement]: **le** ~ housing; **la crise du** ~ the housing shortage. **-4.** TECH housing, casing.

**loger** [17] [lɔʒe] ◇ *vi* to live; **pour l'instant je loge chez lui** I'm living at his place at the moment; **les soldats logeaient chez l'habitant** the soldiers were billeted ou quartered with the local population; **les touristes logeaient chez l'habitant** the tourists were staying in boarding houses ou in bed-and-breakfasts; **je suis bien/mal logé** [chez moi] I'm comfortably/badly housed; [en pension] I've got comfortable/poor lodgings; **être logé, nourri et blanchi** to get board and lodging with laundry (service) included ❑ **on est tous logés à la même enseigne** everybody is in the same boat. ◇ *vt* **-1.** [recevoir – ami, visiteur] to put up *(sép)*; [– soldat] to billet. **-2.** [contenir – personnes] to accommodate; [– choses] to put; **le placard peut ~ trois grosses valises** the cupboard can take ou hold three big suitcases. **-3.** [mettre]: **~ une balle dans la tête de qqn** to lodge a bullet in sb's head; **~ une idée dans la tête de qqn** to put an idea into sb's head.
◆ **se loger** *vpt*: **il s'est logé une balle dans la tête** he put a bullet through his head, he shot himself in the head. ◇ *vpi* **-1.** [à long terme – couple, famille] to find somewhere to live. **-2.** [provisoirement – touriste, étudiant] to find accommodation. **-3.** [pénétrer]: **un éclat de verre s'était logé dans son œil droit** a splinter of glass had lodged itself in his right eye. **-4.** TECH to fit, to be housed.

**logeur, euse** [lɔʒœr, øz] *nm, f* landlord (*f* landlady).

**loggia** [lɔdʒja] *nf* loggia.

**logiciel, elle** [lɔʒisjɛl] *adj* software *(modif)*.
◆ **logiciel** *nm* software; **ils viennent de sortir un nouveau ~** they've just brought out a new piece of software ❑ **~ d'application** application ou software package; **~ de base** systems teaching software.

**logicien, enne** [lɔʒisjɛ̃, ɛn] *nm, f* logician.

**logique** [lɔʒik] ◇ *adj* **-1.** PHILOS & SC logical. **-2.** [cohérent, clair] sensible, logical; **ah oui, c'est ~, je n'y avais pas pensé!** ah, that makes sense, I hadn't thought of that!; **sois ~ avec toi-même, tu veux qu'elle vienne ou pas?** you can't have it both ways, do you want her to come or not?-**3.** [normal, compréhensible] logical, normal, natural; **c'est dans la suite ~ des événements** it's part of the normal course of events; **tu la brimes, elle t'en veut, c'est ~** if you pick on her she'll hold it against you, that's only normal ou natural ou logical. **-4.** INF logic. ◇ *nf* **-1.** PHILOS & SC logic; **~ formelle** ou **pure** formal logic. **-2.** [cohérence] logic; **ton raisonnement manque de ~** your argument isn't very logical ou consistent; **il n'y a aucune ~ là-dedans** none of this makes sense; **c'est dans la ~ des choses** it's in the nature of things. **-3.** INF logic; **~ binaire/booléenne** binary/Boolean logic; **~ câblée** wired logic; **~ programmable** field programmable logic array.

**logiquement** [lɔʒikmɑ̃] *adv* **-1.** [avec cohérence] logically. **-2.** [normalement]: **~, il devrait bientôt être là** if all goes well ou unless something goes wrong, he should soon be here.

**logis** [lɔʒi] *nm litt* dwelling, abode.

**logisticien, enne** [lɔʒistisjɛ̃, ɛn] *nm, f* logistician.

**logistique** [lɔʒistik] ◇ *adj* **-1.** MIL logistic. **-2.** [organisationnel]: **les élus locaux apportent un important soutien ~ au parti** local councillors make an important contribution to the running of the party. ◇ *nf* logistics *(sg)*.

**logithèque** [lɔʒitɛk] *nf* software library.

**logo** [logo] *nm* logo.

**logomachie** [lɔgɔmaʃi] *nf* **-1.** [discussion] semantic argument. **-2.** [suite de mots creux] bombast, wordiness.

**logorrhée** [lɔgɔre] *nf* logorrhoea.

**logotype** [lɔgɔtip] *nm* logotype.

**loi** [lwa] *nf* **A. -1.** [règles publiques] law; **les ~s de notre pays** the law of the land; **selon la ~ en vigueur** according to the law as it stands. **-2.** JUR [décret] law; **la ~ Dupont** a été votée la nuit dernière the Dupont Act was passed last night ❑ **la ~ (de) 1901** *law concerning the setting up of non-profit making organizations*; **~ anticasseurs** *law against violence and vandalism during demonstrations*; **~ d'exception** emergency legislation; **~ de finances** budget ou appropriation bill; **~ fondamentale** fundamental law; **~ d'orientation** *act laying down the basic principles for government action in a given field*; **la ~ du talion** HIST lex talionis; **dans ce cas-là, c'est la ~ du talion** *fig* in that case, it's an eye for an eye (and a

tooth for a tooth). **-3.** [légalité]: **la ~ the law**; **ça devrait être interdit par la ~!** there ought to be a law against it!; **avoir la ~ pour soi** to have the law on one's side; **tomber sous le coup de la ~** to be covered by the law.
**B. -1.** [devoir] rule; **les ~s de l'hospitalité/du savoir-vivre** the rules of hospitality/etiquette; **les ~s de l'honneur** the code of honour; **elle ne connaît d'autre ~ que son plaisir** she obeys only her desire for pleasure. **-2.** RELIG law; **la ~ divine** divine law.
**C. -1.** [domination] law, rule; **tenir qqn/un pays sous sa ~** to rule sb/a country; **dicter** ou **imposer sa ~, faire la ~** to lay down the law; **l'équipe de Bordeaux a dicté** ou **imposé sa ~ à celle de Marseille** Bordeaux dominated Marseilles. **-2.** [règles d'un milieu] law, rule; **la ~ du milieu** the law of the underworld; **c'est la ~ de la nature** it's nature's way ❑ **la ~ de la jungle/du silence** the law of the jungle/of silence.
**D.** PRINCIPE law; **la ~ de la gravitation universelle** ou **de la pesanteur** ou **de la chute des corps** the law of gravity; **les ~s de Mendel** Mendel's laws; **la ~ du moindre effort** *hum* the line of least resistance; **la ~ de l'offre et de la demande** the law of supply and demand.

**loi-cadre** [lwakadr] *(pl* **lois-cadres)** *nf* parent act.

**loin** [lwɛ̃] *adv* **-1.** [dans l'espace] far (away); **ils habitent ~** they live a long way away; **il n'y a pas ~ entre Paris et Versailles** it's not far from Paris to Versailles; **elle est ~ derrière nous** she is a long way behind us; **moins ~ (que)** not as ou so far (as); **plus ~ (que)** further ou farther (than); **voir plus ~ dans le texte** see below; **cette arme porte ~** this weapon has a long range. **-2.** [dans le temps] far (away); **c'est ~ tout ça!** [dans le passé] that was a long time ago!, that seems a long way off now!; [dans le futur] that's a long way off!-**3.** *fig* far; **de là à lui faire confiance, il y a ~** there is a big difference between that and trusting him; **d'ici à l'accuser de mensonge, il n'y a pas ~** from here it's a short step to accusing him of lying; **aller un peu** ou **trop ~** to go (a bit) too far; **j'irai plus ~ et je dirai que...** I'd go even further and say that...; **la possession de stupéfiants, ça peut mener ~** possession of drugs can lead to serious trouble; **ils ont poussé les recherches très ~** they took the research as far as possible; **une analyse qui ne va pas très ~** an analysis lacking in depth; **avec 100 francs, on ne va pas ~** you can't get very far on 100 francs; **voir ~** to be far-sighted ❑ **elle ne voit pas plus ~ que le bout de son nez** she can't see further than the end of her nose; **il y a ~ de la coupe aux lèvres** *prov* there's many a slip 'twixt cup and lip *prov*. **-4.** *Helv* [absent]: **il est ~** he's not here.
◆ **au loin** *loc adv* far away; **on voyait, au ~, une rangée de peupliers** a row of poplars could be seen in the far distance ou far off in the distance.
◆ **d'aussi loin que** *loc conj*: **il lui fit signe d'aussi ~ qu'il la vit** he signalled to her as soon as he saw her in the distance; **d'aussi ~ que je me souvienne** as far back as I can remember.
◆ **de loin** *loc adv* **-1.** [depuis une grande distance] from a long way, from a distance; **je vois mal de ~** I can't see very well from a distance; **tu verras mieux d'un peu plus ~** you'll see better from a bit further away; **ils sont venus d'assez ~ à pied** they came a fair distance ou quite a long way on foot ❑ **je l'ai vu venir de ~** *fam* I saw him coming a mile off. **-2.** [assez peu]: **il ne s'intéresse que de ~ à la politique** he's only slightly interested in politics; **suivre les événements de ~** to follow events from a distance. **-3.** [de beaucoup] far and away, by far; **c'est de ~ le meilleur cognac** it's far and away ou it's by far the best brandy; **je le préfère à ses collègues, et de ~** I much prefer him to his colleagues.
◆ **de loin en loin** *loc adv sout* **-1.** [dans l'espace] at intervals, here and there. **-2.** [dans le temps] from time to time, every now and then.
◆ **du plus loin que** *loc conj*: **il lui fit signe du plus ~ qu'il l'aperçut** he signalled to her as soon as he saw her in the distance; **du plus ~ qu'il se souvienne** as far back as he can remember.
◆ **loin de** *loc prép* **-1.** [dans l'espace] a long way ou far (away) from; **non ~ de** not far from. **-2.** *fig* far from; **je ne suis pas ~ de leur dire le fond de ma pensée** it wouldn't take me much to tell them what I think, I have a good mind to tell them what I really think; **j'étais ~ de me douter que...** I never imagined...; **~ de moi l'idée de t'accuser** far

be it from me to accuse you; ~ **de moi cette idée!** nothing could be further from my mind! ❑ – **des yeux,** ~ **du cœur** *prov* out of sight, out of mind *prov*; ~ **de là** [endroit] far from there; *fig* far from it. **-3.** [dans le temps] a long way (away); **la Première Guerre mondiale est bien** ~ **de nous maintenant** the First World War is a long way away from us now; **nous ne sommes plus** ~ **de l'an 2000 maintenant** we're not far off the year 2000 now. **-4.** [au lieu de]: ~ **de m'aider** far from helping me.

◆ **loin que** *loc conj litt* not that.

◆ **pas loin de** *loc adv* [presque] nearly, almost.

**lointain, e** [lwε̃tε̃, εn] *adj* **-1.** [dans l'espace] distant, far-off. **-2.** [dans le temps – passé] distant, far-off; [– futur] distant. **-3.** [indirect – parent, cousin] remote. **-4.** [absent – air, sourire] faraway; **je l'ai trouvée un peu** ~**e** [préoccupée] she seemed to have something on her mind; [distraite] I found her rather vague. **-5.** [dans la pensée – lien, rapport] remote, distant; **il n'y a qu'un** ~ **rapport entre...** there's only the remotest connection between...

◆ **lointain** *nm* **-1.** [fond]: **dans le** ou **au** ~ [vers l'horizon] in the distance. **-2.** BX-ARTS: **les** ~**s** the background; ~ **vaporeux** sfumato background.

**loi-programme** [lwaprɔgram] (*pl* **lois-programmes**) *nf* (framework) legislation, ≃ Command Paper *Br*.

**loir** [lwar] *nm* dormouse.

**Loire** [lwar] *npr f* **-1.** [fleuve]: **la** ~ the (river) Loire. **-2.** [région]: **la** ~ the Loire (area ou valley).

**loisible** [lwazibl] *adj sout*: **il vous est tout à fait** ~ **de partir** you are totally at liberty ou quite entitled to go.

**loisir** [lwazir] *nm* **-1.** [temps libre] spare time; **comment occupez-vous vos heures de** ~? what do you do in your spare time?**-2.** [possibilité]: **avoir (tout) le** ~ **de** to have the time ou the opportunity to; **on ne lui a pas donné** ou **laissé le** ~ **de s'expliquer** he was not allowed (the opportunity) to explain his actions.

◆ **loisirs** *nmpl* [activités] leisure *(U)*, spare-time activities; **nous vivons de plus en plus dans une société de** ~**s we** live in a society where leisure is taking on more and more importance.

◆ **(tout) à loisir** *loc adv* at leisure.

**lokoum** [lɔkum] = **loukoum**.

**lolo** [lolo] *nm* **-1.** *fam* [lait] milk. **-2.** ᵛ [sein] boob.

**lombago** [lɔ̃bago] = **lumbago**.

**lombaire** [lɔ̃bεr] ◇ *adj* lumbar. ◇ *nf* lumbar vertebra.

**lombalgie** [lɔ̃balʒi] *nf* lumbago.

**lombard, e** [lɔ̃bar, ard] *adj* Lombardic.

◆ **Lombard, e** *nm, f* Lombard.

**Lombardie** [lɔ̃bardi] *npr f*: **(la)** ~ Lombardy.

**lombric** [lɔ̃brik] *nm* earthworm, lumbricus *spéc*.

**londonien, enne** [lɔ̃dɔnjε̃, εn] *adj* from London, London *(modif)*.

◆ **Londonien, enne** *nm, f* Londoner.

**Londres** [lɔ̃dr] *npr* London; **le Grand** ~ Greater London.

**long, longue** [lɔ̃, *devant nm commençant par voyelle ou h muet* lɔ̃g, lɔ̃g] *adj* **A.** DANS L'ESPACE **-1.** [grand] long; **une longue rangée d'arbres** a long row of trees; **une fille aux longues jambes** a long-legged girl, a girl with long legs; ~ **de** [mesurant]: **tunnel** ~ **de deux kilomètres** a two-kilometre long tunnel. **-2.** BOT [feuille] elongated; [tige] long. **-3.** VÊT long; **à manches longues** long-sleeved ❑ **une robe longue** a full-length ou long dress. **-4.** CULIN thin. **-5.** JEUX long.
**B.** DANS LE TEMPS **-1.** [qui dure longtemps] long; **je suis fatigué, la journée a été longue** I'm tired, it's been a long day; **je suis restée de** ~**s mois sans nouvelles de lui** I had no word from him for months and months; **obligé d'attendre un** ~ **quart d'heure** kept waiting for a good quarter of an hour; **ne sois pas trop longue** ou **personne ne t'écoutera jusqu'à la fin** don't take too long ou don't speak for too long or nobody will listen to you all the way through; **un congé de longue durée** a (period of) long leave; **j'ai trouvé le temps** ~ the time seemed to go (by) really slowly; ~ **de** [qui dure]: **une traversée longue de deux mois** a two-month (long) crossing. **-2.** [qui tarde – personne]: **je ne serai pas** ~ I won't be long; ~ **à: ne soyez pas trop** ~ **à me répondre** don't take too long answering me; **je n'ai pas été longue à comprendre qu'elle mentait** it didn't take me long to see

that she was lying; **l'eau est longue à bouillir** the water is taking a long time to boil; **il est** ~ **à venir, ce café!** that coffee's a long time coming!**-3.** [qui existe depuis longtemps] long, long-standing; **sa longue expérience de journaliste** his many years spent ou his long experience as a journalist; **une longue amitié** a long-standing friendship. **-4.** [dans le futur]: **à longue échéance, à** ~ **terme** [prévision] long, long-term; **ce sera rentable à** ~ **terme** it will be profitable in the long term; **à plus ou moins longue échéance** sooner or later; **emprunt à** ~ **terme** long-term loan. **-5.** LING & LITTÉRAT long.

◆ **long** ◇ *adv* **-1.** VÊT: **elle s'habille** ~ she wears long skirts ou dresses. **-2.** [beaucoup]: **en dire** ~: **geste/regard qui en dit** ~ eloquent gesture/look; **une remarque qui en dit** ~ **sur ses intentions** a remark which says a lot about ou speaks volumes about his intentions; **elle pourrait vous en dire** ~ **sur cette affaire** she could tell you a few things about this business; **en connaître** ou **en savoir** ~: **demande-le-lui, il en sait** ~ ask him, he knows all about it; **elle en connaît déjà** ~ **sur la vie** she knows a thing or two about life. ◇ *nm* VÊT: **le** ~ long styles; **la mode est au** ~ long styles are in fashion.

◆ **longue** *nf* **-1.** CARTES long suit. **-2.** LING & LITTÉRAT long syllable. **-3.** MUS long note.

◆ **à la longue** *loc adv* [avec le temps] in the long term ou run, eventually.

◆ **au long** *loc adv* in full, fully.

◆ **au long de** *loc prép* **-1.** [dans l'espace] along. **-2.** [dans le temps] during.

◆ **de long** *loc adv* long; **le terrain a cent mètres de** ~ the plot is one hundred metres long ou in length ❑ **faire une mine** ou **tête de dix pieds de** ~ [par déconvenue] to pull a long face; [par mauvaise humeur] to have ou to wear a long face.

◆ **de long en large** *loc adv* back and forth, up and down; **j'ai arpenté le hall de la gare de** ~ **en large** I paced back and forth across ou I paced up and down the main hall of the station.

◆ **de tout son long** *loc adv*: **tomber de tout son** ~ to fall flat; **il était étendu de tout son** ~ he was stretched out at full length.

◆ **en long** *loc adv* lengthwise, lengthways.

◆ **en long, en large et en travers** *loc adv* **-1.** [examiner] from every (conceivable) angle. **-2.** [raconter] in the minutest detail, at some considerable length.

◆ **en long et en large**= **en long, en large et en travers**.

◆ **le long de** *loc prép* **-1.** [horizontalement] along; **en marchant le** ~ **de la rivière** walking along the river bank; **les plaines qui s'étendent le** ~ **du fleuve** the plains which spread out from the river (banks). **-2.** [verticalement – vers le haut] up; [– vers le bas] down.

◆ **tout au long** *loc adv* [en détail] in detail.

◆ **tout au long de** *loc prép* **-1.** [dans l'espace] all along. **-2.** [dans le temps] throughout, all through; **tout au** ~ **de l'année** all year long, throughout the year.

◆ **tout du long** *loc adv* **-1.** [dans l'espace]: **nous avons parcouru la rue tout du** ~ we travelled the whole length of the street; **ils ont descendu le fleuve tout du** ~ they went all the way down the river, they descended the entire length of the river. **-2.** [dans le temps] all along.

◆ **tout le long de** *loc prép* all the way along; **nous avons chanté tout le** ~ **du chemin** we sang all the way.

**long.** *(abr écrite de* **longitude***)* long.

**long-courrier** [lɔ̃kurje] *(pl* **long-courriers***)* ◇ *adj* **-1.** AÉRON [vol] long-distance, long-haul; [avion] long-haul. **-2.** NAUT ocean-going. ◇ *nm* **-1.** AÉRON long-haul aircraft; **compagnie de** ~ long-haul operator; **transport par** ~ long-haul (transport). **-2.** NAUT [navire – marchand] ocean-going ship ou freighter; [– avec passagers] ocean liner, oceaner; [matelot] foreign-going seaman.

**longe** [lɔ̃ʒ] *nf* **-1.** [demi-échine] loin; ~ **de porc** pork (rear) loin; ~ **de veau** loin of veal. **-2.** [lien – pour attacher] tether; [– pour mener] lunge.

**longer** [17] [lɔ̃ʒe] *vt* **-1.** [avancer le long de] to go along (*insép*), to follow; **ils ont longé la pinède à pied/en voiture/en canot/à bicyclette** they walked/drove/sailed/cycled along the edge of the pinewood. **-2.** [border] to run along, to border. **-3.** NAUT: ~ **la côte** to sail along ou to hug the coast.

**longévité** [lɔ̃ʒevite] *nf* **-1.** [d'une personne, d'une espèce] longevity. **-2.** SOCIOL life expectancy.

**longiligne** [lɔ̃ʒiliɲ] *adj* slender.

**longitude** [lɔ̃ʒityd] *nf* longitude; par 30° de ~ est/ouest at longitude 30° east/west.

**longitudinal, e, aux** [lɔ̃ʒitydinal, o] *adj* **-1.** [en longueur] lengthwise, lengthways, longitudinal *spéc.* **-2.** ÉLECTRON longitudinal.

**long(-)métrage** [lɔ̃metrɑʒ] (*pl* **longs(-)métrages**) *nm* feature (length) ou full-length film.

**longtemps** [lɔ̃tɑ̃] *adv* **-1.** [exprimant une durée] for a long time; je n'ai pas attendu ~ I didn't wait long; on a ~ pensé que... it was long thought that..., it was thought for a long time that...; il faut ~ pour... it takes a long time ou a while to...; pas de ~ ou d'ici ~ not for a (long) while ou long time; aussi ~ que tu veux as long as you wish; moins ~ (que) for a shorter time (than); plus ~ (que) longer (than); mettre ou prendre ~ to take a while ou a long time; en avoir pour ~: je n'en ai pas pour ~ I won't be long, it won't take me long; il n'en a plus pour ~ [pour finir] he won't be much longer; [à vivre] he won't last much longer, he's not got much longer to live; d'ici à ce qu'il pleuve, il n'y en a pas pour ~! *fam* it won't be long till the rain starts!; ça va durer (encore) ~, oui? is this going to go on for much longer?, have you quite finished?; il a été absent pendant ~ he was away for a long time; avant ~ before long; je ne reviendrai pas avant ~ I won't be back for a long time; ~ avant long ou a long time before (that), much earlier; ~ après much later, long after (that), a long time after (that). **-2.** [avec 'il y a', 'depuis']: il y a ~ (de ça) ages ou a long time ago; il y a ~ ou cela fait ~ que je l'ai lu it's been a long time since I read it; il y a ~ que j'ai arrêté de fumer I stopped smoking long ou ages ago; il y a ou cela fait ~ que je ne l'ai pas vu it's a long time ou ages since I saw him; tiens, il y avait ~! *fam* [qu'on ne t'avait pas vu] long time no see!; [que tu n'avais pas parlé de ça] here we go again!; il travaille là depuis ~ he's been working there for ages ou a long time.

**longue** [lɔ̃g] *f→* **long**.

**longuement** [lɔ̃gmɑ̃] *adv* **-1.** [longtemps] for a long time, long; il faut ~ pétrir la pâte the dough must be kneaded thoroughly. **-2.** [en détail – expliquer, commenter] in detail, in depth; [– scruter] at length.

**longuet, ette** [lɔ̃gɛ, ɛt] *adj fam* a bit long, longish, a bit on the long side.

**longueur** [lɔ̃gœr] *nf* **-1.** [dimension] length; mesure de ~ linear measurement; unité de ~ unit of length; un ruban de 10 cm de ~ ou d'une ~ de 10 cm a ribbon 10 cm long ou in length; le jardin est tout en ~ the garden is long and narrow; quelle est la ~ de l'Amazone? how long is the Amazon?; j'ai traversé l'île dans toute sa ~ [à pied] I walked the whole length of the island. **-2.** [unité de mesure] length; une ~ de fil a length of cotton ‖ [dans une course, en natation] length; il l'a emporté d'une ~ he won by a length; elle a pris deux ~s d'avance she went into a two-length lead. **-3.** SPORT: saut en ~ long jump. **-4.** INF length, size; ~ de bloc/de mot block/word length; ~ implicite [d'un programme] sizing (estimate). **-5.** RAD: ~ d'onde wave length. **-6.** [dans le temps] length; d'une ~ désespérante sickeningly long.

◆ **longueurs** *nfpl* overlong passages; il y a des ~s dans le film the film is a little tedious in parts; il y avait des ~s some passages were a little boring.

◆ **à longueur de** *loc prép*: à ~ de semaine/d'année all week/year long; il se plaint à ~ de temps he's forever complaining, he complains all the time.

**longue-vue** [lɔ̃gvy] (*pl* **longues-vues**) *nf* telescope, field-glass.

**look** [luk] *nm fam* **-1.** [mode] look, fashion; le ~ des années 80 the 80s look. **-2.** [présentation]: le magazine a changé de ~ the magazine has changed its image.

**looping** [lupiŋ] *nm* loop AÉRON; faire des ~s to loop the loop.

**lopin** [lɔpɛ̃] *nm* [parcelle]: ~ (de terre) patch ou plot (of land).

**loquace** [lɔkas] *adj* talkative, loquacious.

**loquacité** [lɔkasite] *nf* talkativeness, loquacity.

**loque** [lɔk] *nf* **-1.** [haillon] rag. **-2.** [personne] wreck; depuis sa faillite, c'est devenu une ~ since his bankruptcy, he's

been a complete wreck. **-3.** *Belg* [serpillière] mop.

◆ **en loques** *loc adj* & *loc adv* tattered, in tatters; ses vêtements tombaient en ~s his clothes were all in rags ou tatters.

**loquet** [lɔkɛ] *nm* latch, catch bolt.

**loqueteux, euse** [lɔktø, øz] ◇ *adj* **-1.** [personne] dressed in rags, in tatters. **-2.** [manteau] ragged, tattered. ◇ *nm, f* ragamuffin.

**lord** [lɔr(d)] *nm* lord.

**lord-maire** [lɔrdmɛr] (*pl* **lords-maires**) *nm* Lord Mayor.

**lordose** [lɔrdoz] *nf* lordosis.

**lorgner** [3] [lɔrɲe] *vt* to ogle, to eye; le type la lorgnait depuis un bon moment the guy had been eyeing her up ou ogling her for some time; ils lorgnaient tous ses millions *fam* they all had their (beady) eyes on her millions.

**lorgnette** [lɔrɲɛt] *nf* spyglass.

**lorgnon** [lɔrɲɔ̃] *nm* [à main] lorgnette, lorgnon; [à ressort] pince-nez.

**loriot** [lɔrjo] *nm* oriole.

**lorrain, e** [lɔrɛ̃, ɛn] *adj* from Lorraine.

**lorry** [lɔri] (*pl* **lorries**) *nm* (platelayer's) trolley, lorry.

**lors** [lɔr]

◆ **lors de** *loc prép sout* [pendant] during; [au moment de] at the time of; il la rencontra ~ d'un déjeuner d'affaires he met her at a business lunch.

◆ **lors même que** *loc conj litt* even if, even though.

**lorsque** [lɔrskə] (*devant voyelle ou h muet* **lorsqu'** [lɔrsk]) *conj* **-1.** [au moment où] when; nous allions partir lorsqu'on a sonné we were about to leave when the door bell rang. **-2.** [alors que]: on a tort de parler lorsqu'il faudrait agir we shouldn't be talking when we ought to be doing something.

**losange** [lɔzɑ̃ʒ] *nm* diamond, lozenge *spéc*; en forme de ~ diamond-shaped, rhomboid.

**Los Angeles** [lɔsɑ̃dʒələs] *npr* Los Angeles, LA.

**lot** [lo] *nm* **-1.** [prix] prize; ~ de consolation consolation prize. **-2.** [part – gén] share; [– de terrain] plot; à chacun son ~ d'infortunes to each of us his share of misfortunes. **-3.** JUR lot; en ~s lot by lot. **-4.** [ensemble – de livres] collection; [– de vaisselle, de linge] set; [– de savons, d'éponges] (special offer) pack; dans le ~, il y aura bien quelque chose qui t'intéresse out of all these things, you're bound to find something interesting; dans le ~, il y aura bien un fort en maths there must be at least one person who's good at maths among them ❏ ~ de fabrication numéro 34 series ou batch number 34; être au-dessus du ~ to be a cut above the rest. **-5.** INF batch; traitement par ~s batch processing. **-6.** *litt* [destin] lot, fate; tel est notre ~ commun such is our common fate.

**lote** [lɔt] = **lotte**.

**loterie** [lɔtri] *nf* **-1.** JEUX lottery, draw; la Loterie nationale the (French) national lottery ou sweepstake. **-2.** [hasard] lottery; le mariage est une ~ marriage is just a game of chance; c'est une vraie ~! it's the luck of the draw!

**loti, e** [lɔti] *adj*: être bien ~ to be well off ou well provided for; être mal ~ to be badly off ou poorly provided for.

**lotion** [losjɔ̃] *nf* lotion; ~ après-rasage after-shave lotion; ~ capillaire hair lotion.

**lotionner** [3] [lɔsjɔne] *vt* [cuir chevelu] to rub lotion into; [épiderme] to apply lotion to.

**lotir** [32] [lɔtir] *vt* **-1.** [partager] to portion off (*sép*), to divide into plots; [vendre] to sell by plots; 'à ~' to be divided up for sale. **-2.** *sout* [attribuer à]: le sort l'avait loti d'une timidité maladive he had the misfortune to be painfully shy.

**lotissement** [lɔtismɑ̃] *nm* **-1.** [terrain à construire] building plot, site (*for a housing development*); [– construit] (housing) estate *Br*, housing development. **-2.** [partage] division into lots, parcelling out.

**loto** [lɔto] *nm* **-1.** JEUX lotto; [boîte] lotto set. **-2.** le Loto ≈ *the (French state-run) lottery (similar to lotto)*; le Loto sportif ≈ the football pools *Br*, ≈ the soccer sweepstakes *Am*.

**lotte** [lɔt] *nf* [de rivière] burbot; [de mer] monkfish, angler fish.

**lotus** [lɔtys] *nm* lotus.

**louable** [lwabl] *adj* **-1.** [comportement, décision] praiseworthy, commendable, laudable. **-2.** [appartement, maison] rentable, up for rent.

**louage** [lwaʒ] *nm* [cession] letting; [jouissance] renting; ~ de services contract of employment, work contract.

**louange** [lwɑ̃ʒ] *nf* praise; nous dirons à sa ~ que... *litt* to his credit, it must be said that...
◆ **louanges** *nfpl* praise; son interprétation fut saluée par un concert de ~s his performance was praised to the skies; chanter ou célébrer les ~s de qqn to sing sb's praises; couvrir qqn de ~s to heap praise on sb.

**loubard** [lubar] *nm fam* yob *Br*, hood *Am*.

**louche¹** [luʃ] ◇ *adj* **-1.** [douteux – personne] shifty, shady; [– attitude] shady; [– affaire] shady, sleazy; n'y va pas, c'est ~ don't get involved, there's something fishy about it. **-2.** [endroit] sleazy. **-3.** [trouble – couleur, lumière] murky; [– liquide] cloudy. ◇ *nm*: il y a du ~ là-dessous! there's something fishy going on!, I smell a rat!

**louche²** [luʃ] *nf* **-1.** [ustensile] ladle. **-2.** ▽ [main] mitt, paw.

**loucher** [3] [luʃe] *vi* **-1.** MÉD to (have a) squint; il louche he has a squint, he's squint-eyed. **-2.** [volontairement] to go cross-eyed.
◆ **loucher sur** *v + prép fam* [convoiter – personne] to ogle; [– biens] to have an eye on.

**louer** [6] [lwe] *vt* **-1.** [donner en location – logement] to let (out) *(sép)*, to rent; [– appareil, véhicule] to rent ou to hire (out) *(sép)*; [– usine] to lease (out) *(sép)*; [– avion] to hire (out) *(sép)*; ~ qqch à qqn to rent sthg to sb, to rent sb sthg; le propriétaire me le loue pour 1 000 francs he rents it out to me for 1,000 francs ‖ *(en usage absolu)*: elle ne loue pas cher she doesn't ask for very much (by way of) rent. **-2.** [prendre en location – logement] to rent; [– appareil, véhicule] to hire *Br*, to rent *Am*; [– avion, usine] to lease; on a loué le hall d'exposition à une grosse compagnie we've leased the exhibition hall from a big firm ‖ *(en usage absolu)*: l'été nous préférons ~ we prefer renting accommodation for our summer holidays; vous êtes propriétaire? — non, je loue do you own your house? — no, I rent ou I'm a tenant. **-3.** [réserver] to book; pour ce spectacle, il est conseillé de ~ les places à l'avance advance booking is advisable for this show ‖ *(en usage absolu)*: on peut ~ par téléphone telephone bookings are accepted. **-4.** [glorifier] to praise; louons le Seigneur praise the Lord; Dieu soit loué thank God; ~ qqn de ou pour qqch to praise sb for sthg; on ne peut que vous ~ d'avoir agi ainsi you deserve nothing but praise for having acted in this way.
◆ **se louer** *vp (emploi passif)* **-1.** [logement] to be rented ou let; cette chambre se louerait aisément you'd have no problem letting this room ou finding somebody to rent this room. **-2.** [appareil] to be hired ou rented; le téléviseur se loue au mois this TV set is rented on a monthly basis.
◆ **se louer de** *vp + prép*: se ~ de qqch to be pleased with sthg; je peux me ~ d'avoir vu juste I can congratulate myself for having got it right; je n'ai qu'à me ~ de votre ponctualité/travail I have nothing but praise for your punctuality/work.
◆ **à louer** *loc adj* to let; chambres à ~ à la semaine rooms to let ou to rent weekly; 'voitures à ~' 'cars for hire' *Br*, 'cars for rent' *Am*.

**loueur, euse** [lwœr, øz] *nm, f*: c'est un ~ de voitures he rents out cars.

**louf** ▽ [luf] *adj* crazy, nuts.

**loufoque** [lufɔk] ◇ *adj* **-1.** [fou] crazy, daft *Br*, screwy *Am*. **-2.** [invraisemblable – récit, histoire] weird, bizarre, freaky. **-3.** [burlesque]: un film ~ a zany comedy. ◇ *nmf* crank, nutter *Br*, screwball *Am*.

**louis** [lwi] *nm* louis d'or.

**Louis** [lwi] *npr* **-1.** [roi de France] Louis. **-2.** [roi de Bavière] Ludwig.

**Louisiane** [lwizjan] *npr f*: (la) ~ Louisiana.

**Louis-Philippe** [lwifilip] *npr* Louis Philippe.

**loukoum** [lukum] *nm* Turkish delight.

**loulou¹** [lulu] *nm* **-1.** ZOOL spitz. **-2.** *fam* = **loubard**.

**loulou², t(t)e** [lulu, ut] *nm, f fam* **-1.** [en appellatif]: mon ~, ma louloutte (my) darling. **-2.** [personne]: c'est un drôle de ~! he's a weird guy!

**loup** [lu] *nm* **-1.** [mammifère] wolf; faire entrer le ~ dans la bergerie ou to set the fox to mind the geese. **-2.** [personne]:

jeune ~ [en politique] young Turk; [en affaires] go-getter; un vieux ~ de mer an old sea-dog ou salt; il est connu comme le ~ blanc everybody knows him; à pas de ~ stealthily; l'homme est un ~ pour l'homme *allusion Plaute* brother will turn upon brother; quand on parle du ~ on en voit la queue talk of the devil (and he appears). **-3.** *fam* [en appellatif]: mon (petit) ~ my (little) darling ou love ou sweetheart. **-4.** [masque] (eye) mask. **-5.** [poisson] (sea) bass.

**loupage** [lupaʒ] *nm fam* botch-up, messing up.

**loupe** [lup] *nf* **-1.** OPT magnifying glass; observer qqch à la ~ *pr* to look at sthg through a magnifying glass; *fig* to put sthg under a microscope, to scrutinize sthg. **-2.** MÉD wen. **-3.** BOT knur.

**loupé, e** [lupe] *adj fam* missed, failed; ~! missed!; mon gâteau est ~! my cake's a failure!, I've made a mess of my cake!; la soirée a été complètement ~e! the party was a total flop ou wash-out!
◆ **loupé** *nm fam* screw-up *Am*, boob *Br*; il y a eu quelques ~s au début we made a few boobs ou we screwed up a few times to start with.

**louper** [3] [lupe] *fam* ◇ *vt* **-1.** [examen] to flunk; il a complètement loupé son dessin he's made a complete mess of his drawing; ~ son coup to bungle it. **-2.** [train, personne] to miss; je t'ai loupé de cinq minutes I (just) missed you by five minutes. **-3.** [bonne affaire]: ~ une occasion to let an opportunity slip, to pass up an opportunity. **-4.** *loc*: ne pas ~ qqn [le punir] to sort sb out, to give sb what for; ne pas en ~ une [faire des bêtises]: il n'en loupe pas une! he's always putting his foot in it! ◇ *vi*: ça ne va pas ~ it's bound to happen, it (just) has to happen; elle lui avait dit que ça ne marcherait pas et ça n'a pas loupé! she told him it wouldn't work and sure enough it didn't!
◆ **se louper** *fam* ◇ *vp (emploi réciproque)* [ne pas se rencontrer]: on s'est loupé de quelques secondes we missed each other by (just) a few seconds. ◇ *vpi* [manquer son suicide]: cette fois, il ne s'est pas loupé! this time he hasn't bungled it!

**loup-garou** [lugaru] (*pl* **loups-garous**) *nm* **-1.** MYTH werewolf. **-2.** [personnage effrayant] bogeyman.

**loupiot, e¹** [lupjo, ɔt] *nm, f fam* [enfant] kid, nipper *Br*.

**loupiote²** [lupjɔt] *nf* (small) light.

**lourd, e¹** [lur, lurd] *adj* **-1.** [pesant] heavy; gaz plus ~ que l'air heavier-than-air gas; un regard ~ a hard stare; j'ai la tête ~e/les jambes ~es my head feels/my legs feel heavy; les paupières ~es de sommeil eyelids heavy with sleep. **-2.** [complexe – artillerie, chirurgie, industrie] heavy. **-3.** [indigeste] heavy, rich; des repas trop ~s excessively rich meals. **-4.** [compact – sol, terre] heavy, thick; terrain ~ aujourd'hui à Longchamp the going is heavy today at Longchamp. **-5.** [épais] heavy, thick; de ~es tapisseries thick ou heavy wall-hangings; de ~s nuages thick ou dense clouds; ~ de heavy with; un ciel ~ de nuages a heavily-clouded ou heavy sky; son ton ~ de menace the tone of his voice is ominous ou menacing; il régnait dans l'assistance un silence ~ d'angoisse people sat there in anxious silence; cette décision est ~e de conséquences this decision will have far-reaching consequences. **-6.** [accablant – atmosphère, temps] sultry, oppressive. **-7.** [entêtant – odeur] heavy, strong. **-8.** [sans grâce – bâtiment, façade] heavy, heavy-looking. **-9.** [sans finesse – remarque, esprit] clumsy, heavy-handed; des plaisanteries plutôt ~es rather unsubtle jokes; certains passages sont ~s some passages are a bit laboured ou tedious; tu ne comprends pas? ce que tu peux être ~! don't you understand? how slow can you get! **-10.** [insistant]: sans vouloir être ~, je te rappelle que ça doit être fini dans 15 minutes I don't want to nag but don't forget that you have to finish in 15 minutes. **-11.** [important – chiffres] high; [– programme, horaire] heavy; les effectifs des classes sont trop ~s class sizes are too big; tu as là une ~e responsabilité that is a heavy responsibility for you ‖ [grave – perte] heavy, serious, severe; [– dette] heavy, serious; [– faute] serious, grave; de ~es accusations pèsent sur le prévenu the accused faces serious ou weighty charges; elle a une ~e hérédité she's got an unfortunate background.
◆ **lourd** *adv* **-1.** [chaud]: il fait très ~ it is very close ou sul-

try. **-2.** *fam loc*: pas ~: tu n'en fais pas ~ you don't exactly kill yourself; je ne gagne pas ~ I don't exactly make a fortune.

**lourdaud, e** [lurdo, od] ◇ *adj* oafish, clumsy. ◇ *nm, f* oaf.
**lourde²** [lurd] ◇ *nf* ▽ [porte] door. ◇ *f*→ **lourd**.
**lourdement** [lurdəmɑ̃] *adv* **-1.** [très] heavily. **-2.** [sans souplesse] heavily; **marcher** ~ to tread heavily, to walk with a heavy step. **-3.** [beaucoup] greatly; **tu te trompes** ~! you are greatly mistaken!, you're making a big mistake!; **cet investissement grève** ~ **le budget** this investment puts a serious strain on the budget; **insister** ~ **sur qqch** to be most emphatic about sthg.
**lourder** ▽ [3] [lurde] *vt* to kick ou to throw out *(sép)*, to fire.
**lourdeur** [lurdœr] *nf* **-1.** [d'un fardeau, d'une valise] heaviness; **la** ~ **de l'appareil du parti** *fig* the unwieldiness of the party structure. **-2.** [d'un mouvement] heaviness, clumsiness. **-3.** [douleur] heavy feeling; **avoir des** ~**s d'estomac** to feel bloated. **-4.** [du temps] closeness, sultriness. **-5.** [d'une forme] heaviness. **-6.** [d'un propos, d'un comportement] bluntness, clumsiness; **il est d'une telle** ~ **d'esprit!** he's such an oaf! **-7.** [gravité] severity, gravity; **cette guerre égale la précédente par la** ~ **des pertes** this war must rank with the last one in terms of the heavy losses suffered.
◆ **lourdeurs** *nfpl* [maladresses]: idées intéressantes mais trop de ~s interesting ideas, but clumsily expressed.
**lourdingue** ▽ [lurdɛ̃g] *adj* **-1.** [physiquement] clumsy, awkward. **-2.** [intellectuellement – personne] dim-witted, thick *Br*; [– plaisanterie, réflexion] pathetic, stupid.
**loustic** [lustik] *nm fam* **-1.** [individu louche] shady character; **c'est un drôle de** ~ that guy's pretty fishy. **-2.** [farceur] joker, funny guy.
**loutre** [lutr] *nf* **-1.** ZOOL otter. **-2.** [fourrure] otter skin ou pelt.
**Louvain** [luvɛ̃] *npr* Leuven, Louvain.
**louve** [luv] *nf* ZOOL she-wolf.
**louveteau, x** [luvto] *nm* **-1.** ZOOL wolf cub. **-2.** [scout] cub, cub-scout.
**louvoie** [luvwa] *v* → **louvoyer**.
**louvoiement** [luvwamɑ̃] *nm* **-1.** NAUT tacking. **-2.** *fig* [manœuvre] subterfuge.
**louvoyer** [13] [luvwaje] *vi* **-1.** NAUT to tack (about). **-2.** [biaiser] to hedge, to equivocate.
**Louvre** [luvr] *npr m*: **le (palais du)** ~ the Louvre; **le Grand** ~ the enlarged Musée du Louvre *(including all the new constructions and excavations)*; **l'école du** ~ *art school in Paris*.
**lover** [3] [lɔve] *vt* NAUT to coil.
◆ **se lover** *vpi* to coil up.
**loyal, e, aux** [lwajal, o] *adj* **-1.** [fidèle] loyal, faithful, trusty; **20 ans de bons et loyaux services** 20 years' unstinting devotion. **-2.** [honnête] loyal, honest, fair; **un adversaire** ~ an honest opponent; **un procédé** ~ honest behaviour, upright conduct; **un jeu** ~ a fair game.
**loyalement** [lwajalmɑ̃] *adv* **-1.** [fidèlement] loyally, faithfully; **très** ~ with great loyalty, very loyally. **-2.** [honnêtement] loyally, honestly; **agir** ~ to act honestly; **se battre** ~ to fight cleanly.
**loyalisme** [lwajalism] *nm* **-1.** [fidélité] loyalty. **-2.** POL loyalism, Loyalism.
**loyaliste** [lwajalist] ◇ *adj* **-1.** [fidèle] loyal. **-2.** HIST & POL loyalist, Loyalist. ◇ *nmf* **-1.** [fidèle] loyal supporter. **-2.** HIST & POL loyalist, Loyalist.
**loyauté** [lwajote] *nf* **-1.** [fidélité] loyalty, faithfulness. **-2.** [honnêteté] honesty, fairness.
**loyer** [lwaje] *nm* **-1.** [d'un logement] rent; **une hausse des** ~s rent rise ou increase, rent hike *Am*. **-2.** FIN: **le** ~ **de l'argent** the interest rate, the price of money.
**lozérien, enne** [lɔzerjɛ̃, ɛn] *adj* from the Lozère.
**LP** *nm abr de* **lycée professionnel**.
**LSD** *(abr de* lysergic acid diethylamide) *nm* LSD.
**lu, e** [ly] *pp* → **lire**.
**lubie** [lybi] *nf* whim, craze.
**lubricité** [lybrisite] *nf* [d'une personne, d'un regard] lustfulness, lechery; [d'un propos, d'une conduite] lewdness.
**lubrifiant, e** [lybrifjɑ̃, ɑ̃t] *adj* lubricating.
◆ **lubrifiant** *nm* lubricant.
**lubrification** [lybrifikasjɔ̃] *nf* lubrication.

**lubrifier** [9] [lybrifje] *vt* to lubricate.
**lubrique** [lybrik] *adj litt* [personne, regard] lustful, lecherous; [attitude, propos] lewd, libidinous.
**lubriquement** [lybrikmɑ̃] *adv* lecherously, lewdly.
**lucarne** [lykarn] *nf* **-1.** [fenêtre] skylight; ~ **faîtière** skylight. **-2.** FTBL top corner (of the net).
**lucide** [lysid] *adj* **-1.** [clairvoyant] lucid, clear-sighted, perceptive. **-2.** [conscient] conscious.
**lucidement** [lysidmɑ̃] *adv* clearly, lucidly.
**lucidité** [lysidite] *nf* **-1.** [clairvoyance] lucidity, clear-sightedness; **une critique d'une grande** ~ a very perceptive criticism. **-2.** [conscience] lucidity; **elle n'a plus toute sa** ~ her mind's wandering a bit; **à ses moments de** ~ in his lucid moments.
**Lucifer** [lysifɛr] *npr* Lucifer.
**luciole** [lysjɔl] *nf* firefly.
**lucratif, ive** [lykratif, iv] *adj* lucrative, profitable; **un métier** ~ a job that pays well, a well-paid job.
**lucrativement** [lykrativmɑ̃] *adv* lucratively.
**lucre** [lykr] *nm sout* lucre, profit.
**Lucrèce** [lykrɛs] *npr* Lucretius.
**ludiciel** [lydisjɛl] *nm* computer game *(programme)*.
**ludique** [lydik] *adj* play *(modif)*, ludic *spéc*; **le comportement** ~ **des enfants** children's behaviour in play.
**ludothèque** [lydɔtɛk] *nf* **-1.** [lieu] toys and games library. **-2.** *Can* [activité] ≃ playgroup.
**luette** [lɥɛt] *nf* uvula.
**lueur** [lɥœr] *nf* **-1.** [lumière – de l'âtre, du couchant] glow; [– de la lune, d'une lampe] light; [– d'une lame] gleam; **aux premières** ~s **de l'aube** in the first light of dawn; ~ **vacillante** flicker. **-2.** *fig* [éclat] glint, glimmer; **une** ~ **de colère a gleam** ou glint of anger; **une** ~ **d'intelligence/d'espoir/de joie** a glimmer of intelligence/of hope/of joy.
**luge** [lyʒ] *nf* toboggan, sledge *Br*, sled *Am*; **faire de la** ~ to toboggan, to go sledging *Br* ou sledding *Am*.
**luger** [17] [lyʒe] *vi* [descendre en luge] to toboggan, to sledge *Br*, to sled *Am*.
**lugubre** [lygybr] *adj* **-1.** [personne] lugubrious. **-2.** [endroit] gloomy. **-3.** [atmosphère] dismal; **la soirée a été** ~ it was a dismal party.
**lugubrement** [lygybrəmɑ̃] *adv* lugubriously, gloomily.
**lui¹** [lɥi] *pp* → **luire**.
**lui²** [lɥi] *pron pers* **A.** REPRÉSENTANT LE GENRE MASCULIN OU FÉMININ **-1.** [complément – homme] him; [– femme] her; [– chose, animal] it; [– animal domestique] him, her; **je ai parlé** I spoke to him/her; **il a rencontré Hélène et elle (il)** ~ **a plu** he met Helen and she liked him; **il entend qu'on** ~ **obéisse** he means to be obeyed; **il le** ~ **a présenté** he introduced him to her/him; **donne-le-**~ give it to him/her; **ça ne** ~ **rapporte rien** he/she isn't getting anything out of it; **il** ~ **est difficile de venir** it's difficult for him/her to come. **-2.** [se substituant à l'adjectif possessif]: **il** ~ **a serré la main** he shook his/her hand.
**B.** REPRÉSENTANT LE GENRE MASCULIN **-1.** [sujet – personne] he; [– chose, animal] it; [– animal domestique] he; **elle est charmante, mais** ~ **est impossible** she's charming but he's infuriating; ~ **ne voulait pas en entendre parler** HE didn't want to hear anything about it; **si j'étais** ~... if I were him...; **quant à** ~, **il n'était pas là** as for him, he wasn't there; **qui ira avec elle?** — — **who'll go with her?** — he will; ~ **aussi se pose des questions** he is wondering about it too. **-2.** [avec un présentatif]: **c'est** ~ **qui vous le demande** HE's asking you; **c'est encore** ~? is it him again?; **c'est tout** ~! that's typical of him!, that's him all over! **-3.** [complément – personne] him; [– chose, animal] him; [– animal domestique] him; **en ce moment on ne voit que** ~ you see him everywhere at the moment; **elle ne veut que** ~ **pour avocat** he's the only lawyer she will accept, she won't have any lawyer but him; **elle ne** ~ **a pas plu, à** ~ he didn't like her at all; **je vais chez** ~ I'm going to his house; **cette valise n'est pas à** ~? isn't that his suitcase?, doesn't that suitcase belong to him?; **une amie à** ~ a friend of his; **sans** ~, **tout était perdu** without him ou if it hadn't been for him, all would have been lost; **il a réussi à le soulever à** ~ (tout) **seul** he managed to lift it on his own ou without any help.

**-4.** [en fonction de pronom réfléchi] himself; **il ne pense qu'à ~** he only thinks of himself.

**lui-même** [lɥimɛm] *pron pers* [personne] himself; [chose] itself; **M. Dupont? — —** Mr Dupont? — at your service; [au téléphone] Mr Dupont? — speaking; **~ paraissait surpris** he himself seemed surprised; **de ~, il a parlé du prix** he mentioned the price without being prompted ou asked; **il n'a qu'à venir voir par ~** all he has to do is come and see for himself; **il pensait en ~ que...** he thought to himself that...

**luire** [97] [lɥir] *vi* **-1.** [briller – métal, eau] to gleam; [– surface mouillée] to glisten; [– bougie, lumignon] to glimmer; [– feu] to glow; [– soleil] to shine; **son uniforme luisait d'usure** his uniform was shiny with wear. **-2.** *fig* to shine, to glow; **un faible espoir luit encore** there is still a glimmer of hope.

**luisant, e** [lɥizɑ̃, ɑ̃t] *adj* [métal] gleaming; [soleil] shining; [flamme] glowing; [pavé, pelage] glistening.
◆ **luisant** *nm* [d'une étoffe] sheen; [d'une fourrure] gloss.

**luisent** [lɥiz] *v* → **luire**.

**lumbago** [lœbago, lɔ̃bago] *nm* lumbago.

**lumière** [lymjɛr] *nf* **-1.** [naturelle – gén] light; [– du soleil] sunlight; **l'atelier reçoit la ~ du nord** the studio faces north ❑ **revoir la ~** [recouvrer la vue] to be able to see again; [en sortant d'un lieu sombre] to see daylight again; [retrouver la liberté] to be free again. **-2.** [artificielle] light *(C)*; **j'ai vu de la ~ et je suis entré** I saw a light (on) so I went in; **allumer la ~** to turn on ou to switch on the light; **éteindre la ~** to turn ou to switch off the light; **~ tamisée** soft lighting. **-3.** [éclaircissement] light; **apporter de la ~ sur qqch** to shed light on sthg; **toute la ~ sera faite** we'll get to the bottom of this. **-4.** [génie] genius, (shining) light; **cet enfant n'est pas une ~!** that child is hardly a genius ou a shining light! **-5.** ASTRON & OPT light; **~ noire** ou **de Wood** (ultraviolet) black light; **~ cendrée** earthshine; **~ froide** blue light; **~ zodiacale** zodiacal light. **-6.** BX-ARTS light. **-7.** RELIG: **la ~ éternelle** ou **de Dieu** divine light.
◆ **lumières** *nfpl* **-1.** [connaissances] insight *(U)*, knowledge *(U)*; **elle a des ~s sur le problème** she has (some) insight into the problem; **j'ai besoin de tes ~s** I need the benefit of your wisdom. **-2.** AUT lights.
◆ **à la lumière de** *loc prép* in (the) light of.
◆ **en lumière** *loc adv*: **mettre qqch en ~** to bring sthg out, to shed light on sthg.

**lumignon** [lymiɲɔ̃] *nm* **-1.** [bougie] candle end. **-2.** [petite lumière] small light.

**luminaire** [lyminɛr] *nm* [lampe] light, lamp; **magasin de ~s** lighting shop.

**luminescence** [lyminesɑ̃s] *nf* luminescence.

**luminescent, e** [lyminesɑ̃, ɑ̃t] *adj* luminescent.

**lumineusement** [lyminøzmɑ̃] *adv* luminously, clearly.

**lumineux, euse** [lyminø, øz] *adj* **-1.** [qui émet de la lumière] luminous. **-2.** [baigné de lumière] sunny. **-3.** [éclatant – couleur] bright, brilliant. **-4.** [radieux – teint, sourire] radiant. **-5.** [lucide – esprit]: **il a une intelligence lumineuse** he has great insight. **-6.** [clair – exposé] limpid, crystal clear.

**luminosité** [lyminozite] *nf* **-1.** [éclat] brightness, radiance. **-2.** [clarté] luminosity; **le temps de pose dépend de la ~** shutter speed depends on the amount of light available. **-3.** ASTRON luminosity.

**lumpenprolétariat** [lœmpɛnprɔletarja] *nm* lumpenproletariat.

**lunaire** [lynɛr] *adj* **-1.** ASTRON lunar; **mois ~** lunar month. **-2.** [qui évoque la lune – paysage] lunar.

**lunaison** [lynɛzɔ̃] *nf* lunar ou synodic *spéc* month, lunation *spéc*.

**lunatique** [lynatik] ◇ *adj* mercurial, temperamental, whimsical. ◇ *nmf* temperamental ou capricious person.

**lunch** [lœʃ, lœntʃ] *(pl* **lunchs** ou **lunches)** *nm* cold buffet *(served at lunchtime for special occasions)*.

**lundi** [lœdi] *nm* Monday; **le ~ de Pâques/Pentecôte** Easter/Whit Monday; *voir aussi* **mardi**.

**lune** [lyn] *nf* **-1.** ASTRON moon; **la Lune** the Moon; **nuit sans ~** moonless night ❑ **pleine/nouvelle ~** full/new moon; **~ de miel** honeymoon; **~ rousse** April frost *(at night)*; **être dans la ~** to have one's head in the clouds; **pardon, j'étais dans la ~** sorry, I was miles away ou my mind was elsewhere; **promettre la ~ à qqn** to promise sb the moon ou

the earth; **demander** ou **vouloir la ~** to ask for the moon; **il est con comme la ~** ▽ he's as daft as a brush *Br* ou dead from the neck up *Am*. **-2.** *fam* [fesses] behind.
◆ **lunes** *nfpl* [durée] moons.

**luné, e** [lyne] *adj fam*: **bien/mal ~** in a good/bad mood; **toujours mal ~** always bad-tempered.

**lunetier, ère** [lyntje, ɛr] ◇ *adj* spectacle *(modif)*. ◇ *nm, f* **-1.** [fabricant] spectacle *Br* ou eyeglass *Am* manufacturer. **-2.** [marchand] optician.

**lunette** [lynɛt] *nf* **-1.** OPT telescope; **~ de tir/pointage** sights/sighting telescope; **~ d'approche** refracting telescope, spyglass *arch*; **~ astronomique** astronomical telescope. **-2.** [des toilettes] toilet-rim. **-3.** ARCHIT, BX-ARTS & CONSTR lunette. **-4.** AUT: **~ (arrière)** rear window.
◆ **lunettes** *nfpl* **-1.** [verres correcteurs] glasses, spectacles; **une paire de ~s** a pair of glasses; **porter des ~s** to wear glasses; **mets des ~s!** [regarde mieux] buy yourself a pair of specs! ❑ **~ de vue** ou **correctrices** spectacles; **~s bifocales** bifocals; **~s noires** sunglasses, dark glasses; **~s de soleil** sunglasses; **~s de ski** skiing goggles. **-2.** [verres protecteurs] goggles, sunglasses.

**lunetterie** [lynɛtri] *nf* **-1.** [industrie] spectacle *Br* ou eyeglass *Am* manufacture. **-2.** [commerce] spectacle *Br* ou eyeglass *Am* trade.

**lupanar** [lypanar] *nm litt* brothel, house of ill repute.

**lupus** [lypys] *nm* lupus.

**lurette** [lyrɛt] *nf*: **il y a belle ~** *fam* ages ago; **il y a belle ~ qu'elle est partie** [depuis des années] she left donkey's years ago; [depuis des heures] she left hours ago ou ages ago.

**luron, onne** [lyrɔ̃, ɔn] *nm, f fam*: **c'est un gai** ou **joyeux ~** he likes a laugh.

**lus** [ly] *v* → **lire**.

**lusophone** [lyzɔfɔn] ◇ *adj* Portuguese-speaking. ◇ *nmf* Portuguese speaker.

**lustrage** [lystraʒ] *nm* [d'une poterie] lustring; [d'un tissu, d'une peau] lustring, calendering; [d'une peinture] glazing; [d'une voiture] polishing.

**lustre** [lystr] *nm* **-1.** [lampe – de Venise, en cristal] chandelier; [– simple] (ceiling) light. **-2.** [reflet – mat] glow; [– brillant] shine, polish. **-3.** TECH [d'une poterie] lustre; [d'un tissu, d'une peau] lustre, calendering; [d'une peinture] glaze, gloss; [du papier] calendering; [d'un métal] polish. **-4.** *litt* [prestige] brilliance, glamour. **-5.** *litt* [cinq ans] lustrum.
◆ **lustres** *nmpl*: **il y a des ~ de ça!** it was ages ago!

**lustré, e** [lystre] *adj* **-1.** TECH [tissu, peau] lustred, calendered; [peinture] glazed, glossy; [poterie] lustred. **-2.** [brillant – pelage] sleek; [– cheveux] glossy, shiny. **-3.** [usé] shiny (with wear).

**lustrer** [3] [lystre] *vt* **-1.** TECH [poterie] to lustre; [tissu, peau] to lustre, to calender; [peinture] to glaze. **-2.** [faire briller – voiture] to polish; **le chat lustre son pelage** the cat is cleaning its coat.

**lustrerie** [lystrəri] *nf* [lampes] chandeliers; [commerce] lighting.

**lustrine** [lystrin] *nf* **-1.** [soie] lustring. **-2.** [percaline] lustre. **-3.** [coton] glazed cotton.

**luth** [lyt] *nm* MUS lute.

**luthéranisme** [lyteranism] *nm* Lutheranism.

**luthérien, enne** [lyterjɛ̃, ɛn] *adj* Lutheran.
◆ **Luthérien, enne** *nm, f* Lutheran.

**luthier** [lytje] *nm* **-1.** [fabricant] stringed-instrument maker. **-2.** [marchand] stringed-instrument dealer.

**lutin, e** [lytɛ̃, in] *adj litt* impish, mischievous.
◆ **lutin** *nm* **-1.** [démon – gén] elf, goblin, imp; [– en Irlande] leprechaun. **-2.** *arch* [enfant] (little) imp ou devil.

**lutiner** [3] [lytine] *vt litt* to fondle.

**lutrin** [lytrɛ̃] *nm* **-1.** [pupitre] lectern. **-2.** [emplacement] schola cantorum.

**lutte** [lyt] *nf* **-1.** [affrontement] struggle, fight, conflict; **des ~s intestines** infighting; **la ~ est inégale** they are unfairly matched; **se livrer à une ~ acharnée** to fight tooth and nail; **une ~ d'influence** a fight for domination. **-2.** SOCIOL & POL struggle; **la ~ pour l'indépendance/pour la liberté** the struggle for independence/for freedom ❑ **~ armée** armed struggle; **la ~ des classes** the class struggle ou war. **-3.** [ef-

forts – contre un mal] fight; la ~ contre le sida the fight against AIDS. **-4.** [résistance] struggle; une ~ incessante contre elle-même an incessant inner struggle; la ~ d'un malade contre la mort a sick person's struggle for life ou battle against death. **-5.** [antagonisme] fight; la ~ entre le bien et le mal the fight between good and evil. **-6.** AGR control; ~ biologique biological (pest) control. **-7.** BIOL: la ~ pour la vie the struggle for survival. **-8.** SPORT wrestling; ~ libre/gréco-romaine all-in/Graeco-Roman wrestling. **-9.** ZOOL [accouplement] mating.
◆ **de haute lutte** *loc adv* after a hard fight; conquérir ou emporter qqch de haute ~ to obtain sthg after a hard fight.
◆ **en lutte** *loc adj*: les travailleurs en ~ ont défilé hier the striking workers demonstrated yesterday; nos camarades en ~ our struggling comrades; être en ~ contre qqn to be at loggerheads with sb.

**lutter** [3] [lyte] *vi* **-1.** [se battre]: ~ contre to fight (against); ~ contre la mort to struggle for one's life; ~ contre l'alcoolisme to fight against ou to combat alcoholism; ~ contre le sommeil to fight off sleep; ~ pour to fight for; ~ de *sout*: ils ont lutté de vitesse they had a race, they raced against each other. **-2.** SPORT to wrestle.

**lutteur, euse** [lytœr, øz] *nm, f* **-1.** SPORT wrestler (*f* female wrestler). **-2.** [battant] fighter.

**luxation** [lyksasjɔ̃] *nf* dislocation, luxation *spéc.*

**luxe** [lyks] *nm* **-1.** [faste] luxury, wealth; vivre dans le ~ to live in (the lap of) luxury; c'est le (grand) ~ ici! it's the height of luxury ou it's luxurious in here! **-2.** [plaisir] expensive treat, luxury, indulgence; elle ne peut pas s'offrir le ~ de dire ce qu'elle pense *fig* she can't afford to speak her mind. **-3.** [chose déraisonnable]: la viande, c'est devenu un ~ buying meat has become a luxury ❏ ils ont nettoyé la moquette, ce n'était pas du ~! *fam* they cleaned the carpet, (and) it was about time too! **-4.** un ~ de [beaucoup de] a host ou a wealth of; avec un ~ de détails with a wealth of detail.
◆ **de luxe** *loc adj* **-1.** [somptueux] luxury *(modif)*. **-2.** COMM deluxe, luxury *(modif)*.

**Luxembourg** [lyksãbur] *npr m* **-1.** [pays]: le ~ Luxembourg; au ~ in Luxembourg. **-2.** [ville] Luxembourg; à ~ in (the city of) Luxembourg. **-3.** [à Paris]: le ~, les jardins du ~ the Luxembourg Gardens; le (palais du) ~ the (French) Senate.

**luxembourgeois, e** [lyksãburʒwa, az] *adj* from Luxembourg.
◆ **Luxembourgeois, e** *nm, f* inhabitant of or person from Luxembourg.

**luxer** [3] [lykse] *vt* to luxate *spéc*, to dislocate.
◆ **se luxer** *vpt*: se ~ le genou to dislocate one's knee.

**luxueusement** [lyksɥøzmã] *adv* luxuriously.

**luxueux, euse** [lyksɥø, øz] *adj* luxurious.

**luxure** [lyksyr] *nf litt* lechery, lust.

**luxuriance** [lyksyrjãs] *nf litt* luxuriance.

**luxuriant, e** [lyksyrjã, ãt] *adj litt* **-1.** [végétation] luxuriant, lush; [chevelure] thick. **-2.** [imagination] fertile.

**luxurieux, euse** [lyksyrjø, øz] *adj litt* lascivious, lustful.

**luzerne** [lyzɛrn] *nf* lucerne *Br*, alfalfa *Am*.

**lx** *(abr écrite de* **lux)** lx.

**lycée** [lise] *nm* (upper) secondary school *Br*, high school *Am* (*providing three year's teaching after the «collège», in preparation for the baccalauréat examination*); ~ d'enseignement général et technologique technical (high) school; ~ professionnel vocational (high) school, technical college.

**lycéen, enne** [liseɛ̃, ɛn] ◇ *nm, f* ≃ secondary school pupil *Br*, ≃ high school student *Am*; quand j'étais ~ne when I was at school; un groupe de ~s a group of school students; ce groupe attire surtout les ~s this group is mainly a success with teenagers. ◇ *adj* school *(modif)*; le mouvement ~ the school students' movement.

**lychee** [litʃi] = **litchi.**

**Lycra**® [likra] *nm* Lycra®.

**lymphatique** [lɛ̃fatik] ◇ *adj* **-1.** BIOL lymphatic. **-2.** [apathique] sluggish, lethargic. ◇ *nm* lymphatic vessel.

**lymphe** [lɛ̃f] *nf* lymph.

**lymphocyte** [lɛ̃fɔsit] *nm* lymphocyte.

**lynchage** [lɛ̃ʃaʒ] *nm* lynching.

**lyncher** [3] [lɛ̃ʃe] *vt* to lynch.

**lynx** [lɛ̃ks] *nm* **-1.** ZOOL lynx. **-2.** [fourrure] lynx fur, lucern.

**Lyon** [ljɔ̃] *npr* Lyon, Lyons.

**lyonnais, e** [ljɔnɛ, ɛz] *adj* from Lyons.
◆ **Lyonnais, e** *nm, f* inhabitant of or person from Lyons.

**lyophiliser** [3] [ljɔfilize] *vt* to freeze-dry, to lyophilize *spéc*.

**lyre** [lir] *nf* MUS lyre.

**lyrique** [lirik] *adj* **-1.** LITTÉRAT [poésie] lyric; [inspiration, passion] lyrical; quand il parle d'argent, il devient ~ *fig* he really gets carried away when he talks about money. **-2.** MUS & THÉÂT lyric; art/drame ~ lyric art/drama; artiste ~ opera singer.

**lyrisme** [lirism] *nm* lyricism.

**lys** [lis] = **lis.**

**m, M** [ɛm] *nm* [lettre de l'alphabet] m, M.

**m -1.** *(abr écrite de* **mètre**): 60 m 60 m. **-2.** *(abr écrite de* **milli)** m.

**m'** [m] *pron pers* → **me.**

**m²** *(abr écrite de* **mètre carré)** sq m, m².

**m³** *(abr écrite de* **mètre cube)** cu m, m³.

**M -1.** *(abr écrite de* **million)** M. **-2.** *abr écrite de* **masculin. -3.** *(abr écrite de* **méga)** M. **-4.** *(abr écrite de* **Major)** M. **-5.** *(abr écrite de* **mile (marin))** nm.

**M.** *(abr écrite de* **Monsieur)** Mr.

**M6** *npr* private television channel broadcasting a high proportion of music and aimed at a younger audience.

**ma** [ma] *f* → **mon.**

**MA** *nm abr de* **maître auxiliaire.**

**Maastricht** [mastriʃt] *npr* Maastricht; les accords de ~ the Maastricht agreement; le traité de ~ the Maastricht treaty.

**maboul, e** [mabul] *fam* ◇ *adj* crazy, nuts. ◇ *nm, f* (raving) loony.

**mac**ᵛ [mak] *nm arg crime* pimp.

**macabre** [makabr] *adj* [découverte] macabre, gruesome; [spectacle] gruesome, macabre, grisly.

**macadam** [makadam] *nm* **-1.** TRAV PUBL [matériau, surface] macadam; ~ goudronné tarmacadam. **-2.** [route] road, roadway, macadam *spéc*.

**macadamiser** [3] [makadamize] *vt* to macadamize.

**macaque** [makak] ◇ *nm* ZOOL macaque. ◇ *nmf fam* [personne laide]: un vieux ~ an old baboon.

**macareux** [makarø] *nm* ~ (moine) puffin.

**macaron** [makarɔ̃] *nm* **-1.** CULIN macaroon. **-2.** [vignette – officielle] badge; [– publicitaire] sticker. **-3.** *fam* [décoration honorifique] rosette, ribbon; il a eu son ~ he got his decoration. **-4.** [de cheveux] coil; porter des ~s to wear (one's hair) in coils.

**macaroni** [makarɔni] ◊ *nm* CULIN macaroni. ◊ *nmf* ▽ *offensive term used with reference to Italians,* ≃ wop.

**maccartisme, maccarthysme** [makkartism] *nm* McCarthyism.

**macchabée** ▽ [makabe] *nm* [cadavre] stiff.

**macédoine** [masedwan] *nf* **-1.** CULIN: ~ de fruits macédoine, mixed fruit salad; ~ de légumes macédoine, (diced) mixed vegetables. **-2.** *fam* [mélange] mishmash.

**Macédoine** [masedwan] *npr f:* (la) ~ Macedonia.

**macédonien, enne** [masedɔnjɛ̃, ɛn] *adj* Macedonian.

◆ **Macédonien, enne** *nm, f* Macedonian.

**macération** [maserasjɔ̃] *nf* **-1.** CULIN maceration, steeping. **-2.** ŒNOL & PHARM maceration. **-3.** RELIG [punition] mortification ou mortifying the flesh, maceration.

**macérer** [18] [masere] ◊ *vi* **-1.** CULIN to macerate, to steep. **-2.** PHARM to macerate. **-3.** *fig*: laisse-le ~ dans son jus *fam* let him stew in his (own) juice. ◊ *vt* **-1.** CULIN to macerate, to steep. **-2.** PHARM to macerate.

**mâche** [maʃ] *nf* corn salad, lamb's lettuce.

**mâcher** [3] [maʃe] *vt* **-1.** [aliment, chewing-gum] to chew; [brin d'herbe, tige de fleur] to chew ou to nibble (at); il ne mâche pas ses mots he doesn't mince his words. **-2.** *fam* [tâche]: faut-il que je te mâche tout le travail? do I have to show ou tell you how to do everything? **-3.** [déchiqueter – matériau, papier] to chew up *(sép)*. **-4.** *fig* & *litt* [ressasser] to chew ou to mull over.

**machette** [maʃɛt] *nf* machete.

**machiavel** [makjavɛl] *nm:* c'est un ~ he's a Machiavellian character ou a Machiavelli.

**Machiavel** [makjavɛl] *npr* Machiavelli.

**machiavélique** [makjavelik] *adj* Machiavellian.

**machiavélisme** [makjavelism] *nm* Machiavellianism.

**mâchicoulis** [maʃikuli] *nm* machicolation.

**machin** [maʃɛ̃] *nm fam* **-1.** [chose] whatsit, thing, thingummyjig; c'est quoi, ce ~? what on earth's this? **-2.** *péj*: vieux ~ old fogey ou fuddy-duddy.

**Machin, e** [maʃɛ̃, in] *nm, f fam* [en s'adressant à la personne] what's-your-name; [en parlant de la personne] whatshisname *(f* whatshername*)*.

**machinal, e, aux** [maʃinal, o] *adj* [geste] involuntary, unconscious; [parole] automatic; un travail ~ mechanical work; j'emprunte toujours ce chemin-là, c'est ~! I always go that way, I do it without thinking!

**machinalement** [maʃinalmɑ̃] *adv* **-1.** [involontairement] automatically, without thinking. **-2.** [mécaniquement] mechanically, without thinking.

**machination** [maʃinasjɔ̃] *nf* plot, conspiracy, machination; des ~s plotting, machinations.

**machine** [maʃin] *nf* **-1.** [appareil] machine, piece of machinery; l'âge des ~s ou de la ~ the machine age, the age of the machine ❑ ~ à coudre/à tricoter sewing/knitting machine; ~ à écrire typewriter; ~ à laver washing machine; ~ à laver la vaisselle dishwasher; ~ à repasser steam press; ~ à traitement de texte word processor; ~ à sous JEUX one-armed bandit, fruit machine *Br*; ~ à vapeur steam engine. **-2.** [véhicule – à deux roues, agricole] machine; ~s agricoles agricultural machinery. **-3.** NAUT [moteur] engine; arrêtez ou stoppez les ~s! stop all engines! ❑ chambre ou salle des ~s engine room; faire ~ arrière *pr* to go astern; *fig* to backtrack. **-4.** [organisation] machine, machinery; les lourdeurs de la ~ judiciaire the cumbersome machinery of the law. **-5.** THÉÂT machine, piece of theatre machinery. **-6.** *péj* [automate] machine; je ne veux pas devenir une ~ à écrire des chansons I don't want to become a song-writing machine.

◆ **à la machine** *loc adv:* (fait) à la ~ machine-made; coudre qqch à la ~ to sew sthg on the machine, to machine sthg; machine-sew sthg; laver qqch à la ~ to machine ou to machine-wash sthg, to wash sthg in the machine; taper qqch à la ~ to type sthg; tricoter qqch à la ~ to machine-knit sthg, to make sthg on the knitting machine.

**machine-outil** [maʃinuti] *(pl* machines-outils*) nf* machine tool; ~ à commande numérique numerically controlled machine tool.

**machiner** [3] [maʃine] *vt* **-1.** *fam* [fabriquer] to fiddle about. **-2.** [préparer – complot] to hatch; [– affaire, histoire] to plot.

**machinerie** [maʃinri] *nf* **-1.** [machines] machinery, equipment, plant. **-2.** NAUT engine room. **-3.** THÉÂT machinery.

**machinisme** [maʃinism] *nm* mechanization.

**machiniste** [maʃinist] *nmf* **-1.** THÉÂT stagehand, scene shifter; les ~s stage staff ❑ ~ de plateau CIN & TV grip. **-2.** TRANSP driver.

**machisme** [matʃism] *nm* machismo, male chauvinism.

**machiste** [matʃist] *adj* & *nm* male chauvinist, macho.

**macho** [matʃo] *adj* & *nm fam* macho.

**mâchoire** [maʃwar] *nf* **-1.** ANAT & ZOOL jaw; ~ inférieure/supérieure upper/lower jaw. **-2.** ENTOM mandible *spéc*, jaw. **-3.** [d'un outil] jaw, grip; ~ de frein brake shoe.

**mâchonnement** [maʃɔnmɑ̃] *nm* [fait de mâcher] chewing.

**mâchonner** [3] [maʃɔne] *vt* **-1.** [mâcher – aliment] to chew; [– brin d'herbe, tige de fleur, crayon] to chew ou to nibble (at); [– suj: âne, cheval] to munch. **-2.** *fig* [marmonner] to mumble.

**mâchouiller** [3] [maʃuje] *vt fam* [aliment] to chew (away) at; [brin d'herbe, tige de fleur] to chew ou to nibble (away) at.

**mâchurer** [3] [maʃyre] *vt* **-1.** *vieilli* [noircir – vêtement, papier] to blacken, to stain, to daub; [– peau, visage] to blacken. **-2.** [écraser] to crush, to squash, to mash.

**maçon, onne** [masɔ̃, ɔn] *adj* mason *(modif)*.

◆ **maçon** *nm* **-1.** CONSTR [entrepreneur] builder; [ouvrier] bricklayer *Br*, mason *Am*; *(comme adj)*: apprenti ~ builder's ou bricklayer's apprentice; ouvrier ~ builder's mate *Br* ou helper *Am*.

**maçonnage** [masɔnaʒ] *nm* **-1.** [travail] building, bricklaying. **-2.** [ouvrage] masonry; le ~ est solide [les pierres] the stonework ou masonry is good; [les briques] the brickwork ou bricklining is good. **-3.** [d'un animal] building.

**maçonner** [3] [masɔne] *vt* **-1.** [construire] to build. **-2.** [réparer] to rebuild, to redo the brickwork for. **-3.** [revêtir – gén] to line; [– avec des briques] to brickline, to line with bricks. **-4.** [boucher – gén] to block up *(sép)*; [– avec des briques] to brick up ou over *(sép)*.

**maçonnerie** [masɔnri] *nf* **-1.** [ouvrage – en pierres, en moellons] stonework, masonry; [– en briques] brickwork; ~ à sec ou en pierres sèches dry masonry. **-2.** [travaux]: grosse/petite ~ major/minor building work. **-3.** = francmaçonnerie.

**maçonnique** [masɔnik] *adj* Masonic.

**macramé** [makrame] *nm* macramé.

**macrobiotique** [makrɔbjɔtik] ◊ *adj* macrobiotic. ◊ *nf* macrobiotics *(sg)*.

**macrocosme** [makrɔkɔsm] *nm* macrocosm.

**macrocosmique** [makrɔkɔsmik] *adj* macrocosmic.

**macroéconomie** [makrɔekɔnɔmi] *nf* macroeconomics *(U)*.

**macroéconomique** [makrɔekɔnɔmik] *adj* macroeconomic.

**macro-instruction** [makrɔɛ̃stryksjɔ̃] *(pl* macro-instructions*) nf* macroinstruction.

**macromolécule** [makrɔmɔlekyl] *nf* macromolecule.

**macrophotographie** [makrɔfɔtɔgrafi] *nf* macrophotography.

**macroscopique** [makrɔskɔpik] *adj* macroscopic.

**macrosociologie** [makrɔsɔsjɔlɔʒi] *nf* macrosociology.

**macrostructure** [makrɔstryktyr] *nf* macrostructure.

**maculage** [makylaʒ] *nm* **-1.** IMPR mackle. **-2.** [fait de salir] dirtying, soiling; [salissures] stains, marks, dirt.

**maculer** [3] [makyle] *vt* **-1.** IMPR to mackle. **-2.** *sout* to dirty, to spatter.

**Madagascar** [madagaskar] *npr* [île] Madagascar; la République démocratique de ~ the Democratic Republic of Madagascar.

**madame** [madam] *(pl* mesdames*) nf* lady; jouer à la ~ [femme] to put on airs; [enfant] to play at being grown up.

**Madame** [madam] *(pl* Mesdames [medam]*) nf* **-1.** [dans une lettre]: ~ Dear Madam, Dear Mrs Duval; Mesdames Ladies; Chère ~ Dear Mrs Duval; ~ le Maire Madam, Dear Madam ‖ [sur l'enveloppe]: ~ Duval Mrs Duval; Mesdames Duval Mesdames Duval; Mesdames Duval et Lamiel Mrs Duval and Mrs Lamiel; ~ la Présidente Duval Mrs Duval. **-2.** [terme d'adresse]: bonjour ~ Duval! good morning, Mrs Duval!; bonjour Mesdames Duval! good morning, ladies!; bonjour ~ le Consul good morning, Mrs Duval ou Madam; ~ la Présidente, je proteste! Madam Chairman, I must raise an objection!; Mesdames les Députés, vous êtes priées de vous asseoir! will the Honourable lady Members please sit down! *Br* ‖ [à une inconnue]: bonjour ~ good morning (, Madam)!; bonjour Mesdames good morning (, ladies); Mesdames, Mesdemoiselles, Messieurs! Ladies and Gentlemen!; vous attendrez votre tour comme tout le monde, ~! you'll have to wait your turn like everybody else, Madam!; ~ désirerait voir les pantalons? would Madam like to see some trousers? ‖ *sout* ou *hum*: ~ est servie [au dîner] dinner is served (, Madam); [pour le thé] tea is served (, Madam); le frère de ~ attend en bas [à une roturière] your brother is waiting downstairs, Miss ou Madam; [à une femme titrée] Your Ladyship's brother is waiting downstairs; vous n'y pensez pas, chère ~! you can't be serious, my dear lady Madam!; peux-tu prêter un instant ton stylo à ~? could you lend the lady your pen for a minute? ‖ [au téléphone]: bonjour ~, je voudrais la comptabilité s'il vous plaît hello, I'd like to speak to someone in the accounts department, please. **-3.** [en se référant à une tierce personne]: adressez-vous à ~ Duval go and see Mrs Duval; ~ veuve Duval the wife of the late Mr Duval; ~ votre mère *sout* your (good) mother; Monsieur le docteur Duval et ~ [pour annoncer] Doctor (Duval) and Mrs Duval; ~ la Présidente regrette de ne pas pouvoir venir the President regrets she is unable to come. **-4.** SCOL: ~, j'ai fini mon addition! (please) Miss, I've finished my sums! **-5.** *fam*: et en plus, ~ exige des excuses! and so Her Ladyship wants an apology as well, does she? **-6.** HIST Madame (*title given to some female members of the French royal family*).

**madeleine** [madlɛn] *nf* CULIN madeleine.

**Mademoiselle** [madmwazɛl] (*pl* **Mesdemoiselles** [medmwazɛl]) *nf* **-1.** [dans une lettre]: ~ Dear Madam, Dear Miss Duval; Chère ~ Dear Miss Duval; Mesdemoiselles Ladies ‖ [sur l'enveloppe]: ~ Duval Miss Duval; Mesdemoiselles Duval the Misses Duval; Mesdemoiselles Duval et Jonville Miss Duval and Miss Jonville. **-2.** [terme d'adresse – suivi du nom]: bonjour ~ Duval! good morning, Miss Duval!; bonjour Mesdemoiselles Duval! good morning, (young) ladies! ‖ [à une inconnue]: bonjour ~! good morning (, Miss)!; ~, vous attendrez votre tour comme tout le monde! you'll have to wait your turn like everybody else, young lady!; Mesdemoiselles, un peu de silence s'il vous plaît! [à des fillettes] girls, please be quiet!; [à des jeunes filles] ladies, would you please be quiet!; ~ désire-t-elle voir nos derniers modèles? would Madam like to see our latest designs? ‖ *sout* ou *hum* Miss, Madam; ~ est servie [au dîner] dinner is served (, Miss); [pour le thé] tea is served (, Miss); vous n'y pensez pas, chère ~! you can't be serious, dear ou young lady!; peux-tu prêter un moment ton stylo à ~? could you lend the young lady your pen for a minute? **-3.** [en s'adressant à une tierce personne]: c'est ~ Duval qui s'en occupe Miss Duval is dealing with it; ~ votre sœur *sout* your good ou dear sister; Monsieur le docteur Duval et ~ [pour annoncer] Doctor (Duval) and Miss Duval; Mesdemoiselles, Messieurs! Ladies and Gentlemen! **-4.** SCOL: ~, j'ai fini mon dessin! (please) Miss (Duval), I've finished my drawing! **-5.** *fam*: et en plus, ~ se plaint! *iron* so, Her Ladyship is complaining as well, is she? **-6.** HIST [titre royal] Mademoiselle (*title given to some female members of the French royal family*); [pour une femme noble non titrée] Her Ladyship.

**madère** [madɛr] *nm* [vin] Madeira (wine).

**Madère** [madɛr] *npr* Madeira; à ~ in Madeira.

**madériser** [3] [maderize]
♦ **se madériser** *vpi* to maderize.

**madone** [madɔn] *nf* **-1.** BX-ARTS Madonna; un visage de ~ a Madonna-like face ❑ une ~ à l'enfant a Madonna and Child. **-2.** [statuette] Madonna, statue of the Virgin Mary. **-3.** RELIG: la Madone the Madonna, the Virgin Mary.

**madras** [madras] *nm* **-1.** [étoffe] madras (cotton). **-2.** [foulard] madras (scarf).

**madrier** [madrije] *nm* beam CONSTR.

**madrigal, aux** [madrigal, o] *nm* **-1.** MUS & LITTÉRAT madrigal. **-2.** *litt* [propos galant] compliment, gallant remark.

**madrilène** [madrilɛn] *adj* Madrilenian.

♦ **Madrilène** *nmf* Madrilenian.

**maelström** [maɛlstrɔm] *nm* **-1.** GÉOG maelstrom. **-2.** *fig* [agitation] maelstrom, whirlpool.

**maestria** [maɛstrija] *nf* (great) skill, mastery, brilliance.
♦ **avec maestria** *loc adv* masterfully, brilliantly.

**maestro** [maɛstro] *nm* MUS maestro; *fig* maestro, master.

**maf(f)ia** [mafja] *nf* **-1.** [en Sicile, aux États-Unis]: la Mafia the Mafia. **-2.** [bande] gang. **-3.** *péj* [groupe fermé] clique; le milieu du cinéma est une véritable ~ the cinema world is very cliquey.

**maf(f)ieux, euse** [mafjø, øz] *adj*: le milieu ~ the Mafia; des méthodes mafieuses Mafia-like methods.

**maf(f)ioso** [mafjozo] (*pl* **mafiosi** ou **maffiosi** [-zi]) *nm* mafioso; des mafiosi mafiosi, mafiosos.

**magasin** [magazɛ̃] *nm* **-1.** [boutique] shop *Br*, store *Am*; faire ou courir les ~s to go round the shops, to go shopping ❑ ~ d'ameublement furniture/toy shop; ~ d'alimentation food shop *Br*, grocery store *Am*; ~ (d'articles) de sport sports shop *Br*, sporting goods store *Am*; ~ d'informatique computer store; ~ à succursales (multiples) chain ou multiple store; ~ d'usine factory outlet; ~ de vêtements clothes shop *Br*, clothing store *Am*; grand ~ department store. **-2.** [entrepôt – industriel] warehouse, store, storehouse; [– d'une boutique] storeroom; [– d'une unité militaire] quartermaster's store, magazine; nous n'avons plus de tondeuses en ~ we haven't any more lawnmowers in stock ❑ ~ d'armes MIL armoury; ~ d'explosifs MIL explosives store ou magazine; ~ à grains silo; ~ s généraux bonded warehouse. **-3.** THÉÂT: ~ des accessoires prop room. **-4.** ARM & PHOT magazine.

**magasinage** [magazinaʒ] *nm* **-1.** COMM [mise en magasin] warehousing, storing; frais de ~ storage (charges). **-2.** *Can* shopping.

**magasiner** [3] [magazine] *vi Can* to shop; **aller** ~ to go shopping.

**magasinier** [magazinje] *nm* [dans une usine] storekeeper, storeman; [dans un entrepôt] warehouseman.

**magazine** [magazin] *nm* magazine; ~ littéraire literary magazine ou review; un ~ médical a medical journal; les ~s féminins women's magazines.

**mage** [maʒ] *nm* **-1.** ANTIQ & RELIG magus. **-2.** *fig* [magicien] magus.

**Magellan** [maʒɛlɑ̃] *npr* Magellan; le détroit de ~ the Strait of Magellan.

**magenta** [maʒɛ̃ta] ◇ *adj inv* magenta (*modif*). ◇ *nm* magenta.

**Maghreb** [magrɛb] *npr m*: le ~ the Maghreb.

**maghrébin, e** [magrebɛ̃, in] *adj* Maghrebi, North African.
♦ **Maghrébin, e** *nm, f* Maghrebi, North African.

**magicien, enne** [maʒisjɛ̃, ɛn] *nm, f* **-1.** [illusionniste] magician. **-2.** [sorcier] magician, wizard. **-3.** *fig* [virtuose] magician; un ~ de a master of.

**magie** [maʒi] *nf* [sorcellerie] magic; ~ blanche/noire white/black magic; comme par ~ as if by magic; alors, ce bracelet, il a disparu comme par ~? *iron* so this bracelet just disappeared by magic, did it?

**Maginot** [maʒino] *npr*: la ligne ~ the Maginot Line.

**magique** [maʒik] *adj* **-1.** [surnaturel] magical, magic; dites le mot ~ say the magic word. **-2.** [féerique] magical, wonderful. **-3.** PHYS magical.

**magiquement** [maʒikmɑ̃] *adv* magically.

**magistère** [maʒistɛr] *nm* **-1.** RELIG [dans un ordre] magister, master; [autorité] magisterium. **-2.** UNIV senior (professional) diploma. **-3.** PHARM magistery.

**magistral, e, aux** [maʒistral, o] *adj* **-1.** [remarquable] brilliant, masterly; une œuvre ~e a masterpiece ‖ [en intensif] huge, exemplary; elle lui a cloué le bec de façon ~e she really shut him up in style. **-2.** [docte] authoritative, magisterial, masterful. **-3.** ENS: cours ~ lecture; enseignement ~ lecturing. **-4.** PHARM specific, magistral *spéc*.

**magistralement** [maʒistralmɑ̃] *adv* brilliantly, magnificently; *aussi hum*.

**magistrat** [maʒistra] *nm* **-1.** JUR [qui rend la justice] judge; [qui applique la loi] public prosecutor *Br*, prosecuting attorney *Am*; ~ du siège judge; ~ à la cour ou du parquet public prosecutor *Br*, prosecuting attorney *Am*. **-2.** ADMIN & POL *any high-ranking civil servant with judicial authority*; ~ **munici-pal** town councillor *Br.* **-3.** MIL: ~ **militaire** judge advocate. **-4.** ANTIQ magistrate.

**magistrature** [maʒistratyr] *nf* **-1.** [personnes]: la ~ the judicial authorities ❑ la ~ **assise** JUR the Bench OU judges; la ~ **debout** JUR the (body of) public prosecutors *Br*, the (body of) prosecuting attorneys *Am*. **-2.** [fonction] office; **pendant sa ~ during** her period in office.

**magma** [magma] *nm* **-1.** CHIM & GÉOL magma. **-2.** *fig* & *péj* [mélange confus] jumble.

**magnanime** [maɲanim] *adj sout* magnanimous.

**magnanimité** [maɲanimite] *nf sout* magnanimity.

**magnat** [maɲa] *nm* magnate, tycoon; ~ **de la presse** press baron; ~ **du pétrole** oil tycoon.

**magner**▽ [3] [maɲe]
◆ **se magner** ◇ *vpi* to get a move on, to hurry up. ◇ *vpt*: magne-toi le mou ou le popotin! get a move on!, hurry up!

**magnésium** [maɲezjɔm] *nm* magnesium.

**magnétique** [maɲetik] *adj* **-1.** INF & PHYS magnetic. **-2.** *fig* [regard, personnalité] magnetic.

**magnétisant, e** [maɲetizɑ̃, ɑ̃t] *adj* magnetizing.

**magnétisation** [maɲetizasjɔ̃] *nf* **-1.** PHYS magnetization. **-2.** [fascination] fascination, mesmeric effect.

**magnétiser** [3] [maɲetize] *vt* **-1.** PHYS to magnetize. **-2.** [fasciner] to mesmerize, to fascinate, to hypnotize *fig*.

**magnétiseur, euse** [maɲetizœr, øz] *nm, f* magnetizer, hypnotist.

**magnétisme** [maɲetism] *nm* **-1.** PHYS magnetism. **-2.** [fascination, charisme] magnetism, charisma.

**magnéto** [maɲeto] ◇ *nm fam abr de* **magnétophone**. ◇ *nf* ÉLECTR magneto.

**magnétocassette** [maɲetɔkasɛt] *nm* cassette deck OU recorder.

**magnétophone** [maɲetɔfɔn] *nm* tape recorder; ~ **à cassette** cassette recorder; je l'ai enregistré sur ou au ~ I've taped OU tape-recorded it.

**magnétoscope** [maɲetɔskɔp] *nm* videotape recorder, video, videorecorder.

**magnétoscoper** [3] [maɲetɔskɔpe] *vt* to videotape, to video.

**magnificence** [maɲifisɑ̃s] *nf* **-1.** [faste] luxuriousness, magnificence, splendour. **-2.** *litt* [prodigalité] munificence, lavishness.

**magnifier** [9] [maɲifje] *vt* **-1.** *sout* [célébrer] to magnify, to glorify. **-2.** [élever] to exalt, to idealize.

**magnifique** [maɲifik] *adj* **-1.** [très beau – vue, nuit, robe] magnificent, splendid, superb; il faisait un temps ~ the weather was gorgeous OU glorious. **-2.** [de grande qualité] magnificent, excellent, wonderful; elle a une situation ~ chez un agent de change she has a fantastic OU marvellous job with a stockbroker ‖ [remarquable – découverte, progrès] remarkable, wonderful. **-3.** [somptueux – appartement, repas] splendid, magnificent.

**magnifiquement** [maɲifikmɑ̃] *adv* **-1.** [somptueusement] magnificently, lavishly, gorgeously; ~ **illustré** lavishly illustrated. **-2.** [bien] superbly; il se porte ~ he's in great shape; la journée avait ~ **commencé** the day had begun gloriously.

**magnitude** [maɲityd] *nf* GÉOL magnitude.

**magnolia** [maɲɔlja] *nm* magnolia (tree).

**magnum** [magnɔm] *nm* magnum (*bottle*).

**magot** [mago] *nm* **-1.** [singe] Barbary ape, magot. **-2.** [figurine] magot. **-3.** *fam* [argent caché] stash; où t'as mis le ~? where've you stashed the loot? **-4.** *fam* [argent] dough, loot, lolly *Br*; il a amassé ou il s'est fait un ~ **en Orient** he made a packet in the East.

**magouille** [maguj] *nf fam*, **magouillage** [magujaʒ] *nm fam* scheming, trickery, double-dealing; des ~s **électorales** electoral wheeler-dealing.

**magouiller** [3] [maguje] *vi fam* to scheme, to do a bit of wheeler-dealing; il l'a eu en magouillant he got it by a wangle, he wangled it.

**magouilleur, euse** [magujœr, øz] ◇ *adj fam* scheming, wheeler-dealing, wangling. ◇ *nm, f* wheeler-dealer, schemer, wangler.

**magret** [magrɛ] *nm*: ~ **(de canard)** magret of duck, fillet of duck breast.

**maharadjah, maharaja** [maaradʒa] *nm* maharajah, maharaja.

**Mahomet** [maɔmɛ] *npr* Mahomet, Mohammed.

**mahométan, e** [maɔmetɑ̃, an] *adj* Mohammedan.

**mai** [mɛ] *nm* [mois] May; (les événements de) ~ **1968** May 1968; *voir aussi* **mars**.

**maïeutique** [majøtik] *nf* maieutics (*U*).

**maigre** [mɛgr] ◇ *adj* **-1.** [très mince] thin; tu deviens trop ~ you're getting too thin ❑ ~ **comme un hareng saur** ou un clou ou un coucou as thin as a rake. **-2.** CULIN & RELIG: du fromage/yaourt ~ low-fat cheese/yoghurt; jambon/poisson ~ lean ham/fish; régime ~ low-fat diet; jour ~ RELIG day without meat. **-3.** AGR poor; végétation ~ thin vegetation. **-4.** [insuffisant – gén] thin, poor; [– ration, repas] small; un ~ **bouillon** a clear broth; un ~ **filet d'eau** a thin stream of water; un ~ **filet de voix** a thin voice; les bénéfices sont ~s the profits are low ou meagre ou paltry *péj*; de ~s économies (very) small savings; de ~s ressources meagre ou scant resources; un ~ **espoir** a slim ou slight hope; quelques ~s idées a few flimsy ideas. **-5.** *fam* [peu]: 30 francs après deux heures de collecte, c'est ~! 30 francs after collecting for two hours, that's not much!; c'est un peu ~ **comme prétexte!** that's a pretty poor excuse! **-6.** IMPR light, light-face.
◇ *adv*: **manger** ~ to be on a fat-free ou fatless diet.
◇ *nmf* thin person; c'est une fausse ~ she isn't as thin as she looks.
◇ *nm* **-1.** [d'une viande] lean part. **-2.** RELIG: **faire** ~ to go without meat, to eat no meat. **-3.** IMPR light ou light-face type. **-4.** ZOOL meagre, maigre.

**maigrelet, ette** [mɛgrəlɛ, ɛt] *adj fam* (a bit) skinny *péj* ou thin.

**maigrement** [mɛgrəmɑ̃] *adv* meagerly, poorly; il est ~ **payé** he gets meagre wages.

**maigreur** [mɛgrœr] *nf* **-1.** [minceur excessive] thinness, leanness; le malade était d'une ~ **effrayante** the sick man was dreadfully thin. **-2.** [insuffisance] thinness, meagreness, scantiness; la ~ **de nos bénéfices/économies** the sparseness ou meagreness of our profits/savings.

**maigrichon, onne** [mɛgriʃɔ̃, ɔn] *fam* ◇ *adj* skinny; il est tout ~ he's scrawny. ◇ *nm, f* skinny person.

**maigrir** [32] [megrir] ◇ *vi* to get on to grow thinner; tu n'as pas besoin de ~ you don't need to lose (any) weight; il faut que je maigrisse de trois kilos I have to lose three kilos; elle a beaucoup maigri du visage her face has got a lot thinner; produits pour ~ slimming *Br* ou diet aids; faire ~ qqn to make sb lose weight; mes économies maigrissent à vue d'œil *fig* my savings are just vanishing ou disappearing by the minute. ◇ *vt*: sa barbe/son costume le maigrit his beard/his suit makes him look thinner.

**mail** [maj] *nm* **-1.** [allée] mall, promenade; sur le ~ along the mall ou promenade. **-2.** HIST [jeu] mall, pall-mall; [maillet] mallet.

**mailing** [mɛliŋ] *nm* **-1.** [procédé] mailing, mail canvassing. **-2.** [envoi de prospectus] mailshot; faire un ~ to do ou to send a mailshot.

**maillage** [majaʒ] *nm* **-1.** PÊCHE mesh size. **-2.** ÉLECTR grid. **-3.** [d'un réseau] meshing, reticulation, meshwork.

**maille** [maj] *nf* **-1.** [d'un filet] mesh; filet à ~s fines/larges close-/wide-meshed net; passer à travers les ~s du filet *pr* & *fig* to slip through the net. **-2.** COUT stitch; ~ **à l'endroit**/à l'envers plain/purl stitch; tricoter une ~ **à l'endroit**, une ~ à l'envers knit one, purl one. **-3.** [vêtements en maille] knitwear; l'industrie de la ~ the knitwear industry. **-4.** ÉLECTR mesh. **-5.** NAUT frame space. **-6.** *loc*: **avoir** ~ **à partir avec** to be at odds with; il a eu ~ **à partir avec la justice** he's been in trouble ou he's had a brush with the law.

**maillé, e** [maje] *adj* **-1.** [réseau] grid (*modif*). **-2.** [sanglier, perdreau] speckled. **-3.** [armure] (chain) mail (*modif*).

**maillet** [majɛ] *nm* **-1.** [marteau] mallet, maul. **-2.** SPORT [au croquet] mallet; [au polo] polo stick.

**maillon** [majɔ̃] *nm* **-1.** [chaînon] link; un ~ **de la chaîne** a link in the chain. **-2.** NAUT shackle. **-3.** TEXT mail, eye.

**maillot** [majo] *nm*: ~ **de bain** [de femme] swimming costume *Br*, bathing costume *Br* ou suit *Am*; [d'homme] (swimming ou bathing) trunks; ~ de corps undershirt, vest *Br*; singlet *Br*; ~ de football football jersey; le ~ jaune *(the yellow shirt worn by) the leading cyclist in the Tour de France.*

**main** [mɛ̃] ◊ *nf* **-1.** ANAT hand; donne-moi la ~ give me your hand, hold my hand; les enfants, tenez-vous par ou donnez-vous la ~ hold hands, children; ils peuvent se donner la ~! *fig* they're as bad as each other!; tenir la ~ de qqn *fig* to hold sb's hand; lève la ~ [à l'école] put your hand up, raise your hand; levez la ~ droite et dites «je le jure» raise your right hand and say 'I swear to God'; lever la ~ sur qqn *fig* to raise one's hand to sb; tu veux ma ~ sur la figure? do you want a slap?, you're asking for a slap!; les ~s en l'air!, haut les ~s! hands up!; la tasse lui a échappé des ~s the cup slipped ou fell from her hands ☐ en ~ propre, en ~s propres [directement] personally. **-2.** [savoir-faire]: avoir la ~ to have the knack; garder ou s'entretenir la ~ to keep one's hand in; se faire la ~ to practise; perdre la ~ to lose one's touch ‖ [intervention] hand; certains y voient la ~ des services secrets some people believe that the secret service had a hand in it; reconnaître la ~ de qqn to recognize sb's touch. **-3.** *vieilli* [permission d'épouser]: demander/obtenir la ~ d'une jeune fille to ask for/to win a young lady's hand (in marriage); elle m'a refusé sa ~ she refused my offer of marriage; m'accorderez-vous votre ~? will you give me your hand (in marriage)? **-4.** CARTES: ~ pleine full house *(at poker)*; avoir la ~ [faire la donne] to deal; [jouer le premier] to lead; céder ou passer la ~ to pass the deal; *fig* to step ou to stand down. **-5.** [gant de cuisine] (oven) glove. **-6.** COUT: petite ~ apprentice. **-7.** COMM & IMPR [quantité] ≈ quire *(of 25 sheets)*; [tenue]: papier qui a de la ~ paper which has bulk ou substance. **-8.** FTBL: il y a ~! handball!**-9.** CONSTR [poignée] handle; ~ courante handrail. **-10.** *loc*: à ~ levée [voter] by a show of hands; [dessiner] freehand; à ~s nues barehanded; grand comme la ~ tiny; ~ de fer: mener ou régenter qqch d'une ~ de fer to rule sth with an iron hand; une ~ de fer dans un gant de velours an iron fist in a velvet glove; la ~ sur le cœur with one's hand on one's heart, in perfect good faith; ~ secourable: chercher une ~ secourable to look for a helping hand ou for help; aucune ~ secourable ne se présenta nobody came forward to help; de ~ de maître masterfully, brilliantly; la décision est entre les ~s du juge the decision rests with ou is in the hands of the judge; ton fils est en (de) bonnes ~s your son is in good hands; avoir/garder les ~s libres *fig* to have/to keep a free hand; j'ai les ~s liées *fig* my hands are tied; arriver/rentrer les ~s vides to turn up/to go home empty-handed; les ~s dans les poches *fam* & *fig* with not a care in the world, free and easy; jeux de ~s, jeux de vilains [à des enfants] no more horsing around or it'll end in tears; gagner haut la ~ to win hands down; avoir la haute ~ sur to have total ou absolute control over; avoir la ~ heureuse to be lucky; avoir la ~ légère [être clément] to be lenient; [en cuisine] to underseason; avoir la ~ leste to be quick with one's hands; avoir la ~ lourde [être sévère] to be harsh ou heavy-handed; [en cuisine] to be heavy-handed (with the seasoning); avoir la ~ verte to have green fingers *Br* ou a green thumb *Am*; avoir/garder qqch sous la ~ to have/to keep sth at hand; en venir aux ~s to come to blows; faire ~ basse sur [palais] to raid, to ransack; [marchandises, documents] to get one's hands on; c'est toi qui as fait ~ basse sur les chocolats? *hum* who are the one who's been at the chocolates?; c'est lui, j'en mettrais ma ~ au feu that's him, I'd stake my life on it; il n'y est pas allé de ~ morte he didn't pull his punches; attention, la ~ me démange! watch it ou you'll get a slap!; mettre la ~ à la poche to put one's hand into one's pocket; mettre la ~ à l'ouvrage ou à la pâte to put one's shoulder to the wheel; mettre ou prêter la ~ à to have a hand ou to take part in; mettre la ~ sur qqch to lay ou to put one's hands on sth; je n'arrive pas à mettre la ~ dessus I can't find it, I can't lay my hands on it; c'est une photo à ne pas mettre entre toutes les ~s this photo shouldn't be shown to just anybody ou mustn't fall into the wrong hands; prendre qqn la ~ dans le sac to catch sb red-handed; ah, ah, je te prends la ~ dans le sac! *hum* ha ha! I've caught you at it!; tu ne trouveras pas de travail si tu ne te prends pas par la ~ you won't find a job unless you get a grip on yourself ou *Br* you pull your socks up; tendre la ~ [faire l'aumône] to hold out one's hand, to beg;

tendre la ~ à qqn [lui pardonner] to hold out one's hand to sb (in forgiveness); tomber dans les ou aux ~s de to fall into the hands ou clutches *péj* of; la première chemise qui me tombe sous la ~ the first shirt that comes to hand. ◊ *adv* [fabriqué, imprimé] by hand; fait/tricoté/trié ~ hand-made/-knitted/-picked.
◆ **à la main** *loc adv* **-1.** [artisanalement]: fait à la ~ hand-made. **-2.** [dans les mains]: avoir ou tenir qqch à la ~ to hold sthg in one's hand.
◆ **à main** *loc adj* [levier, outil] hand *(modif)*, manual.
◆ **à main droite** *loc adv* on the right-hand side.
◆ **à main gauche** *loc adv* on the left-hand side.
◆ **de la main** *loc adv* with one's hand; saluer qqn de la ~ [pour dire bonjour] to wave (hello) to sb; [pour dire au revoir] to wave (goodbye) to sb, to wave sb goodbye; de la ~, elle me fit signe d'approcher she waved me over.
◆ **de la main à la main** *loc adv* directly, without any middle-man; j'ai payé le plombier de la ~ à la ~ I paid the plumber cash in hand.
◆ **de la main de** *loc prép* **-1.** [fait par] by; la lettre est de la ~ même de Proust/de ma ~ the letter is in Proust's own hand/in my handwriting. **-2.** [donné par] from (the hand of).
◆ **de main en main** *loc adv* from hand to hand, from one person to the next.
◆ **de première main** ◊ *loc adj* [information] first-hand; [érudition, recherche] original. ◊ *loc adv*: nous tenons de première ~ que... we have it on the best authority that...
◆ **de seconde main** *loc adj* [information, voiture] secondhand.
◆ **d'une main** *loc adv* [ouvrir, faire] with one hand; [prendre] with ou in one hand; donner qqch d'une ~ et le reprendre de l'autre to give sthg with one hand and take it back with the other.
◆ **en main** ◊ *loc adj*: l'affaire est en ~ the question is in hand ou is being dealt with; le livre est actuellement en ~ [il est consulté] the book is out on loan ou is being consulted at the moment. ◊ *loc adv*: avoir qqch en ~ *pr* to be holding sthg; avoir ou tenir qqch (bien) en ~ *fig* to have sthg well in hand ou under control; quand tu auras la voiture bien en ~ when you've got the feel of the car; prendre qqch en ~ to take control of ou over sthg; prendre qqn en ~ to take sb in hand; la société a été reprise en ~ the company was taken over.
◆ **la main dans la main** *loc adv* [en se tenant par la main] hand in hand; *fig* together; *péj* hand in glove.

**main-d'œuvre** [mɛ̃dœvr] *(pl* mains-d'œuvre) *nf* **-1.** [travail] labour; le prix de la ~ the cost of labour, labour costs. **-2.** [personnes] workforce, labour force; il y a une pénurie de ~ qualifiée there is a shortage of skilled labour; les besoins en ~ ont augmenté manpower requirements have increased; réserve ou réservoir de ~ labour pool ou reservoir.

**main-forte** [mɛ̃fɔrt] *nf*: prêter ~ à qqn to give sb a (helping) hand.

**mainlevée** [mɛ̃ləve] *nf* JUR withdrawal; ~ d'une hypothèque discharge ou withdrawal ou cancellation of a mortgage; ~ de la saisie replevin.

**mainmise** [mɛ̃miz] *nf* **-1.** [physique] seizure; la ~ de Hitler sur les Balkans Hitler's seizure ou takeover of the Balkans. **-2.** [psychologique] hold, grip, grasp.

**maint, e** [mɛ̃, mɛ̃t] *dét litt* many a, a great many; ~es et ~es fois, à ~es reprises time and time again.

**maintenance** [mɛ̃tnɑ̃s] *nf* **-1.** [de matériel, d'un bien] upkeep; [d'un appareil, d'un véhicule] maintenance, servicing. **-2.** MIL [moyens] maintenance unit; [processus] maintenance.

**maintenant** [mɛ̃tnɑ̃] *adv* **-1.** [à présent] now; ~ on peut y aller we can go now; il y a ~ trois ans que cela dure this has been going on for three years now; c'est ~ que tu arrives? what time do you call this?; l'avion a sûrement décollé ~ the plane must have taken off (by) now; à partir de ~ from now on ou onwards; c'est ~ ou jamais it's now or never; les jeunes de ~ today's youth, young people today. **-2.** [cela dit] now; je l'ai lu dans le journal, ~ si c'est vrai ou faux, je n'en sais rien I read it in the paper, but ou now whether or not it's true, I don't know.
◆ **maintenant que** *loc conj* now (that); ~ que Durand est chef du département,... with Durand now head of department,...

**maintenir** [40] [mɛ̃tnir] *vt* **-1.** [tenir] to hold firm ou tight; **des rivets maintiennent l'assemblage** the structure is held tight ou together by rivets; **le pantalon est maintenu par une ceinture** the trousers are held ou kept up by a belt; ~ **qqn assis/debout** to keep sb seated/standing; **il a fallu trois hommes pour le ~ allongé** three men were needed to keep him down. **-2.** [garder] to keep; ~ **l'eau à ébullition** keep the water boiling; ~ **la température à -5°** keep the temperature at -5°; ~ **au frais** keep in a cool place; ~ **qqn en vie** to keep sb alive. **-3.** [conserver – statu quo, tradition] to maintain, to uphold; [– prix] to keep in check, to hold steady; [– loi] to uphold; [– paix] to maintain, to keep; **des traditions qui maintiennent les clivages sociaux** traditions which sustain ou perpetuate divisions in society; ~ **l'ordre** to keep order; ~ **sa candidature** to maintain one's candidature. **-4.** [continuer à dire] to maintain; ~ **une accusation** to stand by ou to maintain an accusation; **l'accusée a maintenu sa version des faits** the defendant stuck to ou stood by ou maintained her story.
◆ **se maintenir** *vpi* to remain; **la monarchie se maintient encore dans quelques pays** monarchy lives on ou survives in a few countries; **le beau temps se maintiendra** the weather will stay ou remain fine; **le taux du dollar se maintient** the dollar holds ou remains steady; **le niveau des commandes se maintient** orders are holding up ou steady; **comment ça va?** — **on** ou **ça se maintient** *fam* how's everything going? — so-so ou not so bad ou bearing up; **il se maintient au second tour** POL he's decided to stand again in the second round; **pourra-t-elle se ~ dans les dix premiers?** will she be able to remain in the top ten?; **se ~ à flot** [dans l'eau] to stay afloat; [dans son travail] to keep one's head above water; **se ~ en équilibre** to keep one's balance; **se ~en bonne santé** to stay in good health.

**maintien** [mɛ̃tjɛ̃] *nm* **-1.** [conservation] maintenance, upholding; **comment garantir le ~ du libre-échange?** how is it possible to uphold ou to preserve free trade? ❑ ~ **dans les lieux** JUR right of tenancy; **le ~ de l'ordre** maintenance of law and order; **assurer le ~ de l'ordre** to maintain law and order; ~ **de la paix** peacekeeping. **-2.** [port] bearing, deportment; **cours/professeur de ~** lesson in/teacher of deportment. **-3.** [soutien] support; **ce soutien-gorge assure un bon ~** this bra gives good support.

**maintiendrai** [mɛ̃tjɛ̃dre], **maintiennent** [mɛ̃tjɛn], **maintiens** [mɛ̃tjɛ̃], **maintins** [mɛ̃tɛ̃] *v* → **maintenir**.

**maire** [mɛr] *nm* [d'une commune, d'un arrondissement] ≃ mayor; [d'une grande ville] ≃ (lord) mayor *Br*, ≃ mayor *Am*.

**mairesse** [mɛrɛs] *nf* **-1.** [femme maire] (Lady) Mayor. **-2.** [épouse du maire] mayoress.

**mairie** [meri] *nf* **-1.** [fonction] office of mayor, mayoralty; **il brigue la ~ de Paris** he's running for the office of Mayor of Paris. **-2.** [administration – gén] town council; [– d'une grande ville] city council; ~ **d'arrondissement** district council (*in Paris, Lyons or Marseilles*). **-3.** [édifice] town ou city hall; ~ **de quartier** local town hall (*in Paris, Lyons or Marseilles*); ~ **du village** village ou town hall.

**mais** [mɛ] ◇ *conj* **-1.** [servant à opposer deux termes]: **finalement je n'en veux pas un ~ deux** actually, I want two not one; **ce n'est pas bleu, ~ vert** it's not blue, it's green. **-2.** [introduisant une objection, une restriction, une précision] but; **oui, ~... yes**, but...; **ces chaussures sont jolies ~ trop chères** these shoes are nice, but they're too expensive; **j'ai trouvé le même, ~ moins cher** I found the same thing, only ou but cheaper. **-3.** [introduisant une transition]: **revenons à notre sujet but let's get back to the point; ~ Fred, tu l'as vu ou non?** (and) what about Fred, did you see him or not?; ~ **dis-moi, ton frère, il ne pourrait pas m'aider?** I was thinking, couldn't your brother help me?; ~ **alors, vous ne partez plus?** so you're not going any more? **-4.** [renforçant des adverbes]: **vous êtes d'accord?** — ~ **oui, tout à fait** do you agree? — yes, absolutely; **tu pleures?** — ~ **non, ~ non...** are you crying? — no, no, it's alright...; **tu as peur?** — ~ **non!** are you scared? — of course not!; **vous venez aussi?** — ~ **bien sûr!** are you coming as well? — of course (we are)!; **nous allons à Venise, ~ aussi à Florence et à Sienne** we're going to Venice, and to Florence and Siena too; ~ ~ **bon, il ne veut rien entendre** ... but he just won't listen. **-5.** [employé exclamativement – avec une valeur intensive]: **cet enfant est nerveux, ~ nerveux!** that child is highly-strung, and I mean highly-strung!; **j'ai faim, ~ faim!** I'm so hungry!; **il a pleuré, ~ pleuré!** he cried, how he cried!; **c'était une fête, ~ une fête!** what a party that was!, that was a real party! ‖ [exprimant l'indignation, l'impatience]: **non ~ des fois!** (but) really!; **non ~ ça ne va pas!** you're/he's *etc* mad!; ~ **dis donc, tu n'as pas honte?** well really, aren't you ashamed of yourself?; ~ **enfin, en voilà une manière de traiter les gens!** well ou I must say, that's a fine way to treat people!; **non ~ tu plaisantes?** you can't be serious!, you must be joking!; ~ **puisque je te le dis!** it's true I tell you!; ~ **écoute-moi un peu!** will you just listen to me a minute!; ~ **tu vas te taire, bon sang!** *fam* for God's sake, will you shut up!; ~ **c'est pas un peu fini ce vacarme?** have you quite finished making all that racket?; ~ **ça suffit maintenant!** that's enough now!; ~ **je vais me fâcher, moi!** I'm not going to put up with this! ‖ [exprimant la surprise]: ~ **tu saignes!** you're bleeding!; ~ **c'est Paul!** hey, it's Paul!; ~ **dis donc, tu es là, toi?** what (on earth) are you doing here?
◇ *adv*: **n'en pouvoir ~** *litt* to be helpless.
◇ *nm* but, buts; **il n'y a pas de ~ (qui tienne), j'ai dit au lit!** no buts about it, I said bed!
◆ **non seulement... mais** *loc corrél*: **non seulement tu arrives en retard, ~ (en plus) tu oublies ton livre** not only do you arrive late but on top of that you forget your book.

**maïs** [mais] *nm* BOT maize *Br*, corn *Am*; CULIN sweetcorn; ~ **en épi** corn on the cob.

**maison** [mɛzɔ̃] ◇ *nf* **A. -1.** [bâtiment] house, dwelling; ~**s (d'habitation)** private dwellings ou houses ❑ ~ **bourgeoise** fine town house ou residence; ~ **de campagne** [gén] house ou home in the country; [rustique] (country) cottage; ~ **individuelle** [non attenante] detached house; ~ **de maître** [en bien propre] owner-occupied house; [cossue] fine large house; ~ **de poupée** doll's house; ~ **préfabriquée** prefabricated house; **gros comme une ~** *fam* plain for all to see; **il te drague, c'est gros comme une ~** *fam* he's flirting with you, it's as plain as the nose on your face. **-2.** [foyer, intérieur] home, chez soi; **je l'ai cherché dans toute la ~** I've looked for it all over the house; **il a quitté la ~ à 16 ans** he left home when he was 16; **tenir une ~** to look after ou to keep house; **les dépenses de la ~** household expenditure; **à la ~** at home; **cet après-midi, je suis à la ~** I'm (at) home this afternoon; **rentre à la ~!** [locuteur à l'extérieur] go home!; [locuteur à l'intérieur] come ou get back in!; 'tout pour la ~' 'household goods'.
**B. -1.** [famille, groupe] family; **visiblement, vous n'êtes pas de la ~** you obviously don't work here; **toute la ~ est partie pour Noël** all the people in the house have ou the whole family has gone away for Christmas. **-2.** [personnel] household; **la ~ civile/militaire** the civil/military household. **-3.** [dynastie] house; **la ~ des Tudor** the House of Tudor; **être le descendant d'une grande ~** to be of noble birth. **-4.** [lieu de travail – d'un domestique] household (*where a person is employed as a domestic*); **j'ai fait les meilleures ~s** I've been in service with the best families; **vous avez combien d'années de ~?** how long have you been in service?
**C. -1.** COMM firm, company; **j'ai 20 ans de ~** I've been with the company for 20 years; **un habitué de la ~** a regular (customer); **'la ~ ne fait pas crédit'** 'no credit given'; **'la ~ n'accepte pas les chèques'** 'no cheques (accepted)' ❑ ~ **de détail/gros** retail/wholesale business; ~ **de commerce** (commercial) firm ou company; ~ **de couture** fashion house; ~ **d'édition** publishing house; ~ **d'import-export** import-export firm ou company ou business; **la Maison de la presse** newsagent's; ~ **de titres** BANQUE ≃ clearing house (*for clearing stocks*). **-2.** RELIG: **la ~ de Dieu** ou **du Seigneur** the house of God, the Lord's house. **-3.** [lieu spécialisé]: ~ **close** ou **de tolérance** *vieilli* brothel; ~ **de correction** ou **de redressement** HIST reformatory *arch*, remand home *Br* borstal *Br*; ~ **d'arrêt** remand centre; ~ **centrale (de force)** prison, State penitentiary *Am*; ~ **de convalescence** convalescent home; ~ **de la culture** ≃ arts ou cultural centre; ~ **d'enfants** (residential) holiday centre for children, camp *Am*; ~ **familiale** holiday home *Br*, vacation home *Am* (*for low-income families*); ~ **de fous** *péj* madhouse; ~ **de jeu** gambling ou gaming house; ~ **des jeunes et de la culture** ≃ youth and community centre; ~ **maternelle** family home; ~ **de passe** sleazy hotel (*used by prostitutes*); ~ **du peuple** ≃

trade union and community centre; **la Maison de la radio** *Parisian headquarters and studios of French public radio*, ≃ Broadcasting House *Br*; ~ **de repos** rest ou convalescent home; ~ **de retraite** old people's home, retirement home; ~ **de santé** nursing home.
**D.** ASTROL house, mansion.
◇ *adj inv* **-1.** [fabrication] home-made; **spécialité** ~ speciality of the house. **-2.** [employé] in-house; **nous avons nos traducteurs** ~ we have an in-house translation department ❑ **syndicat** ~ company union. **-3.** *fam* [en intensif] first-rate, top-notch; **il s'est fait engueuler, quelque chose de** ~**!** he got one hell of a talking-to!; **une engueulade** ~ᵛ one hell of a dressing-down.
◆ **maison mère** *nf* **-1.** COMM mother *Br* ou parent company. **-2.** RELIG mother house.
**Maison-Blanche** [mɛzɔ̃blɑ̃ʃ] *nprf*: **la** ~ the White House.
**maisonnée** [mɛzɔne] *nf sout* household.
**maisonnette** [mɛzɔnɛt] *nf* small house.

**maître, maîtresse** [mɛtr, mɛtrɛs] ◇ *adj* **-1.** *(après le nom)* [essentiel] central, main, major; **sa qualité maîtresse est le sang-froid** a cool head is his outstanding ou chief quality ‖ [le plus important] main; **branche maîtresse** largest ou main branch; **poutre maîtresse** main (supporting) beam; **carte maîtresse** JEUX trump card ‖ *(avant le nom)*: **le** ~ **mot** the key word; **maîtresse femme** powerful woman. **-2.** [dans des noms de métiers]: ~ **boulanger/forgeron** master baker/blacksmith; ~ **compagnon** ≃ master craftsman; ~ **coq** ou **queux** chef.
◇ *nm, f* **-1.** [personne qui contrôle] master (*f* mistress); **ce chien n'obéit qu'à sa maîtresse** this dog only obeys his mistress; **ils sont maintenant installés en** ~**s chez nous** they now rule the roost in our own house; **agir en** ~ to behave as though one were master; **il faut rester** ~ **de soi** you must keep your self-control; **il est** ~ **de lui** he has a lot of self-control; **être** ~ **d'une situation/de son véhicule** to be in control of a situation/of one's vehicle; **les** ~**s du monde** the world's rulers; **se rendre** ~ **de** [d'un pays] to take ou seize control of; [d'une personne] to make oneself master of; [d'un incendie] to get under control; **à la maison, c'est lui le** ~ he's (the) boss at home; **être son (propre)** ~ to be one's own master ou boss; **il est son propre** ~ he's his own man; **elle est son propre** ~ she's her own woman; **être** ou **rester** ~ **de faire qqch** to be free to do sthg ❑ **le** ~ **de céans** the master of the house; ~ **de maison** host; **maîtresse de maison lady** of the house; *sout* ou *hum* hostess. **-2.** [professeur]: ~ **(d'école), maîtresse (d'école)** teacher, schoolteacher; **elle fait très maîtresse d'école** she's very schoolmarmish; **Maîtresse, j'ai trouvé!** Miss ou teacher *Am*, I've found the answer!; ~**/maîtresse de ballet** ballet master/mistress *Br*, ballet teacher; ~ **de musique** music teacher.
◆ **maître** *nm* **-1.** [dans des noms de fonctions]: **grand** ~ **(de l'ordre)** grand master; ~ **d'armes** fencing master; ~ **auxiliaire** supply *Br* ou substitute *Am* teacher; ~ **de chapelle** choirmaster; ~ **de conférences** ≃ (senior) lecturer *Br*, ≃ assistant professor *Am*; ~ **d'ouvrage** contractor; ~ **de recherches** research director; ~ **de cérémonie** ou **des cérémonies** master of ceremonies. **-2.** [expert] master; **elle est passée** ~ **dans l'art de tromper son monde** she is a past master in the art of misleading people. **-3.** BX-ARTS, LITTÉRAT & PHILOS master; ~ **à penser** mentor, guru, intellectual model. **-4.** RELIG: **le** ~ **de l'Univers** ou **du monde** the Master of the Universe; **se croire le** ~ **du monde** *fig* to feel invincible. **-5.** CARTES: **être** ~ **à carreau** to hold the master ou best diamond. **-6.** [titre]: **Maître Suzanne Thieu** Mrs. (ou Miss) Suzanne Thieu; **Maître Dulles, avocat à la cour** ≃ Mr. Dulles QC *Br* ou member of the Bar *Am*; **cher Maître, à vous!** [à un musicien] Maestro, please!
◆ **maîtresse** *nf* [d'un homme] mistress.
◆ **de maître** *loc adj* **-1.** [qui appartient à un riche particulier]: **chauffeur de** ~ (personal) chauffeur; **voiture de** ~ expensive car. **-2.** [exécuté par un grand artiste]: **un tableau** ou **une toile de** ~ an old master; **un coup de** ~ *fig* a masterstroke; **pour un coup d'essai, c'est un coup de** ~ for a first attempt, it was brilliant.
◆ **maître chanteur** *nm* **-1.** [qui menace] blackmailer. **-2.** MUS Meistersinger, mastersinger.
◆ **maître d'hôtel** ◇ *nm* [dans un restaurant] maître (d'hôtel), headwaiter; [chez un particulier] butler. ◇ *loc adj*: **beurre** ~

**d'hôtel** CULIN parsley butter, maître d'hôtel butter.
◆ **maître d'œuvre** *nm* **-1.** CONSTR chief architect, project manager, master builder. **-2.** *fig*: **le Premier ministre est le** ~ **d'œuvre de l'accord signé hier** the Prime Minister was the architect of the agreement that was signed yesterday.
**maître-assistant, e** [mɛtrasistɑ̃, ɑ̃t] *(mpl* **maîtres-assistants,** *fpl* **maîtres-assistantes)** *nm, f*≃ lecturer *Br*, ≃ assistant professor *Am*.
**maître-autel** [mɛtrotɛl] *(pl* **maîtres-autels)** *nm* high altar.
**maître-chien** [mɛtrəʃjɛ̃] *(pl* **maîtres-chiens)** *nm* dog trainer ou handler.
**maître-nageur** [mɛtranaʒœr] *(pl* **maîtres-nageurs)** *nm* swimming teacher ou instructor; ~ **sauveteur** lifeguard.
**maîtresse** [mɛtrɛs] *f* → **maître**.
**maîtrisable** [metrizabl] *adj* **-1.** [que l'on peut dominer – sentiment, douleur] controllable. **-2.** [que l'on peut apprendre]: **ces nouvelles techniques sont facilement** ~**s** these new techniques are easy to master.
**maîtrise** [metriz] *nf* **-1.** [contrôle] mastery, control; **avoir la** ~ **des mers** to have complete mastery of the sea; **sa** ~ **du japonais est étonnante** she has an amazing command of Japanese; **avoir la** ~ **d'un art** to have mastered ou to master an art; **elle exécuta le morceau avec une grande** ~ she performed the piece masterfully ou with great skill ❑ ~ **de soi** self-control, self-possession. **-2.** [dans une entreprise] supervising staff. **-3.** UNIV ≃ master's degree; **elle a une** ~ **de géographie** she has a master's (degree) ou an MA in geography, she mastered in geography *Am*. **-4.** RELIG [chœur] choir; [école] choir school.
**maîtriser** [3] [metrize] *vt* **-1.** [personne, animal] to overpower; [adversaire] to get the better of. **-2.** [danger, situation] to bring under control; [sentiment] to master; **ils maîtrisent maintenant la situation** they now have the situation (well) in hand ou under control; **je réussis à** ~ **ma colère** I managed to contain my anger. **-3.** [technique, savoir] to master.
◆ **se maîtriser** *vp (emploi réfléchi)* to control o.s.; **je sais que tu as du chagrin, mais il faut te** ~ I know you're upset, but you must get a grip on yourself; **sous l'influence de l'alcool, on n'arrive plus à se** ~ under the influence of alcohol, one loses (all) control.
**Maïzena**® [maizena] *nf* cornflour *Br*, cornstarch *Am*.
**majesté** [maʒɛste] *nf* **-1.** [grandeur] majesty, grandeur; ~ **divine/royale** divine/royal majesty. **-2.** [titre]: **Majesté** Majesty; **Sa Très Gracieuse Majesté, la reine Élisabeth** Her Most Gracious Majesty, Queen Elizabeth.
◆ **en majesté** *loc adj* BX-ART in majesty, enthroned.
**majestueusement** [maʒɛstɥøzmɑ̃] *adv* majestically.
**majestueux, euse** [maʒɛstɥø, øz] *adj* majestic, stately.
**majeur, e** [maʒœr] *adj* **-1.** [le plus important] major, greatest; **le bonheur de son fils est son souci** ~ his son's happiness is his major ou principal concern; **la** ~**e partie des gens** the majority of people, most people. **-2.** [grave] major; **y a-t-il un obstacle** ~ **à sa venue?** is there any major reason why he shouldn't come?**-3.** [adulte]: **être** ~ to be of age; **tu auras une voiture quand tu seras** ~ you'll have a car when you come of age ou when you reach your majority; **je n'ai pas besoin de tes conseils, je suis** ~ **(et vacciné** *fam)* I don't want any of your advice, I'm old enough to look after myself now. **-4.** MUS major; **concerto en la** ~ concerto in A major ❑ **le mode** ~ the major key ou mode. **-5.** RELIG: **ordres** ~**s** major orders.
◆ **majeur** *nm* **-1.** [doigt] middle finger. **-2.** LOGIQUE major term. **-3.** MUS major key ou mode.
◆ **majeure** *nf* LOGIQUE major premise.
◆ **en majeure partie** *loc adv* for the most (part).
**Majeur** [maʒœr] *npr*: **le lac** ~ Lake Maggiore.
**major** [maʒɔr] ◇ *adj* [supérieur par le rang] chief *(modif)*, head *(modif)*. ◇ *nm* **-1.** [dans la marine] ≃ master chief petty officer. **-2.** UNIV top student *(in the final examination at a grande école)*; **elle était le** ~ **de la promotion de 58** she came out first in her year in 1958. **-3.** HIST & MIL [chef des services administratifs] adjutant; **(médecin)** ~ medical officer; ~ **général** ≃ major general. **-4.** *Helv* commanding officer. ◇ *nf* major (company).
**majorant** [maʒɔrɑ̃] *nm* MATH upper bound, majorant.
**majoration** [maʒɔrasjɔ̃] *nf* **-1.** [hausse] rise, increase; procé-

der à une ~ des prix to increase prices; ils demandent une ~ de leurs salaires they're asking for a wage increase; ~ d'impôts surcharge on taxes. **-2.** [surestimation] overestimation.

**majordome** [maʒɔrdɔm] *nm* majordomo.

**majorer** [3] [maʒɔre] *vt* **-1.** [augmenter] to increase, to raise; tous les impôts impayés avant la fin du mois seront majorés de 5 % there will be a 5% surcharge ou penalty charge on all taxes not paid by the end of the month. **-2.** [surestimer] to overestimate; [donner trop d'importance à] *sout* to overstate, to play up *(sép)*. **-3.** MATH [suite] to majorize; [sous-ensemble] to contain.

**majorette** [maʒɔrɛt] *nf* (drum) majorette.

**majoritaire** [maʒɔritɛr] ◇ *adj* **-1.** [plus nombreux] majority *(modif)*; les femmes sont ~s dans l'enseignement women outnumber men ou are in the majority in the teaching profession; quel est le parti ~ au Parlement? which party has the majority ou which is the majority party in Parliament?; «coton ~» high natural fibre content. **-2.** ÉCON & FIN [actionnaire, participation] majority *(modif)*. ◇ *nmf* member of a majority group.

**majorité** [maʒɔrite] *nf* **-1.** [le plus grand nombre] majority; la ~ de the majority of, most; dans la ~ des cas in most cases; la ~ silencieuse the silent majority. **-2.** POL la ~ [parti] the majority, the party in power, the governing party; avoir la ~ to have the majority; ils ont gagné avec une faible/écrasante ~ they won by a narrow/overwhelming margin ❏ ~ absolue/simple absolute/relative majority; être élu à la ~ absolue to be elected with an absolute majority. **-3.** [âge légal] majority; atteindre sa ~ to reach one's majority, to come of age; ~ civile (attainment of) voting age; ~ pénale legal majority.

♦ **en majorité** ◇ *loc adj* in the majority; nous sommes en ~ we are in the majority. ◇ *loc adv*: les ouvriers sont en ~ mécontents most workers ou the majority of workers are dissatisfied.

**Majorque** [maʒɔrk] *npr* Majorca.

**majuscule** [maʒyskyl] ◇ *adj* **-1.** [gén] capital; B ~ capital B. **-2.** IMPR upper-case. ◇ *nf* **-1.** [gén] capital, block letter; écrivez votre nom en ~s write your name in capitals, print your name (in block letters); mettez une ~ à Rome write Rome with a capital, capitalize Rome. **-2.** IMPR upper case, upper-case letter.

**mal** [mal] *(pl* **maux** [mo]*)* ◇ *nm* **-1.** [souffrance physique] pain; avoir ~: où as-tu ~? where does it hurt?, where is the pain?; j'ai ~ là it hurts ou it's painful here; j'ai ~ aux dents I've got toothache *Br* ou a toothache *Am*; j'ai ~ aux oreilles I've got earache *Br* ou an earache *Am*; j'ai mal à la tête I've got a headache; avoir ~ à la cheville/à la gorge/au pied to have a sore ankle/throat/foot; il a ~ au ventre he has stomachache *Br* ou a stomachache *Am*; faire (du) ~ à qqn; ça vous fait encore ~? does it still hurt?, is it still hurting you?; aïe, ça fait ~! ouch, it ou that hurts!; se faire ~ to hurt o.s.; je me suis fait ~ à la main I've hurt my hand ❏ ~ de dents toothache; ~ de dos backache; ~ de gorge sore throat; ~ de tête headache; maux d'estomac stomach pains; ça me ferait ~ au ventre *fam* it would make me sick; ça me ferait ~ aux seins⁷ it would really piss me off; ça va faire ~! *fam & fig* watch it, we're in for it now!; il n'y a pas de ~! [après un heurt] no broken bones!; [après une erreur] no harm done!; mettre qqn à ~ ou à ~ qqn *sout* to manhandle ou to maltreat sb. **-2.** [maladie, malaise] illness, sickness, disease; tu vas attraper ou prendre du ~ *fam* watch you don't get a cold ❏ ~ de l'air airsickness; ~ blanc whitlow; ~ de mer seasickness; avoir le ~ de mer [habituellement] to suffer from seasickness; [au cours d'un voyage] to be seasick; avoir le ~ de vivre to be tired of life. **-3.** [dommage, tort] harm; le ~ est fait the damage is done (now); faire du ~ à qqn to do sb harm, to harm sb; vouloir du ~ à qqn to wish sb ill ou harm; il n'y a pas de ~ à demander there's no harm in asking; et si j'en ai envie, où est le ~? and if that's what I feel like doing, what harm is there in that?; dire/penser du ~ de qqn to speak/to think ill of sb ❏ ~ lui en a pris he's had cause to regret it. **-4.** [douleur morale] pain; faire (du) ~ à qqn to hurt sb, to make sb suffer; quand j'y repense, ça me fait du ou ça fait ~ it hurts to think about it; n'essaie pas de la revoir, ça te ferait du ~ don't try to see her again, it'll

only cause you pain ou upset you. **-5.** [affliction, inconvénient] ill, evil; c'est un ~ nécessaire it's a necessary evil. **-6.** [difficulté, tracas] trouble *(U)*, difficulty *(U)*; avoir du ~ à faire qqch to have difficulty (in) ou trouble doing sthg; j'ai de plus en plus de ~ à me souvenir des noms I'm finding it harder and harder to remember names; donner du ~ à qqn to give sb trouble; se donner du ~: il a réussi sans se donner de ~ he succeeded without much trouble; ne vous donnez pas tant de ~ pour moi please don't go to all this trouble on my behalf. **-7.** [par opposition au bien]: le ~ evil; le bien et le ~ right and wrong, good and evil; faire le ~ to commit evil for evil's sake.

◇ *adv* **-1.** [désagréablement] wrong; tout va ~ everything's going wrong; ça commence ~, c'est ~ parti things are off to a bad start; ça va finir ~ ou ~ finir [gén] it'll end in disaster; [à des enfants turbulents] it'll all end in tears; il sera là aussi, ça tombe ~ he'll be there too, which is unfortunate; tu tombes ~ you've come at a bad time. **-2.** [en mauvaise santé]: aller ~, se porter ~ to be ill ou unwell, to be in poor health. **-3.** [défavorablement] badly; elle a très ~ pris que je lui donne des conseils she reacted badly ou she took exception to my giving her advice; ne le prends pas ~ mais... I hope you won't be offended but..., don't take it the wrong way but... ❏ être/se mettre ~ avec qqn to be/to get on the wrong side of sb. **-4.** [de façon incompétente ou imparfaite] badly, not properly; c'est du travail ~ fait it's a shoddy piece of work; être ~ fait (de sa personne) to be misshapen; cette veste lui va ~ this jacket doesn't suit him; ça lui va ~ de donner des conseils he's hardly in a position to hand out advice; je le connais ~ I don't know him very well; s'ils croient que je vais me laisser faire, ils me connaissent ~! if they think I'm going to take it lying down, they don't know me very well!; je dors ~ I have trouble sleeping; il mange ~ [salement] he's a messy eater; [trop peu] he doesn't eat enough; [mal équilibré] he doesn't eat well; il parle ~ he can't talk properly; elle parle ~ l'allemand her German isn't very good; tu te tiens ~ [tu es voûté] you've got poor posture; [à table] you don't have any table manners; vivre ~ qqch to have a bad time with sthg; je me vois ~ en bermuda/avec un mari comme le sien! *fam* I just can't really see myself in a pair of Bermuda shorts/with a husband like hers!; s'y prendre ~: je m'y prends ~ I'm not going about this the right way; elle s'y prend ~ avec les enfants she's not very good with children; ~ élevé bad-mannered, impolite. **-5.** [insuffisamment] badly, poorly; vivre ~ to have trouble making ends meet; être ~ nourri [trop peu] to be underfed ou undernourished; [avec de la mauvaise nourriture] to be fed bad ou poor food. **-6.** [malhonnêtement – agir] badly; ~ tourner to turn out badly. **-7.** [inconfortablement] uncomfortably; être ~ assis to be uncomfortably seated ou uncomfortable; on dort ~ dans ton canapé-lit your sofa bed isn't very comfortable. **-8.** *loc*: ça la fiche *fam* ou fout⁷ ~ it looks pretty bad/bloody awful.

◇ *adj inv* **-1.** [immoral] wrong; c'est ~ de tricher it's wrong to cheat; je n'ai rien dit/fait de ~ I haven't said/done anything wrong. **-2.** [malade] ill, unwell, not well; se trouver ~ [s'évanouir] to faint, to pass out, to swoon. **-3.** [peu satisfaisant]: ça n'était pas si ~ [film, repas, prestation] it wasn't that bad. **-4.** *fam* [fou] mad, crazy.

♦ **au plus mal** *loc adj* **-1.** [très malade] very sick, desperately ill, critical. **-2.** [fâché]: être au plus ~ avec qqn to be at loggerheads with sb.

♦ **de mal en pis** *loc adv* from bad to worse.

♦ **en mal de** *loc prép*: être en ~ d'affection to be longing ou yearning for love; être en ~ d'inspiration to be short of ou lacking inspiration.

♦ **mal à l'aise** *loc adj* uncomfortable, ill at ease.

♦ **mal à propos** *loc adv* at the wrong time; faire une intervention ~ à propos to speak out of turn.

♦ **mal portant, e** *loc adj* unwell, in poor health.

**Mal** *abr écrite de* **maréchal**.

**malabar** [malabar] *nm fam* [colosse] muscle man, hulk.

**malachite** [malakit] *nf* malachite.

**malade** [malad] ◇ *adj* **-1.** [souffrant] ill, sick, unwell; une personne ~ a sick person; un enfant toujours ~ a sickly child; gravement ~ gravely ou seriously ill; se sentir ~ to feel ill ou unwell; tomber ~ to fall ill; se faire porter ~ *fam* to call in ou to report sick ❏ être ~ à crever⁷ ou comme un

chien *fam* [souffrir] to be incredibly ill ou at death's door *hum*; [vomir] to be sick as a dog ou violently ill. **-2.** [atteint d'une lésion] bad, diseased; **avoir le cœur** ~ to have a heart condition ou heart trouble; **j'ai les intestins** ~s, **je suis** ~ **des intestins** I have troubles with my intestines; **une vigne** ~ a diseased vine. **-3.** [nauséeux] sick; **je suis** ~ **en bateau/voiture/avion** I suffer from seasickness/carsickness/airsickness; **rendre qqh** ~ to make sb sick ou ill. **-4.** [dément] (mentally) ill ou sick; **avoir l'esprit** ~ to be mentally ill. **-5.** [en mauvais état] decrepit, dilapidated; **nous avons une économie** ~ our economy is sick ou shaky ou ailing; **la France** ~ **de l'inflation** *allusion La Fontaine* France, sick ou crippled with inflation. **-6.** [affecté moralement] ill, sick; ~ **de jalousie** sick with jealousy, horribly jealous; **ça me rend** ~ **de la voir si démunie** it makes me ill to see her so penniless; **et pourtant c'est elle qui a eu le poste — tais-toi, ça me rend** ou **j'en suis** ~! all the same, she's the one who got the job — don't, it makes me sick ou vomit!**-7.** *fam* [déraisonnable] mad, crazy.
◇ *nmf* **-1.** [patient – gén] sick person, sick man (*f* woman); [– d'un hôpital, d'un médecin] patient; [sujet atteint] sufferer; **c'est un** ~ **imaginaire** he's a hypochondriac ❑ **les grands** ~s the seriously ill; **'le Malade imaginaire'** *Molière* 'The Imaginary Invalid'. **-2.** [dément]: ~ **(mental)** mentally ill ou sick person ❑ **comme un** ~ *fam* like a madman; **on a travaillé comme des** ~s **pour finir à temps** we worked like lunatics to finish on time. **-3.** *fam* [passionné]: **un** ~ **de la vitesse** a speed fiend ou freak; **ce sont des** ~s **du golf** they're golf-crazy.

**maladie** [maladi] *nf* **-1.** [mauvaise santé] illness, ill health, sickness. **-2.** [mal spécifique] MÉD & VÉTÉR illness, disease; **une** ~ **grave** a serious illness; **il est mort des suites d'une longue** ~ he died after a long illness; **'fermé pour cause de** ~' 'closed due to illness'; **être en congé** ~ ou **en** ~ *fam* to be on sick leave ou off sick; **je vais me mettre en** ~ I'm going to take some sick leave ou time off sick; **être en longue** ~ to be on indefinite sick leave ❑ ~ **contagieuse/héréditaire** contagious/hereditary disease; **la** ~ **de Parkinson/d'Alzheimer** Parkinson's/Alzheimer's disease; **il avait la** ~ **bleue à la naissance** he was blue at birth; ~ **de carence** deficiency disease; ~ **chronique** chronic illness ou condition; ~ **infantile** childhood illness, infantile disorder; ~ **infectieuse** infectious disease; ~ **mentale** mental illness ou disorder; ~ **mortelle** fatal disease ou illness; ~ **professionnelle** occupational ou industrial disease; ~ **sexuellement transmissible** sexually ou transmitted disease; ~ **vénérienne** venereal disease, VD. **-3.** BOT disease; **les pruniers ont tous eu la** ~ all the plum trees got diseased ou the disease. **-4.** [obsession] obsession; **elle a encore rangé tous mes journaux, c'est une** ~ **chez elle!** *hum* she's tidied up all my papers again, it's an obsession with her! ❑ **en faire une** ~ *fam* to make a huge fuss; **il n'y a pas de quoi en faire une** ~! no need to make a song and dance about it ou to throw a fit!

**maladif, ive** [maladif, iv] *adj* **-1.** [personne] puny, sickly; [teint] sickly-looking, unhealthy; [constitution] weak; **il a toujours un air** ~ he always looks rather unhealthy ou ill. **-2.** [compulsif] obsessive, pathological *fig*; **d'une jalousie maladive** pathologically ou obsessively jealous; **elle est d'une inquiétude maladive** she's a pathological ou an obsessive worrier; **il adore les jeux d'argent, c'est** ~ he's a compulsive gambler ou he can't stop gambling, it's like a disease (with him).

**maladivement** [maladivmɑ̃] *adv* [à l'excès] pathologically, morbidly; **elle est** ~ **timide** she's excessively shy.

**maladresse** [maladrɛs] *nf* **-1.** [manque de dextérité] clumsiness, awkwardness; **ne le laisse pas porter les verres, il est d'une telle** ~! don't let him carry the glasses, he's so clumsy! ‖ [manque de tact] clumsiness, tactlessness; [manque d'assurance] awkwardness. **-2.** [remarque, acte] faux pas, blunder, gaffe. **-3.** SCOL **bon devoir, mais des** ~s good work if somewhat awkward in parts.

**maladroit, e** [maladrwa, at] ◇ *adj* **-1.** [manquant de dextérité] clumsy, awkward, heavy-handed. **-2.** [manquant – de savoir-faire] clumsy, inept; [– d'assurance] clumsy, awkward, gauche; [– de tact] clumsy, tactless, heavy-handed; **une initiative** ~e a clumsy ou bungling initiative. ◇ *nm, f* **-1.** [de ses mains] clumsy person; **attention,** ~, **tu as failli**

lâcher la tasse! look out, butterfingers, you nearly dropped the cup!**-2.** [gaffeur] blunderer, blundering fool; [incompétent] blithering idiot.

**maladroitement** [maladrwatmɑ̃] *adv* **-1.** [sans adresse] clumsily, awkwardly; **ils s'y sont pris** ~ they set about it the wrong way. **-2.** [sans tact] clumsily, tactlessly, heavy-handedly.

**mal-aimé, e** [maleme] (*mpl* **mal-aimés**, *fpl* **mal-aimées**) *nm, f* outcast; **c'est le** ~ **de la famille** he's the unpopular one in the family; **il a été le** ~ **de cette génération de réalisateurs** he was the forsaken member of that generation of (film) directors; **les** ~s **de la société** social outcasts.

**malais, e**[1] [malɛ, ɛz] *adj* Malay, Malayan, Malaysian; **la presqu'île Malaise** the Malay Peninsula.
◆ **Malais, e** *nm, f* Malay, Malayan, Malaysian.

**malaise**[2] [malɛz] *nm* **-1.** [indisposition] (sudden) weakness, faintness, malaise; **ressentir un** ~ to feel weak ou faint ou dizzy ‖ [évanouissement] fainting fit, blackout. **-2.** [désarroi, angoisse] uneasiness *(U)*, anxiety *(U)*, disquiet *(U)*; **ce genre de film provoquait toujours chez elle un** ~ **profond** this sort of film always disturbed her deeply. **-3.** [mécontentement] discontent, anger; **il y a un** ~ **croissant chez les viticulteurs** there's mounting tension ou discontent among wine growers. **-4.** [gêne] unease, awkwardness; **la remarque a créé un** ~ the remark caused a moment of unease ou embarrassment.

**malaisé, e** [maleze] *adj sout* difficult, hard, arduous.

**malaisément** [malezemɑ̃] *adv sout* with difficulty.

**Malaisie** [malɛzi] *npr f*: **(la)** ~ Malaya.

**malandrin** [malɑ̃drɛ̃] *nm* **-1.** *litt* robber, thief. **-2.** HIST highwayman.

**malappris, e** [malapri, iz] *vieilli* ◇ *nm, f* boor, lout. ◇ *adj* boorish, loutish, ill-mannered.

**malaria** [malarja] *nf* malaria.

**malavisé, e** [malavize] *adj sout* unwise, ill-advised.

**Malawi** [malawi] *npr m* **-1.** [État]: **le** ~ Malawi. **-2.** [lac]: **le** ~ Lake Malawi.

**malaxage** [malaksaʒ] *nm* [d'une pâte] kneading; [d'un mélange] mixing.

**malaxer** [3] [malakse] *vt* **-1.** [mélanger] to mix, to blend; [pétrir – pâte] to knead; ~ **le beurre pour le ramollir** work the butter until soft. **-2.** [masser] to massage.

**malaxeur** [malaksœr] *nm* [gén] mixer, mixing machine; [de béton] cement mixer; [de sucre] mixer, agitator.

**Malaysia** [malɛzja] *npr f*: **(la)** ~ Malaysia; **(la)** ~ **occidentale** Malaya.

**malchance** [malʃɑ̃s] *nf* **-1.** [manque de chance] bad luck, misfortune; **il a eu la** ~ **de...** he was unlucky ou unfortunate enough to..., he had the misfortune of...; **jouer de** ~ to be dogged by ill fortune. **-2.** [mésaventure] mishap, misfortune.
◆ **par malchance** *loc adv* unfortunately.

**malchanceux, euse** [malʃɑ̃sø, øz] ◇ *adj* unlucky, luckless; **il a toujours été** ~ he's never had any luck; **être** ~ **au jeu/en amour** to be unlucky at gambling/in love. ◇ *nm, f* unlucky person, unlucky man (*f* woman).

**malcommode** [malkɔmɔd] *adj sout* [appareil] impractical; [fauteuil, vêtement, position] uncomfortable; [horaire, système] inconvenient, awkward.

**Maldives** [maldiv] *npr fpl*: **les (îles)** ~ the Maldive Islands, the Maldives.

**maldonne** [maldɔn] *nf* **-1.** JEUX misdeal; **tu as fait** ~ you misdealt. **-2.** *fam & fig* **il y a** ~ there's been a misunderstanding.

**mâle** [mal] ◇ *adj* **-1.** BIOL male; **le sexe** ~ the male sex. **-2.** [viril] virile, masculine, manly; **son beau visage** ~ his handsome, manly face; **avec une** ~ **assurance** with robust confidence. **-3.** TECH male; **vis/connexion** ~ male screw/connection; **prise** ~ plug. **-4.** [avec des noms d'animaux] male; **chat** ~ tom, tomcat; **éléphant** ~ bull elephant; **hamster/hérisson** ~ male hamster/hedgehog; **lapin** ~ buck rabbit; **loup** ~ he-wolf. ◇ *nm* male; **est-ce un** ~ **ou une femelle?** it is a he or a she?; **le jars est le** ~ **de l'oie** a gander is a male goose; **la tigresse est à la recherche d'un** ~ the tigress is looking for a mate; **quel** ~! *fam & hum* what a man!; **hériter par les** ~s JUR to inherit through the male line.

**malédiction** [malediksjɔ̃] ◇ *nf* -1. [imprécation] curse, malediction; **donner sa ~ à qqn** to call down a curse upon sb, to curse sb. -2. [malheur] malediction *litt*; **encourir la ~ divine** to incur the wrath of God ou of the gods; **comme si le sort les poursuivait de sa ~** as if fate had cast her evil eye on them. ◇ *interj hum* curses, curse ou damn it.

**maléfice** [malefis] *nm* evil spell ou charm; **jeter un ~ sur qqn** to cast an evil spell on sb.

**maléfique** [malefik] *adj* [charme, signe, personne] evil, malevolent; [émanation, influence] evil, cursed; [étoile, planète] unlucky; **les puissances ~s** the forces of evil.

**malencontreusement** [malɑ̃kɔ̃trøzmɑ̃] *adv* ill-advisedly.

**malencontreux, euse** [malɑ̃kɔ̃trø, øz] *adj* [fâcheux – retard, tentative, visite] ill-timed, inopportune; [mal choisi – parole] inopportune, ill-advised, unfortunate; **par un hasard ~** by a stroke of ill luck.

**mal(-)en(-)point** [malɑ̃pwɛ̃] *adj inv* [en mauvais état – de santé] in a bad way, poorly; [– financier] badly off; **l'industrie textile est ~** the textile industry is in a bad way ou a sorry state.

**malentendant, e** [malɑ̃tɑ̃dɑ̃, ɑ̃t] ◇ *adj* hard-of-hearing. ◇ *nm, f* person who is hard-of-hearing; **les ~s** the hard of hearing, the partially deaf.

**malentendu** [malɑ̃tɑ̃dy] *nm* misunderstanding, malentendu; **attends, je crois qu'il y a un ~ (entre nous)** wait, I think we're at cross purposes; **un ~ diplomatique** a diplomatic misunderstanding.

**mal-être** [malɛtr] *nm* discontent.

**malfaçon** [malfasɔ̃] *nf* defect.

**malfaisant, e** [malfəzɑ̃, ɑ̃t] *adj* -1. *sout* [qui cherche à nuire] evil, wicked. -2. [néfaste, pernicieux] evil, pernicious.

**malfaiteur** [malfɛtœr] *nm* criminal.

**mal famé, e, malfamé, e** [malfame] *adj* disreputable.

**malformation** [malfɔrmasjɔ̃] *nf*: **~ (congénitale)** (congenital) malformation.

**malfrat** [malfra] *nm* gangster, crook, hoodlum.

**malgache** [malgaʃ] *adj* Madagascan, Malagasy.

◆ **Malgache** *nmf* Madagascan, Malagasy.

**malgré** [malgre] *prép* in spite of, despite; **il a pénétré dans l'enceinte ~ les ordres** he entered the area against orders; **~ soi** [involontairement] unwillingly, in spite of oneself; [à contrecœur] reluctantly, against one's better judgment; [forcé] against one's will.

◆ **malgré que** *loc conj* -1. [bien que] although, despite the fact that. -2. *loc*: **~ que j'en aie/qu'il en ait** *litt* however reluctantly.

◆ **malgré tout** *loc adv* -1. [en dépit des obstacles] in spite of ou despite everything. -2. [pourtant] all the same, even so; **il faut dire une chose ~ tout...** even so, one thing has to be said...

**malhabile** [malabil] *adj* [maladroit] clumsy; **elle est ~ de ses doigts** she's all fingers and thumbs.

**malhabilement** [malabilmɑ̃] *adv sout* clumsily, awkwardly.

**malheur** [malœr] ◇ *nm* -1. [incident] misfortune; **un grand ~ a** (great) tragedy ou catastrophe; **eh bien, tu en as des ~s!** *iron* oh dear, it's not your day, is it?; **si jamais il lui arrive (un) ~** if (ever) anything happens to him ❑ **faire un ~** *fam*: **ne le laissez pas rentrer ou je fais un ~** don't let him in or I can't answer for the consequences; **elle passait en première partie et c'est elle qui a fait un ~** she was the supporting act but it was she who brought the house down; **cette chanson a fait un ~ en son temps** that song was a huge success in its day; **pose cette tasse, un ~ est si vite arrivé!** put that cup down before there's an accident!; **parle pas de ~!** *fam* God forbid!, Lord save us!; **un ~ ne vient ou n'arrive jamais seul** *prov* it never rains but it pours *prov*. -2. [malchance] **le ~** misfortune, bad luck; **le ~ a voulu que...** as bad luck would have it...; **avoir le ~ de** to be unfortunate enough to, to have the misfortune to; **j'ai eu le ~ de perdre mon père jeune** I had the ou it was my misfortune to lose my father when I was young; **j'ai eu le ~ de lui dire de se taire!** I was foolish enough to ask her ou I made the mistake of asking her to be quiet!; **une vie marquée par le ~** a life of misfortune ou sorrow; **être dans le ~** to suffer misfortunes ou hard times; **porter ~ à qqn** to bring sb bad luck; **arrête,**

**ça porte ~!** stop, it brings bad luck!; **pour son/mon/ton ~:** **je l'ai bien connu, pour mon ~** I knew him well, more's the pity; **pour son ~, il était l'aîné de six enfants** unfortunately for him, he was the oldest of six ❑ **je joue de ~ en ce moment** I'm dogged by ou I've got a run of bad luck at the moment. -3. [désespoir]: **faire le ~ de qqn** to cause sb unhappiness, to bring sorrow to sb; **le ~ des uns fait le bonheur des autres** *prov* one man's joy is another man's sorrow *prov*. -4. [inconvénient] trouble, problem; **le ~ c'est que j'ai perdu l'adresse** unfortunately, ou the trouble is I've lost the address; **sans permis de travail, pas de possibilité d'emploi, c'est ça le ~** without a work permit you can't get a job, that's the snag ou the problem; **quel ~ que... que...** what a shame ou pity that..

◇ *interj* damn; **~ à woe betide** *litt* ou *hum*.

◆ **de malheur** *loc adj fam* & *hum* accursed, wretched.

◆ **par malheur** *loc adv* unfortunately.

**malheureusement** [malœrøzmɑ̃] *adv* unfortunately; **je ne retrouve ~ pas mon agenda** unfortunately, ou I'm afraid I can't lay hands on my diary; **~ pour toi, il ne reste plus de petites tailles** you're out of luck, there are no small sizes left.

**malheureux, euse** [malœrø, øz] ◇ *adj* -1. [peiné] unhappy, miserable, wretched; **je suis ~ de ne pouvoir l'aider** I feel sad ou wretched at not being able to help him; **rendre qqn ~** to make sb miserable ou unhappy; **n'y pense plus, tu ne fais que te rendre ~** don't think about it any more, you're only making yourself miserable; **~ en ménage** unhappily married ❑ **être ~ comme une pierre** ou **les pierres** to be dreadfully unhappy. -2. [tragique – enfance] unhappy; [– destin] cruel. -3. [malchanceux] unfortunate, unlucky; **candidat ~ verra ses frais de déplacement remboursés** the unsuccessful candidate will have his travel expenses paid; **il est ~ au jeu/en amour** he has no luck with gambling/women ‖ *(avant le nom)*: **la malheureuse femme ne savait rien de la catastrophe** nobody had told the poor ou unfortunate ou wretched woman about the catastrophe. -4. [infructueux – initiative, effort] thwarted; [– amour] unrequited; [malencontreux – tentative] unfortunate, ill-fated; [– conséquences] unfortunate, unhappy; [– incident] unfortunate; **par un ~ hasard** by an unfortunate coincidence, as bad luck would have it. -5. *(avant le nom)* [insignifiant]: **pleurer ainsi pour un ~ parapluie perdu/une malheureuse piqûre!** all these tears for a stupid lost umbrella/a tiny little injection!; **ne nous battons pas pour quelques ~ centimes** let's not fight over a few measly centimes. -6. [dans des tournures impersonnelles]: **il est ~ que vous ne l'ayez pas rencontré** it's unfortunate ou a pity ou a shame you didn't meet him; **ce serait ~ de ne pas en profiter** it would be a pity ou shame not to take advantage of it ❑ **c'est ~ à dire, mais c'est la vérité** it's an awful thing to say, but it's the truth; **c'est ~ à dire, mais je m'ennuie** I hate to say so but I'm bored; **si c'est pas ~ (de voir/d'entendre ça)!** *fam* it's a (crying) shame (to see/to hear that)!

◇ *nm, f* -1. [indigent] poor ou needy man (*f* woman); **secourir les ~** to help the poor ou the needy ou those in need. -2. [personne pitoyable] unfortunate ou wretched man (*f* woman); **il est bien seul maintenant, le pauvre ~** he's very much on his own now, the poor devil; **vous allez faire des ~ avec votre nouvelle taxe** you'll make some people (very) unhappy with your new tax; **attention, petit ~!** careful, you wretched boy ou little wretch!; **qu'as-tu dit là, ~!** honestly, what a thing to say!

**malhonnête** [malɔnɛt] ◇ *adj* -1. [sans scrupules] dishonest, crooked; **c'est ~ de sa part** it's dishonest of him. -2. *vieilli* [impoli] rude, impolite, uncivil. ◇ *nmf* cheat, crook.

**malhonnêtement** [malɔnɛtmɑ̃] *adv* dishonestly.

**malhonnêteté** [malɔnɛtte] *nf* [manque de probité] dishonesty, crookedness; **~ intellectuelle** intellectual dishonesty.

**Mali** [mali] *npr m*: **le ~** Mali.

**malice** [malis] *nf* mischievousness, impishness, prankishness; **un regard plein** ou **pétillant de ~** an impish ou a mischievous look.

◆ **sans malice** *loc adj* guileless, innocent. ◇ *loc adv*: **je me suis moqué de lui, mais c'était sans ~** I made fun of him but it wasn't serious.

**malicieusement** [malisjøzmɑ̃] *adv* mischievously.

**malicieux, euse** [malisjø, øz] *adj* mischievous, impish.

**malien, enne** [maljɛ̃, ɛn] *adj* Malian.
◆ **Malien, enne** *nm, f* Malian.

**maligne** [maliɲ] *f→* **malin**.

**malignité** [maliɲite] *nf* -**1.** [d'une action, d'une personne] malice, spitefulness, spite; [du sort] cruelty. -**2.** MÉD malignancy.

**malin, igne** [malɛ̃, iɲ] ◇ *adj* -**1.** [rusé] cunning, crafty, shrewd; **elle avait un petit air ~** she had a wily ou cunning look about her ❑ **être ~ comme un singe** to be as cunning as a fox; **jouer au plus ~ avec qqn** to try and outsmart ou outwit sb. -**2.** [intelligent] bright, clever, smart *esp Am*; **tu te crois ~ d'avoir copié sur les autres?** so you think cribbing from the others was a clever thing to do?; **c'est ~!** *iron* very clever! -**3.** MÉD [tumeur] malignant. -**4.** [malveillant]: **elle mettait une joie maligne à me poser les questions les plus difficiles** she would take a perverse pleasure in asking me the most difficult questions ‖ *(avant le nom)*: **éprouver un ~ plaisir à faire qqch** to experience (a) malicious pleasure in doing sthg ❑ **l'esprit ~** the Devil. ◇ *nm, f* clever person; **c'est un ~**, **il trouvera bien une solution** he's a bright spark, he'll find a way ❑ **gros ~, va!** *fam & iron* very clever!; **alors, gros ~, montre-nous ce que tu sais faire** *fam & iron* OK, wise guy, show us what you can do; **la petite maligne avait tout prévu** the crafty little so-and-so had thought of everything; **fais pas le ~ avec moi** don't (you) get smart with me; **à ~, ~ et demi** *prov* there's always somebody smarter than you somewhere.
◆ **Malin** *nm*: **le Malin** the Devil, the Evil One.

**malingre** [malɛ̃gr] *adj* puny, sickly, frail.

**malintentionné, e** [malɛ̃tɑ̃sjone] *adj* nasty, spiteful; **être ~ à l'égard de** ou **envers qqn** to be ill-disposed towards sb.

**malle** [mal] *nf* -**1.** [valise] trunk; **faire sa ~** ou **ses ~s** to pack one's bags ❑ **se faire la ~** *fam*: **allez, on se fait la ~!** come on, let's split!; **quand je suis revenu, elle s'était fait la ~** when I got back she'd flown the coop. -**2.** AUT & *vieilli* boot *Br*, trunk *Am*.

**malléabilité** [maleabilite] *nf* -**1.** [souplesse] flexibility, malleability, pliability. -**2.** MÉTALL malleability.

**malléable** [maleabl] *adj* -**1.** [cire] soft; [caractère, personnalité] easily influenced ou swayed *péj*. -**2.** MÉTALL malleable.

**malle-poste** [malpɔst] (*pl* **malles-poste**) *nf* mailcoach.

**mallette** [malɛt] *nf* [valise] suitcase; [porte-documents] attaché case, briefcase; [trousse à outils] tool box.

**mal-logé, e** [mallɔʒe] (*mpl* **mal-logés**, *fpl* **mal-logées**) *nm, f* person living in bad housing; **les ~s** the badly housed, the poorly housed.

**malmener** [19] [malmɔne] *vt* -**1.** [brutaliser] to manhandle, to handle roughly. -**2.** *fig* [traiter sévèrement] to bully, to push around; **un metteur en scène réputé pour ~ ses acteurs** a director renowned for giving actors a rough ou hard time; **malmené par la presse** mauled by the press; **malmené par la critique** panned by the critics. -**3.** SPORT: **~ un adversaire** to give an opponent a hard time, to maul an opponent.

**malnutrition** [malnytrisjɔ̃] *nf* malnutrition.

**malodorant, e** [malɔdɔrɑ̃, ɑ̃t] *adj* malodorous, foul-smelling, smelly.

**malotru, e** [malɔtry] *nm, f sout* boor, lout, oaf.

**Malouines** [malwin] *npr fpl*: **les (îles) ~** the Falkland Islands, the Falklands, the Malvinas.

**mal-pensant** [malpɑ̃sɑ̃] (*pl* **mal-pensants**) *nm* dissenter.

**malpoli, e** [malpɔli] ◇ *adj* rude, impolite, bad-mannered. ◇ *nm, f* lout, boor, rude man (*f* woman).

**malpropre** [malprɔpr] ◇ *adj* -**1.** [crasseux] dirty, filthy, unclean. -**2.** [mal fait – travail] shoddy, sloppily done. -**3.** [inconvenant, impudique] dirty, filthy, smutty. -**4.** [malhonnête] obnoxious, dishonest, unsavoury. ◇ *nmf* filthy swine; **se faire chasser** ou **renvoyer comme un ~** to be sent packing.

**malproprement** [malprɔprəmɑ̃] *adv* [manger] messily; [travailler] shoddily, sloppily; [agir] vilely, sordidly.

**malpropreté** [malprɔprəte] *nf* -**1.** [aspect sale] dirtiness, filthiness, uncleanliness. -**2.** [acte malhonnête] low ou dirty ou filthy trick. -**3.** [propos indécent] dirty ou smutty remark.

**malsain, e** [malsɛ̃, ɛn] *adj* -**1.** [nuisible à la santé] unhealthy.

-**2.** [qui va mal – industrie] ailing. -**3.** [pervers – ambiance] unhealthy; **c'est ~ de laisser les enfants voir de tels films** it's unhealthy ou dangerous to let children watch films like that. -**4.** *fam* [dangereux]: **c'est plutôt ~ par ici** it's a bit dodgy around here; **un quartier ~** a rough ou tough area.

**malséant, e** [malseɑ̃, ɑ̃t] *adj litt* [contraire – aux conventions] unseemly, improper, indecorous; [– à la décence] indecent, improper.

**malsonnant, e** [malsɔnɑ̃, ɑ̃t] *adj litt* offensive.

**malt** [malt] *nm* malt.

**maltage** [maltaʒ] *nm* malting.

**maltais, e** [maltɛ, ɛz] *adj* Maltese.
◆ **Maltais, e** *nm, f* Maltese; **les Maltais** the Maltese.
◆ **maltais** *nm* [chien] Maltese (dog).
◆ **maltaise** *nf* Maltese (blood orange).

**Malte** [malt] *npr* Malta; **à ~** in Malta.

**malter** [3] [malte] *vt* to malt.

**malterie** [maltəri] *nf* -**1.** [usine] maltings. -**2.** [processus] malting.

**malthusianisme** [maltyzjanism] *nm* Malthusianism.

**malthusien, enne** [maltyzjɛ̃, ɛn] *adj & nm, f* Malthusian.

**maltraiter** [4] [maltrete] *vt* -**1.** [brutaliser] to ill-treat, to mistreat, to maltreat; **~ sa femme/ses enfants** to batter one's wife/one's children. -**2.** *fig* [malmener] to misuse; **la pièce a été maltraitée par la critique** the play was mauled by the critics.

**malus** [malys] *nm* penalty *(claims premium)*.

**malveillance** [malvɛjɑ̃s] *nf* -**1.** [méchanceté] malevolence, spite, malice; **ne voyez là aucune ~ de ma part** please do not think there is any ill will on my part. -**2.** [intention criminelle] criminal intent, malice aforethought JUR.

**malveillant, e** [malvejɑ̃, ɑ̃t] ◇ *adj* [personne, propos] malicious, spiteful; [sourire] malevolent, malicious. ◇ *nm, f* malicious ou hostile ou malevolent person.

**malvenu, e** [malvəny] *adj* -**1.** *sout* [inopportun] untimely, inopportune. -**2.** [mal formé – arbre, enfant] underdeveloped, malformed.

**malversation** [malvɛrsasjɔ̃] *nf* embezzlement.

**malvoyant, e** [malvwajɑ̃, ɑ̃t] ◇ *adj* partially-sighted. ◇ *nm, f* partially sighted person; **les ~s** the partially sighted.

**maman** [mamɑ̃] *nf* -**1.** [terme d'appellation] mum *Br*, mummy *Br*, mom *Am*. -**2.** [mère] mother, mum.

**mambo** [mɑ̃mbo] *nm* mambo.

**mamelle** [mamɛl] *nf* -**1.** [sein] breast. -**2.** [pis] udder, dug *litt*.

**mamelon** [mamlɔ̃] *nm* -**1.** [d'une femme] nipple. -**2.** [colline] hillock, hummock, mamelon *spéc*.

**mamelonné, e** [mamlɔne] *adj* -**1.** MÉD mamillated *Br*, mammillated *Am*. -**2.** GÉOG hummocky.

**mamelouk** [mamluk] *nm* Mameluke.

**mamie** [mami] *nf fam* granny, grannie.

**mammaire** [mamɛr] *adj* mammary.

**mammectomie** [mamɛktɔmi] *nf* mastectomy.

**mammifère** [mamifɛr] *nm* mammal; **les grands ~s** the higher mammals.

**mammographie** [mamɔgrafi] *nf* mammography.

**mammoplastie** [mamɔplasti] *nf* mammoplasty, mammaplasty.

**mammouth** [mamut] *nm* mammoth.

**mamours** [mamur] *nmpl fam* cuddle; **faire des ~ à qqn** to caress sb.

**mamy** [mami] *fam* = **mamie**.

**Man** [man] *npr*: **l'île de ~** the Isle of Man.

**manade** [manad] *nf* herd of horses or bulls in the Camargue.

**manageai** [manadʒe] *v →* **manager** *vt*.

**management** [manadʒmɛnt] *nm* management COMM & SPORT.

**manager¹** [17] [manadʒe] *vt* to manage COMM & SPORT.

**manager²** [manadʒœr] *nm* manager COMM & SPORT.

**manant** [manɑ̃] *nm* -**1.** HIST [villageois] villager; [paysan] peasant, villein HIST. -**2.** *litt* [mufle] churl, boor.

**manche** [mɑ̃ʃ] ◇ *nm* -**1.** [d'un outil] handle; **à ~ court** short-handled; **à ~ long** longhandled ❑ **être** ou **se mettre du côté du ~** *fam* to side with the winner; **il ne faut jamais jeter le**

~ après la cognée *prov* never say die *prov*, always have another go. **-2.** ▽ [personne maladroite] clumsy oaf; **tu t'y prends comme un ~** you're making a right mess of it. **-3.** AÉRON: ~ à balai *fam* joystick, control column. **-4.** MUS neck. ◇ *nf* **-1.** VÊT sleeve; **sans ~s** sleeveless; **à ~s courtes/longues** short-/long-sleeved; **être en ~s de chemise** to be in one's shirt-sleeves ❑ **~ bouffante/trois-quarts** puff/three-quarter sleeve; **~ gigot/raglan** leg-of-mutton/raglan sleeve; **~ ballon** puff sleeve; **~ chauve-souris** batwing sleeve; **avoir qqn dans sa ~** *fam* & *fig* to have sb in one's pocket. **-2.** [conduit]: **~ à air** AÉRON wind-sock; NAUT air shaft; **~ à charbon** coal chute. **-3.** GÉOG channel, straits *(sg)*. **-4.** JEUX [gén] round; BRIDGE game; SPORT [gén] leg; TENNIS set; **gagner la première ~** *fig* to win the first round. **-5.** *fam loc*: **faire la ~** [mendiant] to beg; [musicien, mime] to busk Br, to perform in the streets.

**Manche** [mɑ̃ʃ] *npr f* **-1.** [mer]: **la ~** the (English) Channel. **-2.** [région d'Espagne]: **la ~** La Mancha.

**manchette** [mɑ̃ʃɛt] *nf* **-1.** VÊT [décorative] cuff; [de protection] oversleeve. **-2.** PRESSE (front-page) headline; **la nouvelle a fait la ~ de tous les journaux** the news made the headlines OU the story was headline news in all the papers. **-3.** IMPR [note] side note. **-4.** SPORT forearm smash; ESCRIME slash on the sword wrist.

**manchon** [mɑ̃ʃɔ̃] *nm* **-1.** VÊT [pour les mains] muff; [guêtre] gaiter. **-2.** TECH [de protection] sleeve, casing; **~ à gaz** OU **à incandescence** incandescent mantle. **-3.** CULIN **~s de canard** duck drumsticks.

**manchot, e** [mɑ̃ʃo, ɔt] ◇ *adj*: [d'un bras] one-armed; [d'une main] one-handed; **il n'est pas ~** *fam* [il est habile de ses mains] he's clever with his hands; [il est efficace] he knows how to go about things. ◇ *nm, f* [d'un bras] one-armed person; [d'une main] one-handed person.
◆ **manchot** *nm* ZOOL penguin.

**mandale** ▽ [mɑ̃dal] *nf* slap (in the face), clout.

**mandant, e** [mɑ̃dɑ̃, ɑ̃t] *nm, f* **-1.** JUR principal. **-2.** POL [gén] voter; [d'un député] constituent.

**mandarin** [mɑ̃darɛ̃] *nm* **-1.** HIST mandarin. **-2.** [personnage influent] mandarin. **-3.** ZOOL mandarin duck. **-4.** LING Mandarin Chinese.

**mandarine** [mɑ̃darin] *nf* mandarin (orange).

**mandarinier** [mɑ̃darinje] *nm* mandarin tree.

**mandat** [mɑ̃da] *nm* **-1.** JUR proxy, power of attorney; **donner ~ à qqn pour faire qqch** to give sb power of attorney to do sthg ❑ **~ d'amener** ≃ subpoena *(to accused)*; **~ d'arrêt** (arrest) warrant; **un ~ d'arrêt à l'encontre de...** a warrant for the arrest of...; **~ de comparution** summons; **~ de dépôt** committal (order); **~ de justice** (police) warrant; **~ de perquisition** search warrant. **-2.** POL [fonction] mandate; [durée] term of office; **solliciter le renouvellement de son ~** to seek reelection; **elle a rempli son ~** POL she's fulfilled her mandate; [gén] she's done what she was asked to do. **-3.** FIN: **~** [de paiement] order to pay; **~ poste** OU **postal** postal order Br, money order Am; **~ international** OU **sur l'étranger** international money order. **-4.** HIST: **les pays sous ~** (international) mandated countries, mandates.

**mandataire** [mɑ̃datɛr] *nmf* **-1.** JUR attorney, proxy; **constituer un ~** to appoint a proxy. **-2.** POL representative. **-3.** COMM: **~ aux Halles** sales agent *(at a wholesale market)*.

**mandat-carte** [mɑ̃dakart] *(pl* **mandats-cartes)** *nm* postal order Br, money order Am.

**mandater** [3] [mɑ̃date] *vt* **-1.** [député] to appoint, to commission. **-2.** POL: **~ qqn** to elect sb, to give sb a mandate; **~ des délégués pour un congrès** to mandate delegates to a conference. **-3.** FIN to pay by postal order Br OU money order Am. **-4.** JUR [donner un mandatement] to make OU to issue an order to pay.

**mandat-lettre** [mɑ̃dalɛtr] *(pl* **mandats-lettres)** *nm* postal order Br OU money order Am *(with space for a short message)*.

**mandature** [mɑ̃datyr] *nf* term of office.

**mander** [3] [mɑ̃de] *vt litt* & *vieilli* to send for *(insép)*.

**mandibule** [mɑ̃dibyl] *nf* ANAT & ZOOL mandible.
◆ **mandibules** *nfpl fam*: **jouer des ~s** to munch away.

**mandoline** [mɑ̃dɔlin] *nf* **-1.** MUS mandolin, mandoline. **-2.** [hachoir] (vegetable) slicer, mandolin, mandoline.

**mandragore** [mɑ̃dragɔr] *nf* mandrake, mandragora.

**mandrill** [mɑ̃dril] *nm* mandrill.

**mandrin** [mɑ̃drɛ̃] *nm* **-1.** [pour soutenir – sur un tour] mandril, mandrel; [– sur une machine-outil] chuck; **~ à griffes/mâchoires** claw/jaw chuck. **-2.** [pour percer] punch; [pour agrandir des trous] drift. **-3.** MÉTALL swage, mandrel. **-4.** PAPETERIE mandrel, core.

**manège** [manɛʒ] *nm* **-1.** ÉQUIT [salle] manege; [école] riding school, manege; [exercices] riding exercises, manege work. **-2.** LOISIRS: **~ (de chevaux de bois)** merry-go-round, round-about; **la foire a installé ses ~s** the fun fair has set up its attractions OU machines OU shows. **-3.** [comportement sournois] (little) game; **tu copies sur ton frère, j'ai bien vu ton (petit) ~** you've been cribbing from your brother's work, I've seen what you're up to OU I'm on to your little game ‖ [comportement mystérieux]: **j'observai quelques instants ce ~** I watched these goings-on for a few minutes; **je ne comprenais rien à leur ~** I couldn't figure out what they were up to. **-4.** DANSE manège. **-5.** [piste de cirque] ring.

**mânes** [man] *nmpl* **-1.** ANTIQ manes. **-2.** *litt* spirits; **les ~ de nos ancêtres** the spirits of our ancestors.

**manette** [manɛt] *nf* (hand) lever, (operating) handle; **~ des gaz** AÉRON throttle (control OU lever).

**manganate** [mɑ̃ganat] *nm* manganate.

**manganèse** [mɑ̃ganɛz] *nm* manganese.

**mangeable** [mɑ̃ʒabl] *adj* [comestible] edible; [médiocre] (just about) edible OU eatable.

**mangeai** [mɑ̃ʒe] *v* → **manger**.

**mangeaille** [mɑ̃ʒaj] *nf* **-1.** *vieilli* [pâtée d'animaux – gén] feed; [– pour cochons] (pig) swill. **-2.** *péj* [nourriture] food.

**mange-disque** [mɑ̃ʒdisk] *(pl* **mange-disques)** *nm* slotfed record player.

**mangeoire** [mɑ̃ʒwar] *nf* [pour le bétail] trough, manger; [pour les animaux de basse-cour] trough.

**manger¹** [mɑ̃ʒe] *nm* food, meal.

**manger²** [17] [mɑ̃ʒe] ◇ *vt* **-1.** [pour s'alimenter] to eat; **~ un sandwich** to eat a sandwich; [au lieu d'un repas] to have a sandwich; **elle mange de tout** she'll eat anything, she's not a fussy eater; **elle a tout mangé** she's eaten it all up; **tu mangeras bien un morceau?** you'll have a bite to eat, won't you?; **qu'est-ce que vous avez mangé aujourd'hui à la cantine, les enfants?** what did you have (to eat) for dinner at school today, children?; **on en mangerait** it looks good enough to eat; **on s'est fait ~ par les moustiques** *fam* & *fig* we were bitten to death by mosquitoes ❑ **~ de la vache enragée** *fam* to have a hard time of it; **il a mangé du lion aujourd'hui** *fam* he's full of beans today; **il ne mange pas de ce pain-là** he doesn't go in for that sort of thing, that's not his cup of tea; **il peut me ~ la soupe sur la tête** *fam* [il est beaucoup plus grand] he's a head taller than me; [il est bien meilleur] he's miles better than me; **~ le morceau** *fam* to talk, to sing; **les pissenlits par la racine** *fam* to be pushing up (the) daisies. **-2.** *fig* to eat; **elle ne va pas te ~!** she's not going to eat OU to bite you!; **elle le mangeait des yeux** [personne] she (just) couldn't take her eyes off him; [objet] she gazed longingly at it; **~ qqn de baisers** to smother sb with kisses; **il est mignon, on le mangerait!** he's so cute I could eat him (all up)!. **-3.** [ronger]: **~ ses ongles** to bite one's nails; **couvertures mangées aux mites** OU **par les mites** moth-eaten blankets; **une statue mangée par l'air marin** a statue eaten away by the sea air. **-4.** [prendre toute la place dans]: **tes cheveux te mangent la figure** your hair is hiding your face; **elle avait de grands yeux qui lui mangeaient le visage** her eyes seemed to take up her whole face. **-5.** [négliger]: **~ ses mots** OU **la moitié des mots** to swallow one's words, to mumble, to mutter. **-6.** [dépenser] to get through (insép); **~ son capital** to eat up one's capital; **la chaudière mange un stère de bois tous les cinq jours** the boiler gets through OU eats up OU consumes a cubic metre of wood every five days ❑ **son blé en herbe** to spend one's money even before one gets it; **on peut toujours essayer, ça ne mange pas de pain** *fam* we can always have a go, it won't cost us anything.
◇ *vi* **-1.** [s'alimenter] to eat; **~ dans une assiette** to eat off a plate; **apprends-lui à ~ correctement à table** teach her some (proper) table manners; **il a bien mangé** [en quantité ou en qualité] he's eaten well; **il faut ~ léger** you should eat light meals; **~ à sa faim** to eat one's fill; **nous nous mangions**

pas tous les jours à notre faim we didn't always have enough food ou enough to eat; **faire** ~ **qqn** to feed sb ❏ ~ **comme un cochon** *fam* to eat like a pig; ~ **comme quatre** *fam* ou **comme un ogre** ou **comme un chancre**▽ to eat like a horse; ~ **comme un moineau** to eat like a sparrow; ~ **du bout des dents** to pick at one's food; ~ **sur le pouce** to have a snack, to grab a bite to eat; **il mange à tous les râteliers** *péj* he's got a finger in every pie. **-2.** [participer à un repas] to eat; **venez** ~! [à table!] come and get it!; **venez** ~ **demain soir** come to dinner tomorrow evening; **ils m'ont demandé de rester** ~ they asked me to stay for a meal; **inviter qqn à** ~ [chez soi] to ask sb round to eat; [au restaurant] to ask sb out for a meal; **allez, je vous invite à** ~ [au restaurant] come on, I'll buy you a meal; **on a eu les Michaud à** ~ *fam* we had the Michauds round for a meal; ~ **dehors** ou **au restaurant** to eat out; **c'est un restaurant simple mais on y mange bien** it's an unpretentious restaurant, but the food is good. **-3.** [comme locution nominale]: **je veux à** ~ I want something to eat; **as-tu eu assez à** ~? have you had enough to eat?; **donne à** ~ **au chat** feed the cat; **faire à** ~ **à qqn** to make something to eat for sb; **que veux-tu que je fasse à** ~ **ce soir?** what would you like me to cook ou to make for dinner (tonight)?
◆ **se manger** ◇ *vp (emploi passif)* to be eaten; **ça se mange avec de la mayonnaise** you eat it ou it is served with mayonnaise; **cette partie ne se mange pas** you don't eat that part, that part shouldn't be eaten ou isn't edible. ◇ *vp (emploi réciproque) fam* [se disputer] to have a set-to; **se** ~ **le nez** to quarrel.

**mange-tout** [mãʒtu] *nm inv* BOT [haricot] (French) mangetout bean; [petit pois] mangetout, sugar pea.

**mangeur, euse** [mãʒœr, øz] *nm, f* eater; **c'est un gros** ~ he's a big eater, he eats a lot; ~ **de: les Asiatiques sont de gros** ~**s de riz** people from Asia eat a lot of rice ou are big rice-eaters ❏ **mangeuse d'hommes** *fam* man-eater.

**mangouste** [mãgust] *nf* mongoose.

**mangrove** [mãgrɔv] *nf* mangrove swamp.

**mangue** [mãg] *nf* BOT mango.

**manguier** [mãgje] *nm* mango (tree).

**maniabilité** [manjabilite] *nf* **-1.** [d'un outil] manageability, practicability; **une caméra d'une grande** ~ a camera which is very easy to handle ‖ [d'une voiture] handling ability, manoeuvrability. **-2.** [plasticité – de l'argile] plasticity; [– du béton] workability.

**maniable** [manjabl] *adj* **-1.** [facile à utiliser – outil] handy, practical, easy to use ou to handle; [facile à travailler – cuir] easy to work. **-2.** [manœuvrable – voiture] easy to drive ou to handle; [– tondeuse] easy to handle ou to manoeuvre. **-3.** [docile] tractable, malleable. **-4.** [matière plastique] plastic; [béton] workable; **l'argile est une matière** ~ clay is an easily moulded material.

**maniaco-dépressif, ive** [manjakɔdepresif, iv] *(mpl* **maniaco-dépressifs,** *fpl* **maniaco-dépressives)** *adj* & *nm, f* manic-depressive.

**maniaque** [manjak] ◇ *adj* **-1.** [obsessionnel] fussy, fastidious; **il range ses livres avec un soin** ~ he's obsessively ou fanatically tidy about his books ‖ [exigeant] fussy. **-2.** PSYCH manic; **état** ~ mania. ◇ *nmf* **-1.** [personne – trop difficile] fussy person; [– qui a une idée fixe] fanatic; **c'est une** ~ **de la propreté** she's always got a duster in her hand; **enfin, un logiciel pour les** ~**s de l'orthographe/des mots croisés!** at last, a software package for spelling/crossword buffs!. **-2.** [dément] maniac; ~ **sexuel** sexual pervert, sex maniac.

**maniaquerie** [manjakri] *nf* fussiness, pernicketiness; **son exactitude frôle la** ~ there's something almost obsessive about her punctuality.

**manichéen, enne** [manikeɛ̃, ɛn] ◇ *adj* **-1.** RELIG Manichean, Manichaean. **-2.** *fig*: **il est très** ~ he sees everything in very black-and-white terms. ◇ *nm, f* Manichean, Manichaean.

**manichéisme** [manikeism] *nm* **-1.** RELIG Manicheism, Manichaeism, Manichaeanism. **-2.** *fig* rigid ou uncompromising approach to things; **faire du** ~ to see things in black and white.

**manie** [mani] *nf* **-1.** [idée fixe] obsession, quirk; **avoir la** ~ **de la propreté** to be obsessively clean ou à stickler for cleanliness; **il a la** ~ **de fermer toutes les portes** he has a habit of always closing doors; **c'est une** ~, **chez toi!** it's an obses-

sion with you!; **ça tourne à la** ~ *fam* it's getting to be a fixation ou an obsession; **chacun a ses petites** ~**s** everyone has his own peculiar ways ou little quirks. **-2.** PSYCH mania.

**maniement** [manimã] *nm* **-1.** [manipulation] handling, operating; **nous cherchons à simplifier le** ~ **de nos appareils** we're trying to make our equipment easier to handle ou to operate; **rompu au** ~ **des affaires/des foules** *fig* used to handling business/manipulating crowds; **à l'armée ils sont initiés au** ~ **des armes** in the army they learn how to use a gun ❏ ~ **d'armes** MIL (arms) drill. **-2.** [des animaux de boucherie] points (in fatstock).

**manier** [9] [manje] *vt* **-1.** [manipuler – objet, somme] to handle. **-2.** [utiliser] to use, to operate; **une imprimante portative très facile à** ~ an easy-to-use portable printer; **elle sait** ~ **la caméra** she's good with a cine camera; **il savait** ~ **la plume** he was a fine writer; **il sait** ~ **l'ironie** he knows how ou when to use irony. **-3.** [modeler – pâte] to knead; [– argile] to handle, to fashion.
◆ **se manier** *vpi fam* to get a move on, to hurry up.

**manière** [manjɛr] *nf* **-1.** [façon, méthode] way, manner; **d'une** ~ **bizarre** in a strange manner, strangely; **il y a différentes** ~**s d'accommoder le riz** there are many ways of preparing rice; **c'est une** ~ **de parler** it's just a manner of speaking; **nous ne faisons pas les choses de la même** ~ we don't do things (in) the same way ❏ **une** ~ **de** ou **employer la** ~ **forte** to use strong-arm tactics; **il fallait bien que je lui dise la vérité** — **oui mais il y a** ~ **et** ~ I had to tell him the truth — yes, but there are ways and ways (of doing it). **-2.** GRAMM manner; **adjectif/adverbe de** ~ adjective/adverb of manner. **-3.** [savoir-faire]: **avec les gosses, il a la** ~ *fam* he's got a way ou he's good with kids; **il faut avoir la** ~ you've got to have the knack; **refusez, mais mettez-y la** ~ say no, but do it with tact. **-4.** [style] way, style; **c'est ma** ~ **d'être** that's the way I am; **sa** ~ **de marcher/s'habiller** his way of walking/dressing, the way he walks/dresses ‖ BX-ARTS & CIN manner, style; **un tableau dans la** ~ **de Watteau** a painting in the manner ou style of Watteau; **un Truffaut première/dernière** ~ an early/late Truffaut. **-5.** *sout*: **une** ~ **de** [une sorte de] a some sort of, a ou some kind of; **c'est une** ~ **de poème épique** it's a sort of (an) epic ou an epic of sorts *péj*.
◆ **manières** *nfpl* [façons de se comporter] manners; **belles** ~**s** social graces; **bonnes** ~**s** (good) manners; **je vais t'apprendre les bonnes** ~**s, moi!** I'll teach you to be polite ou to behave yourself!; **mauvaises** ~**s** bad manners; **qu'est-ce que c'est que ces** ou **en voilà des** ~**s!** what a way to behave! ‖ *péj* [minauderies]: **cesse de faire des** ~**s et prends un chocolat** stop pussyfooting around and have a chocolate; **sans** ~**s** without (a) fuss.
◆ **à la manière** *loc adv*: **à la** ~ **paysanne** in the peasant way ou manner.
◆ **à la manière de** *loc prép* **-1.** [dans le style de] in the manner ou style of; **une chanson à la** ~ **de Cole Porter** a song à la Cole Porter. **-2.** *(comme nom)* BX-ARTS & LITTÉRAT: **un à la** ~ **de** a pastiche.
◆ **à ma manière, à sa manière** *etc loc adv* in my/his/her *etc* (own) way.
◆ **de cette manière** *loc adv* (in) this ou that way.
◆ **de la belle manière, de la bonne manière** *loc adv iron* properly, well and truly.
◆ **de la manière que** *loc conj* as.
◆ **de manière à** *loc conj* so as to, so that, in order to.
◆ **de manière (à ce) que** *loc conj* [pour que] so (that).
◆ **de manière que** *loc conj sout* [ce qui fait que] in such a way that.
◆ **de telle manière que** *loc conj* in such a way that.
◆ **de toute manière, de toutes les manières** *loc adv* anyway, in any case ou event, at any rate.
◆ **d'une certaine manière** *loc adv* in a way.
◆ **d'une manière générale** *loc adv* **-1.** [globalement] on the whole. **-2.** [le plus souvent] generally, as a general rule.
◆ **d'une manière ou d'une autre** *loc adv* somehow (or other), one way or another.
◆ **en aucune manière** *loc adv* in no way, on no account, under no circumstances; **est-ce de sa faute?** — **en aucune** ~ is it his fault? — no, not in the slightest ou least; **avez-vous eu connaissance des documents?** — **en aucune** ~ did you get to see the documents? — no, not at all ou no, I didn't at all.
◆ **en manière de** *loc prép* by way of.

◆ **en quelque manière** *loc adv sout* in a way, as it were.
◆ **par manière de** = en manière de.

**maniéré, e** [manjere] *adj* **-1.** [personne] affected. **-2.** [style] mannered.

**maniérisme** [manjerism] *nm* **-1.** [comportement] mannerism, affectation. **-2.** BX-ARTS mannerism, Mannerism.

**maniériste** [manjerist] *adj & nmf* mannerist, Mannerist.

**manieur, euse** [manjœr, øz] *nm, f*: ~ **d'argent** businessman; **manieuse d'argent** businesswoman; **c'est un** ~ **d'hommes** he's a leader of men OU a born leader.

**manif** [manif] *nf fam* demo.

**manifestant, e** [manifɛstɑ̃, ɑ̃t] *nm, f* demonstrator.

**manifestation** [manifɛstasjɔ̃] *nf* **-1.** POL demonstration; **une** ~ **contre le nucléaire** an anti-nuclear demonstration. **-2.** [marque] expression; **des** ~**s de joie** expressions of joy. **-3.** [événement] event; ~ **artistique/sportive** artistic/sporting event; **parmi les** ~**s musicales de l'été** among the summer's music events OU musical attractions. **-4.** MÉD sign, symptom. **-5.** RELIG manifestation.

**manifeste** [manifɛst] ◊ *adj sout* [évident] obvious, evident, manifest; **n'est-ce pas une preuve** ~ **de son innocence?** isn't it clear proof of her innocence?; **tel était son désir, rendu** ~ **dans son testament** such was her wish, as manifested in her will; **erreur** ~ obvious OU manifest error. ◊ *nm* LITTÉRAT & POL manifesto; 'le Manifeste du parti communiste' *Marx, Engels* 'The Communist Manifesto'.

**manifestement** [manifɛstəmɑ̃] *adv* evidently, obviously, plainly; ~, **elle nous a menti** she has plainly been lying to us.

**manifester** [3] [manifɛste] ◊ *vt* **-1.** [exprimer] to express; ~ **son mécontentement à qqn** to indicate OU to express one's dissatisfaction to sb; ~ **son soutien à qqn** to assure sb of one's support; ~ **un désir** to express OU to indicate a wish; **a-t-elle manifesté le désir d'être enterrée près de son mari?** was it her wish that she should be buried near her husband?**-2.** [révéler] to show, to demonstrate; **rien ne manifestait son désespoir intérieur** nothing indicated her inner despair; **sans** ~ **la moindre irritation/admiration** without the slightest show of anger/admiration. ◊ *vi* to demonstrate; ~ **contre qqch** to demonstrate against sthg.
◆ **se manifester** *vpi* **-1.** [personne] to come forward; RELIG to become manifest; **que le gagnant se manifeste, s'il vous plaît!** would the (lucky) winner step OU come forward please!; **bon élève, mais devrait se** ~ **plus/moins souvent en classe** good student, but should contribute more/be quieter in class; **le livreur ne s'est pas manifesté** the delivery man didn't show OU turn up. **-2.** [sentiment] to show; [phénomène] to appear; **sa joie de vivre se manifeste dans toutes ses toiles** her joie de vivre is expressed OU expresses itself in every one of her paintings.

**manigançai** [manigɑ̃se] *v* → **manigancer**.

**manigance** [manigɑ̃s] *nf (souvent au pl)* scheme, trick; **à cause des** ~**s internes au conseil d'administration** on account of internal machinations at board level; **victime de toutes sortes de** ~**s** victim of all kinds of scheming.

**manigancer** [16] [manigɑ̃se] *vt* to scheme, to plot; ~ **une évasion** to plot OU to engineer an escape; **l'affaire a été manigancée pour déshonorer le ministre** the whole affair was set up to discredit the minister; **je me demande ce que les enfants sont en train de** ~ I wonder what the children are up to; **toujours en train de** ~ **quelque chose** always up to some little game.

**maniions** [manijɔ̃] *v* → **manier**.

**manille** [manij] ◊ *nf* **-1.** TECH shackle, clevis; NAUT shackle. **-2.** [jeu] manille *(French card game)*; [carte] ten. ◊ *nm* **-1.** [cigare] Manila (cigar). **-2.** [chapeau] Manila hat.

**Manille** [manij] *npr* Manila.

**manioc** [manjɔk] *nm* manioc, cassava.

**manip(e)** [manip] *nf fam* **-1.** [coup monté] frame-up. **-2.** ENS practical, experiment. **-3.** [manipulation] manipulation.

**manipulateur, trice** [manipylatœr, tris] *nm, f* **-1.** [opérateur] technician; ~ **de laboratoire** laboratory technician. **-2.** *péj* manipulator. **-3.** LOISIRS conjurer, conjuror.
◆ **manipulateur** *nm* MÉCAN: ~ **à distance** remote-control manipulator.

**manipulation** [manipylasjɔ̃] *nf* **-1.** [maniement] handling; INF

manipulation; **s'exercer à la** ~ **des concepts mathématiques** *fig* to learn to handle OU to manipulate mathematical concepts. **-2.** ENS & SC experiment, piece of practical work; ~ **génétique,** ~**s génétiques** genetic engineering. **-3.** MÉD manipulation; ~ **vertébrale** (vertebral) manipulation. **-4.** LOISIRS conjuring trick. **-5.** *péj* [intervention] interference, manipulation; [coup monté]: ~**s électorales** vote rigging.

**manipuler** [3] [manipyle] *vt* **-1.** [manier – objet, somme] to handle; INF to manipulate. **-2.** *péj* [influencer – opinion] to manipulate, to sway; [– scrutin] to rig; [– statistiques] to massage; [–comptes] to fiddle.

**manitou** [manitu] *nm* **-1.** ANTHR manitu, manitou. **-2.** *fig*: **(grand)** ~ big shot OU chief; **les grands** ~**s du pétrole** oil magnates OU tycoons; **c'est un grand** ~ **de la finance** he's a big wheel in finance.

**manivelle** [manivɛl] *nf* **-1.** MÉCAN crank; **démarrer à la** ~ to crank (up) the engine ❏ **bras/course de** ~ crank arm/throw. **-2.** [de pédalier] pedal crank.

**manne** [man] *nf* **-1.** BIBLE manna. **-2.** [aubaine] godsend, manna; **la** ~ **céleste** manna from heaven. **-3.** [panier] (large) wicker basket OU crate.

**mannequin** [mankɛ̃] *nm* **-1.** [de vitrine] dummy, mannequin; [de couture] dummy; [de défilé] model; ~ **homme** male model. **-2.** *fig & péj* [fantoche] puppet. **-3.** BX-ARTS lay figure. **-4.** [panier] small (two-handled) basket.

**manœuvrabilité** [manœvrabilite] *nf* manoeuvrability.

**manœuvrable** [manœvrabl] *adj* [maniable] easy to handle, manoeuvrable.

**manœuvre** [manœvr] ◊ *nf* **-1.** [maniement] operation, handling; **apprendre la** ~ **d'un fusil/d'un télescope** to learn how to handle a rifle/to operate a telescope. **-2.** [en voiture] manoeuvre. **-3.** [opération]: **fausse** ~ *pr & fig* wrong move; **une fausse** ~ **au clavier et tu risques d'effacer ton document** one simple keying error is enough to erase your document. **-4.** MIL [instruction] drill; [simulation] exercise; [mouvement] movement; **les** ~**s, les grandes** ~**s** *vieilli* (army) manoeuvres; **être en** ~**s** [à petite échelle] to be on exercise; [à grande échelle] to be on manoeuvres; ~. **de repli** (movement of) withdrawal. **-5.** NAUT manoeuvre; **le bateau a commencé sa** ~ **d'accostage** the ship has started docking ❏ **fausses** ~**s** preventer rigging OU stays. **-6.** *péj* [machination] manoeuvre; ~**s électorales** electioneering; **la principale victime de ces** ~**s, c'est la démocratie** democracy is the first victim of this political manoeuvring. **-7.** MÉD manipulation; ~ **obstétricale** turning (of the baby). **-8.** ASTRONAUT manoeuvre. **-9.** RAIL shunting *Br*, switching *Am*. ◊ *nm* [ouvrier] unskilled worker; CONSTR & TRAV PUBL labourer; ~ **agricole** farm labourer OU hand; ~ **spécialisé** skilled worker.

**manœuvrer** [5] [manœvre] ◊ *vt* **-1.** [faire fonctionner] to work, to operate; **le monte-charge est manœuvré à la main** the hoist is hand-operated. **-2.** [faire avancer et reculer – véhicule] to manoeuvre; *(en usage absolu)*: **ne manœuvrez jamais sur une route à grande circulation** don't manoeuvre OU do any manoeuvring on a busy road. **-3.** [influencer] to manipulate. **-4.** PÊCHE to pull in. ◊ *vi* **-1.** [agir] to manoeuvre; **bien manœuvré!** clever OU good move!; **ils manœuvrent tous pour devenir chef du parti** *péj* they're all jockeying for the position of party leader; ~ **dans l'ombre** to work behind the scenes. **-2.** MIL [s'exercer] to drill; **faites-les** ~ **dans la cour** drill them in the yard ‖ [simuler] to be on manoeuvres; **ils sont partis** ~ **sur la lande** they're off to the moors on manoeuvres.

**manœuvrier, ère** [manœvrije, ɛr] ◊ *adj* [tactique] skilful. ◊ *nm, f* [tacticien] tactician; [manipulateur] manoeuvrer.

**manoir** [manwar] *nm* manor (house), (country) mansion.

**manomètre** [manɔmɛtr] *nm* manometer.

**manouche** [manuʃ] *nmf & adj* Gypsy, Gipsy.

**manquant, e** [mɑ̃kɑ̃, ɑ̃t] ◊ *adj* missing; **désolé, ce titre est** ~ **pour le moment** sorry but we're temporarily out of this book OU this book's out of stock at the moment; **les soldats** ~**s à l'appel** the soldiers missing at roll-call. ◊ *nm, f* missing one; **les** ~**s** [élèves] the absent pupils.

**manque[1]** [mɑ̃k] *nm* **-1.** [insuffisance]: ~ **de** [imagination, place, sommeil] lack of; [appartements, denrées] shortage of, scarcity of; [personnel] lack of, shortage of; ~ **de chance** OU **de bol** *fam* OU **de pot** *fam* hard OU tough luck; **par** ~ **de** [origi-

nalité, audace] through lack of, for lack of, for want of; [main-d'œuvre] through lack ou shortage of. **-2.** [absence] gap; quand il sera parti, il y aura un ~ his departure will leave a gap. **-3.** [de drogue]: être en (état de) ~ to have ou to feel withdrawal symptoms. **-4.** ÉCON & JUR: ~ à gagner loss of (expected) income ou earnings; il y aura un ~ à gagner de 2 000 francs there will be a shortfall of 2,000 francs. **-5.** JEUX manque.
◆ **manques** nmpl [insuffisances] failings, shortcomings; [lacunes] gaps.

**manque²** [mãk]
◆ **à la manque** loc adj fam pathetic.

**manqué, e** [mãke] adj **-1.** [non réussi – attentat] failed; [– vie] wasted; [– occasion] missed, lost; [– tentative] failed, abortive, unsuccessful; [– photo, sauce] spoilt; je vais essayer de toucher la pomme — ~! I'll try and hit the apple — missed!-**2.** [aux talents inexploités]: c'est un cuisinier/un médecin ~ he should've been a cook/a doctor.
◆ **manqué** nm CULIN ≃ sponge cake.

**manquement** [mãkmã] nm sout: ~ à la discipline breach of ou lapse in discipline; ~ à un devoir dereliction of duty; ~ à une règle breach ou violation of a rule.

**manquer** [3] [mãke] ◇ vt **-1.** [laisser échapper – balle] to miss, to fail to catch; [– marche, autobus] to miss; l'église est à droite, vous ne pouvez pas la ~ the church is on the right, you can't miss it; ~ le but SPORT to miss the goal; ~ son but fig to fail to reach one's goal; ~ la cible MIL to miss the target; fig to miss one's target, to fail to hit one's target, to shoot wide; il l'a manqué de peu he just missed it; elle s'est moquée de moi mais je ne la manquerai pas! fig she made a fool of me but I'll get even with her!; je n'ai pas vu l'opéra — tu n'as rien manqué/tu as manqué quelque chose! I didn't see the opera — you didn't miss anything/ you really missed something there!; c'est une émission à ne pas ~ this programme shouldn't be missed ou is a must; ~ une occasion to miss (out on) an opportunity; tu as manqué une bonne occasion de te taire hum why couldn't you have just kept your mouth shut for once? ❑ il n'en manque jamais une! [il remarque tout] he never misses a trick!; [il est gaffeur] (you can always) trust him to put his foot in it!-**2.** [ne pas rencontrer] to miss. **-3.** [ne pas réussir – concours] to fail; [– photo, sauce] to spoil, to make a mess of; tu as manqué ta vocation aussi hum you've missed your vocation ❑ coup manqué failure, botch-up; moi qui croyais lui faire plaisir, c'est vraiment un coup manqué ou j'ai vraiment manqué mon coup! and here's me thinking I would make him happy, (just) how wrong can you get!-**4.** [ne pas aller à] to miss.
◇ vi **-1.** [être absent – fugueur, bouton, argenterie] to be missing; [– employé, élève] to be away ou off ou absent; ~ à l'appel MIL to be absent (at roll call); fig & hum to be missing ‖ (tournure impersonnelle) iron: il ne manquait plus qu'il/que ça! she's/that's all we need ou needed!); il ne manquerait plus qu'elle tombe enceinte! it would be the last straw if she got pregnant!-**2.** [être insuffisant] to be lacking, to be in short supply; quand le pain vint à ~, ils descendirent dans la rue when the bread ran short, they took to the streets; les occasions de se rendre utile ne manqueront pas there will be no shortage of opportunities to make yourself useful; la pluie/le travail, ce n'est pas ce qui manque! there's no shortage of rain/work!; ~ à qqn: le pied m'a manqué I lost my footing; l'argent leur a toujours manqué they've always been short of money ou lacked money; la force/le courage lui manqua (his) strength/courage failed him; les mots me manquent words fail me, I'm at a loss for words; ce n'est pas l'envie qui m'en manque, mais... not that I don't want to ou I'd love to, but... ‖ (tournure impersonnelle) il manque une bouteille/un bouton there's a bottle/a button missing; il nous manque trois joueurs [ils sont absents] we have three players missing; [pour jouer] we're three players short; il ne manquait plus rien à son bonheur his happiness was complete; il ne manque pas de gens pour dire que... there is no lack ou shortage of people who say that...; il me manque un dollar I'm one dollar short, I need one dollar; il ne lui manque que la parole [animal] the only thing it can't do is speak; [machine] it does everything but talk. **-3.** [être pauvre] to want; elle a toujours peur de ~ she's always afraid of having to go without.

◆ **manquer à** v + prép **-1.** [faillir à]: ~ à son devoir/son honneur to fail in one's duty/one's honour; ~ à ses devoirs to neglect one's duties; ~ à sa parole/promesse to fail to keep one's word/promise, to break one's word/promise; ~ au règlement to break the rules; ~ aux usages to defy ou to flout convention. **-2.** [être regretté par]: ses enfants lui manquent he misses his children. **-3.** litt [offenser] to be disrespectful to ou towards, to behave disrespectfully towards.
◆ **manquer de** v + prép **-1.** [ne pas avoir assez de] to lack, to be short of; nous n'avons jamais manqué de rien we never went short of anything; ta soupe manque de sel your soup lacks ou needs salt; ça manque de musique! fam we could do with some music!; on manque d'air dans la chambrette du haut there's no air in the little upstairs bedroom; ~ de personnel to be short-staffed, to be short of staff; je manque de sommeil I'm not getting enough sleep ❑ toi, tu ne manques pas d'air fam ou de culot▽! you've (certainly) got some cheek ou nerve!-**2.** sout: ne pas ~ de dire/de faire [ne pas oublier de]: vous viendrez? — je n'y manquerai pas will you come? — definitely ou without fail; ne manquez pas de me le faire savoir be sure to let me know, do let me know; il n'a pas manqué de faire remarquer mon retard he didn't fail to point out that I was late ‖ [par ellipse]: ça ne manquera pas it's sure ou bound to happen; j'ai dit qu'elle reviendrait et ça n'a pas manqué! I said she'd come back and sure enough (, she did)! ‖ [s'empêcher de]: on ne peut ~ de constater/penser one can't help but notice/think; vous ne manquerez pas d'être frappé par cette coïncidence you're bound to be struck by this coincidence. **-3.** [faillir]: elle a manqué (de) se noyer she nearly ou almost drowned (herself).
◆ **se manquer** ◇ vp (emploi réciproque): nous nous sommes manqués à l'aéroport we missed each other at the airport. ◇ vp (emploi réfléchi) to fail (in one's suicide attempt).

**Mans** [mã] npr: Le ~ Le Mans; les 24 Heures du ~ the Le Mans 24-hour race.

**mansarde** [mãsard] nf [chambre] garret, attic (room).

**mansardé, e** [mãsarde] adj [chambre, étage] attic (modif); [toit] mansard (modif).

**mansuétude** [mãsɥetyd] nf sout indulgence, goodwill, mansuetude.

**mante** [mãt] nf **-1.** ENTOM: ~ (religieuse ou prie-Dieu) (praying) mantis. **-2.** ZOOL manta ray. **-3.** VÊT mantle.

**manteau** [mãto] nm **-1.** VÊT [de ville] coat; [capote] greatcoat; ~ de fourrure fur coat. **-2.** fig & litt [épaisse couche] layer, blanket, mantle; un lourd ~ de neige/silence a heavy mantle of snow/silence. **-3.** ZOOL [d'un mollusque] mantle. **-4.** ARCHIT: ~ de cheminée mantelpiece, mantel. **-5.** GÉOL mantle. **-6.** loc: sous le ~ unofficially, on the sly; sous le ~ de under cover of, under the cloak of.

**mantelet** [mãtlɛ] nm **-1.** [cape – de femme] mantelet; [– de prélat] manteletta. **-2.** MIL mantelet.

**mantille** [mãtij] nf VÊT mantilla (scarf).

**mantisse** [mãtis] nf mantissa.

**manucure** [manykyr] ◇ nmf manicurist. ◇ nf manicure.

**manucurer** [3] [manykyre] vt to manicure; se faire ~ les mains to have a manicure.

**manuel, elle** [manɥɛl] ◇ adj **-1.** [commande, métier, travailleur] manual; [outil] hand-held. **-2.** AÉRON: passer en ~ to switch (over) to manual. ◇ nm, f **-1.** [personne habile de ses mains] practical person; c'est une ~le she's good with her hands. **-2.** SOCIOL manual worker.
◆ **manuel** nm [mode d'emploi, explications] manual, handbook; ~ d'histoire/de géographie history/geography book ou textbook; ~ scolaire SCOL (school) textbook; ~ d'utilisation instruction book ou manual; ~ de vol AÉRON flight manual.

**manuellement** [manɥɛlmã] adv manually, by hand; travailler ~ to work with one's hands; un dispositif qui fonctionne ~ a manually operated machine.

**manufacturable** [manyfaktyrabl] adj manufacturable.

**manufacture** [manyfaktyr] nf **-1.** [atelier] factory; HIST manufactory; ~ de soie/pipes silk/pipe factory; la ~ des Gobelins the Gobelins tapestry workshop. **-2.** [fabrication] manufacture, manufacturing.

**manufacturer** 516

**manufacturer** [3] [manyfaktyre] *vt* to manufacture.
**manufacturier, ère** [manyfaktyrje, ɛr] ◊ *adj* manufacturing. ◊ *nm, f arch* industrialist, factory owner.
**manu militari** [manymilitari] *loc adv* **-1.** [par la violence] by force; **être expulsé ~** to be forcibly expelled, to be frog-marched out. **-2.** JUR [par la gendarmerie] by the forces of law and order.
**manuscrit, e** [manyskri, it] *adj* [lettre] handwritten; [page, texte] manuscript *(modif)*.
◆ **manuscrit** *nm* **-1.** [à publier] manuscript; **~ dactylographié** manuscript, typescript. **-2.** [texte ancien] manuscript.
**manutention** [manytãsjɔ̃] *nf* **-1.** [manipulation] handling. **-2.** [entrepôt] warehouse, store house.
**manutentionnaire** [manytãsjɔnɛr] *nmf* warehouseman.
**manutentionner** [3] [manytãsjɔne] *vt* [déplacer] to handle; [emballer] to pack.
**maoïsme** [maɔism] *nm* Maoism.
**maoïste** [maɔist] *adj* & *nmf* Maoist.
**maori, e** [maɔri] *adj* Maori.
◆ **Maori, e** *nm, f* Maori.
**Mao Tsé-toung** [maotsetuŋ], **Mao Zedong** [maɔdzedɔ̃g] *npr* Mao Tse-tung, Mao Zedong.
**mappemonde** [mapmɔ̃d] *nf* [globe] globe; [carte] map of the world *(showing both hemispheres)*; **~ céleste** planisphere.
**maquer**▽ [3] [make]
◆ **se maquer avec** *vp + prép* to shack with; **elle est maquée?** [prostituée] has she got a pimp?; [femme] has she got a man?
**maquereau, x** [makro] *nm* **-1.** ZOOL mackerel. **-2.** ▽ [souteneur] pimp.
**maquerelle**▽ [makrɛl] *nf* madam.
**maquette** [makɛt] *nf* **-1.** [modèle réduit] (scale) model; **~ d'avion/de village** model aircraft/village. **-2.** BX-ARTS [d'une sculpture] model, maquette; [d'un dessin] sketch. **-3.** IMPR [de pages] paste-up, layout; [de livre] dummy. **-4.** INDUST mock-up, (full-scale) model.
**maquettiste** [makɛtist] *nmf* **-1.** [modéliste] model maker. **-2.** IMPR graphic designer, layout artist.
**maquignon** [makiɲɔ̃] *nm* **-1.** [marchand – de chevaux] horse trader; [– de bestiaux] cattle trader. **-2.** *péj* [entremetteur] trickster.
**maquignonnage** [makiɲɔnaʒ] *nm* **-1.** [vente – de chevaux] horse trading; [– de bétail] cattle trading. **-2.** *péj* [manœuvre douteuse] sharp practice, shady dealing, wheeler-dealing.
**maquignonner** [3] [makiɲɔne] *vt* [bétail, cheval] to deal ou to traffic in.
**maquillage** [makijaʒ] *nm* **-1.** [cosmétiques] make-up; [application] making-up. **-2.** [falsification – d'un passeport, d'un texte] doctoring, faking; [– de preuves] doctoring; [– d'un véhicule] disguising, respraying.
**maquiller** [3] [makije] *vt* **-1.** [visage] to make up *(sép)*; **être bien/mal/trop maquillé** to be nicely/badly/heavily made up; **qui vous a maquillé?** who did your make-up? **-2.** [falsifier – passeport, texte] to falsify, to fake; [– preuves] to falsify; [– comptes] to fiddle *esp Br*, to falsify; [– véhicule] to disguise; **~ un crime en suicide** to make a murder look like a suicide.
◆ **se maquiller** *vp (emploi réfléchi)*: **se ~ (le visage)** to make up (one's face), to put on one's make-up; **se ~ les yeux** to put one's eye make-up on; **tu te maquilles déjà à ton âge?** are you using make-up already at your age?
**maquilleur, euse** [makijœr, øz] *nm, f* make-up man (*f* girl), make-up artist.
**maquis** [maki] *nm* **-1.** GÉOG scrub, scrubland, maquis. **-2.** HIST: **le Maquis** the Maquis *(French Resistance movement)*; **prendre le ~** HIST to take to the maquis; *fig* to go underground.
**maquisard** [makizar] *nm* **-1.** HIST maquis, French Resistance fighter. **-2.** [guérillero] guerrilla fighter.
**marabout** [marabu] *nm* **-1.** [oiseau, plume] marabou, marabout. **-2.** [homme, tombeau] marabout.
**marabouter** [3] [marabute] *vt* [en Afrique] to put the evil eye on.
**maraîchage** [marɛʃaʒ] *nm* market gardening *Br*, truck farming ou gardening *Am*.
**maraîcher, ère** [marɛʃe, ɛr] ◊ *nm, f* market gardener *Br*, truck farmer *Am*. ◊ *adj* vegetable *(modif)*; **produits ~s** mar-

ket garden produce *Br*, truck *Am*.
**marais** [marɛ] *nm* **-1.** [terrain recouvert d'eau] marsh, swamp; **~ salant** salt marsh, salina. **-2.** [région] marsh, marshland, bog.
**Marais** [marɛ] *npr m* **-1.** [quartier]: **le ~** the Marais *(historic district of Paris)*. **-2.** HIST: **le ~** the Marais ou the Swamp *(moderate party in the French Revolution)*.
**marasme** [marasm] *nm* **-1.** ÉCON slump, stagnation; **nous sommes en plein ~** we're going through a slump. **-2.** [apathie] listlessness, apathy, depression.
**marathon** [maratɔ̃] *nm* **-1.** SPORT marathon *(avant n)*; [épreuve d'endurance]: **~ de danse** dance marathon. **-2.** *fig*: **~ diplomatique/électoral** diplomatic/electoral marathon. **-3.** *(comme adj inv; avec ou sans trait d'union)* marathon; **discussion/séance ~** marathon discussion/session.
**marathonien, enne** [maratɔnjɛ̃, ɛn] *nm, f* marathon runner.
**marâtre** [maratr] *nf* **-1.** [méchante mère] unnatural ou wicked mother. **-2.** [belle-mère] stepmother.
**maraud, e** [maro, od] *nm, f vieilli* rascal, rapscallion.
**maraudage** [marodaʒ] *nm* pilfering *(of food)*.
**maraude** [marod] *nf* pilfering *(of food)*; **un taxi en ~** a cruising taxi.
**marauder** [3] [marode] *vi* **-1.** [personne] to filch ou to pilfer (food); [soldat] to maraud. **-2.** [taxi] to cruise.
**maraudeur, euse** [marodœr, øz] ◊ *nm, f* [gén] pilferer; [soldat] marauder. ◊ *adj* [renard] on the prowl; [oiseau] thieving; [taxi] cruising.
**marbre** [marbr] *nm* **-1.** MINÉR marble; **~ veiné** streaked ou veined marble; **~ tacheté** mottled marble; **colonne/tombeau de ~** marble pillar/tomb; **mur en faux ~** marbleized wall. **-2.** BX-ARTS marble (statue); **les ~s romains** the Roman marbles ∥ [plaque] marble plate. **-3.** IMPR (forme) bed; **mettre sur le ~** [journal] to put to bed; [livre] to put on the press; **rester sur le ~** to be excess copy.
◆ **de marbre** *loc adj* **-1.** [insensible] insensitive; **la mort de sa mère l'a laissé de ~** his mother's death left him cold ou unmoved. **-2.** [impassible] impassive; **un visage de ~** a poker face.
**marbré, e** [marbre] *adj* **-1.** [tacheté] marbled, mottled; [veiné] veined; **peau ~e** blotchy skin. **-2.** TECH marbled.
**marbrer** [3] [marbre] *vt* **-1.** [papier, tranche de livre] to marble. **-2.** [peau] to mottle, to blotch.
**marbrerie** [marbrəri] *nf* **-1.** [industrie] marble industry. **-2.** [atelier] marble (mason's) yard. **-3.** [métier, art] marble work; **~ funéraire** monumental (marble) masonry.
**marbrier, ère** [marbrije, ɛr] *adj* marble *(modif)*.
◆ **marbrier** *nm* marbler; **~ (funéraire)** monumental mason.
**marbrure** [marbryr] *nf* [aspect marbré] marbling; [imitation] marbleizing, marbling.
◆ **marbrures** *nfpl* blotches, streaks, veins.
**marc** [mar] *nm* **-1.** [résidu de fruit] marc; **~ (de café)** coffee grounds ou dregs. **-2.** [eau-de-vie] marc (brandy). **-3.** FIN mark.
**Marc** [mark] *npr*: **~ Antoine** Mark Antony; **~ Aurèle** Marcus Aurelius.
**marcassin** [markasɛ̃] *nm* young wild boar.
**marchand, e** [marʃɑ̃, ɑ̃d] ◊ *nm, f* [négociant] merchant, shopkeeper *Br*, storekeeper *Am*; [sur un marché] stallholder; **~ ambulant** (street) pedlar; **~ de biens** ≈ estate agent *Br*, ≈ real estate agent *Am*; **~ de canons** *péj* arms dealer; **~ de chaussures** shoe shop owner *Br*, shoe-store owner *Am*; **~ de fleurs** florist; **~ de frites** ≈ chip shop man *Br*, ≈ hot-dog stand man *Am*; **~ de fruits** fruit merchant, fruiterer; **~ d'illusions** *péj* illusionmonger; **~ de journaux** [en boutique] newsagent; [en kiosque] newsstand man, newsvendor; **~ de légumes** greengrocer; **~ de marée** ou **de poisson** fishmonger; **~ des quatre-saisons** costermonger *Br*, fruit and vegetable peddler *Am*; **~ de tableaux/tapis** art/carpet dealer; **~ de vin** wine merchant, vintner; **le ~ de sable est passé de** the sandman's on his way. ◊ *adj* **-1.** [valeur, prix] market *(modif)*; [denrée] marketable; [qualité] standard. **-2.** [rue] shopping *(modif)*; [ville] market, commercial. **-3.** [marine] merchant.
**marchandage** [marʃɑ̃daʒ] *nm* **-1.** [discussion d'un prix] haggling, bargaining; **faire du ~** to haggle. **-2.** *péj* [tractation]

wheeler-dealing *péj.* **-3.** JUR illegal subcontracting.

**marchander** [3] [maʃɑ̃de] ◊ *vt* **-1.** [discuter le prix de] to bargain OU to haggle over *(insép)*. **-2.** *(au nég)* [lésiner sur] to spare; ils n'ont pas marchandé leur effort they spared no effort. **-3.** JUR to subcontract (illegally). ◊ *vi* to haggle, to bargain.

**marchandeur, euse** [maʃɑ̃dœr, øz] *nm, f* haggler.
◆ **marchandeur** *nm* JUR (illegal) subcontractor.

**marchandise** [maʃɑ̃diz] *nf* **-1.** [produit] commodity, good; ~s merchandise; notre boucher a de la bonne ~ our butcher sells good quality meat ‖ [article interdit]: la ~ est arrivée à bon port the stuff got here all right. **-2.** [fret, stock]: la ~ the goods, the merchandise ❏ ~ en gros/au détail wholesale/retail goods; wagon de ~s goods wagon *Br*, freight car *Am*.**-3.** *fam & fig*: tromper OU voler qqn sur la ~ *pr & fig* to swindle sb; il vend sa ~ *péj* he's plugging his own stuff.

**marche** [maʃ] *nf* **-1.** [activité, sport] walking; la ~ (à pied) walking; la ~ en montagne hill walking; elle fait de la ~ [comme sport] she goes walking; la frontière n'est qu'à une heure de ~ the border is only an hour's walk away. **-2.** [promenade] walk; nous avons fait une ~ de 8 km we did an 8 km walk. **-3.** [défilé] march; ouvrir la ~ to lead the way; fermer la ~ to bring up the rear ❏ ~ nuptiale/funèbre/militaire MUS wedding/funeral/military march; ~ silencieuse/de protestation silent/protest march; ~ pour la paix peace march. **-4.** MIL march; en avant, ~! forward, march! ❏ ~ forcée forced march. **-5.** [allure] pace, step; il régla sa ~ sur celle de l'enfant he adjusted his pace to the child's; ralentir sa ~ to slow (down) one's pace ‖ [démarche] walk, gait; sa ~ gracieuse her graceful gait. **-6.** [déplacement – d'un train, d'une voiture] running; [– d'une étoile] course; dans le sens de la ~ facing the engine; dans le sens contraire de la ~ (with one's) back to the engine ❏ ~ avant/arrière AUT forward/reverse gear; entrer/sortir en arrière to reverse in/out, to back in/out; faire ~ arrière [conducteur] to reverse, to back up; *fig* to backpedal, to backtrack; en voyant le prix j'ai fait ~ arrière when I saw the price I backed out of buying it. **-7.** [fonctionnement – d'une machine] running, working; ~, arrêt on, off; en (bon) état de ~ in (good) working order; ne pas ouvrir pendant la ~ do not open while the machine is running ‖ [d'une entreprise, d'un service] running, working, functioning; pour assurer la bonne ~ de notre coopérative to ensure the smooth running of our co-op ❏ ~ à suivre [instructions] directions (for use); [pour les formalités] procedure, form. **-8.** [progression]: la ~ du temps the passing OU march of time; la ~ des événements the course OU march of events; la révolution est en ~ revolution is on the march OU move. **-9.** [degré – d'un escalier] step, stair; [– d'un marchepied] step; la première/dernière ~ the bottom/top step; descendre/monter les ~s to go down/up the stairs; attention à la ~ mind the step. **-10.** HIST & GÉOG march.
◆ **en marche** *loc adv*: monter/descendre d'un train en ~ to get on/off a moving train; je suis descendue du bus en ~ I got off the bus while it was still moving; mettre en ~ [moteur, véhicule] to start (up); [appareil] to switch OU to turn on *(sép)*; le four se mettra automatiquement en ~ dans une heure the oven will turn OU switch itself on automatically in an hour.

**marché¹** [maʃe] *nm* **-1.** [en ville] market; aller au ~ to go to the market; je l'ai acheté au ~ I bought it at the market; faire les ~s [commerçant] to go round OU to do the markets ❏ ~ aux poissons/bestiaux fish/cattle market; ~ couvert market hall, covered market; ~ en plein air open-air market; ~ d'intérêt national wholesale market for agricultural produce; ~ aux puces flea market ‖ [ce que l'on achète]: faire son ~ to go (grocery) shopping. **-2.** COMM & ÉCON market; ~ du travail labour market; ~ extérieur/intérieur market; ~ home market, overseas/domestic market; mettre un produit sur le ~ to market OU to launch a product; le vaccin n'est pas encore sur le ~ the vaccine is not yet (available) on the market; il n'y a pas de ~ pour ce type d'habitation there is no market for this type of housing ❏ le Marché commun the Common Market; ~ libre free market; ~ noir black market; faire du ~ noir to deal on the black market; le Marché unique (européen) the Single European Market; étude/économie de ~ market research/economy.

**-3.** BOURSE market; ~ de l'argent OU monétaire money market; ~ des capitaux capital market; ~ des changes foreign exchange; ~ au comptant spot market; ~ du crédit credit market; ~ financier capital OU financial market; ~ à terme forward market. **-4.** [accord] deal, transaction; conclure OU passer un ~ avec qqn to make a deal with sb; ~ conclu! it's a deal!, that's settled! ❏ c'est un ~ de dupes it's a con. **-5.** *loc*: par-dessus le ~ *fam* into the bargain, what's more.
◆ **à bon marché** *loc adv* cheaply; fabriqué à bon ~ cheaply-made; je l'ai eu à bon ~ I got it cheap.
◆ **bon marché** ◊ *loc adj* cheap, inexpensive. ◊ *loc adv*: il a fait bon ~ de mes conseils he took no notice of my advice.
◆ **meilleur marché** *loc adj inv* cheaper; je l'ai eu meilleur ~ à Paris I got it cheaper in Paris.

**marché²** [maʃe] *nm* SPORT travelling.

**marchepied** [maʃəpje] *nm* **-1.** [d'un train] step, steps; [d'un camion] footboard; [d'une voiture] running board; ~ amovible retractable step. **-2.** *fig* [tremplin] stepping stone; ce petit rôle lui a servi de ~ pour devenir célèbre this small role put him on the road to fame. **-3.** [estrade] dais; [banc] footstool; [escabeau] pair of steps. **-4.** [sur une berge] foot-path.

**marcher** [3] [maʃe] *vi* **-1.** [se déplacer à pied] to walk; j'ai marché longtemps/un peu I took a long/short walk; ~ sans but to walk aimlessly; ~ tranquillement to amble along; descendre une avenue en marchant lentement/rapidement to stroll/to hurry down an avenue; ~ à grands pas OU à grandes enjambées to stride (along); ~ à petits pas to take small steps; ~ à quatre pattes to walk on all fours; ~ à reculons to walk backwards; ~ de long en large (dans une salle) to walk up and down (a room); ~ sur la pointe des pieds to walk on tiptoe; ~ sur les mains to walk on one's hands; ~ sur les traces de qqn to follow in sb's footsteps; ~ vers *pr* to walk towards, to be headed for, to be on one's way to; *fig* to be headed for ❏ ~ droit *pr* to walk straight OU in a straight line; *fig* to toe the line; ~ sur des œufs to tread gingerly. **-2.** MIL to march; ~ au pas to march in step; ~ sur une ville/sur l'ennemi to march on a city/against the enemy. **-3.** [poser le pied]: ~ sur to step ou to tread on; ~ dans to step OU to tread in; ne marche pas sur les fleurs! keep off the flowers!, don't walk on the flowers!; ~ sur les pieds de qqn to stand OU to step on sb's feet ❏ il ne faut pas se laisser ~ sur les pieds you shouldn't let people walk all over you. **-4.** [fonctionner – machine] to work, to function; [– moteur] to run; ~ à l'électricité to work OU to run on electricity; le jouet marche à piles the toy is battery-operated; faire ~ [machine] to work, to operate; les trains ne marchent pas aujourd'hui *fam* the trains aren't running today. **-5.** [donner de bons résultats – manœuvre, ruse] to come off, to work; [– projet, essai] to be working (out), to work; [– activité, travail] to be going well; ses études marchent bien/mal she's doing well/not doing very well at college; elle marche bien en chimie/au tennis *fam* she's doing well in chemistry/at tennis; un jeune athlète qui marche très fort *fam* an up-and-coming young athlete; les affaires marchent mal/très bien business is slack/is doing well; ça fait ~ les affaires it's good for business OU for trade; rien ne marche nothing's going right; ne t'inquiète pas, ça va ~ don't worry, it'll be OK; et le travail, ça marche? how's work (going)?; si ça marche, je monterai une exposition if it works out, I'll organize an exhibition; leur couple/commerce n'a pas marché their relationship/business didn't work out; ça a l'air de bien ~ entre eux they seem to be getting on fine together, things seem to be going well between them ‖ [en voiture]: tu marches à combien, là? *fam* what are you doing ou what speed are you doing at the moment?**-6.** [au restaurant]: faites ~ deux œufs au plat! two fried eggs!; ça marche! coming up!**-7.** *fam* [s'engager] to go along with things; tu marches avec nous? can we count you in?; je ne marche pas! nothing doing!, count me out!; ~ dans une affaire to get mixed up ou involved in a scheme; elle ne marchera jamais she'll never agree. **-8.** *fam* [croire] to fall for it; je lui ai dit que ma tante était malade et il n'a pas marché, il a couru *hum* I told him that my aunt was ill and he bought the whole story OU and he swallowed it hook, line and sinker; faire ~ qqn [le taquiner] to pull sb's leg, to have sb on *Br*; [le berner] to take sb for a ride, to lead sb up the garden path.

**marcheur, euse** [marʃœr, øz] *nm, f* -**1.** [gén & SPORT] walker; c'est un bon ~ he's a good walker. -**2.** [manifestant] marcher.

**mardi** [mardi] *nm* Tuesday; Nice, le ~ 10 août Nice, Tuesday, August 10 ou 10 August *Br*; je suis né un ~ 18 avril I was born on Tuesday the 18th of April; **nous sommes ~ aujourd'hui** today's Tuesday; je reviendrai ~ I'll be back on Tuesday; ~ **dernier/prochain** last/next Tuesday; ce ~, ~ **qui vient** this (coming) Tuesday, Tuesday next, next Tuesday; ~ **en huit** a week on Tuesday, Tuesday week *Br*; ~ **en quinze** a fortnight on Tuesday *Br*, two weeks from Tuesday *Am*; il y aura huit jours ~ a week on Tuesday (during the) night; **tous les** ~s every Tuesday, on Tuesdays; l'autre ~ [dans le passé] (the) Tuesday before last; [dans l'avenir] Tuesday after this; le premier/dernier ~ du mois the first/last Tuesday of the month; un ~ sur deux every other ou every second Tuesday; ~ **matin/après-midi** Tuesday morning/afternoon; ~ **midi** Tuesday lunchtime, Tuesday (at) noon; ~ **soir** Tuesday evening ou night; ~ **dans la nuit** (during the) night; **dans la nuit de** ~ **à mercredi** Tuesday night; **la séance/le marché du** ~ the Tuesday session/market ❑ **Mardi gras** RELIG Shrove Tuesday; [carnaval] Mardi Gras; **ce n'est pas Mardi gras, aujourd'hui!** *fam* what do you think this is, a carnival or something?

**mare** [mar] *nf* -**1.** [pièce d'eau] pond; ~ **aux canards** duck pond. -**2.** [de sang, d'essence] pool.

**marécage** [mareka3] *nm* [terrain bourbeux] marshland, swamp; **les** ~s the swamp.

**marécageux, euse** [marekaʒø, øz] *adj* [région] marshy, swampy; [champ] boggy; [plante] marsh *(modif)*.

**maréchal, aux** [mareʃal, o] *nm* MIL [en France] marshal; [en Grande-Bretagne] field marshal; [aux États-Unis] five star general, general of the army; **Maréchal de France** Marshal of France; ~ **des logis** sergeant. -**2.** HIST & MIL marshal *(in a royal household)*.

**maréchale** [mareʃal] *nf* -**1.** MIL (field) marshal's wife. -**2.** MIN forge coal.

**maréchalerie** [mareʃalri] *nf* -**1.** [métier] blacksmith's trade, farriery *Br spéc*, smithery *spéc*. -**2.** [atelier] blacksmith's (shop), smithy, farriery *Br spéc*.

**maréchal-ferrant** [mareʃalferɑ̃] *(pl* **maréchaux-ferrants***) nm* blacksmith, farrier *Br*.

**maréchaussée** [mareʃose] *nf* -**1.** HIST mounted constabulary *Br* ou police. -**2.** *fam & hum* constabulary *Br*.

**marée** [mare] *nf* -**1.** GÉOG tide; (à) ~ **haute/basse** (at) high/low tide; **grande/faible** ~ spring/neap tide; ~ **montante** flowing ou flood tide; ~ **descendante** ebb tide; **lorsque la** ~ **monte/descend** when the tide is rising/ebbing, when the tide comes in/goes out; **changement de** ~ turn ou turning of the tide; **une** ~ **humaine** *fig* a flood of people ❑ ~ **d'équinoxe** equinoctial tide; ~ **noire** ÉCOL oil slick. -**2.** [poissons] (fresh) fish, (fresh) seafood.

**marelle** [marɛl] *nf* hopscotch; **jouer à la** ~ to play hopscotch.

**marémoteur, trice** [maremɔtœr, tris] *adj* tidal.

**mareyeur, euse** [marɛjœr, øz] *nm, f* fish and seafood wholesaler.

**margarine** [margarin] *nf* margarine.

**marge** [mar3] *nf* -**1.** [espace blanc] margin; ~ **extérieure** IMPR outside margin; ~ **intérieure** back ou inside ou inner margin; ~ **de tête** head ou top margin; ~ **de pied** tail. -**2.** *fig* extra time, leeway; **avoir de la** ~ to have some leeway; ~ **de manœuvre** room for manœuvre; **prévoir une** ~ **d'erreur de 15 cm/de 100 francs** to allow for a margin of error of 15 cm/of 100 francs; ~ **de sécurité** safety margin; ~ **de tolérance** (range of) tolerance; **je vous donne 2 m de tissu/2 mois, comme ça, vous avez de la** ~ I'll give you 2 m of cloth/2 months, that'll be more than enough. -**3.** COMM ~ **bénéficiaire** profit margin; ~ **commerciale** gross profit ou margin.
◆ **en marge** ◇ *loc adj* [original] fringe *(modif)*; **un artiste en** ~ an unconventional ou a fringe artist. ◇ *loc adv* -**1.** [d'une feuille de papier] in the margin. -**2.** [à l'écart]: **vivre en** ~ to live on the fringe ou fringes (of society).
◆ **en marge de** *loc prép*: **vivre en** ~ **de la société** to live on the fringe ou margin ou edge of society; **les événements en** ~ **de l'histoire** footnotes to history, marginal events in

history.

**margeai** [mar3e] *v* → **marger**.

**margelle** [mar3ɛl] *nf* edge *(of a well or fountain)*.

**marger** [17] [mar3e] *vt* -**1.** IMPR to feed in *(sép)*, to lay on *(sép)*. -**2.** [machine à écrire] to set the margins of.

**margeur, euse** [mar3œr, øz] *nm, f* [ouvrier] layer-on.
◆ **margeur** *nm* -**1.** IMPR (paper) feed. -**2.** [sur une machine à écrire] margin setter.

**marginal, e, aux** [mar3inal, o] ◇ *adj* -**1.** [secondaire – problème, rôle] marginal, minor, peripheral. -**2.** [à part]: **groupe** ~ POL fringe group; SOCIOL marginal group; **avec la crise, leur existence est de plus en plus** ~e the economic crisis is pushing them further and further out to the margins ou fringes of society. -**3.** ÉCON marginal. -**4.** [annotation] marginal. ◇ *nm, f* dropout; **ça a toujours été un** ~ he's always been a bit of a dropout.

**marginalement** [mar3inalmɑ̃] *adv*: **vivre** ~ to live on the fringe ou margin of society.

**marginalisation** [mar3inalizasjɔ̃] *nf* SOCIOL marginalization.

**marginaliser** [3] [mar3inalize] *vt* to marginalize.
◆ **se marginaliser** *vp (emploi réfléchi)* to opt out; **elle a choisi de se** ~ she has chosen to live outside the mainstream of society. ◇ *vpi* -**1.** [personne]: **il se marginalise de plus en plus depuis son licenciement** he's been feeling increasingly isolated since he was made redundant. -**2.** [rôle, fonction] to become marginalized ou irrelevant; **le rôle du parti s'est marginalisé** the party no longer plays a central role.

**marginalité** [mar3inalite] *nf* -**1.** [d'un problème, d'un rôle] minor importance, insignificance, marginality. -**2.** [d'une personne] nonconformism; **vivre** ou **être dans la** ~ to live on the fringe ou fringes of society; **ils ont préféré vivre dans la** ~ they preferred to opt out.

**margoulette**▽ [margulɛt] *nf gob Br*, kisser, mug; **se casser la** ~ to fall flat on one's face.

**marguerite** [margərit] *nf* -**1.** BOT daisy. -**2.** IMPR daisy wheel.

**mari** [mari] *nm* husband.

**mariable** [marjabl] *adj* marriageable.

**mariage** [marja3] *nm* -**1.** [union] marriage; **proposer le** ~ **à qqn** to propose (marriage) to sb; **il m'avait promis le** ~ he had promised to marry me; **donner sa fille en** ~ to give one's daughter in marriage; **je ne pense pas encore au** ~ I'm not thinking about getting married yet; **faire un** ~ **d'amour** to marry for love, to make a love match; **faire un** ~ **d'argent** ou **d'intérêt** to marry for money; ~ **de convenance** marriage of convenience; **enfants (nés) d'un premier** ~ children from a first marriage; **enfants nés hors du** ~ children born out of wedlock ‖ [vie commune] married life, matrimony; ~ **blanc** unconsummated marriage, marriage in name only; **mariage mixte** mixed marriage; **'le Mariage de Figaro'** *Beaumarchais* 'The Marriage of Figaro'. -**2.** [cérémonie] wedding; [cortège] wedding procession; **de** ~ wedding *(modif)*; ~ **en blanc** white wedding; **elle veut un** ~ **civil/religieux** she wants a civil/church wedding. -**3.** [d'arômes] blend, mixture; [de couleurs] combination; [d'associations, d'organisations] merging. -**4.** JEUX [au bésigue] marriage.

**marial, e, als** ou **aux** [marjal, o] *adj* Marian.

**Marianne** [marjan] *npr* [figure] Marianne *(personification of the French Republic)*.

**Marie** [mari] *npr* -**1.** RELIG Mary; **la Vierge** ~ the Virgin Mary. -**2.** HIST: ~ **Stuart** Mary Stuart.

**marié, e** [marje] *adj* married; **il est** ~ **avec Maud** he's married to Maud; **on n'est pas** ~s, **dis donc!** *fam* just a minute, you're not my mother!
◆ **marié** *nm* groom, bridegroom.
◆ **mariée** *nf* bride; **une robe de** ~e a wedding dress.
◆ **mariés** *nmpl*: **les** ~s [le jour de la cérémonie] the bride and groom ou bridegroom; **les jeunes** ~s the newly-weds.

**Marie-Antoinette** [mariɑ̃twanɛt] *npr* Marie Antoinette.

**marie-couche-toi-là**▽ [marikuʃtwala] *nf inv péj & vieilli* trollop, strumpet.

**marie-jeanne**▽ [mari3an] *nf inv arg drogue* pot, Mary-Jane *Am*.

**marie-louise** [marilwiz] *(pl* **maries-louises***) nf* -**1.** [passe-partout] inner frame. -**2.** [encadrement] harmonized border.

**Marie-Madeleine** [marimadlɛn] *npr* Mary Magdalene.

**marier** [9] [marje] *vt* **-1.** [unir] to marry, to wed *litt*; **le maire/ le prêtre les a mariés hier** the mayor/the priest married them yesterday. **-2.** [donner en mariage] to marry; **elle a encore un fils/une fille à** ~ she still has a son/a daughter to marry off; **elle est bonne à** ~ she's of marriageable age. **-3.** [parfums, couleurs] to blend, to combine, to marry; [styles, sons] to harmonize, to combine, to marry. ◆ **se marier** *vpi* **-1.** [personnes] to get married, to marry, to wed *litt*; **se** ~ **à** ou **avec qqn** to marry sb, to get married to sb; **il veut se** ~ **à l'église** he wants to have a church wedding ou to get married in church. **-2.** [couleurs, arômes, styles] to go together; **ça se marie bien avec le vert** it goes nicely with the green.

**marie-salope** [marisalɔp] (*pl* **maries-salopes**) *nf* **-1.** [péniche] hopper (barge); [drague] dredger. **-2.** ∇ [souillon] slut.

**marieur, euse** [marjœr, øz] *nm, f* matchmaker.

**Marignan** [mariɲɑ̃] *npr*: **la bataille de** ~ famous victory of Francis I over the Swiss Holy League in 1515.

**marihuana** [marirwana], **marijuana** [mariʒɥana] *nf* marijuana.

**mariions** [marijɔ̃] *v*→ **marier**.

**marin, e**[1] [marɛ̃, in] *adj* **-1.** [air, courant, sel] sea *(modif)*; [animal, carte] marine, sea *(modif)*; [plante, vie] marine; **paysage** ~ seascape. **-2.** PÉTR offshore. ◆ **marin** *nm* **-1.** [gén] seaman, seafarer; **un peuple de** ~s a seafaring nation. **-2.** MIL & NAUT seaman, sailor; **costume/ béret de** ~ sailor suit/hat ❑ ~s **marchands** ou de commerce merchant seamen; **simple** ~ able ou able-bodied seaman; ~ **d'eau douce** *hum* Sunday sailor, landlubber.

**marina** [marina] *nf* marina.

**marinade** [marinad] *nf* marinade.

**marine**[2] [marin] *f*→ **marin**. ◇ *adj inv* navy (blue). ◇ *nf* **-1.** NAUT navy; ~ **marchande** merchant navy ou marine; ~ **de plaisance** yachting. **-2.** MIL: ~ **(de guerre)** navy. **-3.** BX-ARTS seascape. ◇ *nm* **-1.** [fusilier marin – britannique] Royal Marine; [– des États-Unis] (US) Marine; **les Marines** the Royal Marines *Br*, the US Marine Corps *Am*, the Marines *Am*. **-2.** [couleur] navy (blue).

**mariner** [3] [marine] ◇ *vt* [dans une marinade] to marinate, to marinade; [dans une saumure] to pickle, to souse. ◇ *vi* **-1.** CULIN to marinate. **-2.** *fam* [personne] to wait, to hang about; **il marine en prison** he's rotting in prison; **laisse-la** ~! let her stew for a while!

**maringoin** [marɛ̃gwɛ̃] *nm Can* mosquito.

**marinier** [marinje] *nm* **-1.** [batelier] bargee *Br*, bargeman *Am*. **-2.** *arch* [marin] mariner.

**marinière** [marinjɛr] *nf* **-1.** VÊT [blouse] sailor blouse; [maillot rayé] (white and navy blue) striped jersey. **-2.** CULIN: **sauce** ~ white wine sauce.

**mariol(le)** [marjɔl] *fam* ◇ *adj* [astucieux] smart, clever. ◇ *nm* smart alec, clever dick *Br*, wise guy *Am*; **faire le** ~ to try to be smart ou clever.

**marionnette** [marjɔnɛt] *nf* **-1.** [poupée]: ~ **(à fils)** puppet, marionette; **on va aux** ~s we're going to the puppet show. **-2.** *péj* [personne] puppet.

**marionnettiste** [marjɔnɛtist] *nmf* puppeteer.

**marital, e, aux** [marital, o] *adj* JUR **-1.** [relatif au mari] marital; **l'autorisation** ~e the husband's authorization. **-2.** [relatif à l'union libre]: **au cours de leur vie** ~e while they lived together (as man and wife).

**maritalement** [maritalmɑ̃] *adv*: **vivre** ~ to live as husband and wife.

**maritime** [maritim] *adj* **-1.** [du bord de mer – village] coastal, seaside *(modif)*, seaboard *Am (modif)*; **province** ~ maritime ou coastal province; **région** ~ ADMIN coastal area. **-2.** [naval – hôpital, entrepôt] naval; [– commerce] seaborne, maritime; **puissance** ~ maritime ou sea power. **-3.** JUR [législation, droit] maritime, shipping *(modif)*; [agent] shipping *(modif)*; [assurance] marine.

**marivaudage** [marivodaʒ] *nm sout* light-hearted banter.

**marjolaine** [marʒɔlɛn] *nf* marjoram.

**mark** [mark] *nm* mark FIN.

**marketing** [markətiŋ] *nm* marketing.

**marmaille** [marmaj] *nf fam & péj* gang of kids ou brats *péj*;

elle est venue avec toute sa ~ she came with her whole brood.

**marmelade** [marməlad] *nf* CULIN: ~ **d'oranges** (orange) marmalade. ◆ **en marmelade** *loc adj* **-1.** CULIN stewed; [trop cuit, écrasé] mushy. **-2.** *fam* [en piteux état]: **j'ai les pieds en** ~ my feet are all torn to shreds; **elle avait le visage en** ~ her face was all smashed up.

**marmite** [marmit] *nf* CULIN [contenant] pot, cooking-pot; [contenu] pot.

**marmiton** [marmitɔ̃] *nm* young kitchen hand.

**marmonnement** [marmɔnmɑ̃] *nm* mumbling, muttering.

**marmonner** [3] [marmɔne] *vt & vi* to mumble, to mutter.

**marmoréen, enne** [marmɔreɛ̃, ɛn] *adj* **-1.** GÉOL marmoreal, marmorean. **-2.** *litt* marmoreal *litt*, marble *(modif)*.

**marmot** [marmo] *nm fam* (little) kid, nipper *Br*.

**marmotte** [marmɔt] *nf* **-1.** ZOOL marmot; **tu es une vraie** ~ you're a real dormouse! **-2.** [fourrure] marmot; **de** ou **en** ~ marmot *(modif)*. **-3.** BOT (marmotte) cherry.

**marmotter** [3] [marmɔte] *vt & vi* to mutter, to mumble.

**marne** [marn] *nf* marl.

**marner** [3] [marne] ◇ *vt* AGR to marl. ◇ *vi* **-1.** *fam* [personne] to slog *Br*, to plug away *Am*. **-2.** [mer] to rise.

**Maroc** [marɔk] *npr m*: **le** ~ Morocco.

**marocain, e** [marɔkɛ̃, ɛn] *adj* Moroccan. ◆ **Marocain, e** *nm, f* Moroccan. ◆ **marocain** *nm* LING Moroccan (Arabic).

**maronite** [marɔnit] *adj & nmf* Maronite.

**maroquin** [marɔkɛ̃] *nm* **-1.** [peau] morocco. **-2.** *fam* [ministère] minister's portfolio.

**maroquinerie** [marɔkinri] *nf* **-1.** [commerce] leather trade; [industrie] leather craft; [magasin] leather shop *Br* ou store *Am*. **-2.** [articles] (small) leather goods. **-3.** [atelier] tannery; [tannage] tanning.

**maroquinier, ère** [marɔkinje, ɛr] ◇ *adj*: **ouvrier** ~ leather worker. ◇ *nm, f* [ouvrier] tanner; [artisan] leather craftsman; [commerçant]: **je l'ai acheté chez un** ~ I bought it from a leather (goods) shop *Br* ou store *Am*.

**marotte** [marɔt] *nf fam* [passe-temps] pet hobby; **il a la** ~ **des mots croisés** crosswords are his pet hobby; **c'est devenu une** ~ it's become an obsession.

**maroufler** [3] [marufle] *vt* **-1.** [coller – sur un panneau] to mount. **-2.** BX-ARTS to back.

**marquage** [markaʒ] *nm* **-1.** SPORT marking. **-2.** [de linge] marking; [d'animaux] marking, branding.

**marquant, e** [markɑ̃, ɑ̃t] *adj* **-1.** [personne] prominent, outstanding. **-2.** [détail, trait] striking; **un événement particulièrement** ~ an event of particular ou outstanding importance.

**marque** [mark] *nf* **-1.** [trace] mark; [cicatrice] mark, scar; ~s **de coups** bruises ou marks of blows; ~s **de doigts** [sales] fingermarks; [empreintes] fingerprints; **il y avait encore la** ~ **de son corps dans l'herbe** the imprint of his body in the grass was still there; **les** ~s **de la vieillesse** marks ou traces of old age. **-2.** [étiquette] label, tag, tab; [signet] marker, book mark; [trait] mark; ~ **au crayon/à la craie** pencil/chalk mark. **-3.** [preuve] mark; **comme** ~ **d'amitié/d'estime/de confiance** as a token of friendship/esteem/trust; **c'est là la** ~ **d'une grande générosité** that's the sign ou mark of real generosity. **-4.** COMM [de produits manufacturés] make; [de produits alimentaires et chimiques] brand; **voiture de** ~ **française** French-made ou French-built car ❑ **produits de grande** ~ top brand ou name products; **c'est une grande** ~ **de cigarettes/de voitures** it's a well-known brand of cigarette/make of car; [de luxe] it's a brand of luxury cigarette/a make of luxury car; ~ **déposée** registered trademark; ~ **de fabrique** trademark, brand name. **-5.** [identification – sur bijoux] hallmark; [– sur meubles] stamp, mark; [– sur animaux] brand; **il a dessiné ces jardins, il est facile de reconnaître sa** ~ *fig* he designed these gardens, it's easy to recognize his style; **on reconnaît la** ~ **du génie** that's the hallmark ou stamp of genius. **-6.** JEUX [jeton] chip; [décompte] score; **tenir la** ~ to keep (the) score. **-7.** SPORT [score] score. **-8.** RUGBY: ~! **mark!** **-9.** LING: **porter la** ~ **du féminin/pluriel** to be in the feminine/plural form. ◆ **marques** *nfpl* SPORT: **prendre ses** ~s [coureur] to take one's

marks; [sauteur] to pace out one's run up; à vos ~s! prêts! partez! on your marks! get set! go!, ready! steady! go!
♦ **de marque** *loc adj* [produit] upmarket, top-class; [hôte] distinguished; articles de ~ branded goods; personnage de ~ VIP.

**marqué, e** [marke] *adj* **-1.** [évident – différence] marked, distinct; [– préférence] marked, obvious; [– accent] marked, broad, strong; [– traits] pronounced; il a le visage très ~ [par des blessures] his face is covered with scars; [par la maladie] illness has left its mark on his face; robe à la taille ~e dress fitted at the waist. **-2.** [engagé]: il est très ~ politiquement politically he is very committed.

**marquer** [3] [marke] ◇ *vt* **-1.** [montrer] to mark; ~ la limite de qqch to mark the limit of sthg (off), to mark the limit of sthg; l'horloge marque 3 h the clock shows ou says 3 o'clock; la balance marque 3 kg the scales register ou read 3 kg; le thermomètre marque 40°C the thermometer shows ou registers 40°C; les lignes bleues marquent les frontières the blue lines show ou indicate where the border is. **-2.** [signaler – passage d'un texte] to mark; [– bétail] to brand, to mark; [– arbre] to blaze; [– linge] to label, to tag; ~ sa page [avec un signet] to mark one's place (with a bookmark); [en cornant la page] to turn down the corner of one's page; ~ au fer to brand ❑ ce jour est à ~ d'une pierre blanche this will go down as a red-letter day. **-3.** [témoigner de] to mark, to show; pour ~ sa confiance as a token ou mark of his trust. **-4.** [événement, date] to mark; ~ le coup [fêter qqch] to mark the occasion; [réagir] to react. **-5.** [prendre en note] to write ou to take ou to note (down) *(sép)*; [tracer] to mark, to write; tu l'as marqué? have you made a note of it?; marqué à l'encre/à la craie/au crayon sur le mur marked in ink/chalk/pencil on the wall, inked/chalked/pencilled on the wall. **-6.** [suj: difficulté, épreuve] to mark; le chagrin a marqué son visage his face is lined ou furrowed with sorrow. **-7.** [impressionner] to mark, to affect, to make an impression on; ça m'a beaucoup marqué it made a big ou lasting impression on me. **-8.** JEUX & SPORT: ~ (un point) to score (a point); ~ les points to note ou to keep the score; l'argument est judicieux, vous marquez un point *fig* the argument is valid, that's one to you ou you've scored a point; ~ un joueur to mark a player. **-9.** [rythmer] il marquait la cadence du pied he beat time with his foot; ~ la mesure MUS to keep the beat; ~ un temps d'arrêt to pause *(for a moment)* ❑ ~ le pas to mark time. **-10.** COUT: ces robes, cet été, marqueront la taille this summer's dresses will emphasize the waist line.
◇ *vi* **-1.** [personne, événement] to stand out; les grands hommes qui ont marqué dans l'histoire the great men who have left their mark on history; sa mort a marqué dans ma vie his death had a great effect ou impact on my life. **-2.** [crayon, objet]: attention, ça marque! careful, it'll leave a mark!

**marqueterie** [markɛtri] *nf* **-1.** [décoration] marquetry, inlay; un panneau en ~ a marquetry panel. **-2.** [métier] marquetry.

**marqueteur, euse** [markətœr, øz] *nm, f* inlayer.

**marqueur, euse** [markœr, øz] *nm, f* [qui compte les points] scorekeeper, scorer; [qui gagne les points] scorer.
♦ **marqueur** *nm* **-1.** [gros feutre] marker (pen); [surligneur] highlighter; la phrase indiquée au ~ the highlighted sentence. **-2.** BIOL, LING & MÉD marker. **-3.** NUCL tracer.
♦ **marqueuse** *nf* COMM marking ou stamping machine.

**marquis** [marki] *nm* marquess, marquis; merci, Monsieur le Marquis thank you, your Lordship.

**marquisat** [markiza] *nm* [rang, fief] marquessate.

**marquise** [markiz] *nf* **-1.** [titre] marchioness, marquise; merci, Madame la Marquise thank you, your Ladyship. **-2.** [abri de toile] awning; [auvent vitré] (glass) canopy. **-3.** JOAILL marquise ring. **-4.** [chaise] marquise (chair).

**Marquises** [markiz] *npr fpl*: les (îles) ~ the Marquesas Islands.

**marraine** [marɛn] *nf* **-1.** RELIG godmother. **-2.** [d'un bateau]: elle fut choisie comme ~ du bateau she was chosen to launch ou to name the ship ‖ [d'un nouveau membre] sponsor; ~ de guerre soldier's wartime penfriend ou penpal.

**marrant, e** [marã, ãt] *fam* ◇ *adj* **-1.** [drôle] funny; il est (trop) ~! he's a hoot ou scream!; elle n'est pas ~e, sa femme his wife is really bad news!; je ne veux pas y aller — tu n'es pas ~! I don't want to go — you're no fun!; vous êtes ~s, je n'ai pas que ça à faire! come on, I've got other things to do, you know!. **-2.** [bizarre] funny, odd, strange; c'est ~ qu'elle ne soit pas encore là funny (that) she hasn't arrived yet.
◇ *nm, f* joker, funny guy (*f* girl).

**marre** [mar] *adv*: en avoir ~ *fam*: il en a ~ de ses études he's fed up with ou sick and tired of studying; j'en ai ~! I've had enough!

**marrer** [3] [mare] *vi fam*: faire ~ qqn to make sb laugh.
♦ **se marrer** *vpi fam* to have a (good) laugh.

**marri, e** [mari] *adj arch* [contrarié, fâché]: être (fort) ~ to be (most) aggrieved.

**marron¹** [marɔ̃] ◇ *nm* **-1.** BOT chestnut; ~ d'Inde horse chestnut, conker; ~s chauds roast ou roasted chestnuts; ~s glacés marrons glacés, crystallized ou candied chestnuts; tirer les ~s du feu pour qqn to be sb's cat's-paw, to do all the dirty work for sb. **-2.** [couleur] brown; j'aime le ~ I like brown. **-3.** ▽ [coup] clout, bash, wallop. ◇ *adj inv* [brun] brown. ◇ *adj* ▽: être (fait) ~ [être dupé] to be taken in; zut, voilà le contrôleur, on est ~s! [on est coincés] oh, no, we've had it now, here comes the ticket collector!

**marron², onne** [marɔ̃, ɔn] *adj* [malhonnête] crooked; médecin ~ quack.

**marronnier** [marɔnje] *nm* chestnut tree; ~ d'Inde horse chestnut (tree).

**mars** [mars] *nm* [mois] March; en ~ in March; au mois de ~ in (the month of) March; nous y allons tous les ans en ~ ou au mois de ~ we go there every (year in) March; au début du mois de ~, (au) début ~ at the beginning of March, in early March; au milieu du mois de ~, à la mi-~ in the middle of March, in mid-March; à la fin du mois de ~, (à la) fin ~ at the end of March, in late March; en ~ dernier/prochain last/next March; Nice, le 5 ~ 1989 Nice, March 5th 1989 ou 5th of March 1989; la commande vous a été livrée le 31 ~ your order was delivered on 31st March ou on March 31st ou on the 31st of March; j'attendrai jusqu'au (lundi) 4 ~ I'll wait until (Monday) the 4th of March.

**Mars** [mars] *npr* ASTRON & MYTH Mars.

**marseillais, e** [marsɛje, ɛz] *adj* from Marseilles.
♦ **Marseillais, e** *nm, f* inhabitant of or person from Marseilles.
♦ **Marseillaise** *nf*: la Marseillaise the Marseillaise (*the French national anthem*).

**Marseille** [marsɛj] *npr* Marseille, Marseilles.

**marsouin** [marswɛ̃] *nm* **-1.** ZOOL common porpoise. **-2.** ▽ *arg mil* Marine.

**marsupial, e, aux** [marsypjal, o] *adj* marsupial.
♦ **marsupial, aux** *nm* marsupial.

**marteau, x** [marto] ◇ *nm* **-1.** [maillet] hammer; coup de ~ blow with a hammer; enfoncer un clou à coups de ~ to hammer a nail home ou in ❑ ~ piqueur ou pneumatique pneumatic drill; ~ perforateur hammer drill. **-2.** [pièce – d'une horloge] striker, hammer; [–d'une porte] knocker, hammer; [– dans un piano] hammer. **-3.** ANAT hammer, malleus *spéc*. **-4.** SPORT hammer. **-5.** [poisson] hammerhead shark. ◇ *adj fam* bonkers *Br*, nuts.

**marteau-pilon** [martopilɔ̃] (*pl* **marteaux-pilons**) *nm* power ou drop hammer.

**martel** [martɛl] *nm*: se mettre ~ en tête to be worried sick.

**martèle** [martɛl] *v*→ marteler.

**martèlement** [martɛlmã] *nm* [bruit – d'un marteau] hammering; [– de pas, de bottes] pounding.

**marteler** [25] [martəle] *vt* **-1.** MÉTALL to hammer; ~ à froid to cold-hammer. **-2.** [frapper] to hammer (at), to pound (at); il martelait la table de ses poings he was hammering with ou banging his fists on the table. **-3.** [scander] to hammer out *(sép)*.

**martial, e, aux** [marsjal, o] *adj* **-1.** *litt* [guerrier] martial, warlike; un discours ~ a warlike speech. **-2.** [résolu, décidé] resolute, determined; une démarche/voix ~e a firm tread/voice. **-3.** JUR: cour ~e court martial; loi ~e martial law. **-4.** MÉD [relatif au fer] iron (*modif*).

**martien, enne** [marsjɛ̃, ɛn] *adj* Martian.
♦ **Martien, enne** *nm, f* Martian; j'ai l'impression de parler à des Martiens I might as well be talking to Martians.

**martinet** [martinɛ] *nm* **-1.** [fouet] cat-o'-nine-tails. **-2.** MÉTALL (small) drop hammer. **-3.** ORNITH: ~ **noir** swift.

**martingale** [martɛ̃gal] *nf* **-1.** VÊT half belt. **-2.** ÉQUIT [sangle] martingale. **-3.** JEUX [façon de jouer] doubling-up, ≈ martingale; [combinaison] winning formula.

**martini** [martini] *nm* martini.
◆ **Martini**® *nm* Martini®.

**martiniquais, e** [martinikɛ, ɛz] *adj* Martinican.
◆ **Martiniquais, e** *nm, f* Martinican.

**Martinique** [martinik] *npr f*: la ~ Martinique; à la ~ in Martinique.

**martin-pêcheur** [martɛ̃peʃœr] (*pl* **martins-pêcheurs**) *nm* kingfisher.

**martyr, e** [martir] ◇ *adj* martyred; les enfants ~s battered children. ◇ *nm, f* **-1.** [personne qui se sacrifie] martyr; les ~s chrétiens the Christian martyrs; les ~s de la Résistance the martyrs of the Resistance. **-2.** *hum* martyr; arrête de jouer les ~s ou de prendre des airs de ~ stop being a ou playing the martyr!
◆ **martyre** *nm* **-1.** [supplice] martyrdom. **-2.** [épreuve] torture, martyrdom; [douleur] agony; **souffrir le** ~ to be in agony; **cette visite a été un véritable** ~! that visit was sheer torture!

**martyriser** [3] [martirize] *vt* **-1.** [supplicier – gén] to martyrize; RELIG to martyr. **-2.** [maltraiter – animal] to ill-treat, to torture; [– enfant] to beat, to batter; [– collègue, élève] to bully.

**marxisant, e** [marksizɑ̃, ɑ̃t] *adj* Marxist-influenced.

**marxisme** [marksism] *nm* Marxism.

**marxisme-léninisme** [marksismleninism] *nm* Marxism-Leninism.

**marxiste** [marksist] *adj* & *nmf* Marxist.

**marxiste-léniniste** [marksistleninist] (*pl* **marxistes-léninistes**) *adj* & *nmf* Marxist-Leninist.

**mas** [ma] *nm* type of house found in southeast France.

**mascara** [maskara] *nm* mascara.

**mascarade** [maskarad] *nf* **-1.** [bal] masked ball, masquerade; DANSE & HIST masquerade. **-2.** *péj* [accoutrement]: qu'est-ce que c'est que cette ~? what on earth is that outfit you're wearing? **-3.** [simulacre] farce, mockery.

**mascotte** [maskɔt] *nf* mascot.

**masculin, e** [maskylɛ̃, in] *adj* **-1.** [propre aux hommes] male; le sexe ~ the male sex; une voix ~e [d'homme] a male ou man's voice; [de femme] a masculine voice. **-2.** [composé d'hommes]: une équipe ~e a men's team; main-d'œuvre ~e male workers. **-3.** LING masculine.
◆ **masculin** *nm* LING masculine.

**masculiniser** [3] [maskylinize] *vt* **-1.** [viriliser] to make masculine. **-2.** BIOL to produce male characteristics in, to masculinize.

**masculinité** [maskylinite] *nf* **-1.** [comportement] masculinity, virility, manliness. **-2.** [dans des statistiques]: taux de ~ sex ratio.

**maso** [mazo] *fam* ◇ *adj* masochistic; t'es ~ ou quoi? you're a real glutton for punishment; je ne vais pas lui dire la vérité tout de suite, je ne suis pas ~ I won't tell her the truth right away, I'm not a masochist. ◇ *nmf*: c'est un ~ he's a glutton for punishment ou a masochist.

**masochisme** [mazɔʃism] *nm* masochism.

**masochiste** [mazɔʃist] ◇ *nmf* masochist. ◇ *adj* masochist, masochistic.

**masque** [mask] *nm* **-1.** [déguisement, protection] mask; ~ de carnaval ou de Mardi gras (carnival) mask; ~ funéraire ou mortuaire death mask; ~ d'escrime/de plongée fencing/ diving mask; ~ d'anesthésie/à oxygène/stérile anaesthetic/oxygen/sterile mask; ~ à gaz gas mask. **-2.** [pour la peau]: ~ (de beauté) face pack ou mask. **-3.** MÉD: ~ de grossesse (pregnancy) chloasma. **-4.** [apparence] mask, front; sous le ~ de la vertu under the mask of ou in the guise of virtue; sa bonté n'est qu'un ~ his kindness is just a front ou is only skin-deep ❑ lever ou tomber le ~, jeter (bas) son ~ to unmask o.s., to show one's true colours, to take off one's mask. **-5.** *litt* [personne masquée] mask. **-6.** MUS & THÉÂT mask, masque. **-7.** ACOUST: effet de ~ (audio) masking. **-8.** ÉLECTRON, IMPR & PHOT mask.

**masqué, e** [maske] *adj* **-1.** [voleur] masked, wearing a mask;

[acteur] wearing a mask, in a mask. **-2.** [virage] blind.

**masquer** [3] [maske] *vt* **-1.** [dissimuler – obstacle, ouverture] to mask, to conceal; [– lumière] to shade, to screen (off), to obscure; [– difficulté, intentions, sentiments] to hide, to conceal, to disguise; [– saveur, goût] to mask, to disguise, to hide; **le mur masque la vue** the wall blocks out ou masks the view; **la cuisine est masquée par** ou **avec un paravent** the kitchen is hidden behind a partition ou is partitioned off. **-2.** [déguiser – enfant] to put a mask on.
◆ **se masquer** ◇ *vp (emploi réfléchi)* [se déguiser] to put a mask on, to put on a mask. ◇ *vpt* [ignorer]: **se** ~ **qqch** to ignore sthg; **ne nous masquons pas les difficultés** let us not blind ourselves to ou ignore the difficulties.

**massacrant, e** [masakrɑ̃, ɑ̃t] *adj fam*: **être d'une humeur** ~**e** to be in a foul ou vile mood.

**massacre** [masakr] *nm* **-1.** [tuerie] massacre, slaughter; **envoyer des troupes au** ~ to send troops to the slaughter. *fam* [d'un adversaire] massacre, slaughter; **5 à 0, c'est un** ~! **5** nil, it's a massacre!; **il a fait un** ~ **dans le tournoi** he massacred ou slaughtered ou made mincemeat of all his opponents in the tournament. **-3.** *fam* [travail mal fait]: **c'est du** ou **un** ~ [gâchis] it's a mess; [bâclage] it's a botch-up ou botch *Am*; **quel** ~, **son «Phèdre»!** she's managed to murder 'Phèdre'; **regarde comment il m'a coupé les cheveux, c'est un vrai** ~! look at the mess he's made of my hair!; **attention en découpant le gâteau, quel** ~! watch how you cut the cake, you're making a pig's ear ou a real mess of it!-**4.** *fam* [succès]: **faire un** ~ to be a runaway success, to be a smash (hit); **elle fait actuellement un** ~ **sur la scène de la Lanterne** she's currently bringing the house down at the Lantern theatre. **-5.** CHASSE [trophée] stag's antlers ou attire. **-6.** HÉRALD harts attired ou cabochéd.

**massacrer** [3] [masakre] *vt* **-1.** [tuer – animal, personne] to slaughter, to massacre, to butcher. **-2.** *fam* [vaincre facilement – adversaire] to make mincemeat of, to massacre, to slaughter. **-3.** *fam* [critiquer] to slate *Br*, to pan; **la pièce s'est fait** ~ the play got slated *Br* ou torn to pieces. **-4.** *fam* [gâcher – concerto, pièce de théâtre] to murder, to make a mess of; [– langue] to murder; [bâcler – travail] to make a mess ou hash of, to botch (up) *(sép)*, to make a pig's ear (out) of.

**massage** [masaʒ] *nm* massage; **faire un** ~ **à qqn** to give sb a massage; ~ **cardiaque** cardiac ou heart massage.

**masse** [mas] *nf* **-1.** [bloc informe] mass; ~ **de nuages** bank of clouds; ~ **d'air** MÉTÉO mass of air; **sculpté dans la** ~ carved from the block; **s'abattre** ou **s'écrouler** ou **s'affaisser comme une** ~ to collapse ou to slump heavily. **-2.** *fam* [grande quantité]: **une** ~ **de** [objets] heaps ou masses of; [gens] crowds ou masses of ❑ **pas des** ~**s** *fam* not that much, not that many; **des amis, il n'en a pas des** ~**s** he hasn't got that many friends; **vous vous êtes bien amusés?** — **pas des** ~**s!** did you have fun? — not that much!-**3.** COMM [grosse quantité] stock; [douze grosses] great gross. **-4.** [groupe social]: **la** ~ the masses; **communication/culture de** ~ mass communication/culture; **les** ~**s (populaires)** the mass (of ordinary people); **les** ~**s laborieuses** the toiling masses. **-5.** [ensemble] body, bulk; [majorité] majority. **-6.** ÉCON & FIN: **la** ~ **des créanciers/obligataires** the body of creditors/bondholders ❑ ~ **active** assets; ~ **critique** critical mass; ~ **monétaire** money supply; ~ **passive** liabilities; ~ **salariale** wage bill. **-7.** MIL [allocation] fund. **-8.** ÉLECTR earth *Br*, ground *Am*; **mettre à la** ~ to earth *Br*, to ground *Am*. **-9.** CHIM & PHYS mass; ~ **atomique/moléculaire** atomic/molecular mass; ~ **volumique** relative density. **-10.** JEUX stake. **-11.** [outil] sledgehammer, beetle. **-12.** ARM: ~ **d'armes** mace. **-13.** [de billard] butt (of cue).
◆ **à la masse** *loc adj* crazy.
◆ **en masse** ◇ *loc adj* [licenciements, production] mass *(modif)*. ◇ *loc adv* **-1.** [en grande quantité]: **produire** ou **fabriquer en** ~ to mass-produce; **la population a approuvé en** ~ **le projet de réforme** the reform bill gained massive support; **se déplacer en** ~ to go in a body ou en masse. **-2.** COMM [en bloc] in bulk.

**massepain** [maspɛ̃] *nm* marzipan.

**masser** [3] [mase] *vt* **-1.** [membre, muscle] to massage; ~ **qqn** to massage sb, to give sb a massage; **se faire** ~ to be massaged, to have a massage; **masse-moi le bras** rub ou massage my arm. **-2.** [réunir – enfants] to gather ou to bring

together; [– soldats] to mass; [– livres, pièces] to put together. **-3.** BX-ARTS to group, to arrange into groups. **-4.** JEUX: ~ une bille to play a massé shot.
◆ **se masser** ◊ *vpt:* se ~ le genou/le bras to massage one's knee/one's arm; elle se masse les tempes quand elle a mal à la tête she rubs her temples when she has a headache. ◊ *vpi* to gather, to assemble, to mass.

**masseur, euse** [mascœr, øz] *nm, f* masseur (*f* masseuse).

**masseur-kinésithérapeute** [masœrkineziterapøt], **masseuse-kinésithérapeute** [masøzkineziterapøt] (*mpl* **masseurs-kinésithérapeutes**, *fpl* **masseuses-kinésithérapeutes**) *nm, f* physiotherapist *Br*, physical therapist *Am*.

**massicot** [masiko] *nm* **-1.** [d'imprimeur] guillotine; [pour papier peint] trimmer. **-2.** CHIM massicot.

**massicoter** [3] [masikɔte] *vt* [papier] to guillotine; [papier peint] to trim.

**massif, ive** [masif, iv] *adj* **-1.** JOAILL & MENUIS solid; argent ~ solid silver; armoire en acajou ~ solid mahogany wardrobe. **-2.** [épais] massive, heavy-looking, bulky; une bâtisse au fronton ~ a building with a massive pediment; sa silhouette massive his huge frame. **-3.** [en grand nombre] mass *(modif)*, massive; des migrations massives vers le Nouveau Monde mass migrations to the New World ‖ [en grande quantité] massive, huge; un apport ~ d'argent liquide a massive cash injection; une réponse massive de nos lecteurs an overwhelming response from our readers.
◆ **massif** *nm* **-1.** GÉOG & GÉOL mountainous mass, massif; ~ ancien primary ou Caledonian massif; le ~ du Hoggar the Hoggar Mountains. **-2.** HORT: ~ (de fleurs) flowerbed; un ~ de roses a rosebed, a bed of roses; ~ d'arbustes clump of bushes; les rhododendrons font de jolis ~s rhododendrons look nice planted together in groups. **-3.** CONSTR underpin, foundation. **-4.** [panneaux publicitaires] composite site.

**massification** [masifikasjɔ̃] *nf* **-1.** [uniformisation] uniformization, standardization. **-2.** [médiatisation] mass dissemination.

**massique** [masik] *adj* PHYS mass *(modif)*.

**massive** [masiv] *f→* **massif**.

**massivement** [masivmɑ̃] *adv* [en grand nombre] massively, en masse; ils ont voté ~ pour le nouveau candidat they voted overwhelmingly for the new candidate; les Français ont voté ~ the French turned out in large numbers to vote.

**massivité** [masivite] *nf* massiveness.

**mass media** [masmedja] *nmpl* mass media.

**massue** [masy] *nf* **-1.** [gourdin] club, bludgeon; coup de ~ [événement imprévu] staggering blow, bolt from the blue; [prix excessif] rip-off. **-2.** *(comme adj):* un argument ~ a sledgehammer argument.

**mastectomie** [mastɛktɔmi] = **mammectomie**.

**mastic** [mastik] ◊ *adj inv* putty, mastic, putty-coloured. ◊ *nm* **-1.** BOT mastic. **-2.** CONSTR mastic; [pour vitrier] putty; [pour menuisier] filler. **-3.** IMPR transposition. **-4.** [d'arboriculteur]: ~ à greffer grafting wax.

**masticage** [mastikaʒ] *nm* CONSTR [d'une vitre] puttying; [d'une cavité] filling, stopping.

**masticateur, trice** [mastikatœr, tris] *adj* masticatory.

**mastication** [mastikasjɔ̃] *nf* [d'aliments] chewing, mastication *spéc.*

**masticatoire** [mastikatwar] *adj & nm* masticatory.

**mastiff** [mastif] *nm* (bull) mastiff.

**mastiquer** [3] [mastike] *vt* **-1.** [pain, viande] to chew, to masticate *spéc.* **-2.** [joindre – lézarde] to fill (in), to stop (up); [– vitre] to putty. **-3.** DENT to fill.

**mastite** [mastit] *nf* mastitis.

**mastoc** [mastɔk] *adj inv fam* [personne] hefty; [objet] bulky.

**mastodonte** [mastɔdɔ̃t] *nm* **-1.** ZOOL mastodon. **-2.** [personne] colossus, enormous man (*f* woman); c'est un ~ he's built like a house. **-3.** [camion] juggernaut *Br*, tractor-trailer *Am*.

**masturbation** [mastyrbasjɔ̃] *nf* masturbation.

**masturber** [3] [mastyrbe] *vt* to masturbate.
◆ **se masturber** ◊ *vp (emploi réfléchi)* to masturbate. ◊ *vp (emploi réciproque)* to masturbate each other.

**m'as-tu-vu** [matyvy] ◊ *adj inv* showy, flashy. ◊ *nmf inv* show-off; faire le ou son ~ to show off.

**masure** [mazyr] *nf* shack, hovel.

**mat, e** [mat] *adj* **-1.** [couleur] dull, matt; [surface] unpolished; [peinture] matt; PHOT matt. **-2.** [teint] olive. **-3.** [son]: un son ~ a thud, a dull sound.
◆ **mat** ◊ *adj inv* checkmated, mated; il m'a fait ~ en trois coups he checkmated me in three moves; tu es ~ (you're) checkmate. ◊ *nm* **-1.** JEUX checkmate, mate. **-2.** TEXT mat.

**mât** [ma] *nm* **-1.** [poteau] pole, post; [en camping] pole; ~ de cocagne greasy pole. **-2.** [hampe] flagpole. **-3.** TECH: ~ de charge cargo beam, derrick; ~ de levage lift mast; ~ de forage PÉTR drilling mast. **-4.** NAUT mast; ~ d'artimon mizzen, mizzenmast; ~ de beaupré bowsprit; ~ de hune topmast; ~ de misaine foremast; grand ~ main mast. **-5.** RAIL: ~ (de signal) signal post.

**matador** [matadɔr] *nm* matador.

**matamore** [matamɔr] *nm sout* braggart; il joue les ~s he's nothing but a braggart.

**match** [matʃ] (*pl* **matchs** ou **matches**) *nm* match, game *Am*; ~ de tennis tennis match, game of tennis; ~ aller/retour first/second leg (match); faire ~ nul to draw, to tie *Am*.

**matelas** [matla] *nm* **-1.** [d'un lit] mattress; ~ à ressorts/laine spring/wool mattress; ~ de mousse foam-rubber mattress ❑ ~ pneumatique air mattress. **-2.** [couche – de feuilles mortes, de neige] layer, carpet; un ~ de billets de banque *fam* [liasse] a wad ou roll of bank-notes; [fortune] a pile (of money). **-3.** CONSTR: ~ d'air air space.

**matelassé, e** [matlase] *adj* **-1.** [fauteuil] padded. **-2.** COUT lined. **-3.** TEXT matelassé.

**matelasser** [3] [matlase] *vt* **-1.** [fauteuil] to pad. **-2.** [veste] to line; [tissu] to quilt.

**matelassure** [matlasyr] *nf* padding, mattress filling.

**matelot** [matlo] *nm* **-1.** [de la marine – marchande] sailor, seaman; [– militaire] sailor; ~ de pont deck hand. **-2.** [bâtiment] ship, vessel.

**matelotage** [matlɔtaʒ] *nm* **-1.** [solde] sailor's pay. **-2.** [travaux, connaissances] seamanship.

**matelote** [matlɔt] *nf* **-1.** CULIN matelote, fish stew *(with wine, onion and mushroom sauce)*; ~ d'anguilles stewed eels *(in red wine sauce)*. **-2.** [danse] (sailor's) hornpipe.

**mater** [3] [mate] *vt* **-1.** ÉCHECS to mate, to checkmate. **-2.** [dompter – personne, peuple] to bring to heel; [– révolte] to quell, to curb, to put down *(insép)*; ~ l'orgueil de qqn to humble sb, to crush sb's pride; petit morveux, je vais te ~, moi! *fam* you little swine, I'll show you who's boss!-**3.** ∨ [vérifier] to check (out) *(sép)*; mate un peu si le prof arrive keep your eyes peeled, see if the teacher's coming ‖ [avec convoitise] to ogle; t'as fini de le ~? have you quite finished (staring at him)?-**4.** [dépolir] to matt. **-5.** MÉTALL to caulk.

**mâter** [3] [mate] *vt* to mast NAUT.

**matérialisation** [materjalizasjɔ̃] *nf* **-1.** [réalisation] materialization; c'est la ~ de tous mes rêves it's a dream come true for me. **-2.** PHYS: ~ de l'énergie mass-energy conversion. **-3.** [dans le spiritisme] materialization.

**matérialiser** [3] [materjalize] *vt* **-1.** [concrétiser] to materialize; ~ un projet to carry out ou to execute a plan. **-2.** [indiquer] to mark out *(sép)*, to indicate; 'voie non matérialisée pendant 1 km' 'no markings ou roadmarkings for 1 km'. **-3.** [symboliser] to symbolize, to embody.
◆ **se matérialiser** *vpi* to materialize.

**matérialisme** [materjalism] *nm* materialism; ~ dialectique/historique dialectical/historical materialism.

**matérialiste** [materjalist] ◊ *adj* **-1.** PHILOS materialist. **-2.** [esprit, civilisation] materialistic. ◊ *nmf* materialist.

**matériau, x** [materjo] *nm* [substance] material.
◆ **matériaux** *nmpl* **-1.** CONSTR material, materials. **-2.** [éléments] components, elements; rassembler des ~x pour une enquête to collect (some) material for a survey.

**matériel, elle** [materjɛl] *adj* **-1.** [réel – preuve] material; je n'ai pas le temps ~ de faire l'aller et retour I simply don't have the time to go there and back; il n'a pas le pouvoir ~ de le faire he doesn't have the means to do it. **-2.** [pécuniaire, pratique – difficulté, aide etc] material; sur le plan ~, il n'a pas à se plaindre from a material point of view, he has no grounds for complaint. **-3.** [physique] material; pour mon confort ~ for my material well-being. **-4.** [matérialiste – esprit, civilisation] material. **-5.** PHILOS [être, univers] physical, material. **-6.** MATH & MÉCAN [point] material, physical.

◆ **matériel** *nm* **-1.** [équipement, machines] equipment; ~ agricole/industriel agricultural/industrial equipment; ~ de bureau office equipment; ~ de camping camping equipment ou gear; ~ lourd heavy equipment; ~ de pêche fishing tackle ou gear; ~ pédagogique teaching materials; ~ roulant RAIL rolling stock; ~ scolaire [papeterie] school materials; [de laboratoire] school equipment. **-2.** MIL: ~ de guerre materiel. **-3.** ÉCON: le ~ humain the workforce, human material. **-4.** BIOL & PSYCH material. **-5.** INF hardware. **-6.** BX-ARTS material.

◆ **matérielle** *nf fam* & *hum* wherewithal, (daily) sustenance; assurer la ~ le to make a living.

**matériellement** [materjɛlmɑ̃] *adv* **-1.** [concrètement] materially; une tâche ~ impossible à effectuer a physically impossible task. **-2.** [financièrement] materially, financially; des familles ~ défavorisées families with financial difficulties.

**maternage** [matɛrnaʒ] *nm* mothering.

**maternel, elle** [matɛrnɛl] *adj* **-1.** [propre à la mère – autorité, instinct, soins etc] maternal, motherly; il craignait la colère ~le he feared his mother's anger. **-2.** [qui vient de la mère] maternal; du côté ~ on the mother's ou maternal side.

◆ **maternelle** *nf* nursery school, infant school *Br*, kindergarten.

**maternellement** [matɛrnɛlmɑ̃] *adv* maternally; elle s'occupait de lui ~ she cared for him like a mother ou in a motherly fashion.

**materner** [3] [matɛrne] *vt* to mother; tu ne vas pas ~ ton fils jusqu'à 30 ans, non? you're not going to mollycoddle ou baby your son until he's 30, are you?

**materniser** [3] [matɛrnize] *vt* to make suitable for infants.

**maternité** [matɛrnite] *nf* **-1.** [clinique] maternity hospital ou home; [service] maternity ward. **-2.** [fait d'être mère] motherhood; ça te va bien, la ~! being a mother suits you! ‖ [grossesse]: des ~s successives successive pregnancies. **-3.** JUR maternity; action en recherche de ~ naturelle maternity suit. **-4.** BX-ARTS mother and child.

**math** [mat] *nf* = **maths**.

**mathématicien, enne** [matematisjɛ̃, ɛn] *nm, f* mathematician.

**mathématique** [matematik] ◇ *adj* **-1.** MATH mathematical. **-2.** [précis, exact] mathematical. **-3.** [inévitable] inevitable; elle était sûre de perdre, c'était ~ she was sure to lose, it was a cert *Br* ou a surefire thing *Am*. ◇ *nf* mathematics *(U)*.

**mathématiquement** [matematikmɑ̃] *adv* **-1.** MATH mathematically. **-2.** [objectivement] mathematically, absolutely; c'est ~ impossible it's mathematically ou utterly impossible. **-3.** [inévitablement] inevitably; ~, il devait perdre he was bound to lose.

**mathématiques** [matematik] *nfpl* mathematics *(sg)*; ~ appliquées/pures applied/pure mathematics; Mathématiques supérieures *first year of a two-year science course preparing for entrance to the Grandes Écoles.*

**matheux, euse** [matø, øz] *nm, f fam* **-1.** [gén]: c'est un ~ he's a wizard at maths *Br* ou math *Am*. **-2.** [étudiant] maths *Br* ou math *Am* student.

**maths** [mat] *nfpl* maths *Br*, math *Am*; fort en ~ good at maths *Br* ou math *Am* ❑ ~ sup/spé *first/second year of a two-year science course preparing for entrance to the Grandes Écoles.*

**mathusalem** [matyzalɛm] *nm* Methuselah œNOL.

**Mathusalem** [matyzalɛm] *npr* Methuselah; ça date de ~ it's out of the ark; vieux comme ~ as old as Methuselah.

**matière** [matjɛr] *nf* **-1.** [substance] matter, material; IMPR matter; c'est en quelle ~? what's it made of? ❑ ~ fissile/nucléaire NUCL fissile/nuclear material; ~s (fécales) faeces; ~ plastique, ~s plastiques plastic, plastics; ~ première, ~s premières raw material ou materials; ~ synthétique synthetic material. **-2.** BIOL & CHIM: ~ organique/inorganique organic/inorganic matter; la ~ PHILOS & PHYS matter; ~ inanimée/vivante inanimate/living matter ❑ ~ grasse, ~s grasses fat; 60 % de ~s grasses 60% fat content. **-3.** [contenu – d'un discours, d'un ouvrage] material, subject matter; je n'avais pas assez de ~ pour en faire un

livre I didn't have enough material to write a book; entrer en ~ to tackle a subject; une entrée en ~ an introduction, a lead-in. **-4.** [motif, prétexte] matter; il n'y a pas là ~ à rire ou plaisanter this is no laughing matter; il y a ~ à discussion there are a lot of things to be said about that; y a-t-il là ~ à dispute/procès? is this business worth fighting over/going to court for?; ~ d'une accusation JUR gravamen *spéc*, substance of a charge. **-5.** [domaine] matter, subject; SCOL subject; je suis incompétent en la ~ I'm ignorant on the subject; il est mauvais/bon juge en la ~ he's a bad/good judge of this subject; en ~ philosophique/historique in the matter of philosophy/history, as regards philosophy/ history; le latin est ma ~ préférée Latin is my favourite subject; les ~s à l'écrit/à l'oral the subjects for the written/oral examination. **-6.** BX-ARTS medium.

◆ **en matière de** *loc prép* as regards; en ~ de cuisine as far as cooking is concerned, as regards cooking.

◆ **matière grise** *nf fam* grey matter; fais travailler ta ~ grise! use your brains ou head!; elle a de la ~ grise she's brainy.

**MATIF, Matif** [matif] *npr m* **-1.** (*abr de* **Marché à terme international de France**) *body regulating activities on the French stock exchange*, ≃ LIFFE *Br*. **-2.** (*abr de* **marché à terme des instruments financiers**) financial futures market.

**Matignon** [matiɲɔ̃] *npr*: (l'hôtel) ~ *building in Paris which houses the offices of the Prime Minister.*

**matin** [matɛ̃] ◇ *nm* **-1.** [lever du jour] morning; de bon ou grand ~ in the early morning, early in the morning; partir au petit ~ to leave early in the morning; rentrer au petit ~ to come home in the early ou small hours; du ~ au soir all day long, from morning till night; l'étoile/la rosée du ~ the morning star/dew. **-2.** [matinée] morning; par un ~ d'été/ de juillet one summer/July morning; un beau ~ one fine day, one of these (fine) days; le ~ du 8, le 8 au ~ on the morning of the 8th; il est 3 h du ~ it's 3 a.m. ou 3 (o'clock) in the morning; je suis du ~ [actif le matin] I'm an early riser; [de service le matin] I'm on ou I do the morning shift, I'm on mornings; à prendre ~, midi et soir to be taken three times a day. **-3.** *litt*: au ~ de sa vie in the morning of her life. ◇ *adv* **-1.** *litt* [de bonne heure] early in the morning, in the early hours (of the morning). **-2.** [durant la matinée]: demain/hier ~ tomorrow/yesterday morning; tous les dimanches ~ every Sunday morning.

**mâtin, e** [matɛ̃, in] *nm, f fam* & *vieilli* imp, monkey *hum*.

◆ **mâtin** *nm* mastiff, guard dog. ◇ *interj fam* & *vieilli* by Jove, great Scott.

**matinal, e, aux** [matinal, o] *adj* **-1.** [du matin] morning *(modif)*; promenade/brise ~e morning walk/breeze ‖ [du petit matin]: heure ~e early hour. **-2.** [personne]: je suis assez ~ I'm quite an early riser; vous êtes bien ~ aujourd'hui you're up early today.

**mâtiné, e** [matine] *adj* crossbred.

**matinée** [matine] *nf* **-1.** [matin] morning; je vous verrai demain dans la ~ I'll see you sometime tomorrow morning; en début/fin de ~ at the beginning/end of the morning. **-2.** THÉÂT matinee; y a-t-il une séance en ~? is there an afternoon ou matinee performance?

**mâtiner** [3] [matine] *vt* to cross; un français mâtiné d'italien *fig* French peppered with Italian words.

**matines** [matin] *nfpl* matins, mattins.

**matir** [32] [matir] *vt* to matt, to dull.

**matois, e** [matwa, az] ◇ *adj litt* sly, cunning, wily. ◇ *nm, f* cunning person.

**maton, onne**▽ [matɔ̃, ɔn] *nm, f arg crime* (prison) screw.

**matos** [matos] *nm fam* gear.

**matou** [matu] *nm fam* tom, tomcat.

**matraquage** [matrakaʒ] *nm* **-1.** [dans une bagarre] coshing *Br*, bludgeoning, clubbing; [dans une manifestation] truncheoning *Br*, clubbing *Am*. **-2.** *fam* [propagande]: ~ publicitaire plugging; tu as vu le ~ qu'ils font pour le bouquin/le concert? have you seen all the hype about the book/the concert?

**matraque** [matrak] *nf* **-1.** [de police] truncheon *Br*, billy club *Am*, night stick *Am*; il a reçu un coup de ~ he was hit with a truncheon *Br* ou billy club *Am*; 500 F, c'est le coup de ~! *fam* & *fig* 500 F, that's a bit steep! **-2.** [de voyou] cosh *Br*, bludgeon, club; **tué à coups de** ~ bludgeoned ou clubbed ou coshed *Br* to death.

**matraquer** [3] [matrake] *vt* **-1.** [frapper – suj: malfaiteur] to cosh *Br*, to bludgeon, to club; [– suj: agent de police] to truncheon *Br*, to club *Am*; **on se fait** ~ **dans ce restaurant!** *fam & fig* they really soak you in this restaurant!**-2.** *fam* [auditeur, consommateur] to bombard; [disque, chanson] to plug, to hype.

**matraqueur, euse** [matrakœr, øz] *nm, f* [agresseur] mugger.

**matriarcal, e, aux** [matrijarkal, o] *adj* matriarchal.

**matriarcat** [matrijarka] *nm* matriarchy.

**matrice** [matris] *nf* **-1.** [moule – gén] mould, die, matrix *spéc*; [– d'une caractère d'imprimerie] mat, matrix; ~ **d'un disque/ d'une bande** matrix record/tape; **coulé en** ~ die-cast. **-2.** INF (core) matrix. **-3.** MATH matrix. **-4.** ADMIN: ~ **du rôle des contributions** assessment roll; ~ **cadastrale** cadastre. **-5.** *vieilli* [utérus] womb.

**matricide** [matrisid] ◇ *nmf* [personne] matricide. ◇ *nm litt* [crime] matricide.

**matriciel, elle** [matrisjɛl] *adj* **-1.** ADMIN tax-assessment *(modif)*. **-2.** MATH: **calcul** ~ matrix calculation; **algèbre** ~ **le** matrix algebra. **-3.** INF [écran] dot matrix *(modif)*; [imprimante] matrix *(modif)*.

**matricule** [matrikyl] ◇ *adj* reference *(modif)*. ◇ *nm* **-1.** ADMIN reference number. **-2.** MIL roll number; **sois là à l'heure ou gare à ton** ~**!** *fam* be there on time or you'll be in for it! ◇ *nf* ADMIN register.

**matrilinéaire** [matrilineɛr] *adj* matrilinear.

**matrimonial, e, aux** [matrimɔnjal, o] *adj* matrimonial.

**matrone** [matrɔn] *nf* **-1.** [femme – respectable] staid ou upright woman, matron; [– corpulente] stout ou portly woman. **-2.** ANTIQ matron.

**matronyme** [matrɔnim] *nm* matronymic.

**Matthieu** [matjø] *npr*: **saint** ~ Saint Matthew.

**maturation** [matyrasjɔ̃] *nf* **-1.** BOT maturation. **-2.** [du fromage] ripening, maturing. **-3.** MÉD maturation. **-4.** MÉTALL age-hardening. **-5.** AGR maturation, ripening.

**mature** [matyr] *adj* **-1.** ZOOL ripe. **-2.** [développé] mature.

**mâture** [matyr] *nf* NAUT [mâts] masts; **dans la** ~ aloft; **pièces de** ~ timber for masts ‖ [atelier] mast house.

**maturité** [matyrite] *nf* **-1.** [d'un fruit] ripeness; [de la pensée, d'un style] maturity; **venir** ou **parvenir à** ~ *pr* to become ripe, to ripen; *fig* to become mature, to reach maturity; **attendons qu'elle ait une plus grande** ~ **d'esprit** ou **de jugement** let's wait until they're more intellectually mature. **-2.** [âge] prime (of life); **l'artiste fut frappée en pleine** ~ the artist was struck down at the height of her powers ou of her creative genius.

**maudire** [104] [modir] *vt* **-1.** RELIG to damn. **-2.** [vouer à la calamité] to curse; ~ **le destin** to curse fate; **maudit soit, maudite soit** a curse ou plague on.

**maudit, e** [modi, it] *adj* **-1.** [mal considéré] accursed; **c'est un livre** ~ the book has been censured; **poète** ~ damned ou cursed poet. **-2.** *fam (avant le nom)* [dans des exclamations] cursed, blasted, damned.

◆ **maudit** *nm* RELIG: **le Maudit** Satan, the Fallen One; **les** ~**s** the Damned.

**maugréer** [15] [mogree] *vi* to grumble; ~ **contre qqch** to grumble about sthg.

**maure** [mɔr] *adj* Moorish.

◆ **Maure** *nm* Moor; **les Maures** the Moors.

**mauresque** [mɔrɛsk] *adj* Moorish.

◆ **mauresque** *nf* [motif] moresque, Moresque.

◆ **Mauresque** *nf* Moorish woman.

**Maurice** [moris] *npr*: **l'île** ~ Mauritius.

**mauricien, enne** [morisjɛ̃, ɛn] *adj* Mauritian.

◆ **Mauricien, enne** *nm, f* Mauritian.

**Mauritanie** [moritani] *nprf*: **(la)** ~ Mauritania.

**mauritanien, enne** [moritanjɛ̃, ɛn] *adj* Mauritanian.

◆ **Mauritanien, enne** *nm, f* Mauritanian.

**mausolée** [mozɔle] *nm* mausoleum.

**maussade** [mosad] *adj* **-1.** [de mauvaise humeur] glum, sullen; **elle l'accueillit d'un air** ~ she greeted him sullenly. **-2.** [triste – temps] gloomy, dismal.

**maussaderie** [mosadri] *nf sout* moroseness, glumness.

**mauvais, e** [movɛ, *devant nm commençant par voyelle ou h muet* movɛz, ɛz] ◇ *adj* **A.** EN QUALITÉ **-1.** [médiocre] bad, poor; **son deuxième roman est plus/moins** ~ **que le premier** her second novel is worse than her first/is not as bad as her first; **en** ~ **état** in bad ou poor condition; **un produit de** ~ **e qualité** a poor quality product; **la route est** ~**e** the road is bad ou in a bad state; **j'ai une** ~**e vue** ou **de** ~ **yeux** I've got bad eyesight; **après l'entracte, la pièce devient franchement** ~**e** after the interval, the play gets really bad; **de** ~ **résultats** [dans une entreprise] poor results; [à un examen] bad ou poor ou low grades; **de** ~ **goût: c'est de** ~ **goût** it's in bad taste; **il porte toujours des cravates de** ~ **goût** he always wears such tasteless ties; **avoir** ~ **goût: elle a très** ~ **goût** she has very bad ou poor taste. **-2.** [défectueux] bad, wrong, faulty; **la ligne est** ~**e** [téléphone] the line is bad; **la balle est** ~**e** SPORT the ball is out; **le service est** ~ SPORT it's a bad ou faulty serve. **-3.** [incompétent] bad, poor; **il a été** ~ **à la télévision hier** he was bad on TV yesterday; **je suis** ~**e en économie** I'm bad ou poor at economics.
**B.** DÉSAGRÉABLE **-1.** [odeur, goût] bad, unpleasant, nasty; **prends ton sirop** — **c'est** ~**!** take your cough mixture — it's nasty!; **je n'irai plus dans ce restaurant, c'était trop** ~ I won't go to that restaurant again, it was too awful; **il n'est pas si** ~ **que ça, ton café** your coffee isn't that bad; **le poisson a une** ~**e odeur** the fish smells bad; **elle a** ~**e haleine** she has bad breath; ~ **goût** [de la nourriture, d'un médicament] bad ou nasty ou unpleasant taste; **jette ça, c'est** ~ [pourri] throw that away, it's gone bad; **enlève ce qui est** ~ [dans un fruit] take off the bad bits ‖ [éprouvant] bad; **passer un** ~ **hiver** to have a bad winter; **le** ~ **temps** bad weather ❑ **la trouver** ou **l'avoir** ~**e** *fam* to be furious ou livid ou wild; **tirer qqn d'un** ~ **pas** to get sb out of a fix. **-2.** [défavorable] bad; ~**e nouvelle**, **elle ne vient plus** bad news, she's not coming anymore; **tu as fait une** ~**e affaire** you've got a bad deal (there).
**C.** NON CONFORME **-1.** [erroné, inapproprié] wrong; **prendre qqch dans le** ~ **sens** to take sthg the wrong way; **faire un** ~ **calcul** *fig* to miscalculate. **-2.** [inopportun] bad, inconvenient, wrong; **j'ai téléphoné à un** ~ **moment** I called at a bad ou an inconvenient time; **tu as choisi le** ~ **jour pour me parler d'argent** you've picked the wrong day to talk to me about money; **il ne serait pas** ~ **de la prévenir** it wouldn't be a bad idea to warn her.
**D.** NÉFASTE **-1.** [dangereux] bad, nasty; **un** ~ **rhume** a bad ou nasty cold; **c'est** ~ **pour les poumons/plantes** it's bad for your lungs/for the plants; **ne bois pas l'eau, elle est** ~ don't drink the water, it's unsafe ou not safe; **je trouve** ~ **que les enfants regardent trop la télévision** I think it's bad ou harmful for children to watch too much television. **-2.** [malveillant] nasty, unpleasant; **un rire/sourire** ~ a nasty laugh/smile; ~ **coup** [de poing] nasty blow ou punch; [de pied] nasty kick; **faire un** ~ **coup** to get up to no good; **faire un** ~ **coup à qqn** to play a dirty trick on sb; **avoir l'air** ~ to look nasty; **en fait, ce n'est pas un** ~ **homme/une** ~**e femme** he/she means no harm (, really). **-3.** [immoral] bad; **avoir de** ~ **instincts** to have bad ou base instincts. **-4.** [funeste] bad; **c'est (un)** ~ **signe** it's a bad sign; ~ **présage** bad ou ill omen.
◇ *nm, f* [personne méchante] bad person; **oh, le** ~**/la** ~**e!** [à un enfant] you naughty boy/girl!

◆ **mauvais** ◇ *adv* **-1.** MÉTÉO: **faire** ~: **il fait** ~ the weather's bad ou nasty. **-2.** *(suivi d'un inf)*: **il fait** ~ **être/avoir...** it's not a good idea to be/to have...; **à cette époque-là, il faisait** ~ **être juif** it was hard to be Jewish in those days. ◇ *nm* [ce qui est critiquable]: **le** ~: **il n'y a pas que du** ~ **dans ce qu'il a fait** what he did wasn't all bad; **il y a du bon et du** ~ **dans leur proposition** there are some good points and some bad points in their proposal.

**mauve** [mov] ◇ *adj & nm* mauve. ◇ *nf* BOT mallow.

**mauviette** [movjɛt] *nf* **-1.** *fam* [gringalet] weakling; [lâche] sissy, softy. **-2.** ZOOL lark.

**maux** [mo] *pl*→ **mal.**

**max** [maks] ◇ *(abr de* **maximum**) *nm*▽ **-1.** [peine] maximum sentence; **il a écopé du** ~ he copped the full whack *Br*, he got the maximum sentence ou rap *Am*.**-2.** *loc*: **un** ~ [beaucoup] lots; **ça va te coûter un** ~ it's going to cost you a bomb *Br* ou a packet; **il débloque un** ~ he's totally off his rocker; **un** ~ **de fric** loads of money. ◇ *(abr écrite de* **maximum**) max.

**maxi** [maksi] ◇ *adj inv* **-1.** [long] maxi; **un manteau ~** a maxicoat. **-2.** *fam* [maximum]: **vitesse ~** top ou full speed. ◇ *nm* COUT maxi; **le ~ revient à la mode** maxis are back in fashion. ◇ *adv fam* [au maximum]: **7 degrés/deux heures ~** 7 degrees/two hours at the most.

**maxillaire** [maksilɛr] ◇ *adj* maxillary. ◇ *nm* jaw, jawbone, maxilla *spéc*; **les ~s** the maxillae ❑ **~ supérieur/inférieur** upper/lower jaw.

**maxima** [maksima] *pl→* **maximum**.

**maximal, e, aux** [maksimal, o] *adj* **-1.** [le plus grand] maximal, maximum *(modif)*; **pour un confort ~** for maximum comfort; **à la vitesse ~e** at top speed; **température ~e** highest ou maximum temperature. **-2.** MATH maximal.

**maximalisation** [maksimalizasjɔ̃] *nf* maximation, maximization.

**maximaliser** [3] [maksimalize] *vt* to maximize.

**maximaliste** [maksimalist] *adj* & *nmf* maximalist.

**maxime** [maksim] *nf* maxim.

**Maximilien** [maksimiljɛ̃] *npr* Maximilian.

**maximiser** [maksimize] = **maximaliser**.

**maximum** [maksimɔm] *(pl* **maximums** ou **maxima** [-ma]) ◇ *adj* maximum; **pressions maxima** maximum pressures; **vitesse ~** maximum ou top speed; ◇ *nm* **-1.** [le plus haut degré] maximum; **le ~ saisonnier** the maximum temperature for the season; **en rentrant, on a mis le chauffage au ~** when we got home, we turned the heating on full; **le thermostat est réglé sur le ~** the thermostat is on the highest setting; **nous ferons le ~ le premier jour** we'll do as much as we can on the first day. **-2.** *fam* [en intensif]: **un ~ de** an enormous amount of; **il y a eu un ~ de visiteurs le premier jour** we had an enormous number of visitors the first day; **pour ça il faut un ~ d'organisation** that sort of thing needs a huge amount of ou needs loads of organization; **on s'est amusés un ~** we had a really great time; **on en fera un ~ le premier jour** we'll do as much work as we can on the first day. **-3.** [peine]: **il a eu le ~** he got the maximum sentence. ◇ *adv* at the most ou maximum; **il fait 3°C ~** the temperature is 3°C at the most ou at the maximum.
◆ **au maximum** *loc adv* **-1.** [au plus] at the most ou maximum; **au grand ~** at the very most. **-2.** [le plus possible]: **un espace utilisé au ~** an area used to full advantage; **je nettoie au ~ mais c'est quand même sale** I do as much cleaning as possible but it's still dirty.

**maya** [maja] *adj* Maya, Mayan.
◆ **Maya** *nmf* Maya, Mayan; **les Mayas** the Maya ou Mayas.

**mayen** [majɛ̃] *nm Helv* Alpine pasture In the Valais region for spring and autumn grazing.

**mayonnaise** [majɔnɛz] *nf* CULIN mayonnaise; **œufs ~** eggs mayonnaise.

**Mayotte** [majɔt] *npr* Mayotte Island.

**mazagran** [mazagrɑ̃] *nm glazed earthenware cup for drinking coffee.*

**mazette** [mazɛt] *interj vieilli* & *hum* my (word).

**mazot** [mazo] *nm Helv* farm building.

**mazout** [mazut] *nm* (fuel) oil.

**mazouter** [3] [mazute] ◇ *vt* to pollute (with oil); **plages mazoutées** oil-polluted beaches, beaches polluted with oil; **oiseaux mazoutés** oil-stricken birds. ◇ *vi* to refuel.

**mazurka** [mazyrka] *nf* mazurka.

**me** [mə] *(devant voyelle ou h muet* **m'** [m]) *pron pers (1ᵉ pers sg)* **-1.** [avec un verbe pronominal]: **je me suis fait mal** I've hurt myself; **je me suis évanoui** I fainted; **je ne m'en souviens plus** I don't remember anymore; **je me disais que...** I thought to myself... **-2.** [complément]: **il me regarde sans me voir** he looks at me without seeing me, he looks right through me; **il me l'a donné** he gave it to me; **ton idée me plaît** I like your idea; **ton amitié m'est précieuse** your friendship is precious ou means a lot to me; **ça me soulève le cœur** it makes me sick; **il me court après depuis un certain temps** *fam* he's been chasing me for some time. **-3.** *fam* [emploi expressif]: **va me fermer cette porte** shut that door, will you?; **qu'est-ce qu'ils m'ont encore fait comme bêtises?** what kind of stupid tricks have they got up to now?

**Me** *(abr écrite de* **Maître**) *title for lawyers.*

**mea culpa** [meakylpa] ◇ *nm inv* **-1.** RELIG mea culpa. **-2.** *fig*: **ils ont fait leur ~** they acknowledged responsibility, they admitted it was their fault. ◇ *interj hum* my fault, mea culpa.

**méandre** [meɑ̃dr] *nm* ARCHIT & GÉOG meander; **le fleuve fait des ~s** the river meanders ou twists and turns; **l'affaire s'enlisait dans les ~s de la procédure** the case was getting bogged down in a morass ou maze of legalities; **les ~s de sa pensée** the twists and turns of his thoughts.

**méat** [mea] *nm* **-1.** ANAT meatus; **~ urinaire** urinary meatus. **-2.** BOT lacuna.

**mec**▽ [mɛk] *nm* **-1.** [homme] guy, bloke *Br*; **hé, les ~s!** hey, you guys!; **pauvre ~, va!** creep!; **écoute, petit ~!** look, (you little) punk!; **ça, c'est un vrai ~!** that's here a real man for you!**-2.** [petit ami]: **son ~** her bloke *Br* ou guy.

**mécanicien, enne** [mekanisjɛ̃, ɛn] *nm, f* **-1.** [monteur, réparateur] mechanic; NAUT engineer; **~ (de bord)** AÉRON (flight) engineer. **-2.** [physicien] mechanical engineer. **-3.** RAIL engine driver *Br*, engineer *Am*.
◆ **mécanicienne** *nf* COUT machinist.

**mécanicien-dentiste** [mekanisjɛ̃dɑ̃tist] *(pl* **mécaniciens-dentistes**) *nm* dental technician.

**mécanique** [mekanik] ◇ *adj* **-1.** SC [loi] mechanical. **-2.** [non manuel – tapis, tissage] machine-made; [– remblayage, abattage] mechanical, machine *(modif)*. **-3.** [non électrique, non électronique – commande] mechanical; [– jouet] clockwork; [montre] wind-up. **-4.** [du moteur] engine *(modif)*; **nous avons eu un incident ~ ou des ennuis ~s en venant** we had engine trouble on the way here. **-5.** [machinal] mechanical. ◇ *nf* **-1.** SC mechanics *(sg)*; INDUST & TECH mechanical engineering; **~ quantique/relativiste** quantum/relativistic mechanics; **~ ondulatoire** wave mechanics. **-2.** AUT car mechanics *(sg)*. **-3.** [machine] piece of machinery; [dispositif] mechanism; **marcher** ou **tourner comme une ~ bien huilée** to work like a well-oiled machine; **une belle ~** [moto, voiture] a fine piece of engineering.

**mécanisation** [mekanizasjɔ̃] *nf* mechanization.

**mécaniser** [3] [mekanize] *vt* to mechanize.

**mécanisme** [mekanism] *nm* **-1.** [processus] mechanism; [dispositif] mechanism, device; **le ~ de la violence** the mechanism of violence; **le ~ du corps humain** the human mechanism; **elle étudie le ~ ou les ~s de la finance** she's studying the workings of finance; **~s de défense** PSYCH defence mechanisms. **-2.** TECH [d'une serrure, d'une horloge] mechanism; [d'un fusil] mechanism, workings. **-3.** PHILOS mechanism.

**mécaniste** [mekanist] ◇ *adj* mechanistic PHILOS. ◇ *nmf* mechanist.

**mécano** [mekano] *nm fam* **-1.** AUT mechanic. **-2.** RAIL engine driver *Br*, engineer *Am*.

**mécanographe** [mekanɔgraf] *nmf* punch card (machine) operator.

**mécénat** [mesena] *nm* [par une personne] patronage, sponsorship; [par une société] sponsorship; **le ~ d'entreprise** corporate sponsorship.

**mécène** [mesɛn] *nm* [personne] patron, sponsor; [société] sponsor.

**méchamment** [meʃamɑ̃] *adv* **-1.** [avec cruauté] nastily, spitefully, wickedly. **-2.** *fam* [en intensif]: **il est rentré ~ bronzé** he came back with a wicked tan.

**méchanceté** [meʃɑ̃ste] *nf* **-1.** [volonté de nuire] spite, malice, nastiness; **par pure ~** out of sheer spite; **soit dit sans ~,** **elle n'est pas futée** without wishing to be unkind, she is not very bright. **-2.** [caractère méchant] maliciousness, nastiness, spitefulness; **la ~ se lit dans son regard** you can see the malice in his eyes. **-3.** [propos, acte]: **dire des ~s à qqn** to say nasty ou horrible things to sb; **faire des ~s à qqn** to be nasty ou horrible to sb.

**méchant, e** [meʃɑ̃, ɑ̃t] ◇ *adj* **-1.** [cruel – animal] nasty, vicious; [– personne] wicked; [haineux] nasty, spiteful, wicked; **il n'est pas ~** [pas malveillant] there's no harm in him, he's harmless; [pas dangereux] he won't do you any harm; **en fait, ce n'est pas une ~e femme** she means no harm ou she's not that bad, really. **-2.** [très désagréable] horrible, horrid, nasty; **ne sois pas si ~ avec moi** don't be so nasty ou horrible to me ‖ *(avant le nom)*: **de fort ~e humeur** in a (really) foul mood ‖ [enfant] naughty, bad. **-3.** [grave] nasty, very bad; **il a attrapé une ~e grippe** he caught a nasty dose of flu; **ça n'était pas bien ~**, finalement, cette piqûre/ce permis? *fam* the injection/driving test wasn't that bad after all, was it? **-4.** *(avant le nom) fam* [formidable] tremendous, terrific, great; **il y avait une ~e ambiance** there was a great atmosphere; **ce tube a eu un ~ succès** that record was a huge hit. **-5.** *(avant le nom)* [pitoyable] pathetic, wretched, miserable; **elle essayait de vendre deux ou trois ~es salades** she was trying to sell a couple of pathetic-looking lettuces. ◇ *nm, f* **-1.** *langage enfantin* naughty child; **faire le ~** to turn nasty. **-2.** [dans un film, un livre] baddy *Br*, bad guy *Am*.

**mèche** [mɛʃ] *nf* **-1.** [de cheveux] lock; **se faire faire des ~s** to have highlights *ou* (blond) streaks put in; **~s folles** wispy curls; **une ~ dans les yeux** (a strand of) hair in his eyes. **-2.** [pour lampe, explosifs, feu d'artifice] wick; [pour canon] match; **~ lente** *ou* **de sûreté** safety fuse; **découvrir** *ou* **éventer la ~** *fam* to uncover the plot. **-3.** MÉCAN bit. **-4.** MÉD [pour coaguler] pack; [pour drainer] (gauze) wick. **-5.** *fam loc*: **être de ~ avec qqn** to be in league *ou* in cahoots with sb; **ils sont de ~ avec les dignitaires du coin** they're hand in glove with the local dignitaries; **ils étaient de ~** they were in it together.

**méchoui** [meʃwi] *nm* [repas] barbecue *(of a whole sheep roasted on a spit)*; [fête] barbecue (party).

**mécompte** [mekɔ̃t] *nm litt* disappointment.

**méconduite** [mekɔ̃dɥit] *nf Belg* misbehaviour.

**méconnais** [mekɔnɛ] *v*→ **méconnaître**.

**méconnaissable** [mekɔnɛsabl] *adj* [à peine reconnaissable] hardly recognizable; [non reconnaissable] unrecognizable; **sans sa barbe il est ~** you wouldn't recognize him without his beard; **dix ans après elle était ~** ten years later she had changed beyond recognition.

**méconnaissais** [mekɔnɛsɛ] *v*→ **méconnaître**.

**méconnaissance** [mekɔnɛsɑ̃s] *nf* **-1.** [ignorance] ignorance, lack of knowledge; **il a fait preuve d'une totale ~ du sujet** he displayed a complete lack of knowledge of the subject. **-2.** [incompréhension] lack of comprehension *ou* understanding.

**méconnaître** [91] [mekɔnɛtr] *vt litt* **-1.** [ignorer] to be unaware of. **-2.** [ne pas reconnaître] to fail to recognize; **sans vouloir ~ ce qu'ils ont fait pour nous** while not wishing to minimize *ou* to underestimate what they have done for us; **il était méconnu de ses contemporains** he went unrecognized by his contemporaries. **-3.** [mal comprendre] to fail to understand; **c'est ~ le milieu universitaire!** you're/he's *etc* misjudging the academic world! ‖ [personne] to misunderstand, to misjudge.

**méconnu, e** [mekɔny] ◇ *pp*→ **méconnaître**. ◇ *adj* [incompris] unappreciated, unrecognized; [peu connu] obscure; **un coin ~ mais très joli de la Bretagne** a little-known but very pretty part of Brittany; **rester ~** [non apprécié] to go unrecognized, to remain unappreciated; [sans gloire] to remain unknown; **malgré son grand talent il est mort pauvre et ~** in spite of his great talent he died penniless and in obscurity; **mes mérites sont méconnus** my merits have never been acknowledged.

**méconnus** [mekɔny] *v*→ **méconnaître**.

**mécontent, e** [mekɔ̃tɑ̃, ɑ̃t] ◇ *adj* **-1.** [insatisfait] displeased, dissatisfied, discontented; **elle est toujours ~e de quelque chose** she's always annoyed *ou* disgruntled about something; **je ne suis pas ~e de mes résultats** I am not altogether dissatisfied *ou* unhappy with my results; **nous ne sommes pas ~s que tout soit terminé** we are not sorry that it's all over. **-2.** [fâché] annoyed; **il s'est montré très ~ de ma décision** he was very annoyed at my decision. ◇ *nm, f* **-1.** [gén] complainer, grumbler, moaner. **-2.** POL: **les ~s** the discontented, the disgruntled; **cette politique va faire des ~s** this measure is going to displease quite a few people.

**mécontentement** [mekɔ̃tɑ̃tmɑ̃] *nm* **-1.** [agitation sociale] discontent, unrest, anger; **cela risque de provoquer le ~ des agriculteurs** that might anger the farmers. **-2.** [agacement] annoyance; **à mon grand ~** to my great annoyance.

**mécontenter** [3] [mekɔ̃tɑ̃te] *vt* [déplaire à] to fail to please, to displease; [irriter] to annoy, to irritate.

**Mecque** [mɛk] *npr f* **-1.** GÉOG: **La ~** Mecca. **-2.** *fig*: **la ~ de** the mecca of, a mecca for.

**mécréant, e** [mekreɑ̃, ɑ̃t] *nm, f litt* infidel, miscreant *arch*.

**méd.** *abr écrite de* **médecin**.

**médaille** [medaj] *nf* **-1.** [pour célébrer, récompenser] medal; **~ d'or** gold medal. **-2.** [pour identifier] (identity) disk *ou* tag. **-3.** [bijou] pendant.

**médaillé, e** [medaje] ◇ *adj* [soldat] decorated; SPORT medal-holding *(modif)*; **un camembert ~** an award-winning camembert. ◇ *nm, f* **-1.** ADMIN & MIL medal-holder. **-2.** SPORT medallist; **les ~s olympiques** the Olympic medallists.

**médailler** [3] [medaje] *vt* to award a medal to.

**médaillier** [medaje] *nm* **-1.** [collection] medal collection. **-2.** [meuble] medal cabinet.

**médaillon** [medajɔ̃] *nm* **-1.** [bijou] locket. **-2.** CULIN medallion. **-3.** [élément décoratif] medallion.

**médecin** [medsɛ̃] *nm* [docteur] doctor, physician; **une femme ~** a woman doctor ❑ **~ agréé** *doctor whose fees are partially reimbursed by the social security system*; **~ des armées** army medical officer; **~ de bord** ship's doctor; **~ de campagne** country doctor; **~ consultant** consultant; **~ conventionné** *doctor who meets the French social security criteria*; ≃ National Health doctor *Br*; **~ de famille** family doctor; **~ généraliste** general practitioner, GP; **~ des hôpitaux** hospital doctor; **~ légiste** forensic expert *ou* scientist, medical examiner *Am*; **~ spécialiste** specialist (physician); **~ traitant** attending physician; **~ du travail** [dans le privé] company doctor; [dans le secteur public] health (and safety) *ou* medical officer *Br*; **Médecins du monde, Médecins sans frontières** *organizations providing medical aid to victims of war and disasters, especially in the Third World.*

**médecin-chef** [medsɛ̃ʃef] *(pl* **médecins-chefs**) *nm* head doctor.

**médecin-conseil** [medsɛ̃kɔ̃sɛj] *(pl* **médecins-conseils**) *nm* medical consultant *(who checks the validity of claims).*

**médecine** [medsin] *nf* **-1.** SC medicine; **exercer la ~** to practise medicine; **ce n'est plus du ressort de la ~** it's no longer a medical matter ❑ **~ douce/hospitalière/légale** natural/hospital/forensic medicine; **~ générale** general practice; **~ interne** internal medicine; **~ parallèle** alternative medicine; **~ préventive** preventive *ou* preventative medicine; **~ du travail** industrial *ou* occupational medicine. **-2.** ENS medicine, medical studies; **il fait (sa) ~, il est en ~** he's studying medicine, he's a medical student; **elle est en troisième année de ~** she's in her third year at medical school, she's a third-year medical student; **elle a fini sa ~ en 1980** she qualified (as a doctor) in 1980. **-3.** *arch* [remède] medicine, remedy.

**Médée** [mede] *npr* Medea.

**média** [medja] *nm* medium; **les ~s** the (mass) media.

**médian, e** [medjɑ̃, an] *adj* **-1.** GÉOM median. **-2.** LING medial.

◆ **médiane** *nf* median.

**médiat, e** [medja, at] *adj* mediate.

**médiateur, trice** [medjatœr, tris] ◇ *adj* mediating, mediatory; **commission médiatrice** arbitration commission *ou* board. ◇ *nm, f* intermediary, go-between, mediator; **servir de ~** to act as a go-between.

◆ **médiateur** *nm* **-1.** INDUST arbitrator, mediator. **-2.** ADMIN & POL mediator, ombudsman; **le Médiateur** ≃ the Parliamentary Commissioner *Br*, ≃ the Ombudsman *Br*.

◆ **médiatrice** *nf* GÉOM midperpendicular.

**médiathèque** [medjatɛk] *nf* media library.

**médiation** [medjasjɔ̃] *nf* **-1.** [entremise] POL mediation; INDUST arbitration; **il a fallu la ~ de l'évêque** the bishop had to mediate; **j'offre ma ~** I volunteer to act as a go-between *ou* as an intermediary. **-2.** PHYSIOL neurotransmission.

**médiatique** [medjatik] ◇ *adj* media *(modif)*; **un événement ~** a media *ou* a media-staged *péj* event; **c'est un sport très ~** it's a sport well suited to the media. ◇ *nf* communications, communication technology.

**médiatisation** [medjatizasjɔ̃] *nf* **-1.** RAD & TV popularization through the (mass) media; **on assiste à une ~ croissante de la production littéraire** literary works are getting more and more media exposure; **nous déplorons la ~ de la politique** it's a shame to see politics being turned into a media event. **-2.** POL mediatization.

**médiatiser** [3] [medjatize] *vt* **-1.** RAD & TV to popularize through the (mass) media; **~ les élections/la guerre** to turn elections/the war into a media event. **-2.** POL to mediatize.

**médiatrice** [medjatris] *f*→ **médiateur.**

**médical, e, aux** [medikal, o] *adj* medical.

**médicalisation** [medikalizasjɔ̃] *nf* **-1.** [d'une région]: la ~ des pays pauvres the provision of health care to poor countries. **-2.** [d'un état, d'une pathologie]: la ~ croissante de la grossesse the increasing reliance on medical technology during pregnancy.

**médicaliser** [3] [medikalize] *vt* **-1.** [région, pays] to provide with health care. **-2.** [maternité, vieillesse] to increase medical intervention in.

**médicament** [medikamɑ̃] *nm* medicine, drug; prends tes ~s take your medicine; ~ de confort *pharmaceutical product not considered to be essential and not fully reimbursed by the French social security system*; ~ délivré sans ordonnance medicine issued without a prescription, over-the-counter drug; ~ en vente sur ordonnance drug available on prescription, prescription drug *Am.*

**médicamenteux, euse** [medikamɑ̃tø, øz] *adj* medicinal.

**médication** [medikasjɔ̃] *nf* medication, (medicinal) treatment.

**médicinal, e, aux** [medisinal, o] *adj* medicinal.

**Médicis** [medisis] *npr* **-1.** HIST Medici; Catherine de ~ Catherine de Medici; les ~ the Medicis. **-2.** LITTÉRAT: le prix ~ *French literary prize.*

**médico-légal, e, aux** [medikɔlegal, o] *adj* forensic, medicolegal.

**médico-pédagogique** [medikɔpedagɔʒik] (*pl* **médico-pédagogiques**) *adj*: institut ~ special school (*for children with special needs or learning disabilities who are under 14*).

**médico-professionnel, elle** [medikɔprɔfesjɔnɛl] (*mpl* **médico-professionnels**, *fpl* **médico-professionnelles**) *adj*: institut ~ social education workshop for young people with learning disabilities.

**médico-social, e, aux** [medikɔsɔsjal, o] *adj* medicosocial; services médico-sociaux health and social services network.

**médico-sportif, ive** [medikɔspɔrtif, iv] (*mpl* **médico-sportifs**, *fpl* **médico-sportives**) *adj*: institut ~ institute for sports medicine.

**médiéval, e, aux** [medjeval, o] *adj* medieval.

**médiéviste** [medjevist] *nmf* medievalist.

**Médine** [medin] *npr* Medina.

**médiocre** [medjɔkr] ◇ *adj* **-1.** [rendement, efficacité, qualité etc] mediocre, poor; elle est ~ en mathématiques she's pretty mediocre at mathematics; temps ~ sur toute la France poor weather throughout France. **-2.** [quelconque] second-rate, mediocre; il a fait une carrière ~ his career has been unsuccessful; je refuse de mener une vie ~ I refuse to live a life of mediocrity. **-3.** (*avant le nom*) *sout* [piètre] poor; un livre de ~ intérêt a book of little interest. ◇ *nmf* [personne] nonentity. ◇ *nm* [médiocrité] mediocrity.

**médiocrement** [medjɔkrəmɑ̃] *adv*: un enfant ~ doué pour les langues a child with no great gift for languages; ~ satisfait, il décida de recommencer not very satisfied, he decided to start again; j'ai répondu assez ~ à l'examen oral my answers in the oral exam were rather poor.

**médiocrité** [medjɔkrite] *nf* **-1.** [en qualité] mediocrity, poor quality; [en quantité] inadequacy. **-2.** [personne] nonentity.

**médire** [103] [medir]
◆ **médire de** *v* + *prép* [critiquer] to speak ill of, to run down (*sép*); [calomnier] to spread scandal about, to malign; (*en usage absolu*): arrête de ~! stop criticizing!

**médisance** [medizɑ̃s] *nf* **-1.** [dénigrement] gossip, gossiping, scandalmongering; c'est de la ~! that's slander! **-2.** [propos] gossip; les ~s de ses collègues lui ont fait du tort his colleagues' (malicious) gossip has damaged his good name.

**médisant, e** [medizɑ̃, ɑ̃t] ◇ *adj* slanderous; sans vouloir être ~, je dois dire que je le trouve un peu naïf no malice intended, but I have to say that I find him a bit naïve. ◇ *nm, f* [auteur – de ragots] gossip, gossipmonger, scandalmonger; [– de diffamation] slanderer.

**médisent** [mediz], **médit** [medi] *v*→ **médire.**

**méditatif, ive** [meditatif, iv] ◇ *adj* meditative, contemplative, thoughtful. ◇ *nm, f* thinker.

**méditation** [meditasjɔ̃] *nf* **-1.** PSYCH & RELIG meditation. **-2.** [réflexion] meditation, thought; le fruit de mes ~s the fruit of my meditation ou meditations.

**méditer** [3] [medite] ◇ *vt* **-1.** [réfléchir à] to meditate on ou upon (*insép*), to reflect on ou upon (*insép*), to ponder (upon) (*insép*); elle veut encore ~ sa décision she wants to think some more about her decision. **-2.** [projeter] to plan; ~ de faire qqch to plan on doing sthg. ◇ *vi* to meditate; ~ sur to meditate on (*insép*), to think about (*insép*).

**Méditerranée** [mediterane] *nprf*: la (mer) ~ the Mediterranean (sea); en ~ in the Mediterranean; une croisière sur la ~ a Mediterranean cruise.

**méditerranéen, enne** [mediteraneɛ̃, ɛn] *adj* Mediterranean.
◆ **Méditerranéen, enne** *nm, f* Mediterranean, Southern European (*from the Mediterranean area*).

**médium** [medjɔm] ◇ *nmf* [spirite] medium. ◇ *nm* **-1.** MUS middle register. **-2.** [liant] medium, vehicle.

**médius** [medjys] *nm* middle finger.

**médullaire** [medylɛr] *adj* medullary.

**méduse** [medyz] *nf* jellyfish, medusa *spéc.*

**Méduse** [medyz] *npr* Medusa.

**médusé, e** [medyze] *adj* stunned, dumbfounded, stupefied; d'un air ~ in stupefaction; j'en suis restée ~e I was stunned ou dumbfounded by it.

**méduser** [3] [medyze] *vt* to astound, to stun, to stupefy.

**meeting** [mitiŋ] *nm* **-1.** POL (public) meeting; ~ aérien air show; ~ d'athlétisme athletics meeting *Br* ou meet *Am.*

**méfait** [mefɛ] *nm* [mauvaise action] misdeed, wrong, wrongdoing; [délit] offence.
◆ **méfaits** *nmpl* [ravages]: les ~s du temps/de la guerre the ravages of time/war; les ~s du laxisme parental the damaging effects of a lack of parental discipline; les ~s de la télévision the harm done by television.

**méfiance** [mefjɑ̃s] *nf* distrust, mistrust, suspicion; sa ~ envers les étrangers her distrust ou suspicion of foreigners; éveiller la ~ de qqn to make sb suspicious; il renifla le paquet avec ~ he warily sniffed the parcel; elle est sans ~ she has a trusting nature; ~! be careful!

**méfiant, e** [mefjɑ̃, ɑ̃t] *adj* distrustful, mistrustful, suspicious; il n'est pas assez ~ he is too unsuspecting ou trusting; ~ envers qqch dubious about sthg, sceptical of sthg; on n'est jamais assez ~ you can never be too careful.

**méfier** [9] [mefje]
◆ **se méfier** *vpi* [faire attention] to be careful ou wary; il ne se méfiait pas he was not on his guard; on ne se méfie jamais assez you can't be too careful; méfie-toi! be careful!, watch out!, be on your guard!
◆ **se méfier de** *vp* + *prép* to be suspicious of, to distrust, to mistrust; méfie-toi de lui/de son air doux don't trust him/his mild manners; méfiez-vous des contrefaçons beware of forgeries; il aurait dû se ~ davantage des derniers tournants he should have been more careful on the last bends; méfiez-vous qu'ils ne se sauvent pas *fam* watch out ou mind they don't run away.

**méforme** [mefɔrm] *nf* unfitness, lack of fitness; après quelques jours de ~ after a few days off form.

**méga(-)** [mega] *préf* **-1.** SC mega, mega-. **-2.** *fam* [en intensif] huge, super; ça a été la ~-discussion there was a huge discussion; une ~-entreprise a huge firm.

**mégahertz** [megaɛrts] *nm* megahertz.

**mégalithe** [megalit] *nm* megalith.

**mégalithique** [megalitik] *adj* megalithic.

**mégalo** [megalo] *fam* ◇ *adj* megalomaniac, power-mad; il est complètement ~ he thinks he's God; tu n'es pas un peu ~? don't you think you're aiming a bit high? ◇ *nmf* megalomaniac.

**mégalomane** [megaloman] *adj & nmf* megalomaniac.

**mégalomanie** [megalomani] *nf* megalomania.

**mégalopole** [megalopɔl], **mégalopolis** [megalopɔlis] *nf* megalopolis.

**méga-octet** [megaɔktɛ] *nm* megabyte.

**mégaphone** [megafɔn] *nm* megaphone, loud-hailer *Br*, bullhorn *Am.*

**mégapole** [megapɔl] *nf* megalopolis, megacity.

**mégarde** [megard]

◆ **par mégarde** *loc adv* [par inattention] inadvertently, accidentally; [par erreur] by mistake, inadvertently; [sans le vouloir] unintentionally, inadvertently, accidentally.

**mégatonne** [megatɔn] *nf* megaton.

**mégère** [meʒɛr] *nf sout* shrew *fig*, harridan *litt*.

**mégot** [mego] *nm* [de cigarette] cigarette butt ou end; [de cigare] cigar butt.

**mégoter** [3] [megɔte] *vi fam* to skimp, to scrimp; on ne va pas ~ pour quelques francs let's not quibble about a few francs; ~ sur to skimp ou to scrimp on.

**méhari** [meari] (*pl* **méharis** ou **méhara** [-ra]) *nm* racing camel ou dromedary, mehari.

**meilleur, e** [mejœr] ◇ *adj* **-1.** (*comparatif*) better; il n'y a rien de ~, il n'y a pas ~ there's nothing to beat it, there's nothing better; il est ~ père que mari he is a better father than he is a husband; c'est ~ marché it's cheaper. **-2.** (*superlatif*): le ~ [de tous] the best; [de deux] the better; son ~ ami his best friend; c'est le ~ des maris he's the best husband in the world; avec la ~e volonté with the best will in the world; ~s vœux best wishes; ~s vœux de prompt rétablissement get well soon; ~ souvenir de Cannes (holiday *Br*) greetings from Cannes; [en fin de lettre] best wishes from Cannes; information prise aux ~es sources information from the most reliable sources; il appartient au ~ monde he moves in the best circles. ◇ *nm, f* best person; seuls les ~s participeront à la compétition only the best (players) will take part in the competition; que le ~ gagne! may the best man win!

◆ **meilleur** ◇ *nm*: mange-le, c'est le ~ eat it, it's the best part; il a donné ou il y a mis le ~ de lui-même he gave his all, he gave of his best; elle lui a consacré le ~ de sa vie she gave him the best years of her life; et le ~ de l'histoire, c'est que c'est lui qui m'avait invité and the best part of it is that he's the one who'd invited me; pour le ~ et pour le pire for better or for worse. ◇ *adv*: il fait ~ aujourd'hui the weather's ou it's better today; il fait ~ dans la chambre [plus chaud] it's warmer in the bedroom; [plus frais] it's cooler in the bedroom.

◆ **meilleure** *nf fam* [histoire]: tu ne connais pas la ~e you haven't heard the best bit yet, wait until I tell you this one; ça alors, c'est la ~e! that's the best (one) I've heard in a long time!; j'en passe, et des ~es and I could go on.

**méiose** [mejoz] *nf* meiosis.

**méjuger** [17] [meʒyʒe] *vt litt* to misjudge.

◆ **se méjuger** *vp* (*emploi réfléchi*) to underestimate o.s.

**mélancolie** [melɑ̃kɔli] *nf* **-1.** [tristesse] melancholy. **-2.** PSYCH & *arch* melancholia.

**mélancolique** [melɑ̃kɔlik] ◇ *adj* **-1.** [triste, désenchanté] melancholy (*modif*). **-2.** PSYCH melancholic. ◇ *nmf* melancholic.

**Mélanésie** [melanezi] *npr f*: (la) ~ Melanesia.

**mélanésien, enne** [melanezjẽ, ɛn] *adj* Melanesian.

◆ **Mélanésien, enne** *nm, f* Melanesian.

◆ **mélanésien** *nm* LING Melanesian.

**mélange** [melɑ̃ʒ] *nm* **-1.** [processus] mixing, blending. **-2.** [résultat] mixture, blend; c'est un ~ de plusieurs thés/parfums it's a blend of several teas/perfumes; attention aux ~s (d'alcools) don't mix your drinks. **-3.** AUT mixture; ~ détonant/pauvre/riche explosive/poor/rich mixture. **-4.** ACOUST mixing.

◆ **sans mélange** *loc adj*: [joie] unalloyed; [admiration] unmitigated.

**mélangé, e** [melɑ̃ʒe] *adj* [auditoire, population] mixed; c'est un coton ~ it's a cotton mixture.

**mélanger** [17] [melɑ̃ʒe] *vt* **-1.** [remuer – cartes] to shuffle; [– salade] to toss; ajoutez le lait et mélangez add the milk and mix (well). **-2.** [mettre ensemble] to mix, to blend; ~ des couleurs to blend colours; ils ne veulent pas ~ les filles et les garçons they want to keep boys and girls separate; mélangez les œillets rouges avec les jaunes mix the red carnations with the yellow ones. **-3.** [confondre] to mix up (*sép*); ne mélange pas tout don't get everything (all) mixed ou jumbled ou muddled up ☐ il ne faut pas ~ les torchons et les serviettes (don't get them mixed up,) they're in a different class.

◆ **se mélanger** *vpi* **-1.** [se fondre]: se ~ avec to mix with. **-2.** [devenir indistinct] to get mixed up; mes souvenirs se mélangent après tant d'années my memories are getting confused ou muddled after so many years; tout se mélange dans ma tête I'm getting all mixed ou muddled up.

**mélangeur** [melɑ̃ʒœr] *nm* **-1.** [robinet] mixer tap *Br*, mixing faucet *Am*. **-2.** [de son] mixer.

**mélanine** [melanin] *nf* melanin.

**mélanome** [melanom] *nm* melanoma.

**mélasse** [melas] *nf* **-1.** [sirop] molasses (*sg*), (black) treacle *Br*. **-2.** *fam* [brouillard] pea-souper; être dans la ~ *fig* [avoir des ennuis] to be in a jam ou a fix ou a pickle; [être sans argent] to be hard up.

**Melbourne** [melburn] *npr* Melbourne.

**Melchior** [mɛlkjɔr] *npr* Melchior.

**mêlé, e** [mele] *adj* mixed; un chagrin ~ de pitié sorrow mixed ou mingled with pity.

◆ **mêlée** *nf* **-1.** [combat] melee, mêlée; être au-dessus de la ~e to be on the sidelines; rester au-dessus de la ~e to stay above the fray; entrer dans la ~e to enter the fray. **-2.** [bousculade] scuffle, free-for-all; [désordre] commotion, confusion. **-3.** SPORT scrum, scrummage; effondrer/tourner la ~e to collapse/to wheel the scrum ☐ ~e ouverte [gén] loose scrum; [balle par terre] ruck; [balle en main] maul.

**mêler** [4] [mele] *vt* **-1.** [mélanger] to mix; des fleurs variées mêlaient leurs parfums the scents of various flowers were mingling in the air. **-2.** [allier] to combine, to be a mixture ou combination of; elle mêle la rigueur à la fantaisie she combines ou mixes seriousness with light-heartedness. **-3.** [embrouiller – documents, papiers] to mix ou to muddle ou to jumble up (*sép*); [– cartes, dominos] to shuffle. **-4.** [impliquer]: ~ qqn à to involve sb in, to get sb involved in.

◆ **se mêler** *vpi* **-1.** [se mélanger] to mix, to mingle; les styles se mêlent harmonieusement the styles blend well together. **-2.** [s'unir]: se ~ à ou avec to mix ou to mingle with; ses cris se mêlèrent au bruit de la foule his shouts mingled with the noise of the crowd. **-3.** [participer]: se ~ à une conversation to take part ou to join in the conversation.

◆ **se mêler de** *vp* + *prép* to interfere ou to meddle in, to get mixed up in; elle se mêle de ce qui ne la regarde pas she is interfering in things that are no concern of hers; de quoi se mêle-t-il? what business is it of his?; si le mauvais temps s'en mêle, la récolte est perdue if the weather decides to turn nasty, the crop will be ruined; il se mêle de tout he is very nosy ☐ de quoi je me mêle? *fam* mind you own business!

**mélèze** [melɛz] *nm* larch.

**méli-mélo** [melimelo] (*pl* **mélis-mélos**) *nm* [d'objets] mess, jumble; [d'idées, de dates] hotchpotch *Br*, hodgepodge *Am*, mishmash; ils ont fait un ~ incroyable avec les réservations they made a real mix-up with the reservations.

**mélisse** [melis] *nf* (lemon) balm.

**mélo** [melo] *fam* ◇ *adj* melodramatic. ◇ *nm* melodrama; nous sommes en plein ~! this is melodramatic ou blood-and-thunder stuff!

**mélodie** [melɔdi] *nf* **-1.** [air de musique] melody, tune; [en composition] melody, song. *fig*: la ~ des vers de Lamartine the melodic quality of Lamartine's verse.

**mélodieux, euse** [melɔdjø, øz] *adj* [son] melodious; [air] tuneful; [voix] melodious, musical.

**mélodique** [melɔdik] *adj* melodic.

**mélodramatique** [melɔdramatik] *adj* melodramatic.

**mélodrame** [melɔdram] *nm* melodrama; nous sommes en plein ~! this is like (something out of) a melodrama!

**mélomane** [melɔman] ◇ *adj* music-loving; êtes-vous ~? do you like music?, are you musical? ◇ *nmf* music lover.

**melon** [məlɔ̃] *nm* **-1.** BOT melon; [rond] cantaloup ou cantaloupe melon; [ovale] honeydew melon. **-2.** [chapeau] bowler (hat) *Br*, derby *Am*.

**mélopée** [melɔpe] *nf* **-1.** [mélodie] dirge, lament. **-2.** ANTIQ melopoeia, threnody.

**melting-pot** [mɛltiŋpɔt] (*pl* **melting-pots**) *nm* melting pot.

**membrane** [mɑ̃bran] *nf* **-1.** BIOL membrane; ~ cellulaire cell ou plasma membrane. **-2.** MUS membrane, skin. **-3.** TÉLÉC diaphragm. **-4.** TRAV PUBL: ~ d'étanchéité sealing membrane ou blanket.

**membraneux, euse** [mɑ̃branø, øz] *adj* membranous.

**membre** [mɑ̃br] *nm* **-1.** ANAT limb; ~ inférieur/supérieur lower/upper limb; ~ (viril) (male) member. **-2.** ZOOL limb; ~ antérieur foreleg, fore limb; ~ postérieur back leg, rear limb. **-3.** [adhérent] member; être ~ d'un syndicat to belong to ou to be a member of a union ‖ *(comme adj)*: les pays ~s the member countries ❑ ~ bienfaiteur supporter; ~ honoraire honorary member; ~ fondateur founder ou founding member; ~ perpétuel life member. **-4.** MATH member; premier/second ~ d'une équation left-hand/right-hand member of an equation. **-5.** GRAMM: ~ de phrase member ou clause of a sentence. **-6.** ARCHIT & GÉOL member. **-7.** NAUT timber, rib.

**membrure** [mɑ̃bryr] *nf* **-1.** [d'un corps humain] limbs. **-2.** CONSTR member; MENUIS frame. **-3.** NAUT [en bois] rib; [en métal] frame.

**mémé** [meme] *fam* ◇ *nf* **-1.** [en appellatif] grandma, granny, gran *Br*. **-2.** [vieille dame] old dear. **-3.** *péj* old woman. ◇ *adj inv péj* dowdy, frumpy.

**même** [mɛm] ◇ *dét (adj indéf)* **-1.** *(avant le nom)* [identique, semblable] same; mettre deux choses sur le ~ plan to put two things on the same level ‖ *(en corrélation avec 'que')*: il a le ~ âge que moi he's the same age as me. **-2.** *(après le nom)* [servant à souligner]: elle est la bonté ~ she is kindness itself; ce sont ses paroles ~s those are his very words; ils sont repartis le soir ~ they left that very evening; c'est cela ~ que je cherchais it's the very thing I was looking for. ◇ *pron indéf*: le ~ the same; ce sont toujours les ~s qui gagnent it's always the same ones who win; mes intérêts ne sont pas les ~s que les vôtres my interests are not the same as yours ❑ cela ou ça revient (strictement) au ~ it comes ou amounts to (exactly) the same thing. ◇ *adv* even; ~ les savants ou les savants ~ peuvent se tromper even scientists can make mistakes; elle ne va ~ plus au cinéma she doesn't even go to the cinema any more.
◆ **à même** *loc prép*: dormir à ~ le sol to sleep on the floor; il boit à ~ la bouteille he drinks straight from the bottle; je ne supporte pas la laine à ~ la peau I can't stand wool next to my skin.
◆ **à même de** *loc prép* able to, in a position to.
◆ **de même** *loc adv*: faire de ~ to do likewise ou the same; il est parti avant la fin, moi de ~ he left before the end, and so did I; il en va de ~ pour vous the same is true for you.
◆ **de même que** *loc conj sout* just as.
◆ **même que** *loc conj fam* so much so that; elle roulait très vite, ~ que la voiture a failli déraper she was driving so fast that the car nearly skidded.
◆ **même si** *loc conj* even if.

**mêmement** [mɛmmɑ̃] *adv vieilli* equally, likewise.

**mémento** [memɛ̃to] *nm* **-1.** [agenda] diary. **-2.** SCOL summary. **-3.** RELIG memento.

**mémère** [memɛr] *fam* ◇ *nf* **-1.** [en appellatif] grandma, granny, gran *Br*. **-2.** *péj* old woman. ◇ *adj péj* dowdy, frumpy.

**mémo** [memo] *nm* [carnet] memo pad, note book, notepad.

**mémoire** [memwar] ◇ *nf* **-1.** [faculté] memory; avoir (une) mauvaise ~ to have a poor ou bad memory; avoir (une) bonne ~ to have a good memory; si j'ai bonne ~ if I remember correctly; avoir la ~ des noms to have a good memory for names; je n'ai aucune ~! I can never remember anything!; tu as la ~ courte! you've got a short memory!; remettre qqch en ~ à qqn to remind sb of sthg; ce détail est resté à jamais ou s'est gravé dans ma ~ this detail has stayed with me ever since ou has forever remained en-

graved in my memory ❑ avoir une ~ d'éléphant *fam* to have a memory like an elephant. **-2.** [souvenir] memory; honorer la ~ de qqn to honour the memory of sb. **-3.** INF memory, storage; une ~ de 15 caractères a 15-character memory ❑ ~ centrale ou principale main memory ou storage; ~ à accès direct direct access storage; ~ auxiliaire ou secondary storage; ~ externe external storage; ~ de masse mass storage; ~ morte read-only memory; ~ tampon buffer (storage); ~ vive random-access memory; ~ virtuelle virtual storage; ~ volatile volatile memory. ◇ *nm* **-1.** [rapport] report, paper. **-2.** UNIV thesis, dissertation; ~ de maîtrise ≃ MA thesis ou dissertation. **-3.** JUR statement of case. **-4.** COMM & FIN bill, statement.
◆ **mémoires** *nmpl* memoirs; 'Mémoires d'outre-tombe' Chateaubriand 'Memoirs from Beyond the Tomb'.
◆ **à la mémoire de** *loc prép* in memory of, to the memory of.
◆ **de mémoire** *loc adv* from memory.
◆ **de mémoire de** *loc prép*: de ~ de sportif in all my/his *etc* years as a sportsman; de ~ d'homme in living memory.
◆ **en mémoire de** = à la mémoire de.
◆ **pour mémoire** *loc adv* COMM & *fig* for the record.

**mémorable** [memɔrabl] *adj* memorable.

**mémorandum** [memɔrɑ̃dɔm] *nm* memorandum.

**mémorial, aux** [memɔrjal, o] *nm* **-1.** [texte] memoir; POL memorial. **-2.** [monument] memorial.

**mémoriel, elle** [memɔrjɛl] *adj* INF & PSYCH memory *(modif)*.

**mémorisable** [memɔrizabl] *adj* INF storable.

**mémorisation** [memɔrizasjɔ̃] *nf* **-1.** [processus] memorization. **-2.** INF storage.

**mémoriser** [3] [memɔrize] *vt* **-1.** [apprendre par cœur] to memorize. **-2.** INF to store, to put into memory.

**menaçai** [mənase] *v* → menacer.

**menaçant, e** [mənasɑ̃, ɑ̃t] *adj* **-1.** [comminatoire – personne, geste, ton] menacing, threatening. **-2.** [inquiétant – signe, silence, nuage] menacing, threatening, ominous.

**menace** [mənas] *nf* **-1.** [source de danger] menace, threat; une ~ pour l'ordre public a danger ou menace ou threat to law and order. **-2.** [acte, parole] threat; des ~s en l'air idle threats; mettre ses ~s à exécution to carry out one's threats; la victime avait reçu des ~s de mort the victim had been threatened with his life ou had received death threats; un geste de ~ a threatening ou menacing gesture; ton lourd ou plein de ~ tone heavy ou fraught with menace; un ciel lourd de ~ *litt* a sky heavy with foreboding; il a signé sous la ~ he signed under duress; sous la ~ de under (the) threat of.

**menacé, e** [mənase] *adj* threatened, under threat, endangered; ses jours sont ~s his life is in danger.

**menacer** [16] [mənase] ◇ *vt* **-1.** [mettre en danger] to threaten, to menace; un danger mortel le menace he's in mortal danger; les fluctuations du dollar menacent notre système monétaire fluctuations in the dollar are a threat to our monetary system. **-2.** [pour impressionner, contraindre] to threaten; ~ qqn de to threaten sb with; ~ qqn de mort to threaten to kill sb. ◇ *vi*: [crise] to threaten; l'orage menace there's a storm on the way.
◆ **menacer de** *v* + *prép* **-1.** [personne]: ~ de faire qqch to threaten to do sthg. **-2.** [risquer de]: le conflit menace de s'étendre there is a (real) danger of the conflict spreading; l'orage menace d'éclater avant la fin de la soirée the storm looks like it will break before the end of the evening.

---

**USAGE ▶　Les menaces**

**Directes**

If you don't stop that noise, I'll call the police!
Get out before I call the police!
Leave her alone, or else!
You'll be sorry you said that!
Put that down, or I'll slap you! [à un enfant]
If payment is not made within seven days we shall instruct our legal department to recover the amount outstanding. [style écrit]

▷ *sur les panneaux:*

'Beware of the dog'.
'Trespassers will be prosecuted'.

**Moins directes**

Just you try it!
You wouldn't want me to get angry, now, would you?
If I were you, I'd think very carefully about this.
Don't say I didn't warn you!

**ménage** [menaʒ] *nm* **-1.** [couple] couple; SOCIOL household; leur ~ marche mal their marriage isn't going very well; faire bon/mauvais ~ avec qqn to get on well/badly with sb; ils se sont mis en ~ they've moved in together; ils sont en ~ they live together ❑ ~ à trois ménage à trois. **-2.** [économie domestique] housekeeping; **tenir le** ~ to keep house ‖ [nettoyage] housework, cleaning; **faire le** ~ to do the housework; **faire le** ~ **en grand** to clean the house from top to bottom; **le directeur a fait le** ~ **dans son service** *fig* the manager has shaken up ou spring-cleaned his department; **faire des** ~s to do housework (for people).
◆ **de ménage** *loc adj* **-1.** [fabriqué à la maison] homemade. **-2.** [pour l'entretien] household, cleaning.

**ménageai** [menaʒe] *v* → **ménager**.

**ménagement** [menaʒmã] *nm* thoughtfulness, consideration, solicitude.
◆ **avec ménagement** *loc adv* tactfully, gently; **traite ma voiture avec** ~ treat my car with care, take (good) care of my car; **traiter qqn avec le plus grand** ~ to treat sb with great consideration.
◆ **sans ménagement** *loc adv* [annoncer] bluntly; [éconduire, traiter] unceremoniously.

**ménager¹** [17] [menaʒe] *vt* **-1.** [économiser] to be sparing with; **elle ne ménage pas ses efforts** she spares no effort; ~ **ses forces** to conserve one's strength. **-2.** [traiter avec soin] to treat ou to handle carefully; **je prends l'ascenseur pour** ~ **mes vieilles jambes** I take the lift to spare my old legs. **-3.** [respecter] to spare; **ménage sa susceptibilité** humour him ❑ ~ **la chèvre et le chou** to sit on the fence, to run with the hare and hunt with the hounds. **-4.** [arranger – passage, escalier] to put in *(insép)*; [– entretien, rencontre] to organize, to arrange; **j'ai ménagé un espace pour planter des légumes** I've left some space for growing vegetables.
◆ **se ménager** ◇ *vp (emploi réfléchi)* to spare o.s.; **elle ne se ménage pas assez** she drives herself too hard; **ménage-toi** take it easy, don't overdo it. ◇ *vpt:* **se** ~ **qqch** [se réserver qqch] to set sthg aside for o.s.

**ménager²**, **ère** [menaʒe, ɛr] *adj* [de la maison] domestic *(modif)*, household *(modif)*; **les tâches ménagères** household chores; **enseignement** ~ domestic science; **équipement** ~ domestic ou household appliances.
◆ **ménager** *nm* COMM: **le gros/petit** ~ major/small household appliances.
◆ **ménagère** *nf* **-1.** [femme] housewife. **-2.** [couverts] canteen (of cutlery).

**ménagerie** [menaʒri] *nf* menagerie; **c'est une vraie** ~ **ici!** *fig* it's like a zoo in here!

**menchevik** [mɛnʃevik] *nmf* Menshevik.

**Mendel** [mɛndɛl] *npr* → **loi**.

**mendiant, e** [mãdjã, ãt] *nm, f* [clochard] beggar.
◆ **mendiant** ◇ *nm* CULIN almond, fig, hazelnut and raisin biscuit. ◇ *adj* m RELIG mendicant.

**mendicité** [mãdisite] *nf* **-1.** [action] begging; **vivre de** ~ to beg for a living. **-2.** [état] beggary, mendicity, mendicancy; **être réduit à la** ~ to be reduced to begging.

**mendier** [9] [mãdje] ◇ *vi* to beg. ◇ *vt* [argent, sourire] to beg for *(insép)*.

**mène** [mɛn] *v* → **mener**.

**meneau, x** [məno] *nm* [horizontal] transom; [vertical] mullion.

**menée** [məne] *nf* CHASSE (stag's) track.

**menées** [məne] *nfpl* [intrigues] intrigues, machinations.

**mener** [9] [məne] ◇ *vt* **-1.** [conduire – personne] to take, to lead; **elle mènera son club à la victoire** she'll lead her club to victory ❑ ~ **qqn par le bout du nez** to lead sb by the nose; ~ **qqn en bateau** to lead sb up the garden path. **-2.** [suj: escalier, passage, route] to take, to lead; **le bus te mènera jusqu'à l'hôtel** the bus will take you (right) to the hotel ‖ *(en usage absolu)*: **cette porte mène à la cave** this door leads to the cellar; **la ligne n° 1 mène à Neuilly** line No. 1 takes ou goes to Neuilly; **la deuxième année mène au dessin industriel** after the second year, you go on to technical drawing ❑ ~ **loin**: **un feu rouge grillé, ça va vous mener loin!** *fam* you went through the lights, that'll cost you! **-3.** [diriger – groupe, équipe] to lead; [– combat, négociation] to carry on *(insép)*; [– affaire, projet] to run, to manage; [– enquête] to conduct, to lead; [– débat] to lead, to chair; **il se laisse trop facilement** ~ he's too easily led; **laissez-la** ~ **sa vie** let her live her life; **le champion mène le peloton** the champion is leading the pack ❑ ~ **le jeu** SPORT to be in the lead; *fig* to have the upper hand, to call the tune; ~ **joyeuse vie** to lead a merry life; **ne pas en** ~ **large**: **il n'en menait pas large avant la publication des résultats** his heart was in his boots before the results were released; ~ **qqch à bien** ou **à terme** ou **à bonne fin** [finir] to see sthg through; [réussir] to succeed in doing sthg. **-4.** MATH to draw. **-5.** MÉCAN to drive.
◇ *vi* to (be in the) lead; **l'équipe locale mène par 3 buts à 0** the local team is leading by 3 goals to 0; **le skieur italien mène avec 15 secondes d'avance sur le Suisse** the Italian skier has a 15-second lead ou advantage over the Swiss; **de combien on mène?** what's our lead?

**ménestrel** [menɛstrɛl] *nm* minstrel.

**ménétrier** [menetrije] *nm* **-1.** *arch* [violoneux] fiddler. **-2.** HIST musician.

**meneur, euse** [mənœr, øz] *nm, f* **-1.** [dirigeant] leader; **c'est un** ~ **d'hommes** he's a born leader (of men) ❑ **meneuse de revue** chorus-line leader. **-2.** *péj* [agitateur] ringleader, leader, agitator POL.

**menhir** [menir] *nm* menhir.

**méninge** [menɛ̃ʒ] *nf* ANAT meninx; ~s meninges.
◆ **méninges** *nfpl fam* brains; **il ne se fatigue pas** ou **ne se creuse pas les** ~**s!** he's in no danger of wearing his brain ou grey matter out!; **fais travailler tes** ~s use your brains.

**méningé, e** [menɛ̃ʒe] *adj* meningeal.

**méningite** [menɛ̃ʒit] *nf* meningitis.

**ménisque** [menisk] *nm* ANAT, OPT & PHYS meniscus.

**ménopause** [menɔpoz] *nf* menopause.

**ménopausée** [menɔpoze] *adj f* post-menopausal.

**menotte** [mənɔt] *nf* [main] tiny (little) hand.
◆ **menottes** *nfpl* handcuffs; **passer les** ~**s à qqn** to handcuff sb; ~**s aux poignets** handcuffed, in handcuffs.

**mens** [mã] *v* → **mentir**.

**mensonge** [mãsɔ̃ʒ] *nm* **-1.** [action]: **le** ~ lying, untruthfulness; **vivre dans le** ~ to live a lie. **-2.** [propos] lie; **dire des** ~**s** to tell lies; **un** ~ **par omission** a lie of omission ❑ **c'est vrai, ce** ~? *fam* are you having me on?

**mensonger, ère** [mãsɔ̃ʒe, ɛr] *adj* untruthful, mendacious.

**menstruation** [mãstryasjɔ̃] *nf* menstruation, menstruating.

**menstruel, elle** [mãstryɛl] *adj* menstrual.

**menstrues** [mãstry] *nfpl vieilli* menses.

**mensualisation** [mãsɥalizasjɔ̃] *nf* [des salaires, du personnel] monthly payment.

**mensualiser** [3] [mãsɥalize] *vt* to pay on a monthly basis.

**mensualité** [mãsɥalite] *nf* **-1.** [somme perçue] monthly payment; [somme versée] monthly instalment. **-2.** [salaire] monthly salary.
◆ **par mensualités** *loc adv* monthly, on a monthly basis.

**mensuel, elle** [mãsɥɛl] ◇ *adj* monthly. ◇ *nm, f* worker paid by the month.
◆ **mensuel** *nm* PRESSE monthly (magazine).

**mensuellement** [mãsɥɛlmã] *adv* monthly, every month.

**mensuration** [mãsyrasjɔ̃] *nf* mensuration.
◆ **mensurations** *nfpl* measurements; **des** ~**s à faire rêver** magnificent vital statistics.

**ment** [mã] *v* → **mentir**.

**mental, e, aux** [mãtal, o] *adj* mental.
◆ **mental** *nm*: **le** ~ the mind.

**mentalement** [mãtalmã] *adv* mentally.

**mentalité** [mãtalite] *nf* mentality; **faire changer les** ~**s** to change people's mentality ou the way people think ❑ **quelle sale** ~**!** what an unpleasant character!; **belle ou jolie** ~**!** *iron* that's a nice way of thinking!

**menterie** [mãtri] *nf fam & vieilli* lie, untruth.

**menteur, euse** [mãtœr, øz] ◇ *adj* untruthful; **enfant, il était très** ~ he used to tell lies all the time when he was a child. ◇ *nm, f* liar.
◆ **menteur** *nm* JEUX: **jouer au** ~ to play cheat.

**menthe** [mãt] *nf* **-1.** BOT mint; ~ **poivrée** peppermint; ~ **verte** spearmint. **-2.** [sirop]: ~ **à l'eau** mint cordial. **-3.** [essence] peppermint; **parfumé à la** ~ mint-flavoured; **bonbons à la** ~ mints, peppermints.

**menthol** [mɑ̃tɔl] *nm* menthol.

**mentholé, e** [mɑ̃tɔle] *adj* mentholated, mentol *(modif)*.

**menti, e** [mɑ̃ti] *pp→* **mentir**.

**mention** [mɑ̃sjɔ̃] *nf* **-1.** [référence] mention; faire ~ de qqch to refer to ou to mention sthg. **-2.** [texte] note, comment; l'enveloppe portait la ~ «urgent» the word 'urgent' appeared ou was written on the envelope. **-3.** SCOL & UNIV distinction; être reçu sans ~ to get an ordinary pass ❏ ~ bien ≃ upper second class Honours *Br*, ≃ pass with honors *Am*; ~ très bien ≃ first class Honours *Br*, ≃ pass with high honors *Am*; ~ passable *minimum pass grade*; ~ honorable *first level of distinction for a PhD*; ~ très honorable *second level of distinction for a PhD*; ~ très honorable avec les félicitations du jury *highest level of distinction for a PhD*.

**mentionner** [3] [mɑ̃sjɔne] *vt* to mention; le nom du traducteur n'est pas mentionné the translator's name does not appear.

**mentir** [37] [mɑ̃tir] *vi* [gén] to lie; [une fois] to tell a lie; [plusieurs fois] to tell lies; il m'a menti he lied to me, he told me a lie; tu mens (effrontément)! you're lying (shamelessly)!, you're a (barefaced) liar!; j'ai prédit que tu allais gagner, ne me fais pas ~ I said you'd win, don't prove me wrong ou don't make a liar out of me; sans ~, elle me l'a dit quinze fois without a word of a lie, she told me fifteen times; ~ par omission to lie by omission ❏ elle ment comme elle respire ou comme un arracheur de dents she lies through her teeth; faire ~ le proverbe to give the lie to the proverb.
◆ **mentir à** *v* + *prép litt* [manquer à] to belie.
◆ **se mentir** ◇ *vp (emploi réfléchi)*: se ~ à soi-même to fool o.s. ◇ *vp (emploi réciproque)* to lie to each other, to tell each other lies.

**menton** [mɑ̃tɔ̃] *nm* chin.

**mentonnière** [mɑ̃tɔnjɛr] *nf* **-1.** [d'un chapeau] chin strap; [d'un casque] chin piece. **-2.** MÉD chin bandage. **-3.** MUS chin rest.

**mentor** [mɑ̃tɔr] *nm litt* mentor.

**menu¹** [məny] *nm* **-1.** [liste] menu; [carte] menu (card); qu'y a-t-il au ~ aujourd'hui? *pr* what's on the menu?; *fig* what's on the agenda for today? **-2.** [repas] set meal; le ~ gastronomique the gourmet menu, the special fare menu. **-3.** INF menu.
◆ **par le menu** *loc adv* [raconter] in detail; [vérifier] thoroughly.

**menu², e** [məny] *adj* **-1.** [attaches, silhouette] slim, slender; [voix] small, thin; [écriture] small, tiny; [enfant] tiny. **-2.** *(avant le nom)* [petit] small, tiny. **-3.** *(avant le nom)* [négligeable]: il fait les ~s travaux he does odd jobs; ~s frais minor expenses; de la ~e monnaie small change; ~ fretin ZOOL fry; *fig* small fry; les ~s plaisirs life's little pleasures; les Menus Plaisirs HIST the royal entertainment *(at the French Court)*.
◆ **menu** *adv* [couper, hacher] thoroughly, finely; écrire ~ to write small.

**menuet** [mənɥɛ] *nm* minuet.

**menuiserie** [mənɥizri] *nf* **-1.** [activité] joinery. **-2.** [atelier] (joiner's) workshop. **-3.** [boiseries] woodwork.

**menuisier** [mənɥizje] *nm* joiner.

**Méphistophélès** [mefistɔfelɛs] *npr* Mephistopheles.

**méprendre** [79] [meprɑ̃dr]
◆ **se méprendre** *vp i sout* to make a mistake, to be mistaken; je me suis mépris sur ses intentions réelles I was mistaken about ou I misunderstood his real intentions; se ~ sur qqn to misjudge sb; on dirait ta sœur, c'est à s'y ~ she looks just like your sister.

**mépris¹, e** [mepri, iz] *pp→* **méprendre**.
◆ **méprise** *nf* mistake, error; victime d'une ~e victim of a misunderstanding.
◆ **par méprise** *loc adv* by mistake.

**mépris²** [mepri] *nm* contempt, disdain, scorn; avoir ou éprouver du ~ pour to be filled with contempt for, to despise; avec ~ scornfully, contemptuously; le ~ de [convenances, tradition] contempt for, lack of regard for.
◆ **au mépris de** *loc prép* with no regard for, regardless of; au ~ du danger regardless of the danger; au ~ du règlement in defiance of the rules; au ~ des convenances spurning convention.

**méprisable** [meprizabl] *adj* contemptible, despicable.

**méprisant, e** [meprizɑ̃, ɑ̃t] *adj* contemptuous, disdainful, scornful; se montrer très ~ envers qqn to pour scorn on sb, to be very contemptuous towards sb.

**méprise** [mepriz] *f→* **mépris** *pp*.

**mépriser** [3] [meprize] *vt* **-1.** [dédaigner] to look down on, to despise, to scorn; je le méprise d'être si lâche I despise him for being such a coward; elle méprise l'argent she thinks nothing of ou scorns money. **-2.** [braver – conventions, règlement] to disregard, to defy; [– mort, danger] to defy, to scorn.

**mer** [mɛr] *nf* **-1.** GÉOG sea; mettre un canot à la ~ [d'un navire] to lower ou to launch a boat; [de la terre] to get out a boat; jeter qqch à la ~ [d'un navire] to throw sthg overboard; [de la terre] to throw sthg into the sea; ils sont partis en ~ they've gone out to sea; perdus en ~ lost at sea; voyager par ~ to travel by sea; prendre la ~ to put out to sea; état de ~ sea conditions; ~ calme/belle/peu agitée calm/smooth/moderate sea; ~ agitée devenant forte sea moderate becoming heavy; la ~ est mauvaise the sea is rough; la ~ était d'huile the sea was calm ou like a millpond ❏ ~ intérieure inland sea; ce n'est pas la ~ à boire *fam* it's not that hard, there's nothing much to it; la ~ Baltique/Caspienne/Égée/Morte/Rouge the Baltic/Caspian/Aegean/Dead/Red Sea; la ~ des Caraïbes the Caribbean (Sea); la ~ du Nord the North Sea; la ~ des Sargasses the Sargasso Sea; la ~ de la Tranquillité the Sea of Tranquillity. **-2.** [marée] tide; à quelle heure la ~ sera-t-elle haute/basse? what time is high/low tide? **-3.** [région côtière] seaside; à la ~ at ou by the seaside. **-4.** [grande étendue]: ~ de glace glacier; ~ de sable ocean of sand, sand sea. **-5.** ASTRON mare.

**mercantile** [mɛrkɑ̃til] *adj* **-1.** *péj* [intéressé] mercenary, self-seeking, venal *litt*. **-2.** [commercial] mercantile.

**mercantilisme** [mɛrkɑ̃tilism] *nm* **-1.** *litt* [attitude] mercenary ou self-seeking attitude. **-2.** ÉCON [théorie] mercantilism; [système] mercantile system.

**mercatique** [mɛrkatik] *nf* marketing.

**mercenaire** [mɛrsənɛr] ◇ *adj litt* [troupe] mercenary; [travail] paid. ◇ *nm* mercenary.

**mercerie** [mɛrsəri] *nf* **-1.** [magasin] haberdasher's shop *Br*, notions store *Am*. **-2.** [industrie, articles] haberdashery *Br*, notions *Am*; des articles de ~ sewing materials.

**merchandising** [mɛrʃɑ̃dajziŋ] *nm* merchandising, sales promotion.

**merci** [mɛrsi] ◇ *nm* thank-you; dites-lui un grand ~ pour son aide give him a big thank-you ou all our thanks for his help. ◇ *interj* thank you; as-tu dit ~ à la dame? did you thank the lady ou say thank you to the lady?; ~ (beaucoup) d'être venu thanks (a lot) for coming; ~ mille fois thank you so ou very much; voulez-vous du fromage? — (non) ~, je n'ai pas faim would you like some cheese? — no thank you ou thanks, I'm not hungry; ~, très peu pour moi! *fam* thanks but no thanks! ◇ *nf litt* mercy.
◆ **à la merci de** *loc prép* at the mercy of; tenir qqn à sa ~ to have sb at one's mercy ou in one's power.
◆ **sans merci** ◇ *loc adj* merciless, pitiless, ruthless. ◇ *loc adv* mercilessly, pitilessly, ruthlessly.

**mercier, ère** [mɛrsje, ɛr] *nm, f* haberdasher *Br*, notions dealer *Am*.

**mercredi** [mɛrkrədi] *nm* Wednesday; ~ des Cendres Ash Wednesday; *voir aussi* **mardi**.

**mercure** [mɛrkyr] *nm* CHIM mercury.

**Mercure** [mɛrkyr] *npr* ASTRON & MYTH Mercury.

**mercuriale** [mɛrkyrjal] *nf* **-1.** *litt* [accusation] remonstrance, admonition. **-2.** COMM market price list. **-3.** BOT mercury.

**Mercurochrome®** [mɛrkyrɔkrɔm] *nm* Mercurochrome®.

**merde** [mɛrd] ◇ *nf* **-1.** ▼ [excrément] shit, crap; une ~ de chien a dog turd ❏ il ne se prend pas pour une ~ de la ~ he thinks the sun shines out of his arse *Br*, he thinks he's God's gift to the world *Am*; ce temps de ~ this shitty weather. **-2.** ▽ [désordre] bloody *Br* ou godawful *Am* mess; foutre ou semer la ~ to make a bloody mess. **-3.** ▽ [ennuis]: c'est la ~! it's hell!; être dans la ~ (jusqu'au cou) to be (right) in the shit. **-4.** ▽ [mésaventure] shitty mess; il m'arrive encore une ~! I've got another bloody problem! ◇ *interj* ▽ shit; (je te dis) ~! [ton agressif] to hell with you!;

[pour souhaiter bonne chance] fingers crossed!, break a leg!; on y va, oui ou ~! are we going or aren't we, for Christ's sake!

**merder**▽ [3] [mɛrde] *vi*: mon imprimante merde depuis trois jours my printer's been on the blink for the last three days; j'ai complètement merdé en littérature anglaise I completely screwed up the English Lit paper.

**merdeux, euse**▽ [mɛrdø, øz] ◇ *adj* shitty, crappy. ◇ *nm, f* [enfant] little shit.

**merdier**▽ [mɛrdje] *nm* -1. [désordre] pigsty *fig*. -2. [situation confuse]: on s'est retrouvé dans un beau ~ après son départ we were in one hell of a mess after he left.

**merdique**▽ [mɛrdik] *adj* shitty, crappy.

**merdoyer**▽ [13] [mɛrdwaje], **merdouiller**▽ [3] [mɛrduje] *vi*: j'ai complètement merdoyé à l'oral I made a right cock-up *Br* ou a real screw-up *Am* of the oral.

**mère** [mɛr] *nf* -1. [génitrice] mother; elle est ~ de cinq enfants she is a mother of five; c'est une ~ pour lui she's like a mother to him; frères/sœurs par la ~ half-brothers/half-sisters on the mother's side; veau élevé sous la ~ calf nourished on its mother's milk ❏ ~ adoptive adoptive mother; ~ célibataire unmarried mother; ~ de famille mother, housewife; ~ porteuse surrogate mother. -2. *fam* [madame]: la ~ Vorel old mother Vorel. -3. RELIG Mother; la ~ supérieure Mother Superior. -4. *litt* [origine] mother; ~ patrie mother country. -5. CHIM: ~ de vinaigre mother of vinegar. -6. *(comme adj)*: carte ~ INF motherboard; disque ~ INF (positive) matrix; maison ~ COMM headquarters, head office; société ~ COMM parent company.

**mère-grand** [mɛrgrɑ̃] *nf vieilli* grandmother.

**merguez** [mɛrgɛz] *nf* spicy North African mutton sausage.

**méridien, enne** [meridjɛ̃, ɛn] *adj* -1. *litt* [de midi] meridian *arch*. -2. ASTRON meridian.
◆ **méridien** *nm* -1. ASTRON & MÉTÉO meridian; ~ international ou origine prime ou Greenwich meridian; ~ céleste/magnétique/terrestre celestial/magnetic/terrestrial meridian. -2. MÉD meridian.
◆ **méridienne** *nf* -1. MATH meridian (section); GÉOG meridian line; GÉOL triangulation line. -2. [sieste] siesta. -3. [lit] chaise longue.

**méridional, e, aux** [meridjɔnal, o] ◇ *adj* -1. [du Sud] southern, meridional. -2. [du sud de la France] *from the South of France*. ◇ *nm, f* -1. [du Sud] Southerner. -2. [du sud de la France] *person from or inhabitant of the South of France*.

**meringue** [mərɛ̃g] *nf* meringue.

**meringuer** [3] [mərɛ̃ge] *vt* to cover with meringue; tarte au citron meringuée lemon meringue pie.

**mérinos** [merinos] *nm* merino.

**merise** [məriz] *nf* wild cherry, merise.

**merisier** [mərizje] *nm* -1. [arbre] wild cherry (tree). -2. [bois] cherry (wood).

**méritant, e** [meritɑ̃, ɑ̃t] *adj* worthy, deserving.

**mérite** [merit] *nm* -1. [vertu] merit, worth; gens de ~ people of merit; avoir du ~ to be deserving of ou to deserve praise; tu as du ~ de t'occuper d'eux it is greatly to your credit that you take such care of them. -2. [gloire] credit; s'attribuer le ~ de qqch to take the credit for sthg; tout le ~ de l'affaire vous revient all the credit for the deal is yours, you deserve all the credit for the deal. -3. [qualité] merit; sa déclaration a au moins le ~ d'être brève her statement at least has the merit of being brief. -4. [décoration]: Mérite agricole *agricultural merit award*.

**mériter** [3] [merite] *vt* -1. [suj: personne] to deserve, to merit; tu l'as bien mérité! it serves you right!, you got what you deserve!; ils ne méritent pas qu'on s'intéresse à eux they are not worth bothering with; un repos bien mérité a well-deserved rest. -2. [suj: objet, idée] to merit, to be worth, to deserve; une exposition qui mérite d'être vue an exhibition worth seeing ou which deserves to be seen; la proposition mérite réflexion the proposal is worth thinking about.
◆ **mériter de** *v + prép*: avoir bien mérité de la patrie to have served one's country well.
◆ **se mériter** *vp (emploi passif)*: un cadeau pareil, ça se mérite you have to do something special to get a present like that.

**méritocratie** [meritɔkrasi] *nf* meritocracy.

**méritoire** [meritwar] *adj* commendable, praiseworthy.

**merlan** [mɛrlɑ̃] *nm* -1. ZOOL whiting; il la regardait avec des yeux de ~ frit *fam* he was gawking at her like an idiot. -2. CULIN topside *Br*, top round *Am*.

**merle** [mɛrl] *nm* -1. ORNITH: ~ (noir) blackbird. -2. [poisson] ballan wrasse.

**merlin** [mɛrlɛ̃] *nm* -1. NAUT marline. -2. [pour fendre le bois] (clearing) axe; [pour assommer le bétail] poleaxe.

**Merlin** [mɛrlɛ̃] *npr*: ~ l'Enchanteur Merlin the Wizard.

**merlu** [mɛrly] *nm* hake.

**mérou** [meru] *nm* grouper.

**mérovingien, enne** [merɔvɛ̃ʒjɛ̃, ɛn] *adj* Merovingian.
◆ **Mérovingien, enne** *nm, f* Merovingian.

**merveille** [mɛrvɛj] *nf* -1. [chose remarquable] marvel, wonder, treasure; cette liqueur est une ~ this liqueur is amazing; une ~ d'ingéniosité a marvel of ingenuity; dire ~ de qqn to heap praise upon sb; faire des ~s, faire ~ to work wonders. -2. CULIN ≃ doughnut.
◆ **à merveille** *loc adv* wonderfully, marvellously; ils s'entendent à ~ they get on marvellously (well) ou like a house on fire; se porter à ~ to be in perfect health; ce travail lui convient à ~ this job suits her down to the ground.

**merveilleusement** [mɛrvɛjøzmɑ̃] *adv* wonderfully, marvellously.

**merveilleux, euse** [mɛrvɛjø, øz] *adj* -1. [formidable] wonderful, marvellous, amazing. -2. [qui surprend] marvellous, amazing; un travail ~ de délicatesse a marvellously fine piece of work. -3. *(après le nom)* [fantastique] magic; la lampe merveilleuse the magic lamp.
◆ **merveilleux** *nm* -1. [surnaturel]: le ~ the supernatural ou marvellous. -2. [caractère extraordinaire]: le ~ de l'histoire, c'est qu'il est vivant the amazing thing about the whole story is that he's still alive.
◆ **merveilleuse** *nf* HIST merveilleuse, fine lady.

**mes** [me] *pl*→ **mon**.

**mésalliance** [mezaljɑ̃s] *nf sout* misalliance, mismatch; faire une ~ to marry beneath o.s. ou one's station.

**mésange** [mezɑ̃ʒ] *nf* tit, titmouse; ~ bleue/noire blue/coal tit.

**mésaventure** [mezavɑ̃tyr] *nf* misadventure, misfortune, mishap.

**Mesdames** [medam] *pl*→ **Madame**.

**Mesdemoiselles** [medmwazɛl] *pl*→ **Mademoiselle**.

**mésentente** [mezɑ̃tɑ̃t] *nf* disagreement, difference of opinion.

**mésestime** [mezɛstim] *nf litt* lack of respect, low esteem ou regard; tenir qqn en ~ to hold sb in low esteem, to have little regard for sb.

**mésestimer** [3] [mezɛstime] *vt* -1. [mépriser] to have a low opinion of; [sous-estimer] to underestimate, to underrate.

**mésinformer** [3] [mezɛ̃fɔrme] *vt* to misinform..

**mésintelligence** [mezɛ̃teliʒɑ̃s] *nf litt* disagreement, lack of (mutual) understanding, discord *litt*.

**mesmérisme** [mɛsmerism] *nm* mesmerism.

**mésolithique** [mezɔlitik] ◇ *adj* Mesolithic. ◇ *nm*: le ~ the Mesolithic (age).

**Mésopotamie** [mezɔpɔtami] *nprf*: (la) ~ Mesopotamia.

**mésopotamien, enne** [mezɔpɔtamjɛ̃, ɛn] *adj* Mesopotamian.
◆ **Mésopotamien, enne** *nm, f* Mesopotamian.

**mésosphère** [mezɔsfɛr] *nf* mesosphere.

**mésothérapie** [mezɔterapi] *nf* treatment of cellulite, circulation problems, rheumatism etc involving the use of tiny needles.

**mesquin, e** [mɛskɛ̃, in] *adj* -1. [médiocre] mean, petty. -2. [parcimonieux] mean, stingy, niggardly.

**mesquinement** [mɛskinmɑ̃] *adv* -1. [selon des vues étroites] pettily, small-mindedly. -2. [avec parcimonie] meanly, stingily.

**mesquinerie** [mɛskinri] *nf* -1. [étroitesse d'esprit] meanness, petty-mindedness, pettiness. -2. [parcimonie] meanness, stinginess.

**mess** [mɛs] *nm* mess; le ~ des officiers the officers' mess.

**message** [mesaʒ] *nm* -1. [information] message; faire parve-

nir un ~ à qqn to send a message to sb ❑ ~ chiffré message in cipher; ~ codé coded message; ~ électronique E-mail (message); ~ publicitaire advertisement; ~ téléphoné TÉLÉC ≈ Telemessage® *Br*, ≈ telegram *Am (delivered on the telephone)*. **-2.** [déclaration] speech; un ~ de bienvenue a message of welcome. **-3.** BIOL: ~ génétique genetic information ou code; ~ nerveux nerve impulse ou message.
◆ à message *loc adj* with a message.

**message-guide** [mesaʒgid] (*pl* **messages-guide**) *nm* INF prompt.

**messager, ère** [mesaʒe, ɛr] *nm, f* **-1.** [personne qui transmet] messenger; je me ferai votre ~ auprès de lui I'll speak to him on your behalf. **-2.** *litt* [annonciateur]: ~ de bonheur harbinger of happiness.
◆ **messager** *nm* **-1.** HIST messenger; Mercure, le ~ des dieux MYTH Mercury, the messenger of the gods. **-2.** ORNITH carrier pigeon.

**messagerie** [mesaʒri] *nf* INF & TÉLÉC: ~ électronique electronic mail service; les ~s télématiques videotex messaging services; les ~s roses *interactive Minitel services enabling individuals seeking companionship to make contact.*
◆ **messageries** *nfpl* parcels service; ~s aériennes air freight company; ~s de presse press delivery service; ~s maritimes shipping line.

**messe** [mɛs] *nf* **-1.** RELIG Mass; aller à la ~ to go to Mass; faire dire une ~ pour qqn to have a Mass said for sb ❑ ~ basse Low Mass; faire ou dire des ~s basses *fig* to whisper; ~ de minuit midnight Mass; ~ des morts ou de requiem Mass for the dead, Requiem; ~ noire black mass. **-2.** MUS Mass; ~ concertante (oratorio-style) Mass; ~ en si mineur Mass in B minor.

**Messeigneurs** [mesɛɲœr] *pl*→ **Monseigneur**.

**messeoir** [67] [meswar]
◆ **messeoir** à *v* + *prép litt* to be unbecoming to, to ill befit.

**messianique** [mesjanik] *adj* messianic.

**messianisme** [mesjanism] *nm* messianism.

**messidor** [mesidɔr] *nm tenth month of the French Revolutionary calendar (from June 19th or 20th to July 18th or 19th).*

**messie** [mesi] *nm* messiah; le Messie the Messiah ❑ 'le Messie' *Haendel* 'The Messiah'.

**messied** [mesje], **messiéent** [mesje], **messiéra** [mesjera] *v*→ messeoir.

**messieurs** [mesjø] *pl*→ **monsieur**.

**Messieurs** [mesjø] *pl*→ **Monsieur**.

**messire** [mesir] *nm* HIST my lord; ~ Thomas my lord Thomas.

**mesurable** [məzyrabl] *adj* measurable.

**mesurage** [məzyraʒ] *nm* measurement, measuring.

**mesure** [məzyr] *nf* **-1.** [évaluation d'une dimension] measuring *(U)*, measurement; [résultat] measurement; prendre les ~s de qqch to take the measurements of sthg. **-2.** [valeur] measure, measurement; unité de ~ unit of measurement; ~ de surface/longueur measure of surface area/of length. **-3.** [récipient] measure; de vieilles ~s en étain old pewter measures ❑ ~ de capacité [pour liquides] (liquid) measure; [pour le grain, les haricots] (dry) measure; faire bonne ~ COMM to give good measure; et pour faire bonne ~, j'ai perdu ma clef *hum* and to cap it all, I've lost my key; la ~ est (à son) comble enough's enough. **-4.** COUT measurement; prendre les ~s d'un client to take a customer's measurements. **-5.** [retenue] moderation; garder une juste ~ to keep a sense of moderation; tu passes ou dépasses la ~ you're going too far; leur cynisme passe la ~ they're excessively cynical; un homme plein de ~ a man with a sense of moderation; dépenser avec/sans ~ to spend with/without moderation. **-6.** [qualité] measure; il ne donne (toute) sa ~ que dans la dernière scène he only displays the full measure of his talent ou only shows what he's capable of in the last scene; prendre la ~ d'un adversaire to size up an opponent. **-7.** ADMIN, JUR & POL measure, step; prendre des ~s pour enrayer une épidémie to take steps to check an epidemic ❑ ~ incitative initiative; ~ préventive preventative measure ou step; ~ de rétorsion retaliatory measure, reprisal; ~ de sécurité safety measure; par ~ de: par ~ d'hygiène in the interest of hygiene; par ~ de sécurité as a safety precaution; ~ d'urgence emergency measure. **-8.** [degré] extent; son

attitude donne la ~ de son cynisme his behaviour shows just how cynical he really is; prendre la (juste) ~ de qqch to understand the full extent of sthg; dans la ~ de mes possibilités insofar as I am able; dans la ~ du possible as far as possible; dans la ~ où cela peut lui être agréable insofar as ou inasmuch as he might enjoy it; dans une certaine ~ to some ou a certain extent; dans une large ~ to a large extent, in large measure ❑ être en ~ de to be able ou in a position to. **-9.** MUS [rythme] time, tempo; être en ~ to be in time ❑ ~ composée/simple compound/simple time; ~ à quatre temps four-four time ou measure, common time ou measure. **-10.** LITTÉRAT metre. **-11.** GÉOM measure.
◆ à la mesure de *loc prép* worthy of; elle a un adversaire à sa ~ she's got an opponent worthy of her ou who is a match for her.
◆ à mesure que *loc conj* as.
◆ outre mesure *loc adv* excessively, overmuch; ils ne s'aiment pas outre ~ they're not overkeen ou excessively keen on each other.
◆ sur mesure *loc adj* **-1.** COUT made-to-measure; fabriquer des vêtements sur ~ to make clothes to measure; mousse sur ~ foam cut to size. **-2.** *fig*: j'ai trouvé un travail sur ~ I've found the ideal job (for me). **-3.** *(comme nom)*: c'est du sur ~ COUT it's made to measure; *fig* it fits the bill.

**mesuré, e** [məzyre] *adj* **-1.** [lent] measured; à pas ~s at a measured pace. **-2.** [modéré] steady, moderate.

**mesurer** [3] [məzyre] *vt* **-1.** [déterminer la dimension de] to measure; qqch en hauteur/largeur to measure the height/width of sthg; je vais vous en ~ le double [obj: coupon, liquide] I'll measure out twice as much for you. **-2.** [difficulté, qualité] to assess; il ne mesure pas sa force ou ses forces he doesn't know his own strength; il n'a pas entièrement mesuré les risques he didn't fully consider ou assess the risks; mesure-t-elle la portée de ses paroles? is she aware of the consequences of what she's saying?; ~ qqn du regard to look sb up and down, to size sb up. **-3.** [limiter] to limit; on nous mesure les crédits our funds are limited; il ne mesure pas sa peine *sout* he doesn't spare his efforts; et pourtant, je mesure mes mots and I'm choosing my words carefully. **-4.** [adapter]: ~ qqch à to adapt sthg to. ◇ *vi* to measure; combien mesures-tu? how tall are you?; le sapin ne mesure que 2 mètres the fir tree is only 2 metres high; la cuisine mesure 2 mètres sur 3 the kitchen is ou measures 2 metres by 3.
◆ se mesurer *vp (emploi réciproque)*: se ~ des yeux ou du regard to size each other up, to look each other up and down.
◆ se mesurer à *vp* + *prép* to have a confrontation with, to pit o.s. against.

**mesureur** [məzyrœr] ◇ *nm* **-1.** [agent] measurer. **-2.** [instrument] gauge, measure. ◇ *adj m*: verre ~ measuring cup ou jug.

**mésuser** [3] [mezyze]
◆ **mésuser de** *v* + *prép litt* to misuse.

**métabolique** [metabɔlik] *adj* metabolic.

**métabolisme** [metabɔlism] *nm* metabolism.

**métacarpe** [metakarp] *nm* metacarpus.

**métairie** [metɛri] *nf* sharecropping farm, metairie.

**métal, aux** [metal, o] *nm* **-1.** MÉTALL metal; ~ en barres/lingots metal in bars/ingots; ~ précieux precious ou noble metal; le ~ jaune gold; métaux lourds heavy metals; métaux vils base metals. **-2.** *litt* [caractère] metal. **-3.** FIN & HÉRALD metal.

**métalangage** [metalɑ̃gaʒ] *nm*, **métalangue** [metalɑ̃g] *nf* metalanguage.

**métalinguistique** [metalɛ̃gɥistik] *adj* metalinguistic.

**métallerie** [metalri] *nf* structural metalwork.

**métallique** [metalik] *adj* **-1.** [en métal] metal *(modif)*. **-2.** [semblable au métal] metallic, steel *(modif)*, steely; un bruit/une voix ~ a metallic noise/voice ❑ bleu ~ steel ou steely blue.

**métallisé, e** [metalize] *adj* [couleur, finition] metallic; [papier] metallized.

**métallurgie** [metalyrʒi] *nf* metallurgy.

**métallurgique** [metalyrʒik] *adj* [procédé] metallurgical; [atelier – gén] metalworking; [– dans une aciérie] steelworking.

**métallurgiste** [metalyrʒist] *nm* **-1.** [ouvrier] metalworker; [dans une aciérie] steelworker. **-2.** [industriel, expert] metallurgist.

**métamorphose** [metamɔrfoz] *nf* **-1.** BIOL & MYTH metamorphosis. **-2.** [transformation] metamorphosis, transformation. **-3.** LITTÉRAT: 'la Métamorphose' *Kafka* 'Metamorphosis'.

**métamorphoser** [3] [metamɔrfoze] *vt* **-1.** MYTH: ∼ qqn en to change ou to turn sb into. **-2.** [transformer] to transform, to change.

◆ **se métamorphoser** *vpi* **-1.** MYTH: se ∼ en to turn ou to be metamorphosed into. **-2.** [se transformer] to change, to transform.

**métaphore** [metafɔr] *nf* metaphor.

**métaphorique** [metafɔrik] *adj* metaphoric, metaphorical, figurative.

**métaphoriquement** [metafɔrikmɑ̃] *adv* metaphorically, figuratively.

**métaphysicien, enne** [metafizisjɛ̃, ɛn] *nm, f* metaphysician, metaphysicist.

**métaphysique** [metafizik] ◇ *adj* **-1.** BX-ARTS & PHILOS metaphysical. **-2.** [spéculatif] metaphysical, abstruse, abstract. ◇ *nf* **-1.** PHILOS metaphysics *(sg)*; [système de pensée] metaphysic; la ∼ kantienne the Kantian metaphysic. **-2.** [spéculations] abstractness, abstruseness; il ne s'embarrasse pas de ∼ *fam* he doesn't let anything get in his way.

**métaphysiquement** [metafizikmɑ̃] *adv* metaphysically.

**métapsychique** [metapsiʃik] *vieilli* ◇ *adj* psychic. ◇ *nf* parapsychology.

**métapsychologie** [metapsikɔlɔʒi] *nf* metapsychology.

**métastase** [metastaz] *nf* metastasis.

**métatarse** [metatars] *nm* metatarsus.

**métayage** [metɛjaʒ] *nm* sharecropping.

**métayer, ère** [meteje, ɛr] *nm, f* sharecropper, sharecropping tenant.

**métempsycose** [metɑ̃psikoz] *nf* metempsychosis.

**météo** [meteo] ◇ *adj inv* (*abr de* **météorologique**): bulletin ∼ weather report; prévisions ∼ (weather) forecast. ◇ *nf* (*abr de* **météorologie**) [service] Met Office *Br*, Weather Bureau *Am*; [temps prévu] weather forecast; la ∼ a dit que... the weatherman said...

**météore** [meteɔr] *nm* **-1.** ASTRON meteor. **-2.** *fig* nine days' wonder.

**météorique** [meteɔrik] *adj* **-1.** ASTRON meteoric. **-2.** [éphémère] meteoric, short-lived, fleeting.

**météorite** [meteɔrit] *nf* **-1.** [météoroïde] meteoroid. **-2.** [aérolithe] meteorite.

**météorologie** [meteɔrɔlɔʒi] *nf* **-1.** SC meteorology. **-2.** [organisme] Meteorological Office, Weather Centre *Br* ou Bureau *Am*.

**météorologique** [meteɔrɔlɔʒik] *adj* meteorological, weather (*modif*).

**météorologiste** [meteɔrɔlɔʒist], **météorologue** [meteɔrɔlɔg] *nmf* meteorologist.

**métèque** [metɛk] ◇ *nm* HIST metic. ◇ *nmf* ▼ *offensive term used with reference to Mediterranean foreigners living in France.*

**méthane** [metan] *nm* methane (gas).

**méthode** [metɔd] *nf* **-1.** [système] method; SC & TECH method, technique; une ∼ de rangement a method for storing things; c'est une bonne ∼ pour apprendre l'anglais it's a good way of learning English; j'ai ma ∼ pour le convaincre I have my own way of convincing him ❑ ∼ globale word recognition method. **-2.** [organisation] method; vous manquez de ∼ you lack method, you aren't methodical enough; avec ∼ methodically. **-3.** *fam* [astuce]: lui, il a trouvé la ∼! he's got the hang of it! **-4.** [manuel]: ∼ de lecture primer; ∼ de solfège music handbook ou manual.

**méthodique** [metɔdik] *adj* methodical.

**méthodiquement** [metɔdikmɑ̃] *adv* methodically.

**méthodisme** [metɔdism] *nm* Methodism.

**méthodiste** [metɔdist] *adj & nmf* Methodist.

**méthodologie** [metɔdɔlɔʒi] *nf* methodology.

**méthodologique** [metɔdɔlɔʒik] *adj* methodological.

**méthylène** [metilɛn] *nm* CHIM methylene; COMM methyl alcohol.

**méticuleusement** [metikyløzmɑ̃] *adv* meticulously.

**méticuleux, euse** [metikylø, øz] *adj* **-1.** [minutieux – personne] meticulous; [– enquête] probing, searching. **-2.** [scrupuleux] meticulous, scrupulous; d'une propreté méticuleuse spotlessly ou scrupulously clean.

**méticulosité** [metikylɔzite] *nf litt* meticulousness.

**métier** [metje] *nm* **-1.** [profession] trade; mon ∼ my job ou occupation ou trade; les ∼s manuels the manual trades; les ∼s d'art (arts and) crafts; j'ai fait tous les ∼s I've done every sort of job there is; faire ou exercer le ∼ de chimiste to work as a chemist; la soudure ne tiendra pas, et je connais mon ∼! the welding won't hold, and I know what I'm talking about ou what I'm doing!; le ∼ de mère a mother's job ❑ le plus vieux ∼ du monde *euph* the oldest profession in the world; il n'y a pas de sot ∼ (, il n'y a que de sottes gens) there's no such thing as a worthless trade. **-2.** [expérience] skill, experience; avoir du ∼ to have job experience; c'est le ∼ qui rentre it shows you're learning. **-3.** [machine]: ∼ à filer/tricoter spinning/knitting machine; ∼ à tapisserie tapestry frame ou loom; ∼ à tisser loom; avoir qqch sur le ∼ *fig* to have sthg lined up.

◆ **de métier** ◇ *loc adj* [homme, femme, armée] professional; [argot] technical; [technique] of the trade. ◇ *loc adv*: avoir 15 ans de ∼ to have been in the job ou business for 15 years.

◆ **de son métier** *loc adv* by trade; être boulanger/journaliste de son ∼ to be a baker/journalist by trade.

◆ **du métier** *loc adj* of the trade; les gens du ∼ people of the trade ou in the business; demande à quelqu'un du ∼ ask a professional ou an expert.

**métis, isse** [metis] ◇ *adj* **-1.** [personne] of mixed race. **-2.** ZOOL crossbred, hybrid, cross; BOT hybrid. ◇ *nm, f* **-1.** [personne] person of mixed race. **-2.** ZOOL crossbreed, hybrid, cross; BOT hybrid.

◆ **métis** *nm* TEXT (heavy) linen-cotton mixture.

**métissage** [metisaʒ] *nm* **-1.** BIOL [de personnes] interbreeding; [d'animaux] crossbreeding, hybridization; [de plantes] hybridation. **-2.** SOCIOL intermarrying.

**métisser** [3] [metise] *vt* ZOOL to cross, to crossbreed; BOT to hybridize.

**métonymie** [metɔnimi] *nf* metonymy.

**métonymique** [metɔnimik] *adj* metonymic.

**métrage** [metraʒ] *nm* **-1.** [prise de mesures] measurement. **-2.** [longueur] length; COUT length, yardage COMM; quel ∼ faut-il pour un manteau? how many yards are needed to make an overcoat?

**mètre** [metr] *nm* ∨→ **métrer**. ◇ *nm* **-1.** [unité] metre; ∼ carré/cube square/cubic metre; ∼ par seconde metre per second ❑ ∼ étalon standard metre. **-2.** SPORT: le 400 ∼s the 400 metres, the 400-metre race. **-3.** [instrument] (metre) rule; ∼ pliant folding rule; ∼ à ruban tape measure, measuring tape. **-4.** LITTÉRAT metre.

**métré** [metre] *nm* **-1.** [mesure] quantity survey. **-2.** [devis] bill ou schedule of quantities.

**métrer** [8] [metre] *vt* **-1.** [mesurer] to measure (*in metres*). **-2.** CONSTR to survey, to do a quantity survey of.

**métreur, euse** [metrœr, øz] *nm, f*: ∼ (vérificateur) quantity surveyor.

**métrique** [metrik] ◇ *adj* GÉOM & LITTÉRAT metric. ◇ *nf* LITTÉRAT metrics *(U)*.

**métro** [metro] *nm* underground *Br*, subway *Am*; prendre le ∼ to take the underground *Br* ou subway *Am*; premier ∼ first ou milk train ❑ ∼ aérien elevated ou overhead railway; elle a toujours un ∼ de retard she's slow to catch on; ∼, boulot, dodo *fam* the daily grind ou routine.

**métrologie** [metrɔlɔʒi] *nf* metrology.

**métrologique** [metrɔlɔʒik] *adj* metrological.

**métrologiste** [metrɔlɔʒist] *nmf* metrologist.

**métronome** [metrɔnɔm] *nm* metronome; avec la régularité d'un ∼ like clockwork, (as) regular as clockwork.

**métropole** [metrɔpɔl] *nf* **-1.** [ville] metropolis. **-2.** ADMIN mother country; les Français de la ∼ the metropolitan French. **-3.** RELIG metropolis, see.

**métropolitain, e** [metrɔpɔlitɛ̃, ɛn] *adj* ADMIN & RELIG metropolitan; troupes ∼es home troops.

◆ **métropolitain** *nm* **-1.** *vieilli* [métro] underground (railway) *Br*, subway *Am*.-**2**. RELIG metropolitan (primate).

**métropolite** [metʁɔpɔlit] *nm* RELIG metropolitan.

**mets¹** [mɛ] *v*→ **mettre**.

**mets²** [mɛ] *nm* [aliment] dish.

**mettable** [mɛtabl] *adj* wearable; la veste est encore ~ the jacket's still wearable; je n'ai plus rien de ~ I don't have anything decent left to wear.

**mette** [mɛt] *v*→ **mettre**.

**metteur** [mɛtœʁ] *nm*: ~ en scène CIN director; THÉÂT producer; ~ au point TECH adjuster, setter.

**mettre** [84] [mɛtʁ] *vt* -**1**. [placer] to put; ~ sa confiance/tout son espoir en to put one's trust/all one's hopes in; j'avais mis beaucoup de moi-même dans le projet I'd put a lot into the project; elle a mis son talent au service des défavorisés she used her talent to help the underprivileged; ~ à: ~ une pièce à l'affiche to bill a play; je n'ai pas pu la ~ à l'école du quartier I couldn't get her into the local school; ~ un enfant au lit to put a child to bed; on m'a mis au standard they put me on the switchboard; ~ qqn dans: ~ qqn dans l'avion/le train to put sb on the plane/the train; ~ ses enfants dans le privé to send one's children to private school; ~ qqn en: ~ un enfant en pension to put a child in a ou to send a child to boarding school; ~ qqch sur: ~ 100 francs sur un cheval to put ou to lay 100 francs on a horse; ~ de l'argent sur son compte to put ou to pay some money into one's account ❑ ~ qqn en boîte *fam* to pull sb's leg. -**2**. [poser horizontalement] to lay, to put; ~ la main sur le bras de qqn to lay ou to put one's hand on sb's arm; ~ qqch à plat to lay sthg down flat. -**3**. [disposer] ~ le loquet to put the latch down. -**4**. [ajuster] to set; ~ qqch droit to set sthg straight *literal*; ~ une pendule à l'heure to set a clock to the right time; mets la sonnerie à 20 h 30 set the alarm for 8:30 p.m. -**5**. [établir – dans un état, une situation] ~ qqch à: ~ un étang à sec to drain a pond; mettez les verbes à l'infinitif put the verbs into the infinitive; ~ qqn à: ~ qqn à l'amende to fine sb, to impose a fine on sb; ~ qqn au travail to set sb to work, to get sb working; ~ qqn au désespoir to cause sb to despair; ~ qqn dans: ~ qqn dans la confidence to let sb in on ou into the secret; ~ qqn dans l'embarras [perplexité] to put sb in a predicament; [pauvreté] to put sb in financial difficulty; ~ qqn dans l'obligation de faire qqch to oblige sb to do sthg; ~ en: ~ une maison en vente to put a house up for sale; ~ du vin en bouteilles to put wine into bottles, to bottle wine; ~ une plante en pot to pot a plant; ~ qqch en miettes to smash sthg to bits; ~ un poème en musique to set a poem to music; ~ qqch en vigueur to bring sthg into force ou operation; ~ qqch à: ~ qqch à cuire to put sthg on to cook; ~ qqch à réchauffer to heat sthg up (again); ~ du linge à sécher to put ou to hang clothes up to dry; ~ qqch à tremper to put sthg to soak, to soak sthg. -**6**. [fixer] to put; ~ une pièce à un pantalon to put a patch on ou to patch a pair of trousers; ~ un bouton à sa veste to sew a button on one's jacket ‖ [ajouter] to put; il faut lui ~ des piles you have to put batteries in it; j'ai fait ~ de nouveaux verres à mes lunettes I had new lenses put in my glasses. -**7**. [se vêtir, se coiffer, se chausser de] to put on *(sép)*; [porter régulièrement] to wear; mets une barrette put a (hair) slide in; je lui ai mis son manteau/ses gants I put his coat/his gloves on (for him). -**8**. [faire fonctionner – appareil] to turn ou to put ou to switch on *(sép)*; mets de la musique put some music on, play some music; mets les sports *fam* la première chaîne on the sport channel/channel one. -**9**. [installer] to put in *(sép)*, to install; faire ~ le chauffage central to have central heating put in ou installed; ~ du papier peint/de la moquette dans une pièce to wallpaper/to carpet a room. -**10**. [consacrer – temps] to take; elle a mis trois mois à me répondre she took three months ou it took her three months to answer me; combien de temps met-on pour y aller? how long does it take to get there?; nous y mettrons le temps/le prix qu'il faudra we'll spend as much time/money as we have to; tu y as mis le temps! *fam* you took your time about it!, you took long enough!; tu en a mis du temps pour te décider! you took some time to make up your mind!; ~ de l'argent dans une voiture to put money ou into a car. -**11**. [écrire] to put; on met un accent sur le «e» 'e' takes an accent; on met deux m à «pomme» 'pomme' has two m's; mets qu'il a refusé de signer *fam* write ou put down that he refused to sign. -**12**.

[supposer]: mettons (let's) say; et mettons que tu gagnes? suppose ou let's say you win?; il faut, mettons, 2 mètres de tissu we need, (let's) say ou shall we say, 2 metres of material; mettons que j'ai mal compris! [acceptation] let's just say I got it wrong!-**13**. [donner] to give; je vous mets un peu plus de la tarte I've put in a bit more than a pound; le prof m'a mis 18 ≃ the teacher gave me an A. -**14**. *fam* [infliger]: qu'est-ce qu'il m'a mis au ping-pong! he really hammered me ou he didn't half thrash me at table tennis!; on leur a mis 5 buts en première mi-temps we hammered in 5 goals against them in the first half; je lui ai mis une bonne claque I gave ou landed him a good clout; qu'est-ce que son père va lui ~! his father is really going to give it to him!-**15**. *loc*: ~ qqn dans le coup *fam* to fill sb in; on les met!? let's split!; va te faire ~!▼ up yours!

◆ **se mettre** ◇ *vp (emploi passif)* -**1**. [dans une position, un endroit – chose] to go; où se mettent les tasses? where do the cups go?; les pieds, ça ne se met pas sur la table! tables aren't made to put your feet on!-**2**. [aller – vêtement] to go; le noir se met avec tout black goes with everything.
◇ *vpi* -**1**. [s'installer, s'établir – dans une position]: se ~ debout to stand up; se ~ sur le dos to lie (down) on one's back; mets-toi près de la fenêtre [debout] stand near the window; [assis] sit near the window; mettez-vous en cercle arrange yourselves into ou form a circle; je me mets dehors pour travailler I go outside to work; mettez-vous dans la position du lotus get into the lotus position. -**2**. [entrer – dans un état, une situation]: ne te mets pas dans un tel état! don't get (yourself) into such a state!; se ~ en rage to get into a rage; il s'est mis dans une position difficile he's got ou put himself in a difficult situation. -**3**. [s'habiller]: se ~ en to put on; se ~ en pantalon to put on a pair of trousers; elle se met toujours en jupe she always wears a skirt. -**4**. [s'unir]: se ~ avec qqn [pour un jeu] to team up with sb; [pour vivre] to move in with sb; [dans une discussion] to side with sb; on s'est tous mis ensemble pour acheter le cadeau we all clubbed together to buy the present; on s'est mis par équipes de 6 we split up into ou we formed teams of 6 (people); ils ont dû s'y ~ à quatre pour porter le buffet it took four of them to carry the dresser. -**5**. *loc*: qu'est-ce qu'ils se mettent!▼ [dans un combat, un débat] they're really having a go at each other!; [en mangeant] they're really getting stuck in!
◇ *vpt* to put on *(sép)*; se ~ une belle robe/du parfum to put on a nice dress/some perfume.
◆ **se mettre à** *vp + prép* -**1**. [passer à]: quand le feu se met au rouge when the lights turn ou go red ‖ MÉTÉO: le temps se met au beau it's turning sunny; le temps se met au froid it's getting ou turning cold. -**2**. [commencer]: se ~ au judo to take up judo; se ~ à l'ouvrage to set to work, to get down to work; voilà qu'il se met à pleuvoir! now it's started to rain ou raining; s'y ~ [au travail] to get down to it; [à une activité nouvelle] to have a try; si tu t'y mets aussi, je renonce! if you join in as well, I give up!

**meublant, e** [mœblɑ̃, ɑ̃t] *adj* → **meuble** *nm*.

**meuble¹** [mœbl] *adj* -**1**. AGR & HORT loose, light. -**2**. GÉOL crumbly, friable; formation ~ crumb. -**3**. JUR: biens ~s movables, movable assets, personal estate.

**meuble²** [mœbl] *nm* -**1**. [élément du mobilier]: un ~ a piece of furniture; des ~s furniture; êtes-vous dans vos ~s ici? do you own the furniture here? ❑ des ~s de salon living room furniture; des ~s de style period furniture; faire partie des ~s *fam* to be part of the furniture. -**2**. JUR movable; en fait de ~s, possession vaut titre (as far as goods and chattels are concerned) possession amounts to title ❑ les ~s meublants (household) furniture, movables JUR.

**meublé, e** [mœble] *adj* furnished; une maison ~e/non ~e a furnished/an unfurnished house.
◆ **meublé** *nm* [une pièce] furnished room; [plusieurs pièces] furnished flat *Br* ou apartment *Am*; habiter ou vivre en ~ to live in furnished accommodation.

**meubler** [5] [mœble] *vt* -**1**. [garnir de meubles] to furnish; ils ont meublé leur maison en Louis XIII they furnished their home in the Louis XIII style; comment vas-tu ~ la cuisine? what sort of furniture are you going to put in the kitchen?-**2**. [remplir] to fill; ~ le silence/sa solitude to fill the silence/one's solitude; pour ~ la conversation to stop the conversation from flagging, for the sake of conversation; ~ ses soirées en lisant to spend one's evenings reading.

◆ **se meubler** *vpi* to buy (some) furniture.

**meuf**<sup>▽</sup> [mœf] *nf* girl *('verlan' form of the word 'femme').*

**meuglement** [møgləmã] *nm* mooing.

**meugler** [5] [møgle] *vi* to moo.

**meule** [møl] *nf* **-1.** AGR stack, rick; mettre en ~s to stack, to rick ❑ ~ de foin hayrick, haystack; ~ de paille stack of straw. **-2.** TECH (grinding) wheel; ~ à aiguiser ou affûter grindstone; ~ à polir/à rectifier polishing/trueing wheel. **-3.** CULIN: une ~ de fromage a (whole) cheese. **-4.** [d'un moulin] millstone.

**meunerie** [mønri] *nf* **-1.** [activité] (flour) milling. **-2.** [commerce] flour ou milling trade. **-3.** [usine] flour works *(sg).*

**meunier, ère** [mønje, ɛr] *adj* milling *(modif).*

◆ **meunier** *nm* **-1.** [artisan] miller; échelle ou escalier de ~ narrow flight of steps. **-2.** [poisson] miller's thumb, bullhead. **-3.** ENTOM cockroach. **-4.** ORNITH [martin-pêcheur] kingfisher.

◆ **meunière** *nf* **-1.** [épouse du meunier] miller's wife. **-2.** CULIN: sole (à la) meunière sole meunière.

**meurs** [mœr] *v*→ **mourir.**

**meurtre** [mœrtr] *nm* murder; crier au ~ to scream blue murder ❑ ~ avec préméditation premeditated murder.

**meurtrier, ère** [mœrtrije, ɛr] ◇ *adj* [qui tue – engin, lame] deadly, lethal, murderous; [– avalanche] deadly, fatal; [– route] lethal, murderous; [– folie, passion] murderous; humour ~ lethal ou devastating humour. ◇ *nm, f* murderer *(f* murderess).

◆ **meurtrière** *nf* (arrow) loophole ARCHIT.

**meurtrir** [32] [mœrtrir] *vt* **-1.** [contusionner] to bruise. **-2.** *fig & litt* to hurt, to wound. **-3.** [poire, fleur] to bruise.

**meurtrissure** [mœrtrisyr] *nf* **-1.** [contusion] bruise. **-2.** *fig & litt* scar, wound. **-3.** [tache] bruise; des poires pleines de ~s pears covered in bruises.

**meus** [mø] *v*→ **mouvoir.**

**meute** [møt] *nf* [de chiens] pack; [de gens] mob, crowd.

**meuvent** [mœv] *v*→ **mouvoir.**

**mévente** [mevãt] *nf* **-1.** [baisse des ventes] slump. **-2.** [vente à perte] selling at a loss.

**mexicain, e** [mɛksikɛ̃, ɛn] *adj* Mexican.

◆ **Mexicain, e** *nm, f* Mexican.

**Mexico** [mɛksiko] *npr* Mexico City.

**Mexique** [mɛksik] *npr m*: le ~ Mexico; le golfe du ~ the Gulf of Mexico.

**mézigue**<sup>▽</sup> [mezig] *pron pers* yours truly, muggins.

**mezzanine** [mɛdzanin] *nf* **-1.** ARCHIT [entresol] mezzanine; [fenêtre] mezzanine window. **-2.** THÉÂT [corbeille] mezzanine, lower balcony.

**mezzo-soprano** [mɛdzosoprano] *(pl* **mezzo-sopranos)** ◇ *nm* [voix] mezzo-soprano. ◇ *nf* [cantatrice] mezzo-soprano.

**MF** ◇ *nf* (abr de **modulation de fréquence**) FM. ◇ *abr écrite de* **million de francs**.

**Mgr.** *(abr écrite de* **Monseigneur**) Mgr.

**mi** [mi] *nm inv* E; [chanté] mi, me.

**mi-** [mi] *préf* **-1.** [moitié] half-; ~fil ~coton half-linen half-cotton, 50% linen 50% cotton. **-2.** *loc*: ~figue ~raisin [accueil] somewhat mixed; [réponse] ambiguous, enigmatic; [sourire] quizzical, wry.

**miam-miam** [mjammjam] *interj fam* yum-yum; ~, ça a l'air bon that looks yummy.

**miaou** [mjau] *nm* miaow; faire ~ to miaow.

**miasme** [mjasm] *nm* miasma; des ~s miasmas, miasmata.

**miaulement** [mjolmã] *nm* miaowing, mewing.

**miauler** [3] [mjole] *vi* to miaow, to mew.

**mi-bas** [miba] *nm inv* knee-high ou knee-length sock.

**mica** [mika] *nm* [roche] mica.

**mi-carême** [mikarɛm] *(pl* **mi-carêmes)** *nf*: à la ~ on the third Thursday of Lent.

**miche** [miʃ] *nf* [pain] round loaf.

◆ **miches**<sup>▽</sup> *nfpl* [fesses] bum *Br*, fanny *Am*; [seins] knockers, tits.

**Michel** [miʃɛl] *npr*: saint ~ Saint Michael.

**Michel-Ange** [mikɛlãʒ] *npr* Michelangelo.

**micheline** [miʃlin] *nf* railcar.

**mi-chemin** [miʃmɛ̃]

◆ **à mi-chemin** *loc adv* halfway, midway.

◆ **à mi-chemin de** *loc prép* halfway to; à ~ de Lyon halfway to Lyons; à ~ de l'église et de l'école halfway ou midway between the church and the school.

**Michigan** [miʃigã] *npr*: le lac ~ Lake Michigan.

**mi-clos, e** [miklo, mikloz] *adj* half-closed.

**micmac** [mikmak] *nm fam* [affaire suspecte] funny ou fishy business, strange carry-on; [complications] mix-up; ça a été tout un ~ pour pouvoir entrer getting in was a real hassle.

**mi-corps** [mikɔr]

◆ **à mi-corps** *loc adv* [à partir – du bas] up to the waist; [– du haut] down to the waist; l'eau nous arrivait à ~ the water came up to our waists.

**mi-côte** [mikot]

◆ **à mi-côte** *loc adv* [en partant – du bas] halfway up the hill; [– du haut] halfway down the hill.

**mi-course** [mikurs]

◆ **à mi-course** *loc adv* halfway through the race.

**micro** [mikro] ◇ *nm* **-1.** *(abr de* **microphone**) mike; parler dans le ~ to speak into the mike. **-2.** *fam (abr de* **micro-ordinateur**) PC. ◇ *nf fam abr de* **micro-informatique**.

**microbe** [mikrɔb] *nm* **-1.** [germe] microbe, germ. **-2.** *fam* [personne] shrimp, (little) runt ou pipsqueak.

**microbien, enne** [mikrɔbjɛ̃, ɛn] *adj* [relatif aux microbes] microbial, microbic; [causé par les microbes] bacterial.

**microbiologie** [mikrɔbjɔlɔʒi] *nf* microbiology.

**microchimie** [mikrɔʃimi] *nf* microchemistry.

**microchirurgie** [mikrɔʃiryrʒi] *nf* microsurgery.

**microcircuit** [mikrɔsirkɥi] *nm* microcircuit.

**microclimat** [mikrɔklima] *nm* microclimate.

**microcosme** [mikrɔkɔsm] *nm* microcosm.

**micro-cravate** [mikrɔkravat] *(pl* **micros-cravates**) *nm* lapel mike.

**microéconomie** [mikrɔekɔnɔmi] *nf* microeconomics *(sg).*

**microéconomique** [mikrɔekɔnɔmik] *adj* microeconomic.

**microédition** [mikrɔedisjõ] *nf* desktop publishing.

**microélectronique** [mikrɔelɛktrɔnik] ◇ *adj* microelectronic. ◇ *nf* microelectronics *(U).*

**microfibre** [mikrɔfibr] *nf* microfibre.

**microfiche** [mikrɔfiʃ] *nf* microfiche.

**microfilm** [mikrɔfilm] *nm* microfilm.

**microflore** [mikrɔflɔr] *nf* microflora.

**micro-informatique** [mikrɔɛ̃fɔrmatik] *(pl* **micro-informatiques**) *nf* computer science.

**micromètre** [mikrɔmɛtr] *nm* **-1.** [instrument] micrometer. **-2.** [unité] micrometre.

**micron** [mikrõ] *nm* micron.

**Micronésie** [mikrɔnezi] *npr f*: (la) ~ Micronesia.

**micro-onde** [mikrɔõd] *(pl* **micro-ondes**) *nf* microwave.

**micro-ondes** [mikrɔõd] *nm inv* microwave; faire cuire qqch au ~ to cook sthg in the microwave, to microwave sthg.

**micro-ordinateur** [mikrɔɔrdinatœr] *(pl* **micro-ordinateurs**) *nm* microcomputer.

**micro-organisme** [mikrɔɔrganism] *(pl* **micro-organismes**) *nm* microorganism.

**microphone** [mikrɔfɔn] *nm* microphone.

**microphysique** [mikrɔfizik] *nf* microphysics *(U).*

**micropilule** [mikrɔpilyl] *nf* minipill.

**microprocesseur** [mikrɔprɔsesœr] *nm* microprocessor.

**microprogrammation** [mikrɔprɔgramasjõ] *nf* microprogramming.

**microprogramme** [mikrɔprɔgram] *nm* INF firmware.

**microscope** [mikrɔskɔp] *nm* microscope; étudier qqch au ~ *pr* to examine sthg under ou through a microscope; *fig* to put sthg under the microscope ❑ ~ électronique/optique electron/optical microscope; ~ électronique à balayage scanning electron microscope.

**microscopique** [mikrɔskɔpik] *adj* SC microscopic; [petit] microscopic, tiny, minute.

**microsillon** [mikrɔsijɔ̃] *nm* [sillon] microgroove; (disque) ~ microgroove record.

**microsonde** [mikrɔsɔ̃d] *nf* microprobe.

**microstructure** [mikrɔstryktyr] *nf* microstructure.

**miction** [miksjɔ̃] *nf* urination, micturition *spéc*.

**midi** [midi] *nm* **-1.** [milieu du jour] midday, lunchtime, noon; **je m'arrête à** ~ I stop at lunchtime; [pour déjeuner] I stop for lunch; **tous les** ~s every day at lunchtime, every lunchtime; **il mange des pâtes tous les** ~s he has pasta for lunch every day ❑ **voir** ~ **à sa porte** to be wrapped up in oneself. **-2.** [heure] midday, twelve (o'clock), (twelve) noon; **il est** ~ it's midday, it's twelve (noon); **il est** ~ **passé** it's after twelve, it's past midday; ~ **et quart** a quarter past twelve; **entre** ~ **et deux (heures)** between twelve and two, during lunch ou lunchtime; **sur le coup de** ~ on the stroke of twelve. **-3.** [sud] south; **exposé au** ~ south-facing, facing south.
◆ **Midi** *nm* [région du sud] South; **le Midi (de la France)** the South of France; **le climat du Midi** the Southern climate; **l'accent du Midi** southern (French) accent.
◆ **de midi** *loc adj* [repas, informations] midday *(modif)*; **la pause de** ~ the lunch break.

**midinette** [midinɛt] *nf péj* [jeune fille] starry-eyed girl.

**mi-distance** [midistɑ̃s]
◆ **à mi-distance** *loc adv* halfway, midway.
◆ **à mi-distance de** *loc prép* halfway ou midway between.

**mie** [mi] *nf* **-1.** [de pain] white ou soft ou doughy part (of bread). **-2.** *litt & arch* [femme] truelove, ladylove; **venez, ma** ~ come, fair damsel.

**miel** [mjɛl] ◇ *nm* **-1.** [d'abeilles] honey; ~ **liquide/solide/rosat** clear/set/rose honey. **-2.** *loc*: **il est (tout sucre) tout** ~ he's a sweet talker. ◇ *interj fam & euph*: ~! sugar!
◆ **au miel** *loc adj* honey *(modif)*, honey-flavoured.

**mielleusement** [mjɛløzmɑ̃] *adv* smarmily.

**mielleux, euse** [mjɛlø, øz] *adj* **-1.** [doucereux] sickly sweet; **un sourire** ~ a saccharine smile. **-2.** [relatif au miel] honey *(modif)*, honey-like.

**mien** [mjɛ̃] (*f* **mienne** [mjɛn], *mpl* **miens** [mjɛ̃], *fpl* **miennes** [mjɛn]) *adj poss sout*: **j'ai fait** ~ **ce mot d'ordre** I've adopted this slogan as my own; **une mienne cousine** *litt* a cousin of mine.
◆ **le mien** (*f* **la mienne**, *mpl* **les miens**, *fpl* **les miennes**) *pron poss* mine; **je suis parti avec une valise qui n'était pas la mienne** I left with a suitcase that wasn't mine ou that didn't belong to me; **vos préoccupations sont aussi les miennes** I share your anxieties; **ton jour/ton prix sera le** ~ name the day/your price ‖ *(emploi nominal)*: **les** ~s my family and friends ❑ **j'y mets du** ~ [en faisant des efforts] I'm making an effort; [en étant compréhensif] I'm trying to be understanding.

**miette** [mjɛt] *nf* **-1.** [d'aliment] crumb; **des** ~s **de crabe** crab bits; **une** ~ **de pain** a crumb of bread; **des** ~s **de pain** breadcrumbs; **des** ~s **de thon** tuna flakes. **-2.** [petite quantité]: **pas une** ~ not a shred of; **une** ~ **de** a little bit of.
◆ **miettes** *nfpl* [restes] leftovers, crumbs, scraps; [morceaux] piece, fragment, bit; **sa voiture est en** ~s her car's a wreck.

**mieux** [mjø] ◇ *adv* **A.** COMPARATIF DE 'BIEN' **-1.** [d'une manière plus satisfaisante] better; **elle va** ~ she's better; **qui dit** ~? [aux enchères] any advance (on that)?, any more bids?; *fig* who can top that?; **repassez demain, je ne peux pas vous dire** ~ come again tomorrow, that's the best ou all I can tell you; ~ **assis** [plus confortablement] sitting more comfortably; [au spectacle] in a better seat; **moins je le vois,** ~ **je me porte!** the less I see of him, the better I feel!; **il ne lit pas** ~ **qu'il ne parle** he doesn't read any better than he speaks. **-2.** [conformément à la raison, à la morale] better; **son frère ne fait que des bêtises, et elle ce n'est pas** ~ her brother is always misbehaving and she's no better; **il ferait** ~ **de travailler que de se taire** he'd do better to work/to keep quiet; **on ne peut pas** ~ **dire** you can't say better ou fairer than that.
**B.** SUPERLATIF DE 'BIEN': **le** ~ [de deux] the better; [de plusieurs] the best; **c'est le mannequin le** ~ **payé** [des deux] she's the better-paid model; [de plusieurs] she's the best-paid model; **voilà ce qui me convient le** ~ this is what suits me best; **le** ~ **qu'il puisse** the best he can; **j'ai classé les dossiers le** ~ **possible** I filed everything as best I could ❑ **le** ~

**du monde** *sout* beautifully; **s'entendre le** ~ **du monde avec qqn** to be on the best of terms with sb.
**C.** EMPLOI NOMINAL better; **c'est pas mal, mais il y a** ~ it's not bad, but there's better; **en attendant/espérant** ~ while waiting/hoping for better (things); **faute de** ~, **je m'en contenterai** since there's nothing better, I'll make do with it; **c'est sa mère en** ~ she's like her mother, only better-looking; **changer en** ~ to take a turn for ou to change for the better.
◇ *adj* **-1.** [plus satisfaisant] better; **on ne se voit plus, c'est** ~ **ainsi** we don't see each other any more, it's better that way; **c'est** ~ **que rien** it's better than nothing. **-2.** [du point de vue de la santé, du bien-être] better; **on sent qu'il est** ~ **dans sa peau** you can feel he's more at ease with himself; **on est** ~ **dans ce fauteuil** this armchair is more comfortable. **-3.** [plus beau] better; **elle est** ~ **avec les cheveux courts** she looks better with short hair; **elle est** ~ **que sa sœur** she's better-looking than her sister.
◇ *nm* **-1.** [amélioration] improvement; **il y a du** ~ things have got better, there's some improvement. **-2.** [ce qui est préférable]: **le** ~ **est de ne pas y aller** it's best not to go ❑ **faire de son** ~ to do one's (level) best; **le** ~ **est l'ennemi du bien** *prov* the best is the enemy of the good.
◆ **à qui mieux mieux** *loc adv*: **les enfants répondaient à qui** ~ ~ the children were trying to outdo each other in answering.
◆ **au mieux** *loc adv*: **faire au** ~ to do whatever's best, to act for the best; **ils sont au** ~ (**l'un avec l'autre**) they're on very good terms; **vous l'aurez lundi, en mettant les choses au** ~ you'll get it on Monday at the very best; **au** ~ **de sa forme** on top form, in prime condition; **j'ai agi au** ~ **de vos intérêts** I acted in your best interest.
◆ **de mieux** *loc adj* **-1.** [plus satisfaisant]: **c'est ce que nous avons de** ~ it's the best we have; **si tu n'as rien de** ~ **à faire, viens avec moi** if you've got nothing better to do, come with me. **-2.** [de plus]: **j'ai mis 300 francs de** ~ I added an extra 300 francs.
◆ **de mieux en mieux** *loc adv* better and better; **et maintenant, de** ~ **en** ~, **j'ai perdu mes clefs!** *iron* and now, to cap it all, I've lost my keys!
◆ **des mieux** *loc adv*: **j'ai un ami qui est des** ~ **placé** ou **placés au ministère** I have a friend who's high up in the Ministry.
◆ **on ne peut mieux** *loc adv sout* extremely well.
◆ **pour le mieux** *loc adv* for the best.
◆ **qui mieux est** *loc adv* even better, better still.

**mieux-être** [mjøzɛtr] *nm inv* better quality of life.

**mièvre** [mjɛvr] *adj péj* **-1.** [fade] insipid, vapid, bland; [sentimental] mawkish, syrupy. **-2.** [maniéré] mawkish, precious. **-3.** [joli sans vrai talent – dessin] pretty-pretty, flowery.

**mièvrerie** [mjɛvrəri] *nf péj* **-1.** [fadeur] insipidity, vapidity, blandness; [sentimentalité] mawkishness; [caractère maniéré] sickly affectation; [joliesse] floweriness, insipid prettiness. **-2.** [acte] mawkish behaviour *(U)*; [propos] mawkish ou twee *Br* remark.

**mignard, e** [miɲar, ard] *adj litt* [manières, geste] dainty, affected; [sourire] simpering, insincere; [style, décoration] over-pretty, overnice.

**mignardise** [miɲardiz] *nf* [manières] daintiness, affectation; [joliesse] preciousness, floweriness.

**mignon, onne** [miɲɔ̃, ɔn] ◇ *adj* **-1.** [joli] sweet, pretty, cute; **c'est** ~ **tout plein à cet âge-là** *fam* children are so sweet at that age; **il est** ~, **ton appartement** you've got a lovely little flat. **-2.** *fam* [gentil] sweet, nice, lovely; **il m'a apporté des fleurs, c'était** ~ **comme tout** he brought me flowers, it was so sweet of him; **allez, sois** ~**ne, va te coucher** come on, be a darling ou sweetie ou dear and go to bed. ◇ *nm, f fam* darling; cutie; sweetie; **ma** ~**ne** darling, sweetheart.
◆ **mignon** *nm* HIST minion, favourite.

**mignonnette** [miɲɔnɛt] *nf* BOT [réséda] mignonnette; [saxifrage] London pride; [œillet mignardise] (wild) pink.

**migraine** [migrɛn] *nf* MÉD migraine; [mal de tête] (bad) headache.

**migraineux, euse** [migrɛnø, øz] ◇ *adj* migrainous. ◇ *nm, f* migraine sufferer.

**migrant, e** [migrɑ̃, ɑ̃t] *adj & nm, f* migrant.

**migrateur, trice** [migratœr, tris] *adj* BIOL & ORNITH migratory.
◆ **migrateur** *nm* [oiseau] migrator, migrant.

**migration** [migrasjɔ̃] *nf* **-1.** [des oiseaux, des travailleurs] migration. **-2.** CHIM & GÉOL migration.

**migratoire** [migratwar] *adj* migratory.

**migrer** [3] [migre] *vi* to migrate.

**mi-jambe** [miʒɑ̃b]
◆ **à mi-jambe** *loc adv* [à partir – du bas] up to the knees; [– du haut] down to the knees; **on était dans la neige à ~** we were knee-deep in snow.

**mijaurée** [miʒɔre] *nf* [pimbêche] (stuck-up) little madam; **faire la ~** to put on airs.

**mijoter** [3] [miʒɔte] ◇ *vt* **-1.** CULIN to simmer, to slow-cook; **~ des petits plats** to spend a lot of time cooking delicious meals. **-2.** *fam* [coup, plan] to plot, to cook up *(sép)*; **qu'est-ce que tu mijotes?** what are you up to? ◇ *vi* **-1.** CULIN to simmer, to stew gently. **-2.** *fam & fig*: **laisse-la ~ dans son coin** leave her awhile to mull it over.
◆ **se mijoter** *vp* (*emploi passif*) *fam* [coup, plan] to be cooking ou brewing, to be afoot.

**mi-journée** [miʒurne] *nf*: **les informations de la ~** the lunchtime news.

**mikado** [mikado] *nm* **-1.** [titre] mikado. **-2.** [jeu] mikado, spillikins *(sg)*.

**mil¹** [mil] = **mille** *dét* 1.

**mil²** [mil] *nm* millet.

**milan** [milɑ̃] *nm* kite.

**mildiou** [mildju] *nm* mildew.

**mile** [majl] *nm* (statute) mile.

**milice** [milis] *nf* **-1.** HIST militia. **-2.** [organisation paramilitaire] militia; **~ privée** private militia. **-3.** *Belg* [service militaire] military service; **l'armée**: **la ~** the army.

**milicien, enne** [milisjɛ̃, ɛn] *nm, f* militiaman (*f* militia woman).
◆ **milicien** *nm* Belg conscript *Br*, draftee *Am*.

**milieu, x** [miljø] *nm* **-1.** [dans l'espace] middle, centre; **sciez-la par le** ou **en son ~** saw it through ou down the middle; **celui du ~** the one in the middle, the middle one. **-2.** [dans le temps] middle; **l'incendie s'est déclaré vers le ~ de la nuit** the fire broke out in the middle of the night; **en ~ de trimestre** in mid-term. **-3.** [moyen terme] middle way ou course; **le juste ~** the happy medium; **il faut trouver un juste ~** we have to find a happy medium. **-4.** [entourage] environment, milieu; **des gens de tous les ~x** people from all walks of life ou backgrounds; **les ~x scientifiques** scientific circles; **ne pas se sentir dans son ~** to feel out of place/at home. **-5.** BIOL [environnement] environment, habitat; **dans un ~ acide** in an acid medium; **~ de culture** culture medium; **~ naturel** natural habitat; **en ~ stérile** in a sterile environment. **-6.** INDUST & SC: **en ~ réel** in the field. **-7.** [pègre]: **le ~** the underworld. **-8.** MATH midpoint, midrange.
◆ **au beau milieu de** *loc prép* right in the middle of.
◆ **au (beau) milieu** *loc adv* (right) in the middle, (right) in the centre.
◆ **au milieu de** *loc prép* **-1.** [dans l'espace] in the middle of, in the centre of. **-2.** [dans le temps] in the middle of; **elle est partie au ~ de mon cours** she left in the middle of ou halfway through my lesson; **nous en sommes au ~ de l'enquête** we've now got to the halfway mark in the survey; **au ~ de l'hiver/l'été** in midwinter/midsummer; **au ~ du mois de mars** in mid-March. **-3.** [parmi] amongst, in the midst of, surrounded by.
◆ **milieu de terrain** *nm* [zone] midfield (area); [joueur] midfield player.

**militaire** [militer] ◇ *adj* [gén] military; [de l'armée de terre] army (*modif*), service (*modif*); [de l'armée de l'air, de la marine] service (*modif*). ◇ *nm* [soldat – gén] soldier; [– de l'armée de terre] soldier, serviceman; [– de l'armée de l'air, de la marine] serviceman; **c'est un ancien ~** he's an ex-serviceman ❏ **~ de carrière** professional soldier.

**militairement** [militɛrmɑ̃] *adv*: **il nous faut intervenir ~** we have to resort to military intervention.

**militant, e** [militɑ̃, ɑ̃t] ◇ *adj* militant. ◇ *nm, f* militant; **les ~s de base sont d'accord** the grassroots militants agree ❏ **~ syndical** trade union militant ou activist.

**militantisme** [militɑ̃tism] *nm* militancy, militantism.

**militarisation** [militarizasjɔ̃] *nf* militarization.

**militariser** [3] [militarize] *vt* to militarize.

**militarisme** [militarism] *nm* militarism.

**militariste** [militarist] ◇ *adj* militaristic. ◇ *nmf* militarist.

**militer** [3] [milite] *vi* **-1.** [agir en militant] to be a militant ou an activist; **~ au** ou **dans le parti socialiste** to be a socialist party activist; **~ pour/contre qqch** to fight for/against sthg. **-2.** [plaider] to militate; **ces témoignages ne militent pas en votre faveur** this evidence goes ou militates against you.

**milk-shake** [milkʃɛk] (*pl* **milk-shakes**) *nm* milk-shake.

**millage** [milaʒ] *nm Can* mileage.

**mille** [mil] ◇ *dét* **-1.** [dix fois cent] a ou one thousand; **dix/cent ~** ten/a hundred thousand; **en l'an ~ cinquante** ou **mil cinquante** in the year one thousand and fifty ❏ **'les Mille et Une Nuits'** 'The Arabian Nights', 'The Thousand and One Nights'. **-2.** [beaucoup de]: **c'est ~ fois trop grand** it's miles too big; **~ baisers** lots ou tons of kisses; **~ mercis, merci ~ fois** many thanks; **~ excuses** ou **pardons si je t'ai blessé** I'm dreadfully sorry if I've hurt you; **voilà un exemple entre ~** here's just one of the countless examples I could choose; **en ~ morceaux** in pieces; **il y a ~ et une manières de réussir sa vie** there are thousands of ways ou a thousand and one ways of being successful in life.
◇ *nm inv* **-1.** [nombre] a ou one thousand; **vingt pour ~ des femmes** twenty women out of ou in every thousand; **il y a une chance sur ~ que ça marche** there's a one-in-a-thousand chance that it'll work; **acheter/vendre au ~** COMM to buy/to sell by the thousand ❏ **je te le donne en ~!** *fam* I bet you'll never guess!; **des ~ et des cents** *fam* loads of money. **-2.** [centre d'une cible] bull's eye; **mettre** ou **taper (en plein) dans le ~** *fam & pr* to hit the bull's-eye; *fam & fig* to score a bull's-eye, to be bang on target.
◇ *nm* **-1.** NAUT: **~ (marin)** nautical mile. **-2.** *Can* (statute) mile. **-3.** HIST: **le ~ romain** the Roman mile; *voir aussi* **cinquante.**

**mille-feuille** [milfœj] (*pl* **mille-feuilles**) ◇ *nf* BOT milfoil, yarrow. ◇ *nm* CULIN mille feuilles, napoleon *Am*.

**millénaire** [milenɛr] ◇ *adj* thousand-year-old; **un arbre ~** a thousand-year-old tree; **des traditions (plusieurs fois) ~s** age-old ou time-honoured traditions. ◇ *nm* **-1.** [période] millennium. **-2.** [anniversaire] millennium, thousandth anniversary.

**millénarisme** [milenarism] *nm* millenarianism.

**mille-pattes** [milpat] *nm inv* millipede.

**millésime** [milezim] *nm* **-1.** [date] date, year; **une pièce au ~ de 1962** a coin dated 1962. **-2.** ŒNOL [date de récolte] year, vintage; **le ~ 1976 est l'un des meilleurs** the 1976 vintage is among the best.

**millésimé, e** [milezime] *adj* vintage (*modif*); **un bourgogne ~ 1970 a 1970** (vintage) Burgundy.

**millésimer** [3] [milezime] *vt* to date, to put a date on.

**millet** [mijɛ] *nm* millet.

**milliampère** [miliɑ̃pɛr] *nm* milliamp, milliampere.

**milliard** [miljar] *nm* thousand million *Br*, billion *Am*; **cela a coûté deux ~s (de francs)** it cost two thousand million ou two billion (francs); **des ~s de globules rouges** billions of red corpuscles.

**milliardaire** [miljardɛr] ◇ *adj*: **sa famille est plusieurs fois ~** his family is worth billions. ◇ *nmf* multimillionaire, billionaire *Am*.

**milliardième** [miljardjɛm] *adj num, nmf & nm* thousand millionth, billionth; *voir aussi* **cinquième.**

**millibar** [milibar] *nm* millibar.

**millième** [miljɛm] ◇ *adj num* thousandth. ◇ *nmf* thousandth. ◇ *nm* thousandth; **il ne fournit pas le ~ du travail nécessaire** he isn't doing a fraction of the work that has to be done. ◇ *nf* THÉÂT thousandth performance; *voir aussi* **cinquième.**

**millier** [milje] *nm* thousand; **un ~ de badges/livres ont été vendus** a thousand badges/books have been sold; **des ~s de thousands of.**
◆ **par milliers** *loc adv* [arriver] in their thousands; [envoyer, commander] by the thousand; **des ballons ont été lâchés par ~s** thousands (upon thousands) of balloons have been released.

**milligramme** [miligram] *nm* milligram, milligramme.

**millilitre** [mililitr] *nm* millilitre.

**millimètre** [milimɛtr] *nm* millimetre.

**millimétré, e** [milimetre], **millimétrique** [milimetrik] *adj* millimetric; échelle ~e millimetre scale.

**million** [miljɔ̃] *nm* **-1.** [quantité] million; un ~ de personnes a ou one million people; des ~s de millions of. **-2.** [somme]: il a joué et perdu dix ~s de francs he gambled away ten million francs; un ~ cinq *fam* [de centimes] 15 000; [de francs] 1.5 million francs.

**millionième** [miljɔnjɛm] *adj num, nmf & nm* millionth; *voir aussi* **cinquième.**

**millionnaire** [miljɔnɛr] ◇ *adj* millionaire, millionnaire; être/devenir ~ to be/to become a millionaire; elle est plusieurs fois ~ (en dollars) she's a (dollar) millionaire ou millionairess several times over. ◇ *nmf* millionaire (*f* millionairess).

**millivolt** [milivɔlt] *nm* millivolt.

**mi-long, mi-longue** [milɔ̃, milɔ̃g] (*mpl* **mi-longs,** *fpl* **mi-longues**) *adj* [jupe] half-length; [cheveux] shoulder-length.

**milord** [milɔr] *nm* **-1.** [en appellation] lord; après vous, ~ after you, my lord. **-2.** [véhicule] victoria.

**mi-lourd** [milur] (*pl* **mi-lourds**) *adj m & nm* light heavyweight.

**mime** [mim] ◇ *nmf* **-1.** [artiste] mime (artist). **-2.** [imitateur] mimic. ◇ *nm* **-1.** [art] mime; faire du ~ to be a mime (artist); un spectacle de ~ a mime show. **-2.** [action de mimer] miming (U).

**mimer** [3] [mime] *vt* **-1.** THÉÂT to mime. **-2.** [imiter] to mimic.

**mimétique** [mimetik] *adj* BIOL & THÉÂT mimetic.

**mimétisme** [mimetism] *nm* **-1.** BIOL mimicry, mimesis. **-2.** [imitation] mimicry, mimicking; le nouveau-né sourit à sa mère par ~ a new-born baby mimics its mother's smile.

**mimi** [mimi] ◇ *adj inv fam* [mignon] lovely, sweet, cute. ◇ *nm* **-1.** *langage enfantin* [chat] pussy, pussycat. **-2.** *fam* [bisou] kiss; [caresse] cuddle, hug. **-3.** *fam* [terme d'affection] (little) darling ou sweetie ou honey.

**mimique** [mimik] *nf* **-1.** [gestuelle] gesture. **-2.** [grimace] facial expression.

**mimolette** [mimɔlɛt] *nf* Mimolette (cheese).

**mi-mollet** [mimɔlɛ]
◆ **à mi-mollet** *loc adv* [à partir – du bas] up to the calf; [– du haut] down to the calf.

**mimosa** [mimoza] *nm* **-1.** BOT mimosa. **-2.** CULIN: œuf ~ egg mayonnaise (*topped with crumbled yolk*).

**mi-moyen** [mimwajɛ̃] (*pl* **mi-moyens**) *adj m & nm* welterweight.

**min** (*abr écrite de* **minute**) min.

**min.** (*abr écrite de* **minimum**) min.

**minable** [minabl] *fam* ◇ *adj* **-1.** [médiocre, laid – costume] shabby, tatty *Br*, tacky *Am*; [– chambre] dingy, shabby; [– film] third-rate, rotten, lousy; [– situation, salaire] pathetic. **-2.** [mesquin] petty, mean. **-3.** [sans envergure] small-time, third-rate. ◇ *nmf* nonentity, no-hoper, loser; pauvre ~, va! you pathetic little nobody!

**minablement** [minabləmɑ̃] *adv* **-1.** [pauvrement] shabbily. **-2.** [lamentablement] pathetically, hopelessly; ils ont échoué ~ they failed miserably.

**minage** [minaʒ] *nm* MIN & TRAV PUBL mining.

**minaret** [minarɛ] *nm* minaret.

**minauder** [3] [minode] *vi* to mince, to simper; elle répondait aux questions en minaudant she answered the questions with a simper; arrête de ~! don't be such a poser!

**minauderie** [minodri] *nf* **-1.** [préciosité] (show of) affectation. **-2.** [acte, propos] affectation.

**minaudier, ère** [minodje, ɛr] *adj* affected, simpering, mincing.

**mince** [mɛ̃s] ◇ *adj* **-1.** [sans épaisseur] thin; un ~ filet d'eau a tiny trickle of water □ ~ comme une feuille de papier à cigarette paper-thin, wafer-thin. **-2.** [personne – svelte] slim, slender; ~ comme un fil as thin as a rake. **-3.** [négligeable] slim, slender; de ~s bénéfices slender profits; les preuves sont bien ~s the evidence is rather slim; ce n'est pas une ~ affaire this is no trifling matter; ce n'est pas une ~ responsabilité it's no small responsibility; un demi-

chapitre sur la Révolution, c'est un peu ~ half a chapter on the French Revolution is a bit feeble; une livre de viande pour quatre, c'est un peu ~ a pound of meat for four, that's cutting it a bit fine. ◇ *interj fam* damn.

**minceur** [mɛ̃sœr] *nf* **-1.** [sveltesse] slimness, slenderness; [finesse] slimness, thinness. **-2.** [insuffisance] weakness, feebleness.

**mincir** [32] [mɛ̃sir] ◇ *vi* [personne] to get slimmer ou thinner; elle essaie de ~ she's trying to slim. ◇ *vt* [suj: vêtement, couleur]: cette robe te mincit that dress makes you look slimmer.

**mine** [min] *nf* **-1.** [apparence] appearance, exterior; faire ~ de: elle fit ~ de raccrocher, puis se ravisa she made as if to hang up, then changed her mind; ne fais pas ~ de ne pas comprendre don't act as if ou pretend you don't understand; ~ de rien *fam*: ~ de rien, ça finit par coûter cher it may not seem much but when you add it all up, it's expensive; ~ de rien, elle était furieuse although ou though she didn't show it, she was furious. **-2.** [teint]: avoir bonne ~ to look well; avoir mauvaise ~: il a mauvaise ~ he doesn't look very well; tu as bonne ~, avec ta veste à l'envers! *fig & iron* you look great with your jacket on inside out!; avoir une ~ superbe to be the (very) picture of health; avoir une sale ~ *fam* to look dreadful ou awful; avoir une petite ~ *fam* to look peaky; avoir une ~ de papier mâché *fam* to look like death warmed up; je lui trouve meilleure ~ I think she looks better ou in better health ‖ [visage, contenance] look, countenance *litt*; avoir une ~ réjouie to be beaming; faire grise ou triste ou piètre ~ to pull *Br* ou to make a long face; ne fais pas cette ~! don't look so downhearted! **-3.** GÉOL deposit; [installations – de surface] pithead; [– en sous-sol] pit; mon fils n'ira pas à la ~ my son isn't going down the mine ou pit □ ~ de charbon ou de houille coal mine; ~ à ciel ouvert opencast mine; une ~ d'or *pr & fig* a gold mine. **-4.** [source importante]: une ~ de a mine ou source of; une ~ d'informations a mine of information. **-5.** [d'un crayon] lead; crayon à ~ grasse/dure soft/hard pencil; ~ de plomb graphite ou black lead. **-6.** MIL [galerie] mine, gallery, sap; [explosif] mine; ~ aérienne/sous-marine/terrestre aerial/submarine/land mine. **-7.** [explosif]: coup de ~ blast; ouvrir une roche à coups de ~ to blast a rock.
◆ **mines** *nfpl* **-1.** [manières]: il m'énerve à toujours faire des ~s he irritates me, always simpering around. **-2.** GÉOG mining area, mines; ÉCON mining industry; les Mines ADMIN ≃ the Department of Transport *Br*, ≃ the Department of the Interior *Am*; ENS the (French) School of Mining Engineers.

**miner** [3] [mine] *vt* **-1.** [poser des mines] to mine; 'danger! zone minée' 'beware of mines'. **-2.** [ronger] to undermine, to erode, to eat away (at ou into). **-3.** [affaiblir] to undermine, to sap; ~ les forces/la santé de qqn to sap sb's strength/health; miné par le chagrin consumed with ou worn down by grief.

**minerai** [minrɛ] *nm* ore; ~ de fer/d'uranium iron/uranium ore; ~ riche/pauvre high-grade/low-grade ore; ~ brut crude ore; ~ métallique metalliferous ou metal-bearing ore.

**minéral, e, aux** [mineral, o] *adj* mineral.
◆ **minéral, aux** *nm* mineral.

**minéralier** [mineralje] *nm* ore carrier.

**minéralisation** [mineralizasjɔ̃] *nf* mineralization.

**minéralisé, e** [mineralize] *adj* mineralized; eau faiblement ~e water with a low mineral content.

**minéraliser** [3] [mineralize] *vt* [métal, eau] to mineralize; eau faiblement minéralisée water with a low mineral content.

**minéralogie** [mineralɔʒi] *nf* mineralogy.

**minéralogique** [mineralɔʒik] *adj* **-1.** GÉOL mineralogical. **-2.** AUT: numéro ~ registration *Br* ou license *Am* number; plaque ~ numberplate *Br*, license plate *Am*.

**minéralogiste** [mineralɔʒist] *nmf* mineralogist.

**minéralurgie** [mineralyrʒi] *nf* ore processing.

**minerval, als** [minɛrval] *nm Belg* school tuition fees.

**minerve** [minɛrv] *nf* MÉD neck brace, (surgical) collar.

**Minerve** [minɛrv] *npr* Minerva.

**minet, ette** [minɛ, ɛt] *nm, f fam* **-1.** [jeune personne superficielle] (young) trendy. **-2.** [chat] puss, pussy, pussycat. **-3.**

[terme d'affection] sweetie, sweetie-pie, honey.
◆ **minette** *nf* BOT (black) medic ou medick.

**mineur, e** [minœr] ◊ *adj* **-1.** [insignifiant] minor; **d'un inté-rêt ~** of minor interest. **-2.** JUR below the age of criminal re-sponsibility; **enfants ~s** under age children, minors; **être ~ to be under age** ou a minor. **-3.** MUS minor; **concerto en sol ~** concerto in G minor ❑ **accord parfait ~** minor chord. **-4.** LOGIQUE minor. ◊ *nm, f* JUR minor; **'interdit aux ~s'** 'adults only'; **délinquant ~** juvenile offender ❑ **détournement** ou **enlèvement de ~** abduction.
◆ **mineur** *nm* **-1.** [ouvrier] miner, mineworker; **famille de ~s** mining family ❑ **~ de fond** underground worker. **-2.** MIL sapper, miner. **-3.** MUS: **en ~** in the minor mode ou key. **-4.** LOGIQUE minor term.
◆ **mineure** *nf* LOGIQUE minor premise.

**mini** [mini] ◊ *adj inv* VÊT: **la mode ~** the mini-length ou thigh-length fashion. ◊ *nm* **-1.** VÊT mini; **le ~ est de retour** minis ou miniskirts are back. **-2.** *fam* INF mini, minicom-puter.

**mini-** [mini] *préf* mini-, small; **~bar** mini-bar; **~sondage** snap poll.

**miniature** [minjatyr] ◊ *adj* miniature; **un train ~** a model ou miniature train. ◊ *nf* **-1.** [modèle réduit] small-scale rep-lica ou model. **-2.** BX-ARTS miniature.
◆ **en miniature** *loc adj* miniature *(avant n)*; **c'est un jardin en ~** it's a model ou miniature garden.

**miniaturisation** [minjatyrizasjɔ̃] *nf* miniaturization.

**miniaturiser** [3] [minjatyrize] *vt* to miniaturize.

**miniaturiste** [minjatyrist] ◊ *adj*: **un peintre ~** a minia-turist. ◊ *nmf* miniaturist.

**minibus** [minibys], **minicar** [minikar] *nm* minibus.

**Minicassette®** [minikasɛt] ◊ *nf* (small) cassette. ◊ *nm* (small) cassette recorder.

**minichaîne** [miniʃɛn] *nf* mini (stereo) system.

**minier, ère** [minje, ɛr] *adj* mining.

**minijupe** [miniʒyp] *nf* miniskirt.

**minima** [minima] *pl* → **minimum**.

**minimal, e, aux** [minimal, o] *adj* **-1.** [seuil, peine] minimum *(avant n)*; **température ~e** minimal ou minimum temperature. **-2.** MATH minimal.

**minimalisation** [minimalizasjɔ̃] *nf* minimalization.

**minimaliser** [3] [minimalize] *vt* to minimize.

**minimalisme** [minimalism] *nm* minimalism.

**minimaliste** [minimalist] *adj & nm* minimalist.

**minime** [minim] ◊ *adj* [faible] minimal, minor; **l'intrigue n'a qu'une importance ~** the plot is of only minor import-ance; **la différence est ~** the difference is negligible. ◊ *nmf* SPORT (school) Junior. ◊ *nm* RELIG Minim.

**minimisation** [minimizasjɔ̃] *nf* minimization, minimizing.

**minimiser** [3] [minimize] *vt* **-1.** [rôle] to minimize, to play down *(sép)*; [risque] to minimize, to cut down *(sép)*. **-2.** MATH to minimize.

**minimum** [minimɔm] *(pl* **minimums** ou **minima** [-ma]*)* ◊ *adj* minimum; **poids/service ~** minimum weight/service; **charge ~** ÉLECTR base ou minimum load; **prix ~** minimum ou bottom price; [aux enchères] reserve price. ◊ *nm* **-1.** [le plus bas degré] minimum; **températures proches du ~** sai-sonnier temperatures approaching the minimum ou the lowest recorded for the season; **mets le chauffage au ~** turn the heating down as low as it'll go; **j'ai réduit les ma-tières grasses au ~** I've cut down on fat as much as pos-sible, I've cut fat down to a minimum ❑ **avoir le ~ vital** [financier] to be on subsistence level, to earn the minimum living wage; **ils n'ont même pas le ~ vital** they don't even have the bare minimum. **-2.** JUR [peine la plus faible]: **le ~** the minimum sentence. **-3.** [une petite quantité]: **un ~ (de) a** minimum (of); **tu en as vraiment fait un ~!** you really have done just the bare minimum!; **s'il avait un ~ de bon sens/ d'honnêteté** if he had a minimum of common sense/of de-cency. **-4.** ADMIN: **~ vieillesse** basic state pension. ◊ *adv* minimum; **il fait 3°C ~** the temperature is 3°C minimum.
◆ **au minimum** *loc adv* [au moins] at the least; **deux jours au ~** at least two days, a minimum of two days.

**mini-ordinateur** [miniɔrdinatœr] *(pl* **mini-ordinateurs**) *nm* minicomputer.

**minipilule** [minipilyl] *nf* low-dose (contraceptive) pill, mini-pill.

**ministère** [ministɛr] *nm* **-1.** POL [charge] ministry Br, admin-istration Am; **elle a refusé le ~ qu'on lui proposait** she turned down the government position she was offered; **sous le ~ de M. Thiers** under M. Thiers' ministry Br ou secretaryship Am, when M. Thiers was (the) minister. **-2.** [cabinet] government, ministry. **-3.** [bâtiment] ministry Br, department (offices) Am; [département] ministry Br, depart-ment Am; **~ des Affaires étrangères** ou **des Relations exté-rieures** ≃ Ministry of Foreign Affairs, ≃ Foreign Office Br, ≃ State Department Am; **~ de la Défense** ≃ Ministry of Defence Br, ≃ Department of Defense Am; **~ de l'Économie et des Finances** ≃ Ministry of Finance, ≃ Trea-sury Br, ≃ Treasury Department Am; **~ de l'Environ-nement** *ministry responsible for legislation relating to environ-mental issues*; **~ de l'Intérieur** ≃ Ministry of the Interior, ≃ Home Office Br, ≃ Department of the Interior Am. **-4.** JUR: **par ~ d'huissier** served by a bailiff ❑ **~ public** ≃ (office of the) Director of Public Prosecutions Br. **-5.** RELIG ministry; **exercer un ~** to serve as minister, to perform one's ministry.

**ministériel, elle** [ministerjɛl] *adj* **-1.** [émanant d'un ministre] ministerial Br, departmental Am. **-2.** [concernant le gouverne-ment] ministerial Br, cabinet *(modif)*.

**ministrable** [ministrabl] ◊ *adj* in line for a ministerial Br ou government position. ◊ *nmf* potential minister Br, potential secretary of state.

**ministre** [ministr] *nm* **-1.** POL minister Br, secretary Am; **~ des Affaires étrangères** ou **des Relations extérieures** ≃ Minister of Foreign Affairs, ≃ Foreign Secretary Br, ≃ Sec-retary of State Am; **~ de la Culture** ≃ Minister for the Arts Br; **~ de l'Économie et des Finances** ≃ Finance Minister, ≃ Chancellor of the Exchequer Br, ≃ Secretary of the Treas-ury Am; **~ d'État** minister Br, secretary of state; **~ de l'Intérieur** ≃ Minister of the Interior, ≃ Home Secretary Br, ≃ Secretary of the Interior Am; **~ de la Justice** ≃ Minister of Justice, ≃ Lord (High) Chancellor Br, ≃ Attorney General Am; **Premier ~** Prime Minister ‖ [ambassadeur]: **~ pléni-potentiaire (auprès de)** minister plenipotentiary (to). **-2.** RELIG [pasteur]: **~ du culte** minister.

**Minitel®** [minitɛl] *nm* viewdata service, ≃ Prestel® Br, ≃ Minitel® Am; **sur ~** on viewdata, on Prestel® Br, on Mini-tel® Am ❑ **~ rose** erotic viewdata service.

**minitéliste** [minitelist] *nmf* Minitel user.

**minium** [minjɔm] *nm* **-1.** CHIM red lead, minium. **-2.** [pein-ture] red lead paint.

**minois** [minwa] *nm* (sweet little) face.

**minoration** [minɔrasjɔ̃] *nf* **-1.** [baisse] reduction, cut; **une ~ de 5 % du tarif de base** a 5% cut in the basic rate; **procéder à une ~ des loyers** to reduce ou to lower rents. **-2.** [minimi-sation] minimizing.

**minorer** [3] [minɔre] *vt* **-1.** [baisser] to reduce, to cut, to mark down; **~ les prix de 2 %** to cut prices by 2%. **-2.** [mi-nimiser] to understate the importance of.

**minoritaire** [minɔritɛr] ◊ *adj* **-1.** [moins nombreux] minority *(modif)*; **parti ~** minority party; **les femmes sont ~s dans cette profession** women are a minority in this profession. **-2.** [non reconnu] minority *(modif)*. ◊ *nmf* member of a min-ority (group); **les ~s** the minority.

**minorité** [minɔrite] *nf* **-1.** [le plus petit nombre] minority; **une ~ de** a minority of. **-2.** [groupe] minority (group); **~ natio-nale** national minority. **-3.** [âge légal] minority; JUR nonage. **-4.** ÉCON: **~ de blocage** blocking minority.
◆ **en minorité** ◊ *loc adj* to be in a minority; **être en ~** to be in the minority. ◊ *loc adv*: **met-tre le gouvernement en ~** to force the government into a minority.

**Minorque** [minɔrk] *npr* Minorca; **à ~** in Minorca.

**Minotaure** [minɔtor] *npr m*: **le ~** the Minotaur.

**minoterie** [minɔtri] *nf* **-1.** [lieu] flourmill. **-2.** [activité] flour-milling.

**minotier** [minɔtje] *nm* miller, (flour) millowner.

**minou** [minu] *nm fam* **-1.** [chat] pussy, pussycat. **-2.** [chéri] darling ou sweetie ou honey.

**minuit** [minɥi] *nm* **-1.** [milieu de la nuit] midnight. **-2.** [heure] midnight, twelve midnight, twelve o'clock (at night); **il est**

~ passé it's after ou past midnight; ~ et quart a quarter past twelve ou past midnight; à ~ at midnight, at twelve o'clock (at night); ~, l'heure du crime! midnight, the witching hour!
◆ **de minuit** *loc adj* midnight *(modif)*.

**minus** [minys] *nm fam* **-1.** [nabot] midget, shortie, runt. **-2.** [incapable] no-hoper *esp Br*, nobody; c'est un ~ he's a (born) loser.

**minuscule** [minyskyl] ◇ *adj* **-1.** [très petit] minute, minuscule, tiny. **-2.** IMPR: un b ~ a small b ❑ lettre ou caractère ~ small ou lower-case letter. ◇ *nf* small letter; IMPR lower-case letter; écrire en ~s to write in small letters.

**minus habens** [minysabɛs] *nmf inv sout & péj* halfwit.

**minutage** [minyta3] *nm* timing.

**minute** [minyt] ◇ *nf* **-1.** [mesure – du temps] minute; les ~s sont longues time drags by; une ~ de silence a minute's silence, a minute of silence; il n'y a pas une ~ à perdre there's not a minute to lose; à la ~ près on the dot, right on time; on n'est pas à la ~ près ou à la ~! *fam* there's no hurry!; à deux ~s (de voiture/de marche) de chez moi two minutes' (drive/walk away) from my house. **-2.** [moment] minute, moment; revenez dans une petite ~ come back in a minute ou moment (or two); il y a une ~ ou il n'y a pas même une ~, tu disais tout le contraire just a minute ou moment ago, you were saying the very opposite; de ~ en ~ by the minute; je n'ai pas une ~ à moi I haven't got a minute ou moment to myself; as-tu une ~? j'ai à te parler do you have a minute? I have to talk to you ❑ la ~ de vérité the moment of truth. **-3.** *(comme adj inv)* [instantané]: nettoyage ~ same-day cleaning; talon ~ heel bar *Br*, on-the-spot shoe repair. **-4.** GÉOM minute. **-5.** JUR original *(of a deed)*. **-6.** PRESSE: Minute *weekly newspaper with extreme right-wing tendencies.*
◇ *interj fam* wait a minute ou moment; ~, je n'ai pas dit ça! hang on *fam* ou wait a minute, I never said that! ❑ ~, papillon! hold your horses!, not so fast!
◆ **à la minute** *loc adv* **-1.** [il y a un instant] a moment ago; elle est sortie à la ~ she's just this minute gone out. **-2.** [sans attendre] this minute ou instant. **-3.** [toutes les 60 secondes] per minute.
◆ **d'une minute à l'autre** *loc adv* any time; il sera là d'une ~ à l'autre he'll be arriving any minute, he won't be a minute.

**minuter** [3] [minyte] *vt* [spectacle, cuisson] to time; sa journée de travail est soigneusement minutée she works to a very tight ou strict schedule.

**minuterie** [minytri] *nf* **-1.** ÉLECTR time switch; il y a une ~ dans l'escalier the stair light is on a time switch. **-2.** [d'une horloge] motion work; [d'un compteur] counter mechanism. **-3.** [minuteur] timer.

**minuteur** [minytœr] *nm* AUDIO & ÉLECTR timer.

**minutie** [minysi] *nf* meticulousness, thoroughness; remarquez la ~ des broderies sur ce tissu notice the intricacy of the embroidery on this material; avec ~ [travailler] meticulously, carefully; [examiner] in minute detail, thoroughly.

**minutier** [minytje] *nm* JUR (lawyer's) minute book, ≃ Public Records Office *Br*.

**minutieusement** [minysjøzmã] *adv* **-1.** [avec précision] meticulously, carefully. **-2.** [en détail] in minute detail.

**minutieux, euse** [minysjø, øz] *adj* **-1.** [personne] meticulous, thorough. **-2.** [travail] meticulous, detailed, thorough; enquête/recherche minutieuse thorough investigation/research.

**mioche** [mjɔʃ] *nmf fam* kid, nipper *Br*.

**mirabelle** [mirabɛl] *nf* [fruit] mirabelle (plum); [liqueur] mirabelle *(plum brandy)*.

**miracle** [mirakl] *nm* **-1.** [intervention divine] miracle; sa guérison tient du ~ his recovery is (nothing short of) a miracle. **-2.** [surprise] miracle, marvel; le ~ de l'amour the miracle ou wonder of love; ~ économique economic miracle; le deuxième mouvement est un ~ de délicatesse the second movement is wonderfully delicate. **-3.** THÉÂT miracle play. **-4.** *(comme adj; avec ou sans trait d'union)* miracle *(modif)*, wonder *(modif)*; médicament ~ miracle ou wonder drug; la solution-~ à vos problèmes de rangement the miracle solution to your storage problems.
◆ **par miracle** *loc adv* by a ou some miracle, miraculously;

comme par ~ as if by miracle.

**miraculé, e** [mirakyle] ◇ *adj* [d'une maladie] miraculously cured; [d'un accident] miraculously saved. ◇ *nm, f* **-1.** RELIG: c'est un ~ de Lourdes he was miraculously cured at Lourdes. **-2.** [survivant] miraculous survivor; une des rares ~es du tremblement de terre one of the few (people) who miraculously survived the earthquake.

**miraculeusement** [mirakyløzmã] *adv* miraculously, (as if) by a ou some miracle.

**miraculeux, euse** [mirakylø, øz] *adj* **-1.** [qui tient du miracle] miraculous, miracle *(modif)*; cela n'a rien de ~! there's nothing miraculous ou special about it!-**2.** [très opportun] miraculous, wonderful. **-3.** [prodigieux] miraculous, miracle *(modif)*.

**mirador** [miradɔr] *nm* **-1.** ARCHIT mirador. **-2.** MIL watchtower, mirador.

**mirage** [mira3] *nm* **-1.** [illusion optique] mirage. **-2.** *sout* [chimère] mirage, delusion; je m'étais laissé prendre au ~ de l'amour I had fallen for the illusion of perfect love.

**mire** [mir] *nf* **-1.** ARM: point de ~ *pr* aim, target; pendant les Jeux, la ville sera le point de ~ du monde entier *fig* the eyes of the world will be on the city during the Games. **-2.** [d'un téléviseur] TV test card, test pattern *spéc*.

**mirer** [3] [mire] vt [œuf] to candle.
◆ **se mirer** ◇ *vp (emploi réfléchi) litt* [se regarder] to gaze at o.s. ◇ *vp i litt* [se refléter] to be mirrored ou reflected.

**mirettes** [miret] *nfpl* eyes.

**mirifique** [mirifik] *adj hum* fabulous, amazing, staggering.

**mirliton** [mirlitɔ̃] *nm* **-1.** MUS kazoo, mirliton. **-2.** MIL shako.

**miro** [miro] *fam* ◇ *adj* [myope] short-sighted; sans mes lunettes, je suis complètement ~ I'm as blind as a bat without my glasses. ◇ *nmf* short-sighted (person).

**mirobolant, e** [mirɔbɔlɑ̃, ɑ̃t] *adj fam* [mirifique] fabulous, stupendous, amazing; il touche un salaire ~ he earns an absolute fortune.

**miroir** [mirwar] *nm* **-1.** [verre réflécteur] mirror; ~ déformant/grossissant distorting/magnifying mirror; ~ à main/à barbe hand/shaving mirror; ~ aux alouettes CHASSE decoy; *fig* trap for the unwary; ~ de courtoisie AUT vanity mirror. **-2.** *litt* [surface unie] mirror-like surface. **-3.** *litt* [image, reflet] mirror, reflection; les yeux sont le ~ de l'âme the eyes are the windows of the soul. **-4.** MÉD: ~ frontal head mirror.

**miroitement** [mirwatmã] *nm* **-1.** [lueurs] glistening, gleaming. **-2.** [chatoiement] shimmering.

**miroiter** [3] [mirwate] *vi* **-1.** *sout* [luire] to glisten, to gleam. **-2.** *fig*: faire ~ qqch à qqn to (try and) lure sb with the prospect of sthg; on lui a fait ~ une augmentation they dangled the prospect of a rise before him.

**miroiterie** [mirwatri] *nf* **-1.** [industrie] mirror industry. **-2.** [commerce] mirror trade. **-3.** [fabrique] mirror factory.

**mis, e[1]** [mi, miz] ◇ *pp* → mettre. ◇ *adj* [vêtu]: bien ~ well dressed, nicely turned out.

**misandrie** [mizɑ̃dri] *nf* misandry, hatred of men.

**misanthrope** [mizɑ̃trɔp] ◇ *adj* misanthropic. ◇ *nmf* misanthrope, misanthropist; 'le Misanthrope' *Molière* 'The Misanthrope'.

**misanthropie** [mizɑ̃trɔpi] *nf* misanthropy.

**misanthropique** [mizɑ̃trɔpik] *adj* misanthropic.

**mise[2]** [miz] ◇ ▶ mis. ◇ *nf* **-1.** JEUX stake; augmenter la ~ to up the stakes; doubler sa ~ to double one's stake. **-2.** *sout* [tenue] attire, dress; soigner sa ~ to take care over one's appearance. **-3.** [dans des expressions]: ~ à: ~ à l'abri *fig* putting in a safe place; ~ à l'eau NAUT launch; ~ à exécution carrying out, implementation; ~ à jour updating; INF maintenance; ~ à mort [gén] putting to death; [en tauromachie] execution; CHASSE kill, mort *spéc*; ~ à pied [disciplinaire] suspension; [économique] laying off; ~ à la retraite pensioning off; ~ à sac [d'une ville] sacking; [d'un appartement] ransacking; ~ au: ~ au monde birth; ~ au pas ÉQUIT reining in (to a walk); ~ au propre making a fair copy ou tidying up *(of a document)*; ~ au tombeau entombment; ~ en: ~ en accusation indictment; ~ en application implementation; ~ en attente postponing, shelving; INF & TÉLÉC hold; ~ en bière placing in the coffin; ~ en boîte CIN & RAD editing; ~ en cause [d'une

personne] implication; [d'une idée] calling into question; ~ en circulation FIN issue; ~ en condition [du corps] getting fit; [de l'esprit] conditioning; ~ en demeure injunction, formal notification; ~ en disponibilité leave of absence; ~ en doute putting into doubt, questioning; ~ en état JUR preparation for hearing; [d'un engin] getting into working order; [d'un local] renovation; ~ en examen JUR indictment; ~ en forme [d'un chapeau] shaping; INF formatting; IMPR imposition; SPORT fitness training; ~ en garde warning; ~ en jeu FTBL throw-in; *fig* bringing into play; ~ en liberté release; ~ en liberté provisoire release on bail; ~ en marche starting up; ~ en mémoire INF storing ou saving (in the memory); ~ en œuvre implementation, bringing into play; ~ en ondes RAD production; ~ en orbite putting into orbit; ~ en ordre [d'un local] tidying up; INF [d'un fichier] sequencing; [d'un programme] housekeeping; MATH ordering; ~ en place setting up, organization; ~ en question questioning, challenging; ~ en route starting up; ~ en service putting into service, bringing into operation; ~ en terre burial; [d'un projet] starting up; SPORT warming up; [d'une soirée] breaking the ice; ~ en valeur [d'un sol, d'une région] development; [de biens] improvement; [de qualités] setting off, enhancement; ~ en vente (putting up for) sale; ~ en vigueur bringing into force, enforcement; ~ hors: ~ hors circuit ÉLECTR disconnection; TECH disabling; ~ hors service placing out of service; ~ sous: ~ sous surveillance putting under surveillance; ~ sous tension supplying with electricity; ~ sur: sur écoutes (phone) tapping; ~ sur pied setting up.
◆ **de mise** *loc adj* appropriate.
◆ **mise à feu** *nf* ARM firing; ASTRONAUT blast-off, launch; MIN & TECH firing, ignition.
◆ **mise à prix** *nf* reserve *Br* ou upset *Am* price.
◆ **mise au point** *nf* **-1.** OPT & PHOT focusing, focussing. **-2.** TECH tuning, adjustment. **-3.** INF trouble-shooting, debugging. **-4.** *fig* clarification, correction; après cette petite ~ au point now that the record has been set straight.
◆ **mise de fonds** *nf* capital outlay; ~ de fonds initiale [pour un achat] initial outlay; [pour monter une affaire] initial investment, seed money.
◆ **mise en page(s)** *nf* **-1.** IMPR make-up, making up. **-2.** INF editing; je n'aime pas la ~ en page de la revue I don't like the layout of the review.
◆ **mise en plis** *nf* set.
◆ **mise en scène** *nf* CIN & THÉÂT production; son remords n'était que de la ~ en scène *fig* his remorse was only an act.
**miser** [3] [mize] ◇ *vt* [parier] to stake, to bet. ◇ *vi* Helv [acheter] to buy (*at an auction sale*); [vendre] to put up for auction.
◆ **miser sur** *v + prép* **-1.** JEUX [cheval] to bet on, to back; [numéro] to bet on; ~ sur les deux tableaux to back both horses, to hedge one's bets. **-2.** [compter sur – quelque chose] to bank ou to count on (*insép*); [– quelqu'un] to count on (*insép*); il vaut mieux ne pas ~ sur lui we'd better not count on him.
**misérabilisme** [mizerabilism] *nm* miserabilism.
**misérabiliste** [mizerabilist] *adj & nmf* miserabilist.
**misérable** [mizerabl] ◇ *adj* **-1.** (*après le nom*) [sans ressources] impoverished, poverty-stricken, poor; tout le pays est ~ the whole country is wretchedly ou miserably poor. **-2.** [pitoyable] pitiful, miserable, wretched. **-3.** [insignifiant] miserable, paltry; travailler pour un salaire ~ to work for a pittance. ◇ *nmf* **-1.** *sout* ou *hum* [malheureux]: ~, qu'as-tu fait là! what have you done, you wretch!**-2.** *litt* [miséreux] pauper, wretch; 'les Misérables' Hugo 'les Misérables'. **-3.** *litt* [canaille] (vile) rascal ou scoundrel.
**misérablement** [mizerabləmã] *adv* **-1.** [pauvrement] in poverty, wretchedly. **-2.** [lamentablement] pitifully, miserably, wretchedly.
**misère** [mizɛr] ◇ *nf* **-1.** [indigence] poverty, destitution; être dans la ~ to be destitute ou poverty-stricken; être réduit à la ~ to be reduced to poverty ❏ il se jeta sur la nourriture comme la ~ sur le monde *hum* he went at the food like a starving man ou like a wolf on its prey. **-2.** *fig* poverty; ~ sexuelle sexual misery. **-3.** [malheur]: c'est une ~ de les voir se séparer it's pitiful ou it's a shame to see them break up. **-4.** [somme dérisoire] pittance; gagner une ~ to earn a pittance; je l'ai eu pour une ~ I got ou bought it for next to nothing. ◇ *interj hum*: ~ de moi! woe is me!
◆ **misères** *nfpl fam* [ennuis]: les petites ~s de la vie conju-

gale the little upsets of married life; faire des ~s à qqn to give sb a hard time, to make sb's life a misery; ne fais pas de ~s à ce chien! stop tormenting that dog!
◆ **de misère** *loc adj*: un salaire de ~ a starvation wage, a pittance.
**miséreux, euse** [mizerø, øz] *nm, f sout* poor person, pauper *vieilli*; aider ou secourir les ~ to help the poor.
**miséricorde** [mizerikɔrd] *nf litt* **-1.** [pitié] mercy, forgiveness; ~! *vieilli* ou *hum* heaven help us!, mercy on us!**-2.** [siège] misericord, misericorde.
**miséricordieux, euse** [mizerikɔrdjø, øz] *adj litt* merciful, forgiving; soyez ~ have mercy.
**misogyne** [mizɔʒin] ◇ *adj* misogynous, misogynistic. ◇ *nmf* misogynist, woman-hater.
**misogynie** [mizɔʒini] *nf* misogyny.
**miss** [mis] (*pl inv* ou **misses** [mis]) *nf* **-1.** [gouvernante] governess. **-2.** *fam & hum*: ça va, la ~? how's things, beauty?
◆ **Miss** *nf inv* [reine de beauté]: Miss Japon/Monde Miss Japan/World.
**missel** [misɛl] *nm* missal.
**missile** [misil] *nm* missile; ~ antichar/antiaérien antitank/antiaircraft missile; ~ intercontinental/stratégique/de croisière intercontinental/strategic/cruise missile; ~ sol-sol/air-air ground-to-ground/air-to-air missile; ~ Pershing Pershing missile.
**mission** [misjɔ̃] *nf* **-1.** [charge] mission, assignment; ~ accomplie mission accomplished; recevoir pour ~ de faire qqch to be commissioned to do sthg; être en ~ to be on an assignment ❏ ~ de reconnaissance MIL reconnaissance mission; être en ~ de reconnaissance to be on reconnaissance duty. **-2.** [devoir] mission, task; la ~ de notre organisation est de défendre les droits de l'homme our organization's mission is to defend human rights; la ~ du journaliste est d'informer a journalist's task is to inform. **-3.** [groupe] mission; ~ diplomatique diplomatic mission. **-4.** RELIG [organisation] mission; ~s étrangères foreign missions ‖ [lieu] mission (station).
**missionnaire** [misjɔnɛr] *adj & nmf* missionary.
**Mississippi** [misisipi] *npr m* **-1.** [fleuve]: le ~ the Mississippi (River). **-2.** [État]: le ~ Mississippi.
**missive** [misiv] ◇ *adj* missive. ◇ *nf sout* missive.
**mistigri** [mistigri] *nm* **-1.** *fam* [chat] puss. **-2.** CARTES jack ou *Br* knave of clubs.
**mistral** [mistral] *nm* mistral.
**mitaine** [mitɛn] *nf* (fingerless) mitt; *Can & Helv* [moufle] mitten.
**mitard**▽ [mitar] *nm arg crime* [cachot] can, clink; être au ~ to be in solitary confinement ou in solitary.
**mite** [mit] *nf* [papillon] (clothes) moth; rongé par les ou aux ~s moth-eaten.
**mité, e** [mite] *adj* moth-eaten.
**mi-temps** [mitã] ◇ *nf inv* SPORT **-1.** [moitié] half; la première ~ the first half. **-2.** [pause] halftime; le score est de 0 à 0 à la ~ the halftime score is nil nil; siffler la ~ to blow the whistle for halftime. ◇ *nm inv* part-time job; faire un ~ to work part-time.
◆ **à mi-temps** ◇ *loc adj* part-time; travailleur à ~ part-timer, part-time worker. ◇ *loc adv*: travailler à ~ to work part-time; elle travaille à ~ comme serveuse she's a part-time waitress.
**miter** [3] [mite]
◆ **se miter** *vpi* to become moth-eaten.
**miteux, euse** [mitø, øz] *fam* ◇ *adj* [costume] shabby, tatty *Br*, tacky *Am*; [chambre] dingy, crummy; [situation, salaire] pathetic; [escroc] small-time. ◇ *nm, f* [incapable] nonentity, loser, no-hoper *Br*; [indigent] bum, dosser *Br*.
**mitigation** [mitigasjɔ̃] *nf* mitigation.
**mitigé, e** [mitiʒe] *adj* **-1.** [modéré] mixed; des critiques ~es mixed reviews; manifester un enthousiasme ~ to be reserved in one's enthusiasm. **-2.** ~ de [mêlé de] mitigated ou qualified by.
**mitiger** [17] [mitiʒe] *vt vieilli* to mitigate; ~ qqch de to mix ou to temper sthg with.
**mitigeur** [mitiʒœr] *nm* mixer tap *Br* ou faucet *Am*; ~ de douche shower mixer.

**mitonner** [3] [mitɔne] ◇ *vt* **-1.** CULIN to simmer, to slow-cook; **je vous ai mitonné une petite recette à moi** I've cooked you one of my tasty little recipes. **-2.** [coup, plan] to plot. **-3.** *litt*: ~ **qqn** to cosset ou to pamper sb. ◇ *vi* CULIN to simmer, to stew gently.

**mitose** [mitoz] *nf* mitosis.

**mitoyen, enne** [mitwajɛ̃, ɛn] *adj* **-1.** [commun] common, shared; **puits** ~ **entre les deux maisons** well shared by ou common to the two houses. **-2.** [jouxtant] bordering, neighbouring; **les champs sont** ~**s** the fields are adjacent to each other; **le jardin** ~ **du nôtre** the garden (immediately) next to ours, the neighbouring garden (to ours); **deux maisons** ~**nes** semi-detached houses; **une rue de maisons** ~**nes** a street of terrace(d) houses. **-3.** [en copropriété] commonly-owned, jointly-owned; **mur** ~ party wall.

**mitoyenneté** [mitwajɛnte] *nf* **-1.** [copropriété] common ou joint ownership. **-2.** [contiguïté] adjacency.

**mitraillade** [mitrajad] *nf* volley of shots.

**mitraillage** [mitrajaʒ] *nm* MIL machine-gunning.

**mitraille** [mitraj] *nf* **-1.** MIL grapeshot; [décharge] volley of shots. **-2.** *fam* [monnaie] small ou loose change.

**mitrailler** [3] [mitraje] *vt* **-1.** MIL to machine-gun. **-2.** *fam* [photographier] to snap (away) at. **-3.** [assaillir]: ~ **qqn de questions** *fig* to fire questions at sb, to bombard sb with questions.

**mitraillette** [mitrajɛt] *nf* submachine gun.

**mitrailleur** [mitrajœr] *nm* machine gunner.

**mitrailleuse** [mitrajøz] *nf* machine gun; ~ **légère/lourde** light/heavy machine gun.

**mitre** [mitr] *nf* RELIG mitre; **recevoir la** ~ to be mitred.

**mitré, e** [mitre] *adj* mitred.

**mitron** [mitrɔ̃] *nm* [garçon pâtissier] pastry cook's apprentice ou boy; [garçon boulanger] baker's apprentice ou boy.

**mi-voix** [mivwa]
◆ **à mi-voix** *loc adv* in a low ou hushed voice, in hushed tones; **chanter à** ~ to sing softly.

**mixage** [miksaʒ] *nm* AUDIO, RAD, TV & MUS mixing.

**mixer¹** [3] [mikse] *vt* **-1.** CULIN [à la main] to mix; [au mixer] to blend, to liquidize. **-2.** MUS to mix.

**mixer²** [miksɛr], **mixeur** [miksœr] *nm* mixer, blender, liquidizer.

**mixité** [miksite] *nf* **-1.** [gén] mixed nature. **-2.** ENS coeducation, coeducational system.

**mixte** [mikst] ◇ *adj* **-1.** [des deux sexes] mixed; **classe** ~ ENS mixed class; **école** ~ mixed ou coeducational school ❑ **double** ~ SPORT mixed doubles. **-2.** [de nature double] mixed; **économie** ~ mixed economy. **-3.** [à double usage]: **cuisinière** ~ combined gas and electric cooker *Br* ou stove *Am*. ◇ *nm* SPORT mixed doubles match.

**mixtion** [mikstjɔ̃] *nf* PHARM [action] blending, compounding; [médicament] mixture.

**mixture** [mikstyr] *nf* **-1.** CHIM & PHARM mixture. **-2.** [boisson ou nourriture] mixture, concoction.

**MJC** *nf abr de* **maison des jeunes et de la culture.**

**ml** *(abr écrite de* **millilitre)** ml.

**MLF** *(abr de* **Mouvement de libération de la femme)** *npr m* women's movement, ≃ NOW *Am*.

**Mlle** *abr écrite de* **Mademoiselle.**

**mm** *(abr écrite de* **millimètre)** mm.

**MM.** *(abr écrite de* **Messieurs)** Messrs.

**Mme** *(abr écrite de* **Madame)** [femme mariée] Mrs; [femme mariée ou célibataire] Ms.

**mn** *(abr écrite de* **minute)** min.

**mnémonique** [mnemɔnik] *adj* mnemonic; **procédé** ou **moyen** ~ mnemonic.

**mnémotechnie** [mnemɔtɛkni] *nf* mnemonics *(sg)*.

**mnémotechnique** [mnemɔtɛknik] ◇ *adj* mnemonic. ◇ *nf* = **mnémotechnie.**

**mnésique** [mnezik] *adj* mnemonic.

**Mo** *(abr écrite de* **méga-octet)** Mb.

**mobile** [mɔbil] ◇ *adj* **-1.** [qui se déplace – pont] moving; [– main-d'œuvre] mobile; [– panneau] sliding; [amovible] movable, removable; **carnet à feuilles** ~**s** loose-leaf notepad. **-2.** MIL [unité] mobile. **-3.** [changeant] mobile; **un visage** ~ a

lively ou animated face. **-4.** [à valeur non fixe]: **caractère** ~ IMPR movable character. ◇ *nm* **-1.** [de sculpteur, pour enfant] mobile. **-2.** [motif] motive; **quel** ~ **l'a poussé à agir ainsi?** what motivated ou prompted him to act this way?

**mobile home** [mɔbilɔm] *(pl* **mobile homes)** *nm* mobile home.

**mobilier, ère** [mɔbilje, ɛr] *adj* JUR [propriété] personal, movable; [titre] transferable; **biens** ~**s** movables; **effets** ~**s** chattels.
◆ **mobilier** *nm* **-1.** [d'une habitation] furniture, furnishings; **du** ~ **Louis XIII/Renaissance** Louis XIII/Renaissance (style) furniture ❑ **Mobilier national** *furniture in state-owned properties (in France)*. **-2.** [pour un usage particulier]: ~ **de bureau/jardin** office/garden furniture; ~ **scolaire** school furniture ou furnishings. **-3.** JUR movable property, movables.
◆ **mobilier urbain** *nm* street fittings, street furniture.

**mobilisable** [mɔbilizabl] *adj* **-1.** MIL liable to be called up, mobilizable. **-2.** [disponible] available. **-3.** FIN realizable, mobilizable.

**mobilisateur, trice** [mɔbilizatœr, tris] *adj* mobilizing; **c'est un thème très** ~ **en ce moment** it's an issue which is stirring a lot of people into action at the moment.

**mobilisation** [mɔbilizasjɔ̃] *nf* **-1.** MIL [action] mobilization, mobilizing, calling up; [état] mobilization. **-2.** [d'une force politique] mobilization; [d'énergie, de volonté] summoning up; **il appelle à la** ~ **de tous les syndicats** he is calling on all the unions to mobilize. **-3.** FIN liquidation, realization; BANQUE mobilization. **-4.** MÉD & PHYSIOL mobilization.

**mobiliser** [3] [mɔbilize] *vt* **-1.** MIL [population] to call up *(sép)*, to mobilize; [armée] to mobilize; **toute la famille fut mobilisée pour préparer la fête** the whole family was put to work to organize the party. **-2.** [syndicalistes, consommateurs, moyens techniques] to mobilize; [volontés] to mobilize, to summon up *(sép)*; ~ **l'opinion en faveur des réfugiés politiques** to rally public opinion for the cause of the political refugees; ~ **les forces vives d'une nation** to call upon the full resources of a nation. **-3.** BANQUE to mobilize. **-4.** MÉD [membre, articulation] to mobilize.
◆ **se mobiliser** *vpi* to mobilize; **tout le village s'est mobilisé contre le projet** the whole village rose up in arms against the plan ou mobilized to fight the plan.

**mobilité** [mɔbilite] *nf* **-1.** [dans l'espace – d'une personne] mobility; [expression – d'un regard] expressiveness. **-2.** SOCIOL [dans une hiérarchie] mobility; ~ **professionnelle** professional mobility; ~ **sociale** social mobility.

**Mobylette®** [mɔbilɛt] *nf* Mobylette®, moped.

**mocassin** [mɔkasɛ̃] *nm* [chaussure] moccasin.

**moche** [mɔʃ] *adj fam* **-1.** [laid – personne] ugly; [– objet, vêtement] ugly, awful, horrible. **-2.** [détestable] lousy, rotten; **c'est** ~, **ce qu'elle lui a fait** it was rotten, what she did to him. **-3.** [pénible]: **tu ne peux pas prendre de congé? c'est** ~, **dis donc!** can't you take any time off? that's terrible!; **c'est** ~ **qu'il pleuve aujourd'hui!** it's a real drag ou pain that it had to rain today!

**mocheté** [mɔʃte] *nf fam* [personne] ugly thing, fright; [objet] eyesore.

**M-octet** *(abr écrite de* **méga-octet)** Mb.

**modal, e, aux** [mɔdal, o] *adj* LING, LOGIQUE & MUS modal.
◆ **modal, aux** *nm* LING modal (auxiliary).

**modalité** [mɔdalite] *nf* **-1.** [façon] mode; ~**s de contrôle** ENS methods of assessment; ~**s de paiement** conditions ou terms of payment. **-2.** [circonstances] term; ~**s d'application d'un décret** JUR modes of enforcement of a ruling; ~**s d'une émission** ÉCON terms and conditions of an issue. **-3.** LING, MUS & PHILOS modality; **adverbe de** ~ modal adverb.

**mode¹** [mɔd] ◇ *nf* **-1.** VÊT: **la** ~ fashion; **la** ~ **(de) printemps/(d') hiver** the spring/winter fashion; **la** ~ **courte/longue** (fashion for) high/low hemlines; **c'est la dernière** ou **c'est la grande** ~ it's the latest fashion; **c'est la** ~ **des bas résille** fishnet stockings are in fashion ou in vogue; **suivre la** ~ to follow fashion; **c'est passé de** ~ it's out of fashion, it's no longer fashionable; **lancer une** ~ to set a fashion ou a trend; **il a lancé la** ~ **de la fausse fourrure** he launched the fashion for imitation fur. **-2.** [activité]: **la** ~ [gén] the fashion industry ou business; [stylisme] fashion designing. **-3.** [goût du jour] fashion; **c'était la** ~ **de faire du**

**jogging** jogging was all the rage then; **ce n'est plus la ~ de se marier** marriage is outdated ou has gone out of fashion; **la ~ des années 80** the style of the eighties. ◇ *adj inv* [coloris, coupe] fashion *(modif)*, fashionable.

◆ **à la mode** ◇ *loc adj* [vêtement] fashionable, in fashion; [personne, sport] fashionable; [chanson] (currently) popular; **ce n'est plus à la ~** it's out of fashion. ◇ *loc adv*: **se mettre à la ~** to follow the latest fashion; **revenir à la ~** to come back into fashion.

◆ **à la mode de** *loc prép* **-1.** [suivant l'usage de] in the fashion of; **je les fais toujours à la ~ de chez nous** I always do them like we do at home. **-2.** *loc*: **cousin à la ~ de Bretagne** distant cousin, first cousin once removed.

**mode²** [mɔd] *nm* **-1.** [méthode]: **~ de** [méthode] mode ou method of; [manière personnelle] way of; **~ d'action** form ou mode of action; **on ne connaît pas le ~ d'action de cette substance** we don't know how this substance works; **~ d'emploi** directions ou instructions for use; **~ d'existence** way of living; **~ de paiement** mode ou method of payment; **~ de production** mode of production; **~ de scrutin** voting system; **~ de vie** [gén] life style; SOCIOL pattern of living. **-2.** LING mood, mode. **-3.** INF mode; **~ multitâche** multitasking mode; **~ autonome** ou local ou **hors ligne** off-line mode; **~ connecté** ou **en ligne** on-line mode; **~ d'accès** access mode; **~ de transmission** data communication mode; **~ utilisateur** user mode. **-4.** MATH, MUS & PHILOS mode.

**modelage** [mɔdlaʒ] *nm* **-1.** [action] modelling; MÉTALL moulding. **-2.** [objet] sculpture.

**modelé** [mɔdle] *nm* **-1.** [sur tableau] relief; [d'une sculpture, d'un buste] contours, curves. **-2.** GÉOG (surface) relief.

**modèle** [mɔdɛl] ◇ *v* → **modeler.** ◇ *nm* **-1.** [référence à reproduire – gén] model; [– de tricot, de couture] pattern; **prendre ~ sur qqch** to use sthg as a model; **dessiner d'après un ~** BX-ARTS to draw from life ‖ SCOL [corrigé] model answer. **-2.** [bon exemple] model, example; **elle est un ~ pour moi** she's my role model; **prendre qqn pour ~** to model o.s. on sb; **c'est le ~ du parfait employé** he's a model employee; **c'est un ~ de discrétion** he's a model of discretion; **c'est un ~ du genre** it's a perfect example of its type. **-3.** COMM [prototype, version] model; **grand/petit ~** large-scale/small-scale model; **~ sport/deux portes** AUT sports/two-door model ❑ **~ déposé** registered design. **-4.** VÊT model, style, design; **vous avez ce ~ en 38?** do you have this one in a 38?**-5.** [maquette] model; **~ réduit** small-scale model; **~ réduit d'avion** model aeroplane; **un ~ au 1/10** a 1 to 10 (scale) model. **-6.** BX-ARTS model. **-7.** INF model. **-8.** LING pattern. ◇ *adj* **-1.** [parfait] model *(modif)*; **il a eu un comportement ~** he was a model of good behaviour. **-2.** [qui sert de référence]: **ferme/prison ~** model farm/prison.

**modeler** [25] [mɔdle] *vt* **-1.** [argile] to model, to shape, to mould; [figurine] to model, to mould, to fashion. **-2.** *fig* [idées, caractère, opinion publique] to shape, to mould; **~ sa conduite sur (celle de) qqn** to model one's behaviour on sb ou sb's.

◆ **se modeler sur** *vp + prép* to model o.s. on.

**modeleur, euse** [mɔdlœr, øz] *nm, f* **-1.** BX-ARTS modeller. **-2.** MÉTALL pattern-maker.

**modéliser** [3] [mɔdelize] *vt* to model.

**modélisme** [mɔdelism] *nm* scale model making.

**modéliste** [mɔdelist] *nmf* **-1.** [de maquettes] model maker. **-2.** COUT (dress) designer.

**modem** [mɔdem] *nm* modem; **~ longue/courte distance** long-haul/limited distance modem.

**modérateur, trice** [mɔderatœr, tris] ◇ *adj* [élément, présence] moderating, restraining. ◇ *nm, f* mediator, moderator.

◆ **modérateur** *nm* TECH regulator, moderator.

**modération** [mɔderasjɔ̃] *nf* **-1.** [mesure] moderation, restraint; **avec ~** [boire, manger, utiliser] in moderation; [agir] moderately, with moderation; **une réponse pleine de ~** a very restrained answer. **-2.** [réduction – de dépenses] reduction, reducing; [atténuation – d'un sentiment] restraint, restraining.

**modère** [mɔder] *v* → **modérer.**

**modéré, e** [mɔdere] ◇ *adj* **-1.** [prix] moderate, reasonable; [vent, température] moderate; [enthousiasme, intérêt, succès]

moderate; **mer ~e à belle** MÉTÉO sea moderate to good. **-2.** [mesuré, raisonnable] moderate; [plein de retenue] moderate, restrained. **-3.** POL moderate. ◇ *nm, f* POL moderate; **les ~s** the moderates.

**modérément** [mɔderemɑ̃] *adv* **-1.** [sans excès] in moderation. **-2.** [relativement] moderately, relatively; **je ne suis que ~ surpris** I'm only moderately surprised, I'm not really all that surprised.

**modérer** [18] [mɔdere] *vt* [ardeur, enthousiasme, impatience, dépenses] to moderate, to restrain, to curb; [vitesse] to reduce; [exigences] to moderate, to restrain; **modérez vos propos!** please tone down ou moderate your language!

◆ **se modérer** *vp (emploi réfléchi)* **-1.** [se contenir] to restrain o.s. **-2.** [se calmer] to calm down.

**moderne** [mɔdɛrn] ◇ *adj* **-1.** [actuel, récent – mobilier, bâtiment, technique, théorie] modern; **les temps ~s, l'époque ~** modern times; **le mode de vie ~** modern living, today's way of life. **-2.** [progressiste – artiste, opinions, théoricien] modern, progressive; **c'est une grand-mère très ~** she's a very modern ou up-to-date grandmother. **-3.** BX-ARTS modern, contemporary. **-4.** ENS [maths] modern, new; [études, histoire] modern, contemporary. **-5.** LING [langue, sens] modern; **grec ~** Modern Greek. ◇ *nmf* BX-ARTS modern artist; LITTÉRAT modern writer, modern poet. ◇ *nm*: **le ~** [genre] modern style; [mobilier] modern furniture.

**modernisateur, trice** [mɔdɛrnizatœr, tris] ◇ *adj* [tendance, réforme] modernizing. ◇ *nm, f* modernizer.

**modernisation** [mɔdɛrnizasjɔ̃] *nf* modernization, modernizing, updating.

**moderniser** [3] [mɔdɛrnize] *vt* to modernize, to bring up to date.

◆ **se moderniser** *vp (emploi réfléchi)* to modernize.

**modernisme** [mɔdɛrnism] *nm* modernism.

**moderniste** [mɔdɛrnist] *adj & nmf* modernist.

**modernité** [mɔdɛrnite] *nf* modernity.

**modern style** [mɔdɛrnstil] *nm inv* modern style, art nouveau; *(comme adj inv)*: **une glace ~** an art nouveau mirror.

**modeste** [mɔdɛst] ◇ *adj* **-1.** [logement] modest; [revenu] modest, small; [goût, train de vie] modest, unpretentious; [tenue] modest, simple; **tu es trop ~ dans tes prétentions** you're not asking for enough money ‖ [milieu] modest, humble; **être d'origine très ~** to come from a very modest ou humble background. **-2.** *(avant le nom)* [modique] modest, humble, small; **ce n'est qu'un ~ présent** it's only a very modest ou small gift, it's just a little something. **-3.** [sans vanité] modest; **c'était facile – tu es trop ~** it was easy – you're (being) too modest. **-4.** *vieilli* [pudique – air, jeune fille] modest. ◇ *nmf*: **allons, ne fais pas la ou ta ~!** come on, don't be (so) modest!

**modestement** [mɔdɛstəmɑ̃] *adv* **-1.** [simplement] modestly, simply. **-2.** [sans vanité] modestly. **-3.** *vieilli* [avec réserve] modestly, unassumingly; [avec pudeur] modestly.

**modestie** [mɔdɛsti] *nf* **-1.** [humilité] modesty; **faire preuve de ~** to be modest; **il a su garder une grande ~** he remained extremely modest; **ce n'est pas la ~ qui l'étouffe!** you can't say she's overmodest!; **en toute ~** in all modesty ❑ **fausse ~** false modesty; **allons, pas de fausse ~!** come on, don't be so modest! *iron*. **-2.** *vieilli* [réserve] modesty, self-effacement; [pudeur] modesty.

**modicité** [mɔdisite] *nf* lowness, smallness, paltriness; **la ~ de leur salaire ne leur permet pas de partir en vacances** they can't go on holiday because of their low wages.

**modifiable** [mɔdifjabl] *adj* modifiable.

**modificateur, trice** [mɔdifikatœr, tris] *adj* modifying, modificatory.

◆ **modificateur** *nm* BIOL, GRAMM & INF modifier.

**modification** [mɔdifikasjɔ̃] *nf* **-1.** [processus] modification, modifying, changing; [altération] modification, alteration, change. **-2.** INF alteration, modification; **~ d'adresse** address modification; **~ de configuration binaire** bit handling.

**modifier** [9] [mɔdifje] *vt* **-1.** [transformer – politique, texte] to modify, to change, to alter; [– vêtement] to alter; [– loi] to amend, to change. **-2.** GRAMM to modify. **-3.** INF to alter, to modify; **~ la configuration de qqch** to reconfigure sthg.

◆ **se modifier** *vpi* to change, to alter, to be modified.

**modique** [mɔdik] *adj* [peu élevé – prix, rémunération] modest, small.

**modiquement** [mɔdikmã] *adv* [rétribuer] poorly, modestly, meagrely.

**modiste** [mɔdist] *nmf* milliner.

**modulable** [mɔdylabl] *adj* modular, flexible.

**modulateur, trice** [mɔdylatœr, tris] *adj* modulatory; **lampe modulatrice** modulator lamp.

**modulation** [mɔdylasjɔ̃] *nf* **-1.** [tonalité – de la voix] modulation; ACOUST & MUS modulation. **-2.** ÉLECTRON, INF, RAD & TÉLÉC modulation; ~ **d'amplitude/de fréquence** amplitude/frequency modulation; **poste à ~ de fréquence** frequency modulation *ou* FM (radio) set; **rapidité/taux de ~** modulation rate/factor. **-3.** [nuance] modulation, variation. **-4.** ARCHIT building-block *ou* modular principle.

**module** [mɔdyl] *nm* **-1.** [élément – gén] module, unit; ARCHIT & CONSTR module. **-2.** MATH & PHYS modulus. **-3.** INF module; ~ **binaire** binary deck; ~ **chargeable** load module; ~ **exécutable** run module; ~ **maître** master module. **-4.** MÉCAN module.

**moduler** [3] [mɔdyle] ◇ *vt* **-1.** TECH to modulate. **-2.** [adapter] to adjust. **-3.** [nuancer] to vary. ◇ *vi* MUS to modulate.

**modus vivendi** [mɔdysvivẽdi] *nm inv* modus vivendi; **trouver un ~ avec** to come to a working arrangement with.

**moelle** [mwal] *nf* **-1.** ANAT marrow, medulla *spéc*; ~ **épinière** spinal chord; **être gelé** *ou* **transi jusqu'à la ~ des os** to be frozen to the marrow *ou* to the bone. **-2.** CULIN (bone) marrow. **-3.** BOT pith.

**moelleusement** [mwaløzmã] *adv sout* [s'installer] comfortably, snugly, luxuriously.

**moelleux, euse** [mwalø, øz] *adj* **-1.** [au toucher] soft; **des coussins ~** soft *ou* comfortable cushions ‖ [à la vue, à l'ouïe] mellow, warm; **une voix moelleuse** a mellow voice ‖ [au palais – vin] mellow, well-rounded; [– viande] tender; [– gâteau] moist. **-2.** *litt* [gracieux] soft.
◆ **moelleux** *nm* softness, mellowness; ŒNOL mellowness.

**moellon** [mwalɔ̃] *nm* CONSTR rubble, rubble-stone, moellon.

**mœurs** [mœr(s)] *nfpl* **-1.** [comportement social] customs, habits; **les ~ politiques** political practice; **c'est entré dans les ~** it's become part of everyday life; **les ~ de notre temps** the social mores of our time. **-2.** [comportement personnel] manners, ways; **elle a des ~ vraiment bizarres** she behaves in a really odd way; ‖ [style de vie] life-style. **-3.** [principes moraux] morals, moral standards; **des ~ particulières** *euph* particular tastes; **une femme de ~ légères** a woman of easy virtue ❑ **c'est contraire aux bonnes ~** it goes against accepted standards of behaviour; **la police/brigade des ~**, **les Mœurs** *fam* = the vice squad. **-4.** ZOOL habits.
◆ **de mœurs** *loc adj* **-1.** [sexuel]: **affaire de ~** sex case. **-2.** LITTÉRAT: **comédie/roman de ~** comedy/novel of manners.

**moghol, e** [mɔgɔl] *adj* Mogul.
◆ **Moghol, e** *nm, f* Mogul.

**mohair** [mɔɛr] *nm* mohair.

**Mohicans** [mɔikã] *nmpl* Mohicans, Mohican.

**moi** [mwa] ◇ *pron pers* **-1.** [sujet]: **qui est là?** — ~ who's there? — me; **je l'ai vue hier** — ~ **aussi** I saw her yesterday — so did I *ou* me too; **je n'en sais rien** — ~ **non plus** I have no idea — neither do I *ou* me neither; **et vous voulez que ~, j'aille?** you want ME to go?; ~ **qui vous parle, je l'ai vu de mes propres yeux** I'm telling you, I saw him with my very own eyes; **et ~ qui te faisais confiance!** and to think (that) I trusted you!; **il faisait nuit, et ~ qui ne savais pas où aller!** it was dark, and there was me, not knowing where to go!; ~ **seul possède la clef** I'm the only one with the key. **-2.** [avec un présentatif]: **c'est ~ qui lui ai dit de venir** I was the one who *ou* it was me who told him to come; **salut, c'est ~!** hi, it's me!; **c'est ~ qui te le dis!** I'm telling you!; **je vous remercie — non, c'est ~ ~ thank you** — thank YOU. **-3.** [complément]: **dites-~** tell me; **donne-le-~** give it to me; **attendez-~!** wait (for me)!; **il nous a invités, ma femme et ~** my wife and myself ‖ [avec une préposition]: **c'est à ~ qu'il l'a donné** he gave it to ME; **une chambre à ~** a room of my own; **un ami à ~** *fam* a friend of mine; **plus âgé que ~** older than me; **tu as d'aussi bonnes raisons que ~** you have just as good reasons as me *ou* as I have; **une lettre de ~** one of my letters; **c'est de ~, cette lettre?** is this letter from me?, is this letter

one of mine?, is this one of my letters? ❑ **à ~!** [au secours] help!; [de jouer] it's my turn!; [d'essayer] let me have a go!-**4.** [en fonction de pronom réfléchi] myself; **je suis contente de ~** I'm pleased with myself. **-5.** [emploi expressif]: **regardez-~ ça!** just look at that!; **rangez-~ ça tout de suite!** put that away right now!
◇ *nm*: **le ~** PHILOS the self; PSYCH the ego.

**moignon** [mwaɲɔ̃] *nm* stump (*of a limb*).

**moi-même** [mwamɛm] *pron pers* myself; **j'ai ~ vérifié** I checked it myself; **mon épouse et ~** my wife and I; **je préfère vérifier par ~** I prefer to check for myself; **j'y suis allé de ~** I went there on my own initiative.

**moindre** [mwɛ̃dr] *adj* **-1.** *(comparatif)* [perte] lesser, smaller; [qualité] lower, poorer; [prix] lower; **de ~ gravité** less serious; **de ~ importance** less important, of lesser importance; **c'est un ~ mal** it's the lesser evil. **-2.** *(superlatif)*: **le ~, la ~** [de deux] the lesser; [de trois *ou* plus] the least, the slightest; **le ~ mouvement/danger** the slightest movement/danger; **le ~ espoir** the slightest *ou* faintest hope; **la ~ chance** the slightest *ou* remotest chance; **je n'en ai pas la ~ idée** I haven't got the slightest *ou* faintest *ou* remotest idea; **jusqu'au ~ détail** down to the last *ou* smallest detail; **ce serait la ~ des politesses** it would be only common courtesy; **c'est une pianiste, et non des ~s!** she's a pianist and a good one at that!; **il n'a pas fait la ~ remarque** he didn't say a single word ❑ **je vous en prie, c'est la ~ des choses!** don't mention it, it was the least I could do!; **dis merci, c'est la ~ des choses!** you could at least say thank you!; **il est partisan du ~ effort** he doesn't do any more than he has to.

**moindrement** [mwɛ̃drəmã] *adv litt*: **il n'était pas le ~ gêné** he wasn't embarrassed in the least *ou* in the slightest.

**moine** [mwan] *nm* RELIG monk, friar; ~ **cistercien** Cistercian monk.

**moineau, x** [mwano] *nm* ORNITH sparrow; **avoir une cervelle** *ou* **tête de ~** *fam* to be bird-brained *ou* scatterbrained.

**moinillon** [mwaniʒɔ̃] *nm* [jeune moine] young monk.

**moins** [mwɛ̃] ◇ *adv* **A.** COMPARATIF D'INFÉRIORITÉ **-1.** [avec un adjectif, un adverbe] less; **cinq fois ~ cher** five times less expensive; **deux fois ~ cher** half as expensive, twice as cheap; **en ~ rapide** but not so *ou* as fast; **c'est ~ bien que l'an dernier** it's not as good as last year; **c'est le même appartement, en ~ bien/grand** it's the same flat only not as nice/not as big; **beaucoup/un peu ~ a lot/a little less; il est ~ timide que réservé** he's not so much shy as reserved; **il n'en est pas ~ vrai que...** it is nonetheless true that...; **non ~ charmante que...** just as charming as..., no less charming than... **-2.** [avec un verbe] less, not... so *ou* as much; **je souffre ~** I'm not in so much *ou* I'm in less pain; **tu devrais demander ~** you shouldn't ask for so much; ~ **tu parles, mieux ça vaut** the less you speak, the better; **j'y pense ~ que tu ne le crois** I think about it less than you think.
**B.** SUPERLATIF D'INFÉRIORITÉ **-1.** [avec un adjectif, un adverbe]: **c'est lui le ~ riche des trois** he's the least wealthy of the three; **c'est elle la ~ intelligente des deux** she's the less intelligent of the two; **c'est le sommet le ~ élevé** it's the lowest peak; **c'est le modèle le ~ cher qu'on puisse trouver** it's the least expensive (that) you can find; **le ~ possible** as little as possible; **c'est lui qui habite le ~ loin** he lives the least far away *ou* the nearest ❑ **je ne suis pas le ~ du monde surpris** I'm not at all *ou* not in the least bit surprised; **je vous dérange? — mais non, pas le ~ du monde** am I disturbing you? — of course not *ou* not in the slightest. **-2.** [avec un verbe]: **le ~** (the) least; **le ~ qu'on puisse faire, c'est de les inviter** the least we could do is invite them; **c'est le ~ qu'on puisse dire!** that's the least you can say!
◇ *prép* **-1.** [en soustrayant]: **dix ~ huit font deux** ten minus *ou* less eight makes two; **on est seize: ~ les enfants, ça fait douze** there are sixteen of us, twelve not counting the children. **-2.** [indiquant l'heure]: **il est ~ vingt** it's twenty to; **il est 3 h ~ le quart** it's (a) quarter to 3 ❑ **il était ~ une** *ou* **cinq** *fam* that was a close call *ou* shave. **-3.** [introduisant un nombre négatif]: ~ **50 plus ~ 6 égalent ~ 56** minus 50 plus minus 6 is *ou* makes minus 56; **il fait ~ 25** it's 25 below *ou* minus 25; **plonger à ~ 300 m** to dive to a depth of 300 m.
◇ *nm* minus (sign).
◆ **à moins** *loc adv*: **j'étais terrifié — on le serait à ~!** I was

terrified — and lesser things have frightened me!

◆ **à moins de** *loc prép* **-1.** [excepté]: à ~ d'un miracle short of ou barring a miracle; **nous n'arriverons pas à temps, à ~ de partir demain** we won't get there on time unless we leave tomorrow. **-2.** [pour moins de] for less than. **-3.** [dans le temps, l'espace]: **il habite à ~ de 10 minutes/500 mètres d'ici** he lives less than 10 minutes/500 metres from here.

◆ **à moins que** *loc conj* unless.

◆ **au moins** *loc adv* **-1.** [en tout cas] at least. **-2.** [au minimum] at least.

◆ **de moins** *loc adv*: **il y a 100 francs de ~ dans le tiroir** there are 100 francs missing from the drawer; **je me sens 10 ans de ~** I feel 10 years younger ‖ *(en corrélation avec 'que')*: **j'ai un an de ~ qu'elle** I'm a year younger than her; **j'ai deux tête de ~ qu'elle** I'm shorter than her by a head.

◆ **de moins en moins** *loc adv* less and less; **de ~ en ~** souvent less and less often.

◆ **de moins en moins de** *loc dét* [suivi d'un nom comptable] fewer and fewer; [suivi d'un nom non comptable] less and less; **il y a de ~ en ~ de demande pour ce produit** there is less and less demand for this product.

◆ **des moins** *loc adv*: **un accueil des ~ chaleureux** a less than warm welcome.

◆ **du moins** *loc adv* at least.

◆ **en moins** *loc adv*: **il y a une chaise en ~** there's one chair missing, we're one chair short.

◆ **en moins de** *loc prép* in less than; **en ~ de temps qu'il n'en faut pour le dire** before you can say Jack Robinson; **en ~ de rien** in no time at all; **en ~ de deux** *fam* in a jiffy, in two ticks.

◆ **moins de** *loc dét* **-1.** *(comparatif)* [avec un nom comptable] fewer; [avec un nom non comptable] less; **un peu ~ de bruit!** a little less noise!; **il a ~ de 18 ans** he's under 18; **les ~ de 18 ans** the under 18's; **il ne me faudra pas ~ de 3 heures pour tout faire** I'll need no less than ou at the very least 3 hours to do everything. **-2.** *(superlatif)*: **le ~ de** [avec un nom comptable] the fewest; [avec un nom non comptable] the least; **c'est ce qui consomme le ~ d'énergie** it uses the least amount of energy.

◆ **moins... moins** *loc corrél* the less... the less.

◆ **moins... plus** *loc corrél* the less... the more.

◆ **moins que rien** ◇ *loc adv* next to nothing. ◇ *nmf inv* nobody; **c'est un/une ~ que rien** he's/she's a nobody; **des ~ que rien** a useless bunch (of individuals).

◆ **on ne peut moins** *loc adv*: **elle est on ne peut ~ honnête** she's as honest as they come; **c'est on ne peut ~ compliqué!** it couldn't be less complicated!

◆ **pour le moins** *loc adv* at the very least, to say the least; **il y a pour le ~ une heure d'attente** there's an hour's wait at the very least.

**moins-perçu** [mwɛ̃pɛrsy] *(pl* **moins-perçus)** *nm* amount due.

**moins-value** [mwɛ̃valy] *(pl* **moins-values)** *nf* **-1.** [dépréciation] depreciation, capital loss. **-2.** [déficit du fisc] (tax) deficit, shortfall.

**moire** [mwar] *nf* **-1.** [tissu] moiré, watered fabric. **-2.** *litt* [irisation] iridescence, irisation.

**moiré, e** [mware] *adj* **-1.** TEXT moiré, watered. **-2.** [irisé] iridescent, irisated, moiré. **-3.** MENUIS moiré.

◆ **moiré** *nm* **-1.** TEXT moiré, watered effect ou finish. **-2.** *litt* [irisation] iridescence, irisation.

**moirer** [3] [mware] *vt* **-1.** [tissu] to moiré, to water. **-2.** [métal, papier] to moiré. **-3.** *litt* [iriser] to make iridescent, to irisate.

**moirure** [mwaryr] *nf litt* [irisation] iridescence, irisation.

◆ **moirures** *nfpl* TEXT moiré (effect), watered effect ou finish; MÉTALL moiré (effect).

**mois** [mwa] *nm* **-1.** [division du calendrier] month; **le ~ de mai/décembre** the month of May/December; **au début/à la fin du ~ d'avril** in early/late April; **au milieu du ~ d'août** in mid-August ou the middle of August; **le 15 de ce ou du ~** COMM the 15th inst *Br* ou instant *Br*, the 15th of this month ❑; **le ~ de Marie** the month of Mary ou May RELIG. **-2.** [durée] month; **tous les ~** every ou each month, monthly; **le comité se réunit tous les ~** the committee meets on a monthly basis; **dans un ~** in a month, in a month's time; **pendant mes ~ de grossesse/d'apprentissage** during the months

when I was pregnant/serving my apprenticeship; **un ~ de préavis** a month's notice. **-3.** [salaire] monthly wage ou salary ou pay; [versement] monthly instalment; **je vous dois trois ~** [de salaire] I owe you three months' wages; [de loyer] I owe you three months' rent; **toucher son ~** to get paid for the month ❑; **~ double, treizième ~** extra month's pay *(income bonus equal to an extra month's salary and paid annually)*.

◆ **au mois** *loc adv* by the month, monthly, on a monthly basis.

**moïse** [mɔiz] *nm* Moses basket.

**Moïse** [mɔiz] *npr* Moses.

**moisi, e** [mwazi] *adj* [papier, tissu] mildewy, mouldy; [fruit, pain] mouldy; [logement] mildewy, fusty.

◆ **moisi** *nm* [moisissure] mildew, mould; **ça sent le ~** *pr* it smells musty; *fam & fig* I can smell trouble.

**moisir** [32] [mwazir] ◇ *vt* to make (go) mouldy. ◇ *vi* **-1.** [pourrir] to go mouldy; **le pain a moisi** the bread's gone mouldy. **-2.** *fam* [s'éterniser] to rot; **~ en prison** to rot in prison.

**moisissure** [mwazisyr] *nf* **-1.** [champignon] mould, mildew; [tache] patch of mould. **-2.** *fig & litt* rottenness, rankness.

**moisson** [mwasɔ̃] *nf* **-1.** AGR harvest; **faire la ~** to harvest (the crops). **-2.** [grande quantité]: **une ~ de** an abundance ou a wealth of.

**moissonner** [3] [mwasɔne] *vt* **-1.** AGR to harvest, to reap. **-2.** *sout* [recueillir – informations, documents] to amass; [remporter – prix] to carry off. **-3.** *litt* [décimer] to decimate.

**moissonneur, euse** [mwasɔnœr, øz] *nm, f* harvester, reaper *litt*.

◆ **moissonneuse** *nf* [machine] harvester.

**moissonneuse-batteuse** [mwasɔnøzbatøz] *(pl* **moissonneuses-batteuses)** *nf* combine (harvester).

**moissonneuse-lieuse** [mwasɔnøzljøz] *(pl* **moissonneuses-lieuses)** *nf* reaper, reaper-binder, self-binder.

**moite** [mwat] *adj* [air] muggy, clammy; [mains] sticky, sweaty; [front] damp, sweaty.

**moiteur** [mwatœr] *nf* [sueur] stickiness, sweatiness; [humidité] dampness, moistness.

**moitié** [mwatje] *nf* **-1.** [part] half; **une ~ de** ou **la ~ d'un poulet** half a chicken; **la ~ des élèves** half (of) the pupils; **quelle est la ~ de douze?** what's half of twelve?; **arrivé à la ~ du livre** halfway through the book; **nous ferons la ~ du trajet** ou **chemin ensemble** we'll do half the journey together; **partager qqch en deux ~s** to divide sthg in half ou into (two) halves, to halve sthg ‖ *(comme modificateur)* half; **je suis ~ Français, ~ Canadien** I'm half French, half Canadian; **il mange ~ moins que moi** he eats half as much as me. **-2.** *fam & hum* [épouse]: **sa/ma (tendre) ~** his/my better half.

◆ **à moitié** *loc adv* half; **je ne suis qu'à ~ surpris** I'm only half surprised; **faire les choses à ~** to do things by halves; **le travail n'est fait qu'à ~ only** half the work's been done, the work's only half done; **vendre à ~ prix** to sell (at) half-price.

◆ **à moitié chemin** *loc adv* halfway.

◆ **de moitié** *loc adv* by half; **réduire qqch de ~** to reduce sthg by half, to halve sthg; **l'inflation a diminué de ~** inflation has been halved ou cut by half.

◆ **par la moitié** *loc adv* through ou down the middle.

◆ **par moitié** *loc adv* in two, in half.

◆ **pour moitié** *loc adv* partly; **tu es pour ~ dans son échec** you're half ou partly responsible for his failure.

**moitié-moitié** [mwatjemwatje] *adv* [à parts égales] half-and-half; **faire ~** [dans une affaire] to go halves ou fifty-fifty; [au restaurant] to go halves ou to split the bill.

**moka** [mɔka] *nm* **-1.** [gâteau] mocha cake, coffee cream cake. **-2.** [café] mocha (coffee).

**mol** [mɔl] *m* → **mou**.

**molaire** [mɔlɛr] ◇ *nf* [dent] molar. ◇ *adj* CHIM molar.

**moldave** [mɔldav] *adj* Moldavian.

◆ **Moldave** *nmf* Moldavian.

**Moldavie** [mɔldavi] *npr f*: (la) ~ Moldavia.

**mole** [mɔl] *nf* CHIM mole.

**môle** [mol] *nm* [jetée] mole, (stone) jetty ou breakwater.

**moléculaire** [mɔlekylɛr] *adj* molecular.

**molécule** [mɔlekyl] *nf* molecule.

**moleskine** [mɔlɛskin] *nf* **-1.** TEXT moleskin. **-2.** [imitation cuir] imitation leather.

**molester** [3] [mɔlɛste] *vt* to maul, to manhandle, to molest.

**molette** [mɔlɛt] *nf* **-1.** [pièce cylindrée] toothed wheel. **-2.** [dans un briquet] wheel. **-3.** [de verrier] cutting wheel.

**Molière** [mɔljɛr] *npr* Molière; les ~s *French theatre awards.*

**mollard**<sup>v</sup> [mɔlar] *nm* gob, gob of spit.

**mollasse** [mɔlas] ◇ *adj* **-1.** *fam* [apathique] wet *Br*, drippy, wimpish. **-2.** [flasque] flabby, flaccid, limp; une poignée de main ~ a limp handshake. ◇ *nmf fam* wimp, drip.

**mollasson, onne** [mɔlasɔ̃, ɔn] *fam* ◇ *adj* wet *Br*, wimpy, soft. ◇ *nm, f* wimp.

**molle** [mɔl] *f* → mou.

**mollement** [mɔlmɑ̃] *adv* **-1.** [sans énergie] listlessly, limply; il m'a serré ~ la main he gave me a limp handshake; ~ allongé sur un divan lying languidly ou limply on a sofa. **-2.** [sans conviction] feebly, weakly; elle protesta ~ she protested feebly ou made a feeble protest.

**mollesse** [mɔlɛs] *nf* **-1.** [d'une substance, d'un objet] softness; [des chairs] flabbiness; [d'une poignée de main] limpness. **-2.** [d'un relief] soft shape; [de contours]: la ~ de ses traits *péj* the flabbiness ou shapelessness of his features. **-3.** [apathie] feebleness, weakness; c'est la ~ des parents/de l'opposition qui est en cause parental laxness/the opposition's spinelessness is to blame.

**mollet**[1] [mɔlɛ] *nm* ANAT calf.

**mollet**[2], **ette** [mɔlɛ, ɛt] *adj litt* [moelleux] soft.

**molletière** [mɔltjɛr] ◇ *nf* puttee. ◇ *adj f* → bande.

**molleton** [mɔltɔ̃] *nm* [de coton] swansdown, swanskin, flannelette; [de laine] duffel, duffle.

**molletonné, e** [mɔltɔne] *adj* [garni] covered with swansdown; [doublé] lined with swansdown.

**molletonneux, euse** [mɔltɔnø, øz] *adj* fleecy, fleece *(modif)*.

**mollir** [32] [mɔlir] ◇ *vi* **-1.** [chanceler]: j'ai senti mes jambes ~ I felt my legs give way (under me). **-2.** [vent] to drop, to abate. **-3.** [volonté, résolution]: sa détermination mollissait her determination began to flag ou to wane. ◇ *vt* NAUT [cordage] to slacken; [barre] to ease.

**mollo** [mɔlo] *adv fam* easy; vas-y ~ sur cette route! take it easy on that road!; ~ avec le chocolat! go easy on the chocolate!

**mollusque** [mɔlysk] *nm* **-1.** ZOOL mollusc. **-2.** *fam* [personne] drip, wimp.

**molosse** [mɔlɔs] *nm* [chien] watchdog.

**Molotov** [mɔlɔtɔv] *npr*: cocktail ~ Molotov cocktail.

**môme** [mom] *fam* ◇ *nmf* [enfant] kid; sale ~! you little brat! ◇ *nf vieilli* [jeune femme] bird *Br*, chick *Am*.

**moment** [mɔmɑ̃] *nm* **-1.** [laps de temps] moment, while; laisse-moi un ~ pour réfléchir give me a moment ou minute to think it over; il y a un (bon) ~ que j'attends I've been waiting for (quite) a while; j'en ai pour un petit ~ I'll be a (little) while. **-2.** [instant] moment, minute; c'est l'affaire d'un ~ it'll only take a minute ou moment; dans un ~ de colère in a moment of anger; il eut un ~ d'hésitation he hesitated for a moment; (attends) un ~! just (wait) a moment! **-3.** [période] moment, time; nous avons passé ou eu de bons ~s we had some good times; c'est un mauvais ~ à passer it's just a bad patch *Br* ou a difficult spell; les grands ~s de l'histoire the great moments of history; il l'a assistée jusqu'aux derniers ~s he was by her side until the end; elle a ses bons et ses mauvais ~s she has her off days; à mes ~s perdus in my spare time. **-4.** [occasion] moment, opportunity; choisis un autre ~ pour lui parler choose another time to speak to her; c'est le ~ d'intervenir now's the time to speak up; c'est bien le ~! *iron* what a time to pick!; c'est le ~ ou jamais it's now or never; à quel ~ voulez-vous venir? (at) what time would you like to come?; le ~ venu when the time comes; arriver au bon ~ to come at the right time; il arrive toujours au bon ~, celui-là! *iron* he really picks his moments!; le ~ crucial du film/match the crucial point in the film/match. **-5.** PHYS momentum.

◆ **à aucun moment** *loc adv* at no time; à aucun ~ il ne s'est plaint at no time ou point did he complain.

◆ **à ce moment-là** *loc adv* **-1.** [dans le temps] at that time, then. **-2.** [dans ce cas] in that case, if that's so.

◆ **à tout moment** *loc adv* **-1.** [n'importe quand] (at) any time ou moment; il peut téléphoner à ~ we can expect a call from him any time now. **-2.** [sans cesse] constantly, all the time; elle s'interrompait à tout ~ she was constantly stopping, she kept stopping.

◆ **au moment de** *prép*: au ~ de mon divorce when I was getting divorced, at the time of my divorce; il me l'a dit au ~ de mourir he told me as he died.

◆ **au moment où** *loc conj* as, when; juste au ~ où le téléphone a sonné just when ou as the phone rang.

◆ **à un moment donné** *loc adv* [dans le temps, dans l'espace] at a certain point; à un ~ donné, il a refusé at one point, he refused.

◆ **dès le moment où** *loc conj* **-1.** [dans le temps] from the time ou moment that, as soon as. **-2.** [dans un raisonnement] as soon as, once.

◆ **du moment** *loc adj*: l'homme du ~ the man of the moment; le succès/l'idole du ~ the current hit/idol; un des sujets du ~ one of the issues of the day.

◆ **du moment que** *loc conj* [puisque] since; du ~ que je te le dis! *fam* you can take my word for it!

◆ **d'un moment à l'autre** *loc adv* [très prochainement] any moment ou minute ou time now.

◆ **en ce moment** *loc adv* at the moment, just now.

◆ **en un moment** *loc adv* in a moment.

◆ **par moments** *loc adv* at times, every now and then, every so often.

◆ **pour le moment** *loc adv* for the moment, for the time being.

◆ **sur le moment** *loc adv* at the time.

**momentané, e** [mɔmɑ̃tane] *adj* momentary, brief; il y aura des pannes d'électricité ~es there will be temporary ou brief power cuts.

**momentanément** [mɔmɑ̃tanemɑ̃] *adv* **-1.** [en ce moment] for the time being, for the moment; il est ~ absent he's temporarily absent, he's absent for the moment. **-2.** [provisoirement] momentarily, for a short while; les émissions sont ~ interrompues we will be temporarily off the air.

**momie** [mɔmi] *nf* ARCHÉOL mummy.

**momification** [mɔmifikasjɔ̃] *nf* mummification.

**momifier** [9] [mɔmifje] *vt* to mummify.

**mon** [mɔ̃] *(devant nf ou adj f commençant par voyelle ou h muet* [mɔn], *f* **ma** [ma], *pl* **mes** [me]*) dét (adj poss)* **-1.** [indiquant la possession] my; ~ père et ma mère my father and mother; mes frères et sœurs my brothers and sisters; un de mes amis a friend of mine, one of my friends. **-2.** [dans les appellatifs]: ~ cher Pierre my dear Pierre; ~ capitaine Captain; mes enfants, au travail! time to work, children!; alors là, ma grande, c'est ton problème! *fam* well that, my dear, is your problem!; mais ~ pauvre vieux, vous n'y arriverez jamais! *fam* look, mate, you'll never manage it! **-3.** [emploi expressif]: j'ai ~ vendredi I've got Friday off; ~ bonhomme n'était pas du tout content! I don't mind telling you (that) the bloke wasn't at all pleased!; ah ben ~ salaud!<sup>v</sup> ou cochon!<sup>v</sup> lucky bastard!

**monacal, e, aux** [mɔnakal, o] *adj* monastic, monachal.

**Monaco** [mɔnako] *npr*: (la principauté de) ~ (the principality of) Monaco.

**monarchie** [mɔnarʃi] *nf* monarchy; la ~ absolue/constitutionnelle/parlementaire absolute/constitutional/parliamentary monarchy; la ~ de droit divin monarchy by divine right; la monarchie de Juillet the July Monarchy.

**monarchique** [mɔnarʃik] *adj* monarchic, monarchical.

**monarchisme** [mɔnarʃism] *nm* monarchism.

**monarchiste** [mɔnarʃist] ◇ *adj* monarchist, monarchistic. ◇ *nmf* monarchist.

**monarque** [mɔnark] *nm* monarch.

**monastère** [mɔnastɛr] *nm* monastery.

**monastique** [mɔnastik] *adj* monastic.

**monceau, x** [mɔ̃so] *nm* [amas] heap, pile; des ~x d'erreurs *fig* masses of mistakes.

**mondain, e** [mɔ̃dɛ̃, ɛn] ◇ *adj* **-1.** [de la haute société] society *(modif)*; avoir des relations ~es to have friends in society ou high circles ❑ carnet ~, rubrique ~e society ou gossip col-

umn; **soirée** ~e society ou high-society evening. **-2.** [qui aime les mondanités]: **elle est très** ~e she likes moving in fashionable circles ou society, she's a great socialite. **-3.** RELIG worldly; PHILOS mundane. **-4.** JUR: **brigade** ~e vice squad. ◊ *nm, f* socialite, society person.
◆ **mondaine** *nf fam* vice squad.

**mondanité** [mɔ̃danite] *nf* [style] society life.
◆ **mondanités** *nfpl* [réunions] fashionable gatherings; [politesses] social chitchat, polite conversation.

**monde** [mɔ̃d] *nm* **-1.** [univers] world; **dans le** ~ **entier** all over the world; **il est connu dans le** ~ **entier** he's known worldwide ou the world over; **venir au** ~ to come into the world; **mettre un enfant au** ~ to bring a child into the world; **il n'est plus de ce** ~ he's no longer with us, he's gone to the next world; **en ce bas** ~ here on earth, here below; **elle s'est créé un petit** ~ **à elle** she's created her own little world for herself ❑ **le** ~ **est petit!** it's a small world!; **depuis que le** ~ **est** ~ since the beginning of time, since the world began; **c'est le** ~ **renversé** ou **à l'envers!** what's the world coming to?. **-2.** [humanité] world; **le** ~ **entier attend cet événement** the whole world is awaiting this event; **tout le** ~ everybody, everyone; **tout le** ~ **sait cela** everybody ou the whole world knows that; **tout le** ~ **ne peut pas le faire!** not everybody can do that! ❑ **il faut de tout pour faire un** ~ it takes all sorts (to make a world). **-3.** [pour intensifier]: **le plus célèbre au** ou **du** ~ the most famous in the world; **c'est la femme la plus charmante du** ~ she's the most charming woman you could wish to meet; **le plus simplement/gentiment du** ~ in the simplest/kindest possible way; **c'est ce que j'aime/je veux le plus au** ~ it's what I love/want most in the world; **je vous dérange? — pas le moins du** ~! am I interrupting? — not in the least!; **ils s'entendent le mieux du** ~ they get on famously; **tout s'est déroulé le mieux du** ~ everything went off very smoothly; **rien au** ~ **ne pourrait me faire partir** nothing in the world would make me leave; **pour rien au** ~ not for anything, not for the world; **nul** ou **personne au** ~ nobody in the world; **on m'a dit tout le bien du** ~ **de ce nouveau shampooing** I've been told the most wonderful things about this new shampoo. **-4.** [communauté] world; **le** ~ **des affaires** the business world; **le** ~ **de la finance** the world of finance, the financial world; **le** ~ **du spectacle** (the world of) show business; **le** ~ **capitaliste/communiste** the capitalist/communist world; **le** ~ **libre** the Free World; **le** ~ **animal/végétal** the animal/plant world. **-5.** [gens] people *(pl)*; **il y a du** ~? [en entrant chez quelqu'un] is there anybody home ou there?; **il y a un** ~ **fou, c'est noir de** ~ the place is swarming ou alive with people; **il n'y avait pas grand** ~ **au spectacle** there weren't many people at the show; **tu attends du** ~? are you expecting people ou company?; **il ne voit plus beaucoup de** ~ he doesn't socialize very much any more; **j'ai du** ~ **à dîner** *fam* I've got people coming for dinner; **ne t'en fais pas, je connais mon** ~! don't worry, I know who I'm dealing with!; **grand-mère aime bien avoir tout son petit** ~ **autour d'elle** grandmother likes to have all her family ou brood *hum* around her; **c'est qu'il faut s'en occuper de tout ce petit** ~! [enfants] all that little lot takes some looking after! ❑ **il y a du** ~ **au balcon!** *fam & hum* she's well-endowed!; **tu te moques** ou **fiches** *fam* ou **fous** *fam* **du** ~! you've got a nerve ou a bloody nerve! **-6.** [société] world; **se retirer du** ~ to withdraw from society; **les plaisirs du** ~ worldly pleasures; **le** ~ RELIG the world ‖ [groupe social] circle, set; **ils ne sont pas du même** ~ they don't move in the same circles ‖ [classes élevées]: **le (beau** ou **grand)** ~ high society; **aller dans le** ~ to mix in society; **fréquenter le beau** ou **grand** ~ to mix with high society ou in society ❑ **femme du** ~ socialite; **homme du** ~ man-about-town; **gens du** ~ socialites, society people. **-7.** [domaine] world, realm; **le** ~ **de l'imaginaire** the realm of imagination; **le** ~ **du silence** *litt* the silent world (under the sea). **-8.** PRESSE: **Le Monde** French daily newspaper. **-9.** *loc:* **c'est un** ~! *fam* that beats everything!, well I never!; **pourquoi ne ranges-tu jamais tes affaires, c'est un** ~ **tout de même!** *fam* why in the world ou why oh why don't you ever put your things away?; **se faire (tout) un** ~ **de qqch** to get worked up about sthg; **ne te fais pas un** ~ **d'un rien** don't make a mountain out of a molehill.

**monder** [3] [mɔ̃de] *vt* **-1.** [noisettes] to hull; [amandes] to blanch. **-2.** [arbres] to prune, to crop.

**mondial, e, aux** [mɔ̃djal, o] *adj* world *(modif)*, global; **production** ~e **de blé** world wheat production; **crise à l'échelle** ~e worldwide crisis, crisis on a world scale.

**mondialement** [mɔ̃djalmɑ̃] *adv* throughout ou all over the world.

**mondialisation** [mɔ̃djalizasjɔ̃] *nf* globalization.

**mondialiser** [3] [mɔ̃djalize] *vt* to make worldwide in scope, to globalize.
◆ **se mondialiser** *vpi* to spread throughout the world; **la crise s'est rapidement mondialisée** the crisis has rapidly taken on an international dimension.

**mondovision** [mɔ̃dɔvizjɔ̃] *nf* worldwide satellite broadcasting; **en** ~ broadcast all over the world by satellite.

**monégasque** [monegask] *adj* Monegasque, Monacan.
◆ **Monégasque** *nmf* Monegasque, Monacan.

**monétaire** [moneter] *adj* monetary; **marché/masse** ~ money market/supply; **politique/système/unité** ~ monetary policy/system/unit.

**monétarisme** [monetarism] *nm* monetarism.

**monétariste** [monetarist] *adj & nmf* monetarist.

**monétiser** [3] [monetize] *vt* to monetize.

**mongol, e** [mɔ̃gɔl] *adj* Mongol, Mongolian.
◆ **Mongol, e** *nm, f* Mongol, Mongolian.

**Mongolie** [mɔ̃gɔli] *npr f:* **(la)** ~ Mongolia.

**mongolien, enne** [mɔ̃gɔljɛ̃, ɛn] ◊ *adj vieilli* mongol *péj & vieilli.* ◊ *nm, f vieilli* mongol *péj & vieilli.*

**mongolisme** [mɔ̃gɔlism] *nm vieilli* mongolism.

**moniteur, trice** [monitœr, tris] *nm, f* SPORT instructor (*f* instructress); [de colonie de vacances] (group) supervisor ou leader, (camp) counsellor *Am;* ~ **d'auto-école** driving instructor.
◆ **moniteur** *nm* **-1.** INF [écran] display unit; [dispositif matériel ou logiciel] monitor; ~ **couleur** RGB ou colour monitor. **-2.** MÉD monitor.

**monitorage** [monitoraʒ] *nm* = **monitoring**.

**monitorat** [monitora] *nm* [enseignement] instruction; [de colonie de vacances] group leading, camp counselling *Am.*

**monitoring** [monitoriŋ] *nm* monitoring; **elle est sous** ~ she's been placed on a monitor.

**monnaie** [monε] ◊ *v* → **monnayer**.
◊ *nf* **-1.** ÉCON & FIN currency, money; ~ **d'argent/de nickel/d'or** silver/nickel/gold coin; **les** ~**s étrangères** foreign currencies; **la** ~ **allemande** [gén] the German currency; BOURSE the Deutsche mark; **le yen est la** ~ **du Japon** the yen is Japan's (unit of) currency ou monetary unit ❑ ~ **décimale** decimal currency ou coinage; ~ **d'échange** *fig* bargaining counter; ~ **électronique** electronic ou plastic money; ~ **légale** legal tender; ~ **métallique** metal money; ~ **de papier** paper money; ~ **verte** green currency; **fausse** ~ counterfeit ou false money; **c'est** ~ **courante** it's common practice, it's a common ou an everyday occurrence; **payer qqn en** ~ **de singe** to fob sb off. **-2.** [appoint] change; **faire de la** ~ to get (some) change; **faire de la** ~ **à qqn** to give sb some change; **faire la** ~ **de 200 francs** to get change for 200 francs, to change a 200 franc note; **rendre la** ~ **à qqn** to give sb change; **il m'a rendu la** ~ **sur 100 francs** he gave me the change out of ou from 100 francs ❑ ~ **d'appoint** (correct) change; **menue/petite** ~ small/loose change; **et par ici la** ~! let's be having your money!; **allez, envoyez la** ~! *fam* come on, get the pennies out ou cough up!; **je lui rendrai la** ~ **de sa pièce!** I'll give him a taste of his own medicine!

**monnaie-du-pape** [monεdypap] (*pl* **monnaies-du-pape**) *nf* honesty HORT.

**monnaierai** [monεre] *v* → **monnayer.**

**monnayable** [monεjabl] *adj* saleable; **ton expérience est** ~ you could make money out of your experience.

**monnayer** [11] [monεje] *vt* **-1.** [convertir en monnaie] to mint. **-2.** [vendre] to sell, to make money out of; ~ **son expérience/savoir-faire** to cash in on one's experience/know-how. **-3.** [échanger] to exchange; **il a monnayé ses services contre une lettre d'introduction** he asked for a letter of introduction in exchange for his services.
◆ **se monnayer** *vp (emploi passif):* **tu devrais savoir que le ta-**

lent se **monnaye** you ought to know there's money to be made out of talent.

**monnayeur** [mɔnɛjœr] *nm* **-1.** [machine] change machine. **-2.** [ouvrier] coiner, minter.

**mono** [mɔno] ◇ *nf inv* (*abr de* **monophonie**) mono. ◇ *nmf fam* (*abr de* **moniteur**) **-1.** SPORT instructor (*f* instructress). **-2.** [de colonie de vacances] (group) supervisor *ou* leader, (camp) counsellor *Am.* ◇ *nm* (*abr de* **monoski**) monoski.

**mono-** [mɔno] *préf* mono-, single.

**monobloc** [mɔnoblɔk] *adj* [fusil] cast en bloc, solid; [cylindre, moteur, roue] monobloc.

**monochrome** [mɔnokrom] *adj* monochrome, monochromic.

**monochromie** [mɔnokromi] *nf* monochromaticity.

**monocle** [mɔnokl] *nm* (single) eyeglass, monocle.

**monocoque** [mɔnokɔk] ◇ *adj* AÉRON monocoque. ◇ *nm* NAUT monohull. ◇ *nf* AUT monocoque.

**monocorde** [mɔnokɔrd] ◇ *adj* monotonous, droning. ◇ *nm* monochord.

**monocratie** [mɔnokrasi] *nf* monocracy.

**monoculture** [mɔnokyltyr] *nf* monoculture; une région de ~ a monoculture area.

**monocyte** [mɔnosit] *nm* monocyte; angine à ~s glandular fever.

**monogame** [mɔnogam] *adj* monogamous.

**monogamie** [mɔnogami] *nf* monogamy.

**monogramme** [mɔnogram] *nm* monogram.

**monoï** [mɔnɔj] *nm inv* Monoï.

**monokini** [mɔnokini] *nm* monokini, topless swimsuit; '~ interdit' 'no topless bathing'.

**monolingue** [mɔnolɛ̃g] ◇ *adj* monolingual. ◇ *nmf* monolingual; les ~s people who speak only one language, monolinguals.

**monolinguisme** [mɔnolɛ̃gɥism] *nm* monolingualism.

**monolithe** [mɔnolit] ◇ *adj* monolithic. ◇ *nm* monolith.

**monolithique** [mɔnolitik] *adj* GÉOL & *fig* monolithic.

**monologue** [mɔnolɔg] *nm* **-1.** [discours] monologue; THÉÂT monologue, soliloquy. **-2.** LITTÉRAT: ~ intérieur stream of consciousness, interior monologue.

**monologuer** [3] [mɔnologe] *vi* to soliloquize; il monologue des heures durant [en public] he can go on (talking) for hours; [tout seul] he talks to himself for hours.

**monôme** [mɔnom] *nm* **-1.** MATH monomial. **-2.** *arg scol* ≃ students' rag procession.

**mononucléose** [mɔnonykleoz] *nf* mononucleosis; ~ infectieuse glandular fever, infectious mononucleosis *spéc.*

**monoparental, e, aux** [mɔnoparɑ̃tal, o] *adj* single-parent.

**monophasé, e** [mɔnofaze] *adj* single-phase, monophase.

**monophonique** [mɔnofonik] *adj* MUS monophonic; AUDIO monophonic, monaural.

**monoplace** [mɔnoplas] ◇ *adj* one-seater (*avant n*), single-seater (*avant n*). ◇ *nm* one-seater *ou* single-seater (vehicle). ◇ *nf* single-seater racing car.

**monoplan** [mɔnoplɑ̃] *nm* monoplane.

**monoplégie** [mɔnopleʒi] *nf* monoplegia.

**monopole** [mɔnopɔl] *nm* **-1.** ÉCON monopoly; ~ d'achat buyer's monopoly; ~ d'État state monopoly. **-2.** *fig* monopoly; vous pensez avoir le ~ de la vérité? do you think you have a monopoly of the truth?

**monopolisation** [mɔnopolizasjɔ̃] *nf* monopolization.

**monopoliser** [3] [mɔnopolize] *vt* ÉCON & *fig* to monopolize.

**Monopoly**® [mɔnopoli] *nm* Monopoly®.

**monoprocesseur** [mɔnoprosesœr] ◇ *adj* single-unit (*avant n*) COMPUT. ◇ *nm* single (central processing) unit.

**monorail** [mɔnoraj] *adj* & *nm* monorail.

**monosémique** [mɔnosemik] *adj* LING monosemous, monosemic.

**monoski** [mɔnoski] *nm* monoski.

**monosyllabique** [mɔnosilabik] *adj* monosyllabic.

**monothéisme** [mɔnoteism] *nm* monotheism.

**monothéiste** [mɔnoteist] ◇ *adj* monotheistic, monotheistical. ◇ *nmf* monotheist.

**monotone** [mɔnoton] *adj* **-1.** [voix, bruit] monotonous. **-2.**

[discours, style] monotonous, dull. **-3.** [vie] monotonous, dreary, humdrum; [paysage] monotonous, dreary.

**monotonie** [mɔnotoni] *nf* monotony, dullness, dreariness.

**monotype** [mɔnotip] *nm* NAUT: course de ~s race between boats of the same class.

**monoxyde** [mɔnoksid] *nm* CHIM monoxide; ~ de carbone carbon monoxide.

**Monseigneur** [mɔ̃sɛɲœr] (*pl* **Messeigneurs** [mesɛɲœr]) *nm* **-1.** [en s'adressant à un – archevêque] Your Grace; [– évêque] My Lord (Bishop); [– cardinal] Your Eminence; [– prince] Your Royal Highness; [en parlant d'un – archevêque] His Grace; [– évêque] His Lordship; [– cardinal] His Eminence (Cardinal); [– prince] His Royal Highness. **-2.** HIST Monseigneur (*the heir to the throne of France*).

**monsieur** [məsjø] (*pl* **messieurs** [mesjø]) *nm* man, gentleman; il se prend pour un ~ *péj* he thinks he's a gentleman; c'est un vilain ~ he's a wicked man.

**Monsieur** [məsjø] (*pl* **Messieurs** [mesjø]) *nm* **-1.** [dans une lettre]: ~ Sir, Dear Sir; Cher ~ Duval Dear Mr. Duval; Messieurs Dear Sirs; ~ le Maire Dear Sir; ~ le Vicomte My Lord ‖ [sur l'enveloppe]: ~ Duval Mr. Duval; Messieurs Thon et Lamiel Messrs Thon and Lamiel. **-2.** [terme d'adresse – suivi du nom ou du titre]: bonjour ~ Leroy! good morning Mr. Leroy!; bonjour Messieurs Duval! good morning, gentlemen!; bonjour ~ le Ministre! good morning Sir!; ~ le Président, et l'inflation? [au chef de l'État] Sir *ou* Mr. President *Am*, what about inflation?; [au directeur] Sir *ou* Mr. Chairman, what about inflation?; Messieurs les députés, vous êtes priés de vous asseoir! will the Honourable Members please be seated! *Br* ‖ [à un inconnu]: bonjour ~! good morning!; bonjour Messieurs good morning (, gentlemen); bonjour Messieurs Dames *fam* morning all *ou* everybody; Mesdames, Mesdemoiselles, Messieurs! Ladies and Gentlemen!; Messieurs, un peu de silence s'il vous plaît! [à des garçonnets] boys, please be quiet!; [à des jeunes gens] gentlemen, would you please be quiet!; ~ désirerait voir les pantalons? would you like to see the trousers, Sir? ‖ *sout ou hum*: ~ est servi [au dîner] dinner is served (, Sir); [pour le thé] tea is served (, Sir); le frère de ~ attend en bas [à un roturier] your brother is waiting downstairs, Sir; [à un homme titré] Your Lordship's brother is waiting downstairs; vous n'y pensez pas, cher *ou* mon bon *ou* mon pauvre ~! my dear Sir, you can't be serious!; peux-tu prêter un instant ton stylo à ~? could you lend the gentleman your pen for a minute? ‖ [au téléphone]: bonjour ~, je voudrais parler à M. Dupont, s'il vous plaît hello, I'd like to speak to Mr. Dupont, please. **-3.** [en se référant à une tierce personne]: adressez-vous à ~ Duval apply to Mr. Duval; ~ votre père *sout* your father; le docteur Duval et ~ [pour annoncer] Doctor Duval and Mr. Duval; ~ le Président regrette de ne pas pouvoir venir [chef de l'État] the President regrets he is unable to come; [directeur] the Chairman *ou* Mr. X regrets he is unable to come. **-4.** SCOL: ~, j'ai fini mon addition! (please) Sir, I've done my addition! **-5.** *fam* [en appellatif]: alors, ~ le frimeur, tu es satisfait? so, are you pleased with yourself, Mr big shot?; et en plus, ~ exige des excuses! His Lordship wants an apology as well, does he? **-6.** HIST Monsieur (*title given to the King of France's younger brother*). **-7.** *loc*: il a été nommé ~ sécurité routière he was made Mr. Road Safety; ~ Tout le Monde the man in the street, Joe Public *Br hum*, Joe Blow *Am*.

**monstre** [mɔ̃str] ◇ *nm* **-1.** BIOL, MYTH & ZOOL monster; le ~ du Loch Ness the Loch Ness Monster ❏ ~ sacré superstar. **-2.** [chose énorme] monster; son camion est un vrai ~! his lorry is an absolute monster! **-3.** [personne laide] monster, monstrously ugly *ou* hideous person; [brute] monster, brute; un ~ d'ingratitude/d'égoïsme an ungrateful/a selfish brute. **-4.** *fam* [enfant insupportable] monster, little terror, perisher *Br*; sortez d'ici, petits ~s! out of here, you little monsters! ◇ *adj fam* [erreur, difficulté, déficit] monstrous, enormous, colossal; [rassemblement] monstrous, mammoth; [répercussions, succès, effet] tremendous, enormous; [soldes] gigantic, huge, colossal; il y a une queue ~ chez le boucher there's a huge *ou* massive queue at the butcher's; j'ai un boulot ~! I've got loads *ou* tons *ou* piles of work to do!; il a un culot ~ he's got a bloody cheek *Br ou* a damned nerve.

**monstrueusement** [mɔ̃stryøzmɑ̃] *adv* [laid] monstrously, hideously; [intelligent] prodigiously, stupendously.

**monstrueux, euse** [mɔ̃stryø, øz] *adj* **-1.** [difforme] monstrous, deformed; **un être ~**, **une créature monstrueuse** a freak. **-2.** [laid] monstrous, hideous, ghastly. **-3.** [abject, cruel] monstrous, wicked, vile; **un crime ~** a heinous ou monstrous crime. **-4.** [très grave] monstrous, dreadful, ghastly; **une monstrueuse erreur** an awful ou a dreadful mistake.

**monstruosité** [mɔ̃stryozite] *nf* **-1.** [difformité] deformity. **-2.** [acte, crime] monstrosity; **commettre/dire des ~s** to do/to say the most terrible things.

**mont** [mɔ̃] *nm* **-1.** GÉOG mountain; *litt* mount; **~ sous-marin** seamount; **aller par ~s et par vaux** to wander up hill and down dale; **il est toujours par ~s et par vaux** he's always on the move. **-2.** ANAT: **le ~ de Vénus** mons veneris.

**montage** [mɔ̃taʒ] *nm* **-1.** [assemblage – d'un meuble, d'un kit] assembly, assemblage; [– d'une tente] pitching, putting up; [– d'un vêtement] assembling, sewing together; [– d'un col] setting in; IMPR (page) makeup, pasting up. **-2.** [installation – d'un appareil] installing, fixing; [– d'une pierre précieuse] mounting, setting; [– de pneus] fitting. **-3.** FIN: **~ de crédit** credit ou loan arrangement; **~ financier** financial arrangement. **-4.** AUDIO & CIN [processus] editing; [avec effets spéciaux] montage; [résultat] montage; **~ réalisé par X** [d'un film] film editing by X; [du son] sound editing by X ❑ **~ audiovisuel** ou **sonorisé** sound slide show; **~ à la prise de vues** direct camera editing; **premier ~** rough cut. **-5.** PHOT mounting; **faire du ~ de diapositives** to mount slides ❑ **~ de photos** photomontage. **-6.** ÉLECTR & ÉLECTRON wiring, connecting, connection; **~ en parallèle/série** connection in parallel/in series.

**montagnard, e** [mɔ̃taɲar, ard] ◇ *adj* mountain (*modif*), highland (*modif*). ◇ *nm, f* mountain dweller; **les ~s** mountain people.
◆ **Montagnard** *nm* HIST: **les Montagnards** the Montagnards, the members of the Mountain.

**montagne** [mɔ̃taɲ] *nf* **-1.** [mont] mountain; **les ~s d'Europe** the European (mountain) ranges ❑ **~s russes** LOISIRS big dipper *Br*, roller coaster *Am*; **moi, en ce moment, c'est les ~s russes** [moral, santé] I'm a bit up and down at the moment; **les Montagnes Rocheuses** the Rocky Mountains, the Rockies; **déplacer** ou **soulever des ~s** to move heaven and earth; **(se) faire une ~ de qqch** to make a great song and dance about sthg; **(se) faire une ~ de rien** ou **d'un rien** to make a mountain out of a molehill; **gros comme une ~** [mensonge] huge, colossal; [canular] mammoth (*modif*). **-2.** [région]: **la ~** the mountains; [en Écosse] the highlands; **de ~** mountain (*modif*); **faire de la ~** to go mountaineering; **de basse ~** low-mountain (*modif*); **de haute ~** high-mountain (*modif*); **en basse ~** in the foothills; **en haute ~** high in the mountains ❑ **ce n'est que de la ~ à vaches** it's only hills. **-3.** [grosse quantité]: **une ~ de lots** ou mountains ou a mountain of. **-4.** HIST: **la Montagne** the Mountain.

**montagneux, euse** [mɔ̃taɲø, øz] *adj* mountainous.

**montant, e** [mɔ̃tɑ̃, ɑ̃t] *adj* **-1.** [qui grimpe – sentier] rising, uphill; **la génération ~e** the rising generation. **-2.** VÊT [col] high; [corsage] high-necked, high-neckline (*modif*); **chaussures ~es** ankle boots, ankle-high shoes.
◆ **montant** *nm* **-1.** [d'une échelle, d'un châssis] upright; [d'une tente] pole; [d'une porte, d'une fenêtre] stile; [d'un lit] post; **~ (de but)** SPORT (goal) post. **-2.** FIN amount, sum, total; **le ~ du découvert** the amount of the overdraft, the total overdraft; **chèque/facture d'un ~ de 500 francs** cheque/invoice for 500 francs; **le ~ total des réparations s'élève à...**, **les réparations s'élèvent à un ~ total de...** the total cost of the repairs adds up to... ❑ **~s compensatoires (monétaires)** CEE (compensatory) subsidies, (monetary) compensatory amounts *spéc*.

**mont-blanc** [mɔ̃blɑ̃] (*pl* **monts-blancs**) *nm* chestnut cream dessert.

**mont-de-piété** [mɔ̃dpjete] (*pl* **monts-de-piété**) *nm* (state-owned) pawnshop; **mettre qqch au ~** to pawn sthg.

**monte** [mɔ̃t] *nf* **-1.** ÉQUIT [technique] horsemanship; [participation à une course] mounting. **-2.** VÉTÉR covering; **mener une jument à la ~** to take a mare to be covered.

**monté, e** [mɔ̃te] *adj* **-1.** [pourvu] provided, equipped; **être**

**bien/mal ~** to be well/badly equipped; **elle est bien ~e en vaisselle** she's got a lot of crockery; **tu es bien ~e avec un pareil mari!** *fam & iron* you've married a right *Br* ou good one there! **-2.** MIL mounted; **troupes ~es** mounted troops. **-3.** *fam* [irrité]: **être ~ contre qqn** to be angry with sb, to be dead set against sb. **-4.** [plante] seeded, gone to seed, bolted. **-5.** CULIN: **œufs ~s en neige** whipped egg whites.
◆ **montée** *nf* **-1.** [pente] climb, uphill ou upward slope; **méfiez-vous, la ~e est raide!** watch out, it's quite a steep climb! **-2.** [ascension] climb; **la ~e jusqu'au chalet** the climb up ou the ascent to the chalet; **la ~e des escaliers lui fut très pénible** he climbed ou struggled up the stairs with great difficulty. **-3.** [élévation – d'une fusée, d'un dirigeable] ascent; [– de la sève] rise; [– des eaux] rise, rising. **-4.** [augmentation – de violence] rise; [– de mécontentement] rise, increase, growth; **la ~e des prix/températures** the rise in prices/temperatures; **face à la ~e en flèche des prix du pétrole** faced with rocketing ou soaring oil prices; **devant la ~e de la violence/du racisme** faced with the rising tide of violence/racism. **-5.** [accession] rise, ascension; **sa ~e au pouvoir** her rise to power. **-6.** ARCHIT height. **-7.** PHYSIOL: **~e de lait** onset of lactation.

**monte-charge** [mɔ̃tʃarʒ] *nm inv* hoist, goods lift *Br*, freight elevator *Am*.

**montée** [mɔ̃te] *f →* **monté**.

**monte-en-l'air** [mɔ̃tɑ̃lɛr] *nm inv* cat burglar.

**monte-plats** [mɔ̃tpla] *nm inv* service lift *Br*, dumbwaiter.

**monter** [3] [mɔ̃te] ◇ *vi (aux être ou avoir)* **-1.** [personne, animal – vu d'en bas] to go up; [– vu d'en haut] to come up; [avion, soleil] to rise, to climb (up); [drapeau] to go up; [rideau de théâtre, air, fumée] to go up, to rise; [chemin] to go up, to rise, to climb; **monte par l'ascenseur** go up in ou use the lift; **monte sur une chaise pour que j'épingle ton ourlet** stand on a chair so I can pin up your hem; **le premier de cordée continuait à ~ the leader** continued to climb ou continued the ascent; **es-tu déjà montée au dernier étage de la tour Eiffel?** have you ever been up to the top of the Eiffel Tower?; **~ en pente douce** to climb gently (upwards); **~ en pente raide** to climb steeply ou sharply; **ça monte trop, passe en première** it's too steep, change down into first; **~ de** [suj: odeur, bruit] to rise (up) from, to come from. **-2.** [dans un moyen de transport]: **~ dans** [avion, train] to get on ou on to, to board; [bus] to get on, to board; [voiture] to get into; **tu montes (avec moi)?** [dans ma voiture] are you coming with me (in my car)?; **elle monte à Versailles** [dans le train] she gets on at Versailles (station); **~ sur un** ou **à bord d'un bateau** to board a ship; **~ sur un cheval** to get on ou to mount a horse; **~ sur une bicyclette** to get on a bicycle; **ça fait longtemps que je ne suis pas monté sur une bicyclette** it's a long time since I've been on a bicycle; **~ à** [pratiquer]: **~ à cheval/bicyclette** to ride (a horse/a bicycle) ‖ ÉQUIT to ride. **-3.** [apparaître suite à une émotion]: **les larmes lui sont montées aux yeux** tears welled up in his eyes, his eyes filled with tears; **le rouge lui est monté aux joues** the colour rose to her cheeks; **le sang lui monta au visage** the blood rushed to his face. **-4.** [s'élever – température] to rise, to go up; [– fièvre] to rise; [– prix, taux] to rise, to go up, to increase; [– action] to rise; [– rivière] to rise; [– mer, marée] to come in; [– anxiété, mécontentement] to grow, to increase; **faire ~** [tension, peur] to increase; **faire ~ les prix** [surenchère] to send ou to put prices up; [marchand] to put up ou to increase prices; **empêcher les prix de ~** to keep prices down; **les loyers ont monté de 25 %** rents have gone up ou increased by 25%; **le thermomètre monte** *fam* MÉTÉO it's ou the weather's getting warmer; **le lait monte** [il bout] the milk is boiling; [chez une femme qui allaite] lactation has started; **prends de grosses aiguilles, ton pull montera plus vite** your sweater will knit up more quickly if you use big needles; **faire ~ des blancs en neige** CULIN to whisk up egg whites; **le soufflé a bien monté/n'a pas monté** the soufflé rose beautifully/didn't rise; **le ton montait** [de colère] voices were being raised, the discussion was becoming heated; [d'animation] the noise level was rising. **-5.** [atteindre un certain niveau]: **la cloison ne monte pas assez haut** the partition isn't high enough; **~ à** ou **jusqu'à** [eau, vêtement, chaussures] to come up to; **son plâtre monte jusqu'au genou** his leg is in a plaster cast up to the knee; **les pistes de ski montent jusqu'à 3 000 m** the ski runs go up to ou as high as 3,000 m; **je peux ~ jusqu'à**

**200 km/h** *fam* I can do up to 200 km/h; **l'hectare de vigne peut ~ jusqu'**à 30 000 francs one hectare of vineyard can cost up to ou fetch as much as 30,000 francs. **-6.** MUS [voix] to go up, to rise; **il peut ~ jusqu'à un «si»** he can go ou sing up to B. **-7.** [pour attaquer]: **~ à l'abordage** NAUT to board; **~ à l'attaque** ou **à l'assaut** MIL to go into the attack; **~ à l'assaut de** to launch an attack on; **~ au filet** TENNIS & VOLLEY to go up to the net. **-8.** [dans une hiérarchie] to rise; **~ en grade** to be promoted; **un chanteur qui monte** an up-and-coming singer ‖ [dans le temps]: **la génération qui monte** the rising ou new generation. **-9.** [aller vers le nord]: **je monte à Paris demain** I'm going (up) to Paris tomorrow; **il a dû ~ à Lyon pour trouver du travail** he had to move (up) to Lyons in order to find work. **-10.** JEUX: **~ sur le valet de trèfle** to play a club higher than the jack.

◇ *vt (aux avoir)* **-1.** [gravir] to go up (*insép*); **~ l'escalier** to go ou to climb up the stairs, to go upstairs; **la voiture a du mal à ~ la côte** the car has difficulty getting up the hill ‖ MUS **~ la gamme** to go up ou to climb the scale. **-2.** [porter en haut - bagages, colis] to take ou to carry up (*sép*); [- courrier] to take up (*sép*); **monte-moi mes lunettes** bring my glasses up for me; **je lui ai monté son journal** I took the newspaper up to him; **peut-on se faire ~ le repas dans les chambres?** is it possible to have meals brought to the room? **-3.** [mettre plus haut]: **monte l'étagère d'un cran** put the shelf up a notch; **monte la vitre, j'ai froid** wind up the (car) window, I'm cold. **-4.** [augmenter - son] to turn up (*sép*); [- prix] to put up (*sép*); **monte la télé** *fam* turn the TV up ‖ [mettre en colère]: **~ qqn contre** to set sb up against. **-5.** [assembler - kit] to assemble, to put together (*sép*); [- tente] to pitch, to put up (*sép*); [- abri] to rig up (*sép*); **~ une page** IMPR to make up ou to paste up ou to lay out a page; **~ en parallèle/série** ÉLECTR to connect in parallel/series. **-6.** [fixer - radiateur] to fit, to mount; [- store] to put up (*sép*), to mount; **~ une gravure** [sur une marie-louise] to mount an engraving; [dans un cadre] to frame an engraving; **il a monté un moteur plus puissant sur sa voiture** he has put a more powerful engine into his car ‖ JOAILL to mount, to set. **-7.** [organiser - gén] to organize; [- pièce, spectacle] to put on (*sép*), to stage, to produce; [- canular] to think up (*sép*); [- complot, machination] to set up (*sép*); **~ un atelier de poterie** to set up a pottery workshop; **il avait monté tout un scénario dans sa tête** he'd thought up some weird and wonderful scheme. **-8.** [pourvoir - bibliothèque, collection, cave] to set up (*sép*); **~ son ménage** ou **sa maison** to set up house. **-9.** ÉQUIT **~ un cheval** to ride a horse. **-10.** CIN [bobine] to mount; [film] to edit. **-11.** COUT to fit (on); **~ une manche** to sew on ou to attach a sleeve; **le pantalon est prêt à être monté** the trousers are ready to assemble ou to be made up ‖ [tricoter - maille] to cast on (*sép*). **-12.** CULIN: **~ des blancs en neige** to whisk up egg whites; **~ une mayonnaise** to make some mayonnaise. **-13.** VÉTÉR & ZOOL to cover, to serve. **-14.** NAUT to crew; **~ un gréement** to rig a ship ‖ PÊCHE to assemble.

◆ **se monter à** *vp + prép* [coût, dépenses] to come ou to amount ou to add up to.

◆ **se monter en** *vp + prép* to equip ou to provide o.s. with; **se ~ en vins** to stock (up) one's cellar.

**monteur, euse** [mɔ̃tœr, øz] *nm, f* **-1.** INDUST & TECH fitter. **-2.** AUDIO & CIN editor.

**montgolfière** [mɔ̃gɔlfjɛr] *nf* hot-air balloon, montgolfier (balloon).

**monticule** [mɔ̃tikyl] *nm* **-1.** [colline] hillock, mound, monticule. **-2.** [tas] heap, mound; **un ~ de pierres** a heap ou pile of stones.

**montmartrois, e** [mɔ̃martrwa, az] *adj* from Montmartre.

**montmorency** [mɔ̃mɔrɑ̃si] *nf inv* morello cherry.

**montrable** [mɔ̃trabl] *adj* [objet] exhibitable; [spectacle] fit to be seen.

**montre** [mɔ̃tr] *nf* **-1.** [instrument] watch; **il est 11 heures à ma ~** it's 11 o'clock by my watch ❑ **~ antichoc** shockproof watch; **~ digitale** digital watch; **~ étanche** waterproof watch; **~ de gousset** fob ou pocket watch; **~ de plongée** diver's watch; **~ à quartz** quartz watch; **il a mis une heure ~ en main** it took him ou he took exactly one hour (by the clock). **-2.** [preuve]: **faire ~ de prudence** to show caution, to behave cautiously; **faire ~ d'audace** to show ou to display one's boldness.

**Montréal** [mɔ̃real] *npr* Montreal, Montréal.

**montréalais, e** [mɔ̃realɛ, ɛz] *adj* from Montreal.

◆ **Montréalais, e** *nm, f* Montrealer.

**montre-bracelet** [mɔ̃trəbraslɛ] (*pl* montres-bracelets) *nf* wristwatch.

**montrer** [3] [mɔ̃tre] *vt* **-1.** [gén] to show; [passeport, ticket] to show, to produce; [document secret] to show, to disclose; [spectacle, œuvre] to show, to exhibit; **~ qqch à qqn** to show sthg to sb, to show sb sthg; **il m'a montré son usine** he showed me (around) his factory; **j'ai montré Marie au docteur** *fam* I had the doctor have ou take a look at Marie; **les toiles ne sont pas encore prêtes à être montrées** the paintings aren't ready to go on show yet; **~ le poing à qqn** to shake one's fist at sb ❑ **~ patte blanche** to produce one's credentials *fig*; **~ ses cartes** *pr* & *fig* to show one's hand; **je vais leur ~ de quel bois je me chauffe** I'll show them what I'm made of ou what sort of person they're dealing with! **-2.** [exhiber - partie du corps] to show; [- bijou, richesse, talent] to show off (*sép*), to parade, to flaunt; **elle montrait ses charmes** she was displaying her charms ou leaving nothing to the imagination *euph*; **tu n'as pas besoin de ~ ta science!** no need to show off your knowledge! **-3.** [faire preuve de - courage, impatience, détermination] to show, to display; [laisser apparaître - émotion] to show. **-4.** [signaler] to point out (*sép*), to show; **~ la sortie** [de la tête] to nod towards the exit; [du doigt] to point to the exit; [de la main] to gesture towards the exit; **~ la porte à qqn** to show sb the door ❑ **~ le chemin à qqn** *pr* & *fig* to show sb the way; **~ la voie** ou **le chemin** to lead ou to show the way; **~ l'exemple** to set an example, to give the lead; **~ qqn du doigt** *pr* to point at sb; *fig* to point the finger of shame at sb. **-5.** [marquer - suj: aiguille, curseur, cadran] to show, to point to (*insép*); [- suj: écran] to show, to display. **-6.** [prouver] to show, to prove; **comme le montrent ces statistiques** as these statistics show; **ça montre bien que** *fam*... it (just) goes to show that... **-7.** [évoquer] to show, to depict; **la vie des galériens, si bien montrée dans son roman** the lives of the galley slaves, so clearly depicted in her novel. **-8.** [enseigner - technique, procédé] to show, to demonstrate; [- recette, jeu] to show; **la brochure montre comment s'en servir** the booklet explains ou shows how to use it.

◆ **se montrer** *vpi* **-1.** [se présenter] to show o.s., to appear (in public); **je ne peux pas me ~ dans cet état!** I can't let people see me like this!; **le voilà, ne te montre pas!** here he is, stay out of sight!; **elle ne s'est même pas montrée au mariage de sa fille** she never even showed up ou showed her face ou turned up at her daughter's wedding; **se ~ à son avantage** to show o.s. in a good light ou to advantage. **-2.** [s'afficher] to appear ou to be seen (in public); **elle adore se ~** she loves to be seen (in public); **il se montre partout à son bras** he parades everywhere with her on his arm. **-3.** [se révéler]: **se ~ d'un grand égoïsme** to display great selfishness; **ce soir-là, il s'est montré odieux/charmant** he was obnoxious/charming that evening; **montre-toi un homme, mon fils!** show them you're a man, my son!; **finalement, elle s'est montrée digne/indigne de ma confiance** she eventually proved (to be) worthy/unworthy of my trust.

**montreur, euse** [mɔ̃trœr, øz] *nm, f*: **~ de marionnettes** puppeteer; **~ d'ours** bearkeeper.

**monture** [mɔ̃tyr] *nf* **-1.** JOAILL setting; [de lunettes] frame; **des lunettes à ~ d'écaille/de plastique** horn-/plastic-rimmed glasses. **-2.** ÉQUIT mount.

**monument** [mɔnymɑ̃] *nm* **-1.** [stèle, statue] monument; **~ funéraire** (funerary) monument; **~ aux morts** war memorial. **-2.** ADMIN & LOISIRS monument, building; **~ historique** historic monument ou building. **-3.** *litt* [travail admirable] monument, masterpiece. **-4.** *fam* & *fig*: **ce type est un ~ de naïveté/lâcheté** that guy is the ultimate dupe/coward.

**monumental, e, aux** [mɔnymɑ̃tal, o] *adj* **-1.** [grandiose] monumental, incredible; **une œuvre ~e** a monumental piece of work. **-2.** *fam* [canular, erreur] phenomenal, mammoth (*modif*); **d'une stupidité ~e** monumentally ou astoundingly stupid. **-3.** ARCHIT monumental.

**moquer** [3] [mɔke] *vt litt* to mock (at).

◆ **se moquer** *vpi litt* to jest.

◆ **se moquer de** *vp + prép* **-1.** [railler] to laugh at, to mock (at), to make fun of. **-2.** [être indifférent à]: **je me/il se moque** de tout ça I/he couldn't care less about all that; je me moque de travailler le dimanche I don't mind having to work on Sundays; elle s'en moque pas mal she couldn't care less. **-3.** [duper] to dupe, to deceive, to trick; **on s'est moqué de toi** you've been taken for a ride; **elle ne s'est pas moquée de toi!** *fam* [repas, réception] she did you proud (there)!; [cadeau] she didn't skimp on your present!; **ce type se moque du monde!** *fam* that guy's got a real nerve!

**moquerie** [mɔkri] *nf* jeering, mocking; **il était en butte à des ~s continuelles** he was always being mocked ou made fun of.

**moquette** [mɔkɛt] *nf* wall-to-wall carpet, fitted carpet *Br*; **faire poser de la** ou **une ~** to have a (wall-to-wall) carpet laid.

**moquetter** [4] [mɔkete] *vt* to carpet... (wall-to-wall), to lay a (wall-to-wall) carpet in.

**moqueur, euse** [mɔkœr, øz] ◇ *adj* mocking; **elle est très moqueuse** she likes to make fun of people. ◇ *nm, f* mocker; **les ~s** mocking ou jeering people.
◆ **moqueur** *nm* mockingbird.

**moraine** [mɔrɛn] *nf* moraine; **~ de fond** ground moraine.

**moral, e[1], aux** [mɔral, o] *adj* **-1.** [éthique – conscience, jugement] moral; **il n'a aucun sens ~** he has no moral sense ou no sense of morality; **se sentir dans l'obligation ~e de faire qqch** to feel morally obliged to do sthg; **prendre l'engagement ~ de faire qqch** to be morally committed to do sthg ‖ [édifiant – auteur, conte, réflexion] moral; **la fin de la pièce n'est pas très ~e!** the end of the play is rather immoral!**-2.** [spirituel – douleur] mental; [– soutien, victoire, résistance] moral.
◆ **moral** *nm* morale, spirits; **comment va le ~?** are you in good spirits?; **toutes ces épreuves n'ont pas affecté son ~** all these ordeals failed to shake her morale; **son ~ est bas** his spirits are low, he's in low spirits ❑ **avoir le ~** to be in good ou high spirits; **tu vas t'occuper de ses cinq enfants? dis-donc, tu as le ~!** *fam* so you're going to look after his five children? well, (I'd) rather you than me!; **il n'a pas le ~** en ce moment he's a bit depressed ou he's in the doldrums at the moment; **allez, il faut garder le ~!** come on, keep your chin ou spirits up!; **remonter le ~ de qqn** [consoler] to raise sb's spirits, to give sb's morale a boost; [égayer] to cheer sb up; **avoir un ~ d'acier** to be a tower of strength; **j'ai le ~ à zéro** *fam* I feel down in the dumps; **au physique comme au ~**, elle nous bat tous! physically as well as mentally she's in better shape than all of us!

**morale[2]** [mɔral] *nf* **-1.** [règles – de la société] moral code ou standards, morality; [– d'une religion] moral code, ethic; [– personnelles] morals, ethics; **ce n'est pas conforme à la ~** it's unethical ❑ **faire la ~ à qqn** to lecture sb, to preach at sb. **-2.** PHILOS moral philosophy, ethics *(U)*. **-3.** [d'une fable, d'une histoire] moral.

**moralement** [mɔralmã] *adv* **-1.** [du point de vue de la morale] morally; **je me sens ~ obligé de...** I feel duty ou morally bound to... **-2.** [sur le plan psychique]: **~, elle va mieux** she's in better spirits.

**moralisateur, trice** [mɔralizatœr, tris] ◇ *adj* **-1.** [personne, ton] moralizing, moralistic. **-2.** [histoire] edifying. ◇ *nm, f* moralizer.

**moraliser** [3] [mɔralize] ◇ *vt* **-1.** [rendre conforme à la morale] to moralize, to improve the morals of. **-2.** [réprimander] to lecture. ◇ *vi* [prêcher] to moralize, to preach.

**moralisme** [mɔralism] *nm* moralism.

**moraliste** [mɔralist] ◇ *adj* moralistic. ◇ *nmf* moralist.

**moralité** [mɔralite] *nf* **-1.** [éthique] morality, ethics *(sg)*; **d'une ~ douteuse** of questionable morals; **d'une haute ~** highly moral ou ethical. **-2.** [comportement] morals, moral standing ou standards. **-3.** [conclusion]: **~, il faut toujours...** and the moral (of the story) is, you must always...; **~, on ne l'a plus revu** *fam* and the result was, we never saw him again. **-4.** HIST & THÉÂT morality play.

**moratoire** [mɔratwar] ◇ *adj* moratory; **intérêts ~s** interest on overdue payments, moratorial interest. ◇ *nm* moratorium.

**morave** [mɔrav] *adj* Moravian.
◆ **Morave** *nmf* Moravian.

**Moravie** [mɔravi] *npr f*: **(la) ~** Moravia.

**morbide** [mɔrbid] *adj* **-1.** [malsain] morbid, unhealthy. **-2.** MÉD morbid.

**morbidité** [mɔrbidite] *nf litt* **-1.** [d'une obsession] morbidity, morbidness, unhealthiness. **-2.** MÉD & SOCIOL morbidity rate.

**morbleu** [mɔrblø] *interj arch* zounds, ye gods.

**morceau, x** [mɔrso] *nm* **-1.** [de nourriture] piece, bit; **~ de sucre** lump of sugar, sugar lump; **sucre en ~x** lump sugar; **tu reprendras bien un petit ~!** come on, have another bit ou piece!; **si on allait manger un ~?** *fam* what about a snack?, how about a bite to eat? ‖ [de viande] cut, piece; **~ de choix** titbit *Br*, tidbit *Am*, choice morsel; **c'est un ~ de roi** it's fit for a king; **cracher** ou **lâcher le ~** *fam* to spill the beans, to come clean. **-2.** [de bois, de métal – petit] piece, bit; [– gros] lump, chunk; [de papier, de verre] piece; [d'étoffe, de câble – gén] piece; [– mesuré] length; **en ~x** in bits ou pieces; **mettre en ~x** [papier, étoffe] to tear up *(sép)*; [jouet] to pull to pieces ou bits; **tomber en ~x** to fall apart, to fall to pieces. **-3.** [extrait] passage, extract, excerpt; **cette scène est un véritable ~ d'anthologie** it's a truly memorable scene; **~ de bravoure** purple passage; **(recueil de) ~x choisis** (collection of) selected passages ou extracts. **-4.** MUS [fragment] passage; [œuvre] piece. **-5.** *fam* [personne]: **un beau ~** a nice bit of stuff *Br*, a bit of all right; **c'est un sacré ~, leur fils!** [il est gros] their son is enormous!; [il est musclé] their son is a real hunk!; [il est insupportable] their son is a real pain!

**morceler** [24] [mɔrsəle] *vt* [partager] to parcel out *(sép)*; [démembrer] to divide (up), to break up *(sép)*.

**morcellement** [mɔrsɛlmã] *nm* [d'un terrain] dividing (up); [d'un héritage] parcelling (out).

**morcellerai** [mɔrsɛlre] *v →* morceler.

**mordant, e** [mɔrdã, ãt] *adj* **-1.** [caustique] biting, caustic, scathing. **-2.** [froid] biting, bitter.
◆ **mordant** *nm* **-1.** [dynamisme – d'une personne] drive, spirit, punch; [– d'un style, d'une publicité] punch, bite. **-2.** [d'une lame, d'une lime] bite.

**mordicus** [mɔrdikys] *adv fam* stubbornly, doggedly; **il soutient ~ que c'est vrai** he absolutely insists that it's true.

**mordillage** [mɔrdijaʒ], **mordillement** [mɔrdijmã] *nm* nibbling.

**mordiller** [3] [mɔrdije] *vt* to nibble ou to chew (at).

**mordoré, e** [mɔrdɔre] *adj* golden brown, bronze *(modif)*.

**mordre** [76] [mɔrdr] ◇ *vt* **-1.** [suj: animal, personne] to bite; **~ un fruit** to bite into a piece of fruit; **~ qqn jusqu'au sang** to bite sb and draw blood; **se faire ~** to get bitten; **il s'est fait ~ à la main** he was bitten on the hand; **prends la serpillière, elle ne mord pas** ou **elle ne te mordra pas!** *hum* take the mop, it won't bite (you)! ❑ **~ la poussière** to bite the dust. **-2.** [suj: scie, vis] to bite into *(insép)*; [suj: acide] to eat into *(insép)*; [suj: pneus cloutés] to grip; [suj: ancre] to grip, to bite; [suj: froid] to bite. **-3.** [empiéter sur]: **~ la ligne** [saut en longueur] to cross the (take-off) board; [sur la route] to cross the white line. ◇ *vi* **-1.** PÊCHE to bite; **ça ne mord pas beaucoup par ici** the fish aren't biting ou rising much around here ❑ **~ (à l'appât** ou **à l'hameçon)** *pr & fig* to rise (to the bait), to bite; **il ou ça n'a pas mordu** *fam & fig* he wasn't taken in, he didn't fall for it. **-2.** MÉCAN to mesh. **-3.** [suj: gravure] to bite; [suj: teinture] to take.
◆ **mordre à** *v + prép fam* **-1.** [prendre goût à] to take to *(insép)*, to fall for *(insép)*. **-2.** [être trompé par] to be hooked by, to fall for *(insép)*.
◆ **mordre dans** *v + prép* to bite into.
◆ **mordre sur** *v + prép* [ligne, marge] to go ou to cross over; [économies] to make a dent in, to eat into *(insép)*; [période] to overlap.
◆ **se mordre** *vpt*: **se ~ la langue** to bite one's tongue *literal* ❑ **je m'en suis mordu les doigts** *fig* I could have kicked myself; **il va s'en ~ les doigts** he'll be sorry he did it, he'll live to regret it; **se ~ la queue** *pr* to chase one's tail; *fig* to go round in circles.

**mordu, e** [mɔrdy] ◇ *pp →* mordre. ◇ *adj* **-1.** *fam* [passionné]: **il est ~ de jazz** he's mad ou crazy about jazz. **-2.** SPORT: **saut ~** no jump. ◇ *nm, f fam* [passionné] addict *hum*, fan; **un ~ de cinéma/d'opéra** a film/an opera buff; **les ~s du tennis/de Chaplin** tennis/Chaplin fans; **les ~s de la télé** TV addicts.

**more** [mɔr] = maure.

**morène** [mɔrɛn] *nf* hydrocharis, frogbit.

**moresque** [mɔrɛsk] = **mauresque** adj.

**morfal, e, als**▽ [mɔrfal] nm, f gannet Br, greedy pig ou guts.

**morfler**▽ [3] [mɔrfle] vi: il a morflé! he copped it! Br, he caught it! Am.

**morfondre** [75] [mɔrfɔ̃dr]
◆ **se morfondre** vpi to mope.

**morgue** [mɔrg] nf -1. [établissement] morgue; [dans un hôpital] mortuary Br, morgue Am. -2. sout [arrogance] arrogance, haughtiness, disdainfulness.

**moribond, e** [mɔribɔ̃, ɔ̃d] ◇ adj dying, moribund. ◇ nm, f dying person; les ~s the dying.

**morigéner** [18] [mɔriʒene] vt sout to chide, to rebuke, to upbraid.

**morille** [mɔrij] nf morel.

**mormon, e** [mɔrmɔ̃, ɔn] adj Mormon.
◆ **Mormon, e** nm, f Mormon.

**morne** [mɔrn] adj -1. [triste – personne] glum, gloomy. -2. [monotone – discussion] dull; [– paysage] bleak, drab, dreary; d'un ton ~ in a dreary voice. -3. [maussade – climat] dull, dreary, dismal. -4. [terne – couleur, style] dull.

**morose** [mɔroz] adj -1. [individu, air, vie] glum, morose. -2. [économie] sluggish, slack.

**morosité** [mɔrozite] nf -1. [d'une personne] sullenness, moroseness. -2. [d'un marché] slackness, sluggishness.

**Morphée** [mɔrfe] npr Morpheus; dans les bras de ~ fig in the arms of Morpheus litt.

**morphème** [mɔrfɛm] nm morpheme.

**morphine** [mɔrfin] nf morphine, morphia.

**morphinomane** [mɔrfinɔman] nmf morphinomaniac spéc, morphine addict.

**morphisme** [mɔrfism] nm homomorphism.

**morphologie** [mɔrfɔlɔʒi] nf morphology.

**morphologique** [mɔrfɔlɔʒik] adj morphological.

**morpion** [mɔrpjɔ̃] nm -1. fam & péj [enfant] brat, perisher Br. -2. fam [pou] crab. -3. JEUX ≃ noughts and crosses Br, ≃ tic tac toe Am.

**mors** [mɔr] nm [d'un cheval] bit; prendre le ~ aux dents fig to take the bit between one's teeth, to swing into action.

**morse** [mɔrs] nm -1. ZOOL walrus. -2. [code] Morse (code).

**morsure** [mɔrsyr] nf -1. [d'un animal] bite; une ~ de serpent a snakebite. -2. fig & sout pang; les ~s du froid biting cold.

**mort, e** [mɔr, mɔrt] ◇ pp → **mourir**.
◇ adj -1. [décédé] dead; elle est ~e depuis longtemps she died a long time ago, she's been dead (for) a long time; il était comme ~ he looked as if he were dead; laisser qqn pour ~ to leave sb for dead; ~ et enterré, ~ et bien ~ pr & fig dead and buried, dead and gone, long dead; ~ sur le champ de bataille ou au champ d'honneur killed in action; ~ ou vif dead or alive; être plus ~ que vif to be more dead than alive ‖ [arbre, cellule, dent] dead. -2. [en intensif]: ~ de: il était ~ de fatigue he was dead tired; on était ~s de froid we were freezing cold; j'étais ~e de rire fam I nearly died laughing. -3. [passé – amour, désir] dead; [– espoir] dead, buried, long-gone. -4. [inerte – regard] lifeless, dull; [– quartier, bistrot] dead; [– eau] stagnant. -5. fam [hors d'usage – appareil, voiture] dead; mon sac est ~ my bag's had it. -6. fam [épuisé]: je suis ~! I'm dead!; mes jambes sont ~es! my legs are killing me! -7. GÉOG: la mer Morte the Dead Sea.
◇ nm, f -1. [personne] dead person; les émeutes ont fait 300 ~s 300 people died ou were killed in the rioting; les ~s the dead ◻ c'est un ~ vivant [mourant] he's at death's door; les ~s vivants the living dead; jour ou fête des ~s All Souls' Day; messe/prière des ~s mass/prayer for the dead; faire le ~ pr to pretend to be dead, to play dead; tu as intérêt à faire le ~ fam & fig you'd better lie low.
◆ **mort** nf -1. [décès] death; la ~ death; envoyer qqn à la ~ to send sb to his/her death; frôler la ~ to have a brush with death; il a vu la ~ de près he saw death staring him in the face; se donner la ~ sout to commit suicide, to take one's own life; trouver la ~ to meet one's death, to die; les émeutes ont entraîné la ~ de 30 personnes the riots led to the death ou deaths of 30 people; il y a eu ~ d'homme [une victime] somebody was killed; [plusieurs victimes] lives were lost; il a eu une ~ douce he died painlessly; périr de ~ violente to die a violent death; ~ aux traîtres! death to the

traitors! ◻ ~ cérébrale ou clinique brain death; ~ accidentelle [gén] accidental death; ~ naturelle natural death; ~ subite du nourrisson sudden infant death syndrome spéc, cot death; la petite ~ litt (the moment of) climax; avoir la ~ dans l'âme to have a heavy heart; je partis la ~ dans l'âme I left with a heavy heart; c'est pas la ~ (du petit cheval)! fam it's not the end of the world!; son cours, c'est vraiment la ~! fam his class is deadly boring!; la foule scandait à ~, à ~! the crowd was chanting kill (him), kill (him)! -2. [économique] end, death.
◆ **à mort** ◇ loc adj [lutte, combat] to the death. ◇ loc adv -1. fam [en intensif]: j'ai freiné à ~ I braked like hell, I jammed on the brakes; ils sont brouillés ou fâchés à ~ they're mortal enemies ou enemies for life; je lui en veux à ~ I hate his guts. -2. [mortellement]: blesser qqn à ~ to mortally wound sb; frapper qqn à ~ to strike sb dead; mettre qqn à ~ to put sb to death; mettre un animal à ~ to kill an animal.
◆ **de mort** loc adj [silence, pâleur] deathly, deathlike; être en danger ou péril de ~ to be in mortal danger ◻ menace/pulsion de ~ death threat/wish.
◆ **jusqu'à la mort** loc adv pr to the death; fig to the bitter end.
◆ **jusqu'à ce que mort s'ensuive** loc adv JUR & vieilli until he/she be dead; hum to the bitter end.

**mortadelle** [mɔrtadɛl] nf mortadella.

**mortaise** [mɔrtɛz] nf MENUIS mortise, mortice.

**mortalité** [mɔrtalite] nf [gén] mortality; [dans des statistiques] death rate, mortality (rate).

**mort-aux-rats** [mɔrora] nf inv rat poison.

**morte-eau** [mɔrto] (pl **mortes-eaux** [mɔrtəzo]) nf neap tide, neaps.

**mortel, elle** [mɔrtɛl] ◇ adj -1. [qui tue – accident] fatal; [– dose, poison] deadly, lethal; [– coup, blessure] fatal, lethal, mortal; [– maladie] fatal; c'est un coup ~ porté à notre petite communauté fig this is a deathblow for our little community. -2. [dangereux] lethal, deadly; tu as raté l'examen mais ça n'est pas ~! fam you've failed the exam but it's not the end of the world!. -3. fam [ennuyeux] deadly ou excruciatingly boring. -4. [qui rappelle la mort – pâleur, silence] deathly. -5. [acharné – ennemi] mortal, deadly. -6. [qui n'est pas éternel] mortal. ◇ nm, f [être humain] mortal.

**mortellement** [mɔrtɛlmɑ̃] adv -1. [à mort]: être ~ blessé to be fatally ou mortally wounded. -2. [en intensif]: le film est ~ ennuyeux the film is deadly boring; tu l'as ~ offensé you've mortally offended him.

**morte-saison** [mɔrtsezɔ̃] (pl **mortes-saisons**) nf slack ou off season; à la ~ in the off season.

**mortier** [mɔrtje] nm -1. [récipient] mortar. -2. ARM mortar. -3. CONSTR mortar. -4. [bonnet] judge's cap (worn by certain judges in France).

**mortifiant, e** [mɔrtifjɑ̃, ɑ̃t] adj mortifying, humiliating.

**mortification** [mɔrtifikasjɔ̃] nf -1. RELIG mortification. -2. [humiliation] mortification, humiliation.

**mortifier** [9] [mɔrtifje] vt -1. RELIG to mortify. -2. [humilier] to mortify, to humiliate. -3. CULIN to (leave to) hang. -4. MÉD to mortify.

**mort-né, e** [mɔrne] (mpl **mort-nés**, fpl **mort-nées**) ◇ adj pr & fig stillborn. ◇ nm, f stillborn baby.

**mortuaire** [mɔrtɥer] ◇ adj -1. [rituel] mortuary (modif), funeral (modif); [cérémonie, chambre] funeral (modif). -2. ADMIN: acte ~ death certificate. ◇ nf Belg house of the deceased.

**morue** [mɔry] nf -1. CULIN & ZOOL cod; ~ fraîche fresh cod; ~ (verte) undried salt cod. -2. ▽ [prostituée] whore, hooker.

**morutier, ère** [mɔrytje, ɛr] adj cod-fishing (modif).
◆ **morutier** nm -1. [navire] cod-fishing boat. -2. [marin] cod-fisherman.

**morve** [mɔrv] nf [mucus] nasal mucus.

**morveux, euse** [mɔrvø, øz] ◇ adj [sale] snotty-nosed. ◇ nm, f fam -1. [enfant] (snotty-nosed) little kid. -2. [jeune prétentieux] (snotty ou snotty-nosed) little upstart.

**mosaïque** [mɔzaik] ◇ nf -1. BX-ARTS mosaic. -2. [mélange – de couleurs] patchwork, mosaic; [– de cultures] mixture, mosaic. -3. BOT mosaic (disease). -4. BIOL & GÉOL mosaic. ◇ adj RELIG Mosaic.

**Moscou** [mɔsku] npr Moscow.

**moscovite** [mɔskɔvit] adj Muscovite.

◆ **Moscovite** *nmf* Muscovite.

**mosellan, e** [mɔzelɑ̃, an] *adj* from Moselle.

**mosquée** [mɔske] *nf* mosque.

**mot** [mo] *nm* -**1.** LING word; **un ~ à la mode** a buzzword; **orgueilleux, c'est bien le ~** arrogant is the (right) word; **riche n'est pas vraiment le ~** rich isn't exactly the word I would use ❑ **le ~ de Cambronne** ou **de cinq lettres** *euph* the word 'merde'; **~ clé** key word; **~ composé** compound (word); **~ d'emprunt** loanword; **le ~ juste** the right ou appropriate word; **~ de passe** password; **gros ~** swearword. -**2.** INF: **~ d'appel** call word; **~ d'état** status word; **~ machine** computer word; **~ mémoire** storage ou memory word. -**3.** [parole] word; **il n'a pas dit un ~** he didn't say a word; **dire un ~ à qqn** to have a word with sb; **pourriez-vous nous dire un ~ sur ce problème?** could you say a word (or two) on a few words about this problem for us?; **tu n'as qu'un ~ à dire** (just) say the word; **pas un ~!** I don't say a word!; **pas un ~ à qui que ce soit!** not a word to anybody!; **les ~s me manquent** words fail me; **je ne trouve pas les ~s (pour le dire)** I cannot find the words (to say it); **chercher ses ~s** to try to find ou to search for the right words; **à ces ~s** at these words; **sur ces ~s** with these words; **ce ne sont que des ~s!** words, words, words!, all that's just talk! ❑ **~ d'ordre** slogan; MIL watchword; **~ d'ordre de grève** call for strike action; **dernier ~: c'est mon dernier ~** it's my last ou final offer; **avoir le dernier ~** to have the last word; **grand ~: voleur, c'est un bien grand ~** thief, that would be putting it a bit too strongly ou going a bit too far; **avec toi, c'est tout de suite** ou **toujours les grands ~s** you're always exaggerating; **~s doux** words of love, sweet nothings *hum*; **avoir des ~s (avec qqn)** to have words (with sb); **avoir son ~ à dire** to have a ou one's say; **avoir toujours le ~ pour rire** to be a (great) laugh ou joker; **dire un ~ de travers** to say something wrong, to put a foot wrong; **il n'a jamais un ~ plus haut que l'autre** he never raises his voice; **pas le premier** ou **un traître ~ de** not a single word of; **prendre qqn au ~** to take sb at his word; **se donner** ou **se passer le ~** to pass the word around; **je vais lui en toucher** ou **je lui en toucherai un ~** I'll have a word with him about it; **dire deux ~s à qqn** to give sb a piece of one's mind. -**4.** [parole mémorable] saying; **~ d'esprit, bon ~** witticism, witty remark; **~ d'auteur** (author's) witty remark; **~ d'enfant** child's remark; **~ de la fin** concluding message, closing words. -**5.** [message écrit] note, word; **écrire un ~ à qqn** to write sb a note, to drop sb a line ❑ **~ d'excuse** word of apology; **~ de remerciements** thank-you note.

◆ **à mots couverts** *loc adv* in veiled terms.
◆ **au bas mot** *loc adv* at (the very) least.
◆ **en d'autres mots** *loc adv* in other words.
◆ **en un mot** *loc adv* in a word; **en un ~ comme en cent** ou **mille** [en bref] in a nutshell, to cut a long story short; [sans détour] without beating about the bush.
◆ **mot à mot** *loc adv* [littéralement] word for word; *(comme nom):* **faire du ~ à ~** to translate word for word.
◆ **mot pour mot** *loc adv* word for word.
◆ **sans mot dire** *loc adv* without (uttering) a word.

**motard, e** [mɔtar, ard] *nm, f* *fam* motorcyclist, biker.

◆ **motard** *nm* -**1.** [policier] motorcycle policeman. -**2.** MIL ≃ dispatch rider.

**motel** [mɔtɛl] *nm* motel.

**motet** [mɔtɛ] *nm* motet.

**moteur, trice** [mɔtœr, tris] *adj* -**1.** MÉCAN [force] driving, motive; **voiture à quatre roues motrices** four-wheel drive car. -**2.** ANAT [nerf, neurone, muscle] motor *(modif)*.

◆ **moteur** *nm* -**1.** MÉCAN motor, engine; **~ électrique** electric motor; **~ à allumage commandé** ou **à explosion** internal combustion engine; **~ à deux/quatre temps** two-/four-stroke engine; **~ à essence/vapeur** petrol/steam engine; **~ Diesel** diesel engine; **~ à injection** fuel injection engine; **~ à réaction** jet engine. -**2.** [cause] mainspring, driving force; **être le ~ de qqch** to be the driving force behind sthg. -**3.** CIN: **~! action!**

◆ **motrice** *nf* motor unit.
◆ **à moteur** *loc adj* power-driven, motor *(modif)*.

**motif** [mɔtif] *nm* -**1.** [raison] reason; **il a agi sans ~** he did it

for no reason; **peur/soupçons sans ~s** groundless fear/suspicions ‖ JUR [jugement] grounds. -**2.** [intention] motive; **est-ce pour le bon ~?** *hum* ou *vieilli* [en vue du mariage] are his intentions honourable?-**3.** [dessin] pattern, design; **un ~ à petites fleurs** a small flower pattern ou design. -**4.** BX-ARTS [élément] motif; [sujet] subject. -**5.** MUS motif.

**motion** [mɔsjɔ̃] *nf* motion; **voter une ~** to pass a motion ❑ **~ de censure** vote of no confidence.

**motivant, e** [mɔtivɑ̃, ɑ̃t] *adj* motivating.

**motivation** [mɔtivasjɔ̃] *nf* -**1.** [justification] motivation, justification, explanation; [raison] motivation, motive, reason. -**2.** LING *relationship between the signifier and the signified.* -**3.** ÉCON: **étude de ~** motivation ou motivational research. -**4.** PSYCH motivation.

**motivé, e** [mɔtive] *adj* -**1.** [personne] motivated. -**2.** [justifié] well-founded, justified; **un refus ~** a justifiable refusal.

**motiver** [3] [mɔtive] *vt* -**1.** [inciter à agir] to spur on *(sép)*, to motivate. -**2.** [causer] to be the reason for; **qu'est-ce qui a motivé votre retard?** what's the reason for your being late?-**3.** [justifier] to justify, to explain; **~ un refus** to give grounds for a refusal.

**moto** [mɔto] *nf* motorbike, bike; **~ tout terrain** ou **verte** trail bike.

**motocross** [mɔtokrɔs] *nm* (motorcycle) scramble *Br*, motocross.

**motoculteur** [mɔtokyltœr] *nm* (motor) cultivator.

**motocyclette** [mɔtosiklɛt] *nf vieilli* motorcycle.

**motocyclisme** [mɔtosiklism] *nm* motorcycle racing.

**motocycliste** [mɔtosiklist] *nmf* motorcyclist.

**motonautique** [mɔtonotik] *adj*: **réunion/sport ~** speedboat event/racing.

**motonautisme** [mɔtonotism] *nm* speedboat ou motorboat racing.

**motoneige** [mɔtonɛʒ] = **motoski**.

**motoneigisme** [mɔtonɛʒism] *nm Can* snowbike riding.

**motopompe** [mɔtopɔ̃p] *nf* motorpump.

**motorisation** [mɔtorizasjɔ̃] *nf* -**1.** [gén] motorization. -**2.** MÉCAN engine specification.

**motorisé, e** [mɔtorize] *adj* -**1.** [agriculture, troupes] motorized. -**2.** *fam* [personne]: **être ~** to have transport *Br* ou transportation *Am*; **tu es ~?** have you got a car?

**motoriser** [3] [mɔtorize] *vt* [mécaniser] to motorize, to mechanize; [doter d'automobiles] to motorize.

**motoriste** [mɔtorist] *nmf* [industriel] engine manufacturer; [technicien] engine technician.

**motoski** [mɔtoski] *nf* snowbike.

**motrice** [mɔtris] *f*→ **moteur**.

**motricité** [mɔtrisite] *nf* motor functions.

**mots croisés** [mokrwaze] *nmpl* crossword (puzzle).

**motte** [mɔt] *nf* -**1.** AGR: **~ (de terre)** clod ou clump (of earth); **~ de gazon** sod. -**2.** HORT ball. -**3.** CULIN: **~ de beurre** slab of butter.

**motus** [mɔtys] *interj fam*: **~ (et bouche cousue)!** not a word (to anybody)!, mum's the word!

**mot-valise** [movaliz] (*pl* **mots-valises**) *nm* blend, portmanteau word.

**mou** [mu] (*devant nm commençant par voyelle ou h muet* **mol** [mɔl], *f* **molle** [mɔl]) ◇ *adj* -**1.** [souple – pâte, cire, terre, fruit] soft; [– fauteuil, matelas] soft; **les biscuits sont tout ~s** the biscuits have gone all soft ‖ [sans tenue – étoffe, vêtement] limp; [– joues, chair] flabby. -**2.** [sans vigueur physique – mouvement] limp, lifeless, feeble; [– poignée de main] limp; **mon revers est trop ~** my backhand is too weak ou lacks power; **j'ai les jambes toutes molles** *fam* my legs feel all weak ou feel like jelly; **je me sens tout ~** *fam* I feel washed out; **allez, rame plus vite, c'est ~ tout ça!** *fam* come on, pull on those oars, let's see some effort! ‖ [estompé – contour] soft; **bruit ~** muffled noise. -**3.** [sans conviction – protestation, excuse, tentative] feeble, weak; [– doigté, style] lifeless, dull; [– élève] apathetic, lethargic; [sans force de caractère] spineless; **être ~ comme une chiffe** *fam* ou **chique** *fam* to be a real wimp; **je me sens ~ comme une chiffe** ou **chique** I feel like a wet rag. -**4.** [trop tolérant – parents, gouvernement] lax, soft. -**5.** LING soft. ◇ *nm, f fam* -**1.** [moralement] spineless individual. -**2.** [physiquement] weak ou feeble individual.

◆ **mou** nm **-1.** [jeu] slack, give, play; **avoir du** ~ [cordage] to be slack; [vis, charnière] to be loose, to have a bit of play; **donner du** ~ **à un câble** to give a cable some slack. **-2.** [abats] lights, lungs. **-3.** ▽ loc: **rentrer dans le** ~ **à qqn** to lay into sb.

**mouchard, e** [muʃar, ard] nm, f fam & péj **-1.** [rapporteur] sneak. **-2.** [indic] informer, grass Br, stoolpigeon Am.
◆ **mouchard** nm **-1.** [enregistreur – d'un avion] black box, flight recorder; [– d'un camion] tachograph. **-2.** AÉRON & MIL spy plane. **-3.** fam [sur une porte] judas (hole).

**moucharder** [3] [muʃarde] fam & péj ◇ vt **-1.** [suj: enfant] to sneak on (insép) Br, to tell tales about. **-2.** [suj: indic] to inform on (insép), to grass on (insép) Br, to fink on (insép) Am. ◇ vi **-1.** [enfant] to sneak Br, to tell tales. **-2.** [indic] to inform, to grass Br, to fink Am.

**mouche** [muʃ] nf **-1.** ENTOM fly; ~ **bleue** bluebottle; ~ **à miel** honey bee; ~ **tsé-tsé** tsetse fly; ~ **à merde**▽ ou **à ordure** dung fly; **quelle** ~ **te pique?** fam what's up ou wrong with you (all of a sudden)?; **tomber comme des** ~**s** fam to drop like flies; **il ne ferait pas de mal à une** ~ he wouldn't hurt a fly; **prendre la** ~: **elle prend facilement la** ~ she's very touchy; **on ne prend** ou **n'attrape pas les** ~**s avec du vinaigre** prov gently does it. **-2.** PÊCHE: [artificielle] (artificial) fly; **pêche à la** ~ fly-fishing. **-3.** [sur la peau] beauty spot; [poils] tuft of hair (under the lower lip). **-4.** ESCRIME button; **faire** ~ pr to hit the ou to score a bull's eye; fig to hit the nail on the head.

**moucher** [3] [muʃe] vt **-1.** [nettoyer]: ~ **son nez** to blow one's nose; ~ **qqn** to blow sb's nose. **-2.** fam [rabrouer]: ~ **qqn** to put sb in his place, to teach sb a lesson. **-3.** [chandelle] to snuff (out).
◆ **se moucher** vp (emploi réfléchi) to blow one's nose; **elle ne se mouche pas du pied** fam ou **du coude** fam she thinks she's the cat's whiskers ou the bee's knees.

**moucheron** [muʃrɔ̃] nm **-1.** ENTOM midge. **-2.** fam [gamin] kid.

**moucheté, e** [muʃte] adj **-1.** [œuf, fourrure, laine etc] mottled, flecked; **rouge** ~ **de blanc** red flecked with white. **-2.** ESCRIME buttoned.

**moucheter** [27] [muʃte] vt **-1.** [couvrir de taches] to speckle; [parsemer de taches] to fleck. **-2.** ESCRIME to button.

**mouchoir** [muʃwar] nm handkerchief; ~ **en papier** (paper) tissue; **leur jardin est grand comme un** ~ **de poche** their garden is the size of a pocket handkerchief.

**moudjahidin** [mudʒaidin] nmpl mujaheddin.

**moudre** [85] [mudr] vt [café, poivre] to grind; [blé] to mill, to grind.

**moue** [mu] nf pout; **faire une** ~ **de dégoût** to screw one's face up in disgust; **faire une** ~ **de dépit** to pull a face; **faire la** ~ to pout.

**mouette** [mwɛt] nf gull, seagull; ~ **rieuse** blackheaded gull; '**la Mouette**' Tchekhov 'The Seagull'.

**moufette** [mufɛt] nf skunk.

**moufle** [mufl] ◇ nf [gant] mitt, mitten. ◇ nm TECH [four, récipient] muffle.

**mouflet, ette**▽ [muflə, ɛt] nm, f kid, sprog Br.

**mouflon** [muflɔ̃] nm mouflon, moufflon.

**moufter**▽ [3] [mufte] vi: **sans** ~ without a peep.

**mouillage** [mujaʒ] nm **-1.** NAUT [emplacement] anchorage, moorings, moorage; [manœuvre] mooring. **-2.** MIL: ~ **de mines** mine laying.

**mouillant, e** [mujɑ̃, ɑ̃t] adj [gén & CHIM] wetting.

**mouillé, e** [muje] adj **-1.** [surface, vêtement, cheveux] wet, damp; **je suis tout** ~ I'm all wet ou drenched ou soaked. **-2.** [voix] tearful; [regard] tearful, watery. **-3.** LING palatized.

**mouiller** [3] [muje] ◇ vt **-1.** [accidentellement – vêtement, personne] to wet; **ne mouille pas tes chaussons!** don't get your slippers wet!; **il mouille encore son lit** euph he still wets his ou the bed; **se faire** ~ [par la pluie] to get wet. **-2.** [humecter – doigt, lèvres] to moisten; [– linge] to dampen. **-3.** fam [compromettre] to drag in (sép). **-4.** NAUT [ancre] to cast, to drop; MIL [mine] to lay; PÊCHE [ligne] to cast. **-5.** (en usage absolu) CULIN: **mouillez avec du vin/bouillon** moisten with wine/stock ‖ [diluer] to water down (sép). **-6.** LING to palatalize. ◇ vi **-1.** ▽ [avoir peur] to be scared stiff. **-2.** NAUT [jeter l'ancre] to cast ou to drop anchor; [stationner] to ride ou to lie ou to be

at anchor.
◆ **se mouiller** vp (emploi réfléchi) **-1.** [volontairement]: **se** ~ **les cheveux** to wet one's hair. **-2.** [accidentellement] to get wet. **-3.** fam [prendre un risque] to commit o.s.

**mouillette** [mujɛt] nf [de pain] finger of bread (for dunking), soldier Br.

**mouise** [mwiz] nf fam [misère]: **être dans la** ~ to be hard up, to be on one's uppers.

**moujik** [muʒik] nm muzhik, mujik, moujik.

**moukère**▽ [mukɛr] nf female.

**moulage** [mulaʒ] nm **-1.** BX-ARTS [processus] casting; [reproduction] cast. **-2.** MÉTALL casting, moulding; ~ **par compression/injection** compression/injection moulding. **-3.** [d'un fromage] moulding. **-4.** [du grain] grinding, milling.

**moulais** [mulɛ] v→ **moudre**.

**moulant, e** [mulɑ̃, ɑ̃t] adj close-fitting, tight-fitting, clinging.

**moule** [mul] ◇ nm **-1.** [récipient, matrice] mould; ~ **à gaufre** ou **gaufres** waffle iron; ~ **à gâteau** cake ou baking tin Br, cake ou baking pan Am; ~ **à manqué** sandwich tin Br, deep cake pan Am; ~ **à tarte** flan case Br, pie pan Am. **-2.** [modèle imposé] mould; **elle rejette le** ~ **de l'école** she rejects the image the school demands of her ❑ **être coulé dans le même** ~ pr & fig to be cast in the same mould. ◇ nf **-1.** [mollusque] mussel; ~**s marinières** moules marinières, mussels in white wine. **-2.** fam [personne] drip.

**moulé, e** [mule] adj **-1.** [pain] baked in a tin. **-2.** [écriture] neat, well-shaped; [lettre] printed, copperplate. **-3.** MÉD [matières fécales] well-shaped, consistent.

**mouler** [3] [mule] vt **-1.** [former – buste, statue] to cast; [– brique, lingot, fromage] to mould. **-2.** [prendre copie de – visage, empreinte] to take ou to make a cast of; ~ **qqch en plâtre/ cire** to take a plaster/wax cast of sthg. **-3.** [adapter]: ~ **ses pensées/son mode de vie sur** to mould ou to model one's thoughts/lifestyle on. **-4.** [serrer – hanches, jambes] to hug, to fit closely (round); **cette jupe te moule trop** this skirt is too tight ou tight-fitting for you.

**moulin** [mulɛ̃] nm **-1.** [machine, bâtiment] mill; ~ **à eau** water mill; ~ **à vent** windmill; **on entre chez elle comme dans un** ~ her door's always open. **-2.** [instrument]: ~ **à café** coffee grinder; ~ **à légumes** vegetable mill; ~ **à poivre** peppermill; ~ **à prières** RELIG prayer wheel. **-3.** fam [moteur] engine. **-4.** Can: ~ **à viande** mincer; ~ **à bois** sawmill; ~ **à coudre** sewing machine.
◆ **moulin à paroles** nm fam windbag péj, chatterbox.

**mouliner** [3] [muline] ◇ vt **-1.** [aliment] to mill. **-2.** PÊCHE to reel in (sép). ◇ vi fam [pédaler] to pedal.

**moulinet** [mulinɛ] nm **-1.** PÊCHE reel. **-2.** MÉCAN winch. **-3.** [mouvement]: **faire des** ~**s avec un bâton** to twirl ou to whirl a stick around; **il faisait des** ~**s avec ses bras** he was whirling ou waving his arms around. **-4.** [tourniquet] turnstile.

**Moulinette®** [mulinɛt] nf **-1.** CULIN (hand-held) vegetable mill, Moulinette®; **passer de la viande à la** ~ to put some meat through a food mill. **-2.** fam & fig: **passer qqch à la** ~ to make mincemeat of sthg.

**moulons** [mulɔ̃] v→ **moudre**.

**moult** [mult] adv hum ou vieilli: **je suis venu** ~ **fois** I came many a time; **avec** ~ **détails** with a profusion of details.

**moulu, e** [muly] ◇ pp→ **moudre**. ◇ adj **-1.** [en poudre] ground; **café fraîchement** ~ freshly ground coffee. **-2.** fam [épuisé]: ~ **(de fatigue)** dead beat, all in.

**moulure** [mulyr] nf moulding.

**moulus** [muly] v→ **moudre**.

**moumoute** [mumut] nf fam **-1.** [perruque] wig, hairpiece. **-2.** [veste] sheepskin jacket ou coat.

**mourant, e** [murɑ̃, ɑ̃t] ◇ adj **-1.** [personne, animal, plante] dying. **-2.** sout [lumière, son] dying, fading. ◇ nm, f dying man (f woman); **les** ~ the dying.

**mourir** [42] [murir] vi **-1.** BIOL to die; ~ **d'une crise cardiaque/de vieillesse/d'un cancer** to die of a heart attack/of old age/of cancer; ~ **de mort naturelle** ou **de sa belle mort** to die a natural death; **il mourut de ses blessures** he died from his wounds; ~ **sur le coup** to die instantly; ~ **en héros** to die a hero's death ou like a hero; **je l'aime à en** ~ I'm desperately in love with her; **tu n'en mourras pas!** fam it won't kill you! ❑ **plus rapide/bête que lui, tu meurs!** fam you'd be hard put to be quicker/more

stupid than him!-**2.** *sout* [disparaître – culture] to die out; [– flamme, bougie] to die out ou down; [– bruit] to die away ou down. -**3.** [pour intensifier]: ~ **d'envie de faire qqch** to be dying to do sthg; ~ **d'ennui, s'ennuyer à** ~ to be bored to death ou to tears; **la pièce est à** ~ **de rire** *fam* the play's hilarious ou a scream; ~ **de chaleur** to be boiling hot; ~ **de faim** to be starving ou famished; ~ **de froid** to be freezing cold; ~ **de soif** to be dying of thirst, to be parched; ~ **de peur** to be scared to death.
◆ **se mourir** *vpi litt* -**1.** [personne] to be dying; **se** ~ **d'amour pour qqn** *fig* to pine for sb. -**2.** [civilisation, coutume] to die out; **une tradition qui se meurt** a dying tradition.

**mouroir** [muwar] *nm péj* (old people's) home.

**mouron** [mur5] *nm* -**1.** BOT: **faux** ~, ~ **rouge** scarlet pimpernel; ~ **blanc** ou **des oiseaux** common chickweed. -**2.** *fam loc:* **se faire du** ~ to worry o.s. sick; **te fais pas de** ~ **pour lui!** don't (you) worry about him!

**mourrait** [murɛ], **mourut** [mury] *v→* **mourir.**

**mousquetaire** [muskətɛr] *nm* musketeer.

**mousqueton** [muskət5] *nm* -**1.** [anneau] snap hook ou clasp; ALPINISME karabiner. -**2.** ARM carbine.

**moussaillon** [musaj5] *nm* (young) cabin boy.

**moussaka** [musaka] *nf* moussaka.

**moussant, e** [musɑ̃, ɑ̃t] *adj* [crème à raser] lathering; [shampooing] foaming.

**mousse** [mus] ◇ *adj* -**1.** TEXT: **collant** ~ stretch tights. -**2.** CHIM: **caoutchouc** ~ foam rubber. ◇ *adj inv:* **vert** ~ mossgreen. ◇ *nm* cabin boy. ◇ *nf* -**1.** [bulles – de shampooing, de crème à raser] lather, foam; [– d'un bain] bubbles, foam; [– de savon] suds, lather; [– de champagne, de cidre] bubbles; [– de bière] froth. -**2.** CULIN mousse; ~ **au chocolat** chocolate mousse; ~ **de saumon** salmon mousse. -**3.** *fam* [bière] (glass of) beer. -**4.** [dans les matériaux synthétiques] foam; **balle en** ~ **rubber ball**; ~ **de nylon** stretch nylon; ~ **de platine** platinum sponge. -**5.** BOT moss; **couvert de** ~ mossy.

**mousseline** [muslin] ◇ *nf* [de coton] muslin; [de soie, de nylon, de laine] chiffon, mousseline. ◇ *adj inv:* **pommes** ~ puréed potatoes.

**mousser** [muse] *vi* -**1.** [champagne, cidre] to bubble, to sparkle; [bière] to froth; [savon, crème à raser] to lather; [détergent, shampooing] to foam, to lather. -**2.** *fam & fig:* **faire** ~ **qqn** [le mettre en colère] to wind sb up, to rile sb; [le mettre en valeur] to sing sb's praises; **se faire** ~ to sell o.s.

**mousseron** [musr5] *nm* St George's mushroom.

**mousseux, euse** [musø, øz] *adj* -**1.** [vin, cidre] sparkling; [bière] frothy; [eau] foamy; [sauce, jaunes d'œufs] (light and) frothy. -**2.** BOT mossy.
◆ **mousseux** *nm* sparkling wine.

**mousson** [mus5] *nf* monsoon.

**moussu, e** [musy] *adj* mossy.

**moustache** [mustaʃ] *nf* -**1.** [d'un homme] moustache; **porter la** ~ ou **des** ~**s** to have a moustache; **elle a de la** ~ she's got a bit of a moustache ❏ ~ **(à la) gauloise** walrus moustache; ~ **en brosse** toothbrush moustache. -**2.** ZOOL whiskers.

**moustachu, e** [mustaʃy] *adj:* **un homme** ~ a man with a moustache; **il est** ~ he's got a moustache.
◆ **moustachu** *nm* man with a moustache.

**moustiquaire** [mustikɛr] *nf* [d'un lit] mosquito net; [d'une ouverture] mosquito screen.

**moustique** [mustik] *nm* -**1.** ENTOM mosquito. -**2.** *fam* [gamin] kid, mite; [petite personne] (little) squirt.

**moût** [mu] *nm* [de raisin] must; [de bière] wort.

**moutard** [mutar] *nm fam* kid.

**moutarde** [mutard] ◇ *nf* -**1.** BOT mustard; **graines de** ~ mustard seeds. -**2.** CULIN mustard; ~ **à l'estragon** tarragon mustard; ~ **de Dijon** Dijon mustard. -**3.** *fam loc:* **la** ~ **lui est montée au nez** he lost his temper, he saw red. ◇ *adj inv* mustard *(modif)*, mustard-coloured.

**mouton** [mut5] *nm* -**1.** ZOOL sheep; ~ **à cinq pattes** rare bird *fig*; **compter les** ~**s** to count sheep; **revenons** ou **retournons à nos** ~**s** let's get back to the point. -**2.** [fourrure, cuir] sheepskin; **veste en (peau de)** ~ sheepskin jacket. -**3.** CULIN mutton; **côte de** ~ mutton chop. -**4.** *fam* [individu] sheep; **c'est un vrai** ~ **de Panurge** he's easily led, he follows the herd.

◆ **moutons** *nmpl* [poussière] (bits of) fluff; [nuages] fleecy ou fluffy clouds; [écume sur la mer] white horses.

**moutonner** [3] [mutɔne] *vi* [mer] to break into white horses; [ciel] to become covered with small fleecy clouds.

**moutonneux, euse** [mutɔnø, øz] *adj* [mer] flecked with white horses; [ciel] spotted ou dotted with fleecy clouds.

**moutonnier, ère** [mutɔnje, ɛr] *adj* -**1.** AGR ovine, sheep *(modif)*. -**2.** *sout* [trop docile] sheep-like, easily led.

**mouture** [mutyr] *nf* -**1.** [version] version; **ma première** ~ **était meilleure** my first draft was better. -**2.** *péj* [copie, reprise] rehash *péj*. -**3.** AGR & CULIN [des céréales] milling, grinding; [du café] grinding; **ayant obtenu une** ~ **fine** [farine, café] once it has been finely ground.

**mouvance** [muvɑ̃s] *nf* -**1.** *sout* [domaine d'influence] circle of influence; **ils se situent dans la** ~ **socialiste** they belong to the socialist camp. -**2.** *litt* [instabilité] unsettledness, instability. -**3.** HIST subtenure.

**mouvant, e** [muvɑ̃, ɑ̃t] *adj* -**1.** [en mouvement – foule] moving, surging. -**2.** [instable – surface] unsteady, moving. -**3.** [changeant – situation] unstable, unsettled.

**mouvement** [muvmɑ̃] *nm* -**1.** [geste] movement; **un** ~ **de tête** [affirmatif] a nod; [négatif] a shake of the head; **un léger** ~ **de surprise** a start ou movement of surprise; **avoir un** ~ **de recul** to start (back); **faire des** ~**s de gymnastique** to do some exercises; **il y eut un** ~ **dans la foule à l'arrivée du président** a ripple ran through the crowd when the President arrived ❏ **faire un faux** ~ to pull something. -**2.** [impulsion]: ~ **de colère** fit ou burst of anger; **avoir un bon** ~ to make a nice gesture; **les** ~**s du cœur/de l'âme** *litt* the impulses of the heart/of the soul. -**3.** [déplacement – d'un astre, d'un pendule] movement; [– de personnes] movement; PHYS motion; ~**s de capitaux** ou **de fonds** movement of capital; ~ **de personnel** ADMIN staff transfer ou changes; ~ **de repli** withdrawal; ~**s de marchandises** movement of goods; ~**s de troupes** troop movements. -**4.** [évolution – des prix, des taux] trend, movement; [– du marché] fluctuation; ~ **en baisse/en hausse** downward/upward trend; **le** ~ **des idées** the evolution of ideas ❏ ~ **de la population** SOCIOL demographic changes. -**5.** POL [action collective] movement; ~ **de contestation** protest movement❏ ~ **de grève** strike (movement); **le** ~ **syndical** the trade-union *Br* ou labor-union *Am* movement; **Mouvement de libération des femmes** Women's Liberation Movement. -**6.** [animation – d'un quartier] bustle, liveliness; [– dans un aéroport, un port] movement; **eh bien, il y a du** ~ **chez vous!** it's all go at your place!-**7.** GÉOG: ~**s sismiques** seismic movements; ~ **de terrain** undulation. -**8.** [impression de vie – d'une peinture, d'une sculpture] movement; [– d'un vers] flow, movement; [– d'une robe] drape; [– d'un paysage] undulations. -**9.** MUS [rythme] tempo; ~ **perpétuel** moto perpetuo, perpetuum mobile ‖ [section d'un morceau] movement. -**10.** [mécanisme] movement; ~ **d'horlogerie** movement, mechanism *(of a clock or watch)*.
◆ **en mouvement** ◇ *loc adj* [athlète] moving, in motion; [population, troupes] on the move. ◇ *loc adv:* **mettre un mécanisme en** ~ to set a mechanism going ou in motion; **le balancier se mit en** ~ the pendulum started moving; **le cortège se mit en** ~ the procession started ou set off.
◆ **sans mouvement** *loc adj* [personne] inert.

**mouvementé, e** [muvmɑ̃te] *adj* -**1.** [débat] (very) lively, heated, stormy; [voyage, vie] eventful; [match] (very) lively, eventful; **avec eux, c'est toujours** ~ there's never a dull moment with them. -**2.** [paysage] rolling, undulating.

**mouvoir** [54] [muvwar] *vt sout* -**1.** [bouger – membre, objet] to move; **mécanisme mû par un ressort** spring-operated mechanism. -**2.** [activer – machine] to drive, to power. -**3.** *fig* [pousser] to move, to prompt.
◆ **se mouvoir** *vpi sout* [se déplacer] to move.

**moyen¹** [mwajɛ̃] *nm* -**1.** [méthode] way; **il n'y a pas d'autre** ~ there's no other way ou solution; **par quel** ~ **peut-on le contacter?** how can he be contacted?; **nous avons les** ~**s de vous faire parler!** we have ways of making you talk!; **je l'aurais empêché, si j'en avais eu les** ~**s** I would have stopped him, if I'd been able to; **trouver (le)** ~ **de faire qqch** to manage to do sthg; **et en plus, tu trouves le** ~ **d'être en retard!** not only that but you've managed to be late as well! ❏ ~ **de défense/d'existence** means of defence/existence; ~ **de locomotion** ou **de transport** means of transport; **il fau-**

dra faire avec les ~s du bord we'll have to manage with what we've got; ~ d'expression means of expression; ils n'ont utilisé aucun ~ de pression they didn't apply any pressure; ~ de production means of production; ~ de subsistance means of subsistance; employer ou utiliser les grands ~s to take drastic steps. -2. [pour intensifier]: il n'y a pas ~ d'ouvrir la porte! there's no way of opening the door!, the door won't open!; pas ~ de dormir ici! *fam* it's impossible to get any sleep around here!; je voulais me reposer, mais non, pas ~! *fam* I wanted to get some rest, but no such luck!; est-ce qu'il y a ~ d'avoir le silence? can we please have some silence around here?-3. GRAMM: adverbe de ~ adverb of means.

◆ **moyens** *nmpl* [financiers] means; je n'ai pas les ~s de m'acheter un ordinateur I haven't got the means to ou I can't afford to buy a computer; j'ai de tout petits ~s I have a very small income; avoir de gros ~s to be very well-off; je peux te payer une bière, c'est encore dans mes ~s I can buy you a beer, I can just about manage that; c'est au-dessus de mes ~s it's beyond my means, I can't afford it ‖ [intellectuels, physiques]: perdre tous ses ~s to go to pieces; je suis venu par mes propres ~s I made my own way here. ◆ **au moyen de** *loc prép* by means of, with. ◆ **par tous les moyens** *loc adv* by all possible means; [même immoraux] by fair means or foul.

**moyen²**, **enne¹** [mwajɛ̃, ɛn] *adj* -**1.** [intermédiaire – selon des mesures] medium (*avant n*), average; [– selon une évaluation] medium; un arbre de taille ~ne a medium-sized tree; à ~ne échéance in the medium term ❏ cadres ~s middle-ranking executives; classes ~nes middle classes; ~ terme PHILOS middle term; [solution] compromise, middle course. -**2.** [prix, taille, consommation, distance] average; [température] average, mean; [aptitudes, niveau, service] average; ses notes sont trop ~nes his marks are too poor; il est ~ en maths he's average at maths. -**3.** [ordinaire]: le spectateur/lecteur ~ the average spectator/reader; le Français ~ the average Frenchman. -**4.** LING [voyelle] middle.

**Moyen Âge** [mwajɛnaʒ] *nm*: le ~ the Middle Ages.

**moyenâgeux, euse** [mwajɛnaʒø, øz] *adj* medieval; ils utilisent des techniques moyenâgeuses *hum* they use methods out of the Dark Ages.

**moyen-courrier** [mwajɛ̃kurje] (*pl* moyen-courriers) *nm* medium-haul aeroplane.

**moyen(-)métrage** [mwajɛ̃metraʒ] (*pl* moyens-métrages ou moyens métrages) *nm* medium-length film.

**moyennant** [mwajɛnɑ̃] *prép*: elle garde ma fille ~ cent francs par jour she looks after my daughter for a hundred francs a day; ~ finance for a fee ou a consideration; ~ quoi in return for which.

**moyenne²** [mwajɛn] ◇ *adj f*→ **moyen**. ◇ *nf* -**1.** [gén] average; la ~ d'âge des candidats est de 21 ans the average age of the applicants is 21; calculer ou faire la ~ de to work out the average of ‖ MATH mean, average; ~ arithmétique/géométrique arithmetic/geometric mean. -**2.** [vitesse moyenne] average speed; faire une ~ de 90 km/h to average 90 km/h. -**3.** SCOL [absolue] pass mark *Br*, passing grade *Am* (*of fifty per cent*); notes au-dessus/au-dessous de la ~ marks above/under half; j'ai eu tout juste la ~ (à un examen) I just got a pass ‖ [relative] average (mark); j'ai 13 de ~ générale my average (mark) is 13 out of 20. -**4.** [ensemble]: la ~ des gens most people, the vast majority of people; d'une intelligence au-dessus de la ~ of above-average intelligence. ◆ **en moyenne** *loc adv* on average.

**moyennement** [mwajɛnmɑ̃] *adv* moderately, fairly.

**moyenner** [4] [mwajɛne] *vt fam loc*: pas moyen de ~ nothing doing.

**Moyen-Orient** [mwajɛnɔrjɑ̃] *npr m*: le ~ the Middle East; au ~ in the Middle East.

**moyen-oriental, e, aux** [mwajɛnɔrjɑ̃tal, o] *adj* Middle Eastern.

**moyeu** [mwajø] *nm* -**1.** [d'une roue – de voiture] (wheel) hub; [– de charrue] nave. -**2.** [d'une hélice] boss, hub.

**Mozambique** [mɔzɑ̃bik] *npr m*: le ~ Mozambique; au ~ in Mozambique.

**Mozart** [mɔzar] *npr* Mozart.

**MRAP** [mrap] (*abr de* **Mouvement contre le racisme, l'antisémitisme et pour la paix**) *npr m* pacifist anti-racist organization.

**MRG** (*abr de* **Mouvement des radicaux de gauche**) *npr m* left-wing political party.

**MRP** (*abr de* **Mouvement républicain populaire**) *npr m* right-of-centre political party.

**MSF** *npr abr de* **Médecins sans frontières**.

**MST** *nf* -**1.** (*abr de* **maladie sexuellement transmissible**) STD. -**2.** (*abr de* **maîtrise de sciences et techniques**) *master's degree in science and technology*.

**MT** (*abr écrite de* **moyenne tension**) MT.

**mu** [my] *nm* [lettre] mu.

**mû, mue¹** [my] *pp*→ **mouvoir**.

**mucosité** [mykozite] *nf* mucus.

**mucoviscidose** [mykovisidoz] *nf* cystic fibrosis.

**mucus** [mykys] *nm* mucus.

**mue²** [my] *nf* -**1.** ZOOL [transformation – d'un reptile] sloughing; [– d'un volatile] moulting; [– d'un mammifère à poils] shedding hair, moulting; [– d'un mammifère sans poils] shedding ou casting (of skin); [– d'un cerf] shedding (of antlers). -**2.** PHYSIOL [de la voix] breaking, changing. -**3.** [dépouille – d'un reptile] slough; [– d'un volatile] moulted feathers; [– d'un mammifère à poils] shed hair; [– d'un mammifère sans poils] shed skin; [– d'un cerf] shed antlers. -**4.** *fig* [métamorphose] change, transformation. -**5.** [cage] (hen) coop.

**muer** [7] [mɥe] ◇ *vi* -**1.** ZOOL [reptile] to slough, to moult; [volatile] to moult; [mammifère à fourrure] to shed hair, to moult; [mammifère sans poils] to shed skin, to moult; [cerf] to shed (antlers). -**2.** PHYSIOL [voix] to break, to change; il mue his voice is breaking. ◇ *vt litt*: ~ qqch en to change ou to turn sthg into. ◆ **se muer en** *vp* + *prép litt* to change ou to turn into.

**muesli** [mysli] *nm* muesli.

**muet, ette** [mɥɛ, ɛt] ◇ *adj* -**1.** [qui ne parle pas] dumb; ~ de naissance dumb from birth. -**2.** *fig* [silencieux] silent, mute, dumb; ~ d'admiration in mute admiration; il en resta ~ d'étonnement he was struck dumb with astonishment; alors, tu restes ou es ~? well, have you nothing to say for yourself? ❏ elle est restée ~te comme une carpe toute la soirée she never opened her mouth all evening; je serai ~ comme une tombe my lips are sealed, I won't breathe a word. -**3.** *sout* [non exprimé – douleur, reproche] unspoken, mute, silent. -**4.** CIN [film, cinéma] silent; [rôle, acteur] non-speaking, walk-on. -**5.** LING mute, silent. -**6.** [sans indication – touche, carte] blank. ◇ *nm, f* [personne] mute, dumb person. ◆ **muet** *nm* CIN: le ~ the silent cinema *Br* ou movies *Am*.

**muezzin** [mɥedzin] *nm* muezzin.

**mufle** [myfl] *nm* -**1.** ZOOL [d'un ruminant] muffle; [d'un félin] muzzle. -**2.** *fam & péj* [malotru] boor, lout.

**muflerie** [myfləri] *nf* boorishness, loutishness, churlishness.

**muflier** [myflije] *nm* snapdragon, antirrhinum.

**mufti** [myfti] *nm* mufti.

**mugir** [32] [myʒir] *vi* -**1.** [vache] to moo, to low *litt*. -**2.** *litt* [vent] to howl, to roar; [océan] to roar, to thunder.

**mugissement** [myʒismɑ̃] *nm* -**1.** [d'une vache] mooing, lowing *litt*. -**2.** *litt* [du vent] howling, roaring; [des flots] roar, thundering.

**muguet** [mygɛ] *nm* -**1.** BOT lily of the valley, May lily. -**2.** MÉD candidiasis *spéc*, thrush.

**mulâtre, mulâtresse** [mylatr, mylatrɛs] *nm, f* mulatto. ◆ **mulâtre** *adj inv* mulatto.

**mule** [myl] *nf* -**1.** ZOOL mule, she-mule. -**2.** *fam* [personne entêtée] mule. -**3.** [chausson] mule.

**mulet** [mylɛ] *nm* -**1.** ZOOL mule, he-mule. -**2.** *fam* [voiture] back-up car. -**3.** [poisson] grey mullet.

**muletier, ère** [myltje, ɛr] ◇ *adj*: chemin ou sentier ~ (mule) track. ◇ *nm, f* muleteer, mule driver.

**Müller** [mylɛr] *npr*: canaux de ~ Müller canals.

**mulot** [mylo] *nm* field mouse.

**multicarte** [myltikart] *adj* [voyageur de commerce] *representing several companies*.

**multicolore** [myltikɔlɔr] *adj* multicoloured, many-coloured.

**multicoque** [myltikɔk] ◊ *adj*: (bateau) ~ multihull ou multi-hulled boat. ◊ *nm* multihull.

**multiculturel, elle** [myltikyltyrɛl] *adj* multicultural.

**multifenêtre** [myltifənɛtr] *adj* multiwindow.

**multifonction** [myltifɔ̃ksjɔ̃] *adj* multifunction.

**multiforme** [myltifɔrm] *adj* [aspect, créature] multiform; [question, personnalité] many-sided, multifaceted.

**multilatéral, e, aux** [myltilateral, o] *adj* multilateral.

**multilingue** [myltilɛ̃g] *adj* multilingual.

**multimédia, multi-média** [myltimedja] *adj* multimedia *(avant n)*.

**multimilliardaire** [myltimiljardɛr] *adj* & *nmf* multimillion-aire.

**multimillionnaire** [myltimiljɔnɛr] ◊ *adj* multimillionaire. ◊ *nmf* multimillionaire.

**multinational, e, aux** [myltinasjɔnal, o] *adj* multinational.

◆ **multinationale** *nf* multinational (company).

**multipare** [myltipar] ◊ *adj* multiparous. ◊ *nf* multipara.

**multipartisme** [myltipartism] *nm* multiparty system.

**multipartite** [myltipartit] *adj* multiparty *(modif)*.

**multiple** [myltipl] ◊ *adj* **-1.** [nombreux – exemples, incidents, qualités] many, numerous; [– fractures] multiple; à de ~s reprises repeatedly, time and (time) again. **-2.** [divers – raisons, intérêts] many, multiple, manifold; personnalité aux ~s facettes many-sided ou multifaceted personality. **-3.** *sout* [complexe – problème, difficulté] many-sided, multifaceted, complex. **-4.** BOT [fleur, fruit] multiple. **-5.** MATH: 9 est ~ de 3 9 is a multiple of 3. ◊ *nm* MATH multiple; le plus petit commun ~ the lowest common multiple.

**multiplex** [myltiplɛks] *adj* & *nm* multiplex.

**multipliable** [myltiplijabl] *adj* multipliable, multiplicable.

**multiplicateur, trice** [myltiplikatœr, tris] *adj* multiplying.

◆ **multiplicateur** *nm* MATH multiplier.

**multiplication** [myltiplikasjɔ̃] *nf* **-1.** BIOL, MATH & NUCL multiplication; la ~ des accidents *fig* the increase in the number of accidents. **-2.** RELIG: la ~ des pains the miracle of the loaves and fishes. **-3.** MÉCAN gear ratio.

**multiplicité** [myltiplisite] *nf* multiplicity.

**multiplier** [10] [myltiplije] *vt* **-1.** [contrôles, expériences, efforts etc] to multiply, to increase. **-2.** MATH to multiply; 2 multiplié par 3 2 multiplied by 3; la production a été multipliée par trois *fig* output has tripled.

◆ **se multiplier** *vpi* **-1.** [attentats, menaces] to multiply, to increase. **-2.** BIOL to multiply. **-3.** *fig* to be everywhere (at once).

**multiposte** [myltipɔst] ◊ *adj* multiple-station. ◊ *nm* multiple-station computer.

**multiprise** [myltipriz] *nf* adapter.

**multiprocesseur** [myltiprɔsesœr] ◊ *adj m* multiprocessing. ◊ *nm* multiprocessor (system).

**multiprogrammation** [myltiprɔgramasjɔ̃] *nf* multiprogramming, multiple programming.

**multipropriété** [myltiprɔprijete] *nf* timeshare (system), time-sharing.

**multiracial, e, aux** [myltirasjal, o] *adj* multiracial.

**multirisque** [myltirisk] *adj* multiple risk *(modif)*.

**multisalles** [myltisal] *adj inv*: complexe ~ multiplex (cinema) *Br*, movie theater complex *Am*.

**multistandard** [myltistãdar] *adj* multistandard, multisystem.

**multitâche** [myltitaʃ] *adj* multitasking, multitask *(avant n)*.

**multitude** [myltityd] *nf* **-1.** [grande quantité]: une ~ de a multitude of, a vast number of. **-2.** *litt* [foule]: la ~ the multitude, the masses.

**Munich** [mynik] *npr* Munich.

**munichois, e** [mynikwa, az] *adj* from Munich.

◆ **Munichois, e** *nm, f* **-1.** GÉOG inhabitant of or person from Munich. **-2.** HIST: les Munichois the men of Munich.

**municipal, e, aux** [mynisipal, o] *adj* [élection, conseil] local, municipal; [bibliothèque, parc, théâtre] public, municipal.

◆ **municipales** *nfpl* POL local ou council *Br* elections.

**municipalité** [mynisipalite] *nf* **-1.** [communauté] town, municipality. **-2.** [représentants] = (town) council.

**munificence** [mynifisɑ̃s] *nf litt* munificence.

**munificent, e** [mynifisɑ̃, ãt] *adj litt* munificent.

**munir** [32] [mynir] *vt*: ~ qqn de to provide ou to supply sb with; munie d'un plan de la ville, elle se mit en route equipped ou armed with a map of the town, she set off; ~ qqch de to equip ou to fit sthg with.

◆ **se munir de** *vp* + *prép*: se ~ de vêtements chauds/d'un parapluie to equip o.s. with warm clothes/an umbrella; munissez-vous de votre passeport carry your passport ou take your passport with you.

**munitions** [mynisjɔ̃] *nfpl* ammunition *(U)*, munitions.

**munster** [mœ̃ster] *nm* Munster (cheese).

**muphti** [myfti] = **mufti**.

**muqueux, euse** [mykø, øz] *adj* mucous.

◆ **muqueuse** *nf* mucous membrane.

**mur** [myr] *nm* **-1.** [construction] wall; il a passé la journée entière entre quatre ~s he spent the day shut up inside; je serai dans mes ~s la semaine prochaine I'll have moved in by next week ❑ ~ aveugle blank ou windowless wall; ~ d'appui parapet, leaning (height) wall CONSTR; ~ de clôture enclosing wall; ~ d'enceinte outer ou surrounding wall; ~ mitoyen party wall; ~ porteur ou portant load-bearing wall; ~ de séparation dividing wall; ~ de soutènement retaining ou breast wall; le ~ d'Hadrien Hadrian's Wall; le ~ des Lamentations the Wailing Wall; faire le ~ *fam* [soldat, interne] to go ou to jump over the wall; c'est comme si tu parlais à un ~ it's (just) like talking to a brick wall; se heurter à un ~ to come up against a brick wall; les ~s ont des oreilles walls have ears. **-2.** [escarpement] steep slope; ~ artificiel rock-climbing ou artificial wall. **-3.** GÉOL wall. **-4.** *fig* [de flammes, de brouillard, de pluie etc] wall, sheet; [de silence] wall; [d'incompréhension] wall, barrier. **-5.** AÉRON: passer le ~ du son to break the sound barrier. **-6.** SPORT wall.

◆ **murs** *nmpl* [remparts] (city) walls; l'ennemi est dans nos ~s the enemy is within the gates; les ~s [d'un commerce] the building.

**mûr, e[1]** [myr] *adj* **-1.** [fruit, graine, abcès etc] ripe; trop ~ overripe, too ripe; pas ~ unripe, not ripe. **-2.** [personne] mature; pas ~ immature. **-3.** [prêt – révolte, plan] ripe, ready; après ~e réflexion after careful thought ou consideration. **-4.** ▽ [saoul] smashed. **-5.** *fam* [tissu] worn.

**muraille** [myraj] *nf* [d'une ville, d'un château, de rocs] wall; la Grande Muraille (de Chine) the Great Wall of China.

**mural, e, aux** [myral, o] *adj* wall *(modif)*.

◆ **mural, als** *nm* [peinture] mural.

**mûre[2]** [myr] *f* → **mûr**. ◊ *nf* [fruit] mulberry; ~ sauvage blackberry, bramble.

**mûrement** [myrmã] *adv*: après avoir ~ réfléchi after careful thought ou consideration.

**murène** [myrɛn] *nf* moray (eel).

**murer** [3] [myre] *vt* **-1.** [entourer de murs] to wall in *(sép)*. **-2.** [boucher – porte] to wall up *(sép)*; ~ une fenêtre avec des briques to brick up a window. **-3.** [enfermer – personne, chat] to wall in ou up *(sép)*.

◆ **se murer** *vpi* to shut o.s. away; se ~ dans le silence *fig* & *sout* to retreat ou to withdraw into silence, to build a wall of silence around o.s.

**muret** [myrɛ] *nm*, **muretin** [myrtɛ̃] *nm*, **murette** [myrɛt] *nf* low (dry stone) wall.

**mûrier** [myrje] *nm* mulberry tree ou bush; ~ sauvage bramble (bush), blackberry bush.

**mûrir** [32] [myrir] ◊ *vi* **-1.** BOT to ripen; faire ~ to ripen. **-2.** ŒNOL to mellow. **-3.** [abcès] to come to a head. **-4.** [évoluer – pensée, projet] to mature, to ripen, to develop; [– personne] to mature. ◊ *vt* **-1.** [fruit] to ripen. **-2.** [pensée, projet, sentiment] to nurture, to nurse; une année à l'étranger l'a mûri a year abroad has made him more mature.

**mûrissant, e** [myrisã, ãt] *adj* **-1.** BOT ripening. **-2.** [personne] of mature years.

**mûrissement** [myrismã] *nm* **-1.** BOT ripening. **-2.** [d'une pensée, d'un plan] maturing, development.

**murmure** [myrmyr] *nm* **-1.** [d'une personne] murmur; *litt* [d'une source, de la brise] murmur, murmuring. **-2.** [commentaire]: un ~ de protestation/d'admiration a murmur of protest/admiration; il obtempéra sans un ~ he obeyed without a murmur. **-3.** MÉD murmur.

**murmurer** [3] [myrmyre] ◇ *vi* **-1.** [parler à voix basse] to murmur. **-2.** *litt* [source, brise] to murmur. **-3.** [se plaindre]: ~ (contre) to mutter ou to grumble (about). ◇ *vt* to murmur.

**Mururoa** [myryrɔa] *npr* Mururoa Atoll; à ~ on Mururoa Atoll.

**mus** [my] *v*→ **mouvoir**.

**musaraigne** [myzarɛɲ] *nf* shrew.

**musarder** [3] [myzarde] *vi sout* [flâner] to dawdle, to saunter; [ne rien faire] to dillydally.

**musc** [mysk] *nm* musk.

**muscade** [myskad] *nf* BOT→ **noix**.

**muscadet** [myskadɛ] *nm* Muscadet (wine).

**muscat** [myska] *nm* [fruit] muscat grape; [vin] Muscat, Muscatel (wine).

**muscle** [myskl] *nm* **-1.** ANAT muscle; avoir des ~s ou du ~ *fam* to be muscular; être tout en ~ *fam* to be all muscle ❏ ~ cardiaque cardiac ou heart muscle. **-2.** *sout* [vigueur] muscle, force, punch.

**musclé, e** [myskle] *adj* **-1.** [corps, personne] muscular. **-2.** *fam* [énergique] powerful, forceful; mener une politique ~e contre qqch to take a hard line ou a tough stance on sthg. **-3.** [vif – style] robust, vigorous, powerful; [– discours] forceful, powerful.

**muscler** [3] [myskle] *vt* **-1.** SPORT: ~ ses jambes/épaules to develop one's leg/shoulder muscles. **-2.** *fig* [renforcer] to strengthen.
◆ **se muscler** *vp (emploi réfléchi)* to develop (one's) muscles; se ~ les bras to develop one's arm muscles.

**musculaire** [myskylɛr] *adj* muscular, muscle *(modif)*.

**musculation** [myskylasjɔ̃] *nf* bodybuilding (exercises).

**musculature** [myskylatyr] *nf* musculature, muscles.

**musculeux, euse** [myskylø, øz] *adj* [athlète] muscular, brawny; [bras] muscular.

**muse** [myz] *nf* [inspiratrice] muse.
◆ **Muse** *nf* **-1.** MYTH: Muse Muse; les (neuf) Muses the (nine) Muses. **-2.** *fig & litt*: la Muse, les Muses the Muse, the Muses ❏ taquiner la Muse to dabble in poetry, to court the Muse.

**museau, x** [myzo] *nm* **-1.** ZOOL [d'un chien, d'un ours] muzzle; [d'un porc] snout; [d'une souris] nose. **-2.** *fam* [figure] face. **-3.** CULIN: ~ (de porc) brawn *Br*, headcheese *Am*.

**musée** [myze] *nm* **-1.** [d'œuvres d'art] art gallery *Br*, museum *Am*; [des sciences, des techniques] museum; le ~ de l'homme the Museum of Mankind. **-2.** *(comme adj; avec ou sans trait d'union)*: une ville ~ a historical town.

**museler** [24] [myzle] *vt* **-1.** [chien] to muzzle. **-2.** *sout* [presse, opposition] to muzzle, to gag, to silence.

**muselière** [myzəljɛr] *nf* muzzle; mettre une ~ à un chien to muzzle a dog.

**muselle** [myzɛl], **musellerai** [myzɛlre] *v*→ **museler**.

**muséographie** [myzeɔgrafi] *nf* museography.

**muséologie** [myzeɔlɔʒi] *nf* museology.

**muser** [3] [myze] *vi litt* [se promener] to dawdle, to saunter; [ne rien faire] to dillydally.

**musette** [myzɛt] ◇ *adj inv*: bal ~ dance (with accordion music); valse ~ waltz (played on the accordion). ◇ *nm* (popular) accordion music. ◇ *nf* **-1.** MUS [hautbois, gavotte] musette. **-2.** [d'un cheval] nosebag. **-3.** [d'un enfant] satchel; [d'un soldat] haversack; [d'un ouvrier] (canvas) haversack. **-4.** ZOOL common shrew.

**muséum** [myzeɔm] *nm*: ~ (d'histoire naturelle) natural history museum.

**musical, e, aux** [myzikal, o] *adj* [voix, événement] musical; critique ~ music critic.

**musicalité** [myzikalite] *nf* musicality.

**Musicassette®** [myzikasɛt] *nf* prerecorded (audio) cassette.

**music-hall** [myzikol] *(pl* music-halls*) nm* [local] music hall; [activité]: le ~ variety, music hall; numéro de ~ variety act.

**musicien, enne** [myzisjɛ̃, ɛn] ◇ *adj* musical. ◇ *nm, f* musician.
◆ **musicien** *nm* MIL bandsman.

**musicographe** [myzikɔgraf] *nf* musicographer.

**musicographie** [myzikɔgrafi] *nf* musicography.

**musicologie** [myzikɔlɔʒi] *nf* musicology.

**musicologue** [myzikɔlɔg] *nmf* musicologist.

**musicothérapie** [myzikɔterapi] *nf* musicotherapy.

**musique** [myzik] *nf* **-1.** [art, notation ou science] music; ils dansaient sur une ou de la ~ rock they were dancing to (the sound of) rock music; texte mis en ~ text set ou put to music; faire de la ~ [personne] to play (an instrument); [objet] to play a tune; lire la ~ to read music; étudier/dîner en ~ to study/to have dinner with music playing ❏ ~ d'ambiance ou de fond background music; ~ contemporaine/classique contemporary/classical music; ~ folklorique/militaire folk/military music; ~ sacrée/de chambre sacred/chamber music; une ~ de film a film *Br* ou movie *Am* theme; la grande ~ classical music; connaître la ~ *fam*: ça va, je connais la ~ I've heard it all before; c'est toujours la même ~ avec lui! *fam* it's always the same old story with him!; la ~ adoucit les mœurs music has charms to soothe the savage breast. **-2.** [musiciens] band; ils entrent dans le village, ~ en tête they come into the village, led by the band.

**musiquette** [myzikɛt] *nf*: on entendait une ~ we heard a simple little tune.

**musqué, e** [myske] *adj* [parfum, saveur] musky.

**must** [mœst] *nm fam* must.

**mustang** [mystãg] *nm* mustang.

**musulman, e** [myzylmã, an] *adj & nm, f* Muslim.

**mutabilité** [mytabilite] *nf* mutability.

**mutant, e** [mytã, ãt] *adj & nm, f* mutant.

**mutation** [mytasjɔ̃] *nf* **-1.** [d'une entreprise, d'un marché] change, transformation; industrie en pleine ~ industry undergoing major change ou a radical transformation. **-2.** ADMIN & JUR transfer. **-3.** BIOL mutation. **-4.** LING: ~ consonantique/vocalique consonant/vowel shift.

**muter** [3] [myte] ◇ *vt* ADMIN to transfer, to move. ◇ *vi* BIOL to mutate.

**mutilateur, trice** [mytilatœr, tris] ◇ *adj* mutilative, mutilatory. ◇ *nm, f litt* mutilator.

**mutilation** [mytilasjɔ̃] *nf* **-1.** [du corps] mutilation. **-2.** *sout* [d'une œuvre] mutilation.

**mutilé, e** [mytile] *nm, f* disabled person; ~s de guerre disabled ex-servicemen; ~ du travail industrially disabled person.

**mutiler** [3] [mytile] *vt* **-1.** [personne, animal] to mutilate, to maim. **-2.** *sout* [film, poème] to mutilate; [statue, bâtiment] to mutilate, to deface.
◆ **se mutiler** *vp (emploi réfléchi)* to mutilate o.s.

**mutin, e** [mytɛ̃, in] *adj litt* [enfant] impish, mischievous, cheeky; [air] mischievous.
◆ **mutin** *nm sout* rebel, mutineer.

**mutiné, e** [mytine] ◇ *adj* mutinous, rebellious. ◇ *nm, f* mutineer, rebel.

**mutiner** [3] [mytine]
◆ **se mutiner** *vpi* [marin, soldat] to mutiny, to rebel, to revolt; [employés, élèves, prisonniers] to rebel, to revolt.

**mutinerie** [mytinri] *nf* [de marins, de soldats] mutiny, revolt, rebellion; [d'employés, de prisonniers] rebellion, revolt.

**mutisme** [mytism] *nm* **-1.** [silence] silence; s'enfermer dans un ~ complet to retreat into absolute silence. **-2.** MÉD muteness, dumbness; PSYCH mutism.

**mutualiste** [mytɥalist] ◇ *adj* mutualistic; société ou groupement ~ mutual benefit insurance company, ≃ friendly society *Br*, ≃ benefit society *Am*. ◇ *nmf* mutualist, member of a mutual benefit (insurance) company.

**mutualité** [mytɥalite] *nf* [système] mutual (benefit) insurance company; [ensemble des sociétés mutualistes]: la ~ française the French mutual (benefit) insurance system.

**mutuel, elle** [mytɥɛl] *adj* **-1.** [partagé, réciproque] mutual; responsabilité ~le mutual responsibility. **-2.** [sans but lucratif] mutual; assurance ~le mutual insurance.
◆ **mutuelle** *nf* mutual (benefit) insurance company, ≃ friendly society *Br*, ≃ benefit society *Am*.

**mutuellement** [mytɥɛlmã] *adv* one another, each other.

**Mycènes** [misɛn] *npr* Mycenae.

**mycénien, enne** [misenjɛ̃, ɛn] *adj* Mycenaean, Mycenian.

**mycologie** [mikɔlɔʒi] *nf* mycology.

**mycose** [mikoz] *nf* [gén] mycosis *(U) spéc*, thrush *(U)*; [aux orteils] athlete's foot.

**mygale** [migal] *nf* mygale *spéc*, tarantula.

**myocarde** [mjɔkard] *nm* myocardium.

**myopathe** [mjɔpat] ◇ *adj* myopathic. ◇ *nmf person with muscular dystrophy.*

**myopathie** [mjɔpati] *nf* [gén] myopathy; [dystrophie musculaire] muscular dystrophy.

**myope** [mjɔp] ◇ *adj* short-sighted *Br*, nearsighted *Am*, myopic *spéc*; ~ comme une taupe *fam* (as) blind as a bat. ◇ *nmf* short-sighted *Br* ou nearsighted *Am* person, myope *spéc*.

**myopie** [mjɔpi] *nf* short-sightedness *Br*, nearsightedness *Am*, myopia *spéc*.

**myosotis** [mjozɔtis] *nm* forget-me-not, myosotis *spéc*.

**myriade** [mirjad] *nf sout* myriad.

**myriapode** [mirjapɔd] *nm* myriapod; les ~s the Myriapoda.

**myrrhe** [mir] *nf* myrrh.

**myrte** [mirt] *nm* myrtle.

**myrtille** [mirtij] *nf* bilberry *Br*, blueberry *Am*.

**mystère** [mistɛr] *nm* **-1.** [atmosphère] mystery; où est-elle? — ~ et boule de gomme! *fam* where is she? — I haven't got a clue ou search me! **-2.** [secret] mystery; ne fais pas tant de ~s don't be so mysterious; si tu avais travaillé, tu aurais réussi l'examen, il n'y a pas de ~! if you'd worked, you'd have passed your exam, it's as simple as that!; ce n'est un ~ pour personne it's no secret, it's an open secret; je n'en fais pas (un) ~ I make no mystery ou secret of it. **-3.** RELIG mystery. **-4.** HIST & THÉÂT mystery (play). **-5.** CULIN: Mystère® ice-cream filled with meringue and coated with crushed almonds.

**mystérieusement** [misterjøzmã] *adv* mysteriously.

**mystérieux, euse** [misterjø, øz] *adj* **-1.** [inexplicable] mysterious, strange; un crime ~ a mysterious crime. **-2.** [surnaturel] mysterious. **-3.** [confidentiel] secret. **-4.** [énigmatique] mysterious.

**mysticisme** [mistisism] *nm* mysticism.

**mystificateur, trice** [mistifikatœr, tris] ◇ *adj*: une lettre mystificatrice a hoax letter. ◇ *nm, f* hoaxer.

**mystification** [mistifikasjɔ̃] *nf* **-1.** [canular] hoax, practical joke. **-2.** [tromperie] mystification, deception. **-3.** [imposture] myth.

**mystifier** [9] [mistifje] *vt* **-1.** [duper, se jouer de] to fool, to take in *(sép)*. **-2.** [leurrer] to fool, to deceive.

**mystique** [mistik] ◇ *adj* mystic, mystical. ◇ *nmf* mystic. ◇ *nf* RELIG: la ~ mysticism; la ~ de la démocratie/paix *fig* the mystique of democracy/peace.

**mythe** [mit] *nm* myth; elle fut un ~ vivant she was a legend in her own lifetime ❏ 'le Mythe de Sisyphe' *Camus* 'The Myth of Sisyphus'.

**mythifier** [9] [mitifje] *vt* to mythicize.

**mythique** [mitik] *adj* mythic, mythical.

**mytho** [mito] *(abr de* **mythomane**) *adj fam*: il est complètement ~ you can't believe anything he says.

**mythologie** [mitɔlɔʒi] *nf* mythology.

**mythologique** [mitɔlɔʒik] *adj* mythological.

**mythomane** [mitɔman] ◇ *adj* mythomaniac PSYCH; il est un peu ~ he has a tendency to make things up (about himself). ◇ *nmf* mythomaniac PSYCH, compulsive liar.

**myxomatose** [miksɔmatoz] *nf* myxomatosis.

**n, N** [en] *nm* n *m*, N *m*; à la puissance n to the power (of) n.

**n** *abr écrite de* **nano**.

**n'** [n] → **ne**.

**n°** *(abr écrite de* **numéro**) no.

**N -1.** *(abr écrite de* **newton**) N. **-2.** *(abr écrite de* **nord**) N.

**na** [na] *interj* so there, and that's that.

**nabab** [nabab] *nm* **-1.** *fam* [homme riche] nabob. **-2.** HIST nabob.

**nabot, e** [nabo, ɔt] *nm, f péj* dwarf, midget.

**Nabuchodonosor** [nabykɔdɔnɔzɔr] *npr* Nebuchadnezzar.

**nacelle** [nasɛl] *nf* **-1.** [d'un aérostat] basket, nacelle, gondola; [d'un avion] nacelle, pod; [d'un landau] carriage; [pour un ouvrier] basket. **-2.** *litt* [bateau] (rowing) wherry.

**nacre** [nakr] *nf*: la ~ mother-of-pearl, nacre *spéc*; de ~ mother-of-pearl *(modif)*.

**nacré, e** [nakre] *adj* pearly, nacreous *litt*.

**nadir** [nadir] *nm* nadir.

**nævus** [nevys] *(pl* **nævi** [-vi]) *nm* naevus; ~ pigmentaire pigmented naevus *spéc*, mole.

**Nagasaki** [nagazaki] *npr* Nagasaki.

**nage** [naʒ] *nf* **-1.** SPORT [activité] swimming; [style] stroke; ~ libre freestyle. **-2.** NAUT rowing stroke.

◆ **à la nage** *loc adv*: s'éloigner à la ~ to swim off ou away; traverser un lac à la ~ to swim across a lake; elle gagna la plage à la ~ she swam to the beach. ◇ *loc adj* CULIN à la nage *(cooked in a court-bouillon)*.

◆ **en nage** *loc adj*: être en ~ to be dripping with sweat.

**nageoire** [naʒwar] *nf* ZOOL [de poisson] fin; [d'otarie, de phoque etc] flipper; ~ anale/dorsale anal/dorsal fin; ~ caudale tail ou caudal fin.

**nager** [17] [naʒe] ◇ *vi* **-1.** SPORT to swim; il ne sait pas/sait ~ he can't/can swim; elle nage très bien she's a very good swimmer ❏ ~ comme un poisson to swim like a fish. **-2.** *fig*: la viande nageait dans la sauce the meat was swimming in gravy; ~ dans l'opulence to be rolling in money; ~ dans le bonheur to be basking in bliss; on nageait dans le mystère we were totally bewildered; tu nages dans ce pantalon! those trousers are miles too big for you! **-3.** [ne rien comprendre] to be completely lost ou out of one's depth. ◇ *vt*: ~ le crawl to swim ou to do the crawl; ~ le 200 mètres to swim the 200 metres.

**nageur, euse** [naʒœr, øz] *nm, f* [personne] swimmer.

**naguère** [nagɛr] *adv litt* [autrefois] long ago, formerly; [il y a peu de temps] not long ago.

**naïade** [najad] *nf* **-1.** MYTH naiad; *litt* nymph. **-2.** BOT & ENTOM naiad.

**naïf, ïve** [naif, iv] ◇ *adj* **-1.** [candide – enfant, remarque] innocent, naïve, ingenuous. **-2.** [trop crédule] naïve, gullible. **-3.** BX-ARTS naïve, primitive. ◇ *nm, f* (gullible ou naïve) fool.

◆ **naïf** *nm* naïve ou primitive painter.

**nain, naine** [nɛ̃, nɛn] ◇ *adj* dwarf *(modif)*. ◇ *nm, f* dwarf.

◆ **nain** *nm* [jeu]: ~ jaune Pope Joan *(card game)*.

**Nairobi** [nɛrɔbi] *npr* Nairobi.

**nais** [nɛ], **naissais** [nɛsɛ] *v* → **naître**.

**naissance** [nɛsɑ̃s] *nf* **-1.** BIOL birth; à ta ~ at your birth, when you were born; donner ~ à to give birth to. **-2.** *sout* [début – d'un sentiment, d'une idée] birth; [– d'un mouvement, d'une démocratie, d'une ère] birth, dawn; à la ~ du jour at daybreak; donner ~ à qqch to give birth ou rise to sthg; prendre ~ [mouvement] to arise, to originate; [idée] to originate, to be born; [sentiment] to arise, to be born. **-3.** *sout* [endroit]: **la ~ du cou** the base of the neck; **la ~ d'un fleuve** the source of a river.

◆ **à la naissance** *loc adv* at birth.

◆ **de naissance** *loc adv* **-1.** [congénitalement] congenitally, from birth; **elle est aveugle de ~** she was born blind, she's been blind from birth; **il est bête, c'est de ~!** *fam* he was born stupid! **-2.** [d'extraction]: **italien de ~** Italian by birth; **être de bonne** *ou* **haute ~** to be of noble birth.

**naissant, e** [nɛsɑ̃, ɑ̃t] *adj sout* [révolte] incipient; [sentiment] growing, budding *litt*; [beauté] budding *litt*, nascent *litt*; [jour] dawning.

**naître** [92] [nɛtr] *(aux être)* *vi* **-1.** BIOL to be born; **quand tu es né** when you were born; **mon bébé doit ~ en mars** my baby is due in March; **le bébé qui vient de ~** the newborn baby; **il est né de parents inconnus** he is of unknown parentage; **enfant né d'un premier mariage** child born of a first marriage ❏ **je ne suis pas né d'hier** *ou* **de la dernière couvée** *ou* **de la dernière pluie** I wasn't born yesterday; **il est né coiffé** *ou* **sous une bonne étoile** he was born under a lucky star. **-2.** être né pour [être destiné à] to be born *ou* destined *ou* meant to. **-3.** *litt*: **~ à** [s'ouvrir à] to awaken to. **-4.** [apparaître – sentiment, doute, espoir] to arise, to be born; [– problème] to crop up *ou* to come up; [– projet] to be conceived; [– communauté, entreprise] to spring up; [– mouvement] to spring up, to arise; **une idée naquit dans son esprit** an idea dawned on her; **faire ~ des soupçons/la sympathie** to arouse suspicion/sympathy; **~ de** [provenir de] to arise *ou* to spring from; **de là sont nées toutes nos difficultés** that's the cause of all our difficulties. **-5.** *litt* [fleur] to spring *ou* to come up; [jour] to break, to dawn. **-6.** *(tournure impersonnelle)*: **il naît un enfant toutes les secondes** a child is born every second; **il ne naîtra rien de bon d'une telle alliance** *fig* nothing good can come of such a union.

**naïve** [naiv] *f→* **naïf**.

**naïvement** [naivmɑ̃] *adv* **-1.** [innocemment] innocently, naively, ingenuousness. **-2.** [avec crédulité] naively, gullibly.

**naïveté** [naivte] *nf* **-1.** [innocence] innocence, naivety, ingenuity. **-2.** [crédulité] naivety, gullibility; **j'ai eu la ~ de lui faire confiance** I was naive enough to trust him.

**naja** [naʒa] *nm* cobra.

**Namibie** [namibi] *npr f*: **(la) ~** Namibia.

**namibien, enne** [namibjɛ̃, ɛn] *adj* Namibian.

◆ **Namibien, enne** *nm, f* Namibian.

**nana** [nana] *nf fam* girl; **c'est sa ~** she's his girlfriend.

**nanan** [nanɑ̃] *nm fam* & *vieilli*: **c'est du ~!** [aisé] it's a piece of cake!, it's a walkover!; [délicieux] yummy!

**nanisme** [nanism] *nm* **-1.** [d'une personne] dwarfism. **-2.** [d'une plante] nanism.

**nano-** [nano] *préf* nano-.

**nanti, e** [nɑ̃ti] ◇ *adj* [riche] affluent, well-to-do, well-off. ◇ *nm, f* affluent person; **les ~s** the well-to-do.

**nantir** [32] [nɑ̃tir] *vt* **-1.** [doter]: **~ qqn de** to provide sb with. **-2.** FIN & JUR to secure.

◆ **se nantir de** *vp + prép* to equip o.s. with.

**nantissement** [nɑ̃tismɑ̃] *nm* **-1.** [objet] security, pledge. **-2.** [contrat] security.

**NAP** [nap] *(abr écrite de* **Neuilly Auteuil Passy)** ◇ *adj≈* Sloaney *Br*, ≈ preppie *Am*. ◇ *nmf≈* Sloane *Br*, ≈ preppie type *Am*.

**napalm** [napalm] *nm* napalm.

**naphtaline** [naftalin] *nf*: **(boules de) ~** mothballs.

**naphte** [naft] *nm* naphthene.

**Naples** [napl] *npr* Naples.

**napoléon** [napoleɔ̃] *nm* napoleon (coin).

**Napoléon** [napoleɔ̃] *npr* Napoleon; **~ Bonaparte** Napoleon Bonaparte.

**napoléonien, enne** [napoleɔnjɛ̃, ɛn] *adj* Napoleonic.

**napolitain, e** [napolitɛ̃, ɛn] *adj* Neapolitan.

◆ **Napolitain, e** *nm, f* Neapolitan.

**nappage** [napaʒ] *nm* topping.

**nappe** [nap] *nf* **-1.** [linge] tablecloth. **-2.** [couche]: **~ de pétrole/gaz** layer of oil/gas; **~ de brouillard** blanket of fog; **~ d'eau** [en surface] stretch *ou* expanse *ou* sheet of water; [souterraine] groundwater; **~ de feu** sheet of flames; **~ d'huile** patch of oil. **-3.** GÉOL: **~ phréatique** groundwater

*ou* phreatic table.

**napper** [3] [nape] *vt*: **~ qqch de** to coat sthg with.

**napperon** [naprɔ̃] *nm* [sous un vase, un bougeoir] mat; [sous un plat, un gâteau] doily.

**naquis** [naki] *v→* **naître**.

**narcisse** [narsis] *nm* **-1.** BOT narcissus. **-2.** *litt* narcissistic person, narcissist.

**Narcisse** [narsis] *npr* Narcissus.

**narcissique** [narsisik] *adj* narcissistic.

**narcissisme** [narsisism] *nm* narcissism.

**narcodollars** [narkodɔlar] *nmpl* narcodollars.

**narcotique** [narkɔtik] ◇ *adj* narcotic. ◇ *nm* narcotic.

**narghilé** [nargile] *nm* nargile, narghile.

**narguer** [3] [narge] *vt* **-1.** [se moquer de] to scoff at *(insép)*; **il nous nargue avec sa nouvelle voiture** we're not good enough for him now he's got his new car. **-2.** *sout* [braver, mépriser] to scorn, to spurn, to deride.

**narine** [narin] *nf* nostril.

**narquois, e** [narkwa, az] *adj* mocking, derisive; **sourire ~** mocking smile.

**narrateur, trice** [naratœr, tris] *nm, f* narrator.

**narratif, ive** [naratif, iv] *adj* narrative.

**narration** [narasjɔ̃] *nf* [exposé] narrative, narration; [partie du discours] narration.

**narrer** [3] [nare] *vt litt* [conte] to narrate, to tell; [événements] to narrate, to relate.

**narval** [narval] *nm* narwhal, narwal.

**NASA, Nasa** [naza] *(abr de* **National Aeronautics and Space Administration)** *npr f* NASA, Nasa.

**nasal, e, aux** [nazal, o] *adj* nasal.

◆ **nasale** *nf* LING nasal.

**nasalisation** [nazalizasjɔ̃] *nf* nasalization.

**nase**▽ [naz] ◇ *adj* [inutilisable – appareil, meuble] kaput, bust; [fou] cracked, screwy; [fatigué, malade] knackered. ◇ *nm* [nez] conk.

**naseau, x** [nazo] *nm* nostril ZOOL.

**nasillard, e** [nazijar, ard] *adj* [ton] nasal; [radio, haut-parleur] tinny; **parler d'une voix ~e** to talk through one's nose *ou* with a (nasal) twang.

**nasillement** [nazijmɑ̃] *nm* **-1.** [d'une voix] (nasal) twang; [d'un haut-parleur] tinny sound. **-2.** [d'un canard] quacking.

**nasiller** [3] [nazije] *vi* **-1.** [personne] to speak with a (nasal) twang; [radio] to have a tinny sound. **-2.** [canard] to quack.

**nasse** [nas] *nf* **-1.** PÊCHE (conical) lobster pot. **-2.** [pour oiseaux] hoop net.

**natal, e, als** [natal] *adj* [pays, ville] native; **sa maison ~e** the house where he was born.

**nataliste** [natalist] *adj*: **politique ~** policy to increase the birth rate.

**natalité** [natalite] *nf* birth rate, natality *Am*.

**natation** [natasjɔ̃] *nf* swimming; **~ synchronisée** *ou* **artistique** synchronized swimming.

**natif, ive** [natif, iv] ◇ *adj* [originaire] native. ◇ *nm, f* native.

**nation** [nasjɔ̃] *nf* nation; **les Nations Unies** the United Nations.

**national, e, aux** [nasjɔnal, o] *adj* **-1.** [de la nation] national; **l'économie ~e** the domestic economy; **funérailles** *ou* **obsèques ~es** state funeral; **la presse ~e en a parlé** the national newspapers *ou* the nationals carried stories about it. **-2.** [nationaliste – parti politique] nationalist.

◆ **nationale** *nf* ≈ A road *Br*, ≈ interstate highway *Am*.

◆ **nationaux** *nmpl* nationals.

**nationalisation** [nasjɔnalizasjɔ̃] *nf* nationalization.

**nationaliser** [3] [nasjɔnalize] *vt* to nationalize.

**nationalisme** [nasjɔnalism] *nm* nationalism.

**nationaliste** [nasjɔnalist] ◇ *adj* nationalist, nationalistic. ◇ *nmf* nationalist.

**nationalité** [nasjɔnalite] *nf* nationality; **être de ~ française/nigériane** to be French/Nigerian.

**national-socialisme** [nasjɔnalsɔsjalism] *(pl* **national-socialismes)** *nm* National Socialism.

**national-socialiste** [nasjɔnalsɔsjalist] *(pl* **nationaux-socialistes)** *adj* & *nmf* National Socialist.

**native** [nativ] *f*→ **natif**.

**nativité** [nativite] *nf* **-1.** RELIG: la Nativité the Nativity. **-2.** BX-ARTS Nativity scene; une Nativité a Nativity.

**natte** [nat] *nf* **-1.** [tapis de paille] mat, (piece of) matting. **-2.** [de cheveux] pigtail, braid, plait.

**natter** [3] [nate] *vt* **-1.** [cheveux] to braid, to plait. **-2.** [fils, osier] to plait, to weave, to interweave.

**naturalisation** [natyralizasjɔ̃] *nf* **-1.** ADMIN, BOT & LING naturalization. **-2.** [empaillage] stuffing.

**naturalisé, e** [natyralize] ◇ *adj* naturalized; il a été ~ américain he was granted U.S. citizenship. ◇ *nm, f* naturalized person.

**naturaliser** [3] [natyralize] *vt* **-1.** ADMIN to naturalize; il s'est fait ~ français he was granted French citizenship. **-2.** BOT & LING to naturalize. **-3.** [empailler] to stuff.

**naturalisme** [natyralism] *nm* naturalism.

**naturaliste** [natyralist] ◇ *adj* naturalistic. ◇ *nmf* **-1.** BOT & ZOOL naturalist. **-2.** [empailleur] taxidermist.

**nature** [natyr] ◇ *nf* **-1.** [univers naturel]: la ~ nature; la ~ fait bien les choses nature works wonders; laisser faire ou agir la ~ let nature take its course ❑ la ~ a horreur du vide nature abhors a vacuum. **-2.** [campagne]: la ~ nature, the country, the countryside; une maison perdue dans la ~ a house out in the wilds; tomber en panne en pleine ~ to break down in the middle of nowhere; disparaître ou s'évanouir dans la ~ to vanish into thin air. **-3.** [caractère] nature; ce n'est pas dans sa ~ it's not like him, it's not in his nature; c'est dans la ~ des choses it's in the nature of things, that's the way the world is ❑ la ~ humaine human nature. **-4.** [type de personne] type, sort; une bonne ~ a good sort; une heureuse ~ a happy person; c'est une petite ~ he's the feeble type ou a weakling. **-5.** [sorte] nature, type, sort; les raisonnements de cette ~ this kind of argument, arguments of this kind. **-6.** BX-ARTS: d'après ~ from life ❑ ~ morte still life. ◇ *adj inv* **-1.** [bœuf, choucroute] plain, with no trimmings; [salade, avocat] plain, with no dressing; ŒNOL still. **-2.** *fam* [simple] natural.

♦ **contre nature** *loc adj* against nature, unnatural; des sentiments/penchants contre ~ unnatural feelings/ leanings; c'est contre ~ it's not natural, it goes against nature.

♦ **de nature** *loc adj* by nature; il est généreux de ~ he's generous by nature, it's (in) his nature to be generous; elle est anxieuse de ~ she's the worrying kind ou anxious type.

♦ **de nature à** *loc conj* likely ou liable to; je ne suis pas de ~ à me laisser faire I'm not the kind ou type of person you can push around.

♦ **de toute nature** *loc adj* of all kinds ou types.

♦ **en nature** *loc adv* in kind; payer en ~ *pr & fig* to pay in kind.

♦ **par nature** *loc adv*: je suis conservateur par ~ I'm naturally conservative, I'm conservative by nature.

**naturel, elle** [natyrɛl] *adj* **-1.** [du monde physique – phénomène, ressource, frontière] natural. **-2.** [physiologique – fonction, processus] natural, bodily. **-3.** [inné – disposition, talent] natural, inborn; [– boucles, blondeur] natural; ce n'est pas ma couleur ~le it's not my natural ou real hair colour. **-4.** [sans affectation] natural; tu n'as pas l'air ~ sur cette photo you don't look natural on this photograph; être ~ to be oneself. **-5.** [normal] natural; c'est bien ou tout ~ que je t'aide it's only natural that I should help you; je vous remercie — je vous en prie, c'est tout ~! thank you — please don't mention it, it's the least I could do!; trouver ~ de faire qqch to think nothing of doing sthg. **-6.** [pur – fibre] pure; [– nourriture] natural; 'soie ~le' 'pure ou 100% silk' ‖ COMM natural, organic. **-7.** LING, MUS, PHILOS & RELIG natural. **-8.** [illégitime] natural.

♦ **naturel** *nm* **-1.** [tempérament] nature; il est d'un ~ anxieux he's the worrying kind, it's (in) his nature to worry; être d'un bon ~ to be good-natured. **-2.** [authenticité] naturalness; ce que j'aime chez elle c'est son ~ what I like about her is she's so natural; avec beaucoup de ~ with perfect ease, completely naturally; elle est mieux au ~ qu'à la télévision she's better in real life than on TV.

♦ **au naturel** *loc adj* CULIN plain.

**naturellement** [natyrɛlmã] *adv* **-1.** [de façon innée] naturally. **-2.** [simplement] naturally, unaffectedly. **-3.** [bien sûr]

naturally, of course.

**naturisme** [natyrism] *nm* **-1.** [nudisme] naturism. **-2.** MÉD naturopathy. **-3.** PHILOS & RELIG naturalism.

**naturiste** [natyrist] ◇ *adj* **-1.** [nudiste] naturist. **-2.** PHILOS naturalist, naturalistic. ◇ *nmf* **-1.** [nudiste] naturist, nudist. **-2.** PHILOS naturalist.

**naturopathie** [natyrɔpati], **naturothérapie** [natyrɔterapi] *nf* naturopathy.

**naufrage** [nofraʒ] *nm* **-1.** [d'un navire] wreck, shipwreck; faire ~ [personne] to be shipwrecked; [navire] to be wrecked. **-2.** *fig* ruin, wreckage.

**naufragé, e** [nofraʒe] ◇ *adj* **-1.** [personne – gén] shipwrecked; [– sur une île] castaway *(modif)*. **-2.** [navire] wrecked. ◇ *nm, f* [gén] shipwreck victim; [sur une île] castaway.

**naufrageur, euse** [nofraʒœr, øz] *nm, f pr & fig* wrecker.

**nauséabond, e** [nozeabɔ̃, ɔ̃d] *adj* **-1.** [qui sent mauvais] putrid, foul, foul-smelling. **-2.** [répugnant] nauseating, sickening, repulsive.

**nausée** [noze] *nf* **-1.** [envie de vomir] nausea; avoir la ~ to feel sick; avoir des ~s to have bouts of sickness. **-2.** *fig* [dégoût]: une telle hypocrisie me donne la ~ such hypocrisy makes me sick.

**nauséeux, euse** [nozeø, øz] *adj* **-1.** [odeur] nauseating, sickening, repulsive; [état] nauseous. **-2.** *litt* [révoltant] nauseating, sickening, repulsive.

**nautique** [notik] *adj* nautical; carte/géographie ~ nautical map/geography; le salon ~ ≃ the Boat Show.

**nautisme** [notism] *nm* water sports, aquatics *(sg)*.

**Navajos** [navaro] *npr mpl*: les ~ the Navajo.

**naval, e, als** [naval] *adj* naval; construction ~e shipbuilding (industry).

**navarin** [navarɛ̃] *nm* navarin *(mutton and vegetable stew)*.

**Navarre** [navar] *npr f*: (la) ~ Navarre.

**navet** [navε] *nm* **-1.** BOT turnip. **-2.** *fam* [œuvre]: c'est un ~ it's (a load of) tripe.

**navette** [navεt] *nf* **-1.** AÉRON & TRANSP shuttle; faire la ~ (entre) to shuttle back and forth ou to and fro (between); un bus fait la ~ entre la gare et l'aéroport there is a shuttle bus (service) between the station and the airport; il fait la ~ entre Paris et Marseille he comes and goes ou goes to and fro between Paris and Marseilles ❑ ~ spatiale space shuttle. **-2.** TEXT shuttle; [aiguille – pour filets] netting ou meshing needle. **-3.** BOT rape.

**navigabilité** [navigabilite] *nf* [d'un cours d'eau] navigability, navigableness; [d'un navire] seaworthiness; [d'un avion] airworthiness; en état de ~ NAUT seaworthy; AÉRON airworthy.

**navigable** [navigabl] *adj* navigable.

**navigant, e** [navigã, ãt] ◇ *adj* NAUT seafaring; personnel ~ AÉRON flight personnel, aircrew, crew. ◇ *nm, f*: les ~s NAUT the crew; AÉRON the aircrew, the crew.

**navigateur, trice** [navigatœr, tris] *nm, f* **-1.** NAUT [voyageur] sailor, seafarer; ~ solitaire single-handed yachtsman ‖ [membre de l'équipage] navigator. **-2.** AÉRON & AUT navigator, copilot *(in charge of navigation)*.

♦ **navigateur** ◇ *nm* [appareil] navigator. ◇ *adj m* seafaring, seagoing.

**navigation** [navigasjɔ̃] *nf* **-1.** NAUT navigation, sailing; interdit à la ~ [des gros bateaux] closed to shipping; [des petits bateaux] no sailing ou boating; ouvert à la ~ [des gros bateaux] open to shipping ❑ ~ côtière coastal navigation; ~ fluviale ou intérieure inland navigation; ~ maritime ou extérieure high seas navigation; ~ de plaisance yachting, pleasure sailing. **-2.** AÉRON navigation, flying; ~ aérienne aerial navigation; ~ spatiale space flight ou travel; ~ à vue contact flying.

♦ **de navigation** *loc adj* [registre] navigational; [terme, école] nautical; [instrument] navigation *(modif)*; compagnie de ~ NAUT shipping company; AÉRON airline company.

**naviguer** [3] [navige] *vi* **-1.** NAUT to sail; depuis que je navigue [plaisancier] since I first went sailing; [marin] since I first went to sea; ~ au compas/à l'estime to navigate by compass/by dead reckoning. **-2.** AÉRON to fly; ~ à vue to use flight rules, to fly visually. **-3.** *fig* [se déplacer] to get about; savoir ~ to know one's way around.

**navire** [navir] *nm* ship, vessel *litt*; ~ marchand ou de commerce merchant ship, merchantman; ~ **de guerre** warship; ~ **de haute mer** ocean-going ship.

**navire-citerne** [navirsitɛrn] (*pl* **navires-citernes**) *nm* (oil) tanker.

**navire-école** [navirekɔl] (*pl* **navires-écoles**) *nm* training ship.

**navire(-)hôpital** [navirɔpital] (*pl* **navires-hôpitaux** [-to]) *nm* hospital ship.

**navrant, e** [navrɑ̃, ɑ̃t] *adj* **-1.** [attristant – spectacle] distressing, upsetting, harrowing; **c'est** ~ **de les voir ainsi se quereller** it's distressing to see them quarrel like that; **tu es** ~! you're pathetic *ou* hopeless!; **sa bêtise est** ~**e** he's hopelessly stupid. **-2.** [regrettable]: **c'est** ~, **mais il n'y a rien à faire** it's a terrible shame, but there's nothing we can do.

**navré, e** [navre] *adj* sorry; **je suis** ~ **de vous l'entendre dire** I'm so sorry to hear you say that.

**navrer** [3] [navre] *vt* to upset, to distress, to sadden.

**nazaréen, enne** [nazareẽ, ɛn] *adj* **-1.** GÉOG Nazarene. **-2.** BX-ARTS: **l'école** ~**ne** the Nazarenes.
◆ **Nazaréen, enne** *nm, f* Nazarene.
◆ **nazaréen** *nm* BX-ARTS Nazarene.

**Nazareth** [nazaret] *npr* Nazareth.

**naze**▽ [naz] = **nase**.

**nazi, e** [nazi] *adj & nm, f* Nazi.

**nazisme** [nazism] *nm* Nazism.

**NB** (*abr écrite de* **Nota Bene**) NB.

**NBC** (*abr de* **nucléaire, bactériologique, chimique**) *adj* NBC MIL.

**nbreuses** *abr écrite de* **nombreuses**.

**nbrx** *abr écrite de* **nombreux**.

**n.c. -1.** (*abr écrite de* **non communiqué**) n.a. **-2.** (*abr écrite de* **non connu**) n.a.

**n.d. -1.** (*abr écrite de* **non daté**) n.d. **-2.** (*abr écrite de* **non disponible**) n.a.

**N-D** (*abr écrite de* **Notre-Dame**) OL.

**NDA** (*abr écrite de* **note de l'auteur**) *author's note*.

**N'Djamena** [ndʒamena] *npr* Ndjamena, N'Djamena.

**NDLR** (*abr écrite de* **note de la rédaction**) Ed.

**NDT** (*abr écrite de* **note du traducteur**) translator's note.

**ne** [nə] (*devant voyelle ou h muet* **n'** [n]) *adv* **A.** EN CORRÉLATION AVEC UN MOT NÉGATIF: **je n'ai rien vu** I saw nothing, I didn't see anything; **ce n'est ni bleu ni vert** it's neither blue nor green; **je n'en parlerai ni à l'un ni à l'autre** I won't speak about it to either of them; **ne... jamais: il ne répond jamais au téléphone** he never answers the phone; **ne... plus: le téléphone ne marche plus** the telephone doesn't work any more; **ne... pas: ne le dérange pas! don't disturb him!**
**B.** EN CORRÉLATION AVEC 'QUE': **je ne fais que d'arriver** *sout* I've only just arrived; **je n'ai pas que cette idée-là** that's not the only idea I have; **tu ne sais dire que des mensonges** all you ever do is tell lies; **je n'ai pas d'autre solution que celle-là** I have no other solution but that.
**C.** EMPLOYÉ SEUL **-1.** *sout* [avec une valeur négative]: **il ne cesse de m'appeler** he won't stop calling me; **quel père n'aiderait son fils?** what father would refuse to help his son?; **il y a six jours qu'il n'est venu** he hasn't been for six days; **je lui demanderais, si ma timidité ne m'en empêchait** I would ask him if I were not so shy; **prenez garde qu'on ne vous voie** be careful (that) nobody sees you; **que ne le disais-tu plus tôt?** why didn't you say so earlier!, if only you had said so earlier!; **que ne ferais-je pour vous?** what wouldn't I do for you?; **n'était son grand âge, je l'aurais congédié** *litt* had it not been for his advanced age, I would have dismissed him. **-2.** *sout* [avec une valeur explétive]: **je crains qu'il n'accepte** I'm afraid he might say yes; **sa seule crainte, c'était qu'on ne le renvoyât** all he was afraid of *ou* his only fear was of being dismissed; **évite qu'il ne te rencontre** try to avoid meeting him; **je ne doute pas qu'il ne soit sympathique** I don't doubt (that) he's nice; **à moins qu'il ne vous le dise** unless he tells you; **il se porte mieux que je ne croyais** he's better than I'd imagined.

**N-E** (*abr écrite de* **Nord-Est**) NE.

**né, e** [ne] ◇ *pp*→ **naître**. ◇ *adj* born; **Clara Brown,** ~**e Moore** Clara Brown, née *ou* nee Moore; **c'est une musi-**

cienne ~**e** she's a born musician, she was born (to be) a musician ❑ **une personne bien** ~**e** a person of high birth.

**néanmoins** [neɑ̃mwɛ̃] *adv* nevertheless, nonetheless.

**néant** [neɑ̃] *nm* **-1.** [non-être] nothingness. **-2.** [superficialité] vacuousness. **-3.** *sout* [manque de valeur] worthlessness, triviality. **-4.** ADMIN: **enfants:** ~ children: none.

**nébuleux, euse** [nebylø, øz] *adj* **-1.** [nuageux] cloudy, clouded. **-2.** *fig* [obscur] obscure, nebulous.
◆ **nébuleuse** *nf* **-1.** ASTRON nebula. **-2.** *fig* [amas confus]: **leur projet était encore à l'état de** ~ their plan was still pretty vague, they still had only the bare outlines of a plan.

**nébulosité** [nebylozite] *nf* **-1.** [nuage] haze, nebulosity. **-2.** MÉTÉO cloud cover. **-3.** *litt & fig* haziness, nebulousness.

**nécessaire** [neseseʀ] ◇ *adj* **-1.** [indispensable] necessary; **un mal** ~ a necessary evil; **si (c'est)** ~ if necessary, if need be; **est-il** ~ **de la mettre** *ou* **qu'elle soit au courant?** does she have *ou* need to know?; **leur séparation était devenue** ~ it had become necessary for them to part; ~ **à: l'eau est** ~ **aux plantes** plants need water; **cette introduction est** ~ **à la compréhension du texte** it is necessary to read this introduction to understand the text. **-2.** [requis – aptitude] necessary, requisite. **-3.** [logique, inévitable] necessary, unavoidable, inevitable. ◇ *nm* **-1.** [choses indispensables] bare necessities; **n'emportez que le strict** ~ just take the basic essentials *ou* what's absolutely necessary. **-2.** [démarche requise]: **faire le** ~: **je ferai le** ~ **pour vos réservations** I'll see to your reservations; **ne vous inquiétez pas, j'ai fait le** ~ don't worry, I've taken care of things *ou* I've done what had to be done. **-3.** [trousse, étui]: ~ **à couture** needlework basket; ~ **à ongles** manicure set; ~ **à ouvrage** workbox; ~ **de toilette** toilet case, sponge bag *Br*; ~ **de voyage** grip, travel *ou* overnight bag *Br*.

**nécessairement** [neseseʀmɑ̃] *adv* **-1.** [inévitablement] necessarily, unavoidably, inevitably. **-2.** [obligatoirement] necessarily, of necessity; **ce n'est pas** ~ **vrai** it's not necessarily true; **il y a** ~ **une explication à tout cela** there must be an explanation for all this. **-3.** LOGIQUE necessarily.

**nécessité** [nesesite] *nf* **-1.** [caractère nécessaire] necessity, need; **elle ne voit pas la** ~ **de se marier** she doesn't see any need to get married; **être dans la** ~ **de** to find it necessary to, to have no choice but to ‖ [chose indispensable] necessity; **c'est une** ~ **absolue de faire bouillir l'eau** it is absolutely necessary *ou* essential to boil the water; **de première** ~ [dépenses, fournitures] basic; [objets, denrées] essential; **vous devez de toute** ~ **réparer le toit** it's absolutely imperative *ou* essential that you repair the roof ❑ **faire de** ~ **vertu** to make a virtue out of necessity; ~ **faisant loi, il dut vendre le parc** sheer necessity forced him to sell the park. **-2.** *vieilli* [indigence] destitution, poverty; **être dans la** ~ to be in need. **-3.** PHILOS necessity. **-4.** JUR: **état de** ~ necessity.
◆ **nécessités** *nfpl*: **des** ~**s financières nous obligent à...** we are financially bound to...
◆ **par nécessité** *loc adv* of necessity, necessarily, unavoidably; **on dut par** ~ **vendre la moto** there was no choice but to sell the motorbike.

**nécessiter** [nesesite] *vt* to require, to demand.

**nécessiteux, euse** [nesesitø, øz] *sout* ◇ *adj* needy, in need. ◇ *nm, f* needy person.

**nec plus ultra** [nɛkplyzyltra] *nm inv* last word, ultimate.

**nécrologie** [nekrɔlɔʒi] *nf* **-1.** [liste] necrology. **-2.** [notice biographique] obituary. **-3.** [rubrique] obituary column.

**nécrologique** [nekrɔlɔʒik] *adj* obituary *(modif)*.

**nécromancie** [nekrɔmɑ̃si] *nf* necromancy.

**nécromancien, enne** [nekrɔmɑ̃sjɛ̃, ɛn] *nm, f* necromancer.

**nécrophage** [nekrɔfaʒ] *adj* necrophagous.

**nécrophilie** [nekrɔfili] *nf* necrophilia, necrophilism.

**nécropole** [nekrɔpɔl] *nf* necropolis.

**nécrose** [nekroz] *nf* necrosis.

**nécroser** [3] [nekroze] *vt* **-1.** MÉD to necrotize, to cause necrosis. **-2.** BOT to canker.
◆ **se nécroser** *vpi* **-1.** MÉD to necrotize, to undergo necrosis. **-2.** BOT to canker.

**nectaire** [nɛktɛr] *nm* nectary.

**nectar** [nɛktar] *nm* [gén] nectar.

**nectarine** [nɛktarin] *nf* nectarine.

**néerlandais, e** [neɛrlɑ̃dɛ, ɛz] *adj* Dutch.
◆ **Néerlandais, e** *nm, f* Dutchman (*f* Dutchwoman); **les ~** the Dutch.
◆ **néerlandais** *nm* LING Dutch.

**nef** [nɛf] *nf* **-1.** ARCHIT nave; **~ latérale** (side) aisle. **-2.** *arch* ou *litt* [vaisseau] vessel, craft.

**néfaste** [nefast] *adj* **-1.** [nuisible] harmful, noxious; **le gel a été ~ aux récoltes** the frost has been disastrous for the crops; **une influence ~** a bad influence. **-2.** *litt* [tragique] ill-fated.

**nèfle** [nɛfl] *nf* BOT medlar.

**néflier** [neflije] *nm* medlar (tree).

**négateur, trice** [negatœr, tris] *litt* ◇ *adj* negative. ◇ *nm, f* decrier, detractor.

**négatif, ive** [negatif, iv] *adj* **-1.** [réponse, attitude] negative. **-2.** ÉLECTR, LING & MÉD negative. **-3.** MATH: **un nombre ~** a negative ou minus number.
◆ **négatif** *nm* PHOT negative.
◆ **négative** *nf*: **dans la négative** if not; **répondre par la négative** to give a negative answer, to answer in the negative.

**négation** [negasjɔ̃] *nf* **-1.** [gén & PHILOS] negation. **-2.** GRAMM negative (form).

**négativement** [negativmɑ̃] *adv* negatively.

**négativisme** [negativism] *nm* negativism.

**négativité** [negativite] *nf* **-1.** *sout* negativity, negativeness. **-2.** ÉLECTR negativity.

**négligé, e** [negliʒe] *adj* [tenue, personne] sloppy, scruffy, slovenly; [coiffure] unkempt, untidy.
◆ **négligé** *nm* **-1.** [débraillé, laisser-aller] scruffiness, slovenly ou untidy appearance. **-2.** [robe d'intérieur] negligee, négligé.

**négligeable** [negliʒabl] *adj* [somme] trifling; [détail] unimportant, trifling; [différence] negligible, insignificant; **elle a une influence non ~ sur lui** she has a not inconsiderable influence over him.

**négligeai** [negliʒe] *v* → **négliger**.

**négligemment** [negliʒamɑ̃] *adv* **-1.** [sans soin] negligently, carelessly. **-2.** [avec nonchalance] negligently, casually.

**négligence** [negliʒɑ̃s] *nf* **-1.** [manque de soin] negligence, carelessness; **habillé avec ~** sloppily ou carelessly dressed. **-2.** [manque d'attention] negligence, neglect; [oubli] oversight; **l'erreur est due à une ~ de ma secrétaire** the error is due to an oversight on the part of my secretary. **-3.** [nonchalance] negligence, casualness, nonchalance. **-4.** JUR: **~ criminelle** criminal negligence.

**négligent, e** [negliʒɑ̃, ɑ̃t] *adj* **-1.** [non consciencieux] negligent, careless, neglectful. **-2.** [nonchalant] negligent, casual, nonchalant.

**négliger** [17] [negliʒe] *vt* **-1.** [se désintéresser de – études, santé, ami] to neglect; **il néglige sa tenue ces derniers temps** he hasn't been taking care of his appearance lately; **ne négligez pas votre devoir de citoyen** don't be neglectful of your duty as a citizen. **-2.** [dédaigner] to disregard; **il ne faut pas ~ son offre** don't disregard her offer. **-3.** [omettre] to neglect; **les enquêteurs n'ont rien négligé pour retrouver l'assassin** the police left no stone unturned in their efforts to find the murderer.
◆ **se négliger** *vpi* **-1.** [être mal habillé] to be careless about ou to neglect one's appearance. **-2.** [se désintéresser de sa santé] to be neglectful of ou to neglect one's health.

**négoce** [negɔs] *nm* *sout* **-1.** [activité] business, trade, trading; **le ~ du vin** the wine trade. **-2.** [entreprise] business.

**négociabilité** [negɔsjabilite] *nf* negotiability.

**négociable** [negɔsjabl] *adj* negotiable.

**négociant, e** [negɔsjɑ̃, ɑ̃t] *nm, f* **-1.** [commerçant] merchant, trader. **-2.** [grossiste] wholesaler.

**négociateur, trice** [negɔsjatœr, tris] *nm, f* COMM & POL negotiator.

**négociation** [negɔsjasjɔ̃] *nf* negotiation.

**négocier** [9] [negɔsje] ◇ *vt* **-1.** COMM, FIN & POL to negotiate. **-2.** AUT: **~ un virage** to negotiate a bend. ◇ *vi* to negotiate.

**nègre, négresse** [nɛgr, negrɛs] *nm, f* Negro (*f* Negress) (*note: the terms 'nègre' and 'négresse', like their English equivalents, are considered racist*); **~ blanc** [à peau claire] white Negro; **négresse blanche** white Negress; **~ marron** HIST maroon.
◆ **nègre** ◇ *nm* **-1.** [écrivain] ghost (writer). **-2.** **petit ~** *péj*

pidgin; **ce n'est pas du français, c'est du petit ~** that isn't French, it's pidgin ou it's broken French. **-3.** CULIN: **~ en chemise** chocolate coated with whipped cream. ◇ *adj* BX-ARTS & MUS Negro.

**négrier, ère** [negrije, ɛr] *adj* slave (*modif*).
◆ **négrier** *nm* **-1.** [marchand d'esclaves] slave trader, slaver. **-2.** [bateau] slave ship, slaver. **-3.** *péj* [employeur] slave driver.

**négrillon, onne**▼ [negrijɔ̃, ɔn] *nm, f* racist term used with reference to black children, ≃ piccaninny.

**négritude** [negrityd] *nf* negritude.

**négro**▼ [negro] *nm* racist term used with reference to black people, ≃ nigger.

**négroïde** [negrɔid] *adj* & *nmf* Negroid.

**negro spiritual** [negrospirityol] (*pl* **negro spirituals**) *nm* Negro spiritual.

**neige** [nɛʒ] *nf* **-1.** MÉTÉO snow; **~ fondue** [pluie] sleet; [boue] slush; **les ~s éternelles** permanent snow; **pneu ~** snow tyre; **~ poudreuse** powdery snow; **~ tôlée** crusted snow. **-2.** CHIM: **~ carbonique** dry ice. **-3.** ▽ [cocaïne] snow. **-4.** CULIN: **battez les blancs en ~** whisk the whites until they form peaks.
◆ **à la neige** *loc adv* *fam* LOISIRS on a skiing holiday *Br* ou vacation *Am*.
◆ **de neige** *loc adj* **-1.** MÉTÉO: **chute ou giboulée de ~** snowfall, fall of snow. **-2.** LOISIRS: **station de ~** winter sports ou ski resort. **-3.** *litt* [blanc] snow-white, snowy.

**neiger** [23] [neʒe] *v impers*: **il neige** it's snowing.

**neigeux, euse** [neʒø, øz] *adj* **-1.** [cime] snowcapped, snow-clad. **-2.** [hiver, temps] snowy.

**néné** [nene] *nm* *fam* boob (*breast*).

**nénette** [nenɛt] *nf* *fam* [femme] bird *Br*, broad *Am*.

**nénuphar** [nenyfar] *nm* water lily.

**néo-** [neo] *préf* neo-.

**néo-calédonien, enne** [neɔkaledɔnjɛ̃, ɛn] (*mpl* **néo-calédoniens**, *fpl* **néo-calédoniennes**) *adj* New Caledonian.
◆ **Néo-Calédonien, enne** *nm, f* New Caledonian.

**néocapitalisme** [neɔkapitalism] *nm* neo-capitalism.

**néocapitaliste** [neɔkapitalist] *adj* & *nmf* neo-capitalist.

**néoclassicisme** [neɔklasisism] *nm* neoclassicism.

**néoclassique** [neɔklasik] *adj* neoclassic, neoclassical.

**néo-colonialisme** [neɔkɔlɔnjalism] *nm* neocolonialism.

**néo(-)colonialiste** [neɔkɔlɔnjalist] ◇ *adj* neocolonial, neo-colonialist. ◇ *nmf* neocolonialist.

**néodarwinisme** [neɔdarwinism] *nm* neo-Darwinism.

**néofascisme** [neɔfaʃism] *nm* neofascism.

**néofasciste** [neɔfaʃist] *adj* & *nmf* neofascist.

**néogothique** [neɔgɔtik] ◇ *adj* neogothic. ◇ *nm* neogothic (style).

**néo-guinéen, enne** [neɔginéɛ̃, ɛn] (*mpl* **néo-guinéens**, *fpl* **néo-guinéennes**) *adj* New Guinean.
◆ **Néo-Guinéen, enne** *nm, f* New Guinean.

**néo-impressionnisme** [neɔɛ̃presjɔnism] (*pl* **néo-impressionnismes**) *nm* neo-impressionism.

**néo-impressionniste** [neɔɛ̃presjɔnist] (*pl* **néo-impressionnistes**) *adj* & *nmf* neo-impressionist.

**néolibéralisme** [neɔliberalism] *nm* neo-liberalism.

**néolithique** [neɔlitik] ◇ *adj* Neolithic. ◇ *nm* Neolithic (period).

**néologie** [neɔlɔʒi] *nf* neology.

**néologique** [neɔlɔʒik] *adj* neological.

**néologisme** [neɔlɔʒism] *nm* LING & PSYCH neologism.

**néon** [neɔ̃] *nm* **-1.** [gaz] neon. **-2.** [éclairage] neon (lighting); [lampe] neon (lamp).

**néonatal, e, als** [neɔnatal] *adj* neonatal.

**néonazi, e** [neɔnazi] *adj* & *nm, f* neo-Nazi.

**néonazisme** [neɔnazism] *nm* neo-Nazism, neo-Naziism.

**néophyte** [neɔfit] *nmf* **-1.** [nouvel adepte] neophyte, novice. **-2.** RELIG neophyte, novice.

**néoplasie** [neɔplazi] *nf* neoplasm.

**néoplatonicien, enne** [neɔplatɔnisjɛ̃, ɛn] ◇ *adj* Neoplatonic. ◇ *nm, f* Neoplatonist.

**néoplatonisme** [neɔplatɔnism] *nm* Neoplatonism.

**néopositivisme** [neɔpozitivism] *nm* logical positivism.

**néopositiviste** [neɔpozitivist] *adj & nmf* logical positivist.

**néoréalisme** [neɔrealism] *nm* neorealism.

**néoréaliste** [neɔrealist] *adj & nmf* neorealist.

**néo-zélandais, e** [neɔzelɑ̃dɛ, ɛz] (*mpl inv, fpl* **néo-zélandaises**) *adj* from New Zealand; **agneau ~** New Zealand lamb.

◆ **Néo-Zélandais, e** *nm, f* New Zealander.

**Népal** [nepal] *npr m*: **le ~** Nepal; **au ~** in Nepal.

**népalais, e** [nepalɛ, ɛz] *adj* Nepalese, Nepali.

◆ **Népalais, e** *nm, f* Nepalese (person), Nepali.

◆ **népalais** *nm* LING Nepali.

**néphrétique** [nefretik] *adj* nephritic.

**néphrite** [nefrit] *nf* **-1.** MÉD nephritis. **-2.** MINÉR nephrite.

**néphrologie** [nefrɔlɔʒi] *nf* nephrology.

**néphrologue** [nefrɔlɔg] *nmf* nephrologist *spéc*, kidney specialist.

**népotisme** [nepɔtism] *nm* nepotism.

**Neptune** [nɛptyn] *npr* Neptune.

**nerf** [nɛr] *nm* **-1.** ANAT nerve; **~ moteur/sensitif/mixte** motor/sensor/mixed nerve; **~ gustatif** gustatory nerve; **avoir les ~s malades** *vieilli* to suffer from nerves; **ses ~s ont fini par lâcher** *fam* he eventually cracked; **avoir les ~ à cran** *fam* ou **en boule** *fam* ou **en pelote** to be wound up, to be on edge; **avoir les ~s à fleur de peau** ou **à vif** to be a bundle of nerves; **avoir les ~s solides** ou **des ~s d'acier** to have nerves of steel; **être sur les ~s** to be worked up; **on est tous sur les ~s depuis ce matin** we've all been on edge since this morning; **il est toujours** ou **il vit sur les ~s** he's highlystrung, he lives on his nerves; **ne passe pas tes ~s sur moi** *fam* don't take it out on me; **porter** *fam* ou **taper** *fam* **sur les ~s à qqn** to get on sb's nerves. **-2.** *(tjrs sg)* [énergie]: **elle manque de ~ pour diriger l'entreprise** she hasn't got what it takes to run the company; **son style manque de ~** his style is a bit weak; **ça, c'est une voiture qui a du ~!** now that's what I call a responsive car! ▢ **allez, du ~!** come on, put some effort into it! **-3.** [tendon] piece of gristle. **-4.** IMPR rib.

◆ **nerf de bœuf** *nm* bludgeon.

**Néron** [nerɔ̃] *npr* Nero.

**nerveusement** [nɛrvøzmɑ̃] *adv* **-1.** MÉD nervously; **~, ça l'a beaucoup marqué** it really shook (up) his nerves. **-2.** [de façon agitée] nervously, restlessly; [avec impatience] nervously, impatiently; **rire ~** to laugh nervously.

**nerveux, euse** [nɛrvø, øz] ◇ *adj* **-1.** ANAT & MÉD [système, dépression, maladie] nervous; [centre, influx] nerve *(modif)*. **-2.** [énervé – de nature] nervous, highly-strung; [– passagèrement] nervous, tense; **tu me rends ~** you're making me nervous; **être ~ avant une entrevue** to be nervous ou on edge be- fore an interview; **tu ne manges pas? — c'est ~** aren't you eating? — it's my nerves. **-3.** [énergique – cheval] spirited, vigorous; [– voiture] responsive; [– style] energetic, forceful, vigorous. **-4.** [dur – viande] gristly, stringy. ◇ *nm, f* nervous ou highly-strung person.

**nervosité** [nɛrvozite] *nf* **-1.** MÉD nervosity. **-2.** [excitation – passagère] nervousness, tension, agitation; [– permanente] nervousness; **la ~ du candidat** the candidate's uneasiness. **-3.** [irritabilité] irritability, touchiness. **-4.** [vigueur] responsiveness.

**nervure** [nɛrvyr] *nf* **-1.** BOT vein, nervure. **-2.** ZOOL vein. **-3.** AÉRON & MÉTALL rib; AUT stiffening rib. **-4.** IMPR rib. **-5.** COUT piping. **-6.** ARCHIT & CONSTR rib.

**nervurer** [3] [nɛrvyre] *vt* **-1.** BOT & ZOOL to vein. **-2.** IMPR to rib, to band. **-3.** COUT to pipe.

**Nescafé®** [nɛskafe] *nm* Nescafé®, instant coffee.

**n'est-ce pas** [nɛspa] *loc adv* **-1.** [sollicitant l'acquiescement]: **vous savez, ~, ce qu'il en est** you know what the situation is, don't you?; **~ qu'ils sont mignons** aren't they cute ou sweet? **-2.** [emploi expressif]: **lui, ~, ne voyage qu'en première classe** *hum* he, of course, only ever travels first class.

**net, nette** [nɛt] *adj* **-1.** [nettoyé] clean, neat; **une chemise pas très nette** a grubby shirt ‖ [ordonné] (clean and) tidy, neat (and tidy). **-2.** [pur – peau, vin] clear; **~ de** *litt* free from; **être ~ de tout soupçon** to be above suspicion. **-3.** [bien défini] clear; **la cassure est nette** the break is clean; **elle a une diction nette** she speaks ou articulates clearly; **une ré-**

ponse nette a straight answer; **sa position est nette** her position is clear-cut; **un refus ~** a flat refusal; **j'ai la nette impression que...** I have the distinct ou clear impression that... ‖ [évident] distinct, definite, striking; **il y a une nette amélioration** there's a marked improvement; **il veut t'épouser, c'est ~!** he wants to marry you, that's obvious! **-4.** PHOT sharp; **l'image n'est pas nette** the picture isn't very clear. **-5.** COMM & FIN net; **~ d'impôt** tax-free; **~ de tout droit** exempt ou free from duty ▢ **bénéfice ~** net profit; **revenu ~** net income. **-6.** *fam loc*: **pas ~** [équivoque]: **cette histoire n'est pas nette** there's something fishy ou not kosher about this business; **ce mec n'est pas ~** [suspect] there's something shifty ou shady about that guy; [fou] that guy's a bit funny ou weird.

◆ **net** ◇ *adj inv* SPORT: **la balle est ~** (it's a) let. ◇ *adv* **-1.** [brutalement]: **s'arrêter ~** to stop dead; **être tué ~** to be killed outright; **couper** ou **casser ~** **avec qqn** to break with sb completely. **-2.** [sans mentir] frankly, plainly; [sans tergiverser] frankly, bluntly; **je vous le dis tout ~** I'm telling you straight. **-3.** COMM & FIN net; **je gagne 1 000 francs ~ par semaine** ou **1 000 francs par semaine ~** I take home ou my take-home pay is 1,000 francs a week.

◆ **au net** *loc*: **mettre qqch au ~** to make a fair copy of sthg; **après mise au ~** (du texte) after tidying up (the text).

**nettement** [nɛtmɑ̃] *adv* **-1.** [distinctement] clearly, distinctly. **-2.** [avec franchise] clearly, frankly, bluntly; **je lui ai dit très ~ ce que je pensais de lui** I told him bluntly what I thought of him. **-3.** [beaucoup] definitely, markedly; **il est ~ plus fort que Paul** he's much stronger than Paul; **j'aurais ~ préféré ne pas y être** I would definitely have preferred not to be there.

**netteté** [nɛtte] *nf* **-1.** [propreté] cleanness, cleanliness. **-2.** [clarté] clearness, clarity. **-3.** [précision – de l'écriture] neatness, clearness; [– d'une image, d'un contour] sharpness, clearness.

**nettoie** [nɛtwa] *v* → **nettoyer**.

**nettoiement** [nɛtwamɑ̃] *nm* **-1.** [des rues] cleaning. **-2.** AGR clearing.

**nettoierai** [nɛtware] *v* → **nettoyer**.

**nettoyage** [nɛtwajaʒ] *nm* **-1.** [d'une maison, d'un vêtement] cleaning; **porter sa robe au ~** *fam* to take one's dress to the cleaner's ▢ **~ de printemps** spring-cleaning; **~ à sec** dry cleaning; [sur une étiquette] 'dry clean only'; **produits de ~** cleaning agents; **faire le ~ par le vide** to make a clean sweep. **-2.** *fam & fig* [d'un quartier, d'une ville] clean-up.

**nettoyant** [nɛtwajɑ̃] *nm* [gén] cleaning product, cleanser; [détachant] stain remover.

**nettoyer** [13] [nɛtwaje] *vt* **-1.** [rendre propre – gén] to clean; [– plaie] to clean, to cleanse; **~ une maison à fond** to spring-clean a house; **donner un vêtement à ~** to have a garment cleaned, to take a garment to the cleaner's; **~ à sec** to dry-clean. **-2.** [enlever – tache] to remove. **-3.** *fam* [vider] to clean out *(sép)*; **je me suis fait ~ au poker** I got cleaned out at poker; **j'ai mon héritage? — nettoyé!** what about the inheritance? — all gone!; **en un instant, elle avait nettoyé son assiette** she emptied her plate in a flash. **-4.** *fam* [quartier] to clean up ou out *(sép)*. **-5.** *fam* [épuiser] to wear out *(sép)*. **-6.** ᵛ [tuer] to wipe out *(sép)*, to bump off *(sép)*.

◆ **se nettoyer** *vpt*: **se ~ les mains** [gén] to clean one's hands; [à l'eau] to wash one's hands.

**neuf¹** [nœf] ◇ *dét* **-1.** nine. **-2.** [dans des séries]: **Charles IX** Charles the Ninth. ◇ *nm inv* nine; *voir aussi* **cinq**.

**neuf², neuve** [nœf, *devant an, heure et homme* nœv, *f* nœv] *adj* **-1.** [n'ayant jamais servi] new; **flambant** ou **tout ~** brandnew; **mon appareil photo n'est plus tout ~** my camera is a bit old now. **-2.** [récemment créé – pays] new, young; **une ville neuve** a new town. **-3.** [original – point de vue, idée] new, fresh, original; **porter un regard ~ sur qqn/qqch** to take a fresh look at sb/sthg; **connaissances toutes neuves** newly-acquired ou freshly-acquired knowledge; **il est encore (un peu) ~ en matière de...** he's still (relatively) new ou a (relative) newcomer to...

◆ **neuf** *nm* **-1.** [objets nouveaux]: **ici, on vend du ~ et de l'occasion** here we sell both new and second-hand items; **vêtu de ~** (dressed) in new clothes. **-2.** [informations nouvelles]: **qu'est-ce qu'il y a de** ou **quoi de ~?** what's new?; **rien de ~ depuis la dernière fois** nothing new since last time; **il**

y a eu du ~ dans l'affaire Peters there have been new developments in the Peters case.
◆ **à neuf** *loc adv*: un devis pour la remise à ~ du local/moteur an estimate for doing up the premises/overhauling the engine; j'ai remis *ou* refait la maison à ~ I did up the house like new.

**neurasthénie** [nørasteni] *nf* MÉD & PSYCH neurasthenia.

**neurasthénique** [nørastenik] ◇ *adj* MÉD & PSYCH neurasthenic; *vieilli* [dépressif] depressed. ◇ *nmf* MÉD & PSYCH neurasthenic; *vieilli* [dépressif] depressed person.

**neuro-** [nørɔ] *préf* neuro-.

**neurochirurgical, e, aux** [nørɔʃiryrʒikal, o] *adj* neurosurgical.

**neurochirurgie** [nørɔʃiryrʒi] *nf* neurosurgery.

**neurochirurgien, enne** [nørɔʃiryrʒjɛ̃, ɛn] *nm, f* neurosurgeon.

**neuroleptique** [nørɔlɛptik] *adj & nm* neuroleptic.

**neurolinguistique** [nørɔlɛ̃gɥistik] *nf* neurolinguistics *(sg)*.

**neurologie** [nørɔlɔʒi] *nf* neurology.

**neurologique** [nørɔlɔʒik] *adj* neurologic, neurological.

**neurologiste** [nørɔlɔʒist], **neurologue** [nørɔlɔg] *nmf* neurologist.

**neurone** [nørɔn] *nm* neuron, neurone.

**neurophysiologie** [nørɔfizjɔlɔʒi] *nf* neurophysiology.

**neurophysiologique** [nørɔfizjɔlɔʒik] *adj* neurophysiologic, neurophysiological.

**neuropsychiatre** [nørɔpsikjatr] *nmf* neuropsychiatrist.

**neuropsychiatrie** [nørɔpsikjatri] *nf* neuropsychiatry.

**neuropsychologie** [nørɔpsikɔlɔʒi] *nf* neuropsychology.

**neuropsychologue** [nørɔpsikɔlɔg] *nmf* neuropsychologist.

**neurosciences** [nørɔsjɑ̃s] *nfpl* neurosciences.

**neurovégétatif, ive** [nørɔveʒetatif, iv] *adj*: système nerveux ~ autonomic nervous system.

**neutralisant, e** [nøtralizɑ̃, ɑ̃t] *adj* neutralizing.

**neutralisation** [nøtralizasjɔ̃] *nf* [gén] neutralization.

**neutraliser** [3] [nøtralize] *vt* **-1.** [atténuer] to tone down *(sép)*. **-2.** [annuler] to neutralize, to cancel out *(sép)*. **-3.** [maîtriser] to overpower, to bring under control; les agents ont neutralisé le forcené the police overpowered the maniac. **-4.** [contrecarrer] to neutralize, to thwart; ~ un concurrent to thwart a competitor. **-5.** [bloquer] to close; la voie rapide est neutralisée dans le sens Paris-province the fast lane is closed to traffic leaving Paris. **-6.** POL [déclarer neutre] to neutralize. **-7.** CHIM, ÉLECTR, LING & MÉD to neutralize.
◆ **se neutraliser** *vp* (*emploi réciproque*) to neutralize; les deux forces se neutralisent the two forces cancel each other out.

**neutraliste** [nøtralist] ◇ *adj* neutralist, neutralistic. ◇ *nmf* neutralist.

**neutralité** [nøtralite] *nf* **-1.** [attitude] neutrality; observer la ~ to remain neutral. **-2.** CHIM & PHYS neutrality.

**neutre** [nøtr] ◇ *adj* **-1.** [couleur, décor, attitude, pays] neutral; d'une voix ~ in a neutral *ou* an expressionless voice; rester ~: je veux rester ~ I don't want to take sides; tu ne peux pas rester ~ you can't remain neutral. **-2.** CHIM, ÉLECTR & PHYS neutral. **-3.** LING & ZOOL neuter. ◇ *nmf* POL: les ~s the neutral countries. ◇ *nm* **-1.** LING neuter. **-2.** ÉLECTR neutral (wire).

**neutron** [nøtrɔ̃] *nm* neutron.

**neuvaine** [nœvɛn] *nf* novena.

**neuve** [nœv] *f* → **neuf**.

**neuvième** [nœvjɛm] ◇ *adj num* ninth; le ~ art cartoons. ◇ *nmf* ninth; elle est la ~ de la classe she's ninth in the class. ◇ *nf* **-1.** SCOL third form *Br ou* grade *Am* (*in French primary school*). **-2.** MUS ninth. ◇ *nm* ninth; *voir aussi* **cinquième**.

**névé** [neve] *nm* **-1.** [dans un glacier] névé. **-2.** [plaque] bank of snow.

**neveu** [nəvø] *nm* nephew; un peu, mon ~! *fam* you bet (your sweet life)!, and how!

**névralgie** [nevralʒi] *nf* neuralgia; avoir une ~ [un mal de tête] to have a headache.

**névralgique** [nevralʒik] *adj* **-1.** MÉD neuralgic. **-2.** *fig* → point.

**névrite** [nevrit] *nf* neuritis.

**névrose** [nevroz] *nf* neurosis.

**névrosé, e** [nevroze] *adj & nm, f* neurotic.

**névrotique** [nevrɔtik] *adj* neurotic.

**New Delhi** [njudeli] *npr* New Delhi.

**new-look** [njuluk] ◇ *nm inv* COUT New Look. ◇ *adj inv* **-1.** COUT New Look (*modif*). **-2.** [rénové] new look (*modif*).

**newton** [njutɔn] *nm* newton.

**newtonien, enne** [njutɔnjɛ̃, ɛn] *adj* Newtonian.

**New York** [njɔrk] *npr* **-1.** [ville] New York (City). **-2.** [état] New York State.

**new-yorkais, e** [njujɔrkɛ, ɛz] (*mpl inv*, *fpl* **new-yorkaises**) *adj* from New York.
◆ **New-Yorkais, e** *nm, f* New Yorker.

**nez** [ne] *nm* **-1.** ANAT nose; avoir le ~ bouché to have a stuffed up *ou* blocked nose; avoir le ~ qui coule to have a runny nose; parler du ~ qui saigne, saigner du ~ to have a nosebleed; avoir un ~ grec to have a Grecian nose; ~ en trompette turned-up nose; parler du ~ to talk *ou* to speak through one's nose. **-2.** [jugement] flair *(U)*, good judgment *(U)*, intuition *(U)*; avoir du ~ to have good judgment; il a du ~ pour acheter des antiquités he's got a flair for buying antiques; j'ai eu du ~ *ou* le ~ fin *ou* le ~ creux my intuition was good; tu vois, j'ai eu le ~ fin de partir avant minuit you see, I was right to trust my instinct and leave before midnight. **-3.** [flair d'un chien] nose; avoir du ~ to have a good nose. **-4.** [en parfumerie] perfume tester. **-5.** AÉRON nose; sur le ~ tilting down. **-6.** GÉOG edge, overhang. **-7.** NAUT bows. **-8.** ŒNOL nose; un vin qui a du ~ a wine with a good nose. **-9.** TECH shank. **-10.** *loc*: le ~ en l'air *pr* looking upwards; *fig* without a care in the world; il a toujours le ~ dans une BD he's always got his nose buried in a comic; sans lever le ~ de son travail without looking up from his/her work; montrer (le bout de) son ~ to show one's face, to put in an appearance; le voisin/soleil n'a pas montré son ~ de la semaine the man next door/sun hasn't come out all week; fermer/claquer la porte au ~ à qqn to shut/to slam the door in sb's face; au ~ (et à la barbe) *ou* sous le ~ de qqn under sb's nose; tu as le ~ dessus!, il est sous ton ~! it's right under your nose!; le dernier billet m'est passé sous le ~ I just missed the last ticket; se trouver ~ à ~ avec qqn to find o.s. face to face with sb; ce type, je l'ai dans le ~ *fam* that guy gets right up my nose *Br*, I can't stand that guy; ça se voit comme le ~ au milieu de la figure it's as plain as the nose on your face; se manger *ou* se bouffer *fam* le ~ to be at each other's throats; elle ne met jamais le ~ ici she never shows her face in here; je n'ai pas mis le ~ dehors depuis une semaine I haven't put my nose outside the door for a week; mettre *ou* fourrer son ~ dans les affaires de qqn *fam* to poke *ou* to stick one's nose in sb's business; je vais lui mettre le ~ dans son caca▽ *ou* sa merde▼, moi! I'm going to rub his nose right in it!
◆ **à plein nez** *loc adv*: ça sent le fromage à plein ~ there's a strong smell of cheese.

**NF** (*abr de* **Norme française**) *nf* label indicating compliance with official French standards, ≃ BS *Br*, ≃ US standard *Am*.

**ni** [ni] *conj* nor; je ne peux ni ne veux venir I can't come and I don't want to either, I can't come, nor do I want to; il ne veut pas qu'on l'appelle, ni même qu'on lui écrive he doesn't want anyone to phone him or even to write to him; il est sorti sans pull ni écharpe he went out without either his jumper or his scarf; il ne manque pas de charme ni d'aisance he lacks neither charm nor ease of manner.
◆ **ni... ni** *loc corrél* neither... nor; ni lui ni moi neither of us; ni l'un ni l'autre n'est tout à fait innocent neither (one) of them is completely innocent; je ne veux voir ni lui ni elle I don't want to see either of them; ni ici ni ailleurs neither here nor elsewhere; il n'a répondu ni oui ni non he didn't say yes and he didn't say no; il n'est ni plus sot, ni plus paresseux qu'un autre he's no more silly or lazy than the next man; c'était comment? — ni bien ni mal how was it? — OK ❏ ni vu ni connu without anybody noticing.

**niable** [njabl] *adj* deniable; les faits ne sont pas ~s the facts cannot be denied.

**Niagara** [njagara] *npr m*: les chutes du ~ the Niagara falls.

**niais, e** [njɛ, njɛz] ◇ *adj* [sot] simple, simple-minded, inane. ◇ *nm, f sout* simpleton, halfwit; espèce de grand ~! you great nincompoop!

**niaisement** [njɛzmɑ̃] *adv sout* inanely, stupidly, foolishly.

**niaiser** [njeze] *vi Can* to dilly-dally.

**niaiserie** [njezri] *nf* **-1.** [caractère] simpleness, inanity, foolishness. **-2.** [parole] stupid ou inane remark; **cesse de raconter des ~s** stop talking such silly nonsense.

**niaiseux, euse** [njezø, øz] *nm, f Can* idiot.

**Nicaragua** [nikaragwa] *npr m*: **le ~** Nicaragua.

**nicaraguayen, enne** [nikaragwejɛ̃, ɛn] *adj* Nicaraguan.
♦ **Nicaraguayen, enne** *nm, f* Nicaraguan.

**Nice** [nis] *npr* Nice.

**niche** [niʃ] *nf* **-1.** [renfoncement] niche, (small) alcove. **-2.** GÉOG niche, recess. **-3.** [pour chien] kennel. **-4.** *fam* [espièglerie] trick; **faire des ~s à qqn** to play pranks on sb.

**nichée** [niʃe] *nf* **-1.** [d'oiseaux] nest, brood. **-2.** [de chiots, de chatons] litter. **-3.** *fam* [enfants]: **il est arrivé avec toute sa ~** he turned up with all his brood.

**nicher** [3] [niʃe] ◇ *vi* **-1.** [faire son nid] to nest. **-2.** *fam* [habiter] to hang out, to doss *Br*. **-3.** [couver] to brood. ◇ *vt* to nestle.
♦ **se nicher** *vpi* **-1.** [faire son nid] to nest. **-2.** [se blottir] to nestle; **je rêve d'un petit chalet niché dans la montagne** I dream of a little chalet nestling among the mountains. **-3.** [se cacher]: **où l'amour-propre va-t-il se ~?** pride is found in the strangest places!

**nichon**[V] [niʃɔ̃] *nm* tit, boob.

**nickel** [nikɛl] ◇ *nm* nickel. ◇ *adj inv fam*: **c'est ~ chez toi!** your house is so spick-and-span ou spotless!

**nickeler** [24] [nikle] *vt* to plate with nickel, to nickel.

**niçois, e** [niswa, az] *adj* from Nice.
♦ **Niçois, e** *nm, f* inhabitant of or person from Nice.
♦ **à la niçoise** *loc adj* CULIN à la niçoise *(with tomatoes and garlic)*.

**Nicolas** [nikɔla] *npr*: **saint ~** Saint Nicholas; **la Saint-~** Saint Nicholas' Day.

**nicotine** [nikɔtin] *nf* nicotine.

**nid** [ni] *nm* **-1.** [d'oiseau, de guêpes etc] nest. **-2.** *fig* [habitation] (little) nest; **trouver le ~ vide** to find (that) the bird has flown. **-3.** [concentration] nest; **~ de brigands** den of thieves; **un ~ d'espions** a spy hideout, a den of spies; **~ à poussière** dust trap ❏ **un ~ de vipères** a vipers' nest.
♦ **nid d'abeilles** *nm* → **nid-d'abeilles**.
♦ **nid d'aigle** *nm pr* eyrie, eagle's nest; *fig* eyrie.
♦ **nid d'ange** *nm* baby's sleeping bag *Br*, bunting bag *Am*.
♦ **nid d'hirondelle** *nm* CULIN bird's nest.

**nidation** [nidasjɔ̃] *nf* nidation.

**nid-d'abeilles** [nidabɛj] (*pl* **nids-d'abeilles**) *nm* [tissu] honeycomb; [point de broderie] smocking.

**nid-de-pie** [nidpi] (*pl* **nids-de-pie**) *nm* NAUT crow's nest.

**nid-de-poule** [nidpul] (*pl* **nids-de-poule**) *nm* pothole.

**nidification** [nidifikasjɔ̃] *nf* nest building, nidification.

**nidifier** [9] [nidifje] *vi* to nest.

**nièce** [njɛs] *nf* niece.

**nier** [9] [nje] ◇ *vt* **-1.** [démentir] to deny; **il nie l'avoir tuée** he denies that he killed her, he denies killing her; **je nierai tout en bloc** I'll deny it all outright; **cela, on ne peut le ~** that cannot be denied. **-2.** [rejeter, refuser] to deny. ◇ *vi*: **il continue de ~** he continues to deny it.

**nigaud, e** [nigo, od] ◇ *adj* simple, simple-minded, stupid. ◇ *nm, f* simpleton, halfwit; **quel ~!** what an idiot!

**Niger** [niʒɛr] *npr m* **-1.** [fleuve]: **le ~** the River Niger. **-2.** [État]: **le ~** Niger.

**Nigeria** [niʒerja] *npr m*: **le ~** Nigeria.

**nigérian, e** [niʒerjɑ̃, an] *adj* Nigerian.
♦ **Nigérian, e** *nm, f* Nigerian.

**nigérien, enne** [niʒerjɛ̃, ɛn] *adj* Nigerien.
♦ **Nigérien, enne** *nm, f* Nigerien.

**night-club** [najtklœb] (*pl* **night-clubs**) *nm* nightclub.

**nihilisme** [niilism] *nm* nihilism.

**nihiliste** [niilist] ◇ *adj* nihilist, nihilistic. ◇ *nmf* nihilist.

**niions** [nijɔ̃] *v* → **nier**.

**Nil** [nil] *npr m*: **le ~** the Nile.

**nimbe** [nɛ̃b] *nm* **-1.** BX-ARTS & RELIG nimbus, aureole *(round the head)*. **-2.** *litt* halo, nimbus.

**nimber** [3] [nɛ̃be] *vt* **-1.** BX-ARTS & RELIG to aureole, to halo. **-2.** *litt*: **des nuages nimbés d'une lumière argentée** clouds wreathed in silvery light.

**nimbo-stratus** [nɛ̃bɔstratys] *nm inv* nimbostratus.

**n'importe** [nɛ̃pɔrt] *loc adv* **-1.** [indique l'indétermination]: **quel pull mets-tu? — ~** which pullover are you going to wear? — any of them ou I don't mind. **-2.** [introduit une opposition]: **son roman est très discuté, ~, il a du succès** her novel is highly controversial, but all the same, it is successful.
♦ **n'importe comment** *loc adv* **-1.** [sans soin] any old how. **-2.** [de toute façon] anyhow, anyway.
♦ **n'importe lequel, n'importe laquelle** *pron indéf* any; **~ lequel d'entre eux** any (one) of them; **tu veux le rouge ou le vert? — ~ lequel** do you want the red one or the green one? — either ou I don't mind.
♦ **n'importe où** *loc adv* anywhere.
♦ **n'importe quel, n'importe quelle** *adj indéf* any.
♦ **n'importe qui** *pron indéf* anybody, anyone; **ce n'est pas ~ qui!** *fam* she is not just anybody!; **ne parle pas à ~ qui** don't talk to just anybody; **demande à ~ qui dans la rue** ask the first person you meet in the street.
♦ **n'importe quoi** *pron indéf* anything; **il ferait ~ quoi pour obtenir le rôle** he'd do anything ou he would go to any lengths to get the part; **tu dis vraiment ~ quoi!** you're talking absolute nonsense!; **c'est un bon investissement — ~ quoi!** *fam* that's a good investment — don't talk rubbish *esp Br* ou nonsense!

**ninas** [ninas] *nm inv* (French) cigar.

**nippe** [nip] *nf fam* [vêtement]: **je n'ai plus une~ à me mettre** I've got nothing to wear.
♦ **nippes** *nfpl fam* [habits usagés] clobber *Br*, gear; **des (vieilles) ~s** old clothes.

**nipper** [3] [nipe] *vt fam* to rig out *(sép)*, to dress up *(sép)*; **elle est drôlement bien nippée ce soir!** she's dressed to the nines tonight!
♦ **se nipper** *vp fam (emploi réfléchi)* to rig o.s. out.

**nippon, one** ou **onne** [nipɔ̃, ɔn] *adj* Japanese.
♦ **Nippon, one** ou **onne** *nm, f* Japanese; **les Nippons** the Japanese.

**nique** [nik] *nf*: **faire la ~ à qqn** [faire un geste de bravade, de mépris à] to thumb one's nose at sb; [se moquer de] to poke fun ou to gibe at sb.

**niquer** [3] [nike] *vt* **-1.** ▼ [sexuellement] to fuck, to screw. **-2.** ∇ [rouler] to con, to have. **-3.** ∇ [abîmer] to bugger, to knacker.

**nirvana** [nirvana] *nm* Nirvana.

**nitrate** [nitrat] *nm* nitrate.

**nitrifier** [9] [nitrifje] *vt* to nitrify.
♦ **se nitrifier** *vpi* to nitrify.

**nitrique** [nitrik] *adj* nitric.

**nitroglycérine** [nitrɔgliserin] *nf* nitroglycerin, nitroglycerine.

**nival, e, aux** [nival, o] *adj* nival GÉOG.

**niveau, x** [nivo] *nm* **-1.** [hauteur] level; **vérifie les ~x d'eau et d'huile** check the oil and water levels; **fixer les étagères au même ~ que la cheminée** put up the shelves level with ou on the same level as the mantelpiece. **-2.** [étage] level, storey; **un parking à trois ~x** a car park on three levels. **-3.** [degré] level; **la production atteint son plus haut ~** production is reaching its peak; **la natalité n'est jamais tombée à un ~ aussi bas** the birth rate is at an all-time low ou out at its lowest level ever; **la décision a été prise au plus haut ~** the decision was made at the highest level ❏ **~ social** social level; **~ de langue** LING register. **-4.** [étape] level, stage. **-5.** [qualité] level, standard; **son ~ scolaire est-il bon?** is she doing well at school?; **j'ai un bon ~/un ~ moyen en russe** I'm good/average at Russian; **les élèves sont tous du même ~** the pupils are all on a par ou on the same level; **vous n'avez pas le ~ requis** you don't have the required standard; **la recherche de haut ~** high-level research ❏ **~ de vie** standard of living. **-6.** GÉOG level; **~ de la mer** sea level. **-7.** MIN level, drift; [galerie] gallery, flat slope. **-8.** PÉTR level. **-9.** PHYS level; **~ (d'énergie)** energy level. **-10.** TÉLÉC: **~ d'un signal** signal level. **-11.** [instrument] level (tube); **~ à bulle (d'air)** spirit level; **~ d'eau** water level.
♦ **au niveau** *loc adj* up to standard, of the required level; **dans deux mois, vous serez au ~** in two months' time you'll have caught up.
♦ **au niveau de** *loc prép* **-1.** [dans l'espace]: **au ~ de la mer** at sea level; **l'eau lui arrivait au ~ du genou** the water came

up to his knees; je ressens une douleur au ~ de la hanche I've got a pain in my hip; au ~ du carrefour vous tournez à droite when you come to the crossroads, turn right; j'habite à peu près au ~ de l'église I live by the church. **-2.** [dans une hiérarchie] on a par with, at the level of; ce problème sera traité au ~ du syndicat this problem will be dealt with at union level.

◆ **de niveau** loc adj level; les deux terrains ne sont pas de ~ the two plots of land are not level (with each other); la terrasse est de ~ avec le salon the terrace is (on a) level with OU on the same level as the lounge.

**nivelage** [nivlaʒ] nm equalizing, levelling (out); ~ par le bas levelling down.

**niveler** [24] [nivle] vt **-1.** [aplanir] to level (off) (sép); nivelé par l'érosion worn (away) by erosion. **-2.** fig [égaliser] to level (off) (sép); ~ par le bas OU au plus bas to level down; ~ par le haut OU au plus haut to level up. **-3.** TECH to (measure with a spirit) level.

**niveleur, euse** [nivlœr, øz] nm, f leveller.
◆ **niveleuse** nf grader, motorgrader.

**nivelle** [nivɛl] v→ **niveler**.

**nivellement** [nivɛlmɑ̃] nm **-1.** [aplanissement] evening out, levelling (out OU off). **-2.** GÉOG (erosion) denudation. **-3.** fig [égalisation] equalizing, levelling; le ~ des revenus income redistribution. **-4.** GÉOL levelling.

**nivellerai** [nivɛlre] v→ **niveler**.

**nivôse** [nivoz] nm 4th month in the French Revolutionary calendar (from Dec 21 to Jan 20).

**NN** (abr écrite de **nouvelle norme**) revised standard of hotel classification.

**N-O** (abr écrite de **Nord-Ouest**) NW.

**Nobel** [nɔbɛl] npr m: le ~ de la paix the Nobel peace prize-winner.

**noble** [nɔbl] ◇ adj **-1.** [de haute naissance] noble; avoir du sang ~ to be of noble blood. **-2.** fig noble; un geste ~ a noble deed. **-3.** ŒNOL noble, of noble vintage. **-4.** MÉTALL & PHYS noble. ◇ nmf noble, nobleman (f noblewoman); les ~s the nobility. ◇ nm HIST noble (coin).

**noblement** [nɔbləmɑ̃] adv nobly.

**noblesse** [nɔblɛs] nf **-1.** [condition sociale] nobleness, nobility; ~ de robe OU d'office HIST nobility acquired after having fulfilled specific judicatory duties; ~ d'épée old nobility; ~ terrienne landed gentry; la haute ~ the nobility; la petite ~ the gentry; ~ oblige (it's a case of) noblesse oblige. **-2.** [générosité] nobleness, nobility; par ~ de cœur/d'esprit through the nobleness of his heart/spirit. **-3.** [majesté] nobleness, majesty, grandness.

**noce** [nɔs] nf **-1.** [fête] wedding; être de la OU invité à la ~ to be invited to the wedding; '~s et banquets' 'weddings and all special occasions (catered for)' ❑ elle n'avait jamais été à pareille ~ fam she had the time of her life; il n'était pas à la ~ fam he felt far from comfortable; faire la ~ fam to live it up. **-2.** [ensemble des invités]: regarder passer la ~ to watch the wedding procession go by.
◆ **noces** nfpl wedding; le jour des ~s the wedding day; elle l'a épousée en troisièmes ~s he was her third husband ❑ ~s d'argent/de diamant/d'or silver/diamond/golden wedding (anniversary); les ~s de Cana BIBLE the marriage at Cana.
◆ **de noces** loc adj wedding (modif).

**noceur, euse** [nɔsœr, øz] nm, f fam reveller, partyer Am.

**nocher** [nɔʃe] nm litt: le ~ des Enfers Charon the Ferryman.

**nocif, ive** [nɔsif, iv] adj noxious, harmful.

**nocivité** [nɔsivite] nf noxiousness, harmfulness.

**noctambule** [nɔktɑ̃byl] nmf night owl.

**noctambulisme** [nɔktɑ̃bylism] nm night life.

**nocturne** [nɔktyrn] ◇ adj **-1.** [gén] nocturnal, night (modif). **-2.** BOT & ZOOL nocturnal. **-3.** OPT scotopic. ◇ nm **-1.** MUS nocturne. **-2.** RELIG nocturn. ◇ nf **-1.** SPORT evening fixture Br OU meet Am. **-2.** COMM late-night closing; ~ le mardi late-night opening: Tuesday.

**nodosité** [nɔdozite] nf BOT & MÉD nodosity.

**nodule** [nɔdyl] nm **-1.** MÉD nodule, node. **-2.** GÉOL nodule.

**Noé** [nɔe] npr Noah.

**noël** [nɔɛl] nm **-1.** [chanson] (Christmas) carol. **-2.** fam [ca-

deau]: (petit) ~ Christmas present.

**Noël** [nɔɛl] ◇ nm **-1.** [fête] Christmas; joyeux ~! Merry Christmas!; la veille de ~ Christmas Eve; le lendemain de ~ Boxing Day Br, the day after Christmas Am. **-2.** [période] Christmas time; passer ~ en famille to spend Christmas with the family. ◇ nf: la ~ [fête] Christmas; [période] Christmas time.

**nœud** [nø] nm **-1.** [lien] knot; faire un ~ to tie OU to make a knot; faire un ~ à ses lacets to do up OU to tie (up) one's shoelaces; fais un ~ à ton mouchoir tie a knot in your handkerchief; tu as des ~s dans les cheveux your hair is (all) tangled ❑ ~ coulant slipknot, running knot; faire un ~ coulant à une corde to make a noose in a rope; ~ plat reef knot; couper OU trancher le ~ gordien to cut the Gordian knot. **-2.** [étoffe nouée] bow; porter un ~ noir dans les cheveux to wear a black bow OU ribbon in one's hair ❑ ~ papillon OU pap fam bow tie. **-3.** NAUT [vitesse] knot. **-4.** [point crucial] crux; le ~ du problème the crux OU heart of the problem. **-5.** ANAT node. **-6.** BOT [bifurcation] node; [dans le bois] knot. **-7.** INF, LING, MATH & PHYS node. **-8.** TRAV PUBL: ~ ferroviaire rail junction; ~ routier interchange. **-9.** ▼ [verge] dick.
◆ **nœud de vipères** nm pr & fig nest of vipers.

**noie** [nwa], **noierai** [nware] v→ **noyer**.

**noir, e** [nwar] adj **-1.** [gén] black; elle est revenue ~e d'Italie [bronzée] she was really brown when she came back from Italy ❑ ~ comme de l'ébène jet-black, ebony; ~ comme un corbeau OU du charbon (as) black as soot, pitch black; ~ de jais jet-black; ~ de: ~ de suie pr black with soot; ~ de monde fig teeming with people. **-2.** [sale] black, dirty, grimy. **-3.** [obscur] black, dark; un ciel ~ a dark OU leaden sky; dans les rues ~es in the pitch-black OU pitch-dark streets. **-4.** [maléfique] black; il m'a regardé d'un œil ~ he gave me a black look; de ~s desseins dark intentions. **-5.** [pessimiste] black, gloomy, sombre. **-6.** [extrême]: saisi d'une colère ~e livid with rage; être dans une misère ~e to live in abject poverty. **-7.** ANTHR black; le problème ~ aux États-Unis the race problem in the United States. **-8.** [illégal]: travail ~ moonlighting. **-9.** ▽ [ivre] plastered, blind-drunk. **-10.** GÉOG: la mer Noire the Black Sea.
◆ **Noir, e** nm, f Black, Black man (f woman); les Noirs (the) Blacks.
◆ **noir** nm **-1.** [couleur] black; se mettre du ~ aux yeux to put on eyeliner; le ~ et blanc CIN & PHOT black and white photography; TV black and white transmissions ❑ ~ de carbone OU fumée carbon black. **-2.** [saleté] dirt, grime; tu as du ~ sur la joue you've got a black mark on your face. **-3.** [obscurité] darkness; dans le ~ in the dark, in darkness; avoir peur dans le ~ to be afraid OU scared of the dark; être dans le ~ le plus complet fig to be totally in the dark. **-4.** JEUX black. **-5.** fam [café] (black) coffee. **-6.** AGR smut. **-7.** MÉTALL facing, blacking. ◇ adv dark; il fait ~ de bonne heure it's getting dark early ❑ il fait ~ comme dans un four OU tunnel ici it's pitch-dark OU pitch-black in here.
◆ **noire** nf MUS crotchet Br, quarter note Am.
◆ **au noir** ◇ loc adv: travail au ~ moonlighting. ◇ loc adv [illégalement]: je l'ai eu au ~ I got it on the black market; travailler au ~ to moonlight.
◆ **en noir** loc adv **-1.** [colorié, teint] black; habillé en ~ dressed in black, wearing black. **-2.** fig: voir tout en ~ to look on the dark side of things.

**noirâtre** [nwaratr] adj blackish.

**noiraud, e** [nwaro, od] ◇ adj dark, dark-skinned, swarthy. ◇ nm, f dark OU swarthy person.

**noirceur** [nwarsœr] nf **-1.** [couleur noire] blackness, darkness. **-2.** litt [d'un acte, d'un dessein] blackness, wickedness. **-3.** litt [acte] black OU evil OU wicked deed.

**noircir** [32] [nwarsir] ◇ vt **-1.** [rendre noir] to blacken; noirci par le charbon blackened with coal ❑ ~ du papier fam to write pages and pages OU page after page. **-2.** [dramatiser]: ~ la situation to make the situation out to be darker OU blacker than it is. **-3.** sout [dénigrer]: ~ la réputation de qqn to blacken sb's reputation. ◇ vi to go black, to darken; le ciel noircit à l'horizon the sky is darkening on the horizon.
◆ **se noircir** ◇ vp (emploi réfléchi) sout [se dénigrer] to denigrate o.s. ◇ vpt [se grimer]: se ~ le visage to blacken one's face. ◇ vpi **-1.** [s'assombrir] to darken; notre avenir se noircit our

future is looking blacker. **-2.** ▽ [s'enivrer] to get plastered ou blind drunk.

**noircissement** [nwarsismɑ̃] *nm* blackening, darkening.

**noircissure** [nwarsisyr] *nf* black mark ou smudge ou stain.

**noise** [nwaz] *nf*: chercher ~ ou des ~s à qqn to try to pick a quarrel with sb.

**noisetier** [nwaztje] *nm* hazel, hazelnut tree.

**noisette** [nwazɛt] ◇ *nf* **-1.** BOT hazelnut. **-2.** [petite portion]: une ~ de pommade a small dab of ointment; une ~ de beurre a knob of butter. ◇ *adj inv* hazel *(modif)*.

**noix** [nwa] *nf* **-1.** BOT walnut; ~ de cajou cashew (nut); ~ de coco coconut; ~ (de) muscade nutmeg. **-2.** CULIN: ~ de veau cushion of veal, noix de veau. **-3.** [petite quantité]: une ~ de beurre a knob of butter. **-4.** *fam* [imbécile] nut; quelle ~, ce type! he's such a nitwit! ‖ [camarade]: salut, vieille ~! hi, old chap *Br* ou buddy!
◆ **à la noix (de coco)** *loc adj fam* lousy, crummy.

**nom** [nɔ̃] *nm* **-1.** [patronyme] name; [prénom] (Christian ou first) name; elle porte le ~ de sa mère [prénom] she was named after her mother; [patronyme] she has ou uses her mother's surname; Larousse, c'est un ~ que tout le monde connaît Larousse is a household name; quelqu'un du ~ de ou qui a pour ~ Kregg vous demande someone called Kregg ou someone by the name of Kregg is asking for you; je n'arrive pas à mettre un ~ sur son visage I can't put a name to her (face); je la connais de ~ I (only) know her by name; j'écris sous le ~ de Kim Lewis I write under the name of Kim Lewis; en son/mon/ton ~ in his/my/your name, on his/my/your behalf; parle-lui en mon ~ speak to her on my behalf ou for me ❑ ~ à particule ou à rallonges *fam* ou à tiroirs *fam* ou à courants d'air *fam* aristocratic surname, ≃ double-barrelled name; un ~ à coucher dehors an unpronounceable name; ~ de baptême, petit ~ *fam* Christian ou first name, given name *Am*; ~ d'emprunt assumed name; ~ de famille surname; ~ de jeune fille maiden name; ~ de guerre nom de guerre, alias; traiter ou appeler qqn de tous les ~s d'oiseaux to call sb all the names under the sun; ~ patronymique patronymic (name); ~ de plume nom de plume, pen name; ~ de scène stage name; sous un faux ~ under a false ou an assumed name; se faire un ~ to make a name for o.s. **-2.** [appellation – d'une rue, d'un animal, d'un objet, d'une fonction] name; comme son ~ l'indique as its name indicates; cet arbre porte le ~ de peuplier this tree is called a poplar; il n'est roi que de ~ he is king in name only; d'empereur, il ne lui manquait que le ~ he was emperor in all but name; cruauté/douleur sans ~ unspeakable cruelty/pain; une censure qui ne dit pas son ~ hidden ou disguised censorship; c'est du racisme qui n'ose pas dire son ~ it's racism by any other name ❑ ~ scientifique/vulgaire d'une plante scientific/common name of a plant; ~ commercial trade name; ~ déposé trademark; appeler ou nommer les choses par leur ~ to call things by their names, to call a spade a spade. **-3.** GRAMM & LING noun; ~ commun common noun; ~ composé compound (noun); ~ propre proper noun ou name. **-4.** *loc*: ~ de Dieu, les voilà! ▽ bloody hell *esp Br* ou goddam *Am*, here they come!; je t'avais pourtant dit de ne pas y toucher, ~ de Dieu! ▽ for Christ's sake, I did tell you not to touch it!; mais ~ de ~, qu'est-ce que tu as dans la tête! *fam* for goodness' sake, birdbrain!; ~ d'un chien ou d'une pipe ou de Zeus ou d'un petit bonhomme! *fam* good heavens!
◆ **au nom de** *loc prép* in the name of; au ~ de la loi, je vous arrête I arrest you in the name of the law; au ~ de notre longue amitié for the sake of our long friendship; au ~ de toute l'équipe on behalf of the whole team; au ~ du ciel! in heaven's name!

**nomade** [nɔmad] ◇ *adj* **-1.** [peuple] nomad, nomadic. **-2.** ZOOL migratory. ◇ *nmf* nomad. ◇ *nf* ENTOM Nomada.

**nomadisme** [nɔmadism] *nm* nomadism.

**no man's land** [nomanslɑd] *nm inv* MIL & *fig* no-man's-land.

**nombrable** [nɔ̃brabl] *adj* countable, numerable.

**nombre** [nɔ̃br] *nm* **-1.** MATH [gén] number; [de 0 à 9] figure; un ~ de trois chiffres a three-digit ou three-figure number ❑ ~ entier whole number, integer; ~ premier prime (number); ~s naturels natural numbers; ~s parfaits perfect numbers; ~s rationnels rational numbers; ~s réels real numbers. **-2.** [quantité] number; inférieur/supérieur en ~ inferior/superior in number ou numbers; nous ne sommes pas en ~ suffisant there aren't enough of us; les exemplaires sont en ~ limité there's a limited number of copies; un ~ de a number of; je te l'ai déjà dit (un) bon ~ de fois I've already told you several times; un grand ~ de a lot of, a great number of, a great many; le plus grand ~ d'entre eux a accepté the majority of them accepted; un certain ~ de a (certain) number of. **-3.** [masse] numbers; vaincre par le ~ to win by sheer weight ou force of numbers; dans le ~, il y en aura bien un pour te raccompagner there's bound to be one of them who will take you home ❑ tu subiras la loi du ~ you'll be overwhelmed by sheer weight of numbers; tous ceux-là n'ont été invités que pour faire ~ those people over there have just been invited to make up the numbers. **-4.** ASTRON & PHYS number; ~ d'or golden section ou mean. **-5.** GRAMM number.
◆ **Nombres** *nmpl* BIBLE: le livre des Nombres (the Book of) Numbers.
◆ **au nombre de** *loc prép*: les invités sont au ~ de cent there are a hundred guests; tu peux me compter au ~ des participants you can count me among the participants, you can count me in.
◆ **du nombre de** *loc prép* amongst; étiez-vous du ~ des invités? were you amongst ou one of those invited?
◆ **sans nombre** *loc adj* countless, innumerable.

**nombrer** [3] [nɔ̃bre] *vt litt* to count (up) *(sép)*, to enumerate.

**nombreux, euse** [nɔ̃brø, øz] *adj* **-1.** [comportant beaucoup d'éléments]: une foule nombreuse a large ou huge crowd; avoir une nombreuse descendance to have many descendants. **-2.** [en grand nombre] many, numerous; avoir de ~ clients to have a great number of ou many ou numerous customers; les étudiants sont plus ~ qu'avant there are more students than before; les fumeurs sont de moins en moins ~ there are fewer and fewer smokers, the number of smokers is decreasing; nous espérons que vous viendrez ~ we hope that a large number of you will come.

**nombril** [nɔ̃bril] *nm* **-1.** ANAT navel. **-2.** *fam loc*: il se prend pour le ~ du monde he thinks he's the centre of the universe; il aime bien se contempler ou se regarder le ~ he's really self-centred.

**nombrilisme** [nɔ̃brilism] *nm* navel-gazing *hum*, self-centredness.

**nomenclature** [nɔmɑ̃klatyr] *nf* **-1.** [ensemble de termes] nomenclature. **-2.** [liste – gén] list; [– d'un dictionnaire] word list; [– de soins] itemization of medical expenses *(with a view to obtaining reimbursement from the Health Service)*.

**nomenklatura** [nɔmɑ̃klatura] *nf* **-1.** POL nomenklatura. **-2.** [élite] elite; faire partie de la ~ to be part of the Establishment.

**nominal, e, aux** [nɔminal, o] *adj* **-1.** [sans vrai pouvoir] nominal; j'assume les fonctions purement ~es de recteur I'm the rector in title only. **-2.** [par le nom] of names, nominal; appel ~ roll call; citation ~e mention by name. **-3.** GRAMM nominal; [en grammaire transformationnelle] noun *(modif)*. **-4.** BOURSE, ÉCON & FIN: salaire ~ nominal wage ou salary; valeur ~e face ou nominal value. **-5.** INDUST rated. **-6.** ASTRONAUT nominal.

**nominalement** [nɔminalmɑ̃] *adv* **-1.** [sans vrai pouvoir] nominally, formally. **-2.** [par le nom]: être désigné ~ to be mentioned by name. **-3.** GRAMM: un adverbe employé ~ the substantive ou nominal use of an adverb.

**nominalisation** [nɔminalizasjɔ̃] *nf* nominalization.

**nominaliser** [3] [nɔminalize] *vt* to nominalize.

**nominatif, ive** [nɔminatif, iv] *adj* **-1.** [contenant les noms – liste] nominative. **-2.** BOURSE: titre ~ inscribed stock. **-3.** [ticket, carte] non-transferable.
◆ **nominatif** *nm* GRAMM nominative (case).

**nomination** [nɔminasjɔ̃] *nf* **-1.** [à un poste] appointment, nomination; elle a obtenu ou reçu sa ~ au poste de directrice she was appointed (to the post of) manager. **-2.** [pour un prix, une récompense] nomination. **-3.** LING & PHILOS naming.

**nominativement** [nɔminativmɑ̃] *adv* by name.

**nominer** [3] [nɔmine] *vt* to nominate.

**nommé, e** [nɔme] ◇ *adj* [appelé] named. ◇ *nm, f*: le ~ Georges Aland est accusé de... Georges Aland is accused of...; Prudence, la bien ~e the aptly named Prudence.

◆ **à point nommé** *loc adv* [au bon moment] (just) at the right moment ou time; [au moment prévu] at the appointed time.

**nommément** [nɔmemã] *adv* **-1.** [par le nom – citer, féliciter] by name; **il est ~ mis en cause** he, in particular, is implicated; **les trois candidats, ~ Francis, Anne et Robert** the three candidates, namely Francis, Anne and Robert. **-2.** [spécialement] especially, notably, in particular.

**nommer** [3] [nɔme] *vt* **-1.** [citer] to name, to list; **ceux qui sont responsables, pour ne pas les ~, devront payer** those who are responsible and who shall remain nameless, will have to pay; **c'est la faute de Nina, pour ne pas la ~** *iron* without mentioning any names, it's Nina's fault. **-2.** [prénommer] to name, to call; [dénommer] to name, to call, to term. **-3.** [désigner à une fonction] to appoint; **~ qqn son héritier** to appoint sb as one's heir; **être nommé à Paris** to be appointed to a post in Paris.
◆ **se nommer** ◇ *vp (emploi réfléchi)* [se présenter] to introduce o.s. ◇ *vpi* to be called ou named; **comment se nomme-t-il?** what's his name?, what's he called?

**non** [nɔ̃] ◇ *adv* **-1.** [en réponse négative]: **veux-tu venir? — ~ do you want to come? — no!; ~ merci!** no, thank you!; **mais ~!** no!, absolutely not!; **mais ~, voyons!** no, of course not!; **oh que ~!** definitely not!, certainly not!; **ah ça ~!** definitely not!; **ah ~ alors!** not!; **~, ~ et ~!** no, no and no again! **-2.** [pour annoncer ou renforcer la négation] no; **~, je ne veux pas y aller** no, I don't want to go there. **-3.** [dans un tour elliptique]: **il part demain, moi ~** he's leaving tomorrow, I'm not; **que tu le veuilles ou ~** whether you like it or not. **-4.** [comme complément du verbe]: **il me semble que ~** I think not, I don't think so; **il m'a demandé si c'était possible, je lui ai dit que ~** he asked me if it was possible, I told him it wasn't; **il a fait signe que ~** [de la main] he made a gesture of refusal; [de la tête] he shook his head; **il paraît que ~** it would seem not, apparently not. **-5.** [en corrélation avec 'pas']: **~ pas** not; **il l'a fait par gentillesse et ~ (pas) par intérêt** he did it out of kindness and not out of self-interest. **-6.** [n'est-ce pas]: **il devait prendre une semaine de vacances, ~?** he was supposed to have a week's holiday, wasn't he?; **c'est anormal, ~?** that's not normal, is it?; **j'ai le droit de dire ce que je pense, ~?** I am entitled to say what I think, am I not? ou aren't I? **-7.** [emploi expressif]: **~! pas possible!** no ou never! I don't believe it!; **~ mais (des fois)!** honestly!, I ask you!; **~ mais celui-là, pour qui il se prend?** who on earth does he think he is? **-8.** [devant un nom, un adjectif, un participe]: **la ~-observation du règlement** failure to comply with the regulations; **un bagage ~ réclamé** an unclaimed piece of luggage; **il a bénéficié d'une aide ~ négligeable** he received not insubstantial help.
◇ *nm inv* **-1.** [réponse] no; **les ~ de la majorité** the noes of the majority. **-2.** INF & MATH not.
◆ **non (pas) que** *loc conj sout* not that; **~ (pas) que je m'en méfie, mais...** it's not that I don't trust him, but...

**non-** [devant consonne nɔ̃, devant voyelle et h muet nɔn] *préf* non-.

**non-activité** [nɔnaktivite] *nf* MIL inactivity; **être en ~** to be temporarily off duty.

**nonagénaire** [nɔnaʒenɛr] *adj & nmf* nonagenarian, ninety-year-old.

**non-agression** [nɔnagresjɔ̃] *nf* nonaggression.

**non-aligné, e** [nɔnaliɲe] ◇ *adj* nonaligned. ◇ *nm, f* nonaligned country.

**non-alignement** [nɔnaliɲmã] *nm* nonalignment.

**nonantaine** [nɔnãtɛn] *nf* Belg about ninety; **elle a la ~** she's about ninety.

**nonante** [nɔnãt] *dét dial* ninety; *voir aussi* **cinquante.**

**nonantième** [nɔnãtjɛm] *adj num & nmf dial* ninetieth; *voir aussi* **cinquième.**

**non-assistance** [nɔnasistãs] *nf*: **~ à personne en danger** failure to assist a person in danger.

**non-belligérance** [nɔ̃beliʒerãs] *nf* nonbelligerency.

**non-belligérant, e** [nɔ̃beliʒerã, ãt] *adj & nm, f* nonbelligerent.

**nonce** [nɔ̃s] *nm* nuncio.

**nonchalamment** [nɔ̃ʃalamã] *adv* nonchalantly, casually.

**nonchalance** [nɔ̃ʃalãs] *nf* [indifférence, insouciance] nonchalance; [lenteur] listlessness.

**nonchalant, e** [nɔ̃ʃalã, ãt] *adj* [insouciant] nonchalant; [lent] listless.

**non-combattant, e** [nɔ̃kɔ̃batã, ãt] *adj & nm, f* noncombatant.

**non-comparution** [nɔ̃kɔ̃parysjɔ̃] *nf* nonappearance ou defaulting (in court).

**non-comptable** [nɔ̃kɔ̃tabl] ◇ *adj* uncountable. ◇ *nm* mass noun.

**non-concurrence** [nɔ̃kɔ̃kyrãs] *nf* JUR: **clause de ~** restraint of trade clause.

**non-conformisme** [nɔ̃kɔ̃fɔrmism] *nm* **-1.** [originalité] nonconformism. **-2.** RELIG Nonconformism.

**non-conformiste** [nɔ̃kɔ̃fɔrmist] *adj & nmf* **-1.** [original] nonconformist. **-2.** RELIG Nonconformist.

**non-conformité** [nɔ̃kɔ̃fɔrmite] *nf* nonconformity.

**non-croyant, e** [nɔ̃krwajã, ãt] ◇ *adj* unbelieving. ◇ *nm, f* unbeliever.

**non-directif, ive** [nɔ̃dirɛktif, iv] *adj* nondirective.

**non-discrimination** [nɔ̃diskriminasjɔ̃] *nf* nondiscrimination.

**non-dit** [nɔ̃di] *nm*: **le ~** the unsaid.

**non-engagé, e** [nɔnãgaʒe] ◇ *adj* [personne] neutral; [nation] nonaligned. ◇ *nm, f* [personne] neutral person; [nation] nonaligned country.

**non-engagement** [nɔnãgaʒmã] *nm* [d'une personne] neutrality, noncommitment; [d'une nation] nonalignment.

**non-être** [nɔnɛtr] *nm inv* nonbeing.

**non-exécution** [nɔnɛgzekysjɔ̃] *nf* nonfulfilment.

**non-existence** [nɔnɛgzistãs] *nf* nonexistence.

**non-figuratif, ive** [nɔ̃figyratif, iv] ◇ *adj* nonfigurative. ◇ *nm, f* nonfigurative artist, abstractionist.

**non-fumeur, euse** [nɔ̃fymœr, øz] *nm, f* nonsmoker; **compartiment ~s** nonsmoking ou no smoking compartment.

**non-ingérence** [nɔnɛ̃ʒerãs] *nf* [par une personne] noninterference; [par une nation] noninterference, nonintervention.

**non-initié, e** [nɔninisje] ◇ *adj* uninitiated; **ce texte sera difficile pour le lecteur ~** this text will be difficult for the lay reader. ◇ *nm, f*: **pour les ~s** for the uninitiated.

**non-inscrit, e** [nɔnɛ̃skri, it] ◇ *adj* independent, nonparty. ◇ *nm, f* independent member of Parliament.

**non-intervention** [nɔnɛ̃tervɑ̃sjɔ̃] *nf* nonintervention.

**non-jouissance** [nɔ̃ʒwisãs] *nf* nonenjoyment JUR.

**non-lieu** [nɔ̃ljø] (*pl* **non-lieux**) *nm*: (**ordonnance de) ~** no case to answer, no grounds for prosecution; **il a bénéficié d'un ~** charges against him were dismissed.

**nonne** [nɔn] *nf* vieilli nun.

**nonnette** [nɔnɛt] *nf* CULIN iced gingerbread (biscuit).

**nonobstant** [nɔnɔpstã] *prép* JUR ou hum notwithstanding, despite; **ce ~** this notwithstanding.

**non-paiement** [nɔ̃pɛmã] *nm* nonpayment, failure to pay.

**non-polluant, e** [nɔ̃pɔlɥã, ãt] *adj* nonpolluting.

**non-prolifération** [nɔ̃prɔliferasjɔ̃] *nf* nonproliferation.

**non-recevoir** [nɔ̃rəsəvwar] *nm inv* → **fin.**

**non-représentation** [nɔ̃rəprezãtasjɔ̃] *nf*: **~ d'enfant** nonrestitution of a child (to its custodian), noncompliance with a custodianship order.

**non-résident, e** [nɔ̃rezidã] *nm, f* foreign national, nonresident.

**non-respect** [nɔ̃rɛspɛ] *nm* failure to respect; **le ~ de la loi** failure to respect the law.

**non-retour** [nɔ̃rətur] *nm inv*: **point de ~** point of no return.

**non-salarié, e** [nɔ̃salarje] *nm, f* self-employed person.

**non-sens** [nɔ̃sãs] *nm inv* **-1.** [absurdité] nonsense. **-2.** LING meaningless word or phrase (in a translation).

**non-spécialiste** [nɔ̃spesjalist] ◇ *adj* nonspecialized. ◇ *nmf* nonspecialist.

**non-stop** [nɔnstɔp] ◇ *adj inv* nonstop. ◇ *nf inv* SPORT pre-race downhill run.

**non-syndiqué, e** [nɔ̃sɛ̃dike] ◇ *adj* nonunion, nonunionized. ◇ *nm, f* nonunion ou nonunionized worker.

**non-titulaire** [nɔ̃tityler] *nmf* nontenured member of staff.

**non-valeur** [nɔ̃valœr] *nf* **-1.** péj [chose] valueless thing; [personne] nonentity. **-2.** JUR improductive asset. **-3.** FIN [créance] bad debt.

**non-viable** [nɔ̃vjabl] *adj* **-1.** MÉD nonviable. **-2.** *fig* unfeasible.

**non-violence** [nɔ̃vjɔlɑ̃s] *nf* nonviolence.

**non-violent, e** [nɔ̃vjɔlɑ̃, ɑ̃t] ◇ *adj* nonviolent. ◇ *nm, f* supporter of nonviolence.

**non-voyant, e** [nɔ̃vwajɑ̃, ɑ̃t] *nm, f* visually handicapped person.

**nord** [nɔr] ◇ *nm inv* **-1.** [point cardinal] north; le vent vient du ~ it's a north OU northerly wind, the wind is coming from the north; nous allons vers le ~ we're heading north OU northwards; la cuisine est en plein ~ OU exposée au ~ the kitchen faces due north ❑ ~ géographique true OU geographic north; ~ magnétique magnetic north. **-2.** [partie d'un pays, d'un continent] north; le ~ de l'Italie northern Italy, the north of Italy; elle habite dans le ~ she lives in the north; les gens du ~ (the) Northerners. ◇ *adj inv* [septentrional] north *(modif)*, northern.

◆ **Nord** ◇ *adj inv* North. ◇ *nm*: le Nord the North; ADMIN (the département of) the Nord; le grand Nord the Far North; la mer du Nord the North Sea.

◆ **au nord de** *loc prép* (to the) north of.

◆ **du nord** *loc adj* north *(modif)*.

**nord-africain, e** [nɔrafrikɛ̃, ɛn] *(mpl* **nord-africains,** *fpl* **nord-africaines)** *adj* North African.

◆ **Nord-Africain, e** *nm, f* North African.

**nord-américain, e** [nɔramerikɛ̃, ɛn] *(mpl* **nord-américains,** *fpl* **nord-américaines)** *adj* North American.

◆ **Nord-Américain, e** *nm, f* North American.

**nord-coréen, enne** [nɔrkɔreɛ̃, ɛn] *(mpl* **nord-coréens,** *fpl* **nord-coréennes)** *adj* North Korean.

◆ **Nord-Coréen, enne** *nm, f* North Korean.

**nord-est** [nɔrɛst] *nm inv & adj inv* northeast.

**nordique** [nɔrdik] *adj* [pays, peuple] Nordic; [langue] Nordic, Scandinavian.

◆ **Nordique** *nmf* Nordic.

**nordiste** [nɔrdist] *adj* **-1.** [en France] from the Nord department. **-2.** [aux États-Unis] HIST Northern, Yankee *(modif)*.

◆ **Nordiste** *nmf* **-1.** [en France] *inhabitant of or person from the Nord department.* **-2.** [aux États-Unis] HIST Northerner, Yankee.

**nord-ouest** [nɔrwɛst] *nm inv & adj inv* northwest.

**nord-vietnamien, enne** [nɔrvjɛtnamjɛ̃, ɛn] *(mpl* **nord-vietnamiens,** *fpl* **nord-vietnamiennes)** *adj* North Vietnamese.

◆ **Nord-Vietnamien, enne** *nm, f* North Vietnamese.

**normal, e, aux** [nɔrmal, o] *adj* **-1.** [ordinaire – vie, personne] normal; [– taille] normal, standard; [– accouchement, procédure] normal, straightforward; la situation est redevenue ~e the situation is back to normal; ce n'est pas ~: la lampe ne s'allume pas, ce n'est pas ~ the light isn't coming on, there's something wrong (with it); il n'est pas rentré, ce n'est pas ~ he's not back yet, something must have happened (to him). **-2.** [habituel] normal, usual; elle n'était pas dans son état ~ she wasn't her normal self; en temps ~ in normal circumstances, normally. **-3.** [compréhensible] normal, natural; mais c'est bien ~, voyons it's only natural, don't worry about it. **-4.** *fam* [mentalement] normal; elle n'est pas très ~e, celle-là! she's not quite normal!

◆ **normale** *nf* **-1.** [situation] normal (situation); un retour à la ~e a return to normal. **-2.** GÉOM normal. **-3.** MÉTÉO normal; température au-dessous de la ~e (saisonnière) temperature below the (seasonal) average. **-4.** [moyenne] average; intelligence supérieure à la ~e above average intelligence. **-5.** ENS: Normale (Sup) *grande école for training teachers.*

**normalement** [nɔrmalmɑ̃] *adv* **-1.** [de façon ordinaire] normally; il est ~ constitué he's of normal constitution; *euph* he's (a man of) flesh and blood. **-2.** [sauf changement] if all goes well. **-3.** [habituellement] normally, usually, generally.

**normalien, enne** [nɔrmaljɛ̃, ɛn] *nm, f* **-1.** [de l'École normale] student at an École normale; [ancien de l'École normale] graduate of an École normale. **-2.** [de l'École normale supérieure] student at the École Normale Supérieure; [ancien de l'École normale supérieure] graduate of the École Normale Supérieure.

**normalisateur, trice** [nɔrmalizatœr, tris] ◇ *adj* standardiz-

ing. ◇ *nm, f* standardizer.

**normalisation** [nɔrmalizasjɔ̃] *nf* **-1.** [d'un produit] standardization. **-2.** [d'une situation] normalization.

**normalisé, e** [nɔrmalize] *adj* standardized.

**normaliser** [3] [nɔrmalize] *vt* **-1.** [produit] to standardize. **-2.** [rapport, situation] to normalize.

**normalité** [nɔrmalite] *nf* normality, normalcy *Am*.

**normand, e** [nɔrmɑ̃, ɑ̃d] *adj* **-1.** [de Normandie] Normandy *(modif)*; je suis ~ I'm from Normandy. **-2.** HIST Norman. **-3.** LING Norman French. **-4.** [viking] Norse.

◆ **Normand, e** *nm, f* **-1.** [en France] Norman. **-2.** [Viking] Norseman (*f* Norsewoman); les Normands the Norse.

◆ **à la normande** *loc adj* CULIN à la Normande (*with cream and apples or cider*).

**Normandie** [nɔrmɑ̃di] *npr f*: (la) ~ Normandy.

**normatif, ive** [nɔrmatif, iv] *adj* normative.

**norme** [nɔrm] *nf* **-1.** INDUST norm, standard; produit conforme aux ~s de fabrication product conforming to manufacturing standards ❑ ~ française (homologuée) French standard (of manufacturing), ≃ British Standard *Br*, ≃ US Standard *Am*. **-2.** [règle]: rester dans la ~ to keep within the norm. **-3.** LING: la ~ the norm. **-4.** MATH norm.

**normé, e** [nɔrme] *adj* normed.

**Norvège** [nɔrvɛʒ] *npr f*: (la) ~ Norway.

**norvégien, enne** [nɔrveʒjɛ̃, ɛn] *adj* Norwegian.

◆ **Norvégien, enne** *nm, f* Norwegian.

◆ **norvégien** *nm* LING Norwegian.

**nos** [no] *pl* → notre.

**nostalgie** [nɔstalʒi] *nf* **-1.** [regret] nostalgia; avoir la ~ de to feel nostalgic about. **-2.** [mal du pays] homesickness; j'ai la ~ du pays I'm homesick.

**nostalgique** [nɔstalʒik] *adj* nostalgic.

**nota (bene)** [nɔta(bene)] *nm inv* nota bene.

**notable** [nɔtabl] ◇ *adj* notable, noteworthy. ◇ *nm* notable.

**notablement** [nɔtabləmɑ̃] *adv* notably, considerably.

**notaire** [nɔtɛr] *nm* [qui reçoit actes et contrats] notary (public), lawyer; [qui surveille les transactions immobilières] lawyer, solicitor *Br*.

**notamment** [nɔtamɑ̃] *adv* especially, in particular, notably.

**notarial, e, aux** [nɔtarjal, o] *adj* notarial, legal.

**notariat** [nɔtarja] *nm*: le ~ [fonction] the profession of a lawyer; [corporation] lawyers.

**notarié, e** [nɔtarje] *adj* legally drawn up, authentic.

**notation** [nɔtasjɔ̃] *nf* **-1.** [remarque] note. **-2.** CHIM, DANSE, LING, MATH & MUS notation. **-3.** la ~ d'un devoir marking *Br* OU grading *Am* OU correcting homework.

**note** [nɔt] *nf* **-1.** MUS [son] note; [touche] key; faire une fausse ~ MUS [pianiste] to hit a wrong note OU key; [violoniste] to play a wrong note; [chanteur] to sing a wrong note; la cérémonie s'est déroulée sans une fausse ~ the ceremony went (off) without a hitch; la ~ juste the right note; donner la ~ MUS to give the keynote; *fig* to give the lead; être dans la ~ MUS to hit just the right note *fig*. **-2.** [annotation] note; prendre des ~s to take OU to make notes; voilà les ~s rapides que j'ai prises here are the notes I jotted down; prendre qqch en ~ to make a note of sthg, to note sthg down ❑ ~ de OU en bas de page footnote; ~ de l'auteur/de la rédaction/du traducteur author's/editor's/translator's note; ~ de l'éditeur editor's note; ~ marginale marginal note; prendre bonne ~ de qqch to take good note of sthg. **-3.** [communication]: ~ diplomatique/officielle diplomatic/official note; ~ de service memo, memorandum. **-4.** ENS mark *Br*, grade; avoir la meilleure ~ to get the best OU highest OU top mark. **-5.** [nuance] note, touch, hint; avec une ~ de tristesse dans la voix with a note OU hint of sadness in his voice; apporter une ~ personnelle à qqch to give sthg a personal touch. **-6.** [facture] bill, check *Am*; ~s de restaurant restaurant bills; la ~, s'il vous plaît! may I have the bill, please?; mettez-le sur ma ~ charge it to my account, put it on my bill ❑ ~ de frais [à remplir] expense OU expenses claim (form); présenter sa ~ de frais to put in for expenses; ~ d'honoraires invoice (*for work done by a self-employed person*). **-7.** [parfum] note.

**noter** [3] [nɔte] *vt* **-1.** [prendre en note] to note OU to write (down); veuillez ~ notre nouvelle adresse please note OU make a note of our new address; **notez que chaque enfant doit apporter un vêtement chaud** please note that every child must bring something warm to wear. **-2.** [faire ressortir – gén] to mark; [– en cochant] to tick; [– en surlignant] to highlight. **-3.** [remarquer] to note, to notice; **notez que je ne dis rien** please note that I'm making no comment; **j'ai noté une erreur dans votre article** I noticed a mistake in your article; **il est à ~ que…** it should be noted ou borne in mind that…; **je ne veux pas que tu recommences, c'est noté?** *fam* I don't want you to do it again, do you understand ou have you got that ou is that clear?; **notez bien, il a fait des progrès** mind you, he's improved. **-4.** [évaluer] to mark *Br*, to grade; **j'étais bien/mal noté** I had a good/bad (professional) record ‖ ENS [élève] to give a mark to *Br*, to grade; [devoir, examen] to mark *Br*, to grade; *(en usage absolu):* **~ sur 20** to mark *Br* ou grade *Am* out of 20; **elle note généreusement/ sévèrement** she gives high/low marks *Br* ou grades.

**notice** [nɔtis] *nf* **-1.** [résumé] note; **~ bibliographique** bibliographical details; **~ biographique** biographical note; **~ nécrologique** obituary (notice); **~ publicitaire** [brochure] advertising brochure; [annonce] advertisement. **-2.** [instructions]: **~ explicative** ou **d'emploi** directions for use; **~ de fonctionnement** instructions.

**notificatif, ive** [nɔtifikatif, iv] *adj* notifying.

**notification** [nɔtifikasjɔ̃] *nf* [avis] notification; **donner à qqn ~ de qqch** to give sb notification of sthg, to notify sb of sthg.

**notifier** [9] [nɔtifje] *vt* to notify; **on vient de lui ~ son renvoi** he's just received notice of his dismissal, he's just been notified of his dismissal; **~ une assignation à qqn** to serve a writ on sb ‖ *(en usage absolu):* **veuillez ~ par courrier** please inform us in writing.

**notion** [nɔsjɔ̃] *nf* [idée] notion; **perdre la ~ du temps** to lose all notion ou sense of time; **je n'en ai pas la moindre ~** I haven't (got) the faintest ou slightest idea.
◆ **notions** *nfpl* [rudiments]: **~s de base** fundamentals, basic knowledge; **il a quelques ~s d'anglais** he has a smattering of English; **il a quelques ~s de physique** he has some knowledge of physics ‖ [comme titre d'ouvrage] primer; **~s de géométrie** geometry primer.

**notionnel, elle** [nɔsjɔnɛl] *adj* notional.

**notoire** [nɔtwar] *adj* recognized; **son sens politique est ~** her political acumen is acknowledged by all, she's famous for her political acumen; **le fait est ~** it's an acknowledged ou accepted fact; **un criminel ~** a notorious criminal.

**notoirement** [nɔtwarmɑ̃] *adv*: **ses ressources sont ~ insuffisantes** it's widely known that she has limited means.

**notoriété** [nɔtɔrjete] *nf* **-1.** [renommée] fame, renown; **sa thèse lui a valu une grande ~** ou **a fait sa ~** his thesis made him famous; **il est de ~ publique que…** it's public ou common knowledge that… **-2.** [personne célèbre] celebrity, famous person. **-3.** JUR: **acte de ~** attestation.

**notre** [nɔtr] *(pl* **nos** [no]*) dét (adj poss)* **-1.** [indiquant la possession] our; **un de nos amis** a friend of ours, one of our friends; **~ fils et ~ fille** our son and daughter. **-2.** RELIG: **Notre Père** Our Father; **le Notre Père** the Lord's Prayer. **-3.** [se rapportant au 'nous' de majesté ou de modestie]: **car tel est ~ bon plaisir** for such is our pleasure; **dans ~ second chapitre** in the second chapter. **-4.** [emploi expressif] our; **comment se porte ~ petit malade?** how's our little invalid, then?

**nôtre** [notr] *dét (adj poss) sout* ours; **l'objectif que je considère comme ~** the aim which I consider to be ours.
◆ **le nôtre** *(f* **la nôtre**, *pl* **les nôtres)** *pron poss* ours; **amenez vos enfants, les ~s ont le même âge** bring your children, ours are the same age ‖ *(emploi nominal):* **les ~s** our family and friends; **c'est un des ~s** he's one of us; **serez-vous des ~s demain soir?** will you be joining us tomorrow evening? ❏ **il faut y mettre du ~** we must do our bit, we should make an effort; **à la (bonne) ~!** cheers!

**Notre-Dame** [nɔtrədam] *nf* RELIG [titre] Our Lady; [église]: **~ de Paris** [cathédrale] Notre Dame; '**~ de Paris**' *Hugo* 'The Hunchback of Notre Dame'.

**nouba** [nuba] *nf fam* [fête]: **faire la ~** to live it up, to paint the town red.

**nouer** [6] [nwe] ◇ *vt* **-1.** [attacher ensemble – lacets, cordes] to tie ou to knot (together); **elle noua ses bras autour de**

mon cou she wrapped her arms round my neck. **-2.** [faire un nœud à] to tie (up), to knot; **laisse-moi ~ ta cravate** let me knot your tie; **j'ai noué le bouquet avec de la ficelle** I tied the bouquet together with string; **il a noué le foulard autour de sa taille** he tied the scarf around his waist; **elle noua ses cheveux avec un ruban** she tied her hair back ou up with a ribbon; **la peur lui nouait la gorge/les entrailles** *fig* his throat/stomach tightened with fear. **-3.** [établir]: **~ des relations avec qqn** to enter into a relationship with sb. **-4.** TEXT to splice ou to knot (together). ◇ *vi* BOT to set.
◆ **se nouer** *vp (emploi passif)* [ceinture] to fasten, to do up. ◇ *vpi* **-1.** [s'entrelacer] to intertwine; **ses mains se nouèrent comme pour prier** his hands joined ou came together as if to pray. **-2.** [s'instaurer] to develop, to build up; **c'est à cet âge que beaucoup d'amitiés se nouent** it's at that age that a lot of friendships are made; **l'action ne se noue que dans le dernier chapitre** only in the last chapter does the plot come to a head ou climax.

**noueux, euse** [nwø, øz] *adj* **-1.** [tronc, bois] knotty, gnarled. **-2.** [doigt] gnarled.

**nougat** [nuga] *nm* CULIN nougat.

**nougatine** [nugatin] *nf* nougatine.

**nouille** [nuj] ◇ *adj inv* **-1.** *fam* [niais] dumb, dopey. **-2.** BX-ARTS **Art Nouveau** *(modif).* ◇ *nf* **-1.** CULIN noodle. **-2.** *fam* [nigaud] nitwit, dumbo; [mollasson] drip, wimp.
◆ **nouilles** *nfpl* pasta *(U).*

**Nouméa** [numea] *npr* Nouméa.

**nounou** [nunu] *nf fam* nanny.

**nounours** [nunurs] *nm fam* teddy (bear).

**nourri, e** [nuri] *adj* **-1.** [dense – fusillade] sustained, heavy. **-2.** [ininterrompu – applaudissements] prolonged, sustained.

**nourrice** [nuris] *nf* **-1.** [qui allaite] wet nurse. **-2.** [qui garde] childminder *Br*, nurse *Am*, nursemaid *Am*; **mettre un enfant en ~** to leave a child with a childminder. **-3.** AUT [bidon] spare can; [réservoir] service tank. **-4.** ENTOM nurse (bee).

**nourricier, ère** [nurisje, ɛr] *adj* **-1.** [qui nourrit]: **notre terre nourricière** mother Earth. **-2.** ANAT nutrient *(avant n).* **-3.** BOT nutritive.

**nourrir** [32] [nurir] *vt* **-1.** [alimenter] to feed, to nourish; **~ qqn (de qqch)** to feed sb (on sthg); **~ un bébé au sein/au biberon/à la cuillère** to breast-feed/to bottle-feed/to spoon-feed a baby; **être bien nourri** to be well-fed; **être mal nourri** [sous-alimenté] to be undernourished. **-2.** *fig:* **j'avais l'esprit nourri de Goethe** I was brought up on Goethe; **les lettres qu'elle lui envoyait nourrissaient sa passion** the letters she sent him nourished his passion. **-3.** [faire subsister] to feed; **j'ai trois enfants à ~** I've got three children to feed ou to provide for ❏ **la chanson/sculpture ne nourrit pas son homme** you can't live off singing/ sculpture alone; **le métier est dangereux, mais il nourrit son homme** it's a dangerous job but it brings in the money ou it pays well. **-4.** *litt* [pensée, espoir] to entertain; [illusion, rancœur] harbour; **elle nourrissait déjà des projets ambitieux** she was already turning over some ambitious projects in her mind; **~ des doutes au sujet de** to entertain doubts ou to be doubtful about.
◆ **se nourrir** *vp (emploi réfléchi)* **-1.** [s'alimenter] to feed (o.s.); **il se nourrit mal** he doesn't feed himself ou eat properly; **elle ne se nourrit que de bananes** she eats only bananas. **-2.** *fig:* **se ~ d'illusions** to revel in illusions; **se ~ de bandes dessinées** to read nothing but comics.

**nourrissant, e** [nurisɑ̃, ɑ̃t] *adj* nourishing, nutritious; **crème ~e** nourishing cream.

**nourrisson** [nurisɔ̃] *nm* **-1.** [bébé] baby, infant. **-2.** *arch* [bébé au sein] nursling, suckling.

**nourriture** [nurityr] *nf* **-1.** [alimentation] food; **donner à qqn une ~ saine** to provide sb with a healthy diet; **la ~** [aliments] food. **-2.** [aliment] food. **-3.** *litt* [de l'esprit, du cœur] nourishment.

**nous** [nu] ◇ *pron pers (2e pers pl)* **-1.** [sujet ou attribut d'un verbe] we; **toi et moi, ~ comprenons** you and I understand; **c'est ~ qui déciderons** we are the ones who'll decide; **~, nous restons** ou **on reste** *fam* là we are staying here; **~ deux, on s'aimera toujours** *fam* we two ou the two of us will always love each other; **~ autres médecins pensons que…** we doctors think that…; **coucou, c'est ~!** hullo, it's us!**-2.** [complément d'un verbe ou d'une préposition] us; **à ~ six, on a**

fini la **paella** between the six of us we finished the paella; **notre voilier à** ~ our (own) yacht; **ces anoraks ne sont pas à** ~ these anoraks aren't ours ou don't belong to us; **chez** ~ [dans notre foyer] at home, in our house; [dans notre pays] at ou back home; **entre** ~ between us. **-3.** [sujet ou complément, représentant un seul locuteur] we; **dans notre thèse,** ~ **traitons le problème sous deux aspects** in our thesis we deal with the problem in two ways; **alors, comment allons-**~ **ce matin?** [à un malade, un enfant] and how are we this morning?; **alors, à** ~, **qu'est-ce qu'il** ~ **fallait?** [chez un commerçant] now, what can I do for you?

◇ *pron réfléchi:* **nous** ~ **amusons beaucoup** we're having a great time, we're really enjoying ourselves.

◇ *pron réciproque* each other; **nous** ~ **aimons** we love each other.

◇ *nm:* **le** ~ **de majesté** the royal we.

**nous-mêmes** [numεm] *pron pers* ourselves; **nous y sommes allés de** ~ we went there on our own initiative; **vérifions par** ~ let's check for ourselves.

**nouveau** [nuvo] *(devant nm commençant par voyelle ou h muet* **nouvel** [nuvεl], *f* **nouvelle** [nuvεl], *mpl* **nouveaux** [nuvo], *fpl* **nouvelles** [nuvεl]) *adj* **-1.** [de fraîche date – appareil, modèle] new; [– pays] new, young; **c'est tout** ~, **ça vient de sortir** [livre] it's hot off the press; [appareil] it's brand-new, it's just come out; **c'est** ~, **ça vient de sortir** *fig* that's a new one on me; **mots** ~**x** new words ❑ ~**x mariés** newlyweds, newly married couple; **les** ~**x pauvres** the new poor; ~ **riche** nouveau riche; ~ **venu** newcomer; **nouvelle venue** newcomer; **il est encore (un peu)** ~ **en politique** he's still (a bit of) a newcomer to politics. **-2.** [dernier en date] new, latest; **ce nouvel attentat a fait 52 morts** this latest bomb attack leaves 52 dead; ~**x élus** [députés] new ou newly-elected deputies ❑ **carottes nouvelles** spring carrots; **pommes de terre nouvelles** new potatoes; **nouvel an, nouvelle année** New Year; **le Nouveau Monde** the New World; **le Nouveau Testament** the New Testament. **-3.** [autre] further, new; **le bail est reconduit pour une nouvelle période de trois ans** the lease is renewed for a further three years ou another three-year period. **-4.** [original – découverte, idée] new, novel, original; **un esprit/un son** ~ **est né a new spirit/sound is born; une conception nouvelle** a novel ou fresh approach; **porter un regard** ~ **sur qqn/qqch** to take a fresh look at sb/sthg; **elle est mécontente — ce n'est pas** ~! she's not happy — nothing new about that! **-5.** [inhabituel] new; **ce dossier est** ~ **pour moi** this case is new to me, I'm new to this case. **-6.** [novateur]: **nouvelle critique** new criticism; **nouvelle cuisine** nouvelle cuisine; ~ **roman** nouveau roman, new novel.

◆ **nouveau, elle** *nm, f* [élève] new boy (*f* girl); [adulte] new man (*f* woman).

◆ **nouveau** *nm:* **rien de** ~ **depuis la dernière fois** nothing new ou special since last time; **il y a eu du** ~ **dans l'affaire Perron** there are new developments in the Perron case.

◆ **à nouveau** *loc adv* **-1.** [de façon différente] anew, afresh. **-2.** [encore] once again, once more. **-3.** BANQUE: **porter à** ~ to carry forward.

◆ **de nouveau** *loc adv* again, once again, once more.

◆ **nouvelle vague** ◇ *nf:* **la nouvelle vague des ordinateurs** the new generation of computers. ◇ *loc adj inv* new-generation (*modif*); **les imprimantes nouvelle vague** new-generation printers.

◆ **Nouvelle Vague** *nf* CIN New Wave, Nouvelle Vague.

**Nouveau-Mexique** [nuvomεksik] *npr m:* **le** ~ New Mexico; **au** ~ in New Mexico.

**nouveau-né, e** [nuvone] (*mpl* **nouveau-nés,** *fpl* **nouveau-nées**) ◇ *adj* newborn (*modif*). ◇ *nm, f* **-1.** [bébé] newborn baby. **-2.** [appareil, technique] new arrival.

**nouveauté** [nuvote] *nf* **-1.** [chose nouvelle] novelty, new thing; **les** ~**s discographiques/littéraires** new releases/books; **le racisme a toujours existé, ce n'est pas une** ~ racism has always existed, there's nothing new ou recent about it. **-2.** [originalité] novelty, newness; **l'exposition a l'attrait de la** ~ the exhibition has novelty appeal. **-3.** COUT fashion; ~**s de printemps** new spring fashions.

**nouvel** [nuvεl] *m* → **nouveau.**

**nouvelle** [nuvεl] ◇ *f* → **nouveau.** ◇ *nf* **-1.** [information] (piece of) news (*U*); **c'est une** ~ **intéressante** that's an interesting piece of news, that's interesting news; **j'ai une**

---

**bonne/mauvaise** ~ **pour toi** I have (some) good/bad news for you; **voici une excellente** ~! this is good news!; **tu ne connais pas la** ~? elle est renvoyée haven't you heard (the news)? she's been fired; **fausse** ~ false report. **-2.** LITTÉRAT short story, novella.

◆ **nouvelles** *nfpl* **-1.** [renseignements] news (*U*); **je n'ai pas eu de ses** ~**s depuis** I haven't had any news from him ou heard from him since; **donne vite de tes** ~**s** write soon; **Paul m'a demandé de tes** ~**s** Paul was asking after you; **j'ai eu de tes** ~**s par ta sœur** your sister told me how you were getting on; **aller aux** ~**s** to go and find out what's (been) happening; **on est sans** ~**s des trois alpinistes** there's been no news of the three climbers; **les** ~**s vont vite** news travels fast ❑ **goûte-moi cette mousse, tu m'en diras des** ~**s** *fam* have a taste of this mousse, I think you'll like it; **tu ferais mieux de signer, ou tu auras de mes** ~**s!** *fam* you'd better sign, or else!; **pas de** ~**s, bonnes** ~**s** no news is good news. **-2.** RAD & TV news (*U*).

**Nouvelle-Angleterre** [nuvεlãglətεr] *npr f:* (la) ~ New England.

**Nouvelle-Calédonie** [nuvεlkaledɔni] *npr f:* (la) ~ New Caledonia.

**Nouvelle-Écosse** [nuvεlekɔs] *npr f:* (la) ~ Nova Scotia.

**Nouvelle-Guinée** [nuvεlgine] *npr f:* (la) ~ New Guinea.

**nouvellement** [nuvεlmã] *adv* newly, recently, freshly; ~ **élu/nommé** newly-elected/-appointed; ~ **arrivé dans cette ville, il ne savait où aller** being a newcomer to the city, he didn't know where to go.

**Nouvelle-Orléans** [nuvεlɔrleã] *npr:* **La** ~ New Orleans.

**Nouvelle-Zélande** [nuvεlzelãd] *npr f:* (la) ~ New Zealand.

**nouvelliste** [nuvεlist] *nmf* short story writer.

**nova** [nɔva] *nf* nova.

**novateur, trice** [nɔvatœr, tris] ◇ *adj* innovative, innovatory. ◇ *nm, f* innovator.

**novation** [nɔvasjɔ̃] *nf* **-1.** *sout* [gén] innovation, innovating. **-2.** JUR novation.

**novatoire** [nɔvatwar] *adj:* **acte** ~ deed of novation.

**novembre** [nɔvãbr] *nm* November; *voir aussi* **mars.**

**novice** [nɔvis] ◇ *adj* inexperienced, green; **être** ~ **dans** ou **en qqch** to be inexperienced in ou a novice at sthg. ◇ *nmf* **-1.** [débutant] novice, beginner. **-2.** RELIG novice.

**noviciat** [nɔvisja] *nm* **-1.** RELIG [période, lieu] novitiate. **-2.** *litt* [apprentissage] probation, trial period.

**noyade** [nwajad] *nf* **-1.** [fait de se noyer] drowning (*U*). **-2.** [accident] drowning (*C*); **il y a eu beaucoup de** ~**s ici l'été dernier** many people (were) drowned here last summer.

**noyau, x** [nwajo] *nm* **-1.** [de fruit] stone, pit *Am*; ~ **de cerise/pêche** cherry/peach stone; **enlever le** ~ **d'un fruit** to pit a fruit, to remove the stone from a fruit. **-2.** [centre] nucleus; ~ **familial** family nucleus. **-3.** [petit groupe] small group; **le** ~ **dur du parti** the hard core of the party; ~ **de résistance** pocket ou centre of resistance. **-4.** ANAT, ASTRON, BIOL & PHYS nucleus. **-5.** ÉLECTR, GÉOL & NUCL core. **-6.** FIN: ~ **dur** hard-core shareholders.

**noyautage** [nwajotaʒ] *nm* POL infiltration.

**noyauter** [3] [nwajote] *vt* POL to infiltrate.

**noyé, e** [nwaje] ◇ *pp* **-1.** [personne] drowned; **mourir** ~ to drown. **-2.** [moteur] flooded. **-3.** *fig:* **les yeux** ~**s de larmes** his eyes bathed with tears; **être** ~ **dans la foule** to be lost in the crowd; **l'essentiel est** ~ **dans les détails** the essentials have been buried ou lost in a mass of detail; ~**e dans la masse, sa voix pouvait passer pour puissante** blended in with the rest, his voice could be thought of as powerful. ◇ *nm, f* drowned person; **trois disparus et deux** ~**s** three missing and two drowned.

**noyer**[1] [nwaje] *nm* **-1.** [arbre] walnut (tree). **-2.** [bois] walnut.

**noyer**[2] [13] [nwaje] *vt* **-1.** [personne, animal] to drown; [carburateur, vallée] to flood; ~ **une sédition/mutinerie dans le sang** to bloodily suppress a revolt/mutiny ❑ ~ **son chagrin (dans l'alcool)** to drown one's sorrows (in drink); ~ **le poisson** PÊCHE to play the fish; **ne cherche pas à** ~ **le poisson** *fam* & *fig* don't try to confuse the issue. **-2.** [faire disparaître]: **une épaisse brume noie la vallée** the valley is shrouded in fog; **le piano est noyé par les violons** the violins are drowning out the piano ‖ CULIN [sauce] to water

down *(sép)*, to thin (out) too much; [vin] to water down *(sép)*.
◆ **se noyer** ◇ *vp (emploi réfléchi)* [se suicider] to drown o.s.
◇ *vpi* [accidentellement] to drown.
◆ **se noyer dans** *vp + prép* **-1.** [se plonger dans] to bury ou to absorb o.s. in. **-2.** [s'empêtrer dans] to get tangled up ou bogged down ou trapped in; **vous vous noyez dans des considérations hors sujet** you're getting tangled up in ou lost in a series of side issues ❏ **se ~ dans un verre d'eau** to make a mountain out of a molehill.

**N/Réf** *(abr écrite de* **Notre référence)** O/Ref.

**NRF** *(abr de* **Nouvelle Revue française)** *npr f* **-1.** [revue] *literary review.* **-2.** [mouvement] *literary movement.*

**nu, e** [ny] *adj* **-1.** [sans habits – personne] naked, nude; **être ~ to be naked** ou in the nude; **ne te promène pas tout ~ devant la fenêtre** don't walk about in front of the window with nothing on; **être à demi ~** ou **à moitié ~** to be half-naked; **poser ~ pour un photographe** to pose in the nude for a photographer; **se mettre (tout) ~** to take off all one's clothes, to strip naked; **revue ~e** nude show ❏ **être ~ comme un ver** ou **la main** to be stark naked. **-2.** [découvert – partie du corps]: **avoir les bras ~s/fesses ~es** to be barearmed/bare-bottomed; **se promener les jambes ~es** to walk about bare-legged ou with bare legs; **combattre à main ~e** to fight barehanded ou with one's bare hands; **être pieds ~s** to be barefoot ou barefooted; **se baigner seins ~s** to go topless bathing; **la tête ~e** bareheaded ou without a hat on; **il travaillait torse ~** he was working without a shirt on; **mettez-vous torse ~** strip to the waist ❏ **à l'œil ~:** **ça ne se voit pas/ça se voit à l'œil ~** you can't/you can see it with the naked eye. **-3.** [dégarni – sabre] naked; [–paysage] bare, empty; [–mur] bare.
◆ **nu** *nm* BX-ARTS nude; **une photo de ~** a nude photo.
◆ **à nu** ◇ *loc adj* bare; **le fil est à ~** [accidentellement] the wire is bare; [exprès] the wire has been stripped; **mon âme était à ~** my soul had been laid bare. ◇ *loc adv:* **mettre à ~** to expose; **mettre un fil électrique à ~** to strip a wire; **mettre son cœur à ~** to bare one's soul.

**nuage** [nɥaʒ] *nm* **-1.** MÉTÉO cloud; **ciel chargé de ~s** cloudy ou overcast sky; **~ de fumée/poussière** cloud of smoke/dust; **~ toxique/radioactif** toxic/radioactive cloud. **-2.** [menace, inquiétude] cloud; **il y a de gros ~s à l'horizon économique de 1994** the economic outlook for 1994 is very gloomy ou bleak; **un ~ passa dans ses yeux/sur son visage** his eyes/face clouded over ‖ [rêverie]: **être dans les ~s** to have one's head in the clouds, to be day-dreaming. **-3.** [masse légère]: **un ~ de tulle** a mass ou swathe of tulle ‖ [petite quantité]: **un ~ de lait** a drop of milk.
◆ **sans nuages** *loc adj* **-1.** MÉTÉO cloudless. **-2.** [amitié] untroubled, perfect; [bonheur] unclouded, perfect.

**nuageux, euse** [nɥaʒø, øz] *adj* **-1.** MÉTÉO: **ciel ~** cloudy ou overcast sky ❏ **masse nuageuse** cloudbank. **-2.** [confus – esprit, idée] hazy, nebulous, obscure.

**nuançai** [nɥɑ̃se] *v →* **nuancer**.

**nuance** [nɥɑ̃s] *nf* **-1.** [différence – de couleur] shade, hue; [– de son] nuance; **des ~s de bleu** shades of blue; **~ de sens** shade of meaning, nuance; **il y a une ~ entre indifférence et lâcheté** there's a (slight) difference between indifference and cowardice; **j'ai dit que je l'aimais bien et non que je l'aimais, ~!** I said I liked him and not that I loved him, that's not the same thing! **-2.** [subtilité] nuance, subtlety; **toutes les ~s de sa pensée** the many subtleties ou all the finer aspects of his thinking; **personne/personnage tout en ~s** very subtle person/character. **-3.** [trace légère] touch, tinge; **il y avait une ~ d'amertume dans sa voix** there was a touch ou hint of bitterness in his voice.

**nuancer** [16] [nɥɑ̃se] *vt* **-1.** [couleur] to shade; [musique] to nuance. **-2.** [critique, jugement] to nuance, to qualify; **cette opinion/déclaration demande à être nuancée** this opinion/statement needs to be qualified.

**nuancier** [nɥɑ̃sje] *nm* colour chart.

**nuançons** [nɥɑ̃sɔ̃] *v →* **nuancer**.

**Nubie** [nybi] *npr f:* **(la) ~** Nubia.

**nubile** [nybil] *adj* nubile; **l'âge ~** ≃ the age of consent.

**nubilité** [nybilite] *nf* nubility.

**nucléaire** [nykleɛr] ◇ *adj* BIOL, MIL & PHYS nuclear. ◇ *nm* [énergie] nuclear power ou energy; [industrie] nuclear industry.

**nucléarisation** [nyklearizasjɔ̃] *nf* INDUST *introduction of nuclear power to replace conventional energy sources;* MIL nuclearization.

**nucléariser** [3] [nyklearize] *vt* to supply with nuclear power; MIL to supply with nuclear weapons, to nuclearize.
◆ **se nucléariser** *vpi* to go nuclear.

**nucléé, e** [nyklee] *adj* nucleated.

**nucléique** [nykleik] *adj:* **acide ~** nucleic acid.

**nucléon** [nykleɔ̃] *nm* nucleon.

**nudisme** [nydism] *nm* nudism, naturism.

**nudiste** [nydist] ◇ *adj* nudist *(modif).* ◇ *nmf* nudist; **plage/village de ~s** nudist beach/village.

**nudité** [nydite] *nf* **-1.** [d'une personne] nakedness, nudity; *fig:* **ses crimes furent étalés dans toute leur ~** his crimes were exposed for all to see. **-2.** [d'un lieu] bareness. **-3.** BX-ARTS nude.

**nuée** [nɥe] *nf* **-1.** *litt* thick cloud; **~ d'orage** storm cloud, thundercloud. **-2.** [multitude] horde, host; **~ de paparazzi/d'admirateurs** a horde of paparazzi/admirers; **~ d'insectes** horde ou swarm of insects; **comme une ~ de sauterelles** like a plague of locusts.

**nues** [ny] *nfpl litt:* **les ~** the skies ❏ **porter qqn/qqch aux ~** to praise sb/sthg to the skies; **tomber des ~: nous sommes tombés des ~** we were flabbergasted ou dumbfounded.

**nuire** [97] [nɥir]
◆ **nuire à** *v + prép* [être néfaste pour]: **~ à qqn** to harm ou to injure sb; **ça ne peut que te ~** it can only do you harm; **ils cherchent à nous ~ par une publicité mensongère** they're trying to damage our reputation with misleading publicity; **~ à qqch** to be harmful to ou to damage ou to harm sthg; **le tabac nuit à la santé** smoking is harmful to health; **cela a nui à l'équilibre de leur couple** their relationship suffered from it.
◆ **se nuire** *vp (emploi réfléchi)* to do o.s. harm.

**nuisais** [nɥizɛ] *v →* **nuire**.

**nuisance** [nɥizɑ̃s] *nf* (environmental) nuisance.

**nuise** [nɥiz] *v →* **nuire**.

**nuisette** [nɥizɛt] *nf* short ou babydoll nightgown.

**nuisible** [nɥizibl] *adj* harmful; **gaz/fumées ~s** noxious gases/fumes; **des individus ~s à la société** individuals harmful to society ❏ **animaux ~s** pests.
◆ **nuisibles** *nmpl* ZOOL vermin, pests.

**nuisis** [nɥizi], **nuisons** [nɥizɔ̃], **nuit!** [nɥi] *v →* **nuire**.

**nuit²** [nɥi] *nf* **-1.** [obscurité] night *(U)*, dark, darkness; **il fait ~** it's dark; **il fait ~ noire** it's pitch-dark ou pitch-black; **la ~ tombe** it's getting dark, night is falling; **rentrer avant la ~** to get back before nightfall ou dark; **à la ~ tombante**, **à la tombée de la ~** at nightfall, at dusk ❏ **la ~ des temps: remonter à/se perdre dans la ~ des temps** to go back to the dawn of/to be lost in the mists of time; **c'est le jour et la ~!** it's like chalk and cheese! *Br*, it's like night and day! *Am.***-2.** [intervalle entre le coucher et le lever du soleil] night, nighttime; **je dors la ~** I sleep at ou during the night; **une ~ étoilée** a starry night; **faire sa ~** to sleep through the night; **bonne ~!** goodnight!; **passer une bonne ~** [malade] to have a comfortable night; **une ~ de marche/repos/travail** a night's walk/rest/work; **une ~ d'extase/de désespoir** a night of ecstasy/despair; **une ~ d'insomnie** a sleepless night ❏ **la ~ de noces** the wedding night; **la ~ porte conseil** *prov* I'd/you'd *etc* better sleep on it. **-3.** [dans des expressions de temps]: **cette ~: que s'est-il passé cette ~?** what happened last night?; **nous partons cette ~** we're leaving tonight; **des ~s entières** nights on end; **en pleine ~** in the middle of the night; **en une ~** [pendant la nuit] in one night; [vite] overnight; **il y a deux ~s** the night before last; **il y a trois ~s** three nights ago; **la ~:** **l'émission passe tard la ~** the programme is on late at night, it's a late-night programme; **la ~ de mardi/vendredi** Tuesday/Friday night; **dans la ~ de mardi à mercredi** during Tuesday night, during the night of Tuesday to Wednesday; **la ~ où ils ont disparu** the night (that) they disappeared; **la ~ précédente** ou **d'avant** the previous night, the night before; **la ~ suivante** ou **d'après** the next night, the night after; **l'autre ~** the other night; **~ et jour, de ~ comme de jour** night and day; **stationnement interdit ~ et jour** no parking day or night; **toute la ~** all night (long), through the night; **toutes les ~s** nightly, every night ❏ **la ~ tous les chats sont gris** *prov* all cats are grey in the dark. **-4.** [dans des noms de dates]: la ~ des longs couteaux the Night of the Long Knives; la ~ de Noël Christmas night; la ~ de la Saint-Sylvestre New Year's Eve night. **-5.** [nuitée]: **payer sa** ~ to pay for the night; **c'est combien la** ~? how much is it for one night?; **la chambre est à 130 F la** ~ rooms are 130 F a night.

◆ **de nuit** ◇ *loc adj* **-1.** ZOOL: animaux/oiseaux de ~ nocturnal animals/birds. **-2.** [pharmacie] night *(modif)*, all-night *(avant n)*, twenty-four hour *(avant n)*. **-3.** [qui a lieu la nuit] night *(modif)*; **garde/vol de** ~ night watch/flight; **conduite de** ~ night-driving, driving at night; **aujourd'hui je suis de** ~ à l'hôpital I'm on night-duty at the hospital tonight. ◇ *loc adv*: **travailler de** ~ to work nights OU the night shift OU at night; **conduire de** ~ to drive at OU by night.

◆ **nuit américaine** *nf* CIN day for night.

◆ **nuit blanche** *nf* sleepless night.

**nuitamment** [nɥitamɑ̃] *adv litt* at OU by night.

**nuitée** [nɥite] *nf* bed-night, person-night *spéc*.

**nul, nulle¹** [nyl] ◇ *adj* **-1.** [inexistant] nil, nonexistent. **-2.** *fam* [très mauvais] useless, rubbish, hopeless; **leur dernière chanson est nulle** their latest song is rubbish; **être** ~ en maths to be hopeless OU useless at maths; **c'est vraiment** ~ **de dire une chose pareille** what a pathetic thing to say; **t'es** ~! [mauvais] you're useless! [méchant] you're pathetic! **-3.** MATH null. **-4.** JUR null; **rendre** ~ to nullify, to annul. **-5.** SPORT nil; **le score est** ~ the score is nil-nil. ◇ *nm, f fam* prat.

**nul, nulle²** [nyl] *sout* ◇ *dét (adj indéf: avant le nom)* no, not any; **tu ne peux faire confiance à** ~ **autre que lui** you can trust nobody but him, he's the only one you can trust; ~ **autre que lui n'aurait pu y parvenir** nobody (else) but he could have done it; **à** ~ **autre pareil** peerless, unrivalled; **sans** ~ **doute** undoubtedly, without any doubt; ~ **doute qu'il tiendra sa promesse** there is no doubt that he will keep his promise. ◇ *pron indéf* no one, nobody; ~ **mieux que lui n'aurait su analyser la situation** no one could have analyzed the situation better than him ❏ ~ **n'est parfait** nobody's perfect; ~ **n'est censé ignorer la loi** ignorance of the law is no defence; ~ **n'est prophète en son pays** *prov* no man is a prophet in his own country.

◆ **nulle part** *loc adv* nowhere; **on ne l'a trouvé nulle part** he was nowhere to be found; **nulle part la nature n'est plus belle** nowhere is nature more beautiful; **nulle part ailleurs** nowhere else.

**nullard, e** [nylar, ard] *fam* ◇ *adj* thick *Br*, dumb *Am*. ◇ *nm, f* numskull, dumbo, thicko *Br*.

**nullement** [nylmɑ̃] *adv litt* not at all, not in the least.

**nullipare** [nylipar] ◇ *adj* nulliparous. ◇ *nf* nullipara.

**nullité** [nylite] *nf* **-1.** [manque de valeur] incompetence, uselessness; **elle est d'une** ~ **totale** she's totally useless OU incompetent; **ce film est d'une parfaite** ~ this film is really terrible. **-2.** [personne] incompetent, nonentity. **-3.** JUR nullity.

**numéraire** [nymerɛr] ◇ *adj*: **espèces** ~s legal tender OU currency; **valeur** ~ face value. ◇ *nm* cash.

**numéral, e, aux** [nymeral, o] *adj* numeral.

◆ **numéral, aux** *nm* numeral.

**numérateur** [nymeratœr] *nm* numerator.

**numération** [nymerasjɔ̃] *nf* **-1.** [dénombrement] numeration, numbering *(U)*; [signes] notation; ~ **décimale/binaire** decimal/binary notation. **-2.** MÉD: ~ **globulaire** blood count.

**numérique** [nymerik] *adj* **-1.** [gén] numerical; **dans l'ordre** ~ in numerical order. **-2.** MATH numerical. **-3.** INF digital.

**numériquement** [nymerikmɑ̃] *adv* **-1.** [en nombre] numerically. **-2.** INF digitally.

**numérisation** [nymerizasjɔ̃] *nf* digitization.

**numériser** [3] [nymerize] *vt* to digitize.

**numéro** [nymero] *nm* **-1.** [nombre] number; ~ **d'appel** [dans une file d'attente] number; ~ **complémentaire** JEUX extra number in Loto, used as a joker; ~ **de compte** account number; ~ **d'immatriculation** registration number *Br*, license number *Am*; ~ **matricule** number. **-2.** TÉLÉC: ~ **(de téléphone)** TÉLÉC (telephone) number; **refais le** ~ dial (the number) again; **j'ai**

**changé de** ~ my number has changed; **faire un faux** ~ to dial a wrong number; **'il n'y a pas d'abonné au** ~ **que vous avez demandé'** there's no subscriber at the number you've dialled; ~ **vert** ≃ Freefone number *Br*, ≃ 800 number *Am*. **-3.** [habitation, place] number; **j'habite rue Froment — à quel** ~? I live in the Rue Froment — what number? **-4.** [exemplaire] issue, number; **acheter un magazine au** ~ to buy a magazine as it appears; **il faudra chercher dans de vieux** ~s we'll have to look through some back issues. **-5.** MUS number; [dans un spectacle] act, turn; **il fait le** ~ **le plus important du spectacle** he's top of the bill; **elle a fait son** ~ **habituel** she went into her usual routine; **il lui a fait un** ~ **de charme terrible** *fam* he really turned on the charm with her. **-6.** JEUX [nombre] number; **un** ~ **gagnant** a winning number; **tirer le bon/mauvais** ~ to draw a lucky/an unlucky number; **lui, il a tiré le bon** ~! *fig* he's really picked a winner! **-7.** [personne]: **n'être qu'un** ~ to be just a number; **quel** ~! *fam* [hurluberlu] what a card OU character ❏ **le** ~ **un/deux soviétique** the Soviet number one/two; **le** ~ **un du tennis** the top tennis player; **le** ~ **deux de l'automobile** the second-ranked car manufacturer. **-8.** *(comme adj: après le nom)*: **le lot** ~ 12 lot 12. **-9.** OPT number. **-10.** TEXT count of yarn.

**numérologie** [nymerɔlɔʒi] *nf* numerology.

**numérologue** [nymerɔlɔg] *nmf* numerologist.

**numérotage** [nymerɔtaʒ] *nm* **-1.** [attribution d'un numéro] numbering. **-2.** TEXT (yarn) counting.

**numérotation** [nymerɔtasjɔ̃] *nf* **-1.** [attribution d'un numéro] numbering; **la** ~ **des pages** pagination, page numbering. **-2.** TÉLÉC dialling.

**numéroter** [3] [nymerɔte] *vt* to number; **tu peux** ~ **tes abattis!** *fam & hum* get ready, you're in for it!

**numerus clausus** [nymerysklozys] *nm inv* numerus clausus.

**numide** [nymid] *adj* Numidian.

◆ **Numide** *nmf* Numidian.

**Numidie** [nymidi] *npr f*: **(la)** ~ Numidia.

**numismate** [nymismat] *nmf* numismatist, numismatologist.

**numismatique** [nymismatik] ◇ *nf* numismatics *(U)*, numismatology. ◇ *adj* numismatic.

**nunuche** [nynyʃ] *fam* ◇ *adj* simple, goofy, dumb. ◇ *nf* ninny, nincompoop.

**nu-pieds** [nypje] *nmpl* sandals.

**nuptial, e, aux** [nypsjal, o] *adj* **-1.** [de mariage] wedding *(modif)*; **robe** ~e wedding dress, bridal gown. **-2.** ZOOL nuptial.

**nuptialité** [nypsjalite] *nf* marriage rate, nuptiality.

**nuque** [nyk] *nf* nape *(of the neck)*; **une coiffure qui dégage la** ~ a hairstyle that leaves the back of the neck OU the nape bare.

**nurse** [nœrs] *nf vieilli* nanny, governess.

**nursery** [nœrsəri] *(pl* **nurserys** OU **nurseries)** *nf* nursery.

**nutriment** [nytrimɑ̃] *nm* nutriment.

**nutritif, ive** [nytritif, iv] *adj* **-1.** [nourrissant – aliment] nourishing, nutritious; **substance nutritive** nutrient. **-2.** [relatif à la nutrition] nutritive, nutritional; **valeur nutritive** food OU nutritional value.

**nutrition** [nytrisjɔ̃] *nf* **-1.** PHYSIOL nutrition, feeding; **maladies de la** ~ nutritional diseases. **-2.** BOT nutrition.

**nutritionnel, elle** [nytrisjɔnɛl] *adj* nutritional, food *(modif)*; **composition** ~ **le du lait** food OU nutritional value of milk.

**nutritionniste** [nytrisjɔnist] *nmf* nutritionist, dietary expert.

**nyctalope** [niktalɔp] ◇ *adj* **-1.** ZOOL: **la chouette est un oiseau** ~ the owl has good nocturnal vision. **-2.** MÉD hemeralopic *spéc*, day-blind. ◇ *nmf* **-1.** MÉD person suffering from day-blindness OU *spéc* hemeralopia. **-2.** ZOOL animal/bird with good nocturnal vision.

**Nylon**® [nilɔ̃] *nm* nylon; **en** ou **de** ~ nylon *(modif)*.

**nymphe** [nɛ̃f] *nf* **-1.** MYTH nymph. **-2.** ENTOM nymph.

**nymphéa** [nɛ̃fea] *nm* white water lily.

**nymphette** [nɛ̃fɛt] *nf* nymphet, nymphette.

**nymphomane** [nɛ̃fɔman] *adj f & nf* nymphomaniac.

**nymphomanie** [nɛ̃fɔmani] *nf* nymphomania.

**o, O** [o] *nm inv* [lettre] o, O.

**ô** [o] *interj litt* oh, O.

**O** (*abr écrite de* **Ouest**) W.

**OACI** (*abr de* **Organisation de l'aviation civile internationale**) *npr f* ICAO.

**OAS** (*abr de* **Organisation Armée Secrète**) *npr f* OAS (*French terrorist organization which opposed Algerian independence in the 1960s*).

**oasis** [ɔazis] *nf* oasis; une ~ de paix an oasis of peace.

**obédience** [ɔbedjɑ̃s] *nf* [adhésion] allegiance; pays d'~ socialiste socialist ou socialist-run countries; musulman de stricte ~ devout Muslim ❏ ~ religieuse religious persuasion.

**obéir** [32] [ɔbeir]
◆ **obéir à** *v* + *prép* **-1.** [se soumettre à]: ~ à qqn/qqch to obey sb/sthg; il m'obéit au doigt et à l'œil he's at my beck and call; savoir se faire ~ de qqn to command ou to compel obedience from sb; ~ à un ordre to comply with ou to obey an order ‖ *(en usage absolu)*: vas-tu ~? will you do as you're told!-**2.** [être régi par]: ~ à qqch to submit to ou to obey sthg; ~ à une théorie/un principe to obey ou to follow a theory/principle; le marché obéit à la loi de l'offre et de la demande the market is governed by ou follows the law of supply and demand; ~ à une impulsion to follow an impulse; obéissant à une soif de vengeance moved ou prompted by a thirst for revenge. **-3.** [réagir à – suj: mécanisme]: ~ à qqch to respond to sthg ‖ *(en usage absolu)*: soudain les freins ont cessé d'~ all of a sudden, the brakes stopped responding.

**obéissance** [ɔbeisɑ̃s] *nf* **-1.** [action d'obéir] obedience, submission; ~ à une règle adherence to a rule. **-2.** [discipline] obedience; les professeurs se plaignent du manque d'~ des élèves the teachers complain of the pupils' disobedience. **-3.** RELIG obedience.

**obéissant, e** [ɔbeisɑ̃, ɑ̃t] *adj* obedient; être ou se montrer ~ envers qqn to be obedient to ou towards sb.

**obélisque** [ɔbelisk] *nm* obelisk.

**obèse** [ɔbɛz] ◇ *adj* obese. ◇ *nmf* obese person.

**obésité** [ɔbezite] *nf* obesity, obeseness.

**objecter** [4] [ɔbʒɛkte] *vt* **-1.** [opposer – un argument]: ~ qqch à qqn to put sthg forward as an argument against sb; il n'a rien eu à ~ à ce que j'ai dit he raised no objections to what I said; on nous objectera le coût trop élevé de l'opération they will object to the high cost of the operation. **-2.** [prétexter]: il objecta son incompétence pour se débarrasser de la corvée he pleaded incompetence to get out of doing the chore.

**objecteur** [ɔbʒɛktœr] *nm*: ~ de conscience conscientious objector.

**objectif, ive** [ɔbʒɛktif, iv] *adj* **-1.** [impartial] objective, unbiased. **-2.** [concret, observable] objective. **-3.** GRAMM & PHILOS objective.
◆ **objectif** *nm* **-1.** [but à atteindre] objective, goal, aim; COMM [de croissance, de production] target; se fixer/atteindre un ~ to set o.s./to reach an objective. **-2.** MIL [cible] target, objective. **-3.** OPT & PHOT lens, objective; braquer son ~ sur qqch to train one's camera on sthg; fixer l'~ to look into the camera.

**objection** [ɔbʒɛksjɔ̃] *nf* **-1.** [gén] objection; faire ou soulever une ~ to make ou to raise an objection; tu as ou tu y vois une ~? do you have any objection?; je ne vois pas d'~

à continuer le débat/à ce que vous partiez I have no objection to our continuing the debate/to your leaving. **-2.** JUR: ~! objection!; ~ accordée/refusée objection sustained/overruled.
◆ **objection de conscience** *nf* conscientious objection.

**objectivation** [ɔbʒɛktivasjɔ̃] *nf* objectivization.

**objectivement** [ɔbʒɛktivmɑ̃] *adv* objectively.

**objectiver** [3] [ɔbʒɛktive] *vt* to objectify.

**objectivisme** [ɔbʒɛktivism] *nm* objectivism.

**objectivité** [ɔbʒɛktivite] *nf* objectivity; manque d'~ lack of objectivity; en toute ~ (quite) objectively.

**objet** [ɔbʒɛ] *nm* **-1.** [chose] object, item; traiter qqn comme un ~ to treat sb like an object ou a thing ❏ ~ d'art objet d'art, art object; ~ de luxe luxury item; ~ sexuel sex object; ~ volant non identifié→ OVNI; ~s personnels personal belongings ou effects; ~s de toilette toiletries; ~s trouvés lost property *(U)*; c'est un homme-~ he's a sex object. **-2.** [thème] subject; l'~ de leurs discussions était toujours la politique politics was always the subject of their discussions. **-3.** [personne] object; [raison] cause; l'~ de sa curiosité/passion the object of her curiosity/passion. **-4.** [but] object, purpose, aim; exposer l'~ de sa visite to explain the purpose of ou reason for one's visit; le congrès a rempli son ~, qui était d'informer the congress has achieved its aim ou purpose, which was to inform; faire ou être l'~ de: faire ou être l'~ de soins particuliers to receive ou to be given special care; faire l'~ d'une fouille corporelle to be subjected to a body search; faire l'~ d'attaques répétées to be the victim of repeated attacks; l'ancien ministre fait actuellement l'~ d'une enquête the former minister is currently being investigated; faire l'~ de controverses to be a controversial subject; faire l'~ de vives critiques to be the object ou target of sharp criticism. **-5.** GRAMM object. **-6.** JUR matter; l'~ du litige the matter at issue; l'~ de la plainte the matter of the complaint; l'~ désigné dans le contrat the object of the contract.
◆ **sans objet** *loc adj* **-1.** [sans but] aimless, pointless. **-2.** [non justifié] unjustified, groundless, unfounded; ces arguments sont maintenant sans ~ these arguments no longer apply ou are no longer applicable.

**objurgations** [ɔbʒyrgasjɔ̃] *nfpl litt* **-1.** [reproches] objurgations *litt*, castigations. **-2.** [prières] entreaties, pleas.

**obligataire** [ɔbligatɛr] ◇ *adj* bonded, debenture *(modif)*; dette ~ bonded ou debenture debt; emprunt/créancier ~ bonded loan/creditor. ◇ *nmf* debenture holder, bondholder.

**obligation** [ɔbligasjɔ̃] *nf* **-1.** [contrainte] obligation; ~ de: je suis ou je me vois dans l'~ de vous expulser I'm obliged ou forced to evict you; faire ~ à qqn de to oblige ou to require sb to; la loi vous fait ~ de vous présenter en personne the law requires you to appear in person ❏ 'sans ~ d'achat' 'no purchase necessary'; ~ de réserve duty of confidentiality. **-2.** [devoir] obligation, duty, commitment; mes ~s de président de la société my duties as the chairman of the company ❏ ~s familiales family obligations ou commitments; ~s militaires military obligations ou duties; l'~ scolaire compulsory education. **-3.** JUR obligation; ~ alimentaire alimony, maintenance (order) *Br*; contracter une ~ envers qqn to enter into an agreement with sb; faire honneur à ses ~s to fulfil one's obligations, to carry out one's duties. **-4.** BOURSE & FIN bond, debenture; ~ portant un intérêt de 6 % bond bearing interest at 6% ❏ ~ échue/

négociable matured/marketable bond; ~ **remboursable ou** amortissable redeemable bond; ~ **cautionnée** guaranteed bond; ~ **d'entreprise** bond, debenture (stock) *Br;* ~ **d'État** (government) bond; ~ **hypothécaire** mortgage bond; ~ **au porteur** bearer bond; ~ **privilégiée** preference **ou** preferment bond. **-5.** *litt* [gratitude] obligation.

**obligatoire** [ɔbligatwar] *adj* **-1.** [exigé, imposé] compulsory, obligatory; (**le port de**) **la ceinture de sécurité est** ~ the wearing of seat belts is compulsory; '**tenue de soirée** ~' formal dress required. **-2.** [inéluctable]: **un jour ou l'autre ils en viendront aux mains, c'est** ~ one of these days they're bound to come to blows.

**obligatoirement** [ɔbligatwarmã] *adv* **-1.** [par nécessité]: **il doit** ~ **avoir la licence pour s'inscrire** he must have a degree to enrol; **nous devons** ~ **fermer les portes à 20 h** we're obliged **ou** required to close the doors at 8 pm. **-2.** *fam* [immanquablement]: **il va** ~ **tout aller lui répéter** he's bound to go and tell her everything.

**obligé, e** [ɔbliʒe] ◇ *adj* **-1.** [forcé]: **être** ~ **de faire qqch** to be forced to do sthg, to have to do sthg; **je suis bien** ~ **de suivre** I have no option **ou** choice but to follow; **se croire** ~ **de** to feel obliged to; **irez-vous?** — **bien** ~! are you going? — I don't have any choice, do I?; **c'était** ~! *fam* it was bound to happen! **-2.** [nécessaire - conséquence] necessary. **-3.** JUR: **être** ~ **envers un créancier** to be under an obligation to a creditor. **-4.** *sout* [reconnaissant]: **je vous serais** ~ **de...** I would be much obliged if you would... ◇ *nm, f sout* obligor; **je suis votre** ~ **en cette affaire** I'm obliged to you in this matter.

**obligeai** [ɔbliʒe] *v →* **obliger**.

**obligeamment** [ɔbliʒamã] *adv sout* obligingly.

**obligeance** [ɔbliʒãs] *nf sout*: **avoir l'** ~ **de faire qqch**: **veuillez avoir l'** ~ **de me répondre rapidement** please be so kind as to **ou** be kind enough to reply as quickly as possible; **un jeune homme d'une extrême** ~ an extremely obliging young man.

**obligeant, e** [ɔbliʒã, ãt] *adj sout* kind; **des remarques peu** ~**es** rather unkind remarks.

**obliger** [17] [ɔbliʒe] *vt* **-1.** [mettre dans la nécessité de] to oblige, to force; ~ **qqn à faire qqch** to force sb to do sthg; **ne m'oblige pas à te punir** don't force me to **ou** don't make me punish you; **cela m'oblige à changer de train** it means I have to change trains. **-2.** [contraindre moralement ou juridiquement]: **la loi oblige les candidats à se soumettre à un test** applicants are legally required to take a test; **votre signature vous oblige** your signature is legally binding. **-3.** *sout* [faire plaisir à] to oblige; **vous m'obligeriez en venant ou si vous veniez** you would oblige me by coming, I would be obliged if you came; **nous vous sommes très obligés de votre soutien** we are very grateful to you for your support. ◆ **s'obliger à** *vp* **+** *prép* **-1.** [se forcer à] to force o.s. to. **-2.** [s'engager à] to commit o.s. to; **par ce contrat, je m'oblige à évacuer les lieux avant le 21** in this contract I commit myself to leaving **ou** I undertake to leave the premises by the 21st.

**oblique** [ɔblik] ◇ *adj* **-1.** [ligne] oblique; [pluie, rayon] slanting; [regard] sidelong. **-2.** LING oblique. **-3.** JUR indirect. ◇ *nm* ANAT oblique (muscle). ◇ *nf* GÉOM oblique (line). ◆ **en oblique** *loc adv* diagonally.

**obliquement** [ɔblikmã] *adv* **-1.** [de biais] obliquely, diago-

nally, at an angle. **-2.** [hypocritement] obliquely, indirectly; **il agit toujours** ~ he never acts openly.

**obliquer** [3] [ɔblike] *vi* to turn **ou** to veer off *(insép)*; **la voiture obliqua dans une ruelle étroite** the car swerved (off) into a narrow alley; **la route oblique à gauche** the road veers left.

**oblitérateur, trice** [ɔbliteratœr, tris] *adj* cancelling *(avant n)*. ◆ **oblitérateur** *nm* cancelling machine.

**oblitération** [ɔbliterasjɔ̃] *nf* **-1.** [apposition d'une marque] cancellation; [marque – sur un timbre] postmark; [– sur un ticket] stamp. **-2.** *litt* [altération] fading. **-3.** MÉD obturation.

**oblitérer** [18] [ɔblitere] *vt* **-1.** [timbre] to postmark, to cancel; **timbre oblitéré** used stamp. **-2.** *litt* [effacer] to obliterate, to erase, to efface. **-3.** MÉD to obturate.

**oblong, ongue** [ɔblɔ̃, ɔ̃g] *adj* **-1.** GÉOM oblong. **-2.** [visage, pelouse] oblong, oval.

**obnubiler** [3] [ɔbnybile] *vt sout* **-1.** [obséder] to obsess; **être obnubilé par une idée** to be obsessed by an idea. **-2.** *fig* [obscurcir] to cloud, to obnubilate *litt*.

**obole** [ɔbɔl] *nf* **-1.** [somme d'argent] (small) contribution **ou** donation; **chacun verse son** ~ each person is making a contribution. **-2.** HIST [monnaie – grecque] obol; [– française] obole.

**obscène** [ɔpsɛn] *adj* [licencieux] obscene, lewd; **langage** ~ obscene **ou** filthy language.

**obscénité** [ɔpsenite] *nf* **-1.** [caractère licencieux] obscenity, lewdness. **-2.** [parole, geste] obscenity.

**obscur, e** [ɔpskyr] *adj* **-1.** [sombre] dark; **une nuit** ~**e** a pitch-black night; **des forces** ~**es dominaient leur planète** *fig* obscure forces **ou** forces of darkness ruled their planet. **-2.** [incompréhensible] obscure, abstruse. **-3.** [indéfini] obscure, vague, indefinite; **un** ~ **pressentiment** a vague premonition. **-4.** [peu connu] obscure; **une vie** ~**e** a modest existence.

**obscurantisme** [ɔpskyrãtism] *nm* obscurantism.

**obscurantiste** [ɔpskyrãtist] *adj & nmf* obscurantist.

**obscurcir** [32] [ɔpskyrsir] *vt* **-1.** [priver de lumière] to darken, to make dark. **-2.** [rendre confus – discours, raisonnement] to make obscure; **le jugement obscurci par l'alcool** his judgement clouded **ou** obscured **ou** confused by drink. ◆ **s'obscurcir** *vpi* **-1.** [ciel] to darken; **soudain, tout s'obscurcit et je m'évanouis** suddenly everything went dark **ou** black and I fainted; **son visage s'obscurcit à ces mots** at these words, her face clouded (over) **ou** darkened. **-2.** [se compliquer] to become (more) obscure; **le mystère s'obscurcit** the plot thickens.

**obscurcissement** [ɔpskyrsismã] *nm* **-1.** [d'un lieu] darkening. **-2.** *sout* [de l'esprit] obscuring, clouding over.

**obscurément** [ɔpskyremã] *adv* obscurely, vaguely, dimly; **nous sentions** ~ **que...** we had a vague **ou** an obscure feeling that...

**obscurité** [ɔpskyrite] *nf* **-1.** [manque d'éclairage] dark, darkness; **dans l'** ~ in darkness, in the dark; **soudain, l'** ~ **se fit dans la chambre** it suddenly became **ou** went dark in the room. **-2.** [caractère complexe] obscurity, abstruseness. **-3.** *litt* [anonymat]: **vivre/tomber dans l'** ~ to live in/to fall into obscurity.

**obsédant, e** [ɔpsedã, ãt] *adj* [souvenir, musique] haunting [be-

---

## USAGE ▶ L'obligation

**Demander si l'on est obligé de faire quelque chose**

Do I have to make an appointment?
Do I need to book first?
Should I wear a tie?
Ought I to bring a gift?
Am I expected to be there early?

**Dire à quelqu'un qu'il est obligé de faire quelque chose**

You have to be there at 8 o'clock.
You must call her as soon as you get there.

You will report to me every three days.
Attendance is compulsory **ou** obligatory. [soutenu]
All employees are required to attend the meeting. [soutenu]

**Dire à quelqu'un qu'il n'est pas obligé de faire quelque chose**

You don't have to do the dishes.
There's no need to ask first.
Please don't feel you have to leave.
You are not obliged **ou** You are under no obligation to buy anything.

soin] obsessive.

**obsède** [ɔpsɛd] v → **obséder**.

**obsédé, e** [ɔpsede] ◇ adj [gén] obsessed; [sexuel] (sexually) obsessed. ◇ nm, f **-1.** [victime d'obsessions] obsessive; ~ sexuel sex maniac. **-2.** fam [fanatique]: les ~s de la vitesse speed merchants Br, speed fiends Am; les ~s de l'hygiène hygiene freaks.

**obséder** [18] [ɔpsede] vt **-1.** [suj: image, souvenir, peur] to haunt, to obsess; obsédé par la pensée de la mort obsessed OU gripped with the idea of death. **-2.** litt [suj: personne] to importune, to bother.

**obsèques** [ɔpsɛk] nfpl funeral.

**obséquieux, euse** [ɔpsekjø, øz] adj obsequious; être ~ avec qqn to be obsequious to OU towards sb.

**obséquiosité** [ɔpsekjozite] nf obsequiousness.

**observable** [ɔpsɛrvabl] adj observable.

**observance** [ɔpsɛrvɑ̃s] nf [d'un rite, d'une loi] observance.

**observateur, trice** [ɔpsɛrvatœr, tris] ◇ adj [perspicace] observant; avoir un esprit très ~ to be very perceptive; rien n'échappe à l'œil ~ du peintre nothing can escape the painter's perceptive eye. ◇ nm, f **-1.** [témoin] observer. **-2.** POL observer; ~ de l'ONU UN observer. **-3.** MIL spotter. **-4.** PRESSE: le Nouvel Observateur weekly news magazine.

**observation** [ɔpsɛrvasjɔ̃] nf **-1.** [remarque] observation, remark, comment; avez-vous des ~s à faire sur ce premier cours? do you have any comments to make about this first class?; la réponse du ministre appelle plusieurs ~s the minister's answer calls for some comment OU several observations. **-2.** [critique] (piece of) criticism, critical remark; je te prie de garder tes ~s pour toi please keep your remarks to yourself; ma secrétaire est toujours en retard et je lui en ai fait l'~ my secretary's always late and I've had a word with her about it; j'ai horreur qu'on me fasse des ~s I hate people criticizing me OU making remarks to me; à la première ~, vous sortez! [à un élève] if I have to say one (more) word to you, you're out!**-3.** SC [investigation, exposé] observation; [méthode d'étude] observation, observing; l'~ de la nature/d'une réaction chimique observing nature/a chemical reaction ❏ avoir l'esprit d'~ to be observant. **-4.** MIL observation. **-5.** [observance] observance, observing, keeping. **-6.** MÉD [description] notes; [surveillance] observation; mettre un malade en ~ to put a patient under observation.

◆ **d'observation** loc adj **-1.** AÉRON, ASTRON & MIL observation (modif). **-2.** SC: techniques/erreur d'~ observation techniques/error. **-3.** SPORT: un round d'~ a sizing-up round.

**observatoire** [ɔpsɛrvatwar] nm **-1.** ASTRON & MÉTÉO observatory. **-2.** MIL & fig observation OU lookout post. **-3.** ÉCON: ~ du livre body in charge of monitoring book prices; ~ des prix price-monitoring watchdog.

**observer** [3] [ɔpsɛrve] vt **-1.** [examiner] to observe, to examine; SC to observe; ~ qqch à la loupe to examine sthg under a magnifying glass. **-2.** [surveiller] to watch, to keep a watch OU an eye on; attention, on nous observe careful, we're being watched; ~ qqn avec attention/du coin de l'œil to watch sb attentively/out of the corner of one's eye. **-3.** [respecter – trêve] to observe, to abide by; [– accord] to observe, to respect, to abide by; ~ une minute de silence to observe a minute's silence; ~ le sabbat to observe OU to keep the Sabbath; ~ le code de la route to observe OU to follow the highway code. **-4.** [conserver]: ~ une attitude digne to maintain OU to keep a dignified attitude; ~ la plus stricte neutralité to observe OU to maintain the strictest neutrality. **-5.** [constater] to observe, to notice, to note; on observe un changement d'attitude chez les jeunes there is a noticeable change in attitude amongst young people; on observe une tache noire dans le poumon droit a dark patch can be seen in the right lung. **-6.** [dire] to observe, to remark; tu ne portes plus d'alliance, observa-t-il you're not wearing a wedding ring any more, he observed OU remarked; je te ferai ~ que tu t'es trompé let me point out to you that you were wrong.

◆ **s'observer** ◇ vp (emploi réfléchi) to keep a check on o.s. ◇ vp (emploi réciproque) to observe OU to watch each other. ◇ vp (emploi passif) to be seen OU observed; ce phénomène s'observe surtout par temps sec this phenomenon is mainly seen OU encountered in dry weather.

**obsession** [ɔpsesjɔ̃] nf **-1.** [hantise] obsession; beaucoup de femmes ont l'~ de grossir many women are obsessed with the idea of putting on weight; il croit qu'on veut le tuer, c'est devenu une ~ he believes people want to kill him, it's become a real obsession (with him). **-2.** [idée fixe] obsession.

**obsessionnel, elle** [ɔpsesjɔnɛl] ◇ adj **-1.** [répétitif] obsessive, obsessional. **-2.** PSYCH [comportement] obsessive; [névrose] obsessional. ◇ nm, f obsessive.

**obsidienne** [ɔpsidjɛn] nf obsidian.

**obsolescent, e** [ɔpsɔlɛsɑ̃, ɑ̃t] adj obsolescent.

**obsolète** [ɔpsɔlɛt] adj LING obsolete.

**obstacle** [ɔpstakl] nm **-1.** [objet bloquant le passage] obstacle; l'immeuble en face fait ~ au soleil the building opposite blocks (out) OU obstructs the sun. **-2.** SPORT hurdle; ÉQUIT fence. **-3.** [difficulté] obstacle, difficulty, problem; il y a un gros ~ there's a big problem; buter sur un ~ to come up against an obstacle; être un ou faire ~ à to be an obstacle to, to hinder, to impede; plus rien ne fait ~ à notre amour nothing stands in the way of our love any longer; mettre un ~ aux ambitions de qqn to put an obstacle in the way of sb's ambitions.

**obstétricien, enne** [ɔpstetrisjɛ̃, ɛn] nm, f obstetrician.

**obstétrique** [ɔpstetrik] nf obstetrics (U).

**obstination** [ɔpstinasjɔ̃] nf **-1.** [persévérance] persistence, perseverance; à force d'~ elle y est arrivée she succeeded through strength of purpose. **-2.** [entêtement] obstinacy, obstinateness, stubbornness.

**obstiné, e** [ɔpstine] ◇ adj **-1.** [entêté] obstinate, stubborn; [persévérant] persevering, determined. **-2.** [assidu] obstinate; un travail ~ unyielding OU obstinate work. ◇ nm, f: c'est un ~ [qui persévère] he's very determined; [qui s'entête] he's very stubborn OU obstinate.

**obstinément** [ɔpstinemɑ̃] adv **-1.** [avec entêtement] obstinately, stubbornly. **-2.** [avec persévérance] perseveringly, persistently.

**obstiner** [3] [ɔpstine]

◆ **s'obstiner** vpi to persist, to insist; ne t'obstine pas, abandonne le projet don't be obstinate, give the project up; elle s'obstine à vouloir partir she persists in wanting to leave OU insists on leaving; il s'obstinait à ne rien dire he obstinately OU stubbornly refused to talk.

**obstructif, ive** [ɔpstryktif, iv] adj [tumeur] obstruent; [maladie] obstructive.

**obstruction** [ɔpstryksjɔ̃] nf **-1.** [obstacle] obstruction, blockage; [blocage] obstruction, obstructing, blocking. **-2.** [action délibérée]: faire de l'~ [gén] to be obstructive; POL to obstruct (legislation); FTBL to obstruct. **-3.** MÉD obstruction.

**obstructionniste** [ɔpstryksjɔnist] adj & nmf obstructionist.

**obstructive** [ɔpstryktiv] f → **obstructif**.

**obstruer** [3] [ɔpstrye] vt **-1.** [passage] to obstruct, to block. **-2.** MÉD to obstruct.

◆ **s'obstruer** vpi to become blocked OU obstructed.

**obtempérer** [18] [ɔptɑ̃pere]

◆ **obtempérer à** v + prép **-1.** [se soumettre à] to comply with (insép); ~ à un ordre to obey an order ‖ (en usage absolu): le soldat s'empressa d'~ the soldier hurriedly obeyed. **-2.** JUR to obey; ~ à une sommation to obey a summons.

**obtenir** [40] [ɔptənir] vt **-1.** [acquérir – baccalauréat, licence, note, point] to obtain, to get; [– prix, nomination] to receive, to win, to get; [– consentement] to get, to win; [– prêt] to secure, to obtain, to get; [– accord] to reach, to obtain, to get; les résultats obtenus par l'équipe nationale the national team's results; le numéro de trapèze obtient toujours un grand succès the trapeze act is always a big success; ~ la garde d'un enfant to get OU to win custody of a child; ~ le droit de vote to win the right to vote, to get the vote; ~ de qqn une permission to get OU to get permission from sb; j'ai enfin obtenu qu'elle mette ses gants pour sortir I eventually got her to wear her gloves to go out. **-2.** [procurer]: ~ qqch à qqn to obtain OU to get OU to procure sthg for sb; elle lui a obtenu une augmentation she got him a raise. **-3.** [arriver à] to obtain, to get; en divisant par deux on obtient 24 if you divide by two you get 24. **-4.** TÉLÉC: ~ un numéro to obtain a number.

◆ **s'obtenir** vp (emploi passif): le résultat demandé s'obtient en multipliant 3 par 5 to arrive at ou to reach the required result, multiply 3 by 5.

**obtention** [ɔptɑ̃sjɔ̃] *nf* **-1.** [acquisition] obtaining, getting. **-2.** [production] creation, production.

**obtenu, e** [ɔptəny], **obtiendrai** [ɔptjɛ̃dre], **obtiennent** [ɔptjɛn], **obtiens** [ɔptjɛ̃], **obtins** [ɔptɛ̃] *v*→ **obtenir.**

**obturateur, trice** [ɔptyratœr, tris] *adj* **-1.** TECH obturating, shutting. **-2.** ANAT obturator *(modif).*
◆ **obturateur** *nm* **-1.** PHOT shutter; armer/déclencher l'~ to set/to release the shutter ❑ ~ d'objectif/à rideau between-lens/roller-blind shutter. **-2.** PÉTR (blow-out) preventor. **-3.** [en plomberie] shut-off.

**obturation** [ɔptyrasjɔ̃] *nf* **-1.** TECH sealing, stopping up. **-2.** MÉD: l'~ d'une dent the filling of a tooth.

**obturer** [3] [ɔptyre] *vt* **-1.** TECH [boucher] to seal, to stop up *(sép).* **-2.** MÉD to fill.

**obtus, e** [ɔpty, yz] *adj* **-1.** MATH obtuse. **-2.** [borné] obtuse, dull, slow-witted.

**obus** [ɔby] *nm* **-1.** ARM shell. **-2.** *(comme adj)*: homme ~, femme ~ human cannonball.

**obvier** [19] [ɔbvje]
◆ **obvier à** *v + prép litt* (parer à) to obviate, to ward off *(sép)*; ~ à un danger/accident to forestall a danger/an accident.

**oc** [ɔk] → **langue.**

**OC** *(written abbr of* **ondes courtes)** SW.

**ocarina** [ɔkarina] *nm* ocarina.

**occase** [ɔkaz] *nf fam* bargain, snip *Br,* steal *Am.*
◆ **d'occase** *loc adv fam* secondhand; je l'ai acheté d'~ I bought it secondhand.

**occasion** [ɔkazjɔ̃] *nf* **-1.** [circonstance favorable] opportunity, chance; si l'~ se présente if the opportunity arises; l'~ ne se représentera pas there won't be another chance like that again; laisser passer l'~ to let the opportunity slip (by); saisir l'~ au vol, sauter sur l'~ to seize the opportunity, to jump at the chance; je le lui dirai à la première ~ I'll tell him as soon as I get a chance; l'~ de: ça te donnera l'~ de la rencontrer it'll give you the opportunity ou the chance to meet her; je n'ai jamais eu l'~ de me plaindre de lui I've never had cause to complain about him; il a manqué ou perdu ou raté une belle ~ de se taire *fam* he could have kept his mouth shut ❑ l'~ fait le larron *prov* opportunity makes a thief *prov.* **-2.** [moment] occasion; à deux ~s twice; à trois/quatre ~s three/four times; à toute ~ every occasion; en plusieurs/maintes ~s several/many times; à cette ~ at that point, on that occasion; dans les grandes ~s on big ou important ou special occasions; être ou faire l'~ de: sa mort a été l'~ de changements importants significant changes took place after his death; ces retrouvailles furent l'~ de grandes réjouissances there were great festivities to celebrate this reunion. **-3.** [article – non neuf] secondhand ou used item; le marché de l'~ the secondhand market ‖ [affaire] bargain; pour ce prix-là, c'est une ~! it's a (real) bargain at that price!
◆ **à l'occasion** *loc adv* **-1.** [un de ces jours] one of these days. **-2.** [éventuellement] should the opportunity arise; à l'~, passez nous voir drop by some time ou if you get the chance.
◆ **à l'occasion de** *loc prép* on the occasion of, upon.
◆ **d'occasion** ◇ *loc adj* **-1.** [non neuf] secondhand; voiture d'~ secondhand ou used car. **-2.** [improvisé]: des amours d'~ chance ou casual (love) affairs. ◇ *loc adv* [acheter, vendre] secondhand *adv*; j'ai fini par le trouver d'~ in the end I found a secondhand one.

**occasionnel, elle** [ɔkazjɔnɛl] *adj* **-1.** [irrégulier] casual, occasional. **-2.** [fortuit] chance *(avant n);* rencontre ~le chance meeting. **-3.** PHILOS: cause ~le occasional cause.

**occasionnellement** [ɔkazjɔnɛlmɑ̃] *adv* occasionally, every now and then, from time to time.

**occasionner** [3] [ɔkazjɔne] *vt* [causer] to cause, to bring about *(sép),* to occasion; ~ des ennuis à qqn to cause trouble for sb, to get sb into trouble.

**occident** [ɔksidɑ̃] *nm* **-1.** GÉOG west. **-2.** POL: l'Occident the West, the Occident.

**occidental, e, aux** [ɔksidɑtal, o] *adj* **-1.** GÉOG west, western; côte ~e west coast; Europe ~e Western Europe. **-2.** POL Western, Occidental; les pays occidentaux, le monde ~

Western countries, the West.
◆ **Occidental, e,** aux *nm, f* POL Westerner, Occidental.
◆ **à l'occidentale** *loc adv:* vivre à l'~ to live like a Westerner; s'habiller à l'~ to wear Western-style clothes.

**occidentaliser** [3] [ɔksidɑtalize] *vt* to westernize, to occidentalize.
◆ **s'occidentaliser** *vpi* to become westernized.

**occipital, e, aux** [ɔksipital, o] *adj* occipital.
◆ **occipital, aux** *nm* occipital (bone).

**occiput** [ɔksipyt] *nm* occiput.

**occire** [ɔksir] *vt arch* to slay.

**occitan, e** [ɔksitɑ, an] *adj* of Occitanie.
◆ **Occitan, e** *nm, f* inhabitant of or person from Occitanie.
◆ **occitan** *nm* LING langue d'oc *(language spoken in parts of Southern France).*

**Occitanie** [ɔksitani] *npr f:* (l') ~ *area of Southern France in which langue d'oc is spoken.*

**occlure** [96] [ɔklyr] *vt* to occlude.

**occlusif, ive** [ɔklyzif, iv] *adj* occlusive.

**occlusion** [ɔklyzjɔ̃] *nf* CHIM, LING & MÉD occlusion; ~ intestinale ileus *spéc,* intestinal obstruction.

**occultation** [ɔkyltasjɔ̃] *nf* **-1.** ASTRON occultation. **-2.** RAIL occulting *(U).* **-3.** *litt* [obscurcissement] obscuring, concealment, hiding.

**occulte** [ɔkylt] *adj* **-1.** [surnaturel] occult. **-2.** [secret] occult, secret; financements ~s secret ou mystery funding; fonds ou réserves ~s slush funds.

**occulter** [3] [ɔkylte] *vt* **-1.** ASTRON & RAIL to occult. **-2.** [ville, région] to black out *(sép),* to black out TV programmes in. **-3.** [réalité, problème] to cover up *(sép),* to hush up *(sép)*; to gloss over *(insép)*; [sentiment, émotion] to deny.

**occultisme** [ɔkyltism] *nm* occultism.

**occupant, e** [ɔkypɑ̃, ɑ̃t] ◇ *adj* occupying. ◇ *nm, f* **-1.** [d'un véhicule] occupant; [d'un lieu] occupant, occupier. **-2.** MIL occupier, occupying force.

**occupation** [ɔkypasjɔ̃] *nf* **-1.** [professionnelle] occupation, job; [de loisirs] occupation. **-2.** [d'un endroit]: l'~ de l'université par les étudiants the student sit-in at the university ❑ ~ des lieux occupancy. **-3.** ADMIN: ~ des sols land use. **-4.** MIL [occupation]: les troupes d'~ the occupying troops. **-5.** HIST: l'Occupation the (German) Occupation (of France); la vie sous l'Occupation life in occupied France.

**occupationnel, elle** [ɔkypasjɔnɛl] *adj* occupational MÉD.

**occupé, e** [ɔkype] *adj* **-1.** [non disponible – ligne de téléphone] engaged *Br,* busy *Am;* [– toilettes] engaged *Br,* occupied *Am;* ça sonne ~ *fam* I'm getting the engaged tone *Br,* the line is busy *Am;* ces places sont ~es these seats are taken; maison vendue ~e house sold with sitting tenant. **-2.** MIL & POL occupied. **-3.** [personne] busy; j'ai des journées très ~es my days are full.

**occuper** [3] [ɔkype] *vt* **-1.** [donner une activité à]: ~ qqn to keep sb busy ou occupied; la question qui nous occupe the matter in hand ‖ *(en usage absolu)*: ça occupe! it keeps me busy. **-2.** [envahir] to occupy, to take over *(sép)*; ~ le terrain MIL & *fig* to have the field. **-3.** [remplir – un espace, une durée] to take up *(insép),* to occupy; le bar occupe le fond de la pièce/trop de place the bar stands at the back of the room/ takes up too much space ❑ ~ le devant de la scène to be in the foreground. **-4.** [consacrer] to spend; j'occupe mes loisirs à lire I spend my free time reading. **-5.** [habiter] to occupy, to live (in). **-6.** [détenir – poste, place] to hold, to occupy; il occupe un poste important he holds an important position; Liverpool occupe la seconde place du championnat Liverpool are in second place in the league table.
◆ **s'occuper** *vp (emploi réfléchi)* to keep o.s. busy ou occupied, to occupy o.s.; à quoi s'occupent les citadins au mois d'août? how do city dwellers spend their time in August?; il va falloir qu'elle s'occupe she'll have to find something to keep her occupied; tu n'as donc pas de quoi t'~? haven't you got something to be getting on with?; c'est juste histoire de m'~ *fam* it's just for something to do.
◆ **s'occuper de** *vp + prép* **-1.** [avoir pour responsabilité ou tâche] to deal with, to be in charge of, to take care of; qui s'occupe de votre dossier? who's dealing with ou handling your file?; je m'occupe de jeunes délinquants I'm in

charge of young offenders; **je m'en occuperai dès demain matin** I'll attend to ou take care of that first thing in the morning; **t'es-tu occupé des réservations/de ton inscription?** did you see about the reservations/registering for your course? ❏ **occupe-toi de tes affaires** ou **oignons** *fam* mind your own business; **t'occupe!** *fam* none of your business!, don't be so nosy!.**-2.** [entourer de soins] to look after, to care for; **s'~ d'un malade** to care for a patient; **s'~ d'un bébé** to look after a baby; **peux-tu t'~ des invités pendant que je me prépare?** would you look after ou see to the guests while I get ready?; **on s'occupe de vous, Madame?** are you being attended to ou served, Madam?; **il ne s'occupe pas assez d'elle** he doesn't pay her enough attention.

**occurrence** [ɔkyrãs] *nf* **-1.** *sout* [cas] case; **en pareille ~, il faut appeler la police** in such a case ou in such circumstances, the police must be called. **-2.** LING token, occurrence.

◆ **en l'occurrence** *loc adv* as it happens; **il voulait s'en prendre à quelqu'un, en l'~ ce fut moi** he wanted to take it out on somebody, and it happened to be me ou and as it happened, it was me.

**OCDE** (*abr de* **Organisation de coopération et de développement économiques**) *nprf* OECD.

**océan** [ɔseã] *nm* **-1.** GÉOG ocean; **l'~ Arctique/Atlantique/Antarctique/Indien/Pacifique** the Arctic/Atlantic/Antarctic/Indian/Pacific Ocean. **-2.** *fig:* **un ~ de larmes** floods of tears.

**océanaute** [ɔseanot] *nmf* oceanaut.

**Océanie** [ɔseani] *npr f:* **(l')~** Oceania, the (Central and) South Pacific.

**océanien, enne** [ɔseanjɛ̃, ɛn] *adj* Oceanian, Oceanic.

◆ **Océanien, enne** *nm, f* Oceanian.

**océanique** [ɔseanik] *adj* oceanic.

**océanographe** [ɔseanɔgraf] *nmf* oceanographer.

**océanographie** [ɔseanɔgrafi] *nf* oceanography.

**océanologie** [ɔseanɔlɔʒi] *nf* oceanology.

**océanologue** [ɔseanɔlɔg] *nmf* oceanologist.

**ocelot** [ɔslo] *nm* **-1.** [animal] ocelot. **-2.** [fourrure] ocelot (fur).

**ocre** [ɔkr] ◇ *nf* ochre; **~ rouge** ruddle. ◇ *adj inv & nm* ochre.

**octaèdre** [ɔktaedr] ◇ *adj* octahedral. ◇ *nm* octahedron.

**octane** [ɔktan] *nm* octane.

**octante** [ɔktãt] *dét dial* eighty.

**octave** [ɔktav] *nf* ESCRIME, MUS & RELIG octave; **à l'~ inférieure/supérieure** one octave lower/higher.

**octet** [ɔktɛ] *nm* INF octet, (eight-bit) byte.

**octobre** [ɔktɔbr] *nm* October; *voir aussi* **mars**.

**octogénaire** [ɔktɔʒenɛr] *adj & nmf* octogenarian.

**octogonal, e, aux** [ɔktɔgonal, o] *adj* octagonal.

**octogone** [ɔktɔgon] ◇ *adj* octagonal. ◇ *nm* octagon.

**octosyllabe** [ɔktɔsilab] ◇ *adj* octosyllabic. ◇ *nm* octosyllable.

**octroi** [ɔktrwa] *nm* **-1.** [don] granting, bestowing. **-2.** HIST [taxe, administration]: **l'~** the octroi.

**octroyer** [13] [ɔktrwaje] *vt* [accorder] to grant; **~ qqch à** [faveur] to grant sthg to; [permission, congé] to grant sthg to, to give to.

◆ **s'octroyer** *vpt:* **s'~ un congé** to take a day off (*without permission*); **s'~ le droit de faire qqch** to assume the right to do sthg.

**octuor** [ɔktɥɔr] *nm* octet.

**oculaire** [ɔkylɛr] ◇ *adj* ocular. ◇ *nm* **-1.** OPT ocular, eyepiece. **-2.** PHOT viewfinder.

**oculiste** [ɔkylist] *nmf* oculist.

**odalisque** [ɔdalisk] *nf* **-1.** HIST odalisque. **-2.** *litt* [courtisane] courtesan, odalisque *litt*.

**ode** [ɔd] *nf* ode.

**odeur** [ɔdœr] *nf* **-1.** [de nourriture] smell, odour; [de fleur, de parfum] smell, fragrance, scent; **une forte ~ de brûlé/chocolat venait de la cuisine** a strong smell of burning/chocolate was coming from the kitchen; **chasser les mauvaises ~s** to get rid of (nasty ou unpleasant) smells; **sans ~** odourless; **ce médicament a une mauvaise ~** this medicine smells bad ou has a bad smell; **ça n'a pas d'~** it has no

smell, it doesn't smell. **-2.** RELIG: **en ~ de sainteté: mourir en ~ de sainteté** to die in the odour of sanctity; **ne pas être en ~ de sainteté** *fig* to be out of favour.

**odieusement** [ɔdjøzmã] *adv* odiously, obnoxiously.

**odieux, euse** [ɔdjø, øz] *adj* **-1.** [comportement] odious; [crime] heinous. **-2.** [désagréable – personne] hateful, obnoxious; **l'examinateur a été ~ avec moi** the examiner was obnoxious ou vile to me; **elle a deux enfants ~** she has two unbearable ou obnoxious children.

**odontologie** [ɔdɔ̃tɔlɔʒi] *nf* odontology.

**odorant, e** [ɔdɔrã, ãt] *adj* **-1.** [qui a une odeur] odorous. **-2.** *sout* [parfumé] fragrant, sweet-smelling.

**odorat** [ɔdɔra] *nm* (sense of) smell; **avoir l'~ développé** to have a keen sense of smell.

**odoriférant, e** [ɔdoriferã, ãt] *adj litt* [parfumé] sweet-smelling, fragrant, odoriferous *litt*.

**odyssée** [ɔdise] *nf* odyssey; **'l'Odyssée'** *Homère* 'The Odyssey'.

**OEA** (*abr de* **Organisation des États américains**) *nprf* OAS.

**OECE** (*abr de* **Organisation européenne de coopération économique**) *nprf* OEEC.

**œcuménique** [ekymenik] *adj* ecumenical.

**œcuménisme** [ekymenism] *nm* ecumenicalism, ecumenicism.

**œcuméniste** [ekymenist] ◇ *adj* ecumenic, ecumenical. ◇ *nm, f* ecumenist.

**œdème** [edɛm] *nm* oedema.

**œdipe** [edip] *nm* Oedipus complex.

**Œdipe** [edip] *npr* Oedipus; **'~ roi'** *Sophocle* 'Oedipus Rex'.

**œdipien, enne** [edipjɛ̃, ɛn] *adj* oedipal, oedipean.

**œil** [œj] (*pl sens 1-6* **yeux** [jø], *pl sens 7* **œils**) *nm* **-1.** ANAT eye; **j'ai le soleil dans les yeux** the sun's in ou I've got the sun in my eyes; **avoir les yeux verts/marron** to have green/brown eyes; **elle a des yeux de biche** she's got doe eyes; **il ne voit plus que d'un ~** he can only see with one eye now; **se faire les yeux** to make up one's eyes; **je l'ai vu, de mes yeux vu, je l'ai vu de mes propres yeux** I saw it with my own eyes; **faire** ou **ouvrir des yeux ronds** to stare wide-eyed ❏ **~ artificiel/de verre** artificial/glass eye; **l'~ intérieur** *litt* the inner eye; **mauvais ~** evil eye; **jeter le mauvais ~ à qqn** to give sb the evil eye; **généreux, mon ~!** generous, my foot!; **attention les yeux!** *fam* get an eyeful of that!; **avoir les yeux battus** to have (dark) rings ou bags under one's eyes; **avoir de petits yeux** to have small eyes; *fig* to look (all) puffy-eyed ou puffy round the eyes; **faire qqch les yeux fermés** *pr & fig* to do sthg with one's eyes shut ou closed; **avoir un ~ poché** ou **au beurre noir** *fam* to have a black eye ou a shiner *fam*; **elle avait les yeux qui lui sortaient de la tête** her eyes were popping out of her head; **avoir un ~ qui dit zut** *fam* ou **merde**ᵛ **à l'autre** *hum*, **avoir les yeux qui se croisent les bras** *fam & hum*, **avoir un ~ à Paris et l'autre à Pontoise** *fam & hum* to have a squint, to be cross-eyed, to be boss-eyed *Br*; **il faudrait avoir des yeux derrière la tête!** you'd need (to have) eyes in the back of your head!; **faire les gros yeux à un enfant** to look sternly ou reprovingly at a child; **faire qqch pour les beaux yeux de qqn** to do sthg for the love of sb; *fam* **tu as les yeux plus grands que le ventre** [tu es trop gourmand] your eyes are bigger than your belly ou your stomach; **tu as eu les yeux plus grands que le ventre** [tu as été trop ambitieux] you've bitten off more than you can chew; **~ pour ~ (, dent pour dent)** *allusion* BIBLE an eye for an eye (and a tooth for a tooth). **-2.** [vision] sight, eyesight; **avoir de bons yeux** to have good eyesight; **avoir de mauvais yeux** to have bad ou poor eyesight ❏ **avoir des yeux de lynx** to be eagle-eyed; **il a des yeux de chat** he can see like a cat in the dark. **-3.** [regard]: **ne me fais pas ces yeux-là!** don't look ou stare at me like that!; **les yeux dans les yeux** [tendrement] looking into each other's eyes; [avec franchise] looking each other straight in the eye; **chercher qqn des yeux** to look around for sb; **jeter les yeux sur qqch** to cast a glance at sthg; **jeter un ~ à** to have a quick look at; **lever les yeux sur qqch/qqn** to look up at sthg/sb; **sans lever les yeux de son livre** without looking up ou raising her eyes from her book; **lever les yeux au ciel** [pour regarder] to look up at the sky; [par exaspération] to raise one's eyes heavenwards; **poser un ~**

sur to have a look at; **elle posait sur tout un** ~ **curieux** she was curious about everything; **devant les yeux de** before (the eyes of); **les clefs sont devant tes yeux** the keys are right in front of you; **sous les yeux de, sous l'**~ **de** *litt* under the eye ou gaze of; **sous l'**~ **amusé/jaloux de son frère** under the amused/jealous gaze of her brother; **il l'a volé sous nos yeux** he stole it from under our very eyes; **j'ai votre dossier sous les yeux** I've got your file right here in front of me ou before me; **à l'abri des yeux indiscrets** away from prying eyes ❑ **il n'avait d'yeux que pour elle** he only had eyes for her. **-4.** [expression, air] look; **elle est arrivée, l'**~ **méchant** ou **mauvais** she arrived, with a nasty look on her face ou looking like trouble; **il m'a regardé d'un** ~ **noir/ furieux** he gave me a black/furious look ❑ **faire de l'**~ **à qqn** *fam* [pour aguicher] to give sb the eye, to make eyes at sb; [en signe de connivence] to wink knowingly at sb; **faire les yeux doux** ou **des yeux de velours à qqn** to make sheep's eyes at sb. **-5.** [vigilance]: **rien n'échappait à l'**~ **du professeur** nothing escaped the teacher's notice ❑ **avoir l'**~ to be vigilant; **aie l'**~! be on the lookout!; **il faut avoir l'**~ **à tout avec les enfants** you've got to keep an eye on everything when children are around; **il a l'**~ **du maître** [rien ne lui échappe] he doesn't miss a thing; **avoir l'**~ **sur qqn, avoir** ou **tenir qqn à l'**~ to keep an eye ou a close watch on sb; **toi, je t'ai à l'**~! I've got my eye on you!; **ils étaient tout yeux et tout oreilles** they were all eyes and ears. **-6.** [état d'esprit, avis]: **voir qqch d'un bon/mauvais** ~ to look favourably/unfavourably upon sthg; **considérer** ou **voir qqch d'un** ~ **critique** to look critically at sthg; **voir les choses du même** ~ **que qqn** to see eye to eye with sb; **il voit avec les yeux de la foi/de l'amour** he sees things through the eyes of a believer/of love; **aux yeux de tous, il passait pour un fou** he was regarded by everyone as being a madman; **ça n'a aucun intérêt à mes yeux** it's of no interest to me; **aux yeux de la loi** in the eyes of the law. **-7.** [trou – dans une porte] Judas hole; [– au théâtre] peep hole; [– d'une aiguille, d'un marteau] eye; NAUT [d'un filin] grommet, eye; MÉTÉO [d'un cyclone] eye, centre.
◆ **yeux** *nmpl* **-1.** *fam & hum* [lunettes] glasses, specs *Br.* **-2.** CULIN: **les yeux du bouillon** the fat (*floating on the surface of stock*).
◆ **à l'œil** *loc adv fam* (for) free, for nothing, gratis.

**œil-de-bœuf** [œjdəbœf] (*pl* **œils-de-bœuf**) *nm* [oculus] oculus; [lucarne] bull's eye.

**œil-de-perdrix** [œjdəperdri] (*pl* **œils-de-perdrix**) *nm* **-1.** ANAT (soft) corn. **-2.** [du bois] small knot.

**œil-de-tigre** [œjdətigr] (*pl* **œils-de-tigre**) *nm* tigereye, tiger's eye.

**œillade** [œjad] *nf* wink, oeillade *litt*; **jeter** ou **lancer des** ~**s à qqn** to give sb the (glad) eye.

**œillère** [œjɛr] *nf* **-1.** [de cheval] blinker *Br*, blinder *Am*; **avoir des** ~**s** *fig* to be blinkered, to have a blinkered view of things. **-2.** [coupelle] eyebath.

**œillet** [œjɛ] *nm* **-1.** BOT pink; ~ **d'Inde** African marigold; ~ **mignardise** wild pink; ~ **de poète** sweet william. **-2.** [perforation] eyelet hole. **-3.** [anneau – de papier gommé] (index) reinforcer; [– de métal] eyelet, grommet.

**œilleton** [œjtɔ̃] *nm* **-1.** BOT sucker. **-2.** OPT eyepiece shade. **-3.** [d'une porte] spyhole.

**œnologie** [enɔlɔʒi] *nf* oenology.

**œnologue** [enɔlɔg] *nmf* oenologist.

**œsophage** [ezɔfaʒ] *nm* oesophagus.

**œstrogène** [ɛstrɔʒɛn] *nm* oestrogen.

**œuf** [œf] (*pl* **œufs** [ø]) *nm* **-1.** CULIN egg; **monter des** ~**s en neige** to beat egg whites until they form peaks; ~ **du jour** new-laid egg; ~ **sur le plat** ou **au plat** ou **(au) miroir** fried egg; ~ **en chocolat** chocolate egg; ~ **(à la) coque** boiled egg; ~ **dur** hard-boiled egg; ~ **en gelée** egg in aspic; ~ **mayonnaise** egg mayonnaise; ~ **mollet** soft-boiled egg; ~ **de Pâques** Easter egg; ~**s brouillés/pochés** scrambled/ poached eggs; ~**s en neige** [mets] floating islands; [préparation] beaten egg whites; **sortir de l'**~ to be still wet behind the ears; **écraser** ou **tuer qqch dans l'**~ to nip sthg in the bud; **c'est comme l'histoire de l'**~ **et de la poule** it's a chicken and egg situation; **c'est comme l'**~ **de Christophe Colomb, il fallait y penser** it's easy when you know how; **il ne faut pas mettre tous ses** ~**s dans le même panier** *prov*

never put all your eggs in one basket *prov*. **-2.** *fam* [imbécile] great ninny, oaf, blockhead; **tête d'**~! you nincompoop!. **-3.** BIOL (egg) cell, egg; ZOOL [d'insecte, de poisson] egg; [de homard] berry; ~**s de lump** lumpfish eggs ou roe; ~**s de poisson** ZOOL spawn; CULIN fish roe. **-4.** COUT: ~ **à repriser** darning egg. **-5.** [télécabine] cable car. **-6.** SPORT egg; **faire l'**~ to (go into a) tuck.

**œuvre[1]** [œvr] *nm* **-1.** ARCHIT & CONSTR: **mesure dans/hors** ~ inside/outside measurement ❑ **gros** ~ carcass, fabric; **le gros** ~ **est enfin terminé** the main building work is finished at last. **-2.** BX-ARTS: **son** ~ **gravé et son** ~ **peint** his paintings and his etchings. **-3.** [en alchimie]: **le Grand Œuvre** the Great Work, the Magnum Opus.

**œuvre[2]** [œvr] *nf* **-1.** [travail] work; ~ **de longue haleine** long-term undertaking; **le troisième but a été l'**~ **de Bergova** FTBL the third goal was the work of Bergova; **elle a fait** ~ **durable/utile** she's done a lasting/useful piece of work; **la vieillesse a fait son** ~ old age has done its work; **mettre qqch en** ~ to bring sthg into play; **nous avons mis tous les moyens en** ~ **pour juguler l'incendie** we did everything we could to bring the fire under control ❑ ~ **de chair** *litt* carnal knowledge; **mise en** ~ JOAIL mounting; **faire** ~ **de rénovateur** to act as a renovator. **-2.** BX-ARTS & LOISIRS work; **toute son** ~ the whole of her works ❑ ~ **d'art** work of art; ~**s choisies/complètes de Molière** selected/ complete works of Molière; ~ **de jeunesse** early work. **-3.** [charité]: ~ **(de bienfaisance)** charitable organization; **je fais la collecte pour une** ~ I'm collecting for charity; **(bonnes)** ~**s** charity.
◆ **œuvres** *nfpl* **-1.** RELIG works, deeds. **-2.** ADMIN: ~ **sociales** community service.
◆ **à l'œuvre** *loc adv* at work; **être à l'**~ to be at work; **se mettre à l'**~ to get down to ou to start work; **voir qqn à l'**~ to see sb at work.

**œuvrer** [5] [œvre] *vi sout* to work, to strive.

**OFCE** (*abr de* **Observatoire français des conjonctures économiques**) *npr m* economic research institute.

**off** [ɔf] *adj inv* **-1.** CIN offscreen. **-2.** [théâtre, spectacle, festival] fringe (*modif*).

**offensant, e** [ɔfɑ̃sɑ̃, ɑ̃t] *adj* offensive.

**offense** [ɔfɑ̃s] *nf* **-1.** [affront] insult; **faire** ~ **à** to offend, to give offence to; **soit dit sans** ~, **tu n'es plus tout jeune non plus** no offence meant, but you're not that young either; **il n'y a pas d'**~ *fam* no offence taken. **-2.** RELIG trespass, transgression. **-3.** JUR: ~ **à la cour** contempt of Court.

**offensé, e** [ɔfɑ̃se] ◇ *adj* offended, insulted; **air** ~ offended ou outraged look. ◇ *nm, f sout* offended ou injured party.

**offenser** [3] [ɔfɑ̃se] *vt* **-1.** [blesser] to offend, to give offence to; **soit dit sans (vouloir) vous** ~, **votre fils n'est pas un ange** without wishing to offend you, your son is no angel; ~ **la mémoire de qqn** *sout* to offend sb's memory. **-2.** [enfreindre] to violate; ~ **un principe** to fly in the face of a principle; ~ **Dieu** RELIG to offend God, to trespass against God.
◆ **s'offenser** *vpi sout* [se vexer] to take offence; **s'**~ **de la moindre critique** to take exception to the slightest criticism.

**offenseur** [ɔfɑ̃sœr] *nm sout* offender.

**offensif, ive** [ɔfɑ̃sif, iv] *adj* offensive; **l'équipe a adopté un jeu très** ~ the team has opted to play an attacking game ❑ **arme/guerre offensive** offensive weapon/war.
◆ **offensive** *nf* MIL & *fig* offensive; **passer à/prendre l'**~ to go on/to take the offensive; **mener une** ~ to carry out ou to conduct an offensive ❑ ~ **de paix** POL peace offensive.

**offert, e** [ɔfɛr, ɛrt] *pp* → **offrir**.

**offertoire** [ɔfɛrtwar] *nm* offertory.

**office** [ɔfis] ◇ *nm* **-1.** [HIST & gén] office; **dans son** ~ **de gouvernante** in her position as governess; **le signal d'alarme n'a pas rempli son** ~ the alarm didn't (fulfil its) function; **faire** ~ **de: qu'est-ce qui peut faire** ~ **de pièce d'identité?** what could serve as proof of identity?; **pendant le voyage, j'ai dû faire** ~ **de cuisinier** I had to act as cook during the trip ❑ ~ **ministériel** ministerial office. **-2.** RELIG service; **aller à/manquer l'**~ to go to/to miss the church service ❑ **l'**~ **divin** the Divine Office; **l'**~ **des morts** the office for the dead. **-3.** [agence] agency, bureau; ~ **du tourisme espagnol** Spanish tourist office ou bureau; **l'Office national des forêts** the French Forestry commission. **-4.** COMM [dans

l'édition]: **exemplaire d'**~ copy sent on sale or return.
◇ *nm*, vieilli *nf* [d'une cuisine] pantry; [d'un hôtel, d'une grande maison] kitchen, kitchens.
◆ **offices** *nmpl*: **grâce aux bons** ~**s de M. Prat/du gouvernement allemand** thanks to Mr. Prat's good offices/to the good offices of the German government.
◆ **d'office** *loc adv* automatically; **avocat commis d'**~ (officially) appointed lawyer.
**officialisation** [ɔfisjalizasjɔ̃] *nf* officialization.
**officialiser** [3] [ɔfisjalize] *vt* to make official, to officialize.
**officiant** [ɔfisjɑ̃] ◇ *adj m* officiating. ◇ *nm* officiant.
**officiel, elle** [ɔfisjɛl] *adj* **-1.** [public] official; **langage** ou **jargon** ~ officialese; **rien de ce que je vous dis là n'est** ~ everything I'm telling you is unofficial ou off the record; **il a rendu** ~**le sa décision de démissionner** he made public ou he officially announced his decision to resign ❏ **congé** ~ official holiday. **-2.** [réglementaire] formal; **notre rencontre n'avait aucun caractère** ~ our meeting took place on an informal ou unofficial basis.
◆ **officiel** *nm* official; **les** ~**s du Parti** the Party officials.
**officiellement** [ɔfisjɛlmɑ̃] *adv* officially.
**officier¹** [9] [ɔfisje] *vi* **-1.** RELIG to officiate. **-2.** *fig & hum* to preside; **qui officie aux fourneaux ce soir?** who's in charge ou presiding in the kitchen tonight?
**officier²** [ɔfisje] *nm* **-1.** MIL officer; ~ **de marine/de l'armée de terre** naval/army officer; ~ **supérieur/général** field/general officer; ~ **de liaison** liaison officer; ~ **subalterne** junior *Br* ou company *Am* officer. **-2.** [titulaire – d'une fonction, d'une distinction]: ~ **de l'Armée du salut** Salvation Army Officer; ~ **de l'état civil** ≃ registrar; ~ **de police judiciaire** police officer in the French Criminal Investigation Department; ~ **de la Légion d'honneur** Officer of the Legion of Honour.
**officieusement** [ɔfisjøzmɑ̃] *adv* unofficially, informally.
**officieux, euse** [ɔfisjø, øz] *adj* unofficial, informal.
**officiions** [ɔfisijɔ̃] *v* → officier.
**officinal, e, aux** [ɔfisinal, o] *adj* [plante] medicinal; [remède] officinal.
**officine** [ɔfisin] *nf* PHARM dispensary, pharmacy.
**offrande** [ɔfrɑ̃d] *nf* **-1.** RELIG [don] offering; [cérémonie] offertory. **-2.** [contribution] offering.
**offrant** [ɔfrɑ̃] *nm* bidder; **vendre qqch au plus** ~ to sell sthg to the highest bidder.
**offre** [ɔfr] *nf* **-1.** [proposition] offer; **ils lui ont fait une** ~ **avantageuse** they made him a worthwhile offer; **faire une** ~ **à 1 000 francs** to make an offer of 1,000 francs; [aux enchères] to bid 1,000 francs; '~ **valable jusqu'au 31 mai'** 'offer closes May 31st' ❏ '~**s d'emploi** 'situations vacant'; ~**s de service** offer to help. **-2.** ÉCON supply; ~ **de monnaie/devises** money/currency supply; **l'**~ **et la demande** supply and demand. **-3.** FIN: ~ **publique d'achat** takeover bid; ~ **publique d'échange** acquisition (by exchange of shares); ~ **publique de vente** sales offer (of shares at a fixed price). **-4.** JUR: ~**s réelles** payment into court.
**offrir** [34] [ɔfrir] *vt* **-1.** [faire cadeau de] to give; ~ **qqch en cadeau à qqn** to give sb sthg as a present; **on lui offrit une**

médaille they presented him ou he was presented with a medal; **je vous offre un café/un verre?** can I buy you coffee/a drink?; **ils (nous) ont offert le champagne** they treated us to champagne ‖ *(en usage absolu)*: **pourriez-vous me faire un paquet-cadeau, c'est pour** ~ could you giftwrap it for me, please, it's a present; **c'est moi qui offre** I'll pay. **-2.** [donner – choix, explication, hospitalité] to give, to offer; ~ **son assistance** ou **son aide à qqn** to offer to help sb. **-3.** [proposer]: ~ **son bras à qqn** to offer ou to lend sb one's arm; **je lui ai montré mon autoradio, il m'en offre 2 000 F** I showed him my car radio, he's offering me 2,000 F for it; **elle nous a offert sa maison pour l'été** she offered us her house for the summer. **-4.** [présenter – spectacle, vue] to offer, to present; **la conversation n'offrait qu'un intérêt limité** the conversation was of only limited interest; **cette solution offre l'avantage d'être équitable** this solution has ou presents the advantage of being fair.
◆ **s'offrir** ◇ *vp (emploi réfléchi)* **-1.** [sexuellement] to offer ou to give o.s. **-2.** [proposer ses services] to offer one's services; **s'**~ **à payer les dégâts** to offer to pay for the damage. ◇ *vp (emploi réciproque)* to give ou to buy each other. ◇ *vpi* [se présenter – occasion]: **un seul moyen s'offrait à moi** there was only one course of action open to me; **un panorama exceptionnel s'offre au regard** an amazing view meets your eyes. ◇ *vpt* [se faire cadeau de] to treat o.s. to.
**offset** [ɔfsɛt] ◇ *adj inv* offset. ◇ *nm inv* offset (process). ◇ *nf inv* offset (printing) machine.
**off shore, offshore** [ɔfʃɔr] ◇ *adj inv* BANQUE, PÉTR & SPORT offshore. ◇ *nm inv* PÉTR offshore technology; SPORT [activité] powerboat racing; [bateau] powerboat.
**offusquer** [3] [ɔfyske] *vt* to offend, to upset, to hurt.
◆ **s'offusquer** *vp*: **s'**~ **de** to take offence at, to take umbrage at; **s'**~ **d'un rien** to be easily offended, to be quick to take offence.
**ogival, e, aux** [ɔʒival, o] *adj* [structure] ogive *(modif)*, ogival; [art, style] gothic.
**ogive** [ɔʒiv] *nf* **-1.** ARCHIT ogive, diagonal rib. **-2.** MIL & NUCL warhead. **-3.** GÉOM ogive.
**ogre, ogresse** [ɔgr, ɔgrɛs] *nm, f* **-1.** [dans les contes] ogre *(f* ogress*)*. **-2.** *fam & fig* ogre *(f* ogress*)*, monster.
**oh** [o] ◇ *interj* **-1.** [pour indiquer – la surprise, l'admiration, l'indignation] oh; ~ ~, **est-ce que j'aurais deviné juste?** oho, could I be right? **-2.** [pour interpeller] hey. ◇ *nm inv* ooh, oh; **pousser des** ~ **et des ah devant qqch** to ooh and aah at sthg.
**ohé** [ɔe] *interj* hey.
**ohm** [om] *nm* ohm.
**OHQ** *nm abr de* **ouvrier hautement qualifié**.
**oie** [wa] *nf* **-1.** ORNITH goose; ~ **sauvage** wild goose. **-2.** JEUX: **jeu de l'**~ ≃ snakes and ladders. **-3.** MIL: **pas de l'**~ goosestep. **-4.** *péj* [personne] silly goose; **c'est une** ~ **blanche** she's (wide-eyed and) innocent.
**oignon** [ɔɲɔ̃] *nm* **-1.** BOT [légume] onion; [bulbe] bulb. **-2.** CULIN onion; **petits** ~**s** pickling onions; **un week-end aux petits** ~**s** *fam* a great ou first-rate weekend; **soigner qqn**

---

| **USAGE ▶ Les offres** | | |
| --- | --- | --- |
| **Pour formuler une offre** | **Pour l'accepter** | **Pour la refuser** |
| May I take that for you? | Thank you. | No, it's all right, I can manage. |
| Can I help you? | Would you? | No thanks, I'm fine. |
| Would you like me to call him? | If you don't mind./If it's no trouble. | Thanks, but I'll do it myself. |
| Is there anything I can do to help while you're away? | Yes, if you wouldn't mind, could you keep this for me. | Thanks, but I think everything's under control now. |
| Why don't you let us look after him? | Are you sure? | No, really, I'll be fine. |
| We were wondering whether or not you might like to join us for a drink? | That's very kind of you./Thanks, I'd be delighted to. | I'm sorry, I can't./It's kind of you to invite me, but I'm busy. |
| What if I tell him? | Would you mind? | No, I'd better do it myself, thanks. |
| Shall I bring the wine? | That would be lovely. | Thanks, but we've already got some. |
| I'll get/do that. | Thanks. | No, it's OK, I've got/done it. |
| Please let me give you something for it. | That's very kind of you. | Absolutely not. [plus direct] |
| Perhaps I could go instead? | That would save me a lot of bother. | Thanks, but I'd rather do it myself. |
| You can stay at my flat for a few days, if you like. | Thanks, it's very kind of you to offer. | Thanks, but we've already got somewhere to stay. |

aux petits ~s to look after sb really well; être soigné aux petits ~s to get first-class attention; ce ne sont pas tes ~s *fam* that's none of your business; **mêle-toi** OU **occupe-toi de tes ~s** *fam* mind your own business. **-3.** MÉD bunion. **-4.** [montre] fob watch.

**oil** [ɔjl] → **langue.**

**oindre** [82] [wɛ̃dʀ] *vt* **-1.** [enduire] to rub with oil. **-2.** RELIG to anoint.

**oiseau, x** [wazo] *nm* **-1.** ZOOL bird; ~ **migrateur** migratory bird; ~ **de proie** bird of prey; ~ **des îles** *pr* tropical bird; *fig* exotic creature; ~ **de mauvais augure** OU **de malheur** bird of ill omen; ~ **de passage** bird of passage; ~ **rare: il est parfait pour cet emploi, tu as vraiment déniché l'~ rare** he's perfect for this job, you've found a rare bird there; **être comme l'~ sur la branche** to be in a very precarious situation; **le petit ~ va sortir!** [photo] watch the birdie!; **petit à petit, l'~ fait son nid** *prov* every little helps; 'l'Oiseau de feu' *Stravinski* 'The Firebird'. **-2.** *fam* [individu douteux] customer; **quand la police arriva, l'~ s'était envolé** by the time the police arrived the bird had flown.

**oiseau-lyre** [wazolir] *(pl* **oiseaux-lyres)** *nm* lyrebird.

**oiseau-mouche** [wazomuʃ] *(pl* **oiseaux-mouches)** *nm* hummingbird.

**oiseleur** [wazlœr] *nm* bird catcher.

**oiselier, ère** [wazəlje, ɛr] *nm, f* bird-seller.

**oisellerie** [wazɛlri] *nf* **-1.** [boutique] bird shop. **-2.** [commerce] birdselling.

**oiseux, euse** [wazø, øz] *adj* **-1.** [futile] futile; **des rêveries oiseuses** daydreaming *(lJ).* **-2.** [stérile] irrelevant, pointless.

**oisif, ive** [wazif, iv] ◇ *adj* **-1.** [personne, vie] idle. **-2.** JUR [biens] unproductive. ◇ *nm, f* idler; **les ~s** the idle.

**oisillon** [wazijɔ̃] *nm* fledgling.

**oisive** [waziv] *f* → **oisif.**

**oisivement** [wazivmɑ̃] *adv* idly; **vivre** ~ to live in idleness.

**oisiveté** [wazivte] *nf* idleness; **vivre dans l'~** to live in idleness ❏ **l'~ est la mère de tous les vices** *prov* the devil finds work for idle hands *prov.*

**oison** [wazɔ̃] *nm* ZOOL gosling.

**OIT** *(abr de* **Organisation internationale du travail)** *npr f* ILO.

**OK** [ɔke] *interj* OK, okay.

**okapi** [ɔkapi] *nm* okapi.

**oléagineux, euse** [ɔleaʒinø, øz] *adj* oil-producing, oleaginous *spéc.*
◆ **oléagineux** *nm* oil-producing OU oleaginous *spéc* plant.

**oléiculteur, trice** [ɔleikyltœr, tris] *nm, f* **-1.** [cultivateur] olive grower. **-2.** [fabricant d'huile – d'olive] olive oil manufacturer; [– d'autres oléagineux] vegetable oil manufacturer.

**oléiculture** [ɔleikyltyr] *nf* [culture – des olives] olive growing; [– des oléagineux] oil-crop growing.

**oléifère** [ɔleifɛr] *adj* oil-producing, oleiferous *spéc.*

**oléoduc** [ɔleɔdyk] *nm* (oil) pipeline.

**olé olé** [ɔleɔle] *adj inv fam:* **être un peu ~** [de mœurs légères] to be a bit loose; [peu respectueux] to be a bit too laid back; **cette blague est un peu ~** that joke is a bit risqué.

**olfactif, ive** [ɔlfaktif, iv] *adj* olfactory.

**olfaction** [ɔlfaksjɔ̃] *nf* olfaction.

**olibrius** [ɔlibrijys] *nm* oddball.

**oligarchie** [ɔligarʃi] *nf* oligarchy.

**oligarchique** [ɔligarʃik] *adj* oligarchic, oligarchical.

**oligarque** [ɔligark] *nm* oligarch.

**oligo-élément** [ɔligoelemɑ̃] *(pl* **oligo-éléments)** *nm* trace element.

**oligopole** [ɔligɔpɔl] *nm* oligopoly.

**olivaie** [ɔlivɛ] *nf* olive grove.

**olivâtre** [ɔlivatr] *adj* olive-greenish.

**olive** [ɔliv] ◇ *nf* BOT olive; ~ **noire/verte** black/green olive. ◇ *adj inv* [couleur] olive, olive-green.

**oliveraie** [ɔlivrɛ] *nf* = **olivaie.**

**olivette** [ɔlivɛt] *nf* **-1.** [tomate] plum tomato. **-2.** [raisin] (olive-shaped) grape.

**olivier** [ɔlivje] *nm* **-1.** BOT olive tree. **-2.** [bois] olive (wood). **-3.** BIBLE: **le Mont des Oliviers** the Mount of Olives.

**olographe** [ɔlɔgraf] *adj* holograph.

**OLP** *(abr de* **Organisation de libération de la Palestine)** *npr f* PLO.

**olympe** [ɔlɛ̃p] *nm litt* Olympus.

**Olympe** [ɔlɛ̃p] *npr m* GÉOG & MYTH: **l'~** Olympus; **le mont ~** Mount Olympus.

**olympiade** [ɔlɛ̃pjad] *nf* **-1.** [événement] Olympic Games. **-2.** [quatre ans] olympiad.

**olympien, enne** [ɔlɛ̃pjɛ̃, ɛn] *adj* MYTH & *hum* Olympian; **un calme ~** an Olympian calm.

**olympique** [ɔlɛ̃pik] *adj* Olympic; **les jeux Olympiques** the Olympic Games, the Olympics.

**OM** *(abr de* **Olympique de Marseille)** *npr m* Marseilles football team.

**Oman** [ɔman] *npr* Oman; **golfe d'~** Gulf of Oman; **le sultanat d'~** the Sultanate of Oman.

**ombelle** [ɔ̃bɛl] *nf* umbel.

**ombellifère** [ɔ̃belifɛr] *nf* umbellifer, member of the Umbelliferae.

**ombilic** [ɔ̃bilik] *nm* **-1.** ANAT umbilicus *spéc*, navel. **-2.** BOT [renflement] hilum; [plante] navelwort.

**ombilical, e, aux** [ɔ̃bilikal, o] *adj* ANAT umbilical.

**ombrage** [ɔ̃braʒ] *nm* **-1.** [ombre] shade. **-2.** [feuillage] canopy, foliage. **-3.** *litt*: **prendre ~ de** to take offence OU umbrage at; **porter** OU **faire ~ à qqn** to cause offence to sb, to offend sb.

**ombragé, e** [ɔ̃braʒe] *adj* shady.

**ombrager** [17] [ɔ̃braʒe] *vt* to shade.

**ombrageux, euse** [ɔ̃braʒø, øz] *adj* **-1.** *sout* [susceptible] touchy, easily offended. **-2.** [cheval] skittish, nervous, jumpy.

**ombre¹** [ɔ̃br] *nm* ZOOL: ~ **de rivière** grayling.

**ombre²** [ɔ̃br] *nf* **-1.** [pénombre] shade; **dans l'~ des sous-bois** in the shadowy undergrowth ❏ **faire de l'~:** **le gratte-ciel fait de l'~ à tout le quartier** the skyscraper casts a shadow over the whole area ou leaves the whole area in shadow; **faire de l'~ à qqn** *pr* to be in sb's light; *fig* to be in sb's way; **pousse-toi, tu me fais de l'~** move, you're in my light; **sortir de l'~** *pr* to emerge from the dark ou darkness ou shadows; *fig* [personne] to come out in the open; *fig* [artiste] to emerge from obscurity, to come into the public eye. **-2.** [forme – d'une personne, d'un arbre, d'un mur] shadow; ~ **portée** OPT (projected) shadow; **il n'est plus que l'~ de lui-même** he's but a shadow of his former self. **-3.** [trace – se de jalousie, de surprise] hint; [– d'un sourire] hint, shadow; **pas l'~ d'un remords/d'une preuve** not a trace of remorse/shred of evidence; **cela ne fait pas** ou **il n'y a pas l'~ d'un doute** there's not a shadow of a doubt. **-4.** BX-ARTS shade, shadow; **il y a une ~ au tableau** *fig* there's a fly in the ointment.
◆ **ombres** *nfpl* **-1.** THÉÂT: ~**s chinoises**, **théâtre d'~s** shadow theatre. **-2.** ANTIQ shadows, departed souls.
◆ **à l'ombre** *loc adv* **-1.** [à l'abri du soleil] in the shade. **-2.** *fam* [en prison] inside.
◆ **à l'ombre de** *loc prép* pr in the shade of; *litt* & *fig* under the protection of.
◆ **dans l'ombre** *loc adv* **-1.** [dans la pénombre] in the shade. **-2.** [dans le secret]: **rester dans l'~** [raison] to remain obscure ou unclear; [personne] to remain unknown; **l'enquête n'a rien laissé dans l'~** the enquiry left no stone unturned; **ceux qui œuvrent dans l'~ pour la paix** those who work behind the scenes to bring about peace; **vivre dans l'~ de qqn** to live in sb's shadow.
◆ **ombre à paupières** *nf* eye shadow.

**ombrelle** [ɔ̃brɛl] *nf* [parasol] parasol.

**ombrer** [3] [ɔ̃bre] *vt* **-1.** BX-ARTS to shade. **-2.** *litt* [faire de l'ombre à – suj: arbre, store] to shade; [assombrir – suj: couleur] to darken, to shade.

**ombreux, euse** [ɔ̃brø, øz] *adj litt* shady.

**Ombrie** [ɔ̃bri] *npr f:* **l'~** Umbria.

**ombrien, enne** [ɔ̃brijɛ̃, ɛn] *adj* Umbrian.

**oméga** [ɔmega] *nm* omega.

**omelette** [ɔmlɛt] *nf* omelette; ~ **aux champignons/au fromage/au jambon** mushroom/cheese/ham omelette; ~ **aux fines herbes** omelette with herbs, omelette (aux) fines herbes; une ~ baveuse a runny omelette ❑ ~ norvégienne ou surprise baked Alaska; on ne fait pas d'~ sans casser des œufs *prov* you can't make an omelette without breaking eggs *prov*.

**omettre** [84] [ɔmɛtr] *vt* to omit, to leave out *(sép)*; ~ de to fail ou to neglect ou to omit to.

**OMI** *(abr de* **Organisation maritime internationale)** *npr f* IMO.

**omis, e** [ɔmi, iz] *pp* → omettre.

**omission** [ɔmisjɔ̃] *nf* **-1.** [oubli] omission; l'~ d'un mot leaving out ou omitting a word; j'ai relevé plusieurs ~s dans la liste I noticed that several things are missing ou have been omitted from the list. **-2.** RELIG omission.

**OMM** *(abr de* **Organisation météorologique mondiale)** *npr f* WMO.

**omnibus** [ɔmnibys] ◇ *nm* **-1.** RAIL slow ou stopping train *Br*, local (train) *Am*. **-2.** [à chevaux] horse-drawn omnibus. ◇ *adj*: le train est ~ entre Melun et Sens the train calls at all stations between Melun and Sens.

**omnicolore** [ɔmnikɔlɔr] *adj* of all colours.

**omnipotence** [ɔmnipɔtãs] *nf* omnipotence.

**omnipotent, e** [ɔmnipɔtã, ãt] *adj* omnipotent.

**omnipraticien, enne** [ɔmnipratisjɛ̃, ɛn] ◇ *nm, f* general practitioner. ◇ *adj*: médecin ~ general practitioner.

**omniprésence** [ɔmniprezãs] *nf* omnipresence.

**omniprésent, e** [ɔmniprezã, ãt] *adj* [souci, souvenir] omnipresent; [publicité, pollution] ubiquitous; il est ~ dans l'usine he's everywhere (at once) in the factory.

**omniscience** [ɔmnisjãs] *nf sout* omniscience.

**omniscient, e** [ɔmnisjã, ãt] *adj sout* omniscient.

**omnisports** [ɔmnispɔr] *adj inv*: rencontre ~ all-round sports event; salle ~ sports centre.

**omnivore** [ɔmnivɔr] ◇ *adj* omnivorous. ◇ *nm* omnivore.

**omoplate** [ɔmɔplat] *nf* shoulder blade, scapula *spéc*.

**OMS** *(abr de* **Organisation mondiale de la santé)** *npr f* WHO.

**on** [ɔ̃] *pron pers (peut être précédé de l'article l' dans un contexte soutenu)* **-1.** [indéterminé]: on lui a retiré son passeport they took his passport away (from him), his passport was confiscated; on vit de plus en plus vieux en Europe people in Europe are living longer and longer. **-2.** [avec une valeur généralisante] you, one; souvent, on n'a pas le choix often you don't have any choice, often there's no choice; on n'arrive pas à dormir avec cette chaleur it's impossible to sleep in this heat; on ne sait jamais (ce qui peut arriver) you never know ou one never knows (what could happen); on dirait qu'il va pleuvoir it looks like rain; on ne croirait pas qu'il est malade you wouldn't think he was ill. **-3.** [les gens] people, they; on s'était rué sur les derniers billets there'd been a rush for the last tickets; on dit que la vie là-bas n'est pas chère they say that the cost of living over there is cheap; on rapporte que... it is said that... **-4.** [désignant un nombre indéterminé de personnes] they; en Espagne on dîne plus tard in Spain they eat later; on m'a dit que vous partiez bientôt I've been told you're leaving soon; qu'est-ce qu'on en dit chez toi? what do your folks have to say about it?, what do they have to say about it at your place? **-5.** [quelqu'un]: on vous a appelé ce matin somebody called you ou there was a (phone) call for you this morning; est-ce qu'on t'a vu? did anyone see you?; est-ce qu'on vous sert, Monsieur? are you being served, Sir? **-6.** *fam* [nous] we; on était très déçus we were very disappointed. **-7.** [se substituant à d'autres pronoms personnels]: ça va, on a compris! *fam* all right, I've got the message!; dans ce premier chapitre, on a voulu montrer... in this first chapter, the aim has been to show...; on est bien habillé, aujourd'hui! *fam* we are dressed-up today, aren't we?; alors, on ne répond pas au téléphone? *fam* aren't you going to answer the phone?; alors les gars, on cherche la bagarre? *fam* are you guys looking for a fight?; on a tout ce qu'il faut et on passe son temps à se plaindre! *fam* he/she has got everything and he/she still complains all the time! **-8.** [dans des annonces]: 'on cherche un vendeur' 'salesman wanted ou required'.

**onagre** [ɔnagr] ◇ *nf* BOT evening primrose, oenothera. ◇ *nm* ARM & ZOOL onager.

**onanisme** [ɔnanism] *nm* onanism.

**onc** [ɔ̃k] = **oncques**.

**once** [ɔ̃s] *nf* **-1.** [mesure] ounce; il n'a pas une ~ de bon sens he doesn't have an ounce of common sense. **-2.** ZOOL ounce, snow leopard.

**oncle** [ɔ̃kl] *nm* uncle; ~ d'Amérique rich uncle.

**oncologiste** [ɔ̃kɔlɔʒist], **oncologue** [ɔ̃kɔlɔg] *nmf* oncologist.

**oncques** [ɔ̃k] *adv arch* never.

**onction** [ɔ̃ksjɔ̃] *nf* **-1.** MÉD unction. **-2.** *litt* [douceur – attendrissante] sweetness, gentleness; *péj* [– hypocrite] unctuousness, unctuosity. **-3.** RELIG unction.

**onctueux, euse** [ɔ̃ktɥø, øz] *adj* **-1.** [huileux] smooth, unctuous. **-2.** CULIN creamy. **-3.** *litt* [personne] smooth, unctuous.

**onctuosité** [ɔ̃ktɥozite] *nf* **-1.** [d'un dessert] creaminess; [d'une crème] smoothness. **-2.** TECH lubricating quality, lubricity.

**onde** [ɔ̃d] *nf* **-1.** PHYS wave; ~s courtes/moyennes short/medium wave; ~ sonore/lumineuse/radioélectrique sound/light/radio wave; ~ de choc shock wave; ~s hertziennes Hertzian waves; ~s longues, grandes ~s long wave; l'~ verte *device which sets all traffic lights along a one way system to green if drivers keep to the speed limit indicated*. **-2.** *fig* [vague] wave. **-3.** *litt*: l'~ [l'eau] the waters, the deep. ◆ **ondes** *nfpl* RAD: mettre en ~s to produce; sur les ~s on the air.

**ondée** [ɔ̃de] *nf* shower (of rain).

**ondin, e** [ɔ̃dɛ̃, in] *nm, f* water sprite, undine *litt*.

**on-dit** [ɔ̃di] *nm inv*: je ne me soucie guère des ~ I don't care about what people say; fonder son opinion sur des ~ to base one's opinion on hearsay.

**ondoie** [ɔ̃dwa] *v* → ondoyer.

**ondoiement** [ɔ̃dwamã] *nm* **-1.** *litt* [du blé, des cheveux] undulation, swaying motion; [d'un ruisseau] undulation. **-2.** RELIG summary baptism.

**ondoiera** [ɔ̃dwara] *v* → ondoyer.

**ondoyant, e** [ɔ̃dwajã, ãt] *adj litt* **-1.** [blé] undulating, rippling; [flamme] dancing, wavering; [lumière, ruisseau] undulating. **-2.** [personne] changeable.

**ondoyer** [13] [ɔ̃dwaje] ◇ *vi* [champ de blé] to undulate, to ripple; [flamme] to dance, to waver; [lumière, ruisseau] to ripple. ◇ *vt* RELIG to baptize summarily.

**ondulant, e** [ɔ̃dylã, ãt] *adj* **-1.** [terrain] undulating; [route, rivière] twisting (and turning), winding; [chevelure] flowing; [façon de marcher] swaying. **-2.** [mouvement] irregular.

**ondulation** [ɔ̃dylasjɔ̃] *nf* **-1.** *sout* [de l'eau, du terrain] undulation. **-2.** [du corps] undulation, swaying *(U)*. **-3.** [des cheveux] wave. **-4.** *litt* [d'une ligne, d'une mélodie] undulation. **-5.** ÉLECTRON ripple. **-6.** TRAV PUBL corrugation.

**ondulatoire** [ɔ̃dylatwar] *adj* **-1.** [forme] undulatory. **-2.** PHYS [mouvement] undulatory, wave *(modif)*.

**ondulé, e** [ɔ̃dyle] *adj* [cheveux] wavy; [carton] corrugated.

**onduler** [3] [ɔ̃dyle] *vi* **-1.** [eau, vagues, champs] to ripple, to undulate. **-2.** [cheveux] to be wavy. **-3.** [personne] to sway.

**onduleur** [ɔ̃dylœr] *nm* ÉLECTR inverter.

**onduleux, euse** [ɔ̃dylø, øz] *adj litt* **-1.** [houleux – flots] swelling. **-2.** [souple] undulating; elle avait une démarche onduleuse her body swayed as she walked. **-3.** [paysage] undulating, rolling; [sentier, rivière] twisting, winding.

**one-man-show** [wanmanʃo] *nm inv* one-man show, solo act.

**onéreux, euse** [ɔnerø, øz] *adj* costly, expensive.

**ONF** *npr m abr de* Office national des forêts.

**ONG** *(abr de* organisation non gouvernementale) *nf* NGO.

**ongle** [ɔ̃gl] *nm* **-1.** ANAT [des doigts de la main] nail, fingernail; [des orteils] toenail; se faire les ~s [les couper] to cut one's nails; [les vernir] to do ou to paint one's nails. **-2.** ZOOL claw; [de rapace] talon. ◆ **à ongles** *loc adj* [ciseaux, lime, vernis] nail *(modif)*.

**onglée** [ɔ̃gle] *nf*: j'avais l'~ the tips of my fingers were numb with cold.

**onglet** [ɔ̃glɛ] *nm* **-1.** [entaille] thumb index; [d'un canif] thumbnail groove, nail nick. **-2.** CONSTR mitred angle; tailler à ou en ~ to mitre. **-3.** IMPR [béquet] tab; [d'un livre] hinge. **-4.** MÉD pterygium. **-5.** CULIN top skirt *Br*; ~ à l'échalote *long,* *narrow steak served fried with chopped shallots.*

**onguent** [5gɑ̃] *nm* ointment, salve.

**ongulé, e** [5gyle] *adj* hoofed, ungulate *spéc.*

◆ **ongulé** *nm* ungulate.

**onirique** [ɔnirik] *adj* **-1.** PSYCH oneiric. **-2.** *fig & sout:* une vision ~ a dreamlike vision.

**onirisme** [ɔnirism] *nm* **-1.** PSYCH hallucinations. **-2.** *fig & sout:* des dessins à l'~ troublant drawings with a disturbing dreamlike quality.

**onomastique** [ɔnɔmastik] *nf* onomastics *(U).*

**onomatopée** [ɔnɔmatɔpe] *nf* onomatopoeia.

**ont** [5] *v* → **avoir**.

**Ontario** [5tarjo] ◇ *npr:* le lac ~ Lake Ontario. ◇ *npr m:* l'~ Ontario.

**ontogenèse** [5tɔʒənɛz] *nf* ontogenesis, ontogeny.

**ontogénie** [5tɔʒeni] = **ontogenèse**.

**ontologie** [5tɔlɔʒi] *nf* ontology.

**ontologique** [5tɔlɔʒik] *adj* ontological.

**ONU, Onu** [ony] *(abr de* **Organisation des Nations unies)** *nprf* UN, UNO.

**onusien, enne** [ɔnyzjɛ̃, ɛn] *adj:* projet/expert ~ UN project/expert.

**onyx** [ɔniks] *nm* onyx.

**onze** [5z] ◇ *dét* **-1.** eleven. **-2.** [dans des séries]: le ~ novembre Armistice *Br* ou Veterans' *Am* Day; Louis XI Louis the Eleventh. ◇ *nm inv* **-1.** [onzième jour du mois]: je te verrai le ~ I'll see you on the eleventh. **-2.** FTBL: le ~ tricolore the French eleven ou team; *voir aussi* **cinq**.

**onzième** [5zjɛm] ◇ *adj num* eleventh; elle est ~ she is in eleventh place ❏ les ouvriers de la ~ heure last-minute helpers. ◇ *nmf* eleventh. ◇ *nm* **-1.** [fraction] eleventh. **-2.** MUS eleventh. ◇ *nf* SCOL first-year infants (class) *Br*, first-year nursery school (grade) *Am*; *voir aussi* **cinquième**.

**OP** *nm abr de* **ouvrier professionnel**.

**OPA** *nf abr de* **offre publique d'achat**.

**opacification** [ɔpasifikasj5] *nf* opacifying.

**opacifier** [9] [ɔpasifje] *vt* to opacify, to make opaque.

**opacité** [ɔpasite] *nf* **-1.** [ombre] shadow, darkness. **-2.** *litt* [inintelligibilité] opaqueness, opacity. **-3.** PHYS [d'un corps] opacity, opaqueness; [d'un liquide] cloudiness, turbidity. **-4.** MÉD: ~ radiologique X-ray shadow:

**opale** [ɔpal] *nf* opal.

**opalescence** [ɔpalesɑ̃s] *nf* opalescence.

**opalescent, e** [ɔpalesɑ̃, ɑ̃t] *adj* opalescent.

**opalin, e** [ɔpalɛ̃, in] *adj* opaline.

◆ **opaline** *nf* opaline.

**opaque** [ɔpak] *adj* **-1.** PHYS opaque. **-2.** [sombre] dark, impenetrable. **-3.** [incompréhensible] opaque, impenetrable.

**op. cit** *(abr écrite de* **opere citato)** op. cit.

**OPE** *nf abr de* **offre publique d'échange**.

**opéable** [ɔpeabl] *adj* likely to be the target of a takeover bid.

**open** [ɔpɛn] ◇ *adj inv* [billet, tournoi] open. ◇ *nm* SPORT open; ~ (de tennis) open tennis championship ou tournament.

**OPEP, Opep** [ɔpɛp] *(abr de* **Organisation des pays exportateurs de pétrole)** *nprf* OPEC.

**opéra** [ɔpera] *nm* **-1.** MUS [œuvre] opera; [genre] opera; rock rock opera. **-2.** [bâtiment] opera (house).

**opéra-ballet** [ɔperabalɛ] *(pl* **opéras-ballets)** *nm* opéra ballet.

**opérable** [ɔperabl] *adj* operable.

**opéra-bouffe** [ɔperabuf] *(pl* **opéras-bouffes)** *nm* opera buffa, opéra bouffe.

**opéra-comique** [ɔperakɔmik] *(pl* **opéras-comiques)** *nm* light opera, opéra comique.

**opérant, e** [ɔperɑ̃, ɑ̃t] *adj* **-1.** *sout* [effectif] effective. **-2.** RELIG operating.

**opérateur, trice** [ɔperatœr, tris] *nm, f* **-1.** CIN: ~ (de prises de vues) cameraman. **-2.** TÉLÉC (telephone) operator; ~ radio radio operator. **-3.** IMPR operative, operator. **-4.** TECH (machine) operator. **-5.** INF operator. **-6.** BOURSE operator, dealer.

◆ **opérateur** *nm* LING & MATH operator.

**opération** [ɔperasj5] *nf* **-1.** MÉD operation; pratiquer une ~ to carry out surgery ou an operation; subir une grave/petite ~ to undergo major/minor surgery, to have a major/minor operation ❏ une ~ (chirurgicale) surgery, a surgical operation; ~ à chaud/froid emergency/interval surgery; ~ à cœur ouvert open-heart surgery. **-2.** MATH operation; poser une ~ to do a calculation. **-3.** BANQUE & BOURSE operation, transaction; ~ à la baisse/hausse bull/bear transaction; ~ boursière ou de Bourse stock exchange transaction ou dealing; ~ de banque bank transaction; ~ de change exchange deal; ~ au comptant spot ou cash deal; ~ à prime option dealings ou bargains. **-4.** [manœuvre] operation; nous faisons appel à lui pour des ~s ponctuelles we call upon his services, when we need a specific job carried out; '~ prix cassés' 'price-slashing drive' ❏ ~ de commando/sauvetage commando/rescue operation; ~ coup de poing: la police a effectué une ~ coup de poing dans le quartier the police swooped on the area; '~ coup de poing sur les chaînes hi-fi' 'hi-fi prices slashed'; une ~ escargot a perturbé la circulation hier a go-slow *Br* ou slowdown *Am* by drivers disrupted traffic yesterday; ~ de police police operation. **-5.** [démarche] process. **-6.** RELIG: par l'~ du Saint-Esprit through the workings of the Holy Spirit; crois-tu que tu y arriveras par l'~ du Saint-Esprit? *hum* do you think you'll succeed just waiting for things to happen?. **-7.** [ensemble de travaux] process, operation. **-8.** INF operation.

**opérationnel, elle** [ɔperasjɔnɛl] *adj* **-1.** [en activité] operational. **-2.** [fournissant le résultat optimal] efficient, operative. **-3.** MIL operational.

**opératoire** [ɔperatwar] *adj* **-1.** MATH operative. **-2.** MÉD [chirurgical] operating, surgical; [postopératoire] post-operative. **-3.** PHILOS [concept, modèle] working.

**opercule** [ɔpɛrkyl] *nm* **-1.** BOT, ENTOM & ZOOL operculum. **-2.** [dans un emballage] lid.

**opère** [ɔpɛr] *v* → **opérer**.

**opéré, e** [ɔpere] *nm, f* patient (who has undergone surgery); les grands ~s (post-operative) intensive care patients.

**opérer** [18] [ɔpere] ◇ *vt* **-1.** MÉD [blessé, malade] to operate on; elle a été opérée de l'appendicite she was operated on for appendicitis, she had her appendix removed; on va l'~ d'un kyste au poignet they're going to remove a cyst from her wrist; se faire ~ to undergo ou to have surgery ‖ *(en usage absolu)*: le chirurgien a opéré toute la matinée the surgeon was in the operating theatre all morning. **-2.** [procéder à – modification] to carry out *(sép);* [– miracle, retour en arrière] to bring about *(sép);* [– paiement] to make; tu dois ~ un choix you have to choose ou to make a choice; le pays tente d'~ un redressement économique the country is attempting to bring about an economic recovery. **-3.** MIL [retraite] to effect. ◇ *vi* **-1.** [faire effet] to work. **-2.** [intervenir] to act, to operate.

◆ **s'opérer** ◇ *vp (emploi passif):* ce genre de lésion ne s'opère pas this type of lesion can't be operated on. ◇ *vpi* to take place; une transformation s'opéra en elle she underwent a transformation.

**opérette** [ɔperɛt] *nf* operetta.

◆ **d'opérette** *loc adj:* le colonel n'est qu'un soldat d'~ the colonel is just a tin soldier; une armée d'~ a caricature of an army.

**ophtalmie** [ɔftalmi] *nf* ophthalmia; ~ des neiges snow blindness.

**ophtalmique** [ɔftalmik] *adj* ophthalmic.

**ophtalmologie** [ɔftalmɔlɔʒi] *nf* ophthalmology.

**ophtalmologique** [ɔftalmɔlɔʒik] *adj* ophthalmological.

**ophtalmologiste** [ɔftalmɔlɔʒist], **ophtalmologue** [ɔftalmɔlɔg] *nmf* ophthalmologist, eye specialist.

**opiacé, e** [ɔpjase] *adj* **-1.** [qui contient de l'opium] opiate, opiated. **-2.** [qui sert d'opium] opiate, opium-scented.

◆ **opiacé** *nm* opiate.

**Opinel**® [ɔpinɛl] *nm folding knife used especially for outdoor activities, scouting etc.*

**opiner** [3] [ɔpine] *litt* ◇ *vi:* ~ sur to express an opinion about. ◇ *vt:* ~ que to be of the opinion that.

◆ **opiner à** *v + prép litt* to consent to.

◆ **opiner de** *v + prép:* ~ de la tête ou du bonnet ou du chef to nod one's assent ou agreement, to nod in agreement.

**opiniâtre** [ɔpinjatr] *adj* **-1.** [personne] stubborn, obstinate. **-2.** [haine, opposition, lutte] unrelenting, relentless, obstinate; [détermination] dogged. **-3.** [toux] persistent.

**opiniâtrement** [ɔpinjatrəmɑ̃] *adv* **-1.** [avec entêtement] stubbornly, obstinately. **-2.** [avec ténacité] relentlessly, persistently, doggedly.

**opiniâtreté** [ɔpinjatrəte] *nf litt* **-1.** [entêtement] stubbornness, obstinacy. **-2.** [ténacité] relentlessness, doggedness.

**opinion** [ɔpinjɔ̃] *nf* **-1.** [point de vue] opinion; j'ai mon ~ sur lui I have my own opinion about him; se faire soi-même une ~ to make up one's own mind; je ne partage pas votre ~ I don't agree with you, I don't share your views; c'est une affaire d'~ it's a matter of opinion; ~s politiques/ subversives political/subversive views ❏ l'~ (publique) public opinion; informer l'~ to inform the public; les sans ~ the don't knows. **-2.** [jugement] opinion; avoir une bonne/mauvaise/haute ~ de qqn to have a good/bad/ high opinion of sb; je me moque de l'~ d'autrui I don't care what others may think.

**opiomane** [ɔpjɔman] *nmf* opium addict.

**opiomanie** [ɔpjɔmani] *nf* opium addiction, opiomania *spéc.*

**opium** [ɔpjɔm] *nm* opium.

**opossum** [ɔpɔsɔm] *nm* opossum.

**opportun, e** [ɔpɔrtœ̃, yn] *adj* opportune, timely; je vous donnerai ma réponse en temps ~ I'll give you my answer in due course; il lui est apparu ~ de partir avant elle he found it appropriate ou advisable to leave before her.

**opportunément** [ɔpɔrtynemɑ̃] *adv* opportunely.

**opportunisme** [ɔpɔrtynism] *nm* opportunism.

**opportuniste** [ɔpɔrtynist] *adj & nmf* opportunist; maladie ~ opportunistic infection.

**opportunité** [ɔpɔrtynite] *nf* **-1.** [à-propos] timeliness, opportuneness. **-2.** [occasion] opportunity.

**opposabilité** [ɔpozabilite] *nf* opposability JUR.

**opposable** [ɔpozabl] *adj* opposable; tu ne trouveras pas d'argument ~ à ma décision you won't be able to use any argument against my decision.

**opposant, e** [ɔpozɑ̃, ɑ̃t] ◇ *adj* **-1.** [adverse] opposing. **-2.** JUR opposing. ◇ *nm, f* [adversaire] opponent; les ~s au régime the opponents of the regime.

**opposé, e** [ɔpoze] *adj* **-1.** [en vis-à-vis] opposite; il est arrivé du côté ~ he came from the other ou opposite side; sur le mur ~ on the opposite wall; [par rapport au locuteur] on the wall facing us. **-2.** [contraire – sens, direction] opposite, other; [– mouvement] opposing; [– avis, goût] opposing, conflicting, different; je suis d'une opinion ~e (à la vôtre) I am of a different opinion. **-3.** [contrastant – couleur, ton]

contrasting. **-4.** BOT [feuille, rameau] opposite. **-5.** GÉOM & MATH [côté, angle] opposite.

◆ **opposé** *nm* **-1.** [direction] opposite; vous cherchez l'église? vous allez à l'~ you want the church? you're going in the wrong direction. **-2.** [contraire] opposite, reverse; chaque fois que je te dis quelque chose, tu soutiens l'~! whenever I say anything, you say the opposite ou you contradict it!; il est tout l'~ de sa sœur he's the exact opposite of his sister. **-3.** MATH [nombre] opposite number.

◆ **à l'opposé de** *loc prép* unlike, contrary to.

**opposer** [3] [ɔpoze] *vt* **-1.** [objecter – argument]: je n'ai rien à ~ à cette objection I've nothing to say against that objection; elle m'a opposé qu'elle n'avait pas le temps de s'en occuper she objected that she didn't have time to take care of it. **-2.** [mettre en confrontation]: qui peut-on ~ au président sortant? who can we put up against the outgoing president?; le match de demain oppose Bordeaux à Lens Bordeaux will play against Lens in tomorrow's match; deux guerres ont opposé nos pays two wars have brought our countries into conflict. **-3.** PHYS: ~ une pression de sens contraire to apply pressure from the opposite direction; ~ une résistance *pr* to resist, to be resistant; *fig* to put up a resistance. **-4.** [disposer vis-à-vis] to set ou to place opposite each other.

◆ **s'opposer à** *vp + prép* **-1.** [être contre] to object to, to oppose; le règlement/ma religion s'y oppose it goes against the rules/my religion; les conditions météo s'opposent à toute navigation aérienne aujourd'hui weather conditions are making flying inadvisable today; je m'oppose à ce que tu reviennes I'm against ou opposed to your coming back ‖ [être en désaccord avec]: je m'oppose à lui sur la politique étrangère I'm against him ou I oppose him on foreign policy. **-2.** [affronter] to oppose, to be against; il s'opposera ce soir au président dans un débat télévisé he'll face the president tonight in a televised debate. **-3.** [contraster avec – couleur, notion, mot] to be the opposite of.

**opposition** [ɔpozisjɔ̃] *nf* **-1.** [désaccord] opposition; [contraste] contrast, difference; ~ de ou entre deux styles clash of ou between two styles. **-2.** [résistance] opposition; le ministre a fait ou mis ~ au projet the minister opposed the plan; nous avons rencontré une forte ~ we encountered strong opposition; la loi est passée sans ~ the bill went through unopposed; il fait de l'~ systématique à tout ce qu'on lui propose he's automatically against everything you suggest. **-3.** POL: l'~ the Opposition; les dirigeants/ partis de l'~ the leaders/parties of the Opposition. **-4.** JUR: faire ~ à une décision to appeal against a ruling; faire ~ à un acte to lodge an objection to a deed; faire ~ à un chèque to stop a cheque; faire ~ à un mariage to raise an objection

---

USAGE ▶ Les opinions

**Pour exprimer son opinion**

▷ *style parlé ou écrit:*

In my opinion,...
To my mind,...
As I see it,...
As far as I'm concerned,...
From my point of view,...
It's my belief that...
I think/feel/believe that...
Personally, I think that...
It seems to me that...

▷ *style parlé:*

If you ask me, it's all his fault.
If you want to know what I think ou my opinion,...
I would have thought (that) it was quicker by car.
Quite frankly, I'm not impressed.
To be perfectly honest, I was disappointed by it.
It strikes me that they might have asked you sooner.
I don't know about you, but I quite like it.
I think she's quite good, actually.
Say what you like, he's not a bad player.

**Pour solliciter une opinion**

What do you think about...?
How do you feel about...?
What are your thoughts on the matter?
Where do you stand on this issue? [soutenu]
Would you like to give us your opinion on this?
Any comments, Prime Minister?

▷ *dans une réunion:*

Who'd like to start the ball rolling? [pour commencer]
Does anybody have strong feelings about this?
Jane, do you have anything to add?
Any further comments?

**Pour éviter de prendre position**

It ou That depends.
It all depends (on) what you mean by 'expensive'.
I'm not really in a position to say.
It's difficult to say.
I wouldn't like to say. [= c'est difficile à dire]
I haven't really thought about it.
That's a good question.

to ou to enter a caveat to a marriage ❑ valeurs frappées d'~ stopped ou countermanded bonds. **-5.** ASTROL & ASTRON opposition.

◆ **en opposition avec** *loc prép* against, contrary to, in opposition to; je me suis trouvée en ~ avec elle sur plusieurs points I found myself at odds ou at variance with her on several points.

◆ **par opposition à** *loc prép* as opposed to, in contrast with.

**oppositionnel, elle** [ɔpozisjɔnɛl] ◇ *adj* POL oppositional, opposition *(modif)*. ◇ *nm, f* oppositionist.

**oppressant, e** [ɔpresɑ̃, ɑ̃t] *adj* oppressive.

**oppressé, e** [ɔprese] *adj* oppressed; avoir la poitrine ~e to have difficulty in breathing.

**oppresser** [4] [ɔprese] *vt* to oppress; elle était oppressée par l'angoisse she was gripped ou choked with anxiety.

**oppresseur** [ɔprescær] *nm* oppressor.

**oppressif, ive** [ɔpresif, iv] *adj* oppressive.

**oppression** [ɔpresjɔ̃] *nf* **-1.** [domination] oppression. **-2.** [suffocation] suffocation, oppression.

**opprimant, e** [ɔprimɑ̃, ɑ̃t] *adj* oppressive.

**opprimé, e** [ɔprime] ◇ *adj* oppressed. ◇ *nm, f* oppressed person; elle prend toujours le parti des ~s she always sides with the underdog.

**opprimer** [3] [ɔprime] *vt* **-1.** [asservir] to oppress. **-2.** [censurer] to suppress, to stifle; ~ la presse to gag the press.

**opprobre** [ɔprɔbr] *nm litt* **-1.** [honte] shame, opprobrium; jeter l'~ sur qqn to heap shame ou opprobrium on sb; il est l'~ de sa famille he's a disgrace to his family. **-2.** [avilissement] shame, infamy.

**optatif, ive** [ɔptatif, iv] *adj* optative.

**opter** [3] [ɔpte]
◆ **opter pour** *v + prép* to opt for *(insép)*; vous devez ~ pour une de ces deux possibilités you'll have to choose between these two possibilities.

**opticien, enne** [ɔptisjɛ̃, ɛn] *nm, f* optician.

**optimal, e, aux** [ɔptimal, o] *adj* optimal, optimum *(avant n)*.

**optimalisation** [ɔptimalizasjɔ̃] *nf* optimization.

**optimaliser** [3] [ɔptimalize] *vt* to optimize.

**optimisation** [ɔptimizasjɔ̃] *nf* = **optimalisation**.

**optimiser** [ɔptimize] = **optimaliser**.

**optimisme** [ɔptimism] *nm* optimism.

**optimiste** [ɔptimist] ◇ *adj* optimistic. ◇ *nmf* optimist; c'est un éternel ~ he always looks on the bright side, he's an eternal optimist.

**optimum** [ɔptimɔm] *(pl* **optimums** ou **optima** [-ma]*)* ◇ *adj* optimum *(avant n)*, optimal. ◇ *nm* optimum; ~ écologique optimum ecological conditions.

**option** [ɔpsjɔ̃] *nf* **-1.** [choix] option, choice; je n'ai pas d'autre ~ I have no other alternative ou choice. **-2.** SCOL: (matière à) ~ optional subject. **-3.** FIN: ~ d'achat d'actions stock option; ~ d'achat call option; ~ de vente put option. **-4.** COMM & JUR option; prendre une ~ sur qqch to take (out) an option on sthg ❑ ~ d'achat/de vente option to buy/to sell. **-5.** [accessoire facultatif] optional extra; en ~ as an (optional) extra.

**optionnel, elle** [ɔpsjɔnɛl] *adj* optional.

**optique** [ɔptik] ◇ *adj* **-1.** ANAT optic; nerf ~ optic nerve. **-2.** OPT optical. **-3.** PHYS optic. **-4.** INF optical. ◇ *nf* **-1.** SC optics *(U)*. **-2.** TECH (set of) lenses. **-3.** [point de vue] point of view; dans cette ~ from this point of view.

◆ **d'optique** *loc adj* optical.

**opulence** [ɔpylɑ̃s] *nf* **-1.** [richesse] opulence, affluence; vivre dans l'~ to live an opulent life ou a life of plenty. **-2.** *litt* [ampleur] fullness, ampleness.

**opulent, e** [ɔpylɑ̃, ɑ̃t] *adj* **-1.** [riche] affluent, wealthy, opulent. **-2.** [physiquement – personne] corpulent; [– forme] generous, full.

**opus** [ɔpys] *nm* opus.

**opuscule** [ɔpyskyl] *nm* [petit ouvrage] opuscule; [brochure] brochure.

**OQ** *nm abr de* **ouvrier qualifié**.

**or¹** [ɔr] *conj sout*: il faut tenir les délais; or, ce n'est pas toujours possible deadlines must be met; now, this is not always possible; je devais y aller, or au dernier moment j'ai

eu un empêchement I was supposed to go, but then at the last moment something came up.

**or²** [ɔr] ◇ *nm* **-1.** [métal] gold; le cours de l'or the price of gold ❑ or monnayé/au titre/sans titre coined/essayed/unessayed gold; or en barre gold bullion; ces actions, c'est de l'or en barre *fam* these shares are a rock-solid investment; or brut gold nuggets; or jaune yellow gold; or massif solid gold; la montre est en or massif the watch is solid gold; l'or noir black gold; l'or vert agricultural earnings; l'étalon-or the gold standard; la valeur or value in gold, gold exchange value; pour tout l'or du monde for all the tea in China *hum*, for all the money in the world. **-2.** [couleur] gold, golden colour. ◇ *adj inv* gold *(modif)*, gold-coloured.

◆ **d'or** *loc adj* **-1.** JOAILL & MINÉR gold *(modif)*. **-2.** [cheveux] golden, gold *(modif)*; [cadre] gold *(modif)*.

◆ **en or** *loc adj* **-1.** JOAILL gold *(modif)*; une bague en or a gold ring. **-2.** [excellent]: une mère en or a wonderful mother; une affaire en or [achat] a real bargain; [entreprise] a goldmine; c'est une occasion en or it's a golden opportunity.

**oracle** [ɔrakl] *nm* ANTIQ & *fig* oracle; rendre un ~ to pronounce an oracle; l'~ de Delphes the Delphic oracle.

**orage** [ɔraʒ] *nm* **-1.** MÉTÉO storm, thunderstorm; le temps est à l'~ there's thunder in the air; un temps d'~ stormy ou thundery weather; il va y avoir un ~ there's a storm brewing, there's going to be a storm ❑ ~ magnétique/de chaleur magnetic/heat storm; pluie d'~ rainstorm. **-2.** [dispute] row, argument; il y a de l'~ dans l'air there's trouble brewing. **-3.** *litt* [déchirement, tourmente] upheaval, tumult.

**orageusement** [ɔraʒøzmɑ̃] *adv sout* stormily.

**orageux, euse** [ɔraʒø, øz] *adj* **-1.** MÉTÉO [ciel] stormy, thundery; [chaleur, averse] thundery; le temps est ~ it's thundery ou stormy, the weather's thundery ou stormy. **-2.** [tumultueux – jeunesse, séance] stormy, turbulent.

**oraison** [ɔrezɔ̃] *nf* **-1.** RELIG [prière] prayer. **-2.** LITTÉRAT: ~ funèbre funeral oration.

**oral, e, aux** [ɔral, o] *adj* **-1.** [confession, déposition] verbal, oral; [message, tradition] oral; ENS [épreuve] oral. **-2.** ANAT & LING oral.

◆ **oral, aux** *nm* **-1.** [examen – gén] oral (examination); [– à l'université] viva (voce) *Br*, oral (examination); notes d'~ oral marks *Br*; j'ai raté l'~ de physique *Am*; j'ai raté l'~ de physique I failed the physics oral. **-2.** SCOL & UNIV: l'~ [l'expression orale]: il n'est pas très bon à l'~ his oral work isn't very good.

**oralement** [ɔralmɑ̃] *adv* orally, verbally.

**orange** [ɔrɑ̃ʒ] ◇ *nf* orange; ~ sanguine blood orange; une ~ pressée a glass of freshly squeezed orange juice. ◇ *nm* orange (colour). ◇ *adj inv* orange, orange-coloured.

**orangé, e** [ɔrɑ̃ʒe] *adj* orangey, orange-coloured.

◆ **orangé** *nm* orangey colour.

**orangeade** [ɔrɑ̃ʒad] *nf* orange drink.

**oranger** [ɔrɑ̃ʒe] *nm* orange tree.

**orangeraie** [ɔrɑ̃ʒrɛ] *nf* orange grove.

**orangerie** [ɔrɑ̃ʒri] *nf* **-1.** [serre] orangery. **-2.** [plantation] orange grove.

**orangiste** [ɔrɑ̃ʒist] ◇ *nmf* **-1.** [en Irlande du Nord] Orangeman *(f* Orangewoman). **-2.** HIST Orangist. ◇ *adj* Orange *(modif)*.

**orang-outan(g)** [ɔrɑ̃utɑ̃] *(pl* **orangs-outans** ou **orangs-outangs**) *nm* orangutang.

**orateur, trice** [ɔratœr, tris] *nm, f* **-1.** [rhétoricien] orator. **-2.** [gén] speaker.

**oratoire** [ɔratwar] ◇ *adj* [style, talent] oratorical; passage ~ oration. ◇ *nm* **-1.** [chapelle] oratory. **-2.** RELIG: l'Oratoire de France the French Oratory; les pères de l'Oratoire the Oratorian Fathers.

**oratorio** [ɔratɔrjo] *nm* oratorio.

**orbital, e, aux** [ɔrbital, o] *adj* orbital.

**orbite** [ɔrbit] *nf* **-1.** ANAT (eye) socket, orbit *spéc*; il était tellement en colère que les yeux lui sortaient des ~s *fig* he was so angry that his eyes were popping out (of their sockets). **-2.** ASTRON orbit; être sur ou en ~ to be in orbit; être en ~ autour de qqch [suj: astre, engin] to be in orbit round sthg, to orbit sthg; satellite en ~ autour de la Terre Earth-orbiting satellite; mettre en ou placer sur ~ to put into orbit. **-3.** PHYS orbital. **-4.** [d'une personne, d'un pays] sphere of influence, orbit.

**orbiter** [3] [ɔrbite] *vi* to orbit; ~ **autour de** to orbit (round).

**Orcades** [ɔrkad] *npr fpl*: **les** ~ the Orkney Islands, the Orkneys.

**orchestral, e, aux** [ɔrkɛstral, o] *adj* orchestral, orchestra *(modif)*.

**orchestrateur, trice** [ɔrkɛstratœr, tris] *nm, f* orchestrator.

**orchestration** [ɔrkɛstrasjɔ̃] *nf* **-1.** MUS orchestration. **-2.** [organisation] orchestration, organization.

**orchestre** [ɔrkɛstr] *nm* **-1.** MUS [classique] orchestra; [de jazz] band, orchestra; **grand** ~ full orchestra; ~ **symphonique/ de chambre** symphony/chamber orchestra. **-2.** CIN & THÉÂT stalls *Br*, orchestra *Am*. **-3.** ANTIQ orchestra.

**orchestrer** [3] [ɔrkɛstre] *vt* **-1.** MUS [composer] to orchestrate; [adapter] to orchestrate, to score. **-2.** [préparer] to orchestrate, to organize.

**orchidée** [ɔrkide] *nf* orchid.

**ordinaire** [ɔrdinɛr] ◇ *adj* **-1.** [habituel – journée] ordinary, normal; [– procédure] usual, standard, normal; [– comportement] ordinary, usual, customary; JUR & POL [– session] ordinary; **en temps** ~ usually, normally; **peu** ou **pas** ~ [attitude, méthode, journée] unusual; [volonté] unusual, extraordinary. **-2.** [de tous les jours – habits, vaisselle] ordinary, everyday *(avant n)*. **-3.** COMM [qualité, modèle] standard; [produit] ordinary. **-4.** [banal – cuisine, goûts] ordinary, plain; [– gens] ordinary, common *péj*; [– spectacle] ordinary, run-of-the-mill; [– conversation] run-of-the-mill, commonplace; **c'est quelqu'un de très** ~ he's a very ordinary person; **elle mène une existence très** ~ she leads a very humdrum existence; **elle n'est pas** ~, **ton histoire!** your story is certainly an unusual one! ◇ *nm* **-1.** [normale]: **l'**~ the ordinary; **sortir de l'**~ to be out of the ordinary, to be unusual; **son mari sort vraiment de l'**~! her husband is one of a kind! **-2.** [repas habituel] everyday ou ordinary fare. **-3.** [essence] ≃ two-star petrol *Br*, ≃ regular *Am*. **-4.** MIL (company) mess.

◆ **à l'ordinaire** *loc adv*: **plus intéressant qu'à l'**~ more interesting than usual; **comme à l'**~, **il arriva en retard** as usual, he turned up late.

◆ **d'ordinaire** *loc adv* usually, ordinarily, normally; **plus tôt que d'**~ earlier than usual.

**ordinairement** [ɔrdinɛrmã] *adv* usually, ordinarily, normally.

**ordinal, e, aux** [ɔrdinal, o] *adj* [adjectif, nombre] ordinal.

◆ **ordinal, aux** *nm* **-1.** [nombre] ordinal (number). **-2.** [adjectif] ordinal (adjective).

**ordinateur** [ɔrdinatœr] *nm* **-1.** INF computer; **mettre qqch sur** ~ to computerize sthg, to put sthg on computer ❑ ~ **portable/portatif** portable/laptop computer; ~ **de bureau** desktop computer; ~ **hôte** host computer; ~ **individuel** ou **personnel** home ou personal computer, PC. **-2.** TECH computer; ~ **de bord** AUT dashboard computer; NAUT shipboard computer; **la vitesse a été calculée par** ~ the speed was calculated by computer ou computer-calculated.

**ordination** [ɔrdinasjɔ̃] *nf* **-1.** RELIG [d'un prêtre] ordination; [consécration] consecration. **-2.** MATH ordering.

**ordinogramme** [ɔrdinɔgram] *nm* (process) flowchart ou flow diagram.

**ordonnançai** [ɔrdɔnãse] *v* → **ordonnancer**.

**ordonnance** [ɔrdɔnãs] ◇ *nf* **-1.** [disposition] organization, order, arrangement. **-2.** ARCHIT layout, disposition. **-3.** MÉD prescription; **'seulement sur** ~' 'on prescription only'. **-4.** JUR [loi] ordinance, statutory instrument; [jugement] order, ruling; [de police] (police) regulation ou order; ~ **de non-lieu** nonsuit. **-5.** HIST ordinance (law), decree. **-6.** FIN: ~ **de paiement** order to pay, authorization of payment. **-7.** MIL: **revolver d'**~ service pistol; **officier d'**~ aide-de-camp. ◇ *nm* ou *nf arch* (military) orderly.

**ordonnancement** [ɔrdɔnãsmã] *nm* **-1.** INDUST [organisation des phases] sequencing; [prévision des délais] timing, scheduling. **-2.** FIN order to pay. **-3.** INF scheduling.

**ordonnancer** [16] [ɔrdɔnãse] *vt* **-1.** *sout* [agencer] to arrange, to organize. **-2.** FIN [déclarer bon à payer] to authorize. **-3.** INF to schedule.

**ordonnateur, trice** [ɔrdɔnatœr, tris] *nm, f* **-1.** [organisateur] organizer; ~ **des pompes funèbres** funeral director. **-2.** FIN *official in charge of overseeing public expenditure.*

**ordonné, e¹** [ɔrdɔne] *adj* **-1.** [méthodique – personne] tidy, neat; [– esprit] methodical, systematic. **-2.** [rangé – chambre] tidy, neat, orderly. **-3.** [régulier – existence, mode de vie] orderly, well-ordered. **-4.** MATH ordered.

**ordonnée²** [ɔrdɔne] *nf* MATH ordinate.

**ordonner** [3] [ɔrdɔne] *vt* **-1.** [commander – silence, attaque] to order; MÉD [traitement, repos] to prescribe; **ils ont ordonné le secret sur l'affaire** they've ordered that the matter (should) be kept secret; ~ **à qqn de faire qqch** to order ou to command sb to do sthg; ~ **à qqn d'entrer/de sortir** to order sb in/out. **-2.** [agencer – documents] to (put in) order; [– arguments, idées] to (put into) order, to arrange; [– chambre] to tidy (up); MATH [nombres, suite] to arrange in order; ~ **les nombres du plus petit au plus grand/du plus grand au plus petit** to list numbers in ascending/descending order. **-3.** RELIG to ordain.

◆ **s'ordonner** *vpi* [faits] to fall into order ou place.

**ordre** [ɔrdr] *nm* **A.** INSTRUCTION **-1.** [directive, injonction] order; MIL order, command; **c'est un** ~! (and) that's an order!; **donner un** ~ [parent] to give an order; [officiel, policier, officier] to issue ou to give an order; **donner (l')** ~ **de** to give the order to; **donner à qqn l'**~ **de faire qqch** to order sb to do sthg, to give sb the order to do sthg; **recevoir des** ~**s** to receive ou to take orders; **je n'aime pas recevoir d'**~**s!** I don't like to be ordered around!; **recevoir l'**~ **de faire qqch** to be ordered ou to receive the order to do sthg; **par** ou **sur** ~ **de** by order of, on the orders of; **être sous les** ~**s de qqn** to be under sb's command; **être aux** ~ **de qqn** to take orders from sb; **je ne suis pas à tes** ~**s!** I'm not at your beck and call! ❑ ~ **d'appel** MIL call-up papers *Br*, draft notice *Am*; ~ **de grève** strike call; ~ **de mission** MIL orders (for a mission); **à vos** ~**s!** MIL ou *hum* yes, Sir! **-2.** BANQUE & BOURSE: **à l'**~ **de** payable to, to the order of; **chèque à mon** ~ cheque made out ou payable to me; **c'est à quel** ~? who shall I make it payable to? ❑ ~ **d'achat/de vente** order to buy/to sell; ~ **de paiement/virement** order to pay/to transfer.
**B.** HIÉRARCHIE, AGENCEMENT **-1.** [succession] order, sequence; **l'**~ **des mots dans la phrase** the word order in the sentence ❑ **par** ~ **d'arrivée/de grandeur/d'importance** in order of arrival/size/importance; **par** ~ **chronologique/ croissant/décroissant** in chronological/ascending/ descending order; **en** ~ **dispersé/serré** MIL in extended/ close order; **noms classés par** ~ **alphabétique** names filed in alphabetical order; **par** ~ **d'apparition à l'écran** in order of appearance; **par** ~ **d'entrée en scène** in order of appearance; ~ **de succession** JUR intestate succession. **-2.** [rangement] tidiness, orderliness, neatness; **la pièce était en** ~ the room was tidy; **mettre qqch en** ~ to put sthg in order; **tenir une maison en** ~ to keep a house tidy ‖ [sens du rangement]: **avoir de l'**~ to be tidy; **manquer** ou **ne pas avoir d'**~ to be untidy. **-3.** [organisation méthodique – de documents] order; **mettre en** ~, **mettre de l'**~ **dans** [documents, comptabilité] to set in order, to tidy up *(sép)*; **mettre de l'**~ **dans ses idées** to order one's ideas; **il a laissé ses papiers/comptes en** ~ **avant de partir** he left his papers/accounts in order before leaving ❑ **mettre bon** ~ **à qqch** to sort sthg out. **-4.** [discipline sociale]: **faire régner l'**~ to keep order; **rappeler qqn à l'**~ to call sb to order; **se faire rappeler à l'**~ [dans, une assemblée] to be called to order; [dans une classe] to get told off; **la police est chargée du maintien de l'**~ it's the police's job to keep law and order ❑ **l'**~ **établi** the established order; **l'**~ **public** public order, law and order; **rentrer dans l'**~: **puis tout est rentré dans l'**~ then order was restored, then everything went back to normal.
**C.** CLASSIFICATION, DOMAINE **-1.** [corporation] order; **entrer dans les** ~**s** RELIG to take (holy) orders ❑ **l'**~ **des avocats** ≃ the Bar *Br*, ≃ the Bar Association *Am*; **l'**~ **des médecins** ≃ the British Medical Association *Br*, ≃ the American Medical Association *Am*; **les** ~**s mineurs/majeurs** RELIG the minor/major orders; **les** ~**s de chevalerie** the orders of knighthood; **les** ~**s mendiants** RELIG the mendicant orders; **les** ~**s monastiques** RELIG the monastic orders. **-2.** [nature, sorte] nature, order; **des problèmes d'**~ **professionnel** problems of a professional nature; **dans le même** ~ **d'idées** similarly, in this connection; **dans un autre** ~ **d'idées** in another ou a different connection; **du même** ~ [proposition, responsabilités] similar, of the same nature; **de l'**~ **de** in the region ou order of; **une augmentation de 5 %?** — **oui, de**

cet ~ a 5% rise? — yes, roughly ou in that region ❏ **donner un ~ de grandeur** to give a rough estimate; **c'est dans l'~ des choses** it's in the order ou nature of things. **-3.** ARCHIT & BIOL order.
◆ **de dernier ordre** *loc adj* third-rate.
◆ **de premier ordre** *loc adj* first-rate.
◆ **de second ordre** *loc adj* [question] of secondary importance; [artiste, personnalité] second-rate.
◆ **ordre du jour** *nm* -**1.** [d'un comité] agenda; **être à l'~ du jour** *pr* to be on the agenda; *fig* to be in the news; **mettre qqch à l'~ du jour** to put ou to place sthg on the agenda. **-2.** MIL general orders, order of the day; **cité à l'~ du jour** mentioned in dispatches.

**ordré, e** [ɔrdre] *adj Helv* [ordonné] tidy, orderly, neat.

**ordure** [ɔrdyr] *nf* -**1.** ▽ [personne abjecte]: ~! bastard!-**2.** *litt* [fange]: l'~ filth, mire *litt*.
◆ **ordures** *nfpl* -**1.** [déchets] refuse *(U)*, rubbish *Br (U)*, garbage *Am (U)*; **ramasser les ~s** to collect the garbage ou rubbish; **vider les ~s** to empty (out) the rubbish; **jeter** ou **mettre qqch aux ~s** to throw sthg into the rubbish bin *Br* ou garbage can *Am*; **c'est bon à mettre aux ~s!** it's fit for the dustbin! ❏ **~s ménagères** household refuse. **-2.** [excréments] dirt *(U)*, filth *(U)*. **-3.** *fam* [obscénités] obscenities, filth *(U)*; **dire/écrire des ~s sur qqn** to talk to/to write filth about sb.

**ordurier, ère** [ɔrdyrje, ɛr] *adj* foul, filthy, obscene.

**orée** [ɔre] *nf* edge; **à l'~ du bois** on the edge of the wood.

**oreille** [ɔrɛj] *nf* -**1.** ANAT & ZOOL ear; **j'ai mal aux ~s** I've got earache, my ears are hurting; **avoir les ~s décollées** to have protruding ou sticking-out ears; **avoir les ~s en feuille de chou** to have cauliflower ears; **avoir les ~s qui bourdonnent** ou **des bourdonnements d'~** to have a buzzing in the ears; **elle n'entend pas de l'~ gauche** she's deaf in the left ear ❏ **~ interne/moyenne** inner/middle ear; **~ externe** outer ou external ear; **les ~s ont dû lui siffler** *fig* & *hum* his ears must have been burning; **elle est repartie l'~ basse** she left with her tail between her legs; **frotter les ~s à qqn** to box sb's ears; **montrer le bout de l'~** to show (o.s. in) one's true colours; **tirer les ~s à qqn** *pr* to pull sb's ears; [réprimander] to tell sb off; **se faire tirer l'~** *fig* to need a lot of persuading. **-2.** [ouïe] (sense of) hearing; **avoir l'~ fine** to have an acute sense of hearing; **avoir de l'~** ou **l'~ musicale** to have a good ear for music. **-3.** [pour écouter] ear; **écouter une conversation d'une ~ distraite** to listen to a conversation with only half an ear; **écouter de toutes ses ~s, être tout ~s** to be all ears; **ouvrez bien vos ~s!** listen very carefully!; **venir** ou **parvenir aux ~s de qqn** to come ou to reach sb's ears ❏ **ça rentre par une ~ et ça sort par l'autre** *fam* it goes in one ear and out the other; **ce n'est pas tombé dans l'~ d'un sourd!** it hasn't fallen on deaf ears! **-4.** TECH [d'une cocotte] handle; [d'un écrou] wing.

**oreiller** [ɔreje] *nm* pillow.

**oreillette** [ɔrejɛt] *nf* -**1.** ANAT auricle. **-2.** [d'une casquette] ear-flap. **-3.** [d'un baladeur] earphone.

**oreillon** [ɔrejɔ̃] *nm* ARCHÉOL ear-piece, cheek-piece.
◆ **oreillons** *nmpl* MÉD mumps; **avoir les ~s** to have (the) mumps.

**ores** [ɔr]
◆ **d'ores et déjà** *loc adv* already.

**Oreste** [ɔrɛst] *npr* Orestes.

**orfèvre** [ɔrfɛvr] *nm* -**1.** [artisan qui travaille – l'or] goldsmith; [– l'argent] silversmith. **-2.** *loc*: **être ~ en la matière** to be an expert.

**orfèvrerie** [ɔrfɛvrəri] *nf* -**1.** [métier – de l'or] goldsmithing, gold work; [– de l'argent] silversmithing, silver work; **l'~** [en or] gold plate; [en argent] silver plate. **-2.** [boutique – d'objets d'or] goldsmith's shop *Br* ou store *Am*; [– d'objets d'argent] silversmith's shop *Br* ou store *Am*.

**orfraie** [ɔrfrɛ] *nf* white-tailed eagle.

**organdi** [ɔrgɑ̃di] *nm* organdie.

**organe** [ɔrgan] *nm* -**1.** ANAT organ; **~s génitaux** ou **sexuels** genitals, genitalia; **~s vocaux** ou **de la parole** speech ou vocal organs; **~s des sens** sense organs. **-2.** *sout* [voix] voice. **-3.** TECH part, component; **~s de commande** controls; **~s de transmission** transmission system. **-4.** [institution] organ; **les ~s de l'État** the apparatus of the state; **~ de presse** newspaper, publication; **les ~s de presse** the press. **-5.** [porte-parole, publication] mouthpiece, organ. **-6.** [instrument] medium, vehicle.

**organigramme** [ɔrganigram] *nm* -**1.** [structure] organization chart. **-2.** INF [de programmation] flow chart ou diagram.

**organique** [ɔrganik] *adj* organic.

**organiquement** [ɔrganikmɑ̃] *adv* organically.

**organisateur, trice** [ɔrganizatœr, tris] ◇ *adj* BIOL organizing *(avant n)*. ◇ *nm, f* organizer.

**organisateur-conseil** [ɔrganizatœrkɔ̃sɛj] *(pl* **organisateurs-conseils)** *nm* management consultant.

**organisation** [ɔrganizasjɔ̃] *nf* -**1.** [organisme] organization; **~ internationale** international organization ou agency; **~ non gouvernementale** nongovernmental organization; **~ patronale** employers' organization ou association; **~ syndicale** trade union; **~ de travailleurs** workers' organization. **-2.** [mise sur pied – d'une fête, d'une réunion, d'un service] organization; [– d'une manifestation] organization, staging; [– d'un attentat] organization, planning; **l'~ du temps de travail** the organization of working hours. **-3.** [structure – d'un discours, d'une association, d'un système] organization, structure; [– du travail] organization. **-4.** [méthode] organization; **avoir de l'~** to be organized; **ne pas avoir d'~** to be disorganized.

**organisationnel, elle** [ɔrganizasjɔnɛl] *adj* organizational.

**organisé, e** [ɔrganize] *adj* -**1.** [regroupé – consommateurs, groupe] organized. **-2.** [aménagé]: **bien/mal ~** well-/badly-organized. **-3.** [méthodique – personne] organized, well-organized, methodical. **-4.** BIOL: **êtres ~s** organisms.

**organiser** [3] [ɔrganize] *vt* -**1.** [mettre sur pied – gén] to organize; MIL [attaque] to plan. **-2.** [agencer – association, journée, tâche] to organize.
◆ **s'organiser** ◇ *vp (emploi passif)* [se préparer] to be planned. ◇ *vpi* [personne] to get (o.s.) organized, to organize o.s.; **il suffit de s'~** all you need is some organization; **la société s'est vite organisée en classes sociales** society rapidly became organized into social classes.

**organisme** [ɔrganism] *nm* -**1.** BIOL [animal, végétal] organism; [humain] body, organism; **les réactions de l'~** bodily reactions; **c'est mauvais pour l'~** it's bad for your body ou for your health ou for you. **-2.** [institut] organism, body; **~ de charité** charity (organization); **~ de crédit** credit institution.

**organiste** [ɔrganist] *nmf* organist.

---

**USAGE ►  Donner des ordres**

**Poliment**

Put the cases down here, please.
Could you take the bags out to the car, please?
Move back, please.
Please don't call me at work.

**Plus directement**

Give me a call when he arrives, will you?
Turn left at the traffic lights.
Don't go into the kitchen — the floor's wet.
First, (you) take off the lid; then, (you) press the switch.

Take one of these three times a day.
'Warning: do not exceed the stated dose'.
Applicants must submit 3 photographs. [soutenu]

**Sèchement**

Put that down immediately!
Get out (of my house)!
Don't you ever speak to me that way again!
You're never to see her again, understood?
Just leave it alone, will you!

**orgasme** [ɔrgasm] *nm* orgasm.
**orge** [ɔrʒ] ◇ *nf* barley. ◇ *nm* barley.
**orgeat** [ɔrʒa] *nm* orgeat.
**orgelet** [ɔrʒəlɛ] *nm* sty, stye.
**orgiaque** [ɔrʒjak] *adj* orgiastic.
**orgie** [ɔrʒi] *nf* **-1.** ANTIQ orgy. **-2.** *fig*: faire une ~ d'huîtres to have a surfeit of oysters. **-3.** [débauche] orgy; faire une ~ to have an orgy. **-4.** *sout* [abondance] riot, profusion.
**orgue** [ɔrg] *nm* MUS organ; tenir l'~ to be at the organ; jouer de l'~ to play the organ ❑ ~ électrique/électronique/de chœur electric/electronic/choir organ; ~ de Barbarie barrel organ; point d'~ pause.
◆ **orgues** *nfpl* **-1.** MUS organ; les grandes ~s de la cathédrale the great organ of the cathedral; faire donner les grandes ~s *fig* to be pompous. **-2.** GÉOL columnar structure ou structures.
**orgueil** [ɔrgœj] *nm* **-1.** [fierté] pride. **-2.** [amour-propre] pride; c'est de l'~ mal placé it's just misplaced pride; gonflé ou bouffi d'~ puffed up ou bursting with pride. **-3.** [sujet de fierté] pride; j'étais l'~ de ma mère I was my mother's pride and joy.
**orgueilleusement** [ɔrgœjøzmɑ̃] *adv* **-1.** [avec arrogance] proudly, arrogantly. **-2.** [avec fierté] proudly.
**orgueilleux, euse** [ɔrgœjø, øz] ◇ *adj* **-1.** [arrogant] conceited, arrogant. **-2.** [fier – personne] proud. **-3.** *litt* [majestueux – démarche, navire] proud. ◇ *nm, f* **-1.** [prétentieux] arrogant ou conceited person. **-2.** [fier] proud person.
**orient** [ɔrjɑ̃] *nm* **-1.** [est] east, orient *litt*; parfum/tapis d'~ oriental scent/carpet. **-2.** GÉOG: l'Orient the East ou Orient *litt*. **-3.** [d'une perle] orient. **-4.** le Grand Orient [maçonnique] the Grand Orient.
**orientable** [ɔrjɑ̃tabl] *adj* **-1.** [antenne, rétroviseur] adjustable. **-2.** [lampe] rotating, swivel *(modif)*.
**oriental, e, aux** [ɔrjɑ̃tal, o] ◇ *adj* **-1.** GÉOG eastern, east *(modif)*. **-2.** [de l'Orient – art, cuisine, civilisation] oriental, eastern. ◇ *nm, f* Oriental, Easterner.
◆ **à l'orientale** *loc adv* in the oriental style.
**orientalisme** [ɔrjɑ̃talism] *nm* orientalism.
**orientaliste** [ɔrjɑ̃talist] *adj & nmf* orientalist.
**orientation** [ɔrjɑ̃tasjɔ̃] *nf* **-1.** [direction – d'une enquête, de recherches] direction, orientation; [– d'un mouvement] orientation; l'~ de notre entreprise doit changer our firm must adopt a new outlook; ~ politique [d'un journal, d'une personne] political leanings ou tendencies; [d'un parti] political direction. **-2.** [conseil – pour des études] academic counselling; [vers un métier] careers guidance; [direction – des études] course; [– du métier] career. **-3.** [position – d'une antenne] direction; [– d'un édifice]: l'~ plein sud de l'appartement est ce qui le rend agréable what makes the flat so pleasant to live in is the fact that it faces due south ‖ [positionnement – d'un faisceau, d'une lampe] directing; [– d'un rétroviseur] adjustment. **-4.** [aptitude]: avoir le sens de l'~ to have a good sense of direction. **-5.** ASTRONAUT attitude. **-6.** BIOL orientation. **-7.** NAUT set, trim.
**orienté, e** [ɔrjɑ̃te] *adj* **-1.** [positionné]: ~ à l'ouest [édifice] facing west, with a western aspect; [radar] directed towards the west; local bien/mal ~ well-/badly-positioned premises. **-2.** [idéologiquement – discours, journal] biased, slanted. **-3.** ENS: élève bien/mal ~ pupil who has taken the right/wrong academic advice. **-4.** GÉOG [carte] orientated.
**orienter** [3] [ɔrjɑ̃te] *vt* **-1.** [antenne, haut-parleur, spot] to direct, to turn, to point; [rétroviseur] to adjust, to position; [plante] to position; orientez votre tente à l'est pitch your tent so that it faces east; la chambre est orientée plein nord the bedroom faces due north. **-2.** [mettre sur une voie]: ~ vers [enquête, recherches] to direct ou to orientate towards; [discussion] to turn round to; [passant] to direct to; on l'a orienté vers un spécialiste he was referred to a specialist; il m'a demandé où était la gare mais je l'ai mal orienté he asked where the station was, but I misdirected him; elle a été orientée vers une école technique she was advised to go to a technical school. **-3.** [rendre partial – discours] to give a bias ou slant to; ses cours sont politiquement orientés her lectures are coloured by her political convictions. **-4.** [carte, plan] to orientate. **-5.** MATH to orient. **-6.** NAUT [voiles] to trim.

◆ **s'orienter** *vpi* [se repérer] to take one's bearings; j'ai toujours du mal à m'~ I've got no sense of direction.
◆ **s'orienter vers** *vp + prép* [suj: enquête, recherches] to be directed towards; [suj: discussion] to turn round to; [suj: parti, entreprise] to move towards; [suj: étudiant] to turn to.
**orienteur, euse** [ɔrjɑ̃tœr, øz] *nm, f* **-1.** ENS academic counsellor. **-2.** [conseiller professionnel] careers adviser, careers guidance officer.
**orifice** [ɔrifis] *nm* **-1.** [ouverture] hole, opening. **-2.** ANAT orifice. **-3.** AUT: ~ d'admission intake port; ~ de remplissage filling hole.
**oriflamme** [ɔriflam] *nf* **-1.** [bannière d'apparat] banner, standard. **-2.** HIST oriflamme.
**origan** [ɔrigɑ̃] *nm* oregano.
**originaire** [ɔriʒinɛr] *adj* **-1.** [natif]: être ~ de to originate from; ma mère est ~ de Paris my mother was born in ou comes from Paris; il est ~ de la Martinique he's from Martinique; animal/fruit/plante ~ des pays tropicaux animal/fruit/plant native to tropical countries. **-2.** [originel] innate, inherent.
**originairement** [ɔriʒinɛrmɑ̃] *adv* originally, at first.
**original, e, aux** [ɔriʒinal, o] ◇ *adj* **-1.** [nouveau – architecture, idée, système] original, novel; [– cadeau, film, style, personne] original. **-2.** [excentrique – personne] odd, eccentric. **-3.** [d'origine – document, manuscrit] original. ◇ *nm, f* [excentrique] eccentric, character.
◆ **original, aux** *nm* **-1.** [d'une œuvre] original; [d'un document] original ou master (copy); [d'un texte] top copy, original; [d'un objet, d'un personnage] original. **-2.** [texte à traduire] original.
**originalement** [ɔriʒinalmɑ̃] *adv* [de façon nouvelle] originally, in an original ou novel way.
**originalité** [ɔriʒinalite] *nf* **-1.** [caractère] originality, novelty; cet artiste manque d'~ there is nothing new ou original in this artist's work ‖ [extravagance] eccentricity. **-2.** [nouveauté] original feature.
**origine** [ɔriʒin] *nf* **-1.** [cause première – d'un feu, d'une maladie, d'une querelle] origin; si nous remontons à l'~ du scandale if we go back to the origin of the scandal; avoir son ~ dans, tirer son ~ de to have one's origins in, to originate in; avoir qqch pour ~ to be caused by sthg; être à l'~ d'un projet de loi [personne] to be behind a bill; ces erreurs judiciaires ont été à l'~ du projet de loi these miscarriages of justice were the impetus for the bill; être à l'~ d'une querelle [personne] to be behind ou to be the cause of an argument; [malentendu] to be at the origin ou root of an argument; symptômes d'~ cardiaque symptoms due to heart problems. **-2.** [début] origin, beginning; les ~s de la civilisation the origins of civilization; les vêtements, des ~s à nos jours [dans un livre, un musée] clothes, from their origins to the present day; dès l'~ from the (very) beginning, from the outset. **-3.** [provenance – d'un terme] origin, root; [– d'un produit manufacturé] origin; la police connaît l'~ des appels the police know who made the calls; quelle est l'~ de ces pêches? where are these peaches from? **-4.** [d'une personne] origin; il ne sait rien de ses ~s he doesn't know anything about his origins ou where he comes from; d'~ modeste of humble origin ou birth; d'~ espagnole of Spanish origin. **-5.** JUR: ~ de propriété vendor's title. **-6.** GÉOM origin.
◆ **à l'origine** *loc adv* originally, initially, at the beginning.
◆ **d'origine** *loc adj* [pays] of origin; [couleur, emballage, nom, monnaie] original.
**originel, elle** [ɔriʒinɛl] *adj* **-1.** [primitif – innocence] original. **-2.** RELIG original. **-3.** [premier] original; sens ~ d'un mot original ou primary meaning of a word.
**originellement** [ɔriʒinɛlmɑ̃] *adv* [dès l'origine] from the (very) start ou beginning, from the outset; [à l'origine] originally, at first.
**orignal, aux** [ɔriɲal, o] *nm* Canadian moose.
**oripeaux** [ɔripo] *nmpl litt* [vêtements] tawdry rags.
**ORL** ◇ *nmf* (*abr de* oto-rhino-laryngologiste) ENT specialist. ◇ *nf* (*abr de* oto-rhino-laryngologie) ENT.
**orme** [ɔrm] *nm* elm (tree).
**Ormuz** [ɔrmuz] = Hormuz.
**ornement** [ɔrnəmɑ̃] *nm* **-1.** [objet] ornament. **-2.** BX-ARTS embellishment, adornment; sans ~ plain, unadorned; archi-

tecture surchargée d'~s ornate architecture; plafonds riches en ~s ceilings rich in ornament OU ornamentation. **-3.** HÉRALD & MUS ornament. **-4.** RELIG: ~s sacerdotaux vestments.

◆ **d'ornement** *loc adj* [plantes, poupée] ornamental.

**ornemental, e, aux** [ɔrnəmũtal, o] *adj* [motif] ornamental, decorative; [plante] ornamental.

**ornementation** [ɔrnəmũtasjɔ̃] *nf* ornamentation.

**ornementer** [3] [ɔrnəmũte] *vt sout* to ornament; ~ qqch de OU avec to ornament OU to decorate sthg with.

**orner** [3] [ɔrne] *vt* **-1.** [décorer – suj: personne] to decorate; [suj: dessin, plante, ruban] to adorn, to decorate, to embellish; **des bouquets ornaient la table** the table was decorated with bunches of flowers; ~ **avec** OU **de** to decorate with; ~ **une robe de dentelle** to trim a dress with lace; **sabre orné de joyaux** sword set with jewels. **-2.** [enjoliver – texte] to embellish; [– vérité] to adorn, to embellish; ~ **son esprit** *litt* to enrich one's mind.

**ornière** [ɔrnjɛr] *nf* **-1.** [trou] rut; **une route pleine d'~s** a rutted road, a road full of potholes. **-2.** [routine]: **suivre l'**~ to get into a rut; **sortir de l'**~ to get out of a rut. **-3.** [impasse]: **tirer qqn de l'**~ to help sb out of a difficulty; **sortir de l'**~ to get o.s. out of trouble. **-4.** RAIL groove.

**ornithologie** [ɔrnitɔlɔʒi] *nf* ornithology.

**ornithologique** [ɔrnitɔlɔʒik] *adj* ornithological.

**ornithologiste** [ɔrnitɔlɔʒist], **ornithologue** [ɔrnitɔlɔg] *nmf* ornithologist.

**ornithorynque** [ɔrnitɔrɛ̃k] *nm* duck-billed platypus, ornithorynchus *spéc*.

**orogenèse** [ɔrɔʒənɛz], **orogénie** [ɔrɔʒeni] *nf* orogenesis, orogeny.

**oronge** [ɔrɔ̃ʒ] *nf* Caesar's mushroom.

**orpailleur** [ɔrpajœr] *nm* gold washer.

**Orphée** [ɔrfe] *npr* Orpheus.

**orphelin, e** [ɔrfalɛ̃, in] ◇ *adj* **-1.** [enfant] orphan *(modif)*; **être** ~ **de père** to be fatherless, to have lost one's father; **les enfants** ~**s de mère** motherless children; **être** ~ **de père et de mère** to have lost both one's parents, to be an orphan. **-2.** TYPO: **ligne** ~**e** orphan. ◇ *nm, f* orphan.

**orphelinat** [ɔrfalina] *nm* [bâtiment] orphanage; [personnes] orphans.

**orphéon** [ɔrfeɔ̃] *nm* [chœur – d'hommes] male choir; [– d'enfants] (mixed) children's choir.

**orque** [ɔrk] *nf* killer whale.

**ORSEC, Orsec** [ɔrsɛk] *(abr de* **Organisation des secours)** *adj*: **plan** ~ disaster contingency plan; **plan** ~**-Rad** disaster contingency plan in case of nuclear accident.

**orteil** [ɔrtɛj] *nm* toe; **gros** ~ big toe.

**ORTF** *(abr de* **Office de radiodiffusion télévision française)** *npr m* former French broadcasting corporation.

**orthodontie** [ɔrtɔdɔ̃si] *nf* orthodontics (U), dental orthopedics *(U)*.

**orthodontiste** [ɔrtɔdɔ̃tist] *nmf* orthodontist.

**orthodoxe** [ɔrtɔdɔks] ◇ *adj* **-1.** RELIG Orthodox. **-2.** *fig* [méthode, pratique] orthodox; **pas très** OU **peu** ~ rather unorthodox. ◇ *nmf* **-1.** RELIG member of the Orthodox church; **les** ~**s** the Orthodox. **-2.** [disciple]: **les** ~**s de...** the orthodox followers of...

**orthodoxie** [ɔrtɔdɔksi] *nf* orthodoxy.

**orthogenèse** [ɔrtɔʒənɛz] *nf* orthogenesis BIOL.

**orthogénie** [ɔrtɔʒeni] *nf* birth control.

**orthogonal, e, aux** [ɔrtɔgɔnal, o] *adj* orthogonal.

**orthographe** [ɔrtɔgraf] *nf* [graphie] spelling; [règles] spelling system, orthography *spéc*; **avoir une bonne/mauvaise** ~ to be good/bad at spelling.

**orthographier** [9] [ɔrtɔgrafje] *vt* to spell; **mal/bien orthographié** wrongly/correctly spelt.

◆ **s'orthographier** *vp (emploi passif)*: **comment s'orthographie votre nom?** how do you spell your name?

**orthographique** [ɔrtɔgrafik] *adj* spelling *(modif)*, orthographic.

**orthopédique** [ɔrtɔpedik] *adj* orthopedic.

**orthopédiste** [ɔrtɔpedist] *adj & nmf* orthopedist.

**orthophonie** [ɔrtɔfɔni] *nf* **-1.** LING orthoepy. **-2.** MÉD speech

therapy.

**orthophoniste** [ɔrtɔfɔnist] *nmf* speech therapist.

**ortie** [ɔrti] *nf* (stinging) nettle.

**ortolan** [ɔrtɔlɑ̃] *nm* ortolan.

**orvet** [ɔrvɛ] *nm* slowworm.

**os** [ɔs, *pl* o] *nm* **-1.** ANAT & ZOOL bone; ~ **de seiche** cuttlebone; **être gelé/trempé jusqu'aux** ~ to be frozen to the marrow/soaked to the skin; **il ne fera pas de vieux** ~**!** he's not long for this world!; **c'est un sac** OU **paquet ou tas d'**~ she's a bag of bones, she's just skin and bone; **il l'a eu dans l'**~**!**▽ [il n'a pas réussi] he got egg on his face!; [il s'est fait escroquer] he's been had!. **-2.** CULIN bone; **viande avec** ~ meat on the bone; **poulet sans** ~ boneless chicken, boned chicken ❑ **à moelle** marrowbone; **acheter du jambon à l'**~ to buy ham off the bone; **donner un** ~ **à ronger à qqn** to give sb sthg to keep him/her quiet. **-3.** *fam* [difficulté]: **il y a un** ~ there's a snag ou hitch; **elle est tombée sur** OU **elle a trouvé un** ~ she came across ou she hit a snag.

**OS** *nm abr de* **ouvrier spécialisé.**

**oscar** [ɔskar] *nm* **-1.** CIN Oscar. **-2.** [récompense]: **l'**~ **de la meilleure publicité** the award for the best commercial.

**oscillant, e** [ɔsilã, ãt] *adj* **-1.** [qui balance] oscillating. **-2.** [incertain] oscillating, fluctuating. **-3.** MÉD [fièvre] irregular. **-4.** ÉLECTR [décharge] oscillating. **-5.** PHYS: **circuit** ~ oscillating circuit.

**oscillateur** [ɔsilatœr] *nm* oscillator.

**oscillation** [ɔsilasjɔ̃] *nf* **-1.** [balancement] swaying, rocking; **les** ~**s du téléphérique** the swaying ou swinging of the cablecar. **-2.** [variation] fluctuation, variation; ~**s des prix** price variations. **-3.** ÉLECTR & PHYS oscillation. **-4.** MÉCAN vibration.

**oscillatoire** [ɔsilatwar] *adj* oscillatory.

**osciller** [3] [ɔsile] *vi* **-1.** [bouger – pendule, objet suspendu] to oscillate, to swing, to sway; [– branche, corde] to sway, to swing; [– arbre, statue] to sway; [– aiguille aimantée] to flicker; [– personne, tête] to rock; **le courant d'air fait** ~ **la flamme** the flame was flickering in the draught. **-2.** [varier]: ~ **entre** to vary ou to fluctuate between; ~ **entre deux options** to waver ou to hesitate between two options.

**oscillogramme** [ɔsilɔgram] *nm* oscillogram.

**oscillographe** [ɔsilɔgraf] *nm* oscillograph.

**oscilloscope** [ɔsilɔskɔp] *nm* oscilloscope.

**osé, e** [oze] *adj* **-1.** [audacieux – tentative] bold, daring. **-2.** [choquant – histoire] risqué, racy. **-3.** *sout* [téméraire – personne] bold, intrepid.

**oseille** [ozɛj] *nf* **-1.** BOT & CULIN sorrel. **-2.** ▽ [argent] dough, cash.

**oser** [3] [oze] *vt* **-1.** [avoir l'audace de]: ~ **faire qqch** to dare (to) do sthg; **elle n'ose pas parler** she doesn't dare (to) speak, she daren't speak ‖ *(en usage absolu)*: **comment oses-tu!** how dare you!; **il faut** ~ **dans la vie!** one has to take risks in life! ‖ *sout* [suggestion, réponse] to risk; **ils furent trois à** ~ **l'ascension** three of them risked the climb ou were bold enough to climb. **-2.** [dans les tournures de politesse]: **j'ose croire/espérer que...** I trust/hope that...; **si j'ose dire** if I may say so; **si j'ose m'exprimer ainsi** if I may say so, if I may put it that way.

**oseraie** [ozrɛ] *nf* osier bed, osiery.

**osier** [ozje] *nm* BOT willow, osier.

◆ **d'osier, en osier** *loc adj* [fauteuil, panier] wicker, wickerwork *(modif)*; **chaise en** ~ wicker ou wickerwork ou basketwork chair.

**Osiris** [ɔziris] *npr* Osiris.

**Oslo** [ɔslo] *npr* Oslo.

**osmose** [ɔsmoz] *nf* **-1.** SC osmosis. **-2.** *fig* osmosis.

**ossature** [ɔsatyr] *nf* **-1.** ANAT [d'une personne] frame, skeleton; [du visage] bone structure. **-2.** CONSTR [d'un avion, d'un immeuble] frame, framework, skeleton. **-3.** [d'un discours] framework, structure.

**osselet** [ɔslɛ] *nm* **-1.** ANAT ossicle; ZOOL knucklebone. **-2.** JEUX jacks (U), knucklebones (U). **-3.** VÉTÉR osselet.

**ossements** [ɔsmã] *nmpl* remains, bones.

**osseux, euse** [ɔsø, øz] *adj* **-1.** ANAT bone *(modif)*, osseous *spéc*. **-2.** MÉD: **greffe osseuse** bone graft; **maladie osseuse** bone disease. **-3.** [aux os apparents] bony.

**ossification** [ɔsifikasjɔ̃] *nf* ossification.
**ossifier** [9] [ɔsifje]
◆ **s'ossifier** *vpi* ANAT to ossify.
**ossuaire** [ɔsɥɛr] *nm* ossuary.
**ostensible** [ɔstɑ̃sibl] *adj sout* conspicuous, open, clear.
**ostensiblement** [ɔstɑ̃sibləmɑ̃] *adv* conspicuously, openly, clearly.
**ostensoir** [ɔstɑ̃swar] *nm* monstrance, ostensory.
**ostentation** [ɔstɑ̃tasjɔ̃] *nf sout* [affectation, vanité] ostentation; **avec** ~ with ostentation, ostentatiously; **sans** ~ without ostentation, unostentatiously.
**ostentatoire** [ɔstɑ̃tatwar] *adj sout* ostentatious.
**ostéologie** [ɔsteɔlɔʒi] *nf* osteology.
**ostéopathe** [ɔsteɔpat] *nmf* osteopath.
**ostéopathie** [ɔsteɔpati] *nf* [traitement] osteopathy; [maladie] bone disease.
**ostéoporose** [ɔsteɔporoz] *nf* osteoporosis.
**ostraciser** [3] [ɔstrasize] *vt* to ostracize.
**ostracisme** [ɔstrasism] *nm* -1. ANTIQ ostracism. -2. *sout* [exclusion] ostracism; **être victime d'**~ to be ostracized; **frapper qqn d'**~ to ostracize sb.
**ostréicole** [ɔstreikɔl] *adj* [région] oyster farming; [industrie] oyster (*modif*).
**ostréiculteur, trice** [ɔstreikyltœr, tris] *nm, f* oyster farmer, oysterman (*f* oysterwoman).
**ostréiculture** [ɔstreikyltyr] *nf* oyster farming.
**ostrogot(h), e** [ɔstrogo, ɔt] *adj* Ostrogothic.
◆ **Ostrogot(h), e** *nm, f* Ostrogoth; **les Ostrogoths** the Ostrogoths.
◆ **ostrogot(h)** *nm fam*: **un drôle d'**~ a funny ou strange customer.
**otage** [ɔtaʒ] *nm* hostage; **prendre qqn en** ~ to take sb hostage.
**OTAN, Otan** [ɔtɑ̃] (*abr de* **Organisation du traité de l'Atlantique Nord**) *nprf* NATO.
**otarie** [ɔtari] *nf* eared seal.
**OTASE** [ɔtaz] (*abr de* **Organisation du traité de l'Asie du Sud-Est**) *nprf* SEATO.
**ôter** [3] [ote] *vt* -1. [retirer] to take off (*sép*), to remove (from); **ôte tes pieds du fauteuil** take ou get your feet off the armchair; **ôtez votre veste** take your jacket off; ~ **son masque** *pr* to take off ou to remove one's mask; *fig* to unmask o.s; **ôte-moi d'un doute, tu ne vas pas accepter!** wait a minute, you're not actually going to say yes! -2. [mettre hors de portée] to take away; **personne n'a pensé à lui** ~ **son arme** nobody thought to take his weapon (away) from him. -3. [supprimer] to remove (from); ~ **la vie à qqn** to take sb's life; **cela m'ôte un poids** *fig* that's a weight off my mind; **son attitude m'a ôté mes dernières illusions** his attitude rid me of my last illusions; **on ne m'ôtera pas de l'idée que...** I can't help thinking that... -4. MATH to take away (*sép*); **20 ôté de 100 égale 80** 20 (taken away) from 100 leaves 80.
◆ **s'ôter** *vp* (*emploi passif*) [s'enlever] to come off, to be removed; **ces bottes s'ôtent facilement** these boots are easy to take off. ◇ *vpt*: **ôte-toi cette idée de la tête** get that idea out of your head.
◆ **s'ôter de** *vp* + *prép*: **ôte-toi de là** (que je m'y mette) budge up (for me); **ôtez-vous de là, vous gênez le passage** move, you're in the way.
**otite** [ɔtit] *nf* otitis; ~ **externe/moyenne** otitis externa/media; ~ **interne** otitis interna.
**oto-rhino** [ɔtɔrino] (*pl* **oto-rhinos**) *nmf* ear, nose and throat specialist.
**oto-rhino-laryngologie** [ɔtɔrinɔlarɛ̃gɔlɔʒi] *nf* otorhinolaryngology.
**oto-rhino-laryngologiste** [ɔtɔrinɔlarɛ̃gɔlɔʒist] (*pl* **oto-rhino-laryngologistes**) *nmf* otorhinolaryngologist *spéc*, ear, nose and throat specialist.
**otoscope** [ɔtɔskɔp] *nm* otoscope, auriscope.
**Ottawa** [ɔtawa] *npr* Ottawa.
**ottoman, e** [ɔtɔmɑ̃, an] *adj* Ottoman.
◆ **Ottoman, e** *nm, f* Ottoman.
◆ **ottoman** *nm* TEXT ottoman (*rib*).
◆ **ottomane** *nf* [siège] ottoman (*seat*).
**ou** [u] *conj* -1. [indiquant une alternative ou une équivalence] or;

tu peux venir aujourd'hui ou demain you can come (either) today or tomorrow. -2. [indiquant une approximation] or; **ils étaient cinq ou six** there were five or six of them. -3. [indiquant la conséquence] or (else); **rends-le moi, ou ça ira très mal** give it back, or (else) there'll be trouble.
◆ **ou (bien)... ou (bien)** *loc corrél* either... or; **ou bien tu viens et tu es aimable, ou bien tu restes chez toi!** either you come along and be nice, or you stay at home!; **ou tu viens, ou tu restes, mais tu arrêtes de te plaindre** you (can) either come or stay, but stop complaining!
**où** [u] ◇ *pron rel* -1. [dans l'espace] where; **pose-le là où tu l'as trouvé** put it back where you found it; **partout où vous irez** everywhere you go; **d'où j'étais, je voyais la cathédrale** from where I was, I could see the cathedral; **d'où viens-tu?** where have you come from?; **le pays d'où je viens** the country which ou where I come from; **d'où viens-tu en Angleterre?** whereabouts are you from in England?; **d'où que tu viennes** wherever you come from; **les villes par où nous passerons** the towns which we will go through. -2. [dans le temps]: **le jour où je suis venu** the day (that) I came; **à l'époque où...** in the days when... -3. *fig*: **là où je ne vous suis plus, c'est lorsque vous dites...** the bit where I lose track is when you say...; **c'est une spécialité où il excelle** it's a field in which he excels; **dans l'état où elle est** in her state, in the state she is in; **au prix où c'est** at that price; **au point où nous en sommes** (at) the point we've reached.
◇ *adv rel* -1. [dans l'espace] where; [avec 'que']: **où que vous alliez** wherever you go; **par où que tu passes** whichever route you take, whichever way you go. -2. *fig*: **où je ne comprends pas, c'est lorsque...** where I don't understand him is when...
◇ *adv interr* where; **par où voulez-vous passer?** which way do you want to go?, which route do you want to take?; **dites-moi vers où il est allé** tell me which direction he went in; **par où commencer?** where to begin?, where should I begin?; **où voulez-vous en venir?** what point are you trying to make?, what are you trying to say?
◆ **d'où** *loc conj*: **d'où on conclut que...** which leads us ou one to the conclusion that...; **d'où il suit que...** from which it follows that...; **je ne savais pas qu'il était déjà arrivé, d'où ma surprise** I didn't know that he'd already arrived, which is why I was so surprised.
**OUA** (*abr de* **Organisation de l'unité africaine**) *nprf* OAU.
**ouailles** [waj] *nfpl hum* flock.
**ouais** [wɛ] *interj fam* yeah.
**ouananiche** [wananiʃ] *nf Can* salmon trout.
**ouaouaron** [wawarɔ̃] *nm Can* bullfrog.
**ouate** [wat] *nf* -1. [coton] cotton wool; ~ **de cellulose** cellulose fibre. -2. TEXT wadding, padding; **un manteau doublé d'**~ a quilted coat.
**ouaté, e** [wate] *adj* -1. [doublé] quilted. -2. [assourdi] muffled. -3. [douillet] cocooned.
**ouater** [3] [wate] *vt* -1. [vêtement] to quilt; [couverture] to wad, to pad. -2. *litt* [estomper] to muffle.
**ouatine** [watin] *nf* quilting (material).
**ouatiner** [3] [watine] *vt* to quilt.
**oubli** [ubli] *nm* -1. [fait de ne pas se rappeler] forgetting, neglecting; **l'**~ **d'un accent sur un mot coûte un point** forgetting ou neglecting to put an accent on a word will lose you one point. -2. [lacune] omission; **il y a beaucoup d'**~**s dans sa liste** she left a lot of items off her list, there are a lot of gaps in her list ∥ [trou de mémoire] oversight, lapse of memory; **ce n'est qu'un** ~ it's just an oversight. -3. *sout* [isolement]: **l'**~ oblivion; **arracher qqch à** ou **tirer qqch de l'**~ to snatch ou to rescue sthg from oblivion; **tomber dans l'**~ to sink into oblivion. -4. [consolation]: **l'**~ **viendra avec le temps** time is a great healer. -5. *litt* [indifférence]: **l'**~ **de soi** selflessness, self-denial.
**oublié, e** [ublije] ◇ *adj* -1. [pièce, roman, peintre] forgotten. -2. [abandonné] left, abandoned. ◇ *nm, f* abandoned ou neglected ou forgotten person.
**oublier** [10] [ublije] *vt* -1. [ne pas se remémorer – nom, rue, date] to forget; **n'oublie pas le rendez-vous** don't forget (that) you have an appointment; **mon Dieu, le dentiste, je l'ai oublié!** God, the dentist, I'd forgotten all about him!; ~ **son texte** to forget one's lines; **n'oublie pas que c'est son**

anniversaire remember ou don't forget that it's her birthday ‖ *(en usage absolu)*: **qu'a-t-elle dit? j'ai oublié** what did she say? I've forgotten ‖ [ne pas reconnaître – visage, mélodie] to forget. **-2.** [ne plus penser à – héros, injure, souci] to forget (about); **les preneurs de son sont souvent oubliés par les jurys de prix** sound technicians are often ignored by award juries; **j'ai oublié l'heure** I forgot the time; **oublions ce malentendu** let's forget (all) about this misunderstanding; **je veux bien ~ le passé** I'm ready to forget about the past ou to let bygones be bygones; **oublie-moi un peu, veux-tu?** *fam* just leave me alone, will you?; **se faire ~** to keep a low profile, to stay out of the limelight ‖ *(en usage absolu)* to forget; **il boit pour ~** he drinks to forget. **-3.** [omettre] to leave out *(sép)*; **je ferai en sorte de l'~ dans mon testament/sur le registre** I'll make sure she's left out of my will/left off the register. **-4.** [négliger] to forget (about); **depuis son mariage, il nous oublie** he's been neglecting us ou he's forgotten (about) us since he got married. **-5.** [ne pas prendre] to forget, to leave (behind); **~ son colis dans le train** to leave one's parcel on the train; **j'ai oublié la lettre à la maison** I left the letter at home. **-6.** [ne pas mettre] to forget.

◆ **s'oublier** ◇ *vp (emploi passif)*: **une fois acquise, la technique ne s'oublie jamais** once you've learnt the technique, it stays with you forever ou you'll never forget it. ◇ *vp (emploi réfléchi)* to forget o.s.; **tu n'es pas oublié, à ce que je vois!** *hum* I see you've not forgotten yourself! ◇ *vpi* **-1.** [se relâcher] to forget o.s. **-2.** *euph* [animal, enfant] to have an accident *euph*.

**oubliette** [ublijɛt] *nf* [fosse] oubliette.
◆ **oubliettes** *nfpl* [cachot] dungeon, black hole; **le projet est tombé dans les ou aux ~s** *fig* the project has been shelved.

**oublieux, euse** [ublijø, øz] *adj litt* forgetful; **~ de ses devoirs** forgetful of one's duty.

**oubliions** [ublijɔ̃] *v* → **oublier**.

**oued** [wɛd] *nm* wadi.

**Ouessant** [wɛsɑ̃] *npr*: **l'île d'~** the isle of Ushant.

**ouest** [wɛst] ◇ *nm inv* **-1.** [point cardinal] west; **nous allons vers l'~** we're heading west ou westwards; **aller droit vers l'~** to head due west; **la cuisine est plein ~ ou exposée à l'~** the kitchen faces (due) west. **-2.** [partie d'un pays, d'un continent] west, western area ou region; **l'~ de l'Italie** Western Italy; **elle habite dans l'~** she lives in the west. **-3.** POL: **l'Ouest** Western countries, the West; **à l'Ouest, on croit que...** Westerners think that... ◇ *adj inv* west *(modif)*, western; **la façade ~ d'un immeuble** the west ou west-facing wall of a building.
◆ **à l'ouest de** *loc prép* (to the) west of.

**ouest-allemand, e** [wɛstalmɑ̃, ɑ̃d] *(mpl* **ouest-allemands,** *fpl* **ouest-allemandes)** *adj* West German.
◆ **Ouest-Allemand, e** *nm, f* West German.

**ouf** [uf] *interj* phew; **je n'ai pas eu le temps de dire ~** I didn't even have time to catch my breath.

**Ouganda** [ugɑ̃da] *npr m*: **(l')~** Uganda.

**ougandais, e** [ugɑ̃dɛ, ɛz] *adj* Ugandan.
◆ **Ougandais, e** *nm, f* Ugandan.

**oui** [wi] ◇ *adv* **-1.** [en réponse affirmative] yes; **tu en veux? — ~, s'il te plaît** do you want some? — yes please; **voulez-vous prendre X pour époux? — ~** do you take X to be your lawful wedded husband? — I do; **Michel! — ~, ~, voilà, j'arrive!** Michel! — yes ou all right, I'm coming!; **tu comprends? — ~ et non** do you understand? — yes and no ou I do and I don't; **alors c'est ~ ou c'est non?** so is it yes or no?; **mais ~** yes, of course; **~, bien sûr** yes, of course; **il est audacieux — certes ~** he's rather daring — he certainly is; **~ assurément** yes indeed; **c'est vraiment injuste! — ah ça ~!** that's really unfair! — you've said it! ou that's for sure!; **tu vas déposer une plainte? — ah ça ~!** *fam* are you going to lodge a complaint? — you bet I am!; **tu vas la laisser faire? — oh que ~!** *fam* are you going to let her go ahead? — you bet!; **~ mon capitaine!** MIL (yes) Sir! **-2.** [en remplacement d'une proposition]: **il semblerait que oui** it would seem so; **tu vas voter? — je crois que ~** are you going to vote? — (yes) I think so ou I think I will; **elle n'a dit ni ~ ni non** she didn't say either yes or no, she gave a noncommittal answer; **elle vient aussi? si ~, je reste** will she be there too? if so ou if she is I'll stay. **-3.** [emploi expressif]: **~, évidemment, elle a un peu raison** of course, she's right in a

way; **eh bien ~, c'est moi qui le lui ai dit!** yes, I was the one who told her!; **je suis déçu, ~, vraiment déçu!** I'm disappointed, really disappointed!; **le nucléaire ~, mais pas à n'importe quel prix!** yes to nuclear energy, but not at any cost!; **tu viens, ~?** are you coming then?; **tu viens, ou non?** are you coming or not?; **c'est bientôt fini de crier, ~?** will you stop shouting?, stop shouting, will you!
◇ *nm inv*: **je voudrais un ~ définitif** I'd like a definitive yes; **un ~ franc et massif** a solid yes vote; **les ~ et les non** the yesses ou ayes and the noes; **il y a eu 5 ~** [dans un vote] there were 5 votes for ou 5 ayes ❑ **ils se disputent pour un ~ pour un non** they quarrel over the slightest (little) thing; **il change d'avis pour un ~ pour un non** he changes his mind at the drop of a hat.

**ouï-dire** [widir] *nm inv* hearsay.
◆ **par ouï-dire** *loc adv* by hearsay, through the grapevine.

**ouïe¹** [wi] *nf* **-1.** ANAT (sense of) hearing; **avoir l'~ fine** to have a keen ear ❑ **continue, je suis tout ~** *hum* go on, I'm all ears. **-2.** ZOOL gill. **-3.** MUS sound hole. **-4.** AUT louvre.

**ouïe²**, **ouille** [uj] *interj* ouch.

**ouïr** [51] [wir] *vt* **-1.** *litt* ou *hum* to hear (tell); **j'ai ouï dire que tu avais déménagé** I heard tell that you had moved. **-2.** JUR: **~ des témoins** to hear witnesses.

**ouistiti** [wistiti] *nm* **-1.** ZOOL marmoset. **-2.** *fam* [personne]: **drôle de ~, celui-là!** funny customer ou bit of a weirdo, that one!

**ouragan** [uragɑ̃] *nm* **-1.** MÉTÉO hurricane; **il est entré comme un ~ et s'est mis à hurler** he burst in like a whirlwind and started yelling. **-2.** [tumulte] storm, uproar; **son discours provoqua un ~ de protestations** his speech caused a storm of protest ou an uproar.

**Oural** [ural] *npr m* [montagnes]: **l'~** the Urals, the Ural mountains.

**ouralien, enne** [uraljɛ̃, ɛn] *adj* Uralic, Uralian.
◆ **ouralien** *nm* LING Uralic.

**ourdir** [32] [urdir] *vt* **-1.** *litt* [complot] to hatch, to weave; [intrigue] to weave. **-2.** TECH [tissage] to warp; [vannerie] to weave.

**ourdou** [urdu] = **urdu**.

**ourler** [3] [urle] *vt* **-1.** COUT to hem. **-2.** *litt* [border] to fringe.

**ourlet** [urlɛ] *nm* **-1.** COUT hem; **faire un ~ à une jupe** to hem a skirt ❑ **faux ~** false hem. **-2.** ANAT helix.

**ours** [urs] *nm* **-1.** ZOOL bear; **~ blanc** ou **polaire** polar bear; **~ brun** brown bear; **arrête de tourner en rond comme un ~ en cage!** stop pacing up and down like a caged animal! **-2.** [personne]: **il est un peu ~** he's a bit grumpy ❑ **quel mal léché!** grumpy old thing! **-3.** [jouet]: **~ (en peluche)** teddy bear.

**ourse** [urs] *nf* ZOOL she-bear.

**Ourse** [urs] *npr f* ASTRON: **la Grande ~** Ursa Major, the Great Bear; **la Petite ~** Ursa Minor, the Little Bear.

**oursin** [ursɛ̃] *nm* sea urchin.

**ourson** [ursɔ̃] *nm* (bear) cub.

**oust(e)** [ust] *interj fam* out, scram; **allez, ~, tout le monde dehors!** come on, get a move on, everybody out!

**out** [awt] ◇ *adv* **-1.** TENNIS out. **-2.** BOXE out, knocked out. ◇ *adj inv* out; **une balle ~** an out ball.

**outarde** [utard] *nf* bustard.

**outil** [uti] *nm* **-1.** [pour travailler] tool; **cabane/boîte à ~s** tool shed/box; **~s de jardinage** garden implements ou tools; **savoir utiliser l'~ informatique** *fig* to know how to use computers. **-2.** ▼ [verge] tool, cock.

**outillage** [utijaʒ] *nm* **-1.** [ensemble d'outils] (set of) tools; [pour un jardinier] (set of) tools ou implements. **-2.** [industrie] tool making *(U)*. **-3.** [dans une usine] (machine) tool workshop.

**outillé, e** [utije] *adj*: **être ~ pour faire qqch** to be properly equipped ou to have the proper tools to do sthg; **être bien ~ en qqch** to be well equipped with sthg.

**outiller** [3] [utije] *vt* [ouvrier] to supply with tools; [atelier, usine] to equip, to fit with tools.
◆ **s'outiller** *vp (emploi réfléchi)* to equip o.s. (with tools); **vous auriez dû mieux vous ~** you should have made sure you were better equipped.

**output** [awtput] *nm* output.

**outrage** [utraʒ] *nm* **-1.** [offense] insult; **subir les ~s de qqn** to be insulted by sb; **faire ~ à l'honneur de qqn** to insult sb's honour; **faire ~ à la raison** to be an insult to reason; **les ~s du temps** the ravages of time. **-2.** JUR: **~ à agent** insulting behaviour; **~ aux bonnes mœurs** affront to public decency; **~ à magistrat** (criminal) contempt of court; **~** (public) **à la pudeur** indecent exposure.

**outrageai** [utraʒe] *v* → **outrager**.

**outrageant, e** [utraʒã, ãt] *adj* offensive, insulting, abusive.

**outrager** [17] [utraʒe] *vt* **-1.** [offenser] to offend, to insult, to abuse; **~ une femme dans son honneur** to insult a woman's honour. **-2.** *litt* [porter atteinte à]: **~ le bon sens** *fig* to be an insult to ou to offend common sense.

♦ **s'outrager** *vpi sout*: **parle franchement, personne ne s'outragera de tes propos** speak freely, your remarks will shock ou outrage no one.

**outrageusement** [utraʒøzmã] *adv* excessively, extravagantly, outrageously.

**outrageux, euse** [utraʒø, øz] *adj litt* insulting, offensive, outrageous.

**outrance** [utrãs] *nf* **-1.** [exagération] excessiveness, extravagance, outrageousness. **-2.** [acte] extravagance; [parole] extravagant ou immoderate language.

♦ **à outrance** *loc adj*: **combat à ~** all-out fight. ◇ *loc adv* excessively, extravagantly, outrageously.

**outrancier, ère** [utrãsje, εr] *adj* excessive, extravagant, extreme; **des propos ~s** extreme ou wild remarks.

**outre¹** [utr] *nf* goatskin, wineskin.

**outre²** [utr] ◇ *prép* [en plus de] besides, as well as; **~ le fait que...** besides the fact that... ◇ *adv*: **passer ~ à qqch** to disregard sthg; **elle a passé ~ malgré l'interdiction** she carried on regardless ou she disregarded the ban.

♦ **en outre** *loc adv* besides, furthermore, moreover.

♦ **outre mesure** *loc adv* overmuch.

♦ **outre que** *loc conj* apart from; **~ qu'il est très serviable, il est aussi très efficace** apart from being obliging he's also very efficient, not only is he obliging but he's also very efficient.

**outré, e** [utre] *adj* **-1.** *litt* [exagéré] excessive, exaggerated, overdone. **-2.** [choqué] indignant, shocked, outraged.

**outre-Atlantique** [utratlãtik] *adv* across the Atlantic.

**outrecuidance** [utrəkɥidãs] *nf litt* **-1.** [fatuité] overconfidence, self-importance. **-2.** [impertinence] impudence, impertinence.

**outrecuidant, e** [utrəkɥidã, ãt] *adj litt* **-1.** [fat, prétentieux] overconfident, self-important. **-2.** [impertinent] arrogant, impudent, impertinent.

**outre-Manche** [utrəmãʃ] *adv* across the Channel.

**outremer** [utrəmεr] ◇ *nm* MINÉR lapis lazuli; [teinte] ultramarine. ◇ *adj inv* ultramarine.

**outre-mer** [utrəmεr] *adv* overseas; **la France d'~** France's overseas territories and departments.

**outrepasser** [3] [utrəpase] *vt* [droit] to go beyond; [ordre] to exceed.

**outrer** [3] [utre] *vt* **-1.** *litt* [exagérer] to exaggerate, to magnify. **-2.** [révolter] to outrage.

**outre-Rhin** [utrərε̃] *adv* across the Rhine.

**outre-tombe** [utratõb]

♦ **d'outre-tombe** *loc adj inv*: **une voix d'~** a voice from beyond the grave.

**outsider** [awtsajdœr] *nm* outsider.

**ouvert, e** [uvεr, εrt] ◇ *pp* → **ouvrir**.

◇ *adj* **-1.** [porte, tiroir] open; **grand ~, grande ~e** wide open; **'col de l'Iseran: ~'** 'Iseran Pass: open'; **une voiture ~e est une tentation pour les voleurs** a car left unlocked ou open is an invitation to burglars; **un robinet ~ peut causer une inondation** a tap that's been left on can cause flooding; **il avait la chemise ~e** his shirt was open (to the waist) ou undone; **n'achetez pas de tulipes ~es** don't buy tulips that are already open; **elle s'avança la main ~e** she moved forward with her hand open. **-2.** [bouche, yeux] open; **garder les yeux (grands) ~s** *pr* to keep one's eyes (wide) open; *fig* to keep one's eyes peeled, to be on the lookout ‖ [coupé] cut, open; **elle a eu la lèvre ~e** her lip was cut. **-3.** [magasin, bureau, restaurant] open; **ils laissent toujours (tout) ~** they never lock the house ‖ CHASSE & PÊCHE

open. **-4.** [réceptif] open; **un visage ~** an open face; **avoir l'esprit ~** to be open-minded, to have an open mind; **nous sommes ~s aux idées nouvelles** we are open to new ideas. **-5.** [non caché] open; **c'est la lutte ~e entre eux** it's open warfare between them. **-6.** INF open; [système] open-ended. **-7.** MATH open; GÉOM wide. **-8.** SPORT [imprévisible]: **un match très ~** a (wide) open game ‖ [offensif]: **un jeu ~** an open game ❏ **tournoi ~** GOLF open tournament, golf open. **-9.** LING [syllabe, voyelle] open. **-10.** ÉLECTR [circuit] open; [machine] uninsulated. **-11.** FIN: **à capital ~** with an open ou a fluctuating authorized capital.

**ouvertement** [uvεrtəmã] *adv* openly.

**ouverture** [uvεrtyr] *nf* **-1.** [trou] opening; **l'événement représente une véritable ~ pour ces pays** *fig* this development will open up real opportunities for these countries. **-2.** [action d'ouvrir]: **l'~ des grilles a lieu à midi** the gates are opened ou unlocked at noon; **'~ des portes à 20 h'** 'doors open at eight'; **nous attendons avec impatience l'~ du tunnel** we can hardly wait for the tunnel to open. **-3.** [mise à disposition]: **pour faciliter l'~ d'un compte courant** to make it easier to open a current account; **l'~ de vos droits ne date que de février dernier** you were not entitled to claim benefit before last February; **~ de crédit** (bank) credit arrangement ‖ COMM: **les plus belles affaires se font à l'~** the best bargains are to be had when the shop opens ❏ **heures d'~** opening hours; **jours d'~** opening days. **-4.** [d'une session, d'un festival] opening; **depuis l'~** BOURSE since trading began ou opened (this morning) ‖ CHASSE & PÊCHE opening; **demain, on fait l'~ ensemble** tomorrow we're going out together on the first (official) day of the open season. **-5.** *fig*: **l'~ vers la gauche/droite** POL broadening the base of government to the left/right ‖ **la politique d'~** consensus politics; **~ d'esprit** open-mindedness. **-6.** RUGBY opening up; BOXE opening; **contrôler l'~ des skis** to be in control of the angle of the skis ‖ CARTES & JEUX opening; **avoir l'~** to have the opening move; **avoir l'~ à trèfle** to lead clubs. **-7.** MUS overture. **-8.** PHOT aperture. **-9.** AUT [des roues] toe-out. **-10.** PRESSE front-page article.

♦ **ouvertures** *nfpl* overtures; **faire des ~s de paix** to make peace overtures.

**ouvrable** [uvrabl] *adj*: **heures ~s** business hours, shop hours; **pendant les heures ~s** COMM during opening hours; ADMIN during office hours; **jour ~** working day *Br*, workday.

**ouvrage** [uvraʒ] ◇ *nm* **-1.** [travail] work; **se mettre à l'~** to get down to work, to start work. **-2.** [œuvre] (piece of) work; **~ d'art** ARCHIT & CONSTR construction works; **~ (de dame)** COUT (piece of) needlework; **~s de maçonnerie** masonry. **-3.** [livre] book. ◇ *nf fam*: **c'est de la belle ~!** that's a nice piece of work!

**ouvragé, e** [uvraʒe] *adj* [nappe] (finely ou elaborately) embroidered; [construction] elaborate, ornate.

**ouvrant, e** [uvrã, ãt] *adj* opening, moving.

**ouvré, e** [uvre] *adj* **-1.** [bois, fer] ornate, elaborate, elaborately decorated; [nappe] (finely ou elaborately) embroidered, finely worked. **-2.** ADMIN & COMM: **jour ~** working day *Br*, workday.

**ouvre-boîtes** [uvrəbwat] *nm inv* tin opener *Br*, can opener.

**ouvre-bouteilles** [uvrəbutεj] *nm inv* bottle opener.

**ouvre-huîtres** [uvrəɥitr] *nm inv* oyster knife.

**ouvrer** [3] [uvre] *vt* [bois] to decorate (elaborately); [linge] to embroider, to work (finely).

**ouvreur, euse** [uvrœr, øz] *nm, f* **-1.** JEUX opener. **-2.** CIN & THÉÂT usher (*f* usherette). **-3.** SPORT forerunner.

**ouvrier, ère** [uvrije, εr] ◇ *adj* [quartier, condition] working-class; **agitation ouvrière** industrial unrest ❏ **la classe ouvrière** the working class. ◇ *nm, f* (manual) worker; **une ouvrières** a (female) worker; **les ~s sur le chantier** the workmen on the site ❏ **~ qualifié/spécialisé** skilled/unskilled worker; **~ agricole** agricultural worker, farm labourer; **~ à domicile** home worker; **~ à façon** outworker; **~ hautement qualifié** highly-skilled worker; **~ mécanicien** garage mechanic.

♦ **ouvrière** *nf* [abeille] worker (bee); [fourmi] worker (ant).

**ouvriérisme** [uvrijerism] *nm* workerism.

**ouvriériste** [uvrijerist] *adj* & *nmf* workerist.

**ouvrir** [34] [uvrir] ◇ *vt* **-1.** [portail, tiroir, capot de voiture, fenê-

tre] to open; [porte fermée à clé] to unlock, to open; [porte verrouillée] to unbolt, to open; **il ouvrit la porte d'un coup d'épaule** he shouldered the door open, he forced the door (open) with his shoulder; ~ **une porte par effraction** to force a door ‖ *(en usage absolu)*: **je suis allé** ~ **chez les Loriot avant qu'ils rentrent de voyage** I went and opened up the Loriots' house before they came back from their trip; **va** ~ go and answer the door; **on a sonné, je vais** ~ there's someone at the door, I'll go; **c'est moi, ouvre** it's me, open the door ou let me in. **-2.** [bouteille, pot, porte-monnaie] to open; [coquillage] to open (up) *(sép)*; [paquet] to open, to unwrap; [enveloppe] to open, to unseal. **-3.** [déplier – éventail] to open; [– carte routière] to open (up) *(sép)*, to unfold; [– livre] to open (up) *(sép)*. **-4.** [desserrer, écarter – compas, paupières] to open; [– rideau] to open, to draw back *(sép)*; [– aile, bras] to open (out) *(sép)*, to spread (out) *(sép)*; [– mains] to open (out) *(sép)*; [déboutonner – veste] to undo, to unfasten; ~ **les yeux** to open one's eyes; **le matin, j'ai du mal à** ~ **les yeux** [à me réveiller] I find it difficult to wake up in the morning ❏ ~ **l'œil** *pr* to open one's eye; *fig* to keep one's eyes open; **cette rencontre avec lui m'a ouvert les yeux** meeting him was a real eye-opener for me; ~ **de grands yeux** [être surpris] to be wide-eyed; **ouvrez grands vos yeux** [soyez attentifs] keep your eyes peeled; ~ **l'esprit à qqn** to broaden sb's outlook; **tu ferais mieux de ne pas l'~!** you'd better keep your mouth ou trap shut!**-5.** [commencer – hostilités] to open, to begin; [– campagne, récit, enquête] to open, to start; [– bal, festival, conférence, saison de chasse] to open; **la scène qui ouvre la pièce** the opening scene of the play. **-6.** [rendre accessible – chemin, voie] to open (up), to clear; [– frontière, filière] to open; **ils refusent d'~ leur marché aux produits européens** they refuse to open up their market to European products; **pourquoi ne pas** ~ **cette formation à de jeunes chômeurs?** why not make this form of training available to young unemployed people?; **le diplôme vous ouvre de nombreuses possibilités** the diploma opens up a whole range of possibilities for you. **-7.** [créer – boutique, cinéma, infrastructure] to open; [– entreprise] to open, to set up *(sép)*. **-8.** [faire fonctionner – radiateur, robinet] to turn on *(sép)*; [– circuit électrique] to open; **ouvre la télé** *fam* turn ou switch the TV on; ~ **l'eau/l'électricité/le gaz** *fam* to turn on the water/the electricity/the gas. **-9.** [être en tête de – défilé, procession] to lead; **c'est son nom qui ouvre la liste** her name is (the) first on the list. **-10.** [inciser – corps] to open (up), to cut open; [– panaris] to lance, to cut open. **-11.** SPORT: ~ **le jeu** to open play; **essayez d'~ un peu plus la partie** try to play a more open game; ~ **la marque** ou **le score** [gén] to open the scoring; FTBL to score the first goal. **-12.** BANQUE [compte bancaire, portefeuille d'actions] to open; [emprunt] to issue, to float; ~ **un crédit à qqn** to give sb credit facilities; ~ **un droit à qqn** [dans les assurances] to entitle sb to a claim. **-13.** JEUX to open; *(en usage absolu)*: ~ **à cœur** CARTES to open (the bidding) in hearts; [commencer le jeu] to open ou to lead with a heart.
◇ *vi* **-1.** [boutique, restaurant, spectacle] to (be) open; **la chasse au faisan/la conférence ouvrira en septembre** the pheasant season/the conference will open in September. **-2.** [couvercle, fenêtre, porte] to open; **le portail ouvre mal** the gate is difficult to open ou doesn't open properly.
◆ **ouvrir sur** *v + prép* **-1.** [déboucher sur] to open onto. **-2.** [commencer par] to open with. **-3.** SPORT: ~ **sur qqn** to pass (the ball) to sb; ~ **sur l'aile gauche** to release the ball on the blind side/to the left wing.
◆ **s'ouvrir** ◇ *vp (emploi passif)* **-1.** [boîte, valise] to open; [chemisier, fermeture] to come undone; **ça s'ouvre en dévissant** the top unscrews; **la fenêtre de ma chambre s'ouvre mal** the window in my room is difficult to open ou doesn't open properly. **-2.** [être inauguré] to open.
◇ *vpt* [se couper – personne]: **je me suis ouvert le pied sur un bout de verre** I've cut my foot (open) on a piece of glass; **s'~ les veines** to slash ou to cut one's wrists.

◇ *vpi* **-1.** [se desserrer, se déplier – bras, fleur, huître, main] to open; [– aile] to open (out), to spread, to unfold; [– bouche, œil, paupière, livre, rideau] to open. **-2.** [se fendre – foule, flots] to part; [– sol] to open (up); [– melon] to open, to split (open); **la cicatrice s'est ouverte** the scar has opened up. **-3.** [boîte, valise – accidentellement] to (come) open. **-4.** [fenêtre, portail] to open; **la fenêtre s'ouvrit brusquement** the window flew ou was flung open; **la porte s'ouvre sur la pièce/dans le couloir** the door opens into the room/out into the corridor. **-5.** [s'épancher] to open up; **s'~ à qqn de qqch** to open one's heart to sb about sthg, to confide in sb about sthg. **-6.** [débuter – bal, conférence]: **s'~ par** to open ou to start with. **-7.** [se présenter – carrière] to open up.
◆ **s'ouvrir à** *vp + prép* [des idées, des influences]: **s'~ à des cultures nouvelles** to become aware of new cultures; **s'~ à la poésie** to become sensitive to poetry; **leur pays s'ouvre peu à peu au commerce extérieur** their country is gradually opening up to foreign trade.

**ouvroir** [uvʀwaʀ] *nm* [dans un couvent] workroom; [dans une paroisse] sewing room.

**ouzbek** [uzbɛk] *adj* uzbek.
◆ **Ouzbek** *nmf* Uzbek.

**Ouzbékistan** [uzbekistã] *npr m*: (l') ~ Uzbekistan.

**ovaire** [ɔvɛʀ] *nm* ovary.

**ovale** [ɔval] ◇ *adj* [en surface] oval; [en volume] egg-shaped, ovoid. ◇ *nm* [forme] oval.

**ovarien, enne** [ɔvaʀjɛ̃, ɛn] *adj* ovarian.

**ovarite** [ɔvaʀit] *nf* ovaritis, oophoritis.

**ovation** [ɔvasjɔ̃] *nf* ovation; **le public lui a fait une véritable** ~ the audience gave her a real ovation.

**ovationner** [3] [ɔvasjɔne] *vt*: ~ **qqn** to give sb an ovation.

**overdose** [ɔvœʀdoz] *nf* **-1.** [surdose] overdose. **-2.** *fam & fig* overdose, OD.

**Ovide** [ɔvid] *npr* Ovid.

**ovin, e** [ɔvɛ̃, in] *adj* ovine.
◆ **ovin** *nm* ovine, sheep.

**oviné** [ɔvine] *nm* [mouton] ovine; [chèvre] caprid.

**ovipare** [ɔvipaʀ] ◇ *adj* oviparous *spéc*, egg-laying. ◇ *nmf* egg-laying ou oviparous *spéc* animal.

**OVNI, Ovni** [ɔvni] *(abr de* **objet volant non identifié)** *nm* UFO.

**ovocyte** [ɔvɔsit] *nm* oocyte.

**ovoïde** [ɔvɔid]**, ovoïdal, e, aux** [ɔvɔidal, ɔ] *adj* egg-shaped, ovoid.

**ovulation** [ɔvylasjɔ̃] *nf* ovulation.

**ovule** [ɔvyl] *nm* **-1.** PHYSIOL ovum. **-2.** BOT & ZOOL ovule. **-3.** PHARM pessary.

**ovuler** [3] [ɔvyle] *vi* to ovulate.

**oxford** [ɔksfɔʀd] *nm* Oxford (cloth).

**oxydable** [ɔksidabl] *adj* liable to rust, oxidizable.

**oxydant, e** [ɔksidã, ãt] *adj* oxidizing.
◆ **oxydant** *nm* oxidant, oxidizer, oxidizing agent.

**oxydation** [ɔksidasjɔ̃] *nf* oxidation.

**oxyde** [ɔksid] *nm* oxide.

**oxyder** [3] [ɔkside] *vt* to oxidize.
◆ **s'oxyder** *vpi* to become oxidized.

**oxygénation** [ɔksiʒenasjɔ̃] *nf* oxygenation.

**oxygène** [ɔksiʒɛn] ◇ *v → oxygéner*. ◇ *nm* **-1.** CHIM oxygen. **-2.** *fig*: **j'ai besoin d'~** I need some fresh air.

**oxygéné, e** [ɔksiʒene] *adj* CHIM oxygenated.

**oxygéner** [18] [ɔksiʒene] *vt* **-1.** CHIM to oxygenate. **-2.** [cheveux] to bleach, to peroxide.
◆ **s'oxygéner** *vpi* to get some fresh air.

**ozone** [ozɔn] *nm* ozone.

**ozoniser** [3] [ozɔnize] *vt* to ozonize.

# P

**p, P** [pe] *nm* p, P.

**p -1.** (*abr écrite de* **pico**) p. **-2.** (*abr écrite de* **page**) p. **-3.** *abr écrite de* **pièce**.

**P.** (*abr écrite de* **Père**) F.

**Pa** (*abr écrite de* **pascal**) Pa.

**PA** *abr écrite de* **petites annonces**.

**PAC, Pac** [pak] (*abr de* **politique agricole commune**) *nf* CAP.

**PACA, Paca** [paka] (*abr de* **Provence-Alpes-Côte d'Azur**) *npr f southern French region*.

**pacage** [pakaʒ] *nm* **-1.** [lieu] pasture, grazing-land. **-2.** [action] grazing.

**pacane** [pakan] *nf* pecan (nut).

**pacemaker** [pɛsmekœr] *nm* (cardiac) pacemaker.

**pacha** [paʃa] *nm* **-1.** HIST pasha. **-2.** *fam & fig*: mener une vie de ~ to live like a lord, to live a life of ease. **-3.** NAUT skipper.

**pachyderme** [paʃidɛrm] ◇ *adj* pachydermal, pachydermatous. ◇ *nm* **-1.** ZOOL elephant, pachyderm *spéc*. **-2.** [personne] (great) elephant.

**pacificateur, trice** [pasifikatœr, tris] ◇ *adj* [réconciliateur] placatory, pacifying, pacificatory; POL peacemaking. ◇ *nm, f* pacifier, peacemaker; POL peacemaker.

**pacification** [pasifikasjɔ̃] *nf* [gén & POL] pacification.

**pacifier** [9] [pasifje] *vt* to pacify; ~ les esprits to pacify people, to calm people down.

**pacifique** [pasifik] ◇ *adj* **-1.** POL [pays, gouvernement] peace-loving. **-2.** [non militaire] peaceful, non-military. **-3.** [débonnaire] peaceable. **-4.** [fait dans le calme] peaceful. ◇ *nmf* peace-loving person.

**Pacifique** [pasifik] *npr m*: le ~ the Pacific (Ocean).

**pacifiquement** [pasifikmɑ̃] *adv* **-1.** POL peacefully, pacifically. **-2.** [sans colère] peaceably, peacefully.

**pacifisme** [pasifism] *nm* pacifism.

**pacifiste** [pasifist] *adj & nmf* pacifist.

**pack** [pak] *nm* **-1.** SPORT pack. **-2.** GÉOG pack ice. **-3.** COMM pack.

**package** [pakadʒ] *nm* package; voyage en ~ package holiday.

**packaging** [pakadʒiŋ] *nm* packaging.

**pacotille** [pakɔtij] *nf* [camelote] cheap junk.
♦ **de pacotille** *loc adj* cheap; des bijoux de ~ baubles *péj*, trinkets *péj*.

**pacson**▽ [paksɔ̃] *nm* **-1.** [colis] parcel, package. **-2.** [somme d'argent]: il a touché un sacré ~ he won a packet *Br* ou bundle *Am*.

**pacte** [pakt] *nm* **-1.** [gén] agreement; faire un ~ to make an agreement. **-2.** POL pact, treaty, agreement; ~ de non-agression non-aggression pact.

**pactiser** [3] [paktize]
♦ **pactiser avec** *v + prép* **-1.** [conclure un accord avec] to make a deal ou pact with; ~ avec l'ennemi to make a deal ou pact with the enemy. **-2.** [transiger avec] to collude with; ~ avec sa conscience to stifle one's conscience.

**pactole** [paktɔl] *nm* [profit] gold mine *fig*; [gros lot] jackpot.

**paddock** [padɔk] *nm* **-1.** [enclos] paddock. **-2.** ▽ [lit] bed.

**paella** [paela] *nf* paella.

**paf¹** [paf] *adj inv fam* sloshed, plastered.

**paf²** [paf] *onomat* bam, wham.

**PAF** [paf] ◇ *npr f abr de* **Police de l'air et des frontières**.

◇ *nm abr de* **paysage audiovisuel français**.

**pagaie** [pagɛ] ◇ *v* → **pagayer**. ◇ *nf* [rame] paddle.

**pagaierai** [pagɛre] *v* → **pagayer**.

**pagaille, pagaïe** [pagaj] *nf fam* [désordre] mess, shambles; pour mettre la ~, t'es champion when it comes to making a mess, you're unbeatable; arrête de mettre la ~ dans mes affaires stop messing up my things.
♦ **en pagaille** *loc adv fam* **-1.** [en désordre]: mettre qqch en ~ to mess sthg up. **-2.** [en quantité]: ils ont de l'argent en ~ they've got loads of money.

**paganiser** [3] [paganize] *vt* to paganize.

**paganisme** [paganism] *nm* paganism.

**pagaye** [pagaj] = **pagaille**.

**pagayer** [11] [pagɛje] *vi* to paddle.

**pagayeur, euse** [pagɛjœr, øz] *nm, f* paddler.

**page¹** [paʒ] *nm* HIST page (boy).

**page²** [paʒ] *nf* **-1.** [rectangle de papier] page; ~ blanche blank page; suite de l'article en ~ cinq (article) continued on page five; c'est en bas de ~ it's at the bottom of the page; une lettre de huit ~s an eight-page letter; mettre en ~ IMPR to make up (into pages) ❑ ~ de garde flyleaf; les ~s jaunes TÉLÉC Yellow Pages; tourner une ~ *pr* to turn (over) a page; *fig* to turn over a new leaf; une ~ politique vient d'être tournée avec la mort du sénateur the death of the senator marks the end of a (political) era; tourner la ~ to make a fresh start, to put something behind one. **-2.** [extrait] passage, excerpt; une ~ de publicité RAD & TV a commercial break ❑ ~s choisies selected (prose) passages. **-3.** [épisode] page, chapter; quelques ~s de notre histoire some pages ou chapters in our history. **-4.** INF page; ~ d'imprimante printed page.
♦ **à la page** *loc adj* up-to-the-minute, up-to-date; tu n'es plus à la ~ du tout! you're completely out of touch ou out of it!

**page-écran** [paʒekrɑ̃] (*pl* **pages-écrans**) *nf* screenful COMPUT.

**pagination** [paʒinasjɔ̃] *nf* **-1.** IMPR pagination, page numbering. **-2.** INF page numbering, paging.

**paginer** [3] [paʒine] *vt* to paginate, to number the pages of.

**pagne** [paɲ] *nm* [en tissu] loincloth, pagne; [en rafia] grass skirt.

**pagode** [pagɔd] *nf* ARCHIT pagoda.

**paie** [pɛ] ◇ *v* → **payer**. ◇ *nf* **-1.** [salaire] pay, wages; toucher sa ~ to be paid; c'est le jour de ~ it's payday. **-2.** *fam loc*: ça fait une (sacrée) ~ it's been ages.

**paiement** [pɛmɑ̃] *nm* payment; faire ou effectuer un ~ to make a payment ❑ ~ comptant cash payment; ~ mensuel monthly payment.

**païen, enne** [pajɛ̃, ɛn] ◇ *adj* pagan, heathen. ◇ *nm, f* **-1.** [polythéiste] pagan, heathen. **-2.** *sout* [athée] atheist, pagan.

**paierai** [pɛre] *v* → **payer**.

**paillage** [pajaʒ] *nm* **-1.** HORT (straw) mulching. **-2.** [d'un siège] straw (bottom).

**paillard, e** [pajar, ard] ◇ *adj* [personne] bawdy, coarse; [chanson] dirty; [histoire] dirty, smutty. ◇ *nm, f* libertine.

**paillardise** [pajardiz] *nf* **-1.** [caractère] bawdiness, coarseness. **-2.** [histoire] dirty ou smutty story.

**paillasse¹** [pajas] *nf* **-1.** [couche] straw ou straw-filled mattress. **-2.** [d'un évier] drainer, draining board.

**paillasse²** [pajas] *nm* clown.

**paillasson** [pajasɔ̃] *nm* **-1.** [d'une entrée] doormat. **-2.** *fam* [personne]: elle le traite comme un ~ she treats him like a doormat. **-3.** HORT (straw) mulch.

**paille** [paj] ◇ *nf* **-1.** [chaume]_straw; ~ de blé wheat straw; ~ de riz rice straw; il est sur la ~ he's penniless; mettre qqn sur la ~ to ruin sb; une ~! *fam* a mere bagatelle!**-2.** [tige] piece of straw, straw; tirer à la courte ~ to draw straws. **-3.** [pour boire] (drinking) straw; boire avec une ~ to drink through a straw. ◇ *adj inv* straw-coloured.

**paillé, e** [paje] *adj* [siège] straw-bottomed.

**pailler**[1] [paje] *nm* [grenier] straw loft; [cour] straw yard; [meule] straw stack.

**pailler**[2] [3] [paje] *vt* **-1.** [siège] to straw-bottom. **-2.** HORT to (straw) mulch.

**pailleté, e** [pajte] *adj* [robe] sequined; [maquillage] glittery.

**pailleter** [27] [pajte] *vt* [vêtement] to spangle; [maquillage, coiffure] to put glitter on.

**paillette** [pajɛt] ◇ *v* → **pailleter**. ◇ *nf* **-1.** COUT sequin, spangle; une robe à ~s a sequined dress. **-2.** [parcelle – d'or] speck; [– de quartz, de mica] flake; [– de savon] flake.

**pailletterai** [pajɛtre] *v* → **pailleter**.

**paillote** [pajɔt] *nf* straw hut.

**pain** [pɛ̃] *nm* **-1.** [baguette] French stick *Br*, French loaf; [boule] round loaf (of bread), cob; ~ de deux/quatre livres long two-pound/four-pound loaf ❏ ~ azyme unleavened bread; ~ bénit consecrated bread; c'est ~ bénit *fig* that's a godsend; ~ biologique organic wholemeal *Br* ou wholewheat *Am* loaf; ~ bis ou *Can* brun brown loaf; ~ de blé entier *Can* wholemeal *Br* ou wholewheat *Am* loaf; ~ brioché brioche-like bread; ~ au chocolat pain au chocolat (*chocolate-filled roll*); ~ de campagne farmhouse loaf; ~ complet wholemeal *Br* ou wholewheat *Am* loaf; ~ d'épices ≃ gingerbread; ~ français *Can* French loaf, French stick *Br*; ~ de Gênes ≃ Genoa cake; ~ au lait finger roll (*made with milk*); ~ de mie sandwich bread; ~ parisien thick French loaf; ~ de seigle rye bread; ~ aux raisins *circular pastry made with sweetened dough and raisins*; ~ viennois Vienna loaf; petits ~s (bread) rolls. **-2.** [substance] bread; un peu de ~ a bit ou that piece of bread; un gros morceau de ~ a chunk of bread; mettre qqn au ~ sec et à l'eau to put sb on dry bread and water ❏ ~ grillé toast; ~ perdu, ~ doré French toast; notre ~ quotidien our daily bread; la maladie, les soucis d'argent, c'était son ~ quotidien illness and money worries were her daily lot; long comme un jour sans ~ interminable, endless; avoir du ~ sur la planche to have one's work cut out; enlever ou retirer ou ôter le ~ de la bouche à qqn to take the bread out of sb's mouth. **-3.** [préparation] loaf; ~ de poisson fish loaf. **-4.** [bloc]: ~ de cire/savon bar of wax/soap; ~ de glace block of ice; ~ de sucre CULIN sugarloaf; le Pain de Sucre GÉOG Sugarloaf Mountain. **-5.** ▽ [coup] smack.

◆ **pain brûlé** *loc adj* [tissu, peinture] dark brown; [peau] brown as a berry.

**pair**[1] [pɛr] *nm* **-1.** [noble] peer. **-2.** [égal] peer. **-3.** BOURSE par (value); emprunt émis au-dessus du ~ loan issued above par ‖ FIN par (rate of exchange); ~ d'une monnaie par of a currency.

◆ **au pair** *loc adv*: travailler ou être au ~ to work as ou to be an au pair.

◆ **de pair** *loc adv* together; la méchanceté va souvent de ~ avec la bêtise nastiness often goes together ou hand in hand with stupidity.

◆ **hors pair, hors de pair** *loc adj* unequalled, outstanding.

**pair**[2]**, e**[1] [pɛr] *adj* even; jouer un chiffre ~ to bet on an even number; habiter du côté ~ to live on the even-numbered side of the street; stationnement les jours ~s seulement parking on even dates only.

**paire**[2] [pɛr] *nf* [de ciseaux, chaussures] pair; [de bœufs] yoke; si tu continues, tu vas recevoir une ~ de gifles if you go on like this, you'll get your face slapped ❏ c'est une autre ~ de manches that's a different kettle of fish; se faire la ~ *fam* to beat it, to clear off.

**paisible** [pezibl] *adj* **-1.** [doux] peaceful, quiet; un homme ~ a quiet man. **-2.** [serein] quiet, calm, peaceful; le bébé dort d'un sommeil ~ the baby is sleeping peacefully. **-3.** [silencieux] calm, quiet.

**paisiblement** [peziblǝmɑ̃] *adv* **-1.** [dormir] peacefully, quietly. **-2.** [parler, discuter] calmly.

**paître** [91] [pɛtr] ◇ *vi* [animaux] to graze; faire ~ le bétail to graze the cattle, to put the cattle out to graze. ◇ *vt* [suj: animal] to feed on, to graze (on).

**paix** [pɛ] *nf* **-1.** MIL & POL peace; demander la ~ to sue for peace; pourparlers/offres de ~ peace talks/proposals; négocier la ~ to negotiate peace; en temps de ~ in peacetime; faire la ~ to make peace; signer/ratifier un traité de ~ to sign/to ratify a peace treaty ❏ ~ séparée/armée separate/armed peace; la ~ des braves an honourable peace; ~ romaine Pax Romana. **-2.** [ordre] peace; favoriser la ~ sociale to promote social peace. **-3.** [entente] peace; vivre en ~ to live in peace; il a enfin fait la ~ avec sa sœur he finally made his peace with ou made up with his sister; je suis pour la ~ des ménages I'm against stirring things up between couples. **-4.** [repos] peace, quiet; j'ai enfin la ~ depuis qu'il est parti I've at last got some peace and quiet now that he's left; laisse-moi en ~ leave me alone!; fiche-moi la ~! *fam* buzz off!, clear off!; la ~! *fam* quiet!, shut up!**-5.** [sérénité] peace; trouver la ~ de l'âme to find inner peace; avoir la conscience en ~ to have a clear conscience ❏ qu'il repose en ~, ~ à son âme may he ou his soul rest in peace. **-6.** *sout* [harmonie] peace, peacefulness.

**Pakistan** [pakistɑ̃] *npr m*: le ~ Pakistan.

**pakistanais, e** [pakistanɛ, ɛz] *adj* Pakistani.

◆ **Pakistanais, e** *nm, f* Pakistani.

**pal** [pal] *nm* stake, pale; le supplice du ~ torture by impalement.

**palabre** [palabr] *nf* ou *nm* HIST palaver.

◆ **palabres** *nfpl péj* [discussion oiseuse] endless talk.

**palabrer** [3] [palabre] *vi* to talk endlessly.

**palace** [palas] *nm* luxury hotel.

**paladin** [paladɛ̃] *nm* **-1.** HIST paladin. **-2.** *litt* [redresseur de torts] knight in shining armour, righter of wrongs.

**palais** [palɛ] *nm* **-1.** [bâtiment] palace; le Palais-Bourbon the French National Assembly; ~ des Expositions exhibition hall; le ~ Garnier *the (old) Paris opera house*; le Palais de justice the law courts; le ~ des Papes the Papal Palace in Avignon; ~ des sports sports stadium; le Grand Palais, le Petit Palais *galleries built for the Exposition universelle in 1900, now used for art exhibitions*. **-2.** ANAT palate. **-3.** [organe du goût] palate; elle a le ~ fin she has a refined palate.

**palan** [palɑ̃] *nm* hoist.

**palanque** [palɑ̃k] *nf* [timber] stockade.

**palanquin** [palɑ̃kɛ̃] *nm* [chaise] palanquin.

**palatal, e, aux** [palatal, o] *adj* [voyelle] front; [consonne] palatal.

**palatalisation** [palatalizasjɔ̃] *nf* palatalization.

**palatalisé, e** [palatalize] *adj* palatalized.

**palatin, e** [palatɛ̃, in] *adj* **-1.** [du palais] palace (*modif*). **-2.** [du Palatinat] Palatine (*modif*). **-3.** ANAT palatine, palatal.

**Palatin** [palatɛ̃] *npr m*: le (mont) ~ the Palatine hill.

**Palatinat** [palatina] *npr m*: le ~ the Palatinate.

**pale** [pal] *nf* **-1.** [d'une hélice, d'une rame] blade; [d'un bateau à aube] paddle. **-2.** [vanne] shut-off. **-3.** RELIG pall.

**pâle** [pal] *adj* **-1.** [clair] pale; [exsangue] pale, pallid; être ~ comme la mort to be as pale as death; être ~ comme un linge to be as white as a sheet. **-2.** [couleur] pale; une robe jaune ~ a pale yellow dress. **-3.** [insipide] pale, weak; son spectacle n'est qu'une ~ imitation de l'œuvre his show is nothing but a pale ou poor imitation of the book.

**palefrenier, ère** [palfrǝnje, ɛr] *nm, f* [homme] stableman, ostler; [femme] stable girl; [garçon] stable boy.

**palefroi** [palfrwa] *nm* palfrey.

**paléo-** [paleo] *préf* paléo-.

**paléochrétien, enne** [paleokretjɛ̃, ɛn] *adj* BX-ARTS early Christian.

**paléographe** [paleograf] ◇ *adj* paleographic. ◇ *nmf* paleographer.

**paléographie** [paleografi] *nf* paleography.

**paléolithique** [paleolitik] ◇ *adj* Paleolithic. ◇ *nm*: le ~ the Paleolithic period.

**paléontologie** [paleɔ̃tɔlɔʒi] *nf* paleontology.

**paléontologiste** [paleɔ̃tɔlɔʒist], **paléontologue** [paleɔ̃tɔlɔg] *nmf* paleontologist.

**Palerme** [palɛrm] *npr* Palermo.

P-R

**Palestine** [palɛstin] *nprf*: (la) ~ Palestine.

**palestinien, enne** [palɛstinjɛ̃, ɛn] *adj* Palestinian.

◆ **Palestinien, enne** *nm, f* Palestinian.

**palet** [palɛ] *nm* **-1.** SPORT puck. **-2.** JEUX [à la marelle] quoit.

**paletot** [palto] *nm* **-1.** VÊT (short) jacket. **-2.** *fam loc*: il m'est tombé sur le ~ he laid into me.

**palette** [palɛt] *nf* **-1.** BX-ARTS palette; proposer toute une ~ d'articles to offer a wide choice ou range of articles. **-2.** CULIN shoulder. **-3.** NAUT paddle. **-4.** TECH [instrument] pallet; [pour la manutention] pallet, stillage.

**palétuvier** [paletyvje] *nm* mangrove.

**pâleur** [palœr] *nf* [d'une couleur] paleness; [du teint] pallor.

**pâlichon, onne** [paliʃɔ̃, ɔn] *adj fam* (a bit) pale ou peaky.

**palier** [palje] *nm* **-1.** [plate-forme] landing. **-2.** [niveau] stage, level. **-3.** TRAV PUBL level, flat. **-4.** AÉRON: voler en ~ to fly level. **-5.** MÉCAN bearing.

◆ **par paliers** *loc adv* in stages, step by step; la tension monte par ~s tension is gradually mounting.

**palière** [paljɛr] *adj f* landing *(modif)*.

**palindrome** [palɛ̃drom] ◇ *adj* palindromic. ◇ *nm* palindrome.

**pâlir** [32] [palir] *vi* **-1.** [personne] to (turn ou go) pale; ~ de froid/peur to turn pale with cold/fear; ~ de jalousie/ d'envie to go green with jealousy/envy. **-2.** [couleur, lumière] to grow dim ou pale, to fade. **-3.** [gloire] to fade (away), to grow faint ou fainter, to dim.

**palissade** [palisad] *nf* **-1.** [clôture – de pieux] fence, paling, palisade; [– de planches] hoarding; [– d'arbres] hedgerow. **-2.** MIL palisade.

**palissage** [palisaʒ] *nm* [opération] training, trellising; [support] trainer, trellis.

**palissandre** [palisɑ̃dr] *nm* rosewood, palissander.

**pâlissant, e** [palisɑ̃, ɑ̃t] *adj* [lumière] fading, growing ou becoming dim.

**palladium** [paladjɔm] *nm* palladium.

**palliatif, ive** [paljatif, iv] *adj* palliative.

◆ **palliatif** *nm* **-1.** MÉD palliative. **-2.** [expédient] palliative, stopgap measure.

**pallier** [9] [palje] *vt* [remédier à] to alleviate, to mitigate, to make up for.

◆ **pallier à** *v + prép* to make up for, to offset.

**palmarès** [palmarɛs] *nm* [liste – de lauréats] prize list, list of prizewinners; [– de sportifs] winners' list, list of winners; [– de chansons] charts; être premier au ~ to top the charts, to be top of the pops; avoir de nombreuses victoires à son ~ to have numerous victories to one's credit.

**palme** [palm] *nf* **-1.** BOT [feuille] palm leaf; [palmier] palm tree; huile/vin de ~ palm oil/wine. **-2.** [distinction] palm; la ~ du martyre the crown of martyrdom; la Palme d'Or *trophy awarded for best film at the Cannes film festival*; remporter la ~ [être le meilleur] to be the best; *iron* to win hands down. **-3.** LOISIRS & SPORT flipper.

◆ **palmes** *nfpl*: ~s académiques *decoration for services to education, the arts or science.*

**palmé, e** [palme] *adj* **-1.** BOT palmate; ZOOL palmate *spéc*, webbed. **-2.** *fam loc*: les avoir ~es to be workshy.

**palmer¹** [palmɛr] *nm* [instrument] micrometer.

**palmer²** [palmœr] *nm* PÊCHE palmer.

**palmeraie** [palmərɛ] *nf* palm grove.

**palmier** [palmje] *nm* **-1.** BOT palm (tree). **-2.** [pâtisserie] palmier *(large sweet pastry)*.

**palmipède** [palmiped] ◇ *adj* palmiped *spéc*, web-footed, web-toed. ◇ *nm* palmiped.

**palombe** [palɔ̃b] *nf* ringdove, woodpigeon.

**pâlot, otte** [palo, ɔt] *adj fam* (a bit) pale.

**palourde** [palurd] *nf* clam.

**palpable** [palpabl] *adj* **-1.** [évident] palpable. **-2.** [que l'on peut toucher] palpable. **-3.** [concret] tangible.

**palper** [3] [palpe] *vt* **-1.** MÉD to palpate. **-2.** [tâter] to feel; ~ un tissu to finger a fabric. **-3.** *fam* [recevoir]: elle a palpé une belle somme she got a tidy sum.

**palpeur** [palpœr] *nm* sensor.

**palpitant, e** [palpitɑ̃, ɑ̃t] *adj* **-1.** [passionnant] thrilling, exciting, exhilarating. **-2.** [frémissant] quivering, trembling.

◆ **palpitant** *nm fam* heart, ticker.

**palpitation** [palpitasjɔ̃] *nf* **-1.** [du cœur, des artères] pounding; [des flancs] heaving; [des paupières] fluttering. **-2.** *litt* [frémissement] quivering, trembling.

◆ **palpitations** *nfpl* palpitations; avoir des ~s [une fois] to have (an attack of) palpitations; [souvent] to suffer from palpitations.

**palpiter** [3] [palpite] *vi* [artère] to throb; [paupière] to flutter; [flancs] to quiver, to heave; son cœur palpitait violemment PHYSIOL her heart was beating fast ou pounding; [d'émotion] her heart was pounding ou throbbing.

**paltoquet** [paltɔkɛ] *nm fam* [personne insignifiante] pipsqueak.

**paluche** [palyʃ] *nf fam* hand, paw, mitt.

**paludisme** [palydism] *nm* malaria, paludism.

**pâmer** [3] [pame]

◆ **se pâmer** *vpi litt* to swoon; se ~ devant qqn *hum* to swoon over sb.

**pâmoison** [pamwazɔ̃] *nf hum* swoon, fainting fit; tomber en ~ to swoon.

**pampa** [pɑ̃pa] *nf* pampas.

**pamphlet** [pɑ̃flɛ] *nm* lampoon, squib.

**pamphlétaire** [pɑ̃fletɛr] ◇ *adj* [ton, esprit] pamphleteering. ◇ *nmf* lampoonist, pamphleteer.

**pamplemousse** [pɑ̃pləmus] *nm* ou *nf* grapefruit, pomelo *Am*.

**pamplemoussier** [pɑ̃pləmusje] *nm* grapefruit (tree).

**pampre** [pɑ̃pr] *nm* **-1.** BOT vine branch. **-2.** BX-ARTS pampre.

**pan¹** [pɑ̃] *interj* [gifle] wham, whack; [coup de feu] bang.

**pan²** [pɑ̃] *nm* **-1.** [d'un vêtement] tail; [d'une nappe] fold. **-2.** CONSTR: ~ de bois/fer wood/metal framing; ~ coupé/de verre canted/plate-glass wall; ~ de mur (face ou plain of a) wall. **-3.** [morceau] section, piece; un ~ de ciel bleu a patch of blue sky. **-4.** TECH side, face.

**Pan** [pɑ̃] *npr* Pan.

**panacée** [panase] *nf* panacea.

**panachage** [panaʃaʒ] *nm* **-1.** [mélange] blend, blending, mixing. **-2.** POL *voting for candidates from different lists rather than for a list as a whole.*

**panache** [panaʃ] *nm* **-1.** [plume] plume, panache; ~ de fumée *fig* plume of smoke. **-2.** [brio] panache, style, verve; avoir du ~ to have panache, to show great verve.

**panaché, e** [panaʃe] *adj* [sélection] mixed; [fleurs] variegated; [glace] mixed-flavour.

◆ **panaché** *nm* (lager) shandy.

**panacher** [3] [panaʃe] *vt* **-1.** [mélanger] to blend, to mix. **-2.** POL: ~ une liste électorale *to vote for candidates from different lists rather than for a list as a whole.*

**panade** [panad] *nf* **-1.** CULIN bread soup. **-2.** *fam loc*: être dans la ~ to be hard up.

**panafricain, e** [panafrikɛ̃, ɛn] *adj* Pan-African.

**panafricanisme** [panafrikanism] *nm* Pan-Africanism.

**panama** [panama] *nm* [chapeau] panama, Panama.

**Panama** [panama] ◇ *npr m* [pays]: le ~ Panama. ◇ *npr* [ville] Panama City; à ~ in Panama City.

**Paname** [panam] *npr fam* Paris.

**panaméen, enne** [panameɛ̃, ɛn] *adj* Panamanian.

◆ **Panaméen, enne** *nm, f* Panamanian.

**panaméricain, e** [panamerikɛ̃, ɛn] *adj* Pan-American.

**panaméricanisme** [panamerikanism] *nm* Pan-Americanism.

**panamien, enne** [panamjɛ̃, ɛn] = **panaméen.**

**panarabisme** [panarabism] *nm* Pan-Arabism.

**panard, e** [panar, ard] *adj* cow-hocked VETER, duck-footed.

◆ **panard** ᵛ *nm* foot.

**panaris** [panari] *nm* whitlow.

**pan-bagnat** [pɑ̃baɲa] *(pl* **pans-bagnats)** *nm* filled roll *(containing tomatoes, onions, green peppers, olives, tuna and anchovies and seasoned with olive oil).*

**pancarte** [pɑ̃kart] *nf* [gén] sign, notice; [dans une manifestation] placard; les manifestants ont levé leurs ~s the demonstrators raised their placards.

**pancréas** [pɑ̃kreas] *nm* pancreas.

**pancréatique** [pɑ̃kreatik] *adj* pancreatic.

**panda** [pɑ̃da] *nm* panda.
**Pandore** [pɑ̃dɔr] *npr* Pandora; la boîte de ~ Pandora's box.
**pané, e** [pane] *adj* breaded.
**panégyrique** [paneʒirik] *nm* panegyric, eulogy; faire le ~ de qqn to extol sb's virtues, to eulogize sb.
**panel** [panɛl] *nm* **-1.** TV panel. **-2.** [échantillon] panel, sample group.
**paner** [3] [pane] *vt* to breadcrumb, to coat with breadcrumbs.
**pangermanisme** [pɑ̃ʒɛrmanism] *nm* Pan-Germanism.
**pangermaniste** [pɑ̃ʒɛrmanist] *adj & nmf* Pan-Germanist.
**panhellénique** [panelenik] *adj* Panhellenic.
**panhellénisme** [panelenism] *nm* Panhellenism.
**panier** [panje] *nm* **-1.** [corbeille] basket; PÊCHE lobster pot; ~ à linge/pain linen/bread basket; ~ à bouteilles bottle case *ou* carrier; ~ à provisions shopping basket; ~ à salade *pr* salad shaker; *fam* [fourgon cellulaire] Black Maria; bon à mettre au panier fit for the bin *Br ou* trashcan *Am*; ils sont tous à mettre dans le même ~ they're all much of a muchness; être un (véritable) ~ percé to be a (real) spendthrift; mettre la main au ~ à qqnᵛ to goose sb; c'est un (véritable) ~ de crabes they're always at each other's throats. **-2.** [quantité]: un ~ de a basketful of. **-3.** SPORT basket; réussir un ~ to score a basket. **-4.** ÉCON: ~ de la ménagère shopping basket; la hausse du beurre se répercute sur le ~ de la ménagère the increase in the price of butter makes a difference to the housekeeping bill; ~ de monnaies basket of currencies.
**panier-repas** [panjerəpa] (*pl* **paniers-repas**) *nm* packed lunch.
**panifier** [9] [panifje] *vt* to make bread from.
**paniquant, e** [panikɑ̃, ɑ̃t] *adj* frightening, panic-inducing.
**panique** [panik] ◇ *nf* [terreur] panic; il s'est enfui, pris de ~ he ran away panic-stricken; c'était la ~! *fam* it was panic stations!; pas de ~! no need to *ou* there's no panic! ◇ *adj* panic; envahi par une peur ~ overcome by panic.
**paniquer** [3] [panike] ◇ *vt* [angoisser] to (throw into a) panic. ◇ *vi* to panic.
◆ **se paniquer** *vpi* to panic.
**panislamisme** [panislamism] *nm* Pan-Islamism.
**panjabi** [pɑ̃dʒabi] *nm* LING Punjabi.
**panne** [pan] *nf* **-1.** [de voiture] breakdown; ~ d'électricité *ou* de courant power cut *ou* failure; ~ d'essence: avoir une ~ d'essence to run out of petrol *Br ou* gas *Am*; ~ de secteur local mains failure; il a essayé de me faire le coup de la ~ he tried to pull the old running-out-of-petrol trick on me. **-2.** TEXT panne. **-3.** [d'un cochon] pig's fat *ou* lard. **-4.** [d'un marteau] peen; [d'un bâtiment] purlin, purline. **-5.** THÉÂT bit part.
◆ **en panne** ◇ *loc adj*: des automobilistes en ~ drivers whose cars have broken down; 'en ~' 'out of order'; la machine/voiture est en ~ the machine/car has broken down; je suis en ~ de poivre/d'idées *fig* I've run out of pepper/ideas. ◇ *loc adv*: tomber en ~: la machine est tombée en ~ the machine has broken down; je suis tombé en ~ d'essence *ou* sèche *fam* I've run out of petrol.
**panneau, x** [pano] *nm* **-1.** [pancarte] sign; ~ d'affichage notice board; [publicitaire] hoarding *Br*, billboard *Am*; ~ électoral election hoardings *Br ou* billboards *Am*; ~ indicateur signpost; ~ de signalisation roadsign. **-2.** [plaque] panel; un ~ de contre-plaqué a piece *ou* panel of plywood; ~ de particules chipboard □ ~ solaire solar panel. **-3.** BX-ARTS panel. **-4.** COUT panel. **-5.** CHASSE (game) net; tomber *ou* donner dans le ~ to fall into the trap. **-6.** NAUT hatch (cover).
**panneau-réclame** [panoreklam] (*pl* **panneaux-réclame**) *nm* hoarding *Br*, billboard *Am*.
**panonceau, x** [panõso] *nm* **-1.** [plaque] plaque, sign; [écriteau] sign; ~ publicitaire advert *Br*, advertisement.
**panoplie** [panɔpli] *nf* **-1.** [ensemble d'instruments] (complete) set; la ~ du bricoleur do-it-yourself equipment *ou* kit. **-2.** JEUX outfit; une ~ de Zorro/d'infirmière a Zorro/nurse's outfit. **-3.** *fig*: une ~ de mesures contre les chauffards a full array of measures against dangerous drivers. **-4.** HIST [armure complète] panoply.
**panorama** [panɔrama] *nm* **-1.** [vue] panorama, view. **-2.** *fig* [vue d'ensemble] survey, overview. **-3.** BX-ARTS panorama.
**panoramique** [panɔramik] ◇ *adj* panoramic; écran ~ panoramic screen. ◇ *nm* CIN panoramic shot.
**panosse** [panɔs] *nf Helv* mop.
**panosser** [3] [panɔse] *vt Helv* to mop.
**pansage** [pɑ̃saʒ] *nm* grooming.
**panse** [pɑ̃s] *nf* **-1.** ZOOL paunch, rumen. **-2.** *fam* [d'une personne] paunch, belly; s'en mettre plein *ou* se remplir la ~ to make a pig of o.s., to stuff one's face. **-3.** [d'un vase] belly.
**pansement** [pɑ̃smɑ̃] *nm* [action] dressing; [objet] dressing, bandage; il lui a fait un ~ à la jambe he bandaged her leg; couvert de ~s bandaged up □ ~ adhésif (sticking) plaster *Br*, Elastoplast® *Br*, Band Aid® *Am*.
**panser** [3] [pɑ̃se] *vt* **-1.** MÉD to dress (and bandage); ~ une blessure to dress *ou* to put a dressing on a wound; ~ un bras to bandage an arm; ~ les plaies de qqn to tend sb's wounds. **-2.** [toiletter – animal] to groom.
**panslave** [pɑ̃slav] *adj* Pan-Slavic.
**panslavisme** [pɑ̃slavism] *nm* Pan-Slavism.
**panslaviste** [pɑ̃slavist] ◇ *adj* Pan-Slavic, Pan-Slav (*avant n*). ◇ *nmf* Pan-Slavist.
**pansu, e** [pɑ̃sy] *adj* **-1.** *fam* [ventripotent] paunchy, potbellied. **-2.** [renflé – cruche, bouteille] potbellied.
**pantagruélique** [pɑ̃tagryelik] *adj* Pantagruelian; avoir un appétit ~ to have an enormous appetite; faire un repas ~ to have a gargantuan meal.
**pantalon** [pɑ̃talõ] *nm* (pair of) trousers *Br ou* pants *Am*; mon ~ my trousers; deux ~s two pairs of trousers; ~ de golf (pair of) plus fours; ~ de pyjama pyjama trousers *ou* bottoms.
**pantalonnade** [pɑ̃talɔnad] *nf* **-1.** [hypocrisie] hypocrisy (*U*), cant (*U*), pretence (*U*). **-2.** THÉÂT (second-rate) farce.
**pantelant, e** [pɑ̃tlɑ̃, ɑ̃t] *adj* panting, gasping for breath; être ~ de terreur *litt* to be panting *ou* gasping with terror.
**panthéisme** [pɑ̃teism] *nm* pantheism.
**panthéiste** [pɑ̃teist] ◇ *adj* pantheistic. ◇ *nmf* pantheist.
**panthéon** [pɑ̃teõ] *nm* **-1.** ANTIQ & RELIG pantheon; le Panthéon the Pantheon. **-2.** *fig* pantheon, hall of fame.
**panthère** [pɑ̃tɛr] *nf* **-1.** ZOOL panther. **-2.** [fourrure] leopard (skin). **-3.** POL: les Panthères noires the Black Panthers.
**pantin** [pɑ̃tɛ̃] *nm* **-1.** [jouet] jumping jack. **-2.** *fig* puppet; n'être qu'un ~ entre les mains de qqn to be sb's puppet.
**pantois, e** [pɑ̃twa, az] *adj* speechless.
**pantomime** [pɑ̃tɔmim] *nf* **-1.** [jeu de mime] mime; THÉÂT [pièce] mime show. **-2.** *péj* [mimique] scene, fuss.
**pantouflage** [pɑ̃tuflaʒ] *nm fam* leaving a civil service post to work in the private sector.
**pantouflard, e** [pɑ̃tuflar, ard] *nm, f fam* homebody, stay-at-home (type).
**pantoufle** [pɑ̃tufl] *nf* slipper; être en ~s to be in one's slippers.
**pantoufler** [3] [pɑ̃tufle] *vi fam* to leave a civil service post and work for the private sector.
**panty** [pɑ̃ti] (*pl* **panties** [pɑ̃tiz]) *nm vieilli* pantie girdle.
**panure** [panyr] *nf* ≃ breadcrumbs (*for coating*).
**Panurge** [panyrʒ] *npr* → **mouton**.
**panzer** [pɑ̃zɛr] *nm* panzer.
**PAO** (*abr de* **publication assistée par ordinateur**) *nf* DTP.
**paon** [pɑ̃] *nm* ORNITH peacock; fier *ou* orgueilleux *ou* vaniteux comme un ~ (as) proud as a peacock; faire le ~ to strut (like a peacock).
**paonne** [pan] *nf* peahen.
**papa** [papa] *nm* **-1.** [père] dad, daddy; jouer au ~ et à la maman to play mummies and daddies. **-2.** *fam* [homme d'un certain âge]: alors, ~, tu traverses? come on, grandad, get across!
◆ **à la papa** *loc adv fam* [tranquillement] in a leisurely way; conduire à la ~ to drive at a snail's pace.
◆ **à papa** *loc adj fam*: c'est un fils/une fille à ~ he's/she's got a rich daddy.
◆ **de papa** *loc adj fam* old-fashioned.
**papal, e, aux** [papal, o] *adj* papal.
**paparazzi** [paparadzi] *nm péj* paparazzo.
**papauté** [papote] *nf* papacy.

**papaye** [papaj] *nf* papaya, pawpaw.

**papayer** [papaje] *nm* papaya (tree).

**pape** [pap] *nm* **-1.** RELIG pope. **-2.** [chef de file] high priest, guru *fig.*

**papelard** [paplar] *nm fam* **-1.** [bout de papier] scrap of paper. **-2.** PRESSE article, piece.

**paperasse** [papras] *nf péj* papers, bumf *Br*; je n'ai pas le temps de remplir toute cette ~ I don't have the time to fill up all these forms.

**paperasserie** [paprasri] *nf péj* **-1.** [formulaires] paperwork; toute cette ~ va sûrement retarder le projet all this red tape is bound to delay the project. **-2.** [amoncellement] papers.

**paperassier, ère** [paprasje, εr] *péj* ◇ *adj* [personne] bureaucratic. ◇ *nm, f* bureaucrat, penpusher *péj*.

**papesse** [papεs] *nf* female pope.

**papet** [papε] *nm Helv Swiss dish made with potatoes, leeks and sausages.*

**papeterie** [papεtri] *nf* **-1.** [boutique] stationer's shop. **-2.** [matériel] stationery. **-3.** [usine] paper mill. **-4.** COMM stationery trade.

**papetier, ère** [papǝtje, εr] ◇ *adj* paper *(modif)*, stationery *(modif)*. ◇ *nm, f* **-1.** COMM stationer. **-2.** INDUST paper-maker.

**papi** [papi] *fam* = **papy**.

**papier** [papje] *nm* **-1.** [matière] paper; barbouiller ou noircir du ~ *fig* to fill page after page; sur le ~, le projet paraît réalisable on paper, the project seems feasible; jeter qqch sur le ~ to jot sthg down ❏ ~ d'aluminium aluminium foil; ~ d'Arménie incense paper; ~ bible bible paper, Oxford India paper; ~ brouillon rough paper; ~ buvard blotting paper; ~ carbone carbon (paper); ~ à cigarette cigarette paper; ~ collant [adhésif] adhesive tape; [gommé] gummed paper ou strip; ~ couché art paper; ~ crépon crêpe paper; ~ d'emballage (brown) wrapping paper; ~ à en-tête headed paper ou notepaper; ~ glacé glazed paper; ~ huilé oil-paper; ~ hygiénique toilet paper; ~ journal newspaper, newsprint; ~ kraft kraft paper; ~ à lettres writing paper; sur ~ libre: le contrat a été rédigé sur ~ libre the contract was drawn up on a sheet of plain paper; envoyer une lettre sur ~ libre apply in writing; ~ mâché papier-mâché; ~ machine typing paper; ~ millimétré graph paper; ~ ministre document ou official paper; ~ à musique music paper; ~ peint wallpaper; ~ pelure onion skin (paper); ~ photographique photographic paper; ~ quadrillé squared paper; ~ en rouleau web ou reel paper; ~ de soie tissue paper; ~ sulfurisé greaseproof ou *spéc* sulphurized paper; ~ timbré stamped paper *(for official use)*; ~ de verre sandpaper; ~ vélin wove *Br* ou vellum paper. **-2.** [morceau] piece of paper; [page] sheet of paper, piece of paper; ~ collé BX-ARTS papier collé; être dans les petits ~s de qqn to be in sb's good books. **-3.** PRESSE article, piece; faire un ~ sur to do a piece ou an article on. **-4.** ADMIN papers; les ~s du véhicule, s'il vous plaît may I see your logbook *Br* ou (vehicle) registration papers, please? ❏ ~s (d'identité) (identity) papers; faux ~s false ou forged papers. **-5.** BANQUE: ~ de commerce commercial paper; ~ commercial commercial bill; ~ financier ou de crédit bank credit note.

◆ **de papier, en papier** *loc adj* paper *(modif)*.

◆ **papiers gras** *nmpl* litter.

**papier-calque** [papjekalk] *(pl* **papiers-calques**) *nm* tracing paper.

**papier-émeri** [papjeemri] *(pl* **papiers-émeri**) *nm* emery paper.

**papier-filtre** [papjefiltr] *(pl* **papiers-filtres**) *nm* filter paper.

**papier-monnaie** [papjemɔnε] *(pl* **papiers-monnaies**) *nm* paper money.

**papille** [papij] *nf* papilla; ~s gustatives taste buds; ~ optique optic disk, blind spot.

**papillon** [papijɔ̃] *nm* **-1.** ENTOM butterfly; ~ de nuit moth. **-2.** *fam* [contravention] (parking) ticket. **-3.** *fam* [esprit volage]: c'est un (vrai) ~ he's fickle. **-4.** TECH [écrou] butterfly ou wing nut; [obturateur, clapet] butterfly valve. **-5.** SPORT butterfly (stroke).

**papillonnage** [papijɔnaʒ] = **papillonnement**.

**papillonnant, e** [papijɔnɑ̃, ɑ̃t] *adj* **-1.** [versatile, instable – esprit] flighty, inattentive. **-2.** ZOOL fluttering.

**papillonnement** [papijɔnmɑ̃] *nm* **-1.** [versatilité, inconstance] flightiness, inattentiveness. **-2.** [volettement] fluttering.

**papillonner** [3] [papijɔne] *vi* **-1.** [voltiger] to flit ou to flutter about. **-2.** [être volage] to behave in a fickle manner. **-3.** [être inattentif] to be inattentive; son esprit papillonne he can't keep his mind on things.

**papillotant, e** [papijɔtɑ̃, ɑ̃t] *adj* **-1.** [qui cligne – œil] blinking; [– paupière] fluttering. **-2.** [scintillant – lumière, reflet] flickering, dancing, flashing.

**papillote** [papijɔt] *nf* **-1.** [bigoudi] curlpaper. **-2.** CULIN [pour gigot] frill; en ~s en papillote *(cooked in foil or paper parcels)*.

**papillotement** [papijɔtmɑ̃] *nm* **-1.** [clignement – des yeux] blinking; [– des paupières] fluttering. **-2.** [scintillement – d'une lumière, d'un reflet] flickering, flashing, dancing. **-3.** CIN & TV flicker.

**papilloter** [3] [papijɔte] *vi* **-1.** [œil] to blink; [paupière] to flicker, to flutter. **-2.** [lumière, reflet] to flicker, to flash, to dance.

**papisme** [papism] *nm* papism.

**papiste** [papist] ◇ *adj* papist. ◇ *nmf* papist.

**papotage** [papɔtaʒ] *nm* [action] chattering, nattering *Br*; [discussion] chatter, chit-chat, natter *Br*.

**papoter** [3] [papɔte] *vi* to chatter, to have a chinwag.

**papou, e** [papu] *adj* Papuan.

◆ **Papou, e** *nm, f* Papuan.

**Papouasie** [papwazi] *npr f*: (la) ~ Papua.

**Papouasie-Nouvelle-Guinée** [papwazinuvεlgine] *npr f*: (la) ~ Papua New Guinea.

**papouille** [papuj] *nf fam* tickle; faire des ~s à un bébé to give a baby a little tickle.

**paprika** [paprika] *nm* paprika.

**papy** [papi] *nm fam* grandad.

**papyrus** [papirys] *nm* ARCHÉOL & BOT papyrus.

**Pâque** [pak] *nf*: la ~ Passover, Pesach.

**paquebot** [pakbo] *nm* liner.

**pâquerette** [pakrεt] *nf* daisy.

**Pâques** [pak] *nm* Easter; à ~ ou à la Trinité never in a month of Sundays; l'île de ~ Easter Island.

◆ **pâques** *nfpl*: joyeuses pâques Happy Easter; faire ses pâques to take communion (at Easter).

**paquet** [pakε] *nm* **-1.** [colis, ballot] parcel, package; faire un ~ de vieux journaux to make up a bundle of old newspapers. **-2.** COMM [marchandise emballée]: un ~ de sucre/farine a bag of sugar/flour; un ~ de cigarettes a packet *Br* ou a pack *Am* (of cigarettes) ❏ je vous fais un ~-cadeau? shall I gift-wrap it for you? **-3.** [valise] bag; faire ses ~s to pack one's bags. **-4.** *fam* [quantité importante]: il y a un ~ d'erreurs dans ce texte this text is full of mistakes, there are loads of mistakes in this text ❏ mettre le ~: j'ai mis (tout) le ~ *fig* I gave it all I've got; lâcher le ~ to get things off one's chest, to unburden o.s.; toucher le ~ to make a packet ou mint ou pile. **-5.** [masse]: j'ai reçu un ~ de neige sur la tête a lump of snow fell on my head ❏ un ~ de mer NAUT a big wave; sa mère est un ~ de nerfs her mother's a bundle ou bag of nerves. **-6.** SPORT: ~ (d'avants) pack. **-7.** INF packet.

**paquetage** [paktaʒ] *nm* MIL kit, pack.

**paquet-poste** [pakεpɔst] *(pl* **paquets-poste**) *nm* mail parcel.

**par**[1] [par] *nm* (au golf) par.

**par**[2] [par] *prép* **-1.** [indiquant la direction, le parcours] by; [en traversant un lieu] through; il est arrivé ~ la route he came by road; il est arrivé ~ la gauche/~ la droite/~ le nord he arrived from the left/the right/the north; faut-il passer ~ Paris? do we have to go through ou via Paris?; il est passé ~ la maison avant de ressortir he dropped in before going off again ‖ [indiquant la position]: elle est assise ~ terre she's sitting on the ground; la neige avait fondu ~ endroits the snow had melted in places; ~ 45° de latitude nord NAUT lying at a latitude of 45° north; ~ 10 brasses d'eau NAUT in 10 fathoms of water. **-2.** [pendant]: ~ un beau jour d'été on a fine summer's day; ~ grand froid/grosse chaleur in extreme cold/intense heat; ~ le passé in the past; ~ moments at times, from time to time; ~ les temps qui courent these days. **-3.** [indiquant le moyen, la manière) by; **les lettres sont classées** ~ **ordre d'arrivée** the letters are filed in order of arrival; **envoyer qqch** ~ **avion/telex** to send sthg by airmail/telex; ~ **air/ terre/mer** by air/land/sea; **voyager** ~ **avion** to travel by plane, to fly; **je l'ai appris** ~ **la radio** I heard it on the radio; **répondre** ~ **oui** ou ~ **non/**~ **la négative** to answer yes or no/in the negative; **obtenir qqch** ~ **la force/la douceur** to obtain sthg by force/through kindness; **je suis avec toi** ~ **la pensée** I'm thinking of you, my thoughts are with you. **-4.** [indiquant la cause, l'origine]: **faire qqch** ~ **habitude/ caprice/plaisir/paresse** to do sthg out of habit/on a whim/ for the pleasure of it/out of laziness; **je l'ai rencontré** ~ **hasard** I met him by chance; **je le sais** ~ **expérience** I know it from experience; **nous sommes cousins** ~ **ma mère** we're cousins on my mother's side (of the family); **une tante** ~ **alliance** an aunt by marriage. **-5.** [introduisant le complément d'agent) by; **le logiciel est protégé** ~ **un code** the software is protected by ou with a code; **faire faire qqch** ~ **qqn** to have sthg done by sb; **je l'ai appris** ~ **elle** I heard it from her, I learned of it through her; **ils veulent le faire** ~ **eux-mêmes** they want to do it by ou for themselves; **elles se sont rencontrées** ~ **son intermédiaire** they met through him/her. **-6.** [emploi distributif]: **une heure** ~ **jour** one hour a ou per day; **1 000 francs** ~ **personne** 1,000 francs per person; **une fois** ~ **an** once a year; **heure** ~ **heure** hour by hour; **mettez-vous deux** ~ **deux** line up in twos; **ils arrivaient** ~ **petits groupes/centaines** they arrived in small groups/in their hundreds. **-7.** [avec les verbes 'commencer' et 'finir']: **ça finira** ~ **arriver/**~ **ressembler à quelque chose** it will end up happening/looking like something; **commence** ~ **travailler** start (off) by working; **il a fini** ~ **avouer** he eventually owned up; **le concert débuta** ~ **une sonate de Mozart** the concert opened with a sonata by Mozart. ◆ **de par** loc prép **-1.** [par l'ordre de]: **de** ~ **la loi** according to the law; **de** ~ **le roi** in the name of the king. **-2.** litt [dans l'espace] throughout; **de** ~ **le monde** all over ou throughout the world. **-3.** [du fait de] by virtue of. ◆ **par-ci par-là** loc adv **-1.** [dans l'espace] here and there. **-2.** [dans le temps] now and then, from time to time, every now and then ou again. **-3.** [marquant la répétition]: **avec lui, c'est mon yacht** ~-**ci, mon avion personnel** ~-**là** it's my yacht this, my plane that, all the time with him.

**para** [para] (abr de **parachutiste**) nm fam para.

**para-** [para] préf **-1.** [en marge de] para-. **-2.** [qui protège] para-, anti-. **-3.** CHIM para-.

**parabole** [parabol] nf **-1.** LITTÉRAT & RELIG parable. **-2.** MATH parabola.

**parabolique** [parabolik] adj **-1.** LITTÉRAT & RELIG parabolic, parabolical. **-2.** MATH parabolic.

**paracétamol** [parasetamol] nm paracetamol.

**parachève** [paraʃɛv] v → **parachever**.

**parachèvement** [paraʃɛvmã] nm sout [action] completion; [résultat] crowning.

**parachever** [19] [paraʃve] vt sout to complete; ~ **un tableau** to put the finishing touches to a painting.

**parachutage** [paraʃytaʒ] nm **-1.** MIL & SPORT parachuting. **-2.** fam POL bringing in a candidate from outside the constituency.

**parachute** [paraʃyt] nm parachute; **faire du** ~ to go parachuting; **sans** ~ fig without a parachute ou a safety-net ❑ ~ **ascensionnel** parascending; ~ **dorsal** back-pack parachute; ~ **ventral** lap-pack ou chest-pack parachute.

**parachuter** [3] [paraʃyte] vt **-1.** MIL & SPORT to parachute. **-2.** fam POL to bring in from outside the constituency; **ils l'ont parachuté directeur dans une succursale** ADMIN he was unexpectedly given the job of branch manager.

**parachutisme** [paraʃytism] nm parachuting; **faire du** ~ to go parachuting ❑ ~ **ascensionnel** parascending; **en chute libre** free-fall parachuting.

**parachutiste** [paraʃytist] ◇ nm **-1.** LOISIRS & SPORT parachutist. **-2.** MIL paratrooper. ◇ adj: **troupes** ~ paratroops.

**parade** [parad] nf **-1.** [défilé] parade; **la grande** ~ **du cirque** the grand finale (at the circus); **faire** ~ **de** [faire étalage de]: **faire** ~ **de ses connaissances** to show off ou to parade ou to display one's knowledge. **-2.** ZOOL (courtship) display. **-3.** BOXE parry; ESCRIME parade, parry; ÉQUIT checking; FTBL save. **-4.** [riposte] retort, reply, riposte; **nous devons trouver la** ~ we must find a way of counterattacking.

◆ **de parade** loc adj litt **-1.** [ornemental] ceremonial. **-2.** [feint]: **une amabilité de** ~ an outward show of friendliness.

**parader** [3] [parade] vi **-1.** [troupes] to parade. **-2.** ÉQUIT to execute a dressage. **-3.** [personne] to show off, to pose, to strut about.

**paradigmatique** [paradigmatik] adj paradigmatic.

**paradigme** [paradigm] nm paradigm.

**paradis** [paradi] nm **-1.** RELIG paradise, heaven; **aller au** ~ to go to heaven ❑ **les** ~ **artificiels** drug-induced euphoria; ~ **fiscal** tax haven; **le Paradis terrestre** the Garden of Eden ou Earthly Paradise; fig heaven on earth. **-2.** THÉÂT: **le** ~ the gods Br, the (top) gallery.

**paradisiaque** [paradizjak] adj heavenly, paradisal, paradisiacal.

**paradisier** [paradizje] nm bird of paradise.

**paradoxal, e, aux** [paradɔksal, o] adj **-1.** [contradictoire] paradoxical. **-2.** [déconcertant] unexpected, paradoxical. **-3.** MÉD paradoxical.

**paradoxalement** [paradɔksalmã] adv paradoxically.

**paradoxe** [paradɔks] nm paradox.

**parafe** [paraf] = **paraphe**.

**parafer** [parafe] = **parapher**.

**paraffine** [parafin] nf paraffin ou paraffine (wax).

**parafiscal, e, aux** [parafiskal, o] adj parafiscal.

**parafiscalité** [parafiskalite] nf parafiscal measures.

**parafoudre** [parafudr] nm lightning conductor.

**parages** [paraʒ] nmpl **-1.** [environs] area, surroundings; **il habite dans les** ~ he lives around here somewhere. **-2.** NAUT waters.

**paragraphe** [paragraf] nm **-1.** [passage] paragraph. **-2.** [signe typographique] paragraph (sign), par.

**paragrêle** [paragrɛl] ◇ nm anti-hail device. ◇ adj anti-hail.

**Paraguay** [paragɥɛ] npr m: **le** ~ Paraguay.

**paraguayen, enne** [paragwejɛ̃, ɛn] adj Paraguayan.

◆ **Paraguayen, enne** nm, f Paraguayan.

**paraître**[1] [parɛtr] nm sout: **le** ~ appearance, appearances.

**paraître**[2] [91] [parɛtr] ◇ vi **-1.** [se montrer – soleil] to appear, to come out; [– émotion] to show; [– personne attendue] to appear, to turn up; [– dignitaire, prince] to appear, to make a public appearance; [– acteur] to appear; **laisser** ~ **son émotion** to let one's emotion show. **-2.** [figurer] to appear. **-3.** [être publié – livre] to be published, to come out, to appear; **faire** ~ **une petite annonce dans un journal** to put an advertisement in a paper. **-4.** [sembler] to appear, to seem, to look; **il ne paraît pas très à l'aise dans son costume** he doesn't seem (to be) very comfortable in his suit; ~ **plus jeune que l'on n'est** to seem ou to look ou to appear younger than one is; **il parut céder** he looked as though he was giving in; **paraît-il** apparently; **tu as retrouvé du travail, paraît-il** I hear you've got a new job. **-5.** [se donner en spectacle] to show off.

◇ vt: **75 ans? vous ne les paraissez pas** 75 years old? you don't look it.

◇ v impers: **ça ne paraît pas (mais...)** [ça ne se voit pas] it doesn't look like it (but...); **il n'y paraît pas** it doesn't show; **dans une semaine il n'y paraîtra plus** in a week it won't show any more; **je tâche de l'aider sans qu'il y paraisse** I try to help him without letting it show; **il me paraît préférable de se décider maintenant** I think it's better now; **vous êtes renvoyé? — il paraît** have you been fired? — it looks like it ou so it seems; **il paraît que...** I've heard (that)..., it would seem (that)...; **il paraîtrait qu'il a trois enfants** it would seem ou appear (that) he's got three children; **paraît que tu vas te marier!** fam I hear you're getting married?; **à ce qu'il paraît** apparently.

**paralittérature** [paraliteratyr] nf literature with a small 'l', minor literary works.

**parallaxe** [paralaks] nf ASTRON, GÉOM & PHOT parallax.

**parallèle** [paralɛl] ◇ adj **-1.** GÉOM, SPORT & INF parallel; **la droite AB est** ~ **à la droite CD** line AB is parallel to line CD. **-2.** [comparable – données, résultats] parallel, comparable, similar; **nous avons eu des carrières** ~**s** we had similar careers. **-3.** [non officiel – festival] unofficial, fringe (modif);

[– marché, transaction] unofficial; [– police] unofficial, secret; **mener une vie** ~ to live a double life. ◇ *nm* **-1.** ASTRON & GÉOG parallel; ~ **de latitude** parallel of latitude. **-2.** [comparaison] parallel; **établir un** ~ **entre deux phénomènes** to draw a parallel between two phenomena. ◇ *nf* GÉOM parallel (line).
◆ **en parallèle** *loc adv* **-1.** [en balance] **mettre deux faits en** ~ to draw a parallel between ou to compare two facts. **-2.** INF (in) parallel. **-3.** ÉLECTR in parallel.

**parallèlement** [paralɛlmɑ̃] *adv* **-1.** GÉOM in a parallel to. **-2.** SPORT: **skier** ~ to do parallel turns. **-3.** [simultanément]: ~ **à** at the same time as; ~ **à mon cours de danse, je donne aussi un cours de musique** I teach music as well as dance.

**parallélépipède** [paralelepipɛd] *nm* parallelepiped.

**parallélisme** [paralelism] *nm* **-1.** GÉOM parallelism. **-2.** AUT wheel alignment. **-3.** SPORT parallel turning ou skiing. **-4.** [concordance] parallel, concordance; **établir un** ~ **entre deux faits** to draw a parallel between two facts.

**parallélogramme** [paralelɔgram] *nm* GÉOM parallelogram.

**paralysant, e** [paralizɑ̃, ɑ̃t] *adj pr* & *fig* paralysing.

**paralysé, e** [paralize] ◇ *adj* paralysed. ◇ *nm, f* paralytic MÉD.

**paralyser** [3] [paralize] *vt* **-1.** MÉD to paralyse. **-2.** [figer, inhiber] to paralyse; **paralysé par la peur** crippled with fear.

**paralysie** [paralizi] *nf* **-1.** MÉD paralysis. **-2.** [arrêt] paralysis.

**paralytique** [paralitik] *adj* & *nmf* paralytic MÉD.

**paramédical, e, aux** [paramedikal, o] *adj* paramedical.

**paramètre** [parametr] *nm* **-1.** MATH parameter. **-2.** [élément variable] parameter, factor.

**paramétrer** [18] [parametre] *vt* INF to set, to program.

**paramilitaire** [paramilitɛr] *adj* paramilitary.

**parangon** [parɑ̃gɔ̃] *nm litt* paragon; ~ **de vertu** paragon of virtue.

**parano** [parano] *fam* ◇ *adj* paranoid. ◇ *nmf* [personne] paranoiac; **c'est un/une** ~ he's/she's paranoid. ◇ *nf* [maladie] paranoia.

**paranoïa** [paranɔja] *nf* paranoia.

**paranoïaque** [paranɔjak] ◇ *adj* paranoiac, paranoid. ◇ *nmf* paranoiac.

**paranormal, e, aux** [paranɔrmal, o] *adj* paranormal.

**parapente** [parapɑ̃t] *nm* paragliding.

**parapet** [parapɛ] *nm* CONSTR parapet.

**parapharmacie** [parafarmasi] *nf* (non-pharmaceutical) chemist's *Br* ou druggist's *Am* merchandise.

**paraphe** [paraf] *nm* **-1.** [pour authentifier] initials; [pour décorer] flourish, paraph. **-2.** JUR ou *litt* [signature] signature.

**parapher** [3] [parafe] *vt* **-1.** [pour authentifier] to initial. **-2.** JUR ou *litt* [signer] to sign.

**paraphrase** [parafraz] *nf* [gén & LING] paraphrase.

**paraphraser** [3] [parafraze] *vt* to paraphrase.

**paraplégie** [parapleʒi] *nf* paraplegia.

**paraplégique** [parapleʒik] *adj* & *nmf* paraplegic.

**parapluie** [paraplɥi] *nm* **-1.** [accessoire] umbrella. **-2.** POL: ~ **nucléaire** nuclear umbrella. **-3.** *fam* [passe-partout] skeleton key (*for spring locks*).

**parapsychologie** [parapsikɔlɔʒi] *nf* parapsychology.

**parapsychologue** [parapsikɔlɔg] *nmf* parapsychologist.

**parascolaire** [paraskɔlɛr] *adj* extracurricular.

**parasitaire** [parazitɛr] *adj* BIOL & *fig* parasitic.

**parasite** [parazit] ◇ *adj* **-1.** BIOL parasitical. **-2.** ÉLECTR & TÉLÉC: **bruit** ~ interference. ◇ *nm* **-1.** BIOL parasite. **-2.** [personne] scrounger.
◆ **parasites** *nmpl* RAD & TV interference (U), atmospherics *Br*; TÉLÉC noise, static; **il y a des** ~**s sur la ligne** the line's bad, there's static on the line.

**parasiter** [3] [parazite] *vt* **-1.** BIOL to live as a parasite on, to be parasitical upon. **-2.** RAD, TÉLÉC & TV to interfere with, to cause interference on.

**parasitisme** [parazitism] *nm* **-1.** BIOL parasitism. **-2.** *fig* scrounging.

**parasitose** [parazitoz] *nf* parasitosis.

**parasol** [parasɔl] *nm* [en ville, dans un jardin] parasol, sunshade; [pour la plage] beach umbrella, parasol.

**parasympathique** [parasɛ̃patik] ◇ *adj* parasympathetic.

◇ *nm* parasympathetic nervous system.

**paratonnerre** [paratɔnɛr] *nm* lightning conductor.

**paravalanche** [paravalɑ̃ʃ] *nm* avalanche barrier.

**paravent** [paravɑ̃] *nm* **-1.** [écran] (folding) screen ou partition. **-2.** *fig* (smoke) screen, cover.

**parbleu** [parblø] *interj* certainly, of course.

**parc** [park] *nm* **-1.** [enclos – à bétail] pen, enclosure; [– à moutons] fold; [– pour bébé] pen, playpen; ~ **à bestiaux** cattle pen; ~ **de stationnement** car park *Br*, parking lot *Am*. **-2.** PÊCHE bed; ~ **à huîtres** oyster bed. **-3.** LOISIRS [jardin public] park; [domaine privé] park, grounds; ~ **d'attractions** amusement park; ~ **national** national park; ~ **naturel** nature reserve; **le** ~ **des Princes** large football stadium in Paris. **-4.** [unités d'équipement] stock; **le** ~ **automobile français** the total number of cars in France; **notre** ~ **ferroviaire** our (total) rolling stock. **-5.** INDUST [entrepôt] depot; ~ **industriel** Can industrial estate *Br* ou park *Am*.

**parcage** [parkaʒ] *nm* **-1.** AGR foldyard manuring. **-2.** AUT parking. **-3.** PÊCHE bedding.

**parcellaire** [parselɛr] ◇ *adj* **-1.** ADMIN & JUR: **cadastre** ou **plan** ~ cadastral survey. **-2.** [fractionné – connaissances, tâche] fragmented; **travail** ~ INDUST division of labour. ◇ *nm* (detailed survey of) lots ADMIN & JUR.

**parcellariser** [parselarize] *vt* = **parcelliser**.

**parcelle** [parsɛl] *nf* **-1.** ADMIN parcel, plot; [lopin] plot (of land). **-2.** [morceau – d'or] particle; **une** ~ **de liberté** *fig* a (tiny) bit of freedom; **pas une** ~ **de vérité** not a grain ou shred of truth.

**parcellisation** [parselizasjɔ̃] *nf* **-1.** [gén] fragmentation, division. **-2.** INDUST: ~ **des tâches** division of labour.

**parcelliser** [3] [parselize] *vt* to fragment, to divide, to subdivide.

**parce que** [parskə] (*devant voyelle ou h muet* **parce qu'** [parsk]) *loc conj* because; **pourquoi pleures-tu?** — ~! *fam* why are you crying? — because!

**parchemin** [parʃəmɛ̃] *nm* **-1.** [pour écrire] (piece of) parchment. **-2.** *fam* [diplôme] diploma, degree.

**parcheminé, e** [parʃəmine] *adj* [peau] wrinkled; [visage] wizened.

**parchet** [parʃɛ] *nm* Helv plot of land.

**parcimonie** [parsimɔni] *nf* sout parsimony, parsimoniousness.
◆ **avec parcimonie** *loc adv* parsimoniously, sparingly.

**parcimonieusement** [parsimɔnjøzmɑ̃] *adv* sout parsimoniously, sparingly.

**parcimonieux, euse** [parsimɔnjø, øz] *adj* sout parsimonious, sparing.

**par-ci, par-là** [parsiparla] *loc adv* → **par**.

**parc(o)mètre** [park(ɔ)mɛtr] *nm* (parking) meter.

**parcotrain** [parkotrɛ̃] *nm* train users' car park *Br* ou parking lot *Am*.

**parcourir** [45] [parkurir] *vt* **-1.** [distance – gén] to cover; [– en courant] to run; [– en marchant] to walk; [– à cheval, à vélo] to ride; **chemin parcouru** distance covered; **le prix du kilomètre parcouru** RAIL ≃ unit cost per passenger-mile. **-2.** [pour visiter] to travel through *(insép)*; **ils ont parcouru toute l'Amérique** they've travelled the length and breadth of America; ~ **les mers** [marin, bateau] to sail the seas ‖ [dans une quête] to scour, to search (all over); **je parcourais la ville à la recherche d'un emploi** I was searching all over town for a job. **-3.** [suj: douleur, frisson] to run through *(insép)*; **un murmure de protestation parcourut la salle** a murmur of protest ran through the audience. **-4.** [jeter un coup d'œil à – journal, roman, notes de cours] to skim ou to read through *(insép)*; **je n'ai fait que** ~ **sa lettre** I've only glanced at her letter; **elle parcourut la liste des reçus** she scanned the list of successful students; **elle parcourut la scène du regard** her eyes scanned the scene.

**parcourrai** [parkurre] *v* → **parcourir**.

**parcours** [parkur] *nm* **-1.** [trajet – d'une personne] way, journey; TRANSP route; **il a effectué le** ~ **en deux heures** he did the trip ou journey in two hours. **-2.** *fig* career, record, path; **son** ~ **scolaire a été irréprochable** she had a faultless school record. **-3.** MIL & *fig*: ~ **du combattant** assault course. **-4.** SPORT course.

**parcouru, e** [parkury], **parcourus** [parkury] *v*→ **parcourir**.

**par-dedans** [pardədɑ̃] *adv* (on the) inside.

**par-dehors** [pardəɔr] *adv* (on the) outside.

**par-delà** [pardəla] *prép sout* beyond; ~ les mers over the seas; ~ les siècles across the centuries.

**par-derrière** [pardɛrjer] ◇ *prép* behind, round the back of; passe ~ la maison go round the back of the house. ◇ *adv* **-1.** [par l'arrière] from behind, at the rear. **-2.** [sournoisement]: il me critique ~ he criticizes me behind my back; il fait ses coups ~ he operates behind people's backs.

**par-dessous** [pardəsu] ◇ *prép* under, underneath. ◇ *adv* underneath.

**pardessus** [pardəsy] *nm* overcoat.

**par-dessus** [pardəsy] ◇ *prép* **-1.** [en franchissant] over, above; passe ~ la grille go over the railings. **-2.** [sur]: porter un manteau ~ sa veste to wear an overcoat on top of one's jacket. **-3.** *fig* over; elle est passée ~ le directeur des ventes she went over the head of the sales manager. ◇ *adv* [dans l'espace]: saute ~! jump over!

◆ **par-dessus tout** *loc adv* most of all, above all.

**par-devant** [pardəvɑ̃] ◇ *prép* ADMIN & JUR: ~ notaire in the presence of a solicitor *Br* ou lawyer *Am*, with a solicitor *Br* ou lawyer *Am* present; tout a été fait ~ notaire everything was done in the proper legal way. ◇ *adv* [sur le devant] at ou round the front.

**par-devers** [pardəver] *prép* **-1.** JUR [en présence de] before, in the presence of. **-2.** *sout* [en la possession de]: garder qqch ~ soi to keep sthg in one's possession ou to o.s.

**pardi** [pardi] *interj* of course.

**pardieu** [pardjø] *interj arch* by Jove.

**pardon** [pardɔ̃] *nm* **-1.** [rémission] forgiveness, pardon; demander ~ à qqn to apologize to sb, to ask for sb's forgiveness; pas de ~ pour no mercy for; demander le ~ de ses fautes to beg mercy for one's sins; demande ~ à la dame say sorry ou apologize to the lady; ~? [pour faire répéter] sorry?, (I beg you) pardon?; ~, auriez-vous un crayon? excuse me, do you have a pencil?; oh, ~! [pour s'excuser] sorry!, excuse me!; *iron* (so) sorry!; la mère est déjà désagréable, mais alors la fille, ~! *fam* the mother's bad enough, but the daughter! **-2.** [en Bretagne] religious festival. **-3.** RELIG: Grand Pardon Yom Kippur, Day of Atonement.

**pardonnable** [pardɔnabl] *adj* excusable, forgivable, pardonable.

**pardonner** [3] [pardɔne] *vt* **-1.** [oublier – offense] to forgive, to excuse; [– péché] to forgive, to pardon; ~ qqch à qqn to forgive sb for sthg; allez, je te pardonne tout all right, I'll let you off (everything); ~ ses péchés à qqn to forgive sb (for) his sins; il ne me pardonne pas d'avoir eu raison he won't forgive me for having been right; mais vous êtes tout pardonné! but of course you're forgiven!; se faire ~ to be forgiven, to win forgiveness; pardonne-nous nos offenses RELIG forgive us our trespasses ‖ *(en usage absolu)* to be forgiving; apprendre à ~ to learn forgiveness ou to forgive; une distraction au volant, ça ne pardonne pas! one slip in concentration at the wheel is fatal! **-2.** [dans des formules de politesse] to forgive, to excuse; pardonnez ma curiosité ou pardonnez-moi si je suis indiscret mais... I'm sorry if I'm being ou excuse me for being nosy, but...; pardonnez-moi, mais vous oubliez un détail d'importance excuse me, but you've forgotten an important point.

◆ **se pardonner** ◇ *vp (emploi réfléchi)*: je ne me le pardonnerai jamais I'll never forgive myself. ◇ *vp (emploi passif)* to be excused ou forgiven; une traîtrise ne se pardonne pas treachery cannot be forgiven. ◇ *vp (emploi réciproque)* to forgive one another.

**pare-balles** [parbal] ◇ *adj inv* bullet proof. ◇ *nm inv* bulletshield.

**pare-brise** [parbriz] *nm inv* windscreen *Br*, windshield *Am*.

**pare-chocs** [parʃɔk] *nm inv* bumper; nous étions ~ contre ~ we were bumper to bumper.

**pare-étincelles** [paretɛ̃sɛl] *nm inv* **-1.** [écran] sparkguard, fireguard. **-2.** RAIL spark arrester.

**pare-feu** [parfø] *nm inv* **-1.** [en forêt] firebreak. **-2.** [d'une cheminée] fireguard. **-3.** [de pompier] (helmet) fire-shield.

**pare-fumée** [parfyme] ◇ *adj inv*→ **écran**. ◇ *nm inv* smoke

extractor.

**pareil, eille** [parɛj] ◇ *adj* **-1.** [semblable, équivalent] the same, alike, similar; je n'ai jamais rien vu de ~ I've never seen anything like it; vous êtes (bien) tous ~s! you're all alike ou the same!; comment vas-tu? — toujours ~! how are you? — same as ever!; c'est toujours ~, personne n'ose se plaindre! it's always the same, nobody ever dares complain!; leurs bagues sont presque ~les their rings are almost identical ou the same; ~ à the same as, just like; ~ que *fam* (the) same as. **-2.** [de cette nature] such (a); un talent ~ ou un ~ talent est très rare such talent is very rare; on n'avait jamais vu (un) ~ scandale! there'd never been such a scandal!; qui peut bien téléphoner à une heure ~le? who could be phoning at this hour ou time?; en ~ cas in such a case; en ~les circonstances in such circumstances. ◇ *nm, f* [semblable]: son ~, sa ~le [personne] another one like him/her; [chose] another one like it; ne pas avoir son ~, ne pas avoir sa ~le to be second to none; il n'a pas son ~ pour arriver au mauvais moment! there's nobody quite like him for turning up at the wrong moment!

◆ **pareil** ◇ *nm*: c'est du ~ au même *fam* it's six of one and half a dozen of the other, it's the same difference. ◇ *adv fam* the same; on n'a pas dû comprendre ~ we can't have understood the same thing.

◆ **pareille** *nf*: rendre la ~le à qqn to repay sb in kind.

◆ **pareils** *nmpl*: nos ~s [semblables] our fellow men; [égaux] our equals ou peers.

◆ **sans pareil, sans pareille** *loc adj* [éclat, beauté, courage] unrivalled, unequalled; [talent, habileté] unparalleled, unequalled; [artiste] peerless, unequalled; tu vas voir, la cuisine est sans ~le! you'll see, the food is unique ou incomparable ou beyond compare!

**pareillement** [parɛjmɑ̃] *adv* **-1.** [de la même manière] in the same way. **-2.** [aussi] equally, likewise; j'ai été ~ surprise I was surprised too; bonne soirée! — et à vous ~! have a nice evening! — you too!

**parement** [parmɑ̃] *nm* **-1.** COUT facing; [de manche] cuff. **-2.** CONSTR [surface] facing, face; [revêtement] facing, dressing. **-3.** TRAV PUBL kerbstone *Br*, curbstone *Am*. **-4.** RELIG frontal.

**parent, e** [parɑ̃, ɑ̃t] ◇ *adj* **-1.** [de la même famille] related; je suis ~e avec eux, nous sommes ~s I'm related to them. **-2.** *sout* [analogue]: ces deux interprétations sont ~es the two interpretations are related. **-3.** BOT, GÉOL & ZOOL parent *(modif)*. **-4.** LING related, cognate *(modif)*. ◇ *nm, f* relative, relation; un proche ~ a close relative ou relation; un lointain ~, un ~ éloigné a distant relative ou relation; un ~ du côté paternel/maternel a relation on the father's/mother's side; nous sommes ~s par ma femme we're related through my wife; ce sont des ~s en ligne directe/par alliance they're blood relations/related by marriage ❏ ~ pauvre poor relation.

◆ **parent** *nm* parent.

◆ **parents** *nmpl* **-1.** [père et mère] parents, father and mother; ~s adoptifs adoptive ou foster parents. **-2.** *litt* [aïeux]: nos ~s *litt* our forebears ou ancestors.

**parental, e, aux** [parɑ̃tal, o] *adj* parental.

**parenté** [parɑ̃te] *nf* **-1.** [lien familial] relationship, kinship; il n'y a aucune ~ entre eux they're not related in any way ❏ ~ par alliance relationship by marriage; ~ directe blood relationship. **-2.** [ressemblance] relationship, connection. **-3.** [famille] family. **-4.** LING relatedness.

**parenthèse** [parɑ̃tɛz] *nf* **-1.** [signe] parenthesis, bracket *Br*; ouvrir/fermer la ~ to open/to close the brackets *Br*. **-2.** [digression] digression, parenthesis; mais ce n'est pas ~ but that's a digression ou an aside; je fais une (brève) ~ pour signaler que... incidentally ou in parenthesis, we may briefly note that...; fermons la ~ anyway, enough of that. **-3.** GRAMM parenthesis, parenthetical clause.

◆ **entre parenthèses** ◇ *loc adj* [mot, phrase] in parenthesis, in ou between brackets *Br*. ◇ *loc adv* **-1.** [mot, phrase] mettre qqch entre ~s to put sthg in parentheses, to put sthg in ou between brackets *Br*; il a dû mettre sa vie privée entre ~s he had to put his private life to one side. **-2.** [à propos] incidentally, by the way; entre ~s, elle n'était pas très intelligente incidentally ou let it be said in passing, she wasn't very bright.

◆ **par parenthèse** *loc adv* incidentally, by the way.

**paréo** [pareo] *nm* pareo.

**parer** [3] [pare] *vt* **-1.** *litt* [embellir – pièce] to decorate, to deck out *(sép)*, to adorn; [– personne] to deck out *(sép)*, to adorn; habit richement paré richly ornamented ou decorated garment ‖ [vêtir] to dress; elle ne sort que parée de ses plus beaux atours she only goes out attired in her best finery. **-2.** *sout* [attribuer à]: ~ qqn de toutes les vertus to believe sb can do no wrong. **-3.** [préparer – ancre] to clear; pare à virer! (get) ready to tack!**-4.** CULIN [poisson, volaille] to dress; [rôti] to trim. **-5.** [éviter – coup, danger] to ward ou to fend ou to stave off *(sép)*; [– attaque] to stave off *(sép)*, to parry; [– grain] to steer clear of; [– abordage] to fend off *(sép)*; [– cap] to round; BOXE & ESCRIME to parry. **-6.** [protéger]: ~ qqn contre qqch to shield ou to protect sb against sthg.

◆ **parer à** *v + prép* **-1.** [faire face à – incident] to cope ou to deal with *(insép)*, to handle; ~ à toute éventualité to prepare for ou to guard against any contingency; ~ au plus pressé [en voyageant, en emménageant] to deal with basic necessities (first); parons au plus pressé et reconstruisons l'hôpital first things first, we must rebuild the hospital. **-2.** [se défendre contre – tir, attaque] to ward off.

◆ **se parer** *vp (emploi réfléchi)* to put one's finery on; se ~ de [bijoux, fourrures] to adorn o.s. with; [titres, honneurs] to assume.

◆ **se parer contre** *vp + prép* to protect o.s. against.

**pare-soleil** [parsɔlɛj] *nm inv* sun visor, sunshade.

**paresse** [parɛs] *nf* **-1.** [fainéantise] laziness, idleness; avoir la ~ de faire qqch to be too lazy ou idle to do sthg. **-2.** [apathie] indolence, laziness. **-3.** RELIG [péché capital] sloth. **-4.** MÉD: ~ intestinale: souffrir de ~ intestinale to be slow to digest (one's) food.

**paresser** [4] [parɛse] *vi* to laze (about ou around); ~ au soleil to laze in the sun.

**paresseusement** [parɛsøzmɑ̃] *adv* **-1.** [avec paresse] idly, lazily. **-2.** *sout* [avec lenteur] lazily, idly, sluggishly.

**paresseux, euse** [parɛsø, øz] ◇ *adj* **-1.** [sans ardeur] lazy, idle; ❑ être ~ comme un loir ou une couleuvre to be bone-idle *Br*, to be a goldbricker *Am*. **-2.** *sout* [lent] lazy, slow, indolent. **-3.** MÉD [digestion] sluggish. ◇ *nm, f* lazy person; debout, grand ~! get up, you lazy thing!

◆ **paresseux** *nm* ZOOL sloth.

**parfaire** [109] [parfɛr] *vt* **-1.** [peaufiner] to perfect, to bring to perfection; ~ une œuvre to add the finishing touches to a work. **-2.** [compléter – opération] to round off *(sép)*; [– somme] to make up.

**parfait, e** [parfɛ, ɛt] ◇ *pp* → **parfaire**. ◇ *adj* **-1.** [sans défaut – beauté, crime, harmonie, conditions] perfect; [– argumentation, diamant, maquillage] perfect, flawless; [– scolarité, savoir-vivre, personne] perfect, faultless; son russe est ~ her Russian is perfect ou flawless, she speaks perfect Russian. **-2.** [en intensif] perfect, utter; c'est le ~ homme du monde he's a perfect gentleman; c'est un ~ goujat/idiot he's an utter boor/fool; c'est le type même du ~ macho! he's the epitome of the male chauvinist pig! **-3.** [complet, total – bonheur, calme, entente] perfect, complete, total; [– ressemblance] perfect; [– ignorance] utter, complete, total; elle s'est montrée d'une ~e délicatesse she showed exquisite ou perfect tact; dans la plus ~e indifférence in utter ou complete ou total indifference. **-4.** [excellent] perfect, excellent; en ~ état/~e santé in perfect condition/health; il a été ~ he was perfect ou marvellous; le rôle est ~ pour lui the part is ideal ou made for him; 10 heures, ça vous va? — c'est ~! would 10 o'clock suit you? — that's perfect ou (just) fine!

◆ **parfait** *nm* **-1.** CULIN parfait. **-2.** LING perfect (tense).

**parfaitement** [parfɛtmɑ̃] *adv* **-1.** [très bien] perfectly, impeccably, faultlessly; j'avais ~ entendu! I heard all right! **-2.** [absolument] perfectly, absolutely, thoroughly; tu as ~ le droit de refuser you are perfectly entitled to refuse; cela lui est ~ indifférent it's a matter of complete indifference to him. **-3.** [oui] (most) certainly, definitely; c'est vrai? — ~! is that true? — it (most) certainly ou definitely is!

◆ **parfaites** [parfɛt] *v* → **parfaire**.

**parfois** [parfwa] *adv* **-1.** [quelquefois] sometimes. **-2.** [dans certains cas] sometimes, at times, occasionally.

◆ **parfois... parfois** *loc corrél* sometimes... sometimes.

**parfont** [parfɔ̃] *v* → **parfaire**.

**parfum** [parfœ̃] *nm* **-1.** [odeur – d'une lotion, d'une fleur] perfume, scent, fragrance; [– d'un mets] aroma; ce conte a un charmant ~ d'autrefois *fig* this tale has a charming aura of times past. **-2.** [cosmétique] perfume, scent. **-3.** [goût] flavour; yaourts sans ~ artificiel yoghurts with no artificial flavouring.

◆ **au parfum** *loc adv fam*: être au ~ to be in the know; mettre qqn au ~ to put sb in the picture.

**parfumé, e** [parfyme] *adj* **-1.** [personne]: elle est ~e she's wearing perfume. **-2.** [fruit] sweet-smelling.

**parfumer** [3] [parfyme] *vt* **-1.** [embaumer] to perfume. **-2.** [mettre du parfum sur] to put ou to dab perfume on; être parfumé [personne] to have perfume on, to be wearing perfume. **-3.** CULIN to flavour; parfumé à flavoured with; yaourt parfumé à la mangue mango-flavoured yoghurt.

◆ **se parfumer** *vp (emploi réfléchi)* to put on perfume; je ne me parfume jamais I never wear ou use perfume.

**parfumerie** [parfymri] *nf* **-1.** [magasin] perfumery (shop *Br* ou store *Am*). **-2.** [usine] perfume factory, perfumery. **-3.** [profession] perfumery, perfume trade ou industry. **-4.** [articles] perfumes (and cosmetics), perfumery.

**parfumeur, euse** [parfymœr, øz] *nm, f* perfumer.

**pari** [pari] *nm* **-1.** [défi, enjeu] bet, wager; faire un ~ to lay a bet, to (have a) bet; je tiens le ~! *pr* & *fig* I'll take you up on it!; perdre un ~ to lose a bet; cette politique est un ~ sur l'avenir this policy is a gamble on the future. **-2.** JEUX [mise] bet, stake; il a gagné son ~ he won his bet; les ~s sont ouverts *fig* it's anyone's guess ❑ ~ jumelé double forecast; ~ mutuel (urbain) → PMU. **-3.** PHILOS: le ~ de Pascal Pascal's wager.

**paria** [parja] *nm* **-1.** [d'un groupe] outcast, pariah. **-2.** [en Inde] pariah, untouchable.

**parier** [9] [parje] *vt* **-1.** [somme] to bet, to lay, to stake; [repas, bouteille] to bet; j'ai parié gros sur le trois I laid ou put a big bet on number three. **-2.** [exprimant la certitude] to bet; tu crois qu'il a terminé? — je parie que non do you think he's finished? — I bet he hasn't; qu'est-ce que tu paries qu'il va refuser? how much do you bet he'll say no?; je l'aurais parié! I knew it! ‖ *(en usage absolu)*: tu paries? *fam* want to bet? **-3.** [exprimant la probabilité]: il y a fort ou gros à ~ que... the odds are ou it's odds on that... ◇ *vi* **-1.** [faire un pari] to (lay a) bet; ~ sur un cheval to bet on ou to back a horse. **-2.** [être parieur] to bet; ~ aux courses [de chevaux] to bet on the horses.

**pariétal, e, aux** [parjetal, o] *adj* **-1.** ANAT parietal. **-2.** BX-ARTS: art ~ wall painting.

◆ **pariétal, aux** *nm* ANAT parietal bone.

**parieur, euse** [parjœr, øz] *nm, f* **-1.** [qui fait un pari] better. **-2.** [qui aime parier] betting man (*f* woman).

**parigot, e**▽ [parigo, ɔt] ◇ *adj* Parisian. ◇ *nm, f* Parisian.

**pariions** [parijɔ̃] *v* → **parier**.

**Paris** [pari] *npr* Paris.

**paris-brest** [paribrɛst] *nm inv* paris-brest *(choux pastry ring filled with praline cream)*.

**parisianisme** [parizjanism] *nm* **-1.** [attitude] Paris-centredness. **-2.** [expression] Parisian (turn of) phrase. **-3.** [habitude] Parisian habit ou quirk *péj*.

**parisien, enne** [parizjɛ̃, ɛn] *adj* **-1.** [relatif à Paris, sa région] Paris *(modif)*; [natif de Paris, habitant à Paris] Parisian; la vie ~ne life in Paris, Parisian life. **-2.** [typique de Paris] Parisian.

◆ **Parisien, enne** *nm, f* Parisian.

**paritaire** [pariter] *adj*: représentation ~ parity of representation, equal representation.

**paritarisme** [paritarism] *nm* (doctrine of) co-management INDUST.

**parité** [parite] *nf* **-1.** [concordance – entre des rémunérations] parity, equality; [– entre des monnaies, des prix] parity; [– entre des concepts] comparability; la ~ des salaires equal pay. **-2.** MATH parity. **-3.** INF parity check.

**parjure** [parʒyr] ◇ *adj* disloyal, treacherous, underhand. ◇ *nmf* [personne] disloyal person, traitor, betrayer. ◇ *nm* [acte] disloyalty, treachery, betrayal.

**parjurer** [3] [parʒyre]

◆ **se parjurer** *vpi sout* [manquer à son serment] to break one's word ou promise.

**parka** [parka] *nm* ou *nf* parka.

**Parkérisation®** [parkerizasjɔ̃] *nf* Parkerizing.

**parking** [parkiŋ] *nm* **-1.** [parc de stationnement] car park *Br*, parking lot *Am*; **une place de ~** a parking space. **-2.** [action de se garer]: **le ~ est interdit** parking is prohibited here.

**Parkinson** [parkinsɔn] *npr→* **maladie**.

**parlant, e** [parlɑ̃, ɑ̃t] *adj* **-1.** CIN talking. **-2.** *fam* [bavard]: **il n'est pas très ~** he isn't very talkative *ou* hasn't got very much to say (for himself). **-3.** [significatif – chiffre, exemple, schéma] which speaks for itself. **-4.** [bien observé – portrait] lifelike; [– description] vivid, graphic.
♦ **parlant** *nm* CIN: **le ~** talking pictures.

**parlé, e** [parle] *adj* [anglais, langue] spoken.
♦ **parlé** *nm* [à l'opéra] spoken part, dialogue.

**parlement** [parləmɑ̃] *nm* **-1.** POL: **le Parlement** [en France] (the French) Parliament; [en Grande-Bretagne] (the Houses of) Parliament; **au ~** in Parliament. **-2.** HIST [en France] parliament *ou* parlement (*under the Ancien Régime*); [en Grande-Bretagne]: **Parlement Court/Croupion/Long Short/ Rump/Long Parliament.**

**parlementaire** [parləmɑ̃tɛr] ◇ *adj* **-1.** [débat, habitude, régime] parliamentary; **procédure ~** parliamentary procedure. **-2.** HIST [en Grande-Bretagne] Parliamentary. ◇ *nmf* **-1.** [député] member of Parliament; [aux États-Unis] Congressman (*f* Congresswoman). **-2.** HIST [en Grande-Bretagne] Parliamentarian. **-3.** [négociateur] mediator, negotiator.

**parlementarisme** [parləmɑ̃tarism] *nm* parliamentarianism, parliamentary government.

**parlementer** [3] [parləmɑ̃te] *vi* to negotiate; **~ avec** POL to parley with; **il a dû ~ avec l'agent pour qu'il le laisse passer** he had to talk the policeman into letting him through.

**parler¹** [parle] *nm* **-1.** [vocabulaire] speech, way of speaking; **dans le ~ de tous les jours** in common parlance. **-2.** [langue d'une région] dialect, variety.

**parler²** [3] [parle] ◇ *vi* **A.** FAIRE UN ÉNONCÉ **-1.** [articuler des paroles] to talk, to speak; **~ du nez** to talk through one's nose; **~ bas** *ou* **à voix basse** to speak softly *ou* in a low voice; **~ haut** *ou* **à voix haute** to speak loudly *ou* in a loud voice; **parle plus fort** speak louder *ou* up; **parlez moins fort** keep your voice down, don't speak so loud; **elle a une poupée qui parle** she's got a talking doll; **~ par signes** *ou* **signes** to use sign language; **~ avec les mains** to talk with one's hands. **-2.** [s'exprimer] to talk, to speak; **parle donc!** speak up!; **je n'ai pas l'habitude de ~ en public** I'm not used to speaking in public *ou* to public speaking; **il parle mal** [improprement] he doesn't talk correctly; **tu n'as qu'à ~ pour être servi** just say the word and you'll be served; **mon père parlait peu** my father was a man of few words; **tu parles en nouveaux francs?** are you talking in *ou* do you mean new francs?; **il a fait ~ l'adolescent** he drew the adolescent out of himself, he got the adolescent to talk; **les armes ont parlé** weapons were used; **laisse ~ ton cœur** listen to your heart; **~ pour** *ou* **à la place de qqn** to speak for sb *ou* on sb's behalf; **parle pour toi!** speak for yourself!; **~ contre/pour** to speak against/for; **politiquement/artistiquement parlant** politically/artistically speaking; **~ à qqn** [lui manifester ses sentiments] to talk to *ou* to speak to *ou* to have a word with sb; **~ à qqn** [s'adresser à qqn] to talk *ou* to speak to sb; **ne me parle pas sur ce ton!** don't talk to me like that!; **je ne leur parle plus** I'm not on speaking terms with them any more, I don't speak to them any more; **puis-je ~ à Virginie?** [au téléphone] may I speak to Virginie?; **~ à qqn** [l'émouvoir, le toucher] to speak *ou* to appeal to sb ❏ **voilà ce qui s'appelle ~!, ça, c'est ~!** *fam* well said!; **parlons peu mais parlons bien** let's be brief but to the point. **-3.** [discuter] to talk; **~ pour ne rien dire** to talk for the sake of talking; **assez parlé, allons-y!** that's enough chat, let's go!; **~ de qqch/qqn** to talk *ou* to speak about sthg/sb; **je sais de quoi je parle** I know what I'm talking about; **je ne sais pas de quoi tu veux ~** I don't know what you mean; **~ de choses et d'autres** to talk about this and that; **tiens, en parlant de vacances,** Luc a une villa à louer hey, talking of holidays, Luc has a villa to let; **le professeur X va venir ~ de Proust** Professor X will give a talk on Proust; **~ de qqn/ qqch** [le mentionner] **: le livre parle de la guerre** the book is about *ou* deals with the war; **tous les journaux en parlent ce matin** it's (mentioned) in all the newspapers this morning; **ils en ont parlé aux informations** they talked about it

on the news; **~ (de) religion/(de) littérature** to talk religion/literature; **~ de faire qqch** to talk about *ou* of doing sthg; **qui parle de laisser tomber?** who said anything about giving up?; **~ de qqch/qqn comme de: on parle d'elle comme d'une candidate possible** she's being talked about *ou* billed as a possible candidate; **tu en parles comme d'une catastrophe** you make it sound like a catastrophe; **on m'en avait parlé comme d'une femme austère** I'd been told she was *ou* she'd been described to me as a stern sort of woman; **~ de qqn/qqch à qqn: n'en parle à personne!** don't mention it to anybody!; **après ça, qu'on ne vienne plus me ~ de solidarité** after that, I don't want to hear any more about solidarity; **elle nous a parlé de ses projets** she talked to us about her plans; **parlez-moi un peu de vous/de ce que vous avez ressenti** tell me something about yourself/what you felt; **on m'a beaucoup parlé de vous** I've heard a lot about you; **je cherche un travail, alors, si vous pouviez lui ~ de moi** I'm looking for a job, so if you could have a word with her about me ‖ [jaser] to talk; **tout le monde en parle** everybody's talking about it; **on ne parle que de cela au village** it's the talk of the village; **faire ~ de soi** to get o.s. talked about; [dans la presse] to get one's name in the papers. **-4.** [avouer] to talk; **faire ~ qqn** to make sb talk, to get sb to talk. **-5.** [être éloquent] to speak volumes; **les chiffres/faits parlent d'eux-mêmes** the figures/facts speak for themselves. **-6.** JEUX: **c'est à toi de ~** it's your bid.
**B.** LOCUTIONS: **tu parles, vous parlez** *fam*: **tu parles comme je peux oublier ça!** as if I could ever forget it!; **ça t'a plu? — tu parles!** [bien sûr] did you like it? — you bet; [pas dutout] did you like it? — you must be joking! **tu parles que je vais lui rendre!** [je vais lui rendre] you bet I'll give it back to him!; [je ne vais pas lui rendre] there's no way I'm giving it back to him!; **tu parles si c'est agréable/intelligent!** *iron* that's really nice/clever!; **tu parles si ça m'aide!** much good that is to me!; **tu parles de** *fam*, **vous parlez de** *fam*: **tu parles d'une déception!** talk about a letdown!, it was such a letdown!; **tu parles d'une veine!** what a stroke of luck!; **ne m'en parle pas, m'en parle pas** *fam*: **c'est difficile — ne m'en parle pas!** it's difficult — don't tell me *ou* you're telling me *ou* you don't say!; **parlons-en**: laisse faire la justice — ah, parlons-en, de leur justice! let justice take its course — justice indeed *ou* some justice!; **sa timidité? parlons-en!** her shyness? that's a good one *ou* you must be joking!; **n'en parlons pas**: l'échéance d'avril, n'en parlons pas let's not even talk about *ou* mention the April deadline; **n'en parlons plus** let's not mention it again, let's say no more about it.
◇ *vt* **-1.** [langue] to speak; **il parle bien (le) russe** he speaks good Russian; **et pourtant je parle français, non?** *fig* don't you understand plain English?; **nous ne parlons pas la même langue** *ou* **le même langage** *fig* we don't speak the same language; **~ le langage de la raison** to talk sense; **~ affaires/politique** to talk business/politics.
♦ **se parler** ◇ *vp* (*emploi réciproque*) to talk to one another *ou* each other; **il faudrait qu'on se parle tous les deux** I think we two should have a talk; **elles ne se parlent plus** they aren't on speaking terms any more. ◇ *vp* (*emploi réfléchi*) to talk to o.s. ◇ *vp* (*emploi passif*) to be spoken.
♦ **sans parler de** *loc prép* to say nothing of, not to mention, let alone; **sans ~ du fait que...** to say nothing of..., without mentioning the fact that...

**parleur, euse** [parlœr, øz] *nm, f* talker; **beau ~** *sout* fine talker.

**parloir** [parlwar] *nm* [d'une prison] visitors' room; [d'un monastère] parlour.

**parlot(t)e** [parlɔt] *nf fam* chitchat, natter *Br*; **faire la ~ to** chat, to natter *Br*.

**parme** [parm] ◇ *adj inv* mauve. ◇ *nm* [couleur] mauve.

**Parme** [parm] *npr* Parma.

**parmesan, e** [parməzɑ̃, an] *adj* Parmesan.
♦ **parmesan** *nm* Parmesan (cheese).

**parmi** [parmi] *prép* among; **elle erra ~ la foule** she wandered in *ou* among the crowd; **nous souhaitons vous avoir bientôt ~ nous** we hope that you'll soon be with us; **~ tout ce vacarme** in the midst of all this noise; **c'est une solution ~ d'autres** that's one solution; **je retiendrai cette solution ~ celles qui ont été proposées** I will choose this solution from those which have been suggested.

**Parnasse** [parnas] *npr m* **-1.** GÉOG: le ~ (Mount) Parnassus. **-2.** LITTÉRAT & MYTH Parnassus.

**parnassien, enne** [parnasjɛ̃, ɛn] *adj* Parnassian.
◆ **Parnassien, enne** *nm, f* Parnassian *(member of the Parnassian school of French poets)*.

**parodie** [parɔdi] *nf* **-1.** LITTÉRAT parody. **-2.** *fig*: une ~ de procès a mockery of a trial.

**parodier** [9] [parɔdje] *vt* **-1.** BX-ARTS to parody. **-2.** [singer] to mimic, to parody.

**parodique** [parɔdik] *adj* parodic.

**parodiste** [parɔdist] *nmf* parodist.

**parodontologie** [parɔdɔ̃tɔlɔʒi] *nf* periodontology.

**paroi** [parwa] *nf* **-1.** [d'une chambre] partition (wall); [d'un ascenseur] wall; [d'une citerne] inside. **-2.** ANAT & BOT wall. **-3.** GÉOL & ALPINISME face, wall; ~ rocheuse rock face.

**paroisse** [parwas] *nf* parish.

**paroissial, e, aux** [parwasjal, o] *adj* [fête, église] parish *(modif)*; [décision, don] parish *(modif)*, parochial.

**paroissien, enne** [parwasjɛ̃, ɛn] *nm, f* **-1.** RELIG parishioner. **-2.** *fam* [type]: c'est un drôle de ~ he's a strange customer.
◆ **paroissien** *nm* [gén] prayer book; [catholique] missal.

**parole** [parɔl] *nf* **-1.** [faculté de s'exprimer]: la ~ speech; il ne lui manque que la ~, à ton chien your dog does everything but talk; être doué de ~ to be endowed with speech; perdre l'usage de la ~ to lose one's power of speech. **-2.** [fait de parler]: demander la ~ to ask for the right to speak; JUR to request leave to speak; prendre la ~ [gén] to speak; [au parlement, au tribunal] to take the floor; vous avez la ~ [à un avocat, un député] you have the floor; [dans un débat] (it's) your turn to speak ou over to you; la ~ est à la défense the defence may now speak; adresser la ~ à qqn to talk ou to speak to sb; couper la ~ à qqn to interrupt sb; passer la ~ à qqn to hand over to sb ❑ droit de ~ right to speak; temps de ~ speaking time; votre temps de ~ est révolu your time is up. **-3.** LING speech, parole. **-4.** *(souvent pl)* [propos] word, remark; prononcer des ~s historiques to utter historic words; ce sont ses (propres) ~s those are his very (own) words; ce ne sont que des ~s en l'air all that's just idle talk; il s'y connaît en belles ~s he's full of fine words; en ~s, ça a l'air simple, mais... it's easy enough to say it, but...; en ~s et en actes in word and deed ❑ répandre ou porter la bonne ~ to spread ou to carry the good word; la ~ de Dieu the Word of God; c'est ~ d'Évangile it's the gospel truth; les ~s s'envolent, les écrits restent *prov* verba volant, scripta manent *prov*. **-5.** [engagement] word; il n'a qu'une ~, il est de ~ his word is his bond, he's a man of his word; tu n'as aucune ~ you never keep your word; donner sa ~ (d'honneur) à qqn to give sb one's word (of honour); reprendre ou retirer sa ~ to go back on one's word ❑ c'est un homme de ~ he's a man of his word; ~ d'honneur! I give you my word (of honour)!; ma ~! my word! **-6.** JEUX: avoir la ~ to be the first to bid; passer ~ to pass.
◆ **paroles** *nfpl* [d'une chanson] words, lyrics; [d'une illustration] words; histoire sans ~s wordless cartoon; 'sans ~s' 'no caption'.
◆ **sur parole** *loc adv* on parole.

**parolier, ère** [parɔlje, ɛr] *nm, f* [d'une chanson] lyric writer, lyricist; [d'un opéra] librettist.

**paronyme** [parɔnim] ◇ *adj* paronymous. ◇ *nm* paronym.

**paronymique** [parɔnimik] *adj* paronymous.

**paroxysme** [parɔksism] *nm* **-1.** [d'un état affectif] paroxysm, height; le mécontentement a atteint son ~ discontent is at its height; au ~ de la douleur in paroxysms of pain; les fans étaient au ~ du délire the fans' enthusiasm had reached fever pitch. **-2.** MÉD paroxysm.

**parpaing** [parpɛ̃] *nm* **-1.** [pierre de taille] perpend. **-2.** [aggloméré] breezeblock *Br*, cinderblock *Am*.

**Parque** [park] *npr f*: la ~ Fate; les ~s the Parcae, the Fates.

**parquer** [3] [parke] *vt* **-1.** [mettre dans un parc – bétail] to pen in ou up *(sép)*; [– moutons] to pen in ou up *(sép)*, to fold; ~ les huîtres to lay down an oysterbed. **-2.** [enfermer – prisonniers] to shut in ou up *(sép)*, to confine; [– foule, multitude] to pack ou to cram in *(sép)*. **-3.** [voiture] to park.
◆ **se parquer** *vpi* [en voiture] to park.

**parquet** [parkɛ] *nm* **-1.** [revêtement de bois] (wooden) floor

ou flooring; [à chevrons] parquet; refaire le ~ to re-lay ou to replace the floorboards ❑ ~ à l'anglaise strip flooring. **-2.** JUR public prosecutor's department, ≃ Crown Prosecution Service *Br*, ≃ District Attorney's office *Am*; déposer une plainte auprès du ~ to lodge a complaint with the public prosecutor. **-3.** BOURSE: le ~ [lieu] the (dealing) floor; [personnes] the Stock Exchange. **-4.** BX-ARTS wooden backing.

**parqueter** [27] [parkəte] *vt* to lay a wooden ou parquet floor in, to put a wooden ou parquet floor down in.

**parrain** [parɛ̃] *nm* **-1.** RELIG godfather; être le ~ d'un enfant to be a child's godfather, to stand godfather to a child. **-2.** COMM sponsor. **-3.** [d'un projet] promoter; [d'une œuvre charitable] patron; POL proposer, sponsor *Am*. **-4.** [d'un navire] namer, christener; [d'une cloche] christener. **-5.** [de la mafia] godfather.

**parrainage** [parɛnaʒ] *nm* **-1.** RELIG (act of) being a godparent. **-2.** COMM sponsorship, sponsoring. **-3.** [d'un projet] proposing, promoting; [d'une œuvre charitable] patronage; POL proposing, sponsoring *Am*. **-4.** [d'un navire] naming, christening; [d'une cloche] christening.

**parrainer** [4] [parɛne] *vt* **-1.** [candidat, postulant] to propose, to sponsor *Am*; [projet] to propose, to support; [œuvre charitable] to patronize. **-2.** COMM to sponsor.

**parricide** [parisid] ◇ *adj* parricidal. ◇ *nmf* [assassin] parricide. ◇ *nm* [crime] parricide.

**pars** [par] *v* → **partir**.

**parsemer** [19] [parsəme] *vt* **-1.** [semer, saupoudrer]: ~ qqch de to scatter sthg with. **-2.** *litt* [suj: fleurs, étoiles]: le ciel était parsemé d'étoiles the sky was studded ou scattered with stars.

**part** [par] *nf* **-1.** [dans un partage – de nourriture] piece, portion; [– d'un butin, de profits, de travail etc] share; une ~ de gâteau a slice of cake; à chacun sa ~ share and share alike; elle a eu sa ~ de soucis she's had her share of worries; repose-toi, tu as fait ta ~ have a rest, you've done your bit ❑ avoir ~ à to have a share in, to share (in); avoir la ~ belle to get a good deal; faire la ~ belle à qqn to give sb a good deal; vouloir sa ~ de ou du gâteau to want one's share of the cake; se réserver ou se tailler la ~ du lion to keep ou to take the lion's share. **-2.** JUR [pour les impôts] *basic unit used for calculating personal income tax*; un couple avec un enfant a deux ~s et demie a couple with a child has a tax allowance worth two and a half *Br* ou has two and a half tax exemptions *Am*. **-3.** ÉCON & FIN: ~ de marché market share; ~ sociale/d'intérêts unquoted/partner's share. **-4.** [fraction] part, portion; en grande ~ for the most part, largely, to a large extent; les sociétés, pour la plus grande ~, sont privatisées firms, for the most part, are privatized; il y a une grande ~ de peur dans son échec her failure is due to a large extent to fear, fear goes a long way towards explaining her failure. **-5.** [participation]: prendre ~ à [discussion, compétition, manifestation] to take part in; [cérémonie, projet] to join in, to play a part in; [attentat] to take part in, to play a part in; prendre ~ à la joie/peine de qqn to share (in) sb's joy/sorrow ❑ il faut faire la ~ du hasard/de la malchance you have to recognize the part played by chance/ill-luck; you have to make allowances for chance/ill-luck; faire la ~ des choses to take things into consideration; faire la ~ du feu to cut one's losses. **-6.** *loc*: de la ~ de [au nom de]: je viens de la ~ de Paula Paula sent me; donne-le lui de ma ~ give it to her from me; dis-lui au revoir/merci de ma ~ say goodbye/thank you for me; je vous appelle de la ~ de Jacques I'm calling on behalf of Jacques; de la ~ de [provenant de]: de ta ~, cela me surprend beaucoup I'm surprised at you; je ne m'attendais pas à une telle audace/mesquinerie de sa ~ I didn't expect such boldness/meanness from him; c'est très généreux de ta ~ that's very generous of you; cela demande un certain effort de votre ~ it requires a certain amount of effort on your part; c'est de la ~ de ~ de qui? [au téléphone, à un visiteur] who (shall I say) is calling?; pour ma/sa ~ (as) for me/him; faire ~ de qqch à qqn to announce sthg to sb, to inform sb of sthg; prendre qqch en bonne ~ to take sthg in good part; prendre qqch en mauvaise ~ to take offence at sthg, to take sthg amiss; ne le prenez pas en mauvaise ~, mais... don't be offended, but...
◆ **à part** ◇ *loc adj* **-1.** [séparé – comptes, logement] separate.

**-2.** [original, marginal] odd; ce sont des gens à ~ these people are rather special. ◇ *loc adv* **-1.** [à l'écart]: elle est restée à ~ toute la soirée she kept herself to herself all evening; mis à ~ deux ou trois détails, tout est prêt except for ou apart from two or three details, everything is ready. **-2.** [en aparté]: prendre qqn à ~ to take sb aside ou to one side. **-3.** [séparément] separately. ◇ *loc prép* **-1.** [excepté] except for, apart ou aside from; à ~ cela apart from that, that aside. **-2.** *sout*: elle se disait à ~ soi que... she said to herself that...
◆ **à part entière** *loc adj*: un membre à ~ entière de a full ou fully paid up member of; citoyen à ~ entière person with full citizenship (status); elle est devenue une actrice à ~ entière she's now a proper ou a fully-fledged actress.
◆ **à part que** *loc conj fam* except that, if it weren't ou except for the fact that.
◆ **de part en part** *loc adv* from end to end, throughout, right through.
◆ **de part et d'autre** *loc adv* **-1.** [des deux côtés] on both sides, on either side. **-2.** [partout] on all sides.
◆ **de part et d'autre de** *loc prép* on both sides of.
◆ **de toute(s) part(s)** *loc adv* (from) everywhere, from all sides ou quarters.
◆ **d'une part... d'autre part** *loc corrél* for one thing... for another thing, on the one hand... on the other hand.
**part.** *abr écrite de* particulier.
**partage** [partaʒ] *nm* **-1.** [division – d'un domaine] division, dividing ou splitting up; [– d'un rôti] carving; [– d'un gâteau] slicing, cutting (up); faire le ~ de qqch to divide sthg up. **-2.** [répartition – d'une fortune, des devoirs, des tâches] sharing out; [– des torts, des fautes] sharing, apportioning; ~ du pouvoir power-sharing, the sharing of power. **-3.** JUR [acte juridique] partition. **-4.** GÉOM division. **-5.** INF: ~ de temps time-sharing.
◆ **en partage** *loc adv*: donner qqch en ~ à qqn to leave sb sthg (in one's will); je n'ai reçu en ~ que la vieille horloge de mon père all I got for my share was my father's old clock.
◆ **sans partage** *loc adj sout* [joie] unmitigated; [affection] undivided; [engagement, enthousiasme] thoroughgoing.
**partagé, e** [partaʒe] *adj* **-1.** [opposé] split, divided; j'ai lu des critiques ~es I've read mixed reviews; il était ~ entre la joie et la crainte he was torn between joy and fear. **-2.** [mutuel – haine] mutual, reciprocal; [– amour] mutual. **-3.** INF: en temps ~ on a time-sharing basis.
**partageable** [partaʒabl] *adj* **-1.** [bien, propriété] which can be shared out ou divided; [nombre] divisible. **-2.** [point de vue] that can be shared. **-3.** JUR partible.
**partager** [17] [partaʒe] *vt* **-1.** [diviser – propriété] to divide up *(sép)*, to share out *(sép)*; ~ qqch en deux/par moitié to divide sthg in two/into two halves. **-2.** [diviser – pays, société] to divide; la question du désarmement partage le pays the country is divided ou split over the question of disarmament; être partagé entre to be split ou divided between; je suis partagée entre l'envie de finir mes études et celle de travailler I can't make up my mind between finishing my course and starting work. **-3.** [répartir – bénéfices, provisions] to share out *(sép)*. **-4.** [avoir avec d'autres] to share; ~ la joie/ peine/surprise de qqn to share (in) sb's joy/sorrow/ surprise; le pouvoir est partagé entre les deux assemblées power is shared ou split between the two Houses; voici une opinion partagée par beaucoup de gens this is an opinion shared ou held by many (people) ‖ *(en usage absolu)*: elle n'aime pas ~ she doesn't like to share.
◆ **se partager** ◇ *vpt* [biens, travail] to share (out); se ~ la tâche to share (out) the work; Lyon et Marseille se partagent la première place SPORT Lyons and Marseilles share first place ou are equal first *Br*; se ~ les faveurs du public to be joint favourites with the public. ◇ *vpi* **-1.** [personne]: elles se partagent entre leur carrière et leurs enfants their time is divided between their professional lives and their families. **-2.** [se diviser] to fork, to divide; se ~ en to be split ou divided into.
**partageur, euse** [partaʒœr, øz] *adj* sharing, willing to share.
**partance** [partãs]
◆ **en partance** *loc adj* due to leave; le premier avion en ~ the first plane due to take off; le dernier bateau en ~ the last boat out ou due to sail; le dernier train en ~ the last train; les familles en ~ pour l'Amérique families setting

off ou bound for America.
**partant¹** [partã] *conj litt* therefore, consequently, thus.
**partant², e** [partã, ãt] ◇ *adj*: être ~ pour (faire) qqch to be willing ou ready to do sthg; aller danser? je suis ~e! go dancing? I'd love to! ◇ *nm, f* SPORT [cheval] runner; [cycliste, coureur] starter.
**partenaire** [partənεr] *nmf* **-1.** [gén] partner; les ~s sociaux management and the workforce. **-2.** CIN & THÉÂT: il était mon ~ dans la pièce I played opposite him in the play.
**partenariat** [partənarja] *nm* partnership.
**parterre** [partεr] *nm* **-1.** HORT [en bordure] border; [plus large] bed, flowerbed; un ~ de fleurs a flowerbed. **-2.** THÉÂT [emplacement] stalls *Br*, orchestra *Am*; [spectateurs] (audience in the) stalls *Br* ou orchestra *Am*.
**parthe** [part] *adj* Parthian.
◆ **Parthe** *nmf* Parthian.
**parthénogénèse** [partenɔʒenεz] *nf* parthenogenesis.
**Parthénon** [partenɔ̃] *npr m*: le ~ the Parthenon.
**parti¹** [parti] *nm* **-1.** POL: ~ (politique) (political) party; le ~ (communiste) the (Communist) Party; le ~ conservateur/démocrate/républicain/socialiste the Conservative/Democratic/Republican/Socialist Party; les ~s de droite/gauche the parties of the right/left, the right-wing/left-wing parties; le système du ~ unique the one-party system. **-2.** *sout* [choix, décision] decision, course of action; prendre le ~ de: prendre le ~ de la modération to opt for moderation; prendre le ~ de faire qqch to make up one's mind to do sthg, to decide to do sthg; prendre ~ [prendre position] to take sides ou a stand; prendre ~ pour/ contre qqch to come out for/against sthg; prendre ~ pour qqn to side ou to take sides with sb; prendre ~ contre qqn to take sides against sb; prendre son ~: son parti est pris her mind is made up, she's made up her mind ❑ en prendre son ~: elle ne sera jamais musicienne, il faut que j'en prenne mon/qu'elle en prenne son ~ she'll never be a musician, I'll/she'll just have to accept it. **-3.** [avantage]: tirer ~ de [situation] to take advantage of; [équipement] to put to good use; elle ne sait pas tirer ~ de ses qualifications she doesn't know how to get the most out of her qualifications; elle tire ~ de tout she can turn anything to her advantage. **-4.** *hum* [personne à marier]: c'est un beau ou bon ~ he's/ she's a good match.
◆ **parti pris** *nm* **-1.** [prise de position] commitment; avoir un ~ pris de modernisme/clarté to be committed to modernism/clear-thinking. **-2.** [préjugé] bias; je n'ai aucun ~ pris contre le tennis professionnel, mais... I'm not biased against professional tennis, but...; être de ~ pris to be biased; faire qqch de ~ pris to do sthg deliberately ou on purpose; être sans ~ pris to be unbiased ou objective; je dirais, sans ~ pris, qu'elle est la meilleure without any bias on my part, I'd say that she's the best.
**parti², e¹** [parti] *adj fam* drunk, tight; tu étais bien ~ hier soir! you were well away *Br* ou well gone last night!
**partial, e, aux** [parsjal, o] *adj* biased, partial.
**partialement** [parsjalmã] *adv* in a biased ou partial way.
**partialité** [parsjalite] *nf* [favorable] partiality; [défavorable] bias; ~ en faveur de qqn partiality for sb, bias in favour of sb; ~ contre qqn bias against sb.
**participant, e** [partisipã, ãt] ◇ *adj* participant, participating. ◇ *nm, f* participant; les ~s au congrès the participants in ou those taking part in the congress.
**participatif, ive** [partisipatif, iv] *adj*: prêt ~ participating capital loan.
**participation** [partisipasjɔ̃] *nf* **-1.** [engagement, contribution] participation, involvement; il nie sa ~ à ou dans l'enlèvement du prince he denies having participated ou been involved in the prince's kidnapping; sa ~ aux jeux Olympiques semble compromise there's a serious question mark hanging over his participation in the Olympic Games; apporter sa ~ à qqch to contribute to sthg; la décision a été prise sans sa ~ the decision was made without her being involved ou having any part in it; notre foire du livre a dû se faire sans la ~ des éditeurs our book fair had to be held in the absence of ou without our publishers. **-2.** [dans un spectacle] appearance; 'avec la ~ des frères Jarry' 'featuring the Jarry Brothers'; 'avec la ~ spéciale de

Robert Vann' 'guest appearance by Robert Vann'. **-3.** [contribution financière] contribution (to costs); **il y a 100 francs de ~ aux frais** you have to pay 100 francs towards costs. **-4.** POL: **~ (électorale)** (voter) turnout; **un faible taux de ou une faible ~ aux élections** a poor ou low turnout at the polls. **-5.** ÉCON & POL [détention de capital] interest, share; **avoir une ~ majoritaire dans une société** to have a majority interest in a company ❑ **~ aux bénéfices** profit-sharing; **~ ouvrière** worker participation. **-6.** JUR: **~ aux acquêts** sharing of spouse's purchases after marriage subsequent to divorce, ≃ property adjustment Br.
◆ **en participation** loc adj profit-sharing (modif).

**participe** [partisip] nm participle (form); **~ passé/présent** past/present participle; **proposition ~, ~ absolu** participial construction.

**participer** [3] [partisipe]
◆ **participer à** v + prép **-1.** [prendre part à – concours, négociation, cérémonie] to take part in; [– discussion] to contribute to; [– projet] to be involved in; [– aventure] to be involved in, to be part of; [– épreuve sportive] to take part ou to be in; [– attentat, vol] to be involved in, to take part in; **j'aimerais te voir ~ plus souvent aux tâches ménagères!** I'd like to see you taking on a greater share of the household chores! ‖ (en usage absolu) [dans un jeu] to take part, to join in; [à l'école] to contribute (during class). **-2.** [partager] to share (in); **~ à la douleur/joie de qqn** to share in sb's pain/joy. **-3.** [financièrement – achat, dépenses] to share in, to contribute to; **tous ses collègues ont participé au cadeau** all her colleagues contributed something towards the present ‖ ÉCON & FIN [profits, pertes] to share (in).
◆ **participer de** v + prép sout to pertain to.

**particularisation** [partikylarizasjɔ̃] nf particularization.

**particulariser** [3] [partikylarize] vt **-1.** [restreindre à un cas particulier] to particularize. **-2.** [distinguer, singulariser] to distinguish, to characterize. **-3.** JUR: **~ une affaire** to specify (the identity of) one of the accused (in a case).
◆ **se particulariser** vpi: **se ~ par** to be distinguished ou characterized by.

**particularisme** [partikylarism] nm particularism.

**particularité** [partikylarite] nf **-1.** [trait distinctif – d'une personne, d'une culture, d'une langue etc] particularity, (specific) feature ou characteristic ou trait; [– d'une région] distinctive feature; [– d'une machine] special feature; **les tortues de mer ont la ~ de pondre dans le sable** a distinctive feature of turtles is that they lay their eggs in the sand. **-2.** [élément] detail, particular.

**particule** [partikyl] nf **-1.** GÉOL, GRAMM & PHYS particle. **-2.** [dans un nom] particule ('de' in a surname, indicating aristocratic origin).

**particulier, ère** [partikylje, ɛr] adj **-1.** [précis – circonstance, exemple, point] particular, specific. **-2.** [caractéristique – odeur, humour, parler, style] particular, distinctive, characteristic; **une odeur particulière au pois de senteur** a fragrance peculiar to sweetpeas; **un trait bien ~** a highly distinctive feature. **-3.** [hors du commun] particular, special, unusual; **porter une attention toute particulière à qqch** to pay particular ou special attention to sthg; **ses photos n'offrent pas d'intérêt ~** his photographs are of ou hold no particular interest; **il ne s'est rien passé de ~** nothing special ou particular happened. **-4.** [bizarre – comportement, goûts, mœurs] peculiar, odd. **-5.** [privé – avion, intérêts] private; **j'ai une voiture particulière** I've got my own car ou a car of my own ❑ **cours ~, leçon particulière** private lesson.
◆ **particulier** nm **-1.** ADMIN private individual; **il loge chez des ~s** he's in private lodgings Br, he rooms with a family Am. **-2.** [élément individuel]: **le ~** the particular.
◆ **en particulier** loc adv **-1.** [essentiellement] in particular, particularly, especially. **-2.** [seul à seul] in private.

**particulièrement** [partikyljɛrmɑ̃] adv **-1.** [surtout] particularly, specifically, in particular; **nous nous attacherons plus ~ à cet aspect de l'œuvre** we shall deal in particular ou more specifically with this aspect of the work; **leurs enfants sont très beaux, ~ leur fille** their children are very good-looking, especially their daughter. **-2.** [exceptionnellement] particularly, specially, especially; **il n'est pas ~ laid/doué** he's not particularly ugly/gifted; **je n'aime pas ~ cela**

I'm not particularly keen on it; **tu aimes le whisky? — pas ~ do you like whisky?** — not particularly.

**partie²** [parti] ◇ f→ **parti** adj. ◇ nf **-1.** [élément, composant] part; **les ~s constituantes** the component parts; **faire ~ de** [comité] to be a member of, to be on, to sit on; [club, communauté] to be a member of, to belong to; [équipe] to belong to, to be one of, to be in; [licenciés] to be among, to be one of; [métier, inconvénients, risques] to be part of; **il fait presque ~ de la famille** he's almost one of the family; **faire ~ intégrante de** to be an integral part of ❑ **~s communes/privatives** communal/private areas (in a building or an estate); **~s génitales** ou **sexuelles** genitals, private parts; **ses ~s** fam his privates. **-2.** [fraction, morceau] part; **couper qqch en deux ~s** to cut sthg into two (parts); **la ~ visible de la Lune** the visible side of the Moon; **une ~ du blé est contaminée** some ou part of the wheat is contaminated; **une grande/petite ~ de l'électorat** a large/small part of the electorate, a large/small section of the electorate; **il est absent une grande** ou **la plus grande ~ du temps** he's away much of ou most of the time; **pendant la plus grande ~ du chemin** (for) most of the way. **-3.** JEUX & SPORT game; **faire une ~ de cartes** to have a game of cards; **la ~ n'est pas égale** it's an uneven match, it's not a fair match ❑ **~ d'échecs/de billard/de tennis/de cartes** game of chess/billiards/tennis/cards; **~ de golf** round of golf; **abandonner** ou **quitter la ~** to give up the fight, to throw in the towel; **avoir ~ gagnée** to be bound to succeed; **la ~ est jouée/n'est pas jouée** the outcome is a foregone conclusion/is still wide open. **-4.** [divertissement à plusieurs]: **~ de chasse/pêche** shooting/fishing party; **~ de campagne** day ou outing in the country; **~ carrée** wife-swapping party; **~ fine** orgy; **une ~ de jambes en l'air** fam a bit of nooky; **ça n'est pas une ~ de plaisir!** fam it's no picnic ou fun!; **être/se mettre de la ~**: **on va lui faire une farce, qui veut être de la ~?** we're going to play a trick on him, who wants to join in?; **s'il se met aussi de la ~, nous aurons les capitaux nécessaires** if he comes in on it too, we shall have the necessary capital; **je ne peux pas partir avec toi cette fois, mais ce n'est que ~ remise** I can't go with you this time, but there'll be other opportunities. **-5.** [domaine, spécialité] field, line; **elle est de la ~** it's her line; **moi qui suis de la ~, je peux te dire que ce ne sera pas facile** being in that line of business myself, I can tell you it won't be easy. **-6.** MUS part. **-7.** [participant – gén & JUR] party; **être ~ dans une négociation** to be a party to a negotiation; **les ~s en présence** the parties; **les deux ~s demandent le renvoi de l'affaire** both sides have requested an adjournment ❑ **~s contractantes/intéressées** contracting/interested parties; **~ civile** private party (acting jointly with the public prosecutor in criminal cases), plaintiff (for damages); **se constituer** ou **se porter ~ civile** to act jointly with the public prosecutor; **~ comparante** appearer; **~ défaillante** party failing to appear (in court); **les ~s plaidantes** the litigants; **~ prenante** payee, receiver; **être ~ prenante dans qqch** fig to be directly involved ou concerned in sthg. **-8.** GRAMM: **~ du discours** part of speech. **-9.** MATH: **~ d'un ensemble** subset. **-10.** CHIM: **~ par million** part per million. **-11.** loc: **avoir ~ liée avec qqn** to be hand in glove with sb.
◆ **à partie** loc adv: **prendre qqn à ~** [s'attaquer à lui] to set on sb; [l'interpeller] to take sb to task.
◆ **en partie** loc adv in part, partly, partially; **je ne l'ai cru qu'en ~** I only half believed him; **c'est en ~ vrai** it's partly true; **c'est en ~ de la fiction et en ~ de la réalité** it's part fiction and part truth; **en grande** ou **majeure ~** for the most part, largely, mainly.
◆ **pour partie** loc adv partly, in part.

**partiel, elle** [parsjɛl] adj partial; **contrôle** ou **examen ~** mid-year exam; (emploi à) **temps ~** part-time job; **elle ne le fait qu'à temps ~** she only does it part-time.
◆ **partiel** nm SCOL mid-year exam.

**partiellement** [parsjɛlmɑ̃] adv partially, partly.

**partir** [43] [partir] vi **-1.** [s'en aller] to go, to leave; **pars, tu vas rater ton train** (off you) go, or you'll miss your train; **empêche-la de ~** stop her (going), don't let her go; **je ne vous fais pas ~, j'espère** I hope I'm not chasing you away; **laisser ~** [prisonnier, otage] to set free, to let go, to release; [écolier] to let out; [employé] to let go; **laisse-moi ~** let me go; **il est parti avec la caisse** he ran away ou off with the till;

le climat les a fait ~ the climate drove them away; **tout son argent part en disques** all his money goes on records; **je ne peux pas ~ du bureau avant 17 h 30** I can't leave the office before 5:30 ‖ *euph* [mourir] to pass on ou away. **-2.** [se mettre en route] to set off ou out, to start off; **pars devant, te rattrape** go ahead, I'll catch up with you; **regarde cette circulation, on n'est pas encore partis!** *fam* by the look of that traffic, we're not off yet!; **le courrier n'est pas encore parti** the post hasn't gone yet; **~ en avion** [personne] to fly (off); [courrier] to go air mail ou by air; **~ en bateau** to go (off) by boat, to sail; **~ en voiture** to go (off) by car, to drive off. **-3.** [se rendre] to go, to leave; **je pars à ou pour Toulon demain** I'm leaving for ou I'm off to Toulon tomorrow; **~ à la campagne/montagne/mer** to go (off) to the countryside/mountains/seaside; **~ vers le sud** to go south. **-4.** [aller – pour se livrer à une activité] to go; **elle est partie au tennis/à la danse** she's gone to play tennis/to her dance class; **~ à la chasse/pêche** to go shooting/fishing; **~ à la recherche de** to set off in search of, to go looking for; **~ en week-end** to go off ou away for the weekend; **nous partons en excursion/voyage demain** we're setting off on an excursion/a journey tomorrow; **tu ne pars pas (en vacances) cet été?** aren't you going on holiday *Br* ou vacation *Am* this summer?; **~ skier/se promener** to go skiing/for a walk; **sa tête est partie heurter le buffet** his head struck against the sideboard. **-5.** [s'engager]: **~ dans:** **~ dans un discours** to launch into a speech; **~ dans une explication** to embark on an explanation; **~ sur: ~ sur un sujet** to start off on a topic; **quand elles sont parties sur leur boulot, c'est difficile de les arrêter** *fam* once they start on about their job, there's no stopping them; **être parti à faire qqch** *fam*: **les voilà partis à refaire toute la maison** there they go doing up the entire house. **-6.** [démarrer – machine, moteur, voiture] to start (up); [– avion] to take off, to leave; [– train] to leave, to depart; [– fusée] to go up; [– pétard] to go off; [– bateau] to take; **le coup (de feu) est parti tout seul** the gun went off on its own; **il m'a insulté et la gifle est partie** he insulted me and I just slapped him; **excuse-moi, le mot est parti (tout seul)** I'm sorry, the word just came out; **faire ~** [moteur] to start (up); [pétard] to set ou to let off *(sép)*; [fusil] to let off *(sép)*; [plante] to get started. **-7.** [se mettre en mouvement, débuter – coureur, match, concert] to start (off); **être parti pour: on est partis pour avoir des ennuis** we're headed for trouble!; **elle est partie pour nous faire la tête toute la soirée** she's all set to sulk the whole evening; **le match est bien/mal parti pour notre équipe** the match has started well/badly for our team; **le projet est bien parti** the project is off to a good start; **je le vois mal parti pour récupérer son titre** the way he's going, I just can't see him winning back his title; **elle a l'air bien partie pour remporter l'élection** she seems well set to win the election. **-8.** [se vendre] to sell. **-9.** [disparaître, s'effacer – inscription] to disappear, to be rubbed off ou out, to be worn off; [– tache] to disappear, to go, to come out; [– douleur] to go, to disappear; [– boutons] to come off; [– pellicules, odeur] to go; **faire ~** [salissure] to get rid of, to remove; [odeur] to get rid of, to clear; [douleur] to ease; **ça ne fera pas ~ ton mal de gorge** it won't get rid of your sore throat. **-10.** [se défaire, se détacher – attache, bouton] to come off, to go; [– maille] to run; [– étiquette] to come off.

◆ **partir de** *v + prép* **-1.** [dans l'espace]: **le ferry/marathon part de Brest** the ferry sails/the marathon starts from Brest; **la rue part de la mairie** the street starts at the town hall; **la cicatrice part du poignet et va jusqu'au coude** the scar goes ou stretches from the wrist to the elbow; **c'est le quatrième en partant de la droite/du haut** it's the fourth (one) from the right/top. **-2.** [dans le temps]: **nous allons faire ~ le contrat du 15 janvier** we'll make the contract effective (as) from January the 15th; **votre congé part de la fin mai** your holidays begin at the end of May. **-3.** [dans un raisonnement]: **~ du principe que** to start from the principle that, to start by assuming that; **si l'on part de ce principe, il faudrait ne jamais contester** on that basis, one should never protest. **-4.** [provenir de]: **tous les problèmes sont partis de là** all the problems stemmed from that; **ça partait d'un bon sentiment** his intentions were good; **sa remarque est partie du cœur** his comment came ou was (straight) from the heart, it was a heartfelt remark.

◆ **à partir de** *loc prép* **-1.** [dans le temps] (as) from; **à ~ de**

mardi starting from Tuesday, from Tuesday onwards; **à ~ de (ce moment-) là**, il ne m'a plus adressé la parole from that moment on ou from then on, he never spoke to me again. **-2.** [dans l'espace] (starting) from; **le deuxième à ~ de la droite** the second (one) from the right. **-3.** [numériquement]: **imposé à ~ de 30 000 francs** taxable from 30,000 francs upwards. **-4.** [avec, à base de] from; **c'est fait à ~ d'huiles végétales** it's made from ou with vegetable oils; **on ne peut pas tirer de conclusions à ~ de si peu de preuves** you can't reach any conclusion on the basis of so little evidence; **j'ai fait un résumé à ~ de ses notes** I've made a summary based on his notes.

**partisan, e** [partizɑ̃, an] *adj* partisan; **un choix ~** *péj* a biased choice; **elle n'est pas ~e** ou **partisane** *fam* de cette thèse she doesn't favour this theory.
◆ **partisan** *nm* **-1.** [adepte, défenseur] supporter; **c'est un ~ de la censure** he's for ou in favour of censorship. **-2.** [dans une guerre] partisan.

**partitif, ive** [partitif, iv] *adj* partitive.
◆ **partitif** *nm* partitive (form).

**partition** [partisjɔ̃] *nf* **-1.** MUS [symboles] score; [livret] score, music. **-2.** HIST & POL partition, partitioning, splitting. **-3.** INF & MATH partition.

**partouse**▽ [partuz] = **partouze**.

**partout** [partu] *adv* **-1.** [dans l'espace] everywhere; **je ne peux pas être ~ à la fois!** I can't be everywhere ou in two places at the same time!; **il a voyagé un peu ~** he's been all over the place; **j'ai mal ~** I ache all over; **les gens accouraient de ~** people came rushing from all sides; **~ où** everywhere (that), wherever. **-2.** SPORT: **15 ~** 15 all.

**partouze**▽ [partuz] *nf* orgy.

**parturition** [partyrisjɔ̃] *nf* parturition.

**paru, e** [pary] *pp* → **paraître**.

**parure** [paryr] *nf* **-1.** [ensemble] set; **~ de lit** set of bed linen. **-2.** JOAILL parure, set of jewels; [colifichets] matching set of costume jewellery. **-3.** VÊT finery.
◆ **parures** *nfpl* CULIN scraps, trimmings.

**parus** [pary] *v* → **paraître**.

**parution** [parysjɔ̃] *nf* publication; **juste avant/après la ~ du livre** just before/after the book came out.

**parvenir** [40] [parvənir]
◆ **parvenir à** *v + prép* (aux être) **-1.** [atteindre – suj: voyageur, véhicule, lettre, son]: **~ à** ou **jusqu'à** to get to, to reach; **faire ~ un colis à qqn** to send sb a parcel; **si cette carte vous parvient** if you get ou receive this card; **l'histoire est parvenue aux oreilles de sa femme** the story reached his wife's ears. **-2.** [obtenir – célébrité, réussite] to achieve; **étant parvenu au faîte de la gloire** having reached ou achieved the pinnacle of fame. **-3.** [réussir à]: **~ à faire qqch** to succeed in doing ou to manage to do sthg.

**parvenu, e** [parvəny] ◇ *pp* → **parvenir**. ◇ *adj* & *nm, f péj* parvenu, upstart, nouveau riche.

**parviendrai** [parvjɛ̃dre], **parviennent** [parvjɛn], **parviens** [parvjɛ], **parvins** [parvɛ̃] *v* → **parvenir**.

**parvis** [parvi] *nm* parvis (*in front of church*).

**pas¹** [pa] *nm* **-1.** [déplacement] step; **je vais faire quelques ~ dans le parc** I'm going for a short ou little walk in the park; **le convalescent fit quelques ~ dehors** the convalescent took a few steps outside; **revenir** ou **retourner sur ses ~** to retrace one's steps ou path, to turn back; **arriver sur les ~ de qqn** to follow close on sb's heels, to arrive just after sb; **avancer à** ou **faire de petits ~** to take short steps; **marcher à grands ~** to stride along; **faire un ~ le côté** to take a step to the ou to one side; **faire un ~ en avant** to step forward, to take a step ou pace forward; **faire un ~ en arrière** to step back; **faire ses premiers ~** *pr* to learn to walk; **il a fait ses premiers ~ de comédien dans un film de Hitchcock** *fig* he made his debut as an actor in a Hitchcock film ❑ **marcher à ~ de velours** to pad around. **-2.** [progrès]: **avancer à petits ~** to make slow progress; **avancer à grands ~** [enquête] to make great progress; [technique, science] to take big steps forward; [échéance, événement] to be looming; **avancer à ~ comptés** ou **mesurés** [lentement] to make slow progress; [prudemment] to tread carefully; *fig* to proceed slowly but surely; **faire un grand ~ en avant** to take a great step ou leap forward; **faire un ~ en arrière** to take a step back ou backwards; faire un ~ en avant et deux (~) en arrière to take one step forward and two steps back ou backwards; faire le premier ~ to make the first move; il n'y a que le premier ~ qui coûte the first step is the hardest; marcher sur les ~ de qqn to follow in sb's footsteps ‖ [étape] step; c'est un ~ difficile pour lui que de te parler directement talking to you directly is a difficult step for him to take ‖ franchir ou sauter le ~ to take the plunge; le ~ est vite fait ou franchi one thing very easily leads to the other. **-3.** [empreinte] footprint. **-4.** [allure] pace; allonger ou doubler le ~ to quicken one's step ou pace; hâter ou presser le ~ to hurry on; ralentir le ~ to slow one's pace, to slow down; aller ou marcher d'un bon ~ to walk at a good ou brisk pace; avancer ou marcher d'un ~ lent to walk slowly. **-5.** [démarche] gait, tread; marcher d'un ~ alerte/léger/élastique to walk with a sprightly/light/bouncy tread; avancer d'un ~ lourd ou pesant to tread heavily, to walk with a heavy tread; elle entendait son ~ irrégulier/feutré sur la terrasse she could hear his irregular/soft footfall on the terrace. **-6.** MIL step; ~ accéléré *marching step between quick march and double-quick;* ~ cadencé quick march; au ~ de charge MIL at the charge; *fig* charging along. **-7.** DANSE pas, step; esquisser un ~ to dance a few steps, to do a little dance; ~ battu/tombé pas battu/tombé. **-8.** SPORT: ~ de patinage ou patineur SKI skating; ~ de canard/de l'escalier SKI herringbone/side stepping climb; au ~ de course at a run; *fig* at a run, on the double; au ~ de gymnastique at a jog trot; faire des ~ tournants SKI to skate a turn. **-9.** [mesure] pace; [espace approximatif] pace, step; à quelques ~ de là a few steps ou paces away; à deux ou trois ou quelques ~: l'église est à deux ~ the church is very close at hand ou is only a stone's throw from here; le restaurant n'est qu'à deux ~ (de la gare) the restaurant is (only) just round the corner (from the station); il se tenait à quelques ~ de moi he was standing just a few yards from me; il n'y a qu'un ~ *fig*: entre la consommation de drogue et la vente, il n'y a qu'un ~ there's only a small ou short step from taking drugs to selling them ‖ ne pas quitter qqn d'un ~ to follow sb's every footstep. **-10.** [marche d'escalier] step; ~ de porte doorstep; ne reste pas sur le ~ de la porte don't stand at the door ou on the doorstep ou in the doorway. **-11.** GÉOG [en montagne] pass; [en mer] strait; le ~ de Calais the Strait of Dover. **-12.** TECH [d'une vis] thread; [d'une denture, d'un engrenage] pitch. **-13.** AÉRON pitch. **-14.** MATH pitch. **-15.** *loc*: prendre le ~ (sur qqn/qqch) to take precedence (over sb/sthg), to dominate (sb/sthg); céder le ~ to give way; se tirer d'un mauvais ~ to get o.s. out of a fix.

◆ **à chaque pas** *loc adv* **-1.** [partout] everywhere, at every step. **-2.** [constamment] at every turn ou step.

◆ **au pas** *loc adv* **-1.** [en marchant] at a walking pace; ne courez pas, allez au ~ don't run, walk. **-2.** AUT: aller ou rouler au ~ [dans un embouteillage] to crawl along; [consigne de sécurité] to go dead slow *Br*, to go slow. **-3.** ÉQUIT walking, at a walk; mettre son cheval au ~ to walk one's horse ‖ mettre qqn/qqch au ~ to bring sb/sthg to heel.

◆ **de ce pas** *loc adv* straightaway, at once.

◆ **pas à pas** *loc adv* **-1.** [de très près] step by step. **-2.** [prudemment] step by step, one step at a time. **-3.** INF step by step.

**pas²** [pa] *adv* **-1.** [avec 'ne', pour exprimer la négation]: elle ne viendra ~ she won't come; ils ne sont ~ trop inquiets they're not too worried; ils n'ont ~ de problèmes/d'avenir they have no problems/no future, they haven't got any problems/a future; il a décidé de ne ~ accepter he decided not to accept; ce n'est ~ que je ne veuille ~, mais... it's not that I don't want to, but... ‖ *fam* [avec omission du 'ne']: elle sait ~ she doesn't know; t'en fais ~! don't (you) worry!; c'est vraiment ~ drôle! [pas comique] it's not in the least ou slightest bit funny; [ennuyeux] it's no fun at all; non, j'aime ~ no, I don't like it. **-2.** [avec 'non', pour renforcer la négation]: elle est non ~ belle mais jolie she's not so much beautiful as pretty. **-3.** [employé seul]: sincère ou ~ sincere or not; les garçons voulaient danser, les filles ~ the boys wanted to dance, the girls didn't; pourquoi ~? why not?; ~ la peine *fam* (it's) not worth it; ~ assez not enough; des fraises ~ mûres unripe strawberries. **-4.** [dans des réponses négatives]: ~ de dessert pour moi, merci no

dessert for me, thank you; qui l'a pris? — ~ moi, en tout cas! who took it? — not me, that's for sure!; ~ du tout not at all; c'est toi qui as fini les chocolats? — ~ du tout! was it you who finished the chocolates? — certainly not!; ~ le moins du monde not in the least ou slightest, not at all; absolument ~ not at all.

◆ **pas mal** *fam* ◇ *loc adj inv* not bad; c'est ~ mal comme idée that's not a bad idea. ◇ *loc adv* **-1.** [bien]: je ne m'en suis ~ mal tiré I handled it quite well; on ferait ~ mal de recommencer we'd be better off starting again. **-2.** [très]: la voiture est ~ mal amochée the car's pretty battered.

◆ **pas mal de** *loc dét fam* [suivi d'un nom comptable] quite a few, quite a lot of; [suivi d'un nom non comptable] quite a lot of; quand? — il y a ~ mal de temps when? — quite a while ago.

◆ **pas plus mal** *loc adv*: il a maigri — c'est ~ plus mal he's lost weight — good thing too ou that's not such a bad thing ou just as well; il ne s'en est ~ trouvé plus mal he ended up none the worse for it.

◆ **pas un, pas une** ◇ *loc dét* not a (single), not one; ~ un geste! not one move! ◇ *loc pron* not a (single) one; parmi elles, ~ une ne veuille y aller every one of them wants to go there; ~ un n'a bronché there wasn't a peep out of any of them ‖ il s'y entend comme ~ un pour déranger les gens à 2 h du matin he's a specialist at disturbing you at 2 in the morning; il sait faire les crêpes comme ~ un he makes pancakes like nobody else (on earth).

**pas-à-pas** [pazapa] ◇ *adj inv* INF step-by-step, single-step. ◇ *nm inv* **-1.** MÉCAN step by step (mechanism). **-2.** INF single-step operation.

**pascal¹, s¹** [paskal] *nm* PHYS pascal.

**pascal², e, s²** ou **aux** [paskal, o] *adj* RELIG [de la fête – chrétienne] Easter *(modif)*, paschal *spéc*; [– juive] paschal, Passover *(modif)*.

**pas-d'âne** [padan] *nm inv* BOT coltsfoot.

**pas-de-porte** [padpɔrt] *nm inv* **-1.** COMM ≃ commercial lease. **-2.** JUR key money.

**pas-grand-chose** [pagrɑ̃ʃoz] *nmf inv péj* good-for-nothing.

**passable** [pasabl] *adj* **-1.** [acceptable] passable, tolerable. **-2.** SCOL [tout juste moyen] average. **-3.** *Can* [praticable] negotiable, passable.

**passablement** [pasabləmɑ̃] *adv* **-1.** [de façon satisfaisante] passably well, tolerably (well). **-2.** [notablement] fairly, rather, somewhat.

**passade** [pasad] *nf* **-1.** [amourette] fling, amourette. **-2.** [caprice] passing fancy, fad.

**passage** [pasaʒ] *nm* **A.** MOUVEMENT **-1.** [allées et venues]: prochain ~ du car dans deux heures the coach will be back ou will pass through again in two hours' time; chaque ~ du train faisait trembler les vitres the windows shook every time a train went past; laisser le ~ à qqn/qqch to make way for sb/an ambulance; '~ de troupeaux' 'cattle crossing'. **-2.** [circulation] traffic. **-3.** [arrivée, venue]: elle attend le ~ de l'autobus she's waiting for the bus. **-4.** [visite] call, visit; c'est le seul souvenir qui me reste de mon ~ chez eux that's the only thing I remember of my visit to them; 'le relevé du compteur sera fait lors de notre prochain ~' 'we will read your meter the next time we call'. **-5.** [franchissement – d'une frontière, d'un fleuve] crossing; [– d'un col] crossing; [– de la douane] passing (through); '~ interdit' 'no entry' ‖ ~ à l'ennemi MIL going over to the enemy. **-6.** [changement, transition] change, transition; le ~ de l'hiver au printemps the change ou passage from winter to spring; le ~ de l'autocratie à la démocratie the changeover ou transition from autocracy to democracy. **-7.** [dans une hiérarchie] move; ~ d'un employé à l'échelon supérieur promotion of an employee to a higher grade; le ~ dans la classe supérieure SCOL going ou moving up to the next class *Br* ou grade *Am*. **-8.** [voyage sur mer, traversée] crossing. **-9.** ASTRON transit. **-10.** INF: ~ machine run. **-11.** PSYCH: ~ à l'acte acting out. **-12.** RAD, THÉÂT & TV: son premier ~ à la télévision [personne] last time he was on TV; [film] last time it was shown on TV; pour son premier ~ au Théâtre du Rocher for her first appearance at the Théâtre du Rocher.
**B.** VOIE **-1.** [chemin] passage, way; enlève ton sac du ~ move your bag out of the way; il y a des ~s dangereux

dans la grotte there are some dangerous passages in the cave; **donner** ou **livrer ~ à qqn/qqch** to let sb/sthg in ❏ **~ secret** secret passage. **-2.** [ruelle] alley, passage; [galerie commerçante] arcade; **~ couvert** passageway. **-3.** [tapis de couloir] runner. **-4.** AUT: **~ de roue** wheel housing. **-5.** RAIL: **~ à niveau** level crossing *Br*, grade crossing *Am*.**-6.** TRAV PUBL: **~ clouté** ou **(pour) piétons** pedestrian ou zebra crossing *Br*, crosswalk *Am*; **~ protégé** priority over secondary roads; **~ souterrain** (pedestrian) subway *Br*, underpass.
**C.** D'UN FILM, D'UN ROMAN passage, section; **elle m'a lu quelques ~s de la lettre de Paul** she read me a few passages from Paul's letter; **tu te souviens du ~ où ils se rencontrent?** do you remember the bit ou sequence where they meet?
◆ **au passage** *loc adv* **-1.** [sur un trajet] on one's way; **les enfants doivent attraper la cocarde au ~** the children have to catch the ribbon as they go past. **-2.** [dans le cours de l'action] in passing. **-3.** [à propos] incidentally, by the way.
◆ **au passage de** *loc prép*: **au ~ du carrosse, la foule applaudissait** when the carriage went past ou through, the crowd clapped.
◆ **de passage** *loc adj* [client] casual; **être de ~** [voyageur] to be passing through.
◆ **sur le passage de** *loc prép*: **la foule s'est massée sur le ~ du marathon** the crowd gathered on the marathon route.
◆ **passage à tabac** *nm* beating up.
◆ **passage à vide** *nm* momentary flagging; **avoir un ~ à vide** to feel faint, to faint; [moralement] to go through a bad patch; [intellectuellement] to have a lapse in concentration.

**passager, ère** [pasaʒe, ɛr] ◇ *adj* **-1.** [momentané] passing, temporary, transient; **ne vous inquiétez pas, ces douleurs seront passagères** don't worry, the pain won't last. **-2.** [très fréquenté] busy. ◇ *nm, f* passenger; **~ clandestin** stowaway.

**passagèrement** [pasaʒɛrmã] *adv* for a short while, temporarily, momentarily.

**passant, e** [pasã, ãt] ◇ *adj* [voie, route] busy. ◇ *nm, f* passerby.
◆ **passant** *nm* VÊT (belt) loop.

**passation** [pasasjɔ̃] *nf* **-1.** JUR: **la ~ d'un acte/d'un contrat** the drawing up (and signing) of an instrument/a contract. **-2.** POL: **~ des pouvoirs** transfer of power.

**passe** [pas] ◇ *nm* **-1.** [passe-partout] master ou pass key. **-2.** [laissez-passer] pass. ◇ *nf* **-1.** SPORT [aux jeux de ballon] pass; **faire une ~** to pass (the ball), to make a pass ‖ [en tauromachie] pass ❏ **~ d'armes** sparring. **-2.** ᵛ[d'une prostituée] trick; **faire une ~** to turn a trick. **-3.** [situation]: **bonne/mauvaise ~:** **être dans une bonne ~** [commerce] to be thriving; **leur couple traverse une mauvaise ~** their relationship is going through a rough ou bad period. **-4.** GÉOG [col] pass; [chenal] pass, channel. **-5.** [d'un prestidigitateur] pass. **-6.** *Can* ZOOL: **~ migratoire** fish ladder. **-7.** IMPR overs, overplus. **-8.** FIN: **~ de caisse** allowance for cashier's errors. **-9.** INF pass. **-10.** JEUX [mise] stake; [à la roulette] passe. **-11.** [sur un cours d'eau] passage. **-12.** VÊT [d'un chapeau] rim.
◆ **en passe de** *loc prép* about to, on the point of; **ils sont en ~ de prendre le contrôle des médias** they're poised ou set to gain control of the media.

**passé¹** [pase] *prép* after.

**passé², e¹** [pase] *adj* **-1.** [précédent – année, mois] last, past. **-2.** [révolu]: **il est 3 h ~es** it's gone *Br* 3 o'clock; **elle a 30 ans ~s** she's over 30. **-3.** [qui n'est plus] past, former; **elle songeait au temps ~** she was thinking of times ou days gone by. **-4.** [teinte, fleur] faded.
◆ **passé** *nm* **-1.** [temps révolu]: **le ~** the past; **oublions le ~** let bygones be bygones, let's forget the past; **c'est du ~**, **tout ça** it's all in the past ou it's all behind us now. **-2.** [d'une personne, d'une ville] past; **il a un lourd ~** he's a man with a past. **-3.** GRAMM past tense; **verbe au ~** verb in the past tense ❏ **les temps du ~** past tenses; **~ antérieur** past anterior; **~ composé** (present) perfect; **~ simple** ou **historique** simple past, past historic.
◆ **par le passé** *loc adv* in the past; **il est beaucoup plus indulgent que par le ~** he's much more indulgent than before ou than he used to be; **soyons amis, comme par le ~** let's be friends, like before.

**passe-crassane** [paskrasan] *nf inv* passe-crassane (*variety of winter pear*).

**passe-droit** [pasdrwa] (*pl* **passe-droits**) *nm* privilege, special favour.

**passée²** [pase] *f*→ **passé** *adj*.

**passéisme** [paseism] *nm péj* attachment to the past, backward-looking attitude.

**passéiste** [paseist] *péj* ◇ *adj* backward-looking. ◇ *nmf* backward-looking person.

**passe-lacet** [paslasɛ] (*pl* **passe-lacets**) *nm* bodkin.

**passement** [pasmã] *nm* (piece of) braid ou braiding ou cord (*used as trimming*).

**passementer** [3] [pasmãte] *vt* to braid.

**passementerie** [pasmãtri] *nf* soft furnishing (and curtain fitments).

**passe-montagne** [pasmɔ̃taɲ] (*pl* **passe-montagnes**) *nm* balaclava.

**passe-partout** [paspartu] ◇ *adj inv* **-1.** [robe, instrument] versatile, all-purpose (*modif*); **un discours ~** a speech for all occasions. **-2.** RAIL UIC standard (*modif*). ◇ *nm inv* **-1.** [clef] master ou skeleton key. **-2.** BX-ARTS & IMPR passe-partout. **-3.** [scie] two-handed saw.

**passe-passe** [paspas] [pas] *nm inv*: **tour de ~** [tour de magie] (magic) trick; [tromperie] trick.

**passe-plat** [paspla] (*pl* **passe-plats**) *nm* serving hatch.

**passepoil** [paspwal] *nm* piping (*U*).

**passepoiler** [3] [paspwale] *vt* to trim with piping, to pipe.

**passeport** [paspɔr] *nm* **-1.** ADMIN passport. **-2.** *fig* passport.

**passer** [3] [pase] ◇ *vi* (*aux être*) **A.** EXPRIME UN DÉPLACEMENT **-1.** [se déplacer – personne, véhicule] to pass (by), to go ou to come past; **regarder ~ les coureurs** to watch the runners go past; **~ à: ~ à droite/gauche** to go right/left; **~ au-dessus de: l'avion est passé au-dessus de la maison** the plane flew over the house; **~ dans: pour empêcher les poids lourds de ~ dans le village** to stop lorries from driving ou going through the village; **~ devant qqch** to go past sthg; **passe devant si tu ne vois pas** [devant moi] go in front of me if you can't see; [devant tout le monde] go to the front if you can't see; **~ sous: ~ sous une échelle** to go under a ladder; **~ sous une voiture** [se faire écraser] to get run over (by a car); **~ sur: ~ sur un pont** to go over ou to cross a bridge; **des péniches passaient sur le canal** barges were going past ou were sailing on the canal ‖ [fugitivement]: **j'ai vu un éclair de rage ~ dans son regard** I saw a flash of anger in his eyes; **elle dit tout ce qui lui passe par la tête** she says the first thing that comes into her head; **qu'est-ce qui a bien pu lui ~ par la tête?** whatever was he thinking of? ❏ **ne faire que ~:** **le pouvoir n'a fait que ~ entre leurs mains** they knew power only briefly. **-2.** [s'écouler – fluide] to flow, to run; **il y a de l'air qui passe sous la porte** there's a permanent draught coming under the door. **-3.** [emprunter un certain itinéraire]: **si vous passez à Paris, venez me voir** come and see me if you're in Paris; **~ par: le voleur est passé par la fenêtre** the burglar got in through the window; **passe par l'escalier de service** use the service stairs ‖ [fleuve, route] to go, to run; **le pont passe au-dessus de l'avenue** the bridge crosses the avenue. **-4.** MATH to pass; **soit une droite passant par deux points A et B** given a straight line between two points A and B. **-5.** [sur un parcours régulier – démarcheur, représentant] to call; [– bateau, bus, train] to come ou to go past; **le facteur n'est pas encore passé** the postman hasn't been yet; **le facteur passe deux fois par jour** the postman delivers ou comes twice a day; **le bus passe toutes les sept minutes** there's a bus every seven minutes; **le bateau/train est déjà passé** the boat/train has already gone ou left; **le prochain bateau passera dans deux jours** the next boat will call ou is due in two days. **-6.** [faire une visite] to call; **~ chez qqn** to call at sb's place; **j'ai demandé au médecin de ~** I asked the doctor to call (in) ou to come ou to visit; **je ne fais que ~** I'm not stopping ‖ (*suivi de l'infinitif*): **~ voir qqn** to call on sb; **je passerai te chercher** I'll come and fetch you. **-7.** [franchir une limite] to get through; **ne laissez ~ personne** don't let anybody through; **il est passé au rouge** he went through a red light ❏ **ça passe ou ça casse** it's make or break. **-8.** [s'infiltrer] to pass; **~ dans le sang** to pass into ou to enter the bloodstream; **la lumière passe à travers les rideaux** the light shines through the curtains; **le**

passer 612

café doit ~ lentement [dans le filtre] the coffee must filter through slowly. **-9.** [aller, se rendre] to go; **où est-il passé?** where's he gone (to)?; **où sont passées mes lunettes?** where have my glasses disappeared to?; **passons à table** let's eat; ~ **de Suisse en France** to cross over ou to go from Switzerland to France; ~ **à l'ennemi** to go over to the enemy. **-10.** CHASSE to pass, to go ou to come past.
**B.** EXPRIME UNE ACTION **-1.** ~ **à** [se soumettre à] to go for; ~ **au scanner** to go for a scan; **ce matin, je suis passé au tableau** I was asked to explain something at the blackboard this morning ❏ **y** ~ *fam*: **je ne veux pas me faire opérer — il faudra bien que tu y passes, pourtant!** I don't want to have an operation — you're going to have to!; **avec lui, toutes les femmes du service y sont passées** he's had all the women in his department; **tout le monde a cru que tu allais y passer** everybody thought you were a goner. **-2.** [être accepté] to pass; **elle est passée à l'écrit mais pas à l'oral** she got through ou she passed the written exam but not the oral; **j'ai mangé quelque chose qui ne passe pas** I've eaten something that won't go down; **sa dernière remarque n'est pas passée** *fig* his last remark stuck in my throat; **ton petit discours est bien passé** your little speech went down well ou was well received; **la deuxième scène ne passe pas du tout** the second scene doesn't work at all; **le film passe mal sur le petit écran/en noir et blanc** the film just isn't the same on TV/in black and white ❏ **passe (encore): l'injurier, passe encore, mais le frapper!** it's one thing to insult him, but quite another to hit him!**-3.** [être transmis] to go; **la carafe passa de main en main** the jug was passed around; **la locution est passée du latin à l'anglais** the phrase came ou passed into English from Latin. **-4.** [entrer] to pass; **c'est passé dans le langage courant** it's passed into ou it's now part of everyday speech; **c'est passé dans les mœurs** it's become standard ou normal practice. **-5.** [être utilisé, absorbé] to go; **tout son salaire passe dans la maison** all her salary goes on the house ❏ **y** ~: **toutes ses économies y passent** all her savings go towards ou into it. **-6.** POL [être adopté – projet de loi, amendement] to pass, to be passed; [être élu – député] to be elected, to get in. **-7.** CIN & THÉÂT to be on, to be showing; RAD & TV: **les informations passent à 20 h** the news is on at 8 pm; ~ **à la radio** [émission, personne] to be on the radio ou the air; ~ **à la télévision** [personne] to be ou to appear on television; [film] to be on television. **-8.** JUR [comparaître]: ~ **devant le tribunal** to come up ou to go before the court; ~ **en correctionnelle** ≃ to go before the magistrate's court; **l'affaire passera en justice le mois prochain** the case will be heard next month. **-9.** JEUX to pass.
**C.** EXPRIME UN CHANGEMENT D'ÉTAT **-1.** [accéder – à un niveau]: ~ **dans la classe supérieure** to move up to the next form *Br* ou grade *Am*; **il est passé au grade supérieur** he's been promoted to the next highest rank. **-2.** [devenir] to become; **il est passé ailier** he plays on the wing now; ~ **professionnel** to turn professional. **-3.** [dans des locutions verbales]: ~ **à** [aborder]: **passons à l'ordre du jour** let us turn to the business on the agenda; ~ **à l'action** to take action; ~ **de... à** [changer d'état]: ~ **de l'état liquide à l'état gazeux** to pass to change from the liquid to the gaseous state; **la production est passée de 20 à 30/de 30 à 20 tonnes** output has gone (up) from 20 to 30/(down) from 30 to 20 tonnes; ~ **du français au russe** to switch from French to Russian; **comment êtes-vous passé du cinéma au théâtre?** how did you move ou make the transition from the cinema to the stage?; **il passe d'une idée à l'autre** he jumps ou flits from one idea to another. **-4.** AUT: ~ **en troisième** to change into third (gear); **la seconde passe mal** second gear is stiff.
**D.** EXPRIME UNE ÉVOLUTION DANS LE TEMPS **-1.** [s'écouler – temps] to pass, to go by; **comme le temps passe!** how time flies!**-2.** [s'estomper – douleur] to fade (away), to wear off; [– malaise] to disappear; [– mode, engouement] to die out; [– enthousiasme] to wear off, to fade; [– beauté] to fade, to wane; [– chance, jeunesse] to pass; [– mauvaise humeur] to pass, to vanish; [– rage, tempête] to die down; [– averse] to die down, to stop; **mon envie est passée** I don't feel like it anymore; **cette habitude lui passera avec l'âge** he'll get over the habit with age; **faire** ~: **ce médicament fait** ~ **la douleur très rapidement** this medicine relieves pain very quickly. **-3.** [s'altérer – fruit, denrées] to go off *Br*, to spoil, to go bad; [se faner – fleur] to wilt; [pâlir – teinte]: **le papier peint** **a passé au soleil** the sun has faded the wallpaper. **-4.** *(aux avoir) vieilli* [mourir]: **il a passé cette nuit** he passed on ou away last night.
◇ *vt (aux avoir)* **A.** EXPRIME UN DÉPLACEMENT **-1.** [traverser – pont, col de montagne] to go over *(insép)*, to cross; [– écluse] to go through *(insép)*, to cross; ~ **une rivière à la nage** to swim across a river; ~ **un ruisseau à gué** to ford a stream. **-2.** [franchir – frontière, ligne d'arrivée] to cross, to go through. **-3.** [dépasser – point de repère] to pass, to go past *(insép)*; ~ **l'arrêt de l'autobus** [le manquer] to miss one's bus stop; **quand on passe les 1 000 mètres d'altitude** when you go over 1,000 metres high; **l'or a passé les 400 dollars l'once** gold has broken through the $ 400 an ounce mark. **-4.** [transporter] to ferry ou to take across *(sép)*. **-5.** [introduire]: ~ **de la drogue/des cigarettes en fraude** to smuggle drugs/cigarettes. **-6.** [engager – partie du corps] to put; ~ **son bras autour de la taille de qqn** to put ou to slip one's arm round sb's waist; **je n'arrive pas à** ~ **ma tête dans l'encolure de cette robe** my head won't go through the neck of the dress; **il a passé la tête par l'entrebâillement de la porte** he poked his head round the door. **-7.** [faire aller – instrument] to run; ~ **un peigne dans ses cheveux** to run a comb through one's hair; ~ **une éponge sur la table** to wipe the table. **-8.** ÉQUIT [haie] to jump, to clear. **-9.** SPORT [franchir – obstacle, haie] to jump (over); ~ **la barre à deux mètres** to clear the bar at two metres; ~ **tous les obstacles** *fig* to overcome ou to surmount all the obstacles ‖ [transmettre – ballon] to pass; [dépasser – coureurs] to overtake, to pass.
**B.** EXPRIME UNE ACTION **-1.** [se soumettre à – permis de conduire] to take; [– examen] to take, to sit *Br*; [– scanner, visite médicale] to have, to go for *(insép)*. **-2.** *vieilli* [réussir – examen] to pass; [– épreuve éliminatoire] to get through *(insép)*. **-3.** [omettre] to miss ou to leave out *(sép)*, to omit; **je passe toutes les descriptions dans ses romans** I miss out ou I skip all the descriptions in her novels. **-4.** [tolérer]: **elle lui passe tout** she lets him get away with anything ❏ **passez-moi l'expression/le mot** if you'll pardon the expression/excuse the term! **-5.** [soumettre à l'action de]: ~ **qqch sous l'eau** to rinse sthg ou to give sthg a rinse under the tap; ~ **qqch au four** to put sthg in the oven ❏ ~ **quelque chose à qqn** *fam* to give sb a good dressing-down, to tick sb off *Br*; **se faire** ~ **quelque chose** *fam* to get a good ticking off *Br*, to get a good chewing-out *Am*.**-6.** [donner, transmettre – gén] to pass, to hand, to give; [– rhume, message] to pass on *(sép)*, to give; [– au téléphone] to put through *(sép)*; **passe (-moi) le couteau** give me the knife, hand over the knife; **passe ses pouvoirs à son successeur** to hand over one's powers to one's successor; **je te passe Fred** here's Fred, I'll hand you over to Fred; **passe-moi Annie** let me talk to Annie, put Annie on. **-7.** [prêter] to lend. **-8.** [appliquer – substance] to apply, to put on *(sép)*; **il faudra** ~ **une deuxième couche** it needs a second coat; **je vais te** ~ **de la crème dans le dos** I'm going to put ou to rub some cream on your back. **-9.** [filtrer, tamiser – thé, potage] to strain; [– farine] to sieve. **-10.** [vêtement] to slip ou to put on *(sép)*. **-11.** AUT: ~ **la marche arrière** to go into reverse; ~ **la troisième** to change ou to shift into third gear. **-12.** CIN & TV [film] to show, to screen; [diapositive] to show; RAD [émission] to broadcast; [cassette, disque] to play, to put on *(sép)*; **on passe un western au Rex** there's a western on at the Rex. **-13.** COMM [conclure – entente] to conclude, to come to *(insép)*; [– marché] to agree on *(insép)*, to strike, to reach; [– commande] to place; **passez commande avant le 12** order before the 12th. **-14.** COMPTA to enter, to post; ~ **un article en compte** to enter a sale into a ledger. **-15.** JUR [faire établir – acte juridique] to draw up *(sép)*.
**C.** EXPRIME UNE NOTION TEMPORELLE **-1.** [employer – durée] to spend; **passez un bon week-end/une bonne soirée!** have a nice weekend/evening!; ~ **ses vacances à lire** to spend one's holidays reading; **il va venir** ~ **quelques jours chez nous** he's coming to stay with us for a few days; **as-tu passé une bonne nuit?** did you sleep well last night?, did you have a good night?; **pour** ~ **le temps** to pass the time. **-2.** [aller au-delà de – durée] to get through *(insép)*, to survive; **elle ne passera pas la nuit** she won't see the night out, she won't last the night. **-3.** [assouvir – envie] to satisfy; ~ **sa colère sur qqn** to work off ou to vent one's anger on sb.
◆ **passer après** *v + prép*: **le directeur commercial passe après lui** the sales manager comes after him; **il faut le faire libérer, le reste passe après** we must get him released,

everything else is secondary.

◆ **passer avant** *v* + *prép* to go ou to come before.

◆ **passer par** *v* + *prép* **-1.** [dans une formation] to go through; il est passé par une grande école he studied at a Grande École; elle est passée par tous les échelons she rose through all the grades. **-2.** [dans une évolution] to go through, to undergo; le pays est passé par toutes les formes de gouvernement the country has experienced every form of government; elle est passée par des moments difficiles she's been through some difficult times. **-3.** [recourir à] to go through; en ~ par: il va falloir en ~ par ses exigences we'll just have to do what he says; ~ par là: je suis passé par là it's happened to me too, I've been through that too.

◆ **passer pour** *v* + *prép* **-1.** [avec nom] to be thought of as; dire qu'il passe pour un génie! to think that he's considered a genius!; je vais ~ pour un idiot I'll be taken for ou people will take me for an idiot; se faire ~ pour qqn to pass o.s. off as sb. **-2.** [avec adj]: son livre passe pour sérieux her book is considered to be serious; il s'est fait ~ pour fou he pretended to be mad. **-3.** [avec verbe]: elle passe pour descendre d'une famille noble she is said to be descended from an aristocratic family.

◆ **passer sur** *v* + *prép* [ne pas mentionner] to pass over, to skip; [excuser] to overlook; il l'aime et passe sur tout he loves her and forgives everything ❑ passons! let's say no more about it!, let's drop it!; tu me l'avais promis, mais passons! you promised me, but never mind!

◆ **se passer** ◇ *vpi* **-1.** [s'écouler – heures, semaines] to go by, to pass; si la journée de demain se passe sans incident if everything goes off smoothly tomorrow. **-2.** [survenir – événement] to take place, to happen; qu'est-ce qui se passe? what's happening?, what's going on? ‖ *(tournure impersonnelle)*: il se passe que ton frère vient d'être arrêté, (voilà ce qui se passe)! your brother's just been arrested, that's what's the matter!; il ne se passe pas une semaine qu'il perde de l'argent aux courses not a week goes by without him losing money on the horses. **-3.** [se dérouler – dans certaines conditions] to go (off); si tout se passe bien, nous y serons demain if all goes well, we'll be there tomorrow; ça ne se passera pas comme ça! it won't be as easy as that! ◇ *vpt* [s'appliquer, se mettre – produit] to apply, to put on *(sép)*; il se passa un peigne/la main dans les cheveux he ran a comb/his fingers through his hair; elle se passait un mouchoir sur le front she was wiping her forehead with a handkerchief.

◆ **se passer de** *vp* + *prép* **-1.** [vivre sans] to do ou to go without; si tu crois pouvoir te ~ de tout le monde! if you think you can manage all by yourself! **-2.** [s'abstenir]: je me passerais (volontiers) de ses réflexions! I can do very well without her remarks!-**3.** [ne pas avoir besoin de]: sa déclaration se passe de tout commentaire her statement needs no comment.

◆ **en passant** *loc adv* **-1.** [dans la conversation] in passing; soit dit en passant it must be said. **-2.** [sur son chemin]: il s'arrête de temps à autre en passant he calls on his way by ou past from time to time.

◆ **en passant par** *loc prép* **-1.** [dans l'espace] via. **-2.** [dans une énumération] (and) including.

**passereau, x** [pasro] *nm* [oiseau] passerine.

**passerelle** [pasrɛl] *nf* **-1.** [pour piétons] footbridge. **-2.** NAUT [plan incliné] gangway, gangplank; [escalier] gangway; la ~ de commandement the bridge. **-3.** AÉRON steps. **-4.** CIN catwalk. **-5.** ENS [entre deux cycles] link. **-6.** INF gateway.

**passe-temps** [pastɑ̃] *nm inv* pastime, hobby.

**passe-thé** [paste] *nm inv* tea strainer.

**passeur, euse** [pasœr, øz] *nm, f* **-1.** [sur un bac, un bateau etc] ferryman *(nm)*. **-2.** [de contrebande] smuggler. **-3.** [d'immigrants clandestins]: il trouva un ~ qui l'aida à gagner les États-Unis he found someone to get him over the border into the United States. **-4.** SPORT passer.

**passible** [pasibl] *adj*: ~ de liable to; crime ~ de la prison crime punishable by imprisonment; ~ des tribunaux liable to prosecution.

**passif¹** [pasif] *nm* **-1.** [dettes] liabilities. **-2.** *loc*: mettre qqch au ~ de qqn: cette décision est à mettre à son ~ this decision is a black mark against him.

**passif², ive** [pasif, iv] *adj* [gén & GRAMM] passive.

◆ **passif** *nm* GRAMM passive (form).

**passion** [pasjɔ̃] *nf* **-1.** [amour fou] passion, love. **-2.** [du jeu, des voyages etc] passion; avoir la ~ de qqch to have a passion for sthg, to be passionately interested in sthg. **-3.** [exaltation] passion, feeling; débattre de qqch avec ~ to argue passionately about sthg. **-4.** RELIG: la Passion (du Christ) the Passion; la Passion selon saint Jean RELIG the Passion according to Saint John; MUS the (Saint) John Passion.

◆ **passions** *nfpl* [sentiments] passions, emotions, feelings.

**passionnant, e** [pasjɔnɑ̃, ɑ̃t] *adj* [voyage, débat] fascinating, exciting; [personne] intriguing, fascinating; [récit] fascinating, enthralling, gripping.

**passionné, e** [pasjɔne] ◇ *adj* **-1.** [aimant – amant, lettre] passionate. **-2.** [très vif – caractère, tempérament] passionate, emotional; [– discours] passionate, impassioned; [– intérêt, sentiment] passionate, keen. **-3.** [intéressé – spectateur, lecteur] keen, fervent, ardent. ◇ *nm, f* **-1.** [en amour] passionate person. **-2.** [fervent] enthusiast, devotee; pour les ~s de flamenco for flamenco lovers.

**passionnel, elle** [pasjɔnɛl] *adj* passionate; drame ~ à Bordeaux love drama in Bordeaux.

**passionnément** [pasjɔnemɑ̃] *adv* **-1.** [avec passion] passionately, with passion. **-2.** [en intensif] keenly, fervently, ardently.

**passionner** [3] [pasjɔne] *vt* **-1.** [intéresser – suj: récit] to fascinate, to enthral, to grip; [– suj: discussion, idée] to fascinate, to grip; la politique la passionne politics is her passion, she has a passion for politics. **-2.** [débat] to impassion; elle ne sait pas parler politique sans ~ le débat every time she talks about politics it ends in a big argument.

◆ **se passionner pour** *vp* + *prép* [idée] to feel passionately about; [activité] to have a passion for.

**passive** [pasiv] *f→* **passif**.

**passivement** [pasivmɑ̃] *adv* passively.

**passivité** [pasivite] *nf* **-1.** [attitude] passivity, passiveness. **-2.** MÉTALL passivity.

**passoire** [paswar] *nf* **-1.** [à petits trous] sieve; [à gros trous] colander; ~ à thé tea strainer; avoir la tête ou la mémoire comme une ~ *fam* to have a memory like a sieve. **-2.** *fam* [personne, institution négligente]: leur service de contre-espionnage est une ~ their counter-espionage service is leaking like a sieve.

**pastel** [pastɛl] ◇ *nm* **-1.** [crayon] pastel; [dessin] pastel (drawing); dessiner au ~ to draw in pastels. **-2.** [teinte douce] pastel (shade). **-3.** BOT pastel woad. **-4.** [couleur bleue] pastel blue. ◇ *adj inv* pastel, pastel-hued.

**pastèque** [pastɛk] *nf* [plante] watermelon plant; [fruit] watermelon.

**pasteur** [pastœr] *nm* **-1.** RELIG [protestant] minister, pastor; *arch* [prêtre] pastor; le Bon Pasteur the Good Shepherd. **-2.** *litt* [berger] shepherd. **-3.** *fig & litt* [guide, gardien] shepherd. **-4.** ANTHR pastoralist *spéc*.

**pasteurisation** [pastœrizasjɔ̃] *nf* pasteurization, pasteurizing.

**pasteuriser** [3] [pastœrize] *vt* to pasteurize.

**pastiche** [pastiʃ] *nm* pastiche.

**pasticher** [3] [pastiʃe] *vt* to do a pastiche of.

**pasticheur, euse** [pastiʃœr, øz] *nm, f* **-1.** [auteur de pastiches] writer of pastiches. **-2.** [plagiaire] plagiarist.

**pastille** [pastij] *nf* **-1.** PHARM pastille, lozenge; ~ pour la gorge throat lozenge ou pastille. **-2.** CULIN: ~ de chocolat chocolate drop; ~ de menthe mint. **-3.** [disque de papier, de tissu] disc.

**pastis** [pastis] *nm* **-1.** [boisson] pastis. **-2.** *fam* [situation embrouillée] muddle, mess, fix.

**pastoral, e, aux** [pastɔral, o] *adj* LITTÉRAT, MUS & RELIG pastoral; 'la Symphonie pastorale' Beethoven 'The Pastoral Symphony'.

◆ **pastorale** *nf* **-1.** LITTÉRAT & MUS pastorale. **-2.** RELIG pastoral.

**pastorat** [pastɔra] *nm* pastorate.

**pastoureau, elle, x** [pasturo, ɛl] *nm, f litt* shepherd boy (*f* girl).

◆ **pastourelle** *nf* LITTÉRAT pastourelle.

**pat** [pat] ◇ *adj inv*: le roi est ~ it's a stalemate. ◇ *nm* stalemate; éviter le ~ to avoid stalemate.

**patachon** [pataʃɔ̃] *nm fam*: mener une vie de ~ to lead a riotous existence.

**patagon, one** OU **onne** [patagɔ̃, ɔn] *adj* Patagonian.
◆ **Patagon, one** OU **onne** *nm, f* Patagonian.

**Patagonie** [patagɔni] *npr f*: (la) ~ Patagonia.

**pataphysique** [patafizik] ◇ *adj* pataphysic. ◇ *nf* pataphysics *(U)*.

**patapouf** [patapuf] *fam* ◇ *nm* fatty, podge; un gros ~ a big fat lump. ◇ *interj* thump, thud.

**pataquès** [patakɛs] *nm* **-1.** [faute de liaison] bad OU incorrect liaison. **-2.** [situation confuse] mess, muddle.

**patate** [patat] *nf* **-1.** BOT & CULIN: ~ (douce) sweet potato. **-2.** *fam* [pomme de terre] spud. **-3.** *fam* [personne stupide] nitwit, twerp. **-4.** *fam loc*: en avoir gros sur la ~ to be peeved. **-5.** *Can fam* [cœur] ticker *Br*.

**patati** [patati]
◆ **et patati, et patata** *loc adv* and so on and so forth, etc. etc.

**patatras** [patatra] *interj* crash.

**pataud, e** [pato, od] ◇ *adj* [maladroit] clumsy; [sans finesse] gauche. ◇ *nm, f* **-1.** [chiot] (big-pawed) puppy. **-2.** *vieilli* [personne – maladroite] clumsy oaf; [– à l'esprit lent] oaf.

**Pataugas®** [patogas] *nmpl canvas walking shoes.*

**pataugeai** [patoʒe] *v* → **patauger**.

**pataugeoire** [patoʒwar] *nf* paddling pool.

**patauger** [17] [patoʒe] *vi* **-1.** [dans une flaque, à la piscine] to splash OU to paddle about; [dans la gadoue] to wade. **-2.** *fig* [s'empêtrer] to flounder; il patauge dans ses réponses he's getting more and more bogged down trying to answer. **-3.** [ne pas progresser]: l'enquête policière patauge the police inquiry is getting bogged down.

**pataugeur, euse** [patoʒœr, øz] *nm, f* paddler.

**patch** [patʃ] *nm* patch.

**patchouli** [patʃuli] *nm* patchouli.

**patchwork** [patʃwœrk] *nm* **-1.** COUT [technique] patchwork; [ouvrage] (piece of) patchwork. **-2.** [ensemble hétérogène] patchwork.
◆ **en patchwork** *loc adj* patchwork *(modif)*.

**pâte** [pat] *nf* **-1.** [à base de farine – à pain] dough; [– à tarte] pastry *Br*, dough *Am*; [– à gâteau] mixture *Br*, batter *Am*; [– à frire] batter; ~ brisée short OU shortcrust pastry *Br*, pie dough *Am*; ~ à crêpes pancake batter; ~ à choux choux pastry; ~ feuilletée flaky pastry, puff pastry *Br*; ~ sablée sweet biscuit OU sweet flan pastry *Br*, sweet OU sugar dough *Am*. **-2.** [pour fourrer, tartiner] paste; ~ d'amandes marzipan, almond paste; ~ d'anchois anchovy paste OU spread; ~ de coing quince jelly; une ~ de fruits a fruit jelly. **-3.** [en fromagerie]: (fromage à) ~ cuite cheese made from scalded curds; (fromage à) ~ fermentée/molle fermented/soft cheese. **-4.** [tempérament]: il est d'une ~ à vivre cent ans he's the sort who'll live to be a hundred ❏ c'est une bonne ~, il est bonne ~ he's a good sort. **-5.** [en céramique] paste. **-6.** [en cosmétologie] paste; ~ dentifrice toothpaste. **-7.** IMPR: ~ à papier paper pulp. **-8.** JEUX: ~ à modeler Plasticine®, modelling clay. **-9.** INDUST: ~ de verre molten glass.
◆ **pâtes** *nfpl* CULIN: ~s (alimentaires) pasta *(U)*.

**pâté** [pate] *nm* **-1.** CULIN pâté; ~ en croûte pâté en croûte, raised (crust) pie *Br*; ~ de foie liver pâté; ~ impérial spring roll. **-2.** *fam* [tache d'encre] (ink) blot. **-3.** [tas]: ~ de sable sand pie.
◆ **pâté de maisons** *nm* block.

**pâtée** [pate] *nf* **-1.** [pour animaux] food, feed; ~ pour chat/chien cat/dog food. **-2.** [nourriture grossière] pap. **-3.** *fam* [correction, défaite écrasante] hiding, pasting.

**patelin¹** [patlɛ̃] *nm fam* [village] little village.

**patelin², e** [patlɛ̃, in] *adj litt* fawning, unctuous.

**patelle** [patɛl] *nf* [coquillage] limpet.

**patène** [patɛn] *nf* paten.

**patent, e¹** [patã, ãt] *adj* **-1.** [flagrant, incontestable] obvious, patent. **-2.** HIST patent.

**patente²** [patãt] *nf* **-1.** [taxe] trading tax. **-2.** HIST (royal) patent.

**patenté, e** [patãte] *adj* **-1.** *fam* [attesté] established; un raciste ~ an out-and-out racist. **-2.** [qui paie patente] trading under licence, licensed.

**patenter** [3] [patãte] *vt* to license.

**pater** [patɛr] *nm* **-1.** *fam* [père] pater *Br hum*, father. **-2.** RELIG paternoster (bead).

**Pater** [patɛr] *nm inv* Paternoster, Our Father.

**patère** [patɛr] *nf* **-1.** [à vêtements] coat peg. **-2.** [à rideaux] curtain hook. **-3.** ANTIQ & ARCHIT patera.

**paterfamilias** [patɛrfamiljas] *nm* **-1.** ANTIQ paterfamilias. **-2.** *hum* domineering father.

**paternalisme** [patɛrnalism] *nm* paternalism.

**paternaliste** [patɛrnalist] *adj* paternalist, paternalistic.

**paternel, elle** [patɛrnɛl] *adj* **-1.** [du père] paternal; cousins du côté ~ cousins on the father's OU paternal side. **-2.** [indulgent] fatherly.
◆ **paternel** *nm fam* & *hum* [père] old man, pater *Br hum*.

**paternellement** [patɛrnɛlmã] *adv* paternally, in a fatherly way.

**paternité** [patɛrnite] *nf* **-1.** [d'un enfant] paternity, fatherhood. **-2.** [d'une œuvre] paternity, authorship; [d'une théorie] paternity.

**pâteux, euse** [patø, øz] *adj* **-1.** [peinture, soupe] pasty; [gâteau] doughy; avoir la bouche OU langue pâteuse to have a furred tongue. **-2.** [style] heavy, clumsy, lumbering.

**pathétique** [patetik] ◇ *adj* **-1.** [émouvant] pathetic, moving, poignant. **-2.** ANAT: nerf ~ patheticus. ◇ *nm* **-1.** [émotion] pathos. **-2.** ANAT patheticus.

**pathétiquement** [patetikmã] *adv* pathetically, movingly, poignantly.

**pathogène** [patɔʒɛn] *adj* pathogenic.

**pathogénie** [patɔʒeni] *nf* pathogenicity.

**pathologie** [patɔlɔʒi] *nf* pathology.

**pathologique** [patɔlɔʒik] *adj* **-1.** MÉD pathologic, pathological. **-2.** *fam* [excessif, anormal] pathological.

**pathologiquement** [patɔlɔʒikmã] *adv* pathologically.

**pathologiste** [patɔlɔʒist] ◇ *adj* pathologistic. ◇ *nmf* pathologist.

**pathos** [patos] *nm* pathos.

**patibulaire** [patibylɛr] *adj* sinister.

**patiemment** [pasjamã] *adv* patiently.

**patience** [pasjãs] ◇ *nf* **-1.** [calme] patience, forbearance; aie un peu de ~ be patient for a minute; ma ~ a des limites there are limits to my patience ❏ prendre son mal en ~ to put up with it; elle a une ~ d'ange she has the patience of a saint OU of Job. **-2.** [persévérance] patience, painstaking care. **-3.** JEUX [cartes] patience; faire des ~s to play patience ❏ jeu de ~ *pr* & *fig* puzzle. **-4.** BOT dock. ◇ *interj*: ~, j'ai presque fini! hold on OU just a minute, I've almost finished!; ~, il va voir de quoi je suis capable! just you wait (and see), I'll show him what I'm made of!

**patient, e** [pasjã, ãt] ◇ *adj* patient. ◇ *nm, f* [malade] patient.
◆ **patient** *nm* GRAMM [par opposition à agent] patient.

**patienter** [3] [pasjãte] *vi* [attendre] to wait; faites-la ~ un instant ask her to wait for a minute; c'est occupé, vous voulez ~? TÉLÉC it's engaged *Br* OU busy *Am*, will you hold?

**patin** [patɛ̃] *nm* **-1.** SPORT skate; ~s à glace/roulettes ice/roller skates; faire du ~ (à glace/roulettes) to go iceskating/roller-skating; ~ de luge sledge runner. **-2.** [pour marcher sur un parquet] felt pad *(used to move around on a polished floor)*. **-3.** ᵛ[baiser] French kiss. **-4.** AÉRON landing pad. **-5.** AUT: ~ de frein brake shoe. **-6.** CONSTR [d'échafaudage] sole plate OU piece. **-7.** MÉCAN shoe, pad. **-8.** RAIL (rail) base. **-9.** [d'un blindé] (track) link.

**patinage** [patinaʒ] *nm* **-1.** SPORT skating, ice-skating; ~ artistique figure skating; ~ de vitesse speed skating. **-2.** [d'une roue] spinning; [de l'embrayage] slipping. **-3.** [patine artificielle] patination.

**patine** [patin] *nf* **-1.** [d'un meuble] sheen. **-2.** BX-ARTS & GÉOL patina.

**patiner** [3] [patine] ◇ *vi* **-1.** SPORT to skate. **-2.** AUT [roue] to spin; [embrayage] to slip. **-3.** *Can loc*: savoir ~ to know how to duck and weave *fig*. ◇ *vt* [un meuble] to patine, to patinize.
◆ **se patiner** *vpi* to patinate, to become patinated.

**patinette** [patinɛt] *nf* (child's) scooter.

**patineur, euse** [patinœr, øz] *nm, f* skater.

**patinoire** [patinwar] *nf* **-1.** SPORT ice OU skating rink. **-2.** [surface trop glissante]: ce trottoir est une véritable ~ this pavement is like an ice rink.

**patio** [patjo, pasjo] *nm* patio.

**pâtir** [32] [patir]
◆ **pâtir de** *v* + *prép* to suffer from, to suffer as a result of.

**pâtisserie** [patisri] *nf* **-1.** [gâteau] cake, pastry. **-2.** [activité] cake-making; **faire de la ~** to make ou to bake cakes. **-3.** [boutique] pâtisserie, cake shop *Br* ou store *Am*; **~-confiserie** confectioner's. **-4.** ARCHIT plaster moulding ou mouldings.

**pâtissier, ère** [patisje, ɛr] *nm, f* pastrycook, confectioner.

**patois** [patwa] *nm* patois, dialect; **il parle encore le ~** he still speaks patois ou the dialect.

**patoiser** [3] [patwaze] *vi* to speak patois ou the dialect.

**patouiller** [3] [patuje] *fam* ◇ *vi* [patauger] to slosh ou to wallow about. ◇ *vt* [tripoter] to paw, to mess about with *(insép)*.

**patraque** [patrak] *adj fam* **-1.** [souffrant] out of sorts, peaky *Br*, peaked *Am*. **-2.** *vieilli* [détraqué – pendule] on the blink.

**pâtre** [patr] *nm litt* shepherd.

**patres** [patrɛs] → **ad patres**.

**patriarcal, e, aux** [patrijarkal, o] *adj* patriarchal.

**patriarcat** [patrijarka] *nm* **-1.** RELIG [dignité, territoire] patriarchate. **-2.** SOCIOL patriarchy.

**patriarche** [patrijarʃ] *nm* [gén & RELIG] patriarch.

**patricien, enne** [patrisjɛ̃, ɛn] ◇ *adj* **-1.** ANTIQ patrician. **-2.** *litt* [noble]: **une famille ~ne** an aristocratic family. ◇ *nm, f* ANTIQ patrician.

**Patrick** [patrik] *npr*: **la Saint-Patrick** Saint Patrick's Day.

**patrie** [patri] *nf* **-1.** [pays natal] homeland, fatherland; **'morts pour la ~'** 'they gave their lives for their country'. **-2.** [communauté] home. **-3.** *fig*: **la ~ de** the home ou cradle of.

**patrimoine** [patrimwan] *nm* **-1.** [possessions héritées] inheritance, patrimony. **-2.** [artistique, culturel] heritage. **-3.** BIOL: **~ héréditaire** genotype.

**patrimonial, e, aux** [patrimɔnjal, o] *adj* patrimonial.

**patriotard, e** [patrijɔtar, ard] *fam & péj* ◇ *adj* jingoistic. ◇ *nm, f* jingo, chauvinist.

**patriote** [patrijɔt] ◇ *adj* patriotic. ◇ *nmf* patriot.

**patriotique** [patrijɔtik] *adj* patriotic.

**patriotisme** [patrijɔtism] *nm* patriotism.

**patron¹** [patrɔ̃] *nm* **-1.** COUT pattern; **~ de jupe** skirt pattern. **-2.** VÊT: (taille) **~ medium** size; **demi-~** small size; **grand ~** large size. **-3.** BX-ARTS template. **-4.** IMPR [plaque] stencil (plate).

**patron², onne** [patrɔ̃, ɔn] *nm, f* **-1.** [d'une entreprise – propriétaire] owner; [– gérant] manager (*f* manageress); [– directeur] employer; [– de café, d'auberge] owner, landlord (*f* landlady); **les grands ~s de la presse** the press barons. **-2.** *fam* [maître de maison] master (*f* mistress). **-3.** UNIV: **~ de thèse** (doctoral) supervisor ou director. **-4.** [d'un service hospitalier] senior consultant. **-5.** *fam* [époux] old man (*f* old lady ou missus). **-6.** RELIG (patron) saint.
◆ **patron** *nm* **-1.** [d'une entreprise] boss. **-2.** ANTIQ, HIST & RELIG patron. **-3.** NAUT skipper.

**patronage** [patrɔnaʒ] *nm* **-1.** [soutien officiel] patronage; **sous le haut ~ du président de la République** under the patronage of the President of the Republic. **-2.** [pour les jeunes] youth club. **-3.** [tutelle d'un saint] protection.
◆ **de patronage** *loc adj* moralistic.

**patronal, e, aux** [patrɔnal, o] *adj* **-1.** COMM & INDUST employer's, employers'. **-2.** RELIG patronal.

**patronat** [patrɔna] *nm*: **le ~** the employers.

**patronne** [patrɔn] *f* → **patron**.

**patronner** [3] [patrɔne] *vt* **-1.** [parrainer] to patronize, to support. **-2.** COUT to make the pattern for.

**patronnesse** [patrɔnɛs] *adj f* → **dame**.

**patronyme** [patrɔnim] *nm* patronymic.

**patronymique** [patrɔnimik] *adj* patronymic.

**patrouille** [patruj] *nf* **-1.** MIL [groupe – d'hommes] patrol; [– d'avions, de navires] squadron. **-2.** [mission] patrol; **faire une/être en ~** to go/to be on patrol.

**patrouiller** [3] [patruje] *vi* to patrol.

**patrouilleur** [patrujœr] *nm* **-1.** MIL man on patrol; **les ~s** the patrol. **-2.** AÉRON [de chasse] (patrolling) fighter; [de détec-tion] spotter plane. **-3.** NAUT patrol ship.

**patte** [pat] *nf* **A. -1.** [d'un félin, d'un chien] paw; [d'un cheval, d'un bœuf] hoof; [d'un oiseau] foot; **donne la ~, Rex!** Rex, give a paw!; **être bas** ou **court sur ~s** [animal, personne] to be short-legged ❑ **~s de devant** [membres] forelegs; [pieds] forefeet; **~s de derrière** [membres] hind legs; [pieds] hind feet; **~s de mouche** (spidery) scrawl; **pantalon (à) ~s d'éléphant** bell-bottoms, flares *Br*; **bas les ~s!** [à un chien] down!; **faire ~ de velours** [chat] to sheathe ou to draw in its claws; [personne] to use the velvet glove (approach). **-2.** *fam* [jambe] leg, pin *Br*, gam *Am*; **il a une ~ folle** he's got a gammy leg *Br* ou gimpy leg *Am*; **tirer dans lès ~s de qqn** to put a spoke in sb's wheels; **se tirer dans les ~** ou **to do sb down. -3.** *fam* [main] hand, paw; **un coup de ~** a swipe, a cutting remark; **eh, toi, bas les ~s!** [à une personne] hey, you, hands off ou (keep your) paws off!; **tomber dans** ou **entre les ~s de qqn** to fall into sb's clutches. **-4.** [savoir-faire – d'un peintre] (fine) touch; [– d'un écrivain] talent.
**B. -1.** CONSTR [pour fixer] (metal) tie, (heavy) fastener; [de couverture] saddle; **~ de scellement** expansion bolt *Br*, expansion anchor *Am*. **-2.** COUT strap; **~ de boutonnage** fly (front). **-3.** NAUT [d'une ancre] fluke, palm. **-4.** TECH [d'un grappin] claw; **~ d'attache** gusset plate.
**C.** *Helv* [torchon] cloth.
◆ **pattes** *nfpl* [favoris] sideburns, sidewhiskers.
◆ **à pattes** *loc adv fam*: **allez, on y va à ~s!** come on, let's hoof it!

**patte-de-loup** [patdəlu] (*pl* **pattes-de-loup**) *nf* gipsywort.

**patte-d'oie** [patdwa] (*pl* **pattes-d'oie**) *nf* **-1.** [rides] crow's-foot. **-2.** [carrefour] Y-shaped crossroads ou junction. **-3.** ANAT pes anserinus. **-4.** BOT silverweed. **-5.** CONSTR (cross-braced) truss. **-6.** TRAV PUBL [d'un pont] starling; [balise] (marker) dolphin.

**pattemouille** [patmuj] *nf* damp cloth *(in ironing)*.

**pâturage** [patyraʒ] *nm* **-1.** [prairie] pasture, pastureland. **-2.** [activité] grazing.

**pâture** [patyr] *nf* **-1.** [nourriture] food, feed; **jeter** ou **donner qqn en ~ à qqn** to serve sb up to sb. **-2.** [lieu] pasture. **-3.** *sout* [pour l'esprit] food, diet.

**pâturer** [3] [patyre] *vt & vi* to graze.

**Paul** [pɔl] *npr*: **saint ~** Saint Paul.

**paulinien, enne** [polinjɛ̃, ɛn] *adj* Pauline.

**paume** [pom] *nf* **-1.** ANAT palm. **-2.** MENUIS halving (lap joint). **-3.** SPORT real tennis.

**paumé, e** [pome] *fam* ◇ *adj* **-1.** [désemparé, indécis] confused; [marginal] out of it. **-2.** [isolé] remote, godforsaken; **un patelin ~** a place in the middle of nowhere. **-3.** [perdu] lost. ◇ *nm, f* [marginal] dropout.

**paumelle** [pomɛl] *nf* **-1.** CONSTR hinge. **-2.** [gant] sailmaker's palm. **-3.** [planchette] pommel (board). **-4.** BOT two-rowed barley.

**paumer** [3] [pome] *fam* ◇ *vt* [égarer] to lose. ◇ *vi* [perdre] to lose.
◆ **se paumer** *vpi fam* to get lost, to lose one's way.

**paupérisation** [poperizasjɔ̃] *nf* pauperization.

**paupériser** [3] [poperize] *vt* to pauperize.
◆ **se paupériser** *vpi* to become pauperized.

**paupérisme** [poperism] *nm* pauperism.

**paupière** [popjɛr] *nf* eyelid.

**paupiette** [popjɛt] *nf*: **~ (de veau)** paupiette of veal, veal olive.

**pause** [poz] *nf* **-1.** [moment de repos] break; **faire une ~** to have ou to take a break. **-2.** [temps d'arrêt – dans une conversation] pause; **marquer une ~** to pause. **-3.** [arrêt – d'un processus] halt. **-4.** MUS pause. **-5.** SPORT half-time.

**pause-café** [pozkafe] (*pl* **pauses-café**) *nf* coffee break.

**pauvre** [povr] ◇ *adj* **-1.** [sans richesse – personne, pays, quartier] poor. **-2.** *(avant le nom)* [pitoyable – demeure, décor] humble, wretched; [– personne] poor; **laisse donc ce ~ chien tranquille!** do leave that poor ou wretched dog alone!; **ah, ma ~ dame, si vous saviez!** but my dear lady, if only you knew!; **c'est la vie, mon ~ vieux!** that's life, my friend!; **~ crétin, va!** you idiot!❑ **~ de moi!** woe is me! *arch* ou *hum*; **~ de nous!** (the) Lord protect us!**-3.** [insuffisant] poor; gaz/minerai ~ lean gas/ore; **un sous-sol ~** a poor subsoil; **une végétation ~** sparse vegetation; **elle a un vo-**

cabulaire très ~ her vocabulary is very poor; ~ en: la ville est ~ en espaces verts the town is short of ou lacks parks; alimentation ~ en sels minéraux food lacking (in) minerals; régime ~ en calories low-calorie diet.
◊ *nmf* **-1.** [par compassion] poor thing; les ~s, comme ils ont dû souffrir! poor things, they must have suffered so much!**-2.** [en appellatif]: mais mon ~/ma ~, il ne m'obéit jamais! [pour susciter la pitié] but my dear fellow/my dear, he never does as I say!; tu es vraiment trop bête, ma ~/mon ~! [avec mépris] you're really too stupid for words, my dear girl/boy!
◊ *nm* poor man, pauper *litt*; les ~s the poor; du ~: c'est le champagne du ~ it's poor man's champagne.

**pauvrement** [povrəmɑ̃] *adv* **-1.** [misérablement – décoré, habillé] poorly, shabbily; vivre ~ to live in poverty. **-2.** [médiocrement] poorly.

**pauvresse** [povrɛs] *nf arch* poor woman, pauperess *arch*.

**pauvret, ette** [povrɛ, ɛt] ◊ *adj* poor, poor-looking. ◊ *nm, f*: le ~, la ~te the poor (little) dear, the poor (little) thing.

**pauvreté** [povrəte] *nf* **-1.** [manque d'argent] poverty; il a fini ses jours dans la ~ he ended his days in poverty. **-2.** [médiocrité] poverty; avoir une imagination d'une extrême ~ to be extremely unimaginative. **-3.** [déficience] poverty.

**pavage** [pavaʒ] *nm* **-1.** [action] cobbling, paving. **-2.** [surface] cobbles, paving. **-3.** GÉOL pavement.

**pavane** [pavan] *nf* pavane.

**pavaner** [3] [pavane]
◆ **se pavaner** *vpi* to strut about.

**pavé** [pave] *nm* **-1.** [surface – dallée] pavement *Br*, sidewalk *Am*; [– empierrée] cobbles; tenir le haut du ~ to be on top; être sur le ~ [sans domicile] to be on the streets; [au chômage] to be jobless; jeter ou mettre qqn sur le ~ [l'expulser de son domicile] to throw sb out on the streets; [le licencier] to throw sb out of his/her job. **-2.** [pierre] paving stone, cobblestone; [dalle] flag, flagstone; lui, quand il veut aider, c'est le ~ de l'ours with friends like him, who needs enemies?; un ou le ~ dans la mare a bombshell *fig*. **-3.** CULIN [viande] thick slab ou chunk; ~ de romsteck thick rump steak || [gâteau]: un ~ au chocolat a (thick) chocolate cake. **-4.** PRESSE [encart] block (of text); [publicité] (large) display advertisement. **-5.** INF pad, keypad; ~ numérique numeric keypad. **-6.** *fam* [livre] huge ou massive tome; [article] huge article; [dissertation] huge essay.

**pavement** [pavmɑ̃] *nm* **-1.** CONSTR flooring ou paving (*made of flags, tiles or mosaic*). **-2.** GÉOG sea floor.

**paver** [3] [pave] *vt* [avec des pavés] to cobble; [avec des dalles] to pave.

**paveur** [pavœr] *nm* TRAV PUBL paver.

**pavillon** [pavijɔ̃] *nm* **A. -1.** [maison particulière] detached house; ~ de banlieue detached house (*in the suburbs*). **-2.** [belvédère, gloriette] lodge; ~ de chasse hunting lodge. **-3.** [dans un hôpital] wing, wards; [dans une cité universitaire] house; [dans une exposition] pavilion. **-4.** AUT roof. **-5.** JOAILL pavilion.
**B. -1.** ANAT [de l'oreille] auricle, pinna; [des trompes utérines] pavilion. **-2.** MUS [d'un instrument] bell; [d'un phonographe] horn.
**C.** NAUT flag; ~ en berne flag at half-mast ❑ ~ d'armateur ou de reconnaissance house flag; ~ de complaisance flag of convenience; ~ national ensign; ~ de quarantaine quarantine flag, yellow jack; baisser ~ *pr* to lower ou to strike one's flag; *fig* to back down.
◆ **en pavillon** *loc adj* ARCHIT [toit] pavilion (*modif*).

**pavillonnaire** [pavijɔnɛr] *adj*: un quartier ~ an area of low-rise housing; un hôpital ~ a hospital (constructed) in wings, a multiwing hospital.

**Pavlov** [pavlɔf] *npr*: ils réagissent comme les chiens de ~ they react like Pavlov's dogs.

**pavois** [pavwa] *nm* **-1.** HIST shield; élever ou hisser ou porter qqn sur le ~ to raise ou to carry sb on high. **-2.** NAUT [partie de la coque] bulwark; [pavillons] flags and bunting; hisser le grand ~ to dress ship ou full; hisser le petit ~ to dress (the ship) with masthead flags.

**pavoiser** [3] [pavwaze] ◊ *vt* **-1.** [édifice] to deck with flags ou bunting. **-2.** NAUT to dress (with flags). ◊ *vi fam* [faire le fier]: il n'y a pas de quoi ~ that's nothing to be proud of.

**pavot** [pavo] *nm* BOT poppy.

**payable** [pɛjabl] *adj* payable; chèque ~ à l'ordre de cheque payable to; facture ~ le 5 du mois invoice payable ou due on the 5th of the month.

**payant, e** [pɛjɑ̃, ɑ̃t] *adj* **-1.** [non gratuit]: les consommations sont ~es you have to pay for your drinks. **-2.** [qui paie] paying. **-3.** *fam* [qui produit – de l'argent] profitable; [– un résultat] efficient; ses efforts du premier trimestre ont été ~s his efforts during the first term have borne fruit.

**paye** [pɛj] = **paie**.

**payement** [pɛmɑ̃] = **paiement**.

**payer** [11] [peje] ◊ *vt* **-1.** [solder, régler] to pay; ~ sa dette à la société to pay one's debt to society || (*en usage absolu*): ~ comptant/à crédit to pay cash/by credit; je paye par chèque/avec ma carte de crédit/en liquide I'll pay by cheque/with my credit card/(in) cash; c'est moi qui paie [l'addition] I'll pay, it's my treat ❑ c'est le prix à ~ si tu veux réussir that's the price you have to pay for success; ~ de ses deniers ou de sa poche to pay out of one's own pocket; ~ rubis sur l'ongle to pay (cash) on the nail. **-2.** [rémunérer] to pay; (*en usage absolu*): leur patron paie bien their boss pays well ❑ tu es pourtant payé pour le savoir! you of all people should know that!**-3.** [acheter – gén] to buy; ~ à boire à qqn to buy sb a drink; combien as-tu payé ta maison? how much did your house cost you?, how much did you pay for your house?; je te paie le théâtre I'll take you out to the theatre. **-4.** [obtenir au prix d'un sacrifice]: ~ qqch de to pay for sthg with; ~ sa réussite de sa santé to succeed at the expense ou the cost of one's health ❑ c'est ~ cher la réussite that's too high a price to pay for success. **-5.** [subir les conséquences de] to pay for (*insép*); (*en usage absolu*): vous êtes coupable, vous devez ~ you're guilty, you're going to pay; ~ pour les autres to be punished for others ❑ ~ les pots cassés to foot the bill *fig*. **-6.** [dédommager] to compensate, to repay; ses félicitations me paient de mes efforts his congratulations repay me my efforts ❑ ~ qqn de belles paroles to fob sb off with smooth talk; ~ qqn d'ingratitude to repay sb with ingratitude; ~ qqn de retour to repay sb in kind. **-7.** [acheter – criminel] to hire; [– témoin] to buy (off). **-8.** [compenser] to pay. **-9.** [être soumis à taxe]: certaines marchandises paient un droit de douane you have to pay duty on some goods, some goods are liable to duty.
◊ *vi* **-1.** [être profitable] to pay; l'ostréiculture ne paie plus there's no money (to be made) in oyster farming nowadays; c'est un travail qui paie mal it's badly paid work, it's work that's paid badly ❑ l'honnêteté ne paie plus it doesn't pay to be honest any more. **-2.** *fam* [prêter à rire] to be ou to look a sight; tu payes avec ces lunettes! you're an amazing sight with those glasses on!**-3.** *loc*: ~ d'audace to risk one's all; ne pas ~ de mine: la maison ne paie pas de mine, mais elle est confortable the house isn't much to look at but it's very comfortable; ~ de sa personne [s'exposer au danger] to put o.s. on the line; [se donner du mal] to put in a lot of effort.
◆ **se payer** *vp* (*emploi réfléchi*) to compensate o.s.; tenez, payez-vous here, take what I owe you ❑ se ~ de mots to talk a lot of fine words. ◊ *vp* (*emploi passif*) to have to be paid for; la qualité se paie you have to pay for quality; tout se paie everything has its price. ◊ *vpt* **-1.** *fam* [s'offrir] to treat o.s. to; se ~ la tête de qqn to make fun of sb; s'en ~ (une tranche) to have (o.s.) a great time. **-2.** *fam* [être chargé de] to be landed ou saddled with; je me paie tout le boulot I end up doing all the work. **-3.** *fam* [recevoir] to get, to land *Br*; je me suis payé un 2 à l'oral I got a 2 in the oral. **-4.** *fam* [supporter] to put up with. **-5.** *fam* [percuter] to run ou to bump into; elle s'est payé le mur en reculant she backed into the wall. **-6.** *fam* [agresser] to go for; celui-là, à la prochaine réunion, je me le paie I'll have his guts for garters *Br* ou his head on a platter *Am* at the next meeting. **-7.** ▽ [avoir une relation sexuelle avec] to have, to have it off with *Br*.

**payeur, euse** [pɛjœr, øz] ◊ *adj* [agent, fonctionnaire] payments (*modif*). ◊ *nm, f* payer.
◆ **payeur** *nm* [débiteur]: mauvais ~ bad debtor, defaulter.

**pays** [pei] *nm* **-1.** [nation] country; les nouveaux ~ industrialisés the newly industrialized countries; les ~ membres du pacte de Varsovie the Warsaw Pact countries; le ~

d'accueil the host country ❏ ~ en (voie de) développement developing country; les vieux ~ Can [pays d'Europe] the old countries; ils se conduisent comme en ~ conquis they're acting ou behaving as if they own the place; voir du ~ to travel a lot; au ~ des aveugles, les borgnes sont rois in the land of the blind the one-eyed man is king. **-2.** [zone, contrée] region, area; ~ chaud/sec hot/dry region ❏ en ~ de Loire in the Loire area ou valley; au ~ des rêves ou des songes in the land of dreams; en ~ de connaissance: vous serez en ~ de connaissance, Tom fait aussi du piano you'll have something in common because Tom plays the piano too. **-3.** [agglomération] village, small town. **-4.** [peuple] people, country; tout le ~ se demande encore qui est l'assassin the whole country's still wondering who the murderer might be. **-5.** [région d'origine]: le ~ [nation] one's country; [région] one's home (region); [ville] one's home (town); c'est un enfant du ~ he's from these parts; on voit bien que tu n'es pas du ~! it's obvious you're not from around here! ❏ le mal du ~ homesickness; avoir le mal du ~ to be homesick. **-6.** fig [berceau, foyer]: le ~ de: le ~ des tulipes the country of the tulip; le ~ du bel canto the cradle of bel canto.

◆ **de pays** loc adj [produits] local; saucisson de ~ traditional ou country-style sausage.

**paysage** [peizaʒ] nm **-1.** [étendue géographique] landscape; ~ montagneux/vallonné hilly/rolling landscape. **-2.** [panorama] view, scenery, landscape; faire bien dans le ~ fam to look good. **-3.** [aspect d'ensemble] landscape, scene; ~ politique/social political/social landscape ❏ le ~ audiovisuel français French broadcasting; ~ urbain townscape, urban landscape. **-4.** BX-ARTS landscape (painting); un ~ de Millet a Millet landscape, a landscape by Millet.

**paysager, ère** [peizaʒe, ɛr] adj landscape (modif); parc ~ landscaped gardens.

**paysagiste** [peizaʒist] ◇ adj landscape (modif). ◇ nmf **-1.** BX-ARTS landscape painter, landscapist. **-2.** HORT landscape gardener.

**paysan, anne** [peizɑ̃, an] ◇ adj **-1.** SOCIOL peasant (modif); [population] rural; le malaise ~ discontent amongst small farmers. **-2.** [rustique – décor] rustic; [– style, vêtements] rustic, country (modif). ◇ nm, f **-1.** [cultivateur] peasant, farmer. **-2.** péj [rustre] peasant.

◆ **à la paysanne** loc adj CULIN with small onions and diced bacon.

**paysannat** [peizana] nm **-1.** [classe] peasantry; [ensemble des agriculteurs] farming community. **-2.** [condition des paysans] peasant life.

**paysannerie** [peizanri] nf peasantry.

**Pays-Bas** [peiba] npr mpl: les ~ the Netherlands.

**Pc** abr écrite de pièce.

**PC** nm **-1.** (abr de parti communiste) Communist Party. **-2.** (abr de personal computer) PC, micro. **-3.** abr de prêt conventionné. **-4.** abr de permis de construire. **-5.** (abr de poste de commandement) HQ. **-6.** (abr de Petite Ceinture) [bus] bus following the inner ring road in Paris.

**pcc** [abr écrite de pour copie conforme] certified accurate.

**pce** abr écrite de pièce.

**PCF** npr m abr de Parti communiste français.

**PCV** (abr de à percevoir) nm reverse-charge call Br, collect call Am; appeler Paris en ~ to make a reverse-charge call to Paris Br, to call Paris collect Am.

**P-D G** (abr de président-directeur général) nm inv chairman and managing director Br, Chief Executive Officer Am, ≈ MD Br, ≈ CEO Am.

**PEA** (abr de plan d'épargne en actions) nm ≈ investment trust.

**péage** [peaʒ] nm **-1.** [sur une voie publique – taxe] toll; [– lieu] toll (gate); '~ à 5 km' 'toll 5 km'. **-2.** TV: chaîne à ~ pay channel.

**péagiste** [peaʒist] nmf toll collector.

**peau, x** [po] nf **-1.** ANAT skin; avoir la ~ sèche/grasse to have dry/greasy skin; ~x mortes dead skin ❏ n'avoir que la ~ et ou sur les os to be all skin and bones; attraper qqn par la peau du cou to grab sb by the scruff of the neck; prendre qqn par la ~ du dos to grab sb by the scruff of the neck; trouer la ~ à qqnᵛ to fill ou to pump sb full of lead;

être ou se sentir bien dans sa ~ fam to feel good about o.s., to be together; être mal dans sa ~ to feel bad about o.s., to be unhappy; entrer ou se mettre dans la ~ de qqn to put o.s. in sb's shoes ou place; entrer dans la ~ du personnage to get right into the part; avoir qqn dans la ~ to be crazy about sb, to have sb under one's skin; avoir qqch dans la ~ to have sthg in one's blood; changer de ~ to change one's look; faire ~ neuve to get a facelift fig; l'université fait ~ neuve the university system is being completely overhauled; avoir la ~ dure to be thick-skinned; si tu tiens à ta ~ fam if you value your life ou hide; y laisser sa ~ fam to snuff it Br, to croak Am; un jour, j'aurai ta ~! fam I'll get you one of these days!; faire ou crever la ~ à qqn fam to do sb in, to bump sb off; coûter la ~ des fessesᵛ ou du culᵛ to cost an arm and a leg. **-2.** ZOOL [gén] skin; [fourrure] pelt; [cuir – non tanné] hide; [– tanné] leather, (tanned) hide; une valise en ~ a leather suitcase; le commerce des ~x the fur and leather trade; sac en ~ de serpent snakeskin bag ❏ cuir pleine ~ full leather; une ~ d'âne [diplôme] a diploma; ~ de chagrin shagreen; mes économies diminuent comme une ~ de chagrin my savings are just melting away; ~ de chamois [chiffon] chamois leather; ~ de tambour (drum) skin; vieille ~ᵛ old bag; des révolutionnaires de ~ de lapin Mickey Mouse ou tinpot revolutionaries. **-3.** [d'un fruit, d'un légume, du lait bouilli] skin; [du fromage] rind; ~ d'orange orange peel; ~ de banane pr & fig banana skin. **-4.** loc: ~ de balle (et balai de crin)ᵛ, ~ de zébiᵛ [refus, mépris] no way Br, nothing doing Am.

◆ **peau d'orange** nf MÉD orange-peel skin (caused by cellulite).

◆ **peau de vache**ᵛ nf [femme] cow Br, bitch; [homme] bastard.

**peaucier** [posje] ◇ adj m dermal. ◇ nm: ~ (du cou) platysma.

**peaufiner** [3] [pofine] vt **-1.** [à la peau de chamois] to shammy-leather. **-2.** fig to put the finishing touches to.

**peau-rouge** [poruʒ] (pl peaux-rouges) adj Red Indian (modif), redskin (modif).

◆ **Peau-Rouge** nmf Red Indian, Redskin.

**peausserie** [posri] nf **-1.** [peaux] leatherware. **-2.** [industrie] leather ou skin trade.

**pébroque**ᵛ [pebrɔk] nm brolly Br, umbrella.

**pécari** [pekari] nm **-1.** ZOOL peccary. **-2.** [cuir] peccary (skin).

**peccadille** [pekadij] nf **-1.** [péché] peccadillo. **-2.** [vétille]: se disputer pour des ~s to argue over trifles.

**pèche** [pɛʃ] v → pécher.

**péché** [peʃe] nm **-1.** [faute] sin; ~ de (la) chair sin of the flesh; ~ mortel/originel/véniel mortal/original/venial sin; ~ de jeunesse youthful indiscretion; ~ mignon weakness; mon ~ mignon c'est le chocolat I just can't resist chocolate, chocolate is my little weakness; le ~ d'orgueil the sin of pride; les sept ~s capitaux the seven deadly sins. **-2.** [état] sin; vivre dans le ~ [gén] to lead a life of sin ou a sinful life; [sans mariage religieux] to live in sin; retomber dans le ~ to relapse (into sin).

**pêche¹** [pɛʃ] ◇ nf **-1.** BOT peach; ~ abricot/blanche yellow/white peach; ~ de vigne red-fleshed peach (grown amongst vines); elle a un teint de ~ she has a peaches and cream complexion. **-2.** fam [énergie] get-up-and-go; avoir la ~ to be full of get-up-and-go, to be on form. ◇ adj inv peach (modif), peach-coloured.

**pêche²** [pɛʃ] nf **-1.** [activité – en mer] fishing; [– en eau douce] fishing, angling; aller à la ~ [en mer] to go fishing; [en eau douce] to go angling; '~ interdite' 'no fishing'; '~ réglementée' 'fishing by permit only' ❏ ~ à la baleine whaling, whale-hunting; ~ à la cuiller spinning; ~ au lamparo fishing by lamplight; ~ au lancer cast fishing; ~ à la ligne angling; ~ maritime sea fishing; ~ sous-marine underwater fishing; aller à la ~ aux informations to go in search of information. **-2.** [produit de la pêche] catch; la ~ a été bonne pr there was a good catch; alors, la ~ a été bonne? fig any luck? ❏ ~ miraculeuse allusion Bible miraculous draught of fishes. **-3.** [lieu] fishery; ~s maritimes sea fisheries; ~ côtière coastal fishery; ~ éloignée, grande ~, ~ hauturière distant-water fishery.

**pécher** [18] [peʃe] vi **-1.** RELIG to sin. **-2.** sout [commettre une erreur]: ~ par: ~ par excès de minutie to be overmeticulous; elle a péché par imprudence she was too careless, she was overcareless; ~ contre le bon goût to go against the rules of good taste.

**pêcher**[1] [peʃe] *nm* **-1.** BOT peach tree. **-2.** MENUIS peach wood.

**pêcher**[2] [4] [peʃe] ◇ *vt* **-1.** PÊCHE [essayer de prendre] to fish for *(insép)*; [prendre] to catch; ~ la crevette to shrimp, to go shrimping; ~ des grenouilles to hunt frogs; ~ le hareng au chalut to trawl for herring. **-2.** [tirer de l'eau] to fish out *(sép)*. **-3.** *fam* [dénicher] to seek out *(sép)*, to hunt ou to track down *(sép)*, to unearth; où a-t-il été pêcher que j'avais démissionné? where did he get the idea that I'd resigned? ◇ *vi* [aller à la pêche] to fish; il pêche tous les dimanches he goes fishing every Sunday ❑ ~ en eau trouble to fish in troubled waters.

**pêcheresse** [peʃrɛs] *f*→ **pécheur.**

**pêcherie** [peʃri] *nf* fishery.

**pêcheur, euse** [peʃœr, peʃrɛs] *nm, f* sinner.

**pêcheur, euse** [peʃœr, øz] *nm, f* [en mer] fisherman *(f* fisherwoman); [en eau douce] angler; ~ à la ligne *pr* angler; *fig* abstentionist; ~ au chalut trawlerman; ~ de crevettes shrimper; ~ de perles pearl diver.

**pécloter** [3] [peklote] *vi Helv* to be in ill-health.

**pecnot** [pekno] = **péquenaud.**

**pécore** [pekɔr] *nf fam*: quelle ~, celle-là! she's so stuck-up!

**pectine** [pɛktin] *nf* pectin.

**pectique** [pɛktik] *adj* pectic.

**pectoral, e, aux** [pɛktɔral, o] *adj* **-1.** ANAT pectoral. **-2.** PHARM throat *(modif)*, cough *(modif)*.
◆ **pectoral, aux** *nm* **-1.** ANAT pectoral muscle. **-2.** ANTIQ & RELIG pectoral.

**pécule** [pekyl] *nm* **-1.** [petit capital] savings, nest egg; se constituer un (petit) ~ to put some money aside. **-2.** MIL (service) gratuity. **-3.** JUR: ~ de libération prison earnings *(paid on discharge)*. **-4.** HIST peculium.

**pécuniaire** [pekynjɛr] *adj* financial, pecuniary.

**pécuniairement** [pekynjɛrmā] *adv* financially, pecuniarily.

**pédagogie** [pedagɔʒi] *nf* **-1.** [méthodologie] educational methods. **-2.** [pratique] teaching skills.

**pédagogique** [pedagɔʒik] *adj* [science, manière] educational, teaching *(modif)*, pedagogical; elle n'a aucune formation ~ she's not been trained to teach ou as a teacher; aides ou supports ~s teaching materials.

**pédagogiquement** [pedagɔʒikmā] *adv* pedagogically, educationally.

**pédagogue** [pedagɔg] ◇ *adj*: il n'est pas très ~ he's not very good at teaching; elle est très ~ she's a very good teacher. ◇ *nmf* **-1.** [enseignant] teacher. **-2.** [éducateur] educationalist. **-3.** ANTIQ pedagogue.

**pédale** [pedal] *nf* **-1.** [d'un véhicule] pedal. **-2.** [d'une poubelle] pedal; [d'une machine à coudre] treadle. **-3.** AUT pedal; appuyer sur la ~ du frein to step on ou to use the brake pedal. **-4.** MUS pedal; ~ douce soft pedal; ~ forte loud ou sustaining pedal; mettre la ~ douce *pr* & *fig* to soft-pedal. **-5.** ▽ *péj* [homosexuel] queer *Br*, faggot *Am*.
◆ **à pédales** *loc adj* pedal *(modif)*; auto à ~s [jouet] pedal car.

**pédaler** [3] [pedale] *vi* **-1.** [sur un vélo] to pedal; ~ en danseuse to pedal off the saddle. **-2.** *fam loc*: ~ dans la choucroute ou la semoule ou le yaourt to be all at sea.

**pédalier** [pedalje] *nm* **-1.** [d'une bicyclette] (bicycle) drive. **-2.** MUS [d'un orgue] pedals, pedal board.

**Pédalo®** [pedalo] *nm* pedalo, pedal-boat.

**pédant, e** [pedā, āt] ◇ *adj* [exposé, ton] pedantic. ◇ *nm, f* pedant.

**pédanterie** [pedātri] *nf* pedantry.

**pédantisme** [pedātism] *nm* = **pédanterie.**

**pédé**▽ [pede] *nm péj* queer *Br*, fag *Am*.

**pédéraste** [pederast] *nm* **-1.** [avec des jeunes garçons] pederast. **-2.** [entre hommes] homosexual.

**pédérastie** [pederasti] *nf* **-1.** [avec des jeunes garçons] pederasty. **-2.** [entre hommes] homosexuality.

**pédérastique** [pederastik] *adj* **-1.** [avec des jeunes garçons] pederastic. **-2.** [entre hommes] homosexual.

**pédestre** [pedɛstr] *adj*→ **randonnée, statue.**

**pédiatre** [pedjatr] *nmf* paediatrician.

**pédiatrie** [pedjatri] *nf* paediatrics *(U)*.

**pédiatrique** [pedjatrik] *adj* paediatric.

**pedibus** [pedibys] *adv fam* & *hum* on foot, on Shanks's pony *Br* ou mare *Am*.

**pédicule** [pedikyl] *nm* **-1.** ANAT peduncle. **-2.** ARCHIT stand, base. **-3.** BOT [pédicelle] pedicle; [pédoncule] peduncle.

**pédicure** [pedikyr] *nmf* chiropodist.

**pedigree** [pedigre] *nm* pedigree; un chien avec ~ a pedigree dog.

**pédiment** [pedimā] *nm* pediment GÉOL.

**pédologue** [pedolɔg] *nmf* GÉOL pedologist.

**pédoncule** [pedɔ̃kyl] *nm* ANAT & BOT peduncle.

**pédophile** [pedofil] ◇ *adj* paedophiliac. ◇ *nmf* paedophile.

**pédophilie** [pedofili] *nf* paedophilia.

**pedzouille**▽ [pedzuj] *nm péj* yokel, hick *Am*.

**peeling** [piliŋ] *nm* exfoliation (treatment); se faire faire un ~ to be given a face (peeling) mask.

**pégase** [pegaz] *nm* ZOOL pegasus.

**Pégase** [pegaz] *npr* ASTRON & MYTH Pegasus.

**PEGC** *(abr de* **professeur d'enseignement général de collège)** *nm* teacher qualified to teach one or two subjects to 11-to-15-year-olds in French secondary schools.

**pègre** [pɛgr] *nf* (criminal) underworld.

**peignais** [pɛɲɛ] *v*→ **peindre.**

**peigne** [pɛɲ] *nm* **-1.** [pour les cheveux] comb; passer une région/un document au ~ fin to go over an area/a document with a fine-tooth comb. **-2.** TECH [à fileter] comb. **-3.** TEXT [à lin, à laine] comb; [à chanvre] hackle. **-4.** ZOOL [mollusque] scallop, pecten; [chez l'oiseau] pecten; [chez les scorpions] comb.

**peigné** [pɛɲe] *nm* **-1.** [fil] combed yarns. **-2.** [tissu] worsted (cloth).

**peigne-cul**▽ [pɛɲky] *(pl inv* ou **peigne-culs**) *nm péj* creep, jerk.

**peignée** [pɛɲe] *nf* **-1.** *fam* [volée de coups] beating, hiding. **-2.** TEXT cardful.

**peigner** [4] [pɛɲe] *vt* **-1.** [cheveux, personne] to comb; je suis vraiment mal peignée aujourd'hui my hair is all over the place today ❑ faire ça ou ~ la girafe *fam* we might as well be whistling in the wind. **-2.** TEXT [lin, laine] to comb; [chanvre] to hackle; coton peigné brushed cotton.
◆ **se peigner** *vp (emploi réfléchi)* [se coiffer] to comb one's hair; se ~ la barbe to comb one's beard.

**peignis** [pɛɲi] *v*→ **peindre.**

**peignoir** [pɛɲwar] *nm* **-1.** [sortie de bain]: ~ (de bain) bathrobe. **-2.** [robe de chambre] dressing gown, bathrobe *Am*. **-3.** [chez le coiffeur] robe.

**peignons** [pɛɲɔ̃] *v*→ **peindre.**

**Pei-king** [pejkiŋ] = **Pékin.**

**peinard, e**▽ [pɛnar, ard] *adj* [vie, travail] cushy; rester ou se tenir ~ to keep one's nose clean; là-bas, on sera ~s we'll have it easy there.

**peinardement**▽ [pɛnardəmā] *adv* coolly.

**peindre** [81] [pɛ̃dr] ◇ *vt* **-1.** [mur, tableau] to paint; j'ai peint la porte en bleu I painted the door blue; ~ au pinceau/rouleau to paint with a brush/roller; ~ à l'huile/à l'eau to paint in oils/in watercolours. **-2.** [décrire] to portray, to depict. ◇ *vi* to paint, to be a painter ou an artist.
◆ **se peindre** *vp (emploi passif)* to be painted on. ◇ *vp (emploi réfléchi)* **-1.** [se représenter – en peinture] to paint one's (own) portrait; [– dans un écrit] to portray o.s. **-2.** [se grimer]: se ~ le visage to paint one's face. ◇ *vpi* to show; la stupéfaction se peignit sur son visage amazement was written all over her face.

**peine** [pɛn] *nf* **A. -1.** [châtiment] sentence, penalty; infliger une lourde ~ à qqn to pass a harsh sentence on sb ❑ ~ correctionnelle *imprisonment for between two months and five years, or a fine*; ~ criminelle *imprisonment for more than five years*; ~ incompressible sentence without remission; ~ infamante *penalty involving loss of civil rights*; la ~ de mort capital punishment, the death penalty; ~ de prison avec sursis suspended (prison) sentence. **-2.** RELIG [damnation] damnation, suffering.
**B. -1.** [tourment, inquiétude] trouble; faire ~ à voir to be a sorry sight ❑ ~s de cœur heartache(s); se mettre en ~

pour qqn *sout* to be extremely worried about sb. **-2.** [tristesse] sorrow, sadness, grief; **il partageait sa ~** he shared her grief; **avoir de la ~** to be sad ou upset; **je ne voudrais pas lui faire de la ~ en lui disant** I wouldn't like to upset him by telling him; **il me fait vraiment de la ~** I feel really sorry for him.
**C. -1.** [effort] effort, trouble; **ce n'est pas la ~** it's not worth it, it's pointless; **ce n'est pas la ~ de tout récrire/que tu y ailles** there's no point writing it all out again/your going; **c'était bien la ~ que je mette une cravate!** *iron* it was a real waste of time putting a ou my tie on!; **il s'est donné beaucoup de ~ pour réussir** he went to a lot of trouble to succeed; **prendre** ou **se donner la ~ de** to go to ou to take the trouble to; **donnez-vous la ~ d'entrer** please do come in, (please) be so kind as to come in; **il ne s'est même pas donné la ~ de répondre** he didn't even bother replying; **valoir la ~** to be worth it; **l'exposition vaut la ~ d'être vue** the exhibition is worth seeing ❑ **ne pas épargner** ou **ménager sa ~** to spare no effort; **~ perdue: n'essaie pas de le convaincre, c'est ~ perdue** don't try to persuade him, it's a waste of time ou you'd be wasting your breath. **-2.** [difficulté]: **avoir de la ~ à: avoir de la ~ à marcher** to have trouble ou difficulty walking; **avoir ~ à** *sout*: **j'ai ~ à vous croire** I find it difficult ou hard to believe you ❑ **elle a eu toutes les ~s du monde à venir à la réunion** she had a terrible time ou the devil's own job getting to the meeting; **être (bien) en ~ de: je serais bien en ~ de vous l'expliquer** I'd have a hard job explaining it to you, I wouldn't really know how to explain it to you; **n'être pas en ~ pour** *sout*: **je ne suis pas en ~ pour y aller** it's no trouble for me to get there, I'll have no problem getting there.
◆ **à peine** *loc adv* **-1.** [presque pas] hardly, barely, scarcely; **c'est à ~ si je l'ai entrevu** I only just caught a glimpse of him ❑ **je t'assure, je n'ai pas touché au gâteau — à ~!** *fam & hum* I swear I didn't touch the cake — a likely story! **-2.** [tout au plus] barely; **il y a à ~ une semaine/deux heures** not quite a week/two hours ago, barely a week/two hours ago. **-3.** [à l'instant] just. **-4.** [aussitôt]: **à ~ guérie, elle a repris le travail** no sooner had she recovered than she went back to work; **à ~... que: à ~ était-elle couchée que le téléphone se mit à sonner** no sooner had she gone to bed than ou she'd only just gone to bed when the phone rang.
◆ **avec peine** *loc adv* **-1.** [difficilement] with difficulty. **-2.** *sout* [à regret]: **je vous quitte avec ~** it is with deep regret that I leave you.
◆ **sans peine** *loc adv* **-1.** [aisément] without difficulty, easily. **-2.** [sans regret] with no regrets, with a light heart.
◆ **sous peine de** *loc prép*: **'défense de fumer sous ~ d'amende'** 'smokers will be prosecuted'; **sous ~ de mort** on pain of death.
**peiner** [4] [pene] ◇ *vt* [attrister] to upset, to distress; **je suis peiné par ton attitude** I'm unhappy about your attitude. ◇ *vi* **-1.** [personne] to have trouble ou difficulty; **j'ai peiné pour terminer dans les délais** I had to struggle to finish ou I had a lot of trouble finishing on time. **-2.** [machine] to strain, to labour.
**peins** [pẽ], **peint, e** [pẽ, ẽt] *v* → **peindre**.
**peintre** [pẽtr] *nm* **-1.** [artiste] painter. **-2.** [artisan, ouvrier] painter; **~ en bâtiment** house painter; **~ de décors** specialist decorator. **-3.** *fig* [écrivain] portrayer.
**peintre-décorateur** [pẽtrədekɔratœr] (*pl* **peintres-décorateurs**) *nm* painter and decorator.
**peinture** [pẽtyr] *nf* **A.** SENS GÉNÉRAL **-1.** [substance] paint; **~ à l'eau** CONSTR water ou water-based paint; **~ à l'huile** BX-ARTS oil paint. **-2.** [action] painting; **faire de la ~ au rouleau** to paint with a roller. **-3.** [couche de matière colorante] paintwork; **la ~ de la grille est écaillée** the paintwork on the gate is flaking off; **'~ fraîche'** 'wet paint'; **refaire la ~ d'une porte** to repaint a door; **refaire la ~ d'une pièce** to redecorate a room. **B.** COMME ART **-1.** BX-ARTS [art et technique] painting; **~ au doigt** finger-painting; **~ sur soie** silk painting, painting. **-2.** [œuvre] painting, picture, canvas; **une ~ murale** a mural; **~s rupestres** cave paintings; **je ne peux pas la voir en ~** *fam* I can't stand ou stick *Br* the sight of her. **-3.** [ensemble d'œuvres peintes] painting; **la ~ flamande** Flemish painting. **C.** DESCRIPTION portrayal, picture; **une ~ de la société médiévale** a picture of mediaeval society.
**peinturlurer** [3] [pẽtyrlyre] *vt fam* to daub with paint.

◆ **se peinturlurer** *vp (emploi réfléchi) fam*: **elle s'était peinturluré le visage** she'd plastered make-up on her face.
**péjoratif, ive** [peʒɔratif, iv] *adj* pejorative, derogatory.
◆ **péjoratif** *nm* pejorative (term).
**péjorativement** [peʒɔrativmɑ̃] *adv* pejoratively, derogatorily.
**Pékin** [pekẽ] *npr* Peking.
**pékinois, e** [pekinwa, az] *adj* Pekinese, Pekingese.
◆ **Pékinois, e** *nm, f* Pekinese, Pekingese (person); **les Pékinois** the people of Peking.
◆ **pékinois** *nm* **-1.** LING Pekinese, Mandarin (Chinese). **-2.** ZOOL Pekinese, Pekingese.
**PEL, Pel** [pɛl, peɛɛl] *nm abr de* **plan d'épargne logement**.
**pelade** [pəlad] *nf* MÉD alopecia areata, pelada.
**pelage** [pəlaʒ] *nm* coat, fur.
**pélagique** [pelaʒik] *adj* BIOL & GÉOL pelagic.
**pèle** [pɛl] *v* → **peler**.
**pelé, e** [pəle] *adj* **-1.** [chat, renard, fourrure] mangy. **-2.** [sans végétation] bare. **-3.** [fruit] peeled.
◆ **pelé** *nm fam* **-1.** [chauve] bald ou bald-headed man. **-2.** *loc*: **il y avait trois ~s et un tondu** there was one man and his dog *Br*, there was hardly anyone there.
**Pelée** [pəle] *npr*: **la montagne ~** Mount Pelée.
**pêle-mêle** [pɛlmɛl] ◇ *adv* in a jumble, every which way, pell-mell; **les draps et les couvertures étaient ~ sur le lit** sheets and covers were all jumbled up ou in a heap on the bed; **les spectateurs se sont engouffrés ~ dans la salle** the spectators piled pell-mell into the room. ◇ *nm inv* [cadre pour plusieurs photos] multiple (photo) frame.
**peler** [25] [pəle] ◇ *vt* **-1.** [fruit, légume] to peel. **-2.** ▼ *loc*: **~ le jonc à qqn** to get on sb's wick *Br* ou nerves. ◇ *vi* **-1.** [peau] to peel. **-2.** *fam loc*: **~ de froid: on pèle (de froid) ici** it's dead cold ou freezing in here.
**pèlerin** [pɛlrẽ] *nm* **-1.** RELIG pilgrim. **-2.** ZOOL [requin] basking shark; [faucon] peregrine falcon. **-3.** *fam* [individu] guy, bloke *Br*, character.
**pèlerinage** [pɛlrinaʒ] *nm* **-1.** [voyage] pilgrimage; **faire un** ou **aller en ~ à Lourdes** to go on a pilgrimage to Lourdes. **-2.** [endroit] place of pilgrimage.
**pèlerine** [pɛlrin] *nf* pelerine.
**pelette** [pəlɛt], **pelletterai** [pɛlɛtre] *v* → **pelleter**.
**pélican** [pelikã] *nm* pelican.
**pelisse** [pəlis] *nf* pelisse.
**pellagre** [pelagr] *nf* pellagra.
**pellagreux, euse** [pelagrø, øz] ◇ *adj* pellagrous. ◇ *nm, f* pellagra sufferer.
**pelle** [pɛl] *nf* **-1.** [pour ramasser] shovel; [pour creuser] spade; **~ à charbon** coal shovel; **~ à ordures** dustpan. **-2.** CULIN: **~ à poisson/tarte** fish/pie slice. **-3.** TRAV PUBL: **~ mécanique** [sur roues] mechanical shovel; [sur chenilles] excavator. **-4.** [extrémité d'un aviron] (oar) blade. **-5.** *fam loc*: **(se) prendre** ou **(se) ramasser une ~** [tomber, échouer] to come a cropper *Br*, to take a spill *Am*; **rouler une ~ à qqn** to give sb a French kiss.
◆ **à la pelle** *loc adv* **-1.** [avec une pelle]: **ramasser la neige à la ~** to shovel up the snow. **-2.** [en grande quantité] in huge numbers; **gagner** ou **ramasser de l'argent à la ~** to earn huge amounts of money.
**pelle-bêche** [pɛlbɛʃ] (*pl* **pelles-bêches**) *nf* digging shovel.
**pelle-pioche** [pɛlpjɔʃ] (*pl* **pelles-pioches**) *nf* combined pick and hoe.
**pelletée** [pɛlte] *nf* **-1.** [de terre – ramassée] shovelful; [– creusée] spadeful. **-2.** *fam* [grande quantité] heap, pile.
**pelleter** [27] [pɛlte] *vt* to shovel (up).
**pelleterie** [pɛltri] *nf* **-1.** [art] fur dressing. **-2.** [peaux] peltry, pelts. **-3.** [commerce] fur trade.
**pelleteuse** [pɛltøz] *nf* mechanical shovel ou digger; **~ chargeuse** loading shovel, wheel loader.
**pellicule** [pelikyl] *nf* **-1.** [peau] skin, film. **-2.** [mince croûte] film, thin layer. **-3.** [pour emballer]: **~ cellulosique** regenerated cellulose film ou foil. **-4.** PHOT film; **une ~** [bobine] a reel (of film); [chargeur] a (roll of) film.
◆ **pellicules** *nfpl* [dans les cheveux] dandruff (*U*); **avoir des ~s** to have dandruff.
**Péloponnèse** [pelɔpɔnɛz] *npr m*: **le ~** the Peloponnese.

**pelotage** [pəlɔtaʒ] *nm fam* (heavy) petting, necking.

**pelotari** [pəlɔtari] *nm* pelota player, pelotari.

**pelote** [pəlɔt] *nf* **-1.** [de ficelle, de coton] ball; une ~ de laine a ball of wool; faire sa ~ *fam* to make one's nest egg ou one's pile; mettre de la laine en ~ to ball wool. **-2.** *Can* [boule]: ~ de neige snowball. **-3.** COUT [coussinet] pincushion. **-4.** ENTOM (sticky) pad. **-5.** ORNITH: ~ de régurgitation regurgitation pellet. **-6.** PÊCHE pellet. **-7.** SPORT pelota; jouer à la ~ basque to play pelota.

**peloter** [3] [plɔte] *vt fam* to grope.

◆ **se peloter** *vp (emploi réciproque) fam* to neck.

**peloteur, euse** [plɔtœr, øz] *nm, f fam*: quel ~! what a groper!

**peloton** [pəlɔtɔ̃] *nm* **-1.** MIL [division] platoon; [unité] squad; ~ d'exécution firing squad; suivre ou faire le ~ (d'instruction) to attend the training unit. **-2.** SPORT pack; être dans le ~ de tête to be up with the leaders; *fig* to be among the front runners. **-3.** [de coton, de laine] small ball.

**pelotonner** [3] [pəlɔtɔne] *vt* [laine] to wind up into a ball.

◆ **se pelotonner** *vpi* to curl up.

**pelouse** [pəluz] *nf* **-1.** [terrain] lawn; [herbe] grass; '~ interdite' 'keep off the grass'. **-2.** [du champ de courses] paddock. **-3.** GÉOG [prairie] short-grass prairie.

**peluche** [pəlyʃ] *nf* **-1.** [jouet] cuddly toy. **-2.** TEXT plush. **-3.** [poussière] (piece of) fluff *(U)*.

◆ **en peluche** *loc adj*: chien/canard en ~ (cuddly) toy dog/duck.

**peluché, e** [pəlyʃe] *adj* **-1.** [à poils longs] fluffy. **-2.** [usé] threadbare, shiny.

**pelucher** [3] [pəlyʃe] *vi* to pill.

**pelucheux, euse** [pəlyʃø, øz] *adj* **-1.** [tissu] fluffy. **-2.** [fruit] downy.

**pelure** [pəlyr] *nf* **-1.** [peau] peel; ~ d'oignon onionskin (paper). **-2.** [vêtement] coat.

**pelvien, enne** [pɛlvjɛ̃, ɛn] *adj* [cavité, organe] pelvic.

**pelvis** [pɛlvis] *nm* pelvis.

**pénal, e, aux** [penal, o] *adj* [droit] criminal; [réforme] penal.

**pénalement** [penalmɑ̃] *adv* penally; être ~ responsable to be liable in criminal law.

**pénalisant, e** [penalizɑ̃, ɑ̃t] *adj* disadvantageous, detrimental.

**pénalisation** [penalizasjɔ̃] *nf* **-1.** SPORT penalty (for infringement); points de ~ ÉQUIT faults, penalty points. **-2.** [désavantage] penalization.

**pénaliser** [3] [penalize] *vt* **-1.** SPORT to penalize. **-2.** [désavantager] to penalize, to put ou to place at a disadvantage.

**pénaliste** [penalist] *nmf* specialist in criminal law.

**pénalité** [penalite] *nf* **-1.** FIN penalty; ~ de retard penalty for late ou overdue payment. **-2.** SPORT penalty; coup de pied de ~ penalty kick; jouer les ~s to go into injury time.

**penalty** [penalti] *(pl* **penaltys** ou **penalties)** *nm* penalty (kick); siffler/tirer un ~ to award/to take a penalty.

**pénard** [penar] = **peinard.**

**pénates** [penat] *nmpl* **-1.** MYTH Penates. **-2.** *fam & fig*: regagner ses ~ to go home.

**penaud, e** [pəno, od] *adj* sheepish, contrite; d'un air tout ~ sheepishly, with a hangdog look.

**penchant** [pɑ̃ʃɑ̃] *nm* **-1.** [pour quelque chose] propensity, liking, penchant; un petit ~ pour le chocolat a weakness for chocolate; de mauvais ~s evil tendencies. **-2.** [pour quelqu'un] fondness, liking; éprouver un ~ pour qqn to be fond of sb.

**penché, e** [pɑ̃ʃe] *adj* **-1.** [tableau] crooked, askew; [mur, écriture] sloping, slanting; [objet] tilting. **-2.** [personne]: il est toujours ~ sur ses livres he's always got his head in a book.

**pencher** [3] [pɑ̃ʃe] ◇ *vi* **-1.** *(aux être)* [être déséquilibré – entassement] to lean (over), to tilt; [– bateau] to list; la tour/le mur penche vers la droite the tower/the wall leans to the right; le miroir penche encore un peu, redresse-le the mirror is still crooked, straighten it; faire ~ la balance en faveur de/contre qqn *fig* to tip the scales in favour of/against sb. **-2.** *(aux être)* [être en pente] to slope (away); le sol penche the floor slopes ou is on an incline. **-3.** *(aux avoir)*: ~ pour [préférer] to be inclined to, to incline towards; je pencherais en sa faveur I would tend to agree with him; la décision a l'air de

~ en ma faveur the decision seems to weigh in my favour. ◇ *vt* to tilt, to tip up *(sép)*; il pencha la tête en arrière pour l'embrasser he leaned backwards to kiss her; elle pencha la tête au-dessus du parapet she leaned over the parapet.

◆ **se pencher** *vpi* [s'incliner] to lean, to bend; elle se pencha sur le berceau she leaned over the cradle; 'ne pas se ~ au-dehors' 'do not lean out of the window'.

◆ **se pencher sur** *vp + prép* to look into.

**pendable** [pɑ̃dabl] *adj*: ce n'est pas un cas ~ it's not a hanging matter; jouer un tour ~ à qqn to play a rotten trick on sb.

**pendaison** [pɑ̃dɛzɔ̃] *nf* hanging.

◆ **pendaison de crémaillère** *nf* housewarming (party).

**pendant¹** [pɑ̃dɑ̃] *prép* [au cours de] during; [insistant sur la durée] for; quelqu'un a appelé ~ l'heure du déjeuner somebody called while you were at lunch ou during your lunch break; ~ ce temps-là in the meantime, meanwhile; je suis là ~ tout l'été I'm here during the ou for the whole (of the) summer; j'y ai habité ~ un an I lived there for a year; nous avons roulé ~ 20 km we drove for 20 km.

◆ **pendant que** *loc conj* **-1.** [tandis que] while. **-2.** [tant que] while; ~ que tu y es, pourras-tu passer à la banque? while you're there, can you stop off at the bank?; traite-moi de menteur ~ que tu y es! call me a liar while you're at it!; ~ que j'y pense, voici l'argent que je te dois while I think of it, here's the money I owe you. **-3.** [puisque] since, while; allons-y ~ que nous y sommes let's go, since we're here.

**pendant², e** [pɑ̃dɑ̃, ɑ̃t] *adj* **-1.** [tombant] hanging; la langue ~e [de chaleur, de fatigue] panting; [de convoitise] drooling; chien aux oreilles ~es dog with drooping ou droopy ears. **-2.** JUR [en cours – d'instruction] pending; [– de résolution] pending, being dealt with.

◆ **pendant** *nm* **-1.** [bijou] pendant; ~ (d'oreilles) (pendant) earring. **-2.** [symétrique – d'une chose]: faire ~ à qqch to match sth; se faire ~ to match, to be a matching pair ‖ [alter ego – d'une personne] counterpart, opposite number.

**pendeloque** [pɑ̃dlɔk] *nf* **-1.** [de boucle d'oreille] pendant, eardrop. **-2.** [d'un lustre] pendant, drop.

**pendentif** [pɑ̃dɑ̃tif] *nm* **-1.** [bijou] pendant. **-2.** ARCHIT pendentive.

**penderie** [pɑ̃dri] *nf* [meuble] wardrobe; [pièce] walk-in wardrobe ou closet.

**pendiller** [3] [pɑ̃dije] *vi* to hang (down), to dangle.

**pendouiller** [3] [pɑ̃duje] *vi fam* to hang down, to dangle.

**pendre** [73] [pɑ̃dr] ◇ *vt* **-1.** [accrocher] to hang (up); ~ un tableau à un clou to hang a picture from a nail; ~ ses vêtements sur des cintres to put one's clothes on hangers ou coathangers; ~ son linge sur un fil to hang up one's washing ou a line ❏ ~ la crémaillère to have a housewarming (party). **-2.** [exécuter] to hang; il sera pendu à l'aube he'll hang ou be hanged at dawn; pendez-les haut et court hang them high ❏ qu'il aille se faire ~ ailleurs *fam* he can go to blazes ou go hang; je veux bien être pendu si j'y comprends quoi que ce soit I'll be hanged if I understand any of it. **-3.** *fig*: être pendu à: être pendu au cou de qqn to cling to sb; être (toujours) pendu après qqn ou aux basques de qqn to dog sb's every footstep, to hang around sb; être pendu au téléphone to spend hours ou one's life on the phone. ◇ *vi* **-1.** [être accroché] to hang; du linge pendait aux fenêtres washing was hanging out of the windows ❏ ça te pend au nez *fam* you've got it coming to you. **-2.** [retomber] to hang; sa natte pendait dans son dos her plait was hanging down her back; des rideaux qui pendent jusqu'à terre full-length curtains.

◆ **se pendre** ◇ *vp (emploi réfléchi)* [se suicider] to hang o.s. ◇ *vpi* [s'accrocher] les chauves-souris se pendent aux branches the bats hang from the branches; se ~ au cou de qqn to fling one's arms around sb's neck.

**pendu, e** [pɑ̃dy] ◇ *pp* → **pendre.** ◇ *nm, f* hanged man (*f* woman); le jeu du ~ (the game of) hangman.

**pendulaire** [pɑ̃dyler] *adj* oscillating, pendulous.

**pendule** [pɑ̃dyl] ◇ *nm* [instrument, balancier] pendulum. ◇ *nf* [horloge] clock; remettre les ~s à l'heure *fig* to set the record straight; en faire une ~ *fam* to make a big fuss.

**pendulette** [pɑ̃dylɛt] *nf* small clock; ~ de voyage travel (alarm) clock.

**pêne** [pɛn] *nm* bolt (of lock).

**Pénélope** [penelɔp] *npr* Penelope; c'est un travail de ~ it's like repainting the Forth Bridge *Br*.

**pénétrant, e** [penetrã, ãt] *adj* **-1.** [froid, pluie]: une petite bruine ~e the kind of drizzle that soaks one through; le froid était ~ it was bitterly cold. **-2.** [fort] strong, penetrating; un parfum ~ an overpowering perfume. **-3.** [clairvoyant] sharp, penetrating, acute; avoir un esprit ~ to be sharp; lancer à qqn un regard ~ to give sb a piercing look.

**pénétration** [penetrasjɔ̃] *nf* **-1.** [par un solide] penetration; [par un liquide] seepage, seeping; [par un corps gras] absorption. **-2.** [acte sexuel] penetration. **-3.** [invasion] penetration, invasion; une tentative de ~ an attempted raid. **-4.** *fig* [perspicacité] perception; un esprit plein de ~ a very perceptive ou sharp mind; avec ~ perspicaciously. **-5.** COMM [d'un produit] (market) penetration.

**pénètre** [penɛtr] *v* → **pénétrer**.

**pénétré, e** [penetre] *adj* **-1.** [rempli]: ~ de: être ~ de joie/honte to be filled with joy/shame; il se sentit ~ de la vérité de ces paroles he felt convinced of the truth of these words; ~ de sa propre importance *péj* self-important. **-2.** [convaincu] earnest, serious.

**pénétrer** [18] [penetre] ◇ *vi* **-1.** [entrer] to go, to enter; ils ont réussi à ~ en Suisse they managed to cross into ou to enter Switzerland; ~ dans la maison de qqn [avec sa permission] to enter sb's house; [par effraction] to break into sb's house; comment faire pour ~ dans le monde de la publicité? how can one get into advertising?; ~ sur un marché to break into a market, to make inroads into ou on a market ‖ [passer] to go, to penetrate; la balle a pénétré dans la cuisse the bullet entered the thigh ‖ [s'infiltrer] to seep, to penetrate; l'eau a très vite pénétré dans la cale water quickly flooded into the hold; le vent pénètre par la cheminée the wind comes in by the chimney; faire ~ la crème en massant doucement gently rub ou massage the cream in. **-2.** *sout* ~ dans [approfondir] to go (deeper) into; ~ dans les détails d'une théorie to go into the details of a theory. ◇ *vt* **-1.** [traverser] to penetrate, to go in ou into, to get in ou into; un froid glacial me pénétra I was chilled to the bone ou to the marrow. **-2.** [imprégner] to spread into ou through; ces idées ont pénétré toutes les couches de la société these ideas have spread through all levels of society. **-3.** [sexuellement] to penetrate. **-4.** [deviner] to penetrate, to perceive; ~ un mystère to get to the heart of a mystery; ~ le sens d'un texte to grasp the meaning of a text; ~ les intentions de qqn to guess sb's intentions.

◆ **se pénétrer de** *vp + prép*: se ~ d'une vérité to become convinced of a truth; se ~ d'un principe to internalize a principle; il faut vous ~ de l'importance du facteur religieux you must be aware of ou you must understand the importance of the religious element.

**pénible** [penibl] *adj* **-1.** [épuisant] hard, tough, tiring; un travail ~ a laborious job; elle trouve de plus en plus ~ de monter les escaliers it gets harder and harder for her to climb the stairs. **-2.** [attristant] distressing, painful; en parler m'est très ~ I find it difficult to talk about (it); ma présence lui est ~ my being here bothers him. **-3.** [insupportable] tiresome; je trouve ça vraiment ~ I find it a real pain; tu es ~, tu sais! you're a real pain in the neck ou a nuisance!

**péniblement** [penibləmã] *adv* **-1.** [avec difficulté] laboriously, with difficulty. **-2.** [tout juste] just about.

**péniche** [peniʃ] *nf* [large] barge; [étroite] narrow boat.

**pénicilline** [penisilin] *nf* penicillin.

**péninsulaire** [penɛ̃sylɛr] ◇ *adj* peninsular. ◇ *nmf* inhabitant of a peninsula.

**péninsule** [penɛ̃syl] *nf* peninsula; la ~ Ibérique the Iberian Peninsula.

**pénis** [penis] *nm* penis.

**pénitence** [penitãs] *nf* **-1.** RELIG [repentir] penitence; [punition] penance; [sacrement] penance, sacrament of reconciliation; faire ~ to repent. **-2.** [punition] punishment; mettre qqn en ~ to punish sb.

**pénitencier** [penitãsje] *nm* **-1.** [prison] prison, jail, penitentiary *Am*. **-2.** RELIG penitentiary.

**pénitent, e** [penitã, ãt] ◇ *adj* penitent. ◇ *nm, f* penitent.

**pénitentiaire** [penitãsjɛr] *adj* prison *(modif)*.

**pénitentiel, elle** [penitãsjɛl] *adj* penitential, penitence *(modif)*.

**penne** [pɛn] *nf* **-1.** ARM & ORNITH penna. **-2.** [d'une antenne] tip.

**Pennsylvanie** [pɛnsilvani] *npr f*: (la) ~ Pennsylvania.

**penny** [peni] *(pl sens 1* pence [pɛns], *pl sens 2* pennies [peniz]) *nm* **-1.** [somme] penny. **-2.** [pièce] penny.

**pénombre** [penɔ̃br] *nf* **-1.** [obscurité] half-light, dim light; dans la ~ *pr* in the half-light; *fig* in the background, out of the limelight. **-2.** ASTRON penumbra.

**pensable** [pãsabl] *adj*: à cette époque-là, de telles vitesses n'étaient pas ~s in those days, such speeds were unthinkable; cette histoire n'est pas ~! this story is incredible!

**pensant, e** [pãsã, ãt] *adj sout* thinking.

**pense-bête** [pãsbɛt] *(pl* pense-bêtes) *nm* reminder.

**pensée** [pãse] *nf* **-1.** [idée] thought, idea; la seule ~ d'une seringue me donne des sueurs froides the very thought of a needle leaves me in a cold sweat; tout à la ~ de son rendez-vous, il n'a pas vu arriver la voiture deeply absorbed in ou by the thought of his meeting, he didn't see the car (coming); être tout à ou perdu dans ses ~s to be lost in thought; avoir une bonne ~ pour qqn to spare a kind thought for sb; avoir de mauvaises ~s [méchantes] to have evil thoughts; [sexuelles] to indulge in immoral ou bad thoughts; avoir de sombres ~s to have gloomy thoughts. **-2.** [façon de raisonner] thought; elle a une ~ rigoureuse she's a rigorous thinker; avoir une ~ claire to be clear-thinking. **-3.** [opinion] thought, (way of) thinking; j'avais deviné ta ~ I'd guessed what you'd been thinking; aller au bout ou au fond de sa ~: pour aller jusqu'au bout ou fond de ma ~ je dirais que... to be absolutely frank, I'd say that...; allez donc jusqu'au bout de votre ~ come on, say what you really think ou what's really on your mind. **-4.** [esprit] mind. **-5.** PHILOS thought; ~ conceptuelle/logique/mathématique conceptual/logical/mathematical thought; nous sommes avec vous par la ou en ~ our thoughts are with you; je les vois en ~ I can see them in my mind ou in my mind's eye; transportez-vous par la ~ dans une contrée exotique let your thoughts take you to an exotic land; 'Pensées' *Pascal* 'Pensées'. **-6.** [idéologie] (way of) thinking; la ~ chrétienne Christian thinking, the Christian way of thinking. **-7.** [dans les formules]: avec nos affectueuses ou meilleures ~s with (all) our love ou fondest regards. **-8.** BOT pansy.

◆ **pensées** *nfpl* LITTÉRAT & PHILOS thoughts.

**penser** [3] [pãse] ◇ *vt* **-1.** [croire] to think, to assume, to suppose; qu'en penses-tu? what do you think of it?; je ne sais qu'en ~ I don't know what to think ou I can't make up my mind about it; je pense que oui (yes,) I think so; je pense que non (no,) I don't think so ou I think not; je pense que tu devrais lui dire I think you should tell him; je n'en pense que du bien/mal I have the highest/lowest opinion of it; qu'est-ce qui te fait ~ qu'il ment? what makes you think he's lying?; quoi qu'on pense whatever people (may) think; quoi que tu puisses ~ whatever you (may) think ‖ *(avec un adj attribut)*: je le pensais diplomate I thought him tactful, I thought he was tactful; je pensais la chose faisable, mais on me dit que non I thought it was possible (to do), but I'm told it's not. **-2.** [escompter]: je pense partir demain I'm thinking of ou planning on ou reckoning on leaving tomorrow; je pense avoir réussi (examen) I think I passed. **-3.** [avoir à l'esprit] to think; je ne sais jamais ce que tu penses I can never tell what you're thinking ou what's on your mind; dire tout haut ce que certains ou d'autres pensent tout bas to say out loud what others are thinking in private ❏ il a marché dans ce que je pense he trod in some you-know-what; tu vas prendre un coup de pied là où je pense! you're going to get a kick up the backside!; son contrat, il peut se le mettre (là) où je pense!▽ he can stuff his bloody contract! **-4.** [comprendre] to think, to realize, to imagine; pense qu'elle a près de cent ans you must realize that she's nearly a hundred; **-5.** [se rappeler] to remember, to think; je n'ai plus pensé que c'était lundi I forgot ou I never thought it was Monday. **-6.** [pour exprimer la surprise, l'approbation, l'ironie]: je n'aurais/on n'aurait jamais pensé que... I'd never/nobody'd ever have thought that...; qui aurait pu ~ que... who'd have thought ou guessed that...;

quand je pense que... to think that...; quand on pense qu'il n'y avait pas le téléphone à l'époque! when you think that there was no such thing as the phone in those days! ❏ lui, me dire merci? tu penses ou penses-tu ou pense donc! *fam* him? thank me? I should be so lucky ou you must be joking!; tu penses bien que je lui ai tout raconté! *fam* I told him everything, as you can well imagine; tu viendras à la fête? — je pense bien! *fam* will you come to the party? — just (you) try and stop me!; il est content? — je pense ou tu penses bien! *fam* is he pleased? — you bet!; tu penses bien que le voleur ne t'a pas attendu! you can bet your life the thief didn't leave his name and address!**-7.** [concevoir] to think out ou through *(sép)*; une architecture bien pensée a well-planned ou well-thought out architectural design. **-8.** *litt* [être sur le point de]: je pensai m'évanouir I all but fainted; elle pensa devenir folle she was very nearly driven to distraction.

◇ *vi* **-1.** [réfléchir] to think, to ponder; ~ tout haut to think aloud ou out loud; donner ou laisser à ~ to make one think, to start one thinking. **-2.** [avoir une opinion]: je n'ai jamais pensé comme toi I never did agree with you ou share your views; je ne dis rien mais je n'en pense pas moins I say nothing but that doesn't stop me thinking.

◆ **penser à** *v + prép* **-1.** [envisager] to think about ou of *(insép)*; pense un peu à ce que tu dis! just think for a moment (of) what you're saying!; vous éviteriez des ennuis, pensez-y you'd save yourself a lot of trouble, think it over!; c'est simple mais il fallait y ~ it's a simple enough idea but somebody had to think of it (in the first place); sans y ~ [par automatisme] without thinking; sans ~ à mal without ou not meaning any harm (by it) ❏ tu n'y penses pas *fam* you can't be serious. **-2.** [rêver à] to think about ou of *(insép)*; je pense à toi [dans une lettre] I'm thinking of you. **-3.** [se préoccuper de] to think of, to care about; elle ne pense qu'à elle she only cares about herself; essaye de ~ un peu aux autres try to think of others ❏ il ne pense qu'à ça! *fam & euph* he's got a one-track mind. **-4.** [se remémorer] to think ou to remember; et mon livre? — j'y pense, je te le rapporte demain what about my book? — I haven't forgotten (it), I'll bring it back tomorrow; dis donc, j'y pense, qu'est devenu le vieux Georges? by the way, whatever happened to old George?; tu ne penses à rien! you've a head like a sieve!; n'y pense plus! forget (all about) it!; faire ~ à: cela me fait ~ à mon frère it reminds me of my brother; fais-moi ~ à l'appeler remind me to call her.

**penseur, euse** [pãsœr, øz] *nm, f* thinker; 'le Penseur' *Rodin* 'The Thinker'.

**pensif, ive** [pãsif, iv] *adj* thoughtful, pensive, reflective; elle était toute pensive she was lost in thought; d'un air ~ thoughtfully.

**pension** [pãsjõ] *nf* **-1.** [somme allouée] pension; toucher une ~ to draw a pension ❏ ~ alimentaire maintenance *Br*, alimony *Am*; ~ de guerre war pension; ~ d'invalidité disability pension; ~ de retraite (retirement ou old-age) pension. **-2.** [logement et nourriture] board and lodging; prendre ~ chez qqn [client] to take board and lodgings with sb; [ami] to be staying with sb; prendre qqn en ~ to take sb in as a lodger ❏ être en ~ complète to be on full board. **-3.** [hôtel]: ~ (de famille) ≃ boarding house, ≃ guesthouse. **-4.** scol boarding school; être en ~ to be a boarder ou at boarding school; envoyer qqn en ~ to send sb to boarding school.

**pensionnaire** [pãsjɔnɛr] *nmf* **-1.** [d'un hôtel] guest, resident; [d'un particulier] (paying) guest, lodger. **-2.** scol boarder. **-3.** [à la Comédie-Française] actor or actress on a fixed salary with no share in the profits (as opposed to a 'sociétaire').

**pensionnat** [pãsjɔna] *nm* **-1.** [école] boarding school. **-2.** [pensionnaires] boarders.

**pensionné, e** [pãsjɔne] ◇ *adj*: elle est ~e à 75 % her pension represents 75% of her income. ◇ *nm, f* pensioner.

**pensionner** [3] [pãsjɔne] *vt*: ~ qqn to (grant sb a) pension.

**pensive** [pãsiv] *f* → pensif.

**pensivement** [pãsivmã] *adv* pensively, thoughtfully, reflectively.

**pensum** [pẽsɔm] *nm* scol & *vieilli* extra work *(to be done at home or in school time as punishment)*, lines *Br*.

**pentaèdre** [pẽtaɛdr] ◇ *adj* pentahedral. ◇ *nm* pentahedron.

**pentagone** [pẽtagɔn] *nm* pentagon.
**Pentagone** [pẽtagɔn] *npr m*: le ~ the Pentagon.
**pentamètre** [pẽtamɛtr] *nm* pentameter.
**Pentateuque** [pẽtatøk] *npr m*: le ~ the Pentateuch.
**pentathlon** [pẽtatlõ] *nm* pentathlon.

**pente** [pãt] *nf* **-1.** [inclinaison] slope, incline; une forte ~ a steep incline ou slope ‖ [descente, montée] slope; gravir une ~ to climb a slope. **-2.** trav publ slope; une ~ de 10 % a 1 in 10 gradient. **-3.** [penchant] inclination, leaning. **-4.** géog: ~ continentale continental slope. **-5.** *loc*: être sur une mauvaise ~ to be heading for trouble; remonter la ~: il a bien remonté la ~ [en meilleure santé] he's back on his feet again; [financièrement] he's solvent again; être sur une ~ glissante ou savonneuse to be on a slippery slope.

◆ **en pente** ◇ *loc adj* sloping; la route est en ~ the road is on a slope ou an incline; en ~ douce sloping gently; en ~ raide on a steep incline. ◇ *loc adv*: descendre/monter en ~ douce to slope gently down/up; descendre/monter en ~ raide to slope sharply down/up.

**Pentecôte** [pãtkot] *nf* **-1.** [fête chrétienne] Whitsun, Pentecost; la semaine de la ~ Whit Week, Whitsuntide; dimanche de ~ Whit Sunday. **-2.** [fête juive] Shabuoth.

**pentecôtiste** [pãtkotist] *nmf* Pentecostalist.

**pentu, e** [pãty] *adj* [chemin] steep, sloping; [toit] sloping, slanting, pointed; [comble] sloping.

**pénultième** [penyltjɛm] ◇ *adj* penultimate. ◇ *nf* penultimate (syllable).

**pénurie** [penyri] *nf* **-1.** [pauvreté] destitution, penury. **-2.** [manque]: ~ d'argent shortage of money, money shortage; il y a (une) ~ de viande there is a meat shortage, meat is in short supply.

**PEP, Pep** [pɛp] *(abr de* plan d'épargne populaire) *nm* personal pension plan.

**pépé** [pepe] *nm fam* **-1.** [grand-père] granddad, grandpa, gramps *Am*.**-2.** *péj* [vieillard] old codger ou boy *Br*, old-timer *Am*.

**pépée**▽ [pepe] *nf vieilli* chick.

**pépère** [pepɛr] *fam* ◇ *adj* [tranquille] (nice and) easy; un petit boulot ~ a cushy number ou little job; une petite vie ~ a cosy little life. ◇ *nm* **-1.** [grand-père] grandpa, granddad *Br*, gramps *Am*.**-2.** *péj* [vieillard] old boy ou codger *Br*, old-timer *Am*.**-3.** *loc*: gros ~ [avec affection] tubby; [avec mépris] fat slob.

**pépie** [pepi] *nf* **-1.** ornith pip. **-2.** *fam loc*: avoir la ~ to be parched.

**pépier** [9] [pepje] *vi* to chirp, to tweet, to twitter.

**pépin** [pepɛ̃] *nm* **-1.** [de fruit] pip; ~s de pomme/poire apple/pear pips; des mandarines sans ~s seedless tangerines. **-2.** *fam* [problème] hitch, snag; il m'arrive un gros ~ I'm in big trouble; en cas de ~ if there's a snug ou hitch. **-3.** *fam* [parapluie] umbrella, brolly *Br*.

**Pépin** [pepɛ̃] *npr*: ~ le Bref Pepin the Short.

**pépinière** [pepinjɛr] *nf* **-1.** bot [tree] nursery. **-2.** *fig*: une ~ de futurs Prix Nobel a breeding-ground for future Nobel prizewinners.

**pépiniériste** [pepinjɛrist] ◇ *adj* nursery *(modif)*. ◇ *nmf* nurseryman (*f* nurserywoman).

**pépite** [pepit] *nf* nugget; ~ d'or gold nugget.

**péplum** [peplɔm] *nm* **-1.** vêt peplum. **-2.** [film] epic.

**PEPS** *(abr de* premier entré, premier sorti) FIFO.

**pepsine** [pɛpsin] *nf* pepsin.

**péquenaud, e**▽ [pekno, od], **péquenot, otte**▽ [pekno, ɔt] *nm, f* [rustre] yokel.

**péquiste** [pekist] *Can* ◇ *nmf* member of the Parti Québécois. ◇ *adj* of the Parti Québécois.

**perçage** [pɛrsaʒ] *nm* [d'un trou] drilling, boring.

**perçai** [pɛrse] *v* → percer.

**percale** [pɛrkal] *nf* percale.

**perçant, e** [pɛrsɑ̃, ɑ̃t] *adj* **-1.** [voix] piercing, shrill; [regard] piercing, sharp; cris ~s [d'une personne] earsplitting screams; [d'un oiseau] shrill cries; pousser des cris ~s to scream loudly; avoir une vue ~e to have a sharp eye. **-2.** [froid]: le froid était ~ it was bitterly cold. **-3.** [outil] piercing.

**perce** [pɛrs] *nf* **-1.** [outil] punch, drill, bore. **-2.** mus bore.

◆ **en perce** *loc adv*: mettre un tonneau en ~ to broach a barrel.

**percée** [pɛrse] *nf* **-1.** [ouverture – dans le mur] opening; [– dans une forêt] clearing. **-2.** SPORT break; MIL breakthrough; **une ~ à travers les lignes ennemies** a breakthrough into enemy lines. **-3.** ÉCON breakthrough.

**percement** [pɛrsəmɑ̃] *nm* **-1.** [d'une route, d'un passage] building; [d'une porte, d'une fenêtre] opening. **-2.** TRAV PUBL cutting through.

**perce-muraille** [pɛrsmyraj] (*pl* perce-murailles) *nf* wall pellitory.

**perce-neige** [pɛrsənɛʒ] *nf ou nm inv* snowdrop.

**perce-oreille** [pɛrsɔrɛj] (*pl* perce-oreilles) *nm* earwig.

**percepteur** [pɛrsɛptœr] *nm* tax inspector, taxman.

**perceptibilité** [pɛrsɛptibilite] *nf* perceptibility.

**perceptible** [pɛrsɛptibl] *adj* **-1.** [sensible] perceptible; **à peine ~** almost imperceptible. **-2.** JUR & FIN liable for collection ou to be levied.

**perceptiblement** [pɛrsɛptibləmɑ̃] *adv* perceptibly.

**perceptif, ive** [pɛrsɛptif, iv] *adj* perceptive.

**perception** [pɛrsɛpsjɔ̃] *nf* **-1.** [notion] perception, notion. **-2.** PSYCH perception. **-3.** FIN & JUR [encaissement] collection, levying; **~ d'un impôt** collection of a tax ‖ [lieu] tax office *Br*, internal revenue office *Am*; [recouvrement] tax collecting.

**percer** [16] [pɛrse] ◇ *vt* **-1.** [trouer – gén] to pierce (through); **la malle d'osier était percée au fond** there was a hole in the bottom of the wickerwork trunk; **se faire ~ les oreilles** to have one's ears pierced; **il a eu le tympan percé dans l'accident** he suffered a burst ou perforated eardrum in the accident; **~ un trou** to drill a hole. **-2.** CONSTR & TRAV PUBL to open, to build; **~ une porte dans un mur** to put a door in ou into a wall; **~ un tunnel dans la montagne** to drive ou to build a tunnel through the mountain. **-3.** [pénétrer avec difficulté] to push through; **le soleil perça enfin le brouillard at last the sun pierced through the fog**; **ses yeux avaient du mal à ~ l'obscurité** she had trouble making things out in the dark; **~ un mystère** to solve a mystery ‖ [déchirer] to pierce, to tear, to rend *litt*; **un bruit à vous ~ les oreilles ou tympans** an ear-splitting noise ❑ **~ qqn/qqch à jour** to see right through sb/sthg. **-4.** MÉD : **~ la poche des eaux** to break the waters; **il faut ~ l'abcès** the abscess will have to be lanced. **-5.** [suj: bébé]: **~ ses dents** to be teething; **~ une dent** to cut a tooth ou have a tooth coming through.
◇ *vi* **-1.** [poindre] to come through; **le soleil perce enfin** the sun's finally broken through; **ses dents ont commencé à ~** his teeth have begun to come through. **-2.** [abcès] to burst. **-3.** [filtrer] to filter through, to emerge; **elle ne laisse rien ~ de ce qu'elle ressent** she keeps her feelings well hidden. **-4.** [réussir] to become famous; **un jeune chanteur en train de ~** an up-and-coming young singer; **commencer à ~** to be on the way up; **~ sur le marché des disques compacts** to emerge as leader of the compact disc industry.

**perceur, euse** [pɛrsœr, øz] *nm, f* [personne] driller; **~ de coffre-fort** safebreaker, safecracker.
◆ **perceuse** *nf* [machine-outil] drill; **perceuse portative** electric drill.

**percevable** [pɛrsəvabl] *adj* FIN & JUR liable to be levied ou for collection.

**percevoir** [52] [pɛrsəvwar] *vt* **-1.** [sentir] to detect, to sense, to perceive. **-2.** FIN [rente, intérêt] to receive, to be paid; [impôt] to collect.

**perche** [pɛrʃ] *nf* **-1.** [pièce de bois] pole; [tuteur] beanpole, stake; SPORT pole; jeter ou **tendre la ~ à qqn** *fig* to throw sb a line, to help sb out of a tight corner; **prendre ou saisir la ~** *fig* to take ou to rise to the bait. **-2.** CIN & TV boom. **-3.** *fam* [personne]: **grande ~** beanpole. **-4.** ZOOL perch.

**percher** [3] [pɛrʃe] ◇ *vi* **-1.** [oiseau] to perch; [poule] to roost. **-2.** *fam* [habiter] to live, to hang out. ◇ *vt* [placer] to put; **une petite église perchée en haut de la colline** *fig* a little church perched on top of the hill.
◆ **se percher** *vpi* **-1.** [oiseau] to perch; [poule] to roost. **-2.** [monter] to perch.

**percheron** [pɛrʃərɔ̃] *nm* ZOOL Percheron.

**perchiste** [pɛrʃist] *nmf* **-1.** SPORT polevaulter. **-2.** CIN & TV boom (operator), boom man.

**perchman** [pɛrʃman] *nm* boom (operator), boom man.

**perchoir** [pɛrʃwar] *nm* **-1.** [pour les oiseaux] perch; [pour la volaille] roost. **-2.** POL *raised platform for the seat of the President of the French National Assembly*.

**perclus, e** [pɛrkly, yz] *adj* crippled, paralysed; **être ~ de rhumatismes** to be stiff ou crippled with rheumatism; **être ~ de douleur** to be paralysed with pain.

**perçoir** [pɛrswar] *nm* drill, borer.

**perçois** [pɛrswa], **perçoivent** [pɛrswav] *v* → percevoir.

**percolateur** [pɛrkɔlatœr] *nm* coffee (percolating) machine.

**percolation** [pɛrkɔlasjɔ̃] *nf* percolation.

**perçons** [pɛrsɔ̃] *v* → percer.

**perçu, e** [pɛrsy], **perçus** [pɛrsy] *v* → percevoir.

**percussion** [pɛrkysjɔ̃] *nf* MÉD, MUS & TECH percussion.
◆ **percussions** *nfpl* percussion ensemble.

**percussionniste** [pɛrkysjɔnist] *nmf* percussionist.

**percutané, e** [pɛrkytane] *adj* percutaneous.

**percutant, e** [pɛrkytɑ̃, ɑ̃t] *adj* **-1.** ARM percussion (modif); TECH percussive. **-2.** [argument, formule] powerful, striking; **titre ~** hard-hitting headlines.

**percuter** [3] [pɛrkyte] ◇ *vt* **-1.** [heurter] to crash ou to run into (insép). **-2.** ARM & TECH to strike. **-3.** MÉD to percuss. ◇ *vi* ARM to explode.
◆ **percuter contre** *v* + *prép*: aller ou venir ~ contre to crash into.

**percuteur** [pɛrkytœr] *nm* **-1.** ARM firing pin, hammer. **-2.** ARCHÉOL percussion tool.

**perdant, e** [pɛrdɑ̃, ɑ̃t] ◇ *adj* losing; **jouer un cheval ~** to bet on a losing horse; **être ~** [gén] to come off the loser; [perdre de l'argent] to be out of pocket; **il est ~ dans cette affaire** he's losing out in this deal. ◇ *nm, f* loser; **bon ~** good loser; **mauvais ~** bad loser.

**perdition** [pɛrdisjɔ̃] *nf* RELIG perdition.
◆ **en perdition** *loc adj* **-1.** NAUT in distress. **-2.** [en danger] lost.

**perdre** [77] [pɛrdr] ◇ *vt* **-1.** [égarer – clefs, lunettes] to lose, to mislay. **-2.** [laisser tomber]: **~ de l'eau/de l'huile** to leak water/oil; **des sacs de sable qui perdaient leur contenu** sandbags spilling their contents; **la brosse perd ses poils** the brush is losing ou shedding its bristles; **il perd son pantalon** his trousers are falling down; **tu perds des papiers/un gant!** you've dropped some documents/a glove! ‖ [laisser échapper] to lose; **~ sa page** to lose one's page ou place ❑ **la trace de qqn** *pr* & *fig* to lose track of sb; **~ qqn/qqch de vue** *pr* & *fig* to lose sight of sb/sthg, to lose track of sb/sthg; **ne pas ~ un mot/une miette de**: je n'ai pas perdu un mot/une miette de leur entretien I didn't miss a (single) word/scrap of their conversation; **~ les pédales** *fam* [ne plus comprendre] to be completely lost; [céder à la panique] to lose one's head; **~ pied** *pr* & *fig* to get out of one's depth. **-3.** [être privé de – bien, faculté] to lose; **~ son emploi** ou **sa situation** ou **sa place** to lose one's job; **n'avoir rien à ~** to have nothing to lose; **~ des/ses forces** to lose strength/one's strength; **~ la mémoire/l'appétit** to lose one's memory/appetite; **~ la parole** [la voix] to lose one's voice; [dans une réunion] to lose the floor; **~ un œil/ses dents** to lose an eye/one's teeth; **~ du sang/poids** to lose blood/weight; **elle a perdu les eaux** MÉD her waters broke; **~ le contrôle de** to lose control of; **~ connaissance** to pass out, to faint; **~ le goût/sens de** to lose one's taste for/sense of; **~ espoir** to lose hope; **~ l'habitude de (faire)** to get out of the habit of (doing); **~ patience** to run out of ou to lose patience; **~ (tous) ses moyens** to panic ❑ **~ l'esprit** ou **la raison** ou **la tête** ou **le nord** *fam* ou **la boule** *fam* to go mad; **celui-là, il ne perd pas le nord!** *fam* he's certainly got his head screwed on!; **en ~ le boire et le manger**: il en a perdu le boire et le manger it worried him so much he lost his appetite; **j'y perds mon latin** I'm totally confused ou baffled. **-4.** [avoir moins]: **~ de**: la tapisserie n'a rien perdu de ses couleurs the wallpaper has lost none of its colour; **les actions ont perdu de leur valeur** the shares have partially depreciated; **elle a beaucoup perdu de son anglais** she's forgotten a lot of her English. **-5.** [être délaissé par] to lose; **il a perdu toute sa clientèle** he has lost all his customers ❑ **un de perdu, dix de retrouvés** *fam* there's plenty more fish in the sea. **-6.** [par décès] to lose. **-7.** [contre quelqu'un] to lose; **~ l'avantage** to

lose the ou one's advantage; ~ **la partie** JEUX: il a perdu la **partie** he lost the game; ~ **du terrain** to lose ground ‖ SPORT [set] to drop, to lose. **-8.** [gâcher – temps, argent] to waste. **-9.** *sout* [causer la ruine de] to ruin (the reputation of); c'est le jeu qui le perdra gambling will be the ruin of him ou his downfall; toi, c'est la curiosité qui te perdra *hum* you're far too inquisitive for your own good!-**10.** *loc*: tu ne perds rien pour attendre! just (you) wait and see!
◇ *vi* -**1.** [dans un jeu, une compétition, une lutte etc] to lose; ~ à la loterie/aux élections to lose at the lottery/polls; je vous le vends 500 francs mais j'y perds I'm selling it to you for 500 francs but I'm losing (money) on it ❏ ~ **au change** *pr* & *fig* to lose out; je n'ai pas perdu au change *pr* & *fig* I've come out of it quite well; jouer à qui perd gagne to play (a game of) loser takes all. **-2.** [en qualité, psychologiquement] to lose (out); ~ **à**: ces vins blancs perdent à être conservés trop longtemps these white wines don't improve with age; on perd toujours à agir sans réfléchir you're bound to be worse off if you act without thinking; ~ **en** [avoir moins de]: le récit perd en précision ce qu'il gagne en puissance d'évocation what the story loses in precision, it gains in narrative power.
◆ **se perdre** ◇ *vp (emploi réciproque)*: se ~ **de vue** to lose sight of each other. ◇ *vp (emploi passif)* [crayon, foulard, clef] to get lost, to disappear; il y a des coups de pied au cul qui se perdentᵛ somebody needs a good kick up the arse *Br* ou ass *Am.* ◇ *vpi* -**1.** [s'égarer – personne] to get lost, to lose one's way; [– avion, bateau] to get lost; ‖ *fig*: se ~ **dans les détails** to get bogged down in too much detail; se ~ **dans ses calculs** to get one's calculations muddled up; se ~ **en conjectures** to be lost in conjecture. **-2.** [disparaître] to disappear, to become lost, to fade; ses appels se perdirent dans la foule her calls were swallowed up by the crowd ❏ se ~ **dans la nuit des temps** to be lost in the mists of time. **-3.** [devenir désuet] to become lost, to die out; la coutume s'est perdue the custom is (now) lost. **-4.** [nourriture, récolte – par pourrissement] to rot; [– par surabondance] to go to waste.

**perdreau, x** [pɛrdro] *nm* young partridge.

**perdrix** [pɛrdri] *nf*: ~ (**grise**) partridge.

**perdu, e** [pɛrdy] ◇ *pp→* **perdre**. ◇ *adj* -**1.** [balle, coup] stray; [heure, moment] spare. **-2.** [inutilisable – emballage] disposable; [– verre] non-returnable. **-3.** [condamné] lost; sans votre intervention, j'étais un homme ~ if you hadn't intervened, I'd have been finished ou lost. **-4.** [désespéré] lost. **-5.** [gâché – vêtement, chapeau] ruined, spoiled; [– nourriture] spoiled; pleurant sa réputation ~e crying for her lost ou tainted reputation. **-6.** [de mauvaise vie]: femme ~e loose woman. **-7.** [isolé – coin, village] lost, remote, godforsaken *hum.* ◇ *nm, f fam*: comme un ~, comme une ~e [courir] hell for leather; [crier] like a mad thing.

**perdurer** [3] [pɛrdyre] *vi sout* to continue (on), to endure, to last.

**père** [pɛr] *nm* -**1.** [géniteur] father; tu es un ~ pour moi you're like a father to me; devenir ~ to become a father; '~ inconnu' 'father unknown'; je suis né de ~ inconnu it's not known who my father was; le ~ Viot ne voulait pas que la propriété soit vendue old Viot didn't want the estate to be sold; John Smith ~ John Smith senior; Alexandre Dumas ~ Alexandre Dumas père ❏ ~ **nourricier** foster father; tel ~, tel fils *prov* like father, like son *prov.* -**2.** [pionnier] father; le ~ **de la psychanalyse** the father of psychoanalysis. -**3.** [chef]: ~ **de famille**: maintenant que je suis ~ de famille now that I've got a family; être bon ~ de famille to be a (good) father ou family man; c'est un investissement de ~ de famille it's a rock-solid ou copper-bottomed investment. -**4.** [homme, enfant]: gros ~ *fam*: allez, mon gros ~, au lit! come on now, little fellow, off to bed!; petit ~ *fam*: mon petit ~ (my) little one ou fellow; il pleure, pauvre petit ~! he's crying, poor little thing!; moi, je conduis en ~ peinard *fam* I like to drive nice and slowly; le ~ **Fouettard** the Bogeyman; le ~ **Noël** Santa Claus, Father Christmas; le ~ **des peuples** the little father of the people. -**5.** RELIG father; le ~ **Lamotte** Father Lamotte; merci, mon ~ thank you, Father; il a fait ses études chez les ~s he was educated at a religious institution ❏ le **Père éternel** the Heavenly Father; notre **Père qui êtes aux cieux** our Father who art in Heaven. -**6.** ZOOL sire.
◆ **pères** *nmpl litt* [aïeux] forefathers, fathers.

◆ **de père en fils** *loc adv*: ils sont menuisiers de ~ en fils they've been carpenters for generations; cette tradition s'est transmise de ~ en fils this tradition has been handed down from father to son.

**pérégrination** [peregrinasjɔ̃] *nf* peregrination; au cours de ses ~s on ou during his travels.

**péremption** [perɑ̃psjɔ̃] *nf* lapsing.

**péremptoire** [perɑ̃ptwar] *adj* [impérieux] peremptory.

**péremptoirement** [perɑ̃ptwarmɑ̃] *adv* peremptorily.

**pérenniser** [3] [perenize] *vt sout* to perpetuate.

**pérennité** [perenite] *nf* perenniality, lasting quality.

**péréquation** [perekwasjɔ̃] *nf* -**1.** [rajustement] adjustment. -**2.** [répartition] balancing out; ÉCON perequation.

**perestroïka** [perɛstrɔika] *nf* perestroika.

**perfectible** [pɛrfɛktibl] *adj* perfectible.

**perfectif, ive** [pɛrfɛktif, iv] *adj* perfective.
◆ **perfectif** *nm* perfective aspect.

**perfection** [pɛrfɛksjɔ̃] *nf* -**1.** [qualité] perfection. -**2.** [trésor] gem, treasure.
◆ **à la perfection** *loc adv* perfectly (well).

**perfectionné, e** [pɛrfɛksjɔne] *adj* sophisticated.

**perfectionnement** [pɛrfɛksjɔnmɑ̃] *nm* -**1.** [d'un art, d'une technique] perfecting. -**2.** [d'un objet matériel] improvement.
◆ **de perfectionnement** *loc adj* advanced.

**perfectionner** [3] [pɛrfɛksjɔne] *vt* -**1.** [amener au plus haut niveau] to (make) perfect; des techniques très perfectionnées very sophisticated techniques. -**2.** [améliorer] to improve (upon).
◆ **se perfectionner** *vpi* to improve o.s.; il s'est beaucoup perfectionné en français his French has improved considerably.

**perfectionnisme** [pɛrfɛksjɔnism] *nm* perfectionism.

**perfectionniste** [pɛrfɛksjɔnist] *nmf* perfectionist.

**Perfecto®** [pɛrfɛkto] *nm* Perfecto® (*short leather jacket*).

**perfide** [pɛrfid] *litt* ◇ *adj* [personne, conseil] perfidious, treacherous, faithless; la ~ **Albion** *hum* perfidious Albion. ◇ *nmf* traitor; la ~ a volé mon cœur *hum* the perfidious creature has stolen my heart.

**perfidement** [pɛrfidmɑ̃] *adv litt* perfidiously, treacherously.

**perfidie** [pɛrfidi] *nf sout* -**1.** [caractère] perfidy, treacherousness. -**2.** [acte] piece of treachery, perfidy; [parole] perfidious ou treacherous remark.

**perforant, e** [pɛrfɔrɑ̃, ɑ̃t] *adj* -**1.** [pointe, dispositif] perforating. -**2.** [balle, obus] armour-piercing. -**3.** ANAT [artère] perforating; [nerf] perforans.

**perforateur, trice** [pɛrfɔratœr, tris] ◇ *adj* perforating. ◇ *nm, f* INF punch-card operator.
◆ **perforateur** *nm* -**1.** MÉD perforator. -**2.** [pour documents] (hole) punch.
◆ **perforatrice** *nf* -**1.** MIN rock drill. -**2.** INF card punch.

**perforation** [pɛrfɔrasjɔ̃] *nf* -**1.** [action] piercing, perforating; INF punching. -**2.** [trou – dans le papier, du cuir] perforation; [– dans une pellicule] sprocket hole; INF punch. -**3.** MÉD perforation.

**perforer** [3] [pɛrfɔre] *vt* -**1.** [percer] to pierce. -**2.** INF to punch. -**3.** MÉD to perforate.

**performance** [pɛrfɔrmɑ̃s] *nf* -**1.** SPORT [résultat] result, performance; les ~s de l'année dernière sur le marché japonais *fig* last year's results on the Japanese market. -**2.** [réussite] achievement. -**3.** LING & PSYCH performance.
◆ **performances** *nfpl* [d'ordinateur, de voiture etc] (overall) performance.

**performant, e** [pɛrfɔrmɑ̃, ɑ̃t] *adj* [machine, système] efficient; [voiture] that runs well; [produit, entreprise] successful; [employé] effective; [technicien] first-class.

**performatif, ive** [pɛrfɔrmatif, iv] *adj* performative.
◆ **performatif** *nm* performative (verb).

**perfusion** [pɛrfyzjɔ̃] *nf* drip, perfusion; être sous ~ to be on a drip.

**pergola** [pɛrgɔla] *nf* pergola.

**péricarde** [perikard] *nm* pericardium.

**péricliter** [3] [periklite] *vi* to be on a downward slope, to be going downhill.

**péridural, e, aux** [peridyral, o] *adj* epidural.

◆ **péridurale** *nf* epidural (anaesthesia).

**périgourdin, e** [perigurdɛ̃, in] *adj* [de Périgueux] from Périgueux, of Périgueux; [du Périgord] from Périgord, of Périgord.

**péri-informatique** [periɛ̃fɔrmatik] *nf* computer environment.

**péril** [peril] *nm* **-1.** *sout* [danger] danger; au ~ de sa vie at great risk to his (own) life ❑ il n'y a pas ~ en la demeure it's not a matter of life and death; le ~ jaune *péj* the yellow peril. **-2.** [menace] peril.
◆ **en péril** ◇ *loc adj* [monuments, animaux] endangered; être en ~ to be in danger ou at risk. ◇ *loc adv*: mettre en ~ to endanger, to put at risk.

**périlleux, euse** [perijø, øz] *adj* perilous, hazardous, dangerous.

**périmé, e** [perime] *adj* **-1.** [expiré] out-of-date; mon passeport est ~ my passport is no longer valid ou has expired. **-2.** [démodé] outdated, outmoded.

**périmer** [3] [perime]
◆ **se périmer** *vpi* **-1.** [expirer] to expire. **-2.** JUR to lapse. **-3.** [disparaître] to become outdated ou outmoded.

**périmètre** [perimɛtr] *nm* **-1.** [surface] perimeter. **-2.** JUR: ~ sensible ≃ green belt *Br*.

**périnatal, e, als** ou **aux** [perinatal, o] *adj* perinatal.

**périnatalité** [perinatalite] *nf* perinatal period.

**périnatalogie** [perinatalɔʒi] *nf* perinatal paediatrics.

**périnée** [perine] *nm* perineum.

**période** [perjɔd] *nf* **-1.** [époque] period, time; traverser une ~ difficile to go through a difficult period ou time; pendant la ~ électorale during election time; pendant la ~ des fêtes at Christmas time. **-2.** MIL: ~ (d'exercice) training. **-3.** SC & MUS period; ~ radioactive half-life. **-4.** TRANSP: ~ bleue/blanche/rouge *period during which tickets are cheapest/medium-priced/most expensive.*
◆ **par périodes** *loc adv* from time to time, every now and then, every so often; c'est par ~s it comes and goes.

**périodicité** [perjɔdisite] *nf* periodicity.

**périodique** [perjɔdik] ◇ *adj* **-1.** CHIM, MATH, PHYS & PSYCH periodic. **-2.** [publication] periodical. **-3.** MÉD recurring. ◇ *nm* periodical.

**périodiquement** [perjɔdikmɑ̃] *adv* **-1.** CHIM, MATH & PHYS periodically. **-2.** [régulièrement] periodically, every so often.

**péripatéticien, enne** [peripatetisjɛ̃, ɛn] ◇ *adj* ANTIQ Peripatetic. ◇ *nm, f* ANTIQ Peripatetic, member of the Peripatetic school.
◆ **péripatéticienne** *nf litt* ou *hum* streetwalker.

**péripétie** [peripesi] *nf* **-1.** [événement] event, episode, adventure. **-2.** LITTÉRAT peripetia, peripeteia.

**périph** [perif] *nm fam abr de* **périphérique**.

**périphérie** [periferi] *nf* **-1.** [bord] periphery; sur la ~ de la plaie on the edges of the wound. **-2.** [faubourg] outskirts; à la ~ des grandes villes on the outskirts of cities.

**périphérique** [periferik] ◇ *adj* **-1.** [quartier] outlying. **-2.** PHYSIOL & INF peripheral. ◇ *nm* **-1.** [boulevard] ring road *Br*, beltway *Am*; [à Paris]: le ~ the Paris orbital *Br* ou beltway *Am*. **-2.** INF peripheral equipment.

**périphrase** [perifraz] *nf* periphrasis.

**périphrastique** [perifrastik] *adj* periphrastic.

**périple** [peripl] *nm* **-1.** [voyage d'exploration] voyage, expedition. **-2.** [voyage touristique] tour, trip. **-3.** *litt* [durée de la vie] life, lifetime.

**périr** [32] [perir] *vi* **-1.** *litt* [personne, souvenir] to perish *litt*, to die. **-2.** *sout* [idéal] to be destroyed.

**périscolaire** [periskɔlɛr] *adj* extracurricular.

**périscope** [periskɔp] *nm* periscope.

**périssable** [perisabl] *adj* perishable.

**péristyle** [peristil] *nm* peristyle.

**péritoine** [peritwan] *nm* peritoneum.

**péritonite** [peritɔnit] *nf* peritonitis.

**perle** [pɛrl] *nf* **-1.** [bijou] pearl; ~ fine/de culture natural/cultured pearl ❑ c'est la ~ de ma collection it's the prize piece of my collection; jeter des ~s aux pourceaux to cast pearls before swine. **-2.** [bille] bead; ~s de verre glass beads. **-3.** *litt* [goutte] drop; des ~s de sueur beads of sweat;

des ~s de rosée dewdrops. **-4.** [personne] gem, treasure. **-5.** *fam* [bêtise] howler. **-6.** ENTOM Perla (stonefly). ◇ *adj inv* pearl, pearl-grey.

**perlé, e** [pɛrle] *adj* **-1.** [nacré] pearly, pearl *(modif)*. **-2.** [orné de perles] beaded; coton ~ [mercerisé] pearl ou perlé cotton. **-3.** [orge] pearl; [riz] polished. **-4.** [rire, son] rippling.

**perler** [3] [pɛrle] ◇ *vi* to bead; la sueur perlait sur son visage beads of sweat stood out on his face. ◇ *vt vieilli* [travail] to execute perfectly.

**perlier, ère** [pɛrlje, ɛr] *adj* [barque] pearling; [industrie] pearl *(modif)*.

**perlimpinpin** [pɛrlɛ̃pɛ̃pɛ̃] *nm* → **poudre**.

**perlingual, e, aux** [pɛrlɛ̃gwal, o] *adj* perlingual; à prendre par'voie ~e to be dissolved under the tongue.

**perlouse, perlouze**▽ [pɛrluz] *nf arg crime* pearl.

**perm** [pɛrm] *nf fam* **-1.** MIL leave; être en ~ to be on leave. **-2.** SCOL [tranche horaire] study period; [salle] study (period) room *Br* ou hall *Am*.

**permanence** [pɛrmanɑ̃s] *nf* **-1.** [persistance – gén] permanence, lasting quality; [– d'une tradition] continuity. **-2.** [service de garde] duty (period); être de ~ to be on duty ou call; une ~ est assurée à la mairie le mardi matin council offices are open on Tuesday mornings. **-3.** [local, bureau] POL committee room; SCOL study room *Br* ou hall *Am*.
◆ **en permanence** *loc adv* permanently; elle me harcèle en ~ she's forever harassing me.

**permanent, e** [pɛrmanɑ̃, ɑ̃t] ◇ *adj* **-1.** [constant] permanent; avec elle, ce sont des reproches ~s she's forever nagging. **-2.** [fixe] permanent; avoir un emploi ~ to have a permanent job ❑ armée ~e standing army. **-3.** CIN continuous, non-stop. **-4.** INF permanent. ◇ *nm, f* [d'un parti] official; [d'une entreprise] salaried worker, worker on the payroll.
◆ **permanente** *nf* perm.

**permanenté, e** [pɛrmanɑ̃te] *adj* [cheveux] permed.

**permanganate** [pɛrmãganat] *nm* permanganate.

**perme** [pɛrm] *fam* = **perm**.

**perméabilité** [pɛrmeabilite] *nf* **-1.** GÉOL & PHYS permeability. **-2.** [d'une personne] malleability.

**perméable** [pɛrmeabl] *adj* **-1.** GÉOL & PHYS permeable. **-2.** [personne] malleable.

**permettre** [84] [pɛrmɛtr] *vt* **-1.** [suj: personne] to allow; ~ à qqn de faire qqch, ~ que qqn fasse qqch to allow sb to do sthg, to let sb do sthg; je ne vous permets pas de me parler sur ce ton I won't have you speak to me in that tone of voice; il ne permettra pas qu'on insulte son frère he won't allow his brother to be insulted ‖ [suj: chose] to allow, to permit, to enable; le train à grande vitesse permettra d'y aller en moins de deux heures the high-speed train will make it possible to get there in under two hours; sa lettre permet toutes les craintes her letter gives cause for concern; ce document permet d'entrer dans le secteur turc this document enables ou entitles you to enter the Turkish sector; votre mission ne permet pas d'erreur your mission leaves no room for error; si le temps/sa santé le permet weather/(his) health permitting. **-2.** *(tournure impersonnelle)*: c'est permis? is it allowed ou permitted?; il n'est pas/il est permis de boire de l'alcool drinking is not/is allowed ou permitted; autant qu'il est permis d'en juger as far as it is possible to judge; est-il permis d'être aussi mal élevé? how can anyone be so rude?; elle est belle/insolente comme c'est pas permis she's outrageously beautiful/cheeky; un tel mauvais goût, ça devrait pas être ou c'est pas permis there should be a law against such bad taste. **-3.** [dans des formules de politesse]: il reste un sandwich, vous permettez? may I have the last sandwich?; si vous me permettez l'expression if I may be allowed to say so, if you don't mind my saying; permettez-moi de ne pas partager votre avis I beg to differ; tu n'es pas sincère non plus, permets-moi de te le dire and you're not being honest either, let me tell you; non, mais tu permets que j'en place une? *fam* I'd like to get a word in, if you don't mind; ah permettez, j'étais là avant vous! do you mind, I was there before you!
◆ **se permettre** *vpt* **-1.** [s'accorder] to allow ou to permit o.s. **-2.** [oser] to dare; il se permet de petites entorses au règlement he's not averse to bending the rules now and then; elle se permettait n'importe quoi she thought she

could get away with anything; des critiques, oh mais je ne me permettrais pas! *iron* criticize? I wouldn't dare!; si je peux me ~, je ne pense pas que ce soit une bonne idée if you don't mind my saying so, I don't think it's a very good idea. **-3.** [pouvoir payer] to (be able to) afford.

◆ **se permettre de** *vp* + *prép* to take the liberty of; puis-je me ~ de vous rappeler mon nom/nos accords signés? may I remind you of my name/our binding agreements?; je me permets de vous écrire au sujet de mon fils I'm writing to you about my son.

**permis, e** [permi, iz] *pp* → **permettre**.

◆ **permis** *nm* permit, licence; ~ (de conduire) driving *Br* ou driver's *Am* licence; rater/réussir le ~ (de conduire) to fail/to pass one's (driving) test; ~ à points *driving licence with a penalty points system, introduced in France in 1992*; ~ de construire building permit ou licence, planning permission *Br*; ~ de chasse [chasse à courre] hunting permit; [chasse au fusil] shooting licence; ~ de séjour/travail residence/work permit; ~ d'inhumer burial certificate; ~ de port d'armes firearms licence.

**permissif, ive** [permisif, iv] *adj* permissive.

**permission** [permisjɔ̃] *nf* **-1.** [autorisation] permission, leave; demander/accorder la ~ de faire qqch to ask/to grant permission to do sthg; les enfants n'ont la ~ de sortir qu'accompagnés the children don't have permission ou aren't allowed to go out unaccompanied; avec votre ~, je vais aller me coucher if you don't mind, I'll go to bed; sans demander la ~ without asking permission, without so much as a by-your-leave *hum* ❏ j'ai la ~ de minuit I'm allowed to stay out until midnight. **-2.** MIL leave, furlough; être en ~ to be on leave ou furlough; avoir une ~ de six jours to have six days' leave.

**permissionnaire** [permisjɔnɛr] *nm* soldier on leave ou furlough.

**permissivité** [permisivite] *nf* permissiveness.

**permutabilité** [permytabilite] *nf* permutability, interchangeability.

**permutable** [permytabl] *adj* **-1.** [interchangeable] interchangeable. **-2.** MATH permutable.

**permutation** [permytasjɔ̃] *nf* **-1.** [transposition] permutation, interchange. **-2.** MATH permutation.

**permuter** [3] [permyte] ◇ *vt* **-1.** [intervertir] to switch round *(sép)*, to permutate. **-2.** MATH to permute. ◇ *vi* [prendre la place de]: les deux équipes permutent the two teams swap shifts; ~ avec to swap with.

**pernicieusement** [pernisjøzmɑ̃] *adv* perniciously.

**pernicieux, euse** [pernisjø, øz] *adj* **-1.** [néfaste] noxious, injurious, pernicious. **-2.** MÉD pernicious.

**péroné** [perɔne] *nm* fibula.

**péronisme** [perɔnism] *nm* Peronism.

**péronnelle** [perɔnɛl] *nf* scatterbrain.

**péroraison** [perɔrezɔ̃] *nf* [conclusion] peroration.

**pérorer** [3] [perɔre] *vi* [discourir] to hold forth.

**Pérou** [peru] *npr m*: le ~ Peru; ce n'est pas le ~ *fam* it's not exactly a fortune, it's not ideal.

**Pérouse** [peruz] *npr* Perugia.

**peroxyde** [perɔksid] *nm* peroxide.

**perpendiculaire** [perpɑ̃dikyler] ◇ *adj* **-1.** [gén & MATH] perpendicular; la droite A est ~ à la droite B line A is perpendicular ou at right angles to line B. **-2.** ARCHIT perpendicular. ◇ *nf* perpendicular.

**perpendiculairement** [perpɑ̃dikylermɑ̃] *adv* perpendicularly; ~ à la rue at right angles ou perpendicular to the street.

**perpète**▽ [perpɛt] *nf arg crime*: il a eu ~ he got life.

◆ **à perpète** *loc adv fam* **-1.** [loin] miles away, in the back of beyond. **-2.** [très longtemps]: jusqu'à ~ till Doomsday, till the cows come home, forever and a day. **-3.** [à vie]: être condamné à ~ to get life.

**perpétration** [perpetrasjɔ̃] *nf* perpetration.

**perpétrer** [18] [perpetre] *vt sout* to perpetrate, to commit.

**perpette** [perpɛt] = **perpète**.

**perpétuation** [perpetɥasjɔ̃] *nf* perpetuation.

**perpétuel, elle** [perpetɥɛl] *adj* **-1.** [éternel] perpetual, everlasting; être condamné à la prison ~le to be sentenced to life imprisonment; un monde en ~ devenir a perpetually ou an ever changing world. **-2.** [constant] constant, continual, perpetual.

**perpétuellement** [perpetɥɛlmɑ̃] *adv* forever, constantly, perpetually.

**perpétuer** [7] [perpetɥe] *vt* **-1.** [tradition, préjugé] to carry on *(sép)*. **-2.** [souvenir] to perpetuate, to pass on *(sép)*.

◆ **se perpétuer** *vpi* **-1.** [personne] to perpetuate one's name. **-2.** [tradition] to live on.

**perpétuité** [perpetɥite] *nf litt* perpetuity; la ~ de l'espèce the continuation of the species.

◆ **à perpétuité** ◇ *loc adj* **-1.** [condamnation] life *(modif)*. **-2.** [concession] in perpetuity. ◇ *loc adv*: être condamné à ~ to be sentenced to life imprisonment.

**perplexe** [perplɛks] *adj* perplexed, puzzled; avoir l'air ~ to look puzzled; sa remarque m'a laissé ~ his remark perplexed ou puzzled me; je restai ~, ne sachant que faire I was in a quandary about what to do.

**perplexité** [perplɛksite] *nf* confusion, perplexity, puzzlement; être dans une profonde ~ to be in a state of great confusion; être plongé dans la ~ to be perplexed ou puzzled.

**perquisition** [perkizisjɔ̃] *nf* search; procéder à ou faire une ~ chez qqn to carry out ou to make a search of sb's home ❏ ~ domiciliaire house search.

**perquisitionner** [3] [perkizisjone] ◇ *vi* to (make a) search JUR; ~ chez qqn to carry out ou to make ou to conduct a search of sb's home. ◇ *vt* to search JUR.

**perron** [perɔ̃] *nm* steps *(outside a building)*.

**perroquet** [perɔke] *nm* **-1.** ORNITH parrot; apprendre/répéter qqch comme un ~ to learn/to repeat sthg parrot-fashion. **-2.** [boisson] pastis and mint cocktail.

**perruche** [peryʃ] *nf* **-1.** [en cage] budgie; ORNITH: ~ (ondulée) budgerigar ‖ [femelle du perroquet] parakeet. **-2.** *fam & péj* [personne] chatterbox.

**perruque** [peryk] *nf* [postiche] wig; HIST periwig, peruke.

**perruquier** [perykje] *nm* wigmaker.

**pers, e**[1] [per, pers] *adj litt* seagreen, perse *litt*.

**persan, e** [persɑ̃, an] *adj* Persian.

◆ **Persan, e** *nm, f* Persian.

◆ **persan** *nm* **-1.** LING Persian. **-2.** ZOOL Persian cat.

**perse**[2] [pers] ◇ *adj* Persian; l'Empire ~ the Persian Empire. ◇ *nm* LING Persian; moyen/vieux ~ Middle/Old Persian.

◆ **Perse** *nmf* Persian.

**Perse** [pers] *npr f*: (la) ~ Persia.

**persécuté, e** [persekyte] ◇ *adj* persecuted. ◇ *nm, f* **-1.** [opprimé] persecuted person. **-2.** PSYCH persecution maniac.

**persécuter** [3] [persekyte] *vt* **-1.** [opprimer] to persecute. **-2.** [harceler] to torment.

**persécuteur, trice** [persekytœr, tris] ◇ *adj* persecutory, tormenting. ◇ *nm, f* persecutor; ses ~s her tormentors.

**persécution** [persekysjɔ̃] *nf* **-1.** [oppression] persecution. **-2.** [harcèlement] harassment, harassing, tormenting. **-3.** PSYCH: délire ou manie de la ~ persecution mania.

**Persée** [perse] *npr* Perseus.

**Perséphone** [persefɔn] *npr* Persephone.

**persévérance** [perseverɑ̃s] *nf* perseverance, persistence, tenacity.

**persévérant, e** [perseverɑ̃, ɑ̃t] *adj* persevering, persistent, tenacious; être ~ (dans qqch) to be persevering ou to persevere (in sthg).

**persévérer** [18] [persevere] *vi* to persevere, to persist; ~ dans qqch to continue ou to carry on doing sthg; ~ dans l'effort to sustain one's effort; persévère! don't give up!, persevere!

**Pershing** [perʃiŋ] *npr* Pershing.

**persienne** [persjɛn] *nf* shutter, Persian blind.

**persiflage** [persiflaʒ] *nm* **-1.** [attitude] scoffing, jeering, mocking. **-2.** [propos] taunts, scoffs, jeers.

**persifler** [3] [persifle] *vt* to scoff ou to jeer at, to deride *litt*.

**persifleur, euse** [persiflœr, øz] ◇ *adj litt* [moqueur] scoffing, jeering, mocking. ◇ *nm, f* scoffer, mocker, derider *litt*.

**persil** [persi] *nm* parsley.

**persillade** [persijad] *nf* chopped parsley (and garlic).

**persillé, e** [pɛrsije] *adj* **-1.** [plat] sprinkled with parsley. **-2.** [viande] marbled. **-3.** [fromage] (green ou blue) veined.

**persique** [pɛrsik] *adj* [de l'ancienne Perse] (Ancient) Persian.

**Persique** [pɛrsik] *adj*: le golfe ~ the Persian Gulf.

**persistance** [pɛrsistɑ̃s] *nf* **-1.** [de quelque chose] persistence. **-2.** [de quelqu'un – dans le travail] persistence, perseverance, tenacity; [– dans le refus] obdurateness, obstinacy, stubbornness; je ne comprends pas sa ~ à vouloir partir ce soir I don't understand why he persists in wanting to leave tonight.
◆ **avec persistance** *loc adv* [courageusement] persistently, tenaciously, indefatigably; [obstinément] obdurately, obstinately, stubbornly.

**persistant, e** [pɛrsistɑ̃, ɑ̃t] *adj* **-1.** [tenace] persistent, lasting, enduring. **-2.** BOT evergreen.

**persister** [3] [pɛrsiste] *vi* **-1.** [durer] to last, to continue, to persist; les doutes qui pouvaient encore ~ any lingering doubts. **-2.** [s'obstiner]: ~ à: je persiste à croire que tu avais tort I still think you were wrong; pourquoi persistes-tu à lui faire faire du grec? why do you persist in making her learn Greek?; ~ dans: ~ dans l'erreur to persist in one's error; ~ dans une attitude to continue with ou to maintain an attitude. **-3.** JUR: persiste et signe I certify the truth of the above; je persiste et signe! *hum* I'm sticking to my guns!

**persona grata** [pɛrsɔnagrata] *loc adj inv* persona grata.

**persona non grata** [pɛrsɔnanɔ̃grata] *loc adj inv* persona non grata.

**personnage** [pɛrsɔnaʒ] *nm* **-1.** [de fiction] character; un ~ de roman/de théâtre a character in a novel/in a play; un ~ de bande dessinée a cartoon character; jouer un ~ CIN & THÉÂT to play ou to act a part; *fig* to act a part, to put on an act □ ~ principal main ou leading character; ~s secondaires LITTÉRAT minor ou secondary characters; CIN, THÉÂT & *fig* supporting roles. **-2.** [individu] character, individual; sinistre ~ evil customer; grossier ~! swine!. **-3.** [personnalité importante] person of note, important figure, big name; grands ~s de l'État state dignitaries ‖ [personne remarquable] character; ce Frédéric, c'est un ~! that Frederic's quite a character!

**personnalisation** [pɛrsɔnalizasjɔ̃] *nf* personalization; ~ d'un crédit tailoring of a credit arrangement.

**personnaliser** [3] [pɛrsɔnalize] *vt* [papier à lettres] to personalize; [voiture] to customize; [plan, système]: ~ qqch to tailor sthg to personal requirements; comment ~ votre cuisine how to give your kitchen a personal touch.

**personnalité** [pɛrsɔnalite] *nf* **-1.** [caractère – d'une personne] personality, character; [– d'une maison, d'une pièce etc] character; un homme sans aucune ~ a man with no personality (whatsoever). **-2.** [personne importante] personality. **-3.** JUR: ~ civile ou juridique ou morale legal personality.

**personne[1]** [pɛrsɔn] *nf* **-1.** [individu] person; plusieurs ~s several people ou ADMIN persons; quelques ~s a few people; toute ~ intéressée peut ou les ~s intéressées peuvent s'adresser à Nora all those interested ou all interested parties should contact Nora; vingt francs par ~ twenty francs each ou per person ou a head □ une ~ âgée an elderly person; les ~s âgées the elderly; grandes ~ grown-up; les grandes ~s grown-ups. **-2.** [être humain]: s'en prendre aux biens et aux ~s to attack property and people; ce qui compte, c'est l'œuvre/le rang et non la ~ it's the work/the rank that matters and not the individual □ la ~ humaine the individual. **-3.** [femme] lady; une jeune ~ a young lady; une petite ~ a little woman. **-4.** [corps]: ma ~ myself; ta ~ yourself; sa ~ himself; il s'occupe un peu trop de sa petite ~ *fam* he's a little too fond of number one; la ~ de: ils s'en sont pris à la ~ (même) du diplomate they attacked the diplomat physically; un attentat sur la ~ du Président an attempt on the President's life; en la ~ de in the person of □ venir en ~ to come in person; j'y veillerai en ~ I'll see to it personally; il dînait avec Napoléon en ~ he was dining with Napoleon himself ou none other than Napoleon; c'était lui? — en ~! was it him? — none other!; elle est la beauté en ~ she's the very embodiment of beauty, she's beauty personified; être bien (fait) de sa ~ to have a good figure. **-5.** GRAMM person; à la première ~ du singulier in the first person singular. **-6.** JUR: ~ juridique juristic person; ~ morale legal entity; ~ physique natural person; ~ à

charge dependant.
◆ **par personne interposée** *loc adv* through ou via a third party.

**personne[2]** [pɛrsɔn] *pron indéf* **-1.** [avec un sens négatif] no one, nobody; que ~ ne sorte! nobody ou no one leave (the room)!; ~ d'autre que toi nobody ou no one (else) but you; ~ le sait *fam* nobody knows ‖ [en fonction de complément] anyone, anybody; il n'y a ~ there's nobody ou no one there, there isn't anybody ou anyone there; il n'y a jamais ~ dans ce restaurant there is never anyone ou anybody in this restaurant; je ne vois ~ que je connaisse I can't see anybody ou anyone I know; je ne connais ~ d'aussi gentil qu'elle I don't know anyone ou anybody as nice as her; elle ne parle à ~ d'autre she doesn't speak to anyone ou anybody else; je n'y suis ou je ne suis là pour ~ if anyone calls, I'm not in; quand il faut se mettre au travail, il n'y a plus ~ *fam* when there's work to be done, (suddenly) everyone disappears. **-2.** [avec un sens positif] anyone, anybody; il est parti sans que ~ le remarque he left without anybody ou anyone noticing him; sortez avant que ~ vous voie leave before anyone ou anybody sees you; il est meilleur conseiller que ~ he's better at giving advice than anyone ou anybody (else); y a-t-il ~ de plus rassurant que lui? is there anyone ou anybody more reassuring than him?; c'est trop difficile pour laisser ~ d'autre que lui s'en charger it is too difficult to let anyone ou anybody but him do it; ~ de blessé? nobody ou anybody injured?; tu le sais mieux que ~ you know it better than anybody ou anyone (else); elle réussit les crêpes comme ~ there's no one ou nobody who makes pancakes quite like her.

**personnel[1]** [pɛrsɔnɛl] *nm* [d'une entreprise] staff, workforce; [d'un service] staff, personnel; MIL personnel; le ~ est en grève the staff is ou are on strike; avoir trop/manquer de ~ to be overstaffed/understaffed ou short-staffed; le ~ est autorisé à... (members of) staff are authorized to...; tout le ~ touchera une prime everybody on the payroll will receive a bonus □ ~ (de maison) servants, (domestic) staff.

**personnel[2], elle** [pɛrsɔnɛl] *adj* **-1.** [privé] personal, individual; c'est un appel ~ [n'intéressant pas le travail] it's a private call; [confidentiel] it's a rather personal call; avoir son hélicoptère ~ to have one's own ou a private helicopter; ce laissez-passer est ~ this pass is not transferable; le pouvoir ~ POL (absolute) personal power. **-2.** [original]: très ~ highly personal ou idiosyncratic. **-3.** PHILOS individual. **-4.** RELIG personal. **-5.** GRAMM [pronom] personal; les formes ~les du verbe finite verb forms.

**personnellement** [pɛrsɔnɛlmɑ̃] *adv* personally.

**personne-ressource** [pɛrsɔnrəsurs] *nf Can* expert.

**personnification** [pɛrsɔnifikasjɔ̃] *nf* **-1.** [symbole] personification. **-2.** [modèle]: ma mère est la ~ de la patience my mother is patience itself ou is the epitome of patience.

**personnifié, e** [pɛrsɔnifje] *adj* personified; Quasimodo est la laideur ~e Quasimodo is the epitome of ugliness.

**personnifier** [9] [pɛrsɔnifje] *vt* **-1.** [symboliser] to personify, to be the personification of. **-2.** [être le modèle de] to embody, to typify.

**perspective** [pɛrspɛktiv] *nf* **-1.** BX-ARTS perspective; ~ aérienne aerial perspective; ~ cavalière/centrale parallel/central perspective; manquer de ~ to lack depth. **-2.** [point de vue] angle, viewpoint, standpoint; dans une ~ sociologique from a sociological standpoint. **-3.** [pensée] idea, prospect, thought; la ~ de revoir mes parents the prospect of seeing my parents again. **-4.** [avenir] (future) prospect, outlook; ~s économiques economic forecast ou outlook; ouvrir de nouvelles ou des ~s (pour) to open up new horizons (for).
◆ **en perspective** *loc adv* **-1.** BX-ARTS in perspective. **-2.** [en vue] on the horizon, in sight.

**perspicace** [pɛrspikas] *adj* perceptive, perspicacious.

**perspicacité** [pɛrspikasite] *nf* (clearness of) insight, perceptiveness, perspicacity; d'une grande ~ of acute perspicacity.

**perspiration** [pɛrspirasjɔ̃] *nf* perspiration.

**persuader** [3] [pɛrsɥade] *vt* to persuade, to convince; il ne se laissera pas ~ he won't be persuaded; ~ qqn de qqch to impress sthg on sb, to convince sb of sthg; ~ qqn de faire qqch to talk sb into doing sthg; rien n'aurait pu la ~ de re-

partir nothing would have induced her to leave again; j'en
suis persuadé I'm convinced ou sure of it.
◆ **se persuader de** *vp* + *prép* to convince o.s. of, to become
convinced of.
**persuasif, ive** [pɛʀsɥazif, iv] *adj* [personne] persuasive; [argu-
ment] convincing, persuasive.
**persuasion** [pɛʀsɥazjɔ̃] *nf* persuasion; force ou pouvoir de
~ persuasive force.
**perte** [pɛʀt] *nf* **-1.** [décès] loss. **-2.** [privation d'une faculté]: ~
de: ~ de connaissance fainting, blackout; ~ d'appétit loss
of appetite; ~ de mémoire (memory) blank; ~ de la vue
loss of eyesight. **-3.** [disparition, destruction] loss; déclarer
une ~ to declare the loss (of a thing); ce n'est pas une
grande ou grosse ~ it's no great loss ❑ avec ~s et fracas
unceremoniously. **-4.** [gaspillage] waste; quelle ~ de
temps! what a waste of time!**-5.** [réduction] loss; ~ de chaleur heat loss; ~ de poids weight loss; ~ de compression/
de vitesse loss of compression/of engine speed; en ~ de vitesse AUT losing speed; *fig* losing momentum. **-6.** *litt* [ruine]
ruin, ruination; courir ou aller (droit) à sa ~ to be on the
road to ruin; ruminer ou jurer la ~ de qqn to vow to ruin
sb. **-7.** FIN loss, deficit; l'entreprise a enregistré une ~ de
deux millions the company has chalked up losses of two
million; ~ sèche dead loss *pr*. **-8.** [défaite] loss; très affecté
par la ~ de son procès very upset at having lost his case.
◆ **pertes** *nfpl* **-1.** FIN losses, loss; compte des ~s et profits
profit and loss account; passer qqch aux ou par ~s et
profits *pr* & *fig* to write sthg off (as a total loss). **-2.** MIL
losses. **-3.** MÉD: ~s (blanches) whites, (vaginal) discharge;
~s de sang metrorrhagia.
◆ **à perte** *loc adv* at a loss.
◆ **à perte de vue** *loc adv* **-1.** [loin] as far as the eye can see.
**-2.** [longtemps] endlessly, interminably, on and on.
◆ **en pure perte** *loc adv* for nothing, to no avail.
**pertinemment** [pɛʀtinamã] *adv* **-1.** [à propos] appropriately, pertinently, fittingly. **-2.** [parfaitement]: je sais ~ que ce
n'est pas vrai I know perfectly well ou for a fact that it's not
true.
**pertinence** [pɛʀtinãs] *nf* **-1.** [bien-fondé] pertinence, relevance, appositeness. **-2.** LING distinctiveness.
**pertinent, e** [pɛʀtinã, ãt] *adj* [propos] pertinent, relevant, apt;
vos critiques ne sont pas ~es your criticisms are irrelevant.
**pertuis** [pɛʀtɥi] *nm* GÉOG [détroit] straits, channel; [col] pass.
**perturbateur, trice** [pɛʀtyʀbatœʀ, tʀis] ◇ *adj* [élève] disruptive; [agent, militant] subversive. ◇ *nm, f* [en classe] troublemaker, rowdy element; [agitateur] troublemaker, subversive element.
**perturbation** [pɛʀtyʀbasjɔ̃] *nf* **-1.** [désordre] disturbance,
disruption; jeter ou semer la ~ dans qqch to disrupt sthg.
**-2.** ASTRON perturbation. **-3.** MÉTÉO disturbance; ~ atmosphérique (atmospheric) disturbance. **-4.** TÉLÉC & RAD interference.
**perturbé, e** [pɛʀtyʀbe] *adj* **-1.** [agité] upset, perturbed;
[bouleversé] disturbed; [perplexe] troubled, confused, muddled; des enfants ~s children with behavioural problems;
j'ai un sommeil ~ I have difficulty sleeping. **-2.** [trafic, ser-
vice] disrupted.
**perturber** [3] [pɛʀtyʀbe] *vt* **-1.** [interrompre] to disrupt. **-2.**
[rendre perplexe] to trouble, to perturb; ça n'a pas l'air de te
~ outre mesure you don't seem particularly bothered by it
‖ [troubler] to upset, to disconcert, to perturb; il ne faut pas

~ l'enfant par des changements trop fréquents don't disorient the child by changing his routine too often; la mort
de son frère l'a profondément perturbé he was severely
affected by his brother's death.
**Pérugin** [peʀyʒɛ̃] *npr*: le ~ Il Perugino.
**péruvien, enne** [peʀyvjɛ̃, ɛn] *adj* Peruvian.
◆ **Péruvien, enne** *nm, f* Peruvian.
**pervenche** [pɛʀvãʃ] ◇ *nf* **-1.** BOT periwinkle. **-2.** *fam*
[contractuelle] (lady) traffic warden *Br* ou officer *Am* (*in Paris*).
◇ *nm* [couleur] periwinkle. ◇ *adj inv* periwinkle (*modif*); des
yeux ~ periwinkle blue eyes.
**pervers, e** [pɛʀvɛʀ, ɛʀs] ◇ *adj* **-1.** [obsédé] perverted; avoir
l'esprit ~, être ~ to have a perverted ou twisted mind. **-2.**
*litt* [malfaisant] perverse. **-3.** [effet] perverse.
◇ *nm, f*: ~ (sexuel) (sexual) pervert.
**perversion** [pɛʀvɛʀsjɔ̃] *nf* **-1.** *litt* [corruption] perversion, corruption. **-2.** PSYCH: ~ (sexuelle) (sexual) perversion.
**perversité** [pɛʀvɛʀsite] *nf* **-1.** [caractère] perversity. **-2.**
[acte] perverse act.
**pervertir** [32] [pɛʀvɛʀtiʀ] *vt* **-1.** *litt* [corrompre] to pervert, to
corrupt. **-2.** [déformer] to pervert, to impair, to distort.
◆ **se pervertir** *vpi* to become perverted.
**pervertissement** [pɛʀvɛʀtismã] *nm* *litt* perversion, corruption, corrupting.
**pesage** [pəzaʒ] *nm* **-1.** [action de peser] weighing. **-2.** SPORT
[vérification] weigh-in; [lieu – pour les concurrents] weighing
room; [– pour les spectateurs] enclosure (*inside race courses*).
**pesamment** [pəzamã] *adv* heavily; marcher ~ to walk
with a heavy step, to tread heavily.
**pesant, e** [pəzã, ãt] *adj* **-1.** [lourd] heavy, weighty, unwieldy; marcher à pas ~s ou d'une démarche ~e to tread
heavily. **-2.** [astreignant] hard, heavy, demanding. **-3.**
[grave] heavy, weighty, burdensome *litt*. **-4.** [trop orné]
heavy, cumbersome. **-5.** [insupportable] heavy.
◆ **pesant** *nm*: valoir son ~ d'or to be worth one's weight in
gold; valoir son ~ de nougat ou de cacahuètes *fam* & *hum*
to be pretty good.
**pesanteur** [pəzãtœʀ] *nf* **-1.** PHYS gravity. **-2.** [lourdeur – d'un
objet] heaviness, weightiness; [– d'une démarche] heaviness;
[– d'un style] ponderousness; [– de l'esprit] slowness, sluggishness.
**pèse** [pɛz] *v* → peser.
**pèse-bébé** [pɛzbebe] (*pl inv* ou **pèse-bébés**) *nm* (pair of)
baby scales.
**pesée** [pəze] *nf* **-1.** [avec une balance] weighing. **-2.** [pres-
sion]: exercer une ~ sur qqch to put one's whole weight on
sthg. **-3.** MÉD weighing. **-4.** SPORT weigh-in.
**pèse-lettre** [pɛzlɛtʀ] (*pl inv* ou **pèse-lettres**) *nm* (pair of) letter scales.
**pèse-personne** [pɛzpɛʀsɔn] (*pl inv* ou **pèse-personnes**) *nm*
(pair of) bathroom scales.
**peser** [19] [pəze] ◇ *vt* **-1.** [avec une balance] to weigh; ~
qqch dans sa main to feel the weight of sthg. **-2.** *fam* [va-
loir]: un mec qui pèse dix millions de dollars a guy worth
ten million bucks. **-3.** [évaluer, choisir] to weigh; ~ ses mots
to weigh ou to choose one's words; et je pèse mes mots!
and I'm not saying this lightly!; ~ le pour et le contre to
weigh (up) the pros and cons; ~ les risques to weigh up the
risk, to evaluate the risks; tout bien pesé all things considered, all in all.
◇ *vi* **-1.** [corps, objet] to weigh; combien pèses-tu/pèse le

---

**USAGE ▶    La persuasion**

**Persuader quelqu'un de faire quelque chose**

Are you sure you won't come?
Do come — I'm sure you'll enjoy it.
Come on, it'll be fine.
I really think you should come.
It's not every day you get an opportunity like this, you
    know.
Oh, go on — you know you'll enjoy it.
What have you got to lose?

**Persuader quelqu'un de ne pas faire quelque chose**

Are you sure you really want to do this?
Do you really think you should go?
What good would it do?
I wouldn't go if I were you.
Don't go — it's far too dangerous.
Nobody will mind if you don't go.
I'd think twice about going if I were you.
On your own head be it!

paquet? how much do you/does the parcel weigh?; ce truc-là pèse une tonne! *fam* that thing weighs a ton!. **-2.** *fig* [personne, opinion] to weigh; ~ lourd to weigh a lot; il ne pèse pas lourd face à lui he's no match for him; la question d'argent a pesé très lourd dans mon choix the question of money was a determining ou major factor in my choice ❑ mes raisons ne pèsent pas lourd dans la balance my arguments don't carry much weight ou don't matter very much. **-3.** ~ sur [faire pression sur] to press (heavily) on; ~ sur un levier to lean on a lever; ~ sur [accabler] to weigh down, to be a strain on; les responsabilités qui pèsent sur moi the responsibilities I have to bear; des présomptions pèsent sur elle she's under suspicion; ça me pèse sur l'estomac/la conscience it's lying on my stomach/weighing on my conscience; ~ sur [influer sur] to influence, to affect. **-4.** ~ à [être pénible pour] to weigh down ou heavy on; ton absence me pèse I find your absence difficult to bear; la vie à deux commence à me ~ living with somebody else is beginning to weigh me down; la solitude ne me pèse pas being alone doesn't bother me.
◆ **se peser** *vp (emploi réfléchi)* to weigh o.s. ◇ *vp (emploi passif)* to be weighed.

**peseta** [pezeta] *nf* peseta.

**peseur, euse** [pəzœr, øz] *nm, f* weigher.

**pessimisme** [pesimism] *nm* pessimism.

**pessimiste** [pesimist] ◇ *adj* pessimistic. ◇ *nmf* pessimist.

**peste** [pɛst] *nf* **-1.** MÉD plague; ~ bubonique bubonic plague; la Grande Peste, la Peste noire HIST the Black Death; ~ bovine VÉTÉR rinderpest, cattle plague; se méfier de qqn comme de la ~, fuir qqn comme la ~ to avoid sb like the plague. **-2.** *fam* [personne] (regular) pest, pain in the neck. **-3.** *litt & vieilli*: (la) ~ soit de toi! a plague on you!

**pester** [3] [pɛste] *vi*: ~ contre qqn/qqch to complain ou to moan about sb/sthg; je l'entends qui peste dans sa barbe I can hear him cursing under his breath.

**pesticide** [pɛstisid] ◇ *adj* pesticidal. ◇ *nm* pesticide.

**pestiféré, e** [pɛstifere] ◇ *adj* plague-stricken, plague-ridden. ◇ *nm, f* plague victim; traiter qqn comme un ~ *fig* to treat sb like a pariah ou a leper.

**pestilence** [pɛstilɑ̃s] *nf* stench, foul smell.

**pestilentiel, elle** [pɛstilɑ̃sjɛl] *adj* foul, stinking, pestilential.

**pet¹** [pɛ] *nm* [vent] fart; lâcher un ~ to fart, to break wind ❑ ça ne vaut pas un ~ de lapin it's not worth a damn ou a tinker's cuss; elle a toujours un ~ de travers there's always something wrong with her.

**pet²** [pɛt] *nm fam* **-1.** [coup brutal] wallop, thump; [trace de choc] dent. **-2.** *Belg*: j'ai eu un ~ I failed my exam.

**pétainisme** [petenism] *nm* Pétain's doctrine.

**pétainiste** [petenist] ◇ *adj*: régime/propagande ~ Pétain's regime/propaganda. ◇ *nmf* Pétain supporter.

**pétale** [petal] *nm* petal.

**pétanque** [petɑ̃k] *nf* (game of) pétanque.

**pétant, e** [petɑ̃, ɑ̃t] *adj fam*: à 3 heures ~es at 3 o'clock sharp ou on the dot.

**pétaradant, e** [petaradɑ̃, ɑ̃t] *adj fam* put-putting.

**pétarade** [petarad] *nf* [d'un moteur] put-putting; [d'un feu d'artifice] crackle, banging.

**pétarader** [3] [petarade] *vi* [feu d'artifice] to crackle, to bang; [moteur] to put-put.

**pétard** [petar] *nm* **-1.** [explosif] firecracker, banger *Br*; lancer ou tirer des ~s to let off firecrackers ❑ lancer un ~ to cause a sensation ou a stir. **-2.** ▽ [tapage] din, racket; faire du ~ to kick up ou to make a racket. **-3.** ▽ [revolver] pistol, gat *Am*.**-4.** *fam* [cigarette] joint. **-5.** ▽ [fesses] bum *Br*, ass *Am*.
◆ **en pétard** *loc adj fam* furious, livid, pissed *Am*.

**pétasse**▽ [petas] *nf vieilli* **-1.** *péj* [prostituée] tart. **-2.** [frousse]: avoir la ~ to be scared stiff.

**pétaudière** [petodjɛr] *nf fam* [lieu] shambles (*sg*), disaster area *fig*; [groupe] motley crew.

**pet-de-nonne** [pɛdnɔn] (*pl* pets-de-nonne) *nm* fritter.

**pète** [pɛt] *v* → péter.

**pété, e**▽ [pete] *adj* **-1.** [ivre] plastered, smashed; [drogué] stoned, high (as a kite). **-2.** [cassé] broken, bust.

**péter** [18] [pete] *fam* ◇ *vi* **-1.** [faire un pet] to fart; ~ plus haut que son cul▽ to be full of oneself; ~ dans la soie▽ to be

rolling in money. **-2.** [exploser] to blow up; [casser]: la corde a pété the rope snapped; ~ dans les mains de qqn *fig* [projet, affaire] to fall through. ◇ *vt* **-1.** [casser] to break, to bust; ~ la gueule à qqn to smash sb's face in. **-2.** [être plein de]: ~ la santé to be bursting with health; ~ le feu to be a livewire. **-3.** *Belg*: il a été pété he failed his exam.
◆ **se péter** *fam* ◇ *vpi*: attention, ça va se ~! watch out, it's going to break! ◇ *vpt*: se ~ la jambe/mâchoire to smash one's leg/jaw ❑ se ~ la gueule [s'enivrer] to get pissed ou plastered *Br*; [en voiture] to get smashed up.

**pète-sec** [pɛtsɛk] ◇ *adj inv* overbearing, high-handed, bossy. ◇ *nmf inv* tyrant, dragon.

**péteux, euse**▽ [petø, øz] *nm, f* **-1.** [lâche] chicken; tu n'es qu'un petit ~! you're just chicken! **-2.** [prétentieux]: quel petit ~! he's so full of himself!

**pétillant, e** [petijɑ̃, ɑ̃t] *adj* **-1.** [effervescent – eau, vin] sparkling, fizzy. **-2.** [brillant]: avoir le regard ~ to have a twinkle in one's eyes; une réponse ~e d'humour an answer sparkling with wit.
◆ **pétillant** *nm* sparkling wine.

**pétillement** [petijmɑ̃] *nm* **-1.** [crépitement] crackling, crackle. **-2.** [effervescence] bubbling, sparkling. **-3.** [vivacité] sparkle.

**pétiller** [3] [petije] *vi* **-1.** [crépiter] to crackle. **-2.** [faire des bulles] to bubble, to fizz, to effervesce. **-3.** [briller] to sparkle; son interprétation de Figaro pétille d'intelligence his interpretation of Figaro shines ou sparkles with intelligence.

**pétiole** [pesjɔl] *nm* leafstalk, petiole *spéc*.

**petiot, e** [pətjo, ɔt] *fam* ◇ *adj* tiny, teenyweeny. ◇ *nm, f* (little) kiddy, tiny tot; les ~s the little toddlers ou tiny tots.

**petit, e** [p(ə)ti, *devant nm commençant par voyelle ou h muet* p(ə)tit, it] ◇ *adj* **-1.** [en hauteur, en largeur] small, little; [en longueur] little, small, short; une personne de ~e taille a small ou short person; un ~ gros a tubby little man; il y a un ~ mur entre les deux jardins there's a low ou small wall between the two gardens; une toute ~e bonne femme *fam* [femme] a tiny little woman; [fillette] a tiny little girl; de ~es jambes grassouillettes [de bébé] little fat legs; [d'adulte] short fat legs; à ~e distance on voyait une chaumière a cottage could be seen a short way ou distance away; elle a de ~s pieds she's got small ou little feet; un ~ «a» a lower-case ou small 'a'; je voudrais ce tissu en ~e largeur I'd like that material in a narrow width; un ~ bout de papier a scrap of paper; une toute ~e maison a tiny little house; se faire tout ~ [passer inaperçu] to make o.s. inconspicuous, to keep a low profile; se faire tout ~ devant qqn [par respect ou timidité] to humble o.s. before sb; [par poltronnerie] to cower ou to shrink before sb ∥ [exprime l'approximation]: ça vaut un ~ 12 sur 20 it's only worth 12 out of 20; on y sera dans une ~e heure we'll be there in a bit less than ou in under an hour; il y a un ~ kilomètre d'ici à la ferme ≃ it's no more than ou just under three quarters of a mile from here to the farm. **-2.** [faible] small; expédition/émission à ~ budget low-budget expedition/programme; ~ loyer low ou moderate rent; ~e retraite/rente small pension/annuity. **-3.** [jeune – personne] small, little; [– plante] young, baby (*modif*); quand j'étais ~ when I was little; je ne suis plus une ~e fille! I'm not a little girl anymore!; les ~s Français French children; une ~e Chinoise a young ou little Chinese girl; il est encore trop ~ he's still too small ou young; un ~ chien a puppy; un ~ chat a kitten; un ~ lion/léopard a lion/ leopard cub; un ~ éléphant a baby elephant, an elephant calf ∥ [plus jeune] little, younger. **-4.** [bref, court] short, brief; un ~ séjour a short or brief stay; si on lui faisait une ~e visite? shall we pop in to see her?; donnez-moi un ~ délai give me a little more time. **-5.** [dans une hiérarchie]: ~e entreprise small company; les ~es et moyennes entreprises small and medium-sized businesses; le ~ commerce (running of) small businesses; les ~s commerçants (owners of) small businesses; les ~s agriculteurs/propriétaires small farmers/landowners; les ~s salaires [sommes] low salaries, small wages; [employés] low-paid workers; il s'est trouvé un ~ emploi au service exportation he found a minor post in the export department; ~ peintre/poète minor painter/poet. **-6.** [minime] small, slight, minor; une ~e touche de peinture a slight touch of paint; ce n'est qu'un

~ **détail** it's just a minor detail; **dans les plus ~s détails** down to the last detail; **une ~e intervention chirurgicale** minor surgery, a small ou minor operation ‖ [insignifiant] small, slight; **il y a un ~ défaut** there's a minor defect; **j'ai un ~ ennui** I've got a bit of a problem; **j'ai eu un ~ rhume** I had a bit of a cold ou a slight cold. **-7.** [léger] slight; **un ~ soupir** a little sigh; **elle a un ~ accent** she's got a slight accent; **dit-elle d'une ~e voix** she said in a faint voice; **~e montée** gentle slope; **~e brise** gentle breeze; **ça a un ~ goût** it tastes a bit strange; **ça a un ~ goût d'orange** it tastes slightly of orange. **-8.** [avec une valeur affective] little; **j'ai trouvé une ~e couturière/un ~ garagiste** I've found a very good little seamstress/garage; **fais-moi une ~e place** make a little space for me, give me a (little ou tiny) bit of room; **il aimait faire son ~ poker le soir** he was fond of a game of poker in the evening; **tu mets ton ~ ensemble?** will you be wearing that nice little suit?; **un ~ vin sans prétention** an unpretentious little wine; **il y a un ~ vent frais pas désagréable** there's a nice little breeze; **ma ~e maman** Mummy Br, Mommy Am, my Mum Br ou Mom Am; **alors, mon ~ Paul, comment ça va?** [dit par une femme] how's life, Paul, dear?; [dit par un homme plus âgé] how's life, young Paul? ‖ [pour encourager]: **tu mangeras bien une ~e glace!** come on, have an ice cream!; **je n'ai pas le temps de faire un match — juste un ~!** I've no time to play a match — come on, just a quick one! ‖ [avec une valeur admirative]: **c'est une ~e futée** she's a clever one; **~ débrouillard!** you're smart!, you don't miss a thing! ‖ *euph* [notable]: **c'est une ~e surprise** it's quite a surprise; **c'est un ~ exploit!** it's quite an achievement! ‖ [avec une valeur dépréciative]: **~ imbécile!** you idiot!; **~ con!**▽ you arsehole Br ou asshole Am!; **j'en ai assez de ses ~s mystères/~es manigances!** I'm fed up with her little mysteries/intrigues!**-9.** *litt* [mesquin] mean, mean-spirited, petty.

◇ *nm, f* **-1.** [fils, fille] little son ou boy (f daughter ou girl); **c'est le ~ de Monique** it's Monique's son; **c'est la ~e d'en face** *fam* it's the girl from across the street, it's the daughter of the people across the street, it's across the road's daughter Br; **elle va à la même école que le ~ (des) Verneuil** she goes to the same school as the Verneuil boy. **-2.** [enfant] little ou small child, little ou small boy (f girl); **quant aux ~s, nous les emmènerons au zoo** as for the younger children, we'll take them to the zoo; **la cour des ~es** the junior Br ou younger girls' playground; **c'est un livre qui fera les délices des ~s comme des grands** this book will delight young and old (alike). **-3.** *fam* [adolescent] (young) boy (f girl). **-4.** [avec une valeur affective – à un jeune] dear; [– à un bébé] little one; **mon ~** [à un homme] dear; [à une femme] dear, darling; **mon ~, je suis fier de toi** [à un garçon] young man, I'm proud of you; [à une fille] young lady, I'm proud of you; **viens, mon tout ~** come here (my) little one; **ça, ma ~e, vous ne l'emporterez pas au paradis!** you'll never get away with it, my dear!; **la pauvre ~e, comment va-t-elle faire?** poor thing, however will she manage?

◆ **petit** ◇ *nm* **-1.** [animal] baby; **ses ~s** [gén] her young; [chatte] her kittens; [chienne] her puppies; [tigresse, louve] her cubs ❑ **faire des ~s** [chienne] to have pups; [chatte] to have kittens; **mes économies ont fait des ~s** *fam* my savings have grown. **-2.** [dans une hiérarchie]: **c'est toujours les ~s qui doivent payer** it's always the little man who's got to pay; **dans la course aux marchés, les ~s sont piétinés** in the race to win markets, small firms ou businesses get trampled underfoot. ◇ *adv* **-1.** COMM: **c'est un 38 mais ce modèle chausse/taille ~** it says 38 but this style is a small fitting Br runs small Am.**-2.** [juste]: **voir** ou **prévoir ~** to see ou to plan things on a small scale.

◆ **en petit** *loc adv* [en petits caractères] in small characters ou letters; [en miniature] in miniature; **un univers en tout ~** a miniature universe; **je voudrais cette jupe (mais) en plus ~** I'd like this skirt (but) in a smaller size.

◆ **petit à petit** *loc adv* little by little, gradually.

**petit-beurre** [p(ə)tibœr] (*pl* **petits-beurre**) *nm* petit beurre (biscuit Br ou cookie Am), ≈ rich tea biscuit Br.

**petit-bois** [p(ə)tibwa] (*pl* **petits-bois**) *nm* glazing ou window bar.

**petit-bourgeois, petite-bourgeoise** [p(ə)tiburʒwa, p(ə)titburʒwaz] (*mpl* **petits-bourgeois**, *fpl* **petites-bourgeoises**) ◇ *adj* lower middle-class, petit bourgeois.

◇ *nm, f* petit bourgeois.

**petit-cousin, petite-cousine** [p(ə)tikuzɛ̃, p(ə)titkuzin] (*mpl* **petits-cousins**, *fpl* **petites-cousines**) *nm, f* [au second degré] second cousin; [éloigné] distant cousin.

**petit déjeuner** [p(ə)tideʒœne] (*pl* **petits déjeuners**) *nm* breakfast.

**petit-déjeuner** [5] [p(ə)tideʒœne] *vi* to have breakfast.

**petite-fille** [p(ə)titfij] (*pl* **petites-filles**) *nf* granddaughter.

**petitement** [p(ə)titmɑ̃] *adv* **-1.** [modestement] humbly; **vivre ~** to live in lowly ou humble circumstances; **être ~ logé** to live in cramped accommodation. **-2.** [mesquinement] pettily, meanly.

**petite-nièce** [p(ə)titnjɛs] (*pl* **petites-nièces**) *nf* great-niece.

**petitesse** [p(ə)tites] *nf* **-1.** [taille] smallness, small size. **-2.** [caractère] pettiness, meanness; **~ d'esprit** narrow-mindedness. **-3.** [acte] piece of pettiness, petty act, mean-spirited action.

**petit-fils** [p(ə)tifis] (*pl* **petits-fils**) *nm* grandson.

**petit-four** [p(ə)tifur] (*pl* **petits-fours**) *nm* petit four.

**petit-gris** [p(ə)tigri] (*pl* **petits-gris**) *nm* **-1.** [escargot] garden snail; CULIN petit-gris. **-2.** [écureuil] Siberian grey squirrel; [fourrure] squirrel fur.

**pétition** [petisjɔ̃] *nf* **-1.** [texte] petition; **faire une ~** to organize a petition. **-2.** PHILOS: **~ de principe** petitio principii.

**pétitionnaire** [petisjɔnɛr] *nmf* petitioner.

**petit-lait** [p(ə)tilɛ] (*pl* **petits-laits**) *nm* whey.

**petit-nègre** [p(ə)tinɛgr] *nm* pidgin; **ce n'est par du français, c'est du ~** *péj* that isn't French, it's pidgin ou broken French.

**petit-neveu** [p(ə)tin(ə)və] (*pl* **petits-neveux**) *nm* great-nephew.

**petits-enfants** [p(ə)tizɑ̃fɑ̃] *nmpl* grandchildren.

**petit-suisse** [p(ə)tisɥis] (*pl* **petits-suisses**) *nm* thick *fromage frais* sold in small individual portions.

**pétoche**▽ [petɔʃ] *nf* [peur]: **avoir la ~** to have the jitters, to be in a blue funk Br.

**pétoire** [petwar] *nf fam* [arme à feu] gun.

**peton** [pətɔ̃] *nm fam* tiny foot.

**Pétrarque** [petrark] *npr* Petrarch.

**pétrarquisme** [petrarkism] *nm* Petrarchism.

**pétrifiant, e** [petrifjɑ̃, ɑ̃t] *adj litt* [ahurissant] stunning, stupefying.

**pétrification** [petrifikasjɔ̃] *nf* petrification, petrifaction.

**pétrifier** [9] [petrifje] *vt* **-1.** [abasourdir] to petrify, to transfix; **être pétrifié de terreur** to be rooted to the spot ou rigid with terror. **-2.** GÉOL to petrify.

◆ **se pétrifier** *vpi* **-1.** [se figer]: **son visage se pétrifia** his face froze. **-2.** GÉOL to petrify, to become petrified.

**pétrin** [petrɛ̃] *nm* **-1.** *fam* [embarras] jam, fix; **être dans le ~** to be in a jam ou pickle; **se fourrer dans un beau** ou **sacré ~** to get into a real jam; **mettre qqn dans un beau** ou **sacré ~** to land sb (right) in it Br, to land sb in a tough spot Am.**-2.** [à pain] kneading trough; **~ mécanique** dough mixer, kneading machine.

**pétrir** [32] [petrir] *vt* **-1.** [malaxer] to knead. **-2.** *litt* to shape, to mould. **-3.** *fig*: **être pétri d'orgueil** to be filled with pride.

**pétrochimie** [petroʃimi] *nf* petrochemistry.

**pétrochimique** [petroʃimik] *adj* petrochemical.

**pétrochimiste** [petroʃimist] *nmf* petrochemist.

**pétrodollar** [petrodɔlar] *nm* petrodollar.

**pétrole** [petrɔl] ◇ *nm* oil, petroleum; **~ brut** crude (oil); **~ vert** food (processing) industry. ◇ *adj inv* [couleur]: **bleu ~** greyish blue.

◆ **à pétrole** *loc adj* [lampe, réchaud] oil *(modif)* Br, kerosene *(modif)* Am.

**pétrolette** [petrolɛt] *nf fam* small (motor) bike, moped.

**pétroleuse** [petrоløz] *nf* **-1.** HIST female arsonist *(active during the Paris Commune)*. **-2.** *fam* [militante] militant female political activist.

**pétrolier, ère** [petrolje, ɛr] *adj (modif)*.

◆ **pétrolier** *nm* **-1.** [navire] (oil) tanker. **-2.** [industriel] oil tycoon. **-3.** [technicien] petroleum ou oil engineer.

**pétrolifère** [petrolifɛr] *adj* oil-bearing.

**pétrologie** [petrɔlɔʒi] *nf* petrology.

**Pétrone** [petrɔn] *npr* Petronius.

**pétulance** [petylɑ̃s] *nf* exuberance, ebullience, high spirits.

**pétulant, e** [petylɑ̃, ɑ̃t] *adj* exuberant, ebullient.

**pétunia** [petynja] *nm* petunia.

**peu** [pø] *adv* **A.** EMPLOYÉ SEUL **-1.** [modifiant un verbe] little, not much; **il mange/parle ~** he doesn't eat/talk much; **je le connais ~** I don't know him well; **c'est ~ le connaître** it just shows how little you know him; **il vient très ~** he comes very rarely, he very seldom comes; **on s'est très ~ vu** we saw very little of each other; **j'ai trop ~ confiance en elle** I don't trust her enough. **-2.** [modifiant un adjectif, un adverbe etc] not very; **une avenue ~ fréquentée** a quiet street; **il est assez ~ soigneux** he doesn't take much care; **l'alibi est fort ~ crédible** the alibi is highly implausible; **~ avant** shortly ou not long before; **~ après** soon after, shortly ou not long after; **je ne suis pas ~ fier du résultat** I'm more than a little proud of the result.
**B.** EMPLOI NOMINAL **-1.** *(avec déterminant)* [indiquant la faible quantité]: **le ~ que tu gagnes** the little you earn || *(sans déterminant)*: **il vit de ~** he lives off very little; **il est mon aîné de ~** he's only slightly older than me; **il a raté son examen de ~** *fam* he just failed his exam, he failed his exam by a hair's breadth; **c'est ~** it's not much ❏ **hommes/gens de ~** *litt* worthless men/people; **c'est ~ (que) de le dire, encore faut-il le faire!** that's easier said than done!; **c'est ~ dire** that's an understatement, that's putting it mildly; **ce n'est pas ~ dire!** and that's saying something!; **très ~ pour moi!** *fam* not on your life!.**-2.** [dans le temps]: **ils sont partis il y a ~** they left a short while ago, they haven't long left; **d'ici ~** very soon, before long; **vous aurez de mes nouvelles avant ~** you'll hear from me before long; **je travaille ici depuis ~** I've only been working here for a while, I haven't been working here long. **-3.** [quelques personnes] a few (people); **nous étions ~ à le croire** only a few of us believed it.
**C.** PRÉCÉDÉ DE 'UN' **-1.** [modifiant un verbe]: **un ~ a little, a bit**; **je le connais un ~** I know him a little ou a bit; **reste un ~ avec moi** stay with me for a while; **viens-tu manger un ~?** do you want something to eat?; **pousse-toi un (tout) petit ~** move up a (little) bit; **viens un ~ par là** come here a minute; **pose-lui un ~ la question, et tu verras!** just ask him, and you'll see!; **fais voir un ~... let me have a look...** ❏ **tu l'as vu? — un ~!** *fam* did you see it? — you bet I did ou and how!; **un ~ que je vais lui dire ce que je pense!** *fam* I'll give him a piece of my mind, don't you worry (about that)!.**-2.** [modifiant un adjectif, un adverbe etc]: **un ~ a little, a bit**; **je suis un ~ pressée** I'm in a bit of a hurry; **il est un ~ poète** he's a bit of a poet; **un ~ partout** just about ou pretty much everywhere; **un ~ plus** a little ou bit more; **un ~ plus de** [suivi d'un nom comptable] a few more; [suivi d'un nom non comptable] a little (bit) more; **un ~ moins** a little ou bit less; **roule un ~ moins vite** drive a little more slowly; **un ~ moins de** [suivi d'un nom comptable] slightly fewer, not so many; [suivi d'un nom non comptable] a little (bit) less; **nous avons un ~ moins de difficultés** we're not having quite so many difficulties; **un ~ trop** a little ou bit too (much); **il en fait vraiment un ~ trop!** he's really making too much of it!; **un ~ beaucoup** *fam* a bit much; **tu as bu un ~ beaucoup hier soir** *fam* you certainly had a few last night; **elle est jolie — un ~, oui!** *fam* she's pretty — just a bit! ❏ **un ~ plus et l'évier débordait!** another minute and the sink would have overflowed!; **un ~ plus et on se serait cru au bord de la mer** you could almost imagine that you were at the seaside; **un ~ plus, et je partais** I was just about to leave; **un ~ plus et je me faisais écraser!** I was within an inch of being run over!

◆ **peu à peu** *loc adv* little by little, bit by bit, gradually; **on s'habitue ~ à ~** you get used to things, bit by bit ou gradually.

◆ **peu de** *loc dét* **-1.** [suivi d'un nom non comptable] not much, little; [suivi d'un nom comptable] not many, few; **cela a ~ d'intérêt** it's of little interest; **je ne reste que ~ de temps** I'm only staying for a short while, I'm not staying long; **il n'a que ~ de temps à me consacrer** he can only give me a small amount of time; **~ de temps avant/après** not long before/after; **il y a eu ~ de neige** there wasn't much snow; **j'ai ~ d'amis** I have few friends, I don't have many friends; **en ~ de mots** in a few words ❏ **on est ~ de chose** what an insignificant thing man is; **c'est ~ de chose**

it's nothing. **-2.** [avec un déterminant]: **le ~ de** [suivi d'un nom comptable] the ou what few; [suivi d'un nom non comptable] the ou what little; **le ~ de connaissances que j'ai** the ou what few acquaintances I have; **le ~ de fois où je l'ai vu on the few ou rare occasions when I've seen him**; **le ~ d'expérience que j'avais** what little experience I had; **son ~ d'enthousiasme** his lack of enthusiasm; **avec ce ~ de matériel/d'idées** with such limited material/ideas.

◆ **peu ou prou** *loc adv litt* more or less.

◆ **pour peu que** *loc conj*: **pour ~ qu'il le veuille, il réussira** if he wants to, he'll succeed.

◆ **pour un peu** *loc adv*: **pour un ~ il m'accuserait!** he's all but accusing me!; **pour un ~, j'oubliais mes clés** I nearly forgot my keys.

◆ **quelque peu** *loc adv sout* **-1.** [modifiant un verbe] just a little. **-2.** [modifiant un adjectif] somewhat, rather.

◆ **quelque peu de** *loc dét sout* not a little.

◆ **si peu que** *loc conj*: **si ~ que j'y aille, j'apprécie toujours beaucoup l'opéra** although I don't go very often, I always like the opera very much.

◆ **si peu... que** *loc conj*: **si ~ réaliste qu'il soit** however unrealistic he may be.

◆ **sous peu** *loc adv* before long, in a short while.

◆ **un peu de** *loc dét* a little (bit) of; **prends un ~ de gâteau** have a little ou some cake; **un ~ de tout** a bit of everything; **avec un ~ de chance...** with a little luck...; **allons, un ~ de patience!** come on, let's be patient!; **avec un (tout) petit ~ de bonne volonté...** with (just) a little willingness...; **tu l'as quitté par dépit? — il y a un petit ~ de ça** so you left him in a fit of pique? — that was partly ou that was part of the reason.

**peuchère** [pøʃɛr] *interj dial* heck, strewth *Br.*

**peuh** [pø] *interj* **-1.** [avec indifférence] bah. **-2.** [avec dédain] humph.

**peul, e** [pøl] *adj* Fulani.
◆ **Peul, e** *nm, f* Fulani, Fula, Fulah.

**peuplade** [pœplad] *nf* (small) tribe, people.

**peuple** [pœpl] ◇ *nm* **-1.** [communauté] people; **les ~s d'Asie** the people of Asia; **le ~ français a fait son choix** the French people have chosen ❏ **le ~ de Dieu** [dans l'Ancien Testament] the Hebrews; [dans le Nouveau Testament] the Christians; **le ~ élu** RELIG the chosen people ou ones. **-2.** **le ~** [prolétariat] the people; **parti du ~** people's party; **homme du ~** ordinary man ❏ **le bas ou petit ~** *vieilli* the lower classes ou orders *Br.*-**3.** *fam* [foule] crowd; **il va y avoir du ~** it's going to be a bit on the crowded side. **-4.** *fam loc*: **il se fiche ou se moque du ~** he's got some nerve. ◇ *adj inv* working-class.

**peuplé, e** [pœple] *adj* populated.

**peuplement** [pœpləmɑ̃] *nm* **-1.** SOCIOL populating, peopling. **-2.** ÉCOL [d'une forêt] planting (with trees); [d'une rivière] stocking (with fish); [ensemble – des végétaux] stand *spéc*, plant population; [– des arbres] tree population.

**peupler** [5] [pœple] *vt* **-1.** [région, ville] to populate, to people; [forêt] to plant (with trees); [rivière] to stock (with fish). **-2.** [vivre dans] to live in *(insép)*, to inhabit. **-3.** *fig & litt* to fill.
◆ **se peupler** *vpi* to become populated, to acquire a population.

**peupleraie** [pøplərɛ] *nf* poplar grove.

**peuplier** [pøplije] *nm* poplar (tree).

**peur** [pœr] *nf* **-1.** [sentiment] fear, apprehension, alarm; **avoir ~ to be afraid ou frightened ou scared**; **on a eu très ~** we were badly frightened; **je n'ai qu'une ~, c'est de les décevoir** my one fear is that I might disappoint them; **on a sonné tard, j'ai eu une de ces ~s!** *fam* someone rang the doorbell late at night and it gave me a terrible fright!; **avoir ~ pour qqn** to fear for sb; **avoir ~ d'un rien** to scare easily, to be easily frightened; **avoir horriblement ~ de qqch** to have a dread of sthg; **avoir grand-~** to be very much afraid ou frightened ou scared; **n'aie pas ~** [ne t'effraie pas] don't be afraid; [ne t'inquiète pas] don't worry; **ça va, tu n'as pas besoin d'avoir ~!** don't you worry about that!, there's nothing to be afraid of!; **il double dans le virage, il n'a pas ~, lui au moins!** overtaking on the bend, he's certainly got some nerve!; **j'ai bien peur qu'elle ne vienne pas** I'm really worried (that) she won't come; **j'en ai (bien) ~** I'm (very much) afraid so; **faire ~:** **faire ~ à qqn** to frighten ou to scare sb; **le travail ne lui fait pas ~** he's not workshy ou afraid of hard

work; **j'adore les films qui font ~** I love frightening films; **une tête à faire ~** a frightening face; **boiter/loucher à faire ~** to have a dreadful limp/squint; **prendre ~** to get frightened, to take fright; **être pris de ~** to be gripped by fear, to be overcome with fear, to take fright ❑ **~ bleue: avoir une ~ bleue de** to be scared stiff of; **faire une ~ bleue à qqn** to give sb a terrible fright; **la ~ du gendarme** the fear of authority; **avoir la ~ au ventre** to be gripped by fear; **être mort** ou **vert de ~** to be frightened out of one's wits; **elle était morte de ~ à cette idée** that idea scared her out of her wits; **plus de ~ que de mal:** il y a eu plus de ~ que de mal nobody was hurt, but it was frightening; **ça fait ~!** *fam & iron:* **tu as l'air content, ça fait ~!** you don't exactly look beside yourself with joy!-**2.** [phobie] fear; **avoir ~ de l'eau/du noir** to be afraid of water/of the dark; **il a ~ en avion** he's afraid of flying.
◆ **dans la peur de** *loc prép:* **vivre dans la ~ de qqch** to live in fear (and trembling *litt*) ou in dread of sthg.
◆ **de peur de** *loc prép:* **de ~ de faire** for fear of doing; **je ne disais rien de ~ de lui faire du mal** I said nothing for fear that I might ou in case I hurt her.
◆ **de peur que** *loc conj* for fear that, in case.
◆ **par peur de** *loc prép* out of fear of; **il cédera au chantage par ~ du scandale** the fear of a scandal will make him give in to blackmail.
◆ **sans peur** *loc adv* fearlessly, undaunted, gamely *litt*.

**peureusement** [pœrøzmɑ̃] *adv* fearfully, timorously, apprehensively.

**peureux, euse** [pœrø, øz] ◇ *adj* [craintif] timorous, fearful. ◇ *nm, f* [poltron] fearful person.

**peut** [pø] *v* → **pouvoir**.

**peut-être** [pøtɛtr] *adv* maybe, perhaps; **ils sont ~ sortis, ~ sont-ils sortis** maybe they've gone out, they may ou might have gone out; **elle est ~ efficace, mais guère rapide** she might be efficient, but she is not very quick; **~ pas** maybe ou perhaps not; **il est ~ bien déjà parti** he may well have already left; **~ bien, mais... perhaps** ou maybe so but... ❑ **j'y suis pour quelque chose, ~?** so you think it's my fault, do you!; **je suis ta bonne, ~?** what do you take me for? a maid?
◆ **peut-être que** *loc conj* perhaps, maybe; **~ qu'il est malade** perhaps ou maybe he is ill; **~ (bien) qu'il viendra** he may well come ❑ **~ bien que oui, ~ bien que non** maybe, maybe not (who knows?).

**peuvent** [pœv], **peux** [pø] *v* → **pouvoir**.

**pèze**▽ [pɛz] *nm arg crime* dough, bread, lolly *Br*.

**pff** [pf], **pft** [pft], **pfut** [pfyt] *interj* pooh.

**pgcd** *(abr de* **plus grand commun diviseur)** *nm* HCF.

**pH** *(abr de* **potentiel hydrogène)** *nm* pH.

**Phaéton** [faetɔ̃] *npr* Phaëthon.

**phagocyte** [fagɔsit] *nm* phagocyte.

**phagocyter** [3] [fagɔsite] *vt* -**1.** BIOL to phagocytose. -**2.** *fig & sout* [absorber] to engulf, to absorb.

**phagocytose** [fagɔsitoz] *nf* phagocytosis.

**phalange** [falɑ̃ʒ] *nf* -**1.** ANAT phalanx. -**2.** [groupe]: **la Phalange (espagnole)** the Falange; **les Phalanges libanaises** the (Lebanese) Phalangist Party.

**phalangiste** [falɑ̃ʒist] *adj & nmf* [en Espagne] Falangist; [au Liban] Phalangist.

**phalanstère** [falɑ̃stɛr] *nm* -**1.** [de Fourier] phalanstery. -**2.** *litt* [communauté] community, group.

**phalène** [falɛn] *nf* geometrid.

**phallique** [falik] *adj* phallic.

**phallocentrique** [falɔsɑ̃trik] *adj* phallocentric.

**phallocentrisme** [falɔsɑ̃trism] *nm* phallocentrism.

**phallocrate** [falɔkrat] ◇ *adj* male-chauvinist. ◇ *nm* male chauvinist.

**phallocratie** [falɔkrasi] *nf* male chauvinism.

**phallocratique** [falɔkratik] *adj* male-chauvinist.

**phallus** [falys] *nm* ANAT phallus.

**phantasme** [fɑ̃tasm] = **fantasme**.

**phantasmer** [fɑ̃tasme] = **fantasmer**.

**pharamineux, euse** [faraminø, øz] *fam* = **faramineux**.

**pharaon** [faraɔ̃] *nm* -**1.** HIST pharaoh. -**2.** JEUX faro.

**pharaonien, enne** [faraɔnjɛ̃, ɛn], **pharaonique** [faraɔnik] *adj*

pharaonic.

**phare** [far] *nm* -**1.** NAUT lighthouse; **~ à éclipses** ou **occultations** occulting light; **~ à feu fixe/tournant** fixed/revolving light. -**2.** AUT headlight, headlamp *Br*; **allumer ses ~s** to switch one's headlights on; **mettre les ~s en code** to dip *Br* ou to dim *Am* one's headlights ❑ **~ à iode** quartz-iodine lamp; **~ de recul** reversing *Br* ou back-up *Am* light. -**3.** AÉRON light, beacon; **~s d'atterrissage** landing lights. -**4.** *litt* [guide] beacon, leading light. -**5.** *(comme adj; avec* ou *sans trait d'union)* [exemplaire] landmark *(modif)*; **industrie ~** flagship ou pioneering industry.

**pharisaïsme** [farizaism] *nm* HIST & RELIG Pharisaism, Phariseeism.

**pharisien** [farizjɛ̃] *nm* -**1.** HIST & RELIG Pharisee; **les Pharisiens** the Pharisees. -**2.** *vieilli* [hypocrite] sanctimonious person, pharisee *litt*.

**pharmaceutique** [farmasøtik] *adj* pharmaceutic, pharmaceutical.

**pharmacie** [farmasi] *nf* -**1.** [dans la rue] chemist's (shop) *Br*, pharmacy *Am*, drugstore *Am*; [dans un hôpital] dispensary, pharmacy; **~ de garde** duty chemist. -**2.** [meuble] medicine chest ou cabinet ou cupboard *Br*; [boîte] first-aid box. -**3.** SC pharmacy, pharmaceutics *(U)*.

**pharmacien, enne** [farmasjɛ̃, ɛn] *nm, f* -**1.** [titulaire] pharmacist, chemist *Br*. -**2.** [vendeur] (dispensing) chemist *Br*, druggist *Am*.

**pharmacologie** [farmakɔlɔʒi] *nf* pharmacology.

**pharmacologique** [farmakɔlɔʒik] *adj* pharmacological.

**pharmacomanie** [farmakɔmani] *nf* (pharmaceutical) drug-addiction, pharmacomania *spéc*.

**pharmacopée** [farmakɔpe] *nf* pharmacopeia, pharmacopoeia.

**pharyngé, e** [farɛ̃ʒe], **pharyngien, enne** [farɛ̃ʒjɛ̃, ɛn] *adj* pharyngal, pharyngeal ANAT.

**pharyngite** [farɛ̃ʒit] *nf* pharyngitis.

**pharynx** [farɛ̃ks] *nm* pharynx.

**phase** [faz] *nf* -**1.** [moment] phase, stage; **le projet en arrive à sa ~ d'exploitation** the project has moved into its first production run ❑ **~ critique** critical stage; MÉD critical phase; **~ terminale** final phase. -**2.** ÉLECTR & TECH phase. -**3.** ASTRON phase. -**4.** CHIM phase.
◆ **en phase** *loc adj* ÉLECTR, PHYS & TECH in phase; **les mouvements ne sont plus en ~** the movements are now out of phase; **être en ~** *fig* to see eye to eye.

**Phébus** [febys] *npr* Phoebus.

**Phèdre** [fɛdr] *npr* Phaedra.

**Phénicie** [fenisi] *npr f:* **(la) ~** Phoenicia.

**phénicien, enne** [fenisjɛ̃, ɛn] *adj* Phoenician.
◆ **Phénicien, enne** *nm, f* Phoenician.
◆ **phénicien** *nm* LING Phoenician.

**phénix** [feniks] *nm* -**1.** MYTH phoenix. -**2.** *litt* [prodige] paragon. -**3.** BOT palm tree.

**phénol** [fenɔl] *nm* phenol.

**phénoménal, e, aux** [fenɔmenal, o] *adj* -**1.** [prodigieux] phenomenal, tremendous, amazing. -**2.** PHILOS phenomenal.

**phénomène** [fenɔmɛn] *nm* -**1.** SC phenomenon; **la grêle et autres ~s naturels** hail and other natural phenomena. -**2.** [manifestation] phenomenon. -**3.** [prodige] prodigy, wonder. -**4.** *fam* [excentrique] character; **un drôle de ~** an odd customer. -**5.** [monstre] freak. -**6.** PHILOS phenomenon.

**phénoménologie** [fenɔmenɔlɔʒi] *nf* phenomenology.

**phénoménologique** [fenɔmenɔlɔʒik] *adj* phenomenological.

**phi** [fi] *nm inv* phi.

**philanthrope** [filɑ̃trɔp] *nmf* philanthrope, philanthropist.

**philanthropie** [filɑ̃trɔpi] *nf* philanthropy.

**philanthropique** [filɑ̃trɔpik] *adj* philanthropic.

**philatélie** [filateli] *nf* philately *spéc*, stamp-collecting.

**philatélique** [filatelik] *adj* philatelic.

**philatéliste** [filatelist] *nmf* philatelist *spéc*, stamp-collector.

**philharmonie** [filarmɔni] *nf* philharmonic ou musical society.

**philharmonique** [filarmɔnik] ◇ *adj* philharmonic. ◇ *nm:* **le ~ de Boston** the Boston Philharmonic (Orchestra).

**Philippe** [filip] *npr*: ~ le Bel Philip the Fair.
**philippin, e** [filipɛ̃, in] *adj* Filipino.
◆ **Philippin, e** *nm, f* Filipino.
**Philippines** [filipin] *npr fpl*: les ~ the Philippines, the Philippine Islands; aux ~ in the Philippines.
**philippique** [filipik] *nf litt* philippic.
**philistin, e** [filistɛ̃, in] *litt* ◇ *adj* philistine, uncultured. ◇ *nm, f* philistine.
**Philistins** [filistɛ̃] *npr mpl*: les ~ the Philistines.
**philo** [filo] *nf fam* philosophy.
**philodendron** [filodɛ̃drɔ̃] *nm* philodendron.
**philologie** [filɔlɔʒi] *nf* philology.
**philosophale** [filozɔfal] *adj f →* **pierre**.
**philosophe** [filozɔf] ◇ *adj* philosophical. ◇ *nm, f* -1. PHILOS philosopher. -2. [sage]: il a pris la chose en ~ he took it philosophically ou calmly.
**philosopher** [3] [filozɔfe] *vi* to philosophize, to speculate; ~ sur to philosophize about *(insép)*.
**philosophie** [filozɔfi] *nf* -1. PHILOS philosophy. -2. ENS philosophy; faire des études de ~ to study ou to read *Br* philosophy. -3. [conception] philosophy. -4. [sagesse]: il est plein de ~ he is very wise.
◆ **avec philosophie** *loc adv* philosophically.
**philosophique** [filozɔfik] *adj* philosophical.
**philosophiquement** [filozɔfikmɑ̃] *adv* -1. PHILOS philosophically. -2. [avec sagesse] philosophically.
**philtre** [filtr] *nm* love-potion, philtre.
**phlébite** [flebit] *nf* phlebitis.
**phlébologie** [flebɔlɔʒi] *nf* phlebology.
**phlébologue** [flebɔlɔg] *nm f* phlebologist.
**phlegmon** [flɛgmɔ̃] *nm* phlegmon.
**pH-mètre** [peaʃmɛtr] *(pl* **pH-mètres)** *nm* pH meter.
**Phnom Penh** [pnɔ̃mpɛn] *npr* Phnom Penh.
**phobie** [fɔbi] *nf* -1. PSYCH phobia. -2. [aversion] aversion; avoir la ~ de qqch to have an aversion to sthg.
**phobique** [fɔbik] *adj* phobic.
**phocéen, enne** [fɔseɛ̃, ɛn] *adj* [de Marseille] from Marseilles; la cité ~ne *the city of Marseilles*.
◆ **Phocéen, enne** *nm, f* -1. ANTIQ Phocaean. -2. *vieilli* inhabitant of or person from Marseilles.
**phoenix** [feniks] = **phénix 3**.
**phonatoire** [fɔnatwar] *adj* phonatory.
**phonème** [fɔnɛm] *nm* phoneme.
**phonéticien, enne** [fɔnetisjɛ̃, ɛn] *nm, f* phonetician.
**phonétique** [fɔnetik] ◇ *adj* phonetic. ◇ *nf* phonetics *(U).*
**phonétiquement** [fɔnetikmɑ̃] *adv* phonetically.
**phoniatrie** [fɔnjatri] *nf* speech therapy.
**phonique** [fɔnik] *adj* -1. LING phonic. -2. [relatif aux sons] sound *(modif).*
**phono** [fɔno] *nm* phonograph, gramophone.
**phonogénique** [fɔnoʒenik] *adj*: voix ~ RAD good broadcasting voice; AUDIO good recording voice.
**phonographe** [fɔnograf] *nm* phonograph, gramophone.
**phonologie** [fɔnɔlɔʒi] *nf* phonology.
**phonologique** [fɔnɔlɔʒik] *adj* phonological.
**phonothèque** [fɔnɔtɛk] *nf* sound archives.
**phoque** [fɔk] *nm* -1. ZOOL seal. -2. [fourrure] sealskin.
**phosphate** [fɔsfat] *nm* phosphate.
**phosphaté, e** [fɔsfate] *adj* phosphatized; des engrais ~s phosphates AGR.
**phosphater** [3] [fɔsfate] *vt* -1. AGR to phosphatize. -2. MÉTALL to phosphate, to phosphatize.
**phosphore** [fɔsfɔr] *nm* CHIM phosphorus.
**phosphoré, e** [fɔsfɔre] *adj* [naturellement] phosphorated; [artificiellement] phosphoretted.
**phosphorer** [3] [fɔsfɔre] *vi fam* [réfléchir] to cogitate *hum*, to do a lot of hard thinking.
**phosphorescence** [fɔsfɔresɑ̃s] *nf* phosphorescence.
**phosphorescent, e** [fɔsfɔresɑ̃, ɑ̃t] *adj* -1. PHYS phosphorescent. -2. [luisant] luminous, glowing.
**phosphoreux, euse** [fɔsfɔrø, øz] *adj*: bronze ~ phosphor bronze.

**photo** [fɔto] *nf* -1. [cliché] photo, shot; avez-vous fait des ~s? did you take any pictures? ❑ ~ de famille family portrait; ~ d'identité passport photo; tu veux ma ~? when you've quite finished gawping at me! -2. [activité] photography; faire de la ~ en amateur/professionnel to be an amateur/professional photographer.
◆ **en photo** ◇ *loc adj* on a photograph; des fleurs en ~ a photo of some flowers. ◇ *loc adv*: prendre qqn en ~ to take sb's picture; prendre qqch en ~ to take a picture of sthg.
**photochimie** [fɔtoʃimi] *nf* photochemistry.
**photochimique** [fɔtoʃimik] *adj* photochemical.
**photocomposer** [3] [fɔtokɔ̃poze] *vt* to filmset, to photoset, to photocompose.
**photocomposeuse** [fɔtokɔ̃pozøz] *nf* photocomposer, photo ou phototype setter, filmsetter *Br*.
**photocomposition** [fɔtokɔ̃pozisjɔ̃] *nf* photocomposition, photosetting, filmsetting *Br*.
**photocopie** [fɔtokɔpi] *nf* photocopy, Xerox® (copy).
**photocopier** [9] [fɔtokɔpje] *vt* to photocopy, to Xerox®.
**photocopieur** [fɔtokɔpjœr] *nm*, **photocopieuse** [fɔtokɔpjøz] *nf* photocopier, Xerox® machine.
**photoélectrique** [fɔtoelɛktrik] *adj* photoelectric.
**photo-finish** [fɔtofiniʃ] *(pl* **photos-finish)** *nf* photo finish.
**photogénique** [fɔtoʒenik] *adj* photogenic.
**photographe** [fɔtograf] *nmf* -1. [artiste] photographer; ~ de presse/mode press/fashion photographer. -2. [commerçant] dealer in photographic equipment; je vais apporter ce film chez le ~ I'm taking this film to the developer's ou photo shop.
**photographie** [fɔtografi] *nf* -1. [activité] photography; faire de la ~ [professionnel] to work as a photographer; [amateur] to do amateur photography ❑ ~ aérienne/en couleurs aerial/colour photography. -2. [cliché – de professionnel] photograph, picture; [– d'amateur] picture, snap, snapshot; prendre une ~ de qqn to take a photograph ou a picture of sb ❑ ~ d'identité passport photograph. -3. [reproduction]: ce sondage est une ~ de l'opinion this survey is an accurate reflection of public opinion.
**photographier** [9] [fɔtografje] *vt* -1. PHOT to photograph, to take photographs ou pictures of; se faire ~ to have one's picture taken. -2. *fig* [mémoriser] to memorize (photographically).
**photographique** [fɔtografik] *adj* -1. PHOT photographic. -2. *fig* [fidèle à la réalité]: il nous a fait une description presque ~ des lieux he described the place in the minutest detail.
**photograveur** [fɔtogravœr] *nm* photoengraver.
**photogravure** [fɔtogravyr] *nf* photoengraving.
**photolecture** [fɔtolɛktyr] *nf* optical character recognition, OCR.
**Photomaton®** [fɔtomatɔ̃] *nm* photobooth.
**photomontage** [fɔtomɔ̃taʒ] *nm* photomontage.
**photon** [fɔtɔ̃] *nm* photon.
**photoreportage** [fɔtorəpɔrtaʒ] *nm* PRESSE report (*consisting mainly of photographs*).
**photorésistant, e** [fɔtorezistɑ̃, ɑ̃t] *adj* photoresistant.
**photosensible** [fɔtosɑ̃sibl] *adj* photosensitive.
**photosynthèse** [fɔtosɛ̃tɛz] *nf* photosynthesis.
**photothèque** [fɔtotɛk] *nf* picture ou photographic library.
**phrase** [fraz] *nf* -1. LING sentence; [en grammaire transformationnelle] phrase. -2. [énoncé]: sa dernière ~ the last thing he said; laisse-moi finir ma ~ let me finish (what I have to say); ~ célèbre famous saying ou remark ❑ ~ toute faite set phrase; petite ~ POL soundbite; faire de grandes ~s ou des ~s to talk hot air. -3. MUS phrase.
◆ **sans phrases** *loc adv* straightforwardly.
**phrasé** [fraze] *nm* phrasing MUS.
**phraséologie** [frazeɔlɔʒi] *nf* phraseology.
**phraser** [3] [fraze] *vt* to phrase MUS.
**phraseur, euse** [frazœr, øz] *nm, f* speechifier *péj*, person of fine words *péj*.
**phréatique** [freatik] *adj* phreatic.
**phrénique** [frenik] *adj* phrenic.
**phrénologie** [frenɔlɔʒi] *nf* phrenology.
**Phrygie** [friʒi] *npr f*: **(la)** ~ Phrygia.

**phrygien, enne** [friʒjɛ̃, ɛn] *adj* ANTIQ Phrygian.
◆ **Phrygien, enne** *nm, f* Phrygian.

**phtisie** [ftizi] *nf vieilli* consumption, phthisis *spéc*.

**phtisiologie** [ftizjɔlɔʒi] *nf* phthisiology.

**phtisiologue** [ftizjɔlɔg] *nmf* phthisiologist.

**phtisique** [ftizik] *adj* & *nmf vieilli* consumptive, phthisic *spéc*.

**phylactère** [filaktɛr] *nm* **-1.** RELIG phylactery, teffilah. **-2.** BX-ARTS phylactery, scroll. **-3.** [dans une bande dessinée] bubble, balloon.

**phylloxéra, phylloxera** [filɔksera] *nm* phylloxera.

**physicien, enne** [fizisjɛ̃, ɛn] *nm, f* physicist; ~ **nucléaire** nuclear physicist.

**physiologie** [fizjɔlɔʒi] *nf* physiology.

**physiologique** [fizjɔlɔʒik] *adj* physiological.

**physiologiste** [fizjɔlɔʒist] *nmf* physiologist.

**physionomie** [fizjɔnɔmi] *nf* **-1.** [visage] features, facial appearance, physiognomy *litt*; **il y a quelque chose dans sa** ~ **qui attire la sympathie** there's something about his face that draws you to him. **-2.** [aspect] face, appearance; **la** ~ **des choses** the face of things; **ceci a modifié la** ~ **du marché** this has altered the appearance of the market.

**physionomiste** [fizjɔnɔmist] ◇ *adj* good at remembering faces, observant (of people's faces). ◇ *nmf* physiognomist.

**physiopathologique** [fizjɔpatɔlɔʒik] *adj* physiopathologic, physiopathological.

**physiothérapie** [fizjɔterapi] *nf* natural medicine.

**physique¹** [fizik] *nf* SC physics *(sg)*; ~ **expérimentale/ nucléaire** experimental/nuclear physics.

**physique²** [fizik] ◇ *adj* **-1.** SC [propriété] physical. **-2.** [naturel – monde, univers] physical, natural. **-3.** [corporel – exercice, force, effort] physical, bodily; [– symptôme] physical, somatic *spéc*; [– souffrance] physical, bodily; **c'est** ~ *fam*: **je ne le supporte pas, c'est** ~ I can't stand him, it's a gut reaction. **-4.** [sexuel – plaisir, jouissance] physical, carnal. ◇ *nm* **-1.** [apparence]: **avoir un** ~ **ingrat** to be physically unattractive; **un** ~ **avantageux** good looks ❑ **avoir le** ~ **de l'emploi** THÉÂT & *fig* to look the part. **-2.** [constitution] physical condition; **au** ~ **comme au moral** physically as well as morally speaking.

**physiquement** [fizikmɑ̃] *adv* physically; **il n'est pas mal** ~ he's quite good-looking.

**phytophage** [fitɔfaʒ] *adj* phytophagous.

**phytoplancton** [fitɔplɑ̃ktɔ̃] *nm* phytoplankton.

**phytothérapie** [fitɔterapi] *nf* herbal medicine.

**pi** [pi] *nm inv* **-1.** [lettre] pi. **-2.** MATH pi. **-3.** PHYS pion, pi meson.

**piaf** [pjaf] *nm fam* [moineau] sparrow.

**piaffement** [pjafmɑ̃] *nm* pawing (the ground).

**piaffer** [3] [pjafe] *vi* **-1.** [cheval] to paw the ground. **-2.** [personne]: ~ **d'impatience** to be champing at the bit, to be seething with impatience.

**piaillement** [pjajmɑ̃] *nm* squawking.

**piailler** [3] [pjaje] *vi* **-1.** [oiseau] to chirrup, to chirp, to tweet; [volaille] to squawk. **-2.** *fam* [enfant] to squawk, to screech.

**piaillerie** [pjajri] *nf* **-1.** [cri – d'oiseau] chirping; [– de volaille] squawking. **-2.** *(gén pl) fam* squawking, screeching.

**piailleur, euse** [pjajœr, øz] *nm, f fam* squawker.

**pianissimo** [pjanisimo] *adv* **-1.** MUS pianissimo. **-2.** *fam* [doucement] nice and slowly.

**pianiste** [pjanist] *nmf* pianist, piano player.

**pianistique** [pjanistik] *adj* [aptitude, technique] piano *(modif)*, piano playing *(modif)*.

**piano** [pjano] ◇ *nm* [instrument] piano, pianoforte; **se mettre au** ~ [s'asseoir] to sit at the piano; [jouer] to go to the piano (and start playing); [apprendre] to take up the piano ❑ **droit/à queue** upright/grand piano; ~ **à bretelles** *fam*, ~ **du pauvre** accordion; ~ **de concert** concert grand; ~ **demi- queue** baby grand; ~ **mécanique** Pianola®, player piano. ◇ *adv* **-1.** MUS piano *adv*. **-2.** *fam* [doucement] easy *adv*, gently.

**piano-bar** [pjanobar] *(pl* **pianos-bars)** *nm* bar with live piano music.

**pianoforte** [pjanɔfɔrte] *nm* pianoforte.

**pianotage** [pjanɔtaʒ] *nm* **-1.** [sur un piano] tinkling (on a pi-

ano). **-2.** [sur un clavier] tapping away (at a keyboard).

**pianoter** [3] [pjanɔte] ◇ *vi* **-1.** [jouer du piano] to tinkle away at the piano. **-2.** [tapoter sur un objet] to drum one's fingers. **-3.** *fam* [taper sur un clavier] to tap away; ~ **sur un ordina- teur** to tap away at a computer. ◇ *vt* [sur un piano] to tinkle out on the piano.

**piastre** [pjastr] *nf* **-1.** [au Proche-Orient] piastre. **-2.** *Can fam* [dollar] one-dollar *ou* dollar bill. **-3.** HIST piastre, piece of eight.

**piaule** [pjol] *nf fam* **-1.** [chambre] room. **-2.** [logement d'étudiant] place.

**piauler** [3] [pjole] *vi* **-1.** [oiseau] to cheep. **-2.** [enfant] to whimper.

**piazza** [pjadza] *nf* piazza *Br*, gallery *Am*.

**PIB** *(abr de* **produit intérieur brut)** *nm* GDP.

**pic** [pik] *nm* **-1.** GÉOG & TECH peak. **-2.** [outil] pick, pickaxe; ~ **à glace** ice-pick. **-3.** ORNITH woodpecker.
◆ **à pic** *loc adv* **-1.** [verticalement] straight down; **couler à** ~ to go straight down *ou* straight to the bottom. **-2.** *fam* [au bon moment] spot on *Br*, just at the right time; **tu tombes** *ou* **tu arrives à** ~, **j'allais t'appeler** you've come just at the right time *ou* right on cue, I was about to call you.

**picador** [pikadɔr] *nm* picador.

**picard, e** [pikar, ard] *adj* from Picardy.
◆ **picard** *nm* LING Picard *ou* Picardy dialect.

**Picardie** [pikardi] *npr f*: **(la)** ~ Picardy.

**picaresque** [pikarɛsk] *adj* picaresque.

**piccolo** [pikɔlo] *nm* piccolo.

**pichenette** [piʃnɛt] *nf* flick; **d'une** ~, **elle envoya la miette par terre** she flicked the crumb onto the ground.

**pichet** [piʃe] *nm* jug, pitcher.

**pickpocket** [pikpɔkɛt] *nm* pickpocket.

**pick-up** [pikœp] *nm inv* **-1.** [lecteur] pick-up (arm); *vieilli* [tourne-disque] record player. **-2.** [camion] pick-up (truck).

**pico-** [piko] *préf* pico-.

**picoler** [3] [pikɔle] *vi fam* [boire] to booze.

**picoleur, euse** [pikɔlœr, øz] *nm, f fam* [buveur] heavy drinker, boozer.

**picorer** [3] [pikɔre] *vt* **-1.** [oiseau] to peck (at). **-2.** [personne] to nibble (away) at *(insép)*, to pick at *(insép)*; *(en usage absolu)*: **cette enfant ne fait que** ~ that child doesn't eat enough (to keep a bird alive).

**picot** [piko] *nm* [au crochet, en dentelle] picot.

**picotement** [pikɔtmɑ̃] *nm* [dans les yeux] smarting *ou* sting- ing (sensation); [dans la gorge] tickle; [sur la peau] tingle, prickle; **j'ai des** ~**s dans les doigts** my fingers are tingling.

**picoter** [3] [pikɔte] *vt* **-1.** [piquer – yeux] to sting, to smart; [– gorge] to irritate, to tickle; [– peau, doigt] to sting; **j'ai les orteils qui me picotent** my toes are tingling. **-2.** [suj: oiseau] to peck at *(insép)*.

**picotin** [pikɔtɛ̃] *nm* **-1.** [mesure] peck. **-2.** [ration]: ~ **(d'avoine)** peck of oats.

**picrate** [pikrat] *nm* ▽ *péj* [vin] rotgut, plonk *Br*.

**picte** [pikt] *adj* Pictish.
◆ **Picte** *nmf* Pict.

**pictogramme** [piktɔgram] *nm* pictogram, pictograph.

**pictographique** [piktɔgrafik] *adj* pictographic.

**pictural, e, aux** [piktyral, o] *adj* pictorial.

**pic-vert** [pivɛr] *(pl* **pics-verts)** = pivert.

**pidgin** [pidʒin] *nm* pidgin.

**pie** [pi] ◇ *adj* **-1.** [couleur] pied; **cheval** ~ piebald (horse); **vache** ~ **noire** black and white cow. **-2.** *litt* [pieux]: **œuvre** ~ pious work. ◇ *nf* **-1.** ORNITH magpie. **-2.** *fam* [personne] chatterbox.

**Pie** [pi] *npr* [pape] Pius.

**pièce** [pjɛs] ◇ *nf* **-1.** [morceau] piece, bit; **une** ~ **de viande** [flanc] a side of meat; [morceau découpé] a piece *ou* cut of meat; **une** ~ **de tissu** [coupée] a piece *ou* length of cloth; [sur rouleau] a roll of cloth; **mettre qqch en** ~**s** [briser] to smash sthg to pieces; [déchirer] to tear *ou* to pull sthg to pieces; [criti- quer] to tear sthg to pieces; **à la** ~ piecemeal, gradually ❑ **d'une seule** ~, **tout d'une** ~ *pr* all of a piece; **il est tout d'une** ~ *fig* he's very blunt *ou* straightforward; **monter qqch de toutes** ~**s**: **il n'a jamais travaillé pour nous, il a**

monté cela de toutes ~s he never worked for us, he made up ou invented the whole thing; c'est un mensonge monté de toutes ~s it's an out-and-out lie ou a lie from start to finish; fait de ~s et de morceaux *pr* & *fig* made up of bits and pieces, cobbled together. **-2.** [d'une collection] piece, item; [d'un mécanisme] part; [d'un jeu] piece ❏ ~ détachée (spare) part; en ~s détachées in separate pieces ou parts; ~s et main-d'œuvre parts and labour; la ~ maîtresse de ma collection the centrepiece ou choicest piece in my collection; la ~ maîtresse d'une argumentation the main part ou the linchpin of an argument; ~ de musée *pr* & *fig* museum piece; ~ de rechange spare ou replacement part; les ~s d'un puzzle *pr* & *fig* the pieces of a puzzle. **-3.** COUT patch; ~ rapportée *pr* patch; *fig* [personne] odd person out. **-4.** [salle] room; un deux-~s a one-bedroom flat *Br* ou apartment *Am*. **-5.** [document] paper, document; ~ comptable (accounting) voucher; ~ à conviction JUR exhibit; avez-vous une ~ d'identité? do you have any proof of identity ou any ID?; ~s jointes enclosures; ~s justificatives supporting documents; (avec) ~s à l'appui: je vous le démontrerai ~s à l'appui I'll show you (actual) proof of it. **-6.** LITTÉRAT & MUS piece; ~ de circonstance situation piece; ~ (de théâtre) play; ~ écrite pour la télévision television play *Br*, play written for TV *Am*; monter une ~ to put on ou to stage a play. **-7.** [de monnaie] coin; ~ de 10 francs a 10-franc coin ou piece; je n'ai que quelques ~s dans ma poche I've only got some loose change in my pocket. **-8.** [champ] : une ~ d'avoine a field sown in oats. **-9.** CULIN : montée ≃ tiered cake; ~ de résistance *pr* main dish, pièce de résistance; *fig* pièce de résistance. **-10.** MIL : ~ (d'artillerie) gun. **-11.** *loc*: faire ~ à qqn to set up in opposition to sb.

◇ *adv* [chacun] each, apiece.

♦ **à la pièce** *loc adv* [à l'unité] singly, separately.

♦ **à la pièce, aux pièces** *loc adv* : travailler à la ~ to be on ou to do piecework; être payé à la ~ to be paid ou on piece rate; le travail est payé à la ~ you get a piecework rate ❏ on n'est pas aux ~s! *fam* what's the big hurry?, where's the fire?

♦ **sur pièces** *loc adv* on evidence; juger sur ~s to judge for o.s.

♦ **pièce d'eau** *nf* **-1.** [lac] (ornamental) lake. **-2.** [bassin] (ornamental) pond.

**piécette** [pjesɛt] *nf* [monnaie] small coin.

**pied** [pje] *nm* **-1.** ANAT & ZOOL foot; ~s nus barefoot *adv*; marcher/être ~s nus to walk/to be barefoot; avoir ou marcher les ~s en dedans to be pigeon-toed, to walk with one's feet turned in; avoir ou marcher les ~s en dehors to be splay-footed ou duck-toed *Am*, to walk with one's feet turned out; sauter à ~s joints to make a standing jump; le ~ m'a manqué my foot slipped, I lost my footing; mettre le ~ (en plein) dans qqch to step right in sthg; je vais lui mettre mon ~ quelque part *euph* I'll kick him ou give him a kick up the backside; mettre ~ à cheval, à moto] to dismount; lorsqu'ils mirent le ~ sur le sol de France when they set foot on French soil; je n'ai pas mis les ~s dehors/à l'église depuis longtemps *fam* I haven't been out/to church for a long time; je ne mettrai ou remettrai plus jamais les ~s là-bas I'll never set foot there again ❏ avoir les ~s plats to have flat feet *pr*, to be flat-footed *pr*; ni ~ ni patte *fam*: il ne remuait ou bougeait ni ~ ni patte he stood stock-still ou didn't move a muscle; aller ou avancer ou marcher d'un bon ~ to go apace; aller ou marcher d'un ~ léger to tread light-heartedly ou lightly; avoir bon ~ bon œil to be fit as a fiddle ou hale and hearty; partir du bon/mauvais ~ to start off (in) the right/wrong way; avoir le ~ marin to be a good sailor; je n'ai pas le ~ marin I'm prone to seasickness; avoir les (deux) ~s sur terre to have one's feet (firmly) on the ground ou one's head screwed on (the right way); avoir ~ to touch bottom; au secours, je n'ai plus ~! help, I'm out of my depth ou I've lost my footing!; avoir un ~ dans: j'ai déjà un ~ dans la place/l'entreprise I've got a foot in the door/a foothold in the company already; avoir un ~ dans la tombe to have one foot in the grave; elle n'a pas les deux ~s dans le même sabot there are no flies on her; bien fait pour tes/ses ~s *fam*, ça te/lui fera les ~s *fam* serves you/him right!; je suis ~s et poings liés my hands are tied; faire des ~s et des mains pour to bend over backwards ou to

pull out all the stops in order to; **faire du ~ à** qqn [flirter] to play footsie with sb; [avertir] to kick sb (under the table); **faire le ~ de grue** to cool ou to kick *Br* one's heels; **elle en est partie les ~s devant** she left there feet first ou in a box; **avoir le ~ au plancher** [accélérer] to have one's foot down; **lever le ~** [ralentir] to ease off (on the accelerator), to slow down; [partir subrepticement] to slip off; **mettre le ~ à l'étrier** to get into the saddle; **il a fallu lui mettre le ~ à l'étrier** he had to be given a leg up *fig*; **mettre les ~s dans le plat** *fam* to put one's foot in it; **mettre qqch sur ~** to set sthg up; **il ne peut plus mettre un ~ devant l'autre** [ivre] he can't walk in a straight line any more; [fatigué] his legs won't carry him any further; **reprendre ~** to get ou to find one's footing again; **retomber sur ses ~s** *pr* & *fig* to fall ou to land on one's feet; **ne pas savoir sur quel ~ danser** to be at a loss to know what to do; **se jeter** ou **se traîner aux ~s de qqn** to throw o.s. at sb's feet, **to get down on one's knees to sb**; **se lever du ~ gauche** to get out of the wrong side of the bed; **comme un ~** *fam* [très mal]: **je cuisine comme un ~** I'm a useless cook, I can't cook an egg; **on s'est débrouillés comme des ~** we went about it the wrong ou in a cackhanded *Br* way; **prendre son ~** *fam* [s'amuser] to get one's kicks; [sexuellement] to come; **il prend son ~ en faisant du jazz!** he gets a real kick out of playing jazz!; **quel ~!** *fam*: **on a passé dix jours à Hawaï, quel ~!** we really had a ball ou we had the time of our lives during our ten days in Hawaï!; **ce n'est pas le ~!** *fam*: **les cours d'anglais, ce n'est pas le ~!** the English class isn't much fun!; **les Pieds nickelés** *early cartoon characters.* **-2.** [d'un mur, d'un lit] foot; [d'une table, d'une chaise] leg; [d'une lampe, d'une colonne] base; [d'un verre] stem; [d'un micro, d'un appareil photo] stand, tripod. **-3.** IMPR [d'une lettre] bottom, foot. **-4.** BOT plant; [de champignon] foot; ~ de laitue lettuce plant; ~ de vigne vine (plant), vinestock. **-5.** [mesure] foot; **le mur fait six ~s de haut the wall is six-feet high; un mur de six ~s a six-foot high wall. **-6.** TECH: ~ de bielle AUT end of connecting rod; ~ à coulisse calliper rule; ~ de roi *Can* folding ruler. **-7.** LITTÉRAT foot; vers de 12 ~s 12-foot verse ou line. **-8.** CULIN: ~ de cochon [charcuterie] pig's trotter *Br* ou foot *Am*; ~s paquets stuffed mutton tripe dish (*from Marseilles*). **-9.** VÊT [d'un bas, d'une chaussette] foot. **-10.** MUS foot.

♦ **à pied** *loc adv* **-1.** [en marchant] on foot; on ira au stade à ~ we'll walk to the stadium. **-2.** [au chômage]: mettre qqn à ~ [mesure disciplinaire] to suspend sb; [mesure économique] to lay sb off, make sb redundant *Br*.

♦ **à pied d'œuvre** *loc adj*: être à ~ d'œuvre to be ready to get down to the job.

♦ **à pied sec** *loc adv* on dry land, without getting one's feet wet.

♦ **au pied de** *loc prép* at the foot ou bottom of; au ~ des Alpes in the foothills of the Alps ❏ au ~ du mur: être au ~ du mur to be faced with no alternative; mettre qqn au ~ du mur to get sb with his/her back to the wall, to leave sb with no alternative.

♦ **au pied de la lettre** *loc adv* literally; suivre des instructions au ~ de la lettre to follow instructions to the letter.

♦ **au pied levé** *loc adv* at a moment's notice.

♦ **de pied en cap** *loc adv*: en vert de ~ en cap dressed in green from top ou head to toe; habillé de ~ en cap par un couturier japonais wearing a complete outfit by a Japanese designer.

♦ **de pied ferme** *loc adv* resolutely; je t'attends de ~ ferme I'll definitely be waiting for you.

♦ **des pieds à la tête** *loc adv* from top to toe ou head to foot.

♦ **en pied** *loc adj* [photo, portrait] full-length; [statue] full-size standing.

♦ **pied à pied** *loc adv* inch by inch; lutter ou se battre ~ à ~ to fight every inch of the way.

♦ **sur le pied de guerre** *loc adv* MIL on a war footing; *hum* ready (for action).

♦ **sur pied** ◇ *loc adj* [récolte] uncut, standing; [bétail] on the hoof. ◇ *loc adv*: être sur ~ [en bonne santé] to be up and about; remettre qqn sur ~ to put sb on his/her feet again, to make sb better.

♦ **sur un pied d'égalité** *loc adv* on an equal footing; être sur un ~ d'égalité avec to stand on equal terms with.

**pied-à-terre** [pjetatɛr] *nm inv* pied-à-terre.

**pied-bot** [pjebo] (*pl* **pieds-bots**) *nm* club-footed person;

c'est un ~ he's got a ou he's a club-foot.

**pied-de-biche** [pjedbiʃ] (*pl* **pieds-de-biche**) *nm* **-1.** [pince] nail puller ou extractor. **-2.** [levier] crowbar. **-3.** [pied de meuble] cabriole leg. **-4.** [d'une machine à coudre] foot.

**pied-de-mouton** [pjedmutɔ̃] (*pl* **pieds-de-mouton**) *nm* wood hedgehog (fungus).

**pied(-)de(-)nez** [pjedne] (*pl* **pieds(-)de(-)nez**) *nm*: faire un ~ à qqn to thumb one's nose at sb; cette pièce est un ~ aux intellos *fam* this play is a real slap in the face for intellectual types.

**pied-de-poule** [pjedpul] (*pl* **pieds-de-poule**) ◇ *nm* hound's-tooth (check), dogtooth (check). ◇ *adj inv*: un tailleur ~ a hound's-tooth suit.

**pied-de-roi** [pjedərwa] *nm Can* folding ruler.

**pied-droit** [pjedrwa] (*pl* **pieds-droits**)= piédroit.

**piédestal, aux** [pjedestal, o] *nm* pedestal; mettre qqn sur un ~ to put ou to set ou to place sb on a pedestal.

**piedmont** [pjemɔ̃] = **piémont**.

**pied-noir** [pjenwar] (*pl* **pieds-noirs**) ◇ *adj* pied-noir. ◇ *nmf* pied-noir *(French settler in Algeria)*.

**piédroit** [pjedrwa] *nm* **-1.** ARCHIT [d'une voûte] pier; [d'une fenêtre] jamb. **-2.** TRAV PUBL [jambage] piedroit.

**piège** [pjɛʒ] ◇ *v* → **piéger**. ◇ *nm* **-1.** [dispositif] trap, snare; prendre un animal au ~ to trap an animal; poser ou tendre un ~ to set a trap; attirer qqn dans un ~ to lure sb into a trap; être pris à son propre ~ to fall into one's own trap, to be hoist by one's own petard; se laisser prendre au ~ de l'amour to be taken in by love ❑ ~ à cons▽: c'est un vrai ~ à cons! it's a real mug's game! *Br*, it's a con game ou gyp! *Am*; pris comme dans un ~ à rats caught like a rat in a trap. **-2.** [difficulté] trap, snare, pitfall. **-3.** GÉOL trap.

**piégé, e** [pjeʒe] *adj*: engin ~ objet ~ booby trap; colis ~ parcel bomb; lettre/voiture ~e letter/car bomb.

**piéger** [22] [pjeʒe] *vt* **-1.** [animal] to trap, to ensnare; je me suis fait ~ comme un débutant *fig* I was taken in ou caught out like a complete beginner. **-2.** [voiture, paquet] to boobytrap.

**piémont** [pjemɔ̃] *nm* piedmont.

**Piémont** [pjemɔ̃] *npr m*: le ~ Piedmont.

**piémontais, e** [pjemɔ̃tɛ, ɛz] *adj* Piedmontese.

**pierraille** [pjeraj] *nf* loose stones, scree (U).

**pierre** [pjɛr] *nf* **-1.** [matière] stone; [caillou] stone, rock *Am*; tuer qqn à coups de ~ to stone sb to death || BX-ARTS: sculpter la ~ to carve in stone || [immobilier]: la ~ the property ou real estate *Am* business; investir dans la ~ to invest in property ou in bricks and mortar; les vieilles ~s ruined buildings, ruins ❑ ~ d'achoppement stumbling block; ~ levée standing stone; ~ polie neolith; ~ taillée palaeolith, paleolith; faire d'une ~ deux coups to kill two birds (with one stone); jeter la ~ à qqn to cast a stone at sb; c'est une ~ dans ton jardin that remark was (meant) for you; se mettre une ~ autour du cou to put an albatross round one's neck. **-2.** CONSTR: ~ de taille ou d'appareil freestone; ~ angulaire *pr & fig* keystone, cornerstone; ~ à bâtir building stone; mur en ~s sèches drystone wall; poser la première ~ (de) *pr* to lay down the first stone (of); *fig* to lay the foundations (of). **-3.** JOAILL & MINÉR: ~ brute rough ou uncut stone; ~ taillée cut stone ❑ ~ fine ou semi-précieuse semi-precious stone; ~ de lune moonstone; ~ précieuse gem, precious stone; ~ de touche *pr & fig* touchstone. **-4.** GÉOL: ~ calcaire ou à chaux limestone; ~ meulière *type of stone common in the Paris area once used for making millstones and as a building material*; ~ ponce pumice stone. **-5.** [instrument]: ~ à affûter ou aiguiser whetstone; ~ à briquet (lighter) flint; ~ à feu ou fusil gun flint. **-6.** [stèle]: ~ funéraire ou tombale tombstone, gravestone. **-7.** RELIG: ~ d'autel altar stone; ~ noire black stone. **-8.** HIST & *fig*: ~ philosophale philosopher's stone. **-9.** [dans un fruit] (piece of) grit. **-10.** MÉD & *vieilli* (kidney) stone, calculus *spéc*.

◆ **de pierre** *loc adv* stony, of stone; être/rester de ~ to be/ to remain icy-cool; son cœur/visage restait de ~ he remained stony-hearted/stony-faced.

◆ **pierre à pierre, pierre par pierre** *loc adv pr* stone by stone; *fig* painstakingly; il a construit sa fortune ~ par ~ he built up his fortune from nothing.

◆ **pierre sur pierre** *loc adv litt*: après le tremblement de terre, il ne restait pas ~ sur ~ not a stone was left standing after the earthquake.

**Pierre** [pjɛr] *npr*: saint ~ Saint Peter; ~ le Grand Peter the Great.

**pierreries** [pjɛrri] *nfpl* precious stones, gems.

**pierreux, euse** [pjɛrø, øz] *adj* **-1.** [terrain] stony, rocky. **-2.** [fruit] gritty. **-3.** MÉD & *vieilli* calculous.

**pierrot** [pjɛro] *nm* **-1.** THÉÂT Pierrot; [clown] pierrot, clown. **-2.** [moineau] sparrow.

**pietà** [pjeta] *nf* pietà.

**piétaille** [pjetaj] *nf* **-1.** *hum* [fantassins] rank and file. **-2.** *péj* [subalternes] rank and file.

**piété** [pjete] *nf* **-1.** RELIG piety. **-2.** [amour] devotion, reverence; ~ filiale filial devotion.

**piétement** [pjetmɑ̃] *nm* crossbars and legs (of furniture).

**piétinement** [pjetinmɑ̃] *nm* **-1.** [action] stamping. **-2.** *fig* [stagnation]: le ~ de l'affaire arrange certaines personnes the lack of progress in the case suits certain people.

**piétiner** [3] [pjetine] ◇ *vi* **-1.** [s'agiter] to walk on the spot; ~ de rage to stamp one's feet in rage; ~ d'impatience *fig* to be fidgeting with impatience, to be champing at the bit. **-2.** *fig* [stagner] to fail to make (any) progress ou headway; on piétine, il faut se décider! we're not getting anywhere ou we're just marking time, let's make up our minds! ◇ *vt* **-1.** [écraser] to trample ou to tread on. **-2.** *fig* [libertés, traditions] to trample underfoot, to ride roughshod over.

**piétisme** [pjetism] *nm* pietism.

**piétiste** [pjetist] ◇ *adj* pietistic, pietistical. ◇ *nmf* pietist.

**piéton, onne** [pjetɔ̃, ɔn] ◇ *adj* pedestrian *(modif)*; rue ou zone ~ne pedestrian precinct *Br* ou mall *Am*. ◇ *nm, f* pedestrian.

**piétonnier, ère** [pjetɔnje, ɛr] *adj* pedestrian *(modif)*; rue piétonnière pedestrian area ou street.

**piètre** [pjɛtr] *adj (avant le nom)* very poor, mediocre; faire ~ figure to be a sorry sight; de ~ qualité very mediocre; c'est une ~ consolation that's small ou not much comfort.

**piètrement** [pjɛtrəmɑ̃] *adv* very mediocrely.

**pieu, x¹** [pjø] *nm* **-1.** [poteau – pour délimiter] post; [– pour attacher] stake. **-2.** *fam* [lit] bed; aller ou se mettre au ~ to turn in, to hit the hay ou the sack.

**pieusement** [pjøzmɑ̃] *adv* **-1.** [dévotement] piously, devoutly. **-2.** [scrupuleusement] religiously, scrupulously.

**pieuter**▽ [3] [pjøte] *vi* **-1.** [passer la nuit] to crash (out). **-2.** [coucher]: ~ avec qqn to bunk down with sb.
◆ **se pieuter**▽ *vpi* to turn in, to hit the hay ou the sack.

**pieuvre** [pjœvr] *nf* **-1.** ZOOL octopus. **-2.** *fig* [personne] leech.

**pieux², euse** [pjø, øz] *adj* **-1.** [dévot] pious, devout. **-2.** [charitable]: ~ mensonge white lie.

**pif** [pif] ◇ *onomat* bang, splat. ◇ *nm* [nez] conk *Br*, hooter *Br*, shnoz *Am*.
◆ **au pif** *loc adv fam* at random; au ~, je dirais trois I'd say three, at a rough guess ou off the top of my head; j'ai pris celui-là au ~ I just took the first one that came to hand.

**pif(f)er**▽ [3] [pife] *vt* [supporter]: je ne peux pas le ~! I can't stomach him!, I just can't stand him!

**pifomètre** [pifɔmɛtr] *nm fam*: au ~: j'ai dit ça au ~ I was just guessing; faire qqch au ~ to follow one's hunch in doing sthg.

**pige** [piʒ] *nf* **-1.** [tige graduée] measuring stick. **-2.** TECH gauge rod. **-3.** *fam* IMPR & PRESSE: travailler à la ~, faire des ~s to work freelance; être payé à la ~ to be paid piece rate ou by the line. **-4.** ▽ [an] year; pour quarante ~s, il est bien conservé he still looks pretty good for a forty-year-old. **-5.** *fam loc*: faire la ~ à qqn to go one better than sb.

**pigeai** [piʒe] *v* → **piger**.

**pigeon** [piʒɔ̃] *nm* **-1.** ORNITH pigeon; ~ ramier wood pigeon, ringdove; ~ voyageur carrier ou homing pigeon. **-2.** JEUX: ~ vole *children's game consisting of a yes or no answer to the question: does X fly?*. **-3.** SPORT: ~ d'argile clay pigeon. **-4.** *fam* [dupe] mug *Br*, sucker *Am*.

**pigeonnant, e** [piʒɔnɑ̃, ɑ̃t] *adj*: soutien-gorge ~ uplift (bra); poitrine ~e full bosom.

**pigeonne** [piʒɔn] *nf* hen pigeon.

**pigeonneau, x** [piʒɔno] *nm* ORNITH young pigeon, squab *spéc*.

**pigeonner** [3] [piʒɔne] *vt* **-1.** CONSTR to plaster. **-2.** *fam* [duper]: ~ qqn to take sb in ou for a ride, to hoodwink sb; se faire ~ to be led up the garden path, to be taken for a ride.

**pigeonnier** [piʒɔnje] *nm* **-1.** [pour pigeons] dovecote. **-2.** *fam* [mansarde] garret, attic.

**piger** [17] [piʒe] ◇ *vt* **-1.** *fam* [comprendre] to get, to twig *Br*; (t'as) pigé? got it?, have you twigged? *Br*, have you got the picture? *Am*; elle pige rien ou que dalle à l'art she hasn't got a clue about art ∥ *(en usage absolu)*: il a fini par ~ the penny finally dropped *Br*, he finally got it ou got the picture *Am*.**-2.** [mesurer] to rule (out). ◇ *vi fam* [travailler à la pige] to work freelance.

**pigiste** [piʒist] *nmf* **-1.** IMPR piece-rate typographer. **-2.** PRESSE freelance journalist.

**pigment** [pigmã] *nm* pigment.

**pigmentaire** [pigmãtɛr] *adj* pigmentary.

**pigmentation** [pigmãtasjɔ̃] *nf* pigmentation.

**pigmenter** [3] [pigmãte] *vt* to pigment.

**pigne** [piɲ] *nf* **-1.** [cône] pine cone. **-2.** [graine] pine kernel.

**pignocher** [3] [piɲɔʃe] *vi* **-1.** *vieilli* [manger] to nibble ou to pick at food. **-2.** [peindre] *to paint with minutely fine strokes.*

**pignon** [piɲɔ̃] *nm* **-1.** ARCHIT [de mur] gable; [de bâtiments] side wall; avoir ~ sur rue [personne] to be well-off (and respectable); [entreprise] to be well established. **-2.** TECH [roue dentée] cogwheel, gear wheel; [petite roue] pinion; [d'une bicyclette] rear-wheel, sprocket. **-3.** BOT pine kernel ou nut.

**pignouf** [piɲuf] *nm* [rustre] slob.

**pilaf** [pilaf] *nm* pilaf, pilau.

**pilage** [pilaʒ] *nm* pounding, grinding.

**pilaire** [pilɛr] *adj* pilar, pilary.

**pilastre** [pilastr] *nm* ARCHIT pilaster; [d'escalier] newel (post); [d'un balcon] pillar.

**pile** [pil] ◇ *nf* **-1.** [tas – désordonné] pile, heap; [– ordonné] stack. **-2.** INF stack. **-3.** CONSTR [pilier] pier. **-4.** TRAV PUBL [appui] pier; [pieu] pile. **-5.** ÉLECTR battery; une radio à ~s a radio run on batteries, a battery radio ❑ ~ atomique pile reactor; ~ à combustible fuel cell; ~ sèche dry battery; ~ solaire solar cell. **-6.** [côté d'une pièce]: le côté ~ the reverse side; ~ ou face? heads ou tails?; ~, c'est moi tails, I win; jouer ou tirer à ~ ou face to toss a coin; tirons à ~ ou face let's toss for it. **-7.** *fam* [coups] belting, thrashing. **-8.** *fam* [défaite] beating. ◇ *adv fam* **-1.** [net] dead; s'arrêter ~ to stop dead; ça commence à 8 h ~ it begins at 8 o'clock sharp ou on the dot. **-2.** [juste] right; ~ au milieu right in the middle; tomber ~: tu es tombé ~ sur le bon chapitre you just hit (on) the right chapter; vous tombez ~, j'allais vous appeler you're right on cue, I was about to call you.

**piler** [3] [pile] ◇ *vt* **-1.** [broyer] to crush, to grind. **-2.** *fam* [vaincre] to make mincemeat of, to wipe the floor with. ◇ *vi fam* [freiner] to slam (one's foot) on the brakes.

**pileux, euse** [pilø, øz] *adj* pilose, pilous.

**pilier** [pilje] *nm* **-1.** ANAT, CONSTR & MIN pillar. **-2.** *fig* [défenseur] pillar; [bastion] bastion, bulwark ❑ c'est un ~ de bar *fam* & *péj* [habitué] he can always be found propping up the bar, he's a barfly. **-3.** [joueur de rugby] prop forward.

**pillage** [pijaʒ] *nm* **-1.** [vol] pillage, looting, plundering; mettre au ~ to pillage. **-2.** [plagiat] plagiarism, pirating. **-3.** [d'une ruche] robbing.

**pillard, e** [pijar, ard] ◇ *adj* pillaging, looting, plundering. ◇ *nm, f* pillager, looter, plunderer.

**piller** [3] [pije] *vt* **-1.** [dépouiller] to pillage, to loot, to plunder. **-2.** [détourner] to cream *Br* ou to siphon off *(sép)*. **-3.** [plagier] to plagiarize.

**pilleur, euse** [pijœr, øz] *nm, f* pillager, looter, plunderer; ~ d'épaves wrecker.

**pilon** [pilɔ̃] *nm* **-1.** [de mortier] pestle; TECH pounder. **-2.** IMPR: mettre un livre au ~ to pulp a book. **-3.** [jambe de bois] (straight) wooden leg. **-4.** [de volaille] drumstick.

**pilonnage** [pilɔnaʒ] *nm* **-1.** [broyage] pounding, pestling. **-2.** IMPR pulping. **-3.** [bombardement] (heavy) bombardment, shelling; ~ publicitaire *fig* barrage of publicity.

**pilonner** [3] [pilɔne] *vt* **-1.** [broyer] to pound, to pestle. **-2.** IMPR to pulp. **-3.** [bombarder] to bombard, to shell.

**pilori** [pilɔri] *nm* **-1.** HIST pillory. **-2.** *fig*: clouer ou mettre qqn au ~ to pillory sb.

**pilosité** [pilozite] *nf* pilosity.

**pilotage** [pilɔtaʒ] *nm* **-1.** NAUT piloting. **-2.** AÉRON pilotage, piloting; ~ automatique automatic piloting; ~ sans visibilité blind flying. **-3.** *fig* [direction]: le ~ d'une entreprise running a business.

**pilote** [pilɔt] *nm* **-1.** AÉRON & NAUT pilot; ~ automatique autopilot, automatic pilot; ~ de chasse fighter pilot; ~ d'essai test pilot; ~ de ligne airline pilot. **-2.** *litt* [guide] guide. **-3.** AUT driver; ~ automobile ou de course racing driver. **-4.** ZOOL pilot fish. **-5.** RAIL pilot, pilotman. **-6.** *(comme adj; avec ou sans trait d'union)* [expérimental] experimental; école ~ experimental school ∥ [promotionnel] promotional; produit ~ promotional item, special offer.

**piloter** [3] [pilɔte] *vt* **-1.** [conduire – avion] to pilot, to fly; [– bateau] to sail; [– voiture] to drive. **-2.** [guider – personne] to guide, to show around *(sép)*; [– outil] to guide; piloté par ordinateur computer-driven. **-3.** TRAV PUBL to drive piles into.

**pilotis** [pilɔti] *nm*: des ~ piling; maison sur ~ house built on piles ou stilts.

**pilou** [pilu] *nm* flannelette.

**pilule** [pilyl] *nf* **-1.** [médicament] pill; trouver la ~ amère *fam* to find it a bitter pill to swallow; faire passer la ~ *fam* to get sb to swallow the pill ou to take their medicine *fig*. **-2.** [contraceptif]: ~ contraceptive contraceptive pill; prendre la ~ to be on the pill ❑ ~ du lendemain morning-after pill.

**pimbêche** [pɛ̃bɛʃ] ◇ *adj* stuck up. ◇ *nf*: c'est une ~ she's really stuck-up.

**piment** [pimã] *nm* **-1.** BOT pepper, capsicum *spéc*; ~ doux (sweet) pepper; ~ rouge red pepper; ~ fort hot pepper, pimento. **-2.** CULIN chilli, chili. **-3.** [charme]: ça met un peu de ~ dans la vie! it adds some spice to life!; cette fille a du ~ she's certainly got character.

**pimenté, e** [pimãte] *adj* [sauce] hot, spicy.

**pimenter** [3] [pimãte] *vt* **-1.** CULIN to season with chili, to spice up *(sép)*. **-2.** [corser]: ~ une histoire to lace a story with spicy details; ~ la vie to add spice to life.

**pimpant, e** [pɛ̃pã, ãt] *adj* [net] spruce, neat, smart; [frais] fresh, bright; elle est arrivée toute ~e she turned up all bright-eyed and bushy tailed.

**pimprenelle** [pɛ̃prənɛl] *nf* salad burnet.

**pin** [pɛ̃] *nm* **-1.** BOT pine; ~ parasol ou pignon stone pine; ~ maritime maritime pine; ~ sylvestre Scots ou Scotch pine. **-2.** MENUIS pine, pinewood.

**pinacle** [pinakl] *nm* **-1.** ARCHIT pinnacle. **-2.** *fig* zenith, acme; être au ~ to be at the top; mettre ou porter qqn au ~ to praise sb to the skies, to put sb on a pedestal.

**pinacothèque** [pinakɔtɛk] *nf* art gallery.

**pinailler** [3] [pinaje] *vi fam* to quibble, to nitpick.

**pinailleur, euse** [pinajœr, øz] *fam* ◇ *adj* fussy, nitpicking, quibbling. ◇ *nm, f* nitpicker.

**pinard**▽ [pinar] *nm* vino, plonk *Br*, jug wine *Am*.

**pinardier** [pinardje] *nm* **-1.** [navire] wine tanker. **-2.** ▽ [marchand] wine merchant.

**pinasse** [pinas] *nf* (flat-bottomed) pinnace.

**pinçai** [pɛ̃se] *v* → pincer.

**pince** [pɛ̃s] *nf* **-1.** [outil] (pair of) pliers ou pincers; [pour un âtre] (fire) tongs; ~ à glaçons/sucre ice/sugar tongs; ~ à cheveux hair clip; ~ coupante wire cutters; ~ à dessin bulldog clip; ~ à épiler (pair of) tweezers; ~ à linge clothes peg ou pin *Am*; ~ multiprise multiple pliers; ~ à ongles (nail) clippers; ~ universelle universal ou all-purpose pliers; ~ à vélo bicycle clip. **-2.** ZOOL claw, pincer; [d'un sabot de cheval] front part (of a horse's hoof). **-3.** COUT dart, tuck; ouvrir ou retirer des ~s to take out tucks ❑ ~ de poitrine dart. **-4.** *fam* [main] paw, mitt.

◆ **à pinces** ◇ *loc adj* COUT pleated; pantalon à ~s front-pleated trousers. ◇ *loc adv fam* [à pied] on foot, on shanks's pony *Br* ou mare *Am*; j'irai à ~s I'll hoof ou leg it.

**pincé, e**[1] [pɛ̃se] *adj* **-1.** [dédaigneux]: un sourire ~ a thin-lipped smile; il avait un air ~ he had a stiff ou starchy manner. **-2.** [serré] tight; aux lèvres ~es tight-lipped.

**pinceau, x** [pɛ̃so] *nm* **-1.** [brosse – de peintre] paintbrush, brush; [– de maquillage] brush. **-2.** [style] brushwork; il a un bon coup de ~ he paints rather well. **-3.** OPT: ~ lumineux light pencil. **-4.** *fam* [jambe] gam, pin.

**pincée²** [pɛ̃se] ◇ f→ **pincé**. ◇ nf pinch.

**pincement** [pɛ̃smɑ̃] nm **-1.** [émotion] twinge, pang; avoir un ~ au cœur to have a lump in one's throat; j'ai eu un ~ au cœur it tugged at my heartstrings. **-2.** HORT nipping off, deadheading Br.

**pince-monseigneur** [pɛ̃smɔ̃sɛɲœr] (pl **pinces-monseigneur**) nf jemmy.

**pince-nez** [pɛ̃sne] nm inv pince-nez.

**pincer** [16] [pɛ̃se] vt **-1.** [serrer] to pinch, to nip; se faire ~ par un crabe to get nipped by a crab; pince-moi, je rêve! pinch me, I must be dreaming!; ~ les lèvres to go tight-lipped. **-2.** [suj: vent, froid] to nip at (insép). **-3.** MUS to pluck. **-4.** HORT to pinch out (sép), to nip off (sép), to deadhead Br.**-5.** fam [arrêter] to nick Br, to pinch, to bust; se faire ~: un jour, tu vas te faire ~ par les flics one day, you'll get nicked Br ou you'll be busted Am.**-6.** fam loc: en ~ pour qqn to be crazy about sb, to be gone on sb ‖ (en usage absolu): ça pince (dur), aujourd'hui! it's bitterly ou freezing cold today!

◆ **se pincer** ◇ vp (emploi réfléchi) to pinch o.s.; se ~ le nez to hold ou to pinch one's nose. ◇ vpt : je me suis pincé le doigt dans le tiroir I caught my finger in the drawer, my finger got caught in the drawer.

**pince-sans-rire** [pɛ̃sɑ̃rir] nmf inv person with a deadpan ou dry sense of humour.

**pincette** [pɛ̃sɛt] nf [d'horloger] (pair of) tweezers.

◆ **pincettes** nfpl [pour attiser] (fireplace) tongs; il n'est pas à prendre avec des ~s [très énervé] he's like a bear with a sore head.

**pinçon** [pɛ̃sɔ̃] nm pinch mark.

**pinçons** [pɛ̃sɔ̃] v → **pincer**.

**Pindare** [pɛ̃dar] npr Pindar.

**pinède** [pined] nf pinewood, pine grove.

**pingouin** [pɛ̃gwɛ̃] nm penguin, auk.

**ping-pong** [piŋpɔ̃g] nm table tennis, ping-pong.

**pingre** [pɛ̃gr] péj ◇ adj [avare] stingy, mean, tight-fisted. ◇ nmf skinflint, penny-pincher.

**pingrerie** [pɛ̃grəri] nf [avarice] stinginess, meanness.

**Pinocchio** [pinɔkio] npr Pinocchio.

**pinot** [pino] nm pinot.

**pin-pon** [pɛ̃pɔ̃] interj langage enfantin noise made by a fire engine's two-tone siren.

**pin's** [pins] nm inv badge.

**pinson** [pɛ̃sɔ̃] nm chaffinch.

**pintade** [pɛ̃tad] nf guinea fowl.

**pintadeau, x** [pɛ̃tado] nm young guinea fowl.

**pinte** [pɛ̃t] nf **-1.** [mesure – française] quart; [– anglo-saxonne] pint; [– canadienne] quart. **-2.** [verre] pint; une ~ de bière a pint of beer. **-3.** Helv bar. **-4.** fam loc: s'offrir ou se faire ou se payer une ~ de bon sang to have a good laugh.

**pinté, e**▽ [pɛ̃te] adj [saoul] pie-eyed, blotto Br, pissed Br.

**pinter**▽ [3] [pɛ̃te]

◆ **se pinter** vpi to booze.

**pin-up** [pinœp] nf inv pinup.

**pioche** [pjɔʃ] nf **-1.** [outil] pick, pickaxe, mattock; ils ont démoli le mur à coups de ~ they demolished the wall with a pick. **-2.** JEUX [aux dominos] stock; [aux cartes] talon, stock.

**piocher** [3] [pjɔʃe] ◇ vt **-1.** [creuser] to dig (up). **-2.** [tirer] to draw; ~ une carte/un domino to draw a card/domino (from stock). **-3.** fam [étudier] to cram, to swot at Br (insép), to grind away at Am (insép). ◇ vi [puiser] to dig; les cerises sont fameuses, vas-y, pioche (dans le tas) the cherries are delicious, go ahead, dig in.

**piocheur, euse** [pjɔʃœr, øz] nm, f **-1.** [ouvrier] digger. **-2.** fam [étudiant] swot Br, grind Am.

**piolet** [pjɔlɛ] nm ice-axe.

**pion¹** [pjɔ̃] nm **-1.** JEUX [de dames] draughtsman, checker Am; [d'échecs] pawn. **-2.** fig [personne]: n'être qu'un ~ sur l'échiquier to be just a cog in the machine ou a pawn in the game. **-3.** PHYS pion.

**pion², pionne** [pjɔ̃, pjɔn] nm, f fam SCOL (paid) prefect ou monitor.

**pioncer** [16] [pjɔ̃se] vi fam to snooze, to (have a) kip Br.

**pionnier, ère** [pjɔnje, ɛr] nm, f **-1.** [inventeur] pioneer. **-2.** [colon] pioneer.

◆ **pionnier** nm MIL sapper.

**pioupiou** [pjupju] nm fam & vieilli soldier, squaddie Br, GI (Joe) Am.

**pipe** [pip] nf **-1.** [à fumer – contenant] pipe; [– contenu] pipe, pipeful; une ~ de bruyère a briar pipe. **-2.** TECH pipe. **-3.** ŒNOL wine cask. **-4.** ▼ [fellation] blow-job. **-5.** fam [cigarette] fag Br, butt Am.

**pipeau, x** [pipo] nm **-1.** MUS (reed) pipe; c'est du ~ fig it's all fibs. **-2.** CHASSE bird call.

◆ **pipeaux** nmpl [pour les oiseaux] birdlimed ou limed twigs.

**pipelet, ette** [piplɛ, ɛt] nm, f fam & vieilli concierge, doorman Am nm.

◆ **pipelette** nf fam gossip (monger).

**pipe-line** (pl **pipe-lines**), **pipeline** [pajplajn, piplin] nm pipeline.

**piper** [3] [pipe] vt **-1.** [truquer – dés] to load; [– cartes] to mark; les dés sont pipés fig the dice are loaded. **-2.** loc: ne pas ~ (mot) to keep mum.

**piperade** [piperad] nf piperade (cooked tomatoes, sweet peppers and ham mixed with scrambled eggs).

**pipette** [pipɛt] nf pipette.

**pipi** [pipi] nm fam [urine] (wee) wee, pee; faire ~ to do a (wee) wee, to have a pee, to pee; faire ~ au lit to wet the bed ❏ c'est du ~ de chat [sans goût] it's tasteless, it's like dishwater; [sans intérêt] it's a load of bilge ou tripe.

**piquage** [pika3] nm **-1.** COUT stitching. **-2.** TEXT punching.

**piquant, e** [pikɑ̃, ɑ̃t] adj **-1.** [plante] thorny; sa barbe est ~e his beard's all prickly. **-2.** CULIN [moutarde, radis] hot. **-3.** sout [excitant – récit, détail] spicy, juicy. **-4.** fam [eau] fizzy.

◆ **piquant** nm **-1.** [de plante] thorn, prickle; [d'oursin, de hérisson] spine; [de barbelé] barb, spike. **-2.** sout [intérêt]: le ~ de l'histoire, c'est qu'elle n'est même pas venue! the best part of it is that ou to crown it all she didn't even show up!; des détails qui ne manquent pas de ~ juicy details.

**pique** [pik] ◇ nf **-1.** [arme] pike; [de picador] pic. **-2.** [propos] barb, carping remark; lancer des ~s à qqn to make cutting remarks to sb. ◇ nm **-1.** [carte] spade; le roi de ~ the king of spades. **-2.** [couleur] spades.

**piqué, e** [pike] adj **-1.** [abîmé – vin] sour; [– miroir] mildewed; [– bois] wormeater; [– papier] foxed. **-2.** fam [fou] nutty, screwy, cracked. **-3.** MUS staccato; note ~e dotted note. **-4.** CULIN [de lard] larded, piqué; [d'ail] studded with garlic, piqué. **-5.** loc: pas ~ des hannetons fam ou vers fam: un alibi pas ~ des hannetons the perfect alibi; il est pas ~ des hannetons ton frangin! your brother is really something else!

◆ **piqué** nm **-1.** TEXT piqué. **-2.** AÉRON nose dive. **-3.** DANSE piqué.

**pique-assiette** [pikasjɛt] (pl inv ou **pique-assiettes**) nmf fam sponger, scrounger.

**pique-feu** [pikfø] (pl inv ou **pique-feux**) nm poker.

**pique-fleurs** [pikflœr] nm inv flower holder (vase).

**pique-nique** [piknik] (pl **pique-niques**) nm picnic; faire un ~ to go on ou for a picnic.

**pique-niquer** [3] [piknike] vi to picnic, to go on ou for a picnic.

**pique-niqueur, euse** [piknikœr, øz] (mpl **pique-niqueurs**, fpl **pique-niqueuses**) nm, f picnicker.

**piquer** [3] [pike] ◇ vt **-1.** MÉD [avec une seringue]: ~ qqn to give sb an injection. **-2.** VÉTÉR [tuer]: ~ un animal to put an animal down, to put an animal to sleep; faire ~ un chien to have a dog put down. **-3.** [avec une pointe] to prick; ~ un morceau de viande avec une fourchette/la pointe d'un couteau to stick a fork/the tip of a knife into a piece of meat; ~ un bœuf avec un aiguillon to goad an ox. **-4.** [suj: animal, plante] to sting, to bite; être piqué ou se faire ~ par une abeille to get stung by a bee; se faire ~ par un moustique to get bitten by a mosquito. **-5.** [enfoncer] to stick; ~ une fleur dans ses cheveux to put a flower in ou to stick a flower in one's hair; ~ une broche sur un chemisier to pin a brooch on ou onto a blouse. **-6.** [brûler] to tickle, to tingle, to prickle; ça pique la gorge it gives you a tickle in your ou the throat; le poivre pique la langue pepper burns the tongue; la fumée me pique les yeux the smoke is making my eyes smart; un tissu rêche qui pique la peau a rough material which chafes the skin. **-7.** [stimuler – curiosité, jalou-

sie] to arouse, to awaken; [– amour-propre] to pique; [– intérêt] to stir (up). **-8.** *fam* [faire de manière soudaine]: ~ un cent mètres *ou* un sprint *pr* to put on a sprint; *fig* to take off in a flash; ~ une colère to throw a fit (of anger); ~ une crise (de nerfs) to get hysterical; ~ un somme *ou* un roupillon *fam* to grab a nap *ou* some shuteye ❏ ~ un fard to turn red *ou* crimson; ~ une tête to dive head first. **-9.** *fam* [dérober] to steal, to pinch, to grab *Am*; ~ un porte-monnaie to snatch a wallet; il a piqué la femme de son copain he ran off with his friend's wife; ~ une phrase dans un livre/à un auteur to lift a sentence from a book/an author. **-10.** *fam* [arrêter] to nab, to collar, to nick *Br*; se faire ~ [arrêter] to get nabbed *ou* nailed *Am*; [surprendre] to get caught. **-11.** MUS: ~ une note to dot a note, to play a note staccato. **-12.** COUT to sew; [cuir] to stitch. **-13.** CULIN: ~ un rôti d'ail to stick garlic into a roast; ~ une viande de lardons to lard a piece of meat.
◇ *vi* **-1.** [brûler – barbe] to prickle; [– désinfectant, alcool] to sting; [– yeux] to burn, to smart; radis/moutarde qui pique hot radish/mustard; eau qui pique *fam* fizzy water; vin qui pique sour wine; gorge qui pique sore throat. **-2.** [descendre – avion] to (go into a) dive; [– oiseau] to swoop down; [– personne] to head straight towards; ~ (droit) vers to head (straight) for. **-3.** *loc*: ~ du nez [avion] to go into a nosedive; [bateau] to tilt forward; [fleur] to droop; [personne] to (begin to) drop off; *fig* to run away full tilt.
◆ **se piquer** ◇ *vp (emploi réfléchi)* [avec une seringue – malade] to inject o.s; [– drogué] to take drugs (*intravenously*); il se pique à l'héroïne he shoots *ou* does heroin. ◇ *vpi* **-1.** [par accident] to prick o.s. **-2.** [s'abîmer – papier, linge] to turn mildewy, to go mouldy; [– métal] to pit, to get pitted; [– vin] to turn sour. **-3.** *loc*: se ~ au jeu: elle s'est piquée au jeu it grew on her. ◇ *vpt*: se ~ le nez *fam* to hit the bottle, to tipple.
◆ **se piquer de** *vp* + *prép* to pride o.s. on.

**piquet** [pike] *nm* **-1.** [pieu] post, stake, picket. **-2.** [groupe – de soldats, de grévistes] picket; ~ d'incendie fire fighting squad; ~ de grève picket. **-3.** [coin]: mettre un enfant au ~ to send a child to stand in the corner. **-4.** JEUX piquet.

**piquetage** [pikta3] *nm* **-1.** [marquage] staking (out). **-2.** *Can* picketing.

**piqueter** [27] [pikte] ◇ *vt* **-1.** [route, chemin] to stake *ou* to peg (out). **-2.** *litt* [parsemer] to stud, to dot. ◇ *vi Can* to picket.

**piqueteur, euse** [piktœr, øz] *nm, f Can* picketer.

**piquette**[1] [pikɛt] *v* → piqueter.

**piquette**[2] [pikɛt] *nf* **-1.** [vin] (cheap) wine. **-2.** *fam* [défaite] thrashing, beating; prendre *ou* ramasser une ~ to get a good drubbing *ou* hammering *ou* shellacking *Am*. **-3.** *fam loc*: c'est de la ~ it's a mere trifle.

**piquetterai** [pikɛtre] *v* → piqueter.

**piqûre** [pikyr] *nf* **-1.** [d'aiguille] prick; ~ d'épingle pinprick. **-2.** [d'insecte] sting, bite; ~ de guêpe/d'abeille wasp/bee sting; ~ de moustique/puce mosquito/flea bite. **-3.** [de plante] sting; ~s d'orties nettle stings. **-4.** MÉD injection, shot; ~ antitétanique antitetanus *ou* tetanus shot; faire une ~ à qqn to give sb an injection. **-5.** COUT [point] stitch; [rangs, couture] stitching (*U*). **-6.** [altération – du papier] foxing; [– du métal] pitting; [– du bois] wormhole; [– du vin] souring. **-7.** [saleté]: ~s de mouches fly specks.

**piranha** [pirana] *nm* piranha.

**piratage** [pirata3] *nm* **-1.** [maritime] pirating (*U*), piracy; INF hacking.

**pirate** [pirat] *nm* **-1.** [sur les mers] pirate; ~ de l'air hijacker. **-2.** [de logiciels, de cassettes] pirate. **-3.** (*comme adj; avec ou sans trait d'union*) pirate (*modif*).

**pirater** [3] [pirate] ◇ *vt* **-1.** *fam* [voler] to rip off (*sép*), to rob; ~ des idées to pinch *ou* steal ideas. **-2.** [copier illégalement] to pirate. ◇ *vi litt* to pirate.

**piraterie** [piratri] *nf* **-1.** [sur les mers] piracy; ~ aérienne air piracy, hijacking. **-2.** [plagiat] piracy, pirating; ~ commerciale industrial piracy.

**pire** [pir] ◇ *adj* **-1.** (*compar*) worse; si je dors, c'est ~ encore if I sleep, it's even worse; les conditions sont ~s que jamais the conditions are worse than ever; c'est de ~ en ~ it's getting worse and worse ❏ il n'est ~ eau que l'eau qui dort *prov* still waters run deep *prov*; il n'est ~ sourd que celui qui ne veut pas entendre *prov* there's none so deaf as he who will not hear. **-2.** (*superl*) worst; mon ~ ennemi my

worst enemy; se livrer aux ~s horreurs to commit the worst *ou* foulest abominations. ◇ *nm*: le ~ the worst; je m'attends au ~ I expect the worst; le ~ est qu'elle en aime un autre the worst (part) of it is that she's in love with someone else; dans le ~ des cas, (en mettant les choses) au ~ at worst.

**Pirée** [pire] *npr*: Le ~ Piraeus.

**pirogue** [pirɔg] *nf* pirogue, dugout.

**pirouette** [pirwɛt] *nf* **-1.** [tour sur soi-même] pirouette, body spin; faire une ~ to pirouette, to spin (on one's heels). **-2.** DANSE & ÉQUIT pirouette. **-3.** [changement d'opinion] about-face, about-turn. **-4.** [dérobade]: répondre *ou* s'en tirer par une ~ to answer flippantly.

**pirouetter** [4] [pirwete] *vi* **-1.** [pivoter] to pivot. **-2.** [faire une pirouette – danseur] to pirouette.

**pis**[1] [pi] *nm* ZOOL udder.

**pis**[2] [pi] *litt* ◇ *adj* worse. ◇ *nm*: le ~ [le pire] the worst ❏ dire ~ que pendre de qqn to vilify sb, to drag sb's name through the mud. ◇ *adv* worse; il a fait ~ encore he's done worse things still.
◆ **au pis** *loc adv litt* if the worst comes to the worst.
◆ **qui pis est** *loc adv* what's *ou* what is worse.

**pis-aller** [pizale] *nm inv* [expédient] last resort.

**piscicole** [pisikɔl] *adj* fish-farming (*modif*), piscicultural *spéc*.

**pisciculture** [pisikyltyr] *nf* fish-farming, pisciculture *spéc*.

**pisciforme** [pisifɔrm] *adj* fish-shaped, piscine *spéc*.

**piscine** [pisin] *nf* [de natation] (swimming) pool *ou* baths *Br*; ~ couverte/découverte indoor/outdoor (swimming) pool; ~ municipale public (swimming) pool *ou* baths.

**piscivore** [pisivɔr] ◇ *adj* fish-eating. ◇ *nmf* fish-eating animal.

**Pise** [piz] *npr* Pisa; la tour de ~ the Leaning Tower of Pisa.

**pisé** [pize] *nm* pisé, rammed clay.

**pisse**▽ [pis] *nf* piss, pee.

**pisse-froid** [pisfrwa] *nm inv fam* wet blanket, killjoy.

**pissenlit** [pisãli] *nm* dandelion.

**pisser**▽ [3] [pise] ◇ *vi* **-1.** [uriner] to piss, to (have a) pee; c'est comme si on pissait dans un violon it's a bloody waste of time, it's like pissing into the wind; laisse ~ (le mérinos) let it go; il ne se sent plus ~ he's too big for his boots. **-2.** [fuir] to leak. ◇ *vt* **-1.** [uriner] to pass; ~ du sang to pass blood. **-2.** [laisser s'écouler]: ça pissait le sang there was blood gushing *ou* spurting everywhere; mon nez pissait le sang I had blood pouring from my nose; le moteur commençait à ~ de l'huile oil started to gush from the engine. **-3.** *loc*: ~ de la copie to churn it out, to write reams.

**pisseur, euse**[1]▽ [pisœr, øz] *nm, f*: pisser; ~ de copie hack (*who writes a lot*).
◆ **pisseuse**▽ *nf* little girl.

**pisseux, euse**[2] [pisø, øz] *adj* **-1.** [imprégné d'urine] urine-soaked. **-2.** [délavé] washed-out. **-3.** [jauni] yellowing.

**pisse-vinaigre** [pisvinɛgr] *nm inv fam* **-1.** [avare] skinflint, miser. **-2.** [rabat-joie] wet blanket.

**pissoir**▽ [piswar] *nm* bog *Br*, john *Am*.

**pissotière** [pisɔtjɛr] *nf fam* public urinal.

**pistache** [pistaʃ] ◇ *nf* pistachio (nut). ◇ *adj inv*: (vert) ~ pistachio (green).

**pistachier** [pistaʃje] *nm* pistachio (tree).

**pistage** [pista3] *nm* tracking, trailing, tailing.

**piste** [pist] *nf* **-1.** [trace] track, trail; être sur la ~ de qqn to be on sb's track *ou* trail; ils sont sur la bonne/une fausse ~ they're on the right/wrong track ❏ jeu de ~ treasure hunt. **-2.** [indice] lead; la police cherche une ~ the police are looking for leads. **-3.** SPORT [de course à pied] running track; [de ski] ski-run, run; [en hippisme – pour la course] track; [– pour les chevaux] bridle path; [de patinage] rink; [de course cycliste] cycling track; [de course automobile] racing track; [d'athlétisme] lane; [d'escrime] piste; ~ de danse dance floor; ~ de cirque circus ring. **-4.** [chemin, sentier] trail, track; ~ cyclable [sur la route] cycle lane; [à côté] cycle track. **-5.** AÉRON runway; en bout de ~ at the end of the runway ❏ ~ d'envol/d'atterrissage take-off/landing runway. **-6.** AUDIO, CIN & INF track; ~ sonore soundtrack. **-7.** CHASSE trail. **-8.** JEUX [de dés] dice run *ou* baize.
◆ **en piste** ◇ *interj* off you go. ◇ *loc adv*: entrer en ~ to

come into play, to join in.

**pister** [3] [piste] *vt* [suivre – personne] to tail, to trail; [– animal] to trail, to track.

**pisteur** [pistœr] *nm* SKI [pour entretien] ski slope maintenance man; [pour surveillance] ski patrolman.

**pistil** [pistil] *nm* pistil.

**pistolet** [pistɔlɛ] *nm* **-1.** ARM pistol, gun; ~ à air comprimé air pistol; ~ d'alarme alarm pistol; ~ automatique pistol; ~ mitrailleur submachine-gun. **-2.** [instrument]: ~ agrafeur staple gun; ~ à peinture spray gun. **-3.** [jouet]: ~ à eau water pistol. **-4.** *fam* MÉD bottle. **-5.** *Belg* [petit pain] bread roll.

**pistolet-mitrailleur** [pistɔlɛmitrajœr] (*pl* **pistolets-mitrailleurs**) *nm* sub-machine-gun.

**piston** [pistɔ̃] *nm* **-1.** MÉCAN piston. **-2.** MUS valve. **-3.** *fam* [recommandation, protection] string-pulling, connections; il est rentré par ~ he got in by knowing the right people; elle a fait marcher le ~ pour se faire embaucher she got somebody to pull a few strings for her to get the job. **-4.** *arg scol* [élève] student of the École centrale des arts et manufactures; Piston [l'ECAM] nickname of the École centrale des arts et manufactures.

**pistonner** [3] [pistɔne] *vt fam* to pull strings for; elle s'est fait ~ pour entrer au ministère she used her connections to get into the Ministry.

**pistou** [pistu] *nm* Provençal vegetable soup (with garlic and basil).

**pitance** [pitɑ̃s] *nf litt* sustenance, daily bread.

**pitchoun, e** [pitʃun], **pitchounet, ette** [pitʃunɛ, ɛt] *nm, f dial* little one.

**piteusement** [pitøzmɑ̃] *adv* miserably, pathetically.

**piteux, euse** [pitø, øz] *adj* **-1.** [pitoyable] pitiful, piteous; être en ~ état to be in a pitiful condition; un manteau en ~ état a shabby coat. **-2.** [mauvais, médiocre] poor, mediocre. **-3.** [triste] mine to look sad. **-4.** [honteux] sheepish; elle s'est excusée de façon piteuse she apologized shamefacedly.

**pithiviers** [pitivje] *nm* puff-pastry cake (filled with almond cream).

**pitié** [pitje] ◊ *nf* **-1.** [compassion] pity; elle l'a fait par ~ pour lui she did it out of pity for him; avoir ~ de qqn to feel pity for ou to pity sb; faire ~ à qqn: elle me fait ~ I feel sorry for her; vous me faites ~! you look awful!; [avec mépris] you're pitiful!; la pièce? c'était à faire ~ the play? it was a wretched ou pitiful performance; prendre qqn en ~ to take pity on sb. **-2.** [désolation] pity; quelle ~!, c'est une ~! what a pity!. **-3.** [clémence] mercy, pity; il a eu ~ de ses ennemis he had mercy on his enemies. ◊ *interj*: (par) ~! (have) mercy!; [avec agacement] for pity's sake!; ~ pour ma pauvre carcasse! *hum* have mercy on my poor old bones!

♦ **sans pitié** *loc adj* ruthless, merciless; ils ont été sans ~ [jurés] they showed no mercy; [terroristes] they were ruthless.

**piton** [pitɔ̃] *nm* **-1.** [clou – gén] eye ou eye-headed nail; [– d'alpiniste] piton. **-2.** GÉOG [dans la mer] submarine mountain; [pic] piton, needle.

**pitonner** [3] [pitɔne] *vi* **-1.** SPORT to hammer (in) pitons. **-2.** *Can* to zap, to channel-hop.

**pitoyable** [pitwajabl] *adj* **-1.** [triste – destin] pitiful. **-2.** [mauvais – effort, résultat] pitiful, deplorable, dismal.

**pitoyablement** [pitwajabləmɑ̃] *adv* **-1.** [tristement] pitifully. **-2.** [médiocrement] pitifully, deplorably.

**pitre** [pitr] *nm* **-1.** [plaisantin] clown; faire le ~ to clown ou to fool around. **-2.** *arch* [bouffon] clown.

**pitrerie** [pitrəri] *nf* piece of tomfoolery ou buffoonery.

**pittoresque** [pitɔrɛsk] ◊ *adj* picturesque, colourful. ◊ *nm* picturesqueness.

**pive** [piv] *nf Helv* pine cone.

**pivert** [pivɛr] *nm* (green) woodpecker.

**pivoine** [pivwan] *nf* peony.

**pivot** [pivo] *nm* **-1.** [axe] pivot. **-2.** [centre] pivot, hub; le ~ de toute son argumentation the crux of his argument. **-3.** SPORT centre. **-4.** CEE: cours ~ ECU value; taux ~ designated (ECU) rate.

**pivotant, e** [pivotɑ̃, ɑ̃t] *adj* revolving, swivelling.

**pivoter** [3] [pivɔte] *vi* **-1.** [autour d'un axe – porte] to revolve;

[– fauteuil] to swivel. **-2.** [personne] to turn; ~ sur ses talons to spin round, to pivot on one's heels; faire ~ qqch to swing sthg (round) || [véhicule] to swing.

**pixel** [piksɛl] *nm* pixel.

**pizza** [pidza] *nf* pizza.

**pizzeria** [pidzerja] *nf* pizzeria.

**PJ** ◊ *npr f* (abr de **police judiciaire**) ≃ CID Br, ≃ FBI Am. ◊ (abr écrite de **pièces jointes**) encl.

**Pl., pl.** *abr écrite de* **place**.

**PL** (abr écrite de **poids lourd**) HGV.

**placage** [plakaʒ] *nm* **-1.** [revêtement – de bois] veneering; [– de pierre, marbre] facing; [– de métal] cladding, coating. **-2.** SPORT tackle.

**plaçai** [plase] *v* → placer.

**placard** [plakar] *nm* **-1.** [armoire] cupboard, closet Am; ~ à balais broom cupboard; ~ de cuisine kitchen cupboard; ~ de salle de bains bathroom cabinet; ~ à vêtements wardrobe Br, closet Am; mettre qqn au ~ *fam* [l'écarter] to put sb on the sidelines, to sideline sb Am; mettre qqch au ~ *fam* [le retirer de la circulation] to put sthg in cold storage ou in mothballs. **-2.** IMPR galley (proof); ~ publicitaire [grand] large display advertisement; [de pleine page] full-page advertisement. **-3.** ▽ [prison] nick Br, hoosegow Am. **-4.** *fam* [couche de maquillage] dollop. **-5.** *vieilli* [avis écrit] proclamation.

**placarder** [3] [plakarde] *vt* **-1.** [couvrir]: ~ qqch de to cover sthg with. **-2.** [afficher] to plaster; j'ai placardé des photos sur les murs I plastered the walls with photos.

**place** [plas] *nf* **-1.** [espace disponible] space (U), room (U); faire de la ~ to make room ou space; faites-lui une petite ~ give her a bit of room; ne prends pas toute la ~ [à table, au lit] don't take up so much room; [sur la page] don't use up all the space; laisser la ou faire ~ à to make room ou way for; ce travail ne laisse aucune ~ à la créativité there's no place ou room for creativity in this kind of work; la musique tient une grande ~ dans ma vie music is very important in ou is an important part of my life ❏ faire ~ nette *pr* to tidy up; *fig* to clear up, to make a clean sweep. **-2.** [endroit précis] place, spot; changer les meubles/la cuisinière de ~ to move the furniture around/the stove; mets/remets les clefs à leur ~ put the keys/put the keys back where they belong; est-ce que tout est à sa ~? is everything in order ou in its proper place? || [d'une personne]: savoir rester à sa ~ to know one's place; ta ~ n'est pas ici you're out of place here; tu auras toujours une ~ dans mon cœur there'll always be a place in my heart for you; reprendre sa ~ [sa position] to go back to one's place; [son rôle] to go back to where one belongs; notre collègue ne pourra pas reprendre sa ~ parmi nous our colleague is unable to resume his post with us; pour rien au monde je ne donnerais ma ~ I wouldn't swop places for anything in the world ❏ remettre qqn à sa ~ to put sb in his/her place; se faire une ~ au soleil to make a success of things, to find one's place in the sun. **-3.** [siège] seat; [fauteuil au spectacle] seat; [billet] ticket; avoir la ~ d'honneur [sur l'estrade] to sit at the centre of the stage; [à table] to sit at the top ou head of the table; à la ~ du conducteur in the driver's seat; une voiture à deux ~s a two-seater car; une caravane à quatre ~s a caravan that sleeps four; une salle de 500 ~s a room that can seat 500 people; réserver une ~ d'avion/de train to make a plane/train reservation; payer ~ entière to pay (the) full fare; ça vous ennuierait de changer de ~? would you mind swopping places? ❏ ~ assise seat; il ne reste plus que des ~s debout it's now standing room only; à la ~ du mort in the (front) passenger seat; dans le monde du spectacle, les ~s sont chères it's difficult to gain a foothold in show business; la ~ est toute chaude *pr & fig* the seat's still warm. **-4.** [dans un parking] (parking) space; un parking de 1 000 ~s a car park with space for 1,000 cars. **-5.** [espace urbain] square; la ~ du village the village square ❏ sur la ~ de Paris: le plus cher sur la ~ de Paris the most expensive in Paris; sur la ~ publique in public; porter le débat sur la ~ publique to make the debate public. **-6.** [poste, emploi] position, post; une bonne ~ a good job; je cherche une ~ de secrétaire I'm looking for a job as a secretary. **-7.** [rang – dans une compétition] place, rank; avoir la première ~ to come first ou top; avoir la dernière ~ to come bottom Br ou last; elle est en bonne ~ au dernier tour she's well placed

on the last lap; être ou partir en bonne ~ pour gagner to be (all) set to win. **-8.** BOURSE: ~ financière financial centre; ~ financière internationale money market; le dollar est à la hausse sur la ~ financière de New York the dollar has risen on the New York exchange. **-9.** MIL: ~ (forte) fortress, stronghold; nous voici dans la ~ pr [ville assiégée] here we are, inside the walls (of the city); [endroit quelconque] here we are; fig we've now gained a foothold. **-10.** Belg [pièce d'habitation] room.
◆ **à la place** loc adv instead.
◆ **à la place de** loc prép **-1.** [au lieu de] instead of. **-2.** [dans la situation de]: à ma/sa ~ in my/his place; à ta ~, j'irais if I were you I'd go; mettez-vous à ma ~ put yourself in my place ou shoes; je ne voudrais pas être à sa ~ rather him than me.
◆ **de place en place** loc adv here and there.
◆ **en place** ◇ loc adj [important] established; un homme politique en ~ a well-established politician; les gens en ~ disent que... the powers that be say that... ◇ loc adv **-1.** [là] in position; les forces de police sont déjà en ~ the police have already taken up their position; est-ce que tout est en ~? is everything in order ou in its proper place? **-2.** loc: mettre en ~ [équipement] to set up (sép), to install; [plan] to set up (sép), to put into action; [réseau] to set up (sép); la méthode sera mise en ~ progressivement the method will be phased in (gradually); ça va lui mettre/remettre les idées en ~ it'll give him a more realistic view of things/set him thinking straight again; tenir en ~: il ne tient pas en ~ [il est turbulent] he can't keep still; [il est anxieux] he's nervous; [il voyage beaucoup] he's always on the move.
◆ **par places** loc adv here and there.
◆ **sur place** loc adv there, on the spot; je serai déjà sur ~ I'll already be there.
**placé, e** [plase] adj **-1.** [aux courses]: cheval ~ placed horse ‖ (comme adv): arriver ~ to be placed. **-2.** [situé]: bien ~ [magasin, appartement] well-situated; [fermeture, bouton, couture] well-positioned; mal ~ [magasin, appartement] badly-located; [fermeture, bouton, couture] poorly-positioned; [coup] below the belt; [abcès] in an awkward spot; euph in an embarrassing place; [orgueil] misplaced; être bien/mal ~ pour fig to be in a/no position to. **-3.** [socialement]: haut ~ well up ou high up in the hierarchy; des gens haut ~s people in high places.
**placebo** [plasebo] nm placebo.
**placement** [plasmã] nm **-1.** [investissement] investment; un bon/mauvais ~ a sound/bad investment; faire un ~ to make an investment, to invest. **-2.** [de chômeurs] placing. **-3.** [d'enfants] placing (U); je m'occupe du ~ des jeunes dans les familles my job is finding homes for young people. **-4.** [installation]: le ~ des invités autour de la table the seating of the guests around the table. **-5.** [internement]: ~ d'office hospitalization order.
**placenta** [plasẽta] nm placenta.
**placentaire** [plasẽtɛr] adj placental.
**placer** [16] [plase] vt **-1.** [mettre dans une position précise] to place; ~ un patron sur du tissu to lay a pattern on ou over a piece of fabric; ~ ses doigts sur le clavier to place one's fingers on the keyboard; ~ la balle SPORT to place the ball; ~ sa voix MUS to pitch one's voice. **-2.** [faire asseoir] to seat; l'ouvreuse va vous ~ the usherette will show you to your seats; ~ des convives à table to seat guests around a table. **-3.** [établir – dans une position, un état] to put, to place; ~ qqn devant ses responsabilités to force sb to face up to his/her responsibilities. **-4.** [établir – dans une institution] to place; ~ les jeunes chômeurs to find jobs for unemployed young people; ~ un enfant à l'Assistance publique to place ou to put a child in care; ~ qqn à l'hospice to put sb in an old people's home. **-5.** [classer] to put, to place; ~ la loi au-dessus de tout to set the law above everything else; moi, je le placerais parmi les grands écrivains I would rate ou rank him among the great writers. **-6.** [situer dans le temps]: il a placé l'action du film en l'an 2000 he set the film in the year 2000. **-7.** [situer dans l'espace] to locate. **-8.** [mettre] to put; orchestre placé sous la direction de... orchestra conducted by...; ~ sa confiance en qqn to put one's trust in sb; elle a placé tous ses espoirs dans ce projet she's pinned all her hopes on this project. **-9.** [dans la conversation]: il essaie toujours de ~ quelques boutades he always tries to

slip in a few jokes; je n'ai pas pu ~ un mot I couldn't get a word in edgeways ❑ je peux en ~ une? fam can I get a word in? **-10.** [vendre] to sell; j'essaie désespérément de ~ mon vieux canapé! hum I'm desperately trying to find a home for my old sofa! **-11.** FIN to invest.
◆ **se placer** vpi **-1.** [dans l'espace]: place-toi près de la fenêtre [debout] stand near the window; [assis] sit near the window; placez-vous en cercle get into a circle; venez vous ~ autour de la table come and sit at the table ‖ [dans un jugement, une analyse] to look at ou to consider things; si l'on se place de son point de vue if you look at things from his point of view. **-2.** [occuper un rang] to rank, to finish; se ~ premier/troisième to finish first/third. **-3.** [trouver un emploi]: elle s'est placée comme infirmière she found ou got a job as a nurse. **-4.** fam [se présenter avantageusement]: se ~ auprès du patron to butter up ou to sweet-talk the boss.
**placeur, euse** [plasœr, øz] nm, f **-1.** [dans une salle de spectacle] usher (f usherette). **-2.** [dans une agence pour l'emploi] employment agent.
**placide** [plasid] adj placid, calm.
**placidité** [plasidite] nf placidness, calmness.
**placier** [plasje] nm **-1.** [forain] market pitch agent. **-2.** [représentant] travelling salesman, drummer Am.
**plaçons** [plasɔ̃] v → placer.
**Placoplâtre®** [plakoplatr] nm plasterboard.
**plafond** [plafɔ̃] nm **-1.** CONSTR ceiling; faux ~ false ceiling; bas de ~ pr: la pièce est basse de ~ the room has got a low ceiling; il est un peu bas de ~ fig he's a bit slow on the uptake. **-2.** BX-ARTS ceiling painting. **-3.** AÉRON ceiling. **-4.** MÉTÉO: ~ (nuageux) (cloud) ceiling. **-5.** [limite supérieure]: le ~ des salaires the wage ceiling, the ceiling on wages. **-6.** (comme adj: avec ou sans trait d'union) ceiling (modif); vitesse ~ maximum speed. **-7.** [au bridge] ceiling.
**plafonnage** [plafɔnaʒ] nm ceiling installation.
**plafonnement** [plafɔnmã] nm: ~ des salaires top-grading of wages.
**plafonner** [3] [plafɔne] ◇ vt **-1.** [pièce, maison] to put a ceiling in ou into. **-2.** [impôts] to set a ceiling for. ◇ vi **-1.** [avion] to reach maximum altitude ou absolute ceiling spéc; [voiture] to reach maximum speed. **-2.** [ventes, salaires] to level off; [taux d'intérêt, prix] to peak; je plafonne à 10 000 francs depuis un an my monthly income hasn't exceeded 10,000 francs for over a year.
**plafonnier** [plafɔnje] nm **-1.** [d'appartement] ceiling light. **-2.** AUT (overhead) courtesy ou guide light.
**plage** [plaʒ] nf **-1.** GÉOG beach; ~ de galets/de sable pebble/sandy beach. **-2.** [espace de temps]: ~ horaire (allotted) slot; ~ musicale musical intermission; ~ publicitaire commercial break. **-3.** [écart]: ~ de prix price range. **-4.** litt [surface] zone, area. **-5.** NAUT: ~ avant foredeck; ~ arrière quarterdeck, after deck. **-6.** AUT: ~ arrière back shelf. **-7.** [d'un disque] track.
◆ **de plage** loc adj beach (modif); vêtements de ~ beachwear.
**plagiaire** [plaʒjɛr] nmf plagiarizer, plagiarist.
**plagiat** [plaʒja] nm plagiary, plagiarism.
**plagier** [9] [plaʒje] vt [œuvre] to plagiarize; ~ qqn to plagiarize sb's work.
**plagiste** [plaʒist] nmf beach attendant.
**plaid¹** [plɛ] nm HIST [assemblée] court; [jugement] finding, judgement.
**plaid²** [plɛd] nm [pièce de tissu] plaid; [couverture] car rug.
**plaidant, e** [plɛdã, ãt] adj → avocat, partie.
**plaider** [4] [plɛde] ◇ vi **-1.** JUR to plead; ~ pour qqn to defend sb; c'est lui qui plaide pour les Taylor he's the Taylors' lawyer, he's counsel for the Taylors; ~ contre qqn to plead the case against sb (in court). **-2.** [présenter des arguments]: ~ en faveur de qqn/qqch pr & fig to speak in sb's/sthg's favour; ~ contre qqn/qqch pr & fig to speak against sb/sthg. ◇ vt to plead; ~ une cause JUR to plead a case; fig to speak (up) for ou to plead a cause; l'affaire sera plaidée en juin the case will be heard in June; ~ coupable/non coupable to plead guilty/not guilty, to make a plea of guilty/not guilty; ~ la légitime défense to plead self-defence.
**plaideur, euse** [plɛdœr, øz] nm, f litigant.
**plaidoirie** [plɛdwari] nf **-1.** [exposé] pr speech for the de-

fence; *fig* defence. **-2.** [action de plaider] pleading.

**plaidoyer** [plɛdwaje] *nm* **-1.** JUR speech for the defence. **-2.** [supplication] plea.

**plaie** [plɛ] *nf* **-1.** [blessure] wound; ~ profonde deep wound; ~ superficielle surface wound; une ~ vive *pr* an open wound; le départ de sa femme est resté pour lui une ~ vive his wife's departure scarred him for life. **-2.** *litt* [tourment] wound *fig*. **-3.** BIBLE: les sept ~s d'Égypte the seven plagues of Egypt. **-4.** *fam* [personne ou chose ennuyeuse]: quelle ~! what a pain!

**plaignais** [plɛɲɛ] *v* → **plaindre**.

**plaignant, e** [plɛɲɑ̃, ɑ̃t] ◇ *adj* JUR: la partie ~e the plaintiff. ◇ *nm, f* plaintiff.

**plaindre** [80] [plɛ̃dr] *vt* [avoir pitié de] to feel sorry for, to pity; il y a des gens à ~ there's always looking for sympathy; elle est bien à ~ avec des enfants pareils! with children like that, you can't help but feel sorry for her!; avec tout l'argent qu'ils gagnent, ils ne sont vraiment pas à ~ with all the money they're making, they've got nothing to complain about.
◆ **se plaindre** *vpi* [protester] to complain, to moan; plains-toi (donc)! *iron* my heart bleeds for you!; se ~ de [symptôme] to complain of; [personne, situation] to complain about; ce n'est pas moi qui m'en plaindrai! I'm not complaining!

**plaine** [plɛn] *nf* plain.

**plain-pied** [plɛ̃pje]
◆ **de plain-pied** *loc adv* **-1.** [au même niveau]: une maison construite de ~ [avec le sol extérieur] a bungalow *Br*, a ranch-house *Am*; la chambre et le salon sont de ~ the bedroom and the living room are on the same level. **-2.** [d'emblée]: entrons de ~ dans le sujet let's get straight down to the subject. **-3.** [sur un pied d'égalité]: être de ~ avec qqn to be on the same wavelength as sb.

**plaint, e** [plɛ̃, ɛ̃t] *v* → **plaindre**.
◆ **plainte** *nf* **-1.** [gémissement] moan, groan. **-2.** [protestation] complaining, moaning. **-3.** JUR complaint; déposer une ~e to lodge *ou* to file a complaint; retirer une ~e to withdraw a complaint; porter ~e contre qqn to bring an action against sb ❏ ~e contre X action against person or persons unknown.

**plaintif, ive** [plɛ̃tif, iv] *adj* **-1.** [de douleur] plaintive, mournful; un cri ~ a plaintive cry. **-2.** *litt* plaintive.

**plaintivement** [plɛ̃tivmɑ̃] *adv* plaintively, mournfully.

**plaire** [110] [plɛr]
◆ **plaire à** *v* + *prép* **-1.** [être apprécié par]: cela me plaît I like it; ça vous plaît, le commerce? how do you like business life?; le nouveau professeur ne me plaît pas du tout I really don't like *ou* care for the new teacher; rien ne lui plaît there's no pleasing him; cette idée ne me plaît pas du tout I'm not at all keen on this idea ‖ *(en usage absolu)*: il a vraiment tout pour ~! he's got everything going for him!; *iron* he's so marvellous!; offre du parfum, ça plaît toujours give perfume, it's always appreciated. **-2.** [convenir à]: si ça me plaît

if I feel like it; quand ça me plaît whenever I feel like it; elle ne lit que ce qui lui plaît she only reads what she feels like (reading). **-3.** [séduire] to be appealing *ou* attractive; il cherche à ~ aux femmes he tries hard to make himself attractive to women; c'est le genre de fille qui plaît aux hommes she's the kind of girl that men find attractive ‖ *(en usage absolu)*: aimer ~ to take pleasure in being attractive; une robe doit ~ avant tout a dress must above all be appealing.
◆ **il plaît** *v impers* **-1.** *sout* [il convient]: il lui plaît de croire que... she likes to think that... ❏ comme *ou* tant qu'il te plaira, comme *ou* tant qu'il vous 'plaira [exprime l'indifférence] see if I care; plaise à Dieu *ou* au ciel que... [souhait] please God that...; plût à Dieu *ou* au ciel que... [regret] if only... **-2.** *loc*: s'il te plaît, s'il vous plaît please; s'il vous plaît! [dit par un client] excuse me!; *Belg* [dit par un serveur] here you are!; sors d'ici, et plus vite que ça, s'il te plaît! get out of here and please be quick about it!; du caviar, s'il vous plaît, on ne se refuse rien! *fam* caviar! my, my, we're splashing out a bit, aren't we?; plaît-il? I beg your pardon?
◆ **se plaire** ◇ *vp (emploi réciproque)*: ces deux jeunes gens se plaisent, c'est évident it's obvious that those two like each other. ◇ *vpi* [dans un endroit]: je me plais (bien) dans ma nouvelle maison I enjoy living in my new house, I like it in my new house; mes plantes se plaisent ici my plants are happy here.
◆ **se plaire à** *vp* + *prép sout*: il se plaît à la contredire he loves contradicting her.

**plaisamment** [plɛzamɑ̃] *adv* **-1.** [agréablement] pleasantly, agreeably. **-2.** [de façon amusante] amusingly.

**plaisance** [plɛzɑ̃s] *nf* (pleasure) boating.
◆ **de plaisance** *loc adj* pleasure *(modif)*.

**plaisancier, ère** [plɛzɑ̃sje, ɛr] *nm, f* amateur yachtsman (*f* yachtswoman).

**plaisant, e** [plɛzɑ̃, ɑ̃t] *adj* **-1.** [agréable] pleasant, nice. **-2.** [drôle] funny, amusing. **-3.** [ridicule] ridiculous, laughable.
◆ **plaisant** *nm* **-1.** *sout* [aspect]: le ~ de l'histoire the funny part of it; le ~ de cette aventure the funny thing about this adventure. **-2.** [personne]: mauvais ~ joker.

**plaisanter** [3] [plɛzɑ̃te] ◇ *vi* **-1.** [faire – de l'esprit] to joke; [– une plaisanterie] to (crack) a joke; assez plaisanté, au travail! enough horsing around, back to work!; elle n'était pas d'humeur à ~ she wasn't in a joking mood; ~ sur to make fun of. **-2.** [parler à la légère] to joke; tu plaisantes, ou quoi? you can't be serious!, you've got to be joking! **-3.** ne pas ~ avec qqch [prendre qqch très au sérieux]: on ne plaisante pas avec ces choses-là you mustn't joke about such things; le patron ne plaisante pas avec la discipline the boss takes discipline very seriously *ou* is a stickler for discipline; on ne plaisante pas avec la loi you shouldn't fool around with the law. ◇ *vt* to make fun of, to tease.

**plaisanterie** [plɛzɑ̃tri] *nf* **-1.** [parole amusante] joke; [acte amusant] joke, hoax; lancer une ~ to make a joke; faire une ~ à qqn to play a joke on sb; c'est une ~ j'espère? I trust *ou*

---

## USAGE ▶  Les plaintes

### Formuler une plainte

▷ *style parlé:*

I'd like to see the person in charge.
I'm not leaving until this has been sorted out.
If you continue to make so much noise, I'll have no alternative but to call the police.
This is just not good enough.
I'm not going to put up with this.
I know my rights!

▷ *style écrit:*

I am writing to complain about...
I would like to complain *ou* make a complaint.
I am not at all happy with the service I have received.
I expect something to be done about this.
I would be grateful if you could deal with this problem as soon as possible.

I trust you will give this matter your immediate attention.
We shall of course be expecting a refund for the inconvenience caused.
Unless I receive satisfaction in this matter, I shall be contacting my solicitor. [soutenu]

### Répondre à une plainte

▷ *style parlé:*

Sorry for any inconvenience.
Leave it with me — I'll see what I can do.
I'm sorry, but I don't see what I can do about it.

▷ *style écrit:*

I'm (very/terribly) sorry for the damage caused.
I'll certainly look into the problem/matter for you.
Please accept our apologies.
We will give the matter our prompt attention.

hope you're joking; la ~ a assez duré this has gone far enough; une ~ de mauvais goût a joke in bad ou poor taste. **-2.** [parole, action non sérieuse] joke; ~ à part joking apart; **tourner qqch en** ~ to make a joke of sthg; **c'est une** ou **ça a l'air d'une** ~! [ça ne peut être sérieux] it must be a joke!**-3.** [raillerie] joke, jibe; **faire des** ~s **sur le nom/l'allure de qqn** to make fun of sb's name/appearance; **elle est en butte aux** ~s **de ses collègues** she's the laughing stock of her colleagues ❏ **mauvaise** ~ cruel joke. **-4.** [chose facile] child's play *(U)*.

**plaisantin** [plɛzɑ̃tɛ̃] *nm* **-1.** [farceur] joker, clown. **-2.** [fumiste] **ce n'est qu'un** ~ he's nothing but a fly-by-night.

**plaisir** [plezir] *nm* **-1.** [joie] pleasure; **avoir (du)** ~ ou **prendre (du)** ~ **à faire qqch** to take pleasure in doing sthg; **faire** ~ **à qqn** to please sb; **ça va lui faire** ~ he'll be pleased ou delighted (with this) ❏ **le bon** ~ **de qqn** *sout* sb's wish ou desire. **-2.** [dans des formules de politesse]: **vous me feriez** ~ **en restant dîner** I'd be delighted if you stayed for dinner; **cela fait** ~ **de vous voir en bonne santé** it's a pleasure to see you in good health; **faites-moi le** ~ **d'accepter** won't you grant me the pleasure of accepting?; **fais-moi le** ~ **d'éteindre cette télévision** do me a favour, will you, and turn off the television; **je me ferai un** ~ **de vous renseigner** I'll be delighted ou happy to give you all the information; **cette chipie se fera un** ~ **de répandre la nouvelle** that little minx will take great pleasure in spreading the news; **aurai-je le** ~ **de vous avoir parmi nous?** will I have the pleasure of your company?; **j'ai le** ~ **de vous informer que...** I am pleased to inform you that...; **tout le** ~ **est pour moi** the pleasure is all mine, (it's) my pleasure; **au** ~ **(de vous revoir)** see you again ou soon. **-3.** [agrément] pleasure; **les** ~s **de la vie** life's pleasures ❏ **elle aime les** ~s **de la table** she loves good food. **-4.** [sexualité] pleasures; **les** ~s **de la chair** pleasures of the flesh; **les** ~s **défendus** forbidden pleasures; ~ **solitaire** *euph* self-abuse.
◆ **à plaisir** *loc adv* **-1.** [sans motif sérieux]: **il se tourmente à** ~ he's a natural worrier. **-2.** [sans retenue] unrestrainedly.
◆ **avec plaisir** *loc adv* with pleasure.
◆ **par plaisir, pour le plaisir** *loc adv* for its own sake, just for the fun of it.

**plaisons** [plɛzɔ̃], **plaît** [plɛ] *v* → **plaire**.

**plan[1]** [plɑ̃] *nm* **A. -1.** [surface plane] plane. **-2.** CONSTR [surface] surface; ~ **de travail** [d'une cuisine] worktop, working surface. **-3.** BX-ARTS & PHOT plane. **-4.** CIN shot; **gros** ~, ~ **serré** close-up; ~ **américain** close-medium shot; ~ **général/moyen/rapproché** long/medium/close shot. **-5.** GÉOM plane; ~ **horizontal/incliné/médian/tangent** level/inclined/median/tangent plane; **en** ~ **incliné** sloping.
**B. -1.** [projet] plan, project; **ne vous inquiétez pas, j'ai un** ~ *fam* don't worry, I've got a plan ❏ **un** ~ **d'action** a plan of action; **un** ~ **de bataille** a battle plan; **un** ~ **de carrière** a career strategy. **-2.** [structure] plan, framework, outline; **je veux un** ~ **détaillé de votre thèse** I want a detailed outline ou a synopsis of your thesis. **-3.** ADMIN plan, project; ~ **d'aménagement rural** rural development plan ou scheme; ~ **de sauvegarde** zoning plan; ~ **d'urbanisme** town planning scheme. **-4.** ÉCON plan; ~ **comptable** FIN ≃ Statement of Standard Accounting Practices; ~ **d'épargne** BANQUE savings plan; ~ **d'épargne logement** *savings scheme offering low-interest mortgages*; ~ **d'épargne retraite** *former personal pension plan*; ~ **financier** financial plan; ~ **quinquennal** five-year plan.
**C. -1.** [carte] map, plan; ~ **de métro** underground *Br* ou subway *Am* map. **-2.** ARCHIT [dessin] plan, blueprint *Am*; **lever un** ~ to make a survey ❏ **tirer des** ~s **sur la comète** to build castles in the air. **-3.** TECH plan, blueprint; ~ **d'une machine/voiture** blueprint of a machine/car.
◆ **de second plan** *loc adj* [question] of secondary importance; [artiste, personnalité] second-rate.
◆ **en plan** *loc adv fam* in the lurch; **laisser qqn en** ~ to leave sb in the lurch; **laisser qqch en** ~ to drop sthg; **rester en** ~: **je suis resté en** ~ [seul] I was left stranded ou high and dry; **tous mes projets sont restés en** ~ none of my plans came to anything.
◆ **sur le plan de** *loc prép* as regards, as far as... is concerned; **sur le** ~ **intellectuel** intellectually speaking; **c'est le meilleur sur tous les** ~s he's the best whichever way you look at it.

◆ **plan d'eau** *nm* [naturel] stretch of water; [artificiel] reservoir; [ornemental] (ornamental) lake.
◆ **premier plan** *nm* **-1.** CIN foreground; **au premier** ~ in the foreground. **-2.** *fig*: **au premier** ~ **de l'actualité** in the forefront of today's news; **de (tout) premier** ~ [personnage] leading, prominent; **jouer un rôle de (tout) premier** ~ **dans** to play a leading ou major part in.

**plan[2], e** [plɑ̃, plan] *adj* **-1.** [miroir] plane; [surface] flat. **-2.** MATH plane, planar; **surface** ~e plane.

**planant, e** [planɑ̃, ɑ̃t] *adj fam*: **leur musique est complètement** ~e their music really sends you.

**planche** [plɑ̃ʃ] *nf* **-1.** [de bois] plank, board; ~ **à découper** chopping board; ~ **à dessin** drawing board; ~ **à pain** *pr* breadboard; **c'est une** ~ **à pain** *fam* she's (as) flat as a board ou a pancake; ~ **à pâtisserie** pastry board; ~ **à repasser** ironing board; ~ **de salut** last hope; **recourir à** ou **faire marcher la** ~ **à billets** *fam* to pump (more) money into the economy; **c'est une** ~ **pourrie** *fam* he can't be relied on. **-2.** *fam* [ski] ski. **-3.** IMPR plate. **-4.** HORT [de légumes] patch; [de plantes, fleurs] bed. **-5.** LOISIRS & SPORT: **faire la** ~ to float on one's back.
◆ **planches** *nfpl* THÉÂT: **les** ~s the boards, the stage; **monter sur les** ~s to go on the stage.
◆ **planche à roulettes** *nf* skateboard.
◆ **planche à voile** *nf* sail board; **faire de la** ~ **à voile** to go windsurfing.

**planchéier** [4] [plɑ̃ʃeje] *vt* **-1.** [parqueter] to floor. **-2.** [lambrisser] to board.

**plancher[1]** [plɑ̃ʃe] *nm* **-1.** ARCHIT & CONSTR floor; **refaire le** ~ **d'une pièce** to refloor a room *(with floorboards)* ❏ ~ **creux/plein** hollow/solid floor; **le** ~ **des vaches** *fam* dry land; **débarrasse le** ~! *fam* clear off!, get lost!**-2.** AUT floorboard. **-3.** *Can* [étage] floor, story. **-4.** ANAT floor. **-5.** [limite inférieure] floor; ~ **des salaires** wage floor. **-6.** *(comme adj; avec ou sans trait d'union)* minimum; **prix** ~ minimum ou bottom price.

**plancher[2]** [3] [plɑ̃ʃe] *vi arg scol*: **demain on planche en maths** we've got a maths test tomorrow.
◆ **plancher sur** *v + prép fam* [travailler sur] to work on.

**planchette** [plɑ̃ʃɛt] *nf* **-1.** [petite planche] small board. **-2.** [topographique] plane-table.

**planchiste** [plɑ̃ʃist] *nmf* windsurfer.

**plancton** [plɑ̃ktɔ̃] *nm* plankton.

**planelle** [planɛl] *nf Helv* ceramic tile.

**planer** [3] [plane] ◇ *vi* **-1.** [oiseau] to soar; [avion] to glide; [fumée, ballon] to float; **laisser son regard** ou **ses regards** ~ **sur** to gaze out over. **-2.** [danger, doute, mystère] to hover; ~ **sur** to hover over, to hang over; **le doute plane encore sur cette affaire** this affair is still shrouded in mystery. **-3.** *fam* [être dans un état second]: **il plane complètement** [il est drogué] he's high; [il n'est pas réaliste] he's got his head in the clouds. ◇ *vt* [surface] to make smooth; [métal] to planish.

**planétaire** [planeter] ◇ *adj* **-1.** ASTRON planetary. **-2.** [mondial] worldwide, global. ◇ *nm* **-1.** ASTRON orrery.

**planétairement** [planetɛrmɑ̃] *adv* worldwide.

**planétarium** [planetarjɔm] *nm* planetarium.

**planète** [planɛt] *nf* planet; **la** ~ [la Terre]: **sur la** ~ **tout entière** all over the Earth ou world.

**planétologie** [planetɔlɔʒi] *nf* planetology.

**planeur, euse** [plancœr, øz] *nm, f* [de métal] planisher; [d'orfèvrerie] chaser.
◆ **planeur** AÉRON glider.

**planifiable** [planifjabl] *adj* which can be planned.

**planificateur, trice** [planifikatœr, tris] ◇ *adj* planning *(modif)*, relating to (economic) planning. ◇ *nm, f* planner.

**planification** [planifikasjɔ̃] *nf* ÉCON (economic) planning.

**planifier** [9] [planifje] *vt* [gén & ÉCON] to plan.

**planisphère** [planisfɛr] *nm* planisphere.

**planning** [planiŋ] *nm* [programme] programme, schedule.
◆ **planning familial** *nm* [méthode] family planning; [organisme] family planning clinic.

**planque** [plɑ̃k] *nf fam* **-1.** [cachette] hide-out, hideaway. **-2.** [travail – gén] cushy job; [– en temps de guerre] safe job.

**planqué, e** [plɑ̃ke] *nm, f fam* person who has landed himself a cushy job.
◆ **planqué** *nm fam* MIL draft dodger.

**planquer** [3] [plɑ̃ke] *fam* ◇ *vt* [cacher] to hide. ◇ *vi* [surveiller] to keep watch.
◆ **se planquer** *vpi fam* [se cacher] to hide out ou up.

**plan-relief** [plɑ̃rəljef] (*pl* **plans-reliefs**) *nm* street model.

**plant** [plɑ̃] *nm* **-1.** [jeune végétal] seedling, young plant; ~ de vigne young vine; ~ de tomate tomato plant. **-2.** [ensemble – de légumes] patch; [– de plantes, de fleurs] bed.

**Plantagenêt** [plɑ̃taʒnɛ] *npr* Plantagenet.

**plantain** [plɑ̃tɛ̃] *nm* [herbe, bananier] plantain.

**plantaire** [plɑ̃tɛr] *adj* plantar.

**plantation** [plɑ̃tasjɔ̃] *nf* **-1.** [opération] planting. **-2.** [culture] plant, crop. **-3.** [exploitation agricole] plantation.

**plante¹** [plɑ̃t] *nf* **-1.** BOT plant; ~ verte/à fleurs green/flowering plant; ~ textile/fourragère fibre/fodder plant; ~ grasse/vivace succulent/perennial plant; ~ d'appartement house ou pot plant; ~ grimpante creeper, climbing plant; ~ médicinale medicinal herb. **-2.** *loc:* c'est une belle ~ *fam* she's a fine figure of a woman; ~ de serre *sout* fragile person.

**plante²** [plɑ̃t] *nf* ANAT: la ~ du pied the sole of the foot.

**planté, e** [plɑ̃te] *adj:* bien ~ *fam* [enfant] lusty, robust; bien ~ [dent] well-positioned, well-placed; avoir les dents mal ~es to have uneven teeth; avoir les cheveux ~s bas/haut to have a low/receding hairline.

**planter** [3] [plɑ̃te] *vt* **-1.** AGR & HORT to plant; allée plantée d'acacias avenue lined with acacia trees. **-2.** [enfoncer] to stick ou to drive in *(sép)*; [avec un marteau] to hammer in *(sép)*. **-3.** [tente] to pitch, to put up *(sép)*; il a fini par ~ sa tente en Provence *fig* he finally settled in Provence. **-4.** [poser résolument]: ~ un baiser sur les lèvres de qqn to kiss sb full on the lips; il planta ses yeux dans les miens he stared into my eyes. **-5.** [dépeindre – personnage] to sketch (in); ~ le décor THÉÂT to set up the scenery; LITTÉRAT to set the scene. **-6.** *fam* [abandonner – personne, voiture] to dump, to ditch; [– travail, projet] to pack in *(sép)*.
◆ **se planter** *vpi* **-1.** [s'enfoncer] to become stuck ou embedded, to embed o.s.; l'écharde s'est plantée dans la chair the splinter embedded itself in the flesh. **-2.** *fam* [se tenir immobile] to stand; ne reste pas planté là comme une souche don't just stand there like a lemon *Br* ou fool. **-3.** *fam* [se tromper] to get it wrong; on s'est complètement plantés, c'est infaisable we've got it completely wrong, it can't be done. **-4.** *fam* [dans un accident] to (have a) crash; se ~ contre un arbre to smash into a tree; je me suis planté en vélo I came a cropper on my bike. **-5.** *fam* [échouer] to make a complete mess of things; je me suis complètement planté en biologie I made a complete mess of the biology paper. **-6.** *fam* [ordinateur] to crash.

**planteur, euse** [plɑ̃tœr, øz] *nm, f* planter.
◆ **planteur** *nm* **-1.** AGR planter. **-2.** [cocktail]: (punch) ~ planter's punch.
◆ **planteuse** *nf* planter, planting machine.

**plantigrade** [plɑ̃tigrad] *adj & nm* plantigrade.

**plantoir** [plɑ̃twar] *nm* dibble.

**planton** [plɑ̃tɔ̃] *nm* **-1.** MIL orderly; faire le ~ *fam* to stand about ou around (waiting). **-2.** *Afr* [garçon de bureau] office boy.

**plantureusement** [plɑ̃tyrøzmɑ̃] *adv litt* copiously, lavishly.

**plantureux, euse** [plɑ̃tyrø, øz] *adj* **-1.** [aux formes pleines – femme, beauté] buxom; [– poitrine] full, generous. **-2.** [copieux – repas] sumptuous. **-3.** *litt* [fertile] fertile.

**plaquage** [plakaʒ] *nm* **-1.** [revêtement] cladding, coating. **-2.** SPORT tackling (U), tackle.

**plaque** [plak] *nf* **-1.** [surface – de métal] plate; [– de marbre] slab; [– de verre] plate, pane; [revêtement] plate; [pour commémorer] plaque; ~ de cheminée fire back; ~ d'égout manhole cover; ~ d'immatriculation number plate *Br*, licence plate *Am*; ~ de verglas icy patch. **-2.** [inscription professionnelle] nameplate, plaque; [insigne] badge. **-3.** JEUX [au casino] chip; une ~ *fam* [dix mille francs] ten thousand francs. **-4.** ÉLECTR plate; ~ d'accumulateur accumulator plate ‖ ÉLECTRON plate, anode. **-5.** PHOT plate. **-6.** CULIN [d'une cuisinière] hotplate; [de four] baking tray; *Helv* [moule] cake tin. **-7.** ANAT & MÉD [sur la peau] patch; ~ dentaire (dental) plaque; ~s d'eczéma eczema patches. **-8.** GÉOL: ~ (lithosphérique) plate.

◆ **en plaques, par plaques** *loc adv:* sa peau part par ~s his skin is flaking.
◆ **plaque tournante** *nf* **-1.** RAIL turntable. **-2.** *fig* nerve centre.

**plaqué, e** [plake] *adj* JOAILL plated; ~ d'or ou or gold-plated; ~ d'argent ou argent silver-plated.
◆ **plaqué** *nm* **-1.** JOAILL: c'est du ~ [or] it's gold-plated; [argent] it's silver-plated. **-2.** MENUIS veneer.

**plaquer** [3] [plake] *vt* **-1.** MENUIS to veneer. **-2.** JOAILL to plate. **-3.** MÉTALL to clad. **-4.** [mettre à plat] to lay flat; les cheveux plaqués sur le front hair plastered down on the forehead; je l'ai plaqué contre le mur/au sol I pinned him to the wall/ground; le dos plaqué contre la porte standing flat against the door; ~ sa main sur la bouche de qqn to put one's hand over sb's mouth. **-5.** [ajouter]: la conclusion semble plaquée the conclusion reads like an afterthought ou feels as though it's just been tacked on. **-6.** *fam* [abandonner – personne, travail, situation] to dump, to ditch; [– amant, conjoint] to jilt; j'ai envie de tout ~ I feel like packing ou chucking it all in. **-7.** SPORT to tackle; *fig* [personne en fuite] to rugby-tackle. **-8.** MUS [accord] to strike, to play.
◆ **se plaquer** *vp (emploi réfléchi):* se ~ au sol to throw o.s. flat on the ground; se ~ contre un mur to flatten o.s. against a wall.

**plaquette** [plakɛt] *nf* **-1.** [livre] booklet. **-2.** PHYSIOL blood-platelet, platelet, thrombocyte. **-3.** [petite plaque]: ~ commémorative commemorative plaque. **-4.** COMM: ~ de beurre pack of butter; ~ de chocolat bar of chocolate; ~ de pilules blister-pack of pills; ~ insecticide insecticide diffuser. **-5.** AUT: ~ de frein brake pad.

**plasma** [plasma] *nm* **-1.** BIOL plasma; ~ sanguin blood plasma. **-2.** PHYS plasma.

**plastic** [plastik] *nm* plastic explosive.

**plasticage** [plastikaʒ] *nm* = **plastiquage**.

**plasticien, enne** [plastisjɛ̃, ɛn] *nm, f* **-1.** BX-ARTS (plastic) artist. **-2.** MÉD plastic surgeon. **-3.** TECH plastics technician.

**plasticité** [plastisite] *nf* **-1.** [d'un matériau] plasticity. **-2.** *sout* [du caractère] pliability, malleability. **-3.** BX-ARTS plastic quality, plasticity.

**plastifiant** [plastifjɑ̃] *nm* CHIM plasticizer.

**plastification** [plastifikasjɔ̃] *nf* **-1.** [revêtement] plastic-coating. **-2.** [ajout d'un plastifiant] plasticization. **-3.** [d'un document] lamination.

**plastifier** [9] [plastifje] *vt* **-1.** [recouvrir de plastique] to cover in ou with plastic; une couverture plastifiée a plastic-coated cover. **-2.** [ajouter un plastifiant à] to plasticize.

**plastiquage** [plastikaʒ] *nm* bombing.

**plastique** [plastik] ◇ *adj* **-1.** [malléable] plastic. **-2.** BX-ARTS plastic. ◇ *nm* **-1.** [matière] plastic. **-2.** [explosif] plastic explosive. ◇ *nf* **-1.** BX-ARTS (art of) modelling ou moulding; la ~ grecque Greek sculpture. **-2.** [forme du corps]: une belle ~ a beautiful figure.
◆ **en plastique** *loc adj* plastic.

**plastiquer** [3] [plastike] *vt* to blow up *(sép)*, to bomb.

**plastiqueur, euse** [plastikœr, øz] *nm, f* bomber.

**plastron** [plastrɔ̃] *nm* **-1.** VÊT [non amovible] shirtfront; [amovible] plastron, dickey; chemise à ~ dinner shirt. **-2.** ARM [de cuirasse] plastron, breastplate.

**plastronner** [3] [plastrɔne] *vi* **-1.** [se rengorger] to throw out one's chest. **-2.** [parader] to swagger ou to strut around.

**plat¹** [pla] *nm* **-1.** [contenant] dish; ~ ovale/à poisson oval/fish dish; ~ à gratin baking dish; ~ à tarte flan dish. **-2.** [préparation culinaire] dish; ~ cuisiné precooked ou ready-cooked dish; ~ garni main dish served with vegetables; le ~ du jour the dish of the day, today's special; un ~ en sauce a dish cooked ou made with a sauce; elle aime les bons petits ~s she enjoys good food. **-3.** [partie du menu] course; le ~ principal ou de résistance the main course ou dish; mettre les petits ~s dans les grands to put on a big spread; faire (tout) un ~ de qqch *fam* to make a big deal out of ou a great fuss about sthg; il n'y a pas de quoi en faire tout un ~ it's not worth getting all worked up about.

**plat², e** [pla, plat] *adj* **-1.** [plan, horizontal – terrain] flat, level; [– mer] still. **-2.** [non profond] flat, shallow. **-3.** [non saillant] flat; avoir la poitrine ~e to be flat-chested □ elle est ~e comme une planche à pain ou comme une limande *fam*

she's (as) flat as a board ou pancake. **-4.** [non épais – montre, calculatrice] slimline. **-5.** [sans hauteur – casquette] flat; **ma coiffure est trop ~e** my hair lacks body ❑ **chaussures ~es ou à talons ~s** flat shoes. **-6.** [médiocre – style] flat, dull, unexciting; [sans saveur – vin] insipid; **une ~e imitation** a pallid imitation. **-7.** [obséquieux] cringing, fawning; **je vous fais mes plus ~es excuses** please accept my most humble apologies. **-8.** [non gazeux] still, non-sparkling. **-9.** LITTÉRAT → **rime. -10.** GÉOM [angle] straight.
◆ **plat** *nm* **-1.** [partie plate] flat (part); **le ~ de la main/d'une épée** the flat of the hand/a sword. **-2.** [lieu plan]: **sur le ~** on the flat ou level ‖ ÉQUIT [course] flat race. **-3.** *fam* [plongeon] belly-flop; **faire un ~** to belly-flop. **-4.** *fam loc*: **faire du ~ à qqn** [à une femme] to chat sb up *Br*, to give sb a line *Am*; [à son patron] to butter sb up *Br*, to sweet-talk sb. **-5.** [de bœuf]: **~ de côtes** best *Br* ou short *Am* rib.
◆ **plate** *nf* monkey-boat.
◆ **à plat** ◇ *loc adj* **-1.** *fam* [fatigué] (all) washed out. **-2.** *fam* [déprimé] down; **il est très à ~** he's feeling very low ou down. **-3.** [pneu, batterie, pile] flat. ◇ *loc adv* **-1.** [horizontalement] flat; **les mains à ~ sur la table** hands flat on the table; **mettre qqch à ~** [robe] to unpick (and lay out the pieces); [projet, problème] to examine from all angles; **tomber à ~** [plaisanterie] to fall flat. **-2.** [rouler] with a flat (tyre).
◆ **à plat ventre** *loc adv* face down ou downwards; **se mettre à ~ ventre** [après avoir été allongé] to flop over onto one's stomach; [après avoir été debout] to lie face downwards; **tomber à ~ ventre** to fall flat on one's face; **ils sont tous à ~ ventre devant elle** *fig* they all bow down to her.

**platane** [platan] *nm* plane tree.

**plateau, x** [plato] *nm* **-1.** [présentoir] tray; **~ de viandes froides** selection of cold meats ❑ **~ à fromages** cheeseboard; **~ de fruits de mer** seafood platter; **il attend que tout lui soit apporté sur un ~** (d'argent) *fig* he expects everything to be handed to him on a (silver) plate. **-2.** THÉÂT stage; CIN set; TV panel; **sur le ~** THÉÂT on stage; CIN on set; **nous avons un beau ~ ce soir** TV we have a wonderful line-up for you in the studio tonight. **-3.** MÉCAN & TECH [d'un électrophone] turntable; [d'une balance] plate, pan; [d'un véhicule] platform; **~ de chargement** platform trolley; **~ de frein** brake backing plate; **~ d'embrayage** pressure plate; **~ de pédalier** front chain wheel; **mettre qqch sur les ~x de la balance** to weigh sth up. **-4.** [d'une courbe] plateau; **faire un** ou **atteindre son ~** to reach a plateau, to level off. **-5.** GÉOG plateau, tableland; **hauts ~x** high plateau; **le ~ continental** continental shelf. **-6.** ANTHR plate, labret. **-7.** [d'une table] top. **-8.** SPORT clay pigeon.

**plateau-repas** [platorəpa] *(pl* **plateaux-repas)** *nm* [à la maison] TV dinner; [dans un avion] in-flight meal.

**plate-bande** [platbɑ̃d] *(pl* **plates-bandes)** *nf* **-1.** HORT [pour fleurs] flowerbed, bed; [pour arbustes, herbes] bed. **-2.** *fam loc*: **marcher sur** ou **piétiner les plates-bandes de qqn** to tread on sb's toes.

**platée** [plate] *nf* [pleine assiette] plate, plateful; [plein plat] dish, dishful; *fam* [portion] big helping.

**plate-forme** [platform] *(pl* **plates-formes)** *nf* **-1.** TRANSP [d'un train, d'un bus] platform. **-2.** GÉOG shelf. **-3.** PÉTR rig; **~ de forage** drilling rig; **~ de forage en mer** off-shore oil rig. **-4.** POL platform; **~ électorale** election platform. **-5.** ASTRONAUT & GÉOL platform. **-6.** ARM (gun) platform. **-7.** TRAV PUBL road level (width). **-8.** INDUST: **~ élévatrice** elevator platform. **-9.** CONSTR [terrassement] subgrade. **-10.** INF platform.

**platement** [platmɑ̃] *adv* **-1.** [banalement] dully, stolidly, bluntly. **-2.** [servilement] cringingly, fawningly; **s'excuser ~** to give a cringing apology.

**platine** [platin] ◇ *adj inv* → **blond, blonde.** ◇ *nm* platinum. ◇ *nf* **-1.** ACOUST: **~ cassette** cassette deck; **~ disque** ou **tourne-disque** record deck; **~ double cassette** twin cassette deck; **~ laser** CD player. **-2.** IMPR platen.

**platiné, e** [platine] *adj* platinum *(modif)*.

**platiner** [3] [platine] *vt* [recouvrir de platine] to platinize.

**platitude** [platityd] *nf* **-1.** [absence d'originalité] dullness, flatness, triteness. **-2.** [lieu commun] platitude, commonplace, trite remark. **-3.** [obséquiosité] obsequiousness, grovelling; **elle ne reculera devant aucune ~ pour avoir ce poste** she'll stoop to anything to get this job.

**Platon** [platɔ̃] *npr* Plato.

**platonicien, enne** [platɔnisjɛ̃, ɛn] ◇ *adj* Platonic. ◇ *nm, f* Platonist.

**platonique** [platɔnik] *adj* **-1.** *vieilli* & PHILOS Platonic. **-2.** [amour] platonic. **-3.** [de pure forme] token.

**platoniquement** [platɔnikmɑ̃] *adv* **-1.** [aimer, admirer] platonically. **-2.** [sans produire d'effet] futilely, to no effect.

**platonisme** [platɔnism] *nm* Platonism.

**plâtrage** [platraʒ] *nm* CONSTR [action] plastering; [ouvrage] plasterwork.

**plâtras** [platra] *nm* **-1.** [débris] (plaster) rubble *(U).* **-2.** CONSTR rubblework *(U).*

**plâtre** [platr] *nm* **-1.** CONSTR plaster; **plafond en ~** plastered ceiling. **-2.** MÉD [matériau] plaster; **être dans le ~** to be in plaster ‖ [appareil] plaster cast ❑ **~ de marche** walking cast. **-3.** BX-ARTS [matériau] plaster; [objet] plaster cast ou model.
◆ **plâtres** *nmpl*: **les ~s** the plaster-work.

**plâtrer** [3] [platre] *vt* **-1.** MÉD [accidenté] to plaster (up); [membre] to put in plaster *Br* ou a cast; **être plâtré de la taille jusqu'aux pieds** to be in a cast from the waist down; **aura-t-il besoin d'être plâtré?** will he have to have a cast? **-2.** CONSTR [couvrir] to plaster (over); [colmater] to plaster over ou up *(sép).*

**plâtreux, euse** [platrø, øz] *adj* **-1.** [fromage] unripe, tasteless. **-2.** [mur] plastered, covered with plaster.

**plâtrier** [platrije] *nm* **-1.** [maçon] plasterer. **-2.** [commerçant] builder's merchant. **-3.** [industriel] plaster manufacturer.

**plâtrière** [platrijɛr] *nf* **-1.** [carrière] gypsum ou lime quarry. **-2.** [usine] plaster works.

**plausibilité** [plozibilite] *nf* plausibility.

**plausible** [plozibl] *adj* plausible, credible, believable; **pas très** ou **peu ~** implausible.

**Plaute** [plot] *npr* Plautus.

**play-back** [plɛbak] *nm inv*: **il chante en ~** he's miming (to a tape).

**play-boy** [plɛbɔj] *(pl* **play-boys)** *nm* playboy.

**plèbe** [plɛb] *nf* **-1.** *litt* & *péj*: **la ~** the hoi polloi. **-2.** ANTIQ: **la ~** the plebs.

**plébéien, enne** [plebejɛ̃, ɛn] ◇ *adj* **-1.** *litt* & *péj* [du bas peuple] plebeian. **-2.** ANTIQ plebeian. ◇ *nm, f* **-1.** *litt* & *péj* [personne vulgaire] plebeian. **-2.** ANTIQ plebeian.

**plébiscitaire** [plebisitɛr] *adj* plebiscitary.

**plébiscite** [plebisit] *nm* [scrutin] plebiscite.

**plébisciter** [3] [plebisite] *vt* **-1.** [élire] to elect by (a) plebiscite. **-2.** [approuver] to approve (by a large majority).

**pléiade** [plejad] *nf* **-1.** *sout* [grand nombre de] group, pleiad *litt*; **une ~ de vedettes** a glittering array of stars. **-2.** LITTÉRAT: **la Pléiade** [poètes] the poets of the Pléiade; [édition] *prestigious edition of literary classics.*

**Pléiades** [plejad] *npr fpl* ASTRON & MYTH Pleiades.

**plein, e** [plɛ̃, plɛn] *adj* **-1.** [rempli] full; **avoir l'estomac** ou **le ventre ~** to have a full stomach; **avoir les mains ~es** to have one's hands full; **verre à demi ~** half full glass; **~ à ras bord** full to the brim; **~ à ras bord de** brimming with; **~ de** full of; **une pièce ~e de livres** a room full of books; **un roman ~ d'intérêt** a very interesting novel; **être ~ d'enthousiasme/de bonne volonté** to show great enthusiasm/willingness ❑ **~ aux as** *fam* loaded, stinking rich; **~ à craquer** full to bursting; **un gros ~ de soupe** *fam* a tub of lard, a fat slob; **être ~ comme un œuf** *fam* [valise, salle] to be chock-a-block; [personne repue] to be stuffed; **être ~** (comme une barrique ou une outre) *fam* to be (well) tanked up. **-2.** [massif] solid; **en bois ~** solid-wood. **-3.** [complet] full; **année ~e** full (calendar) year ❑ **~ temps, temps ~** full-time; **être** ou **travailler à temps ~** to work full-time; **~e page** [gén] full page; [en publicité, sur une page] full-page ad; [en publicité, sur deux pages] spread; **avoir les ~s pouvoirs** to have full powers. **-4.** [chargé] busy, full; **j'ai eu une journée ~e** I've had a busy day; **ma vie a été** ou **est ~e** I've led a full life. **-5.** [en intensif]: **une ~e carafe de** a jugful of; **une ~e valise de** a suitcase full of; **de son ~ gré** of his own volition ou free will; **j'ai ~e conscience de ce qui m'attend** I know exactly what to expect; **être en ~e forme** to be on top form; **embrasser qqn à ~e bouche** to kiss sb full on the mouth; **rire à ~e gorge** to laugh one's head off; **chanter/crier à ~ gosier** to sing/to shout at the top of one's voice; **ramasser qqch à ~es mains** to pick up handfuls of sth;

sentir qqch à ~ nez to reek of sthg; respirer à ~s poumons to take deep breaths ❏ ~ tube *fam*, ~s tubes *fam*: mettre la radio (à) ~s tubes to put the radio on full blast; foncer/rouler (à) ~ tube to go/to drive flat out; ~s feux sur spotlight on; ~s gaz *fam*, ~spots *fam* full throttle; ~s phares full beam *Br*, high beams *Am*. **-6.** [arrondi] full; avoir des formes ~es to have a well-rounded ou full figure; avoir des joues ~es to be chubby-cheeked. **-7.** ZOOL [vache] in calf; [jument] in foal; [chatte] pregnant. **-8.** *litt* [préoccupé]: ses lettres sont ~es de vous she talks about nothing but you in her letters; être ~ de soi-même/son sujet to be full of o.s./one's subject. **-9.** JEUX [couleur] full. **-10.** ASTRON & MÉTÉO full; la lune est ~e the moon is full ❏ ~e lune full moon; la ~e mer high tide.
◆ **plein** ◇ *nm* **-1.** [de carburant] full tank; avec un ~, tu iras jusqu'à Versailles you'll get as far as Versailles on a full tank; faire le ~ to fill up; le ~, s'il vous plaît fill her ou it up, please; faire le ~ de vitamines/soleil *fig* to stock up on vitamins/sunshine. **-2.** [maximum]: donner son ~ [personne] to give one's best, to give one's all. **-3.** [en calligraphie] downstroke; les ~s et les déliés the downstrokes and the upstrokes. **-4.** CONSTR solid ou massive parts.
◇ *adv* **-1.** *fam*: tout ~ [très] really. **-2.** [non creux]: sonner ~ to sound solid.
◇ *prép* [partout dans] all over; avoir de l'argent ~ les poches *fig* to have loads of money ❏ en avoir ~ les bottes de qqch *fam* to be fed up with sthg; j'en ai ~ les bottes ou pattes *fam* my feet are killing me, I'm bushed; j'en ai ~ le dos *fam* ou le cul^∇ I've had it up to here; s'en mettre ~ la lampe *fam* to stuff one's face; en mettre ~ la vue à qqn *fam* to put on a show for sb; en prendre ~ les dents ou les gencives *fam* ou la gueule^∇ [se faire reprendre] to get a right rollocking *Br*, to get bawled out *Am*; [être éperdu d'admiration] to be bowled over.
◆ **à plein** *loc adv*: les moteurs/usines tournent à ~ the engines/factories are working to full capacity; utiliser des ressources à ~ to make full use of resources.
◆ **de plein droit** *loc adv*: exiger ou réclamer qqch de ~ droit to demand sthg as of right ou as one's right.
◆ **de plein fouet** ◇ *loc adj* head-on. ◇ *loc adv* head-on, full on.
◆ **en plein** *loc adv* **-1.** [en entier] in full, entirely; le soleil éclaire la pièce en ~ the sun lights up the entire room. **-2.** [complètement, exactement]: en ~ dans/sur right in the middle of/on top of; donner en ~ dans un piège to fall right into a trap.
◆ **en plein, en pleine** *loc prép* [au milieu de, au plus fort de]: en ~ air in the open (air); en ~e campagne right out in the country; en ~ cœur de la ville right in the heart of the city; une industrie en ~ essor a booming ou fast-growing industry; en ~e figure ou *fam* poire right in the face; en ~ jour in broad daylight; en ~e mer (out) in the open sea; en ~e nuit in the middle of the night; en ~ soleil in full sunlight; en ~ vent in the wind; en ~ vol in mid-flight.
◆ **plein de** *loc prép fam* lots of; il y avait ~ de gens dans la rue there were crowds ou masses of people in the street; tu veux des bonbons/de l'argent? j'en ai ~ do you want some sweets/money? I've got lots.
**plein-air** [plenɛr] *nm inv* SCOL games.
**pleinement** [plɛnmɑ̃] *adv* wholly, fully, entirely; vivre ~ sa passion to live one's passion to the full; je suis ~ convaincu I'm fully convinced; profiter ~ de qqch to make the most of sthg.
**plein(-)emploi** [plɛnɑ̃plwa] *nm* full employment.
**plein-temps** [plɛ̃tɑ̃] (*pl* pleins-temps) ◇ *adj* inv full-time. ◇ *nm* full-time job; faire un ~ to work full-time, to have a full-time job.
◆ **à plein-temps** *loc adv*: travailler à ~ to work full-time.
**plénier, ère** [plenje, ɛr] *adj* plenary.
**plénipotentiaire** [plenipɔtɑ̃sjɛr] *adj & nmf* plenipotentiary.
**plénitude** [plenityd] *nf* **-1.** *litt* [des formes] fullness. **-2.** [satisfaction totale] fulfilment.
**plénum** [plenɔm] *nm* plenum POL.
**pléonasme** [pleɔnasm] *nm* pleonasm.
**pléonastique** [pleɔnastik] *adj* pleonastic.
**pléthore** [pletɔr] *nf sout* excess, plethora *litt*.
**pléthorique** [pletɔrik] *adj* excessive, overabundant.

**pleural, e, aux** [plœral, o] *adj* pleural.
**pleurant** [plœrɑ̃] *nm* weeping figure, weeper ART.
**pleurard, e** [plœrar, ard] *fam* ◇ *adj* [sanglotant] whimpering; [plaintif] whining, whingeing *Br*. ◇ *nm, f* [qui sanglote] whimperer; [qui se plaint] whinger *Br*, whiner.
**pleurer** [5] [plœre] ◇ *vi* **-1.** PHYSIOL to cry; avoir un œil qui pleure to have a weepy ou watery eye ‖ [verser des larmes] to cry, to weep; ~ de joie/rage to cry for joy/with rage; j'en pleurais de rire! I laughed so much that I cried!; l'histoire est bête/triste à ~ the story is so stupid/sad you could weep ❏ ~ à chaudes larmes ou comme une Madeleine *fam* ou comme un veau *fam* ou comme une fontaine to cry ou to bawl one's eyes out; ne laisser à qqn que les yeux pour ~ to leave sb nothing but the clothes they stand up in; il ne lui reste ou il n'a plus que les yeux pour ~ he has nothing left to his name; aller ~ dans le gilet de qqn *fam* to go crying to sb. **-2.** *fam* [réclamer] to beg; il est allé ~ auprès du directeur pour avoir une promotion he went cap in hand to the boss ou went and begged the boss for a promotion; ~ après to beg for. **-3.** [se lamenter]: ~ sur to lament, to bemoan, to bewail; ~ sur soi-même ou son sort to bemoan one's fate. **-4.** *litt* [vent] to wail, to howl; [animal] to wail.
◇ *vt* **-1.** [répandre] to cry, to shed, to weep; ~ des larmes de joie to cry ou to shed tears of joy ❏ ~ toutes les larmes de son corps to cry one's eyes out. **-2.** *sout* [être en deuil de] to mourn; nous pleurons notre cher père we're mourning (for) our dear father ‖ [regretter] to lament, to bemoan; ~ une occasion perdue to lament a lost opportunity. **-3.** *fam* [se plaindre de] to begrudge; tu ne vas pas ~ les quelques francs que tu lui donnes par mois? surely you don't begrudge her the few francs you give her a month?; elle est allée ~ qu'on l'avait trompée she went complaining that she'd been deceived. **-4.** *loc*: ~ misère to cry over ou to bemoan one's lot.
**pleurésie** [plœrezi] *nf* pleurisy.
**pleurétique** [plœretik] ◇ *adj* pleuritic. ◇ *nmf* pleurisy sufferer, pleuritic.
**pleureur, euse** [plœrœr, øz] *adj*: enfant ~ child who cries a lot.
◆ **pleureuse** *nf* (professional) mourner.
**pleurnichard, e** [plœrniʃar, ard] = pleurnicheur.
**pleurnicher** [3] [plœrniʃe] *vi* [sangloter] to whimper; [se plaindre] to whine, to whinge *Br*; ~ auprès de qqn to go crying to sb.
**pleurnicherie** [plœrniʃri] *nf* whining (U), whingeing (U) *Br*.
**pleurnicheur, euse** [plœrniʃœr, øz] ◇ *adj* [sanglotant] whimpering; [plaintif] whining, whingeing. ◇ *nm, f* [qui sanglote] whimperer; [qui se plaint] whiner, whinger *Br*.
**pleurs** [plœr] *nmpl litt* tears; répandre ou verser des ~ to shed tears, to weep; en ~ in tears; il y aura des ~ et des grincements de dents there will be a great wailing and gnashing of teeth.
**pleut** [plø] *v* → pleuvoir.
**pleutre** [pløtr] *litt* ◇ *adj* cowardly, faint-hearted, lily-livered. ◇ *nm* coward.
**pleutrerie** [pløtrəri] *nf litt* **-1.** [caractère lâche] cowardice, pusillanimity *litt*. **-2.** [acte] act of cowardice.
**pleuviner** [3] [pløvine] *v impers* to drizzle.
**pleuvoir** [68] [pløvwar] ◇ *v impers* to rain; il pleut it's raining; il pleut à grosses gouttes it's raining heavily; on dirait qu'il va ~ it looks like rain ❏ il pleut à seaux ou à verse ou *fam* des cordes ou *fam* des hallebardes it's raining cats and dogs ou stair rods *Br*; il pleut comme vache qui pisse *fam* it's pouring; qu'il pleuve ou qu'il vente come rain come shine; comme s'il en pleuvait: des récompenses comme s'il en pleuvait rewards galore. ◇ *vi* [coup] to rain down, to fall like rain; [insulte] to shower down; les punitions pleuvaient sur les élèves punishments were showering down upon ou on the pupils; faire ~ les malédictions sur qqn to rain curses upon ou on sb's head.
**pleuvoter** [3] [pløvɔte] *v impers fam* to drizzle.
**plèvre** [plɛvr] *nf* pleura.
**Plexiglas®** [plɛksiglas] *nm* Plexiglas®.
**plexus** [plɛksys] *nm*: ~ solaire solar plexus.
**pli** [pli] *nm* **-1.** [repli – d'un éventail, d'un rideau, du papier] fold; [– d'un pantalon] crease; le drap fait des ~s the sheet is

creased ou rumpled; **un tissu qui ne fait pas de ~s** a material that doesn't crease ❏ **~ d'aisance** inverted pleat; **~ plat** flat pleat; **faux ~** crease; **ça ne fais pas un ~** *fam* it goes without saying. **-2.** [habitude] habit; **c'est un ~ à prendre** you've (just) got to get into the habit. **-3.** [ride] wrinkle, line, crease; [bourrelet] fold; **~ du bras** bend of the arm; **~ de l'aine** crease ou fold of the groin. **-4.** *sout* [enveloppe] envelope; [lettre] letter; **veuillez trouver sous ce ~ le document demandé** please find enclosed the required document; **sous ~** cacheté in a sealed envelope. **-5.** JEUX trick; **faire un ~** to win ou to take a trick. **-6.** GÉOG fold. **-7.** COUT pleat; **~ creux** box pleat.
◆ **à plis** *loc adj* pleated.

**pliable** [plijabl] *adj* foldable.

**pliage** [plija3] *nm* folding.

**pliant, e** [plijã, ãt] *adj* folding, collapsible.
◆ **pliant** *nm* folding stool.

**plie** [pli] *nf* plaice.

**plié** [plije] *nm* plié.

**plier** [10] [plije] ◇ *vt* **-1.** [journal, carte] to fold; **~ bagage** to pack up and go. **-2.** [tordre – fil de fer, doigt, genou] to bend; **la douleur le plia en deux** he was doubled up in pain ❏ **plié en deux** *fam* ou **en quatre** *fam* (de rire) doubled up (with laughter). **-3.** [soumettre]: **je n'ai jamais pu la ~ à mes désirs/pu ~ sa volonté** I never managed to get her to submit to my desires/to bend her will. ◇ *vi* **-1.** [se courber] to bend (over), to bow; **les branches pliaient sous le poids des fruits/de la neige** the branches were weighed down with fruit/snow; **~ sous le poids des responsabilités** to be weighed down by responsibility. **-2.** [se soumettre] to yield, to give in, to give way; **~ devant qqn** to submit ou to yield to sb.
◆ **se plier** *vpi* [meuble, appareil] to fold up ou away; [personne, corps] to bend, to stoop; **se ~ en deux** to bend double.
◆ **se plier à** *vp + prép* [se soumettre à] to submit to; [s'adapter à] to adapt to; **c'est une discipline à laquelle il faut se ~** you have to accept the discipline.

**pliions** [plijɔ̃] *v* → **plier**.

**Pline** [plin] *npr*: **~ l'Ancien/le Jeune** Pliny the Elder/Younger.

**plinthe** [plɛ̃t] *nf* **-1.** CONSTR [en bois] skirting (board) *Br*, baseboard *Am*, mopboard *Am*; [en pierre] skirting. **-2.** ARCHIT plinth.

**plissage** [plisa3] *nm* pleating.

**plissé, e** [plise] *adj* **-1.** VÊT pleated. **-2.** [ridé – front, visage] wrinkled, creased. **-3.** GÉOL [terrain] folded.
◆ **plissé** *nm* [plis] pleats; **~ soleil** sunray pleat.

**plissement** [plismã] *nm* **-1.** GÉOG folding; **~ (de terrain)** fold; **montagnes formées par ~s** fold mountains. **-2.** [d'un front, d'un visage] wrinkling *(U)*.

**plisser** [3] [plise] ◇ *vt* **-1.** [faire des plis à – volontairement] to fold; [– involontairement] to crease. **-2.** [froncer – yeux] to screw up *(sép)*; [– nez] to wrinkle. **-3.** GÉOG to fold. **-4.** COUT to pleat. ◇ *vi* [faire des plis – pantalon, robe, nappe] to crease, to become creased; [– collant] to wrinkle.
◆ **se plisser** *vpi* **-1.** [se rider] to crease, to wrinkle; **son front se plissa** she frowned. **-2.** COUT to pleat.

**pliure** [plijyr] *nf* **-1.** [marque] fold. **-2.** [pliage] folding.

**ploc** [plɔk] *onomat* plop.

**ploie** [plwa] *v* → **ployer**.

**ploiement** [plwamã] *nm litt* bending.

**ploierai** [plware] *v* → **ployer**.

**plomb** [plɔ̃] *nm* **-1.** MÉTALL lead; **ça te mettra un peu de ~ dans la tête** ou **cervelle** that will knock some sense into you; **avoir du ~ dans l'aile** [entreprise] to be in a sorry state ou bad way; [personne] to be in bad shape ou on one's last legs. **-2.** ARM leadshot, shot; **un ~ a leadshot** ❏ **du gros ~** buckshot; **du petit ~** small shot. **-3.** ÉLECTR fuse; **faire sauter les ~s** to blow the fuses. **-4.** PÊCHE sinker. **-5.** COUT lead (weight). **-6.** [de vitrail] lead, came. **-7.** [sceau] lead seal. **-8.** CONSTR plumb, bob, plummet. **-9.** IMPR type.
◆ **à plomb** *loc adv*: **mettre à ~** to plumb; **le mur n'est pas/est à ~** the wall is off plumb/is plumb.
◆ **de plomb** *loc adj* lead *(modif)*; **un ciel de ~** a leaden sky.

**plombage** [plɔ̃ba3] *nm* **-1.** [d'une dent] filling; **faire un ~ à**

**qqn** to fill sb's tooth; **se faire faire un ~** to have a tooth filled ou a filling (put in). **-2.** [d'un colis] sealing (with lead). **-3.** PÊCHE leading.

**plombe**▽ [plɔ̃b] *nf* hour.

**plombé, e** [plɔ̃be] *adj* **-1.** [teint] leaden, pallid; [ciel] leaden, heavy. **-2.** [scellé – colis, wagon] sealed (with lead). **-3.** PÊCHE weighted (with lead ou with a sinker). **-4.** [dent] filled.

**plomber** [3] [plɔ̃be] *vt* **-1.** [dent] to fill, to put a filling in. **-2.** [colis] to seal with lead. **-3.** PÊCHE to weight (with lead), to lead. **-4.** CONSTR to plumb. **-5.** [toit] to lead.
◆ **se plomber** *vpi sout* [ciel] to turn leaden ou the colour of lead.

**plomberie** [plɔ̃bri] *nf* **-1.** [installation] plumbing. **-2.** [profession] plumbing.

**plombier** [plɔ̃bje] *nm* [artisan] plumber.

**plonge** [plɔ̃3] *nf* washing-up, washing the dishes; **faire la ~** to wash dishes *(in a restaurant)*.

**plongeai** [plɔ̃3e] *v* → **plonger**.

**plongeant, e** [plɔ̃3ã, ãt] *adj* plunging; **il y a une vue ~e jusqu'à la mer** the view plunges down to the sea.

**plongée** [plɔ̃3e] *nf* **-1.** LOISIRS & SPORT (underwater) diving; **il fait de la ~ depuis deux ans** he has been diving for two years; **~ sous-marine** skin ou scuba diving. **-2.** CIN high angle shot. **-3.** [descente rapide] swoop, plunge, dive.

**plongeoir** [plɔ̃3war] *nm* diving board.

**plongeon** [plɔ̃3ɔ̃] *nm* **-1.** [dans l'eau] dive; **faire un ~ en arrière** to do a back dive ou a back flip ❏ **faire le ~** *fam* to take a tumble, to come a cropper *Br fig*. **-2.** FTBL dive; **faire un ~** to dive.

**plonger** [17] [plɔ̃3e] ◇ *vi* **-1.** LOISIRS & SPORT to dive; [en profondeur] to dive, to go skin ou scuba diving; **il plongea du haut du rocher** he dived off the rock ‖ FTBL to dive. **-2.** [descendre – avion] to dive; [– sous-marin] to dive; [– oiseau] to dive, to swoop; [– racine] to go down; **depuis le balcon, la vue plonge dans le jardin des voisins** there's a bird's-eye view of next door's garden from the balcony. **-3.** ~ **dans** [s'absorber dans] to plunge into, to absorb o.s. in; **elle plongea dans la dépression** she plunged into depression. **-4.** *sout*: **cette tradition plonge dans la nuit des temps** this tradition goes back to the dawn of time. **-5.** *fam* [échouer] to decline, to fall off; **beaucoup d'élèves plongent au deuxième trimestre** a lot of pupils' work deteriorates in the second term ‖ [faire faillite] to go bankrupt, to fold. **-6.** ▽ [être arrêté] to get nabbed.
◇ *vt* **-1.** [enfoncer] to plunge, to thrust; **~ la main dans l'eau** to plunge one's hand into the water; **il plongea la main dans sa poche** he thrust his hand deep into his pocket. **-2.** [mettre] to plunge; **la panne a plongé la pièce dans l'obscurité** the power failure plunged the room into darkness; **~ son regard** ou **ses regards dans** to look deep ou deeply into; **~ qqn dans l'embarras** to put sb in a difficult spot; **la remarque nous plongea tous dans la consternation** the remark appalled us all; **j'étais plongé dans mes pensées/comptes** I was deep in thought/in my accounts; **je suis plongé dans Proust pour l'instant** at the moment, I'm completely immersed in Proust; **plongé dans ses dossiers** he's engrossed in his files; **plongé dans un sommeil profond, il ne nous a pas entendus** as he was sound asleep, he didn't hear us.
◆ **se plonger dans** *vp + prép* [bain] to sink into; [études, travail] to throw o.s. into; [livre] to bury o.s. in.

**plongeur, euse** [plɔ̃3œr, øz] *nm, f* **-1.** LOISIRS & SPORT diver; **~ sous-marin** skin ou scuba diver. **-2.** [dans un café] washer-up *Br*, dishwasher *Am*.

**plot** [plo] *nm* **-1.** ÉLECTR contact; [dans un commutateur] contact block. **-2.** [bille de bois] block. **-3.** SPORT block. **-4.** *Helv* [billot] wooden block.

**plouc** [pluk] *nm fam & péj* yokel, bumpkin, hick *Am*; **ça fait ~** it's vulgar.

**plouf** [pluf] *interj* splash; **elle a fait ~ dans l'eau** *langage enfantin* she went splash into the water.

**ploutocratie** [plutɔkrasi] *nf* plutocracy.

**ployer** [13] [plwaje] ◇ *vt* **-1.** *litt* [courber] to bend, to bow. **-2.** [fléchir] to bend, to flex; **~ les genoux** *pr* to bend one's knees; *fig* to toe the line, to submit. ◇ *vi litt* **-1.** [arbre] to bend; [étagère, poutre] to sag. **-2.** *fig*: **~ sous le poids des ans**

to be weighed down by age; ~ **sous le joug** to bend beneath the yoke, to be subjugated *litt*.

**plu** [ply] *pp* → **plaire, pleuvoir**.

**pluches** [plyʃ] *nfpl fam* **-1.** [épluchage] peeling; **faire les** ~ to peel the veg *Br* ou veggies *Am*.**-2.** [épluchures] vegetable peelings.

**pluie** [plɥi] *nf* **-1.** MÉTÉO rain; **le temps est à la** ~ it looks like rain; ~ **battante** driving rain; ~ **diluvienne** ou **torrentielle** pouring rain; **(petite)** ~ **fine** drizzle ❑ ~**s acides** ÉCOL acid rain; **ennuyeux comme la** ~ deadly boring; **faire la** ~ **et le beau temps** to be powerful; **il fait la** ~ **et le beau temps dans l'entreprise** he dictates what goes on in the company; **parler de la** ~ **et du beau temps** to talk of this and that; **après la** ~, **le beau temps** *prov* every cloud has a silver lining *prov*. **-2.** [retombée] shower; **une** ~ **d'étoiles filantes** a meteoric shower. **-3.** [série] shower, stream.
◆ **en pluie** *loc adv*: **verser la farine en** ~ **dans le lait** sprinkle the flour into the milk.

**plumage** [plymaʒ] *nm* plumage, feathers.

**plumard**▽ [plymar] *nm* bed, sack; **aller au** ~ to hit the hay ou sack.

**plume¹** [plym] *nf* **-1.** [d'oiseau] feather; **j'y ai laissé des** ~**s** *fam* I didn't come out of it unscathed. **-2.** [pour écrire] quill; [de stylo] nib; **dessiner à la** ~ to draw in pen and ink; **je prends la** ~ **pour te dire que...** I take up my pen to tell you that...; **c'est un critique à la** ~ **acérée** he's a scathing critic ❑ ~ **d'oie** goose quill; **laisser aller** ou **courir sa** ~ to write as the ideas come; **avoir la** ~ **facile** to have a gift for writing. **-3.** *sout* [écrivain] pen. **-4.** MÉD: ~ **à vaccin** vaccine point.
◆ **à plumes** *loc adj* ZOOL pennaceous.
◆ **en plumes** *loc adj* feather (*modif*), feathered.

**plume²**▽ [plym] = **plumard**.

**plumeau, x** [plymo] *nm* feather duster.

**plumer** [3] [plyme] *vt* **-1.** [oiseau] to pluck. **-2.** *fam* [escroquer] to fleece.

**plumet** [plymɛ] *nm* plume.

**plumetis** [plymti] *nm* **-1.** [broderie] raised satin stitch; collant (à) ~ dot ou dotted tights. **-2.** TEXT Swiss muslin.

**plumier** [plymje] *nm* pencil box ou case.

**plupart** [plypar]
◆ **la plupart** *nf* most; **quelques-uns sont partis mais la** ~ **ont attendu** some left but most (of them) waited.
◆ **la plupart de** *loc prép* most (of); **la** ~ **des enfants** [du monde] the majority of ou most children; [d'un groupe] the majority ou most of the children; **la** ~ **du temps** most of the time; **dans la** ~ **des cas** in the majority of ou in most cases.
◆ **pour la plupart** *loc adv* mostly, for the most part; **les clients sont pour la** ~ **satisfaits** the customers are mostly satisfied ou for the most part satisfied; **ils te croient?** — **oui, pour la** ~ do they believe you? — most of them do ou for the most part, yes.

**plural, e, aux** [plyral, o] *adj* plural.

**pluralisme** [plyralism] *nm* pluralism.

**pluraliste** [plyralist] ◇ *adj* pluralist, pluralistic. ◇ *nmf* pluralist.

**pluralité** [plyralite] *nf* plurality.

**pluriannuel, elle** [plyrianɥɛl] *adj* **-1.** JUR running over several years. **-2.** BOT perennial.

**pluricellulaire** [plyriselylɛr] *adj* multicellular.

**pluridimensionnel, elle** [plyridimɑ̃sjɔnɛl] *adj* multidimensional.

**pluridisciplinaire** [plyridisiplinɛr] *adj* multidisciplinary, joint (*modif*).

**pluridisciplinarité** [plyridisiplinarite] *nf*: **la** ~ **de notre formation** the interdisciplinary nature of our training programme.

**pluriel, elle** [plyrjɛl] *adj* **-1.** GRAMM plural. **-2.** [diversifié] diverse, multifarious; **une société** ~**le** a pluralist society.
◆ **pluriel** *nm* plural; **la troisième personne du** ~ the third person plural; **au** ~ in the plural; **quel est le** ~ **de «carnaval»?** what's the plural of 'carnaval'? ❑ **le** ~ **de majesté** the royal 'we'.

**pluripartisme** [plyripartism] *nm* pluralist (party) ou multiparty system.

**plus¹** [ply] *v* → **plaire**.

**plus²** [ply(s)] ◇ *adv* **A.** COMPARATIF DE SUPÉRIORITÉ **-1.** [suivi d'un adverbe, d'un adjectif]: **viens** ~ **souvent (do)** come more often; ~ **tôt** earlier; ~ **tard** later; **tu es** ~ **patient que moi** you're more patient than I am ou than me; **c'est** ~ **rouge qu'orange** it's red rather than ou it's more red than orange; **elle a eu le prix mais elle n'en est pas** ~ **fière pour ça** she got the award, but it didn't make her any prouder for all that; **je veux la même, en** ~ **large** I want the same, only bigger; **bien** ~ **gros** much fatter; **encore** ~ **beau** more handsome still, even more handsome; **cinq fois** ~ **cher** five times dearer ou as dear ou more expensive; **il l'a fait deux fois** ~ **vite (qu'elle)** he did it twice as quickly (as she did). **-2.** [avec un verbe] **mais je l'apprécie, je l'apprécie** ~ **son frère** I like his brother more ou better; **je m'intéresse à la question** ~ **que tu ne penses** I'm more interested in the question than you think; **je ne peux vous en dire** ~ I can't tell you any more.
**B.** SUPERLATIF DE SUPÉRIORITÉ **-1.** [suivi d'un adverbe, d'un adjectif]: **le** ~ **loin** the furthest ou farthest; **la montagne la** ~ **haute** the highest mountain; **j'ai répondu le** ~ **gentiment que j'ai pu** I answered as kindly as I could; **j'y vais le** ~ **rarement possible** I go there as seldom as possible; **le** ~ **souvent** most of the time; **tu es le** ~ **gentil de tous** you're the kindest of all; **un de ses tableaux les** ~ **connus** one of her best-known paintings; **le** ~ **gros des deux** the bigger of the two; **le** ~ **gros des trois** the biggest of the three; **c'est ce qu'il y a de** ~ **original dans sa collection d'été** it's the most original feature of his summer collection; **choisis les fruits les** ~ **mûrs possible** select the ripest possible fruit; **faites au** ~ **vite** do it the quickest possible way ou as quickly as possible; **aller au** ~ **pressé** ou **urgent** to deal with the most urgent priority first. **-2.** [précédé d'un verbe] most; **c'est moi qui travaille le** ~ I'm the one who works most ou the hardest; **serrez-vous le** ~ **possible** get as close to each other as possible ou as you can; **faites-en le** ~ **possible** do as much as you can.
**C.** ADVERBE DE NÉGATION **-1.** [avec 'ne']: **je n'y retournerai** ~ I won't go back there any more. **-2.** [tour elliptique]: **de** no more; ~ **de glace pour moi, merci** no more ice cream for me, thanks; ~ **de tergiversations!** let's not shilly-shally any longer!; ~ **un mot!** not another word!
◇ *adj*: **B** ~ SCOL B plus; **H** ~ CHIM H plus.
◇ *conj* **-1.** MATH plus; **3** ~ **3 égale 6** 3 plus 3 is ou makes 6; **il fait** ~ **5°** it's 5° above freezing, it's plus 5°. **-2.** [en sus de] plus; ~ **le fait que... plus ou** together with the fact that...
◇ *nm* **-1.** MATH plus (sign). **-2.** [avantage, atout] plus, bonus, asset.
◆ **au plus** *loc adv* [au maximum] at the most ou outside.
◆ **de plus** *loc adv* **-1.** [en supplément] extra, another, more; **mets deux couverts de** ~ lay two extra ou more places; **raison de** ~ **pour y aller** all the more reason for going; **je ne veux rien de** ~ I don't want anything more; **il est content, que te faut-il de** ~? he's happy, what more do you want?; **un mot/une minute de** ~ **et je m'en allais** another word/minute and I would have left. **-2.** [en trop] too many; **en recomptant, je trouve trente points de** ~ on adding it up again, I get thirty points too many. **-3.** [en outre] furthermore, what's more, moreover.
◆ **de plus en plus** *loc adv* **-1.** [suivi d'un adjectif] more and more, increasingly; [suivi d'un adverbe] more and more; **le ciel devenait de** ~ **en** ~ **sombre** the sky was growing darker and darker. **-2.** [précédé d'un verbe]: **les prix augmentent de** ~ **en** ~ prices are increasing all the time.
◆ **de plus en plus de** *loc dét* [suivi d'un nom comptable] more and more, a growing number of; [suivi d'un nom non comptable] more and more; **elle a de** ~ **en** ~ **de fièvre** her temperature is rising.
◆ **des plus** *loc adv* most; **son attitude est des** ~ **compréhensibles** her attitude is most ou quite understandable.
◆ **en plus** *loc adv* **-1.** [en supplément] extra (*avant n*); **c'est le même appartement avec un balcon en** ~ it's the same flat with a balcony as well; **ça fait 45 minutes de transport en** ~ it adds 45 minutes to the journey; **les boissons sont en** ~ drinks are extra, you pay extra for the drinks ‖ [en trop] spare; **tu n'as pas des tickets en** ~? do you have any spare tickets?; **j'ai une carte en** ~ [à la fin du jeu] I've got one card left over; [en distribuant] I've got one card too many ‖ [en cadeau] as well, on top of that; **et vous emportez une bouteille de champagne en** ~! and you get a bottle of Champagne as well ou on top of that ou into the bargain!**-2.** [en

outre] further, furthermore, what's more; **mais c'est qu'elle est méchante en ~**! *fam* and she's nasty to cap it all ou to boot! **-3.** [d'ailleurs] besides, what's more, moreover; **je ne tiens pas à le faire et, en ~, je n'ai pas le temps** I'm not too keen on doing it, and besides ou what's more, I've no time.

◆ **en plus de** *loc prép* [en supplément de] besides, on top of, in addition to; **en ~ du squash, elle fait du tennis** besides (playing) squash, she plays tennis.

◆ **et plus** *loc adv* over; **45 kilos et ~** over 45 kilos, 45 odd kilos; **les gens de 30 ans et ~** people aged 30 and over.

◆ **ni plus ni moins** *loc adv* no more no less, that's all; **je te donne une livre, ni ~ ni moins** I'll give you one pound, no more no less; **tu t'es trompé, ni ~ ni moins** you were mistaken, that's all.

◆ **non plus** *loc adv*: **moi non ~ je n'irai pas** I won't go either; **je ne sais pas — moi non ~**! I don't know — neither do I ou nor do I ou me neither!

◆ **on ne peut plus** *loc adv*: **je suis on ne peut ~ désolé de vous voir partir** I'm ever so sorry you're leaving; **c'est on ne peut ~ compliqué** it couldn't be more complicated.

◆ **plus de** *loc dét* **-1.** [comparatif, suivi d'un nom] more; **nous voulons ~ d'autonomie**! we want more autonomy!; **je n'ai pas ~ de courage qu'elle** I'm no braver than she is ou her ‖ [suivi d'un nombre] more than, over; **il y a ~ de 15 ans de cela** it's more than 15 years ago now; **elle a bien ~ de 40 ans** she's well over 40; **il y en a ~ d'un qui s'est plaint** more than one person has complained; **il est ~ de 5 h** it's past 5 o'clock ou after 5. **-2.** [superlatif, suivi d'un nom]: **le ~ de** (the) most; **c'est ce qui m'a fait le ~ de peine** that's what hurt me (the) most; **c'est notre équipe qui a le ~ de points** our team has (the) most points; **celui qui a le ~ de chances de réussir** the one (who's the) most likely to succeed; **le ~ possible de**: **le ~ possible de cerises** as many cherries as possible; **le ~ d'argent possible** as much money as possible ‖ (comme nom): **les ~ 20 ans** people over 20, the over-20s.

◆ **plus... moins** *loc corrél* the more... the less; **~ il vieillit, moins il a envie de sortir** the older he gets, the less he feels like going out; **~ ça va, moins je la comprends** I understand her less and less (as time goes on).

◆ **plus... plus** *loc corrél* the more... the more; **~ je réfléchis, ~ je me dis que...** the more I think (about it), the more I'm convinced that...; **~ ça va, ~ il est agressif** he's getting more and more aggressive (all the time); **~ ça va, ~ je me demande si...** the longer it goes on, the more I wonder if...

◆ **plus ou moins** *loc adv* more or less; **c'est ~ ou moins cher, selon les endroits** prices vary according to where you are.

◆ **plus que** *loc adv* **-1.** (suivi d'un adjectif) more than; **c'est ~ que gênant** it's embarrassing, to say the least. **-2.** (suivi d'un nom): **cela représente ~ qu'une simple victoire** it means more than just a victory.

◆ **qui plus est** *loc adv* what's ou what is more.

◆ **sans plus** *loc adv* nothing more.

◆ **tout au plus** *loc adv* at the most.

**plusieurs** [plyzjœr] ◇ *dét (adj indéf pl)* several. ◇ *pron indéf pl* **-1.** [désignant des personnes] several people; **vous venez à ~**? will there be several of you coming?; **~** (d'entre eux) **ont refusé** several of them refused. **-2.** [reprenant le substantif] several; **n'utilisez pas une seule couleur, mais ~** don't use just one colour, but several.

**plus-que-parfait** [plyskəparfɛ] *nm* pluperfect, past perfect.

**plus-value** [plyvaly] (*pl* **plus-values**) *nf* **-1.** [augmentation de la valeur] increase (in value), appreciation. **-2.** [excédent d'impôts] (tax) budget surplus. **-3.** [surcoût] surplus value. **-4.** [somme ajoutée au salaire] bonus.

**plut** [ply] *v* → **plaire**.

**Plutarque** [plytark] *npr* Plutarch.

**Pluton** [plytɔ̃] *npr* ASTRON & MYTH Pluto.

**plutonique** [plytɔnik] *adj* plutonic.

**plutonium** [plytɔnjɔm] *nm* plutonium.

**plutôt** [plyto] *adv* **-1.** [de préférence] rather; [à la place] instead; **~ mourir**! I'd rather die!; **mets mon manteau ~, tu auras plus chaud** put my coat on instead, you'll be warmer; **demande ~ à un spécialiste** you'd better ask a specialist; **~ que** rather than, instead of; **~ que de travailler, je vais aller faire des courses** I'm going to do some shopping

instead of working; **~ mourir que de céder**! I'd rather die than give in!**-2.** [plus précisément] rather; **la situation n'est pas désespérée, disons ~ qu'elle est délicate** the situation is not hopeless, let's say rather that it is delicate; **ce n'était pas une maison de campagne, mais ~ un manoir** it wasn't a country house, it was more of a country manor; **elle le méprise ~ qu'elle ne le hait** *sout* she doesn't so much hate as despise him. **-3.** [assez, passablement] rather, quite. **-4.** [en intensif]: **il est ~ collant, ce type**! *fam* that guy's a bit of a leech!; **il est idiot, ce film! — ~, oui!** it's stupid, this film! — you can say that again ou you're telling me!

**pluvial, e, aux** [plyvjal, o] *adj* pluvial *spéc*, rainy.

**pluvier** [plyvje] *nm* plover.

**pluvieux, euse** [plyvjø, øz] *adj* [temps, journée] rainy, wet; [climat] wet, damp.

**pluviomètre** [plyvjɔmɛtr] *nm* pluviometer *spéc*, rain gauge.

**pluviométrie** [plyvjɔmetri] *nf* pluviometry.

**pluviôse** [plyvjoz] *nm* fifth month of the French Revolutionary calendar (from January 20th, 21st or 22nd to February 18th, 19th or 20th).

**pluviosité** [plyvjozite] *nf* (average) rainfall.

**PMA** ◇ *nf abr de* **procréation médicalement assistée**. ◇ *nmpl (abr de* **pays les moins avancés)** LDCs.

**PME** (*abr de* **petite et moyenne entreprise**) *nf* small business; **les ~** small and medium-sized firms.

**PMI** *nf* **-1.** (*abr de* **petite et moyenne industrie**) small industrial firm. **-2.** *abr de* **protection maternelle et infantile**.

**PMU** (*abr de* **Pari mutuel urbain**) *npr m* French betting authority, ≃ **tote** *Br*, ≃ **pari-mutuel** *Am*.

**PNB** (*abr de* **produit national brut**) *nm* GNP.

**pneu** [pnø] *nm* **-1.** AUT tyre; **~ sans chambre à air** tubeless tyre; **~ clouté** spiked tyre; **~ neige** snow tyre. **-2.** *fam* [lettre] message (sent through a compressed air tube system), pneumatic (dispatch).

**pneumatique** [pnømatik] ◇ *adj* **-1.** [gonflable] inflatable, blow-up (avant n). **-2.** PHYS & RELIG pneumatic. ◇ *nm* **-1.** AUT tyre. **-2.** [lettre] message (sent through a compressed air tube system), pneumatic (dispatch).

**pneumologie** [pnømɔlɔʒi] *nf* pneumology.

**pneumologue** [pnømɔlɔg] *nmf* pneumologist.

**pneumonie** [pnømɔni] *nf* pneumonia.

**pneumothorax** [pnømɔtɔraks] *nm* pneumothorax.

**PNUD, Pnud** [pnyd] (*abr de* **Programme des Nations unies pour le développement**) *npr m* UNDP.

**PO** (*abr écrite de* **petites ondes**) MW.

**pochade** [pɔʃad] *nf* **-1.** [peinture] (quick) sketch, thumbnail sketch. **-2.** [écrit] sketch.

**pochard, e** [pɔʃar, ard] *nm, f fam* drunk.

**poche** [pɔʃ] ◇ *nf* **-1.** VÊT pocket; [d'un sac] pocket, pouch; **je n'ai même pas 10 francs en ~** I don't even have 10 francs on me ❏ **~ intérieure** inside (breast) pocket; **~ à rabat** flapped pocket; **~ revolver** hip pocket; **avoir les ~s percées** to be a spend thrift; **s'en mettre plein les** ou **se remplir les ~s** *fam* to line one's pockets; **faire les ~s à qqn** to go through ou to rifle (through) sb's pockets; **j'en ai été de ma ~** I was out of pocket; **c'est dans la ~**! *fam* it's in the bag!; **il a mis tout le monde dans sa ~** he twisted everyone round his little finger, he took everyone in. **-2.** [boursouflure] bag; **avoir des ~s sous les yeux** to have bags under one's eyes; **faire des ~s aux genoux/coudes** to go baggy at the knees/elbows. **-3.** [amas] pocket; **~ d'air** air pocket; **~ d'eau/de gaz** pocket of water/gas; **~ de grisou** MIN pocket of firedamp. **-4.** MÉD sac; **~ des eaux** (sac of) waters; **la ~ des eaux s'est rompue** her waters broke; **~ de pus** pus sac. **-5.** ZOOL [d'un kangourou] pouch; [d'un poulpe] sac; [d'un oiseau] crop; **~ marsupiale** marsupium. **-6.** MIL: **~ de résistance** pocket of resistance. **-7.** [contenant]: **~ plastique** plastic bag; **~ à douille** CULIN piping bag. **-8.** *Helv* [louche] ladle. ◇ *nm* [livre] paperback (book).

◆ **de poche** *loc adj* [collection, édition] pocket (modif); [cuirassé, théâtre] pocket (modif), miniature (avant n).

◆ **en poche** *loc adv* **-1.** [avec soi – argent] on me/you etc; [– diplôme] under one's belt; **elle est repartie, contrat en ~** she left with the contract signed and sealed. **-2.** [livre] in paperback; **il est sorti en ~** it's come out in paperback.

**poché, e** [pɔʃe] *adj* **-1.** [œuf] poached. **-2.** [meurtri]: avoir un œil ~ to have a black eye.

**pocher** [3] [pɔʃe] ◇ *vt* CULIN [œuf, poisson] to poach. ◇ *vi* [vêtement] to go baggy.

**pochette** [pɔʃɛt] *nf* **-1.** VÊT (breast) pocket handkerchief. **-2.** [sac – de femme] (small) handbag; [– d'homme] clutch bag. **-3.** [sachet] wallet, envelope; ~ d'allumettes book of matches. **-4.** [d'un disque] sleeve, cover.

**pochette-surprise** [pɔʃɛtsyrpriz] (*pl* **pochettes-surprises**) *nf* lucky bag *Br*, surprise pack *Am*; tu l'as trouvé dans une ~, ton permis de conduire? *hum* find your driving licence in a Christmas cracker, did you?

**pochoir** [pɔʃwar] *nm* **-1.** [plaque évidée] stencil; décor au ~ stencilled ornamentation. **-2.** TEXT printing block.

**podium** [pɔdjɔm] *nm* **-1.** [plate-forme] podium; monter sur le ~ SPORT to mount the podium; [à la télévision, dans un jeu] to step onto the platform. **-2.** ARCHIT podium.

**podologie** [pɔdɔlɔʒi] *nf* chiropody.

**podologue** [pɔdɔlɔg] *nmf* chiropodist.

**poêle** [pwal] ◇ *nm* **-1.** [chauffage] stove; [en céramique] furnace; ~ à mazout oil ou oil-fired stove. **-2.** [drap] pall. ◇ *nf* [ustensile]: ~ (à frire) frying pan.

**poêlée** [pwale] *nf*: une ~ de pommes de terre/de champignons a frying pan full of potatoes/mushrooms.

**poêler** [3] [pwale] *vt* **-1.** [frire] to fry. **-2.** [braiser] to braise (*in a shallow pan*).

**poêlon** [pwalɔ̃] *nm* casserole.

**poème** [pɔɛm] *nm* **-1.** LITTÉRAT poem; un ~ en prose a prose poem; un ~ en vers a poem. **-2.** *fam loc*: ça a été un ~, pour venir de l'aéroport jusqu'ici! what a to-do ou business getting here from the airport!; ta fille, c'est un ~! your daughter's really something else!. **-3.** MUS: ~ symphonique symphonic ou tone poem.

**poésie** [pɔezi] *nf* **-1.** [genre] poetry. **-2.** [poème] poem; des ~s pour enfants poems ou verse for children. **-3.** *litt* [charme] poetry.

**poète** [pɔɛt] ◇ *nm* [auteur] poet; femme ~ (woman) poet. ◇ *adj* [allure, air] poetic, of a poet; il est ~ à ses heures he writes the occasional poem.

**poétesse** [pɔetɛs] *nf* poetess.

**poétique** [pɔetik] ◇ *adj* poetic, poetical. ◇ *nf* poetics (*U*).

**poétiquement** [pɔetikmɑ̃] *adv* poetically.

**poétiser** [3] [pɔetize] *vt* to poetize, to poeticize.

**pogne**▽ [pɔɲ] *nf* hand, mitt.

**pognon** [pɔɲɔ̃] *nm fam* readies *Br*, dough *Am*.

**pogrom(e)** [pɔgrɔm] *nm* pogrom.

**poids** [pwa] *nm* **-1.** PHYS weight; son ~ est de 52 kilos she weighs 52 kilos; prendre/perdre du ~ to gain/to lose weight; reprendre du ~ to put weight back on ou on again; je suis tombé de tout mon ~ sur le bras I fell on my arm with all my weight □ ~ brut/net gross/net weight; ~ en charge (fully) loaded weight; ASTRONAUT payload; ~ à vide unladen weight, tare; faire bon ~ COMM to give good weight; faire le ~ COMM to make up the weight; *fig* to hold one's own; il ne fait pas le ~ face aux spécialistes he's no match for ou not in the same league as the experts; j'ai peur de ne pas faire le ~ I'm afraid of being out of my depth. **-2.** [objet – gén, d'une horloge] weight; avoir un ~ sur l'estomac *fig* to feel bloated □ les ~ et mesures *fam* the weights and measures administration. **-3.** SPORT: ~ et haltères weightlifting || [lancer] shotputting, shot; [instrument] shot; BOXE [catégorie]: ~ coq bantamweight; ~ léger lightweight; ~ lourd heavyweight; ~ mi-lourd light heavyweight; ~ mi-moyen light middleweight; ~ mouche flyweight; ~ moyen middleweight; ~ plume featherweight; c'est un ~ plume, cette petite! *fig* that little one weighs next to nothing! || [aux courses] weight. **-4.** [importance] influence, weight; son avis a du ~ auprès du reste du groupe her opinion carries weight with the rest of the group.

◆ **au poids** *loc adv* [vendre] by weight.

◆ **de poids** *loc adj* [alibi, argument] weighty; un homme de ~ an influential man.

◆ **sous le poids de** *loc prép* **-1.** [sous la masse de] under the weight of. **-2.** *fig* under the burden of; écrasé sous le ~ des responsabilités weighed down by responsibilities.

◆ **poids lourd** *nm* **-1.** TRANSP heavy (goods) vehicle ou lorry *Br* ou truck *Am*. **-2.** → **poids 3**.

◆ **poids mort** *nm* MÉCAN & *fig* dead weight.

**poignait** [pwaɲɛ] *v* → **poindre**.

**poignant, e** [pwaɲɑ̃, ɑ̃t] *adj* heartrending, poignant.

**poignard** [pwaɲar] *nm* dagger; coup de ~ stab; recevoir un coup de ~ to get stabbed; un coup de ~ dans le dos *fig* a stab in the back.

**poignarder** [3] [pwaɲarde] *vt* to stab, to knife; ~ qqn dans le dos *pr* & *fig* to stab sb in the back.

**poigne** [pwaɲ] *nf* grip; avoir de la ~ *pr* to have a strong grip; *fig* to rule with a firm hand.

◆ **à poigne** *loc adj* firm, authoritarian, iron-handed.

**poignée** [pwaɲe] *nf* **-1.** [contenu] handful, fistful. **-2.** [petit nombre] handful; une ~ de manifestants a handful of demonstrators. **-3.** [pour saisir – gén] handle; [– un sabre] hilt; [– une épée] handle.

◆ **à poignées** *loc adv* **-1.** [en quantité]: prendre des bonbons à ~s to take handfuls of sweets. **-2.** [avec prodigalité] hand over fist.

◆ **par poignées** *loc adv* in handfuls; je perds mes cheveux par ~s my hair's coming out in handfuls.

◆ **poignée de main** *nf* handshake; donner une ~ de main à qqn to shake hands with sb, to shake sb's hand.

**poignet** [pwaɲɛ] *nm* **-1.** ANAT wrist. **-2.** VÊT cuff; [bande de tissu] wristband.

**poil** [pwal] *nm* **-1.** ANAT hair; il n'a plus un ~ sur le caillou *fam* he's as bald as a coot *Br* ou an egg □ ~ pubien pubic hair; avoir un ~ dans la main *fam* to be bone-idle; être de bon/mauvais ~ *fam* to be in a good/foul mood; reprendre du ~ de la bête *fam* [guérir] to perk up again; [reprendre des forces] to regain some strength for a fresh onslaught. **-2.** *fam* [infime quantité]: un ~ de: il n'a pas un ~ d'intégrité he doesn't have one ounce ou a shred of integrity; il n'y a pas un ~ de vrai dans ce qu'il dit there's not an ounce of truth in what he says □ manquer son train d'un ~ ou à un ~ près to miss one's train by a hair's breadth ou a whisker. **-3.** [pelage – long] hair, coat; [– court] coat; chien à ~ ras/long smooth-haired/long-haired dog □ manteau en ~ de chameau camel-hair coat; en ~s de sanglier made of bristle. **-4.** [d'une brosse] bristle; [d'un pinceau] hair, bristle; [d'un tapis] pile; [d'un pull angora] down. **-5.** BOT hair; ~ à gratter itching powder.

◆ **à poil** *fam* ◇ *loc adj* stark naked, starkers. ◇ *loc adv* starkers *Br*, in the altogether; se mettre à ~ to strip (off).

◆ **au poil** *fam* ◇ *loc adj* terrific, great. ◇ *loc adv* terrifically.

◆ **au petit poil**, **au quart de poil** *loc adv fam* terrifically; ça a marché au petit ~ it's all gone exactly according to plan.

◆ **de tout poil** *loc adj fam* & *hum* of all kinds.

**poilant, e** [pwalɑ̃, ɑ̃t] *adj fam* hilarious, side-splitting.

**poil-de-carotte** [pwaldəkarɔt] *adj inv* [cheveux] red; [enfant] red-haired.

**poiler** [3] [pwale]

◆ **se poiler** *vpi fam* [rire] to laugh fit to burst; [s'amuser] to have a ball.

**poilu, e** [pwaly] *adj* hairy.

◆ **poilu** *nm* HIST poilu; les ~s de 14 ou de 1914 (French) soldiers in the 1914-18 war.

**poinçon** [pwɛ̃sɔ̃] *nm* **-1.** JOAILL [marque] hallmark. **-2.** [de brodeuse, de couturière] bodkin; [de graveur] stylus; [de sculpteur] chisel. **-3.** IMPR (matrice) punch. **-4.** MÉTALL die, stamp.

**poinçonnage** [pwɛ̃sɔnaʒ], **poinçonnement** [pwɛ̃sɔnmɑ̃] *nm* **-1.** [d'un ticket] punching. **-2.** JOAILL hallmarking. **-3.** MÉTALL stamping, diestamping. **-4.** IMPR drive, strike.

**poinçonner** [3] [pwɛ̃sɔne] *vt* **-1.** [ticket] to punch. **-2.** JOAILL to hallmark. **-3.** MÉTALL to stamp.

**poinçonneur, euse** [pwɛ̃sɔnœr, øz] *nm, f* **-1.** [employé] ticket puncher. **-2.** MÉTALL punching machine operator.

◆ **poinçonneuse** *nf* [machine] punching machine.

**poindre** [82] [pwɛ̃dr] *litt* ◇ *vi* **-1.** [lumière] to break, to dawn; dès que le jour poindra as soon as dawn breaks, at daybreak. **-2.** [mouvement, idée]: une idée commençait à ~ dans son esprit an idea was growing in his mind. ◇ *vt* **-1.** [tourmenter] to stab *fig*; ce souvenir le poignait parfois the memory would stab him painfully from time to time. **-2.** [stimuler] to prick, to spur on *(sép)*.

**poing** [pwɛ̃] *nm* fist; lever le ~ to raise one's fist; les ~s sur les hanches with arms akimbo; **donner du ~ sur la table** to bang one's fist on ou to thump the table; **mettre son ~ dans la figure à qqn** *fam* to punch ou to smack sb in the face ❑ **ils sont entrés, revolvers/armes au ~** they came in, guns/arms at the ready; **gros comme le ~** (as) big as your fist.

**point¹, e¹** [pwɛ̃, ɛ̃t] *pp* → **poindre.**

**point²** [pwɛ̃] *nm* **-1.** [marque] point, dot, spot; [sur un dé, un domino] pip, spot; **un corsage à petits ~s** dress with blue polka dots; **la voiture n'était plus qu'un ~ à l'horizon** the car was now no more than a speck on the horizon ❑ **~ lumineux** spot ou point of light; **~ de rouille** speck ou spot of rust. **-2.** [petite quantité] spot, dab, blob. **-3.** [symbole graphique – en fin de phrase] full stop *Br*, period *Am*; [– sur un i ou un j] dot; [– en morse, en musique] dot; MATH point; **~ d'exclamation** exclamation mark ou *Am* point; **~ d'interrogation** *pr* & *fig* question mark; **~s de suspension** ellipsis, suspension points *Am*; **~ final** full stop, period *Am* (*at the end of a piece of text*); **j'ai dit non, ~ final** ou **un ~ c'est tout!** *fig* I said no and that's that ou that's final ou there's an end to it!; **mettre un ~ final à une discussion** to terminate a discussion, to bring a discussion to an end; **~, à la ligne!** *pr* new paragraph!; **il a fait une bêtise, ~ à la ligne!** *fig* he did something stupid, let's leave it at that! **-4.** AÉRON & NAUT [position] position; **~ estimé/observé** estimated/observed position; **~ fixe** run-up; **faire le ~** NAUT to take a bearing, to plot one's position; *fig* to take stock (of the situation); **et maintenant, le ~ sur la circulation** and now, the latest traffic news; **nous ferons le ~ sur les matches à Wimbledon à 11 h** we'll bring you a round-up of play at Wimbledon at 11 o'clock. **-5.** GÉOM point; **~ d'intersection/de tangence** intersection/tangential point. **-6.** [endroit] point, spot, place; **~ de contrôle** checkpoint; **~ névralgique** MÉD nerve centre; *fig* sensitive spot; **~ de rencontre** meeting point; **~ de vente** retail outlet. **-7.** [douleur] twinge, sharp pain; **j'ai un ~ au poumon** I can feel a twinge (of pain) in my chest ❑ **~ de côté** stitch. **-8.** [moment, stade] point, stage; **à ce ~ de la discussion** at this point in the discussion; **les pourparlers en sont toujours au même ~** the negotiations haven't got any further. **-9.** [degré] point; **porter qqch à son plus haut ~** to carry sthg to extremes; **si tu savais à quel ~ je te méprise!** if you only knew how much I despise you!; **il est radin, mais à un ~!** *fam* you wouldn't believe how tightfisted he is! ❑ **~ de saturation** *pr* & *fig* saturation point. **-10.** [élément – d'un texte, d'une théorie] point; [– d'un raisonnement] point, item; [– d'une description] feature, trait; **le second ~ à l'ordre du jour** the second item on the agenda; **un programme social en trois ~s** a three-point social programme ❑ **~ d'entente/de désaccord** point of agreement/of disagreement; **~ commun** common feature; **nous n'avons aucun ~ commun** we have nothing in common; **un ~ de droit** JUR a point of law. **-11.** [unité de valeur – dans un sondage, à la Bourse] point; [– de retraite] unit; [– du salaire de base] (grading) point; ENS mark *Br*, point; JEUX & SPORT point; **battu aux ~s** BOXE beaten on points; **faire le ~** [le gagner] to win the point ❑ **bon ~** SCOL [image] cardboard card or picture given to schoolchildren as a reward; [appréciation] mark (*for good behaviour*); **un bon ~ pour toi!** *fig* & *hum* good on *Br* ou for *Am* you!, you get a brownie point!; **mauvais ~** SCOL black mark (*against sb's name*); **un mauvais ~ pour toi!** *fig* & *hum* go to the back of the class!; **marquer un ~** *pr* & *fig* to score a point. **-12.** COUT: **faire un ~ à** to put a stitch ou a few stitches in; **bâtir à grands ~s** to tack ❑ **~ de couture/crochet/tricot** sewing/crochet/knitting stitch; **~ de jersey** stocking stitch; **~ mousse** moss stitch; **tapisserie au petit ~** petit point tapestry. **-13.** INF [unité graphique] dot; [emplacement] : **~ d'accès/de retour** entry/reentry point. **-14.** BX-ARTS & JOAILL point.

◆ **à ce point, à un tel point** *loc adv* [tellement] so, that; **ton travail est dur à ce ~?** is your job so (very) ou that hard?; **j'en ai tellement assez que je vais démissionner — à ce ~?** I'm so fed up that I'm going to resign — that bad, is it?

◆ **à ce point que, à (un) tel point que** *loc conj* so much so that, to such a point that; **les choses en étaient arrivées à un tel ~ que...** things had reached such a pitch that...; **elle est déprimée, à ce ~ qu'elle ne veut plus voir personne** she's so depressed that she won't see anyone anymore.

◆ **à point** *loc adj* [steak] medium; [rôti] done to a turn; [fromage] ripe, just right; [poire] just ou nicely ripe; **ton bon-**

homme est à ~, tu n'as plus qu'à enregistrer ses aveux *fam* & *fig* your man's nice and ready now, all you've got to do is get the confession down on tape. ◊ *loc adj* **-1.** CULIN: **le gâteau est cuit à ~** the cake is cooked (through). **-2.** [au bon moment]: **tomber à ~** [personne] to come (just) at the right time; [arrivée, décision] to be very timely.

◆ **à point nommé** *loc adv*: **arriver à ~ nommé** to arrive (just) at the right moment ou when needed, to arrive in the nick of time.

◆ **au plus haut point** *loc adv* [énervé, généreux, irrespectueux] extremely, most; [méfiant] highly, extremely; **je le respecte/déteste au plus haut ~** I couldn't respect/hate him more; **elle m'inquiète au plus haut ~** I'm really worried about her.

◆ **au point** ◊ *loc adj* PHOT in focus; [moteur] tuned; [machine] in perfect running order; [technique] perfected; [discours, plaidoyer] finalized; [spectacle, artiste] ready; **le son/l'image n'est pas au ~** the sound/the image isn't right. ◊ *loc adv*: **mettre au ~** [texte à imprimer] to edit; [discours, projet, rapport] to finalize, to put the finishing touches to; [spectacle] to perfect; [moteur] to tune; [appareil photo] to (bring into) focus; [affaire] to settle, to finalize; **mettre les choses au ~** to put the record straight; **mettons les choses au ~: je refuse de travailler le dimanche** let's get things straight: I refuse to work Sundays; **tu devrais mettre les choses au ~ avec lui** you should sort things out between you.

◆ **au point de** *loc prép*: méticuleux au ~ **d'en être agaçant** meticulous to the point of being exasperating; **il n'est pas stupide au ~ de le leur répéter** he's not so stupid as to tell them.

◆ **au point du jour** *loc adv litt* at dawn ou daybreak.

◆ **au point où** *loc conj*: **nous sommes arrivés au ~ où...** we've reached the point ou stage where...; **au ~ où j'en suis, autant que je continue** having got this far, I might as well carry on; **au ~ où en sont les choses** as things stand, the way things are now.

◆ **au point que** *loc conj* so much that, so... that; **il était très effrayé, au ~ qu'il a essayé de se sauver** he was so frightened that he tried to run away.

◆ **de point en point** *loc adv* point by point, punctiliously, to the letter.

◆ **point par point** *loc adv* point by point.

◆ **sur le point de** *loc prép*: **être sur le ~ de faire qqch** to be about to do ou on the point of doing ou on the verge of doing sthg.

◆ **point d'ancrage** *nm* **-1.** AUT seat-belt anchorage. **-2.** *fig* cornerstone.

◆ **point d'appui** *nm* **-1.** [d'un levier] fulcrum. **-2.** MIL strongpoint. **-3.** *fig* [soutien] support.

◆ **point de chute** *nm* **-1.** ARM point of impact. **-2.** *fig*: **j'ai un ~ de chute à Milan** I have somewhere to stay in Milan.

◆ **point culminant** *nm* ASTRON zenith; GÉOG peak, summit, highest point; *fig* acme, apex; **les investissements sont à leur ~ culminant** investment has reached a peak.

◆ **point de départ** *nm* starting point; **nous voilà revenus au ~ de départ** *pr* & *fig* now we're back where we started.

◆ **point faible** *nm* weak spot.

◆ **point fort** *nm* [d'une personne, d'une entreprise] strong point; [d'un joueur de tennis] best shot.

◆ **point mort** *nm* AUT neutral; **au ~ mort** AUT in neutral; *fig* at a standstill.

◆ **point noir** *nm* **-1.** MÉD blackhead. **-2.** [difficulté] difficulty, headache *fig*; **un ~ noir de la circulation** [encombré] a heavily congested area; [dangereux] an accident blackspot.

◆ **point sensible** *nm* **-1.** [endroit douloureux] tender ou sore spot. **-2.** MIL key ou strategic target. **-3.** *fig*: **toucher un ~ sensible** [chez qqn] to touch on a sore spot; [dans un problème] to touch on a sensitive area.

**point³** [pwɛ̃] *adv litt* **-1.** [en corrélation avec 'ne'] : **je ne l'ai ~ encore vu** I haven't seen him yet; **~ n'est besoin de** there's no need to. **-2.** [employé seul]: **du vin il y en avait, mais de champagne ~** there was wine, but no champagne ou not a drop of champagne; **il eut beau chercher, ~ de John** he searched in vain, John was nowhere to be found; **~ de démocratie sans liberté de critiquer** (there can be) no democracy without the freedom to criticize. **-3.** [en réponse négative]: **~ du tout!** not at all!, not in the least!

**pointage** [pwɛ̃taʒ] *nm* **-1.** [d'une liste, d'un texte] ticking off

*(U)*, checking *(U)*, marking *(U)*. **-2.** [des ouvriers – à l'arrivée] clocking in; [– à la sortie] clocking out.

**point de vue** [pwɛ̃dvy] *(pl* **points de vue)** *nm* **-1.** [panorama] vista, view. **-2.** [opinion] point of view, standpoint; **quel est ton ~?** what is your opinion?, where do you stand on this?; **du ~ des prix, du ~ prix** pricewise, as far as prices are concerned; **de ce ~,** il n'a pas tort from that point of view ou viewed in this light, he's right; **adopter un ~ différent** to view things from a different angle.

**pointe²** [pwɛ̃t] *nf* **-1.** [extrémité – gén] point, pointed end, tip; [– d'un cheveu] tip; **la ~ du sein** the nipple; **mets-toi sur la ~ des pieds** stand on tiptoe ou on the tips of your toes; **elle traversa la pièce/monta l'escalier sur la ~ des pieds** she tiptoed across the room/up the stairs; **allons jusqu'à la ~ de l'île** let's go to the farthest point of the island ❑ **~ d'asperge** asparagus tip. **-2.** SPORT spike. **-3.** VÊT headscarf *(folded so as to form a triangle).* **-4.** MIL [avancée] advanced party. **-5.** [accès] peak, burst; **~ (de vitesse)** burst of speed. **-6.** *sout* [moquerie] barb, taunt; [mot d'esprit] witticism; **lancer des ~s à qqn** to taunt sb. **-7.** [petite quantité – d'ail] hint; [– d'ironie, de jalousie] trace, hint, note; **il a une ~ d'accent** he's got a slight accent; **il n'a pas une ~ d'accent** he hasn't got the slightest trace of an accent. **-8.** ACOUST: **~ de lecture** stylus. **-9.** BX-ARTS: **~ sèche** dry point; **compas à ~s sèches** (pair of) dividers. **-10.** INDUST [d'un tour] (lathe) centre; [d'une machine-outil] cone. **-11.** [clou] nail, sprig, brad.

◆ **pointes** *nfpl* DANSE points; **faire des ~s** to dance on points.

◆ **à la pointe de** *loc prép* to the forefront of; **à la ~ du combat** *pr* & *fig* in the front line of battle; **à la ~ de l'actualité** right up to date.

◆ **à la pointe du jour** *loc adv litt* at daybreak ou dawn, at break of day *litt.*

◆ **de pointe** *loc adj* **-1.** [puissance, période] peak *(avant n)*; **heure de ~** rush hour; **vitesse de ~** maximum ou top speed. **-2.** [secteur, industrie] key *(avant n)*, leading, growth *(modif)*; **technologie de ~** leading-edge technology.

◆ **en pointe** ◇ *loc adj* [menton] pointed; [décolleté] plunging. ◇ *loc adv* **-1.** [en forme de pointe] to a point. **-2.** [à grande vitesse] at top speed; **je fais plus de 200 en ~** *fam* I can do 200 plus top whack *Br,* I can do over 200.

**pointé, e** [pwɛ̃te] *adj* MUS dotted.

**pointer¹** [pwɛ̃tœr] *nm* [chien] pointer.

**pointer²** [3] [pwɛ̃te] ◇ *vt* **-1.** [dresser]: **l'animal pointa les oreilles** the animal pricked up its ears ∥ [montrer]: **~ son nez** ou **sa tête quelque part** *fig* to show one's face somewhere. **-2.** [diriger – arme] to aim; [– doigt] to point; **~ son fusil vers le plafond** to aim one's rifle at the ceiling. **-3.** [à la pétanque]: **~ une boule** to make a draw shot. **-4.** [marquer – liste] to check (off), to tick off *(sép)*. **-5.** [contrôler – à l'arrivée] to check in *(sép)*; [– à la sortie] to check out *(sép)*. ◇ *vi* **-1.** [faire saillie] to stick ou to jut out, to protrude. **-2.** [apparaître – aube, jour] to be dawning; [– jalousie, remords] to be breaking ou seeping through. **-3.** [à la pétanque] to draw (the jack). **-4.** [ouvrier – arrivant] to clock in; [– sortant] to clock out.

◆ **se pointer** *vpi fam* to show (up), to turn up; **alors, tu te pointes?** are you coming or aren't you?

**pointeur, euse** [pwɛ̃tœr, øz] *nm, f* [surveillant] timekeeper.

◆ **pointeur** *nm* INF & MIL pointer.

◆ **pointeuse** *nf* **-1.** [machine-outil] jig borer. **-2.** [horloge] time clock.

**pointillé** [pwɛ̃tije] *nm* **-1.** [trait] dotted line; **découper suivant le ~** cut along the dotted line. **-2.** [coloration] stipple, stippling.

◆ **en pointillé** ◇ *loc adj*: **les frontières sont en ~ sur la carte** the frontiers are drawn as dotted lines on the map. ◇ *loc adv fig* in outline; **une solution lui apparaissait en ~** he was beginning to see the outline of a solution.

**pointiller** [3] [pwɛ̃tije] ◇ *vt* [surface] to stipple; [ligne] to dot, to mark with dots. ◇ *vi* to draw in stipple.

**pointilleux, euse** [pwɛ̃tijø, øz] *adj* [personne] fussy, fastidious; [commentaire] nitpicking; **il est très ~ sur l'horaire** he's very particular about ou he's a stickler for timekeeping.

**pointillisme** [pwɛ̃tijism] *nm* [style] pointillism; [mouvement] Pointillism.

**pointilliste** [pwɛ̃tijist] *adj* & *nmf* pointillist.

**pointu, e** [pwɛ̃ty] *adj* **-1.** [effilé] sharp, pointed. **-2.** [perspi-

cace – esprit] sharp, astute; [– étude] in-depth, astute. **-3.** [revêche – air, caractère] querulous, petulant. **-4.** [aigu – voix, ton] shrill, sharp; **un accent ~** [parisien] a clipped Parisian accent. **-5.** [spécialisé – formation, marché] (very) narrowly-specialized, narrowly-targeted.

◆ **pointu** *adv*: **parler ~** to talk in a clipped (Parisian) way.

**pointure** [pwɛ̃tyr] *nf* **-1.** [de chaussures] size; **quelle est ta ~?** what size do you take? **-2.** *fam* & *fig*: **une grande ~ de la boxe** a big name in boxing.

**point-virgule** [pwɛ̃virgyl] *(pl* **points-virgules)** *nm* semicolon.

**poire** [pwar] ◇ *nf* **-1.** [fruit] pear; **nous en avons parlé entre la ~ et le fromage** we talked idly about it at the end of the meal. **-2.** [alcool] pear brandy. **-3.** [objet en forme de poire]: **~ électrique** (pear-shaped) switch; **~ à injections douche; ~ à lavement** enema. **-4.** ᐁ [visage] mug; **prendre qqch en pleine ~** to get smacked in the face ou between the eyes with sthg. **-5.** *fam* [imbécile] sucker, mug, dope. ◇ *adj fam*: **ce que tu peux être ~!** you're such a sucker!

◆ **en poire** *loc adj* [sein, perle] pear-shaped.

◆ **poire d'angoisse** *nf* **-1.** HIST (iron) gag. **-2.** *fig* & *litt* awful obligation to say nothing.

**poiré** [pware] *nm* perry.

**poireau, x** [pwaro] *nm* leek; **faire le ~** *fam* to be hanging around, to be kicking ou cooling one's heels.

**poireauter** [3] [pwarote] *vi fam* to be cooling ou kicking one's heels, to hang around.

**poirier** [pwarje] *nm* **-1.** BOT pear tree. **-2.** MENUIS pear, pearwood. **-3.** SPORT: **faire le ~** to do a headstand.

**pois** [pwa] *nm* **-1.** BOT & CULIN pea; **petits ~** (green ou garden) peas; [extra fins] petit pois. **-2.** [motif] dot, spot; **un corsage à ~ blancs** a blouse with white polka dots.

◆ **pois chiche** *nm* chickpea.

◆ **pois de senteur** *nm* sweet pea.

**poison** [pwazɔ̃] ◇ *nm* **-1.** [substance] poison; **ils avaient mis du ~ dans son café** they had poisoned his coffee. **-2.** *fam* [corvée] drag, hassle. **-3.** *litt* [vice] poison. ◇ *nmf* [enfant, personne insupportable] pest.

**poisse** [pwas] *nf fam* bad ou rotten luck; **quelle ~!** what rotten luck!

**poisser** [3] [pwase] *vt* **-1.** [rendre poisseux] to make sticky. **-2.** ᐁ [attraper] to nail, to nab. **-3.** [enduire de poix] to (cover with) pitch.

**poisseux, euse** [pwasø, øz] *adj* sticky.

**poisson** [pwasɔ̃] *nm* **-1.** ZOOL fish; **attraper du ~** to catch fish ❑ **~ d'eau douce** freshwater fish; **les ~s plats** flatfish; **~ rouge** goldfish; **~ volant** flying fish; **être comme un ~ dans l'eau** to be in one's element; **être heureux comme un ~ dans l'eau** to be as happy as a sandboy *Br* ou as a clam *Am* ou as a lark; **engueuler qqn comme du ~ pourri**ᐁ to scream at sb; **petit ~ deviendra grand** *prov* tall oaks from little acorns grow *prov*. **-2.** CULIN fish.

◆ **poisson d'avril** *nm* **-1.** [farce] April fool. **-2.** [papier découpé] cut-out paper fish placed on someone's back as a prank on April 1st.

**poisson-chat** [pwasɔ̃ʃa] *(pl* **poissons-chats)** *nm* catfish.

**poisson-lune** [pwasɔ̃lyn] *(pl* **poissons-lunes)** *nm* moonfish.

**poissonnerie** [pwasɔnri] *nf* **-1.** [magasin] fishmonger's *Br* ou (fresh) fish shop; [au marché] fish stall. **-2.** [industrie] fish industry.

**poissonneux, euse** [pwasɔnø, øz] *adj* full of fish.

**poissonnier, ère** [pwasɔnje, ɛr] *nm, f* [personne] fishmonger *Br*, fish merchant *Am*.

◆ **poissonnière** *nf* [ustensile] fish-kettle.

**Poissons** [pwasɔ̃] *npr mpl* **-1.** ASTRON Pisces. **-2.** ASTROL Pisces; **elle est ~** she's Pisces.

**poisson-scie** [pwasɔ̃si] *(pl* **poissons-scies)** *nm* sawfish.

**poitevin, e** [pwatvɛ̃, in] *adj* [du Poitou] from Poitou.

**poitrail** [pwatraj] *nm* **-1.** ZOOL breast. **-2.** [partie de harnais] breastplate. **-3.** *hum* chest.

**poitrinaire** [pwatrinɛr] *adj* & *nmf vieilli* phtisic *vieilli*, consumptive.

**poitrine** [pwatrin] *nf* **-1.** [thorax] chest; [seins] bust, chest; **avoir de la ~** to have a big bust; **elle n'a pas beaucoup de ~** she's flat-chested. **-2.** [poumons] chest, lungs; **être fragile**

de la ~ to have weak lungs ou a weak chest. **-3.** CULIN: ~ fumée ≃ smoked bacon; ~ **de porc** belly (of) pork; ~ **salée** ≃ salt belly pork *Br*, ≃ salt pork *Am*.

**poivrade** [pwavrad] *nf* [sauce] pepper sauce.
◆ **à la poivrade** *loc adj* CULIN with a peppery vinaigrette sauce.

**poivre** [pwavr] *nm*: ~ **noir** ou **gris** (black) pepper; ~ **blanc** white pepper; ~ **de Cayenne** Cayenne (pepper); ~ **en grains** peppercorns, whole pepper; ~ **moulu** ground pepper.
◆ **poivre et sel** *loc adj inv* pepper-and-salt.

**poivré, e** [pwavre] *adj* **-1.** CULIN peppery. **-2.** [parfum] peppery, spicy. **-3.** [chanson, histoire] spicy, racy.

**poivrer** [3] [pwavre] *vt* CULIN to pepper; **tu devrais** ~ **un peu plus ta sauce** you should put a little more pepper in your sauce.
◆ **se poivrer**ᵛ *vpi* to get plastered.

**poivrier** [pwavrije] *nm* **-1.** BOT pepper plant. **-2.** [ustensile] pepper pot.

**poivrière** [pwavrijɛr] *nf* **-1.** ARCHIT pepper box (fortification). **-2.** [ustensile] pepper pot. **-3.** [plantation] pepper plantation.

**poivron** [pwavrɔ̃] *nm* sweet pepper, capsicum; ~ **vert/jaune/rouge** green/yellow/red pepper.

**poivrot, e** [pwavro, ɔt] *nm, f fam* drunkard.

**poix** [pwa] *nf* pitch.

**poker** [pɔkɛr] *nm* JEUX poker; **jouer au** ~ to play poker; **faire un** ~ ou **une partie de** ~ to have a game of poker ❏ ~ **d'as** [dés] poker dice; [cartes] four aces.

**polaire** [pɔlɛr] ◇ *adj* MATH, SC & TECH polar. ◇ *nf* **-1.** PHYS polar curve. **-2.** MATH polar axis.

**Polaire** [pɔlɛr] *npr f*: **la** ~ Polaris, the Pole Star, the North Star.

**polar** [pɔlar] *nm fam* [livre, film] thriller, whodunnit.

**polarisation** [pɔlarizasjɔ̃] *nf* **-1.** SC polarization. **-2.** *sout* [de l'intérêt, des activités] focusing, concentrating.

**polariser** [3] [pɔlarize] *vt* **-1.** SC to polarize. **-2.** [attention, énergie, ressources] to focus; **il a polarisé l'attention de l'auditoire** he made the audience sit up and listen. **-3.** [faire se concentrer]: ~ **qqn sur** to make sb concentrate (exclusively) on.
◆ **se polariser** *vpi* **-1.** SC to polarize. **-2.** [se concentrer]: ~ **sur qqch** to focus on sthg; **il s'est trop polarisé sur sa carrière** he was too wrapped up in his career; **être polarisé sur ses ennuis personnels/ses études** to be obsessed by one's personal problems/one's studies.

**polarité** [pɔlarite] *nf* polarity.

**Polaroid®** [pɔlarɔid] *nm* **-1.** [appareil] Polaroid® (camera). **-2.** [photo] Polaroid® (picture).

**polder** [pɔldɛr] *nm* polder.

**pôle** [pol] *nm* **-1.** SC, GÉOG & MATH pole; **le** ~ **Nord/Sud** the North/South Pole; **le** ~ **Nord/Sud magnétique** the magnetic North/South pole; **Toulouse est devenue le** ~ **(d'attraction) économique de la région** Toulouse has become the focus ou hub of economic development in the region. **-2.** [extrême] pole; **le gouvernement a réussi à concilier les deux** ~**s de l'opinion sur cette question** the government managed to reconcile the two poles of opinion on this subject. **-3.** ÉLECTR pole.

**polémique** [pɔlemik] ◇ *adj* **-1.** [article] polemic, polemical, provocative; [attitude] polemic, polemical, embattled. **-2.** [journaliste, écrivain] provocative. ◇ *nf* polemic, controversy.

**polémiquer** [3] [pɔlemike] *vi* to be polemical; **sans vouloir** ~, **je pense que...** I don't want to be controversial, but I think that...

**polémiste** [pɔlemist] *nmf* polemist, polemicist.

**polémologie** [pɔlemɔlɔʒi] *nf* polemology *spéc*, war studies.

**polenta** [pɔlɛnta] *nf* polenta.

**pole position** [polpozisjɔ̃] (*pl* **pole positions**) *nf* pole position.

**poli, e** [pɔli] *adj* **-1.** [bien élevé] polite, courteous, well-bred; **ce n'est pas** ~ **de répondre!** it's rude to answer back!; **vous pourriez être** ~! keep a civil tongue in your head!; **il est trop** ~ **pour être honnête** he's too sweet to be wholesome.

**-2.** [pierre] smooth; [métal] polished; [marbre] glassed.
◆ **poli** *nm* [éclat] shine, sheen.

**police** [pɔlis] *nf* **-1.** [institution] police; **entrer dans la** ~ to join the police, to go into the police force; **toutes les** ~**s d'Europe** police all over Europe ❏ ~ **de l'air et des frontières** airport and border police; ~ **judiciaire** ≃ Criminal Investigation Department; ~ **mondaine** ou **des mœurs** Vice Squad; ~ **municipale** ≃ local police; **la Police nationale** the police force (*excluding 'gendarmes'*); ~ **secours** (police) emergency services; ~ **secrète** secret police; **la** ~ **des** ~**s** *fam* ≃ police complaints committee. **-2.** [maintien de l'ordre] (enforcement of) law and order; **il n'a jamais voulu faire la** ~ **chez lui** he never tried to keep his family in order. **-3.** IMPR: ~ **(de caractères)** bill (of fount). **-4.** JUR: ~ **d'assurance** insurance policy.

**policé, e** [pɔlise] *adj litt* highly civilized, urbane.

**polichinelle** [pɔliʃinɛl] *nm* **-1.** [pantin] (Punch) puppet. **-2.** *fam* [personne] puppet *péj*, clown, buffoon; **arrête de faire le** ~ stop clowning around ❏ **avoir un** ~ **dans le tiroir**ᵛ to have a bun in the oven.

**Polichinelle** [pɔliʃinɛl] *npr* [aux marionnettes] Punchinello; [à la commedia dell'arte] Pulcinella; **aller voir** ~ to go to a Punch-and-Judy show.

**policier, ère** [pɔlisje, ɛr] *adj* **-1.** [de la police] police (*modif*). **-2.** [roman, film] detective (*modif*).
◆ **policier** *nm* **-1.** [agent] policeman, police officer; **une femme** ~ a policewoman, a woman police officer; ~ **en civil** detective. **-2.** [livre] detective story; [film] detective thriller.

**policlinique** [pɔliklinik] *nf* outpatient clinic.

**poliment** [pɔlimɑ̃] *adv* politely.

**polio** [pɔljo] ◇ *nmf* polio victim. ◇ *nf* polio; **avoir la** ~ to have polio.

**poliomyélite** [pɔljɔmjelit] *nf* poliomyelitis.

**polir** [32] [pɔlir] *vt* **-1.** [métal] to polish (up), to burnish; [meuble] to polish; [chaussures] to polish, to clean, to shine; [ongles] to buff. **-2.** *sout* [parfaire] to polish, to refine.

**polissage** [pɔlisaʒ] *nm* **-1.** [d'un meuble] polishing; [des ongles] buffing. **-2.** MÉTALL polishing, burnishing.

**polisseur, euse** [pɔlisœr, øz] *nm, f* polisher.
◆ **polisseuse** *nf* **-1.** [pour la pierre] glassing ou polishing machine. **-2.** MÉTALL polishing head ou stick.

**polissoir** [pɔliswar] *nm* [machine] polishing machine; [outil] polishing stick; ~ **à ongles** (nail) buffer.

**polisson, onne** [pɔlisɔ̃, ɔn] ◇ *adj* **-1.** [taquin] mischievous, cheeky. **-2.** [égrillard] saucy, naughty. ◇ *nm, f* [espiègle] little devil ou rogue ou scamp.

**polissonnerie** [pɔlisɔnri] *nf* **-1.** [facétie] piece of mischief. **-2.** [parole grivoise] risqué ou saucy remark. **-3.** [acte grivois]: **des** ~**s** naughty goings-on.

**politesse** [pɔlites] *nf* **-1.** [bonne éducation] politeness, courteousness; **faire/dire qqch par** ~ to do/to say sthg out of politeness; **brûler la** ~ **à qqn** to leave sb abruptly. **-2.** [propos] polite remark; **échanger des** ~**s** *pr* to exchange polite small-talk; *iron* to trade insults. **-3.** [acte] polite gesture; **rendre la** ~ **à qqn** *pr* to pay sb back for a favour; *iron* to give sb a taste of his/her own medicine.

**politicaillerie** [pɔlitikajri] *nf fam & péj* backroom politics.

**politicard, e** [pɔlitikar, ard] *fam & péj* ◇ *adj* careerist. ◇ *nm, f* careerist politician.

**politicien, enne** [pɔlitisjɛ̃, ɛn] ◇ *adj* **-1.** [d'habile politique] political; **une manœuvre** ~**ne** a successful political move. **-2.** *péj* scheming. ◇ *nm, f* politician.

**politique** [pɔlitik] ◇ *adj* **-1.** [du pouvoir de l'État – institution, carte] political. **-2.** [de la vie publique] political; **quelles sont ses opinions** ~**s?** what are his politics?; **une carrière** ~ a career in politics; **dans les milieux** ~**s** in political circles ❏ **homme** ~, **femme** ~ politician; **les partis** ~**s** the political parties. **-3.** [diplomate] diplomatic, politic; **ce n'était pas très** ~ **de le licencier** it wasn't a very wise move to fire him. ◇ *nf* **-1.** [activité] politics; **faire de la** ~ to be involved in politics; **je ne fais pas de** ~! [je refuse de prendre parti] I don't want to bring politics into this!, no politics please!; **elle se destine à la** ~ she wants to go into politics; **la** ~ **politicienne** *péj* party politics. **-2.** [stratégie] policy; ~ **intérieure/extérieure** domestic/foreign policy; **une** ~ **de**

gauche a left-wing policy; une ~ des prix a prices policy; c'est de bonne ~ POL it's good political practice; *fig* it's good practice ❏ la ~ agricole commune the common agricultural policy; pratiquer la ~ de l'autruche to bury one's head in the sand; la ~ du pire *deliberately worsening the situation to further one's ends.*
◊ *nmf* -1. [politicien] politician. -2. [prisonnier] political prisoner.
◊ *nm* politics.

**politique-fiction** [pɔlitikfiksjɔ̃] (*pl* **politiques-fictions**) *nf* futuristic political fiction; un roman de ~ a futuristic political novel.

**politiquement** [pɔlitikmɑ̃] *adv* -1. POL politically. -2. [adroitement] judiciously, diplomatically.

**politisation** [pɔlitizasjɔ̃] *nf* politicization.

**politiser** [3] [pɔlitize] *vt* to politicize; ils sont moins/plus politisés they are less/more interested in politics; ~ une grève to give a political dimension to a strike.
♦ **se politiser** *vpi* to become political.

**politologie** [pɔlitɔlɔʒi] *nf* political science.

**politologue** [pɔlitɔlɔg] *nmf* political scientist.

**polka** [pɔlka] *nf* polka.

**pollen** [pɔlɛn] *nm* pollen.

**pollinisation** [pɔlinizasjɔ̃] *nf* pollination.

**polluant, e** [pɔlɥɑ̃, ɑ̃t] *adj* polluting.

**polluer** [7] [pɔlɥe] *vt* -1. ÉCOL to pollute. -2. *sout* [souiller] to pollute, to sully.

**pollueur, euse** [pɔlɥœr, øz] ◊ *adj* [industrie] polluting.
◊ *nm, f* polluter.

**pollution** [pɔlysjɔ̃] *nf* ÉCOL pollution.

**polo** [pɔlo] *nm* -1. SPORT polo. -2. VÊT polo shirt.

**polochon** [pɔlɔʃɔ̃] *nm fam* bolster.

**Pologne** [pɔlɔɲ] *npr f*: (la) ~ Poland.

**polonais, e** [pɔlɔnɛ, ɛz] *adj* Polish; notation ~e INF Polish notation.
♦ **Polonais, e** *nm, f* Pole.
♦ **polonais** *nm* LING Polish.
♦ **polonaise** *nf* -1. MUS [danse] polonaise. -2. CULIN polonaise (*brioche layered with candied fruit and covered with meringue*). -3. VÊT polonaise.
♦ **à la polonaise** *loc adj* CULIN à la polonaise.

**poltron, onne** [pɔltrɔ̃, ɔn] ◊ *adj* cowardly, faint-hearted, lily-livered. ◊ *nm, f* coward, poltroon *litt*.

**poltronnerie** [pɔltrɔnri] *nf* cowardice, faint-heartedness.

**polyamide** [pɔliamid] *nm* polyamide.

**polyandre** [pɔliɑ̃dr] *adj* polyandrous.

**polyandrie** [pɔliɑ̃dri] *nf* polyandry.

**polyarthrite** [pɔliartrit] *nf* polyarthritis.

**polychrome** [pɔlikrom] *adj* polychrome.

**polychromie** [pɔlikrɔmi] *nf* polychromy.

**polyclinique** [pɔliklinik] *nf* polyclinic.

**polycopie** [pɔlikɔpi] *nf* duplication.

**polycopié** [pɔlikɔpje] *nm* [gén] (duplicated) notes; UNIV lecture handout.

**polycopier** [9] [pɔlikɔpje] *vt* to duplicate.

**polyculture** [pɔlikyltyr] *nf* polyculture, mixed farming.

**polyèdre** [pɔliɛdr] ◊ *adj* polyhedral. ◊ *nm* polyhedron.

**polyester** [pɔliɛstɛr] *nm* polyester.

**polygame** [pɔligam] ◊ *adj* polygamous. ◊ *nm* polygamist.

**polygamie** [pɔligami] *nf* polygamy.

**polyglotte** [pɔliglɔt] *adj & nmf* polyglot.

**polygone** [pɔligɔn] *nm* MATH polygon.

**polymère** [pɔlimɛr] ◊ *adj* polymeric. ◊ *nm* polymer.

**polymérisation** [pɔlimerizasjɔ̃] *nf* polymerization.

**polymorphe** [pɔlimɔrf] *adj* -1. [gén & BIOL] polymorphous, polymorphic. -2. CHIM polymorphic.

**Polynésie** [pɔlinezi] *npr f*: (la) ~ Polynesia; (la) ~ française French Polynesia.

**polynésien, enne** [pɔlinezjɛ̃, ɛn] *adj* Polynesian.
♦ **Polynésien, enne** *nm, f* Polynesian.
♦ **polynésien** *nm* LING Polynesian.

**polynôme** [pɔlinom] *nm* polynomial.

**polype** [pɔlip] *nm* -1. MÉD polyp, polypus. -2. ZOOL polyp.

**polyphasé, e** [pɔlifaze] *adj* polyphase.

**polyphonie** [pɔlifɔni] *nf* polyphony.

**polyphonique** [pɔlifɔnik] *adj* polyphonic.

**polysémique** [pɔlisemik] *adj* polysemous.

**polystyrène** [pɔlistirɛn] *nm* polystyrene; ~ expansé expanded polystyrene.

**polysulfure** [pɔlisylfyr] *nm* polysulphide.

**polysyllabe** [pɔlisilab], **polysyllabique** [pɔlisilabik] ◊ *adj* polysyllabic. ◊ *nm* polysyllable.

**polytechnicien, enne** [pɔliteknisjɛ̃, ɛn] *nm, f* student or exstudent from the École Polytechnique.

**polytechnique** [pɔliteknik] *adj* -1. [polyvalent] polytechnic. -2. ENS polytechnic; l'École Polytechnique *grande école for engineers.*

**polythéisme** [pɔliteism] *nm* polytheism.

**polythéiste** [pɔliteist] ◊ *adj* polytheistic. ◊ *nmf* polytheist.

**polytransfusé, e** [pɔlitrɑ̃sfyze] *nm, f* person who has received multiple blood transfusions.

**polyvalence** [pɔlivalɑ̃s] *nf* [gén] versatility, adaptability; SC polyvalence.

**polyvalent, e** [pɔlivalɑ̃, ɑ̃t] ◊ *adj* [gén] versatile, adaptable; SC polyvalent. ◊ *nm, f* -1. FIN & JUR tax inspector. -2. [dans les services sociaux] social worker.
♦ **polyvalente** *nf* Can secondary school giving both general and vocational courses.

**polyvinyle** [pɔlivinil] *nm* polyvinyl.

**pomelo** [pɔmelo] *nm* pomelo, pink grapefruit.

**pommade** [pɔmad] *nf* -1. MÉD [pour brûlures] ointment; [pour foulures] liniment; *vieilli* [cosmétique] cream; ~ pour les lèvres lip salve ❏ passer de la ~ à qqn *fam* to butter sb up. -2. CULIN cream, paste (*made from pounding various ingredients together*).

**pommader** [3] [pɔmade] *vt* [cheveux] to put cream on, to pomade.

**pomme** [pɔm] *nf* -1. [fruit] apple; ~ d'api *variety of small, sweet apple*; ~ à cidre cider apple; ~ de reinette pippin; la ~ de discorde the bone of contention; tomber dans les ~s *fam & fig* to pass out. -2. [légume] potato; ~s dauphine/ duchesse dauphine/duchesse potatoes; ~s frites chips *Br*, French fries *Am*; ~s noisettes deep-fried potato balls. -3. [cœur – du chou, de la salade] heart. -4. ▽ [figure] face, mug. -5. ▽ [personne]: ma ~ myself; sa ~ himself, herself; être bonne ~ to be a mug *Br* ou a sucker. -6. [objet rond]: ~ d'une canne knob of a (walking) stick ❏ ~ d'arrosoir rose (*of a watering can*); ~ de douche shower head.
♦ **aux pommes** *loc adj* -1. CULIN apple (*modif*), with apple. -2. ▽ [extraordinaire] terrific, great.
♦ **pomme d'Adam** *nf* Adam's apple.
♦ **pomme d'amour** *nf* -1. [tomate] tomato. -2. [friandise] toffee apple.
♦ **pomme de pin** *nf* pine ou fir cone.

**pommé, e** [pɔme] *adj* [salade, chou] hearty, firm.

**pommeau, x** [pɔmo] *nm* [d'une canne] knob, pommel; [d'une selle, d'une épée] pommel; [d'un fût de pistolet] pommel, cascabel.

**pomme de terre** [pɔmdɔtɛr] (*pl* **pommes de terre**) *nf* potato; des pommes de terre frites chips *Br*, French fries *Am*.

**pommelé, e** [pɔmle] *adj* -1. [cheval] dappled. -2. [ciel] mackerel (*modif*), dappled.

**pommelle** [pɔmɛl] *nf* drain grating ou cover.

**pommer** [3] [pɔme] *vi* [chou, laitue] to heart.

**pommeraie** [pɔmrɛ] *nf* apple orchard.

**pommette** [pɔmɛt] *nf* cheekbone.

**pommier** [pɔmje] *nm* -1. BOT apple tree. -2. MENUIS apple wood.

**pompage** [pɔ̃paʒ] *nm* pumping (out).

**pompe** [pɔ̃p] *nf* -1. [machine] pump; ~ à air/chaleur air/ heat pump; ~ aspirante suction pump; ~ à bicyclette ou à vélo bicycle pump; ~ à essence [distributeur] petrol pump *Br*, gas pump *Am*; [station] petrol *Br* ou gas *Am* station; les prix à la ~ pump prices; ~ foulante force pump; ~ à incendie water pump (*on a fire engine*); coup de ~ *fam & fig* sudden feeling of exhaustion; j'ai un coup de ~ I suddenly feel completely shattered *Br* ou beat *Am*.-2. ▽ [chaussure] shoe; être ou marcher à côté de ses ~s to be in another world; il est à côté de ses ~s aujourd'hui he's not quite with it today. **-3.** [apparat] pomp; **en grande ~** with great pomp and ceremony.

◆ **pompes** *nfpl* SPORT press-ups *Br*, push-ups *Am*.

◆ **à toute(s) pompe(s)** *loc adv fam* [courir] flat out; [s'enfuir] like a shot.

◆ **pompes funèbres** *nfpl*: (entreprise de) ~s funèbres funeral parlour; **les ~s funèbres sont venues à 9 h** the undertakers came at 9 o'clock.

**pompé, e** [pɔ̃pe] *adj fam* fagged out *Br*, pooped *Am*; **je suis ~!** I've had it!, I'm just about ready to drop!

**Pompée** [pɔ̃pe] *npr* Pompey.

**Pompéi** [pɔ̃pei] *npr* Pompeii.

**pomper** [3] [pɔ̃pe] ◇ *vt* **-1.** [aspirer – pour évacuer] to pump (out); [– pour boire] to suck (up); **tu me pompes l'air** *fam* you're being a real pain in the neck. **-2.** [absorber – suj: éponge] to soak up *(sép)*; [– suj: sol] to soak ou to drink up *(sép)*. **-3.** *fam* [utiliser – économies, réserves] to take up *(insép)*, to eat up *fig*. **-4.** *fam* [fatiguer] to wear out *(sép)*, to do in *(sép)*. **-5.** ∇ [boire] to knock back *(sép)*. **-6.** *arg scol* [copier] to crib. ◇ *vi* **-1.** [appuyer] to pump; **~ sur la pédale du frein to** pump the brake pedal. **-2.** *arg scol* [copier] to crib; **j'ai pompé sur Anne** I cribbed from Anne.

**pompette** [pɔ̃pɛt] *adj fam* tipsy, tiddly.

**pompeux, euse** [pɔ̃pø, øz] *adj* pompous, bombastic.

**pompier, ère** [pɔ̃pje, ɛr] *adj* BX-ARTS pompier; *péj* [style, décor] pretentious, pompous.

◆ **pompier** *nm* **-1.** [sapeur] fireman; **les ~s** the fire brigade. **-2.** [style] pompier (style). **-3.** [artiste] pompier.

**pompiste** [pɔ̃pist] *nm* petrol ou pump attendant *Br*, gas station attendant *Am*.

**pompon** [pɔ̃pɔ̃] *nm* **-1.** TEXT & VÊT pompom. **-2.** *fam loc*: **dans le genre désagréable, il tient le ~!** when it comes to unpleasantness, he certainly takes the biscuit *Br* ou cake *Am*!; **ça, c'est le ~!** that's just about the limit!

**pomponner** [3] [pɔ̃pɔne] *vt*: **~ qqn** to do sb up nicely, to doll sb up *(sép)*.

◆ **se pomponner** *vp (emploi réfléchi)* to do o.s. up nicely, to doll o.s. up.

**ponçage** [pɔ̃saʒ] *nm* **-1.** [à l'abrasif] sanding (down), sandpapering; [à la pierre ponce] pumicing. **-2.** BX-ARTS pouncing.

**ponçai** [pɔ̃se] *v* → **poncer**.

**ponce** [pɔ̃s] *nf* BX-ARTS pounce bag, pouncer.

**Ponce Pilate** [pɔ̃spilat] *npr* Pontius Pilate.

**poncer** [16] [pɔ̃se] *vt* **-1.** [polir avec un abrasif – mur] to sandpaper, to sand (down); [– peinture] to rub down *(sép)*; [polir avec une machine] to sand (down); [polir à la pierre ponce] to pumice (off). **-2.** BX-ARTS to pounce, to pounce in.

**ponceur, euse** [pɔ̃sœr, øz] *nm, f* **-1.** [de murs] sander. **-2.** BX-ARTS pouncer.

◆ **ponceuse** *nf* sander.

**poncho** [pɔ̃tʃo] *nm* **-1.** [cape] poncho. **-2.** [chausson] Afghan-style sock.

**poncif** [pɔ̃sif] *nm* **-1.** *péj* [cliché] cliché, commonplace, old chestnut. **-2.** BX-ARTS pouncing pattern. **-3.** MÉTALL parting compound.

**ponçons** [pɔ̃sɔ̃] *v* → **poncer**.

**ponction** [pɔ̃ksjɔ̃] *nf* **-1.** MÉD puncture; **~ lombaire/du ventricule lumbar/ventricular puncture. -2.** [retrait] withdrawal; **faire une grosse ~ sur un compte** to withdraw a large sum from an account; **c'est une ~ importante sur mes revenus** it makes quite a big hole ou dent in my income.

**ponctionner** [3] [pɔ̃ksjɔne] *vt* **-1.** MÉD [poumon] to tap; [région lombaire] to puncture. **-2.** [compte en banque] to withdraw money from; [économies] to make a hole ou dent in.

**ponctualité** [pɔ̃ktɥalite] *nf* [exactitude] punctuality, promptness; **avec ~** promptly, on time.

**ponctuation** [pɔ̃ktɥasjɔ̃] *nf* punctuation.

**ponctuel, elle** [pɔ̃ktɥɛl] *adj* **-1.** [exact] punctual; **être ~** to be on time. **-2.** [limité]: **l'État accorde une aide ~le aux entreprises en difficulté** the state gives backing to companies to see them through periods of financial difficulty; **nous avons une action ~le dans les entreprises** we visit companies on an irregular basis. **-3.** LING, MATH & PHYS punctual.

**ponctuellement** [pɔ̃ktɥɛlmɑ̃] *adv* **-1.** [avec exactitude] punc-

tually. **-2.** [de façon limitée] on an ad hoc basis; **agir ~** to take action as the need arises.

**ponctuer** [7] [pɔ̃ktɥe] *vt* **-1.** GRAMM to punctuate. **-2.** *fig* to punctuate. **-3.** MUS to phrase.

**pondaison** [pɔ̃dɛzɔ̃] *nf* laying season.

**pondéral, e, aux** [pɔ̃deral, o] *adj* weight *(modif)*.

**pondérateur, trice** [pɔ̃deratœr, tris] *adj* stabilizing.

**pondération** [pɔ̃derasjɔ̃] *nf* **-1.** [sang-froid] level-headedness; **agir avec ~** to act with sound judgment. **-2.** BOURSE & ÉCON [de variables] weighting. **-3.** POL [de pouvoirs] balance, equilibrium.

**pondère** [pɔ̃dɛr] *v* → **pondérer**.

**pondéré, e** [pɔ̃dere] *adj* **-1.** [personne] level-headed, steady. **-2.** [indice, moyenne] weighted.

**pondérer** [18] [pɔ̃dere] *vt* **-1.** [pouvoirs] to balance (out), to counterbalance. **-2.** BOURSE & ÉCON to weight.

**pondéreux, euse** [pɔ̃derø, øz] *adj* heavy INDUST.

◆ **pondéreux** *nm* heavy material; **les ~** heavy goods.

**pondeuse** [pɔ̃døz] *nf* [poule] laying hen, layer.

**Pondichéry** [pɔ̃diʃeri] *npr* Pondicherry.

**pondre** [75] [pɔ̃dr] ◇ *vt* **-1.** [suj: oiseau] to lay. **-2.** *fam* [suj: femme] to produce. **-3.** [créer – gén] to come up with; [– en série] to churn out *(sép)*. ◇ *vi* [poule] to lay (an egg); [moustique, saumon etc] to lay its eggs.

**poney** [pɔne] *nm* pony.

**pongiste** [pɔ̃ʒist] *nmf* table tennis player.

**pont** [pɔ̃] *nm* **-1.** TRAV PUBL bridge; **dormir** ou **vivre sous les ~s** to sleep under the arches *Br*, to be homeless ❑ **~ mobile/suspendu** movable/suspension bridge; **~ autoroutier** (motorway *Br* ou freeway *Am*) flyover; **~ basculant** bascule ou balance bridge; **~ ferroviaire** railway bridge; **~ levant** lift bridge; **~ à péage** toll-bridge; **~ routier** road bridge; **~ tournant** [routier] swing bridge; [ferroviaire] turntable; **faire/promettre un ~ d'or à qqn** to offer/to promise sb a fortune *(so that they'll take on a job)*; **jeter un ~** to build bridges *fig*; **se porter** ou **être solide comme le Pont-Neuf** to be as fit as a fiddle. **-2.** NAUT deck; **bateau à deux/trois ~s** two/three decker ❑ **~ inférieur/principal** lower/main deck; **~ arrière** aft ou after deck; **~ avant** foredeck; **~ supérieur** upper ou top deck; **tout le monde sur le ~!** [levez-vous] everybody up!; [mettez-vous au travail] let's get down to business!**-3.** [week-end] long weekend; [jour] *day off between a national holiday and a weekend*; **faire le ~** [employé] *to take the intervening working day or days off*; **le 11 novembre tombe un jeudi, je vais faire le ~** the 11th of November is on Thursday, I'll take Friday off (and have a long weekend). **-4.** [structure de manutention]: **~ élévateur** ou **de graissage** garage ramp, car lift, elevator platform; **~ de chargement** loading platform; **~ roulant** gantry ou travelling crane. **-5.** AÉRON: **~ aérien** airlift. **-6.** GÉOM: **~ aux ânes** *pr* pons asinorum; *fig* old chestnut. **-7.** MIL: **~ de bateaux** pontoon bridge.

◆ **Ponts et Chaussées** *nmpl*: **les Ponts et Chaussées** ADMIN Department of Civil Engineering; ENS College of Civil Engineering.

**pontage** [pɔ̃taʒ] *nm* **-1.** MÉD bypass (operation). **-2.** TRAV PUBL (gantry) bridging. **-3.** CHIM bridging.

**pont-bascule** [pɔ̃baskyl] *(pl* ponts-bascules*) nm* weighbridge.

**ponte¹** [pɔ̃t] *nm* **-1.** *fam* [autorité]: **un (grand) ~** a big shot, a bigwig; **ce sont tous de grands ~s de l'université/de la médecine** they're all top-flight academics/high up in the medical profession. **-2.** JEUX punter.

**ponte²** [pɔ̃t] *nf* **-1.** ZOOL [action] laying (of eggs); [œufs – d'un oiseau] clutch, eggs; [– d'un insecte, d'un poisson] eggs. **-2.** PHYSIOL: **~ ovulaire** ovulation.

**ponter** [3] [pɔ̃te] ◇ *vi* JEUX to punt. ◇ *vt* **-1.** [miser] to bet. **-2.** NAUT to deck.

**pontife** [pɔ̃tif] *nm* **-1.** *fam* [autorité] pundit, bigwig, big shot. **-2.** ANTIQ pontifex, pontiff. **-3.** RELIG pontiff.

**pontifiant, e** [pɔ̃tifjɑ̃, ɑ̃t] *adj* pontificating.

**pontifical, e, aux** [pɔ̃tifikal, o] *adj* **-1.** RELIG [insignes, cérémonie] pontifical; [États, trône] papal. **-2.** ANTIQ pontifical.

**pontificat** [pɔ̃tifika] *nm* pontificate.

**pontifier** [9] [pɔ̃tifje] *vi* to pontificate.

**pont-levis** [põləvi] (*pl* **ponts-levis**) *nm* drawbridge.

**ponton** [põtõ] *nm* **-1.** [d'un port de commerce] pontoon, floating dock; [d'un port de plaisance] landing stage, jetty; [pour nageurs] (floating) platform. **-2.** [chaland] hulk, lighter; [vieux vaisseau] hulk.

**pontonnier** [põtɔnje] *nm* pontonier.

**pont-rail** [põraj] (*pl* **ponts-rails**) *nm* railway *Br* ou railroad *Am* bridge.

**pont-route** [põrut] (*pl* **ponts-routes**) *nm* road bridge.

**pool** [pul] *nm* pool ECON; ~ de dactylos typing pool.

**pop** [pɔp] ◇ *adj inv* [art, chanteur, mouvement] pop; musique ~ pop (music). ◇ *nm* ou *nf* pop (music).

**pop-corn** [pɔpkɔrn] *nm inv* popcorn.

**pope** [pɔp] *nm* (Eastern Orthodox Church) priest.

**popeline** [pɔplin] *nf* poplin; en ou de ~ poplin *(modif)*.

**pop music** [pɔpmyzik, pɔpmjuzik] (*pl* **pop musics**) *nf* = **pop** *nm ou nf*.

**popote** [pɔpɔt] *fam* ◇ *nf* [repas]: faire la ~ to do the cooking. ◇ *adj inv*: elle est très ~ she's very much the stay-at-home type.

**popotin** [pɔpɔtɛ̃] *nm fam* bottom.

**populace** [pɔpylas] *nf fam* & *péj* rabble, hoi polloi, plebs.

**populacier, ère** [pɔpylasje, ɛr] *adj* vulgar, common.

**populaire** [pɔpylɛr] *adj* **-1.** SOCIOL [du peuple] working-class. **-2.** [tradition, croyance] popular; **bon sens** ~ popular wisdom. **-3.** POL [gouvernement] popular; [démocratie, tribunal] people's; [soulèvement] mass *(modif)*; **la volonté** ~ the will of the people. **-4.** [qui a du succès – chanteur, mesures] popular. **-5.** LING [étymologie] popular; [niveau de langue] colloquial.

**populairement** [pɔpylɛrmã] *adv* LING colloquially.

**populariser** [3] [pɔpylarize] *vt*: ~ qqch to popularize sthg, to make sthg available to all.

**popularité** [pɔpylarite] *nf* popularity; elle jouit d'une grande ~ parmi les étudiants she's very popular with the students.

**population** [pɔpylasjõ] *nf* **-1.** SOCIOL population; ~ mondiale world population; ~ active/civile working/civilian population. **-2.** [peuple] people; la ~ locale the local people, the locals. **-3.** ASTRON & PHYS population.

**populationniste** [pɔpylasjɔnist] ◇ *adj* encouraging population growth. ◇ *nmf* *supporter of measures encouraging population growth.*

**populeux, euse** [pɔpylø, øz] *adj* [quartier] heavily ou densely populated, populous *litt*; [place, rue] crowded, very busy.

**populisme** [pɔpylism] *nm* **-1.** HIST Populism. **-2.** LITTÉRAT Naturalism.

**populiste** [pɔpylist] ◇ *adj* **-1.** HIST Populist. **-2.** LITTÉRAT Naturalist. ◇ *nmf* **-1.** HIST Populist. **-2.** LITTÉRAT Naturalist (writer).

**populo** [pɔpylo] *nm fam* **-1.** [foule] crowd. **-2.** [peuple]: le ~ the plebs ou hoi polloi.

**porc** [pɔr] *nm* **-1.** ZOOL pig *Br*, hog *Am*. **-2.** CULIN pork. **-3.** [peau] pigskin. **-4.** *fam* [personne] pig, swine.
◆ **de porc** *loc adj* **-1.** CULIN pork *(modif)*. **-2.** [en peau] pigskin *(modif)*.

**porcelaine** [pɔrsəlɛn] *nf* **-1.** [produit] china, porcelain. **-2.** [pièce] piece of china ou porcelain. **-3.** [ensemble]: la ~ china, chinaware, porcelain ❑ ~ de Limoges Limoges porcelain; ~ de Sèvres Sèvres china.
◆ **de porcelaine** *loc adj* **-1.** [tasse, objet] china *(modif)*, porcelain *(modif)*. **-2.** [teint] peaches-and-cream *(avant n)*.

**porcelainier, ère** [pɔrsəlenje, ɛr] ◇ *adj* china *(modif)*, porcelain *(modif)*. ◇ *nm, f* porcelain ou china manufacturer.

**porcelet** [pɔrsəlɛ] *nm* piglet.

**porc-épic** [pɔrkepik] (*pl* **porcs-épics**) *nm* **-1.** ZOOL porcupine. **-2.** [personne revêche] prickly person.

**porche** [pɔrʃ] *nm* porch.

**porcherie** [pɔrʃəri] *nf pr* & *fig* pigsty.

**porcin, e** [pɔrsɛ̃, in] *adj* **-1.** [industrie, production] pig *(modif)*. **-2.** [yeux, figure] pig-like, piggy.
◆ **porcin** *nm* pig.

**pore** [pɔr] *nm* pore.

**poreux, euse** [pɔrø, øz] *adj* porous.

**porno** [pɔrno] *fam* ◇ *adj* [film, magazine, scène] porn, porno.

◇ *nm* **-1.** le ~ [genre] porn; [industrie] the porn industry. **-2.** [film] porno film *Br*, blue movie.

**pornographe** [pɔrnɔgraf] *nmf* pornographer.

**pornographie** [pɔrnɔgrafi] *nf* pornography.

**pornographique** [pɔrnɔgrafik] *adj* pornographic.

**porosité** [pɔrozite] *nf* porosity.

**porridge** [pɔridʒ] *nm* porridge.

**port¹** [pɔr] *nm* **-1.** [infrastructure] port *Br*, harbour; [ville] port; dans le ~ de Dunkerque in Dunkirk harbour; sur le ~ on the quayside ❑ ~ maritime ou de mer sea port; ~ d'attache NAUT port of registry, home port; *fig* home base; ~ de commerce commercial port; ~ d'embarquement [de marchandises] port of shipment; [de personnes] port of embarkation; ~ fluvial river port; ~ franc free port; ~ de pêche fishing port; ~ de plaisance marina. **-2.** *litt* [havre, refuge] haven.
◆ **à bon port** *loc adv* safely, safe and sound.

**port²** [pɔr] *nm* **-1.** [d'une lettre, d'un colis] postage; frais de ~ (cost of) postage; (en) ~ dû/payé postage due/paid. **-2.** TRANSP [de marchandises] carriage; franco de ~ carriage paid ou included. **-3.** [possession – d'une arme] carrying; [– d'un uniforme, d'un casque] wearing; ~ d'armes prohibé illegal carrying of weapons; le ~ du casque est obligatoire a crash helmet must be worn. **-4.** *sout* [maintien] bearing, deportment; elle a un ~ de tête très gracieux she holds her head very gracefully ❑ avoir un ~ de reine to have a queenly bearing. **-5.** MUS: ~ de voix port de voix, appogiatura.

**port³** [pɔr] *nm dial* pass *(in the Pyrenees)*.

**portable** [pɔrtabl] ◇ *adj* **-1.** [téléviseur, machine à écrire, ordinateur] portable. **-2.** [vêtement] wearable. **-3.** FIN to be paid in person. ◇ *nm* INF laptop.

**portage** [pɔrtaʒ] *nm* **-1.** [d'équipement] porterage. **-2.** NAUT portage.

**portail** [pɔrtaj] *nm* [d'une église] portal; [d'un jardin, d'une école] gate.

**portance** [pɔrtãs] *nf* **-1.** AÉRON lift. **-2.** TRAV PUBL bearing capacity.

**portant, e** [pɔrtã, ãt] *adj* **-1.** NAUT: vent ~ fair wind. **-2.** *loc*: bien/mal ~ in good/poor health.
◆ **portant** *nm* **-1.** SPORT outrigger. **-2.** THÉÂT upright, support *(for flats)*. **-3.** [pour vêtements] rail.

**portatif, ive** [pɔrtatif, iv] *adj* [machine à écrire, ordinateur] portable.

**Port-au-Prince** [pɔropræs] *npr* Port-au-Prince.

**porte** [pɔrt] ◇ *nf* **-1.** [d'une maison, d'un véhicule, d'un meuble] door; [d'un passe-plat] hatch; le piano est resté coincé dans la ~ the piano got stuck in the door ou doorway; fermer ou interdire ou refuser sa ~ à qqn to bar sb from one's house; fermer ses ~s [magasin] to close down; ouvrir sa ~ à qqn to welcome sb; ouvrir ses ~s [magasin, musée] to open; un père ministre, ça ouvre pas mal de ~s a father who happens to be a minister can open quite a few doors ❑ ~ derrière/devant back/front door; ~ d'entrée front door; ~ de service tradesmen's entrance; ~ de sortie *pr* way out, exit; *fig* way out, let-out; à ma ~ *pr* & *fig* at my/his door, on my/his doorstep; l'hiver est à nos ~s winter is at the door; Lyon, ce n'est pas la ~ à côté it's a fair way to Lyons; il n'habite pas la ~ à côté he doesn't exactly live round the corner; entrer par la grande/petite ~: elle est entrée dans l'entreprise par la grande ~ she went straight in at the top of the company; entrer dans une profession par la petite ~ to start into a profession by the back door; l'équipe quitte le tournoi par la grande ~ the team is leaving the tournament in style; cette décision ouvre toute grande la ~ à l'injustice this decision throws the door wide open to injustice; prendre la ~ to leave; il lui a dit de prendre la ~ he showed her the door; trouver ~ close: j'y suis allé mais j'ai trouvé ~ close I went round but nobody was in ou at home; il a trouvé toutes les éditeurs, mais partout il a trouvé ~ close he tried all the publishers, but without success. **-2.** [passage dans une enceinte] gate; les ~s de Paris *the old city gates around Paris* ❑ ~ d'embarquement (departure) gate; les ~s de l'enfer the gates of hell; les ~s du paradis heaven's gates, the pearly gates; la ~ de Versailles *site of a large exhibition complex in Paris where major trade fairs take place.* **-3.** [panneau] door (panel); ~ basculante/battante

up-and-over/swing door; ~ **coulissante** ou **roulante** sliding door; ~ à **deux battants** double door; ~ **palière** landing door; ~ **tournante** revolving door; ~ **vitrée** glass door. **-4.** SPORT gate. **-5.** INF gate.
◊ *adj* portal PHYSIOL.
◆ **à la porte** *loc adv* out; à la ~! out of here!; ne reste pas à la ~ don't stay on the doorstep; je suis à la ~ de chez moi [sans clefs] I'm locked out; [chassé] I've been thrown out (of my home); mettre qqn à la ~ [importun] to throw sb out; [élève] to expel sb; [employé] to fire ou to dismiss sb.
◆ **de porte à porte** *loc adv* door-to-door.
◆ **de porte en porte** *loc adv* from door to door.
**porté** [pɔrte] *nm* porté.
**porte-à-faux** [pɔrtafo] *nm inv* overhang.
◆ **en porte(-)à(-)faux** *loc adv*: être en ~ [mur] to be out of plumb, to be out of true; *fig* to be in an awkward position; mettre qqn en ~ to put sb in an awkward position.
**porte-affiches** [pɔrtafiʃ] *nm inv* noticeboard.
**porte-aiguilles** [pɔrteguij] *nm inv* COUT needle case.
**porte-à-porte** [pɔrtapɔrt] *nm inv*: faire du ~ to sell from door-to-door, to be a door-to-door salesman (*f* saleswoman).
**porte-autos** [pɔrtoto] *adj inv* car-carrying, transporter (*modif*).
**porte-avions** [pɔrtavjɔ̃] *nm inv* aircraft carrier.
**porte-bagages** [pɔrtbagaʒ] *nm inv* [d'un vélo] rack; [d'une voiture, d'un train] (luggage) rack.
**porte-bébé** [pɔrtbebe] (*pl inv* ou **porte-bébés**) *nm* **-1.** [nacelle] carry-cot. **-2.** [harnais] baby sling.
**porte-billets** [pɔrtbijɛ] *nm inv* wallet *Br*, billfold *Am*.
**porte-bonheur** [pɔrtbɔnœr] *nm inv* lucky charm; **une patte de lapin** ~ a lucky rabbit's foot.
**porte-bouteilles** [pɔrtbutɛj] *nm inv* **-1.** [châssis] wine rack. **-2.** [panier] bottle-carrier. **-3.** [d'un réfrigérateur] bottle rack.
**porte-cartes** [pɔrtəkart] *nm inv* **-1.** [portefeuille] card-holder, wallet *Br*, billfold *Am* (*with spaces for cards, photos etc*). **-2.** [de cartes géographiques] map holder.
**porte-cigares** [pɔrtsigar] *nm inv* cigar case.
**porte-cigarettes** [pɔrtsigarɛt] *nm inv* cigarette case.
**porte-clefs, porte-clés** [pɔrtəkle] *nm inv* **-1.** [anneau] key ring. **-2.** [étui] key case.
**porte-crayon** [pɔrtkrɛjɔ̃] (*pl inv* ou **porte-crayons**) *nm* pencil holder.
**porte-documents** [pɔrtdɔkymɑ̃] *nm inv* document case.
**porte-drapeau** [pɔrtdrapo] (*pl inv* ou **porte-drapeaux**) *nm pr* & *fig* standard bearer.
**portée** [pɔrte] *nf* **-1.** MIL & OPT range; à ou **de faible** ~ short-range; à ou **de longue** ~ long-range; à ou **de moyenne** ~ medium-range. **-2.** [champ d'action – d'une mesure, d'une loi] scope; [impact – d'une décision] impact, significance; [– d'un événement] consequences, repercussions; **l'incident a eu une** ~ considérable the incident had far-reaching consequences. **-3.** ZOOL litter. **-4.** MUS staff, stave. **-5.** CONSTR & TRAV PUBL [dimension] span; [charge] load.
◆ **à la portée de** *loc prép* **-1.** [près de] close ou near to; 'ne pas laisser à la ~ des enfants' 'keep out of the reach of children'. **-2.** [pouvant être compris par]: **son livre est à la** ~ **de tous** her book is easily accessible to the ordinary reader; **un jeu à la** ~ **des 10-12 ans** a game suitable for 10-12 year olds. **-3.** *loc*: **ce n'est pas à la** ~ **de toutes les bourses** not everyone can afford it.
◆ **à portée de** *loc prép* within reach of; à ~ **de (la) main** within (easy) reach; **avoir** ou **garder qqch à** ~ **de (la) main** to keep sthg handy ou close at hand ou within (easy) reach; à ~ **de voix** within earshot.
**portefaix** [pɔrtəfɛ] *nm inv* [porteur] porter.
**porte-fenêtre** [pɔrtəfənɛtr] (*pl* **portes-fenêtres**) *nf* French window.
**portefeuille** [pɔrtəfœj] *nm* **-1.** [étui] wallet *Br*, billfold *Am*; **avoir le** ~ **rembourré** *fam* to be comfortably off. **-2.** BOURSE portfolio; ~ **de titres** portfolio of securities. **-3.** POL portfolio.
**porte-hélicoptères** [pɔrtelikɔptɛr] *nm inv* helicopter carrier ou ship.
**porte-jarretelles** [pɔrtʒartɛl] *nm inv* suspender belt *Br*, gar-

ter belt *Am*.
**porte-malheur** [pɔrtmalœr] *nm inv* **-1.** [personne] jinx, Jonah *litt*. **-2.** [objet] jinx.
**portemanteau, x** [pɔrtmɑ̃to] *nm* **-1.** [sur pied] hat stand; [mural] coat rack. **-2.** [cintre] coathanger.
**porte-menu** [pɔrtmany] (*pl inv* ou **porte-menus**) *nm* menu holder.
**portemine** [pɔrtəmin] *nm* propelling pencil.
**porte-monnaie** [pɔrtmɔnɛ] *nm inv* purse *Br*, change purse *Am*; **avoir le** ~ **bien garni** to be well off.
**porte-outil** [pɔrtuti] (*pl inv* ou **porte-outils**) *nm* [gén] tool holder; [d'une perceuse] chuck; [d'une raboteuse] stock; [d'un tour] slide rest.
**porte-papier** [pɔrtpapje] *nm inv* toilet roll holder.
**porte-parapluies** [pɔrtparaplɥi] *nm inv* umbrella stand.
**porte-parole** [pɔrtparɔl] *nm inv* **-1.** [personne] spokesperson, spokesman (*f* spokeswoman); **se faire le** ~ **de qqn** to speak on sb's behalf. **-2.** [périodique] mouthpiece, organ.
**porte-plume** [pɔrtəplym] (*pl inv* ou **porte-plumes**) *nm* pen holder.
**porter¹** [pɔrte] = **porté**.
**porter²** [pɔrtɛr] *nm* [bière] porter.
**porter³** [3] [pɔrte] ◊ *vt* **A.** TENIR, SUPPORTER **-1.** [soutenir – colis, fardeau, meuble] to carry; [– bannière, pancarte, cercueil] to carry, to bear; **deux piliers portent le toit** two pillars take the weight of ou support the roof; **la glace n'est pas assez épaisse pour nous** ~ the ice is too thin to bear our weight; ~ **qqn sur son dos/dans ses bras** to carry sb on one's back/in one's arms; **ses jambes ne la portaient plus** her legs couldn't carry her anymore; **se laisser** ~ **par le courant** to let o.s. be carried (away) by the current ‖ (*en usage absolu*): **l'eau de mer porte plus que l'eau douce** sea water is more buoyant than fresh water ‖ *fig*: **elle porte bien son âge** she looks young for her age; ~ **la responsabilité de** to bear (the) responsibility for. **-2.** [soutenir moralement – suj: foi, religion] to give strength to, to support; **c'est l'espoir de le retrouver qui la porte** the hope of finding him again keeps her going.
**B.** METTRE, AMENER **-1.** [amener] to take, to bring; ~ **qqch à qqn** to take sthg to sb; ~ **des fleurs sur la tombe de qqn** to take flowers to sb's grave; **se faire** ~ **un repas** to have a meal brought (to one) ‖ [mettre]: ~ **une œuvre à l'écran/à la scène** to adapt a work for the screen/the stage; ~ **le débat sur la place publique** to make the debate public; ~ **une affaire devant les tribunaux** to take ou to bring a matter before the courts; ~ **qqn/qqch à:** ~ **qqn au pouvoir** to bring sb to power; ~ **son art à la perfection** to perfect one's art; **cela porte le total à 506 francs** that brings the total (up) to 506 francs; **les frais d'inscription ont été portés à 125 francs** the registration fees have been increased ou raised to 125 francs; ~ **qqch à ébullition** CULIN to bring sthg to the boil; ~ **qqch au rouge** MÉTALL to heat sthg to red-heat. **-2.** [diriger]: ~ **la main à sa tête** to raise one's hand to one's head; **il porta la main à sa poche** he put his hand to his pocket; **il porta la main à son revolver** he reached for his gun; ~ **son regard vers** ou **sur** to look towards ou in the direction of; ~ **ses pas vers** to make one's way towards, to head for. **-3.** [enregistrer – donnée] to write ou to put down (*sép*); ~ **sa signature sur un registre** to sign a register; **porte ce point sur le graphique** plot that point onto the graph; **se faire** ~ **absent/malade** to go absent/sick; ~ **qqn disparu** to report sb missing; ~ **200 francs au crédit de qqn** to credit sb's account with 200 francs, to credit 200 francs to sb's account; ~ **200 francs au débit de qqn** to debit 200 francs from sb's account. **-4.** [appliquer – effort, énergie] to direct, to bring, to bear; ~ **son attention sur** to focus one's attention on, to turn one's attention to; ~ **son choix sur** to choose; ~ **une accusation contre qqn** to bring a charge against sb; **il a fait** ~ **tout son effort** ou **ses efforts sur la réussite du projet** he did his utmost to make the project successful ❑ ~ **ses vues sur qqn** [pour accomplir une tâche] to have sb in mind (*for a job*); [pour l'épouser] to have one's eye on sb. **-5.** [inciter]: ~ **qqn à qqch:** **mon intervention l'a portée à plus de clémence** my intervention made her inclined ou prompted her to be more lenient; **l'alcool peut** ~ **les gens à des excès/à la violence** alcohol can drive people to excesses/induce people to be violent; **tout porte à croire que...** eve-

rything leads one to believe that...; **tous les indices portent à penser que c'est lui le coupable** all the evidence suggests he is the guilty one; **être porté à faire** to be inclined to do; **être porté sur:** il est porté sur la boisson ou *fam* bouteille he likes a drink; **être porté sur la chose** *fam* & *euph* to have a one-track mind. **-6.** [éprouver]: ~ **de l'intérêt à qqn/qqch** to be interested in sb/sthg; ~ **de l'admiration à qqn** to admire sb; **je lui porte beaucoup d'amitié** I hold him very dear; **l'amour qu'il lui portait** the love he felt for her; **la haine qu'il lui portait** the hatred he felt towards her ou bore her.
**C.** AVOIR SUR SOI, EN SOI **-1.** [bijou, chaussures, lunettes, vêtement] to wear, to have on (*sép*); [badge, décoration] to wear; [barbe, couettes, moustache, perruque] to have; [cicatrice] to bear, to have, to carry; [pistolet, stylo] to carry; **son cheval porte le numéro 5** his horse is number 5; **elle porte toujours du noir** she always dresses in ou wears black; ~ **les cheveux longs/courts/relevés** to wear one's hair long/short/up. **-2.** [laisser voir – trace] to show, to bear; [– date, inscription] to bear; **l'étui portait ses initiales gravées** the case was engraved with his initials; **le couteau ne porte aucune empreinte** there are no fingerprints on the knife; **la signature que porte le tableau** the signature (which appears ou is) on the painting; **elle portait la résignation sur son visage** resignation was written all over ou on her face. **-3.** [nom, prénom, patronyme] to have; **il porte le nom de Legrand** he's called Legrand; **elle porte le nom de son mari** she has taken her husband's name; **c'est un nom difficile à** ~ it's not an easy name to be called by. **-4.** [en soi] to carry, to bear; **l'espoir/la rancune que je portais en moi** the hope/resentment I bore within me. **-5.** MÉD [virus] to carry; **tous ceux qui portent le virus** all carriers of the virus. **-6.** [enfant, petit, portée] to carry. **-7.** AGR & HORT [fruits] to bear; **la tige porte trois feuilles** there are three leaves on the stem; **lorsque l'arbre porte ses fleurs** when the tree's in bloom; ~ **ses fruits** *fig* to bear fruit.
◇ *vi* **-1.** [son, voix] to carry; **sa voix ne porte pas assez** his voice doesn't carry well; **aussi loin que porte la vue** as far as the eye can see ‖ [canon, fusil]: ~ **à** to have a range of; **le coup de feu a porté à plus de 2 km** the shot carried more than 2 km. **-2.** [faire mouche – critique, mot, plaisanterie] to hit ou to strike home; [– observation] to be heard ou heeded; [– coup] to hit home, to tell. **-3.** [cogner]: **c'est le crâne qui a porté** the skull took the impact ou the full force; ~ **sur** ou **contre** to hit. **-4.** [dans l'habillement masculin]: ~ **à droite/gauche** to dress on the right/left.
◆ **porter sur** *v* + *prép* **-1.** [concerner – suj: discussion, discours, chapitre, recherches] to be about; to be concerned with; [– suj: critiques] to be aimed at; [– suj: loi, mesures] to concern; [– suj: dossier, reportage] to be about ou on; **le détournement porte sur plusieurs millions de francs** the embezzlement concerns several million francs. **-2.** [reposer sur – suj: charpente] to rest on; **l'accent porte sur la deuxième syllabe** LING the accent falls on the second syllable, the second syllable is stressed.
◆ **se porter** ◇ *vp (emploi passif)* [bijou, chaussures, vêtement] to be worn; **les manteaux se porteront longs cet hiver** coats will be (worn) long this winter.
◇ *vpi* **-1.** [personne]: **comment vous portez-vous?** how do you feel?, how are you (feeling)?; **à bientôt, portez-vous bien!** see you soon, look after yourself! ❑ **il va bientôt s'en aller, je ne m'en porterai que mieux** he's going to leave soon and I'll feel all the better for it; **nos parents ne prenaient pas de congés et ne s'en portaient pas plus mal** our parents never took time off and they were none the worse for it. **-2.** [se proposer comme]: **se** ~ **acquéreur de qqch** to offer to buy sthg; **se** ~ **candidat** to put o.s. up ou to stand *Br* ou to run *Am* as a candidate; **se** ~ **caution** to stand security; **se** ~ **garant de** [gén] to answer for; JUR to act as surety for; **se** ~ **volontaire pour faire** to volunteer to do. **-3.** [aller]: **se** ~ **au-devant de qqn** to go to meet sb; **se** ~ **en tête d'une procession/course** to take the lead in a procession/race; **il s'est porté à l'avant du peloton** he went to the head of the pack; **tout son sang s'est porté à sa tête** the blood rushed to his head.
◆ **se porter à** *vp* + *prép sout* [se livrer à] to give o.s. over to, to indulge in; **comment a-t-il pu se** ~ **à de telles extrémités?** how could he go to such extremes?
◆ **se porter sur** *vp* + *prép* [choix, soupçon] to fall on; [conver-

sation] to turn to; **tous les regards se portèrent sur elle** all eyes turned towards her.
**porte-revues** [pɔʀtʀəvy] *nm inv* magazine rack.
**porte-savon** [pɔʀtsavɔ̃] (*pl inv* ou **porte-savons**) *nm* soap dish.
**porte-serviettes** [pɔʀtsɛʀvjɛt] *nm inv* towel rail.
**porteur, euse** [pɔʀtœʀ, øz] ◇ *adj* **-1.** [plein d'avenir] flourishing; **l'informatique est un secteur** ~ computing is a flourishing ou booming industry; **une idée porteuse** an idea with great potential. **-2.** [chargé]: ~ **de:** un vaccin ~ **d'espoir** a vaccine which brings new hope. **-3.** TECH [essieu] loadbearing; [roue] carrying. **-4.** PHYS **onde/fréquence porteuse** carrier wave/frequency. **-5.** ASTRONAUT [fusée] booster (*modif*). ◇ *nm, f* **-1.** MÉD carrier; ~ **sain** (unaffected) carrier. **-2.** [de bagages] porter; [d'un cercueil, d'un brancard, d'un étendard] bearer; [d'eau] carrier; [de nouvelles, d'une lettre] bearer.
◆ **porteur** *nm* BANQUE & BOURSE bearer; **chèque/obligations au** ~ bearer cheque/bonds; **payable au** ~ payable to bearer.
**porte-voix** [pɔʀtəvwa] *nm inv* [simple] megaphone; [électrique] loud-hailer *Br*, bullhorn *Am*.
**portier, ère** [pɔʀtje, ɛʀ] *nm, f* doorman (*f* doorwoman).
◆ **portière** *nf* **-1.** [d'un véhicule] door. **-2.** [tenture] portière, door curtain.
**portillon** [pɔʀtijɔ̃] *nm* [d'une porte cochère] wicket; [dans le métro]: ~ **automatique** ticket barrier.
**portion** [pɔʀsjɔ̃] *nf* **-1.** [part – de nourriture] portion, helping; [– d'argent] share, cut; ~ **congrue** (income providing) a meagre living. **-2.** [segment – de ligne, d'autoroute] stretch.
◆ **en portions** *loc adj* in individual helpings.
**portique** [pɔʀtik] *nm* **-1.** ARCHIT portico. **-2.** SPORT crossbeam. **-3.** [dispositif de sécurité] security gate. **-4.** INDUST gantry crane.
**porto** [pɔʀto] *nm* port (wine).
**Porto** [pɔʀto] *npr* Porto.
**portoricain, e** [pɔʀtɔʀikɛ̃, ɛn] *adj* Puerto Rican.
◆ **Portoricain, e** *nm, f* Puerto Rican.
**Porto Rico** [pɔʀtoʀiko] *npr* Puerto Rico.
**portrait** [pɔʀtʀɛ] *nm* **-1.** [dessin, peinture, photo] portrait; **le** ~ **n'est pas très ressemblant** it is not a very good likeness; **faire le** ~ **de qqn** [dessinateur] to draw sb's portrait; [peintre] to paint sb's portrait; **votre** ~ **en 5 minutes'** [photo] 'your photo in 5 minutes' ❑ ~ **de famille** family portrait; **être tout le** ~ ou **le** ~ **vivant de qqn** to be the spitting image of sb. **-2.** BX-ARTS: **le** ~ portraiture. **-3.** *fam* [figure]: **il lui a abîmé le** ~ he rearranged his face (for him) *hum*. **-4.** [description] portrayal, description, portrait; **faire** ou **tracer le** ~ **de qqn** to portray sb.
**portraitiste** [pɔʀtʀɛtist] *nmf* portraitist.
**portrait-robot** [pɔʀtʀɛʀɔbo] (*pl* **portraits-robots**) *nm* **-1.** [d'un criminel] Photofit® ou Identikit® picture. **-2.** [caractéristiques] typical profile.
**portraiturer** [3] [pɔʀtʀɛtyʀe] *vt litt* to portray, to depict.
**Port-Saïd** [pɔʀsaid] *npr* Port Said.
**portuaire** [pɔʀtɥɛʀ] *adj* port (*modif*), harbour (*modif*).
**portugais, e** [pɔʀtygɛ, ɛz] *adj* Portuguese.
◆ **Portugais, e** *nm, f* Portuguese; **les Portugais** the Portuguese.
◆ **portugais** *nm* LING Portuguese.
◆ **portugaise** *nf* [huître] Portuguese oyster.
◆ **portugaises**[V] *nfpl arg crime* lugholes *Br*, ears; **avoir les** ~**es ensablées** to be deaf as a post.
**Portugal** [pɔʀtygal] *npr m*: **le** ~ Portugal.
**POS, Pos** [pɔs] *nm abr de* **plan d'occupation des sols**.
**pose** [poz] *nf* **-1.** [mise en place] putting in, installing; **la** ~ **de la fenêtre vous coûtera 1 000 F** it will cost you 1,000 F to have the window put in; **la** ~ **d'un carrelage** laying tiles; **la** ~ **d'une moquette** fitting ou laying (wall-to-wall) carpet. **-2.** [attitude] position, posture; **prendre une** ~ **avantageuse** to strike a flattering pose ‖ [pour un artiste] pose; **prendre la** ~ to start posing, to take up a pose; **garder** ou **tenir la** ~ to hold the pose. **-3.** PHOT [cliché, durée] exposure. **-4.** *sout* [affectation] affectation.
**posé, e** [poze] *adj* **-1.** [mesuré – personne] self-possessed,

collected, composed; [– manières, ton] calm, cool, tranquil.
**-2.** MUS: **voix bien/mal** ~e steady/unsteady voice.

**posément** [pozemɑ̃] *adv* calmly, coolly.

**poser**[1] [poze] *nm* MIL landing *(of a helicopter)*.

**poser**[2] [3] [poze] ◇ *vt* **-1.** [mettre] to put, to lay, to place; ~
**ses coudes sur la table** to rest ou to put one's elbows on the
table; ~ **un sac par terre** to put a bag (down) on the floor;
**j'ai tellement mal que je ne peux plus** ~ **le pied par terre**
my foot hurts so much, I can't put my weight on it any
longer; **il posa un baiser sur ses paupières** he kissed her on
the eyelids; **je ne sais pas où** ~ **mes fesses** *fam & hum* I don't
know where to sit || *(en usage absolu)*: **à toi de** ~! [aux dominos]
your turn! || [cesser d'utiliser] to put away ou down *(sép)*; **pose
ton ballon et viens dîner** put away your ball and come and
have dinner; **posez vos stylos et écoutez-moi** put your
pens down and listen to me. **-2.** [installer – papier peint, cadre, tentures, affiche] to put up ou down *(sép)*; [– antenne] to put up *(sép)*,
to install; [– radiateur, alarme] to put in *(sép)*, to install; [– ver-
rou] to fit; [– cadenas] to put on *(sép)*; [– moquette] to fit, to lay;
[– carrelage, câble, mine, rail, tuyau] to lay; [– vitre] to put in;
[– placard] to put in, to install; [– prothèse] to fit, to put in;
[– enduit] to put on; **faire** ~ **un double vitrage** to have
double-glazing put in ou fitted; **se faire** ~ **une couronne** to
have a crown fitted. **-3.** [énoncer – question] to ask; [– devi-
nette] to ask, to set; ~ **une question à qqn** to ask sb a question, to put a question to sb; ~ **un problème** [causer des diffi-
cultés] to raise ou to pose a problem; [l'énoncer] to set a problem; **de la façon dont il m'avait posé le problème...** the
way he'd put ou outlined the problem to me...; **elle me
pose de gros problèmes** she's a great problem ou source of
anxiety to me; **si ça ne pose pas de problème, je viendrai
avec mon chien** if it's not a problem (for you) I'll bring my
dog. **-4.** [établir – condition] to state, to lay down; [– principe,
règle] to lay ou to set down *(sép)*, to state; **une fois posées les
bases du projet** once the foundations of the project have
been laid down; ~ **qqch comme condition/principe** to lay
sthg down as a condition/principle; **si l'on pose comme
hypothèse que...** if we take as a hypothesis that.... **-5.** *fam*
[mettre en valeur] to establish the reputation of, to give
standing to; **une voiture comme ça, ça vous pose** that kind
of car gives you a certain status. **-6.** MATH to put down *(sép)*;
**je pose 2 et je retiens 1** put down 2, carry 1; ~ **une opération** to set out a sum. **-7.** MUS: ~ **sa voix** to pitch one's
voice. **-8.** SPORT to place. **-9.** AÉRON [avion, hélicoptère] to land,
to set down *(sép)*.
◇ *vi* **-1.** [pour un peintre, un photographe] to pose, to sit; ~
**pour une photo/un magazine** to pose for a photo/
magazine; **et maintenant, tout le monde va** ~ **pour la
photo souvenir** let's have everyone together now for the
souvenir photograph. **-2.** [fanfaronner] to put on airs, to
show off, to pose; [faire semblant] to put on airs, to strike a
pose ou an attitude; **elle n'est pas vraiment malheureuse,
elle pose** she's not really unhappy, it's just a façade ou it's
all show; ~ **à** [se faire passer pour] to pretend to be, to act, to
play.
◆ **se poser** ◇ *vp (emploi passif)*: **se** ~ **facilement** [chaudière] to
be easy to install; [moquette] to be easy to lay. ◇ *vpt* [faire
surgir]: **se** ~ **la question** ou **le problème de savoir si...** to ask
o.s. ou to wonder whether...; **il va finir par se** ~ **des questions** he's going to start having doubts. ◇ *vpi* **-1.** [descen-
dre – avion, hélicoptère] to land, to touch down; [– papillon] to
land, to alight; [– oiseau] to land, to perch; **se** ~ **en catastrophe** to make an emergency landing; **une plume est venue se** ~ **sur sa
tête** a feather floated down onto his head; **tous les regards
se posèrent sur elle** all eyes turned to her; **il sentit leurs
yeux se** ~ **sur lui** he could feel their eyes on him; **sa main
se posa sur la mienne** she put her hand on mine. **-2.** *fam*
[s'asseoir]: **pose-toi là** (yourself) down here. **-3.** [surgir –
question, problème] to arise, to come up; **la question ne se
pose plus maintenant** the question is irrelevant now; **la
question qui se pose maintenant est la suivante** the question which must now be asked is the following; **le problème qui se pose à moi** the problem I've got to face ou to
solve; **le problème se pose de savoir si l'on doit négocier**
there's the problem of whether or not we should negotiate;
**le problème ne se pose pas exactement en ces termes**
that's not exactly where the problem lies. **-4.** **se** ~ **en** ou

**comme** [se faire passer pour] to pass o.s. off as; **je ne me suis
jamais posé en expert** I never set myself up to be ou I never
pretended I was an expert. **-5.** *fam loc*: **se** ~ **là: pour
l'intelligence, son frère se pose là!** [il est brillant] her brother's got quite a brain!; **elle se pose là, leur bagnole!** [avec
admiration] their car's an impressive bit of machinery!;
**comme plombier, tu te poses là!** call yourself a plumber,
do you?; **comme gaffe, ça se pose là!** that's what you
might call a blunder!

**poseur, euse** [pozœr, øz] ◇ *adj* [prétentieux] affected, pretentious, mannered. ◇ *nm, f* **-1.** [m'as-tu-vu] poseur, show-
off. **-2.** [installateur]: ~ **de:** ~ **de parquet/carrelage** floor/
tile layer; ~ **de mines** mine layer; **les** ~s **de bombes se
sont enfuis** those responsible for planting the bombs ou
the bombers ran away.

**positif, ive** [pozitif, iv] *adj* **-1.** [constructif – mesures, suggestion, attitude] positive, constructive. **-2.** [réaliste] pragmatic,
practical-minded. **-3.** [affirmatif – réponse] positive. **-4.**
MATH, MÉD, PHOT & PHYS positive.
◆ **positif** *nm* **-1.** [quelque chose de constructif]: **il nous faut
du** ~ we need something positive. **-2.** LING, MATH & PHOT positive. **-3.** MUS [orgue] positive organ; [clavier secondaire]
choir ou positive organ.

**position** [pozisjɔ̃] *nf* **-1.** MIL [lieu d'où l'on mène une action] position; **une** ~ **dominante** a commanding position ❏ ~
**avancée/défensive** advanced/defensive position; ~ **clef**
key position; **être en** ~ **de combat** to be ready to attack;
**des** ~s **fortifiées** a fortified position; ~ **de repli** MIL & *fig*
fall-back position. **-2.** [lieu où l'on se trouve] position; **déterminer sa** ~ to find one's bearings; **déterminer la** ~ **de qqch**
to locate sthg. **-3.** [dans un sondage, une course] position,
place; **nous sommes en dernière/première** ~ **dans le
championnat** we're bottom of the league/in the lead in the
championship; **arriver en première/dernière** ~ [coureur] to
come first/last; [candidat] to come top/be last; **ils ont rétro-
gradé en quatrième** ~ **au hit-parade** they went down to
number four in the charts. **-4.** [posture] posture, position; **tu
as une mauvaise** ~ you've got bad posture ❏ **dans la** ou **en**
~ **verticale** when standing up; **dans la** ou **en** ~ **allongée**
when lying down; **dans la** ou **en** ~ **assise** when sitting, in a
sitting position. **-5.** [angle, orientation] position, setting;
**mettez le siège en** ~ **inclinée** tilt the seat back. **-6.** [opinion]
position, stance, standpoint; **prendre** ~ (sur qqch) to take a
stand ou to take up a position (on sthg); **prendre** ~ **pour** ou
**en faveur de qqch** to come down in favour of sthg; **prendre**
~ **contre qqch** to come out against sthg; **rester sur ses** ~s
*pr & fig* to stand one's ground, to stick to one's guns; **quelle
est la** ~ **de la France dans ce conflit?** what's France's position on this conflict?; ~ **commune** POL common stance. **-7.**
[situation] position, situation; **en** ~ **de:** **en** ~ **de force** in a
strong position ou a position of strength; **être en** ~ **de faire
qqch** to be in a position to do sthg || [dans une entreprise]
position, post; **dans sa** ~, **elle devrait se sentir responsable** a woman in her position should feel responsible ❏ ~
**sociale** social standing. **-8.** BANQUE balance (of account); ~
**de place** BOURSE market position; **feuille de** ~ interim statement. **-9.** LING [d'un terme, d'une syllabe, d'une voyelle] position; **phonème en** ~ **forte/faible** stressed/unstressed phoneme. **-10.** DANSE position. **-11.** MUS [accord, doigté] position. **-12.** GÉOM & PSYCH position. **-13.** JUR status.

**positionnement** [pozisjɔnmɑ̃] *nm* **-1.** COMM positioning. **-2.**
MÉCAN positioning.

**positionner** [3] [pozisjɔne] *vt* **-1.** COMM [produit] to position.
**-2.** MÉCAN to position. **-3.** [localiser] to locate, to determine
the position of.
◆ **se positionner** *vp (emploi réfléchi)* to position o.s., to get
into position.

**positionneur** [pozisjɔnœr] *nm* positioner.

**positive** [pozitiv] *f →* **positif**.

**positivement** [pozitivmɑ̃] *adv* positively.

**positivisme** [pozitivism] *nm* positivism.

**positiviste** [pozitivist] *adj & nmf* positivist.

**positivité** [pozitivite] *nf* positivity.

**posologie** [pozɔlɔʒi] *nf* **-1.** [instructions] dosage; **respectez
la** ~ use as directed. **-2.** [science] posology.

**possédant, e** [posedɑ̃, ɑ̃t] *adj* propertied, property-owning.
◆ **possédants** *nmpl*: **les** ~s people with property, property

owners.

**possède** [pɔsɛd] v→ **posséder**.

**possédé, e** [pɔsede] nm, f: comme un ~ like a man possessed.

**posséder** [18] [pɔsede] vt -1. [détenir – demeure, collection, fortune, terres] to own, to possess, to have; [– colonies] to have; [– preuve, document, titre, ticket] to hold, to have; [– arme, armée] to possess. -2. [être doté de – talent, mémoire] to possess, to have. -3. [maîtriser – art, langue] to have mastered; (bien) ~ son sujet to be master ou on top of one's subject; être possédé par to be possessed by ou with; le démon qui le possède the devil within him. -4. fam [tromper – suj: escroc] to con, to have; je me suis fait ~ I've been conned ou had. -5. litt [sexuellement] to possess, to have carnal knowledge of.
◆ **se posséder** vpi [se dominer]: je ne me possédais plus I was not myself any more, I was no longer master of myself.

**possesseur** [pɔsesœr] nm -1. [propriétaire – d'une maison, d'une collection, d'une fortune] owner, possessor; [– d'un hôtel, d'une ferme] owner, proprietor; [– d'une charge, d'un ticket] holder; [– d'un titre] incumbent, holder; [– de documents] possessor, holder. -2. [détenteur – d'une preuve] possessor.

**possessif, ive** [pɔsesif, iv] adj LING & PSYCH possessive.
◆ **possessif** nm GRAMM possessive (form).

**possession** [pɔsesjɔ̃] nf -1. [détention – d'une maison, d'un hôtel, d'une collection, d'une fortune] ownership, possession; [– d'informations] possession; [– d'actions, d'un diplôme] holding; [– d'une charge, d'un titre] possession, holding; [– d'un poste] tenure; avoir qqch en sa ~ to have sthg in one's possession; être en ~ de to be in possession of; prendre ~ de [maison] to take possession of; [fonctions] to take up; entrer en ~ de to come into possession of, to come by. -2. JUR possession; ~ utile quiet possession. -3. [territoire] possession, dominion. -4. [contrôle] control; une force étrange a pris ~ de lui a strange force has gained possession of him. -5. PSYCH & RELIG possession.

**possessivité** [pɔsesivite] nf possessiveness.

**possibilité** [pɔsibilite] nf -1. [chose envisageable ou faisable] possibility. -2. [moyen] possibility; [occasion] opportunity; il n'a pas vraiment la ~ de refuser he can't really refuse. -3. [éventualité] possibility; le syndicat n'a pas nié la ~ d'une reprise des négociations the trade union has not ruled out the possible re-opening of negotiations.
◆ **possibilités** nfpl [financières] means; 100 F, c'est dans mes ~s 100 F, that's within my means; la maison était au-dessus de nos ~s we couldn't afford the house || [intellectuelles, physiques] possibilities, potential; écrire une thèse serait au-dessus de mes ~s I couldn't cope with writing a thesis || [techniques] facilities; machine qui offre de multiples ~s d'utilisation machine with many features.

**possible** [pɔsibl] ◇ adj -1. [réalisable – gén] possible; [– construction] feasible; rendre qqch ~ to make sthg possible; il est ~ de dire/de faire it is possible to say/to do; il est toujours ~ d'annuler la réunion the meeting can always be cancelled; il ne m'est financièrement pas ~ de partir pour l'étranger I cannot afford to go abroad; j'ai fait tout ce qu'il m'était techniquement ~ de faire I did everything that was technically possible || [par exagération]: ce n'est pas ~ d'être aussi maladroit! how can anyone be so clumsy!; il faut qu'on divorce, ce n'est pas ~ autrement we've got to get a divorce, it's the only solution; on a dû le pousser, ce n'est pas ~ autrement! somebody MUST have pushed him!; il est pas ~, ce mec! fam this guy's just too much! -2. [probable] possible; il est ~ que je vous rejoigne plus tard I may ou might join you later; serait-il ~ qu'il m'ait menti? could he (possibly) have lied to me?; il t'aime ~ bien ~, mais moi pas! he loves you – quite possibly ou that's as may be, but I don't love him!-3. [pour exprimer l'étonnement]: elle est morte hier – c'est pas ~! fam she died yesterday – I can't believe it!; pas ~! c'est ta fille? fam is this your daughter? well, I never!; Noël c'est le 25 – pas ~! iron Christmas is on the 25th – you don't say!-4. [envisageable – interprétation, explication, option] possible. -5. [potentiel] possible; je l'ai cherché dans tous les endroits ~s I looked for it everywhere imaginable ou every possible place; il a eu tous les problèmes ~s et imaginables pour récupérer

son argent he had all kinds of problems getting his money back; bougez le moins ~ move as little as possible; je veux un rapport aussi détaillé que ~ I want as detailed a report as possible; j'ai acheté les moins chers ~ I bought the cheapest I could find; il mange le plus/le moins de gâteaux ~ ou ~s he eats as many/as few cakes as possible.
◇ nm: le ~ the possible; c'est dans le domaine du ~ it's within the bounds of possibility, it's quite possible ❑ faire (tout) son ~ to do one's best ou all one (possibly) can ou one's utmost.
◆ **au possible** loc adv in the extreme; ennuyeux au ~ extremely boring; elle a été désagréable/serviable au ~ she couldn't have been more unpleasant/helpful.

**postal, e, aux** [pɔstal, o] adj [colis] (sent) by post Br ou mail; [frais, service, tarif] postal.

**postchèque** [pɔstʃɛk] nm Post Office traveller's cheque.

**postcure** [pɔstkyr] nf rehabilitation.

**postdater** [3] [pɔstdate] vt to postdate.

**poste¹** [pɔst] nm -1. RAD & TV: ~ (de radio/télévision) (radio/television) set; ~ émetteur/récepteur transmitting/receiving set. -2. TÉLÉC [appareil] telephone; [d'un standard] extension; passez-moi le ~ 1421 give me extension 1421. -3. [métier] post, job, position; un ~ à pourvoir a post to be filled, a vacancy; elle a un ~ très élevé au ministère she has a very senior position ou post in the ministry. -4. [local, installation]: ~ d'aiguillage signal box; ~ de douane customs post; ~ d'essence petrol Br ou gas Am ou filling station; ~ d'incendie fire point; ~ de police police station; ~ de ravitaillement service station; ~ de secours first-aid post. -5. MIL: être/rester à son ~ pr & fig to be/to stay at one's post ❑ ~ de combat action ou battle station; ~ de commandement command post; ~ de garde guardroom; ~ d'observation/d'écoute/de surveillance pr & fig observation/listening/look-out post. -6. FIN [d'un compte] item, entry; [d'un budget] item. -7. INDUST [division du temps] shift; ~ de nuit nightshift; ~ de travail [emplacement] workplace. -8. CHASSE hide.

**poste²** [pɔst] nf -1. [établissement] post office; ~ restante poste restante. -2. [moyen d'acheminement] post Br, mail Am; envoyer qqch par la ~ to send sthg by post Br, to mail sthg Am; mettre une lettre à la ~ to post Br ou to mail Am a letter; ~ aérienne air-mail. -3. ADMIN: la ~ ≃ the Post Office; travailler à la ~ ≃ to work for the Post Office ❑ les Postes et Télécommunications the French postal and telecommunications service. -4. HIST [relais] post.

**posté, e** [pɔste] adj INDUST shift (modif).

**poste-frontière** [pɔst(ə)frɔ̃tjɛr] (pl **postes-frontières**) nm customs post.

**poster¹** [pɔster] nm poster.

**poster²** [3] [pɔste] vt -1. [envoyer – colis, courrier] to post Br, to mail Am. -2. [placer – garde, complice] to post, to station.
◆ **se poster** vpi [sentinelle] to station ou to post ou to position o.s.

**postérieur, e** [pɔsterjœr] adj -1. [ultérieur – date, époque] later; [– fait, invention] subsequent, later; le tableau est ~ à 1930 the picture was painted after 1930. -2. [de derrière – pattes] hind, rear, back (modif); [– partie] back, posterior. -3. PHON [voyelle, articulation] back (modif).
◆ **postérieur** nm fam behind, bottom, posterior.

**postérieurement** [pɔsterjœrmã] adv later, subsequently, at a later date; ~ à later than, after.

**posteriori** [pɔsterjɔri] → **a posteriori**.

**postériorité** [pɔsterjɔrite] nf sout posteriority.

**postérité** [pɔsterite] nf -1. litt [lignée] posterity, descendants. -2. [générations futures] posterity; passer à la ~ [artiste] to become famous, to go down in history; [mot, œuvre] to be handed down to future generations.

**postface** [pɔstfas] nf postscript, afterword.

**posthume** [pɔstym] adj [enfant, ouvrage] posthumous; médaille décernée à titre ~ posthumously awarded medal.

**postiche** [pɔstiʃ] ◇ adj -1. [cheveux, barbe, chignon] false. -2. sout [fictif] sham, spurious. ◇ nm hairpiece.

**postier, ère** [pɔstje, ɛr] nm, f postal worker.

**postillon** [pɔstijɔ̃] nm -1. [de salive]: ~s spluttering. -2. [cocher] postilion.

**postillonner** [3] [pɔstijɔne] vi to splutter.

**postindustriel, elle** [pɔstɛ̃dystrijɛl] *adj* postindustrial.
**postmoderne** [pɔstmɔdɛrn] *adj* postmodern.
**postmodernisme** [pɔstmɔdɛrnism] *nm* postmodernism.
**postnatal, e, als** ou **aux** [pɔstnatal, o] *adj* postnatal.
**postopératoire** [pɔstɔperatwar] *adj* postoperative.
**postposer** [3] [pɔstpoze] *vt* to place after; **un adjectif postposé** a postpositive adjective, an adjective that comes after the noun.
**postposition** [pɔstpozisjɔ̃] *nf* [particule] postposition.
**post-scriptum** [pɔstskriptɔm] *nm inv* postscript.
**postsynchroniser** [3] [pɔstsɛ̃krɔnize] *vt* to post-synchronize.
**postulant, e** [pɔstylɑ̃, ɑ̃t] *nm, f* **-1.** [à un emploi] applicant, candidate. **-2.** RELIG postulant.
**postulat** [pɔstyla] *nm* **-1.** LOGIQUE & MATH postulate; **nous partons du ~ que...** we take it as axiomatic that... **-2.** [principe de base] postulate. **-3.** RELIG postulancy.
**postuler** [3] [pɔstyle] ◇ *vt* **-1.** [poste] to apply for. **-2.** LOGIQUE & MATH to postulate, to assume. ◇ *vi* JUR to represent.
◆ **postuler à** *v + prép* to apply for.
**postural, e, aux** [pɔstyral, o] *adj* postural PHYSIOL.
**posture** [pɔstyr] *nf* **-1.** [position du corps] posture, position; **dans une ~ inconfortable** in an uncomfortable position. **-2.** [situation] position; **être en bonne/en mauvaise ~** to be in a good/in an awkward position.
**pot** [po] *nm* **-1.** [contenant] pot; **~ en étain/verre/terre** tin/glass/earthenware pot; **mettre en ~** [plantes] to pot; [fruits, confitures] to put into jars ❏ **~ à eau/lait** water/milk jug; **~ à ou de yaourt** yoghurt pot; **~ de chambre** (chamber) pot; [pour enfant] pot, potty; **~ à confiture** ou **à confitures** jam jar; **~ de fleurs** [vide] flowerpot, plant pot; [planté] flowers in a pot, potted flowers; *fig* tubby little person; **tourner autour du ~** to beat around the bush; **c'est le ~ de terre contre le ~ de fer** *allusion La Fontaine* that's the danger of confronting someone more powerful than oneself. **-2.** [contenu] pot, potful; **~ de confiture/miel** jar of jam/honey; **~ de peinture** pot ou can of paint; **petit ~** (pour bébé) (jar of) baby food. **-3.** *fam* [boisson] drink, jar *Br*, snort *Am*; [fête]: **ils font un ~ pour son départ à la retraite** they're having a little get-together for his retirement; **je suis invité à un ~ ce soir** I've been invited out for drinks tonight. **-4.** *fam* [chance] luck; **avoir du ~** [souvent] to be lucky; [à un certain moment] to be in luck; **il n'a pas de ~** [jamais] he's unlucky; [en ce moment] he's out of luck; **pas de ~!** hard ou tough luck!; **coup de ~** stroke of luck. **-5.** *fam* [derrière] backside, bottom, bum *Br*. **-6.** CARTES [talon] stock; [enjeux] pot. **-7.** AUT: **~ d'échappement** exhaust (pipe) *Br*, tail pipe *Am*; **~ catalytique** catalytic converter.
◆ **en pot** *loc adj* [plante] pot *(modif)*, potted; [confiture, miel] in a jar.
◆ **pot de colle** *nm fig, fam & péj* nuisance; **elle est ~ de colle** she sticks to you like glue, you just can't get rid of her.
**potable** [pɔtabl] *adj* **-1.** [buvable]: **eau ~** drinking water; **eau non ~** water unsuitable for drinking. **-2.** *fam* [acceptable – travail] passable, reasonable; [– vêtement] wearable.
**potache** [pɔtaʃ] *nm fam* schoolkid; **blague de ~** schoolboy joke.
**potage** [pɔtaʒ] *nm* CULIN soup.
**potager, ère** [pɔtaʒe, ɛr] *adj* [culture] vegetable *(modif)*; [plante] grown for food, food *(modif)*.
◆ **potager** *nm* kitchen garden, vegetable plot.
**potasse** [pɔtas] *nf* **-1.** [hydroxyde] potassium hydroxide, (caustic) potash. **-2.** [carbonate] (impure) potassium carbonate, potash.
**potasser** [3] [pɔtase] *vt fam* [discipline, leçon] to swot up *Br*, to bone up on *Am*; [examen] to cram for.
**potassium** [pɔtasjɔm] *nm* potassium.
**pot-au-feu** [pɔtofø] *nm inv* CULIN pot-au-feu, beef and vegetable stew.
**pot-de-vin** [podvɛ̃] *(pl* **pots-de-vin)** *nm* bribe; **verser des pots-de-vin à qqn** to grease sb's palm, to bribe sb.
**pote** [pɔt] *nm fam* pal, mate *Br*, buddy *Am*.
**poteau, x** [pɔto] *nm* **-1.** [mât] post, pole; **~ indicateur** signpost; **~ télégraphique** telegraph pole ou post; **~**

(d'exécution) (execution) stake; **le proviseur, au ~!** *fam* down with the headmaster! **-2.** SPORT [support de but] post, goal-post; **entre les ~x** between the goal posts ou the uprights ‖ [dans une course]: **~ d'arrivée** winning post; **~ de départ** starting post; **rester au ~** [cheval] to be left at the starting post; **se faire coiffer au** ou **battre sur le ~** (d'arrivée) *pr* to be beaten at the (finishing) post; *fig* to be pipped at the post *Br*, to be beaten by a nose *Am*.
**potée** [pɔte] *nf* pork hotpot *(with cabbage and root vegetables)*.
**potelé, e** [pɔtle] *adj* plump, chubby.
**potence** [pɔtɑ̃s] *nf* **-1.** [supplice, instrument] gallows. **-2.** CONSTR [d'une charpente] post and braces; [pour une lanterne, une enseigne] support. **-3.** [d'une grue] crane jib.
**potentat** [pɔtɑ̃ta] *nm* **-1.** *sout* [monarque] potentate. **-2.** [despote] despot.
**potentialité** [pɔtɑ̃sjalite] *nf* potentiality.
**potentiel, elle** [pɔtɑ̃sjɛl] *adj* potential.
◆ **potentiel** *nm* **-1.** ÉLECTR, MATH, PHYS & PHYSIOL potential. **-2.** [possibilités] potential, potentiality; **avoir un certain ~** [personne] to have promising qualities, to have potential ❏ **~ de croissance** growth potential. **-3.** LING potential (mood).
**potentiellement** [pɔtɑ̃sjɛlmɑ̃] *adv* potentially.
**poterie** [pɔtri] *nf* **-1.** [art] pottery. **-2.** [article] piece of pottery; **des ~s grecques** Greek pottery.
**poterne** [pɔtɛrn] *nf* [porte] postern.
**potiche** [pɔtiʃ] *nf* **-1.** [vase] rounded vase. **-2.** *fam* [personne] figurehead *fig*, puppet *fig*.
**potier, ère** [pɔtje, ɛr] *nm, f* potter.
**potin** [pɔtɛ̃] *nm fam* [bruit] racket, rumpus; **faire du ~** [machine, personne] to make a racket; [scandale, affaire] to cause a furore.
◆ **potins** *nmpl fam* [ragots] gossip, idle rumours; (**rubrique des) ~s mondains** society gossip (column).
**potiner** [3] [pɔtine] *vi fam* to gossip, to spread rumours.
**potion** [posjɔ̃] *nf* potion, draft; **~ magique** magic potion.
**potiron** [pɔtirɔ̃] *nm* pumpkin.
**pot-pourri** [popuri] *(pl* **pots-pourris)** *nm* **-1.** MUS potpourri, medley. **-2.** LITTÉRAT potpourri. **-3.** [fleurs] potpourri.
**pou, x** [pu] *nm* **-1.** [parasite] louse; **~ de tête/du corps** head/body louse. **-2.** *loc*: **être laid** ou **moche comme un ~** *fam* to be as ugly as sin; **être fier** ou **orgueilleux comme un ~** to be as proud as a peacock.
**pouah** [pwa] *interj* ugh, yuck.
**poubelle** [pubɛl] *nf* **-1.** [récipient à déchets] dustbin *Br*, trash ou garbage can *Am*; **mettre** ou **jeter qqch à la ~** to put ou to throw sthg in the dustbin; **je vais mettre ces vieilles chaussures à la ~** I'm going to throw these old shoes out; **faire les ~s** to go scavenging (from the dustbins). **-2.** [dépotoir] dumping-ground, rubbish *Br* ou garbage *Am* dump.
**pouce** [pus] *nm* **-1.** ANAT [doigt] thumb; [orteil] big toe; **se tourner les ~s** *fam* to twiddle one's thumbs. **-2.** [dans un jeu]: **~! pax!** *Br*, **time out!** *Am*. **-3.** [mesure] inch; **on n'avançait pas d'un ~ sur la route** the traffic was solid; **je ne changerai pas d'un ~ les dispositions de mon testament** I won't change one jot ou tota of my will. **-4.** *Can loc*: **faire du ~, voyager sur le ~** to hitchhike.
**poudre** [pudr] *nf* **-1.** [aliment, médicament] powder; [de craie, d'os, de diamant, d'or] dust, powder; **mettre** ou **réduire qqch en ~** to reduce sthg to powder, to pulverize ou to powder sthg ❏ **~ à éternuer** sneezing powder; **~ à laver** washing *Br* ou soap powder; **~ à récurer** scouring powder. **-2.** ARM powder, gunpowder; **~ à canon** gunpowder; **faire parler la ~** to settle the argument with guns. **-3.** [cosmétique – pour le visage] (face) powder; [– pour une perruque] powder; **~ de riz** face powder; **~ compacte/libre** pressed/loose powder; **se mettre de la ~** to powder one's face ou nose. **-4.** *loc*: **prendre la ~ d'escampette** to decamp; **jeter de la ~ aux yeux à qqn** to try to dazzle ou to impress sb; **tout ça c'est de la ~ aux yeux** all that's just for show; **~ de perlimpinpin** (faux remède) quack remedy. **-5.** ▽ *arg drogue* [héroïne] smack.
◆ **en poudre** *loc adj* [amandes, lait] powdered; **chocolat en ~** drinking chocolate.
**poudrer** [3] [pudre] *vt* **-1.** [maquiller] to powder. **-2.** *litt* [saupoudrer]: **la neige poudrait les arbres** the trees had a light powdering ou sprinkling of snow.
◆ **se poudrer** *vp (emploi réfléchi)* to powder one's nose ou

face.

**poudrerie** [pudʀəʀi] *nf* **-1.** ARM gun-powder factory. **-2.** *Can* [neige] flurry of snow.

**poudreux, euse** [pudʀø, øz] *adj* [terre] dusty; [substance] powdery.

◆ **poudreuse** *nf* **-1.** [neige] powdery snow, powder. **-2.** AGR sprinkler, powder-sprinkler.

**poudrier** [pudʀije] *nm* (powder) compact.

**poudrière** [pudʀijɛʀ] *nf* ARM (gun) powder store; la maison était une vraie ~ the house was packed with explosives ‖ *fig* power keg.

**poudroie** [pudʀwa] *v* → **poudroyer**.

**poudroiement** [pudʀwamɑ̃] *nm litt* [de la neige] sparkle; [de la poussière] fine cloud.

**poudroyer** [13] [pudʀwaje] *vi litt* [sable, neige] to rise in clouds; [soleil, lumière] to shine hazily.

**pouf¹** [puf] *nm* pouf, pouffe.

**pouf²** [puf] *onomat* [dans une chute] thump, bump; faire ~ to go thump; et ~, par terre! whoops-a-daisy!

**pouffer** [3] [pufe] *vi*: ~ (de rire) to titter.

**pouf(f)iasse**▽ [pufjas] *nf péj* **-1.** [femme vulgaire] cow. **-2.** *vieilli* [prostituée] tart.

**pouilleux, euse** [pujø, øz] ◇ *adj* **-1.** [couvert de poux] covered in lice, lousy, verminous. **-2.** [pauvre et sale – individu] grubby, filthy; [– restaurant, quartier] shabby, seedy. ◇ *nm, f péj* grubby person.

**poujadisme** [puʒadism] *nm* POL & *fig*: le ~ Poujadism.

**poulailler** [pulaje] *nm* **-1.** [hangar] hen house; [cour] hen-run. **-2.** *fam* THÉÂT: le ~ the gods *Br*, the peanut gallery *Am*.

**poulain** [pulɛ̃] *nm* **-1.** ZOOL colt. **-2.** [protégé] (young) protégé.

**poulaine** [pulɛn] *nf* **-1.** [chaussure] poulaine. **-2.** NAUT head.

**poularde** [pulaʀd] *nf* fattened hen, poulard, poularde.

**poulbot** [pulbo] *nm* (Montmartre) urchin.

**poule** [pul] *nf* **-1.** ZOOL hen; ~ d'eau moorhen; la ~ aux œufs d'or the goose that laid the golden eggs; se coucher avec les ~s to go to bed very early; se lever avec les ~s to be an early riser; ~ mouillée drip; quand les ~s auront des dents: ton argent, tu le reverras quand les ~s auront des dents you can kiss your money good-bye; tu crois qu'on va avoir une augmentation? — c'est ça, quand les ~s auront des dents! do you think we're going to have a pay rise? — and pigs might fly!; une ~ n'y retrouverait pas ses poussins it's an awful mess. **-2.** CULIN (boiling) fowl; ~ au riz boiled chicken with rice. **-3.** *fam* [maîtresse] mistress; *vieilli* [prostituée] whore, tart. **-4.** *fam* [terme d'affection]: ma ~ (my) pet, (my) love. **-5.** *(comme adj)*: c'est une mère ~ she's a real mother hen; c'est un papa ~ he's a real mother hen *hum*. **-6.** SPORT pool (*in a round robin*); en ~ A, Metz bat Béziers in group *ou* pool A Metz beat Béziers ‖ ÉQUIT: ~ d'essai 1,600 m maiden race.

**poulet** [pulɛ] *nm* **-1.** CULIN & ZOOL chicken; ~ de grain corn-fed chicken. **-2.** ▽ [policier] cop, copper *Br*. **-3.** *fam* [terme d'affection]: mon ~ my pet, (my) love. **-4.** *fam* [lettre galante] love letter.

**poulette** [pulɛt] *nf* **-1.** ZOOL pullet. **-2.** *fam* [terme d'affection]: ma ~ (my) pet, (my) love. **-3.** *fam* [femme] bird *Br*, chick *Am*.

◆ **à la poulette** *loc adj* CULIN with a poulette sauce (*made from butter, cream and egg yolks*).

**pouliche** [puliʃ] *nf* filly.

**poulie** [puli] *nf* [roue] pulley; [avec enveloppe] block.

**pouliner** [3] [puline] *vi* to foal.

**poulinière** [pulinjɛʀ] ◇ *nf* brood mare. ◇ *adj f* → **jument**.

**poulpe** [pulp] *nm* octopus.

**pouls** [pu] *nm* MÉD pulse; prendre le ~ de [malade] to feel *ou* to take the pulse of; prendre *ou* tâter le ~ de [électorat] to feel the pulse of, to sound out; [entreprise, secteur] to feel the pulse of.

**poumon** [pumɔ̃] *nm* lung; ~ artificiel *ou* d'acier artificial *ou* iron lung.

**poupard** [pupaʀ] *nm* [bébé] chubby-cheeked baby.

**poupe** [pup] *nf* stern.

**poupée** [pupe] *nf* **-1.** [figurine] doll; jouer à la ~ to play with dolls ❑ ~ de chiffon/cire/porcelaine rag/wax/china doll;

~ qui parle/marche talking/walking doll; ~ de son stuffed doll; ~ gonflable blow-up doll; des ~s gigognes *ou* russes a set of Russian dolls. **-2.** *fam* [jolie femme] doll, looker. **-3.** *fam* [bandage] finger bandage.

◆ **de poupée** *loc adj*: une chambre de ~ a doll's bedroom; un visage de ~ a doll-like face.

**poupin, e** [pupɛ̃, in] *adj* [visage] chubby.

**poupon** [pupɔ̃] *nm* **-1.** [bébé] little baby. **-2.** [jouet] baby doll.

**pouponner** [3] [pupɔne] *vi fam* to look after babies *ou* a baby.

**pouponnière** [pupɔnjɛʀ] *nf* nursery (*for babies and toddlers who can neither stay with their parents nor be fostered*).

**pour** [puʀ] ◇ *prép* **-1.** [indiquant le lieu où l'on va] for; partir ~ l'Italie to leave for Italy; un billet ~ Paris a ticket for *ou* to Paris; je m'envole ~ Rome I'm flying to Rome. **-2.** [dans le temps – indiquant le moment] for; pourriez-vous avoir fini ~ lundi/demain? could you have it finished for Monday/tomorrow?; ~ dans une semaine for a week's time; j'ai repeint la chambre ~ quand tu viendras I've redecorated the room for when you visit ‖ [indiquant la durée] for; partir ~ 10 jours to go away for 10 days; il n'en a plus ~ longtemps he won't be long now; [à vivre] he hasn't got long to live; j'en ai bien ~ cinq heures it'll take me at least five hours. **-3.** [exprimant la cause]: je l'ai remercié ~ son amabilité I thanked him for his kindness; ils se querellent ~ des broutilles they quarrel over trifles; désolé ~ dimanche sorry about Sunday; il est tombé malade ~ avoir mangé trop d'huîtres he fell ill after eating *ou* because he ate too many oysters; condamné ~ vol found guilty of theft ❑ sa bonne constitution y est ~ quelque chose his strong constitution had something to do with *ou* played a part in it; elle est ~ beaucoup dans le succès de la pièce the success of the play is to a large extent due to her, she has had a great deal to do with the success of the play; ne me remerciez pas, je n'y suis ~ rien don't thank me, I didn't have anything to do with it. **-4.** [exprimant la conséquence] to; ~ la plus grande joie des enfants to the children's great delight; il a erré trois heures en forêt ~ se retrouver à son point de départ he wandered for three hours in the forest, only to find he was back where he'd started from; ses paroles n'étaient pas ~ me rassurer his words were far from reassuring to me; ce n'est pas ~ me déplaire I can't say I'm displeased with it. **-5.** [capable de]: je ne suis trompé et il ne s'est trouvé personne ~ me le dire I made a mistake and nobody was capable of telling me. **-6.** [par rapport à] for; il est en avance ~ son âge he's advanced for his age; c'est cher ~ ce que c'est it's expensive for what it is. **-7.** [avec une valeur emphatique]: mot ~ mot word for word; ~ un champion, c'est un champion! that's what I call a (real) champion!; perdre ~ perdre, autant que ce soit en beauté if we are going to lose, we might as well do it in style; ~ être en colère, je l'étais! I was so angry!**-8.** [indiquant une proportion, un pourcentage] per; cinq ~ cent five per cent; il faut 200 g de farine ~ une demi-livre de beurre take 200 g of flour to *ou* for half a pound of butter. **-9.** [moyennant]: ~ la somme de for the sum of; il y en a bien ~ 800 francs de réparation the repairs will cost at least 800 francs. **-10.** [à la place de] for; prendre un mot ~ un autre to mistake a word for another. **-11.** [au nom de] for, on behalf of; ~ le directeur [dans la correspondance] pp Director. **-12.** [en guise de, en qualité de]: prendre qqn ~ époux/épouse to take sb to be one's husband/wife; avoir qqn ~ ami/professeur to have sb as a friend/teacher; j'ai son fils ~ élève his son is one of my pupils; ~ tout remerciement voilà ce que j'ai eu that's all the thanks I got; avoir ~ conséquence to have as a consequence; j'ai ~ principe que... I believe on principle that...; il se fait passer ~ un antiquaire he claims to be an antique dealer; le livre a ~ titre... the book's title is..., the book is entitled... **-13.** [indiquant l'attribution, la destination, le but] for; mes sentiments ~ elle my feelings towards *ou* for her; tant pis ~ lui! that's too bad (for him)!; c'est ~ quoi faire, ce truc? what's that thing for?; sirop ~ la toux cough mixture; voyager ~ son plaisir to travel for pleasure; l'art ~ l'art art for art's sake; ~ 4 personnes [recette] serves 4; [couchage] sleeps 4 ❑ c'est fait ~ that's what it's (there) for. **-14.** (*suivi de l'infinitif*) [afin de] (in order) to; je suis venu ~ vous voir I'm here *ou* I've come to see you ‖ (*elliptiquement*): si tu veux réussir, il faut

tout faire ~ if you want to succeed you have to do everything possible. **-15.** [en faveur de] for, in favour of; **voter ~ qqn** to vote for ou in favour of sb; **il a ~ lui de nombreuses qualités** he has a number of qualities in his favour❑ **être ~** to be in favour; **je suis ~ qu'on s'y mette tout de suite** I'm in favour of getting down to it immediately. **-16.** [du point de vue de]: **ça compte peu ~ toi, mais ~ moi c'est tellement important** it matters little to you but to ou for me it's so important; **~ moi, il a dû se réconcilier avec elle** if you ask me, he must have made it up with her. **-17.** [en ce qui concerne]: **et ~ le salaire?** and what about the salary?; **ne t'en fais pas ~ moi** don't worry about me; **~ certains de nos collègues, la situation est inchangée** as far as some of our colleagues are concerned, the situation has not changed; **~ ce qui est de l'avancement, voyez avec le responsable du personnel** as far as promotion is concerned, see the personnel officer. **-18.** *sout* [exprimant la concession]: **~ être jeune, elle n'en est pas moins compétente** young though she is she's very able ‖ [en corrélation avec 'que']: **~ patient qu'il soit, il ne supportera pas cette situation** for all his patience, he won't put up with this situation. **-19.** *(suivi de l'infinitif) litt* [sur le point de] about to, on the point of; **il était ~ partir** he was about to leave ou on the point of leaving.
◇ *nm inv*: **peser le ~ et le contre** to weigh up the pros and cons; **les ~ l'emportent** the argument in favour is overwhelming, the ayes have it POL ou *hum.*
◆ **pour que** *loc conj* **-1.** [exprimant le but] so that, in order that *fml;* **j'ai pris des places non-fumeurs ~ que vous ne soyez pas incommodés par la fumée** I've got non-smoking seats so that you won't be bothered by the smoke. **-2.** [exprimant la conséquence]: **il est assez malin ~ qu'on ne l'arrête pas** he is cunning enough to avoid being caught; **mon appartement est trop petit ~ qu'on puisse tous y dormir** my flat is too small for us all to be able to sleep there.

**pourboire** [purbwar] *nm* tip; **donner un ~ à qqn** to give a tip to sb, to tip sb.

**pourceau, x** [purso] *nm litt* **-1.** [porc] pig, hog *Am.***-2.** [homme – sale] pig; [– vicieux] animal.

**pour-cent** [pursɑ̃] *nm inv* FIN percentage.

**pourcentage** [pursɑ̃taʒ] *nm* **-1.** FIN & MATH percentage; **ça fait combien, en ~?** what's the percentage figure?**-2.** COMM percentage, commission; **travailler au ~** to work on commission ou on a percentage basis; **être payé au ~** to be paid by commission.

**pourchasser** [3] [purʃase] *vt* **-1.** [criminel] to chase, to pursue; **pourchassé par ses créanciers** pursued ou hounded by his creditors. **-2.** *sout* [erreur, abus] to track down *(sép).*

**pourfendeur, euse** [purfɑ̃dœr, øz] *nm, f litt*: **~ d'idées reçues/de l'hypocrisie** declared ou sworn enemy of received ideas/of hypocrisy.

**pourfendre** [73] [purfɑ̃dr] *vt litt* **-1.** [avec une épée – ennemi] to kill (by the sword). **-2.** [hypocrisie, préjugés] to combat.

**pourlécher** [18] [purleʃe]
◆ **se pourlécher** ◇ *vpi* to lick one's lips. ◇ *vpt*: **je m'en pourlèche les babines à l'avance** *hum* my mouth is watering already.

**pourparlers** [purparle] *nmpl* negotiations, talks; **être/entrer en ~ avec qqn** to have/to enter into talks ou negotiations with sb.

**pourpoint** [purpwɛ̃] *nm* doublet, pourpoint.

**pourpre** [purpr] ◇ *adj* crimson; **son visage devint ~** he went ou turned crimson. ◇ *nm* **-1.** [couleur] crimson. **-2.** [mollusque] murex, purple fish. ◇ *nf* **-1.** [teinte] purple (dye). **-2.** RELIG: **la ~ [robe]** the purple.

**pourpré, e** [purpre] *adj litt* crimson.

**pourquoi** [purkwa] ◇ *adv* why; **~ m'avoir menti?** why did you lie to me?; **~ cet air triste?** why are you looking so sad?; **~ chercher des difficultés?** why make things more complicated?; **~ pas?** why not?; **elle a bien réussi l'examen, ~ pas moi?** she passed the exam, why shouldn't I?; **~ ça?** why?; **et ~ donc?** but why?; **je ne sais pas ~ tu dis ça** I don't know why you're saying that; **voilà ~ je démissionne** that's (the reason) why I am resigning, that's the reason for my resignation; **il boude, va savoir ou comprendre ~!** he's sulking, don't ask me why! ◇ *nm inv*: **nous ne saurons jamais le ~ de cette affaire** we'll never get to the bottom of this affair; **il s'interroge toujours sur le ~ et**

le comment des choses he's always bothered about the whys and wherefores of everything; **dans sa lettre, il explique le ~ de son suicide** in his letter, he explains the reason ou reasons for his suicide.

**pourrai** [pure] *v* → **pouvoir.**

**pourri, e** [puri] ◇ *adj* **-1.** [nourriture] rotten, bad; [planche, arbre, plante] rotten; [dent] rotten, decayed; [chairs] decomposed, putrefied. **-2.** *fam* [mauvais – climat, saison] rotten; [– individu, système] stinking, rotten; **elle est complètement ~e ta voiture!** your car is a wreck ou is nothing but a pile of rust!; **vous pouvez le garder, votre boulot ~!** *fam* you can keep your stinking job!**-3.** [trop gâté – enfant] spoilt. **-4.** *fam*: **~ de [plein de]: il est ~ de fric** he's stinking rich ou loaded; **être ~ d'orgueil/d'ambition** to be eaten up with pride/ambition. ◇ *nm, f fam* [terme d'injure] swine; **tas de ~s!** you rotten swine!
◆ **pourri** *nm* [partie pourrie] rotten ou bad part.

**pourrir** [32] [purir] ◇ *vi* **-1.** [se gâter – fruit, légume, viande, œuf] to go rotten, to go bad ou *Br* off; [– planche, arbre] to rot; [– végétation, dent] to decay, to rot; [– chairs] to decay, to putrefy; **~ sur pied** to rot on the stalk. **-2.** *fig*: **laisser ~ une situation** to let a situation deteriorate. **-3.** *fam* [croupir – personne] to rot; **~ en prison** to rot in prison. ◇ *vt* **-1.** [putréfier – nourriture] to rot, to putrefy; [– végétation, dent] to decay. **-2.** [gâter – enfant] to spoil. **-3.** [pervertir – individu] to corrupt, to spoil; [– société] to corrupt.

**pourrissant, e** [purisɑ̃, ɑ̃t] *adj* [chairs] putrescent, putrefying, decaying.

**pourrissement** [purismɑ̃] *nm* **-1.** [de fruits, du bois, de la viande] rotting; [de chairs] putrefaction; [d'une dent, de la végétation] decay, rotting, decaying. **-2.** [d'une situation] deterioration.

**pourriture** [purityr] *nf* **-1.** [partie pourrie] rotten part ou bit. **-2.** [état] rottenness. **-3.** [corruption] rottenness, corruption. **-4.** *fam* [personne] rotten swine.

**pour-soi** [purswa] *nm inv* pour-soi.

**poursuis** [pursɥi] *v* → **poursuivre.**

**poursuite** [pursɥit] *nf* **-1.** [pour rattraper – animal, fugitif] chase; **~ en voiture** car chase; **les voilà partis dans une ~ effrénée** off they go in hot pursuit; **ils sont à la ~ des voleurs** [ils courent] they're chasing the thieves; [ils enquêtent] they're on the trail of the thieves; **se mettre** ou **se lancer à la ~ de qqn** to set off in pursuit of sb, to give chase to sb. **-2.** [prolongation – de pourparlers, d'études, de recherches] continuation; **ils ont décidé la ~ de la grève** they've decided to carry on ou to continue with the strike. **-3.** [recherche – du bonheur, d'un rêve] pursuit. **-4.** ASTRONAUT tracking. **-5.** SPORT pursuit.
◆ **poursuites** *nfpl* JUR: **~s (judiciaires)** [en droit civil] legal proceedings; [en droit pénal] prosecution; **entamer** ou **engager des ~s contre qqn** [en droit civil] to institute legal proceedings ou to take legal action against sb; [en droit pénal] to prosecute sb; **vous pouvez faire l'objet de ~s** you're liable to prosecution.

**poursuivant, e** [pursɥivɑ̃, ɑ̃t] ◇ *adj* JUR: **la partie ~e** the plaintiff. ◇ *nm, f* **-1.** [dans une course] pursuer. **-2.** JUR plaintiff.

**poursuivre** [89] [pursɥivr] *vt* **-1.** [courir après – animal, voleur, voiture] to chase (after), to pursue; **il sentait leurs regards qui le poursuivaient** he could feel their eyes pursuing ou following him. **-2.** [s'acharner contre – suj: créancier, rival] to hound, to harry, to pursue; [– suj: image, passé, remords] to haunt, to hound, to pursue; **~ qqn de ses assiduités** to pester sb with one's attentions. **-3.** [continuer – interrogatoire, récit, recherche, voyage] to go ou to carry on with *(insép),* to continue; [– lutte] to continue, to pursue; **elle poursuivait sa lecture** she carried on reading, she read on; **«quelques années plus tard», poursuivit-il** 'a few years later', he went on ‖ *(en usage absolu):* **veuillez ~, Monsieur** please proceed, Sir; **bien, poursuivons right, let's go on** ou continue. **-4.** [aspirer à – objectif] to pursue, to strive towards *(insép);* [– rêve] to pursue; [– plaisirs] to pursue, to seek. **-5.** JUR: **~ qqn (en justice)** [en droit civil] to institute (legal) proceedings against ou to sue sb; [en droit pénal] to prosecute sb; **être poursuivi pour détournement de fonds** to be prosecuted for embezzlement.
◆ **se poursuivre** ◇ *vp (emploi réciproque)* [se courir après] to

chase one another ou each other. ◇ *vpi* [se prolonger – pourparlers, recherches] to go on, to continue; [– opération] to go on.

**pourtant** [purtɑ̃] *adv* -1. [malgré tout] yet, even so, all the same; **elle est ~ bien gentille** and yet she's very nice; **il faut ~ bien que quelqu'un le fasse** somebody has to do it all the same; **et ~** and yet. -2. [emploi expressif]: **c'est ~ simple!** but it's quite simple!; **il n'est pas bête, ~!** he's not exactly stupid!; **je t'avais ~ prévenu...!** I did warn you...!

**pourtour** [purtur] *nm* -1. [délimitation – d'un terrain] perimeter; [– d'un globe] circumference. -2. [bordure – d'un plat] edge, rim; [– d'une feuille] edge; [– d'une baignoire] surround.

**pourvoi** [purvwa] *nm* JUR appeal; **il a présenté un ~ en cassation** he has taken his case to the Appeal Court; **~ en révision** review.

**pourvoir** [64] [purvwar] *vt* -1. [équiper]: **~ qqn de** ou **en** [outils] to equip ou to provide sb with; [vivres, documents] to provide sb with; **~ qqch de** to equip ou to fit sthg with. -2. [doter]: **la nature l'a pourvue d'une remarquable intelligence** nature has endowed ou graced her with extraordinary intelligence; **ses parents l'ont pourvu d'une solide éducation** his parents provided him with a sound education; **la cigogne est pourvue d'un long bec** storks have ou possess long beaks. -3. [remplir – emploi] to fill; **le poste est toujours à ~** the post is still vacant ou is still to be filled.
◆ **pourvoir à** *v* + *prép* [besoin] to provide ou to cater for; [dépense] to pay for.
◆ **se pourvoir** *vpi* JUR to appeal; **se ~ en cassation** to take one's case to the Supreme Court of Appeal.
◆ **se pourvoir de** *vp* + *prép* [se munir de]: **se ~ d'outils** to equip o.s. with tools; **se ~ de vivres** to provide o.s. with food.

**pourvoyeur, euse** [purvwajœr, øz] *nm, f* [d'armes, de marchandises] supplier; [de drogue] dealer.
◆ **pourvoyeur** *nm* MIL ammunition server.

**pourvoyons** [purvwajɔ̃] *v* → **pourvoir**.

**pourvu, e** [purvy] ◇ *pp* → **pourvoir**. ◇ *adj*: **bien ~** well-off, well-provided for.

**pourvu que** [purvykə] (*devant voyelle ou h muet* **pourvu qu'** [purvyk]) *loc conj* -1. [exprimant un souhait]: **pourvu qu'il vienne!** I hope ou let's hope he's coming! -2. [exprimant une condition] provided (that), so ou as long as; **tout ira bien ~ vous soyez à l'heure** everything will be fine so long as you're on time.

**pourvus** [purvy] *v* → **pourvoir**.

**pousse** [pus] *nf* -1. ANAT growth. -2. BOT [bourgeon] (young) shoot, sprout; [début de croissance] sprouting; [développement] growth; **ma plante fait des ~s** my plant is sprouting new leaves ❑ **~s de bambou** bamboo shoots; **~s de soja** beansprouts. -3. [de la pâte à pain] proving.

**poussé, e**[1] [puse] *adj* -1. [fouillé – interrogatoire] thorough, probing, searching; [– recherche, technique] advanced; [– description] thorough, exhaustive; **je n'ai pas fait d'études ~es** I didn't stay in education very long. -2. [exagéré] excessive; **350 francs pour une coupe, c'est un peu ~!** 350 francs for a haircut is a bit steep!-3. AUT [moteur] customized.

**pousse-café** [puskafe] *nm inv fam* liqueur, pousse-café.

**poussée**[2] [puse] *nf* -1. CONSTR, GÉOL & PHYS thrust; **~ d'Archimède** upthrust buoyancy. -2. [pression] push, shove, thrust; **la barrière a cédé sous la ~ des manifestants** the barrier gave way under the pressure of the demonstrators. -3. MÉD eruption, outbreak; **le bébé fait une petite ~ de boutons rouges** the baby has a red rash; **faire une ~ de fièvre** to have a sudden rise in temperature; **une ~ d'adrénaline** a surge of adrenalin. -4. [progression] upsurge, rise; **une ~ de racisme** an upsurge of racism; **une ~ de l'inflation** a rise in inflation. -5. [attaque] thrust; **la ~ des troupes hitlériennes contre la Pologne** the thrust ou offensive of Hitler's troops against Poland. -6. AÉRON & ASTRONAUT thrust.

**pousse-pousse** [puspus] *nm inv* -1. [en Extrême-Orient] rickshaw. -2. *Helv* [poussette] pushchair *Br*, baby buggy® *Br*, stroller *Am*.

**pousser** [3] [puse] ◇ *vt* -1. [faire avancer – caddie, fauteuil roulant, landau] to push, to wheel (along); [– moto en panne] to push, to walk; [– caisse] to push (along ou forward); [– pion] to move forward; **on va ~ la voiture** [sur une distance] we'll

push the car (along); [pour la faire démarrer] we'll push-start the car, we'll give the car a push (to start it); **ils essayaient de ~ les manifestants vers la place** they were trying to drive ou to push the demonstrators towards the square; **je me sentais irrésistiblement poussé vers elle** I was irresistibly attracted to her. -2. [enclencher, appuyer sur – bouton, interrupteur] to push (in) (*sép*), to press on (*insép*); **~ un levier vers le haut/bas** to push a lever up/down; **~ un verrou** [pour ouvrir] to slide a bolt out; [pour fermer] to slide a bolt in ou home; **~ une porte** [doucement, pour l'ouvrir] to push a door open; [doucement, pour la fermer] to push a door to ou shut. -3. [bousculer] to push, to shove; **~ qqn du coude** [pour l'alerter, accidentellement] to nudge sb with one's elbow. -4. [enlever] to push (away), to push ou to shove aside (*sép*); **pousse ton derrière de là!** *fam* shift up! *Br*, shove over!-5. [inciter, entraîner – personne] to spur on (*sép*), to drive; **c'est l'orgueil qui le pousse** he is spurred on ou driven by pride; **on n'a pas eu à le ~ beaucoup pour qu'il accepte** he didn't need much pressing ou persuasion to accept; **~ qqn à qqch**: **~ qqn à la consommation** to encourage sb to buy ou to consume; **~ qqn au désespoir/suicide** to drive sb to despair/suicide; **sa curiosité l'a poussée à l'indiscrétion** his curiosity made him indiscreet; **~ qqn à faire qqch** [suj: curiosité, jalousie] to drive sb to do sthg; [suj: pitié soudaine] to prompt sb to do sthg; [suj: personne] to incite sb to do ou to push sb into doing ou to prompt sb to do sthg; **~ qqn à boire** to drive sb to drink; **elle le pousse à divorcer** [elle l'en persuade] she's talking him into getting a divorce. -6. [poursuivre – recherches] to press on ou to carry on with (*insép*); [– discussion, études, analyse] to continue, to carry on (with); [– argumentation] to carry on (with) (*insép*), to push further; [– comparaison, interrogatoire] to take further; [– avantage] to press home (*insép*); **en poussant plus loin l'examen de leur comptabilité** by probing deeper into their accounts; **~ la plaisanterie un peu loin** to take ou to carry the joke a bit too far; **elle a poussé l'audace jusqu'à...** she was bold enough to... ‖ [aux enchères]: **~ un tableau** to push up the price of a painting. -7. [forcer – moteur] to push; [– voiture] to drive hard ou fast; [– chauffage] to turn up (*sép*); [– son] to turn up (*sép*); [exiger un effort de – étudiant, employé] to push; [– cheval] to urge on ou to spur on (*sép*); [encourager – candidat, jeune artiste] to push; **si tu la pousses un peu sur le sujet, tu verras qu'elle ne sait pas grand-chose** if you push her a bit on the subject, you'll see that she doesn't know much about it. -8. [émettre]: **~ un cri** [personne] to cry, to utter ou to let out a cry; [oiseau] to call; **~ un soupir** to sigh, to heave a sigh; **~ des cris/hurlements de douleur** to scream/to yell with pain ❑ **~ la chansonnette** *fam* ou **la romance** *fam*, **en ~ une** *fam* to sing a song. -9. AGR & BOT [plante, animal] to force.
◇ *vi* -1. [grandir – arbre, poil, ongle] to grow; [– dent] to come through; **les plants de tomates poussent bien** the tomato plants are doing well; **ses dents commencent à ~** he's cutting his teeth, he's teething; **et les enfants, ça pousse?** *fam* how're the kids (then), growing ou shooting up?; **des tours poussent partout dans mon quartier** there are high-rise blocks springing up all over the place where I live; **et si tu laissais ~ ta barbe?** what about growing ou why don't you grow a beard?; **elle a laissé ~ ses cheveux** she's let her hair grow. -2. [avancer] to push on; **poussons un peu plus loin** let's go ou push on a bit further. -3. *fam* [exagérer]: **deux heures de retard, tu pousses!** you're two hours late, that's a bit much!; **je veux 25 % d'augmentation — tu ne trouves pas que tu pousses un peu?** I want a 25% pay rise — don't you think that's pushing it a bit?; **faut pas ~!** enough's enough!-4. [bousculer] to push, to shove; **ne poussez pas, il y en aura pour tout le monde!** stop shoving ou pushing, there's plenty for everyone!-5. [appuyer] to push; **~ sur** ou **sur un bouton** to push a button; **~ sur ses pieds/jambes** to push with one's feet/legs; **'poussez'** 'push'. -6. PHYSIOL [à la selle] to strain; [dans l'enfantement] to push.
◆ **se pousser** ◇ *vp* (*emploi passif*) to be pushed; **la manette se pousse d'un seul doigt** the lever can be pushed with a single finger. ◇ *vp* (*emploi réciproque*): **les gens se poussaient pour voir arriver le Président** people were pushing and shoving to get a look at the President. ◇ *vpi* -1. [se déplacer] to move; **tu peux te ~ un peu?** [dans une rangée de chaises] could you move along a bit ou a few places?; [sur un

canapé, dans un lit] could you move over slightly?; **pousse-toi de là, tu vois bien que tu gênes!** *fam* move over ou shove over, can't you see you're in the way?; **pousse-toi de devant la télé!** *fam* stop blocking the TV!**-2.** *fam* [hiérarchiquement]: **se ~ dans une entreprise** to make one's way up (the ladder) in a firm.

**poussette** [pusɛt] *nf* [pour enfant] pushchair *Br*, stroller *Am*; [à provisions] shopping trolley *Br* ou cart *Am*.

**poussier** [pusje] *nm* coal dust.

**poussière** [pusjɛr] *nf* **-1.** [terre sèche, salissures] dust; **la voiture souleva un nuage de ~** the car raised a cloud of dust; **tu en fais de la ~ en balayant!** you're making ou raising a lot of dust with your broom!; **prendre la ~** to collect dust; **faire la ~** to dust, to do the dusting; **mettre** ou **réduire qqch en ~** to smash sthg to smithereens; **tomber en ~** to crumble into dust. **-2.** [dans l'œil] mote *litt*, piece of grit. **-3.** [particules – de roche, de charbon, d'or] dust; **~ cosmique/interstellaire** cosmic/interstellar dust; **~ radioactive** radioactive particles ou dust.

◆ **poussières** *nfpl fam*: **50 francs et des ~s** just over 50 francs.

**poussiéreux, euse** [pusjerø, øz] *adj* **-1.** [couvert de poussière] dusty, dust-covered. **-2.** *sout* [dépassé – législation, théorie] outmoded, outdated.

**poussif, ive** [pusif, iv] *adj* **-1.** [essoufflé – cheval] broken-winded; [– vieillard] short-winded, wheezy; [– locomotive] puffing, wheezing. **-2.** [laborieux – prose] dull, flat, laboured; [– campagne électorale, émission] sluggish, dull.

**poussin** [pusɛ̃] *nm* **-1.** ZOOL chick; COMM poussin. **-2.** *fam* [terme d'affection]: **mon ~** my pet ou darling. **-3.** SPORT under-eleven (*member of junior team or club*). **-4.** *arg mil* first-year student in the French Air Force training school.

**poussive** [pusiv] *f→* **poussif**.

**poussivement** [pusivmã] *adv*: **monter ~** to puff ou to wheeze (one's way) up; **le train avançait ~** the train was wheezing ou puffing along.

**poussoir** [puswar] *nm* **-1.** [d'une montre] button. **-2.** MÉCAN tappet.

**poutre** [putr] *nf* **-1.** CONSTR [en bois] beam; [en fer] girder; **apparente** exposed beam. **-2.** SPORT beam; **exercices à la ~** beam exercises.

**poutrelle** [putrɛl] *nf* **-1.** CONSTR [en bois] small beam; [en fer] small girder. **-2.** MÉTALL I-beam.

**poutser** [3] [putse] *vt Helv fam* to clean.

**pouvoir[1]** [puvwar] *nm* **-1.** [aptitude, possibilité] power; **avoir un grand ~ de concentration/de persuasion** to have great powers of concentration/persuasion; **je n'ai pas le ~ de lire l'avenir!** I cannot predict the future!; **il n'est plus en notre ~ de décider de la question** we're no longer in a position to decide on this matter; **je ferai tout ce qui est en mon ~ pour t'aider** I'll do everything ou all in my power to help you ❑ **~ d'achat** ÉCON purchasing power. **-2.** ADMIN & JUR [d'un président, d'un tuteur] power; **avoir ~ de décision** to have the authority to decide ❑ **~ disciplinaire** disciplinary powers. **-3.** POL: **le ~** [exercice] power; [gouvernants] government; **elle est trop proche du ~ pour comprendre** she's too close to the seat of power to understand; **arriver au ~** to come to power; **être au ~** [parti élu] to be in power ou office; [junte] to be in power; **les gens au ~ ne connaissent pas nos problèmes** those in power ou the powers that be don't understand our difficulties; **prendre le ~** [élus] to take office; [dictateur] to seize power; **exercer le ~** to exercise power, to govern, to rule ❑ **le ~ central** central government; **le ~ exécutif** executive power, the executive; **le ~ judiciaire** judicial power, the judiciary; **le ~ législatif** legislative power, the legislature; **le ~ local** local government, the local authorities. **-4.** [influence] power, influence; **avoir du ~ sur qqn** to have power ou influence over sb; **avoir qqn en son ~** to have sb in one's power. **-5.** PHYS & TECH power, quality; **~ calorifique** (**inférieur/supérieur**) (net/gross) calorific value; **~ couvrant** (**d'une peinture**) opacity (of a paint); **~ isolant** insulating capacity.

◆ **pouvoirs** *nmpl* **-1.** [fonctions] powers, authority; **avoir tous ~s pour faire qqch** [administrateur] to have full powers to do sthg; [architecte, ingénieur] to have carte blanche to do sthg ❑ **~s exceptionnels** POL special powers (*available to the President of the French Republic in an emergency*). **-2.** [gouver-

nants]: **les ~s constitués** the legally constituted government; **les ~s publics** the authorities. **-3.** [surnaturels] powers.

**pouvoir[2]** [58] [puvwar] ◇ *v aux* **-1.** [avoir la possibilité, la capacité de]: **je peux revenir en France** I'm able to ou I can return to France; **je peux vous aider?** [gén, dans un magasin] can I help you?; **on peut toujours s'arranger** some sort of an arrangement can always be worked out; **comment as-tu pu lui mentir!** how could you lie to him!; **quand il pourra de nouveau marcher** when he's able to walk again; **je ne peux pas dormir** I'm unable to ou I can't sleep; **tout le monde ne peut pas le faire/en dire autant!** not everybody can do it/say that!; **le projet ne pourra pas se faire sans sa collaboration** the project can't be carried out without her collaboration; **tu ne peux pas ne pas l'aider** you MUST help her, you can't refuse to help her ❑ **il ne peut pas la voir** (**en peinture**) *fam* he can't stand (the sight of) her. **-2.** [parvenir à] to manage ou to be able to; **avez-vous pu entrer en contact avec lui?** did you succeed in contacting him?; **c'est construit de telle manière que l'on ne puisse pas s'échapper** it's built in such a way that it's impossible to escape ou as to make escape impossible. **-3.** [avoir la permission de]: **vous pouvez disposer** you may ou can go now; **si je peux** ou *sout* **si je puis m'exprimer ainsi** if I may use the phrase; **si on ne peut plus plaisanter, maintenant!** it's a pretty sad thing if you can't have a laugh anymore! ‖ [avoir des raisons de]: **on ne peut que s'en féliciter** one can't but feel happy about it; **je suis désolé — ça, tu peux** (**l'être**)! *fam* I'm so sorry — so you should be ou and with good reason ou and I should think so too!**-4.** [exprime une éventualité, un doute, un risque]: **la maladie peut revenir** the disease can ou may recur; **attention, tu pourrais glisser** careful, you might ou could slip; **ce ne peut être déjà les invités!** (surely) it can't be the guests already!; **j'aurais pu l'attendre longtemps, elle n'arrive que demain!** I could have waited a long time, she's not coming until tomorrow!; **après tout, il pourrait bien ne pas avoir menti** he may well have been telling the truth after all; **c'est plus facile qu'on ne pourrait le croire** it's easier than you might think; **je peux toujours m'être trompé** it's possible I might have got it wrong; **ça aurait pu être pire** it could have been worse ‖ (*tournure impersonnelle*): **il pourrait s'agir d'un suicide** it could ou may ou might be a suicide; **il peut arriver que...** it may (so) ou can happen that... **-5.** [exprime une approximation]: **elle pouvait avoir entre 50 et 60 ans** she could have been between 50 and 60 (years of age). **-6.** [exprime une suggestion, une hypothèse]: **tu peux toujours essayer de lui téléphoner** you could always try phoning him; **tu pourrais au moins t'excuser!** you could at least apologize!, the least you could do is (to) apologize!; **il aurait pu me prévenir!** he could've ou might've warned me!; **on peut s'attendre à tout avec elle** anything's possible with her. **-7.** [en intensif]: **où ai-je bien pu laisser mes lunettes?** what on earth can I have done with my glasses?; **qu'a-t-elle** (**bien**) **pu leur dire pour les mettre dans cet état?** what can she possibly have said for them to be in such a state? **-8.** *litt* [exprime le souhait]: **puisse-t-il vous entendre!** let us hope he can hear you!; **puissé-je ne jamais revivre des moments pareils!** may I never have to live through that again!

◇ *vt* [être capable de faire]: **qu'y puis-je?** what can I do about it?; **vous seul y pouvez quelque chose** only you can do anything about it; **on n'y peut rien** it can't be helped, nothing can be done about it; **que puis-je pour vous?** what can I do for you?; **j'ai fait tout ce que j'ai pu** I did my level best ou all I could ❑ **je n'en peux plus** [physiquement] I'm exhausted; [moralement] I can't take anymore ou stand it any longer; [je suis rassasié] I'm full (up); **ma voiture n'en peut plus** *fam* my car's had it; **je n'en peux plus de l'entendre se plaindre sans cesse** I just can't take his continual moaning any more; **regarde-le danser avec elle, il n'en peut plus!** *fam & hum* just look at him dancing with her, he's in seventh heaven!

◆ **se pouvoir** *v impers*: **ça se peut** it may ou could be; **ça se peut, mais...** that's as may be, but...; **il va pleuvoir — ça se pourrait bien!** it's going to rain — that's quite possible!; **sois calme, et s'il se peut, diplomate** keep calm and, if (at all) possible, be tactful; **il** ou **ça se peut que: il se peut qu'il soit malade** he might be ill, maybe he's ill; **il se pourrait** bien qu'il n'y ait plus de places it might ou could well be fully booked.

**pp -1.** (*abr écrite de* **pages**) pp. **-2.** (*abr écrite de* **par procuration**) pp.

**ppcm** (*abr de* **plus petit commun multiple**) *nm* LCM.

**PQ** ▽ (*abr de* **papier-cul**) *nm* bog paper.

**Pr** (*abr écrite de* **professeur**) Prof.

**PR** ◇ *npr m* (*abr de* **parti républicain**) *right-wing French political party*. ◇ (*abr écrite de* **poste restante**) PR.

**praesidium** [prezidjɔm] *nm* praesidium, presidium.

**pragmatique** [pragmatik] ◇ *adj* [politique] pragmatic; [personne, attitude] pragmatic, practical. ◇ *nf* pragmatics *(U)*.

**pragmatisme** [pragmatism] *nm* pragmatism.

**Prague** [prag] *npr* Prague.

**praguois, e** [pragwa, az] *adj* from Prague.
◆ **Praguois, e** *nm, f* inhabitant of or person from Prague.

**praire** [prɛr] *nf* clam.

**prairie** [preri] *nf* **-1.** [terrain] meadow. **-2.** [formation végétale] grassland. **-3.** [aux États-Unis et au sud du Canada]: la Prairie, les Prairies the Prairie, the Prairies.

**pralin** [pralɛ̃] *nm* CULIN praline (*toasted almonds in caramelized sugar*).

**praline** [pralin] *nf* **-1.** CULIN [amande] praline, sugared almond; *Belg* [chocolat] (filled) chocolate. **-2.** ▽ [balle d'arme à feu] slug.

**praliné, e** [praline] *adj* [glace, entremets] almond-flavoured; [amande] sugared; [chocolat] with (toasted) sugared almonds.
◆ **praliné** *nm* chocolate with (toasted) sugared almonds.

**praticable** [pratikabl] ◇ *adj* **-1.** [sentier] passable, practicable. **-2.** [réalisable – suggestion, solution] practicable, feasible. ◇ *nm* **-1.** CIN (tray) dolly. **-2.** THÉÂT platform. **-3.** SPORT (floor) mat.

**praticien, enne** [pratisjɛ̃, ɛn] *nm, f* practitioner.

**pratiquant, e** [pratikɑ̃, ɑ̃t] ◇ *adj* practising; je ne suis pas ~ I don't attend church regularly, I'm not a (regular) churchgoer. ◇ *nm, f* RELIG churchgoer.

**pratique¹** [pratik] *adj* **-1.** [utile – gadget, outil, voiture, dictionnaire] practical, handy; [– vêtement] practical; quand on a des invités, c'est bien ~ un lave-vaisselle! when you've got guests, a dishwasher comes in handy!**-2.** [facile]: il faut changer de bus trois fois, ce n'est pas ~! you have to change buses three times, it's very inconvenient!**-3.** [concret – application, conseil, formation] practical. **-4.** [pragmatique] practical; avoir le sens ou l'esprit ~ to have a practical turn of mind, to be practical.

**pratique²** [pratik] *nf* **-1.** [application – d'une philosophie, d'une politique] practice; [– de l'autocritique, d'une vertu] exercise; [– d'une technique, de la censure] application; mettre en ~ [conseils, préceptes] to put into practice; [vertu] to exercise; en ou dans la ~ in (actual) practice. **-2.** [d'une activité] practice; la ~ régulière du tennis/vélo playing tennis/cycling on a regular basis; ~ illégale de la médecine illegal practice of medicine. **-3.** [expérience] practical experience; on voit que tu as de la ~ you've obviously done this before. **-4.** [usage] practice; des ~s religieuses religious practices; le marchandage est une ~ courante là-bas over there, it's common practice to barter.

**pratiquement** [pratikmɑ̃] *adv* **-1.** [presque] practically, virtually; il n'y avait ~ personne there was hardly anybody ou practically nobody. **-2.** [en fait] in practice ou (actual) fact.

**pratiquer** [3] [pratike] ◇ *vt* **-1.** [faire – entaille] to make, to cut; [– ouverture] to make; [– passage] to open up; [– intervention chirurgicale, tests] to carry out *(sép)*; ~ un trou [à la vrille] to bore ou to drill a hole; [aux ciseaux] to cut (out) a hole. **-2.** [appliquer – préceptes, politique] to practise; [– autocritique, vertu] to practise, to exercise; [– technique] to use, to apply; [– censure] to apply; [– sélection] to make; la vivisection est encore pratiquée dans certains laboratoires vivisection is still carried out ou practised in some laboratories. **-3.** [s'adonner à – jeu de ballon] to play; [– art martial, athlétisme, natation] to do; [– art, médecine, religion] to practise; [– langue] to speak. **-4.** COMM [rabais] to make, to give; ce sont les prix pratiqués dans tous nos supermarchés these are the current prices in all our supermarkets. ◇ *vi* RELIG to attend

church (regularly), to be a (regular) churchgoer; il est catholique, mais il ne pratique pas he is not a practising Catholic.
◆ **se pratiquer** *vp (emploi passif)*: cette coutume se pratique encore dans certains pays this custom still exists in certain countries; cela se pratique couramment dans leur pays it is common practice in their country.

**Pravda** [pravda] *npr f*: la ~ Pravda.

**praxis** [praksis] *nf* praxis PHILOS.

**pré** [pre] *nm* AGR meadow.

**préadolescence** [preadɔlesɑ̃s] *nf* preadolescence, preteen years.

**préalable** [prealabl] ◇ *adj* [discussion, entrevue, sélection] preliminary; [travail, formation] preparatory; [accord, avertissement] prior; faites un essai ~ sur un bout de tissu test first ou beforehand on a piece of cloth. ◇ *nm* prerequisite, precondition.
◆ **au préalable** *loc adv* first, beforehand.

**préalablement** [prealablmɑ̃] *adv* first, beforehand.
◆ **préalablement à** *loc prép* prior to, before.

**Préalpes** [prealp] *npr fpl*: les ~ the Pre-Alps.

**préalpin, e** [prealpɛ̃, in] *adj* of the Pre-Alps.

**préambule** [preɑ̃byl] *nm* **-1.** [d'une constitution, d'une conférence] preamble; épargnez-nous les ~s! spare us the preliminaries!, get straight to the point!**-2.** [prémices]: cet incident a été le ~ d'une crise grave this incident was the prelude to a serious crisis.
◆ **sans préambule** *loc adv* without warning.

**préapprentissage** [preaprɑ̃tisaʒ] *nm*≈ sandwich course.

**préau, x** [preo] *nm* [d'une école] covered part of the playground; [d'un pénitencier] yard; [d'un cloître] inner courtyard.

**préavis** [preavi] *nm* (advance) notice; mon propriétaire m'a donné un mois de ~ my landlord gave me a month's notice (to move out) ❑ déposer un ~ de grève to give strike notice; ~ (de licenciement) notice (of dismissal).
◆ **sans préavis** *loc adv* ADMIN without prior notice ou notification.

**précaire** [prekɛr] *adj* [équilibre] fragile, precarious; [vie, situation] precarious; [santé] delicate, frail; il a un emploi ~ he's got no job security.

**précairement** [prekɛrmɑ̃] *adv* precariously.

**précarité** [prekarite] *nf* precariousness; la ~ de l'emploi the lack of job security.

**précaution** [prekosjɔ̃] *nf* **-1.** [disposition préventive] precaution; prendre la ~ de faire qqch to take the precaution of doing ou to be especially careful to do sthg; prendre des ou ses ~s *pr & euph* to take precautions; avec beaucoup de ~s oratoires in carefully chosen phrases ❑ ~s d'emploi caution (before use). **-2.** [prudence] caution, care.
◆ **avec précaution** *loc adv* cautiously, warily.
◆ **par (mesure de) précaution** *loc adv* as a precaution ou precautionary measure.
◆ **pour plus de précaution** *loc adv* to be on the safe side, to make absolutely certain.
◆ **sans précaution** *loc adv* carelessly, rashly; elle manipule les produits toxiques sans la moindre ~ she handles toxic substances without taking the slightest precaution.

**précautionneusement** [prekosjɔnøzmɑ̃] *adv* **-1.** [avec circonspection] cautiously, warily. **-2.** [avec soin] carefully, with care.

**précautionneux, euse** [prekosjɔnø, øz] *adj* **-1.** [circonspect] cautious, wary. **-2.** [soigneux] careful.

**précède** [presɛd] *v* → **précéder**.

**précédemment** [presedamɑ̃] *adv* before (that), previously.

**précédent, e** [presedɑ̃, ɑ̃t] *adj* previous; la semaine ~e the week before, the previous week.
◆ **précédent** *nm* precedent.
◆ **sans précédent** *loc adj* without precedent, unprecedented.

**précéder** [18] [presede] ◇ *vt* **-1.** [marcher devant] to precede; le groupe, précédé par le guide the group, led ou preceded by the guide. **-2.** [être placé avant] to precede, to be in front of. **-3.** [avoir lieu avant] to precede; le film sera précédé par un ou d'un documentaire the film will be preceded by ou will follow a documentary; le jour qui précéda son arrestation the day before ou prior to his arrest; celui qui vous a précédé à ce poste the person who held the post before you, your predecessor. **-4.** [arriver en avance sur] to precede, to arrive ahead of ou before; **il précède le favori de trois secondes** he has a three second lead over the favourite; **il avait été précédé de sa mauvaise réputation** his bad reputation had preceded him. ◇ *vi* to precede; **as-tu lu ce qui précède?** have you read what comes before?; **les semaines qui précédèrent** the preceding weeks.

**précepte** [presɛpt] *nm* precept.

**précepteur** [presɛptœr] *nm* private ou home tutor.

**préceptrice** [presɛptris] *nf* governess.

**préchauffer** [3] [preʃofe] *vt* to preheat.

**prêche** [prɛʃ] *nm* sermon.

**prêcher** [4] [preʃe] ◇ *vt* **-1.** RELIG [Évangile, religion] to preach; [carême, retraite] to preach for *(insép)*; [personne] to preach to *(insép)*; **vous prêchez un converti** you're preaching to the converted. **-2.** [recommander – doctrine, bonté, vengeance] to preach; ~ **le faux pour savoir le vrai** to make false statements in order to discover the truth. ◇ *vi* [prêtre] to preach; [moralisateur] to preach; ~ **d'exemple** ou **par l'exemple** to practise what one preaches; ~ **dans le désert** *allusion Bible* to preach in the wilderness; ~ **pour son saint** ou **son clocher** ou **sa paroisse** to look after one's own interests.

**prêcheur, euse** [prɛʃœr, øz] ◇ *adj fam* & *péj* [ennuyeux] moralizing, preachy. ◇ *nm, f* **-1.** *fam* & *péj* [sermonneur] moralizer. **-2.** RELIG preacher.

**prêchi-prêcha** [preʃipreʃa] *nm inv fam* & *péj* sermonizing, lecturing.

**précieusement** [presjøzmã] *adv* **-1.** [soigneusement] preciously; **conserver qqch** ~ to keep sthg safe, to look after sthg. **-2.** [avec affectation]: **c'est écrit un peu** ~ the style is a little bit precious.

**précieux, euse** [presjø, øz] *adj* **-1.** [de valeur – temps, santé] precious; [– objet, trésor, bijou] precious, priceless. **-2.** [très utile] invaluable; **elle m'a été d'un** ~ **secours** her help was invaluable to me. **-3.** [maniéré] mannered, affected, precious. **-4.** BX-ARTS & LITTÉRAT precious.

♦ **précieuse** *nf* précieuse.

**préciosité** [presjozite] *nf* **-1.** [maniérisme] affectedness, mannered style. **-2.** BX-ARTS & LITTÉRAT preciosity.

**précipice** [presipis] *nm* **-1.** [gouffre] precipice. **-2.** [catastrophe]: **être au bord du** ~ to be on the brink of disaster.

**précipitamment** [presipitamã] *adv* **-1.** [annuler, changer] hastily, hurriedly; **monter/traverser** ~ to dash up/across.

**précipitation** [presipitasjɔ̃] *nf* **-1.** [hâte] haste; **les ouvriers ont quitté l'usine avec** ~ the workers rushed ou hurried out of the factory; **dans ma** ~, **j'ai oublié l'adresse in the rush,** I forgot the address. **-2.** [irréflexion] rashness; **agir avec** ~ to act rashly. **-3.** CHIM precipitation.

♦ **précipitations** *nfpl* MÉTÉO precipitation; **fortes** ~**s sur l'ouest du pays demain** tomorrow, it will rain heavily in the west.

**précipité, e** [presipite] *adj* **-1.** [pressé – pas] hurried; [– fuite] headlong. **-2.** [rapide – respiration] rapid; **tout cela a été si** ~ it all happened so fast. **-3.** [hâtif – retour] hurried, hasty; [– décision] hasty, rash.

♦ **précipité** *nm* precipitate.

**précipiter** [3] [presipite] ◇ *vt* **-1.** [faire tomber] to throw ou to hurl (down). **-2.** *fig* [plonger] to plunge; ~ **un pays dans la guerre/crise** to plunge a country into war/a crisis. **-3.** [faire à la hâte]: **il ne faut rien** ~ we mustn't rush (into) things ou be hasty; **nous avons dû** ~ **notre départ/mariage** we had to leave/get married sooner than planned. **-4.** [accélérer – pas, cadence] to quicken, to speed up *(sép)*; [– mouvement, mort] to hasten. **-5.** CHIM to precipitate (out). ◇ *vi* CHIM to precipitate (out).

♦ **se précipiter** *vpi* **-1.** [d'en haut] to hurl o.s.; **se** ~ **dans le vide** to hurl o.s. into space. **-2.** [se ruer] to rush; **il s'est précipité dans l'escalier pour la rattraper** [vers le bas] he rushed downstairs after her; [vers le haut] he rushed upstairs after her; **se** ~ **vers** ou **au-devant de qqn** to rush to meet sb; **se** ~ **sur qqn** to rush at sb. **-3.** [s'accélérer – pouls, cadence] to speed up, to quicken; **depuis peu, les événements se précipitent** things have been moving really fast recently. **-4.** [se dépêcher] to rush, to hurry; **on a tout notre temps, pourquoi se** ~? we've got plenty of time, what's the rush?

---

**ne te précipite pas pour répondre** take your time before answering.

**précis, e** [presi, iz] *adj* **-1.** [exact – horloge, tir, instrument] precise, exact; [– description] precise, accurate; **à 20 h** ~**es** at precisely 8 p.m., at 8 p.m. sharp; **à cet instant** ~ at that precise ou very moment; **il arriva à l'instant** ~ **où je partais** he arrived just as I was leaving. **-2.** [clair, net] precise, specific; **je voudrais une réponse** ~**e** I'd like a clear answer; **je n'ai aucun souvenir** ~ **de cette année-là** I don't remember that year clearly at all. **-3.** [particulier] particular, specific; **sans raison** ~**e** for no particular reason; **sans but** ~ with no specific aim in mind; **tu penses à quelqu'un de** ~? do you have a specific person in mind?

♦ **précis** *nm* **-1.** [manuel] handbook. **-2.** [résumé] précis, summary.

**précisément** [presizemã] *adv* **-1.** [exactement] precisely; **il nous reste très** ~ 52 **francs** we've got precisely ou exactly 52 francs left. **-2.** [justement, par coïncidence] precisely, exactly; **c'est** ~ **le problème** that's exactly ou precisely what the problem is. **-3.** [oui] that's right.

**préciser** [3] [presize] *vt* **-1.** [clarifier – intentions, pensée] to make clear. **-2.** [spécifier]: **l'invitation ne précise pas si l'on peut venir accompagné** the invitation (card) doesn't specify ou say whether you can bring somebody with you; **j'ai oublié de leur** ~ **le lieu du rendez-vous** I forgot to tell them where the meeting is taking place; **la Maison-Blanche précise que la rencontre n'est pas officielle** the White House has made it clear that this is not an official meeting; **«cela s'est fait sans mon accord», précisa-t-il** 'this was done without my agreement', he pointed out ‖ *(en usage absolu)*: **vous dites avoir vu quelqu'un, pourriez-vous** ~? you said you saw somebody, could you be more specific?

♦ **se préciser** *vpi* [idée, projet, menace] to take shape; [situation] to become clearer.

**précision** [presizjɔ̃] *nf* **-1.** [exactitude] preciseness, precision; **avec une** ~ **mathématique** with mathematical precision. **-2.** [netteté] precision, distinctness; **les visages sont peints avec une extraordinaire** ~ the faces are painted with extraordinary precision ou attention to detail. **-3.** [explication] point; **apporter une** ~ **à qqch** to add a point to sthg; **nous y reviendrons dès que nous aurons plus de** ~**s** we'll come back to that as soon as we have further information ou details. **-4.** ARM accuracy.

♦ **de précision** *loc adj* precision *(modif)*.

**précité, e** [presite] *adj* [oralement] aforesaid, aforementioned; [par écrit] above-mentioned, aforesaid.

**précoce** [prekɔs] *adj* **-1.** [prématuré – surdité, mariage] premature. **-2.** [en avance – intellectuellement] precocious, mature (beyond one's years); [– sexuellement] precocious; **j'étais un garçon** ~ **pour mon âge** I was advanced for a boy of my age. **-3.** BOT & MÉTÉO early.

**précocité** [prekɔsite] *nf* **-1.** [d'un enfant] precociousness, precocity; [d'une faculté, d'un talent] early manifestation, precociousness. **-2.** BOT & MÉTÉO early arrival, earliness.

**précolombien, enne** [prekɔlɔ̃bjɛ̃, ɛn] *adj* pre-Columbian.

**précombustion** [prekɔ̃bystjɔ̃] *nf* precombustion.

**précompte** [prekɔ̃t] *nm* **-1.** [retenue] tax deduction (from one's salary) *Br*, withholding tax *Am*. **-2.** [estimation] (deduction) schedule.

**précompter** [3] [prekɔ̃te] *vt* **-1.** [déduire] to deduct. **-2.** [estimer] to schedule, to estimate.

**préconçu, e** [prekɔ̃sy] *adj* set, preconceived; **idée** ~**e** preconceived idea.

**préconiser** [3] [prekɔnize] *vt* [recommander – solution, méthode] to advocate; [– remède] to recommend.

**préconscient, e** [prekɔ̃sjã, ãt] *adj* preconscious.

♦ **préconscient** *nm* preconscious.

**précuit, e** [prekɥi, it] *adj* precooked, ready-cooked.

**précurseur** [prekyrsœr] ◇ *adj m* warning. ◇ *nm* forerunner, precursor; **faire figure** ou **œuvre de** ~ to break new ground.

**prédateur, trice** [predatœr, tris] *adj* BOT & ZOOL predatory.

♦ **prédateur** *nm* BOT & ZOOL predator.

**prédécesseur** [predesesœr] *nm* predecessor.

♦ **prédécesseurs** *nmpl* [ancêtres] forebears.

**prédécoupé, e** [predekupe] *adj* precut, ready-cut.

**prédélinquant, e** [predelēkā, āt] *nm, f* predelinquent.

**prédestination** [predɛstinasjɔ̄] *nf* predestination.

**prédestiné, e** [predɛstine] ◊ *adj* [voué à tel sort] fated. ◊ *nm, f* RELIG chosen OU predestined one.

**prédestiner** [3] [predɛstine] *vt* -**1.** [vouer] to prepare, to predestine. -**2.** RELIG to predestine, to predestinate.

**prédétermination** [predetɛrminasjɔ̄] *nf* predetermination.

**prédéterminer** [3] [predetɛrmine] *vt* to predetermine.

**prédicat** [predika] *nm* -**1.** LING [verbe] predicator; [adjectif] predicate. -**2.** LOGIQUE predicate.

**prédicateur, trice** [predikatœr, tris] *nm, f* preacher.

**prédicatif, ive** [predikatif, iv] *adj* -**1.** LING & LOGIQUE predicative. -**2.** RELIG predicatory, predicant.

**prédiction** [prediksjɔ̄] *nf* [prophétie] prediction.

**prédigéré, e** [prediʒere] *adj* predigested.

**prédilection** [predilɛksjɔ̄] *nf* predilection, partiality; avoir une ~ pour qqch to be partial to sthg, to have a predilection for sthg.

◆ **de prédilection** *loc adj* favourite.

**prédire** [103] [predir] *vt* to predict, to foretell; ~ l'avenir [par hasard ou estimation] to predict the future; [voyant] to tell fortunes; je lui prédis des jours difficiles I can see difficult times ahead for her.

**prédisposer** [3] [predispoze] *vt* -**1.** [préparer] to predispose; sa taille la prédisposait à devenir mannequin her height made modelling an obvious choice for her. -**2.** [incliner]: être prédisposé en faveur de qqn to be favourably disposed to sb ‖ *(en usage absolu)*: cette époque-là ne prédisposait pas à la frivolité that period was not conducive to frivolity.

**prédisposition** [predispozisjɔ̄] *nf* -**1.** [tendance] predisposition; avoir une ~ au diabète to have a predisposition to diabetes. -**2.** [talent] gift, talent.

**prédit, e** [predi, it] *pp* → **prédire**.

**prédominance** [predominās] *nf* predominance.

**prédominant, e** [predominā, āt] *adj* [principal – couleur, trait] predominant, main; [– opinion, tendance] prevailing; [– souci] chief, major.

**prédominer** [3] [predomine] *vi* [couleur, trait] to predominate; [sentiment, tendance] to prevail; le soleil va ~ sur presque tout le pays the weather will be sunny in most parts of the country.

**préélectoral, e, aux** [preelɛktoral, o] *adj* pre-electoral.

**préemballé, e** [preābale] *adj* prepacked.

**prééminence** [preeminās] *nf* pre-eminence, dominance; donner la ~ à qqch to put sthg first.

**prééminent, e** [preeminā, āt] *adj* pre-eminent; occuper un rang ~ to hold a prominent position.

**préemption** [preāpsjɔ̄] *nf* pre-emption.

**préencollé, e** [preākole] *adj* prepasted.

**préenregistré, e** [preārəʒistre] *adj* prerecorded.

**préétabli, e** [preetabli] *adj* pre-established.

**préétablir** [32] [preetablir] *vt* to pre-establish.

**préexister** [3] [preɛgziste]

◆ **préexister à** *v + prép* to go before, to pre-exist.

**préfabriqué, e** [prefabrike] *adj* prefabricated.

◆ **préfabriqué** *nm* -**1.** [construction] prefab. -**2.** [matériau] prefabricated material; en ~ prefabricated.

**préfaçai** [prefase] *v* → **préfacer**.

**préface** [prefas] *nf* preface.

**préfacer** [16] [prefase] *vt* [livre, texte] to preface.

**préfacier** [prefasje] *nm* prefacer, preface writer.

**préfaçons** [prefasɔ̄] *v* → **préfacer**.

**préfectoral, e, aux** [prefɛktoral, o] *adj* prefectorial, prefectu-ral; par arrêté ~, par mesure ~e by order.

**préfecture** [prefɛktyr] *nf* -**1.** ADMIN [chef-lieu] prefecture; [édifice] prefecture building; [services] prefectural office; [emploi] post of préfet; ~ maritime port prefecture; ~ de police (Paris) police headquarters. -**2.** ANTIQ prefecture.

**préférable** [preferabl] *adj* preferable; ne va pas trop loin, c'est ~ it'd be better if you didn't go too far away; ~ à preferable to, better than.

**préférablement** [preferabləmā] *adv litt*: ~ à [de préférence à] in preference to.

**préfère** [prefɛr] *v* → **préférer**.

**préféré, e** [prefere] *adj* & *nm, f* favourite.

**préférence** [preferās] *nf* -**1.** [prédilection] preference; donner la ~ à to give preference to; avoir une ~ pour to have a preference for; ça m'est égal, je n'ai pas de ~ it doesn't matter to me, I've no particular preference; avoir la ~ sur qqn to have preference over sb. -**2.** JUR: droit de ~ right to preferential treatment. -**3.** ÉCON: ~ douanière preferential duties.

◆ **de préférence** *loc adv* preferably; 'à consommer de ~ avant fin 94' 'best before end 94'.

◆ **de préférence à** *loc prép* in preference to, rather than.

**préférentiel, elle** [preferāsjɛl] *adj* -**1.** [traitement, tarif, vote] preferential. -**2.** BOURSE: actions ~les preference shares *Br*, preferred stock *Am*.

**préférer** [18] [prefere] *vt* to prefer; préférez-vous du vin ou de la bière? would you rather have wine or beer?; je me préfère avec un chignon I think I look better with my hair in a bun; il préférait mourir plutôt que (de) partir he would rather die than leave; je préfère que tu n'en dises rien à personne I'd prefer it if ou I'd rather you didn't tell anybody ‖ *(en usage absolu)*: si tu préfères, nous allons rentrer if you'd rather, we'll go home.

**préfet** [prefɛ] *nm* -**1.** ADMIN préfet, prefect; le ~ de Paris the prefect of Paris; ~ de police [en France] prefect ou chief of police; [en Grande-Bretagne] ≃ chief constable, ≃ head of the constabulary; ~ de région regional prefect ou préfet. -**2.** RELIG prefect; ~ des études master of studies (*in a religious school*). -**3.** NAUT: ~ maritime port admiral overseeing the defence of certain maritime departments. -**4.** *Belg* head teacher *Br* ou principal *Am* (*of a secondary school*). -**5.** ANTIQ prefect.

**préfète** [prefɛt] *nf* -**1.** [épouse] prefect's ou préfet's wife. -**2.** [titulaire] préfète, woman prefect.

**préfigurer** [3] [prefigyre] *vt sout* [annoncer] to prefigure; cette nouvelle ne préfigure rien de bon for the future.

**préfinancement** [prefinãsmã] *nm* bridging loan.

**préfixe** [prefiks] *nm* prefix.

**préfixer** [3] [prefikse] *vt* to prefix.

**prégénital, e, aux** [preʒenital, o] *adj* pregenital.

**préglaciaire** [preglasjɛr] *adj* preglacial.

**préhensile** [preãsil] *adj* prehensile.

**préhension** [preãsjɔ̄] *nf* prehension; doué de ~ able to grip.

**préhistoire** [preistwar] *nf* prehistory.

**préhistorique** [preistɔrik] *adj* -**1.** [ère, temps] prehistoric, prehistorical. -**2.** *fam* [dépassé] ancient, prehistoric.

**préindustriel, elle** [preɛ̄dystrijɛl] *adj* preindustrial.

**préinscription** [preɛ̄skripsjɔ̄] *nf* preregistration.

**préjudice** [preʒydis] *nm* harm (*U*), wrong (*U*); subir un ~ matériel/financier to sustain damage/financial loss; subir un ~ moral to suffer mental distress; causer un ou porter ~ à qqn to harm sb, to do sb harm; les magnétoscopes ont-ils porté ~ au cinéma? have videorecorders been detrimental to the cinema?

---

**USAGE ►**    **Les préférences**

I prefer cricket to baseball.
I like baseball better/more than cricket.
Of the two, I prefer Anne.

▷ *plus marquées:*

I'd far rather play cricket than baseball.

Cricket's much better than baseball.
Cricket or baseball? Give me baseball any day! [familier]
I quite like Roger, but I much prefer Anne.
Roger's OK, but it's Anne I really like.
I'd far rather spend the day with Anne than (with) Roger.

◆ **au préjudice de** *loc prép* to the detriment ou at the expense of.

◆ **sans préjudice de** *loc prép* without prejudice to.

**préjudiciable** [preʒydisjabl] *adj sout* prejudicial, detrimental.

**préjugé** [preʒyʒe] *nm* prejudice; **avoir un ~ contre qqn** to be prejudiced ou biased against sb; **avoir un ~ favorable pour qqn** to be prejudiced in sb's favour, to be biased towards sb; **n'avoir aucun ~** to be totally unprejudiced ou unbiased.

**préjuger** [17] [preʒyʒe] *vt litt* to prejudge; **autant qu'on puisse ~** as far as one can judge beforehand.

◆ **préjuger de** *v + prép litt*: **~ de qqch** to judge sthg in advance, to prejudge sthg; **son attitude ne laisse rien ~ de sa décision** his attitude gives us no indication of what he is going to decide; **je crains d'avoir préjugé de mes forces** I'm afraid I've overestimated my strength.

**prélasser** [3] [prelase]

◆ **se prélasser** *vpi* to be stretched out, to lounge (around), to laze around.

**prélat** [prela] *nm* prelate.

**prélavage** [prelavaʒ] *nm* prewash.

**prélève** [prelɛv] *v* → **prélever**.

**prélèvement** [prelɛvmɑ̃] *nm* **-1.** MÉD [échantillon – de sang] sample; [– sur les tissus] swab; **il faut faire un ~ dans la partie infectée** we have to take a swab of the infected area. **-2.** BANQUE [retrait]: **~ automatique** ou **bancaire** banker's ou standing order; **~ en espèces** cash withdrawal. **-3.** FIN [retenue – sur le salaire] deduction; [– sur les biens] levy; **~ sur le capital** capital levy; **les cotisations sont payées par ~** à la source contributions are deducted at source; **~s obligatoires** tax and social security contributions.

**prélever** [19] [prelave] *vt* **-1.** MÉD [échantillon] to take; **~ du sang** to take a blood sample. **-2.** FIN [somme – au distributeur] to withdraw; [– sur un salaire] to deduct, to withdraw; **la somme sera prélevée sur votre compte tous les mois** the sum will be deducted ou debited from your account every month.

**préliminaire** [preliminɛr] *adj* preliminary.

◆ **préliminaires** *nmpl* [préparatifs] preliminaries; [discussions] preliminary talks.

**prélude** [prelyd] *nm* **-1.** MUS prelude. **-2.** *sout* [préliminaire] prelude; **cette première rencontre fut le ~ de bien d'autres** this was the first of many meetings.

**préluder** [3] [prelyde] *vi* MUS to warm up, to prelude; **~ par des vocalises** to warm up by doing vocal exercises.

◆ **préluder à** *v + prép* to be a prelude to.

**prématuré, e** [prematyre] ◇ *adj* **-1.** [naissance, bébé] premature. **-2.** [décision] premature; [décès] untimely; **il est ~ de dresser un bilan de la situation** it is too early to assess the situation. ◇ *nm, f* premature baby ou infant.

**prématurément** [prematyremɑ̃] *adv* prematurely; **il nous a quittés ~** his was an untimely death.

**prémédication** [premedikasjɔ̃] *nf* premedication.

**préméditation** [premeditasjɔ̃] *nf* premeditation; **meurtre avec ~** premeditated murder; **si on ne peut pas prouver la ~** if proof of intent cannot be shown.

**prémédité, e** [premedite] *adj* **-1.** JUR [crime] premeditated, wilful. **-2.** [insulte, réponse] deliberate.

**préméditer** [3] [premedite] *vt* [crime, vol] to premeditate; **~ de faire qqch** to plan to do sthg; **ils avaient bien prémédité leur coup** they'd thought the whole thing out really well.

**prémenstruel, elle** [premɑ̃stryɛl] *adj* premenstrual.

**prémices** [premis] *nfpl* **-1.** *litt* [début] beginnings. **-2.** ANTIQ [récolte] premices, primices, first fruits; [animaux] premices, primices.

**premier, ère** [prəmje, ɛr] ◇ *adj num* **-1.** *(souvent avant le nom)* [initial] early; **les ~s hommes** early man; **ses premières œuvres** her early works; **les ~s temps** at the beginning, early on; **il n'est plus de la première jeunesse** he's not as young as he used to be; **un Matisse de la première période** an early Matisse. **-2.** [proche] nearest; **au ~ rang** CIN & THÉÂT in the first ou front row; SCOL in the first row. **-3.** [à venir] next, first; **ce n'est pas le ~ venu** he's not just anybody; **le ~ imbécile venu pourrait le faire** any idiot could do it; **on s'est arrêtés dans le ~ hôtel venu** we stopped at the first

hotel we came to ou happened to come to. **-4.** [dans une série] first; **chapitre ~** Chapter One; **à la première heure** first thing, at first light; **à première vue** at first (sight); **au ~ abord** at first; **dans un ~ temps** (at) first, to start with, to begin with; **de la première à la dernière ligne** from beginning to end; **du ~ coup** *fam* first off, at the first attempt; **faire ses premières armes** il a fait ses premières armes à la «Gazette du Nord» he cut his teeth at the 'Gazette du Nord'; **j'ai fait mes premières armes dans le métier comme apprenti cuisinier** I started in the trade as a cook's apprentice; **~ amour** first love; **le ~ arrivé** the first person to arrive; **première prise** CIN first take ou shot; **~ jet** (first ou rough ou initial) draft; **~s secours** [personnes et matériel] emergency services; [soins] first aid; **première fois**: c'est la première fois que... it's the first time that...; **il y a toujours une première fois** there's always a first time; **première nouvelle!** *fam* it's the first I've heard of it!; **première page** PRESSE front page; **faire la première page des journaux** to be headline news; **première partie** [gén] first part; [au spectacle] opening act. **-5.** [principal] main; **de (toute) première nécessité/urgence** (absolutely) essential/urgent; **c'est vous le ~ intéressé** you're the main person concerned ou the one who's got most at stake; **le ~ pays producteur de vin au monde** the world's leading wine-producing country. **-6.** [haut placé – clerc, commis] chief; [– danseur] leading; **le ~ personnage de l'État** the country's Head of State; **sortir ~ d'une grande école** to be first on the pass list *(in the final exam of a Grande École)* ❑ **~ secrétaire (du parti)** first secretary (of the party). **-7.** *(tjrs après le nom)* [originel] first, original, initial; **l'idée première était de...** the original idea was to... **-8.** [spontané] first; **son ~ mouvement** his first ou spontaneous impulse. **-9.** *(tjrs après le nom)* [fondamental] first; MATH [nombre] prime; [polynôme] irreducible; **cause première** first cause; **principe ~** first ou basic principle. **-10.** [moindre]: **et ta récitation, tu n'en connais pas le ~ mot!** you haven't a clue about your recitation, have you?; **la robe coûte 3 000 francs et je n'en ai pas le ~ sou** the dress costs 3,000 francs and I haven't a penny *Br* ou cent *Am* to my name. **-11.** GRAMM: **première personne (du singulier/pluriel)** first person (singular/plural). **-12.** CULIN: **côte/côtelette première** prime rib/cutlet.

◇ *nm, f* **-1.** [personne]: **le ~** the first; **entre la première** go in first; **elle a fini dans les cinq premières** she finished amongst the top five; **elle est la première de sa classe/au hit-parade** she's top of her class/the charts ❑ **jeune ~** CIN & THÉÂT juvenile lead; **jeune première** young female lead; **le Premier (britannique)** POL the (British) Prime Minister ou Premier; **les ~s seront les derniers** *allusion Bible* the first shall be last. **-2.** [chose]: **le ~** the first (one). **-3.** **le ~** [celui-là] the former; **plantez des roses ou des tulipes, mais les premières durent plus longtemps** plant roses or tulips, but the former last longer; *voir aussi* **cinquième**.

◆ **premier** *nm* **-1.** [dans une charade]: **mon ~ sent mauvais** my first has a nasty smell. **-2.** [étage] first floor *Br*, second floor *Am*; **la dame du ~** the lady on the first floor. **-3.** [dans des dates]: **le ~ du mois** the first of the month; **Aix, le ~ juin** Aix, June 1st; **le ~ avril** April Fool's ou All Fools Day; **le Premier Mai** May Day; **le ~ janvier** ou **de l'an** New Year's Day.

◆ **première** *nf* **-1.** CIN & THÉÂT first night, opening night; **première mondiale** world première. **-2.** [exploit]: **c'est une (grande) première chirurgicale** it's a first for surgery; **la première des Grandes Jorasses** the first ascent of the Grandes Jorasses. **-3.** SCOL lower sixth (form) *Br*, eleventh grade *Am*; **première supérieure** class leading to the entrance exam for the Ecole normale supérieure. **-4.** AUT first (gear); **être/passer en première** to be in/to go into first. **-5.** TRANSP first class; **voyager en première** to travel first class; **billet/wagon de première** first-class ticket/carriage. **-6.** COUT head seamstress. **-7.** DANSE first (position). **-8.** IMPR [épreuve] first proof; [édition – d'un livre] first edition; [– d'un journal] early edition. **-9.** [d'une chaussure] insole.

◆ **de première** *loc adj fam* first-rate; **un imbécile de première** *iron* a prize idiot.

◆ **en premier** *loc adv* first, in the first place, first of all.

◆ **premier de cordée** *nm* leader *(of a roped climbing team)*.

◆ **premier degré** *nm* **-1.** SCOL primary *Br* ou elementary *Am* education. **-2.** [phase initiale] first step; **brûlure au ~ degré** first-degree burn. **-3.** *fig*: **des gags à ne pas prendre au ~**

degré jokes which mustn't be taken at face value.

◆ **premier prix** *nm* **-1.** COMM lowest OU cheapest price; **dans les ~s prix** at the cheaper OU lower end of the scale. **-2.** [récompense] first prize; **elle a eu le ~ prix d'interprétation** she's won the award for best actress.

**premièrement** [prəmjɛrmã] *adv* **-1.** [dans une énumération] in the first place, first. **-2.** [pour objecter] firstly, in the first place, to start with.

**premier-né, première-née** [prəmjene, prəmjɛrne] (*mpl* **premiers-nés,** *fpl* **premières-nées**) *adj* & *nm, f* first-born.

**prémisse** [premis] *nf* premise.

**prémolaire** [premɔlɛr] *nf* premolar.

**prémonition** [premɔnisjɔ̃] *nf* premonition.

**prémonitoire** [premɔnitwar] *adj* premonitory; **j'ai fait un rêve ~** I had a premonition in my dream.

**prémunir** [32] [premynir] *vt sout* : **~ qqn contre** to protect sb against.

◆ **se prémunir contre** *vp* + *prép* to protect o.s. OU to guard against sthg.

**prenais** [prənɛ] *v* → **prendre**.

**prenant, e** [prənã, ãt] *adj* **-1.** [captivant] engrossing, gripping. **-2.** [qui prend du temps] time-consuming. **-3.** [préhensile] prehensile.

**prénatal, e, als** OU **aux** [prenatal, o] *adj* prenatal, antenatal.

**prendre** [79] [prãdr] ◇ *vt* **A.** SAISIR, ACQUÉRIR **-1.** [ramasser] to pick up (*sép*); **elle prit sa guitare sur le sol** she picked her guitar up off the floor; **il prit son manteau à la patère** he took his coat off the wall; **~ qqch des mains de qqn** to take sthg off sb ‖ [saisir et garder] to take (hold of), to hold; **~ sa tête entre ses mains** to hold one's head in one's hands; **prenez cette médaille qui vous est offerte par tous vos collègues** accept this medal as a gift from all your colleagues; **~ un siège** to take a seat, to sit down. **-2.** [emporter – lunettes, document, en-cas] to take; **tu as pris tes papiers (avec toi)?** have you got your papers (with you)?; **inutile de ~ un parapluie** there's no need to take ou no need for an umbrella; **quand prendrez-vous le colis?** when will you collect the parcel? ‖ [emmener] to take (along); (passer) **~ qqn: je suis passé la ~ chez elle à midi** I picked her up at ou collected her from her home at 12 noon; **~ qqn en voiture** to give sb a lift. **-3.** [trouver] to get; **où as-tu pris ce couteau?** where did you get that knife (from)?; **où as-tu pris cette idée/cette citation/ces manières?** where did you get that idea/this quotation/those manners? **-4.** [se procurer] : **~ des nouvelles de qqn** to ask after sb; **~ des renseignements** to get some information. **-5.** [acheter – nourriture, billet de loterie] to get, to buy; [– abonnement, assurance] to take out (*sép*); [réserver – chambre d'hôtel, place de spectacle] to book; **je vais vous ~ un petit poulet aujourd'hui** I'll have ou take a small chicken today. **-6.** [demander – argent] to charge; **mon coiffeur ne prend pas cher** *fam* my hairdresser isn't too expensive ou doesn't charge too much; **je prends 100 F de l'heure** I charge 100 F per hour; **elle l'a réparé sans rien nous ~** she fixed it free of charge ou without charging us (anything) for it. **-7.** [retirer] : **les impôts sont pris à la source** tax is deducted at source; **~ de l'argent sur son compte** to withdraw money from one's account.

**B.** AVOIR RECOURS À, SE SERVIR DE **-1.** [utiliser – outil] to use; **ne prends pas ça, ça raye l'émail** don't use that, it scratches the enamel ‖ [emprunter] to take, to borrow. **-2.** [consommer – nourriture] to eat; [– boisson] to drink, to have; [– médicament] to take; **nous en discuterons en prenant le café** we'll discuss it over a cup of coffee; **je prendrais bien une bière** I could do with a beer; **si on allait ~ un verre?** how about (going for) a drink?; **à ~ matin, midi et soir** to be taken three times a day ‖ [comme ingrédient] to take; **~ 50 g de beurre et 200 g de farine** take 50 g of butter and 200 g of flour. **-3.** [se déplacer en] to take, to go ou to travel by (*insép*); **~ l'avion** to take the plane, to fly; **~ le bateau** to take the boat, to sail; **~ le bus/train** to take the bus/train, to go by bus/train; **~ un taxi** to take ou to use a taxi; **je ne prends jamais la voiture** I never use the car. **-4.** [monter dans – bus, train] to catch, to get on (*insép*). **-5.** [suivre – voie] to take; **prends la première à droite** take the first (on the) right; **prenez la direction de Lille** follow the signs for Lille; **j'ai pris un sens interdit** I drove down a one-way street.

**C.** PRENDRE POSSESSION DE, CONTRÔLER **-1.** [retenir par la force – fugitif] to capture; [– prisonnier] to take; [– animal] to capture, to catch; MIL [ville, position] to take; **~ qqn en otage** to take sb hostage. **-2.** [voler] to take; **il a tout pris dans la maison** he took everything in the house; **~ une citation dans un livre** [sans permission] to lift ou to poach a quotation from a book; **~ qqch à qqn**: **combien vous a-t-on pris?** how much was taken ou stolen from you?; **elle m'a pris mon tour** she took my turn; **elle m'a pris mon idée/petit ami** she stole my idea/boyfriend. **-3.** [occuper – temps] to take (up), to require; [– place] to take (up); **ça (m') a pris deux heures** it took (me) two hours. **-4.** [envahir – suj: malaise, rage] to come over (*insép*); [– suj: peur] to seize, to take hold of; **quand ses quintes de toux le prennent** when he has a bout of coughing; **l'envie le ou lui prit d'aller nager** he felt like going for a swim; **qu'est-ce qui te prend?** what's wrong with ou what's the matter with ou what's come over you?; **qu'est-ce qui lui ou lui prend de ne pas répondre?** why on earth isn't he answering?; **ça te prend souvent?** *fam* & *hum* do you make a regular habit of this?; **quand ça lui ou lui prend, il casse tout** *fam* when he gets into this state, he just smashes everything in sight ‖ (*tournure impersonnelle*) : **il me prend parfois le désir de tout abandonner** I sometimes feel like giving it all up ❑ **il est rentré chez lui et bien/mal lui en a pris** he went home and it was just as well he did/but he'd have done better to stay where he was; **~ la tête à qqn**▽: **ça me prend la tête** it's a real hassle; **arrête de me ~ la tête** stop being such a pain. **-5.** [surprendre – voleur, tricheur] to catch; **si tu veux le voir, il faut le ~ au saut du lit** if you want to see him, you must catch him as he gets up; **~ qqn à faire qqch** to catch sb doing sthg; **je t'y prends, petit galopin!** caught ou got you, you little rascal!**-6.** JEUX [pion, dame] to take; **demain, je te prends aux échecs** tomorrow I'll take you on at ou play you at chess ‖ (*en usage absolu*) CARTES: **je prends** I'll try it; **j'ai pris à cœur** I went hearts. **-7.** SPORT : **~ le service de qqn** to break sb's service; **il est venu ~ la deuxième place** [pendant la course] he moved into second place; [à l'arrivée] he came in second.

**D.** ADMETTRE, RECEVOIR **-1.** [recevoir] : **le docteur ne pourra pas vous ~ avant demain** the doctor won't be able to see you before tomorrow; **après 22 heures, nous ne prenons plus de clients** after 10 pm, we don't let anymore customers in. **-2.** [cours] to take. **-3.** [accueillir – pensionnaire, locataire] to take in (*sép*); [– passager] to take; [admettre par règlement] to take, to allow; [engager – employé, candidat] to take on (*sép*); **nous ne prenons pas les cartes de crédit/les bagages en cabine** we don't take credit cards/cabin baggage; **~ qqn comme stagiaire** to take sb on as a trainee. **-4.** [acquérir, gagner] : **~ de l'avance/du retard** to be earlier/later than scheduled; **j'ai pris trois centimètres de tour de taille** I've put on three centimetres round the waist; **quand le gâteau commence à ~ une jolie couleur dorée** when the cake starts to take on a nice golden colour; **le projet commence à ~ forme** the project's starting to take shape ‖ [terminaison] to take; **le a prend un accent circonflexe** there's a circumflex on the a. **-5.** [subir] to get; **~ un coup de soleil** to get sunburnt; **~ froid** ou *vieilli* du mal to catch ou to get a cold; **j'ai pris la tuile en plein sur la tête** the tile hit me right on the head; **c'est elle qui a tout pris** *fam* [coups, reproches] she got the worst ou took the brunt of it; [éclaboussures] she got most ou the worst of it; **qu'est-ce qu'on a pris!** *fam*, **on a pris quelque chose!** *fam* [averse] we got soaked ou drenched!; [réprimande] we got a real dressing down!; [critique] we got panned!; [défaite] we got thrashed! ‖ (*en usage absolu*): **c'est toujours les mêmes qui prennent!** *fam* they always pick on the same ones, it's always the same ones who get it in the neck! ❑ **il en a pris pour 15 ans** *fam* he got 15 years, he got put away for 15 years.

**E.** CONSIDÉRER DE TELLE MANIÈRE **-1.** [accepter] to take; **il a essayé de le ~ avec le sourire** ou en souriant he tried to pass it off with a smile; **~ qqch bien/mal** to take sthg well/badly ‖ [interpréter] : **ne prends pas ça pour toi** [ne te sens pas visé] don't take it personally; **~ qqch en bien/en mal** to take sthg as a compliment/badly; **elle a pris mon silence pour de la désapprobation** she took my silence as a criticism. **-2.** [considérer] to take, to consider; **prenons un exemple** let's take ou consider an example; **~ qqn/qqch en**: **~ qqn en amitié** to grow fond of sb; **~ qqn en pitié** to

take pity on sb; ~ qqch/qqn pour [par méprise] to mistake sthg/sb for; [volontairement] to take sthg/sb for, to consider sthg/sb to be; **on me prend souvent pour ma sœur** I'm often mistaken for my sister; **pour qui me prenez-vous?** what do you take me for?, who do you think I am?; **elle va me ~ pour un idiot** she'll think I'm a fool; **~ qqch/qqn comme** to take sthg/sb as ❑ **à tout ~** all in all, by and large, all things considered. **-3.** [traiter – qqn] to handle, to deal with *(insép)*; **~ qqn par la douceur** to use gentle persuasion on sb; **~ l'ennemi de front/à revers** MIL & *fig* to tackle the enemy head on/from the rear.
**F.** ENREGISTRER **-1.** [consigner – notes] to take ou to write down *(sép)*; [– empreintes, mesures, température, tension] to take. **-2.** PHOT: **~ qqch/qqn (en photo)** to take a picture ou photo ou photograph of sthg/sb.
**G.** DÉCIDER DE, ADOPTER **-1.** [s'octroyer – vacances] to take, to have; [– bain, douche] to have, to take; **~ un congé maternité** to take maternity leave; **~ le temps de faire qqch** to take the time to do sthg; **~ son temps** to take one's time; **~ un amant** to take a lover; **tu n'as pas le droit! — je le prends!** you've no right! — that's what you think!**-2.** [s'engager dans – mesure, risque] to take; **~ une décision** [gén] to make a decision; [après avoir hésité] to make up one's mind, to come to a decision; **~ la décision de** to make up one's mind to, to decide to; **~ l'initiative de qqch** to initiate sthg; **~ l'initiative de faire qqch** to take the initiative in doing sthg, to take it upon o.s. to do sthg; **~ de bonnes résolutions pour l'avenir** to resolve to do better in the future; **~ la résolution de** to resolve to. **-3.** [choisir – sujet d'examen, cadeau] to take, to choose, to have; **j'ai pris le docteur Valiet comme médecin** I chose Dr Valiet to be ou as my GP; **qu'est-ce qu'on lui prend comme glace?** which ice cream shall we get him?; **ils n'ont pris que les 20 premiers** they only took ou selected the top 20 ❑ **c'est à ~ ou à laisser** (you can) take it or leave it; **il y a à ~ et à laisser dans son livre** his book is a bit of a curate's egg *Br* ou is good in parts. **-4.** [se charger de – poste] to take, to accept; **~ ses fonctions** to start work; **j'ai un appel pour toi, tu le prends?** I've got a call for you, will you take it?**-5.** [adopter – air] to put on *(sép)*, to assume; [– ton] to assume.
◇ *vi* **-1.** [se fixer durablement – végétal] to take (root); [– bouture, greffe, vaccin] to take; [– mode, slogan] to catch on; **la peinture ne prend pas sur le plastique** the plastic won't take the paint ❑ **ça ne prendra pas avec elle** [mensonge] it won't work with her, she won't be taken in. **-2.** [durcir – crème, ciment, colle] to set; [– lac, étang] to freeze (over); [– mayonnaise] to thicken. **-3.** [passer]: **prends à gauche** [tourne à gauche] turn left; **tu peux ~ par Le Mans** you can go via Le Mans. **-4.** [commencer] to start, to get going; **je n'arrive pas à faire ~ le feu/les brindilles** I can't get the fire going/the twigs to catch. **-5.** MUS & THÉÂT: **prenons avant la sixième mesure/à la scène 2** let's take it from just before bar six/from scene 2.
◆ **prendre sur** *v + prép* **-1.** [entamer] to use (some of); **je ne prendrai pas sur mon week-end pour finir le travail!** I'm not going to give up or to sacrifice part of my weekend to finish the job!**-2.** *loc:* **~ sur soi** to grin and bear it; **~ sur soi de faire qqch** to take (it) upon o.s. to do sthg.
◆ **se prendre** ◇ *vp (emploi passif)*: **ces cachets se prennent avant les repas** the tablets should be taken before meals.
◇ *vp (emploi réciproque)*: **ils se sont pris pour époux** they were united in matrimony. ◇ *vpi* to get caught ou trapped; **le foulard s'est pris dans la portière** the scarf got caught ou shut in the door. ◇ *vpt* **-1.** [se coincer]: **attention, tu vas te ~ les doigts dans la charnière!** careful, you'll trap your fingers ou get your fingers caught in the hinge!**-2.** *fam* [choisir]: **prends-toi un gâteau** get yourself a cake.
◆ **se prendre à** *vp + prép* **-1.** [se laisser aller à]: **se ~ à qqch** to get (drawn) into sthg; **se ~ à faire qqch** to find o.s. starting to do sthg. **-2.** *loc:* **s'y ~:** **comment pourrions-nous nous y ~?** how could we go about it?; **tu t'y prends un peu tard pour t'inscrire** you've left it a bit late to enrol!; **il faut s'y ~ deux mois à l'avance pour avoir des places** you have to book two months in advance to be sure of getting seats; **elle s'y est prise à trois fois pour faire démarrer la tondeuse** she made three attempts before the lawn mower would start; **s'y ~ bien/mal:** **il s'y est pris bien/mal avec mon auto** he went the right/wrong way to handle sb the right/wrong way; **elle s'y prend bien** ou **sait s'y ~ avec les enfants** she's good with children; **je n'arrive**

pas à repasser le col — c'est parce que tu t'y prends mal I can't iron the collar properly — that's because you're going about it the wrong way ou doing it wrong.
◆ **se prendre de** *vp + prép*: **se ~ d'amitié pour qqn** to feel a growing affection for sb.
◆ **se prendre pour** *vp + prép*: **il ne se prend pas pour rien** ou **pour n'importe qui** he thinks he's God's gift to humanity; **tu te prends pour qui pour me parler sur ce ton?** who do you think you are, talking to me like that?
◆ **s'en prendre à** *vp + prép*: **s'en ~ à qqn/qqch** [l'attaquer] to attack sb/sthg; [le rendre responsable] to put the blame on sb/sthg; **pourquoi faut-il toujours que tu t'en prennes à moi?** why do you always take it out on me?; **ne t'en prends qu'à toi-même** you've only (got) yourself to blame.

**preneur, euse** [prənœr, øz] *nm, f* **-1.** [acheteur] buyer; **trouver ~ pour qqch** to find someone (willing) to buy sthg, to find a buyer for sthg; **si vous me laissez à 100 F, je suis ~** I'll buy it if you'll take 100 F for it. **-2.** [locataire] potential tenant. **-3.** [ravisseur] d'otages hostage-taker.
◆ **preneur, preneuse de son** *nm, f* sound engineer.

**prenne** [prɛn], **prennent** [prɛn] *v →* **prendre.**

**prénom** [prenɔ̃] *nm* first ou Christian *Br* ou given *Am* name.

**prénommé, e** [prenɔme] ◇ *adj*: **un garçon ~ Julien** a boy called Julien; **la ~e Maria** the said Maria *aussi hum.* ◇ *nm, f* JUR above-named (person).

**prénommer** [3] [prenɔme] *vt* to call.
◆ **se prénommer** *vpi*: **comment se prénomme-t-il?** what's his first name?

**prenons** [prənɔ̃] *v →* **prendre.**

**prénuptial, e, aux** [prenypsjal, o] *adj* premarital, antenuptial; **la visite ~e obligatoire** the compulsory pre-marriage medical check *(in French law)*.

**préoccupant, e** [preɔkypɑ̃, ɑ̃t] *adj* worrying; **la situation est ~e** the situation gives cause for concern ou is worrying.

**préoccupation** [preɔkypasjɔ̃] *nf* **-1.** [souci] concern, worry; **le chômage reste notre ~ première** unemployment remains our major cause for concern; **ceux pour qui l'argent n'est pas une ~** those who don't have to worry about money ou who don't have money worries; **j'ai été un sujet de ~ pour mes parents** I was a worry to my parents; **~s d'ordre moral/esthétique** moral/aesthetic considerations. **-2.** [priorité] concern, preoccupation; **depuis qu'elle est partie, il n'a plus qu'une ~, la retrouver** since she left his one thought is to find her again.

**préoccupé, e** [preɔkype] *adj* [inquiet] worried, preoccupied, concerned.

**préoccuper** [3] [preɔkype] *vt* **-1.** [tracasser – suj: avenir, question] to worry. **-2.** [obséder] to preoccupy, to concern, to be of concern to; **il est trop préoccupé de sa petite personne** he's too wrapped up in himself.
◆ **se préoccuper** *vp + prép* to be concerned with, to care about; **se ~ de ses enfants** to worry about one's children; **ne te préoccupe donc pas de ça!** don't you worry ou bother about that!

**préopératoire** [preɔperatwar] *adj* preoperative, presurgical.

**prépa** [prepa] *(abr de* **classe préparatoire)** *nf fam* class preparing for the competitive entrance exam to a Grande École.

**préparateur, trice** [preparatœr, tris] *nm, f* **-1.** ENS assistant to a professor of science. **-2.** PHARM: **~ en pharmacie** assistant to dispensing chemist *Br* ou pharmacist *Am*.

**préparatifs** [preparatif] *nmpl* preparations; **~ de départ/guerre** preparations for leaving/war; **commencer les ~ du voyage** to start preparing for the trip.

**préparation** [preparasjɔ̃] *nf* **-1.** [réalisation – d'un plat, d'un médicament] preparation; **les moules ne demandent pas une longue ~** mussels don't take long to prepare ‖ [apprêt – d'une peau, de la laine] dressing. **-2.** [organisation – d'un voyage, d'une fête, d'un attentat] preparation; **la randonnée avait fait l'objet d'une soigneuse ~** the ramble had been carefully thought out ou prepared. **-3.** [entraînement – pour un examen] preparation; [– pour une épreuve sportive] training, preparation; **la ~ d'un examen** preparing ou working for an exam; **manquer de ~** to be insufficiently prepared ❑ **~ militaire** pre-call-up training. **-4.** [chose préparée] preparation; **~ culinaire** culinary dish; **~ (pharmaceutique)** (pharmaceutical) preparation. **-5.** ENS: **faire une ~ à une grande école** to attend

preparatory classes for the entrance to a grande école.
◆ **en préparation** *loc adv* being prepared, in hand; avoir un livre/disque en ~ to have a book/record in the pipeline.
◆ **sans préparation** *loc adv* [courir] without preparation, cold *(adv)*; [parler] extempore, ad lib.

**préparatoire** [preparatwar] *adj*: ~ à preparatory to, in preparation for.

**préparer** [3] [prepare] *vt* **-1.** [réaliser – plat] to prepare, to make; [– sandwich] to make; [– médicament, cataplasme] to prepare; qu'est-ce que tu nous as préparé de bon? what delicious dish have you cooked for us?-2. [rendre prêt – valise] to pack; [– repas, chambre, champ] to prepare, to get ready; [– peaux, laine] to dress; [– document] to prepare, to draw up *(sép)*; préparez la monnaie, s'il vous plaît please have change ready; plats tout préparés precooked ou ready-cooked meals; poulet tout préparé oven-ready ou dressed chicken; on dirait qu'il nous prépare une rougeole *fam* (it) looks like he's getting the measles ❑ ~ le terrain (pour) *pr* to prepare the ground ou to lay the ground (for); *fig* to pave the way (for). **-3.** [organiser – attentat, conférence] to prepare, to organize; [– complot] to prepare, to hatch; elle avait préparé sa réponse she'd got her ou an answer ready; ~ une surprise à qqn to have a surprise in store for sb. **-4.** [travailler à – œuvre] to be preparing, to be working on; [– examen] to be preparing for; [– épreuve sportive] to be in training for; il prépare une grande école he's studying for the entrance exam to a 'Grande École'. **-5.** [former – élève] to prepare; [– athlète] to train; ~ qqn à qqch to prepare sb for sthg; on les prépare intensivement à l'examen they're being coached for the exam. **-6.** [habituer] to accustom.
◆ **se préparer** ◇ *vp (emploi réfléchi)* **-1.** [s'apprêter] to get ready; le temps qu'elle se prépare, on aura raté la séance by the time she's ready, we'll have missed the show. **-2.** [s'entraîner] to train; se ~ pour Roland-Garros to train ou to prepare for the French Open tennis tournament. ◇ *vpi*: un orage se prépare there's a storm brewing ‖ *(tournure impersonnelle)*: je sens qu'il se prépare quelque chose I can feel there's something afoot ou in the air. ◇ *vpt*: se ~ des déceptions to prepare o.s. for disappointment.
◆ **se préparer à** *vp + prép* **-1.** [être disposé à] to be ready ou prepared for; je ne m'étais pas préparé à un tel accueil I wasn't prepared for such a welcome. **-2.** [être sur le point de] to be about to.

**prépondérance** [prepɔ̃derɑ̃s] *nf* predominance, preponderance, primacy.

**prépondérant, e** [prepɔ̃derɑ̃, ɑ̃t] *adj* prominent; jouer un rôle ~ to play a prominent part ou role.

**préposé, e** [prepoze] *nm, f* **-1.** [employé]: ~ des douanes customs official ou officer; ~ au vestiaire cloakroom attendant. **-2.** ADMIN: ~ (aux postes) postman *Br*, mailman *Am*. **-3.** JUR agent.

**préposer** [prepoze] *vt* [affecter]: ~ qqn à to place ou to put sb in charge of.

**préposition** [prepozisjɔ̃] *nf* preposition.

**prépositionnel, elle** [prepozisjɔnɛl] *adj* prepositional.

**prépuce** [prepys] *nm* foreskin, prepuce *spéc*.

**préraphaélisme** [prerafaelism] *nm* Pre-Raphaelism.

**préréglage** [prereglaʒ] *nm* TECH preselection, presetting.

**prérégler** [18] [preregle] *vt* TECH to preselect, to preset.

**prérentrée** [prerɑ̃tre] *nf* SCOL start of the new school year for teachers (a few days before the pupils).

**préretraite** [prerətrɛt] *nf* **-1.** [allocation] early retirement allowance. **-2.** [période]: partir en ~ to take early retirement; être mis en ~ to be retired early.

**préretraité, e** [prerətrete] *nm, f* person who takes or has been given early retirement.

**prérogative** [prerɔgativ] *nf* prerogative, privilege.

**près** [prɛ] ◇ *adv* **-1.** [dans l'espace] near, close; cent mètres plus ~ one hundred metres nearer ou closer; le bureau est tout ~ the office is very near ou just around the corner. **-2.** [dans le temps] near, close, soon; jeudi c'est trop ~, disons plutôt samedi Thursday is too soon, let's say Saturday. ◇ *prép sout*: ambassadeur ~ le Saint-Siège ambassador to the Holy See.
◆ **à... près** *loc corrél*: c'est parfait, à un détail ~ it's perfect

but for ou except for one thing; j'ai raté mon train à quelques secondes ~ I missed my train by a few seconds; vous n'en êtes plus à un procès ~ what's one more trial to you?; on n'est pas à 50 francs ~ we can spare 50 francs; tu n'es plus à cinq minutes ~ another five minutes won't make much difference.
◆ **à cela près que** *loc conj* except that.
◆ **à peu de choses près** *loc adv* more or less.
◆ **à peu près** *loc adv* **-1.** [environ] about, around; on était à peu ~ cinquante there were about ou around fifty of us. **-2.** [plus ou moins] more or less; il sait à peu ~ comment y aller he knows more or less ou roughly how to get there.
◆ **de près** *loc adv* at close range ou quarters; il est rasé de ~ he's clean-shaven; surveiller qqn de ~ to keep a close watch ou eye on sb; frôler qqch de ~ to come within an inch of sthg; les explosions se sont suivies de très ~ the explosions took place within seconds of each other; ses enfants se suivent de ~ her children are close together in age; regarder qqch de (très) ~ *pr* to look at sthg very closely; *fig* to look (very) closely at sthg, to look carefully into sthg; étudions la question de plus ~ let's take a closer look at the problem; cela ressemble, de ~ ou de loin, à une escroquerie however ou whichever way you look at it, it's a skilful piece of fraud; tout ce qui touche, de ~ ou de loin, à everything (which is) even remotely connected with.
◆ **près de** *loc prép* **-1.** [dans l'espace] near; assieds-toi ~ de lui sit near him ou next to him; vêtements ~ du corps close-fitting ou tight-fitting clothes ‖ [affectivement, qualitativement] close to; les premiers candidats sont très ~ les uns des autres there's very little difference between the first few candidates ❑ être ~ de ses sous ou de son argent to be tightfisted. **-2.** [dans le temps]: on est ~ des vacances it's nearly the holidays; il doit être ~ de la retraite he must be about to retire; nous étions ~ de partir we were about to leave; vous êtes ~ d'avoir deviné you've nearly guessed; je ne suis pas ~ d'oublier ça I'm not about to ou it'll be a long time before I forget that. **-3.** [environ, presque] nearly, almost; on était ~ de cinquante there were almost ou nearly fifty of us.

**présage** [prezaʒ] *nm* **-1.** [signe] omen, portent *litt*, presage *litt*; heureux/mauvais ~ good/bad omen. **-2.** [prédiction] prediction; tirer un ~ de qqch to make a prediction on the basis of sthg.

**présager** [17] [prezaʒe] *vt* **-1.** [être le signe de] to be a sign of, to portend *litt*; cela ne présage rien de bon that's an ominous sign, nothing good will come of it. **-2.** [prévoir] to predict; laisser ~ qqch to be a sign of sthg.

**présalaire** [presalɛr] *nm allowance paid to students to replace earnings lost while studying.*

**pré-salé** [presale] *(pl* prés-salés*) nm* [mouton] salt-meadow sheep; [viande] salt-meadow ou pré-salé lamb.

**presbyte** [prɛsbit] ◇ *adj* longsighted *Br*, farsighted *Am*, presbyopic *spéc*. ◇ *nmf* longsighted *Br* ou farsighted *Am* person, presbyope *spéc*.

**presbytère** [prɛsbitɛr] *nm* presbytery.

**presbytérien, enne** [prɛsbiterjɛ̃, ɛn] *adj & nm, f* Presbyterian.

**presbytie** [prɛsbisi] *nf* longsightedness *Br*, farsightedness *Am*, presbyopia *spéc*.

**prescience** [presjɑ̃s] *nf* **-1.** [pressentiment] prescience *litt*, foreknowledge, foresight. **-2.** RELIG prescience.

**préscolaire** [preskɔlɛr] *adj* preschool.

**prescripteur** [prɛskriptœr] *nm* prescriber.

**prescriptible** [prɛskriptibl] *adj* prescriptible.

**prescription** [prɛskripsjɔ̃] *nf* **-1.** JUR prescription; ~ de la peine lapse ou lapsing of the sentence; y a-t-il ~ pour les crimes de guerre? is there a statutory limitation relating to war crimes? **-2.** [instruction]: se conformer aux ~s to conform to instructions ou regulations; les ~s de la morale moral dictates. **-3.** MÉD [gén] orders, instructions; [ordonnance] prescription.

**prescrire** [99] [prɛskrir] *vt* **-1.** [recommander] to prescribe; ~ qqch à qqn to prescribe sthg for sb; on lui a prescrit du repos she was ordered to rest; ~ à qqn de faire qqch to order sb to do sthg. **-2.** [stipuler] to prescribe, to stipulate; accomplir les formalités que prescrit le règlement to go through the procedures stipulated in the regulations. **-3.** JUR [propriété] to obtain by prescription; *(en usage absolu)*: on ne prescrit pas contre les mineurs one cannot obtain property from minors by prescription ‖ [sanction, peine] to lapse.

◆ **se prescrire** *vp (emploi passif)* JUR [s'acquérir] to be obtained by prescription; [se périmer] to lapse.

**prescrit, e** [prɛskri, it] ◇ *pp* → **prescrire**. ◇ *adj* **-1.** [conseillé – dose] prescribed, recommended. **-2.** [fixé]: au jour ~ on the set day; à l'heure ~e at the agreed hour; dans le délai ~ within the agreed time.

**prescrivais** [prɛskrivɛ], **prescrivis** [prɛskrivi], **prescrivons** [prɛskrivɔ̃] *v* → **prescrire**.

**préséance** [preseɑ̃s] *nf* **-1.** [priorité] precedence, priority; avoir la ~ sur qqn to have precedence over sb. **-2.** *sout* [étiquette]: la ~ veut qu'on le serve avant vous according to (the rules of) etiquette, he should be served before you.

**présélecteur** [preselɛktœr] *nm* preselector.

**présélection** [preselɛksjɔ̃] *nf* **-1.** [choix] preselection, shortlisting. **-2.** AUT: boîte de vitesses à ~ preselector gearbox. **-3.** RAD: poste avec/sans ~ radio with/without preset.

**présélectionné, e** [preselɛksjɔne] *nm, f* short-listed candidate.

**présélectionner** [3] [preselɛksjɔne] *vt* **-1.** [candidat] to preselect, to short-list. **-2.** [heure, programme] to preset.

**présence** [prezɑ̃s] *nf* **-1.** [fait d'être là] presence; faire acte de ~ to put in an appearance; réunion à 9 h, ~ obligatoire meeting at 9 o'clock, attendance compulsory; ~ assidue aux cours regular attendance in class. **-2.** THÉÂT [personnalité] presence; il n'a aucune ~ sur scène he has no stage presence whatsoever. **-3.** [influence] presence; la ~ française en Afrique the French presence in Africa.
◆ **en présence** ◇ *loc adj* **-1.** [en opposition]: les armées/équipes en ~ the opposing armies/teams. **-2.** JUR: les parties en ~ the opposing parties, the litigants *spéc*. ◇ *loc adv*: mettre deux personnes en ~ to bring two people together OU face-to-face.
◆ **en présence de** *loc prép*: je ne parlerai qu'en ~ de mon avocat I refuse to talk unless my lawyer is present; en ma ~ in my presence.
◆ **présence d'esprit** *nf* presence of mind; mon voisin a eu la ~ d'esprit de me prévenir my neighbour had the presence of mind to warn me.

**présent, e** [prezɑ̃, ɑ̃t] ◇ *adj* **-1.** [dans le lieu dont on parle] present; les personnes ici ~es the people here present; le racisme est ~ à tous les niveaux racism can be found at all levels; être ~ à une conférence to be present at OU to attend a conference; être ~ à l'appel MIL to be present at roll call; Duval? — ~! [here OU present!; avoir qqch ~ à l'esprit to bear OU to keep sthg in mind; des images que nous garderons longtemps ~es à l'esprit images which will linger in our minds ❑ répondre ~ SCOL to answer to one's name, to be present at roll call; *fig* to rise to the challenge; des centaines de jeunes ont répondu ~ à l'appel du pape hundreds of young people answered the Pope's call. **-2.** [actif]: les Français ne sont pas du tout ~s dans le jeu

the French team is making no impact on the game at all ‖ THÉÂT: on a rarement vu un chanteur aussi ~ sur scène seldom has one seen a singer with such stage presence. **-3.** *(après le nom)* [en cours]: dans le cas ~ in the present case ‖ *(avant le nom)*: la ~e convention *sout* this agreement.
◇ *nm, f*: il y avait 20 ~s à la réunion 20 people were present at OU attended the meeting.
◆ **présent** *nm* **-1.** [moment] present; vivre dans le ~ to live in the present; pour le ~ for the time being, for the moment. **-2.** GRAMM present (tense); ~ de l'indicatif/du subjonctif present indicative/subjunctive; ~ historique historic present; ~ progressif present progressive; ~ simple simple present. **-3.** *litt* [cadeau] gift, present; faire ~ de qqch à qqn to present sb with sthg.
◆ **présente** *nf* ADMIN [lettre] the present (letter), this letter; je vous informe par la ~e que... I hereby inform you that...; je joins à la ~e un chèque à votre nom I herewith enclose a cheque payable to you.
◆ **à présent** *loc adv* now.
◆ **à présent que** *loc conj* now that.
◆ **d'à présent** *loc adj* modern-day, present-day; les hommes politiques d'à ~ today's OU present-day politicians, the politicians of today.

**présentable** [prezɑ̃tabl] *adj* presentable; ta tenue n'est pas ~ you're not fit to be seen in that outfit; griffonnés comme ça, les documents ne sont pas ~s these hastily scribbled documents are not fit to be seen.

**présentateur, trice** [prezɑ̃tatœr, tris] *nm, f* RAD & TV [des programmes] announcer, presenter; [du journal] newscaster, anchorman *(f* anchorwoman) *Am*; [de variétés] host.

**présentation** [prezɑ̃tasjɔ̃] *nf* **-1.** [dans un groupe] introduction; Robert, faites donc les ~s [entre plusieurs personnes] Robert, could you introduce everybody?; venez par ici, vous deux, je vais faire les ~s come over here, you two, I want to introduce you. **-2.** RAD & TV [des informations] presentation, reading; [des variétés, d'un jeu] hosting, compering *Br*. **-3.** COUT fashion show; aller à une ~ de collection OU couture OU mode to attend a fashion show. **-4.** [exposition] presenting, showing; la ~ des modèles a d'abord provoqué une vive controverse there was fierce controversy when the models were first presented OU unveiled ‖ COMM [à un client potentiel] presentation. **-5.** [aspect formel – d'un texte] presentation; l'idée de départ est bonne mais la ~ des arguments n'est pas convaincante the original idea is good but the arguments are not presented in a convincing manner ‖ COMM presentation, packaging. **-6.** [allure]: il a une mauvaise/bonne ~ he doesn't look/he looks very presentable. **-7.** [d'un document, d'un laissez-passer] showing; [d'un compte, d'une facture] presentation; la ~ de la facture a lieu un mois après the bill is presented a month later. **-8.** MÉD: ~ du sommet/siège head/breech presentation.
◆ **sur présentation de** *loc prép* on presentation of.

**présentement** [prezɑ̃tmɑ̃] *adv* at present, presently *Am*.

**présenter** [3] [prezɑ̃te] ◇ *vt* **-1.** [faire connaître] to introduce; je te présente ma sœur Blanche this is OU let me introduce

---

**USAGE ▶   Faire les présentations**

**Se présenter**

May I introduce myself?
Let me introduce myself.
Hello OU [soutenu] How do you do, my name is Robert.
I don't think we've met OU been introduced.
Hi, I'm Humphrey. [familier]

**Présenter quelqu'un**

▷ *à un groupe:*

Do you know everybody?
Shall I do the introductions?
John, I'd like to introduce you to some friends of mine.

▷ *à une autre personne:*

Have you two met OU been introduced?
May I introduce Mr Webb?

John, I'd like you to meet Emma.
Jane, this is my friend Vicky.
David, I don't think you've met Ruth.
Paul, do you know Katie?
Sarah, you know Frances, don't you?
David, Ruth; Ruth, David. [familier]

**Une fois qu'on a été présenté**

Pleased to meet you.
How do you do? [soutenu]
I've heard so much about you.
Please, call me Max.
May I call you Dan?
I've been looking forward to meeting you.
I'm sorry, I didn't (quite) catch your name.
We've already met.
Don't I know you from somewhere?

my sister Blanche; **on ne vous présente plus** [personne célèbre] you need no introduction from me; **~ qqn à la Cour/au Roi** to present sb at Court/to the King. **-2.** [décrire] to describe, to portray; **on me l'a présenté comme un homme de parole** he was described to me as a man of his word. **-3.** [remettre – ticket, papiers] to present, to show; [– facture, devis] to present. **-4.** [montrer publiquement] to present; **les Ballets de la Lune (vous) présentent...** the Moon Ballet Company presents... **-5.** COMM to present, to package; **bouteille/vitrine joliment présentée** attractively packaged bottle/dressed window. **-6.** RAD & TV [informations] to present, to read; [variétés, jeu] to host, to compere Br. **-7.** [soumettre – démission] to present, to submit, to hand in *(sép)*; [– pétition] to put in *(sép)*, to submit; [– projet de loi] to present, to introduce; **~ sa candidature à un poste** to apply for a position || [dans un festival] to present; [dans un concours] to enter; **pourquoi présentez-vous votre film hors festival?** why aren't you showing your film as part of the festival?; **~ l'anglais à l'oral** SCOL & UNIV to take English at the oral exam; **il a présenté un de ses élèves au Conservatoire** he has entered one of his pupils for the Conservatoire entrance exam. **-8.** [expliquer – dossier] to present, to explain; [– rapport] to present, to bring in *(sép)*; **vous avez présenté votre cas de manière fort convaincante** you have set out ou stated your case most convincingly; **présentez-leur la chose gentiment** put it to them nicely; **présentez vos objections** state your objections. **-9.** [dans les formules de politesse] to offer; **je vous présente mes condoléances** please accept ou I'd like to offer my condolences; **~ ses hommages à qqn** to pay one's respects to sb; **~ ses excuses** to offer (one's) apologies; **~ ses félicitations à qqn** to congratulate sb. **-10.** [comporter] to present, to have; **~ l'avantage de** to have the advantage of; **les deux systèmes présentent peu de différences** the two systems present ou display very few differences. **-11.** [offrir]: **~ son bras à une dame** to offer one's arm to a lady; **~ sa main à qqn** to hold out one's hand to sb; **~ des petits fours** to offer ou to pass round petit fours. **-12.** MIL [armes] to present.
◊ *vi fam*: **il présente bien, ton ami** your friend looks good.
◆ **se présenter** ◊ *vp* [emploi réfléchi] [décliner son identité] to introduce o.s.
◊ *vp (emploi passif)*: **ça se présente sous forme de poudre ou de liquide** it comes as a powder or a liquid.
◊ *vpi* **-1.** [se manifester] to appear; **aucun témoin ne s'est encore présenté** no witness has come forward as yet; **vous devez vous ~ au tribunal à 14 h** you are required to be in court at 2 pm; **elle s'est présentée à son entretien avec une heure de retard** she arrived one hour late for the interview; **se ~ chez qqn** to call on sb, to go to sb's house || *(tournure impersonnelle)*: **il ne s'est présenté aucun acheteur/volontaire** no buyer/volunteer has come forward. **-2.** [avoir telle tournure]: **les choses se présentent plutôt mal** things aren't looking too good; **tout cela se présente fort bien** it all looks very promising; **l'affaire se présente sous un jour nouveau** the matter can be seen ou appears in a new light. **-3.** [être candidat]: **se ~ aux présidentielles** to run for president; **se ~ à un examen** to take an exam; **se ~ à un concours de beauté** to go in for ou to enter a beauty contest; **se ~ pour un poste** to apply for a job. **-4.** [survenir] to arise; **si une difficulté se présente** if any difficulty should arise; **elle a épousé le premier qui s'est présenté** she married the first man that came along; **j'attends que quelque chose d'intéressant se présente** I'm waiting for something interesting to turn up ou to come my way. **-5.** MÉD to present; **le bébé se présente par le siège** the baby is in a breech position, it's a breech baby; **le bébé se présente par la tête** the baby's presentation is normal, the baby's in a head position.

**présentoir** [prezɑ̃twar] *nm* [étagère] (display) shelf; [support] (display) stand, display unit.

**préservatif, ive** [prezɛrvatif, iv] *adj litt* preventive, protective.
◆ **préservatif** *nm* condom, sheath; **~ féminin** female condom; [diaphragme] diaphragm.

**préservation** [prezɛrvasjɔ̃] *nf* preservation, protection; **la ~ de l'emploi** safeguarding jobs.

**préserver** [3] [prezɛrve] *vt* **-1.** [maintenir] to preserve, to keep; **pour ~ l'intégrité de notre territoire** in order to retain our territorial integrity. **-2.** [protéger]: **~ de** to protect ou to preserve from; **'à ~ de l'humidité/la chaleur'** 'to be kept in a dry/cool place'; **Dieu ou le ciel me préserve de tomber jamais aussi bas!** God ou Heaven forbid that I should ever fall so low!
◆ **se préserver de** *vp + prép* to guard against.

**présidence** [prezidɑ̃s] *nf* **-1.** [fonction] POL presidency; UNIV principalship, vice-chancellorship *Br*, presidency *Am*; COMM [d'un homme] chairmanship, directorship; ADMIN chairmanship; **la ~ du jury** UNIV the chief examinership; **une femme a été nommée à la ~** POL a woman was made President; ADMIN a woman was appointed to the chair ou made chairperson. **-2.** [durée – prévue] term of office; [– effectuée] period in office; **sa ~ aura duré un an** she'll have been in office for a year. **-3.** [lieu] presidential residence ou palace. **-4.** [services] presidential office; **à la ~, on ne dit rien** presidential aides are keeping silent.

**président** [prezidɑ̃] *nm* **-1.** POL president; **le ~ de la République française** the French President. **-2.** ADMIN chairman (*f* chairwoman), chairperson. **-3.** COMM chairman (*f* chairwoman); **~-directeur général** chairman and managing director *Br*, president and chief executive officer *Am*; **~ du conseil d'administration** Chairman of the Board. **-4.** JUR: **~ d'audience** presiding magistrate ou judge; **~ du tribunal** vice-chancellor *Br*. **-5.** UNIV principal, vice-chancellor *Br*, president *Am*; **~ du jury** (d'examen) chief examiner. **-6.** SPORT: **~ d'un club de football** president of a football club; **le ~ du comité olympique** the chairman of the Olympic Committee ❑ **~ du jury** chairman of the panel of judges.

**présidente** [prezidɑ̃t] *nf* **-1.** POL [titulaire] (woman) president; *vieilli* [épouse du président] president's wife. **-2.** COMM [titulaire] chairwoman; *vieilli* [épouse du président] chairman's wife. **-3.** JUR presiding judge.

**présidentiable** [prezidɑ̃sjabl] *nmf* would-be presidential candidate.

**présidentialisme** [prezidɑ̃sjalism] *nm* presidential (government) system.

**présidentiel, elle** [prezidɑ̃sjɛl] *adj* **-1.** [du président] presidential, president's. **-2.** [centralisé – régime] presidential.
◆ **présidentielles** *nfpl* presidential election ou elections.

**présider** [3] [prezide] *vt* [diriger – séance] to preside at ou over *(insép)*; [– œuvre de bienfaisance, commission] to preside over, to be the president of; [table] to be at the head of.
◆ **présider à** *v + prép sout*: **~ aux destinées d'un pays** to rule over a country, to steer the ship of state; **un réel esprit de coopération a présidé à nos entretiens** a genuine spirit of cooperation prevailed during our talks.

**présidium** [prezidjɔm] = **praesidium**.

**présomptif, ive** [prezɔptif, iv] *adj* presumptive.

**présomption** [prezɔ̃psjɔ̃] *nf* **-1.** [prétention] presumption, presumptuousness. **-2.** [supposition] presumption, assumption; **il s'agit là d'une simple ~ de votre part** you're only assuming this (to be the case). **-3.** JUR presumption; **~ légale** presumption of law; **~ de paternité** presumption of legitimacy.

**présomptueux, euse** [prezɔ̃ptɥø, øz] *adj* presumptuous.

**présonorisation** [presɔnɔrizasjɔ̃] *nf* playback.

**presque** [prɛsk] *adv* **-1.** [dans des phrases affirmatives] almost, nearly; **l'espèce a ~ entièrement disparu** the species is virtually ou all but extinct; **l'ambulance est arrivée ~ aussitôt** the ambulance arrived almost immediately ou at once. **-2.** [dans des phrases négatives]: **ils ne se sont ~ pas parlé** they hardly spoke to each other; **je n'avais ~ pas mangé de la journée** I'd eaten next to ou almost ou virtually nothing all day; **tu fumes beaucoup en ce moment? — non, ~ pas** do you smoke much at the moment? — no, hardly at all; **est-ce qu'il reste des gâteaux? — non, ~ pas** are there any cakes left? — hardly any; **il n'y a ~ plus de café** there's hardly any coffee left. **-3.** *sout* [quasi]: **avoir la ~ certitude de qqch** to be almost ou practically certain of sthg.
◆ **ou presque** *loc adv*: **des écrivains ignorés ou ~** writers who are unknown or almost unknown; **c'est sûr, ou ~** it's almost ou practically certain.

**presqu'île** [prɛskil] *nf* peninsula.

**pressage** [prɛsaʒ] *nm* **-1.** [d'un disque] pressing. **-2.** [du fromage] draining ou pressing of curds.

**pressant, e** [prɛsɑ̃, ɑ̃t] *adj* **-1.** [urgent] urgent. **-2.** [insistant – question, invitation] pressing, insistent.

**press-book** [prɛsbuk] (*pl* **press-books**) *nm* portfolio.

**presse** [prɛs] *nf* **-1.** [journaux, magazines etc]: la ~ (écrite) the press, the papers ❏ ~ féminine/financière/sportive women's/financial/sports magazines; ~ à sensation ou à scandale popular press, gutter press, ≈ tabloids; la ~ d'opinion the quality newspapers; ~ quotidienne régionale local daily press; avoir bonne/mauvaise ~ *pr* to have a good/bad press; *fig* to be well/badly thought of. **-2.** IMPR press; être mis sous ~ to go to press; au moment où nous mettons sous ~ at the time of going to press; sortir de ~ to come out ❏ ~ rotative rotary press. **-3.** AGR, MÉCAN & TEXT press; MENUIS bench vice; ~ à forger forging machine; ~ hydraulique/mécanique hydraulic/power press; ~ monétaire coining press. **-4.** ŒNOL winepress. **-5.** *litt* [foule, bousculade] press, throng.
◆ **de presse** *loc adj* **-1.** [campagne, coupure, attaché] press *(modif).* **-2.** *sout* [moment, période] peak *(avant n)*; nous avons des moments de ~ we get very busy at times.

**pressé, e** [prese] *adj* **-1.** [personne]: être ~ to be pressed for time, to be in a hurry ou rush; tu n'as pas l'air ~ de la revoir you seem in no hurry ou you don't seem eager to see her again; je suis ~ d'en finir I'm anxious to get the whole thing over with. **-2.** [précipité – démarche, geste] hurried. **-3.** [urgent – réparation, achat] urgent; il n'a rien trouvé de plus ~ que d'aller tout raconter à sa femme he wasted no time in telling his wife the whole story; le plus ~, c'est de prévenir son mari the first thing to do is to tell her husband. **-4.** [agrume] freshly squeezed. **-5.** TECH pressed.

**presse-agrumes** [prɛsagrym] *nm inv* electric (orange or lemon) squeezer.

**presse-bouton** [prɛsbutɔ̃] *adj inv*: → guerre.

**presse-citron** [prɛsitrɔ̃] (*pl inv* ou **presse-citrons**) *nm* lemon squeezer.

**pressens** [prɛsɑ̃] *v* → pressentir.

**pressentiment** [presɑ̃timɑ̃] *nm* premonition, feeling, hunch; avoir le ~ de/que to have a feeling of/that; j'ai eu le curieux ~ que je reviendrais ici un jour I had the odd feeling ou a hunch that I'd be back again some day.

**pressentir** [37] [presɑ̃tir] *vt* **-1.** [prévoir] to sense (in advance), to have a premonition of; ~ un danger/des difficultés to sense danger/trouble; rien ne laissait ~ qu'elle allait démissionner nothing suggested that she would resign. **-2.** [contacter] to approach, to contact; toutes les personnes pressenties all the people who were contacted.

**presse-papier** [prɛspapje] *nm inv* paperweight.

**presse-purée** [prɛspyre] *nm inv* potato masher.

**presser** [4] [prese] ◇ *vt* **-1.** [extraire le jus de] to squeeze; ~ le raisin to press grapes ❏ ~ le citron à qqn *fam*, ~ qqn comme un citron *fam* to exploit sb to the full, to squeeze sb dry. **-2.** [faire se hâter] to rush; j'ai horreur qu'on me presse I hate being rushed; qu'est-ce qui te presse? what's the hurry?, what's (all) the rush for?; ~ le pas to speed up. **-3.** [serrer] to squeeze; elle pressait sa poupée dans ses bras she was hugging her doll; il pressait sur son cœur la photo de sa fille he was clasping a picture of his daughter to his heart. **-4.** ~ qqn de faire qqch [l'inciter à faire] to urge sb to do sthg. **-5.** [accabler]: ~ qqn de questions to ply ou to bombard sb with questions; être pressé par le temps/l'argent to be pressed for time/money. **-6.** TECH [disque, pli] to press. ◇ *vi*: le temps presse time is short; l'affaire presse it's an urgent matter; rien ne presse, ça ne presse pas there's no need (no need) to rush ou hurry.
◆ **se presser** ◇ *vpi* **-1.** [se dépêcher] to hurry; il n'est que 2 h, il n'y a pas de raison de se ~ it's only 2 o'clock, there's no point in rushing ou no need to hurry; allons les enfants, pressons-nous un peu come on children, get a move on; se ~ de faire qqch to be in a hurry to do sthg; je ne me pressai pas de répondre I was in no hurry to reply. **-2.** [se serrer]: il se pressait contre moi tant il avait peur he was pressing up against me from fright; les gens se pressaient au guichet there was a crush at the box office; on se pressait pour entrer people were pushing to get in. ◇ *vpt fam*: se ~ le citron to rack one's brains.

**presse-raquette** [prɛsrakɛt] (*pl inv* ou **presse-raquettes**) *nm*

racket press.

**presse-viande** [prɛsvjɑ̃d] *nm inv* juice extractor (*for meat*).

**pressing** [presiŋ] *nm* **-1.** [repassage] pressing. **-2.** [boutique] dry cleaner's. **-3.** *fam* & SPORT: faire le ~ to put ou to pile on the pressure.

**pression** [presjɔ̃] *nf* **-1.** [action] pressure; une simple ~ de la main suffit you just have to press lightly. **-2.** PHYS pressure; la ~ de l'eau water pressure; mettre sous ~ to pressurize; récipient sous ~ pressurized container ❏ ~ artérielle MÉD blood pressure; ~ atmosphérique MÉTÉO atmospheric pressure; être sous ~ to be stressed ou under pressure. **-3.** [contrainte morale] pressure; céder à la ~ populaire/familiale to give in to popular/family pressure; faire ~ sur qqn to put pressure on sb; il faut exercer une ~ sur la classe politique we must put pressure on ou bring pressure to bear on the political community; il y a une forte ~ sur le dollar/l'équipe belge the dollar/the Belgian team is under heavy pressure ❏ ~ fiscale tax burden. **-4.** VÊT press stud *Br*, snap (fastener) *Am*. **-5.** [bière] draught *Br* ou draft *Am* (beer).
◆ **à la pression** *loc adj* [bière] draught *Br*, draft *Am*.

**pressoir** [prɛswar] *nm* **-1.** [appareil] winepress; ~ à cidre/ huile cider/oil press. **-2.** [lieu] presshouse.

**pressurage** [presyraʒ] *nm* ŒNOL pressing.

**pressurer** [3] [presyre] *vt* **-1.** [raisin] to press; [citron] to squeeze. **-2.** *fig* [exploiter] to squeeze, to extort, to exploit.

**pressurisation** [presyrizasjɔ̃] *nf* pressurization.

**pressuriser** [3] [presyrize] *vt* to pressurize.

**prestance** [prɛstɑ̃s] *nf*: un jeune homme de belle/noble ~ a handsome/noble-looking young man; il a de la ~ he is a fine figure of a man.

**prestataire** [prɛstatɛr] *nmf* **-1.** [bénéficiaire] recipient (*of an allowance*); depuis la majorité de mes enfants, je ne suis plus ~ des allocations familiales since my children came of age, I have not been able to claim child benefit. **-2.** [fournisseur]: ~ de service provider ou deliverer of a service.

**prestation** [prɛstasjɔ̃] *nf* **-1.** [allocation] allowance, benefit; ~s familiales family benefits (*such as child benefit, rent allowance etc*); ~ d'invalidité (industrial) disablement benefit; ~s sociales social security benefits. **-2.** COMM: ~ de service provision ou delivery of a service. **-3.** [d'un artiste, d'un sportif etc] performance; faire une bonne/mauvaise ~ to play well/badly; faire une bonne ~ scénique/télévisuelle to put on a good stage/television performance. **-4.** JUR & ADMIN: ~s locatives service charge (*paid by the tenant to the landlord*).

**preste** [prɛst] *adj* swift, nimble.

**prestement** [prɛstəmɑ̃] *adv* [se faufiler] swiftly, nimbly; [travailler] swiftly, quickly.

**prestidigitateur, trice** [prɛstidiʒitatœr, tris] *nm, f* conjuror, magician.

**prestidigitation** [prɛstidiʒitasjɔ̃] *nf* conjuring, prestidigitation; faire de la ~ [en amateur] to do conjuring (tricks); [en professionnel] to be a conjuror.

**prestige** [prɛstiʒ] *nm* prestige; jouir d'un grand ~ to enjoy great prestige; redonner du ~ à une institution to restore prestige to an institution; le ~ de l'uniforme the glamour of the uniform.
◆ **de prestige** *loc adj* [politique] prestige *(modif)*; [résidence] luxury *(modif)*.
◆ **pour le prestige** *loc adv* for the sake of prestige.

**prestigieux, euse** [prɛstiʒjø, øz] *adj* **-1.** [magnifique] prestigious, glamorous; notre prestigieuse collection «Histoire» our magnificent History collection. **-2.** [renommé – produit] renowned, famous, world-famous.

**presto** [prɛsto] *adv* **-1.** MUS presto. **-2.** *fam* [vite] at ou on the double, double-quick.

**présumable** [prezymabl] *adj sout* presumable; il est ~ que... it is to be presumed that...

**présumé, e** [prezyme] *adj* **-1.** [considéré comme] presumed; tout accusé, en l'absence de preuves, est ~ innocent in the absence of proof, all defendants are presumed innocent. **-2.** [supposé] presumed, putative; Max Dalbon est l'auteur ~ du pamphlet Max Dalbon is presumed to be the author of this pamphlet.

**présumer** [3] [prezyme] *vt* [supposer] to presume, to assume; je présume que vous êtes sa sœur I take it ou pre-

sume you're his sister.
◆ **présumer de** *v* + *prép* [surestimer]: j'ai un peu présumé de mes forces I rather overdid things; ~ de qqn to rely on sb too much.

**présupposé** [presypoze] *nm* presupposition.

**présupposer** [3] [presypoze] *vt* to presuppose.

**présupposition** [presypozisjɔ̃] *nf* presupposition.

**présure** [prezyr] *nf* rennet.

**présurer** [3] [prezyre] *vt* to curdle with rennet.

**prêt¹** [prɛ] *nm* **-1.** [action] lending, loaning; c'est seulement un ~ it's only a loan; le ~ de livres est réservé aux étudiants the lending of books is restricted to students; conditions de ~ lending conditions. **-2.** [bancaire] loan; solliciter un ~ to apply for a loan; obtenir un ~ d'une banque to secure a bank loan; ~ bancaire bank loan; ~ à la construction building loan; ~ hypothécaire mortgage loan; ~ à intérêt loan at ou with interest. **-3.** [dans une bibliothèque – document] loan, issue, book issued.

**prêt², e** [prɛ, prɛt] *adj* **-1.** [préparé] ready; je suis ~, on peut partir I'm ready, we can go now; mes valises sont ~es my bags are packed; ~ à: ~ à emporter take-away *(avant n)*; poulet ~ à cuire ou rôtir ovenready ou dressed chicken; être (fin) ~ au départ to be all set to go; l'armée se tient ~e à intervenir the army is ready to step in ou to intervene; ~ pour: vous n'êtes pas encore ~ pour la compétition you're not ready for competition yet; tout est (fin) ~ pour la cérémonie everything is ready for the ceremony; j'ai toujours une cassette de ~ *fam* I always have a tape ready. **-2.** [disposé]: ~ à ready ou willing to; être ~ à tout to be game for anything; pour l'argent il est ~ à tout (faire) he'd do anything ou stop at nothing for money.

**prêt-à-coudre** [prɛtakudr] *(pl* **prêts-à-coudre)** *nm* ready-to-sew garment, garment in kit form.

**prêt-à-manger** [prɛtamãʒe] *(pl* **prêts-à-manger)** *nm* **-1.** [nourriture] fast food. **-2.** [restaurant] fast-food restaurant.

**prêt-à-monter** [prɛtamɔ̃te] *(pl* **prêts-à-monter)** *nm* kit.

**prêt-à-porter** [prɛtaporte] *(pl* **prêts-à-porter)** *nm* ready-to-wear; elle n'achète que du ~ she only buys ready-to-wear ou *Br* off-the-peg clothes.

**prêté** [prete] *nm loc*: c'est un ~ pour un rendu it's tit for tat.

**prétendant, e** [pretãdã, ãt] *nm, f*: ~ au trône pretender to the throne.
◆ **prétendant** *nm hum* [soupirant] suitor, wooer *vieilli*.

**prétendre** [73] [pretãdr] *vt* **-1.** [se vanter de] to claim. **-2.** [affirmer] to claim, to maintain; ~ que: je ne prétends pas que ce soit ou que c'est de ta faute I'm not saying ou I don't say it's your fault; on la prétend folle she's said ou alleged to be mad; à ce qu'elle prétend, son mari est ambassadeur according to her, her husband is an ambassadeur; ce n'est pas le chef-d'œuvre qu'on prétend it's not the masterpiece it's made out to be. **-3.** [avoir l'intention de] to intend, to mean.
◆ **prétendre à** *v* + *prép* **-1.** [revendiquer] to claim; vous pouvez ~ à une indemnisation you can claim compensation. **-2.** *litt* [aspirer à] to aspire to; il prétend au titre de champion he is aiming for the championship.
◆ **se prétendre** *vpi* [se dire] to claim to be; il se prétend avocat he claims to be a lawyer.

**prétendu, e** [pretãdy] *♢ pp → * **prétendre**. *♢ adj* [par soi-même] so-called, self-styled; [par autrui] so-called, alleged. *♢ nm, f dial* [fiancé, fiancée] betrothed, intended.

**prétendument** [pretãdymã] *adv* [par soi-même] supposedly; [par autrui] supposedly, allegedly.

**prête-nom** [prɛtnɔ̃] *(pl* **prête-noms)** *nm* figurehead, man of straw; servir de ~ à qqch to act as a figurehead for sth.

**prétentieusement** [pretãsjøzmã] *adv* pretentiously, self-importantly.

**prétentieux, euse** [pretãsjø, øz] *♢ adj* [personne] pretentious; [style, remarque] pretentious. *♢ nm, f* conceited ou self-important person, poseur.

**prétention** [pretãsjɔ̃] *nf* **-1.** [orgueil] pretentiousness, conceit, self-conceit; il est plein de ~ he's so conceited. **-2.** [ambition] pretension, pretence; avoir la ~ de faire qqch: tu n'as tout de même pas la ~ de te représenter? do you really have the nerve to run again?; je n'ai pas la ~ d'avoir été complet sur ce sujet I don't claim to have fully covered the

subject; l'article a des ~s littéraires the article has literary pretensions.
◆ **prétentions** *nfpl* **-1.** [exigences] claims; avoir des ~s sur un héritage/une propriété to lay claim to an inheritance/a property. **-2.** [financières] expected salary; vos ~s sont trop élevées you're asking for too high a salary; envoyez une lettre spécifiant vos ~s send a letter specifying your salary expectations.
◆ **sans prétention** *loc adj* unpretentious; un écrivain sans ~ an unassuming writer.

**prêter** [4] [prete] *vt* **-1.** [argent, bien] to lend; peux-tu me ~ ta voiture? can you lend me ou can I borrow your car? ‖ *(en usage absolu):* la banque prête à 9 % the bank lends at 9%; ~ sur gages to lend (money) against security ❑ on ne prête qu'aux riches *prov* to those who have shall be given. **-2.** [attribuer] to attribute, to accord; ~ de l'importance à qqch to attach importance to sth; on lui a parfois prêté des pouvoirs magiques he was sometimes alleged ou claimed to have magical powers; on me prête des talents que je n'ai malheureusement pas I am credited with skills that I unfortunately do not possess; ce sont les propos prêtés au sénateur these are the words attributed to the senator. **-3.** [offrir]: ~ asile à qqn to give ou to offer sb shelter; ~ assistance ou secours à qqn to give ou to lend assistance to sb; ~ attention à to pay attention to; ~ l'oreille to listen; ~ une oreille attentive à qqn to listen attentively to sb; ~ une oreille distraite à qqn to listen to sb with only half an ear; ~ serment to take the oath; *POL* to be sworn in; faire ~ serment à qqn to put sb under oath; ~ son nom à une cause to lend one's name to a cause ❑ ~ le flanc à: ~ le flanc à la critique to lay o.s. open to ou to invite criticism; ~ le flanc à l'adversaire to give the adversary an opening.
◆ **prêter à** *v* + *prép* [donner lieu à] to give rise to, to invite; le texte prête à confusion the text is open to misinterpretation; la déclaration prête à équivoque the statement is ambiguous; il est d'une naïveté qui prête à rire he is ridiculously naive.
◆ **se prêter à** *vp* + *prép* **-1.** [consentir à] to lend o.s. to; se ~ à une fraude to countenance a fraud; se ~ au jeu to enter into the spirit of the game. **-2.** [être adapté à] to be suitable for; si le temps s'y prête weather permitting; les circonstances ne se prêtaient guère aux confidences it was no time for confidences.

**prétérit** [preterit] *nm* preterite.

**prétériter** [3] [preterite] *vt Helv* [personne] to wrong.

**prêteur, euse** [prɛtœr, øz] *♢ adj*: elle n'est pas prêteuse she doesn't like lending, she's very possessive about her belongings. *♢ nm, f* lender, moneylender; ~ sur gages pawnbroker; ~ sur hypothèque mortgagee.

**prétexte** [pretɛkst] *♢ adj f ANTIQ* [toge] praetexta. *♢ nm* **-1.** [excuse] pretext, excuse; trouver un bon ~ to come up with a good excuse; un mauvais ~ a lame ou feeble excuse; servir de ~ à qqn to provide sb with a pretext; prendre ~ de qqch to use sth as an excuse; pour toi, tous les ~s sont bons pour ne pas travailler any excuse is good for avoiding work as far as you are concerned. **-2.** [occasion]: pour toi, tout est ~ à rire/au sarcasme you find cause for laughter/sarcasm in everything.
◆ **sous aucun prétexte** *loc adv* on no account.
◆ **sous prétexte de**, **sous prétexte que** *loc conj*: il est sorti sous ~ d'aller acheter du pain he went out on the pretext of buying some bread; sous ~ qu'elle a été malade, on lui passe tout just because she's been ill, she can get away with anything.

**prétexter** [4] [pretɛkste] *vt* to give as a pretext, to use as an excuse; ~ que to pretend (that).

**prétoire** [pretwar] *nm* **-1.** *JUR* court. **-2.** *ANTIQ* [tente, palais] praetorium.

**prétorien, enne** [pretɔrjɛ̃, ɛn] *adj ANTIQ* [d'un magistrat] preto-rian, praetorian; [d'un garde] Praetorian.
◆ **prétorien** *nm* Praetorian Guard.

**prétraitement** [pretrɛtmã] *nm* **-1.** *INF* preprocessing. **-2.** *TECH* pretreatment.

**prêtre** [prɛtr] *nm RELIG* priest; les ~s the clergy ❑ grand ~ *pr & fig* high priest.

**prêtre-ouvrier** [prɛtruvrije] *(pl* **prêtres-ouvriers)** *nm* worker-priest.

**prêtresse** [prɛtrɛs] *nf* RELIG priestess; **grande** ~ *pr* & *fig* high priestess.

**prêtrise** [pretriz] *nf* priesthood; **recevoir la** ~ to be ordained a priest.

**preuve** [prœv] *nf* -1. [indice] proof, (piece of) evidence; **avoir la** ~ **que** to have proof that; **avez-vous des** ~s **de ce que vous avancez?** can you produce evidence of ou can you prove what you're saying?; **c'est à nous de fournir la** ~ it's up to us to show proof, the onus of proof is on us; ~ **d'amour** token of love ❏ ~ **littérale** ou **par écrit** written evidence; ~ **recevable** admissible evidence; ~ **tangible** hard evidence. -2. [démonstration] proof; **mon avocat fera la** ~ **de mon innocence** my lawyer will prove that I'm innocent, my lawyer will prove my innocence; **la** ~ **de son inexpérience, c'est qu'il n'a pas demandé de reçu** his not asking for a receipt goes to show ou proves that he lacks experience; **il n'est pas fiable, la** ~, **il est déjà en retard** *fam* you can never rely on him, look, he's already late; **faire** ~ **d'un grand sang-froid** to show ou to display great presence of mind ❏ **faire ses** ~s: **c'est un produit qui a fait ses** ~s it's a tried and tested product; **il avait fait ses** ~s **dans le maquis** he'd won his spurs ou proved himself in the Maquis. -3. MATH: ~ **par neuf** casting out nines; **faire une** ~ **par neuf** to cast out nines.
◆ **à preuve** *loc adv fam*: **tout le monde peut devenir célèbre, à** ~ **moi-même** anybody can become famous, take me for instance ou just look at me.
◆ **à preuve que** *loc conj fam* which goes to show that.
◆ **preuves en main** *loc adv* with cast-iron proof available; **affirmer qqch** ~s **en main** to back up a statement with cast-iron evidence ou proof.

**preux** [prø] *arch* ◇ *adj m* valiant, gallant. ◇ *nm* valiant knight.

**prévaloir** [61] [prevalwar] *vi* [prédominer] to prevail; **nous lutterons pour faire** ~ **nos droits légitimes** we will fight for our legitimate rights; ~ **sur** to prevail over ou against; ~ **contre** to prevail against, to overcome.
◆ **se prévaloir de** *vp* + *prép* -1. [profiter de]: **elle se prévalait de son ancienneté pour imposer ses goûts** she took advantage of her seniority to impose her preferences. -2. [se vanter de]: **il se prévalait de ses origines aristocratiques** he boasted of ou about his aristocratic background.

**prévaricateur, trice** [prevarikatœr, tris] JUR ◇ *adj* corrupt. ◇ *nm, f* corrupt official.

**prévarication** [prevarikasjɔ̃] *nf* JUR [corruption] breach of trust, corrupt practice.

**prévaudrai** [prevodre], **prévaut** [prevo], **prévaux** [prevo] *v* → **prévaloir**.

**prévenance** [prevnɑ̃s] *nf* kindness, consideration, thoughtfulness; **être plein de** ~ **à l'égard de qqn** to be considerate for ou to sb; **entourer qqn de** ~s to do ou to show sb many kindnesses.

**prévenant, e** [prevnɑ̃, ɑ̃t] *adj* kindly, considerate, thoughtful; **des manières** ~es attentive manners; **être** ~ **à l'égard de qqn** to be considerate ou thoughtful towards sb.

**prévenir** [40] [prevnir] *vt* -1. [informer]: ~ **qqn** to inform sb, to let sb know; **préviens-moi s'il y a du nouveau** let me know if anything new comes up; **en cas d'accident, qui dois-je** ~? who should I inform ou notify in case of an accident?; ~ **la police** to call ou to notify the police. -2. [mettre en garde] **je te préviens, si tu recommences, c'est la fessée!** I'm warning you, if you do that again I'll spank you! ‖ *(en usage absolu)*: **partir sans** ~ to leave without warning ou notice. -3. [empêcher] to prevent, to avert; ~ **une rechute** to prevent a relapse; ~ **un danger** to ward ou to stave off a danger. -4. [anticiper – désir, besoin] to anticipate; [– accusation, critique] to forestall. -5. *sout* [influencer]: ~ **qqn en faveur de/contre** to prejudice ou to bias sb in favour of/against.

**préventif, ive** [prevɑ̃tif, iv] *adj* preventive, preventative; **prendre des mesures préventives** to take preventive ou precautionary measures; **prenez ce médicament à titre** ~ take this medicine as a precaution.
◆ **préventive** *nf* custody *(pending trial)*; **faire de la préventive** to be remanded in custody.

**prévention** [prevɑ̃sjɔ̃] *nf* -1. [ensemble de mesures] prevention; **nous nous attachons à la** ~ **des accidents** we en-

deavour to prevent accidents ❏ **la** ~ **routière** the road safety administration, ≃ Royal Society for the Prevention of Accidents *Br*. -2. *sout* [parti pris] prejudice, bias; **avoir des** ~s **à l'égard de** ou **contre qqn** to be prejudiced ou biased against sb. -3. JUR custody; **il a fait un an de** ~ **avant d'être jugé** he was remanded in custody for one year before being tried.

**prévenu, e** [prevny] ◇ *pp* → **prévenir**. ◇ *adj* -1. *sout* [partial] biased; ~ **en faveur de** ou **pour qqn** biased in favour of sb; ~ **contre qqn** biased against sb. -2. JUR [poursuivi judiciairement] charged; **il est** ~ **de meurtre avec préméditation** he is charged with premeditated murder. ◇ *nm, f* [à un procès] defendant; [en prison] prisoner; **le** ~ **nie toute participation aux faits** the defendant denies being involved.

**préviendrai** [prevjɛ̃dre], **préviennent** [prevjɛn], **préviens** [prevjɛ̃], **prévins** [prevɛ̃] *v* → **prévenir**.

**prévis** [previ] *v* → **prévoir**.

**prévisibilité** [previzibilite] *nf* foreseeability.

**prévisible** [previzibl] *adj* foreseeable, predictable; **ses réactions ne sont pas toujours** ~s his reactions are sometimes unexpected ou unpredictable; **son échec était** ~ it was to be expected that he'd fail.

**prévision** [previzjɔ̃] *nf* -1. *(gén pl)* [calcul] expectation; **le coût de la maison a dépassé nos** ~s the house cost more than we expected. -2. ÉCON [processus] forecasting; ~ **budgétaire** budget forecast ou projections; ~ **économique** economic forecasting. -3. MÉTÉO [technique] (weather) forecasting; ~s **météorologiques** [bulletin] weather forecast.
◆ **en prévision de** *loc prép* in anticipation of.

**prévisionnel, elle** [previzjonɛl] *adj* [analyse, étude] forward-looking; [coût] estimated; [budget] projected.

**prévoir** [63] [prevwar] *vt* -1. [prédire] to foresee, to expect, to anticipate; MÉTÉO to forecast; **on ne peut pas toujours tout** ~ you can't always think of everything in advance; **alors ça, ça n'était pas prévu au programme** we weren't expecting that to happen; **rien ne laissait** ~ **pareil accident** nothing indicated that such an accident could happen; **rien ne laissait** ~ **qu'il nous quitterait si rapidement** we never expected him to pass away so soon. -2. [projeter] to plan; **tout s'est passé comme prévu** everything went according to plan ou smoothly; **on a dîné plus tôt que prévu** we had dinner earlier than planned; **tout est prévu pour les invités** everything has been laid on ou arranged for the guests; **l'ouverture du centre commercial est prévue pour le mois prochain** the opening of the shopping centre is scheduled for next month. -3. [préparer] to allow, to provide; **prévoyez des vêtements chauds** make sure you bring some warm clothes. -4. JUR to provide for.

**prévôt** [prevo] *nm* -1. HIST provost. -2. MIL provost marshal.

**prévoyais** [prevwaje] *v* → **prévoir**.

**prévoyance** [prevwajɑ̃s] *nf* foresight, foresightedness, forethought; **faire preuve de** ~ to be provident.

**prévoyant, e** [prevwajɑ̃, ɑ̃t] *adj* provident, prudent.

**prévoyons** [prevwajɔ̃], **prévu, e** [prevy] *v* → **prévoir**.

**priant** [prijɑ̃] *nm* kneeling statue.

**prie-Dieu** [pridjø] *nm inv* prie-dieu, prayer stool.

**prier** [10] [prije] ◇ *vt* -1. [ciel, Dieu] to pray to; **je prie Dieu et tous ses saints que...** I pray (to) God and all his saints that... -2. [supplier] to beg, to beseech *litt*; **je vous en prie, emmenez-moi** I beg you to take me with you; **je te prie de me pardonner** please forgive me; **se faire** ~: **il adore se faire** ~ he loves to be coaxed; **elle ne s'est pas fait** ~ **pour venir** she didn't need any persuasion to come along; **j'ai accepté sans me faire** ~ I said yes without any hesitation; **je vous prie de croire qu'il m'a écouté cette fois!** believe (you) me, he listened to me this time! -3. [enjoindre] to request; **vous êtes priés d'arriver à l'heure** you're requested to arrive on time. -4. [dans des formules de politesse orales]: **merci** — **je vous en prie** thank you — (please) don't mention it; **puis-je entrer?** — **je vous en prie** may I come in? — please do; **pourriez-vous m'indiquer où est le commissariat, je vous prie?** could you please tell me ou would you be kind enough to tell me where the police station is? ‖ [par écrit]: **M. et Mme Lemet vous prient de bien vouloir assister au mariage de leur fille** Mr and Mrs Lemet request the pleasure of your company at their daughter's wedding; **je**

vous prie de croire à mes sentiments distingués ou les meilleurs yours sincerely. **-5.** *litt* [inviter]: ~ qqn à to ask ou to invite sb for, to request sb to *litt*.

◊ *vi* to pray; ~ **pour** qqn to pray for sb; **prions pour la paix** let us pray for peace.

**prière** [prijɛr] *nf* **-1.** RELIG prayer; **dire** ou **faire** ou **réciter ses ~s** to say one's prayers; **être en ~** to be praying; **je l'ai trouvé en ~** I found him at prayer; **tu peux faire tes ~s** [menace] say your prayers. **-2.** [requête] request, plea, entreaty; **elle a fini par céder aux ~s de ses enfants** she finally gave in to her children's pleas; **'~ de ne pas fumer'** 'no smoking (please)'.

◆ **prière d'insérer** *nm* ou *nf* insert (*publisher's blurb for press release*).

**prieur, e** [prijœr] *nm, f*: **(père) ~** prior; **(mère) ~e** prioress.

**prieuré** [prijœre] *nm* [communauté] priory; [église] priory (church).

**priions** [prijɔ̃] *v* → **prier**.

**prima donna** [primadɔna] (*pl* **prime donne** [primedɔne]) *nf* prima donna.

**primaire** [primɛr] ◊ *adj* **-1.** [premier – d'une série] primary; **école/enseignement ~** primary school/education; **être ~** GÉOL Palaeozoic (age). **-2.** [fondamental] primary. **-3.** [borné – personne] simpleminded; [– attitude] simplistic, unsophisticated; **faire de l'anticommunisme ~** to be a dyed-in-the-wool anticommunist. ◊ *nmf* [personne bornée] simpleton. ◊ *nm*: **le ~** ENS primary education; GÉOL the Palaeozoic age; ÉCON the primary sector. ◊ *nf* POL primary (election); **les ~s** the primaries.

**primal, e, aux** [primal, o] *adj* primal.

**primarité** [primarite] *nf* simplemindedness.

**primat** [prima] *nm* **-1.** RELIG primate. **-2.** *litt* [supériorité] sway, primacy.

**primate** [primat] *nm* **-1.** ZOOL primate; **les ~s** the Primates. **-2.** *fam* [homme grossier] ape, brute.

**primauté** [primote] *nf* **-1.** [supériorité] primacy; **donner la ~ à la théorie sur la pratique** to accord more importance to theory than to practice. **-2.** RELIG primacy.

**prime** [prim] ◊ *adj* **-1.** MATH prime; **m ~** m prime. **-2.** *litt* [premier]: **dès sa ~ enfance** ou **jeunesse** from her earliest childhood; **elle n'est plus vraiment dans la ~ jeunesse** she's not that young anymore. ◊ *nf* **-1.** [gratification] bonus; **~ d'objectif** incentive bonus; **~ de rendement** productivity bonus. **-2.** [indemnisation – par un organisme] allowance; [– par l'État] subsidy; **~ de transport/déménagement** travel/relocation allowance; **~ de risque** danger money; **~ de vie chère** cost-of-living allowance. **-3.** [incitation] subsidy; **cette mesure est une ~ à la délation** *fig* this measure will only encourage people to denounce others □; **~ à l'exportation** export subsidy; **~ au retour** repatriation allowance. **-4.** FIN [cotisation] premium; [indemnité] indemnity; **~ d'assurance** insurance premium; **ils ne toucheront pas la ~** [bonus] they will not qualify for the no-claims bonus. **-5.** BOURSE [taux] option rate; [somme] option money; **~ d'émission** premium on option to buy shares. **-6.** *loc*: **faire ~** to be at a premium.

◆ **de prime abord** *loc adv* at first sight ou glance.

◆ **en prime** *loc adv* as a bonus; **non seulement il ne fait rien mais en ~ il se plaint!** not only does he do nothing, but he complains as well!

**primé, e** [prime] *adj* [film, vin, fromage] award-winning; [animal] prizewinning.

**primer** [3] [prime] ◊ *vt* **-1.** [récompenser – animal, invention] to award a prize to; **elle a été primée au concours du plus beau bébé** she won ou was awarded a prize in the beautiful baby contest; **un film primé à Cannes** l'année dernière a film which won an award at Cannes last year. **-2.** *sout* [prédominer sur] to take precedence over. ◊ *vi* [avoir l'avantage] to be dominant; **~ sur** to take precedence over; **son dernier argument a primé sur tous les autres** her final argument won out over all the others.

**primerose** [primroz] *nf* hollyhock, rose mallow.

**primesautier, ère** [primsotje, ɛr] *adj sout* **-1.** [spontané] impulsive, spontaneous. **-2.** [vif] jaunty.

**primeur** [primœr] *nf sout* [exclusivité]: **notre chaîne a eu la ~ de l'information** our channel was first with the news; **je**

vous réserve la ~ de mon reportage you'll be the first one to have ou you'll have first refusal of my article.

◆ **primeurs** *nfpl* early fruit and vegetables.

**primevère** [primvɛr] *nf* [sauvage] primrose; [cultivée] primula.

**primipare** [primipar] ◊ *adj* primiparous. ◊ *nf* primipara.

**primitif, ive** [primitif, iv] ◊ *adj* **-1.** [initial] primitive, original; **voici notre projet dans sa forme primitive** here is our project in its original form □ **l'Église primitive** the early ou primitive Church; **l'homme ~** primitive ou early man; **langage ~** primitive language. **-2.** [non industrialisé – société] primitive. **-3.** [fruste – personne] primitive, unsophisticated. **-4.** BX-ARTS primitive. **-5.** OPT: **couleurs primitives** major colours. ◊ *nm, f* **-1.** ANTHR (member of a) primitive (society). **-2.** BX-ARTS primitive (painter).

◆ **primitive** *nf* INF & MATH primitive.

**primitivement** [primitivmɑ̃] *adv* originally, in the first place.

**primitivisme** [primitivism] *nm* primitivism ART.

**primo** [primo] *adv* first (of all), firstly.

**primordial, e, aux** [primɔrdjal, o] *adj* **-1.** [essentiel] fundamental, essential; **elle a eu un rôle ~ dans les négociations** he played a crucial role in the negotiations; **il est ~ que tu sois présent** it's essential for you to be there. **-2.** *sout* [originel – élément, molécule] primordial, primeval; **les instincts primordiaux de l'homme** man's primal instincts.

**prince** [prɛ̃s] *nm* **-1.** [souverain, fils de roi] prince; **le ~ consort** the prince consort; **le ~ héritier** the crown prince; **le ~ de Galles** the Prince of Wales; **le ~ régent** the Prince Regent; **le Prince Charmant** Prince Charming; **être** ou **se montrer bon ~** to behave generously; **tu as été bon ~** that was generous of you; **il a agi en ~** he behaved royally; **cet enfant est traité/vêtu comme un ~** that child is treated/dressed like a prince; **'le Petit Prince'** *Saint-Exupéry* 'The Little Prince'. **-2.** [personnage important] prince; **le ~ des enfers** ou **des ténèbres** Satan, the prince of darkness; **le ~ des Apôtres** [saint Pierre] the prince of the Apostles. **-3.** *sout* [sommité] prince. **-4.** *fam* [homme généreux] real gent *Br* ou gem; **merci, mon ~!** thanks, squire *Br* ou buddy *Am*!

**prince-de-galles** [prɛ̃sdəgal] ◊ *adj inv* Prince-of-Wales check (*modif*). ◊ *nm inv* (Prince-of-Wales) check material.

**princesse** [prɛ̃sɛs] *nf* [souveraine, fille de roi] princess; **arrête de faire la ~, tu veux!** stop giving yourself airs!

**princier, ère** [prɛ̃sje, ɛr] *adj* **-1.** [du prince] prince's, royal; **dans la loge princière** in the royal box. **-2.** [luxueux – don] princely.

**princièrement** [prɛ̃sjɛrmɑ̃] *adv* princely; **nous avons été accueillis ~** we were given a (right) royal welcome.

**principal, e, aux** [prɛ̃sipal, o] *adj* **-1.** [essentiel] main; **les principaux intéressés** the main parties involved; **la porte/l'entrée ~e** the main gate/entrance □ **c'est lui l'acteur ~** he's the leading man. **-2.** GRAMM [verbe, proposition] main. **-3.** [supérieur] principal, chief.

◆ **principal, aux** *nm* **-1.** SCOL (school) principal. **-2.** FIN [capital] principal.

◆ **principal** *nm*: **le ~** the most important thing; **c'est fini, c'est le ~** it's over that's the main thing.

◆ **principale** *nf* LING main clause.

**principalement** [prɛ̃sipalmɑ̃] *adv* chiefly, mostly, principally; **nous avons besoin ~ d'un nouveau directeur** what we need most is a new manager.

**principauté** [prɛ̃sipote] *nf* principality.

**principe** [prɛ̃sip] *nm* **-1.** [règle morale] principle, rule of conduct; **j'ai des ~s** I've got principles; **j'ai toujours eu pour ~ d'agir honnêtement** I have always made it a principle to act with honesty; **vivre selon ses ~s** to live in accordance with one's principles; **manquer à tous ses ~s** to fail to live up to one's principles. **-2.** [axiome] principle, law, axiom; **les ~s de la philosophie** the principles of philosophy; **je pars du ~ que...** I start from the principle ou I assume that...; **posons comme ~ que nous avons les crédits nécessaires** let us assume that we get the necessary credits □ **le ~ d'Archimède** Archimedes' principle; **c'est le ~ des vases communicants** *pr* it's the principle of communicating vessels; *fig* it's a knock-on effect. **-3.** [notion – d'une science] principle. **-4.** [fonctionnement] principle; **le ~ de la**

vente par correspondance, c'est... the (basic) principle of mail-order selling is... **-5.** [fondement] principle, constituent; votre déclaration contredit le ~ même de notre Constitution your statement goes against the very principle ou basis of our Constitution. **-6.** [origine] origin; le ~ de la vie the origin of life; remonter au ~ des choses to go back to first principles. **-7.** CHIM [extrait] principle.
◆ **de principe** *loc adj* [accord, approbation] provisional.
◆ **en principe** *loc adv* [en théorie] in principle, in theory, theoretically; [d'habitude]: en ~, nous descendons à l'hôtel we usually stop at a hotel.
◆ **par principe** *loc adv* on principle.
◆ **pour le principe** *loc adv* on principle; **tu refuses de signer pour le ~ ou pour des raisons personnelles?** are you refusing to sign for reasons of principle or for personal reasons?

**printanier, ère** [prɛ̃tanje, ɛr] *adj* **-1.** [du printemps] spring; **il fait un temps ~** the weather feels like spring, spring is in the air; **une température printanière** springlike weather. **-2.** [gai et jeune - tenue, couleur] springlike. **-3.** CULIN [potage, salade] printanier (*garnished with early mixed vegetables, diced*).

**printemps** [prɛ̃tã] *nm* **-1.** [saison] spring; **au ~** in (the) springtime; **~ précoce/tardif** early/late spring; **le Printemps de Bourges** *annual music festival held in Bourges.* **-2.** *litt* [année] summer *litt*, year. **-3.** *litt* [commencement] spring.

**priorat** [prijɔra] *nm* priorate.

**priori** [prijɔri] → **a priori.**

**prioritaire** [prijɔritɛr] ◇ *adj* **-1.** TRANSP priority (*modif*), having priority; **ce véhicule est ~ lorsqu'il quitte son arrêt** this vehicle has (the) right of way when leaving a stop. **-2.** [usager, industrie] priority (*modif*); **notre projet est ~ sur tous les autres** our project has priority over all the others; **mon souci ~, c'est de trouver un logement** my main ou first problem is to find somewhere to live. ◇ *nmf* person with priority; **cette place est réservée aux ~s titulaires d'une carte** this seat is reserved for priority cardholders.

**prioritairement** [prijɔritɛrmã] *adv* as a priority, as a matter of urgency.

**priorité** [prijɔrite] *nf* **-1.** [sur route] right of way; **avoir la ~** to have the right of way; **tu as la ~** it's your right of way; **'~ à droite'** 'give way' *Br*, 'yield to right' *Am* (*in France, principle that gives right of way to vehicles coming from the right*). **-2.** [en vertu d'un règlement] priority; **les handicapés ont la ~ pour monter à bord** disabled people are entitled to board first. **-3.** [antériorité] priority, precedence. **-4.** [primauté] priority; **la ~ sera donnée à la lutte contre le cancer** top priority will be given to the fight against cancer. **-5.** BOURSE: **action de ~** preference share *Br*, preferred stock *Am*.
◆ **en priorité, par priorité** *loc adv* as a priority, as a matter of urgency.

**pris, e** [pri, iz] ◇ *pp* → **prendre.** ◇ *adj* **-1.** [occupé - personne] busy; **aide-moi, tu vois bien que j'ai les mains ~es** help me, can't you see my hands are full?**-2.** MÉD [gorge] sore; [nez] blocked. **-3.** [envahi]: **~ de: ~ de pitié/peur** stricken by pity/fear; **~ de panique** panic-stricken; **~ d'une violente douleur** seized with a terrible pain; **~ de boisson** *sout* under the influence of alcohol.
◆ **prise** *nf* **-1.** [point de saisie] grip, hold; **trouve une ~e et dis-moi quand tu es prêt à soulever (le piano)** get a grip (on the piano) and tell me when you're ready to lift it ❏ **avoir ~e sur qqn** to have a hold over sb; **je n'ai aucune ~e sur mes filles** I can't control my daughters at all; **donner ~e à la critique** [personne] to lay o.s. open to attack; [idée, réalisation] to be open to attack; **lâcher ~e** *pr* & *fig* to let go. **-2.** [absorption - d'un médicament] taking; **la ~e d'insuline doit se faire aux heures prescrites** insulin must be injected at the prescribed times. **-3.** [dose - de tabac] pinch; [- de cocaïne] snort. **-4.** [capture - de contrebande, de drogue] seizure, catch; JEUX capture; PÊCHE catch; MIL: **la ~e de la Bastille** the storming of the Bastille; **~es de guerre** spoils of war. **-5.** ÉLEC: **~e (de courant ou électrique)** [mâle] plug; [femelle] socket; **~e multiple** multiple adaptor; **~e de terre** earth *Br*, ground *Am*; **l'appareil n'a pas de ~e de terre** the appliance is not earthed *Br* ou grounded *Am*.**-6.** TECH: **~e d'air** [ouverture] air inlet; [introduction d'air] ventilation; **~e d'eau** water point; **~e directe** AUT direct drive. **-7.** [durcissement - du ciment, de la colle] setting; [- d'un fromage] hardening; **à ~e rapide** [ciment, colle] quick-setting. **-8.** [dans des expressions]: **~e de**

conscience realization; **ma première ~e de conscience de la souffrance humaine** the first time I became aware of human suffering; **~e en considération** taking into account; **~e de contact** meeting; **~e de contrôle** ÉCON takeover; **~e d'habit** [action] taking the habit; [cérémonie] profession; **~e d'otages** hostage-taking; **~e de parole: encore trois ~es de parole avant la fin de la session** three more speeches to go before the end of the session; **~e de participation** ÉCON acquisition of holdings; **~e de position** opinion, stand; **~e de possession** [d'un héritage] acquisition; [d'un territoire] taking possession; **~e de pouvoir** [légale] (political) takeover; [illégale] seizure of power; **~e de tête**∨ hassle; **~e de voile** taking the veil.
◆ **aux prises avec** *loc prép* fighting ou battling against, grappling with.
◆ **en prise** ◇ *loc adv* AUT in gear; **mets-toi en ~e** put the car in ou into gear. ◇ *loc adj*: **être en ~e (directe) avec la réalité** *fig* to have a good hold on ou to have a firm grip on reality.
◆ **prise de bec** *nf* row, squabble.
◆ **prise de sang** *nf* blood test.
◆ **prise de son** *nf* sound (recording); **la ~e de son est de Raoul Fleck** sound (engineer), Raoul Fleck.
◆ **prise de vues** *nf* CIN & TV [technique] shooting; [image] (camera) shot; **~e de vues: Marie Vilmet** camera: Marie Vilmet.
◆ **prise en charge** *nf* **-1.** [par la Sécurité sociale] refunding (*of medical expenses through the social security system*). **-2.** [par un taxi] minimum (pick-up) charge.

**prisé, e** [prize] *adj* valued.

**priser** [3] [prize] ◇ *vt* **-1.** *litt* [estimer] to prize, to value highly. **-2.** [tabac] to take; [cocaïne] to snort. ◇ *vi* to take snuff.

**priseur, euse** [prizœr, øz] *nm, f* [de tabac] snuff-taker.

**prisme** [prism] *nm* **-1.** SC prism. **-2.** *fig*: **tu vois toujours la réalité à travers un ~** you always distort reality.

**prison** [prizɔ̃] *nf* **-1.** [lieu] prison, jail; **envoyer/mettre qqn en ~** to send sb to/to put sb in jail; **sortir de ~** to get out (of) jail. **-2.** [peine] imprisonment; **faire de la ~** to be in prison ou jail, to serve time; **il a été condamné à cinq ans de ~** he was sentenced to five years in jail ❏ **~ à vie** life sentence; **~ ferme** imprisonment.

**prisonnier, ère** [prizɔnje, ɛr] ◇ *adj* **-1.** [séquestré] captive; **plusieurs mineurs sont encore ~s au fond de la mine** several miners are still trapped at the bottom of the shaft; **il gardait ma main prisonnière** he wouldn't let go of my hand. **-2.** *fig*: **on est ~ de son éducation** we're prisoners of our upbringing. ◇ *nm, f* prisoner; **il a été fait ~** he was taken prisoner; **se constituer ~** to give o.s. up, to turn o.s. in; **les ~s sont montés sur le toit pour protester** the inmates staged a rooftop protest ❏ **les ~s de droit commun et les ~s politiques** common criminals and political prisoners; **~ de guerre** prisoner of war, POW.

**privatif, ive** [privatif, iv] *adj* **-1.** [privé] private; **avec jardin ~** with a private garden. **-2.** [réservé à une personne] exclusive. **-3.** JUR: **peine privative de liberté** detention. **-4.** LING [élément, préfixe] privative.

**privation** [privasjɔ̃] *nf* [perte] loss, deprivation; **~ des droits civiques** loss ou deprivation of civil rights.
◆ **privations** *nfpl* [sacrifices] hardship, hardships; **à force de ~s** through constant sacrifice, by constantly doing without; **affaibli par les ~s** weakened by deprivation.

**privatique** [privatik] *nf* stand-alone system.

**privatisation** [privatizasjɔ̃] *nf* privatization, privatizing.

**privatiser** [3] [privatize] *vt* to privatize.

**privatiste** [privatist] *nmf* private law specialist.

**privative** [privativ] *f* → **privatif.**

**privauté** [privote] *nf* [familiarité]: **~ de langage** crude ou coarse language.
◆ **privautés** *nfpl* [libertés déplacées] liberties; **avoir ou se permettre des ~s avec qqn** to take liberties with sb.

**privé, e** [prive] *adj* **-1.** [personnel] private; **ma vie ~e** my private life. **-2.** [non public] private; **une audience ~e** a private audience. **-3.** [officieux] unofficial; **nous avons appris sa démission de source ~e** we've learned unofficially that he has resigned. **-4.** [non géré par l'État] private; **clinique ~e** private clinic; **enseignement ~** private education.
◆ **privé** *nm* **-1.** INDUST private sector; **elle est médecin à l'hôpital mais elle fait aussi du ~** *fam* she works as a doctor

in a hospital but she also has ou takes private patients. **-2.** [intimité] private life; dans le ~, c'est un homme très agréable in private life, he's very pleasant. **-3.** *fam* [détective] sleuth, private detective.

◆ **en privé** *loc adv* in private; pourrais-je vous parler en ~? could I talk to you privately ou in private?

**priver** [3] [prive] *vt* **-1.** [démunir] to deprive; ça la prive beaucoup de ne plus fumer she misses smoking a lot; être privé de to be deprived of, to have no; nous sommes privés de voiture depuis une semaine we've been without a car for a week; privé d'eau/d'air/de sommeil deprived of water/air/sleep; privé de connaissance *litt* unconscious, bereft of consciousness *litt*. **-2.** [comme sanction] to deprive; ~ qqn de qqch to make sb go ou do without sthg; tu seras privé de dessert/télévision no dessert/television for you; il a été privé de ses droits de citoyen he was deprived ou stripped of his civil rights.

◆ **se priver de** *vp* + *prép* **-1.** [renoncer à] to deprive o.s. of, to do without; il se prive d'alcool he cuts out drink, he goes without drink ‖ *(en usage absolu)*: elle s'est privée pour leur payer des études she made great sacrifices to pay for their education; il n'aime pas se ~ he hates denying himself anything; un jour de congé supplémentaire, il ne se prive pas! another day off, he certainly looks after himself!**-2.** [se gêner pour]: il ne s'est pas privé de se moquer de toi he didn't hesitate to make fun of you; je ne vais pas me ~ de le lui dire! I'll make no bones about telling him!

**privilège** [privilɛʒ] *nm* **-1.** [avantage] privilege; le ~ de l'âge the prerogative of old age; j'ai eu le ~ de la voir sur scène I was privileged (enough) to see her perform; j'ai le triste ~ de vous annoncer... it is my sad duty to inform you...; j'ai eu le triste ~ de connaître cet individu it was once my misfortune to be acquainted with this individual. **-2.** [exclusivité]: l'homme a le ~ de la parole man is unique in being endowed with the power of speech. **-3.** [faveur] privilege, favour; accorder des ~s à qqn to grant sb favours. **-4.** HIST: les ~s privileges. **-5.** BANQUE: ~ d'émission right to issue (banknotes).

**privilégié, e** [privilɛʒje] ◇ *adj* **-1.** [avantagé] privileged; l'île jouit d'un climat ~ the island enjoys an excellent climate; appartenir aux classes ~es to belong to the privileged classes. **-2.** [choisi – client, partenaire] favoured. **-3.** JUR: créancier ~ preferential creditor. ◇ *nm, f* privileged person; quelques ~s ont assisté à la représentation a privileged few attended the performance.

**privilégier** [9] [privilɛʒje] *vt* **-1.** [préférer] to privilege; nous avons privilégié cette méthode pour l'enseignement de la langue we've singled out this method for language teaching. **-2.** [avantager] to favour; les basketteurs adverses sont privilégiés par leur haute taille the basketball players in the opposing team are helped by the fact that they're taller; cette augmentation privilégie les hauts salaires this increase works in favour of high salaries.

**prix** [pri] *nm* **-1.** [tarif fixe] price, cost; '~ écrasés ou sacrifiés!' 'prices slashed!'; ~ et conditions de transport d'un produit freight rates and conditions for a product; le ~ de l'essence à la pompe the cost of petrol *Br* ou gas *Am* to the motorist; ça coûte un ~ fou it costs a fortune ou the earth; mes bottes, dis un ~ pour voir! how much do you think my boots cost?; laissez-moi au moins régler le ~ des places let me at least pay for the tickets; à bas ou *sout* vil ~ very cheaply; à ce ~-là at that price; dans mes ~ within my (price) range; ce n'est déjà plus tout à fait dans ses prix that's already a little more than he wanted to spend; le ~ fort [maximal] top ou maximum price; [excessif] high price; j'ai payé le ~ fort pour ma promotion I was promoted but I paid a high price for it ou it cost me dear; un bon ~: je l'ai acheté un bon ~ I bought it for a very reasonable price; je l'ai vendu un bon ~ I got a good price for it ❏ ~ imposé/libre fixed/deregulated price; ~ d'achat purchase price; ~ courant going ou market price; ~ comptant cash price; ~ coûtant cost price; ~ de détail retail price; ~ de gros wholesale price; ~ hors taxes price before tax ou duties; ~ au kilo price per kilo; ~ net net price; ~ de revient cost price; ~ à l'unité unit price; ~ de vente selling price; à ~ d'or: on achète aujourd'hui ses esquisses à ~ d'or his sketches are now worth their weight in gold ou now cost the earth; je l'ai acheté à ~ d'or I paid a small fortune for it; au ~ où

sont les choses ou où est le beurre *fam* seeing how expensive everything is; y mettre le ~: j'ai fini par trouver le cuir que je voulais mais j'ai dû y mettre le ~ I finally found the type of leather I was looking for, but I had to pay top price for it; elle a été reçue à son examen, mais il a fallu qu'elle y mette le ~ *fig* she passed her exam, but she really had to work hard for it. **-2.** [étiquette] price (tag ou label); il n'y avait pas de ~ dessus it wasn't priced, there was no price tag on it. **-3.** [barème convenu] price; votre ~ sera le mien name your price; faire un ~ (d'ami) à qqn to do a special deal for sb; mettre qqch à ~ [aux enchères] to set a reserve *Br* ou auction price on sthg; sa tête a été mise à ~ *fig* there's a price on his head ou a reward for his capture. **-4.** [valeur] price, value; le ~ de la vie/liberté the price of life/freedom; il donne ou attache plus de ~ à sa famille depuis sa maladie his family is more important to him since his illness; on attache plus de ~ à la vie quand on a failli la perdre life is more precious to you when you have nearly lost it; ça n'a pas de ~ you can't put a price on it. **-5.** [contrepartie]: à ce ~ at that ou such a price; oui, mais à quel ~! yes, but at what cost! **-6.** [dans un concours commercial, un jeu] prize; premier/deuxième ~ first/second prize. **-7.** [dans un concours artistique, un festival] prize, award; ~ littéraire literary prize; elle a eu le ~ de la meilleure interprétation she got the award for best actress ❏ le Grand Prix (automobile) SPORT the Grand Prix; le film qui a gagné le Grand Prix d'Avoriaz the film which won the Grand Prix at the Avoriaz festival; le ~ Femina *annual literary prize whose winner is chosen by a jury of women*; le ~ Goncourt *the most prestigious French annual literary prize*; le ~ Louis-Delluc *the Louis-Delluc film* Br ou *movie* Am *award*; le ~ Nobel the Nobel prize; le ~ Pulitzer the Pulitzer prize. **-8.** [œuvre primée – livre] award-winning book ou title; [– disque] award-winning record; [– film] award-winning film *Br* ou movie *Am*. **-9.** [lauréat] prizewinner; il a été Prix de Rome she's taking the children into the bargaine ou won the Prix de Rome. **-10.** SCOL [distinction]: jour de la distribution des ~ prize ou prizegiving day ❏ ~ de consolation consolation prize; ~ d'excellence first prize; ~ d'honneur second prize.

◆ **à aucun prix** *loc adv* not at any price, not for all the world, on no account; je ne quitterais le pays à aucun ~! nothing would induce me to leave the country!

◆ **à n'importe quel prix** *loc adv* at any price, no matter what (the cost).

◆ **à tout prix** *loc adv* **-1.** [obligatoirement] at all costs; tu dois à ~ être rentré à minuit you must be back by midnight at all costs. **-2.** [coûte que coûte] at any cost, no matter what (the cost); nous voulons un enfant à tout ~ we want a child no matter what (the cost).

◆ **au prix de** *loc prép* at the cost of; qu'est-ce qu'un peu de temps perdu, au ~ de ta santé? what's a little wasted time when your health is at stake?

◆ **de prix** *loc adj* [bijou, objet] valuable.

◆ **pour prix de** *loc prép* in return for.

◆ **sans prix** *loc adj* invaluable, priceless; l'estime de mes amis est sans ~ I value the esteem of my friends above all else.

**pro** [pro] (*abr de* **professionnel**) *fam* ◇ *adj* SPORT professional. ◇ *nmf* pro; c'est une vraie ~ she's a real pro; passer ~ to turn pro; ils ont fait un vrai travail de ~ they did a really professional job.

**probabilisme** [prɔbabilism] *nm* probabilism.

**probabiliste** [prɔbabilist] ◇ *adj* probabilist, probabilistic. ◇ *nmf* probabilist.

**probabilité** [prɔbabilite] *nf* **-1.** [vraisemblance] probability, likelihood; selon toute ~ in all probability ou likelihood. **-2.** [supposition] probability; je ne dis pas qu'il l'a volé, c'est une ~ I'm not saying he stole it, but it's probable; la ~ qu'il gagne est plutôt faible there's little chance of him winning. **-3.** MATH & PHYS probability.

**probable** [prɔbabl] *adj* **-1.** [vraisemblable] likely, probable; il est peu ~ qu'elle soit sa sœur it's not very likely that she's his sister. **-2.** [possible] probable; est-il à Paris? — c'est ~ is he in Paris? — quite probably (he is); je parie qu'elle va refuser — ~! *fam* I bet she'll say no — more than likely!

**probablement** [prɔbabləmɑ̃] *adv* probably; tu viendras demain? — très ~ will you come tomorrow? — very probably ou quite likely.

**probant, e** [prɔbɑ̃, ɑ̃t] *adj* **-1.** [convaincant – argument, fait, expérience] convincing. **-2.** JUR [pièce] probative.

**probation** [prɔbasjɔ̃] *nf* JUR & RELIG probation; être en ~ to be on probation.

**probatoire** [prɔbatwar] *adj* probationary.

**probe** [prɔb] *adj litt* upright, endowed with integrity.

**probité** [prɔbite] *nf* probity, integrity, uprightness.

**problématique** [prɔblematik] ◇ *adj* problematic, problematical. ◇ *nf* problematics (U).

**problème** [prɔblɛm] *nm* **-1.** MATH problem; ~ de géométrie geometry problem; ~s de robinet *mathematical problems for schoolchildren, typically about the volume of water in a container.* **-2.** [difficulté] problem, difficulty; ne t'inquiète pas, tu n'auras aucun ~ don't worry, you'll be all right; pas de ~, viens quand tu veux no problem, you can come whenever you want; nous avons un gros ~ we have a major problem, we're in big trouble here; il a toujours eu des ~s d'argent he always had money troubles ou problems. **-3.** [question] problem, issue, question; soulever un ~ to raise a question ou an issue; la clé du ~ the key to the problem; faux ~ red herring *fig*; nous discutons d'un faux ~ we're going around in circles. **-4.** JEUX problem.
◆ **à problèmes** *loc adj* problem (*modif*); ma cousine, c'est une femme à ~s *fam* my cousin's always got problems.

**procède** [prɔsɛd] *v* → procéder.

**procédé** [prɔsede] *nm* **-1.** *sout* [comportement] conduct, behaviour; je n'ai pas du tout apprécié son ~ I wasn't very impressed with what he did. **-2.** [technique] process; mettre un ~ au point to perfect a process; ~ de fabrication manufacturing process. **-3.** *péj* [artifice]: toute la pièce sent le ~ the whole play seems contrived.

**procéder** [18] [prɔsede] *vi* **-1.** [progresser] to proceed; procédons par ordre let's do one thing at a time. **-2.** [se conduire] to behave; j'apprécie sa manière de ~ avec nous I like the way he deals with us.
◆ **procéder à** *v* + *prép* **-1.** [effectuer] to conduct; ~ à une étude to conduct a study; ~ à un examen approfondi de la situation to examine the situation thoroughly; ~ à l'élection du bureau national du parti to elect the national executive of the party. **-2.** JUR: ~ à l'arrestation d'un criminel to arrest a criminal; ~ à l'ouverture d'un testament to open a will.
◆ **procéder de** *v* + *prép* **-1.** *litt* [provenir de] to proceed from, to originate in. **-2.** RELIG to proceed from.

**procédure** [prɔsedyr] *nf* **-1.** [démarche] procedure, way to proceed; voici la ~ à suivre this is the way to proceed. **-2.** JUR [ensemble des règles] procedure, practice; Code de ~ civile/pénale civil law/criminal law procedure ‖ [action] proceedings; entamer une ~ contre qqn to start proceedings against sb ❑ ~ de divorce divorce proceedings. **-3.** INF subroutine, procedure.

**procédurier, ère** [prɔsedyrje, ɛr] ◇ *adj* **-1.** *péj* [personne] pettifogging, quibbling; être ~ to be a pettifogger ou a nitpicker. **-2.** [action, démarche] litigious; formalités procédurières procedural formalities, red tape. ◇ *nm, f* pettifogger, quibbler.

**procès** [prɔsɛ] *nm* **-1.** JUR [au tribunal] trial; faire ou intenter un ~ à qqn to institute legal proceedings against sb; entreprendre ou engager un ~ contre qqn to take sb to court; instruire un ~ to prepare a lawsuit; il a gagné/perdu son ~ contre nous he won/lost his case against us; un ~ pour meurtre a murder trial. **-2.** [critique]: faire le ~ de qqn/qqch to put sb/sthg on trial ❑ ~ d'intention: vous me faites un ~ d'intention you're assuming too much about my intentions; pas de ~ d'intention, s'il vous plaît! don't put words in my mouth, please!; faire un mauvais ~ à qqn to make groundless accusations against sb; tu lui fais un mauvais ~ you're being unfair to him. **-3.** ANAT process. **-4.** LING process.

**processeur** [prɔsɛsœr] *nm* INF **-1.** [organe] (hardware) processor; [unité centrale] central processing unit. **-2.** [ensemble de programmes] (language) processor; ~ entrée/sortie input/output processor, I/O processor.

**processif, ive** [prɔsesif, iv] *adj litt* litigious.

**procession** [prɔsesjɔ̃] *nf* **-1.** RELIG procession; ~ rituelle reli-

gious procession. **-2.** [cortège] procession; une ~ de voitures a motorcade.

**processionnaire** [prɔsesjɔnɛr] ◇ *adj* ENTOM processionary. ◇ *nf* processionary caterpillar.

**processive** [prɔsesiv] *f* → processif.

**processus** [prɔsesys] *nm* process; le ~ d'acquisition de la lecture learning how to read; ~ de fabrication manufacturing process; ~ industriel industrial processing.

**procès-verbal, aux** [prɔsɛverbal, o] *nm* **-1.** JUR [acte – d'un magistrat] (official) report, record; [– d'un agent de police] (police) report. **-2.** [pour une contravention] parking ticket. **-3.** [résumé] minutes, proceedings; le ~ de la dernière réunion the minutes of the last meeting.

**prochain, e** [prɔʃɛ̃, ɛn] *adj* **-1.** [dans le temps] next; je te verrai la semaine ~e I'll see you next week; à samedi ~! see you next Saturday!; le mois ~ next month, this coming month; ça sera pour une ~e fois we'll do it some other time; la ~e fois, fais attention next time, be careful. **-2.** [dans l'espace] next; je descends au ~ arrêt I'm getting off at the next stop. **-3.** [imminent] imminent, near; on se reverra dans un avenir ~ we will see each other again in the near future. **-4.** *sout* [immédiat – cause, pouvoir] immediate.
◆ **prochain** *nm*: son ~ one's fellow man; aime ton ~ comme toi-même love your neighbour as yourself.
◆ **prochaine** *nf fam* **-1.** [arrêt] next stop; je descends à la ~e I'm getting off at the next stop. **-2.** *loc*: à la ~e! see you (soon)!, be seeing you!, so long! *Am*.

**prochainement** [prɔʃɛnmɑ̃] *adv* shortly, soon; '~ sur vos écrans' 'coming soon'.

**proche** [prɔʃ] ◇ *adj* **-1.** [avoisinant] nearby; le bureau est tout ~ the office is close at hand ou very near; le village le plus ~ est Pigny Pigny's the nearest village. **-2.** [dans l'avenir] near, imminent; [dans le passé] in the recent past; dans un avenir ~ in the near future; le dénouement est ~ the end is in sight; Noël est ~ we're getting close to Christmas; la fin du monde est ~ the end of the world is nigh. **-3.** [cousin, parent] close; adresse de votre plus ~ parent address of your next of kin. **-4.** [intime] close; l'un des ~s conseillers du président one of the president's trusted ou close advisors. **-5.** [semblable] similar. ◇ *nm* close relative ou relation; ses ~s his close relations, his immediate family.
◆ **de proche en proche** *loc adv* [petit à petit] gradually, step by step.
◆ **proche de** *loc prép* **-1.** [dans l'espace] near (to), close to, not far from; plus ~ de chez lui closer to his home. **-2.** [dans le temps] close; la guerre est encore ~ de nous the war is still close to us. **-3.** [en contact avec] close to; il est resté ~ de son père he remained close to his father; être ~ de la nature to be close to ou in touch with nature; d'après des sources ~s de la Maison-Blanche according to sources close to the White House. **-4.** [semblable à – langage, espèce animale] closely related to; [– style, solution] similar to; la haine est ~ de l'amour hatred is akin to love; portrait ~ de la réalité accurate ou lifelike portrait; une obsession ~ de la névrose an obsession verging on the neurotic; ils sont ~s de nous par la religion et la culture religiously and culturally they have a lot in common with us. **-5.** [sans différence de rang, d'âge avec] close to; mes frères et moi sommes ~s les uns des autres my brothers and I are close together (in age).

**Proche-Orient** [prɔʃɔrjɑ̃] *npr m*: le ~ the Near East.

**proclamation** [prɔklamasjɔ̃] *nf* **-1.** [annonce] (official) announcement ou statement; ~ du résultat des élections à 20 h the results of the election will be announced at 8 pm. **-2.** [texte] proclamation.

**proclamer** [3] [prɔklame] *vt* **-1.** [déclarer – innocence, vérité] to proclaim, to declare; ~ que to declare that. **-2.** [annoncer publiquement] to publicly announce ou state, to proclaim; ~ le résultat des élections to announce the outcome of the election; ~ qqn empereur to proclaim sb emperor.

**proconsul** [prɔkɔsyl] *nm* proconsul.

**procréateur, trice** [prɔkreatœr, tris] ◇ *litt adj* procreant, procreative. ◇ *nm, f* procreator.

**procréation** [prɔkreasjɔ̃] *nf* procreation; ~ artificielle artificial reproduction.

**procréer** [15] [prɔkree] *vt litt* to procreate.

**procuration** [prɔkyrasjɔ̃] *nf* **-1.** JUR [pouvoir – gén] power OU letter of attorney; [– pour une élection] proxy (form); **donner ~ à qqn** to authorize OU to empower sb. **-2.** BANQUE mandate; **il a une ~ sur mon compte** he has a mandate to operate my account.
◆ **par procuration** *loc adv* **-1.** [voter] by proxy. **-2.** *fig* vicariously.

**procurer** [3] [prɔkyre] *vt* **-1.** [fournir] to provide; **~ de l'argent à qqn** to provide sb with money, to obtain money for sb; **je lui ai procuré un emploi** I found her a job. **-2.** [occasionner] to bring; **la lecture me procure beaucoup de plaisir** reading brings me great pleasure, I get a lot of pleasure out of reading.
◆ **se procurer** *vpt* to get, to obtain.

**procureur** [prɔkyrœr] *nm* **-1.** JUR prosecutor; **~ général** ≃ Director of Public Prosecutions *Br*, ≃ district attorney *Am*; **~ de la République** ≃ Attorney General. **-2.** HIST [syndic] procurer. **-3.** RELIG procurator *arch*.

**prodigalité** [prɔdigalite] *nf* **-1.** [générosité] prodigality *sout*, profligacy *sout*, extravagance. **-2.** [dépenses] prodigality, extravagance. **-3.** *litt* [surabondance] (lavish) abundance, prodigality.

**prodige** [prɔdiʒ] ◇ *nm* **-1.** [miracle] marvel, wonder; **faire des ~s** to work wonders, to achieve miracles; **tenir du ~** to be nothing short of miraculous OU a miracle; **un ~ de ~** a wonder of; **il nous a fallu déployer des ~s d'ingéniosité pour tout ranger** we had to use boundless ingenuity to find space for everything. **-2.** [personne] prodigy. ◇ *adj*: **enfant/musicien ~** child/musical prodigy.

**prodigieusement** [prɔdiʒjøzmɑ̃] *adv* **-1.** [beaucoup] enormously, tremendously; **il m'agace ~** he really gets on my nerves. **-2.** [magnifiquement] fantastically, magnificently; **elle dessine ~ bien** she draws fantastically well.

**prodigieux, euse** [prɔdiʒjø, øz] *adj* **-1.** [extrême] huge, tremendous; **être d'une force prodigieuse** to be tremendously strong; **une quantité prodigieuse** a huge amount. **-2.** [peu commun] prodigious, astounding, amazing. **-3.** *litt* [miraculeux] prodigious, miraculous.

**prodigue** [prɔdig] ◇ *adj* **-1.** [dépensier] extravagant, profligate; **le fils ~** *allusion Bible* the prodigal son. **-2.** *fig*: **~ de** generous OU overgenerous with; **elle n'est guère ~ de détails** she doesn't go in much for detail; **~ de compliments** lavish with compliments; **tu es toujours ~ de bons conseils** you're always full of good advice. ◇ *nmf* spender, spendthrift.

**prodiguer** [3] [prɔdige] *vt* [faire don de] to be lavish with; **la nature nous prodigue ses bienfaits** nature is profuse OU lavish in its bounty; **elle a prodigué des soins incessants à son fils** she lavished endless care on her son; **prodiguant des sourires à tous** smiling bountifully on everybody *aussi péj*.

**producteur, trice** [prɔdyktœr, tris] ◇ *adj* producing; **les pays ~s de pétrole** oil-producing countries; **zone productrice de betteraves** beetroot-producing OU beetroot-growing area. ◇ *nm, f* CIN, RAD, THÉÂT & TV [personne] producer; [société] production company.
◆ **producteur** *nm* AGR & ÉCON producer; **les ~s sont mécontents** AGR the farmers are up in arms; **les ~s de melons** melon growers OU producers.

**productible** [prɔdyktibl] *adj* [marchandise] producible.

**productif, ive** [prɔdyktif, iv] *adj* **-1.** [travailleur] productive; [auteur] prolific. **-2.** FIN: **capital ~** interest-bearing OU interest-yielding capital. **-3.** AGR & MIN productive; **le sol est peu ~** the yield from the soil is poor.

**production** [prɔdyksjɔ̃] *nf* **-1.** [activité économique]: **la ~ production**; **la ~ ne suit plus la consommation** supply is failing to keep up with demand. **-2.** [rendement] INDUST output; AGR yield; **la ~ a augmenté/diminué** INDUST output has risen/dropped; AGR the yield is higher/lower; **l'usine a une ~ de 10 000 voitures par an** the factory turns out OU produces 10,000 cars a year. **-3.** [produits] AGR produce *(U)*, production *(U)*; INDUST products, production; **le pays veut écouler sa ~ de maïs** the country wants to sell off its maize crop OU the maize it has produced. **-4.** [fabrication] production, manufacturing; **~ textile** textile manufacturing. **-5.** [d'une œuvre d'art] production, creation; **une importante ~ littéraire** a large literary output ‖ CIN, THÉÂT & TV production; as-

surer la **~ de** to produce ❑ **assistant/directeur de ~** production assistant/manager. **-6.** [œuvres]: **la ~ contemporaine** contemporary works; **la ~ dramatique/romanesque du XVIIIᵉ siècle** 18th-century plays/novels ‖ CIN production, film *Br*, movie *esp Am*; RAD production, programme; THÉÂT production, play. **-7.** [présentation] presentation; **sur ~ d'un acte de naissance** on presentation of a birth certificate. **-8.** [fait d'occasionner] production, producing, making; **la ~ d'un son** making a sound. **-9.** TECH: **~ combinée** heat and power (generation).

**productique** [prɔdyktik] *nf* computer-aided OU computer-integrated manufacturing.

**productivité** [prɔdyktivite] *nf* **-1.** [fertilité – d'un sol, d'une région] productivity, productiveness. **-2.** [rentabilité] productivity; **~ de l'impôt** FIN (net) tax revenue. **-3.** ÉCOL productivity, production.

**produire** [98] [prɔdɥir] *vt* **-1.** [fabriquer – bien de consommation] to produce, to manufacture; [– énergie, électricité] to produce, to generate; AGR [faire pousser] to produce, to grow. **-2.** [fournir – suj: usine] to produce, to yield; *(en usage absolu)*: **tes arbres ne produiront jamais** your trees will never bear fruit ‖ FIN [bénéfice] to yield, to return. **-3.** [causer – bruit, vapeur] to produce, to make, to cause; [– douleur, démangeaison] to produce, to cause; [– changement] to effect, to bring about *(sép)*; [– résultat] to produce; **la lumière produit une illusion spectaculaire** the light creates a spectacular illusion; **l'effet produit par son discours a été catastrophique** the effect of her speech was disastrous. **-4.** [créer – suj: artiste] to produce; **il a produit quelques bons romans** he has written OU produced a few good novels ‖ *(en usage absolu)*: **il produit beaucoup** [écrivain] he writes a lot; [musicien] he writes OU composes a lot; [cinéaste] he makes a lot of films. **-5.** CIN, RAD, THÉÂT & TV to produce, to be the producer of. **-6.** [engendrer] to produce; **combien le XIXᵉ siècle/Mexique a-t-il produit de romancières?** how many women novelists did 19th century produce/has Mexico produced? **-7.** [présenter – passeport] to produce, to show; [– preuve] to adduce, to produce; [– témoin] to produce.
◆ **se produire** *vpi* **-1.** [événement] to happen, to occur; **il s'est produit un très grave accident près d'ici** there was a very serious accident near here. **-2.** [personne] to appear, to give a performance; **se ~ sur scène** to appear on stage; **se ~ en public** to give a public performance.

**produisais** [prɔdɥize] *v* → **produire**.

**produit, e** [prɔdɥi, it] *pp* → **produire**.
◆ **produit** *nm* **-1.** INDUST product, article; AGR produce; **~ brut/fini** raw/finished product; **~s de grande consommation** OU **de consommation courante** consumer goods; **~s alimentaires** food, foodstuffs; **~ de beauté** beauty product; **~s chimiques** chemicals; **garanti sans ~s chimiques** guaranteed no (chemical) additives; **~ colorant** colouring agent; **~ dérivé** by-product; **~ d'entretien** (household) cleaning product; **~s de luxe** luxury goods OU articles; **~ manufacturé** manufactured product; **~s manufacturés** manufactured goods; **~s pharmaceutiques** drugs, pharmaceuticals, pharmaceutical products; **~ de synthèse** synthetic product. **-2.** [résultat] product, outcome; **le ~ d'une matinée de travail** the result OU product of a morning's work; **c'est un pur ~ de ton imagination** it's a complete figment of your imagination. **-3.** [bénéfice] profit; **le ~ de la vente** the profit made on the sale; **il vit du ~ de ses terres** he lives off his land ❑ **~ de l'impôt** tax revenue. **-4.** FIN: **~s financiers** financial services. **-5.** ÉCON: **~ intérieur brut** gross (domestic) product; **~ national brut** gross national product. **-6.** CHIM & MATH product; **~ cartésien** Cartesian product; **~ vectoriel** vector product. **-7.** ZOOL offspring.

**proéminence** [prɔeminɑ̃s] *nf* **-1.** *litt* [caractère] prominence, conspicuousness. **-2.** [saillie] protuberance.

**proéminent, e** [prɔeminɑ̃, ɑ̃t] *adj* prominent.

**prof** [prɔf] *nmf fam* **-1.** SCOL teacher; **ma ~ de maths** my maths teacher. **-2.** UNIV [sans chaire] lecturer *Br*, instructor *Am*; [titulaire de chaire] prof; **elle est ~ de fac** she's a lecturer. **-3.** [hors d'un établissement scolaire] teacher, tutor.

**profanateur, trice** [prɔfanatœr, tris] *litt* ◇ *adj* blasphemous, sacrilegious. ◇ *nm, f* profaner.

**profanation** [prɔfanasjɔ̃] *nf* **-1.** [sacrilège] blasphemy, sacri-

lege, profanation; ~ de sépultures desecration of graves.
**-2.** *sout* [avilissement] defilement, debasement; une ~ de la justice a travesty of justice.

**profane** [prɔfan] ◇ *adj* **-1.** [ignorant] uninitiated; je suis ~ en la matière I know nothing about the subject. **-2.** [non religieux] non-religious, secular, profane *litt*. ◇ *nmf* **-1.** [ignorant] lay person, layman (*f* laywoman); pour le ~ to the layman ou uninitiated. **-2.** [non religieux] lay person, non-initiate. ◇ *nm*: le ~ the secular, the profane *litt*.

**profaner** [3] [prɔfane] *vt* **-1.** RELIG [tombe, église, hostie] to desecrate, to violate the sanctity of, to profane. **-2.** [dégrader – justice, talent] to debase, to defile, to profane.

**proférer** [18] [prɔfere] *vt* [insultes, menaces] to utter; ~ des injures contre qqn to heap insults on sb.

**professer** [4] [prɔfese] *vt* **-1.** *litt* [déclarer] to affirm, to claim, to profess. **-2.** *vieilli* [enseigner] to teach.

**professeur** [prɔfesœr] *nm* **-1.** [du primaire, du secondaire] teacher, schoolteacher; mon ~ d'anglais my English teacher; ~ certifié qualified schoolteacher (*who has passed the CAPES*); ~ principal ≃ form tutor *Br*, ≃ homeroom teacher *Am*.**-2.** [de l'enseignement supérieur – assistant] ≃ lecturer; [– au grade supérieur] professor; elle est ~ à l'université de Lyon she teaches at Lyons University ❏ ~ agrégé SCOL qualified teacher (*who has passed the agrégation*); MÉD professor qualified to teach medicine. **-3.** *Can*: ~ adjoint assistant professor; ~ agrégé associate professor; ~ titulaire SCOL staff teacher, member of (teaching) staff; UNIV full professor. **-4.** [hors de l'établissement scolaire] teacher, tutor.

**profession** [prɔfesjɔ̃] *nf* **-1.** [métier] occupation, job, profession; [d'un commerçant, d'un artisan] trade; [d'un artiste, d'un industriel] profession; quelle est votre ~? what is your occupation?, what do you do (for a living)?; je suis mécanicien de ~ I'm a mechanic by trade; rebelle de ~ *hum* professional rebel ❏ les ~s libérales the professions. **-2.** [corporation – de commerçants, d'artisans] trade; [– d'artistes, d'industriels] profession. **-3.** [déclaration]: faire ~ de to profess, to declare; faire ~ de libéralisme/socialisme to declare o.s. a liberal/socialist. **-4.** RELIG: ~ religieuse profession; ~ de foi profession of faith.

◆ **sans profession** *loc adj* ADMIN unemployed.

**professionnalisation** [prɔfesjɔnalizasjɔ̃] *nf* professionalization.

**professionnalisme** [prɔfesjɔnalism] *nm* professionalism.

**professionnel, elle** [prɔfesjɔnɛl] ◇ *adj* **-1.** [lié à une profession – maladie, risque] occupational; [– enseignement] vocational; avoir des soucis ~s to have work problems ❏ école ~le ≃ technical college. **-2.** [qualifié – musicien, sportif] professional. **-3.** [compétent] professional, accomplished; elle a réagi d'une manière très ~le she reacted in a very professional way; le jeu des jeunes acteurs était très ~ the young actors performed like real professionals. ◇ *nm, f* **-1.** SPORT professional; les ~s de la boxe professional boxers; passer ~ to turn professional. **-2.** [personne expérimentée] professional; c'est l'œuvre d'un ~ this is the work of a professional.

◆ **professionnelle** *nf fam* [prostituée] pro (*prostitute*).

**professionnellement** [prɔfesjɔnɛlmɑ̃] *adv* professionally; ~, il a plutôt réussi he did rather well in his professional life; je n'ai affaire à elle que ~ I only have a professional relationship with her, my relations with her are strictly business.

**professoral, e, aux** [prɔfesɔral, o] *adj* **-1.** [de professeur] professorial. **-2.** [pédant] patronizing, lecturing.

**professorat** [prɔfesɔra] *nm* teaching.

**profil** [prɔfil] *nm* **-1.** [côté du visage] profile; mon meilleur ~ my best profile; avoir un ~ de médaille to have very regular features. **-2.** [silhouette] profile, outline; on devinait le ~ du volcan dans la brume the volcano was silhouetted in the mist ❏ conserver ou maintenir un ~ bas to keep a low profile. **-3.** [aptitude] profile; elle a le ~ de l'emploi she seems right for the job; il a le ~ parfait pour être président he's ideal presidential material ❏ son ~ de carrière her career profile; ~ psychologique PSYCH psychological profile. **-4.** GÉOG profile. **-5.** COMM: le ~ des ventes montre une augmentation the sales outline ou profile shows a definite increase. **-6.** ARCHIT (perpendicular) section.

◆ **de profil** *loc adv* in profile; mettez-vous de ~ par rapport à la caméra show your profile ou stand side-on to the camera.

**profilage** [prɔfilaʒ] *nm* streamlining.

**profilé, e** [prɔfile] *adj* AUT streamlined.

◆ **profilé** *nm* MÉTALL section.

**profiler** [3] [prɔfile] *vt* **-1.** MENUIS to profile, to mould; MÉTALL to form. **-2.** *litt* [laisser voir]: les montagnes au loin profilaient leur silhouette the mountains were silhouetted in the distance.

◆ **se profiler** *vpi* **-1.** [se découper] to stand out, to be silhouetted. **-2.** *sout* [apparaître] to emerge; des nuages noirs se profilent à l'horizon black clouds are coming up on the horizon; des périodes difficiles/des ennuis se profilent à l'horizon a difficult time/trouble is looming on the horizon.

**profit** [prɔfi] *nm* **-1.** [avantage] profit, advantage; tirer ~ de ses lectures to benefit from one's reading; tirer ~ de l'expérience des autres to profit from other people's experience; j'ai lu ton livre avec ~ reading your book taught me a lot; mettre qqch à ~ to take advantage of ou to make the most of sthg; il y a trouvé son ~, sinon il ne l'aurait pas fait he got something out of it otherwise he wouldn't have done it. **-2.** COMM & FIN [bénéfice] profit; faire ou réaliser des ~s to make profits ou a profit; le ~ réalisé sur la vente de la propriété the return on ou the revenue from the sale of the property ❏ ~ brut/net gross/net profit; ~ minimal minimum trading profit.

◆ **au profit de** *loc prép* in aid of; à son/mon seul ~ for his/my sole benefit.

**profitabilité** [prɔfitabilite] *nf* profitability.

**profitable** [prɔfitabl] *adj* profitable; ce séjour en Italie lui a été ~ the time she spent in Italy did her a lot of good.

**profiter** [3] [prɔfite] *vi fam* to thrive, to do well; cet enfant profite (bien) this child is thriving.

◆ **profiter à** *v + prép* to benefit, to be beneficial to; les études ne t'ont guère profité studying didn't do you much good.

◆ **profiter de** *v + prép* **-1.** [financièrement] to profit from; tous n'ont pas profité de l'expansion not everybody gained by the expansion. **-2.** [jouir de] to enjoy; il n'aura pas profité longtemps de sa retraite he didn't enjoy his retirement for long. **-3.** [tirer parti de] to take advantage of; ~ du soleil to make the most of the sun; il profite de ce qu'elle est absente he's taking advantage of the fact that she's away; ~ de la situation to take advantage of the situation. **-4.** [exploiter] to take advantage of, to use.

**profiteroles** [prɔfitrɔl] *nfpl*: ~ (au chocolat) (chocolate) profiterole.

**profiteur, euse** [prɔfitœr, øz] *nm, f* profiteer.

**profond, e** [prɔfɔ̃, ɔ̃d] *adj* **-1.** [enfoncé – lac, racine, blessure] deep; peu ~ shallow; un puits ~ de 10 mètres a well 10 metres deep; la haine de l'ennemi est ~e hatred of the enemy runs deep. **-2.** [plongeant – révérence, salut] deep, low; [– regard] penetrating; [– décolleté] plunging. **-3.** [intense – respiration] deep; [– soupir, sommeil] deep, heavy; [– silence] profound, utter; [– changement] profound; dans une solitude ~e in extreme isolation; absorbé dans ~es pensées deep in thought. **-4.** [grave – voix] deep. **-5.** [obscur] deep, dark; dans la nuit ~e at dead of night. **-6.** [foncé – couleur] dark. **-7.** [sagace] deep, profound, shrewd; avoir un esprit ~ to have profound insight. **-8.** [véritable – cause] deep, underlying, primary; la raison ~e de son acte his basic ou primary ou underlying motivation. **-9.** LING deep.

◆ **profond** ◇ *adv* [aller, creuser] deep. ◇ *nm*: au plus ~ de la terre in the depths ou bowels of the earth; au plus ~ de mon cœur deep in my heart.

**profondément** [prɔfɔ̃demɑ̃] *adv* **-1.** [creuser, enfouir] deep; il salua ~ la foule he greeted the crowd with a deep bow. **-2.** [respirer] deeply; [soupirer] heavily, deeply; dormir ~ to be sound asleep; d'habitude, je dors très ~ I usually sleep very heavily, I'm usually a sound sleeper. **-3.** [en intensif] profoundly, deeply; je suis ~ choqué I'm deeply shocked; elle est ~ convaincue de son bon droit she's utterly convinced she's right; je regrette ~! I'm deeply sorry!

**profondeur** [prɔfɔ̃dœr] *nf* **-1.** [dimension] depth; quelle est la ~ du puits? how deep is the well?; un trou de trois mètres de ~ a hole three metres deep; on s'est arrêté à

huit mètres de ~ we stopped eight metres down. **-2.** [intensité – d'un sentiment] depth, profundity *sout*. **-3.** [perspicacité] profoundness, profundity; **sa ~ d'esprit** her insight. **-4.** OPT & PHOT: **~ de champ** depth of field.
♦ **profondeurs** *nfpl litt* depths.
♦ **en profondeur** ◇ *loc adj* [étude] in-depth, thorough; **il nous faut des changements en ~** we need fundamental changes. ◇ *loc adv* [creuser] deep; **notre crème antirides agit en ~** our anti-wrinkle cream works deep into the skin; **il faut agir en ~** we need to make fundamental changes.

**profusion** [prɔfyzjɔ̃] *nf* **-1.** *sout* [abondance] profusion, abundance. **-2.** [excès] excess; **avec une ~ de détails** with too much detail.
♦ **à profusion** *loc adv* galore, plenty; **il y avait à boire et à manger à ~** there was food and drink galore, there was plenty to eat and drink.

**progéniture** [prɔʒenityr] *nf* offspring, progeny, issue.

**progestérone** [prɔʒesterɔn] *nf* progesterone.

**progiciel** [prɔʒisjɛl] *nm* package COMPUT.

**prognathe** [prɔgnat] *adj* prognathous, prognathic.

**programmable** [prɔgramabl] *adj* programmable.

**programmateur, trice** [prɔgramatœr, tris] *nm, f* RAD & TV programme planner.
♦ **programmateur** *nm* [d'une cuisinière] programmer, autotimer; [d'une machine à laver] programme selector.

**programmation** [prɔgramasjɔ̃] *nf* **-1.** RAD & TV programme planning. **-2.** INF programming; **~ absolue/dynamique/linéaire** absolute/dynamic/linear programming. **-3.** ÉCON programming.

**programme** [prɔgram] *nm* **-1.** [contenu – d'une cérémonie, d'un spectacle] programme; **qu'est-ce qu'il y a au ~ ce soir à l'Opéra?** what's on tonight at the Opera?; **~s d'été** TV summer schedule *ou* programmes ❑ **~ minimum** RAD & TV minimum programme schedule (*provided during strike actions by journalists and technicians*). **-2.** [brochure – d'un concert, d'une soirée] programme; [– de cinéma, de télévision] listings, guide; **il y a un bon ~ ce soir à la télé** it's a good night on TV tonight. **-3.** [emploi du temps] schedule; **qu'avons-nous au ~ aujourd'hui?** what's on (our schedule) today? **-4.** SCOL [d'une année] curriculum; [dans une matière] syllabus; **une question hors ~** a question not covered by the syllabus; **Shakespeare figure au ~ cette année** Shakespeare is on this year's syllabus. **-5.** POL [plate-forme] manifesto *Br*, platform *Am*; **~ commun** common *ou* joint manifesto; **~ de gouvernement** government manifesto. **-6.** [projet] programme; **lancer un ~ de réformes** to launch a package *ou* programme of reforms; **le ~ nucléaire/spatial français** the French nuclear/space programme ❑ **ton voyage, c'est tout un ~!** *fam* this trip sounds like it's quite something!; **je voudrais l'intéresser à l'actualité — tout un ~!** *hum* I'd like to get him interested in current affairs — that's a tall order!**-7.** INF program; **~ d'assemblage** assembler; **~ de chargement** loader.

**programmé, e** [prɔgrame] *adj* computerized.

**programmer** [3] [prɔgrame] ◇ *vt* **-1.** CIN, RAD, THÉÂT & TV to bill, to programme. **-2.** [planifier] to plan; **j'ai programmé tout le week-end** I planned the entire weekend. **-3.** ÉLECTRON to set, to programme. **-4.** INF to program. ◇ *vi* INF to (write a) program.

**programmeur, euse** [prɔgramœr, øz] *nm, f* programmer COMPUT.

**progrès** [prɔgrɛ] *nm* **-1.** [amélioration] progress; **faire des ~** to make progress; **être en ~** to (make) progress, to improve; **il y a du ~**, continuez this better, keep it up. **-2.** [avancée] breakthrough, advance; **le XXᵉ siècle a connu de grands ~ scientifiques** the 20th century has witnessed some great scientific breakthroughs; **le ~ progress; tu vois, c'est ça le ~!** that's progress for you! *aussi iron*. **-3.** [développement]: **les ~ de** [incendie] the progress of; [criminalité] the upsurge *ou* increase in; [maladie] the progress *ou* progression of. **-4.** MIL advance.

**progresser** [4] [prɔgrese] *vi* **-1.** [s'améliorer] to improve, to (make) progress. **-2.** [gagner du terrain – ennemi] to advance, to gain ground; [– maladie] to progress; [– inflation] to creep up, to rise; **je progresse lentement dans ma lecture** I'm getting on *ou* progressing slowly in my reading; **nos bénéfices ont progressé de 2% l'année dernière** our profits rose

by 2% last year; **la recherche scientifique progresse de jour en jour/à grands pas** scientific research is making progress every day/is advancing by leaps and bounds.

**progressif, ive** [prɔgresif, iv] *adj* **-1.** [graduel] gradual, progressive. **-2.** LING progressive.

**progression** [prɔgresjɔ̃] *nf* **-1.** [avancée] progress, advance; **l'ennemi a poursuivi sa ~ vers l'intérieur des terres** the enemy advanced *ou* progressed inland. **-2.** [développement – d'une maladie] progression, progress; [– du racisme] development; **notre chiffre d'affaires est en constante ~** our turnover is constantly increasing *ou* improving. **-3.** MATH & MUS progression.

**progressisme** [prɔgresism] *nm* belief in the possibility of (social) progress, progressivism.

**progressiste** [prɔgresist] ◇ *adj* [politique, parti] progressive. ◇ *nmf* progressive.

**progressivement** [prɔgresivmɑ̃] *adv* progressively, gradually.

**progressivité** [prɔgresivite] *nf* progressiveness.

**prohibé, e** [prɔibe] *adj* [interdit] prohibited, banned, illegal.

**prohiber** [3] [prɔibe] *vt* to prohibit, to ban.

**prohibitif, ive** [prɔibitif, iv] *adj* [prix, tarif] prohibitive.

**prohibition** [prɔibisjɔ̃] *nf* **-1.** [interdiction] prohibition, ban, banning. **-2.** HIST: **la Prohibition** Prohibition.

**prohibitionniste** [prɔibisjɔnist] *adj* & *nmf* prohibitionist.

**proie** [prwa] *nf* **-1.** [animal] prey. **-2.** [victime] prey; **vu son grand âge, il est une ~** facile pour les cambrioleurs being so old makes him an easy prey for burglars; **la ville devint rapidement la ~ des flammes** the city rapidly became engulfed in flames.
♦ **en proie à** *loc prép* in the grip of; **en ~ au doute** racked with *ou* beset by doubt; **être en ~ à des hallucinations** to suffer from hallucinations.

**projecteur** [prɔʒektœr] *nm* **-1.** [pour illuminer – un spectacle] spotlight; [– un édifice] floodlight; [pour surveiller] searchlight; **sous les ~s de l'actualité** *fig* in the spotlight. **-2.** [d'images] projector. **-3.** AUT headlight.

**projectif, ive** [prɔʒektif, iv] *adj* GÉOM & PSYCH projective.

**projectile** [prɔʒektil] *nm* **-1.** ARM projectile. **-2.** [objet lancé] projectile, missile.

**projection** [prɔʒeksjɔ̃] *nf* **-1.** CIN & PHOT projection, showing; **une ~ de diapos** a slide show ❑ **~ privée** private showing. **-2.** [jet] splash, spatter; **sali par des ~s de boue** spattered with mud ❑ **~ de cendres** GÉOL ash fall; **~s volcaniques** ejecta, volcanic debris. **-3.** PSYCH projection. **-4.** MATH projection; **~ orthogonale** orthogonal projection. **-5.** GÉOM: **~ (cartographique)** (map) projection; **~ de Mercator** Mercator *ou* Mercator's projection.

**projectionniste** [prɔʒeksjɔnist] *nmf* projectionist.

**projet** [prɔʒɛ] *nm* **-1.** [intention] plan; **faire** *ou* **former le ~ de** to plan to; **faire des ~s** to make plans; **quels sont tes ~s de spectacle?** what are your plans for new shows? **-2.** [esquisse] plan, outline; **ma pièce n'est encore qu'à l'état de ~** my play is still only a draft *ou* at the planning stage ❑ **~ d'accord** *ou* **de contrat** JUR draft agreement/contract. **-3.** ARCHIT & TECH plan.
♦ **en projet** *loc adv*: **qu'avez-vous en ~ pour le printemps?** what are your plans for the spring?; **nous avons un nouveau modèle d'avion en ~** we're working on (the plans for) a new design of aircraft.
♦ **projet de loi** *nm* bill.

**projeter** [27] [prɔʃte] *vt* **-1.** [prévoir] to plan, to arrange; **j'ai projeté un voyage pour cet été** I've planned a trip for this summer; **nous avons projeté de monter une affaire ensemble** we're planning on setting up a business together. **-2.** [lancer] to throw, to hurl; **être projeté au sol** to be hurled to the ground; **le volcan projette des cendres** the volcano throws up ashes. **-3.** [faire apparaître – ombre, lumière] to project, to cast, to throw. **-4.** CIN & PHOT to show, to project. **-5.** PSYCH to project; **~ ses fantasmes sur qqn** to project one's fantasies onto sb. **-6.** MATH to project; **~ un cercle/une droite sur un plan** to project a circle/a straight line onto a plane. **-7.** [voix] to project.
♦ **se projeter** *vpi* [ombre] to be outlined *ou* silhouetted.

**projeteur** [prɔʃtœr] *nm* **-1.** [technicien] design engineer. **-2.** [dessinateur] industrial (design) draughtsman.

**projette** [prɔʒɛt], **projetterai** [prɔʒɛtre] v→ **projeter**.

**prolapsus** [prɔlapsys] nm prolapse.

**prolégomènes** [prɔlegɔmɛn] nmpl prolegomena.

**prolétaire** [prɔletɛr] ◇ adj **-1.** vieilli [masse, parti] proletarian. **-2.** [quartier] working-class. ◇ nmf proletarian, member of the proletariat.

**prolétariat** [prɔletarja] nm proletariat.

**prolétarien, enne** [prɔletarjɛ̃, ɛn] adj proletarian.

**prolétarisation** [prɔletarizasjɔ̃] nf proletarianization.

**prolétariser** [3] [prɔletarize] vt to proletarianize.

**prolifération** [prɔliferasjɔ̃] nf **-1.** [gén] proliferation, multiplication. **-2.** BIOL & NUCL proliferation.

**prolifère** [prɔlifɛr] ◇ v→ **proliférer.** ◇ adj proliferous BOT.

**proliférer** [18] [prɔlifere] vi to proliferate; les clichés prolifèrent dans ses derniers poèmes fig his later poems abound in clichés.

**prolifique** [prɔlifik] adj **-1.** [fécond] prolific. **-2.** fig [auteur, peintre] prolific, productive.

**prolixe** [prɔliks] adj **-1.** [description, style] wordy, verbose, prolix sout. **-2.** [écrivain] verbose, prolix sout.

**prolixité** [prɔliksite] nf sout **-1.** [d'un discours] wordiness, verbosity. **-2.** [d'un auteur] verbosity, prolixity.

**prolo** [prɔlo] fam: ◇ adj working-class. ◇ nmf: les ~s the working class.

**PROLOG, prolog** [prɔlɔg] nm PROLOG, prolog COMPUT.

**prologue** [prɔlɔg] nm **-1.** LITTÉRAT, MUS & THÉÂT prologue. **-2.** [début] prologue, prelude, preamble; en ~ à la réunion as a prologue ou prelude ou preamble to the meeting.

**prolongateur** [prɔlɔ̃gatœr] nm extension ELEC.

**prolongation** [prɔlɔ̃gasjɔ̃] nf **-1.** [allongement] extension. **-2.** SPORT extra time Br, overtime Am; jouer les ~s pr to play ou to go into extra time.

**prolongé, e** [prɔlɔ̃ʒe] adj **-1.** [long – applaudissements, séjour] lengthy, prolonged. **-2.** [trop long] protracted, prolonged; le séjour ~ au soleil abîme la peau prolonged exposure to the sun is harmful to the skin; en cas d'arrêt ~ entre deux stations in the event of unduly long halts between stations.

**prolongeai** [prɔlɔ̃ʒe] v→ **prolonger.**

**prolongement** [prɔlɔ̃ʒmã] nm [extension – d'une route] continuation; [– d'un mur, d'une période] extension.

◆ **prolongements** nmpl [conséquences] effects, consequences, repercussions.

◆ **dans le prolongement de** loc prép: les deux rues sont dans le ~ l'une de l'autre the two streets are a continuation of each other; c'est tout à fait dans le ~ de mes préoccupations actuelles that's along exactly the same lines as what I'm concerned with at the moment.

**prolonger** [17] [prɔlɔ̃ʒe] vt **-1.** [dans le temps] to extend, to prolong. **-2.** [dans l'espace] to extend, to continue; la route sera prolongée de deux kilomètres the road will be made 2 km longer ou will be extended by 2 km; la ligne de métro n° 7 a été prolongée jusqu'en banlieue the no.7 underground line was extended to the suburbs. **-3.** MUS [note] to hold.

◆ **se prolonger** vpi **-1.** [dans le temps] to persist, to go on; notre discussion s'est prolongée tard our conversation went on until late. **-2.** [dans l'espace] to go on, to continue.

**promenade** [prɔmnad] nf **-1.** [à pied] walk, stroll; [à bicyclette, à cheval] ride; [en voiture] ride, drive; aller faire une ~ [à pied] to go for a walk ou stroll; [à bicyclette, à cheval] to go for a ride; et si on faisait une ~ en mer? shall we go for a sail?; je lui ai fait faire une ~ I took her out for a walk ❑ ça a été une vraie ~ fam [victoire facile] it was a real walkover. **-2.** [allée] walk. **-3.** DANSE promenade.

◆ **en promenade** loc adv out walking, out for a walk.

**promener** [19] [prɔmne] vt **-1.** [sortir – à pied] to take (out) for a walk ou stroll; [– en voiture] to take (out) for a drive; j'ai passé le week-end à ~ un ami étranger dans Paris I spent the weekend showing a foreign friend around Paris; ~ le chien to walk the dog, to take the dog for a walk. **-2.** fig [emmener - personne]: j'en ai assez d'être promené de poste en poste I've had enough of being sent from job to job ‖ [mentir à]: il m'a promené pendant trois semaines he kept me hanging on for three weeks. **-3.** [déplacer]: elle promène son regard sur la foule her eyes scan the crowd;

~ ses doigts sur le piano [en jouant] to run one's fingers over the keys; [pour le toucher] to finger the piano. **-4.** sout [traîner]: ~ son ennui/désespoir to go around looking bored/disconsolate. **-5.** [transporter] to take around; ses récits de voyage nous ont promenés dans le monde entier her travel stories have taken us all around the world.

◆ **se promener** vpi **-1.** [à pied] to go for a walk ou stroll; [en voiture] to go for a drive; [à bicyclette, à cheval] to go for a ride; [en bateau] to go for a sail; viens te ~ avec moi come for ou on a walk with me. **-2.** [mains, regard]: ses doigts se promenaient sur le clavier her fingers wandered over the keyboard. **-3.** fam [traîner]: j'en ai assez que tes affaires se promènent dans toute la maison! I've had enough of your things lying about all over the house!

**promeneur, euse** [prɔmnœr, øz] nm, f walker, stroller.

**promenoir** [prɔmnwar] nm **-1.** THÉÂT promenade. **-2.** CONSTR gallery, arcade, walkway.

**promesse** [prɔmɛs] nf **-1.** [engagement] promise, assurance; faire une ~ to (make a) promise; faire des ~s to make promises; manquer à/tenir sa ~ to break/to keep one's promise; il m'a fait la ~ de revenir he promised me he would come back ❑ encore une ~ en l'air ou d'ivrogne ou de Gascon! promises, promises!-**2.** FIN commitment; ~ (unilatérale) d'achat/de vente (unilateral) commitment ou undertaking to buy/to sell. **-3.** litt [espoir] promise; la ~ d'une journée magnifique/d'un avenir meilleur the promise of a beautiful day/a better future.

◆ **promesses** nfpl [avenir] promise; un jeune joueur plein de ~s a young player showing great promise, a very promising young player.

**Prométhée** [prɔmete] npr Prometheus.

**prométhéen, enne** [prɔmeteɛ̃, ɛn] adj Promethean.

**promets** [prɔmɛ] v→ **promettre.**

**prometteur, euse** [prɔmɛtœr, øz] adj **-1.** [début, situation] promising, encouraging; voilà qui est ~! that's a good sign! aussi iron **-2.** [musicien, acteur] promising, of promise.

**promettre** [84] [prɔmɛtr] ◇ vt **-1.** [jurer] to promise; je ne peux rien vous ~ I can't promise anything; je te promets de ne pas lui en parler I promise I won't say a word to him about it; je te promets que je ne dirai rien I promise (you) I won't say anything; on nous a promis de l'aide we were promised help ❑ ~ la lune, ~ monts et merveilles to promise the earth, to promise the moon and stars. **-2.** [annoncer] to promise; la météo nous promet du beau temps pour toute la semaine the weather forecast promises nice weather for the whole week; tout cela ne promet rien de bon it doesn't look ou sound too good; voilà une émission qui promet d'être intéressante this programme should be interesting, it sounds like an interesting programme. **-3.** [destiner] to destine; ses récents succès le promettent à une brillante carrière considering his recent successes, he has a brilliant career ahead of him. **-4.** fam [affirmer] to assure; je te promets qu'il s'en souviendra, de ce dîner! I can assure you ou you can take my word for it that he'll remember that dinner!

◇ vi **-1.** [faire naître des espérances] to promise; un jeune auteur qui promet a promising young author. **-2.** fam [laisser présager des difficultés]: ce gamin promet! that kid's got a great future ahead of him!; eh bien, ça promet! iron that's a good start!

◆ **se promettre** ◇ vp (emploi réciproque): ils se sont promis de se revoir they promised (each other) that they would meet again. ◇ vpt **-1.** [espérer]: je m'étais promis beaucoup de joie de cette rencontre I'd been looking forward to the meeting; se ~ du bon temps to look forward to enjoying o.s. **-2.** [se jurer à soi-même] to swear, to promise (to) o.s.; je me suis bien promis de ne jamais recommencer I swore never to do it again, I promised myself I would never do it again.

◆ **se promettre à** vp + prép vieilli: se ~ à qqn to plight one's troth to sb arch.

**promeus** [prɔmø], **promeuvent** [prɔmœv] v→ **promouvoir.**

**promis, e** [prɔmi, iz] ◇ adj promised. ◇ nm, f vieilli ou dial betrothed.

**promiscuité** [prɔmiskɥite] nf promiscuity; vivre dans la ~ to have no privacy; la ~ des plages en été/de l'hôpital the overcrowding of beaches in summer/lack of privacy in hospital.

**promo** [prɔmo] *nf fam* **-1.** MIL, SCOL & UNIV year *Br*, class *Am*.-**2.** TV promotional video.

**promontoire** [prɔmɔ̃twar] *nm* **-1.** GÉOG headland, promontory. -**2.** ANAT promontory.

**promoteur, trice** [prɔmɔtœr, tris] *nm, f* **-1.** *litt* [créateur] promoter, instigator. -**2.** CONSTR developer.

**promotion** [prɔmɔsjɔ̃] *nf* **-1.** [avancement] promotion; j'ai eu une ~ I've been promoted; ~ au mérite/à l'ancienneté promotion on merit/by seniority ❑ ~ sociale upward mobility. -**2.** COMM promotion; 'la ~ du jour' 'today's special offer' ❑ ~ des ventes sales promotion. -**3.** MIL, SCOL & UNIV year *Br*, class *Am*; ils étaient camarades de ~ they were in the same class OU year. -**4.** CONSTR: ~ immobilière property development. -**5.** JEUX queening.
◆ **en promotion** *loc adj* COMM on special offer.

**promotionnel, elle** [prɔmɔsjɔnɛl] *adj* promotional; tarifs ~s sur ce voyage en Israël! special offer on this trip to Israel!

**promouvoir** [56] [prɔmuvwar] *vt* **-1.** [faire monter en grade] to promote; il a été promu capitaine he was promoted (to the rank of) captain. -**2.** [encourager – réforme] to advocate, to push for.

**prompt, e** [prɔ̃, prɔ̃t] *adj* prompt, quick, swift; ~ à répondre quick with an answer; ~ à la colère easily moved to anger.

**promptement** [prɔ̃tmɑ̃] *adv* quickly, swiftly.

**prompteur** [prɔ̃ptœr] *nm* autocue, teleprompt.

**promptitude** [prɔ̃tityd] *nf* quickness, swiftness.

**promu, e** [prɔmy] ◇ *pp* → **promouvoir**. ◇ *nm, f* promoted person.

**promulgation** [prɔmylgasjɔ̃] *nf* promulgation.

**promulguer** [3] [prɔmylge] *vt* to promulgate.

**promus** [prɔmy] *v* → **promouvoir**.

**prôner** [3] [prone] *vt sout* to advocate, to extol.

**pronom** [prɔnɔ̃] *nm* pronoun; ~ indéfini/interrogatif/ personnel/relatif indefinite/interrogative/personal/relative pronoun.

**pronominal, e, aux** [prɔnɔminal, o] *adj* [adjectif, adverbe] pronominal; [verbe] reflexive.
◆ **pronominal, aux** *nm* reflexive verb.

**prononçai** [prɔnɔ̃se] *v* → **prononcer**.

**prononcé, e** [prɔnɔ̃se] *adj* pronounced, strongly marked.
◆ **prononcé** *nm* (announcement of) decision JUR.

**prononcer** [16] [prɔnɔ̃se] ◇ *vt* **-1.** [dire – parole] to utter; [– discours] to make, to deliver; sans ~ un mot without a word. -**2.** [proclamer – jugement] to pronounce; ~ un divorce to issue a divorce decree, to pronounce a couple divorced. -**3.** RELIG: ~ ses vœux to take one's vows. -**4.** [articuler – mot, langue] to pronounce; [– phonème] to articulate; c'est un mot que je prononce toujours de travers I always mispronounce that word ‖ *(en usage absolu):* il prononce mal his pronunciation is poor. ◇ *vi* **-1.** JUR to deliver OU to give a verdict. -**2.** *litt* & *vieilli* [choisir] to pronounce; ~ en faveur de/contre to pronounce in favour of/against.
◆ **se prononcer** ◇ *vp (emploi passif)* [mot] to be pronounced; le deuxième «i» ne se prononce pas the second 'i' isn't sounded OU is silent; ça s'écrit comme ça se prononce it's spelled as it sounds. ◇ *vpi* [personne] to come to a decision, to decide; je ne peux pas encore me ~ I can't decide yet; ils se sont prononcés pour/contre la peine de mort they pronounced OU declared themselves in favour of/against the death penalty; 'ne se prononcent pas' 'don't know'.

**prononciation** [prɔnɔ̃sjasjɔ̃] *nf* **-1.** [d'un mot] pronunciation; la ~ du «th» anglais est difficile pour un Français pronouncing the English 'th' is difficult for a French person. -**2.** [d'une personne] pronunciation; elle a une bonne/mauvaise ~ en allemand her German pronunciation is good/bad. -**3.** [d'un jugement] pronouncing; j'attends la ~ du divorce I'm waiting for the divorce to be made final OU to come through.

**prononçons** [prɔnɔ̃sɔ̃] *v* → **prononcer**.

**pronostic** [prɔnɔstik] *nm* **-1.** SPORT forecast; [pour les courses] forecast, (racing) tip; vos ~s sur le match Bordeaux-Marseille? what is your prediction for the Bordeaux-Marseille match?-**2.** [conjecture] forecast; les ~s écono-

miques economic forecasts. -**3.** MÉD prognosis.

**pronostique** [prɔnɔstik] *adj* [gén & MÉD] prognostic.

**pronostiquer** [3] [prɔnɔstike] *vt* **-1.** [prévoir] to forecast, to prognosticate. -**2.** *sout* [être signe de] to be a sign OU forerunner of.

**pronostiqueur, euse** [prɔnɔstikœr, øz] *nm, f* **-1.** ÉCON forecaster. -**2.** SPORT tipster.

**propagande** [prɔpagɑ̃d] *nf* **-1.** [politique] propaganda; ~ électorale electioneering. -**2.** [publicité] publicity, plugging; faire de la ~ pour qqn/qqch to advertise sb/sthg; tu me fais de la ~! you're a good advert for my cause!
◆ **de propagande** *loc adj* [film, journal] propaganda *(modif)*.

**propagandiste** [prɔpagɑ̃dist] *adj* & *nmf* propagandist.

**propagateur, trice** [prɔpagatœr, tris] *nm, f* propagator *(person)*.

**propagation** [prɔpagasjɔ̃] *nf* **-1.** *litt* [reproduction] propagation, spreading. -**2.** [diffusion – d'un incendie, d'une doctrine etc] spreading.

**propager** [17] [prɔpaʒe] *vt* **-1.** [répandre – foi, idées] to propagate, to disseminate, to spread; [– épidémie, feu, rumeur] to spread. -**2.** BOT & ZOOL to propagate.
◆ **se propager** *vpi* **-1.** [s'étendre – nouvelle, épidémie etc] to spread. -**2.** PHYS [onde, son] to be propagated.

**propane** [prɔpan] *nm* propane.

**propension** [prɔpɑ̃sjɔ̃] *nf* **-1.** [tendance] proclivity, propensity; avoir une forte ~ à faire qqch to have a strong tendency to do sthg. -**2.** ÉCON propensity; ~ à consommer/ épargner propensity to spend/to save.

**propergol** [prɔpɛrgɔl] *nm* propellant; ~ liquide/solide liquid/solid propellant.

**prophète** [prɔfɛt] *nm* prophet; grands/petits ~s major/ minor prophets; le Prophète the Prophet ❑ ~ de malheur prophet of doom.

**prophétesse** [prɔfetɛs] *nf* prophetess.

**prophétie** [prɔfesi] *nf* prophecy; faire une ~ to prophesy.

**prophétique** [prɔfetik] *adj* **-1.** RELIG prophetic. -**2.** *fig* & *sout* prophetic, premonitory.

**prophétiser** [3] [prɔfetize] ◇ *vt* **-1.** RELIG to prophesy. -**2.** *fig* & *sout* to foretell, to predict, to prophesy. ◇ *vi sout* [prédire] to make pompous predictions.

**prophylaxie** [prɔfilaksi] *nf* prophylaxis.

**propice** [prɔpis] *adj* **-1.** *sout* [temps, période, vent] favourable; les cieux n'ont pas l'air bien ~s the sky looks rather menacing; l'automne est ~ à la méditation autumn is conducive to OU is an appropriate time for meditation. -**2.** [opportun] suitable; au moment ~ at the right moment.

**propitiatoire** [prɔpisjatwar] ◇ *adj* RELIG propitiatory; offrande/sacrifice ~ propitiatory gift/sacrifice. ◇ *nm* BIBLE: le ~ the mercy seat.

**proportion** [prɔpɔrsjɔ̃] *nf* **-1.** [rapport] proportion, ratio; dans la ~ de 15% in the ratio of 15%; dans la même ~ in equal proportions; dans une juste ~ in the correct proportion; tu n'as pas respecté les ~s dans ton drawing isn't in proportion. -**2.** CHIM: loi des ~s définies law of constant OU definite proportions; loi des ~s multiples law of multiple proportions.
◆ **proportions** *nfpl* **-1.** [importance] (great) importance; prendre des ~s énormes to grow out of all proportion; pourquoi un incident aussi minime a-t-il pris de telles ~s? why was such a trivial incident blown out of all proportion?-**2.** [dimensions] dimensions, size; tout dépendra des ~s de l'armoire it will all depend on the size of the wardrobe ❑ c'est la même chose, toutes ~s gardées it's the same thing but on a different scale.
◆ **à proportion de** *loc prép* in proportion to.
◆ **en proportion** ◇ *loc adj* in proportion. ◇ *loc adv* proportionately, at the same rate; vous serez récompensé en ~ you'll be rewarded accordingly.
◆ **en proportion de** *loc prép:* son succès est en ~ de son talent his success is proportional/in proportion to his talent; il est payé en ~ des risques qu'il court he is payed in proportion to the risks he takes.

**proportionnalité** [prɔpɔrsjɔnalite] *nf* **-1.** MATH proportionality. -**2.** [rapport] balance, (good) proportions. -**3.** [répartition] equal distribution.

**proportionné, e** [prɔpɔrsjɔne] *adj* **-1.** [harmonieux]: bien ~

well-proportioned; **mal** ~ out of proportion. **-2.** [adapté]: ~ à commensurate with, in proportion to, proportional to.

**proportionnel, elle** [prɔpɔrsjɔnɛl] *adj* **-1.** ~ à [en rapport avec] proportional to, in proportion with, commensurate with; **directement/inversement** ~ (à) directly/inversely proportional (to). **-2.** COMM & ÉCON [droits, impôt] ad valorem. **-3.** MATH & POL proportional.

◆ **proportionnelle** *nf* POL: la ~le [processus] proportional system; [résultat] proportional representation; être élu à la ~le to be elected by proportional representation.

**proportionnellement** [prɔpɔrsjɔnɛlmɑ̃] *adv* [gén] proportionately; MATH & ÉCON proportionally, in direct ratio; ~ à une valeur donnée proportionally to ou in ratio to a given value.

**proportionner** [3] [prɔpɔrsjɔne] *vt* to match; **il faudrait** ~ **la note à l'effort fourni par l'élève** the mark should reflect ou match the amount of effort put in by the pupil.

**propos** [prɔpo] ◇ *nm* **-1.** [sujet] subject, topic; **à ce** ~ in this respect ou connection; **c'est à quel** ~? what's it about?; **à quel** ~ **a-t-elle téléphoné?** what was the reason for her telephone call?**-2.** [but] intention, aim; **mon** ~ **n'est pas de vous convaincre** my aim is not to convince you; **là n'est pas le/mon** ~ that is not the/my point. ◇ *nmpl* [paroles] words, talk; **tenir des** ~ **injurieux** to make offensive remarks.

◆ **à propos** ◇ *loc adj* appropriate; **elle n'a pas trouvé à** ~ **de nous le dire** she didn't think it appropriate to tell us. ◇ *loc adv* **-1.** [opportunément] at the right moment; **arriver** ou **tomber à** ~ to occur at the right time; **répondre à** ~ [pertinemment] to answer appropriately; [au bon moment] to answer at the right moment; **mal à** ~ at the wrong moment. **-2.** [au fait] by the way, incidentally; **à** ~, **as-tu reçu ma carte?** by the way ou incidentally, did you get my postcard?

◆ **à propos de** *loc prép* about, concerning, regarding; **j'ai quelques remarques à faire à** ~ **de votre devoir** I have a few things to say to you about your homework; **dis donc, à** ~ **d'argent** hey, (talking) about money ou on the subject of money; **elle se met en colère à** ~ **de tout et de rien** ou **à** ~ **d'un rien** she gets angry for no reason at all.

◆ **à tout propos** *loc adv* constantly, at the slightest provocation.

◆ **de propos délibéré** *loc adv* deliberately, on purpose.

**proposer** [3] [prɔpoze] *vt* **-1.** [suggérer] to suggest; **je propose qu'on aille au cinéma** I suggest going to the cinema; **je vous propose de rester dîner** I suggest (that) you stay for dinner; **l'agence nous a proposé un projet original** the agency submitted an original project to us; **proposez vos idées** put forward your ideas; **le chef vous propose sa quiche au saumon** the chef's suggestion ou recommendation is the salmon quiche ∥ [dire]: **asseyons-nous, proposa-t-elle** let's sit down, she said. **-2.** [offrir] to offer; **il a proposé sa place à la vieille dame** he offered the old lady his seat; **on m'en propose un bon prix** I've been offered a good price for it. **-3.** [personne] to recommend, to put forward *(sép)*. **-4.** ENS [sujet] to set *Br*, to assign *Am*. **-5.** ADMIN & POL: ~ **une loi** to introduce a bill; ~ **un ordre du jour** to move an agenda; ~ **la suspension de la séance** to move that the session be suspended.

◆ **se proposer** *vpi* [être volontaire] to offer one's services; **je me propose pour coller les enveloppes** I'm volunteering to stick the envelopes.

◆ **se proposer de** *vp + prép* [avoir l'intention de] to intend to.

**proposition** [prɔpozisjɔ̃] *nf* **-1.** [suggestion] suggestion; **quelqu'un a-t-il une autre** ~ **à faire?** has anyone any other suggestion ou anything else to suggest?; **faire une** ~ **à qqn** to make sb a proposition. **-2.** [offre] offer; **refuser une** ~ to turn down an offer; **j'ai déjà eu quelques** ~**s de tournage** I've already had one or two film offers ❏ **faire des** ~**s à qqn** *euph* to proposition sb. **-3.** LOGIQUE & PHILOS proposition; **calcul des** ~**s** propositional calculus. **-4.** [recommandation] recommendation; **sur** ~ **du comité** on the committee's recommendation. **-5.** POL: ~**s et contre-propositions** proposals and counterproposals; **la** ~ **est votée** the motion is passed; ~ **de loi** private member's bill *Br*, private bill *Am*. **-6.** GRAMM clause; ~ **consécutive** ou **de conséquence** consecutive ou result clause.

**propositionnel, elle** [prɔpozisjɔnɛl] *adj* propositional.

**propre** [prɔpr] ◇ *adj* **A. -1.** [nettoyé, lavé] clean; [rangé] neat, tidy; **chez eux c'est bien** ~ their house is neat and tidy; **gardez votre ville** ~ don't drop litter!; *Br*, don't litter! *Am* ❏ ~ **sur lui** *hum* neat and proper; **nous voilà** ~s! *iron* now we're in a fine mess!; ~ **comme un sou neuf** spick and span, clean as a new pin. **-2.** *euph* [éduqué – bébé] toilet-trained, potty-trained; [– chiot] house-trained *Br*, housebroken *Am*. **-3.** [honnête] honest; **une affaire pas très** ~ a shady business. **-4.** [bien exécuté – travail] neat, well done. **-5.** ÉCOL clean, non-polluting, non-pollutant; NUCL clean. **B. -1.** *(avant le nom)* [en intensif] own; **de mes** ~**s yeux** with my own eyes; **de son** ~ **chef** on his own initiative ou authority; **les** ~**s paroles du Prophète** the Prophet's very ou own words ∥ [privé] own, private; **son** ~ **hélicoptère** his own helicopter, a helicopter of his own, his private helicopter. **-2.** [caractéristique]: ~ **à** a specific ou peculiar to; **sa méthode de travail lui est** ~ he has his own particular way of working. **-3.** [adapté] proper; **le mot** ~ the proper ou correct term; ~ **à** suited to, fit for, appropriate to; ~ **à la consommation humaine** fit for human consumption; **mesures** ~**s à stimuler la production** appropriate measures for boosting production. **-4.** LING [nom] proper; [sens] literal. **-5.** ASTRON: **mouvement** ~ proper motion. **-6.** PHYS: **oscillation** ~ natural oscillation. **-7.** INF: **erreur** ~ inherent error. **-8.** MATH [nombre, valeur] characteristic; [partie] proper. **-9.** FIN: **capitaux** ou **fonds** ~s capital stock.

◇ *nm* **-1.** [propreté] cleanliness, tidiness; **sentir le** ~ to smell clean; **c'est du** ~! *fam* & *iron* [gâchis] what a mess!; [action scandaleuse] shame on you!**-2.** [caractéristique] peculiarity, distinctive feature; **la raison est le** ~ **de l'homme** reason is unique to man. **-3.** RELIG proper.

◆ **propres** *nmpl* JUR separate property (of each spouse).

◆ **au propre** *loc adv* **-1.** [en version définitive]: **mettre qqch au** ~ to copy sthg out neatly, to make a fair copy of sthg. **-2.** LING literally.

◆ **en propre** *loc adv* by rights; **avoir en** ~ to possess (by rights); **la fortune qu'il a en** ~ his own fortune, the fortune that's his by rights.

**propre-à-rien** [prɔprarjɛ̃] *(pl* **propres-à-rien)** *nmf* good-for-nothing.

**proprement** [prɔprəmɑ̃] *adv* **A. -1.** [sans salir] cleanly, tidily; **l'hôtel est très** ~ **tenu** the hotel is spotlessly clean; **coupe ta viande** ~! cut your meat without making a mess!**-2.** *litt* [convenablement] decently, properly, honourably. **B. -1.** [absolument] truly, totally, absolutely; **elle est** ~ **insupportable!** she's absolutely unbearable!; **il s'est fait** ~ **éjecter** *fam* he was thrown out unceremoniously ou well and truly thrown out. **-2.** [spécifiquement] specifically, strictly; **l'aspect** ~ **éducatif du projet leur a échappé** they missed the specifically educational significance of the project.

◆ **à proprement parler** *loc adv* strictly speaking.

◆ **proprement dit, proprement dite** *loc adj* actual; **la maison** ~ **dite** the house proper, the actual house, the house itself.

**propret, ette** [prɔprɛ, ɛt] *adj* neat and tidy.

**propreté** [prɔprəte] *nf* **-1.** [absence de saleté] cleanness, cleanliness; [fait d'être rangé] tidiness; [hygiène] hygiene. **-2.** ÉCOL cleanness, absence of pollution. **-3.** *euph*: **l'apprentissage de la** ~ [chez l'enfant] toilet-training, potty-training.

**propriétaire** [prɔprijetɛr] *nmf* **-1.** [celui qui possède] owner; **ils ont voulu être** ~**s** they wanted to own their (own) place; **tous les** ~**s seront soumis à la taxe** all householders ou homeowners will be liable to tax; **qui est le** ~ **de cette valise?** who owns this case belong?; **vous êtes maintenant l'heureux** ~ **d'une machine à laver** you are now the proud owner ou possessor of a washing machine ❏ ~ **foncier** property owner; ~ **terrien** landowner. **-2.** [celui qui loue] landlord *(f* landlady).

**propriétaire-éleveur** [prɔprijetɛrelvœr] *(pl* **propriétaires-éleveurs)** *nm* AGR & SPORT owner-breeder.

**propriétaire-récoltant** [prɔprijetɛrrekɔltɑ̃] *(pl* **propriétaires-récoltants)** *nm* wine grower.

**propriété** [prɔprijete] *nf* **-1.** [biens] estate, property; **une très belle/une grande/une petite** ~ an excellent/a large/a small property; ~ **foncière/immobilière** landed/real estate; ~ **de l'État** government ou state property; ~ **mobilière** personal property, movables JUR; ~ **privée** private (property); '~ **privée, défense d'entrer'** 'private property, keep out'. **-2.** [fait de posséder] ownership. **-3.** JUR ownership; **posséder en toute** ~ to hold in fee simple ❑ ~ **collective des moyens de production** collective ownership of the means of production; ~ **commerciale** leasehold ownership (*covenant to extend lease*); ~ **individuelle** personal ou private property; ~ **indivise** joint ownership; ~ **industrielle** patent rights; ~ **littéraire et artistique** copyright. **-4.** [propriétaires] property owners; **la grande/petite** ~ the big/small landowners. **-5.** [qualité] property, characteristic, feature; **la codéine a des** ~s **antitussives** codeine suppresses coughing. **-6.** [exactitude – d'un terme] aptness, appropriateness.

**proprio** [prɔprijo] *nmf fam* landlord (*f* landlady).

**propulser** [3] [prɔpylse] *vt* **-1.** AUT to drive; ASTRONAUT to propel; MÉCAN to propel, to drive. **-2.** [pousser] to push, to fling; **il s'est trouvé propulsé sur le devant de la scène** he was pushed towards the front of the stage; **elle s'est trouvée propulsée à la tête de l'entreprise** *fig* she suddenly found herself in charge of the business.

**propulseur** [prɔpylsœr] *nm* **-1.** MÉCAN & NAUT [hélice] (screw) propeller; [moteur] power unit; [carburant] propellant; ~ **d'étrave** bow propeller. **-2.** ASTRONAUT rocket engine; ~ **auxiliaire** booster.

**propulsif, ive** [prɔpylsif, iv] *adj* propellant, propelling, propulsive; **roue propulsive** driving wheel.

**propulsion** [prɔpylsjɔ̃] *nf* **-1.** AÉRON, MÉCAN & NAUT [phénomène] propulsion, propelling force; [résultat] propulsion, propulsive motion, drive; **fusée à** ~ **atomique/nucléaire** atomic-powered/nuclear-powered rocket. **-2.** ÉLECTR: ~ **électrique** electric drive; ~ **turbo-électrique** turbo-electric propulsion.

**prorata** [prɔrata] *nm inv* proportion.
◆ **au prorata** *loc adv* proportionally, pro rata.
◆ **au prorata de** *loc prép* in proportion to.

**prorogatif, ive** [prɔrɔgatif, iv] *adj* JUR prorogating.

**prorogation** [prɔrɔgasjɔ̃] *nf* **-1.** ADMIN & JUR [d'un délai] extension; [d'un visa] renewal. **-2.** POL adjournment, prorogation *spéc.*

**proroger** [17] [prɔrɔʒe] *vt* **-1.** ADMIN & JUR [délai, compétence] to extend; [traité] to renew; [échéance] to defer. **-2.** POL [suspendre – assemblée] to prorogue *spéc*, to adjourn.

**prosaïque** [prozaik] *adj* [banal, commun] mundane, pedestrian, prosaic.

**prosaïsme** [prozaism] *nm sout* ordinariness, prosaicness; **quel** ~! how romantic! *iron.*

**prosateur, trice** [prozatœr, tris] *nm, f* prose writer.

**proscription** [prɔskripsjɔ̃] *nf* **-1.** HIST [exil] exiling, banishment; ANTIQ proscription. **-2.** [interdiction] prohibition, banning, proscription.

**proscrire** [99] [prɔskrir] *vt* **-1.** [exiler] to banish, to proscribe. **-2.** [interdire – gén] to forbid; [– par la loi] to outlaw; [déconseiller] to advise against; **cet usage est à** ~ this expression is to be avoided.

**proscrit, e** [prɔskri, it] ◇ *pp* → **proscrire.** ◇ *adj sout* **-1.** [exilé] proscribed. **-2.** [interdit] forbidden; [tabou] the expression is taboo. ◇ *nm, f* outlaw.

**proscrivais** [prɔskrive], **proscrivis** [prɔskrivi] *v* → **proscrire.**

**prose** [proz] *nf* **-1.** LITTÉRAT prose. **-2.** *fam* [style] (writing) style. **-3.** *fam* & *hum* [écrit] work, masterpiece *iron.*
◆ **en prose** ◇ *loc adj* prose; **texte en** ~ prose text. ◇ *loc adv*: **écrire en** ~ to write (in) prose.

**prosélyte** [prozelit] *nmf* **-1.** *sout* [adepte] proselyte; **l'idée a fait de nombreux** ~s there were many converts to the idea, many people espoused the idea. **-2.** HIST & RELIG convert, proselyte.

**prosélytisme** [prozelitism] *nm* **-1.** RELIG proselytism. **-2.** *sout* [propagande] proselytism, missionary zeal; **faire du** ~ to proselytize *Br*, to proselyte *Am.*

**prosodie** [prozɔdi] *nf* **-1.** LITTÉRAT prosody. **-2.** MUS rules of musical arrangement.

**prospect** [prɔspɛ] *nm* COMM prospect, potential customer ou client.

**prospecter** [4] [prɔspɛkte] ◇ *vt* **-1.** COMM & ÉCON [région] to

comb; [clientèle] to canvass; [marché] to explore, to investigate. **-2.** MIN to prospect. ◇ *vi* to comb an area.

**prospecteur, trice** [prɔspɛktœr, tris] ◇ *adj* prospecting, investigating. ◇ *nm, f* **-1.** COMM canvasser. **-2.** MIN prospector.

**prospectif, ive** [prɔspɛktif, iv] *adj* prospective.
◆ **prospective** *nf* **-1.** ÉCON (long-term) forecasting. **-2.** [science] futurology.

**prospection** [prɔspɛksjɔ̃] *nf* **-1.** MIN prospecting; ~ **minière/pétrolière** mining/oil exploration. **-2.** COMM [de la clientèle] canvassing; [des tendances] exploring; ~ **du marché** surveying ou exploring the market.

**prospectus** [prɔspɛktys] *nm* **-1.** COMM [feuillet publicitaire] leaflet, handout; **nous avons envoyé des** ~ **à tous nos clients** we have sent a mailshot to ou we have circularized all our customers. **-2.** JUR: ~ **d'émission** (pathfinder) prospectus.

**prospère** [prɔspɛr] ◇ *v* → **prospérer.** ◇ *adj* **-1.** [fructueux] flourishing, thriving; **les affaires sont** ~s business is booming. **-2.** [riche] prosperous.

**prospérer** [18] [prɔspere] *vi* [entreprise] to flourish, to thrive; [personne] to fare well, to thrive; [plante] to thrive.

**prospérité** [prɔsperite] *nf* prosperity, success; **une période de (grande)** ~ a boom.

**prostate** [prɔstat] *nf* prostate (gland); **se faire opérer de la** ~ to have a prostate operation.

**prosternation** [prɔstɛrnasjɔ̃] *nf*, **prosternement** [prɔstɛrnəmɑ̃] *nm* **-1.** RELIG bowing-down, prosternation. **-2.** *fig* & *litt* toadying.

**prosterner** [3] [prɔstɛrne]
◆ **se prosterner** *vpi* RELIG to bow down; **se** ~ **devant qqn** *fig* to grovel to sb.

**prostitué, e** [prɔstitɥe] *nm, f* [femme] prostitute; [homme] male prostitute.

**prostituer** [7] [prɔstitɥe] *vt* **-1.** [personne] to make a prostitute of, to prostitute. **-2.** *fig* & *sout*: ~ **ses talents** to sell ou to prostitute one's talent.
◆ **se prostituer** *vp (emploi réfléchi)* & *fig* to prostitute o.s.

**prostitution** [prɔstitysjɔ̃] *nf pr* & *fig* prostitution.

**prostration** [prɔstrasjɔ̃] *nf* **-1.** MÉD & RELIG prostration. **-2.** ÉCON collapse, crash.

**prostré, e** [prɔstre] *adj* **-1.** [accablé] prostrate, despondent. **-2.** MÉD prostrate.

**protagoniste** [prɔtagɔnist] *nmf* **-1.** [principal participant] protagonist; **les** ~s **du conflit vont entamer des pourparlers** the protagonists in the conflict are to start negotiations. **-2.** CIN & LITTÉRAT (chief) protagonist, main character. **-3.** ANTIQ protagonist.

**protecteur, trice** [prɔtɛktœr, tris] ◇ *adj* **-1.** [qui protège] protective; **crème protectrice** barrier cream. **-2.** [condescendant] patronizing. **-3.** ÉCON protectionist. ◇ *nm, f* **-1.** [gardien] custodian, guardian, guarantor. **-2.** [mécène] patron.
◆ **protecteur** *nm* [d'une prostituée] procurer.

**protection** [prɔtɛksjɔ̃] *nf* **-1.** [défense] protection; **assurer la** ~ **de qqn** to protect sb; **prendre qqn sous sa** ~ to take sb under one's wing ❑ ~ **aérienne** MIL aerial protection; ~ **civile** [en temps de guerre] civil defence; [en temps de paix] disaster management; ~ **contre les rayonnements** NUCL radiological protection; ~ **diplomatique** diplomatic protection; ~ **de l'emploi** personal security, job protection; ~ **de l'enfance** child welfare; ~ **des espèces menacées** protection of endangered species; ~ **judiciaire** (court) supervision (of a minor), wardship; ~ **maternelle et infantile** mother and child care (*including antenatal and postnatal clinics and family planning*); ~ **de la nature** nature conservation ou conservancy; ~ **rapprochée** [d'une personne, d'un lieu] police protection; [d'un lieu] security. **-2.** [prévention] protection, preservation, conservation; **c'est une bonne** ~ **contre la rouille/les fraudes** it's a good protection against rust/fraud. **-3.** [soutien]: **solliciter la** ~ **de qqn** to ask for sb's support, to ask sb to use their influence on one's behalf. **-4.** BX-ARTS & SPORT patronage. **-5.** [serviette hygiénique] ~ (**féminine**) sanitary towel *Br*, sanitary napkin *Am*. **-6.** INF security; ~ **de fichier** protected file access; ~ **mémoire** protected location. **-7.** MÉTALL coating; ~ **cathodique** cathodic protection.
◆ **de protection** *loc adj* protective, safety (*modif*); **gaine de** ~

protective cover; **couche/vernis de** ~ protective coating/
varnish.

**protectionnisme** [prɔtɛksjɔnism] *nm* protectionism.

**protectionniste** [prɔtɛksjɔnist] *adj & nmf* protectionist.

**protectorat** [prɔtɛktɔra] *nm* protectorate.

**protège** [prɔtɛʒ] *v* → **protéger**.

**protégé, e** [prɔtɛʒe] ◇ *adj* **-1.** AÉRON: **espace aérien** ~ protected airspace. **-2.** ÉCOL [espèce, zone] protected. **-3.**
ÉLECTRON protected. ◇ *nm, f* protégé.

**protégeai** [prɔtɛʒe] *v* → **protéger**.

**protège-cahier** [prɔtɛʒkaje] (*pl* **protège-cahiers**) *nm*
exercise-book cover.

**protège-dents** [prɔtɛʒdã] *nm inv* gum-shield.

**protéger** [22] [prɔtɛʒe] *vt* **-1.** [assurer – la sécurité de] to protect, to defend; [– la santé, la survie de] to protect, to look after *(insép)*, to shield against; ~ **qqch contre le** ou **du froid** to
protect ou to insulate sthg against the cold; ~ **qqch contre
les radiations** to shield sthg from radiation. **-2.** COMM &
ÉCON to protect; ~ **par un brevet** JUR to patent. **-3.** [favoriser]
to encourage, to protect. **-4.** [faire du racket] to protect. **-5.**
*euph* [prostituée] to act as a procurer (*f* procuress) for.
◆ **se protéger** *vp (emploi réfléchi)* to protect o.s.; **protégez-
vous contre la grippe** protect yourself against the flu; **se** ~
**contre le** ou **du soleil** to shield o.s. from the sun; **les jeunes
sont encouragés à se** ~ **lors de leurs relations sexuelles**
young people are encouraged to protect themselves (by using a condom).

**protège-slip** [prɔtɛʒslip] (*pl* **protège-slips**) *nm* panty liner.

**protège-tibia** [prɔtɛʒtibja] (*pl* **protège-tibias**) *nm* shin pad.

**protéine** [prɔtein] *nf* protein; ~**s animales/végétales**
animal/vegetable proteins.

**protestant, e** [prɔtɛstã, ãt] *adj & nm, f* Protestant.

**protestantisme** [prɔtɛstãtism] *nm* Protestantism.

**protestataire** [prɔtɛstatɛr] ◇ *adj* [délégué] protesting; [mesure] protest *(modif)*. ◇ *nmf* protester, protestor.

**protestation** [prɔtɛstasjɔ̃] *nf* **-1.** [mécontentement] protest,
discontent; **grand mouvement/grande manifestation de**
~ **demain à 14 h** a big protest rally/demonstration will be
held tomorrow at 2 pm. **-2.** [opposition] protest; **sans** ~
without protest; **en signe de** ~ as a protest; **sans une** ~
without a murmur. **-3.** JUR protesting, protestation.
◆ **protestations** *nfpl litt* [déclarations]: ~**s d'amitié** protestations ou assurances of friendship; **faire à qqn des** ~**s
d'amour/de loyauté** to profess one's love/loyalty to sb.

**protester** [3] [prɔtɛste] ◇ *vi* [dire non] to protest; **je proteste!**
I protest!, I object!; ~ **contre** to protest against ou about.
◇ *vt* **-1.** JUR to protest. **-2.** *vieilli* [affirmer] to protest, to declare.
◆ **protester de** *v* + *prép litt*: ~ **de son innocence** to protest
one's innocence.

**prothèse** [prɔtɛz] *nf* **-1.** [technique] prosthetics *(U)*; ~ **dentaire** prosthodontics *(U)*. **-2.** [dispositif] prosthesis; ~ **dentaire totale** (set of) dentures; **une** ~ **dentaire fixe** a bridge, a
fixed dental prosthesis *spéc*.

**prothésiste** [prɔtezist] *nmf* prosthetist; ~ **dentaire** prosthodontist, dental prosthetist.

**protide** [prɔtid] *nm* protein.

**proto-** [prɔto] *préf* proto, proto-.

**protocolaire** [prɔtɔkɔlɛr] *adj* [respectueux des usages] formal; [conforme à l'étiquette] mindful of ou conforming to etiquette.

**protocole** [prɔtɔkɔl] *nm* **-1.** JUR & POL protocol; ~ **d'accord**
draft agreement. **-2.** INF protocol; ~ **multivoie/univoie**
multi-channel/single-channel protocol. **-3.** IMPR style
sheet. **-4.** [cérémonial]: **le** ~ protocole, etiquette. **-5.** SC: ~
**d'une expérience** experimental procedure. **-6.** MÉD: ~ **opératoire** protocol.

**protohistoire** [prɔtɔistwar] *nf* protohistory.

**proton** [prɔtɔ̃] *nm* proton.

**prototype** [prɔtɔtip] *nm* **-1.** INDUST prototype. **-2.** [archétype] standard; **c'est le** ~ **du vieil imprimeur** he's the archetypal old printer. **-3.** *(comme adj; avec ou sans trait d'union)* prototype *(modif)*.

**protozoaire** [prɔtɔzɔɛr] *nm* protozoan, protozoon; **les** ~**s**
the Protozoa.

**protubérance** [prɔtyberãs] *nf* **-1.** [bosse] bump; [enflure]
bulge, protuberance *spéc*. **-2.** ANAT protuberance; ~ **cérébrale** mesencephalon. **-3.** ASTRON: ~ **solaire** solar prominence.

**protubérant, e** [prɔtyberã, ãt] *adj* [muscle] bulging; [menton,
front] prominent; [œil, ventre] protruding, bulging.

**prou** [pru] *adv* → **peu**.

**proue** [pru] *nf* NAUT bow, bows, prow.

**prouesse** [prues] *nf* exploit, feat; **le convaincre était une** ~
*fig* convincing him was quite a feat; **faire des** ~**s** [briller] to
perform outstandingly; [faire des efforts] to do one's utmost;
**j'ai fait des** ~**s pour finir dans les délais** I did my utmost to
finish on time.

**prouver** [3] [pruve] *vt* **-1.** [faire la preuve de] to prove; **cela
n'est pas encore prouvé** it remains to be proved; **les faits
ont prouvé qu'elle était bel et bien absente** the facts
proved her to have indeed been absent; **prouve-moi le
contraire!** give me proof of ou to the contrary!; **il t'a menti
— prouve-le-moi!** he lied to you — prove it!; ~ **le bien-
fondé d'une accusation** JUR to substantiate a charge ❏ **il
m'a prouvé par A + B que j'avais tort** he demonstrated
that I was wrong in a very logical way. **-2.** [mettre en évidence] to show; **cela prouve bien que j'avais raison** it
shows that I was right; **son désintéressement n'est plus à**
~ her impartiality is no longer open to question. **-3.** [témoigner] to demonstrate; ~ **à qqn son amitié/sa reconnaissance** to demonstrate one's friendship/gratitude to sb, to
give sb proof of one's friendship/gratitude.
◆ **se prouver** *vpt*: **se** ~ **qqch (à soi-même)** to prove sthg (to
o.s.).

**provenance** [prɔvnãs] *nf* [d'un mot] origin; [d'une rumeur]
source; **des marchandises de** ~ **étrangère** imported goods;
**quelle est la** ~ **de ces légumes?** where do these vegetables
come from?
◆ **en provenance de** *loc prép* (coming) from; **le train en** ~
**de Genève** the train from Geneva, the Geneva train.

**provençal, e, aux** [prɔvãsal, o] *adj* Provençal.
◆ **provençal** *nm* LING Provençal.
◆ **à la provençale** *loc adj* CULIN à la provençale.

**Provence** [prɔvãs] *npr f*: **(la)** ~ Provence; **herbes de** ~ ≃
mixed herbs.

**provenir** [40] [prɔvnir]
◆ **provenir de** *v* + *prép* **-1.** [lieu] to come from *(insép)*. **-2.**
[résulter de] to arise ou to result from, to arise out of.

**provenu** [prɔvny] *pp* → **provenir**.

**proverbe** [prɔvɛrb] *nm* proverb, adage; **comme dit le** ~ as
the proverb goes.

**proverbial, e, aux** [prɔvɛrbjal, o] *adj* **-1.** [de proverbe] proverbial. **-2.** [connu] well-known, proverbial.

**providence** [prɔvidãs] *nf* **-1.** RELIG Providence; **les voies de
la Providence** the ways of Providence. **-2.** [aubaine] salvation, piece of luck. **-3.** [personne]: **vous rentrez à Nice en
voiture? vous êtes ma** ~! you're driving back to Nice?
you've saved my life!

**providentiel, elle** [prɔvidãsjɛl] *adj* providential, miraculous; **c'est l'homme** ~! he's the man we need!

**proviendra** [prɔvjɛ̃dra], **provient** [prɔvjɛ̃], **provint** [prɔvɛ̃] *v*
→ **provenir**.

**province** [prɔvɛ̃s] *nf* **-1.** [régions en dehors de la capitale]: **la** ~
[en France] provincial France; [dans d'autres pays] the provinces; **il doit bientôt partir en** ~ he'll soon be leaving town;
**un week-end en** ~ a weekend out of town; **arriver** ou **débarquer tout droit de sa** ~ to be fresh from the country ou
the provinces; **une petite ville de** ~ a small country town;
**Bordeaux est une grande ville de** ~ Bordeaux is a major
provincial town. **-2.** HIST province; **la Belle Province** *Can*
Quebec. **-3.** *(comme adj inv)*: **notre quartier est encore très** ~
there's still a small-town feeling to our area; **sa famille est
restée un peu** ~ her family's kept up a rather provincial
way of life.

**Provinces Maritimes** [prɔvɛ̃smaritim] *npr fpl* [au Canada]:
**les** ~ the Maritime Provinces, the Maritimes.

**provincial, e, aux** [prɔvɛ̃sjal, o] ◇ *adj* **-1.** [en dehors de Paris]
provincial; **sa tournée** ~**e** her tour of the provinces. **-2.** *péj*
[personne, comportement] provincial, parochial. ◇ *nm, f* provincial.

◆ **provincial, aux** *nm* **-1.** RELIG provincial. **-2.** *Can*: le Provincial the Provincial Government.

**provincialisme** [prɔvɛ̃sjalism] *nm* **-1.** LING provincialism. **-2.** *péj* [étroitesse d'esprit] small-town OU village-pump mentality, parochialism.

**proviseur** [prɔvizœr] *nm* **-1.** [directeur] head teacher *Br*, headmaster (*f* headmistress) *Br*, principal *Am*.**-2.** *Belg* [adjoint] deputy head (*with overall responsibility for discipline within the school*).

**provision** [prɔvizjɔ̃] *nf* **-1.** [réserve] stock, store, supply; avoir une bonne ~ de chocolat/patience to have a good supply of chocolate/amazing reserves of patience; faire ~ de sucre/d'enveloppes to build up a stock of sugar/envelopes; faire des ~s to stock up on food, to lay in stocks of food. **-2.** [acompte] advance OU down payment; BANQUE (sufficient) funds. **-3.** [d'un bilan comptable] provision; [couverture] cover. **-4.** [honoraires] retainer. **-5.** JUR interim payment, interlocutory relief; par ~ [décision, acte] provisional, interim.

◆ **provisions** *nfpl* [courses]: ~s (de bouche) shopping (*U*), groceries.

◆ **à provisions** *loc adj* [filet, sac] shopping (*modif*); [placard] food (*modif*).

**provisionnel, elle** [prɔvizjɔnɛl] *adj* provisional.

**provisionner** [3] [prɔvizjɔne] *vt* BANQUE [compte] to deposit funds into; son compte n'a pas été provisionné depuis plusieurs mois there has been no money paid into his account for several months.

**provisoire** [prɔvizwar] ◇ *adj* **-1.** [momentané] temporary, provisional. **-2.** [précaire] makeshift; une réparation ~ a makeshift repair. **-3.** [intérimaire – gouvernement] provisional; [– directeur] acting. **-4.** JUR [jugement] provisional, interlocutory; [mise en liberté] conditional. ◇ *nm*: le ~ that which is temporary.

**provisoirement** [prɔvizwarmã] *adv* temporarily, provisionally; ~, je fais des ménages for the time being, I do cleaning for people.

**provo** [prɔvo] *nm* **-1.** ▽ *arg scol* [proviseur] head (*of a school*). **-2.** [aux Pays-Bas] provo.

**provoc** [prɔvɔk] *nf fam* provocation; tu fais de la ~ ou quoi? are you trying to wind me up *Br* OU tick me off *Am*?

**provocant, e** [prɔvɔkã, ãt] *adj* **-1.** [agressif] aggressive, provoking; une remarque ~e an aggressive remark. **-2.** [osé] blatant; un modernisme ~ blatant modernism. **-3.** [excitant] exciting, provocative, teasing.

**provocateur, trice** [prɔvɔkatœr, tris] ◇ *adj* [discours, propagande] inflammatory; [argument, propos] provocative; geste ~ offensive gesture. ◇ *nm, f* POL provocateur.

**provocation** [prɔvɔkasjɔ̃] *nf* **-1.** [stratégie] provocation, incitement; [acte] provocation; c'est de la ~! it's an act of provocation!; faire qqch par ~ to do sthg as an act of provocation. **-2.** *litt* [séduction] teasing, provocativeness.

**provoquer** [3] [prɔvɔke] *vt* **-1.** [défier] to provoke, to push (to breaking point); arrête de me ~! *fam* don't push me!; c'est lui qui m'a provoqué! he started it!; ~ le destin to tempt fate; ~ qqn en duel to challenge sb to a duel. **-2.** [sexuellement] to tease. **-3.** [occasionner – maladie, sommeil] to cause, to induce; pouvant ~ la mort potentially fatal ‖ [sentiment] to arouse, to stir up (*sép*), to give rise to; il ne se doutait pas qu'il allait ~ sa jalousie he didn't realize that he would make her jealous; ses dénégations ne provoquèrent aucune réaction chez le juge his denials brought no reaction from the judge; l'explosion provoqua la panique générale the explosion caused general panic ‖ [événement] to cause, to be the cause of, to bring about (*sép*); elle fit cette déclaration pour ~ une nouvelle enquête she made that statement so that there would be a new enquiry.

**prox.** (*abr écrite de* **proximité**): '~ commerces' 'near shops'.

**proxénète** [prɔksenɛt] *nmf* procurer (*f* procuress).

**proxénétisme** [prɔksenetism] *nm* procuring.

**proximité** [prɔksimite] *nf* **-1.** [dans l'espace] closeness, nearness, proximity. **-2.** [dans le temps] closeness, imminence; la ~ du départ les rend fébriles the approaching departure is making them excited. **-3.** *vieilli* [parenté] kinship; ~ du sang blood kinship.

◆ **à proximité** *loc adv* near by, close at hand.

◆ **à proximité de** *loc prép* near, close to, not far from.

◆ **de proximité** *loc adj* **-1.** TECH proximity (*modif*). **-2.** [commerce] local.

**pruche** [pryʃ] *nf Can* hemlock spruce.

**prude** [pryd] ◇ *adj* prudish, prim and proper. ◇ *nf* prude, puritan.

**prudemment** [prydamã] *adv* **-1.** [avec précaution] carefully, cautiously, prudently. **-2.** [avec sagesse] wisely, prudently.

**prudence** [prydãs] *nf* **-1.** [précaution] caution, carefulness; elle conduit avec la plus grande ~ she's a very careful driver ; ~ est mère de sûreté *prov* look before you leap *prov*. **-2.** [méfiance] wariness, caginess; [ruse] cunning; avoir la ~ du serpent to be a sly fox. **-3.** *vieilli* [sagesse] wisdom, good judgment, prudence.

◆ **avec prudence** *loc adv* [avec attention] cautiously, carefully.

◆ **par prudence** *loc adv* as a precaution.

**prudent, e** [prydã, ãt] *adj* **-1.** [attentif] careful, prudent; sois ~! be careful!**-2.** [mesuré] discreet, circumspect, cautious; une réponse ~e a diplomatic OU circumspect answer. **-3.** [prévoyant] judicious, wise; un homme de loi ~ a wise lawyer. **-4.** [préférable] advisable, better; il est ~ de réserver ses places advance booking is advisable.

**pruderie** [prydri] *nf* prudishness, prudery.

**prud'homal, e, aux** [prydɔmal, o] *adj*: conseiller ~ member of an elected industrial tribunal; élections ~es industrial tribunal election.

**prud'homme** [prydɔm] *nm* **-1.** [conseiller] member of an elected industrial tribunal. **-2.** (*comme adj*): conseiller ~ member of an elected industrial tribunal.

◆ **prud'hommes** *nmpl* [tribunal]: les ~s, le conseil de ~s the elected industrial tribunal.

**prune** [pryn] ◇ *nf* **-1.** BOT plum. **-2.** *fam loc*: des ~s! no way!, nothing doing!; pour des ~s for nothing. **-3.** [alcool] plum brandy. ◇ *adj inv* plum-coloured.

**pruneau, x** [pryno] *nm* **-1.** [fruit sec] prune. **-2.** *Helv* [prune] red plum. **-3.** ▽ *arg crime* [balle] bullet, slug.

**prunelle** [prynɛl] *nf* **-1.** BOT sloe. **-2.** [alcool] sloe gin. **-3.** ANAT pupil; je tiens à ce livre comme à la ~ de mes yeux I wouldn't give this book up OU away for the world. **-4.** [regard] eye; jouer de la ~ *fam* to make eyes at sb.

**prunellier** [prynelje] *nm* sloe, blackthorn.

**prunier** [prynje] *nm* plumtree; ~ du Japon Japanese cherry.

**prurigineux, euse** [pryriʒinø, øz] *adj* pruritic.

**prurit** [pryrit] *nm* pruritus.

**Prusse** [prys] *npr f*: (la) ~ Prussia.

**prussien, enne** [prysjɛ̃, ɛn] *adj* Prussian.

◆ **Prussien, enne** *nm, f* Prussian.

**prytanée** [pritane] *nm* **-1.** ANTIQ prytaneum. **-2.** [école]: le Prytanée militaire de La Flèche the La Flèche military academy (*free school for sons of members of the armed forces*).

**PS** *nm* (*abr de* **parti socialiste**) French socialist party. ◇ *nm* (*abr de* **post-scriptum**) PS, ps.

**psalmodie** [psalmɔdi] *nf* **-1.** RELIG psalmody, intoning. **-2.** *fig & litt* drone.

**psalmodier** [9] [psalmɔdje] ◇ *vi* **-1.** RELIG to chant. **-2.** *fig & litt* to drone (on). ◇ *vt* **-1.** RELIG to chant. **-2.** *fig* to intone, to drone (out).

**psaume** [psom] *nm* psalm; le livre des Psaumes Psalms.

**psautier** [psotje] *nm* psalter.

**pseudo-** [psødo] *préf* pseudo-, false; méfie-toi de leur ~contrat beware of their so-called contract; le ~démarcheur attaquait les vieilles dames the bogus salesman preyed on old ladies; c'est du ~style anglais it's in pseudo-English style.

**pseudonyme** [psødɔnim] *nm* [nom d'emprunt – gén] assumed name; [– d'un écrivain] pen name, pseudonym; [– d'acteur] stage name; [– de criminel] alias.

**PS-G** (*abr de* **Paris St-Germain**) *npr m* Paris football team.

**psi** [psi] *nm* **-1.** [lettre grecque] psi. **-2.** NUCL psi (particle), J.

**psoriasis** [psɔrjazis] *nm* psoriasis.

**PSU** (*abr de* **parti socialiste unifié**) *npr m* former French socialist party.

**psy** [psi] *fam* ◇ *nmf* [psychanalyste] psychoanalyst, shrink. ◇ *nf* [psychanalyse]: il est très branché ~ he's really into psychoanalysis.

**psychanalyse** [psikanaliz] *nf* analysis, psychoanalysis; **il fait une ~** he's undergoing psychoanalysis.

**psychanalyser** [3] [psikanalize] *vt* to psychoanalyse, to analyse; **elle se fait ~** she's undergoing psychoanalysis, she's in therapy.

**psychanalyste** [psikanalist] *nmf* analyst, psychoanalyst.

**psychanalytique** [psikanalitik] *adj* analytical, psychoanalytical.

**psyché** [psi∫e] *nf* **-1.** PSYCH psyche. **-2.** [miroir] cheval glass.

**psychédélique** [psikedelik] *adj* psychedelic.

**psychédélisme** [psikedelism] *nm* psychedelic state.

**psychiatre** [psikjatr] *nmf* psychiatrist.

**psychiatrie** [psikjatri] *nf* psychiatry; **~ infantile** child psychiatry.

**psychiatrique** [psikjatrik] *adj* psychiatric.

**psychique** [psi∫ik] ◇ *adj* **-1.** MÉD [blocage] mental; [troubles] mental, psychic *spéc*. **-2.** *fam* [psychologique] psychological; **je ne peux pas voir une souris sans défaillir, c'est ~** I feel faint whenever I see a mouse, I know it's all in the mind but I can't help it. ◇ *nm fam* mind, psychological side; **chez lui, c'est le ~ qui va mal** he's got a psychological problem.

**psychisme** [psi∫ism] *nm* psyche, mind; **son ~ est perturbé** the balance of her mind is disturbed.

**psycho** [psiko] *nf fam* [psychologie]: **il a fait des études de ~** he studied psychology.

**psychodrame** [psikɔdram] *nm* **-1.** [thérapie] role-play techniques, psychodrama. **-2.** [séance] (psychotherapeutic) role-play session.

**psycholinguistique** [psikɔlɛ̃gɥistik] ◇ *adj* psycholinguistic. ◇ *nf* psycholinguistics *(U).*

**psychologie** [psikɔlɔʒi] *nf* **-1.** [étude] psychology; **~ appliquée/comparative** applied/comparative psychology; **~ expérimentale/sociale** experimental/social psychology. **-2.** [intuition] perception; **tu manques de ~** you're not very perceptive. **-3.** [mentalité] psychology; **~ des foules** crowd psychology. **-4.** [dimension psychologique] psychology, mind; **étudiez la ~ des personnages** study the psychological make-up of the characters.

**psychologique** [psikɔlɔʒik] *adj* **-1.** [méthode, théorie] psychological. **-2.** MÉD [état, troubles] psychological, mental; **il suffit qu'elle aille parler à son médecin pour aller mieux, c'est ~** she only has to talk to her doctor to feel better, it's all in her mind. **-3.** [dimension] psychological; **la vérité ~ de ses personnages** his/her true-to-life characters. **-4.** [propice]: **le moment OU l'instant ~** the right OU appropriate moment.

**psychologiquement** [psikɔlɔʒikmɑ̃] *adv* psychologically.

**psychologue** [psikɔlɔg] ◇ *adj* insightful, perceptive. ◇ *nmf* psychologist; **~ scolaire** educational psychologist.

**psychomoteur, trice** [psikomɔtœr, tris] *adj* psychomotor.

**psychopathe** [psikɔpat] *nmf* psychopath.

**psychopathologie** [psikɔpatɔlɔʒi] *nf* psychopathology.

**psychopédagogie** [psikɔpedagɔʒi] *nf* educational psychology.

**psychophysiologie** [psikofizjɔlɔʒi] *nf* psychophysiology.

**psychose** [psikoz] *nf* **-1.** PSYCH psychosis. **-2.** [angoisse – individuelle] (obsessive) fear; [– collective] fear; **il règne ici une véritable ~ de guerre** people here are in the grip of war hysteria.

**psychosensoriel, elle** [psikɔsɑ̃sɔrjɛl] *adj* psychosensory.

**psychosocial, e** [psikɔsɔsjal] *adj* psychosocial.

**psychosociologie** [psikɔsɔsjɔlɔʒi] *nf* psychosociology.

**psychosociologue** [psikɔsɔsjɔlɔg] *nmf* psychosociologist.

**psychosomatique** [psikɔsɔmatik] ◇ *adj* [médecine, trouble] psychosomatic. ◇ *nf* psychosomatics *(U).*

**psychothérapeute** [psikɔterapøt] *nmf* psychotherapist.

**psychothérapie** [psikɔterapi] *nf* psychotherapy.

**psychotique** [psikɔtik] *adj* & *nmf* psychotic.

**Pte** *abr écrite de* **porte.**

**ptérodactyle** [pterodaktil] *nm* pterodactyl.

**Ptolémée** [ptɔleme] *npr* Ptolemy.

**PTT** (*abr de* **Postes, télécommunications et télédiffusion**) *nfpl former French post office and telecommunications network.*

**pu** [py] *pp* → **pouvoir.**

**puant, e** [pɥɑ̃, ɑ̃t] *adj* **-1.** [nauséabond] stinking, foul-smelling. **-2.** *fam* [prétentieux] insufferably conceited.

**puanteur** [pɥɑ̃tœr] *nf* foul smell, stench.

**pub¹** [pyb] *nf fam* **-1.** [publicité] advertising; **il travaille dans la ~** he's in advertising; **faire de la ~ pour un produit** to plug OU to push a product ❑ **un coup de ~** a plug. **-2.** [annonce – gén] ad, advertisement; RAD & TV commercial.

**pub²** [pœb] *nm* [bar] bar *(in the style of an English pub).*

**pubère** [pybɛr] *adj* pubescent; **il est ~** he's reached (the age of) puberty.

**pubertaire** [pybɛrtɛr] *adj* pubertal.

**puberté** [pybɛrte] *nf* puberty.

**pubien, enne** [pybjɛ̃, ɛn] *adj* pubic.

**pubis** [pybis] *nm* [os] pubis; [bas-ventre] pubis, pubes *spéc.*

**publiable** [pyblijabl] *adj* publishable; **ce n'est guère ~** it's hardly fit for publication OU to be printed.

**public, ique** [pyblik] *adj* **-1.** [ouvert à tous] public; **la séance est publique** it's an open session. **-2.** [connu] public, well-known; **sa nomination a été rendue publique ce matin** his nomination was officially announced OU was made public this morning; **l'homme ~** the man the public sees. **-3.** [de l'État] public, state *(modif).*
◆ **public** *nm* **-1.** [population] public; **le grand ~** the general public, the public at large. **-2.** [audience – d'un spectacle] public, audience; [– d'un écrivain] readership, readers; [– d'un match] spectators; **~ féminin/familial** female/family audience; **s'adresser à un vaste ~/à un ~ restreint** to address a vast/limited audience; **c'est un excellent livre, mais qui n'a pas encore trouvé son ~** although the book is excellent, it hasn't yet found the readership it deserves; **être bon ~** to be easy to please. **-3.** [secteur]: **le ~** the public sector.
◆ **en public** *loc adv* publicly, in public.
◆ **grand public** *loc adj*: **produits grand ~** consumer goods; **émission grand ~** programme designed to appeal to a wide audience; **film grand ~** blockbuster; **l'électronique grand ~** consumer electronics.

**publication** [pyblikasjɔ̃] *nf* **-1.** [d'un livre, d'un journal] publication, publishing; **le journal a dû cesser sa ~** the paper had to cease publication OU to fold; **interdire la ~ de qqch** to stop sthg coming out OU being published ❑ **~ assistée par ordinateur** → **PAO. -2.** JUR [d'un arrêté, d'une loi] promulgation, publication; **la ~ des bans** announcement of OU publishing the banns. **-3.** [document] publication, magazine; **~ scientifique** scientific publication OU journal; **~ spécialisée** specialist review.

**publiciste** [pyblisist] *nmf* **-1.** JUR specialist in public law. **-2.** [publicitaire] advertiser, advertising man *nm*.

**publicitaire** [pyblisitɛr] ◇ *adj* advertising, promotional. ◇ *nmf*: **c'est un ~** he's an advertising man, he's in advertising; **c'est une ~** she's in advertising.

**publicité** [pyblisite] *nf* **-1.** [action commerciale, profession] advertising; **~ audiovisuelle/par affichage** audiovisual/poster advertising; **~ aérienne** sky writing; **~ clandestine** underhand advertising; **~ comparative** comparative advertising; **~ rédactionnelle** promotional article OU advertorial; **~ subliminale** subliminal advertising; **~ sur le lieu de vente** point-of-sale advertising. **-2.** [annonce commerciale] advertisement; RAD & TV commercial; [pour une association] publicity; **passer une ~ à la télévision** to advertise on TV; **faire sa propre ~** to sell o.s.; **faire de la ~ pour** to publicize ❑ **~ mensongère** deceptive OU misleading advertising. **-3.** [caractère public] publicity. **-4.** JUR [en droit civil] public announcement.

**publier** [10] [pyblije] *vt* **-1.** [éditer – auteur, texte] to publish. **-2.** [rendre public – communiqué] to make public, to release; [– brochure] to publish, to issue, to release; [– bans] to publish, to announce; [– décret, loi] to promulgate, to publish.

**Publiphone®** [pyblifɔn] *nm* cardphone.

**publipostage** [pyblipɔstaʒ] *nm* mailing; **~ d'essai** test OU cold mailing; **~ massif** blanket mailing.

**publique** [pyblik] *f* → **public.**

**publiquement** [pyblikmɑ̃] *adv* publicly, in public; **il s'est confessé ~** he admitted his fault in public; **sa mère lui a**

fait honte ~ her mother showed her up in front of everybody.

**publireportage** [pyblirəpɔrtaʒ] *nm* special advertising section, advertorial *Am.*

**puce** [pys] ◇ *nf* **-1.** ZOOL flea; ce nom m'a mis la ~ à l'oreille the name gave me a clue ou set me thinking; il est excité comme une ~ *fam* he's so excited he can't sit still. **-2.** *fam* [par affection]: ma ~ sweetie; où elle est, la petite ~? where's my little girl then?**-3.** ÉLECTRON chip; ~ mémoire memory chip. ◇ *adj inv* [couleur] puce.
◆ **puces** *nfpl* **-1.** JEUX tiddly-winks. **-2.** [marché] flea market.

**puceau, elle** [pyso, ɛl] *adj fam*: il est ~ he's a virgin.
◆ **puceau** *nm* virgin.
◆ **pucelle** *nf* virgin, maid *litt.*

**pucelage** [pyslaʒ] *nm fam* [d'un homme] virginity; [d'une femme] maidenhead *arch* ou *litt*, virginity.

**pucelle** [pysɛl] *f* → puceau.

**Pucelle** [pysɛl] *npr f*: la ~ d'Orléans, Jeanne la ~ the Maid of Orléans, Joan of Arc.

**puceron** [pysrɔ̃] *nm* greenfly, aphid, plant louse.

**pucier**^V [pysje] *nm* bed.

**pudding** [pudiŋ] *nm* bread pudding.

**pudeur** [pydœr] *nf* **-1.** [décence] modesty, decency, propriety; avec ~ modestly; manquer de ~ to have no sense of decency; fausse ~ false modesty. **-2.** [délicatesse] tact, sense of propriety; il aurait pu avoir la ~ de se taire he could have been tactful enough to keep quiet.

**pudibond, e** [pydibɔ̃, ɔ̃d] ◇ *adj* prudish, prim. ◇ *nm, f* prude.

**pudibonderie** [pydibɔ̃dri] *nf* prudishness.

**pudique** [pydik] *adj* **-1.** [chaste] chaste, modest. **-2.** [discret] discreet.

**pudiquement** [pydikmɑ̃] *adv* **-1.** [avec pudeur] modestly. **-2.** [avec tact] discreetly.

**puer** [7] [pɥe] ◇ *vi* to stink; ça pue ici! what a stink ou stench in here! ◇ *vt* **-1.** [répandre – odeur] to stink of; il pue l'ail à quinze pas! he ou his breath reeks of garlic!; tu pues des pieds your feet stink. **-2.** [laisser paraître – défaut]: ~ la méchanceté/l'hypocrisie to be oozing spitefulness/hypocrisy; il pue l'arriviste you can smell the social climber (in him) a mile off.

**puéricultrice** [pɥerikyltris] *nf* **-1.** [dans une crèche] nursery nurse. **-2.** [à l'hôpital] pediatric nurse.

**puériculture** [pɥerikyltyr] *nf* **-1.** [gén] child care ou welfare. **-2.** ENS nursery nursing. **-3.** [à l'hôpital] pediatric nursing.

**puéril, e** [pɥeril] *adj* **-1.** [enfantin] childlike. **-2.** [immature, naïf] childish, infantile, puerile.

**puérilement** [pɥerilmɑ̃] *adv* childishly.

**puérilité** [pɥerilite] *nf* [non-maturité] childishness, puerility.
◆ **puérilités** *nfpl* childish ou petty trifles.

**pugilat** [pyʒila] *nm* **-1.** [bagarre] brawl, scuffle, (bout of) fisticuffs *hum.* **-2.** ANTIQ boxing.

**pugiliste** [pyʒilist] *nm* **-1.** *litt* [boxeur] boxer, pugilist. **-2.** ANTIQ boxer.

**pugnace** [pygnas] *adj litt* **-1.** [combatif] combative, belligerent *litt.* **-2.** [dans la discussion] argumentative, pugnacious *litt.*

**pugnacité** [pygnasite] *nf litt* **-1.** [combativité] combativeness, belligerence *litt.* **-2.** [dans la discussion] argumentativeness, pugnacity *litt.*

**puîné, e** [pɥine] *vieilli* ◇ *adj* [de deux enfants] younger; [de plusieurs enfants] youngest. ◇ *nm, f* any child born after the eldest.

**puis**[1] [pɥi] *v* → pouvoir.

**puis**[2] [pɥi] *adv* **-1.** [indiquant la succession] then; il sortit ~ se mit à courir he went out and (then) started to run. **-2.** [dans une énumération] then.
◆ **et puis** *loc adv* **-1.** [indiquant la succession]: il a dîné rapidement et ~ il s'est couché he ate quickly and then he went to bed; en tête du cortège, le ministre et ~ les conseillers at the head of the procession the minister followed by the counsellors ❑ et ~ après? [pour solliciter la suite] what then?, what happened next?; *fam* [pour couper court] it's none of your business!; *fam* [exprimant l'indifférence] so what! **-2.** [dans une énumération] il y avait ses parents, ses frères et ~ aussi ses cousins there were his parents, his

brothers and also his cousins. **-3.** [d'ailleurs]: je n'ai pas envie de sortir, et ~ il fait trop froid I don't feel like going out, and anyway ou and what's more it's too cold.

**puisage** [pɥizaʒ] *nm* drawing (of water).

**puiser** [3] [pɥize] ◇ *vt* **-1.** [eau] to draw; ~ l'eau d'un puits/d'une citerne to draw water from a well/a tank. **-2.** *sout* [extraire] to get, to take, to derive; ~ son inspiration dans to take ou to draw one's inspiration from. **-3.** [prélever] to draw, to take; tu peux ~ de l'argent sur mon compte si tu en as besoin you can draw some money from my account if you need any. ◇ *vi* [avoir recours à] to draw; ~ dans ses économies to draw on ou upon one's savings; est-ce que je peux ~ dans ta réserve de crayons? can I dip into ou help myself from your stock of pencils?; ~ dans son expérience to draw on one's experience.

**puisque** [pɥiskə] (*devant voyelle ou h muet* **puisqu'** [pɥisk]) *conj* **-1.** [parce que] since, because; tu ne peux pas acheter de voiture, ~ tu n'as pas d'argent you can't buy a car because ou since you don't have any money. **-2.** [étant donné que] since; je viendrai dîner, ~ vous insistez I will come to dinner, since you insist; bon, ~ tu le dis/y tiens alright, if that's what you say/want; ~ c'est comme ça, je m'en vais! if that's how it is, I'm leaving! **-3.** [emploi exclamatif]: mais ~ je te dis que je ne veux pas! but I'm telling you that I don't want to!; tu vas vraiment y aller? — — je te le dis! so are you really going? — isn't that what I said?

**puissamment** [pɥisamɑ̃] *adv* **-1.** [avec efficacité] greatly; ~ raisonné! *iron* brilliant thinking!**-2.** [avec force] powerfully, mightily.

**puissance** [pɥisɑ̃s] *nf* **-1.** [force physique] power, force, strength. **-2.** [pouvoir, autorité] power; un État au sommet de sa ~ a state at the height of its power. **-3.** [capacité] power, capacity; une grande ~ de travail a great capacity for work; une grande ~ de séduction great powers of seduction. **-4.** [d'un appareil] power, capacity, capability; [d'une arme nucléaire] yield; augmenter/diminuer la ~ AUDIO to turn the volume up/down ❑ ~ d'entrée/de sortie ÉLECTR input/output (power); ~ de feu ARM fire power; ~ fiscale AUT engine rating. **-5.** COMM power; ~ commerciale sales power. **-6.** MATH: six ~ cinq six to the power (of) five; c'est comme une étincelle, mais à la ~ mille *fig* it's like a spark, but a thousand times bigger. **-7.** JUR authority; ~ paternelle paternal authority; ~ maritale authority of husband over wife. **-8.** ADMIN: la ~ publique the authorities. **-9.** OPT (optical) power.
◆ **puissances** *nfpl* powers; les ~s de l'argent the moneyed classes; les ~s des ténèbres the powers of darkness ❑ les grandes ~s POL the great powers.
◆ **en puissance** *loc adj* [virtuel] potential, prospective; un client en ~ a prospective customer; c'est un fasciste en ~ he's got latent fascist tendencies.

**puissant, e** [pɥisɑ̃, ɑ̃t] *adj* **-1.** [efficace – remède] powerful, potent, efficacious; [– antidote, armée, ordinateur] powerful; [– membre, mouvement] strong, powerful, mighty *litt.* **-2.** [intense – odeur, voix] strong, powerful. **-3.** [influent] powerful, mighty *litt.* **-4.** [profond] powerful; un ~ instinct de conservation a powerful instinct of self-preservation.
◆ **puissants** *nmpl*: les ~s the powerful.

**puisse** [pɥis] *v* → pouvoir.

**puits** [pɥi] *nm* **-1.** [pour l'eau] well; ~ à ciel ouvert open well; ~ perdu cesspool; ~ artésien artesian well. **-2.** PÉTR: ~ de pétrole oil well; ~ d'exploration exploration ou wild cat well; ~ d'intervention relief ou killer well. **-3.** MIN shaft, pit; ~ d'aérage ventilation ou ventilating shaft; ~ d'extraction extraction shaft. **-4.** *fig*: un ~ de science a walking encyclopedia, a fount of knowledge, a mine of information. **-5.** GÉOG pothole.
◆ **puits d'amour** *nm* CULIN cream puff.

**pull** [pyl] = pull-over.

**pullman** [pulman] *nm* **-1.** RAIL Pullman® (car). **-2.** [autocar] luxury coach *Br*, luxury touring bus.

**pull-over** [pylɔver] (*pl* pull-overs) *nm* sweater, pullover, jumper *Br*.

**pullulement** [pylylmɑ̃] *nm* **-1.** [processus] proliferation; empêcher le ~ des bactéries to stop bacteria from proliferating. **-2.** *sout* [grand nombre]: un ~ d'insectes swarms of insects.

**pulluler** [3] [pylyle] *vi* **-1.** [abonder] to congregate, to swarm; égouts où les rats pullulent sewers overrun by rats. **-2.** [se multiplier] to multiply, to proliferate; les mauvaises herbes pullulaient dans le jardin abandonné weeds were taking over the abandoned garden. **-3.** ~ de [fourmiller de] to swarm with; ce texte pullule de fautes de frappe your text is riddled with typing errors.

**pulmonaire** [pylmɔnɛr] ◇ *adj* **-1.** ANAT pulmonary. **-2.** MÉD pulmonary, lung *(modif)*. ◇ *nf* BOT lungwort.

**pulpe** [pylp] *nf* **-1.** [de fruit] pulp; yaourt/boisson à la ~ de fruit yoghurt/drink with real fruit. **-2.** ANAT pulp; [des doigts] pad, digital pulp *spéc*; ~ dentaire tooth ou dental pulp.

**pulpeux, euse** [pylpø, øz] *adj* **-1.** ANAT & BOT pulpy. **-2.** [charnu – lèvres, formes] fleshy, voluptuous; une blonde pulpeuse a curvaceous blonde.

**pulsation** [pylsasjɔ̃] *nf* **-1.** ANAT: ~s cardiaques heartbeats. **-2.** ASTRON pulsation. **-3.** MUS beat.

**pulser** [3] [pylse] ◇ *vt* [air] to extract, to pump out *(sép)*. ◇ *vi* **-1.** MÉD & MUS to throb. **-2.** ASTRON to pulsate.

**pulsion** [pylsjɔ̃] *nf* **-1.** [motivation] impulse, unconscious motive. **-2.** PSYCH drive, urge; ~s sexuelles sexual desire, sexual urge.

**pulvérisateur** [pylverizatœr] *nm* **-1.** [vaporisateur] spray. **-2.** AGR sprayer; ~ rotatif/va-et-vient rotary/travelling sprayer.

**pulvérisation** [pylverizasjɔ̃] *nf* **-1.** [action] spraying. **-2.** [médicament] spray.

**pulvériser** [3] [pylverize] *vt* **-1.** [broyer] to pulverise, to turn into powder. **-2.** *fig* [détruire] to demolish, to smash to pieces; ~ un record to smash a record; je vais le ~, ce type! *fam* I'm going to flatten ou make mincemeat out of this guy!-**3.** [vaporiser] to spray.

**pulvérulence** [pylverylɑ̃s] *nf* powderiness, dustiness.

**pulvérulent, e** [pylverylɑ̃, ɑ̃t] *adj* powdery, dusty.

**puma** [pyma] *nm* puma, cougar, mountain lion.

**punaise** [pynɛz] ◇ *nf* **-1.** ZOOL bug. **-2.** [clou] tack, drawing pin *Br*, thumbtack *Am*; ~ d'architecte three-pointed tack. **-3.** *fam* [personne] vixen. **-4.** *fam & péj*: ~ de sacristie sanctimonious person. ◇ *interj fam*: ~! blimey! *Br*, gee whizz! *Am*.

**punaiser** [4] [pyneze] *vt* to pin up *(sép)*, to put up *(sép)* with drawing pins.

**punch¹** [pɔ̃ʃ] *nm* [boisson] punch.

**punch²** [pœnʃ] *nm inv* **-1.** *fam* [dynamisme] pep, get-up-and-go; avoir du ~ to be full of get-up-and-go; une politique qui a du ~ a hard-hitting policy. **-2.** SPORT [d'un boxeur]: il a le ~ he's got a knock-out ou devastating punch.

**puncheur** [pœnʃœr] *nm* SPORT powerful boxer.

**punching-ball** [pœnʃiŋbol] *(pl* **punching-balls)** *nm* punch ou speed ball.

**puni, e** [pyni] *nm, f* punished pupil.

**punique** [pynik] ◇ *adj* [civilisation] Carthaginian, Punic; [guerre] Punic. ◇ *nm* LING Punic.

**punir** [32] [pynir] *vt* **-1.** [élève, enfant] to punish. **-2.** JUR to punish, to penalize; être puni par la loi to be punished by law, to be prosecuted; être puni de prison to be sentenced to prison; 'tout abus sera puni' 'penalty for improper use'; ~ qqn de qqch to punish sb for sthg; elle est bien punie de sa méchanceté she's paying the price for her spitefulness❑ c'est le ciel ou le bon Dieu qui t'a puni *fam* it serves you right.

**punissable** [pynisabl] *adj* punishable, deserving (of) punishment; ~ de trois mois de prison [délit] carrying a penalty of three months imprisonment; [criminel] liable to three months in jail.

**punitif, ive** [pynitif, iv] *adj* punitive.

**punition** [pynisjɔ̃] *nf* **-1.** [sanction] punishment; en guise de ~ as (a) punishment; il est en ~ SCOL he is being kept in *(by a teacher)*❑ ~ corporelle corporal punishment; ~ de Dieu ou du ciel divine retribution. **-2.** *fam* [défaite] thrashing; les Bordelais ont infligé une rude ~ aux Parisiens the Bordeaux team wiped the floor with ou thrashed the Paris club. **-3.** [conséquence] punishment, penalty; la ~ est lourde it's a heavy price to pay.

◆ **en punition de** *loc prép* as a punishment for.

**punk** [pœnk] *adj inv & nmf* punk.

**pupillaire** [pypilɛr] *adj* **-1.** JUR pupillary. **-2.** ANAT pupillary.

**pupille** [pypij] ◇ *nmf* **-1.** [en tutelle] ward (of court). **-2.** [orphelin] orphan; ~ de l'État child in care; ~s de la Nation war orphans. ◇ *nf* ANAT pupil.

**pupitre** [pypitr] *nm* **-1.** AÉRON, AUDIO & INF console; [clavier] keyboard; ~ de commande control console ou desk. **-2.** MUS [support – sur pied] music stand; [– sur un instrument] music rest; [groupe] section; le ~ des violons the violin section, the violins ❑ ~ d'orchestre orchestra stand. **-3.** [tablette de lecture] (table) lectern. **-4.** *vieilli* [bureau d'écolier] desk.

**pupitreur, euse** [pypitrœr, øz] *nm, f* console operator; [claviste] keyboarder.

**pur, e** [pyr] ◇ *adj* **-1.** [non pollué – eau] pure, clear, uncontaminated; [– air] clean, pure. **-2.** [sans mélange – liquide] undiluted; [– race] pure; [– bonheur, joie] unalloyed, pure; [– note, voyelle, couleur] pure; il parle un anglais très ~ he speaks very refined ou polished English; le cognac se boit ~ cognac should be taken straight ou neat; ~e laine (vierge) pure (new) wool; biscuits ~ beurre (100 %) butter biscuits; c'est un ~ produit de la bourgeoisie he's a genuine middle-class product; à l'état ~ pure, unalloyed, unadulterated ❑ ~ et dur [fidèle] strict; [intransigeant] hard-line; les amateurs de café ~s et durs *hum* serious ou dedicated coffee drinkers; c'est un socialiste ~ jus he's a socialist through and through. **-3.** [sans défaut] faultless, perfect; des lignes ~es neat ou perfect lines; un style ~ an unaffected style. **-4.** [innocent] pure, clean; être ~ to be pure at heart; le regard ~ d'un enfant a child's innocent gaze. **-5.** [théorique] pure, theoretical; mathématiques/sciences ~es pure mathematics/science. **-6.** [en intensif] sheer, utter, pure; c'est de la folie ~e! it's sheer lunacy!; par ~e méchanceté out of sheer malice; c'était un ~ hasard de le trouver là I found him there purely by chance ❑ c'est de la lâcheté ~e et simple it's sheer cowardice, it's cowardice pure and simple. **-7.** [AUDIO, CHIM & OPT] pure. **-8.** MINÉR flawless.
◇ *nm, f* **-1.** POL [fidèle] dedicated follower; [intransigeant] hardliner. **-2.** RELIG true believer.

**purée** [pyre] ◇ *nf* **-1.** CULIN [de pommes de terre] mashed potatoes; [de légumes] purée; ~ de tomates/carottes tomato/carrot purée; réduire qqch en ~ CULIN to purée sthg; *fig* to smash sthg to a pulp. **-2.** ▽ [misère]: être dans la ~ to be broke. ◇ *interj fam* crumbs, crikey.

◆ **purée de pois** *nf fam* [brouillard] peasouper.

**purement** [pyrmɑ̃] *adv* **-1.** [uniquement] purely, only, solely. **-2.** [entièrement] purely, wholly; ~ et simplement purely and simply.

**pureté** [pyrte] *nf* **-1.** [propreté] cleanness, purity. **-2.** AUDIO, CHIM & OPT purity; MINÉR purity, flawlessness; une émeraude d'une grande ~ a perfect ou flawless emerald. **-3.** [harmonie – d'un contour] neatness, purity; [– d'une langue, d'un style] purity, refinement; la ~ de ses traits the perfection in her face ou of her features. **-4.** [innocence] purity, chastity; je doute de la ~ de ses intentions I doubt whether his intentions are honourable.

**purgatif, ive** [pyrgatif, iv] *adj* purgative.

◆ **purgatif** *nm* purgative.

**purgatoire** [pyrgatwar] *nm* RELIG & *fig* purgatory; au ~ in purgatory.

**purge** [pyrʒ] *nf* **-1.** TECH [processus] draining, bleeding; [d'un radiateur] bleeding; [dispositif] bleed key. **-2.** MÉD purge, purgative. **-3.** *fig* [au sein d'un groupe] purge.

**purger** [17] [pyrʒe] *vt* **-1.** TECH [radiateur] to bleed; [réservoir] to drain; [tuyau à gaz] to allow to blow off, to blow off *(sép)*. **-2.** CHIM [métal] to refine; [substance] to purify. **-3.** JUR [peine] to serve, to purge. **-4.** [dette] to pay off *(sép)*; [hypothèque] to redeem. **-5.** MÉD to purge, to give a laxative to. **-6.** [débarrasser] to rid of *(sép)*; le parti a été purgé de ses contestataires the party has been purged of disloyal elements. **-7.** *sout* [nettoyer, purifier]: ils ont purgé le texte de toute allusion politique they removed all political references from the text.

◆ **se purger** *vp* (*emploi réfléchi*) to take a purgative.

**purgeur** [pyrʒœr] *nm* [vidange] draincock; [trop-plein] bleed tap.

**purifiant, e** [pyrifjɑ̃, ɑ̃t] *adj* **-1.** [crème, lotion] cleansing, purifying. **-2.** [air] healthy.

**purificateur, trice** [pyrifikatœr, tris] *adj* purifying.
◆ **purificateur** *nm*: ~ (d'air) (air) purifier.
**purification** [pyrifikasjɔ̃] *nf* **-1.** CHIM purifying; ~ de l'air/
l'eau air/water purifying ‖ *fig* cleansing; ~ **ethnique** ethnic
cleansing. **-2.** RELIG purification; la Purification Candlemas,
the Purification.
**purificatoire** [pyrifikatwar] ◇ *adj* purificatory. ◇ *nm* RELIG
purificator (napkin).
**purifier** [9] [pyrifje] *vt* **-1.** [rendre pur – air] to purify, to clear.
**-2.** [âme] to cleanse. **-3.** [corriger] to purify. **-4.** CHIM [filtrer]
to purify, to decontaminate. **-5.** MÉTALL to refine.
◆ **se purifier** *vpi sout* **-1.** [devenir propre] to become clean ou
pure. **-2.** RELIG to be cleansed ou purified.
**purin** [pyrɛ̃] *nm* liquid manure.
**purisme** [pyrism] *nm* **-1.** [gén & LING] purism. **-2.** BX-ARTS
Purism.
**puriste** [pyrist] *adj* & *nmf* **-1.** [gén & LING] purist. **-2.** BX-ARTS
Purist.
**puritain, e** [pyritɛ̃, ɛn] ◇ *adj* **-1.** [strict] puritan, puritanical.
**-2.** HIST Puritan. ◇ *nm, f* **-1.** [personne stricte] puritan. **-2.**
HIST: les ~s the Puritans.
**puritanisme** [pyritanism] *nm* **-1.** [austérité] puritanism, austerity. **-2.** HIST Puritanism.
**pur-sang** [pyrsɑ̃] *nm inv* ZOOL thoroughbred.
**purulence** [pyrylɑ̃s] *nf* purulence, purulency.
**purulent, e** [pyrylɑ̃, ɑ̃t] *adj* MÉD [plaie] suppurating; [sinusite]
purulent.
**pus¹** [py] *v* → **pouvoir.**
**pus²** [py] *nm* pus.
**pusillanime** [pyzilanim] *adj sout* pusillanimous, spineless.
**pusillanimité** [pyzilanimite] *nf sout* pusillanimity, spinelessness.
**pustule** [pystyl] *nf* MÉD pustule *spéc*, pimple.
**putain**^∇ [pytɛ̃] *nf* [prostituée] whore; **faire la** ~ [être prosti-
tuée] to be on the game *Br*, to hustle *Am*; [renoncer à ses prin-
cipes] to sell out. ◇ *adj*: il est très ~ he's a real bootlicker.
◇ *interj* shit; ~ de voiture! that bloody *Br* ou goddam *Am*
car!
**putassier, ère**^▼ [pytasje, ɛr] *adj péj* **-1.** [qui concerne la prosti-
tution] whorish. **-2.** [servile, obséquieux] ingratiating.
**putatif, ive** [pytatif, iv] *adj* **-1.** JUR putative. **-2.** [supposé] assumed, supposed.
**pute**^▼ [pyt] *nf* whore; fils de ~! you son of a bitch!
**putois** [pytwa] *nm* **-1.** ZOOL polecat. **-2.** [fourrure] fitch.
**putréfaction** [pytrefaksjɔ̃] *nf* putrefaction, decomposition.
**putréfié, e** [pytrefje] *adj* putrefied, putrid, rotten.
**putréfier** [9] [pytrefje]
◆ **se putréfier** *vpi* to putrify, to become putrid.
**putrescible** [pytresibl] *adj* putrescible, putrefiable.
**putride** [pytrid] *adj* **-1.** *sout* [pourri – viande, cadavre] decomposed, putrid; [– eau] putrid, contaminated. **-2.** [nauséa-
bond] foul, putrid. **-3.** *sout* [immoral – lettre, pièce] depraved,

offensive.
**putsch** [putʃ] *nm* military coup, putsch.
**putschiste** [putʃist] *nmf* putschist, author of a military
coup.
**putt** [pœt] *nm* putt.
**puy** [pɥi] *nm* puy, mountain (*in the Auvergne*).
**puzzle** [pœzl] *nm* **-1.** JEUX (jigsaw) puzzle. **-2.** [énigme]
puzzle, puzzling question, riddle; je commence à rassembler les morceaux du ~ I'm beginning to fit the pieces of
the puzzle together.
**P-V** (*abr de* **procès-verbal**) *nm fam* (parking) ticket.
**PVC** (*abr de* **polyvinyl chloride**) *nm* PVC.
**PVD** *nm abr de* **pays en voie de développement.**
**px** (*abr écrite de* **prix**): ~ à déb. offers.
**pygmée** [pigme] ◇ *adj* Pygmy. ◇ *nmf* **-1.** *arch* & *péj* [nain]
pygmy, dwarf. **-2.** *litt* & *péj* [personne insignifiante] nobody,
pygmy *litt.*
◆ **Pygmée** *nmf* ANTHR & MYTH Pygmy.
**pyjama** [piʒama] *nm*: un ~ (a pair of) pyjamas.
**pylône** [pilon] *nm* **-1.** ÉLECTR & TÉLÉC pylon. **-2.** ARCHIT monumental column, pylon. **-3.** ANTIQ pylon. **-4.** TRAV PUBL tower.
**pylore** [pilɔr] *nm* pylorus.
**pyramidal, e, aux** [piramidal, o] *adj* **-1.** ARCHIT, ÉCON, GÉOM &
MÉD pyramidal. **-2.** [forme] pyramid-shaped.
**pyramide** [piramid] *nf* **-1.** ARCHIT & GÉOM pyramid; la ~ de
Khéops the (Great) Pyramid of Cheops. **-2.** [empilement]:
une ~ de fruits a pyramid of fruit ❑ ~ humaine human
pyramid. **-3.** SOCIOL: ~ des âges population pyramid. **-4.**
ÉCOL: ~ alimentaire food pyramid.
**pyrénéen, enne** [pireneɛ̃, ɛn] *adj* Pyrenean.
**Pyrénées** [pirene] *npr fpl*: les ~ the Pyrenees.
**Pyrex**® [pirɛks] *nm* Pyrex®.
**pyrite** [pirit] *nf* pyrite.
**pyrograver** [3] [pirɔgrave] *vt*: ~ qqch to work sthg with a
hot poker, to pyrograph sthg *spéc.*
**pyrogravure** [pirɔgravyr] *nf* pyrography *spéc*, poker-work.
**pyrolyse** [pirɔliz] *nf* pyrolysis.
**pyromane** [pirɔman] *nmf* arsonist, pyromaniac.
**pyromanie** [pirɔmani] *nf* pyromania.
**pyrotechnie** [pirɔtɛkni] *nf* pyrotechnics (U), pyrotechny,
fireworks.
**pyrotechnique** [pirɔtɛknik] *adj* pyrotechnic, pyrotechni-
cal; un spectacle ~ a firework display.
**Pythagore** [pitagɔr] *npr* Pythagoras.
**pythagoricien, enne** [pitagɔrisjɛ̃, ɛn] *adj* & *nm, f* Pythagorean.
**pythagorique** [pitagɔrik] *adj*: nombres ~s Pythagorean
numbers.
**pythie** [piti] *nf* **-1.** ANTIQ: la ~ Pythia. **-2.** *litt* [prophétesse]
pythoness.
**python** [pitɔ̃] *nm* ZOOL python.

**q, Q** [ky] *nm* q, Q; **fièvre** Q Q fever.
**q** *abr écrite de* **quintal**.
**Qatar** [katar] *npr m*: le ~ Qatar, Katar.
**QCM** (*abr de* **questionnaire à choix multiple**) *nm* multiple-choice questionnaire.
**QG** (*abr de* **quartier général**) *nm* HQ.
**QHS** *nm abr de* **quartier de haute sécurité**.
**QI** (*abr de* **quotient intellectuel**) *nm* IQ.
**quadragénaire** [k(w)adraʒenɛr] ◇ *adj*: être ~ [avoir de 40 à 50 ans] to be in one's forties; [avoir 40 ans] to be forty. ◇ *nmf* [de 40 à 50 ans] person in his/her forties; [de 40 ans] forty-year-old man (*f* woman), quadragenarian.
**quadrangulaire** [kwadrɑ̃gylɛr] *adj* quadrangular, four-angled.
**quadrant** [k(w)adrɑ̃] *nm* ANAT & GÉOM quadrant.
**quadrature** [kwadratyr] *nf* GÉOM quadrature, squaring; ~ du cercle squaring the circle; c'est la ~ du cercle it's like trying to square a circle OU to get a quart into a pint pot.
**quadriceps** [kwadrisɛps] *nm* quadriceps.
**quadrichromie** [kwadrikrɔmi] *nf* four-colour processing OU printing.
**quadriennal, e, aux** [kwadrijenal, o] *adj* quadrennial, four-year (*avant n*).
**quadrilatéral, e, aux** [k(w)adrilateral, o] *adj* quadrilateral, four-sided.
**quadrilatère** [k(w)adrilatɛr] *nm* GÉOM & MIL quadrilateral.
**quadrillage** [kadrijaʒ] *nm* -**1.** [réseau] grid; ~ des rues grid arrangement OU layout of streets. -**2.** [tracé] grid OU criss-cross pattern; pour dessiner, tu peux utiliser le ~ de ton cahier you can use the squares on your exercise-book to make your drawing. -**3.** [division] division; ~ administratif division into administrative areas; ~ hospitalier hospital area division. -**4.** [contrôle] surveillance. -**5.** [sur une carte] grid, graticule.
**quadrille** [kadrij] *nm* quadrille; le ~ des lanciers the lancers.
**quadrillé, e** [kadrije] *adj* squared, cross-ruled.
**quadriller** [3] [kadrije] *vt* -**1.** [papier] to criss-cross, to mark into squares. -**2.** [surveiller] to surround; la police quadrille le quartier police presence is heavy in the district. -**3.** [être réparti sur] to be scattered about OU dotted over.
**quadrimoteur** [k(w)adrimɔtœr] ◇ *adj m* four-engined. ◇ *nm* four-engined plane.
**quadripartite** [kwadripartit] *adj* [conférence, commission] quadripartite; **réunion** ~ [de groupements] quadripartite meeting; [de pays] meeting between four countries; [de partis] four-party meeting.
**quadriphonie** [kwadrifɔni] *nf* quadraphony, quadraphonics (*sg*).
**quadripôle** [kwadripol] *nm* quadripole.
**quadriréacteur** [k(w)adrireaktœr] ◇ *adj m* four-engined. ◇ *nm* four-engined plane OU jet.
**quadrupède** [k(w)adrypɛd] ◇ *adj* quadruped, four-footed. ◇ *nm* quadruped.
**quadruple** [k(w)adrypl] ◇ *adj* quadruple. ◇ *nm* quadruple; j'ai gagné 100 francs et le vendeur le ~ I earned 100 francs and the seller four times that.
**quadrupler** [3] [k(w)adryple] ◇ *vi* to quadruple, to increase fourfold. ◇ *vt* to increase fourfold, to quadruple.
**quadruplés, ées** [k(w)adryple] *nm, f pl* quadruplets, quads.

**quai** [kɛ] *nm* -**1.** [d'une gare] platform; le train est à ~ the train is in; ~ numéro cinq platform five. -**2.** NAUT quay, wharf; le navire est à ~ the ship has berthed. -**3.** [berge] bank, embankment; sur les ~s de la Seine on the banks of the Seine. -**4.** [rue bordant un fleuve] street; prendre les ~s to drive along the river (*in a town*); le Quai [le Quai d'Orsay] the (French) Foreign Ministry; [le Quai des Orfèvres] Police Headquarters (*in Paris*). -**5.** TECH platform.
**quaker, eresse** [kwɛkœr, kwɛkrɛs] *nm, f* Quaker (*f* Quakeress); les ~s the Quakers, the Society of Friends.
**qualifiable** [kalifjabl] *adj* -**1.** SPORT [athlète, concurrent] liable to qualify. -**2.** [descriptible]: son attitude n'est pas ~ his attitude can't be justified.
**qualificatif, ive** [kalifikatif, iv] *adj* qualifying.
◆ **qualificatif** *nm* -**1.** [mot] term, word. -**2.** LING qualifier, modifier.
**qualification** [kalifikasjɔ̃] *nf* -**1.** [formation] qualification, skill; sans ~ unskilled □ ~ professionnelle professional qualifications. -**2.** SPORT preliminary, qualifying; obtenir sa ~ to qualify □ épreuves/match de ~ qualifying heats/match. -**3.** [appellation] name; la ~ de faussaire paraît exagérée the term forger seems a bit extreme.
**qualifié, e** [kalifje] *adj* -**1.** [compétent] skilled, qualified. -**2.** SPORT [choisi] qualifying. -**3.** JUR aggravated.
**qualifier** [9] [kalifje] *vt* -**1.** [appeler]: ~ qqn/qqch de... to describe sb/sthg as...; il qualifie tout le monde de snob he calls OU dubs everybody a snob. -**2.** [apprécier] to consider; je ne sais comment ~ son attitude I don't know what to think of his attitude. -**3.** [professionnellement] to qualify. -**4.** SPORT to qualify. -**5.** LING to qualify, to modify.
◆ **se qualifier** ◇ *vp* (*emploi réfléchi*): se ~ de [se dire] to call o.s. ◇ *vpi* [être choisi] to qualify; se ~ pour une finale to qualify OU for to get through to a final.
**qualitatif, ive** [kalitatif, iv] *adj* qualitative.
**qualitativement** [kalitativmɑ̃] *adv* qualitatively.
**qualité** [kalite] *nf* -**1.** [côté positif – d'une personne] quality, virtue; [– d'une chose] good point, positive feature; ~s morales/intellectuelles moral/intellectual qualities; avoir des ~s de cœur to have a good heart. -**2.** [propriété] quality, property; cette plante a des ~s laxatives this plant has laxative properties. -**3.** [niveau] quality, grade; ~ ordinaire standard OU regular grade; de ~ inférieure low-quality, shoddy; la ~ de l'impression est insuffisante/bonne the quality of the printing is inadequate/good □ ~ de vie quality of life; ~ totale COMM total quality management. -**4.** [statut] position, JUR quality, capacity; nom, prénom, âge et ~ name, first name, age and occupation; avoir ~ pour faire qqch [être habilité] to be entitled to do sthg; [être capable] to be qualified to do sthg. -**5.** [supériorité qualitative] quality; la ~ se paie you get what you pay for. -**6.** PHILOS quality.
◆ **qualités** *nfpl* [mérites] skills, qualifications; pensez-vous avoir les ~s requises? do you think you've got the required skills?
◆ **de qualité** *loc adj* -**1.** [de luxe] quality (*modif*), high-standard. -**2.** *vieilli* [noble] noble.
◆ **en qualité de** *loc prép*: en ~ de tuteur, je peux intervenir (in my capacity) as guardian, I can intervene.
◆ **ès qualités** *loc adv* ADMIN & JUR in one's official capacity.
**quand** [kɑ̃] ◇ *conj* -**1.** [lorsque] when; réveille-moi ~ tu partiras wake me when you leave; ~ je te disais qu'il serait en retard! I TOLD you he'd be late!; ~ je pense à l'argent

que j'ai dépensé! when I think ou to think of the money I spent! **-2.** [alors que] when; **pourquoi rester enfermé ~ il fait si beau dehors?** why stay cooped up when it's so lovely outside?**-3.** [introduisant une hypothèse] even if; **et ~ ce serait, j'ai bien le droit de rêver** even if that is the case, I'm allowed to dream, aren't I? ◇ *adv* when; **~ viendras-tu nous voir?** when will you come and visit us?; **depuis ~ es-tu là?** how long have you been here?; **à ~ le mariage?** when's the wedding?; **c'est pour ~, ce mariage?** when is this wedding going to happen?
♦ **quand bien même** *loc conj* even if.
♦ **quand même** ◇ *loc conj sout* even though, even if. ◇ *loc adv* **-1.** [malgré tout] all the same, even so; **c'était ~ même bien** it was still good, it was good all the same; **je pense qu'il ne viendra pas, mais je l'inviterai ~ même** I don't think he'll come but I'll invite him all the same. **-2.** [en intensif]: **tu pourrais faire attention ~ même!** you really should be more careful!

**quant** [kɑ̃]
♦ **quant à** *loc prép* as for ou to; **je partage votre opinion ~ à ses capacités** I share your opinion about his ability; **~ à lui** as for him.
**quanta** [kwɑ̃ta] *pl* → **quantum**.
**quant-à-soi** [kɑ̃taswa] *nm inv*: **rester** ou **se tenir sur son ~** to remain distant ou aloof.
**quantième** [kɑ̃tjɛm] *nm* day (and date) of the month; **dû le jour ayant le même ~** JUR due on the same day and date.
**quantifiable** [kɑ̃tifjabl] *adj* quantifiable.
**quantificateur** [kɑ̃tifikatœr] *nm* quantifier.
**quantification** [kɑ̃tifikasjɔ̃] *nf* **-1.** PHILOS quantification. **-2.** PHYS quantization.
**quantifier** [9] [kɑ̃tifje] *vt* **-1.** PHILOS to quantify. **-2.** PHYS to quantize.
**quantique** [kwɑ̃tik, kɑ̃tik] ◇ *adj* quantic; **nombre ~** quantic number. ◇ *nf* quantum mechanics.
**quantitatif, ive** [kɑ̃titatif, iv] *adj* LING quantitative; **terme ~** quantifier.
**quantitativement** [kɑ̃titativmɑ̃] *adv* quantitatively.
**quantité** [kɑ̃tite] *nf* **-1.** [mesure] amount, quantity; **quelle ~ de lessive faut-il mettre?** how much detergent do you have to put in?; **une ~ de** lots of, a lot of, a great many; **une ~ industrielle de** *fam* masses and masses of, heaps and heaps of. **-2.** SC [grandeur] quantity; **~ constante/variable** constant/variable quantity; **~ de mouvement** linear momentum. **-3.** *loc*: **~ négligeable: tenir qqn/qqch pour ~ négligeable** to disregard sb/sthg; **traiter qqn/qqch comme une ~ négligeable** to treat sb/sthg as unworthy of consideration. **-4.** PHILOS & LING quantity.
♦ **en quantité** *loc adv* in abundance, in great amounts; **du vin/des prix en ~** lots of wine/prizes.
♦ **quantité de** *loc dét sout* a great many, lots of.
**quantum** [kwɑ̃tɔm] (*pl* **quanta** [-ta]) *nm* **-1.** MATH & PHYS quantum; **théorie des quanta** quantum theory. **-2.** [montant] amount; **~ des dommages et intérêts** sum of damages. **-3.** [proportion] proportion, ratio.
**quarantaine** [karɑ̃tɛn] *nf* **-1.** [nombre] about forty; **une ~ de chevaux** about forty ou forty or so horses. **-2.** [âge]: **avoir la ~** to be in one's forties; **elle frise la ~** she's pushing forty. **-3.** [isolement] quarantine.
♦ **en quarantaine** *loc adj* **-1.** MÉD & VÉTÉR in quarantine. **-2.** *fig* excluded, ostracized. ◇ *loc adv*: **mettre en ~** MÉD & VÉTÉR to quarantine; *fig* to ostracize, to exclude.
**quarante** [karɑ̃t] ◇ *dét* forty; **elle a ~ de fièvre** her temperature is 40°C; **en ~** [en 1940] in 1940. ◇ *nm inv* **-1.** [numéro] forty; **les Quarante** the French Academy. **-2.** TENNIS forty; **~ partout** deuce; *voir aussi* **cinquante**.
**quarante-cinq-tours** [karɑ̃tsɛ̃tur] *nm inv* 45 (rpm), single.
**quarantenaire** [karɑ̃tnɛr] ◇ *adj* [qui dure quarante ans] forty-year (*avant n*). ◇ *nm* [lieu] quarantine. ◇ *nf* [maladie] notifiable *Br* ou quarantinable *Am* disease.
**quarantième** [karɑ̃tjɛm] ◇ *adj num* & *nmf* fortieth. ◇ *nm* **-1.** [fraction] fortieth. **-2.** NAUT: **les ~s rugissants** the roaring forties; *voir aussi* **cinquante**.
**quart¹** [kar] *nm* **-1.** [quatrième partie] quarter; **5 est le ~ de 20** 5 is a quarter of 20; **un ~ de beurre** a quarter (of a pound) of butter; **un ~ de la tarte** one quarter of the tart □

**un ~ de cercle** [gén] a quarter (of a) circle; GÉOM a quadrant; **~ de finale** quarter final; **un ~ de tour** a quarter turn; **démarrer** ou **partir au ~ de tour** *pr* to start first go; **il a réagi au ~ de tour** he reacted straight away; **au ~ de poil** *fam* perfectly; **le frigo rentre au ~ de poil** the fridge just fits. **-2.** MUS: **~ de soupir** semiquaver *Br* ou sixteenth *Am* rest; **~ de ton** quarter tone. **-3.** [période de quinze minutes] quarter of an hour, quarter hour *Am*; **c'est le ~** qui sonne that's the bell for quarter past; **une heure et ~** a quarter past one; **une heure moins le ~** a quarter to one; **j'étais là à moins le ~** *fam* I was there at a quarter to. **-4.** [petite quantité] fraction; **il dit cela mais il n'en pense pas le ~** that's what he says but he doesn't really mean it. **-5.** NAUT [garde] watch; [aire de vent] rhumb; **être de ~** to be on watch ou duty. **-6.** [bouteille ou pichet] quarter litre; **~ de vin** quarter litre ou beaker. **-7.** [gobelet] (quarter litre) mug ou beaker.
**quart², e¹** [kar, kart] *adj vieilli* fourth.
**quart-de-finaliste** [kardəfinalist] (*pl* **quart-de-finalistes**) *nmf* quarterfinalist.
**quart d'heure** [kardœr] (*pl* **quarts d'heure**) *nm* **-1.** [quinze minutes] quarter of an hour. **-2.** *loc*: **le ~ américain** the time when the girls can invite the boys to dance (at a party); **passer un mauvais ~** *fam* to have a bad time of it; **faire passer un mauvais ~ à qqn** *fam* to give sb hell.
**quarte²** [kart] ◇ *f* → **quart**. ◇ *nf* **-1.** MUS fourth. **-2.** ESCRIME quarte. **-3.** CARTES quart.
**quarté** [karte] *nm* forecast (*of the first four horses*).
**quartet** [kwartɛ] *nm* INF fourbit byte.
**quartette** [kwartɛt] *nm* MUS quartet, quartette.
**quartier** [kartje] *nm* **-1.** [division d'une ville] district, area; **le ~ des affaires** the business district; **le ~ juif** the Jewish quarter ou area; **le ~ chinois** Chinatown; **le ~ the neighbourhood**; **je ne suis pas du ~** I'm not from around here; **c'est un garçon du ~** he's a local boy □ **les beaux ~s** fashionable districts; **les bas ~s** the less salubrious parts of town; **les vieux ~s** the old town ou quarter (of town); **le Quartier latin** the Latin Quarter (*area on the Left Bank of the Seine traditionally associated with students and artists*). **-2.** MIL quarters; **~ général** *pr* & *fig* headquarters; **grand ~ général** General Headquarters; **~s d'hiver** winter quarters; **prendre ses ~s d'hiver** to go into winter quarters; **avoir ~ libre** MIL to be off duty; *fig* to be free. **-3.** [partie d'une prison] wing; **~ de haute sécurité** ou **de sécurité renforcée** high- ou top-security wing. **-4.** [quart] quarter; **un ~ de pomme** a quarter of an apple ‖ [morceau] portion, section; **un ~ d'orange** an orange segment; **un ~ de bœuf** a quarter of beef. **-5.** ASTRON quartier; **la Lune est dans son premier/dernier ~** the Moon is in its first/last quarter. **-6.** HÉRALD quarter. **-7.** [degré de descendance noble]: **un prince à seize ~s** a prince of noble descent through all of his great-great-grandparents □ **~s de noblesse** degree of noble descent; **avoir ses ~s de noblesse** *fig* to be well established. **-8.** [pitié] mercy, quarter; **l'armée victorieuse n'a pas fait de ~** the victorious army gave no quarter. **-9.** [d'une chaussure] quarter; [d'une selle] (half) panel. **-10.** ZOOL [partie du sabot] quarter. **-11.** MIN (overseers) district.
♦ **de quartier** *loc adj* [médecin, cinéma] local.
**quartier-maître** [kartjemɛtr] (*pl* **quartiers-maîtres**) *nm* NAUT leading seaman.
**quart(-)monde** [karmɔ̃d] (*pl* **quarts(-)mondes**) *nm*: **le ~** [ensemble de pays] the least developed countries, the Fourth World; [dans un pays] the poor.
**quarto** [kwarto] *adv* fourthly.
**quartz** [kwarts] *nm* quartz.
♦ **à quartz** *loc adj* quartz (*modif*).
**quasar** [kazar] *nm* quasar.
**quasi** [kazi] ◇ *adv* = **quasiment**. ◇ *nm* chump end.
**quasi-** [kazi] *préf* quasi-, near, almost; **j'en ai la ~certitude** I'm virtually certain; **la ~totalité de...** almost the whole...
**quasi-délit** [kazideli] (*pl* **quasi-délits**) *nm* criminal negligence.
**quasiment** [kazimɑ̃] *adv fam* almost, practically.
**Quasimodo** [kazimɔdo] ◇ *nf* RELIG Quasimodo, Low Sunday. ◇ *npr* LITTÉRAT Quasimodo, the hunchback of Notre-Dame.
**quaternaire** [kwatɛrnɛr] ◇ *adj* **-1.** GÉOL Quaternary; **ère ~**

Quaternary era. **-2.** CHIM & MATH quaternary. ◇ *nm* GÉOL Quaternary (period).

**quatorze** [katɔrz] ◇ *dét* **-1.** fourteen. **-2.** [dans des séries] fourteenth; à ~ heures at 2 pm; en ~ during World War I ❏ **le 14 Juillet** Bastille Day, the fourteenth of July; **la guerre de** ~ World War I, the First World War; *c'est parti comme* **en** ~! *fam & hum* off we go, lads!; *c'est reparti comme en* ~! *hum* once more into the breach! ◇ *nm inv* fourteen; *voir aussi* **cinq.**

**quatorzième** [katɔrzjɛm] *adj num, nmf & nm* fourteenth.

**quatrain** [katrɛ̃] *nm* quatrain.

**quatre** [katr] ◇ *dét* **-1.** four; *les* ~ *vertus cardinales* the cardinal virtues. **-2.** AUT: 4 x 4= **quatre-quatre. -3.** *loc*: **il lui fallait se tenir à** ~ pour ne pas rire/parler he had to bite his lip not to laugh/to bite his tongue not to speak; **faire les** ~ **cents coups**: *il a fait les* ~ *cents coups dans sa jeunesse* he sowed his wild oats when he was young; *cet enfant fait les* ~ **cents coups** that child's a bit of a handful; **il n'y est pas allé par** ~ **chemins** he came straight to the point ou didn't beat about the bush; **ils viennent des** ~ **coins du monde** they come from the four corners of the world; **jouer aux** ~ **coins** JEUX *to run from one corner of a room to another trying to reach a corner before the player standing in the middle*; **être tiré à** ~ **épingles** to be immaculately dressed ou dressed to the nines; **les** ~ **fers en l'air** *fam* flat on one's back; **un de ces** ~ **matins** one of these days; **être enfermé entre** ~ **murs** to be shut away indoors; ~ **sous** *fam*: *il a eu vite dépensé ses* ~ **sous** he soon spent the little money he had; **bague de** ~ **sous** cheap ring; **dire ses** ~ **vérités à qqn** to tell sb a few home truths; **faire les** ~ **volontés de qqn** to pander to sb's every whim; **se mettre en** ~ **pour qqn** to go to no end of trouble ou to bend over backwards for sb. ◇ *nm inv* **-1.** [nombre] four. **-2.** NAUT four; *voir aussi* **cinq.**

◆ **à quatre mains** *loc adj*: **morceau à** ~ **mains** piece for four hands. ◇ *loc adv*: **jouer à** ~ **mains** to play a duet.

◆ **à quatre pattes** *loc adv* on all fours.

◆ **comme quatre** *loc adv*: **boire/manger/parler comme** ~ to eat/to drink/to talk a lot; **avoir de l'esprit comme** ~ to be a bit of a wit.

**quatre-cent-vingt-et-un** [kat(rə)sɑ̃vɛ̃teœ̃] *nm inv* *simple dice game usually played in cafés: the loser pays for a round of drinks.*

**quatre-mâts** [katrəma] *nm inv* four-master.

**quatre-quarts** [katkar] *nm inv* ≃ pound cake (*without fruit*).

**quatre-quatre** [katkatr] ◇ *adj inv* four-wheel drive. ◇ *nm inv* ou *nf* HV four-wheel drive (vehicle).

**quatre-saisons** [kat(rə)sɛzɔ̃] *nf inv* [légume] second-crop ou second-cropping vegetable; [fruit] second-crop ou second-cropping fruit.

**quatre-vingt** [katrəvɛ̃] ◇ *dét* eighty. ◇ *nm* eighty; *voir aussi* **cinquante.**

**quatre-vingt-dix** [katrəvɛ̃dis] ◇ *dét* ninety. ◇ *nm inv* **-1.** [nombre] ninety. **-2.** *fam* [sur une voiture] *sticker showing the maximum speed at which a new licence holder can drive a car; voir aussi* **cinquante.**

**quatre-vingt-dixième** [katrəvɛ̃dizjɛm] *adj num, nmf & nm* ninetieth; *voir aussi* **cinquième.**

**quatre-vingtième** [katrəvɛ̃tjɛm] *adj num, nmf & nm* eightieth; *voir aussi* **cinquième.**

**quatrième** [katrijɛm] ◇ *adj num & nmf* fourth. ◇ *nf* **-1.** ENS ≃ third form *Br*, ≃ ninth grade *Am*. **-2.** DANSE fourth position; *voir aussi* **cinquième.**

◆ **en quatrième vitesse** *loc adv fam* in a hurry, at breakneck speed; **rapporte ce livre à la bibliothèque, et en** ~ **vitesse!** take this book back to the library and be quick about it!

**quatrièmement** [katrijɛmmɑ̃] *adv* fourthly, in (the) fourth place.

**quatuor** [kwatɥɔr] *nm* **-1.** MUS quartet; ~ **à cordes/vent** string/wind quartet. **-2.** *fam* [groupe] foursome.

**que** [kə] (*devant voyelle ou h muet* **qu'** [k]) ◇ *adv* **-1.** [combien]: ~ **tu es naïf!** you're so naive!, aren't you naive!; ~ **de bruit ici!** it's so noisy here!, what a lot of noise there is in here!; ~ **de choses à faire dans une maison!** there are so many things to do in a house!; **qu'il a un grand nez!** he's got such a big nose!; **qu'est-ce que tu es bête!** *fam* you're (ever) so stupid!; **qu'est-ce qu'il m'a déçu!** *fam* he really disappoint-

ed me! **-2.** [exprimant l'indignation]: ~ **m'importent ses états d'âme!** what do I care about what he feels! || *sout* [pourquoi] why; ~ **ne l'as-tu (pas) dit plus tôt!** why didn't you say so earlier?, I wish you had said so ou that earlier!

◇ *pron rel* **-1.** [représente une personne] whom, who, that; **la fille qu'il a épousée** the girl (whom) he married; **sa sœur,** ~ **je n'avais pas vue depuis 10 ans, était là aussi** her sister, whom ou who I hadn't seen for 10 years, was there too; **la femme qu'elle était devenue** the woman (that) she'd become. **-2.** [représente un animal] which, that. **-3.** [représente une chose, une idée] which, that; **le contrat** ~ **j'ai signé** the contract (which ou that) I signed ❏ **je ne suis pas la seule,** ~ **je sache** I'm not the only one as far as I know. **-4.** [pour souligner une caractéristique]: **malheureux** ~ **vous êtes!** you unfortunate man!; **fatiguée qu'elle était, elle continuait à l'aider** tired though ou as she was, she carried on helping him; **de timide qu'il était, il est devenu expansif** once a shy man, he's now an extrovert; **toute jaune qu'elle était, l'eau!** *fam* the water was all yellow, really it was!; **en bon père/électricien qu'il était** being the good father/ electrician he was; **bel exploit** ~ **le sien!** what he's done is quite a feat! **-5.** [dans des expressions de temps, de durée]: **ça fait deux heures** ~ **j'attends** I've been waiting for two hours; **un soir qu'il faisait très chaud** one very hot evening, one evening when the weather was very hot; **le temps** ~ **tu te prépares, il sera trop tard** by the time you're ready it'll be too late; **il n'y a pas longtemps qu'elle l'a vendu** it wasn't long ago that she sold it; **il y a bien longtemps** ~ **je le sais** I've known for a long time; **chaque fois** ~ **je m'absente, il téléphone** every time I'm out he phones.

◇ *pron inter* **-1.** [dans le discours direct] what; **qu'y a-t-il?** what's the matter?; ~ **devient-elle?** what's become of her?; **qu'est-ce que je vois/j'entends?** [ton menaçant ou hum] what is this I see/hear?; **qu'est-ce qui t'arrive?** what's the matter with you?; **qu'est-ce que la liberté?** what is freedom? **-2.** [dans le discours indirect] what.

◇ *conj* **-1.** [après des verbes déclaratifs ou des verbes d'évaluation] that; **je sais** ~ **je peux le faire** I know (that) I can do it; **il est possible** ~ **je revienne** I may come back; **exigez qu'on vous indemnise** demand compensation ou to be compensated; **elle murmura qu'elle devait s'en aller** she whispered that she had to go || [en début de proposition]: ~ **leur fils ait fugué, cela ne devrait pas nous surprendre** the fact that their son ran away shouldn't come as a surprise to us; ~ **tu pleures ne changera rien** your ou you crying won't change anything. **-2.** (*à valeur circonstancielle*) [et déjà] than; **il n'a pas fini de lire un roman qu'il en commence un autre** no sooner has he finished one novel than he starts reading another || [afin que] so that; **approche-toi,** ~ **je te voie mieux** come closer so that I can see you better || [à tel point que]: **elle tousse** ~ **ça réveille tout le monde** *fam* she coughs so much (that) she wakes everybody up; **il est têtu** ~ **ça en devient un vrai problème** *fam* he's so ou that stubborn (that) it's a real problem || *dial* [parce que]: **ne viens pas,** ~ **si je te vois je te tue!** don't come, 'coz if I see you I'll kill you! **-3.** (*suivi du subj*) [pour formuler un ordre, un souhait, une éventualité]: **qu'elle parle!** [faites-la parler] make her talk!; [laissez-la parler] let her speak!; ~ **l'on apporte à boire!** bring some drinks!; **eh bien, qu'il s'en aille s'il n'est pas content!** he can leave if he doesn't like it!; ~ **Dieu nous pardonne** may God forgive us; **qu'il m'attaque et je dis tout** just let him (try and) attack me, and I'll reveal everything. **-4.** *sout* [dans une double hypothèse]: **il me l'interdirait** ~ **je le ferais quand même** I would do it even if he forbade me to. **-5.** [répète la conjonction précédente]: **quand je serai grande et** ~ **j'aurai un métier** when I'm grown up and (I) have a job. **-6.** [formule de présentation et d'insistance]: **je croyais l'affaire faite et voilà qu'elle n'est pas d'accord** I thought the deal was clinched and now I find she disagrees; **si je n'ai rien dit, c'est** ~ **je craignais de te vexer** if I said nothing, it was because I was afraid of upsetting you; ~ **oui!** oh yes indeed!; ~ **non!** certainly not!; **tu n'iras pas** — ~ **si!** you won't go — oh yes I will ou I will too!; ~ **tu crois/dis!** *fam* that's what you think/say! **-7.** [dans une formule interrogative]: **est-ce** ~ **tu viendras?** will you come?; **comment qu'il a fait?** *fam* how did he manage?

◆ **que... ne** *loc conj* without; **aucune décision n'est prise** ~ **je ne sois préalablement consulté** no decision is made without my being consulted first.

◆ **que... ou non** *loc conj* whether... or not.

◆ **que... (ou) que** *loc conj* whether... or.

**Québec** [kebɛk] *npr m* **-1.** [province]: le ~ Quebec; au ~ in Quebec; la province de ou du ~ Quebec State. **-2.** [ville] Quebec; à ~ in (the city of) Quebec.

**québécisme** [kebesism] *nm* Quebec French (turn of) phrase.

**québécois, e** [kebekwa, az] *adj* from Quebec.

◆ **Québécois, e** *nm, f* Québécois, Quebecker.

◆ **québécois** *nm* LING Canadian French.

**quel** [kɛl] (*f* **quelle**, *mpl* **quels**, *fpl* **quelles**) ◇ *dét (adj interr)* [personne] which; [animal, chose] which, what; de ~ côté es-tu? which ou whose side are you on?; je ne sais ~s sont ses projets I don't know what his plans are; ~le heure est-il? what's the time?, what time is it?

◇ *dét (adj exclam)* what; ~ idiot! what a fool!; ~ sale temps! what terrible weather!; il s'est exprimé en japonais, et avec ~le aisance! he spoke in Japanese, and so fluently too!; ~le ne fut pas ma surprise (quand je le vis entrer)! *sout* imagine my surprise (when I saw him come in)!

◇ *dét (adj rel)* [en corrélation avec 'que' – personne] whoever; [– animal] whichever; [– chose] whichever, whatever; il a refusé de recevoir les nouveaux arrivants, ~s qu'ils fussent he refused to see the new arrivals, whoever they were; les mammifères ~s qu'ils soient all mammals; ~le que soit l'assurance que vous choisissiez... whichever the insurance policy you choose...; il se baigne ~ que soit le temps he goes swimming whatever the weather.

◇ *pr interr* which (one); de tous vos matches, ~ fut le plus difficile? of all the matches you've played, which (one) was the most difficult ou which was the most difficult one?

**quelconque** [kɛlkɔ̃k] ◇ *dét (adj indéf)* **-1.** [quel qu'il soit] any, some or other; si, pour une raison ~, tu ne pouvais pas venir if, for some reason or other ou if, for any reason, you can't come; une ~ de ses connaissances some acquaintance of his; as-tu une ~ idée du prix? have you got any idea of the price?**-2.** MATH & SC any. ◇ *adj* [insignifiant, banal – nourriture, visage] ordinary, plain; [– personne] average, ordinary; [– comédien, film, spectacle] run-of-the-mill, second-rate, (pretty) average; [– exécution, réalisation] mediocre, lacklustre.

**quelle** [kɛl] *f* → quel.

**quelles** [kɛl] *fpl* → quel.

**quelque** [kɛlk(ə)] ◇ *dét (adj indéf)* **-1.** [un peu de] some; elle est bizarre depuis ~ temps she's been acting strangely for a ou some time now. **-2.** *sout* [n'importe quel] some; il trouvera bien une ~ autre excuse he's bound to find some new excuse or other. **-3.** [en corrélation avec 'que']: dans ~ pays que tu sois whichever ou whatever country you may be in; à ~ heure que ce soit whatever the time, at whatever time. ◇ *adv sout* **-1.** [approximativement] around, about; il y a ~ 40 ans de cela that was about 40 years ago, that was 40 or so years ago. **-2.** [en corrélation avec 'que']: nous y arriverons, ~ difficile que ce soit we will manage, however difficult it may be.

◆ **quelques** *dét (adj indéf pl)* **-1.** (*sans déterminant*) a few, some; amène ~s amis bring some ou a few friends along; ~s dizaines de journalistes a few dozen journalists ❑ et ~s *fam*: ça pèse deux kilos et ~s it's a little ou a bit over two kilos; il était cinq heures et ~s it was just after five o'clock. **-2.** (*avec déterminant*) few; les ~s millions de téléspectateurs qui nous regardent the few million viewers watching us.

◆ **en quelque sorte** *loc adv* **-1.** [en un sens] as it were, so to speak, in a manner of speaking. **-2.** [en résumé] in a nutshell, in fact.

◆ **quelque chose** *pron indéf* **-1.** [dans une affirmation] something; elle a ~ chose aux poumons she's got something wrong with her lungs; ça m'a fait ~ chose de le revoir 20 ans plus tard it was really weird to see him 20 years later; quand il est parti, ça m'a vraiment fait ~ chose when he left, it really affected me. **-2.** [dans une question, une négation, une hypothèse] anything, something; s'il m'arrivait ~ chose, contactez mon notaire if anything ou something should happen to me, contact my solicitor. **-3.** *fam* [dans une approximation]: elle a ~ chose comme 80 ans she's about 80 ou 80 or so; c'était une Renault 5 ou ~ chose comme ça it was a Renault 5 or something (of the

kind ou like that); Anne ~ chose a téléphoné *fam* Anne something phoned. **-4.** *fam* [emploi expressif]: tu vas recevoir ~ chose! you're asking for it!; je vais te corriger, ~ chose de bien! I'm going to give you a good ou proper hiding!; c'est ~ chose! [ton exaspéré] that's a bit much!; [ton admiratif] that's quite something!

◆ **quelque part** *loc adv* **-1.** [dans un lieu] somewhere; tu vas ~ part à Noël? are you going anywhere (special) for Christmas?**-2.** *fam & euph* (aux toilettes]: elle est allée ~ part she went to wash her hands *euph*. **-3.** *fam & euph* [au derrière]: c'est mon pied ~ part que tu veux? do you want a kick up the backside?

◆ **quelque part que** *loc conj litt*: ~ part qu'elle regardât wherever she looked.

**quelquefois** [kɛlkəfwa] *adv* sometimes, from time to time.

**quelques-uns, quelques-unes** [kɛlkəzœ̃, yn] *pron indéf pl* **-1.** [certains] some; ~ de ses collaborateurs étaient au courant some of his colleagues knew about it. **-2.** [un petit nombre] a few; tu connais ses pièces? — seulement quelques-unes do you know his plays? — only a few of them.

**quelqu'un, e** [kɛlkœ̃, yn] *pron indéf litt*: ~e de ces demoiselles va vous conduire one of these young ladies will show you the way.

◆ **quelqu'un** *pron indéf m* **-1.** [dans une affirmation] someone, somebody; ~ te demande au téléphone there's someone ou somebody on the phone for you; ~ de très grand est venu somebody very tall called; c'est ~ de bien he's a nice person; il faut ~ de plus one more (person) is needed; c'est ~! [ton admiratif] she's quite somebody!; ce garçon, c'est ~! *péj* that boy's a little horror!; elle veut devenir ~ (dans le monde de l'art) she wants to become someone famous (in the world of art); il se prend pour ou se croit ~ *péj* he thinks he's really something, he thinks he's it. **-2.** [dans une question, une négation, une hypothèse] anybody, anyone; il y a ~? is (there) anybody in?; ~ parmi vous le connaît-il? do any of you know him?

**quels** [kɛl] *mpl* → quel.

**quémander** [3] [kemɑ̃de] *vt* [aide, argent, nourriture] to beg for (*insép*); [compliment] to fish ou to angle for (*insép*); ton chien est toujours à ~ des caresses your dog is always wanting to be stroked.

**quémandeur, euse** [kemɑ̃dœr, øz] *nm, f litt* [mendiant] beggar.

**qu'en-dira-t-on** [kɑ̃diratɔ̃] *nm inv* gossip; elle a peur du ~ she's afraid of what people will say.

**quenelle** [kənɛl] *nf*: ~ (de poisson) (fish) quenelle.

**quenotte** [kənɔt] *nf fam* toothy (peg).

**quenouille** [kənuj] *nf* **-1.** TEXT distaff. **-2.** [d'un lit] bedpost.

**quéquette**▽ [keket] *nf* willy *Br*, peter *Am*.

**querelle** [kərɛl] *nf* quarrel, argument; une vieille ~ a long-standing quarrel; ce n'est qu'une ~ d'amoureux it's only a lovers' tiff; ~ de famille [brouille] family squabble; [sérieuse] family feud; la ~ déclenchée au sein du gouvernement the row sparked off within the cabinet ❑ ~ de personnes *ad personam* quarrel.

**quereller** [4] [kərele] *vt sout* to reprimand.

◆ **se quereller** *vp* (*emploi réciproque*) to quarrel (with one another).

◆ **se quereller avec** *vp + prép* to have an argument ou to quarrel with.

**querelleur, euse** [kərɛlœr, øz] ◇ *adj* quarrelsome, belligerent. ◇ *nm, f* quarrelsome person.

**quérir** [kerir] *vt* (*infinitif seulement*) *litt*: envoyer ou faire ~ qqn to summon sb; venir/aller ~ qqn to come/to go and fetch sb.

**qu'est-ce que** [kɛskə], **qu'est-ce qui** [kɛski] → que *pron interr*.

**questeur** [kɛstœr] *nm* **-1.** ANTIQ quaestor. **-2.** POL parliamentary administrator.

**question** [kɛstjɔ̃] *nf* **-1.** [interrogation] question; je ferme la porte à clé? — bien sûr, quelle ou cette ~! shall I lock the door? — of course, what a question!; peut-on lui faire confiance, toute la ~ est là ou voilà la ~! can she be trusted, that's the question!; poser une ~ à qqn to ask sb a question; c'est moi qui pose les ~s! I'm (the one) asking the

questions!, I do the asking!; **poser une** ~ POL to table a question; **je commence à me poser des** ~**s sur sa compétence** I'm beginning to have (my) doubts about ou to wonder how competent he is; **se poser la** ~ **de savoir si** to ask o.s. whether ❑ ~ **écrite/orale** POL written/oral question; **poser la** ~ **de confiance** POL to ask for a vote of confidence; ~ **piège** JEUX trick question; [dans un interrogatoire] loaded ou leading question; ~ **subsidiaire** JEUX tiebreaker. **-2.** [sujet] question, topic; **être** ~ **de: de quoi est-il** ~ **dans ce paragraphe?** what is this paragraph about?; **dans notre prochaine émission, il sera** ~ **de l'architecture romane** in our next programme, we will examine Roman architecture; **il n'est jamais** ~ **de la répression dans son livre** repression is never mentioned in his book; **prête-moi 1 000 francs — pas** ~! fam lend me 1,000 francs — no way ou nothing doing!; **il n'en est pas** ~!, **c'est hors de** ~! it's out of the question!; **avec mon salaire, une voiture c'est hors de** ~ with my salary, a car is out of the question; **il n'est pas** ~ ou **il est hors de** ~ **que je le voie!** there's no way I'll see him!, there's no question of my seeing him!; ~ **salaire, je ne me plains pas** fam as far as the salary is concerned ou salarywise, I'm not complaining. **-3.** [affaire, difficulté] question, matter, point (at issue); **la** ~ **du nucléaire** the nuclear energy question ou issue; **là n'est pas la** ~ that's not the point (at issue) ou the issue; **ce n'est plus qu'une** ~ **de temps** it's only a question ou matter of time; **c'est une** ~ **de vie ou de mort** it's a matter of life and death; **ils se sont disputés pour des** ~**s d'argent** they had an argument over ou about money; **je ne lis pas les critiques,** ~ **de principe!** I don't read reviews on principle!; **ça c'est une autre** ~! that's another problem ou story!**-4.** sout: **faire** ~ [être douteux]: **son talent ne fait pas (de)** ~ her talent is beyond (all) question ou (any) doubt. **-5.** HIST question; **mettre** ou **soumettre qqn à la** ~ to put sb to the question.
◆ **en question** ◇ loc adj in question, concerned.
◇ loc adv: **mettez-vous mon honnêteté en** ~? are you questioning my honesty?; **remettre en** ~ [mettre en doute] to (call into) question, to challenge; [compromettre] to call into question; **la moindre querelle et leur couple est remis en** ~ the slightest argument and their relationship is put in jeopardy; **se remettre en** ~ to do some soul searching.
**questionnaire** [kɛstjɔnɛr] nm questionnaire; ~ **à choix multiple→ QCM.**
**questionner** [3] [kɛstjɔne] vt [interroger]: ~ **qqn** to question sb, to ask sb questions.
**questionneur, euse** [kɛstjɔnœr, øz] nm, f litt questioner.
**questure** [kɛstyr] nf **-1.** ANTIQ quaestorship. **-2.** POL treasury and administrative department of the French Parliament.
**quête** [kɛt] nf **-1.** [d'argent] collection; **faire une** ~ to collect money, to make a collection; **faire la** ~ [à l'église] to take (the) collection; [dans la rue] to go round with the hat, to pass the hat round. **-2.** litt [recherche] quest; **la** ~ **du Graal** the Quest for the Holy Grail. **-3.** NAUT rake.
◆ **en quête de** loc prép sout in search ou pursuit of, searching for, questing for litt; **se mettre en** ~ **de** to go in search of; **elle est en** ~ **d'un travail** she's job-hunting.
**quêter** [4] [kete] ◇ vi [à l'église] to take (the) collection; [parmi un groupe] to collect money, to make a collection; [dans la rue] to pass the hat round, to go round with the hat. ◇ vt litt [pitié, regard approbateur] to beg for (insép).
**quêteur, euse** [kɛtœr, øz] nm, f collector.
**quetsche** [kwɛtʃ] nf **-1.** BOT quetsch (plum). **-2.** [eau-de-vie] quetsch brandy.
**queue** [kø] nf **-1.** ZOOL tail; **faire une** ~ **de poisson à qqn** AUT to cut in front of sb; **il est parti la** ~ **basse** fam ou **entre les jambes** fam he left with his tail between his legs. **-2.** BOT [– d'une cerise, d'une feuille] stalk; [d'une fleur] stalk, stem. **-3.** [extrémité – d'une poêle] handle; [– d'un avion, d'une comète, d'un cerf-volant] tail; [– d'une étoile filante] trail; [– d'un cortège, d'un orage, d'un tourbillon] tail (end); [d'une procession, d'un train] rear; **je monte toujours en** ~ I always get on at the rear (of the train); **il est en** ~ **de peloton** SPORT he is at the back ou rear of the bunch ❑ **on pourrait prendre un taxi — je n'en ai pas encore vu la** ~ **d'un** fam we could get a taxi — I haven't seen hide nor hair of one yet; **n'avoir ni** ~ **ni tête: ce que tu dis n'a ni** ~ **ni tête** you make no sense at all, you're talking nonsense; **la pièce n'avait ni** ~

**ni tête** you couldn't make head ou nor tail of the play. **-4.** [dans un classement] bottom; **être à la** ~ **de la classe/du championnat** to be at the bottom of the class/league. **-5.** [file d'attente] queue Br, line Am; **faire la** ~ to queue (up) (insép) Br, to stand in line Am. **-6.** ▼ [pénis] cock, prick. **-7.** JEUX: ~ **(de billard)** (billiard) cue. **-8.** IMPR [d'une lettre] stem, tail, descender spéc; [d'une note de musique] stem; [d'une page] tail, foot.
◆ **à la queue leu leu** loc adv in single ou Indian file.
**queue-de-cheval** [køtʃəval] (pl **queues-de-cheval**) nf [cheveux] ponytail.
**queue-de-pie** [kødpi] (pl **queues-de-pie**) nf tail coat.
**qui** [ki] ◇ pron rel **-1.** [représente une personne] who, that; **il y a des gens** ~ **aiment ça** there are people who like that; **toi** ~ **connais le problème, tu pourras m'aider** you who ou as you are acquainted with the problem, you can help me out || (après une préposition) whom, who; **la personne à** ~ **je l'ai prêté** the person to whom I lent it, the person I lent it to; **il ne peut résister à** ~ **lui fait des compliments** he can't resist anyone who pays him compliments; **c'est à** ~ **aura le dernier mot** each tries ou they all try to have the last word; **les personnes au nom de** ~ **ils ont agi** the people in whose name they acted; **l'amie par** ~ **j'ai eu cette adresse** the friend from whom I got this address, the friend I got this address from; **c'est rebutant pour** ~ **n'est pas habitué** it's disconcerting for somebody who isn't ou for whoever isn't used to it || [sans antécédent] whoever, anyone (who); ~ **tu sais,** ~ **vous savez** you know who; **il est allé chez** ~ **tu sais hier soir** he went to you know who's last night. **-2.** [représente un animal] which, that. **-3.** [représente une chose, une idée] which, that; **le festival,** ~ **débutera en mai** the festival, which will start in May; **donne-moi le magazine** ~ **est sur la table** give me the magazine (that ou which is) on the table. **-4.** [après des verbes de perception]: **je l'ai entendu** ~ **se plaignait** I heard him moaning. **-5.** [formule de présentation]: **le voilà** ~ **pleure, maintenant!** now he's crying!; **voilà** ~ **ne m'aide pas beaucoup** that doesn't help me much. **-6.** [en corrélation avec 'que']: ~ **que tu sois,** ~ **que vous soyez** whoever you are ou you may be; ~ **que ce soit qui téléphone, répondez que je suis absent** whoever phones, tell them I'm not here. **-7.** loc: ~ **aime bien châtie bien** spare the rod and spoil the child; ~ **ne dit mot consent** silence is consent; ~ **vole un œuf vole un bœuf** he that will steal a penny will steal a pound.
◇ pron interr **-1.** [sujet ou attribut dans le discours direct] who; ~ **donc t'a frappé?** who hit you?; ~ **est-ce qui en veut?** who wants some?; **c'est** ~ **qui** fam, ~ **c'est qui** fam who || [objet dans le discours direct] who, whom; ~ **cherchez-vous?** who are you looking for?; **c'est à** ~? whose is it, to whom does it belong?; **à** ~ **le tour?** whose turn (is it)?; **de** ~ **parles-tu?** who ou whom are you talking about?; ~ **est-ce que who, whom;** ~ **est-ce que tu connais ici?** who do you know around here?; **à** ~ **est-ce que je dois de l'argent?** who do I owe money to?, to whom do I owe money? **-2.** [sujet dans le discours indirect] who; **je ne vois pas** ~ **pourrait t'aider** I can't see who could ou I can't think of anyone who could help you || [objet dans le discours indirect] who, whom; **sais-tu** ~ **j'ai rencontré ce matin?** do you know who I met this morning?; **je ne me souviens pas à** ~ **je l'ai donné** I can't remember who I gave it to.
◆ **qui... qui** loc corrél sout: **ils étaient déguisés,** ~ **en Pierrot,** ~ **en bergère** they were in fancy dress, some as Pierrots, others as shepherdesses.
**quia** [kɥija]
◆ **à quia** loc adv sout: **être à** ~ to be at a loss for an answer; **mettre** ou **réduire qqn à** ~ to confound sb.
**quiche** [kiʃ] nf quiche; ~ **lorraine** quiche lorraine.
**quiconque** [kikɔ̃k] ◇ pron rel indéf whoever; ~ **frappera par l'épée périra par l'épée** BIBLE he who lives by the sword shall die by the sword. ◇ pron indéf anyone ou anybody (else); **il connaît les volcans mieux que** ~ he knows volcanoes better than anybody else ou than anyone alive.
**quidam** [kidam] nm hum ou sout fellow, individual.
**qui est-ce que** [kiɛskə], **qui est-ce qui** [kiɛski] → **qui** pron interr.
**quiet, ète** [kjɛ, ɛt] adj litt calm, tranquil litt.
**quiétisme** [kjetism] nm quietism.

**quiétude** [kjetyd] *nf litt* **-1.** [d'une demeure] quiet, tranquillity, quietude *litt.* **-2.** [d'esprit] peace of mind; **elle attendait les résultats en toute ~** she was calmly waiting for the results.

**quignon** [kiɲ ɔ̃] *nm*: **~ (de pain)** [morceau] (crusty) chunk of bread; [extrémité] heel (of the loaf).

**quille** [kij] *nf* **-1.** JEUX skittle; **jouer aux ~s** to play ninepins OU skittles. **-2.** *fam* [jambe] pin *esp Br*, leg. **-3.** ᵛ *arg mil* [fin du service] demob *Br*, discharge. **-4.** NAUT keel.

**quilleur, euse** [kijœr, øz] *nm, f Can* skittle player.

**quincaillerie** [kɛ̃kajri] *nf* **-1.** [articles, commerce] hardware. **-2.** [boutique] ironmonger's *Br*, hardware store *Am*. **-3.** *fam* [bijoux, décorations] (cheap) baubles *péj*; [armes] guns. **-4.** *fam* INF hardware.

**quincaillier, ère** [kɛ̃kaje, ɛr] *nm, f* hardware dealer, ironmonger *Br*.

**quinconce** [kɛ̃kɔ̃s] *nm* HORT quincunx; **en ~** quincuncial, arranged in a quincunx.

**quinine** [kinin] *nf* quinine.

**quinquagénaire** [kɛ̃kaʒenɛr] ◇ *adj*: **être ~** [avoir de 50 à 60 ans] to be in one's fifties; [avoir 50 ans] to be fifty. ◇ *nmf* [de 50 à 60 ans] person in his/her fifties; [de 50 ans] 50 year old man (*f* woman).

**quinquennal, e, aux** [kɛ̃kenal, o] *adj* [plan] five-year (*avant n*); [élection, foire] five-yearly, quinquennial.

**quinquennat** [kɛ̃kena] *nm* five-year period, quinquennium, lustrum.

**quinquina** [kɛ̃kina] *nm* **-1.** BOT & PHARM cinchona. **-2.** [boisson] quinine tonic wine.

**quintal, aux** [kɛ̃tal, o] *nm* (metric) quintal.

**quinte** [kɛ̃t] *nf* **-1.** MÉD: **~ (de toux)** coughing fit, fit of coughing. **-2.** MUS fifth. **-3.** JEUX quint. **-4.** ESCRIME quinte.

**quintessence** [kɛ̃tesɑ̃s] *nf litt* quintessence.

**quintet** [kɛ̃tɛt] *nm* jazz quintet.

**quintette** [kɛ̃tɛt] *nm* quintet, quintette; **~ à cordes/vent** string/wind quintet.

**quintuple** [kɛ̃typl] ◇ *adj* [somme, quantité] quintuple, fivefold. ◇ *nm* quintuple; **le ~ de sa valeur** five times its value.

**quintupler** [3] [kɛ̃typle] *vi & vt* to quintuple, to increase fivefold.

**quintuplés, ées** [kɛ̃typle] *nm, f pl* quintuplets, quins.

**quinzaine** [kɛ̃zɛn] *nf* **-1.** [durée]: **une ~ de jours** a fortnight, two weeks; **venez me voir dans une ~** come and see me in a couple of weeks OU in two weeks OU in a fortnight's time. **-2.** [quantité]: **une ~ de** about fifteen; **une ~ de crayons** about fifteen pencils, fifteen pencils or so. **-3.** COMM: **~ commerciale** two-week sale; **la grande ~ des prix littéraires** the literary prize season (*two-week period in November and December when all the major French literary prizes are awarded*). **-4.** [salaire] fortnight's pay, two-week's pay OU wages.

**quinze** [kɛ̃z] ◇ *dét* fifteen; **~ jours** two weeks, a fortnight. ◇ *nm inv* **-1.** [nombre] fifteen; **lundi en ~** a fortnight on *Br* OU two weeks from Monday. **-2.** SPORT: **le ~ de France** the French Fifteen; *voir aussi* **cinq**.

**quinzième** [kɛ̃zjɛm] *adj num & nmf* fifteenth; *voir aussi* **cinquième**.

**quiproquo** [kiprɔko] *nm* [sur l'identité d'une personne] mistake; **l'intrigue est fondée sur un ~** the plot revolves round a case of mistaken identity || [sur le sujet d'une conversation] misunderstanding.

**quittance** [kitɑ̃s] *nf*: **~ de gaz/d'électricité** gas/electricity bill; **~ de loyer** rent receipt.

**quitte** [kit] *adj* **-1.** [libéré – d'une dette, d'une obligation]: **être ~ envers qqn** to be even OU quits OU (all) square with sb; **être ~ d'une dette** to be rid OU clear of a debt; **donne-moi seulement 500 francs, tu es ~ du reste** just give me 500 francs, let's not worry about the rest OU I'll let you off the rest; **être ~ envers la société** [après une peine de prison] to have paid one's debt to society; **je ne te tiens pas ~ de ta promesse!** I don't consider that you have fulfilled your promise! **-2.** [au même niveau]: **être ~s** to be quits OU all square. **-3.** **en être ~ pour qqch** [s'en tirer avec qqch] to get away with sthg. **-4.** **en être ~ pour faire** [devoir faire]: **j'ai oublié mes papiers à la banque, j'en suis ~ pour y retourner** I've left my papers at the bank, so I have to go back there now.

**-5.** JEUX: **~ ou double** double or quits *Br* OU nothing; **c'est jouer à ~ ou double** *fig* it's a big gamble OU risk.

◆ **quitte à** *loc prép* **-1.** [au risque de]: **je lui dirai, ~ à me faire renvoyer** I'll tell him, even if it means being fired. **-2.** [puisqu'il faut] since it is necessary to; **~ à les inviter, autant le faire dans les règles** since we have to invite them, we may as well do things properly.

**quitter** [3] [kite] *vt* **-1.** [lieu] to leave; [ami, époux] to leave, to split up with (*insép*); [emploi] to leave, to give up (*sép*); [habitude] to drop, to get rid of (*insép*); **je quitte (le bureau) à 5 h** I leave the office OU I finish at 5 o'clock; **la voiture a quitté la route** the car came off OU ran off OU left the road; **il faut que je te quitte** I must be going, I must go; **il ne la quitta pas des yeux** OU **du regard** he never took his eyes off her, he watched her every move; **il nous a quittés hier** *euph* he passed away yesterday; **elle a quitté ce monde** *euph* she has departed this world OU this life. **-2.** *sout* [abandonner – suj: courage, force] to leave, to forsake, to desert; **son optimisme ne l'a jamais quitté** he remained optimistic throughout; **son bon sens semblait l'avoir quitté** he seemed to have taken leave of his senses. **-3.** [retirer – habit] to take off (*sép*); **~ le deuil** to come out of mourning. **-4.** [au téléphone]: **ne quittez pas** hold on, hold the line.

◆ **se quitter** *vp* (*emploi réciproque*) [amis] to part; [époux] to part, to break OU to split up; **quittons-nous bons amis** let's part on good terms; **depuis qu'ils se sont rencontrés, ils ne se quittent plus** ever since they met they have been inseparable.

**quitus** [kitys] *nm* JUR (full) discharge, quietus JUR; **donner ~ à qqn** to discharge sb.

**qui vive** [kiviv] *loc interj*: **~?** who goes there?

**qui-vive** [kiviv] *nm inv*: **être sur le ~** [soldat] to be on the alert OU the qui vive; [animal] to be on the alert; **je la sentais sur le ~** I felt she was on edge, I felt she was waiting for something to happen.

**quoi** [kwa] ◇ *pron rel* what, which; **c'est ce à ~ je voulais en venir** that's what I was getting at; **il a refusé, ce en ~ il a eu raison** he refused, which was quite right of him; **on est allés au jardin, après ~ il a fallu rentrer** we went to the garden, and then we had to come back in; **de ~: prends de ~ boire/écrire/payer** get something to drink/to write/to pay with; **il y a de ~ nourrir au moins 10 personnes** there's enough to feed at least 10 people; **il n'y a pas de ~ se faire du souci** there's nothing to worry about; **je suis en colère — il y a de ~!** *fam* I'm angry — it's no wonder OU with good reason! ❏ **merci! — il n'y a pas de ~** thank you! — not at all OU you're welcome OU don't mention it.

◇ *adv interr* **-1.** [quelle chose] what; **c'est ~?** what's that?; **tu fais ~ ce soir?** *fam* what are you doing this evening?; **elle est à ~ ta glace?** *fam* what flavour is your ice cream?; **en ~ puis-je vous être utile?** how can I help you?; **par ~ se sent-il concerné?** what does he feel concerned about?; **je voudrais parler au directeur — c'est pour ~?** I'd like to talk to the manager — what (is it) about?; **sur ~ va-t-elle travailler?** what is she going to work on?; **salut, alors ~ de neuf?** *fam* hi, what have you been up to OU what's new?; **~ de plus naturel?** what could be more natural?; **à ~ bon?** what's the use?; **à ~ bon l'attendre?** what's the use of waiting for him?; **~ encore?** what else?; [ton irrité] what is it now? **-2.** *fam* [pour faire répéter]: **~?** what? **-3.** [emplois expressifs]: **eh bien ~, qu'est-ce que tu as?** well, what's the matter with you?; **enfin ~, ou eh bien ~, tu pourrais regarder où tu vas!** come on now, watch where you're going!; **de ~? tu n'es pas d'accord?** what's that, you don't agree?; **tu viens (oui) ou ~?** are you coming or not?; **décide-toi, ~!** well make up your mind!; **si je comprends bien, tu es fauché, ~!** if I've understood you, you're broke, aren't you?; **je vais lui acheter ce livre, pour lui faire un petit cadeau, ~** I'm going to buy her this book... you know, just as a little present.

◆ **quoi que** *loc conj*: **~ qu'il arrive** whatever happens; **~ qu'il en soit** be that as it may, however that may be; **je te défends de lui dire ~ que ce soit!** I forbid you to tell her/him anything (whatsoever)!; **si je peux t'aider en ~ que ce soit** if I can help you in any way; ❏ **~ qu'il en ait** *sout* whatever he feels about it.

**quoique** [kwakə] (*devant voyelle ou h muet* **quoiqu'** [kwak]) *conj* **-1.** [bien que] though, although; **quoiqu'il fût déjà minuit**

though ou although it was already midnight. **-2.** [introduisant une restriction]: il a l'air compétent... ~... he seems competent... mind you...

**quolibet** [kɔlibɛ] *nm sout* gibe, jeer, taunt.

**quorum** [k(w)ɔrɔm] *nm sout* quorum; nous avons atteint le ~ we're quorate, we have a quorum.

**quota** [k(w)ɔta] *nm* quota.

**quote-part** [kɔtpaʀ] (*pl* **quotes-parts**) *nf* share.

**quotidien, enne** [kɔtidjɛ̃, ɛn] *adj* **-1.** [de chaque jour – entraînement, promenade, repas] daily; [– préoccupations] everyday; leurs disputes étaient devenues presque ~nes they'd got to the stage where they were arguing almost every day. **-2.**

[routinier – tâche] run-of-the-mill, humdrum.
◆ **quotidien** *nm* daily (paper); un grand ~ a (major) national daily.
◆ **au quotidien** *loc adv fam* on a day-to-day basis.

**quotidiennement** [kɔtidjɛnmɑ̃] *adv* daily, every day.

**quotidienneté** [kɔtidjɛnte] *nf* everyday nature.

**quotient** [kɔsjɑ̃] *nm* **-1.** MATH quotient. **-2.** PSYCH: ~ intellectuel intelligence quotient. **-3.** JUR: ~ électoral electoral quota; ~ familial tax code.

**quotité** [kɔtite] *nf* **-1.** FIN quota. **-2.** JUR: ~ disponible disposable portion (of estate).

**r, R** [ɛʀ] *nm* r, R.
**r** *abr écrite de* **rue**.
**R** *abr écrite de* **roentgen**.
**Râ** [ra] = **Rê**.
**rab** [rab] *nm fam*: qui veut du ~? [à table] anyone for seconds?; alors, on fait du ~? [au travail] doing some overtime, are we?
◆ **en rab** *loc adj fam*: il y a des patates en ~ there are some spuds left (over); un ticket en ~ a spare ticket.
**rabâchage** [rabaʃaʒ] *nm*: son cours, c'est vraiment du ~ he's always going over the same old things in class.
**rabâcher** [3] [rabaʃe] *fam* ◇ *vt* **-1.** [conseils] to keep (on) repeating; [malheurs] to keep harping on about. **-2.** [leçon] to go over (and over) *(insép)*. ◇ *vi* to keep repeating o.s., to keep harping on.
**rabâcheur, euse** [rabaʃœʀ, øz] *nm, f fam* drone, bore.
**rabais** [rabɛ] *nm* reduction, discount; avec un ~ de 15 %, avec 15 % de ~ with a 15% discount ou reduction; faire un ~ de 10 % sur le prix to knock 10% off the price.
◆ **au rabais** ◇ *loc adj* [vente] cut-price; *péj* [formation] second-rate; [travail] underpaid. ◇ *loc adv*: vendre au ~ to sell at a reduced price ou discount.
**rabaissant, e** [rabɛsɑ̃, ɑ̃t] *adj* degrading, debasing.
**rabaisser** [4] [rabɛse] *vt* **-1.** [diminuer – prétentions] to moderate, to reduce; [– niveau] to lower; [– orgueil] to humble; [– prix] to reduce, to lower. **-2.** [dévaloriser – mérites, personne] to devalue, to belittle; ces actes rabaissent l'homme au niveau des animaux such actions reduce man to the level of an animal.
◆ **se rabaisser** *vp (emploi réfléchi)* **-1.** [se dévaloriser] to belittle o.s., to sell o.s. short. **-2.** [s'avilir] to degrade o.s.
**rabat** [raba] ◇ *v →* **rabattre**. ◇ *nm* [d'un sac, d'une poche] flap; [de toge] bands.
**rabat-joie** [rabaʒwa] ◇ *nmf inv* killjoy, spoilsport. ◇ *adj inv*: ce qu'ils sont ~! what a bunch of killjoys they are!
**rabats** [raba] *v →* **rabattre**.
**rabattage** [rabataʒ] *nm* CHASSE beating.
**rabattement** [rabatmɑ̃] *nm* GÉOM rabatment.
**rabatteur, euse** [rabatœʀ, øz] *nm, f* **-1.** CHASSE beater. **-2.** COMM tout. **-3.** POL canvasser.
**rabattre** [83] [rabatʀ] *vt* **-1.** [toit ouvrant, strapontin – pour baisser] to pull down *(sép)*; [– pour lever] to pull up *(sép)*; [couvercle] to shut down *(sép)*, to close; [chapeau] to pull down *(sép)*; [col, visière] to turn down *(sép)*; rabats le drap sur la couverture fold the sheet back over the blanket; les cheveux rabattus sur le front hair brushed forward ou down over the forehead; rabats le capot de la voiture close the bonnet of the car; une bourrasque rabattit le volet contre le mur a gust of wind blew the shutter back against the wall; de la

fumée rabattue par le vent smoke blown back by the wind; le vent rabattait la pluie contre son visage the wind was driving the rain against his face. **-2.** CHASSE to drive; la police rabattait les manifestants vers ou sur la place the police were driving the demonstrators (back) towards the square ‖ [racoler]: ~ des clients *fam* to tout for customers. **-3.** [déduire] to take off *(sép)*, to deduct; il a rabattu 5 % sur le prix affiché he took ou knocked 5% off the marked price. **-4.** [diminuer]: ~ l'orgueil de qqn to humble sb ❏ en ~ *sout* [modérer ses exigences] to climb down *(insép)*, to lower one's sights. **-5.** COUT to stitch down *(sép)*; ~ une couture to fell a seam ‖ [en tricot]: ~ deux mailles to decrease two stitches; ~ toutes les mailles to cast off.
◆ **se rabattre** *vpi* **-1.** [véhicule – graduellement] to move back into position; [– brusquement] to cut in. **-2.** [se fermer – volet] to slam shut; [– table] to fold away.
◆ **se rabattre sur** *vp + prép* [se contenter de] to fall back on, to make do with.
**rabbin** [rabɛ̃] *nm* rabbi; grand ~ Chief Rabbi.
**rabelaisien, enne** [rablɛzjɛ̃, ɛn] *adj* Rabelaisian.
**rabibocher** [3] [rabibɔʃe] *vt fam* **-1.** [réconcilier] to patch things up between, to bring together again. **-2.** *vieilli* [réparer] to fix ou to patch up.
◆ **se rabibocher** *vpi* to make up; se ~ avec qqn to patch things up with sb.
**rabioter** [3] [rabjɔte] *vt fam* **-1.** [obtenir en supplément] to wangle. **-2.** [s'octroyer]: il m'a rabioté 20 francs sur la monnaie he pocketed 20 francs when he gave me my change.
**rabique** [rabik] *adj* rabies *(modif)*, rabic.
**râble** [rabl] *nm* ZOOL back; ~ de lièvre CULIN saddle of hare; tomber ou sauter sur le ~ de qqn *fam* [attaquer] to lay into sb, to go for sb; [critiquer] to go for sb.
**râblé, e** [rable] *adj* **-1.** [animal] broad-backed. **-2.** [personne] stocky.
**rabot** [rabo] *nm* MENUIS plane.
**rabotage** [rabɔtaʒ], **rabotement** [rabɔtmɑ̃] *nm* planing (down).
**raboter** [3] [rabɔte] *vt* to plane (down).
◆ **se raboter** *vpt*: je me suis raboté le genou contre le mur I scraped my knee on the wall.
**raboteur** [rabɔtœʀ] *nm* [ouvrier] planer.
**raboteux, euse** [rabɔtø, øz] *adj* **-1.** [sentier] bumpy, rugged; [plancher] uneven, rough. **-2.** *litt* [style] rugged, unpolished, rough.
◆ **raboteuse** *nf* [outil] planing machine, planer.
**rabougri, e** [rabugri] *adj* **-1.** [étiolé] scraggy; [desséché] shrivelled. **-2.** [chétif] stunted; [ratatiné] shrivelled, wizened.
**rabougrir** [32] [rabugrir] *vt* [dessécher] to shrivel (up); [entraver la croissance de] to stunt (the growth of).

◆ **se rabougrir** *vpi* -**1.** [plante] to shrivel (up). -**2.** [personne] to become wizened, to become shrivelled (with age).

**rabouter** [3] [rabute] *vt* [tuyaux] to join, to put end to end; [cordes] to tie together *(sép)*, to put end to end.

**rabrouer** [3] [rabrue] *vt* to send packing; **se faire ~ par qqn** to feel the sharp end of sb's tongue.

**racaille** [rakaj] *nf péj* rabble, riff-raff.

**raccard** [rakar] *nm Helv* grain store typical of the Valais region.

**raccommodable** [rakɔmɔdabl] *adj* mendable, repairable.

**raccommodage** [rakɔmɔdaʒ] *nm* [de linge, d'un filet] mending, repairing; [d'une chaussette] darning, mending; **j'ai du ~ à faire** I've got some mending to do.

**raccommodement** [rakɔmɔdmã] *nm fam* reconciliation.

**raccommoder** [3] [rakɔmɔde] *vt* -**1.** [réparer – linge, filet] to repair, to mend; [– chaussette] to darn, to mend. -**2.** *fam* [réconcilier] to bring together (again).
◆ **se raccommoder** *vpi fam* [se réconcilier] to be reconciled, to get together (again); **ils finiront bien par se ~** they're bound to get back together again.

**raccommodeur, euse** [rakɔmɔdœr, øz] *nm, f* mender.

**raccompagner** [3] [rakɔ̃paɲe] *vt* -**1.** [reconduire à la porte]: **~ qqn** to show ou to see sb out. -**2.** [accompagner]: **je vais te ~ chez toi [à pied]** I'll walk ou take you back home; [en voiture] I'll give you a lift home, I'll drive ou run you home; **~ qqn à la gare/à l'aéroport** to see sb off at the station/airport.

**raccord** [rakɔr] *nm* -**1.** [en décoration] join; **papier avec ~** wallpaper with pattern match; **tissu sans ~** random match material. -**2.** CIN [liaison de scènes] continuity; [plan] link shot; **scène de ~** link scene ‖ LITTÉRAT link. -**3.** [retouche] touch-up; **la peinture de la cuisine a besoin de quelques ~s** the kitchen paintwork needs some touching up; **elle s'est fait un petit ~ devant la glace** *fam* she touched up her make-up in front of the mirror. -**4.** TECH [pour tuyaux différents] adaptor; [joint] connector; **~ en T** T-union.

**raccordement** [rakɔrdəmã] *nm* -**1.** [opération de connexion] RAIL linking, joining; TRAV PUBL connecting, linking, joining; ÉLECTR joining, connecting; **faire le ~ (au réseau)** TÉLÉC to connect the phone. -**2.** [voie ferrée] junction.

**raccorder** [3] [rakɔrde] *vt* -**1.** [route, chemin de fer] to link ou to join up *(sép)*. -**2.** [morceaux cassés, papier peint] to align, to join (up); [bandes magnétiques] to splice; **les motifs ne sont pas raccordés** the pattern doesn't line up. -**3.** ÉLECTR [au secteur] to couple; [à un circuit] to join. -**4.** TÉLÉC: **~ qqn au réseau** to connect (up) sb's phone. -**5.** *fig* [indices, faits] to link up *(sép)*, to connect. -**6.** CIN [scènes] to link up *(sép)*.
◆ **se raccorder à** *vp + prép* -**1.** [route, voie ferrée] to join up with. -**2.** [être lié à] to tie in with.

**raccourci** [rakursi] *nm* -**1.** [trajet] shortcut. -**2.** [énoncé]: **un ~ (saisissant)** a pithy turn of phrase. -**3.** BX-ARTS foreshortening *(U)*.
◆ **en raccourci** *loc adv* [en résumé] in brief, in a nutshell; [en miniature] on a small scale, in miniature.

**raccourcir** [32] [rakursir] ◇ *vt* [vêtement, rideau] to shorten, to take up *(sép)*; [cheveux, barbe] to trim; [discours] to shorten; [film] to shorten; **tu as trop raccourci les manches** you've made the sleeves too short ‖ [trajet] to shorten; **le sentier raccourcit le trajet de deux kilomètres** the path shortens the trip by two kilometres ‖ [séjour] to cut short; **elle a dû ~ ses vacances d'une semaine** she had to come back from her holidays a week early. ◇ *vi* -**1.** [durée]: **les jours raccourcissent** the days are growing shorter ou drawing in. -**2.** [mode]: **les manteaux vont ~ à l'automne prochain** coats will be shorter next autumn. -**3.** [distance]: **ça raccourcit** it's shorter.
◆ **se raccourcir** *vpi* [diminuer]: **les délais de livraison se sont considérablement raccourcis** delivery times have been considerably shortened ou reduced.

**raccourcissement** [rakursismã] *nm* [des jours] shortening, drawing in; [des robes] shortening; [des délais] shortening, reducing.

**raccroc** [rakro]
◆ **par raccroc** *loc adv* by a stroke of good luck.

**raccrocher** [3] [rakrɔʃe] ◇ *vt* -**1.** [remettre en place – habit, rideau] to hang back up; [– tableau] to put back on the hook, to hang up ou to put back up; [– téléphone] to put down, to hang

up; **~ les gants** *fam* [boxeur] to hang up one's gloves, to retire. -**2.** [relier – wagons] to couple, to hitch together. -**3.** [rattraper – affaire] to save at the last minute. -**4.** *fam* [obtenir par chance – commande] to pull ou to bring off *(sép)*. ◇ *vi* -**1.** [au téléphone] to hang up, to put the receiver down; **elle m'a raccroché au nez** she hung up ou put the phone down on me. -**2.** *fam* [prendre sa retraite – boxeur] to hang up one's gloves.
◆ **se raccrocher à** *vp + prép* -**1.** [se rattraper à] to grab ou to catch hold of; **il n'a personne à qui se ~** *fig* he has nobody to turn to. -**2.** [être relié à] to be linked ou related to.

**raccrocheur, euse** [rakrɔʃœr, øz] *adj* [publicité] eye-catching.

**race** [ras] *nf* -**1.** ANTHR race; **la ~ blanche/noire** the white/black race; **de ~ blanche** white; **de ~ noire** black; **il est de ~ asiatique** he's of Asian origin. -**2.** [catégorie]: **la ~ des honnêtes gens est en voie de disparition** decent people are a dying breed. -**3.** ZOOL breed. -**4.** *litt* [lignée] line; **être de ~ noble** to be of noble stock ou blood. -**5.** [distinction]: **avoir de la ~** to have breeding.
◆ **de race** *loc adj* [chien, chat] purebred, pedigree *(modif)*; [cheval] thoroughbred.

**racé, e** [rase] *adj* -**1.** ZOOL [chien] purebred, pedigree *(modif)*; [cheval] thoroughbred. -**2.** [personne] wellbred. -**3.** [voilier, voiture] handsome.

**racer** [rasœr] *nm* racer *(car, boat)*.

**rachat** [raʃa] *nm* -**1.** [de ce qu'on avait vendu] repurchase, buying back. -**2.** [achat]: '**nous vous proposons le ~ de votre ancienne voiture!**' COMM 'we offer to take your old car in part-exchange *Br* ou as a trade-in *Am*!' -**3.** FIN [d'actions, d'obligations] buying up ou in; [d'une affaire] take over; **~ de l'entreprise par ses salariés** management buyout ‖ [d'une franchise, d'une rente] redemption. -**4.** *sout* [des péchés] redemption.

**rachetable** [raʃtabl] *adj* -**1.** *fam* [remplaçable]: **un vase, c'est ~** you can always buy another vase. -**2.** *litt* [dette, rente, péché] redeemable.

**racheter** [28] [raʃte] *vt* -**1.** [en plus] to buy some more (of); **~ des actions** [en supplément] to buy some more shares; [pour remplacer celles qu'on a vendues] to buy back ou to repurchase shares; **je vais ~ un service à café** I'm going to buy another ou a new coffee set. -**2.** [acheter] to buy; '**on vous rachète vos anciens meubles**' COMM your old furniture taken in part-exchange *Br* ou as a trade-in *Am*; **j'ai racheté sa part/son affaire** FIN I've bought him out (of the business)/bought him up; **~ une entreprise** to take over a company. -**3.** [rente, cotisations] to redeem. -**4.** [erreur, défaut] to make up for *(insép)*, to compensate for *(insép)*; [péché] to atone for *(insép)*, to expiate; [vie dissolue] to make amends for, to make up for *(insép)*; [pécheur] to redeem; **il n'y en a pas un pour ~ l'autre** one's as bad as the other. -**5.** CONSTR to modify, to compensate. -**6.** HIST [soldat] to buy out *(sép)*; [prisonnier, esclave] to ransom, to buy the freedom of. -**7.** ENS: **~ un candidat** to pass a candidate *(in spite of insufficient marks)*; **~ une (mauvaise) note** to make up for a (poor) grade.
◆ **se racheter** *vp (emploi réfléchi)* [gén] to make amends, to redeem o.s.; [pécheur] to redeem o.s.

**rachidien, enne** [raʃidjɛ̃, ɛn] *adj* rachidian, rachidial.

**rachitique** [raʃitik] ◇ *adj* -**1.** MÉD suffering from rickets, rachitic *spéc*. -**2.** [chétif – plante] stunted; [– chien, personne] puny, scrawny. ◇ *nmf* person suffering from rickets.

**rachitisme** [raʃitism] *nm* rickets *(U)*, rachitis *spéc*.

**Rachmaninov** [rakmaninɔf] *npr* Rachmaninoff.

**racial, e, aux** [rasjal, o] *adj* racial, race *(modif)*.

**racine** [rasin] *nf* -**1.** BOT root; **~s alimentaires** root crops; **~s (comestibles)** root vegetables; **~ de gingembre** root ginger; **il prend ~** *fam* [il s'installe] he's getting a bit too comfortably settled; **tu vas prendre racine!** *fam* [l'attente est longue] you'll take root! -**2.** ANAT [d'un cheveu, d'un poil, d'une dent] root; [du nez] base. -**3.** LING & MATH root; **~ carrée/cubique/énième** square/cube/nth root.
◆ **racines** *nfpl* [origines] roots; **retrouver ses ~s** to go back to one's roots; **cette croyance a ses ~s dans le folklore breton** this belief is rooted in Breton folklore.

**racisme** [rasism] *nm* racism, racial prejudice; **c'est du ~ anti-vieux** that's ageism; **c'est du ~ anti-jeunes** that's prejudice against young people.

**raciste** [rasist] ◇ *adj* racist, prejudiced. ◇ *nmf* racist.

**racket** [rakɛt] *nm* (protection) racket; la lutte contre le ~ the fight against racketeering.

**racketter** [4] [rakɛte] *vt* to racketeer, to run a (protection) racket.

**racketteur, euse** [rakɛtœr, øz] *nm, f* racketeer.

**raclage** [raklaʒ] *nm* scraping.

**raclée** [rakle] *nf fam* -**1.** [coups] thrashing, hiding; donner une ~ à qqn to give sb a good thrashing ou hiding. -**2.** [défaite] thrashing, hammering; il a pris sa ~ en finale he got thrashed ou hammered in the final.

**raclement** [rakləmɑ̃] *nm* scraping (noise); on entendit quelques ~s de gorge some people could be heard clearing their throats.

**racler** [3] [rakle] *vt* -**1.** [frotter] to scrape; un petit vin blanc qui racle le gosier a white wine that is rough on ou that burns your throat □ ~ les fonds de tiroir to scrape some money together. -**2.** *péj* [instrument]: ~ du violon to scrape away at the fiddle.

◆ **se racler** *vpt*: se ~ la gorge to clear one's throat.

**raclette** [raklɛt] *nf* -**1.** CULIN *Swiss speciality consisting of melted cheese prepared at the table using a special heater or grill, served with potatoes and cold meats.* -**2.** [grattoir] scraper. -**3.** [pour vitres] squeegee.

**racloir** [raklwar] *nm* -**1.** MIN scraper. -**2.** MENUIS scraper plane. -**3.** MÉTALL strickle. -**4.** ARCHÉOL racloir, side scraper.

**raclure** [raklyr] *nf* -**1.** [résidu] scraping. -**2.** ▽ [personne]: c'est une ~ he's the lowest of the low.

**racolage** [rakɔlaʒ] *nm* [par une prostituée] soliciting; [par un vendeur] touting (for customers); [par un militant] canvassing; faire du ~ [prostituée] to solicit; [commerçant] to tout (for customers); [militant] to canvass (support).

**racoler** [3] [rakɔle] *vt* -**1.** [clients – suj: prostituée] to accost; [– suj: vendeur] to tout for; [électeurs] to canvass. -**2.** HIST [soldat] to press-gang.

**racoleur, euse** [rakɔlœr, øz] *adj* [sourire] enticing; [affiche] eye-catching; [titre, journal] sensationalist; [campagne électorale] vote-catching.

◆ **racoleur** *nm* tout.

◆ **racoleuse** *nf* street walker.

**racontable** [rakɔ̃tabl] *adj*: ce n'est pas ~ devant des enfants I can't say it in front of children.

**racontar** [rakɔ̃tar] *nm fam* piece of gossip; n'écoute pas les ~s don't listen to gossip.

**raconter** [3] [rakɔ̃te] *vt* -**1.** [conte, histoire] to tell; il a raconté l'histoire à son voisin he told his neighbour the story, he told the story to his neighbour. -**2.** [événement, voyage] to tell, to relate; ~ ses malheurs à qqn to tell sb all one's troubles, to pour one's heart out to sb □ ~ sa vie *fam* to tell one's (whole) life story; nous raconte pas ta vie! *fam* we don't want to hear your life history!-**3.** [dire] to tell; on raconte beaucoup de choses sur lui you hear all sorts of stories about him; on raconte qu'il a été marié plusieurs fois people say he's been married several times; à ce qu'on raconte, elle était la maîtresse du docteur she was the doctor's mistress, at least that's what people say; mais enfin qu'est-ce que tu racontes? what (on earth) are you on about?; ne raconte pas de bêtises don't be silly ‖ *(en usage absolu)*: vite, raconte! go on!, quick, tell me! □ qu'est-ce que tu racontes (de beau)? so, what's new?

◆ **se raconter** ◇ *vp (emploi passif)* [événement]: des choses pareilles ne se racontent pas such things are best left unsaid; il faut l'avoir vécu, ça ne se raconte pas I couldn't describe what it was like. ◇ *vpi* [personne] to talk about o.s.

**raconteur, euse** [rakɔ̃tœr, øz] *nm, f* storyteller.

**racorni, e** [rakɔrni] *adj* -**1.** [vieillard] wizened, shrivelled; [mains] gnarled; [plante] shrivelled; [parchemin] dried-up. -**2.** *sout* [esprit] hardened.

**racornir** [32] [rakɔrnir] *vt* -**1.** [peau, mains] to toughen; [cœur] to harden. -**2.** [plante] to shrivel up *(sép)*.

◆ **se racornir** *vpi* -**1.** [plante] to shrivel up *(insép)*, to become shrivelled up. -**2.** *sout* [personne] to become hardened ou hardhearted.

**radar** [radar] *nm* radar; ~ de veille military surveillance radar; écran/système ~ radar screen/system; contrôle-~

[sur la route] radar (speed) trap *(on a road)*; aujourd'hui je suis ou je marche au ~ *fam* I'm on automatic pilot today.

**rade** [rad] ◇ *nf* -**1.** [bassin] harbour roads *spéc*; en ~ de San Francisco in San Francisco harbour. -**2.** *fam loc*: laisser qqn en ~ [l'abandonner] to leave sb in the lurch; on est restés en ~ we were left stranded. ◇ *nm* ▽ *arg crime* [bar] joint.

**radeau, x** [rado] *nm* raft; ~ de sauvetage life raft; ~ pneumatique inflatable raft; 'le Radeau de la Méduse' *Géricault* 'The Raft of the Medusa'.

**radial, e, aux** [radjal, o] *adj* MATH & ANAT radial.

◆ **radiale** *nf* [autoroute urbaine] urban expressway *(leading out from the city centre)*.

**radian** [radjɑ̃] *nm* radian.

**radiant, e** [radjɑ̃, ɑ̃t] *adj* radiant.

**radiateur** [radjatœr] *nm* [à eau, d'un véhicule] radiator; [à gaz] heater; ~ électrique electric radiator ou heater.

**radiation** [radjasjɔ̃] *nf* -**1.** BIOL & PHYS radiation. -**2.** [élimination] removal, striking off; ils ont demandé sa ~ de l'ordre des médecins/du barreau they asked that he should be struck off the register/that he should be struck off.

**radical, e, aux** [radikal, o] *adj* -**1.** [complet] radical, drastic; une réorganisation ~e a thoroughgoing ou root and branch reorganization. -**2.** [efficace]: l'eucalyptus c'est ~ contre le rhume eucalyptus is just the thing for colds; il s'endort quand je mets la radio, c'est ~ *fam* he goes to sleep as soon as I play the radio, it works like a dream. -**3.** BOT radical, root *(modif)*. -**4.** LING root *(modif)*. ◇ *nm, f* POL Radical.

◆ **radical** *nm* -**1.** LING radical, stem. -**2.** CHIM radical. -**3.** MATH radical (sign).

**radicalement** [radikalmɑ̃] *adv* radically, completely; il a ~ changé he's completely different, he's a different person.

**radicalisation** [radikalizasjɔ̃] *nf* radicalization.

**radicaliser** [3] [radikalize] *vt* to radicalize, to make more radical.

◆ **se radicaliser** *vpi*: le mouvement étudiant s'est radicalisé the student movement has become more radical.

**radicalisme** [radikalism] *nm* radicalism.

**radical-socialisme** [radikalsɔsjalism] *nm* radical-socialism.

**radical-socialiste** [radikalsɔsjalist] *(pl* **radicaux-socialistes** [radikosɔsjalist]) *adj & nmf* radical-socialist.

**radicelle** [radisɛl] *nf* radicel *spéc*, rootlet.

**radié, e** [radje] *adj* -**1.** [cadran] marked in rays, radiate *spéc*. -**2.** BOT radiate, rayed.

**radier¹** [radje] *nm* -**1.** CONSTR [dalle] concrete slab; [revêtement] apron. -**2.** MIN sill.

**radier²** [9] [radje] *vt* to strike off *(sép)*; elle a été radiée du barreau/de l'ordre des médecins she was struck off/struck off the register.

**radiesthésie** [radjɛstezi] *nf* divination, divining.

**radiesthésiste** [radjɛstezist] *nmf* diviner.

**radieux, euse** [radjø, øz] *adj* [matinée, temps] glorious; [soleil, beauté] brilliant, radiant; [visage, personne] radiant, glowing (with happiness); [sourire] radiant.

**radiions** [radjɔ̃] *v* → radier.

**radin, e** [radɛ̃, in] *fam* ◇ *adj* tightfisted, stingy. ◇ *nm, f* skinflint.

**radiner** ▽ [3] [radine] *vi* [arriver] to turn ou to show up *(insép)*.

◆ **se radiner** ▽ *vpi*: allez, vite, radine-toi! come on, get a move on!

**radinerie** [radinri] *nf fam* stinginess, tightfistedness.

**radio** [radjo] ◇ *nf* -**1.** [récepteur] radio. -**2.** [diffusion]: la ~ radio (broadcasting); à la ~ on the radio; passer à la ~ [personne] to be on the radio; [chanson] to be played on the radio; [jeu, concert] to be broadcast (on the radio), to be radiocast *Am*. -**3.** [station] radio station; sur toutes les ~s on all stations □ ~ locale privée ou libre independent local radio station; Radio France *state-owned radio broadcasting company*; Radio France Internationale ≃ BBC World Service; ~ périphérique *radio station broadcasting from outside national territory*; ~ pirate pirate radio station; ~ privée independent ou commercial radio station. -**4.** *(comme adj inv)* MIL: message ~ radio message. -**5.** MÉD X-ray (photograph); passer une ~ ou à la ~ *fam* to have an X-ray (done), to be X-rayed.

◊ *nm* radio operator.
**radioactif, ive** [radjɔaktif, iv] *adj* radioactive.
**radioactivité** [radjɔaktivite] *nf* radioactivity.
**radioamateur** [radjɔamatœr] *nm* radio ham.
**radiobalise** [radjɔbaliz] *nf* radio beacon.
**radiobaliser** [3] [radjɔbalize] *vt* to equip with a radio beacon signalling system.
**radiocarbone** [radjɔkarbɔn] *nm* radiocarbon.
**radiocassette** [radjɔkasɛt] *nf* radio cassette player.
**radiocommande** [radjɔkɔmɑ̃d] *nf* radio control.
**radiocommunication** [radjɔkɔmynikasjɔ̃] *nf* radiocommunication.
**radiodiffusé, e** [radjɔdifyze] *adj* radio *(modif)* RAD.
**radiodiffuser** [3] [radjɔdifyze] *vt* to broadcast (on radio), to radiocast *Am.*
**radiodiffusion** [radjɔdifyzjɔ̃] *nf* radio broadcasting.
**radioélectrique** [radjɔelɛktrik] *adj* radio *(modif)* ELECTR.
**radiofréquence** [radjɔfrekɑ̃s] *nf* radio frequency.
**radiographie** [radjɔgrafi] *nf* [technique] radiography; [image] X-ray, radiograph.
**radiographier** [9] [radjɔgrafje] *vt* to X-ray.
**radioguidage** [radjɔgidaʒ] *nm* -**1**. AÉRON radio direction finding, radio guidance. -**2**. AUT traffic news.
**radioguidé, e** [radjɔgide] *adj* [avion] radio-controlled; [projectile, missile] guided.
**radiologie** [radjɔlɔʒi] *nf* radiology.
**radiologique** [radjɔlɔʒik] *adj* radiological; examen ~ X-ray examination.
**radiologiste** [radjɔlɔʒist], **radiologue** [radjɔlɔg] *nmf* radiologist.
**radionavigation** [radjɔnavigasjɔ̃] *nf* radio navigation; techniques de ~ radio navigational techniques.
**radiophare** [radjɔfar] *nm* radio beacon.
**radiophonie** [radjɔfɔni] *nf* broadcasting.
**radiophonique** [radjɔfɔnik] *adj* [émission, feuilleton] radio *(modif)*; [studio] broadcasting *(modif)*.
**radioreportage** [radjɔrəpɔrtaʒ] *nm* [émission] (radio) report; [commentaire] (radio) commentary.
**radioreporter** [radjɔrəpɔrtɛr] *nm* (radio) reporter OU correspondent.
**radioréveil** [radjɔrevɛj] *nm* radio alarm (clock).
**radioscopie** [radjɔskɔpi] *nf* -**1**. MÉD radioscopy. -**2**. [étude] in-depth analysis.
**radiosondage** [radjɔsɔ̃daʒ] *nm* radiosondage, radiosonde sounding.
**radiosonde** [radjɔsɔ̃d] *nf* MÉTÉO radiosonde, radiometeorograph.
**radio-taxi** [radjɔtaksi] *(pl* radio-taxis*) nm* radio cab, radiotaxi.
**radiotechnique** [radjɔtɛknik] ◊ *adj* radiotechnical. ◊ *nf* radiotechnics *(U)*, radio technology.
**radiotélégramme** [radjɔtelegram] *nm* radiotelegram.
**radiotéléphone** [radjɔtelefɔn] *nm* radiotelephone.
**radiotélescope** [radjɔteleskɔp] *nm* radio telescope.
**radiotélévisé, e** [radjɔtelevize] *adj* broadcast simultaneously on radio and TV, simulcast.
**radiotélévision** [radjɔtelevizjɔ̃] *nf* radio and television.
**radiothérapie** [radjɔterapi] *nf* radiotherapy.
**radis** [radi] *nm* -**1**. BOT radish; ~ noir black radish. -**2**. ▽ *loc*: je n'ai plus un ~ I haven't got a bean *Br* OU a red cent *Am.*
**radium** [radjɔm] *nm* radium.
**radius** [radjys] *nm* radius.
**radjah** [radʒa] = **raja(h)**.
**radôme** [radom] *nm* radome.
**radotage** [radɔtaʒ] *nm* drivel.

**radoter** [3] [radɔte] *fam* ◊ *vi* to witter on; excuse-moi si je radote, mais... sorry to go on and on about it, but...; là, il radote! he's going soft in the head! ◊ *vt* -**1**. [raconter]: qu'est-ce que tu radotes? what are you wittering *Br* OU drivelling on about? -**2**. [répéter]: il radote cent fois les mêmes histoires he's always going on about the same old things.

**radoteur, euse** [radɔtœr, øz] *nm, f* drivelling fool.
**radoub** [radu] *nm* -**1**. [réparation] repair, refitting; le voilier est en ~ the yacht is being refitted. -**2**. [cale] dry dock.
**radouber** [3] [radube] *vt* -**1**. [bateau] to repair, to refit. -**2**. [filet] to mend.
**radoucir** [32] [radusir] *vt* -**1**. [caractère] to soften; [personne] to calm down *(sép)*, to mollify. -**2**. MÉTÉO to make milder.
◆ **se radoucir** *vpi* -**1**. [voix] to soften, to become gentler; [personne] to yield, to soften. -**2**. [température] to get milder.
**radoucissement** [radusismɑ̃] *nm* -**1**. MÉTÉO (slight) rise in temperature. -**2**. [d'une personne] softening.
**rafale** [rafal] *nf* -**1**. MÉTÉO blast, gust; le vent souffle en ~s it's blustery. -**2**. ARM burst; une ~ de mitraillette a burst of machine-gun fire. -**3**. *fig* burst; par OU en ~s intermittently.
**raffermir** [32] [rafɛrmir] *vt* -**1**. [muscle, peau] to tone OU to firm up *(sép)*. -**2**. [consolider] to strengthen, to reinforce; ~ sa position to consolidate one's position; ~ le courage de qqn to bolster up sb's courage.
◆ **se raffermir** *vpi* -**1**. [muscle, peau] to tone OU to firm up. -**2**. [se consolider] to get stronger; se ~ dans ses intentions to stiffen one's resolve. -**3**. FIN [monnaie, prix] to strengthen.
**raffermissement** [rafɛrmismɑ̃] *nm* [de la peau] firming up; [de la voix] steadying; [d'une autorité] strengthening, consolidation.
**raffinage** [rafinaʒ] *nm* refining.
**raffiné, e** [rafine] ◊ *adj* -**1**. INDUST refined. -**2**. [élégant] refined, sophisticated. -**3**. [subtil – raisonnement] subtle; [– politesse] extreme, exquisite; [– goût] refined, discriminating. ◊ *nm, f* person of taste.
**raffinement** [rafinmɑ̃] *nm* -**1**. [élégance] refinement, sophistication. -**2**. [détail élégant] subtlety, refinement. -**3**. [surenchère]: avec un ~ de cruauté with exquisite OU refined cruelty.
**raffiner** [3] [rafine] *vt* -**1**. INDUST to refine. -**2**. [rendre plus délicat] to polish, to refine.
◆ **raffiner sur** *v* + *prép* to be overparticular about; je n'ai pas eu le temps de ~ sur les détails I didn't have time to pay that much attention to the details.
**raffinerie** [rafinri] *nf* refinery.
**raffoler** [3] [rafɔle]
◆ **raffoler de** *v* + *prép* to be crazy OU mad about.
**raffut** [rafy] *nm fam* -**1**. [bruit] racket; pourquoi tout ce ~? [voix] what's all this shouting about? -**2**. [esclandre] to-do.
**rafiot** [rafjo] *nm fam* [vieux bateau] old tub.
**rafistolage** [rafistɔlaʒ] *nm fam* patching up.
**rafistoler** [3] [rafistɔle] *vt fam* to patch up *(sép)*, to fix temporarily.
**rafle** [rafl] *nf* -**1**. [arrestation] raid; une ~ de police police raid ❑ la ~ du Vel' d'Hiv HIST *the rounding up of Jews in the Paris Vélodrome d'Hiver in 1942.* -**2**. BOT stalk; [du maïs] cob.
**rafler** [3] [rafle] *vt fam* -**1**. [voler] to nick *Br*, to swipe. -**2**. [saisir] to grab; COMM to buy up *(sép)*; les clients ont tout raflé en moins de deux heures the customers cleared the shelves in less than two hours. -**3**. [remporter – prix] to walk off with; le film a raflé toutes les récompenses the film made a clean sweep of the awards.
**rafraîchir** [32] [rafreʃir] ◊ *vt* -**1**. [refroidir] to cool (down); ces averses ont rafraîchi le temps the weather's a bit cooler because of the showers. -**2**. [remettre en état – vêtement] to smarten OU to brighten up *(sép)*; [– barbe, coupe de cheveux] to trim; [– peintures] to freshen up *(sép)*; la cuisine a besoin d'être rafraîchie the kitchen needs a lick of paint. -**3**. *fam* & *fig* [raviver]: ~ la mémoire à qqn to refresh OU to jog sb's memory. ◊ *vi* -**1**. MÉTÉO to get cooler OU colder. -**2**. CULIN to chill.
◆ **se rafraîchir** *vpi* -**1**. [se refroidir] to get colder. -**2**. [faire sa toilette] to freshen up. -**3**. [boire] to have a cool drink.
**rafraîchissant, e** [rafreʃisɑ̃, ɑ̃t] *adj* -**1**. [froid] cool, refreshing; [tonique] refreshing, invigorating. -**2**. [charmant] refreshing.
**rafraîchissement** [rafreʃismɑ̃] *nm* -**1**. [refroidissement] cooling; net ~ des températures sur tout le pays temperatures are noticeably cooler throughout the country. -**2**. [boisson] cool OU cold drink. -**3**. INF refreshing *(U)*, refresh.
**raft(ing)** [raft(iŋ)] *nm* white water rafting.

**ragaillardir** [32] [ragajardir] *vt* to buck ou to perk up *(sép)*.

**rage** [raʒ] *nf* **-1.** MÉD & VÉTÉR: la ~ rabies ❏ ~ de dents toothache. **-2.** [colère – d'adulte] rage, fury; [– d'enfant] tantrum; être fou de ~ to be absolutely furious; elle est repartie la ~ au cœur she went off boiling ou seething with rage. **-3.** [passion] passion, mania; avoir la ~ de vivre to have an insatiable lust for life. **-4.** *loc*: faire ~ [feu, ouragan] to rage; [mode] to be all the rage.

**rageai** [raʒe] *v* → **rager**.

**rageant, e** [raʒɑ̃, ɑ̃t] *adj* infuriating, exasperating; c'est ~! it makes you mad!

**rager** [17] [raʒe] *vi*: je rage de la voir se pavaner it makes me mad ou it infuriates me to see her strutting about; je rageais! I was fuming ou furious!

**rageur, euse** [raʒœr, øz] *adj* **-1.** [irrité – ton] angry, enraged; [– geste, réponse] bad-tempered, angry. **-2.** [coléreux] hot-tempered.

**raglan** [raglɑ̃] ◇ *adj inv* raglan. ◇ *nm* raglan coat.

**ragot** [rago] *nm* piece of gossip; des ~s gossip.

**ragoût** [ragu] *nm* stew, ragout.

◆ **en ragoût** *loc adj* stewed.

**ragoûtant, e** [ragutɑ̃, ɑ̃t] *adj*: peu ~ [mets] unappetizing; [personne] unsavoury; [lieu] insalubrious.

**rahat-loukoum** [raatlukum] *(pl* **rahat-loukoums**), **rahat-lokoum** [raatlɔkum] *(pl* **rahat-lokoums**) *nm* Turkish delight *(U)*.

**rai¹** [rɛ] *nm* **-1.** *litt* [rayon]. **-2.** [d'une roue] spoke.

**rai²** [raj] *nm* MUS rai.

**raid** [rɛd] *nm* **-1.** MIL raid, surprise attack; ~ aérien air raid. **-2.** SPORT [avec des véhicules] long-distance rally; [à pied] trek. **-3.** BOURSE raid.

**raide** [rɛd] ◇ *adj* **-1.** [rigide – baguette, matériau] stiff, rigid; [tendu – fil, ficelle] taut, tight; [droit] straight; avoir une jambe ~ to have a stiff leg ❏ avoir les cheveux ~s (comme des baguettes de tambour) to have straight hair; se tenir ~ comme un piquet to stand as stiff as a pole ou a poker. **-2.** [guindé – personne] stiff, starchy; [– style, jeu de scène] wooden; [inébranlable – personne, comportement] rigid, inflexible; être ~ comme la justice *litt* to be totally unbending ou inflexible. **-3.** [abrupt] steep; la côte est (en pente) ~ the hill climbs steeply. **-4.** [fort – café] strong; [– alcool] rough. **-5.** *fam* [osé – détail, récit] risqué; [– scène] explicit, daring; le vieux canapé a dû en voir de ~s the old sofa has seen a thing or two. **-6.** *fam* [surprenant]: elle est ~, celle-là! that's a bit far-fetched ou hard to believe; je vais t'en raconter une ~ I'll tell you an amazing story. **-7.** ▽ [désargenté] broke, skint *Br*. ◇ *adv* **-1.** [à pic] steeply. **-2.** [en intensif]: tomber ~ to drop dead; ~ mort stone dead *Br*, dead as a doornail.

**raider** [rɛdœr] *nm* raider.

**raideur** [rɛdœr] *nf* **-1.** [d'une étoffe, d'une attitude] stiffness; [d'une baguette] stiffness, rigidity; [d'une corde] tautness; [des cheveux] straightness; [d'un sentier] steepness; [d'un style, d'un jeu de scène] woodenness. **-2.** [d'un muscle] stiffness; avoir une ~ dans l'épaule to have a stiff shoulder.

**raidillon** [rɛdijɔ̃] *nm* steep path ou climb; juste avant le ~ just before the road starts climbing.

**raidir** [32] [rɛdir] *vt* **-1.** [tendre] to stiffen. **-2.** [faire perdre sa souplesse à] to stiffen.

◆ **se raidir** *vpi* **-1.** [perdre sa souplesse] to stiffen, to go stiff, to become stiffer. **-2.** [se tendre – muscle, corps] to tense (up), to stiffen; [– cordage] to tighten, to grow taut. **-3.** [rassembler sa volonté] to steel ou to brace o.s.; se ~ contre l'adversité to stand firm in the face of adversity.

**raidissement** [rɛdismɑ̃] *nm* **-1.** [physique] tensing, stiffening. **-2.** [moral]: face au ~ des patrons faced with the tougher line taken by the employers.

**raie** [rɛ] *v* → **rayer**. ◇ *nf* **-1.** [trait] line; [rayure] stripe; [griffure] scratch, mark; une ~ de lumière a ray of light. **-2.** [dans les cheveux] parting *Br*, part *Am*; une ~ sur le côté a side parting; se coiffer avec la ~ à gauche/droite to part one's hair on the left/right. **-3.** ANAT slit; ~ des fesses cleft of the buttocks. **-4.** AGR furrow. **-5.** OPT & PHYS line. **-6.** ZOOL ray, skate; CULIN skate; ~ électrique/venimeuse electric/ sting ray.

**raierai** [rɛre] *v* → **rayer**.

**raifort** [rɛfɔr] *nm* horseradish.

**rail** [raj] *nm* **-1.** [barre d'acier] rail; les ~s [la voie] the tracks, the rails; poser des ~s to lay track ❏ ~ conducteur live rail; ~ fixe main rail; ~ mobile switch (rail); sortir des ~s to leave the rails, to go ou to come off the rails; remettre qqch/qqn sur les ~s *fig* to put sthg/sb back on the rails. **-2.** [moyen de transport]: le ~ rail; une grève du ~ a rail strike; transport par ~ rail transport. **-3.** [glissière] track; ~ d'éclairage lighting track; ~ de travelling dolly (tracks).

**railler** [3] [raje] *litt* ◇ *vt* to mock, to laugh ou to scoff at *(insép)*. ◇ *vi* to jest.

◆ **se railler de** *vp + prép litt*: se ~ de qqn/qqch to scoff at sb/sthg.

**raillerie** [rajri] *nf* **-1.** [attitude] mocking, raillery *litt*. **-2.** [remarque] jibe, jest *arch* ou *hum*.

**railleur, euse** [rajœr, øz] ◇ *adj* mocking, scoffing. ◇ *nm, f* mocker, scoffer.

**rail-route** [rajrut] *adj inv* road-rail *(modif)*.

**rainette** [rɛnɛt] *nf* tree frog.

**rainurage** [rɛnyraʒ] *nm* [sur route]: 'rainurage' 'grooved surface'.

**rainure** [rɛnyr] *nf* **-1.** [sillon] groove; [guide] channel, slot; les ~s du parquet the gaps between the floorboards. **-2.** ANAT groove.

**raisin** [rɛzɛ̃] *nm* **-1.** [en grappes] grapes; ~ blanc/noir white/black grapes; ~ de cuve/table wine/eating grapes; 'les Raisins de la colère' *Steinbeck* 'The Grapes of Wrath'. **-2.** CULIN: ~s de Corinthe currants; ~s secs raisins; ~s de Smyrne sultanas.

**raisiné** [rɛzine] *nm* **-1.** [confiture] grape jelly. **-2.** ▽ *arg crime* [sang] blood.

**raisinet** [rɛzinɛ] *nm Helv* redcurrant.

**raison** [rɛzɔ̃] *nf* **-1.** [motif] reason; il n'y a aucune ~ pour que vous partiez there's no reason for you to leave; y a-t-il une ~ de s'inquiéter? is there any reason to worry?; quelle est la ~ de...? what's the reason for...?; quelle est la ~ de son départ? why is she leaving?; la ~ pour laquelle je vous écris the reason (why ou that) I'm writing to you; pour quelle ~? why?; avoir de bonnes ~s ou des ~s (de faire qqch) to have good reasons (for doing sthg); avoir ses ~s to have one's reasons; je n'ai pas de ~s de te donner! I don't have to tell you why!; avec ~ with good reason; sans ~ for no reason (at all); pour une ~ ou pour une autre for one reason or another; pour la (bonne et) simple ~ que for the simple reason that; ce n'est pas une ~! c'est pas une ~! that's no excuse!; ce n'est pas une ~ pour vous fâcher there's no need for you to get angry ❏ ~ de vivre reason to live; cet enfant c'est sa ~ de vivre he lives for that child; à plus forte ~ all the more so; ~ de plus: mais je suis malade! - ~ de plus! but I'm not feeling well! - all the more reason!; ~ de plus pour le faire that's one more reason for doing so; qu'elle se débrouille toute seule, y a pas de ~! *fam* there's no reason why she shouldn't sort it out for herself!; se rendre aux ~s de qqn to yield to sb's arguments. **-2.** [lucidité]: il n'a pas/plus toute sa ~ he's not/he's no longer in his right mind; perdre la ~ to lose one's mind; recouvrer la ~ to recover one's faculties; troubler la ~ de qqn to affect sb's mind. **-3.** [bon sens] reason; agir contre toute ~ to behave quite unreasonably; faire entendre ~ à qqn to make sb see reason; ramener qqn à la ~ to make sb see reason; rappeler qqn à la ~ to bring sb to his/her senses; revenir à la ~ to come to one's senses ❏ plus que de ~ to excess, more than is reasonable. **-4.** [faculté de penser] reason; l'homme est un être doué de ~ man is a thinking being. **-5.** MATH proportion; en ~ inverse/directe (de) in inverse/direct proportion (to). **-6.** *loc*: avoir ~ to be right; donner ~ à qqn [personne] to agree that sb is right; [événement] to prove sb right; se faire une ~ to resign o.s.; fais-toi une ~, c'est trop tard you'll just have to put up with ou to accept the fact that it's too late; avoir ~ de qqn/qqch *sout* to get the better of sb/sthg, to overcome sb/sthg; rendre ~ de qqch à qqn to justify sthg to sb; la ~ du plus fort est toujours la meilleure *prov* might is right *prov*.

◆ **à raison de** *loc prép* at the rate of.

◆ **comme de raison** *loc adv* and rightly so.

◆ **en raison de** *loc prép* **-1.** [à cause de] on account of, because of. **-2.** [en proportion de] according to.

◆ **raison d'État** *nf*: le gouvernement a invoqué la ~ d'État pour justifier cette mesure the government said that it had done this for reasons of State.

◆ **raison d'être** *nf* raison d'être; sa présence n'a plus aucune ~ d'être there's no longer any reason for him to be here.

◆ **raison sociale** *nf* corporate ou company name.

**raisonnable** [rɛzɔnabl] *adj* **-1.** [sensé – personne, solution, décision] sensible; sois ~! be reasonable!; tu n'es (vraiment) pas ~ de boire autant it's not sensible to drink so much; à cet âge ils sont ~s when they get to that age they know how to behave sensibly; il devrait être plus ~ he should know better; c'est ~ it makes sense; est-ce bien ~? *hum* is that wise?.-**2.** [normal, naturel] reasonable; il est ~ de penser que... it's reasonable to think that... **-3.** [acceptable – prix, taux, heure] reasonable; [– salaire] decent; un appartement de taille ~ a reasonably ou fairly large flat; leurs exigences restent très raisonnables they're very moderate in their demands. -**4.** [doué de raison] rational.

**raisonnablement** [rɛzɔnabləmɑ̃] *adv* **-1.** [de manière sensée] sensibly, properly. -**2.** [normalement] reasonably. -**3.** [modérément] in moderation.

**raisonné, e** [rɛzɔne] *adj* **-1.** [analyse, projet, décision] reasoned. -**2.** [grammaire, méthode] structured.

**raisonnement** [rɛzɔnmɑ̃] *nm* **-1.** [faculté, réflexion]: le ~ reasoning ❑ ~ par l'absurde reductio ad absurdum; ~ par analogie analogical reasoning; ~ déductif/inductif deductive/inductive reasoning. -**2.** [argumentation] reasoning; la conclusion de mon ~ est la suivante after careful thought, I have come to the following conclusion; je ne suis pas bien votre ~ I don't follow your line of argument ou thought; son ~ est assez convaincant her arguments are quite convincing; il ne faudra pas tenir ce ~ avec lui we mustn't use that argument with him.

**raisonner** [3] [rɛzɔne] ◇ *vi* **-1.** [penser] to think; ~ comme un tambour ou une pantoufle to talk nonsense, to talk through one's hat. -**2.** [enchaîner des arguments]: ~ par analogie to use analogy as the basis of one's argument; ~ par induction/déduction to use inductive/deductive reasoning. -**3.** [discuter]: ~ sur to argue about; ~ avec qqn to reason with sb. ◇ *vt* **-1.** [faire appel à la raison de] to reason with *(insép)*. -**2.** *sout* [examiner] to think out ou through *(sép)*.

◆ **se raisonner** ◇ *vp (emploi réfléchi)*: raisonne-toi, essaie de manger moins be reasonable and try not to eat so much. ◇ *vp (emploi passif)*: la passion ne se raisonne pas there's no reasoning with passion, passion knows no reason.

**raja(h)** [raʒa] *nm* rajah.

**rajeunir** [32] [raʒœnir] ◇ *vi* **-1.** [redevenir jeune] to grow young again; j'ai voudrait ~ she'd like to be younger. -**2.** [paraître plus jeune] to look ou to seem younger; elle rajeunit de jour en jour, on dirait! she seems to get younger every day!.-**3.** [retrouver de l'éclat – façade] to look like new. ◇ *vt* **-1.** [rendre jeune]: ~ qqn *pr* to rejuvenate sb, to make sb younger; *fig* to make sb look younger; ~ le personnel d'une société to bring new blood into a company. -**2.** [attribuer un âge moins avancé à]: très aimable à vous, mais vous me rajeunissez! that's very kind of you but you're making me younger than I am!; vous me rajeunissez de cinq ans I'm five years older than you said. -**3.** [faire se sentir plus jeune]: ça me rajeunit! it makes me feel younger!; ça ne nous rajeunit pas! it makes you realize how old we are!, it makes you feel your age!.-**4.** [moderniser – mobilier, équipement] to modernize.

◆ **se rajeunir** *vp (emploi réfléchi)* **-1.** [se faire paraître plus jeune] to make o.s. look younger. -**2.** [se dire plus jeune] to lie about one's age; elle se rajeunit de cinq ans/d'au moins cinq ans she claims to be five years younger/at least five years younger than she really is.

**rajeunissant, e** [raʒœnisɑ̃, ɑ̃t] *adj* rejuvenating.

**rajeunissement** [raʒœnismɑ̃] *nm* **-1.** BIOL & PHYSIOL rejuvenation. -**2.** [modernisation – d'un équipement, d'une entreprise] modernization. -**3.** [abaissement de l'âge]: le ~ de la population the decreasing average age of the population.

**rajout** [raʒu] *nm* addition.

**rajouter** [3] [raʒute] *vt* **-1.** [ajouter]: ~ qqch (à) to add sthg (to). -**2.** [dire en plus]: ~ qqch (à) to add sthg (to); je n'ai rien à ~ I have nothing to add, I have nothing more to say; ~ que to add that. -**3.** *fam loc*: en ~ to lay it on a bit thick; je t'en prie, n'en rajoute pas! oh, for God's sake, give it a rest!

**rajustement** [raʒystəmɑ̃] *nm* adjustment; un ~ des salaires a wage adjustment.

**rajuster** [3] [raʒyste] *vt* **-1.** [prix, salaires, vêtements] to adjust. -**2.** [rectifier]: ~ le tir to adjust ou to correct one's aim.

◆ **se rajuster** *vpi* to tidy o.s. up.

**rálant, e** [ralɑ̃, ɑ̃t] *adj fam* infuriating, exasperating; c'est ~! it's enough to drive you mad!

**râle** [ral] *nm* **-1.** [d'un agonisant]: ~ (d'agonie) death rattle. -**2.** MÉD rale. -**3.** [oiseau] rail; ~ d'eau water rail; ~ des genêts corncrake.

**ralenti, e** [ralɑ̃ti] *adj*: mener une vie ~e to live quietly.

◆ **ralenti** *nm* **-1.** CIN slow motion. -**2.** AUT & MÉCAN idling speed.

◆ **au ralenti** *loc adv* **-1.** CIN: passer une scène au ~ to show a scene in slow motion. -**2.** [à vitesse réduite]: tourner au ~ [moteur] to idle; l'usine tourne au ~ the factory is running under capacity; depuis qu'il est à la retraite, il vit au ~ now that he's retired, he doesn't do as much as he used to; ils travaillent au ~ [pour protester] they're on a go-slow *Br* ou a slowdown *Am*; [par nécessité] they're working at a slower pace.

**ralentir** [32] [ralɑ̃tir] ◇ *vi* to slow down; 'attention, ~' 'reduce speed now'; '~, travaux' 'slow, roadworks ahead'. ◇ *vt* **-1.** [mouvement, effort] to slow down; ~ sa course ou l'allure to reduce speed, to slow down; ~ le pas to slow down. -**2.** [processus] to slow down *(sép)*.

◆ **se ralentir** *vpi* to slow down.

**ralentissement** [ralɑ̃tismɑ̃] *nm* **-1.** [décélération] decrease in speed; un ~ de 10 km sur la N10 slow-moving traffic for 6 miles on the N10. -**2.** [diminution] reduction; un ~ des ventes a falloff in sales; un ~ de l'économie economic turndown.

**ralentisseur** [ralɑ̃tisœr] *nm* **-1.** [sur une route] speed bump, sleeping policeman *Br*. -**2.** AUT & MÉCAN idler, speed reducer. -**3.** PHYS moderator.

**râler** [3] [rale] *vi* **-1.** [agonisant] to give a death rattle. -**2.** *fam* [se plaindre] to grumble, to moan; ça me fait ~! it makes me so mad ou furious!; juste pour la faire ~ just to make her angry. -**3.** [tigre] to growl.

**râleur, euse** [ralœr, øz] *fam* ◇ *adj* bad-tempered, grumpy. ◇ *nm, f* grouch, moaner; quel ~! he never stops moaning!

**ralliement** [ralimɑ̃] *nm* **-1.** [adhésion]: lors de son ~ à notre parti/notre cause when he came over to our party/cause. -**2.** [rassemblement] rally, gathering; signe/cri de ~ rallying sign/cry; point de ~ rallying point.

---

**USAGE ▶ Donner raison à quelqu'un**

**Avec réticence**

You could be right.
You're probably right.
I hadn't thought of that.
I suppose so.
That's one way of looking at it, I suppose.
I'll take your word for it.
If you say so...

**Avec plus de conviction**

I see what you mean.
That makes sense.
There's something in that.
I take your point.
Point taken.
You've got a point there.
All right, you've convinced me!

**rallier** [9] [ralje] *vt* **-1.** [rejoindre – groupe, poste] to go back to. **-2.** [adhérer à] to join. **-3.** [rassembler – autour de soi, d'un projet] to win over *(sép)*; [– des troupes] to gather together, to rally; ~ **tous les suffrages** to meet with general approval. **-4.** NAUT: ~ **la terre** to haul in for the coast.
◆ **se rallier à** *vp + prép* **-1.** [se joindre à]: **se ~ à qqn** to join forces with sb; **se ~ à un parti** to join a party. **-2.** [se montrer favorable à]: **se ~ à un avis/un point de vue** to come round to an opinion/a point of view; **se ~ à l'avis général** to come round to ou to rally to the opinion of the majority.

**rallonge** [ralɔ̃ʒ] *nf* **-1.** [électrique] extension (cable). **-2.** [planche] extension. **-3.** [tuyau] extension tube *(of a vacuum cleaner)*. **-4.** *fam* [délai] extra time *(U)*; **une ~ de quelques jours** a few extra days. **-5.** *fam* [supplément] extra money *(U)*; **il nous a donné une ~ de cent francs** he gave us an extra hundred francs.
◆ **à rallonge(s)** *loc adj* **-1.** **table à ~** ou **~s** extending table. **-2.** [week-end] long; [histoire] never-ending; [nom] double-barrelled.

**rallonger** [17] [ralɔ̃ʒe] ◇ *vt* **-1.** [gén] to extend; [durée, liste] to lengthen, to make longer, to extend. **-2.** [vêtement – en défaisant l'ourlet] to let down *(sép)*; [– en ajoutant du tissu] to make longer. **-3.** *fam* [suj: trajet, itinéraire]: **ça nous rallonge** it's taking us out of our way; **en passant par Lille, ça te rallonge d'une heure** if you go via Lille, it'll add an hour to your journey time ∥ *(en usage absolu)*: **ça rallonge de passer par Lille** it takes longer if you go via Lille. ◇ *vi*: **les jours rallongent** the days are getting longer; **la mode rallonge** hemlines are coming down again.

**rallumer** [3] [ralyme] *vt* **-1.** [feu] to rekindle, to light again; [lampe, télévision] to put back on, to switch on again; [électricité] to turn on again; ~ **une cigarette** [éteinte] to relight a cigarette; [une autre] to light up another cigarette ∥ *(en usage absolu)*: **rallume!** put the light back on!**-2.** *sout* [faire renaître – haine, passion] to rekindle.
◆ **se rallumer** ◇ *vpi* **-1.** [feu, incendie] to flare up again; [lampe] to come back on. **-2.** *sout* [espoir] to be revived; [conflit] to break out again; [passion] to flare up. ◇ *vpt*: **elle se ralluma une énième cigarette** she lit yet another cigarette.

**rallye** [rali] *nm*: ~ **(automobile)** rally, car-rally.

**RAM, Ram** [ram] *(abr de* **Random Access Memory)** *nf* Ram, ram.

**ramadan** [ramadɑ̃] *nm* Ramadan, Ramadhan.

**ramage** [ramaʒ] *nm litt* [d'un oiseau] song.
◆ **ramages** *nmpl* floral pattern.

**ramassage** [ramasaʒ] *nm* **-1.** [cueillette – du bois, des fruits] gathering; [– des pommes de terre] picking, digging up; [– des champignons] picking, gathering. **-2.** [collecte]: ~ **des ordures** rubbish *Br* ou garbage *Am* collection. **-3.** [transport] picking up; **ils se chargent du ~ des ouvriers** they pick up the workers ❑ ~ **point/zone de** ~ pick-up point/area; ~ **scolaire** school bus service.

**ramassé, e** [ramase] *adj* **-1.** [homme, corps] stocky, squat; [bâtisse, forme] squat. **-2.** [style] terse.

**ramasse-miettes** [ramasmjɛt] *nm inv* brush and pan *(for sweeping crumbs off a table)*.

**ramasser** [3] [ramase] *vt* **-1.** [objet à terre] to pick up *(sép)*; ~ **qqch à la pelle** *fam*: **ils ramassent des fraises à la pelle dans leur jardin** they get loads of strawberries from their garden; **des mauvaises notes, il en a ramassé à la pelle cette année** he's been getting bad marks by the dozen this year; ~ **qqn dans le ruisseau** to pick sb up out of the gutter; **il était à ~ à la petite cuillère** *fam* [épuisé] he was all washed up; [blessé] you could have scraped him off the ground; **encore un pas et je serai bon à ~ à la petite cuillère!** one more step and I'll fall to bits!**-2.** [cueillir – champignons] to pick, to gather; [– pommes de terre] to dig; [– marrons] to gather. **-3.** [rassembler – copies] to collect, to take in *(sép)*; [– cartes à jouer] to gather up *(sép)*; [– feuilles mortes] to sweep up *(sép)*; ~ **du bois** to gather wood; **il a ramassé pas mal d'argent** *fam* he's picked up ou made quite a bit of money ❑ ~ **ses forces** to gather one's strength; ~ **la monnaie** to pick up the change; ~ **le paquet** *fam* to hit the jackpot. **-4.** [élèves, ouvriers] to collect. **-5.** [résumer] to condense; **ramassez vos idées en quelques lignes** condense your ideas into just a few lines. **-6.** *fam* [trouver] to pick up, to dig up. **-7.** *fam* [arrêter] to collar, to nab; **se faire** ~ to get nabbed, to be collared. **-8.** *fam* [rece-

voir – mauvais coup, gifle] to get; **qu'est-ce que tu vas ~!** you're in for it! **-9.** *fam* [attraper – maladie] to catch. **-10.** *arg scol*: **se faire** ~ to fail.
◆ **se ramasser** ◇ *vp (emploi passif)* to be picked (up); **les truffes se ramassent à la pelle dans cette région** *fam* there are loads of truffles around here. ◇ *vp (emploi réfléchi) fam* [se relever] to pick o.s. up. ◇ *vpi* **-1.** [avant de bondir] to crouch. **-2.** *fam* [tomber] to come a cropper *Br*, to fall flat on one's face; [échouer] to fail.

**ramassette** [ramasɛt] *nf Belg* dustpan.

**ramasseur, euse** [ramasœr, øz] *nm, f* gatherer; ~/ ramasseuse de balles [au tennis] ball boy/girl.
◆ **ramasseur** *nm* [machine] pick-up AGR.

**ramassis** [ramasi] *nm péj* [d'objets] jumble; [de personnes] bunch; **un ~ de mensonges** a tissue of lies.

**ramassoire** [ramaswar] *nf Helv* dustpan.

**rambarde** [rɑ̃bard] *nf* rail, guardrail.

**ramdam** [ramdam] *nm fam* racket.

**rame** [ram] *nf* **-1.** [aviron] oar. **-2.** [de papier] ream. **-3.** [train] train; ~ **(de métro)** (underground *Br* ou subway *Am*) train. **-4.** [branche] prop, stake. **-5.** *fam loc*: **il n'en a pas fichu une** ~ he hasn't done a stroke (of work).

**rameau, x** [ramo] *nm* **-1.** [branche] (small) branch; ~ **d'olivier** olive branch. **-2.** *fig* [division] branch, subdivision. **-3.** ANAT ramification.
◆ **Rameaux** *nmpl*: **les Rameaux, le dimanche des Rameaux** Palm Sunday.

**ramée** [rame] *nf litt* [feuillage] foliage.

**ramener** [19] [ramne] *vt* **-1.** [personne, véhicule – au point de départ] to take back *(sép)*; [à soi] to bring back *(sép)*; **je vous ramène?** [chez vous] shall I give you a lift home?; [à votre point de départ] shall I give you a lift back?; **son chauffeur le ramène tous les soirs** his chauffeur drives him back every evening; ~ **à** [un endroit] to take back to. **-2.** [rapporter]: **ramène-moi un journal** bring me back a newspaper; **il faut que je ramène les clefs à l'agence** I've got to take the keys back to the estate agent. **-3.** [rétablir] to bring back *(sép)*, to restore; ~ **la paix** to restore peace. **-4.** [placer]: **elle ramena le châle sur ses épaules** she pulled the shawl around her shoulders; ~ **ses cheveux en arrière** to draw one's hair back; ~ **ses genoux sous son menton** to pull one's knees up under one's chin. **-5.** [faire revenir]: **l'été a ramené les visiteurs** the summer has brought back the tourists; **le film m'a ramené dix ans en arrière** the film took me back ten years; ~ **à**: ~ **le débat au sujet principal** to lead ou to steer the discussion back to the main subject; **ce qui nous ramène au problème de ...** which brings us back to the problem of ...; ~ **la conversation à** ou **sur qqch** to bring the conversation back (round) to sthg; ~ **qqn à la vie** to bring sb back to life, to revive sb; ~ **un malade à lui** to bring a patient round. **-6.** [réduire]: **cela ramène le problème à sa dimension financière** it reduces the problem to its purely financial aspects; ~ **tout à soi** to bring everything back to ou to relate everything to o.s.**-7.** *loc*: **la ~,** ~ **sa fraise** *fam* [vouloir s'imposer] to stick one's oar in; [faire l'important] to show off.
◆ **se ramener** *vpi fam* [arriver] to turn ou to show up; **ramène-toi en vitesse!** come on, hurry up!
◆ **se ramener à** *vp + prép* [se réduire à] to boil down to.

**ramequin** [ramkɛ̃] *nm* **-1.** [récipient] ramekin (mould). **-2.** [tartelette] (small) cheese tart.

**ramer** [3] [rame] *vi* **-1.** [pagayer] to row. **-2.** *fam* [peiner]: **j'ai ramé trop longtemps, maintenant je veux un vrai boulot** I've been slaving away for too long, now I want a decent job; **qu'est-ce qu'on a ramé pour trouver cet appartement!** it was such a hassle finding this flat! ◇ *vt* HORT to stick, to stake.

**ramette** [ramɛt] *nf* ream *(of 125 sheets)*, five quires.

**rameur, euse** [ramœr, øz] *nm, f* rower, oarsman *(f* oarswoman)*; ~ **en couple** sculler.

**rameuter** [3] [ramøte] *vt* **-1.** [regrouper – foule] to draw. **-2.** [mobiliser – militants, partisans] to rouse; ~ **les populations** to stir people into action. **-3.** [chiens] to round up *(sép)*.

**rami** [rami] *nm* rummy.

**ramier** [ramje] *adj m & nm*: **(pigeon)** ~ ringdove, wood pigeon.

**ramification** [ramifikasjɔ̃] *nf* **-1.** BOT ramification *spéc*, off-shoot. **-2.** ANAT ramification. **-3.** [d'un fleuve] ramification, distributary; [d'une voie ferrée] branch line; [d'un réseau, d'une organisation] branch.

**ramifier** [9] [ramifje]
◆ **se ramifier** *vpi* **-1.** ANAT & BOT to ramify, to divide. **-2.** [se subdiviser – réseau] to split.

**ramille** [ramij] *nf* twig, branchlet.

**ramolli, e** [ramɔli] ◇ *adj* **-1.** [mou] soft. **-2.** *fam* [gâteux] soft; il est un peu ~ du cerveau he's gone a bit soft (in the head) OU soft-headed. **-3.** *fam* [sans énergie]: se sentir tout ~ to feel washed out. ◇ *nm, f fam*: un vieux ~ an old dodderer.

**ramollir** [32] [ramɔlir] ◇ *vt* **-1.** *fam* [rendre mou] to soften. **-2.** [affaiblir] to weaken. **-3.** *fam* [rendre gâteux]: l'âge l'a ramolli he's gone soft in the head with age. ◇ *vi* to go soft.
◆ **se ramollir** *vpi* **-1.** [devenir mou] to go soft. **-2.** *fam* [devenir gâteux]: j'ai l'impression que je me ramollis I feel like I'm going senile.

**ramollissement** [ramɔlismɑ̃] *nm* [du beurre, de la cire] softening; ~ cérébral softening of the brain.

**ramollo** [ramɔlo] *adj fam* **-1.** [mou] sluggish; se sentir tout ~ to feel like a wet rag. **-2.** [gâteux] doddery.

**ramonage** [ramɔnaʒ] *nm* **-1.** [d'une cheminée] chimney-sweeping; [d'une machine] cleaning. **-2.** SPORT [en alpinisme] chimney.

**ramoner** [3] [ramɔne] *vt* **-1.** [cheminée] to sweep; [machine] to clean; [pipe] to clean (out). **-2.** SPORT [en alpinisme] to climb (*using chimneying method*).

**ramoneur** [ramɔnœr] *nm* chimney sweep.

**rampant, e** [rɑ̃pɑ̃, ɑ̃t] *adj* **-1.** [animal] creeping, crawling; insecte ~ flightless insect. **-2.** BOT creeping. **-3.** [évoluant lentement]: inflation ~e creeping inflation. **-4.** HÉRALD rampant. **-5.** ARCHIT [arc] rampant; [pièce] raked.
◆ **rampant** *nm* **-1.** *fam* AÉRON member of the ground staff; les ~s the ground staff. **-2.** ARCHIT pitch.

**rampe** [rɑ̃p] *nf* **-1.** [balustrade] banisters, bannisters; [main courante] handrail, bannister; lâcher la ~ *fam & euph* to peg out *Br*, to kick the bucket. **-2.** [plan incliné] slope, incline; ~ d'un échangeur sloping approach to an interchange ❑ ~ d'accès approach ramp. **-3.** THÉÂT footlights; passer la ~ to get across to the audience; il passe mal la ~ he doesn't come across well. **-4.** AÉRON: ~ (de balisage) marker OU runway lights. **-5.** TECH: ~ de chargement loading ramp; ~ de graissage lubricating rack; ~ de lancement ASTRONAUT launchpad, launching pad; *fig* launchpad.

**ramper** [3] [rɑ̃pe] *vi* **-1.** [lierre] to creep; [personne] to crawl; [serpent] to slither, to crawl; [doute, inquiétude] to lurk. **-2.** *fig* [s'abaisser] to grovel.

**rampon** [rɑ̃pɔ̃] *nm Helv* lamb's lettuce.

**ramure** [ramyr] *nf* **-1.** BOT: la ~ the branches, the tree tops. **-2.** ZOOL: la ~ the antlers.

**rancard**▽ [rɑ̃kar] *nm* **-1.** [rendez-vous – gén] meeting; [– amoureux] date; j'ai ~ avec lui à 15 h I'm meeting him at 3; filer (un) ~ à qqn to arrange to meet sb. **-2.** ▽ *arg crime* [renseignement] info *(U)*, gen *(U) Br*; [tuyau] tip, tip-off.

**rancarder** [3] [rɑ̃karde] *vt* **-1.** *arg crime* [renseigner] to fill in (*sép*), to clue up (*sép*); qui t'a rancardé? who tipped you off? **-2.** ▽ [donner un rendez-vous à]: ~ qqn to arrange to meet sb.
◆ **se rancarder**▽ *vp (emploi réfléchi) arg crime* to get information.

**rancart** [rɑ̃kar] *nm* **-1.** ▽= rancard. **-2.** *fam loc*: mettre qqch au ~ to chuck sthg out, to bin sthg *Br*; on a mis le projet au ~ we scrapped the project.

**rance** [rɑ̃s] ◇ *adj* [beurre, huile] rancid; [noix] stale. ◇ *nm*: odeur/goût de ~ rancid smell/taste.

**ranch** [rɑ̃tʃ] (*pl* ranchs OU ranches) *nm* ranch.

**ranci** [rɑ̃si] *nm*: sentir le ~ to have a rancid smell.

**rancir** [32] [rɑ̃sir] *vi* **-1.** [beurre, huile] to go rancid; [noix] to go stale. **-2.** *fig & litt* to become stale.

**rancœur** [rɑ̃kœr] *nf sout* resentment, rancour; avoir de la ~ envers qqn to feel resentful towards sb.

**rançon** [rɑ̃sɔ̃] *nf* **-1.** [somme d'argent] ransom. **-2.** [contrepartie]: c'est la ~ de la gloire/du succès that's the price you have to pay for being famous/successful.

**rançonner** [3] [rɑ̃sɔne] *vt* **-1.** [exiger une rançon de] to hold to

ransom. **-2.** *fam* [exploiter] to fleece, to swindle.

**rancune** [rɑ̃kyn] *nf* grudge; garder ~ à qqn to bear OU to harbour a grudge against sb; sans ~? no hard feelings?; sans ~! let's shake hands and forget it!

**rancunier, ère** [rɑ̃kynje, ɛr] ◇ *adj* spiteful; être ~ to bear grudges; il n'est pas ~ he's not one to bear grudges. ◇ *nm, f* spiteful person.

**randomisation** [rɑ̃dɔmizasjɔ̃] *nf* randomization.

**randonnée** [rɑ̃dɔne] *nf*: faire une ~ [à pied] to go for a hike; faire une ~ à bicyclette to go for a (long) bike ride; faire une ~ à skis to go cross-country skiing; la ~ (pédestre) walking, hiking; grande ~ long-distance hiking.

**randonneur, euse** [rɑ̃dɔnœr, øz] *nm, f* hiker.

**rang** [rɑ̃] *nm* **-1.** [rangée – de personnes] row, line; [– de fauteuils] row; [– de crochet, de tricot] row (of stitches); on était au premier ~ we were in the front row. **-2.** [dans une hiérarchie] rank; ce problème devrait être au premier ~ de nos préoccupations this problem should be at the top of our list of priorities; venir au deuxième/troisième ~ to rank second/third; par ~ d'âge according to age; par ~ d'ancienneté in order of seniority; il a pris ~ parmi les meilleurs he ranks among the best; avoir ~ d'ambassadeur to hold the office of ambassador ❑ de premier ~ high ranking, first-class, top-class; de second ~ second-rate. **-3.** [condition sociale] (social) standing; le respect qui est dû à son ~ the respect which his position commands; elle a épousé quelqu'un d'un ~ plus élevé she married above her station ❑ tenir son ~ to maintain one's position in society. **-4.** MIL: le ~ the ranks; les militaires du ~ the rank and file ❑ sortir du ~ *pr* to come up through the ranks; *fig* to stand out; rentrer dans le ~ *pr* to return to the ranks; *fig* to give in, to submit. **-5.** *Can* long strip of farm-land (*at right angles to a road or a river*).
◆ **rangs** *nmpl* ranks; en ~s serrés MIL in close order ❑ être OU se mettre sur les ~s to line up; servir dans les ~s d'un parti/syndicat to be a member OU to serve in the ranks of a party/union.
◆ **au rang de** *loc prép* **-1.** [dans la catégorie de]: une habitude élevée OU passée au ~ de rite sacré a habit which has been raised to the status of a sacred rite. **-2.** [au nombre de]: mettre qqn au ~ de ses amis to count sb among one's friends. **-3.** [à la fonction de]: élever qqn au ~ de ministre to raise OU to promote sb to the rank of minister.
◆ **de rang** *loc adv*: trois heures de ~ three hours in a row.
◆ **en rang** *loc adv* in a line OU row; entrez/sortez en ~ go in/out in single file; se mettre en ~ to line up, to form a line ❑ en ~ d'oignons in a line OU row.

**rangé, e**[1] [rɑ̃ʒe] *adj* **-1.** [en ordre – chambre, vêtements] tidy. **-2.** [raisonnable – personne] steady, level-headed; [– vie] settled; une jeune personne ~e a very sober OU well-behaved young person. **-3.** *fam* [assagi] settled.

**rangeai** [rɑ̃ʒe] *v* → ranger.

**rangée**[2] [rɑ̃ʒe] *nf* row.

**rangement** [rɑ̃ʒmɑ̃] *nm* **-1.** [mise en ordre – d'une pièce] tidying (up); faire du ~ to do some tidying up. **-2.** [d'objets, de vêtements] putting away. **-3.** [agencement] arrangement, classification. **-4.** [meuble] storage unit; [cagibi] storage room; [espace] storage space; quelques solutions de ~ a few storage ideas.

**ranger**[1] [rɑ̃dʒœr] *nm* MIL ranger.
◆ **rangers** *nmpl* combat boots.

**ranger**[2] [17] [rɑ̃ʒe] *vt* **-1.** [mettre en ordre – pièce] to tidy (up). **-2.** [mettre à sa place – vêtement, objets] to put away (*sép*); [– document] to file away (*sép*); j'ai rangé la voiture au garage I've put the car in the garage; je ne sais pas, je l'ai rangé là I don't know, I put it there. **-3.** [classer] to sort (out); ~ des dossiers par année to file documents according to year ❑ *fig*: ~ qqn parmi to rank sb amongst.
◆ **se ranger** ◇ *vp (emploi passif)*: où se rangent les serviettes? where do the towels go?, where are the towels kept? ◇ *vpi* **-1.** [s'écarter] to stand aside. **-2.** [se mettre en rang – élèves, coureurs] to line up. **-3.** [se placer]: se ~ contre to pull up next to. **-4.** [s'assagir] to settle down.
◆ **se ranger à** *vp + prép* [adhérer à]: se ~ à l'avis/au choix de qqn to go along with sb's opinion/decision.

**ranimer** [3] [ranime] *vt* **-1.** [feu] to rekindle, to relight. **-2.** [conversation] to bring back to life; [haine, passion] to rekindle, to revive; [douleur] to bring back; ~ le moral des troupes to restore the morale of the troops; ~ le débat to revive the controversy. **-3.** [malade] to revive, to bring round *(sép)*; *fig* [passé] to bring back.

◆ **se ranimer** *vpi* [conversation] to pick up again; [personne] to come round; [haine, passion] to flare up again, to be rekindled; leurs espoirs se ranimèrent their hopes were revived.

**raout** [raut] *nm arch* (social) gathering.

**rap** [rap] *nm* MUS rap.

**rapace** [rapas] ◇ *adj* **-1.** ORNITH predatory. **-2.** *litt* [avare] grasping, avaricious. ◇ *nm* ORNITH bird of prey.

**rapatriable** [rapatrijabl] *adj*: est-il ~ dans l'état où il est? can he be repatriated in his present state?

**rapatrié, e** [rapatrije] *nm, f* repatriate; les ~s d'Algérie *French settlers in Algeria who were repatriated as a result of Algerian independence in 1962.*

**rapatriement** [rapatrimɑ̃] *nm* repatriation.

**rapatrier** [10] [rapatrije] *vt* [personnes, capitaux] to repatriate; [objets] to send ou to bring home.

**râpe** [rap] *nf* **-1.** [de cuisine] grater; ~ à fromage/muscade cheese/nutmeg grater. **-2.** TECH [en distillerie] rotary peeler; [en outillage] rasp ou rough file. **-3.** BOT rape.

**râpé, e** [rape] *adj* **-1.** [carotte, fromage etc] grated. **-2.** [vêtement] worn out, threadbare. **-3.** *fam loc*: c'est ~! that's the end of that!; avec cette pluie, c'est ~ pour la promenade with all this rain, we might as well forget about going for a walk.

◆ **râpé** *nm* **-1.** [fromage] grated cheese. **-2.** [tabac] scraped tobacco.

**râper** [3] [rape] *vt* **-1.** [carotte, fromage etc] to grate. **-2.** TECH to file down *(sép)*. **-3.** *fig*: un vin qui râpe la gorge a rough wine.

**rapetissement** [raptismɑ̃] *nm* **-1.** [réduction]: il observa le ~ de l'image sur l'écran he watched the picture get smaller and smaller on the screen. **-2.** *fig & sout* belittling.

**rapetisser** [3] [raptise] ◇ *vt* **-1.** [rendre plus petit] to make smaller. **-2.** [faire paraître plus petit]: ~ qqn/qqch to make sb/sthg seem smaller. **-3.** [dévaloriser] to belittle. ◇ *vi* to get smaller; la piste rapetissait à vue d'œil the runway looked smaller and smaller by the minute.

◆ **se rapetisser** *vp (emploi réfléchi)* [se dévaloriser]: se ~ aux yeux de qqn to belittle o.s. in front of sb.

**râpeux, euse** [rapø, øz] *adj* rough.

**Raphaël** [rafaɛl] *npr* Raphael.

**raphia** [rafja] *nm* **-1.** BOT raffia ou raphia palm. **-2.** TEXT raffia, raphia.

**rapiat, e**▽ [rapja, at] *nm, f* skinflint, meany *Br*.

◆ **rapiat**▽ *adj* [avare] tightfisted, stingy.

**rapide** [rapid] ◇ *adj* **-1.** [véhicule, sportif] fast; [cheval] fast; [courant] fast flowing; approche ~ AÉRON fast approach; décélération/descente ~ AÉRON rapid deceleration/descent ❑ ~ comme l'éclair quick as lightning. **-2.** [esprit, intelligence, travail] quick; [progrès, réaction] rapid; c'est l'homme des décisions ~s he's good at reaching quick decisions; une réponse ~ a quick ou speedy reply; il n'a pas l'esprit très ~ he's a bit slow on the uptake ❑ être ~ à la détente to be quick off the mark. **-3.** [rythme] quick, fast; marcher d'un pas ~ to walk at a brisk ou quick pace; battements de cœur ~s MÉD rapid heartbeat. **-4.** [court, sommaire] quick; le chemin le plus ~ the shortest ou quickest way; un examen ~ des dossiers a quick ou cursory glance through the documents; jeter un coup d'œil ~ sur qqch to have a quick glance at sthg. **-5.** [hâtif – jugement, décision] hurried, hasty. **-6.** [facile – recette] quick. ◇ *nmf fam* [personne qui comprend vite]: c'est un ~ he's really quick on the uptake; ce n'est pas un ~ he's a bit slow on the uptake.

◇ *nm* **-1.** [cours d'eau] rapid. **-2.** [train] express (train), fast train.

**rapidement** [rapidmɑ̃] *adv* **-1.** [vite] quickly, rapidly; aussi ~ que possible as quickly as possible. **-2.** [superficiellement] briefly.

**rapidité** [rapidite] *nf* **-1.** [vitesse – d'une course, d'une attaque] speed; [– d'une réponse] quickness; avec ~ quickly, speedily, rapidly; la ~ de son geste m'étonna I was surprised at how quickly his hand moved ❑ avec la ~ de l'éclair in a

flash, with lightning speed. **-2.** [du pouls] rapidity.

**rapido** [rapido] *adv fam* pronto.

**rapiéçage** [rapjesaʒ] = **rapiécement**.

**rapiéçai** [rapjese], **rapièce** [rapjɛs] *v* → **rapiécer**.

**rapiécement** [rapjesmɑ̃] *nm* **-1.** [raccommodage] patching (up). **-2.** [pièce de tissu, de cuir] patch.

**rapiécer** [20] [rapjese] *vt* to patch up *(sép)*.

**rapière** [rapjɛr] *nf* rapier.

**rapine** [rapin] *nf litt* **-1.** [pillage] pillage, plunder. **-2.** [butin] plunder.

**raplapla** [raplapla] *adj inv fam* **-1.** [fatigué] whacked *Br*, bushed *Am*. **-2.** [plat] flat.

**raplatir** [32] [raplatir] *vt* to make flatter, to flatten.

**rappareiller** [4] [rapareje] *vt* to match up *(sép)* again.

**rappel** [rapɛl] *nm* **-1.** [remise en mémoire] reminder; le ~ de ces événements tragiques la bouleversait being reminded of those tragic events upset her deeply; ~ des titres de l'actualité a summary of today's news ❑ ~ d'échéance reminder of due date; ~ à l'ordre [gén] call to order; POL ≈ naming *Br*; il a fallu trois ~s à l'ordre pour qu'il se taise he had to be called to order three times before he stopped talking. **-2.** [d'un ambassadeur] recalling; [de produits défectueux] recalling; [de réservistes] recalling; ~ sous les drapeaux (reservists') call-up ou recall. **-3.** THÉÂT curtain call. **-4.** [répétition – dans un tableau, une toilette]: ~ de couleur colour repeat. **-5.** MÉD booster; ne pas oublier le ~ l'an prochain don't forget to renew the vaccination next year. **-6.** [arriéré]: ~ de salaire back pay; ~ de cotisation payment of contribution arrears. **-7.** TÉLÉC: ~ automatique recall. **-8.** MÉCAN [retour] return; ressort/vis de ~ return spring/screw. **-9.** SPORT [en voile]: faire du ~ to sit ou to lean out ‖ [en alpinisme] abseiling; descendre en ~ to rope ou to abseil down; faire un ~ to abseil.

**rappelé, e** [raple] ◇ *adj* recalled. ◇ *nm, f* MIL reservist *(who has been recalled)*.

**rappeler** [24] [raple] *vt* **-1.** [remettre en mémoire]: ~ qqch à qqn to remind sb of sthg; rappelez-moi votre nom what was your name again, please?; rappelle-moi de lui écrire remind me to write to him; il faut ~ que... it should be borne in mind ou remembered that...; le premier mouvement n'est pas sans ~ Brahms the first movement is somewhat reminiscent of Brahms; ça me rappelle quelque chose that rings a bell; 'numéro à ~ dans toute correspondance' 'please quote this number in all correspondence'. **-2.** [faire revenir] to recall, to call back *(sép)*; rappelez donc votre chien! call your dog off!; ~ un ambassadeur to recall an ambassador; ~ des réservistes MIL to recall reservists; l'acteur a été rappelé plusieurs fois the actor had several curtain calls; la mort de sa mère l'a rappelé à Aix the death of his mother took him back to Aix. **-3.** [au téléphone] to call back *(sép)*, to ring *Br* ou to phone back *(sép)*. **-4.** [faire écho à]: son collier de turquoise rappelle la couleur de ses yeux her turquoise necklace echoes the colour of her eyes. **-5.** INF to call up *(sép)*. **-6.** SPORT [en alpinisme] to fly back *(sép)*.

◆ **se rappeler** ◇ *vp (emploi réciproque)*: on se rappelle demain? shall we talk again tomorrow? ◇ *vp (emploi réfléchi)*: se ~ au bon souvenir de qqn *sout* to send sb one's best regards. ◇ *vpt* [se souvenir de] to remember; rappelle-toi que je t'attends! remember ou don't forget (that) I'm waiting for you!; elle se rappelle avoir reçu une lettre she remembers receiving a letter.

**rapper** [3] [rape] *vi* to rap.

**rappeur, euse** [rapœr, øz] *nm, f* rapper.

**rappliquer**▽ [3] [raplike] *vi* to show ou to turn up (again).

**rapport** [rapɔr] *nm* **-1.** [compte rendu – gén] report; MIL briefing; faire un ~ sur les conditions de travail to report on working conditions; ~ détaillé item-by-item report, full rundown ❑ ~ d'activité ou annuel annual report; ~ d'expert audit report; ~ financier annual (financial) report ou statement; ~ de police police report; ~ quotidien MIL (daily) briefing; ~ de recherche research paper; *fig & hum* let's hear it then!-**2.** [profit] profit; il vit du ~ de son capital he lives on the income from his investments; d'un bon ~ profitable; cette terre est d'un bon ~ this land gives a good yield. **-3.** [ratio] ratio; dans le ~ de 1 à 5 in a ratio of 1 to 5 ❑ ~ du changement de vitesse AUT gear ratio; ~ profit-ventes profit-volume ou profit-to-volume ratio ‖ COMM quality-price ratio; **c'est d'un bon ~** qualité-prix it's good value for money; **~** signal-bruit signal-to-noise ratio. **-4.** [relation] connection, link; **n'avoir aucun ~ avec qqch** to have no connection with ou to bear no relation to sthg; **son dernier album n'a aucun ~ avec les précédents** her latest record is nothing like her earlier ones; **c'est sans ~ avec le sujet** that's beside the point, that's irrelevant; **je ne vois pas le ~** I don't see the connection; **où est le ~?** what's that got to do with it?; **cette décision n'est pas sans ~ avec les récents événements** this decision isn't totally unconnected with recent events ❑ **~ de forces: le ~ de forces entre les deux pays** the balance of power between the two countries; **il y a un ~ de forces entre eux** they are always trying to see who can get the upper hand. **-5.** JUR: **~ à succession** hotchpot.

◆ **rapports** *nmpl* [relations] relationship, relations; **nous n'avons plus de ~s avec cette société** we no longer deal with that company; **entretenir de bons ~s avec qqn** to be on good terms with sb ❑ **~s sexuels** (sexual) intercourse; **avoir des ~s (avec qqn)** to have sex (with sb).

◆ **de rapport** *loc adj*→ **immeuble**.

◆ **en rapport avec** *loc prép* **-1.** [qui correspond à] in keeping with. **-2.** [en relation avec]: **mettre qqn en ~ avec qqn** to put sb in touch with sb; **mettre qqch en ~ avec** to link sthg to sb; **se mettre en ~ avec qqn** to get in touch ou contact with sb.

◆ **par rapport à** *loc prép* **-1.** [en ce qui concerne] regarding. **-2.** [comparativement à] compared with, in comparison to; **on constate un retrait du franc par ~ aux autres monnaies européennes** the franc has dropped sharply against other European currencies.

◆ **rapport à** *loc prép (tournure critiquée)* [en ce qui concerne] about.

◆ **sous le rapport de** *loc prép* as regards; **sous ce ~** in this respect.

◆ **sous tous (les) rapports** *loc adv* in every respect; **'jeune homme bien sous tous ~s'** 'respectable young man'.

**rapporté, e** [rapɔrte] *adj* added on; **poche ~e** patch ou sewn-on pocket; **terre ~e** made ground.

**rapporter** [3] [rapɔrte] ◇ *vt* **-1.** [remettre à sa place] to bring ou to put back; **tu rapporteras la clé** bring back the key. **-2.** [apporter avec soi] to bring; **as-tu rapporté le journal?** did you get ou buy the paper?; **le chien rapporte la balle** the dog brings back the ball; **je rapporte une impression favorable de cet entretien** I came away with a favourable impression of that meeting ‖ [apporter de nouveau ou en plus]: **rapporte-nous un peu plus de vin** bring us a little more wine ‖ CHASSE to retrieve. **-3.** [rendre] to take back *(sép)*, to return; **quelqu'un a rapporté le sac que tu avais oublié** somebody has brought back ou returned the bag you left behind. **-4.** [ajouter] to add; COUT to sew on *(sép)*; **~ un angle** MATH to plot an angle. **-5.** [produire] to produce, to yield; **~ des bénéfices** to yield a profit; **~ des intérêts** to yield interest; **le compte d'épargne vous rapporte 3,5 %** the savings account has a yield of 3.5% ou carries 3.5% interest; **sa boutique lui rapporte beaucoup d'argent** her shop brings in a lot of money; **et qu'est-ce que ça t'a rapporté en fin de compte?** what did you get out of it in the end?; **ça pourrait te ~ gros!** it could make you a lot of money! **-6.** [répéter - propos] to tell, to say. **-7.** [faire le compte rendu de] to report (on); **~ les décisions d'une commission** POL to report on the decisions of a committee. **-8.** ADMIN & JUR [annuler] to cancel, to revoke; **~ un projet de loi** to throw out a bill. **-9.** **~ qqch à** [rattacher qqch à] to relate sthg to; **elle rapporte tout à elle** she always brings everything back to herself.

◇ *vi* **-1.** [être rentable] to yield a profit; **ça rapporte** *fam* it pays. **-2.** CHASSE to retrieve; **rapporte, mon chien!** fetch, boy! **-3.** *fam* [enfant] to tell tales, to sneak.

◆ **se rapporter à** *vp + prép* **-1.** [avoir un lien avec] to refer ou to relate to. **-2.** GRAMM to relate to. **-3.** *sout*: **s'en ~ à** [s'en remettre à] to rely on.

**rapporteur, euse** [rapɔrtœr, øz] ◇ *adj* telltale, sneaky *Br*. ◇ *nm, f* telltale, sneak *Br*, tattletale *Am*.

◆ **rapporteur** *nm* **-1.** ADMIN & POL [porte-parole] rapporteur, reporter; **~ officiel** official recorder; **~ de la commission** committee member who acts as spokesman. **-2.** GÉOM protractor.

**rapproché, e** [raprɔʃe] *adj* close.

**rapprochement** [raprɔʃmã] *nm* **-1.** [réconciliation – entre

groupes, personnes] rapprochement, reconciliation. **-2.** [comparaison] link, connection; **elle fait un ~ saisissant entre Mao et Jung** she draws a striking parallel between Mao and Jung; **le ~ de ces deux textes établit le plagiat** comparing the two texts provides proof of plagiarism. **-3.** [convergence] coming together; **on assiste à un ~ des thèses des deux parties** the arguments of the two parties are coming closer together.

**rapprocher** [3] [raprɔʃe] *vt* **-1.** [approcher] to bring closer ou nearer; **~ les morceaux bord à bord** COUT to put the two pieces edge to edge; **'à ~'** IMPR 'close up'. **-2.** [dans le temps]: **chaque minute le rapprochait du moment fatidique** every minute brought the fateful moment closer; **l'émission/la fête a été rapprochée à cause des événements** the programme/party has been brought forward because of what's happened; **je vais ~ mes rendez-vous** I'm going to group my appointments together. **-3.** [faire paraître proche] to bring closer; **le dessin japonais rapproche les différents plans** Japanese drawing techniques foreshorten perspective ‖ *(en usage absolu)*: **mon nouveau zoom rapproche quinze fois** my new zoom lens magnifies fifteen times. **-4.** **~ qqn** [de sa destination] to take ou to bring sb closer; **je te dépose à Concorde, ça te rapprochera** I'll drop you off at Concorde, that'll get you a bit closer to where you're going. **-5.** [affectivement] to bring (closer) together; **ça m'a rapproché de mon père** it's brought me closer to my father, it's brought my father and me closer together; **qu'est-ce qui vous rapproche?** what do you have in common? **-6.** [comparer] to compare.

◆ **se rapprocher** ◇ *vp (emploi réciproque)*: **les deux pays cherchent à se ~** the two countries are seeking a rapprochement. ◇ *vpi* [venir près] to come close ou closer; **rapprochez-vous de l'estrade** move closer to the stage.

◆ **se rapprocher de** *vp + prép* **-1.** [se réconcilier avec]: **j'ai essayé sans succès de me ~ d'elle avant sa mort** I tried in vain to get closer to her before she died. **-2.** [être comparable à] to be similar to.

**rapsodie** [rapsɔdi] = **rhapsodie**.

**rapt** [rapt] *nm* [kidnapping] abduction, kidnapping; **~ d'enfant** abduction of a child.

**raquer**▽ [3] [rake] ◇ *vt* to cough up *(insép)*. ◇ *vi* to foot the bill.

**raquette** [rakɛt] *nf* **-1.** TENNIS racket; PING-PONG bat; **c'est une bonne ~** *fam* he's a good tennis player. **-2.** [pour la neige] snowshoe. **-3.** BOT prickly pear.

**raquetteur, euse** [rakɛtœr, øz] *nm, f Can* snowshoer.

**rare** [rar] *adj* **-1.** [difficile à trouver] rare, uncommon; **ce qui est ~ est cher** anything that is in short supply is expensive; **un musicien d'un ~ talent** an exceptionally talented musician; **plantes/timbres ~s** rare plants/stamps. **-2.** [peu fréquent] rare; **on le voyait chez nous à de ~s intervalles** once in a (very long) while, he'd turn up at our house; **tes visites sont trop ~s** you don't visit us nearly often enough; **il est ~ qu'elle veuille bien venir avec moi** she rarely ou seldom agrees to come with me; **il n'est pas ~ de le voir ici** it's not uncommon ou unusual to see him here; **tu te fais ~ ces derniers temps** *fam* you've become quite a stranger lately, where have you been hiding lately?; **c'est un mot ~** that's a rare word. **-3.** [peu nombreux] few; **les ~s électeurs qui ont voté pour lui** the few who voted for him; **~s sont ceux qui l'apprécient** not many people like him; **à de ~s exceptions près** with only ou apart from a few exceptions; **elle est une des ~s personnes que je connaisse à aimer le jazz** she's one of the very few people I know who enjoys jazz; **les visiteurs se font ~s** there are fewer and fewer visitors ‖ [peu abondant] scarce; **la nourriture était ~ pendant la guerre** food was scarce during the war. **-4.** [clairsemé] thin, sparse; **il a le cheveu ~** his hair is thinning.

**raréfaction** [rarefaksjɔ̃] *nf* **-1.** PHYS [de l'air] rarefaction. **-2.** [des denrées, de l'argent] increasing scarcity.

**raréfier** [9] [rarefje] *vt* **-1.** PHYS [air, oxygène] to rarefy, to rarify. **-2.** [denrées] to make scarce.

◆ **se raréfier** *vpi* **-1.** PHYS [air] to rarefy, to rarify. **-2.** [argent, denrées] to become scarce; [visites] to become less frequent.

**rarement** [rarmã] *adv* rarely, seldom; **elle téléphone ~, pour ne pas dire jamais** she seldom, if ever, calls.

**rareté** [rarte] *nf* **-1.** [d'un fait, d'un phénomène] rarity; [d'une denrée] scarcity; **une poterie d'une très grande** ~ an extremely rare piece of pottery. **-2.** [objet – rare] rarity, rare object; [– bizarre] curio.

**rarissime** [rarisim] *adj* extremely rare, most unusual.

**ras**[1] [ra] *nm* [radeau] raft.

**ras**[2] [ras] *nm* [titre éthiopien] ras.

**ras**[3]**, e** [ra, raz] *adj* **-1.** [cheveux] close-cropped, very short; [barbe] very short. **-2.** [végétation] short; [pelouse] closely-mown. **-3.** [plein]: **mesure** ~**e** full measure. **-4.** TEXT short-piled. **-5.** *loc*: **en** ~**e campagne** in the open countryside; **la voiture est tombée en panne en** ~**e campagne** the car broke down in the middle of nowhere.

◆ **ras** *adv* **-1.** [très court] short; **avoir les ongles coupés** ~ to keep one's nails cut short. **-2.** *loc*: **en avoir** ~ **le bol** *fam* ou ~ **le cul** ▼ **de qqch** to be fed up to the (back) teeth with sthg, to have had it up to here with sthg.

◆ **à ras** *loc adv*: **coupé à** ~ cut short.

◆ **à ras bord(s)** *loc adv* to the brim ou top.

◆ **à ras de** *loc prép* level with.

◆ **au ras de** *loc prép*: **au** ~ **de l'eau** just above water level, level with the water ❑ **ses remarques étaient au** ~ **des pâquerettes** *fam* he came out with some very uninspired comments; **le débat est au** ~ **des pâquerettes** *fam* the discussion isn't exactly highbrow.

**RAS** *abr de* **rien à signaler.**

**rasade** [razad] *nf* glassful.

**rasage** [raza3] *nm* **-1.** [de la barbe] shaving. **-2.** TEXT shearing.

**rasant, e** [razɑ̃, ɑ̃t] *adj* **-1.** [bas]: **vue** ~**e** panoramic view; **un soleil** ~ a low sun. **-2.** MIL: **tir** ~ grazing fire. **-3.** *fam* [assommant] boring.

**rascasse** [raskas] *nf* scorpion fish.

**ras(-)du(-)cou** [radyku] ◇ *adj inv* round neck *(modif)*. ◇ *nm inv* round neck sweater.

**rase-mottes** [razmɔt] *nm inv* AÉRON hedgehopping; **voler en** ou **faire du** ~ to hedgehop.

**raser** [3] [raze] *vt* **-1.** [cheveux, poils] to shave off *(sép)*; [crâne] to shave; ~ **qqn** to give sb a shave, to shave sb; **être rasé de près** to be close-shaven. **-2.** [détruire] to raze; **la vieille église a été rasée** the old church was razed to the ground. **-3.** [frôler]: **l'hirondelle rase le sol** the swallow is skimming the ground; **la balle lui rasa l'épaule** the bullet grazed his shoulder ❑ ~ **les murs** to hug the walls. **-4.** *fam* [lasser] to bore. **-5.** TEXT to shear.

◆ **se raser** ◇ *vp (emploi réfléchi)* to shave; **se** ~ **les jambes** to shave one's legs; **se** ~ **la barbe** to shave off one's beard. ◇ *vpi fam* [s'ennuyer] to get bored.

◆ **à raser** *loc adj* shaving *(modif)*; **mousse à** ~ shaving foam.

**raseur, euse** [razœr, øz] *nm, f fam*: **c'est un** ~ he's a real drag ou pain.

**rasibus** [razibys] *adv fam* very close.

**ras-le-bol** [ralbɔl] *nm inv fam*: **il y a un** ~ **général dans la population** people in general are sick and tired of ou fed up with the way things are going.

**rasoir** [razwar] ◇ *nm* razor; ~ **électrique** (electric) shaver; ~ **mécanique** ou **de sûreté** safety razor; **demander une coupe au** ~ to ask for a razor cut. ◇ *adj fam* boring.

**rassasier** [9] [rasazje] *vt* **-1.** [faim] to satisfy; **je suis rassasié** I'm full. **-2.** *fig*: **alors, vous êtes rassasiés de plein air?** so, have you had your fill of fresh air?

◆ **se rassasier** *vpi* **-1.** [apaiser sa faim] to eat one's fill. **-2.** [assouvir son désir]: **se** ~ **de qqch** to get one's fill of sthg.

**rassemblement** [rasɑ̃bləmɑ̃] *nm* **-1.** [réunion sur la voie publique] gathering, group; **disperser un** ~ to break up ou to disperse a gathering ‖ [en politique] rally; ~ **pour la paix** peace rally. **-2.** [dans un nom de parti] party, union, alliance; **votez pour le Rassemblement écologiste** vote for the Green party. **-3.** [fait de se rassembler] gathering; **tous les** ~**s sont strictement interdits** all rallies ou gatherings are strictly forbidden; **vous devez empêcher le** ~ **des élèves dans le hall** you must prevent the pupils from gathering in the hall. **-4.** MIL: **sonner le** ~ to sound the assembly.

**rassembler** [3] [rasɑ̃ble] *vt* **-1.** [objets, idées, preuves] to collect, to gather; [documents] to collect, to assemble; **j'eus à peine le temps de** ~ **quelques affaires** I hardly had enough time to gather ou to put a few things together; ~ **ses forces**

to gather ou to muster one's strength; ~ **ses esprits** to gather ou to collect one's wits; ~ **son courage** to summon up one's courage. **-2.** [personnes] to gather together *(sép)*; [animaux] to round up *(sép)*; **leur manifestation a rassemblé des milliers de personnes** their demonstration drew ou attracted thousands of people. **-3.** ÉQUIT to collect.

◆ **se rassembler** *vpi* to gather together, to assemble.

**rassembleur, euse** [rasɑ̃blœr, øz] *nm, f sout*: **ce fut un grand** ~ he was a great unifier of people.

**rasseoir** [65] [raswar] *vt* **-1.** [asseoir de nouveau): ~ **qqn** to sit sb down (again); **veuillez** ~ **le malade** [dans son lit] please sit the patient up again; **je vous en prie, faites** ~ **tout le monde**, have everybody sit down again. **-2.** [replacer] to put back *(sép)*; ~ **une statue sur son socle** to put a statue back on its plinth.

◆ **se rasseoir** *vpi* to sit down again; **allez vous** ~ go back to your seat, go and sit down again.

**rasséréner** [18] [raserene] *vt litt* to make calm.

◆ **se rasséréner** *vpi litt* to become calm ou serene again.

**rasseyais** [raseje], **rasseyons** [rasejɔ̃], **rassieds** [rasje], **rassiérai** [rasjere] *v* → **rasseoir.**

**rassir** [32] [rasir] *vi* [gâteau, pain] to go stale; [viande]: **laisser** ~ **un morceau de bœuf** to let a piece of beef hang.

◆ **se rassir** *vpi* to go stale.

**rassis**[1]**, e**[1] [rasi, iz] *pp* → **rasseoir.**

**rassis**[2]**, e**[2] [rasi, iz] *adj* **-1.** [gâteau, pain] stale; [viande] properly hung. **-2.** *litt* [calme] calm, composed; [pondéré] balanced.

**rassoirai** [rasware], **rassois** [raswa] *v* → **rasseoir.**

**rassortiment** [rasɔrtimɑ̃] = **réassortiment.**

**rassortir** [rasɔrtir] = **réassortir.**

**rassoyais** [raswaje], **rassoyons** [raswajɔ̃] *v* → **rasseoir.**

**rassurant, e** [rasyrɑ̃, ɑ̃t] *adj* **-1.** [personne] reassuring; **le président n'a pas été très** ~ **dans ses dernières déclarations** the president's most recent statements were not very reassuring. **-2.** [nouvelle, déclaration, ton, voix] reassuring, comforting.

**rassurer** [3] [rasyre] *vt* to reassure; **va vite** ~ **ta mère** go and tell your mother she has nothing to worry about, go and set your mother's mind at ease; **je n'étais pas très rassuré** I felt rather worried.

◆ **se rassurer** ◇ *vp (emploi réfléchi)* to reassure o.s.; **j'essaie de me** ~ **en me disant que tout n'est pas fini** I try to reassure myself by saying it's not all over. ◇ *vpi*: **elle a mis longtemps à se** ~ it took her a while to calm down; **rassure-toi** don't worry.

**rasta** [rasta] ◇ *adj inv* Rasta *(inv)*. ◇ *nmf* Rasta. ◇ *nm* ▼ = **rastaquouère.**

**rastaquouère**▼ [rastakwer] *nm dated and racist term used with reference to wealthy foreigners.*

**rat** [ra] ◇ *nm* **-1.** ZOOL rat; **faire la chasse aux** ~**s** to go ratting ❑ ~ **des champs** field mouse; ~ **d'eau** water vole ou rat; ~ **d'égout** sewer rat. **-2.** *fig*: ~ **de bibliothèque** bookworm; ~ **d'hôtel** hotel thief; **être fait comme un** ~ ▽ to have no escape, to be cornered. **-3.** DANSE: **petit** ~ **de l'Opéra** ballet student *(at the Opéra de Paris)*. **-4.** *fam & péj* [avare] miser, skinflint. **-5.** [par affection]: **mon (petit)** ~ my darling. ◇ *adj m péj & fam* [avare] stingy, tightfisted.

**ratafia** [ratafja] *nm* ratafia (liqueur).

**ratage** [rata3] *nm* failure.

**rataplan** [rataplɑ̃] *onomat* rat-a-tat.

**ratatiné, e** [ratatine] *adj* **-1.** [fruit] shrivelled (up). **-2.** [visage] wrinkled, wizened. **-3.** *fam* [voiture, vélo] smashed up; [soufflé] flat.

**ratatiner** [3] [ratatine] *vt* **-1.** *fam* [démolir]: **le bâtiment a été ratatiné en quelques secondes** the building was reduced to a pile of rubble within seconds; **la voiture a été complètement ratatinée** the car was completely smashed up. **-2.** [flétrir]: **l'âge l'a complètement ratatiné** he has become wizened with age. **-3.** *fam* [battre]: **je me suis fait** ~ **au tennis/aux échecs** I got thrashed at tennis/chess ‖ [assassiner]: **il s'est fait** ~ he got done in.

◆ **se ratatiner** *vpi* **-1.** [se dessécher] to shrivel. **-2.** *fam* [rapetisser] to shrink; **elle se ratatine en vieillissant** she's shrinking with age. **-3.** *fam* [s'écraser] to crash; **la voiture s'est ratatinée contre un mur** the car crashed ou smashed into a wall.

**ratatouille** [ʀatatuj] *nf* CULIN: ~ (niçoise) ratatouille.

**rate** [ʀat] *nf* **-1.** ZOOL she-rat, female rat. **-2.** ANAT spleen.

**raté, e** [ʀate] ◇ *adj* **-1.** [photo, sauce] spoilt; [coupe de cheveux] disastrous; **il est complètement ~, ce gâteau** this cake is a complete disaster. **-2.** [attentat] failed; [vie] wasted; [occasion] missed; [tentative] failed, abortive, unsuccessful; **un musicien ~** a failed musician. ◇ *nm, f* failure, loser.
◆ **raté** *nm* **-1.** [bruit] misfiring *(U)*; **le moteur a des ~s** the engine is misfiring. **-2.** [défaut] hitch. **-3.** ARM misfire.

**râteau, x** [ʀato] *nm* rake.

**râtelier** [ʀatəlje] *nm* **-1.** [support] rack. **-2.** [mangeoire] rack. **-3.** *fam* [dentier] dentures, (set of) false teeth.

**rater** [3] [ʀate] ◇ *vi* **-1.** *fam* [échouer] to fail; **je t'avais dit qu'elle serait en retard, et ça n'a pas raté!** I told you she'd be late, and sure enough she was!; **ça ne rate jamais** it never fails; **tais-toi, tu vas tout faire ~!** shut up or you'll ruin everything; **ça ne rate jamais** it never fails. ◇ *vt* **-1.** [but] to miss; **elle a raté la marche** she missed the step ❑ **j'ai raté mon coup** *fam* I made a mess of it; **s'il recommence, je le jure que je ne le raterai pas!** *fam* if he does it again, I swear I'll get him! **-2.** [avion, rendez-vous, visiteur, occasion] to miss; **je n'ai pas vu le concert — tu n'as rien raté/tu as raté quelque chose!** I didn't see the concert — you didn't miss anything/you really missed something!; **c'est une émission à ne pas ~** this programme is a must ❑ **tu n'en rates pas une!** *fam* you're always putting your foot in it!**-3.** [ne pas réussir]: **il a complètement raté son oral** he made a complete mess of his oral; **il a raté son effet** he didn't achieve the desired effect; **il rate toujours les mayonnaises** his mayonnaise always goes wrong; **~ sa vie** to make a mess of one's life.
◆ **se rater** *vp (emploi réfléchi) fam*: **il s'est coupé les cheveux lui-même, il s'est complètement raté!** he cut his hair himself and made a complete mess of his oral; **elle est tombée de vélo, elle ne s'est pas ratée!** she didn't half hurt herself when she fell off her bike! **elle s'est ratée pour la troisième fois** that's her third (unsuccessful) suicide attempt.

**ratiboiser** [3] [ʀatibwaze] *vt fam* **-1.** [voler] to pinch, to nick *esp Br.* **-2.** [ruiner] to clean out *(sép).* **-3.** [tuer] to bump off *(sép),* to do in *(sép).* **-4.** [cheveux]: **je suis ressorti ratiboisé de chez le coiffeur** I got scalped at the hairdresser's.

**raticide** [ʀatisid] *nm* rat poison.

**ratification** [ʀatifikasjɔ̃] *nf* ratification.

**ratifier** [9] [ʀatifje] *vt* **-1.** JUR to ratify. **-2.** *litt* [confirmer] to confirm.

**ratio** [ʀasjo] *nm* ÉCON & FIN ratio.

**ratiocination** [ʀasjɔsinasjɔ̃] *nf sout* quibble.

**ratiociner** [3] [ʀasjɔsine] *vi sout* to quibble, to split hairs.

**ration** [ʀasjɔ̃] *nf* **-1.** [portion] ration; **~s de guerre** war rations; **sa ~ de problèmes** *fig* his share of problems; **non merci, j'ai eu ma ~!** *hum* no thanks, I've had my fill (of it)!**-2.** [quantité nécessaire] daily intake; **~ alimentaire** food (intake). **-3.** MIL rations.

**rationaliser** [3] [ʀasjɔnalize] *vt* to rationalize.

**rationalisme** [ʀasjɔnalism] *nm* rationalism.

**rationaliste** [ʀasjɔnalist] *adj & nmf* rationalist.

**rationalité** [ʀasjɔnalite] *nf* rationality.

**rationnel, elle** [ʀasjɔnɛl] *adj* **-1.** MATH & PHILOS rational. **-2.** [sensé] rational.

**rationnellement** [ʀasjɔnɛlmɑ̃] *adv* **-1.** MATH & PHILOS rationally. **-2.** [avec bon sens] rationally, sensibly, logically.

**rationnement** [ʀasjɔnmɑ̃] *nm* rationing.

**rationner** [3] [ʀasjɔne] *vt* **-1.** [quelque chose] to ration. **-2.** [quelqu'un] to put on rations, to ration; **il va bientôt falloir le ~!** *hum* we'll have to put him on (short) rations soon!
◆ **se rationner** *vp (emploi réfléchi)* to ration o.s.

**ratisser** [3] [ʀatise] ◇ *vt* **-1.** [gravier, allée] to rake; [feuilles, herbe coupée] to rake up *(sép).* **-2.** *fam* [voler] to pinch, to nick *esp Br;* [ruiner] to clean out *(sép);* **il s'est fait ~ au poker** he got cleaned out playing poker. **-3.** [fouiller] to comb. **-4.** SPORT to heel. ◇ *vi*: **~ large** *fam* to cast one's net wide *fig.*

**raton** [ʀatɔ̃] *nm* **-1.** ZOOL young rat; **~ laveur** raccoon. **-2.** [par affection]: **mon ~!** my darling!**-3.** ▼ *racist term used with reference to North African Arabs.*

**ratonnade** [ʀatɔnad] *nf* violent racist attack on North African Arab immigrants.

**RATP** (*abr de* **Régie autonome des transports parisiens**) *nprf Paris transport authority.*

**rattachement** [ʀataʃmɑ̃] *nm*: **opérer le ~ de territoires à la métropole** to bring territories under the jurisdiction of the home country; **demander son ~ à un service** to ask to be attached to a department.

**rattacher** [3] [ʀataʃe] *vt* **-1.** [paquet] to tie up *(sép)* again, to do up *(sép)* again; [ceinture, lacet] to do up *(sép)* again; [chien] to tie up *(sép)* again; [plante grimpante] to tie back *(sép).* **-2.** ADMIN & POL: **~ plusieurs services à une même direction** to bring several departments under the same management; **~ un territoire à un pays** to bring a territory under the jurisdiction of a country. **-3.** [établir un lien]: **~ qqch à** to connect ou to link sthg with, to relate sthg to.
◆ **se rattacher à** *vp + prép* **-1.** [découler de] to derive from. **-2.** [avoir un lien avec] to be connected ou linked with, to be related to.

**rattrapable** [ʀatʀapabl] *adj*: **une telle erreur ne serait pas ~** a mistake like that couldn't be put right.

**rattrapage** [ʀatʀapaʒ] *nm* **-1.** [d'un étudiant] passing, letting through; [remise à niveau]: **~ scolaire** ≃ remedial teaching; **cours de ~** *extra class for pupils who need to catch up;* **je dois passer l'oral de ~** I've got to resit the oral; **session de ~** resit. **-2.** [d'une maille] picking up. **-3.** ÉCON: **~ des salaires** wage adjustment.

**rattraper** [3] [ʀatʀape] *vt* **-1.** [animal, prisonnier] to recapture, to catch again. **-2.** [objet qui tombe] to catch (hold of); **~ la balle au vol/bond** to catch the ball in the air/on the bounce. **-3.** [quelqu'un parti plus tôt] to catch up with. **-4.** [compenser]: **~ le temps perdu** ou **son retard** to make up for lost time; **il a rattrapé les cours manqués** he has caught up on the lessons he missed; **~ du sommeil** to catch up on one's sleep; **pour ~ nos pertes** to make good our losses. **-5.** [erreur, maladresse] to put right. **-6.** [étudiant] to let through. **-7.** [maille] to pick up *(sép).*
◆ **se rattraper** *vp (emploi passif)*: **le temps perdu ne se rattrape jamais** *prov* you can never make up for lost time. ◇ *vpi* **-1.** [éviter la chute] to catch o.s. (in time); **se ~ à qqn/qqch** to grab ou to catch hold of sb/sthg to stop o.s. falling. **-2.** [compenser]: **j'ai l'intention de me ~!** I'm going to make up for it!; **la limonade est en promotion, mais ils se rattrapent sur le café** lemonade is on special offer, but they've put up the price of coffee to make up for it. **-3.** [élève] to catch up.

**rature** [ʀatyʀ] *nf* crossing out, deletion; **tu as fait trop de ~s** you've crossed too many things out; **'sans ~s ni surcharges'** 'without deletions or alterations'.

**raturer** [3] [ʀatyʀe] *vt* to cross out *(sép),* to delete.

**rauque** [ʀok] *adj* **-1.** [voix] husky. **-2.** [cri] raucous.

**ravage** [ʀavaʒ] *nm* [destruction] devastation; **les ~s de la maladie/du temps** the ravages of disease/of time; **faire des ~s** *pr* to wreak havoc; **l'alcoolisme faisait des ~s** *fig* alcoholism was rife; **notre cousin fait des ~s (dans les cœurs)!** our cousin is a heartbreaker!

**ravagé, e** [ʀavaʒe] *adj* **-1.** [par la fatigue, le désespoir] haggard; [par la maladie, la douleur] ravaged. **-2.** *fam* [fou] loopy, barmy *esp Br,* nuts.

**ravager** [17] [ʀavaʒe] *vt* [région, ville] to ravage, to lay waste *(insép),* to devastate; **la guerre a ravagé leur vie** the war wreaked havoc upon their lives.

**ravageur, euse** [ʀavaʒœʀ, øz] ◇ *adj* **-1.** [destructeur] destructive; **des insectes ~s** insect pests. **-2.** [séducteur – sourire] devastating. ◇ *nm, f* ravager.

**ravalement** [ʀavalmɑ̃] *nm* [d'une façade] cleaning.

**ravaler** [3] [ʀavale] *vt* **-1.** CONSTR to clean; **ils ont ravalé la façade de la mairie** they've given the front of the town hall a clean ❑ **se faire ~ la façade**▽ ou **le portrait**▽ to have a facelift. **-2.** [salive] to swallow; [larmes] to hold ou to choke back; [colère] to stifle, to choke back; [fierté] to swallow; **faire ~ ses paroles à qqn** *fam* to make sb eat his words. **-3.** [abaisser] to lower.
◆ **se ravaler** *vp (emploi réfléchi)* [s'abaisser] to debase ou to lower o.s.; **se ~ aux pires bassesses** to stoop to the meanest acts. ◇ *vpt*▽: **se ~ la façade** [se maquiller] to slap some make-up on, to put on one's warpaint.

**ravaudage** [ravodaʒ] *nm vieilli* [de chaussettes] darning; [de vêtements] mending, repairing.

**ravauder** [3] [ravode] *vt vieilli* [chaussettes] to darn; [vêtements] to sew up *(sép)*, to mend.

**rave** [rav] *nf* rape.

**ravi, e** [ravi] *adj* delighted; **il n'a pas eu l'air ~** he didn't look too pleased; **être ~ de qqch** to be delighted with sthg; **~ (de faire votre connaissance)** (I'm) delighted ou very pleased to meet you.

**ravier** [ravje] *nm* hors-d'œuvres dish.

**ravigotant, e** [ravigɔtɑ̃, ɑ̃t] *adj fam* [vent] invigorating, bracing; [soupe, vin] warming.

**ravigote** [ravigɔt] *nf* ravigote sauce *(vinaigrette with herbs and hard-boiled eggs).*
◆ **à la ravigote** *loc adj* with a ravigote sauce.

**ravigoter** [3] [ravigɔte] *vt fam* to buck up *(sép).*

**ravin** [ravɛ̃] *nm* gully, ravine.

**ravine** [ravin] *nf* gully.

**ravinement** [ravinmɑ̃] *nm* [action] gullying.

**raviner** [3] [ravine] *vt* **-1.** GÉOG to gully. **-2.** *fig & sout* to furrow; **un visage raviné** a deeply lined face.

**ravioli** [ravjɔli] *(pl inv* ou **raviolis)** *nm* ravioli *(U).*

**ravir** [82] [ravir] *vt* **-1.** [enchanter] to delight; **cette naissance les a ravis** they were thrilled with the new baby. **-2.** *litt* [enlever]: **~ qqch à qqn** to rob sb of sthg; **prématurément ravi à l'affection des siens** taken too early from (the bosom of) family and friends.
◆ **à ravir** *loc adv* [merveilleusement]: **la robe lui va à ~** the dress looks lovely on her.

**raviser** [3] [ravize]
◆ **se raviser** *vp i* to change one's mind.

**ravissant, e** [ravisɑ̃, ɑ̃t] *adj* [vêtement] gorgeous, beautiful; [endroit, maison] delightful, beautiful; [femme] strikingly ravishingly beautiful.

**ravissement** [ravismɑ̃] *nm* **-1.** [enchantement]: **c'est un véritable ~ (pour les yeux)** it is an enchanting sight; **avec ~** delightedly; **mettre** ou **plonger qqn dans le ~** to send sb into raptures. **-2.** *litt* [enlèvement] abduction. **-3.** RELIG rapture.

**ravisseur, euse** [ravisœr, øz] *nm, f* abductor, kidnapper.

**ravitaillement** [ravitajmɑ̃] *nm* **-1.** MIL supplying; **assurer le ~ de qqn en munitions/carburant/vivres** to supply sb with ammunition/fuel/food ❑ **bateau/véhicule de ~** supply ship/vehicle. **-2.** AÉRON refuelling; **~ en vol** in-flight ou mid-air refuelling. **-3.** [denrées] food supplies; **je vais au ~** *fam* I'm off to buy some food, I'm going for fresh supplies.

**ravitailler** [3] [ravitaje] *vt* **-1.** MIL to supply; **~ un régiment en vivres** to supply a regiment with food, to supply food to a regiment. **-2.** AÉRON to refuel. **-3.** [famille, campement]: **~ qqn en** to supply sb with, to give sb fresh supplies of.
◆ **se ravitailler** *vp* **-1.** [en nourriture] to get (fresh) supplies. **-2.** [en carburant] to refuel.

**ravitailleur, euse** [ravitajœr, øz] ◇ *adj:* **avion ~** supply plane, (air) tanker; **véhicule/navire ~** supply vehicle/ship. ◇ *nm, f* MIL quartermaster; NAUT supply officer.
◆ **ravitailleur** *nm* **-1.** AÉRON [avion] tanker aircraft. **-2.** MIL supply vehicle. **-3.** NAUT [d'escadre, de sous-marin] supply ship; [pour travaux en mer] refurbishment ship.

**raviver** [3] [ravive] *vt* **-1.** [feu] to rekindle, to revive; [couleur] to brighten up *(sép).* **-2.** [sensation, sentiment] to rekindle, to revive.
◆ **se raviver** *vp i* [sentiment] to return.

**ravoir** [ravwar] *vt (à l'infinitif seulement)* **-1.** [récupérer] to get back. **-2.** [vêtement]: **~ une chemise** to get a shirt clean. **-3.** [maladie]: **je ne veux pas ~ la grippe** I don't want to get flu again.

**rayé, e** [rɛje] *adj* **-1.** [à raies – papier] lined, ruled; [– vêtement] striped; **tissu ~ bleu et rouge** blue and red striped fabric, fabric with blue and red stripes. **-2.** [éraflé – verre, disque] scratched. **-3.** ARM rifled.

**rayer** [11] [rɛje] *vt* **-1.** [abîmer] to scratch. **-2.** [éliminer – faute, coquille] to cross ou to score out *(sép)*; [– clause, codicille] to cancel; [– avocat, médecin] to strike off *(sép)*; **'~ la mention inutile'** 'delete where inapplicable'; **j'ai rayé son souvenir**

de ma mémoire I've erased his memory from my mind; **rayé de la carte** wiped off the face of the earth. **-3.** ARM to rifle.

**rayon** [rɛjɔ̃] *nm* **A. -1.** OPT & PHYS ray; **~ laser** laser beam; **~ lumineux** (light) ray; **~ vert** green flash. **-2.** [de lumière] beam, shaft; [du soleil] ray; **un ~ de lune** a moonbeam; **un ~ de soleil** a ray of sunshine, a sunbeam; MÉTÉO a brief sunny spell; *fig* a ray of sunshine. **-3.** MATH [vecteur] radius vector; [d'un cercle] radius. **-4.** [de roue] spoke. **-5.** [distance] radius; **dans un ~ de vingt kilomètres** within (a radius of) twenty kilometres. **-6.** AUT: **~ de braquage** turning circle. **-7.** MIL: **~ d'action** range; **à grand ~ d'action** long-range; **étendre son ~ d'action** *fig* to increase ou to widen the scope of one's activities.
**B. -1.** [étagère – gén] shelf; [– à livres] shelf, bookshelf. **-2.** COMM department; **nous n'en avons plus en ~** we're out of stock. **-3.** *fam* [domaine]: **demande à ton père, c'est son ~** ask your father, that's his department; **il en connaît un ~ en électricité** he really knows a thing or two about electricity. **-4.** ZOOL comb; [d'abeilles] honeycomb. **-5.** HORT small furrow, drill.
◆ **rayons** *nmpl* **-1.** MÉD X-ray treatment *(U)* *(for cancer)*; **on lui fait des ~s** *fam* he's having radiotherapy ou radiation treatment. **-2.** PHYS: **~s bêta/gamma** beta/gamma rays; **~s infrarouges/ultraviolets** infrared/ultraviolet light; **passer qqch aux ~s X** to X-ray sthg.

**rayonnage** [rɛjɔnaʒ] *nm* [étagères] shelving *(U)*, shelves; **sur les ~s** on the shelves.

**rayonnant, e** [rɛjɔnɑ̃, ɑ̃t] *adj* **-1.** [radieux] radiant; **~ de joie** radiant with joy; **~ de santé** glowing ou blooming with health. **-2.** ARCHIT & BX-ARTS radiating; **gothique ~** High Gothic. **-3.** PHYS: **chaleur/énergie ~e** radiant heat/energy. **-4.** MÉD: **douleur ~e** radiating pain.

**rayonne** [rɛjɔn] *nf* rayon.

**rayonnement** [rɛjɔnmɑ̃] *nm* **-1.** [influence] influence. **-2.** *litt* [éclat] radiance. **-3.** [lumière – d'une étoile, du feu] radiance. **-4.** SC radiation; **~ électromagnétique/optique/visible** electromagnetic/optical/visible radiation; **chauffage par ~** radiant heating; **énergie de ~** radiant energy.

**rayonner** [3] [rɛjɔne] ◇ *vi* **-1.** [personne, physionomie] to be radiant; **~ de joie** to be radiant with joy; **~ de santé** to be blooming with health. **-2.** *litt* [soleil] to shine. **-3.** [circuler – influence] to spread; [– touriste] to tour around; [– chaleur] to radiate; **nos cars rayonnent dans toute la région** our coaches cover every corner of the region. **-4.** [être disposé en rayons] to radiate. **-5.** OPT & PHYS to radiate. **-6.** MÉD: **douleur qui rayonne** radiating pain. ◇ *vt* HORT to furrow.

**rayure** [rɛjyr] *nf* **-1.** [ligne] line, stripe; [du pelage] stripe; **papier à ~s** lined ou ruled paper; **tissu à ~s** striped fabric; **une chemise à ~s bleues** a blue-striped shirt. **-2.** [éraflure] score, scratch. **-3.** ARM groove, rifling.

**raz** [ra] *nm* **-1.** [détroit] strait *(run by fast tidal races, in Brittany).* **-2.** [courant] race.

**raz(-)de(-)marée** [radmare] *nm inv* **-1.** GÉOG tidal wave, tsunami *spéc.* **-2.** *fig* tidal wave; **~ électoral** landslide victory.

**razzia** [razja] *nf* **-1.** MIL foray, raid. **-2.** *fam & fig* raid; **faire une ~ sur qqch** to raid sthg.

**RBE** *nm abr de* **revenu brut d'exploitation.**

**R-C** *abr écrite de* **rez-de-chaussée.**

**R-D** *(abr de* **recherche-développement)** *nf* R & D.

**RDA** *(abr de* **République démocratique allemande)** *npr f* GDR; **en ~** in the GDR.

**RDB** *nm abr de* **revenu disponible brut.**

**RdC** *abr écrite de* **rez-de-chaussée.**

**ré** [re] *nm inv* D; [chanté] re, ray.

**Rê** [rɛ] *npr* Râ.

**réa** [rea] *nm* pulley (wheel).

**réabonnement** [reabɔnmɑ̃] *nm* [à un cinéma, théâtre etc] renewal of one's season ticket; [à une revue] subscription renewal; [à un club] membership renewal.

**réabonner** [3] [reabɔne] *vt:* **~ qqn à une revue** to renew sb's subscription to a magazine.
◆ **se réabonner** *vp (emploi réfléchi)* [à un cinéma, théâtre etc] to renew one's season ticket; [à une revue] to renew one's subscription.

**réac** [reak] *adj* & *nmf fam* & *péj* reactionary.

**réaccoutumer** [3] [reakutyme] *vt sout* to reaccustom; ~ qqn à qqch to reaccustom sb to sthg, to get sb used to sthg again.
◆ **se réaccoutumer à** *vp* + *prép* to reaccustom o.s. to, to become reaccustomed to.

**réactance** [reaktãs] *nf* reactance.

**réacteur** [reaktœr] *nm* **-1.** AÉRON jet (engine). **-2.** CHIM, NUCL & PHYS reactor; ~ **nucléaire** nuclear reactor.

**réactif, ive** [reaktif, iv] *adj* CHIM & PHYS reactive; **papier** ~ reagent paper.
◆ **réactif** *nm* **-1.** CHIM reactant. **-2.** PSYCH reactive.

**réaction** [reaksjɔ̃] *nf* **-1.** [réponse] reaction, response; **la nouvelle l'a laissée sans** ~ she showed no reaction to the news; **il a eu une** ~ **très violente** he reacted very violently ❑ **temps de** ~ MÉD reaction time; PSYCH latent period *ou* time. **-2.** [riposte] reaction; **en** ~ **contre** as a reaction against. **-3.** POL reaction; **gouvernement/vote de** ~ reactionary government/vote. **-4.** AÉRON, ASTRONAUT, CHIM & PHYS reaction; **propulsion par** ~ **atomique** atomic-powered propulsion; ~ **en chaîne** *pr* chain reaction; *fig* chain reaction, domino effect. **-5.** ÉLECTRON: ~ **négative** negative feedback.

**réactionnaire** [reaksjɔnɛr] *adj* & *nmf* reactionary.

**réactionnel, elle** [reaksjɔnɛl] *adj* **-1.** CHIM & PHYSIOL reactional. **-2.** PSYCH reactive.

**réactive** [reaktiv] *f* → **réactif**.

**réactiver** [3] [reaktive] *vt* **-1.** [feu] to rekindle; [circulation sanguine] to restore; [système] to reactivate; [négociations] to revive. **-2.** CHIM to reactivate.

**réactivité** [reaktivite] *nf* **-1.** CHIM reactivity. **-2.** BIOL reactivity, excitability.

**réactualiser** [3] [reaktɥalize] *vt* **-1.** [adapter – système] to adapt, to readjust. **-2.** [moderniser – dictionnaire] to update, to bring up to date.

**réadapter** [3] [readapte] *vt* [handicapé] to reeducate, to rehabilitate; [muscle] to reeducate.
◆ **se réadapter** *vpi* [handicapé, exilé] to readjust; **se** ~ **à qqch** to readjust to sthg.

**réaffecter** [4] [reafɛkte] *vt* **-1.** [personne – à une fonction] to reappoint, to renominate; [– à une région, un pays] to post back *(sép)*. **-2.** [crédits] to reallocate.

**réaffirmer** [3] [reafirme] *vt* to reaffirm, to reassert.

**réagir** [32] [reaʒir] *vi* **-1.** CHIM, PHOT & PHYS to react. **-2.** [répondre] to react; **il a bien/mal réagi à son départ** he reacted well/badly to her leaving; **il faut absolument** ~ we really have to do something. **-3.** MÉD to respond.

**réajuster** [3] [reaʒyste] = **rajuster**.

**réalisable** [realizabl] *adj* **-1.** [projet] feasible, workable; [rêve] attainable. **-2.** FIN realizable.

**réalisateur, trice** [realizatœr, tris] *nm, f* **-1.** CIN director, film-maker; RAD & TV producer. **-2.** [maître d'œuvre]: **il a été le** ~ **du projet** he was the one who brought the project to fruition.

**réalisation** [realizasjɔ̃] *nf* **-1.** [d'un projet] carrying out, execution; [d'un rêve] fulfilment; [d'un exploit] achievement. **-2.** [chose réalisée] achievement; **être en cours de** ~ to be under way. **-3.** JUR [d'un contrat] fulfilment; COMM [d'une vente] clinching, closing; FIN [liquidation] realization. **-4.** CIN & TV [mise en scène] directing, filmmaking; [film] production, film *Br*, movie *Am*; '~ **(de) George Cukor'** 'directed by George Cukor'; **la** ~ **de ce film coûterait trop cher** making this film would cost too much. **-5.** RAD [émission] production; [enregistrement] recording; **à la** ~, **Fred X** sound engineer, Fred X. **-6.** MUS realization.

**réaliser** [3] [realize] *vt* **-1.** [rendre réel – projet] to carry out *(sép)*; [– rêve] to fulfil, to realize; [– espoir] to realize. **-2.** [accomplir – œuvre] to complete, to carry out *(sép)*; [– exploit] to achieve, to perform; **les efforts réalisés** the efforts that have been made. **-3.** COMM [vente] to make; FIN [capital, valeurs] to realize; [bénéfice] to make. **-4.** CIN, RAD & TV to direct. **-5.** MUS to realize. **-6.** [comprendre] to realize; *(en usage absolu)*: **elle est encore sous le choc, mais quand elle va** ~! she's still in a state of shock, but wait till it hits her!
◆ **se réaliser** *vpi* **-1.** [s'accomplir – projet] to be carried out; [– rêve, vœu] to come true, to be fulfilled; [– prédiction] to

come true. **-2.** [personne] to fulfil o.s.

**réalisme** [realism] *nm* **-1.** [gén] realism; **faire preuve de** ~ to be realistic. **-2.** BX-ARTS & LITTÉRAT realism.

**réaliste** [realist] ◇ *adj* **-1.** [gén] realistic. **-2.** BX-ARTS & LITTÉRAT realist. ◇ *nmf* realist.

**réalité** [realite] *nf* **-1.** [existence] reality; **douter de la** ~ **d'un fait** to doubt the reality of a fact. **-2.** [univers réel]: **la** ~ reality; **regarder la** ~ **en face** to face up to reality; **dans la** ~ in real life; **quand la** ~ **dépasse la fiction** when fact is stranger than fiction. **-3.** [fait] fact; **prendre conscience des** ~s **(de la vie)** to face facts; **les** ~s **de ce monde** the realities of this world.
◆ **en réalité** *loc adv* **-1.** [en fait] in (actual) fact. **-2.** [vraiment] in real life; **à la scène, elle paraît plus jeune qu'elle n'est en** ~ on stage, she looks younger than she does in real life.

**réaménagement** [reamenaʒmɑ̃] *nm* **-1.** [modification – d'un bâtiment] refitting *(U)*; [– d'un projet] reorganization, replanning *(U)*; ~ **urbain** urban redevelopment. **-2.** FIN readjustment.

**réamorcer** [16] [reamɔrse] *vt* **-1.** [pompe] to prime again. **-2.** [discussion] to begin *ou* to start again, to reinitiate.

**réanimation** [reanimasjɔ̃] *nf* [action] resuscitation; **service de** ~ **(intensive)** intensive care unit; **admis en** ~ [service] put in intensive care.

**réanimer** [3] [reanime] *vt* **-1.** [malade] to resuscitate, to revive. **-2.** [conversation, intérêt] to revive.

**réapparaître** [91] [reaparɛtr] *vi (aux être ou avoir)* to come back, to reappear, to appear again.

**réapparition** [reaparisjɔ̃] *nf* **-1.** [du soleil] reappearance. **-2.** [d'une vedette] comeback.

**réapparu, e** [reapary], **réapparus** [reapary] *v* → **réapparaître**.

**réapprendre** [79] [reaprɑ̃dr] *vt* to learn again.

**réapprovisionnement** [reaprɔvizjɔnmɑ̃] *nm* COMM [d'un magasin] restocking; [d'un commerçant] re-supplying.

**réapprovisionner** [3] [reaprɔvizjɔne] *vt* COMM [magasin] to restock; [commerçant] to resupply.

**réarmement** [rearmamɑ̃] *nm* **-1.** MIL rearmament, rearming; POL rearmament. **-2.** NAUT refitting. **-3.** ARM cocking.

**réarmer** [3] [rearme] ◇ *vt* **-1.** MIL & POL to rearm. **-2.** NAUT to refit. **-3.** ARM to cock. ◇ *vi* [pays] to rearm.

**réassortiment** [reasɔrtimɑ̃] *nm* **-1.** COMM [d'un magasin] restocking; [d'un stock] renewing; [de marchandises] new stock, fresh supplies. **-2.** [de pièces d'un service] matching (up); [d'une soucoupe] replacing.

**réassortir** [32] [reasɔrtir] *vt* COMM [magasin] to restock; [stock] to renew.

**réassurance** [reasyrɑ̃s] *nf* reinsurance.

**rebaisser** [4] [rəbese] ◇ *vi* to go down again, to drop *ou* to fall again. ◇ *vt* [prix] to bring down *(sép)* again, to lower again; [chauffage, feu, son] to turn down *(sép)* again, to turn down low again.

**rebaptiser** [3] [rəbatize] *vt* to rename.

**rébarbatif, ive** [rebarbatif, iv] *adj* **-1.** [personne] cantankerous, surly. **-2.** [idée] off-putting *esp Br*, daunting.

**rebâtir** [32] [rəbatir] *vt* to rebuild.

**rebattre** [83] [rəbatr] *vt* **-1.** [cartes] to reshuffle. **-2.** *loc*: **m'a rebattu les oreilles de son divorce** she went on and on *ou* she kept harping on about her divorce.

**rebattu, e** [rəbaty] ◇ *pp* → **rebattre**. ◇ *adj* [éculé] hackneyed, worn out.

**rebelle** [rəbɛl] ◇ *adj* **-1.** POL rebel *(modif)*. **-2.** [indomptable – cheval] rebellious; [– cœur, esprit] rebellious, intractable; [– enfant] rebellious, wilful; [– mèche] unruly, wild. **-3.** ~ **à** [réfractaire à] impervious to. **-4.** [acné, fièvre] stubborn, refractory *spéc*. ◇ *nmf* rebel.

**rebeller** [4] [rəbɛle]
◆ **se rebeller** *vpi* to rebel; **la jeune génération de cinéastes qui se rebellent contre les conventions** the younger generation of filmmakers who flout established conventions.

**rébellion** [rebɛljɔ̃] *nf* **-1.** [révolte] rebellion. **-2.** [les rebelles]: **la** ~ the rebels.

**rebelote** [rəbəlɔt] *nf* **-1.** JEUX rebelote *(said when playing the second card of a pair of king and queen of trumps while playing belote)*. **-2.** *fam loc*: ~! here we go again!

**rebiffer** [3] [rəbife]
◆ **se rebiffer** *vpi fam*: quand je lui fais une remarque, il se rebiffe when I say anything to him he reacts really badly; **se** ~ **contre** qqch to kick out against sthg.

**rebiquer** [3] [rəbike] *vi fam* to stick up.

**reboisement** [rəbwazmã] *nm* reafforestation.

**reboiser** [3] [rəbwaze] *vt* to reafforest.

**rebond** [rəbɔ̃] *nm* bounce, rebound; je l'ai attrapé au ~ I caught it on the rebound.

**rebondi, e** [rəbɔ̃di] *adj* [joue, face] chubby, plump; [formes] well-rounded.

**rebondir** [32] [rəbɔ̃dir] *vi* **-1.** [balle, ballon] to bounce; le ballon rebondit mal the ball doesn't bounce well. **-2.** [conversation] to get going again; [intérêt] to be revived ou renewed; [procès, scandale] to get new impetus; faire ~ qqch to give sthg a fresh start ou a new lease of life. **-3.** [intrigue] to take off again.

**rebondissement** [rəbɔ̃dismã] *nm* **-1.** [d'une balle] bouncing. **-2.** [d'une affaire] (new) development.

**rebord** [rəbɔr] *nm* [d'un fossé, d'une étagère] edge; [d'un verre, d'une assiette] rim; [d'une cheminée] mantelpiece; [d'une fenêtre] (window) ledge ou sill; le savon est sur le ~ de la baignoire the soap is on the side ou edge of the bath.

**reboucher** [3] [rəbuʃe] *vt* **-1.** [bouteille de vin] to recork; [flacon, carafe] to restopper; '~ après usage' 'replace lid after use'. **-2.** CONSTR [trou] to fill, to plug; [fissure] to fill, to stop.
◆ **se reboucher** *vpi* [évier] to get blocked again.

**rebours** [rəbur]
◆ **à rebours** *loc adv* **-1.** [à l'envers – compter, lire] backwards; [dans le mauvais sens] the wrong way; **tu prends tout à** ~! you're always getting the wrong idea!, you're always getting the wrong end of the stick! *Br.* **-2.** TEXT against the nap ou the pile.

**rebouteur, euse** [rəbutœr, øz], **rebouteux, euse** [rəbutø, øz], *nm, f* bonesetter.

**reboutonner** [3] [rəbutɔne] *vt* to button up *(sép)* again, to rebutton.
◆ **se reboutonner** *vp (emploi réfléchi)* to do o.s. up again.

**rebrousse-poil** [rəbruspwal]
◆ **à rebrousse-poil** *loc adv* **-1.** TEXT against the nap ou the pile. **-2.** [maladroitement] the wrong way; mieux vaut ne pas prendre le patron à ~ better not rub the boss up the wrong way.

**rebrousser** [3] [rəbruse] *vt* **-1.** [cheveux] to ruffle. **-2.** [poil] to brush the wrong way. **-3.** TEXT [drap] to brush against the nap. **-4.** *loc:* ~ **chemin** to turn back, to retrace one's steps.

**rebuffade** [rəbyfad] *nf* rebuff; essuyer une ~ to suffer a rebuff.

**rébus** [rebys] *nm* rebus; ce texte est un ~ pour moi *fig* this text is a real puzzle for me.

**rebut** [rəby] *nm* **-1.** [article défectueux] second, reject. **-2.** [poubelle, casse: mettre ou jeter au ~ to throw away, to discard; bon à mettre au ~ [vêtement] only fit to be thrown out; [véhicule] ready for the scrapheap. **-3.** [envoi postal] dead letter.
◆ **de rebut** *loc adj* **-1.** [sans valeur]: meubles de ~ unwanted furniture; vêtements de ~ cast-offs. **-2.** [défectueux]: marchandises de ~ seconds, rejects.

**rebutant, e** [rəbytã, ãt] *adj* **-1.** [repoussant] repulsive. **-2.** [décourageant] off-putting *esp Br*, disheartening.

**rebuter** [3] [rəbyte] *vt* **-1.** [décourager] to discourage, to put off *(sép)*. **-2.** [dégoûter] to put off *(sép)*. **-3.** [choquer]: ses manières me rebutent I find his behaviour quite shocking.
◆ **se rebuter** *vpi* [se lasser]: il était plein d'ardeur mais il s'est vite rebuté he used to be very keen but he soon lost heart ou his enthusiasm.

**récalcitrant, e** [rekalsitrã, ãt] ◇ *adj* [animal] stubborn; [personne] recalcitrant, rebellious. ◇ *nm, f* recalcitrant.

**recalculer** [3] [rəkalkyle] *vt* to work out *(sép)* again, to recalculate.

**recalé, e** [rəkale] *fam* ◇ *adj*: ~en juin, j'ai réussi en septembre I failed in June but passed in September. ◇ *nm, f* failed candidate.

**recaler** [3] [rəkale] *vt fam* [candidat] to fail.

**récapitulatif, ive** [rekapitylatif, iv] *adj* **-1.** [note] summariz-

---

ing; [tableau] summary *(modif)*. **-2.** BANQUE: tableau ~ (d'un compte) (summary) statement.
◆ **récapitulatif** *nm* summary, recapitulation, résumé.

**récapitulation** [rekapitylasjɔ̃] *nf* **-1.** [résumé] recapitulation, summary, résumé; [liste] recapitulation, summary. **-2.** BANQUE (summary) statement.

**récapituler** [3] [rekapityle] *vt* **-1.** [résumer] to summarize, to recapitulate. **-2.** [énumérer] to go ou to run over *(insép)*.

**recaser** [3] [rəkaze] *vt fam* [personne] to find a new job for.
◆ **se recaser** *vp (emploi réfléchi) fam* [retrouver un emploi] to get fixed up with a new job; [se remarier] to get hitched again.

**recel** [rəsɛl] *nm* JUR **-1.** [d'objets] possession of stolen goods; faire du ~ to deal in stolen goods. **-2.** [de personnes]: ~ **de** déserteur/malfaiteur harbouring a deserter/a (known) criminal.

**receler** [25] [rəsəle] *vt* **-1.** [bijoux, trésor] to receive; [personne] to harbour. **-2.** [mystère, ressources] to hold.

**receleur, euse** [rəsəlœr, øz] *nm, f* receiver (of stolen goods).

**récemment** [resamã] *adv* **-1.** [dernièrement] recently, not (very) long ago; un journaliste ~ rentré d'Afrique a journalist just back from Africa; l'as-tu rencontrée ~? have you met her lately? **-2.** [nouvellement] recently, newly; membres ~ inscrits newly registered members.

**recensement** [rəsãsmã] *nm* **-1.** [de population] census; **faire le** ~ **de la population** to take a census of the population. **-2.** POL: ~ **des votes** registering ou counting of the votes. **-3.** MIL [des futurs conscrits] *registering men for military service*; [des équipements] inventorying.

**recenser** [3] [rəsãse] *vt* **-1.** [population] to take ou to make a census of; [votes] to count, to register. **-2.** [biens] to inventory, to make an inventory of; [marchandises] to check, to take stock of. **-3.** MIL [futurs conscrits] to register; [équipements] to inventory; se faire ~ to register for military service.

**récent, e** [resã, ãt] *adj* **-1.** [événement] recent; leur mariage est tout ~ they've just ou recently got married; jusqu'à une date ~e until recently. **-2.** [bourgeois, immigré] new.

**recentrage** [rəsãtraʒ] *nm* **-1.** AUT recentring; MÉCAN realigning. **-2.** ÉCON streamlining, rationalization. **-3.** POL adoption of a moderate stance.

**recentrer** [3] [rəsãtre] *vt* **-1.** AUT to recentre; MÉCAN to realign. **-2.** ÉCON to streamline. **-3.** POL to revise, to realign. **-4.** SPORT to centre again.
◆ **se recentrer** *vpi* to become refocussed.

**récépissé** [resepise] *nm* (acknowledgment of) receipt.

**réceptacle** [reseptakl] *nm* **-1.** [réservoir] container, vessel, receptacle. **-2.** *fig & litt* [lieu de rendez-vous] meeting place. **-3.** BOT receptacle.

**récepteur, trice** [reseptœr, tris] *adj* RAD, TÉLÉC & TV receiving, receiver *(modif)*.
◆ **récepteur** *nm* **-1.** ÉLECTRON receiver. **-2.** RAD & TV (receiving) set, receiver. **-3.** [téléphonique] receiver. **-4.** MÉD receptor; [en neurologie] receptor (molecule). **-5.** LING receiver.

**réceptif, ive** [reseptif, iv] *adj* **-1.** [ouvert] receptive; ~ à open ou susceptible to. **-2.** MÉD susceptible (to infection).

**réception** [resepsjɔ̃] *nf* **-1.** [du courrier] receipt; acquitter ou payer à la ~ to pay on receipt ou delivery. **-2.** RAD & TV reception. **-3.** [accueil] welcome, reception. **-4.** [fête, dîner] party, reception; ~ **mondaine** society event. **-5.** [d'un hôtel, d'une société – lieu] reception area ou desk; [– personnel] reception staff. **-6.** [cérémonie d'admission] admission. **-7.** CONSTR: ~ **des travaux** acceptance (of work done). **-8.** SPORT [d'un sauteur] landing; [du ballon – avec la main] catch; [– avec le pied]: bonne ~ **de Pareta qui passe à Loval** Pareta traps the ball well and passes to Loval.

**réceptionnaire** [resepsjɔner] *nmf* **-1.** [dans un hôtel] head of reception. **-2.** COMM [de marchandises] receiving clerk. **-3.** NAUT receiving agent, receiver, consignee.

**réceptionner** [3] [resepsjɔne] *vt* **-1.** [article] to check and sign for. **-2.** SPORT [balle – avec la main] to catch; [– avec le pied] to trap.
◆ **se réceptionner** *vpi* to land; il s'est bien/mal réceptionné he made a good/poor landing.

**réceptionniste** [resepsjɔnist] *nmf* receptionist.

**réceptive** [reseptiv] *f* → **réceptif**.

**réceptivité** [reseptivite] *nf* **-1.** [sensibilité] receptiveness, responsiveness. **-2.** MÉD susceptibility (to infection). **-3.** PSYCH receptiveness.

**récessif, ive** [resesif, iv] *adj* **-1.** BIOL [gène] recessive. **-2.** ÉCON recessionary.

**récession** [resesjɔ̃] *nf* **-1.** [crise économique] recession. **-2.** ASTRON & GÉOG receding.

**recette** [rəsɛt] *nf* **-1.** COMM takings *Br*, take *Am*; on a fait une bonne/mauvaise ~ the takings were good/poor ❑ faire ~ [idée] to catch on; [mode] to be all the rage; [personne] to be a great success, to be a hit. **-2.** JUR & FIN tax (collector's) office; ~ fiscale [administration] revenue service, Inland Revenue *Br*; ~ municipale local tax office; ~ principale [de la poste] main post office; [des impôts] main tax office. **-3.** CULIN: ~ (de cuisine) recipe; elle m'a donné la ~ des crêpes she gave me the recipe for pancakes ❑ livre de ~s cookbook, cookery book *Br.* **-4.** *fig* [méthode]: elle a une ~ pour enlever les taches she's got a formula for getting rid of stains.
◆ **recettes** *nfpl* [sommes touchées] income *(U)*, receipts, incomings; ~s et dépenses [gén] income and expenses, incomings and outgoings; [en comptabilité] credit and debit ❑ ~s publiques public revenue OU income.

**recevabilité** [rəsəvabilite] *nf* JUR admissibility.

**recevable** [rəsəvabl] *adj* **-1.** [offre, excuse] acceptable. **-2.** JUR [témoignage] admissible; [demande] allowable; témoignage non ~ inadmissible evidence ‖ [personne] entitled.

**receveur, euse** [rəsəvœr, øz] *nm, f* **-1.** TRANSP conductor. **-2.** [des postes] postmaster (*f* postmistress). **-3.** [des impôts] tax collector OU officer; ~ des contributions income tax collector. **-4.** MÉD recipient.

**recevoir** [52] [rəsəvwar] ◇ *vt* **-1.** [courrier, coup de téléphone, compliments] to receive, to get; [salaire, somme] to receive, to get, to be paid; [cadeau] to get, to receive, to be given; [prix, titre] to receive, to get, to be awarded; [déposition, réclamation, ordre] to receive; voilà longtemps que je n'ai pas reçu de ses nouvelles it's a long time since I last heard from him; nous avons bien reçu votre courrier du 12 mai we acknowledge receipt OU confirm receipt of your letter dated May 12th; la rose a reçu le nom de la cantatrice the rose took its name from OU was named after the singer; cette hypothèse n'a pas encore reçu de confirmation that hypothesis has yet to receive confirmation OU to be confirmed; je n'ai de conseils à ~ de personne! I don't have to take advice from anybody!; veuillez ~, Madame, l'expression de mes sentiments les meilleurs OU mes salutations distinguées yours sincerely. **-2.** [accueillir] to receive, to get; [affection, soins] to receive. **-3.** [subir – coups] to get, to receive; ~ un coup sur la tête to receive a blow to OU to get hit on the head; la bouteille est tombée et c'est lui qui a tout reçu the bottle fell over and it went all over him. **-4.** [chez soi – accueillir] to greet, to welcome; [– inviter] to entertain; [– héberger] to take in *(sép)*, to put up *(sép)*; je reçois quelques amis lundi, serez-vous des nôtres? I'm having a few friends round on Monday, will you join us?; ~ qqn à dîner [avec simplicité] to have sb round for dinner, to invite sb to dinner; [solennellement] to entertain sb to dinner; j'ai été très bien reçu I was made to (feel) most welcome; j'ai été mal reçu I was made to feel unwelcome; ils ont reçu la visite de la police they received a visit from the police ❑ se faire ~ *fam* to get told off. **-5.** [à son lieu de travail – client, représentant] to see; ils furent reçus par le Pape they had an audience with OU were received by the Pope. **-6.** [dans un club, une société – nouveau membre] to admit. **-7.** [abriter] le chalet peut ~ six personnes the chalet sleeps six (people); le stade peut ~ jusqu'à 75 000 personnes the stadium can hold up to 75,000 people OU has a capacity of 75,000. **-8.** [eaux de pluie] to collect; [lumière] to receive. **-9.** *(surtout au passif)* [candidat] to pass; elle a été reçue à l'épreuve de français she passed her French exam; je ne suis pas reçu I didn't pass. **-10.** RAD & TV to receive, to get. **-11.** RELIG [sacrement, vœux] to hear; [confession] to hear.
◇ *vi* **-1.** [donner une réception] to entertain; elle sait merveilleusement ~ she's marvellous at entertaining, she's a marvellous hostess ‖ [tenir salon]: la comtesse recevait le mardi the countess used to be at home (to visitors) on Tuesdays. **-2.** [avocat, conseiller, médecin] to be available (to see clients); le médecin reçoit/ne reçoit pas aujourd'hui the doctor is/isn't seeing patients today.
◆ **se recevoir** ◇ *vp (emploi réciproque)* [s'inviter] to visit each

other. ◇ *vpi* SPORT to land.

**rechange** [rəʃɑ̃ʒ]
◆ **de rechange** *loc adj* **-1.** [de secours] spare; [pour se changer] extra; elle n'avait même pas de linge de ~ she didn't even have a change of clothes. **-2.** [de remplacement – solution] alternative.

**rechanger** [17] [rəʃɑ̃ʒe] *vt* to change (again), to exchange (again).

**rechanter** [rəʃɑ̃te] *vt* to sing again.

**rechaper** [3] [rəʃape] *vt* to retread AUT; pneus rechapés retreads.

**réchapper** [3] [reʃape]
◆ **réchapper à**, **réchapper de** *v + prép* to come OU to pull through; en ~ [rester en vie] to come through, to escape alive.

**recharge** [rəʃarʒ] *nf* **-1.** [d'arme] reload; [de stylo, briquet, parfum] refill. **-2.** [action] ARM reloading; ÉLECTR recharging.

**rechargeable** [rəʃarʒabl] *adj* [briquet, stylo] refillable; [batterie] rechargeable.

**rechargeai** [rəʃarʒe] *v* → recharger.

**recharger** [17] [rəʃarʒe] *vt* **-1.** [réapprovisionner – arme, appareil photo] to reload; [– briquet, stylo] to refill; [– poêle à bois, à mazout, à charbon] to refill; [– batterie] to recharge. **-2.** [voiture, camion] to load again. **-3.** TRAV PUBL to remetal; RAIL to reballast, to relay. **-4.** INDUST to strengthen, to consolidate. **-5.** INF to reload.

**réchaud** [reʃo] *nm* **-1.** [de cuisson] (portable) stove; ~ de camping [à gaz] camping stove; [à pétrole] Primus® (stove); ~ à gaz (portable) gas stove. **-2.** [chauffe-plats] plate warmer, chafing dish.

**réchauffé, e** [reʃofe] *adj* **-1.** [nourriture] reheated, warmed-up, heated-up. **-2.** *fig* [plaisanterie] stale.
◆ **réchauffé** *nm* reheated OU warmed-up food; c'est du ~ *fig* & *péj* that's old hat.

**réchauffement** [reʃofmɑ̃] *nm* warming up *(U)*; ~ de l'atmosphère global warming; on annonce un léger ~ pour le week-end temperatures will rise slightly this weekend.

**réchauffer** [3] [reʃofe] *vt* **-1.** [nourriture] to heat OU to warm up *(sép)* (again). **-2.** [personne, salle] to warm up *(sép)*; tu as l'air OU tu es bien réchauffé! don't you feel the cold? **-3.** *fig* [ambiance] to warm up *(sép)*; [ardeur] to rekindle; ça vous réchauffe le cœur de les voir it warms (the cockles of) your heart to see them.
◆ **se réchauffer** ◇ *vp (emploi passif)*: un soufflé ne se réchauffe pas you can't reheat a soufflé. ◇ *vpi* **-1.** [personne] to warm up; je n'arrive pas à me ~ aujourd'hui I just can't get warm today; alors, tu te réchauffes? well now, are you warming up a bit? **-2.** [pièce, sol, temps] to warm up, to get warmer. ◇ *vpt*: se ~ les pieds/mains to warm one's feet/hands (up).

**réchauffeur** [reʃofœr] *nm* heater.

**rechausser** [3] [rəʃose] *vt* **-1.** [personne]: ~ qqn to put sb's shoes back on for him/her. **-2.** AGR & HORT to earth OU to bank up *(sép)*. **-3.** CONSTR to consolidate (the base of).
◆ **se rechausser** *vp (emploi réfléchi)* to put one's shoes back on.

**rêche** [rɛʃ] *adj* **-1.** [matière, vin] rough; [fruit] bitter. **-2.** *fig* [voix, ton] harsh, rough.

**recherche** [rəʃɛrʃ] *nf* **-1.** [d'un objet, d'une personne, d'un emploi etc] search; [du bonheur, de la gloire, du plaisir] pursuit; [d'informations] research; ~ documentaire documentary research. **-2.** INF search, searching *(U)*. **-3.** JUR search; ~ de paternité paternity proceedings OU suit *Am.* **-4.** [prospection]: ~ minière mining; ~ pétrolière oil prospecting. **-5.** SC & UNIV: la ~ research; bourse/travaux de ~ research grant/work; faire de la ~ to do research; elle fait de la ~ en chimie [spécialiste] she's a research chemist; [étudiante] she's a chemistry research student ❑ ~ fondamentale fundamental research; ~ opérationnelle operational *Br* OU operations *Am* research; ~ scientifique scientific research. **-6.** [raffinement] sophistication, refinement; vêtu avec ~ elegantly dressed; sans ~ simple, plain ‖ [affectation] affectation, ostentatiousness.
◆ **recherches** *nfpl* [enquête] search; faire faire des ~s pour retrouver un parent disparu to have a search carried out

for a missing relative ‖ [travaux – gén] work, research; [– de médecine] research; **une équipe d'archéologues mène déjà des ~s sur le site** a team of archeologists is already working on ou researching the site.
◆ **à la recherche de** *loc prép* in search of, looking ou searching for; **être/partir/se mettre à la ~ de** to be/to set off/to go in search of; **depuis combien de temps êtes-vous à la ~ d'un emploi?** how long have you been looking for a job?; **'À la ~ du temps perdu'** *Proust* 'In Search of Lost Time'.

**recherché, e** [rəʃɛrʃe] *adj* **-1.** [prisé – mets] choice *(modif);* [– comédien] in demand, much sought-after; [– objet rare] much sought-after. **-2.** [raffiné – langage] studied; [– tenue] elegant; [– style] ornate.

**rechercher** [3] [rəʃɛrʃe] *vt* **-1.** [document, objet] to look ou to search for *(insép);* [disparu] to search for *(insép);* [assassin] to look for *(insép);* **nous recherchons votre correspondant** TÉLÉC we're trying to connect you; **il est recherché par la police** the police are looking for him; **'on recherche pour meurtre homme brun, 32 ans'** 'wanted for murder brown-haired, 32 year-old man'. **-2.** [dans une annonce]: **(on) recherche jeunes gens pour travail bien rémunéré** young people wanted for well-paid job. **-3.** [cause] to look into *(insép),* to investigate; **on recherche toujours la cause du sinistre** the cause of the fire is still being investigated. **-4.** [compliment, pouvoir, gloire] to seek (out); [sécurité] to look for *(insép);* [fortune, plaisirs] to be in search of; [beauté, pureté] to strive for *(insép),* to aim at *(insép).* **-5.** [récupérer – une personne] to collect, to fetch back (again); **je viendrai te ~** I'll come and fetch you. **-6.** [chercher à nouveau] to search ou to look for *(insép)* again; [prendre à nouveau]: **va me ~ du pain chez le boulanger/à la cuisine** go and get some more bread from the baker's/kitchen. **-7.** INF to search.

**rechigner** [3] [rəʃiɲe] *vi* **-1.** [montrer sa mauvaise humeur] to grimace, to frown. **-2.** [protester] to grumble; **fais-le sans ~** do it without making a fuss.
◆ **rechigner à** *v + prép*: **elle rechigne à faire cette vérification** she's reluctant to carry out this check.

**rechute** [rəʃyt] *nf* **-1.** MÉD relapse; **avoir** ou **faire une ~** to (have a) relapse. **-2.** [d'une mauvaise habitude] relapse.

**rechuter** [3] [rəʃyte] *vi* **-1.** MÉD to (have a) relapse. **-2.** [dans une mauvaise habitude] to relapse.

**récidive** [residiv] *nf* **-1.** JUR [après première condamnation] second offence; [après deuxième condamnation] subsequent offence. **-2.** MÉD recurrence.

**récidiver** [3] [residive] *vi* **-1.** JUR [après première condamnation] to commit a second offence; [après deuxième condamnation] to commit a subsequent offence. **-2.** [recommencer]: **il récidive dans ses plaintes** he's bringing up the same complaints again. **-3.** MÉD to recur, to reappear.

**récidiviste** [residivist] ◇ *adj* recidivist. ◇ *nmf* [pour la première fois] second offender, recidivist *spéc.* [de longue date] habitual offender, recidivist *spéc.*

**récif** [resif] *nm* reef; **~ corallien** ou **de corail** coral reef; **~ frangeant** fringing reef.

**récipiendaire** [resipjɑ̃dɛr] *nmf* **-1.** [nouveau venu] member elect. **-2.** [d'une médaille, d'un diplôme] recipient.

**récipient** [resipjɑ̃] *nm* container, receptacle *sout,* vessel *litt.*

**réciprocité** [resiprosite] *nf* reciprocity.

**réciproque** [resiprok] ◇ *adj* **-1.** [mutuel] mutual; **je vous hais! — c'est ~!** I hate you! — I hate you too ou the feeling's mutual! **-2.** [bilatéral – accord] reciprocal. **-3.** LOGIQUE converse; **proposition ~** converse (proposition). **-4.** GRAMM & MATH reciprocal. ◇ *nf* **-1. la ~** [l'inverse] the reverse, the opposite; **pourtant la ~ n'est pas vraie** though the reverse isn't true, but not vice versa; **je ne l'aime pas, et la ~ est vraie** I don't like him and he doesn't like me. **-2. la ~** [la même chose] the same; **ils vous ont invités, à vous de leur rendre la ~** they invited you, now it's up to you to do the same ou to invite them in return. **-3.** MATH reciprocal function.

**réciproquement** [resiprokmɑ̃] *adv* **-1.** [mutuellement]: **ils ont le devoir de se protéger ~** it is their duty to protect each other ou one another, they must provide each other with mutual protection. **-2.** [inversement] vice versa.

**récit** [resi] *nm* **-1.** [histoire racontée] story, tale, narration; **vous ferez le ~ de vos dernières vacances** write an account of your last holidays. **-2.** [exposé] account; **un ~ cir-**

constancié a blow-by-blow account. **-3.** LITTÉRAT & THÉÂT narrative. **-4.** MUS [dans un opéra] recitative; [solo] solo; [clavier d'orgue] third manual, choir (organ).

**récital, als** [resital] *nm* recital.

**récitant, e** [resitɑ̃, ɑ̃t] ◇ *adj* MUS solo. ◇ *nm, f* CIN, THÉÂT narrator.

**récitatif** [resitatif] *nm* recitative.

**récitation** [resitasjɔ̃] *nf* **-1.** [d'un texte] recitation. **-2.** SCOL [poème] recitation piece.

**réciter** [3] [resite] *vt* **-1.** [dire par cœur – leçon] to repeat, to recite; [– discours] to give; [– poème, prière] to say, to recite; [– formule] to recite. **-2.** [dire sans sincérité]: **elle avait l'air de ~ un texte** she sounded as if she was reading from a book; **le témoin a récité sa déposition** the witness reeled off his statement.

**réclamation** [reklamasjɔ̃] *nf* **-1.** ADMIN [plainte] complaint; **pour toute ~, s'adresser au guichet 16** all complaints should be addressed ou referred to desk 16; **faire une ~** to lodge a complaint ❑ **service/bureau des ~s** complaints department/office. **-2.** JUR [demande] claim, demand; **faire une ~** to lodge a claim; **faire droit à une ~** to allow ou to satisfy a claim. **-3.** [récrimination] complaining *(U).*
◆ **réclamations** *nfpl* TÉLÉC [service]: **appeler les ~s** to call the (telephone) engineer.

**réclame** [reklam] *nf vieilli* **-1. la ~** [la publicité] advertising *(U);* **faire de la ~ pour qqch** to advertize sthg. **-2.** [annonce] advertisement.
◆ **en réclame** ◇ *loc adj* on (special) offer. ◇ *loc adv* at a discount.

**réclamer** [3] [reklame] ◇ *vt* **-1.** [argent, augmentation] to demand; [attention, silence] to call for *(insép),* to demand; [personne] to ask ou to clamour for *(insép);* **je réclame le silence!** silence, please!; **elle me doit encore de l'argent mais je n'ose pas le lui ~** she still owes me money but I daren't ask for it back; **~ le secours de qqn** to ask sb for assistance ‖ *(en usage absolu):* **le chien est toujours à ~** *fam* the dog's always begging. **-2.** [revendiquer – droit] to claim; [– somme due] to put in for *(insép),* to claim. **-3.** [nécessiter – précautions] to call for *(insép);* [– soins] to require; [– explication] to require, to demand. ◇ *vi* **-1.** [se plaindre]: **~ auprès de qqn** to complain to sb. **-2.** [protester]: **~ contre qqch** to cry out against sthg.
◆ **se réclamer de** *vp + prép*: **se ~ de qqn** [utiliser son nom] to use sb's name; [se prévaloir de lui] to invoke sb's name; **elle ne se réclame d'aucun mouvement politique** she doesn't identify with any political movement; **les organisations se réclamant du marxisme** organizations calling ou labelling themselves Marxist.

**reclasser** [3] [rəklase] *vt* **-1.** [par ordre alphabétique] to reorder; [par ordre numérique] to reorder, to resequence. **-2.** [ranger] to put back, to refile; [réorganiser] to reclassify, to re-organize. **-3.** ADMIN [salaires] to restructure; [fonctionnaire] to regrade. **-4.** [chômeur] to place; [handicapé, ex-détenu] to rehabilitate.

**reclus, e** [rəkly, yz] ◇ *adj* solitary, secluded. ◇ *nm, f* recluse; **vivre en ~** to live like a hermit ou recluse.

**réclusion** [reklyzjɔ̃] *nf* **-1.** *litt* reclusion, seclusion. **-2.** JUR imprisonment; **~ criminelle** imprisonment with labour; **condamné à la ~ criminelle à perpétuité** sentenced to life (imprisonment), given a life sentence.

**réclusionnaire** [reklyzjɔnɛr] *nmf* prisoner.

**recoiffer** [3] [rəkwafe] *vt*: **~ ses cheveux** to do ou to redo one's hair; **~ qqn** to do sb's hair (again).
◆ **se recoiffer** *vp (emploi réfléchi)* **-1.** [se peigner] to do ou to redo one's hair. **-2.** [remettre son chapeau] to put one's hat on again ou back on.

**recoin** [rəkwɛ̃] *nm* **-1.** [coin] corner, nook; **chercher dans le moindre ~** ou **dans tous les (coins et) ~s** to search every nook and cranny. **-2.** *fig* [partie secrète] recess.

**reçois** [rəswa], **reçoivent** [rəswav] *v* → **recevoir**.

**recollage** [rəkɔlaʒ] *nm* resticking.

**récollection** [rekɔlɛksjɔ̃] *nf* recollection RELIG.

**recoller** [3] [rəkɔle] *vt* **-1.** [objet brisé] to stick ou to glue back together; [timbre] to stick back on; [enveloppe] to stick back down, to restick; [semelle] to stick ou to glue back on ❑ **~ les morceaux** [avec de la colle] to stick ou to glue the pieces back together (again); [avec de l'adhésif] to tape the pieces back together (again); *fig* to patch things up. **-2.** *fam* [remettre] to stick ou to shove back.

◆ **se recoller** ◇ *vp (emploi passif)*: ça se recolle très facilement it can easily be stuck back together. ◇ *vpi* **-1.** [se ressouder – os] to knit (together), to mend; [– objet] to stick (together). **-2.** *fam* & *fig*: se ~ avec qqn [se réinstaller avec qqn] to move back in with sb.

**récoltant, e** [rekɔltɑ̃, ɑ̃t] *nm, f* grower.

**récolte** [rekɔlt] *nf* **-1.** [des céréales] harvest *(U)*; [des fruits, des choux] picking *(U)*; [des pommes de terre] lifting *(U)*; [du miel] gathering, collecting *(U)*; ils ont déjà commencé à faire la ~ they've already started harvesting. **-2.** [quantité récoltée] harvest; [denrées récoltées] crop. **-3.** [de documents, d'information] gathering, collecting.

**récolter** [3] [rekɔlte] *vt* **-1.** [céréales] to harvest, to gather; [légumes, fruits] to pick; [miel] to collect, to gather; [tubercules] to lift, to pick. **-2.** [informations, argent] to collect, to gather; ~ des voix to get sb's votes *(in a transferable vote system)*. **-3.** *fam* [ennuis, maladie etc] to get.

**recommandable** [rəkɔmɑ̃dabl] *adj* commendable; un individu peu ~ a rather disreputable character; le procédé est peu ~ that isn't a very commendable thing to do.

**recommandation** [rəkɔmɑ̃dasjɔ̃] *nf* **-1.** [conseil] advice, recommendation; faire qqch sur la ~ de qqn to do sthg on sb's recommendation; je lui ai fait mes dernières ~s I gave him some last-minute advice. **-2.** [appui] recommendation, reference; je me suis procuré des ~s I've got some people to give me a reference. **-3.** [d'un courrier – sans avis de réception] registering *Br*, certifying *Am*; [– avec avis de réception] recording. **-4.** POL: ~ de l'ONU UN recommendation.

**recommandé, e** [rəkɔmɑ̃de] *adj* **-1.** [conseillé] advisable; il est ~ de...: it is advisable to...; il est ~ aux visiteurs de se munir de leurs passeports visitors are advised to take their passports. **-2.** [courrier – avec avis de réception] recorded *Br*, certified *Am*; [– à valeur assurée] registered.

◆ **recommandé** *nm* [courrier – avec avis de réception] recorded *Br* ou certified *Am* delivery item; [– à valeur assurée] registered item; en ~ [avec avis de réception] by recorded delivery *Br* ou certified mail *Am*; [à valeur assurée] by registered post *Br* ou mail *Am*.

**recommander** [3] [rəkɔmɑ̃de] *vt* **-1.** [conseiller – produit, personne] to recommend; je te recommande vivement mon médecin I (can) heartily recommend my doctor to you; un homme que ses états de service recommandent a man with a very commendable service record ou whose service record commends him. **-2.** [exhorter à] to recommend, to advise; je vous recommande la prudence I recommend ou I advise you to be cautious, I advise caution; je ne saurais trop vous ~ d'être vigilant I cannot advise you too strongly to be watchful. **-3.** [confier]: ~ qqn à qqn to place sb in sb's care; son âme à Dieu RELIG to commend one's soul ou o.s. to God. **-4.** [courrier – pour attester sa réception] to record; [– pour l'assurer] to register.

◆ **se recommander à** *vp + prép* [s'en remettre à] to commend o.s. to.

◆ **se recommander de** *vp + prép*: se ~ de qqn [postulant] to give sb's name as a reference.

**recommençai** [rəkɔmɑ̃se] *v* → **recommencer.**

**recommencement** [rəkɔmɑ̃smɑ̃] *nm* renewal, resumption; la vie est un éternel ~ every day is a new beginning.

**recommencer** [16] [rəkɔmɑ̃se] *vt* **-1.** [refaire – dessin, lettre, travail etc] to start ou to begin again; [– attaque] to renew, to start again; [– expérience] to repeat; [– erreur] to repeat, to make again; ne recommence pas tes bêtises don't start being silly again; recommençons la scène 4 let's do scene 4 again; si seulement on pouvait ~ sa vie! if only one could start one's life afresh ou begin one's life all over again!; tout est à ~, il faut tout ~ we have to start ou to begin all over again || *(en usage absolu)*: ne recommence pas! don't do that again!**-2.** [reprendre – histoire, conversation] to resume, to carry on *(insép)* with; [– lecture, travail] to resume, to go back *(insép)* to; [– campagne, lutte] to resume, to take up *(sép)* again. ◇ *vi* **-1.** [depuis le début] to start ou to begin again; [après interruption] to resume; pour moi, la vie va ~ my life is about to begin anew, my life is beginning for me; ça y est, ça recommence! here we go again!**-2.** [se remettre]: ~ à faire qqch to start doing ou to do sthg again || *(tournure imperson-*

*nelle)*: il a recommencé à neiger dans la nuit it started snowing again during the night; il recommence à faire froid it's beginning ou starting to get cold again.

**recomparaître** [91] [rəkɔ̃parɛtr] *vi* to appear again JUR.

**récompense** [rekɔ̃pɑ̃s] *nf* **-1.** [d'un acte] reward, recompense; en ~ de as a reward ou in return for; il a trimé toute sa vie, et voilà sa ~! *iron* he's slaved away all his life and that's all the thanks ou the reward he gets!; qu'il soit heureux, ce serait là ma plus belle ~ as long as he's happy, that will be ample recompense ou reward for me; 'forte ~' 'generous reward'. **-2.** [prix] award, prize. **-3.** JUR financial provision. **-4.** MIL award.

**récompenser** [3] [rekɔ̃pɑ̃se] *vt* **-1.** [pour un acte] to reward, to recompense; voilà comment je suis récompensé de ma peine! *iron* that's all the reward I get for my troubles!**-2.** [primer] to give an award ou a prize to, to reward; le scénario a été récompensé à Cannes the script won an award at Cannes.

**recomposer** [3] [rəkɔ̃poze] *vt* **-1.** [reconstituer] to piece ou to put together *(sép)* (again), to reconstruct. **-2.** IMPR [page] to reset; [texte] to rekey. **-3.** [réarranger – chanson] to rewrite; [– photo] to compose again. **-4.** CHIM to recompose. **-5.** TÉLÉC: ~ un numéro to dial a number again.

**recompter** [3] [rəkɔ̃te] *vt* to count again.

**réconciliation** [rekɔ̃siljasjɔ̃] *nf* **-1.** [entente] reconciliation. **-2.** JUR & RELIG reconciliation.

**réconcilier** [9] [rekɔ̃silje] *vt* **-1.** [deux personnes] to reconcile. **-2.** *fig*: ~ qqn avec qqch to reconcile sb to ou with sthg; ~ qqch avec qqch to reconcile sthg with sthg. **-3.** RELIG to reconcile.

◆ **se réconcilier** *vpi* [personnes] to make up; [pays] to make peace; se ~ sur l'oreiller *hum* to make up in bed; se ~ avec soi-même to come to terms with oneself.

**reconductible** [rəkɔ̃dyktibl] *adj* JUR renewable.

**reconduction** [rəkɔ̃dyksjɔ̃] *nf* [d'un contrat, d'un budget] renewal; [d'un bail] renewal, extension.

**reconduire** [98] [rəkɔ̃dɥir] *vt* **-1.** [accompagner]: ~ qqn to see sb home; ~ qqn à pied/en voiture to walk/to drive sb home || [vers la sortie] to show to the door; inutile de me ~, je connais le chemin please don't trouble yourself, I know the way. **-2.** [expulser] to escort; les terroristes ont été reconduits à la frontière sous bonne escorte the terrorists were escorted (back) to the border by the police ou were taken (back) to the border under police escort. **-3.** [renouveler – contrat, budget, mandat] to renew; [– bail] to renew, to extend.

**réconfort** [rekɔ̃fɔr] *nm* comfort; tu m'es d'un grand ~ you're a great comfort to me.

**réconfortant, e** [rekɔ̃fɔrtɑ̃, ɑ̃t] *adj* **-1.** [rassurant] comforting, reassuring. **-2.** [revigorant] fortifying, invigorating, stimulating.

**réconforter** [3] [rekɔ̃fɔrte] *vt* **-1.** [consoler] to comfort, to reassure. **-2.** [revigorer]: bois ça, ça va te ~ drink this, it'll make you feel better.

**reconnais** [rəkɔnɛ] *v* → **reconnaître.**

**reconnaissable** [rəkɔnɛsabl] *adj* recognizable; ~ à identifiable by.

**reconnaissais** [rəkɔnɛsɛ] *v* → **reconnaître.**

**reconnaissance** [rəkɔnɛsɑ̃s] *nf* **-1.** [gratitude] gratitude; avoir/éprouver de la ~ envers qqn to feel grateful to ou towards sb; je lui en ai une vive ~ I am most grateful to her; témoigner de la ~ à qqn to show gratitude to sb; en ~ de votre dévouement as a token of my/our *etc* gratitude for ou in recognition of your devotion ❏ il n'a même pas la ~ du ventre! *fam* he'd bite the hand that fed him!**-2.** [exploration] reconnaissance; envoyer des hommes en ~ to send men out on reconnaissance; faire une ~ ou go on reconnaissance; elle est partie en ~ ou est allée faire une ~ des lieux *fig* she went to check the place out ❏ patrouille de ~ reconnaissance patrol; vol de ~ reconnaissance flight. **-3.** [identification] recognition. **-4.** [aveu] admission; la ~ de ses torts lui a valu l'indulgence du jury his admission of his wrongs won him the leniency of the jury. **-5.** POL [d'un gouvernement] recognition; ~ d'un État recognition (of statehood). **-6.** JUR [d'un droit] recognition, acknowledgment; ~ de dette acknowledgment of a debt; ~ d'enfant legal recognition of a child. **-7.** [reçu]: acte de ~ (du mont-de-piété) pawn ticket. **-8.** INF recognition; ~ de la parole/de formes/de caractères speech/pattern/character recognition. **-9.** PSYCH recognition.

**reconnaissant, e** [rəkɔnɛsɑ̃, ɑ̃t] *adj* grateful; se montrer ~ to show gratitude; je te suis ~ de ta patience I'm most grateful to you for your patience; je vous serais ~ de me fournir ces renseignements dans les meilleurs délais I would be (most) obliged ou grateful if you would provide me with this information as soon as possible.

**reconnaître** [91] [rəkɔnɛtr] *vt* **-1.** [air, personne, pas] to recognize; je t'ai reconnu à ta démarche I recognized you ou I could tell it was you by your walk; je ne l'aurais pas reconnue, elle a vieilli de dix ans! I wouldn't have known (it was) her, she looks ten years older!; je te reconnais bien (là)! that's just like you!, that's you all over!; tu veux fonder une famille? je ne te reconnais plus! you want to start a family? that's not like you at all ou you've changed your tune!; je reconnais bien là ta mauvaise foi! that's just typical of your bad faith!**-2.** [admettre – torts] to recognize, to acknowledge, to admit; [– aptitude, talent, vérité] to acknowledge, to recognize; il faut au moins lui ~ cette qualité you have to say this for him; l'accusé reconnaît-il les faits? does the accused acknowledge the facts?; sa prestation fut décevante, il faut bien le ~ it has to be admitted that his performance was disappointing; je reconnais que j'ai eu tort I admit I was wrong; il n'a jamais reconnu avoir falsifié les documents he never admitted to having falsified the documents. **-3.** JUR & POL [État, chef de file] to recognize; [enfant] to recognize legally; [dette, document, signature] to authenticate; tous le reconnaissent comme leur maître they all acknowledge him as their master; être reconnu coupable to be found guilty; organisme reconnu d'utilité publique officially approved organization; ~ un droit à qqn to recognize ou to acknowledge sb's right; je ne reconnais à personne le droit de me juger nobody has the right to judge me. **-4.** [explorer] to reconnoitre; il envoya dix hommes ~ le terrain he ordered ten men to go and reconnoitre the ground; l'équipe de tournage est allée ~ les lieux the film crew went to have a look round (the place). ◆ **se reconnaître** ◇ *vp (emploi réfléchi)* [physiquement, moralement] to see o.s.; je me reconnais dans la réaction de ma sœur I can see myself reacting in the same way as my sister; je ne me reconnais pas dans votre description I don't see myself as fitting your description. ◇ *vp (emploi réciproque)* to recognize each other. ◇ *vp (emploi passif)* to be recognizable; un poisson frais se reconnaît à l'odeur you can tell a fresh fish by the smell. ◇ *vpi* **-1.** [se retrouver]: je ne me reconnais plus dans ma propre ville I can't even find my way about ou around my own home town any more; mets des étiquettes sur tes dossiers, sinon comment veux-tu qu'on s'y reconnaisse? label your files, otherwise we'll get completely confused. **-2.** [s'avouer]: se ~ coupable to admit ou to confess to being guilty.

**reconnecter** [rəkɔnɛkte] *vt* to reconnect. ◆ **se reconnecter** *vpi* INF to reconnect o.s., to get back on line.

**reconnu, e** [rəkɔny] ◇ *pp* → reconnaître. ◇ *adj* **-1.** [admis] recognized, accepted. **-2.** [célébré] famous, well-known.

**reconnus** [rəkɔny] *v* → reconnaître.

**reconquérir** [39] [rəkɔkerir] *vt* **-1.** [territoire, peuple] to reconquer, to recapture. **-2.** [honneur, avantage] to win back *(sép)*, to recover. **-3.** [personne] to win back *(sép)*.

**reconquête** [rəkɔkɛt] *nf* **-1.** [d'un territoire, d'un peuple] reconquest, recapture. **-2.** [de l'honneur, d'un avantage] winning back *(U)*, recovery.

**reconquérant** [rəkɔkjer], **reconquiers** [rəkɔkjer], **reconquis, e** [rəkɔki, iz] *v* → reconquérir.

**reconsidérer** [18] [rəkɔsidere] *vt* to reconsider.

**reconstituant, e** [rəkɔstitчɑ̃, ɑ̃t] *adj* [aliment, boisson] fortifying; [traitement] restorative. ◆ **reconstituant** *nm* restorative.

**reconstituer** [7] [rəkɔstitЧe] *vt* **-1.** [reformer – groupe] to bring together *(sép)*, to reconstitute; [– capital] to rebuild, to build up *(sép)* again; [– fichier] to recreate; [– histoire, meurtre] to reconstruct; ils ont reconstitué un décor d'époque they created a period setting ❑ lait reconstitué

reconstituted milk. **-2.** [réparer] to piece together *(sép)* (again).

**reconstitution** [rəkɔstitysjɔ̃] *nf* **-1.** [d'un groupe] reconstituting *(U)*, bringing together *(sép)* again *(U)*; [d'un capital] rebuilding, building up *(sép)* again; [d'un fichier] recreating *(U)*; [d'une histoire, d'un meurtre] reconstruction. **-2.** [réparation] piecing together (again).

**reconstruction** [rəkɔstryksjɔ̃] *nf* **-1.** [gén] reconstruction, rebuilding; en ~ being rebuilt. **-2.** LING reconstruction.

**reconstruire** [98] [rəkɔstrЧir] *vt* **-1.** [bâtiment] to reconstruct, to rebuild; [fortune, réputation] to rebuild, to build up *(sép)* again. **-2.** LING to reconstruct.

**reconversion** [rəkɔvɛrsjɔ̃] *nf* [d'une usine] reconversion; [d'un individu] retraining.

**reconvertir** [32] [rəkɔvɛrtir] *vt* **-1.** [usine] to reconvert. **-2.** [armes] to convert. ◆ **se reconvertir** *vpi* to retrain; il s'est reconverti dans l'informatique he retrained and went into computing.

**recopier** [9] [rəkɔpje] *vt* **-1.** [mettre au propre] to write up *(sép)*, to make ou to take a fair copy of. **-2.** [copier à nouveau] to copy again, to make another copy of.

**record** [rəkɔr] *nm* **-1.** SPORT & fig record; battre un ~ de vitesse to break a speed record; tu bats tous les ~s d'idiotie! *fam* you've broken all the records for stupidity!; ça bat tous les ~s *fam* that beats everything ou the lot. **-2.** *(comme adj, avec ou sans trait d'union)* record *(modif)*; l'inflation a atteint le chiffre-~ de 200 % inflation has risen to a record ou record-breaking 200%; en un temps-~ in record time.

**recorder** [3] [rəkɔrde] *vt* [raquette] to restring.

**recordman** [rəkɔrdman] *(pl* recordmans *ou* recordmen [-mɛn]) *nm* (men's) record holder; le ~ du 5 000 m the record holder for the (men's) 5,000 m.

**recordwoman** [rəkɔrdwuman] *(pl* recordwomans *ou* recordwomen [-mɛn]) *nf* (women's) record holder; la ~ du saut en hauteur the record holder for the women's high jump.

**recoudre** [86] [rəkudr] *vt* **-1.** [bouton, badge etc] to sew on *(sép)* again; [accroc] to mend; [ourlet] to sew up *(sép)* again. **-2.** MÉD to sew ou to stitch up *(sép)* (again).

**recoupement** [rəkupmɑ̃] *nm* **-1.** [vérification] crosschecking; procéder par ~s to carry out a crosscheck. **-2.** CONSTR [action] stepping; [résultat] retreat. **-3.** GÉOM resection.

**recouper** [3] [rəkupe] ◇ *vt* **-1.** [couper à nouveau]: ~ de la viande to cut ou to carve some more meat. **-2.** COUT to cut again, to alter the cut of. **-3.** [concorder avec] to tally with *(insép)*, to match up with *(insép)*. ◇ *vi* JEUX to cut again. ◆ **se recouper** *vp (emploi réciproque)* **-1.** [ensembles, routes] to intersect. **-2.** [statistiques, témoignages] to tally, to confirm one another.

**recourbé, e** [rəkurbe] *adj* [cils] curved; [nez] hooked.

**recourber** [3] [rəkurbe] *vt* to bend, to curve.

**recourir** [45] [rəkurir] ◇ *vt* to run again. ◇ *vi* SPORT to run ou to race again. ◆ **recourir à** *v + prép* **-1.** [personne]: ~ à qqn to appeal ou to turn to sb. **-2.** [objet, méthode etc]: ~ à qqch to resort to sthg.

**recours** [rəkur] *nm* **-1.** [ressource] recourse, resort; c'est sans ~ there's nothing we can do about it; avoir ~ à [moyen] to resort to; [personne] to turn to. **-2.** JUR appeal; ~ en cassation appeal (to the appellate court); ~ en grâce [pour une remise de peine] petition for pardon; [pour une commutation de peine] petition for clemency ou remission. ◆ **en dernier recours** *loc adv* as a last resort.

**recourrai** [rəkur(r)e], **recouru, e** [rəkury] *v* → recourir.

**recousais** [rəkuze], **recousis, recousis** [rəkuzi] *v* → recoudre.

**recouvert, e** [rəkuver, ɛrt] *pp* → recouvrir.

**recouvrable** [rəkuvrabl] *adj* collectable, payable.

**recouvrement** [rəkuvrəmɑ̃] *nm* **-1.** [récupération – d'une somme] collecting, collection; [– de la santé] recovering, recovery. **-2.** FIN [perception] collection; [d'une créance] recovery; date de mise en ~ date due, due date; modalités de ~ methods of payment. **-3.** [d'une surface] covering (over). **-4.** CONSTR & MENUIS lap. **-5.** INF & MATH overlap.

**recouvrer** [3] [rəkuvre] *vt* **-1.** [récupérer] to recover; laissez-lui le temps de ~ ses esprits give her time to recover her wits ou to get her wits back; ~ **la liberté** to regain one's freedom. **-2.** FIN [percevoir] to collect, to recover.

**recouvrir** [34] [rəkuvrir] *vt* **-1.** [couvrir] to cover; ~ **un gâteau de chocolat** to coat a cake with chocolate. **-2.** [couvrir à nouveau – personne] to cover (up) *(sép)* again; [– siège] to recover, to reupholster; [– livre] to re-cover.
◆ **se recouvrir** *vpi* **-1.** MÉTÉO to get cloudy again. **-2.** [surface]: **la glace s'est recouverte de buée** the mirror steamed up.

**recracher** [3] [rəkraʃe] ◇ *vt* **-1.** [cracher] to spit out *(sép)* (again); **le distributeur de billets a recraché ma carte** *fam* the cash dispenser rejected my card. **-2.** *fam* [cours, leçon] to regurgitate. ◇ *vi* to spit again.

**récré** [rekre] *nf fam* [dans le primaire] playtime *Br*, recess *Am*; [dans le secondaire] break.

**récréatif, ive** [rekreatif, iv] *adj sout* recreational.

**récréation** [rekreasjɔ̃] *nf* **-1.** SCOL [dans le primaire] playtime *esp Br*, recess *Am*; [dans le secondaire] break. **-2.** [délassement] recreation, leisure activity.

**recréer** [15] [rəkree] *vt* **-1.** [suivant un modèle] to recreate. **-2.** [créer] to create.

**récréer** [15] [rekree] *vt litt* to entertain, to amuse, to divert.
◆ **se récréer** *vpi* to entertain ou to amuse ou to divert o.s.

**récrier** [10] [rekrije]
◆ **se récrier** *vpi* **-1.** [protester]: **se ~ contre qqch** to cry out ou to protest against sthg. **-2.** *litt* [s'exclamer]: **se ~ de surprise/joie** to cry out ou to exclaim in surprise/joy.

**récriminateur, trice** [rekriminatœr, tris] ◇ *adj* recriminative, recriminatory. ◇ *nm, f* recriminator.

**récrimination** [rekriminasjɔ̃] *nf* recrimination, protest.

**récriminer** [3] [rekrimine] *vi* [critiquer]: ~ **(contre qqn)** to recriminate (against sb).

**récrire** [rekrir] = **réécrire**.

**recroquevillé, e** [rəkrɔkvije] *adj* **-1.** [confortablement] curled up; [dans l'inconfort] hunched ou huddled up. **-2.** [feuille, pétale] curled ou shrivelled up.

**recroqueviller** [3] [rəkrɔkvije]
◆ **se recroqueviller** *vpi* **-1.** [confortablement] to curl up; [dans l'inconfort] to hunch ou to huddle up. **-2.** [feuille, pétale] to shrivel ou to curl (up).

**recru, e¹** [rəkry] *adj litt*: **être ~ de fatigue** to be exhausted.

**recrudescence** [rəkrydesɑ̃s] *nf* [aggravation – d'une maladie] aggravation, worsening; [– de la fièvre] new bout; [– d'une épidémie] fresh ou new outbreak; [– du froid] new spell; **la ~ du terrorisme** the new wave ou outbreak of terrorism.

**recrudescent, e** [rəkrydesɑ̃, ɑ̃t] *adj litt* increasing, mounting, recrudescent.

**recrue²** [rəkry] *nf* **-1.** MIL recruit. **-2.** *fig* recruit, new member.

**recrutement** [rəkrytmɑ̃] *nm* recruiting, recruitment *(U)*; **le ~ du personnel s'effectue par concours** staff are recruited by competitive examination.

**recruter** [3] [rəkryte] *vt* **-1.** [engager] to recruit; **nous recrutons des bonnes volontés pour déménager** *hum* do we have any volunteers to help with the move? **-2.** MIL & POL to recruit, to enlist.
◆ **se recruter** *vp (emploi passif)* **-1.** [être engagé] to be recruited. **-2.** [provenir de] to come from.

**recruteur, euse** [rəkrytœr, øz] *nm, f* recruiter; *(comme adj; avec ou sans trait d'union)* recruiting; **sergent ~** recruiting officer.

**recta** [rɛkta] *adv fam*: **payer ~** to pay on the nail.

**rectal, e, aux** [rɛktal, o] *adj* rectal.

**rectangle** [rɛktɑ̃gl] ◇ *nm* **-1.** [forme] rectangle, oblong. **-2.** GÉOM rectangle. ◇ *adj*: **triangle ~** right-angled triangle.

**rectangulaire** [rɛktɑ̃gylɛr] *adj* **-1.** [forme] rectangular, oblong. **-2.** GÉOM rectangular.

**recteur** [rɛktœr] *nm* **-1.** ENS [d'académie] *chief administrative officer of an education authority*, ≃ (Chief) Education Officer *Br*; [d'une université catholique] ≃ rector; [chez les jésuites]: **père ~** rector. **-2.** RELIG [d'un sanctuaire] ≃ rector; [en Bretagne] priest, rector.

**rectificatif, ive** [rɛktifikatif, iv] *adj* correcting; **mention rectificative** correction.
◆ **rectificatif** *nm* correction, rectification.

**rectification** [rɛktifikasjɔ̃] *nf* **-1.** [action] rectification, correc-

tion. **-2.** [rectificatif] correction; **apporter une ~ à une déclaration** to correct a statement ❏ **droit de ~** PRESSE ≃ right of reply. **-3.** CHIM & MATH. rectification. **-4.** MÉCAN precision grinding.

**rectifier** [9] [rɛktifje] *vt* **-1.** [rajuster] to adjust, to rectify. **-2.** [corriger] to correct, to rectify. **-3.** CHIM & MATH to rectify. **-4.** MÉCAN to precision grind.

**rectiligne** [rɛktiliɲ] ◇ *adj* rectilinear. ◇ *nm* MATH rectilinear angle.

**rectitude** [rɛktityd] *nf* [justesse] (moral) rectitude, uprightness.

**recto** [rɛkto] *nm* first side ou front of a page, recto.
◆ **recto verso** *loc adv* on both sides.

**rectoral, e, aux** [rɛktɔral, o] *adj* ≃ of the (Chief) Education Officer *Br*.

**rectorat** [rɛktɔra] *nm* ENS [d'une académie – administration] ≃ Education Office *Br*; [– bâtiment] ≃ Education offices *Br*; [chez les jésuites] rectorship.

**rectum** [rɛktɔm] *nm* rectum.

**reçu, e** [rəsy] ◇ *pp* → **recevoir**. ◇ *nm, f* [candidat] pass.
◆ **reçu** *nm* [quittance] receipt.

**recueil** [rəkœj] *nm* collection.

**recueillement** [rəkœjmɑ̃] *nm* contemplation, meditation; **écouter qqch avec ~** to listen reverently to sthg.

**recueillerai** [rəkœjre] *v* → **recueillir**.

**recueilli, e** [rəkœji] *adj* contemplative, meditative; **un public très ~** a very attentive audience; **un visage ~** a composed expression.

**recueillir** [41] [rəkœjir] *vt* **-1.** [récolter] to gather, to pick; **les abeilles recueillent le pollen** bees collect ou gather pollen; **~ le fruit de son travail** to reap the fruit of one's labour; **elle espère ~ plus de la moitié des suffrages** she hopes to win more than half the votes. **-2.** [renseignements] to collect, to obtain; [argent] to collect; **j'ai recueilli ses dernières paroles** *litt* I received his last words. **-3.** [personne] to take in *(sép)*; ~ **un oiseau tombé du nid** to take care of a bird which has fallen from its nest.
◆ **se recueillir** *vpi* [penser] to spend some moments in silence; [prier] to pray; **aller se ~ sur la tombe de qqn** to spend some moments in silence at sb's graveside.

**recuire** [98] [rəkɥir] *vt* CULIN [à l'eau] to cook longer; [au four] to cook longer in the oven.

**recul** [rəkyl] *nm* **-1.** [mouvement] moving back, backward movement; ARM recoil, kick; **il eut un mouvement de ~** he stepped back. **-2.** [distance]: **as-tu assez de ~ pour juger du tableau/prendre la photo?** are you far enough away to judge the painting/to take the photograph? **-3.** [réflexion]: **avec le ~** retrospectively, with (the benefit of) hindsight; **prendre du ~ par rapport à un événement** to stand back (in order) to assess an event; **nous n'avons pas assez de ~ pour juger des effets à long terme** it's too early ou there's not been enough time to assess what long-term effects there might be. **-4.** [baisse] fall, drop; **le ~ de l'industrie textile** the decline of the textile industry; **le ~ du yen par rapport au dollar** the fall of the yen against the dollar.

**reculade** [rəkylad] *nf* [d'une armée] retreat; [politique] climbdown, back-tracking *(U)*.

**reculé, e** [rəkyle] *adj* **-1.** [dans l'espace] remote, far-off. **-2.** [dans le temps] remote, far-off, distant.

**reculer** [3] [rəkyle] ◇ *vt* **-1.** [dans l'espace] to push ou to move back *(sép)*. **-2.** [dans le temps – rendez-vous] to delay, to postpone; [– date] to postpone, to put back *(sép)*; [– décision] to defer, to postpone, to put off *(sép)*.
◇ *vi* **-1.** [aller en arrière – à pied] to step ou to go ou to move back; [– en voiture] to reverse, to move back; **recule d'un pas!** take one step backwards!; **mets le frein à main, la voiture recule!** put the handbrake on, the car is rolling backwards!; **il a heurté le mur en reculant** he backed ou reversed into the wall. **-2.** [céder du terrain – falaise, forêt] to recede. **-3.** [renoncer] to retreat, to shrink (back), to draw back; ~ **devant l'ennemi** to retreat in the face of the enemy; **le prix m'a fait ~** I backed down when I saw the price ❏ **c'est ~ pour mieux sauter** that's just putting off the inevitable. **-4.** [faiblir – cours, valeur] to fall, to weaken; [– épidémie, criminalité, mortalité] to recede, to subside; **le yen recule par rapport au dollar** the yen is losing ground ou falling

against the dollar. **-5.** ARM to recoil.

**reculons** [rəkylɔ̃]
◆ **à reculons** *loc adv* **-1.** [en marche arrière] backwards; avancer à ~ *hum* to be getting nowhere. **-2.** [avec réticence] under protest.

**récupérable** [rekyperabl] *adj* **-1.** [objet] salvageable, worth rescuing; vêtements ~s (still) serviceable clothes. **-2.** [personne] redeemable. **-3.** [temps] recoverable; les heures supplémentaíre sont ~s time off will be given in lieu of overtime worked.

**récupérateur, trice** [rekyperatœr, tris] ◇ *adj* **-1.** [qui recycle]: industrie récupératrice *industry based on reclaimed or recycled materials.* **-2.** [qui repose]: sommeil ~ refreshing OU restorative sleep. ◇ *nm, f industrialist or builder working with reclaimed materials.*
◆ **récupérateur** *nm* ARM & TECH recuperator.

**récupération** [rekyperasjɔ̃] *nf* **-1.** [après séparation, perte] recovery. **-2.** ÉCOL recycling, reclaiming; matériau de ~ scrap *(U).* **-3.** POL takeover; il y a eu ~ du mouvement par les extrémistes the extremists have taken over and manipulated the movement. **-4.** [au travail] making up; quand je fais des heures supplémentaires, j'ai des jours de ~ when I work overtime, I get time off in exchange OU in lieu.

**récupérer** [18] [rekypere] ◇ *vt* **-1.** [retrouver] to get back *(sép);* il doit ~ son chien au chenil he's got to pick up OU to collect his dog from the kennels; je passe te ~ en voiture I'll come and pick you up; veux-tu ~ ton anorak? do you want your anorak back?; j'ai récupéré l'usage de ma main gauche I recovered the use of my left hand; il a récupéré toutes ses forces [il s'est reposé] he has recuperated, he's back to normal; tout a brûlé, ils n'ont rien pu ~ everything was destroyed by the fire, they didn't manage to salvage anything; ~ sa mise to recoup one's outlay. **-2.** [pour utiliser – chiffons, papier, verre, ferraille] to salvage; [– chaleur, énergie] to save; j'ai récupéré des chaises dont personne ne voulait I've rescued some chairs no one wanted; regarde si tu peux ~ quelques pommes see if you can save a few apples. **-3.** [jour de congé] to make up for, to compensate for; on récupère ce jour férié samedi prochain we are making up for this public holiday by working next Saturday ‖ [jour de travail]: les jours fériés travaillés seront récupérés employees will be allowed time off in lieu of public holidays worked. **-4.** POL to take over *(sép);* le mouvement a été récupéré par le gouvernement the movement has been taken over by the government for its own ends. ◇ *vi* [se remettre] to recover, to recuperate.

**récurage** [rekyraʒ] *nm* [nettoyage] scouring; [avec une brosse] scrubbing.

**récurant, e** [rekyrɑ̃, ɑ̃t] *adj* scouring.
◆ **récurant** *nm* scouring cream OU agent, cleaning cream.

**récurer** [3] [rekyre] *vt* [casserole, évier] to scour, to scrub.

**récurrence** [rekyrɑ̃s] *nf* **-1.** [gén & MÉD] recurrence. **-2.** MATH [d'une décimale] recurrence; [induction] induction.

**récurrent, e** [rekyrɑ̃, ɑ̃t] *adj* **-1.** [à répétition] recurrent, recurring. **-2.** MÉD [fièvre] recurrent, relapsing. **-3.** INF & MATH: suite OU série ~e recursion series. **-4.** ÉCON: chômage ~ periodic OU recurrent unemployment.

**récursif, ive** [rekyrsif, iv] *adj* recursive.

**reçus** [rəsy] *v* → recevoir.

**récusable** [rekyzabl] *adj* impugnable, challengeable.

**récusation** [rekyzasjɔ̃] *nf* challenge, recusal JUR.

**récuser** [3] [rekyze] *vt* **-1.** JUR [juge, juré, expert] to challenge. **-2.** [décision, témoignage] to challenge, to impugn.
◆ **se récuser** *vpi* **-1.** [lors d'un procès] to declare o.s. incompetent. **-2.** [lors d'une entrevue, d'un débat] to refuse to give an opinion, to decline to (make any) comment.

**recyclable** [rəsiklabl] *adj* recyclable.

**recyclage** [rəsiklaʒ] *nm* **-1.** INDUST recycling. **-2.** ENS [perfectionnement] refresher course; [reconversion] retraining. **-3.** [stage – pour employés] retraining course; [– pour chômeurs] retraining course, restart (course) *Br.*

**recycler** [3] [rəsikle] *vt* **-1.** INDUST to recycle; papier recyclé recycled paper. **-2.** [perfectionner] to send on a refresher course; [reconvertir] to retrain.
◆ **se recycler** *vpi* [pour se perfectionner] to go on a refresher course; [pour se reconvertir] to retrain.

**rédacteur, trice** [redaktœr, tris] *nm, f* **-1.** [auteur – d'un livre] writer; [– d'un guide] compiler; les ~s de l'encyclopédie the contributors to the encyclopedia. **-2.** PRESSE writer, contributor; ~ en chef [d'une revue] (chief) editor; [du journal télévisé] television news editor.

**rédaction** [redaksjɔ̃] *nf* **-1.** [écriture] writing; équipe chargée de la ~ d'un guide/dictionnaire team responsible for compiling a guide/dictionary; la ~ d'un projet de loi/d'un contrat d'assurance the drafting of a bill/of an insurance contract. **-2.** PRESSE [lieu] editorial office; TV newsdesk, newsroom; [équipe] editorial staff. **-3.** SCOL [composition] ≈ essay, ≈ composition.

**rédactionnel, elle** [redaksjɔnɛl] *adj* editorial.

**reddition** [redisjɔ̃] *nf* **-1.** MIL surrender. **-2.** FIN & JUR rendering; ~ de compte presentation of account.

**redécoupage** [rədekupaʒ] *nm* POL: ~ électoral redrawing of electoral ou constituency boundaries.

**redécouvrir** [34] [rədekuvrir] *vt* to rediscover.

**redéfinir** [32] [rədefinir] *vt* to redefine; ~ la politique du logement to lay down new housing policy guidelines.

**redéfinition** [rədefinisjɔ̃] *nf* redefinition.

**redemander** [3] [rədəmɑ̃de] *vt* **-1.** [demander à nouveau] to ask again. **-2.** [demander davantage] to ask for more; sa correction ne lui a pas suffi, il en redemande one spank obviously wasn't enough because he's asking for another one. **-3.** [après un prêt] to ask for *(insép).*

**redémarrer** [rədemare] *vi* **-1.** [moteur] to start up *(sép)* again. **-2.** [processus] to get going OU to take off again; l'économie redémarre the economy is looking up again; les cours redémarrent fin octobre classes start again at the end of October.

**rédempteur, trice** [redɑ̃ptœr, tris] ◇ *adj* redeeming, redemptive. ◇ *nm, f* redeemer.

**rédemption** [redɑ̃psjɔ̃] *nf* RELIG: la Rédemption Redemption.

**redescendre** [73] [rədesɑ̃dr] ◇ *vt* **-1.** [colline, montagne etc – en voiture] to drive (back) down; [– à pied] to walk (back) down; [suj: alpiniste] to climb back down *(insép).* **-2.** [passager, fret] to take OU to drive (back) down *(sép);* je redescendrai les cartons plus tard [je suis en haut] I'll take the cardboard boxes back down later; [je suis en bas] I'll bring the cardboard boxes back down later. ◇ *vi (aux être)* **-1.** [descendre] to go OU to come OU to get (back) down; la température/le niveau de l'eau redescend the temperature/the water level is falling (again); je suis redescendu en chasse-neige I snowploughed (back) down. **-2.** [descendre à nouveau] to go down again.

**redevable** [rədəvabl] *adj* **-1.** FIN: être ~ d'une somme d'argent à qqn to owe sb a sum of money; vous êtes ~ d'un acompte provisionnel you are liable for an interim payment. **-2.** *fig*: être ~ de qqch à qqn to be indebted to sb for sthg; je lui suis ~ de ma promotion I owe him my promotion, I owe it to him that I was promoted.

**redevance** [rədəvɑ̃s] *nf* **-1.** TV licence fee *Br*; TÉLÉC rental charge. **-2.** COMM & FIN [pour un service] dues, fees; [royalties] royalties. **-3.** HIST tax.

**rédhibitoire** [redibitwar] *adj* **-1.** JUR: vice ~ latent (principal) defect. **-2.** *fig*: une mauvaise note à l'écrit, c'est ~ a bad mark in the written exam is enough to fail the candidate.

**rediffuser** [3] [rədifyze] *vt* to rebroadcast, to repeat.

**rediffusion** [rədifyzjɔ̃] *nf* repeat, rerun, rebroadcast.

**rédiger** [17] [rediʒe] *vt* [manifeste, contrat] to write, to draw up *(sép);* [thèse, rapport] to write up *(sép);* [lettre] to write, to compose; [guide, manuel] to write, to compile; *(en usage absolu)*: il rédige bien he writes well.

**redingote** [rədɛ̃gɔt] *nf* **-1.** [de femme] tailored OU fitted coat. **-2.** [d'homme] frock coat.

**redire** [102] [rədir] *vt* **-1.** [répéter] to say OU tell again, to repeat; [rabâcher] to keep saying, to repeat; on lui a dit et redit he's been told again and again. **-2.** [rapporter] to (go and) tell, to repeat; surtout, n'allez pas le lui ~ whatever you do, don't go and tell him. **-3.** *loc*: il n'y avait rien à ~ à cela nothing was wrong with OU nothing to object to in that; trouver à ~ (à) to find fault (with).

**redisent** [rədiz], **redisons** [rədizɔ̃] *v* → redire.

**redistribuer** [rədistribɥe] *vt* [cartes] to deal again; [fortune] to redistribute; [emplois] to reallocate; ~ **les rôles** *pr* to recast the show; *fig* to reallocate the tastes.

**redit, e** [rədi, it] *pp* → **redire**.

◆ **redite** *nf* superfluous *ou* needless repetition; **son texte est plein de ~es** his text is very repetitive.

**redites** [rədit] *v* → **redire**.

**redondance** [rədɔ̃dɑ̃s] *nf* **-1.** [répétition] redundancy. **-2.** INF, LING & TÉLÉC redundancy; **vérification par ~** redundancy check.

**redondant, e** [rədɔ̃dɑ̃, ɑ̃t] *adj* **-1.** [mot] redundant, superfluous; [style] redundant, verbose, wordy. **-2.** INF, LING & TÉLÉC redundant.

**redonner** [3] [rədɔne] *vt* **-1.** [donner de nouveau] to give again; **j'ai redonné les chaussures au cordonnier** I took the shoes back *ou* returned the shoes to the cobbler's. **-2.** [rendre] to give back *(sép)*; **ça m'a redonné confiance** it restored my confidence in myself; **la lessive qui redonne l'éclat du neuf à tout votre linge** the powder that puts the brightness back into your washing. **-3.** THÉÂT to stage again; **~ «Hamlet» au théâtre** to stage 'Hamlet' again.

◆ **redonner dans** *v* + *prép sout* to lapse *ou* to fall back into.

**redorer** [3] [rədɔre] *vt* TECH to regild.

**redoublant, e** [rədublɑ̃, ɑ̃t] *nm, f* pupil repeating a year *Br ou* grade *Am*.

**redoublé, e** [rəduble] *pp* → **redoubler**.

**redoublement** [rədubləmɑ̃] *nm* **-1.** SCOL repeating a year *Br ou* grade *Am*; **son ~ l'a fait progresser** she's doing much better at school since she was held back a year. **-2.** LING reduplication. **-3.** [accroissement] increase, intensification.

**redoubler** [3] [rəduble] ◇ *vt* **-1.** [rendre double]: **~ une consonne** to double a consonant; **frapper à coups redoublés** [plus fort] to knock even harder *ou* with renewed vigour; [plus vite] to knock even more urgently. **-2.** SCOL: **~ une classe** to repeat a year *Br ou* grade *Am* ‖ *(en usage absolu)*: **ils l'ont fait ~** they made him do the year again. ◇ *vi* [froid, tempête] to increase, to intensify, to become more intense.

◆ **redoubler de** *v* + *prép* to increase in; **~ d'efforts** to strive doubly hard, to redouble one's efforts; **~ de patience** to be doubly *ou* extra patient; **~ de ruse** to be doubly *ou* extra cunning.

**redoutable** [rədutabl] *adj* **-1.** [dangereux] formidable; **un ennemi ~** a fearsome *ou* formidable enemy; **une maladie ~** a dreadful illness; **la compagnie d'assurances a des enquêteurs ~s** the insurance company has very able investigators; **elle a un revers ~** she has a lethal backhand. **-2.** [effrayant – aspect, réputation] awesome, fearsome, awe-inspiring.

**redoute** [rədut] *nf* [fortification] redoubt.

**Redoute** [rədut] *npr f*: **la ~** *French mail order firm.*

**redouter** [3] [rədute] *vt* to dread; **il redoute de te rencontrer** he dreads meeting you.

**redoux** [rədu] *nm* mild spell *(during winter)*.

**redressement** [rədrɛsmɑ̃] *nm* **-1.** [du corps, d'une barre] straightening up. **-2.** [d'un véhicule]: **son pneu a explosé juste après un ~ dans un virage** his tyre burst just after he straightened up coming out of a bend. **-3.** COMM & ÉCON recovery; **plan de ~** recovery programme. **-4.** FIN: **~ fiscal** payment of back taxes. **-5.** ÉLECTRON rectification.

**redresser** [4] [rədrɛse] *vt* **-1.** [arbre, poteau] to straighten (up), to set upright; [véhicule, volant] to straighten; [bateau] to right; **~ la tête** [la lever] to lift up one's head; [avec fierté] to hold one's head up high. **-2.** *(en usage absolu)* AUT to straighten up, to recover. **-3.** [corriger – courbure] to put right, to straighten out *(sép)*; [– anomalie] to rectify, to put right; [– situation] to sort out *(sép)*, to put right, to put back on an even keel. **-4.** ÉLECTRON to rectify.

◆ **se redresser** *vpi* **-1.** [personne assise] to sit up straight; [personne allongée] to sit up; [personne voûtée ou penchée] to straighten up; **redresse-toi!** [personne assise] sit up straight!; [personne debout] stand up straight! **-2.** *fig* [remonter] to recover; **la situation se redresse un peu** the situation is on the mend.

**redresseur, euse** [rədrɛsœr, øz] *adj* **-1.** ÉLECTR rectifying. **-2.** OPT erecting.

◆ **redresseur** *nm* ÉLECTR rectifier.

◆ **redresseur de torts** *nm* HIST *ou hum* righter of wrongs.

**réducteur, trice** [redyktœr, tris] *adj* **-1.** [limitatif] simplistic. **-2.** MÉCAN reduction *(modif)*. **-3.** CHIM reducing.

◆ **réducteur** *nm* **-1.** MÉCAN reduction gear. **-2.** CHIM reducer, reductant, reducing agent. **-3.** ANTHR: **~ de têtes** head-shrinker.

**réductibilité** [redyktibilite] *nf* reducibility.

**réductible** [redyktibl] *adj* **-1.** [dépenses, dimensions] which can be reduced; [théorie] which can be reduced *ou* simplified. **-2.** CHIM, MATH & MÉD reducible.

**réduction** [redyksjɔ̃] *nf* **-1.** [remise] discount, rebate; **accorder une ~ de 10 %/de 50 francs sur le prix total** to give a 10%/a 50-franc discount on the overall cost; **carte de ~** discount card. **-2.** [baisse] cut, drop; **ils nous ont imposé une ~ des dépenses/salaires/effectifs** they've cut our expenditure/wages/numbers; **ils ont promis une ~ des impôts** they promised to reduce *ou* to lower taxes. **-3.** [copie plus petite – d'une œuvre] (scale) model. **-4.** BIOL, CHIM & MÉTALL reduction. **-5.** MÉD setting, reducing. **-6.** MATH, MUS & PHILOS reduction. **-7.** JUR: **~ de peine** mitigation (of sentence); **il a eu une ~ de peine** he got his sentence cut *ou* reduced.

◆ **en réduction** *loc adj* scaled-down.

**réductionnisme** [redyksjɔnism] *nm* reductionism.

**réductionniste** [redyksjɔnist] *adj & nmf* reductionist.

**réduire** [98] [redɥir] ◇ *vt* **-1.** [restreindre – consommation] to reduce, to cut down on; [– inflation] to reduce, to bring down *(sép)*, to lower; [– dépenses, effectifs] to reduce, to cut back on; [– distance] to reduce, to decrease; [– chauffage] to lower, to turn down *(sép)*; **il a réduit le prix de 10 %** he cut *ou* reduced the price by 10%; **~ qqch de moitié** to cut sthg by half, to halve sthg. **-2.** [refaire en petit – photo] to reduce; [– schéma] to scale down *(sép)*. **-3.** [changer]: **il a réussi à ~ à néant le travail de dix années** he managed to reduce ten years' work to nothing; **~ qqch en miettes** to smash sthg to bits *ou* pieces; **~ qqch en cendres** to reduce sthg to ashes; **~ qqch à sa plus simple expression** to reduce sthg to its simplest expression. **-4.** [forcer]: **~ qqn à** to reduce sb to; **~ la presse/l'opposition au silence** to silence the press/the opposition; **ils en sont réduits aux dernières extrémités** they are in dire straits; **~ qqn à faire** to force *ou* to compel *ou* to drive sb to do. **-5.** [vaincre] to quell, to subdue, to crush; **~ les poches de résistance** to crush the last pockets of resistance. **-6.** CHIM & CULIN to reduce. **-7.** MÉD to set, to reduce. **-8.** MATH & MUS to reduce. **-9.** *Helv* [ranger] to put away *(sép)*.

◇ *vi* CULIN: **faire ~** to reduce.

◆ **se réduire** *vpi* [économiser] to cut down.

◆ **se réduire à** *vp* + *prép* [consister en] to amount to.

**réduit, e** [redɥi, it] ◇ *pp* → **réduire**. ◇ *adj* **-1.** [échelle, format etc] scaled-down, small-scale. **-2.** [taille] small; [tarif] reduced, cut; **à vitesse ~e** at reduced *ou* low speed; **à prix ~** cut price; **la fréquentation est ~e l'hiver** attendance is lower in the winter. **-3.** [peu nombreux – débouchés] limited, restricted.

◆ **réduit** *nm* **-1.** *péj* [logement] cubbyhole. **-2.** [recoin] recess; [placard] cupboard. **-3.** [fortification] reduit.

**rééchelonnement** [reeʃlɔnmɑ̃] *nm* rescheduling.

**réécouter** [3] [reekute] *vt*: **~ qqch** to listen to sthg again.

**réécrire** [99] [reekrir] *vt* to rewrite.

**réécriture** [reekrityr] *nf* rewriting.

**réécrivais** [reekrivɛ], **réécrivis** [reekrivi] *v* → **réécrire**.

**rééditer** [3] [reedite] *vt* IMPR to republish.

**réédition** [reedisjɔ̃] *nf* **-1.** IMPR [nouvelle édition] new edition; [action de rééditer] republishing, republication. **-2.** [répétition] repeat, repetition.

**rééducation** [reedykasjɔ̃] *nf* **-1.** MÉD [d'un membre] reeducation; [d'un malade] rehabilitation, reeducation; **faire de la ~** to undergo physiotherapy *esp Br ou* physical therapy *Am* ❑ **~ motrice** motor reeducation. **-2.** [morale] reeducation; JUR [d'un délinquant] rehabilitation.

**rééduquer** [3] [reedyke] *vt* **-1.** MÉD [malade] to give physiotherapy *esp Br ou* physical therapy *Am* to, to reeducate; [membre] to reeducate. **-2.** [délinquant] to rehabilitate.

**réel, elle** [reɛl] *adj* **-1.** [concret] real; **besoins ~s** genuine needs ‖ [prix, profit, salaire] real; [date] effective; **résultats ~s**

actual results. **-2.** *(avant le nom)* [appréciable] genuine, real; **elle a fait preuve d'un ~ talent** she's shown true ou genuine talent.

◆ **réel** *nm*: **le ~** reality, the real.

**réélection** [reelɛksjɔ̃] *nf* reelection.

**réélire** [106] [reelir] *vt* to reelect.

**réellement** [reɛlmɑ̃] *adv* really.

**réélu, e** [reely], **réélus** [reely] *v* → **réélire**.

**rééquilibrage** [reekilibraʒ] *nm* readjustment, rebalancing; **le ~ des forces européennes** the restabilizing of power in Europe; **~ du budget** balancing the budget again.

**rééquilibrer** [3] [reekilibre] *vt* **-1.** [budget] to balance again; [situation] to restabilize. **-2.** [personne]: **son séjour à l'étranger l'a rééquilibré** his stay abroad has helped him (to) find his feet again.

**réessayer** [11] [reeseje] *vt* [voiture, produit, méthode] to try again; [vêtement] to try on *(sép)* again.

**réévaluer** [7] [reevalɥe] *vt* **-1.** FIN [devise, monnaie] to revalue; [salaire, taux] to reappraise; [à la hausse] to upgrade; [à la baisse] to downgrade. **-2.** [qualité, travail] to reassess, to re-evaluate.

**réexaminer** [3] [reɛgzamine] *vt* to reexamine, to reassess.

**réexpédier** [9] [reɛkspedje] *vt* **-1.** [courrier – à l'expéditeur] to return (to sender), to send back *(sép)*; [– au destinataire] to forward. **-2.** *fam* [personne] to throw out *(sép)*; **je l'ai réexpédié vite fait** I got rid of him in no time.

**réf.** *(abr écrite de référence)* ref.

**réfaction** [refaksjɔ̃] *nf* **-1.** COMM reimbursement, allowance. **-2.** FIN adjustment.

**refaire** [109] [rəfɛr] *vt* **-1.** [à nouveau] to redo, to do again; **~ une addition** to add a sum up again; **~ une opération pour la vérifier** to do a calculation again to check it; **~ une piqûre** to give another injection; **j'ai dû ~ le trajet** I had to make the same journey again; **quand pourras-tu ~ du sport?** when will you be able to do some sport again?; **je vais ~ quelques longueurs de bassin** I'm going to swim a few more lengths ‖ *fig*: **vous ne la referez pas** you won't change her; **~ sa vie** to start a new life, to make a fresh start (in life); **si c'était à ~?** - **je suis prête à recommencer** and if you had to do it all again? - I would do the same thing. **-2.** [réparer] to redo; **ils refont la route** they are resurfacing the road; **le moteur a été complètement refait à neuf** the engine has had a complete overhaul. **-3.** *fam* [berner] to take in *(sép)*; **il m'a refait de cent francs** he did me out of a hundred francs.

◆ **se refaire** ◇ *vp (emploi réfléchi)* [se changer]: **on ne se refait pas** you can't change the way you are. ◇ *vpi fam* [financièrement] to recoup one's losses; **j'ai besoin de me ~** I need to get hold of some more cash. ◇ *vpt*: **se ~ une tasse de thé** to make o.s. another cup of tea ❑ **se ~ une beauté** to powder one's nose; **se ~ une santé** to recuperate.

◆ **se refaire à** *vp + prép*: **se ~ à qqch** to get used to sthg again.

**réfection** [refɛksjɔ̃] *nf* [gén] redoing; [d'une pièce] redecorating; [d'une maison] redoing, doing up; [d'une route] repairs; **pendant les travaux de ~** [d'une maison] while the house is being done up; [d'une route] during repairs to the road, while there are roadworks.

**réfectoire** [refɛktwar] *nm* [dans une communauté] refectory; SCOL dining hall, canteen; UNIV (dining) hall.

**referai** [rəfəre] *v* → **refaire**.

**réfère** [refɛr] *v* → **référer**.

**référé** [refere] *nm* [procédure] special hearing; [arrêt] temporary ruling; [ordonnance] temporary injunction.

**référençai** [referɑ̃se] *v* → **référencer**.

**référence** [referɑ̃s] *nf* **-1.** [renvoi] reference. **-2.** ADMIN & COMM reference number; **'~ à rappeler dans toute correspondance'** 'reference number to be quoted when replying ou in all correspondence'. **-3.** [base d'évaluation] reference; **un prix littéraire, c'est une ~** a literary prize is a good recommendation for a book; **ton ami n'est pas une ~** your friend is nothing to go by; **faire ~ à** to refer to, to make (a) reference to. **-4.** LING reference.

◆ **références** *nfpl* [pour un emploi – témoignages] references, credentials *fig*; [– document] reference letter, testimonial; **'sérieuses ~s exigées'** 'good references required'.

◆ **de référence** *loc adj* reference *(modif)*; **année de ~** FIN base year; **prix de ~** reference price.

**référencer** [16] [referɑ̃se] *vt* to reference.

**référendaire** [referɑ̃dɛr] *adj* referendum *(modif)*; **conseiller ~** ≃ public auditor.

**référendum** [referɛ̃dɔm] *nm* referendum.

**référent** [referɑ̃] *nm* referent.

**référentiel, elle** [referɑ̃sjɛl] *adj* referential.

◆ **référentiel** *nm* frame of reference.

**référer** [18] [refere]

◆ **en référer à** *v + prép* to refer back to.

◆ **se référer à** *vp + prép* to refer to; **nous nous référons à la définition ci-dessus** the reader is referred to the above definition.

**refermer** [3] [rəfɛrme] *vt* to close ou to shut (again); **~ ses mâchoires sur qqch** to clamp one's jaws on sthg.

◆ **se refermer** *vpi* [porte] to close ou to shut (again); [blessure] to close ou to heal up; [piège] to snap shut.

**refiler** [3] [rəfile] *vt fam* **-1.** [donner] to give. **-2.** *loc*: **~ le bébé à qqn** to unload a problem onto sb.

**refinancement** [rəfinɑ̃smɑ̃] *nm* refinancing.

**refis** [rəfi] *v* → **refaire**.

**réfléchi, e** [reflɛʃi] *adj* **-1.** [caractère, personne] reflective, thoughtful; **une analyse ~e** a thoughtful ou well thought-out analysis; **un enfant très ~ pour son âge** a child who thinks very seriously for his age. **-2.** LING reflexive.

**réfléchir** [32] [reflɛʃir] ◇ *vt* PHOT & PHYS to reflect. ◇ *vi* to think; **as-tu bien réfléchi?** have you thought about it carefully?; **je n'ai pas eu le temps de ~** I haven't had a chance to reflect; **il fallait ~ avant de parler!** you should have thought before you spoke!; **j'ai longuement réfléchi** I gave it a lot of thought; **tes mésaventures m'ont donné à ~** your mishaps have given me food for thought; **tout bien réfléchi** all things considered, after careful consideration; **c'est tout réfléchi, je refuse!** my mind's made up, the answer is no!

◆ **se réfléchir** *vpi* [lumière, son] to be reflected.

**réfléchissant, e** [reflɛʃisɑ̃, ɑ̃t] *adj* reflecting PHYS.

**réflecteur, trice** [reflɛktœr, tris] *adj* reflecting.

◆ **réflecteur** *nm* **-1.** ASTRON reflector, reflecting telescope. **-2.** PHYS reflector.

**réflectif, ive** [reflɛktif, iv] *adj* reflexive PHYSIOL.

**reflet** [rəflɛ] *nm* **-1.** [lumière] reflection, glint, light. **-2.** [couleur] tinge, glint, highlight; **des cheveux châtains avec des ~s dorés** brown hair with tints of gold; **se faire faire des ~s** to have highlights put in. **-3.** [image] reflection; **ses lettres sont le ~ de son caractère** her letters reflect ou mirror her character.

**refléter** [18] [rəflete] *vt* **-1.** [renvoyer – lumière] to reflect; [– image] to reflect, to mirror. **-2.** [représenter] to reflect, to mirror; **son air perplexe reflétait son trouble intérieur** his puzzled look indicated ou betrayed his inner turmoil; **ce qu'il dit ne reflète pas ce qu'il pense/mon opinion** his words are not a fair reflection of what he thinks/of my opinion.

◆ **se refléter** *vpi* **-1.** [lumière, rayon] to be reflected. **-2.** [se manifester] to be reflected; **le bonheur se reflète sur son visage** happiness shines in his face.

**refleurir** [32] [rəflœrir] *vi* **-1.** [plante] to flower again, to blossom again. **-2.** *fig & litt* to blossom ou to flourish again.

**réflexe** [reflɛks] ◇ *nm* **-1.** BIOL & PHYSIOL reflex; **~ inné/ conditionné** instinctive/conditioned reflex. **-2.** [réaction] reaction; **il a eu/n'a pas eu le ~ de tirer le signal d'alarme** he instinctively pulled/he didn't think to pull the alarm. ◇ *adj* reflex *(modif)*.

**réflexible** [reflɛksibl] *adj* reflexible.

**réflexif, ive** [reflɛksif, iv] *adj* MATH & PHILOS reflexive.

**réflexion** [reflɛksjɔ̃] *nf* **-1.** [méditation] thought; **après mûre ~** after careful consideration, after much thought; **leur proposition demande ~** their offer will need thinking over; **s'absorber dans ses ~s** to be deep ou lost in thought ❑ **~ faite, à la ~** on reflection. **-2.** [discernement] **agir sans ~** to act without thinking, to act thoughtlessly; **son rapport manque de ~** his report hasn't been properly thought out ou through. **-3.** [remarque] remark, comment, reflection; **faire des ~s à qqn** to make remarks to sb; **sa ~ ne m'a pas**

**plu** I didn't like his remark ou what he said; **elle a eu des ~s de la direction** the management have had a word with her *euph*. **-4.** TECH [de la lumière] reflection; **angle de ~** angle of reflection.

**réflexivité** [reflɛksivite] *nf* reflexivity.

**réflexologie** [reflɛksɔlɔʒi] *nf* reflexology.

**refluer** [3] [rəflye] *vi* **-1.** [liquide] to flow back; [marée] to ebb; [foule, public] to surge back; **faire ~ les manifestants** to push back the demonstrators. **-2.** *fig* & *litt* [pensée, souvenir] to come flooding ou rushing back.

**reflux** [rəfly] *nm* **-1.** [de la marée] ebb. **-2.** [d'une foule] backward surge. **-3.** MÉD reflux.

**refondre** [75] [rəfɔ̃dr] *vt* **-1.** [métal] to remelt, to melt down (*sép*) again; [cloche] to recast. **-2.** *fig* [remanier] to recast, to reshape, to refashion; **~ un projet de loi** to redraft ou to recast a bill; **la 3e édition a été entièrement refondue** the third edition has been entirely revised.

**refont** [rəfɔ̃] *v* → **refaire**.

**refonte** [rəfɔ̃t] *nf* **-1.** MÉTALL [nouvelle fonte] remelting; [nouvelle coulée] recasting. **-2.** *fig* [remaniement] recasting, reshaping, refashioning; **il y a eu ~ de l'ouvrage** the work has been completely ou entirely revised.

**reforestation** [rəfɔrɛstasjɔ̃] *nf* reforestation.

**réformateur, trice** [reformatœr, tris] ◇ *adj* reforming; **idées réformatrices** ideas of reform. ◇ *nm, f* reformer.

**réformation** [reformasjɔ̃] *nf* **-1.** *litt* [action] reform, reformation. **-2.** RELIG & *vieilli*: **la Réformation** the Reformation. **-3.** JUR reversal.

**réforme** [reform] *nf* **-1.** [modification] reform; **nous choisirons la voie des ~s** we shall opt for reformism ou a policy of reform ou reforms. **-2.** MIL [de matériel] scrapping; [d'un soldat] discharge; [d'un appelé] declaration of unfitness for service. **-3.** RELIG: **la Réforme** the Reformation.

**réformé, e** [reforme] ◇ *adj* [religion] Reformed, Protestant. ◇ *nm, f* [calviniste] Protestant; [moine] member of a Reformed Order.
◆ **réformé** *nm* MIL [recrue] *conscript declared unfit for service*; [soldat] discharged soldier.

**reformer** [3] [rəforme] *vt* **-1.** [à nouveau] to re-form, to form again; **~ un groupe** to bring a group back together; **reformez les groupes!** get back into your groups! **-2.** PÉTR to re-form.
◆ **se reformer** *vpi* to re-form, to form again.

**réformer** [3] [reforme] *vt* **-1.** [modifier] to reform. **-2.** *litt* [supprimer] to put an end to. **-3.** [mettre au rebut] to scrap, to discard. **-4.** MIL [recrue] to declare unfit for service; [soldat] to discharge; [tank, arme] to scrap. **-5.** RAIL to overhaul.

**réformiste** [reformist] *adj* & *nmf* reformist.

**reformuler** [3] [rəformyle] *vt* to rephrase, to reword.

**refoulant, e** [rəfulɑ̃, ɑ̃t] *adj* pumping *(avant n)*.

**refoulé, e** [rəfule] ◇ *adj* [instinct, sentiment] repressed; [ambition] frustrated; [personne] inhibited. ◇ *nm, f* inhibited person.
◆ **refoulé** *nm* PSYCH: **le ~** repressed content.

**refoulement** [rəfulmɑ̃] *nm* **-1.** [d'assaillants] pushing ou forcing back; [d'immigrants] turning back ou away. **-2.** PSYCH repression. **-3.** RAIL backing.

**refouler** [3] [rəfule] ◇ *vt* **-1.** [assaillants] to drive ou to push back (*sép*), to repulse; [immigrants] to turn back ou away (*sép*). **-2.** [liquide] to force to flow back; [courant] to stem; [air] to pump out (*sép*). **-3.** [retenir]: **~ ses larmes** to hold ou to choke back one's tears; **~ sa colère** to keep one's anger in check. **-4.** PSYCH to repress. **-5.** RAIL to back. ◇ *vi* **-1.** [pieu, cheville] to balk. **-2.** [mal fonctionner]: **l'égout refoule** a stench is coming up from the sewer; **la cheminée refoule** the fire is blowing back.

**réfractaire** [refraktɛr] ◇ *adj* **-1.** [matériau] refractory, heat-resistant. **-2.** [personne]: **~ à** resistant ou unamenable to; **je suis ~ aux mathématiques** I'm incapable of understanding mathematics, mathematics is a closed book to me; **~ aux charmes de la nature** impervious to nature's charms. **-3.** MÉD resistant. ◇ PHYSIOL: **période ~** refractory period ou phase. ◇ *nm* **-1.** TECH refractory (material). **-2.** HIST *French citizen refusing to work in Germany during World War II*.

**réfracter** [3] [refrakte] *vt* to refract.
◆ **se réfracter** *vpi* to be refracted.

**réfracteur, trice** [refraktœr, tris] *adj* refracting.
◆ **réfracteur** *nm* refracting telescope, refractor.

**réfraction** [refraksjɔ̃] *nf* refraction; **indice de ~** refractive index.

**refrain** [rəfrɛ̃] *nm* **-1.** [d'une chanson] chorus, refrain; [chanson] tune, song. **-2.** *péj* [sujet]: **change de ~** can't you talk about something else?; **avec toi c'est toujours le même ~** it's always the same old story with you.

**refréner** [refrene], **réfréner** [18] [refrene] *vt* to hold back (*sép*), to hold in check; **~ sa colère** to stifle one's anger.

**réfrigérant, e** [refriʒerɑ̃, ɑ̃t] *adj* **-1.** [liquide] cooling, refrigerant *spéc*; **mélange ~** refrigerant. **-2.** *fig* [comportement, individu] frosty, icy.
◆ **réfrigérant** *nm* INDUST & SC cooler.

**réfrigérateur** [refriʒeratœr] *nm* refrigerator, fridge, icebox *Am*.

**réfrigérateur-congélateur** [refriʒeratœrkɔ̃ʒelatœr] *(pl* **réfrigérateurs-congélateurs)** *nm* fridge-freezer.

**réfrigération** [refriʒerasjɔ̃] *nf* refrigeration.

**réfrigère** [refriʒɛr] *v* → **réfrigérer**.

**réfrigéré, e** [refriʒere] *adj* **-1.** [personne] frozen. **-2.** [véhicule] refrigerated.

**réfrigérer** [18] [refriʒere] *vt* [denrée] to cool, to refrigerate.

**refroidir** [32] [rəfrwadir] ◇ *vt* **-1.** TECH to cool. **-2.** *fig* [personne] to cool (down); [sentiment] to dampen, to put a damper on. **-3.** ᵛ [assassiner] to bump off. ◇ *vi* **-1.** [devenir froid] to cool (down), to get cold ou colder; **faites ~ pendant deux heures dans le réfrigérateur** cool ou leave to cool in the refrigerator for two hours. **-2.** *fam* & *fig*: **laisser ~ qqch** to leave ou to keep ou to put sthg on ice.
◆ **se refroidir** *vpi* [devenir froid] to get cold ou colder, to cool down; **le temps va se ~** [légèrement] it'll get cooler; [sensiblement] it'll get cold ou colder.

**refroidissement** [rəfrwadismɑ̃] *nm* **-1.** TECH cooling; **à ~ par ventilation** air-cooled. **-2.** [rhume] chill. **-3.** *fig* [dans une relation] cooling (off).

**refroidisseur** [rəfrwadisœr] *nm* TECH cooler.

**refuge** [rəfyʒ] *nm* **-1.** [abri] refuge; **servir de ~ à qqn** to offer refuge to sb, to provide a roof for sb; **chercher/trouver ~ dans une grange** to seek/to find shelter in a barn; **donner ~ à** to give shelter to, to shelter || [en montagne] (mountain) refuge. **-2.** *sout* [réconfort] haven; **chercher ~ dans les livres** to seek refuge in books. **-3.** [dans une rue] refuge, (traffic) island. **-4.** *(comme adj)* → **valeur**.

**réfugié, e** [refyʒje] *nm, f* refugee.

**réfugier** [9] [refyʒje]
◆ **se réfugier** *vpi* **-1.** [s'abriter] to take refuge ou shelter; **ils se sont réfugiés dans une grotte** they took refuge in a cave; **ils se sont réfugiés sous un arbre** they sheltered under a tree. **-2.** *fig*: **elle se réfugie dans ses livres** she takes refuge in her books.

**refus** [rəfy] *nm* **-1.** [réponse négative] refusal, rebuff; **s'exposer à un ~** to run the risk of a refusal ou of being turned down; **opposer un ~ catégorique à qqn** to give an outright refusal to sb; **~ de vente/de priorité/d'obéissance** refusal to sell/to give way/to comply ❑ **ce n'est pas de ~!** *fam* I wouldn't say no!, I don't mind if I do! **-2.** ÉQUIT refusal.

**refusable** [rəfyzabl] *adj* [gén] refusable; [offre] which can be rejected.

**refusé, e** [rəfyze] *nm, f* ENS failed candidate.

**refuser** [3] [rəfyze] **-1.** [don, livraison] to refuse to accept, to reject; **il a refusé tous les cadeaux** he's refused to accept any present, he's turned down every gift || [offre, proposition] to turn down, to refuse; **~ une invitation** to turn down ou to decline an invitation; **le restaurant refuse du monde tous les soirs** the restaurant turns people away every evening. **-2.** [autorisation] to refuse, to turn down; [service] to refuse, to deny; **il refuse de sortir de sa chambre** he refuses to leave his room; **il ne peut rien lui ~** he can refuse him nothing; **on leur a refusé l'entrée du château** they weren't allowed in the castle; **le tiroir refuse de s'ouvrir** the drawer refuses to ou won't open. **-3.** ÉQUIT to refuse. **-4.** [maladie, responsabilité] to refuse, to reject; **je refusais tout à fait cette idée** I wouldn't accept that idea at all; **~ le combat** to refuse battle ou to fight; **~ les responsabilités** to shun responsibilities, to refuse to take on responsibilities.

◆ **se refuser** ◇ *vp (emploi passif) (à la forme négative)*: une telle offre ne se refuse pas such an offer is not to be refused ou can't be turned down; un séjour au bord de la mer, ça ne se refuse pas a stay at the seaside, you can't say no to that. ◇ *vpt* to deny o.s.; des vacances au Brésil, on ne se refuse rien! *fam & hum* a holiday in Brazil, no less!
◆ **se refuser à** *vp + prép*: je me refuse à croire de pareilles sornettes! I refuse to believe such twaddle!; l'avocat se refuse à tout commentaire the lawyer is refusing to make any comment ou is declining to comment.

**réfutation** [refytasjɔ̃] *nf* refutation.

**réfuter** [3] [refyte] *vt* **-1.** [en prouvant] to refute, to disprove. **-2.** [contredire] to contradict.

**reg** [rɛg] *nm* reg GEOG.

**regagner** [3] [rəgaɲe] *vt* **-1.** [gagner – à nouveau] to win back *(sép)*, to regain; [– après perte] to win back; le dollar regagne quelques centimes sur le marché des changes the dollar has regained a few cents on the foreign exchange market; ~ du terrain to recover lost ground. **-2.** [retourner à] to go back ou return to; il a regagné la côte à la nage he swam (back) to the shore; ~ sa place to get back to one's seat ou place.

**regain** [rəgɛ̃] *nm* **-1.** [retour, accroissement] renewal, revival; un ~ de vie a new lease of life; avec un ~ de bonne humeur with renewed cheerfulness; un ~ d'énergie fresh energy. **-2.** AGR aftermath.

**régal, als** [regal] *nm* **-1.** [délice] delight, treat; ce repas est un vrai ~ this meal is a real treat. **-2.** [plaisir] delight; la mousse au chocolat est son ~ chocolate mousse is his favourite; c'est un ~ pour les yeux it's a sight for sore eyes.

**régalade** [regalad] *nf*: boire à la ~ *to drink without letting the bottle touch one's lips.*

**régale** [regal] *adj f* CHIM: eau ~ aqua regia.

**régaler** [3] [regale] *vt* **-1.** [offrir à manger, à boire] to treat; aujourd'hui, c'est moi qui régale *fam* today it's on me ou I'm treating you ou it's my treat. **-2.** *fig* to regale; elle régalait ses collègues d'anecdotes croustillantes she regaled her colleagues with ou treated her colleagues to spicy anecdotes. **-3.** [terrain] to level. **-4.** FIN to apportion (a tax).
◆ **se régaler** *vpi* **-1.** [en mangeant]: je me suis régalé it was a real treat, I really enjoyed it. **-2.** *fig*: je me régale à l'écouter it's a real treat for me to listen to her.

**régalien, enne** [regaljɛ̃, ɛn] *adj* kingly, royal; droit ~ royal prerogative.

**regard** [rəgar] *nm* **-1.** [expression] look, expression; son ~ était haineux he had a look of hatred in his eye ou eyes, his eyes were full of hatred; un ~ concupiscent a leer; un ~ méfiant a suspicious look. **-2.** [coup d'œil] look, glance, gaze; mon ~ s'arrêta sur une fleur my eyes fell on a flower; attirer les ~s to be the centre of attention; nos ~s se croisèrent our eyes met; il a détourné le ~ he averted his gaze, he looked away; ils échangèrent un ~ de connivence they exchanged knowing ou conspiring looks; chercher du ~ to look (around) for; interroger qqn du ~ to give sb a questioning look; il est parti sans même un ~ he left without even a backward glance; lancer un ~ à qqn to look at sb; il lançait aux visiteurs des ~s mauvais he glared at the visitors ou gave the visitors nasty looks; caché aux ~s du public out of the public eye; loin des ~s curieux far from pry-

ing eyes; porter un ~ nouveau sur qqn/qqch *fig* to look at sb/sthg in a new light; couver qqch/qqn du ~ to stare at sthg/sb with greedy eyes ❑ suivez mon ~ *hum* mentioning no names. **-3.** [d'égout] manhole; [de four] peephole.
◆ **au regard de** *loc prép* **-1.** [aux termes de] in the eyes of; mes papiers sont en règle au ~ de la loi my papers are in order from a legal point of view. **-2.** [en comparaison avec] in comparison with, compared to.
◆ **en regard** *loc adv*: un texte latin avec la traduction en ~ a Latin text with a translation on the opposite page.
◆ **en regard de** *loc prép*: en ~ de la colonne des chiffres facing ou opposite the column of figures.

**regardant, e** [rəgardɑ̃, ɑ̃t] *adj* **-1.** [avare] careful with money *euph*, sparing, grudging. **-2.** [pointilleux] demanding; elle n'est pas très ~e sur la propreté she's not very particular when it comes to cleanliness.

**regarder** [3] [rəgarde] ◇ *vt* **-1.** [voir] to look at *(insép)*, to see; [observer] to watch, to see; regarde s'il arrive see if he's coming; si tu veux t'instruire, regarde-le faire if you want to learn something, watch how he does it; as-tu regardé le match? did you watch ou see the match?; regarde voir dans la chambre *fam* go and look ou have a look in the bedroom; regarde-moi ça! *fam* just look at that!; regarde-moi ce travail! *fam* just look at this mess! ❑ tu ne m'as pas regardé! *fam* what do you take me for?, who do you think I am?. **-2.** [examiner – moteur, blessure] to look at *(insép)*, to check; [– notes, travail] to look over ou through *(sép)*; [– causes] to examine, to consider, to look into *(insép)*; as-tu eu le temps de ~ le dossier? did you have time to look at ou to examine the file?. **-3.** [vérifier] to look up *(sép)*; tu regardes constamment la pendule! you're always looking at ou watching the clock!; je vais ~ quelle heure il est ou l'heure I'm going to see ou to check what time it is ‖ *(en usage absolu)*: regarde à la lettre D look through the D's, look at the letter D. **-4.** [concerner] to concern; ceci ne regarde que toi et moi this is (just) between you and me; ça ne te regarde pas! that's ou it's none of your business!; cette affaire ne me regarde plus this affair is no longer any concern ou business of mine; cela ne les regarde en rien it's absolutely no business of theirs; en quoi est-ce que ça me regarde? what's that got to do with me?. **-5.** [considérer – sujet, situation] to look at *(insép)*, to view; il regarde avec envie la réussite de son frère he casts an envious eye upon his brother's success, he looks upon his brother's success with envy; ne ~ que [ne penser qu'à] to be concerned only with, to think only about; ~ qqn comme to consider sb as, to regard sb as, to look upon sb as; ~ qqch comme to regard sthg as, to look upon sthg as, to think of sthg as.
◇ *vi* **-1.** [personne] to look; nous avons regardé partout we looked ou searched everywhere; tu ne sais pas ~ you should learn to use your eyes; ne reste pas là à ~, fais quelque chose! don't just stand there (staring), do something!. **-2.** [maison, pièce]: ~ à l'ouest to face West.
◆ **regarder à** *v + prép* [morale, principes] to think of ou about, to take into account; [apparence, détail] to pay attention to; je regarde avant tout à la qualité I'm particularly ou primarily concerned with quality; regarde à ne pas faire d'erreur watch you don't make a mistake; ~ à la dépense to be careful with one's money ❑ y ~ à deux ou à plusieurs fois avant de faire qqch to think twice before doing sthg; à

---

USAGE ▶ **Le refus**

**Refus poli**

I'm afraid I can't possibly do that.
I'm sorry, but it's not up to me.
I'd like to help you, but there's really nothing I can do.
If you don't mind, I'd rather not come.
We regret that we are unable to extend you credit facilities. [plus soutenu]

**Refus sec**

I'm not going, and that's that.
There's no way I'm going with her!

It's out of the question.
You're not leaving, period!
No I (most certainly) will not!
Certainly ou Absolutely not!

▷ *plus familier:*

It's just not on.
You must be joking!
No way!
Forget it!

[*voir aussi*: **Les invitations, Les offres**]

y bien ~, à y ~ de plus près when you think it over, on thinking it over; **il ne faut pas y ~ de trop près** *pr* don't look too closely; *fig* don't be too fussy.

◆ **se regarder** ◇ *vp (emploi réfléchi) pr & fig* to look at oneself; **tu ne t'es pas regardé!** *fam* you should take a (good) look at yourself! ◇ *vp (emploi réciproque)* [personnes] to look at each other *ou* at one another; [bâtiments] to be opposite one another, to face each other. ◇ *vp (emploi passif)* [spectacle]: **cette émission se regarde en famille** this is a family show, this show is family viewing; **ça se regarde volontiers** it's quite pleasant to watch.

**regarnir** [32] [rəgarnir] *vt* [rayons] to refill, to restock, to stock up *(sép)* again; [maison] to refurnish.

**régate** [regat] *nf* NAUT regatta; **faire une ~** to sail in a regatta.

**régater** [3] [regate] *vi* to race *ou* to sail in a regatta; **~ avec qqn** to race sb in a regatta.

**régence** [reʒɑ̃s] *nf* regency.

◆ **Régence** ◇ *nf*: **la Régence** the Regency of Philippe II *(in France)*. ◇ *adj inv* (French) Regency; **un fauteuil Régence** a Regency armchair.

**régénérateur, trice** [reʒeneratœr, tris] *adj* regenerative.

◆ **régénérateur** *nm* regenerator.

**régénérer** [18] [reʒenere] *vt* **-1.** BIOL & CHIM to regenerate. **-2.** *litt* [rénover] to regenerate, to restore.

**régent, e** [reʒɑ̃, ɑ̃t] *nm, f* regent.

**régenter** [3] [reʒɑ̃te] *vt* to rule over *(insép)*, to run.

**reggae** [rege] *nm* reggae.

**régicide** [reʒisid] *adj, nmf & nm* regicide.

**régie** [reʒi] *nf* **-1.** [d'une entreprise publique]: **(société) en ~** [par l'État] state-controlled (corporation); [par le département] local authority controlled (company); [par la commune] = local district controlled (company); **il travaille à la ~ municipale des eaux** he works for the local water board. **-2.** RAD & TV [pièce] control room. **-3.** CIN, THÉÂT & TV [équipe] production team. **-4.** ÉCON: **travaux en ~** (net) timework. **-5.** FIN excise.

**regimber** [3] [rəʒɛ̃be] *vi* **-1.** [cheval] to rear up, to jib. **-2.** [personne] to rebel, to grumble; **faire qqch sans ~** to do sthg without complaining.

**régime** [reʒim] *nm* **-1.** POL [système] regime, (system of) government; **~ militaire/parlementaire/totalitaire** military/parliamentary/totalitarian regime ‖ [gouvernement] regime. **-2.** ADMIN & JUR [système] system, scheme; [règlement] rules, regulations; **le ~ des visites à l'hôpital** hospital visiting hours and conditions; **~ de Sécurité sociale** *subdivision of the French social security system applying to certain professional groups* ❏ **être marié sous le ~ de la communauté** to opt for a marriage based on joint ownership of property; **~ complémentaire** additional retirement cover; **le ~ général de la Sécurité sociale** the social security system; **~ matrimonial** marriage settlement; **~ pénitentiaire** prison system; **~ de retraite** retirement scheme. **-3.** ÉCON: **~ préférentiel** special arrangements. **-4.** MÉD: **faire un ~** to go on a diet, **être au ~** to be on a diet, to be dieting ❏ **~ (alimentaire)** diet; **~ amaigrissant** slimming *Br ou* reducing *Am* diet; **je suis au ~** *fam* I'm on an alcohol-free diet; **~ sans sel** salt-free diet; **se mettre au ~** *jockey* to go on a starvation diet. **-5.** INDUST & MÉCAN engine speed; **fonctionner à plein ~** [usine] to work to full capacity; **travailler à plein ~** [personne] to work flat out; **à ce ~ vous ne tiendrez pas longtemps à ce rate** this rate you won't last long ❏ **~ de croisière** economic *ou* cruising speed; **~ de production** production rate. **-6.** GÉOG: **~ glaciaire/nivo-glaciaire/nivo-pluvial** glacial/snow and ice/snow and rain regime; **~ d'un fleuve** rate of flow, regimen of a river; **~ des pluies** rainfall pattern; **~ des vents** the prevailing winds *ou* wind system. **-7.** LING: **~ direct/indirect** direct/indirect object. **-8.** PHYS regimen, flow rate; **~ laminaire** laminar flow. **-9.** BOT: **un ~ de bananes** a hand *ou* stem *ou* bunch of bananas; **un ~ de dattes** a bunch *ou* cluster of dates.

**régiment** [reʒimɑ̃] *nm* **-1.** MIL [unité] regiment. **-2.** *fam & vieilli* [service militaire]: **un de mes camarades de ~** a friend from my military service days. **-3.** *fam* [grande quantité]: **il a tout un ~ de cousins** he's got a whole army of cousins.

**régimentaire** [reʒimɑ̃tɛr] *adj* regimental MIL.

**région** [reʒjɔ̃] *nf* **-1.** GÉOG region; **~ industrielle/agricole**

industrial/agricultural region; **les ~s tempérées/polaires** the temperate/polar regions; **les habitants de Paris et sa ~** the inhabitants of Paris and the surrounding region *ou* area; **le nouveau médecin n'est pas de la ~** the new doctor isn't from the area *ou* from around here ❏ **la ~ parisienne** the Paris area, the area around Paris. **-2.** ANAT: **~ cervicale/lombaire** cervical/lumbar region.

◆ **Région** *nf* ADMIN region *(French administrative area made up of several departments)*.

**régional, e, aux** [reʒjɔnal, o] *adj* [de la région] regional; [de la localité] local.

**régionalisation** [reʒjɔnalizasjɔ̃] *nf* regionalization.

**régionaliser** [3] [reʒjɔnalize] *vt* to regionalize.

**régionalisme** [reʒjɔnalism] *nm* regionalism.

**régionaliste** [reʒjɔnalist] *adj & nmf* regionalist.

**régir** [32] [reʒir] *vt* to govern.

**régisseur** [reʒisœr] *nm* **-1.** [d'un domaine] steward. **-2.** CIN & TV assistant director; THÉÂT stage manager. **-3.** ÉCON comptroller.

**régistraire** [reʒistrɛr] *nmf Can* SCOL registrar.

**registre** [rəʒistr] *nm* **-1.** ADMIN & JUR register; **~ d'audience** record JUR; **s'inscrire au ~ du commerce** to register one's company; **~ de l'état civil** = register of births, marriages and deaths. **-2.** IMPR & INF register. **-3.** MUS [d'un orgue] stop; [d'une voix] range, register; **un ~ aigu/grave** a high/low pitch. **-4.** LING register, level of language. **-5.** TECH damper.

**réglable** [reglabl] *adj* **-1.** [adaptable] adjustable; **le dossier est ~ en hauteur** the height of the seat is adjustable. **-2.** [payable] payable; **~ par mensualités** payable in monthly instalments.

**réglage** [reglaʒ] *nm* **-1.** [mise au point] adjustment, regulation; **procéder au ~ des phares** to adjust the headlights; **~ d'un thermostat** thermostat setting. **-2.** AUT, RAD & TV tuning; **le ~ de l'appareil est automatique** PHOT the camera is fully automatic. **-3.** MIL: **~ du tir** range finding *ou* adjustment. **-4.** [du papier] ruling.

**règle¹** [rɛgl] *v* → **régler**.

**règle²** [rɛgl] *nf* **-1.** [instrument] ruler, rule; **~ à calcul** slide rule. **-2.** [principe, code] rule; **les ~s de l'honneur** the rules *ou* code of honour; **enfreindre la ~** to break the rule *ou* rules; **il est de ~ de porter une cravate ici** it's usual to wear a tie here; **les ~s de base en grammaire** the basic rules of grammar ❏ **la ~ du jeu** the rules of the game; **respecter la ~ du jeu** to play by the rules; **~ de trois** rule of three; **dans les ~s (de l'art)** according to the (rule) book.

◆ **règles** *nfpl* PHYSIOL [en général] periods; [d'un cycle] period; **je n'ai plus de ou mes ~s depuis trois mois** I haven't had a period for three months; **avoir des ~s douloureuses** to suffer from period pain *ou* pains *Br*, to have painful periods.

◆ **en règle** *loc adj*: **être en ~** [document] to be in order; [personne] to have one's papers in order; **se mettre en ~** to sort out one's situation; **recevoir un avertissement en ~** to be given an official warning.

◆ **en règle générale** *loc adv* generally, as a (general) rule.

**réglé, e** [regle] *adj* **-1.** [organisé] regular, well-ordered; **une vie bien ~e** a well-ordered existence. **-2.** [rayé ou quadrillé]: **papier ~** ruled *ou* lined paper.

◆ **réglée** *adj f*: **être ~e** [avoir ses règles]: **depuis combien de temps êtes-vous ~e?** how long have you been having your periods?; **est-elle ~e?** has she started to menstruate (yet)?

**règlement** [rɛgləmɑ̃] *nm* **-1.** ADMIN regulation, rules; **observer le ~** to abide by the rules; **d'après le ~, il est interdit de...** it's against the regulations to... ❏ **~ administratif** statutory policy; **~ intérieur** house rules; **~ de police municipale ou municipal** = by-law; **~ sanitaire** health regulations. **-2.** [paiement] payment, settlement; **~ par carte de crédit** payment by credit card. **-3.** [résolution] settlement, settling; **~ de compte ou comptes** settling of scores; **il y a eu des ~s de comptes** some old scores were settled; **~ judiciaire** JUR compulsory liquidation, winding-up *Br*.

**réglementaire** [rɛglemɑ̃tɛr] *adj* **-1.** [conforme] regulation *(modif)*; **modèle de chaudière ~** approved *ou* standard type of boiler; **il a passé l'âge ~** he's above the statutory age limit. **-2.** ADMIN [décision] statutory.

**réglementairement** [rɛglemɑ̃tɛrmɑ̃] *adv* according to regulations, statutorily.

**réglementation** [rɛglǝmɑ̃tasjɔ̃] *nf* **-1.** [mesures] regulations. **-2.** [limitation] control, regulation; **la** ~ **des prix** price controls.

**réglementer** [3] [rɛglǝmɑ̃te] *vt* to regulate, to control.

**régler** [18] [regle] *vt* **-1.** [résoudre – litige] to settle, to resolve; [– problème] to solve, to iron out *(sép)*, to sort out *(sép)*; **alors c'est réglé, nous irons au bord de la mer** it's settled then, we'll go to the seaside; **c'est une affaire réglée** it is (all) settled now. **-2.** [payer – achat] to pay (for); [– facture, mensualité] to settle; [– créancier] to settle up *(insép)* with; **mon salaire ne m'a pas été réglé** my salary hasn't been paid (in); ~ **l'addition** to pay ou settle the bill; ~ **qqch en espèces** to pay cash for sthg; ~ **qqch par chèque/par carte de crédit** to pay for sthg by cheque/by credit card ❑ ~ **ses comptes (avec qqn)** *pr* to settle up *(insép)* (with sb); **j'ai un compte à** ~ **avec toi** I've got a bone to pick with you; ~ **son compte à qqn** *fam* [se venger de lui] to get even with sb; [le tuer] to take care of sb *euph*. **-3.** [volume, allumage, phare etc] to adjust; [vitesse, thermostat] to set; [température] to regulate; [circulation] to control; [moteur] to tune; **j'ai réglé mon réveil sur 7 h/le four à 200°** I've set my alarm for seven o'clock/the oven at 200 degrees; **comment** ~ **la radio sur France-Musique?** how do you tune in to France-Musique?; ~ **qqch sur** [accorder par rapport à] to set sthg by; ~ **son rythme sur celui du soleil** to model one's rhythm of life on the movement of the sun. **-4.** [déterminer] to decide (on), to settle; **quelques détails à** ~ **a few details to be settled. -5.** [papier] to rule.
◆ **se régler** *vp (emploi passif)* [mécanisme] to be set ou regulated; [luminosité, phare] to be adjusted; [récepteur] to be tuned.
◆ **se régler sur** *vp + prép* [imiter] to model o.s. on, to follow (the example of).

**réglette** [reglɛt] *nf* **-1.** [petite règle] short ruler, straightedge. **-2.** IMPR lead, reglet. **-3.** [au Scrabble] rack.

**régleur, euse** [reglœr, øz] ◇ *adj* adjusting. ◇ *nm, f* setter.
◆ **régleuse** *nf* INDUST ruling machine.

**réglisse** [reglis] *nf* liquorice.

**régloᵛ** [reglo] *adj inv* regular, OK, on the level; **il trempe toujours dans des affaires pas très** ~ he's always mixed up in some kind of shady business.

**régnant, e** [reɲɑ̃, ɑ̃t] *adj* **-1.** [qui règne] reigning. **-2.** *sout* [qui prédomine] prevailing, reigning, dominant.

**règne** [reɲ] ◇ *v* → **régner**. ◇ *nm* **-1.** [gouvernement] reign; **sous le** Catherine II in the reign of Catherine II. **-2.** [domination – de la bêtise, de la justice] rule, reign. **-3.** BIOL: ~ **animal/végétal** animal/plant kingdom.

**régner** [8] [reɲe] *vi* **-1.** [gouverner] to reign, to rule. **-2.** [dominer – idée] to predominate, to prevail; [– ordre, silence] to reign, to prevail; **le chaos règne** chaos reigns ou prevails; ~ **sur** to rule over; ~ **en maître (sur)** to rule supreme (over); **faire** ~ **la paix** to keep the peace; **faire** ~ **le silence** to keep everybody quiet; **faire** ~ **l'ordre** to keep things under control; **la confiance règne!** *iron* there's trust ou confidence for you! || *(tournure impersonnelle)*: **il règne enfin une paix profonde** a great peace reigns at last.

**regonfler** [3] [rǝgɔ̃fle] ◇ *vt* **-1.** [gonfler de nouveau – ballon, bouée] to blow up *(sép)* (again), to reinflate; [– matelas pneumatique] to pump up *(sép)* (again), to reinflate; **son séjour à la mer l'a regonflée à bloc** *fam & fig* her stay at the seaside has bucked her up (no end). **-2.** [gonfler davantage – pneus] to put more air in ou into.
◇ *vi* [gén & MÉD] to swell (up) again.

**regorger** [17] [rǝgɔrʒe] *vi litt* [liquide] to overflow.

◆ **regorger de** *v + prép* to overflow with *(insép)*, to abound in *(insép)*; **la terre regorge d'eau** the ground is waterlogged; **les vitrines regorgent de marchandises** the shop windows are packed with goods.

**regreffer** [4] [rǝgrefe] *vt* to regraft.

**régresser** [4] [regrese] *vi* **-1.** [baisser – chiffre, population] to drop; **le chiffre d'affaires a régressé** there has been a drop in turnover || [civilisation] to regress. **-2.** [s'atténuer]: **la maladie a régressé** the patient's condition has improved. **-3.** PSYCH to regress.

**régressif, ive** [regresif, iv] *adj* regressive; **impôt** ~ degressive tax.

**régression** [regresjɔ̃] *nf* **-1.** [recul] decline, decrease, regression. **-2.** PSYCH & SC regression.

**regret** [rǝgrɛ] *nm* **-1.** [remords] regret; **sans un** ~ without a single regret; **'~s éternels'** 'deeply regretted', 'greatly lamented'. **-2.** [tristesse] regret; **je vous quitte avec beaucoup de** ~ I leave you with great regret, I'm sorry I have to leave you; **nous sommes au** ou **nous avons le** ~ **de vous annoncer que...** we are sorry ou we regret to have to inform you that...
◆ **à regret** *loc adv* [partir, sévir] regretfully, with regret; **il s'éloigna comme à** ~ he walked away with apparent reluctance.

**regrettable** [rǝgrɛtabl] *adj* regrettable, unfortunate; **il est** ~ **que tu n'aies pas été informée à temps** it is unfortunate ou a pity (that) you were not informed in time.

**regretter** [4] [rǝgrɛte] *vt* **-1.** [éprouver de la nostalgie pour – personne, pays] to miss; [– jeunesse, passé] to be nostalgic for; **son regretté mari** her late lamented husband. **-2.** [se repentir de] to be sorry about, to regret; **tu n'as rien à** ~ you've got nothing to feel sorry about ou to regret; **je ne regrette pas le temps passé là-dessus/l'argent que ça m'a coûté** I'm not sorry I spent time/money on it; **je ne regrette rien** I've no regrets; **vous regretterez vos paroles!** you'll be sorry that you said that!, you'll regret those words!
◆ **regretter de** *v + prép* **-1.** [se reprocher de]: **tu ne regretteras pas de m'avoir écoutée** you won't be sorry you listened to me. **-2.** [dans des expressions de politesse]: **nous regrettons de ne pouvoir donner suite à votre appel** we regret ou we are sorry we are unable to connect you || *(en usage absolu)*: **pouvez-vous venir? - non, je regrette!** will you be able to come? - no, I'm afraid not ou - sorry, no!; **ah non! je regrette! j'étais là avant toi!** I'm sorry but I was here first!

**regroupement** [rǝgrupmɑ̃] *nm*: ~ **de troupes** gathering ou grouping together of troops.

**regrouper** [3] [rǝgrupe] *vt* **-1.** [rassembler] to bring together *(sép)*, to group ou gather together *(sép)*. **-2.** [contenir] to contain; **le centre culturel regroupe sous un même toit un cinéma et un théâtre** the arts centre accommodates ou has a cinema and a theatre (under the same roof).
◆ **se regrouper** *vpi* **-1.** [institutions] to group together; [foule] to gather; **les sociétés se sont regroupées pour mieux faire face à la concurrence** the companies have joined forces to deal more effectively with the competition. **-2.** MIL to regroup.

**régularisation** [regylarizasjɔ̃] *nf* **-1.** [d'une situation] straightening out, regularization. **-2.** FIN: **paiement de dix mensualités avec** ~ **annuelle** ten monthly payments with end-of-year adjustments. **-3.** GÉOG grading.

**régulariser** [3] [regylarize] *vt* **-1.** [rendre légal] to regularize; **il a fait** ~ **son permis de séjour** he got his residence permit

---

**Style parlé**

Sadly, we didn't get there on time.

Regrettably ou I regret to say we were unable to reach a decision.

I'm really sorry I didn't warn her about it.

I only wish I had told him earlier.

What a pity you didn't mention it before!

It's a real shame ou a great pity I won't get to meet her.

**Style écrit**

I must regretfully inform you that you have not been accepted on the course.

Mr Smith sends his apologies and regrets he is unable to attend the meeting.

'British Airways regrets any inconvenience to passengers'.

I am sorry to have to tell you that your application has been unsuccessful. [moins soutenu]

sorted out ou put in order. **-2.** [rendre régulier] to regulate.

**régularité** [regylarite] *nf* **-1.** [dans le temps] regularity, steadiness; **un emploi du temps d'une parfaite** ~ a schedule that is (as) regular as clockwork; **les factures tombent avec** ~ there's a steady flow of bills to pay. **-2.** [dans l'espace – de la dentition] evenness; [– d'une surface] smoothness; [– de plantations] straightness. **-3.** [en valeur, en intensité] consistency; **élève d'une grande** ~ very consistent pupil; **travailler avec** ~ to work steadily ou consistently. **-4.** [légalité] lawfulness, legality.

**régulateur, trice** [regylatœr, tris] *adj* regulating, control *(modif)*.
◆ **régulateur** *nm* **-1.** [dispositif, horloge] regulator. **-2.** BIOL [gène] regulator ou regulatory gene. **-3.** ÉLECTRON controller.

**régulation** [regylasjɔ̃] *nf* **-1.** [contrôle] control, regulation; [réglage] regulation, correction; ~ **de la circulation** traffic control. **-2.** BIOL regulation; ~ **thermique** (body) temperature control. **-3.** ÉLECTRON regulation. **-4.** RAIL control.

**réguler** [3] [regyle] *vt* to control.

**régulier, ère** [regylje, ɛr] *adj* **-1.** [fixe] regular; **des revenus** ~s a regular ou steady income; **manger à heures régulières** to eat regularly ou at regular intervals ‖ [permanent] regular; **les vols** ~s scheduled flights ❏ **armée régulière** regular ou standing army. **-2.** [dans l'espace – gén] regular, even; [– plantations] evenly distributed; ~ **une écriture régulière** regular ou neat handwriting. **-3.** [montée, déclin] steady; [distribution] even. **-4.** [harmonieux – traits] regular. **-5.** [conforme à la règle – transaction] legitimate; [– procédure] correct, fair; [conforme à la loi] legal; **c'est un procédé pas très** ~ that's not quite above board. **-6.** *fam* [honnête] on the level, straight. **-7.** BOT, GÉOM, LING & ZOOL regular.
◆ **régulier** *nm* MIL & RELIG regular.

**régulièrement** [regyljɛrmɑ̃] *adv* **-1.** [dans l'espace – disposer] evenly, regularly, uniformly. **-2.** [dans le temps – progresser] steadily; ~ **révisé** updated regularly ou at regular intervals; **donne de tes nouvelles** ~ write often ou regularly ou on a regular basis; **elle avait** ~ **de bonnes notes** she got consistently good marks; **je la vois assez** ~ I see her quite regularly ou quite frequently. **-3.** [selon la règle] lawfully; **assemblée élue** ~ lawfully ou properly elected assembly.

**régurgitation** [regyrʒitasjɔ̃] *nf* regurgitation.

**régurgiter** [3] [regyrʒite] *vt* to regurgitate.

**réhabilitation** [reabilitasjɔ̃] *nf* **-1.** JUR rehabilitation; ~ **judiciaire** judicial discharge. **-2.** [d'une personne] rehabilitation, clearing the name of. **-3.** [d'un quartier] rehabilitation.

**réhabiliter** [3] [reabilite] *vt* **-1.** JUR [condamné] to rehabilitate; [failli] to discharge; ~ **la mémoire de qqn** to clear sb's name; ~ **qqn dans ses fonctions** to reinstate sb. **-2.** [revaloriser – profession] to rehabilitate, to restore to favour; [– quartier] to rehabilitate.

**réhabituer** [7] [reabitɥe] *vt*: ~ **qqn à qqch** to get sb used to sthg again.
◆ **se réhabituer à** *vp* + *prép* to get used to again; **se** ~ **à faire qqch** to get back into the habit of doing sthg.

**rehaussement** [rɔosmɑ̃] *nm* **-1.** CONSTR [d'un mur] raising, building up ou higher; [d'un plafond] raising. **-2.** FIN upward adjustment, increment.

**rehausser** [3] [rɔose] *vt* **-1.** [surélever – plafond] to raise; [– mur] to make higher. **-2.** [faire ressortir – goût] to bring out; [– beauté, couleur] to emphasize, to enhance; **du velours noir rehaussé de broderies** black velvet set off by embroidery. **-3.** [revaloriser] to enhance, to increase.

**réhydrater** [3] [reidrate] *vt* [peau] to moisturize, to rehydrate *spéc*.

**réification** [reifikasjɔ̃] *nf* reification.

**réimplanter** [3] [reɛ̃plɑ̃te] *vt* **-1.** MÉD to reimplant. **-2.** [industrie, usine] to set up *(sép)* again, to reestablish; [tribu] to resettle.

**réimporter** [3] [reɛ̃pɔrte] *vt* to reimport.

**réimpression** [reɛ̃presjɔ̃] *nf* [processus] reprinting; [résultat] reprint; **ce livre est en cours de** ~ this book is being reprinted.

**rein** [rɛ̃] *nm* ANAT kidney; ~ **artificiel** artificial kidney, kidney machine; **coup de** ~ heave; **il donna un violent coup de** ~ **pour soulever l'armoire** he heaved the wardrobe up.

◆ **reins** *nmpl* [dos] back, loin; *litt* [taille] waist; **avoir mal aux** ~s to have (a) backache; **avoir mal dans le bas des** ou **au creux des** ~s to have a pain in the small of one's back ❏ **avoir les** ~s **solides** to have good financial backing; **je lui briserai** ou **casserai les** ~s I'll break him.

**réincarcération** [reɛ̃karserasjɔ̃] *nf* reimprisonment; **après sa** ~ after he was sent back to jail.

**réincarnation** [reɛ̃karnasjɔ̃] *nf* RELIG reincarnation.

**réincarner** [3] [reɛ̃karne]
◆ **se réincarner** *vpi* to be reincarnated.

**reine** [rɛn] *nf* **-1.** [femme du roi] queen (consort); [souveraine] queen; **la** ~ **de Suède/des Pays-Bas** the Queen of Sweden/of the Netherlands; **la** ~ **de Saba** the Queen of Sheba ❏ **la** ~ **mère** the Queen Mother. **-2.** JEUX queen; **la** ~ **de cœur/pique** the queen of hearts/spades. **-3.** *fig* queen; **la** ~ **de la soirée** the belle of the ball, the star of the party; **tu es vraiment la** ~ **des imbéciles** you're the most stupid woman I've ever come across ❏ ~ **de beauté** beauty queen; **la petite** ~ *vieilli* the bicycle. **-4.** ZOOL queen; **la** ~ **des abeilles/termites** the queen bee/termite. **-5.** HORT: ~ **des reinettes** rennet.

**reine-claude** [rɛnklod] *(pl* **reines-claudes)** *nf* (Reine Claude) greengage.

**reine-marguerite** [rɛnmargərit] *(pl* **reines-marguerites)** *nf* (China ou annual) aster.

**reinette** [rɛnɛt] *nf* ≃ pippin; ~ **grise** russet *(apple)*.

**réinfecter** [4] [reɛ̃fɛkte] *vt* to reinfect.
◆ **se réinfecter** *vpi* to become reinfected.

**réinscription** [reɛ̃skripsjɔ̃] *nf* reregistration.

**réinscrire** [99] [reɛ̃skrir] *vt* [étudiant] to reregister, to reenrol; [électeur] to reregister; [sur un agenda] to put down *(sép)* again.
◆ **se réinscrire** *vp (emploi réfléchi)* to reregister, to reenrol.

**réinsérer** [18] [reɛ̃sere] *vt* **-1.** [paragraphe] to reinsert. **-2.** [détenu, drogué] to rehabilitate, to reintegrate.
◆ **se réinsérer** *vp (emploi réfléchi)* to rehabilitate o.s., to become rehabilitated.

**réinsertion** [reɛ̃sersjɔ̃] *nf* **-1.** [d'un paragraphe] reinsertion. **-2.** [d'un détenu] rehabilitation; **la** ~ **sociale** social rehabilitation, reintegration into society.

**réinstaller** [3] [reɛ̃stale] *vt* [chauffage, électricité, téléphone] to reinstall, to put back *(sép)*; **j'ai réinstallé mon bureau au premier étage** I've moved my office back to the first floor.
◆ **se réinstaller** *vpi* **-1.** [retourner] to go back, to settle again; **il s'est réinstallé dans son ancien bureau** he's gone ou moved back to his old office. **-2.** [se rasseoir] to settle (back) down in one's seat.

**réintégration** [reɛ̃tegrasjɔ̃] *nf* **-1.** [d'un fonctionnaire] reinstatement. **-2.** [d'un évadé] reimprisonment. **-3.** [recouvrement d'un droit] reintegration.

**réintégrer** [18] [reɛ̃tegre] *vt* **-1.** [employer à nouveau] to reinstate. **-2.** [regagner] to go back ou to return to; ~ **le domicile conjugal** to return to the marital home.

**réintroduire** [98] [reɛ̃trɔdɥir] *vt* [dans un texte]: ~ **qqch** to reintroduce sthg, to put sthg back in ‖ [projet de loi] to put up *(sép)* again, to reintroduce.

**réinventer** [3] [reɛ̃vɑ̃te] *vt* to reinvent; **il a su** ~ **la mise en scène** he has a totally new approach to production.

**réitérer** [18] [reitere] *vt sout* [interdiction, demande] to reiterate, to repeat.

**rejaillir** [32] [rɔʒajir] *vi* **-1.** [gicler – gén] to splash (back); [– violemment] to spurt (up). **-2.** *sout* [se répercuter]: ~ **sur** to reflect on ou·upon; **sa notoriété a rejailli sur nous tous** his fame reflected on ou was shared by all of us; **la honte rejaillit sur lui** he was covered in shame.

**rejet** [rɔʒɛ] *nm* **-1.** [physique] throwing back ou up, driving back; **interdire le** ~ **de substances polluantes** to prohibit the discharge of pollutants. **-2.** [refus] rejection; **elle a été très déçue par le** ~ **de son manuscrit/de son offre** she was very disappointed when her manuscript/her offer was turned down; **il y a eu** ~ **de toutes les accusations par le juge** the judge dismissed all charges ❏ **les enfants handicapés sont parfois victimes d'un phénomène de** ~ **à l'école** handicapped children are sometimes rejected by other children at school. **-3.** LITTÉRAT [enjambement] run-on; **il y a** ~ **du verbe à la fin de la proposition subordonnée**

GRAMM the verb is put OU goes at the end of the subordinate clause. **-4.** MÉD rejection; ~ d'une greffe rejection of a transplant. **-5.** GÉOL throw. **-6.** BOT shoot. **-7.** INF ignore (character). **-8.** ZOOL cast (swarm).

**rejeter** [27] [rəʒte] ◇ vt **-1.** [relancer] to throw back (sép); [violemment] to hurl back (sép); fig: elle rejeta ses cheveux en arrière she tossed her hair back; ~ la tête en arrière to throw one's head back; ~ les épaules en arrière to put one's shoulders back; ~ un verbe en fin de phrase to put a verb at the end of a sentence. **-2.** [repousser – ennemi] to drive OU to push back (sép); ~ une armée au-delà des frontières to drive an army back over the border ‖ [bannir] to reject, to cast out (sép), to expel; la société les rejette society rejects them OU casts them out. **-3.** [rendre – nourriture] to spew out (sép), to throw up (sép), to reject; [– déchets] to throw out (sép), to expel; son estomac rejette tout ce qu'elle absorbe she can't keep anything down; la mer a rejeté plusieurs épaves several wrecks were washed up OU cast up by the sea. **-4.** [refuser] to reject, to turn down (sép); ~ un projet de loi to throw out a bill. **-5.** [déplacer] = la faute/la responsabilité sur qqn to shift the blame/responsibility on to sb. **-6.** INF to reject. ◇ vi BOT to shoot.
◆ **se rejeter** ◇ vpi: se ~ en arrière to jump backwards. ◇ vpt se renvoyer]: ils se rejettent mutuellement la responsabilité de l'accident they blame each other for the accident.

**rejeton** [rəʒtɔ̃] nm **-1.** péj OU hum [enfant] kid. **-2.** BOT offshoot, shoot.

**rejette** [rəʒɛt], **rejetterai** [rəʒɛtre] v → **rejeter**.

**rejoignais** [rəʒwaɲɛ] v → **rejoindre**.

**rejoindre** [82] [rəʒwɛ̃dr] vt **-1.** [retrouver] to meet (up with) (insép), to join (up with) (insép), [avec effort] to catch up with; il est parti ~ sa femme he went to meet up with OU join OU rejoin his wife; il a rejoint le gros du peloton he's caught up with the pack. **-2.** [retourner à] to get back OU to return to; il a reçu l'ordre de ~ son régiment he was ordered to rejoin his regiment. **-3.** [aboutir à] to join OU to meet (up with); le chemin rejoint la route à la hauteur de la borne the path meets OU joins (up with) the road at the milestone. **-4.** [être d'accord avec] to agree with; mon point de vue rejoint entièrement le vôtre my point of view is much the same as OU very similar to yours; je ne peux vous ~ sur ce point I cannot agree OU see eye to eye with you (on this matter) ‖ POL [adhérer à] to join; elle a fini par ~ l'opposition she ended up joining the opposition.
◆ **se rejoindre** vp (emploi réciproque) **-1.** [se réunir] to meet again OU up; nous nous rejoindrons à Marseille we'll meet up in Marseilles. **-2.** [concorder]: nos opinions se rejoignent entièrement our views concur perfectly, we are in total agreement.

**rejouer** [6] [rəʒwe] ◇ vt **-1.** [refaire – jeu] to play again; [– match] to replay, to play again; ~ le même cheval to bet on the same horse again; elle a rejoué toute sa fortune sur le 7 she gambled her whole fortune on the 7 again; tu devrais ~ atout you should lead trumps again. **-2.** [pièce de théâtre] to perform again; [morceau] to play again. ◇ vi JEUX to start gambling again; SPORT to play again.

**réjoui, e** [reʒwi] adj joyful, happy, pleased; avoir OU prendre un air ~ to look cheerful.

**réjouir** [32] [reʒwir] vt to delight; la nouvelle a réjoui tout le monde everyone was delighted at the news; ça ne me réjouit guère d'y aller I'm not particularly keen on OU thrilled at going.
◆ **se réjouir** vpi to be delighted; se ~ du malheur des autres to gloat over other people's misfortunes; je me réjouis de votre succès I'm glad to hear of your success; je me réjouis à la pensée de les retrouver I'm thrilled at the idea of meeting them again.

**réjouissance** [reʒwisɑ̃s] nf [gaieté] rejoicing.
◆ **réjouissances** nfpl [fête] festivities; quel est le programme des ~s? hum what exciting things lie in store for us?

**réjouissant, e** [reʒwisɑ̃, ɑ̃t] adj joyful, cheerful; peu ~ rather grim; c'est ~! iron that's just great!; je ne vois pas ce que tu trouves de si ~ à cette histoire I don't see what you find so funny ou amusing about this story.

**relâche** [rəlɑʃ] nf **-1.** sout [pause] respite, rest. **-2.** CIN & THÉÂT

[fermeture]: nous ferons ~ en août no performances in August; '~ le mardi' 'no performance on Tuesdays'. **-3.** NAUT: le navire a fait ~ à Nice the boat called in at Nice ❑ (port de) ~ port of call.
◆ **sans relâche** loc adv without respite; il écrit sans ~ jusqu'à l'aube he writes without letting up OU without any break till dawn.

**relâché, e** [rəlɑʃe] adj **-1.** [négligé – discipline, effort] lax, loose; [– style] flowing, loose péj; la surveillance était plutôt ~e surveillance was a bit lax. **-2.** [détendu – muscle, corde] lax, relaxed.

**relâchement** [rəlɑʃmɑ̃] nm **-1.** [laisser-aller] laxity, loosening; il y a du ~ dans votre travail you're letting your work slide; le ~ des mœurs the laxity of OU decline in moral standards. **-2.** MÉD [de l'intestin] loosening; [d'un muscle] relaxation. **-3.** [d'une corde, d'un lien] loosening, slackening.

**relâcher** [3] [rəlɑʃe] ◇ vt **-1.** [libérer – animal] to free; [– prisonnier] to release, to set free (sép). **-2.** [diminuer] to relax, to slacken; ~ son attention to let one's attention wander. **-3.** [détendre – câble] to loosen, to slacken; [– muscle] to relax; elle a relâché son étreinte she relaxed OU loosened her grip. **-4.** MÉD [intestin] to loosen. ◇ vi NAUT to put into port.
◆ **se relâcher** vpi **-1.** [muscle] to relax, to loosen; [câble] to loosen, to slacken. **-2.** [devenir moins rigoureux] to become lax OU laxer; se ~ dans son travail to become lax about one's work; son attention se relâche his attention is flagging.

**relaie** [rəlɛ], **relaierai** [rəlɛre] v → **relayer**.

**relais** [rəlɛ] nm **-1.** [succession] shift; travail par ~ shift work; prendre le ~ (de qqn) to take over (from sb); j'ai commencé le travail, tu n'as plus qu'à prendre le ~ I started the job, just carry on ou take over. **-2.** SPORT relay. **-3.** HIST [lieu] coaching inn; [chevaux] relay. **-4.** [auberge] inn; ~ autoroutier motorway café Br, truck stop Am; ce restaurant est donné comme ~ gastronomique dans le guide this restaurant is recommended in the guide as an excellent place to eat. **-5.** (comme adj; avec ou sans trait d'union) ÉLECTR [appareil, station] relay (modif); [processus] relaying. **-6.** TÉLÉC: ~ hertzien radio relay. **-7.** BANQUE: (crédit) ~ bridging loan.

**relançai** [rəlɑ̃se] v → **relancer**.

**relance** [rəlɑ̃s] nf **-1.** [nouvelle impulsion] revival, boost. **-2.** ÉCON: il y a une ~ de la production sidérurgique steel production is being boosted OU increased; politique de ~ reflationary policy ❑ ~ économique reflation. **-3.** ADMIN & COMM: des ~s téléphoniques follow-up calls; lettre de ~ follow-up letter. **-4.** JEUX raise; faire une ~ to raise (the stakes).

**relancer** [16] [rəlɑ̃se] ◇ vt **-1.** [donner un nouvel essor à] to relaunch, to revive; ~ l'économie d'un pays to give a boost to OU to boost OU to reflate a country's economy. **-2.** [solliciter] to chase up Br, to chase after fig; arrête de me ~! stop badgering me!. **-3.** [jeter à nouveau] to throw again. ◇ vi JEUX: ~ (de): je relance de 1 000 francs I raise (the bid) by 1,000 francs.

**relaps, e** [rəlaps] ◇ adj relapsed. ◇ nm, f relapsed person, backslider RELIG.

**relater** [3] [rəlate] vt **-1.** sout [raconter] to relate, to recount; les faits ont été relatés dans la presse the facts were reported OU detailed in the papers. **-2.** JUR [consigner] to record.

**relatif, ive** [rəlatif, iv] adj **-1.** [gén, GRAMM & MATH] relative; tout est ~ everything is relative. **-2.** [concernant] relating to, concerning. **-3.** [approximatif]: nous avons goûté un repos tout ~ we enjoyed a rest of sorts; un isolement ~ relative OU comparative isolation. **-4.** MUS relative.
◆ **relatif** nm GRAMM relative pronoun.
◆ **relative** nf relative clause.

**relation** [rəlasjɔ̃] nf **-1.** [corrélation] relationship, connection; ~ de cause à effet relation OU relationship of cause and effect; mettre deux questions en ~ l'une avec l'autre, faire la ~ entre deux questions to make the connection between OU to connect two questions; c'est sans ~ avec..., il n'y a aucune ~ avec... there's no connection with..., it's nothing to do with... **-2.** [rapport] relationship; nouer des ~s professionnelles to form professional contacts; les ~s sino-japonaises relations between China and Japan, Sino-Japanese relations; en ~ OU ~s: nous sommes en ~

d'affaires depuis des années we've had business dealings OU a business relationship for years; **en excellentes/ mauvaises** ~s avec ses collègues on excellent/bad terms with one's colleagues; **entrer en** ~ avec qqn [le contacter] to get in touch OU to make contact with sb; **mettre qqn en** ~ avec un ami/une organisation to put sb in touch with a friend/an organization ❑ ~s diplomatiques diplomatic relations OU links; ~s humaines [gén] dealings between people; SOCIOL human relations; ~s internationales international relations; ~s publiques public relations; ~s sexuelles sexual relations. **-3.** [connaissance] acquaintance; avoir de nombreuses ~s to know a lot of people; **utilise tes** ~s use your connections; heureusement que j'ai des ~s! it's a good thing I'm well connected OU I know the right people!; **j'ai trouvé à me loger par** ~s I found a place to live through knowing the right people OU through the grapevine. **-4.** MATH relation. **-5.** sout [compte-rendu] relation, narration. **-6.** JUR account.

**relationnel, elle** [rəlasjɔnɛl] adj **-1.** PSYCH relationship (modif); avoir des difficultés ~les to have trouble relating to people. **-2.** LING relational, relation (modif).

**relationniste** [rəlasjɔnist] nmf Can public relations officer.

**relative** [rəlativ] f→ **relatif**.

**relativement** [rəlativmã] adv **-1.** [passablement] relatively, comparatively, reasonably. **-2.** sout [de façon relative] relatively, contingently.
◆ **relativement à** loc prép **-1.** [par rapport à] compared to, in relation to. **-2.** [concernant] concerning.

**relativisation** [rəlativizasjɔ̃] nf relativization.

**relativiser** [3] [rəlativize] vt: ~ qqch to consider sthg in context, to relativize sthg spéc; il faut ~ tout ceci, ça pourrait être pire you've got to keep things in perspective, it could be worse.

**relativiste** [rəlativist] ◇ adj **-1.** PHYS relativistic. **-2.** PHILOS relativist, relativistic. ◇ nmf PHILOS relativist.

**relativité** [rəlativite] nf **-1.** [gén] relativity. **-2.** PHYS relativity; (théorie de) la ~ **générale/restreinte** general/special (theory of) relativity.

**relaver** [3] [rəlave] vt [laver de nouveau] to wash again, to rewash.

**relax** [rəlaks] adj inv fam [personne, ambiance] easy-going, laid back; [activité, vacances] relaxing.

**relaxant, e** [rəlaksɑ̃, ɑ̃t] adj relaxing, soothing.

**relaxation** [rəlaksasjɔ̃] nf **-1.** [détente] relaxation, relaxing; faire de la ~ to do relaxation exercises. **-2.** PHYS & PSYCH relaxation.

**relaxe** [rəlaks] ◇ adj fam= **relax**. ◇ nf JUR discharge, release.

**relaxer** [3] [rəlakse] vt **-1.** [relâcher – muscle] to relax. **-2.** JUR [prisonnier] to discharge, to release.
◆ **se relaxer** vpi to relax.

**relayer** [11] [rəlɛje] vt **-1.** [suppléer] to relieve, to take over from. **-2.** RAD & TV to relay. **-3.** SPORT to take over, to take the baton.
◆ **se relayer** vp (emploi réciproque) to take turns; **se** ~ auprès d'un malade to take turns at a sick person's bedside.

**relayeur, euse** [rəlɛjœr, øz] nm, f SPORT relay runner.

**relecture** [rəlɛktyr] nf: à la ~, j'ai trouvé que... on reading it again OU when I reread it, I found that... ❑ ~ d'épreuves proofreading PRINT.

**reléguer** [18] [rəlege] vt [cantonner] to relegate; ~ qqn au second plan to put sb in the background; leur équipe a été reléguée en deuxième division cette année SPORT their team went down into the second division this year.

**relent** [rəlɑ̃] nm **-1.** (gén pl) [mauvaise odeur] stink (U), stench (U). **-2.** sout [trace] residue, hint, trace.

**relevable** [rəl(ə)vabl] adj (vertically) adjustable; **siège à dossier** ~ reclinable seat.

**relevé, e** [rəlve] adj **-1.** [redressé – col, nez] turned-up; ses manches étaient ~es jusqu'au coude his sleeves were rolled up to the elbows. **-2.** CULIN [assaisonné] seasoned, well-seasoned; [pimenté] spicy, hot. **-3.** sout [distingué] elevated, refined.
◆ **relevé** nm **-1.** [de recettes, de dépenses] summary, statement; [de gaz, d'électricité] reading; [de noms] list; ~ **mensuel** BANQUE monthly statement ❑ ~ **d'identité bancaire** ≈ bank and account number, particulars of one's bank ac-

count; ~ **de notes** SCOL examination results. **-2.** GÉOG survey. **-3.** ARCHIT layout.

**relève** [rəlɛv] v → **relever**. ◇ nf **-1.** [manœuvre] relieving, changing; **prendre la** ~ (de qqn) to take over (from sb) ❑ **la** ~ **de la garde** the changing of the guard. **-2.** [groupe] replacement, stand-in; **la** ~ [au travail] the relief team; MIL the relief troops; [garde] the relief guard.

**relèvement** [rəlɛvmɑ̃] nm **-1.** [rétablissement] recovery, restoring. **-2.** [fait d'augmenter] raising; [résultat] increase, rise; **le** ~ **des impôts/des salaires** tax/salary increase. **-3.** [reconstruction] reerecting, rebuilding. **-4.** [rehaussement] raising, increase.

**relever** [19] [rəlve] ◇ vt **-1.** [redresser – lampe, statue] to stand up (sép) again; [– chaise] to pick up (sép); [– tête] to lift up (sép) again; **ils m'ont relevé** [debout] they helped me (back) to my feet; [assis] they sat me up OU helped me to sit up. **-2.** [remonter – store] to raise; [– cheveux] to put up (sép); [– col, visière] to turn up (sép); [– pantalon, manches] to roll up (sép); [– rideaux] to tie back (sép); [– strapontin] to tie up (sép); **le virage est trop relevé** the banking on the bend has been made too steep. **-3.** [augmenter – prix, salaires] to increase, to raise, to put up (sép); [– note] to put up, to raise. **-4.** [ramasser, recueillir] to pick up (sép); ~ **les copies** SCOL to collect the papers. **-5.** [remettre en état – mur] to rebuild, to re-erect; [– pylône] to re-erect, to put up (sép) again; ~ **des ruines** [ville] to reconstruct OU to rebuild a ruined city; [maison] to rebuild a ruined house; **c'est lui qui a relevé la nation** fig he's the one who put the country back on its feet (again) OU got the country going again; ~ **l'économie** to rebuild the economy; ~ **le moral des troupes** to boost the troops' morale. **-6.** [mettre en valeur] to enhance. **-7.** CULIN to season, to spice up (sép); **relevez l'assaisonnement** make the seasoning more spicy. **-8.** [remarquer] to notice; **elle n'a pas relevé l'allusion** [elle n'a pas réagi] she didn't pick up the hint; [elle l'a sciemment ignorée] she pretended not to notice the hint ‖ (en usage absolu): **je ne relèverai pas!** I'll ignore that! **-9.** [enregistrer – empreinte digitale] to record; [– cote, mesure] to take down (sép), to plot; [– informations] to take OU to note down; [– plan] to sketch; **on a relevé des traces de boue sur ses chaussures** traces of mud were found OU discovered on his shoes; ~ **l'eau** fam OU **le compteur d'eau** to read the water meter; ~ **le gaz** fam OU **le compteur de gaz** to read the gas meter; **températures relevées à 16 h** MÉTÉO temperatures recorded at 4 p.m.; ~ **sa position** to plot OU to chart one's position; ~ **un point** to take a bearing. **-10.** [relayer – garde] to relieve; [– coéquipier] to take over (insép) from; ~ **qqn de ses vœux** to release sb from his/her vows; ~ **qqn de ses fonctions** to relieve sb of his/her duties. **-11.** JUR [prisonnier] to release. **-12.** JEUX to pick up (one's cards).
◇ vi [remonter – vêtement] to ride up.
◆ **relever de** v + prép **-1.** [être de la compétence de – juridiction] to fall OU to come under; [– spécialiste] to be a matter for; [– magistrat] to come under the jurisdiction of. **-2.** [tenir de]: **cela relève du miracle** it's truly miraculous. **-3.** sout [se rétablir de]: ~ **de couches** to come out of confinement; **elle relève d'une grippe** she is recovering from flu.
◆ **se relever** ◇ vp (emploi passif) [être inclinable] to lift up. ◇ vpi **-1.** [se remettre – debout] to get OU to stand up again; [– assis] to sit up again; **il l'aida à se** ~ he helped her to her feet again. **-2.** [remonter]: **les commissures de ses lèvres se relevèrent** the corners of his mouth curled up.
◆ **se relever de** vp + prép to recover from, to get over; **le parti se relève de ses cendres** OU **ruines** the party is rising from the ashes; **je ne m'en relèverai/ils ne s'en relèveront pas** I'll/they'll never get over it.

**relief** [rəljɛf] nm **-1.** BX-ARTS, GÉOG & OPT relief; **la région a un** ~ **accidenté** the area is hilly; **pays sans (aucun)** ~ flat country; **un** ~ **calcaire** limestone relief. **-2.** [contraste] relief, highlight; **donner du** ~ **à qqch** to highlight sthg; **son discours manquait de** ~ his speech was a rather lacklustre affair. **-3.** ACOUST: ~ **acoustique** spatial effect (of a sound).
◆ **reliefs** nmpl litt: **les** ~s [d'un repas] the remnants OU leftovers.
◆ **en relief** ◇ loc adj BX-ARTS & IMPR relief (modif), raised; **impression en** ~ relief printing; **motif en** ~ raised design, design in relief. ◇ loc adv [en valeur]: **mettre qqch en** ~ to bring sthg out.

**relier** [9] [rəlje] vt **-1.** [faire communiquer] to link up (sép), to link (together), to connect; **la route qui relie Bruxelles à Ostende** the road running from ou linking Brussels to Ostend. **-2.** [mettre en rapport] to connect, to link (together), to relate. **-3.** [livre] to bind; **relié en cuir** leather-bound; **relié toile** cloth-bound. **-4.** [tonneau] to hoop.

**relieur, euse** [rǝljœr, øz] *nm, f* bookbinder.

**religieusement** [rǝliʒjøzmɑ̃] *adv* **-1.** [pieusement] religiously; **se marier ~** to get married in church. **-2.** [soigneusement] religiously, rigorously, scrupulously; [avec vénération] reverently, devoutly.

**religieux, euse** [rǝliʒjø, øz] *adj* **-1.** [cérémonie, éducation, ordre, art] religious; **un mariage ~** a church wedding. **-2.** [personne] religious. **-3.** [empreint de gravité] religious; **un silence ~ se fit dans la salle** a reverent silence fell on the room.
◆ **religieux** *nm* member of a religious order.
◆ **religieuse** *nf* **-1.** RELIG nun. **-2.** CULIN cream puff; **~ au chocolat/au café** chocolate/coffee cream puff.

**religion** [rǝliʒjɔ̃] *nf* **-1.** [croyance] religion; **la ~ juive** the Jewish religion ou faith; **être sans** ou **n'avoir pas de ~** to have no religion, to be of no religious faith; **se convertir à la ~ catholique/musulmane** to be converted to Catholicism/ Islam ❑ **entrer** ou **~** to join a religious order; **la ~ est l'opium du peuple** *allusion Marx* religion is the opium of the people. **-2.** [piété] religious faith.

**religiosité** [rǝliʒjozite] *nf* religiosity, religiousness.

**reliions** [rǝljjɔ̃] *v* → **relier**.

**reliquaire** [rǝlikɛr] *nm* reliquary.

**reliquat** [rǝlika] *nm* remainder, balance; **un ~ de vacances** outstanding leave; **~ d'impôts** outstanding taxes; **après apurement des comptes, il n'y a plus aucun ~** after balancing the accounts, there is nothing left over ou there is no surplus.

**relique** [rǝlik] *nf* RELIG relic; **conserver qqch comme une ~** to treasure sthg.

**relire** [106] [rǝlir] *vt* to read again, to reread.
◆ **se relire** *vp (emploi réfléchi)* to read (over) what one has written; **j'ai du mal à me ~** I have difficulty reading my own writing.

**reliure** [rǝljyr] *nf* **-1.** [technique] binding, bookbinding. **-2.** [couverture] binding; **~ pleine** full binding; **~ sans couture** perfect binding.

**relogeai** [rǝlɔʒe] *v* → **reloger**.

**relogement** [rǝlɔʒmɑ̃] *nm* rehousing.

**reloger** [17] [rǝlɔʒe] *vt* to rehouse.

**relu, e** [rǝly] *pp* → **relire**.

**reluire** [97] [rǝlɥir] *vi* [casque, casserole] to gleam, to shine; [pavé mouillé] to glisten; **faire ~ ses cuivres** to do ou to polish the brasses.

**reluisant, e** [rǝlɥizɑ̃, ɑ̃t] *adj* **-1.** *fam (gén nég)*: **peu** ou **pas ~** [médiocre] shabby; **un individu peu ~** an unsavoury character; **notre avenir n'apparaît guère ~** our future hardly looks bright. **-2.** [brillant] shining, shiny, gleaming.

**reluisons** [rǝlɥizɔ̃] *v* → **reluire**.

**reluquer** [3] [rǝlyke] *vt fam* [personne] to ogle, to eye up; [objet] to have one's eye on, to covet.

**relus** [rǝly] *v* → **relire**.

**rem** [rɛm] *nm* rem.

**remâcher** [3] [rǝmɑʃe] *vt* **-1.** [mâcher de nouveau] to chew again; [suj: ruminant] to ruminate. **-2.** [ressasser] to brood over *(insép)*.

**remailler** [3] [rǝmaje] *vt* [filet] to mend; [bas, chaussette] to darn.

**remake** [rimɛk] *nm* CIN remake.

**rémanence** [remanɑ̃s] *nf* **-1.** PHYS remanence, retentivity. **-2.** PHYSIOL [durabilité] persistence.

**rémanent, e** [remanɑ̃, ɑ̃t] *adj* **-1.** PHYS [aimantation] remanent, retentive; [magnétisme] residual. **-2.** [gén & CHIM] persistent; **image ~e** after-image.

**remanger** [17] [rǝmɑ̃ʒe] ◇ *vt* to have ou to eat again. ◇ *vi* to eat again.

**remaniable** [rǝmanjabl] *adj* [discours, projet, texte] revisable, amendable.

**remaniement** [rǝmanimɑ̃] *nm* **-1.** [d'un projet de loi] redrafting, altering, amending; [d'un discours] revision, altering, altering;

[d'un programme] modification. **-2.** [d'un gouvernement, d'un ministère] reshuffle; **~ ministériel** cabinet reshuffle.

**remanier** [9] [rǝmanje] *vt* **-1.** [texte, discours] to revise; [projet de loi] to draft again, to redraft. **-2.** [gouvernement, ministère] to reshuffle.

**remaquiller** [3] [rǝmakije] *vt* to make up *(sép)* again.
◆ **se remaquiller** *vp (emploi réfléchi)* [entièrement] to reapply one's make-up; [partiellement] to touch up one's make-up.

**remarcher** [3] [rǝmarʃe] *vi* **-1.** [accidenté, handicapé] to walk again. **-2.** [mécanisme] to work again.

**remariage** [rǝmarjaʒ] *nm* remarriage; **son ~ avec...** his remarriage to...

**remarier** [9] [rǝmarje] *vt* to remarry.
◆ **se remarier** *vpi* to get married ou to marry again, to remarry.

**remarquable** [rǝmarkabl] *adj* **-1.** [marquant] striking, notable, noteworthy; **un événement ~** a noteworthy event. **-2.** [émérite – personne] remarkable, outstanding, exceptional; **un travail ~** a remarkable ou an outstanding piece of work. **-3.** [particulier] conspicuous, prominent; **la girafe est ~ par la longueur de son cou** the giraffe is notable for its long neck.

**remarquablement** [rǝmarkabləmɑ̃] *adv* remarkably, strikingly, outstandingly; **elle joue ~ du violon** she plays the violin outstandingly well.

**remarque** [rǝmark] *nf* **-1.** [opinion exprimée] remark, comment; [critique] (critical) remark; **je l'ai trouvée insolente et je lui en ai fait la ~** I thought she was insolent and (I) told her so; **j'en ai assez de tes ~s** I've had enough of your criticisms; **faire une ~ à qqn sur qqch** to pass a remark to sb about sthg. **-2.** [commentaire écrit] note.

**remarqué, e** [rǝmarke] *adj* conspicuous, noticeable, striking; **il a fait une intervention très ~e** the speech he made attracted a great deal of attention; **une entrée ~e** a conspicuous entrance.

**remarquer** [3] [rǝmarke] *vt* **-1.** [constater] to notice; **faire ~ qqch à qqn** to point sthg out to sb; **on m'a fait ~ que...** it's been pointed out to me ou it's been drawn to my attention that...; **remarque, je m'en moque éperdument** mind you, I really couldn't care less ‖ [distinguer] to notice; **se faire ~** to draw attention to o.s.; **elle partit sans se faire ~** she left unnoticed ou without drawing attention to herself. **-2.** [dire] to remark; **«il ne viendra pas», remarqua-t-il** 'he won't come', he remarked. **-3.** [marquer de nouveau – date, adresse] to write ou to note down *(sép)* again; [– linge] to tag ou to mark again.
◆ **se remarquer** *vp (emploi passif)* [être visible] to be noticed, to show; **le défaut du tissu se remarque à peine** the flaw in the material is scarcely noticeable ou hardly shows; **si elle continue à bouder, ça va se ~** if she keeps (on) sulking, people are going to notice.

**remballer** [3] [rɑ̃bale] *vt* **-1.** [marchandise] to pack up *(sép)* again. **-2.** *fam & fig*: **tu peux ~ tes compliments** you can keep your compliments to yourself.

**rembarquement** [rɑ̃barkǝmɑ̃] *nm* [de passagers] re-embarkation; [de produits] reloading.

**rembarquer** [3] [rɑ̃barke] ◇ *vt* [produits] to reload. ◇ *vi* [passagers] to re-embark.
◆ **se rembarquer** *vpi* **-1.** [passagers] to re-embark. **-2.** *fig*: **se ~ dans qqch** to get involved in sthg again.

**rembarrer** [3] [rɑ̃bare] *vt fam*: **~ qqn** to put sb in his place, to tell sb where to get off.

**remblai** [rɑ̃blɛ] *nm* **-1.** RAIL & TRAV PUBL embankment; [terre rapportée] ballast; **terre de ~** backfill. **-2.** MIN packing, backfill.

**remblaie** [rɑ̃blɛ] *v* → **remblayer**.

**remblaiement** [rɑ̃blɛmɑ̃] *nm* depositing GEOL.

**remblayer** [11] [rɑ̃bleje] *vt* **-1.** TRAV PUBL to bank up *(sép)*; **~ un fossé** to fill up a ditch. **-2.** MIN to backfill, to pack.

**rembobiner** [3] [rɑ̃bɔbine] *vt* [film, bande magnétique] to rewind, to spool back *(sép)*.

**rembourrage** [rɑ̃buraʒ] *nm* [d'un vêtement] padding; [d'un siège] stuffing.

**rembourrer** [3] [rɑ̃bure] *vt* [coussin, manteau] to pad; [siège] to stuff; **il est plutôt bien rembourré** *fam & hum* he's a bit podgy ou a bit on the plump side.

**remboursable** [rãbursabl] *adj* [billet] refundable; [prêt] repayable; ~ **en 20 mensualités** repayable in 20 monthly instalments.

**remboursement** [rãbursəmã] *nm* [d'un billet, d'un achat] refund; [d'un prêt] repayment, settlement; [d'une dépense] reimbursement; FIN [d'une obligation] redemption ❏ **envoi** OU **expédition contre** ~ cash on delivery.

**rembourser** [3] [rãburse] *vt* [argent] to pay back OU off *(sép)*, to repay; [dépense, achat] to reimburse, to refund; [personne] to pay back, to reimburse; FIN [obligation] to redeem; **frais de port remboursés** postage refunded; **est-ce que tu peux me ~?** can you pay me back?; **ce médicament n'est remboursé qu'à 40 % (par la Sécurité sociale)** only 40% of the price of this drug is refunded (by the Health Service).

**Rembrandt** [rãbrã] *npr* Rembrandt.

**rembrunir** [32] [rãbrynir]
◆ **se rembrunir** *vpi* **-1.** *litt* [s'assombrir] to darken, to cloud (over). **-2.** [se renfrogner] to darken.

**remède** [rəmɛd] *nm* **-1.** [solution] remedy, cure; **trouver un ~ au désespoir/à l'inflation** to find a cure for despair/for inflation; **porter ~ à qqch** OU **à qch** to cure OU to find a cure for sthg. **-2.** [thérapeutique] cure, remedy; **un ~ contre le cancer/le SIDA** a cure for cancer/for AIDS; **le ~ est pire que le mal** *fig* the remedy is worse than the disease; **c'est un (vrai) ~ contre l'amour** *fam* he's/she's a real turn-off. **-3.** *vieilli* [médicament] remedy; **un ~ de bonne femme** a traditional OU an old-fashioned remedy; **un ~ de cheval** a drastic remedy.

**remédiable** [rəmedjabl] *adj* curable, remediable *litt*.

**remédier** [9] [rəmedje]
◆ **remédier à** *v + prép* **-1.** [maladie] to cure; [douleur] to alleviate, to relieve. **-2.** *sout* [problème] to remedy, to find a remedy OU solution for; **nous ne savons pas comment ~ à la situation** we don't know how to remedy the situation; **~ à une erreur** to put right a mistake.

**remembrement** [rəmãbrəmã] *nm* land consolidation OU reallotment.

**remembrer** [3] [rəmãbre] *vt* to redistribute OU to reallot.

**remémorer** [3] [rəmemɔre] *vt sout*: **~ qqch à qqn** to remind sb of sthg, to bring sthg to sb's mind.
◆ **se remémorer** *vpt sout* to recollect, to remember.

**remerciement** [rəmɛrsimã] *nm* **-1.** [action] thanks, thanking; **une lettre de ~** a letter of thanks, a thank-you letter; **un geste/un mot de ~** a gesture/a word of thanks. **-2.** [parole] thanks; (je vous adresse) **tous mes ~s pour ce que vous avez fait** (I) thank you for what you did; **il a balbutié quelques ~s et s'est enfui** he mumbled a few words of thanks and ran off; **avec mes ~s** with (many) thanks.

**remercier** [9] [rəmɛrsje] *vt* **-1.** [témoigner sa gratitude à] to thank; **je te remercie** thank you; **elle nous a remerciés par un superbe bouquet de fleurs** she thanked us with a beautiful bunch of flowers; **je te remercie de m'avoir aidé** thank you for helping me OU for your help; **et c'est comme ça que tu me remercies!** and that's all the thanks I get! **-2.** [pour décliner une offre]: **encore un peu de thé? — je vous remercie** would you like some more tea? — no, thank you; **je te remercie du conseil** *iron* thanks for the advice. **-3.** *euph* [licencier] to dismiss, to let go; **ils ont décidé de la ~** they decided to dispense with her services.

**remettre** [84] [rəmɛtr] *vt* **-1.** [replacer – gén] to put back *(sép)*; [– horizontalement] to lay, to put; **remets le livre où tu l'as trouvé** put the book back where you found it; **~ qqch à plat** to lay sthg flat again OU back (down) flat ‖ [personne]: **~ qqn debout** to stand sb up again OU sb back up; **je l'ai remis en pension** I sent him back to boarding school; **~ qqn sur la voie** to put sb back on the right track; **~ qqn sur le droit chemin** to set sb on the straight and narrow again; **~ qqch à cuire** to put sthg back on to cook ‖ [pour remplacer]: **il faut simplement lui ~ des piles** you just have to put new batteries in (it). **-2.** [rétablir dans un état]: **~ qqch en marche** to get sthg going again; **~ qqch en route** to start sthg up; **~ qqch à neuf** to restore sthg; **ces mots me remirent en confiance** those words restored my faith; **elle a remis la pagaille dans toute la maison** *fam* she plunged the whole household into chaos again. **-3.** [rajouter] to add; **il est assez puni comme ça, n'en remets pas** *fam* he's been punished enough already, no need to rub it in. **-4.** [vêtements, chaussures] to put on *(sép)* again, to put back on *(sép)*. **-5.** [recommencer]: **la balle est à ~** TENNIS play a let ❏ **~ ça** *fam*: **voilà qu'elle remet ça!** there she goes again!, she's at it again!; **les voilà qui remettent ça avec leur grève!** here they go striking again!; **je n'ai pas envie de ~ ça!** I don't want to go through that again!; **allez, on remet ça!** [au café] come on, let's have another round OU another one! **-6.** [donner – colis, lettre, message] to deliver, to hand over *(sép)*; [– objet, dossier à régler, rançon] to hand over *(sép)*, to give; [– dossier d'inscription, dissertation] to hand OU to give in *(sép)*; [– pétition, rapport] to present, to hand in; [– démission] to hand in, to tender; *sout* [– médaille, récompense] to present, to give; **on nous a remis 100 francs à chacun** we were each given 100 francs; **~ qqn aux autorités** to hand OU to turn sb over to the authorities; **on lui a remis le prix Nobel** he was presented with OU awarded the Nobel prize. **-7.** [confier] to place; **~ son âme à Dieu** to commit one's soul to God, to place one's soul in God's keeping. **-8.** [rendre – copies] to hand OU to give back *(sép)*; [– clés] to hand back *(sép)*, to return; **l'enfant a été remis à sa famille** the child was returned to his family. **-9.** [ajourner – entrevue] to put off *(sép)*, to postpone, to put back *(sép)* *Br*; [– décision] to put off *(sép)*, to defer; **~ qqch à huitaine** to postpone sthg OU to put sthg off for a week; **la réunion a été remise à lundi** the meeting has been put off OU postponed until Monday; **~ qqch à plus tard** to put sthg off until later. **-10.** MÉD [replacer – articulation, os] to put back *(sép)* in place; **sa cheville n'est pas vraiment encore remise** her ankle isn't reset yet. **-11.** [reconnaître – personne] to remember. **-12.** [faire grâce de – peine de prison] to remit; **~ une dette à qqn** to let sb off a debt ‖ [pardonner – péché] to forgive, to remit; [– offense] to forgive, to pardon. **-13.** *Belg* [vomir] to vomit; [rendre – monnaie]: **il m'a remis trois francs** he gave me three francs change ‖ [céder]: **ils ont remis leur boutique** they gave up their shop.
◆ **se remettre** ◇ *vp (emploi réfléchi)* [se livrer]: **se ~ à la police** to give o.s. up to the police; **se ~ entre les mains de qqn** to put ou to place o.s. in sb's hands. ◇ *vpi* **-1.** [se replacer – dans une position, un état]: **se ~ au lit** to go back to bed; **se ~ debout** to stand up again, to get back up; **se ~ en route** to

---

**Immédiats**

Thank you (very much)!
Thanks (a lot)!

**Différés**

Thanks very much for offering to help.
I can't thank you enough for looking after Toby.
I'm very grateful to you for your advice.
I really appreciate all you've done for us.
I just wanted to thank you for the meal last night.
Thank you for having us.

▷ *style écrit:*

Thank you for your kindness/hospitality/sympathy.

Many thanks for your present/your letter.
Please accept our heartfelt thanks. [soutenu]
I am indebted to you for all your help. [soutenu]
Please extend our thanks to her on behalf of the company. [soutenu]

**Réponses**

Not at all.
It was nothing.
Don't mention it.
Think nothing of it.
You're welcome.
My pleasure.
Any time! [familier]
No problem! [familier]

get started ou going again; **tu ne vas pas te ~ en colère!** don't go getting angry again!; **se ~ avec qqn** [se réconcilier] to make it up with sb; [se réinstaller] to go ou to be back with sb again. **-2.** [guérir] to recover, to get better; **se ~ de qqch** to get over sthg; **se ~ d'un accident** to recover from ou to get over an accident; **allons, remets-toi!** come on, pull yourself together ou get a grip on yourself!; **je ne m'en remets pas** I can't get over it.
◆ **se remettre à** *vp + prép* **-1.** [recommencer à]: **se ~ à (faire) qqch** to start (doing) sthg again, to take up (doing) sthg again; **il s'est remis à fumer** he started smoking again; **je me suis remis à l'espagnol** I've taken up Spanish again. **-2.** MÉTÉO: **la pluie se remet à tomber, il se remet à pleuvoir** the rain's starting again, it's started raining again; **le temps se remet au beau** it's brightening up.
◆ **s'en remettre à** *vp + prép* [se fier à] to rely on, to leave it (up) to; **s'en ~ à la décision de qqn** to leave it (up) to sb to decide.

**remeubler** [5] [rəmœble] *vt* [de nouveau] to refurnish; [avec de nouveaux meubles] to put new furniture into.

**remilitarisation** [rəmilitarizasjɔ̃] *nf* remilitarization.

**remilitariser** [3] [rəmilitarize] *vt* to remilitarize.

**réminiscence** [reminisɑ̃s] *nf* **-1.** [souvenir] reminiscence, recollection; **quelques ~s de ce qu'elle avait appris à l'école** a few vague memories of what she'd learned at school. **-2.** [influence] overtone; **il y a des ~s de Mahler dans ce morceau** there are some echoes of Mahler in this piece, this piece is reminiscent of Mahler. **-3.** PHILOS & PSYCH reminiscence.

**remis, e** [rəmi, iz] ◇ *pp* → **remettre.** ◇ *adj*: **être ~** to be well again; **une semaine de repos et me voilà ~** a week's rest and I'm back on my feet (again); **être ~ de** to have recovered from, to have got over.
◆ **remise** *nf* **-1.** [dans un état antérieur]: **la ~ en place des meubles/en ordre des documents nous a pris du temps** putting all the furniture back into place/sorting out the papers again took us some time; **la ~ en marche du moteur** restarting the engine ❑ **~ en cause** ou **question** calling into question; **~ en jeu** ou **en touche** HOCKEY push-in; RUGBY line-out; FTBL throw-in; **~ à neuf** restoration; **il a besoin d'une ~ à niveau** he needs to be brought up to scratch; **~ à zéro** INF [effacement] core flush; [réinitialisation] resetting; **la ~ à zéro du compteur kilométrique a été faite récemment** AUT the mileometer has recently been put back to zero. **-2.** [livraison] delivery; **~e d'une lettre/d'un paquet en mains propres** personal delivery of a letter/package; **la ~e des clés sera faite par l'agence** the agency will be responsible for handing over the keys; **la ~e de la rançon aura lieu derrière le garage** the ransom will be handed over ou paid behind the garage ❑ **~e des prix** SCOL prize-giving. **-3.** COMM [réduction] discount, reduction, remittance *spéc*; **une ~e de 15 % a 15% discount**; **faire une ~e à qqn** to give sb a discount ou a reduction. **-4.** [d'effet, de chèque, de banque] remittance; **faire une ~e de fonds à qqn** to send sb a remittance, to remit funds to sb; **faire une ~e de chèque** to pay in a cheque. **-5.** FIN [d'un impôt] allowance. **-6.** JUR remission; **faire ~e d'une dette** to discharge a debt; **faire ~ d'une amende** to remit ou to reduce a fine ❑ **~e de peine** reduction of (the) sentence. **-7.** *sout* [ajournement] putting off, postponement; **la ~e à huitaine de l'ouverture du procès** the postponement ou *sout* deferment of the opening of the trial for a week. **-8.** [resserre] shed.

**remisage** [rəmizaʒ] *nm* [gén] putting away, storing (away).

**remise** [rəmiz] *f* → **remis.**

**remiser** [3] [rəmize] ◇ *vt* **-1.** [ranger] to store away *(sép)*, to put away *(sép)*. **-2.** *fam & vieilli* [rabrouer]: **~ qqn** to send sb packing. ◇ *vi* JEUX to place another bet.

**rémission** [remisjɔ̃] *nf* **-1.** RELIG remission, forgiveness; **la ~ des péchés** the remission of sins. **-2.** JUR remission. **-3.** MÉD remission.
◆ **sans rémission** *sout* ◇ *loc adj* [implacable] merciless, pitiless. ◇ *loc adv* **-1.** [sans pardon possible] mercilessly, without mercy. **-2.** [sans relâche] unremittingly, relentlessly.

**remmener** [19] [rɑ̃mne] *vt* [au point de départ] to take back; [à soi] to bring back *(sép)*; **je te remmènerai chez toi en voiture** I'll drive you back home.

**remodeler** [25] [rəmɔdle] *vt* **-1.** [silhouette, traits] to remodel. **-2.** [quartier] to replan. **-3.** [institution] to reorganize; [projet] to redesign, to revise.

**remontage** [rəmɔ̃taʒ] *nm* **-1.** [d'une pendule] winding up, rewinding. **-2.** [d'une étagère] reassembly, reassembling.

**remontant, e** [rəmɔ̃tɑ̃, ɑ̃t] *adj* **-1.** BOT [fraisier] double-cropping, remontant *spéc*; [rosier] remontant. **-2.** [fortifiant] invigorating.
◆ **remontant** *nm* tonic.

**remonté, e** [rəmɔ̃te] *adj fam* **-1.** [plein d'énergie] full of beans. **-2.** [irrité]: **~ contre qqn/qqch** up in arms about sb/sthg.
◆ **remontée** *nf* **-1.** [d'une côte] ascent, climb; **la ~e du fleuve** the trip upriver ou upstream; **la ~e des mineurs a lieu à 4 h** the miners are brought back up at 4 o'clock. **-2.** [rattrapage] catching up; **le coureur colombien a fait une belle ~e face à ses adversaires** the Colombian competitor is catching up with his opponents; **on constate une brusque ~e de la cote du président** the popularity of the President has shot up.
◆ **remontée mécanique** *nf* ski lift.

**remonte-pente** [rəmɔ̃tpɑ̃t] *(pl* **remonte-pentes)** *nm* ski tow.

**remonter** [3] [rəmɔ̃te] ◇ *vt* **-1.** [côte, étage] to go ou to climb back up. **-2.** [porter à nouveau] to take back up. **-3.** [parcourir - en voiture, en bateau etc] to go up *(insép)*; **~ le Nil** to sail up the Nile; **les saumons remontent le fleuve** the salmon are swimming upstream; **nous avons remonté la Seine en voiture jusqu'à Rouen** we drove along the Seine (upriver) to Rouen; **~ le défilé** [aller en tête] to work one's way to the front of the procession; **~ la rue** to go ou to walk back up the street; **en remontant le cours des siècles** ou **du temps** going back several centuries. **-4.** [relever - chaussette] to pull up *(sép)*; [– manche] to roll up *(sép)*; [– col, visière] to raise, to turn up *(sép)*; [– robe] to raise, to lift; [– store] to pull up, to raise; **~ qqch** to put sthg higher up, to raise sthg; **elle a remonté la vitre** she wound the window up ‖ [augmenter – salaire, notation] to increase, to raise, to put up *(sép)*; **tous les résultats des examens ont été remontés de 2 points** all exam results have been put up ou raised by 2 marks. **-5.** [assembler à nouveau – moteur, kit] to reassemble, to put back *(sép)* together (again); [– étagère] to put back *(sép) up*; CIN [film] to reedit. **-6.** COMM [réouvrir] to set up *(sép)* again; **à sa sortie de prison, il a remonté une petite affaire de plomberie** when he came out of prison he started up another small plumbing business ‖ [faire prospérer à nouveau]: **il a su ~ l'entreprise** he managed to set ou to put the business back on its feet. **-7.** [renouveler] to restock, to stock up again; **~ son stock (de cassettes vidéo)** to stock up again (on video cassettes). **-8.** [mécanisme, montre] to wind (up). **-9.** [ragaillardir – physiquement] to pick up *(sép)*; [– moralement] to cheer up *(sép)*; **prends un whisky, ça te remontera** *fam* have a whisky, it'll make you feel better; **~ le moral à qqn** to cheer sb up. **-10.** SPORT [concurrent] to catch up (with). **-11.** THÉÂT to stage again, to put on (the stage) again.
◇ *vi (surtout aux être)* **-1.** [monter de nouveau] to go back up, to go up again; **l'enfant remonta dans la brouette/sur l'escabeau** the child got back into the wheelbarrow/up onto the stool; **remonte dans ta chambre** go back up to your room; **~ à Paris** to go back to Paris. **-2.** TRANSP: **~ dans** [bateau, bus, train] to get back onto; [voiture] to get back into; **~ à cheval** [se remettre en selle] to remount; [refaire de l'équitation] to take up riding again. **-3.** [s'élever – route] to go back up, to go up again; **le sentier remonte jusqu'à la villa** the path goes up to the villa ‖ [avoir un niveau supérieur]: **la mer remonte** the tide's coming in (again); **le baromètre remonte** the barometer is rising; **le prix du sucre a remonté** [après une baisse] the price of sugar has gone back up again; **sa fièvre remonte de plus belle** his temperature is going up even higher; **tu remontes dans mon estime** you've gone up in my esteem; **sa cote remonte** *fig* he's becoming more popular; **ses actions remontent** *fig* things are looking up ou picking up for him. **-4.** [jupe] to ride ou to go up. **-5.** [faire surface – mauvaise odeur] to come back up; **~ à la surface** [noyé] to float back (up) to the surface; [plongeur] to resurface; [scandale] to reemerge, to resurface. **-6.** [retourner vers l'origine]: **~ dans le temps** to go back in time; **~ à** [se reporter à] to go back to, to return to; **le renseignement qui nous a permis de ~ jusqu'à vous** the piece of information which →

enabled us to trace you; ~ de l'effet à la cause to trace the effect back to the cause; ~ à [dater de] to go ou to date back to. **-7.** NAUT [navire] to sail north; [vent] to come round the north; ~ au vent to tack into the wind.

◆ **se remonter** ◇ *vp (emploi passif)*: ces nouvelles montres ne se remontent pas these new watches don't have to be wound up. ◇ *vp (emploi réfléchi)* [physiquement] to recover one's strength; [moralement] to cheer o.s. up; se ~ le moral to cheer o.s. up.

◆ **se remonter en** *vp + prép fam* [se réapprovisionner en] to replenish one's stock of.

**remontoir** [rəmɔ̃twar] *nm* [d'une montre] winder.

**remontrance** [rəmɔ̃trɑ̃s] *nf* **-1.** *sout (gén pl)* [reproche] remonstrance, reproof; faire des ~s à qqn to reprimand ou to admonish sb. **-2.** HIST remonstrance.

**remontrer** [3] [rəmɔ̃tre] *vt* **-1.** [montrer de nouveau] to show again; j'aimerais que tu me remontres comment tu as fait I'd like you to show me again ou once more how you did it. **-2.** *litt* [faute, tort] to point out *(sép)*. **-3.** *loc*: en ~ à qqn: crois-tu vraiment pouvoir m'en ~? do you really think you have anything to teach me?; il veut toujours en ~ à tout le monde he's always trying to show off to people.

◆ **se remontrer** *vpi* to show up again; et ne t'avise pas de te ~ ici! and don't ever show your face (around) here again!

**remords** [rəmɔr] *nm* [repentir] remorse; avoir des ~ to be full of remorse; être bourrelé de ou torturé par le ~ to be stricken with remorse; elle est rongée par le ~ she is consumed with remorse; sans aucun ~ without a qualm, without any compunction, without (the slightest) remorse.

**remorquage** [rəmɔrkaʒ] *nm* towing.

**remorque** [rəmɔrk] *nf* **-1.** [traction – d'une voiture] towing; [– d'un navire] tugging, towing; **câble de** ~ towline, towrope; prendre une voiture en ~ to tow a car; être en ~ to be on tow *Br* ou in tow *Am*; 'véhicule accidenté en ~' 'on tow'. **-2.** [voiture] trailer. **-3.** *fig*: être à la ~ de qqn to tag (along) behind sb; il est toujours à la ~ he always lags behind.

**remorquer** [3] [rəmɔrke] *vt* **-1.** [voiture] to tow; [navire] to tug, to tow; [masse] to haul; se faire ~ jusqu'au garage to get a tow to the garage. **-2.** *fam* [traîner – enfant, famille] to drag along *(sép)*.

**remorqueur, euse** [rəmɔrkœr, øz] *adj* [avion, bateau, train] towing.

◆ **remorqueur** *nm* **-1.** NAUT towboat, tug. **-2.** ASTRONAUT space tug.

**rémoulade** [remulad] *nf* rémoulade (sauce).

**rémouleur** [remulœr] *nm* (itinerant) knife grinder.

**remous** [rəmu] *nm* **-1.** [tourbillon] swirl, eddy; [derrière un bateau] wash, backwash. **-2.** [mouvement] ripple, stir; un ~ parcourut la foule a ripple ou stir went through the crowd. **-3.** *sout* [réaction] stir, flurry; l'article va sûrement provoquer quelques ~ dans la classe politique the article will doubtless cause a stir ou raise a few eyebrows in the political world.

**rempaillage** [rɑ̃pajaʒ] *nm* [d'une chaise] reseating (with rushes), rushing.

**rempailler** [3] [rɑ̃paje] *vt* [chaise] to reseat (with rushes).

**rempailleur, euse** [rɑ̃pajœr, øz] *nm, f* chair-rusher.

**rempart** [rɑ̃par] *nm* **-1.** [enceinte] rampart, bulwark; les ~s [d'une ville] ramparts, city walls. **-2.** *fig* bulwark, bastion.

**rempiler** [3] [rɑ̃pile] ◇ *vt* to pile (up) again. ◇ *vi* ▽*arg mil* to re-enlist, to sign up again.

**remplaçable** [rɑ̃plasabl] *adj* replaceable; difficilement ~ hard to replace.

**remplaçai** [rɑ̃plase] *v* → **remplacer**.

**remplaçant, e** [rɑ̃plasɑ̃, ɑ̃t] *nm, f* **-1.** [gén] replacement, stand-in; UNIV supply *Br* ou substitute *Am* teacher; [d'un médecin] replacement, locum *Br*. **-2.** SPORT reserve; [au cours du match] substitute. **-3.** MUS, THÉÂT & TV understudy.

**remplacement** [rɑ̃plasmɑ̃] *nm* **-1.** [substitution] replacement. **-2.** [suppléance]: je ne trouve que des ~ I can only find work standing in ou covering for other people; faire un ~ to stand in *(insép)*, to fill in *(insép)*; faire des ~s [gén] to do temporary replacement work; [comme secrétaire] to do temporary secretarial work; [comme enseignant] to work as a supply *Br* ou substitute *Am* teacher.

◆ **de remplacement** *loc adj*: produit de ~ substitute product; solution de ~ alternative ou fallback (solution).

**remplacer** [16] [rɑ̃plase] *vt* **-1.** [renouveler – pièce usagée] to replace, to change. **-2.** [mettre à la place de] to replace. **-3.** [prendre la place de] to replace, to take the place of; dans de nombreuses tâches, la machine remplace maintenant l'homme in a lot of tasks, machines are now taking over from men; le pétrole a remplacé le charbon oil has taken the place of coal. **-4.** [suppléer] to stand in ou to substitute for; tu dois absolument trouver quelqu'un pour le ~ you must find someone to replace him; rien ne peut ~ une mère there is no substitute for a mother; personne ne peut la ~ she's irreplaceable; si vous ne pouvez pas venir, faites-vous ~ if you can't come, get someone to stand in for you; on l'a remplacé pendant la seconde mi-temps he was taken off ou substituted during the second half; tu as l'air épuisé, je vais te ~ you look exhausted, I'll take over from you.

◆ **se remplacer** *vp (emploi passif)* to be replaced; une sœur, ça ne se remplace pas there's no substitute for a sister; une secrétaire comme ça, ça ne se remplace pas you won't find another secretary like her.

**rempli, e** [rɑ̃pli] *adj*: j'ai eu une journée bien ~e I've had a very full ou busy day; un emploi du temps très ou bien ~ a very busy schedule; j'ai le ventre bien ~, ça va mieux! *fam* I feel a lot better for that meal!

**remplir** [32] [rɑ̃plir] *vt* **-1.** [emplir] to fill; le vase est rempli à ras bord the vase is full to the brim; on ne remplit plus les salles avec des comédies comedy doesn't pull audiences ou fill the house anymore; la cave est remplie de bons vins the cellar is filled ou stocked with good wines; l'accident a rempli les premières pages des journaux the front pages of the newspapers were full of news about the accident. **-2.** [compléter – questionnaire, dossier] to fill in ou out *(sép)*; [– chèque] to fill ou to make out *(sép)*; elle a rempli des pages et des pages she wrote pages and pages. **-3.** [combler – trou] to fill in *(sép)*. **-4.** [accomplir – engagement] to fulfil; [– fonction, mission] to carry out *(sép)*. **-5.** [satisfaire – condition] to fulfil, to satisfy, to meet; [– besoin] to meet, to satisfy. **-6.** [d'émotion]: ~ qqn de joie/d'espoir to fill sb with joy/with hope; être rempli de soi-même/de son importance to be full of o.s./of one's own importance.

◆ **se remplir** ◇ *vpi* to fill (up); le ciel s'est rapidement rempli de nuages noirs the sky quickly filled with dark clouds. ◇ *vpt*: se ~ l'estomac *fam* ou la panse *fam* to stuff o.s. ou one's face.

**remplissage** [rɑ̃plisaʒ] *nm* **-1.** [d'une fosse, d'un récipient] filling (up). **-2.** *fig* [dans un texte] padding; faire du ~ to pad. **-3.** CONSTR studwork. **-4.** MUS filling-in.

**remploi** [rɑ̃plwa] *nm* **-1.** [d'un travailleur] re-employment. **-2.** [d'une machine, de matériaux] reuse. **-3.** FIN reinvestment.

**remployer** [13] [rɑ̃plwaje] *vt* **-1.** [travailleur] to take on *(sép)* again, to re-employ. **-2.** [machine] to reuse, to use again. **-3.** FIN to reinvest.

**remplumer** [3] [rɑ̃plyme]

◆ **se remplumer** *vpi fam* **-1.** [physiquement] to fill out again, to put weight back on. **-2.** [financièrement] to improve one's cash flow, to straighten out one's cash situation.

**rempocher** [3] [rɑ̃pɔʃe] *vt* to pocket again, to put back in one's pocket.

**remporter** [3] [rɑ̃pɔrte] *vt* **-1.** [reprendre] to take back *(sép)*. **-2.** [obtenir] to win, to get; ~ un prix to carry off ou to win a prize; ~ un succès to be successful. **-3.** SPORT to win.

**rempoter** [3] [rɑ̃pɔte] *vt* to repot.

**remprunter** [3] [rɑ̃prœ̃te] *vt* **-1.** [emprunter – de nouveau] to borrow again; [– en supplément] to borrow more. **-2.** [route]: ~ le même chemin to take the same road again.

**remuant, e** [rəmyɑ̃, ɑ̃t] *adj* **-1.** [agité] restless, fidgety; que cet enfant est ~! that child never sits still! **-2.** [entreprenant] energetic, active, lively; son parti trouve qu'il est un peu trop ~ his party finds him somewhat over-enthusiastic *euph*.

**remue-ménage** [rəmymenaʒ] *nm inv* **-1.** [d'objets] jumble, disorder; il a fallu tout déménager, tu aurais vu le ~ dans le bureau hier we had to move out all the furniture, you should've seen the mess ou shambles in the office yesterday. **-2.** [agitation bruyante] commotion, hurly-burly, rumpus.

**remue-méninges** [rəmymenɛʒ] *nm inv* brainstorming.

**remuement** [rəmymɑ̃] *nm litt* movement, moving, stirring.

**remuer** [7] [rəmɥe] ◇ *vt* **-1.** [agiter] to move, to shift; ~ les lèvres to move one's lips; ~ les bras to wave one's arms (about); la brise remue les branches/les herbes the breeze is stirring the branches/the grass; le chien remuait la queue the dog was wagging its tail. **-2.** [déplacer – objet] to move, to shift. **-3.** [retourner – cendres] to poke; [– terre, compost] to turn over (*sép*); [– salade] to toss; [– boisson, préparation] to stir; ~ des fortunes ou de grosses sommes to handle huge amounts of money ❑ ~ ciel et terre to move heaven and earth, to leave no stone unturned. **-4.** *sout* [ressasser] to stir up (*sép*), to brood over (*sép*); ~ des souvenirs to turn ou to go over memories. **-5.** [troubler] to move; être (tout/profondément) remué to be (very/deeply) moved. ◇ *vi* **-1.** [s'agiter – nez, oreille] to twitch; la queue du chien/du chat/du cheval remuait the dog was wagging/the cat was wagging/the horse was flicking its tail. **-2.** [branler – dent, manche] to be loose. **-3.** [bouger] to move; [gigoter] to fidget; les gosses, ça remue tout le temps *fam* kids can't stop fidgeting ou never keep still; qu'est-ce qui remue dans le panier? what's that moving about in the basket? **-4.** *fig* to get restless; les mineurs commencent à ~ the miners are getting restless.

◆ **se remuer** *vpi* **-1.** [bouger] to move; j'ai besoin de me ~ un peu *pr* I need to move around ou to walk around a bit; *fig* I need to wake myself up a bit. **-2.** [se démener] to put o.s. out; il a fallu que je me remue pour t'inscrire I had to go to a lot of trouble to get you on the course.

**remugle** [rəmygl] *nm litt* mustiness, fustiness.

**rémunérateur, trice** [remyneratœr, tris] *adj* [investissement] remunerative; [emploi] lucrative, well-paid.

**rémunération** [remynerasjɔ̃] *nf* remuneration, payment; sa ~ his income ou earnings.

**rémunérer** [18] [remynere] *vt* to remunerate, to pay; travail bien/mal rémunéré well-paid/badly-paid work.

**renâcler** [3] [rənakle] *vi* **-1.** [cheval] to snort. **-2.** [personne] to grumble, to moan; il a accepté en renâclant he reluctantly accepted; ~ à faire qqch to be (very) loath ou reluctant to do sthg; ~ à une tâche to recoil from a task.

**renais** [rənɛ], **renaissais** [rənɛsɛ] *v* → **renaître**.

**renaissance** [rənɛsɑ̃s] *nf* **-1.** [réincarnation] rebirth. **-2.** [renouveau] revival, rebirth.

**Renaissance** [rənɛsɑ̃s] ◇ *nf*: la ~ the Renaissance (period). ◇ *adj inv* ARCHIT & BX-ARTS Renaissance (*modif*).

**renaissant, e** [rənɛsɑ̃, ɑ̃t] *adj* **-1.** [intérêt, enthousiasme] renewed; [douleur] recurring; [économie] reviving; leur amour ~ their new-found love; sans cesse ~ [espoir] ever renewed; [problème] ever recurring. **-2.** ARCHIT & BX-ARTS Renaissance (*modif*).

**renaître** [92] [rənɛtr] *vi* (*inusité aux temps composés*) **-1.** [naître de nouveau – gén] to come back to life, to come to life again; [– végétation] to grow again; se sentir ~ to feel like a new person; ~ à *litt*: ~ à la vie to come alive again; ~ à l'espoir/l'amour to find new hope/a new love ❑ ~ de ses cendres to rise from the ashes. **-2.** [revenir – jour] to dawn; [– courage, économie] to revive, to recover; [– bonheur, espoir] to return; faire ~ le passé/un antagonisme to revive the past/an antagonism; l'espoir renaît dans l'équipe/le village the team/the village has found fresh hope; l'espoir ou l'espérance renaît toujours hope springs eternal.

**rénal, e, aux** [renal, o] *adj* kidney (*modif*), renal *spéc*.

**renaquis** [rənaki] *v* → **renaître**.

**renard** [rənar] *nm* **-1.** ZOOL fox; ~ argenté/bleu silver/blue fox. **-2.** [fourrure] fox fur. **-3.** *fig*: vieux ~ (sly) old fox, cunning old devil.

**renarde** [rənard] *nf* vixen ZOOL.

**renardeau, x** [rənardo] *nm* fox cub.

**renardière** [rənardjɛr] *nf* **-1.** [tanière] fox's earth ou den. **-2.** *Can* [élevage] fox farm.

**rencaisser** [4] [rɑ̃kɛse] *vt* **-1.** HORT to plant in a tub. **-2.** FIN [toucher] to cash again; [remettre en caisse] to put back in the till.

**rencard**∇ [rɑ̃kar] = **rancard**.

**renchérir** [32] [rɑ̃ʃerir] *vi* **-1.** [devenir plus cher] to become

more expensive, to go up. **-2.** [faire une surenchère] to make a higher bid, to bid higher.

◆ **renchérir sur** *v* + *prép* [obj: personne] to outbid; [obj: enchère] to bid higher than; [en actes ou en paroles] to go further than, to outdo.

**renchérissement** [rɑ̃ʃerismɑ̃] *nm* increase, rise.

**rencontre** [rɑ̃kɔ̃tr] *nf* **-1.** [entrevue] meeting, encounter; faire la ~ de qqn to meet sb; faire beaucoup de ~s to meet a lot of people; faire une ~ to meet someone; faire une mauvaise ~ to have an unpleasant encounter; faire des mauvaises ~s to meet the wrong kind of people; aller ou marcher à la ~ de qqn to go to meet sb. **-2.** [conférence] meeting, conference; ~ au sommet summit meeting. **-3.** SPORT match, game, fixture *Br*; une ~ d'athlétisme an athletics meeting. **-4.** [combat] engagement, encounter; HIST duel. **-5.** [jonction – de deux fleuves] confluence; [– de deux routes] junction.

◆ **de rencontre** *loc adj* [liaison] passing, casual; [amitié] chance (*modif*).

**rencontrer** [3] [rɑ̃kɔ̃tre] *vt* **-1.** [croiser] to meet, to encounter; [faire la connaissance de] to meet; je l'ai rencontré (par hasard) au marché I met him (by chance) ou ran into him at the market. **-2.** [donner audience à] to meet, to have a meeting with. **-3.** [affronter] to meet; SPORT to play against (*insép*), to meet. **-4.** [heurter] to strike, to hit. **-5.** [trouver] to meet with, to come across; sans ~ la moindre résistance without meeting with ou experiencing the least resistance; ~ l'amour/Dieu to find love/God.

◆ **se rencontrer** ◇ *vp* (*emploi réciproque*) **-1.** [se trouver en présence] to meet; c'est elle qui les a fait se ~ she arranged for them to meet ❑ comme on se rencontre! it's a small world! **-2.** SPORT to play (against), to meet. **-3.** [se rejoindre – fleuves] to meet, to join; [– routes] to meet, to merge; leurs yeux ou regards se sont rencontrés their eyes met. ◇ *vp* (*emploi passif*): un homme intègre, ça ne se rencontre pas souvent it's not often you come across ou meet an honest man ‖ (*tournure impersonnelle*): il se rencontrera toujours des gens pour nier la vérité you will always find people who deny the truth.

**rendement** [rɑ̃dmɑ̃] *nm* **-1.** [production] output. **-2.** [rentabilité] productivity. **-3.** [efficacité] efficiency; mon ~ s'en est trouvé affecté I'm not as efficient because of it. **-4.** AGR yield; le ~ de ces champs est faible those fields give a low yield; une terre sans aucun ~ a land that yields no return. **-5.** FIN yield, return; à haut/bas ~ high-/low-yield. **-6.** CHIM yield. **-7.** ÉLECTR & PHYS efficiency.

**rendez-vous** [rɑ̃devu] *nm inv* **-1.** [rencontre] appointment; prendre ~ to make an appointment; j'ai ~ chez le médecin I have an appointment with the doctor; donner ~ à qqn to make an appointment with sb; ~ chez mes parents à 10 h let's meet at 10 o'clock at my parents' (house); un ~ manqué a missed meeting; c'était un ~ manqué we/they didn't meet up; son premier ~ [amoureux] her first date ❑ ~ spatial ASTRONAUT docking in space. **-2.** [endroit] meeting place; j'étais le premier au ~ I was the first one to turn up ou to arrive; ici, c'est le ~ des étudiants this is where all the students meet; *voir aussi* USAGE *au verso*.

**rendormir** [36] [rɑ̃dɔrmir] *vt* to put ou to send back to sleep.

◆ **se rendormir** *vpi* to go back to sleep, to fall asleep again; je n'arrive pas à me ~ I can't get back to sleep.

**rendre** [73] [rɑ̃dr] ◇ *vt* **-1.** [restituer – objet prêté ou donné] to give back (*sép*), to return; [– objet volé] to give back (*sép*), to return; [– objet défectueux] to take back (*sép*), to return; [– somme] to pay back (*sép*); [– réponse] to give; il est venu ~ la chaise he brought the chair back; donne-moi trente francs, je te les rendrai demain give me thirty francs, I'll pay you back ou I'll give it back to you tomorrow; ~ un devoir [élève] to hand ou to give in a piece of work; [professeur] to hand ou to give back a piece of work; ~ un otage to return ou to hand over a hostage. **-2.** [donner en retour] to return; ~ un baiser à qqn to kiss sb back; ~ le bien pour le mal/coup pour coup to return good for evil/blow for blow; elle m'a rendu cinq francs de trop she gave me five francs (change) too much; ~ la monnaie (sur) to give change (out of ou from); elle me méprise, mais je le lui rends bien she despises me, but the feeling's mutual. **-3.** (*suivi d'un adj*) [faire devenir] to make; ~ qqch public to make sthg public; ~ qqn aveugle *pr* to make sb (go) blind, to blind sb; *fig* to blind sb;

~ **qqn fou** to drive ou to make sb mad. **-4.** [faire recouvrer]: ~ **l'ouïe/la santé/la vue à qqn** to restore sb's hearing/health/sight, to give sb back his hearing/health/sight; **l'opération ne lui a pas rendu l'usage de la parole/de son bras** the operation did not give him back the power of speech/the use of his arm; **tu m'as rendu l'espoir** you've given me new hope; ~ **son honneur à qqn** to restore sb's honour; ~ **sa forme à un chapeau** to pull a hat back into shape. **-5.** [exprimer – personnalité] to portray, to capture; [– nuances, pensée] to convey, to render, to express; **voyons comment il a rendu cette scène à l'écran** [metteur en scène] let's see how he transferred this scene to the screen; **l'enregistrement ne rend pas la qualité de sa voix** the recording doesn't do justice to the quality of her voice. **-6.** [produire]: **ici le mur rend un son creux** the wall sounds hollow here; **ça ne rend rien** ou **pas grand-chose** [décor, couleurs] it doesn't look much; **les photos n'ont pas rendu grand-chose** the pictures didn't come out very well; **mes recherches n'ont encore rien rendu** my research hasn't come up with anything yet ou hasn't produced any results yet. **-7.** CULIN to give out *(sép).* **-8.** [vomir – repas] to vomit, to bring up *(sép).* **-9.** [prononcer – jugement, arrêt] to pronounce; [– verdict] to deliver, to return; ~ **une sentence** to pass ou to pronounce sentence; ~ **un oracle** to prophesy. **-10.** AGR & HORT [produire] to yield, to have a yield of.
◇ *vi* **-1.** AGR & HORT to be productive; **les vignes ont bien rendu** the vineyards have given a good yield ou have produced well; **cette terre ne rend pas** this land is unproductive ou yields no return. **-2.** [ressortir] to be effective; **ce tapis rend très bien/ne rend pas très bien avec les rideaux** this carpet looks really good/doesn't look much with the curtains. **-3.** [vomir] to vomit, to be sick.
◆ **se rendre** *vpi* **-1.** [criminel] to give o.s. up, to surrender; [ville] to surrender; **se** ~ **à la police** to give o.s. up to the police; **rendez-vous!** give yourself up!, surrender!; **il a fini par se** ~ *fig* he finally gave in. **-2.** *(suivi d'un adj)* [devenir] to make o.s.; **rends-toi utile!** make yourself useful!; **ne te rends pas malade pour ça!** it's not worth making yourself ill about ou over it!. **-3.** [aller] to go; **je me rends à l'école à pied/à vélo/en voiture** I walk/ride (my bike)/drive to school, I go to school on foot/by bike/by car; **il s'y rend en train** he goes ou gets ou travels there by train; **les pompiers se sont rendus sur les lieux** the fire brigade went to ou arrived on the scene.
◆ **se rendre à** *vp + prép* [accepter] to yield to; **se** ~ **à l'avis de ses supérieurs** to bow to the opinion of one's superiors; **se** ~ **à la raison** to give in to reason; **se** ~ **à l'évidence** [être lucide] to face facts; [reconnaître les faits] to acknowledge ou to recognize the facts.
**rendu, e** [rãdy] ◇ *pp* → **rendre.** ◇ *adj* **-1.** [arrivé]: **nous/vous voilà** ~**s** here we/you are. **-2.** [harassé] exhausted, worn ou tired out.
◆ **rendu** *nm* **-1.** COMM return. **-2.** BX-ARTS rendering.
**rêne** [rɛn] *nf* [courroie] rein; *fig*: **lâcher les** ~**s** to slacken the reins; **prendre les** ~**s** to take over the reins; **c'est lui qui tient les** ~**s (à la direction)** he's the one who's really in charge (up in management).
**renégat, e** [rənega, at] *nm, f sout* renegade.
**renégocier** [9] [rənegɔsje] *vt* [contrat] to renegotiate; [dette] to reschedule.

**renfermé, e** [rãfɛrme] *adj* uncommunicative, withdrawn, silent.
◆ **renfermé** *nm*: **une odeur de** ~ a stale ou musty smell; **ça sent le** ~ **ici** it smells musty in here.
**renfermer** [3] [rãfɛrme] *vt* to hold, to contain; **son histoire renferme une part de vérité** there's some truth in what he says.
◆ **se renfermer** *vpi* to withdraw (into o.s.).
**renfiler** [3] [rãfile] *vt* [aiguille] to rethread, to thread again; [perles] to restring; [vêtement] to slip back into.
**renflé, e** [rãfle] *adj* [colonne, forme] bulging, bulbous.
**renflement** [rãfləmã] *nm* [d'une colonne, d'un vase] bulge.
**renflouage** [rãflua3], **renflouement** [rãflumã] *nm* **-1.** NAUT refloating. **-2.** ÉCON bailing out, refloating.
**renflouer** [3] [rãflue] *vt* **-1.** NAUT to refloat. **-2.** [entreprise, projet] to bail out *(sép)*; **ça va** ~ **nos finances** that will bail us out.
**renfonçai** [rãfɔse] *v* → **renfoncer.**
**renfoncement** [rãfɔsmã] *nm* **-1.** [dans un mur] recess, hollow. **-2.** IMPR indentation.
**renfoncer** [rãfɔse] *vt* [bouchon] to push further in; [clou] to knock further in; [chapeau] to pull down.
**renforçai** [rãfɔrse] *v* → **renforcer.**
**renforcement** [rãfɔrsəmã] *nm* **-1.** [augmentation] reinforcement; **le** ~ **des pouvoirs du président** the strengthening of the President's powers. **-2.** PHOT intensification. **-3.** PSYCH reinforcement.
**renforcer** [16] [rãfɔrse] *vt* **-1.** CONSTR & COUT to reinforce. **-2.** [grossir – effectif, service d'ordre] to reinforce, to strengthen; **le candidat choisi viendra** ~ **notre équipe de chercheurs** the ideal candidate will join our team of researchers. **-3.** [affermir – conviction] to reinforce, to strengthen, to intensify; **il m'a renforcé dans mon opinion** he confirmed me in my belief. **-4.** [mettre en relief] to set off *(sép)*, to enhance. **-5.** PSYCH to reinforce.
◆ **se renforcer** *vpi* [devenir plus fort] to become stronger, to be consolidated; **sa popularité s'est beaucoup renforcée** his popularity has greatly increased ou has grown considerably; **notre équipe se renforce maintenant de plusieurs jeunes ingénieurs** our team has now been strengthened by the arrival of several young engineers.
**renfort** [rãfɔr] *nm* **-1.** [aide] reinforcement; **il amène toujours sa sœur en** ~ he always brings his sister along to back him up. **-2.** [pièce de tissu] lining; **collant avec** ~**s aux talons/à l'entrejambe** tights with reinforced heels/gusset. **-3.** TECH reinforcement.
◆ **renforts** *nmpl* MIL [soldats] reinforcements; [matériel] (fresh) supplies.
◆ **à grand renfort de** *loc prép* with a lot of, with much; **il s'expliquait à grand** ~ **de gestes** he expressed himself with the help of a great many gestures.
◆ **de renfort** *loc adj* reinforcement *(modif).*
**renfrogné, e** [rãfrɔɲe] *adj* [air, visage] sullen, dour; [personne] sulky, dour.
**renfrogner** [3] [rãfrɔɲe]
◆ **se renfrogner** *vpi* to scowl, to frown.
**rengager** [17] [rãgaʒe] *vt* [combat] to re-engage; [conversation] to start again, to take up *(sép)* again; [employé] to re-engage, to take on *(sép)* again; [argent] to reinvest, to plough

---

**USAGE ▶**    **Fixer un rendez-vous**

**Proposer un rendez-vous**

Can I see you next week?
Could I see you sometime?
How about meeting up next month?
Let's get together soon.
Can we arrange a meeting for Friday? [à un collègue]

**Fixer un rendez-vous**

When/What time would suit you?
Are you free any time next week?
Would Tuesday be OK?

How about Friday?
Can you make Tuesday lunchtime?
Eight o'clock, is that all right?
Let's meet outside the cinema.
I'll see you inside the café.

**Conclure**

See you then!
Let's make it a date, then!
I look forward to it!
Look forward to seeing you!
I'll pencil you in, then.

back *(sép)*.

◆ **se rengager** *vpi* MIL to re-enlist, to join up again.

**rengaine** [rãgɛn] *nf* -**1.** [refrain] (old) tune, (old) song. -**2.** *fig*: avec eux, c'est toujours la même ~ they never change their tune, with them it's always the same (old) story.

**rengainer** [4] [rãgɛne] *vt* -**1.** [arme]: ~ un revolver to put a revolver back in its holster. -**2.** *fig* to hold back *(sép)*, to contain; tu peux ~ tes compliments you can keep your compliments to yourself.

**rengorger** [17] [rãgɔrʒe]

◆ **se rengorger** *vpi* -**1.** [volatile] to puff out its throat. -**2.** [personne] to puff o.s. up; il se rengorge quand on lui parle de sa pièce he puffs up with pride when you talk to him about his play.

**reniement** [rənimã] *nm* [d'une promesse] breaking; [de sa famille] disowning, repudiation; [d'un principe] renouncing, abandonment, giving up.

**renier** [9] [rənje] *vt* [promesse] to break; [famille, patrie] to disown, to repudiate; [religion] to renounce; Pierre a renié Jésus par trois fois Peter denied Christ three times.

◆ **se renier** *vpi* to retract.

**reniflement** [rənifləmã] *nm* [action – en pleurant] sniffing, sniffling; [– à cause d'un rhume] snuffling; [bruit] sniff, sniffle, snuffle.

**renifler** [3] [rənifle] ◇ *vt* -**1.** [humer] to sniff at *(insép)*; ~ le bouquet d'un vin to smell a wine's bouquet. -**2.** [aspirer par le nez]: ~ de la cocaïne to sniff cocaine. -**3.** *fam & fig* to sniff out *(sép)*; ~ une histoire louche to smell a rat. ◇ *vi* [en pleurant] to sniffle; [à cause d'un rhume] to snuffle, to sniff.

**renifleur, euse** [rəniflœr, øz] *fam* ◇ *adj* sniffing, sniffling, snuffling. ◇ *nm, f* sniffer, sniffler, snuffler.

**reniions** [rənijɔ̃] *v* → **renier**.

**renne** [rɛn] *nm* reindeer.

**renom** [rənɔ̃] *nm* -**1.** [notoriété] fame, renown; il doit son ~ à son invention he became famous thanks to his invention. -**2.** *litt* [réputation] reputation.

◆ **de renom, en renom** *loc adj* famous, renowned; un musicien de (grand) ~ a musician of high renown ou repute.

**renommé, e** [rənɔme] *adj* [célèbre] famous, renowned, celebrated; elle est ~e pour ses omelettes she's famous for her omelettes.

◆ **renommée** *nf* -**1.** [notoriété] fame, repute; un musicien de ~ internationale a world-famous musician, a musician of international repute; ce vin est digne de sa ~ this wine is worthy of its reputation; de bonne/fâcheuse ~ of good/ill repute. -**2.** *litt* [rumeur publique] public opinion.

**renommer** [3] [rənɔme] *vt* -**1.** [à un poste] to reappoint, to renominate. -**2.** INF to rename.

**renonçai** [rənɔ̃se] *v* → **renoncer**.

**renonce** [rənɔ̃s] *nf* JEUX: je fais une ~ I can't follow suit.

**renoncement** [rənɔ̃smã] *nm* renunciation; vivre dans le ~ to live a life of renunciation ou abnegation.

**renoncer** [16] [rənɔ̃se] *vi* JEUX to give up ou in.

◆ **renoncer à** *v + prép* [gén] to renounce, to give up; [projet, métier] to abandon; [habitude] to give up; ~ au monde RELIG to renounce the world ‖ *(en usage absolu)*: je ne renoncerai jamais I'll never give up.

**renonciation** [rənɔ̃sjasjɔ̃] *nf* -**1.** *sout* [renoncement] renunciation. -**2.** JUR release.

**renonçons** [rənɔ̃sɔ̃] *v* → **renoncer**.

**renoncule** [rənɔ̃kyl] *nf* buttercup, ranunculus *spéc*.

**renouer** [6] [rənwe] ◇ *vt* -**1.** [rattacher – ruban, cravate] to re-tie, to tie again, to reknot. -**2.** [reprendre – discussion] to resume, to renew; ~ une liaison to rekindle ou to revive an old affair. ◇ *vi* to get back together again; ~ avec: j'ai renoué avec mes vieux amis I've taken up with my old friends again; ~ avec la tradition/l'usage to revive traditions/customs.

**renouveau, x** [rənuvo] *nm* -**1.** [renaissance] revival; connaître un ~ to undergo a revival. -**2.** [recrudescence]: un ~ de succès renewed success. -**3.** *litt* [retour du printemps] springtime, springtide.

**renouvelable** [rənuvlabl] *adj* -**1.** [offre] repeatable; [permis, bail, abonnement] renewable; l'expérience est facilement ~ the experience is easy to repeat; énergie ~ renewable ener-

gy. -**2.** ADMIN & POL: le comité est ~ tous les ans the committee must stand *Br* ou run *Am* for office each year; mon mandat est ~ I am eligible to stand *Br* ou run *Am* (for office) again. -**3.** ÉCOL & JUR renewable.

**renouveler** [24] [rənuvle] *vt* -**1.** [prolonger] to renew; ~ un abonnement/un permis de séjour to renew a subscription/a residence permit; le crédit a été renouvelé pour six mois the credit arrangement was extended for a further six months; ordonnance à ~ repeat prescription, prescription to be renewed. -**2.** [répéter] to renew, to repeat; il faudra ~ votre candidature you'll have to apply again ou to reapply; avec une ardeur renouvelée with renewed vigour; j'ai préféré ne pas ~ l'expérience I chose not to repeat the experience. -**3.** [changer] to renew, to change; ~ l'eau d'un aquarium to change the water in an aquarium; ~ l'air d'une pièce to let some fresh air into a room; ~ sa garde-robe to get ou to buy some new clothes; elle a renouvelé le genre policier she gave the detective story new life. -**4.** [réélire – groupe, assemblée] to re-elect.

◆ **se renouveler** *vpi* -**1.** [se reproduire] to recur, to occur again and again; je te promets que cela ne se renouvellera pas I promise you it won't happen again. -**2.** [changer de style] to change one's style; c'est un bon acteur mais il ne se renouvelle pas assez he's a good actor but he doesn't vary his roles enough. -**3.** [groupe, assemblée] to be re-elected ou replaced.

**renouvellement** [rənuvɛlmã] *nm* -**1.** [reconduction] renewal; solliciter le ~ d'un mandat to stand *Br* ou to run *Am* for re-election. -**2.** [répétition] repetition, recurrence. -**3.** [changement]: la marée assure le ~ de l'eau dans les viviers the water in the tanks is changed by the action of the tide; dans la mode actuelle, il n'y a aucun ~ there are no new ideas in (the world of) fashion today ❏ ~ de stock restocking.

**renouvellerai** [rənuvɛlre] *v* → **renouveler**.

**rénovateur, trice** [renɔvatœr, tris] ◇ *adj* reformist, reforming. ◇ *nm, f* reformer; les grands ~s de la science the people who revolutionized ou radically transformed science.

**rénovation** [renɔvasjɔ̃] *nf* -**1.** [d'un meuble, d'un immeuble] renovation; [d'un quartier] redevelopment, renovation; la maison est en ~ the house is being done up ou is having a complete facelift ❏ ~ urbaine urban renewal. -**2.** *fig* [rajeunissement] updating.

**rénover** [3] [renɔve] *vt* -**1.** [remettre à neuf – meuble] to restore, to renovate; [– immeuble] to renovate, to do up *(sép)*; [– quartier] to redevelop, to renovate; [– salle de bains] to modernize. -**2.** [transformer en améliorant]: ~ des méthodes pédagogiques to update teaching methods; ~ les institutions politiques to reform political institutions.

**renseignement** [rãsɛɲəmã] *nm* -**1.** [information] piece of information, information *(U)*; de précieux ~s (some) invaluable information; pour avoir de plus amples ~s, s'adresser à... for further information or details, apply to...; demander un ~ ou des ~s à qqn to ask sb for information; prendre des ~s sur to make enquiries about; ~s pris, elle était la seule héritière after making some enquiries it turned out (that) she was the sole heir; tu n'obtiendras aucun ~ you won't get any information; merci pour le ~ thanks for letting me know *aussi iron*; aller aux ~s to go and (see what one can) find out. -**2.** *fam* [surveillance]: être/travailler dans le ~ to be/to work in intelligence.

◆ **renseignements** *nmpl* -**1.** ADMIN [service] enquiries (department); [réception] information ou enquiries (desk); appeler les ~s TÉLÉC to phone directory enquiries *Br* ou information *Am*. -**2.** [espionnage]: agent/services de ~s intelligence agent/services; les Renseignements généraux ≃ Special Branch *Br*, ≃ the FBI *Am*.

**renseigner** [4] [rãsɛɲe] *vt* -**1.** [mettre au courant – étranger, journaliste] to give information to, to inform; [– automobiliste] to give directions to; elle vous renseignera sur les prix she'll tell you the prices, she'll give you more information about the prices; pardon, Monsieur, pouvez-vous me ~? excuse me Sir, could you help me, please?; ~ qqn sur to tell sb about; bien renseigné well-informed; mal renseigné misinformed; je suis mal renseigné sur l'horaire des marées I don't have much information about the times of the tides. -**2.** [donner des indices à]: seule sa biographie peut nous ~ sur son passé militaire only his biography can tell us something of ou about his military career; nous voilà bien renseignés! *iron* that doesn't get us very far!, that doesn't give us much to go on!

◆ **se renseigner** *vpi* to make enquiries; se ~ sur qqn/qqch to find out about sb/sthg; il aurait fallu se ~ sur son compte you should have made (some) enquiries about him; renseignez-vous auprès de votre agence de voyages ask your travel agent for further information.

**rentabiliser** [3] [rɑ̃tabilize] *vt* to make profitable.

**rentabilité** [rɑ̃tabilite] *nf* profitability; taux de ~ rate of profit.

**rentable** [rɑ̃tabl] *adj* profitable; si je les vends moins cher, ce n'est plus ~ if I sell them any cheaper, I no longer make a profit ou any money; c'est plus ~ d'acheter que de louer en ce moment you're better off buying than renting at the moment.

**rente** [rɑ̃t] *nf* -1. [revenu] private income; avoir des ~s to have a private income, to have independent means; vivre de ses ~s to live on ou off one's private income. -2. [pension] pension, annuity, rente *spéc*; servir une ~ à qqn to pay sb an allowance ❏ ~ viagère life annuity. -3. ÉCON rent; ~ foncière ground rent. -4. BOURSE (government) bond; ~s amortissables redeemable securities ou bonds; ~s consolidées BANQUE consols; ~s perpétuelles undated ou irredeemable securities.

**rentier, ère** [rɑ̃tje, ɛr] *nm, f* person of private means; mener une vie de ~ to live a life of ease.

**rentrant, e** [rɑ̃trɑ̃, ɑ̃t] *adj* AÉRON: train d'atterrissage ~ retractable undercarriage.

**rentré, e¹** [rɑ̃tre] *adj* [refoulé] suppressed.

**rentrée²** [rɑ̃tre] *nf* -1. ENS: ~ (scolaire ou des classes) start of the (new) academic year; depuis la ~ de Noël/Pâques since the spring/summer term began, since the Christmas/Easter break; la ~ est fixée au 6 septembre school starts again ou schools reopen on September 6th; j'irai mardi de la ~ I'll go on the first Tuesday of the (new) term; c'est quand, la ~, chez vous? when do you go back? *(to school, college etc)*; les vitrines de la ~ back-to-school window displays. -2. [au Parlement] reopening (of Parliament), new (parliamentary) session; faire sa ~ politique [après les vacances] to start the new political season *(after the summer)*; [après une absence] to make one's (political) comeback. -3. [saison artistique]: la ~ musicale/théâtrale the new musical/theatrical season *(after the summer break)*; le disque sortira à la ~ the record will be released in the autumn *Br* ou fall *Am*; pour votre ~ parisienne [après les vacances] for the start of your autumn *Br* ou fall *Am* season in Paris; [après une absence] for your Paris comeback. -4. [retour – des vacances d'été] (beginning of the) autumn *Br* ou fall *Am*; [– de congé ou de week-end] return to work; la ~ a été dure it was hard to get back to work after the summer holidays *Br* ou vacation *Am* ‖ TRANSP city-bound traffic. -5. JEUX pick-up. -6. [des foins] bringing ou taking in.

◆ **rentrées** *nfpl* FIN income, money coming in; avoir des ~s (d'argent) régulières to have a regular income ou money coming in regularly ❏ ~s de caisse cash receipts; ~s fiscales tax receipts ou revenue.

**rentrer** [3] [rɑ̃tre] ◇ *vi (aux être)* -1. [personne – vue de l'intérieur] to come in; [– vue de l'extérieur] to go in; [chose] to go in; tu es rentré dans Lyon par quelle route? which way did you come to Lyons?, which road did you take into Lyons?; impossible de faire ~ ce clou dans le mur I can't get this nail to go into the wall; la clé ne rentre pas dans la serrure the key won't go in; tu n'arriveras pas à tout faire ~ dans cette valise you'll never fit everything in this case; c'est par là que l'eau rentre that's where the water is coming ou getting in ‖ [s'emboîter] to go ou to fit in; ~ dans [poteau] to crash into; [véhicule] to collide with ❏ ~ dedans: je lui suis rentré dedans [en voiture] I drove straight ou right into him; *fam* [verbalement] I laid into him; rentre-lui dedans! *fam* [frappe-le] smack him one!-2. [faire partie de] to be part of, to be included in; cela ne rentre pas dans mes attributions that is not part of my duties. -3. [pour travailler]: ~ dans les affaires/la police to go into business/join the police; il est rentré dans la société grâce à son oncle he got a job with the company thanks to his uncle. -4. [retourner –

gén] to return, to come ou get back; [revenir chez soi] to come ou to get (back) home; [aller chez soi] to go (back) ou to return home; je rentre tout de suite! I'm on my way home!, I'm coming home straightaway!; les enfants, rentrez! children, get ou come back in!; je ne rentrerai pas dîner I won't be home for dinner; je rentre chez moi pour déjeuner [tous les jours] I have lunch at home; je vous laisse, il faut que je rentre I'll leave you now, I must go home ou get (back) home; en rentrant de l'école on the way home ou back from school; ~ dans son pays to go back ou to return home (to one's country). -5. [reprendre ses occupations – lycéen] to go back to school, to start school again; [– étudiant] to go back, to start the new term; [– école] to start again, to go back; [– parlementaire] to start the new session, to return to take one's seat; [– parlement] to reopen, to reassemble; [– cinéaste] to start the season. -6. [être perçu – argent] to come in; faire ~ l'argent/les devises to bring in money/foreign currency; faire ~ l'impôt/les cotisations to collect taxes/dues. -7. *fam* [explication, idée, connaissances] to sink in; ça rentre, l'informatique? are you getting the hang of computing?; le russe, ça rentre tout seul avec Sophie! [elle apprend bien] Sophie is having no trouble picking up Russian!; [elle enseigne bien] Sophie makes learning Russian easy; je le lui ai expliqué dix fois, mais ça n'est toujours pas rentré I've told him ten times but it hasn't gone ou sunk in yet; faire ~ qqch dans la tête de qqn to get sthg into sb's head, to drum sthg into sb. -8. JEUX & SPORT: ~ dans la mêlée RUGBY to scrum down.

◇ *vt (aux avoir)* -1. [mettre à l'abri – linge, moisson] to bring ou to get in *(sép)*; [– bétail] to bring ou to take in *(sép)*; [– véhicule] to put away *(sép)*; [– chaise] to carry ou to take in *(sép)*. -2. [mettre – gén] to put in *(sép)*; [faire disparaître – antenne] to put down *(sép)*; [– train d'atterrissage] to raise, to retract; [– griffes] to draw in *(sép)*, to retract; ~ une clé dans une serrure to put a key in a lock; ~ son chemisier dans sa jupe to tuck one's blouse into one's skirt; rentre ton ventre/tes fesses! pull your stomach/bottom in!; ~ la tête dans les épaules to hunch (up) one's shoulders. -3. [réprimer – colère] to hold back *(sép)*, to suppress; ~ ses larmes/son humiliation to swallow one's tears/humiliation. -4. INF to input, to key in *(sép)*. -5. IMPR: ~ une ligne to indent a line.

◆ **rentrer dans** *v + prép* [recouvrer] to recover; ~ dans son argent/ses dépenses to recover one's money/expenses, to get one's money/expenses back; ~ dans ses fonds to recoup (one's) costs; ~ dans ses droits to recover one's rights; ~ dans la légalité [criminel] to reform; [opération, manœuvre] to become legal.

◆ **rentrer en** *v + prép*: ~ en grâce auprès de qqn to get back into sb's good graces ou good books; ~ en possession de to regain possession of.

◆ **se rentrer** *vp (emploi passif)*: les rallonges se rentrent sous la table the extension leaves fit in under the table.

◆ **se rentrer dedans** *vp (emploi réciproque) fam*: ils se sont rentrés dedans [heurtés] they smashed ou banged into one another; [disputés] they laid into one another.

**renuméroter** [3] [rənymerɔte] *vt* to renumber.

**renversant, e** [rɑ̃vɛrsɑ̃, ɑ̃t] *adj* [nouvelle] astounding, amazing, staggering; [personne] amazing, incredible.

**renverse** [rɑ̃vɛrs] *nf* NAUT [du vent] change; [du courant] turn (of tide).

◆ **à la renverse** *loc adv*: tomber à la ~ [sur le dos] to fall flat on one's back; j'ai failli tomber à la ~ I almost fell over backwards; il y a de quoi tomber à la ~ *fig* it's amazing ou staggering.

**renversé, e** [rɑ̃vɛrse] *adj* -1. [image] reverse *(modif)*, reversed, inverted; [objet] upside down, overturned. -2. [penché]: le corps ~ en arrière with the body leaning ou tilted back. -3. [stupéfait]: être ~ to be staggered.

**renversement** [rɑ̃vɛrsəmɑ̃] *nm* -1. [inversion] reversal; ~ d'une image inversion of an image. -2. [changement]: ~ des alliances reversal ou switch of alliances ❏ ~ des rôles role reversal; ~ de situation reversal of the situation. -3. [chute – d'un régime] overthrow. -4. [inclinaison – du buste, de la tête] tipping ou tilting back. -5. MUS inversion.

**renverser** [3] [rɑ̃vɛrse] *vt* -1. [répandre – liquide] to spill; [faire tomber – bouteille, casserole] to spill, to knock over *(sép)*, to upset; [– table, voiture] to overturn; [retourner exprès] to turn upside down. -2. [faire tomber – personne] to knock down

*(sép)*; être renversé par qqn to be knocked down ou run over by sb. **-3.** [inverser] to reverse; le Suédois renversa la situation au cours du troisième set the Swedish player managed to turn the situation round during the third set ❏ ~ les rôles to reverse the roles; ~ la vapeur *pr* to reverse engines; *fig* to change direction. **-4.** [détruire – obstacle] to overcome; [– valeurs] to overthrow; [– régime] to overthrow, to topple; le président a été renversé the President was thrown out of ou removed from office; ~ un gouvernement [par la force] to overthrow ou to topple a government; [par un vote] to bring down ou to topple a government. **-5.** [incliner en arrière] to tilt ou to tip back *(sép)*. **-6.** [stupéfier] to amaze, to astound.
◆ **se renverser** *vpi* **-1.** [bouteille] to fall over; [liquide] to spill; [véhicule] to overturn; [bateau] to overturn, to capsize; [marée] to turn. **-2.** [personne] to lean over backwards; se ~ sur sa chaise to tilt back on one's chair; se ~ dans un fauteuil to lie back in an armchair.

**renvoi** [ʀɑ̃vwa] *nm* **-1.** [d'un colis – gén] return, sending back; [– par avion] flying back; [– par bateau] shipping back; '~ à l'expéditeur' 'return to sender'. **-2.** TÉLÉC: ~ automatique call forwarding. **-3.** [congédiement – d'un employé] dismissal, sacking *Br*; [– d'un élève] expulsion. **-4.** [ajournement] postponement; le tribunal décida le ~ du procès à huitaine the court decided to put off ou to adjourn the trial for a week. **-5.** [transfert] transfer; ordonnance de ~ aux assises order of transfer to the assizes; après le ~ du texte en commission after the text was sent to a committee. **-6.** [indication] cross-reference; [note au bas du texte] footnote; faire un ~ à to make a cross-reference to, to cross-refer to. **-7.** [éructation] belch, burp; ça me donne des ~s it makes me belch ou burp, it repeats on me. **-8.** JUR amendment; ~ des fins de poursuite discharge of case; demande de ~ application for removal of action. **-9.** MUS repeat mark.

**renvoyer** [30] [ʀɑ̃vwaje] *vt* **-1.** [colis, formulaire] to send back *(sép)*; [cadeau] to return, to give back *(sép)*; [importun] to send away *(sép)*; [soldat, troupes] to discharge; on les a renvoyés chez eux they were sent (back) home ou discharged; je le renvoie chez sa mère demain I'm sending him back ou off to his mother's tomorrow. **-2.** [lancer de nouveau – ballon] to send back *(sép)*, to return; j'étais renvoyé de vendeur en vendeur I was being passed ou shunted around from one salesman to the next ❏ ~ la balle à qqn FTBL to kick ou to pass the ball back to sb; RUGBY to throw ou to pass the ball back to sb; TENNIS to return to sb; *fig* to answer sb tit for tat; ~ l'ascenseur à qqn *pr* to send the lift back to sb; *fig* to return sb's favour. **-3.** [congédier] to dismiss; tu vas te faire ~ [de ton travail] you're going to lose your job; [de ton lycée] you're going to get yourself expelled. **-4.** [différer] to postpone, to put off *(sép)*; la réunion est renvoyée à mardi prochain the meeting has been put off until ou put back to next Tuesday. **-5.** [transférer] to refer; l'affaire a été renvoyée en cour d'assises the matter has been referred to the assize court. **-6.** [faire se reporter] to refer; les numéros renvoient aux notes de fin de chapitre the numbers refer to notes at the end of each chapter. **-7.** [refléter] to reflect; la glace lui renvoyait son image she saw her reflection in the mirror ‖ [répercuter]: la falaise nous renvoyait nos cris the cliff echoed our cries.
◆ **se renvoyer** *vp (emploi réciproque) loc*: se ~ la balle: on peut se ~ la balle comme ça longtemps! we could go on forever blaming each other like this!

**réoccuper** [3] [ʀeɔkype] *vt* [usine, lieu public] to reoccupy; [habitation] to move back into; [emploi] to take up *(sép)* again.

**réopérer** [18] [ʀeɔpeʀe] *vt* to operate again on; il va falloir vous ~ you're going to require further surgery, you'll have to have another operation.

**réorganisation** [ʀeɔʀganizasjɔ̃] *nf* reorganization.

**réorganiser** [3] [ʀeɔʀganize] *vt* to reorganize.
◆ **se réorganiser** *vpi* to reorganize o.s., to get reorganized.

**réorientation** [ʀeɔʀjɑ̃tasjɔ̃] *nf* **-1.** POL redirecting. **-2.** ENS changing to a different course.

**réorienter** [3] [ʀeɔʀjɑ̃te] *vt* **-1.** POL to reorientate, to redirect. **-2.** ENS to put onto a different course.

**réouverture** [ʀeuvɛʀtyʀ] *nf* **-1.** [d'un magasin, d'un guichet, d'un musée, d'une route, d'un col] reopening. **-2.** [reprise – d'un débat] resumption; à la ~ des marchés ce matin BOURSE

when trading resumed this morning.

**repaie** [ʀəpɛ], **repaierai** [ʀəpɛʀe] *v* → repayer.

**repaire** [ʀəpɛʀ] *nm* **-1.** [d'animaux] den, lair. **-2.** [d'individus] den, haunt.

**repaître** [91] [ʀəpɛtʀ] *vt litt* [nourrir] to feed.
◆ **se repaître de** *vp + prép* **-1.** *litt* [manger] to feed on *(insép)*. **-2.** *fig* [savourer]: se ~ de bandes dessinées to feast on comic strips.

**répandre** [74] [ʀepɑ̃dʀ] *vt* **-1.** [renverser – liquide] to spill; [verser – sable, sciure] to spread, to sprinkle, to scatter; ~ des larmes to shed tears; ~ le sang to spill ou to shed blood. **-2.** [propager – rumeur, terreur, usage] to spread. **-3.** [dégager – odeur] to give off *(insép)*; [– lumière] to shed, to give out *(insép)*; [– chaleur, fumée] to give out ou off *(insép)*. **-4.** [dispenser – bienfaits] to pour out *(sép)*, to spread (around).
◆ **se répandre** *vpi* **-1.** [eau, vin] to spill; [se disperser]: les supporters se sont répandus sur le terrain the fans spilled (out) ou poured onto the field. **-2.** [se propager – nouvelle, mode, coutume] to spread, to become widespread; se ~ comme une traînée de poudre to spread like wildfire. **-3.** [se dégager – odeur] to spread, to be given off; *(tournure impersonnelle)*: il se répandit une odeur de brûlé the smell of burning filled the air.
◆ **se répandre en** *vp + prép sout*: se ~ en compliments/en propos blessants to be full of compliments/hurtful remarks; inutile de se ~ en commentaires là-dessus no need to keep on (making comments) about it.

**répandu, e** [ʀepɑ̃dy] ◇ *pp* → répandre. ◇ *adj* widespread; un préjugé (très) ~ a very widespread ou widely held prejudice; une vue (très) ~e a commonly held ou widely found view; la technique n'est pas encore très ~e ici the technique isn't widely used here yet.

**réparable** [ʀepaʀabl] *adj* **-1.** [appareil] repairable; j'espère que c'est ~ I hope it can be mended ou repaired, I hope it's not beyond repair. **-2.** [erreur, perte] reparable; une maladresse difficilement ~ a blunder which will be hard to correct ou to put right.

**reparaître** [91] [ʀəpaʀɛtʀ] *vi* **-1.** [journal, revue] to be out again, to be published again. **-2.** = **réapparaître**.

**réparateur, trice** [ʀepaʀatœʀ, tʀis] ◇ *adj*: un sommeil ~ restorative ou refreshing sleep. ◇ *nm, f* repairer, repairman (*f* repairwoman); ~ d'antiquités antiques restorer.

**réparation** [ʀepaʀasjɔ̃] *nf* **-1.** [processus] repairing, fixing, mending; [résultat] repair; pendant les ~s during (the) repairs ❏ atelier/service de ~ repair shop/department. **-2.** [compensation] redress, compensation; en ~ des dégâts occasionnés in compensation for ou to make up for the damage caused; demander/obtenir ~ *litt* to demand/to obtain redress. **-3.** JUR damages, compensation; les ~s HIST (war) reparations. **-4.** [correction – d'une négligence] correction; [– d'une omission] rectification.
◆ **de réparation** *loc adj* SPORT penalty *(modif)*; surface de ~ penalty area.
◆ **en réparation** *loc adj* under repair, being repaired.

**réparer** [3] [ʀepaʀe] *vt* **-1.** [appareil, chaussure] to repair, to mend; [défaut de construction] to repair, to make good; [meuble, porcelaine] to restore; faire ~ qqch to get sthg repaired ou put right. **-2.** [compenser] to make up for *(insép)*, to compensate for *(insép)*; il est encore temps de ~ le mal qui a été fait there's still time to make up for ou to undo the harm that's been done ❏ ~ les dégâts *pr* to repair the damage; *fig* to pick up the pieces. **-3.** [corriger – omission] to rectify; [– négligence, erreur] to correct, to rectify. **-4.** *sout* [santé, forces] to restore.
◆ **se réparer** *vp (emploi passif)* to mend; ça ne se répare pas it can't be mended.

**reparler** [3] [ʀəpaʀle] ◇ *vt* [langue]: ce voyage m'a donné l'occasion de ~ arabe this trip gave me the opportunity to speak Arabic again. ◇ *vi* to speak again; ~ de: il a reparlé de son roman he talked about his novel again; retenez bien son nom, c'est un chanteur dont on reparlera remember this singer's name, you'll be hearing more of him; je laisse là les Incas, nous allons en ~ I won't say any more about the Incas now, we'll come back to them later; il n'en a plus reparlé he never mentioned it again; ~ à qqn (de qqch) to speak to sb (about sthg) again.
◆ **se reparler** *vp (emploi réciproque)* to get back on speaking

terms.

**repars** [rəpar] v→ **repartir**.

**repartie** [rəparti] nf [réplique] retort, repartee; **avoir de la ~** to have a good sense of repartee.

**repartir**[1] [43] [rəpartir] vt (aux avoir) litt [répliquer] to retort, to reply, to rejoin.

**repartir**[2] [43] [rəpartir] vi (aux être) **-1.** [se remettre en route] to start ou to set off again; **quand repars-tu?** when are you off ou leaving again?; **l'économie est bien repartie** the economy has picked up again; **c'est reparti, encore une hausse de l'électricité!** here we go again, another rise in the price of electricity! □ **~ à l'assaut** ou **à l'attaque** pr to mount a fresh assault; fig to try again; **~ à zéro** to start again from scratch, to go back to square one; **~ du bon pied** to make a fresh start. **-2.** HORT to start growing ou to sprout again.

**répartir** [32] [repartir] vt **-1.** [distribuer – encouragements, sanctions] to give; [– héritage, travail] to share out (sép), to divide up (sép); [– soldats, policiers] to deploy, to spread out (sép); [– chaleur, ventilation] to distribute; **répartissez les enfants en trois groupes** get ou split up the children into three groups. **-2.** [étaler – confiture, cirage] to spread. **-3.** [dans le temps]: **~ des remboursements** to pay back in instalments; **~ des paiements** to spread out the payments. **-4.** INF: **être réparti** to be distributed (over a network).
◆ **se répartir** ◇ vpi [se diviser] to split, to divide (up); **répartissez-vous en deux équipes** get yourselves ou split into two teams; **les dépenses se répartissent en trois catégories** expenditure falls under three headings. ◇ vpt [partager]: **se ~ le travail/les responsabilités** to share out the work/the responsibility.

**répartition** [repartisjɔ̃] nf **-1.** [partage – de l'impôt, des bénéfices] distribution; [– d'un butin] sharing out, dividing up; [– d'allocations, de prestations] allotment, sharing out; **comment se fera la ~ des tâches?** how will the tasks be shared out ou allocated? **-2.** [agencement – dans un appartement] layout. **-3.** [étalement – dans l'espace] distribution; **la ~ géographique des gisements** the geographical distribution of the deposits. **-4.** ÉCON assessment.

**reparu, e** [rəpary] pp→ **reparaître**.

**repas** [rəpa] nm **-1.** [gén] meal; [d'un nourrisson, d'un animal] feed Br, feeding Am; **faire un bon ~** to have a square ou good meal; **prendre ses ~ à la cantine** [de l'école] to have school lunches ou dinners Br; [de l'usine] to eat in the (works) canteen; **à l'heure des ~** at mealtimes □ **~ à la carte** à la carte meal; **~ livrés à domicile** meals on wheels; **~ de midi** lunch, midday Am meal; **~ de noces** wedding meal; **~ du soir** dinner, evening meal. **-2.** (comme adj; avec ou sans trait d'union): **plateau-~** lunch ou dinner tray; **ticket-~** luncheon voucher Br, meal ticket Am.

**repassage** [rəpasaʒ] nm [du linge] ironing.

**repasser** [3] [rəpase] ◇ vi **-1.** [passer à nouveau dans un lieu] to go (back) again; **elle repassera** she'll drop by again; **je suis repassé la voir à l'hôpital** I went to see her in the hospital again; **si tu repasses à Berlin, fais-moi signe** if you're in ou passing through Berlin again, let me know; **~ par le même chemin** to go back the way one came; **il passait et repassait sous l'horloge de la gare** he kept walking up and down under the station clock ∥ fig **~ sur un dessin** to go over a drawing again, to go back over a drawing; **j'ai horreur qu'on repasse derrière moi** I hate to have people go over what I've done; **le dollar est repassé au-dessous des 6 francs** the dollar has fallen ou dropped below 6 francs again □ **s'il veut être payé, il peut toujours ~** fam if he wants to be paid, he's got another think coming! **-2.** CIN & TV to be on ou to be shown again.
◇ vt **-1.** [défriper] to iron. **-2.** [aiguiser – gén] to sharpen; [– avec une pierre] to whet. **-3.** [réviser]: **~ ses leçons/le programme de physique** SCOL to go over one's homework/the physics course; **~ des comptes** to reexamine a set of accounts. **-4.** fam [donner]: **elle m'a repassé sa tunique** she let me have her smock. **-5.** [traverser à nouveau]: **~ un fleuve** to go back across a river, to cross a river again. **-6.** [subir à nouveau]: **~ un examen** to resit an exam Br, to take an exam again; **je dois ~ l'allemand/le permis demain** I have to retake German/my driving test tomorrow; **~ une échographie** to go for another ultrasound scan. **-7.** [à nouveau] to pass again; **voulez-vous ~ la salade?** would you hand ou

pass the salad round again?; **repasse-moi mon mouchoir** hand me back my handkerchief. **-8.** [remettre]: **~ une couche de vernis** to put on another coat of varnish; **~ un manteau** [le réessayer] to try a coat on again; **~ un poisson sur le gril** to put a fish back on the grill, to give a fish a bit more time on the grill; **repasse-moi la face A du disque** play me the A-side of the record again. **-9.** [au téléphone]: **je te repasse Paul** I'll put Paul on again, I'll hand you back to Paul; **repassez-moi le standard** put me through to the switchboard again.
◆ **se repasser** vp (emploi passif) to iron; **le voile ne se repasse pas** [ne doit pas être repassé] the veil mustn't be ironed; [n'a pas besoin de repassage] the veil doesn't need ironing.

**repasseur, euse** [rəpasœr, øz] nm, f **-1.** [de linge] ironer. **-2.** [rémouleur] knife-grinder, knife-sharpener.
◆ **repasseuse** nf [machine] ironing machine.

**repayer** [11] [rəpeje] vt [payer à nouveau] to pay again; [payer en plus] to pay more for.

**repêchage** [rəpeʃaʒ] nm **-1.** [d'un objet] fishing out; [d'un corps] recovery. **-2.** ENS letting through. **-3.** SPORT repechage.

**repêcher** [4] [rəpeʃe] vt **-1.** [noyé] to fish out (sép), to recover. **-2.** ENS to let through (sép); **j'ai été repêché à l'oral** I passed on my oral. **-3.** SPORT to let through on the repechage.

**repeindre** [81] [rəpɛ̃dr] vt to repaint, to paint again.

**repeint, e** [rəpɛ̃, ɛ̃t] pp→ **repeindre**.

**repens** [rəpɑ̃] v→ **repentir** v.

**repenser** [3] [rəpɑ̃se] vt to reconsider, to rethink; **l'entrepôt a été entièrement repensé** the layout of the warehouse has been completely redesigned.
◆ **repenser à** v + prép to think about again; **en y repensant** thinking back on it all; **ah mais oui, j'y repense, elle t'a appelé ce matin** oh yes, now I come to think of it, she phoned you this morning.

**repentant, e** [rəpɑ̃tɑ̃, ɑ̃t] adj repentant, penitent.

**repenti, e** [rəpɑ̃ti] ◇ adj repentant, penitent; **alcoolique/fumeur ~** reformed alcoholic/smoker. ◇ nm, f penitent; **les ~s du terrorisme** repentant terrorists.

**repentir**[1] [rəpɑ̃tir] nm **-1.** [remords] remorse; **verser des larmes de ~** to shed tears of remorse ou regret. **-2.** RELIG penitence; **mener une vie de ~** to live a life of repentance ou penance. **-3.** [correction] alteration. **-4.** BX-ARTS reworking, retouching.

**repentir**[2] [37] [rəpɑ̃tir]
◆ **se repentir** vpi to repent.
◆ **se repentir de** vp + prép to regret, to be sorry for; **se ~ d'une faute/d'avoir péché** to repent of a fault/of having sinned.

**repérable** [rəperabl] adj [maison] easily found; [changement, signe] easily spotted; **le bar est facilement ~** the bar is easy to find; **les oiseaux de cette espèce sont ~s à leur bec coloré** birds of this species are recognizable ou identifiable by their coloured beaks.

**repérage** [rəperaʒ] nm **-1.** [gén] spotting, pinpointing. **-2.** MIL location. **-3.** CIN: **être en ~** to be looking for locations ou choosing settings. **-4.** IMPR registry, laying.

**répercussion** [reperkysjɔ̃] nf **-1.** [conséquence] repercussion, consequence, side-effect. **-2.** [renvoi – d'un son] repercussion, echo. **-3.** FIN: **le coût final est aggravé par la ~ de l'impôt** the final cost is increased because taxes levied are passed on (to the buyer).

**répercuter** [3] [reperkyte] vt **-1.** [renvoyer – son] to echo, to reflect; **un coup de feu répercuté par l'écho** the sound of an echoing shot. **-2.** FIN: **~ l'impôt sur le prix de revient** to pass a tax on in the selling price. **-3.** [transmettre] to pass on ou along (sép).
◆ **se répercuter** vpi [bruit] to echo.
◆ **se répercuter sur** vp + prép to have an effect on ou upon, to affect.

**reperdre** [77] [rəperdr] vt to lose again; **j'ai reperdu 2 kilos** my weight's gone back down by 2 kilos.

**repère** [rəper] ◇ v→ **repérer**. ◇ nm **-1.** [gén] line, mark; [indice – matériel] landmark; [– qui permet de juger] benchmark, reference mark; **point de ~** landmark. **-2.** TECH (index) mark; **~ de montage** assembly ou match mark. **-3.** [référence] reference point, landmark; **servir de ~ à qqn** to serve as a (guiding) light to sb; j'ai l'impression de n'avoir plus aucun (point de) ~ I've lost my bearings. **-4.** *(comme adj; avec ou sans trait d'union)* reference *(modif)*; date/point ~ reference date/point.

**repérer** [18] [rəpere] *vt* **-1.** [indiquer par un repère] to mark; TECH to mark out OU off *(sép)*. **-2.** [localiser] to locate, to pinpoint. **-3.** [remarquer] to spot, to pick out *(sép)*, to notice; je l'avais repéré au premier rang I'd noticed OU spotted him in the first row; **tu vas nous faire ~ avec tes éternuements** you'll get us caught OU spotted with your sneezing. **-4.** [dénicher] to discover.
◆ **se repérer** *vpi* **-1.** [déterminer sa position] to find OU to get one's bearings; **on n'arrive jamais à se ~ dans un aéroport** you can never find your way about OU around in an airport. **-2.** *fig*: je n'arrive plus à me ~ dans ses mensonges I don't know where I am any more with all those lies she tells.

**répertoire** [repɛrtwar] *nm* **-1.** [liste] index, list; ~ alphabétique/thématique alphabetical/thematic index. **-2.** [livre] notebook, book; ~ d'adresses address book; ~ des rues street index. **-3.** DANSE & MUS repertoire; THÉÂT repertoire, repertory; **jouer une pièce du ~** [acteur] to be in rep; [théâtre] to put on a play from the repertoire OU a stock play; **tu devrais ajouter ça à ton ~** *fig* that could be another string to your bow. **-4.** JUR: ~ civil civil register; ~ général record of cases. **-5.** INF directory.

**répertorier** [9] [repɛrtɔrje] *vt* **-1.** [inventorier] to index, to list; ~ **les erreurs** to list OU to pick out the mistakes. **-2.** [inscrire dans une liste] to list; répertorié par adresses/professions listed under addresses/professions.

**répéter** [18] [repete] *vt* **-1.** [dire encore] to repeat; **je n'arrête pas de vous le ~** that's what I've been trying to tell you; elle ne se l'est pas fait ~ (deux fois) she didn't need telling twice || *(en usage absolu)*: répétez après moi repeat after me; **répète un peu pour voir?** let's hear you repeat that (if you dare)! **-2.** [révéler par indiscrétion – fait] to repeat; [– histoire] to retell, to relate; **ne (le) lui répète pas** don't tell her, don't repeat this to her; **ne va pas le ~ (à tout le monde)** don't go telling everybody. **-3.** [recommencer] to repeat, to do again. **-4.** [mémoriser – leçon] to go over *(insép)*, to practise; [– morceau de musique] to practise; [– pièce, film] to rehearse; *(en usage absolu)*: on ne répète pas demain there's no rehearsal tomorrow. **-5.** [reproduire – motif] to repeat, to duplicate; [– refrain] to repeat. **-6.** JUR to obtain recovery of.
◆ **se répéter** *vpi* **-1.** [redire la même chose] to repeat o.s.; **depuis son premier roman, elle se répète** since her first novel, she's just been rewriting the same thing. **-2.** [se reproduire] to recur, to reoccur, to be repeated; **et que ça ne se répète plus!** don't let it happen again!; **la disposition des locaux se répète à tous les étages** the layout of the rooms is the same on every floor; **l'histoire se répète** history repeats itself.

**répétiteur, trice** [repetitœr, tris] *nm, f vieilli* coach *(at home or in school)*.

**répétitif, ive** [repetitif, iv] *adj* repetitive, repetitious.

**répétition** [repetisjɔ̃] *nf* **-1.** [d'un mot, d'un geste] repetition. **-2.** [séance de travail] rehearsal; **être en ~** to be rehearsing ❑ ~ **générale** dress rehearsal.
◆ **à répétition** *loc adj* **-1.** [en armurerie, en horlogerie] repeater *(modif)*. **-2.** *fam* [renouvelé]: **il fait des bêtises à ~** he keeps doing stupid things.

**repeuplement** [rəpœpləmã] *nm* [par des hommes] repopulation; [par des animaux] restocking; [par des plantes] replantation, replanting *(U)*; [par des arbres] reafforestation *Br*, reforestation *Am*.

**repeupler** [5] [rəpœple] *vt* [secteur] ro repopulate; [étang] to restock; [forêt] to reafforest *Br*, to reforest *Am*.
◆ **se repeupler** *vpi*: cette région commence à se ~ people are starting to move back to the area; **la rivière se repeuple** life is coming back to the river.

**repiquage** [rəpika3] *nm* **-1.** AGR planting OU bedding out. **-2.** AUDIO [sur bande] rerecording, taping; [sur disque] transfer.

**repiquer** [3] [rəpike] ◇ *vt* **-1.** [planter – riz, salades] to plant OU to pick OU to bed out. **-2.** ▽ [attraper de nouveau] to catch OU to nab again. **-3.** [enregistrer – sur cassette] to rerecord, to tape; [– sur disque] to transfer. **-4.** COUT to restitch. **-5.** ▽ *arg scol* [classe] to repeat. **-6.** [repaver] to repave. **-7.** PHOT to touch up. ◇ *vi fam* [recommencer] to start again; ~ **à un plat**

to have a second helping.

**répit** [repi] *nm* respite, rest.
◆ **sans répit** *loc adv* [lutter] tirelessly; [poursuivre, interroger] relentlessly, without respite.

**replacer** [16] [rəplase] *vt* **-1.** [remettre] to replace, to put back *(sép)*; ~ **les événements dans leur contexte** to put events into their context. **-2.** *fam* [réutiliser] to put in *(sép)* again; elle est bonne, celle-là, je la replacerai! that's a good one, I must remember it OU use it myself sometime! **-3.** [trouver un nouvel emploi pour – domestique] to find a new position for; [– employé] to reassign.
◆ **se replacer** *vpi* **-1.** [se remettre en place] to take up one's position again. **-2.** [domestique] to find (o.s.) a new job. **-3.** [dans une situation déterminée] to imagine o.s., to visualize o.s.

**replanter** [3] [rəplãte] *vt* to replant.

**replat** [rəpla] *nm* sloping ledge, shoulder GEOG.

**replâtrer** [3] [rəplatre] *vt* **-1.** CONSTR to replaster. **-2.** *fam & fig* to patch up *(sép)*.

**replet, ète** [rəplɛ, ɛt] *adj* [personne] plump, podgy, portly; [visage] plump, chubby; [ventre] full, rounded.

**repli** [rəpli] *nm* **-1.** [pli – du terrain] fold; [courbe – d'une rivière] bend, meander. **-2.** MIL withdrawal, falling back *(U)*; solution OU stratégie de ~ fallback option. **-3.** *fig & litt* [recoin] recess; **les sombres ~s de l'âme** the dark recesses OU reaches of the soul. **-4.** [baisse] fall, drop. **-5.** [introversion]: **un ~ sur soi** a turning in on o.s.

**repliement** [rəplimã] *nm sout* [introversion] withdrawal; ~ **sur soi-même** withdrawal (into o.s.), turning in on o.s., self-absorption.

**replier** [10] [rəplije] *vt* **-1.** [plier – journal] to fold up *(sép)* again; [– couteau] to close again; **replie le bas de ton pantalon** turn up the bottom of your trousers. **-2.** [ramener – ailes] to fold; [– jambes] to tuck under *(sép)*. **-3.** MIL: ~ **des unités derrière le fleuve** to withdraw units back to the other side of the river; ~ **les populations civiles** to move the civilian population back.
◆ **se replier** ◇ *vp (emploi passif)* to fold back. ◇ *vpi* MIL to withdraw, to fall back.
◆ **se replier sur** *vp + prép*: se ~ **sur soi-même** to withdraw into o.s., to turn in on o.s.

**réplique** [replik] *nf* **-1.** [réponse] reply, retort, rejoinder; **ce gamin a la ~ facile** this kid is always ready with OU is never short of an answer; **argument sans ~** irrefutable OU unanswerable argument; **c'est sans ~!** what can you say to that!, there's no answer to that! **-2.** [dans une pièce, un film] line, cue; **manquer une ~** to miss a cue; **oublier sa ~** to forget one's lines; **donner la ~ à un acteur** [en répétition] to give an actor his cues; [dans une distribution] to play opposite an actor. **-3.** [reproduction] replica, studio copy; **il est la ~ vivante de son père** he's the spitting image of OU a dead ringer for his father.

**répliquer** [3] [replike] *vt* [répondre] to reply, to retort; **il n'y a rien à ~ à un tel argument** there's no answer to an argument like that; **que ~ à ça?** how can you reply to that?; **il n'en est pas question, répliqua-t-il** it's out of the question, he replied OU retorted.
◆ **répliquer à** *v + prép* **-1.** [répondre à] to reply to; ~ **à une critique** to reply to OU to answer criticism || *(en usage absolu)*: **monte te coucher et ne réplique pas!** go upstairs to bed and no argument! **-2.** [contre-attaquer] to respond to; *(en usage absolu)*: **le pays a été attaqué et a répliqué immédiatement** the country was attacked and immediately retaliated.

**replonger** [17] [rəplɔ̃3e] ◇ *vt* **-1.** [plonger à nouveau] to dip back *(sép)*. **-2.** *fig* [faire sombrer à nouveau] to plunge back *(sép)*; **le choc la replongea dans la démence** the shock pushed OU tipped her back into madness. ◇ *vi* **-1.** [plonger à nouveau] to dive again. **-2.** *fig*: ~ **dans l'alcool/la délinquance** to relapse into drinking/delinquency; ~ **dans la dépression** to sink back OU relapse into depression. **-3.** ▽ *arg crime* [retourner en prison] to go back inside.
◆ **se replonger dans** *vp + prép* to go back to; **se ~ dans son travail** to immerse o.s. in work again, to go back to one's work; **se ~ dans ses recherches** to get involved in one's research again.

**répondant, e** [repɔ̃dã, ãt] *nm, f* [garant] guarantor, surety;

être le ~ de qqn [financièrement] to stand surety for sb, to be sb's guarantor; [moralement] to answer ou to vouch for sb.
♦ **répondant** *nm* **-1.** RELIG & *vieilli* server. **-2.** *loc*: avoir du ~ to have money.

**répondeur, euse** [repɔ̃dœr, øz] *adj* [insolent] who answers back.

♦ **répondeur** *nm*: ~ (téléphonique) (telephone) answering machine; ~ enregistreur Ansafone® *Br*, answering machine; ~ interrogeable à distance remote-control (telephone) answering machine.

**répondre** [75] [repɔ̃dr] ◇ *vi* **-1.** [répliquer] to answer, to reply; bien répondu! well said ou spoken!; répondez par oui ou par non answer ou say yes or no; elle répondit en riant she answered ou replied with a laugh; ~ par un clin d'œil/ hochement de tête to wink/to nod in reply; seul l'écho lui répondit the only reply was an echo; ~ à qqn to answer sb; ~ à qqch to answer sthg. **-2.** [être insolent] to answer back; ~ à ses parents/professeurs to answer one's parents/ teachers back. **-3.** [à une lettre] to answer, to reply, to write back; ~ à une note to answer ou to reply to a note; répondez au questionnaire suivant answer the following questions, fill in the following questionnaire; je suis ravie que vous ayez pu ~ à mon invitation [que vous soyez venu] I'm delighted that you were able to accept my invitation; vous devez ~ à la convocation [dire que vous l'avez reçue] you must acknowledge receipt of the notification. **-4.** [à la porte, au téléphone] to answer; je vais ~ [à la porte] I'll go; [au téléphone] I'll answer it, I'll get it; ça ne répond pas nobody's answering, there's no answer. **-5.** [réagir – véhicule, personne, cheval] to respond; le public répond mal there is a low level of public response; les freins répondent bien the brakes respond well; ~ à to respond to; son organisme ne répond plus au traitement her body isn't responding to treatment any more; ~ à un coup ou à une attaque to fight back, to retaliate; ~ à une accusation/critique to counter an accusation/a criticism; ~ à la force par la force to meet ou to answer force with force.
◇ *vt* **-1.** [gén] to answer, to reply; [après une attaque] to retort; ~ (que) oui/non to say yes/no in reply, to answer yes/no; qu'as-tu répondu? what did you say?, what was your answer?; je n'ai rien trouvé à ~ I could find no answer ou reply; ils m'ont répondu des bêtises they answered me with a lot of nonsense; elle m'a répondu de le faire moi-même she told me to do it myself. **-2.** [par lettre] to answer ou to reply (in writing ou by letter); ~ que... to write (back) that... **-3.** RELIG: ~ la messe to give the responses (at Mass).
♦ **répondre à** *v + prép* **-1.** [satisfaire – besoin, demande] to answer, to meet; [– attente, espoir] to come ou to live up to, to fulfil; [correspondre à – norme] to meet; [– condition] to fulfil; [– description, signalement] to answer, to fit; les dédommagements ne répondent pas à l'attente des sinistrés the amount offered in compensation falls short of the victims' expectations. **-2.** [s'harmoniser avec] to match. **-3.** ~ au nom de [s'appeler] to answer to the name (of).
♦ **répondre de** *v + prép* **-1.** [cautionner – filleul, protégé] to answer for; ~ de l'exactitude de qqch/de l'intégrité de qqn to vouch for the accuracy of sthg/sb's integrity; je réponds de lui comme de moi-même I can fully vouch for him; je ne réponds plus de rien I am no longer responsible for anything; elle répond des dettes de son mari jusqu'au divorce she's responsible ou answerable for her husband's debts until the divorce. **-2.** *sout* [assurer]: elle cédera, je vous en réponds! she'll give in, you can take it from me ou take my word for it!; je vous réponds que cela ne se renouvellera pas! I guarantee (you) it won't happen again! **-3.** [expliquer] to answer ou to account for, to be accountable for; les ministres répondent de leurs actes devant le Parlement ministers are accountable for their actions before Par-

liament; il lui faudra ~ de plusieurs tentatives de viol he'll have to answer several charges of attempted rape.
♦ **se répondre** *vp (emploi réciproque)* [instruments de musique] to answer each other; [sculptures, tableaux] to match each other; [couleurs, formes, sons] to harmonize.

**répons** [repɔ̃] *nm* RELIG response.

**réponse** [repɔ̃s] *nf* **-1.** [réplique] answer, reply; elle a toujours ~ à tout [elle sait tout] she has an answer for everything; [elle a de la repartie] she's never at a loss for ou she's always ready with an answer; pour toute ~, elle me claqua la porte au nez her only answer was to slam the door in my face ☐ une ~ de Normand an evasive answer. **-2.** [à un courrier] reply, answer; en ~ à votre courrier du 2 mai in reply ou response to your letter dated May 2nd; leur lettre est restée sans ~ their letter remained ou was left unanswered; leur demande est restée sans ~ there was no reply ou response to their request; ~ par retour du courrier reply by return of post ☐ ~ payée TÉLÉC reply paid; bulletin-~ reply slip; coupon-~ reply coupon. **-3.** [réaction] response. **-4.** SCOL & UNIV [solution] answer. **-5.** TECH response; temps de ~ d'un appareil response time of a device. **-6.** MUS answer. **-7.** PSYCH response, reaction.

**repopulation** [rəpɔpylasjɔ̃] *nf* repopulation.

**report** [rəpɔr] *nm* **-1.** [renvoi à plus tard] postponement, deferment; ~ du jugement sine die deferment of the verdict to an unspecified date ☐ ~ d'échéance FIN extension of due date. **-2.** COMPTA carrying forward ou over; faire le ~ d'une somme to carry forward ou over an amount ☐ ~ d'écritures posting; ~ à nouveau balance (carried forward); [en haut de colonne] brought forward; [en bas de colonne] carried forward. **-3.** [au turf] rebetting. **-4.** [transfert]: ~ des voix transfer of votes.

**reportage** [rəpɔrtaʒ] *nm* **-1.** [récit, émission] report; ~ télévisé/photo television/photo report; faire un ~ sur qqch to do a report on sthg. **-2.** [métier] (news) reporting, reportage; faire du ~ to be a news reporter; être en ~ to be on an assignment ☐ faire du grand ~ to do international reporting, to cover stories from all over the world.

**reporter**[1] [rəpɔrter] *nm* (news) reporter; grand ~ international reporter; ~ sportif sports commentator.

**reporter**[2] [3] [rəpɔrte] *vt* **-1.** [rapporter] to take back *(sép)*. **-2.** [transcrire – note, insertion] to transfer, to copy out; COMPTA to carry forward *(sép)*; ~ à nouveau to carry forward (to new account); ~ le montant des exportations dans le livre des comptes to post exports (to the ledger). **-3.** [retarder – conférence, rendez-vous] to postpone, to put off *(sép)*; [– annonce, verdict] to put off, to defer; [– date] to defer, to put back *esp Br*; ~ qqch à une prochaine fois to put sthg off until another time ‖ [en arrière dans le temps] to take back *(sép)*. **-4.** [transférer] to shift, to transfer; les votes ont été reportés sur le candidat communiste the votes were transferred to the communist candidate. **-5.** [miser] to put, to place, to transfer; ~ tous ses gains sur le 8 to put ou to place all one's winnings on the 8.
♦ **se reporter à** *vp + prép* [se référer à] to turn ou to refer to, to see.
♦ **se reporter sur** *vp + prép* [se transférer sur] to be transferred to; tout son amour s'est reporté sur sa fille all his love was switched to his daughter.

**reporter-cameraman** [rəpɔrterkameraman] *(pl* **reporters-cameramans** ou **reporters-cameramen** [rəpɔrterkameramɛn]) *nm* television news reporter.

**reporter-photographe** [rəpɔrterfɔtɔgraf] *(pl* **reporters-photographes**) *nm* news photographer, photojournalist.

**reporteur** [rəpɔrtœr] *nm* PRESSE: ~ d'images television news reporter.

**repos** [rəpo] *nm* **-1.** [détente] rest; prendre quelques jours

---

**Pour enregistrer un message**

This is 081-741-7440. I'm sorry there's no-one here to take your call, but if you'd like to leave a message, I'll get back to you as soon as I can. Please speak after the tone ou beep.

**Pour laisser un message**

Hello, this is Claire Stubbs. It's Wednesday, 3pm, and I wanted to confirm the time of our meeting next week. Could you call me as soon as possible, please? Thank you.

de ~ to take OU to have a few days' rest. -2. [période d'inactivité] rest (period), time off; **trois jours de ~, un ~ de trois jours** three days off ❏ ~ **compensateur** ≈ time off in lieu; ~ **dominical** Sunday rest; ~ **hebdomadaire** weekly time off. -3. *litt* [tranquillité – de la nature] peace and quiet; [– intérieure] peace of mind; **je n'aurai pas de ~ tant que...** I won't rest as long as... -4. *litt* [sommeil] sleep, rest; **respecte le ~ des autres** let other people sleep (in peace); ~ **éternel** eternal rest. -5. MUS cadence; LITTÉRAT break. -6. MIL: ~! at ease! -7. SPORT break.

◆ **au repos** ◇ *loc adj* [moteur, animal] at rest; [volcan] dormant, inactive; [muscle, corps] relaxed. ◇ *loc adv* -1. AGR: **laisser un champ au ~** to let a field lie fallow. -2. MIL: **mettre la troupe au ~** to order the troops to stand at ease.

◆ **de tout repos** *loc adj*: **le voyage n'était pas de tout ~** it wasn't exactly a restful journey; **des placements de tout ~** gilt-edged investments.

◆ **en repos** *loc adj* -1. [inactif]: **l'imagination de l'artiste ne reste jamais en ~** an artist's imagination never rests OU is never at rest. -2. [serein]: **elle a la conscience en ~** she has an easy OU a clear conscience.

**reposant, e** [rəpozã, ãt] *adj* [vacances] relaxing; [ambiance, lumière, musique] soothing.

**reposé, e** [rəpoze] *adj* fresh, rested; **on repartira quand tu seras bien ~** we'll set off again once you've had a good rest; **tu as l'air ~** you look rested.

**repose-pieds** [rəpozpje] *nm inv* footrest.

**reposer** [3] [rəpoze] ◇ *vt* -1. [question] to ask again, to repeat; [problème] to raise again, to bring up *(sép)* again. -2. [objet] to put down (again) OU back down; **on a dû faire ~ de la moquette** we had to have the carpet relaid; ~ **une serrure** to refit a lock. -3. [personne, corps, esprit] to rest; ~ **ses jambes** to rest one's legs. -4. MIL: **reposez armes!** order arms! ◇ *vi* -1. [être placé] to rest, to lie; **sa tête reposait sur l'oreiller** her head rested OU lay on the pillow. -2. *litt* [dormir] to sleep; [être allongé] to rest, to be lying down; ~ **sur son lit de mort** to be lying on one's deathbed ‖ [être enterré]: **elle repose non loin de son village natal** she rests OU she's buried not far from her native village; **ici reposent les victimes de la guerre** here lie the victims of the war. -3. [être posé] to rest, to lie, to stand; **l'épave reposait par cent mètres de fond** the wreck lay one hundred metres down. -4. [liquide, mélange]: **laissez le vin ~** leave the wine to settle, let the wine stand; **laissez ~ la pâte/colle** leave the dough to stand/glue to set. -5. AGR: **laisser la terre ~** to let the land lie fallow.

◆ **reposer sur** *v* + *prép* -1. [être posé sur] to rest on, to lie on, to stand on; CONSTR to be built OU to rest on. -2. [être fondé sur – suj: témoignage, conception] to rest on; **sur quelles preuves repose votre affirmation?** what evidence do you have to support your assertion?, on what evidence do you base your assertion?

◆ **se reposer** *vpi* [se détendre] to rest; **va te ~ une heure** go and rest OU go take a rest for an hour ❏ **se ~ sur ses lauriers** to rest on one's laurels.

◆ **se reposer sur** *vp* + *prép* [s'en remettre à] to rely on.

**repose-tête** [rəpoztɛt] *nm inv* headrest.

**repositionner** [3] [rəpozisjɔne] *vt* -1. [remettre en position] to reposition. -2. COMM [produit] to reposition.

◆ **se repositionner** *vpi*: **se ~ sur le marché** to reposition o.s. in the market.

**reposoir** [rəpozwar] *nm* [dans une église] repository; [dans une maison] (temporary) altar.

**repoussant, e** [rəpusã, ãt] *adj* repulsive, repellent; **être d'une laideur ~e** to be repulsively OU horribly ugly.

**repousse** [rəpus] *nf* new growth; **des pilules qui facilitent la ~ des cheveux** hair-restoring pills.

**repoussé** [rəpuse] ◇ *adj m* repoussé *(modif)*. ◇ *nm* [technique – gén] repoussé (work); [– au marteau] chasing; [relief] repoussé.

**repousser** [3] [rəpuse] ◇ *vt* -1. [faire reculer – manifestants] to push OU to drive back *(sép)*; ~ **une attaque** to drive back OU to repel an attack; ~ **les frontières de l'imaginaire/ l'horreur** to push back the frontiers of imagination/horror. -2. [écarter] to push aside OU away *(sép)*; **elle repoussa violemment l'assiette** she pushed the plate away violently; ~ **qqn d'un geste brusque** to push OU to shove sb out of the

way roughly; **il repoussa du pied la bouteille vide** [violemment] he kicked the empty bottle away; [doucement] he nudged OU edged the empty bottle out of the way with his foot. -3. [refuser – offre, mesure, demande en mariage] to turn down *(sép)*, to reject; [– solution, thèse] to reject, to dismiss, to rule out *(sép)*; [– tentation, idées noires] to resist, to reject, to drive away *(sép)*; ~ **les avances de qqn** to reject sb's advances. -4. [mendiant] to turn away *(sép)*; [prétendant] to reject. -5. [dégoûter] to repel, to put off *(sép)*. -6. [retarder – conférence, travail] to postpone, to put off *(sép)*; [– date] to defer, to put back *(sép) Br*; [– décision, jugement] to defer; **repoussé au 26 juin** postponed until the 26th of June. -7. TECH [cuir] to emboss; [métal] to chase, to work in repoussé. ◇ *vi* [barbe, plante] to grow again OU back.

◆ **se repousser** *vp (emploi réciproque)* [particules] to repel each other.

**repoussoir** [rəpuswar] *nm* -1. [faire-valoir] foil; **servir de ~ à (la beauté de) qqn** to act as a foil to sb's beauty. -2. BX-ARTS repoussoir. -3. CONSTR [ciseau] drift (chisel). -4. [spatule de manucure] orange stick.

**répréhensible** [represãsibl] *adj* reprehensible, blameworthy; **un acte ~** a reprehensible OU an objectionable deed; **je ne vois pas ce que ma conduite a de ~** I don't see what's reproachable about my behaviour.

**reprendre** [79] [rəprãdr] ◇ *vt* -1. [saisir à nouveau – objet] to pick up *(sép)* again, to take again; ~ **les rênes** *pr* to take in the reins; *fig* to resume control. -2. [s'emparer à nouveau de – position, ville] to retake, to recapture; [– prisonnier] to recapture, to catch again. -3. [suj: maladie, doutes] to take hold of again; **quand la douleur me reprend** when the pain comes back; **l'angoisse me reprit** anxiety took hold of me again; **ça y est, ça le reprend!** there he goes again! -4. [aller rechercher – personne] to pick up *(sép)*; [– objet] to get back *(sép)*, to collect; [remporter] to take back *(sép)*; **je (te) reprendrai mon écharpe demain** I'll get my scarf back (from you) tomorrow; **ils reprennent aux uns ce qu'ils donnent aux autres** they take away from some in order to give to others; **tu peux ~ ton parapluie, je n'en ai plus besoin** I don't need your umbrella anymore, you can take it back; **je te reprendrai à la sortie de l'école** I'll pick you up OU I'll collect you OU I'll come and fetch you after school; **vous pouvez (passer) ~ votre montre demain** you can come (by) and collect OU pick up your watch tomorrow. -5. [réengager – employé] to take on OU to have back *(sép)*; [réadmettre – élève] to take on OU to have back. -6. [retrouver – un état antérieur] to go back to; **elle a repris son nom de jeune fille** she went back to her maiden name; **il a repris sa bonhomie coutumière** he has recovered his usual good spirits; **je n'arrivais plus à ~ ma respiration** I couldn't get my breath back; ~ **son sang-froid** to calm down; ~ **courage** to regain OU to recover courage; **si tu le fais sécher à plat, il reprendra sa forme** if you dry it flat, it'll regain its shape OU it'll get its shape back. -7. [à table]: **reprends un biscuit** have another biscuit; **reprends un comprimé dans deux heures** take another tablet in two hours' time ‖ [chez un commerçant] to have to take more (of). -8. [recommencer, se remettre à – recherche, combat] to resume; [– projet] to take up again; [– enquête] to restart, to reopen; [– lecture] to go back to, to resume; [– hostilités] to resume, to reopen; [– discussion, voyage] to resume, to carry on (with), to continue; ~ **ses études** to take up one's studies again, to resume one's studies; **je reprends l'école le 15 septembre** I start school again OU I go back to school on September 15th; ~ **le travail** [après des vacances] to go back to work, to start work again; [après une pause] to get back to work, to start work again; [après une grève] to go back to work; ~ **contact avec qqn** to get in touch with sb again; ~ **la plume/la caméra/le pinceau** to take up one's pen/movie camera/brush once more; ~ **la route** OU **son chemin** to set off again, to resume one's journey; **elle a repris le volant après quelques heures** she took the wheel again after a few hours; ~ **la mer** [marin] to go back to sea; [navire] to set sail again; ~ **une instance** JUR to resume a hearing. -9. [répéter – texte] to read again; [– argument, passage musical] to repeat; [– refrain] to take up *(sép)*; **on reprend tout depuis le ~** OU **au début** [on recommence] let's start (all over) again from the beginning; **un sujet repris par tous vos hebdomadaires** an issue taken up by all your weeklies ‖ TV to repeat; CIN to rerun; THÉÂT to revive, to put on again, to

put back on the stage; **quand j'ai repris le rôle de Tosca** [que j'avais déjà chanté] when I took on the part of Tosca again; [que je n'avais jamais chanté] when I took on ou over the part of Tosca ‖ [récapituler – faits] to go over *(insép)* again. **-10.** [dire] to go ou to carry on; «**et lui?**», **reprit-elle** 'what about him?' she went on. **-11.** COMM [article refusé] to take back *(sép)*; **les vêtements ne sont ni repris ni échangés** clothes cannot be returned or exchanged; **nous vous reprenons votre vieux şalon pour tout achat de plus de 5 000 francs** your old lounge suite accepted in part exchange for any purchase over 5,000 francs; **ils m'ont repris ma voiture pour 5 000 francs** I traded my car in for 5,000 francs ‖ [prendre à son compte – cabinet, boutique] to take over *(sép)*. **-12.** [adopter – idée, programme politique] to take up *(sép)*. **-13.** [modifier – texte] to rework, to go over *(insép)* again; [– peinture] to touch up *(sép)*; **il a fallu tout** ~ it all had to be gone over ou done again; **c'était parfait, je n'ai rien eu à** ~ it was perfect, I didn't have to make a single correction ou alteration ‖ COUT [gén] to alter; [rétrécir] to take in; [en tricot]: ~ **une maille** to pick up a stitch ‖ CONSTR to repair; ~ **un mur en sous-œuvre** to underpin a wall ‖ MÉCAN [pièce] to rework, to machine. **-14.** [réprimander] to pull up, to reprimand, to tell off *(sép)*; [corriger] to correct, to pull up *(sép)*; **j'ai été obligée de la** ~ **en public** I had to put her straight in front of everybody. **-15.** [surprendre]: **que je ne t'y reprenne plus!** don't let me catch you at it again!; **on ne m'y reprendra plus!** that's the last time you'll catch me doing that!**-16.** SPORT to return.
◇ *vi* **-1.** [s'améliorer – affaires] to improve, to recover, to pick ou to look up; [repousser – plante] to pick up, to recover. **-2.** [recommencer – lutte] to start (up) again, to resume; [– pluie, vacarme] to start (up) again; [– cours, école] to start again, to resume; [– feu] to rekindle; [– fièvre, douleur] to return, to start again; **je n'arrive pas à faire** ~ **le feu** I can't get the fire going again; **la tempête reprit de plus belle** the storm started again with renewed ferocity; **le froid a repris** the cold weather has set in again ou has returned. **-3.** [retourner au travail – employé] to start again.
◆ **se reprendre** *vpi* **-1.** [recouvrer ses esprits] to get a grip on o.s., to pull o.s. together; [retrouver son calme] to settle down. **-2.** SPORT [au cours d'un match] to make a recovery, to rally; **après un mauvais début de saison, il s'est très bien repris** he started the season badly but has come back strongly ou has staged a good comeback. **-3.** [se ressaisir – après une erreur] to correct o.s.; **se** ~ **à temps** [avant une bévue] to stop o.s. in time.
◆ **se reprendre à** *vp + prép*: **elle se reprit à divaguer** she started rambling again; **je me repris à l'aimer** I started to fall in love with her again ❑ **s'y** ~ [recommencer]: **je m'y suis reprise à trois fois** I had to start again three times ou to make three attempts.

**repreneur** [rəprənœr] *nm* ÉCON buyer; **les** ~**s de la chaîne** the people who bought up ou acquired the channel.

**reprennent** [rəprɛn], **reprenons** [rəprənɔ̃] *v* → **reprendre**.

**représailles** [rəprezaj] *nfpl* reprisals, retaliation *(U)*; **user de** ~ **contre un pays** to take retaliatory measures ou to retaliate against a country; **exercer des** ~ **contre** ou **envers qqn** to take reprisals against sb; **en (guise de)** ~ **contre** in retaliation for, as a reprisal for.

**représentant, e** [rəprezãtã, ãt] *nm, f* **-1.** POL (elected) representative. **-2.** [porte-parole] representative. **-3.** [délégué] delegate, representative; **le** ~ **de la France à l'ONU** France's ou the French representative at the U.N. ❑ ~ **du personnel** staff delegate ou representative; ~ **syndical** shop steward *esp Br*, union representative. **-4.** COMM: ~ **(de commerce)** (sales) representative, commercial traveller, travelling salesman; **je suis** ~ **en électroménager** I'm a sales representative for an electrical appliances firm.

**représentatif, ive** [rəprezãtatif, iv] *adj* representative; **être** ~ **de qqn/qqch** to be representative of sb/sthg.

**représentation** [rəprezãtasjɔ̃] *nf* **-1.** [image] representation, illustration; **c'est une** ~ **très fidèle des lieux** it's a very accurate description of the place. **-2.** THÉÂT performance. **-3.** [évocation] description, portrayal. **-4.** [matérialisation par un signe] representing *(U)*. **-5.** ADMIN & POL representation; **assurer la** ~ **d'un pays** to represent a country, to act as a country's representative ❑ ~ **proportionnelle** proportional representation. **-6.** JUR: ~ **en justice** legal representation. **-7.** COMM sales representation, agency; **avoir la** ~

**exclusive de X** to be sole agents for X; **faire de la** ~ to be a sales representative. **-8.** PSYCH representation. **-9.** BX-ARTS representation. **-10.** GÉOG: ~ **plane** projection.
◆ **en représentation** *loc adj* **-1.** [personne]: **il est toujours en** ~ he's always trying to project a certain image of himself. **-2.** [pièce de théâtre] in performance.

**représentativité** [rəprezãtativite] *nf* representativeness.

**représenter** [3] [rəprezãte] *vt* **-1.** [montrer] to depict, to show, to represent; ~ **qqch par un graphique** to show sthg with a diagram; **la scène représente un intérieur bourgeois** the scene is ou represents a middle-class interior. **-2.** [incarner] to represent; **elle représentait pour lui l'idéal féminin** she represented ou symbolized ou embodied the feminine ideal for him; **tu ne représentes plus rien pour moi** you don't mean anything to me anymore ‖ [symboliser] to represent, to stand for *(insép)*. **-3.** [constituer] to represent, to account for *(insép)*; **les produits de luxe représentent 60 % de nos exportations** luxury items account for ou make up 60% of our exports; **le loyer représente un tiers de mon salaire** the rent amounts ou comes to one third of my salary. **-4.** THÉÂT [faire jouer] to stage, to put on *(sép)*; [jouer] to play, to perform. **-5.** [être le représentant de] to represent; **le maire s'est fait** ~ **par son adjoint** the mayor was represented by his deputy, the mayor sent his deputy to represent him. **-6.** COMM to be a representative of ou for. **-7.** *litt* [faire remarquer] to explain, to outline; [mettre en garde quant à] to point out *(sép)*; **elle me représenta les avantages fiscaux de son plan** she pointed out to me the tax benefits of her plan. **-8.** [traite] to present for payment again.
◆ **se représenter** ◇ *vpi* **-1.** [à une élection] to stand *Br* ou to run *Am* (for election) again; [à un examen] to sit *Br* ou to take an examination again. **-2.** [se manifester à nouveau – problème] to crop ou to come up again; **une occasion qui ne se représentera sans doute jamais** an opportunity which doubtless will never again present itself; **la même pensée se représenta à mon esprit** the same thought crossed my mind once more. ◇ *vpt* [imaginer] to imagine, to picture; **représentez-vous le scandale que c'était à l'époque!** just imagine ou think how scandalous it was in those days!

**répressif, ive** [represif, iv] *adj* repressive; **par des moyens** ~**s** through coercion.

**répression** [represjɔ̃] *nf* **-1.** [punition]: **ils exigent une** ~ **plus sévère des actes terroristes** they are demanding a crackdown on terrorist activities. **-2.** [étouffement – d'une révolte] suppression, repression. **-3.** PSYCH repression.

**réprimande** [reprimãd] *nf* [semonce – amicale] scolding, rebuke; [– par un supérieur hiérarchique] reprimand; **faire** ou **adresser une** ~ **à qqn** to rebuke ou to reprimand sb.

**réprimander** [3] [reprimãde] *vt* [gronder] to reprimand, to rebuke; **il s'est fait** ~ [par son père] he was told off; [par son patron] he was given a reprimand.

**réprimer** [3] [reprime] *vt* **-1.** [étouffer – rébellion] to suppress, to quell, to put down *(sép)*. **-2.** [punir – délit, vandalisme] to punish; ~ **le banditisme/terrorisme** to crack down on crime/terrorism. **-3.** [sourire, colère] to suppress; [larmes] to hold ou to choke back *(sép)*; [bâillement] to stifle; **des rires réprimés** repressed ou stifled laughter.

**repris, e** [rəpri, iz] *pp* → **reprendre**.
◆ **repris** *nm*: ~ **de justice** ex-convict.
◆ **reprise** *nf* **-1.** [d'une activité, d'un dialogue] resumption; ~ **des hostilités hier sur le front oriental** hostilities resumed on the eastern front yesterday; **la** ~ **du travail a été votée à la majorité** the majority voted in favour of going back ou returning to work; **à la** ~ **des cotations** when trading resumed; **une** ~ **des affaires** an upturn ou a recovery in business activity ❑ ~ **économique** (economic) recovery. **-2.** RAD & TV repeat, rerun; CIN rerun, reshowing; THÉÂT revival, reprise; MUS [d'un passage] repeat, reprise; **une** ~ **d'une chanson des Beatles** a cover (version) of a Beatles' song. **-3.** [rachat]: **deux hommes sont candidats à la** ~ **de la chaîne** two men have put in an offer to take over ou to buy out the channel. **-4.** COMM [action – de reprendre] taking back; [– d'échanger] trade-in, part exchange *Br*; **nous ne faisons pas de** ~ goods cannot be returned ou exchanged; **il m'offre une** ~ **de 2 000 francs pour ma vieille voiture** he'll give me 2,000 francs as a trade-in ou in part exchange *Br* for my old car. **-5.** [entre locataires] *payment made to an outgoing*

*tenant (when renting property)*; la ~ comprend l'équipement de la cuisine the sum due to the former tenant includes the kitchen equipment; ils demandent une ~ de 8 000 francs they're asking 8,000 francs for furniture and fittings *Br* ou for the furnishings. **-6.** AUT speeding up, acceleration; une voiture qui a de bonnes ~s a car with good acceleration. **-7.** SPORT [à la boxe] round; ÉQUIT [leçon] riding lesson; [cavaliers] riding team; ~ de volée TENNIS return volley; à la ~, la Corée menait 2 à 0 FTBL Korea was leading 2-0 when the game resumed after halftime ou at the start of the second half. **-8.** COUT [dans la maille] darn; [dans le tissu] mend. **-9.** JUR: droit de ~ right of repossession ou reentry; ~ des propres recovery of personal property. **-10.** INDUST overhauling, repairing; ~ d'usinage remachining.
◆ **reprises** *nfpl*: à maintes ~s on several ou many occasions; à trois ou quatre ~s three or four times, on three or four occasions.

**reprisage** [rəprizaʒ] *nm* darning, mending.

**reprise** [rəpriz] *f→* **repris**.

**repriser** [3] [rəprize] *vt* [raccommoder – bas, moufle] to darn, to mend; [– pantalon] to mend.

**réprobateur, trice** [reprɔbatœr, tris] *adj* reproving, reproachful; jeter un regard ~ à qqn to give sb a reproving look, to look at sb reprovingly ou reproachfully.

**réprobation** [reprɔbasjɔ̃] *nf* **-1.** [blâme] reprobation, disapproval; soulever la ~ générale to give rise to general reprobation, to be unanimously reproved. **-2.** RELIG reprobation.

**reproche** [rəprɔʃ] *nm* **-1.** [blâme] reproach; accabler qqn de ~s to heap reproaches on sb; faire un ~ à qqn to reproach sb; les ~s qu'on lui fait sont injustifiés the reproaches levelled ou directed at him are unjustified; il y avait un léger ~ dans sa voix/remarque there was a hint of reproach in her voice/remark; faire ~ à qqn de qqch *sout* to upbraid sb for sthg; je ne vous fais pas ~ de vous être trompé, mais d'avoir menti what I hold against you is not the fact that you made a mistake, but the fact that you lied. **-2.** [critique]: le seul ~ que je ferais à la pièce, c'est sa longueur the only thing I'd say against the play ou my only criticism of the play is that it's too long.
◆ **sans reproche** ◇ *loc adj* [parfait] above ou beyond reproach, irreproachable; [qui n'a pas commis d'erreur] blameless. ◇ *loc adv*: soit dit sans ~, tu n'aurais pas dû y aller I don't mean to blame ou to reproach you, but you shouldn't have gone.

**reprocher** [3] [rəprɔʃe] *vt* **-1.** ~ qqch à qqn [erreur, faute] to blame ou to reproach sb for sthg; on ne peut pas ~ au gouvernement son laxisme you can't criticize the government for being too soft; ~ à qqn de faire qqch to blame sb for doing sthg. **-2.** ~ qqch à qqch [défaut] to criticize sthg for sthg; ce que je reproche à ce beaujolais, c'est sa verdeur the criticism I would make of this Beaujolais is that it's too young; je n'ai rien à ~ à son interprétation in my view her interpretation is faultless, I can't find fault with her interpretation; ~ à qqch d'être... to criticize sthg for being...
◆ **se reprocher** *vpt*: n'avoir rien à se ~ to have nothing to feel guilty about; tu n'as pas à te ~ son départ you shouldn't blame yourself for her departure.

**reproducteur, trice** [rəprɔdyktœr, tris] ◇ *adj* [organe, cellule] reproductive; cheval ~ studhorse, stallion; poule reproductrice breeder hen. ◇ *nm, f* [poule] breeder; [cheval] stud.

**reproductible** [rəprɔdyktibl] *adj* reproducible, repeatable.

**reproductif, ive** [rəprɔdyktif, iv] *adj* reproductive.

**reproduction** [rəprɔdyksjɔ̃] *nf* **-1.** BIOL & BOT reproduction; AGR breeding; cycle/organes de la ~ reproductive cycle/organs ❑ ~ sexuée/asexuée sexual/asexual reproduction. **-2.** [restitution] reproduction, reproducing; techniques de ~ des sons sound reproduction techniques. **-3.** IMPR [nouvelle publication] reprinting, reissuing; [technique] reproduction, duplication; '~ interdite' 'all rights reserved'. **-4.** [réplique] reproduction, copy; une ~ du Baiser de Rodin/de Guernica a copy of Rodin's Kiss/of Guernica; une ~ en couleur a colour print; une ~ en plâtre a plaster cast; une ~ en résine a resin replica. **-5.** [département] reprographic department.

**reproduire** [98] [rəprɔdɥir] *vt* **-1.** [faire un autre exemplaire de] to copy; ~ une clé to cut a key. **-2.** [renouveler] to repeat. **-3.** [imiter] to reproduce, to copy. **-4.** [représenter] to show, to depict, to portray. **-5.** [restituer – son] to reproduce. **-6.**

IMPR [republier – texte] to reissue; [– livre] to reprint; [photocopier] to photocopy; [reprographier] to duplicate, to reproduce; [polycopier] to duplicate. **-7.** HORT to reproduce, to breed.
◆ **se reproduire** *vpi* **-1.** BIOL & BOT to reproduce, to breed. **-2.** [se renouveler] to recur; que cela ne se reproduise plus! don't let it happen again!

**reprogrammer** [3] [rəprɔgrame] *vt* **-1.** CIN & TV to reschedule. **-2.** INF to reprogramme.

**reprographie** [rəprɔgrafi] *nf* reprography, repro.

**réprouvé, e** [repruve] ◇ *adj* RELIG reprobate. ◇ *nm, f* **-1.** RELIG reprobate. **-2.** *sout* [personne rejetée]: vivre en ~ to live as an outcast.

**réprouver** [3] [repruve] *vt* **-1.** [attitude, pratique] to condemn, to disapprove of; des pratiques/tendances que la morale réprouve morally unacceptable practices/tendencies. **-2.** RELIG to reprobate, to damn.

**reps** [rɛps] *nm* rep, repp.

**reptation** [rɛptasjɔ̃] *nf* crawling, reptation *spéc.*

**reptile** [rɛptil] *nm* reptile.

**reptilien, enne** [rɛptiljɛ̃, ɛn] *adj* reptilian.

**repu, e** [rəpy] ◇ *pp* → **repaître**. ◇ *adj* [rassasié] sated, satiated; être ~ to be full (up), to have eaten one's fill.

**républicain, e** [repyblikɛ̃, ɛn] ◇ *adj* [esprit, système] republican. ◇ *nm, f* [gén] republican; [aux États-Unis, en Irlande] Republican.

**républicanisme** [repyblikanism] *nm* republicanism.

**république** [repyblik] *nf* **-1.** [régime politique] republic; vivre en ~ to live in a republic; je fais ce que je veux; on est en ~, non? *fam* I'll do as I like, it's a free country, isn't it?; 'la République' *Platon* 'The Republic'. **-2.** [État] Republic; la République française the French Republic; la République arabe unie the United Arab Republic; la République d'Irlande the Irish Republic, the Republic of Ireland; la République démocratique allemande HIST the German Democratic Republic; la République fédérale d'Allemagne the Federal Republic of Germany; la République islamique d'Iran the Islamic Republic of Iran; la République populaire de Chine the People's Republic of China; ~ bananière *péj* banana republic. **-3.** [confrérie]: dans la ~ des lettres in the literary world, in the world of letters.

**répudiation** [repydjasjɔ̃] *nf* **-1.** [d'une épouse] repudiation, disowning. **-2.** [d'un principe, d'un devoir] renunciation, renouncement.

**répudier** [9] [repydje] *vt* **-1.** [renvoyer – épouse] to repudiate, to disown. **-2.** [renoncer à – nationalité, héritage] to renounce, to relinquish; [– foi] to renounce.

**répugnance** [repyɲɑ̃s] *nf* **-1.** [dégoût] repugnance, disgust, loathing; avoir de la ~ pour qqch/qqn to loathe sthg/sb. **-2.** [mauvaise volonté] reluctance; éprouver une certaine ~ à faire qqch to be somewhat reluctant ou loath to do sthg.

**répugnant, e** [repyɲɑ̃, ɑ̃t] *adj* **-1.** [physiquement] repugnant, loathsome, disgusting; avoir un physique ~ to be repulsive; odeur ~e disgusting smell; tâche ~e revolting task; une chambre d'une saleté ~e a revoltingly ou disgustingly filthy room. **-2.** [moralement – individu, crime] repugnant; [– livre, image] disgusting, revolting.

**répugner** [3] [repyɲe]
◆ **répugner à** *v + prép* **-1.** [être peu disposé à]: ~ à faire qqch to be reluctant ou loath to do sthg; il ne répugnait pas à faire ce voyage he didn't hesitate to make this trip. **-2.** [dégoûter]: ~ à qqn to repel sb, to be repugnant to sb; tout ce qui est tâche domestique me répugne I can't bear anything to do with housework; ça ne te répugne pas, l'idée de manger du serpent? doesn't the idea of eating snake disgust you ou put you off?; tout en cet homme me répugne everything about that man is repulsive (to me) ‖ *(tournure impersonnelle) sout*: il me répugne de travailler avec lui I hate ou loathe working with him.

**répulsion** [repylsjɔ̃] *nf* **-1.** [dégoût] repulsion, repugnance; éprouver de la ~ pour qqch to feel repulsion for sthg, to find sthg repugnant. **-2.** PHYS repulsion.

**repus** [rəpy] *v* → **repaître**.

**réputation** [repytasjɔ̃] *nf* **-1.** [renommée] reputation, repute; jouir d'une bonne ~ to have ou enjoy a good reputation; se faire une ~ to make a reputation ou name for o.s.; un

**hôtel de bonne/mauvaise** ~ a hotel of good/ill repute; **il n'a pas volé sa** ~ **de frimeur** *fam* they don't call him a show-off for nothing; **elle a la** ~ **de noter sévèrement** she has a reputation ou she's well-known for being a tough marker; **marque de** ~ **mondiale** ou **internationale** world-famous brand, brand of international repute; **tu me fais une sale** ~ *fam* you're giving me a bad name; **leur** ~ **n'est plus à faire** their reputation is well-established; **connaître qqn de** ~ to know sb by repute ou reputation. **-2.** [honorabilité] reputation, good name; **je suis prêt à mettre ma** ~ **en jeu** I'm willing to stake my reputation on it; **porter atteinte à la** ~ **de qqn** to damage ou to blacken sb's good name.

**réputé, e** [repyte] *adj* **-1.** [illustre – orchestre, restaurant] famous, renowned; **l'un des musiciens les plus** ~**s de son temps** one of the most famous musicians of his day; **des vins très** ~**s** wines of great repute; **elle est** ~**e pour ses colères** she's famous ou renowned for her fits of rage; **il est** ~ **pour être un avocat efficace** he has the reputation of being ou he's reputed to be a good lawyer. **-2.** [considéré comme] reputed; **elle est** ~**e intelligente** she has a reputation for intelligence, she's reputed to be intelligent.

**requérant, e** [rəkerɑ̃, ɑ̃t] ◇ *adj* claiming JUR; **la partie** ~**e** the claimant, the petitioner. ◇ *nm, f* claimant, petitioner JUR.

**requérir** [39] [rəkerir] *vt* **-1.** [faire appel à] to call for, to require; **ce travail requiert beaucoup d'attention** the work requires ou demands great concentration; ~ **la force publique** to ask the police to intervene. **-2.** JUR to call for, to demand; **le juge a requis une peine de deux ans de prison** the judge recommended a two-year prison sentence ‖ *(en usage absolu)*: **pendant qu'il requérait** during his summing up. **-3.** *sout* [sommer]: ~ **qqn de faire qqch** to request that sb do sthg.

**requête** [rəkɛt] *nf* **-1.** [demande] request, petition; **soumettre une** ~ **à un service** to put in ou to submit a request to a department; **à la** ou **sur la** ~ **de qqn** *sout* at sb's request ou behest. **-2.** JUR petition; **adresser une** ~ **au tribunal** to petition the court, to apply for legal remedy ❑ ~ **en cassation** application for appeal.

**requiem** [rekɥijɛm] *nm inv* requiem.

**requièrent** [rəkjɛr], **requiers** [rəkjɛr] *v→* **requérir.**

**requin** [rəkɛ̃] *nm* **-1.** ZOOL shark; ~ **bleu** blue shark. **-2.** [personne] shark.

**requinquer** [3] [rəkɛ̃ke] *vt fam* [redonner des forces à] to pep ou to buck up *(sép)*.
◆ **se requinquer** *vpi fam* to recover, to perk up.

**requis, e** [rəki, iz] ◇ *pp→* **requérir.** ◇ *adj* **-1.** [prescrit] required, requisite; **remplir les conditions** ~**es** to meet the required ou prescribed conditions; **avoir l'âge** ~ to meet the age requirements; **avoir les qualifications** ~**es** to have the requisite ou necessary qualifications. **-2.** [réquisitionné] commandeered, requisitioned.
◆ **requis** *nm* commandeered civilian; **les** ~ **du travail** (obligatoire) labour conscripts.

**réquisition** [rekizisjɔ̃] *nf* **-1.** MIL & *fig* requisition, requisitioning, commandeering. **-2.** JUR: ~ **d'audience** petition to the court. **-3.** FIN: ~ **de paiement** demand for payment.
◆ **réquisitions** *nfpl* JUR [conclusions] closing speech (for the prosecution); [réquisitoire] charge.

**réquisitionner** [3] [rekizisjɔne] *vt* **-1.** [matériel, troupe, employé] to requisition, to commandeer. **-2.** [faire appel à]: ~ **qqn pour faire qqch** to rope sb into doing sthg.

**réquisitoire** [rekizitwar] *nm* **-1.** JUR [dans un procès] prosecutor's arraignment ou speech ou charge. **-2.** *fig*: **ces résultats constituent un véritable** ~ **contre la politique du gouvernement** these results are an indictment of the government's policy.

**RER** *(abr de* **Réseau express régional)** *nm* Paris metropolitan and regional rail system.

**RES** *(abr de* **rachat de l'entreprise par ses salariés)** *nm* MBO.

**resaler** [3] [rəsale] *vt* to put more salt in, to add more salt to.

**resalir** [32] [rəsalir] *vt*: **j'ai resali le tailleur que je viens de faire nettoyer** I've just got my suit back from the cleaners and I've got it dirty again; **évitez de** ~ **des assiettes** try not to dirty any more plates.
◆ **se resalir** *vp (emploi réfléchi)* to get o.s. dirty again.

**rescapé, e** [rɛskape] ◇ *adj* surviving. ◇ *nm, f* **-1.** [d'un accident] survivor. **-2.** *fig*: **les quelques** ~**s du Tour de France** the few remaining participants in the Tour de France.

**rescousse** [rɛskus]
◆ **à la rescousse** *loc adv*: **aller/venir à la** ~ **de qqn** to go/to come to sb's rescue *fig*; **nous avons appelé quelques amis à la** ~ we called on a few friends for help; **tout le monde à la** ~! rally round, everybody!

**réseau, x** [rezo] *nm* **-1.** TRANSP network; ~ **aérien/ferroviaire/routier** air/rail/road network ❑ **Réseau express régional→** RER. **-2.** TÉLÉC & TV network; ~ **téléphonique** telephone network; ~ **de télévision** television network. **-3.** [organisation] network; **développer un** ~ **commercial** to develop ou to expand a sales network; ~ **de distribution** distribution network; ~ **d'espionnage** spy ring, network of spies; ~ **de résistance** HIST resistance network ou group. **-4.** ÉLECTR grid; ~ **bouclé** ring main. **-5.** GÉOG: ~ **fluvial** river system. **-6.** INF network; ~ **étoilé/maillé** star/mesh network; ~ **à commutation par paquets** packet-switching network.

**réséda** [rezeda] *nm* reseda.

**réservataire** [rezɛrvatɛr] ◇ *adj* JUR: **elle est** ~ **pour un tiers** a third of the legacy devolves to her by law ❑ **héritier** ~ **heir** who cannot be totally disinherited. ◇ *nmf* heir who cannot be totally disinherited.

**réservation** [rezɛrvasjɔ̃] *nf* [d'un billet, d'une chambre, d'une table] reservation, booking; **faire une** ~ [à l'hôtel] to make a reservation; [au restaurant] to reserve a table.

**réserve** [rezɛrv] *nf* **-1.** [stock] reserve, stock; **faire des** ~**s de** to lay in supplies ou provisions of; **il a des** ~**s!** *fam* & *hum* he's got plenty of fat in reserve! ❑ ~ **légale** ÉCON reserve assets. **-2.** [réticence] reservation; **faire** ou **émettre des** ~**s** to express reservations ou doubts. **-3.** [modestie, retenue] reserve; **elle est** ou **demeure** ou **se tient sur la** ~ she's being ou remaining reserved (about it); **il a accueilli mon frère avec une grande** ~ he welcomed my brother with great restraint. **-4.** ANTHR reservation; ÉCOL reserve; ~ **de chasse/pêche** hunting/fishing preserve; ~ **naturelle** nature reserve; ~ **ornithologique** ou **d'oiseaux** bird sanctuary. **-5.** [resserre – dans un magasin] storeroom; [collections réservées – dans un musée, une bibliothèque] reserve collection. **-6.** JUR [clause] reservation; ~ **(héréditaire)** *that part of a legacy legally apportioned to a rightful heir.* **-7.** MIL: **la** ~ the reserve.
◆ **réserves** *nfpl* FIN reserves; ~**s monétaires/de devises** monetary/currency reserves; **les** ~**s de charbon d'un pays** MIN [gisements] a country's coal reserves; [stocks] a country's coal stocks ❑ ~**s obligatoires** FIN statutory reserves.
◆ **de réserve** *loc adj* **-1.** [conservé pour plus tard] reserve *(modif)*. **-2.** FIN: **monnaie de** ~ reserve currency. **-3.** MIL: **officier de** ~ officer of the reserve; **régiment de** ~ reserve regiment.
◆ **en réserve** *loc adv* **-1.** [de côté] in reserve; **avoir de la nourriture en** ~ to have food put by, to have food in reserve; **je tiens en** ~ **quelques bouteilles pour notre anniversaire** I've put a few bottles aside ou to one side for our anniversary. **-2.** COMM in stock; **avoir qqch en** ~ to have sthg in stock.
◆ **sans réserve** ◇ *loc adj* [admiration] unreserved; [dévotion] unreserved, unstinting; [approbation] unreserved, unqualified. ◇ *loc adv* without reservation, unreservedly.
◆ **sous réserve** *loc prép* subject to; **sous** ~ **de vérification** subject to verification, pending checks.
◆ **sous toute réserve** *loc adv* with all proper reserves; **la nouvelle a été publiée sous toute** ~ the news was published with no guarantee as to its accuracy.

**réservé, e** [rezɛrve] *adj* **-1.** [non public]: **'chasse** ~**e'** private hunting; **cuvée** ~**e** reserved vintage, vintage cuvée ❑ **quartier** ~ *euph* red-light district. **-2.** [retenu] reserved, booked *Br*; **'réservé'** 'reserved'. **-3.** [distant] reserved; **une jeune fille très** ~**e** a very reserved ou demure young girl. **-4.** JUR reserved.

**réserver** [3] [rezɛrve] *vt* **-1.** [retenir à l'avance] to reserve, to book. **-2.** [garder – pour un usage particulier] to save, to keep, to set ou to put aside; **j'avais réservé des fonds pour l'achat d'une maison** I had put ou set some money aside to buy a house; ~ **qqn pour une mission spéciale** to keep sb for a special mission; **les nouvelles installations seront réservées aux superpétroliers** the new installations will be reserved for the use of supertankers ‖ [conserver] to reserve, to keep; ~ **le meilleur pour la fin** to keep ou to save the best till last; ~ **sa réponse** to delay one's answer; ~ **son opinion** to reserve one's opinion; **être réservé à qqn** to be reserved for sb; **un privilège/sport réservé aux gens riches** a privilege/sport enjoyed solely by rich people; **toilettes réservées aux handicapés** toilets (reserved) for the disabled; **emplacements réservés aux médecins** parking (reserved) for doctors only. **-3.** [destiner] to reserve, to have in store; ~ **une surprise à qqn** to have a surprise (in store) for sb; ~ **un accueil glacial/chaleureux à qqn** to reserve an icy/a warm welcome for sb; **que nous réserve l'avenir?** what does the future have in store for us?

◆ **se réserver** ◇ *vpi* **-1.** [par prudence] to hold back; **je me réserve pour le fromage** I'm keeping some room ou saving myself for the cheese. **-2.** SPORT & *fig* to save one's strength. ◇ *vpt:* **se** ~ **qqch** to reserve ou to keep sthg (for o.s.); **se** ~ **un droit de regard sur** to retain the right to inspect sthg; **se** ~ **le droit de faire qqch** to reserve the right to do sthg.

**réserviste** [rezɛrvist] *nm* reservist.

**réservoir** [rezɛrvwar] *nm* **-1.** [d'essence, de mazout] tank; AUT (petrol *Br* ou fuel) tank; [d'eau] (water) tank; [des W-C] cistern; ~ **d'eau chaude** hot water tank. **-2.** BIOL reservoir.

**résidant, e** [rezidã, ãt] *adj & nm, f* resident.

**résidence** [rezidãs] *nf* **-1.** [domicile] residence; **établir sa** ~ **à Nice** to take up residence in Nice; ~ **d'été** summer quarters ❑ ~ **principale/secondaire** main/second home; ~ **officielle** official residence. **-2.** [bâtiment] block of (luxury) flats *Br*, (luxury) apartment block *Am*; ~ **universitaire** UNIV hall of residence *Br*, dormitory *Am*. **-3.** [maison] residential property. **-4.** JUR residence; **assigner qqn à** ~ to put sb under house arrest; **être en** ~ **surveillée** to be under house arrest.

**résident, e** [rezidã, ãt] ◇ *nm, f* resident, (foreign) national; **tous les** ~**s français de Londres** all French nationals living in London. ◇ *adj* INF resident.

**résidentiel, elle** [rezidãsjɛl] *adj* residential.

**résider** [3] [rezide] *vi* **-1.** [habiter]: ~ **à** to reside ou to live in; ~ **à l'étranger/à Genève** to live abroad/in Geneva. **-2.** *fig:* ~ **dans** to lie in; **c'est là que réside tout l'intérêt du film** that is where the strength of the film lies.

**résidu** [rezidy] *nm* **-1.** [portion restante] residue. **-2.** [détritus] residue, remnants.

**résiduel, elle** [rezidɥɛl] *adj* **-1.** [qui constitue un résidu – huile, matière] residual. **-2.** [persistant – chômage] residual; **fatigue** ~**le** constant tiredness.

**résignation** [reziɲasjɔ̃] *nf* **-1.** [acceptation] resignation, resignedness; **accepter son destin avec** ~ to accept one's fate resignedly ou with resignation. **-2.** JUR abandonment (of a right).

**résigné, e** [reziɲe] *adj* resigned; **prendre un air** ~ to look resigned; **parler d'un ton** ~ to speak in a resigned ou philosophical tone of voice.

**résigner** [3] [reziɲe] *vt sout* [se démettre de] to resign, to relinquish.

◆ **se résigner à** *vp + prép* to resign o.s. to; **il s'est résigné à vivre dans la pauvreté** he has resigned himself to living in poverty; **se** ~ **à une perte** to resign o.s. to a loss ‖ *(en usage absolu):* **il n'a jamais voulu se** ~ he would never give up ou in, he would never submit; **il faut se** ~ you must resign yourself to it ou accept it.

**résiliable** [reziljabl] *adj* [bail, contrat, marché] cancellable, terminable, voidable JUR.

**résiliation** [reziljasjɔ̃] *nf* [d'un bail, d'un contrat, d'un marché – en cours] cancellation, avoidance JUR; [– arrivant à expiration] termination.

**résilier** [9] [rezilje] *vt* [bail, contrat, marché – en cours] to cancel; [– arrivant à expiration] to terminate.

**résille** [rezij] *nf* [à cheveux] hairnet.

**résine** [rezin] *nf* BOT & TECH resin.

**résiné, e** [rezine] *adj* resinated.

◆ **résiné** *nm* resinated wine.

**résineux, euse** [rezinø, øz] *adj* **-1.** [essence, odeur] resinous. **-2.** [arbre, bois] resiniferous.

◆ **résineux** *nm* resiniferous tree.

**résistance** [rezistãs] *nf* **-1.** [combativité] resistance; **elle a opposé une** ~ **farouche à ses agresseurs** she put up a fierce

resistance to her attackers; **il s'est laissé emmener sans** ~ he let himself be taken away quietly ou without resistance. **-2.** [rébellion] resistance; ~ **active/passive** active/passive resistance; **la Résistance** HIST the (French) Resistance. **-3.** [obstacle] resistance; **en fermant le tiroir j'ai senti une** ~ when I shut the drawer I felt some resistance. **-4.** [robustesse] resistance, stamina; **elle a survécu grâce à sa** ~ **exceptionnelle** she survived thanks to her great powers of resistance; ~ **à la fatigue/au froid** resistance to tiredness/cold; **les limites de la** ~ **humaine** the limits of human resistance ou endurance. **-5.** TECH resistance, strength; ~ **aux chocs** resilience; ~ **des matériaux** strength of materials. **-6.** ÉLECTR resistance; [dispositif chauffant] element; **quelle est l'unité de** ~ **en électricité?** what's the unit of electrical resistance? **-7.** PSYCH resistance.

**résistant, e** [rezistã, ãt] ◇ *adj* **-1.** [personne] resistant, tough; [emballage] resistant, strong, solid; [couleur] fast. **-2.** ÉLECTR & PHYS resistant; ~ **au froid/gel** cold/frost resistant; ~ **aux chocs** shockproof; ~ **à la chaleur** heatproof, heat-resistant. ◇ *nm, f* HIST (French) Resistance fighter.

**résister** [3] [reziste]

◆ **résister à** *v + prép* **-1.** [agresseur, attaquant] to resist, to hold out against; [autorité] to resist, to stand up to; [gendarme, huissier] to put up resistance to; **j'ai toujours résisté à ses caprices** I've always stood up to ou opposed his whims; **je ne peux pas lui** ~, **il est si gentil** I can't resist him, he's so nice. **-2.** [fatigue, faim] to withstand, to put up with; [solitude, douleur] to stand, to withstand; ~ **à la tentation** to resist temptation; ~ **à ses désirs/penchants** to fight against one's desires/inclinations. **-3.** [à l'usure, à l'action des éléments] to withstand, to resist, to be proof against; **qui résiste au feu** fire proof; **qui résiste à la chaleur** heatproof; **qui résiste aux chocs** shockproof; **couleurs qui résistent au lavage** fast colours; **la porte a résisté à ma poussée** the door wouldn't open when I pushed it ‖ *(en usage absolu):* **la serrure résiste** the lock is sticking; **la toiture/théière n'a pas résisté** the roof/teapot didn't stand up to the shock. **-4.** [suj: livre, projet] to stand up; ~ **à l'analyse/l'examen** to stand up to analysis/investigation.

**résistivité** [rezistivite] *nf* resistivity, specific resistance.

**résolu, e** [rezɔly] ◇ *pp* → **résoudre**. ◇ *adj* **-1.** [personne] resolute, determined; **il m'a paru plutôt** ~ he looked quite determined to me; **je suis** ~ **à ne pas céder** I'm determined not to give in. **-2.** [attitude]: **une foi** ~**e en l'avenir** an unshakeable faith in the future.

**résoluble** [rezɔlybl] *adj* [question, situation] soluble, solvable.

**résolument** [rezɔlymã] *adv* **-1.** [fermement] resolutely, firmly, determinedly; **je m'oppose** ~ **à cette décision** I'm strongly ou firmly opposed to this decision. **-2.** [vaillamment] resolutely, steadfastly, unwaveringly.

**résolus** [rezɔly] → **résoudre**.

**résolution** [rezɔlysjɔ̃] *nf* **-1.** [décision] resolution; **prendre une** ~ to make a resolution; **prendre la** ~ **de faire qqch** to make up one's mind ou to resolve to do sthg; **sa** ~ **est prise** her mind is made up; **bonnes** ~**s** [gén] good intentions; [du nouvel an] New Year resolutions. **-2.** [solution] solution, resolution; **la** ~ **d'une énigme/d'un problème** the solution to an enigma/a problem. **-3.** POL resolution. **-4.** [d'un écran] resolution; **mauvaise/bonne** ~ poor/high resolution. **-5.** OPT: **pouvoir de** ~ resolving power.

**résolutoire** [rezɔlytwar] *adj* resolutive JUR.

**résolvais** [rezɔlvɛ], **résolvons** [rezɔlvɔ̃] *v* → **résoudre**.

**résonance** [rezɔnãs] *nf* **-1.** PHYS & TÉLÉC resonance; **entrer en** ~ to start resonating; **sa déclaration a eu quelque** ~ **dans la classe politique** his statement found an echo ou had a certain effect amongst politicians ❑ ~ **magnétique** magnetic resonance. **-2.** *litt* [écho] connotation, colouring (U).

**résonant, e** [rezɔnã, ãt] = **résonnant**.

**résonnant, e** [rezɔnã, ãt] *adj* resonant.

**résonner** [3] [rezɔne] *vi* **-1.** [sonner] to resonate, to resound; **la cloche résonne faiblement** the bell rings feebly. **-2.** [renvoyer le son] to resound, to be resonant; **la pièce résonne** sound reverberates ou echoes in the room; **la halle résonnait des cris des vendeurs** the hall resounded with the cries of the traders.

**résorber** [3] [rezɔrbe] *vt* **-1.** [éliminer – chômage, déficit] to reduce, to bring down *(sép)*, to curb. **-2.** MÉD to resorb.

◆ **se résorber** *vpi* **-1.** [chômage, inflation] to be reduced; **la crise ne va pas se ~ toute seule** the crisis isn't going to just disappear. **-2.** MÉD to be resorbed.

**résorption** [rezɔrpsjɔ̃] *nf* **-1.** [de l'inflation, du chômage] curbing, reduction; **la ~ des dépenses** bringing down OU curbing spending; **la ~ des excédents prendra plusieurs années** it will take several years for the surplus to be absorbed. **-2.** MÉD resorption.

**résoudre** [88] [rezudr] *vt* **-1.** [querelle] to settle, to resolve; [énigme, mystère] to solve; [difficulté] to resolve, to sort out *(sép)*; [-problème] to solve, to resolve. **-2.** MATH to resolve; **~ une équation** to solve an equation; **~ une parenthèse** to remove the brackets. **-3.** *sout* [décider] to decide (on); **ils ont résolu sa perte** they decided on his ruin; **je résolus finalement de rentrer chez moi** in the end I decided to go back home. **-4.** *sout* [entraîner]: **~ qqn à faire qqch** to induce OU to move sb to do sthg. **-5.** CHIM, MÉD & MUS to resolve.
◆ **se résoudre** *vpi* MÉD to resolve.
◆ **se résoudre à** *vp + prép* **-1.** [accepter de] to reconcile o.s. to; **je ne peux m'y ~** I can't reconcile myself to doing it. **-2.** [consister en] to amount to, to result in.

**respect** [rɛspɛ] *nm* [estime] respect; **avec ~** with respect, respectfully; **elle m'inspire beaucoup de ~** I have a great deal of respect for her; **élevé dans le ~ des traditions** brought up to respect traditions; **manquer de ~ à qqn** to be disrespectful to sb; **avec (tout) ou sauf le ~ que je vous dois** with all due respect; **sauf votre ~** with respect; **tenir qqn en ~** to keep sb at bay OU at a (respectful) distance.
◆ **respects** *nmpl* respects, regards; **présenter ses ~s à qqn** to present one's respects to sb; **mes ~s à madame votre mère** please give my respects to your mother.

**respectabilité** [rɛspɛktabilite] *nf* respectability.

**respectable** [rɛspɛktabl] *adj* **-1.** [estimable] respectable, deserving of respect; *hum* respectable. **-2.** [important] respectable; **avec une avance ~** SPORT with an impressive lead.

**respecter** [4] [rɛspɛkte] *vt* **-1.** [honorer] to respect, to have OU to show respect for; **il a un nom respecté dans notre ville** his name is held in respect in our city; **elle sait se faire ~** she commands respect. **-2.** [se conformer à] to respect, to keep to *(insép)*; **~ les dernières volontés de qqn** to abide by sb's last wishes; **~ l'ordre alphabétique** to keep to alphabetical order; **~ la parole donnée** to keep one's word; **~ les lois** to respect OU to obey the law. **-3.** [ne pas porter atteinte à] to show respect for; **~ la tranquillité/le repos de qqn** to respect sb's need for peace and quiet/rest.
◆ **se respecter** *vp (emploi réfléchi)* to respect o.s.; **elle ne se respecte plus** she's lost all her self-respect; **une chanteuse qui se respecte ne prend pas de micro** no self-respecting singer would use a microphone.

**respectif, ive** [rɛspɛktif, iv] *adj* respective.

**respectivement** [rɛspɛktivmã] *adv* respectively.

**respectueusement** [rɛspɛktɥøzmã] *adv* respectfully, with respect.

**respectueux, euse** [rɛspɛktɥø, øz] *adj* **-1.** [personne] respectful; **se montrer ~ envers qqn** to be respectful to sb; **~ de** respectful of; **~ des lois** law-abiding. **-2.** [lettre, salut] respectful. **-3.** [dans des formules de politesse]: **je vous prie d'agréer mes respectueuses salutations** yours faithfully.

**respirable** [rɛspirabl] *adj* **-1.** [qu'on peut respirer] breathable; **l'air est difficilement ~ ici** it's hard to breathe in here. **-2.** *fig* [supportable] **l'ambiance du bureau est à peine ~** the atmosphere at the office is almost unbearable.

**respirateur** [rɛspiratœr] *nm* **-1.** [masque] gas mask, respirator. **-2.** MÉD [poumon d'acier] iron lung; [à insufflation] positive-pressure respirator.

**respiration** [rɛspirasjɔ̃] *nf* **-1.** PHYSIOL [action] breathing, respiration *spéc*; [résultat] breath; **reprendre sa ~** to get one's breath back; **retenir sa ~** to hold one's breath; **j'en ai eu la ~ coupée** it took my breath away □ **~ artificielle** artificial respiration. **-2.** MUS phrasing.

**respiratoire** [rɛspiratwar] *adj* breathing, respiratory *spéc*.

**respirer** [3] [rɛspire] ◇ *vi* **-1.** PHYSIOL to breathe; **~ par la bouche/le nez** to breathe through one's mouth/nose; **respirez à fond, expirez!** breathe in, and (breathe) out! **-2.** [être rassuré] to breathe again; **ouf, je respire!** phew, thank goodness for that! **-3.** [marquer un temps d'arrêt]: **du calme,**

**laisse-moi ~!** give me a break!; **on n'a jamais cinq minutes pour ~** you can't even take a breather for five minutes. ◇ *vt* **-1.** PHYSIOL to breathe (in), to inhale *spéc*; [sentir] to smell. **-2.** [exprimer] to radiate, to exude; **elle respire la santé** she radiates good heath; **il respire le bonheur** he's the very picture of happiness.

**resplendir** [32] [rɛsplãdir] *vi litt* **-1.** [étinceler – casque, chaussure] to gleam, to shine; **~ de propreté** to be spotlessly clean. **-2.** [s'épanouir]: **son visage resplendit de bonheur** her face is shining OU radiant with happiness.

**resplendissant, e** [rɛsplãdisã, ãt] *adj* **-1.** [éclatant – meuble, parquet] shining; [– casserole, émail] gleaming; [– soleil, temps] glorious. **-2.** [radieux] radiant, shining, resplendent *litt*; **tu as une mine ~e** you look radiant; **~ de santé** radiant OU blooming with health.

**resplendissement** [rɛsplãdismã] *nm litt* resplendence *litt*, radiance, brilliance.

**responsabiliser** [3] [rɛspɔ̃sabilize] *vt* **-1.** [donner des responsabilités à]: **tu ne le responsabilises pas assez** you don't give him enough responsibility. **-2.** [rendre conscient de ses responsabilités]: **~ qqn** to make sb aware of their responsibilities.

**responsabilité** [rɛspɔ̃sabilite] *nf* **-1.** [obligation morale] responsibility; **nous déclinons toute ~ en cas de vol** we take no responsibility in the event of theft; **c'est une grosse ~!** it's a big responsibility!; **prends tes ~s!** face up to your responsibilities!; **faire porter la ~ de qqch à qqn** to hold sb responsible for sthg; **assumer entièrement la ~ de qqch** to take on OU to shoulder the entire responsibility for sthg. **-2.** [charge administrative] function, position; **des ~s gouvernementales/ministérielles** a post in the government/cabinet; **démis de ses ~s** relieved of his responsibilities OU position; **elle a la ~ du département publicité** she's in charge of the advertising department. **-3.** JUR liability, responsibility; [acte moral] responsibility; **~ civile** [d'un individu] civil liability, strict liability; [d'une société] business liability; **~ contractuelle/délictuelle** contractual/negligence liability; **~ du fait d'autrui** ≃ parental liability; **~ collective** collective responsibility; **~ pénale** legal responsibility. **-4.** [rapport causal]: **la ~ du tabac dans les affections respiratoires a été démontrée** it has been proved that tobacco is the main contributing factor in respiratory diseases.

**responsable** [rɛspɔ̃sabl] ◇ *adj* **-1.** **~ de** [garant de] responsible (for); **j'en suis ~** I'm responsible for it; **il n'est pas ~ de ses actes** JUR he cannot be held responsible for his (own) actions. **-2.** **~ de** [chargé de] in charge of, responsible for; **il est ~ du service après-vente** he's in charge of the after-sales department. **-3.** **~ de** [à l'origine de]: **l'abus des graisses animales est largement ~ des affections cardiaques** the main contributing factor to heart disease is over-consumption of animal fats. **-4.** JUR liable; **~ civilement** liable in civil law. **-5.** [réfléchi] responsible; **ce n'est pas très ~ de sa part** that isn't very responsible of him; **elle s'est toujours comportée en personne ~** she has always acted responsibly. ◇ *nmf* **-1.** [coupable]: **le ~, la ~** the person responsible OU to blame; **qui est le ~ de l'accident?** who's responsible for the accident?; **nous retrouverons les ~s** we will find the people OU those responsible. **-2.** [dirigeant – politique] leader; [– administratif] person in charge; **parler avec les ~s politiques** to speak with the political leaders; **réunion avec les ~s syndicaux** meeting with the union representatives.

**resquillage** [rɛskijaʒ] *nm*, **resquille** [rɛskij] *nf fam* [sans payer] sneaking in; TRANSP fare-dodging; [sans attendre son tour] queue-jumping *Br*, line-jumping *Am*.

**resquiller** [3] [rɛskije] *fam* ◇ *vi* [ne pas payer] to sneak in; TRANSP to dodge the fare *Br*; [ne pas attendre son tour] to push in, to jump the queue *Br*, to cut in the line *Am*. ◇ *vt*: **~ une place pour le concert** to fiddle OU to wangle o.s. a seat for the concert.

**resquilleur, euse** [rɛskijœr, øz] *nm, f fam* [qui ne paie pas] person who sneaks in without paying; TRANSP fare-dodger *Br*; [qui n'attend pas son tour] queue-jumper *Br*, line-jumper *Am*.

**ressac** [rəsak] *nm* backwash *(of a wave)*.

**ressaisir** [32] [rəsezir] *vt* **-1.** [agripper de nouveau] to catch OU to grab again, to seize again. **-2.** *fig* [occasion] to seize again.

**-3.** INF to rekey.
◆ **se ressaisir** *vpi* [se calmer] to pull o.s. together; ressaisis-toi! pull yourself together!, get a hold of ou a grip on yourself!; il s'est ressaisi et a finalement gagné le deuxième set he recovered ou rallied and finally won the second set.

**ressasser** [3] [rəsase] *vt* **-1.** [répéter] to go ou harp on about. **-2.** [repenser à] to turn over in one's mind.

**ressemblance** [rəsãblãs] *nf* **-1.** [entre êtres humains] likeness, resemblance; 'toute ~ avec des personnages réels ne peut être que fortuite' 'any resemblance to persons living or dead is purely accidental'. **-2.** [entre choses] similarity.

**ressemblant, e** [rəsãblã, ãt] *adj* [photo, portrait] true to life, lifelike; ta photo n'est pas très ~e your photo doesn't look like you.

**ressembler** [3] [rəsãble]
◆ **ressembler à** *v* + *prép* **-1.** [avoir la même apparence que] to resemble, to look like; elle me ressemble un peu she looks a bit like me. **-2.** [avoir la même nature que] to resemble, to be like; il a toujours cherché à ~ à son père he always tried to be like his father. **-3.** *loc:* son tableau ne ressemble à rien *fam* her painting looks like nothing on earth; ça ne ressemble à rien de ne pas vouloir venir *fam* there's no sense in not wanting to come; à quoi ça ressemble de quitter la réunion sans même s'excuser? *fam* what's the idea ou meaning of leaving the meeting without even apologizing?; cela ne me/te/leur ressemble pas that's not like me/you/them; ça lui ressemble bien d'oublier mon anniversaire it's just like him to forget my birthday.
◆ **se ressembler** ◇ *vp (emploi réciproque)* to look alike, to resemble each other; se ~ comme deux gouttes d'eau to be as like as two peas (in a pod); qui se ressemble s'assemble *prov* birds of a feather flock together *prov.* ◇ *vpi sout:* depuis sa maladie, il ne se ressemble plus he's not been himself since his illness.

**ressemelage** [rəsəmlaʒ] *nm* [action] soling, resoling; [nouvelle semelle] new sole.

**ressemeler** [24] [rəsəmle] *vt* to sole, to resole.

**ressens** [rəsã] *v*→ ressentir.

**ressentiment** [rəsãtimã] *nm sout* resentment, ill will; éprouver du ~ à l'égard de qqn to feel resentment against sb, to feel resentful towards sb; je n'ai aucun ~ à ton égard I don't bear you any resentment ou ill.

**ressentir** [37] [rəsãtir] *vt* **-1.** [éprouver – bienfait, douleur, haine] to feel. **-2.** [être affecté par] to feel, to be affected by; il a ressenti très vivement la perte de son père he was deeply affected by his father's death; j'ai ressenti ses propos comme une véritable insulte I felt ou was extremely insulted by his remarks.
◆ **se ressentir de** *vp* + *prép* to feel the effect of; la production a été accélérée et la qualité s'en ressent production they're speeded up at the expense of quality.

**resserre** [rəsɛr] *nf* [à outils] shed, outhouse; [à produits] storeroom; [provisions] store cupboard, larder.

**resserré, e** [rəsere] *adj* [étroit] narrow.

**resserrement** [rəsɛrmã] *nm* **-1.** [passage étroit] narrow part. **-2.** [limitation] tightening; le ~ du crédit the credit squeeze, the tightening of credit controls. **-3.** [consolidation – d'un lien affectif] strengthening. **-4.** [des pores] closing.

**resserrer** [4] [rəsere] *vt* **-1.** [boulon, nœud – serrer de nouveau] to retighten, to tighten again; [– serrer davantage] to tighten up *(sép).* **-2.** [renforcer – amitié] to strengthen. **-3.** [fermer] to close (up); pour ~ les pores to close the pores. **-4.** [diminuer – texte, exposé] to condense, to compress.
◆ **se resserrer** *vpi* **-1.** [devenir plus étroit] to narrow. **-2.** [se refermer] to tighten; les mailles du filet se resserrent *fig* the police are closing in. **-3.** [devenir plus fort]: nos relations se sont resserrées depuis l'année dernière we have become closer (to each other) ou our relationship has grown stronger since last year.

**resservir** [38] [rəsɛrvir] ◇ *vt* **-1.** [de nouveau] to serve again. **-2.** [davantage] to serve (out) some more ou another helping; donne-moi ton assiette, je vais te ~ give me your plate, I'll give you another helping. **-3.** *fam* [répéter]: il nous ressert la même excuse tous les ans he comes out with ou he trots out the same (old) excuse every year. ◇ *vi* **-1.** [être utile]: j'ai une vieille robe longue qui pourra bien ~ pour l'occasion I have an old full-length dress which would do

for this occasion; garde-le, ça pourra toujours ~ keep it, it might come in handy ou useful again (one day). **-2.** MIL & TENNIS to serve again.
◆ **se resservir** *vp (emploi réfléchi)* [reprendre à manger] to help o.s. to some more ou to a second helping.
◆ **se resservir de** *vp* + *prép* [réutiliser] to use again.

**ressors** [rəsɔr] *v*→ ressortir.

**ressort** [rəsɔr] *nm* **-1.** [mécanisme] spring; faire ~ to act as a spring ❑ ~ hélicoïdal/spiral helical/spiral spring; ~ de montre watch spring, hairspring. **-2.** [force morale] spirit, drive; manquer de ~ to lack drive. **-3.** [mobile] motivation; les ~s de l'âme humaine the deepest motivations of the human soul ou spirit. **-4.** PHYS [propriété] springiness, elasticity *spéc.* **-5.** [compétence]: les problèmes qui sont de mon ~ problems I am qualified to deal with; ce n'est pas de mon/son ~ it is not my/his responsibility. **-6.** JUR jurisdiction; juger en premier ~ to judge (a case) in the first instance.
◆ **à ressort(s)** *loc adj* spring-loaded; matelas à ~s spring mattress.
◆ **en dernier ressort** *loc adv* as a last resort.

**ressortir¹** [43] [rəsɔrtir] ◇ *vt (aux avoir)* **-1.** [vêtement, ustensile] to take out *(sép)* again. **-2.** [film] to rerelease, to bring out *(sép)* again; [pièce de théâtre] to rerun. **-3.** *fam* [répéter] to trot out *(sép)* again; tu ne vas pas ~ cette vieille histoire? you're not going to come out with that old story again, are you? ◇ *vi (aux être)* **-1.** [sortir de nouveau] to go out ou to leave again; [sortir] to go out, to leave; il n'est pas encore ressorti de chez le médecin he hasn't left the doctor's yet. **-2.** [se détacher] to stand out; le foulard qu'elle porte fait ~ ses yeux bleus the scarf she's wearing brings out the blue of her eyes; faire ~ les avantages d'une solution to stress ou to highlight the advantages of a solution. **-3.** [réapparaître]: la pointe est ressortie de l'autre côté du mur the tip came through the other side of the wall. **-4.** [film] to show again, to be re-released. **-5.** JEUX [chiffre, carte] to come up *(insép)* again.
◆ **ressortir de** *v* + *prép* to emerge ou to flow from; il ressort de votre analyse que les affaires vont bien according to your analysis, business is good; il ressort de tout cela qu'il a menti the upshot of all this is that he's been lying.

**ressortir²** [32] [rəsɔrtir]
◆ **ressortir à** *v* + *prép litt* [relever de] to pertain to.

**ressortissant, e** [rəsɔrtisã, ãt] *nm, f* national; ~ d'un État membre de la CEE EC national.

**ressouder** [3] [rəsude] *vt* **-1.** [tuyau] to resolder, to reweld, to weld together *(sép)* again. **-2.** *fig* [alliance, couple] to bring ou to get together *(sép)* again, to reunite.

**ressourçai** [rəsurse] *v*→ ressourcer.

**ressource** [rəsurs] *nf* **-1.** [secours] recourse, resort; tu es mon unique ~ you're the only person who can help me ou my only hope; en dernière ~ as a last resort. **-2.** [endurance, courage]: avoir de la ~ to have strength in reserve.
◆ **ressources** *nfpl* **-1.** [fonds] funds, resources, income; 25 ans et sans ~s 25 years old and no visible means of support ❑ ~ personnelles private means. **-2.** [réserves] resources; des ~s en hommes manpower resources. **-3.** [moyens] resources, possibilities; nous mobilisons toutes nos ~s pour retrouver les marins disparus we're mobilizing all our resources ou all the means at our disposal to find the missing sailors.

**ressourcer** [16] [rəsurse]
◆ **se ressourcer** *vpi* **-1.** [retourner aux sources] to go back to one's roots. **-2.** [reprendre des forces] to recharge one's batteries.

**ressouvenir** [40] [rəsuvnir]
◆ **se ressouvenir de** *vp* + *prép litt* to remember, to recall.

**ressurgir** [32] [rəsyrʒir] *vi* **-1.** [source] to reappear. **-2.** [problème] to arise again, to reoccur; faire ~ de vieux souvenirs to bring back old memories.

**ressuscité, e** [resysite] *nm, f* RELIG resurrected person; les ~s those who have risen again, the risen.

**ressusciter** [3] [resysite] ◇ *vt (aux avoir)* **-1.** RELIG to resurrect, to raise from the dead; le Christ ressuscitera les morts Christ will raise the dead to life. **-2.** [ranimer] to resuscitate; MÉD to bring back to life, to revive. **-3.** *litt* [faire resurgir] to revive, to resurrect; ~ le passé to summon up ou to revive the past. ◇ *vi* **-1.** *(aux être)* RELIG to rise again ou from the dead; **le Christ est ressuscité** Christ has risen (from the dead). **-2.** *(aux avoir)* [revivre – sentiment, nature] to come back to life, to revive.

**restant, e** [rɛstɑ̃, ɑ̃t] *adj* remaining; **ils se sont partagé les chocolats ~s** they shared the chocolates that were left.
◆ **restant** *nm* [reste] rest, remainder; **dépenser le ~ de son argent** to spend the rest of one's money ou one's remaining money; **pour le ~ de mes/ses jours** until my/his dying day.

**restau** [rɛsto] *nm fam* restaurant.

**restaurant** [rɛstɔrɑ̃] *nm* restaurant; **manger au ~** to eat out ❑ **~ d'entreprise** (staff) canteen; **~ universitaire** ≃ university cafeteria ou refectory.

**restaurateur, trice** [rɛstɔratœr, tris] *nm, f* **-1.** [d'œuvres d'art] restorer. **-2.** [qui tient un restaurant] restaurant owner, restaurateur.

**restauration** [rɛstɔrasjɔ̃] *nf* **-1.** [d'œuvres d'art] restoration. **-2.** [rétablissement] restoration; **la Restauration** HIST the Restoration. **-3.** [hôtellerie] catering; **dans la ~** in the restaurant trade ou the catering business ❑ **la ~ rapide** the fast-food business.

**restaurer** [3] [rɛstɔre] *vt* **-1.** [édifice, œuvre d'art] to restore. **-2.** *litt* [rétablir] to restore, to reestablish; **~ la paix** to restore peace. **-3.** *litt* [nourrir] to feed.
◆ **se restaurer** *vp (emploi réfléchi)* to have something to eat.

**reste** [rɛst] *nm* **-1.** [suite, fin] rest; **si vous êtes sages, je vous raconterai le ~ demain** if you're good, I'll tell you the rest of the story tomorrow; **et (tout) le ~!** and so on (and so forth)!; **tout le ~ n'est que littérature/qu'illusion** everything else is just insignificant/an illusion ❑ **sans attendre ou demander son ~** without (any) further ado; **être ou demeurer en ~** to be outdone, to be at a loss. **-2.** [résidu – de nourriture] food left over, leftovers (of food); [– de boisson] drink left over; [– de tissu, de papier] remnant, scrap; CIN outtakes; **un ~ de jour** ou **de lumière** a glimmer of daylight; **un ~ de sa gloire passée** a vestige ou remnant of his past glory. **-3.** MATH remainder.
◆ **restes** *nmpl* **-1.** [d'un repas] leftovers. **-2.** [vestiges] remains. **-3.** [ossements] (last) remains. **-4.** *fam loc* : **elle a de beaux ~s** she's still beautiful despite her age.
◆ **au reste = du reste.**
◆ **de reste** *loc adj* surplus *(modif)*, spare; **passez me voir demain, j'aurai du temps de ~** come and see me tomorrow, I'll have some spare time; **il a de la patience de ~** he has patience to spare.
◆ **du reste** *loc adv* besides, furthermore, moreover.

**rester** [3] [rɛste] *vi* **-1.** [dans un lieu, une situation] to stay, to remain; **c'est mieux si la voiture reste au garage** it's better if the car stays in the garage; **ceci doit ~ entre nous** this is strictly between me and you, this is for our ears only; **restez donc à déjeuner/dîner** do stay for lunch/dinner; **je ne reste pas** I'm not staying ou stopping; **savoir ~ à sa place** *fig* to know one's place; **~ debout/assis** to remain standing/seated; **elle est restée debout toute la nuit** she stayed up all night; **~ paralysé** to be left paralysed; **~ fidèle à qqn** to be ou to stay faithful to sb; **~ en fonction** to remain in office; **~ dans l'ignorance** to remain in ignorance; **~ célibataire** to remain single; **elle ne reste pas en place** she never keeps still; **tu veux bien ~ tranquille!** will you keep still!; **~ en contact avec qqn** to keep ou to stay in touch with sb; **je reste sur une impression désagréable** I'm left with an unpleasant impression; **je n'aime pas ~ sur un échec** I don't like to stop at failure; **~ dans les mémoires** ou **les annales** to go down in history; **en ~ à** : **nous en sommes restés à la page 160** we left off at ou as far as page 160; **nous en resterons à cet accord** we will limit ourselves to ou go no further than this agreement; **restons-en là!** let's leave it at that! ❑ **~ en rade** *fam* ou **en plan** *fam* ou **en chemin** *fam* ou **en carafe** *fam* to be left high and dry ou stranded; **ça m'est resté sur le cœur** it still rankles with ou galls me; **j'y suis, j'y reste!** here I am and here I stay! **-2.** [subsister] to be left; **c'est tout ce qui me reste** that's all I have left; **cette mauvaise habitude lui est restée** he still has that bad habit; **restent les deux dernières questions à traiter** the last two questions still have to be dealt with; **reste à savoir qui ira** there still remains the problem of deciding who is to go || *(tournure impersonnelle)*: **il nous reste un peu de pain et de**

fromage we have a little bit of bread and cheese left; **il me reste la moitié à payer** I (still) have half of it to pay; **il nous reste de quoi vivre** we have enough left to live on; **lisez beaucoup, il en restera toujours quelque chose** do a lot of reading, there will always be something to show for it ou there's always something to be got out of it; **cinq ôté de quinze, il reste dix** five (taken away) from fifteen leaves ten; **il reste un doute** a doubt still remains; **il ne reste plus rien à faire** there's nothing left to be done; **il reste à faire l'ourlet** the hem is all that remains ou that's left to be done; **il reste encore 12 km à faire** there's still 12 km to go; **il reste que, il n'en reste pas moins que** : **il reste que le problème de succession n'est pas réglé** the fact remains that the problem of the inheritance hasn't been solved; **il n'en reste pas moins que vous avez tort** you are nevertheless wrong. **-3.** *euph* [mourir] to meet one's end; **il est resté sur le champ de bataille** he died on the battlefield ❑ **y ~** *fam* to kick the bucket. **-4.** [durer] to live on *(insép)*, to endure.

**restituer** [7] [rɛstitɥe] *vt* **-1.** [rendre – bien] to return, to restore; [– argent] to refund, to return; **~ qqch à qqn** to return sthg to sb. **-2.** [reconstituer – œuvre endommagée] to restore, to reconstruct; [– ambiance] to reconstitute, to render; **~ fidèlement les sons** to reproduce sounds faithfully. **-3.** [vomir] to bring up *(sép)*.

**restitution** [rɛstitysjɔ̃] *nf* **-1.** [d'un bien] return, restitution; [d'argent] refund. **-2.** [d'un son, d'une couleur] reproduction.

**resto** [rɛsto] *nm fam* restaurant; **les ~s du cœur** *charity food distribution centres.*

**Restoroute®** [rɛstorut] *nm* [sur autoroute] ≃ motorway *Br* ou freeway *Am* restaurant; [sur route] roadside restaurant.

**resto-U** [rɛstoy] *nm fam abr de* **restaurant universitaire.**

**restreignais** [rɛstrɛɲɛ] *v* → **restreindre.**

**restreindre** [81] [rɛstrɛ̃dr] *vt* [ambition, dépense] to restrict, to limit, to curb; [consommation] to cut down *(sép)*; **elle a dû ~ ses recherches à un domaine précis** she had to limit her research to a precise field.
◆ **se restreindre** *vpi* **-1.** [se rationner] to cut down; **tu ne sais pas te ~** you don't know when to stop. **-2.** [diminuer]: **le champ d'activités de l'entreprise s'est restreint** the company's activities have become more limited; **son cercle d'amis s'est restreint** his circle of friends has got smaller.

**restreint, e** [rɛstrɛ̃, ɛ̃t] ◇ *pp* → **restreindre.** ◇ *adj* **-1.** [réduit] limited; **l'espace est ~** there's not much room ❑ **édition à tirage ~** limited edition. **-2.** [limité] restricted; **la distribution de ces produits est ~e à Paris et à sa région** these products are sold exclusively in the Paris area.

**restrictif, ive** [rɛstriktif, iv] *adj* restrictive.

**restriction** [rɛstriksjɔ̃] *nf* **-1.** [réserve] reservation. **-2.** [limitation] restriction, limitation; **~ de crédit** restriction on credit, credit squeeze.
◆ **restrictions** *nfpl* restrictions; **les ~s en temps de guerre** wartime restrictions ou rationing.
◆ **sans restriction** *loc adv* [entièrement]: **je vous approuve sans ~** you have my unreserved approval.

**restructuration** [rəstryktyrasjɔ̃] *nf* **-1.** [d'un quartier, d'une ville] redevelopment. **-2.** [d'une société, d'un service] restructuring, reorganization.

**restructurer** [3] [rəstryktyre] *vt* [société, organisation] to restructure, to reorganize.

**résultant, e** [rezyltɑ̃, ɑ̃t] *adj* resulting.
◆ **résultante** *nf* [résultat] result, outcome.

**résultat** [rezylta] *nm* **-1.** [réalisation positive] result; **ne donner aucun ~** to have no effect. **-2.** [aboutissement] result, outcome; **son attitude a eu pour ~ de rapprocher le frère et la sœur** her attitude led to ou resulted in closer ties between brother and sister. **-3.** *fam* [introduisant une conclusion]: **il a voulu trop en faire, ~, il est malade** he tried to do too much and sure enough he fell ill; **~, je n'ai toujours pas compris** so I'm still none the wiser. **-4.** MATH result. **-5.** POL & SPORT result; **~ partiel pour la Corse et les Alpes-Maritimes** by-election result for Corsica and the Alpes-Maritimes ❑ **le ~ des courses** SPORT the racing results; *fig* the outcome (of the situation).
◆ **résultats** *nmpl* FIN, POL & SPORT results; SCOL results, marks.

**résulter** [3] [rezylte]
◆ **résulter de** *v + prép* to result ou to ensue from; **il est diffi-**

**cile** de dire ce qui en résultera at the moment it's difficult to say what the result ou outcome will be; **le travail/souci qui en résulte** the ensuing work/worry ‖ *(tournure impersonnelle)*: **il résulte de l'enquête que...** the result of the investigation shows that...; **il en a résulté que...** the result ou the outcome was that...

**résumé** [rezyme] *nm* **-1.** [sommaire] summary, résumé; **faites un ~ du passage suivant** write a summary ou a précis of the following passage; **~ des épisodes précédents** the story so far. **-2.** [bref exposé] summary; **faites-nous le ~ de la situation** sum up ou summarize the situation for us. **-3.** [ouvrage] summary, précis.
◆ **en résumé** *loc adv* in short, in brief, briefly.

**résumer** [3] [rezyme] *vt* **-1.** [récapituler] to summarize, to sum up *(sép)*. **-2.** [symboliser] to typify, to symbolize; **ce cas résume tous les autres du même genre** this case sums up all others of the same type.
◆ **se résumer** *vpi* [récapituler] to sum up.
● **se résumer à** *vp* + *prép* to come down to; **cela se résume à peu de chose** it doesn't amount to much.

**résurgence** [rezyrʒɑ̃s] *nf* **-1.** GÉOG resurgence. **-2.** *sout* [réapparition] resurgence, revival.

**resurgir** [rəsyrʒir] = **ressurgir**.

**résurrection** [rezyrɛksjɔ̃] *nf* **-1.** RELIG resurrection; **la Résurrection (du Christ)** the Resurrection (of Christ). **-2.** [renaissance] revival.

**retable** [rətabl] *nm* [sur l'autel] retable; [derrière l'autel] reredos.

**rétablir** [32] [retablir] *vt* **-1.** [établir de nouveau] to restore; **~ l'équilibre** to redress the balance; **nous prendrons les mesures nécessaires pour ~ la situation** we'll take the measures required to restore the situation to normal; **~ qqn dans son emploi** to reinstate sb; **elle a été rétablie dans tous ses droits** all her rights were restored. **-2.** [guérir]: **~ qqn** to restore sb to health; **son séjour à la montagne l'a complètement rétabli** his holiday brought about his complete recovery. **-3.** [rectifier] to reestablish; **rétablissons les faits** let's reestablish the facts, let's get down to what really happened.
◆ **se rétablir** *vpi* **-1.** [guérir] to recover. **-2.** [revenir – ordre, calme] to be restored. **-3.** [reprendre son équilibre] to get one's balance back.

**rétablissement** [retablismɑ̃] *nm* **-1.** [action] restoration; [résultat] restoration, reestablishment. **-2.** [guérison] recovery; **nous vous souhaitons un prompt ~** we wish you a speedy recovery. **-3.** SPORT: **faire un ~ à la barre fixe** to do a pull-up on the horizontal bar.

**retailler** [3] [rɔtaje] *vt* [rosier, vigne] to reprune; [diamant, vêtement] to recut; [crayon] to resharpen; [haie] to retrim; [cartes à jouer] to shuffle and cut again.

**rétamé, e** [retame] *adj* **-1.** [étamé de nouveau] retinned. **-2.** ▽ [épuisé] worn out, knackered *Br*; [ivre] pissed *Br*, wrecked; [démoli] wrecked, smashed up.

**rétamer** [3] [retame] *vt* **-1.** [étamer de nouveau] to retin. **-2.** ▽ [enivrer] to knock out *(sép)*. **-3.** ▽ [battre au jeu] to clean out; **je me suis fait ~ au casino** I got cleaned out at the casino. **-4.** ▽ [fatiguer] to wreck. **-5.** ▽ [démolir] to wreck. **-6.** ▽ [refuser – candidat] to fail; **ils ont rétamé la moitié des candidats** they failed half the candidates.
◆ **se rétamer** *vpi* **-1.** *fam* [tomber] to come a cropper *Br*, to take a tumble. **-2.** [échouer] to flunk; **je me suis rétamée à l'oral** I messed up ou flunked my oral exam.

**retape** ▽ [rətap] *nf* **-1.** [racolage]: **faire (de) la ~** to hustle *Am*, to be on the game *Br*. **-2.** [publicité] loud advertising, hyping

(up), plugging.

**retaper** [3] [rətape] *vt* **-1.** [lit] to straighten, to make. **-2.** *fam* [maison] to do up *(sép)*; [voiture] to fix ou to do up *(sép)*. **-3.** *fam* [malade] to buck up *(sép)*; **mon séjour à la montagne m'a retapé** my stay in the mountains set me back on my feet again. **-4.** [lettre] to retype, to type again.
◆ **se retaper** *fam* ◇ *vp (emploi réfléchi)* **-1.** [physiquement] to get back on one's feet again; **elle a grand besoin de se ~** she badly needs to recharge her batteries. **-2.** [financièrement] to sort out one's finances, to get straightened out (financially). ◇ *vpt*: **j'ai dû me ~ la lecture du rapport** I had to read through the blasted report again.

**retard** [rətar] ◇ *nm* **-1.** [manque de ponctualité] lateness; **il ne s'est même pas excusé pour son ~** he didn't even apologize for being late; **avoir du ~** to be late; **j'avais plus d'une heure de ~** I was more than an hour late; **l'avion Londres-Paris est annoncé avec deux heures de ~** a two-hour delay is expected on the London to Paris flight; **rapportez vos livres sans ~** return your books without delay; **tout ~ dans le paiement des intérêts sera sanctionné** all late payments of interest ou any delay in paying interest will incur a penalty. **-2.** [intervalle de temps, distance]: **le peloton est arrivé avec cinq minutes de ~ sur le vainqueur** the pack arrived five minutes after ou behind the winner. **-3.** [d'une horloge]: **ma montre a plusieurs minutes de ~** my watch is several minutes slow. **-4.** [d'un élève] backwardness *péj*; **il a du ~ en allemand** he's behind in German; **il doit combler son ~ en physique** he's got to catch up in physics ❑ **~ scolaire** learning difficulties. **-5.** [handicap]: **nous avons comblé notre ~ industriel** in quelques années we caught up on ou we closed the gap in our industrial development in a few years; **nous avons des années de ~ (sur eux)** we're years behind (them). **-6.** MÉCAN: **~ à l'allumage** retarded ignition.
◇ *adj inv* delayed (-action), retarded; **insuline/pénicilline ~** slow-release insulin/penicillin.
◆ **en retard** ◇ *loc adj*: **elle est très en ~ pour son âge** PSYCH she's rather immature ou slow for her age; **ENS** she's rather behind for her age ❑ **paiement en ~** [qui n'est pas fait] arrears, overdue payment; [qui est fait] late payment; **il est en ~ dans ses paiements** he's behind ou in arrears with (his) payments; **être en ~ sur son époque** ou **son temps** to be behind the times. ◇ *loc adv*: **arriver en ~** to arrive late; **elle s'est mise en ~** she made herself late; **nous avons rendu nos épreuves en ~** we were late handing in our tests.

**retardataire** [rətardatɛr] ◇ *adj* **-1.** [qui n'est pas à l'heure] late; [qui a été retardé] delayed. **-2.** [désuet] obsolete, old-fashioned. ◇ *nmf* latecomer.

**retardateur, trice** [rətardatœr, tris] *adj* retarding.

**retardé, e** [rətarde] ◇ *adj fam* [arriéré] retarded, backward *péj*, slow. ◇ *nm, f* (mentally) retarded person.

**retardement** [rətardəmɑ̃]
◆ **à retardement** ◇ *loc adj* [mécanisme] delayed-action *(modif)*. ◇ *loc adv*: **comprendre à ~** to understand after the event.

**retarder** [3] [rətarde] ◇ *vt* **-1.** [ralentir – visiteur, passager] to delay, to make late; [entraver – enquête, progrès, travaux] to delay, to hamper, to slow down *(sép)*; **les problèmes financiers l'ont retardé dans ses études** financial problems slowed him down ou hampered him in his studies. **-2.** [ajourner] to postpone, to put back *(sép)*. **-3.** [montre] to put back *(sép)*. ◇ *vi* **-1.** [montre] to be slow; **je retarde de quelques minutes** *fam* my watch is a few minutes slow. **-2.** *fam* [personne] to be out of touch; **~ sur son temps** ou

---

**USAGE ▶   Résumer ses idées**

**À la fin d'un récit**

All in all, it was a very enjoyable day.
When all is said and done, finding a replacement is the least of our worries.
All things considered, it wasn't a bad start.
To cut a long story short, she's decided to come next week instead.
What it all boils down to is a lack of commitment.

**À la fin d'une réunion**

So we're all agreed, then, that this matter requires immediate action.

**À la fin d'une réunion, d'un débat**

To sum up: the plight of these refugees can no longer be ignored.
In short, what we need is your cooperation and support.

son siècle to be behind the times; **il retarde de vingt ans sur notre époque** ou **temps** he's twenty years behind the times ❏ **~** (d'un métro) to be out of touch.
◆ **se retarder** vpi to make o.s. late; **ne te retarde pas pour ça** don't let this hold you up ou delay you.

**retâter** [3] [rətate] vt [étoffe] to feel again.
◆ **retâter de** v + prép fam: **il n'a pas envie de ~ de la prison** he doesn't want to sample the delights of prison life again.

**retendre** [73] [rətãdr] vt [corde, câble] to retighten, to tauten (again); [ressort] to reset; [muscle] to brace ou to tense again; [corde de raquette] to tauten (again).

**retenir** [40] [rətənir] vt **-1.** [immobiliser] to hold, to keep; **retiens le chien, il va sauter!** hold the dog back, it's going to jump!; **~ le regard de qqn** to arrest sb's gaze; **~ l'attention de qqn** to hold sb's attention; **votre CV a retenu toute mon attention** I studied your CV with great interest; **~ qqn prisonnier** to hold sb prisoner; **~ qqn à dîner** to invite sb for dinner; **je ne vous retiens pas, je sais que vous êtes pressé** I won't keep you, I know you're in a hurry. **-2.** [empêcher d'agir] to hold back (sép); **je ne sais pas ce qui me retient de l'envoyer promener** fam I don't know what's stopping ou keeping me from telling him to go to hell; **retiens-moi ou je fais un malheur** fam hold me back or I'll do something desperate. **-3.** [refouler – émotion] to curb, to hold in check, to hold back (sép); [– larmes, sourire] to hold back; [– cri] to stifle; **~ un geste d'impatience** to hold back ou to check a gesture of impatience; **~ son souffle** ou **sa respiration** to hold one's breath. **-4.** [réserver] to book, to reserve; **retiens la date du 20 juin pour notre réunion** keep June the 20th free for our meeting. **-5.** [se rappeler] to remember; **~ qqch** to remember ou to recall sthg; **et surtout, retiens bien ce qu'on t'a dit** and above all, remember ou don't forget what you've been told ❏ **je te retiens, toi et tes soi-disant bonnes idées!** fam I'll remember you and your so-called good ideas! **-6.** [candidature, suggestion] to retain, to accept; **~ une accusation contre qqn** to uphold a charge against sb. **-7.** [décompter] to deduct, to keep back (sép); **j'ai retenu 1 500 francs sur votre salaire** I've deducted 1,500 francs from your salary; **sommes retenues à la base** ou **source** sums deducted at source. **-8.** [conserver – chaleur] to keep in (sép), to retain, to conserve; [– eau] to retain; [– lumière] to reflect. **-9.** MATH to carry; **je pose 5 et je retiens 4** I put down 5 and carry 4.
◆ **se retenir** ◇ vp (emploi réfléchi) **-1.** [se contrôler] to restrain o.s.; **se ~ de pleurer** to stop o.s. crying. **-2.** fam & euph **to hold on.** ◇ vpi [s'agripper] to hold on.

**rétention** [retãsjɔ̃] nf **-1.** MÉD retention. **-2.** JUR reservation. **-3.** PSYCH retention.

**retentir** [32] [rətãtir] vi **-1.** [résonner] to resound, to ring; **de bruyants applaudissements retentirent dans la salle** loud applause burst forth in the hall; **la voix des enfants retentissait dans l'escalier** the children's voices were ringing out in the stairway; **la maison retentit du bruit des ouvriers** the house is filled with the noise of the workers. **-2.** [avoir des répercussions]: **~ sur** to have an effect on.

**retentissant, e** [rətãtisã, ãt] adj **-1.** [éclatant – cri, bruit, gifle] resounding, ringing; [– voix] ringing; [– sonnerie] loud. **-2.** [remarquable] tremendous; **un succès ~** resounding success; **un bide ~** fam a resounding flop.

**retentissement** [rətãtismã] nm **-1.** [contrecoup] repercussion. **-2.** [impact] effect, impact; **le ~ dans l'opinion publique a été considérable/nul** there was considerable/no effect on public opinion; **cette déclaration devrait avoir un certain ~** this statement should create quite a stir. **-3.** litt [bruit] ringing, resounding.

**retenu, e** [rətəny] ◇ pp → **retenir.** ◇ adj [discret] subdued.
◆ **retenue** nf **-1.** [déduction] deduction; **opérer une ~e de 9 % sur les salaires** to deduct ou to stop 9% from salaries ❏ **~e à la source** payment (of income tax) at source, ≈ PAYE Br. **-2.** [réserve] reserve, self-control, restraint; **confier à qqn sans ~e** to confide in sb unreservedly ou freely; **c'est une jeune femme pleine de ~e** she's a very reserved young woman; **un peu de ~e!** show some restraint!, keep a hold of yourself! **-3.** SCOL [punition] detention; **mettre qqn en ~e** to keep sb in after school, to put sb in detention. **-4.** MATH: **reporter la ~e** to carry over. **-5.** TRAV PUBL damming up (U); **~e d'eau** volume of water (in dam).

**réticence** [retisãs] nf reluctance, reticence; **avoir des ~s**

(sur qqch) to feel reticent ou to have reservations (about sthg); **j'ai remarqué un peu de ~ dans son accord** I noticed she agreed somewhat reluctantly; **parler avec ~** to speak reticently; **parlez sans ~** don't be reticent, feel free to speak quite openly.

**réticent, e** [retisã, ãt] adj **-1.** [hésitant] reticent, reluctant, reserved. **-2.** litt [discret] reticent.

**réticule** [retikyl] nm **-1.** [sac] reticule. **-2.** OPT reticle.

**retiendrai** [rətjɛ̃dre], **retiennent** [rətjɛn], **retins** [rətɛ̃] v → **retenir.**

**rétif, ive** [retif, iv] adj **-1.** [cheval] stubborn. **-2.** [enfant] restive, fractious, recalcitrant.

**rétine** [retin] nf retina.

**retirage** [rətiraʒ] nm reprint.

**retiré, e** [rətire] adj **-1.** [isolé] remote, secluded, out-of-the-way. **-2.** [solitaire] secluded; **vivre ~ du monde** to live in seclusion. **-3.** [à la retraite] retired.

**retirer** [3] [rətire] ◇ vt **-1.** [ôter] to take off ou away (sép), to remove; **il aida l'enfant à ~ son manteau** he helped the child off with his coat. **-2.** [ramener à soi]: **retire ta main** take your hand away; **retire tes jambes** move your legs back. **-3.** [faire sortir] to take out (sép), to remove; **elle a été obligée de ~ son fils de l'école** she had to remove her son from the school. **-4.** [annuler – droit] to take away (sép); [– plainte, offre] to withdraw; [– accusation] to take back (sép); **~ sa candidature** to withdraw one's candidature, to stand down; **~ un magazine de la circulation** to withdraw a magazine (from circulation); **la pièce a été retirée de l'affiche après une semaine** the play came off ou closed after a week. **-5.** [confisquer]: **~ qqch à qqn** to take sthg away from sb; **on lui a retiré la garde des enfants** he lost custody of the children; **on lui a retiré son permis de conduire** he's been banned from driving; **~ sa confiance à qqn** to no longer trust sb. **-6.** [récupérer – argent] to withdraw, to take out (sép), to draw; [– bagage, ticket] to pick up (sép), to collect; **j'ai retiré un peu d'argent de mon compte** I drew ou withdrew some money from my bank account. **-7.** [obtenir] to gain, to get; **~ un bénéfice important d'une affaire** to make a large profit out of a deal; **je n'ai retiré que des désagréments de cet emploi** I got nothing but trouble from that job. **-8.** [coup de feu] to fire again. **-9.** IMPR to reprint; **~ une photo** to make a new ou fresh print (from a photo).
◇ vi **-1.** ARM to fire again. **-2.** SPORT to shoot again.
◆ **se retirer** vpi **-1.** [s'isoler] to withdraw; **il est tard, je vais me ~** sout it's late, I'm going to retire ou to withdraw; **se ~ de** to withdraw from; **se ~ de la vie active** to retire ❏ **se ~ dans ses appartements** hum to retire ou to withdraw to one's room. **-2.** [s'établir] to retire; **il s'est retiré dans le Midi** he retired to the South of France ‖ [se cloîtrer] to retire, to withdraw; **se ~ du monde** to cut o.s. off from the world. **-3.** [mer] to recede, to ebb.

**rétive** [retiv] f → **rétif.**

**retombant, e** [rətɔ̃bã, ãt] adj hanging, trailing, drooping péj.

**retombée** [rətɔ̃be] nf litt [déclin]: **la ~ de l'enthousiasme populaire** the decline in popular enthusiasm.
◆ **retombées** nfpl NUCL fallout; fig [répercussions] repercussions, effects.

**retomber** [3] [rətɔ̃be] vi (aux être) **-1.** [bouteille, balai] to fall over again; [mur, livres empilés] to fall down again ou back down; [ivrogne, bambin] to fall over ou down again; **se laisser ~ sur son lit** to flop ou to fall back onto one's bed. **-2.** [atterrir – chat, sauteur, parachutiste, missile] to land; [– balle] to come (back) down; [redescendre – couvercle, rideau de fer, clapet] to close; [– soufflé, mousse] to collapse; **laissez ~ votre main droite** let your right hand come down ou drop down. **-3.** [devenir moins fort – fièvre, prix] to drop; [– agitation] to fall, to tail off, to die away; [– enthousiasme] to fall, to wane; **le dollar est retombé** the dollar has fallen ou dropped again. **-4.** [dans un état, une habitude] to fall back, to lapse; **~ dans les mêmes erreurs** to make the same mistakes again; **~ en enfance** to go into one's second childhood. **-5.** MÉTÉO [vent] to fall (again), to drop, to die down; [brume] to disappear, to be dispelled. **-6.** [pendre – drapé, guirlande, ourlet] to hang; **les fleurs retombent en lourdes grappes** the flowers are hanging in heavy clusters. **-7.** [redevenir]: **~ amoureux** to fall in love again.

◆ **retomber sur** *v* + *prép* **-1.** [rejaillir]: la responsabilité retombe sur moi the blame for it falls on me; **tous les torts sont retombés sur elle** she had to bear the brunt of all the blame ❑ **un de ces jours ça va te ~ sur le nez!** *fam* one of these days you'll get your come-uppance ou what's coming to you!**-2.** *fam* [rencontrer à nouveau]: **~ sur qqn** to bump into ou to come across sb again; **~ sur qqch** to come across sthg again; **je suis retombé sur le même prof/sujet à l'oral** *fam* I got the same examiner/question for the oral exam; **en tournant à droite, vous retombez sur l'avenue** if you turn right you're back on the avenue again.

**retordre** [76] [rətɔrdr] *vt* **-1.** TEXT to twist. **-2.** [linge] to wring out *(sép)* again.

**rétorquer** [3] [retɔrke] *vt* to retort.

**retors, e** [rətɔr, ɔrs] *adj* [machiavélique] crafty, tricky; **méfie-toi, il est ~** be careful, he's a wily customer ou he knows all the tricks of the trade.

**rétorsion** [retɔrsjɔ̃] *nf* **-1.** [représailles] retaliation; **par ~** in retaliation; **user de ~ envers** to retaliate against. **-2.** JUR retortion.

**retouche** [rətuʃ] *nf* **-1.** [correction] alteration; **sans ~s** unaltered. **-2.** BX-ARTS retouching *(U)*. **-3.** COUT alteration. **-4.** PHOT touching up *(U)*.

**retoucher** [3] [rətuʃe] *vt* [modifier – texte, vêtement] to alter; [– œuvre] to retouch; [– photo] to retouch, to touch up *(sép)*.

◆ **retoucher à** *v* + *prép* [se remettre à] to go back to; **et depuis, tu n'as plus jamais retouché à une cigarette?** and since then you haven't touched a ou another cigarette?; **il n'a plus jamais retouché à son piano** he never touched ou played his piano again.

**retoucheur, euse** [rətuʃœr, øz] *nm, f* **-1.** COUT alterer. **-2.** PHOT retoucher.

**retour** [rətur] ◇ *nm* **-1.** [chez soi, au point de départ] return; à **ton ~** when you return home ou get back; **nous comptons sur ton ~ pour Noël** we expect you back (home) for Christmas; **~ à un stade antérieur** reverting ou returning to an earlier stage ❑ **~ à la normale** return to normal; **~ aux sources** return to one's roots; **~ à la terre** return to the land; **être sur le ~** *pr* to be about to return, to be on the point of returning; *fig* to be past one's prime; **ils doivent être sur le ~ à présent** they must be on their way back now; **un don Juan sur le ~** an ageing Don Juan; **une beauté sur le ~** a waning beauty. **-2.** [nouvelle apparition – d'une célébrité] return, reappearance; [récurrence – d'une mode, d'un thème] return, recurrence; **on note un ~ des jupes longues** long skirts are back (in fashion). **-3.** [mouvement inverse]: **faire un ~ sur soi-même** to review one's past life ❑ **~ arrière** IMPR backspace; **~ de bâton** kickback; **~ (de) chariot** carriage return; **~ de flamme** TECH & *fig* backfire; **~ à la case départ** JEUX back to the start; *fig* back to square one ou to the drawing board; **par un juste ~ des choses il a été licencié** he was sacked, which seemed fair enough under the circumstances. **-4.** [réexpédition] return; **~ à l'envoyeur** ou à l'expéditeur return to sender; **par ~ du courrier** by return of post. **-5.** TRANSP [trajet] return (journey), journey back. **-6.** TENNIS return; **~ de service** return of serve, service return. **-7.** INF: **~ (d'information)** (information) feedback. **-8.** [meuble]: **bureau avec ~** desk with a right-angled extension unit.

◇ *adj inv* SPORT: **match ~** return match.

◆ **retours** *nmpl* [de vacances] return traffic *(from weekends etc)*; **il y a beaucoup de ~s ce soir** many people are driving back to the city tonight.

◆ **de retour** *loc adv* back; **je serai de ~ demain** I'll be back tomorrow; **de ~ chez lui, il réfléchit** (once he was) back home, he thought it over.

◆ **de ~ de** *loc prép* back from; **de ~ de Rio, je tentai de la voir** on my return from Rio, I tried to see her.

◆ **en retour** *loc adv* in return.

◆ **sans retour** *loc adv litt* [pour toujours] forever, irrevocably.

◆ **retour d'âge** *nm* change of life.

◆ **retour de manivelle** *nm* **-1.** MÉCAN kickback. **-2.** [choc en retour] backlash; [conséquence néfaste] backlash, repercussion.

◆ **retour en arrière** *nm* **-1.** CIN & LITTÉRAT flashback. **-2.** [régression] step backwards *fig*.

**retournement** [rəturnəmɑ̃] *nm* **-1.** [revirement]: **un ~ de si-**

tuation a turnaround ou a reversal (of the situation). **-2.** GÉOM turning (over).

**retourner** [3] [rəturne] ◇ *vt (aux avoir)* **-1.** [orienter dans le sens contraire] to turn round ou around *(sép)*; **~ une arme contre** ou **sur qqn** to turn a weapon on sb ‖ [renverser – situation] to reverse, to turn inside out ou back to front; **je lui ai retourné son** ou **le compliment** I returned the compliment. **-2.** [renvoyer – colis, lettre] to send back *(sép)*. **-3.** [mettre à l'envers – literie] to turn round ou around; [– carte à jouer] to turn up *(sép)*; [– champ, paille] to turn over; [– verre] to turn upside down; [– grillade] to turn over *(sép)*; [– gant, poche] to turn inside out; **il a retourné la photo contre le mur** he turned the photo against the wall ❑ **~ sa veste** to turn one's coat, to go over to the other side; **il te retournera comme une crêpe** ou **un gant** he'll twist you round his little finger. **-4.** [mélanger – salade] to toss. **-5.** [fouiller – maison, pièce] to turn upside down. **-6.** [examiner – pensée]: **tourner et ~ une idée dans sa tête** to mull over an idea (in one's head). **-7.** *fam* [émouvoir]: **j'en suis encore tout retourné!** I'm still reeling from the shock!

◇ *vi (aux être)* **-1.** [aller à nouveau] to return, to go again ou back; **je n'y étais pas retourné depuis des années** I had not been back there for years; **si tu étais à ma place, tu retournerais le voir?** if you were me, would you (ever) go and see him again?; **je retournai la voir une dernière fois** I paid her one ou my last visit. **-2.** [revenir] to go back, to return; **~ chez soi** to go (back) home; **~ à sa place** [sur son siège] to go back to one's seat.

◇ *v impers*: **peut-on savoir de quoi il retourne?** what is it all about?, what exactly is going on?

◆ **retourner à** *v* + *prép* [reprendre, retrouver] to return to, to go back to; **~ à un stade antérieur** to revert to an earlier stage.

◆ **se retourner** ◇ *vpi* **-1.** [tourner la tête] to turn round; **partir sans se ~** to leave without looking back; **tout le monde se retournait sur eux** everybody turned round to look at them. **-2.** [se mettre sur l'autre face] to turn over; **se ~ sur le dos/ventre** to turn over on one's back/stomach; **je me suis retourné dans mon lit toute la nuit** I tossed and turned all night ❑ **elle doit se ~ dans sa tombe** she must be turning in her grave. **-3.** [se renverser – auto, tracteur] to overturn, to turn over. **-4.** [réagir] to sort things out; **ils ne me laissent pas le temps de me ~** [de décider] they won't give me time to make a decision; [de me reprendre] they won't give me time to sort things out. **-5.** [situation] to be reversed, to change completely. **-6.** **s'en ~** [partir] to depart, to leave; [rentrer] to make one's way back. ◇ *vpt*: **se ~ un ongle/doigt** to twist a nail/finger.

◆ **se retourner contre** *vp* + *prép* **-1.** [agir contre]: **se ~ contre qqn** to turn against sb; **tout cela finira par se ~ contre toi** all this will eventually backfire on you. **-2.** JUR to take (legal) action against.

**retracer** [16] [rətrase] *vt* **-1.** [relater] to relate, to recount, to tell of *(insép)*; **retraçons les faits** let's go back over the facts. **-2.** [dessiner à nouveau] to draw again, to redraw.

**rétractable** [retraktabl] *adj* JUR retractable, revocable.

**rétracter** [3] [retrakte] *vt* **-1.** ZOOL [griffes] to retract, to draw back *(sép)*; [cornes] to retract, to draw in *(sép)*. **-2.** *sout* [aveux, témoignage] to retract, to withdraw.

◆ **se rétracter** *vpi* **-1.** [griffes] to draw back, to retract *spéc*. **-2.** [témoin] to recant, to retract; **il lui a fallu se ~** he had to withdraw his statement.

**rétractile** [retraktil] *adj* retractile.

**rétraction** [retraksjɔ̃] *nf* **-1.** MÉD retraction. **-2.** TECH shrink-wrapping.

**retraduire** [98] [rətradɥir] *vt* **-1.** [texte traduit d'une autre langue] to translate. **-2.** [à nouveau] to make a new translation of.

**retrait** [rətrɛ] *nm* **-1.** [annulation – d'une licence] cancelling; [– d'un mot d'ordre] calling off; **~ de candidature** [par un prestataire] withdrawal of application; [par un député] standing down, withdrawal; **~ de permis (de conduire)** revocation of driving licence JUR. **-2.** BANQUE withdrawal; **faire un ~** to withdraw money. **-3.** [récupération]: **le ~ des billets/bagages se fera dès 11 h** tickets/luggage may be collected from 11 o'clock onwards. **-4.** [départ – d'un joueur, du contingent] withdrawal. **-5.** [recul – des eaux d'inondation] subsid-

ing, receding; [– de la marée] ebbing; [– des glaces] retreat.
◆ **en retrait** *loc adv* set back; **en ~ par rapport au mur** [clôture] set back from the wall; [étagère] recessed; **rester en ~** *pr* to stand back; *fig* to remain in the background.
◆ **en retrait de** *loc prép* below, beneath; **son offre est en ~ de ce qu'il avait laissé entendre** his offer doesn't come up to what he'd led us to expect.

**retraite** [rətrɛt] *nf* **-1.** [pension] superannuation ADMIN, pension; **~ des fonctionnaires/des non-salariés** public service/self-employed pension; **toucher** *ou* **percevoir sa ~** to get *ou* to draw one's pension ❏ **~ complémentaire** supplementary pension. **-2.** [cessation d'activité] retirement; **il est à la ~** *ou* **en ~** he has retired; **prendre sa ~** to retire; **être mis à la ~** to be retired ❏ **~ anticipée** early retirement. **-3.** MIL & RELIG retreat; **suivre** *ou* **faire une ~** RELIG to go on a retreat. **-4.** *litt* [cachette] hiding place, refuge, shelter.

**retraité, e** [rətrete] ◇ *adj* [qui est à la retraite] retired. ◇ *nm, f* ADMIN pensioner; [personne ne travaillant plus] retired person.

**retraiter** [4] [rətrete] *vt* INDUST & NUCL to reprocess.

**retrancher** [3] [rətrɑ̃ʃe] *vt* **-1.** MATH to subtract; **~ 10 de 20** to take 10 away from 20, to subtract 10 from 20. **-2.** *sout* [enlever] to remove, to excise. **-3.** [déduire – pour des raisons administratives] to deduct; [– par sanction] to deduct, to dock.
◆ **se retrancher** *vpi* **-1.** [se protéger]: **se ~ derrière** [se cacher] to hide behind; [se réfugier] to take refuge behind; **se ~ sur ses positions** to remain entrenched in one's position. **-2.** MIL to entrench o.s.

**retranscription** [rətrɑ̃skripsjɔ̃] *nf* **-1.** [processus] retranscription. **-2.** [résultat] new transcript.

**retranscrire** [99] [rətrɑ̃skrir] *vt* to retranscribe.

**retransmettre** [84] [rətrɑ̃smɛtr] *vt* RAD to broadcast; TV to broadcast, to screen, to show; **concert retransmis en direct** live concert; **~ une émission en direct/différé** to broadcast a programme live/a recorded programme.

**retransmission** [rətrɑ̃smisjɔ̃] *nf* RAD broadcast; TV broadcast, screening, showing; **en direct/différé** live/recorded broadcast.

**retravailler** [3] [rətravaje] ◇ *vt* to work on *(insép)* again. ◇ *vi* to (start) work again.

**retraverser** [3] [rətravɛrse] *vt* **-1.** [à nouveau] to cross again, to recross. **-2.** [en sens inverse] to go *ou* to cross back over.

**rétrécir** [32] [retresir] ◇ *vt* TEXT & VÊT to shrink; **~ une jupe** COUT to take in a skirt. ◇ *vi* TEXT & VÊT to shrink; **~ au lavage** to shrink in the wash.
◆ **se rétrécir** *vpi* [allée, goulot] to narrow, to get narrower; [cercle, diaphragme] to contract, to get smaller; [budget] to shrink, to dwindle.

**rétrécissement** [retresismɑ̃] *nm* **-1.** [d'un couloir, d'un diaphragme] narrowing *(U)*. **-2.** MÉD stricture. **-3.** TEXT & VÊT shrinkage.

**retremper** [3] [rətrɑ̃pe] *vt* **-1.** MÉTALL to requench. **-2.** [doigt] to dip again; [linge] to soak again. **-3.** *sout* & *fig*: **cette épreuve lui a retrempé le caractère** this experience gave him new strength.
◆ **se retremper** *vpi*: **se ~ dans** *pr* to have another dip into; *fig* to go back into.

**rétribuer** [7] [retribɥe] *vt* [employé] to pay, to remunerate; [travail, service rendu] to pay for *(insép)*.

**rétribution** [retribysjɔ̃] *nf* **-1.** [salaire] remuneration, salary. **-2.** *sout* [récompense] recompense, reward.

**rétro** [retro] ◇ *adj inv* retro. ◇ *nm* **-1.** *fam abr de* **rétroviseur**. **-2.** **le ~** retro style.

**rétroactif, ive** [retroaktif, iv] *adj* retroactive; **avec effet ~ au 1er janvier** backdated to January 1st; **la loi a été votée, avec effet ~ à dater de mars** the bill was passed, retroactive *ou* retrospective to March.

**rétroactivement** [retroaktivmɑ̃] *adv* retrospectively, with retroactive *ou* retroactive effect.

**rétroactivité** [retroaktivite] *nf* retroactivity; JUR retrospectiveness.

**rétrocéder** [18] [retrosede] *vt* to cede back *(sép)*, to retrocede.

**rétrocession** [retrosɛsjɔ̃] *nf* retrocedence, retrocession.

**rétrograde** [retrograd] *adj* **-1.** [passéiste – esprit] reactionary, backward; [– mesure, politique] reactionary, backward-looking, retrograde. **-2.** [de recul – mouvement] backward,

rétrograde. **-3.** BILLARD: **effet ~** screw.

**rétrograder** [3] [retrograde] ◇ *vt* [fonctionnaire] to downgrade, to demote; [officier] to demote. ◇ *vi* **-1.** AUT to change down *Br*, to shift down *Am*. **-2.** [dans une hiérarchie] to move down.

**rétropédalage** [retropedalaʒ] *nm* backpedalling *literal*.

**rétroprojecteur** [retroprɔʒɛktœr] *nm* overhead projector.

**rétrospectif, ive** [retrospɛktif, iv] *adj* [étude] retrospective.
◆ **rétrospective** *nf* BX-ARTS retrospective; CIN season.

**rétrospectivement** [retrospɛktivmɑ̃] *adv* in retrospect, retrospectively, looking back.

**retroussé, e** [rətruse] *adj* **-1.** [jupe] bunched *ou* pulled up; [manches, pantalon] rolled *ou* turned up. **-2.** [nez] turned up. **-3.** [babines] curled up; [moustache] curled *ou* twisted up.

**retrousser** [3] [rətruse] *vt* **-1.** [jupe] to bunch *ou* to pull up *(sép)*; [pantalon] to roll *ou* to turn up *(sép)*; [manches] to roll up *(sép)*; **il va falloir ~ nos manches** *pr* & *fig* we'll have to roll our sleeves up. **-2.** [babines] to curl up *(sép)*; [moustache] to curl *ou* to twist up *(sép)*.
◆ **se retrousser** ◇ *vp* (*emploi réfléchi*) to pull *ou* to hitch up one's skirt/trousers *etc*. ◇ *vpi* [bords, feuille] to curl up.

**retrouvailles** [rətruvaj] *nfpl* **-1.** [après une querelle] getting back on friendly terms again; [après une absence] reunion, getting together again. **-2.** [retour – dans un lieu] rediscovery, return; [– à un travail] return; **mes ~ avec le train-train quotidien** getting back into my daily routine.

**retrouver** [3] [rətruve] *vt* **-1.** [clés, lunettes] to find (again); **je ne le retrouve plus** I can't find it; **a-t-elle retrouvé sa clef?** [elle-même] did she find her key?; [grâce à autrui] did she get her key back?; **~ un poste** to find a (new) job; **~ son (ancien) poste** to get one's (old) job back; **~ son chemin** to find one's way (again); **là vous retrouvez la Nationale** that's where you join up with the main road ‖ [après un changement] to find; **~ tout propre/sens dessus dessous** to find everything clean/upside down; **~ qqn affaibli/changé** to find sb weaker/a different person. **-2.** [ami, parent] to be reunited with, to meet up with *(insép)* (again); [– voleur] to catch up with *(insép)* (again), to find; **et que je ne vous retrouve pas ici!** don't let me catch you (around) here again!; **celle-là, je la retrouverai** I'll get even with her (one day) ‖ [revoir par hasard] to come across *(insép)* (again), to run into *(insép)* again; [rejoindre] to meet up with again; **retrouve-moi en bas** meet me downstairs. **-3.** [se rappeler] to remember, to recall; **ça y est, j'ai retrouvé le mot!** that's it, the word's come back to me now! **-4.** [redécouvrir – secret, parchemin, formule] to uncover. **-5.** [jouir à nouveau de] to enjoy again; **à partir de la semaine prochaine nous allons ~ nos émissions littéraires** our book programmes will be back on as from next week; **nous avons retrouvé notre petite plage/maison** here we are back on our little beach/in our little house; **~ son calme** to regain one's composure; **~ l'appétit/ses forces/sa santé** to get one's appetite/strength/health back; **~ la forme** to get fit again, to be back on form; **~ la foi** to find (one's) faith again; **~ la mémoire** to get one's memory back again; **~ le sommeil** to get back to sleep; **il a retrouvé le sourire** he's smiling again now, he's found his smile again; **j'avais retrouvé mes vingt ans** I felt twenty years old again; **le bonheur/l'amour** new-found happiness/love. **-6.** [reconnaître] to recognize, to trace; **on retrouve les mêmes propriétés dans les polymères** the same properties are to be found in polymers; **enfin, je te retrouve!** I'm glad to see you're back to your old self again!
◆ **se retrouver** ◇ *vp* (*emploi réciproque*) **-1.** [avoir rendez-vous] to meet (one another). **-2.** [se réunir] to get together. **-3.** [se rencontrer à nouveau] to meet again; **on se retrouvera, mon bonhomme!** *fam* I'll get even with you, chum! ❏ **comme on se retrouve!** fancy meeting you here!, well, well, well, look who's here! ◇ *vpi* **-1.** [être de nouveau] to find o.s. back (again); **se ~ dans la même situation (qu'avant)** to find o.s. back in the same situation (as before). **-2.** [par hasard] to end up; **à quarante ans, il s'est retrouvé veuf** he (suddenly) found himself a widower at forty; **tu vas te ~ à l'hôpital** you'll end up in hospital. **-3.** [se repérer] to find one's way; **je ne m'y retrouve plus dans tous ces formulaires à remplir** I can't make head or tail of all these forms to fill in ❏ **s'y ~** [résoudre un problème] to sort things out; [faire un

bénéfice] to make a profit. **-4.** [se ressourcer] to find o.s. again, to go back to one's roots.

**rétrovirus** [retrɔvirys] *nm* retrovirus.

**rétroviseur** [retrɔvizœr] *nm*: ~ **central** (rearview) mirror; ~ **latéral** wing mirror *Br*, side-view mirror *Am*.

**rets** [rɛ] *nm* **-1.** (*gén pl*) *litt* [piège] snare; **attraper** ou **prendre qqn dans ses** ~ to ensnare sb; **tomber dans les** ~ **de qqn** to be caught in sb's trap. **-2.** [filet – de chasse] net, snare; [– de pêche] (fishing) net.

**réunification** [reynifikasjɔ̃] *nf* reunification.

**réunifier** [9] [reynifje] *vt* to reunify, to reunite.

**réunion** [reynjɔ̃] *nf* **-1.** [rassemblement] gathering, get-together; ~ **de famille** family reunion ou gathering. **-2.** [fête] gathering, party. **-3.** [retrouvailles] reunion; ~ **d'anciens élèves** reunion of former pupils. **-4.** [congrès] meeting; ~ **publique** public ou open meeting; **dites que je suis en** ~ say that I'm at ou in a meeting ‖ [séance] session, sitting; ~ **de la Cour** court session; ~ **du Parlement** Parliamentary session *Br*.**-5.** [regroupement – de faits, de preuves] bringing together, assembling, gathering; [– de sociétés] merging; [– d'États] union. **-6.** SPORT meeting; ~ **sportive** sports meeting; ~ **d'athlétisme** athletics meeting; ~ **hippique** horse show. **-7.** MATH union.

**Réunion** [reynjɔ̃] *nprf*: (**l'île de**) **la** ~ Réunion.

**réunionnais, e** [reynjɔnɛ, ɛz] *adj* from Réunion.
◆ **Réunionnais, e** *nm, f* inhabitant of Réunion.

**réunir** [32] [reynir] *vt* **-1.** [relier – pôles, tuyaux] to join (together); [– brins, câbles] to tie together. **-2.** [mettre ensemble – objets] to collect together (*sép*); [– bétail] to round up (*sép*); **le spectacle réunit ses meilleures chansons** the show is a collection of her best hits ‖ [province]: ~ **à** to join to; **propriétés réunies au domaine royal en 1823** land acquired by the crown in 1823. **-3.** [combiner – goûts, couleurs] to combine. **-4.** [recueillir – statistiques, propositions] to put ou to collect together; [– preuves] to put together; [– fonds] to raise. **-5.** [rassembler – personnes] to bring together, to reunite; **nous sommes enfin réunis** [après rendez-vous manqué] at last we are together; [après querelle] we are reunited at last; **réunissez les élèves par groupes de dix** gather ou put the pupils into groups of ten.
◆ **se réunir** *vpi* **-1.** [se retrouver ensemble] to meet, to get together. **-2.** [fusionner] to unite, to join (together).

**réunis, ies** [reyni] *adj pl* **-1.** [rassemblés] combined. **-2.** [dans un titre commercial]: **les Cavistes/Mareyeurs Réunis** United Vintners/Fisheries.

**réussi, e** [reysi] *adj* successful; **ton tricot/soufflé est très** ~ your sweater/soufflé is a real success; **comme fête, c'était** ~**!** *iron* call that a party!

**réussir** [32] [reysir] ◇ *vt* [manœuvre, œuvre, recette] to make a success of, to carry off (*sép*); [exercice] to succeed in doing; [examen] to pass; **il a réussi un saut périlleux/sa nature morte** his somersault/still life was a success; **j'ai bien réussi mon coup** *fam* it worked out (well) for me, I managed to pull it off; ~ **sa vie** to make a success of one's life; ~ **son effet** to achieve the desired effect; **avec ce concert, il réussit un tour de force** his concert is a great achievement.
◇ *vi* **-1.** [dans la vie, à l'école] to do well, to be successful; **je veux** ~ I want to succeed ou to be a success ou to be successful; **il a réussi dans la vie** he's done well in life, he's a successful man; ~ **à un examen** to pass an exam; **nous sommes ravis d'apprendre que vous avez réussi** we're delighted to hear of your success. **-2.** [affaire, entreprise] to succeed, to be a success; **l'opération n'a pas vraiment réussi** the operation wasn't really a success. **-3.** [parvenir]: ~ **à faire qqch** to manage to do sthg, to succeed in doing sthg; **j'ai réussi à le réparer/à me couper** I managed to mend it/to cut myself. **-4.** [convenir]: ~ **à qqn** [climat, nourriture] to agree with sb, to do sb good; **le café lui réussit/ne lui réussit pas** coffee agrees/doesn't agree with him; **on dirait que ça te réussit, le mariage!** being married seems to make you thrive ou to suit you!; **il a essayé de les rouler, mais ça ne lui a pas réussi** he tried to swindle them but it didn't do him any good ou it didn't get him very far; **rien ne lui réussit** he can't do anything right. **-5.** AGR & HORT to thrive, to do well.

**réussite** [reysit] *nf* **-1.** [affaire, entreprise] success; **c'est une** ~**!** it's a (real) success!; ~ **à un examen** exam pass. **-2.** JEUX

patience; **faire une** ~ to have a game of patience.

**réutilisable** [reytilizabl] *adj* reusable; **non** ~ disposable, throwaway.

**réutilisation** [reytilizasjɔ̃] *nf* reuse, reutilization TECH.

**réutiliser** [3] [reytilize] *vt* to reuse, to use again.

**revacciner** [3] [rəvaksine] *vt* to revaccinate.

**revaloir** [60] [rəvalwar] *vt*: **je te revaudrai ça** [en remerciant] I'll repay you some day; [en menaçant] I'll get even with you for that, I'll pay you back for that.

**revalorisation** [rəvalɔrizasjɔ̃] *nf* **-1.** [d'une monnaie] revaluation. **-2.** [des salaires] raising, revaluation, increment. **-3.** [d'une théorie, d'une fonction] upgrading, reassertion; **on assiste à une** ~ **du rôle des pères** the role of the father is becoming more important.

**revaloriser** [3] [rəvalɔrize] *vt* **-1.** [monnaie] to revaluate. **-2.** [salaires] to raise, to revalue. **-3.** [théorie, fonction] to improve the status ou prestige ou standing of, to upgrade.

**revalu** [rəvaly], **revalus** [rəvaly] *v* → **revaloir**.

**revanchard, e** [rəvɑ̃ʃar, ard] *péj* ◇ *adj* [attitude, politique] of revenge, revengeful, revanchard *spéc*; [personne] revengeful, set on revenge, revanchist *spéc*. ◇ *nm, f* revanchist.

**revanche** [rəvɑ̃ʃ] *nf* **-1.** [sur un ennemi] revenge; **prendre sa** ~ (**sur qqn**) to take ou to get one's revenge (on sb). **-2.** JEUX & SPORT return game; **donner sa** ~ **à qqn** to give sb his revenge.
◆ **en revanche** *loc adv* on the other hand.

**revanchisme** [rəvɑ̃ʃism] *nm* revanchism, spirit of revenge.

**rêvasser** [3] [rɛvase] *vi* to daydream, to dream away, to muse.

**rêvasserie** [rɛvasri] *nf* daydream.

**revaudrai** [rəvodre], **revaux** [rəvo] *v* → **revaloir**.

**rêve** [rɛv] *nm* **-1.** [d'un dormeur] dream; **faire un** ~ to have a dream; **je l'ai vu en** ~ I saw him in my ou in a dream; **comme dans un** ~ as if in a dream; **bonne nuit, fais de beaux** ~**s!** good night, sweet dreams!; **le** ~ PSYCH dreams, dreaming. **-2.** [d'un utopiste] dream, fantasy, pipe dream; **mon** ~, **ce serait d'aller au Japon** my dream is to go to Japan, I dream of going to Japan. **-3.** *fam*: **le** ~ [l'idéal] the ideal thing; **c'est/ce n'est pas le** ~ it's/it isn't ideal.
◆ **de mes rêves, de ses rêves** etc *loc adj* of my/his etc dreams.
◆ **de rêve** *loc adj* ideal; **une vie de** ~ a sublime ou an ideal existence; **il fait un temps de** ~ the weather is perfect.

**rêvé, e** [rɛve] *adj* perfect, ideal; **c'est l'endroit** ~ **pour camper** this is the ideal place ou just the place to camp.

**revêche** [rəvɛʃ] *adj* [personne] surly, cantankerous, tetchy; [voix, air] surly, grumpy.

**revêcu** [rəveky] *pp* → **revivre**.

**réveil** [revɛj] *nm* **-1.** [après le sommeil] waking (up), awakening *litt*; **j'attendrai ton** ~ **pour partir** I'll wait until you have woken up ou until you are awake before I leave; **j'ai des** ~**s difficiles** ou **le** ~ **difficile** I find it hard to wake up; **à mon** ~ **il était là** when I woke up he was there. **-2.** [prise de conscience] awakening. **-3.** MIL reveille; **j'ai eu droit à un** ~ **en fanfare, ce matin!** *fig* I was treated to a very noisy awakening this morning!**-4.** [de la mémoire, de la nature] reawakening; [d'une douleur] return, new onset; [d'un volcan] (new) stirring, fresh eruption. **-5.** [pendule] alarm (clock); **j'ai mis le** ~ (**à 7 h**) I've set the alarm (for 7 o'clock).

**réveille-matin** [revɛjmatɛ̃] *nm inv vieilli* alarm (clock).

**réveiller** [4] [reveje] *vt* **-1.** [tirer – du sommeil, de l'évanouissement] to wake (up) (*sép*); [– d'une réflexion, d'une rêverie] to rouse, to stir; **un bruit/une explosion à** ~ **les morts** a noise/an explosion loud enough to wake the dead ❑ **il ne faut pas** ~ **le chat qui dort** *prov* let sleeping dogs lie *prov*. **-2.** [faire renaître – enthousiasme, rancœur, envie] to reawaken, to revive.
◆ **se réveiller** *vpi* **-1.** [sortir – du sommeil, de l'évanouissement] to wake (up), to awake *litt*, to awaken *litt*; [– d'une réflexion, de la torpeur] to wake up, to stir ou to rouse o.s.; **se** ~ **en sursaut** to wake up with a start; **il faut vous** ~! you'd better pull yourself together!**-2.** [se ranimer – passion, souvenir] to revive, to be stirred up ou aroused (again); [– volcan] to stir ou to erupt again; [– maladie, douleur] to start up again, to return.

**réveillon** [revɛjɔ̃] *nm family meal eaten on Christmas Eve or New*

Year's Eve; ~ (de Noël) [fête] Christmas Eve party; [repas] Christmas Eve supper; ~ de la Saint-Sylvestre ou du Jour de l'An [fête] New Year's Eve party; [repas] New Year's Eve supper.

**réveillonner** [3] [revɛjɔne] vi [faire une fête – à Noël] to have a Christmas Eve party; [– pour la Saint-Sylvestre] to have a New Year's Eve party; [faire un repas – à Noël] to have a Christmas Eve supper; [– pour la Saint-Sylvestre] to have a New Year's Eve supper.

**révélateur, trice** [revelatœr, tris] ◇ adj [détail] revealing, indicative, significant; [lapsus, sourire] revealing, telltale; les chiffres sont ~s the figures speak volumes; ce sondage est très ~ de la tendance actuelle this poll tells us ou reveals a lot about the current trend; un décolleté ~ a plunging neckline. ◇ nm, f revealer.
◆ **révélateur** nm -1. [indice] telltale sign. -2. PHOT developer.

**révélation** [revelasjɔ̃] nf -1. [information] revelation, disclosure; faire des ~s à la presse/police to give the press a scoop/the police important information. -2. [personne] revelation; il pourrait bien être la ~ musicale de l'année he could well turn out to be this year's musical revelation ou discovery. -3. [prise de conscience] revelation; avoir une ~ to have a brainwave. -4. [divulgation] disclosure, revealing; la ~ d'un complot the revealing ou uncovering of a plot. -5. RELIG revelation.

**révèle** [revɛl] v → révéler.

**révélé, e** [revele] adj [religion] revealed.

**révéler** [18] [revele] vt -1. [secret, information, intention] to reveal; [état de fait] to reveal, to bring to light; [vérité] to reveal, to tell; j'ai des choses importantes à ~ à la police I have important information to give to the police; elle a révélé mon secret [intentionnellement] she revealed my secret; [involontairement] she gave away my secret; il refuse de ~ son identité he's refusing to disclose his identity ou to say who he is. -2. [montrer – don, qualité, anomalie] to reveal, to show; la mauvaise gestion révélée par ces chiffres the bad management brought to light ou evidenced by these results; une grosseur que les radios n'avaient pas révélée a growth which hadn't shown up on the X rays. -3. [faire connaître]: ~ qqn to make sb famous; révélé par un important metteur en scène discovered by an important director. -4. PHOT to develop.
◆ **se révéler** vpi -1. [s'avérer]: se ~ coûteux/utile to prove (to be) expensive/useful; elle se révéla piètre vendeuse she turned out ou proved to be a poor salesgirl. -2. [se faire connaître] to be revealed ou discovered, to come to light; tu t'es révélé sous ton vrai jour you've showed yourself in your true colours; elle s'est révélée (au grand public) dans Carmen she had her first big success in Carmen.

**revenant, e** [rəvnɑ̃, ɑ̃t] nm, f fam & hum: tiens, un ~! hello, stranger!, long time no see! hum.
◆ **revenant** nm [fantôme] ghost, spirit.

**revendeur, euse** [rəvɑ̃dœr, øz] nm, f -1. [détaillant] retailer, dealer. -2. [de billets, de tickets] tout Br, scalper Am; [d'articles d'occasion] (secondhand) dealer; ~ de drogue drug dealer; ~ de voitures secondhand car dealer.

**revendicateur, trice** [rəvɑ̃dikatœr, tris] adj: des discours ~s speeches setting out demands ou claims.

**revendicatif, ive** [rəvɑ̃dikatif, iv] adj protest (modif); un mouvement ~ a protest movement.

**revendication** [rəvɑ̃dikasjɔ̃] nf [réclamation] demand; journée de ~ day of action ou of protest; ~s salariales wage demands ou claims.

**revendiquer** [3] [rəvɑ̃dike] vt -1. [réclamer – dû, droit, part d'héritage] to claim; [– hausse de salaire] to demand; (en usage absolu): le personnel revendique the staff are making demands ou have put in a claim. -2. [assumer] to lay claim to, to claim; ~ la responsabilité de qqch to claim responsibility for sthg; l'attentat n'a pas été revendiqué nobody has claimed responsibility for the attack; il n'a jamais revendiqué cette paternité he never claimed this child as his. -3. JUR to lay claim to, to claim.

**revendre** [73] [rəvɑ̃dr] vt -1. [vendre – gén] to sell; [suj: détaillant] to retail. -2. fam loc: elle a du talent/de l'ambition à ~ she's got masses of talent/ambition.
◆ **se revendre** vp (emploi passif): ce genre d'appareil ne se

revend pas facilement this sort of equipment isn't easy to resell.

**revenez-y** [rəvnezi] nm inv -1. litt [retour vers le passé] reversion, throwback. -2. fam loc: ce vin a un petit goût de ~! this wine is rather moreish!

**revenir** [40] [rəvnir] vi -1. [venir à nouveau – gén] to come back; [– chez soi] to come back, to come (back) home, to return home; [– au point de départ] to return, to come ou to get back; pouvez-vous ~ plus tard? could you come back later?; passe me voir en revenant du bureau call in to see me on your way back ou home from the office; je reviens (tout de suite) I'll be (right) back; je suis revenue déçue de la visite I came back disappointed after the visit; la lettre m'est revenue the letter was returned to me; enfin tu me reviens! at last, you've come back to me!; d'où nous revenez-vous? and where have you been?; ~ en arrière [dans le temps] to go back (in time); [dans l'espace] to retrace one's steps, to go back ❑ ~ au point de départ to go back to the starting point; fig to be back to square one; elle revient de loin! [elle a failli mourir] it was touch and go (for her)! euph; [elle a eu de graves ennuis] she's had a close shave!. -2. [se manifester à nouveau – doute, inquiétude] to return, to come back; [– calme, paix] to return, to be restored; [– symptôme] to recur, to return, to reappear; [– problème] to crop up ou to arise again; [– occasion] to crop up again; [– thème, rime] to recur, to reappear; [– célébration] to come round again; [– saison] to return, to come back; [– soleil] to come out again, to reappear; le temps des fêtes est revenu the festive season is with us again ou has come round again; ses crises reviennent de plus en plus souvent her fits are becoming more and more frequent. -3. SPORT [dans une course] to come back, to catch up; le peloton est revenu en train de ~ sur les échappés the pack is catching up with ou gaining on the breakaway group. -4. [coûter]: ~ cher to be expensive; ~ à to cost, to amount to, to come to. -5. CULIN: faire ~ to brown. -6. fam [retrouver son état normal – tissu]: les draps sont bien revenus au lavage the sheets came up like new in the wash.
◆ **revenir à** v + prép -1. [équivaloir à] to come down to, to amount to; ce qui revient à dire que... which amounts to saying that...; ça revient au même! (it amounts to ou comes to the) same thing!. -2. [reprendre – mode, procédé, thème] to go back to, to revert to, to return to; on revient aux ou à la mode des cheveux courts short hair is coming back ou on its way back; ~ à une plus juste vision des choses to come round to a more balanced view of things; (en): ~ à: mais revenons ou revenons-en à cette affaire but let's get ou come back to this matter; bon, pour (en) ~ à notre histoire... right, to get back to ou to go on with our story...; j'en ou je reviens à ma question, où étiez-vous hier? I'm asking you again, where were you yesterday?; et si nous (en) revenions à vous, M. Lebrun? now what about you, Mr Lebrun? ❑ y ~: voilà cent francs, et n'y reviens plus! here's a hundred francs, and don't ask me again!; il n'y a pas ou plus à y ~! and that's final ou that's that!; ~ à soi to come to, to come round. -3. [suj: part, récompense] to go ou to fall to, to devolve on ou upon; [suj: droit, tâche] to fall to; à chacun ce qui lui revient to each his due; avec les honneurs qui lui reviennent with the honours (which are) due to her; ses terrains sont revenus à l'État his lands passed ou went to the State; il devrait encore me ~ 200 francs I should still get 200 francs; ce titre lui revient de droit this title is his by right; tout le mérite t'en revient the credit is all yours, you get all the credit for it; la décision nous revient, il nous revient de décider it's for us ou up to us to decide. -4. [suj: faculté, souvenir] to come back to; l'appétit lui revient she's recovering her appetite ou getting her appetite back; la mémoire lui revient her memory is coming back; son nom ne me revient pas (à la mémoire) his name escapes me ou has slipped my mind; ça me revient seulement maintenant, ils ont divorcé I've just remembered, they got divorced ‖ (tournure impersonnelle): il me revient que tu étais riche à l'époque sout as I recall, you were rich at the time; ~ à qqn ou aux oreilles de qqn to get back to sb, to reach sb's ears; il m'est revenu que... word has got back to me ou has reached me that... -5. fam [plaire à]: elle a une tête qui ne me revient pas I don't really like the look of her.
◆ **revenir de** v + prép -1. [émotion, étonnement, maladie] to

get over, to recover from; [évanouissement] to come round from, to come to after; en ~ [guérir] to come ou to pull through it, to recover; [échapper à un danger] to come through (it) ❑ **je n'en reviens pas!** I can't get over it!; **je n'en reviens pas qu'il ait dit ça!** it's amazing he should say that!, I can't get over him saying that!; **quand je vais te le raconter, tu n'en reviendras pas** when I tell you the story you won't believe your ears. **-2.** [idée, préjugé] to put ou to cast aside *(sép)*, to throw over *(sép)*; [illusion] to shake off *(sép)*; [principe] to give up *(sép)*, to leave behind; ~ **de ses erreurs** to realize ou to recognize one's mistakes; **moi, l'homéopathie, j'en suis revenu!** *fam* as far as I'm concerned, I've done ou I'm through with homeopathy!; **il est revenu de tout** he's seen it all (before).
◆ **revenir sur** *v* + *prép* **-1.** [question] to go back over, to hark back to; **elle ne peut s'empêcher de ~ sur cette triste affaire** she can't help going ou mulling over that sad business. **-2.** [décision, déclaration, promesse] to go back on; **ma décision est prise, je ne reviendrai pas dessus** my mind is made up and I'm not going to change it; ~ **sur sa parole** ou **sur la parole donnée** to go back on one's word, to break one's promise.
◆ **s'en revenir** *vpi sout* to be on one's way back; **nous nous en revenions tranquillement lorsque...** we were slowly making our way home when...

**revente** [rəvɑ̃t] *nf* resale.

**revenu¹** [rəvəny] *nm* **-1.** [rétribution – d'une personne] income *(U)*; **sans ~s** without any income ❑ ~ **disponible** disposable income; ~ **par habitant** per capita income; ~ **imposable** taxable income; ~ **minimum d'insertion** minimum guaranteed income *(for people with no other source of income)*. **-2.** [recettes – de l'État] revenue; ~ **national** national income; ~s **publics** ou **de l'État** public revenue. **-3.** [intérêt] income, return; **un investissement produisant un ~ de 7 %** an investment with a 7% rate of return ‖ [dividende] yield; **le ~ d'une action** the yield on a share. **-4.** [bénéfice]: ~ **brut d'exploitation** gross profit.

**revenu²**, **e** [rəvəny] *pp* → revenir.

**rêver** [4] [rɛve] ◇ *vi* **-1.** [en dormant] to dream; **elle rêve (tout) éveillée** she's a daydreamer, she's lost in a dream ou daydream; **c'est ce qu'il m'a dit, je n'ai pas rêvé!** that's what he said, I didn't dream it up ou imagine it!; **toi ici? (dites moi que) je rêve!** you here? I must be dreaming!; ~ **de** to dream of ❑ **on croit ~!** [ton irrité] is this a joke?; **elle en rêve la nuit** *pr* she has dreams about it at night; *fig* she's obsessed by it. **-2.** [divaguer] to be imagining things, to be in cloud-cuckoo-land; **toi, gagner ta vie tout seul, non mais tu rêves!** you, earn your own living? you must be joking!; **ça fait ~!** that's the stuff that dreams are made of!; **des plages/salaires à faire ~** dream beaches/wages; **on peut toujours ~!** there's no harm in dreaming!, there's no harm in a little fantasizing!; **faut pas ~!** let's not get carried away!; **la semaine de 25 heures? faut pas ~!** the 25 hour week? that'll be the day!**-3.** [songer] to dream, to daydream; ~ **à** to dream of *(insép)*, to muse over *(insép)*.
◇ *vt* **-1.** [suj: dormeur] to dream; ~ **que...** to dream that... **-2.** [souhaiter] to dream of *(insép)*; **on ne saurait ~ (une) occasion plus propice** you couldn't wish for a more appropriate occasion; **je n'ai jamais rêvé mariage/fortune!** I've never dreamed of marriage/being wealthy! ‖ [inventer de toutes pièces] to dream up *(sép)*.
◆ **rêver de** *v* + *prép* [espérer] to dream of; **j'avais tellement rêvé de ton retour** I so longed for your return; **l'homme dont toutes les femmes rêvent** the man every woman dreams about ou desires; **je n'avais jamais osé ~ d'un bonheur pareil!** I'd never have dared dream of such happiness!; ~ **de faire qqch** to be longing to do sthg.

**réverbérant, e** [reverberɑ̃, ɑ̃t] *adj* reverberant.

**réverbération** [reverberasjɔ̃] *nf* [du son] reverberation; [de la chaleur, de la lumière] reflection; **à cause de la ~ du soleil sur la neige** because of the glare of the sun on the snow.

**réverbère** [reverber] ◇ *v* → **réverbérer**. ◇ *nm* **-1.** [lampe] street lamp, streetlight. **-2.** [réflecteur] reflector.

**réverbérer** [18] [reverbere] *vt* [chaleur, lumière] to reflect; [son] to reverberate, to send back *(sép)*.

**reverdir** [32] [rəverdir] *vi* to grow ou to turn green again.

**révère** [rever] *v* → **révérer**.

**révérence** [reverɑ̃s] *nf* **-1.** *litt* [déférence] reverence. **-2.** [salut] bow, curtsy, curtsey; **elle fit une ~ à Son Altesse** she curtseyed to Her Highness ❑ **tirer sa ~ à qqn** to walk out on sb; **tirer sa ~ à qqch** to bow out of sthg. **-3.** RELIG: **Votre Révérence** Your Reverence.

**révérencieux, euse** [reverɑ̃sjø, øz] *adj litt* reverent, respectful.

**révérend, e** [reverɑ̃, ɑ̃d] *adj* reverend.
◆ **révérend** *nm* reverend.

**révérendissime** [reverɑ̃disim] *adj* [archevêque] Most Reverend.

**révérer** [18] [revere] *vt sout* to revere, to reverence.

**rêverie** [rɛvri] *nf* **-1.** [réflexion] daydreaming *(U)*, reverie; **plongé dans ses ~s** ou **sa ~** deep in thought. **-2.** [chimère] dream, daydream, delusion.

**reverrai** [rəvɛre] *v* → **revoir**.

**revers** [rəvɛr] *nm* **-1.** [d'une blouse, d'un veston] lapel; [d'un pantalon] turn-up *Br*, cuff *Am*; [d'une manche] (turned-back) cuff; [d'un uniforme] facing; **col/bottes à ~** turned-down collar/boots. **-2.** [d'une feuille, d'un tissu, d'un tableau, de la main] back; [d'une pièce] reverse (side); **c'est le ~ de la médaille** that's the other side of the coin, there's the rub. **-3.** [échec, défaite] setback; **essuyer un ~** to suffer a setback; ~ **économiques** economic setbacks ❑ ~ **de fortune** reverse of fortune, setback (in one's fortunes). **-4.** TENNIS backhand (shot); **faire un ~** to play a backhand shot.
◆ **à revers** *loc adv* MIL from ou in the rear.

**reverser** [3] [rəvɛrse] *vt* **-1.** [verser – de nouveau] to pour again, to pour (out) more (of); [– dans le récipient d'origine] to pour back *(sép)*. **-2.** FIN [reporter] to transfer; ~ **des intérêts sur un compte** to pay interest on an account; **la prime d'assurance vous sera intégralement reversée au bout d'un an** the total premium will be paid back to you after one year.

**réversibilité** [reversibilite] *nf* JUR revertibility.

**réversible** [reversibl] *adj* **-1.** [vêtement] reversible. **-2.** JUR [bien, pension] revertible. **-3.** CHIM & PHYS reversible.

**revêtement** [rəvɛtmɑ̃] *nm* **-1.** CONSTR [intérieur – peinture] covering; [– enduit] coating; [extérieur – gén] facing; [– crépi] rendering; ~ **de sol** flooring *(U)*. **-2.** TRAV PUBL: **refaire le ~ d'une route** to resurface a road. **-3.** TECH [d'un câble électrique] housing, sheathing; [d'un pneu] casing; [d'un conduit] lining. **-4.** AÉRON skin. **-5.** ARCHIT revetment. **-6.** MIN lining.

**revêtir** [44] [rəvɛtir] *vt* **-1.** *sout* [endosser] to don, to array o.s. in, to put on; ~ **ses plus beaux atours** to array o.s. in ou to don one's finest attire. **-2.** *sout* [habiller] ~ **qqn de** to dress ou to array sb in, to clothe sb in ou with. **-3.** *sout* [importance, signification] to take on *(insép)*, to assume; [forme] to appear in, to take on, to assume. **-4.** ARCHIT, CONSTR & TRAV PUBL [rue – asphalter] to surface; [– paver] to pave; ~ **une surface de** to cover a surface with. **-5.** TECH [chaudière] to line, to lag; [puits de mine] to line. **-6.** JUR: ~ **un contrat de signatures** to append signatures to a contract; **laissez-passer revêtu du tampon obligatoire** authorization bearing the regulation stamp.

**rêveur, euse** [rɛvœr, øz] ◇ *adj* **-1.** [distrait] dreamy; **avoir un caractère ~** to be a daydreamer. **-2.** [perplexe]: **cette dernière phrase me laissa ~** these last words puzzled ou baffled me; **ça laisse ~!** it makes you wonder! ◇ *nm, f* dreamer, daydreamer.

**rêveusement** [rɛvøzmɑ̃] *adv* dreamily.

**reviendrai** [rəvjɛ̃dre], **reviennent** [rəvjɛn], **revient¹** [rəvjɛ̃] *v* → **revenir**.

**revient²** [rəvjɛ̃] *nm* → **prix**.

**revigorer** [3] [rəvigɔre] *vt* **-1.** [stimuler – personne] to invigorate, to liven up *(sép)*; **une petite promenade pour vous ~?** how about a bracing little walk? **-2.** [relancer – économie] to boost, to give a boost to.

**revins** [rəvɛ̃] *v* → **revenir**.

**revirement** [rəvirmɑ̃] *nm* [changement – d'avis] about-face, change of mind; [– de situation] turnaround, about-face, sudden turn; **un ~ dans l'opinion publique** a complete swing ou turnaround in public opinion; **un ~ de la tendance sur le marché des valeurs** a sudden reversal of stock market trends.

**revis** [rəvi] *v* → **revivre, revoir**.

**révisable** [revizabl] *adj* **-1.** [gén] revisable. **-2.** JUR reviewable.

**réviser** [3] [revize] *vt* **-1.** SCOL & UNIV to revise, to go over *(insép)* (again). **-2.** [réévaluer – jugement, situation] to review, to reexamine, to reappraise; ~ à la baisse/hausse to downgrade/upgrade, to scale down/up. **-3.** JUR: ~ un procès to rehear a trial; ~ le procès de qqn to retry sb; ~ un jugement to review a judgment. **-4.** [voiture] to service; [machine] to overhaul; faire ~ une voiture to have a car serviced; faire ~ les freins to have the brakes checked. **-5.** [clause] to revise; [liste électorale] to update, to revise; [manuscrit] to check, to go over *(insép)*; [épreuves] to revise, to line edit *spéc.*

**réviseur, euse** [revizœr, øz] *nm, f* **-1.** ÉCON: ~ comptable auditor. **-2.** IMPR reviser, checker.

**révision** [revizjɔ̃] *nf* **-1.** SCOL & UNIV revision *(U)*, revising *(U)*. **-2.** [d'une clause] revision; [d'une liste électorale] updating, revision; [d'un manuscrit] checking; [d'épreuves] checking, revising. **-3.** [d'une voiture] service; [d'une machine] overhaul, overhauling. **-4.** [fait de réestimer] reevaluation, reappraisal; la ~ à la baisse/hausse des prévisions the downgrading/upgrading of the forecast figures. **-5.** JUR [d'un procès] rehearing; [d'un jugement] reviewing.

**révisionnel, elle** [revizjɔnɛl] *adj* revisionary, review *(modif)*.

**révisionnisme** [revizjɔnism] *nm* revisionism.

**révisionniste** [revizjɔnist] *adj & nmf* revisionist.

**revisser** [3] [rəvise] *vt* to screw back again.

**revitalisant, e** [rəvitalizɑ̃, ɑ̃t] *adj* revitalizing.

**revitalisation** [rəvitalizasjɔ̃] *nf* revitalization.

**revitaliser** [3] [rəvitalize] *vt* **-1.** [ranimer – économie] to revitalize. **-2.** [régénérer – peau] to revitalize.

**revivifiant, e** [rəvivifjɑ̃, ɑ̃t] *adj* bracing, revivifying.

**revivifier** [9] [rəvivifje] *vt* **-1.** [personne] to revivify, to revitalize. **-2.** *litt* [souvenir] to bring back to life, to revive.

**reviviscence** [rəvivisɑ̃s] *nf* **-1.** BIOL anabiosis, reviviscence. **-2.** *litt* revival, reappearance.

**reviviscent, e** [rəvivisɑ̃, ɑ̃t] *adj* BIOL anabiotic, reviviscent.

**revivre** [90] [rəvivr] ◇ *vi* **-1.** [renaître] to come alive (again); les examens sont terminés, je revis! the exams are over, I can breathe again OU what a weight off my mind!; quel calme, je me sens ~! how quiet it is around here, I feel like a new person!-**2.** [nature, campagne] to come alive again. **-3.** [personne ou animal mort] to come back to life. **-4.** [redevenir actuel]: faire ~ qqch: faire ~ la tradition to restore OU to revive tradition; faire ~ les années de guerre to bring back the war years. ◇ *vt* **-1.** [se souvenir de] to relive, to live OU to go through *(insép)* (again). **-2.** [vivre à nouveau] to relive.

**révocabilité** [revɔkabilite] *nf* **-1.** ADMIN [d'un fonctionnaire] dismissibility. **-2.** JUR [d'un acte juridique] revocability. **-3.** POL [d'un élu] recallability.

**révocable** [revɔkabl] *adj* **-1.** ADMIN [fonctionnaire] dismissible. **-2.** JUR [acte juridique] revocable, subject to repeal. **-3.** POL [élu] recallable, subject to recall.

**révocation** [revɔkasjɔ̃] *nf* **-1.** ADMIN [d'un fonctionnaire] dis-

missal; [d'un dirigeant] removal. **-2.** JUR [d'un acte juridique] repeal, revocation; [d'un testament] revocation; [d'un ordre] rescinding; la ~ de l'édit de Nantes the Revocation of the Edict of Nantes. **-3.** POL [d'un élu] removal, recall.

**révocatoire** [revɔkatwar] *adj* revocatory.

**revoici** [rəvwasi] *prép*: me ~! here I am again!, it's me again!

**revoilà** [rəvwala] *prép*: ~ le printemps! it looks like spring's here again!; enfin, te ~! you're back at last!; les ~! there they are again! ❑ nous y ~, je m'y attendais! here we go again! I just knew it.

**revoir¹** [rəvwar] *nm*
◆ au revoir ◇ *loc interj* goodbye. ◇ *nm*: ce n'est qu'un au ~ we'll meet again.

**revoir²** [62] [rəvwar] *vt* **-1.** [rencontrer à nouveau] to see OU to meet again; et que je ne te revoie plus ici, compris? and don't let me see OU catch you around here again, is that clear? ‖ [retourner à] to see again, to go back to. **-2.** [examiner à nouveau – images] to see again, to have another look at; [– exposition, spectacle] to see again; [– dossier] to reexamine, to look at *(insép)* again; [– vidéocassette] to watch again. **-3.** [assister de nouveau à – incident] to see, to witness again. **-4.** [par l'imagination]: je nous revois encore, autour du feu de camp I can still see OU picture us around the campfire. **-5.** [vérifier – installation, mécanisme, moteur] to check, to look at *(insép)* again. **-6.** [modifier – texte] to reexamine, to revise; [– opinion] to modify, to revise; 'édition revue et corrigée' 'revised edition'; ~ à la hausse/baisse to revise upwards/downwards. **-7.** SCOL [cours] to go over *(insép)* (again), to revise Br, to review Am; tu ferais bien de ~ ta physique! [réviser] you'd better revise your physics!; [réapprendre] you'd better study OU learn your physics again!
◆ se revoir ◇ *vp (emploi réciproque)* to meet again. ◇ *vp (emploi réfléchi)* to see OU to picture o.s. again; je me revois enfant, chez ma grand-mère I can still see myself as a child at my grandmother's.

**révoltant, e** [revɔltɑ̃, ɑ̃t] *adj* [violence, lâcheté] appalling, shocking; [grossièreté] revolting, outrageous, scandalous.

**révolte** [revɔlt] *nf* **-1.** [sédition] revolt, rebellion. **-2.** [insoumission] rebellion, revolt; être en ~ contre qqn to be in revolt against sb. **-3.** [réprobation] outrage.

**révolté, e** [revɔlte] ◇ *adj* **-1.** [rebelle] rebellious, rebel *(avant n)*. **-2.** [indigné] outraged. **-3.** MIL mutinous. ◇ *nm, f* **-1.** [gén] rebel. **-2.** MIL rebel, mutineer.

**révolter** [3] [revɔlte] *vt* [scandaliser] to appal, to revolt, to shock; ça ne te révolte pas, toi? don't you think that's disgusting OU revolting OU shocking?; révolté par la misère/tant de violence outraged by poverty/at so much violence.
◆ se révolter *vpi* **-1.** [gén] to revolt; adolescent, il s'est révolté contre ses parents he rebelled against his parents when he was a teenager. **-2.** [marin, soldat] to mutiny.

**révolu, e** [revɔly] *adj* **-1.** *litt* [d'autrefois]: aux jours ~s de ma jeunesse in the bygone days of my youth; en des temps ~s in days gone by. **-2.** [fini] past; l'époque des hippies est ~e the hippie era is over. **-3.** ADMIN: âgé de 18 ans ~s over 18 (years of age); au bout de trois années ~es after three full

---

**USAGE ▶ Dire au revoir**

**Juste avant de se quitter**

Well, (it was) good OU nice to meet you.
Keep in touch.
(Have a) safe journey.
Have a good trip.
Have a nice day! [Am]

▷ *à des amis intimes:*

All the best!
Take care!
Look after yourself!

**En se quittant**

▷ *quand aucun rendez-vous n'a été prévu:*

Goodbye!
See you soon OU around.

See you again some time.
See you! [familier]
Bye! [familier]
So long! [Am, familier]
Cheers (then)! [Br, familier]
Speak to you soon. [au téléphone]

▷ *quand on se reverra bientôt:*

Bye for now!
See you later/in July, then!
Until next Tuesday, then.

▷ *souhaiter une bonne nuit:*

(Good) night!
Night-night! [familier]

years.

**révolution** [revɔlysjɔ̃] *nf* **-1.** POL revolution; la ~ **industrielle** the industrial revolution; une ~ de palais a palace coup ou revolution; la Révolution culturelle the Cultural Revolution; la Révolution (française) the French Revolution; la ~ d'octobre the October Revolution. **-2.** [changement] revolution, upset; faire ou causer une ~ dans qqch to revolutionize sthg. **-3.** [agitation] turmoil; tous ces cambriolages ont mis la ville en ~ the town is up in arms ou in uproar because of all these burglaries. **-4.** ASTRON & MATH revolution.

**révolutionnaire** [revɔlysjɔnɛr] ◊ *adj* **-1.** POL revolutionary. **-2.** HIST revolutionary. ◊ *nmf* **-1.** POL revolutionary, revolutionist *Am.* **-2.** HIST: un ~ a revolutionary. **-3.** *fig* innovator.

**révolutionner** [3] [revɔlysjɔne] *vt* [système, domaine] to revolutionize; [vie] to change radically.

**revolver** [revɔlvɛr] *nm* ARM revolver; un coup de ~ a gunshot.

**révoquer** [3] [revɔke] *vt* **-1.** ADMIN [fonctionnaire] to dismiss; [dirigeant] to remove (from office). **-2.** JUR [acte juridique] to revoke, to repeal; [testament] to revoke; [ordre] to revoke, to rescind. **-3.** POL [élu] to recall.

**revoyais** [rəvwaje], **revoyons** [rəvwajɔ̃] *v* → **revoir**.

**revoyure**<sup>▽</sup> [rəvwajyr] *nf*: à la ~! see you (around)!, so long!, toodle-oo!

**revu, e¹** [rəvy] *v* → **revoir**.

**revue²** [rəvy] *nf* **-1.** [publication – gén] magazine; [– spécialisée] journal, review; ~ **économique** economic journal ou review; ~ **financière** financial review; ~ de **mode** fashion magazine; ~ **porno** *fam* porno ou porn magazine; ~ **scientifique** science journal. **-2.** [de music-hall] variety show; [de chansonniers] revue; ~ **à grand spectacle** big show, spectacular. **-3.** MIL [inspection] inspection, review; [défilé] review, march-past; la ~ **du 14 juillet** the 14th of July (military) parade ❑ **passer en** ~ [troupes] to hold a review of, to review; [uniformes] to inspect. **-4.** [inventaire]: faire la ~ de, passer en ~ [vêtements, documents] to go ou to look through; [solutions] to go over in one's mind, to review.

◆ **revue de presse** *nf* review of the press ou of what the papers say.

**révulsé, e** [revylse] *adj* [traits, visage] contorted; ~ de douleur [visage] contorted with pain; les yeux ~s with his eyes rolled upwards.

**révulser** [3] [revylse] *vt* **-1.** [dégoûter] to revolt, to fill with loathing, to disgust. **-2.** [crisper] to contort.

◆ **se révulser** *vpi* [traits, visage] to contort, to become contorted; [yeux] to roll upwards.

**révulsif, ive** [revylsif, iv] *adj* revulsant.

◆ **révulsif** *nm* revulsant, revulsive.

**révulsion** [revylsjɔ̃] *nf* **-1.** MÉD revulsion. **-2.** [dégoût] revulsion, loathing.

**rewriter¹** [rirajtœr] *nm* rewriter.

**rewriter²** [3] [rirajte] *vt* to rewrite.

**rez-de-chaussée** [redʃose] *nm inv* ground floor *Br*, first floor *Am*; au ~ on the ground floor; habiter un ~ to live in a ground floor flat *Br* ou first floor apartment *Am*.

**rez-de-jardin** [redʒardɛ̃] *nm inv* ground ou garden level; pièces en ~ ground-level rooms.

**RF** *abr écrite de* **République française**.

**RFA** (*abr de* **République fédérale d'Allemagne**) *npr f* FRG, West Germany.

**RFI** (*abr de* **Radio France Internationale**) *npr* French World Service radio station.

**RFO** (*abr de* **Radio-télévision française d'outre-mer**) *npr* French overseas broadcasting service.

**r.g.** *abr écrite de* **rive gauche**.

**RG** *npr mpl abr de* **Renseignements généraux**.

**Rh** (*abr écrite de* **Rhésus**) Rh.

**rhabiller** [3] [rabije] *vt* **-1.** [habiller à nouveau] to dress again; rhabille-le put his clothes back on (for him). **-2.** ARCHIT to revamp, to refurbish. **-3.** TECH [montre] to overhaul; [meule] to dress.

◆ **se rhabiller** *vp* (*emploi réfléchi*) **-1.** [s'habiller à nouveau] to put one's clothes back on, to dress ou to get dressed again.

**-2.** *fam loc*: tu peux aller te/il peut aller se ~! you've/he's got another think coming!

**rhapsodie** [rapsɔdi] *nf* MUS rhapsody.

**rhénan, e** [renɑ̃, an] *adj* **-1.** [du Rhin] of the Rhine, Rhenish; le pays ~ the Rhineland. **-2.** [de la Rhénanie] of the Rhineland.

**Rhénanie** [renani] *npr f*: (la) ~ the Rhineland.

**rhéostat** [reɔsta] *nm* rheostat.

**Rhésus** [rezys] *nm* [système sanguin]: facteur ~ Rhesus ou Rh factor; ~ positif/négatif Rhesus positive/negative.

**rhéteur** [retœr] *nm* **-1.** ANTIQ rhetor. **-2.** *litt* rhetorician.

**rhétoricien, enne** [retɔrisjɛ̃, ɛn] ◊ *adj* rhetorical. ◊ *nm, f* [spécialiste] rhetorician.

**rhétorique** [retɔrik] ◊ *adj* rhetoric, rhetorical. ◊ *nf* **-1.** [art] rhetoric. **-2.** *Belg* SCOL ≃ lower sixth form *Br*, ≃ sixth grade *Am*.

**Rhin** [rɛ̃] *npr m*: le ~ the Rhine.

**rhinite** [rinit] *nf* rhinitis.

**rhinocéros** [rinɔserɔs] *nm* **-1.** ZOOL rhinoceros, rhino. **-2.** ENTOM rhinoceros beetle.

**rhino-pharyngite** [rinɔfarɛ̃ʒit] (*pl* **rhino-pharyngites**) *nf* rhinopharyngitis.

**rhizome** [rizɔm] *nm* rhizome.

**rhodanien, enne** [rɔdanjɛ̃, ɛn] *adj* [du Rhône] from the Rhone; le couloir ~ the Rhone corridor.

**Rhodes** [rɔd] *npr* Rhodes.

**rhododendron** [rɔdɔdɛ̃drɔ̃] *nm* rhododendron.

**Rhône** [ron] *npr m*: le ~ the (River) Rhone.

**Rhovyl®** [rɔvil] *nm* man-made fibre used in warm clothing.

**rhubarbe** [rybarb] *nf* rhubarb.

**rhum** [rɔm] *nm* rum; au ~ [dessert] rum-flavoured; [boisson] rum-based.

**rhumatisant, e** [rymatizɑ̃, ɑ̃t] *adj & nm, f* rheumatic.

**rhumatismal, e, aux** [rymatismal, o] *adj* rheumatic.

**rhumatisme** [rymatism] *nm* rheumatism (*U*); avoir un ~ ou des ~s au genou to have rheumatism in one's knee ❑ ~ articulaire aigu rheumatic fever; ~ déformant polyarthritis.

**rhumatologue** [rymatɔlɔg] *nmf* rheumatologist.

**rhume** [rym] *nm* cold; tu vas attraper un ~ you're going to catch (a) cold ❑ ~ de cerveau head cold; ~ des foins hay fever.

**rhumerie** [rɔmri] *nf* rum distillery.

**ria** [rija] *nf* ria.

**riant, e** [rijɑ̃, ɑ̃t] *adj* **-1.** [visage, yeux] smiling. **-2.** [paysage, nature] pleasant. **-3.** *litt* [heureux] happy.

**RIB, Rib** [rib] *nm abr de* **relevé d'identité bancaire**.

**ribambelle** [ribɑ̃bɛl] *nf* **-1.** [quantité] flock, swarm; suivie d'une ~ de gamins *fam* followed by a long string of ou a swarm of kids. **-2.** [papier découpé] paper dolls.

◆ **en ribambelle** *loc adv*: les enfants sortent de l'école en ~ the children stream out of the school.

**ribaud, e** [ribo, od] *arch* ◊ *adj* ribald. ◊ *nm, f*: un ~ a ribald fellow; une ~e a brazen wench.

**ribonucléique** [ribɔnykleik] *adj* ribonucleic.

**ricanement** [rikanmɑ̃] *nm* [rire – méchant] sniggering (*U*), snigger; [– nerveux] nervous ou jittery laugh; [– bête] giggle, giggling (*U*).

**ricaner** [3] [rikane] *vi* [rire – méchamment] to snigger; [– nerveusement] to laugh nervously; [– bêtement] to giggle.

**RICE, Rice** (*abr de* **relevé d'identité de caisse d'épargne**) *nm* savings account identification slip.

**richard, e** [riʃar, ard] *nm, f fam & péj* rich person.

**Richard** [riʃar] *npr*: ~ Cœur de Lion Richard the Lion-Heart, Richard Cœur de Lion.

**riche** [riʃ] ◊ *adj* **-1.** [fortuné – famille, personne] rich, wealthy, well-off; [– nation] rich, wealthy; elle a fait un ~ mariage she's married into a rich family ou into money; on n'est pas bien ~ chez nous we're not very well off; je suis plus ~ de 5 000 francs maintenant I'm 5,000 francs better off now ❑ être ~ comme Crésus ou à millions to be as rich as Croesus ou Midas; elle est ~ à millions she's extremely wealthy. **-2.** (*avant le nom*) [demeure, décor] lavish, sumptuous, luxurious; [étoffe, enluminure] magnificent, splendid; un ~ cadre

doré a heavy gilt frame. **-3.** [végétation] lush, luxuriant, profuse vegetation; [terre] fertile, rich; [aliment] rich; [vie] rich; c'est une ~ nature *fam* he is a hearty ou an exuberant person; vous y trouverez une documentation très ~ sur Proust you'll find a wide range of documents on Proust there; c'est une ~ idée que tu as eue là *fam* ou *iron* that's a wonderful ou great idea you've just had. **-4.** [complexe] rich; elle a un vocabulaire/une langue ~ she has a rich vocabulary/a tremendous command of the language; une imagination ~ a fertile imagination. **-5.** ~ en [vitamines, minéraux] rich in; [événements] full of; ~ en lipides with a high lipid content; **régime** ~ **en calcium** calcium-rich diet; la journée fut ~ en émotions the day was packed full of excitement; leur bibliothèque n'est pas ~ en livres d'art they don't have a very large collection ou choice of art books; je ne suis pas ~ en papier/farine! *fam* I'm not very well-off for paper/flour!**-6.** ~ de [qualités, possibilités]: un livre ~ d'enseignements a very informative book; un magazine féminin ~ d'idées a women's magazine packed full of ideas; son premier roman est ~ de promesses his first novel is full of promise ou shows great promise. ◇ *nmf* rich person; les ~s the rich, the wealthy; voiture de ~ rich man's car.
◇ *adv fam*: ça fait ~ it looks posh.

**richelieu** [riʃəljø] (*pl inv* ou **richelieus**) *nm* lace-up shoe.

**richement** [riʃmɑ̃] *adv* **-1.** [luxueusement] richly, handsomely. **-2.** [abondamment] lavishly, sumptuously, richly; ~ illustré lavishly illustrated. **-3.** [de manière à rendre riche]: il a ~ marié sa fille ou marié sa fille ~ he married his daughter into a wealthy family.

**richesse** [riʃɛs] *nf* **-1.** [fortune – d'une personne] wealth; [– d'une région, d'une nation] wealth, affluence, prosperity; ses livres sont sa seule ~ his books are all he has. **-2.** [d'un décor] luxuriousness, lavishness, sumptuousness; [d'un tissu] beauty, splendour. **-3.** [luxuriance – de la végétation] richness, lushness, profuseness, luxuriance; la ~ du sous-sol the wealth of (underground) mineral deposits; ~ en: la ~ en fer d'un légume the high iron content of a vegetable; pour préserver notre ~ en forêts in order to protect our many forests. **-4.** [complexité – du vocabulaire, de la langue] richness; [– de l'imagination] creativeness, inventiveness; la ~ culturelle de notre capitale the cultural wealth of our capital city. **-5.** *sout* [réconfort] blessing; avoir un ami fidèle est une grande ~ to have a faithful friend is to be rich indeed.
◆ **richesses** *nfpl* [biens, capital] riches, wealth *(U)*; [articles de valeur] treasures, wealth; [ressources] resources; ~s minières/naturelles mining/natural resources.

**richissime** [riʃisim] *adj* fantastically wealthy.

**Richter** [riʃtɛr] *npr*: échelle de ~ Richter scale.

**ricin** [risɛ̃] *nm* castor-oil plant.

**ricocher** [3] [rikɔʃe] *vi* **-1.** [caillou] to ricochet, to bounce, to glance; les enfants font ~ des pierres sur l'eau the children are skimming stones across the water ou are playing ducks and drakes. **-2.** [balle] to ricochet; la balle a ricoché sur le mur the bullet ricochetted ou glanced off the wall.

**ricochet** [rikɔʃe] *nm* **-1.** [d'un caillou] bounce, rebound; j'ai fait trois ~s! I made the pebble bounce three times!; faire des ~s to skim pebbles, to play ducks and drakes; par ~ *fig* indirectly; les épargnants ont perdu de l'argent par ~ savers lost money as an indirect consequence; ces mesures feront ~ *fig* these measures will have a knock-on effect. **-2.** [d'une balle] ricochet.

**ric-rac** [rikrak] *adv fam* **-1.** [très exactement]: il nous a payés ~ he paid us right down to the last penny. **-2.** [de justesse]: avec mon petit salaire, à la fin du mois c'est ~ on my salary, money gets a bit tight at the end of the month.

**rictus** [riktys] *nm* grimace, rictus; un ~ de colère an angry scowl ou grimace.

**ride** [rid] *nf* **-1.** [d'un visage] line, wrinkle; creusé de ~s furrowed with wrinkles; le documentaire n'a pas pris une ~ *fig* the documentary hasn't dated in the slightest. **-2.** [sur l'eau, sur le sable] ripple, ridge.

**ridé, e** [ride] *adj* **-1.** [visage] wrinkled, lined; [pomme] wrinkled; un front ~ a deeply lined forehead ❑ ~ comme une vieille pomme wrinkled like a prune. **-2.** [eau, sable] ridged, rippled.

**rideau, x** [rido] *nm* **-1.** [en décoration intérieure] curtain,

drape *Am*; fermé par un ~ curtained off; mettre des ~x aux fenêtres to put curtains up; tirer ou ouvrir les ~x to draw ou to open the curtains; tirer ou fermer les ~x to draw ou to close the curtains ❑ doubles ~x thick curtains; ~x bonne femme tieback curtains; tirer le ~ sur qqch to draw a veil over sthg. **-2.** THÉÂT curtain; le ~ se lève sur un jardin japonais the curtain rises on a Japanese garden ❑ ~! curtain!**-3.** [écran] screen, curtain; ~ de bambou bamboo curtain; ~ de cyprès screen of cypress trees; ~ de fumée smoke screen; ~ de pluie sheet of rain.
◆ **rideau de fer** *nm* **-1.** [d'un magasin] (metal) shutter. **-2.** HIST & POL Iron Curtain.

**rider** [3] [ride] *vt* **-1.** [peau] to wrinkle, to line, to furrow *litt*. **-2.** [eau, sable] to ripple, to ruffle the surface of.
◆ **se rider** *vpi* **-1.** [fruit] to shrivel, to go wrinkly; [visage] to become wrinkled. **-2.** [eau] to ripple, to become rippled.

**ridicule** [ridikyl] ◇ *adj* **-1.** [risible – personne] ridiculous, laughable; [– tenue] ridiculous, ludicrous. **-2.** [absurde] ridiculous, ludicrous, preposterous; c'est ~ d'avoir peur de l'avion it's ridiculous to be afraid of flying. **-3.** [dérisoire] ridiculous, laughable, derisory; un salaire ~ [trop bas] a ridiculously low salary. ◇ *nm* ridicule; se couvrir de ~ to make o.s. a laughing stock, to make a complete fool of o.s.; courir qqn de ~ to heap ridicule on sb; tourner qqn/qqch en ~ to ridicule sb/sthg, to hold sb/sthg up to ridicule; c'est d'un ~ (achevé ou fini)! it's utterly ridiculous!, it's a farce!; s'exposer au ~ to lay o.s. open to ridicule; tomber ou donner dans le ~ to become ridiculous ❑ le ~ ne tue pas ridicule never did anyone any real harm.

**ridiculement** [ridikylmɑ̃] *adv* **-1.** [dérisoirement] ridiculously, ludicrously. **-2.** [risiblement] ridiculously, laughably.

**ridiculiser** [3] [ridikylize] *vt* to ridicule.
◆ **se ridiculiser** *vp* (*emploi réfléchi*) to make o.s. (look) ridiculous, to make a fool of o.s.

**ridule** [ridyl] *nf* small wrinkle.

**rien** [rjɛ̃] ◇ *pron indéf* **-1.** [nulle chose] nothing; créer qqch à partir de ~ to create something out of nothing; ~ de tel qu'un bon (roman) policier there's nothing like a good detective story; ~ de cassé/grave, j'espère? nothing broken/serious, I hope?; ~ d'autre nothing else; ~ de nouveau no new developments; ~ de plus nothing else ou more; ~ de moins nothing less ‖ [en réponse négative à une question]: à quoi tu penses? — à ~! what are you thinking about? — nothing!; qu'est-ce que tu lui laisses? — ~ — de ~! what are you leaving him — not a thing!; ~ du tout nothing at all ❑ je vous remercie — de ~! thanks — you're welcome ou not at all ou don't mention it; une affaire de ~ du tout a trifling ou trivial matter; une égratignure de ~ du tout a little scratch; c'est ça ou ~ take it or leave it; c'est tout ou ~ it's all or nothing; ~ à dire, c'est parfait! what can I say, it's perfect!; ~ à faire, la voiture ne veut pas démarrer it's no good, the car (just) won't start; ~ à déclarer/signaler nothing to declare/report; j'en ai ~ à faire *fam* ou à cirer[v] I don't give a damn ou a toss; faire semblant de ~ to pretend that nothing happened. **-2.** [en corrélation avec 'ne']: ~ n'est plus beau que... there's nothing more beautiful than...; plus ~ n'a d'importance nothing matters any more; ~ de grave n'est arrivé nothing serious happened; ~ n'y a fait, elle a refusé (there was) nothing doing, she said no; ce n'est ~, ça va guérir it's nothing, it'll get better; ce n'est pas ~ it's no small thing ou matter; je croyais avoir perdu, il n'en est ~ I thought I'd lost, but not at all ou quite the contrary; ils se disaient mariés, en fait il n'en est ~ — they claimed they were married but they're nothing of the sort; je ne suis ~ sans mes livres I'm lost without my books; il n'est (plus) ~ pour moi he's ou he means nothing to me (anymore); et moi alors, je ne suis ~ (dans tout ça)? and what about me (in all this), don't I count for anything ou don't I matter?; je ne me souviens de ~ I remember nothing, I don't remember anything; on ne voit ~ avec cette fumée you can't see anything ou a thing with all this smoke; il n'y a ~ entre nous there is nothing between us; cela ou ça ne fait ~ it doesn't matter; ça ne (te) fait ~ si je te dépose en dernier? would you mind if I dropped you off last?, is it OK with you if I drop you off last?; cela ne fait ~ à l'affaire that makes no difference (to the matter in hand); dis-lui — je n'en ferai ~ tell him — I shall do nothing of the sort; ça n'a ~ à voir avec toi it's got nothing to do with you,

it doesn't concern you; **Paul et Fred n'ont ~ à voir l'un avec l'autre** there's no connection between Paul and Fred; **je n'ai ~ contre lui** I have nothing against him, I don't have anything against him; **ne t'inquiète pas, tu n'y es pour ~** don't worry, it's not your fault; **ça n'a ~ d'un chef-d'œuvre** it's far from being a masterpiece; **il n'a ~ du séducteur** there's nothing of the lady-killer about him; **il n'y a ~ de moins sûr** nothing could be less certain; **~ de moins que** nothing less than; **~ tant que** nothing so much as; **pour ne ~ vous cacher...** to be completely open with you...; **elle n'avait jamais ~ vu de semblable** she had never seen such a thing ou anything like it ❑ **~ ne sert de courir (il faut partir à point)** allusion La Fontaine slow and steady wins the race *prov*. **-3.** [quelque chose] anything; **y a-t-il ~ d'autre?** is there anything else?; **y a-t-il ~ que je puisse faire?** is there nothing I can do?; **j'ai compris sans qu'il dise ~** I understood without him having to say anything. **-4.** JEUX: **~ ne va plus** rien ne va plus. **-5.** [au tennis] love; **~ partout** love all; **40 à ~** 40 love. **-6.** *loc:* **~ moins que** le **est ~ moins que décidée à le poursuivre en justice** [bel et bien] she's well and truly determined to take him to court; **elle est ~ moins que sotte** [nullement] she is far from stupid. ◇ *adv* ▽ really; **ils sont ~ riches** they really are rolling in it *Br*, they sure as hell are rich *Am*. ◇ *nm* **-1.** [néant]: **le ~** nothingness. **-2.** [chose sans importance]: **un ~** the merest trifle ou slightest thing; **un ~ l'habille** she looks good in anything; **il se fâche pour un ~** he loses his temper over the slightest little thing; **il a passé son examen comme un ~** he took the exam in his stride; **perdre son temps à des ~s** to waste one's time over trivia ou trifles; **les petits ~s dont la vie est faite** the little things in life. **-3.** **un ~ de** [très peu de] a touch of; **en un ~ de temps** in (next to) no time.
◆ **en rien** *loc adv*: **il ne ressemble en ~ à son père** he looks nothing like his father; **ça n'a en ~ affecté ma décision** it hasn't influenced my decision at all ou in the least ou in any way.
◆ **pour rien** *loc adv*: **ne le dérange pas pour ~** don't disturb him for no reason; **il est venu pour ~** he came for nothing; **ça compte pour ~** that doesn't mean anything; **j'ai acheté ça pour ~ chez un brocanteur** I bought it for next to nothing in a second hand shop ❑ **pour deux/trois fois ~** for next to nothing.
◆ **rien du tout** *nmf*: **un/une ~ du tout** a nobody.
◆ **rien que** *loc adv*: **~ que cette fois** just this once; **~ qu'une fois** just ou only once; **viens, ~ qu'un jour** do come, (even) if only for a day; **~ que le billet coûte une fortune** the ticket alone costs a fortune; **~ que d'y penser, j'ai des frissons** the mere thought of it ou just thinking about it makes me shiver; **la vérité, ~ que la vérité** the truth and nothing but the truth; **~ que ça?** *iron* is that all?
◆ **un rien** *loc adv* a touch, a shade, a tiny bit; **sa robe est un ~ trop étroite** her dress is a touch ou a shade ou a tiny bit too tight; **elle est un ~ farce!** *fam* she's a bit of a clown!
**rieur, euse** [rijœr, øz] ◇ *adj* [enfant] cheery, cheerful; [visage, regard] laughing. ◇ *nm, f* laugher; **les ~s** those who laugh ❑ **avoir les ~s de son côté** to have the last laugh.
◆ **rieuse** *nf* ORNITH black-headed gull.
**rififi**▽ [rififi] *nm* arg crime [bagarre] aggro *Br*.
**rifle** [rifl] *nm* rifle; **carabine (de) 22 long ~** 22 calibre (rifle).
**rigide** [riʒid] *adj* **-1.** [solide] rigid. **-2.** [intransigeant] rigid, inflexible, unbending. **-3.** [austère] rigid, strict; **une éducation ~** a strict upbringing.
**rigidement** [riʒidmã] *adv* rigidly, inflexibly, strictly.
**rigidifier** [9] [riʒidifje] *vt* to rigidify, to stiffen.
**rigidité** [riʒidite] *nf* **-1.** [raideur] rigidity, stiffness. **-2.** [austérité] strictness, inflexibility.
**rigolade** [rigolad] *nf fam* **-1.** [amusement] fun; **il n'y a pas que la ~ dans la vie** there's more to life than just having fun ou a good laugh; **prendre qqch à la ~** to make a joke of sthg; **chez eux, l'ambiance n'est pas/est franchement à la ~** it isn't exactly/it's a laugh a minute round their place; **élever quatre enfants, ce n'est pas une (partie de) ~** raising four children is no laughing matter; **c'est de la ~!** [ce n'est pas sérieux] it's a joke!; [c'est sans importance] it's nothing!; [c'est très facile] it's a piece of cake!**-2.** [fou rire] fit of laughter; **t'aurais vu la ~!** it was a right *Br* ou good laugh!

**rigolard, e** [rigolar, ard] *fam adj* joking, laughing.
**rigole** [rigol] *nf* **-1.** [fossé] rivulet, rill. **-2.** CONSTR [d'un mur] ditch; [d'une fenêtre] drainage groove. **-3.** HORT [sillon] furrow; [conduit] trench, channel.
**rigoler** [3] [rigole] *vi fam* **-1.** [rire] to laugh; **tu me fais ~ avec tes remords** you, sorry? don't make me laugh!**-2.** [plaisanter] to joke; **il a dit ça pour ~** he said that in jest, he meant it as a joke; **tu rigoles!** you're joking ou kidding!**-3.** [s'amuser] to have fun; **on a bien rigolé cette année-là** we had some good laughs ou great fun that year; **avec lui comme prof, tu ne vas pas ~ tous les jours** it won't be much fun for you having him as a teacher.
**rigolo, ote** [rigolo, ɔt] *fam* ◇ *adj* **-1.** [amusant] funny; **ce serait ~ que tu aies des jumeaux** wouldn't it be funny if you had twins; **c'est pas ~ de bosser avec lui** working with him is no joke. **-2.** [étrange] funny, odd. ◇ *nm, f* **-1.** [rieur] laugh, scream; **c'est une ~te** she's a hoot. **-2.** [incompétent] joker, clown, comedian *péj*; **c'est un (petit) ~** he's a real comedian.
**rigorisme** [rigorism] *nm* rigorism.
**rigoriste** [rigorist] ◇ *adj* rigid, rigoristic. ◇ *nmf* rigorist.
**rigoureusement** [rigurøzmã] *adv* **-1.** [scrupuleusement] rigorously. **-2.** [complètement]: **les deux portraits sont ~ identiques** the two portraits are exactly the same ou absolutely identical; **c'est ~ vrai** it's perfectly true.
**rigoureux, euse** [riguré, øz] *adj* **-1.** [sévère - personne] severe, rigorous; [- sanction] harsh, severe; [- principe] strict. **-2.** [scrupuleux - analyse, définition] rigorous; **observer une rigoureuse neutralité** to remain strictly neutral; **soyez plus ~ dans votre travail** be more thorough in your work. **-3.** [rude - climat] harsh.
**rigueur** [rigœr] *nf* **-1.** [sévérité] harshness, severity, rigour; **tenir ~ à qqn de qqch** to hold sthg against sb. **-2.** [austérité - d'une gestion] austerity, stringency; [- d'une morale] rigour, strictness, sternness; **politique de ~** austerity (measures). **-3.** [âpreté - d'un climat, d'une existence] rigour, harshness, toughness. **-4.** [précision - d'un calcul] exactness, precision; [- d'une logique, d'un esprit] rigour.
◆ **rigueurs** *nfpl litt* rigours; **les ~s de l'hiver/de la vie carcérale** the rigours of winter/of prison life.
◆ **à la rigueur** *loc adv* **-1.** [peut-être]: **il a bu deux verres à la ~, mais pas plus** he may possibly have had two drinks but no more. **-2.** [s'il le faut] at a pinch, if need be.
◆ **de rigueur** *loc adj*: **la ponctualité est de ~** punctuality is insisted upon, it's de rigueur to be on time *sout*; **'tenue de soirée de ~'** 'dress formal'.
**riions** [rijɔ̃] *v* → rire.
**rikiki** [rikiki] *fam* = riquiqui.
**rillettes** [rijɛt] *nfpl* rillettes (*potted meat*).
**rimailler** [3] [rimaje] *vi fam, vieilli & péj* to write poetry of a sort, to dabble in writing poetry.
**rimailleur, euse** [rimajœr, øz] *nm, f fam, vieilli & péj* rhymester, versifier, poetaster.
**rime** [rim] *nf* **-1.** LITTÉRAT rhyme; **~ masculine/féminine** masculine/feminine rhyme; **~ pauvre** poor rhyme; **~ riche** rich ou perfect rhyme; **~s croisées** ou alternées alternate rhymes; **~s embrassées** abba rhyme scheme; **~s plates** rhyming couplets. **-2.** *loc*: **il me tenait des propos sans ~ ni raison** what he was telling me had neither rhyme nor reason to it, there was neither rhyme nor reason in what he was telling me.
**rimer** [3] [rime] ◇ *vt* to versify, to put into verse. ◇ *vi* **-1.** *litt* [faire de la poésie] to write poetry ou verse. **-2.** [finir par le même son] to rhyme. **-3.** *sout*: **~ avec** [équivaloir à]: **amour ne rime pas toujours avec fidélité** love and fidelity don't always go together ou hand in hand.
◆ **rimer à** *v + prép*: **à quoi rime cette scène de jalousie?** what's ote the meaning of this jealous outburst?; **tout cela ne rime à rien** none of this makes any sense, there's no sense in any of this.
**rimeur, euse** [rimœr, øz] *nm, f péj* versifier, rhymester, poetaster.
**Rimmel**® [rimɛl] *nm* mascara.
**rinçage** [rɛ̃saʒ] *nm* **-1.** [au cours d'une lessive] rinse, rinsing. **-2.** [pour les cheveux] (colour) rinse.
**rinçai** [rɛ̃se] *v* → rincer.

**rince-bouteilles** [rɛ̃sbutɛj] *nm inv* **-1.** [brosse] bottlebrush. **-2.** [machine] bottle-washing machine.

**rince-doigts** [rɛ̃sdwa] *nm inv* finger bowl.

**rincée** [rɛ̃se] *nf fam* **-1.** *vieilli* [défaite] licking, hammering, thrashing. **-2.** [averse] downpour; **prendre une ~** to get caught in a downpour.

**rincer** [16] [rɛ̃se] *vt* **-1.** [passer à l'eau] to rinse; **~ qqch abondamment** to rinse sthg thoroughly, to give sthg a thorough rinse. **-2.** *fam* [mouiller]: **se faire ~** to get soaked *ou* drenched.

**◆ se rincer** *vpt*: **se ~ la bouche/les mains** to rinse one's mouth (out)/one's hands ❑ **se ~ le bec** *ou* **la dalle** *ou* **le gosier** *fam* [boire] to wet one's whistle; **se ~ l'œil** *fam* [regarder] to get an eyeful.

**rincette** [rɛ̃sɛt] *nf fam* [eau-de-vie] nip of brandy, brandy chaser *(after coffee)*.

**rinçons** [rɛ̃sɔ̃] *v* → rincer.

**rinçure** [rɛ̃syr] *nf* [eau de vaisselle] dishwater.

**ring** [riŋ] *nm* **-1.** [estrade] (boxing) ring; **monter sur le ~** [au début d'un combat] to get into the ring; **quand il est monté sur le ~** [quand il a débuté] when he took up boxing. **-2.** [boxe]: **le ~** the ring.

**ringard, e** [rɛ̃gar, ard] *fam* ◇ *adj péj* [démodé – gén] corny, naff *Br*; [– chanson] corny; [– décor] naff *Br*, tacky *Am*; **elle est ~e** she's so fuddy-duddy. ◇ *nm, f* [individu démodé] has-been.

**Rio de Janeiro** [rijodadʒanero] *npr* Rio de Janeiro.

**ripaille** [ripaj] *nf fam & arch*: **faire ~** to have a feast.

**ripailler** [3] [ripaje] *vi fam & arch* to have a feast.

**ripailleur, euse** [ripajœr, øz] *fam & arch* ◇ *nm, f* reveller. ◇ *adj* revelling, feasting.

**riper** [3] [ripe] ◇ *vt* CONSTR to scrape. ◇ *vi* **-1.** [glisser] to slip. **-2.** ▽ [s'en aller] to clear off.

**Ripolin®** [ripɔlɛ̃] *nm* enamel paint, Ripolin®.

**ripoliner** [3] [ripɔline] *vt* to paint *(with enamel paint)*.

**riposte** [ripɔst] *nf* **-1.** [réplique] retort, riposte; **elle a été prompte à la ~** she was quick to retort, she was ready with an answer. **-2.** [réaction] reaction. **-3.** MIL [contre-attaque] counterattack, reprisal. **-4.** ESCRIME riposte.

**riposter** [3] [ripɔste] ◇ *vi* **-1.** [rétorquer] to answer back. **-2.** [réagir] to respond; **il a riposté à son insulte par une gifle** he countered his insult with a slap. **-3.** [contre-attaquer] to counterattack; **~ à une agression** to counter an aggression. **-4.** ESCRIME to riposte. ◇ *vt*: **elle riposta que ça ne le regardait pas** she retorted that it was none of his business.

**ripou** [ripu] (*pl* **ripoux** *ou* **ripous**) *fam* ◇ *adj* rotten. ◇ *nm*: **ce flic est un ~** he's a bent copper *Br ou* a crooked cop *Am*.

**riquiqui** [rikiki] *adj inv fam* **-1.** [minuscule] tiny. **-2.** [étriqué – mobilier] shabby, grotty; [– vêtement] skimpy.

**rire¹** [rir] *nm* laugh, laughter *(U)*; **j'adore son ~** I love her laugh *ou* the way she laughs; **j'entends des ~s** I hear laughter *ou* people laughing; **gros ~** guffaw; **~ gras** coarse laugh, cackle; **un petit ~ sot** a silly giggle; **un petit ~ méchant** a wicked little laugh ❑ **~s préenregistrés** *ou* **en boîte** *fam* RAD & TV prerecorded *ou* canned laughter.

**rire²** [95] [rir] *vi* **-1.** [de joie] to laugh; **ta lettre nous a beaucoup fait ~** your letter made us all laugh a lot; **ça ne me fait pas ~** that's not funny; **c'est vrai, dit-il en riant** that's true, he said with a laugh; **~ de bon cœur** to laugh heartily; **~ bruyamment** to guffaw; **~ de** to laugh *ou* to scoff at; **il n'y a pas de quoi ~** this is no joke *ou* no laughing matter; **un jour nous rirons de tout cela** we'll have a good laugh over all this some day; **j'étais morte de ~** *fam* I nearly died laughing, I was doubled up with laughter; **c'est à mourir** *ou* **crever** *fam* **de ~** it's a hoot *ou* a scream ❑ **il vaut mieux en ~ qu'en pleurer** you have to laugh or else you cry; **~ aux éclats** *ou* **à gorge déployée** to howl with laughter; **il m'a fait ~ aux larmes avec ses histoires** his jokes made me laugh until I cried; **~ du bout des dents** *ou* **des lèvres** to force a laugh; **~ dans sa barbe** *ou* **sous cape** to laugh up one's sleeve, to laugh to o.s.; **~ au nez** *ou* **à la barbe de qqn** to laugh in sb's face; **~ comme un bossu** *fam ou* **une baleine** *fam* to laugh like a drain *Br*, to laugh o.s. silly; **se tenir les côtes** *ou* **se tordre de ~** to split one's sides (with laughter), to be in stitches; **~ jaune** to give a hollow laugh; **tu me fais ~!, laisse-moi ~!** *iron* don't make me laugh!; **rira bien qui rira le dernier** *prov* he who laughs last laughs longest *Br*

*ou* **best** *Am prov.* **-2.** [plaisanter]: **j'ai dit ça pour ~** *ou* **pour de ~** *fam* I (only) said it in jest, I was only joking; **elle a pris ça en riant** it just made her laugh ❑ **tu veux ~!** you must 'be joking!, you've got to be kidding!; **sans ~, tu comptes y aller?** joking apart *ou* aside, do you intend to go? **-3.** [se distraire] to have fun. **-4.** *litt* [yeux] to shine *ou* to sparkle (with laughter); [visage] to beam (with happiness).

**◆ se rire de** *vp + prép* **-1.** [conseil, doute] to laugh off *(sép)*, to make fun of *(insép)*; [danger, maladie, difficultés] to make light of *(insép)*. **-2.** *litt* [se moquer de] to laugh *ou* to scoff at.

**ris** [ri] *nm* **-1.** CULIN sweetbread; **~ de veau** calf sweetbreads. **-2.** NAUT reef.

**risée** [rize] *nf* **-1.** [moquerie]: **être un objet de ~** to be a laughing stock; **devenir la ~ du village/de la presse** to become the laughing stock of the village/the butt of the press's jokes. **-2.** [brise] flurry (of wind).

**risette** [rizɛt] *nf fam* **-1.** [sourire d'enfant]: **allez, fais ~ à mamie** come on, give grandma a nice little smile. **-2.** [flagornerie]: **faire ~** *ou* **des ~s à qqn** to smarm up *Br ou* to play up *Am* to sb.

**risible** [rizibl] *adj* **-1.** [amusant] funny, comical. **-2.** [ridicule] ridiculous, laughable.

**risque** [risk] *nm* **-1.** [danger] risk, hazard, danger; **il y a un ~ de contagion/d'explosion** there's a risk of contamination/of an explosion; **au ~ de te décevoir/de le faire souffrir** at the risk of disappointing you/of hurting him ❑ **~ professionnel** occupational hazard; **zone/population à haut ~** high-risk area/population; **à mes/tes ~s et périls** at my/your own risk; **ce sont les ~s du métier** it's an occupational hazard. **-2.** [initiative hasardeuse] risk, chance; **il y a une part de ~** there's an element of risk; **courir** *ou* **prendre un ~** to run a risk, to take a chance; **courir le ~ de se faire prendre** to run the risk of getting caught; **avoir le goût du ~, aimer le ~** to enjoy taking chances ❑ **~ calculé** calculated risk. **-2.** [préjudice] risk; **~ d'incendie** fire hazard *ou* risk; **~ de cambriolage** risk of burglary ❑ **capitaux à ~s** FIN risk *ou* venture capital.

**risqué, e** [riske] *adj* **-1.** [dangereux] risky, dangerous. **-2.** [osé] risqué, racy.

**risquer** [3] [riske] *vt* **-1.** [engager – fortune, crédibilité] to risk; **~ sa peau** *fam ou* **sa vie** to risk one's neck *ou* life; **~ le paquet** *fam* to chance one's arm, to stake one's all; **on risque le coup** *ou* **la partie**? shall we have a shot at it?, shall we chance it?; **qui ne risque rien n'a rien** *prov* nothing ventured nothing gained *prov*. **-2.** [s'exposer à] to risk; **elle risque la mort/la paralysie** she runs the risk of dying/of being left paralysed; **on ne risque rien à essayer** we can always try; **tu peux laisser ça dehors, ça ne risque rien** you can leave it outside, it'll be safe; **ne t'en fais pas, ces gants ne risquent rien** don't worry, I'm not bothered about those gloves. **-3.** [oser] to venture; **risquerai-je la question?** shall I be bold enough to put *ou* shall I risk putting the question?; **~ un œil** *fam* to venture a look *ou* a peep.

**◆ risquer de** *v + prép* to risk; **ton idée risque de ne pas marcher** there's a chance your idea mightn't work; **ils risquent d'être renvoyés** they run the risk of being sacked; **ne m'attends pas, je risque d'être en retard** don't wait for me, I'm likely to be late *ou* the chances are I'll be late; **je ne risque pas de me remarier!** *hum* (there's) no danger of my getting married again!; **ça ne risque pas de se faire!** there's no chance of that happening!; **ça ne risque pas!** no chance!

**◆ se risquer** *vpi*: **se ~ dehors** to venture outside; **se ~ à faire qqch** to venture *ou* to dare to do sthg; **je n'm'y risquerais pas si j'étais toi** I wouldn't take a chance on it if I were you.

**risque-tout** [riskətu] *nmf inv* daredevil.

**rissole** [risɔl] *nf* CULIN rissole.

**rissoler** [3] [risɔle] ◇ *vt* to brown; **pommes rissolées** sauté *ou* sautéed potatoes. ◇ *vi*: **faire ~** to brown.

**ristourne** [risturn] *nf* **-1.** [réduction] discount, reduction; **j'ai eu une ~ de 20 % sur la moto** I got a 20% discount on the motorbike. **-2.** [remboursement] refund, reimbursement. **-3.** COMM [versement] bonus.

**ristourner** [3] [risturne] *vt* **-1.** [réduire] to give a discount on. **-2.** [rembourser] to refund, to give a refund of.

**ristrette** [ristrɛt], **ristretto** [ristreto] *nm Helv* very strong black coffee *(served in a small cup)*.

**rital, als**▼ [rital] *nm péj offensive term used with reference to Italians*, ≃ Eyetie *Br*, ≃ Macaroni *Am*.

**rite** [rit] *nm* **-1.** ANTHR & RELIG rite. **-2.** [coutume] ritual.

**ritournelle** [riturnɛl] *nf* **-1.** *fam* [histoire]: avec lui c'est toujours la même ~ he's always giving us the same old story. **-2.** MUS ritornello.

**ritualiser** [3] [rityalize] *vt* to ritualize.

**ritualisme** [rityalism] *nm* ritualism.

**ritualiste** [rityalist] ◇ *adj* ritualistic. ◇ *nmf* ritualist.

**rituel, elle** [rityɛl] *adj* **-1.** [réglé par un rite] ritual. **-2.** [habituel] ritual, usual, customary.
◆ **rituel** *nm* **-1.** [ensemble de règles] ritual, rite. **-2.** RELIG [livre] ceremonial.

**rituellement** [rityɛlmã] *adv* **-1.** [selon un rite] ritually. **-2.** [invariablement] invariably.

**rivage** [rivaʒ] *nm* **-1.** [littoral] shore. **-2.** [plage]: ~ de sable/ de galets sand/pebble beach.

**rival, e, aux** [rival, o] ◇ *adj* [antagonique] rival *(avant n)*. ◇ *nm, f* **-1.** [adversaire] rival, opponent; ~ politique political rival ou opponent. **-2.** [concurrent] rival; elle n'a pas eu de ~e en son temps she was unrivalled in her day.
◆ **sans rival, e** *loc adj* unrivalled.

**rivaliser** [3] [rivalize] *vi*: ~ avec to compete with, to vie with, to rival; nos vins peuvent ~ avec les meilleurs crus français our wines can compare with ou hold their own against ou rival French vintages; elles rivalisent d'élégance they are trying to outdo each other in elegance.

**rivalité** [rivalite] *nf* [gén] rivalry; [en affaires] rivalry, competition; des ~s d'intérêts conflicting interests.

**rive** [riv] *nf* [bord – d'un lac, d'une mer] shore; [– d'une rivière] bank; ~ droite/gauche [gén] right/left bank; mode/ intellectuels ~ gauche [à Paris] Left Bank fashion/ intellectuals *(in Paris)*.

**river** [3] [rive] *vt* **-1.** [joindre – plaques] to rivet; [– clou] to clinch; ~ son clou à qqn *fam* to shut sb up. **-2.** *fig* [fixer] to rivet; il avait les yeux rivés sur elle/les diamants he couldn't take his eyes off her/the diamonds; être rivé à la télévision/à son travail to be glued to the television/ chained to one's work; ils étaient rivés au sol par une force invisible an invisible force held ou pinned them to the ground.

**riverain, e** [rivrɛ̃, ɛn] ◇ *adj* [d'un lac] lakeside, waterside; [d'une rivière] riverside, waterside, riparian; les restaurants ~s de la Seine the restaurants along the banks of the Seine; les maisons ~es de la grande route the houses stretching along ou bordering the main road. ◇ *nm, f* [qui vit au bord – d'un lac] lakeside resident; [– d'une rivière] riverside resident; 'interdit sauf aux ~s' 'residents only', 'no entry except for access'.

**rivet** [rivɛ] *nm* rivet.

**riveter** [27] [rivte] *vt* to rivet.

**riveteuse** [rivtøz] *nf* riveting machine, rivet gun.

**rivette** [rivɛt], **rivetterai** [rivɛtre] *v* → **river**.

**Riviera** [rivjera] *npr f*: la ~ the (Italian) Riviera.

**rivière** [rivjɛr] *nf* **-1.** GÉOG river; remonter/descendre une ~ to go up/down a river; une ~ de feu coule du Vésuve *fig* a river of fire is flowing from Vesuvius. **-2.** JOAILL: ~ de diamants (diamond) rivière. **-3.** ÉQUIT water jump.

**rixe** [riks] *nf* brawl, scuffle.

**Riyad** [rijad] *npr* Riyadh.

**riz** [ri] *nm* rice; ~ court/long short-grain/long-grain rice; ~ pilaf/cantonnais/créole pilaff/Cantonese/Creole rice; ~ complet brown rice; ~ au lait rice pudding; ~ rond pudding rice.

**rizerie** [rizri] *nf* rice-processing plant.

**rizicole** [rizikɔl] *adj* [région] rice-producing, rice-growing; [production] rice *(modif)*.

**riziculture** [rizikyltyr] *nf* [processus] rice-growing; [secteur] rice production.

**rizière** [rizjɛr] *nf* rice field, paddyfield.

**RMC** *(abr de* **Radio Monte-Carlo)** *npr independent radio station*.

**RMI** *nm abr de* **revenu minimum d'insertion**.

**RMiste** [ɛrɛmist] *nmf person receiving the 'RMI'*.

**RN** *(abr de* **route nationale)** *nf* ≃ A-road *Br*, ≃ state highway *Am*.

**RNIS** *(abr de* **réseau numérique à intégration de services)** *nm* ISDN.

**robe** [rɔb] *nf* **-1.** VÊT dress; ~ de bal ballgown; ~ de baptême christening robe; ~ de chambre dressing gown, bathrobe *Am*; pomme de terre en ~ de chambre jacket potato; ~-chasuble pinafore dress; ~-chemisier shirtwaister *Br*, shirtwaist *Am*; ~ de grossesse maternity dress; ~ d'intérieur housecoat; ~ de mariée wedding dress, bridal gown; ~ de plage sundress; ~-sac sack-dress; ~ du soir evening dress. **-2.** [tenue – d'un professeur] gown; [– d'un cardinal, d'un magistrat] robe; la ~ *sout* the legal profession. **-3.** [pelage] coat. **-4.** [enveloppe – d'un fruit] skin; [– d'une plante] husk. **-5.** [feuille de tabac] wrapper leaf. **-6.** ŒNOL colour *(general aspect of wine in terms of colour and clarity)*.

**Robin des Bois** [rɔbɛ̃debwa] *npr* Robin Hood.

**robinet** [rɔbinɛ] *nm* **-1.** [à eau, à gaz] tap *Br*, faucet *Am*; [de tonneau] spigot; ~ d'eau chaude/froide hot/cold water tap; ~ d'arrivée d'eau stopcock; ~ mélangeur/mitigeur mixer tap. **-2.** *fam* [sexe masculin] willy *Br*, peter *Am*.

**robinetterie** [rɔbinɛtri] *nf* **-1.** [dispositif] plumbing. **-2.** [usine] tap *Br* ou faucet *Am* factory; [commerce] tap *Br* ou faucet *Am* trade.

**roboratif, ive** [rɔbɔratif, iv] *adj* *litt* [activité] invigorating; [mets] hearty; [climat] bracing.

**robot** [rɔbo] *nm* robot; comme un ~ robot-like, like an automaton ❑ ~ ménager ou de cuisine, Robot Marie® food processor.

**robotique** [rɔbɔtik] *nf* robotics *(U)*.

**robotisation** [rɔbɔtizasjɔ̃] *nf* robotizing.

**robotiser** [3] [rɔbɔtize] *vt* **-1.** [atelier, usine, travail] to automate, to robotize. **-2.** [personne] to robotize.

**robusta** [rɔbysta] *nm* robusta (coffee).

**robuste** [rɔbyst] *adj* **-1.** [personne] robust, sturdy, strong. **-2.** [santé] sound. **-3.** [arbre, plante] hardy. **-4.** [meuble] sturdy; [voiture, moteur] rugged, heavy-duty. **-5.** *sout* [conviction] firm, strong.

**robustesse** [rɔbystɛs] *nf* [d'une personne] robustness; [d'un meuble] sturdiness; [d'un arbre] hardiness.

**roc** [rɔk] *nm* **-1.** [pierre] rock; dur ou ferme comme un ~ solid ou firm as a rock. **-2.** JEUX [pièce] rook, castle; [action] castling.

**rocade** [rɔkad] *nf* **-1.** TRAV PUBL bypass. **-2.** MIL communications line.

**rocaille** [rɔkaj] *nf* **-1.** [pierraille] loose stones; [terrain] stony ground. **-2.** [jardin] rock garden, rockery. **-3.** ARCHIT rocaille; grotte/fontaine en ~ rocaille grotto/fountain.

**rocailleux, euse** [rɔkajø, øz] *adj* **-1.** [terrain] rocky, stony. **-2.** [voix] gravelly. **-3.** *sout* [style] rough, rugged.

**rocambole** [rɔkãbɔl] *nf* rocambole, sand leek.

**rocambolesque** [rɔkãbɔlɛsk] *adj* [aventures] fantastic; [histoire] incredible.

**roche** [rɔʃ] *nf* **-1.** GÉOL rock; ~ mère parent rock. **-2.** [pierre] rock, boulder; sculpté à même la ~ ou dans la ~ [bas-relief] carved in the rock; [statue] carved out of the rock ❑ la ~ Tarpéienne ANTIQ the Tarpeian Rock.

**rocher** [rɔʃe] *nm* **-1.** GÉOL rock; grimper/pousser à flanc de ~ to climb up/to grow on the rock face; côte hérissée de ~s rocky coast ❑ le Rocher *the town of Monaco*; le ~ de Gibraltar the Rock of Gibraltar. **-2.** ANAT petrous bone. **-3.** [en chocolat] rocher *(rock-shaped chocolate)*.

**Rocheuses** [rɔʃøz] *npr fpl*: les (montagnes) ~ the (Great) Rocky Mountains, the Rockies.

**rocheux, euse** [rɔʃø, øz] *adj* rocky.

**rock** [rɔk] ◇ *adj inv* MUS rock. ◇ *nm* MUS rock.

**rock and roll** [rɔkɛnrɔl] *nm inv* rock and roll, rock'n'roll; danser le ~ to jive, to rock (and roll).

**rocker** [rɔkœr] *nm* **-1.** [artiste] rock singer ou musician. **-2.** *fam* [fan] rocker.

**rocket** [rɔkɛt] = **roquette 1**.

**rockeur, euse** [rɔkœr, øz] *nm, f* **-1.** [artiste] rock singer ou musician; les plus grands ~s the greatest rock stars. **-2.** *fam* [fan] rocker.

**rocking-chair** [rɔkiŋtʃɛr] *(pl* **rocking-chairs)** *nm* rocking chair.

**rococo** [rɔkoko] ◊ *adj inv* **-1.** BX-ARTS rococo. **-2.** *péj* [tarabis-coté] over-ornate, rococo; [démodé] antiquated, rococo. ◊ *nm* BX-ARTS rococo.

**rodage** [rɔdaʒ] *nm* **-1.** [d'un moteur, d'une voiture] running in *Br*, breaking in *Am*; tant que la voiture est en ~ while the car is being run in *Br* ou broken in *Am*. **-2.** *fig* [mise au point]: le ~ de ce service va prendre plusieurs mois it'll take several months to get this new service running smoothly. **-3.** TECH grinding.

**rodéo** [rodeo] *nm* [à cheval] rodeo.

**roder** [3] [rɔde] *vt* **-1.** [moteur, voiture] to run in *Br (sép)*, to break in *Am (sép)*. **-2.** *fig* [mettre au point]: ~ un service/une équipe to get a department/a team up and running; il est rodé maintenant he knows the ropes now. **-3.** TECH [surface] to grind.

**rôder** [3] [rode] *vi* [traîner – sans but] to hang around, to roam ou to loiter about; [– avec une mauvaise intention] to lurk ou to skulk around; **l'animal rôde toujours** the animal is still on the prowl ou prowling about; **arrêtez de ~ autour de ma fille** stop hanging round my daughter.

**rôdeur, euse** [rodœr, øz] *nm, f* prowler.

**rodomontade** [rɔdɔmɔ̃tad] *nf litt* bragging *(U)*, swaggering *(U)*; **faire des ~s** to brag, to bluster.

**rogations** [rɔgasjɔ̃] *nfpl* rogations.

**rogatoire** [rɔgatwar] *adj* rogatory.

**rogaton** [rɔgatɔ̃] *nm arch* [objet de rebut] rubbish *(U)*.
◆ **rogatons** *nmpl fam* [restes de nourriture] scraps (of food), leftovers.

**rogne** [rɔɲ] *nf fam* anger; **être/se mettre en ~ (contre qqn)** to be/to get hopping mad (with sb); **mettre qqn en ~** to make sb hopping mad.

**rogner** [3] [rɔɲe] ◊ *vt* **-1.** [couper – métal] to pare, to clip; [– cuir] to pare, to trim; [– papier] to trim; [– livre] to guillotine, to trim. **-2.** [réduire – budget, salaire] to cut (back); ~ **sur** to cut back ou down on. ◊ *vi fam* [être en colère] to be hopping mad.

**rognon** [rɔɲɔ̃] *nm* CULIN kidney.

**rognures** [rɔɲyr] *nfpl* [de métal, de carton, d'étoffe] clippings, trimmings; [d'ongles] clippings, parings; [de viande] scraps, offcuts.

**rogue** [rɔg] ◊ *adj sout* [arrogant] arrogant, haughty. ◊ *nf* ZOOL roe.

**roi** [rwa] *nm* **-1.** [monarque] king; **le Roi Très Chrétien** the King of France; **les ~s fainéants** *the last Merovingian kings*; **les Rois mages** the Magi, the Three Wise Men; **les Rois** [Épiphanie] Twelfth Night; **tirer les Rois** to eat Twelfth Night cake; **digne d'un ~** fit for a king; **être heureux comme un ~** to be as happy as a sandboy *Br* ou a king; **vivre comme un ~** to live like a king ou a lord; **le ~ n'est pas son cousin** he's terribly stuck-up; **le ~ est mort, vive le ~!** the King is dead, long live the King!; **le ~ est nu** the emperor has no clothes. **-2.** *fig*: **le ~ des animaux** the king of beasts; **les ~s du pétrole** the oil tycoons ou magnates; **le ~ du surgelé** from the leading name in frozen food, the frozen food king; **tu es vraiment le ~ de la gaffe!** you're an expert at putting your foot in it!; **c'est vraiment le ~ des imbéciles** he's a prize idiot. **-3.** JEUX king; ~ **de carreau/pique** king of diamonds/spades.

**roiller** [3] [rɔje] *v impers Helv fam* to pour with rain.

**Roi-Soleil** [rwasɔlɛj] *npr m*: **le ~** the Sun King.

**roitelet** [rwatlɛ] *nm* **-1.** *péj* [roi] kinglet. **-2.** [oiseau] wren *Br*, winter wren *Am*.

**Roland** [rɔlɑ̃] *npr*: 'la Chanson de ~' 'The Chanson de Roland'.

**Roland-Garros** [rɔlɑ̃garos] *npr*: (le stade) ~ *stadium in Paris where international tennis championships are held.*

**rôle** [rol] *nm* **-1.** CIN, THÉÂT & TV role, part; **apprendre son ~** to learn one's part ou lines; **il joue le ~ d'un espion** he plays (the part of) a spy; **distribuer les ~s** to do the casting, to cast; **avec Jean Dumay dans le ~ du Grand Inquisiteur** starring Jean Dumay as the Inquisitor General ❑ ~ **de composition** character part ou role; **petit ~** walk-on part; **premier ~** [acteur] leading actor (*f* actress); [personnage] lead; **avoir le premier ~** ou **le ~ principal** *pr* to have the starring role, to play the leading role; *fig* to be the star of the show;

second ~ secondary ou supporting role; **jouer les seconds ~s** (auprès de qqn) to play second fiddle (to sb); **meilleur second ~ masculin/féminin** best supporting actor/actress; **jeu de ~** role play; **avoir le beau ~** to have it ou things easy. **-2.** [fonction] role; **jouer un ~ important dans qqch** to play an important part in sthg; **il prend très à cœur son ~ de père** he takes his role as father ou his paternal duties very seriously; **ce n'est pas mon ~ de m'occuper de ça** it's not my job ou it's not up to me to do it. **-3.** [liste] roll. **-4.** JUR: **mettre une affaire au** ou **sur le ~** to put a case on the cause list ❑ ~ **nominatif** FIN income tax (units) list. **-5.** SOCIOL role.

**rôle-titre** [rɔltitr] (*pl* **rôles-titres**) *nm* title role.

**rollmops** [rɔlmɔps] *nm* rollmop (herring).

**ROM, Rom** [rɔm] (*abr de* **read only memory**) *nf* ROM, Rom.

**romain, e** [rɔmɛ̃, ɛn] *adj* Roman.
◆ **Romain, e** *nm, f* Roman.
◆ **romaine** *nf* **-1.** [salade] cos lettuce *Br*, ≈ romaine *Am*. **-2.** *fam loc*: **être bon comme la ~e** to be too kind-hearted for one's own good.

**roman[1]** [rɔmɑ̃] *nm* **-1.** LITTÉRAT novel; **il n'écrit que des ~s** he only writes novels ou fiction; **on dirait un mauvais ~** it sounds like something out of a cheap novel; **sa vie est un vrai ~** you could write a book about his life; **tout ça c'est du ~** it's all fantasy ou make-believe ❑ ~ **d'aventures/d'amour** adventure/love story; ~ **d'anticipation** science-fiction novel; ~ **de cape et d'épée** swashbuckling tale; ~ **de chevalerie** tale of chivalry; ~ **à clef** roman à clef; ~ **d'épouvante** horror novel; ~ **d'espionnage** spy story; ~ **de gare** *péj* airport ou *Am* dime novel; ~ **historique** historical novel; ~ **noir** Gothic novel; ~ **policier** detective story ou novel; ~ **psychologique** psychological novel; ~ **de science-fiction** science fiction ou sci-fi novel. **-2.** [genre méd-iéval] romance; **'le Roman de la Rose'** 'The Romance of the Rose'.

**roman[2], e** [rɔmɑ̃, an] *adj* **-1.** LING Romance *(modif)*. **-2.** ARCHIT Romanesque.
◆ **roman** *nm* **-1.** LING Romance. **-2.** ARCHIT: **le ~** the Romanesque.

**romançai** [rɔmɑ̃se] *v* → **romancer**.

**romance** [rɔmɑ̃s] *nf* [poème, musique] romance; [chanson sentimentale] sentimental lovesong ou ballad.

**romancer** [16] [rɔmɑ̃se] ◊ *vt* [histoire] to novelize. ◊ *vi fig*: **tu as tendance à ~** you have a tendency to embroider the facts.

**romancero** [rɔmɑ̃sero] *nm*: **le ~ du Cid** the romances of El Cid.

**romanche** [rɔmɑ̃ʃ] *adj & nm* Romansh.

**romancier, ère** [rɔmɑ̃sje, ɛr] *nm, f* novelist, novel ou fiction writer.

**romançons** [rɔmɑ̃sɔ̃] *v* → **romancer**.

**romand, e** [rɔmɑ̃, ɑ̃d] *adj* of French-speaking Switzerland.
◆ **Romand, e** *nm, f* French-speaking Swiss; **les Romands** the French-speaking Swiss.

**romanesque** [rɔmanɛsk] ◊ *adj* **-1.** LITTÉRAT [héros] fiction *(modif)*, fictional; [technique, style] novelistic. **-2.** *fig* [aventure] fabulous, fantastic; [imagination, amour] romantic. ◊ *nm* LITTÉRAT: **les règles du ~** the rules of fiction writing.

**roman-feuilleton** [rɔmɑ̃fœjtɔ̃] (*pl* **romans-feuilletons**) *nm* serialized novel, serial; **sa vie est un vrai ~** his life is a real adventure story.

**roman-fleuve** [rɔmɑ̃flœv] (*pl* **romans-fleuves**) *nm* roman-fleuve, saga; **il m'a écrit un ~** the letter he sent me was one long ou endless saga.

**romanichel, elle** [rɔmaniʃɛl] *nm, f péj* **-1.** [Tsigane] Romany, Gipsy. **-2.** [nomade] Gipsy.

**romanisation** [rɔmanizasjɔ̃] *nf* romanization.

**romaniste** [rɔmanist] *nmf* **-1.** JUR & LING Romanist. **-2.** BX-ARTS romanist.

**roman-photo** [rɔmɑ̃fɔto] (*pl* **romans-photos**) *nm* photo novel, photo romance.

**romantique** [rɔmɑ̃tik] ◊ *adj* **-1.** BX-ARTS & LITTÉRAT Romantic. **-2.** [sentimental] romantic. ◊ *nmf* **-1.** BX-ARTS & LITTÉRAT Romantic; **les ~s** the Romantics. **-2.** [personne] romantic.

**romantisme** [rɔmɑ̃tism] *nm* **-1.** BX-ARTS & LITTÉRAT Romanticism. **-2.** [sentimentalisme] romanticism.

**romarin** [rɔmarɛ̃] *nm* rosemary.

**rombière** [rɔ̃bjɛr] *nf fam*: une vieille ~ a stuck-up old bat.

**Rome** [rɔm] *npr* Rome; la ~ antique Ancient Rome.

**Roméo** [rɔmeo] *npr*: '~ et Juliette' *Shakespeare* 'Romeo and Juliet'.

**rompre** [78] [rɔ̃pr] ◇ *vt* **-1.** [mettre fin à – jeûne, silence, contrat] to break; [– fiançailles, relations] to break off *(sép)*; [– marché] to call off *(sép)*; [– équilibre] to upset; ~ le charme to break the spell. **-2.** [briser] to break; le fleuve a rompu ses digues the river has burst its banks; ~ ses chaînes ou fers *litt* to break one's chains; ~ les amarres NAUT to break (free from) the moorings ❑ ~ le pain to break bread; ~ des lances contre qqn to cross swords with sb. **-3.** *sout* [accoutumer] to break in *(sép)*; ~ qqn à qqch to break sb in to sthg; ~ qqn à une discipline to initiate sb into ou to train sb in a discipline. **-4.** MIL to break; ~ les rangs to break ranks; rompez (les rangs)! dismiss!, fall out! ◇ *vi* **-1.** [se séparer] to break up; ~ avec to break with. **-2.** *sout* [se briser – corde] to break, to snap; [– digue] to break, to burst. **-3.** SPORT [reculer] to break.
◆ **se rompre** ◇ *vpi* [se briser – branche] to break ou to snap (off); [– digue] to burst, to break. ◇ *vpt*: se ~ le cou ou les os to break one's neck.

**rompu, e** [rɔ̃py] ◇ *pp* → **rompre**. ◇ *adj* **-1.** [épuisé]: ~ (de fatigue) tired out, worn out, exhausted. **-2.** *sout* [habitué]: ~ à: ~ aux affaires/à la diplomatie experienced in business/in diplomacy; il est ~ à ce genre d'exercice he's accustomed ou used to this kind of exercise.
◆ **rompu** *nm* BOURSE fraction.

**romsteck** [rɔmstɛk] *nm* [partie du bœuf] rumpsteak; [morceau coupé] slice of rumpsteak.

**Romulus** [rɔmylys] *npr*: ~ et Rémus Romulus and Remus.

**ronce** [rɔ̃s] *nf* **-1.** BOT blackberry bush; les ~s [buissons] the brambles. **-2.** [nœud dans le bois] burr, swirl *spéc*.

**Roncevaux** [rɔ̃svo] *npr* Roncesvalles.

**ronchon, onne** [rɔ̃ʃɔ̃, ɔn] *fam* ◇ *adj* crotchety, grumpy, grouchy. ◇ *nm, f* grumbler, grouse, grouch *Am*.

**ronchonnement** [rɔ̃ʃɔnmɑ̃] *nm fam* grousing *(U)*, grouching *(U)*, griping *(U)*.

**ronchonner** [3] [rɔ̃ʃɔne] *vi fam*: ~ (après qqn) to grouse ou to gripe ou to grouch (at sb).

**ronchonneur, euse** [rɔ̃ʃɔnœr, øz] *fam* = ronchon.

**roncier** [rɔ̃sje] *nm*, **roncière** [rɔ̃sjɛr] *nf* bramble (bush).

**rond, e**[1] [rɔ̃, rɔ̃d] *adj* **-1.** [circulaire] round, circular; faire ou ouvrir des yeux ~s to stare in disbelief. **-2.** [bien en chair] round, full, plump; un petit bébé tout ~ a chubby little baby; de jolies épaules bien ~es well-rounded ou well-turned shoulders; des seins ~s full breasts; un visage tout ~ a round face, a moon face *péj*. **-3.** *fam* [ivre] tight, well-oiled; ~ comme une queue de pelle three sheets to the wind. **-4.** [franc] straightforward, straight. **-5.** [chiffre, somme] round.
◆ **rond** ◇ *nm* **-1.** [cercle] circle, ring; faire des ~s de fumée to blow ou to make smoke rings ❑ faire des ~s dans l'eau *pr* to make rings in the water; *fig* to fritter away one's time. **-2.** [anneau] ring; ~ de serviette napkin ring; ~ central FTBL centre circle. **-3.** *fam* [sou]: je n'ai plus un ~ I'm flat broke, I'm skint *Br*; ils ont des ~s they're rolling in it, they're loaded. **-4.** DANSE: ~ de jambe rond de jambe; faire des ~s de jambe *fig* to bow and scrape. ◇ *adv* **&** *loc*: tourner ~ to go well, to run smoothly; qu'est-ce qui ne tourne pas ~? what's the matter?, what's the problem?; ça ne tourne pas ~ things aren't going (very) well; il ne tourne pas ~ he's got a screw loose; tout ~ [exactement] exactly.
◆ **en rond** *loc adv* [se placer, s'asseoir] in a circle; [danser] in a ring; tourner en ~ *pr* **&** *fig* to go round (and round) in circles.

**rond-de-cuir** [rɔ̃dkɥir] *(pl* **ronds-de-cuir**) *nm péj* pen-pusher.

**ronde**[2] [rɔ̃d] *nf* **-1.** [inspection – d'un vigile] round, rounds, patrol; [– d'un soldat] patrol; [– d'un policier] beat, round, rounds; faire sa ~ [veilleur] to make one's round ou rounds; [policier] to be on patrol ou on the beat; croiser une ~ de police to come across a police patrol. **-2.** [mouvement circulaire] circling, turning. **-3.** MUS semibreve *Br*, whole note *Am*. **-4.** [danse] round (dance), ronde; faire la ~ to dance round in a

circle ou ring. **-5.** [écriture] round hand.
◆ **à la ronde** *loc adv*: il n'y a pas une seule maison à 20 km à la ~ there's no house within 20 km, there's no house within ou in a 20-km radius; boire à la ~ to pass the bottle round; répétez-le à la ~ go round and tell everybody.

**rondeau, x** [rɔ̃do] *nm* **-1.** LITTÉRAT rondeau. **-2.** MUS rondo.

**ronde-bosse** [rɔ̃dbɔs] *(pl* **rondes-bosses**) *nf* sculpture in the round.

**rondelet, ette** [rɔ̃dlɛ, ɛt] *adj fam* **-1.** [potelé] chubby, plump, plumpish. **-2.** [important]: une somme ~te a tidy ou nice little sum.

**rondelle** [rɔ̃dɛl] *nf* **-1.** [de salami, de citron] slice; couper qqch en ~s to slice sthg, to cut sthg into slices. **-2.** TECH disc; [d'un écrou] washer; [d'une canette] ring.

**rondement** [rɔ̃dmɑ̃] *adv* **-1.** [promptement] briskly, promptly, quickly and efficiently; des négociations ~ menées competently conducted negotiations. **-2.** [franchement] frankly, outspokenly.

**rondeur** [rɔ̃dœr] *nf* **-1.** [forme – d'un visage, d'un bras] roundness, plumpness, chubbiness; [– d'un sein] fullness; [– d'une épaule] roundness. **-2.** [franchise] straightforwardness, directness.
◆ **rondeurs** *nfpl euph* curves; ~s disgracieuses unsightly bulges.

**rondin** [rɔ̃dɛ̃] *nm* [bois] round billet, log.

**rondo** [rɔ̃do] *nm* rondo.

**rondouillard, e** [rɔ̃dujar, ard] *adj fam* tubby, podgy *Br*, pudgy *Am*.

**rond-point** [rɔ̃pwɛ̃] *(pl* **ronds-points**) *nm* roundabout *Br*, traffic circle *Am*.

**Ronéo**® [rɔneo] *nf* Roneo®.

**ronéoter** [rɔneɔte], **ronéotyper** [3] [rɔneɔtipe] *vt* to Roneo®, to duplicate.

**ronflant, e** [rɔ̃flɑ̃, ɑ̃t] *adj* **-1.** [moteur] purring, throbbing; [feu] roaring. **-2.** *péj* [discours] bombastic, high-flown; [promesses] grand; titre ~ grand-sounding title.

**ronflement** [rɔ̃fləmɑ̃] *nm* **-1.** [d'un dormeur] snore, snoring *(U)*. **-2.** [bruit – sourd] humming *(U)*, droning *(U)*; [– fort] roar, roaring *(U)*, throbbing *(U)*.

**ronfler** [3] [rɔ̃fle] *vi* **-1.** [en dormant] to snore. **-2.** *fam* [dormir] to snooze, to snore away. **-3.** [vrombir] to roar, to throb; faire ~ le moteur to rev up the engine.

**ronfleur, euse** [rɔ̃flœr, øz] *nm, f* snorer.
◆ **ronfleur** *nm* ÉLECTR & TÉLÉC buzzer.

**ronger** [17] [rɔ̃ʒe] *vt* **-1.** [mordiller] to gnaw (away) at *(insép)*, to eat into *(insép)*; ~ un os to gnaw at a bone; rongé par les vers/mites worm-/moth-eaten ❑ ~ son frein *pr* **&** *fig* to champ at the bit. **-2.** [corroder – suj: mer] to wear away *(sép)*; [– suj: acide, rouille] to eat into *(insép)*; rongé par la rouille eaten away with rust, rusted away; être rongé par la maladie to be wasted by disease; le mal qui ronge la société the evil that eats away at society.
◆ **se ronger** *vpt*: se ~ les ongles to bite one's nails.

**rongeur, euse** [rɔ̃ʒœr, øz] *adj* gnawing.
◆ **rongeur** *nm* rodent.

**ronron** [rɔ̃rɔ̃], **ronronnement** [rɔ̃rɔnmɑ̃] *nm* **-1.** [d'un chat] purr, purring *(U)*. **-2.** *fam* [d'une machine] drone, whirr, droning *(U)*, whirring *(U)*. **-3.** [routine] routine; le ~ de la vie quotidienne the daily routine.

**ronronner** [3] [rɔ̃rɔne] *vi* [chat] to purr; [machine] to drone, to hum.

**roquefort** [rɔkfɔr] *nm* Roquefort (cheese).

**roquer** [3] [rɔke] *vi* JEUX to castle.

**roquet** [rɔkɛ] *nm* **-1.** [chien] yappy ou noisy dog. **-2.** *fam* **&** *péj* [personne] pest.

**roquette** [rɔkɛt] *nf* **-1.** [projectile] rocket. **-2.** BOT rocket.

**rosace** [rozas] *nf* ARCHIT [moulure] (ceiling) rose; [vitrail] rose window, rose; [figure] rosette.

**rosacée** [rozase] *nf* **-1.** BOT rosaceous plant, rosacean; les ~s the Rosaceae. **-2.** MÉD rosacea.

**rosaire** [rozɛr] *nm* **-1.** [chapelet] rosary; égrener un ~ to count ou to tell one's beads. **-2.** [prières]: dire ou réciter le ~ to recite the rosary.

**rosâtre** [rozatr] *adj* pinkish, roseate *litt*.

**rosbif** [rɔzbif] *nm* **-1.** [cru] roasting beef *(U)*, joint ou piece of beef (for roasting); [cuit] roast beef (U), joint of roast beef. **-2.** fam [Anglais] pejorative or humorous term used with reference to British people.

**rose** [roz] ◇ adj **-1.** [gén] pink; [teint, joue] rosy; ~ bonbon/saumon candy/salmon pink; ~ fluo fluorescent ou dayglo pink; ~ thé tea rose; vieux ~ old rose. **-2.** [agréable]: ce n'est pas (tout) ~ it isn't exactly a bed of roses. **-3.** [érotique] erotic, soft-porn (modif). **-4.** POL left-wing. ◇ nf **-1.** BOT rose; ~ blanche/rouge white/red rose ❏ ~ de Jéricho rose of Jericho, resurrection plant; ~ de Noël Christmas rose; ~ pompon fairy rose; ~ sauvage wild rose; ~ trémière hollyhock Br, rose mallow; ça ne sent pas la ~ ici euph it's a bit smelly in here; il n'y a pas de ~ sans épines prov there's no rose without a thorn prov. **-2.** ARCHIT rose window, rosace. ◇ nm **-1.** [couleur] pink. **-2.** loc: voir la vie ou les choses en ~ to see things through rose-tinted spectacles Br ou glasses Am.

◆ **rose des sables**, **rose du désert** nf gypsum flower.

◆ **rose des vents** nf wind rose.

**rosé, e¹** [roze] adj **-1.** [teinte] pinkish, rosy. **-2.** [vin] rosé.

◆ **rosé** nm rosé (wine).

**roseau, x** [rozo] nm reed; le ~ plie mais ne rompt pas allusion La Fontaine the reed bends but does not break; l'homme est un ~ pensant allusion Pascal man is a thinking reed.

**rose-croix** [rozkrwa] nm inv Rosicrucian.

**rosée²** [roze] nf dew.

**roseraie** [rozrɛ] nf rose garden, rosery.

**rosette** [rozɛt] nf **-1.** [nœud] bow. **-2.** [cocarde] rose, rosette; avoir/recevoir la ~ to be/to be made an officer (of an order of knighthood or merit). **-3.** CULIN: ~ (de Lyon) broad type of salami. **-4.** BOT rosette.

**Rosette** [rozɛt] npr: la pierre de ~ the Rosetta stone.

**rosicrucien, enne** [rozikrysjɛ̃, ɛn] adj Rosicrucian.

**rosier** [rozje] nm rosebush, rose tree; ~ grimpant/nain climbing/dwarf rose.

**rosière** [rozjɛr] nf young girl traditionally awarded a crown of roses and a prize for virgin purity.

**rosiériste** [rozjerist] nmf rose grower, rosarian.

**rosir** [32] [rozir] ◇ vt to give a pink hue to. ◇ vi to turn pink.

**rosse** [rɔs] fam ◇ adj [chanson, portrait] nasty, vicious; [conduite] rotten, lousy, horrid; [personne] nasty, horrid, catty; être ~ envers ou avec qqn to be horrid ou nasty to sb; un professeur ~ a hard ou tough teacher. ◇ nf **-1.** [personne] rotter Br, rotten beast. **-2.** vieilli [cheval] nag, jade.

**rossée** [rose] nf fam thrashing; flanquer une ~ à qqn to give sb a good hiding ou thrashing.

**rosser** [3] [rose] vt **-1.** [frapper] to thrash. **-2.** [vaincre] to thrash, to hammer; se faire ~ to get thrashed, to get hammered.

**rossignol** [rɔsiɲɔl] nm **-1.** [oiseau] nightingale. **-2.** [clef] picklock, skeleton key. **-3.** fam [objet démodé] piece of junk.

**rossinante** [rɔsinɑ̃t] nf litt scrag, nag.

**rot¹** [rɔt] nm BOT rot.

**rot²** [ro] nm [renvoi] belch, burp; faire ou lâcher un ~ to (let out a) belch ou burp; il a fait son ~? [bébé] has he burped?; faire faire son ~ à un bébé to burp a baby.

**rôt** [ro] nm arch roast.

**rotary** [rɔtari] nm: Rotary-Club Rotary Club.

**rotateur** [rɔtatœr] nm rotator.

**rotatif, ive** [rɔtatif, iv] adj rotary, rotating.

◆ **rotative** nf IMPR (rotary) press.

**rotation** [rɔtasjɔ̃] nf **-1.** [mouvement] rotation; [sur un axe] spinning; angle/sens/vitesse de ~ angle/direction/speed of rotation; mouvement de ~ rotational spéc ou rotary motion ‖ SPORT turn, turning (U). **-2.** [renouvellement] turnover; ~ des stocks/du personnel inventory/staff turnover; ~ des postes job rotation. **-3.** FIN turnover. **-4.** TRANSP turnround Br, turnaround Am. **-5.** AGR: la ~ des cultures crop rotation.

**roter** [3] [rote] vi to belch, to burp.

**rôti** [roti] nm [viande – crue] joint (of meat for roasting); [– cuite] joint, roast; ~ de porc [cru] joint ou piece of pork for roasting; [cuit] piece of roast pork.

**rôtie** [roti] nf [pain grillé] slice of toast; [pain frit] slice of fried bread.

**rotin** [rɔtɛ̃] nm rattan; chaise en ~ rattan chair.

**rôtir** [32] [rotir] ◇ vt **-1.** [cuire] to roast; faire ~ une viande to roast a piece of meat. **-2.** fam [dessécher] to parch. ◇ vi [cuire] to roast; baisse le thermostat, on va ~ fam lower the thermostat or we'll roast.

◆ **se rôtir** vp (emploi réfléchi) fam: se ~ au soleil to bask ou to fry in the sun.

**rôtissage** [rotisaʒ] nm CULIN roasting.

**rôtisserie** [rotisri] nf [magasin] rotisserie.

**rôtisseur, euse** [rotisœr, øz] nm, f [vendeur] seller of roast meat.

**rôtissoire** [rotiswar] nf [appareil] roaster; [broche] (roasting) spit, rotisserie.

**rotonde** [rɔtɔ̃d] nf **-1.** ARCHIT rotunda; disposition en ~ circular layout. **-2.** [dans les autobus] semicircular bench seat (at rear).

**rotor** [rɔtɔr] nm AÉRON & ÉLECTR rotor.

**rotule** [rɔtyl] nf **-1.** ANAT kneecap, patella spéc; être sur les ~s fam to be on one's last legs. **-2.** TECH ball-and-socket joint.

**roture** [rɔtyr] nf litt commonalty.

**roturier, ère** [rɔtyrje, ɛr] ◇ adj **-1.** HIST [non noble] common; être d'origine roturière to be of common birth ou stock. **-2.** sout [vulgaire] low, common, vulgar; des façons roturières plebeian manners. ◇ nm, f HIST commoner, plebeian.

**rouage** [rwaʒ] nm **-1.** TECH moving part, movement; [engrenage] cogwheel; les ~s d'une horloge the works ou movement of a clock. **-2.** fig cog; les ~s de la Justice the wheels of Justice.

**roublard, e** [rublar, ard] fam ◇ adj [rusé] sly, wily, crafty. ◇ nm, f dodger.

**roublardise** [rublardiz] nf fam **-1.** [habileté] slyness, craftiness, wiliness. **-2.** [manœuvre] clever ou crafty trick, dodge.

**rouble** [rubl] nm rouble.

**roucoulade** [rukulad] nf **-1.** [d'un pigeon] (billing and) cooing (U). **-2.** fam [d'un amoureux] cooing, sweet nothings.

**roucoulement** [rukulmã] nm **-1.** [cri du pigeon] (billing and) cooing (U). **-2.** fam [propos tendres] cooing, sweet nothings. **-3.** péj [d'un chanteur] crooning (U).

**roucouler** [3] [rukule] ◇ vi **-1.** [pigeon] to (bill and) coo. **-2.** fam [amoureux] to coo, to whisper sweet nothings. **-3.** péj [chanteur] to croon. ◇ vt **-1.** [suj: amoureux] to coo. **-2.** péj [suj: chanteur] to croon.

**roudoudou** [rududu] nm fam hard sweet Br, candy Am (licked out of a small round box or shell).

**roue** [ru] nf **-1.** TRANSP wheel; véhicule à deux/trois ~s two-wheeled/three-wheeled vehicle; j'étais dans sa ~ I was right behind him ❏ ~ directrice guiding ou leading wheel; ~ motrice drive ou driving wheel; ~ de secours spare (wheel); pousser à la ~ to give a helping hand. **-2.** MÉCAN (cog ou gear) wheel; ~ d'angle bevel gear wheel; ~ crantée toothed wheel; ~ dentée cogwheel; ~ hydraulique waterwheel; ~ libre freewheel; j'ai descendu la côte en ~ libre I freewheeled down the hill. **-3.** [objet circulaire] wheel; une ~ de gruyère a large round Gruyere cheese ❏ la grande ~ the big wheel Br, the Ferris wheel Am; la ~ de la Fortune the wheel of Fortune; la ~ tourne the wheel of Fortune is turning; faire la ~ [paon] to spread ou to fan its tail; [gymnaste] to do a cartwheel; [séducteur] to strut about péj. **-4.** HIST: (le supplice de) la ~ the wheel. **-5.** IMPR: ~ à caractères ou d'impression print ou type wheel. **-6.** NAUT: ~ à aubes ou à palettes paddle wheel; ~ du gouvernail helm.

**roué, e** [rwe] ◇ adj sly, tricky, wily. ◇ nm, f **-1.** [fripon] sly dog, tricky customer; [friponne] sly ou tricky customer. **-2.** HIST [homme] roué, rake; [femme] hussy, trollop, jezebel.

**rouerie** [ruri] nf litt **-1.** [caractère] cunning, foxiness, wiliness. **-2.** sout [manœuvre] sly ou cunning trick.

**rouet** [rwɛ] nm [pour filer] spinning wheel.

**rouflaquette** [ruflakɛt] nf fam [accroche-cœur] kiss Br ou spit Am curl.

◆ **rouflaquettes** nfpl fam [favoris] sideburns, sidewhiskers, sideboards Br.

**rouge** [ruʒ] ◇ adj **-1.** [gén] red; être ~ [après un effort] to be flushed, to be red in the face; [de honte] to be red in the face

(with shame), to be red-faced; [de plaisir, de colère] to be flushed ❑ ~ **brique** brick-red; ~ **sang** bloodred; ~ **vermillon** vermilion; **être** ~ **comme un coq** ou **un coquelicot** ou **une écrevisse** ou **un homard** ou **une pivoine** ou **une tomate** to be as red as a beetroot ou a lobster; **la mer Rouge** the Red Sea; **la place Rouge** Red Square; **'le Rouge et le noir'** *Stendhal* 'Scarlet and Black'. **-2.** [pelage, cheveux] red, ginger, carroty *péj*. **-3.** MÉTALL red-hot. **-4.** *péj* [communiste] red. ◇ *nmf péj* [communiste] Red. ◇ *nm* **-1.** [couleur] red; **le** ~ **lui monta au visage** he went red in the face, his face went red. **-2.** TRANSP: **le feu est passé au** ~ the lights turned to ou went red; **la voiture est passée au** ~ the car went through a red light. **-3.** *fam* [vin] red wine; **du gros** ~ rough red wine. **-4.** [cosmétique]: ~ **(à joues)** blusher, rouge. **-5.** MÉTALL: **porté au** ~ red-hot. **-6.** JEUX red; **le** ~ **est mis** *fam* the die is cast. **-7.** BANQUE red; **je suis dans le** ~ I'm in the red ou overdrawn. ◇ *nf* [au billard] red (ball). ◇ *adv* **-1.** *loc*: **voir** ~ to see red. **-2.** POL: **voter** ~ *péj* to vote communist.
◆ **rouge à lèvres** *nm* lipstick.

**rougeâtre** [ruʒatr] *adj* reddish, reddy.

**rougeaud, e** [ruʒo, od] ◇ *adj* red-faced, ruddy, ruddy-cheeked. ◇ *nm, f* red-faced ou ruddy ou ruddy-faced person.

**rouge-gorge** [ruʒgɔrʒ] (*pl* **rouges-gorges**) *nm* (robin) redbreast, robin.

**rougeoie** [ruʒwa] *v*→ **rougeoyer**.

**rougeoiement** [ruʒwamã] *nm* reddish glow.

**rougeoirai** [ruʒware] *v*→ **rougeoyer**.

**rougeole** [ruʒɔl] *nf* MÉD measles *(sg)*; **avoir la** ~ to have (the) measles.

**rougeoyant, e** [ruʒwajã, ãt] *adj* glowing (red).

**rougeoyer** [13] [ruʒwaje] *vi* to turn red, to redden, to take on a reddish hue.

**rouget** [ruʒɛ] *nm* ZOOL: ~ **de roche** surmullet.

**rougeur** [ruʒœr] *nf* **-1.** [couleur – du ciel] redness, glow; [– des joues] redness, ruddiness. **-2.** [rougissement] flush, blush. **-3.** MÉD red patch ou blotch.

**rougir** [32] [ruʒir] ◇ *vt* **-1.** [colorer en rouge]: **un dernier rayon de soleil rougissait le firmament** one last ray of sun spread a red glow across the skies; ~ **son eau** to put a drop of (red) wine in one's water; **des yeux rougis par les larmes/la poussière** eyes red with weeping/with the dust. **-2.** MÉTALL to heat to red heat ou until red-hot. **-3.** *fig & litt*: **mes mains sont rougies de (son) sang** my hands are stained with (his) blood. ◇ *vi* **-1.** [chose, personne – gén] to go ou to turn red; [personne – de gêne] to blush; ~ **de plaisir** to flush with pleasure; ~ **de honte** to blush with shame; **je vous aime, dit-il en rougissant** I love you, he said, blushing ou with a blush; **je me sentais** ~ I could feel myself going red (in the face); **faire** ~ **qqn** to make sb blush; **arrête, tu vas me faire** ~ *hum* stop it, you're making me blush, please ❑ ~ **jusqu'au blanc des yeux** ou **jusqu'aux oreilles** to blush to the roots of one's hair. **-2.** *fig*: ~ **de** [avoir honte de] to be ashamed of; **tu n'as pas/il n'y a pas à en** ~ there's nothing for you/nothing to be ashamed of; **ne** ~ **de rien** to be shameless. **-3.** MÉTALL to become red-hot.

**rougissant, e** [ruʒisã, ãt] *adj* **-1.** [de honte] blushing; [d'excitation] flushing. **-2.** [horizon, forêt] reddening.

**rougissement** [ruʒismã] *nm sout* [gén] reddening; [de honte] blushing; [d'excitation] flushing.

**rouille** [ruj] ◇ *nf* **-1.** [corrosion d'un métal] rust. **-2.** BOT: ~ **blanche** white rust; ~ **du blé** wheat rust. **-3.** CULIN rouille sauce *(served with fish soup and bouillabaisse)*. ◇ *adj inv* rust, rust-coloured.

**rouillé, e** [ruje] *adj* **-1.** [grille, clef] rusty, rusted; **la serrure est complètement** ~**e** the lock is rusted up. **-2.** *fig* [muscles] stiff; **être** ~ [physiquement] to feel stiff; [intellectuellement] to feel a bit rusty. **-3.** BOT [blé] affected by rust, rusted; [feuille] mouldy.

**rouiller** [3] [ruje] ◇ *vt* **-1.** [métal] to rust. **-2.** [intellect, mémoire] to make rusty. ◇ *vi* to rust, to go rusty.
◆ **se rouiller** *vpi* **-1.** [machine] to rust up, to get rusty. **-2.** [esprit] to become ou get rusty. **-3.** [muscle] to grow ou to get stiff; [athlète] to get rusty.

**roulade** [rulad] *nf* **-1.** MUS roulade, run. **-2.** [d'un oiseau] trill. **-3.** CULIN rolled meat, roulade. **-4.** [culbute] roll; ~ **avant/**

arrière forward/backward roll.

**roulage** [rulaʒ] *nm* NAUT: **manutention par** ~ roll-on roll-off.

**roulant, e** [rulã, ãt] *adj* **-1.** [surface] moving; [meuble] on wheels. **-2.** RAIL: **matériel** ~ rolling stock; **personnel** ~ train crews.
◆ **roulant** *nm fam* TRANSP crewman.
◆ **roulante** *nf* field ou mobile kitchen.

**roulé, e** [rule] *adj* **-1.** COUT rolled. **-2.** LING: **r** ~ rolled ou trilled R. **-3.** CULIN [gâteau, viande] rolled. **-4.** *fam loc*: **elle est bien** ~**e** she's got curves in all the right places.
◆ **roulé** *nm* CULIN [gâteau] Swiss roll; [viande] rolled meat.

**rouleau, x** [rulo] *nm* **-1.** [de papier, de tissu etc] roll; ~ **de parchemin** roll ou scroll of parchment; ~ **de papier hygiénique** toilet roll *Br*, roll of toilet paper; ~ **de pièces** roll of coins. **-2.** [outil – de peintre, de jardinier, de relieur] roller; ~ **imprimeur** ou **encreur** (press) cylinder; ~ **à pâtisserie** rolling pin. **-3.** [bigoudi] roller, curler. **-4.** CULIN: ~ **de printemps** spring roll. **-5.** SPORT: ~ **costal** western roll; ~ **ventral** straddle. **-6.** [vague] roller. **-7.** BX-ARTS [vase] rouleau. **-8.** CONSTR arch moulding. **-9.** TRAV PUBL roller; ~ **compresseur** *pr* [à gazole] roadroller; [à vapeur] steamroller; *fig* steamroller.

**roulé-boulé** [rulebule] (*pl* **roulés-boulés**) *nm* [culbute] roll.

**roulement** [rulmã] *nm* **-1.** [mouvement]: **un** ~ **d'yeux** a roll of the eyes; **un** ~ **de hanches** a swing of the hips. **-2.** [grondement] rumble, rumbling *(U)*; **le** ~ **du tonnerre** the rumble ou roll ou peal of thunder; ~ **de tambour** drum roll. **-3.** [rotation] rotation; **établir un** ~ to set up a rota *Br* ou a rotation system *Am*. **-4.** MÉCAN [déplacement] rolling; ~ **à billes/à rouleaux/à aiguilles** ball/roller/needle bearings. **-5.** TRANSP rolling motion. **-6.** ARM [d'un char] bogie and tread, tracking.

**rouler** [3] [rule] ◇ *vt* **-1.** [faire tourner] to roll; ~ **les yeux** to roll one's eyes; ~ **de sombres pensées** to turn dark thoughts over in one's mind ❑ ~ **un patin**▽ ou **une pelle**▽ **à qqn** to snog *Br* ou to neck *Am* sb; ~ **qqn dans la farine** to pull the wool over sb's eyes. **-2.** [poster, tapis, bas de pantalon] to roll up *(sép)*; [corde, câble] to roll up, to wind up *(sép)*; [cigarette] to roll; ~ **du fil sur une bobine** to spool ou to wind thread around a reel; ~ **un blessé dans une couverture** to wrap an injured person in a blanket. **-3.** [déplacer – Caddie] to push (along); [– balle, tronc, fût] to roll (along); **j'ai roulé ma bosse** I've been around, I've seen it all. **-4.** *fam* [escroquer – lors d'un paiement] to diddle; [– dans une affaire] to swindle; **elle m'a roulé de 30 francs** she diddled ou did me out of 30 francs; **ce n'est pas du cuir, je me suis fait** ~ it's not genuine leather, I've been done ou had. **-5.** [balancer]: ~ **des** ou **les épaules** to sway one's shoulders; ~ **des** ou **les hanches** to swing one's hips ❑ ~ **des mécaniques** *fam & pr* to sway one's shoulders; *fig* to come ou to play the hard guy. **-6.** [aplatir – gazon, court de tennis] to roll; CULIN [pâte] to roll out *(sép)*. **-7.** LING: ~ **les r** to roll one's r's. **-8.** MÉTALL to roll.
◇ *vi* **-1.** [véhicule] to go, to run; [conducteur] to drive; **une voiture qui a peu/beaucoup roulé** a car with a low/high mileage; **à quelle vitesse rouliez-vous?** what speed were you travelling at?, what speed were you doing?, how fast were you going?; **j'ai beaucoup roulé quand j'étais jeune** I did a lot of driving when I was young; **seulement deux heures? tu as bien roulé!** only two hours? you've made good time!; ~ **au pas** to go at a walking pace, to crawl along; **'roulez au pas'** 'dead slow'; **roule moins vite** slow down, drive more slowly; **elle roule en Jaguar** she drives (around in) a Jaguar; ~ **à moto/à bicyclette** to ride a motorbike/a bicycle; **ça roule mal/bien dans Anvers** there's a lot of traffic/there's no traffic through Antwerp ❑ **ça roule!** *fam* everything's going alright!; **salut! ça roule?** hi, how's life?. **-2.** [balle, dé, rocher] to roll; **faire** ~ [balle] to roll; [chariot] to wheel (along); [roue] to roll along; **il a roulé jusqu'en bas du champ** he rolled ou tumbled down to the bottom of the field ❑ ~ **sous la table** to end up (dead drunk) under the table. **-3.** NAUT to roll. **-4.** [gronder – tonnerre] to roll, to rumble; [– tambour] to roll. **-5.** [se succéder] to take turns; **nous ferons** ~ **les équipes dès janvier** as from January, we'll start the teams off on a rota system *Br* ou rotation *Am*. **-6.** [argent] to circulate. **-7.** ~ **sur** [conversation] to be centred upon. **-8.** *fam loc*: ~ **pour qqn** to be for sb, to back sb; ~ **sur l'or** to be rolling in money ou in it.

◆ **se rouler** *vpi* [se vautrer]: se ~ par terre [de colère] to have a fit; [de douleur] to be doubled up with pain; [de rire] to be doubled up with laughter; c'était à se ~ par terre [de rire] it was hysterically funny; [de douleur] it was so painful.

**roulette** [rulɛt] *nf* -1. [roue – libre] wheel; [– sur pivot] caster; à ~s on wheels ❑ marcher ou aller comme sur des ~s *fam* [opération] to go off without a hitch; [organisation, projet] to proceed smoothly, to go like clockwork. -2. [ustensile – de relieur] fillet (wheel); [– de graveur] roulette; cout tracing wheel; ~ de dentiste dentist's drill. -3. jeux [jeu] roulette; [roue] roulette wheel; ~ russe Russian roulette.

**roulier** [rulje] *nm* -1. hist cart driver. -2. naut roll-on roll-off ship.

**roulis** [ruli] *nm* aéron & naut roll, rolling; il y a du ~ the ship is rolling ❑ coup de ~ strong roll.

**roulotte** [rulɔt] *nf* -1. [tirée par des chevaux] horse-drawn caravan. -2. [caravane] caravan, mobile home.

**roulure**▽ [rulyr] *nf péj* slut, slag *Br*.

**roumain, e** [rumɛ̃, ɛn] *adj* Rumanian, Ro(u)manian.

◆ **Roumain, e** *nm, f* Rumanian, Ro(u)manian.

◆ **roumain** *nm* ling Romanian.

**Roumanie** [rumani] *npr f*: (la) ~ Rumania, Ro(u)mania.

**roupie** [rupi] *nf* -1. [monnaie] rupee. -2. *loc*: c'est de la ~ de sansonnet that's (worthless) rubbish.

**roupiller** [3] [rupije] *vi fam* to have a kip *Br*, to get some shut-eye *Am*; c'est pas le moment de ~! this is no time for lying down on the job!

**roupillon** [rupijɔ̃] *nm fam*: faire ou piquer un ~ to have a snooze ou a nap ou a kip *Br*.

**rouquette** [rukɛt] = **roquette 2**.

**rouquin, e** [rukɛ̃, in] *fam* ◇ *adj* [personne] red-haired; [chevelure] red, ginger *(modif)*, carroty *péj*; elle est ~e she has red ou ginger ou carroty hair. ◇ *nm, f* redhead.

◆ **rouquin**▽ *nm* [vin] (red) plonk *Br*, cheap red wine.

**rouspétance** [ruspetɑ̃s] *nf fam* grumbling, moaning (and groaning).

**rouspéter** [18] [ruspete] *vi fam* to grumble, to complain, to make a fuss.

**rouspéteur, euse** [ruspetœr, øz] *nm, f fam* grumbler, moaner, groucher.

**roussâtre** [rusatr] *adj* [eau] reddish; [feuilles] reddish-brown, russet.

**rousse** [rus] ◇ *f* → **roux**. ◇ *nf* ▽ *arg crime* & *vieilli*: la ~ the fuzz.

**roussette** [rusɛt] *nf* -1. [requin] large spotted dogfish, rock salmon culin. -2. [chauve-souris] flying fox.

**rousseur** [rusœr] *nf sout* [teinte] redness, gingery colour.

◆ **rousseurs** *nfpl* [pigmentation] freckles.

**roussi** [rusi] *nm*: ça sent le ~ *pr* something's burning; *fig* & *fam* there's trouble ahead ou brewing.

**roussir** [32] [rusir] ◇ *vt* -1. [rendre roux]: ~ qqch to turn sthg brown. -2. [brûler] to scorch, to singe; la gelée a roussi l'herbe the grass has turned brown with the frost. ◇ *vi* -1. [feuillage, arbre] to turn brown ou russet. -2. culin: faire ~ to brown.

**rouste**▽ [rust] *nf* thrashing, walloping.

**routage** [rutaʒ] *nm* -1. impr sorting and mailing. -2. naut steering.

**routard, e** [rutar, ard] *nm, f fam* [auto-stoppeur] hitchhiker; [marcheur] trekker; [touriste avec sac à dos] backpacker.

**route** [rut] *nf* -1. [voie de circulation] road; c'est la ~ de Genève it's the road to Geneva; il va y avoir du monde sur la ~ ou les ~s there'll be a lot of cars on the roads ou a lot of traffic; tenir la ~ [voiture] to hold the road; cette politique ne tient pas la ~ *fig* there's no mileage in that policy ❑ ~ départementale secondary road; ~ nationale major road, trunk road *Br*; ~ de montagne mountain road. -2. [moyen de transport]: par la ~ by road; les transports sur ~ road transport; les accidents de la ~ road accidents; les victimes de la ~ road casualties. -3. [itinéraire] way; c'est sur ma ~ it's on my way; faire ~ vers [bateau] to be headed for, to be en route for, to steer a course for *spéc*; [voiture, avion] to head for ou towards; [personne] to be on one's way to, to head for; en ou faisant ~ vers [bateau, avion] bound for, heading for, on its way to; [personne] on one's way to,

heading for; **prendre la ~ des vacances/du soleil** to set off on holiday/to the south ❑ ~ aérienne air route; ~ maritime shipping ou sea route; la ~ des épices the spice trail ou route; la ~ des Indes the road to India; la ~ de la soie the silk road; **faire fausse ~** [conducteur] to go the wrong way, to take the wrong road; [dans un raisonnement] to be on the wrong track. -4. [trajet] journey; il y a six heures de ~ [en voiture] it's a six-hour drive ou ride ou journey; [à bicyclette] it's a six-hour ride ou journey; [à pied] it takes at least an hour to get there; (faites) bonne ~! have a good ou safe journey!; **faire ~ avec qqn** to travel with sb; **faire de la ~** to do a lot of driving ou mileage; **en ~** on the way; **prendre la** ou **se mettre en ~** to set off, to get going; **reprendre la ~**, **se remettre en ~** to set off again, to resume one's journey; **allez, en ~!** come on, let's go! ❑ **en ~ route!** *fam* & *hum* c'mon you lot, we're off!-5. *fig* [voie] road, way, path; la ~ du succès the road to success; la ~ est toute tracée pour lui the path is all laid out for him. -6. **en ~** [en marche]: **mettre en ~** [appareil, véhicule] to start (up) *(sép)*; [projet] to set in motion, to get started ou under way; **se mettre en ~** [machine] to start (up); j'ai du mal à me mettre en ~ le matin *fam* I find it hard to get started ou going in the morning.

**routier, ère** [rutje, ɛr] *adj* road *(modif)*.

◆ **routier** *nm* -1. [chauffeur] (long-distance) lorry *Br* ou truck *Am* driver; c'est un vieux ~ du journalisme *fig* he's a veteran journalist. -2. *fam* [restaurant] transport café *Br*, truckstop *Am*. -3. sport [cycliste] road racer ou rider.

◆ **routière** *nf* aut touring car.

**routine** [rutin] *nf* -1. [habitude] routine; se laisser enfermer dans la ~ to get into a rut. -2. inf routine.

◆ **de routine** *loc adj* [contrôle, visite] routine *(avant n)*.

**routinier, ère** [rutinje, ɛr] ◇ *adj* [tâche, corvée] routine *(avant n)*, humdrum *péj*; [vérification, méthode] routine *(avant n)*; [personne] routine-minded, conventional; de façon routinière routinely. ◇ *nm, f*: c'est un ~ he's a creature of habit, he's tied into a routine.

**rouvert, e** [ruvɛr, ɛrt] *pp* → **rouvrir**.

**rouvrir** [34] [ruvrir] ◇ *vt* -1. [livre, hôtel, débat, dossier] to reopen. -2. *fig* [raviver]: ~ une blessure ou plaie to open an old wound. ◇ *vi* [magasin] to reopen, to open again.

◆ **se rouvrir** *vpi* [porte, fenêtre] to reopen; [blessure] to reopen, to open up again.

**roux, rousse** [ru, rus] ◇ *adj* [feuillage, fourrure] reddish-brown, russet; [chevelure, moustache] red, ginger. ◇ *nm, f* redhead.

◆ **roux** *nm* -1. [teinte – d'un feuillage] reddish-brown (colour), russet; [– d'une chevelure, d'une moustache] reddish ou gingery colour. -2. culin roux.

**royal, e, aux** [rwajal, o] *adj* -1. hist & pol [puissance] royal, regal; [bijoux, insignes, appartements, palais, académie] royal; la famille ~e [en Grande-Bretagne] the Royal Family; [ailleurs] the royal family; prince ~ crown prince, heir apparent. -2. [somptueux – cadeau] magnificent, princely; [– pourboire] lavish; [– salaire] princely; [– accueil] royal. -3. [extrême – mépris] total; il m'a fichu une paix ~e *fam* he left me in total peace.

◆ **royale** *nf fam* [marine]: la Royale the French Navy.

**royalement** [rwajalmɑ̃] *adv* -1. [avec magnificence] royally, regally; ils nous ont reçus ~ they treated us like royalty; il l'a ~ payé he paid him a princely sum. -2. *fam* [complètement] totally; je m'en fiche ou moque ~! I really couldn't care less!, I don't give a damn!

**royalisme** [rwajalism] *nm* royalism.

**royaliste** [rwajalist] ◇ *adj* royalist; il ne faut pas être plus ~ que le roi one mustn't try to out-Herod Herod ou to be more Catholic than the Pope. ◇ *nmf* royalist.

**royalties** [rwajalti] *nfpl* royalties *(for landowner or owner of patent)*.

**royaume** [rwajom] *nm* -1. hist & pol kingdom. -2. relig: le ~ céleste ou des cieux the kingdom of Heaven; le ~ des morts *litt* the kingdom of the dead. -3. *fig* [domaine] realm. -4. *loc*: je ne le ferais pas/je n'en voudrais pas pour un ~ I wouldn't do it/have it for all the tea in China.

**Royaume-Uni** [rwajomyni] *npr m*: le ~ (de Grande-Bretagne et d'Irlande du Nord) the United Kingdom (of Great Britain and Northern Ireland), the UK.

**royauté** [rwajote] *nf* **-1.** [monarchie] monarchy. **-2.** [rang] royalty, kingship.

**RP** ◇ *nfpl* (*abr de* **relations publiques**) PR. ◇ *nf* **-1.** *abr de* **recette principale. -2.** *abr de* **région parisienne.** ◇ (*abr écrite de* **Révérend Père**) Rev.

**RPR** (*abr de* **Rassemblement pour la République**) *npr m* right-wing French political party.

**RSVP.** (*abr de* **répondez s'il vous plaît**) RSVP.

**RTB** (*abr de* **Radio-télévision belge**) *npr f* Belgian broadcasting company.

**rte** *abr écrite de* **route.**

**RTL** (*abr de* **Radio-télévision Luxembourg**) *npr* Luxembourg broadcasting company.

**ru** [ry] *nm litt ou dial* rill *litt*, brook.

**RU** [ry] *nm abr de* **restaurant universitaire.**

**RU 486** *nm* RU 486 (*abortion pill*).

**ruade** [ryad] *nf* kick; lancer ou décocher une ~ à to kick ou to lash out at.

**Ruanda** [rwɑ̃da] *npr m*: le ~ Rwanda.

**ruandais, e** [rwɑ̃dɛ, ɛz] *adj* Rwandan.
◆ **Ruandais, e** *nm, f* Rwandan.

**ruban** [rybɑ̃] *nm* **-1.** [ornement] ribbon; [liseré] ribbon, tape; [bolduc] tape; [sur chapeau] band; le ~ rouge the ribbon of the Légion d'honneur. **-2.** *litt*: la rivière déroule son long ~ the river winds before us like a long ribbon. **-3.** [de cassette] tape; [de machine à écrire] ribbon; ~ adhésif adhesive tape; ~ isolant insulating tape; ~ perforé INF perforated tape.

**rubéole** [rybeɔl] *nf* German measles (*U*), rubella *spéc*.

**Rubicon** [rybikɔ̃] *npr m* Rubicon; franchir ou passer le ~ to cross the Rubicon.

**rubicond, e** [rybikɔ̃, ɔ̃d] *adj litt* rubicund *litt*, ruddy.

**rubis** [rybi] *nm* **-1.** JOAILL ruby. **-2.** [couleur] ruby (colour). **-3.** [d'une montre] jewel, ruby.

**rubrique** [rybrik] *nf* **-1.** [dans la presse] column; la ~ scientifique the science column; la ~ littéraire the book page; la ~ nécrologique the obituaries. **-2.** [catégorie] heading. **-3.** [d'un livre liturgique] rubric; [d'un dictionnaire] field label.

**ruche** [ryʃ] *nf* **-1.** ENTOM [abri – en bois] beehive; [– en paille] beehive, skep *spéc*; [colonie d'abeilles] hive. **-2.** *fig* hive of activity.

**rucher** [ryʃe] *nm* apiary.

**rude** [ryd] *adj* **-1.** [rugueux – surface, vin] rough; [– toile] rough, coarse; [– peau] rough, coarse; [– voix, son] rough, harsh; [– manières, paysan] rough, uncouth, unrefined; [– traits] rugged. **-2.** [difficile – climat, hiver] harsh, severe; [– conditions, concurrent] tough; [– concurrence] severe, tough; [– vie, tâche] hard, tough; [– côté] hard, stiff; être mis à ~ épreuve [personne] to be severely tested, to be put through the mill; [vêtement, matériel] to get a lot of wear and tear; ma patience a été mise à ~ épreuve it was a severe strain on my patience. **-3.** [sévère – ton, voix] rough, harsh, hard; [– personne] harsh, hard, severe. **-4.** *fam* [important, remarquable]: avoir un ~ appétit to have a hearty appetite; un ~ gaillard a hearty fellow; ça a été un ~ coup pour lui it was a hard blow for him.

**rudement** [rydmɑ̃] *adv* **-1.** *fam* [diablement]: c'est ~ bon it's really good; c'est ~ cher it's incredibly ou awfully expensive; elle est ~ culottée! she's got some cheek *Br* ou gall!; ils étaient ~ nombreux there were a heck of a lot of them. **-2.** [sans ménagement] roughly, harshly. **-3.** [brutalement] hard.

**rudesse** [rydɛs] *nf* **-1.** [rugosité – d'une surface, de la peau] roughness; [– d'une toile] roughness, coarseness; [– d'une voix, d'un son] roughness, harshness. **-2.** [rusticité – des manières] roughness, uncouthness; [– des traits] ruggedness. **-3.** [sévérité – d'un ton, d'une voix] roughness, harshness, severity; [– d'un maître] severity, harshness. **-4.** [dureté – d'un climat, d'un hiver] hardness, harshness, severity; [– d'une concurrence, d'une tâche] toughness.

**rudiment** [rydimɑ̃] *nm* **-1.** *litt* [début, ébauche] rudiment. **-2.** BIOL rudiment.
◆ **rudiments** *nmpl* [d'un art, d'une science] basics, rudiments; apprendre les ~s de la grammaire to learn some basic grammar, to get a basic (working) knowledge of grammar; je n'ai que des ~s d'informatique I have only a rudimentary knowledge of computing.

**rudimentaire** [rydimɑ̃tɛr] *adj* **-1.** [élémentaire] rudimentary, basic. **-2.** [commençant] rudimentary, undeveloped. **-3.** [succinct] basic; des informations trop ~s inadequate information. **-4.** BIOL rudimentary.

**rudoie** [rydwa] *v* → **rudoyer.**

**rudoiement** [rydwamɑ̃] *nm litt* harsh treatment.

**rudoyer** [13] [rydwaje] *vt* to treat harshly.

**rue** [ry] *nf* [voie] street; de la ~, des ~s street (*modif*); c'est la ~ qui dicte sa loi aujourd'hui *fig* it's mob rule these days; ~ pavée paved street (*with small, flat paving stones*) ❑ ~ piétonnière pedestrian street; ~ à sens unique one-way street; la grande ~ the high *Br* ou main street; les petites ~s the side streets; être à la ~ to be on the streets; mettre ou jeter qqn à la ~ to turn ou to put sb out into the street.

**ruée** [rye] *nf* rush; il y a eu une ~ vers le buffet everybody made a mad dash for the buffet ❑ la ~ vers l'or HIST the gold rush.

**ruelle** [ryɛl] *nf* **-1.** [voie] lane, narrow street, alley. **-2.** [de lit] space between bed and wall, ruelle *arch*.

**ruer** [7] [rye] *vi* **-1.** [animal] to kick (out). **-2.** *fam loc*: ~ dans les brancards [verbalement] to kick up a fuss; [par ses actions] to kick ou to lash out.
◆ **se ruer** *vpi*: se ~ sur qqn [gén] to rush at sb; [agressivement] to hurl ou to throw o.s. at sb; se ~ vers la sortie to dash ou to rush towards the exit; ils se sont tous rués sur le buffet they made a mad dash for the buffet; dès qu'une chambre se libère, tout le monde se rue dessus as soon as a room becomes vacant, everybody pounces on it; se ~ à l'attaque SPORT to rush into the attack.

**ruf(f)ian** [ryfjɑ̃] *nm* **-1.** *arch* [souteneur] whoremonger. **-2.** [aventurier] adventurer.

**rugby** [rygbi] *nm* rugby (football); ~ à quinze Rugby Union; ~ à treize Rugby League.

**rugbyman** [rygbiman] (*pl* **rugbymen** [mɛn]) *nm* rugby player.

**rugir** [32] [ryʒir] ◇ *vi* **-1.** [fauve] to roar. **-2.** [personne] to bellow. ◇ *vt* [insultes, menaces] to bellow ou to roar out (*sép*).

**rugissant, e** [ryʒisɑ̃, ɑ̃t] *adj* **-1.** [fauve, moteur] roaring. **-2.** *litt* [flots] roaring; [vent, tempête] roaring, howling.

**rugissement** [ryʒismɑ̃] *nm* **-1.** [d'un lion, d'un moteur] roar, roaring. **-2.** *litt* [des flots] roar, roaring; [du vent, de la tempête] roar, roaring, howling. **-3.** [d'une personne] roar; ~ de douleur howl of pain.

**rugosité** [rygozite] *nf* [d'une écorce, d'un plancher, de la peau] roughness; [d'une toile] roughness, coarseness.
◆ **rugosités** *nfpl* bumps, rough patches.

**rugueux, euse** [rygø, øz] *adj* [écorce, planche, peau] rough; [toile] rough, coarse.

**Ruhr** [rur] *npr f*: la ~ the Ruhr.

**ruine** [ryin] *nf* **-1.** [faillite financière] ruin; courir à la ~ to head for ruin. **-2.** *fam* [dépense exorbitante] ruinous expense; 200 F, ce n'est pas la ~! 200 F won't break ou ruin you!. **-3.** [bâtiment délabré] ruin. **-4.** [personne usée] wreck. **-5.** [destruction – d'une institution] downfall, ruin; *fig* ruin; ce fut la ~ de notre mariage it wrecked ou ruined our marriage; il veut ma ~ he wants to ruin ou finish me.
◆ **ruines** *nfpl* ruins.
◆ **en ruine** ◇ *loc adj* ruined. ◇ *loc adv* in ruins; tomber en ~ to go to ruin.

**ruiner** [3] [ryine] *vt* **-1.** [financièrement] to ruin, to cause the ruin of, to bring ruin upon; ça ne va pas te ~! it won't break ou ruin you! **-2.** *litt* [endommager – architecture, cultures] to ruin, to destroy; [– espérances] to ruin, to dash; [– carrière, santé] to ruin, to wreck.
◆ **se ruiner** *vpi* [perdre sa fortune] to ruin ou to bankrupt o.s.; [dépenser beaucoup] to spend a fortune; elle se ruine en vêtements/disques she spends a fortune on clothes/records. ◇ *vpt*: se ~ la santé to ruin one's health; se ~ la vue to destroy one's eyesight.

**ruineux, euse** [ryinø, øz] *adj* extravagantly expensive, ruinous.

**ruisseau, x** [ryiso] *nm* **-1.** [ru] brook, stream. **-2.** [lit du cours d'eau] bed of a stream; un ~ à sec a dried-up stream. **-3.** *litt* [torrent] stream; ~x de larmes floods of tears ❑ les petits ~x font les grandes rivières *prov* tall oaks from little acorns grow *prov*. **-4.** [rigole] gutter. **-5.** *péj* gutter; **tirer qqn du ~** to pull ou to drag sb out of the gutter.

**ruisselant, e** [rʉislɑ̃, ɑ̃t] *adj* **-1.** [inondé]: **~ (d'eau)** [imperméable, personne] dripping (wet); [paroi] streaming ou running with water; **le visage ~ de sueur** her face streaming ou dripping with sweat; **les joues ~es de larmes** his cheeks streaming with tears; **une pièce ~e de lumière** a room bathed in ou flooded with light. **-2.** [qui ne cesse de couler]: **eaux ~es** running waters.

**ruisseler** [24] [rʉisle] *vi* [couler – eau, sang, sueur] to stream, to drip; **la sueur ruisselait sur son front** his brow was streaming ou dripping with sweat; **la lumière ruisselait par la fenêtre** *fig* light flooded in through the window; **~ sur** *litt* [suj: chevelure] to flow over; [suj: air, lumière] to stream. ◆ **ruisseler de** *vp* + *prép* [être inondé de]: **~ de sang/sueur** to stream with blood/sweat; **les murs ruisselaient d'humidité** the walls were streaming ou oozing with damp; **le palais ruisselait de lumière** *fig* the palace was bathed in ou flooded with ou awash with light.

**ruisselet** [rʉisle] *nm* little stream, brook.

**ruisselle** [rʉisel] *v* → **ruisseler.**

**ruissellement** [rʉiselmɑ̃] *nm* **-1.** [écoulement]: **le ~ de la pluie sur les vitres** the rain streaming ou running down the window panes; **~ de lumière** *litt* stream of light. **-2.** GÉOL: **~ pluvial, eaux de ~** (immediate) runoff.

**ruissellerai** [rʉiselre] *v* → **ruisseler.**

**rumba** [rumba] *nf* rumba.

**rumeur** [rʉmœr] *nf* **-1.** [information] rumour; **selon certaines ~s, le réacteur fuirait toujours** rumour has it ou it's rumoured that the reactor is still leaking. **-2.** *sout* [bruit – d'un stade, d'une classe] hubbub, hum; [– de l'océan] murmur; [– de la circulation] rumbling, hum. **-3.** [manifestation]: **~ de mécontentement** rumblings of discontent. **-4.** [opinion]: **la ~ publique: la ~ publique le tient pour coupable** rumour has it that he is guilty.

**ruminant** [rʉminɑ̃] *nm* ruminant.

**ruminer** [3] [rʉmine] ◇ *vi* ZOOL to ruminate *spéc*, to chew the cud. ◇ *vt* **-1.** [ressasser – idée] to ponder, to chew over *(sép)*; [– malheurs] to brood over *(insép)*; [– vengeance] to ponder. **-2.** ZOOL to ruminate.

**rumsteck** [rɔmstɛk] = **romsteck.**

**rune** [ryn] *nf* ʃune.

**runique** [rynik] *adj* runic.

**rupestre** [rypɛstr] *adj* **-1.** ARCHÉOL & BX-ARTS [dessin] rock *(modif)*; [peinture] cave *(modif)*. **-2.** BOT rock *(modif)*.

**rupin, e**[V] [rypɛ̃, in] ◇ *adj* [quartier] posh; [intérieur] ritzy, posh; [famille] well-heeled, posh. ◇ *nm, f*: **c'est des ~s** they're rolling in money ou rolling in it; **les ~s** the rich.

**rupture** [ryptyr] *nf* **-1.** MÉD [dans une membrane] breaking, tearing, splitting; [dans un vaisseau] bursting; **~ d'anévrysme** aneurysmal rupture. **-2.** TECH: **~ de circuit** circuit break. **-3.** [cessation – de négociations, de fiançailles] breaking off; **une ~ avec le passé** a break with the past. **-4.** [dans un couple] break-up. **-5.** [changement] break; **~ de cadence** sudden break in rhythm; **~ de ton** sudden change in ou of tone. **-6.** COMM: **~ de stock: être en ~ de stock** to be out of stock. **-7.** JUR: **~ de ban** illegal return (from banishment); **être en ~ de ban avec son milieu/sa famille** *fig* to be at odds with one's environment/one's family; **~ de contrat** breach of contract. **-8.** INDUST: **~ de charge** break of load.

**rural, e, aux** [ryral, o] ◇ *adj* [droit, population] rural; [vie, paysage] country *(modif)*, rural; **en milieu ~** in rural areas. ◇ *nm, f* country person; **les ruraux** country people, countryfolk. ◇ *nm Helv* farm building.

**ruse** [ryz] *nf* **-1.** [trait de caractère] cunning, craftiness, slyness. **-2.** [procédé] trick, ruse, wile; **~ de guerre** *pr* tactics,

stratagem; *fig* good trick; **~s de Sioux** *fam* crafty tactics, fox's cunning.

**rusé, e** [ryze] ◇ *adj* [personne] crafty, sly, wily; [air, regard] sly; **il est ~ comme un renard** he's as sly ou cunning ou wily as a fox. ◇ *nm, f*: **tu es une petite ~e!** you're a crafty one ou a sly one, my girl!

**ruser** [3] [ryze] *vi* to use cunning ou trickery ou guile; **il va falloir ~!** we'll have to be clever!; **~ avec qqn** to outsmart sb; **~ avec qqch** to get round sthg by using cunning.

**rush** [rœʃ] *(pl* **rushs** ou **rushes)** *nm* SPORT [effort soudain] spurt.

**rushes** [rœʃ] *nmpl* CIN rushes.

**russe** [rys] *adj* Russian. ◆ **Russe** *nmf* Russian. ◆ **russe** *nm* LING Russian.

**Russie** [rysi] *npr f*: **(la) ~** Russia.

**russifier** [9] [rysifje] *vt* to russianize, to russify.

**russkof**[V] [ryskɔf] *nmf* offensive term used with reference to Russian people, ≃ Russky.

**russophile** [rysɔfil] *adj & nmf* Russophile.

**russophone** [rysɔfɔn] ◇ *adj* Russian-speaking. ◇ *nmf* Russian speaker.

**rustaud, e** [rysto, od] *péj* ◇ *adj* yokelish. ◇ *nm, f* yokel, (country) bumpkin.

**rusticité** [rystisite] *nf* **-1.** [d'un comportement, d'une personne] uncouthness, boorishness. **-2.** [d'un mobilier] rusticity. **-3.** AGR hardiness.

**Rustine**® [rystin] *nf (bicycle tyre) rubber repair patch*.

**rustique** [rystik] ◇ *adj* **-1.** *sout* [de la campagne – vie] rustic, rural. **-2.** [meubles] rustic; [poterie] rusticated. **-3.** *litt* [fruste – manières, personne] country *(épith)*, rustic. **-4.** AGR hardy. ◇ *nm*: **le ~** [style] rustic style; [mobilier] rustic furniture.

**rustre** [rystr] ◇ *adj* boorish, uncouth. ◇ *nmf* boor, lout.

**rut** [ryt] *nm* rut; **au moment du ~** during the rutting season; **être en ~** to (be in) rut.

**rutabaga** [rytabaga] *nm* swede, rutabaga *Am*.

**rutilant, e** [rytilɑ̃, ɑ̃t] *adj* **-1.** [propre – carrosserie, armure] sparkling, gleaming. **-2.** *litt* [rouge – cuivre] rutilant *litt*; [– visage] ruddy.

**rutiler** [3] [rytile] *vi sout* [étinceler] to gleam, to shine.

**R-V** *abr écrite de* **rendez-vous.**

**Rwanda** [rwɑ̃da] = **Ruanda.**

**rythme** [ritm] *nm* **-1.** MUS rhythm; **avoir du ~** [musique] to have a good (strong) beat ou rhythm; **avoir le sens du ~** [personne] to have rhythm; **marquer le ~** to mark time; **suivre le ~** to keep up. **-2.** CIN, THÉÂT & LITTÉRAT rhythm; **le ~ du film est trop lent** the film is too slow-moving. **-3.** [allure – d'une production] rate; [– des battements du cœur] rate, speed; [– de vie] tempo, pace; **travailler à un ~ soutenu** to work at a sustained pace; **à ce ~-là** at that rate. **-4.** [succession – de marées, de saisons] rhythm. **-5.** ANAT & BIOL: **~ biologique** biorhythm; **~ cardiaque** heartbeat, cardiac rhythm *spéc*; **~ respiratoire** breathing ou respiratory *spéc* rhythm. ◆ **au rythme de** *loc prép* **-1.** [au son de] to the rhythm of. **-2.** [à la cadence de] at the rate of.

**rythmé, e** [ritme] *adj* [musique] rhythmic, rhythmical; [prose] rhythmical.

**rythmer** [3] [ritme] *vt* **-1.** [mouvements de danse, texte] to put rhythm into, to give rhythm to. **-2.** *sout* [ponctuer]: **ces événements ont rythmé sa vie** these events gave a certain rhythm to ou punctuated his life.

**rythmique** [ritmik] ◇ *adj* rhythmic, rhythmical. ◇ *nf* **-1.** LITTÉRAT rhythmics *(U)*. **-2.** [gymnastique] rhythmic gymnastics *(U)*.

# S

**s, S** [ɛs] *nm inv* **-1.** [lettre] s, S. **-2.** [forme] S-shape; faire des S [voiture] to zigzag; [sentier] to twist and turn; à cet endroit, la route fait un S at this point, there's a double *ou* an S bend in the road.
◆ **en S** *loc adj* [crochet] S-shaped; [voie] winding, zigzagging; [rivière] meandering.

**s** (*abr écrite de* **seconde**) s.

**s'** [s] → **se, si** *conj*.

**s/** *abr écrite de* **sur**.

**S** (*abr écrite de* **Sud**) S.

**sa** [sa] *f* → **son**.

**SA** (*abr de* **société anonyme**) *nf* ≃ plc *Br*, ≃ Inc *Am*; une SA a limited company.

**S.A.** (*abr écrite de* **Son Altesse**) HH.

**sabayon** [sabajɔ̃] *nm* [entremets] zabaglione; [sauce] sabayon sauce.

**sabbat** [saba] *nm* **-1.** RELIG Sabbath. **-2.** [de sorcières] witches' sabbath.

**sabbatique** [sabatik] *adj* **-1.** RELIG sabbatical. **-2.** UNIV sabbatical; demander une année ~ to ask for a sabbatical (year).

**Sabin, e** [sabɛ̃, in] *nm, f* Sabine; l'enlèvement des ~es the rape of the Sabine women.

**sabir** [sabir] *nm* **-1.** LING lingua franca. **-2.** *fam* [jargon] gobbledygook, mumbo-jumbo.

**sablage** [sablaʒ] *nm* **-1.** TRAV PUBL gritting. **-2.** CONSTR sandblasting.

**sable** [sabl] ◇ *nm* **-1.** GÉOL sand; ~ fin fine sand ❑ ~ de construction coarse sand; être sur le ~ *fam & fig* [sans argent] to be skint *Br ou* broke *ou* strapped; [sans emploi] to be out of a job; mettre qqn sur le ~ [le ruiner]: ils m'ont mis sur le ~ they've ruined *ou* bankrupted me. **-2.** MÉTALL (moulding) sand. ◇ *adj inv* sand-coloured, sandy.
◆ **sables** *nmpl* : ~s mouvants quicksand (U).
◆ **de sable** *loc adj* [château] sand (*modif*); [dune] sand (*modif*), sandy; [fond] sandy.

**sablé, e** [sable] *adj* [allée] sandy.
◆ **sablé** *nm* (shortbread-type) biscuit *Br ou* cookie *Am*.

**sabler** [3] [sable] *vt* **-1.** TRAV PUBL to grit. **-2.** CONSTR to sandblast. **-3.** *loc* : ~ le champagne to crack a bottle of champagne.

**sableux, euse** [sablø, øz] *adj* **-1.** [mêlé de sable – eau, terrain] sandy; [– champignons, moules] gritty. **-2.** [rugueux – pâte] grainy.
◆ **sableuse** *nf* **-1.** TRAV PUBL sander, sandspreader. **-2.** CONSTR sandblaster.

**sablier, ère** [sablije, ɛr] *adj* [industrie, commerce] sand (*modif*).
◆ **sablier** *nm* **-1.** [gén] hourglass, sand glass; [de cuisine] egg timer. **-2.** [pour sécher l'encre] sandbox. **-3.** BOT sandbox tree.
◆ **sablière** *nf* **-1.** [lieu] sand quarry, sandpit. **-2.** CONSTR [de toiture] inferior purlin; [dans un mur] wall plate.

**sablonneux, euse** [sablɔnø, øz] *adj* sandy.

**sablonnière** [sablɔnjɛr] *nf* sand quarry, sandpit.

**sabord** [sabɔr] *nm* port (*square opening in ship's side*).

**sabordage** [sabɔrdaʒ] *nm*, **sabordement** [sabɔrdəmɑ̃] *nm* NAUT & *fig* scuttling.

**saborder** [3] [sabɔrde] *vt* **-1.** NAUT to scuttle, to sink. **-2.** [stopper – entreprise, journal] to scuttle, to sink, to wind up (*sép*). **-3.** [faire échouer – plans, recherche] to scuttle, to put

paid to *Br* to scupper *Br*.
◆ **se saborder** *vp* (*emploi réfléchi*) **-1.** [navire] to go down (*by the deliberate actions of the crew*). **-2.** [entreprise] to fold, to close down; [parti] to wind (o.s.) up.

**sabot** [sabo] *nm* **-1.** [soulier] clog, sabot; je te vois venir avec tes gros ~s *fam* I know what you're after, I can see you coming a mile off; comme un ~ *fam*: elle danse comme un ~ she's got two left feet; je chante comme un ~ I can't sing to save my life. **-2.** ZOOL hoof. **-3.** *fam & péj* [instrument, machine] pile of junk. **-4.** JEUX shoe (*for cards*). **-5.** MÉCAN : ~ de frein brake shoe; ~ de Denver wheel clamp *Br*, Denver boot *Am*. **-6.** [jouet] whipping top.

**sabotage** [sabotaʒ] *nm* **-1.** [destruction – de matériel] sabotage; c'est du ~! *fig* this is sheer sabotage!-**2.** [acte organisé]: un ~ an act *ou* a piece of sabotage. **-3.** [travail bâclé] botched job.

**saboter** [3] [sabote] *vt* **-1.** [détruire volontairement] to sabotage. **-2.** [bâcler] to bungle.

**saboteur, euse** [sabotœr, øz] *nm, f* **-1.** [destructeur] saboteur. **-2.** [mauvais travailleur] bungler.

**sabotier, ère** [sabotje, ɛr] *nm, f* **-1.** [fabricant] clog-maker. **-2.** [vendeur] clog seller.

**sabre** [sabr] *nm* ARM & SPORT sabre; tirer son ~ to draw one's sword ❑ aller/charger ~ au clair to go/to charge with drawn sword; le ~ et le goupillon the Army and the Church.

**sabrer** [3] [sabre] *vt* **-1.** [texte] to make drastic cuts in; [paragraphe, phrases] to cut, to axe. **-2.** *fam* [critiquer – étudiant, copie] to savage, to lay into (*insép*); [– projet] to lay into. **-3.** *fam* [renvoyer – employé] to fire, to sack *Br*, to can *Am*; se faire ~ to get the chop *ou* sack *Br ou* boot. **-4.** [frapper] to slash; la toile avait été sabrée à coups de crayon *fig* great pencil slashes marked the canvas. **-5.** [bâcler] to botch, to bungle.

**sabreur** [sabrœr] *nm* **-1.** ESCRIME fencer (specializing in the sabre). **-2.** MIL swordsman (*using a sabre*).

**sac** [sak] *nm* **-1.** [contenant – petit, léger] bag; [– grand, solide] sack; ~ de billes bag of marbles; ~ de classe *ou* d'école *vieilli* satchel, school bag; ~ de couchage sleeping bag; ~ à dos rucksack, knapsack; ~ à main [à poignée] handbag *Br*, purse *Am*; [à bandoulière] shoulder bag; ~ à pain bread bag (*made of cloth*); ~ en papier paper bag; ~ de plage beach bag; ~ (en) plastique [petit] plastic bag; [solide et grand] plastic carrier bag *Br*, large plastic bag *Am*; ~ à provisions shopping bag; SPORT punchbag; ~ de voyage overnight *ou* travelling bag. **-2.** [contenu – petit, moyen] bag, bagful; [– grand] sack, sackful. **-3.** ▽ [argent]: dix ~s a hundred francs. **-4.** ANAT & BOT sac. **-5.** [pillage] sack, pillage; mettre qqch à ~ to ransack *ou* to plunder *ou* to pillage sthg. **-6.** *fam loc*: méfie-toi, c'est un ~ de nœuds, leur affaire be careful, that business of theirs is a real hornets' nest; ~ à malices bag of tricks; c'est un ~ d'os he's all skin and bones *ou* a bag of bones; ~ à puces [chien] fleabag; ~ à vin drunk, lush; être fagoté *ou* ficelé comme un ~ to look like a feather bed tied in the middle; ça y est, l'affaire est *ou* c'est dans le ~! it's as good as done!, it's in the bag!; dans le même ~ : ils sont tous à mettre dans le même ~ they're all as bad as each other; attention, ne mettons pas le racisme et le sexisme dans le même ~! let's not lump racism and sexism together!

**saccade** [sakad] *nf* jerk, jolt, (sudden) start; après quelques ~s, le moteur s'arrêta the engine jolted to a halt.
◆ **par saccades** *loc adv* jerkily, joltingly, in fits and starts;

la voiture avançait par ~s the car was lurching ou jerking forward; elle parlait par ~s she spoke haltingly ou in a disjointed manner.

**saccadé, e** [sakade] *adj* [pas] jerky; [mouvement] disjointed; [voix] halting.

**saccage** [sakaʒ] *nm* (wanton) destruction; quel ~! what a mess!

**saccager** [17] [sakaʒe] *vt* [maison, parc] to wreck, to wreak havoc in, to devastate; [matériel, livres] to wreck, to ruin; [cultures] to lay waste, to devastate; [ville] to lay waste, to sack.

**saccageur, euse** [sakaʒœr, øz] *nm, f sout* vandal.

**saccharin, e** [sakarɛ̃, in] *adj* sugar *(modif)*.
◆ **saccharine** *nf* saccharin.

**saccharose** [sakaroz] *nm* saccharose.

**SACEM, Sacem** [sasɛm] *(abr de* **Société des auteurs compositeurs et éditeurs de musique)** *npr f body responsible for collecting and distributing royalties,* ≈ Performing Rights Society *Br,* Copyright Royalty Tribunal *Am.*

**sacerdoce** [saserdɔs] *nm* **-1.** RELIG priesthood. **-2.** [vie de dévouement] vocation ou calling *(requiring the utmost dedication).*

**sacerdotal, e, aux** [saserdɔtal, o] *adj* priestly, sacerdotal.

**sachant** [saʃɑ̃], **sache** [saʃ] *v* → **savoir**.

**sachet** [saʃɛ] *nm* **-1.** [petit sac] (small) bag. **-2.** [dose de soupe, d'entremets] packet, sachet; [- d'herbes aromatiques] sachet; du thé en ~s tea bags.

**sacoche** [sakɔʃ] *nf* **-1.** [de facteur] bag, post bag *Br,* mail bag. **-2.** [de vélo] pannier. **-3.** [d'encaisseur] money bag. **-4.** *Belg* handbag, purse *Am.*

**sac-poubelle** [sakpubɛl] *(pl* **sacs-poubelle)** *nm* dustbin *Br* ou garbage can *Am* liner, binbag.

**sacquer**$^\triangledown$ [3] [sake] *vt* **-1.** [employé]: ~ qqn to give sb the sack *Br* ou ax *Am,* to sack *Br* ou to can *Am* sb; se faire ~ to get the sack *Br* ou axe *Am.* **-2.** [étudiant] to fail, to flunk; elle va se faire ~ à l'examen she'll get slaughtered in the exam. **-3.** *loc:* il ne peut pas te ~ he can't stand (the sight of) you.

**sacral, e, aux** [sakral, o] *adj* sacred.

**sacralisation** [sakralizasjɔ̃] *nf* **-1.** [d'une chose profane]: notre époque voit la ~ de la liberté individuelle today, individual freedom is considered to be sacred. **-2.** MÉD sacralization.

**sacraliser** [3] [sakralize] *vt* to regard as sacred.

**sacramentel, elle** [sakramɑ̃tɛl] *adj* **-1.** RELIG sacramental. **-2.** *fig & litt* [moment, paroles] ritual, sacramental.

**sacre** [sakr] *nm* **-1.** [d'un empereur] coronation and anointment; [d'un évêque] consecration. **-2.** MUS: 'le Sacre du printemps' *Stravinski* 'The Rite of Spring'. **-3.** ORNITH saker. **-4.** *Can* [juron] expletive *(usually the name of a religious object).*

**sacré, e** [sakre] *adj* **-1.** RELIG [édifice] sacred, holy; [art, textes, musique] sacred, religious; [animal] sacred; dans l'enceinte ~e within the place of worship. **-2.** [devoir, promesse] sacred, sacrosanct; [droit] sacred, hallowed; sa voiture, c'est ~! her car is sacred!; rien de plus ~ que sa promenade après le repas his after-dinner walk is sacrosanct. **-3.** *(avant le nom) fam* [en intensif]: j'ai un ~ mal de dents! I've got (an) awful toothache!; j'ai un ~ boulot en ce moment! I've got a hell of a lot of work on at the moment!; c'est un ~ cuisinier, ton mari! your husband is a damn good cook ou a terrific cook!; ~ Marcel, toujours le mot pour rire! good old Marcel, never a dull moment with him! *aussi iron;* ~ farceur! you old devil!; t'as eu une ~ veine! you were damn lucky!**-4.** $^\triangledown$ *(avant le nom)* [satané] damned, blasted; ~ nom de nom! damn and blast it!**-5.** ANAT sacral.
◆ **sacré** *nm:* le ~ the sacred.

**sacrebleu** [sakrəblø] *interj arch* zounds *arch,* hell's bells *hum.*

**Sacré-Cœur** [sakrekœr] *npr m* **-1.** [édifice]: le ~, la basilique du ~ Sacré-Cœur. **-2.** [fête]: le ~, la fête du ~ the (Feast of the) Sacred Heart.

**sacredieu** [sakrədjø] *arch* = **sacrebleu.**

**sacrement** [sakrəmɑ̃] *nm* sacrament; les derniers ~s the last rites.

**sacrément** [sakremɑ̃] *adv fam & vieilli:* c'est ~ bon! it's jolly *Br* ou damn good!; il était ~ furieux! he was awfully angry.

**sacrer** [3] [sakre] ◇ *vt* **-1.** [empereur] to crown and anoint, to sacre *arch;* [évêque] to consecrate. **-2.** [nommer, instituer] to

consecrate; on l'a sacré meilleur acteur du siècle he was acclaimed ou hailed as the greatest actor of the century. ◇ *vi vieilli* to swear, to curse.

**sacrificateur, trice** [sakrifikatœr, tris] *nm, f* sacrificer ANTIQ.

**sacrifice** [sakrifis] *nm* **-1.** RELIG sacrifice, offering; offrir qqch en ~ à Dieu to offer sthg as a sacrifice to God, to sacrifice sthg to God □ le ~ de la Croix the Sacrifice of the Cross. **-2.** [effort, compromis] sacrifice; faire des ~s/un ~ to make sacrifices/a sacrifice; faire le ~ de sa vie pour qqn to lay down ou to sacrifice one's life for sb.
◆ **au sacrifice de** *loc prép* at the cost of.

**sacrificiel, elle** [sakrifisjɛl] *adj* RELIG sacrificial.

**sacrifié, e** [sakrifje] ◇ *adj* sacrificed, lost; la génération ~e the lost generation. ◇ *nm, f* (sacrificial) victim.

**sacrifier** [9] [sakrifje] *vt* **-1.** RELIG to sacrifice. **-2.** [renoncer à - carrière, santé] to sacrifice; [- loisirs] to give up *(sép);* ~ sa vie to make the ultimate sacrifice; il a sacrifié sa vie pour sa patrie he sacrificed ou laid down his life for his country; ~ ses amis à sa carrière to sacrifice one's friends to one's career. **-3.** COMM [articles] to sell at rockbottom prices.
◆ **sacrifier à** *v + prép* **-1.** RELIG to sacrifice to. **-2.** *sout* [se conformer à] to conform to; ~ à la mode to conform to ou to go along with (with dictates) of fashion.
◆ **se sacrifier** *vpi* to sacrifice o.s.; se ~ pour son pays/ses enfants to sacrifice o.s. for one's country/children; il reste des frites — allez, je me sacrifie! *fam & hum* there are some chips left over — oh well, I suppose I'll have to eat them myself!

**sacrilège** [sakrilɛʒ] ◇ *adj* sacrilegious. ◇ *nmf* profaner. ◇ *nm* **-1.** RELIG sacrilege, profanation. **-2.** *fig* [crime] sacrilege, crime *fig.*

**sacripant** [sakripɑ̃] *nm vieilli* scoundrel, rogue, scallywag.

**sacristain** [sakristɛ̃] *nm* **-1.** RELIG [catholique] sacristan; [protestant] sexton. **-2.** CULIN *small puff pastry cake in the shape of a paper twist.*

**sacristi** [sakristi] *vieilli* = **sapristi.**

**sacristie** [sakristi] *nf* [d'une église – catholique] sacristy; [– protestante] vestry.

**sacro-iliaque** [sakrɔiljak] *(pl* **sacro-iliaques)** *adj* sacroiliac.

**sacro-saint, e** [sakrɔsɛ̃, ɛ̃t] *(mpl* **sacro-saints,** *fpl* **sacro-saintes)** *adj* **-1.** *vieilli* sacrosanct. **-2.** *fam* [intouchable] sacred, sacrosanct.

**sacrum** [sakrɔm] *nm* sacrum.

**sadique** [sadik] ◇ *adj* sadistic. ◇ *nmf* sadist.

**sadiquement** [sadikmɑ̃] *adv* sadistically.

**sadisme** [sadism] *nm* sadism.

**sado** [sado] *fam* ◇ *adj* sadistic; il est un peu ~ he's a bit of a sadist. ◇ *nmf* sadist.

**sadomaso** [sadɔmazo] *fam* ◇ *adj* sadomasochistic. ◇ *nmf* sadomasochist.

**sadomasochisme** [sadɔmazɔʃism] *nm* sadomasochism.

**sadomasochiste** [sadɔmazɔʃist] ◇ *adj* sadomasochistic. ◇ *nmf* sadomasochist.

**safari** [safari] *nm* safari; faire un ~ to go on (a) safari.

**safari-photo** [safarifoto] *(pl* **safaris-photos)** *nm* photographic ou camera safari.

**SAFER, Safer** [safɛr] *(abr de* **Société d'aménagement foncier et d'établissement rural)** *npr f agency entitled to buy land and earmark it for agricultural use.*

**safran** [safrɑ̃] ◇ *nm* **-1.** BOT & CULIN saffron. **-2.** NAUT rudder blade. ◇ *adj inv* saffron *(modif),* saffron-yellow.

**safrané, e** [safrane] *adj* **-1.** [teinte] saffron *(modif),* saffron-yellow. **-2.** CULIN saffron-flavoured.

**saga** [saga] *nf* saga.

**sagace** [sagas] *adj* sharp, acute, sagacious.

**sagacité** [sagasite] *nf* sagacity, judiciousness, wisdom; avec ~ shrewdly, judiciously.

**sagaie** [sagɛ] *nf* assagai, assegai.

**sage** [saʒ] ◇ *adj* **-1.** [tranquille, obéissant] good, well-behaved; sois ~, Paul! [recommandation] be a good boy, Paul; [remontrance] behave yourself, Paul; être ~ comme une image to be as good as gold. **-2.** [sensé, raisonnable - personne] wise, sensible; [- avis, conduite, décision] wise, sensible, reasonable; le plus ~ serait de... the most sensible thing (to do) would be...; il serait plus ~ que tu prennes une assurance it would be wiser for you to take out insurance. **-3.** [sobre – tenue] modest, sober; [– vie sentimentale] quiet; [– film, livre] restrained, understated; [– goûts] tame, unadventurous *péj.* **-4.** *euph* [chaste]: elle est ~ she's a good girl. ◊ *nmf* **-1.** [personne] wise person. **-2.** POL: une commission de ~s an advisory committee. ◊ *nm* ANTIQ sage.

**sage-femme** [saʒfam] (*pl* **sages-femmes**) *nf* midwife; homme ~ male midwife.

**sagement** [saʒmɑ̃] *adv* **-1.** [tranquillement] quietly, nicely; attends-moi ~ ici, Marie wait for me here like a good girl, Marie. **-2.** [raisonnablement] wisely, sensibly. **-3.** [pudiquement] elle baissa ~ les yeux she modestly lowered her eyes.

**sagesse** [saʒɛs] *nf* **-1.** [discernement – d'une personne] good sense, insight, wisdom; [– d'une décision, d'une suggestion] good sense, wisdom; elle n'a pas eu la ~ d'attendre she wasn't sensible enough ou didn't have the good sense to wait; agir avec ~ to act wisely ou sensibly ❑ la ~ des nations popular wisdom. **-2.** [obéissance] good behaviour; elle n'a pas été d'une grande ~ aujourd'hui! she wasn't particularly well behaved today!**-3.** [sobriété – d'une toilette, d'un livre] soberness, tameness; [– d'une vie sentimentale] quietness. **-4.** *euph* [chasteté] proper behaviour.

**Sagittaire** [saʒitɛr] *npr m* **-1.** ASTRON Sagittarius. **-2.** ASTROL Sagittarius; elle est ~ she's a Sagittarius ou a Sagittarian.

**sagouin, e** [sagwɛ̃, in] *nm, f fam* [personne – malpropre] filthy pig; [– incompétence] slob.

◆ **sagouin** *nm* ZOOL sagoin, marmoset.

**Sahara** [saara] *npr m*: le (désert du) ~ the Sahara (desert); ~ occidental the Western Sahara.

**saharien, enne** [saarjɛ̃, ɛn] *adj* Saharan.

◆ **Saharien, enne** *nm, f* Saharan.

◆ **saharienne** *nf* VÊT safari jacket.

**Sahel** [sael] *npr m*: le ~ the Sahel.

**sahélien, enne** [saeljɛ̃, ɛn] *adj* Sahelian.

◆ **Sahélien, enne** *nmf* Sahelian.

**saignant, e** [sɛɲɑ̃, ɑ̃t] *adj* **-1.** CULIN [steak] rare. **-2.** [blessure] bleeding.

**saignée** [seɲe] *nf* **-1.** MÉD bleeding (U), bloodletting (U); faire une ~ à qqn to bleed sb, to let sb's blood. **-2.** *sout* [pertes humaines]: la terrible ~ de la Première Guerre mondiale the terrible slaughter of the First World War. **-3.** ANAT: à la ~ du bras at the crook of the arm. **-4.** [dépenses] drain; des ~s dans le budget drains on the budget. **-5.** [entaille] notch.

**saignement** [sɛɲmɑ̃] *nm* bleeding; ~ de nez nosebleed.

**saigner** [4] [seɲe] ◊ *vi* [plaie, blessé] to bleed; je saigne du nez my nose is bleeding, I've got a nosebleed ❑ ~ comme un bœuf to bleed profusely. ◊ *vt* **-1.** [malade, animal] to bleed. **-2.** [faire payer – contribuable] to bleed, to fleece; [épuiser – pays] to drain the resources of, to drain ou to suck the lifeblood from; ~ qqn à blanc to bleed sb dry, to clean sb out.

◆ **se saigner** *vp (emploi réfléchi)*: se ~ aux quatre veines pour qqn to bleed o.s. dry for sb.

**saillant, e** [sajɑ̃, ɑ̃t] *adj* **-1.** [en relief – veines] prominent; [– os, tendon, menton] protruding; [– muscle, yeux] bulging, protruding; [– rocher] protruding; [– corniche] projecting; avoir les pommettes ~es to have prominent ou high cheekbones. **-2.** [remarquable – trait, fait] salient, outstanding.

◆ **saillant** *nm* **-1.** [de fortification] salient. **-2.** [angle] salient angle.

**saillie** [saji] *nf* **-1.** [d'un mur, d'une montagne] ledge; [d'un os] protuberance; faire ~, être en ~ [balcon, roche] to jut out, to project. **-2.** CONSTR projection. **-3.** *litt* [trait d'esprit] sally, witticism, flash of wit. **-4.** ZOOL covering, serving.

**saillir¹** [32] [sajir] *vt* ZOOL to cover, to serve.

**saillir²** [50] [sajir] *vi* [rocher, poutre] to project, to jut out; [menton] to protrude; [os] to protrude, to stick out; [yeux] to bulge, to protrude; [muscle, veine] to stand out, to bulge.

**sain, e** [sɛ̃, sɛn] *adj* **-1.** [robuste – enfant] healthy, robust; [– cheveux, peau] healthy; [– dent] sound, healthy; être ~ d'esprit to be sane; ~ de corps et d'esprit sound in mind and body. **-2.** [en bon état – charpente, fondations, structure] sound; [– situation financière, entreprise, gestion] sound, healthy; [– viande] good. **-3.** [salutaire – alimentation, mode de vie] wholesome, healthy; [– air, climat] healthy, invigorating, good.

tu ne devrais pas rester enfermé toute la journée, ce n'est pas ~ you shouldn't stay in all day long, it's not good for you ou it's unhealthy. **-4.** [irréprochable – opinion] sane, sound; [– lectures] wholesome; son rapport avec sa fille n'a jamais été très ~ her relationship with her daughter was never very healthy. **-5.** NAUT safe.

◆ **sain et sauf, saine et sauve** *loc adj* safe and sound, unhurt, unharmed.

**saindoux** [sɛ̃du] *nm* lard.

**sainement** [sɛnmɑ̃] *adv* **-1.** [hygiéniquement] healthily. **-2.** [sagement] soundly.

**saint, e** [sɛ̃, sɛ̃t] ◊ *adj* **-1.** *(après le nom)* [sacré – lieu, livre, image, guerre] holy; la semaine ~e Holy Week ‖ *(avant le nom)*: la Sainte Famille the Holy Family; les Saintes Écritures the Scriptures; leur ~ patron their patron saint; le ~ sacrement the sacrament of Holy Communion, the Eucharist; le ~ suaire (de Turin) the Turin Shroud. **-2.** [canonisé] Saint; ~ Pierre/Paul Saint Peter/Paul. **-3.** *(avant le nom)* [exemplaire] holy; le curé est un ~ homme the priest is a holy man; sa mère était une ~e femme his mother was a real saint. **-4.** [en intensif]: toute la ~e journée the whole blessed day; j'ai une ~e horreur des araignées I have a real horror of spiders. ◊ *nm, f* **-1.** RELIG saint; le ~ du jour the Saint of the day ❑ sainte de glace [French saint] (Mamert, Gervase and Pancras) on whose name days (11th, 12th and 13th May) late frosts often occur according to tradition; les ~s du dernier jour the Latter-Day Saints, the Mormons; il lasserait la patience d'un ~ he'd try the patience of a saint; je ne sais (plus) à quel ~ me vouer I don't know which way to turn (any more). **-2.** BX-ARTS [statue or effigy of a] saint. **-3.** *fig* saint.

◆ **saint** *nm*: le ~ des ~s RELIG the Holy of Holies; *fig* the inner sanctum.

◆ **Saint, e** *adj* **-1.** RELIG: la Sainte Vierge the Blessed Virgin, the Virgin Mary. **-2.** *(avec trait d'union)* [dans des noms de lieux, de fêtes]: c'est la Saint-Marc aujourd'hui it's Saint Mark's day today, it's the feast of Saint Mark today.

**Saint-Barthélemy** [sɛ̃bartelemi] ◊ *npr f*: (le massacre de) la ~ the Saint Bartholomew's Day Massacre. ◊ *npr* GÉOG Saint Bart's.

**saint-bernard** [sɛ̃bɛrnar] *nm inv* **-1.** ZOOL Saint Bernard (dog). **-2.** *hum* [personne généreuse]: c'est un vrai ~ he's a good Samaritan.

**saint-cyrien, enne** [sɛ̃sirjɛ̃, ɛn] (*mpl* **saint-cyriens,** *fpl* **saint-cyriennes**) *nm, f* [élève] cadet training at the Saint-Cyr military academy.

**Saint-Domingue** [sɛ̃dɔmɛ̃g] *npr* Santo Domingo.

**Sainte-Catherine** [sɛ̃tkatrin] *npr*: coiffer ~ to be 25 and still unmarried on Saint Catherine's Day (25th November).

**Sainte-Hélène** [sɛ̃telɛn] *npr* St Helena.

**saintement** [sɛ̃tmɑ̃] *adv*: vivre ~ to lead a saintly life.

**sainte-nitouche** [sɛ̃tnituʃ] (*pl* **saintes-nitouches**) *nf péj* hypocrite; avec ses airs de ~ looking as if butter wouldn't melt in her mouth.

**Saintes** [sɛ̃t] *npr fpl*: les (îles des) ~ the Îles des Saintes.

**Saint-Esprit** [sɛ̃tɛspri] *npr m*: le ~ the Holy Spirit ou Ghost.

**sainteté** [sɛ̃tte] *nf* **-1.** [d'une personne] saintliness, godliness; [d'une action, d'une vie] saintliness; [d'un édifice, des Écritures, de la Vierge] holiness, sanctity; [du mariage] sanctity. **-2.** [titre]: Sa/Votre Sainteté His/Your Holiness.

**Sainte-Trinité** [sɛ̃trinite] *npr f* RELIG: la ~ the Holy Trinity.

**saint-frusquin** [sɛ̃fryskɛ̃] *nm inv fam*: elle a débarqué hier avec tout son ~ she turned up yesterday with all her worldly goods ❑ j'ai jeté la vaisselle, les meubles et tout le ~ I've thrown away the plates, the furniture, the whole lot ou caboodle.

**saint-glinglin** [sɛ̃glɛ̃glɛ̃]

◆ **à la saint-glinglin** *loc adv fam*: je t'écrirai — c'est ça, à la ~! I'll write to you — and pigs might fly!; elle te remboursera à la ~ she'll never pay you back in a month of Sundays; je ne vais pas attendre jusqu'à la ~! I'm not hanging around all day!

**Saint-Graal** [sɛ̃gral] = **Graal**.

**saint-honoré** [sɛ̃tɔnɔre] *nm inv* Saint Honoré gateau.

**Saint-Jacques** [sɛ̃ʒak] *npr*: coquille ~ scallop.

**Saint-Jacques-de-Compostelle** [sɛ̃ʒakdəkɔ̃pɔstɛl] *npr* Santiago de Compostela.

**Saint-Jean** [sɛ̃ʒɑ̃] *npr f*: la ~ Midsummer's Day.

**Saint-Laurent** [sɛ̃lɔrɑ̃] *npr m* le ~ [fleuve] the St Lawrence (River); le (golfe du) ~ the St Lawrence Seaway.

**Saint-Marin** [sɛ̃marɛ̃] *npr* San Marino.

**Saint-Nicolas** [sɛ̃nikɔla] *npr f*: la ~ Saint Nicholas' Day (*December 6th, celebrated especially in Belgium and the north of France*).

**saintpaulia** [sɛ̃pɔlja] *nm* African violet, saintpaulia.

**Saint-Père** [sɛ̃pɛr] (*pl* Saints-Pères) *nm* Holy Father.

**Saint-Pétersbourg** [sɛ̃petɛrsbur] *npr* St Petersburg.

**saint-pierre** [sɛ̃pjɛr] *nm inv* John Dory, dory.

**Saint-Pierre-et-Miquelon** [sɛ̃pjɛremiklɔ̃] *npr* St Pierre and Miquelon.

**Saint-Siège** [sɛ̃sjɛʒ] *npr m*: le ~ the Holy See.

**saint-simonien, enne** [sɛ̃simɔnjɛ̃, ɛn] (*mpl* saint-simoniens, *fpl* saint-simoniennes) *nm, f & adj* Saint-Simonian.

**Saint-Sylvestre** [sɛ̃silvɛstr] *npr f*: la ~ New Year's Eve; le réveillon de la ~ traditional French New Year's Eve celebration.

**Saint-Valentin** [sɛ̃valɑ̃tɛ̃] *npr f*: la ~ Saint Valentine's Day.

**sais** [sɛ] *v* → savoir.

**saisi, e** [sezi] *nm, f* distrainee.

◆ **saisie** *nf* **-1.** INF: ~e de données keyboarding of data. **-2.** IMPR [clavetage] keyboarding. **-3.** JUR [d'une propriété, d'une infraction] seizure, distraint, distress; [de produits d'une infraction] seizure, confiscation; [d'un bien pour non-paiement des traites] repossession; ~e immobilière seizure of property; ~e mobilière seizure ou distraint of goods; faire ou opérer une ~e to levy a distress.

**saisie-arrêt** [seziarɛt] (*pl* saisies-arrêts) *nf* garnishment.

**saisie-exécution** [seziɛgzekysjɔ̃] (*pl* saisies-exécutions) *nf* distraint (for an auction).

**saisir** [32] [sezir] *vt* **-1.** [avec brusquerie] to grab (hold of), to seize, to grasp; [pour porter, déplacer] to catch (hold of), to take hold of, to grip; [pour s'approprier] to snatch; ~ qqch au vol to catch sthg in mid-air; ~ qqn aux épaules to grab ou to grip sb by the shoulders; il m'a saisi par la manche he grabbed me by the sleeve; elle saisit ma main she gripped my hand. **-2.** [mettre à profit] to seize, to grab; ~ l'occasion de faire qqch to seize ou to grasp the opportunity to do sthg; je n'ai pas su ~ ma chance I missed (out on) my chance, I didn't seize the opportunity. **-3.** [envahir – suj: colère, terreur, dégoût] to take hold of, to seize, to grip; elle a été saisie d'un malaise, un malaise l'a saisie she suddenly felt faint; le froid m'a saisi I was stunned by the cold. **-4.** [impressionner] to strike, to stun. **-5.** [percevoir – bribes de conversation, mot] to catch, to get. **-6.** [comprendre – explications, sens d'une phrase] to understand, to get, to grasp. **-7.** JUR [débiteur, biens] to seize, to levy distress (upon); [articles prohibés] to seize, to confiscate; [tribunal] to submit ou to refer a case to; la justice, saisie de l'affaire, annonce que... the judicial authorities, apprised of the case, have indicated that...; la juridiction compétente a été saisie the case was referred to the appropriate jurisdiction. **-8.** INF to capture; ~ des données (sur clavier) to keyboard data. **-9.** CULIN to seal, to sear.

◆ **se saisir de** *vp + prép* **-1.** [prendre] to grab (hold of), to grip, to seize. **-2.** *sout* [étudier] to examine.

**saisissable** [sezisabl] *adj* **-1.** JUR distrainable. **-2.** *sout* [perceptible] perceptible.

**saisissant, e** [sezisɑ̃, ɑ̃t] *adj* **-1.** [vif – froid] biting, piercing. **-2.** [surprenant – ressemblance] striking, startling; [– récit, spectacle] gripping; [– contraste] startling. **-3.** JUR [qui opère ou fait opérer une saisie] seizing.

**saisissement** [sezismɑ̃] *nm* **-1.** [surprise] astonishment, amazement. **-2.** [sensation de froid] sudden chill.

**saison** [sɛzɔ̃] *nf* **-1.** [période de l'année] season; en cette ~ at this time of (the) year; en toutes ~s all year round ❑ la belle ~ [printemps] the spring months; [été] the summer months; la mauvaise ~, la ~ froide the winter months; à la belle/mauvaise ~ when the weather turns warm/cold; la ~ sèche the dry season; la ~ des pluies the rainy season, the rains. **-2.** [époque pour certains travaux, certains produits]: ce n'est pas encore la ~ des aubergines aubergines aren't in season yet; la ~ des cerises the cherry season; la ~ des vendanges grape-harvesting time ❑ la ~ des amours

mating season; la ~ de la chasse [à courre] the hunting season; [à tir] the shooting season. **-3.** [temps d'activité périodique] season; la ~ théâtrale the theatre season; la ~ touristique the tourist season; une ~ sportive a season ‖ COMM season; en basse ou morte ~ off season; en haute ~ during the high season; la pleine ~ the busy season; en pleine ~ at the height of the season. **-4.** [cure] season. **-5.** *litt* [âge de la vie] age, time of life.

◆ **de saison** *loc adj* **-1.** [adapté à la saison] seasonal; ce n'est pas un temps de ~ this weather's unusual for the time of the year; être de ~ [fruit] to be in season; [vêtement] to be seasonable. **-2.** *sout* [opportun] timely; tes critiques ne sont pas de ~ your criticism is out of place.

**saisonnier, ère** [sɛzɔnje, ɛr] *adj* seasonal, seasonable.

◆ **saisonnier** *nm* [employé] seasonal worker.

**saké** [sake] *nm* sake.

**salace** [salas] *adj* [histoire, allusion] salacious, lewd, lascivious; [individu] salacious, lecherous, lewd.

**salacité** [salasite] *nf litt* salaciousness, lewdness.

**salade** [salad] *nf* **-1.** BOT lettuce. **-2.** CULIN salad; ~ de concombre/haricots cucumber/bean salad; champignons en ~ mushroom salad ❑ ~ composée mixed salad; ~ de fruits fruit salad; ~ niçoise salade niçoise, niçoise salad. **-3.** *fam* [embrouillamini] muddle, tangle.

◆ **salades** *nfpl fam* [mensonges] tall stories, fibs; dis-moi tout, et ne me raconte pas de ~s! tell me everything and spare me the fairy tales!

**saladier** [saladje] *nm* [récipient] (salad) bowl.

**salaire** [salɛr] *nm* **-1.** [au mois] salary, pay; [à la semaine, journalier] wages pay; un ~ de famine starvation wages ❑ ~ à la tâche ou aux pièces pay for piece work, piece rate; ~ de base basic salary ou pay; ~ brut gross pay; ~ horaire hourly wage; ~ mensuel monthly pay; ~ minimum interprofessionnel de croissance → SMIC; ~ net take-home pay, net salary; à ~ unique single-income; je n'ai pas droit au ~ unique I'm not entitled to supplementary benefit *Br* ou the welfare benefit *Am* for single-income families. **-2.** *fig* [dédommagement] reward; [punition] retribution.

**salaison** [salɛzɔ̃] *nf* [opération] salting.

◆ **salaisons** *nfpl* [gén] salted foods; [viande, charcuterie] salt ou salted meat.

**salamalecs** [salamalɛk] *nmpl fam*: faire des ~ à qqn to kowtow to sb, to bow and scrape before sb; épargnez-moi tous ces ~ spare me the soft soap.

**salamandre** [salamɑ̃dr] *nf* ZOOL salamander.

**salami** [salami] *nm* salami.

**salant** [salɑ̃] ◇ *adj m* salt (*modif*). ◇ *nm* salt marsh.

**salarial, e, aux** [salarjal, o] *adj* [politique, revendications] pay (*modif*), wage (*modif*), salary (*modif*); revenus salariaux income from salaries.

**salariat** [salarja] *nm* **-1.** [personnes] wage earners. **-2.** [mode de rémunération – à la semaine] (weekly) wages; [– au mois] (monthly) salary. **-3.** [état]: le ~ ne lui convient pas being an employee doesn't suit her.

**salarié, e** [salarje] ◇ *adj* **-1.** [au mois] salaried; [à la semaine] wage-earning; êtes-vous ~? [non chômeur] are you in paid employment?; [non libéral] are you paid a salary? **-2.** [travail] paid; [emploi, poste] salaried. ◇ *nm, f* [au mois] salaried employee; [à la semaine] wage-earner; les ~s the employees.

**salarier** [salarje] *vt* to put on one's salaried staff.

**salaud** [salo] ◇ *nm* bastard, swine; je pars à Tahiti – ben mon ~! I'm off to Tahiti – you lucky sod *Br* ou bastard! ◇ *adj m*: il est ~ he's a bastard ou a swine.

**sale** [sal] ◇ *adj* **-1.** [malpropre – visage] dirty, filthy; [– eau] dirty, murky; [– mur] dirty, grimy; blanc ~ dirty white; oh que tu es ~! [à un enfant] you mucky pup! ❑ il est ~ comme un cochon ou peigne ou porc he's filthy dirty. **-2.** [salissant] dirty. **-3.** [obscène] filthy, dirty. **-4.** *fam* [le nom] *fam* [mauvais, désagréable] nasty; c'est une ~ affaire it's a nasty business; elle a un ~ caractère she has a filthy ou rotten temper; quel ~ temps! what rotten ou foul weather!; il m'a joué un ~ tour he played a dirty trick on me ❑ ~ bête [insecte] nasty creature, creepy crawly *hum*; [personne] nasty character ou piece of work *Br*; avoir une ~ tête ou gueule▽ [à faire peur] to look evil, to be nasty-looking; il a une ~ tête ce matin [malade] he looks under the weather ou *Br* off-colour this morning; [renfrogné] he's got a face like a thundercloud this morning; **quand je vais lui dire, il va faire une ~ tête** he's not going to be very pleased when I tell him. ◇ *nmf* [personne] dirty person. ◇ *nm*: **ton pantalon est au ~** your trousers are with the dirty washing.

**salé, e** [sale] *adj* **-1.** CULIN [beurre, cacahuètes, gâteaux secs] salted; [non sucré – mets] savoury; [– goût] salty; [conservé dans le sel – morue, porc] salt *(modif)*, salted. **-2.** [salin – lac] salt *(modif)*; **eau ~e** salt water. **-3.** *fam* [exagéré – condamnation] stiff, heavy; [– addition] steep, stiff. **-4.** *fam* [osé – histoire, plaisanterie] spicy, risqué.
◆ **salé** ◇ *nm* **-1.** le ~ [non sucré] savoury food; [avec adjonction de sel] salt ou salty food. **-2.** CULIN salt pork; **petit ~** salted (flank end of) belly pork. ◇ *adv*: **je ne mange pas ~** I don't like too much salt in my food; **je mange ~** I like my food well salted.

**salement** [salmɑ̃] *adv* **-1.** [malproprement] dirtily; **qu'il mange ~!** he's such a messy eater!**-2.** ▽ [en intensif]: **je suis ~ embêté** I'm in a hell of a mess; **ça m'a fait ~ mal** it hurt like hell, it was damn ou Br bloody painful.

**saler** [3] [sale] *vt* **-1.** CULIN [assaisonner] to salt, to add salt to; [en saumure] to pickle, to salt (down); *(en usage absolu)*: **je ne sale presque pas** I hardly use any salt. **-2.** TRAV PUBL [chaussée] to salt. **-3.** *fam* [inculpé] to throw the book at. **-4.** *fam* [facture] to inflate; **c'était bon, mais ils ont salé l'addition!** it was good but the bill was a bit steep!

**saleté** [salte] *nf* **-1.** [manque de propreté] dirtiness; **les rues sont d'une ~ incroyable** the streets are incredibly dirty ou filthy. **-2.** [tache, crasse] speck ou piece of dirt; **tu as une ~ sur ta veste** you've got some dirt on your jacket; **il y a des ~s qui bloquent le tuyau** the pipe is blocked up with muck; **faire des ~s** to make a mess; **ne rentre pas avec tes bottes, tu vas faire des ~s** don't come in with your boots on, you'll get dirt everywhere. **-3.** *fam* [chose de mauvaise qualité] rubbish Br, trash Am; **c'est de la ~** it's rubbish; **à la récréation, ils ne mangent que des ~s** all they eat at break is junk food. **-4.** [chose nuisible] foul thing, nuisance; **j'ai attrapé cette ~ à la piscine** I caught this blasted thing at the swimming pool; **je dois prendre cette ~ avant chaque repas!** I have to take this foul stuff before every meal!**-5.** ▽ [en injure]: **~!** [à un homme] swine!, bastard!; [à une femme] bitch!, cow! Br; **~ de chien!** damned dog!; **quelle ~ de temps!** what foul ou lousy weather! **-6.** [calomnie] (piece of) dirt; **tu as encore raconté des ~s sur mon compte** you've been spreading filthy rumours about me again. **-7.** [acte] dirty ou filthy trick; **il m'a fait une ~** he played a dirty trick on me.
◆ **saletés** *nfpl* [grossièretés] dirt, filth, smut; **raconter des ~s** to say dirty things ‖ *euph*: **les chiens font leurs ~s dans les jardins publics** dogs do their business in the parks.

**salicylique** [salisilik] *adj* salicylic.

**salière** [saljɛr] *nf* **-1.** [petit bol] saltcellar; [avec trous] salt cellar, salt shaker Am; [à couvercle] salt box, salt pot. **-2.** *fam* [d'une personne maigre] saltcellar.

**salifère** [salifɛr] *adj* saliferous.

**salification** [salifikasjɔ̃] *nf* salification.

**salifier** [9] [salifje] *vt* to salify, to form into a salt.

**saligaud, e**▽ [saligo, od] *nm, f* **-1.** [homme méprisable] swine; [femme méprisable] cow Br, bitch Am.**-2.** *vieilli* [homme sale] filthy pig; [femme sale] slut.

**salin, e** [salɛ̃, in] *adj* saline.
◆ **salin** *nm* **-1.** GÉOG salt marsh. **-2.** CHIM saline.
◆ **saline** *nf* **-1.** [établissement] saltworks, saltpan.˙**-2.** [marais] salt marsh.

**salinier, ère** [salinje, ɛr] ◇ *adj* salt *(modif)*, salt-producing. ◇ *nm, f* salt producer.

**salinité** [salinite] *nf* **-1.** [degré] (degree of) salinity. **-2.** [fait d'être salé] salinity.

**salique** [salik] *adj* salic.

**salir** [32] [salir] *vt* **-1.** [eau, surface] to (make) dirty; [vêtements] to (make) dirty, to mess up *(sép)*, to soil. **-2.** [honneur, amitié] to besmirch *litt*; [réputation] to smear, to besmirch, to sully *litt*.
◆ **se salir** ◇ *vp (emploi réfléchi)* to get dirty, to dirty o.s.; *fig* to lose one's reputation; **se ~ les mains** *pr & fig* to get one's hands dirty. ◇ *vpi* to get soiled ou dirty; **ne prends pas un manteau beige, ça salit vite** don't buy a beige coat, it

shows the dirt ou it gets dirty very quickly.

**salissant, e** [salisɑ̃, ɑ̃t] *adj* **-1.** [qui se salit]: **c'est une teinte ~e** this shade shows the dirt. **-2.** [qui salit – travail] dirty, messy.

**salissure** [salisyr] *nf* [restée en surface] speck of dirt, piece of grime; [ayant pénétré le tissu] dirty mark, stain.

**salivaire** [salivɛr] *adj* salivary.

**salivation** [salivasjɔ̃] *nf* salivation.

**salive** [saliv] *nf* **-1.** PHYSIOL saliva, spit. **-2.** *fam loc*: **n'usez pas ou ne gaspillez pas ou épargnez votre ~** save ou don't waste your breath; **avaler ou ravaler sa ~** [se taire] to keep quiet.

**saliver** [3] [salive] *vi* **-1.** PHYSIOL to salivate. **-2.** [avoir l'eau à la bouche]: **le menu me fait ~** the menu makes my mouth water; **le chien salivait devant sa pâtée** the dog was drooling ou dribbling at the sight of his food. **-3.** *fam* [d'envie] to drool; **il salivait devant les voitures de sport** he was drooling over the sports cars.

**salle** [sal] *nf* **-1.** [dans une habitation privée] room; **~ de bains** [lieu] bathroom; [mobilier] bathroom suite; **~ d'eau** shower room; **~ de jeu** [d'une maison] playroom Br, rumpus room Am; [d'un casino] gaming room; **~ à manger** [lieu] dining room; [mobilier] dining room suite; **~ de séjour** living room. **-2.** [dans un édifice public] hall, room; [dans un café] room; [dans un musée] room, gallery; **~ d'armes** MIL arms room; ESCRIME fencing hall; **~ d'attente** waiting room; **~ d'audience** courtroom; **~ de bal** ballroom; **~ des banquets** banqueting hall; **~ de classe** classroom; **~ des coffres** strongroom; **~ de concert** concert hall, auditorium; **~ de conférences** UNIV lecture theatre Br ou hall Am; [pour colloques] conference room; **~ d'embarquement** departure lounge; **~ d'études** prep room Br, study hall Am; **~ des fêtes** village hall; **~ de garde** (hospital) staffroom; **~ d'hôpital**, **~ commune** *vieilli* hospital ward; **~ d'opération** [à l'hôpital] operating theatre Br ou room Am; MIL operations room; **~ paroissiale** church hall; **~ des pas perdus** RAIL (station) concourse; [au tribunal] waiting room ou hall; **~ des professeurs** SCOL (school) staffroom; UNIV senior common room Br, professors' lounge Am; **~ de projection** projection room; **~ de réanimation** resuscitation unit; **~ de restaurant** [restaurant] dining room; **~ de réception** [dans un hôtel] function room; [dans un palais] stateroom; **~ de réunion** assembly room; **~ de spectacle** auditorium; **~ du trône** stateroom, throne room; **~ des tortures** torture chamber; **~ des ventes** auction room Br, auction gallery Am.**-3.** CIN & THÉÂT [lieu] theatre, auditorium; [spectateurs] audience; **faire ~ comble** to pack the house; **le cinéma a cinq ~s** it's a five-screen cinema Br ou movie theater Am; **sa dernière production sort en ~ en septembre** her latest production will be released ou out in September; **dans les ~s d'art et d'essai ou les petites ~s** in art cinemas Br ou movie theaters Am ❑ **dans les ~s obscures** in the cinemas Br ou movie theaters Am.**-4.** SPORT: **athlétisme en ~** indoor athletics; **jouer en ~** to play indoors.

**salmigondis** [salmigɔ̃di] *nm* **-1.** *sout* [embrouillamini] mishmash, hotchpotch Br, hodgepodge Am.**-2.** *arch* & CULIN hotchpotch Br, hodgepodge Am.

**salmis** [salmi] *nm* salmi, salmis.

**salmonelle** [salmɔnɛl] *nf* salmonella.

**salmonellose** [salmɔnɛloz] *nf* salmonellosis.

**saloir** [salwar] *nm* **-1.** [récipient] salting ou brine tub. **-2.** [pièce] salting room.

**Salomé** [salɔme] *npr* Salome.

**Salomon** [salɔmɔ̃] ◇ *npr* BIBLE (King) Solomon. ◇ *npr fpl* GÉOG: **les (îles) ~** the Solomon Islands.

**salon** [salɔ̃] *nm* **-1.** [chez un particulier – pièce] living ou sitting room, lounge Br; [– meubles] living room suite; **~ en cuir** leather suite ❑ **~ de jardin** garden set; **~ de réception** reception room. **-2.** [dans un hôtel] lounge; [pour réceptions, fêtes] function room; [d'un paquebot] saloon, lounge. **-3.** [boutique]: **~ de beauté** beauty parlour ou salon; **~ de coiffure** hairdressing salon; **~ de thé** tearoom; **~ d'essayage** fitting room, changing room. **-4.** COMM [exposition]: **Salon des Arts ménagers** ≃ Ideal Home Exhibition Br, ≃ home crafts exhibition ou show Am; **Salon de l'Automobile** Motor Br ou Car ou Automobile Am Show; **Salon nautique** ou **de la navigation** Boat Show. **-5.** BX-ARTS salon. **-6.** LITTÉRAT salon; tenir ~ to hold a salon; alors, mesdemoiselles, on fait ou tient ~? *fig* busy discussing important matters, are we, young ladies?; conversation de ~ idle chatter.

**saloon** [salun] *nm* saloon (*bar in the Wild West*).

**salopard**▽ [salɔpar] *nm* bastard, swine, sod *Br*.

**salope**▼ [salɔp] ◇ *nf* **-1.** [femme de mauvaise vie] slut, slag *Br*.-**2.** [femme méprisable] bitch, cow *Br*. ◇ *adj f*: tu as été ~ avec moi you were a bitch to me.

**saloper**▽ [3] [salɔpe] *vt* **-1.** [réparation, travail] to make a mess ou hash of, to cock up *Br (sép)*. **-2.** [souiller – vêtements, mur] to mess up *(sép)*.

**saloperie**▽ [salɔpri] *nf* **-1.** [camelote] rubbish *Br*, trash *Am*; c'est de la ~, ces ouvre-boîtes these can-openers are absolute rubbish ou trash; toutes ces ~s vous détraquent l'estomac all this rubbish ou junk food upsets your stomach. **-2.** [chose désagréable, nuisible]: c'est de la ~ à poser, ce papier peint this wallpaper's a real pain to put on; quelles ~s, ces taupes! these moles are a damn nuisance!; le chien a avalé une ~ the dog has eaten something nasty; depuis que j'ai cette ~ au poumon... since I've had this blasted thing on my lung...; ~ de voiture, elle ne veut pas démarrer! the damn ou bloody *Br* ou blasted car won't start!-**3.** [chose sale]: tu as une ~ sur ta manche you've got something dirty on your sleeve. **-4.** [calomnie] nasty ou catty remark; [action méprisable] nasty ou dirty trick; faire une ~ à qqn to play a dirty ou nasty trick on sb.
◆ **saloperies** *nfpl* [grossièretés] smut *(U)*.

**salopette** [salɔpɛt] *nf* [de ville] dungarees, salopette, salopettes; [de ski] salopette; [d'un plombier] overalls.

**salpêtre** [salpɛtr] *nm* saltpetre.

**salpingite** [salpɛ̃ʒit] *nf* salpingitis.

**salsa** [salsa] *nf* salsa.

**salsepareille** [salsəparɛj] *nf* sarsaparilla.

**salsifis** [salsifi] *nm* salsify.

**saltimbanque** [saltɛ̃bãk] *nmf* **-1.** [acrobate] acrobat. **-2.** [forain] fairground ou travelling entertainer. **-3.** [professionnel du spectacle] entertainer.

**salubre** [salybr] *adj* **-1.** [climat] salubrious, hygienic, wholesome; [logement] salubrious. **-2.** *fig & sout* [mesures] salubrious, hygienic.

**salubrité** [salybrite] *nf* **-1.** [d'un local] salubrity; [d'un climat] salubriousness, salubrity, healthiness. **-2.** JUR: ~ publique public health.

**saluer** [7] [salɥe] ◇ *vt* **-1.** [par politesse]: ~ qqn [de la main] to wave at sb; [de la tête] to nod at sb; [en arrivant] to greet sb; [en partant] to take one's leave of sb; l'acteur salue le public the actor bows to the audience ou takes his bow; il m'a demandé de vous ~ he asked me to give you his regards; Messieurs, je vous salue (bien)! good day (to you), gentlemen!-**2.** MIL to salute. **-3.** RELIG: je vous salue Marie Hail Mary. **-4.** [accueillir] to greet; son film a été unanimement salué par la presse her film was unanimously acclaimed by ou met with unanimous acclaim from the press. **-5.** [rendre hommage à – courage, génie] to salute, to pay homage ou tribute to; [reconnaître en tant que] to hail; on a salué en elle le chef de file du mouvement she was hailed as the leader of the movement; ~ la mémoire ou le souvenir de qqn to salute sb's memory. ◇ *vi* NAUT: ~ du pavillon ou des pavillons to dip a flag (in salute).

**salut** [saly] ◇ *nm* **-1.** [marque de politesse]: faire un ~ de la main à qqn to wave (one's hand) to sb; faire un ~ de la tête à qqn to nod to sb; il lui retourna son ~ [en paroles] he returned her greeting; [de la main] he waved back at her; répondre au ~ de qqn to return sb's greeting, en guise du signe de ~ as a greeting. **-2.** MIL salute; faire le ~ to (give the military) salute ❑ ~ au drapeau saluting the colours. **-3.** [survie – d'une personne, d'un pays] salvation, safety; [– d'une entreprise, d'une institution] salvation; chercher/trouver le ~ dans la fuite to seek/to find safety in flight. **-4.** *litt* [sauveur] saviour. **-5.** RELIG salvation; faire son ~ (sur la terre) to earn one's salvation on earth. ◇ *interj* **-1.** *fam* [en arrivant] hi ou hello ou hullo (there); [en partant] bye, see you, so long *Am*; ~ la compagnie! [en partant] bye everybody!

**salutaire** [salytɛr] *adj* **-1.** [physiquement – air] healthy; [– remède] beneficial; [– exercice, repos] salutary, beneficial; cette semaine dans les Alpes m'a été ~ that week in the

Alps did my health a power of good. **-2.** [moralement – conseil, épreuve] salutary; [– lecture, effet] beneficial.

**salutations** [salytasjɔ̃] *nfpl* greetings, salutation; elle t'envoie ses ~ she sends you her regards, she sends her regards to you; je vous prie d'agréer mes ~ distinguées yours sincerely ou faithfully *Br*, sincerely ou truly yours *Am*.

**salutiste** [salytist] *adj & nmf* Salvationist.

**Salvador** [salvadɔr] *nprm*: le ~ El Salvador; au ~ in El Salvador.

**salvateur, trice** [salvatœr, tris] *adj litt* saving *(avant n)*.

**salve** [salv] *nf* **-1.** MIL salvo, volley. **-2.** *fig*: ~ d'applaudissements round ou burst of applause.

**Salzbourg** [salzbur] *npr* Salzburg.

**Sam** [sam] *npr*: Oncle ~ [citoyen, gouvernement des USA] Uncle Sam.

**samaritain, e** [samaritɛ̃, ɛn] *adj* Samaritan.
◆ **samaritain** *nm* Helv [secouriste] *person qualified to give first aid*.
◆ **Samaritain, e** *nm, f* Samaritan; le bon ~ the good Samaritan; les Samaritains the Samaritans.
◆ **Samaritaine** *nf* RELIG: la Samaritaine the Samaritan woman.

**samba** [sãba] *nf* samba.

**samedi** [samdi] *nm* Saturday; Samedi saint Holy ou Easter Saturday; *voir aussi* **mardi**.

**Samoa** [samɔa] *npr fpl* Samoa.

**Samothrace** [samɔtras] *npr* Samothrace; la Victoire de ~ the Victory of Samothrace.

**samouraï** [samuraj] *nm* samurai.

**samovar** [samɔvar] *nm* samovar.

**SAMU, Samu** [samy] (*abr de* **Service d'aide médicale d'urgence**) *npr m* *French ambulance and emergency service*, ≃ ambulance service *Br*, ≃ Paramedics *Am*.

**samurai** [samuraj] *nm inv* = **samouraï**.

**sana** [sana] *fam* = **sanatorium**.

**sanatorium** [sanatɔrjɔm] *nm* sanatorium *Br*, sanatarium *Am*.

**sanctification** [sɑ̃ktifikasjɔ̃] *nf* sanctification.

**sanctifier** [9] [sɑ̃ktifje] *vt* **-1.** RELIG [rendre sacré] to sanctify; [célébrer] to hallow. **-2.** *fig* [patrie, valeurs] to hold sacred.

**sanction** [sɑ̃ksjɔ̃] *nf* **-1.** [mesure répressive] sanction; imposer des ~s à to apply sanctions against, to impose sanctions on; lever des ~s (prises) contre to raise (the) sanctions against; prendre des ~s contre to take sanctions against ❑ ~s diplomatiques/économiques diplomatic/economic sanctions. **-2.** SCOL & SPORT punishment, disciplinary action *(U)*; prendre des ~s contre un élève to punish a pupil; prendre des ~s contre un sportif to take disciplinary action against an athlete. **-3.** JUR sanction, penalty; ~ pénale penal sanction. **-4.** [approbation] sanction, ratification. **-5.** *sout* [conséquence] result, outcome.

**sanctionner** [3] [sɑ̃ksjɔne] *vt* **-1.** [punir – délit, élève] to punish; [– sportif, haut fonctionnaire] to take disciplinary action against; [– pays] to impose sanctions on; il s'est fait ~ pour sa grossièreté envers l'arbitre he was penalized for being rude to the umpire. **-2.** [ratifier – loi] to sanction, to ratify; [– décision] to sanction, to agree with *(insép)*.

**sanctuaire** [sɑ̃ktɥɛr] *nm* **-1.** RELIG sanctuary. **-2.** *sout* [asile] sanctuary. **-3.** [foyer, centre vital] hub, centre. **-4.** POL territory under the nuclear umbrella.

**sanctus** [sɑ̃ktys] *nm* Sanctus.

**sandale** [sɑ̃dal] *nf* sandal.

**sandalette** [sɑ̃dalɛt] *nf* (light) sandal.

**sandiniste** [sɑ̃dinist] *adj & nmf* Sandinista.

**Sandow**® [sɑ̃do] *nm* **-1.** [tendeur] elastic luggage strap. **-2.** AÉRON catapult.

**sandwich** [sɑ̃dwitʃ] (*pl* sandwichs ou sandwiches) *nm* sandwich; ~ au fromage cheese sandwich ❑ j'étais pris en ~ entre eux *fam* I was sandwiched between them.

**sang** [sɑ̃] *nm* **-1.** BIOL blood; à ~ froid/chaud cold-/warmblooded ❑ ~ artériel/veineux arterial/venous blood; avoir du ~ sur les mains to have blood on one's hands; répandre ou verser ou faire couler le ~ *sout* to shed ou to spill blood; le ~ a coulé ou a été répandu blood was shed; noyer une révolte dans le ~ to put down a revolt ruthlessly; en ~: être en ~, nager ou baigner dans son ~ to be covered in blood; **se mordre les lèvres jusqu'au** ~ to bite one's lips until one draws blood; **avoir du** ~ **dans les veines** to have courage ou guts; **ne pas avoir de** ~ **dans les veines, avoir du** ~ **de poulet** *fam*, **avoir du** ~ **de navet** *fam* to have no guts, to be a complete wimp; **avoir le** ~ **chaud** [colérique] to be ou to have a short fuse; [impétueux] to be hot-headed; [sensuel] to be hot-blooded; **il a ça dans le** ~ it's in his blood; **mon** ~ **s'est glacé** ou **figé dans mes veines** my blood ran cold ou turned to ice in my veins; **le** ~ **lui est monté au visage** ou **à la tête** the blood rushed to her cheeks; **mon** ~ **n'a fait qu'un tour** [d'effroi] my heart missed ou skipped a beat; [de rage] I saw red; **se faire du mauvais** ~ ou **un** ~ **d'encre, se manger** ou **se ronger les** ~**s** to worry o.s. sick, to be worried stiff, to fret; **ça m'a tourné les** ~**s** it gave me quite a turn. **-2.** *littr* [vie] (life) blood; **payer de son** ~ to pay with one's life **❏** **du** ~ **frais** ou **nouveau** [personnes] new blood; [argent] new ou fresh money. **-3.** *sout* [race, extraction] blood; **épouser qqn de son** ~ to marry sb of the same blood ou a blood relative; **de** ~ **royal** of royal blood **❏** ~ **bleu** blue blood; **lorsque l'on a du** ~ **bleu dans les veines...** when one is blue-blooded...; **bon** ~ **ne saurait mentir** *prov* blood is thicker than water *prov*. **-4.** *fam loc*: **bon** ~ **(de bonsoir)!** damn and blast it!

◆ **au sang** *loc adj* CULIN [canard] *served with a sauce incorporating its own blood.*

**sang-froid** [sɑ̃fʀwa] *nm inv* composure, calm, sang-froid; **garder** ou **conserver son** ~ to stay calm, to keep one's cool; **perdre son** ~ to lose one's self-control ou cool.

◆ **de sang-froid** *loc adv*: **tuer qqn de** ~ to kill sb in cold blood ou cold-bloodedly.

**sanglant, e** [sɑ̃glɑ̃, ɑ̃t] *adj* **-1.** [blessure, bataille, règne] bloody; [bras, mains] covered in blood, bloody; [linge] bloody, blood-soaked; [spectacle] gory. **-2.** [blessant – critiques] scathing; [– affront] cruel. **-3.** *littr* [couleur de sang] blood-red.

**sangle** [sɑ̃gl] *nf* **-1.** [lanière – gén] strap; [– d'un lit, d'une chaise] webbing; [– d'un cheval] girth; [– d'un parachute] ~ **d'ouverture automatique** static line. **-2.** ANAT: ~ **abdominale** abdominal muscles.

**sangler** [3] [sɑ̃gle] *vt* **-1.** [cheval] to girth. **-2.** [paquet, valise] to strap up *(sép)*. **-3.** *fig* [serrer]: **sanglée dans son corset** tightly corseted.

**sanglier** [sɑ̃glije] *nm* ZOOL (wild) boar.

**sanglot** [sɑ̃glo] *nm* **-1.** [hoquet, pleurs] sob; **non, dit-il dans un** ~ no, he sobbed; **avec des** ~**s dans la voix** with a sob in one's voice. **-2.** *littr* [bruit plaintif] lamentation.

**sangloter** [3] [sɑ̃glɔte] *vi* **-1.** [pleurer] to sob. **-2.** *littr* [océan, vent] to sob, to sigh; [accordéon] to sigh.

**sang-mêlé** [sɑ̃mele] *nmf inv vieilli* half-caste.

**sangria** [sɑ̃gʀija] *nf* sangria.

**sangsue** [sɑ̃sy] *nf* **-1.** ZOOL leech. **-2.** *sout & vieilli* [profiteur] bloodsucker. **-3.** *fam* [importun] leech.

**sanguin, e** [sɑ̃gɛ̃, in] ◇ *adj* **-1.** [groupe, plasma, transfusion, vaisseau] blood *(modif)*; [système] circulatory. **-2.** [rouge] blood-red. **-3.** [humeur, tempérament] sanguine. ◇ *nm, f* fiery person.

◆ **sanguine** *nf* **-1.** BX-ARTS [crayon] red chalk, sanguine; [dessin] red chalk drawing, sanguine. **-2.** GÉOL haematite. **-3.** BOT blood orange.

**sanguinaire** [sɑ̃ginɛʀ] ◇ *adj* **-1.** [assoiffé de sang] bloodthirsty. **-2.** *littr* [féroce – bataille, conquête] bloody, sanguinary. ◇ *nf* bloodroot, sanguinaria *spéc*.

**sanguinolent, e** [sɑ̃ginɔlɑ̃, ɑ̃t] *adj* **-1.** [sécrétion] spotted ou streaked with blood, sanguinolent *littr*; [linge, pansement] soiled ou tinged with blood, sanguinolent; [personne] covered in blood, blood-streaked. **-2.** *littr* [rouge – lèvres] blood-red.

**Sanisette**® [sanizɛt] *nf* superloo.

**sanitaire** [sanitɛʀ] ◇ *adj* **-1.** ADMIN & MÉD [conditions] sanitary, health *(modif)*; [règlement] health. **-2.** CONSTR sanitary, plumbing *(U)*; **l'équipement** ~ the plumbing. ◇ *nm* **-1.** [installations] plumbing (for bathroom and toilet). **-2.** [profession] sanitary ware (dealing).

◆ **sanitaires** *nmpl* (bathroom and) toilet; **les** ~**s du camp sont tout à fait insuffisants** the sanitary arrangements in the camp are totally inadequate.

**sans** [sɑ̃] ◇ *prép* **-1.** [indiquant l'absence, la privation,

l'exclusion] without; **avec ou** ~ **sucre?** with or without sugar?; **j'ai trouvé** ~ **problème** I found it without any difficulty ou with no difficulty; **son comportement est** ~ **reproche** his behaviour is beyond reproach; **être** ~ **scrupules** to have no scruples, to be unscrupulous; **tu as oublié le rendez-vous? tu es** ~ **excuse!** you forgot the appointment? that's unforgivable!; **homme** ~ **cœur/pitié** heartless/pitiless man; **couple** ~ **enfants** childless couple; ~ **additif** additive-free; **essence** ~ **plomb** unleaded ou lead-free petrol; **marcher** ~ **but** to walk aimlessly; ~ **commentaire!** no comment!; **la chambre fait 200 francs,** ~ **le petit déjeuner** the room costs 200 francs, breakfast not included ou exclusive of breakfast **❏** **être** ~ **un**▽ to be skint ou broke. **-2.** [exprimant la condition] but for; ~ **toi, je ne l'aurais jamais fait** if it hadn't been for you ou but for you, I would never have done it. **-3.** [avec un infinitif] without; ~ **être vu** without being seen; **partons** ~ **plus attendre** come on, let's not wait any more; ~ **plus attendre, je passe la parole à M. Blais** without further ado, I'll hand you over to Mr Blais; **cette découverte n'est pas** ~ **l'inquiéter** she's somewhat worried by this discovery; **tu n'es pas** ~ **savoir qu'il est amoureux d'elle** you must be aware that he's in love with her; **je comprends** ~ **comprendre** I understand, but only up to a point.

◇ *adv* without; **il faudra faire** ~**!** we'll have to go without!; **passe-moi mon manteau, je ne peux pas sortir** ~ **mal** my coat, I can't go out without it **❏** **c'est un jour** ~**!** [tout va mal] it's one of those days!

◆ **non sans** *loc prép* not without; **il l'a persuadé, mais non** ~ **mal** he persuaded her, but not without difficulty, he had quite a job persuading her; **je suis parti non** ~ **leur dire ma façon de penser** I didn't leave without telling them what I thought.

◆ **sans cela, sans ça** *loc conj fam* otherwise.

◆ **sans que** *loc conj*: **ils ont réglé le problème** ~ **que nous ayons à intervenir** they dealt with the problem without us having to intervene; **le projet était passé** ~ **que personne (ne) s'y opposât** the bill was passed without any opposition.

◆ **sans quoi** *loc conj*: **soyez ponctuels,** ~ **quoi vous ne pourrez pas vous inscrire** be sure to be on time, otherwise you won't be able to register.

**sans-abri** [sɑ̃zabʀi] *nmf inv* homeless person; **les** ~ the homeless.

**sans-cœur** [sɑ̃kœʀ] ◇ *adj inv* heartless; **ne sois pas** ~**!** have a heart! ◇ *nmf inv* heartless person; **donne-le-lui, espèce de** ~**!** give it to her, you heartless monster!

**sanscrit, e** [sɑ̃skʀi, it] = **sanskrit**.

**sans-culotte** [sɑ̃kylɔt] *(pl* **sans-culottes***) nm* sans-culotte; **les** ~**s** HIST the sans-culottes.

**sans-emploi** [sɑ̃zɑ̃plwa] *nmf inv* unemployed ou jobless person; **les** ~ the unemployed.

**sans-faute** [sɑ̃fot] *nm inv*: **faire un** ~ ÉQUIT to do ou to have a clear round; ENS to get a series of answers right; **pour l'instant c'est un** ~! [dans un jeu] so far so good!

**sans-gêne** [sɑ̃ʒɛn] ◇ *nm inv* lack of consideration, casualness. ◇ *nmf inv* ill-mannered person; **en voilà une** ~! well, she's a cool customer!

**sanskrit, e** [sɑ̃skʀi, it] *adj* Sanskrit.

◆ **sanskrit** *nm* LING Sanskrit.

**sans-le-sou** [sɑ̃lsu] *nmf inv fam* pauper, penniless person; **les** ~ the have-nots.

**sans-logis** [sɑ̃lɔʒi] *nmf inv* homeless person; **les** ~ the homeless.

**sansonnet** [sɑ̃sɔnɛ] *nm* starling.

**sans-papiers** [sɑ̃papje] *nm inv illegal immigrant worker.*

**sans-souci** [sɑ̃susi] *nmf inv littr* happy-go-lucky person.

**santal, als** [sɑ̃tal] *nm* BOT sandal; **bois de** ~ sandalwood.

**santé** [sɑ̃te] *nf* **-1.** [de l'esprit, d'une économie, d'une entreprise] health, soundness; [d'une personne, d'une plante] health; **comment va la** ~? *fam* how are you keeping?; **c'est mauvais pour la** ~ it's bad for your health ou for you; **en bonne** ~ [personne] healthy, in good health; [plante] healthy; [économie] healthy, sound; [monnaie] strong; **vous êtes en parfaite** ~ you're perfectly healthy ou there's nothing wrong with you; **en mauvaise** ~ [animal, personne] in bad ou poor health; [plante] unhealthy; [économie, monnaie] weak **❏** **état**

de ~ health; ~ **mentale** mental health; **avoir la** ~ *fam* [être infatigable] to be a bundle of energy; **avoir une** ~ **de fer** to have an iron constitution, to be (as) strong as a horse; **avoir une petite** ~ to be very delicate. **-2.** ADMIN: **la** ~ **publique** public health; **services de** ~ health services. **-3.** MIL: **service de** ~ **des armées** medical corps.

◆ **Santé** *npr f*: **la Santé** [prison] *men's prison in Paris*.

◆ **à la santé de** *loc prép* [en portant un toast]: **à votre** ~!, **à ta** ~! cheers!, your (good) health!; **à la** ~ **de ma femme!** (here's) to my wife!

**santiag** [sãtjag] *nf* cowboy boot.

**santon** [sãtɔ̃] *nm* crib OU manger figurine (*in Provence*).

**saoudien, enne** [saudjɛ̃, ɛn] *adj* Saudi (Arabian).

◆ **Saoudien, enne** *nm, f* Saudi (Arabian).

**saoudite** [saudit] *adj* Saudi (Arabian).

**saoul, e** [su, sul] = **soûl**.

**saouler** [sule] = **soûler**.

**sapajou** [sapaʒu] *nm* ZOOL sapajou.

**sape** [sap] *nf* **-1.** MIL & TRAV PUBL [travaux] sapping; [tranchée] sap. **-2.** *fig*: **travail de** ~ (insidious) undermining; **par un patient travail de** ~, **ils ont fini par avoir raison de lui** they chipped away at him until he gave in. **-3.** (*gén pl*) *fam* [vêtement] rig-out *Br*, gear.

**saper** [3] [sape] *vt* **-1.** [miner] to sap, to undermine. **-2.** *fam* [habiller] to dress; **il est toujours bien sapé** he's always really well dressed.

◆ **se saper** *fam vp* (*emploi réfléchi*) to do OU to tog o.s. up, to rig o.s. out *Br*.

**saperlipopette** [saperlipɔpɛt] *interj fam* & *vieilli* zounds *arch*, struth *arch* OU *hum*.

**sapeur** [sapœr] *nm* sapper.

**sapeur-pompier** [sapœrpɔ̃pje] (*pl* **sapeurs-pompiers**) *nm* fireman; **les sapeurs-pompiers** the fire brigade *Br*, the fire department *Am*.

**saphique** [safik] *adj* Sapphic; **vers** ~ Sapphic metre.

**saphir** [safir] ◇ *adj inv litt* sapphire (*modif*). ◇ *nm* **-1.** JOAILL sapphire. **-2.** [d'un tourne-disque] needle, stylus. **-3.** *litt* [bleu] sapphire.

**saphisme** [safism] *nm litt* sapphism, lesbianism.

**Sapho** [safo] = **Sappho**.

**sapide** [sapid] *adj* sapid.

**sapidité** [sapidite] *nf* sapidity.

**sapin** [sapɛ̃] *nm* **-1.** BOT fir (tree). **-2.** MENUIS fir, deal; **en** ~ fir (*modif*), deal (*modif*).

◆ **sapin de Noël** *nm* Christmas tree; **faire un** ~ **de Noël** [chez soi] to have a Christmas tree; [dans une collectivité] to have a Christmas party for the staff's children (*with presents*).

**sapinette** [sapinɛt] *nf Can* [boisson] spruce beer.

**sapinière** [sapinjɛr] *nf* **-1.** [plantation] fir plantation. **-2.** [forêt] fir forest.

**saponaire** [sapɔnɛr] *nf* soapwort.

**Sappho** [safo] *npr* Sappho.

**sapristi** [sapristi] *interj vieilli*: ~! [étonnement] Heavens!; [colère] Great Scott! *vieilli*.

**saquer**▽ [sake] = **sacquer**.

**sarabande** [sarabãd] *nf* **-1.** DANSE & MUS saraband. **-2.** *fam* [tapage] racket, row *Br*; **les enfants font la** ~ **dans la salle de jeux** the children are making a racket in the playroom. **-3.** *sout* [ribambelle] string, succession.

**sarbacane** [sarbakan] *nf* blowpipe.

**sarcasme** [sarkasm] *nm* **-1.** [ironie] sarcasm; **tu n'arriveras à rien par le** ~ being sarcastic won't get you anywhere. **-2.** [remarque] sarcastic remark.

**sarcastique** [sarkastik] *adj* sarcastic.

**sarcastiquement** [sarkastikmã] *adv* sarcastically.

**sarclage** [sarklaʒ] *nm* weeding.

**sarcler** [3] [sarkle] *vt* **-1.** [mauvaises herbes – à la main] to pull up (*sép*), to weed out (*sép*); [– avec une houe] to hoe; [– avec une bêche] to spud. **-2.** [betteraves, champ – à la main] to weed; [– avec une houe] to hoe.

**sarcloir** [sarklwar] *nm* (Dutch) hoe, spud.

**sarcome** [sarkom] *nm* [cercueil] sarcophagus.

**sarcophage** [sarkɔfaʒ] *nm* [cercueil] sarcophagus.

**Sardaigne** [sardɛɲ] *npr f*: **(la)** ~ Sardinia.

**sarde** [sard] *adj* Sardinian.

◆ **Sarde** *nmf* Sardinian.

**sardine** [sardin] *nf* **-1.** [poisson] sardine; ~**s à l'huile** sardines in oil. **-2.** ▽ *arg mil* stripe.

**sardinerie** [sardinri] *nf* sardine cannery.

**sardinier, ère** [sardinje, ɛr] *nm, f* **-1.** [pêcheur] sardine fisher. **-2.** [ouvrier] sardine canner.

◆ **sardinier** *nm* **-1.** [bateau] sardine boat OU fisher. **-2.** [filet] sardine net.

**sardonique** [sardɔnik] *adj* sardonic.

**Sargasses** [sargas] *npr fpl* → **mer**.

**sari** [sari] *nm* sari, saree.

**sarigue** [sarig] *nf* possum, opossum.

**SARL, Sarl** (*abr de* **société à responsabilité limitée**) *nf* limited liability company; [cotée en Bourse] public limited company; **Balacor,** ~ ≃ Balacor Ltd *Br*, ≃ Balacor plc *Br*, ≃ Balacor Inc. *Am*.

**sarment** [sarmã] *nm* [tige] twining OU climbing stem, bine; ~ **de vigne** vine shoot.

**saroual** [sarwal] *nm* wide-legged canvas trousers (*worn generally in North Africa*).

**sarrasin**[1] [sarazɛ̃] *nm* BOT buckwheat.

**sarrasin**[2]**, e** [sarazɛ̃, in] *adj* Saracen.

◆ **Sarrasin, e** *nm, f* Saracen.

**sarrau, s** [saro] *nm* **-1.** [d'artiste] smock. **-2.** [de paysan] smock frock. **-3.** [d'écolier] overalls.

**Sarre** [sar] *npr f* **-1.** [région]: **la** ~ Saarland, the Saar. **-2.** [rivière]: **la** ~ the (River) Saar.

**Sarrebruck** [sarbryk] *npr* Saarbrücken.

**sarriette** [sarjɛt] *nf* savory.

**sas** [sas] *nm* **-1.** [crible] sieve, screen. **-2.** AÉRON airlock. **-3.** NAUT [d'écluse] lock (chamber); [passage] airlock. **-4.** [d'une banque] security (double) door.

**Satan** [satã] *npr* Satan.

**satané, e** [satane] *adj* (*avant le nom*) *fam* **-1.** [détestable]: **faites donc taire ce** ~ **gosse!** shut that blasted kid up!; ~ **temps!** what dreadful weather!-**2.** [en intensif]: **c'est un** ~ **menteur** he's a downright liar.

**satanique** [satanik] *adj* **-1.** [de Satan] satanic. **-2.** [démoniaque, pervers] fiendish, diabolical, satanic.

**satanisme** [satanism] *nm* **-1.** [culte] satanism. **-2.** [méchanceté] fiendishness, evil.

**satellisation** [satelizasjɔ̃] *nf* **-1.** ASTRONAUT [d'une fusée] putting OU launching into orbit. **-2.** *fig* [d'une nation, d'une ville, d'une organisation] satellization.

**satelliser** [3] [satelize] *vt* **-1.** ASTRONAUT: ~ **qqch** to put OU to launch sthg into orbit, to orbit sthg; **fusée satellisée** orbiting rocket. **-2.** *fig* [pays, ville] to satellize.

**satellite** [satelit] ◇ *nm* **-1.** ASTRON, ASTRONAUT & TÉLÉC satellite; **en direct par** ~ live via satellite ❏ ~ **artificiel**/**météorologique**/**de télécommunications** artificial/meteorological/communications satellite; ~ **antisatellite** MIL killer satellite; ~ **lunaire**/**terrestre** moon-orbiting/earth-orbiting satellite; **transmission par** ~ satellite transmission. **-2.** POL [personne, pays, ville] satellite; **les** ~**s bloc socialiste** the satellite countries of the socialist bloc. **-3.** [d'une aérogare] satellite. **-4.** BIOL satellite. ◇ *adj* [ville, pays] satellite (*modif*); **ordinateur** ~ satellite computer.

**satiété** [sasjete] *nf* satiety; **à** ~, **jusqu'à** ~: **manger à** ~ to eat one's fill; **redire jusqu'à** ~ to repeat ad nauseam.

**satin** [satɛ̃] *nm* **-1.** TEXT satin; ~ **de coton** satin cotton, sateen; **de** ~ satin (*modif*); **une peau de** ~ *fig* a satin-smooth skin. **-2.** [douceur – gén] softness, silkiness; [– de la peau] silky softness.

**satiné, e** [satine] *adj* [étoffe, reflets] satiny, satin (*modif*); [papier] calandered; [peau] satin (*modif*), satin-smooth; **un fini** ~ a satin finish ❏ **peinture** ~**e** silk finish emulsion.

◆ **satiné** *nm* [d'une peinture] silk finish; [d'un papier, d'un tissu] satin finish.

**satiner** [3] [satine] *vt* [tissu] to give a satin finish to, to put a satin finish on; [papier] to surface, to glaze; [peau] to make smooth.

**satinette** [satinɛt] *nf* [en coton] sateen; [en soie et coton] (silk and cotton) satinet.

**satire** [satir] *nf* **-1.** LITTÉRAT satire. **-2.** [critique] satire, spoof.

**satirique** [satirik] ◇ *adj* satirical. ◇ *nmf* satirist.

**satiriste** [satirist] *nmf* satirist.

**satisfaction** [satisfaksjɔ̃] *nf* **-1.** [plaisir] satisfaction, gratification; **éprouver de la ~/une grande ~ à faire qqch** to feel satisfaction/great satisfaction in doing sthg; **il a la ~ d'être utile** he has the satisfaction of being useful, he can rest assured that he's being useful; **donner (entière** OU **toute) ~ à qqn** [personne] to give sb (complete) satisfaction; [travail] to fulfil *Br* OU to fulfill *Am* sb completely, to give sb a lot of (job) satisfaction; **mon travail me donne peu de ~** my work is not very satisfying OU fulfilling OU gratifying; **à ma grande ~** to my great satisfaction, to my gratification; **le problème fut résolu à la ~ générale** the problem was solved to everybody's satisfaction; **je constate/vois avec ~ que... I** am pleased to note/to see that.. **-2.** [sujet de contentement] source OU cause for satisfaction; **mon travail m'apporte de nombreuses ~s** my job gives me great satisfaction; **mon fils m'apporte de nombreuses ~s** my son is a great satisfaction to me; **avoir des ~s professionnelles/financières** to be rewarded professionally/financially. **-3.** [assouvissement – d'un désir] satisfaction, gratification, fulfilment; [– d'ambitions, d'un besoin] satisfying, fulfilment; [– de la faim] appeasement, satisfying; [– de la soif] quenching, slaking; **c'est pour elle une ~ d'amour-propre** it flatters her self-esteem. **-4.** [gain de cause] satisfaction; **accorder** OU **donner ~ à qqn** to give sb satisfaction; **obtenir ~** to obtain satisfaction. **-5.** [réparation] satisfaction; **exiger/obtenir ~ (de qqch)** *sout* to demand/to obtain satisfaction (for sthg).

**satisfaire** [109] [satisfɛr] *vt* **-1.** [contenter – suj: résultat, travail] to satisfy, to give satisfaction to; [– suj: explication] to satisfy; **elle est difficile à ~** she's hard to please; **votre rapport ne me satisfait pas du tout** I'm not satisfied at all with your report, I don't find your report at all satisfactory; **ce que j'ai me satisfait pleinement** I'm quite content OU satisfied with what I've got; **j'espère que cet arrangement vous satisfera** I hope (that) you'll find this arrangement satisfactory OU to your satisfaction ‖ [sexuellement] to satisfy. **-2.** [répondre à – attente] to come OU to live up to; [– désir] to satisfy, to fulfil; [– besoin] to satisfy, to answer; [– curiosité] to satisfy; [– demande] to meet, to satisfy, to cope with *(insép)*, to keep up with *(insép)*; [– faim] to satisfy, to appease; [– soif] to satisfy, to quench, to slake; **~ un besoin naturel** *euph* to relieve o.s.

◆ **satisfaire à** *v* + *prép* [conditions] to fulfil *Br*, to fulfill *Am*, to meet, to satisfy; [besoin, exigences] to meet, to fulfil; [désir] to satisfy, to gratify; [attente] to live up to OU come up to; [promesse] to fulfil, to keep; [goût] to satisfy; [norme] to comply with *(insép)*, to satisfy.

◆ **se satisfaire** *vp (emploi réfléchi)* [sexuellement] to have one's pleasure. ◇ *vpi:* **se ~** [uriner] to relieve o.s.

◆ **se satisfaire de** *vp* + *prép* to be satisfied OU content with; **tu te satisfais de peu!** you're content with very little!, it doesn't take much to make you happy!.

**satisfaisant, e** [satisfəzɑ̃, ɑ̃t] *adj* [réponse, travail, devoir scolaire] satisfactory; **en quantité ~e** in sufficient quantities; **ce n'est pas une excuse/raison ~e** it's not a good enough excuse/reason; **peu ~** [résultat, travail] unsatisfactory; SCOL poor; **cette solution n'était ~e pour personne** this solution pleased nobody.

**satisfaisons** [satisfəzɔ̃] *v* → **satisfaire**.

**satisfait, e** [satisfɛ, ɛt] ◇ *pp* → **satisfaire**. ◇ *adj* [air, personne, regard] satisfied, happy; **être ~ de qqn** to be satisfied OU happy with sb; **être ~ de soi** OU **de soi-même** to be satisfied with o.s., to be self-satisfied; **être ~ de** [arrangement, résultat] to be satisfied with, to be happy with OU about; [voiture, service] to be satisfied with; **elle est partie maintenant, tu es ~?** now she's gone, are you satisfied? **il reste des revendications non ~es** there are still a few demands which haven't been met.

**satisfis** [satisfi], **satisfont** [satisfɔ̃] *v* → **satisfaire**.

**satrape** [satrap] *nm* **-1.** HIST satrap. **-2.** *litt* [tyran] satrap, despot; [homme riche] nabob.

**saturable** [satyrabl] *adj* saturable.

**saturant, e** [satyrɑ̃, ɑ̃t] *adj* saturating, saturant.

**saturateur** [satyratœr] *nm* **-1.** CHIM saturator, saturater. **-2.** [pour radiateur] humidifier.

**saturation** [satyrasjɔ̃] *nf* **-1.** SC saturation. **-2.** [d'une autoroute, d'un aéroport] saturation, paralysis, gridlocking; [d'un circuit] saturation, overloading; [d'un marché] saturation (point); **arriver** OU **parvenir à ~** [marché, aéroport] to reach saturation point; [marcheur, travailleur] to reach saturation point, to be unable to take anymore.

**saturé, e** [satyre] *adj* **-1.** [imprégné – gén] impregnated; [– d'un liquide] saturated; **sol ~ de sel** very salty soil. **-2.** [encombré – marché] saturated, glutted. **-3.** [rassasié, écœuré]: **~ de** sated with; **des enfants ~s de télévision** children who have had too much television. **-4.** [engorgé – autoroute] saturated, blocked, gridlocked; [– circuit de communication] saturated. **-5.** SC & TECH saturated.

**saturer** [3] [satyre] ◇ *vt* **-1.** CHIM to saturate; **~ qqch de** to saturate sthg with. **-2.** [surcharger, remplir en excès] to saturate, to glut; **être saturé de travail** to be up to one's eyes in work, to be swamped with work; **le jardin est saturé d'eau** the garden is waterlogged OU saturated with water. ◇ *vi fam* [marché] to become saturated; [lignes téléphoniques] to overload; [sonorisation]: **ça sature** we're getting distortion ‖ [personne]: **deux heures d'informatique et je sature** after two hours of computer science, I can't take anything in any more.

**saturnales** [satyrnal] *nfpl* **-1.** *litt* [débauche] saturnalia *(pl)*, (wild) orgies. **-2.** ANTIQ saturnalia *(pl)*.

**saturne** [satyrn] *nm* Saturn *(in alchemy)*.

**Saturne** [satyrn] *npr* Saturn ASTRON & MYTH.

**saturnien, enne** [satyrnjɛ̃, ɛn] *adj* **-1.** ASTRON Saturnian. **-2.** *litt* [morose] saturnine, gloomy, taciturn.

**saturnisme** [satyrnism] *nm* (chronic) lead poisoning, saturnism *spéc*.

**satyre** [satir] *nm* **-1.** MYTH & ENTOM satyr. **-2.** [homme lubrique] lecher.

**satyrique** [satirik] *adj* satyric, satyrical.

**sauçai** [sose] *v* → **saucer**.

**sauce** [sos] *nf* **-1.** CULIN sauce; [de salade] salad dressing; [vinaigrette] French dressing; [jus de viande] gravy; **à la moutarde/aux câpres** mustard/caper sauce ❏ **~ béarnaise/hollandaise** béarnaise/hollandaise sauce; **~ madère/piquante** Madeira/hot sauce; **~ béchamel** béchamel OU white sauce; **pâtes à la ~ tomate** pasta with tomato sauce; **mettre** OU **servir qqch à toute les ~s** to make sthg fit every occasion; **une expression qui a été mise à toutes les ~s** a hackneyed phrase; **je me demande à quelle ~ nous allons être mangés** I wonder what lies in store for us OU what they're going to do to us; **allonger** OU **rallonger la ~** *fam* to pad sthg out. **-2.** *fam* [pluie]: **prendre** OU **recevoir la ~** to get soaked OU drenched. **-3.** *fam* [courant électrique] juice. **-4.** BX-ARTS soft black crayon.

◆ **en sauce** *loc adj* with a sauce; **viande/poisson en ~** meat/fish served in a sauce.

**saucée** [sose] *nf fam* downpour; **prendre** OU **recevoir la ~** to get drenched OU soaked (to the skin).

**saucer** [16] [sose] *vt* **-1.** [essuyer]: **~ son assiette (avec un morceau de pain)** to wipe (off) one's plate (with a piece of bread). **-2.** *fam loc:* **se faire ~** to get soaked (to the skin) OU drenched.

**saucier** [sosje] *nm* **-1.** [employé] sauce cook OU chef. **-2.** [appareil] sauce-maker.

**saucière** [sosjɛr] *nf* [pour sauce] sauce boat; [pour jus] gravy boat.

**sauciflard**▽ [sosiflar] *nm* sausage.

**saucisse** [sosis] *nf* **-1.** CULIN sausage; **~ de Francfort** frankfurter; **~ de Strasbourg** Strasbourg (pork) sausage, knackwurst. **-2.** ▽ *arg mil* [ballon captif] sausage. **-3.** *fam* [imbécile]: **espèce de grande ~!** you great lump!, you numbskull!

**saucisson** [sosisɔ̃] *nm* **-1.** CULIN: **~ (sec)** (dry) sausage; **~ à l'ail** garlic sausage. **-2.** [pain] sausage-shaped loaf.

**saucissonner** [3] [sosisɔne] *fam* ◇ *vi* to picnic, to have a snack. ◇ *vt* **-1.** [attacher – personne] to tie up *(sép)*. **-2.** [diviser]: **le film a été saucissonné** the film was divided up into episodes.

**sauçons** [sosɔ̃] *v* → **saucer**.

**sauf¹** [sof] *prép* **-1.** [à part] except, apart from, save; **il a pensé à tout, ~ à ça** he thought of everything, except that; **il sait tout faire ~ cuisiner** he can do everything except OU but cook; **il s'arrête toujours ici ~ s'il n'a pas le temps** he always stops here except if OU unless he's in a hurry. **-2.** [à

moins de] unless; ~ **avis contraire** unless otherwise instructed; ~ **indications contraires** unless otherwise stated; ~ **erreur ou omission** errors and omissions excepted.
◆ **sauf à** *loc prép sout*: il a pris cette décision, ~ **à changer plus tard** he took this decision, but reserved the right to change it later.
◆ **sauf que** *loc conj* except (for the fact) that, apart from the fact that.

**sauf², sauve** [sof, sov] *adj* **-1.** [indemne – personne] unhurt, unharmed, safe; **elle est sauve** she escaped unhurt ou unharmed. **-2.** *fig* [intact]: **au moins, les apparences sont sauves** at least appearances have been kept up ou saved.

**sauf-conduit** [sofkɔ̃dɥi] (*pl* **sauf-conduits**) *nm* safe-conduct.

**sauge** [soʒ] *nf* **-1.** BOT salvia. **-2.** CULIN sage.

**saugrenu, e** [sograny] *adj* peculiar, weird; **en voilà une idée ~e!** what a cranky ou daft idea!

**saulaie** [sole] *nf* willow plantation.

**saule** [sol] *nm* willow; ~ **pleureur/blanc** weeping/white willow.

**saumâtre** [somatr] *adj* **-1.** [salé] brackish, briny. **-2.** *fam* [désagréable] bitter, nasty; **il l'a trouvée ~!** he wasn't amused!, he was unimpressed! *euph.*

**saumon** [somɔ̃] ◇ *nm* **-1.** ZOOL salmon. **-2.** [couleur] salmon-pink. **-3.** MÉTALL pig. ◇ *adj inv* salmon (*modif*), salmon-pink.

**saumoné, e** [somone] *adj* [rose] salmon, salmon-pink.

**saumure** [somyr] *nf* brine; **conserver du poisson/des cornichons dans la ~** to pickle fish/gherkins (in brine).

**sauna** [sona] *nm* [cabine] sauna (bath); [établissement] sauna.

**saupoudrage** [sopudraʒ] *nm* **-1.** CULIN sprinkling, dusting. **-2.** FIN & POL [de crédits] *allocation of small amounts of finance to numerous posts.*

**saupoudrer** [3] [sopudre] *vt* **-1.** CULIN to dust, to sprinkle; ~ **un gâteau de sucre** to sprinkle ou to dust sugar over a cake. **-2.** FIN & POL: ~ **des crédits** to allocate small amounts of finance to numerous posts. **-3.** *fig* & *litt* [parsemer] to scatter, to sprinkle; ~ **un discours de citations** to pepper a speech with quotations.
◆ **se saupoudrer** *vpt*: se ~ **les mains de talc** to dust one's hands with talcum powder.

**saupoudreuse** [sopudrøz] *nf* sprinkler.

**saur** [sɔr] *adj m* smoked, cured.

**saurai** [sɔre] *v* → **savoir**.

**saurien** [sɔrjɛ̃] *nm* saurian.

**saut** [so] *nm* **-1.** SPORT jump; **le ~ jumping; championnat/ épreuves de ~** jumping championship/events ❑ ~ **en hauteur/longueur** high/long jump; ~ **de l'ange** swallow *Br* ou swan *Am* dive; ~ **de carpe** jack-knife dive; ~ **en chute libre** free fall jump; ~ **en ciseaux** scissors jump; ~ **à la corde** skipping; ~ **groupé** tuck; ~ **de haies** hurdling; ~ **de la mort** death jump; ~ **en parachute** [discipline] parachuting, skydiving; [épreuve] parachute jump; ~ **à la perche** [discipline] pole vaulting; [épreuve] pole vault; ~ **périlleux** somersault; ~ **à skis** [discipline] skijumping; [épreuve] (ski) jump. **-2.** [bond] leap; **faire un ~ de** to leap ou to jump to one's feet ❑ ~ **du puce** step; **au ~ du lit** [en se levant] on ou upon getting up; [tôt] first thing in the morning. **-3.** [chute] drop; **elle a fait un ~ de cinq mètres dans le vide** she fell ou plunged five metres into the void. **-4.** [brève visite] flying visit; **elle a fait un ~ chez nous hier** she dropped by (our house) yesterday; **je ne fais qu'un ~** [quelques instants] I'm only passing, I'm not staying; [quelques heures] I'm only on a flying visit; **fais un ~ chez le boucher** pop over ou along ou across to the butcher's. **-5.** *fig* leap; **faire un ~ dans le passé** to go back into the past; **faire un ~ d'un siècle** to jump a century ❑ **le grand ~** [la mort] the big sleep; **faire le ~** to take the plunge. **-6.** GÉOG falls, waterfall; **le ~ du Doubs** the Doubs falls. **-7.** INF & MATH jump.

**saut-de-lit** [sodli] (*pl* **sauts-de-lit**) *nm* dressing-gown, light robe.

**saut-de-mouton** [sodmutɔ̃] (*pl* **sauts-de-mouton**) *nm* flyover *Br*, overpass *Am*.

**saute** [sot] *nf* **-1.** MÉTÉO: ~ **de vent** shift (of the wind); ~ **de température** sudden change in temperature. **-2.** *fig*: ~ **d'humeur** mood swing; **sujet à de fréquentes ~s**

d'humeur prone to frequent changes of mood.

**sauté** [sote] *nm* sauté; ~ **de veau** sauté of veal.

**saute-mouton** [sotmutɔ̃] *nm inv* leapfrog; **jouer à ~** to play leapfrog.

**sauter** [3] [sote] ◇ *vi* **-1.** [bondir – personne] to jump, to spring up; [– chat] to jump, to leap; [– oiseau, insecte] to hop; [– grenouille, saumon] to leap; [– balle, curseur] to bounce, to jump; ~ **dans une tranchée/dans un puits** to jump into a trench/down a well; ~ **d'une branche/falaise** to leap off a branch/cliff; ~ **par-dessus une corde/un ruisseau** to leap over a rope/across a stream; **il faut ~ pour atteindre l'étagère** you've got to jump up to reach the shelf; ~ **par la fenêtre** to jump out of the window ‖ *fig*: ~ **de joie** to jump for joy ❑ ~ **au plafond** *fam*, ~ **en l'air** *fam* [de colère] to hit the roof; [de joie] to be thrilled to bits; ~ **comme un cabri** to frolic. **-2.** JEUX & SPORT: ~ **à cloche-pied** to hop; ~ **à la corde** to skip (with a rope) *Br*, to skip ou to jump rope *Am*; ~ **en parachute** (parachute) jump, to parachute; ~ **en hauteur/longueur** to do the high/long jump; ~ **à la perche** to pole-vault; ~ **en ciseaux** to do a scissors jump. **-3.** [se ruer] to jump, to pounce; ~ **(à bas) du lit** to jump ou to spring out of bed; ~ **dans un taxi** to jump ou to leap into a taxi ‖ *fig*: **je lui sauterai dessus dès qu'il reviendra** *fam* I'll grab him as soon as he gets back; ~ **sur l'occasion** *fam* to jump at the chance; **c'est une excellente occasion, je saute dessus** it's a great opportunity, I'll grab it ❑ ~ **à la gorge** ou **au collet de qqn** to jump down sb's throat; **va te laver les mains, et que ça saute!** *fam* go and wash your hands and get a move on ou get your skates on *Br*; **ça saute aux yeux** it's plain for all to see ou as the nose on your face. **-4.** [exploser] to blow up, to explode, to go off; **faire ~ un pont/char** to blow up a bridge/tank; **faire ~ une mine** to explode a mine; **les plombs ont sauté** ÉLECTR the fuses have blown; **faire ~ les plombs** to blow the fuses; **la lampe/le circuit a sauté** the lamp/circuit has fused *Br*, the lamp fuze/the circuit has blown *Am* ‖ [être projeté]: **les boutons ont sauté** the buttons flew off ou popped off; **faire ~ le bouchon d'une bouteille** to pop a cork ❑ **se faire ~ la cervelle** *fam* ou **le caisson** *fam* to blow one's brains out; **faire ~ la banque** *pr* & *fig* to break the bank. **-5.** [changer sans transition] to jump. **-6.** [cesser de fonctionner – chaîne, courroie] to come off; [– image de télévision] to flicker; [– serrure] to snap. **-7.** *fam* [être renvoyé] to fall; **le gouvernement a sauté** the government has fallen; **le ministre a sauté** the minister got fired ou *Br* got the sack; **faire ~ un directeur** to kick out ou to fire a manager. **-8.** CULIN: **faire ~ des pommes de terre** to sauté potatoes; **faire ~ des crêpes** to toss pancakes.
◇ *vt* **-1.** [obstacle] to jump ou to leap over (*insép*); ~ **le pas** *fig* to take the plunge. **-2.** [omettre] to skip, to leave out (*sép*). **-3.** ▽ *loc*: **la ~** to be starving. **-4.** ▼ [sexuellement]: ~ **qqn** to lay sb.

**sauterelle** [sotrɛl] *nf* **-1.** ENTOM grasshopper; [criquet] locust. **-2.** *fam* [femme osseuse]: **grande ~** beanpole. **-3.** [en manutention] travelling belt, conveyor (belt).

**sauterie** [sotri] *nf hum* party.

**sauteur, euse** [sotœr, øz] ◇ *adj* jumping, hopping. ◇ *nm, f* SPORT jumper; ~ **en hauteur/longueur** high/long jumper; ~ **à la perche** polevaulter.
◆ **sauteuse** *nf* **-1.** CULIN high-sided frying pan. **-2.** MENUIS jigsaw, scroll saw.

**sautillant, e** [sotijɑ̃, ɑ̃t] *adj* **-1.** [démarche, oiseau] hopping, skipping; **d'un pas ~** with a dancing step. **-2.** *fig* [style] light; [refrain] gay, bouncy.

**sautillement** [sotijmɑ̃] *nm* [petit saut] hop, skip, skipping (U).

**sautiller** [3] [sotije] *vt* [faire de petits sauts] to hop, to skip; **marcher en sautillant** to skip along; ~ **sur un pied** to hop.

**sautoir** [sotwar] *nm* **-1.** JOAILL chain; **en ~** on a chain ❑ ~ **de perles** string of pearls. **-2.** SPORT jumping pit. **-3.** CULIN high-sided frying pan.

**sauvage** [sovaʒ] ◇ *adj* **-1.** ZOOL [non domestique] wild; [non apprivoisé] untamed; **il est redevenu ~** [chat] he's gone feral ou wild; [jeune fauve] he's gone back to the wild. **-2.** [non cultivé] wild; **le jardin est redevenu ~ depuis leur départ** since they left the garden has become overgrown. **-3.** [peu fréquenté – lieu] wild, remote. **-4.** *vieilli* & ANTHR savage, uncivilized. **-5.** [incontrôlé – geste, violence] savage, vicious, brutal. **-6.** [illégal – camping, vente] unauthorized; [– urbanisme] unplanned. ◇ *nmf* **-1.** *vieilli* & ANTHR savage; **le bon ~** the noble savage. **-2.** [personne fruste, grossière] boor, brute; **il se conduit comme un ~** he's a real brute. **-3.** [personne farouche] unsociable person, recluse.

**sauvagement** [sova3mã] *adv* savagely, viciously.

**sauvageon, onne** [sova3ɔ̃, ɔn] *nm, f* wild child.
◆ **sauvageon** *nm* [arbre] wildling.

**sauvagerie** [sova3ri] *nf* **-1.** [méchanceté] viciousness, brutality. **-2.** [misanthropie] unsociableness.

**sauvagine** [sova3in] *nf* CHASSE wildfowl *(U)*.

**sauve** [sov] *f*→ **sauf**.

**sauvegarde** [sovgard] *nf* **-1.** [protection] safeguard, safeguarding *(U)*; **~ des ressources naturelles** conservation of natural resources; **sous la ~ de la justice** JUR under the protection of the Court. **-2.** [sécurité] safety. **-3.** INF saving *(U)*; **faire une ~** to save. **-4.** NAUT safety rope.

**sauvegarder** [3] [sovgarde] *vt* **-1.** [protéger – bien] to safeguard, to watch over *(insép)*; [– honneur, réputation] to protect. **-2.** INF to save.

**sauve-qui-peut** [sovkipø] *nm inv* panic; **ce fut un ~ général** there was a general stampede.

**sauver** [3] [sove] *vt* **-1.** [personne – gén] to save, to rescue; [– dans un accident, une catastrophe] to rescue; **~ la vie à qqn** to save sb's life; **être sauvé** [sain et sauf] to be safe; [par quelqu'un] to have been saved *ou* rescued; **ils ont atteint la côte, ils sont sauvés!** they've reached the shore, they're safe! ‖ *fig* **il y a une banque ouverte, je suis sauvé!** there's a bank open, saved again! ❑ **~ sa peau** *fam* to save one's skin *ou* hide. **-2.** [protéger] **~ les apparences** to keep up appearances; **pour ~ l'honneur** so that honour may be saved; **~ la situation** to save *ou* to retrieve the situation; **la musique sauve le film** the music saves the film ❑ **je lui ai sauvé la mise** *fam* I've got him out of trouble, I've bailed him out. **-3.** [préserver] to salvage, to save; **~ qqch de l'oubli** to rescue sthg from oblivion ❑ **~ les meubles** *fam* to salvage something from the situation. **-4.** RELIG to save.
◆ **se sauver** ◇ *vp (emploi réfléchi)* RELIG to be saved. ◇ *vpi* **-1.** [animal] to escape; [pensionnaire] to run away; [prisonnier] to escape, to break out *(insép)*; [matelot] to jump ship; **se ~ à toutes jambes** to take to one's heels (and run). **-2.** *fam* [lait] to boil over. **-3.** *fam* [s'en aller] to leave, to split *Am*; **sauve-toi!** run along now!; **bon, je me sauve!** right, I'm off *ou* on my way!
◆ **sauve qui peut** *interj* run for your life, every man for himself.

**sauvetage** [sovta3] *nm* **-1.** [d'un accidenté] rescue; **opérer** *ou* **effectuer le ~ d'un équipage** to rescue a crew; **~ d'une entreprise** *fig* financial rescue of a company ❑ **~ aérien/en montagne** air/mountain rescue. **-2.** NAUT [de l'équipage] life saving, sea rescue; [de la cargaison] salvage.
◆ **de sauvetage** *loc adj* life *(modif)*.

**sauveteur** [sovtœr] *nm* rescuer.

**sauvette** [sovɛt]
◆ **à la sauvette** ◇ *loc adj*: **marchand** *ou* **vendeur à la ~** (illicit) street peddler *ou* hawker; **vente à la ~** (illicit) street peddling *ou* hawking. ◇ *loc adv* **-1.** [illégalement]: **vendre qqch à la ~** to hawk *ou* to peddle sthg (without authorization). **-2.** [discrètement]: **faire qqch à la ~** to do sthg stealthily; **il m'a glissé un mot à la ~** he slipped me a note.

**sauveur** [sovœr] ◇ *nm* **-1.** [bienfaiteur] saviour. **-2.** RELIG: **le Sauveur** Our Saviour. ◇ *adj m* saving *(avant n)*.

**SAV** *nm abr de* service après-vente.

**savamment** [savamã] *adv* **-1.** [avec érudition] learnedly. **-2.** [habilement] cleverly, cunningly.

**savane** [savan] *nf* **-1.** [dans les pays chauds] bush, savanna, savannah. **-2.** *Can* [marécage] swamp.

**savant, e** [savã, ãt] ◇ *adj* **-1.** [érudit – livre, moine, société] learned; [– traduction, conversation] scholarly; **c'est trop ~ pour lui!** that's (totally) beyond his grasp! **-2.** [habile] skilful, clever; **un ~ édifice de paquets de lessive** a cleverly constructed tower of soap powder packs. **-3.** [dressé – chien, puce] performing. ◇ *nm, f* [lettré] scholar.
◆ **savant** *nm* [scientifique] scientist.

**savarin** [savarɛ̃] *nm* savarin (cake).

**savate** [savat] *nf* **-1.** [chaussure] worn-out (old) shoe; [pan-

toufle] old slipper; **il est en ~s toute la journée** he pads around in his old slippers all day long ❑ **comme une ~** appallingly badly. **-2.** SPORT: **la ~** French boxing.

**saveur** [savœr] *nf* **-1.** [goût] savour, flavour; **quelle ~!** very tasty! **-2.** [trait particulier] fragrance, savour; **il y a toute la ~ de l'Italie dans son accent** there is all the flavour of Italy in his accent. **-3.** [attrait]: **la ~ du péché** the sweet taste of sin.

**Savoie** [savwa] *npr f*: **(la) ~** Savoy, Savoie.

**savoir¹** [savwar] *nm* knowledge.

**savoir²** [59] [savwar] ◇ *vt* **-1.** [connaître – donnée, réponse, situation] to know; **que savez-vous de lui?** what do you know about *ou* of him?; **tu sais la nouvelle?** have you heard the news?; **on le savait malade** we knew *ou* we were aware (that) he was ill; **je ne te savais pas si susceptible** I didn't know *ou* I didn't realize *ou* I never thought you were so touchy. **-2.** [être informé de]: **que va-t-il arriver à Tintin? pour le ~, lisez notre prochain numéro!** what's in store for Tintin? find out in our next issue!; **c'est toujours bon à ~** it's (always) worth knowing; **je sais des choses...** *fam* [sur un ton taquin] I know a thing or two, I know what I know!; **c'est sa maîtresse — tu en sais des choses!** she's his mistress — you seem well informed!; **pour en ~ plus, composez le 34 15** for more information *ou* (if you want) to know more, phone 34 15; **ce n'est pas elle qui l'a dénoncé — qu'en savez-vous?** she wasn't the one who turned him in — what do you know about it *ou* how do you know?; **je n'en sais rien du tout** I don't know anything about it, I haven't got a clue; **après tout, tu n'en sais rien!** after all, what do you know about it!; **il est venu ici, mais personne n'en a rien su** he came here, but nobody found out about it; **en ~ long sur qqn/qqch** to know a great deal about sb/sthg; **oh oui ça fait mal, j'en sais quelque chose!** yes, it's very painful, I can tell you!; **il n'aime pas les cafardeurs — tu dois en ~ quelque chose!** he doesn't like sneaks — you'd know all about that!; **pour ce que j'en sais** for all I know; **je sais à quoi m'en tenir sur lui** I know what kind of (a) person he is; **je crois ~ qu'ils ont annulé la conférence** I have reason *ou* I'm led to believe that they called off the conference; **tout le monde sait que...** it's a well-known fact *ou* everybody knows that...; **je ne sais combien, on ne sait combien** [d'argent] who knows how much; **il y a je ne sais combien de temps** a very long time ago; **il a fallu je ne sais combien de soldats** God knows how many soldiers were needed; **je ne sais comment, on ne sait comment** God knows how; **je ne sais où, on ne sait où** God knows where; **il est je ne sais où** God knows where he is; **je ne sais quel/quelle... some...** or other; **je ne sais qui, on ne sait qui** somebody or other; **il y a je ne sais quoi de bizarre chez lui** there's something a bit weird about him; **il vendait des tapis, des bracelets et que sais-je encore** he was selling carpets, bracelets and goodness/God knows what else; **sachant que x = y, démontrez que...** MATH if x = y, show that... ‖ *(en usage absolu)*: **oui, oui, je sais!** yes, yes, I'm aware of that *ou* I know *ou* I realize!; **où est-elle? — est-ce que je sais, moi?** *fam* where is she? — search me *ou* don't ask me *ou* how should I know?; **si j'avais su, je ne t'aurais rien dit** if I'd known, I wouldn't have said a word (to you) ‖ *(au subjonctif)*: **je ne sache pas qu'on ait modifié le calendrier** *sout ou hum*, **on n'a pas modifié le calendrier, que je sache** the calendar hasn't been altered that I know of *ou* as far as I know ❑ **va ~ ce qui lui a pris!** who knows what possessed her? **-3.** [être convaincu de] to know, to be certain *ou* sure; **je savais bien que ça ne marcherait pas!** I knew it wouldn't work!; **je n'en sais trop rien** I'm not too sure, I don't really know ‖ *(en usage absolu)*: **comment ~?** how can you tell *ou* know?; **qui sait?** who knows?; **on ne sait jamais, sait-on jamais** you never know. **-4.** [apprendre]: **je l'ai su par son frère** I heard it from her brother; **on a fini par ~ qu'un des ministres était compromis** it finally leaked out that one of the ministers was compromised; **faire ~ qqch à qqn** to inform sb *ou* to let sb know of sthg; **si elle arrive, faites-le moi ~** if she comes, let me know. **-5.** [se rappeler] to know, to remember; **je ne sais plus la fin de l'histoire** I can't remember the end of the story; **est-ce que tu sais ton rôle?** THÉÂT do you know your lines?; *fig* do you know what you are supposed to do? **-6.** [pouvoir] to know how to, to be able to; **~ faire qqch** to know how to *ou* to be able to do sthg; **tu sais plonger/conduire?** can you dive/drive?; **elle ne sait ni**

**lire ni écrire** she can't read or write; **il ne sait pas/sait bien faire la cuisine** he's a bad/good cook; **si je sais bien compter/lire** if I count/read right; **il sait parler/vendre** he's a good talker/salesman; **quand on lui a demandé qui était président à l'époque, il n'a pas su répondre** when asked who was President at the time, he didn't know (what the answer was); **je ne sais pas mentir** I can't (tell a) lie; **il sait se contenter de peu** he can make do with very little; **je n'ai pas su la réconforter** I wasn't able to comfort her; **elle ne sait pas se reposer** [elle travaille trop] she doesn't know when to stop; **il a su rester jeune/modeste** he's managed to remain young/modest; ~ **s'y prendre**: ~ **s'y prendre avec les enfants** to know how to handle children, to be good with children; **je n'ai jamais su m'y prendre avec les filles** I've never known how to behave with girls!; ~ **y faire**: **laisse-moi découper le poulet, tu ne sais pas y faire** let me carve the chicken, you don't know how to do it; ~ **y faire avec qqn** to know how to handle sb; **il sait y faire avec les filles!** he knows how to get his (own) way with girls!; **on ne saurait tout prévoir** you can't think of everything; **on ne saurait être plus aimable/déplaisant** you couldn't be nicer/more unpleasant. **-7.** [être conscient de] to know, to be aware of; **sachez-le bien** make no ou let there be no mistake about this; **il faut** ~ **que le parti n'a pas toujours suivi Staline** you've got to remember that the Party didn't always toe the Stalinist line; **sache qu'en fait, c'était son idée** you should know that in fact, it was his idea; **sachez que je le fais bénévolement** for your information, I do it for nothing; **elle ne sait plus ce qu'elle fait ni ce qu'elle dit** [à cause d'un choc, de la vieillesse] she's become confused; [sous l'effet de la colère] she's beside herself (with anger); **il est tellement soûl qu'il ne sait plus ce qu'il dit** he's so drunk he doesn't know what he's saying; **je sais ce que je dis** I know what I'm saying; **tu ne sais pas ce que tu veux/dis** you don't know what you want/what you're talking about; **il faudrait** ~ **ce que tu dis!** make up your mind! ‖ *(en usage absolu)*: **faudrait** ~! make up your mind!**-8.** [imaginer]: **ne (plus)** ~ **que** ou **quoi faire** to be at a loss as to what to do, not to know what to do; **je ne sais (plus) que faire avec ma fille** I just don't know what to do with my daughter; **il ne sait plus quoi faire pour se rendre intéressant** he'd stop at nothing ou there's nothing he wouldn't do to attract attention to himself; **je ne savais plus où me mettre** ou **me fourrer** *fam* [de honte] I didn't know where to put myself. **-9.** *Belg*: **il ne sait pas venir demain** [il ne peut pas venir demain] he can't make it tomorrow; **ses résultats ne sont pas brillants, savez-vous?** [n'est-ce pas] his results aren't very good, are they ou am I right?**-10.** [pour prendre l'interlocuteur à témoin]: **ce n'est pas toujours facile, tu sais!** it's not always easy, you know!; **tu sais, je ne crois pas à ses promesses** to tell you the truth, I don't believe in her promises; **tu sais que tu commences à m'énerver?** *fam* you're getting on my nerves, you know that ou d'you know that? ◇ *adv* namely, specifically, i.e.
◆ **se savoir** ◇ *vp (emploi passif)* [nouvelle] to become known; **tout se sait dans le village** news travels fast in the village; **ça finira par se** ~ people are bound to find out; **je ne veux pas que ça se sache** I don't want it to be publicized ou to get around ❑ **ça se saurait s'il était si doué que ça** *fam* if he was that good, you'd know about it. ◇ *vpi* [personne]: **il se sait malade** he knows he's ill.
◆ **à savoir** *loc adv* namely, that is, i.e.
◆ **à savoir que** *loc conj* meaning ou to the effect that.
◆ **savoir si** *loc conj fam* but who knows whether.

**savoir-faire** [savwarfɛr] *nm inv* know-how; **elle a du** ~ she's got the know-how.

**savoir-vivre** [savwarvivr] *nm inv* good manners, savoir vivre, breeding; **avoir du** ~ to have (good) manners; **manquer de** ~ to have no manners.

**savon** [savɔ̃] *nm* soap; **un (morceau de)** ~ a bar of soap ❑ **en paillettes/poudre** soap flakes/powder; ~ **à barbe** shaving soap; ~ **de Marseille** ≃ household soap; ~ **noir** soft soap; **passer un (bon)** ~ **à qqn** *fam* to give sb a (good) telling-off; **tu vas encore recevoir** ou **te faire passer un** ~! you'll get it in the neck again!

**savonnage** [savɔnaʒ] *nm* [de linge] washing (with soap).

**savonner** [3] [savɔne] *vt* **-1.** [linge, surface] to soap. **-2.** [barbe] to lather.

◆ **se savonner** *vp (emploi réfléchi)* to soap o.s. (down); **se** ~ **le visage/les mains** to soap (up) one's face/one's hands.

**savonnerie** [savɔnri] *nf* **-1.** [usine] soap factory. **-2.** [tapis] Savonnerie (carpet).

**savonnette** [savɔnɛt] *nf* [savon] (small) bar of soap, bar of toilet soap.

**savonneux, euse** [savɔnø, øz] *adj* soapy.

**savourer** [3] [savure] *vt* **-1.** [vin, mets, repas] to enjoy, to savour. **-2.** *fig* [moment, repos etc] to relish, to savour.

**savoureux, euse** [savurø, øz] *adj* **-1.** [succulent] tasty, flavoursome, full of flavour. **-2.** *fig* [anecdote, plaisanterie] good, delightful.

**savoyard, e** [savwajar, ard] *adj* from Savoie.

**saxe** [saks] *nm* **-1.** [matière] Dresden china (U), Meissen porcelain. **-2.** [objet] piece of Dresden china ou of Meissen porcelain.

**Saxe** [saks] *npr f*: **(la)** ~ Saxony.

**saxifrage** [saksifraʒ] *nf* saxifrage.

**saxo** [sakso] *nm fam* **-1.** [instrument] sax. **-2.** [musicien] sax (player).

**saxon, onne** [saksɔ̃, ɔn] *adj* Saxon.
◆ **Saxon, onne** *nm, f* Saxon.

**saxophone** [saksɔfɔn] *nm* saxophone.

**saxophoniste** [saksɔfɔnist] *nmf* saxophone player, saxophonist.

**saynète** [sɛnɛt] *nf* playlet, sketch.

**sbire** [sbir] *nm* henchman.

**sc.** *(abr écrite de* **scène** *)* sc.

**scabreux, euse** [skabrø, øz] *adj* **-1.** [indécent] obscene. **-2.** *litt* [dangereux] risky, tricky.

**scalaire** [skalɛr] ◇ *adj* MATH scalar. ◇ *nm* **-1.** MATH scalar. **-2.** ZOOL angel fish, scalare *spéc.*

**scalène** [skalɛn] ◇ *adj* **-1.** ANAT scalenus *(modif)*. **-2.** MATH scalene. ◇ *nm* ANAT scalenus (muscle).

**scalp** [skalp] *nm* **-1.** [chevelure] scalp. **-2.** [action] scalping (U).

**scalpel** [skalpɛl] *nm* scalpel.

**scalper** [3] [skalpe] *vt* to scalp; **se faire** ~ to get scalped.

**scampi** [skãpi] *nmpl* scampi.

**scandale** [skãdal] *nm* **-1.** [indignation] scandal; **au grand** ~ **de...** to the indignation of...; **son discours a fait** ~ his speech caused a scandal. **-2.** [scène] scene, fuss; **il va encore faire un** ~ he's going to make a fuss again. **-3.** [honte]: **c'est un** ~! (it's) outrageous!, it's an outrage!**-4.** JUR: **pour** ~ **sur la voie publique** for causing a public disturbance, for disturbing the peace.
◆ **à scandale** *loc adj* [journal, presse] sensationalist.

**scandaleusement** [skãdaløzmã] *adv* scandalously, outrageously.

**scandaleux, euse** [skãdalø, øz] *adj* [attitude, mensonge] disgraceful, outrageous, shocking; [article, photo] sensational, scandalous; **vie scandaleuse** life of scandal, scandalous life ‖ [prix] outrageous, shocking; **les loyers ont atteint des prix** ~ rents have reached outrageously high levels.

**scandaliser** [3] [skãdalize] *vt* to shock, to outrage.
◆ **se scandaliser** *vpi*: **se** ~ **de qqch** to be shocked ou scandalized by sthg.

**scander** [3] [skãde] *vt* **-1.** LITTÉRAT to scan. **-2.** [slogan] to chant; [mots, phrases] to stress.

**scandinave** [skãdinav] *adj* Scandinavian.
◆ **Scandinave** *nmf* [personne] Scandinavian.
◆ **scandinave** *nm* LING Scandinavian, Northern Germanic.

**Scandinavie** [skãdinavi] *npr f*: **(la)** ~ Scandinavia.

**scanner¹** [skanɛr] *nm* **-1.** IMPR scanner. **-2.** MÉD scanner; **passer au** ~ to have a scan (done).

**scanner²** [3] [skane] *vt* to scan.

**scanographe** [skanɔgraf] *nm* = **scanner** *nm* 2.

**scanographie** [skanɔgrafi] *nf* **-1.** [technique] scanning (U), computerized (axial) tomography *spéc.* **-2.** [image] scan, scanner image, tomogram *spéc.*

**scansion** [skãsjɔ̃] *nf* scanning (U), scansion.

**scaphandre** [skafãdr] *nm* **-1.** NAUT diving gear, frogman suit; ~ **autonome** aqualung. **-2.** ASTRONAUT spacesuit.

**scaphandrier** [skafãdrije] *nm* NAUT (deep-sea) diver.

**scapulaire** [skapylɛr] *adj* & *nm* scapular.

**scarabée** [skarabe] *nm* **-1.** ENTOM beetle, scarabaeid *spéc.* **-2.** ARCHÉOL scarab, scarabaeus.

**scarification** [skarifikasjɔ̃] *nf* **-1.** MÉD scarring *(U)*, scarification *spéc.* **-2.** [d'un arbre] scarifying.

**scarifier** [9] [skarifje] *vt* to scarify.

**scarlatine** [skarlatin] *nf* scarlet fever, scarlatina *spéc.*

**scarole** [skarɔl] *nf* endive *(broad-leaved variety).*

**scato** [skato] *fam* = **scatologique.**

**scatologie** [skatɔlɔʒi] *nf* scatology.

**scatologique** [skatɔlɔʒik] *adj* [goûts, écrit] scatological; [humour] lavatorial.

**sceau, x** [so] *nm* **-1.** [cachet] seal; apposer ou mettre son ~ sur un document to affix one's seal on ou to a document ❑ · sous le ~ du secret under the seal of secrecy. **-2.** *litt* [empreinte] mark; le ~ du génie the mark ou stamp of genius.

**scélérat, e** [selera, at] *litt* ◇ *adj* heinous, villainous. ◇ *nm, f* villain, scoundrel, rogue.

**scélératesse** [seleratɛs] *nf litt* **-1.** [caractère] villainy *litt*, wickedness. **-2.** [action] villainy *litt*, evil ou wicked deed, heinous crime.

**scellement** [sɛlmɑ̃] *nm* embedding, sealing.

**sceller** [4] [sele] *vt* **-1.** [officialiser] to seal; le mariage scella leur alliance *fig* the marriage set the seal on their alliance. **-2.** [fermer] to put seals on, to seal up *(sép).* **-3.** [fixer] to fix, to set, to embed.

**scellés** [sele] *nmpl* seals; mettre les ~ sur qqch to seal sthg off.
◆ **sous scellés** *loc adv* under seal.

**scénario** [senarjo] *(pl* **scénarios** ou **scenarii** [senarii]) *nm* **-1.** CIN [histoire, trame] screenplay, scenario; [texte] (shooting) script, scenario; tout s'est déroulé selon le ~ prévu *fig* everything went as scheduled ou according to plan. **-2.** THÉÂT scenario. **-3.** [d'une bande dessinée] story, storyboard, scenario. **-4.** ÉCON [cas de figure] case, scenario.

**scénariste** [senarist] *nmf* scriptwriter.

**scène** [sɛn] *nf* **-1.** [plateau d'un théâtre, d'un cabaret etc] stage; (tout le monde) en ~, s'il vous plaît! the whole cast on stage, please!; monter sur ~ to go on the stage; remonter sur ~ to go back on the stage; sortir de ~ to come off stage, to exit ❑ ~ **tournante** revolving stage; entrer en ~ THÉÂT to come on stage; *fig* to come ou to step in; le Duc entre en ~ enter the Duke. **-2.** [art dramatique]: la ~ the stage; adapter un livre pour la ~ to adapt a book for the stage ou theatre; mettre «Phèdre» en ~ [monter la pièce] to stage 'Phèdre'; [diriger les acteurs] to direct 'Phèdre'; la façon dont il met Polonius en ~ the way he presents Polonius. **-3.** CIN & THÉÂT [séquence] scene; la première ~ the first ou opening scene; la ~ finale the last ou closing scene; dans la ~ d'amour/du balcon in the love/balcony scene; ~ de violence scene of violence; la ~ se passe à Montréal the action takes place in ou the scene is set in Montreal. **-4.** [décor] scene; la ~ représente une clairière the scene represents a clearing. **-5.** [moment, événement] scene; une ~ de la vie quotidienne a scene of everyday life; **-6.** [dispute] scene; faire une ~ (à qqn) to make a scene ❑ ~ **de ménage** domestic scene ou fight; ~ **de rupture** break-up scene. **-7.** BX-ARTS scene; ~ **de genre** genre painting. **-8.** *fig*: la ~ internationale/politique the international/political scene. **-9.** PSYCH: ~ **primitive** ou **originaire** primal scene.

**scénique** [senik] *adj* theatrical.

**scénographe** [senograf] *nmf* **-1.** [peintre] scenographer. **-2.** THÉÂT theatre designer.

**scénographie** [senografi] *nf* **-1.** [peinture] scenography. **-2.** THÉÂT theatre designing.

**scepticisme** [sɛptisism] *nm* scepticism.

**sceptique** [sɛptik] ◇ *adj* [incrédule] sceptical. ◇ *nmf* [personne qui doute] sceptic; PHILOS Sceptic.

**sceptre** [sɛptr] *nm* **-1.** [d'un roi] sceptre. **-2.** *litt* [autorité] authority, royalty.

**schéma** [ʃema] *nm* **-1.** TECH diagram; [dessin] sketch; faire un ~ to make ou to draw a diagram ❑ ~ **de câblage/montage** wiring/set-up diagram. **-2.** ADMIN & JUR: ~ **directeur** urban development plan. **-3.** [aperçu] (broad) outline. **-4.** [système] pattern. **-5.** LING schema.

**schématique** [ʃematik] *adj* **-1.** TECH diagrammatical, schematic. **-2.** [simplificateur] schematic, simplified; présenter un projet de façon ~ to present a project in a simplified form; un peu trop ~ oversimplified, simplistic.

**schématiquement** [ʃematikmɑ̃] *adv* **-1.** TECH diagrammatically, schematically. **-2.** [en simplifiant]: décrire un projet/une opération ~ to give the basic outline of a project/an operation; ~, voici comment nous allons nous y prendre in broad outline, this is how we're planning to handle it.

**schématisation** [ʃematizasjɔ̃] *nf* **-1.** TECH schematization, presenting as a diagram. **-2.** [simplification] simplification, simplifying *(U)*, oversimplification *péj.*

**schématiser** [3] [ʃematize] *vt* **-1.** TECH to schematize, to present in diagram form. **-2.** [simplifier] to simplify; *(en usage absolu)*: il schématise à l'extrême he's being much too oversimplistic.

**schématisme** [ʃematism] *nm* **-1.** PHILOS schema. **-2.** [simplification] simplification.

**schismatique** [ʃismatik] *adj* & *nmf* schismatic.

**schisme** [ʃism] *nm* **-1.** RELIG schism; le grand ~ d'Occident the Great (Western) Schism. **-2.** *fig* schism, split.

**schiste** [ʃist] *nm* **-1.** MINÉR schist. **-2.** MIN [déchets] deads.

**schisteux, euse** [ʃistø, øz] *adj* schistose, schistous.

**schizo** [skizo] *(abr de* **schizophrène)** *adj fam* schizo.

**schizoïde** [skizɔid] *adj* schizoid PSYCH.

**schizophrène** [skizɔfrɛn] *adj* & *nmf* schizophrenic.

**schizophrénie** [skizɔfreni] *nf* schizophrenia.

**schlague** [ʃlag] *nf fam* [autorité brutale]: elle mène son monde à la ~ she rules everybody with a rod of iron.

**schlinguer** [ʃlɛ̃ge] = **chlinguer.**

**schmilblik** [ʃmilblik] *nm inf fam*: ça ne fait pas avancer le ~ it's no good to anyone.

**schnaps** [ʃnaps] *nm* schnapps.

**schnock**[V] [ʃnɔk] ◇ *adj inv* [cinglé] nuts. ◇ *nm* [imbécile] blockhead; espèce de vieux ~! you old fogey ou duffer!; alors, tu viens, du ~? are you coming, dumbo?

**schnouf**[V] [ʃnuf] *nf arg drogue* dope.

**Schubert** [ʃubɛr] *npr* Schubert.

**schuss** [ʃus] ◇ *nm* schuss. ◇ *adv*: descendre (tout) ~ to schuss down.

**sciage** [sjaʒ] *nm* sawing.

**sciant, e** [sjɑ̃, ɑ̃t] *adj fam* [étonnant] staggering; [drôle] hilarious.

**sciatique** [sjatik] ◇ *adj* sciatic; nerf petit/grand ~ small/great sciatic nerve. ◇ *nf* sciatica.

**scie** [si] *nf* **-1.** TECH saw; ~ **à bois** wood saw; ~ **à chaîne** chainsaw; ~ **circulaire** circular saw; ~ **électrique** power saw; ~ **à métaux** hacksaw; ~ **à ruban** bandsaw, ribbon saw; ~ **sabre** ou **sauteuse** jigsaw, scroll saw. **-2.** MUS: ~ **musicale** musical saw. **-3.** ZOOL sawfish. **-4.** *fam* [chanson] song played ad nauseam; [message] message repeated again and again. **-5.** *fam* & *péj* [personne ou chose ennuyeuse] bore, drag.

**sciemment** [sjamɑ̃] *adv* **-1.** [consciemment] knowingly. **-2.** [délibérément] deliberately, on purpose.

**science** [sjɑ̃s] *nf* **-1.** [connaissances]: la ~ science; dans l'état actuel de la ~ in the current state of (our) knowledge. **-2.** *(gén pl)* [domaine spécifique] science; les ~s appliquées/physiques the applied/physical sciences; les ~s économiques economics; les ~s exactes exact sciences; les ~s humaines [gén] human sciences, the social sciences; UNIV ≃ Arts; les ~s mathématiques, la ~ mathématique *sout* mathematics, the mathematical sciences; les ~s naturelles [gén] the natural sciences; ENS biology; ~ occulte, ~s occultes the occult (sciences); les ~s politiques politics, political sciences; les ~s sociales UNIV social studies. **-3.** [technique] science, art; [habileté] skill. **-4.** [érudition] knowledge; il croit qu'il a la ~ infuse he thinks he's a fount of knowledge ou he's omniscient; je n'ai pas la ~ infuse I don't know everything!; il faut toujours qu'il étale sa ~ he's always trying to impress everybody with what he knows. **-5.** RELIG: Science chrétienne Christian Science.
◆ **sciences** *nfpl* UNIV [par opposition aux lettres] science, sciences.

**science-fiction** [sjãsfiksjɔ̃] (*pl* **sciences-fictions**) *nf* science fiction; livre/film de ~ science fiction book/film.

**Sciences-Po** [sjãspo] *npr grande école for political sciences.*

**scientificité** [sjãtifisite] *nf* scientificity, scientific quality.

**scientifique** [sjãtifik] ◊ *adj* scientific. ◊ *nmf* scientist.

**scientifiquement** [sjãtifikmã] *adv* scientifically.

**scientisme** [sjãtism] *nm* **-1.** PHILOS scientism. **-2.** RELIG Christian Science.

**scientiste** [sjãtist] ◊ *adj* PHILOS & RELIG scientistic. ◊ *nmf* **-1.** PHILOS proponent of scientism. **-2.** RELIG (Christian) Scientist.

**scier** [9] [sje] *vt* **-1.** [couper] to saw; ~ une planche en deux to saw through a plank, to saw a plank in two; ~ la branche d'un arbre to saw a branch off a tree; ~ un tronc en rondins to saw up a tree trunk (into logs). **-2.** [blesser] to cut into *(insép)*; la ficelle du paquet me scie les doigts the string around the parcel is cutting into my fingers. **-3.** *fam* [surprendre]: sa réponse m'a scié I couldn't believe my ears when I heard his answer.

**scierie** [siri] *nf* sawmill.

**scieur** [sjœr] *nm* **-1.** [ouvrier] sawyer; ~ de long pit sawyer. **-2.** [patron] sawmill owner.

**sciions** [sijɔ̃] *v → scier.*

**scinder** [3] [sɛ̃de] *vt* to divide, to split (up); ~ qqch en deux to divide ou to split sthg (up) into two.

♦ **se scinder** *vpi* to split; le parti s'est scindé en deux tendances the party split into two.

**scintillant, e** [sɛ̃tijɑ̃, ɑ̃t] *adj* [yeux] sparkling, twinkling; [bijoux, reflet] glittering, sparkling; [étoile] twinkling.

**scintillation** [sɛ̃tijasjɔ̃] *nf* [éclat lumineux] scintillation.

**scintillement** [sɛ̃tijmɑ̃] *nm* **-1.** [des yeux] sparkling, twinkling; [de bijoux, d'un reflet] glittering, scintillating; [d'une étoile] twinkling. **-2.** TV: écran sans ~ flicker-free screen.

**scintiller** [3] [sɛ̃tije] *vi* [lumière, bijoux, eau, reflet] to sparkle, to glitter; [yeux] to sparkle, to twinkle; [étoile] to twinkle.

**scion** [sjɔ̃] *nm* **-1.** BOT [pousse] (year's) shoot; [à greffer] scion. **-2.** PÊCHE tip (of rod).

**scission** [sisjɔ̃] *nf* **-1.** POL & RELIG scission, split, rent; faire ~ to split off *(insép)*, to secede. **-2.** BIOL & PHYS fission, splitting.

**scissure** [sisyr] *nf* [du cerveau] fissure, sulcus; [du foie] scissura, scissure.

**sciure** [sjyr] *nf* sawdust.

**scléreux, euse** [sklerø, øz] *adj* sclerotic.

**sclérosant, e** [sklerozɑ̃, ɑ̃t] *adj* **-1.** MÉD sclerosing, sclerosis-causing. **-2.** *fig* paralyzing.

**sclérose** [skleroz] *nf* **-1.** MÉD sclerosis; ~ artérielle arteriosclerosis; ~ en plaques multiple sclerosis. **-2.** *fig* ossification.

**sclérosé, e** [skleroze] ◊ *adj* **-1.** MÉD sclerotic. **-2.** *fig* antiquated, ossified, creaky (with age); avoir l'esprit ~ to have become set in one's ways. ◊ *nm, f* sclerosis sufferer.

**scléroser** [3] [skleroze] *vt* **-1.** MÉD to cause sclerosis of; molécule qui sclérose les tissus tissue-sclerosing molecule. **-2.** *fig* [système] to ossify, to paralyze; [esprit] to make rigid; le parti a été sclérosé par des années d'inactivité years of inertia have brought the party to a political standstill.

♦ **se scléroser** *vpi* **-1.** MÉD to sclerose. **-2.** *fig* [se figer] to ossify, to become paralyzed.

**sclérotique** [sklerɔtik] *nf* sclerotic, sclera.

**scolaire** [skɔlɛr] ◊ *adj* **-1.** [de l'école] school *(modif)*; [du cursus] school, academic; le milieu ~ the school environment; niveau/succès ~ academic standard/achievement; livre ou manuel ~ (school) textbook. **-2.** *péj* [écriture, raisonnement] dry, unimaginative; il a un style très ~ his style is very unoriginal. ◊ *nmf* [enfant] schoolchild.

**scolarisable** [skɔlarizabl] *adj*: population ~ school-age population.

**scolarisation** [skɔlarizasjɔ̃] *nf* **-1.** [éducation] schooling, (formal) education. **-2.** ADMIN & JUR school attendance, schooling. **-3.** [d'une région, d'un pays] school-building programme.

**scolariser** [3] [skɔlarize] *vt* **-1.** [enfant] to send to school, to provide with formal education; l'enfant est-il déjà scolarisé? is the child already at school?-**2.** [région, pays] to equip with schools.

**scolarité** [skɔlarite] *nf* **-1.** ADMIN & JUR school attendance,

schooling. **-2.** [études] school career; [période] schooldays; j'ai eu une ~ difficile I had a difficult time at school.

**scolastique** [skɔlastik] ◊ *adj* **-1.** HIST scholastic. **-2.** *sout* [formaliste] scholastic, pedantic *péj*. ◊ *nf* PHILOS & RELIG scholasticism. ◊ *nm* **-1.** HIST Scholastic, Schoolman. **-2.** RELIG theology student.

**scoliose** [skɔljoz] *nf* scoliosis.

**sconse** [skɔ̃s] *nm* **-1.** ZOOL skunk. **-2.** [fourrure] skunk (fur).

**scoop** [skup] *nm* scoop; faire un ~ to get a scoop.

**scooter** [skutœr] *nm* (motor) scooter.

**scorbut** [skɔrbyt] *nm* scurvy.

**scorbutique** [skɔrbytik] ◊ *adj* scorbutic. ◊ *nmf* scurvy sufferer.

**score** [skɔr] *nm* **-1.** SPORT score; où en est ou quel est le ~? what's the score?-**2.** [résultat]: faire un bon ~ aux élections to get a good result in the election.

**scorie** [skɔri] *nf* **-1.** MÉTALL slag; [laitier] cinders; [de fer] (iron) clinker ou dross. **-2.** *litt* [déchet]: toutes les ~s d'une vie the waste ou dregs of a lifetime.

**scorpion** [skɔrpjɔ̃] *nm* ZOOL scorpion.

**Scorpion** [skɔrpjɔ̃] *npr m* **-1.** ASTRON Scorpio. **-2.** ASTROL Scorpio; être ~ to be Scorpio ou a Scorpian.

**scotch** [skɔtʃ] (*pl* **scotchs** ou **scotches**) *nm* Scotch (whisky).

**Scotch®** [skɔtʃ] *nm* adhesive tape, Sellotape® *Br*, Scotch-tape® *Am*.

**scotcher** [3] [skɔtʃe] *vt* to sellotape *Br*, to scotchtape *Am*.

**scoumoune**▽ [ʃkumun] *nf* rotten luck; avoir la ~ to be jinxed.

**scout, e** [skut] ◊ *adj* **-1.** [relatif au scoutisme] scout *(modif)*; camp/mouvement ~ scout camp/movement. **-2.** *fig* boy scout *(modif)*; il a un petit côté ~ he's a boy scout at heart. ◊ *nm, f* [personne] (Boy) Scout (*f* (Girl) Guide); ~, toujours prêt! [devise des scouts] be prepared!; *hum* always at your service!

**scoutisme** [skutism] *nm* **-1.** [activité] scouting. **-2.** [association – pour garçons] Boy Scout movement; [– pour filles] Girl Guide movement.

**Scrabble®** [skrabl] *nm* Scrabble®.

**scratcher** [3] [skratʃe] *vt* SPORT to scratch, to withdraw.

**scribe** [skrib] *nm* **-1.** ANTIQ & RELIG scribe. **-2.** *péj* & *vieilli* [gratte-papier] pen pusher *péj*.

**scribouillard, e** [skribujar, ard] *nm, f* *fam* & *péj* pen pusher.

**script** [skript] *nm* **-1.** [écriture] script *(modif)*; écrire en ~ to write in block letters, to print (in block letters). **-2.** CIN & RAD script. **-3.** BOURSE scrip.

**scripte** [skript] *nmf* continuity man (*f* continuity girl ou script girl).

**scripteur** [skriptœr] *nm* **-1.** RELIG composer of Papal Bulls. **-2.** LING writer.

**script-girl** [skriptgœrl] (*pl* **script-girls**) *nf* continuity ou script girl.

**scriptural, e, aux** [skriptyral, o] *adj* scriptural.

**scrotal, e, aux** [skrɔtal, o] *adj* scrotal.

**scrotum** [skrɔtɔm] *nm* scrotum.

**scrupule** [skrypyl] *nm* **-1.** [cas de conscience] scruple, qualm (of conscience); n'aie pas de ~s don't have any qualms; elle n'a aucun ~ she has no scruples; ce ne sont pas les ~s qui l'étouffent *fam* he's completely unscrupulous; avoir ~ à faire qqch *sout* to have scruples ou qualms about doing sthg; n'ayez aucun ~ à faire appel à moi don't hesitate to ask for my help. **-2.** [minutie] punctiliousness; exact jusqu'au ~ scrupulously ou punctiliously exact.

♦ **sans scrupules** *loc adj* [individu] unscrupulous, unprincipled, without scruples.

**scrupuleusement** [skrypyløzmã] *adv* scrupulously, punctiliously.

**scrupuleux, euse** [skrypylø, øz] *adj* **-1.** [honnête] scrupulous; d'une honnêteté scrupuleuse scrupulously honest. **-2.** [minutieux] scrupulous, meticulous.

**scrutateur, trice** [skrytatœr, tris] ◊ *adj* searching *(avant n)*. ◊ *nm, f* ADMIN scrutineer *Br*, teller *Am*.

**scruter** [3] [skryte] *vt* **-1.** [pour comprendre] to scrutinize, to examine; ~ qqn du regard to give sb a searching look; il scruta son visage he searched her face. **-2.** [en parcourant des yeux] to scan, to search; **elles scrutaient l'horizon** they scanned ou searched the horizon.

**scrutin** [skrytɛ̃] *nm* **-1.** [façon d'élire] vote, voting *(U)*, ballot; **procéder au** ~ to take a ballot; **dépouiller le** ~ to count the votes ❑ ~ **plurinominal** ou **de liste** voting for a list ou ticket; ~ **d'arrondissement** district election system; ~ **majoritaire** first past the post election *Br*, election on a majority basis; ~ **proportionnel** ou **à la proportionnelle** (voting using the system of) proportional representation; ~ **secret** secret ballot; **voter au** ~ **secret** to have a secret ballot; ~ **uninominal** voting for a single candidate. **-2.** [fait de voter] ballot; **par (voie de)** ~ by ballot ❑ ~ **de ballottage** second ballot; run-off election *Am*.**-3.** [consultation électorale] election.

**sculpter** [3] [skylte] *vt* **-1.** BX-ARTS to sculpt; [orner de sculptures] to sculpture; ~ **qqch dans le marbre** to sculpt sthg out of marble. **-2.** [bois] to carve; [bâton] to scrimshaw. **-3.** *sout* [façonner] to sculpt, to carve, to fashion.

**sculpteur** [skyltœr] *nm* sculptor.

**sculptural, e, aux** [skyltyral, o] *adj* **-1.** BX-ARTS sculptural. **-2.** [beauté, formes] statuesque.

**sculpture** [skyltyr] *nf* **-1.** BX-ARTS sculpture *(U)*, sculpting *(U)*; **faire de la** ~ to sculpt; **il fait de la** ~ he's a sculptor; ~ **sur bois** woodcarving. **-2.** [œuvre] sculpture, piece of sculpture.

◆ **sculptures** *nfpl* AUT [d'un pneu] tread pattern.

**sdb** *abr écrite de* **salle de bains.**

**SDF** (*abr de* **sans domicile fixe**) *nm f* homeless person; **les** ~ the homeless.

**SDN** *npr f abr de* **Société des Nations.**

**se** [sə] (*devant voyelle ou h muet* **s'** [s]) *pron pers réfléchi (3e pers sg et pl, masculin et féminin)* **-1.** [avec un verbe pronominal réfléchi]: **se salir** to get dirty; **s'exprimer** to express o.s.; **elle se coiffe** she's doing her hair; **elles s'en sont persuadées** they've convinced themselves of it; **il s'écoute parler** he listens to his own voice ‖ [se substituant à l'adjectif possessif]: **il s'est fracturé deux côtes** he broke two ribs; **se mordre la langue** to bite one's tongue. **-2.** [avec un verbe pronominal réciproque]: **pour s'aider, ils partagent le travail** to help each other ou one another, they share the work. **-3.** [avec un verbe pronominal passif]: **cette décision s'est prise sans moi** this decision has been taken without me; **ce modèle se vend bien** this model sells well; **ça se mange?** can you eat it?**-4.** [avec un verbe pronominal intransitif]: **ils s'en vont** they're leaving; **il se laisse convaincre trop facilement** he is too easily persuaded; **il s'est fait avoir!** *fam* he's been had!; **il se croyait lundi** he thought it was Monday today; **elle se croyait en sécurité** she thought she was safe; **il se dit médecin** he claims to be a doctor. **-5.** [dans des tournures impersonnelles]: **il se fait tard** it's getting late; **il se peut qu'ils arrivent plus tôt** it's possible that they'll arrive earlier, they might arrive earlier. **-6.** *fam* [emploi expressif]: **il se fait 50 000 francs par mois** he's got 50,000 francs coming in per month; **elle se l'est écouté au moins trente fois, ce disque** she listened to this record at least thirty times.

**SE** (*abr écrite de* **Son Excellence**) HE.

**S-E** (*abr écrite de* **Sud-Est**) SE.

**séance** [seɑ̃s] *nf* **-1.** [réunion] session; **être en** ~ [comité, Parlement] to be sitting ou in session; [tribunal] to be in session; **lever la** ~ [groupe de travail] to close the meeting; [comité] to end ou to close the session; [Parlement] to adjourn; **la** ~ **est levée!** [au tribunal] the court will adjourn; **suspendre la** ~ [au Parlement, au tribunal] to adjourn; **la** ~ **est ouverte!** [au tribunal] this court is now in session!; **en** ~ **publique** [au tribunal] in open court. **-2.** BOURSE: **ce fut une bonne/mauvaise** ~ **aujourd'hui à la Bourse** it was a good/bad day today on the Stock Exchange; **en début/fin de** ~, **les actions Roman étaient à 800 F** the Roman shares opened/closed at 800 F. **-3.** [période - d'entraînement, de traitement] session; ~ **de pose** sitting; ~ **de projection** slide show; ~ **de rééducation** (session of) physiotherapy; ~ **de spiritisme** seance; ~ **de travail** working session; ~ **d'information** briefing session. **-4.** CIN showing; ~ **à 19 h 10, film à 19 h 30** program 7.10, film starts 7.30; **la dernière** ~ the last showing. **-5.** *fam* [crise] scene, fuss, tantrum.

◆ **séance tenante** *loc adv* forthwith, right away, without further ado.

**séant, e** [seɑ̃, ɑ̃t] *adj litt* [convenable] becoming, seemly.

◆ **séant** *nm* [postérieur]: **se mettre sur son** ~ to sit up.

**seau, x** [so] *nm* **-1.** [récipient] bucket, pail; ~ **à champagne** Champagne bucket; ~ **à glace** ice-bucket *Br*, ice-pail *Am*; ~ **hygiénique** slop pail. **-2.** [contenu] bucketful; **un** ~ **de lait** a bucket of milk.

◆ **à seaux** *loc adv fam*: **il pleut à** ~**x, la pluie tombe à** ~**x** it's pouring ou bucketing *Br* down.

**sébacé, e** [sebase] *adj* sebaceous.

**sébile** [sebil] *nf litt* begging bowl.

**séborrhée** [sebɔre] *nf* seborrhoea.

**sébum** [sebɔm] *nm* sebum.

**sec, sèche** [sɛk, sɛʃ] *adj* **-1.** [air, bois, endroit, vêtement etc] dry; **il fait un froid** ~ it's cold and dry, there's a crisp cold air; **avoir l'œil** ~ ou **les yeux** ~**s** MÉD to have dry eyes; *fig* to be dry-eyed. **-2.** [légume, fruit] dried; [alcool] neat; **shampooing** ~ **dry** shampoo. **-3.** [non gras - cheveux, peau, mine de crayon] dry; [maigre - personne] lean; **être** ~ **comme un coup de trique** *fam* to be all skin and bone ou as thin as a rake. **-4.** [désagréable - ton, voix] harsh, curt, terse; [- explication, refus, remarque] curt, terse; [- rire] dry; **avoir le cœur** ~ terse, to be hard-hearted ou cold-hearted; **un bruit** ~ a snap ou crack; **ouvrir/fermer qqch avec un bruit** ~ to snap sthg open/shut; **d'un coup** ~ sharply, sharply; **retire le sparadrap d'un coup** ~ pull the sticking plaster off smartly. **-5.** BX-ARTS [graphisme, style] dry. **-6.** ŒNOL [champagne, vin] dry. **-7.** CARTES: **atout/roi** ~ singleton trumps/king.

◆ **sec** ◇ *adv* **-1.** MÉTÉO: **il fera** ~ **toute la semaine** the weather will be dry for the whole week. **-2.** [brusquement] hard; **démarrer** ~ [conducteur] to shoot off at top speed; [course] to get a flying start; **il a pris son virage assez** ~ he took the bend rather sharply. ◇ *nm* AGR dry feed.

◆ **à sec** ◇ *loc adj* **-1.** [cours d'eau, source etc] dry, dried-up; [réservoir] empty. **-2.** *fam* [sans argent - personne] hard up, broke, cleaned out; [- caisse] empty. ◇ *loc adv* **-1.** [sans eau]: **on met la piscine à** ~ **chaque hiver** the pool's drained (off) every winter; **le soleil a mis le marais à** ~ the sun has dried up the marsh. **-2.** *fam* [financièrement]: **mettre une entreprise à** ~ to ruin a firm.

◆ **au sec** *loc adv*: **garder** ou **tenir qqch au** ~ to keep sthg in a dry place, to keep sthg dry; **rester au** ~ to stay dry.

**sécable** [sekabl] *adj* **-1.** PHARM breakable. **-2.** GÉOM divisible.

**SECAM, Secam** [sekam] (*abr de* **séquentiel à mémoire**) *nm* SECAM.

**sécant, e** [sekɑ̃, ɑ̃t] *adj* intersecting, secant.

◆ **sécante** *nf* secant.

**sécateur** [sekatœr] *nm*: **un** ~ [pour les fleurs] (a pair of) secateurs; [pour les haies] pruning shears.

**sécession** [sesesjɔ̃] *nf* secession; **faire** ~ to secede.

**sécessionniste** [sesesjɔnist] *adj & nmf* secessionist.

**séchage** [seʃaʒ] *nm* **-1.** [du linge, des cheveux, du foin] drying. **-2.** [du bois] seasoning.

**sèche** [sɛʃ] ◇ *f* → **sec.** ◇ *v* → **sécher.** ◇ *nf fam* cig, fag *Br*.

**sèche-cheveux** [sɛʃʃəvø] *nm inv* hair dryer.

**sèche-linge** [sɛʃlɛ̃ʒ] *nm inv* [à tambour] tumble-drier; [placard] airing cupboard.

**sèche-mains** [sɛʃmɛ̃] *nm inv* hand-dryer.

**sèchement** [sɛʃmɑ̃] *adv* **-1.** [durement] dryly, curtly, tersely; **ne comptez pas sur moi, répondit-elle** ~ don't count on me, she snapped back. **-2.** [brusquement] sharply; **prendre un virage un peu** ~ to take a bend rather sharply. **-3.** [sans fioritures] dryly.

**sécher** [18] [seʃe] ◇ *vt* **-1.** [gén] to dry; [avec un torchon, une éponge] to wipe dry; **sèche tes larmes** ou **tes yeux** dry your tears ou your eyes; ~ **les larmes** ou **les pleurs de qqn** *sout* to console sb. **-2.** VÊT to dry; ~ **en machine** to tumble dry. **-3.** [suj: chaleur, soleil - terrain, plante] to dry up (*sép*); [déshydrater - fruits] to dry (up); **figues séchées au soleil** sun-dried figs. **-4.** *arg scol* [manquer]: ~ **les cours** SCOL to play truant *Br* ou hooky *Am*; UNIV to cut lectures *Br* ou class *Am*.**-5.** *fam* [boire]: **il a séché trois cognacs** he knocked back three brandies. ◇ *vi* **-1.** [surface] to dry (off); [linge] to dry; [éponge] to dry (out); [sol, puits] to dry up; [cours d'eau] to dry up, to run dry. **-2.** VÊT: **mettre du linge** to leave clothes to dry, to let linen dry; **mettre le linge à** ~ to put the washing out to dry; **'faire** ~ **sans essorer'** 'do not spin dry', 'dry flat'; **'faire** ~ **à**

plat/ 'dry flat'. **-3.** [plante] to dry up ou out; [bois] to dry out; [fruits, viande] to dry; **faire ~ du bois** to season wood; **~ sur pied** [plante] to wilt, to wither. **-4.** *fam loc*: **j'ai séché en physique/sur la deuxième question** I drew a blank in the physics exam/on the second question.
◆ **se sécher** *vp (emploi réfléchi)* to dry o.s.; **se ~ les mains/cheveux** to dry one's hands/hair.

**sécheresse** [seʃrɛs] *nf* **-1.** [d'un climat, d'un terrain, d'un style] dryness; [d'un trait] dryness, harshness; [d'une réplique, d'un ton] abruptness; **répondre avec ~** to answer curtly ou abruptly ou tersely; **la ~ de sa remarque** the curtness ou terseness of his remark; **montrer une grande ~ de cœur** to show great heartlessness. **-2.** MÉTÉO drought; **pendant la** ou **les mois de ~** during the dry months.

**sécheur** [seʃœr] *nm* [à tabac] dryer.

**sécheuse** [seʃøz] *nf* [de linge] tumble-drier.

**séchoir** [seʃwar] *nm* **-1.** AGR & TECH [salle] drying room; [hangar] drying shed; [râtelier] drying rack. **-2.** [à usage domestique] dryer; **~ à cheveux** hair dryer; **~ à linge** [à tambour] tumble-drier; [pliant] clotheshorse; [suspendu] ceiling airer.

**second, e¹** [səgɔ̃, ɔ̃d] ◇ *adj* **-1.** [dans l'espace, le temps] second; **pour la ~e fois** for the second time; **en ~ lieu** secondly, in the second place ❑ **le Second Empire** HIST the French Second Empire. **-2.** [dans une hiérarchie] second; [éclairagiste, maquilleur] assistant *(modif)*; **la ~e ville de France** France's second city ❑ **~e classe** TRANSP second class. **-3.** [autre – chance, jeunesse, vie] second; **c'est une ~e nature chez lui** it's second nature to him; **elle a été une ~e mère pour moi** she was like a mother to me ❑ **~e vue** clairvoyance, second sight; **être doué de ~e vue** to be clairvoyant. **-4.** MATH: **a ~e** a double point, a''. ◇ *nm, f* **-1.** [dans l'espace, le temps] second; **je lis le premier paragraphe, et toi le ~** I read the first paragraph, and you the second one ou the next one. **-2.** [dans une hiérarchie] second; **arriver le ~** [dans une course, une élection] to come second.
◆ **second** *nm* **-1.** [assistant – d'un directeur] right arm; [– dans un duel] second; NAUT first mate; MIL second in command. **-2.** [dans une charade]: **mon ~ est...** my second is... **-3.** [étage] second floor *Br*, third floor *Am*.
◆ **seconde** *nf* **-1.** AUT second gear; **passe en ~e** change into ou to second gear. **-2.** TRANSP [classe] second class; [billet] second-class ticket; **les ~es, les wagons de ~e** second-class carriages; **voyager en ~e** to travel second class. **-3.** SCOL ≃ fifth form *Br*, ≃ tenth grade *Am*. **-4.** ESCRIME seconde. **-5.** DANSE second position. **-6.** MUS second.
◆ **secondes** *nfpl* IMPR second proofs.
◆ **en second** ◇ *loc adj*: **capitaine en ~** first mate. ◇ *loc adv* second, secondly; **passer en ~** to be second.

**secondaire** [səgɔ̃dɛr] ◇ *adj* **-1.** [question, personnage, route] secondary; **c'est ~** it's of secondary importance ou of minor interest. **-2.** ENS & SC secondary; **ère ~** GÉOL Mesozoic era. ◇ *nm* **-1.** GÉOL: **le ~** the Mesozoic. **-2.** ENS secondary *Br* ou high *Am* school *(U)*. **-3.** ÉCON: **le ~** secondary production.

**secondairement** [səgɔ̃dɛrmɑ̃] *adv* secondarily.

**seconde²** [səgɔ̃d] *nf* **-1.** [division horaire] second. **-2.** [court instant]: **attendez une ~!** just a second; **je reviens dans une ~** I'll be back in a second, I'll be right back; **une ~ d'inattention** a momentary lapse in concentration; **à la ~** instantly, there and then.

**secondement** [səgɔ̃dmɑ̃] *adv* second, secondly.

**seconder** [3] [səgɔ̃de] *vt* **-1.** [assister] to assist, to back up *(sép)*. **-2.** *sout* [action, desseins] to second.

**secouer** [6] [səkwe] *vt* **-1.** [arbre, bouteille, personne] to shake; [tapis] to shake (out); **~ la tête** [acquiescer] to nod one's head; [refuser] to shake one's head ❑ **~ qqn comme un prunier** *fam* to shake sb like a rag doll. **-2.** [poussière, sable, miettes] to shake off *(sép)*; *fig* [paresse, torpeur etc] to shake off; **~ les puces** *fam* **à qqn** [le gronder] to tell sb off, to give sb a good ticking-off *Br* ou chewing out *Am*. **-3.** *fam* [houspiller – personne] to shake up *(sép)*. **-4.** [bouleverser – personne] to shake up *(sép)*, to give a jolt ou shock to.
◆ **se secouer** *vp (emploi réfléchi)* *fam* to shake o.s. up, to snap out of it; **il serait grand temps de te ~!** it's high time you pulled yourself together!

**secourable** [səkurabl] *adj* helpful.

**secourir** [45] [səkurir] *vt* **-1.** [blessé] to help; [personne en

danger] to rescue. **-2.** *sout* [pauvre, affligé] to aid, to help. **-3.** *litt* [misères] to relieve, to ease.

**secourisme** [səkurism] *nm* first aid.

**secouriste** [səkurist] *nmf* **-1.** [d'une organisation] first-aid worker. **-2.** [personne qualifiée] *person who is qualified in first aid*.

**secourrai** [səkur(r)e] *v* → **secourir**.

**secours** [səkur] *nm* **-1.** [assistance] help, assistance, aid; **appeler** ou **crier au ~** to call out for help; **au ~!** help!; **appeler qqn à son ~** [blessé, entreprise] to call upon sb for help, to call sb to the rescue; **porter ~ à qqn** to give sb assistance; **porter ~ à un blessé** to give first aid to an injured person; **venir au ~ de qqn** to come to sb's aid; **venir au ~ d'une entreprise** to rescue a company ❑ **le Secours catholique, le Secours populaire (français)** *charity organizations giving help to the poor*. **-2.** [sauvetage] aid, assistance; **le** ou **les ~ aux brûlés** aid ou assistance for burn victims; **envoyer des ~ à qqn** to send relief to sb; **les ~ ne sont pas encore arrivés** aid ou help hasn't arrived yet ❑ **le ~ en montagne/en mer** sea/mountain rescue; **le** ou **les ~ d'urgence** emergency aid. **-3.** [appui] help; **être d'un grand ~ à qqn** to be of great help to sb. **-4.** JUR emergency payment ou allowance.
◆ **de secours** *loc adj* [équipement, porte, sortie] emergency *(modif)*; [équipe, poste] rescue *(modif)*.

**secouru, e** [səkury], **secourus** [səkury] *v* → **secourir**.

**secousse** [səkus] *nf* **-1.** [saccade] jerk, jolt; **elle se dégagea d'une ~** she shook ou jerked herself free. **-2.** *fig* [bouleversement] jolt, shock, upset. **-3.** GÉOL: **~ (sismique** ou **tellurique)** (earth) tremor.

**secret, ète** [səkrɛ, ɛt] *adj* **-1.** [inconnu – accord, code, document etc] secret; **garder** ou **tenir qqch ~** to keep sthg secret. **-2.** [caché – escalier, passage, tiroir] secret; **une vie secrète** a secret life. **-3.** [intime – ambition, désir, espoir, pensée] secret, innermost. **-4.** [personne] secretive, reserved.
◆ **secret** *nm* **-1.** [confidence] secret; **ce n'est un ~ pour personne** it's no secret, everybody knows about it; **c'est un bien lourd ~** it's a weighty secret indeed; **confier un ~ à qqn** to let sb into a secret; **être dans le ~** to be in on the secret; **ne pas avoir de ~s pour qqn** [personne] to have no secrets from sb; [question, machine] to hold no secret for sb ❑ **~ d'État** state secret; **être dans le ~ des dieux** to have privileged information; **c'est un ~ de Polichinelle** it's an open secret ou not much of a secret. **-2.** [mystère – d'un endroit, d'une discipline] secret. **-3.** [recette] secret, recipe; **le ~ du bonheur** the secret of ou recipe for happiness; **ses ~s de beauté** her beauty secrets ou tips; **un soufflé dont lui seul a le ~** a soufflé for which he alone knows the secret ❑ **~ de fabrication** COMM trade secret. **-4.** [discrétion] secrecy *(U)*; **exiger/promettre le ~ (absolu)** to demand/to promise (absolute) secrecy; **je vous demande le ~ sur cette affaire** I want you to keep silent about this matter ❑ **~ professionnel** professional confidence; **trahir le ~ professionnel** to commit a breach of (professional) confidence. **-5.** RELIG: **le ~ de la confession** the secret of the confessional.
◆ **à secret** *loc adj* [cadenas] combination *(modif)*; [tiroir] with a secret lock; [meuble] with secret drawers.
◆ **au secret** *loc adv*: **être au ~** to be (detained) in solitary confinement; **mettre qqn au ~** to detain sb in solitary confinement.
◆ **en secret** *loc adv* **-1.** [écrire, économiser] in secret, secretly. **-2.** [croire, espérer] secretly, privately.

**secrétaire** [səkretɛr] ◇ *nmf* **-1.** [dans une entreprise] secretary; **~ du conseil d'administration** secretary to the Board of Directors; **~ de direction** executive secretary, personal assistant; **~ général** company secretary; **~ juridique** legal secretary; **~ médicale** medical secretary; **~ de rédaction** [dans l'édition] desk ou assistant editor; PRESSE subeditor. **-2.** POL: **~ général** [auprès d'un ministre] ≃ permanent secretary *Br*; [dans un parti] general-secretary; **~ général de l'ONU** Secretary ou Secretary-General of the UN; **~ général de l'Assemblée** ≃ Clerk of the House *Br*; **~ général du Sénat** ≃ Clerk of the House *Br*; **~ d'État** [en France] ≃ Junior Minister *Br*; [en Grande-Bretagne] Secretary of State; [aux États-Unis] State Secretary, Secretary of State. **-3.** ADMIN: **~ de mairie** ≃ chief executive *Br*, ≃ town clerk *Br vieilli*. ◇ *nm* [meuble] secrétaire, writing desk.

**secrétariat** [səkretarja] *nm* **-1.** [fonction] secretaryship; **ap-**

prendre le ~ to learn to be a secretary, to do a secretarial course ❏ ~ **de rédaction** [dans l'édition] desk ou assistant editorship; PRESSE post of subeditor. **-2.** [employés] secretarial staff; **le budget du** ~ budgeting for secretarial services; **faire partie du** ~ to be a member of the secretariat. **-3.** [bureau] secretariat. **-4.** [tâches administratives] secretarial work. **-5.** POL: ~ **d'État** [fonction en France] post of Junior Minister; [ministère français] Junior Minister's Office; [fonction en Grande-Bretagne] post of Secretary of State; [ministère britannique] Secretary of State's Office; [fonction aux États-Unis] post of State Secretary; ~ **général de l'ONU** UN Secretary-Generalship. **-6.** ADMIN: ~ **de mairie** [fonction] function of chief executive; [bureau] chief executive's office.

**sécrète** [sekrɛt] v → **sécréter**.

**secrètement** [səkrɛtmɑ̃] adv **-1.** [en cachette] secretly, in secret. **-2.** [intérieurement] secretly.

**sécréter** [18] [sekrete] vt **-1.** BOT & PHYSIOL to secrete. **-2.** fig & sout [ennui] to exude, to ooze; [passion, désir] to cause, to release.

**sécréteur, euse** ou **trice** [sekretœr, øz, tris] adj secretory.

**sécrétion** [sekresjɔ̃] nf secretion.

**sectaire** [sɛktɛr] adj & nmf sectarian.

**sectarisme** [sɛktarism] nm sectarism.

**secte** [sɛkt] nf sect.

**secteur** [sɛktœr] nm **-1.** ÉCON area; ~ **primaire** primary sector ou production; ~ **privé** private sector ou enterprise; ~ **public** public sector; ~ **secondaire** secondary production; ~ **tertiaire** tertiary production ou activities. **-2.** [zone d'action – d'un policier] beat; [– d'un représentant] area, patch; [– de l'urbanisme] district, area; MIL & NAUT sector; ADMIN local area covered by the French health and social services department. **-3.** fam [quartier]: **c'est dans le** ~ it's around here; **changer de** ~ to make o.s. scarce. **-4.** ÉLECTR: **le** ~ the mains (supply). **-5.** MATH: ~ **(angulaire)** sector; ~ **sphérique** sector of a sphere. **-6.** INF sector.

**section** [sɛksjɔ̃] nf **-1.** [d'une autoroute, d'une rivière] section, stretch; [de ligne de bus, de tramway] fare stage; [d'un livre] part, section; [d'une bibliothèque] section; [d'un service] branch, division, department. **-2.** ENS department; ~ **économique/scientifique/littéraire** courses in economics/science/arts. **-3.** [d'un parti] local branch; ~ **syndicale** local branch of a union; [dans l'industrie de la presse et du livre] (union) chapel. **-4.** MATH & GÉOM section; **un câble de 12 mm de** ~ a 12 mm (section) cable; **dessiner la** ~ **de qqch** to draw the section of sthg ou sthg in section ❏ ~ **conique/plane** conic/plane section. **-5.** [coupure] cutting (U), severing (U); MÉD amputation. **-6.** BIOL [groupe, coupe] section. **-7.** MIL section. **-8.** MUS: ~ **rythmique** rhythm section. **-9.** POL: ~ **électorale** ward.

**sectionnement** [sɛksjɔnmɑ̃] nm **-1.** [coupure] cutting (U), severing (U). **-2.** ÉLECTR sectioning (and isolation).

**sectionner** [3] [sɛksjɔne] vt **-1.** [tendon, câble, ligne] to sever, to cut; MÉD to amputate. **-2.** [diviser] to section, to divide ou to split (into sections).

**sectionneur** [sɛksjɔnœr] nm section switch.

**sectoriel, elle** [sɛktɔrjɛl] adj sector-based.

**sectorisation** [sɛktɔrizasjɔ̃] nf [gén] division into sectors; [des services de santé] division into areas of responsibility for health and social services.

**sectoriser** [3] [sɛktɔrize] vt [gén] to sector, to divide into areas ou sectors; [services de santé] to divide into areas of health and social services responsibility.

**Sécu** [seky] (abr de **Sécurité sociale**) nf [système] ≃ Social Security; [organisme de remboursement] ≃ DSS Br, ≃ Social Security Am.

**séculaire** [sekylɛr] adj **-1.** [vieux] age-old; **un chêne** ~ an ancient oak ‖ [de cent ans] a hundred years' old. **-2.** [cyclique] secular.

**sécularisation** [sekylarizasjɔ̃] nf secularization.

**séculariser** [3] [sekylarize] vt to secularize.

**séculier, ère** [sekylje, ɛr] adj secular.
◆ **séculier** nm secular.

**secundo** [səgɔ̃do] adv second, secondly.

**sécurisant, e** [sekyrizɑ̃, ɑ̃t] adj [qui rassure] reassuring.

**sécuriser** [3] [sekyrize] vt **-1.** [rassurer]: ~ **qqn** to make sb feel secure ou safe, to reassure sb to give sb a feeling of security. **-2.** [stabiliser] to (make) secure; **des mesures visant à** ~ **l'emploi** employment-conserving measures.

**Securit®** [sekyrit] nm: (verre) ~ Triplex glass®.

**sécuritaire** [sekyritɛr] adj: **mesures** ~s drastic security measures; **programme** ~ security-conscious programme; **idéologie** ~ law-and-order ideology.

**sécurité** [sekyrite] nf **-1.** [protection d'une personne – physique] safety, security; [– materielle, affective etc] security; **assurer la** ~ **de qqn** to ensure the safety of sb; **l'installation offre une** ~ **totale** the plant is completely safe; **mon travail m'apporte une** ~ **matérielle** my job gives me financial security, my material needs are provided for; **la** ~ **de l'emploi** job security ❏ ~ **civile** civil defence; ~ **publique** public safety; ~ **routière** road safety. **-2.** [surveillance – de bâtiments, d'installations] security. **-3.** ARM [d'un tank, d'un navire] safety catch ou mechanism.
◆ **de sécurité** loc adj [dispositif, mesure] safety (modif).
◆ **en sécurité** ◇ loc adj safe; **être/se sentir en** ~ to be/to feel safe. ◇ loc adv in a safe place.
◆ **en toute sécurité** loc adv in complete safety.
◆ **Sécurité sociale** nf **-1.** [système] French social security system. **-2.** [organisme] ≃ DSS Br.

**sédatif, ive** [sedatif, iv] adj sedative.
◆ **sédatif** nm sedative.

**sédation** [sedasjɔ̃] nf sedation, sedating (U).

**sédentaire** [sedɑ̃tɛr] ◇ adj **-1.** [travail, habitude] sedentary; [employé] desk-bound. **-2.** ANTHR settled, non-nomad, sedentary. ◇ nmf [personne] sedentary person.

**sédentarisation** [sedɑ̃tarizasjɔ̃] nf: **la** ~ **d'une population** a people's adoption of a sedentary lifestyle.

**sédentariser** [3] [sedɑ̃tarize] vt [tribu] to turn into a sedentary population, to settle.

**sédentarité** [sedɑ̃tarite] nf sedentary lifestyle.

**sédiment** [sedimɑ̃] nm **-1.** GÉOL sediment, deposit. **-2.** MÉD & ŒNOL sediment.

**sédimentaire** [sedimɑ̃tɛr] adj sedimentary.

**sédimentation** [sedimɑ̃tasjɔ̃] nf sedimentation.

**séditieux, euse** [sedisjø, øz] ◇ adj sout **-1.** [propos] seditious, rebellious. **-2.** [troupe, armée] insurrectionary, insurgent. ◇ nm, f insurgent, rebel.

**sédition** [sedisjɔ̃] nf sout rebellion, revolt, sedition.

**séducteur, trice** [sedyktœr, tris] ◇ adj [personne, sourire etc] seductive, irresistible. ◇ nm, f seducer (f seductress); **c'est un grand** ~ he's a real lady's man; **c'est une grande séductrice** she's a real seductress ou femme fatale.

**séduction** [sedyksjɔ̃] nf **-1.** [d'une personne] charm; [d'une musique, d'un tableau] appeal, captivating power; **elle ne manque pas de** ~ she's very seductive; **pouvoir de** ~ powers of seduction. **-2.** JUR: ~ **de mineur** corruption of a minor. **-3.** [d'une chose] attraction, attractiveness; **le pouvoir de** ~ **de l'argent** the seductive power of money.

**séduire** [98] [sedɥir] vt **-1.** [charmer – suj: personne] to attract, to charm; [– suj: beauté, gentillesse, sourire] to win over (sép); [– suj: livre, tableau] to appeal to (insép). **-2.** [tenter – suj: idée, projet, style de vie] to appeal to (insép), to be tempting to. **-3.** [tromper – suj: politicien, promesses, publicité] to lure, to seduce. **-4.** [sexuellement] to seduce.

**séduisant, e** [sedɥizɑ̃, ɑ̃t] adj **-1.** [charmant – personne] attractive; [– beauté] seductive, enticing; [– sourire, parfum, mode etc] appealing, seductive. **-2.** [alléchant – offre, idée, projet] attractive, appealing.

**séduisis** [sedɥizi], **séduit, e** [sedɥi, it] v → **séduire**.

**séfarade** [sefarad] ◇ adj Sephardic. ◇ nmf Sephardi; **les** ~s the Sephardim.

**segment** [sɛgmɑ̃] nm **-1.** ANAT & MATH segment. **-2.** MÉCAN ring; ~ **de piston** piston ring; ~ **de frein** AUT (segmental) brake shoe. **-3.** INF segment.

**segmentaire** [sɛgmɑ̃tɛr] adj segmental.

**segmentation** [sɛgmɑ̃tasjɔ̃] nf **-1.** BIOL & PHYSIOL segmentation. **-2.** INF segmentation.

**segmenter** [3] [sɛgmɑ̃te] vt [diviser] to segment.
◆ **se segmenter** vpi to segment, to break into segments.

**ségrégatif, ive** [segregatif, iv] adj segregative; **lois ségréga-**

tives laws aimed at maintaining segregation.

**ségrégation** [segregasjɔ̃] *nf* [discrimination] segregation; **une ~ au niveau des salaires** a discriminatory wage policy; **~ raciale/sociale** racial/social segregation.

**ségrégationnisme** [segregasjɔnism] *nm* racial segregation.

**ségrégationniste** [segregasjɔnist] ◊ *adj* [personne] segregationist; [politique] segregationist, segregational, discriminatory. ◊ *nmf* segregationist.

**ségrégative** [segregativ] *f* → **ségrégatif**.

**seguia** [segja] *nf* open channel (*for bringing water to Saharan oases*).

**seiche** [sɛʃ] *nf* ZOOL cuttlefish.

**seigle** [sɛgl] *nm* rye.

**seigneur** [sɛɲœr] *nm* **-1.** HIST feudal lord *ou* overlord. **-2.** [maître] lord; **mon ~ et maître** *hum* my lord and master ❑ **grand ~: agir en grand ~** to play the fine gentleman; **comme un ~, en grand ~** like a lord; [avec noblesse] nobly; **être grand ~, faire le grand ~** to spend money like water *ou* as if there were no tomorrow; **à tout ~ tout honneur** *prov* give honour where honour is due. **-3.** [magnat] tycoon, baron; **les ~s de l'industrie** captains of industry; **les ~s de la guerre** the war lords. **-4.** RELIG: **le Seigneur** the Lord; **Notre-Seigneur Jésus-Christ** Our Lord Jesus Christ; **Seigneur (Dieu)!** *litt* Good Lord!; **le jour du Seigneur** the Lord's Day.

**seigneurial, e, aux** [sɛɲœrjal, o] *adj* **-1.** HIST seigniorial. **-2.** *litt* [digne d'un seigneur] stately, lordly.

**seigneurie** [sɛɲœri] *nf* **-1.** HIST [propriété] seigneury, lord's domain *ou* estate; [pouvoir, droits] seigneury. **-2.** [titre]: **Votre Seigneurie** Your Lordship.

**sein** [sɛ̃] *nm* **-1.** ANAT breast; **elle se promène les ~s nus** she walks about topless; **donner le ~** to breast-feed; **être nourri au ~** to be breast-fed. **-2.** *litt* [ventre] womb; **porter un enfant dans son ~** to carry a child in one's womb. **-3.** *litt* [buste] bosom; **serrer qqch/qqn contre son ~** to press sthg/sb against one's bosom; **dans le ~ de** [au centre de] in *ou* at the heart of, in the bosom of *litt*.

◆ **au sein de** *loc prép sout* within; **au ~ de la famille** in the bosom *ou* midst of the family.

**Seine** [sɛn] *npr f*: **la ~** the (River) Seine.

**seing** [sɛ̃] *nm* [signature] signature.

◆ **sous seing privé** *loc adj*: **acte sous ~ privé** private agreement, simple contract.

**séisme** [seism] *nm* **-1.** GÉOL earthquake, seism *spéc*. **-2.** *fig* [bouleversement] upheaval.

**séismique** [seismik] = **sismique**.

**séismographe** [seismɔgraf] = **sismographe**.

**SEITA, Seita** [seita] (*abr de* **Société nationale d'exploitation industrielle des tabacs et allumettes**) *npr f French government tobacco and matches monopoly*.

**seize** [sɛz] *dét* & *nm inv* sixteen; *voir aussi* **cinq**.

**seizième** [sɛzjɛm] ◊ *adj num* sixteenth. ◊ *nmf* sixteenth. ◊ *nm* **-1.** [arrondissement] sixteenth arrondissement, (*wealthy district of Paris*). **-2.** [partie]: **le ~ de la somme globale** the sixteenth part of the total sum; *voir aussi* **cinquième**.

◆ **seizièmes** *nmpl* SPORT: **les ~s de finale** the first round (*of a 4-round knockout competition*), the second round (*of a 5-round knockout competition*).

**séjour** [seʒur] *nm* **-1.** [durée] stay, sojourn *litt*; **il a fait un ~ de deux mois à la mer** he spent two months at the seaside; **il fait un ~ linguistique aux États-Unis** he is spending some time in the United States learning the language; **je te souhaite un bon ~ à Venise** I hope you have a nice time *ou* I hope you enjoy your stay in Venice; **il a fait plusieurs ~s en hôpital psychiatrique** he's been in a psychiatric hospital several times. **-2.** [pièce]: **(salle de) ~** living *ou* sitting room, lounge *Br*. **-3.** *litt* [habitation] abode, dwelling place.

**séjourner** [3] [seʒurne] *vi* **-1.** [habiter] to stay, to sojourn *litt*; **~ à l'hôtel/chez un ami** to stay at a hotel/with a friend. **-2.** [eau, brouillard] to lie.

**sel** [sɛl] *nm* **-1.** CULIN salt; **gros ~** coarse salt; **~ de cuisine** kitchen salt; **~ de table, ~ fin** table salt; **~ de mer** sea salt. **-2.** CHIM salt. **-3.** GÉOL salt; **~ gemme** rock salt; **le ~ de la terre** BIBLE & *litt* the salt of the earth. **-4.** PHARM salt. **-5.** [piquant] wit (*U*); **une remarque pleine de ~** a witty remark; **la situation ne manque pas de ~** the situation is not without

a certain piquancy.

◆ **sels** *nmpl* PHARM (smelling) salts; **~s de bain** bath salts.

◆ **sans sel** *loc adj* [régime, biscotte] salt-free; [beurre] unsalted.

**sélect, e** [selɛkt] *adj fam* select, highclass, posh *Br*.

**sélecteur** [selɛktœr] *nm* **-1.** RAD & TÉLÉC selector; **~ de programmes** program selector. **-2.** MÉCAN gear shift; [d'une moto] (foot) gearshift control.

**sélectif, ive** [selɛktif, iv] *adj* [mémoire, herbicide, poste de radio] selective.

**sélection** [selɛksjɔ̃] *nf* **-1.** [fait de choisir] selection; **opérer une ~ parmi 200 candidats** to make a selection *ou* to choose from 200 candidates; **~ à l'entrée** UNIV selective entry *Br ou* admission *Am* ❑ **~ professionnelle** professional recruitment. **-2.** [échantillon] selection, choice. **-3.** SPORT [équipe] team, squad. **-4.** BIOL: **~ naturelle** natural selection. **-5.** RAD (signal) separation.

**sélectionné, e** [selɛksjɔne] ◊ *adj* [choisi] selected; **des vins ~s** selected *ou* choice wines. ◊ *nm, f* **-1.** [candidat] selected candidate *ou* contestant. **-2.** SPORT squad member, team member.

**sélectionner** [3] [selɛksjɔne] *vt* **-1.** [gén] to select. **-2.** *(en usage absolu)* UNIV: **ils sélectionnent à l'entrée** they have a selection process for admission.

**sélectionneur, euse** [selɛksjɔnœr, øz] *nm, f* SPORT selector.

**sélectivement** [selɛktivmɑ̃] *adv* selectively.

**sélectivité** [selɛktivite] *nf* ÉLECTR, OPT & RAD selectivity.

**sélénium** [selenjɔm] *nm* selenium.

**sélénologie** [selenɔlɔʒi] *nf* selenology.

**self** [sɛlf] ◊ *nf* ÉLECTR self inductance. ◊ *nm* **-1.** PSYCH self. **-2.** = **self-service**.

**self-control** [sɛlfkɔ̃trɔl] (*pl* **self-controls**) *nm* self-control, self-command.

**self-induction** [sɛlfɛ̃dyksjɔ̃] (*pl* **self-inductions**) *nf* self-induction.

**self-made-man** [sɛlfmɛdman] (*pl* **self-made-men** [sɛlfmɛdmɛn]) *nm* self-made man.

**self-service** [sɛlfsɛrvis] (*pl* **self-services**) *nm* **-1.** [restaurant] self-service (restaurant), cafeteria. **-2.** [service] self-service.

**selle** [sɛl] *nf* **-1.** [de cheval] saddle; **monter sans ~** to ride bareback ❑ **être bien en ~** *pr* & *fig* to be firmly in the saddle; **mettre qqn en ~** *pr* to put sb in the saddle; *fig* to give sb a leg up; **remettre qqn en ~** *fig* to put sb back on the rails; **se mettre en ~** *pr* to get into the saddle, to mount; *fig* to get down to the job; **se remettre en ~** *pr* & *fig* to get back in *ou* into the saddle. **-2.** [de bicyclette] saddle. **-3.** CULIN saddle. **-4.** [escabeau] turntable. **-5.** MÉD: **aller à la ~** to have a bowel movement; **allez-vous à la ~ régulièrement?** are you regular?

◆ **selles** *nfpl* [excréments] faeces, stools MÉD.

**seller** [4] [sele] *vt* to saddle (up).

**sellerie** [sɛlri] *nf* **-1.** [équipement] saddlery. **-2.** [lieu] saddle room, tack-room. **-3.** [commerce] saddlery trade.

**sellette** [sɛlɛt] *nf* **-1.** HIST [siège] (high) stand *ou* table; **mettre qqn sur la ~** to put sb in the hot seat; **être sur la ~** [critiqué] to be in the hot seat, to come under fire; [examiné] to be undergoing reappraisal. **-2.** CONSTR slung cradle. **-3.** [pour sculpteur] turntable ART.

**sellier** [selje] *nm* [fabricant, marchand] saddler.

**sellier-maroquinier** [seljemarɔkinje] (*pl* **selliers-maroquiniers**) *nm* **-1.** [fabricant] fancy leather goods manufacturer. **-2.** [commerçant] dealer in fancy leather goods.

**selon** [səlɔ̃] *prép* **-1.** [conformément à] in accordance with; **agir ~ les vœux de qqn** to act in accordance with sb's wishes; **~ toute apparence** by *ou* from *ou* to all appearances; **~ toute vraisemblance** in all probability. **-2.** [en fonction de] according to; **dépenser ~ ses moyens** to spend according to one's means; **~ le cas** as the case may be; **~ les circonstances/les cas** depending on the circumstances/each individual case ❑ **on se reverra? — c'est ~!** *fam* shall we see each other again? — it all depends! **-3.** [d'après] according to; **~ moi/vous** in my/your opinion, to my/your mind; **~ vos propres termes** in your own words; **~ l'expression consacrée** as the hallowed expression has it.

◆ **selon que** *loc conj*: ~ qu'il fera beau ou qu'il pleuvra depending on whether it's fine or rainy.

**S.Em.** (*abr écrite de* **Son Éminence**) H.E.

**semailles** [səmaj] *nfpl* **-1.** [action] sowing. **-2.** [graines] seeds. **-3.** [période] sowing season.

**semaine** [səmɛn] *nf* **-1.** [sept jours] week; **toutes les** ~**s** [nettoyer, recevoir] every ou each week; [publier, payer] weekly, on a weekly basis; **deux visites par** ~ two visits a week ou per week; **dans une** ~ in a week's time; **faire des** ~**s de 50 heures** to work a 50-hour week; **qui est de** ~? who's on duty this week? ❏ **la** ~ **anglaise** the five-day (working) week; **la** ~ **de 39 heures** the 39-hour working week; **il te remboursera la** ~ **des quatre jeudis** he'll never pay you back in a month of Sundays. **-2.** RELIG week; **la** ~ **sainte** Holy Week; **la** ~ **pascale** Easter week. **-3.** COMM: **la** ~ **de la photo** photography week ❏ ~ **commerciale** week-long promotion ou sale; **c'est sa** ~ **de bonté** *hum* he's been overcome by a fit of generosity. **-4.** [argent de poche]: **je lui donne 50 francs pour sa** ~ I give her 50 francs a week pocket money. **-5.** JOAILL [bracelet] seven-band bangle.
◆ **à la petite semaine** *fam* ◇ *loc adj* [politique] short-sighted, day-to-day. ◇ *loc adv*: **prêter à la petite** ~ to make short-term loans (*with high interest*); **vivre à la petite** ~ to live from day to day ou from hand to mouth.
◆ **à la semaine** *loc adv* [payer] weekly, on a weekly basis, by the week.
◆ **en semaine** *loc adv* during the week, on weekdays, on a weekday.

**semainier, ère** [səmenje, ɛr] *nm, f* [personne] weekly worker.
◆ **semainier** *nm* **-1.** [calendrier] page-a-week diary. **-2.** [meuble] semainier (chest). **-3.** INDUST weekly time sheet. **-4.** JOAILL seven-band bangle.

**sémanticien, enne** [semãtisjɛ̃, ɛn] *nm, f* semanticist.

**sémantique** [semãtik] ◇ *adj* semantic. ◇ *nf* semantics *(sg)*.

**sémaphore** [semafɔr] *nm* **-1.** RAIL semaphore signal. **-2.** NAUT [poste] signal station.

**semblable** [sãblabl] ◇ *adj* **-1.** [pareil] similar, alike; **je n'ai rien dit de** ~ I said nothing of the sort ou no such thing; **je n'avais jamais rien vu de** ~ I had never seen anything like it ou the like of it; ~ **à** similar to, like. **-2.** GÉOM & MATH similar. ◇ *nmf (avec possessif)* **-1.** [être humain]: **vous et vos** ~**s** you and your kind; **partager le sort de ses** ~**s** to share the lot of one's fellow man. **-2.** [animal] related species.

**semblablement** [sãblabləmã] *adv* similarly, likewise.

**semblant** [sãblã] *nm* **-1.** [apparence]: **un** ~ **de**: **un** ~ **d'intérêt/d'affection** a semblance of interest/affection; **offrir un** ~ **de résistance** to put on a show of ou to put up a token resistance. **-2.** **faire** ~ [feindre] to pretend; **ne fais pas** ~ **d'avoir oublié** don't pretend to have forgotten ou (that) you've forgotten; **faire** ~ **d'être malade** to sham illness, to malinger ❏ **ne faire** ~ **de rien** to pretend not to notice.

**sembler** [3] [sãble] *vi* to seem, to appear; **elle semble plus âgée que lui** she seems (to be) ou she looks older than him; **ils semblaient bien s'entendre** they seemed ou appeared to be getting on well; **ça peut** ~ **drôle à certains** this may seem ou sound funny to some.
◆ **il semble** *v impers* **-1.** **il semble que...** [on dirait que] it seems...; **il semble qu'il y a** ou **ait eu un malentendu** it seems that ou it looks as if there's been a misunderstanding, there seems to have been a misunderstanding; **il semblerait qu'il ait décidé de démissionner** reports claim ou it has been reported that he intends to resign. **-2.** **il me/te semble (que)** [je/tu crois que]: **cela ne te semble-t-il pas injuste?** don't you find this unfair?, doesn't this strike you as being unfair?; **c'est bien ce qu'il m'a semblé** I thought as much; **il ne me semblait pas te l'avoir dit** I didn't think I'd told you about it; **il était, me semblait-il, au courant de tout** it seemed ou appeared to me that he was aware of everything; **il me semble qu'on s'est déjà vus** I think we've met before; **ce me semble** *sout*: **je vous l'ai déjà dit, ce me semble** it would seem to me that I have already told you that; **comme/quand/qui bon me semble**: **faites comme bon vous semble** do as you think fit ou best, do as you please; **je sors quand/avec qui bon me semble** I go out whenever/with whoever I please.
◆ **à ce qu'il semble, semble-t-il** *loc adv* seemingly, apparently.

**sème¹** [sɛm] *v* → **semer**.

**sème²** [sɛm] *nm* seme.

**semelle** [səmɛl] *nf* **-1.** [d'une chaussure, d'un ski] sole; **bottes à** ~**s fines/épaisses** thin-soled/thick-soled boots; **chaussures à** ~**s compensées** platform shoes ❏ ~ **intérieure** insole, inner sole. **-2.** *fam* [viande dure]: **c'est de la** ~, **ce steak!** this steak is like (shoe) leather ou old boots *Br*. **-3.** *loc*: (**pas**) **d'une** ~: **ne la lâchez pas d'une** ~ don't let her out of your sight; **on n'a pas avancé** ou **bougé d'une** ~ we haven't moved a single inch, we haven't made any progress whatsoever. **-4.** CONSTR [de plancher] sill ou sole plate; [de toiture] inferior (roof) purlin; [d'une marche] tread. **-5.** [d'un fer à repasser] base, sole.

**semence** [səmãs] *nf* **-1.** [graine] seed. **-2.** *litt* [germe]: **les** ~**s d'une révolte** the seeds of a revolt. **-3.** *litt* [sperme] semen, seed *litt*.

**semer** [19] [səme] *vt* **-1.** AGR & HORT to sow. **-2.** *fig* [disperser – fleurs, paillettes] to scatter, to strew; **semé de** scattered ou strewn with; **parcours semé d'embûches** course littered with obstacles; **il sème ses affaires partout** he leaves his things everywhere. **-3.** *fam* [laisser tomber] to drop. **-4.** [distancer] to lose, to shake off *(sép)*; ~ **le peloton** to leave the pack behind. **-5.** [propager] to bring; ~ **le désordre** to wreak havoc; ~ **la discorde** to sow the seeds of discord; ~ **le doute dans l'esprit de qqn** to sow ou to plant a seed of doubt in sb's mind.

**semestre** [səmɛstr] *nm* **-1.** [dans l'année civile] half-year, six-month period; **pour le premier** ~ for the first half of the year ou six months of the year. **-2.** UNIV half-year, semester. **-3.** [rente] half-yearly pension; [intérêt] half-yearly interest.

**semestriel, elle** [səmɛstrijɛl] *adj* **-1.** [dans l'année civile] half-yearly. **-2.** UNIV semestral.

**semestriellement** [səmɛstrijɛlmã] *adv* **-1.** [dans l'année civile] half-yearly, every six months. **-2.** UNIV per ou every semester.

**semeur, euse** [səmœr, øz] *nm, f* **-1.** AGR sower. **-2.** *fig* [propagateur]: ~ **de trouble** troublemaker.

**semi-** [səmi] *préf* semi-.

**semi-aride** [səmiarid] *adj* semiarid.

**semi-automatique** [səmiotɔmatik] *adj* semiautomatic.

**semi-circulaire** [səmisirkylɛr] *adj* semicircular.

**semi-conducteur, trice** [səmikõdyktœr, tris] *adj* semiconducting.
◆ **semi-conducteur** *nm* semiconductor.

**semi-conserve** [səmikõsɛrv] *nf* semipreserve.

**semi-fini, e** [səmifini] *adj* semifinished, semimanufactured.

**semi-grossiste** [səmigrosist] *nmf* wholesaler who also deals in retail.

**semi-liberté** [səmilibɛrte] *nf* temporary release (*from prison*).

**sémillant, e** [semijã, ãt] *adj* sprightly, spirited.

**séminaire** [seminɛr] *nm* **-1.** [réunion] seminar, workshop. **-2.** RELIG seminary.

**séminal, e, aux** [seminal, o] *adj* seminal.

**séminariste** [seminarist] *nm* seminarist, seminarian *Am*.

**semi-nomade** [səminɔmad] ◇ *adj* seminomadic. ◇ *nmf* seminomad.

**semi-officiel, elle** [səmiɔfisjɛl] *adj* semiofficial.

**sémiologie** [semjɔlɔʒi] *nf* semiology, semeiology.

**sémiologue** [semjɔlɔg] *nmf* semiologist.

**sémioticien, enne** [semjɔtisjɛ̃, ɛn] *nm, f* semiotician.

**sémiotique** [semjɔtik] *nf* semiotics *(sg)*.

**semi-public, ique** [səmipyblik] *adj* semipublic.

**semi-remorque** [səmirəmɔrk] ◇ *nf* semitrailer. ◇ *nm* articulated lorry *Br*, trailer truck *Am*.

**semi-rigide** [səmiriʒid] *adj* semirigid.

**semis** [səmi] *nm* **-1.** [action] sowing; ~ **à la volée** broadcast sowing. **-2.** [terrain] seedbed. **-3.** *fig*: **c'était un tissu à fond blanc avec un** ~ **de petites fleurs bleues** the material had a pattern of small blue flowers on a white background.

**sémite** [semit] *adj* Semitic.
◆ **Sémite** *nmf* Semite.

**sémitique** [semitik] *adj* Semitic.

**sémitisme** [semitism] *nm* [études] Semitics *(sg)*; [phénomène]

Semitism.

**semoir** [səmwar] *nm* **-1.** [panier] seed-bag. **-2.** [machine] sower, seeder.

**semonce** [səmɔ̃s] *nf* **-1.** *sout* [réprimande] reprimand, rebuke. **-2.** NAUT: coup de ~ warning shot.

**semoule** [səmul] *nf* semolina; ~ de riz rice flour; ~ de maïs cornflour; ~ de blé dur durum wheat flour.

**sempiternel, elle** [sɑ̃pitɛrnɛl] *adj* neverending, endless.

**sempiternellement** [sɑ̃pitɛrnɛlmɑ̃] *adv* eternally, forever.

**sénat** [sena] *nm* **-1.** [assemblée] senate; le Sénat the (French) Senate. **-2.** [lieu] senate (house).

**sénateur** [senatœr] *nm* senator.

**sénatorial, e, aux** [senatɔrjal, o] *adj* senatorial, senate *(modif)*.
♦ **sénatoriales** *nfpl* senatorial elections.

**sénéchal, aux** [seneʃal, o] *nm* seneschal.

**Sénégal** [senegal] *npr m*: le ~ Senegal.

**sénégalais, e** [senegalɛ, ɛz] *adj* Senegalese.
♦ **Sénégalais, e** *nm, f* Senegalese.

**Sénèque** [senɛk] *npr* Seneca.

**sénescence** [senesɑ̃s] *nf* senescence.

**sénile** [senil] *adj* senile.

**sénilité** [senilite] *nf* senility.

**senior** [senjɔr] *adj* & *nmf* senior SPORT.

**senne** [sɛn] *nf* seine.

**señorita** [seɲɔrita] *nm* [cigare] *French-made cigarillo*.

**sens** [sɑ̃s] ♦ *v* → **sentir**.
♦ *nm* **-1.** PHYSIOL sense; le ~ du toucher the sense of touch ❏ sixième ~ sixth sense; reprendre ses ~ *pr* to come to; *fig* to come to one's senses. **-2.** [instinct] sense; avoir le ~ de la nuance to be subtle; le ~ de l'humour a sense of humour; avoir le ~ de l'orientation to have a good sense of direction; avoir le ~ des affaires to have a good head for business; ne pas avoir le ~ des réalités to have no grasp of reality ❏ bon ~, ~ commun common sense; ça tombe sous le ~ it's obvious, it stands to reason. **-3.** [opinion]: à mon ~, c'est impossible as I see it ou to my mind, it's impossible. **-4.** [signification – d'un mot, d'une phrase] meaning *(C)*, sense; [– d'une allégorie, d'un symbole] meaning *(C)*; ce que tu dis n'a pas de ~ [c'est inintelligible, déraisonnable] what you're saying doesn't make sense; porteur de ~ meaningful; vide de ~ meaningless; au ~ propre/figuré in the literal/figurative sense; au ~ strict strictly speaking. **-5.** [direction] direction; dans tous les ~ in all directions, all over the place; en ~ inverse the other way round ou around; pose l'équerre dans ce ~-là/l'autre ~ lay the set square down this way/the other way round; scier une planche dans le ~ de la largeur/longueur to saw a board widthwise/lengthwise; dans le ~ nord-sud/est-ouest in a southerly/westerly direction; installer qqch dans le bon ~ to fix sthg the right way up; fais demi-tour, on va dans le mauvais ~! turn round, we're going the wrong way ou in the wrong direction!; la circulation est bloquée dans le ~ Paris-province traffic leaving Paris is at a standstill; dans le ~ de la marche facing the front *(of a vehicle)*; dans le ~ contraire de la marche facing the rear *(of a vehicle)*; dans le ~ du courant with the current; dans le ~ des aiguilles d'une montre clockwise; dans le ~ contraire des aiguilles d'une montre anticlockwise *Br*, counterclockwise *Am* ❏ ~ giratoire TRANSP roundabout *Br*, traffic circle *Am*; ~ interdit [panneau] no-entry sign; [rue] one-way street; être ou rouler en ~ interdit to be going the wrong way up/down a one-way street; (rue à) ~ unique one-way street; à ~ unique *fig* [amour] unrequited; [décision] unilateral, one-sided. **-6.** *fig* [orientation] line; des mesures allant dans le ~ d'une plus grande justice measures directed at greater justice; nous avons publié une brochure dans ce ~ we have published a brochure along those (same) lines ou to that effect; leur politique ne va pas dans le bon ~ their policy's going down the wrong road.
♦ *nmpl* [sensualité] (carnal) senses; pour le plaisir des ~ for the gratification of the senses.
♦ **dans le sens où** *loc conj* in the sense that, in so far as.
♦ **dans un certain sens** *loc adv* in a way, in a sense, as it were.
♦ **en ce sens que** = dans le sens où.
♦ **sens dessus dessous** *loc adv* upside down; la maison

était ~ dessus dessous [en désordre] the house was all topsy-turvy.
♦ **sens devant derrière** *loc adv* back to front, the wrong way round.

**sensass** [sɑ̃sas] *adj inv fam* [sensationnel] terrific, sensational.

**sensation** [sɑ̃sasjɔ̃] *nf* **-1.** [impression] sensation, feeling; ~ de fraîcheur feeling of freshness, fresh sensation; j'avais la ~ qu'on reculait I had the feeling we were going backwards; ~s fortes: les amateurs de ~s fortes people who like thrills. **-2.** [impact]: faire ~ to cause a stir ou sensation. **-3.** PHYSIOL sensation.
♦ **à sensation** *loc adj* sensational; un reportage à ~ a shock ou sensation-seeking report.

**sensationnalisme** [sɑ̃sasjɔnalism] *nm* sensationalism.

**sensationnel, elle** [sɑ̃sasjɔnɛl] *adj* **-1.** [spectaculaire – révélation, image] sensational. **-2.** *fam* [remarquable] sensational, terrific, great.
♦ **sensationnel** *nm*: le ~ the sensational; journal qui donne dans le ~ sensationalist newspaper.

**sensé, e** [sɑ̃se] *adj* sensible, well-advised, wise; dire des choses ~es to talk sense.

**sensément** [sɑ̃semɑ̃] *adv litt* sensibly, wisely.

**sensibilisateur, trice** [sɑ̃sibilizatœr, tris] *adj* sensitizing.
♦ **sensibilisateur** *nm* PHOT sensitizer.

**sensibilisation** [sɑ̃sibilizasjɔ̃] *nf* **-1.** [prise de conscience] awareness; il y a une grande ~ des jeunes aux dangers du tabagisme young people are alert to ou aware of the dangers of smoking; campagne/techniques de ~ consciousness-raising campaign/techniques. **-2.** MÉD & PHOT sensitization.

**sensibiliser** [3] [sɑ̃sibilize] *vt* **-1.** [gén]: ~ qqn à qqch to make sb conscious ou aware of sthg; il faudrait essayer de ~ l'opinion we'll have to try and make people aware. **-2.** MÉD & PHOT to sensitize.

**sensibilité** [sɑ̃sibilite] *nf* **-1.** [physique] sensitiveness, sensitivity; ~ à la douleur/au soleil sensitivity to pain/to the sun ‖ [intellectuelle] sensibility; [émotive] sensitivity; tu manques totalement de ~ you're utterly insensitive. **-2.** ÉCON: la ~ du marché des changes the sensitivity of the foreign exchange market. **-3.** PHOT, PHYSIOL & RAD sensitivity.

**sensible** [sɑ̃sibl] ♦ *adj* **-1.** [physiquement, émotivement] sensitive; ~ à sensitive to; sera-t-il ~ à cette preuve d'amour? will he be touched by this proof of love?; ~ à la beauté de qqn susceptible to sb's beauty; personnes ~s s'abstenir not recommended for people of a nervous disposition. **-2.** [peau, gencive] delicate, sensitive; [balance, microphone] sensitive, responsive; [direction de voiture] responsive. **-3.** [phénomène – perceptible] perceptible; [– notable] noticeable, marked, sensible; ~ à l'ouïe perceptible to the ear; hausse/baisse ~ marked rise/fall. **-4.** PHILOS sensory; un être ~ a sentient being ❏ le monde ~ the world as perceived by the senses. **-5.** MUS [note] leading. **-6.** PHOT sensitive. ♦ *nf* MUS leading note, subtonic.

**sensiblement** [sɑ̃sibləmɑ̃] *adv* **-1.** [beaucoup] appreciably, noticeably, markedly. **-2.** [à peu près] about, approximately, more or less.

**sensiblerie** [sɑ̃sibləri] *nf* oversensitiveness, squeamishness.

**sensitif, ive** [sɑ̃sitif, iv] *adj* **-1.** ANAT sensory. **-2.** PSYCH oversensitive. ♦ *nm, f* PSYCH oversensitive subject.
♦ **sensitive** *nf* BOT sensitive plant.

**sensoriel, elle** [sɑ̃sɔrjɛl] *adj* [organe, appareil] sense *(modif)*; [nerf, cortex] sensory.

**sensualité** [sɑ̃syalite] *nf* sensuality.

**sensuel, elle** [sɑ̃syɛl] ♦ *adj* **-1.** [plaisir, personne] sensual, sybaritic *litt*. **-2.** [musique] sensuous, voluptuous. ♦ *nm, f* sensualist, sybarite *litt*.

**sente** [sɑ̃t] *nf litt* path, footpath, track.

**sentence** [sɑ̃tɑ̃s] *nf* **-1.** [jugement] sentence; prononcer une ~ to pass ou to give ou to pronounce sentence. **-2.** [maxime] maxim, saying.

**sentencieusement** [sɑ̃tɑ̃sjøzmɑ̃] *adv* sententiously, moralistically.

**sentencieux, euse** [sɑ̃tɑ̃sjø, øz] *adj* sententious, moralizing.

**senteur** [sɑ̃tœr] *nf litt* fragrance, scent, aroma.

**senti, e** [sɑ̃ti] *adj*: bien ~ [lecture, interprétation] appropriate, apposite; c'était une repartie bien ~e it was a retort that struck home; une vérité bien ~e a home truth.

**sentier** [sɑ̃tje] *nm* **-1.** [allée] path, footpath. **-2.** SPORT: ~ de grande randonnée long-distance hiking path. **-3.** *fig & litt* path, way; les ~s de la gloire the paths of glory ❑ être sur le ~ de la guerre *fig* to be on the warpath; suivre les ~s battus to keep to well-trodden paths; sortir des ~s battus to get OU to wander off the beaten track. **-4.** le Sentier *predominantly Jewish district of Paris famous as a centre for the clothing trade*. **-5.** POL: le Sentier lumineux the Shining Path, the Sendero Luminoso.

**sentiment** [sɑ̃timɑ̃] *nm* **-1.** [émotion] feeling; prendre qqn par les ~s to appeal to sb's feelings. **-2.** *(tjrs sg)* [sensibilité] feeling *(U)*; le ~ religieux religious feeling OU fervour ‖ [sensiblerie] (silly) sentimentalism; ce n'est pas le moment de faire du ~ this is no time to get sentimental; avoir qqn au ~ to get around sb. **-3.** [opinion] feeling; si vous voulez savoir mon ~ if you want to know what I think OU feel; j'ai ce ~-là aussi my feelings exactly. **-4.** [conscience]: avoir le/un ~ de to have the/a feeling of.
♦ **sentiments** *nmpl* **-1.** [disposition]: faire appel aux bons ~s de qqn to appeal to sb's better OU finer feelings; ramener qqn à de meilleurs ~s to bring sb round to a more generous point of view; revenir à de meilleurs ~s to be in a better frame of mind. **-2.** [dans la correspondance]: veuillez agréer l'expression de mes ~s distingués yours faithfully *esp Br*, sincerely yours *esp Am*; nos ~s les meilleurs kindest regards.

**sentimental, e, aux** [sɑ̃timɑ̃tal, o] ◊ *adj* **-1.** [affectif] sentimental; vie ~e love life. **-2.** *péj* sentimental, mawkish *péj*. ◊ *nm, f*: c'est un grand ~ he's a sentimentalist, he's very sentimental.

**sentimentalement** [sɑ̃timɑ̃talmɑ̃] *adv* sentimentally, mawkishly *péj*.

**sentimentalisme** [sɑ̃timɑ̃talism] *nm* emotionalism, sentimentalism.

**sentimentalité** [sɑ̃timɑ̃talite] *nf* sentimentality, mawkishness *péj*.

**sentinelle** [sɑ̃tinɛl] *nf* MIL sentinel, sentry; en ~ on guard; être en ~ to stand sentinel OU sentry, to be on sentry duty.

**sentir** [37] [sɑ̃tir] ◊ *vt* **A.** AVOIR UNE IMPRESSION DE **-1.** [par l'odorat] to smell; [par le toucher] to feel; [par le goût] to taste; sens-moi cette soupe!*fam* just smell this soup!; je sens une odeur de gaz I can smell gas; je n'ai rien senti! I didn't feel a thing!; je ne sens plus ma main [d'ankylose] my hand's gone numb OU dead; je ne sens plus jambes [de fatigue] my legs are killing me; je sens une lourdeur dans mes jambes my legs feel heavy; elle commence à ~ son âge she's starting to feel her age; il sentit les larmes lui monter aux yeux he could feel tears coming to his eyes; je n'ai pas senti l'après-midi/les années passer the afternoon/years just flashed by; j'ai senti qu'on essayait de mettre la main dans ma poche I was aware OU I felt that someone was trying to reach into my pocket ❑ le ~ passer, la ~ passer *fam*: je l'ai sentie passer [douleur, claque] that really hurt; vous allez la ~ passer, l'amende! you'll certainly know about it when you get the fine!; c'est lui qui a payé le repas, il a dû le ~ passer! he paid for the meal, it must have cost him an arm and a leg!-**2.** [avoir l'intuition de – mépris, présence, réticence] to feel, to sense, to be aware of; [– danger, menace] to be aware OU conscious of, to sense; tu ne sens pas ta force you don't know your own strength; je le sentais venir (de loin) avec son petit air innocent! *fam* I could see him coming (a mile off) with that innocent look on his face!; je le sentais prêt/résolu I could feel OU tell he was ready/determined; je sens bien qu'il m'envie I can feel OU tell that he envies me; j'ai senti qu'on me suivait I felt OU sensed (that) I was being followed; faire ~ qqch à qqn to make sb aware of sth, to show sb sth; il m'a fait ~ que j'étais de trop he made me understand OU he hinted that I was in the way; elle nous le fait ~, qu'elle est le chef! *fam* she makes sure we know who's the boss!; les conséquences de votre décision se feront ~ tôt ou tard the implications of your decision will be felt sooner or later. **-3.** *sout* [éprouver – joie, chagrin, remords] to feel. **-4.** [apprécier – art, musique] to feel, to have a feeling for. **-5.** *fam* [être convaincu par]: je ne la sens pas pour le rôle my feeling is that she's not right for

the part; je ne le sens pas, ton projet I'm not convinced by your project. **-6.** [maîtriser – instrument, outil] to have a feel for; [– rôle, mouvement à exécuter] to feel at ease with; ~ sa monture to feel good in the saddle; je ne sentais pas bien mon service aujourd'hui [au tennis] my service wasn't up to scratch today. **-7.** *fam* [tolérer]: je ne peux pas ~ sa sœur I can't bear the sight of OU stand her sister; je ne peux pas ~ ses blagues sexistes I can't stomach OU I just can't take his sexist jokes.
**B.** EXHALER, DONNER UNE IMPRESSION **-1.** [dégager – odeur, parfum] to smell (of), to give off a smell of; qu'est-ce que ça sent? what's that smell?; ~ le gaz to smell of gas; les roses ne sentent rien the roses don't smell (of anything) OU have no smell; ça sent bon le lilas, ici there's a nice smell of lilac in here. **-2.** [annoncer]: ça sent la pluie/neige it feels like rain/snow; ça sentait la mutinerie there was mutiny in the air; ses propositions sentent le traquenard there's something a bit suspect about his proposals; se faire ~ [devenir perceptible] to be felt, to become obvious; la fatigue se fait ~ chez les coureurs the runners are showing signs of tiredness. **-3.** [laisser deviner] to smack of *(insép)*, to savour of *(insép)*: son interprétation/style sent un peu trop le travail her performance/style is rather too constrained; il sent le policier à des kilomètres *fam* you can tell he's a policeman a mile off; ce n'est pas un acte de vandalisme, ça sentirait plutôt la vengeance it's not pure vandalism, it feels more like revenge; ça sent sa province/les années trente! *fam* it smacks of provincial life/the thirties!; son accent sentait bon le terroir he had a wonderfully earthy accent.
◊ *vi* **-1.** [avoir une odeur] to smell; le fromage sent fort the cheese smells strong; ça sent bon [fleur, parfum] it smells nice; [nourriture] it smells good OU ca ça sent mauvais *pr* it doesn't smell very nice; ça commence à ~ mauvais, filons! *fam & fig* things are beginning to turn nasty, let's get out of here! **-2.** [puer] to smell, to stink, to reek; il sent des pieds his feet smell, he's got smelly feet.
♦ **se sentir** ◊ *vp (emploi réciproque) fam*: ils ne peuvent pas se ~ they can't stand each other. ◊ *vp (emploi passif)* to show; il ne l'aime pas — ça se sent he doesn't like her — you can tell (he doesn't) OU you can sense it. ◊ *vpi* to feel; se ~ en sécurité/danger to feel safe/threatened; je me sentais glisser I could feel myself slipping; se ~ mal [s'évanouir] to feel faint; [être indisposé] to feel ill; se ~ bien to feel good OU all right; je ne m'en sens pas capable I don't feel up to it OU equal to it ❑ non mais, tu te sens bien? *fam* have you gone mad?, are you off your rocker?; tu te sens d'y aller? *fam* do you feel up to going?; elle ne se sent plus depuis qu'elle a eu le rôle *fam* she's been really full of it since she landed the part; ne plus se ~ de joie to be bursting OU beside o.s. with joy. ◊ *vpt*: je ne me sens pas le courage/la force de marcher I don't feel up to walking/have the strength to walk.

**seoir** [67] [swar]
♦ **seoir à** *v + prép litt* **-1.** [être seyant] to become, to suit. **-2.** [convenir] to suit; *(tournure impersonnelle)*: il sied de *litt* [il convient de] it is right OU proper to; il sied à qqn de... it is proper for sb to..., it behoves sb to...; il ne vous sied pas OU il vous sied mal de protester it ill becomes OU befits you to complain; comme il sied as is proper OU fitting.

**Séoul** [seul] *npr* Seoul.

**SEP** *(abr de* sclérose en plaques*) nf* MS.

**sépale** [sepal] *nm* sepal.

**séparable** [separabl] *adj*: ~ de separable from; l'intelligence n'est pas ~ de la sensibilité intelligence cannot be separated OU divorced from the emotions.

**séparateur, trice** [separatœr, tris] *adj* separating, separative.
♦ **séparateur** *nm* **-1.** ÉLECTR & TECH separator. **-2.** INF separator, delimiter.

**séparation** [separasjɔ̃] *nf* **-1.** [éloignement] separation, parting; elle n'a pas supporté la ~ d'avec ses enfants she couldn't bear to be parted OU separated from her children; quand arriva le jour de notre ~ when the day of our separation arrived, when the day came for us to part. **-2.** [rupture] break-up, split-up. **-3.** JUR separation (agreement): ~ amiable OU de fait voluntary separation; le régime de la ~ de biens (marriage settlement based on) separate ownership of property; ~ de corps divorce a mensa et thoro *vieilli*. **-4.** POL: la ~ des pouvoirs the separation of powers; la ~ de l'Église et de l'État the separation of Church and State.

**-5.** [cloison] partition, division. **-6.** CHIM separating, isolating. **-7.** NUCL: ~ isotopique isotope separation.

**séparatisme** [separatism] *nm* separatism.

**séparatiste** [separatist] *adj* & *nmf* separatist.

**séparé, e** [separe] *adj* **-1.** [éléments, problèmes, courrier] separate. **-2.** [époux] separated.

**séparément** [separemã] *adv* separately.

**séparer** [3] [separe] *vt* **-1.** [isoler] to separate; ~ les raisins gâtés des raisins sains to separate the bad grapes from the good ones, to pick the bad grapes out from amongst the good ones. **-2.** [éloigner – gens] to part, to separate, to pull apart *(sép)*; séparez-les, ils vont se tuer! pull them apart or they'll kill each other!; ~ qqn de: on les a séparés de leur père they were separated from ou taken away from their father. **-3.** [différencier]: ~ l'amour et l'amitié amoureuse to distinguish between love and a loving friendship; tout les sépare they're worlds apart, they have nothing in common. **-4.** [diviser] to separate, to divide; le Nord est séparé du Sud ou le Nord et le Sud sont séparés par un désert the North is separated from the South by a desert; deux heures/cinq kilomètres nous séparaient de la frontière we were two hours/five kilometres away from the border.

◆ **se séparer** ◇ *vp (emploi réciproque)* [se quitter] to break up; les Beatles se sont séparés en 1970 the Beatles split up ou broke up in 1970; on se sépara sur le pas de la porte we parted on the doorstep. ◇ *vpi* to divide, to branch (off).

◆ **se séparer de** *vp* + *prép* **-1.** [se priver de] to part with; je ne me sépare jamais de mon plan de Paris I'm never without my Paris street map. **-2.** [quitter]: se ~ de son mari to separate ou to part from one's husband.

**sépia** [sepja] ◇ *nf* **-1.** ZOOL cuttlefish ink. **-2.** BX-ARTS [couleur] sepia; [dessin] sepia (drawing). ◇ *adj inv* sepia, sepia-coloured.

**sept** [sɛt] ◇ *dét* **-1.** seven; les Sept Merveilles du monde the Seven Wonders of the World; les ~ péchés capitaux the seven deadly sins. **-2.** [dans des séries] seventh; le tome ~ volume seven. **-3.** JEUX: le jeu des ~ familles Happy Families. ◇ *nm* **-1.** [numéro] seven. **-2.** JEUX [carte] seven. **-3.** TV: les Sept d'or *annual television awards.* ◇ *nf*: la Sept *former French television channel*; *voir aussi* **cinq.**

**septantaine** [sɛptãtɛn] *nf dial* about seventy; il a la ~ he's about seventy.

**septante** [sɛptãt] *dét dial* seventy; *voir aussi* **cinquante.**

**Septante** [sɛptãt] *nprf*: la (version des) ~ the Septuagint.

**septantième** [sɛptãtjɛm] *nmf* & *adj num dial* seventieth; *voir aussi* **cinquième.**

**septembre** [sɛptãbr] *nm* September; *voir aussi* **mars.**

**septennal, e, aux** [sɛptenal, o] *adj* **-1.** [qui a lieu tous les sept ans] septennial. **-2.** [qui dure sept ans] septennial, seven-year *(avant n).*

**septennat** [sɛptena] *nm* **-1.** POL (seven year) term of office. **-2.** [période] seven-year period.

**septentrion** [sɛptãtrijõ] *nm litt* north, septentrion *arch.*

**septentrional, e, aux** [sɛptãtrijɔnal, o] *adj* northern, septentrional *arch.*

**septicémie** [sɛptisemi] *nf* blood poisoning, septicaemia *spéc.*

**septième** [sɛtjɛm] ◇ *adj num* seventh; le ~ art the cinema; être au ~ ciel to be in seventh heaven. ◇ *nmf* seventh. ◇ *nm* **-1.** [partie] seventh (part). **-2.** [étage] seventh floor *Br*, sixth story *Am.* ◇ *nf* **-1.** SCOL senior form *Br* ou fifth grade *Am (in primary school).* **-2.** MUS seventh; *voir aussi* **cinquième.**

**septique** [sɛptik] *adj* septic.

**septuagénaire** [sɛptɥaʒenɛr] ◇ *adj* seventy-year-old *(avant n)*, septuagenarian. ◇ *nmf* septuagenarian, seventy-year-old man/woman.

**septuor** [sɛptɥɔr] *nm* septet, septette.

**septuple** [sɛptypl] ◇ *adj* septuple, sevenfold. ◇ *nm* septuple.

**sépulcral, e, aux** [sepylkral, o] *adj litt* sepulchral.

**sépulcre** [sepylkr] *nm litt* sepulchre.

**sépulture** [sepyltyr] *nf* **-1.** [lieu] burial place. **-2.** *litt* [enterrement] burial, sepulture *litt.*

**séquelle** [sekɛl] *nf* [d'une maladie] aftereffect; [d'un bombardement, d'une guerre] aftermath, sequel.

**séquence** [sekãs] *nf* **-1.** CIN, GÉOL, MUS & RELIG sequence. **-2.** JEUX: ~ de cartes run, sequence of cards. **-3.** INF sequence; ~ d'appel call sequence.

**séquenceur** [sekãsœr] *nm* sequencer.

**séquentiel, elle** [sekãsjɛl] *adj* **-1.** [ordonné] sequential. **-2.** INF [accès] sequential, serial; [traitement] sequential.

**séquestration** [sekɛstrasjõ] *nf* [d'une personne] illegal confinement ou restraint; [de biens] sequestration (order).

**séquestre** [sekɛstr] *nm* JUR [saisie] sequestration; [personne] sequestrator.

◆ **sous séquestre** *loc adj* & *loc adv*: biens (mis ou placés) sous ~ sequestrated property.

**séquestrer** [3] [sekɛstre] *vt* **-1.** [personne] to confine illegally. **-2.** JUR [bien] to sequestrate.

**séquoia** [sekɔja] *nm* sequoia wellingtonia, giant sequoia.

**serai** [sərɛ] *v* → être.

**sérail** [seraj] *nm* **-1.** [harem] seraglio, harem. **-2.** [palais d'un sultan] seraglio; fils de ministre, il a été élevé dans le ~ (politique) as a cabinet minister's son, he was brought up in a political atmosphere.

**séraphin** [serafɛ̃] *nm* seraph.

**séraphique** [serafik] *adj* seraphic, seraphical.

**serbe** [sɛrb] *adj* Serbian.

◆ **Serbe** *nmf* Serb, Serbian.

◆ **serbe** *nm* LING Serb, Serbian.

**Serbie** [sɛrbi] *nprf*: la ~ Serbia.

**serbo-croate** [sɛrbɔkrɔat] *(pl* serbo-croates*)* ◇ *adj* Serbo-Croat, Serbo-Croatian. ◇ *nm* LING Serbo-Croat, Serbo-Croatian.

**serein, e** [sərɛ̃, ɛn] *adj* **-1.** [esprit, visage] serene, peaceful. **-2.** *litt* [eau, ciel] serene, clear, tranquil. **-3.** *sout* [jugement] unbiased, dispassionate; [réflexion] undisturbed, unclouded.

**sereinement** [sərɛnmã] *adv* **-1.** [tranquillement] serenely, peacefully. **-2.** *sout* [impartialement] dispassionately.

**sérénade** [serenad] *nf* **-1.** MUS serenade; [concert] serenade; donner une ~ à qqn to serenade sb. **-2.** *fam* [scène] row, din.

**sérénissime** [serenisim] *adj*: la Sérénissime République La Serenissima, the Venetian Republic.

**sérénité** [serenite] *nf* **-1.** [d'une personne] serenity, peacefulness; [d'un jugement] dispassionateness; [des pensées] clarity. **-2.** *litt* [du ciel] serenity, tranquillity, clarity.

**séreux, euse** [serø, øz] *adj* serous.

**serf, serve** [sɛrf, sɛrv] ◇ *adj* **-1.** *litt* [soumis] serflike, servile. **-2.** HIST: la condition serve serfdom. ◇ *nm, f* HIST serf.

**serge** [sɛrʒ] *nf* serge.

**sergent** [sɛrʒã] *nm* **-1.** MIL sergeant; ~ instructeur drill sergeant. **-2.** *vieilli* [agent de police]: ~ de ville police constable *esp Br*, police officer.

**sergent-chef** [sɛrʒãʃɛf] *(pl* sergents-chefs*)* *nm* [de l'armée – de terre] staff sergeant; [– de l'air] flight sergeant *Br*, senior master sergeant *Am.*

**sergent-major** [sɛrʒãmaʒɔr] *(pl* sergents-majors*)* *nm* quartermaster sergeant, sergeant major.

**sériciculture** [serisikyltyr] *nf* silkworm breeding, sericulture *spéc.*

**série** [seri] *nf* **-1.** [suite – de questions, d'articles] series *(sg)*; [– d'attentats] series, spate, string; [– d'échecs] series, run, string; [– de tests] series, battery. **-2.** [ensemble – de clefs, de mouchoirs] set; [– de poupées russes, de tables gigognes] nest; COMM & INDUST [production] batch; ~ limitée limited run; ~ de prix rates, list of charges. **-3.** [catégorie] class, category; dans la ~ «scandales de l'été», tu connais la dernière? *hum* have you heard the latest in the line of summer scandals? **-4.** CIN: (film de) ~ B B-movie. **-5.** TV: ~ (télévisée) television series. **-6.** SPORT [classement] series; [épreuve] qualifying heat ou round. **-7.** GÉOL, MATH, MUS & NUCL series *(sg).*

◆ **de série** *loc adj* **-1.** INDUST mass-produced. **-2.** COMM [numéro] serial *(modif).* **-3.** AUT [modèle] production *(modif).*

◆ **en série** *loc adj* **-1.** INDUST [fabrication] mass *(modif).* **-2.** ÉLECTR [couplage, enroulement] series *(modif).* ◇ *loc adv* **-1.** INDUST: fabriquer qqch en ~ to mass-produce sthg. **-2.** ÉLECTR: monté en ~ connected in series. **-3.** [à la file] one after the other.

◆ **série noire** *nf* **-1.** LITTÉRAT crime thriller. **-2.** *fig* catalogue of disasters.

**sériel, elle** [serjɛl] *adj* serial; musique ~le serial music.

**sérier** [9] [serje] *vt* to arrange, to classify, to grade.

**sérieusement** [serjøzmɑ̃] *adv* **-1.** [consciencieusement] seriously; as-tu étudié la question ~? have you looked at the matter thoroughly?**-2.** [sans plaisanter] seriously, in earnest; je pense me présenter aux élections — ~? I think I'll stand in the election — really?**-3.** [gravement] seriously, gravely; ~ blessé seriously ou severely injured. **-4.** [vraiment]: ça commençait à bouchonner ~ traffic was really building up.

**sérieux, euse** [serjø, øz] *adj* **-1.** [grave – ton, visage] serious, solemn; être ~ comme un pape to look as solemn as a judge ‖ [important – lecture, discussion] serious. **-2.** [consciencieux – employé] serious, responsible; [– élève] serious, serious-minded, earnest; être ~ dans son travail to be serious about one's work, to take one's work seriously; arriver au bureau à midi, ça ne fait pas très ~ turning up at the office just before lunch isn't very responsible. **-3.** [digne de foi – partenaire, offre, candidature, revue] serious, reliable, dependable; [– analyse, enquête] serious, thorough, in-depth. **-4.** [dangereux – situation, maladie] grave, serious; [– blessure] severe. **-5.** [sincère] serious; c'est ~, cette histoire d'augmentation? *fam* is this talk about getting a rise serious?; 'pas ~ s'abstenir' 'only genuine inquirers need apply', 'no time-wasters'. **-6.** *(avant le nom)* [important]: il a de sérieuses chances de gagner he stands a good chance of winning; on a de sérieuses raisons de le penser we have good reasons to think so; de ~ progrès techniques considerable technical advances.

◆ **sérieux** *nm* **-1.** [gravité – d'une personne] seriousness; [– d'une situation] gravity; garder son ~ to keep a straight face. **-2.** [application] seriousness, serious-mindedness; elle fait son travail avec ~ she's serious about her work. **-3.** [fiabilité – d'une intention] seriousness, earnestness; [– d'une source de renseignements] reliability, dependability.

◆ **au sérieux** *loc adv*: prendre qqch/qqn au ~ to take sthg/ sb seriously; se prendre (trop) au ~ to take o.s. (too) seriously.

**sérigraphie** [serigrafi] *nf* **-1.** [procédé] silk-screen ou screen process printing. **-2.** [ouvrage] silk-screen print.

**sériions** [serjɔ̃] *v* → **sérier**.

**serin, e** [sərɛ̃, in] *nm, f* **-1.** ZOOL canary. **-2.** *fam* [personne] nitwit.

◆ **serin** *adj m inv* [couleur]: jaune ~ bright ou canary yellow.

**seriner** [3] [sərine] *vt fam* [répéter]: ~ qqch à qqn to drill ou to drum ou to din sthg into sb; il m'a seriné ça toute la soirée he kept telling me the same thing all evening.

**seringue** [sərɛ̃g] *nf* **-1.** MÉD needle, syringe; ~ hypodermique hypodermic needle. **-2.** CULIN syringe.

**serment** [sermɑ̃] *nm* **-1.** [parole solennelle] oath; témoigner sous ~ to testify under oath; déclarer sous la foi du ~ to declare on ou upon oath; faire un ~ sur l'honneur to pledge one's word of honour ❑ ~ d'Hippocrate MÉD Hippocratic oath; ~ judiciaire oath ou affirmation *(in a court of law)*; ~ politique oath of allegiance; le ~ du Jeu de paume HIST the Tennis Court Oath. **-2.** [promesse] pledge; des ~s d'amour pledges ou vows of love; j'ai fait le ~ de ne rien dire I'm pledged ou sworn to secrecy ❑ ~ d'ivrogne ou de joueur vain promise.

**sermon** [sermɔ̃] *nm* **-1.** RELIG sermon; faire un ~ to deliver ou to preach a sermon. **-2.** *fig & péj* lecture.

**sermonner** [3] [sermɔne] *vt* [morigéner] to lecture, to sermonize, to preach at.

**sermonneur, euse** [sermɔnœr, øz] ◇ *adj* sermonizing, lecturing. ◇ *nm, f* sermonizer.

**SERNAM, Sernam®** [sernam] *(abr de Service national des messageries)* *npr m* rail delivery service, ≈ Red Star® Br.

**sérodiagnostic** [serodjagnɔstik] *nm* serodiagnosis, serum diagnosis.

**sérologie** [serɔlɔʒi] *nf* serology.

**sérologique** [serɔlɔʒik] *adj* serologic, serological.

**sérologiste** [serɔlɔʒist] *nmf* serologist.

**séronégatif, ive** [serɔnegatif, iv] ◇ *adj* [gén] seronegative;

[HIV] HIV negative. ◇ *nm, f*: les ~s HIV negative people.

**séropositif, ive** [serɔpozitif, iv] ◇ *adj* [gén] seropositive; [HIV] HIV positive. ◇ *nm, f*: les ~s HIV positive people.

**séropositivité** [serɔpozitivite] *nf* [gén] seropositivity; [HIV] HIV infection.

**sérosité** [serɔzite] *nf* serous fluid.

**serpe** [sɛrp] *nf* bill, billhook; un visage taillé à la ~ a rough-hewn face.

**serpent** [sɛrpɑ̃] *nm* **-1.** ZOOL snake; ~ à lunettes Indian cobra; ~ de mer MYTH sea monster ou serpent; PRESSE silly-season story Br, flupp story Am; ~ à sonnette rattlesnake; c'est (comme) le ~ qui se mord la queue it's a vicious circle. **-2.** *litt* [personne] viper. **-3.** [forme sinueuse]: ~ de fumée ribbon of smoke. **-4.** FIN: le ~ monétaire européen the (European currency) Snake. **-5.** MUS serpent.

**serpentaire** [sɛrpɑ̃tɛr] ◇ *nm* ORNITH secretary bird. ◇ *nf* BOT snakeroot.

**serpenter** [3] [sɛrpɑ̃te] *vi* to wind along, to meander.

**serpentin, e** [sɛrpɑ̃tɛ̃, in] *adj litt* twisting, winding, sinuous.

◆ **serpentin** *nm* **-1.** [de papier] (paper) streamer. **-2.** PHYS coil.

◆ **serpentine** *nf* MINÉR serpentine.

**serpillière** [sɛrpijɛr] *nf* [torchon] floorcloth.

**serpolet** [sɛrpɔlɛ] *nm* mother-of-thyme, wild thyme.

**serrage** [sɛraʒ] *nm* [d'une vis] screwing down, tightening; [d'un joint] clamping.

**serre** [sɛr] *nf* **-1.** HORT & AGR [en verre] greenhouse, glasshouse Br; [en plastique] greenhouse; cultures en ~ greenhouse plants; légumes poussés en ~ vegetables grown under glass ❑ effet de ~ greenhouse effect. **-2.** ORNITH claw, talon. **-3.** MÉTALL ramming.

◆ **en serre** *loc adv fig* [mettre, élever] in a protective cocoon, in a hothouse atmosphere.

**serré, e** [sere] *adj* **-1.** [nœud, ceinture] tight. **-2.** VÊT: ~ à la taille fitted at the waist, tight-waisted. **-3.** [contracté]: les lèvres/dents ~es with set lips/clenched teeth; c'est le cœur ~ que j'y repense when I think of it, it gives me a lump in my throat. **-4.** [dense – style] tight, concise; [– emploi du temps] tight, busy; [– réseau] dense; [– débat] closely-conducted, closely-argued; [– écriture] cramped. **-5.** [café] strong. **-6.** SPORT [arrivée, peloton] close; [match] tight, close-fought; jouer ou mener un jeu ~ to play a tight game.

◆ **serré** *adv*: jouer ~ to play a tight game.

**serre-file** [sɛrfil] *(pl* serre-files*) nm inv* serrefile.

**serre-fils** [sɛrfil] *nm inv* [vis] binding screw; [pince] wire grip.

**serre-joint(s)** [sɛrʒwɛ̃] *nm inv* (builder's) clamp.

**serre-livres** [sɛrlivr] *nm inv* bookend.

**serrer** [4] [sere] ◇ *vt* **-1.** [presser] to hold tight; serre-moi fort dans tes bras hold me tight in your arms; ~ qqch contre son cœur to clasp sthg to one's breast; ~ qqn contre son cœur to clasp sb to one's bosom; ~ qqn à la gorge to grab sb by the throat; ~ le kiki à qqn *fam* to try to strangle sb; ~ la main ou la pince à qqn to shake hands with sb, to shake sb's hand. **-2.** [suj: vêtement] to be tight; la chaussure droite/le col me serre un peu the right shoe/the collar is a bit tight. **-3.** [bien fermer – nœud, lacets] to tighten, to pull tight; [– joint] to clamp; [– écrou] to tighten (up); [– frein à main] to put on tight; ~ la vis à qqn *fam* to crack down hard on sb. **-4.** [contracter] to clench; ~ les lèvres to set ou to tighten one's lips; ~ les dents to clench ou to set ou to grit one's teeth; ~ les mâchoires to clench one's jaws; en serrant les poings *pr* clenching one's fists; *fig* barely containing one's anger; avoir la gorge serrée par l'émotion to be choked with emotion ❑ ~ les fesses *fam* to have the jitters. **-5.** [rapprocher]: ~ les rangs *fig & MIL* to close ranks; ~ le jeu SPORT to play a tight game ❑ être serrés comme des sardines ou des harengs to be squashed up like sardines. **-6.** [suivre]: ~ le trottoir AUT to hug the kerb; ~ qqn de près to follow close behind sb, to follow sb closely; ~ un problème de plus près to study a problem more closely. **-7.** NAUT: ~ le vent to sail close to ou to hug the wind. **-8.** *litt* [enfermer] to put away. ◇ *vi* AUT: ~ à droite/gauche to keep to the right/left.

◆ **se serrer** ◇ *vpi* **-1.** [se rapprocher] to squeeze up; se ~ contre qqn [par affection] to cuddle ou to snuggle up to sb; [pour se protéger] to huddle up against sb. **-2.** [se contracter] to tighten up; **je sentais ma gorge se ~** I could feel a lump in my throat; **mon cœur se serra en les voyant** my heart sank when I saw them. ◇ *vpt*: **se ~ la main** to shake hands.

**serre-tête** [sɛʀtɛt] *nm inv* **-1.** [accessoire] headband, hairband. **-2.** SPORT [d'athlète] headband; [de rugbyman] scrum cap.

**serrure** [seʀyʀ] *nf* lock; **laisser la clef dans la ~** to leave the key in the lock ou door❏; **~ de sécurité** AUT childproof lock; **~ de sûreté** safety lock.

**serrurerie** [seʀyʀʀi] *nf* **-1.** [métier] locksmithing, locksmithery. **-2.** [ferronnerie] ironwork.

**serrurier** [seʀyʀje] *nm* **-1.** [qui pose des serrures] locksmith. **-2.** [en ferronnerie] iron manufacturer.

**sers** [sɛʀ] *v* → **servir**.

**sertir** [32] [sɛʀtiʀ] *vt* **-1.** JOAILL to set; **couronne sertie de diamants** crown set with diamonds. **-2.** MÉTALL [tôles] to crimp over *(sép)*; [rivet] to clinch.

**sertissage** [sɛʀtisaʒ] *nm* **-1.** JOAILL setting. **-2.** MÉTALL [de tôles] crimping together; [d'un rivet] clinching.

**sertisseur, euse** [sɛʀtisœʀ, øz] *nm, f* **-1.** JOAILL (jewel) setter. **-2.** MÉTALL crimper.

◆ **sertisseur** *nm* [appareil] closing ou sealing ou double seaming machine.

**sérum** [seʀɔm] *nm* **-1.** PHYSIOL: **~ (sanguin)** (blood) serum. **-2.** PHARM serum; **~ antivenimeux** antivenin serum; **~ physiologique** saline; **~ de vérité** truth drug.

**servage** [sɛʀvaʒ] *nm* **-1.** HIST serfdom. **-2.** *litt* [esclavage] bondage, thraldom.

**servant** [sɛʀvɑ̃] ◇ *adj m* RELIG: **frère ~** lay brother *(with domestic tasks)*. ◇ *nm* RELIG: **~ (de messe)** server.

**servante** [sɛʀvɑ̃t] *nf* [domestique] servant, maidservant.

**serve** [sɛʀv] *f* → **serf**.

**serveur** [sɛʀvœʀ] *nm* **-1.** [de restaurant] waiter; [de bar] barman. **-2.** SPORT server. **-3.** JEUX dealer. **-4.** INF: **(centre) ~** information retrieval centre; **~ de données** on-line data service.

**serveuse** [sɛʀvøz] *nf* waitress.

**serviabilité** [sɛʀvjabilite] *nf* helpfulness.

**serviable** [sɛʀvjabl] *adj* helpful, obliging, amenable.

**service** [sɛʀvis] *nm* **-1.** [travail] duty, shift; **mon ~ commence à 18 h** I go on duty ou I start my shift ou I start work at 6 p.m.; **l'alcool est interdit pendant le ~** drinking is forbidden while on duty; **il n'a pu assurer son ~** he wasn't able to go to work; **être de ~: qui est de ~ ce soir?** who's on duty tonight?; **elle a 22 ans de ~ dans l'entreprise** she's been with the company for 22 years; **finir son ~** to come off duty; **prendre son ~** to go on ou to report for duty; **reprendre du ~** to be employed for a supplementary period; **mon vieux manteau a repris du ~** *fam & hum* my old coat has been saved from the bin ‖ [pour la collectivité] service, serving; **le ~ de l'État** public service, the service of the state; **ses états de ~** his service record. **-2.** [pour un client, un maître] service; **prendre qqn à son ~** to take sb into service; **elle a deux ans de ~ comme femme de chambre** she's been in service for two years as a chambermaid; **à votre ~** at your service; **il a mis son savoir-faire au ~ de la société** he put his expertise at the disposal of the company; **qu'y a-t-il pour votre ~?** what can I do for you?; '**~ compris/non compris**' 'service included/not included'; **prends ces cacahuètes et fais le ~** take these peanuts and hand them round. **-3.** [série de repas] sitting; **nous irons au premier/deuxième ~** we'll go to the first/second sitting. **-4.** [département – d'une entreprise, d'un hôpital] department; **~ du contentieux** [département] legal department; [personnes] legal experts; **les ~s commerciaux** the sales department ou division; **~ du personnel** personnel department ou division; **~ de presse** [département] press office; [personnes] press officers, press office staff; [places de spectacle] they're complimentary tickets I got for reviewing purposes; **~ de réanimation** intensive care unit; **~ des urgences** casualty department *Br*, emergency room *Am*. **-5.** [aide] favour; **rendre un ~ à qqn** [suj: personne] to help sb out, to do sb a favour; **tu m'as bien rendu ~** you were a great help to me; **rendre un mauvais ~ à qqn** to do sb a disservice; **lui faire tous ses devoirs, c'est un mauvais ~ à lui rendre!** it won't do her any good if you do all her homework for her!; **ton**

**dictionnaire m'a bien rendu ~** your dictionary was of great use to me; **ça peut encore/toujours rendre ~** it can still/it'll always come in handy. **-6.** [assortiment – de linge, de vaisselle] set; **acheter un ~ de 6 couverts en argent** to buy a 6-place canteen of silver cutlery. **-7.** TRANSP service; **~ d'été/d'hiver** summer/winter timetable; **~ non assuré le dimanche** no service on Sundays, no Sunday service. **-8.** MIL: **le ~ de l'aide technique** ou **de la coopération** organization providing technical assistance to developing countries; **~ militaire** ou **national** military service; **bon pour le ~** fit for military duties; **allez, bon/bons pour le ~!** *fig & hum* it'll/they'll do!; **en ~ commandé** on an official assignment; **le ~ de santé** the (army) medical corps; **le ~ des transmissions** signals. **-9.** SPORT service, serve; **Pichot au ~!**, **~ Pichot!** Pichot to serve!; **prendre le ~ de qqn** to break sb's serve ou service. **-10.** FIN servicing; **assurer le ~ de la dette** to service the debt. **-11.** RELIG: **~ (divin)** (divine) service; **~ funèbre** funeral service.

◆ **services** *nmpl* **-1.** ÉCON services, service industries, tertiary sector; **biens et ~s** goods and services. **-2.** [collaboration] services; **se passer des ~s de qqn** to do without sb's help; [le licencier] to dispense with sb's services. **-3.** POL: **~s secrets** ou **spéciaux** secret service; **~s de renseignements** intelligence. **-4.** *Helv* [couverts] knives and forks *(for laying at table)*.

◆ **en service** ◇ *loc adj* in service, in use. ◇ *loc adv*: **mettre un appareil en ~** to put a machine into service; **cet hélicoptère/cette presse entrera en ~ en mai** this helicopter/this press will come on stream in May.

◆ **service après-vente** *nm* **-1.** [prestation] after-sales service. **-2.** [département] after-sales department; [personnes] after-sales staff.

◆ **service d'ordre** *nm* **-1.** [système] policing; **assurer le ~ d'ordre dans un périmètre** to police a perimeter. **-2.** [gendarmes] police (contingent); [syndiqués, manifestants] stewards.

◆ **service public** *nm* public service ou utility; **~ public de l'audiovisuel** the publicly-owned channels *(on French television)*; **la poste est un ~ public** postal services are state-controlled.

**serviette** [sɛʀvjɛt] *nf* **-1.** [linge]: **~ de bain** bath towel; **~ hygiénique** sanitary towel *Br* ou napkin *Am*; **~ en papier** paper napkin; **~ de table** table napkin; **~ de toilette** towel; [pour s'essuyer les mains] (hand) towel. **-2.** [cartable] briefcase.

**serviette-éponge** [sɛʀvjɛtepɔ̃ʒ] *(pl* **serviettes-éponges)** *nf* (terry) towel.

**servile** [sɛʀvil] *adj* **-1.** [esprit, attitude] servile, subservient, sycophantic; [manières] servile, cringing, fawning. **-2.** *vieilli* [d'esclave] servile.

**servilement** [sɛʀvilmɑ̃] *adv* **-1.** [bassement] obsequiously, subserviently. **-2.** *sout* [sans originalité] slavishly.

**servilité** [sɛʀvilite] *nf* **-1.** [bassesse] obsequiousness, subservience. **-2.** [manque d'originalité] slavish imitativeness.

**servir** [38] [sɛʀviʀ] ◇ *vt* **-1.** [dans un magasin] to serve; **on vous sert?** [dans un café, une boutique] are you being attended to *sout* ou served?; **~ qqn de** ou **en qqch** to serve sb with sthg, to serve sthg to sb; **c'est une bonne cliente, sers-la bien** [en poids] be generous, she's a good customer; [en qualité] give her the best, she's a good customer; **c'est difficile de se faire ~ ici** it's difficult to get served here; **tu voulais du changement, tu es** ou **te voilà servi!** *fig* you wanted some changes, now you've got more than you bargained for ou now how do you like it? ‖ [approvisionner]: **~ qqn en** to supply sb with. **-2.** [donner – boisson, mets] to serve; [dans le verre] to pour (out) *(sép)*; [dans l'assiette] to dish out ou up *(sép)*, to serve up *(sép)*; **le dîner est servi!** dinner's ready ou served!; **Monsieur est servi** *sout* [au dîner] dinner is served, Sir; **~ qqch à qqn** to serve sb with ou to help sb to sthg; **sers-moi à boire** give ou pour me a drink; **vous nous servirez le thé au salon** we'll take tea in the drawing room ‖ *(en usage absolu)*: **nous ne servons plus après 23 h** we don't take orders after 11 p.m., last orders are at 11 p.m.; **servez chaud** serve hot. **-3.** *fam* [raconter] to give; **ils nous servent toujours les mêmes histoires aux informations** they always dish out the same old stories on the news. **-4.** [travailler pour – famille] to be in service with; [– communauté, pays, parti] to serve; [– cause, justice] to be at the service of; **j'aime bien me faire ~** I like to be waited on; **vous avez bien/mal servi votre entreprise** you have served your company well/haven't given your company good service; **~ l'intérêt public** [loi, mesure] to be in the public interest; [personne] to serve the public interest; **~ l'État** POL to serve the state; [être fonctionnaire] to be employed by the state; **Charles Albert, pour vous** – *hum* Charles Albert, at your service ❑ **on n'est jamais si bien servi que par soi-même** *prov* if you want something doing, do it yourself. **-5.** [aider – suj: circonstances] to be of service to, to be OU to work to the advantage of; **~ les ambitions de qqn** to serve OU to aid OU to further sb's ambitions; **le mauvais temps l'a servi** the bad weather served him well OU worked to his advantage OU was on his side; **sa mémoire la sert beaucoup** her memory's a great help to her; **finalement, son culot ne l'a pas servi** *fam* his cheek didn't get him anywhere in the end. **-6.** [payer – pension, rente] to pay (out) *(sép)*; **~ les intérêts d'une dette** to service a debt. **-7.** SPORT to serve. **-8.** RELIG: **~ la messe** to serve mass. **-9.** JEUX [cartes] to deal (out) *(sép)*; [joueur] to serve, to deal to *(sép)*. **-10.** VÉTÉR & ZOOL [saillir] to cover, to serve. **-11.** *Helv* [utiliser] to use.

◇ *vi* **-1.** [être utile – outil, vêtement, appareil] to be useful OU of use, to come in handy; **garde la malle, ça peut toujours ~** keep the trunk, you might need it OU it might come in handy one day; **ça me servira pour ranger mes lettres** I can use it to put my letters in; **il a servi, ce manteau!** I got a lot of use out of this coat!; **cet argument a beaucoup servi** this argument has been put forward many times. **-2.** [travailler]: **elle sert au château depuis 40 ans** she's worked as a servant OU been in service at the castle for 40 years; **~ dans un café/restaurant** [homme] to be a waiter (in a café/restaurant); [femme] to be a waitress (in a café/restaurant) ‖ MIL to serve. **-3.** SPORT to serve; **à toi de ~!** your serve OU service!; **elle sert bien** [gén] she has a good service OU serve; [dans ce match] she's serving well.

◆ **servir à** *v* + *prép* **-1.** [être destiné à] to be used for. **-2.** [avoir pour conséquence]: **~ à qqch:** **ça ne sert à rien de lui en parler** it's useless OU of no use to talk about it with him; **ne pleure pas, ça ne sert à rien** don't cry, it won't make any difference; **crier ne sert à rien** there's no point in shouting; **à quoi servirait de lui en parler?** what would be the good OU point of killing him?; **tu vois bien que ça a servi à quelque chose de faire une pétition!** as you see, getting up a petition did serve some purpose!; **ça n'a servi qu'à le rendre encore plus furieux** it only served to make him OU it only made him even more furious. **-3.** [être utile à]: **~ à qqn:** **sa connaissance du russe lui a servi dans son métier** her knowledge of Russian helped her OU was of use to her in her job; **ça me servira à couper la pâte** I'll use it to cut the dough.

◆ **servir de** *v* + *prép* [article, appareil] to be used as; [personne] to act as, to be; **le coffre me sert aussi de table** I also use the trunk as a table; **le proverbe qui sert d'exergue au chapitre** the proverb which heads the chapter.

◆ **se servir** ◇ *vp (emploi réfléchi)* [à table, dans un magasin] to help o.s.; **servez-vous de** OU **en légumes** help yourself to vegetables; **je me suis servi un verre de lait** I poured myself a glass of milk; **sers-toi!** help yourself!; **il s'est servi dans la caisse** *euph* he helped himself to the money in the till ‖ [s'approvisionner]: **je me sers chez le boucher de l'avenue** I buy my meat at the butcher's on the avenue. ◇ *vp (emploi passif)* CULIN to be served.

◆ **se servir de** *vp* + *prép*: **se ~ de qqch** to use sthg; **il ne peut plus se ~ de son bras droit** he can't use his right arm anymore; **c'est une arme dont on ne se sert plus** it's a weapon which is no longer used OU in use; **se ~ de qqch comme** to use sthg as; **se ~ de qqn** to make use of OU to use sb.

**serviteur** [sɛrvitœr] *nm* (male) servant; **votre (humble) ~!** *hum* your (humble) servant!, at your service!

**servitude** [sɛrvityd] *nf* **-1.** [soumission] servitude. **-2.** [contrainte] constraint. **-3.** JUR easement; **~ de passage** right of way.

**servocommande** [sɛrvɔkɔmɑ̃d] *nf* servocontrol, power-assisted control, power booster *Am*.

**servofrein** [sɛrvɔfrɛ̃] *nm* servo brake, servo-assisted brake.

**ses** [se] *pl* → **son**.

**sésame** [sezam] *nm* **-1.** BOT & CULIN sesame. **-2.** *loc*: **Sésame, ouvre-toi!** open, Sesame!; **le ~ (ouvre-toi) de la réussite** the key to success.

**session** [sesjɔ̃] *nf* **-1.** [réunion – d'une assemblée] session, sitting. **-2.** UNIV exam period; **il a été collé à la ~ de juin** he failed the June exams; **la ~ de repêchage** the repeat examinations, the resits *Br*.

**set** [sɛt] *nm* **-1.** [objet]: **~ (de table)** table mat. **-2.** SPORT set; **balle de ~** set point.

**setter** [sɛtɛr] *nm.* setter ZOOL; **~ anglais/irlandais** English/Irish setter.

**seuil** [sœj] *nm* **-1.** [dalle] doorstep; [entrée] doorway, threshold. **-2.** *sout* [début] threshold, brink; **être au ~ de la mort** to be on the verge of death. **-3.** [limite] threshold; **la population a atteint le ~ critique d'un milliard** the population has reached the critical level OU threshold of one billion. **-4.** SC threshold; **~ de tolérance** threshold of tolerance. **-5.** PSYCH threshold, limen *spéc*. **-6.** ÉCON: **~ de rentabilité/ saturation** break-even/saturation point; **le ~ de pauvreté** the poverty line. **-7.** GÉOG sill.

**seul, e** [sœl] ◇ *adj* **-1.** [sans compagnie] alone, on one's own; **~ au monde** OU **sur la terre** (all) alone in the world; **il n'est bien que ~** he prefers his own company; **enfin ~!** alone at last!; **~ à ~** [en privé] in private, privately; **se retrouver ~ à ~ avec qqn** to find o.s. alone with sb; **elle vit ~e avec sa mère** she lives alone with her mother; **un homme ~ a peu de chances de réussir** [sans aucune aide] it's unlikely that anybody could succeed on their own; **tu seras ~ à défendre le budget** you'll be the only one speaking for the budget; **tout ~, toute ~e:** **elle parle toute ~e** she's talking to herself; **il a bâti sa maison tout ~** he built his house all by himself; **leur entrevue ne s'est pas passée toute ~e!** their meeting didn't go smoothly!; **le dîner ne se préparera pas tout ~!** dinner isn't going to make itself!; **laisse des pommes de terre, t'es pas tout ~!** *fam* leave some potatoes, you're not the only one eating!- **-2.** [abandonné, esseulé] lonely, lonesome *Am*. **-3.** [sans partenaire, non marié] alone, on one's own; **un homme ~** [non accompagné] a man on his own; [célibataire] a single man, a bachelor; **elle est ~e avec trois enfants** she's bringing up three children on her own; **les personnes ~es** les toucheront pas l'allocation single OU unmarried people will not be eligible for the allowance; **un club pour personnes ~es** a singles club. **-4.** *(avant le nom)* [unique] only, single, sole; **c'est l'homme d'une ~e passion** he's a man with one overriding OU ruling passion; **un ~ mot et tu es mort** one word and you're dead; **il n'a qu'un ~ défaut** he's only got one fault; **je n'ai été en retard qu'une ~e fois** I was late only once; **pas un ~..., pas une ~e...** not one..., not a single...; **un ~ et même...,  une ~e et même...** one and the same...; **un ~ et unique...,  une ~e et unique...** one only (and one only)...; **je l'ai vue une ~e et unique fois** I saw her only once; **le ~ et unique exemplaire** the one and only copy; **la ~e fois que je l'ai vue** the only OU one time I saw her. **-5.** [sans autre chose]: **mon salaire** OU *sout* **mon ~ salaire ne suffit pas à faire vivre ma famille** my salary alone is not enough to support my family; **le vase ~ vaut combien?** how much is it for just the vase?; **la propriété à elle ~e leur donne de quoi vivre** the property alone brings in enough for them to live on. **-6.** *(comme adverbe)* only; **~ Pierre a refusé** only Pierre refused, Pierre was the only one to refuse. **-7.** *(avant le nom)* [simple] mere; **la ~e évocation de la scène lui donnait des frissons** the mere mention of OU merely talking about the scene gave him goose pimples.

◇ *nm, f* **-1.** [personne] only one (person); **tu voudrais t'arrêter de travailler? t'es pas le ~!** *fam* you'd like to stop work? you're not the only one!; **pas un ~ (de ses camarades) n'était prêt à l'épauler** not a single one (of her friends) was prepared to help her. **-2.** [animal, objet] only one.

**seulement** [sœlmɑ̃] *adv* **-1.** [uniquement] only. **-2.** [dans le temps]: **il arrive ~ ce soir** he won't arrive before this evening; **il est arrivé ~ ce matin** he only arrived this morning; **je viens ~ de finir** I've only just finished. **-3.** [même] even; **sais-tu ~ de quoi tu parles?** do you even know what you're talking about?- **-4.** [mais] only, but; **je veux y aller, ~ voilà, avec qui?** I'd love to go, but OU only the problem is who with?

◆ **non seulement..., mais encore** *loc corrél* not only... but also.

**seulet, ette** [sœlɛ, ɛt] *adj vieilli* ou *hum* (all) on one's own.

**sève** [sɛv] *nf* **-1.** BOT sap; **plein de** ~ full of sap, sappy. **-2.** [énergie]: **la** ~ **de la jeunesse** the vigour of youth.

**sévère** [sevɛr] *adj* **-1.** [personne, caractère, règlement] strict, stern, severe. **-2.** [critique, verdict] severe, harsh; **ne sois pas trop** ~ **avec lui** don't be too hard on him. **-3.** [style, uniforme] severe, austere, unadorned.

**sévèrement** [sevɛrmɑ̃] *adv* severely, harshly, strictly.

**sévérité** [severite] *nf* **-1.** [d'un parent, d'un juge] severity, harshness. **-2.** [d'un verdict, d'un code, d'une éducation] severity, rigidness, strictness. **-3.** [d'une tenue, d'un style] severity, austerity.

**sévices** [sevis] *nmpl*: **exposer qqn à des** ~ to expose sb to ill-treatment ou physical cruelty; **être victime de** ~ to suffer cruelty, to be ill-treated; **faire subir des** ~ **à qqn** to ill-treat sb.

**sévillan, e** [sevijɑ̃, an] *adj* from Seville.
◆ **Sévillan, e** *nm, f* inhabitant of or person from Seville.

**Séville** [sevij] *npr* Seville.

**sévir** [32] [sevir] *vi* **-1.** [personne] to punish; **si tu continues à tricher, je vais devoir** ~ if you keep on cheating, I'll have to do something about it; ~ **contre la fraude fiscale** to deal ruthlessly with tax evasion. **-2.** [fléau, épidémie] to rage, to be rampant ou rife, to reign supreme; **Morin ne sévira pas longtemps comme directeur à la comptabilité** *hum* Morin won't reign long as head of accounts; **c'est une idée qui sévit encore dans les milieux économiques** unfortunately the idea still has currency among economists.

**sevrage** [səvraʒ] *nm* **-1.** [d'un bébé] weaning. **-2.** [d'un drogué] coming off (drugs).

**sevrer** [19] [səvre] *vt* **-1.** [bébé] to wean. **-2.** [drogué]: ~ **qqn** to get sb off drugs. **-3.** *fig*: ~ **qqn de** to deprive sb of. **-4.** HORT to sever (*a layer*).

**sèvres** [sɛvr] *nm* **-1.** [matière] Sèvres (china); **un service de** ~ a Sèvres china service. **-2.** [objet] piece of Sèvres china.

**sexagénaire** [sɛksaʒenɛr] ◇ *adj* sixty-year-old *(avant n)*, sexagenarian. ◇ *nmf* sexagenarian, sixty-year-old person.

**sex-appeal** [sɛksapil] *(pl* **sex-appeals)** *nm* sex appeal; **avoir du** ~ to be sexy, to have sex appeal.

**S. Exc.** *(abr écrite de* **Son Excellence)** HE.

**sexe** [sɛks] *nm* **-1.** [caractéristique] sex; **enfant du** ~ **masculin/féminin** male/female child ❑ **le (beau)** ~ the fair ou gentle sex; **le** ~ **fort/faible** the stronger/weaker sex. **-2.** ANAT sex (organs), genitals. **-3.** **le** ~ [sexualité] sex.

**sexisme** [sɛksism] *nm* **-1.** [idéologie] sexism. **-2.** [politique] sexual discrimination.

**sexiste** [sɛksist] *adj &* *nmf* sexist.

**sexologie** [sɛksɔlɔʒi] *nf* sexology.

**sexologue** [sɛksɔlɔg] *nmf* sexologist.

**sex-shop** [sɛksʃɔp] *(pl* **sex-shops)** *nm* sex shop.

**sextant** [sɛkstɑ̃] *nm* sextant.

**sextet** [sɛkstɛt] *nm* six-bit byte.

**sexto** [sɛksto] *adv* sixthly, in the sixth place.

**sextuor** [sɛkstɥɔr] *nm* sextet, sextette.

**sextuple** [sɛkstypl] ◇ *adj* sextuple, sixfold. ◇ *nm* sextuple.

**sextupler** [3] [sɛkstyple] ◇ *vt*: ~ **qqch** to sextuple sthg, to increase sthg sixfold. ◇ *vi* to sextuple, to increase sixfold.

**sextuplés, es** [sɛkstyple] *nm, f pl* sextuplets.

**sexualisation** [sɛksɥalizasjɔ̃] *nf* sexualization.

**sexualiser** [3] [sɛksɥalize] *vt* to sexualize.

**sexualité** [sɛksɥalite] *nf* sexuality.

**sexué, e** [sɛksɥe] *adj* [animal] sexed; [reproduction] sexual.

**sexuel, elle** [sɛksɥel] *adj* [comportement] sexual; [organes, éducation, hormone] sex *(modif)*; **l'acte** ~ the sex ou sexual act.

**sexuellement** [sɛksɥelmɑ̃] *adv* sexually.

**sexy** [sɛksi] *adj inv fam* sexy.

**seyait** [sɛjɛ] *v* → **seoir**.

**seyant, e** [sɛjɑ̃, ɑ̃t] *adj* becoming; **sa nouvelle coiffure est peu** ~e his new hairstyle doesn't suit him.

**Seychelles** [seʃɛl] *npr fpl*: **les (îles)** ~ the Seychelles.

**SFIO** *(abr de* **Section française de l'Internationale ou-**

**vrière)** *nprf* the French Socialist Party between 1905 and 1971.

**SG** *nm abr de* **secrétaire général**.

**SGA** *nm abr de* **secrétaire général adjoint**.

**SGBD** *(abr de* **système de gestion de base de données)** *nm* DBMS.

**SGEN** [zgɛn] *(abr de* **Syndicat général de l'Éducation nationale)** *npr m* teachers' trade union.

**shah** [ʃa] *nm* shah, Shah.

**shaker** [ʃɛkœr] *nm* (cocktail) shaker.

**shakespearien, enne** [ʃɛkspirjɛ̃, ɛn] *adj* Shakespearean, Shakespearian.

**shampoing, shampooing** [ʃɑ̃pwɛ̃] *nm* **-1.** [produit] shampoo; ~ **traitant** medicated shampoo; ~ **pour moquettes** carpet shampoo. **-2.** [lavage] shampoo; **se faire un** ~ to shampoo ou to wash one's hair.

**shampouiner** [3] [ʃɑ̃pwine] *vt* to shampoo.

**shampouineur, euse** [ʃɑ̃pwinœr, øz] *nm, f* [personne] shampooer.
◆ **shampouineur** *nm*, **shampouineuse** *nf* [machine] carpet cleaner ou shampooer.

**Shanghai** [ʃɑ̃gaj] *npr* Shanghai.

**shantung** [ʃɑ̃tuŋ] *nm* shantung (silk).

**shérif** [ʃerif] *nm* **-1.** [aux États-Unis] sheriff. **-2.** [en Grande-Bretagne] sheriff *(representative of the Crown)*.

**sherry** [ʃeri] *(pl* **sherrys** ou **sherries)** *nm* sherry.

**shetland** [ʃɛtlɑ̃d] *nm* **-1.** TEXT Shetland (wool). **-2.** VÊT Shetland jumper. **-3.** ZOOL Shetland pony.

**Shetland** [ʃɛtlɑ̃d] *npr fpl*: **les (îles)** ~ the Shetland Islands, the Shetlands.

**shilling** [ʃiliŋ] *nm* shilling.

**shinto** [ʃinto], **shintoïsme** [ʃintɔism] *nm* Shinto.

**shog(o)un** [ʃɔgun] *nm* shogun.

**shoot** [ʃut] *nm* **-1.** SPORT shot. **-2.** ▽ [injection] fix.

**shooter** [3] [ʃute] *vi* SPORT to shoot.
◆ **se shooter**▽ *vpi* [drogué] to shoot up, to fix; **se** ~ **à l'héroïne** to shoot ou to mainline heroin; **il se shoote au café** *hum* he has to have his fix of coffee.

**shopping** [ʃɔpiŋ] *nm* shopping; **faire du** ~ to go shopping.

**short** [ʃɔrt] *nm* (pair of) shorts; **être en** ~ to be in ou wearing shorts.

**show** [ʃo] *nm* **-1.** [variétés] show. **-2.** [d'un homme politique] performance.

**show-business** [ʃobiznɛs] *nm inv* show business.

**shunter** [3] [ʃœte] *vt* to shunt ELEC.

**si**[1] [si] *nm inv* MUS B; [chanté] si, ti.

**si**[2] [si] ◇ *adv* **-1.** [tellement – avec un adjectif attribut, un adverbe, un nom] so; [– avec un adjectif épithète] such; **il est si mignon!** he's (ever) so sweet!; **je la vois si peu** I see so little of her, I see her so rarely; **ça fait si mal!** it hurts so much!; **elle a de si beaux cheveux!** she has such beautiful hair! ‖ *(en corrélation avec 'que')*: **si... que so...** that; **elle travaille si bien qu'on l'a augmentée** she works so well that she got a rise. **-2.** [exprimant la concession] however; **si aimable soit-il...** however nice he may be... ‖ *(en corrélation avec 'que')*: **si dur que ça puisse paraître, je ne céderai pas** however hard it may seem ou hard as it may seem I won't give way; **si vous le vexez si peu que ce soit, il fond en larmes** if you upset him even the slightest bit, he bursts into tears. **-3.** [dans une comparaison]: **si... que so... as**; **il n'est pas si bête qu'il en a l'air** he's not as stupid as he seems. **-4.** [en réponse affirmative] yes; **ce n'est pas fermé?** — **si** isn't it closed? — yes (it is); **ça n'a pas d'importance** — **si, ça en a!** it doesn't matter — it DOES ou yes it does!; **tu n'aimes pas ça?** — **si, si!** don't you like that? — oh yes I DO!; **je ne veux pas que tu me rembourses** — **si, si, voici ce que je te dois** I don't want you to pay me back — no, I insist, here's what I owe you; **tu n'y arriveras jamais** — **mais si!** I'll never manage — of course you will!; **le spectacle n'est pas gratuit** — **il paraît que si** the show isn't free — apparently it is; **tu ne vas quand même pas lui dire?** — **oh que si!** still, you're not going to tell him, are you? — oh yes I am!

◇ *conj (devant 'il' ou 'ils' s'* [s]) **-1.** [exprimant une condition] if; **si tu veux, on y va** we'll go if you want; **si tu ne réfléchis pas par toi-même et si ou que tu crois tout ce qu'on te dit...** if you don't think for yourself and you believe everything

people tell you...; je ne lui dirai que si tu es d'accord I'll tell him only if you agree, I won't tell him unless you agree; si tu oses...! [ton menaçant] don't you dare!; avez-vous des enfants? si oui, remplissez le cadre ci-dessous do you have any children? if yes, fill in the box below. **-2.** [exprimant une hypothèse] if; si tu venais de bonne heure, on pourrait finir avant midi if you came early we would be able to finish before midday; s'il m'arrivait quelque chose, prévenez John should anything happen to me ou if anything should happen to me, call John; ah toi, si je ne me retenais pas...! I just count yourself lucky I'm restraining myself!; si j'avais su, je me serais méfié if I had known ou had I known, I would have been more cautious. **-3.** [exprimant une éventualité] what if; et si tu te trompais? what if you were wrong?**-4.** [exprimant une suggestion] what about; si on jouait aux cartes? what about playing cards?**-5.** [exprimant un souhait, un regret]: ah, si j'étais plus jeune! I wish ou if only I were younger!**-6.** [dans l'interrogation indirecte] if, whether; dites-moi si vous venez tell me if ou whether you're coming. **-7.** [introduisant une complétive] if, that; ne sois pas surprise s'il a échoué don't be surprised that ou if he failed. **-8.** [introduisant une explication] if; si quelqu'un a le droit de se plaindre, c'est bien moi! if anyone has reason to complain, it's me! **-9.** [exprimant la répétition] if, when; si je prends une initiative, elle la désapprouve whenever ou every time I take the initiative, she disapproves (of it). **-10.** [exprimant la concession, l'opposition]: comment faire des économies si je gagne le salaire minimum? how can I save if I'm only earning the minimum wage?; si son premier roman a été un succès, le second a été éreinté par la critique though her first novel was a success, the second was slated by the critics. **-11.** [emploi exclamatif]: tu penses s'il était déçu/heureux! you can imagine how disappointed/happy he was!; tu as l'intention de continuer? — si j'ai l'intention de continuer? bien sûr! do you intend to go on? — of course I do ou I certainly do ou I do indeed!; si ce n'est pas mignon à cet âge-là! aren't they cute at that age!; si je m'attendais à te voir ici! well, I (certainly) didn't expect to meet you here ou fancy meeting you here! ◇ *nm inv*: avec des si, on mettrait Paris en bouteille *prov* if ifs and buts were pots and pans, there'd be no trade for tinkers *prov*.
♦ **si bien que** *loc conj* [de telle sorte que] so.
♦ **si ce n'est** *loc prép* **-1.** [pour rectifier] if not; ça a duré une bonne heure, si ce n'est deux it lasted at least an hour, if not two. **-2.** [excepté] apart from, except; tout vous convient? — oui, si ce n'est le prix is everything to your satisfaction? — yes, apart from ou except the price; si ce n'était sa timidité, c'est un garçon très agréable he's a nice young man, if a little shy.
♦ **si ce n'est que** *loc conj* apart from the fact that, except (for the fact) that.
♦ **si tant est que** *loc conj* provided that; on se retrouvera à 18 h, si tant est que l'avion arrive à l'heure we'll meet at 6 p.m. provided (that) ou if the plane arrives on time.

**SI -1.** *abr de* **syndicat d'initiative**. **-2.** (*abr de* **Système International**) *nm* SI.

**siamois, e** [sjamwa, az] *adj* **-1.** GÉOG Siamese. **-2.** MÉD Siamese; frères ~ (male) Siamese twins; sœurs ~es (female) Siamese twins.
♦ **siamois** *nm* ZOOL Siamese (cat).

**Sibérie** [siberi] *nprf*: (la) ~ Siberia.

**sibérien, enne** [siberjẽ, ɛn] *adj* Siberian.
♦ **Sibérien, enne** *nm, f* Siberian.

**sibylle** [sibil] *nf* sibyl.

**sibyllin, e** [sibilẽ, in] *adj* **-1.** *litt* [mystérieux] enigmatic, cryptic. **-2.** MYTH sibylic, sibyllic. **-3.** ANTIQ: livres ~s Sibylline Books; oracles ~s Sibylline Prophecies.

**sic** [sik] *adv* sic.

**SICAV, Sicav** [sikav] (*abr de* **société d'investissement à capital variable**) *nf* **-1.** [société] open-ended investment trust, ≃ unit trust *Br*, mutual fund *Am*. **-2.** [action] *share in an open-ended investment trust*.

**Sicile** [sisil] *nprf*: (la) ~ Sicily.

**sicilien, enne** [sisiljẽ, ɛn] *adj* Sicilian.
♦ **Sicilien, enne** *nm, f* Sicilian.
♦ **sicilien** *nm* LING Sicilian.

♦ **sicilienne** *nf* MUS siciliano.

**SICOB, Sicob** [sikɔb] (*abr de* **Salon des industries du commerce et de l'organisation du bureau**) *npr m*: le ~ *annual information trade fair in Paris*.

**SIDA, Sida** [sida] (*abr de* **syndrome immuno-déficitaire acquis**) *nm* AIDS, Aids.

**side-car** [sidkar, sajdkar] (*pl* **side-cars**) *nm* **-1.** [habitacle] sidecar. **-2.** [moto] motorbike and sidecar.

**sidéen, enne** [sideẽ, ɛn] ◇ *adj* suffering from Aids. ◇ *nm, f* Aids sufferer.

**sidéral, e, aux** [sideral, o] *adj* sidereal.

**sidérant, e** [siderã, ãt] *adj fam* staggering, amazing.

**sidérer** [18] [sidere] *vt fam* [abasourdir] to stagger.

**sidérurgie** [sideryrʒi] *nf* **-1.** [technique] (iron and) steel metallurgy. **-2.** [industrie] (iron and) steel industry.

**sidérurgique** [sideryrʒik] *adj* (iron and) steel (*modif*); usine ~ steelworks, steel factory.

**sidérurgiste** [sideryrʒist] *nmf* **-1.** [ouvrier] steel worker. **-2.** [industriel] steelworks owner.

**sidologue** [sidɔlɔg] *nmf* Aids specialist.

**siècle** [sjɛkl] *nm* **-1.** [100 ans] century; l'église a plus de quatre ~s the church is more than four centuries old; au début du ~ at the turn of the century; au IIe ~ avant/après J.-C. in the 2nd century BC/AD; les écrivains du seizième ~ sixteenth-century writers. **-2.** [époque] age; vivre avec son ~ to keep up with the times, to be in tune with one's age; ça fait des ~s que je ne suis pas allé à la patinoire *fam* I haven't been to the ice-rink for ages; l'affaire du ~ the bargain of the century; le ~ des Lumières the Enlightenment, the Age of Reason; le Grand Siècle, le ~ de Louis XIV the grand siècle, the age of Louis XIV. **-3.** RELIG: le ~ worldly life, the world.

**sied** [sje] *v* → **seoir**.

**siège** [sjɛʒ] ◇ *v* → **siéger**. ◇ *nm* **-1.** [chaise] seat; prenez donc un ~ (do) take a seat, do sit down ❑ ~ avant/arrière/baquet AUT front/back/bucket seat; ~ éjectable AÉRON ejector seat; ~ de voiture pour bébé baby car seat. **-2.** POL seat; perdre/gagner des ~s to lose/to win seats ❑ ~ vacant ou à pourvoir vacant seat. **-3.** [centre – gén] seat; [– d'un parti] headquarters; le ~ du gouvernement the seat of government ❑ ~ d'exploitation COMM (company) works; ~ social registered ou head office. **-4.** MIL siege; faire le ~ d'une ville to lay siege to ou to besiege a town; lever le ~ to raise a siege. **-5.** MÉD: l'enfant s'est présenté par le ~ it was a breech birth. **-6.** JUR: le ~ the bench. **-7.** RELIG: ~ épiscopal (episcopal) see.

**siéger** [22] [sjeʒe] *vi* **-1.** [député] to sit; ~ au Parlement to have a seat ou to sit in Parliament; ~ à un comité to sit on a committee. **-2.** [organisme] to be based in. **-3.** *sout* [se trouver] to be located in; chercher où siège la difficulté/l'infection to seek to locate the difficulty/the infection.

**sien** [sjẽ] (*f* **sienne** [sjɛn], *mpl* **siens** [sjẽ], *fpl* **siennes** [sjɛn]) *adj poss*: il a fait sienne cette maxime *sout* he made this maxim his own; une sienne cousine *litt* a cousin of his/hers.
♦ **le sien** (*f* **la sienne**, *mpl* **les siens**, *fpl* **les siennes**) *pron poss* his *m* (*f* hers); [en se référant à un objet, un animal] its own; elle est partie avec une valise qui n'était pas la sienne she left with a suitcase that wasn't hers ou that didn't belong to her ‖ (*emploi nominal*): les ~s one's family and friends ❑ y mettre du ~ [faire un effort] to make an effort; [être compréhensif] to be understanding; faire des siennes *fam*: Jacques a encore fait des siennes Jacques has (gone and) done it again; ma voiture ne cesse de faire des siennes! my car's always playing up!

**siéra** [sjera] *v* → **seoir**.

**sierra** [sjera] *nf* sierra.

**sieste** [sjɛst] *nf* [repos] (afternoon) nap ou rest; faire la ~ to have ou to take a nap (in the afternoon).

**sieur** [sjœr] *nm* JUR: le ~ Pichard Mr Pichard Esquire.

**sifflant, e** [siflã, ãt] *adj* **-1.** [respiration] hissing, whistling, wheezing. **-2.** LING sibilant.
♦ **sifflante** *nf* LING sibilant.

**sifflement** [sifləmã] *nm* **-1.** [action – gén] whistling (*U*); [– d'un serpent] hiss, hissing. **-2.** [bruit] whistle; ~ d'oreilles ringing in the ears.

**siffler** [3] [sifle] ◊ *vi* **-1.** [serpent] to hiss; [oiseau] to whistle; ~ comme un merle ou un pinson *fig* to sing like a lark. **-2.** [personne] to whistle; [gendarme, arbitre] to blow one's whistle. **-3.** [respirer difficilement] to wheeze. **-4.** [vent, train, bouilloire] to whistle; les balles sifflaient de tous côtés bullets were whistling all around us. ◊ *vt* **-1.** [chanson] to whistle. **-2.** [chien, personne] to whistle for; ~ les filles to whistle at girls. **-3.** [suj: gendarme] to blow one's whistle at; [suj: arbitre] to whistle for; ~ la mi-temps to blow the half-time whistle, to whistle for half-time. **-4.** [orateur, pièce] to hiss, to boo, to catcall. **-5.** *fam* [boire] to swill down *(sép)*, to swig, to knock back *(sép)*.

**sifflet** [siflε] *nm* [instrument] whistle; donner un coup de ~ to (blow the) whistle.
◆ **sifflets** *nmpl* [huées] hisses, catcalls; quitter la scène sous les ~s to be booed off the stage.

**siffleur, euse** [siflœr, øz] ◊ *adj* [oiseau] whistling; [serpent] hissing; merle ~ whistling blackbird. ◊ *nm, f* [à un spectacle] catcaller, heckler.
◆ **siffleur** *nm* ORNITH wigeon, widgeon.

**siffleux** [siflø] *nm Can* [marmotte] groundhog, woodchuck.

**sifflotement** [siflotmã] *nm* whistling.

**siffloter** [3] [siflote] ◊ *vt*: ~ qqch [doucement] to whistle sthg to o.s.; [gaiement] to whistle sthg happily. ◊ *vi* [doucement] to whistle to o.s.; [gaiement] to whistle away happily.

**sigle** [sigl] *nm* acronym, initials.

**sigma** [sigma] *nm* [lettre] sigma.

**signal, aux** [sinal, o] *nm* **-1.** [signe] signal; donner le ~ du départ to give the signal for departure; SPORT to give the starting signal; envoyer un ~ de détresse to send out a distress signal ou an SOS. **-2.** [annonce]: cette loi a été le ~ d'un changement de politique this law signalled ou was the signal for a shift in policy. **-3.** [dispositif] signal; ~ d'alarme/d'incendie alarm/fire signal; actionner le ~ d'alarme to pull the alarm cord; ~ sonore/lumineux sound/light signal; ~ d'arrêt stop sign; signaux lumineux AUT traffic signals ou lights. **-4.** NAUT signal; signaux de port port ou harbour signals. **-5.** RAIL signal; ~ fermé/ouvert on/off signal. **-6.** INF & TÉLÉC signal; ~ analogique/numérique analog/digital signal.

**signalé, e** [sinale] *adj litt* [remarquable] signal, notable.

**signalement** [sinalmã] *nm* description, particulars; donner le ~ de son agresseur to describe one's attacker.

**signaler** [3] [sinale] *vt* **-1.** [faire remarquer – faute, détail] to point out *(sép)*, to indicate, to draw attention to; [– événement important] to draw attention to; [– accident, cambriolage] to report; [– changement d'adresse] to notify; ~ qqch à la police to report sthg to the police; à ~ encore, une exposition à Beaubourg another event worth mentioning is an exhibition at Beaubourg; permettez-moi de vous ~ qu'il est interdit de... allow me to draw your attention to the fact that ou to point out that it's forbidden to...; il est déjà 11 h, je te signale! for your information, it's already 11 o'clock!; son ouvrage n'est signalé nulle part dans votre thèse his book is not mentioned anywhere in your thesis. **-2.** [suj: drapeau, sonnerie] to signal; [suj: panneau indicateur] to signpost, to point to *(insép)*; passage à niveau non signalé unsignalled level crossing; le village n'est même pas signalé au croisement the village is not even signposted ou there's not even a signpost for the village at the junction; la chapelle n'est pas signalée sur le plan the chapel isn't indicated ou marked ou shown on the map; il n'a pas signalé qu'il tournait he didn't signal ou indicate that he was turning. **-3.** [dénoter] to indicate, to be the sign of; c'est le symptôme qui nous signale la présence du virus this symptom tells us that the virus is present.
◆ **se signaler à** *vp + prép*: se ~ à l'attention de qqn to draw sb's attention to o.s.
◆ **se signaler par** *vp + prép*: elle se signale surtout par son absence she's remarkable mostly by her absence; elle se signale surtout par sa bonne volonté what sets her apart is her willingness to cooperate.

**signalétique** [sinaletik] *adj* [plaque] descriptive, identification *(modif)*.

**signaleur** [sinalœr] *nm* **-1.** MIL signaller. **-2.** RAIL signalman.

**signalisateur, trice** [sinalizatœr, tris] *adj* signalling.

**signalisation** [sinalizasjɔ̃] *nf* **-1.** [matériel]: ~ aérienne markings and beacons; ~ routière [sur la chaussée] (road) markings; [panneaux] roadsigns. **-2.** [aménagement]: faire la ~ d'une section de voie ferrée to put signals along a stretch of railway line. **-3.** PSYCH signals. **-4.** RAIL signals; ~ automatique automatic signalling.

**signaliser** [3] [sinalize] *vt* [route] to provide with roadsigns and markings; [voie ferrée] to equip with signals; [piste d'aéroport] to provide with markings and beacons; c'est bien/mal signalisé [route] it's been well/badly signposted.

**signataire** [sinatεr] ◊ *adj* signatory. ◊ *nmf* signatory.

**signature** [sinatyr] *nf* **-1.** [signe] signature; elle a apposé sa ~ au bas de la lettre she signed the letter at the bottom of the page; avoir la ~ JUR to be an authorized signatory *(on behalf of a company)*. **-2.** [marque distinctive] signature; cet attentat à la bombe porte leur ~ this bomb attack bears their mark ou imprint. **-3.** [artiste]: les plus grandes ~s de la mode sont représentées dans le défilé the greatest fashion houses ou designers are represented on the catwalk. **-4.** [acte] signing; vous serez payé à la ~ du contrat you'll be paid once the contract has been signed.

**signe** [sin] *nm* **-1.** [geste] sign, gesture; parler par ~s to communicate by sign language ou signs; faire un ~ à qqn to make a sign ou to signal to sb; faire un ~ de tête à qqn [affirmatif] to nod to sb; [négatif] to shake one's head at sb; faire un ~ de la main à qqn [pour saluer, attirer l'attention] to wave to sb, to wave one's hand at sb; agiter la main en ~ d'adieu to wave goodbye; faire ~ à qqn to signal to sb; il m'a fait ~ d'entrer he beckoned me in; fais-lui ~ de se taire signal (to) him to be quiet; faire ~ que oui ou to nod (in agreement); faire ~ que non [de la tête] to shake one's head (in refusal); [du doigt] to wave one's finger in refusal; quand vous serez à Paris, faites-moi ~ *fig* when you're in Paris, let me know❑; ~ de la croix RELIG sign of the cross; faire un ~ de croix ou le ~ de la croix to cross o.s., to make the sign of the cross. **-2.** [indication] sign; c'est un ~ [mauvais] that's ominous; [bon] that's a good sign; c'est ~ de: c'est ~ de pluie/de beau temps it's a sign of rain/of good weather; c'est ~ que... it's a sign that...; c'est bon ~ it's a good sign, it augurs well; c'est mauvais ~ it's a bad sign, it's ominous; (un) ~ de: il n'y a aucun ~ d'amélioration there's no sign of (any) improvement; c'est un ~ des temps/des dieux it's a sign of the times/from the Gods; il n'a pas donné ~ de vie depuis janvier there's been no sign of him since January; donner des ~s d'impatience to give ou to show signs of impatience; la voiture donne des ~s de fatigue the car is beginning to show its age ❑ ~ annonciateur ou avant-coureur ou précurseur forerunner, portent *litt*; ~s extérieurs de richesse JUR outward signs of wealth. **-3.** [marque] mark; ~ cabalistique cabalistic sign; ~s particuliers ADMIN distinguishing marks, special peculiarities; '~s particuliers: néant' 'distinguishing marks: none'. **-4.** LING, MATH, MÉD & MUS sign; le ~ moins/plus the minus/plus sign. **-5.** IMPR: ~ de correction proofreading mark ou symbol; ~ de ponctuation punctuation mark. **-6.** ASTROL: ~ (du zodiaque) sign (of the zodiac).
◆ **en signe de** *loc prép* as a sign ou mark of.
◆ **sous le signe de** *loc prép* **-1.** ASTROL under the sign of. **-2.** *fig*: la réunion s'est tenue sous le ~ de la bonne humeur the atmosphere at the meeting was good-humoured.

**signé, e** [sine] *adj* [exemplaire] signed; [argenterie, bijoux] hallmarked.

**signer** [3] [sine] ◊ *vt* **-1.** [chèque, formulaire, lettre] to sign; [pétition] to sign, to put one's name to; '~ ici' '(please) sign here'; ~ son arrêt de mort *fig* to sign one's (own) death warrant. **-2.** [laisser sa marque personnelle] to sign, to put one's signature to; c'est signé! it's easy to guess who did that!; cette pagaille, c'est signé Maud! *fam* this mess is obviously Maud's handiwork! **-3.** [officialiser – contrat, traité] to sign. **-4.** [être l'auteur de – argenterie] to hallmark; [– pièce, film] to be the author of; [– tableau] to sign; [– ligne de vêtements] to be the creator of; elle a signé les meilleures chansons de l'époque she wrote all the best songs of that era. **-5.** [dédicacer – livre] to sign copies of. ◊ *vi* **-1.** [tracer un signe] to sign; ~ d'une croix/de son sang to sign with a cross/in one's blood. **-2.** [établir un acte officiel] to sign.
◆ **se signer** *vpi* to cross o.s..

**signet** [sinε] *nm* [d'un livre] bookmark.

**signifiant** [siɲifjɑ̃] *nm* signifier.

**significatif, ive** [siɲifikatif, iv] *adj* **-1.** [riche de sens – remarque, geste, symbole] significant; [– regard] significant, meaningful. **-2.** [révélateur]: ~ de revealing ou suggestive of; c'est très ~ de son caractère/ses goûts it says a lot about her character/her taste. **-3.** [important – écart, différence, changement] significant.

**signification** [siɲifikasjɔ̃] *nf* **-1.** [sens – d'un terme, d'une phrase, d'un symbole] meaning, signification; [– d'une action] meaning. **-2.** [importance – d'un événement, d'une déclaration] import, significance. **-3.** JUR (official) notification. **-4.** LING: la ~ signifying, the signifying processes.

**signifié** [siɲifje] *nm*: le ~ the signified.

**signifier** [9] [siɲifje] *vt* **-1.** [avoir tel sens – suj: mot, symbole] to mean, to signify, **-2.** [indiquer – suj: mimique, geste, acte] to mean; il ne m'a pas encore téléphoné — cela ne signifie rien he hasn't phoned me yet — that doesn't mean anything; de telles menaces ne signifient rien de sa part such threats mean nothing coming from him ‖ [pour exprimer l'irritation]: que signifie ceci? what's the meaning of this? **-3.** [être le signe avant-coureur de] to mean, to betoken; cela signifierait sa ruine that would spell ruin for her. **-4.** [impliquer] to mean, to imply. **-5.** sout [notifier] to notify; ~ ses intentions à qqn to make one's intentions known ou to state one's intentions to sb; il m'a signifié son départ/son accord he has informed me that he is leaving/that he agrees; ~ son congé à qqn to give sb notice of dismissal, to give sb his/her notice. **-6.** JUR [jugement] to notify; ~ à qqn que... to serve notice on ou upon sb that...

**sikh** [sik] *adj* & *nm* Sikh.

**sil** [sil] *nm* ochreous clay.

**silence** [silɑ̃s] *nm* **-1.** [absence de bruit] silence; un peu de ~, s'il vous plaît! [avant un discours] (be) quiet please!; [dans une bibliothèque, une salle d'étude] quiet ou silence, please!; demander ou réclamer le ~ to call for silence; à son arrivée, tout le monde fit ~ there was a hush ou everyone fell silent when she arrived; garder le ~ to keep silent ou quiet; faire ou obtenir le ~ to make everyone keep quiet; ~ on tourne! CIN quiet on the set!; dans le ~ de la nuit in the still ou silence of the night; il régnait un ~ de mort it was as quiet ou silent as the grave. **-2.** [secret]: acheter le ~ de qqn to buy sb's silence, to pay sb to keep quiet; garder le ~ sur qqch to keep quiet about sthg; imposer le ~ à qqn to shut sb up; passer qqch sous ~ to pass over sthg in silence, to keep quiet about sthg. **-3.** [lacune]: le ~ de la loi en la matière the absence of legislation regarding this matter. **-4.** [pause] silence; [dans la conversation] pause; son récit était entrecoupé de nombreux ~s his story was interrupted by numerous pauses. **-5.** MUS rest.

◆ **en silence** *loc adv* [se regarder] in silence, silently; [se déplacer] silently, noiselessly; [souffrir] in silence, uncomplainingly.

**silencieusement** [silɑ̃sjøzmɑ̃] *adv* [se regarder] silently, in silence; [se déplacer] in silence, noiselessly; [souffrir] in silence, uncomplainingly.

**silencieux, euse** [silɑ̃sjø, øz] *adj* **-1.** [où règne le calme – trajet, repas, salle] quiet, silent. **-2.** [qui ne fait pas de bruit – pendule, voiture] quiet, noiseless; [– mouvement] noiseless. **-3.** [qui ne parle pas] silent, quiet; la majorité silencieuse the silent majority ‖ [taciturne] silent, silent, uncommunicative *péj*.

◆ **silencieux** *nm* **-1.** ARM silencer. **-2.** AUT silencer *Br*, muffler *Am*.

**Silésie** [silezi] *npr f* (la) ~ Silesia.

**silex** [silɛks] *nm* **-1.** GÉOL flint, flintstone. **-2.** ARCHÉOL flint, flint tool.

**silhouette** [silwɛt] *nf* **-1.** [ligne générale – du corps] figure; [– d'un véhicule] lines; elle a une jolie ~ she's got a nice ou good figure. **-2.** [contours] silhouette, outline; [forme indistincte] (vague) form; leurs ~s se détachaient sur le soleil couchant they were silhouetted against the sunset; je vis une ~ dans le brouillard/derrière les rideaux I saw a shape in the fog/behind the curtains. **-3.** BX-ARTS silhouette.

**silhouetter** [4] [silwete] *vt* BX-ARTS [dessiner les contours de] to outline; [découper dans du papier] to silhouette.

◆ **se silhouetter sur** *vp* + *prép litt* to stand out ou to be silhouetted against.

**silicate** [silikat] *nm* silicate.

**silice** [silis] *nf* silica.

**siliceux, euse** [silisø, øz] *adj* siliceous.

**silicium** [silisjɔm] *nm* silicon.

**silicone** [silikɔn] *nf* silicone.

**silicose** [silikoz] *nf* silicosis.

**sillage** [sijaʒ] *nm* **-1.** NAUT [trace] wake; [remous] wash. **-2.** [d'une personne, d'un véhicule] wake; cette mesure entraîne dans son ~ une refonte de nos structures hospitalières this decision carries along with it a restructuring of our hospital system ❑ marcher dans le ~ de qqn *pr* & *fig* to follow in sb's footsteps ou wake. **-3.** AÉRON [trace] (vapour) trail; [remous] wake.

**sillon** [sijɔ̃] *nm* **-1.** AGR [de gros labours] furrow; [petite rigole] drill. **-2.** *litt* [ride] furrow. **-3.** [d'un disque] groove. **-4.** ANAT [du cerveau] fissure, sulcus.

**sillonner** [3] [sijɔne] *vt* **-1.** [parcourir – suj: canaux, voies] to cross, to criss-cross; j'ai sillonné la Bretagne I've visited every corner of ou I've travelled the length and breadth of Brittany; il sillonnait les mers depuis 20 ans he'd been ploughing the (ocean) waves for 20 years; le pays est sillonné de rivières the country is criss-crossed by rivers. **-2.** *sout* [marquer] to furrow, to groove; son visage sillonné de rides his furrowed ou deeply lined face. **-3.** AGR to furrow.

**silo** [silo] *nm* **-1.** AGR silo; mettre en ~ to silo. **-2.** MIL silo.

**silotage** [silɔtaʒ] *nm* ensilage.

**silt** [silt] *nm* silt.

**simagrées** [simagre] *nfpl*: faire des ~ [minauder] to put on airs; tu l'aurais vue faire ses ~! you should've seen her simpering!

**simien, enne** [simjɛ̃, ɛn] *adj* ZOOL simian.

◆ **simien** *nm* simian, ape.

**simiesque** [simjɛsk] *adj* monkey-like, ape-like, simian.

**similaire** [similɛr] *adj* similar.

**similarité** [similarite] *nf sout* similarity, likeness.

**simili** [simili] ◇ *préf*: ~ marbre imitation marble. ◇ *nm* **-1.** [imitation]: c'est du ~ it's artificial ou an imitation. **-2.** [cliché] half-tone engraving. ◇ *nf* [procédé] half-tone process.

**similicuir** [similikɥir] *nm* imitation leather, Leatherette®.

**similigravure** [similigravyr] *nf* **-1.** [procédé] half-tone process. **-2.** [cliché] half-tone engraving.

**similitude** [similityd] *nf* **-1.** [d'idées, de style] similarity, similitude; [de personnes] similarity, likeness; leur ~ the likeness between them. **-2.** MATH similarity.

**simoun** [simun] *nm* simoon.

**simple** [sɛ̃pl] ◇ *adj* **-1.** [facile – exercice, système] straightforward, simple, easy; c'est très ~ à utiliser it's very easy ou simple to use ❑ c'est ~ comme bonjour it's as easy as ABC ou pie. **-2.** *(avant le nom)* [avec une valeur restrictive] mere, simple; c'est une ~ question d'argent it's simply ou only a matter of money; pour la ~ raison que... for the simple reason that...; réduit à sa plus ~ expression reduced to its simplest form; vous aurez une démonstration gratuite sur ~ appel all you need do is (to) ou simply phone this number for a free demonstration; ce n'est qu'une ~ formalité it's merely a ou it's a mere formality; ça s'ouvre d'une ~ pression du doigt it opens simply by pressing on it; ce n'est qu'un ~ employé de bureau he's just an ordinary office worker. **-3.** [non raffiné – gens] unaffected, uncomplicated; [– objets, nourriture, goûts] plain, simple; elle est apparue dans le plus ~ appareil she appeared in her birthday suit *hum*. **-4.** [ingénu] simple, simple-minded. **-5.** [non composé – mot, matière, fleur, fracture] simple; [– chaînette, nœud] single. ◇ *nm* **-1.** [ce qui est facile]: aller du ~ au complexe to progress from the simple to the complex. **-2.** [proportion]: les prix varient du ~ au double prices can double. **-3.** SPORT singles; jouer en ~ to play a singles match ❑ ~ messieurs/dames men's/ladies' singles.

◆ **simples** *nmpl* medicinal herbs ou plants.

◆ **simple d'esprit** ◇ *nm* simpleton, halfwit. ◇ *loc adj*: il est un peu ~ d'esprit he's a bit simple.

**simplement** [sɛ̃pləmɑ̃] *adv* **-1.** [seulement] simply, merely, just. **-2.** [sans apprêt – parler] unaffectedly, simply; [– s'habiller] simply, plainly; elle nous a reçus très ~ she received us simply ou without ceremony; la chambre est décorée très ~ the room is plainly decorated. **-3.** [clairement]:

expliquer qqch ~ to explain sthg in simple ou straightforward terms.

**simplet, ette** [sɛplɛ, ɛt] adj **-1.** [personne – peu intelligente] simple, simple-minded; [– ingénue] naïve. **-2.** [sans finesse – jugement, réponse, scénario] simplistic, black-and-white.

**simplicité** [sɛplisite] nf **-1.** [facilité] simplicity, straightforwardness; l'exercice est d'une ~ enfantine the exercise is child's play; l'opération est d'une grande ~ the operation is very straightforward. **-2.** [de vêtements, d'un décor, d'un repas] plainness, simplicity; avec ~ simply, plainly; nous avons dîné en toute ~ we had a very simple dinner. **-3.** [naturel] unaffectedness, lack of affectation. **-4.** [naïveté] naivety.

**simplifiable** [sɛplifjabl] adj **-1.** MATH reducible. **-2.** [procédé] which can be simplified ou made simpler.

**simplificateur, trice** [sɛplifikatœr, tris] adj simplifying.

**simplification** [sɛplifikasjɔ̃] nf **-1.** MATH reduction. **-2.** [d'un système] simplification, simplifying.

**simplifier** [9] [sɛplifje] vt **-1.** [procédé] to simplify; [explication] to simplify, to make simpler; en simplifiant le texte à outrance by oversimplifying the text; si tu me disais la vérité, cela simplifierait les choses it would make things easier if you told me the truth. **-2.** MATH [fraction] to reduce, to simplify; [équation] to simplify.
◆ **se simplifier** ◇ vpi to become simplified ou simpler.
◇ vpt to simplify; elle se simplifie l'existence en refusant de prendre des responsabilités she makes her life simpler by refusing to take any responsibility.

**simplisme** [sɛplism] nm simplism.

**simpliste** [sɛplist] adj simplistic, oversimple.

**simulacre** [simylakr] nm **-1.** [par jeu, comme méthode] imitation. **-2.** [pour tromper]: un ~ de négociations mock ou sham negotiations; ce n'était qu'un ~ de procès it was a mockery of a trial.

**simulateur, trice** [simylatœr, tris] nm, f **-1.** [imitateur] simulator. **-2.** [faux malade] malingerer.
◆ **simulateur** nm AÉRON, INF & MIL simulator; ~ de vol flight simulator.

**simulation** [simylasjɔ̃] nf **-1.** [d'un sentiment] feigning, faking, simulation; [d'une maladie] malingering. **-2.** MIL & TECH simulation; ~ sur ordinateur computer simulation.

**simulé, e** [simyle] adj **-1.** [pitié, douleur] faked, feigned. **-2.** AÉRON, INF & MIL simulated.

**simuler** [3] [simyle] vt **-1.** [feindre – douleur, ivresse, folie] to feign; ~ l'innocence to put on an air ou a show of innocence; ~ la maladie [appelé, employé] to malinger; [enfant] to pretend to be ill; l'animal simule la mort the animal is playing dead ‖ (en usage absolu): je ne pense pas qu'elle simule I don't think she's pretending. **-2.** MIL & TECH to simulate.

**simultané, e** [simyltane] adj simultaneous.
◆ **simultanée** nf JEUX simultaneous game (of chess).

**simultanéité** [simyltaneite] nf simultaneity, simultaneousness.

**simultanément** [simyltanemɑ̃] adv simultaneously.

**Sinaï** [sinaj] npr m: le ~ Sinai; le mont ~ mount Sinai.

**sincère** [sɛsɛr] adj **-1.** [amitié, chagrin, remords] sincere, genuine, true; [personne] sincere, genuine; [réponse] honest, sincere. **-2.** [dans les formules de politesse]: nos vœux les plus ~s our very best wishes; je vous présente mes ~s condoléances please accept my sincere ou heartfelt condolences; veuillez agréer mes ~s salutations yours sincerely, yours truly Am. **-3.** JUR [acte] genuine, authentic.

**sincèrement** [sɛsɛrmɑ̃] adv **-1.** [franchement] sincerely, genuinely, truly. **-2.** (en tête de phrase) [réellement] honestly, frankly; ~, tu me déçois you really disappoint me; ~, ça ne valait pas le coup to tell you the truth, it wasn't worth it.

**sincérité** [sɛserite] nf **-1.** [franchise] sincerity; en toute ~ in all sincerity, to be quite honest. **-2.** [authenticité – d'une amitié, de remords] genuineness; [– d'une réponse] honesty.

**sinécure** [sinekyr] nf sinecure; ce n'est pas une ~ fam it's no picnic.

**sine die** [sinedje] loc adv sine die; remettre qqch ~ to postpone sthg indefinitely.

**sine qua non** [sinekwanɔn] loc adj inv: condition ~ essential condition.

**Singapour** [sɛgapur] npr Singapore; à ~ in Singapore.

**singapourien, enne** [sɛgapurjɛ̃, ɛn] adj Singaporean.
◆ **Singapourien, enne** nm, f Singaporean.

**singe** [sɛ̃ʒ] nm ZOOL [à longue queue] monkey; [sans queue] ape; les grands ~s the (great) apes; faire le ~ [faire des grimaces] to make faces; [faire des pitreries] to clown ou to monkey around.

**singer** [17] [sɛ̃ʒe] vt **-1.** [personne] to ape, to mimic. **-2.** [manières distinguées, passion] to feign, to fake.

**singerie** [sɛ̃ʒri] nf [section d'un zoo] monkey ou ape house.
◆ **singeries** nfpl [tours et grimaces] clowning; [d'un clown] antics; péj [manières affectées] affectation, airs and graces; faire des ~s to clown ou to monkey around.

**single** [siŋgəl] nm **-1.** [disque] single. **-2.** RAIL single sleeper. **-3.** SPORT singles (game). **-4.** [dans un hôtel] single (room).

**singleton** [sɛ̃glɔtɔ̃] nm MATH singleton (set).

**singulariser** [3] [sɛ̃gylarize] vt: ~ qqn to make sb conspicuous ou stand out.
◆ **se singulariser** ◇ vp (emploi réfléchi) [se faire remarquer] to make o.s. conspicuous; il faut toujours que tu te singularises! you always have to be different from everyone else, don't you? ◇ vpi [être remarquable]: il s'est singularisé par son courage he stood out thanks to his courage.

**singularité** [sɛ̃gylarite] nf **-1.** [étrangeté – d'un comportement, d'idées, d'une tenue] oddness, strangeness. **-2.** [trait distinctif – d'une personne] peculiarity; [– d'un système] distinctive feature, peculiarity. **-3.** litt [unicité] uniqueness. **-4.** MATH & PHYS singularity.

**singulier, ère** [sɛ̃gylje, ɛr] adj **-1.** [comportement, idées] odd, strange, singular; je trouve ~ que... I find it odd ou strange that... **-2.** [courage, beauté] remarkable, rare, unique. **-3.** LING singular. **-4.** [d'un seul] singular, single.
◆ **singulier** nm LING singular.

**singulièrement** [sɛ̃gyljɛrmɑ̃] adv **-1.** [beaucoup] very much; il m'a ~ déçu I was extremely disappointed in him; ~ beau extremely ou remarkably handsome. **-2.** [bizarrement] oddly, in a strange ou peculiar way. **-3.** [notamment] especially, particularly.

**sinistre** [sinistr] ◇ adj **-1.** [inquiétant – lieu, bruit] sinister; [– personnage] sinister, evil-looking; un ~ présage an ill omen. **-2.** [triste – personne, soirée] dismal. **-3.** (avant le nom) [en intensif]: c'est un ~ imbécile/une ~ canaille he's a total idiot/crook. ◇ nm **-1.** [incendie] fire, blaze; [inondation, séisme] disaster. **-2.** JUR [incendie] fire; [accident de la circulation] accident; déclarer un ~ to put in a claim; évaluer un ~ to estimate a claim.

**sinistré, e** [sinistre] ◇ adj [bâtiment, village, quartier – gén] damaged, stricken; [– brûlé] burnt-out; [– bombardé] bombed-out; [– inondé] flooded; la ville est ~e [après un tremblement de terre] the town has been devastated by the earthquake; les personnes ~es the disaster victims; [après des inondations] the flood victims ❏ région ou zone (déclarée) ~e ADMIN disaster area. ◇ nm, f disaster victim.

**sinistrement** [sinistrəmɑ̃] adv sinisterly, in a sinister way.

**sinistrose** [sinistroz] nf fam (systematic) pessimism.

**sinologue** [sinɔlɔg] nmf specialist in Chinese studies, sinologist.

**sinon** [sinɔ̃] conj **-1.** [sans cela] otherwise, or else; je ne peux pas me joindre à vous, ~ je t'aurais fait avec plaisir I can't join you, otherwise I would have come with pleasure; j'essaierai d'être à l'heure, ~ partez sans moi I'll try to be on time, but if I'm not go without me; tais-toi, ~...! be quiet or else...!-2. [si ce n'est] if not; elle était, ~ jolie, du moins gracieuse she was, if not pretty, at least graceful; elle l'a, ~ aimé, du moins apprécié although ou if she didn't like it she did at least appreciate it. **-3.** [excepté] except, other than; que faire, ~ attendre? what can we do other than ou except wait?
◆ **sinon que** loc conj except that.

**sinoque**▽ [sinɔk] adj nutty, loony.

**sino-tibétain, e** [sinɔtibetɛ̃, ɛn] (mpl sino-tibétains, fpl sino-tibétaines) adj Sino-Tibetan.
◆ **sino-tibétain** nm LING Sino-Tibetan.

**sinueux, euse** [sinɥø, øz] adj **-1.** [chemin] winding, sinuous; [fleuve] winding, meandering; rivière au cours ~ meandering ou sinuous river. **-2.** [pensée] convoluted, tortuous.

**sinuosité** [sinyozite] *nf* **-1.** [fait d'être courbé – chemin] winding; [– rivière] winding, meandering. **-2.** [courbe – d'un chemin] curve, bend; [– d'une rivière] meander.
◆ **sinuosités** *nfpl fig* tortuousness, convolutions.
**sinus** [sinys] *nm* **-1.** ANAT sinus. **-2.** MATH sine.
**sinusite** [sinyzit] *nf* sinusitis.
**sinusoïdal, e, aux** [sinyzɔidal, o] *adj* sinusoidal.
**sionisme** [sjɔnism] *nm* Zionism.
**sioniste** [sjɔnist] *adj* & *nmf* Zionist.
**sioux** [sju] *adj* ANTHR Siouan.
◆ **Sioux** *nmf* Sioux; les Sioux the Sioux (Indians).
◆ **sioux** *nm* LING Sioux.
**siphon** [sifɔ̃] *nm* **-1.** [d'appareils sanitaires] trap, U-bend. **-2.** [carafe] soda siphon *Br*, siphon bottle *Am*.
**siphonné, e** [sifɔne] *adj fam* [fou] batty, crackers.
**siphonner** [3] [sifɔne] *vt* to siphon; ~ de l'eau/un réservoir to siphon off water/a reservoir.
**sire** [sir] *nm* **-1.** [seigneur] lord. **-2.** [titre]: Sire [roi] Sire *arch*, Your Majesty; [empereur] Sire *arch*, Your Imperial Majesty.
**sirène** [sirɛn] *nf* **-1.** [des pompiers] fire siren; [d'une voiture de police, d'une ambulance, d'une usine] siren; [d'un navire] siren, (fog) horn. **-2.** MYTH siren. **-3.** [femme séduisante] siren.
**sirocco** [sirɔko] *nm* sirocco.
**sirop** [siro] *nm* **-1.** CULIN [concentré] syrup, cordial; [dilué] (fruit) cordial *ou* drink; ~ d'érable maple syrup; ~ de fraise/de menthe strawberry/mint cordial; ~ d'orgeat barley water. **-2.** PHARM syrup; ~ pour *ou* contre la toux cough mixture.
**siroter** [3] [sirɔte] ◇ *vt* to sip, to take sips of. ◇ *vi fam* to booze.
**SIRPA, Sirpa** [sirpa] (*abr de* **Service d'information et de renseignement du public de l'armée**) *npr m* French army public information service.
**sirupeux, euse** [sirypø, øz] *adj* **-1.** [visqueux et sucré] syrupy. **-2.** *péj* [sentiment] schmaltzy *péj*, syrupy *péj*.
**sis, e** [si, siz] *adj sout ou* JUR: ~ à located *ou* situated at.
**sismal, e, aux** [sismal, o] = **séismal**.
**sismicité** [sismisite] *nf* seismicity.
**sismique** [sismik] *adj* seismic.
**sismographe** [sismɔɡraf] *nm* seismograph.
**sismologie** [sismɔlɔʒi] *nf* seismology.
**sismologue** [sismɔlɔɡ] *nmf* seismologist.
**Sisyphe** [sizif] *npr* Sisyphus; le mythe de ~ the myth of Sisyphus.
**sitar** [sitar] *nm* sitar.
**sitcom** [sitkɔm] *nm ou* nf sitcom.
**site** [sit] *nm* **-1.** [panorama] beauty spot; il y a plusieurs ~s touristiques par ici there are several tourist spots *ou* places of interest for tourists round here ❏ ~ classé ADMIN conservation area, ≃ National Trust area *Br*; ~ historique historical site. **-2.** [environnement] setting. **-3.** [emplacement] site, siting; le choix du ~ de la centrale a posé problème the siting of the power station has caused problems ❏ ~ archéologique [gén] archeological site; [en cours d'excavation] archeological dig; ~ de lancement launch area. **-4.** CHIM & ÉCON site.
**sit-in** [sitin] *nm inv* sit-in; faire un ~ to stage a sit-in.
**sitôt** [sito] ◇ *adv* **-1.** [avec une participiale]: ~ levé, je me mettais au travail no sooner was I up than I'd start work, I'd start work as soon as I was up ❏ ~ dit, ~ fait no sooner said than done. **-2.** *litt* [aussitôt] immediately; ~ après la gare just *ou* immediately past the station. **-3.** *litt* [si rapidement]: une rose épanouie et ~ fanée a rose in full bloom and yet so quick to wither. ◇ *prép litt*: ~ son élection... as soon as she was elected..., no sooner was she elected...
◆ **pas de sitôt** *loc adv*: on ne se reverra pas de ~ we won't be seeing each other again for a while; je n'y retournerai pas de ~! I won't go back there *ou* you won't catch me going back there in a hurry!
◆ **sitôt que** *loc conj* litt as soon as.
**situation** [sitɥasjɔ̃] *nf* **-1.** [circonstances] situation; ma ~ financière n'est pas brillante! my financial situation is *ou* my finances are none too healthy!; se trouver dans une ~ délicate to find o.s. in an awkward situation *ou* position; je n'aimerais pas être dans ta ~ I wouldn't like to be in your

position; tu vois un peu la ~! do you get the picture?; c'est l'homme de la ~ he's the right man for the job ❏ ~ de famille ADMIN marital status. **-2.** [emploi rémunéré] job; avoir une bonne ~ [être bien payé] to have a well-paid job; [être puissant] to have a high-powered job; elle s'est fait une belle ~ she worked her way up to a very good position. **-3.** [lieu] situation, position, location. **-4.** FIN report of assets; ~ de trésorerie cash budget. **-5.** LITTÉRAT & THÉÂT situation; comique de ~ situation comedy.
◆ **en situation** *loc adv* in real life.
◆ **en situation de** *loc prép*: être en ~ de faire qqch to be in a position to do sthg.
**situé, e** [sitɥe] *adj*: maison bien/mal ~e well-/poorly-situated house.
**situer** [7] [sitɥe] *vt* **-1.** [dans l'espace, le temps – gén] to place; [– roman, film etc] to set. **-2.** [classer] to place, to situate. **-3.** *fam* [cerner – personne] to define; on a du mal à la ~ it's difficult to know what makes her tick.
◆ **se situer** ◇ *vp* (*emploi réfléchi*): se ~ par rapport à qqn/qqch to place o.s. in relation to sb/sthg; où vous situez-vous dans ce conflit? where do you stand in this conflict? ◇ *vpi* [gén] to be situated *ou* located; [scène, action] to take place; où situe-t-elle dans le mouvement expressionniste? where would you place her in the expressionist movement?; l'augmentation se situera aux alentours de 3 % the increase will be in the region of 3 %.
**SIVOM, Sivom** [sivɔm] (*abr de* **Syndicat intercommunal à vocation multiple**) *npr m* group of local authorities pooling public services.
**SIVP** *nm abr de* **stage d'initiation à la vie professionnelle**.
**six** [en fin de phrase sis, devant consonne ou h aspiré si, devant voyelle ou h muet siz] ◇ *dét* **-1.** six. **-2.** [dans des séries]: tout le chapitre ~ all of chapter six. ◇ *nm inv* six; *voir aussi* **cinq**.
**sixain** [sizɛ̃] = **sizain**.
**sixième** [sizjɛm] ◇ *adj num* sixth. ◇ *nmf* sixth. ◇ *nm* **-1.** [partie] sixth. **-2.** [étage] sixth floor *Br*, seventh floor *Am*. ◇ *nf* SCOL first form *Br*, sixth grade *Am*; *voir aussi* **cinquième**.
**six-quatre-deux** [siskatdø]
◆ **à la six-quatre-deux** *adv fam*: faire qqch à la ~ to do sthg in a slapdash way, to bungle sthg.
**sixte** [sikst] *nf* **-1.** MUS sixth. **-2.** ESCRIME sixte.
**Sixtine** [sikstin] *npr*: la chapelle ~ the Sistine Chapel.
**sixtus** [sikstys] *nm inv* Helv hairpin.
**sizain** [sizɛ̃] *nm* **-1.** LITTÉRAT sextain. **-2.** CARTES set of six packs of cards.
**Skaï**® [skaj] *nm* Skai®, Leatherette®.
**skate** [skɛt], **skateboard** [skɛtbɔrd] *nm* skateboard; faire du ~ to skateboard.
**sketch** [skɛtʃ] (*pl* **sketches**) *nm* sketch CIN, THEAT & TV.
**ski** [ski] *nm* **-1.** LOISIRS & SPORT [activité] skiing; faire du ~ to go skiing ❏ ~ alpin/nordique Alpine/Nordic skiing; ~ de descente downhill skiing; ~ de fond cross-country skiing; ~ nautique water-skiing; faire du ~ nautique to water-ski; ~ de randonnée ski-touring; ~ sauvage *ou* hors piste off-piste skiing. **-2.** [matériel] ski; ~ compact *ou* court short ski. **-3.** AÉRON landing skid.
◆ **de ski** *loc adj* [chaussures, lunettes] ski (*modif*); [vacances, séjour] skiing (*modif*).
**skiable** [skjabl] *adj* skiable.
**ski-bob** [skibɔb] (*pl* **ski-bobs**) *nm* skibob.
**skier** [10] [skje] *vi* to ski; je vais ~ tous les dimanches I go skiing every Sunday.
**skieur, euse** [skjœr, øz] *nm, f* skier.
**skiff** [skif] *nm* skiff.
**skiions** [skijɔ̃] *v* → **skier**.
**skipper** [skipœr] *nm* skipper NAUT.
**slalom** [slalɔm] *nm* **-1.** SPORT [course] slalom; descendre une piste en ~ to slalom down a slope ❏ ~ spécial/géant special/giant slalom. **-2.** *fam* [zigzags] zigzagging; faire du ~ entre to zigzag between.
**slalomer** [3] [slalɔme] *vi* **-1.** SPORT to slalom. **-2.** *fam* [zigzaguer]: ~ entre to zigzag *ou* to weave in and out of.
**slalomeur, euse** [slalɔmœr, øz] *nm, f* slalom skier.
**slave** [slav] *adj* Slavonic, Slavic *Am*.
◆ **Slave** *nmf* Slav; les Slaves the Slavs.

◆ **slave** *nm* LING Slavonic, Slavic.

**slavisant, e** [slavizɑ̃, ɑ̃t] *nm, f* Slavicist, Slavist.

**slaviser** [3] [slavize] *vt* to submit to a Slavonic influence, to Slavonicize.

**slaviste** [slavist] = **slavisant**.

**Slavonie** [slavɔni] *npr f* : (la) ~ Slavonia.

**slavophile** [slavɔfil] *adj & nmf* Slavophil, Slavophile.

**slip** [slip] *nm* VÊT [d'homme] (pair of) underpants, shorts *Am*; [de femme] briefs *Br*, panties, knickers; ~ **de bain** [d'homme] bathing ou swimming trunks.

**s.l.n.d.** *(abr écrite de* **sans lieu ni date)** *date and origin unknown.*

**slogan** [slɔgɑ̃] *nm* slogan.

**sloop** [slup] *nm* sloop.

**slovaque** [slɔvak] *adj* Slovak, Slovakian.
◆ **Slovaque** *nmf* Slovak, Slovakian.
◆ **slovaque** *nm* LING Slovak.

**Slovaquie** [slɔvaki] *npr f* : (la) ~ Slovakia.

**slovène** [slɔvɛn] *adj* Slovene, Slovenian.
◆ **Slovène** *nmf* Slovene, Slovenian.
◆ **slovène** *nm* LING Slovene.

**Slovénie** [slɔveni] *npr f* : (la) ~ Slovenia.

**slow** [slo] *nm* **-1.** [gén] slow number; **danser un** ~ **avec qqn** to dance (to) a slow number with sb. **-2.** [fox-trot] slow fox trot.

**SM** ◇ *(abr écrite de* **Sa Majesté)** HM. ◇ *nm (abr de* **sado-masochisme)** S&M.

**SMAG, Smag** [smag] *(abr de* **salaire minimum agricole garanti)** *nm guaranteed minimum agricultural wage.*

**smala(h)** [smala] *nf* **-1.** [d'un chef arabe] retinue. **-2.** *fam* [famille]: **avec toute sa** ~ with her whole tribe.

**smart** [smart] *adj inv fam & vieilli* chic, smart.

**smash** [smaʃ] *(pl* **smashs** ou **smashes)** *nm* smash SPORT; **faire un** ~ to smash (the ball).

**smasher** [3] [smaʃe] *vi & vt* to smash SPORT.

**SME** *(abr de* **Système monétaire européen)** *npr m* EMS.

**SMIC, Smic** [smik] *(abr de* **salaire minimum interprofessionnel de croissance)** *nm index-linked guaranteed minimum wage.*

**smicard, e** [smikar, ard] *nm, f fam* minimum-wage earner; **les** ~**s** people earning ou on the minimum wage.

**smocks** [smɔk] *nmpl* smocking SEW.

**smoking** [smɔkiŋ] *nm* dinner suit *Br*, tuxedo *Am*; **veste de** ~ dinner jacket.

**SMUR, Smur** [smyr] *(abr de* **Service médical d'urgence et de réanimation)** *npr m French ambulance and emergency unit.*

**smurf** [smœrf] *nm* break-dancing.

**smurfer** [3] [smœrfe] *vi* to break-dance.

**snack-bar** [snakbar] *(pl* **snack-bars),** **snack** [snak] *nm* snack bar, self-service restaurant, cafeteria.

**SNC** *abr écrite de* **service non compris.**

**SNCB** *(abr de* **Société nationale des chemins de Fer belges)** *npr f Belgian railways board.*

**SNCF** *(abr de* **Société nationale des chemins de fer français)** *npr f French railways board*; **la** ~ **est en grève** the (French) railwaymen are on strike; **il travaille à la** ~ he works for the (French) railways.

**SNES, Snes** [snɛs] *(abr de* **Syndicat national de l'enseignement secondaire)** *npr m secondary school teacher's union.*

**Sne-sup** [snɛsyp] *(abr de* **Syndicat national de l'enseignement supérieur)** *npr m university teachers' union.*

**SNI** [sni] *(abr de* **Syndicat national des instituteurs)** *npr m primary school teachers' union.*

**sniff** [snif] ◇ *interj* boo hoo. ◇ *nm* ∇ [de cocaïne] snort.

**sniffer**∇ [3] [snife] ◇ *vi* to snort. ◇ *vt* [cocaïne] to snort; ~ **de la colle** to gluesniff, to sniff glue.

**SNJ** *(abr de* **syndical national des journalistes)** *npr m national union of journalists.*

**snob** [snɔb] ◇ *adj* snobbish, snobby. ◇ *nmf* snob.

**snober** [3] [snɔbe] *vt* [personne] to snub; [chose] to turn one's nose up at.

**snobinard, e** [snɔbinar, ard] *fam* ◇ *adj* snobbish, hoity-toity. ◇ *nm, f* snob.

**snobisme** [snɔbism] *nm* snobbery, snobbishness; **il joue au golf par** ~ he plays golf out of snobbery ou purely for the snob value.

**s.o.** *(abr écrite de* **sans objet)** na.

**S-O** *(abr écrite de* **Sud-Ouest)** SW.

**sobre** [sɔbr] *adj* **-1.** [personne – tempérante] sober, temperate, abstemious; [– non ivre] sober. **-2.** [modéré, discret – architecture, tenue, style] sober, restrained.

**sobrement** [sɔbrəmɑ̃] *adv* **-1.** [avec modération] temperately, soberly. **-2.** [avec discrétion, retenue] soberly.

**sobriété** [sɔbrijete] *nf* **-1.** [tempérance] soberness, temperance. **-2.** [discrétion, retenue] soberness. **-3.** [dépouillement – d'un style, d'un décor] bareness.

**sobriquet** [sɔbrikɛ] *nm* nickname; **un petit** ~ affectueux a pet name.

**soc** [sɔk] *nm* ploughshare.

**sociabiliser** [1] [sɔsjabilize] *vt* to make sociable.

**sociabilité** [sɔsjabilite] *nf* sociableness, sociability.

**sociable** [sɔsjabl] *adj* **-1.** [individu, tempérament] sociable, gregarious. **-2.** [vivant en société] social.

**social, e, aux** [sɔsjal, o] *adj* **-1.** [réformes, problèmes, ordre, politique] social; **c'est une menace** ~**e** it represents a threat to society. **-2.** ADMIN social, welfare *(modif)*; **avantages sociaux** welfare benefits; **logements sociaux** public housing; **services sociaux** social services. **-3.** ENTOM & ZOOL social. **-4.** JUR company *(modif)*; **un associé peut être tenu responsable des dettes** ~**es** a partner may be liable for company debts.
◆ **social** *nm*: **le** ~ social issues ou matters.

**social-démocrate** [sɔsjaldemɔkrat] *(pl* **sociaux-démocrates** [sɔsjodemɔkrat]) ◇ *adj* social democratic. ◇ *nmf* [gén] social democrat; [adhérent d'un parti] Social Democrat.

**social-démocratie** [sɔsjaldemɔkrasi] *(pl* **social-démocraties)** *nf* social democracy.

**socialement** [sɔsjalmɑ̃] *adv* socially.

**socialisant, e** [sɔsjalizɑ̃, ɑ̃t] *adj* **-1.** POL left-leaning, with left-wing tendencies. **-2.** [préoccupé de justice sociale] socialistic. ◇ *nm, f* **-1.** POL socialist sympathizer. **-2.** [contestataire social] advocate of social equality.

**socialisation** [sɔsjalizasjɔ̃] *nf* **-1.** ÉCON collectivization. **-2.** POL: **depuis la** ~ **du pays** since the country went socialist. **-3.** PSYCH socialization.

**socialiser** [3] [sɔsjalize] *vt* **-1.** ÉCON to collectivize. **-2.** PSYCH to socialize.

**socialisme** [sɔsjalism] *nm* socialism; ~ **d'État** State socialism.

**socialiste** [sɔsjalist] *adj & nmf* socialist.

**social-révolutionnaire** [sɔsjalrevɔlysjɔnɛr] *(pl* **sociaux-révolutionnaires** [sɔsjorevɔlysjɔnɛr]) *adj & nmf* social-revolutionary.

**sociétaire** [sɔsjetɛr] *nmf* [d'une association] member; ~ **de la Comédie-Française** actor co-opted as a full member of the Comédie-Française.

**société** [sɔsjete] *nf* **-1.** SOCIOL: **la** ~ society; **vivre en** ~ to live in society; **les insectes qui vivent en** ~ social insects ❑ **la** ~ **d'abondance** the affluent society ou society; **la** ~ **de consommation** the consumer society. **-2.** *litt* [présence] company, society; **rechercher la** ~ **de qqn** to seek (out) sb's company. **-3.** *fam* [personnes réunies] company, gathering. **-4.** [catégorie de gens] society; **cela ne se fait pas dans la bonne** ~ it's not done in good company ou in the best society; **la haute** ~ high society. **-5.** [association – de gens de lettres, de savants] society; [– de sportifs] club; ~ **littéraire/savante** literary/learned society; ~ **secrète** secret society; **la Société des Amis** the Society of Friends, the Quakers; **la Société de Jésus** the Society of Jesus; **la Société des Nations** the League of Nations; **la Société protectrice des animaux**→ SPA. **-6.** COMM, JUR & ÉCON company, firm; ~ **anonyme** (public) limited company; ~ **à capital variable** company with variable capital; ~ **de capitaux** à responsabilité limitée) limited liability company; ~ **(de capitaux) par actions** (à responsabilité limitée) (limited liability) joint-stock company; ~ **civile professionnelle** professional ou non-trading partnership; ~ **en commandite** limited partnership; ~ **en commandite simple** ≃ general partnership; ~ **d'économie mixte** government-controlled corporation; ~ **d'intérêt collectif agricole** agricultural cooperative; ~

d'investissement à capital variable→ SICAV; ~ en nom collectif ≃ (unlimited) private company; ~ de personnes partnership; ~ de prévoyance provident society; ~ à responsabilité limitée ≃ limited liability company; ~ de services service company; Société nationale des chemins de fer français→ SNCF. **-7.** BANQUE: ~ financière/de crédit finance/credit company; ~ de crédit immobilier building society *Br*, savings and loan association *Am*.**-8.** JUR: ~ d'acquêts joint (matrimonial) assets. **-9.** INF: ~ de services et d'ingénierie informatique services and software organization. **-10.** LOISIRS: jeux de ~ games *(for playing indoors, often with boards or cards)*.

**sociobiologie** [sɔsjɔbjɔlɔʒi] *nf* sociobiology.

**socioculturel, elle** [sɔsjɔkyltyʀɛl] *adj* sociocultural.

**sociodrame** [sɔsjɔdʀam] *nm* sociodrama.

**socio-économique** [sɔsjɔekɔnɔmik] *(pl* **socio-économiques)** *adj* socioeconomic.

**socio-éducatif, ive** [sɔsjɔedykatif, iv] *(mpl* **socio-éducatifs,** *fpl* **socio-éducatives)** *adj* socioeducational.

**sociolinguistique** [sɔsjɔlɛ̃gyistik] *nf* sociolinguistics *(U)*.

**sociologie** [sɔsjɔlɔʒi] *nf* sociology.

**sociologique** [sɔsjɔlɔʒik] *adj* sociological.

**sociologue** [sɔsjɔlɔg] *nmf* sociologist.

**socioprofessionnel, elle** [sɔsjɔpʀɔfesjɔnɛl] *adj* socioprofessional.

**socle** [sɔkl] *nm* **-1.** ARCHIT [piédestal] pedestal, base; [stylobate] stylobate. **-2.** CONSTR [d'un bâtiment] plinth, socle; [d'un mur] footing. **-3.** GÉOL (large) block. **-4.** MENUIS [de chambranle] skirting, capping; [de marche] string, stairstring.

**socque** [sɔk] *nm* **-1.** ANTIQ sock. **-2.** [chaussure] clog.

**socquette** [sɔkɛt] *nf* ankle sock, bobby sock *Am*.

**Socrate** [sɔkʀat] *npr* Socrates.

**socratique** [sɔkʀatik] *adj* Socratic.

**soda** [sɔda] *nm* **-1.** [boisson gazeuse] fizzy drink, soda *Am*.**-2.** [eau de Seltz] soda (water); whisky ~ whisky and soda.

**sodé, e** [sɔde] *adj* sodium *(modif)*.

**sodique** [sɔdik] *adj* sodic, sodium *(modif)*.

**sodium** [sɔdjɔm] *nm* sodium.

**Sodome** [sɔdɔm] *npr* Sodom; ~ et Gomorrhe Sodom and Gomorrah.

**sodomie** [sɔdɔmi] *nf* sodomy.

**sodomiser** [3] [sɔdɔmize] *vt* to sodomize, to bugger.

**sodomite** [sɔdɔmit] *nm* sodomite.

**sœur** [sœʀ] *nf* **-1.** [parente] sister; l'envie et la calomnie sont ~ s envy and slander are sisters ❏ ma grande ~ my big sister; ma petite ~ my little sister; ma ~ aînée my elder ou older sister; ma ~ cadette my younger sister; ~ de lait foster sister; et ta ~!▽ mind your own (damn) business!**-2.** RELIG sister, nun; chez les ~ s with the nuns, in a convent; bien, ma ~ very well, sister; ~ Thérèse Sister Theresa ❏ bonne ~ *fam* nun; les Petites Sœurs des pauvres the Little Sisters of the Poor.

**sœurette** [sœʀɛt] *nf fam* (little) sister.

**sofa** [sɔfa] *nm* sofa.

**sofia** [sɔfja] *npr* Sofia.

**SOFRES, Sofres** [sɔfʀɛs] *(abr de* **Société française d'enquêtes par sondages)** *npr f French market research company.*

**soft** [sɔft] ◊ *nm inv fam* INF software. ◊ *adj inv* [film, roman] softcore.

**software** [sɔftwɛʀ] *nm* software.

**soi** [swa] ◊ *pron pers* **-1.** [représentant un sujet indéterminé] oneself; être content de ~ to be pleased with oneself; il ne faut pas penser qu'à ~ one shouldn't think only of oneself; ne pas regarder derrière ~ not to look back; prendre sur ~ to get a grip on oneself; prendre sur ~ de faire qqch to take it upon oneself to do sthg. **-2.** [représentant un sujet déterminé]: on ne pouvait lui reprocher de ne penser qu'à ~ he couldn't be reproached for thinking only of himself. **-3.** *loc*: en ~ in itself, per se; cela va de ~ that goes without saying. ◊ *nm*: le ~ the self.

**soi-disant** [swadizɑ̃] ◊ *adj inv* **-1.** [qu'on prétend tel – liberté, gratuité] so-called; [– coupable, responsable] alleged. **-2.** [qui

se prétend tel – aristocrate] self-styled; [– ami, héritier, génie] so-called. ◊ *adv fam* [à ce qu'on prétend] supposedly; elle l'a ~ tué they say she killed ou she's alleged to have killed him; tu étais ~ absent! you were supposed to be out!; elle est sortie, ~ pour acheter du fromage she went out, ostensibly to get some cheese ou to get some cheese, she said.

◆ **soi-disant que** *loc conj fam* apparently; ~ qu'il ne nous aurait pas vus! he didn't see us, or so he said!

**soie** [swa] *nf* **-1.** TEXT silk; ~ grège/naturelle/sauvage raw/natural/wild silk. **-2.** ZOOL [de sanglier, de chenille] bristle; [de bivalves] byssus. **-3.** [d'un couteau] tang.

◆ **de soie** *loc adj* [étoffe, tapis] silk *(modif)*; [peau] silky.

**soierie** [swaʀi] *nf* **-1.** [étoffe] silk. **-2.** [activité] silk trade.

**soif** [swaf] *nf* **-1.** [envie de boire] thirst; avoir ~ to be thirsty; avoir grand-~ to be parched ❏ jusqu'à plus ~ [boire] till one's thirst is quenched; fig till one can take no more. **-2.** *fig*: ~ de pouvoir/de richesses craving for power/wealth; ~ de connaissances thirst for knowledge; avoir ~ de sang to thirst for blood.

**soiffard, e** [swafaʀ, aʀd] *nm, f fam* boozer, alkie.

**soignant, e** [swaɲɑ̃, ɑ̃t] *adj* caring; le personnel ~ est en grève the nursing staff are on strike.

**soigné, e** [swaɲe] *adj* **-1.** [propre – apparence, personne] neat, tidy, well-groomed; [– vêtements] neat; [– ongles] well kept; [– mains] well cared for; être très ~ de sa personne to be very well-groomed; peu ~ [apparence, personne, tenue] untidy; [coiffure] unkempt. **-2.** [fait avec soin – décoration] carefully done; [– style] polished; [– écriture, coiffure] neat, tidy; [– travail] neat, careful; [– dîner] carefully prepared; [– jardin] neat, well-kept; peu ~ [jardin] badly kept; [dîner] carelessly put together; [écriture] untidy; [travail] careless, shoddy. **-3.** *fam* [en intensif]: j'ai un mal de tête ~! I've got a splitting headache!; le devoir de chimie était ~! the chemistry paper was a real stinker!

**soigner** [3] [swaɲe] *vt* **-1.** [malade] to treat, to nurse, to look after *(insép)*; [maladie] to treat; il ne veut pas se faire ~ he refuses (any) treatment; ils m'ont soigné aux antibiotiques they treated me with antibiotics; c'est le docteur Jean qui la soigne [d'habitude] she's under ou in the care of Dr. Jean; je n'arrive pas à ~ mon rhume I can't get rid of my cold; il faut te faire ~! *fam* you need (to get) your head examined!**-2.** [bien traiter – ami, animal, plantes] to look after *(insép)*, to take care of; [– jardin] to look after. **-3.** [être attentif à – apparence, tenue, présentation, prononciation] to take care ou trouble over; [– écriture, style] to polish (up); [– image de marque] to take good care of, to nurse; [– repas] to prepare carefully, to take trouble over (the preparation of); ~ sa mise to dress with care. **-4.** *fam* [exagérer]: ils ont soigné l'addition! the bill's a bit steep!**-5.** *fam* [frapper]: tu aurais vu ses bleus, le mec l'a soigné! you should've seen his bruises, the guy made mincemeat of him!

◆ **se soigner** ◊ *vp (emploi réfléchi)*: il se soigne à l'homéopathie he relies on homeopathic treatment when he's ill; je suis timide mais je me soigne! *hum* I'm shy but I'm doing my best to get over it! ◊ *vp (emploi passif)* to be susceptible to treatment; ça se soigne bien it can be easily treated; ça se soigne difficilement it's difficult to treat (it); ça se soigne, tu sais! *fam & hum* they have a cure for that these days, you know!

**soigneur** [swaɲœʀ] *nm* [d'un boxeur] second; [d'un cycliste] trainer; [d'une équipe de football, de rugby] physiotherapist *Br*, physical therapist *Am*.

**soigneusement** [swaɲøzmɑ̃] *adv* [écrire, plier] neatly, carefully; [rincer, laver] carefully; sa chambre est toujours rangée très ~ his room is always very neat (and tidy).

**soigneux, euse** [swaɲø, øz] *adj* **-1.** [propre et ordonné] tidy; il n'est pas du tout ~ dans son travail he's quite untidy ou messy in his work; tu n'es pas assez ~ de tes habits you're not careful enough with ou you don't take enough care of your clothes. **-2.** [consciencieux – employé] meticulous; [– recherches, travail] careful, meticulous; elle est très soigneuse dans ce qu'elle fait she's very careful in what she does, she takes great care over her work. **-3.** ~ de [soucieux de]: ~ de sa réputation mindful of his reputation.

**soi-même** [swamɛm] *pron pers* oneself; être/rester ~ to be/to remain oneself; il faut tout faire ~ ici you have to do everything yourself around here; c'est Antoine? — ~! *fam*

& *hum* is it Antoine? — in person ou none other!; **faire qqch de** ~ to do sthg spontaneously; **par** ~ by oneself, on one's own; **se replier sur** ~ to withdraw into oneself.

**soin** [swɛ̃] *nm* **-1.** [attention] care; **avoir** ou **prendre** ~ **de qqch** to take care of sthg; **prendre** ~ **de qqn** to look after ou to take care of sb; **avoir** ou **prendre** ~ **de faire qqch** to take care to do ou to make a point of doing sthg; **on dirait qu'elle met un** ~ **tout particulier à m'agacer** it's as if she was making a point of annoying me; **avec** ~ carefully, with care; **faire qqch sans** ~ to do sthg carelessly. **-2.** *sout* [souci] care, concern; **mon premier** ~ **fut de tout ranger** my first concern ou the first thing I did was to put everything back into place. **-3.** [propreté] neatness; **avec** ~ neatly, tidily; **sa maison est toujours rangée avec** ~ his house is always very neat ou tidy; **être sans** ~ to be untidy; **il a peint le cadre sans aucun** ~ he made a mess of painting the frame. **-4.** [responsabilité] task; **je te laisse le** ~ **de la convaincre** I leave it (up) to you to convince her; **confier à qqn le** ~ **de faire qqch** to entrust sb with the task of doing sthg; **il lui a confié le** ~ **de gérer son garage** he entrusted her with the management of his garage.

◆ **soins** *nmpl* **-1.** [de routine] care; [médicaments] treatment; **donner** ou **dispenser des** ~**s à** [médicaux] to give medical care to; **prodiguer des** ~**s à un nouveau-né** to care for a newborn baby ❏ **premiers** ~**s**, ~**s d'urgence** first aid; ~**s de beauté** beauty care; ~**s dentaires** dental treatment ou care; ~**s intensifs** intensive care; ~**s** (médicaux) medical care ou treatment. **-2.** [attention] care, attention; **nous apporterons tous nos** ~**s au règlement de cette affaire** we'll do our utmost to settle this matter; **confier qqn aux (bons)** ~**s de qqn** to leave sb in the care of sb; **aux bons** ~**s de** [dans le courrier] care of ❏ **sa grand-mère est aux petits** ~**s pour lui** *fam* his grandma waits on him hand and foot.

**soir** [swar] *nm* **-1.** [fin du jour] evening; [début de la nuit] night; **le** ~ **tombe** night is falling, the evening is drawing in; **le** ~ **de ses 20 ans** on the evening of her 20th birthday. **-2.** [dans des expressions de temps]: **ce** ~ tonight, this evening; **lundi** ~ Monday evening ou night; **hier** ~ yesterday evening, last night; **le 11 au** ~ on the 11th in the evening, on the evening of the 11th; **le** ~ in the evening, in the evenings; **tous les** ~**s, chaque** ~ every evening; **vers 6 h du** ~ around 6 (o'clock) in the evening, around 6 p.m.; **à 10 h du** ~ at 10 (o'clock) at night, at 10 p.m. **-3.** PRESSE: **le Soir** Belgian daily newspaper.

◆ **du soir** *loc adj* **-1.** [journal] evening *(modif)*; [prière] night *(modif)*. **-2.** *fam* [personne]: **il est du** ~ he's a night owl.

**soirée** [sware] *nf* **-1.** [fin de la journée] evening; **bonne** ~! have a nice evening!, enjoy your evening! **-2.** [fête, réunion] party; ~ **dansante** (evening) dance. **-3.** CIN & THÉÂT evening performance.

**sois** [swa] *v* → **être**.

**soit** [swa] ◇ *conj* **-1.** [c'est-à-dire] that is to say. **-2.** [introdusant une hypothèse]: ~ **une droite AB** let AB be a line, given a line AB. ◇ *adv*: ~, **j'accepte vos conditions** very well then, I accept your conditions; **tu préfères cela?** eh bien ~! all right ou very well then, if that's what you prefer!

◆ **soit que... ou que** *loc corrél* either... or.

◆ **soit que..., soit que** *loc corrél* either... or; ~ **que vous veniez chez moi,** ~ **que j'aille chez vous, nous nous retrouverons demain** either you come to my place or I'll go to yours, but we'll meet up tomorrow.

◆ **soit..., soit** *loc corrél* either... or; **c'est** ~ **l'un,** ~ **l'autre** it's (either) one or the other.

**soixantaine** [swasɑ̃tɛn] *nf*: **une** ~ about sixty; **avoir la** ~ to be about sixty.

**soixante** [swasɑ̃t] *dét & nm inv* sixty; *voir aussi* **cinquante**.

**soixante-dix** [swasɑ̃tdis] *dét & nm inv* seventy; *voir aussi* **cinquante**.

**soixante-dix-huit tours** [swasɑ̃tdizɥitur] *nm inv* 78 rpm, seventy-eight (record).

**soixante-dixième** [swasɑ̃tdizjɛm] *adj num, nmf & nm* seventieth; *voir aussi* **cinquième**.

**soixante-huitard, e** [swasɑ̃tɥitar, ard] ◇ *adj* [réforme] brought about by the students' revolt of 1968; [tendance] antiestablishment. ◇ *nm, f* veteran of the 1968 students' revolt.

**soixantième** [swasɑ̃tjɛm] *adj num, nmf & nm* sixtieth; *voir aussi* **cinquième**.

**soja** [sɔʒa] *nm* **-1.** BOT soya. **-2.** CULIN soya *Br*, soya beans *Br*, soybeans *Am*.

**sol** [sɔl] ◇ *nm inv* MUS G; [chanté] sol, so, soh. ◇ *nm* **-1.** AGR & HORT [terre] soil. **-2.** [surface – de la Terre] ground; [– d'une planète] surface; **l'avion s'est écrasé au** ~ the plane crashed; **le** ~ **lunaire** the surface of the Moon. **-3.** [surface aménagée – à l'intérieur] floor. **-4.** *litt* [patrie] soil; **sur le** ~ **américain** on American soil. **-5.** GÉOL soil, solum *spéc*. **-6.** SPORT floor. **-7.** CHIM sol.

◆ **au sol** *loc adj* **-1.** SPORT [exercice] floor *(modif)*. **-2.** AÉRON [vitesse, ravitaillement] ground *(modif)*.

**sol-air** [sɔlɛr] *adj inv* ground-to-air.

**solaire** [sɔlɛr] ◇ *adj* **-1.** ASTRON solar; **le rayonnement** ~ the Sun's radiation. **-2.** [qui a trait au soleil] solar. **-3.** [qui utilise le soleil – capteur, four] solar; [– habitat] solar, solar-heated. **-4.** [qui protège du soleil] sun *(modif)*; **crème/huile** ~ suntan lotion/oil. **-5.** ANAT → **plexus**. ◇ *nm*: **le** ~ solar energy.

**solarium** [sɔlarjɔm] *nm* solarium.

**soldat** [sɔlda] *nm* **-1.** MIL soldier, serviceman; **simple** ~, ~ **de deuxième classe** [armée de terre] private; [armée de l'air] aircraftman *Br*, airman basic *Am*; ~ **de première classe** [armée de terre] lance corporal *Br*, private first class *Am*; [armée de l'air] leading aircraftman *Br*, airman third class *Am*; **le Soldat inconnu** the Unknown Soldier ou Warrior. **-2.** JEUX: **(petits)** ~**s de plomb** tin ou lead ou toy soldiers; **jouer aux petits** ~**s** to play with toy soldiers; **jouer au petit** ~ *fam* to swagger. **-3.** ENTOM soldier (ant).

**soldate** [sɔldat] *nf fam* woman soldier, servicewoman.

**soldatesque** [sɔldatɛsk] *litt* ◇ *adj*: **des manières** ~**s** rough soldierly manners. ◇ *nf péj*: **la** ~ army rabble.

**solde¹** [sɔld] *nf* **-1.** MIL pay. **-2.** *Afr* [salaire] salary, wages.

◆ **à la solde de** *loc prép péj* in the pay of; **avoir qqn à sa** ~ to be sb's paymaster.

**solde²** [sɔld] *nm* **-1.** FIN [d'un compte] (bank) balance; [à payer] outstanding balance; **vous serez remboursés du** ~ **en janvier** you'll be paid the balance in January ❏ ~ **créditeur** credit balance, balance in hand; ~ **débiteur** debit balance, balance owed; ~ **à reporter** balance carried forward; **pour** ~ **de tout compte** in (full) settlement. **-2.** COMM [vente] sale, sales, clearance sale; [marchandise] sale item ou article; **acheter** ou **avoir qqch en** ~ to buy sthg in the sales *Br* ou on sale *Am* at sale price; **le bonnet était en** ~ the hat was reduced; **mettre qqch en** ~ to sell sthg at sale price.

◆ **soldes** *nmpl* sale, sales; **au moment des** ~**s** during the sales, when the sales are on.

**solder** [3] [sɔlde] *vt* **-1.** COMM to sell (off) at sale price ou at a reduced price; **toutes nos chemises sont soldées** all our shirts are at sale ou at reduced price; **elle me l'a soldé pour 100 F** she knocked the price down to 100 F, she let me have it for 100 F; **tout est soldé à 30 F** everything is reduced to 30 francs ‖ *(en usage absolu)*: **on solde!** the sales are on!, there's a sale on! **-2.** [dette] to settle. **-3.** BANQUE [compte] to close.

◆ **se solder par** *vp + prép* **-1.** [se terminer par] to result in; **se** ~ **par un échec** to result in failure, to come to nothing. **-2.** COMM, ÉCON & FIN: **se** ~ **par un excédent/un déficit de** to show a surplus/a deficit of.

**solderie** [sɔldəri] *nf* discount store.

**soldeur, euse** [sɔldœr, øz] *nm, f* discount trader.

**sole** [sɔl] *nf* **-1.** [d'un four] hearth. **-2.** AGR break (field). **-3.** CONSTR (trowel) throw. **-4.** CULIN & ZOOL sole.

**solécisme** [sɔlesism] *nm* solecism.

**soleil** [sɔlɛj] *nm* **-1.** [étoile qui éclaire la Terre]: **le Soleil** the Sun; **se lever avec le** ~ to be up with the lark ❏ **le** ~ **levant/couchant** the rising/setting sun; **au** ~ **levant/couchant** at sunrise/sunset; **le** ~ **de minuit** the midnight sun. **-2.** [chaleur] sun, sunshine; [clarté] sun, sunlight, sunshine; **quelques brèves apparitions du** ~ some sunny spells; **il y aura beaucoup de** ~ **sur le sud de la France** it'll be very sunny in ou over southern France; **une journée sans** ~ a day with no sunshine; **un** ~ **de plomb** a blazing sun; **ma chambre manque de** ~ my room doesn't get enough sun ou sunlight; **on a le** ~ **sur le balcon jusqu'à midi** the balcony gets the sun until noon; **au** ~ in the sun; **tu es en plein** ~ you're right in the sun; **prendre le** ~ to sunbathe. **-3.** BOT sunflower. **-4.** SPORT (backward) grand circle. **-5.** [feu d'artifice] Catherine wheel.

**solennel, elle** [sɔlanɛl] *adj* **-1.** [obsèques, honneurs, silence] solemn. **-2.** [déclaration, occasion, personne, ton] solemn, formal. **-3.** JUR [contrat] solemn.

**solennellement** [sɔlanɛlmɑ̃] *adv* **-1.** [en grande pompe] formally, ceremoniously. **-2.** [cérémonieusement] solemnly, in a solemn voice. **-3.** [officiellement] solemnly.

**solenniser** [3] [sɔlanize] *vt* to solemnize.

**solennité** [sɔlanite] *nf* **-1.** [d'une réception] solemnity. **-2.** [d'un ton, d'une personne] solemnity, formality. **-3.** *sout* [fête] solemn ceremony OU solemnity. **-4.** JUR solemnity.

**Solex®** [sɔlɛks] *nm*≃ moped.

**solfège** [sɔlfɛʒ] *nm* **-1.** [notation] musical notation; [déchiffrage] sight-reading; **faire du ~** to study musical notation. **-2.** [manuel] music primer.

**solfier** [9] [sɔlfje] *vt* to sol-fa.

**solidaire** [sɔlidɛr] *adj* **-1.** [personnes]: **être ~s** [les uns des autres] to stand OU to stick together; [l'un de l'autre] to show solidarity with each other; **nous sommes ~s de nos camarades** we support OU stand by our comrades; **deux syndicats peu ~s** two unions showing little solidarity. **-2.** [reliés – processus, pièces mécaniques] interdependent; **être ~ de** to interact with. **-3.** [interdépendants] interdependent. **-4.** JUR joint and several.

**solidairement** [sɔlidɛrmɑ̃] *adv* **-1.** [conjointement] jointly, in solidarity with each other. **-2.** *fig*: **les processus fonctionnent ~** the processes are interdependent. **-3.** MÉCAN [par engrenage] in a mesh; [directement] locked (together). **-4.** JUR jointly and severally.

**solidariser** [3] [sɔlidarize] *vt* **-1.** [faire partager les mêmes intérêts] to unify, to bring together. **-2.** [relier – processus] to make interdependent. **-3.** MÉCAN [par engrenage] to mesh; [directement] to lock (together), to interlock.

◆ **se solidariser avec** *vp + prép* to show solidarity with.

**solidarité** [sɔlidarite] *nf* **-1.** [entre personnes] solidarity; **par ~ avec** out of a fellow-feeling for, in order to show solidarity with □ **~ ministérielle** ministerial responsibility; **Solidarité** [syndicat polonais] Solidarity. **-2.** [de processus] interdependence. **-3.** MÉCAN [engrenage] meshing; [entraînement] locking, interlocking. **-4.** JUR joint and several liability.

**solide** [sɔlid] ◇ *adj* **-1.** [résistant – meubles, matériel] solid, sturdy, strong; [– papier] tough, strong; [– vêtements] hard-wearing; [– bâtiment] solid, strong; [– verrou, nœud] secure. **-2.** [établi, stable – formation, culture, technique] sound; [– institution, argument, raisons] solid, sound; [– professionnalisme, réputation] solid; [– bases] solid, sound, firm; [– foi] firm, staunch; [– principes, qualités] staunch, sound, sterling *(modif)*; [– monnaie] strong, firm; **attitude empreinte d'un ~ bon sens** no-nonsense attitude, attitude based on sound common sense; **elle s'est entourée d'une ~ équipe de chercheurs** she's surrounded herself with a reliable OU strong research team. **-3.** [robuste – personne, membre] sturdy, robust; [– santé] sound; **avoir une ~ constitution** to have an iron constitution; **le poulain n'est pas encore très ~ sur ses pattes** the foal isn't very steady on its legs yet; **le cœur n'est plus très ~** the heart's getting weaker. **-4.** *(avant le nom) fam* [substantiel] substantial, solid; **un ~ petit déjeuner** a substantial OU solid breakfast; **un ~ coup de poing** a mighty punch; **avoir une ~ avance sur ses concurrents** to enjoy a secure OU comfortable lead over one's rivals □ **avoir un ~ coup de fourchette** to have a hearty appetite. **-5.** [non liquide – aliments, corps, état] solid. **-6.** TEXT [tissu] resistant; [teinture] fast. **-7.** MATH solid. ◇ *nm* **-1.** [ce qui est robuste]: **les voitures suédoises, c'est du ~** Swedish cars are built to last; **son dernier argument, c'est du ~!** *fam* her last argument is rock solid!. **-2.** [sol ferme] solid ground; **marcher sur du ~** to walk on solid ground. **-3.** [aliments solides] solids, solid food. **-4.** MATH & PHYS solid.

**solidement** [sɔlidmɑ̃] *adv* **-1.** [fortement] securely, firmly. **-2.** [profondément] firmly; **c'est une croyance ~ ancrée** it's a deeply-rooted OU deep-seated idea. **-3.** *fam* [en intensif] seriously; **je l'ai ~ grondé** I gave him a good talking-to.

**solidification** [sɔlidifikasjɔ̃] *nf* solidification.

**solidifier** [9] [sɔlidifje] *vt* to solidify, to harden.

◆ **se solidifier** *vpi* to solidify, to harden.

**solidité** [sɔlidite] *nf* **-1.** [d'un meuble] solidity, sturdiness; [d'un vêtement] sturdiness, durability; [d'un bâtiment] solidity. **-2.** [d'une institution, de principes, d'arguments] solidity, soundness; [d'une équipe] reliability; [d'une monnaie]

strength. **-3.** [force d'une personne] sturdiness, robustness.

**soliloque** [sɔlilɔk] *nm* soliloquy.

**soliloquer** [3] [sɔlilɔke] *vi* to soliloquize.

**soliste** [sɔlist] *nmf* soloist.

**solitaire** [sɔlitɛr] ◇ *adj* **-1.** [personne, existence, activité] solitary, lonely. **-2.** [isolé – île, quartier, retraite] solitary, lone. **-3.** ARCHIT [colonne] isolated. ◇ *nmf* **-1.** [misanthrope] loner, lone wolf. **-2.** [navigateur, voyageur]: **c'est une course de ~s** it's a single-handed race. ◇ *nm* **-1.** [anachorète] hermit, recluse. **-2.** JEUX & JOAILL solitaire. **-3.** CHASSE old boar.

◆ **en solitaire** ◇ *loc adj* [course, vol] solo *(modif)*; [navigation] single-handed. ◇ *loc adv* [vivre, travailler] on one's own; [naviguer] single-handed.

**solitairement** [sɔlitɛrmɑ̃] *adv*: **vivre ~** to lead a solitary life.

**solitude** [sɔlityd] *nf* **-1.** [d'une personne – momentanée] solitude; [– habituelle] loneliness; **j'aime la ~** I like to be alone OU on my own; **dans une grande ~** morale morally isolated; **la ~ à deux** the loneliness of a couple *(when the two stop communicating with each other)*. **-2.** [d'une forêt, d'un paysage] loneliness, solitude.

**solive** [sɔliv] *nf* CONSTR joist.

**Soljenitsyne** [sɔlʒenitsin] *npr* Solzhenitsyn.

**sollicitation** [sɔlisitasjɔ̃] *nf* **-1.** [requête] request, entreaty. **-2.** [tentation] temptation. **-3.** [poussée, traction]: **les freins répondent à la moindre ~** the brakes are extremely responsive. **-4.** CONSTR stress.

**solliciter** [3] [sɔlisite] *vt* **-1.** [requérir – entrevue] to request, to solicit, to beg the favour of; [– aide, conseils] to solicit, to seek (urgently); [– emploi] to apply for *(insép)*; **~ qqch de qqn** to request sthg from sb; **je me permets de ~ votre bienveillance** may I appeal to your kindness. **-2.** [mettre en éveil – curiosité, attention] to arouse; [– élève] to spur on **~ qqn** to urge on *(sép)*; **le problème qui nous sollicite** OU **qui sollicite notre attention actuellement** the problem currently before us. **-3.** [texte] to overinterpret. **-4.** [faire appel à] to approach, to appeal to *(insép)*; **être très sollicité** to be (very much) in demand; **sollicité par les chasseurs de tête** head-hunted. **-5.** [faire fonctionner – mécanisme] to put a strain on; **dès que les freins sont sollicités** as soon as you touch the brakes. **-6.** ÉQUIT [cheval] to spur OU to urge on *(sép)*.

**solliciteur, euse** [sɔlisitœr, øz] *nm, f* [quémandeur] suppliant, supplicant.

**sollicitude** [sɔlisityd] *nf* [intérêt – affectueux] (excessive) care, solicitude; [– soucieux] concern, solicitude; **être plein de ~ envers qqn** to be very attentive to OU towards sb.

**solo** [sɔlo] *(pl* **solos** OU **soli** [-li])* *nm* **-1.** MUS solo; **elle joue/chante en ~** she plays/sings solo; **une escalade en ~** *fig* a solo climb. **-2.** THÉÂT [spectacle] one-man-show.

**sol-sol** [sɔlsɔl] *adj inv* ground-to-ground.

**solstice** [sɔlstis] *nm* solstice; **~ d'été/d'hiver** summer/winter solstice.

**solubiliser** [3] [sɔlybilize] *vt* to solubilize.

**solubilité** [sɔlybilite] *nf* solubility.

**soluble** [sɔlybl] *adj* **-1.** CHIM soluble. **-2.** [problème] solvable, soluble.

**soluté** [sɔlyte] *nm* solute.

**solution** [sɔlysjɔ̃] *nf* **-1.** [résolution, clé] solution, answer; **apporter une ~ à un problème** to find a solution to OU to solve a problem □ **une ~ de facilité** an easy way out. **-2.** [terme – d'une crise] resolution, settling; [– d'une situation complexe] resolution. **-3.** HIST: **la ~ finale** the Final Solution. **-4.** MATH solution. **-5.** *sout* [gén & MÉD]: **~ de continuité** solution of continuity. **-6.** CHIM & PHARM solution; **en ~** dissolved, in (a) solution.

**solutionner** [3] [sɔlysjɔne] *vt* to solve, to resolve.

**solvabilité** [sɔlvabilite] *nf* solvency.

**solvable** [sɔlvabl] *adj* solvent.

**solvant** [sɔlvɑ̃] *nm* solvent.

**soma** [sɔma] *nm* BIOL soma.

**somali, e** [sɔmali] *adj* Somalian, Somali.

◆ **Somali, e** *nm, f* Somali.

◆ **somali** *nm* LING Somali.

**Somalie** [sɔmali] *npr f*: **(la) ~** [république] Somalia; [bassin] Somaliland.

**somalien, enne** [sɔmaljɛ̃, ɛn] = **somali**.

**somatique** [sɔmatik] *adj* somatic.

**somatiser** [3] [sɔmatize] *vt* to somatize.

**sombre** [sɔ̃br] *adj* **-1.** [pièce, ruelle, couleur, robe] dark; **il fait très ~** it's very dark. **-2.** [personne, caractère, humeur, regard] gloomy, melancholy, sombre; [avenir, perspectives] gloomy; **les jours les plus ~s** ou **de notre histoire** the gloomiest ou darkest days of our history. **-3.** *(avant le nom) fam* [en intensif]: **c'est une ~ crapule/un ~ crétin** he's the scum of the earth/a prize idiot; **il m'a raconté une ~ histoire de fraude fiscale** he told me some murky story about tax evasion. **-4.** LING [voyelle] dark.

**sombrement** [sɔ̃brəmã] *adv* gloomily, sombrely.

**sombrer** [3] [sɔ̃bre] *vi* **-1.** [bateau] to sink, to founder. **-2.** *sout* [être anéanti – civilisation] to fall, to decline, to collapse; [– entreprise] to go bankrupt, to fail, to collapse; [– projet] to collapse, to fail; [– espoir] to fade, to be dashed; **sa raison a sombré** he lost his reason. **-3.** **~ dans** [s'abandonner à] to sink into; **~ dans le sommeil/le désespoir** to sink into sleep/despair.

**sombrero** [sɔ̃brero] *nm* sombrero.

**sommaire** [sɔmɛr] ◇ *adj* **-1.** [succinct] brief, succinct. **-2.** [rudimentaire – réparation] makeshift; **il n'a reçu qu'une éducation ~** his education was rudimentary, to say the least. **-3.** [superficiel – analyse] summary, basic; [– examen] superficial, perfunctory. **-4.** [expéditif – procès] summary. ◇ *nm* [d'un magazine] summary; [d'un livre] summary, synopsis; **au ~ de notre journal ce soir** our main news stories tonight.

**sommairement** [sɔmɛrmã] *adv* **-1.** [brièvement] briefly. **-2.** [rudimentairement] basically. **-3.** [rapidement] hastily, rapidly. **-4.** [expéditivement] summarily.

**sommation** [sɔmasjɔ̃] *nf* **-1.** MIL [avant de tirer] warning, challenge; **faire une ~** to challenge; **après les ~s d'usage** after the standard warning (had been given). **-2.** JUR summons; **~ sans frais** (tax) reminder. **-3.** *sout* [requête] demand. **-4.** MATH summation. **-5.** PHYSIOL convergence.

**somme¹** [sɔm] *nm* nap; **faire un ~** to have a nap.

**somme²** [sɔm] *nf* **-1.** FIN: **~ (d'argent)** sum ou amount (of money); **pour la ~ de 200 francs** for (the sum of) 200 francs; **elle me doit une ~ importante** she owes me quite a large sum ou quite a lot of money; **j'ai dépensé des ~s folles** I spent huge amounts of money; **c'est une ~!** that's a lot of money! **-2.** MATH sum; **la ~ totale** the grand total; **faire une ~** to add up (figures); **faire la ~ de 15 et de 16** to add (up) 15 and 16 ❏ **~ algébrique** algebraic sum. **-3.** [quantité]: **~ de travail/d'énergie** amount of work/energy; **ça représente une ~ de sacrifices/d'efforts importante** it means great sacrifices/a lot of effort; **quand on fait la ~ de tout ce que j'ai remué comme archives** when you add up the number of archive documents I've handled. **-4.** [œuvre] general survey.

◆ **en somme** *loc adv* **-1.** [en bref] in short; **en ~, tu refuses** in short, your answer is no. **-2.** [en définitive] all in all; **c'est assez simple en ~** all in all it's quite simple.

◆ **somme toute** *loc adv* all things considered, when all is said and done; **~ toute, tu as eu de la chance** all things considered, you've been lucky.

**sommeil** [sɔmɛj] *nm* **-1.** PHYSIOL [repos] sleep; **je manque de ~** I haven't been getting enough sleep; **il cherchait le ~** he was trying to sleep; **j'ai le ~ léger/profond** I'm a light/heavy sleeper; **une nuit sans ~** a sleepless night, a night without sleep; **avoir ~** to be ou to feel sleepy; **tomber de ~** to be ready to drop, to be falling asleep (on one's feet) ❏ **~ lent/paradoxal** NREM/REM sleep; **le ~ éternel, le dernier ~** *litt* eternal rest; **le premier ~** the first hours of sleep; **dormir d'un ~ de plomb** [d'habitude] to be a heavy sleeper, to sleep like a log; [ponctuellement] to be sleeping like a log ou fast asleep. **-2.** *fig* [inactivité] inactivity, lethargy.

◆ **en sommeil** ◇ *loc adj* [volcan, économie] inactive, dormant. ◇ *loc adv*: **rester en ~** to remain dormant ou inactive; **mettre un secteur économique en ~** to put an economic sector in abeyance.

**sommeiller** [4] [sɔmeje] *vi* **-1.** [personne] to doze. **-2.** [affaire, passion, volcan] to lie dormant.

**sommelier, ère** [sɔməlje, ɛr] *nm, f* sommelier, wine waiter (*f* waitress).

◆ **sommelière** *nf Helv* waitress.

**sommer** [3] [sɔme] *vt* **-1.** JUR: **~ qqn de faire qqch** to sum-

mon sb to do sthg. **-2.** *sout* [ordonner à]: **~ qqn de faire qqch** to order sb to do sthg. **-3.** ARCHIT to crown, to top. **-4.** MATH to add up (*sép*).

**sommes** [sɔm] *v* → **être**.

**sommet** [sɔmɛ] *nm* **-1.** [plus haut point – d'un mont] summit, highest point, top; [– d'un bâtiment, d'un arbre] top. **-2.** [partie supérieure – d'un arbre, d'une colline] crown; [– d'une montagne] top, summit; [– d'une vague] crest; [– de la tête] crown, vertex *spéc*; **leurs émissions n'atteignent pas des ~s** *fig* their programmes don't aim very high ou aren't exactly intellectually ambitious. **-3.** [degré suprême – d'une hiérarchie] summit, top; [– d'une carrière] top, summit, acme; **une décision prise au ~** a decision taken from the top; **le ~ de la gloire** the pinnacle of fame; **elle est au ~ de son talent** she's at the height of her talent. **-4.** MATH [d'un angle, d'une hyperbole] vertex. **-5.** POL summit (meeting).

**sommier** [sɔmje] *nm* **-1.** [de lit] (bed) base; **~ à lattes** slatted base; **~ métallique** wire mattress. **-2.** [de comptabilité] register, ledger.

**sommité** [sɔmite] *nf* authority; **les ~s de la médecine** leading medical experts.

**somnambule** [sɔmnãbyl] ◇ *adj*: **être ~** to sleepwalk, to be a sleepwalker. ◇ *nmf* sleepwalker, somnambulist *spéc*.

**somnambulisme** [sɔmnãbylism] *nm* sleepwalking, somnambulism *spéc*.

**somnifère** [sɔmnifɛr] ◇ *adj* soporific, sleep-inducing. ◇ *nm* [substance] soporific; [comprimé] sleeping pill ou tablet.

**somnolence** [sɔmnɔlãs] *nf* **-1.** [d'une personne] drowsiness, sleepiness, somnolence. **-2.** [d'une économie] lethargy, sluggishness.

**somnolent, e** [sɔmnɔlã, ãt] *adj* **-1.** [personne] drowsy, sleepy, somnolent. **-2.** [village] sleepy; [voix] droning; [esprit] dull, lethargic, apathetic; [économie] lethargic, sluggish; [faculté intellectuelle] dormant.

**somnoler** [3] [sɔmnɔle] *vi* **-1.** [personne] to doze. **-2.** [ville] to be sleepy; [économie] to be lethargic ou in the doldrums; [faculté intellectuelle] to lie dormant, to slumber.

**somptuaire** [sɔ̃ptɥɛr] *adj* **-1.** [dépenses] extravagant. **-2.** BX-ARTS: **arts ~s** decorative arts. **-3.** ANTIQ & HIST sumptuary.

**somptueusement** [sɔ̃ptɥøzmã] *adv* [décorer, illustrer] sumptuously, lavishly, richly; [vêtir] sumptuously, magnificently.

**somptueux, euse** [sɔ̃ptɥø, øz] *adj* **-1.** [luxueux – vêtements, cadeau] sumptuous, splendid; [– décor, salon, palais] magnificent, splendid. **-2.** [superbe – banquet] sumptuous, lavish; [– illustration] lavish; **la pièce a une somptueuse distribution** the play has a glittering cast.

**somptuosité** [sɔ̃ptɥozite] *nf litt* [d'une toilette] sumptuousness, magnificence; [d'un décor, d'une pièce, d'illustrations] sumptuousness, splendour, lavishness.

**son¹** [sɔ̃] *nm* **-1.** LING, MUS & PHYS sound; **un ~ sourd** a thump, a thud; **un ~ strident** [klaxon, trompette] a blast; **émettre ou produire un ~** to give out a sound; **le mur rend un ~ creux** the wall has a hollow sound; **un ~ de cloche** that's (quite) another story; **j'ai entendu plusieurs ~s de cloche** I've heard several variants ou versions of that story; **spectacle ~ et lumière** son et lumière. **-2.** AUDIO sound, volume; **baisser/monter le ~** to turn the sound up/down; **~ seul** sound only, wild track; **le ~ était épouvantable** CIN the soundtrack was terrible; **au ~, Marcel Blot** sound (engineer), Marcel Blot. **-3.** AGR bran; **~ d'avoine** oat bran; **pain au ~** bran loaf.

◆ **au son de** *loc prép* to the sound of.

**son²** [sɔ̃] (*f* **sa** [sa], *devant nf ou adj f commençant par voyelle ou h muet* **son** [sɔn], *pl* **ses** [se]) *dét (adj poss)* **-1.** [d'un homme] his; [d'une femme] her; [d'une chose] its; [d'un bateau, d'une nation] its, her; **~ frère et sa sœur, ses frère et sœur** his/her brother and sister; **un de ses amis** a friend of his/hers, one of his/her friends; **donne-lui ~ biberon** [à un petit garçon] give him his bottle; [à une petite fille] give her her bottle; **le bébé, dès ses premiers contacts avec le monde** the baby, from its first experience of the world; **à sa vue, elle s'évanouit** on seeing him/her, she fainted; **dans sa maison à lui** *fam* in his house, in his own house. **-2.** [d'un sujet indéfini]: **il faut faire ses preuves** one has to show one's mettle, you have to show your mettle; **tout le monde a ses problèmes** everybody has (his ou their) problems. **-3.** [dans des titres]: **Son Altesse Royale** His/Her Royal Highness. **-4.** [d'une abstraction]: **avant de prendre une décision, il faut penser à ses conséquences** before taking a decision, one ou you must think about the consequences (of it); **dans cette affaire, tout a ~ importance** in this affair everything is of importance. **-5.** [emploi expressif]: **ça a ~ charme** it's got its own charm ou a certain charm; **il fait ~ intéressant** *fam* he's trying to draw attention to himself; **elle se fait ses 30 000 francs par mois** *fam* she brings in 30,000 francs a month; **il va encore piquer sa colère!** he's going to have another one of his outbursts!; **il a réussi à avoir ~ samedi** *fam* he managed to get Saturday off.

**sonar** [sɔnar] *nm* sonar.

**sonate** [sɔnat] *nf* sonata.

**sonatine** [sɔnatin] *nf* sonatina.

**sondage** [sɔ̃daʒ] *nm* **-1.** [enquête] poll, survey; **faire un ~ auprès d'un groupe** to poll a group, to carry out a survey among a group; **j'ai fait un petit ~ parmi mes amis** I sounded out some of my friends ❑ **~ d'opinion** opinion poll. **-2.** [d'un terrain] sampling, sounding. **-3.** MÉD probe, probing. **-4.** MIN & PÉTR [puits] bore hole. **-5.** NAUT sounding.

**sonde** [sɔ̃d] *nf* **-1.** ASTRON & MÉTÉO sonde; **~ aérienne** balloon sonde; **~ spatiale** ASTRONAUT (space) probe. **-2.** NAUT: **(ligne de) ~** lead (line), sounding line. **-3.** MÉD probe, sound; **~ (d'alimentation)** feeding tube; **~ (creuse)** catheter. **-4.** COMM [pour les liquides, le beurre] taster; [pour les grains] sampler; [de douanier] probe. **-5.** PÉTR drill.

**sondé, e** [sɔ̃de] *nm, f* person (who has been) polled.

**sonder** [3] [sɔ̃de] *vt* **-1.** [personne – gén] to sound out *(sép)*; [– dans une enquête] to poll; **je vais tâcher de la ~ là-dessus** I'll try and sound her out on that; **~ l'opinion** to make a survey of public opinion. **-2.** NAUT to sound; **~ la côte** to take soundings along the coast. **-3.** MÉTÉO to probe. **-4.** MÉD [plaie] to probe; [malade, vessie] to catheterize. **-5.** PÉTR to bore, to drill; **~ le terrain** *fig* to test the ground ou the waters. **-6.** [bagages] to probe; [fromage, liquides] to taste; [grains] to sample. **-7.** [âme] to sound out *(sép)*, to probe.

**sondeur, euse** [sɔ̃dœr, øz] *nm, f* **-1.** [pour une enquête] pollster. **-2.** GÉOL probe.

◆ **sondeur** *nm* **-1.** NAUT depth finder, sounder. **-2.** MÉTÉO: **~ acoustique** echo sounder.

◆ **sondeuse** *nf* PÉTR boring ou drilling machine.

**songe** [sɔ̃ʒ] *nm litt* **-1.** [rêve] dream; **voir qqch/qqn en ~** to see sthg/sb in one's dreams. **-2.** [chimère] dream, daydream, illusion.

**songer** [17] [sɔ̃ʒe] *sout* ◇ *vt* to muse, to reflect, to think; **comment aurais-je pu ~ qu'ils nous trahiraient?** how could I have imagined that they'd betray us? ◇ *vi* [rêver] to dream.

◆ **songer à** *v + prép sout* **-1.** [penser à] to think about *(insép)*; [en se souvenant] to muse over *(insép)*, to think back to. **-2.** [prendre en considération – carrière, personne] to think of *(insép)*, to have regard for; **songe un peu plus aux autres!** be a bit more considerate (of others)!**-3.** [envisager] to contemplate, to think of *(insép)*; **voyons, vous n'y songez pas!** come now, you can't mean it ou be serious!; **il songe sérieusement à se remarier** he's seriously considering ou contemplating remarriage. **-4.** [s'occuper de] to remember; **as-tu songé aux réservations?** did you remember to make reservations?**-5.** [réfléchir à – offre, suggestion] to think over *(sép)*, to consider.

**songerie** [sɔ̃ʒri] *nf litt* daydreaming.

**songeur, euse** [sɔ̃ʒœr, øz] *adj* pensive, thoughtful, reflective; **ça vous laisse ~** it makes you wonder.

**sonnaille** [sɔnaj] *nf* **-1.** [pour le bétail] cowbell. **-2.** [bruit] jangling.

**sonnant, e** [sɔnɑ̃, ɑ̃t] *adj* sharp; **à trois heures ~es** at three (o'clock) sharp, at three on the dot, at the stroke of three (o'clock).

**sonné, e** [sɔne] *adj* **-1.** [annoncé par la cloche] gone, past; **il est midi ~** it's gone *Br* ou past twelve. **-2.** *fam* [révolu]: **elle a la cinquantaine bien ~e** she's on the wrong side of fifty. **-3.** *fam* [fou] cracked, nuts. **-4.** *fam* [assommé] groggy, punch-drunk.

**sonner** [3] [sɔne] ◇ *vi* **-1.** [téléphone, cloche] to ring; [minuterie, réveil] to go off; [carillon, pendule] to chime; [glas, tocsin] to

toll, to sound; **j'ai mis le réveil à ~ pour** ou **à 8 h** I've set the alarm for 8 o'clock. **-2.** [instrument en cuivre] to sound; [clefs, pièces métalliques] to jingle, to jangle; [pièces de monnaie] to jingle, to chink; [enclume, marteau] to ring, to resound; [rire] to ring, to peal (out); [voix] to resound, to ring; [personne]: **~ du cor** to sound the horn; **~ clair** [monnaie] to ring true; [marteau] to give ou to have a clear ring; **~ creux** to sound hollow, to give a hollow sound; *fig* to have a hollow ring; **~ faux** *pr & fig* to ring false. **-3.** [heure] to strike; **4 h ont sonné** it has struck 4 o'clock, 4 o'clock has struck; **attendez que la fin du cours sonne!** wait for the bell!, wait till the bell goes ou rings!; **l'heure de la vengeance a sonné** *fig* the time for revenge has come. **-4.** [personne] to ring; **on a sonné** there's someone at the door; **~ chez qqn** to ring sb's doorbell; **~ puis entrer** please ring before entering. **-5.** **faire ~** [accentuer]: **faire ~ une consonne** to sound a consonant.

◇ *vt* **-1.** [cloche] to ring, to chime; [glas, toscin] to sound, to toll; **~ les cloches à qqn** *fam* to give sb a telling-off ou roasting; **tu vas te faire ~ les cloches!** you'll catch it!**-2.** [pour faire venir – infirmière, valet] to ring for; **je ne t'ai pas sonné!** *fam* who asked you? ‖ *(en usage absolu)*: **Madame a sonné? you rang, Madam?-3.** [pour annoncer – messe, vêpres] to ring (the bells) for; MIL [– charge, retraite, rassemblement] to sound; **~ le réveil** MIL to sound the reveille. **-4.** [suj: horloge] to strike. **-5.** *fam* [assommer] to knock out *(sép)*, to stun; [abasourdir] to stun, to stagger, to knock (out); **ça l'a sonné!** he was reeling under the shock!**-6.** *Belg* [appeler] to telephone.

**sonnerie** [sɔnri] *nf* **-1.** [son] ring; **la ~ du téléphone/réveil la fit sursauter** the telephone/alarm clock gave her a start; **~ de clairon** bugle call. **-2.** MIL call; **la ~ du réveil** the sounding of reveille. **-3.** [mécanisme – d'un réveil] alarm, bell; [– d'une pendule] chimes; [– d'une sonnette] bell. **-4.** [alarme] alarm (bell).

**sonnet** [sɔnɛ] *nm* sonnet.

**sonnette** [sɔnɛt] *nf* **-1.** [avertisseur] bell; **~ d'alarme** alarm bell; **tirer la ~ d'alarme** RAIL to pull the communication cord; *fig* to blow the whistle. **-2.** [son]: **(coup de) ~** ring (of the bell).

**sonneur** [sɔnœr] *nm* **-1.** [de cloches] bell-ringer. **-2.** MUS player.

**sono** [sɔno] *nf* [d'un groupe, d'une discothèque] sound system, sound; [d'une salle de conférences] public-address system, PA (system).

**sonore** [sɔnɔr] ◇ *adj* **-1.** ACOUST [signal] acoustic, sound *(modif)*; [onde] sound. **-2.** [bruyant – rire, voix] loud, ringing, resounding; [– claque, baiser] loud, resounding. **-3.** [résonnant – escalier, voûte] echoing. **-4.** LING [phonème] voiced. ◇ *nf* LING voiced consonant.

**sonorisation** [sɔnɔrizasjɔ̃] *nf* **-1.** [action] wiring for sound. **-2.** [équipement] sound system. **-3.** CIN: **la ~ d'un film** dubbing a film. **-4.** LING voicing.

**sonoriser** [3] [sɔnɔrize] *vt* **-1.** [discothèque] to fit with a sound system; [salle de conférences] to fit with a PA system; [film] to (add the) sound track (to). **-2.** LING to voice.

**sonorité** [sɔnɔrite] *nf* **-1.** [d'un instrument de musique] tone; [de la voix, d'une langue] sonority; [d'une langue] sonority. **-2.** [résonance – de l'air] resonance, sonority; [– d'une pièce] acoustics *(U)*; [– d'un lieu] sonority. **-3.** LING voicing.

**sonothèque** [sɔnɔtɛk] *nf* sound (effects) library.

**sont** [sɔ̃] *v* → **être**.

**sophisme** [sɔfism] *nm* sophism.

**sophiste** [sɔfist] *nmf* **-1.** [raisonneur] sophist. **-2.** ANTIQ Sophist.

**sophistication** [sɔfistikasjɔ̃] *nf* **-1.** [raffinement] refinement, sophistication. **-2.** [affectation] affectation, sophistication. **-3.** [complexité technique] sophistication, complexity.

**sophistique** [sɔfistik] ◇ *adj* sophistic. ◇ *nf* sophistry.

**sophistiqué, e** [sɔfistike] *adj* **-1.** [raffiné] sophisticated, refined. **-2.** [affecté] affected, sophisticated. **-3.** [complexe] complex, sophisticated.

**sophistiquer** [3] [sɔfistike] *vt* **-1.** [raffiner à l'extrême] to refine. **-2.** [perfectionner] to make more sophisticated, to perfect.

**Sophocle** [sɔfɔkl] *npr* Sophocles.

**sophrologie** [sɔfrɔlɔʒi] *nf* sophrology *(form of autogenic relaxation)*.

**soporifique** [sɔpɔrifik] ◇ *adj* **-1.** PHARM soporific. **-2.** [ennuyeux] boring, soporific. ◇ *nm vieilli* soporific.

**soprano** [sɔprano] (*pl* **sopranos** OU **soprani** [-ni]) ◇ *nm* [voix – de femme] soprano; [– d'enfant] soprano, treble. ◇ *nmf* soprano.

**sorbet** [sɔrbɛ] *nm* sorbet *Br*, sherbet *Am*.

**sorbetière** [sɔrbətjɛr] *nf* [de glacier] ice-cream churn; [de ménage] ice-cream maker.

**sorbier** [sɔrbje] *nm* sorb.

**sorbitol** [sɔrbitɔl] *nm* sorbitol.

**sorbonnard, e** [sɔrbɔnar, ard] *fam* ◇ *adj* [esprit] niggling, pedantic. ◇ *nm, f* [professeur] Sorbonne academic; [étudiant] Sorbonne student.

**Sorbonne** [sɔrbɔn] *nprf* : la ~ the Sorbonne.

**sorcellerie** [sɔrsɛlri] *nf* **-1.** [pratique] sorcery, witchcraft. **-2.** *fam* [effet surprenant] bewitchment, magic; c'est de la ~! it's magic!

**sorcier, ère** [sɔrsje, ɛr] *nm, f* **-1.** [magicien] wizard (*f* witch); il ne faut pas être (grand) ~ pour comprendre cela *fam* you don't need to be a genius to understand that. **-2.** ANTHR sorcerer (*f* sorceress).

◆ **sorcier** [sɔrsje] *m fam*: ce n'est pourtant pas ~ you don't need to be a genius to understand.

◆ **sorcière** *nf* [mégère] harpy, witch.

**sordide** [sɔrdid] *adj* **-1.** [misérable – taudis, vêtements] wretched, squalid. **-2.** [vil – égoïsme] petty; [– crime] foul, vile. **-3.** [mesquin – motif] squalid, sordid.

**sordidement** [sɔrdidmɑ̃] *adv* sordidly, squalidly.

**sorgho** [sɔrgo] *nm* sorghum.

**Sorlingues** [sɔrlɛ̃g] *nprfpl*: les (îles) ~ the Scilly Isles.

**sornettes** [sɔrnɛt] *nfpl* balderdash (*U*), twaddle (*U*); **débiter** OU **raconter des** ~s to talk nonsense.

**sors** [sɔr] *v* → **sortir**.

**sort** [sɔr] *nm* **-1.** [condition] fate, lot; être content de son ~ to be happy with one's lot; des mesures ont été prises pour améliorer le ~ des immigrés steps were taken to improve the lot OU status of immigrants; je n'envie pas son ~! I wouldn't like to be in her shoes!; tu m'abandonnes à mon triste ~! you've left me to my fate! ❏ **faire un** ~ à *fam* [plat] to make short work of, to polish off; [bouteille] to polish off, to drink up. **-2.** [destin] fate, destiny; **mon** ~ **est entre vos mains** my future depends on you, my fate is in your hands; **toutes les demandes d'emploi subissent le même** ~ all letters of application meet with the same fate OU receive the same treatment. **-3.** [puissance surnaturelle]: **le** ~ Fate, Fortune, Destiny; **mais le** ~ **en a décidé autrement** but fate decided otherwise ❏ **le mauvais** ~ misfortune; **le** ~ **en est jeté** the die is cast. **-4.** [sortilège – gén] spell; [– défavorable] curse; **jeter un** ~ à qqn to cast a spell on sb.

**sortable** [sɔrtabl] *adj*: tu n'es vraiment pas ~! I can't take you anywhere!

**sortant, e** [sɔrtɑ̃, ɑ̃t] ◇ *adj* **-1.** POL outgoing. **-2.** JEUX: les numéros ~s the numbers chosen. **-3.** INF output (*modif*). ◇ *nm, f* **-1.** POL incumbent. **-2.** [personne qui sort]: on contrôle également les ~s those leaving are also screened.

**sorte** [sɔrt] *nf* **-1.** [genre] sort, kind, type; **toutes** ~s **de** all kinds OU sorts OU manner of. **-2.** [pour exprimer une approximation]: **une** ~ **de** a sort OU kind of; **une** ~ **de grand dadais** *péj* a big clumsy oaf.

◆ **de la sorte** *loc adv* that way; **comment osez-vous me traiter de la** ~? how dare you treat me in that way OU like that!; je n'ai jamais été humiliée de la ~! I've never been so humiliated!

◆ **de sorte à** *loc conj* in order to, so as to.

◆ **de (telle) sorte que** *loc conj* **-1.** *(suivi du subj)* [de manière à ce que] so that, in such a way that. **-2.** *(suivi de l'indic)* [si bien que] so that.

◆ **en aucune sorte** *loc adv litt* not in the least.

◆ **en (quelque) sorte** *loc adv* as it were, in a way, somewhat; **immobile, pétrifié en quelque** ~ motionless, as it were paralysed; **alors, on repart à zéro?** — **oui, en quelque** ~ so, we're back to square one? — yes, in a manner of speaking.

◆ **en sorte de** *loc conj* so as to; fais en ~ d'arriver à l'heure try to be there on time.

◆ **en sorte que** *loc conj litt & vieilli* = **de (telle) sorte que.**

**sortie** [sɔrti] *nf* **-1.** [action] exit; THÉÂT exit; sa ~ fut très remarquée her exit OU departure did not go unnoticed; faire sa ~ THÉÂT to leave the stage, to exit; faire une fausse ~ to make as if to leave. **-2.** [moment]: à ma ~ de prison/d'hôpital my release from prison/discharge from hospital; les journalistes l'ont assaillie dès sa ~ de l'hôtel the journalists thronged round her as soon as she stepped OU came out of the hotel; à la ~ des bureaux/usines, la circulation est infernale when the offices/factories come out, the traffic is hell; retrouvons-nous à la ~ du travail/spectacle let's meet after work/the show; il s'est retourné à la ~ du virage he rolled (his car) over just after OU as he came out of the bend. **-3.** [fin] end; à la ~ de l'hiver when winter was (nearly) over. **-4.** [excursion, promenade] outing; [soirée en ville] evening OU night out; on a organisé une petite ~ en famille/à vélo we've organized a little family outing/cycle ride; ils m'ont privé de ~ trois dimanches de suite they kept me in for three Sundays in a row ❏ ~ éducative OU scolaire school outing. **-5.** AÉRON & MIL sortie. **-6.** [porte, issue – d'une école, d'une usine] entrance, gates; [– d'une salle de spectacles] exit, way out; **par ici la** ~! this way out, please!; **poussé vers la** ~ pushed towards the exit; **attends-moi à la** ~ wait for me outside; **gagner la** ~ to reach the exit; **il gagna la** ~ **sans encombre** he made his way out unimpeded; **le supermarché se trouve à la** ~ **de la ville** the supermarket is on the outskirts of the town; 'attention, ~ **de garage/véhicules**' 'caution, garage entrance/vehicle exit' ❏ ~ **de secours** emergency exit; ~ **de service** service entrance; ~ **des artistes** stage door. **-7.** [sur route] exit; **à toutes les** ~s **de Paris** at every major exit from Paris. **-8.** BANQUE & ÉCON [de produits, de devises] export; [de capital] outflow; [sujet de dépense] item of expenditure; [dépense] outgoing. **-9.** [d'un disque, d'un film] release; [d'un roman] publication; [d'un modèle] launch. **-10.** INF [de données] output, readout; [option sur programme] exit; ~ **sur imprimante** printout. **-11.** SPORT [aux jeux de ballon]: ~ **en touche** going out of play OR into touch; **faire une** ~ [gardien de but] to come out of goal, to leave the goalmouth ‖ [en gymnastique] exit. **-12.** [d'un cheval] outing. **-13.** *fam* [remarque] quip, sally; [emportement] outburst; **elle a parfois de ces** ~s! she sometimes comes out with the most amazing stuff!**-14.** [d'eau, de gaz] outflow, outlet. **-15.** IMPR [des presses] delivery.

◆ **de sortie** *loc adj*: c'est son jour de ~ [d'un domestique] it's his/her day off; **être de** ~ [domestique] to have one's day off; je suis de ~ demain *fam* [au restaurant, au spectacle] I'm going out tomorrow.

**sortie-de-bain** [sɔrtidbɛ̃] (*pl* **sorties-de-bain**) *nf* bathrobe.

**sortilège** [sɔrtilɛʒ] *nm* charm, spell.

**sortir**[1] [sɔrtir] *nm litt* [fin]: dès le ~ de l'enfance, il dut apprendre à se défendre he was barely out of his childhood when he had to learn to fend for himself.

◆ **au sortir de** *loc prép* **-1.** [dans le temps]: au ~ de l'hiver as winter draws to a close; au ~ de la guerre towards the end of the war. **-2.** [dans l'espace]: je vis la cabane au ~ du bois as I was coming out of the woods, I saw the hut.

**sortir**[2] [32] [sɔrtir] ◇ *vi (aux être)* **-1.** [quitter un lieu – vu de l'intérieur] to go out; [– vu de l'extérieur] to come out; **vous trouverez la boîte aux lettres en sortant** you'll find the letter box on your way out; ~ **par la fenêtre** to get out OU to leave by the window; **sors!** get out (of here)!; **fais** ~ **la guêpe** get the wasp out (of here); **Madame, je peux** ~? please Miss, may I leave the room?; **une méchante grippe l'empêche de** ~ a bad bout of flu is keeping him indoors OU at home; **vivement que je puisse** ~! I can't wait to get out!; **elle est sortie déjeuner/se promener** she's gone (out) for lunch/for a walk; **si elle se présente, dites-lui que je suis sorti** if she calls, tell her I'm out OU I've gone out OU I'm not in; **il était si mauvais que le public est sorti** he was so bad that the audience walked out (on him); ~ **de**: ~ **d'une pièce** to leave a room; ~ **d'une voiture** to get out of a car; je l'ai vu qui sortait de l'hôpital/l'école vers 16 h I saw him coming out of the hospital/school at about 4 p.m.; **fais** ~ **ce chien de la voiture** get that dog out of the car; ~ **du lit** to get out of bed ❏ **il est sorti de sa vie** he's out of her life; **ça me sort par les yeux** *fam* I'm sick and tired of it, I've had it up to here. **-2.** [marquant la fin d'une activité, d'une période]: ~ **de table** to leave the table; **elle sort de l'hôpital demain**

she's coming out of hospital tomorrow; ~ de l'école/du bureau [finir sa journée] to finish school/work; ~ de prison to come out of ou to be released from prison. **-3.** [pour se distraire]: **je sors très peu** I hardly ever go out; ~ **avec qqn** to go out with sb; **ils sortent ensemble depuis trois ans** *fam* they've been going out together for three years. **-4.** [apparaître – dent, bouton] to come through; [– pousse] to come up, to peep through. **-5.** [se répandre] to come out; **le son sort par là** the sound comes out here; **c'est pour que la fumée sorte** it's to let the smoke out ou for the smoke to escape. **-6.** [s'échapper] to get out; ~ **de: aucun dossier ne doit ~ de l'ambassade** no file may be taken out of ou leave the embassy; **faire ~ qqn/des marchandises d'un pays** to smuggle sb/goods out of a country; **je vais te confier quelque chose, mais cela ne doit pas ~ d'ici** I'm going to tell you something, but it mustn't go any further than these four walls. **-7.** [être mis en vente – disque, film] to be released, to come out; [– livre] to be published, to come out; **ça vient de ~!** it's just (come) out!, it's (brand) new!**-8.** [être révélé au public – sujet d'examen] to come up; [– numéro de loterie] to be drawn; [– numéro à la roulette] to turn ou to come up; [– tarif, barème] to be set. **-9.** *fam* [être dit] to come out; **il fallait que ça sorte!** it had to come out ou to be said!**-10.** INF: ~ (**d'un système**) to exit (from a system). **-11.** NAUT & AÉRON: ~ **du port** to leave harbour; ~ **en mer** to put out to sea; **aujourd'hui, les avions/bateaux ne sont pas sortis** the planes were grounded/the boats stayed in port today. **-12.** SPORT [balle] to go out; **le ballon est sorti en corner/touche** the ball went out for a corner/went into touch; **on a fait** ~ **le joueur (du terrain)** [pour faute] the player was sent off; [il est blessé] the player had to go off because of injury. **-13.** THÉÂT: **le roi sort** exit the King; **les sorcières sortent** exeunt (the) witches.

◇ *vt (aux avoir)* **-1.** [mener dehors – pour se promener, se divertir] to take out *(sép)*; **il faut** ~ **les chiens régulièrement** dogs have to be walked regularly; **viens avec nous au concert, ça te sortira** come with us to the concert, that'll get you out (of the house). **-2.** [mettre dehors – vu de l'intérieur] to put out ou outside; [– vu de l'extérieur] to bring out ou outside *(sép)*; ~ **la poubelle** to take out the rubbish bin *Br* ou the trash *Am*.**-3.** [présenter – crayon, outil] to take out *(sép)*; [– pistolet] to pull out; [– papiers d'identité] to produce; **on va bientôt pouvoir** ~ **les vêtements d'été** we'll soon be able to get out our summer clothes ❑ **il a toujours du mal à les** ~ *fam* he's never too keen to put his hand in his pocket. **-4.** [extraire]: ~ **qqch de** to take ou to get sthg out of; **des mesures ont été prises pour** ~ **le pays de la crise** measures have been taken in order to get the country out of ou to rescue the country from the present crisis; ~ **qqn de** to get ou to pull sb out of; **j'ai eu du mal à le** ~ **de son lit** [le faire lever] I had trouble getting him out of bed ❑ **je vais te** ~ **d'affaire** ou **d'embarras** ou **de là** I'll get you out of it. **-5.** *fam* [expulser] to get ou to throw out *(sép)*; **sortez-le ou je fais un malheur!** get him out of here before I do something I'll regret!; **elle a sorti la Suédoise en trois sets** she disposed of ou beat the Swedish player in three sets. **-6.** [mettre sur le marché] to launch, to bring out; ~ **un disque/film** [auteur] to bring out a record/film; [distributeur] to release a record/film; ~ **un livre** to bring out ou to publish a book. **-7.** *fam* [dire] to say, to come out with; **tu sais ce qu'elle m'a sorti?** you know what she came out with?; **il m'a sorti que j'étais trop vieille!** he told me I was too old, just like that!**-8.** [roue, train d'atterrissage] to drop; [volet] to raise.

◆ **sortir de** *v + prép* **-1.** [emplacement, position] to come out of, to come off; ~ **des rails** to go off ou to jump the rails; ~ **de la piste** [voiture] to come off ou to leave the track; [skieur] to come off the piste ❑ **ça m'était complètement sorti de la tête** ou **de l'esprit** it had gone right out of my head ou mind; **l'incident est sorti de ma mémoire** ou **m'est sorti de la mémoire** I'd forgotten the incident. **-2.** [venir récemment de] to have (just) come from; **elle sort de chez moi** she's just left my place; **d'où sors-tu?** *fam* where have you been?; **je sors d'une grippe** I'm just recovering from a bout of flu; ~ **de faire qqch** *fam* to have just done sthg ❑ **je sors d'en prendre** *fam* I've had quite enough of that, thank you. **-3.** [venir à bout de] to come out of; **nous avons eu une période difficile mais heureusement nous en sortons** we've had a difficult time but fortunately we're now emerging from it ou we're seeing the end of it now ❑ **est-ce qu'on va enfin**

**en** ~? *fam* when are we going to see an end to all this?. **-4.** [se tirer de, se dégager de]: **elle est sortie indemne de l'accident** she came out of the accident unscathed; **qui sortira victorieux de ce match?** who will win this match?; ~ **de sa rêverie** to emerge from one's reverie; **lorsqu'on sort de l'adolescence pour entrer dans l'âge adulte** when one leaves adolescence (behind) to become an adult. **-5.** [se départir de]: **il est sorti de sa réserve après quelques verres de vin** he opened ou loosened up after a few glasses of wine; **elle est sortie de son silence pour écrire son second roman** she broke her silence to write her second novel. **-6.** [s'écarter de]: **attention à ne pas** ~ **du sujet!** be careful not to get off ou to stray from the subject!; ~ **de l'ordinaire** to be out of the ordinary ❑ **il ne veut pas** ~ ou **il ne sort pas de là** he won't budge; **il n'y a pas à** ~ **de là** [c'est inévitable] there's no way round it, there's no getting away from it. **-7.** [être issu de]: ~ **d'une bonne famille** to come from ou to be of a good family; **pour ceux qui sortent des grandes écoles** for those who have studied at ou are the products of the grandes écoles; **il ne faut pas être sorti de Polytechnique pour savoir ça** you don't need a PhD to know that ❑ **mais d'où sors-tu?** [tu es mal élevé] where did you learn such manners?, where were you brought up?; [tu ne connais rien] where have you been all this time?**-8.** [être produit par] to come from; **la veste sortait de chez un grand couturier** the jacket was made by a famous designer. **-9.** *(tournure impersonnelle)* [résulter de]: **que sortira-t-il de tout cela?** what will come of all this?; **il n'est rien sorti de son interrogatoire** his interrogation revealed nothing.

◆ **se sortir de** *vp + prép* to get out of; **s'en** ~ *fam*: **aide-moi à finir, je ne m'en sortirai jamais seul!** give me a hand, I'll never get this finished on my own; **donne-lui une fourchette, il ne s'en sort pas avec des baguettes** give him a fork, he can't manage with chopsticks; **tu t'en es très bien sorti** you did very well; **elle s'en est sortie avec quelques bleus** she got away with a few bruises; **il s'en est finalement sorti** [il a survécu] he pulled through in the end; [il a réussi] he won through in the end; **on ne s'en sort pas avec une seule paie** it's impossible to manage on ou to get by on a single wage; **malgré les allocations, on ne s'en sort pas** in spite of the benefit, we're not making ends meet; **s'en** ~ **pour** *fam* [avoir à payer] to be stung for; **tu t'en es sorti pour combien?** how much were you stung for?

**SOS** *(abr de* **save our souls)** *nm* **-1.** [signal de détresse] SOS; **lancer un** ~ to put ou to send out an SOS. **-2.** [dans des noms de sociétés]: ~ **médecins/dépannage** emergency medical/repair service.

**sosie** [sɔzi] *nm* double, doppelganger.

**sot, sotte** [so, sɔt] ◇ *adj* **-1.** [idiot] stupid; **il n'est pas** ~ he's no fool. **-2.** *litt* [embarrassé] dumbfounded. ◇ *nm, f* fool, idiot.

**sottement** [sɔtmã] *adv* foolishly, stupidly.

**sottise** [sɔtiz] *nf* **-1.** [caractère] stupidity, silliness. **-2.** [acte] stupid ou foolish action; **arrête de faire des** ~**s** [à un enfant] stop messing about; **je viens de faire une grosse** ~ I've just done something very stupid ou silly. **-3.** [parole] stupid remark; **ne dis pas de** ~**s, le soleil se couche à l'ouest** don't be silly ou talk nonsense, the sun sets in the west.

**sottisier** [sɔtizje] *nm* collection of howlers.

**sou** [su] *nm* **-1.** HIST [sol] sou, [12 centimes] five centimes; **cent** ~**s** five francs. **-2.** *fam* [argent] penny, cent *Am*; **tu n'auras pas un** ~! you won't get a penny!; **ça ne vaut pas un** ~ *fam* it's not worth tuppence *Br* ou a red cent *Am*; **économiser** ~ **à** ou **par** ~ to save every spare penny; **il a dépensé jusqu'à son dernier** ~ he's spent every last penny he had ❑ **être sans le** ~ to be broke; **je suis sans un** ~ I haven't got any money (on me); **elle n'a jamais eu un** ~ **vaillant** she never had two pennies to rub together; **un** ~ **est un** ~ a penny saved is a penny gained. **-3.** *loc*: **elle n'a pas (pour) un** ~ ou **deux** ~**s de jugeote** *fam* she hasn't an ounce of sense; **elle n'est pas méfiante pour un** ~ ou **deux** ~**s** she's not in the least suspicious; **être propre comme un** ~ **neuf** to be as clean as a new pin.

◆ **sous** *nmpl fam* [argent] cash; **des** ~**s, toujours des** ~**s!** money for this, money for that! ❑ **c'est une affaire** ou **une histoire de gros** ~**s** there's a lot of cash involved.

**souahéli, e** [swaeli] = **swahili**.

**soubassement** [subasmɑ̃] *nm* -1. ARCHIT & CONSTR foundation. -2. GÉOL bedrock. -3. [base – d'une théorie] basis, underpinnings.

**soubresaut** [subrəso] *nm* -1. [secousse] jerk, jolt. -2. [haut-le-corps] shudder, convulsion.

**soubrette** [subrɛt] *nf* THÉÂT soubrette, maid; jouer les ~s to play minor roles.

**souche** [suʃ] *nf* -1. BOT [d'un arbre en terre] stock, bole; [d'un arbre coupé] stump; [d'une vigne] stock; ne reste pas là planté comme une ~! don't just stand there like a lemon *Br* ou a turkey *Am*!-2. [d'un carnet] stub, counterfoil *Br*.-3. [origine] descent, stock; faire ~ [ancêtre] to found ou to start a line; un mot de ~ indo-européenne a word with an indo-european root. -4. *fam* [crétin] idiot, dumbo. -5. CONSTR base. -6. BIOL strain.
◆ **de souche** *loc adj*: ils sont français de ~ they're of French extraction ou origin.
◆ **de vieille souche** *loc adj* of old stock.

**souci** [susi] *nm* -1. [inquiétude] worry; se faire du ~ to worry, to fret; se faire du ~ pour to worry ou to be worried about; donner du ~ à qqn to worry sb; mon fils me donne bien du ~! my son is a great worry to me; eh oui, tout ça c'est bien du ~! oh dear, what a worry it all is!-2. [préoccupation] worry; avoir des ~s to have worries; c'est un ~ de moins! that's one thing less to worry about!; des ~s d'argent/de santé money/health worries; c'est le dernier ou le cadet de mes ~s! it's the least of my worries!, I couldn't care less!; avoir le ~ de bien faire to be concerned ou to care about doing things well. -3. BOT marigold.
◆ **dans le souci de** *loc conj*: je l'ai fait dans le ~ de t'aider I was (only) trying to help you when I did it.
◆ **sans souci** ◇ *loc adj* [vie, personne – insouciant] carefree; être sans ~ [sans tracas] to be free of worries. ◇ *loc adv*: vivre sans ~ [de façon insouciante] to live a carefree life; [sans tracas] to live a life free of worries.

**soucier** [9] [susje]
◆ **se soucier de** *vp* + *prép* [s'inquiéter de] to worry about; [s'intéresser à] to care about ❑ il s'en soucie comme d'une guigne ou de sa première chemise ou de l'an quarante *fam* he doesn't give a damn about it.

**soucieusement** [susjøzmɑ̃] *adv* anxiously, worriedly.

**soucieux, euse** [susjø, øz] *adj* -1. [préoccupé] worried, preoccupied; elle m'a regardé d'un air ~ she looked at me worriedly. -2. ~ de [attaché à] concerned about, mindful of *litt*; peu ~ du qu'en dira-t-on indifferent to ou unconcerned about what people (may) say; ~ que [attentif à] anxious that.

**soucoupe** [sukup] *nf* saucer; ~ volante flying saucer; faire ou ouvrir des yeux comme des ~s to open one's eyes wide.

**soudage** [sudaʒ] *nm*: ~ autogène welding; ~ hétérogène soldering.

**soudain, e** [sudɛ̃, ɛn] *adj* sudden, unexpected.
◆ **soudain** *adv* all of a sudden, suddenly.

**soudainement** [sudɛnmɑ̃] *adv* suddenly, all of a sudden.

**soudaineté** [sudɛnte] *nf* suddenness.

**Soudan** [sudɑ̃] *npr m*: le ~ the Sudan.

**soudanais, e** [sudanɛ, ɛz], **soudanien, enne** [sudanjɛ̃, ɛn] *adj* GÉOG Sudanese.
◆ **Soudanais, e**, **Soudanien, enne** *nm, f* Sudanese (person); les Soudanais the Sudanese.

**soudard** [sudar] *nm* -1. HIST ill-disciplined soldier. -2. *litt* [individu grossier et brutal] brute.

**soude** [sud] *nf* -1. CHIM soda; ~ caustique caustic soda. -2. BOT barilla.

**souder** [3] [sude] *vt* -1. TECH [par soudure – hétérogène] to solder; [– autogène] to weld; ~ à l'arc to arc-weld. -2. [unir] to bring ou to bind ou to join together.
◆ **se souder** *vpi* [vertèbres, mots] to become fused.

**soudeur, euse** [sudœr, øz] *nm, f* [par soudure – hétérogène] solderer; [– autogène] welder.
◆ **soudeuse** *nf* [machine] welder, welding machine.

**soudoyer** [13] [sudwaje] *vt* to bribe.

**soudure** [sudyr] *nf* -1. [soudage – autogène] welding; [– hétérogène] soldering. -2. [résultat – autogène] weld; [– hétérogène] soldered joint. -3. [jonction] join; assurer ou faire la ~

to bridge the gap. -4. [soudage – autogène] weld; [– hétérogène] solder.

**souffert, e** [sufɛr, ɛrt] *v* → **souffrir**.

**soufflage** [suflaʒ] *nm* [modelage – du verre] blowing; [– des polymères] inflation.

**soufflant, e** [suflɑ̃, ɑ̃t] *adj* -1. [appareil]: radiateur ~ fan heater. -2. *fam* [étonnant] staggering, amazing.

**souffle** [sufl] *nm* -1. [air expiré – par une personne] blow; elle dit oui dans un ~ she breathed her assent ❑ dernier ~ *litt* last breath; jusqu'à mon dernier ~ as long as I live and breathe, to my dying day. -2. [respiration] breath; [rythme respiratoire] breathing; avoir du ~ to have a lot of breath; avoir le ~ court, manquer de ~ to be short-winded; être à bout de ~, n'avoir plus de ~ [haletant] to be out of breath; l'entreprise est à bout de ~ *fig* the company is on its last legs; reprendre son ~ to get one's breath ou wind back; retenir son ~ *pr & fig* to hold one's breath ❑ trouver un deuxième ou second ~ *pr* to get ou to find one's second wind; *fig* to get a new lease of life. -3. [courant d'air]: ~ d'air ou de vent breath of air. -4. *litt* [force] breath, spirit. -5. [d'une explosion] blast. -6. AUDIO (thermal) noise; ~ du signal modulation noise. -7. MÉD: ~ au cœur heart murmur.

**soufflé, e** [sufle] *adj* -1. TECH blown. -2. *fam* [étonné] amazed, staggered, dumbfounded. -3. CULIN soufflé *(modif)*. -4. [boursouflé – visage, main] puffy, swollen.
◆ **soufflé** *nm* CULIN soufflé; ~ au fromage cheese soufflé.

**souffler** [3] [sufle] ◇ *vi* -1. [expirer – personne] to breathe out; soufflez dans le ballon [Alcootest] blow into the bag; ils m'ont fait ~ dans le ballon they gave me a breath test; ~ sur le feu *pr* to blow on the fire; *fig* to add fuel to the flames. -2. MÉTÉO [vent] to blow; le vent soufflera sur tout le pays it'll be windy all over the country; le vent soufflait en rafales ou bourrasques there were gusts of wind, the wind was gusting; quand le vent souffle de l'ouest when the wind blows ou comes from the west. -3. [respirer avec difficulté] to blow, to puff, to breathe hard; suant et soufflant puffing and blowing; ~ comme un bœuf ou un cachalot ou une forge ou une locomotive ou un phoque *fam* to wheeze like a pair of old bagpipes. -4. [retrouver sa respiration – personne] to get one's breath back; [– cheval] to get its breath back; laisser ~ son cheval to blow ou to wind one's horse. -5. [se reposer] to have a break; au bureau, on n'a pas le temps de ~! it's all go at the office!. -6. ZOOL [cétacé] to blow.
◇ *vt* -1. [bougie] to blow out *(sép)*. -2. [exhaler]: va ~ ta fumée de cigarette ailleurs blow your smoke elsewhere ❑ ~ le chaud et le froid to blow hot and cold. -3. [murmurer – mot, réponse] to whisper; THÉÂT to prompt; ~ qqch à qqn to whisper sthg to sb ‖ *(en usage absolu)*: on ne souffle pas! no whispering!, don't whisper (the answer)! ❑ ne pas ~ mot (de qqch) not to breathe a word (about sthg). -4. [suggérer – idée, conseil] to whisper, to suggest. -5. *fam* [époustoufler – suj: événement, personne] to take aback, to stagger, to knock out *(sép)*; son insolence m'a vraiment soufflé! I was quite staggered at her rudeness!. -6. *fam* [dérober]: ~ qqch à qqn to pinch sthg from sb; je me suis fait ~ ma place someone's pinched my seat. -7. JEUX [pion] to huff. -8. [suj: bombe, explosion] to blow up *(sép)*, to blast away *(sép)*.

**soufflerie** [sufləri] *nf* -1. AÉRON wind tunnel. -2. INDUST blower; [d'une forge] bellows. -3. MUS [d'un orgue] bellows.

**soufflet** [suflɛ] *nm* -1. [instrument] (pair of) bellows; ~ de forge ou forge bellows. -2. *litt* [gifle] slap; [affront] snub. -3. COUT (pocket) gusset. -4. PHOT bellows. -5. RAIL (wagon) communication bellows.

**souffleter** [27] [sufləte] *vt litt* to slap in the face.

**souffleur, euse** [suflœr, øz] *nm, f* -1. THÉÂT prompter. -2. TECH: ~ de verre glassblower.
◆ **souffleur** *nm* ZOOL blower dolphin.
◆ **souffleuse** *nf Can* [chasse-neige] snowblower.

**souffrance** [sufrɑ̃s] *nf* -1. [fait de souffrir] suffering. -2. [mal – physique] pain; [– psychologique] pain, torment; abréger les ou mettre fin aux ~s de qqn to put an end to sb's suffering.
◆ **en souffrance** *loc adv*: être ou rester en ~ to be held up; dossiers en ~ files pending.

**souffrant, e** [sufrɑ̃, ɑ̃t] *adj* -1. [malade]: être ~ to be unwell. -2. [malheureux] suffering; l'humanité ~e the downtrodden masses.

**souffre-douleur** [sufrədulœr] *nm inv* scapegoat.

**souffreteux, euse** [sufrətø, øz] *adj* **-1.** [malingre] sickly, puny *péj*. **-2.** [maladif – air] sickly. **-3.** [rabougri – plante] stunted, scrubby.

**souffrir** [34] [sufrir] ◇ *vt* **-1.** [endurer – épreuves] to endure, to suffer; si tu avais souffert ce que j'ai souffert! if you'd suffered as much as I have!, if you had gone through what I have!; ~ le martyre to go through ou to suffer agonies; son dos lui fait ~ le martyre he has terrible trouble with his back. **-2.** *litt* [tolérer]: elle ne souffre pas d'être critiquée ou qu'on la critique she can't stand ou take criticism. **-3.** *litt* [admettre – suj: personne] to allow, to tolerate; [~ suj: règlement] to allow (for), to admit of; le règlement de son dossier ne peut ~ aucun délai the settlement of his case simply cannot be postponed.
◇ *vi* **-1.** [avoir mal] to be in pain, to suffer; tu souffres? are you in pain?, does it hurt?; où souffrez-vous? where is the pain?, where does it hurt?; elle a beaucoup souffert lors de son accouchement she had a very painful delivery; c'est une intervention bénigne, vous ne souffrirez pas it's a very minor operation, you won't feel any pain; ~ en silence to suffer in silence; il est mort sans ~ he felt no pain when he died; elle a cessé de ~ *euph*, elle ne souffrira plus *euph* she's out of pain (now); il faut ~ pour être belle! *hum* one must suffer to be beautiful!; faire ~ [faire mal] to cause pain to, to hurt; mon dos me fait ~ ces temps-ci my back's been hurting (me) lately. **-2.** ~ de [avoir mal à cause de]: ~ de la hanche to have trouble with one's hip; pour tous les gens qui souffrent du dos/du diabète for all people with back problems/diabetes sufferers; ~ de la faim/soif to suffer from hunger/thirst; ~ de la chaleur [être très sensible à] to suffer in the heat; [être atteint par] to suffer from the heat; ~ de *fig* [pâtir de]: sa renommée a souffert du scandale his reputation suffered from the scandal; dût ton amour-propre en ~ even though your pride may be hurt by it ‖ (en usage absolu): les récoltes n'ont pas trop souffert the crops didn't suffer too much ou weren't too badly damaged; c'est le sud du pays qui a le plus souffert the southern part of the country was the worst hit. **-3.** *fam* [peiner] to toil, to have a hard time (of it).
◆ **se souffrir** *vp (emploi réciproque) litt*: ils ne peuvent pas se ~ they can't stand ou bear each other.

**soufi** [sufi] *nm* Sufi.

**soufisme** [sufism] *nm* Sufism.

**soufre** [sufr] ◇ *nm* **-1.** CHIM sulphur. **-2.** *loc*: sentir le ~ to be highly unorthodox. ◇ *adj inv* sulphur (yellow).

**soufrer** [3] [sufre] *vt* **-1.** [allumettes] to sulphur. **-2.** AGR to (treat ou spray with) sulphur.

**soufrière** [sufrijɛr] *nf* sulphur mine.

**souhait** [swɛ] *nm* wish; si je pouvais formuler un ~ if I had one wish; tous nos ~s de bonheur all our best wishes for your future happiness; envoyer ses ~s de bonne année to send New Year greetings; à tes ~s!, à vos ~s! bless you! (after a sneeze).
◆ **à souhait** *loc adv litt* extremely well, perfectly.

**souhaitable** [swetabl] *adj* desirable; ce n'est guère ~ this is not to be desired.

**souhaiter** [4] [swete] *vt* **-1.** [espérer] to wish ou to hope for (insép); il ne reviendra plus — souhaitons-le ou c'est à ~! he won't come back — let's hope not!; ce n'est pas à ~! it's

not something we would wish for!; ~ la mort/la ruine/le bonheur de qqn to wish sb dead/for sb's ruin/for sb's happiness; je souhaiterais pouvoir t'aider I wish I could ou I'd like to be able to help (you); ~ que to hope that; souhaitons que tout aille bien let's hope everything goes all right; il est à ~ que... it's to be hoped that...**-2.** [formuler un vœu de] to wish; nous vous souhaitons un joyeux Noël with our best wishes for a happy Christmas; ~ sa fête/son anniversaire à qqn to wish sb a happy saint's day/a happy birthday; je te souhaite beaucoup de réussite/d'être heureux I wish you every success/happiness; souhaite-moi bonne chance! wish me luck!; je vous souhaite bonne nuit I'll say good night to you; je te souhaite bien du plaisir! *fam*, je t'en souhaite! *iron* best of luck to you!
◆ **se souhaiter** *vp (emploi réciproque)*: nous nous sommes souhaité la bonne année we wished each other a happy New Year.

**souiller** [3] [suje] *vt litt* **-1.** [maculer] to soil. **-2.** [polluer] to contaminate, to pollute, to taint. **-3.** [entacher – réputation] to ruin, to sully *litt*, to tarnish *litt*; [~ innocence] to defile *litt*, to taint *litt*.

**souillon** [sujɔ̃] *nmf* [gén] slob; [femme] slut.

**souillure** [sujyr] *nf* **-1.** *litt* [tache] stain. **-2.** *litt* [flétrissure] blemish, taint.

**souk** [suk] *nm* **-1.** [marché] souk. **-2.** *fam* [désordre] shambles *(sg)*; c'est le ~ ici! what a mess ou shambles here!

**soul** [sul] ◇ *adj inv* soul *(modif)* MUS. ◇ *nm* [jazz] hard bop. ◇ *nf* [pop] soul (music).

**soûl, e** [su, sul] *adj* **-1.** [ivre] drunk; ~ comme une bourrique ou un cochon ou une grive ou un Polonais *fam* (as) drunk as a lord *esp Br*, stewed to the gills *Am*. **-2.** *fig*: ~ de [rassasié de] sated with; [étourdi par] drunk ou intoxicated with *fig*.
◆ **soûl** *nm*: tout son ~ to one's heart's content; en avoir tout son ~ to have one's fill; dormir tout son ~ to sleep as much as one wants.

**soulagement** [sulaʒmɑ̃] *nm* relief, solace; à mon grand ~, il partit enfin I was greatly relieved when he left at last.

**soulager** [17] [sulaʒe] *vt* **-1.** [personne – physiquement] to relieve, to bring relief to; cela devrait vous ~ de votre mal de tête this should relieve ou help your headache; on l'a soulagée de son chéquier *hum* she was relieved of her chequebook. **-2.** [personne – moralement] to relieve, to soothe; pleure, ça te soulagera have a good cry, you'll feel better afterwards; ça me soulage de savoir qu'il est bien arrivé it's a relief to know he got there safely; ~ la conscience de qqn to ease sb's conscience. **-3.** [diminuer – misère, souffrances] to relieve; [~ douleur] to relieve, to soothe. **-4.** [décharger] to relieve; mon collègue me soulage parfois d'une partie de mon travail my colleague sometimes relieves me of part of my work. **-5.** CONSTR [étayer] to shore up (sép). **-6.** NAUT [ancre] to weigh.
◆ **se soulager** ◇ *vp (emploi réfléchi)* [d'une charge de travail] to lessen the strain on o.s.; prends un collaborateur pour te ~ take somebody on to take some of the pressure of work off you. ◇ *vpi* **-1.** [moralement] to get ou to find relief, to take comfort; il m'arrive de crier pour me ~ sometimes I shout to let ou to blow off steam. **-2.** *fam & euph* to relieve o.s.

**soûlant, e** [sulɑ̃, ɑ̃t] *adj fam* exhausting, harrassing.

**soûlard, e** [sular, ard], **soûlaud, e** [sulo, od] *nm, f fam* boozer, drunkard.

**soûler** [3] [sule] *vt* **-1.** *fam* [rendre ivre]: ~ qqn to get sb

---

**USAGE ▶   Formuler des souhaits**

**Lorsqu'on souhaite que quelque chose arrive**

I'd love ou I'd so like you to meet them.
Wouldn't it be wonderful if we could all go?
I'd like nothing better than to talk to him.
What wouldn't I give to be there now!
I'd give anything to see it!
Please let her say yes!
All I want is for him to go.
What I don't want is for her to find out.
I just wish this was all over.

If only I could persuade them.
Our only ou dearest wish is for you to be happy. [soutenu]

**Lorsqu'on aurait souhaité que quelque chose n'arrive pas**

I wish you hadn't told him that.
Why on earth did you have to tell him!
How I wish I'd never agreed to this!
If only you hadn't mentioned it.
It should never have happened.

drunk. **-2.** [étourdir] to make dizzy ou giddy; **tu me soûles, avec tes questions!** you're making me dizzy with all these questions!.

◆ **se soûler** *vpi* **-1.** *fam* [s'enivrer] to get drunk, to booze. **-2.** [s'étourdir]: **se ~ de** to get intoxicated with *fig*; **il se soûle de paroles** he talks so much that it goes to his head.

**soûlerie** [sulri] *nf fam* bender, drinking session.

**soulève** [sulɛv] *v→* **soulever**.

**soulèvement** [sulɛvmã] *nm* **-1.** [mouvement]: déclenché par le ~ du clapet triggered by the lifting of the valve. **-2.** [insurrection] uprising. **-3.** GÉOL: ~ de terrain upheaval ou uplift (of the ground).

**soulever** [19] [sulve] *vt* **-1.** [pour porter, élever – charge] to lift (up); [– couvercle, loquet] to lift; [– capot] to lift, to open; [– personne allongée] to raise (up); [– personne debout] to raise (up); [– voile] to lift; [– chapeau] to raise; [– voiture] to lift; [– voiture sur cric] to jack up *(sép)*; [– avec effort] to heave; **de gros sanglots soulevaient sa poitrine** his chest was heaving with sobs; ~ **qqn/qqch de terre** to lift sb/sthg off the ground. **-2.** [remuer – poussière, sable] to raise; **le vent soulevait les feuilles mortes** the wind was stirring up dead leaves. **-3.** [provoquer – protestations, tollé] to raise; [– enthousiasme, émotion] to arouse; [– difficulté] to bring up *(sép)*, to raise; **son imitation souleva une tempête de rires** her impersonation caused gales of laughter. **-4.** [poser – question, objection] to raise, to bring up *(sép)*. **-5.** [pousser à se révolter – population] to stir up *(sép)*. **-6.** [retourner]: ~ **le cœur: ça m'a soulevé le cœur** it turned my stomach, it made me sick. **-7.** ▽ [prendre – chose] to pinch; [– mari, maîtresse] to steal.

◆ **se soulever** *vpi* **-1.** [se redresser] to lift ou to raise o.s. up; **il l'aida à se ~** he helped her to sit up. **-2.** [mer] to swell (up), to heave; [poitrine] to heave. **-3.** [peuple] to rise up *(insép)*, to revolt.

**soulier** [sulje] *nm* **-1.** [chaussure] shoe. **-2.** *fam loc*: **être dans ses petits ~s** to feel (very) small.

**souligner** [3] [suliɲe] *vt* **-1.** [mettre un trait sous] to underline. **-2.** [accentuer] to enhance, to emphasize; **une robe qui souligne la taille** a dress which emphasizes ou sets off the waist. **-3.** [faire remarquer] to emphasize, to stress.

**soûlographie** [sulɔgrafi] *nf* drunkenness.

**soûlot, ôte** [sulo, ɔt] *fam* = **soûlard, e**.

**soumettre** [84] [sumɛtr] *vt* **-1.** [se rendre maître de – nation] to subjugate; [– mutins] to take control of, to subdue, to bring to heel; [– passion] to control, to tame. **-2.** [à une épreuve, à un règlement]: ~ **qqn à** to subject sb to; ~ **qqch à un examen** to subject sthg to an examination. **-3.** [présenter – loi, suggestion, texte] to submit; **je lui soumettrai votre demande** I'll refer your request to her; **je voulais d'abord le ~ à votre approbation** I wanted to submit it for your approval first; **le projet de loi sera ensuite soumis au Sénat** the bill will then be brought before the Senate ou be submitted to the Senate (for approval).

◆ **se soumettre** *vpi* to give in, to submit, to yield; **se ~ à** [se plier à] to submit ou to subject o.s. to; [s'en remettre à] to abide by.

**soumis, e** [sumi, iz] ◇ *pp→* **soumettre**. ◇ *adj* submissive, obedient, dutiful.

**soumission** [sumisjɔ̃] *nf* **-1.** [obéissance – à un pouvoir] submission, submitting; [– à une autorité] acquiescence, acquiescing; **faire acte de ~** to submit. **-2.** [asservissement] submissiveness; **vivre dans la ~** to live a submissive life, to live one's life in a state of submission. **-3.** COMM tender; **par (voie de) ~** by tender.

**soumissionnaire** [sumisjɔnɛr] *nmf* tenderer.

**soumissionner** [3] [sumisjɔne] *vt* to bid ou to tender for *(insép)*.

**soupape** [supap] *nf* **-1.** AUT & MÉCAN valve; ~ **d'admission/d'échappement** inlet/outlet valve; ~ **automatique** automatic control; ~ **de sécurité** ou **sûreté** *pr* & *fig* safety valve. **-2.** [bonde] plug. **-3.** ÉLECTR valve, tube. **-4.** MUS pallet.

**soupçon** [supsɔ̃] *nm* **-1.** [suspicion] suspicion; **éveiller les ~s** to arouse ou to excite suspicion; **avoir des ~s sur qqn/qqch** to be suspicious of sb/sthg; **j'ai eu des ~s dès le début** I suspected something from the beginning; **être à l'abri** ou **au-dessus de tout ~** to be free from ou above all suspicion. **-2.** [idée, pressentiment] suspicion, inkling. **-3.** [petite quantité]: **un ~ de: un ~ de crème** a touch of cream; **un**

~ **de maquillage** a hint ou touch of make-up; **un ~ d'ironie** a touch ou hint of irony; **un ~ de rhum** a dash ou a (tiny) drop of rum.

**soupçonnable** [supsɔnabl] *adj* open to suspicion.

**soupçonner** [3] [supsɔne] *vt* **-1.** [suspecter] to suspect; ~ **qqn de meurtre/trahison** to suspect sb of murder/treason. **-2.** [pressentir – piège] to suspect; **je ne lui aurais jamais soupçonné autant de talent** I would never have suspected ou thought that he was so talented; ~ **que** to have a feeling ou to suspect that. **-3.** [douter de] to doubt. **-4.** [imaginer] to imagine, to suspect.

**soupçonneusement** [supsɔnøzmã] *adv* suspiciously, with suspicion.

**soupçonneux, euse** [supsɔnø, øz] *adj* suspicious; **il la regarda d'un air ~** he looked at her suspiciously.

**soupe** [sup] *nf* **-1.** CULIN soup; ~ **aux choux/au crabe** cabbage/crab soup; ~ **au lait** *pr* bread and milk; **c'est une ~ au lait, elle est (très) ~ au lait** *fig* she flies off the handle easily; **il est rentré tard hier soir et a eu droit à la ~ à la grimace** he got home late last night, so now he's in the doghouse. **-2.** *fam* [repas] grub, nosh; ~ **populaire** soup kitchen; **je suis bon pour la ~ populaire!** *hum* I might as well go and beg on the streets!; **à la ~!** grub's up!, come and get it! **-3.** *fam* [neige] slushy snow.

**soupente** [supãt] *nf* [dans un grenier] loft; [sous un escalier] cupboard ou closet *Am (under the stairs)*.

**souper[1]** [supe] *nm* **-1.** *dial* [dîner] dinner, supper. **-2.** [après le spectacle] (late) supper.

**souper[2]** [3] [supe] *vi* **-1.** *dial* ou *vieilli* [dîner] to have dinner; ~ **de** to dine on. **-2.** [après le spectacle] to have a late supper. **-3.** *fam loc*: **en avoir soupé de** to be sick of ou fed up with.

**soupeser** [19] [supɔze] *vt* **-1.** [en soulevant] to feel the weight of, to weigh in one's hand ou hands. **-2.** [juger] to weigh up *(sép)*.

**soupière** [supjɛr] *nf* (soup) tureen.

**soupir** [supir] *nm* **-1.** [expiration] sigh; ~ **de soulagement** sigh of relief; **pousser des ~s** to sigh ❏ **dernier ~** *litt* last breath; **rendre le dernier ~** to breathe one's last. **-2.** MUS crotchet rest *Br*, quarter ou quarter-note rest *Am*.

◆ **soupirs** *nmpl litt* [désirs]: **l'objet de mes ~s** the one I yearn for.

**soupirail, aux** [supiraj, o] *nm* [d'une cave] (cellar) ventilator; [d'une pièce] basement window.

**soupirant** [supirã] *nm* suitor.

**soupiraux** [supiro] *pl→* **soupirail**.

**soupirer** [3] [supire] ◇ *vi* **-1.** [pousser un soupir] to sigh; ~ **d'aise** to sigh with contentment. **-2.** *litt* [être amoureux] to sigh, to yearn. ◇ *vt* [dire] to sigh.

◆ **soupirer après** *v + prép litt* to long ou to sigh ou to yearn for.

**souple** [supl] *adj* **-1.** [lame] flexible, pliable, supple; [plastique] non-rigid. **-2.** [malléable]: **argile ~** plastic clay. **-3.** [agile – athlète, danseur, corps] supple; [– démarche] fluid, flowing. **-4.** [doux – cuir, peau, brosse à dents] soft; **gel fixation ~** light hold hair gel; **voiture dotée d'une suspension ~** car with smooth suspension. **-5.** [aménageable] flexible, adaptable; **la réglementation/l'horaire est ~** the rules/hours are flexible. **-6.** [qui sait s'adapter] flexible, adaptable. **-7.** [docile] docile, obedient; **être ~ comme un gant** to be very docile. **-8.** AÉRON non-rigid.

**souplement** [supləmã] *adv* smoothly.

**souplesse** [suplɛs] *nf* **-1.** [d'une personne, d'un félin, d'un corps] suppleness; [d'une démarche] suppleness, springiness. **-2.** [douceur – d'un cuir, d'un tissu] softness; [– de la peau] smoothness. **-3.** [malléabilité – d'une matière] flexibility, pliability; ~ **d'esprit** [agilité] nimble-mindedness; [adaptabilité] versatility ‖ *péj* [servilité] servility. **-4.** [d'un horaire, d'une méthode] flexibility, adaptability.

◆ **en souplesse** *loc adv* smoothly.

**sourate** [surat] *nf* → **surate**.

**source** [surs] *nf* **-1.** [point d'eau] spring. **-2.** [origine] spring, source; **où la Seine prend-elle sa ~?** where is the source of the Seine?, where does the Seine originate?; **remonter jusqu'à la ~** [d'un fleuve] to go upriver until one finds the source; [d'une habitude, d'un problème] to go back to the root;

à la ~ [au commencement] at the source, in the beginning; retenir les impôts à la ~ to operate a pay-as-you-earn system. **-3.** [cause] source; une ~ de revenus a source of income; cette maison n'a été qu'une ~ d'ennuis this house has been nothing but trouble; être ~ de to give rise to; cette formulation peut être ~ de malentendus the way it's worded could give rise to misinterpretations. **-4.** PRESSE: tenir ses renseignements de bonne ~ ou de ~ sûre ou de ~ bien informée to have information on good authority; nous savons ou tenons de ~ sûre que... we have it on good authority that..., we are reliably informed that...; de ~ officielle/officieuse, on apprend que... official/unofficial sources reveal that...; quelles sont vos ~s? what sources did you use?**-5.** ÉLECTR: ~ de courant power supply. **-6.** INF source. **-7.** LING (comme adj) source (modif). **-8.** NUCL: ~ radioactive radioactive source. **-9.** OPT: ~ lumineuse ou de lumière light source. **-10.** PÉTR oil deposit.

**sourcier, ère** [sursje, ɛr] nm, f dowser, water-diviner.

**sourcil** [sursi] nm eyebrow; il a des ~s bien fournis he's beetle-browed.

**sourcilier, ère** [sursilje, ɛr] adj superciliary.

**sourciller** [3] [sursije] vi to frown; sans ~ without batting an eyelid ou turning a hair.

**sourcilleux, euse** [sursijø, øz] adj litt [pointilleux] pernickety, finicky.

**sourd, e** [sur, surd] ◇ adj **-1.** [personne] deaf; être ~ de naissance to be born deaf; ~ de l'oreille gauche deaf in the left ear; arrête de crier, je ne suis pas ~! stop shouting, I'm not deaf ou I can hear (you)! ❏ faire la ~e oreille to pretend not to hear; être ~ comme un pot fam to be as deaf as a post. **-2.** [indifférent]: le gouvernement est resté ~ à leurs revendications the government turned a deaf ear to their demands. **-3.** [atténué - son, voix] muffled, muted. **-4.** [vague - douleur] dull; [- sentiment] muted, subdued; j'éprouvais une ~e inquiétude I felt vaguely worried. **-5.** [clandestin] hidden, secret. **-6.** LING unvoiced, voiceless. ◇ nm, f deaf person; les ~s the deaf; c'est comme si on parlait à un ~ it's like talking to a brick wall ❏ crier ou hurler comme un ~ to scream ou to shout at the top of one's voice; frapper ou taper comme un ~ to bang with all one's might.

◆ **sourde** nf LING unvoiced ou voiceless consonant.

**sourdement** [surdǝmã] adv litt **-1.** [sans bruit] dully, with a muffled noise. **-2.** [secrètement] silently.

**sourdine** [surdin] nf MUS [d'une trompette, d'un violon] mute; [d'un piano] soft pedal; mettre une ~ à qqch fig to tone sthg down.

◆ **en sourdine** ◇ loc adj muted. ◇ loc adv **-1.** MUS [jouer] quietly, softly; mets-la en ~! fam & fig shut up!**-2.** [en secret] quietly, on the quiet.

**sourdingue**▽ [surdɛ̃g] ◇ adj clotheared. ◇ nmf clothears.

**sourd-muet, sourde-muette** [surmɥɛ, surdmɥɛt] (mpl **sourds-muets**, fpl **sourdes-muettes**) ◇ adj deaf and dumb. ◇ nm, f deaf-mute, deaf-and-dumb person.

**sourdre** [73] [surdr] vi litt **-1.** [liquide] to rise (up). **-2.** [idée, sentiment] to well up.

**souriant, e** [surjã, ãt] adj **-1.** [regard, visage] smiling, beaming; [personne] cheerful. **-2.** sout [agréable - paysage] pleasant, welcoming; [- pensée] agreeable; un avenir ~ a bright future.

**souriceau, x** [suriso] nm baby mouse.

**souricière** [surisjɛr] nf **-1.** [ratière] mousetrap. **-2.** [piège] trap; se jeter dans la ~ to fall into a trap.

**sourire**[1] [surir] nm smile; elle esquissa un ~ she smiled faintly; il entra, le ~ aux lèvres he came in with a smile on his lips ou face; avec un grand ou large ~ beaming, with a broad smile; faire un ~ à qqn to smile at sb; fais-moi un petit ~! give me a smile!; elle était tout ~ she was wreathed in ou all smiles; avoir le ~ to have a smile on one's face; il a toujours le ~! he always looks cheerful!; il a pris la nouvelle avec le ~ he took the news cheerfully; il faut savoir garder le ~ you have to learn to keep smiling.

**sourire**[2] [95] [surir] vi to smile; souriez! [pour une photo] smile!; la remarque peut faire ~ this remark may bring a smile to your face ou make you smile; ~ à qqn to smile at sb, to give sb a smile.

◆ **sourire à** v + prép **-1.** [être favorable à] to smile on; la for-

tune lui sourit enfin fortune is smiling on him at last; la chance ne te sourira pas toujours! you won't always be (so) lucky!**-2.** [plaire à - suj: idée, perspective] to appeal to.

◆ **sourire de** v + prép [se moquer de] to smile ou to laugh at; il souriait de mon entêtement my stubbornness made me smile.

**souris** [suri] ◇ nf **-1.** ZOOL mouse; ~ blanche white mouse; j'aurais aimé être une petite ~! I'd like to have been a fly on the wall!**-2.** ▽ [femme] bird, chick. **-3.** CULIN [de gigot] knuckle-joint. **-4.** INF mouse. ◇ adj inv mousy, mouse-coloured.

◆ **souris d'hôtel** nf (female) hotel thief.

**sournois, e** [surnwa, az] ◇ adj **-1.** [personne, regard] cunning, shifty, sly. **-2.** [attaque, procédé] underhand. **-3.** [douleur] dull, gnawing. ◇ nm, f sly person.

**sournoisement** [surnwazmã] adv slyly.

**sournoiserie** [surnwazri] nf **-1.** [caractère] shiftiness, slyness, underhand manner. **-2.** [acte] sly piece of work; [parole] sly remark.

**sous** [su] prép **-1.** [dans l'espace] under, underneath, beneath; être ~ la douche to be in ou having a shower; se promener ~ la pluie to walk in the rain; un paysage ~ la neige a snow-covered landscape; nager ~ l'eau to swim underwater; ~ terre underground, below ground; assis ~ le parasol sitting under ou underneath ou beneath the parasol; enlève ça de ~ la table fam get it out from under the table; ~ les tropiques under a hot sun; ça s'est passé ~ nos yeux it took place before our very eyes. **-2.** fig [derrière] behind, under, beneath; ~ des dehors taciturnes behind a stern exterior; ~ son air calme... beneath his calm appearance... **-3.** [à l'époque de]: ~ Louis XV during the reign of ou under Louis XV; ~ sa présidence/son ministère under his presidency/ministry; ~ la Commune during ou at the time of the Paris Commune. **-4.** [dans un délai de] within; ~ huitaine/quinzaine within a week/fortnight. **-5.** [marquant un rapport de dépendance] under; ~ ses ordres under his command; il est placé ~ ma responsabilité I'm in charge of him; ~ caution on bail. **-6.** MÉD: être ~ anesthésie to be under anaesthetic; être ~ antibiotiques/perfusion to be on antibiotics/a drip. **-7.** [marquant la manière]: emballé ~ vide vacuum-packed; ~ verre under glass; ~ pli scellé in a sealed envelope; elle a acheté le billet ~ un faux nom she bought the ticket under an assumed name; elle se présente aux élections ~ l'étiquette libérale she's running as a candidate on the liberal ticket; vu ~ cet angle seen from this angle; vu ~ cet éclairage nouveau considered in this new light; parfait ~ tous rapports perfect in every respect. **-8.** [avec une valeur causale] under; ~ la torture/canonnade under torture/fire; ~ le coup du choc... beneath his calm appearance...; ~ le coup de l'émotion in the grip of the emotion.

**sous-alimentation** [suzalimãtasjɔ̃] nf malnutrition, undernourishment.

**sous-alimenté, e** [suzalimãte] adj undernourished, underfed.

**sous-alimenter** [3] [suzalimãte] vt to undernourish.

**sous-bois** [subwa] nm inv undergrowth, underwood.

**sous-brigadier** [subrigadje] nm deputy sergeant.

**sous-catégorie** [sukategɔri] nf subcategory.

**sous-chef** [suʃɛf] nm **-1.** [gén] second-in-command. **-2.** [dans un restaurant] sous-chef, underchef. **-3.** RAIL: ~ de gare assistant station master.

**sous-comité** [sukɔmite] nm subcommittee.

**sous-commission** [sukɔmisjɔ̃] nf subcommittee.

**sous-consommation** [sukɔ̃sɔmasjɔ̃] nf underconsumption, underconsuming (U).

**sous-continent** [sukɔ̃tinã] nm subcontinent.

**sous-couche** [sukuʃ] nf [de peinture, de vernis] undercoat.

**souscripteur** [suskriptœr] nm subscriber FIN.

**souscription** [suskripsjɔ̃] nf **-1.** [engagement] subscription, subscribing (U). **-2.** [somme] subscription; lancer ou ouvrir une ~ to start a fund. **-3.** [signature] signing (U). **-4.** BOURSE & ÉCON application, subscription.

◆ **en souscription** loc adv: publier une revue en ~ to publish a journal on a subscription basis; uniquement en ~ available to subscribers only.

**souscrire** [99] [suskrir] vt **-1.** JUR [signer - acte] to sign, to put one's signature to, to subscribe; [– billet, chèque] to draw, to sign. **-2.** [abonnement] to take out *(insép)*.

◆ **souscrire à** *v* + *prép* **-1.** [approuver] to approve, to subscribe to, to go along with. **-2.** [suj: lecteur] to take out a subscription to. **-3.** BOURSE & ÉCON [emprunt] to subscribe to; *(en usage absolu)*: **pour combien souscrivez-vous?** how much will you subscribe?

**sous-cutané, e** [sukytane] *adj* subcutaneous.

**sous-développé, e** [sudevlɔpe] *adj* underdeveloped.

**sous-développement** [sudevlɔpmã] *nm* underdevelopment.

**sous-directeur, trice** [sudirɛktœr, tris] *nm, f* assistant manager *(f* manageress).

**sous-emploi** [suzãplwa] *nm* underemployment.

**sous-employer** [13] [suzãplwaje] *vt* [travailleur] to underemploy; [appareil] to underuse.

**sous-ensemble** [suzãsãbl] *nm* subset.

**sous-entendre** [73] [suzãtãdr] *vt* to imply; **sous-entendu, je m'en moque!** meaning I don't care!

**sous-entendu, e** [suzãtãdy] *v* → **sous-entendre**.

◆ **sous-entendu** *nm* innuendo, hint, insinuation; **en fixant sur moi un regard lourd de ~s** giving me a meaningful look.

**sous-équipé, e** [suzekipe] *adj* underequipped.

**sous-équipement** [suzekipmã] *nm* underequipment.

**sous-espèce** [suzɛspɛs] *nf* subspecies.

**sous-estimation** [suzɛstimasjɔ̃] *nf* **-1.** [jugement] underestimation. **-2.** FIN [d'un revenu] underestimation, underassessment; [d'un bien] undervaluation.

**sous-estimer** [3] [suzɛstime] *vt* **-1.** [une qualité, un bien] to underestimate, to underrate. **-2.** FIN to undervalue.

**sous-évaluation** [suzevalyasjɔ̃] *nf* FIN undervaluation.

**sous-évaluer** [7] [suzevalye] *vt* FIN to undervalue.

**sous-exploitation** [suzɛksplwatasjɔ̃] *nf* underexploitation, underexploiting *(U)*, underuse.

**sous-exploiter** [3] [suzɛksplwate] *vt* to underexploit.

**sous-exposer** [3] [suzɛkspoze] *vt* to underexpose.

**sous-exposition** [suzɛkspozisjɔ̃] *nf* underexposure.

**sous-fifre** [sufifr] *nm* underling, minion.

**sous-industrialisé, e** [suzɛ̃dystrijalize] *adj* underindustrialized.

**sous-jacent, e** [suʒasã, ãt] *adj* **-1.** [caché] underlying. **-2.** GÉOL subjacent.

**Sous-le-Vent** [sulavã] *npr*: **les îles ~** the Leeward Islands.

**sous-lieutenant** [suljøtnã] *nm* [dans l'armée de terre] second lieutenant; [dans l'aviation] pilot officer *Br*, second lieutenant *Am*; [dans la marine] sublieutenant *Br*, lieutenant junior grade *Am*.

**sous-locataire** [sulɔkatɛr] *nmf* subtenant.

**sous-location** [sulɔkasjɔ̃] *nf* **-1.** [action] subletting. **-2.** [bail] subtenancy.

**sous-louer** [6] [sulwe] *vt* to sublet.

**sous-main** [sumɛ̃] *nm inv* **-1.** [buvard] desk blotter. **-2.** [carton, plastique] pad.

◆ **en sous-main** *loc adv* secretly.

**sous-marin, e** [sumarɛ̃, in] *adj* [câble, plante] submarine; underwater; [navigation] submarine; [courant] submarine; undersea; [photographie] underwater, undersea.

◆ **sous-marin** *nm* **-1.** NAUT submarine. **-2.** *fam* [espion] mole. **-3.** *Can* [sandwich] long sandwich, sub *Am*.

**sous-marque** [sumark] *nf* sub-brand.

**sous-médicalisé, e** [sumedikalize] *adj* with insufficient medical facilities.

**sous-ministre** [suministr] *nm Can* undersecretary (of state).

**sous-multiple** [sumyltipl] *nm* submultiple.

**sous-nappe** [sunap] *nf* undercloth.

**sous-nutrition** [sunytrisjɔ̃] *nf* malnutrition.

**sous-officier** [suzɔfisje] *nm* non-commissioned officer.

**sous-ordre** [suzɔrdr] *nm* **-1.** ZOOL suborder. **-2.** [subordonné] subordinate, underling, minion.

**sous-payer** [11] [supeje] *vt* to underpay.

**sous-peuplé, e** [supœple] *adj* underpopulated.

**sous-peuplement** [supœplmã] *nm* underpopulation.

**sous-préfecture** [suprefɛktyr] *nf* subprefecture.

**sous-préfet** [suprefɛ] *nm* subprefect.

**sous-préfète** [suprefɛt] *nf* **-1.** [fonctionnaire] (female) subprefect. **-2.** [épouse] subprefect's wife.

**sous-production** [suprɔdyksjɔ̃] *nf* underproduction.

**sous-produit** [suprɔdɥi] *nm* **-1.** INDUST by-product. **-2.** [ersatz] poor imitation, (inferior) derivative.

**sous-programme** [suprɔgram] *nm* subroutine.

**sous-prolétaire** [suprɔletɛr] *nmf* member of the urban underclass.

**sous-prolétariat** [suprɔletarja] *nm* urban underclass.

**sous-pull** [supyl] *nm* (light-weight) sweater.

**sous-secrétaire** [susəkretɛr] *nm*: **~ (d'État)** Under-Secretary (of State).

**sous-secrétariat** [susəkretarja] *nm* **-1.** [bureau] Under-Secretary's office. **-2.** [poste] Under-Secretaryship.

**sous-secteur** [susɛktœr] *nm* subsection.

**soussigné, e** [susiɲe] ◇ *adj* undersigned; **je ~ Robert Brand, déclare avoir pris connaissance de l'article 4 I,** the undersigned Robert Brand, declare that I have read clause 4. ◇ *nm, f*: **le ~/les ~s déclarent que...** the undersigned declares/declare that...

**sous-sol** [susɔl] *nm* **-1.** GÉOL subsoil. **-2.** [d'une maison] cellar; [d'un magasin] basement, lower ground floor.

**sous-tasse** [sutas] *nf* saucer.

**sous-tendre** [73] [sutãdr] *vt* **-1.** GÉOM to subtend. **-2.** [être à la base de] to underlie, to underpin.

**sous-tension** [sutãsjɔ̃] *nf* undervoltage.

**sous-titrage** [sutitraʒ] *nm* subtitling.

**sous-titre** [sutitr] *nm* **-1.** PRESSE subtitle, subheading, subhead. **-2.** CIN subtitle.

**sous-titré, e** [sutitre] *adj* subtitled, with subtitles.

**sous-titrer** [3] [sutitre] *vt* **-1.** [article de journal] to subtitle, to subhead; [livre] to subtitle. **-2.** [film] to subtitle.

**soustracteur** [sustraktœr] *nm* subtracter.

**soustractif, ive** [sustraktif, iv] *adj* subtractive.

**soustraction** [sustraksjɔ̃] *nf* **-1.** MATH subtraction; **il ne sait pas encore faire les ~s** he can't subtract yet. **-2.** JUR [vol] removal, removing *(U)*, purloining *(U)*; **~ de documents** abstraction of documents.

**soustraire** [112] [sustrɛr] *vt* **-1.** MATH to subtract, to take away *(sép)*; **~ 10 de 30** to take 10 away from 30. **-2.** *sout* [enlever]: **~ qqn/qqch à** to take sb/sthg away from; **~ qqn à la justice** to shield sb from justice, to protect sb from the law; **~ qqn/qqch aux regards indiscrets** to hide sb/sthg from prying eyes. **-3.** [subtiliser] to remove.

◆ **se soustraire à** *vp* + *prép sout*: **se ~ à l'impôt/une obligation/un devoir** to evade tax/an obligation/a duty; **se ~ à la justice** to escape the law.

**sous-traitance** [sutrɛtãs] *nf* subcontracting; **donner un travail en ~** to subcontract a job.

**sous-traitant** [sutrɛtã] *nm* subcontractor.

**sous-traiter** [4] [sutrete] *vt*: **~ un travail** [entrepreneur principal] to subcontract a job, to contract a job out; [sous-entrepreneur] to contract into ou to subcontract a job.

**soustrayais** [sustrɛjɛ], **soustrayons** [sustrejɔ̃] *v* → **soustraire**.

**sous-utiliser** [3] [suzytilize] *vt* to underuse, to underutilize.

**sous-verre** [suvɛr] *nm inv* glass mount.

**sous-vêtement** [suvɛtmã] *nm* piece of underwear, undergarment; **en ~s** in one's underwear ou underclothes.

**soutane** [sutan] *nf* cassock; **prendre la ~** to enter the Church, to take (Holy) Orders.

**soute** [sut] *nf* hold; **~ à bagages** luggage hold; **~ à charbon** coal hole *Br*, coal bunker; **~ à mazout** oil tank.

◆ **soutes** *nfpl* [combustible] fuel oil.

**soutenable** [sutnabl] *adj* **-1.** [défendable] defensible, tenable. **-2.** [supportable] bearable.

**soutenance** [sutnãs] *nf*: **~ (de thèse)** oral examination for thesis, viva *Br*.

**soutènement** [sutɛnmã] *nm* **-1.** CONSTR support. **-2.** MIN timbering.

◆ **de soutènement** *loc adj* support *(modif)*, supporting.

**souteneur** [sutnœr] *nm* [proxénète] pimp.

**soutenir** [40] [sutnir] *vt* **-1.** [maintenir – suj: pilier, poutre] to hold up *(sép)*, to support; [– suj: attelle, gaine, soutien-gorge] to support; **un médicament pour** ~ **le cœur** a drug to sustain the heart *ou* to keep the heart going. **-2.** [réconforter] to support, to give (moral) support to; **sa présence m'a beaucoup soutenue dans cette épreuve** his presence was a great comfort to me in this ordeal. **-3.** [être partisan de – candidature, cause, politique etc] to support, to back (up), to stand by *(inség)*; **tu soutiens toujours ta fille contre moi!** you always stand up for *ou* you're always siding with your daughter against me!; ~ **une équipe** to be a fan of *ou* to support a team. **-4.** [faire valoir – droits] to uphold, to defend; [– argument, théorie] to uphold, to support. **-5.** [affirmer] to assert, to claim; **je pense que nous sommes libres mais elle soutient le contraire** I think that we are free but she claims (that) the opposite is true; **il soutient que tu mens** he keeps saying that you're a liar; **elle m'a soutenu mordicus qu'il était venu ici** *fam* she swore blind *ou* she insisted that he'd been here. **-6.** [résister à – attaque] to withstand; [– regard] to bear, to support; ~ **la comparaison avec** to stand *ou* to bear comparison with; ~ **un siège** MIL to last out *ou* to withstand a siege. **-7.** [prolonger – attention, discussion, suspense etc] to keep up *(sép)*, to sustain; [– réputation] to maintain, to keep up. **-8.** MUS [note] to sustain, to hold. **-9.** UNIV: ~ **sa thèse** to defend one's thesis, to take one's viva *Br*.
◆ **se soutenir** ◇ *vp (emploi réciproque)* to stand by each other, to stick together. ◇ *vpi* **-1.** [se tenir] to hold o.s. up, to support o.s.; **le vieillard n'arrivait plus à se** ~ **sur ses jambes** the old man's legs could no longer support *ou* carry him; **elle se soutenait avec peine** she could hardly stay upright. **-2.** [se prolonger – attention, intérêt, suspense] to be kept up *ou* maintained.

**soutenu, e** [sutny] *adj* **-1.** [sans faiblesse – couleur] intense, deep; [– note de musique] sustained; [– attention, effort] unfailing, sustained, unremitting; [– rythme] steady, sustained. **-2.** LING formal; **en langue** ~**e** in formal speech.

**souterrain, e** [suterɛ̃, ɛn] *adj* **-1.** [sous la terre] underground, subterranean; **câble** ~ underground cable; **des eaux** ~**es** ground water. **-2.** [dissimulé] hidden, secret. **-3.** MIN deep, underground.
◆ **souterrain** *nm* **-1.** [galerie] underground *ou* subterranean passage. **-2.** [en ville] subway *Br*, underpass *Am*.

**soutien** [sutjɛ̃] *nm* **-1.** [soubassement] supporting structure, support. **-2.** [aide] support; **apporter son** ~ **à qqn** to support sb, to back sb up; **mesures de** ~ **à l'économie** measures to bolster the economy. **-3.** [défenseur] supporter; **c'est l'un des plus sûrs** ~**s du gouvernement** he's one of the mainstays of the government. **-4.** JUR: ~ **de famille** (main) wage earner; **être** ~ **de famille** to have dependents *(and receive special treatment as regards French National Service)*. **-5.** ÉCON: ~ **des prix** price support. **-6.** MIL support.

**soutien-gorge** [sutjɛ̃gɔrʒ] *(pl* **soutiens-gorge)** *nm* bra, brassiere.

**soutiendrai** [sutjɛ̃dre], **soutiennent** [sutjɛn], **soutiens** [sutjɛ̃], **soutins** [sutɛ̃] *v→* **soutenir**.

**soutirer** [3] [sutire] *vt* **-1.** [vin] to draw off *(sép)*, to decant. **-2.** [extorquer]: ~ **qqch à qqn** to get sthg from *ou* out of sb; ~ **une promesse à qqn** to extract a promise from sb; ~ **des renseignements à qqn** to get *ou* to squeeze some information out of sb.

**souvenance** [suvnɑ̃s] *nf litt*: **à ma** ~ as far as I can recall *ou* recollect.

**souvenir¹** [suvnir] *nm* **-1.** [impression] memory, recollection; **votre opération ne sera bientôt plus qu'un mauvais** ~ your operation will soon be nothing but a bad memory; **je garde un excellent** ~ **de ce voyage** I have excellent memories of that trip; **n'avoir aucun** ~ **de** to have no remembrance *ou* recollection of; **elle n'en a qu'un vague** ~ she has only a dim *ou* vague recollection of it; **cela n'éveille donc aucun** ~ **en toi?** doesn't it remind you of anything?; **mes** ~**s d'enfance** my childhood memories; **au** ~ **de ces événements, il se mit à pleurer** when he thought back to the events, he started to cry; **avoir le** ~ **de** to have a memory of, to remember. **-2.** [dans des formules de politesse]: **avec mon affectueux** ~ yours (ever); **mes meilleurs** ~**s à votre sœur** (my) kindest regards to your sister; **rappelle-moi au bon** ~ **de tes parents** (kindly) remember me to your

parents; **meilleurs** ~**s de Rome** greetings from Rome. **-3.** [objet – donné par qqn] keepsake; [– rappelant une occasion] memento; [– pour touristes] souvenir. **-4.** *(comme adj; avec ou sans trait d'union)* souvenir *(modif)*; **poser pour la photo-**~ to pose for a commemorative photograph.
◆ **en souvenir de** *loc prép* [afin de se remémorer]: **prenez ce livre en** ~ **de cet été/de moi** take this book as a souvenir of this summer/as something to remember me by.

**souvenir²** [40] [suvnir]
◆ **se souvenir de** *vp + prép* [date, événement] to remember, to recollect, to recall; [personne, lieu] to remember; **on se souviendra d'elle comme d'une grande essayiste** she'll be remembered as a great essay-writer; **je ne me souviens jamais de son adresse** I keep forgetting *ou* I can never remember his address; **je ne me souviens pas de l'avoir lu** I can't remember *ou* I don't recall *ou* I don't recollect having read it; **je m'en souviendrai, de ses week-ends reposants à la campagne!** *fam & iron* I won't forget his restful weekends in the countryside in a hurry! ‖ *(en usage absolu)*: **mais si, souviens-toi, elle était toujours au premier rang** come on, you must remember her, she was always sitting in the front row.
◆ **il me souvient**, **il lui souvient** *etc v impers litt*: **il me souvient un détail/de l'avoir aperçu** I remember a detail/having seen him.

**souvent** [suvã] *adv* often; **on se voit de moins en moins** ~ we see less and less of each other; **il ne vient pas** ~ **nous voir** he doesn't often come and see us, he seldom comes to see us; **le plus** ~ **c'est elle qui conduit** most often *ou* more often than not she usually, she's the one who does the driving ❑ **plus** ~ **qu'à son tour** far too often.

**souvenu, e** [suvny] *pp→* **souvenir**.

**souverain, e** [suvrɛ̃, ɛn] ◇ *adj* **-1.** [efficace – remède] excellent, sovereign. **-2.** POL [pouvoir, peuple] sovereign. **-3.** [suprême] supreme; **avoir un** ~ **mépris pour qqch** to utterly despise sthg; **avec une** ~**e méconnaissance des faits** supremely ignorant of the facts. **-4.** PHILOS: **le** ~ **bien** the sovereign good. **-5.** RELIG: **le** ~ **pontife** the Pope, the Supreme Pontiff. ◇ *nm, f* monarch, sovereign; **notre** ~**e ou** our Sovereign.
◆ **souverain** *nm* [monnaie] sovereign (coin).

**souverainement** [suvrɛnmã] *adv* **-1.** [suprêmement] utterly, totally, intensely. **-2.** [sans appel] with sovereign *ou* final power.

**souveraineté** [suvrɛnte] *nf* sovereignty.

**souviendrai** [suvjɛ̃dre], **souviennent** [suvjɛn], **souviens** [suvjɛ̃], **souvins** [suvɛ̃] *v→* **souvenir**.

**soviet** [sɔvjɛt] *nm* [assemblée] soviet; **le Soviet Suprême** the Supreme Soviet.

**soviétique** [sɔvjetik] *adj* Soviet.
◆ **Soviétique** *nmf* Soviet.

**soviétisation** [sɔvjetizasjɔ̃] *nf* sovietization, sovietizing *(U)*.

**soviétiser** [3] [sɔvjetize] *vt* to sovietize.

**soviétologue** [sɔvjetɔlɔg] *nmf* Sovietologist.

**sovkhoze** [sɔvkoz] *nm* sovkhoz.

**soyeux, euse** [swajø, øz] *adj* silky.
◆ **soyeux** *nm dial* **-1.** [fabricant] silk manufacturer. **-2.** [négociant] silk merchant.

**soyons** [swajɔ̃] *v→* **être**.

**SPA** *(abr de* **Société protectrice des animaux)** *npr f* society for the protection of animals, ≈ RSPCA *Br*, ≈ SPCA *Am*.

**spacieusement** [spasjøzmã] *adv*: **ils sont très** ~ **installés** they've got a very roomy *ou* spacious place.

**spacieux, euse** [spasjø, øz] *adj* spacious, roomy.

**spadassin** [spadasɛ̃] *nm* **-1.** *arch* swordsman. **-2.** *litt* [tueur] (hired) killer.

**spaghetti** [spageti] *(pl inv ou* **spaghettis)** *nm*: **des** ~, **des** ~**s** spaghetti; **un** ~ a strand of spaghetti.

**sparadrap** [sparadra] *nm* (sticking) plaster *Br*, band aid® *Am*.

**Spartacus** [spartakys] *npr* Spartacus.

**spartakisme** [spartakism] *nm* Spartacism.

**Sparte** [spart] *npr* Sparta.

**spartiate** [sparsjat] *adj* **-1.** [de Sparte] Spartan *literal*. **-2.** [austère] Spartan *fig*, ascetic.
◆ **Spartiate** *nmf* Spartan.

◆ **spartiates** *nfpl* [sandales] (Roman) sandals.

◆ **à la spartiate** *loc adv* austerely; élever ses enfants à la ~ to give one's children a Spartan upbringing.

**spasme** [spasm] *nm* spasm.

**spasmodique** [spasmɔdik] *adj* spasmodic.

**spasmophile** [spasmɔfil] ◇ *adj* suffering from spasmophilia. ◇ *nmf* person suffering from spasmophilia.

**spasmophilie** [spasmɔfili] *nf* spasmophilia.

**spatial, e, aux** [spasjal, o] *adj* **-1.** [de l'espace] spatial. **-2.** ASTRONAUT, AUDIO & MIL space *(modif)*.

◆ **spatial** *nm* space industry.

**spationaute** [spasjonot] *nmf* spaceman (*f* spacewoman).

**spationef** [spasjonɛf] *nm* spaceship.

**spatio-temporel, elle** [spasjɔtɑ̃pɔrɛl] *(mpl* **spatio-temporels**, *fpl* **spatio-temporelles**) *adj* spatiotemporal, space-and-time *(modif)*.

**spatule** [spatyl] *nf* **-1.** CULIN spatula. **-2.** [d'un ski] tip. **-3.** BX-ARTS (pallet) knife. **-4.** CONSTR jointer. **-5.** ZOOL [poisson] spoonbill, paddle-fish; [oiseau] spoonbill.

**speaker, speakerine** [spikœr, spikrin] *nm, f* announcer, link man (*f* woman) *Br*.

◆ **speaker** *nm* POL [en Grande-Bretagne, aux États-Unis]: le ~ the Speaker.

**spécial, e, aux** [spesjal, o] *adj* **-1.** [d'une catégorie particulière] special, particular, specific, distinctive. **-2.** [exceptionnel – gén] special, extraordinary, exceptional; [– numéro, édition] special; bénéficier d'une faveur ~e to be especially favoured. **-3.** [bizarre] peculiar, odd; ils ont une mentalité ~e they're a bit eccentric ou strange. **-4.** ÉCON: commerce ~ import-export trade (balance). **-5.** SPORT [slalom] special.

◆ **spécial, aux** *nm fam* SPORT (special) slalom.

◆ **spéciale** *nf* **-1.** ENS second year of a two year entrance course for a grande école. **-2.** SPORT (short) off-road rally.

**spécialement** [spesjalmɑ̃] *adv* **-1.** [à une fin particulière] specially, especially; je me suis fait faire un costume ~ pour le mariage I had a suit made specially for the wedding; parlez-nous de l'Italie et (plus) ~ de Florence tell us about Italy, especially Florence. **-2.** [très] particularly, specially; ça n'a pas été ~ drôle it wasn't particularly amusing; tu veux lui parler? — pas ~ do you want to talk to her? — not particularly.

**spécialisation** [spesjalizasjɔ̃] *nf* specialization, specializing.

**spécialisé, e** [spesjalize] *adj* [gén] specialized; specialized; INF special-purpose; des chercheurs ~s dans l'intelligence artificielle researchers specializing in artificial intelligence.

**spécialiser** [3] [spesjalize] *vt* **-1.** [étudiant, travailleur] to turn ou to make into a specialist. **-2.** [usine, activité] to make more specialized.

◆ **se spécialiser** *vpi* to specialize; 14 ans, c'est trop tôt pour se ~ SCOL 14 is too young to start specializing; se ~ dans la dermatologie to specialize in dermatology.

**spécialiste** [spesjalist] *nmf* **-1.** [gén & MÉD] specialist. **-2.** *fam* [habitué]: c'est un ~ des gaffes he's an expert at putting his foot in it.

**spécialité** [spesjalite] *nf* **-1.** CULIN speciality; ~s de la région local specialities ou products; fais-nous une de tes ~s cook us one of your special recipes ou dishes. **-2.** PHARM: ~ pharmaceutique branded pharmaceutical ou (patented) pharmaceutical product. **-3.** SC & UNIV field, area, specialism; ~ médicale area of medicine; le meilleur dans ou de sa ~ the best in his field. **-4.** [manie, habitude]: le vin, c'est sa ~ he's the wine expert.

**spécieux, euse** [spesjø, øz] *adj* specious, fallacious.

**spécification** [spesifikasjɔ̃] *nf* specification; sans ~ de without specifying, without mention of.

**spécificité** [spesifisite] *nf* specificity.

**spécifier** [9] [spesifje] *vt* to specify, to state, to indicate; ~ les conditions d'un prêt to specify ou to indicate the conditions of a loan; je lui ai bien spécifié l'heure du rendez-vous I made sure I told him the time of the appointment.

**spécifique** [spesifik] *adj* specific.

**spécifiquement** [spesifikmɑ̃] *adv* specifically.

**spécimen** [spesimɛn] *nm* **-1.** [élément typique] specimen, example. **-2.** IMPR specimen. **-3.** *fam* [individu bizarre] queer fish *Br*, odd duck *Am*.

**spectacle** [spɛktakl] *nm* **-1.** CIN, DANSE, MUS & THÉÂT show; aller au ~ to go to (see) a show; faire un ~ to do a show; monter un ~ to put on a show; consulter la page (des) ~s to check the entertainment ou entertainments page; le ~ show business ❑ le ~ continue the show must go on. **-2.** [ce qui se présente au regard] sight, scene; le ~ qui s'offrait à nous the sight before our eyes; elle présentait un bien triste/curieux ~ she looked a rather sorry/odd sight; au ~ de at the sight of.

◆ **à grand spectacle** *loc adj* grandiose; film à grand ~ blockbuster.

◆ **en spectacle** *loc adv*: se donner ou s'offrir en ~ to make an exhibition ou a spectacle of o.s.

**spectaculaire** [spɛktakylɛr] *adj* **-1.** [exceptionnel, frappant] spectacular, impressive. **-2.** [notable] spectacular.

**spectateur, trice** [spɛktatœr, tris] *nm, f* **-1.** CIN, DANSE, MUS & THÉÂT spectator, member of the audience; les ~s the audience. **-2.** [d'un accident, d'un événement] spectator, witness. **-3.** [simple observateur] onlooker; il a participé à nos réunions en ~ he just came to our meetings as an onlooker.

**spectral, e, aux** [spɛktral, o] *adj* **-1.** *litt* [fantomatique] ghostly, ghostlike, spectral *litt*. **-2.** PHYS spectral.

**spectre** [spɛktr] *nm* **-1.** [fantôme] ghost, phantom, spectre. **-2.** [personne maigre] ghostly figure, apparition. **-3.** [représentation effrayante]: le ~ de the spectre of. **-4.** CHIM, ÉLECTR & PHYS spectrum.

**spectrographe** [spɛktrɔgraf] *nm* spectrograph.

**spectromètre** [spɛktrɔmɛtr] *nm* spectrometer.

**spectroscope** [spɛktrɔskɔp] *nm* spectroscope.

**spéculaire** [spekylɛr] *adj* specular.

**spéculateur, trice** [spekylatœr, tris] *nm, f* speculator; ~ à la baisse bear; ~ à la hausse bull; ~ sur devises currency speculator.

**spéculatif, ive** [spekylatif, iv] *adj* speculative.

**spéculation** [spekylasjɔ̃] *nf* speculation.

**spéculer** [3] [spekyle] *vi* **-1.** BOURSE to speculate; ~ en Bourse to speculate on the stock exchange; ~ sur l'or to speculate in gold. **-2.** *litt* [méditer] to speculate.

◆ **spéculer sur** *v + prép* [compter sur] to count ou to bank ou to rely on *(insép)*.

**spéculum** [spekylɔm] *nm* speculum MED.

**speech** [spitʃ] *(pl* **speechs** ou **speeches**) *nm fam* (short) speech.

**spéléologie** [speleɔlɔʒi] *nf* [science et étude] speleology; [sport] potholing *Br*, spelunking *Am*.

**spéléologique** [speleɔlɔʒik] *adj* speleologic.

**spéléologue** [speleɔlɔg] *nmf* [savant, chercheur] speleologist; [sportif] potholer *Br*, spelunker *Am*.

**spencer** [spɛnsœr] *nm* VÊT spencer.

**spermatocyte** [spɛrmatɔsit] *nm* spermatocyte.

**spermatogenèse** [spɛrmatɔʒenɛz] *nf* spermatogenesis.

**spermatozoïde** [spɛrmatɔzɔid] *nm* spermatozoid.

**sperme** [spɛrm] *nm* sperm.

**spermicide** [spɛrmisid] ◇ *adj* spermicidal. ◇ *nm* spermicide, spermatocide.

**spermophile** [spɛrmɔfil] *nm* spermophile.

**sphère** [sfɛr] *nf* **-1.** ASTRON & GÉOM sphere. **-2.** [zone] field, area, sphere; ~ d'activité field ou sphere of activity; ~ d'influence sphere of influence.

**sphérique** [sferik] *adj* spheric, spherical.

**sphincter** [sfɛ̃ktɛr] *nm* sphincter.

**sphinx** [sfɛ̃ks] *nm* **-1.** BX-ARTS & MYTH sphinx; le Sphinx the Sphinx. **-2.** [personne énigmatique] sphinx. **-3.** ENTOM hawkmoth, sphinx (moth).

**spi** [spi] = **spinnaker**.

**spina-bifida** [spinabifida] *nm inv* spina bifida.

**spinal, e, aux** [spinal, o] *adj* spinal.

**spinnaker** [spinekœr] *nm* spinnaker.

**spiral, e, aux** [spiral, o] *adj* spiral, helical.

◆ **spiral, aux** *nm* [ressort] spiral, spring; [d'une montre] hairspring.

◆ **spirale** *nf* **-1.** [circonvolution] spiral, helix; des ~s de fumée coils of smoke. **-2.** [hausse rapide] spiral.

◆ **à spirale** *loc adj* [cahier] spiral, spiralbound.

◆ **en spirale** ◊ *loc adj* [escalier, descente] spiral. ◊ *loc adv* in a spiral, spirally; **s'élever/retomber en** ~ to spiral upwards/downwards.

**spire** [spir] *nf* [d'un coquillage] whorl; [d'une spirale, d'une hélice] turn, spire.

**spirite** [spirit] ◊ *adj* spiritualistic. ◊ *nmf* spiritualist.

**spiritisme** [spiritism] *nm* spiritualism, spiritism.

**spiritualiser** [3] [spiritɥalize] *vt* to give a spiritual dimension to, to spiritualize.

**spiritualisme** [spiritɥalism] *nm* spiritualism.

**spiritualiste** [spiritɥalist] ◊ *adj* spiritualistic. ◊ *nmf* spiritualist.

**spiritualité** [spiritɥalite] *nf* spirituality.

**spirituel, elle** [spiritɥel] *adj* **-1.** PHILOS spiritual. **-2.** [non physique] spiritual; **père** ~ spiritual father. **-3.** [plein d'esprit] witty; **comme c'est** ~! how clever! **-4.** RELIG spiritual; **chef** ~ spiritual head; **pouvoir** ~ spiritual power.

◆ **spirituel** *nm* RELIG spiritual.

**spirituellement** [spiritɥelmã] *adv* **-1.** PHILOS & RELIG spiritually. **-2.** [brillamment] wittily.

**spiritueux, euse** [spiritɥø, øz] *adj* [boisson] spirituous *spéc*, strong.

◆ **spiritueux** *nm* spirit.

**spiroïdal, e, aux** [spirɔidal, o] *adj* spiroid.

**spiromètre** [spirɔmetr] *nm* spirometer.

**spitant, e** [spitã, ãt] *adj* Belg **-1.** [personne] lively. **-2.** [gazeux]: **eau** ~ e carbonated water.

**spleen** [splin] *nm litt* spleen *arch*, melancholy.

**splendeur** [splãdœr] *nf* **-1.** [somptuosité] magnificence, splendour. **-2.** [merveille]: **son collier est une** ~ her necklace is splendid *ou* magnificent; **les** ~s **des églises baroques** the magnificence of baroque churches. **-3.** [prospérité, gloire] grandeur, splendour; **Rome, au temps de sa** ~ Rome at her apogee *litt*; **voilà le macho dans toute sa** ~ *hum* that's macho man in all his glory.

**splendide** [splãdid] *adj* **-1.** [somptueux – décor, fête, étoffe] splendid, magnificent. **-2.** [beau] magnificent, wonderful, splendid; **elle avait une mine** ~ she was blooming. **-3.** [rayonnant – soleil] radiant. **-4.** *litt* [glorieux] splendid.

**splendidement** [splãdidmã] *adv* splendidly, magnificently.

**spoliateur, trice** [spɔljatœr, tris] ◊ *adj litt* spoliatory, despoiling. ◊ *nm, f sout* spoliator *litt*, despoiler *litt*.

**spoliation** [spɔljasjõ] *nf sout* spoliation *litt*, despoilment *litt*.

**spolier** [9] [spɔlje] *vt sout* to spoliate *litt*, to despoil *litt*; **spoliés de leurs droits/possessions** stripped of their rights/possessions.

**spondée** [spõde] *nm* spondee.

**spongieux, euse** [spõ̃jø, øz] *adj* **-1.** ANAT spongy. **-2.** [sol, matière] spongy, sponge-like.

**sponsor** [spõsɔr] *nm* (commercial) sponsor.

**sponsoring** [spõsɔriŋ], **sponsorat** [spõsɔra] *nm* (commercial) sponsorship.

**sponsoriser** [3] [spõsɔrize] *vt* to sponsor (commercially).

**spontané, e** [spõtane] *adj* spontaneous.

**spontanéité** [spõtaneite] *nf* spontaneity, spontaneousness.

**spontanément** [spõtanemã] *adv* spontaneously.

**sporadique** [spɔradik] *adj* [attaque, effort] sporadic, occasional; [symptôme, crise] sporadic, isolated; [averse] scattered.

**sporadiquement** [spɔradikmã] *adv* sporadically.

**spore** [spɔr] *nf* spore.

**sport** [spɔr] ◊ *adj inv* **-1.** VÊT [pratique, de détente] casual. **-2.** [fair-play] sporting. ◊ *nm* **-1.** [ensemble d'activités, exercice physique] sport; [activité de compétition] (competitive) sport; **faire du** ~ to do sport; **un peu de** ~ **te ferait du bien** some physical exercise would do you good ❑ ~ **de combat** combat sport; ~ **équestre** equestrian sport, equestrianism; ~ **individuel** individual sport; ~s **d'équipe** team sports; ~s **d'hiver** winter sports; **aller aux** ~s **d'hiver** to go skiing, to go on a winter sports holiday *Br ou* vacation *Am*; ~s **nautiques** water sports; **le journal des** ~s TV the sports news; **la page des** ~s *fam loc*: **c'est du** ~ it's no picnic; **il va y avoir du** ~! the sparks are going to fly!; **faire qqch pour le** ~ to do sthg for the fun *ou* the hell of it.

◆ **de sport** *loc adj* [terrain, vêtement] sports *(modif)*.

**sportif, ive** [spɔrtif, iv] ◊ *adj* **-1.** [association, club, magazine, reportage] sports *(modif)*; **reporter** ~ sports reporter, sportscaster. **-2.** [événement, exploit] sporting. **-3.** [personne] sporty; **elle est très sportive** she does a lot of sport; **je ne suis pas très** ~ I'm not very sporty; **avoir une allure sportive** to look athletic. **-4.** [loyal – public] sporting, fair; [– attitude, geste] sporting, sportsmanlike; **avoir l'esprit** ~ to show sportsmanship. ◊ *nm, f* sportsman (*f* sportswoman).

**sportivement** [spɔrtivmã] *adv* sportingly.

**sportivité** [spɔrtivite] *nf* [d'une personne] sportsmanship.

**spot** [spɔt] *nm* **-1.** [projecteur, petite lampe] spotlight. **-2.** PHYS light spot. **-3.** ÉLECTRON spot. **-4.** [publicité]: ~ (**publicitaire**) commercial.

**SPOT, Spot** [spɔt] (*abr de* **satellite pour l'observation de la Terre**) *npr m* earth observation satellite.

**Spoutnik** [sputnik] *npr m* Sputnik.

**spray** [spre] *nm* spray.

**sprint** [sprint] *nm* SPORT [course] sprint (race); [pointe de vitesse – gén] spurt; [– en fin de parcours] final spurt *ou* sprint; **piquer un** ~ to put on a spurt, to sprint.

**sprinter**[1] [sprintœr] *nm* sprinter.

**sprinter**[2] [sprinte] *vi* to sprint; [en fin de parcours] to put on a burst of speed.

**squale** [skwal] *nm* shark.

**squame** [skwam] *nm* MÉD scale, squama *spéc*.

**square** [skwar] *nm* **-1.** [jardin] (small) public garden *ou* gardens. **-2.** [place] square; **il habite** ~ **Blériot** he lives in Blériot Square.

**squash** [skwaʃ] *nm* squash; **jouer au** ~ to play squash.

**squat** [skwat] *nm* [habitation] squat.

**squatter**[1] [skwatœr] *nm* squatter.

**squatter**[2] [skwate], **squattériser** [3] [skwaterize] *vt* [bâtiment] to squat in *(insép)*.

**squelette** [skəlet] *nm* **-1.** ANAT skeleton; **c'est un** ~ **ambulant** he's nothing but skin and bone, he's a walking skeleton. **-2.** [d'un discours] skeleton, broad outline. **-3.** CONSTR & NAUT carcass, skeleton.

**squelettique** [skəletik] *adj* **-1.** [animal, enfant] skeleton-like, skeletal; [plante] stunted; **elle a des jambes** ~s she's got legs like matchsticks. **-2.** [troupes] decimated; [équipe] skeleton *(modif)*. **-3.** ANAT skeletal.

**Sri Lanka** [srilãka] *npr m*: **le** ~ Sri Lanka.

**sri lankais, e** [srilãke, ez] *adj* Sri Lankan.

◆ **Sri Lankais, e** *nm, f* Sri Lankan.

**SS** ◊ **-1.** (*abr écrite de* **Sécurité sociale**) SS, ≃ DSS *Br*, ≃ SSA *Am*. **-2.** (*abr écrite de* **Sa Sainteté**) HH. ◊ *npr f* (*abr de* **Schutz Staffel**) SS. ◊ *nm* (*abr de* SchutzStaffel): **un** ~ a member of the SS.

**S/S** (*abr écrite de* **steamship**) S/S.

**S-S-E** (*abr écrite de* **sud-sud-est**) SSE.

**S-S-O** (*abr écrite de* **sud-sud-ouest**) SSW.

**SSR** (*abr de* **Société suisse romande**) *npr f* French-speaking Swiss broadcasting company.

**St** (*abr écrite de* **saint**) St., St.

**stabilisant, e** [stabilizã, ãt] *adj* stabilizing.

◆ **stabilisant** *nm* stabilizing agent, stabilizer.

**stabilisateur, trice** [stabilizatœr, tris] *adj* stabilizing.

◆ **stabilisateur** *nm* **-1.** [de vélo] stabilizer. **-2.** AÉRON [horizontal] horizontal stabilizer *Am*, tail plane; [vertical] vertical stabilizer *Am*, fin. **-3.** AUT antiroll *ou* torsion bar. **-4.** CHIM stabilizer.

**stabilisation** [stabilizasjõ] *nf* **-1.** AÉRON & ASTRONAUT stabilization, stabilizing (U). **-2.** CHIM stabilization. **-3.** ÉCON supporting (U).

**stabiliser** [3] [stabilize] *vt* **-1.** [échafaudage – donner un équilibre à] to stabilize; [– maintenir en place] to hold steady. **-2.** [consolider – situation] to stabilize, to normalize. **-3.** [personne]: **son mariage va le** ~ marriage will make him settle down. **-4.** [monnaie, devise, prix] to stabilize. **-5.** [malade, maladie] to stabilize.

◆ **se stabiliser** *vpi* **-1.** [situation] to stabilize; [objet] to steady; [athlète] to regain one's balance. **-2.** [personne] to settle down.

**stabilité** [stabilite] *nf* **-1.** [d'un véhicule, d'un échafaudage, d'une monnaie, d'un marché] stability, steadiness. **-2.** [d'un caractère] stability, steadiness. **-3.** CHIM, MÉTÉO & PHYS stability. **-4.** POL: ~ gouvernementale (governmental) stability.

**stable** [stabl] *adj* **-1.** [qui ne bouge pas – position, structure] steady, stable. **-2.** [constant – personne, marché, emploi] stable, steady. **-3.** CHIM & PHYS stable.

**stade** [stad] *nm* **-1.** SPORT stadium. **-2.** [étape, phase] stage; j'en suis arrivé au ~ où... I've reached the stage where... **-3.** ANTIQ stadium. **-4.** PSYCH stage; le ~ oral the oral stage.

**staff** [staf] *nm* **-1.** CONSTR staff. **-2.** [personnel] staff.

**stage** [staʒ] *nm* **-1.** COMM work placement; [sur le temps de travail] in-service training; un ~ de trois mois a three-month training period; faire un ~ [cours] to go on a training course; [expérience professionnelle] to go on a work placement; ~ en entreprise work experience *ou* placement; ~ de recyclage retraining period; ~ d'insertion à la vie professionnelle training scheme for young unemployed people. **-2.** LOISIRS: faire un ~ de plongée [cours] to have scuba diving lessons; [vacances] to go on a riding/scuba diving holiday; faire un ~ d'espagnol/de traitement de texte to go on a Spanish/word-processing course.

**stagflation** [stagflasjɔ̃] *nf* stagflation.

**stagiaire** [staʒjɛr] ◇ *adj* [officier] trainee *(avant n)*; [avocat] pupil; [journaliste] cub; un instituteur ~ a student teacher. ◇ *nmf* [gén] trainee; un ~ en comptabilité a trainee accountant.

**stagnant, e** [stagnɑ̃, ɑ̃t] *adj* **-1.** [eau] stagnant. **-2.** [affaires] sluggish.

**stagnation** [stagnasjɔ̃] *nf* stagnation, stagnating.

**stagner** [stagne] *vi* **-1.** [liquide] to stagnate. **-2.** [économie, affaires] to stagnate, to be sluggish. **-3.** [personne] to stagnate, to get into a rut.

**stakhanovisme** [stakanɔvism] *nm* Stakhanovism.

**stakhanoviste** [stakanɔvist] *adj* & *nmf* Stakhanovite.

**stalactite** [stalaktit] *nf* stalactite.

**stalag** [stalag] *nm* stalag.

**stalagmite** [stalagmit] *nf* stalagmite.

**Staline** [stalin] *npr* Stalin.

**stalinien, enne** [stalinjɛ̃, ɛn] *adj* & *nm, f* Stalinist.

**stalinisme** [stalinism] *nm* Stalinism.

**stalle** [stal] *nf* [de cheval, d'église] stall.

**stance** [stɑ̃s] *nf* LITTÉRAT stanza.
◆ **stances** *nfpl* lyrical poem composed of stanzas.

**stand** [stɑ̃d] *nm* **-1.** [de foire] stall, stand. **-2.** JEUX & MIL: ~ (de tir) (shooting) range. **-3.** SPORT: ~ (de ravitaillement) pit.

**standard** [stɑ̃dar] ◇ *adj* **-1.** [normalisé – modèle, pièce, taille] standard *(modif)*. **-2.** [non original – discours, goûts] commonplace, unoriginal, standard. **-3.** LING standard. ◇ *nm* **-1.** COMM & INDUST standard. **-2.** ÉCON: ~ de vie living standard. **-3.** TÉLÉC switchboard. **-4.** MUS (jazz) standard.

**standardisation** [stɑ̃dardizasjɔ̃] *nf* standardization, standardizing.

**standardiser** [stɑ̃dardize] *vt* [normaliser, uniformiser] to standardize.

**standardiste** [stɑ̃dardist] *nmf* (switchboard) operator.

**stand-by** [stɑ̃dbaj] ◇ *adj inv* **-1.** AÉRON [billet, passager, siège] standby *(modif)*. **-2.** FIN standby *(modif)*; crédit ~ standby credit. ◇ *nmf inv* standby.

**standing** [stɑ̃diŋ] *nm* **-1.** [d'une personne – position sociale] social status *ou* standing; [– réputation] (good) reputation, standing. **-2.** [confort]: appartement (de) grand ~ luxury flat.

**staphylocoque** [stafilɔkɔk] *nm* staphylococcus; ~ doré staphylococcus aureus.

**star** [star] *nf* **-1.** CIN (film) star; MUS & THÉÂT star. **-2.** [du monde politique, sportif] star. **-3.** [favorite] number one.

**starlette** [starlɛt] *nf* starlet.

**starter** [startɛr] *nm* **-1.** AUT choke; mettre le ~ to pull the choke out. **-2.** SPORT starter.

**starting-block** [startiŋblɔk] *(pl* starting-blocks) *nm* starting block.

**station** [stasjɔ̃] *nf* **-1.** TRANSP: ~ d'autobus bus stop; ~ de métro underground *Br ou* subway *Am* station; ~ de taxis

taxi rank *Br ou* stand *Am*. **-2.** [centre]: ~ d'épuration sewerage plant; ~ de lavage carwash; ~ météorologique weather station. **-3.** RAD & TV station; ~ périphérique private radio station; ~ de télévision television station. **-4.** [lieu de séjour] resort; ~ balnéaire sea *ou* seaside resort; ~ de sports d'hiver ski resort; ~ thermale (thermal) spa. **-5.** INF ~ de travail workstation. **-6.** [position] posture; ~ verticale upright position; la ~ debout est déconseillée standing is not advisable. **-7.** ASTRON stationary point. **-8.** ASTRONAUT: ~ orbitale orbital station; ~ spatiale space station.

**stationnaire** [stasjɔnɛr] *adj* **-1.** MATH & SC stationary. **-2.** MÉD [état] stable; ASTRON: théorie de l'état *ou* de l'Univers ~ steady-state theory. **-3.** PHYS [phénomène] stable; [onde] stationary, standing; [état] stationary.

**stationnement** [stasjɔnmɑ̃] *nm* **-1.** [arrêt] parking; ~ bilatéral parking on both sides of the road; ~ unilatéral parking on one side (only); ~ payant parking fee payable; '~ interdit' 'no parking'; '~ gênant' ≃ 'restricted parking'. **-2.** *Can* car park.
◆ **en stationnement** *loc adj* **-1.** [véhicule] parked. **-2.** MIL stationed.

**stationner** [3] [stasjɔne] *vi* **-1.** [véhicule] to be parked. **-2.** MIL: les troupes stationnées en Allemagne troops stationed in Germany. **-3.** [rester sur place – personne] to stay, to remain; 'ne pas ~ devant la sortie' 'keep exit clear'.

**station-service** [stasjɔ̃sɛrvis] *(pl* stations-service) *nf* petrol station *Br*, gas station *(U)*.

**statique** [statik] ◇ *adj* **-1.** [immobile] static. **-2.** [inchangé] static, unimaginative. **-3.** ÉLECTR static. ◇ *nf* statics *(U)*.

**statisticien, enne** [statistisjɛ̃, ɛn] *nm, f* statistician.

**statistique** [statistik] ◇ *adj* statistical. ◇ *nf* **-1.** [étude] statistics *(U)*. **-2.** [donnée] statistic, figure; des ~s statistics, a set of figures.

**statistiquement** [statistikmɑ̃] *adv* statistically.

**statuaire** [statɥɛr] ◇ *adj* statuary. ◇ *nf* statuary.

**statue** [staty] *nf* **-1.** BX-ARTS statue; ~ équestre equestrian statue; ~ en pied *ou* pédestre standing *ou* pedestrian statue; droit *ou* raide comme une ~ stiff as a poker. **-2.** *fig*: ~ de sel pillar of salt.

**statuer** [7] [statɥe] *vt* to rule.
◆ **statuer sur** *v + prép*: ~ sur un litige to rule on a lawsuit; la cour n'a pas statué sur le fond the court pronounced no judgement *ou* gave no ruling on the merits of the case.

**statuette** [statɥɛt] *nf* statuette.

**statufier** [9] [statyfje] *vt* **-1.** [représenter en statue] to erect a statue of *ou* to. **-2.** [faire un éloge excessif de] to lionize. **-3.** *litt* [pétrifier] to petrify.

**statu quo** [statykwo] *nm inv* [état actuel des choses] status quo; maintenir le ~ to maintain the status quo.

**stature** [statyr] *nf* **-1.** [carrure] stature. **-2.** [envergure] stature, calibre.

**statut** [staty] *nm* JUR & SOCIOL status; mon ~ de femme mariée my status as a married woman; ~ social social status.
◆ **statuts** *nmpl* [règlements] statutes, ≃ Articles (and Memorandum) of Association.

**statutaire** [statytɛr] *adj* **-1.** [conforme aux statuts] statutory. **-2.** [désigné par les statuts – gérant] registered.

**statutairement** [statytɛrmɑ̃] *adv* statutorily.

**Stavisky** [staviski] *npr m*: l'affaire ~ the Stavisky case.

**Ste** *(abr écrite de* sainte) St., Ste.

**Sté** *(abr écrite de* société) Co.

**steak** [stɛk] *nm* steak; un ~ haché a beefburger *Br*, a hamburger *Am*; ~ au poivre pepper steak; ~ tartare steak tartare.

**steeple(-chase)** [stip(ə)l(tʃɛz)] *(pl* steeple-chases) *nm* steeplechase.

**stèle** [stɛl] *nf* stele.

**stellaire** [stelɛr] ◇ *adj* ASTRON stellar. ◇ *nf* BOT stitchwort.

**stem(m)** [stɛm] *nm* stem (turn) SPORT.

**stencil** [stɛnsil] *nm* stencil.

**sténo** [steno] ◇ *nmf* = sténographe. ◇ *nf* = sténographie.

**sténodactylo** [stenɔdaktilo] ◇ *nmf* [personne] shorthand typist. ◇ *nf* [activité] shorthand typing.

**sténodactylographie** [stenɔdaktilɔgrafi] *nf* shorthand

typing.

**sténographe** [stenɔgraf] *nmf* stenographer, shorthand note-taker.

**sténographie** [stenɔgrafi] *nf* shorthand.

**sténographier** [9] [stenɔgrafje] *vt* to take down in shorthand; **notes sténographiées** shorthand notes, notes in shorthand.

**sténographique** [stenɔgrafik] *adj* shorthand *(modif)*.

**sténotype** [stenɔtip] *nf* Stenotype®.

**sténotyper** [3] [stenɔtipe] *vt* to take down on a Stenotype®.

**sténotypie** [stenɔtipi] *nf* stenotypy.

**sténotypiste** [stenɔtipist] *nmf* stenotypist.

**stentor** [stɑ̃tɔr] *nm* ZOOL stentor.

**stéphanois, e** [stefanwa, az] *adj* from Saint-Étienne.

◆ **Stéphanois, e** *nm, f* inhabitant of Saint-Étienne.

**steppe** [stεp] *nf* steppe.

**stère** [stεr] *nm* stere *(cubic metre of wood)*.

**stéréo** [stereo] ◇ *adj inv* stereo. ◇ *nf* **-1.** [procédé] stereo. **-2.** *fam* [récepteur] stereo.

◆ **en stéréo** ◇ *loc adj* stereo *(modif)*. ◇ *loc adv* in stereo.

**stéréophonie** [stereɔfɔni] *nf* stereophony.

◆ **en stéréophonie** ◇ *loc adj* stereo *(modif)*. ◇ *loc adv* in stereo, in stereophonic sound.

**stéréophonique** [stereɔfɔnik] *adj* stereophonic.

**stéréoscope** [stereɔskɔp] *nm* stereoscope.

**stéréoscopie** [stereɔskɔpi] *nf* stereoscopy.

**stéréoscopique** [stereɔskɔpik] *adj* stereoscopic.

**stéréotype** [stereɔtip] *nm* **-1.** [formule banale] stereotype, cliché. **-2.** IMPR stereotype.

**stéréotypé, e** [stereɔtipe] *adj* [comportement] stereotyped; [tournure] clichéd, hackneyed.

**stéréovision** [stereɔvizjɔ̃] *nf* stereovision.

**stérile** [steril] ◇ *adj* **-1.** [femme] infertile, sterile, barren *litt*; [homme] sterile; [sol] barren; [végétal] sterile. **-2.** [improductif – artiste] unproductive; [– imagination] infertile, barren; [– hypothèse] unproductive, vain; [– rêve] vain, hopeless; [– effort] vain, fruitless. **-3.** MÉD [aseptique] sterile, sterilized. **-4.** MIN & MINÉR dead. ◇ *nm* MIN & MINÉR dead ground.

◆ **stériles** *nmpl* GÉOL deads, waste rock.

**stérilet** [sterilε] *nm* IUD, coil.

**stérilisant, e** [sterilizɑ̃, ɑ̃t] *adj* **-1.** [procédure, technique] sterilizing. **-2.** [idéologie, mode de vie] numbing, brain-numbing.

**stérilisateur** [sterilizatœr] *nm* sterilizer.

**stérilisation** [sterilizasjɔ̃] *nf* **-1.** [action de rendre infécond] sterilization. **-2.** [désinfection] sterilization.

**stérilisé, e** [sterilize] *adj* sterilized.

**stériliser** [3] [sterilize] *vt* **-1.** [rendre infécond] to sterilize. **-2.** [rendre aseptique] to sterilize.

**stérilité** [sterilite] *nf* **-1.** [d'une femme] sterility, infertility, barrenness *litt*; [d'un homme] infertility, sterility; [d'un sol] barrenness. **-2.** [de l'esprit] barrenness, unproductiveness. **-3.** MÉD [asepsie] sterility.

**sterling** [stεrliŋ] *adj inv* & *nm inv* sterling.

**sternum** [stεrnɔm] *nm* **-1.** ANAT breastbone, sternum *spéc*. **-2.** ZOOL sternum.

**stéroïde** [sterɔid] ◇ *adj* steroidal. ◇ *nm* steroid.

**stéthoscope** [stetɔskɔp] *nm* stethoscope.

**steward** [stiwart] *nm* steward AÉRON.

**stick** [stik] *nm* [de fard, de colle] stick.

**stigmate** [stigmat] *nm* **-1.** MÉD mark, stigma *spéc*. **-2.** [marque]: **porter les ~s de la guerre/débauche** to bear the cruel marks of war/the marks of debauchery. **-3.** BOT eyespot, stigma. **-4.** ZOOL (respiratory) stigma.

◆ **stigmates** *nmpl* RELIG stigmata.

**stigmatiser** [3] [stigmatize] *vt* **-1.** [dénoncer] to stigmatize, to condemn, to pillory *fig*. **-2.** *litt* [marquer – condamné] to brand, to stigmatize.

**stimulant, e** [stimylɑ̃, ɑ̃t] *adj* **-1.** [fortifiant – climat] bracing, stimulating; [– boisson] stimulant *(modif)*. **-2.** [encourageant – résultat, paroles] encouraging.

◆ **stimulant** *nm* **-1.** [remontant, tonique] stimulant. **-2.** [aiguillon] stimulus, spur.

**stimulateur, trice** [stimylatœr, tris] *adj* stimulative.

◆ **stimulateur** *nm* MÉD stimulator; **~ (cardiaque)** pacemaker.

**stimulation** [stimylasjɔ̃] *nf* **-1.** CHIM, PHYSIOL & PSYCH stimulation, stimulus. **-2.** [d'une fonction organique] stimulation. **-3.** [incitation] stimulus.

**stimuler** [3] [stimyle] *vt* **-1.** [activer – fonction organique] to stimulate. **-2.** [enflammer – sentiment] to stimulate. **-3.** [encourager – personne] to encourage, to motivate. **-4.** [intensifier – activité] to stimulate.

**stimulus** [stimylys] *(pl inv ou* **stimuli** [-li]*) nm* stimulus.

**stipendié, e** [stipɑ̃dje] *adj litt* & *péj* venal, corrupt.

**stipendier** [9] [stipɑ̃dje] *vt litt* & *péj* to bribe, to buy.

**stipulation** [stipylasjɔ̃] *nf* **-1.** *sout* stipulation, stipulating. **-2.** JUR stipulation.

**stipuler** [3] [stipyle] *vt* **-1.** JUR to stipulate. **-2.** [spécifier] to stipulate, to specify.

**STO** *(abr de* **service du travail obligatoire***) nm* HIST forced labour *(by French workers requisitioned during the Second World War)*.

**stock** [stɔk] *nm* **-1.** COMM stock; ÉCON stock, supply. **-2.** [réserve personnelle] stock, collection, supply; **faire des ~s (de)** to stock up (on).

◆ **en stock** ◇ *loc adj* [marchandise] in stock. ◇ *loc adv*: **avoir qqch en ~** to have sthg in stock.

**stockage** [stɔkaʒ] *nm* **-1.** [constitution d'un stock] stocking (up). **-2.** [conservation – d'énergie, d'informations, de liquides, d'armes] storage. **-3.** TECH storage.

**stock-car** [stɔkkar] *(pl* **stock-cars***) nm* [voiture] stock car; [course] stock car racing; **faire du ~** to go stock car racing.

**stocker** [3] [stɔke] *vt* [s'approvisionner en] to stock up on ou with; [avoir – en réserve] to (keep in) stock; [– en grande quantité] to stockpile, to hoard.

**Stockholm** [stɔkɔlm] *npr* Stockholm.

**stoïcien, enne** [stɔisjɛ̃, ɛn] ◇ *adj* **-1.** PHILOS Stoic. **-2.** *litt* [courageux, impassible] stoic, stoical. ◇ *nm, f* PHILOS Stoic.

**stoïcisme** [stɔisism] *nm* stoicism.

**stoïque** [stɔik] ◇ *adj* stoical. ◇ *nmf* stoic.

**stoïquement** [stɔikmɑ̃] *adv* stoically.

**stomacal, e, aux** [stɔmakal, o] *adj* stomach *(épith)*, gastric.

**stomatologie** [stɔmatɔlɔʒi] *nf* stomatology.

**stomatologiste** [stɔmatɔlɔʒist], **stomatologue** [stɔmatɔlɔg] *nmf* stomatologist.

**stop** [stɔp] ◇ *nm* **-1.** [panneau] stop sign. **-2.** [lumière] brake light, stoplight. **-3.** *fam* [auto-stop] hitchhiking; **faire du ~** to hitch, to thumb a lift ou ride. **-4.** [dans un télégramme] stop. ◇ *interj* stop (it); **tu me diras ~ — — ~!** [en versant à boire] say when — when!

**stop-and-go** [stɔpɑ̃dgo] *nm inv* stop-and-go method ÉCON.

**stopper** [3] [stɔpe] ◇ *vt* **-1.** [train, voiture] to stop, to bring to a halt; [engin, maladie] to stop; [développement, processus, production] to stop, to halt; [pratique] to put a stop to, to stop. **-2.** TEXT to mend *(using invisible mending)*. ◇ *vi* [marcheur, véhicule, machine, processus, production] to stop, to come to a halt ou standstill.

**stoppeur, euse** [stɔpœr, øz] *nm, f* **-1.** *fam* [en voiture] hitchhiker, hitcher. **-2.** TEXT invisible mender.

**store** [stɔr] *nm* [intérieur] blind; [extérieur – d'un magasin] awning; **~ vénitien** Venitian blind.

**strabisme** [strabism] *nm* squint, strabismus *spéc*; **elle a un léger ~** she has a slight squint ❑ **~ convergent** esotropia, convergent strabismus; **~ divergent** exotropia, divergent strabismus.

**stradivarius** [stradivarjys] *nm* Stradivarius.

**strangulation** [strɑ̃gylasjɔ̃] *nf* strangulation, strangling *(U)*.

**strapontin** [strapɔ̃tɛ̃] *nm* **-1.** [siège] jump ou folding seat. **-2.** *loc*: **avoir un ~** to hold a minor position.

**stras** [stras] = **strass**.

**strass** [stras] *nm* paste *(U)*, strass.

**stratagème** [strataʒɛm] *nm* stratagem, ruse.

**strate** [strat] *nf* **-1.** GÉOL stratum. **-2.** *sout* [niveau] layer.

**stratège** [strateʒ] *nm* **-1.** MIL strategist. **-2.** *fig*: **un fin ~** a cunning strategist.

**stratégie** [strateʒi] *nf* **-1.** JEUX & MIL strategy. **-2.** *fig*: **sa ~ électorale** her electoral strategy.

**stratégique** [strateʒik] *adj* **-1.** MIL strategic, strategical. **-2.**

*fig*: un repli ~ a strategic retreat.

**stratification** [stratifikasjɔ̃] *nf* stratification, stratifying *(U)*.

**stratifié, e** [stratifje] *adj* stratified.

◆ **stratifié** *nm* laminate.

**stratifier** [9] [stratifje] *vt* to stratify.

**stratocumulus** [stratɔkymylys] *nm* stratocumulus.

**stratosphère** [stratɔsfɛr] *nf* stratosphere.

**stratus** [stratys] *nm* stratus.

**Stravinski** [stravinski] *npr* Stravinsky.

**streptocoque** [strɛptɔkɔk] *nm* streptococcus.

**stress** [strɛs] *nm inv* stress.

**stressant, e** [strɛsɑ̃, ɑ̃t] *adj* stressful, stress-inducing.

**stressé, e** [strɛse] *adj* stressed; les gens ~s people under stress.

**stresser** [4] [strɛse] *vt* to put under stress.

**Stretch**® [strɛtʃ] ◇ *adj inv* stretch *(modif)*, stretchy. ◇ *nm inv* stretch material.

**stretching** [strɛtʃiŋ] *nm* stretching; cours de ~ stretch class; faire du ~ to do stretching exercises.

**strict, e** [strikt] *adj* **-1.** [astreignant, précis – contrôle, ordre, règle, principe] strict, exacting. **-2.** [minimal] strict; le ~ nécessaire ou minimum the bare minimum; les obsèques seront célébrées dans la plus ~e intimité the funeral will take place strictly in private. **-3.** [sévère – éducation, personne] strict; [– discipline] strict, rigorous. **-4.** [austère – intérieur, vêtement] severe, austere. **-5.** [rigoureux, absolu] strict, absolute; c'est ton droit le plus ~ it's your lawful right; c'est la ~e vérité it's the simple truth.

**strictement** [striktəmɑ̃] *adv* **-1.** [rigoureusement] strictly, scrupulously. **-2.** [absolument] strictly, absolutely. **-3.** [sobrement] severely.

**stricto sensu** [striktosɛ̃sy] *loc adv* strictly speaking, stricto sensu.

**strident, e** [stridɑ̃, ɑ̃t] *adj* [son, voix] strident, shrill, piercing.

**stridulation** [stridylasjɔ̃] *nf* stridulation, stridulating.

**strie** [stri] *nf* **-1.** [sillon] stria *spéc*, (thin) groove. **-2.** [ligne de couleur] streak. **-3.** GÉOL & MINÉR stria.

**strié, e** [strije] *adj* **-1.** [cannelé – roche, tige] striated. **-2.** [veiné – étoffe, marbre] streaked. **-3.** ANAT striated.

**strier** [10] [strije] *vt* **-1.** [creuser] to striate, to groove. **-2.** [veiner] to streak.

**string** [striŋ] *nm* G-string.

**strip** [strip] *nm fam* striptease.

**stripping** [stripiŋ] *nm* MÉD & PÉTR stripping.

**strip-tease** [striptiz] *(pl* **strip-teases***)* *nm* striptease act; faire un ~ to do a strip-tease.

**strip-teaseur, strip-teaseuse** [striptizœr, øz] *(mpl* **strip-teaseurs***, fpl* **strip-teaseuses***)* *nm, f* stripper, striptease artist.

**striure** [strijyr] *nf* striation.

**stroboscope** [strɔbɔskɔp] *nm* stroboscope, strobe (light).

**strophe** [strɔf] *nf* **-1.** [d'un poème] stanza. **-2.** [de tragédie grecque] strophe.

**structural, e, aux** [stryktyral, o] *adj* structural.

**structuralisme** [stryktyralism] *nm* structuralism.

**structuration** [stryktyrasjɔ̃] *nf* [action] structuring; [résultat] structure.

**structure** [stryktyr] *nf* **-1.** [organisation – d'un service, d'une société, d'un texte] structure. **-2.** [institution] system, organization; ~s administratives/politiques administrative/political structures. **-3.** [ensemble de services] facility; ~s d'accueil reception facilities *(for recently arrived tourists, refugees)*. **-4.** CONSTR building, structure. **-5.** LING structure.

**structuré, e** [stryktyre] *adj* structured, organized.

**structurel, elle** [stryktyrɛl] *adj* structural.

**structurer** [3] [stryktyre] *vt* to structure, to organize.

◆ **se structurer** *vpi* to take shape.

**strychnine** [striknin] *nf* strychnine.

**stuc** [styk] *nm* stucco.

◆ **en stuc** *loc adj* stucco *(modif)*.

**studette** [stydɛt] *nf* small studio flat *Br* ou apartment *Am*, bedsitter *Br*.

**studieux, euse** [stydjø, øz] *adj* **-1.** [appliqué – élève] hardworking, studious. **-2.** [consacré à l'étude] studious.

**studio** [stydjo] *nm* **-1.** [appartement] studio flat *Br*, studio apartment *Am*. **-2.** AUDIO, CIN & TV studio; ~ d'enregistrement recording studio. **-3.** PHOT photography ou photographic studio.

◆ **en studio** *loc adv*: tourné en ~ shot in studio; scène tournée en ~ studio scene.

**stupéfaction** [stypefaksjɔ̃] *nf* stupefaction *litt*, astonishment; à sa/ma (grande) ~ to his/my utter amazement.

**stupéfaire** [109] [stypefɛr] *vt* to amaze, to astound.

**stupéfait, e** [stypefɛ, ɛt] *adj* [personne] astounded, stunned, stupefied *litt*; je suis ~ de voir qu'il est revenu I'm amazed to see he came back.

**stupéfiant, e** [stypefjɑ̃, ɑ̃t] *adj* **-1.** [nouvelle, réaction] astounding, amazing, stupefying *litt*. **-2.** PHARM narcotic.

◆ **stupéfiant** *nm* [drogue] drug, narcotic.

**stupéfier** [9] [stypefje] *vt* **-1.** [abasourdir] to astound, to stun; sa décision a stupéfié sa famille his family was stunned by his decision. **-2.** *litt* [suj: froid, peur] to stupefy.

**stupeur** [stypœr] *nf* **-1.** [ahurissement] amazement, astonishment; le public était plongé dans la ~ the audience was dumbfounded ou stunned. **-2.** MÉD & PSYCH stupor.

**stupide** [stypid] *adj* **-1.** [inintelligent – personne, jeu, initiative, réponse, suggestion] stupid, silly, foolish; [– raisonnement] stupid. **-2.** [absurde – accident, mort] stupid. **-3.** [ahuri] stunned, dumbfounded.

**stupidement** [stypidmɑ̃] *adv* stupidly, absurdly, foolishly.

**stupidité** [stypidite] *nf* **-1.** [d'une action, d'une personne, d'un propos] stupidity, foolishness. **-2.** [acte] piece of foolish behaviour. **-3.** [parole] stupid ou foolish remark; arrête de dire des ~s! stop talking nonsense!

**stupre** [stypr] *nm litt* depravity.

**stups**▽ [styp] *nmpl arg crime* narcotics ou drugs squad.

**style** [stil] *nm* **-1.** [d'un écrivain, d'un journal] style; c'est écrit dans le plus pur ~ administratif/journalistique it's written in purest bureaucratic jargon *péj*/journalese *péj*. **-2.** [d'un artiste, d'un sportif] style, (characteristic) approach, touch; son ~ de jeu his (particular) way of playing, his style. **-3.** BX-ARTS style; ~ gothique/Régence Gothic/Regency style. **-4.** [genre, ordre d'idée] style; dis-lui que tu vas réfléchir, ou quelque chose dans ou de ce ~ tell him you'll think about it, or something along those lines ou in that vein. **-5.** *fam* [manière d'agir] style; tu aurais pu l'avoir dénoncé — ce n'est pas mon ~ you could have denounced him — it's not my style ou that's not the sort of thing I'd do ❑ ~ de vie lifestyle. **-6.** [élégance] style, class; avoir du ~ to have style; elle a beaucoup de ~ she's very stylish ou chic. **-7.** BOT & ENTOM style. **-8.** [d'un cadran solaire] style, gnomon; [d'un cylindre enregistreur] needle, stylus; ANTIQ & HIST [poinçon] style, stylus. **-9.** ENTOM [d'une antenne] style, seta. **-10.** LING: ~ direct/indirect direct/indirect speech.

◆ **de style** *loc adj* [meuble, objet] period *(modif)*.

**stylé, e** [stile] *adj* [personnel] well-trained.

**stylet** [stile] *nm* **-1.** MÉD stilet, stylet. **-2.** [dague] stiletto.

**styliser** [3] [stilize] *vt* to stylize.

**stylisme** [stilism] *nm* fashion design.

**styliste** [stilist] *nmf* **-1.** [de mode, dans l'industrie] designer. **-2.** [auteur] stylist.

**stylistique** [stilistik] ◇ *adj* stylistic. ◇ *nf* stylistics *(sg)*.

**stylo** [stilo] *nm* pen; ~ (à bille) ballpoint (pen), Biro® *Br*; ~ à encre/cartouche fountain/cartridge pen.

**stylo-feutre** [stiloføtr] *(pl* **stylos-feutres***)* *nm* felt-tip pen.

**su, e** [sy] *pp* → **savoir**.

◆ **su** *nm*: au vu et au ~ de tout le monde in front of everybody, quite openly.

**suaire** [sɥɛr] *nm* shroud; le saint ~ the Holy Shroud.

**suant, e** [sɥɑ̃, sɥɑ̃t] *adj fam* [ennuyeux] dull, boring; [énervant] annoying; ce que tu peux être ~! you're a pain (in the neck)!

**suave** [sɥav] *adj* [manières, ton] suave, sophisticated; [senteur] sweet; [teintes] subdued, mellow; de sa voix ~ in his suave voice, in dulcet tones *hum*.

**suavité** [sɥavite] *nf* [de manières, d'un ton] suaveness, suavity, smoothness; [d'une musique, de senteurs] sweetness; [de teintes] mellowness.

**subalpin, e** [sybalpɛ̃, in] *adj* subalpine.

**subalterne** [sybaltɛrn] ◇ *adj* **-1.** [position] secondary; un rôle ~ a secondary ou minor role. **-2.** [personne] subordinate, junior *(modif)*. ◇ *nmf* subordinate, underling *péj*.

**subaquatique** [sybakwatik] *adj* underwater.

**subconscient, e** [sybkɔ̃sjɑ̃, ɑ̃t] *adj* subconscious.

◆ **subconscient** *nm* subconscious.

**subdéléguer** [18] [sybdelege] *vt* to subdelegate.

**subdésertique** [sybdezɛrtik] *adj* semi-desert *(modif)*.

**subdiviser** [3] [sybdivize] *vt* to subdivide; chapitre subdivisé en deux parties chapter subdivided into two parts.

◆ **se subdiviser** *vpi*: se ~ (en) to subdivide (into).

**subdivision** [sybdivizjɔ̃] *nf* **-1.** [processus] subdivision, subdividing. **-2.** [catégorie] subdivision.

**subdivisionnaire** [sybdivizjɔnɛr] *adj* subdivisional.

**subéquatorial, e, aux** [sybekwatɔrjal, o] *adj* subequatorial.

**subir** [32] [sybir] *vt* **-1.** [dommages, pertes] to suffer, to sustain; [conséquences, défaite] to suffer; [attaque, humiliation, insultes, sévices] to be subjected to, to suffer; faire ~ une torture à qqn to subject sb to torture; après tout ce qu'elle m'a fait ~ after all she inflicted on me ou made me go through. **-2.** [influence] to be under; [situation, personne] to put up with; je ne pouvais que ~ son envoûtement I could not free myself of her spell; il a l'air de ~ le match he looks as though he's just letting the match go on around him. **-3.** [opération, transformation] to undergo.

**subit, e** [sybi, it] *adj* sudden.

**subitement** [sybitmɑ̃] *adv* suddenly, all of a sudden.

**subito** [sybito] *adv fam* **-1.** [tout à coup] suddenly, all of a sudden. **-2.** *loc*: ~ presto [tout de suite] at once, immediately.

**subjacent, e** [sybʒasɑ̃, ɑ̃t] *adj* subjacent.

**subjectif, ive** [sybʒɛktif, iv] *adj* subjective.

**subjectivement** [sybʒɛktivmɑ̃] *adv* subjectively.

**subjectivisme** [sybʒɛktivism] *nm* subjectivism.

**subjectiviste** [sybʒɛktivist] ◇ *adj* subjectivistic. ◇ *nmf* subjectivist.

**subjectivité** [sybʒɛktivite] *nf* subjectivity, subjectiveness.

**subjonctif, ive** [sybʒɔ̃ktif, iv] *adj* subjunctive.

◆ **subjonctif** *nm* subjunctive.

**subjuguer** [3] [sybʒyge] *vt* sout [suj: discours, lecture] to enthral, to captivate; [suj: beauté, charme, regard] to enthral, to beguile; [suj: éloquence] to enthral; je restai subjugué devant tant de grâce I was enthralled by so much grace.

**sublimation** [syblimasjɔ̃] *nf* **-1.** [élévation morale] sublimation, sublimating. **-2.** CHIM & PSYCH sublimation.

**sublime** [syblim] ◇ *adj* **-1.** *sout* [noble, grand] sublime, elevated; une beauté ~ sublime beauty. **-2.** [exceptionnel, parfait] sublime, wonderful, magnificent; tu as été ~ you were magnificent; un repas ~ a wonderful meal. ◇ *nm*: le ~ the sublime.

**sublimé, e** [syblime] *adj* sublimated.

◆ **sublimé** *nm* CHIM sublimate.

**sublimer** [3] [syblime] *vt* **-1.** PSYCH to sublimate. **-2.** CHIM to sublime, to sublimate.

**subliminal, e, aux** [sybliminal, o], **subliminaire** [sybliminɛr] *adj* subliminal.

**submergé, e** [sybmɛrʒe] *adj* **-1.** [rochers] submerged; [champs] submerged, flooded. **-2.** [surchargé, accablé] inundated; ~ de travail snowed under with work; ~ de réclamations inundated with complaints. **-3.** [incapable de faire face] swamped, up to one's eyes; depuis que ma secrétaire est partie, je suis ~ since my secretary left, I've been up to my eyes in work.

**submerger** [17] [sybmɛrʒe] *vt* **-1.** [inonder] to flood, to submerge. **-2.** [envahir – suj: angoisse, joie] to overcome, to overwhelm; [– suj: réclamations] to inundate, to swamp; [– suj: dettes] to overwhelm, to swamp; notre standard est submergé d'appels our switchboard's swamped with ou jammed by calls; je suis submergé de travail I'm snowed under with work; se laisser ~ to allow o.s. to be overcome. **-3.** [écraser – défenseur] to overwhelm, to overrun; le service d'ordre fut rapidement submergé par les manifestants the police were soon unable to contain the demonstrators.

**submersible** [sybmɛrsibl] ◇ *adj* submersible, submergible. ◇ *nm* submersible.

**submersion** [sybmɛrsjɔ̃] *nf litt* submersion, submerging.

**subodorer** [3] [sybɔdɔre] *vt hum* [danger] to scent, to smell, to sense.

**subordination** [sybɔrdinasjɔ̃] *nf* **-1.** [dans une hiérarchie] subordination, subordinating. **-2.** LING & LOGIQUE subordination.

◆ **de subordination** *loc adj*: relation de ~ relation of subordination.

**subordonnant** [sybɔrdɔnɑ̃] *nm* subordinating word.

**subordonné, e** [sybɔrdɔne] ◇ *adj* **-1.** [subalterne] subordinate. **-2.** LING subordinate, dependent. ◇ *nm, f* [subalterne] subordinate, subaltern.

◆ **subordonnée** *nf* LING subordinate ou dependent clause.

**subordonner** [3] [sybɔrdɔne] *vt* **-1.** [hiérarchiquement]: ~ qqn à to subordinate sb to; les statuts subordonnent le directeur au conseil d'administration the director is answerable to the board. **-2.** [faire dépendre]: ~ qqch à to subordinate sthg to, to make sthg dependent on. **-3.** [faire passer après]: ~ qqch à to subordinate sthg to. **-4.** LING [proposition] to subordinate.

**subornation** [sybɔrnasjɔ̃] *nf* subornation.

**suborner** [3] [sybɔrne] *vt* **-1.** JUR [témoin] to suborn. **-2.** *vieilli* [avec des pots-de-vin] to bribe. **-3.** *litt* [jeune fille] to seduce.

**suborneur, euse** [sybɔrnœr, øz] *nm, f* JUR suborner.

◆ **suborneur** *nm litt* seducer.

**subreptice** [sybrɛptis] *adj litt* [manœuvre] surreptitious, stealthy.

**subrepticement** [sybrɛptismɑ̃] *adv litt* surreptitiously, stealthily.

**subrogation** [sybrɔgasjɔ̃] *nf* subrogation, subrogating *(U)*.

**subrogé, e** [sybrɔʒe] *adj* [remplaçant] surrogate.

**subroger** [17] [sybrɔʒe] *vt* to subrogate.

**subséquent, e** [sybsekɑ̃, ɑ̃t] *adj litt* [qui suit] subsequent.

**subside** [sypsid] *nm* [de l'État] grant, subsidy; il vivait des ~s de ses parents he lived on the allowance he received from his parents.

**subsidiaire** [sybzidjɛr] *adj* subsidiary.

**subsidiarité** [sybzidjarite] *nf* subsidiarity.

**subsistance** [sybzistɑ̃s] *nf* [existence matérielle] subsistence; pourvoir à ou assurer la ~ de qqn to support ou to maintain ou to keep sb; elle arrive tout juste à assurer sa ~ she just manages to survive, she has just enough to keep body and soul together.

**subsistant, e** [sybzistɑ̃, ɑ̃t] *adj* remaining, subsisting.

**subsister** [3] [sybziste] *vi* **-1.** [demeurer – doute, espoir, rancœur, traces] to remain, to subsist *litt*; [– tradition] to live on; quelques questions subsistent auxquelles on n'a pas répondu there are still a few questions which remain unanswered. **-2.** [survivre] to survive; je n'ai que 100 francs par semaine pour ~ I only have 100 francs a week to live on.

**subsonique** [sypsɔnik] *adj* subsonic.

**substance** [sypstɑ̃s] *nf* **-1.** [matière] substance; ~ biodégradable/solide/liquide biodegradable/solid/liquid substance; ~ organique/vivante organic/living matter; ~ alimentaire food. **-2.** [essentiel – d'un texte] substance, gist; [– d'une idéologie] substance. **-3.** [profondeur, signification] substance; des mots vides de toute ~ words empty of substance, meaningless words. **-4.** PHILOS & RELIG substance, reality.

◆ **en substance** *loc adv* in substance; c'est, en ~, ce qu'elle m'a raconté that's the gist of what she told me.

**substantialisme** [sypstɑ̃sjalism] *nm* substantialism.

**substantiel, elle** [sypstɑ̃sjɛl] *adj* **-1.** [nourriture, repas] substantial, filling. **-2.** [argument] substantial, sound. **-3.** [avantage, différence] substantial, significant, important; [somme] substantial, considerable.

**substantiellement** [sypstɑ̃sjɛlmɑ̃] *adv* substantially.

**substantif, ive** [sypstɑ̃tif, iv] *adj* substantive.

◆ **substantif** *nm* substantive.

**substantivation** [sypstɑ̃tivasjɔ̃] *nf* substantivization, substantivizing.

**substantiver** [3] [sypstɑ̃tive] *vt* to turn into a substantive.

**substituer** [7] [sypstitɥe] *vt* **-1.** ~ qqch à [remplacer par qqch] to substitute sthg for, to replace by sthg. **-2.** CHIM to substitute. **-3.** JUR: ~ un héritage to entail an estate.

◆ **se substituer à** *vp + prép* [pour aider, représenter] to substitute for, to stand in for, to replace; [de façon déloyale] to substitute o.s. for.

**substitut** [sypstity] *nm* **-1.** [produit, personne]: ~ de substitute for. **-2.** JUR deputy OU assistant public prosecutor.

**substitutif, ive** [sypstitytif, iv] *adj* substitutive.

**substitution** [sypstitysjɔ̃] *nf* **-1.** [d'objets, de personnes] substitution; il y a eu ~ de documents documents have been substituted; il y a eu ~ d'enfant the babies were switched round. **-2.** CHIM, LING & MATH substitution.

◆ **de substitution** *loc adj* [réaction] substitution *(modif)*.

**substrat** [sypstra] *nm* **-1.** CHIM & ÉLECTRON substrate. **-2.** LING & PHILOS substratum.

**substructure** [sypstryktyr] *nf* substructure.

**subterfuge** [sypterfyʒ] *nm* subterfuge, ruse, trick.

**subtil, e** [syptil] *adj* **-1.** [argument, esprit, raisonnement, personne] subtle, discerning. **-2.** [allusion, différence] subtle; [nuance, distinction] subtle, fine, nice. **-3.** [arôme, goût, parfum] subtle, delicate. **-4.** [alambiqué] subtle, over-fine.

**subtilement** [syptilmɑ̃] *adv* subtly.

**subtilisation** [syptilizasjɔ̃] *nf* spiriting away.

**subtiliser** [3] [syptilize] ◇ *vt* [voler] to steal, to spirit away *(sép)*; ils lui ont subtilisé sa montre they relieved him of his watch *hum*. ◇ *vi litt* & *péj* to subtilize.

**subtilité** [syptilite] *nf* **-1.** [d'un raisonnement, d'un parfum, d'une nuance] subtlety, subtleness, delicacy. **-2.** [argutie] hairsplitting; je ne comprends rien à ces ~s all these fine OU fine-drawn distinctions are beyond me.

**subtropical, e, aux** [syptrɔpikal, o] *adj* subtropical.

**suburbain, e** [sybyrbɛ̃, ɛn] *adj* suburban.

**subvenir** [40] [sybvənir]

◆ **subvenir à** *v + prép* [besoins] to provide for; [dépenses] to meet.

**subvention** [sybvɑ̃sjɔ̃] *nf* subsidy.

**subventionné, e** [sybvɑ̃sjɔne] *adj* [cinéma, théâtre, recherches] subsidized; école privée ~e ≃ grant-aided OU state-aided private school.

**subventionner** [3] [sybvɑ̃sjɔne] *vt* [entreprise, théâtre] to subsidize, to grant funds to; [recherche] to subsidize, to grant funds towards.

**subvenu** [sybvəny] *pp*→ **subvenir**.

**subversif, ive** [sybversif, iv] *adj* subversive.

**subversion** [sybversjɔ̃] *nf* subversion, subverting *(U)*.

**subvertir** [32] [sybvertir] *vt litt* to overthrow, to subvert.

**subviendrai** [sybvjɛdre], **subviens** [sybvjɛ], **subvins** [sybvɛ̃] *v*→ **subvenir**.

**suc** [syk] *nm* BOT & PHYSIOL juice; ~s gastriques gastric juices.

**suçai** [syse] *v*→ **sucer**.

**succédané** [syksedane] *nm* **-1.** [ersatz] substitute; un ~ de café coffee substitute, ersatz coffee. **-2.** [personne ou chose de second ordre] second rate. **-3.** PHARM substitute.

**succéder** [18] [syksede]

◆ **succéder à** *v + prép* **-1.** [remplacer dans une fonction] to succeed, to take over from; tous ceux qui lui ont succédé all his successors, all those who came after him; ~ à qqn sur le trône to succeed sb to the throne. **-2.** [suivre] to follow; un épais brouillard a succédé au soleil the sun gave way to thick fog; puis les défaites succédèrent aux victoires after the victories came defeats. **-3.** JUR [hériter de] to inherit from.

◆ **se succéder** *vpi* **-1.** [se suivre] to follow each other; les crises se succèdent it's just one crisis after another. **-2.** [alterner]: les Ravit se sont succédé à la tête de l'entreprise depuis 50 ans the Ravit family has been running the company for 50 years.

**succès** [syksɛ] *nm* **-1.** [heureux résultat, réussite personnelle] success; être couronné de ~ to be crowned with success, to be successful. **-2.** [exploit, performance] success, achievement; [en amour] conquest; l'opération est un ~ total the operation is a complete success; aller OU voler de ~ en ~ to go from one success to another. **-3.** [approbation – du public] success, popularity; [– d'un groupe] success; remporter un immense ~ to achieve great success; avoir du ~ [œuvre, artiste] to be successful; [suggestion] to be very well received; avoir du ~ auprès de qqn: sa pièce a eu beaucoup de ~

auprès des critiques mais peu auprès du public his play was acclaimed by the critics but the public was less than enthusiastic; il a beaucoup de ~ auprès des femmes/jeunes he's very popular with women/young people; eh bien, il a du ~, mon soufflé! well, I see you like my soufflé OU my soufflé appears to be a success!-**4.** [chanson] hit; [film, pièce] (box-office) hit OU success; [livre] success, bestseller; ~ d'estime succès d'estime; l'ouvrage a été un ~ d'estime the book was well-received by the critics (but not by the public); ~ de librairie bestseller; sa comédie musicale a été un immense ~ commercial his musical was a box office hit OU a runaway success.

◆ **à succès** *loc adj* [auteur, chanteur] popular; chanson à ~ hit record OU song; romancier à ~ popular OU best-selling novelist.

◆ **avec succès** *loc adv* successfully, with success.

◆ **sans succès** *loc adv* [essayer] unsuccessfully, without (any) success; elle s'est présentée plusieurs fois sans ~ à ce poste she made several unsuccessful applications for this job.

**successeur** [syksesœr] *nm* **-1.** [remplaçant] successor. **-2.** JUR heir.

**successible** [syksesibl] ◇ *adj* **-1.** [qui a droit à la succession] entitled to inherit. **-2.** [qui donne droit à la succession]: à défaut de parents au degré ~ in the absence of relations close enough to inherit the estate. ◇ *nmf* eventual heir, remainderman *spéc*.

**successif, ive** [syksesif, iv] *adj* successive.

**succession** [syksesjɔ̃] *nf* **-1.** JUR [héritage] succession, inheritance; [biens] estate; liquider une ~ to settle a succession. **-2.** [remplacement] succession; prendre la ~ d'un directeur to take over from OU to succeed a manager; prendre la ~ d'un monarque to succeed a monarch (to the throne). **-3.** [suite] succession, series *(sg)*; la ~ des événements est difficile à suivre the succession of events is difficult to follow.

**successivement** [syksesivmɑ̃] *adv* successively, one after the other.

**succinct, e** [syksɛ̃, ɛ̃t] *adj* **-1.** [bref, concis] succinct, brief, concise; un rapport ~ a brief OU concise report. **-2.** [laconique] brief, laconic. **-3.** [sommaire, réduit]: un auditoire ~ a sparse audience; un repas ~ a light meal.

**succinctement** [syksɛ̃tmɑ̃] *adv* **-1.** [brièvement] briefly, succinctly; résumer ~ une discussion to sum up a discussion briefly. **-2.** [sommairement] frugally.

**succion** [sy(k)sjɔ̃] *nf* [aspiration] sucking, suction; des bruits de ~ sucking noises.

**succomber** [3] [sykɔ̃be] *vi sout* **-1.** [décéder] to die, to succumb. **-2.** [céder – personne] to succumb; il a succombé sous le nombre he was forced to yield to greater numbers OU because he was outnumbered; ~ sous un fardeau to collapse under a burden; l'entreprise a succombé sous la concurrence the company couldn't hold out against the competition; ~ à [désir] to succumb to, to yield to; [désespoir, émotion] to succumb to, to give way to; [fatigue, sommeil] to succumb to; [blessures] to die from, to succumb to; j'ai succombé à ses charmes I fell (a) victim OU I succumbed to her charms.

**succube** [sykyb] *nm* succubus.

**succulence** [sykylɑ̃s] *nf litt* succulence, succulency.

**succulent, e** [sykylɑ̃, ɑ̃t] *adj* [savoureux – mets, viande] succulent; son autobiographie est remplie d'anecdotes ~es *fig* her autobiography is full of delicious anecdotes.

**succursale** [sykyrsal] *nf* COMM branch.

**succursalisme** [sykyrsalism] *nm* retail chain.

**sucement** [sysmɑ̃] *nm* sucking.

**sucer** [16] [syse] *vt* **-1.** [liquide] to suck; [bonbon, glace, sucette] to eat, to suck; pastilles à ~ lozenges to be sucked. **-2.** [doigt, stylo] to suck (on); ~ son pouce to suck one's thumb. **-3.** ▼ [comme pratique sexuelle] to suck off *(sép)*. **-4.** ∇ [boisson] to tipple.

◆ **se sucer** *vpt*: se ~ les doigts to suck one's fingers ❑ se ~ la pomme∇ OU la poire∇ OU le museau∇ to neck, to snog *Br*, to make out *Am*.

**sucette** [sysɛt] *nf* **-1.** [friandise] lollipop, lolly *Br*. **-2.** [tétine] dummy *Br*, pacifier *Am*.

**suceur, euse** [sysœr, øz] ◇ *adj* sucking. ◇ *nm, f litt*: ~ de sang bloodsucker.

**suçon** [sysɔ̃] *nm* lovebite, hickey *Am*; **faire un ~ à qqn** to give sb a lovebite.

**suçoter** [3] [sysɔte] *vt* to suck (slowly).

**sucrage** [sykraʒ] *nm* ŒNOL chaptalization.

**sucrant, e** [sykrɑ̃, ɑ̃t] *adj* sweetening.

**sucre** [sykr] *nm* **-1.** [produit de consommation] sugar; **enrobé de ~** sugar-coated; **confiture sans ~** sugar-free jam ❑ **~ de betterave/canne** beet/cane sugar; **~ roux** ou **brun** brown sugar; **~ candi** candy sugar; **~ cristallisé** (coarse) granulated sugar; **~ d'érable** maple sugar; **~ glace** icing sugar *Br*, confectioner's ou powdered sugar *Am*; **~ en morceaux** lump ou cube sugar; **~ d'orge** [produit] barley sugar; [bâton] stick of barley sugar; **~ en poudre** (fine) caster sugar; **~ semoule** (fine) caster sugar; **~ vanillé** vanilla sugar. **-2.** [sucreries]: **évitez le ~** avoid sugar ou sweet things. **-3.** [cube] sugar lump ou cube; **tu prends ton café avec un ou deux ~s?** do you take your coffee with one or two sugars ou lumps?; **je prends toujours mon thé sans ~** I always take my tea unsweetened ou without sugar. **-4.** *(comme adj)*: confiture sans ~ jam made with pure sugar ❑ **il est tout ~ tout miel** he's all sweetness and light.

◆ **au sucre** *loc adj* [fruits, crêpes] (sprinkled) with sugar.

◆ **en sucre** *loc adj* **-1.** [confiserie] sugar (*modif*), made with sugar. **-2.** *fam & fig*: ne touche pas au bébé — il n'est pas en ~! don't touch the baby — don't worry, he's not made of glass!

**sucré, e** [sykre] ◇ *adj* **-1.** [naturellement] sweet; [artificiellement] sweetened; **je n'aime pas le café ~** I don't like sugar in my coffee; **un verre d'eau ~e** a glass of sugar water; **non ~** unsweetened. **-2.** [doucereux – paroles] sugary, sweet, honeyed; [– voix] suave, sugary. ◇ *nm, f*: **faire le ~/la ~e** to go all coy.

◆ **sucré** *nm*: **le ~** sweet things; **j'ai envie de ~** I'd like something sweet to eat; **aimer le ~** to have a sweet tooth.

**sucrer** [3] [sykre] ◇ *vt* **-1.** [avec du sucre – café, thé] to sugar, to put sugar in; [– vin] to add sugar to, to chaptalize; [– fruits] to sprinkle with sugar; **sucrez à volonté** add sugar to taste; **je ne sucre jamais mon thé** I never put sugar in my tea ❑ **~ les fraises**ᵛ to be doddery. **-2.** [avec une matière sucrante] to sweeten. **-3.** ▽ [supprimer – prime] to stop; [– réplique, passage] to do away with *(insép)*; **on lui a sucré son permis de conduire après son accident** his driving licence was revoked after the accident. ◇ *vi*: **le miel sucre moins bien que le sucre** sugar is a better sweetener than honey.

◆ **se sucrer**ᵛ *vpi* [s'enrichir] to feather one's own nest.

**sucrerie** [sykrəri] *nf* **-1.** [friandise] sweet thing, sweetmeat; **elle adore les ~s** she has a sweet tooth ou loves sweet things. **-2.** [raffinerie] sugar refinery; [usine] sugar house. **-3.** *Can* [forêt d'érables] maple forest.

**Sucrette**® [sykrɛt] *nf* (artificial) sweetener.

**sucrier, ère** [sykrije, ɛr] *adj* [industrie, betterave] sugar *(modif)*; [région] sugar-producing.

◆ **sucrier** *nm* **-1.** [pot] sugar basin ou bowl. **-2.** [producteur] sugar producer.

**sud** [syd] ◇ *nm inv* **-1.** [point cardinal] south; **où est le ~?** which way is south?; **la partie la plus au ~ de l'île** the southernmost part of the island; **il habite dans le ~ de Paris** he lives in the South of Paris; **il habite au ~ de Paris** he lives to the south of Paris; **aller au** ou **vers le ~** to go south ou southwards; **les trains qui vont vers le ~** trains going south, southbound trains; **rouler vers le ~** to drive south ou southwards; **la cuisine est plein ~** ou **exposée au ~** the kitchen faces due south ou has a southerly aspect; **le vent est au ~** MÉTÉO the wind is blowing from the south, a southerly wind is blowing. **-2.** [partie d'un pays, d'un continent] south, southern area ou regions; **le Sud de l'Italie** Southern Italy; **elle habite dans le Sud** she lives in the south ou down south; **les gens du Sud** Southerners. ◇ *adj inv* **-1.** [qui est au sud – façade de maison] south, southfacing; [– côte, côté, versant] south, southern; [– portail] south; **dans la partie ~ de la France** in the South of France, in southern France. **-2.** [dans des noms géographiques]: **Sud** South; **le Pacifique Sud** the South Pacific.

**sud-africain, e** [sydafrikɛ̃, ɛn] (*mpl* **sud-africains**, *fpl* **sud-africaines**) *adj* South African.

◆ **Sud-Africain, e** *nm, f* South African.

**sud-américain, e** [sydamerikɛ̃, ɛn] (*mpl* **sud-américains**, *fpl* **sud-américaines**) *adj* South American.

◆ **Sud-Américain, e** *nm, f* South American.

**sudation** [sydasjɔ̃] *nf* sweating, sudation *spéc*.

**sud-coréen, enne** [sydkɔreɛ̃, ɛn] (*mpl* **sud-coréens**, *fpl* **sud-coréennes**) *adj* South Korean.

◆ **Sud-Coréen, enne** *nm, f* South Korean.

**sud-est** [sydɛst] ◇ *adj inv* southeast. ◇ *nm inv* **-1.** [point cardinal] southeast; **au ~ de Lyon** southeast of Lyons; **vent de ~** southeast ou southeasterly wind. **-2.** GÉOG: **le Sud-Est asiatique** South East Asia.

**sudiste** [sydist] *adj & nmf* HIST Confederate.

**sudorifique** [sydɔrifik] *adj & nm* sudorific.

**sudoripare** [sydɔripar] *adj* sudoriferous.

**sud-ouest** [sydwɛst] ◇ *adj inv* southwest. ◇ *nm inv* southwest; **au ~ de Tōkyō** southwest of Tokyo; **vent de ~** southwest ou southwesterly wind.

**sud-sud-est** [sydsydɛst] *adj inv & nm inv* south-southeast.

**sud-sud-ouest** [sydsydwɛst] *adj inv & nm inv* south-southwest.

**Sud Viêt-nam** [sydvjɛtnam] *npr m*: **le ~** South Vietnam HIST.

**suède** [sɥɛd] *nm* suede; **des gants en ~** suede ou kid gloves.

**Suède** [sɥɛd] *npr f*: **(la) ~** Sweden.

**suédois, e** [sɥedwa, az] *adj* Swedish.

◆ **Suédois, e** *nm, f* Swede.

◆ **suédois** *nm* LING Swedish.

**suée** [sɥe] *nf fam* [transpiration] sweat; **attraper** ou **prendre une (bonne) ~** [en faisant un effort] to work up quite a sweat.

**suer** [7] [sɥe] ◇ *vi* **-1.** [transpirer – personne] to sweat, to get sweaty; **~ à grosses gouttes** to be streaming with sweat, to be sweating profusely. **-2.** [bois, plâtres] to ooze, to sweat; **faire ~ des oignons** CULIN to sweat onions. **-3.** *fam* [fournir un gros effort] to slog *Br*, to slave (away); **j'en ai sué pour faire démarrer la tondeuse!** I had the devil's own job trying to get the mower started! ❑ **faire ~ le burnous**ᵛ to use sweated labour. **-4.** *fam loc*: **faire ~** [importuner]: **il nous fait ~!** he's a pain in the neck!; **ça me ferait ~ de devoir y retourner** I'd hate to have to go back there; **elle m'a fait ~ toute la matinée pour que je joue avec elle** she pestered me all morning to play with her; **je me suis fait ~ toute la journée** I was bored stiff all day long. ◇ *vt* **-1.** [sueur] to sweat; **~ sang et eau** [faire de grands efforts] to sweat blood. **-2.** [humidité] to ooze. **-3.** *litt* [laisser paraître – bêtise, ennui, égoïsme] to exude, to reek of.

**sueur** [sɥœr] *nf* **-1.** [transpiration] sweat; **sa chemise était mouillée par la ~** his shirt was sweaty ou was damp with sweat ❑ **~s froides**: **j'en ai eu des ~s froides** I was in a cold sweat; **donner des ~s froides à qqn** to put sb in a cold sweat. **-2.** [effort intense] sweat; **à la ~ de son front** by the sweat of one's brow; **gagner qqch à la ~ de son front** to earn sthg with the sweat of one's brow.

◆ **en sueur** *loc adj* in a sweat.

**suffire** [100] [syfir] *vi* **-1.** [en quantité] to be enough, to be sufficient, to suffice; **une cuillerée, ça te suffit?** is one spoonful enough for you?; **~ à** ou **pour faire qqch**: **deux minutes suffisent pour le cuire** it just takes two minutes to cook; **une heure me suffira pour tout ranger** one hour will be enough for me to put everything away; **je ne lui rendrai plus service, cette expérience m'a suffi** I won't help her again, I've learned my lesson; **y ~**: **il faut doubler l'effectif — le budget n'y suffira jamais** the staff has to be doubled — the budget won't cover it. **-2.** [en qualité] to be (good) enough; **parler ne suffit pas, il faut agir** words aren't enough, we must act; **des excuses ne me suffisent pas** I'm not satisfied with an apology; **ma parole devrait vous ~** my word should be good enough for you; **pas besoin de tralala, un sandwich me suffit** there's no need for anything fancy, a sandwich will do; **~ à qqch**: **~ aux besoins de qqn** to meet sb's needs; **ça suffit à mon bonheur** it's enough to make me happy. **-3.** *(tournure impersonnelle)*: **il suffit de** *(suivi d'un nom)*: **je n'avais jamais volé — il suffit d'une fois!** I've never stolen before — once is enough!; **il suffit d'une erreur pour que tout soit à recommencer** one single mistake means starting all over again; **il suffirait de peu pour que le régime s'écroule** it wouldn't take much to bring down the regime; **il suffit de** *(suivi de l'infinitif)*: **s'il suffi-**

sait de travailler pour réussir! if only work was enough to guarantee success!; **il te suffit de dire que nous arriverons en retard** just say we'll be late; **il suffit que: il suffit qu'on me dise ce que je dois faire** I just have ou need to be told what to do; **il suffit que je tourne le dos pour qu'elle fasse des bêtises** I only have to turn my back and she's up to some mischief; **(ça) suffit!** *fam* (that's) enough!; **ça suffit comme ça!** that's enough now!; **il suffit!** *sout* it's enough!
◆ **se suffire** ◇ *vp (emploi réciproque):* **ils se suffisent l'un à l'autre** they've got each other and that's all they need. ◇ *vpi:* **se ~ à soi-même** [matériellement] to be self-sufficient; [moralement] to be quite happy with one's own company.

**suffisamment** [syfizamɑ̃] *adv* sufficiently, enough; **je t'ai ~ prévenu** I've warned you often enough.

**suffisance** [syfizɑ̃s] *nf* **-1.** [vanité] self-importance, self-satisfaction. **-2.** *litt:* **avoir sa ~ de qqch, avoir qqch à ~ to** have plenty of sthg.
◆ **en suffisance** *loc adv litt:* **de l'argent en ~** plenty of ou sufficient money.

**suffisant, e** [syfizɑ̃, ɑ̃t] *adj* **-1.** [en quantité] sufficient; **sa retraite est ~e pour deux** his pension's sufficient ou enough for two; **trois bouteilles pour cinq, c'est bien** ou **amplement ~** three bottles for five, that's plenty ou that's quite enough. **-2.** [en qualité] sufficient, good enough; **votre accord n'est pas ~, nous avons aussi besoin de celui de son père** your consent isn't enough, we also need his father's; **des excuses ne seront pas ~es,** **il veut un démenti** apologies won't be sufficient ou won't do, he wants a denial; **tes résultats à l'école sont tout juste ~s** your school results are just about satisfactory; **c'est une raison ~e pour qu'il accepte** it's a good enough reason ou it's reason enough to make him accept. **-3.** [arrogant – air, personne] self-important, conceited.

**suffise** [syfiz], **suffisons** [syfizɔ̃] *v* → **suffire.**

**suffixation** [syfiksasjɔ̃] *nf* suffixation, suffixing *(U).*

**suffixe** [syfiks] *nm* suffix.

**suffocant, e** [syfɔkɑ̃, ɑ̃t] *adj* **-1.** [atmosphère, chaleur, odeur] suffocating, stifling. **-2.** [ahurissant] astounding, staggering, stunning.

**suffocation** [syfɔkasjɔ̃] *nf* suffocation; **j'ai des ~s** I feel as if I am choking.

**suffoquer** [3] [syfɔke] ◇ *vi* [étouffer] to suffocate, to choke; **on suffoque ici!** it's stifling in here!; **~ de colère** to be choking with anger; **~ de joie** to be overcome with happiness. ◇ *vt* **-1.** [suj: atmosphère, fumée, odeur] to suffocate, to choke. **-2.** [causer une vive émotion à] to choke; **la colère le suffoquait** he was choking with anger. **-3.** [choquer – suj: attitude, prix] to stagger, to stun, to confound.

**suffrage** [syfraʒ] *nm* **-1.** POL [système] vote; **~ censitaire** HIST suffrage with property qualification ou for householders (only); **être élu au ~ direct/indirect** to be elected by direct/indirect suffrage; **~ restreint** restricted suffrage; **~ universel** universal suffrage. **-2.** [voix] vote; **obtenir beaucoup/peu de ~s** to poll heavily/badly; **c'est leur parti qui a eu le plus de ~s** their party headed the poll. **-3.** *litt* [approbation] approval, approbation, suffrage *litt;* **sa dernière pièce a enlevé** ou **remporté tous les ~s** his last play was an unqualified success; **accorder son ~ à** to give one's approval to.

**suffragette** [syfraʒɛt] *nf* suffragette.

**suggérer** [18] [sygʒere] *vt* **-1.** [conseiller, proposer – acte] to suggest; [– nom, solution] to suggest, to put forward *(sép)* to propose; **nous lui avons suggéré de renoncer** we suggested he should give up; **je suggère que nous partions tout de suite** I suggest that we go right away. **-2.** [évoquer] to suggest, to evoke; **sa peinture suggère plus qu'elle ne représente** his painting is more evocative than figurative.

**suggestible** [sygʒestibl] *adj* suggestible.

**suggestif, ive** [sygʒestif, iv] *adj* **-1.** [évocateur] suggestive, evocative. **-2.** [érotique] suggestive, provocative.

**suggestion** [sygʒestjɔ̃] *nf* **-1.** [conseil, proposition] suggestion; **faire une ~** to make a suggestion. **-2.** PSYCH suggestion.

**suggestionner** [3] [sygʒestjɔne] *vt* to influence by suggestion.

**suggestivité** [sygʒestivite] *nf* **-1.** [évocation] evocativeness. **-2.** [érotisme] suggestiveness.

**suicidaire** [sɥisider] ◇ *adj* **-1.** [instinct, personne, tendance] suicidal. **-2.** [qui conduit à l'échec] suicidal; **de si gros investissements, ce serait ~!** such large investments would be suicidal ou courting disaster! ◇ *nmf* suicidal person, potential suicide.

**suicide** [sɥisid] *nm* **-1.** [mort] suicide; **faire une tentative de ~** to try to commit suicide, to attempt suicide. **-2.** [désastre] suicide; **n'y va pas, c'est du ~!** *fig* don't go, it would be madness ou it's suicide!

**suicidé, e** [sɥiside] *nm, f* suicide.

**suicider** [3] [sɥiside] *vt:* **le prisonnier a été suicidé dans sa cellule** the murder of the prisoner in his cell was made to look like suicide.
◆ **se suicider** *vpi* **-1.** [se tuer] to commit suicide, to kill o.s.; **tenter de se ~** to attempt suicide, to try to commit suicide. **-2.** *fig* [causer soi-même sa perte] to commit suicide.

**suie** [sɥi] *nf* soot; **être couvert** ou **noir de ~** to be all sooty ou black with soot.

**suif** [sɥif] *nm* **-1.** [de bétail] fat; CULIN suet; [pour chandelle] tallow. **-2.** *fam* [bagarre]: **il va y avoir du ~** there's going to be a scrap.

**sui generis** [sɥizeneris] *loc adj* sui generis, unique; **une odeur ~** *euph* a rather distinctive smell.

**suint** [sɥɛ̃] *nm* suint.

**suintant, e** [sɥɛ̃tɑ̃, ɑ̃t] *adj* sweating, oozing; **des murs ~s** damp walls.

**suintement** [sɥɛ̃tmɑ̃] *nm* **-1.** [écoulement] sweating *(U),* oozing *(U).* **-2.** PÉTR oozing (forth) *(U).*

**suinter** [3] [sɥɛ̃te] ◇ *vi* **-1.** [s'écouler] to ooze, to seep; **l'humidité suinte des murailles** the walls are dripping with moisture. **-2.** [laisser échapper un liquide – plaie] to weep; **ce mur suinte** this wall is running with moisture. **-3.** *litt* [se manifester] to ooze. ◇ *vt litt* to ooze.

**suis** [sɥi] *v* **-1.** → **être. -2.** → **suivre.**

**suisse** [sɥis] ◇ *adj* Swiss; **~ allemand/romand** Swiss German/French. ◇ *nm* **-1.** [au Vatican] Swiss guard. **-2.** [bedeau] beadle. **-3.** *Can* chipmunk.
◆ **Suisse** *nmf* Swiss *(person);* **Suisse allemand/romand** German-speaking/French-speaking Swiss; **les Suisses** the Swiss.
◆ **en suisse** *loc adv:* **boire/manger en ~** to drink/to eat on one's own.

---

**USAGE ►   Faire des suggestions**

**Directes**

Come and play football!
Let's go swimming!
I'm going for a walk. Do you want to come?
Why don't you phone him?
Why not go and see her?
What if I spoke to him first?
How about a game of cards?
What would you say to a cup of tea?
(How) do you fancy a walk? [Br, familier]

**Moins directes**

Have you ever thought about changing jobs?
Have you ever considered a pension plan?
How would you feel about a trip abroad?
You could always write to them.
Can't we talk about it?
If I were you, I'd tell her.
I suggest we tell him.
Might I ou If I might make a suggestion...
I propose we look at the problem again next week. [soutenu]

**Suisse** [sɥis] *npr f*: (la) ~ Switzerland; la ~ allemande/romande the German-speaking/French-speaking part of Switzerland.

**Suissesse** [sɥises] *nf* Swiss woman.

**suite** [sɥit] *nf* **-1.** [prolongation – gén] continuation; [– d'un film, d'un roman] sequel; [– d'une émission] follow-up; ~ page 17 continued on page 17; la ~ au prochain numéro to be continued (in our next issue); ~ et **fin** final instalment; apportez-moi la ~ [pendant un repas] bring me the next course; écoute la ~ [du discours] listen to what comes next; [de mon histoire] listen to what happened next; je n'ai pas pu entendre la ~ I couldn't hear the rest; attendons la ~ des événements let's wait to see what happens next; faire ~ à to follow; de violents orages ont fait ~ à la sécheresse the drought was followed by violent storms; prendre la ~ de qqn to take over from sb, to succeed sb. **-2.** [série] series, succession; une ~ de malheurs a run ou series of misfortunes. **-3.** [cortège] suite, retinue. **-4.** [dans un hôtel] suite. **-5.** [répercussion] consequence; la ~ logique/naturelle de mon adhésion au parti the logical/natural consequence of my joining the party; donner ~ à [commande, lettre, réclamation] to follow up *(sép)*, to deal with *(insép)*; [projet] to carry on with; avoir des ~s to have repercussions; elle est morte des ~s de ses blessures she died of her wounds. **-6.** [lien logique] coherence; ses propos n'avaient guère de ~ what he said wasn't very logical; avoir de la ~ dans les idées to be coherent ou consistent; tu as de la ~ dans les idées! *hum* you certainly know what you want!-**7.** JUR pursuit; [d'un créancier] right to follow property. **-8.** LING & MATH sequence. **-9.** MUS suite.
◆ **à la suite** *loc adv* **-1.** [en succession] one after the other. **-2.** [après]: un nom avec plusieurs chiffres inscrits à la ~ a name followed by a string of numbers.
◆ **à la suite de** *loc prép* **-1.** [derrière – dans l'espace] behind; [– dans un écrit] after; cinq chambres les unes à la ~ des autres five rooms in a row. **-2.** [à cause de] following; à la ~ de son discours télévisé, sa cote a remonté following her speech on TV, her popularity rating went up.
◆ **de suite** *loc adv*. *fam* [immédiatement] straightaway, right away; il revient de ~ he'll be right back. **-2.** [à la file] in a row, one after the other, in succession; elle est restée de garde 48 heures de ~ she was on duty for 48 hours on end; on n'a pas eu d'électricité pendant cinq jours de ~ we didn't have any electricity for five whole days ou five days running.
◆ **par la suite** *loc adv* [dans le passé] afterwards, later; [dans le futur] later.
◆ **par suite** *loc adv* therefore.
◆ **par suite de** *loc prép* due to, owing to.
◆ **sans suite** *loc adj* **-1.** [incohérent] disconnected; il tenait des propos sans ~ his talk was incoherent. **-2.** COMM discontinued.
◆ **suite à** *loc prép* ADMIN: ~ à votre lettre further to ou in response to ou with reference to your letter; ~ à votre appel téléphonique further to your phone call.

**suivais** [sɥivɛ] *v* → suivre.

**suivant¹** [sɥivɑ̃] *prép* **-1.** [le long de]: découper ~ le pointillé cut out following the dotted line. **-2.** [d'après] according to; ~ son habitude, elle s'est levée très tôt as is her habit ou wont, she got up very early. **-3.** [en fonction de] according to, depending on; vous donnerez ~ vos possibilités you'll give according to your means; ~ votre âge/vos besoins depending on your age/your needs.
◆ **suivant que** *loc conj* according to whether; ~ que vous parlez avec l'un ou l'autre according to which one you talk to.

**suivant², e** [sɥivɑ̃, ɑ̃t] ◇ *adj* **-1.** [qui vient après – chapitre, mois, semaine] following, next; [– échelon, train] next; quel est le chiffre ~? what's the next number?, what number comes next?; quelle est la personne ~e? [dans une file d'attente] who's next?-**2.** [qui va être précisé] following; il m'a raconté l'histoire ~e he told me the following story; procédez de la manière ~e follow these instructions. ◇ *nm, f* **-1.** [dans une succession] next one; (au) ~, s'il vous plaît next, please; son premier roman, et même les ~s his first novel and even the following ones ou the ones that followed; pas mardi prochain mais le ~ not this coming Tuesday but the next one ou the one after. **-2.** *(comme adj)* [ce

qui va être précisé]: les résultats sont les ~s here are the results, the results are as follows.
◆ **suivant** *nm* [membre d'une escorte] attendant.
◆ **suivante** *nf* THÉÂT lady's maid.

**suiveur, euse** [sɥivœr, øz] *adj* [véhicule] following.
◆ **suiveur** *nm* **-1.** [de femmes – gén] skirt-chaser; [– en voiture] kerb-crawler. **-2.** SPORT follower, fan. **-3.** [inconditionnel, imitateur] slave, uncritical follower.

**suivi, e** [sɥivi] ◇ *pp* → suivre. ◇ *adj* **-1.** [ininterrompu – effort] sustained, consistent; [– correspondance] regular; [– qualité] consistent; [– activité] steady. **-2.** [logique – propos, raisonnement] coherent; [– politique] consistent. **-3.** [qui a la faveur du public]: mode très ~e very popular fashion; conférence peu/très ~e poorly attended/well-attended conference; la grève a été peu/très ~e there was little/a lot of support for the strike.
◆ **suivi** *nm* [d'un cas, d'un dossier] follow-up; assurer le ~ de [cas, dossier] to follow through *(sép)*; [commande] to deal with *(insép)*, COMM [article] to continue to stock; le travail en petits groupes assure un meilleur ~ working in small groups means that individual participants can be monitored more successfully.

**suivisme** [sɥivism] *nm* [attitude d'imitation servile] follow-my-leader attitude.

**suivre** [89] [sɥivr] ◇ *vt* **A.** DANS L'ESPACE, LE TEMPS **-1.** [pour escorter, espionner, rattraper] to follow; les enfants suivaient leurs parents en courant the children were running behind their parents; suivez le guide this way (for the guided tour), please; la police les a suivis sur plusieurs kilomètres the police chased them for several kilometres; il l'a fait ~ par un détective privé he had her followed by a private detective; ~ qqn de près [gén] to follow close behind sb; [pour le protéger] to stick close to sb; le coureur anglais, suivi de très près par le Belge the English runner, with the Belgian close on his heels; ~ la piste de qqn to follow sb's trail; ~ qqn à la trace to follow sb's tracks; ~ qqn comme son ombre to follow sb like a shadow; ~ qqn des yeux ou du regard to follow sb with one's eyes; il suivait des yeux ses moindres gestes he was watching her every move; certaines personnes, suivez mon regard, n'ont pas fait leur travail certain people, who shall be ou remain nameless, haven't done their work ‖ *(en usage absolu)*: marche moins vite, je ne peux pas ~ slow down, I can't keep up; ils ne suivent plus they're not behind (us) any more. **-2.** [se dérouler après] to follow (on from), to come after; la réunion sera suivie d'une collation refreshments will be served after the meeting ‖ *(en usage absolu)*: le jour qui suivit (the) next day, the following day ‖ *(tournure impersonnelle)*: il suit de votre déclaration que le témoin ment it follows from your statement that the witness is lying. **-3.** [être placé après] to follow, to come after; votre nom suit le mien sur la liste your name is right after mine on the list; les conjonctions toujours suivies du subjonctif the conjunctions always followed by ou that always govern the subjunctive ‖ *(en usage absolu)*: suit un résumé du roman précédent then comes a summary of the previous novel; dans les pages qui suivent in the following pages. **B.** ADOPTER, OBÉIR À **-1.** [emprunter – itinéraire, rue] to follow. **-2.** [longer – à pied] to walk along; [– en voiture] to drive along; [– en bateau] to sail along; la route suit la rivière sur plusieurs kilomètres the road runs along ou follows the course of) the river for several kilometres; le circuit suit ce tracé here is the outline of the circuit; découper en suivant les pointillés cut along the dotted line. **-3.** [se soumettre à – traitement] to undergo; ~ des cours de cuisine to attend a cookery course; ~ un régime to be on a diet. **-4.** [se conformer à – conseil, personne, instructions] to follow; [– règle] to comply with *(insép)*; vous n'avez qu'à ~ les panneaux just follow the signs; son exemple n'est pas à ~ he's not a good example; je préfère ~ mon idée I prefer to do it my way; ~ le mouvement *fam* to (just) go ou tag along with the crowd ‖ *(en usage absolu)*: la majorité n'a pas suivi the majority didn't follow. **-5.** CARTES: je suis I'm in. **-6.** COMM [stocker] to stock; [produire] to produce.
**C.** SE CONSACRER À **-1.** [observer – carrière, progrès, feuilleton] to follow; [– actualité] to keep up with *(insép)*; il suit le feuilleton à la radio tous les jours he tunes in to the serial every day. **-2.** [se concentrer sur – exposé, messe] to listen to

*(insép)*, to pay attention to; **maintenant, suivez-moi bien** now, listen to me carefully OU pay close attention; **suis bien mes gestes** watch my gestures closely ‖ *(en usage absolu)*: **encore un qui ne suivait pas!** [distrait] so, someone else wasn't paying attention!; **je vais ~ avec Pierre** [sur son livre] I'll share Pierre's book. **-3.** [comprendre – explications, raisonnement] to follow; **je ne te suis plus** I'm not with you any more. **-4.** [s'occuper de – dossier, commande] to deal with *(insép)*; [– élève] to follow the progress of; **elle suit ses patients de près** she follows her patients' progress closely; **je suis suivie par un très bon médecin** I'm with OU under a very good doctor.
◇ *vi* **-1.** SCOL [assimiler le programme] to keep up; **il a du mal à ~ en physique** he's having difficulty keeping up in physics. **-2.** [être acheminé après]: **faire ~** [lettre] to forward, to send on; **faire ~ son courrier** to have one's mail forwarded. **-3.** [être ci-après] to follow; **sont reçus les candidats dont les noms suivent** the names of the successful candidates are as follows; **procéder comme suit** proceed as follows.
◆ **se suivre** *vpi* **-1.** [être l'un derrière l'autre – personnes, lettres] to follow one another; **par temps de brouillard, ne vous suivez pas de trop près** in foggy conditions, keep your distance (from other vehicles); **les trois coureurs se suivent de très près** the three runners are very close behind one another OU are tightly bunched. **-2.** [être dans l'ordre – pages] to be in the right order, to follow on from one another. **-3.** [se succéder dans le temps]: **les jours se suivent et ne se ressemblent pas** *prov* who knows what tomorrow holds *loc*, every day is a new beginning OU dawn.
◆ **à suivre** ◇ *loc adj*: **c'est une affaire à ~** it's something to keep an eye on. ◇ *loc adv*: **'à ~'** 'to be continued'.

**sujet, ette** [syʒɛ, ɛt] ◇ *adj* **-1.** **~ à** [susceptible de]: **~ à des attaques cardiaques/à des migraines** subject to heart attacks/migraines; **~ au mal de mer** liable to become seasick, prone to seasickness; **nous sommes tous ~s à l'erreur** we're all prone to making mistakes. **-2.** **~ à** [soumis à]: **~ à caution** [franchise, honnêteté, moralité] questionable; **leurs informations sont ~tes à caution** their information should be taken warily. **-3.** *litt* [assujetti] subjugated, enslaved.
◇ *nm, f* [citoyen] subject.
◆ **sujet** *nm* **-1.** [thème – d'une discussion] subject, topic; [– d'une pièce, d'un roman] subject; [– d'un exposé, d'une recherche] subject; **le ~ de notre débat ce soir est...** the question we'll be debating tonight is...; **quel est le ~ du livre?** what's the book about?; **~ de conversation** topic (of conversation); **changeons de ~** let's change the subject; **c'est devenu un ~ de plaisanterie** it has become a standing joke; **~ d'examen** examination question. **-2.** [motif]: **~ de** cause of, ground for, grounds for; **ils ont de nombreux ~s de discorde** they have many reasons to disagree; **leur salaire est leur principal ~ de mécontentement** the main cause of their dissatisfaction is their salary; **sa santé est devenue un gros ~ de préoccupation** her condition is now giving serious grounds for concern OU has become a great source of anxiety; **tu n'as pas ~ de te plaindre** you have no cause OU grounds for complaint. **-3.** BX-ARTS & MUS subject. **-4.** [figurine] figurine. **-5.** GRAMM [fonction] subject; LING: **le ~ parlant** the speaker. **-6.** MÉD, PHILOS & PSYCH subject; **~ d'expérience** experimental subject. **-7.** HORT stock.
◆ **au sujet de** *loc prép* about, concerning; **c'est au ~ de Martha?** is it about Martha?; **j'aimerais vous faire remarquer, à ce ~, que...** concerning this matter, I'd like to point out to you that...; **je voudrais parler au directeur – c'est à quel ~?** I'd like to talk to the manager – what about?

**sujétion** [syʒesjɔ̃] *nf* **-1.** POL [d'un peuple] subjection, en-

slavement; **tenir en ~** to hold OU to have in one's power. **-2.** *sout* [à une règle] subjection, subjecting *(U)*.

**sulfate** [sylfat] *nm* sulphate.

**sulfater** [3] [sylfate] *vt* AGR to spray with sulphur.

**sulfateuse** [sylfatøz] *nf* **-1.** AGR sulphur sprayer. **-2.** ▽ *arg mil* [mitrailleuse] typewriter *Br*, submachine OU machine gun.

**sulfite** [sylfit] *nm* sulphite.

**sulfurage** [sylfyraʒ] *nm* sulphuration.

**sulfure** [sylfyr] *nm* sulphide.

**sulfuré, e** [sylfyre] *adj* sulphuret.

**sulfurer** [3] [sylfyre] *vt* to sulphuret.

**sulfureux, euse** [sylfyrø, øz] *adj* **-1.** CHIM sulphurous. **-2.** [démoniaque] demonic.

**sulfurique** [sylfyrik] *adj* sulphuric.

**sulfurisé, e** [sylfyrize] *adj* sulphurized.

**sulky** [sylki] *nm* sulky.

**sultan** [syltɑ̃] *nm* sultan.

**sultanat** [syltana] *nm* sultanate.

**sultane** [syltan] *nf* **-1.** [titre] sultana, sultaness. **-2.** [canapé] sultana.

**Sumatra** [symatra] *npr* Sumatra; **à ~** in Sumatra.

**sumérien, enne** [symerjɛ̃, ɛn] *adj* Sumerian.
◆ **Sumérien, enne** *nm, f* Sumerian.

**summum** [sɔmɔm] *nm* **-1.** [d'une carrière] peak, zenith; [d'une civilisation] acme; [de l'élégance, du luxe, de l'arrogance] height; **au ~ de sa puissance at the peak of its power; elle était au ~ de son art quand elle peignit ce tableau** her art was at its peak OU height when she painted this picture. **-2.** *fam loc*: **c'est le ~!** [on ne peut faire mieux] it's the tops!; [on ne peut faire pire] it's the end!

**sumo, sumô** [sumo] *nm* sumo.

**sunnite** [synit] ◇ *adj* Sunni. ◇ *nmf* Sunnit, Sunnite.

**sup** [syp] *adj inv fam* [supplémentaire]: **faire des heures ~** to work overtime.

**super** [sypɛr] *fam* ◇ *adj inv* [personne, idée] great, terrific; [maison, moto] fantastic, great; **c'est de la ~ qualité** it's exceptional quality; **~ réductions sur tout le stock!** massive reductions on the whole stock! ◇ *adv* [compliqué, bon, cher, propre] really, amazingly; [gentil] really. ◇ *nm* [essence] four-star (petrol) *Br*, premium *Am*.

**super-** [sypɛr] *préf* **-1.** [en intensif] super; **~rapide** superfast. **-2.** *fam* [exceptionnel] super; **~flic** supercop.

**superalliage** [sypɛraljaʒ] *nm* superalloy.

**superbe** [sypɛrb] ◇ *adj* **-1.** [magnifique – yeux, bijou, ville] superb, beautiful; [– bébé, femme] beautiful, gorgeous; [– homme] good-looking, handsome; [– voix] superb, beautiful; [– journée] glorious, beautiful; [– temps] wonderful; **tu as une mine ~ aujourd'hui** you look radiant today. **-2.** **~ de** [sublime]: **il a été ~ de cynisme/d'indifférence** he was superbly cynical/indifferent. **-3.** *litt* [altier – air] haughty.
◇ *nf litt* haughtiness; **cela va lui faire perdre de sa ~** he won't be quite so proud after this.

**superbement** [sypɛrbəmɑ̃] *adv* **-1.** [splendidement] superbly, magnificently, beautifully. **-2.** *litt* [arrogamment] arrogantly, haughtily.

**supercarburant** [sypɛrkarbyrɑ̃] *nm* four-star OU high-octane petrol *Br*, premium *Am*.

**superchampion, onne** [sypɛrʃɑ̃pjɔ̃, ɔn] *nm, f* sports superstar.

**supercherie** [sypɛrʃəri] *nf* [tromperie] deception, trick; [fraude] fraud.

**supérette** [sypɛrɛt] *nf* mini-market, superette *Am*.

---

**USAGE ▶ Pour changer de sujet**

**Style parlé**

Incidentally, has anyone heard from John lately?
By the way, you still owe me £5.
Talking of John, has anyone seen him lately?
While I remember OU Before I forget, has anyone seen John recently?
Anyway, as I was saying,... [familier]

**Style plus soutenu**

Moving swiftly on to our next topic,...
On a completely different note, could I just mention...
Leaving aside the question of..., let us turn now to the problem of...
I'd like to look now at the question of...
If we could now turn to the second item on the agenda.

**superfétatoire** [sypɛrfetatwar] *adj litt* superfluous, unnecessary, redundant.

**superficie** [sypɛrfisi] *nf* **-1.** [d'un champ] acreage, area; [d'une maison] surface area, floor space; **l'entrepôt fait 3 000 m²** **de ~ ou a une ~ de 3 000 m²** the warehouse has a surface area of 3,000 m². **-2.** *litt* [apparence] superficial *ou* external appearance. **-3.** AGR: **~ agricole utile** *ou* **utilisée** utilized agricultural area.

**superficiel, elle** [sypɛrfisjɛl] *adj* **-1.** [brûlure] superficial, surface *(modif)*. **-2.** [connaissances, personne] shallow, insubstantial; [étude, travail] superficial, perfunctory; [contrôle] superficial, cursory.

**superficiellement** [sypɛrfisjɛlmã] *adv* **-1.** [blesser] superficially. **-2.** [inspecter, corriger] cursorily, superficially.

**superfin, e** [sypɛrfɛ̃, in] *adj* extrafine.

**superflu, e** [sypɛrfly] *adj* **-1.** [non nécessaire – biens, excuse, recommandation] superfluous, unnecessary. **-2.** [en trop – détails, exemple] redundant, superfluous; **un grand lessivage ne serait pas ~!** a good scrub wouldn't do any harm!; **pour vous débarrasser de vos poils ~s** to get rid of unwanted hair.
◆ **superflu** *nm*: **se passer du ~** to do without non-essentials.

**superforme** [sypɛrfɔrm] *nf fam*: **être en ~, tenir la ~** to be in great form *ou* on top form *ou* bursting with health.

**supergrand** [sypɛrgrã] *nm fam* superpower.

**super-huit** [sypɛrɥit] ◇ *adj inv* super eight. ◇ *nm inv* [format] super eight. ◇ *nf inv* [caméra] super-eight (film) camera.

**supérieur, e** [sypeʁjœʁ] ◇ *adj* **-1.** [plus haut que le reste – étagère, étage] upper, top; [– ligne] top; **le bord ~ droit de la page** the top right-hand corner of the page ‖ [juste au-dessus – étagère, ligne] above. **-2.** [quantitativement – efficacité] higher, greater; [– prix, rendement, vitesse] higher; [– volume] bigger, greater; **~ en nombre: troupes ~es en nombre** troops superior in number; **leurs joueurs se retrouvent maintenant ~s** their players now outnumber the opposition; **~ à** [prix] higher than; [volume] bigger than; **donne-moi un chiffre ~ à huit** give me a number higher than eight; **taux légèrement ~ à 8 %** rate slightly over 8%; **une note ~e à 10** a mark above 10; **d'une longueur/largeur ~e à...** longer/wider than...; **il est d'une taille ~e à la moyenne** he's taller than average. **-3.** [dans une hiérarchie – échelons] upper, topmost; [– classes sociales] upper; **les autorités ~es** the powers above ‖ [juste au-dessus – niveau] next; [– grade, rang] senior; [– autorité] higher; **passer dans la classe ~e** SCOL to move up one class; **je lui suis hiérarchiquement ~** I'm his superior *ou* senior. **-4.** [dans une échelle de valeurs – intelligence, esprit, être] superior; [– intérêts] higher; **de qualité ~e** top quality; **~ à: intelligence ~e à la moyenne** above-average intelligence; **leur lessive est-elle vraiment ~e à toutes les autres?** is their washing powder really better than all the others?; **il est techniquement ~ au Suédois** SPORT his technique is superior to that of the Swedish player. **-5.** [hautain – air, ton] superior; **ne prends pas cet air ~!** don't look so superior! **-6.** ANAT [membre, mâchoire] upper. **-7.** BIOL [animal, espèce, végétal] higher. **-8.** GÉOG [en amont] upper. **-9.** MATH superior; **~ ou égal à** superior or equal to, greater than or equal to. **-10.** RELIG: **le Père ~** the father superior; **la Mère ~e** the mother superior.
◇ *nm, f* [dans une hiérarchie]: **~** (hiérarchique) superior.
◆ **supérieur** *nm* UNIV: **le ~** higher education.
◆ **Supérieur, e** ◇ *nm, f* RELIG father (*f* mother) superior. ◇ *adj*: **le lac Supérieur** Lake Superior.

**supérieurement** [sypeʁjœʁmã] *adv* exceptionally.

**supériorité** [sypeʁjɔʁite] *nf* **-1.** [en qualité] superiority. **-2.** [en quantité] superiority; **~ numérique** superiority in numbers; **la ~ que donne l'argent** the power that money confers. **-3.** [arrogance] patronizing attitude, superiority; **un air de ~** a superior air.

**superlatif, ive** [sypɛrlatif, iv] *adj* superlative.
◆ **superlatif** *nm* LING superlative; **~ relatif/absolu** relative/absolute superlative.
◆ **au superlatif** *loc adv* **-1.** LING in the superlative. **-2.** [très] extremely.

**superléger** [sypɛrleʒe] *nm* light welterweight.

**superman** [sypɛrman] (*pl* **supermen** [-mɛn]) *nm fam* superman.

**supermarché** [sypɛrmarʃe] *nm* supermarket.

**supernova** [sypɛrnɔva] *nf* supernova.

**superposable** [sypɛrpozabl] *adj* **-1.** GÉOM superposable. **-2.** [chaise, lit] stacking *(avant n)*.

**superposer** [3] [sypɛrpoze] *vt* **-1.** [meubles] to stack (up); [images, couleurs] to superimpose. **-2.** GÉOM to superpose.
◆ **se superposer** ◇ *vp (emploi passif)* [étagères] to stack. ◇ *vpi* **-1.** [se mêler – images, sons, couleurs] to be superimposed; **leurs deux visages se superposent dans ma mémoire** their two faces have become indistinguishable in my memory. **-2.** GÉOM to be superposed.

**superposition** [sypɛrpozisjɔ̃] *nf* **-1.** [d'étagères, de plats] stacking. **-2.** GÉOM superposition. **-3.** [de photos, de sons] superimposition, superimposing (*U*).

**superproduction** [sypɛrprɔdyksjɔ̃] *nf* CIN big-budget film *Br ou* movie *Am*.

**superprofit** [sypɛrprɔfi] *nm* enormous profit.

**superpuissance** [sypɛrpɥisãs] *nf* superpower.

**supersonique** [sypɛrsɔnik] ◇ *adj* supersonic. ◇ *nm* supersonic aircraft.

**superstar** [sypɛrstar] *nf* superstar.

**superstitieusement** [sypɛrstisjøzmã] *adv* superstitiously.

**superstitieux, euse** [sypɛrstisjø, øz] ◇ *adj* superstitious; **ils ont un attachement ~ aux traditions** they have an exaggerated respect for tradition. ◇ *nm, f* superstitious person.

**superstition** [sypɛrstisjɔ̃] *nf* superstition; **j'évite les échelles par pure ~** I walk round ladders simply because I'm superstitious.

**superstructure** [sypɛrstryktyr] *nf* superstructure.

**superviser** [3] [sypɛrvize] *vt* to supervise, to oversee.

**superviseur** [sypɛrvizœr] *nm* [personne] supervisor.

**supervision** [sypɛrvizjɔ̃] *nf* supervision; **être sous la ~ de qqn** to be supervised by sb, to be under sb's supervision.

**super-welter** [sypɛrwɛltœr] (*pl* **super-welters**) *nm* light middleweight.

**supin** [sypɛ̃] *nm* supine LING.

**supplanter** [3] [syplãte] *vt* **-1.** [rival] to supplant, to displace, to supersede. **-2.** [machine, système] to supplant, to take over from *(insép)*.

**suppléance** [sypleãs] *nf* **-1.** ENS [poste de remplaçant] supply post *Br*, substitute post *Am*; [poste d'adjoint] assistantship; **assurer la ~ de qqn** [le remplacer] to deputize for sb; [l'assister] to assist sb ‖ [activité – de remplaçant] supply *Br ou* substitute *Am* teaching; [– d'adjoint] assistantship. **-2.** JUR & POL deputy.

**suppléant, e** [sypleã, ãt] ◇ *adj* **-1.** ENS [remplaçant] supply *Br*, substitute *Am*; [adjoint] assistant. **-2.** JUR & POL deputy. ◇ *nm, f* **-1.** ENS [remplaçant] supply teacher *Br*, substitute teacher *Am*; [adjoint] assistant teacher. **-2.** JUR & POL deputy.

**suppléer** [15] [syplee] *vt* **-1.** *litt* [remédier à – manque] to make up for *(insép)*, to compensate for *(insép)*; [– lacune] to fill in *(sép)*. **-2.** [compléter] to complement, to supplement; **~ qqch par** to complete sthg with. **-3.** ENS to replace, to stand in for *(insép)*. **-4.** JUR & POL to deputize for.
◆ **suppléer à** *v + prép* **-1.** [remédier à – insuffisance] to make up for, to compensate for. **-2.** [remplacer – suj: personne] to replace; **l'énergie nucléaire a peu à peu suppléé aux énergies traditionnelles** nuclear energy has gradually taken over from *ou* replaced traditional forms of energy.

**supplément** [syplemã] *nm* **-1.** [coût] extra *ou* additional charge; **ils demandent un ~ de 20 francs pour le vin** they charge 20 francs extra for wine; **payer un ~** to pay extra. **-2.** RAIL [réservation] supplement; **un train à ~** a train with a fare surcharge *ou* supplement. **-3.** [de nourriture] extra portion; [de crédits] additional facility; **un ~ d'informations** additional *ou* further information; **le juge a demandé un ~ d'enquête** the judge asked that the investigation be pursued further. **-4.** [à un livre, un journal] supplement. **-5.** JUR: **~ de revenu familial** ≃ family income supplement.
◆ **en supplément** *loc adv*: **c'est en ~** it comes as an extra, it's an extra; **menu 35 francs, boisson en ~** menu 35 francs, drinks extra.

**supplémentaire** [syplemãtɛr] *adj* **-1.** [crédit, dépense] additional, supplementary, extra; **un délai ~** an extension (of deadline); **ce sera une charge ~ pour les contribuables** it will mean even more of a burden to the taxpayer. **-2.** RAIL relief *(modif)*.

**supplétif, ive** [sypletif, iv] *adj* **-1.** [gén] auxiliary, additional. **-2.** JUR [loi] supplementary. **-3.** MIL auxiliary. **-4.** LING suppletive.
◆ **supplétif** *nm* MIL auxiliary.

**suppliant, e** [syplijɑ̃, ɑ̃t] ◇ *adj* begging, imploring, beseeching *litt*. ◇ *nm, f* supplicant.

**supplication** [syplikasjɔ̃] *nf* entreaty, supplication.

**supplice** [syplis] *nm* **-1.** HIST torture; il va à l'école comme au ~ when he goes to school, it's as if he was going to his own funeral ❏ ~ chinois *pr* Chinese water torture; *fig* extreme torment; subir le ~ de la roue to be broken on the wheel; le ~ de Tantale the punishment of Tantalus; le dernier ~ [la peine de mort] execution. **-2.** [douleur physique] agony, torture; ce mal de tête est un vrai ~ I'm going through agony ou agonies with this headache ‖ [douleur morale] torture, torment, agony; être au ~ to be in agonies; mettre qqn au ~ to torture sb.

**supplicié, e** [syplisje] *nm, f* [personne – qui a subi la peine de mort] execution victim; [– qui a été torturée] torture victim.

**supplicier** [9] [syplisje] *vt* **-1.** *litt* [exécuter] to execute; [torturer] to torture. **-2.** [tourmenter] to torment, to rack, to plague.

**supplier** [10] [syplije] *vt* to beg, to implore, to beseech *litt*; ~ qqn (à genoux) de faire qqch to beg sb (on bended knee) to do sthg.

**supplique** [syplik] *nf* JUR & RELIG petition; présenter une ~ à qqn to petition sb.

**support** [sypɔr] *nm* **-1.** [de colonne, de meuble] base, support; [de statuette] stand, pedestal; [pour un échafaudage] support. **-2.** [de communication] medium; ~ publicitaire advertising medium. **-3.** ACOUST: ~ magnétique magnetic support. **-4.** CULIN base. **-5.** IMPR support; ~ d'impression *material on which printing is done*. **-6.** INF medium; ~ d'information data support; ~ individuel d'information smart card, individual data support; sur ~ papier hard copy.

**supportable** [sypɔrtabl] *adj* **-1.** [douleur] bearable; il fait froid, mais c'est ~ it's cold but not unbearably so. **-2.** [conduite, personne] tolerable.

**supporter¹** [sypɔrtɛr] *nm* SPORT supporter.

**supporter²** [3] [sypɔrte] *vt* **-1.** [servir d'assise à] to support, to hold up *(sép)*; cinq piliers supportent la voûte the roof is held up by five pillars. **-2.** [assumer – responsabilité, obligation] to assume; [prendre en charge – dépense] to bear; l'acheteur supporte les frais the fees are borne by the purchaser. **-3.** [être assujetti à – impôt] to be subject to. **-4.** [résister à] to stand up to *(insép)*, to withstand; des plantes qui supportent/ne supportent pas le froid plants that do well/badly in the cold; bien ~ une opération to come through an operation in good shape; mal ~ une opération to have trouble recovering from an operation; je ne supporte pas l'alcool/la pilule drink/the pill doesn't agree with me. **-5.** [subir sans faillir – épreuve, privation] to bear, to endure, to put up with *(insép)*; [– insulte, menace] to bear; elle supporte mal la douleur she can't cope with pain. **-6.** [tolérer, accepter] to bear, to stand; je ne supporte pas de perdre I can't stand losing ‖ [personne] to put up with *(insép)*, to stand, to bear; il faudra le ~ encore deux jours we'll have to put up with him for two more days; j'arrive tout juste à les ~ I can just about tolerate them. **-7.** [résister à] to withstand; leur nouvelle voiture supporte la comparaison avec la concurrence their new car will bear ou stand comparison with anything produced by their competitors; sa théorie ne supporte pas une critique sérieuse his theory won't stand up to serious criticism. **-8.** SPORT [encourager] to support.
◆ **se supporter** ◇ *vp (emploi réfléchi)*: je ne me supporte plus en blonde/en noir blonde hair/black just isn't right for me any more. ◇ *vp (emploi réciproque)* to bear ou stand each other. ◇ *vp (emploi passif)* to be bearable.

**supposé, e** [sypoze] *adj* **-1.** [faux – testament] false, forged; [– nom] assumed. **-2.** [admis]: la vitesse est ~e constante the speed is assumed to be constant. **-3.** [présumé – vainqueur] supposed, presumed; [– père] putative; [– dimension] estimated; l'auteur ~ du pamphlet the supposed author of the pamphlet.
◆ **supposé que** *loc conj* supposing (that), assuming that.

**supposer** [3] [sypoze] *vt* **-1.** [conjecturer, imaginer] to suppose, to assume; je suppose que tu n'es pas prêt I take it ou I suppose you're not ready; tout laisse ~ qu'il avait été contacté par la CIA everything points to his having been contacted by the CIA; en supposant que tu échoues suppose (that) ou supposing (that) ou let's suppose (that) you fail; à ~ que assuming that. **-2.** [estimer, penser]: et tu la supposes assez bête pour se laisser faire? so you think she's stupid enough to let it happen?; ~ qqch à qqn to credit sb with sthg. **-3.** [impliquer] to imply, to require, to presuppose; une mission qui suppose de la discrétion an assignment where discretion is required ou is a must.

**supposition** [sypozisjɔ̃] *nf* [hypothèse] supposition, assumption; dans cette ~ if this is the case; une ~: il s'enfuit *fam* suppose he runs away.

**suppositoire** [sypozitwar] *nm* suppository.

**suppôt** [sypo] *nm litt* henchman; ~ de Satan ou du diable fiend.

**suppression** [sypresjɔ̃] *nf* **-1.** [abrogation] abolition; la ~ de la peine de mort the abolition of the death penalty. **-2.** [dans un texte] deletion. **-3.** [élimination] elimination; ~ de la douleur par piqûres elimination of pain by injections. **-4.** [assassinat] elimination, liquidation. **-5.** ÉCON: il y a eu beaucoup de ~s d'emploi dans la région there were many job losses in the area.

**supprimer** [3] [syprime] *vt* **-1.** [faire cesser – cause, effet] to do away with *(insép)*; [– habitude, obstacle] to get rid of *(insép)*; [– pauvreté, racisme] to put an end to *(insép)*, to do away with *(insép)*; [– douleur] to kill, to stop; [– fatigue] to eliminate. **-2.** [démolir – mur, quartier] to knock ou pull down *(sép)*, to demolish. **-3.** [annuler – loi] to repeal, to annul; [– projet, emploi] to do away with *(insép)*; [– allocation, prime] to withdraw, to stop. **-4.** [retirer]: on va te ~ ton permis de conduire they'll take away ou they'll withdraw your driving licence; j'ai partiellement supprimé le sel I cut down on salt; j'ai totalement supprimé le sel I cut out salt (altogether); ils vont ~ des trains dans les zones rurales train services will be cut in rural areas. **-5.** [enlever – opération, séquence] to cut (out), to take out *(sép)*; [– mot, passage] to delete; ~ les étapes/intermédiaires to do away with the intermediate stages/the middlemen. **-6.** [tuer] to do away with *(insép)*.
◆ **se supprimer** *vp (emploi réfléchi)* to take one's own life.

**suppurer** [3] [sypyre] *vi* to suppurate.

**supputation** [sypytasjɔ̃] *nf sout* calculation, estimation.

**supputer** [3] [sypyte] *vt* [quantité] to estimate; [possibilités] to assess.

**supra** [sypra] *adv* supra; voir ~ supra, see above.

**supraconducteur, trice** [syprakɔ̃dyktœr, tris] *adj* superconductive.
◆ **supraconducteur** *nm* superconductor.

**supranational, e, aux** [sypranasjɔnal, o] *adj* supranational.

**suprématie** [sypremasi] *nf* supremacy.

**suprême** [syprɛm] ◇ *adj* **-1.** [supérieur] supreme; le pouvoir ~ the supreme power ❏ l'Être ~ RELIG the Supreme Being. **-2.** [extrême – importance, bonheur, plaisir] extreme, supreme; [– ignorance] utter, blissful, sublime; [– mépris] sublime. **-3.** [dernier] supreme, final; dans un ~ effort in a final attempt; à l'heure ou au moment ~ *sout* at the hour of reckoning, at the moment of truth. **-4.** CULIN supreme. ◇ *nm* CULIN suprême; ~ de volaille chicken supreme.

**suprêmement** [sypremmɑ̃] *adv* supremely.

**sur¹** [syr] *prép* **-1.** [dans l'espace – dessus] on; [– par-dessus] over; [– au sommet de] on top of; [– contre] against; ~ la table on the table; un visage est dessiné ~ le sable a face has been drawn in the sand; elle avait des bleus ~ tout le visage she had bruises all over her face, her face was covered in bruises; il a jeté ses affaires ~ le lit he threw his things onto the bed; monter ~ un escabeau to climb (up) on a stepladder; monter ~ un manège/une bicyclette to get on a roundabout/bicycle; retire tes pieds de ~ la chaise *fam* take your feet off the chair; demain, du soleil ~ le nord tomorrow, there will be sunshine in the north; ouragan ~ la ville hurricane over the city; une chambre avec vue ~ la mer a room with a view of ou over the sea; des fenêtres qui donnent ~ la rue windows giving onto ou overlooking the street; ~ la cime de l'arbre at the top of the tree; mettre un doigt ~ sa bouche to put a finger to one's lips; la peinture est appliquée directement ~ le plâtre the paint is applied directly onto the plaster; sa silhouette se détachait ~ le ciel he was silhouetted against the sky; je n'ai pas d'argent ~ moi I haven't got any money on me; il y avait un monde fou, on était tous les uns ~ les autres there was a huge crowd, we were all crushed up together ou one on top of the other; la clef est ~ la porte the key's in the door; je n'ai plus d'argent ~ mon compte I haven't any money left in my account; sculpture ~ bois BX-ARTS wood carving; sculpture ~ marbre BX-ARTS marble sculpture; je cherche un logement ~ Paris I'm looking for somewhere to live in Paris. **-2.** [indiquant la direction]: ~ votre gauche, le Panthéon on ou to your left, the Pantheon; en allant ~ Rennes going towards Rennes; obliquer ~ la droite to turn ou to bear right; diriger son regard ~ qqn to look in sb's direction; tirer ~ qqn to shoot at sb; le malheur s'est abattu ~ cette famille unhappiness has fallen upon this family; la porte s'est refermée ~ elle the door closed behind ou after her. **-3.** [indiquant une distance] over, for; 'virages ~ 3 km' 'bends for 3 km'; il est le plus rapide ~ 400 mètres he's the fastest over 400 metres; la foire s'étend ~ 3 000 m2 the fair covers 3,000 m2. **-4.** [dans le temps – indiquant l'approximation] towards, around; ~ les quatre heures, quelqu'un a téléphoné (at) around ou about four, somebody phoned ‖ [indiquant la proximité]: ~ le moment ou le coup, je me suis étonné at the time ou at first, I was surprised; être ~ le départ to be about to leave; il va ~ ses 40 ans he's approaching ou nearly 40. **-5.** [indiquant la durée]: c'est un contrat ~ cinq ans it's a five-year contract, the contract runs for five years; les versements sont étalés ~ plusieurs mois the instalments are spread over several months. **-6.** [indiquant la répétition] after, upon; je lui ai envoyé lettre ~ lettre I sent him letter after ou upon letter; elle écrit roman ~ roman she writes one novel after another. **-7.** [indiquant la cause]: condamné ~ faux témoignage condemned on false evidence; juger qqn ~ ses propos/son apparence to judge sb by his words/appearance; j'ai agi ~ vos ordres I acted on your orders; il est venu ~ votre invitation he came at your invitation. **-8.** [indiquant la manière, l'état, la situation]: avoir un effet ~ qqn/qqch to have an effect on sb/sthg; être ~ ses gardes/la défensive/le qui-vive to be on one's guard/the defensive/the look-out; danser ~ un air connu to dance to a well-known tune; ~ le mode majeur/mineur MUS in the major/minor key; c'est ~ la première chaîne/France Inter it's on channel one/France Inter. **-9.** [indiquant le moyen]: vivre ~ ses économies/un héritage to live off one's savings/a legacy; je n'aime pas choisir ~ catalogue I don't like choosing from a catalogue; on peut tailler deux jupes ~ le même patron you can make two skirts out of ou from the same pattern; ça s'ouvre ~ simple pression you open it by just pressing it; fait ~ traitement de texte done on a word-processor; le film se termine ~ une vue du Lido the film ends with ou on a view of the Lido. **-10.** [indiquant le domaine, le sujet]: on a un dossier ~ lui we've got a file on him; je sais peu de choses ~ elle I don't know much about her; ~ ce point, nous sommes d'accord we agree on that point; 140 personnes sont ~ le projet there are 140 people on ou involved in the project; faire des recherches ~ qqch to do some research into sthg; un poème ~ la solitude a poem about solitude; elle s'est expliquée ~ ses choix politiques she explained her political choices; elle pleurait ~ ses jeunes années she was crying over her lost youth; s'apitoyer ~ soi-même to feel sorry for oneself. **-11.** [indiquant – une proportion] out of; [– une mesure] by; un homme ~ deux one man in two, every second man; un jour ~ deux every other day; un lundi ~ trois every third Monday; ~ 100 candidats, 15 ont été retenus 15 out of 100 candidates were shortlisted; tu as une chance ~ deux de gagner you've got a 50-50 chance of winning; cinq mètres ~ trois five metres by three; 12 ~ 3 égale 4 MATH 12 divided by ou over 3 equals 4; j'ai eu 12 ~ 20 I got 12 out of 20; faire une enquête ~ 1 000 personnes to do a survey of ou involving 1,000 people. **-12.** [indiquant une relation de supériorité] over; régner ~ un pays to rule over a country; l'emporter ~ qqn to defeat sb.

**sur2, e** [syr] adj sour.

**sûr, e** [syr] adj **-1.** [certain, convaincu] sure, certain; j'en suis

tout à fait ~, j'en suis ~ et certain I'm absolutely sure, I'm positive; c'est ~ et certain it's 100% sure; j'en étais ~! I knew it!; c'est ~ qu'il pleuvra it's bound to rain; c'est ~ qu'ils ne viendront pas it's certain that they won't come; une chose est ~e one thing's for sure; rien n'est moins ~ nothing is less certain; être ~ de to be sure of; être ~ de son fait to be positive; elle est ~e du succès [du sien propre] she's sure she'll succeed; [de celui d'autrui] she's sure it'll be a success; je suis ~ d'avoir raison I'm sure I'm right. **-2.** [confiant] sure, confident; être ~ de qqn to have (every) confidence in sb; être ~ de soi [en général] to be self-assured ou self-confident; [sur un point particulier] to be confident; il n'est plus ~ de ses réflexes he has lost confidence in his reflexes. **-3.** [fiable – personne, ami] trustworthy, reliable; [– données, mémoire, raisonnement] reliable, sound; [– alarme, investissement] safe; [– main, pied] steady; [– oreille] keen; [– goût] reliable; avoir le coup d'œil/de crayon ~ to be good at sizing things up/at capturing a likeness (in drawing). **-4.** [sans danger] safe; des rues peu ~es unsafe streets; le plus ~ est de... the safest thing is to...; appelle-moi, c'est plus ~! call me, just to be on the safe side!

◆ **sûr** adv fam: ~ qu'il va gagner! he's bound to win!; il va accepter — pas ~! he'll accept — don't count on it!

◆ **à coup sûr** loc adv definitely, no doubt; elle sera à coup ~ en retard she's sure to be late.

◆ **bien sûr** loc adv of course; c'est vrai? — bien ~ que oui! is it true? — of course it is!

◆ **pour sûr** loc adv fam for sure.

**surabondance** [syrabɔ̃dɑ̃s] nf overabundance, profusion, wealth.

**surabondant, e** [syrabɔ̃dɑ̃, ɑ̃t] adj overabundant, profuse.

**surabonder** [3] [syrabɔ̃de] vi: les minéraux surabondent dans la region the region is rich in minerals; les activités culturelles surabondent dans cette ville the town offers a wide range of cultural activities.

◆ **surabonder de, surabonder en** v + prép to abound with ou in.

**suraccumulation** [syrakymylasjɔ̃] nf overaccumulation.

**suractivité** [syraktivite] nf hyperactivity.

**suraigu, ë** [syregy] adj **-1.** [voix, son] very shrill. **-2.** [douleur] intense, acute.

**surajouter** [3] [syraʒute] vt to add.

◆ **se surajouter** vpi to come on top; se ~ à to come on top of.

**suralimentation** [syralimɑ̃tasjɔ̃] nf **-1.** [d'une personne] overeating; [d'un animal] overfeeding. **-2.** MÉCAN boosting, supercharging. **-3.** MÉD superalimentation.

**suralimenté, e** [syralimɑ̃te] adj **-1.** [personne] overfed. **-2.** [moteur] supercharged.

**suralimenter** [3] [syralimɑ̃te] vt **-1.** [personne, animal] to overfeed. **-2.** MÉCAN to supercharge.

**suranné, e** [syrane] adj [style] old-fashioned, outmoded.

**surarmement** [syrarməmɑ̃] nm stockpiling of weapons.

**surate** [syrat] nf sura.

**surbaisser** [4] [syrbese] vt [plafond] to lower; [arc, voûte] to surbase.

**surbooké, e** [syrbuke] adj overbooked.

**surboum** [syrbum] nf vieilli party (amongst adolescents).

**surcapacité** [syrkapasite] nf overcapacity.

**surcapitalisation** [syrkapitalizasjɔ̃] nf overcapitalization, overcapitalizing (U).

**surcharge** [syrʃarʒ] nf **-1.** [excédent de poids] overload, overloading; ~ de bagages excess luggage. **-2.** [excès] overabundance, surfeit; ~ de travail extra work; les parents se plaignent de la ~ des programmes scolaires parents are complaining that the school curriculum is overloaded. **-3.** [sur un mot] alteration. **-4.** [sur un timbre] surcharge, overprint. **-5.** CONSTR [d'un enduit] overthick coat; [ornementation] frills, over-embellishment. **-6.** ÉLECTR overload. **-7.** IMPR overprint. **-8.** [d'un cheval de course] (weight) handicap.

◆ **en surcharge** loc adj excess (avant n), extra (avant n).

**surcharger** [17] [syrʃarʒe] vt **-1.** [véhicule] to overload. **-2.** [accabler] to overburden; surchargé de travail overworked. **-3.** [alourdir] to weigh down. **-4.** [raturer] to alter; un rapport surchargé de ratures a report containing too many deletions.

**surchauffe** [syrʃof] *nf* **-1.** PHYS superheating. **-2.** [d'un moteur, d'un appareil] overheating. **-3.** ÉCON overheating. **-4.** MÉTALL [technique] superheating; [défaut] overheating.

**surchauffé, e** [syrʃofe] *adj* **-1.** [trop chauffé] overheated; l'air était toujours ~ dans l'atelier the air in the workshop was always too hot. **-2.** [surexcité] overexcited; des esprits ~s reckless individuals.

**surchauffer** [3] [syrʃofe] *vt* **-1.** [pièce, appareil] to overheat. **-2.** PHYS to superheat.

**surchoix** [syrʃwa] *nm* best ou top quality, choice *(avant n)*.

**surclasser** [3] [syrklase] *vt* to outclass.

**surcomprimer** [3] [syrkɔ̃prime] *vt* to supercharge.

**surconsommation** [syrkɔ̃sɔmasjɔ̃] *nf* overconsumption, excess ou excessive consumption.

**surcouper** [3] [syrkupe] *vt* CARTES to overtrump.

**surcoût** [syrku] *nm* [supplément prévu] surcharge, overcharge; [dépense] overspend, overexpenditure.

**surcroît** [syrkrwa] *nm*: un ~ de travail extra ou additional work.
♦ **de surcroît** *loc adv* moreover, what's more.
♦ **en surcroît** *loc adv* [en plus] in addition; venir ou être donné en ~ to come on top.
♦ **par surcroît** = **de surcroît**.

**surdéveloppé, e** [syrdevlɔpe] *adj* overdeveloped.

**surdi-mutité** [syrdimytite] *(pl* **surdi-mutités**) *nf* deaf-muteness, deaf-mutism.

**surdité** [syrdite] *nf* deafness.

**surdosage** [syrdozaʒ] *nm* overdosage, overdosing.

**surdose** [syrdoz] *nf* overdose.

**surdoué, e** [syrdwe] ◇ *adj* hyperintelligent *spéc*, gifted. ◇ *nm, f* hyperintelligent *spéc* ou gifted child.

**sureau, x** [syro] *nm* elder, elderberry tree.

**sureffectif** [syrefɛktif] *nm* overmanning *(U)*.

**surélévation** [syrelevasjɔ̃] *nf* CONSTR [action] heightening; [état] additional ou extra height.

**surélever** [19] [syrelve] *vt* CONSTR [mur] to heighten, to raise.

**sûrement** [syrmã] *adv* **-1.** [en sécurité] safely. **-2.** [efficacement] efficiently, with a sure hand. **-3.** [certainement] certainly, surely; il sera ~ en retard he's bound to ou sure to be late; ils ont ~ été pris dans les embouteillages they must have been caught in the traffic; oui, ~, il vaudrait mieux le prévenir yes, no doubt, it would be better to warn him; ~ qu'il vaudrait mieux attendre, mais... *fam* sure it's better to wait, but... **-4.** [oui]: va-t-elle accepter? — ~ will she accept? — she certainly will ou she's bound to; ~ pas! certainly not!

**suremploi** [syrãplwa] *nm* overemployment.

**surenchère** [syrãʃɛr] *nf* **-1.** [prix] higher bid, overbid; faire une ~ to overbid. **-2.** *fig*: la ~ électorale exaggerated political promises *(during an election campaign)*; la ~ publicitaire/médiatique advertising/media exaggeration ❑ faire de la ~ to go one better than everybody else.

**surenchérir** [32] [syrãʃerir] *vi* **-1.** [offrir de payer plus] to overbid, to raise one's bid; to make a higher bid. **-2.** *fig*: ~ sur to go one better than; ~ sur une offre to make a better offer.

**surendetté, e** [syrãdɛte] *adj* heavily ou deeply indebted.

**surendettement** [syrãdɛtmã] *nm* debt burden.

**surentraîner** [4] [syrãtrene] *vt* to overtrain.

**suréquipement** [syrekipmã] *nm* [action] overequipping; [état] overequipment; [excès] excess equipment.

**suréquiper** [3] [syrekipe] *vt* to overequip.

**surestimation** [syrɛstimasjɔ̃] *nf* **-1.** [action] overestimation; COMM overvaluing. **-2.** [résultat] overestimate; COMM overvaluation.

**surestimer** [3] [syrɛstime] *vt* **-1.** [objet] to overvalue. **-2.** [valeur, personne] to overestimate.

**suret, ette** [syrɛ, ɛt] *adj* sourish, slightly tart.

**sûreté** [syrte] *nf* **-1.** [sécurité] safety; la ~ de l'État state security; par mesure de ~, pour plus de ~ as a precaution. **-2.** [fiabilité – de la mémoire, d'une méthode, d'un diagnostic, des freins] reliability; [– d'une serrure] security. **-3.** [système de protection] safety device. **-4.** JUR: ~ personnelle guarantee,

surety; ~ **individuelle** (rights of) personal security *(against arbitrary detention)*; ~ **réelle** (valuable) security; la **Sûreté (nationale)** *the French criminal investigation department*, ≃ CID *Br*, ≃ FBI *Am*.
♦ **de sûreté** *loc adj* safety *(modif)*.
♦ **en sûreté** *loc adv*: mettre qqch en ~ to put sthg in a safe place ou away for safekeeping.

**surévaluation** [syrevalɥasjɔ̃] *nf* overvaluation, overestimation.

**surévaluer** [7] [syrevalɥe] *vt* **-1.** [donner une valeur supérieure à] to overvalue. **-2.** [accorder une importance excessive à] to overestimate.

**surexcitable** [syrɛksitabl] *adj* **-1.** [gén] overexcitable. **-2.** PSYCH hyperexcitable.

**surexcitant, e** [syrɛksitã, ãt] *adj* overexciting.

**surexcitation** [syrɛksitasjɔ̃] *nf* overexcitement.

**surexciter** [3] [syrɛksite] *vt* **-1.** [personne] to overexcite. **-2.** [sentiment, faculté] to overexcite, to overstimulate, to inflame.

**surexploiter** [3] [syrɛksplwate] *vt* **-1.** [terre, ressources] to overexploit. **-2.** [ouvrier] to exploit. **-3.** [idée] to overuse.

**surexposer** [3] [syrɛkspoze] *vt* to overexpose.

**surexposition** [syrɛkspozisjɔ̃] *nf* overexposure.

**surf** [sœrf] *nm* **-1.** [planche] surfboard. **-2.** [sport] surfing; faire du ~ to go surfing.

**surface** [syrfas] *nf* **-1.** [aire] (surface) area; ~ corrigée JUR surface area *(used in the evaluation of a reasonable rent)*. **-2.** [espace utilisé] surface; quelle est la ~ de l'entrepôt? how big is the warehouse? **-3.** [partie extérieure] surface, outside; la ~ de la Terre the Earth's surface; une peau se forme à la ~ du lait skin forms on the surface ou on top of the milk; faire ~ [sous-marin, nageur] to surface; refaire ~, revenir à la ~ [après évanouissement] to come ou to round; [après anesthésie] to come out of anaesthetic, to come round; [après une dépression] to pull out of it; [après une absence] to reappear. **-4.** [apparence] surface, (outward) appearance; la ~ des choses the surface of things. **-5.** AÉRON: ~ portante aerofoil *Br*, airfoil *Am*. **-6.** SPORT: ~ de réparation penalty area. **-7.** TECH: ~ de chauffe heating surface.
♦ **de surface** *loc adj* **-1.** NAUT & PHYS surface *(modif)*. **-2.** [amabilité, regrets] superficial, outward.
♦ **en surface** *loc adv* **-1.** [à l'extérieur] on the surface. **-2.** [superficiellement] on the face of things, superficially.

**surfait, e** [syrfɛ, ɛt] *adj* [auteur, œuvre] overrated; [réputation] inflated; c'est un peu ~ it's not what it's cracked up to be.

**surfer** [3] [sœrfe] *vi* to surf.

**surfeur, euse** [sœrfœr, øz] *nm, f* surfer.

**surfil** [syrfil] *nm* [technique] whipping; [point] overcasting stitch.

**surfiler** [3] [syrfile] *vt* COUT to whip.

**surfin, e** [syrfɛ̃, in] *adj* superfine.

**surgélation** [syrʒelasjɔ̃] *nf* (industrial) deep-freezing.

**surgèle** [syrʒɛl] *v* → **surgeler**.

**surgelé, e** [syrʒəle] *adj* frozen, deep-frozen.
♦ **surgelé** *nm* frozen food.

**surgeler** [25] [syrʒəle] *vt* to deep-freeze *(industrially)*.

**surgénérateur** [syrʒeneratœr] = **surrégénérateur**.

**surgir** [32] [syrʒir] *vi* **-1.** [personne, animal, objet] to appear ou to materialize suddenly, to loom up; [hors du sol et rapidement] to shoot ou to spring up; des gens, surgis d'on ne sait où people who had sprung from nowhere; l'eau surgit du sol entre deux rochers the water springs ou gushes out of the ground between two rocks. **-2.** [conflit] to arise; [difficultés] to crop up, to arise.

**surhausser** [3] [syrose] *vt* to raise CONSTR.

**surhomme** [syrɔm] *nm* **-1.** [gén] superman. **-2.** PHILOS übermensch, overman.

**surhumain, e** [syrymɛ̃, ɛn] *adj* superhuman.

**surimposition** [syrɛ̃pozisjɔ̃] *nf* FIN overtaxation.

**surimpression** [syrɛ̃presjɔ̃] *nf* superimposition.
♦ **en surimpression** *loc adj* superimposed.

**Surinam(e)** [syrinam] *npr m*: le ~ Surinam.

**surinfection** [syrɛ̃fɛksjɔ̃] *nf* secondary infection.

**surintendant, e** [syrɛ̃tãdã, ãt] *nm, f* (in-house) social worker.

◆ **surintendant** *nm* HIST: ~ général des finances ≃ Lord High Treasurer; ~ général des bâtiments du roi ≃ Surveyor General of the King's Works.

**surinvestissement** [syrɛ̃vɛstismɑ̃] *nm* FIN & PSYCH overinvestment.

**surir** [32] [syrir] *vi* to (become ou turn) sour.

**surjet** [syrʒɛ] *nm* [point] overcast stitch; [couture] overcast seam.

**surjeter** [27] [syrʒəte] *vt* to overcast.

**sur-le-champ** [syrləʃɑ̃] *loc adv* immediately, at once, straightaway.

**surlendemain** [syrlɑ̃dmɛ̃] *nm*: le ~ de la fête two days after the party; il m'a appelé le lendemain, et le ~ he called me the next day, and the day after; et le ~, j'étais à Paris and two days later, I was in Paris.

**surligner** [3] [syrliɲe] *vt* to highlight (*with a fluorescent pen*).

**surligneur** [syrliɲœr] *nm* highlighter.

**surmédicalisation** [syrmedikalizasjɔ̃] *nf* overmedicalization.

**surmenage** [syrmənaʒ] *nm* [nerveux] overstrain, overexertion; [au travail] overwork, overworking; **souffrir de ~** to be overworked, to suffer from overwork ❑ ~ **intellectuel** mental strain.

**surmené, e** [syrməne] *nm, f* [nerveusement] person suffering from nervous exhaustion; [par le travail] overworked person.

**surmène** [syrmɛn] *v* → **surmener**.

**surmener** [19] [syrməne] *vt* **-1.** [bête de somme, cheval] to overwork, to drive too hard. **-2.** [personne – physiquement] to overwork; [– nerveusement] to overtax.

◆ **se surmener** *vp (emploi réfléchi)* to overtax o.s., to work too hard, to overdo it.

**surmoi** [syrmwa] *nm inv* superego.

**surmontable** [syrmɔ̃tabl] *adj* surmountable, superable, which can be overcome.

**surmonter** [3] [syrmɔ̃te] *vt* **-1.** [être situé sur] to surmount, to top; **un dôme surmonte l'édifice** the building is crowned by a dome. **-2.** [triompher de – difficulté] to get over, to surmount, to overcome; [– peur, émotion] to overcome, to get the better of, to master; [– fatigue] to overcome.

**surmortalité** [syrmɔrtalite] *nf* comparatively high death rate.

**surmutiplié, e** [syrmyltiplije] *adj*: vitesse ~e overdrive.

**surnager** [17] [syrnaʒe] *vi* **-1.** [flotter] to float. **-2.** [subsister – ouvrage] to remain; [– souvenir] to linger on.

**surnatalité** [syrnatalite] *nf* comparatively high birth rate.

**surnaturel, elle** [syrnatyrɛl] *adj* **-1.** [d'un autre monde] supernatural. **-2.** [fabuleux, prodigieux] uncanny. **-3.** [divin] spiritual; **la vie ~le** the spiritual life.

◆ **surnaturel** *nm*: le ~ the supernatural.

**surnom** [syrnɔ̃] *nm* [appellation] nickname.

**surnombre** [syrnɔ̃br] *nm* excessive numbers.

◆ **en surnombre** *loc adj* redundant, excess (*avant n*); **nous étions en ~** there were too many of us.

**surnommer** [3] [syrnɔme] *vt* to nickname; **dans sa famille, on la surnomme «Rosita»** her family's pet name for her is 'Rosita'.

**surnuméraire** [syrnymerɛr] *adj* & *nmf* supernumerary.

**suroffre** [syrɔfr] *nf* **-1.** [offre plus avantageuse] higher bid ou offer. **-2.** ÉCON oversupply.

**surpaie** [syrpɛ], **surpaierai** [syrpɛre] *v* → **surpayer**.

**surpassement** [syrpasmɑ̃] *nm*: le ~ de soi ou de soi-même excelling o.s.

**surpasser** [3] [syrpase] *vt* **-1.** [surclasser] to surpass, to outdo; ~ **qqn en habileté** to be more skilful than sb. **-2.** [aller au-delà de] to surpass, to go beyond; **leur enthousiasme surpasse toutes mes espérances** their enthusiasm is beyond all my expectations, they're far more enthusiastic than I expected.

◆ **se surpasser** *vp (emploi réfléchi)* to excel o.s.; **quel gâteau, tu t'es surpassé!** what a cake, you've really surpassed yourself!

**surpayer** [11] [syrpeje] *vt* **-1.** [employé] to overpay. **-2.** [marchandise] to be overcharged for.

**surpeuplé, e** [syrpœple] *adj* overpopulated.

**surpeuplement** [syrpœpləmɑ̃] *nm* overpopulation.

**surpiquer** [3] [syrpike] *vt* to oversew.

**surpiqûre** [syrpikyr] *nf* oversewn seam.

**surplace** [syrplas] *nm*: faire du ~ [à vélo] to go dead slow; [en voiture] to come to a standstill ou a complete stop; l'économie fait du ~ *fig* the economy is marking time ou treading water.

**surplis** [syrpli] *nm* surplice.

**surplomb** [syrplɔ̃] *nm* overhang.

◆ **en surplomb** *loc adj* overhanging.

**surplombant, e** [syrplɔ̃bɑ̃, ɑ̃t] *adj* overhanging.

**surplomber** [3] [syrplɔ̃be] ◇ *vt* to overhang; **des falaises qui surplombent la mer** overhanging cliffs; **de chez elle on surplombe tout Paris** from her window you have a bird's-eye view of the whole of Paris. ◇ *vi* to overhang.

**surplus** [syrply] *nm* **-1.** [excédent] surplus, extra; **le ~ de la récolte** the surplus crop. **-2.** [supplément – à une quantité] supplement; [– à un prix] surcharge. **-3.** ÉCON [stock excédentaire] surplus (stock); [gain] surplus. **-4.** [boutique] (army) surplus (store); **les ~ américains** US army surplus.

◆ **au surplus** *loc adv* moreover, what's more.

**surpopulation** [syrpɔpylasjɔ̃] *nf* overpopulation.

**surprenais** [syrprənɛ] *v* → **surprendre**.

**surprenant, e** [syrprənɑ̃, ɑ̃t] *adj* **-1.** [inattendu, étonnant] surprising, odd. **-2.** [exceptionnel] astonishing, amazing.

**surprendre** [79] [syrprɑ̃dr] *vt* **-1.** [dans un acte délictueux]: ~ **qqn** to catch sb in the act; **on l'a surprise à falsifier la comptabilité** she was caught (in the act of) falsifying the accounts. **-2.** [prendre au dépourvu]: **ils sont venus nous ~ à la maison** they paid us a surprise visit at home; **ils réussirent à ~ la sentinelle** they managed to take the sentry by surprise; ~ **qqn au saut du lit** to catch sb when he/she has just got up; **se laisser ~ par** [orage] to get caught in; [marée] to get caught by; [crépuscule] to be overtaken by. **-3.** [conversation] to overhear; **j'ai surpris leur regard entendu** I happened to see the knowing look they gave each other. **-4.** [déconcerter] to surprise; **être surpris de qqch** to be surprised at sthg; **cela ne surprendra personne** this will come as a surprise to nobody.

◆ **se surprendre** *vp* + *prép*: **se ~ à faire** to find ou to catch o.s. doing.

**surpression** [syrpresjɔ̃] *nf* very high pressure.

**surprime** [syrprim] *nf* extra ou additional premium.

**surpris, e** [syrpri, iz] ◇ *pp* → **surprendre**. ◇ *adj* **-1.** [pris au dépourvu] surprised; **l'ennemi, ~, n'opposa aucune résistance** caught off their guard, the enemy put up no resistance. **-2.** [déconcerté] surprised; **je suis ~ de son absence/de ne pas la voir/qu'elle ne réponde pas/de ce qu'elle ne réagisse pas** I'm surprised (that) she's not here/not to see her/(that) she doesn't reply/(that) she hasn't reacted; **être agréablement/désagréablement ~ to be pleasantly/unpleasantly surprised; je serais bien ~ si elle ne demandait pas une augmentation** I'd be surprised if she didn't ask for a rise. **-3.** [vu, entendu par hasard]: **quelques mots ~ entre deux portes** a snatch of overheard conversation.

◆ **surprise** *nf* **-1.** [étonnement, stupéfaction] surprise; **cette information causa une grande ~e** this information was received with amazement ou caused much surprise; **à la grande ~e de tous** to the great surprise of, to everybody's surprise; **regarder qqn avec ~e** to look at sb in surprise; **on va de ~e en ~e avec eux** with them it's just one surprise after another. **-2.** [événement inattendu] surprise; **quelle (bonne) ~e!** what a (nice ou pleasant) surprise!; **avoir une ~e** to be surprised; **tout le monde a eu la ~e d'avoir une prime** everyone was surprised to get a bonus; **faire une ~e à qqn** to spring a surprise on sb; **ne lui dis pas, je veux lui faire la ~e** don't tell him, I want it to be a surprise; **on a souvent de mauvaises ~es avec lui** you often have unpleasant surprises with him ❑ **attaque ~e** surprise attack; **visite ~e** surprise ou unexpected visit; **voyage ~e** unplanned trip. **-3.** [cadeau] surprise; [pour les enfants] lucky bag. **-4.** MIL surprise.

◆ **par surprise** *loc adv* MIL: **prendre une ville par ~e** to take a town by surprise.

◆ **sans surprise(s)** *loc adj*: **ce fut un voyage sans ~e** it was an uneventful trip; **son père est sans ~e** his father is very predictable.

**surprise-partie** [syrprizparti] (*pl* **surprises-parties**) *nf vieilli* party.

**surproduction** [syrprɔdyksjɔ̃] *nf* overproduction.

**surproduire** [98] [syrprɔdɥir] *vt* to overproduce.

**surprotéger** [22] [syrprɔteʒe] *vt* to overprotect.

**surpuissant, e** [syrpɥisɑ̃, ɑ̃t] *adj* MÉCAN ultra-powerful.

**surréalisme** [syrrealism] *nm* surrealism.

**surréaliste** [syrrealist] ◇ *adj* **-1.** BX-ARTS & LITTÉRAT surrealist. **-2.** [magique] surreal. ◇ *nmf* surrealist.

**surréel** [syrreɛl] *nm* surreal.

**surrégénérateur** [syrreʒeneratœr] ◇ *nm* breeder reactor. ◇ *adj m* fast breeder *(modif)*.

**surrénal, e, aux** [syrrenal, o] *adj* suprarenal, adrenal.

◆ **surrénale** *nf* suprarenal ou adrenal gland.

**surréservation** [syrrezɛrvasjɔ̃] *nf* overbooking.

**sursalaire** [syrsalɛr] *nm* bonus.

**sursaturer** [3] [syrsatyre] *vt* **-1.** ÉCON to oversaturate. **-2.** PHYS to supersaturate.

**sursaut** [syrso] *nm* **-1.** [tressaillement] start, jump; **elle eut un ~ de peur** she jumped in alarm. **-2.** [regain subit] burst; **un ~ d'énergie** a burst of energy.

◆ **en sursaut** *loc adv* [brusquement] with a start.

**sursauter** [3] [syrsote] *vi* to start, to jump; **faire ~ qqn** to give sb a start, to make sb start ou jump.

**surseoir** [66] [syrswar]

◆ **surseoir à** *v* + *prép* **-1.** *litt* [différer – publication, décision] to postpone, to defer. **-2.** JUR: **~ à statuer** to defer a judgment; **~ à une exécution** to stay an execution.

**sursis, e** [syrsi, iz] *pp* → **surseoir.**

◆ **sursis** *nm* **-1.** [délai] reprieve, extension; **ils bénéficient d'un ~ pour payer leurs dettes** they've been granted an extension of the time limit for paying their debts. **-2.** JUR reprieve; **bénéficier d'un ~** to be granted ou given a reprieve. **-3.** [ajournement] deferment, extension; **~ d'incorporation** MIL deferment ou deferral of call-up.

◆ **avec sursis** *loc adj* suspended; **il est condamné à (une peine de) cinq ans avec ~** he's been given a five year suspended (prison) sentence.

◆ **en sursis** *loc adj* **-1.** JUR in remission. **-2.** [en attente]: **c'est un mort en ~** he's living on borrowed time.

**sursitaire** [syrsitɛr] *nm* MIL provisionally exempted conscript.

**sursois** [syrswa], **sursoyais** [syrswajɛ], **sursoyons** [syrswajɔ̃] *v* → **surseoir.**

**surtaxe** [syrtaks] *nf* surcharge.

**surtaxer** [3] [syrtakse] *vt* [frapper d'une taxe – supplémentaire] to surcharge; [– excessive] to overcharge.

**surtension** [syrtɑ̃sjɔ̃] *nf* (voltage) overload, overvoltage.

**surtitre** [syrtitr] *nm* head PRESS.

**surtout¹** [syrtu] *adv* **-1.** [avant tout, par-dessus tout] above all; [plus particulièrement] particularly, especially; **il y avait ~ des touristes dans la salle** most of the audience were tourists. **-2.** [renforçant un conseil, un ordre]: **~, dis au médecin que tu as de l'asthme** be sure to tell the doctor that you've got asthma; **~, pas de panique!** whatever you do, don't panic!; **ne faites ~ pas de bruit** don't you make ANY noise; **je vais lui dire — ~ pas!** I'll tell her — you'll do nothing of the sort!

◆ **surtout que** *loc conj fam* especially as.

**surtout²** [syrtu] *nm* [décor de table] epergne, centrepiece.

**survécu** [syrveky], **survécus** [syrveky] *v* → **survivre.**

**surveillance** [syrvejɑ̃s] *nf* **-1.** [contrôle – de travaux] supervision, overseeing; [– médical] monitoring; **tromper** ou **déjouer la ~ de qqn** to evade sb, to give sb the slip. **-2.** ADMIN & JUR surveillance; **~ légale** sequestration (by the courts); **~ du territoire** counterespionage ou counterintelligence section.

◆ **de surveillance** *loc adj* **-1.** [service, salle] security *(modif)*; [avion, équipe] surveillance *(modif)*; [appareil] supervisory; [caméra] surveillance *(modif)*, closed-circuit *(avant n)*. **-2.** MÉD monitoring.

◆ **en surveillance** *loc adv*: **le malade est en ~ à l'hôpital** the patient's progress is being monitored in hospital.

◆ **sans surveillance** *loc adj* & *loc adv* unattended, unsupervised.

◆ **sous la surveillance de** *loc prép* under the surveillance of, under observation by.

◆ **sous surveillance** *loc adv* **-1.** [par la police] under surveillance; **mettre** ou **placer qqch sous ~** to put sthg under surveillance. **-2.** MÉD under observation.

**surveillant, e** [syrvejɑ̃, ɑ̃t] *nm, f* **-1.** [de prison] prison guard; [d'hôpital] charge nurse *Br*, sister *Br*, head nurse *Am*; [de magasin] store detective; [de chantier] supervisor, overseer. **-2.** ENS (paid) monitor; [d'examen] invigilator *Br*, proctor *Am*; **~ d'internat** boarders' supervisor; **~ général** *vieilli* head supervisor *(person who was in charge of discipline in a school)*.

**surveiller** [4] [syrveje] *vt* **-1.** [épier] to watch; **on nous surveille** we're being watched ‖ *(en usage absolu)* to keep watch; **je surveille, vous pouvez y aller** go ahead, I'm keeping watch. **-2.** [contrôler – travaux, ouvriers, études] to oversee, to supervise; [– cuisson] to watch; **vous devriez ~ les fréquentations de vos enfants** you should keep an eye on the company your children keep. **-3.** [observer] to watch, to keep watch on ou over; **l'ambassade est surveillée de près** [gén] the embassy is closely watched; [exceptionnellement] the embassy is under strict surveillance; **la situation est à ~ de près** the situation should be very closely monitored. **-4.** [veiller sur – bébé, bagages] to watch, to keep an eye on; **un malade** [personne] to watch over a patient; [avec une machine] to monitor a patient; **j'aurais dû le ~ davantage** I should have kept a closer watch on him. **-5.** [prendre soin de – santé, ligne] to watch.

◆ **se surveiller** *vp (emploi réfléchi)* **-1.** [se contrôler] to be care-

---

**Immédiatement**

Really?
Oh my God!
Good Lord!
This is a complete surprise!
I don't know what to say!

▷ *bonne surprise:*

That's wonderful!
What a fantastic surprise!

▷ *mauvaise surprise:*

Oh no!
That's terrible!

▷ *exprimant l'incrédulité:*

Would you believe it!
You're joking! [Br, familier]

That's amazing/incredible!
How extraordinary!
He can't be!
I can't believe it!
Well I never! [= c'est incroyable]

**Plus tard**

It was quite a shock.
I was quite taken aback.
I just couldn't believe it.
It was a real surprise.
I could hardly believe my eyes/ears.
I was (totally) speechless.

▷ *décrivant un événement inattendu:*

(Much) to my surprise, she agreed.
Surprisingly (enough), he won.
You'll be amazed to hear I won!

ful what one does. **-2.** [se restreindre] to watch o.s., to keep a watch on o.s.; **tu as grossi, tu devrais te ~ you've put on weight, you should watch yourself**.

**survenir** [40] [syrvənir] *vi* **-1.** [problème, complication] to arise, to crop up; [événement, incident] to happen, to occur, to take place. **-2.** *litt* [personne] to appear OU to arrive unexpectedly.

**survenu, e** [syrvəny] *pp* → **survenir**.

**survêt** [syrvɛt] *nm fam* tracksuit.

**survêtement** [syrvɛtmɑ̃] *nm* SPORT & LOISIRS tracksuit.

**survie** [syrvi] *nf* **-1.** [continuation de la vie] survival; **quelques jours de ~** a few more days to live; **donner à un malade quelques mois de ~** to prolong a patient's life for a few more months; **la ~ d'une tradition** the continuance OU survival of a tradition ❑ **expérience de ~** survival experiment. **-2.** MÉD [coma dépassé]: **un malade en ~** a braindead patient. **-3.** [au-delà de la mort] afterlife. **-4.** ÉCOL survival.

**surviendrai** [syrvjɛ̃dre], **surviennent** [syrvjɛn], **surviens** [syrvjɛ̃], **survins** [syrvɛ̃] *v* → **survenir**.

**survis** [syrvi] *v* → **survivre**.

**survitrage** [syrvitraʒ] *nm* double glazing.

**survivance** [syrvivɑ̃s] *nf* **-1.** [d'une coutume] trace, survival. **-2.** *litt* [survie] survival. **-3.** LING archaism.

**survivant, e** [syrvivɑ̃, ɑ̃t] ◇ *adj* [conjoint, coutume] surviving *(avant n)*. ◇ *nm, f* **-1.** [rescapé] survivor. **-2.** *fig* survivor; **un ~ du surréalisme** a survivor from the surrealist era.

**survivre** [90] [syrvivr] *vi* **-1.** [réchapper] to survive, to live on. **-2.** [continuer à exister] to survive; **une coutume qui a survécu à travers les siècles** a custom that has survived OU endured through the ages; **dans le monde des affaires, il faut lutter pour ~** in business, it's a struggle for survival; **~ à** [accident] to survive; [personne] to survive, to outlive.
◆ **se survivre** *vpi* **-1.** [artiste, célébrité] to outlive one's fame OU success. **-2.** *litt*: se ~ dans qqn/qqch to live through sb/sthg.

**survol** [syrvɔl] *nm* **-1.** AÉRON flight over. **-2.** [d'un texte] skimming through; [d'une question] skimming over.

**survoler** [3] [syrvɔle] *vt* **-1.** AÉRON to overfly, to fly over. **-2.** [texte] to skim through; [question] to skim over.

**survoltage** [syrvɔltaʒ] *nm* (voltage) overload, overvoltage.

**survolter** [3] [syrvɔlte] *vt* **-1.** ÉLECTR to boost. **-2.** [exciter] to work OU to stir up, to overexcite.

**sus**[1] [sy] *v* → **savoir**.

**sus**[2] [sy(s)] ◇ *adv litt*: **courir ~ à qqn** to give chase to sb. ◇ *interj litt*: **~, mes amis!** come, my friends!; **~ à l'ennemi!** have at them!
◆ **en sus** *loc adv sout* in addition.
◆ **en sus de** *loc prép sout* in addition to.

**susceptibilité** [syseptibilite] *nf* [sensibilité] touchiness, sensitiveness; **ménager la ~ de qqn** to humour sb.

**susceptible** [syseptibl] *adj* **-1.** [sensible] touchy, oversensitive, thinskinned. **-2.** [exprime la possibilité]: **~ de**: **ce cheval est ~ de gagner** that horse is capable of winning; **votre offre est ~ de m'intéresser** I might be interested in your offer; **une situation ~ de se produire** a situation likely to occur; **texte ~ de plusieurs interprétations** text open to a number of interpretations.

**susciter** [3] [sysite] *vt* **-1.** [envie, jalousie, haine, intérêt, sympathie] to arouse; [mécontentement, incompréhension, étonnement] to cause, to give rise to *(insép)*; [problèmes] to give rise to *(insép)*, to create. **-2.** [déclencher – révolte] to stir up *(sép)*; [– dispute] to provoke; [– malveillance] to incite.

**suscription** [syskripsjɔ̃] *nf* **-1.** [adresse] address, superscription. **-2.** [sur un acte diplomatique] superscription.

**sus-dénommé, e** [sysdenɔme] *adj & nm, f* JUR above-named, aforenamed.

**susdit, e** [sysdi, it] *adj & nm, f* aforesaid JUR.

**susmentionné, e** [sysmɑ̃sjɔne] *adj* above-mentioned, aforementioned JUR.

**susnommé, e** [sysnɔme] *adj & nm, f* above-named, aforenamed JUR.

**suspect, e** [syspɛ, ɛkt] ◇ *adj* **-1.** [attitude, objet] suspicious, suspect; **un individu ~** a suspicious person; **se rendre ~ à qqn** to arouse sb's suspicions. **-2.** [dont on peut douter]: **je trouve ses progrès soudains très ~s** I'm rather suspicious

of her sudden progress. **-3.** [suspecté]: **être ~ de qqch** to be suspected OU under suspicion of sthg ‖ [susceptible]: **elle était peu ~e de sympathie envers le terrorisme** she was hardly likely to approve of terrorism. ◇ *nm, f* suspect.

**suspecter** [4] [syspɛkte] *vt* **-1.** [soupçonner] to suspect; **on le suspecte d'avoir commis un meurtre** he's suspected of murder, he's under suspicion of murder. **-2.** [douter de] to doubt, to have doubts about *(insép)*; **~ la sincérité de qqn** to doubt sb's sincerity.

**suspendre** [73] [syspɑ̃dr] *vt* **-1.** [accrocher – lustre, vêtement] to hang; **suspends ta veste à la patère** hang your jacket (up) on the hook. **-2.** **être suspendu à** [dépendre de] to depend OU to be dependent on. **-3.** [interrompre – hostilités] to suspend; [– négociations] to break off *(sép)*; [– séance, audience] to adjourn; [– récit] to interrupt. **-4.** [différer – décision] to defer, to postpone. **-5.** [interdire – émission, journal] to ban; [révoquer – fonctionnaire, prêtre, juge] to suspend.
◆ **se suspendre à** *vp + prép* to hang from.

**suspendu, e** [syspɑ̃dy] ◇ *pp* → **suspendre**. ◇ *adj* **-1.** CONSTR hanging *(modif)*. **-2.** TRAV PUBL [pont] suspension *(modif)*. **-3.** AUT: **voiture bien/mal ~e** car with good/bad suspension.

**suspens** [syspɑ̃] *adj m* suspended RELIG.
◆ **en suspens** ◇ *loc adj* **-1.** [affaire, dossier] pending, unfinished; [intrigue] unresolved; [lecteur] uncertain. **-2.** [flocons, planeur] suspended, hanging. ◇ *loc adv*: **tenir qqn en ~** to keep sb in suspense; **laisser un dossier en ~** to keep a file pending; **laisser une question en ~** to leave a question unanswered OU unresolved.

**suspense**[1] [syspɑ̃s] *nf* RELIG suspension.

**suspense**[2] [syspɛns] *nm* suspense; **il y a un ~ terrible dans le livre** the book's full of suspense; **prolonger OU faire durer le ~** to prolong the suspense.
◆ **à suspense** *loc adj* suspense *(modif)*; **film à ~** thriller; **roman à ~** thriller, suspense story.

**suspension** [syspɑ̃sjɔ̃] *nf* **-1.** [d'un objet] hanging. **-2.** JUR [interruption] suspension; **~ d'audience** adjournment (of hearing); **~ d'instance** deferment of proceedings; **~ de paiement** suspension OU withholding of payment; **~ de peine** ≃ deferred sentence; **~ de séance** adjournment. **-3.** ADMIN [sanction] suspension. **-4.** AUT, CHIM, GÉOG, MUS & RAIL suspension. **-5.** IMPR: **points de ~** suspension points. **-6.** [luminaire] ceiling light fitting.
◆ **en suspension** *loc adj* **-1.** [poussière] hanging; **en ~ dans l'air** hanging in the air. **-2.** CHIM in suspension.

**suspicieux, euse** [syspisjø, øz] *adj litt* suspicious, suspecting.

**suspicion** [syspisjɔ̃] *nf* **-1.** [défiance] suspicion, suspiciousness; **jeter la ~ sur qqn** to cast suspicion on sb. **-2.** JUR [supposition d'un délit] suspicion; **~ de fraude** suspicion of fraud.

**sustentation** [systɑ̃tasjɔ̃] *nf* **-1.** AÉRON lift. **-2.** PHYS sustentation.

**sustenter** [3] [systɑ̃te] *vt* **-1.** *vieilli* [nourrir – personne] to sustain. **-2.** AÉRON to lift.
◆ **se sustenter** *vp (emploi réfléchi) hum* to feed, to take sustenance.

**susurrant, e** [sysyrɑ̃, ɑ̃t] *adj* susurrant *litt*, whispering, softly murmuring.

**susurrement** [sysyrmɑ̃] *nm* whispering.

**susurrer** [3] [sysyre] ◇ *vt* [chuchoter] to whisper. ◇ *vi* **-1.** [bruire – vent] to whisper. **-2.** [chuchoter] to whisper.

**suture** [sytyr] *nf* **-1.** BOT, GÉOL & ZOOL suture. **-2.** ANAT & MÉD suture; **point de ~** stitch; **on lui a fait cinq points de ~** he had five stitches (put in).

**suturer** [3] [sytyre] *vt* to stitch up *(sép)*, to suture *spéc*.

**suzerain, e** [syzrɛ̃, ɛn] ◇ *adj* suzerain. ◇ *nm, f* suzerain, (feudal) overlord.

**suzeraineté** [syzrɛnte] *nf* suzerainty.

**svastika** [zvastika] *nm* swastika.

**svelte** [zvɛlt] *adj* [membre] slender; [personne] slender, slim.

**sveltesse** [zvɛltɛs] *nf litt* svelteness, slenderness, slimness.

**SVP** *abr de* **s'il vous plaît**.

**swahili, e** [swaili] *adj* Swahili.
◆ **swahili** *nm* LING Swahili.

**swastika** [swastika] = **svastika**.

**Swaziland** [swazilãd] *nprm*: le ~ Swaziland.

**sweater** [switœr] *nm* sweater.

**sweat-shirt** [switʃœrt] (*pl* **sweat-shirts**) *nm* sweat shirt.

**swing** [swiŋ] *nm* **-1.** MUS [rythme] swing, swinging; [style] swing. **-2.** SPORT swing.

**swinguer** [3] [swiŋge] *vi* to swing.

**sycomore** [sikɔmɔr] *nm* sycamore.

**Sidney** [sidne] *npr* Sydney.

**syllabe** [silab] *nf* **-1.** LING syllable. **-2.** [parole]: elle n'a pas prononcé une ~ she never opened her mouth.

**syllabique** [silabik] *adj* syllabic.

**syllabus** [silabys] *nm* Belg [polycopié] handout (*for a university class*).

**syllogisme** [silɔ3ism] *nm* syllogism.

**syllogistique** [silɔ3istik] ◇ *adj* syllogistic, syllogistical. ◇ *nf* syllogistic.

**sylphe** [silf] *nm* sylph MYTH.

**sylphide** [silfid] *nf* MYTH & *litt* sylph.
♦ **de sylphide** *loc adj* [corps, taille] sylph-like.

**sylvaner** [silvanɛr] *nm* **-1.** BOT Sylvaner grape. **-2.** ŒNOL Sylvaner.

**sylvestre** [silvɛstr] *adj litt* sylvan *litt*, forest *(modif)*.

**Sylvestre** [silvɛstr] *npr*: saint ~ Saint Sylvester.

**sylvicole** [silvikɔl] *adj* forestry *(modif)*, silvicultural *spéc*.

**sylviculteur, trice** [silvikyltœr, tris] *nm, f* forester, silviculturist *spéc*.

**sylviculture** [silvikyltyr] *nf* forestry, silviculture *spéc*.

**symbiose** [sẽbjoz] *nf* BIOL & *fig* symbiosis.
♦ **en symbiose** *loc adv* in symbiosis, symbiotically; ils vivent en ~ *fig* they're inseparable.

**symbiotique** [sẽbjɔtik] *adj* symbiotic.

**symbole** [sẽbɔl] *nm* **-1.** [signe] symbol. **-2.** [personnification] symbol, embodiment. **-3.** RELIG: Symbole Creed. **-4.** CHIM, INF & MATH symbol.

**symbolique** [sẽbɔlik] ◇ *adj* **-1.** [fait avec des symboles] symbolic; langage/logique ~ symbolic language/logic. **-2.** [sans valeur réelle] token, nominal; une somme ~ a nominal amount; un geste ~ a symbolic ou token gesture. ◇ *nm*: le ~ the symbolic. ◇ *nf* **-1.** [ensemble des symboles] symbolic system, symbolism. **-2.** [étude des symboles] interpretation of symbols, symbology.

**symboliquement** [sẽbɔlikmã] *adv* symbolically.

**symbolisation** [sẽbɔlizasjɔ̃] *nf* **-1.** [mise en symboles] symbolization. **-2.** MATH symbolization.

**symboliser** [3] [sẽbɔlize] *vt* to symbolize.

**symbolisme** [sẽbɔlism] *nm* **-1.** [système] symbolism. **-2.** BX-ARTS & LITTÉRAT Symbolism.

**symboliste** [sẽbɔlist] ◇ *adj* **-1.** [relatif aux symboles] symbolistic. **-2.** BX-ARTS & LITTÉRAT Symbolist. ◇ *nmf* Symbolist.

**symétrie** [simetri] *nf* [gén] symmetry.

**symétrique** [simetrik] ◇ *adj* **-1.** [gén] symmetrical; une rangée ~ de l'autre one row symmetrical to the other. **-2.** GÉOM symmetrical; MATH symmetric. ◇ *nm* ou *nf* [point] symmetrical point; [figure] symmetrical figure. ◇ *nm* symmetrical element.

**symétriquement** [simetrikmã] *adv* symmetrically.

**sympa** [sẽpa] *adj fam* [personne, attitude] friendly, nice; [lieu]

nice, pleasant; [idée, mets] nice.

**sympathie** [sẽpati] *nf* **-1.** [cordialité] friendship, fellow feeling; il y a une grande ~ entre eux they get on very well; être en ~ avec qqn to be on friendly terms with sb. **-2.** [penchant] liking *(C)*; je n'ai aucune ~ pour lui I don't like him at all, I have no liking for him at all; inspirer la ~ to be likeable. **-3.** [bienveillance] sympathy *(U)*; recevoir des témoignages de ~ to receive expressions of sympathy. **-4.** [pour une idée] sympathy; je n'ai pas beaucoup de ~ pour ce genre d'attitude I don't have much time for that kind of attitude. **-5.** MÉD sympathy.
♦ **sympathies** *nfpl* [tendances] sympathies; ses ~s vont vers les républicains his sympathies are ou lie with the Republicans.

**sympathique** [sẽpatik] ◇ *adj* **-1.** [personne] nice, pleasant, likeable; elle m'est très ~ I like her very much. **-2.** [visage] friendly; [idée] good; [lieu] pleasant, nice; [mets] appetizing; [ambiance, réunion, spectacle] pleasant; [attitude] kind, friendly; il est bien ~, ce petit vin/fromage! nice little wine/cheese, this! **-3.** PHYSIOL sympathetic. ◇ *nm* ANAT sympathetic nervous system.

**sympathiquement** [sẽpatikmã] *adv* nicely, in a kindly way.

**sympathisant, e** [sẽpatizã, ãt] ◇ *adj* sympathizing. ◇ *nm, f* sympathizer.

**sympathiser** [3] [sẽpatize] *vi* **-1.** [s'entendre]: ~ avec to get on with *esp Br*, to get along with *esp Am*; il n'a pas sympathisé avec les autres enfants he didn't get on with the other children; nous avons tout de suite sympathisé we took to ou liked each other right away. **-2.** POL: elle sympathise avec les communistes she's a communist sympathizer.

**symphonie** [sẽfɔni] *nf* **-1.** MUS symphony; 'Symphonie du Nouveau Monde' *Dvorak* 'New World Symphony'; ~ concertante sinfonia concertante; 'Symphonie fantastique' *Berlioz* 'Symphonie fantastique'; 'Symphonie héroïque' *Beethoven* 'Eroica Symphonie'; 'Symphonie inachevée' *Schubert* 'Unfinished Symphony'; 'Symphonie pastorale' *Beethoven* 'Pastoral Symphony'. **-2.** *litt* [harmonie] symphony.

**symphonique** [sẽfɔnik] *adj* symphonic.

**symphoniste** [sẽfɔnist] *nmf* symphonist.

**symposium** [sẽpozjɔm] *nm* [colloque] symposium.

**symptomatique** [sẽptɔmatik] *adj* **-1.** MÉD symptomatic. **-2.** [caractéristique] symptomatic, indicative; c'est ~ de leurs relations it's symptomatic of ou it tells you something about their relationship.

**symptomatologie** [sẽptɔmatɔlɔ3i] *nf* symptomatology.

**symptôme** [sẽptom] *nm* **-1.** MÉD symptom. **-2.** [signe] symptom, sign.

**synagogue** [sinagɔg] *nf* synagogue.

**synapse** [sinaps] *nf* **-1.** ANAT synapse. **-2.** BIOL synapsis.

**synchrone** [sẽkron] *adj* synchronous.

**synchronie** [sẽkrɔni] *nf* synchrony.

**synchronique** [sẽkrɔnik] *adj* synchronic.

**synchronisation** [sẽkrɔnizasjɔ̃] *nf* synchronization.

**synchroniser** [3] [sẽkrɔnize] *vt* to synchronize.

**synchroniseur** [sẽkrɔnizœr] *nm* **-1.** AUT synchromesh (device). **-2.** CIN, ÉLECTR & PHOT synchronizer.

---

**USAGE ▶ Formules de sympathie**

I'm so ou terribly sorry (to hear that).
How awful for you.
If there's anything I can do...
What a pity.
Oh, what bad luck.
That's a shame.

▷ *pour apaiser:*

Never mind. [Br]
You poor thing. [familier]
There there. [à un enfant]

**À quelqu'un qui a perdu un proche**

I was so sorry to hear about your father.
I was terribly sorry to hear of your recent loss.

▷ *style écrit:*

Our thoughts are with you.
It was with deep regret that we learned of the death of your father. [soutenu]
Please accept my condolences/my deepest sympathy.
'With deepest sympathy'. [sur une carte de vœux]

**synchronisme** [sɛ̃krɔnism] *nm* synchronism.

**synclinal, e, aux** [sɛ̃klinal, o] *adj* synclinal.

**syncope** [sɛ̃kɔp] *nf* -**1.** MÉD syncope faint; **tomber en** ~, **avoir une** ~ to faint. -**2.** LING syncope. -**3.** MUS syncopation.

**syncopé, e** [sɛ̃kɔpe] *adj* syncopated.

**syncrétisme** [sɛ̃kretism] *nm* syncretism.

**syndic** [sɛ̃dik] *nm* -**1.** ADMIN: ~ (**d'immeuble**) managing agent. -**2.** JUR [de faillite] (official) receiver *(before 1985)*. -**3.** BOURSE president. -**4.** *Helv* [président de commune] *high-ranking civic official, similar to a mayor, in certain Swiss cantons*.

**syndical, e, aux** [sɛ̃dikal, o] *adj* -**1.** POL (trade) union *(modif)*. -**2.** ADMIN management *(modif)*; **droit** ~ right of association.

**syndicalisation** [sɛ̃dikalizasjɔ̃] *nf* unionization.

**syndicaliser** [3] [sɛ̃dikalize] *vt* to unionize.

**syndicalisme** [sɛ̃dikalism] *nm* -**1.** [mouvement] (trade) unionism. -**2.** [ensemble des syndicats] trade unions. -**3.** [action] union activities; **faire du** ~ to be active in a union. -**4.** [doctrine] unionism.

**syndicaliste** [sɛ̃dikalist] ◇ *adj* -**1.** [mouvement] (trade) union *(modif)*. -**2.** [doctrine] unionist. ◇ *nmf* (trade) unionist.

**syndicat** [sɛ̃dika] *nm* -**1.** POL [travailleurs] union; **se former** OU **se regrouper en** ~ to form a trade union ❑ ~ **ouvrier** trade union; ~ **patronal** employers' confederation OU association. -**2.** JUR [association] association; ~ **de communes** association of communes; ~ **interdépartemental** association of regional administrators; ~ **de copropriétaires** co-owners' association. -**3.** FIN: ~ **d'émission/de garantie** issuing/underwriting syndicate; ~ **financier** financial syndicate.

◆ **syndicat d'initiative** *nm* tourist office, tourist information bureau.

**syndiqué, e** [sɛ̃dike] ◇ *adj* (belonging to a trade) union; **ouvriers** ~s/**non** ~s union/non-union workers. ◇ *nm, f* (trade) unionist.

**syndiquer** [3] [sɛ̃dike] *vt* to unionize, to organize.

◆ **se syndiquer** *vp (emploi réfléchi)* to join a union.

**syndrome** [sɛ̃drom] *nm* syndrome; ~ **immunodéficitaire acquis** acquired immunodeficiency syndrome; ~ **prémenstruel** premenstrual tension OU syndrome; ~ **du choc toxique** toxic shock syndrome.

**synergie** [sinɛrʒi] *nf* -**1.** MÉD & PHYSIOL synergism. -**2.** ÉCON synergy.

**synesthésie** [sinɛstezi] *nf* synaesthesia.

**synode** [sinɔd] *nm* RELIG synod.

**synodique** [sinɔdik] *adj* ASTRON & RELIG synodic.

**synonyme** [sinɔnim] ◇ *adj* synonymous; **être** ~ **de** to be synonymous with. ◇ *nm* synonym.

**synonymie** [sinɔnimi] *nf* synonymy.

**synonymique** [sinɔnimik] *adj* synonymic, synonymous.

**synopsis** [sinɔpsis] ◇ *nf* SC & SCOL [bref aperçu] synopsis. ◇ *nm* CIN synopsis.

**synoptique** [sinɔptik] *adj* synoptic, synoptical.

◆ **synoptiques** *nmpl*: **les** ~s the Synoptic Gospels.

**synovial, e, aux** [sinɔvjal, o] *adj* synovial.

**synovie** [sinɔvi] *nf* synovia, synovial fluid.

**synovite** [sinɔvit] *nf* synovitis.

**syntagmatique** [sɛ̃tagmatik] ◇ *adj* syntagmatic. ◇ *nf* syntagmatic analysis.

**syntagme** [sɛ̃tagm] *nm* phrase, syntagm *spéc*; ~ **nominal/verbal/adjectival** noun/verb/adjectival phrase.

**syntaxe** [sɛ̃taks] *nf* INF & LING syntax.

**syntaxique** [sɛ̃taksik] *adj* INF & LING syntactic.

**synthé** [sɛ̃te] *nm fam* synthesizer.

**synthèse** [sɛ̃tɛz] *nf* -**1.** [structuration de connaissances] synthesis. -**2.** [exposé, ouvrage] summary, résumé. -**3.** BIOL, CHIM & PHILOS synthesis. -**4.** INF synthesis; ~ **de la parole** speech synthesis.

◆ **de synthèse** *loc adj* -**1.** [non analytique]: **avoir l'esprit de** ~ to have a systematic mind. -**2.** [fibre, parole] synthetic.

**synthétique** [sɛ̃tetik] ◇ *adj* -**1.** [raisonnement, approche] synthetic, synthesizing. -**2.** CHIM [fibre] synthetic, man-made, artificial. -**3.** LING & PHILOS synthetic. ◇ *nm* [matière] synthetic OU man-made fibres.

**synthétiquement** [sɛ̃tetikmɑ̃] *adv* synthetically.

**synthétiser** [3] [sɛ̃tetize] *vt* -**1.** [idées, résultats, relevés] to synthesize, to bring together. -**2.** CHIM to synthesize.

**synthétiseur** [sɛ̃tetizœr] *nm* synthesizer.

**synthétisme** [sɛ̃tetism] *nm* Synthetism.

**syntonie** [sɛ̃tɔni] *nf* PSYCH & RAD syntony.

**syntoniseur** [sɛ̃tɔnizœr] *nm* tuner.

**syphilis** [sifilis] *nf* syphilis.

**syphilitique** [sifilitik] *adj* & *nmf* syphilitic.

**syriaque** [sirjak] *adj* & *nm* Syriac.

**Syrie** [siri] *npr f*: (**la**) ~ Syria.

**syrien, enne** [sirjɛ̃, ɛn] *adj* Syrian.

◆ **Syrien, enne** *nm, f* Syrian.

◆ **syrien** *nm* LING Syrian.

**systématicien, enne** [sistematisjɛ̃, ɛn] *nm, f* taxonomist, systematist.

**systématique** [sistematik] ◇ *adj* -**1.** [méthodique] methodical, orderly, systematic; **de façon** ~ systematically. -**2.** [invariable – réaction] automatic, invariable; [– refus] automatic; **c'est** ~, **quand je dis oui, il dit non** when I say yes, he invariably says no. -**3.** [inconditionnel – soutien] unconditional, solid. -**4.** MÉD systemic. ◇ *nf* SC systematics *(sg)*.

**systématiquement** [sistematikmɑ̃] *adv* systematically.

**systématisation** [sistematizasjɔ̃] *nf* systematization.

**systématisé, e** [sistematize] *adj* PSYCH systematized.

**systématiser** [3] [sistematize] *vt* -**1.** [organiser en système] to systemize, to systematize. -**2.** *(en usage absolu)* [être de parti pris] to systemize, to systematize.

**système** [sistɛm] *nm* -**1.** [structure] system; ~ **de production** system of production; ~ **de valeurs** system of values; **il refuse d'entrer dans le** ~ he refuses to be part of the system ❑ ~ **solaire** solar system. -**2.** [méthode] way, means; **je connais un bon** ~ **pour faire fortune** I know a good way of making a fortune ❑ ~ **D** resourcefulness. -**3.** [appareillage] system; ~ **de chauffage/d'éclairage** heating/lighting system. -**4.** ANAT & MÉD system; ~ **nerveux/digestif** nervous/digestive system; ~ **pileux** hair *(on body and head)*; ~ **végétatif** vegetative system. -**5.** CONSTR: ~ **de construction** system. -**6.** ÉCON: ~ **monétaire européen** European Monetary System; **analyse de** ~ systems analysis. -**7.** GÉOL system. -**8.** INF system; ~ **d'information** information system; ~ **expert** expert system; ~ **d'exploitation** (operating) system. -**9.** SC: ~ **international d'unités** SI unit; ~ **métrique** metric system. -**10.** *fam loc*: **il me court** OU **porte** OU **tape sur le** ~ he's really getting on my nerves.

**systémique** [sistemik] ◇ *adj* systemic. ◇ *nf* systems analysis.

# T

**t, T** [te] *nm* [lettre] t, T.
♦ **en T** *loc adj* T-shaped.
**t** (*abr écrite de* **tonne**) t.
**t.** (*abr écrite de* **tome**) vol.
**t'** [t] → **te, tu**.
**T** **-1.** (*abr écrite de* **tesla**) T. **-2.** (*abr écrite de* **téra**) T.
**ta** [ta] *f* → **ton**.
**TAA** (*abr de* **train autos accompagnées**) *nm* car sleeper train, ≈ Motorail *Br*.
**tabac** [taba] ◇ *adj inv* [couleur] tobacco brown, tobacco-coloured. ◇ *nm* **-1.** BOT tobacco plant. **-2.** [produit] tobacco; campagne contre le ~ anti-smoking campaign ❑ ~ blond/brun mild/dark tobacco; ~ à chiquer chewing tobacco; ~ à priser snuff. **-3.** [magasin] tobacconist's *Br*, tobacco store *Am*; un bar ~, un bar-~ a bar with a tobacco counter. **-4.** MÉTÉO: coup de ~ squall, gale. **-5.** *fam loc*: c'est toujours le même ~ it's always the same old thing ou story; faire un ~ to be a smash hit; passer qqn à ~ to beat sb up, to lay into sb.
♦ **du même tabac** *loc adj fam* of the same kind; ils sont du même ~ they're tarred with the same brush; et autres ennuis du même ~ and troubles of that ilk.
**tabagie** [tabaʒi] *nf* **-1.** [lieu enfumé]: c'est une vraie ~ ici you can't see for smoke around here. **-2.** *Can* [magasin] tobacconist's *Br*, tobacco store *Am*.
**tabagique** [tabaʒik] ◇ *adj* tobacco (*modif*), nicotine-related. ◇ *nmf* tobacco addict, chain-smoker.
**tabagisme** [tabaʒism] *nm* tobacco addiction, nicotinism *spéc*.
**tabasser** [3] [tabase] *vt fam* to beat ou to rough up (*sép*), to thrash, to beat black and blue.
**tabatière** [tabatjɛr] *nf* **-1.** [boîte] snuffbox. **-2.** CONSTR skylight (opening), roof light.
**tabellion** [tabeljɔ̃] *nm* **-1.** HIST scrivener, tabellion. **-2.** *litt & péj* [notaire] lawyer.
**tabernacle** [tabɛrnakl] *nm* NAUT & RELIG tabernacle.
**tablar(d)** [tablar] *nm Helv* shelf.
**tablature** [tablatyr] *nf* tablature.
**table** [tabl] *nf* **-1.** [pour les repas] table; débarrasser ou desservir la ~ to clear the table; dresser ou mettre la ~ to set the table; une ~ de six couverts a table set for six; qui sera mon voisin de ~? who will I be sitting next to (for the meal)?; sortir ou se lever de ~ to leave the table, to get up from the table ❑ la ~ d'honneur the top ou head table; ~ d'hôte table d'hôte; nous avons pris notre repas à la ~ d'hôte we ate with the other guests in the hotel dining room; tenir ~ ouverte to keep open house. **-2.** [nourriture]: la ~ food; aimer la ~ to enjoy ou to like good food ‖ [restaurant]: une des meilleures ~s de Paris one of the best restaurants in Paris. **-3.** [tablée] table, tableful; présider la ~ to preside over the guests (*at a meal*); il a fait rire toute la ~ he made the whole table laugh. **-4.** [meuble à usages divers] table; ~ de chevet ou de nuit bedside table; ~ de cuisine/de salle à manger kitchen/dining-room table; ~ basse coffee table; ~ de billard billiard table; ~ de cuisson hob; ~ à dessin drawing board; ~ de jeu gambling table; ~ à langer baby changing table; ~ de lecture turntable; ~ de montage IMPR & PHOT light table; CIN cutting table; ~ d'opération operating table; ~ d'orientation viewpoint indicator; ~ de ping-pong table-tennis table; ~ à rallonges extension ou draw table; ~ à repasser ironing board; ~ ronde *pr & fig*

round table; ~ roulante trolley *Br*, tea wagon *Am*; ~ tournante *table used for séances*; faire tourner les ~s to hold a séance; ~ de travail work surface; ~ à volets drop-leaf table; ~s gigognes nest of tables. **-5.** [liste, recueil] table; ~ de logarithmes/mortalité/multiplication log/mortality/ multiplication table; ~ alphabétique alphabetical table ou list; ~ des matières (table of) contents; les Tables de la Loi BIBLE The Tables of the Law; ~ rase PHILOS tabula rasa; faire ~ rase to wipe the slate clean, to make a fresh start. **-6.** CONSTR [plaque] panel; [panneau] panel, table. **-7.** GÉOL table, mesa. **-8.** IMPR table; ~ de réception delivery table. **-9.** INF table; ~ traçante plotter. **-10.** MUS: ~ d'harmonie soundboard. **-11.** RAIL: ~ de roulement running ou rail surface. **-12.** RELIG: ~ d'autel (altar) table; la ~ de communion, la sainte ~ the communion ou the Lord's table.
♦ **à table** ◇ *loc adv* at table; passer à ou se mettre à ~ to sit down to a meal; nous pouvons passer à ~ the meal is ready now; nous serons dix à ~ there will be ten of us at table; je te rappelle plus tard, je suis à ~ I'll call you later, I'm eating ❑ se mettre à ~ ^∇ *arg crime* [parler] to spill the beans. ◇ *loc interj* [le matin] breakfast (is ready), it's breakfast time; [à midi] lunch (is ready), it's lunch time; [le soir] dinner (is ready), it's dinner time.
♦ **table d'écoute** *nf* wiretapping set ou equipment; elle est sur ~ d'écoute her phone is tapped; mettre qqn sur ~ d'écoute to tap sb's phone.
**tableau, x** [tablo] *nm* **-1.** SCOL: aller au ~ to go to the front of the classroom (*and answer questions or recite a lesson*) ❑ ~ noir blackboard. **-2.** [support mural] rack, board; ~ pour fusibles fuseboard. **-3.** [panneau d'information] board; ~ d'affichage notice board; ~ des arrivées/départs arrivals/departures board. **-4.** BX-ARTS painting, picture; un ~ de Goya a painting by Goya; un ~ ancien an old master. **-5.** [spectacle] scene, picture; ils formaient un ~ touchant they were a touching sight; vous voyez d'ici le ~! *fam* you can imagine ou picture the scene!**-6.** [description] picture; pour achever le ~ to cap it all. **-7.** [diagramme] table; remplir un ~ to fill in a table. **-8.** [liste – gén] list, table; [– d'une profession] roll; ~ d'avancement promotions roster ou list; ~ des avocats roll of lawyers; ~ des éléments CHIM periodic table; ~ de gonflage tyre-pressure table; ~ horaire [des trains] timetable. **-9.** ÉLECTR: ~ de contrôle control board. **-10.** INF array. **-11.** MATH table. **-12.** MÉD: ~ clinique overall clinical picture. **-13.** PHARM (French) drugs classification; ~ A toxic drugs (list); ~ B narcotics (list); ~ C dangerous drugs (list). **-14.** THÉÂT scene; ~ de service [répétitions] rehearsal roster; [représentations] performances roster; ~ vivant tableau vivant. **-15.** *loc*: gagner sur les deux/tous les ~x to win on both/all counts.
♦ **tableau de bord** *nm* **-1.** AUT dashboard. **-2.** AÉRON & NAUT instrument panel. **-3.** ÉCON (list of) indicators.
♦ **tableau de chasse** *nm* **-1.** CHASSE bag. **-2.** AÉRON list of kills. **-3.** [conquêtes amoureuses] conquests.
♦ **tableau d'honneur** *nm* SCOL roll of honour; elle a eu le ~ d'honneur ce mois-ci she was on the roll of honour this month.
**tablée** [table] *nf* table; toute la ~ s'est levée the whole table ou company stood up; une ~ de jeunes a tableful ou party of youngsters.
**tabler** [3] [table]
♦ **tabler sur** *v + prép* to bank ou to count on.
**tablette** [tablɛt] *nf* **-1.** [petite planche] shelf. **-2.** CULIN [de chewing-gum] stick; [de chocolat] bar. **-3.** CONSTR slab; [de ra-

diateur] top; [de cheminée] mantelpiece; [d'une maçonnerie] coping. **-4.** PHARM tablet.
◆ **tablettes** *nfpl* ANTIQ tablets; je vais l'inscrire ou le noter dans mes ~s *fig* I'll make a note of it.
**tableur** [tablœr] *nm* spreadsheet.
**tablier** [tablije] *nm* **-1.** VÊT apron; [blouse] overall *Br*, work coat *Am*; [d'enfant] smock; **rendre son** ~ [démissionner] to hand in one's resignation; *fig* to give up, to throw in the towel. **-2.** [rideau – de cheminée] register; [– de magasin] steel shutter. **-3.** TRAV PUBL deck and beams, superstructure *(of a bridge).*
**tabloïd(e)** [tablɔid] *adj & nm* tabloid.
**tabou, e** [tabu] *adj* **-1.** ANTHR & RELIG taboo. **-2.** [à ne pas évoquer] forbidden, taboo.
◆ **tabou** *nm* ANTHR & RELIG taboo; ce sont des ~s these are taboo subjects.
**taboulé** [tabule] *nm* tabbouleh.
**tabouret** [taburɛ] *nm* **-1.** [siège] stool; ~ **de bar/cuisine/piano** bar/kitchen/piano stool. **-2.** [pour les pieds] foot stool.
**tabulaire** [tabylɛr] *adj* tabular.
**tabulateur** [tabylatœr] *nm* tabulator.
**tabulation** [tabylasjɔ̃] *nf* **-1.** [positionnement] tabulation. **-2.** [taquets] tabs.
**tabulatrice** [tabylatris] *nf* tabulator.
**tac** [tak] *interj* **-1.** [bruit sec] tap, rat-a-tat. **-2.** *loc:* et ~! so there!; **du ~ au** ~ tit for tat; **répondre du ~ au** ~ to answer tit for tat.
**TAC** *abr de* **train auto-couchettes.**
**tachant, e** [taʃɑ̃, ɑ̃t] *adj* **-1.** [qui tache] staining. **-2.** [qui se tache] easily soiled.
**tache** [taʃ] *nf* **-1.** [marque] stain; ~ **de graisse** grease stain ou mark; je me suis fait une ~ I've stained my clothes ❏ **faire** ~ *fam* to jar; **le piano moderne fait** ~ **dans le salon** the modern piano looks out of place in the living room; **faire** ~ **d'huile** to spread. **-2.** [partie colorée] patch, spot; **le soleil faisait des** ~s **de lumière sur le sol** the sun dappled the ground with light. **-3.** [sur un fruit] mark, blemish. **-4.** [sur la peau] mark, spot; ~ **de rousseur** freckle; ~ **de vin** strawberry mark *(birthmark).* **-5.** [souillure morale] blot, stain, blemish; **cette fraude est une** ~ **à sa réputation** this fraud has stained his reputation ❏ ~ **originelle** RELIG stain of original sin. **-6.** ASTRON: ~ **solaire** sunspot. **-7.** BX-ARTS patch, tache. **-8.** MÉD [sur une radiographie] opacity; [coloration anormale] spot. **-9.** ZOOL patch, spot, mark.
◆ **sans tache** *loc adj* **-1.** [fruit] unblemished. **-2.** [réputation] spotless.
**tâche** [taʃ] *nf* **-1.** [travail] task, job; **remplir une** ~ to fulfil a task; **assigner une** ~ **à qqn** to give sb a task ou a job ou a piece of work to do; **faciliter/compliquer la** ~ **à qqn** to make things easier/more complicated for sb ❏ ~s **ménagères** housework. **-2.** [mission, rôle] task, mission; **prendre à** ~ **de faire qqch** *litt* to undertake to do sthg. **-3.** INF task.
◆ **à la tâche** ◊ *loc adj:* **travail à la** ~ piecework. ◊ *loc adv* INDUST: **travailler à la** ~ to be on piecework; **il est à la** ~ he's a pieceworker; **on n'est pas à la** ~! *fam* what's the rush?; **mourir à la** ~ to die in harness.
**tacher** [3] [taʃe] ◊ *vt* **-1.** [salir – vêtement, tapis] to stain. **-2.** *sout* [ternir – réputation, nom, honneur] to stain. **-3.** *sout* [colorer] to spot, to dot. ◊ *vi* [encre, sauce, vin etc] to stain.
◆ **se tacher** ◊ *vp (emploi réfléchi)* to get o.s. dirty, to stain one's clothes. ◊ *vp (emploi passif)* [tissu] to soil; [bois, peinture, moquette] to mark; [fruit] to become marked; **le blanc se tache facilement** white soils ou gets dirty easily.
**tâcher** [3] [taʃe] *vt:* ~ **que** to make sure that.
◆ **tâcher de** *v + prép* to try to; **tâche d'être à l'heure** try to be on time.
**tâcheron** [taʃrɔ̃] *nm* **-1.** [petit entrepreneur] jobber; [ouvrier agricole] hired hand, journeyman. **-2.** *péj* [travailleur] drudge, workhorse *péj*; [écrivaillon] hack.
**tacheter** [27] [taʃte] *vt* to spot, to speckle, to fleck; **un chat blanc tacheté de noir** a white cat with black markings.
**tachisme** [taʃism] *nm* tachism, tachisme.
**tachiste** [taʃist] *adj & nmf* tachist, tachiste.
**tachycardie** [takikardi] *nf* tachycardia.

**tachygraphe** [takigraf] *nm* tachograph.
**tacite** [tasit] *adj* tacit; (**par**) ~ **reconduction** (by) tacit agreement to renew.
**Tacite** [tasit] *npr* Tacitus.
**tacitement** [tasitmɑ̃] *adv* tacitly.
**taciturne** [tasityrn] *adj* taciturn, silent, uncommunicative.
**tacot** [tako] *nm fam* banger *Br*, (old) heap.
**TacOTac®** [takɔtak] *npr. m* public lottery with a weekly prize draw.
**tact** [takt] *nm* **-1.** PHYSIOL (sense of) touch. **-2.** [délicatesse] tact, delicacy; **avoir du** ~ to be tactful; **manquer de** ~ to be tactless; **annoncer la nouvelle avec/sans** ~ to break the news tactfully/tactlessly.
**tacticien, enne** [taktisjɛ̃, ɛn] *nm, f* **-1.** MIL (military) tactician. **-2.** *fig* [stratège] strategist.
**tactile** [taktil] *adj* tactile.
**tactique** [taktik] ◊ *adj* tactical. ◊ *nf* **-1.** MIL tactics *(sg).* **-2.** [moyens] tactics *(pl).*
**tadjik** [tadʒik] *adj* Tadzhiki.
◆ **Tadjik** *nmf* Tadzhik.
◆ **tadjik** *nm* LING Tadzhiki.
**Tadjikistan** [tadʒikistɑ̃] *npr m:* **le** ~ Tadzhikistan.
**Tadj Mahall** [tadʒmaal] = **Taj Mahal.**
**tænia** [tenja] = **ténia.**
**taffetas** [tafta] *nm* TEXT taffeta; **une robe en** ou **de** ~ a taffeta dress.
**tag** [tag] *nm* tag *(graffiti).*
**taguer** [3] [tage] *vt* to tag *(with graffiti).*
**tagueur, euse** [tagœr, øz] *nm, f* tagger *(graffitist).*
**Tahiti** [taiti] *npr* Tahiti.
**tahitien, enne** [taisjɛ̃, ɛn] *adj* Tahitian.
◆ **Tahitien, enne** *nm, f* Tahitian.
◆ **tahitien** *nm* LING Tahitian.
**taïaut** [tajo] *interj* tally-ho.
**tai-chi(-chuan)** [tajʃiʃwan] *nm inv* T'ai Chi (Ch'uan).
**taie** [tɛ] *nf* **-1.** [enveloppe]: ~ **d'oreiller** pillowcase, pillow slip; ~ **de traversin** bolster case. **-2.** MÉD leucoma.
**taïga** [tajga] *nf* taiga.
**taillade** [tajad] *nf* **-1.** [estafilade] slash, gash. **-2.** HORT [sur un arbre] gash.
**taillader** [3] [tajade] *vt* to gash ou to slash (through).
◆ **se taillader** *vpt:* se ~ **les poignets** to slash one's wrists.
**taillanderie** [tajɑ̃dri] *nf* [fabrication, commerce] edge-tool industry.
**taillant** [tajɑ̃] *nm* [tranchant] (cutting) edge.
**taille** [taj] *nf* **A. -1.** HORT [d'un arbre – gén] pruning; [– importante] cutting back; [– légère] trimming; [d'une haie] trimming, clipping; [de la vigne] pruning. **-2.** ARM [tranchant] edge; **frapper de** ~ to strike ou to slash with the edge of one's sword. **-3.** BX-ARTS [du bois, du marbre] carving; [en gravure] etching. **-4.** CONSTR [à la carrière] hewing, cutting; [sur le chantier] dressing. **-5.** HIST [impôt] taille, tallage. **-6.** JOAILL cutting.
**B. -1.** [d'une personne, d'un animal] height; **une femme de haute** ~ a tall woman, a woman of considerable height; **un homme de petite** ~ a short man; **un enfant de** ~ **moyenne** a child of average height; **ils ont à peu près la même** ~ they're about the same height; **de la** ~ **de** as big as, the size of. **-2.** [d'un endroit, d'un objet] size; **une pièce de** ~ **moyenne** an average-sized room. **-3.** [importance] size; **une erreur de cette** ~ **est impardonnable** a mistake of this magnitude is unforgivable. **-4.** VÊT size; **quelle est votre** ~? what size do you take?; **ce n'est pas ma** ~ it's not my size; **donnez-moi la** ~ **en dessous/au-dessus** give me one size down/up; **les grandes/petites** ~s the large/small sizes; **elles font toutes deux la même** ~ they both wear the same size; ~ **XL** size XL; **deux** ~s **de plus/de moins** two sizes bigger/smaller; **je n'ai plus votre** ~ I'm out of your size ❏ **elle a la** ~ **mannequin** she's got a real model's figure. **-5.** [partie du corps] waist; **avoir la** ~ **longue/courte** to be long-/short-waisted; **avoir la** ~ **fine** to be slim-waisted ou slender-waisted; **sa robe est serrée/trop serrée à la** ~ her dress is fitted/too tight at the waist; **elle n'a pas de** ~ she's got no waist ❏ **avoir une** ~ **de guêpe** ou **de nymphe** to have an hourglass figure; **avoir la** ~ **bien prise** to have a

nice OU good figure. **-6.** [partie d'un vêtement] waist; robe à ~ haute/basse high-/low-waisted dress; un jean (à) ~ basse low-waisted OU hipster *Br* OU hip-hugger *Am* jeans. **-7.** INF: ~ mémoire storage capacity.

◆ **à la taille de** *loc prép* in keeping with; ses moyens ne sont pas à la ~ de ses ambitions his ambitions far exceed his means.

◆ **de taille** *loc adj* **-1.** [énorme] huge, great; le risque est de ~ the risk is considerable; une surprise de ~ a big surprise. **-2.** [capable]: être de ~ to measure up; face à un adversaire comme lui, tu n'es pas de ~ you're no match for an opponent like him; de ~ à capable of, able to.

**taillé, e** [taje] *adj* **-1.** [bâti]: un homme bien ~ a well-built man; ~ en ou comme: un gaillard ~ en hercule a great hulk of a man. **-2.** [apte à]: ~ pour cut out for; tu n'es pas ~ pour ce métier you're not cut out for this job. **-3.** [coupé – arbre] trimmed, pruned; [– haie] trimmed, clipped; [– cristal] cut; [– crayon] sharpened; [– barbe, moustache] trimmed; un costume bien/mal ~ a well-cut/badly-cut suit.

**taille-crayon** [tajkrɛjɔ̃] (*pl inv* ou **taille-crayons**) *nm* pencil sharpener.

**taille-douce** [tajdus] (*pl* **tailles-douces**) *nf* line-engraving; une gravure ou impression en ~ a line engraving.

**taille-haie** [tajɛ] (*pl inv* ou **taille-haies**) *nm* hedge trimmer.

**tailler** [3] [taje] ◇ *vt* **-1.** [ciseler – pierre] to cut, to hew; [– verre] to engrave; [– bois, marbre] to carve; [– diamant] to cut; ~ en pièces *fig*: ~ en pièces une armée to cut an army to pieces; la critique l'a taillé en pièces the reviewers made mincemeat out of him. **-2.** [barbe, moustache] to trim; [crayon] to sharpen. **-3.** [façonner] to cut, to hew; il a taillé un escalier dans la pente he cut some steps into the hillside. **-4.** COUT [vêtement] to cut (out); ~ une bavette *fam* to have a chat ou a chinwag. **-5.** HORT [arbre] to prune, to cut back *(sép)*; [haie] to trim, to clip; [vigne] to prune. ◇ *vi* **-1.** [inciser] to cut; ~ dans les chairs avec un scalpel to cut into the flesh with a scalpel. **-2.** VÊT: cette robe taille grand/ petit this dress is cut *Br* ou runs *Am* large/small.

◆ **se tailler** ◇ *vpi* ▽ [partir] to scram; allez, on se taille! come on, let's clear off!; taille-toi! scram!, beat it! ◇ *vpt*: se ~ un chemin à travers les ronces to hack one's way through the brambles; se ~ un chemin à travers la foule to force one's way through the crowd; se ~ un (beau) succès to be a great success.

**tailleur** [tajœr] *nm* **-1.** COUT [artisan] tailor; ~ pour dames ladies' tailor. **-2.** VÊT (lady's) suit. **-3.** [ouvrier]: ~ de diamants diamond ou gem cutter; ~ de pierres/de pavés/de marbre stone/paving stone/marble cutter; ~ de verre glass engraver.

◆ **en tailleur** *loc adv* cross-legged.

**tailleur-pantalon** [tajœrpãtalɔ̃] (*pl* **tailleurs-pantalons**) *nm* trouser suit *Br*, pantsuit *Am*.

**taillis** [taji] *nm* coppice, copse, thicket.

**tain** [tɛ̃] *nm* [pour miroir] silvering.

**taire** [111] [tɛr] *vt* **-1.** [passer sous silence – raisons] to conceal, to say nothing about; [– information] to hush up *(sép)*; [– plan, projet] to keep secret, to say nothing about, to keep quiet about; je tairai le nom de cette personne I won't mention this person's name; il a préféré ~ ses projets he preferred to keep his plans secret; faire ~ qqn [empêcher qqn de parler] to silence sb, to force sb to be quiet; faites ~ les enfants make the children be quiet; faire ~ qqch to stifle sthg; fais ~ tes scrupules forget your scruples. **-2.** *litt* [cacher – sentiment]: elle sait ~ ses émotions she's able to keep her emotions to herself.

◆ **se taire** *vpi* **-1.** [s'abstenir de parler] to be ou to keep quiet; tais-toi! be quiet!; elle sait se ~ et écouter les autres she knows when to be silent and listen to others. **-2.** [cesser de s'exprimer] to fall silent; l'opposition s'est tue the opposition has gone very quiet. **-3.** *litt* [cesser de faire du bruit] to fall *litt* ou to become silent. **-4.** *fam loc*: et quand il t'a invitée à danser? — tais-toi, je ne savais plus où me mettre! and when he asked you to dance? — don't, I felt so embarrassed!

**Taiwan** [tajwan] *npr* Taiwan.

**taiwanais, e** [tajwanɛ, ɛz] *adj* Taiwanese.

◆ **Taiwanais, e** *nm, f* Taiwanese; les Taiwanais the Taiwanese.

**tajine** [taʒin] *nm* **-1.** [mets] Moroccan lamb (or chicken) stew. **-2.** [récipient] tajine.

**Taj Mahal** [taʒmaal] *npr m*: le ~ the Taj Mahal.

**talc** [talk] *nm* talcum powder, talc.

**talé, e** [tale] *adj* [fruit] bruised.

**talent** [talã] *nm* **-1.** [capacité artistique] talent; avoir du ~ to have talent, to be talented. **-2.** [don, aptitude particulière] talent, skill, gift; ses ~s de communicateur his talents as a communicator. **-3.** [personne] talent; il est à la recherche de jeunes/nouveaux ~s he's looking for young/new talent. **-4.** HIST talent.

◆ **de talent** *loc adj* talented.

◆ **sans talent** *loc adj* untalented.

**talentueux, euse** [talãtɥø, øz] *adj fam* talented, gifted.

**talion** [taljɔ̃] *nm* talion.

**talisman** [talismã] *nm* **-1.** [amulette] talisman. **-2.** *litt* [sortilège] spell, charm.

**talkie-walkie** [tɔkiwɔki] (*pl* **talkies-walkies**) *nm* walkie-talkie.

**Talmud** [talmyd] *npr m* Talmud.

**taloche** [talɔʃ] *nf* **-1.** CONSTR float. **-2.** *fam* [gifle] cuff, wallop.

**talocher** [3] [talɔʃe] *vt fam*: ~ qqn to clip ou to cuff sb round the ear.

**talon** [talɔ̃] *nm* **-1.** ANAT heel; accroupi sur ses ~s crouching (on his haunches ou heels) ❑ ~ d'Achille: son ~ d'Achille his Achilles' heel; être ou marcher sur les ~s de qqn to follow close on sb's heels; montrer ou tourner les ~s [s'enfuir] to show a clean pair of heels; tourner les ~s [faire demi-tour] to (turn round and) walk away. **-2.** [d'une chaussure] heel; ~s aiguilles spike ou stiletto *Br* heels; ~s bottiers medium heels; porter des ~s hauts ou des hauts ~s to wear high heels; chaussures à ~s hauts high-heeled shoes; porter des ~s plats to wear flat heels. **-3.** [d'une chaussette] heel. **-4.** [d'un fromage, d'un jambon] heel. **-5.** [d'un chèque] stub, counterfoil; [d'un carnet à souches] counterfoil. **-6.** CARTES stock, talon.

**talonnage** [talɔnaʒ] *nm* SPORT heeling *(U)*; faire un ~ to heel (the ball).

**talonner** [3] [talɔne] ◇ *vt* **-1.** [poursuivre]: ~ qqn to follow on sb's heels; le coureur marocain, talonné par l'Anglais the Moroccan runner, with the Englishman close on his heels. **-2.** [harceler – suj: créancier] to hound; [– suj: gêneur] to pester; le directeur me talonne pour que je remette mon rapport the manager's after me to get my report in. **-3.** [tourmenter – suj: faim] to gnaw at *(insép)*. **-4.** [cheval] to spur with one's heels. **-5.** SPORT to heel, to hook. ◇ *vi* NAUT [navire] to touch the bottom.

**talonnette** [talɔnɛt] *nf* **-1.** [d'une chaussure] heelpiece, heel cap. **-2.** [d'un pantalon] binding strip.

**talquer** [3] [talke] *vt* to put talcum powder ou talc on.

**talus** [taly] *nm* **-1.** [d'un chemin] (side) slope. **-2.** CONSTR [de mur] batter, talus. **-3.** MIL talus.

**tamanoir** [tamanwar] *nm* (great) anteater.

**tamarin** [tamarɛ̃] *nm* **-1.** ZOOL tamarin. **-2.** BOT tamarind.

**tamarinier** [tamarinje] *nm* tamarind (tree).

**tamaris** [tamaris], **tamarix** [tamariks] *nm* tamarisk.

**tambouille** ▽ [tãbuj] *nf* grub; faire la ~ to cook (the grub).

**tambour** [tãbur] *nm* **-1.** MUS [instrument] drum; jouer du ~ to play the drum; on entendait les ~s de la fanfare we could hear the drumming of the band ❑ ~ de basque tambourine; au son du ~ [bruyamment] noisily; sans ~ ni trompette discreetly, unobtrusively; ~ battant briskly; 'le Tambour' Grass 'The Tin Drum'. **-2.** [son] drumbeat; le matin on les réveille au ~ they're woken in the morning by the sound of a drum. **-3.** [joueur] drummer; ~ de ville town crier. **-4.** ARCHIT, AUT & ÉLECTR drum. **-5.** CONSTR [sas] tambour (door). **-6.** COUT [à broder] tambour. **-7.** INF: ~ magnétique magnetic drum.

**tambourin** [tãburɛ̃] *nm* [de basque] tambourine; [provençal] tambourin.

**tambourinage** [tãburinaʒ] *nm* drumming.

**tambourinement** [tãburinmã] *nm* = **tambourinage**.

**tambouriner** [3] [tãburine] ◇ *vi* **-1.** [frapper] to drum (on); il est venu ~ à notre porte à six heures du matin he came beating ou hammering on our door at six in the morning.

**-2.** MUS & *vieilli* to drum. ◇ *vt* **-1.** MUS [air, cadence] to drum (out). **-2.** [proclamer] to cry out *(sép)*.

**tambourineur, euse** [tãburinœr, øz] *nm, f* tambourine player.

**Tamerlan** [tamɛrlɑ̃] *npr*: ~ le Grand Tamerlane ou Tamburlaine the Great.

**tamis** [tami] *nm* **-1.** [à farine] sieve; [en fil de soie, de coton] tammy (cloth), tamis; **passer au** ~ [farine, sucre] to put through a sieve, to sift, to sieve; [dossier] to go through with a fine-tooth comb. **-2.** CONSTR [à sable] sifter, riddle *spéc*. **-3.** SPORT [d'une raquette] strings.

**Tamise** [tamiz] *nprf*: **la** ~ the Thames.

**tamisé, e** [tamize] *adj* **-1.** [farine, terre] sifted, sieved. **-2.** [éclairage] soft, subdued; [lumière naturelle] soft.

**tamiser** [3] [tamize] *vt* **-1.** [farine, poudre] to sift, to sieve. **-2.** [lumière naturelle] to filter; [éclairage] to subdue. **-3.** CONSTR [sable] to sift, to riddle *spéc*.

**tamoul, e** [tamul] *adj* Tamil.

◆ **Tamoul, e** *nm, f* Tamil.

◆ **tamoul** *nm* LING Tamil.

**tampon** [tɑ̃pɔ̃] ◇ *nm* **-1.** [pour absorber] wad; ~ **périodique** tampon. **-2.** [pour imprégner] pad; ~ **encreur** ink pad. **-3.** [pour nettoyer] pad; ~ Jex® Brillo pad®; ~ **à récurer** scouring pad, scourer. **-4.** [pour obturer] plug, bung; **il a bouché la fissure avec un** ~ **de papier** he stopped up the crack with a wad of paper. **-5.** [plaque gravée] rubber stamp; [oblitération] stamp; **le** ~ **de la poste** the postmark. **-6.** *fig* buffer. **-7.** BX-ARTS dabber, dauber. **-8.** CONSTR [dalle] cover; [cheville] wall plug. **-9.** INF & RAIL buffer. **-10.** MÉCAN plug gauge. **-11.** MÉD swab, tampon. ◇ *adj inv* POL: **État/zone** ~ buffer state/zone.

**tampon-buvard** [tɑ̃pɔ̃byvar] *(pl* **tampons-buvards)** *nm* blotter.

**tamponner** [3] [tɑ̃pɔne] *vt* **-1.** [document, passeport] to stamp; [lettre timbrée] to postmark. **-2.** [télescoper] to collide with *(insép)*, to hit, to bump into *(insép)*; [violemment] to crash into *(insép)*. **-3.** [sécher – front, lèvres, yeux] to dab (at). **-4.** [enduire – meuble] to dab. **-5.** MÉD [plaie] to tampon.

◆ **se tamponner** ◇ *vp (emploi réciproque)* to collide, to bump into one another. ◇ *vp (emploi réfléchi)*▽: **je m'en tamponne (le coquillard)! I don't give a damn!**

**tamponneur, euse** [tɑ̃pɔnœr, øz] *adj* colliding.

**tam-tam** [tamtam] *(pl* **tam-tams)** *nm* MUS [d'Afrique] tom-tom; [gong] tam-tam.

**tan** [tɑ̃] *nm* tanbark.

**tancer** [16] [tɑ̃se] *vt litt* to scold; ~ **vertement qqn** to berate sb.

**tanche** [tɑ̃ʃ] *nf* tench.

**tançons** [tɑ̃sɔ̃] *v* → **tancer.**

**tandem** [tɑ̃dɛm] *nm* **-1.** [vélo] tandem. **-2.** [couple] pair.

◆ **en tandem** ◇ *loc adj* [attelage] tandem *(modif)*. ◇ *loc adv* [agir, travailler] in tandem, as a pair.

**tandis que** [tɑ̃dikə], **tandis qu'** [tɑ̃dik] *loc conj* **-1.** [pendant que] while, whilst; [au même moment que] as. **-2.** [alors que] whereas.

**tangage** [tɑ̃gaʒ] *nm* AÉRON & NAUT pitching.

**tangence** [tɑ̃ʒɑ̃s] *nf* tangency; **point de** ~ point of tangency *spéc* ou contact.

**tangent, e** [tɑ̃ʒɑ̃, ɑ̃t] *adj* GÉOM & MATH tangent, tangential.

◆ **tangente** *nf* **-1.** GÉOM & MATH tangent; **une** ~**e à la courbe** a tangent to the curve. **-2.** *loc*: **prendre la** ~**e** *fam* [se sauver] to make off; [esquiver une question] to dodge the issue.

**tangentiel, elle** [tɑ̃ʒɑ̃sjɛl] *adj* tangential.

**Tanger** [tɑ̃ʒe] *npr* Tangier, Tangiers.

**tangerine** [tɑ̃ʒarin] *nf* tangerine.

**tangibilité** [tɑ̃ʒibilite] *nf* tangibility, tangibleness.

**tangible** [tɑ̃ʒibl] *adj* **-1.** [palpable] tangible, palpable. **-2.** [évident] tangible, real.

**tango** [tɑ̃go] ◇ *adj inv* bright orange. ◇ *nm* tango.

**tanguer** [3] [tɑ̃ge] *vi* **-1.** NAUT to pitch; **la tempête faisait** ~ **le navire** the storm was tossing the boat around, the boat was tossed about in the storm. **-2.** *fam* [tituber] to reel, to sway. **-3.** *fam* [vaciller – décor] to spin.

**tanière** [tanjɛr] *nf* **-1.** [d'un animal] den, lair. **-2.** [habitation] retreat; **il ne sort jamais de sa** ~ he never leaves his den.

**tanin** [tanɛ̃] *nm* tannin.

**tank** [tɑ̃k] *nm* tank INDUST & MIL.

**tannage** [tanaʒ] *nm* tanning.

**tannant, e** [tanɑ̃, ɑ̃t] *adj* **-1.** [produit] tanning. **-2.** *fam* [importun] annoying; [énervant] maddening; **ce que tu peux être** ~ **avec tes questions!** you're a real pain with all these questions!

**tanné, e** [tane] *adj* **-1.** [traité – cuir] tanned. **-2.** [hâlé – peau] weathered, weather-beaten.

◆ **tannée** *nf* **-1.** [écorce] tanbark. **-2.** ▽ [correction] hiding, thrashing; **prendre une** ~**e** to get a hiding. **-3.** ▽ [défaite humiliante] drubbing, trouncing; **il a pris** ou **s'est ramassé une** ~**e aux présidentielles** he got well and truly thrashed in the presidential election.

**tanner** [3] [tane] *vt* **-1.** [traiter – cuir] to tan. **-2.** [hâler – peau] to tan. **-3.** *fam* [harceler] to pester, to hassle.

**tannerie** [tanri] *nf* **-1.** [établissement] tannery. **-2.** [industrie, opérations] tanning.

**tanneur, euse** [tanœr, øz] *nm, f* tanner.

**tannin** [tanɛ̃] = **tanin.**

**tant** [tɑ̃] ◇ *adv* **-1.** [avec un verbe]: **il l'aime** ~ he loves her so much; **il a** ~ **travaillé sur son projet** he's worked so hard on his project; [en corrélation avec 'que']: **ils ont** ~ **fait qu'ils ont obtenu tout ce qu'ils voulaient** they worked so hard that they ended up getting everything they wanted; **j'ai** ~ **crié que je suis enroué** I shouted so much that I've lost my voice❑ ~ **va la cruche à l'eau (qu'à la fin elle se casse)** *prov* the pitcher will go to well once too often. **-2.** [avec un participe passé]: **le jour** ~ **attendu arriva enfin** the long-awaited day arrived at last. **-3.** *sout* [introduisant la cause]: **deux personnes se sont évanouies,** ~ **il faisait chaud** it was so hot (that) two people fainted. **-4.** [exprimant une quantité imprécise] so much; ~ **de l'heure** he earns so much per hour. **-5.** [introduisant une comparaison]: ~**... que: pour des raisons** ~ **économiques que politiques** for economic as well as political reasons; **ce n'est pas** ~ **sa colère qui me fait mal que son mépris** it is not much her anger that hurts me as her contempt. **-6.** *loc*: **vous m'en direz** ~! *fam*, **tu m'en diras** ~! *fam* you don't say!; **comme il y en a** ~: **une maison de banlieue comme il y en a** ~ one of those suburban houses that you come across so often.

◇ *nm*: **suite à votre lettre du** ~ with reference to your letter of such and such a date; **vous serez payé le** ~ **de chaque mois** you'll be paid on such and such a date every month.

◆ **en tant que** *loc conj* **-1.** [en qualité de] as. **-2.** [dans la mesure où] as long as.

◆ **tant bien que mal** *loc adv* after a fashion; **le moteur est reparti,** ~ **bien que mal** somehow, the engine started up again.

◆ **tant de** *loc dét* **-1.** [tellement de] *(suivi d'un nom non comptable)* so much, such; *(suivi d'un nom comptable)* so many; ~ **de gens** so many people ‖ [en corrélation avec 'que']: **elle a** ~ **de travail qu'elle n'a même plus le temps de faire les courses** she has so much work that she doesn't even have the time to go shopping anymore; **vous m'avez reçu avec** ~ **de générosité que je ne sais quoi dire** you've made me so welcome that I'm lost for words; ~ **d'années ont passé que j'ai oublié** so many years have gone by that I've forgotten. **-2.** [exprimant une quantité imprécise]: **il y a** ~ **de lignes par page** there are so many lines to a page.

◆ **tant et plus** *loc adv* over and over again, time and time again.

◆ **tant et si bien que** *loc conj*: **ils ont fait** ~ **et si bien qu'ils ont réussi** they worked so hard that they succeeded; ~ **et si bien que je ne lui parle plus** so much so that we're no longer on speaking terms.

◆ **tant il est vrai que** *loc conj*: **il s'en remettra,** ~ **il est vrai que le temps guérit tout** he'll get over it, for it's true that time is a great healer.

◆ **tant mieux** *loc adv* good, fine, so much the better; **vous n'avez rien à payer** — ~ **mieux!** you don't have anything to pay — good ou fine!; **il est parti et c'est** ~ **mieux** he's left and just as well ou and a good thing too; ~ **mieux pour lui** good for him.

◆ **tant pis** *loc adv* never mind, too bad; **je reste,** ~ **pis s'il n'est pas content** I'm staying, too bad if he doesn't like it; ~ **pis pour lui** too bad (for him).

◆ **tant soit peu** *loc adv*: s'il est ~ soit peu intelligent, il comprendra if he is even the slightest bit intelligent, he'll understand.
◆ **tant que** *loc conj* **-1.** [autant que] as ou so much as; elle ne travaille pas ~ que les autres she doesn't work as much ou as hard as the others; manges-en ~ que tu veux have as many ou much as you like ❑ tu l'aimes ~ que ça? do you love him that much?; elle est jolie —·pas ~ que ça she's pretty — not really; il y a 15 ans — ~ que ça? that was 15 years ago — that long ago?; vous irez, tous ~ que vous êtes every last one of you will go; tous ~ que nous sommes all of us, every single ou last one of us. **-2.** [aussi longtemps que] as long as; [pendant que] while; tu peux rester ~ que tu veux you can stay as long as you like; ~ qu'on y est while we're at it; ~ que j'y pense, as-tu reçu ma carte? while I think of it, did you get my card?; ~ que ce n'est pas grave! *fam* as long as it's not serious! ❑ pourquoi pas un château avec piscine — que tu y es! why not a castle with a swimming pool while you're at it!; ~ qu'il y a de la vie, il y a de l'espoir while there's life there's hope.
◆ **tant qu'à** *loc conj*: ~ qu'à partir, autant partir tout de suite if I/you *etc* must go, I/you *etc* might as well do it right away; ~ qu'à m'expatrier, j'aime mieux que ce soit dans un beau pays if I have to go and live abroad, I'd rather go somewhere nice ❑ ~ qu'à faire: ~ qu'à faire, je préférerais du poisson I'd rather have fish if I have the choice; ~ qu'à faire, sortons maintenant we might as well go out now.
◆ **un tant soit peu** *loc adv*: si tu étais un ~ soit peu observateur if you were the least bit observant; si elle avait un ~ soit peu de bon sens if she had the slightest bit of common sense; s'il voulait être un ~ soit peu plus aimable if he would only be just the slightest ou tiniest bit more friendly.
**Tantale** [tɑ̃tal] *npr* Tantalus.
**tante** [tɑ̃t] *nf* **-1.** [dans une famille] aunt; ~ Marie Aunt Marie. **-2.** ▽ [homosexuel] fairy.
**tantième** [tɑ̃tjɛm] ◇ *adj*: la ~ partie des bénéfices so much of the profits. ◇ *nm* [part proportionnelle] proportion; [quotepart de bénéfice] director's fee ou percentage.
**tantine** [tɑ̃tin] *nf fam* aunty.
**tantinet** [tɑ̃tinɛ] *nm* tiny bit.
◆ **un tantinet** *loc adv* a tiny (little) bit.
**tantôt** [tɑ̃to] *adv* **-1.** *fam* [cet après-midi] this afternoon. **-2.** *dial* [plus tard] later; à ~ see you later. **-3.** *dial* [plus tôt] earlier.
◆ **tantôt..., tantôt** *loc corrél* sometimes..., sometimes.
**tantouze**▽ [tɑ̃tuz] *nf péj* fairy, queen.
**Tanzanie** [tɑ̃zani] *nprf*: (la) ~ Tanzania.
**tanzanien, enne** [tɑ̃zanjɛ̃, ɛn] *adj* Tanzanian.
◆ **Tanzanien, enne** *nm, f* Tanzanian.
**tao** [tao] *nm* Tao.
**TAO** (*abr de* **traduction assistée par ordinateur**) *nf* CAT.
**taoïsme** [taoism] *nm* Taoism.
**taoïste** [taoist] *adj & nmf* Taoist.
**taon** [tɑ̃] *nm* horsefly.
**tapage** [tapaʒ] *nm* **-1.** [bruit] din, uproar; faire du ~ to make a racket. **-2.** [scandale] scandal, fuss; ça a fait tout un ~ there was quite a fuss about it. **-3.** *JUR*: ~ nocturne *disturbance of the peace at night*.
**tapageur, euse** [tapaʒœr, øz] *adj* **-1.** [bruyant] noisy, rowdy. **-2.** [voyant – vêtement] showy, flashy; [– publicité] obtrusive. **-3.** [dont on parle beaucoup]: une liaison tapageuse a much-talked-about affair.
**tapageusement** [tapaʒøzmɑ̃] *adv* flashily, showily.
**tapant, e** [tapɑ̃, ɑ̃t] *adj*: je serai là à dix heures ~es I'll be there at ten o'clock sharp ou on the dot; il est rentré à minuit ~ he came home on the stroke of midnight.
**tape** [tap] *nf* **-1.** [pour punir] (little) slap, tap. **-2.** [amicale] pat; donner une petite ~ sur le dos/bras de qqn to pat sb's back/arm. **-3.** [pour attirer l'attention] tap; donner une petite ~ sur l'épaule de qqn to tap sb's shoulder.
**tapé, e** [tape] *adj* **-1.** *fam* [fou] crackers, cracked. **-2.** [fruit – abîmé] bruised. **-3.** *fam* [juste et vigoureux – réplique] smart.
◆ **tapée** *nf fam* [multitude]: une ~ de dossiers heaps of files; il y avait une ~ de photographes there was a swarm of photographers.
**tape-à-l'œil** [tapalœj] ◇ *adj inv* [couleur, bijoux, toilette]

flashy, showy. ◇ *nm inv*: c'est du ~ [objets, toilette] it's all show; il aime le ~ he likes showy things.
**tape-cul** (*pl* **tape-culs**), **tapecul** [tapky] *nm* **-1.** [tilbury] gig. **-2.** *fam* [voiture] rattletrap. **-3.** *fam* [balançoire] seesaw.
**tapée** [tape] *f* → **tapé**.
**tapement** [tapmɑ̃] *nm* **-1.** [action] tapping, drumming. **-2.** [bruit] tapping.
**tapenade** [tapɑnad] *nf* tapenade (*hors d'oeuvre made from olives, anchovies and capers, blended with olive oil and lemon juice and served on toast*).
**taper** [3] [tape] ◇ *vt* **-1.** [personne – gén] to hit; [– d'un revers de main] to slap. **-2.** [marteler – doucement] to tap; [– fort] to hammer, to bang. **-3.** [heurter]: ~ un coup à une porte to knock once on a door. **-4.** [dactylographier] to type; ~ un document à la machine to type (out) a document; ~ 40 mots à la minute to type 40 words per minute. **-5.** *TÉLÉC* [code] to dial. **-6.** ▽ [demander de l'argent à]: il m'a tapé de 300 francs he touched me for 300 francs, he cadged *Br* ou bummed *Am* 300 francs off me.
◇ *vi* **-1.** [donner un coup à quelque chose]: ~ sur [clavier] to bang ou to thump away at; [clou, pieu] to hit; [avec un marteau] to hammer (away) at; elle a tapé du poing sur la table she banged ou thumped her fist on the table; ~ dans une balle [lui donner un coup] to kick a ball; [s'amuser avec] to kick a ball around; ~ du pied ou des pieds to stamp one's foot ou feet; ~ des mains to clap one's hands. **-2.** [battre, frapper]: ~ sur qqn [une fois] to hit sb; [à coups répétés] to beat sb up; c'est un bon boxeur et il tape dur he's a good boxer and he hits hard ou packs a powerful punch ❑ se faire ~ sur les doigts to get rapped over the knuckles; la petite veste rose m'avait tapé dans l'œil *fam* I was really taken with the little pink jacket; elle lui a tapé dans l'œil dès le premier jour *fam* he fancied her from day one. **-3.** [dactylographier] to type; il tape bien/mal he types well/badly, he's a good/bad typist. **-4.** *fam* [soleil] to beat down; le vin rouge m'a tapé sur la tête the red wine knocked me out. **-5.** *fam* [critiquer]: ~ sur [personne, film] to run down (*sép*), to knock; elle s'est fait ~ dessus dans la presse ou par les journaux the newspapers really panned her. **-6.** *fam* [puiser]: ~ dans [réserves, économies] to dig into (*insép*); [tiroir-caisse] to help o.s. from.
◆ **se taper** ◇ *vp* (*emploi réciproque*) to hit each other; ils ont fini par se ~ dessus eventually, they came to blows ❑ se ~ sur le ventre▽ [être en bonnes relations] to be very close.
◇ *vpt* **-1.** *fam* [consommer – dîner, petits fours] to put away (*sép*), to scoff *Br*; [– boisson] to knock back (*sép*). **-2.** ▽ [sexuellement] to lay, to have it off with. **-3.** *fam* [subir – corvée, travail, gêneur] to get landed *Br* ou stuck with; je me suis tapé les cinq étages à pied I had to walk up the five floors. **-4.** *loc*: se ~ les cuisses *fam* [de satisfaction, de rire] to slap one's thighs; c'était à se ~ le derrière *fam* ou le cul▽ par terre it was a scream ou hoot; c'est à se ~ la tête contre les murs *fam* it's enough to drive you stark raving mad; se ~ la cloche *fam* to have a blow-out *Br*, to pig out. ◇ *vpi*: se ~ sur les cuisses [de satisfaction, de rire] to slap one's thighs; je m'en tape▽ I don't give a damn (about it); tu peux (toujours) te ~!▽ you can whistle for it!
**tapette** [tapɛt] *nf* **-1.** [petite tape] pat, tap. **-2.** [piège à souris] mousetrap. **-3.** ▽ *péj* [homosexuel] poof *Br*, fag *Am*. **-4.** [contre les mouches] flyswatter; [pour les tapis] carpet beater.
**tapeur, euse** [tapœr, øz] *nm, f fam* cadger *Br*, scrounger, mooch *Am*.
**tapi, e** [tapi] *adj* **-1.** [accroupi] crouching, hunched up; [en embuscade] lurking. **-2.** *litt* [blotti, dissimulé] lurking, skulking, lying low. **-3.** [retiré] buried, shut away.
**tapin**▽ [tapɛ̃] *nm*: faire le ~ to be on the game *Br*, to work the streets *Am*.
**tapiner**▽ [3] [tapine] *vi* to be on the game *Br*, to work the streets *Am*.
**tapinois** [tapinwa]
◆ **en tapinois** *loc adv* (entrer, se glisser) sneakily, furtively.
**tapioca** [tapjɔka] *nm* tapioca; potage au ~ tapioca soup.
**tapir**¹ [tapir] *nm* tapir.
**tapir**² [32] [tapir]
◆ **se tapir** *vpi* **-1.** [se baisser] to crouch (down); [se dissimuler – par peur] to hide; [– en embuscade] to lurk. **-2.** *sout* [se retirer] to hide away.
**tapis** [tapi] *nm* **-1.** [pièce de tissu] carpet; ~ de bain bath

mat; ~ **de haute laine** deep-pile carpet; ~ **d'Orient** oriental carpet; ~ **de prière** prayer mat; ~ **rouge** *pr* & *fig* red carpet; ~ **de selle** saddlecloth; ~ **de sol** ground sheet; ~ **volant** flying ou magic carpet. **-2.** *litt* [couche – de feuilles, de neige] carpet. **-3.** GÉOG: ~ **végétal** plant cover. **-4.** JEUX [de billard, d'une table de jeu] cloth, baize; ~ **vert** [table de jeu] green baize; [de conférence] baize; **Tapis Vert** *game of chance organized by the French national lottery*. **-5.** SPORT [dans une salle de sport] mat; [à la boxe] canvas; **aller au ~** [boxeur] to be knocked down; **envoyer son adversaire au ~** to floor one's opponent. **-6.** TECH: ~ **roulant** [pour piétons] moving pavement *Br* ou sidewalk *Am*, travolator; ~ **transporteur** [pour bagages, pièces de montage] conveyor (belt).
◆ **sur le tapis** *loc adv* **-1.** JEUX on the table. **-2.** *fig*: l'affaire est de nouveau sur le ~ the matter is being discussed again; à quoi bon remettre toutes nos vieilles querelles sur le ~? what's the use of bringing up ou raking over all our old quarrels again?

**tapis-brosse** [tapibʀɔs] (*pl* **tapis-brosses**) *nm* doormat.

**tapisser** [3] [tapise] *vt* **-1.** [mur – avec du papier peint] to wallpaper; [– avec du tissu] to hang with material; [– avec des tentures] to hang with curtains ou drapes *Am*; [fauteuil, étagère] to cover; ~ **une cloison de posters** to cover a partition with posters. **-2.** CULIN [garnir] to line. **-3.** *litt* [couvrir – suj: bruyère, neige] to cover, to carpet; **un nid tapissé de feuilles** a nest lined with leaves. **-4.** ANAT & BOT to line.

**tapisserie** [tapisʀi] *nf* **-1.** [art, panneau] tapestry; **les ~s des Gobelins** the Gobelins tapestries ❑ **faire ~** [dans une réunion] to be left out; [au bal] to be a wallflower. **-2.** [petit ouvrage] tapestry; **faire de la ~** to do tapestry ou tapestrywork ❑ **point de ~** canvas stitch. **-3.** [papier peint] wallpaper (*U*); **refaire les ~s d'une chambre** to repaper a bedroom. **-4.** [métier] tapestry-making.

**tapissier, ère** [tapisje, ɛʀ] *nm, f* **-1.** [fabricant] tapestrymaker. **-2.** [vendeur] upholsterer. **-3.** [décorateur] interior decorator.

**tapotement** [tapɔtmɑ̃] *nm* [avec les doigts] tapping; [avec la main] patting.

**tapoter** [3] [tapɔte] ◇ *vt* **-1.** [dos, joue] to pat; [surface] to tap. **-2.** [air de musique] to bang out. ◇ *vi* **-1.** [tambouriner] to tap; **elle tapotait sur la table avec un crayon** she was drumming (on) the table with a pencil. **-2.** [jouer médiocrement]: **il tapotait sur le vieux piano** he was banging out a tune on the old piano.

**tapuscrit** [tapyskri] *nm* typescript.

**taquet** [takɛ] *nm* **-1.** [cale – de meuble] wedge; [– de porte] wedge, stop. **-2.** CONSTR [coin en bois] (wood) angle block; [d'une porte] catch. **-3.** NAUT cleat. **-4.** TECH [d'une machine à écrire] tabulator stop.

**taquin, e** [takɛ̃, in] ◇ *adj* teasing; **il est un peu ~ par moments** he's a bit of a tease sometimes. ◇ *nm, f* [personne] teaser, tease.
◆ **taquin** *nm* JEUX puzzle consisting of sliding plates in a frame which have to be arranged in a set order.

**taquiner** [3] [takine] *vt* **-1.** [faire enrager] to tease. **-2.** [être légèrement douloureux] to bother. **-3.** *fam loc*: ~ **le piano/violon** to play the piano/violin a bit; ~ **le goujon** to do a bit of fishing.
◆ **se taquiner** *vp* (*emploi réciproque*) to tease each other.

**taquinerie** [takinʀi] *nf* **-1.** [action] teasing. **-2.** [parole]: **cesse tes ~s** stop teasing.

**tarabiscoté, e** [taʀabiskɔte] *adj* **-1.** [bijou] overornate. **-2.** [style, phrases] fussy, affected. **-3.** [explication, récit] complicated, involved, convoluted.

**tarabuster** [3] [taʀabyste] *vt* **-1.** [houspiller – personne] to pester, to badger. **-2.** [tracasser] to bother.

**tarama** [taʀama] *nm* taramasalata.

**taratata** [taʀatata] *interj fam* [exprime – la méfiance, l'incrédulité] nonsense, rubbish; [– la contrariété] fiddlesticks.

**taraud** [taʀo] *nm* [pour filetage] tap, screw tap.

**tarauder** [3] [taʀode] *vt* to tap, to thread.

**tard** [taʀ] *adv* **-1.** [à la fin de la journée, d'une période] late; **il se fait ~** it's getting late; ~ **dans la matinée/l'après-midi** late in the morning/afternoon. **-2.** [après le moment fixé ou opportun] late; **les magasins restent ouverts ~** the shops stay open late ou keep late opening hours; **c'est trop ~** it's too

late; **plus ~** later; **il est arrivé encore plus ~ que moi** he came in even later than I did; **je m'en occuperai un peu plus ~** I'll deal with it a little later; **nous parlions de lui pas plus ~ que ce matin** we were talking about him only ou just this morning; **elle est venue ~ à la danse classique** she was a latecomer to ballet.
◆ **au plus tard** *loc adv* at the latest.
◆ **sur le tard** *loc adv* late (on) in life.

**tarder** [3] [taʀde] *vi* **-1.** [être lent à se décider – personne] to delay; **je n'aurais pas dû tant ~** I shouldn't have left it so late ou have put it off so long; **ne pars pas maintenant — j'ai déjà trop tardé** don't go now — I should be gone already. **-2.** [être long à venir – événement] to be a long time coming, to take a long time to come; **sa décision n'a pas tardé** his decision wasn't long coming; **ça ne tardera plus maintenant** it won't be long now; **je t'avais dit qu'on le reverrait, ça n'a pas tardé!** I told you we'd see him again, we didn't have to wait long!; **la réponse tardait à venir** the answer took a long time to come; **un conflit ne tardera pas à éclater entre les deux pays** it won't be long before the two countries enter into conflict ‖ [mettre du temps – personne]: **elle devrait être rentrée, elle ne va pas ~** she should be back by now, she won't be long; **il a trop tardé à donner son accord** he waited too long before giving his approval; **ne pas ~ à:** **nous ne tarderons pas à le savoir** we'll soon know; **elle n'a pas tardé à se rendre compte que...** it didn't take her long to realize that..., she soon realized that...
◆ **il tarde** *v impers*: **il me tarde d'avoir les résultats** I'm longing to get the results; **il nous tarde tant que tu reviennes** we are so longing for your return.
◆ **sans (plus) tarder** *loc adv* without delay; **partons sans plus ~** let's leave without further delay.

**tardif, ive** [taʀdif, iv] *adj* **-1.** [arrivée, heure] late; [remords] belated, tardy *litt*. **-2.** [heure] late, advanced. **-3.** AGR late, late-developing.

**tardivement** [taʀdivmɑ̃] *adv* **-1.** [à une heure tardive] late. **-2.** [trop tard] belatedly, tardily *litt*.

**tare** [taʀ] *nf* **-1.** [défectuosité – physique] (physical) defect; [– psychique] abnormality. **-2.** *fig* defect, flaw. **-3.** COMM [perte de valeur] loss, shrinkage. **-4.** [d'une balance, d'un poids brut, d'un prix] tare.

**taré, e** [taʀe] ◇ *adj* **-1.** [gâté – fruit] imperfect. **-2.** [atteint d'une tare] abnormal. **-3.** [corrompu] corrupt. **-4.** *fam* [fou] soft in the head, touched, mad; [imbécile] stupid. ◇ *nm, f* **-1.** MÉD imbecile. **-2.** [vicieux] pervert. **-3.** *fam* [fou] loony, nutter; [imbécile] moron, idiot.

**tarentelle** [taʀɑ̃tɛl] *nf* tarantella.

**tarentule** [taʀɑ̃tyl] *nf* (European) tarantula.

**tarer** [3] [taʀe] *vt* COMM to tare.

**targette** [taʀʒɛt] *nf* small bolt.

**targuer** [3] [taʀge]
◆ **se targuer de** *vp* + *prép sout* [se vanter de] to boast about ou of; [s'enorgueillir de] to pride o.s. on; **il se targue de connaître plusieurs langues** he claims he knows ou to know several languages; **un risque que je me targue d'avoir pris** a risk I'm proud to have taken ou I pride myself on having taken.

**tarif** [taʀif] *nm* **-1.** [liste de prix] price list; [barème] rate, rates; ~ **douanier** customs rate; ~ **postal** postal ou postage rates; **il est payé au ~ syndical** he's paid the union rate; **augmentation du ~ horaire** increase in ou of the hourly rate. **-2.** [prix pratiqué]: **quel est votre ~?, quels sont vos ~s?** [femme de ménage, baby-sitter, mécanicien, professeur particulier] how much do you charge?; [conseiller, avocat] what fee do you charge?, what are your fees?; **quel est le ~ courant pour une traduction?** what's the usual ou going rate for translation? ❑ ~ **heures creuses/pleines** [gaz, électricité] off-peak/full tariff rate; **le ~ étudiant est de 40 F** the price for students is 40 F; **à plein ~** TRANSP full-fare; LOISIRS full-price; **à ~ réduit** TRANSP reduced-fare; LOISIRS reduced-price; ~ **réduit le lundi** reduced price on Mondays; **'~ réduit pour étudiants'** 'concessions for students'. **-3.** *fam* [sanction] fine, penalty; **10 jours de prison, c'est le ~** 10 days in the cooler is what it's usually worth ou what you usually get.

**tarifaire** [taʀifɛʀ] *adj* [disposition, réforme] tariff (*modif*).

**tarifé, e** [taʀife] *adj* fixed-price.

**tarifer** [3] [taʀife] *vt* [marchandises] to fix the price of.

**tarification** [tarifikasjɔ̃] *nf* pricing.

**tarin**▽ [tarɛ̃] *nm* [nez] hooter *Br*, conk *Br*, shnozz *Am*.

**tarir** [32] [tarir] ◊ *vi* **-1.** [cesser de couler] to dry up, to run dry. **-2.** *sout* [pleurs] to dry (up). **-3.** [s'épuiser – conversation] to dry up; [– enthousiasme, inspiration] to dry up, to run dry; ne pas ~ de to be full of, to bubble with; ne pas ~ d'éloges sur qqn to be full of praise for sb; elle ne tarissait pas de détails she gave a wealth of detail; ne pas ~ sur: les journaux ne tarissent pas sur la jeune vedette the papers are full of stories about the young star. ◊ *vt* **-1.** [assécher – puits, source] to dry up *(insép)*. **-2.** *sout* [faire cesser – pleurs] to dry. **-3.** [épuiser – fortune, inspiration] to dry up *(insép)*.
◆ **se tarir** *vpi* **-1.** [mare, puits] to dry up; [rivière] to run dry. **-2.** [inspiration, enthousiasme, fortune] to dry up, to peter out.

**tarissable** [tarisabl] *adj*: une source ~ a spring which can dry up.

**tarmac** [tarmak] *nm* tarmac.

**tarot** [taro] *nm* **-1.** JEUX [carte, jeu] tarot; jouer au ~ to play tarot. **-2.** [cartomancie] Tarot, tarot.

**tarse** [tars] *nm* tarsus.

**tarsien, enne** [tarsjɛ̃, ɛn] *adj* tarsal.

**tartan** [tartɑ̃] *nm* tartan.

**Tartan**® [tartɑ̃] *nm* Tartan®.

**tartare** [tartar] ◊ *adj* **-1.** HIST Tatar, Tartar. **-2.** CULIN tartar, tartare. ◊ *nm* CULIN steak tartare.
◆ **Tartare** *nmf* HIST Tartar.

**tarte** [tart] ◊ *nf* **-1.** CULIN tart; ~ aux pommes apple tart ou pie; ~ aux prunes/fraises plum/strawberry tart ❑ ~ à la crème CULIN custard pie ou tart; [cliché] stock reply, cliché; humour ~ à la crème custard pie humour *Br*, slapstick; ~ Tatin *upside-down apple tart*. **-2.** ▽ [gifle] clip, clout. **-3.** *fam loc*: c'est pas de la ~ it's easier said than done, it's no picnic. ◊ *adj fam* **-1.** [ridicule – personne] plain-looking *Br*, plain *Br*, homely *Am*; [– chapeau, robe] naff *Br*, stupid-looking; ce que tu as l'air ~! you look a (real) idiot! **-2.** [stupide – personne] dim, dumb *Am*; [– film, histoire, roman] daft, dumb *Am*.

**tartelette** [tartəlɛt] *nf* tartlet, little tart.

**Tartempion** [tartɑ̃pjɔ̃] *npr fam* so-and-so.

**tartine** [tartin] *nf* **-1.** CULIN slice of bread; une ~ de beurre/pâté a slice of bread and butter/with pâté. **-2.** *fam & fig*: c'est juste une carte postale, pas la peine d'en mettre une ~ ou des ~s it's only a postcard, there's no need to write your life story.

**tartiner** [3] [tartine] *vt* **-1.** CULIN to spread; sors le beurre et tartine les toasts take the butter out and spread it on the toast. **-2.** *fam & fig* to churn out; il a fallu qu'elle tartine des pages et des pages she had to write page after page.

**tartre** [tartr] *nm* **-1.** [dans une bouilloire, une machine à laver] fur, scale. **-2.** [sur les dents] tartar. **-3.** [sur un tonneau] tartar, argol.

**tartré, e** [tartre] *adj* tartarized.

**tartrique** [tartrik] *adj* tartaric.

**tartuf(f)e** [tartyf] *nm* hypocrite, Tartuffe *litt*.

**tas** [ta] *nm* [amoncellement – de dossiers, de vêtements] heap, pile; [– de sable, de cailloux] heap; [– de planches, de foin] stack; mettre en ~ [feuilles, objets] to pile ou to heap up; faites des petits ~ de pâte shape the dough into small mounds; ~ de fumier dung heap; ~ d'ordures rubbish *Br* ou garbage *Am* heap; son vieux ~ de boue *fam* ou ferraille *fam* his rusty old heap ❑ un ~ ou des ~ de [beaucoup de] a lot of; ~ de paresseux/menteurs! *fam* you lazy/lying lot! *Br*, you bunch of lazybones/liars!
◆ **dans le tas** *loc adv fam* **-1.** [dans un ensemble]: il y aura bien quelqu'un dans le ~ qui pourra me renseigner one of them's bound to be able to tell me; l'armoire est pleine de vêtements, tu en trouveras bien un ou deux qui t'iront dans le ~ the wardrobe's full of clothes, you're bound to find something there that will fit you. **-2.** [au hasard]: la police a tiré/tapé dans le ~ the police fired into the crowd/hit out at random.
◆ **sur le tas** *fam* ◊ *loc adj* **-1.** [formation] on-the-job. **-2.** CONSTR on-site. ◊ *loc adv* **-1.** [se former] on the job; il a appris son métier sur le ~ he learned his trade as he went along. **-2.** CONSTR [tailler] on site.

**Tasmanie** [tasmani] *npr f*: (la) ~ Tasmania.

**tasmanien, enne** [tasmanjɛ̃, ɛn] *adj* Tasmanian.

◆ **Tasmanien, enne** *nm, f* Tasmanian.

**tasse** [tas] *nf* **-1.** [récipient] cup; ~ à café coffee cup; ~ à thé teacup. **-2.** [contenu] cup, cupful; ajouter deux ~s de farine add two cupfuls of flour; voulez-vous une ~ de thé? would you like a cup of tea?; ce n'est pas ma ~ de thé it is not my cup of tea.

**tassé, e** [tase] *adj* **-1.** [serrés – voyageurs] packed ou crammed in. **-2.** [ratatiné, voûté – personne] wizened.
◆ **bien tassé, e** *loc adj fam* **-1.** [café] strong; [scotch, pastis] stiff; [verre] full (to the brim), well-filled. **-2.** [dépassé – âge]: elle a soixante ans bien ~s she's sixty if she's a day. **-3.** [féroce – remarque] well-chosen; [grave – maladie] bad, nasty.

**tasseau, x** [taso] *nm* MENUIS [de lattis] brace, strut; [de tiroir] batten, strip.

**tassement** [tasmɑ̃] *nm* **-1.** [affaissement – de neige, de terre] packing down. **-2.** [récession] slight drop, downturn; un ~ des voix de gauche aux dernières élections a slight fall in the numbers of votes for the left in the last elections. **-3.** BOURSE easing, falling back. **-4.** CONSTR subsidence. **-5.** MÉD: ~ de vertèbres compression of the vertebrae.

**tasser** [3] [tase] ◊ *vt* **-1.** [neige, terre] to pack ou to tamp down *(sép)*. **-2.** [entasser] to cram, to squeeze; tasse les vêtements dans le sac press the clothes down in the bag. **-3.** [faire paraître plus petit] to shrink; cette robe la tasse that dress makes her look dumpy. **-4.** SPORT to box in *(sép)*. ◊ *vi* HORT to thicken.
◆ **se tasser** *vpi* **-1.** [s'effondrer – fondations, terrain] to subside. **-2.** [se voûter – personne] to shrink. **-3.** [s'entasser – voyageurs, spectateurs] to cram, to squeeze up; en se tassant on peut tenir à quatre à l'arrière (de la voiture) if we squeeze up, four of us can get in the back (of the car). **-4.** *fam* [s'arranger – situation] to settle down. **-5.** [ralentir – demande, vente] to fall, to drop; [– production] to slow down; le marché des valeurs s'est tassé the securities market has levelled off.

**taste-vin** [tastəvɛ̃] *nm inv* [tasse] taster (cup).

**tata** [tata] *nf* **-1.** *langage enfantin* [tante] aunty, auntie. **-2.** ▽ *péj* [homosexuel] poofter *Br*, fag *Am*.

**tatami** [tatami] *nm* tatami.

**tatane**▽ [tatan] *nf* shoe.

**Tataouine-les-Bains** [tatawinlebɛ̃] *npr fam archetypal French seaside town*.

**tâter** [3] [tate] *vt* **-1.** [fruit, membre, tissu] to feel. **-2.** *fig* [sonder]: ~ le terrain to see how the land lies; tâte le terrain avant de leur faire une proposition put some feelers out before making them an offer; tu lui as demandé une augmentation? — non, mais j'ai tâté le terrain did you ask him for a rise? — no, but I tried to sound him out. **-3.** [tester – personne] to sound out *(sép)*; ~ l'opinion to sound out attitudes, to put out feelers.
◆ **tâter de** *v + prép* **-1.** *hum* [nourriture, vin] to try, to taste. **-2.** [faire l'expérience de]: elle a déjà tâté de la prison she's already had a taste of prison; il a tâté de plusieurs métiers he's tried his hand at several jobs.
◆ **se tâter** ◊ *vp (emploi réfléchi)* [après un accident] to feel o.s.; se ~ la jambe/le bras to feel one's leg/one's arm. ◊ *vpi* to be in *Br* ou of *Am* two minds; je ne sais pas si je vais accepter, je me tâte encore I don't know whether I'll accept, I haven't made up my mind (about it) yet.

**tâte-vin** [tatvɛ̃] = taste-vin.

**Tati**® [tati] *npr name of a chain of cut-price stores*.

**tatillon, onne** [tatijɔ̃, ɔn] *fam* ◊ *adj* [vétilleux] pernickety. ◊ *nm, f* [personne] nitpicker, fusspot.

**tâtonnant, e** [tatɔnɑ̃, ɑ̃t] *adj* **-1.** [personne] groping. **-2.** [style] hesitant; nos recherches sont encore ~es our research is still proceeding by trial and error.

**tâtonnement** [tatɔnmɑ̃] *nm*: avancer par ~s *pr* to grope one's way along; *fig* to proceed by trial and error; nous n'en sommes encore qu'aux ~s we're still trying to find our way.

**tâtonner** [3] [tatɔne] *vi* **-1.** [pour marcher] to grope ou to feel one's way (along); [à la recherche de qqch] to grope about ou around. **-2.** [hésiter] to grope around; [expérimenter] to proceed by trial and error.

**tâtons** [tatɔ̃]
◆ **à tâtons** *loc adv* **-1.** [à l'aveuglette]: avancer à ~ to grope

ou to feel one's way along; **elle chercha l'interrupteur à ~** she felt ou groped around for the switch. **-2.** *fig*: c'est un domaine nouveau, nous devons avancer à ~ it's a new field, we have to feel our way (along).

**tatou** [tatu] *nm* armadillo.

**tatouage** [tatwaʒ] *nm* **-1.** [action] tattooing; **se faire faire un ~** to get tattooed. **-2.** [dessin] tattoo; **il est couvert de ~s** he's tattooed all over.

**tatouer** [6] [tatwe] *vt* [dessin, personne] to tattoo.

**tatoueur** [tatwœr] *nm* tattoo artist, tattooist.

**taudis** [todi] *nm* slum, hovel; **c'est un vrai ~ chez lui!** his place is a real slum ou pigsty!

**taulard, e**▽ [tolar, ard] *nm, f arg crime* convict, jailbird.

**taule**▽ [tol] *nf* **-1.** [prison] nick *Br*, clink; **elle a fait un an de ~** she did a one year stretch (inside). **-2.** [chambre] pad.
◆ **en taule**▽ *loc adv* inside.

**taulier, ère**▽ [tolje, ɛr] *nm, f* owner ou boss *(of a hotel or restaurant)*.

**taupe** [top] *nf* **-1.** ZOOL [mammifère] mole; [poisson] porbeagle; **vieille ~** *fam* old hag ou bat. **-2.** [fourrure] moleskin. **-3.**▽ *arg scol* second year of a two-year entrance course for the Science sections of the Grandes Écoles. **-4.** ▽ *arg mil* sapper. **-5.** *fam* [agent secret] mole. **-6.** TRAV PUBL mole.

**taupière** [topjɛr] *nf* [piège] mole trap.

**taupin** [topɛ̃] *nm arg scol pupil preparing for entry to the Science sections of the Grandes Écoles.*

**taupinière** [topinjɛr], **taupinée** [topine] *nf* [monticule] molehill; [tunnel] (mole) burrow.

**taureau, x** [tɔro] *nm* bull; **~ de combat** fighting bull; **il a un cou de ~** he's got a neck like a bull; **son frère a une force de ~** his brother is as strong as an ox; **prendre le ~ par les cornes** to take the bull by the horns.

**Taureau, x** [tɔro] *npr m* **-1.** ASTRON Taurus. **-2.** ASTROL Taurus; **elle est ~** she's (a) Taurus ou a Taurean.

**taurillon** [tɔrijɔ̃] *nm* bull calf.

**taurin, e** [tɔrɛ̃, in] *adj* bull-fighting.

**tauromachie** [tɔrɔmaʃi] *nf* bullfighting, tauromachy *spéc*.

**tautologie** [totɔlɔʒi] *nf* tautology.

**tautologique** [totɔlɔʒik] *adj* tautological.

**taux** [to] *nm* **-1.** [tarif] rate. **-2.** [proportion] rate; **~ d'échec/de réussite** failure/success rate; **~ de mortalité/natalité** death/birth rate; **~ de fécondité** reproduction rate. **-3.** COMM rate; **~ d'escompte** discount rate. **-4.** ÉCON: **à quel ~ prêtent-ils?** what is their lending rate? ❏ **~ de base bancaire** bank base lending rate; **~ de change** exchange rate; **~ de croissance** growth rate; **~ d'inflation** inflation rate; **~ d'intérêt** interest rate, rate of interest. **-5.** INDUST: **~ horaire** hourly rate. **-6.** MÉD [d'albumine, de cholestérol] level; **son ~ d'invalidité est de 50 %** he's 50% disabled.

**taveler** [24] [tavle] *vt* **-1.** [fruit] to mark. **-2.** [peau] to speckle.
◆ **se taveler** *vpi* [fruit] to become marked.

**taverne** [tavɛrn] *nf* **-1.** HIST inn, public house. **-2.** *Can* [bistrot] tavern.

**tavernier, ère** [tavɛrnje, ɛr] *nm, f* HIST innkeeper.

**taxable** [taksabl] *adj* ÉCON taxable, liable to duty.

**taxation** [taksasjɔ̃] *nf* **-1.** FIN taxation, taxing *(U)*; **~ d'office** estimation of tax *(in the case of failure to file a tax return)*. **-2.** JUR [réglementation – des prix] statutory price fixing; [– des salaires] statutory wage fixing.

**taxe** [taks] *nf* **-1.** FIN tax; **toutes ~s comprises** inclusive of tax ❏ **~ sur le chiffre d'affaires** sales ou turnover tax; **~ de luxe** luxury tax; **~ à la valeur ajoutée** value added tax. **-2.** ADMIN tax; **~ foncière** property tax; **~ d'habitation** *tax paid on residence,* ≃ council tax *Br*; [pour un particulier] local (property) tax.

**taxer** [3] [takse] *vt* **-1.** ÉCON & FIN to tax; **~ les disques à 10 %** to tax records at 10%, to put a 10% tax on records. **-2.** [accuser]: **~ qqn de** to accuse sb of, to tax sb with; **vous m'avez taxé d'hypocrisie** you accused me of being a hypocrite. **-3.** [qualifier]: **on l'a taxé d'opportuniste** he's been called an opportunist. **-4.** *fam* [emprunter] to cadge.

**taxi** [taksi] *nm* **-1.** [voiture] taxi, cab. **-2.** *fam* [conducteur] cabby, taxi ou cab driver; **faire le ~** to be a taxi driver. **-3.** *(comme adj; avec ou sans trait d'union)*: **avion-~** taxi plane.

**taxi-brousse** [taksibrus] *(pl* **taxis-brousse)** *nm Afr* bush taxi.

**taxidermie** [taksidɛrmi] *nf* taxidermy.

**taxidermiste** [taksidɛrmist] *nmf* taxidermist.

**taxi-girl** [taksigœrl] *(pl* **taxi-girls)** *nf* taxi-dancer, hostess *(hired for dancing)*.

**taximètre** [taksimɛtr] *nm* taximeter.

**taxinomie** [taksinɔmi] *nf* taxonomy.

**Taxiphone**® [taksifɔn] *nm* public phone, pay-phone.

**taxiway** [taksiwe] *nm* taxiway, taxi strip ou track.

**taxonomie** [taksɔnɔmi] = **taxinomie**.

**taylorisme** [tɛlɔrism] *nm* Taylorism.

**TB, tb** *(abr écrite de* **très bien)** vg.

**TBE, tbe** *(abr écrite de* **très bon état)** vgc.

**Tchad** [tʃad] *npr m*: **le ~** Chad; **le lac ~** Lake Chad.

**tchadien, enne** [tʃadjɛ̃, ɛn] *adj* Chadian.
◆ **Tchadien, enne** *nm, f* Chadian.

**tchador** [tʃadɔr] *nm* chador, chuddar.

**Tchaïkovski** [tʃajkɔfski] *npr* Tchaikovsky.

**tchao** [tʃao] *fam* = **ciao**.

**tchécoslovaque** [tʃekɔslɔvak] *adj* Czechoslovakian, Czechoslovak.
◆ **Tchécoslovaque** *nmf* Czechoslovakian, Czechoslovak.

**Tchécoslovaquie** [tʃekɔslɔvaki] *npr f*: **(la) ~** Czechoslovakia.

**Tchekhov** [tʃekɔf] *npr*: **Anton ~** Anton Chekhov.

**tchèque** [tʃɛk] *adj* Czech.
◆ **Tchèque** *nmf* Czech.

**Tchernobyl** [tʃɛrnɔbil] *npr* Chernobyl.

**tchin-tchin** [tʃintʃin] *interj fam* cheers.

**TD** *(abr de* **travaux dirigés)** *nmpl* **-1.** SCOL *supervised practical work.* **-2.** UNIV *university class where students do exercises set by the teacher.*

**TdF** *(abr de* **Télévision de France)** *npr French broadcasting authority.*

**te** [tə] *(devant voyelle ou h muet* **t'** [t]) *pron pers (2ᵉ pers sg)* **-1.** [avec un verbe pronominal]: **tu te lèves tard** you get up late; **tu te prends pour qui?** who do you think you are?; **tu vas te faire mal** you'll hurt yourself. **-2.** [complément] you; **elle t'a envoyé un colis** she's sent you a parcel; **elle t'est devenue indispensable** she has become indispensable to you; **ne te laisse pas faire** don't let yourself be pushed around. **-3.** *fam* [emploi expressif]: **je te l'ai envoyé balader, celui-là!** I sent HIM packing!

**té** [te] ◇ *nm* **-1.** [équerre] T-square. **-2.** MENUIS tee. ◇ *interj dial*: **té! voilà Martin!** hey, here comes Martin!
◆ **en té** *loc adj* T-shaped.

**technicien, enne** [tɛknisjɛ̃, ɛn] ◇ *adj* [esprit, civilisation] technically-oriented. ◇ *nm, f* **-1.** [en entreprise] technician, engineer; **il est ~ en informatique** he's a computer technician. **-2.** [dans un art, un sport]: **c'est une excellente ~ne mais elle gagne peu de matchs** she's got an excellent technique ou technically speaking, she's excellent but she doesn't win many matches.

**technicité** [tɛknisite] *nf* **-1.** [d'un mot, d'un texte] technical nature ou quality, technicality. **-2.** [avance technologique] technological sophistication; **matériel d'une haute ~** very advanced equipment. **-3.** [savoir-faire] skill.

**technico-commercial, e** [tɛknikokɔmɛrsjal, o] *(mpl* **technico-commerciaux,** *fpl* **technico-commerciales)** *adj*: **notre personnel ~** our technical salesmen ❏ **agent ~** sales technician, sales engineer.

**Technicolor**® [tɛknikɔlɔr] *nm* Technicolor®; **en ~** Technicolor *(modif)*.

**technique** [tɛknik] ◇ *adj* **-1.** [pratique] technical, practical. **-2.** [mécanique] technical; **incident ~** technical hitch. **-3.** [technologique] technical; **les progrès ~s en informatique** technical advances in computer science. **-4.** [spécialisé] technical; **le sens ~ d'un mot** the technical sense ou meaning of a word. ◇ *nm* ENS: **le ~** vocational education. ◇ *nf* **-1.** [d'un art, d'un métier] technique; **la ~ de l'aquarelle** the technique of watercolour painting. **-2.** [savoir-faire] technique. **-3.** [méthode] technique; **c'est toute une ~ d'ouvrir les huîtres** there's quite an art to opening oysters; **répondre à une question par une autre question, c'est sa ~** answering a question by another question is his speciality. **-4.** [de production] technique; **~ de pointe** state-of-the-art technique.

**-5.** [applications de la science]: la ~ applied science.
**techniquement** [tɛknikmã] *adv* technically.
**technocrate** [tɛknɔkrat] *nmf* technocrat.
**technocratie** [tɛknɔkrasi] *nf* technocracy.
**technocratique** [tɛknɔkratik] *adj* technocratic.
**technologie** [tɛknɔlɔʒi] *nf* **-1.** ENS technology, applied science. **-2.** [technique] technology; ~s avancées advanced technology, high technology. **-3.** [théorie] technology, technological theory, technologies.
**technologique** [tɛknɔlɔʒik] *adj* technological.
**technologue** [tɛknɔlɔg], **technologiste** [tɛknɔlɔʒist] *nmf* technologist.
**technopole** [tɛknɔpɔl] *nf large urban centre with teaching and research facilities to support development of hi-tech industries.*
**technopôle** [tɛknɔpol] *nm area specially designated to accommodate and foster hi-tech industries.*
**teck** [tɛk] *nm* teak.
♦ **en teck** *loc adj* teak *(modif).*
**teckel** [tekɛl] *nm* dachshund.
**tectonique** [tɛktɔnik] ◇ *adj* tectonic. ◇ *nf* tectonics *(U).*
**Te Deum** [tedeɔm] *nm inv* Te Deum.
**tee** [ti] *nm* SPORT tee; partir du ~ to tee off.
**teen-ager** [tinedʒœr] *(pl* **teen-agers)** *nmf* teenager.
**tee-shirt** [tiʃœrt] *(pl* **tee-shirts)** *nm* tee-shirt, T-shirt.
**Téflon**® [teflɔ̃] *nm* Teflon®.
**tégument** [tegymã] *nm* BOT & ZOOL tegument.
**Téhéran** [teerã] *npr* Tehran, Teheran.
**teignais** [tɛɲɛ] *v* → teindre.
**teigne** [tɛɲ] *nf* **-1.** ENTOM tineid. **-2.** MÉD ringworm, tinea *spéc.* **-3.** *fam* [homme] louse; [femme] vixen; quelle ~, celle-là! wretched woman! ❏ être mauvais ou méchant comme une ~ to be a nasty piece of work *Br,* to be real ornery *Am.*
**teigneux, euse** [tɛɲø, øz] ◇ *adj* **-1.** MÉD suffering from ringworm. **-2.** *fam* [hargneux] nasty, ornery *Am.* ◇ *nm, f* **-1.** MÉD ringworm sufferer. **-2.** *fam* [homme] bastard; [femme] cow *Br,* bitch.
**teindre** [81] [tɛdr] *vt* **-1.** [soumettre à la teinture] to dye; faire ~ les cheveux to have one's hair dyed. **-2.** *litt* [colorer] to tint.
♦ **se teindre** ◇ *vp (emploi passif):* c'est une étoffe qui se teint facilement it's a material which is easy to dye ou which takes dye well ou which dyes well. ◇ *vp (emploi réfléchi):* se ~ les cheveux/la barbe en roux to dye one's hair/beard red; elle se teint pour paraître plus jeune she dyes her hair to make herself look younger.
♦ **se teindre de** *vp + prép litt* [se colorer en]: au coucher du soleil, les cimes se teignent de rose et d'or at sunset, the mountaintops are tinted pink and gold.
**teint¹, e¹** [tɛ, ɛt] *pp* → teindre.
**teint²** [tɛ] *nm* [habituel] complexion; [momentané] colour, colouring; avoir le ~ pâle/jaune/mat to have a pale/sallow/matt complexion.
♦ **bon teint** *loc adj* **-1.** TEXT colour-fast. **-2.** [pur] staunch.
♦ **grand teint** *loc adj* [couleur] fast; [tissu] colour-fast.
**teinte²** [tɛt] *nf* **-1.** [couleur franche] colour; [ton] shade, tint, hue; du tissu aux ~s vives brightly coloured material. **-2.** [petit quantité – de libéralisme, de sadisme] tinge; [– d'ironie, de mépris] hint.
**teinté, e** [tɛte] *adj* **-1.** [lunettes] tinted; [verre] tinted, stained. **-2.** [bois] stained.
**teinter** [3] [tɛte] *vt* **-1.** [verre] to tint, to stain; [lunettes, papier] to tint; [boiseries] to stain. **-2.** [mêler] to tinge; son amitié était teintée de pitié her friendship was tinged with pity, there was a hint of pity in her friendship. **-3.** [colorer] to tint; le soleil couchant teintait le lac de rose the setting sun gave the lake a pinkish tinge.
♦ **se teinter de** *vp + prép* **-1.** [se colorer en]: se ~ d'ocre to take on an ochre tinge ou hue. **-2.** *fig* [être nuancé de] to be tinged with; [se nuancer de] to become tinged with.
**teinture** [tɛtyr] *nf* **-1.** [action] dyeing; se faire faire une ~ to have one's hair dyed. **-2.** [produit] dye. **-3.** PHARM tincture; ~ d'arnica/d'iode tincture of arnica/of iodine. **-4.** *sout* [connaissance superficielle] smattering.
**teinturerie** [tɛtyrri] *nf* **-1.** [activité] dyeing. **-2.** [boutique] dry cleaner's.

**teinturier, ère** [tɛtyrje, ɛr] *nm, f* [qui nettoie] dry cleaner; [qui colore] dyer.
**tek** [tɛk] = teck.
**tel** [tɛl] *(f* **telle,** *mpl* **tels,** *fpl* **telles)** ◇ *dét (adj indéf)* **A.** EMPLOYÉ SEUL **-1.** [avec une valeur indéterminée]: ~ jour, ~ endroit, à telle heure on such and such a day, at such and such a place, at such and such a time; il m'a demandé de lui acheter ~ et ~ livres he asked me to buy him such and such books; pourrais-tu me conseiller ~ ou ~ plat? could you recommend any particular dish?; cela peut se produire dans telle ou telle circonstance it can happen under certain circumstances. **-2.** [semblable] such; je n'ai rien dit de ~ I never said such a thing, I said nothing of the sort; un ~ homme peut être dangereux a man like that can be dangerous; il était médecin et comme ~, il avait des passe-droits he was doctor and as such he had special dispensations; il n'est pas avare, mais il passe pour ~ he's not mean, but people think he is; en tant que ~ as such. **-3.** [ainsi]: telle fut l'histoire qu'il nous raconta such was the story he told us; telle avait été sa vie, telle fut sa fin as had been his/her life, such was his/her death ❏ pourquoi ça? — parce que ~ est mon bon plaisir! *hum* and why is that? — because I say so! **-4.** [introduisant un exemple, une énumération, une comparaison] like; des métaux ~s le cuivre et le fer metals such as copper and iron; les révolutionnaires qui, ~ Danton, croyaient à la démocratie the revolutionaries who, like Danton, believed in democracy; elle a filé ~ l'éclair she shot off like a bolt of lightning ❏ ~ père, ~ fils *prov* like father, like son *prov.* **-5.** [en intensif] such; c'est un ~ honneur pour nous... it is such an honour for us...
**B.** EN CORRÉLATION AVEC 'QUE' **-1.** [introduisant une comparaison]: il est ~ que je l'ai toujours connu he's just the same as when I knew him; un homme ~ que lui a man like him; telle que je la connais, elle va être en retard knowing her, she's bound to be late; ~ que tu me vois, je viens de décrocher un rôle the person you see before you has just got a part ❏ tu prends le lot ~ que *fam* take the batch as it is; il me l'a dit ~ que! *fam* he told me just like that! **-2.** [introduisant un exemple ou une énumération]: ~ que such as, like. **-3.** [avec une valeur intensive]: son bonheur était ~ qu'il ne pouvait y croire his happiness was such that he could hardly believe it; la douleur fut telle que je faillis m'évanouir the pain was so bad that I nearly fainted; il a fait un ~ bruit qu'il a réveillé toute la maisonnée he made such a noise ou so much noise that he woke the whole house up.
◇ *pron indéf* [désignant des personnes ou des choses non précisées]: telle ou telle de ses idées aurait pu prévaloir one or other of his ideas might have prevailed; c'est en manœuvrant ~ et ~ qu'il a réussi à se faire élire he managed to get himself elected by manipulating various people ❏ ~ est pris qui croyait prendre *prov* it's the biter bitten. **-2.** [en remplacement d'un nom propre]: a-t-il rencontré un ou Un ~? did he meet so-and-so?
♦ **tel quel, telle quelle** *loc adj:* tout est resté ~ quel depuis son départ everything is just as he left it; tu peux manger les huîtres telles quelles ou avec du citron you can eat oysters on their own or with lemon.
**tél.** *(abr écrite de* **téléphone)** tel.
**Tel-Aviv** [tɛlaviv] *npr* Tel Aviv.
**télé** [tele] *nf fam* [poste, émissions] TV; il n'y a rien ce soir à la ~ there's nothing on TV ou telly tonight.
♦ **de télé** *loc adj fam* [chaîne, émission] TV *(modif).*
**téléachat** [teleaʃa] *nm* television shopping *(where articles are offered on television and ordered by telephone or Minitel®).*
**téléacheteur, euse** [teleaʃtœr, øz] *nm, f* television shopper *(who orders articles offered on television by telephone or Minitel®).*
**téléaffichage** [teleafiʃaʒ] *nm* telecontrolled signboarding.
**télébenne** [telebɛn] *nf* cable car.
**Téléboutique**® [telebutik] *nf* ≃ Telecom shop® *Br,* telephone store *Am.*
**télécabine** [telekabin] *nf* **-1.** [cabine] cable car. **-2.** [installation] cableway.
**Télécarte**® [telekart] *nf* phonecard.
**téléchargement** [teleʃarʒəma] *nm* remote loading COMPUT.
**télécommande** [telekɔmãd] *nf* **-1.** AUDIO [procédé, appareil] remote control. **-2.** [par radio] radio-control. **-3.** INF tele-command.

**télécommandé, e** [telekɔmɑ̃de] *adj* **-1.** TECH [engin, mise à feu] remote-controlled. **-2.** *fig* [ordonné de loin] masterminded OU manipulated from afar.

**télécommander** [3] [telekɔmɑ̃de] *vt* **-1.** [engin, mise à feu, télévision] to operate by remote control. **-2.** [ordonner de loin] to mastermind, to manipulate.

**télécommunication** [telekɔmynikasjɔ̃] *nf* telecommunication; les ~s telecommunications.

**téléconférence** [telekɔ̃ferɑ̃s] *nf* **-1.** [procédé] teleconferencing. **-2.** [conférence] teleconference.

**télécopie** [telekɔpi] *nf* fax; envoyer qqch par ~ to fax sthg.

**télécopier** [9] [telekɔpje] *vt* to fax.

**télécopieur** [telekɔpjœr] *nm* facsimile machine *spéc*, fax (machine).

**télécopiions** [telekɔpijɔ̃] *v* → **télécopier**.

**télédétection** [teledetɛksjɔ̃] *nf* remote sensing.

**télédiffuser** [3] [teledifyze] *vt* to broadcast (by television), to televise.

**télédiffusion** [teledifyzjɔ̃] *nf* (television) broadcasting.

**télédistribution** [teledistribysjɔ̃] *nf* cable television.

**télé-enseignement** [teleɑ̃sɛɲmɑ̃] (*pl* **télé-enseignements**) *nm* distance learning.

**téléfilm** [telefilm] *nm* film made for television.

**télégénique** [teleʒenik] *adj* telegenic; être ~ to look good on television.

**télégramme** [telegram] *nm* telegram, cable; ~ téléphoné *telegram delivered over the phone*, ≃ Telemessage® *Br*.

**télégraphe** [telegraf] *nm* telegraph.

**télégraphier** [9] [telegrafje] *vt* to cable, to telegraph; ~ qqch à qqn to cable sb sthg.

**télégraphique** [telegrafik] *adj* **-1.** TÉLÉC [poteau] telegraph (*modif*); [message] telegraphic. **-2.** *fig*: (en) langage OU style ~ (in) telegraphic language OU style.

**télégraphiste** [telegrafist] *nmf* telegrapher, telegraphist.

**téléguidage** [telegidaʒ] *nm* radio control.

**téléguidé, e** [telegide] *adj* **-1.** [piloté à distance – engin, avion] radiocontrolled. **-2.** *fig* [manipulé] manipulated.

**téléguider** [3] [telegide] *vt* **-1.** TECH [maquette] to control by radio. **-2.** [inspirer] to manipulate.

**téléimprimeur** [teleɛ̃primœr] *nm* teleprinter.

**téléinformatique** [teleɛ̃fɔrmatik] *nf* teleprocessing.

**télékinésie** [telekinezi] *nf* telekinesis.

**télémarketing** [telemarkətiŋ] *nm* telemarketing, telesales.

**télématique** [telematik] ◇ *adj* telematic. ◇ *nf* data communications, telematics (*U*).

**télématiser** [3] [telematize] *vt* to provide with telematic facilities.

◆ **se télématiser** *vp* (*emploi réfléchi*) to equip o.s. with telematic facilities.

**télémessagerie** [telemesaʒri] *nf* electronic mail, e-mail.

**téléobjectif** [teleɔbʒɛktif] *nm* telephoto (lens).

**télépathie** [telepati] *nf* telepathy; **communiquer par ~** to communicate via telepathy.

**télépathique** [telepatik] *adj* telepathic.

**téléphérique** [teleferik] *nm* cable car.

**téléphone** [telefɔn] *nm* **-1.** [instrument] phone, telephone; **repose le ~ put down the receiver** ❑ **~ à carte** cardphone; **~ de courtoisie** courtesy phone; **~ à manivelle/sans fil/à touches** magneto/cordless/pushbutton telephone; **~ public** public telephone, pay-phone; **le ~ rouge** [entre présidents] the hot line. **-2.** [installation] phone, telephone; **il a/n'a pas le ~** he's/he isn't on the phone *Br*, he has a/has no phone *Am*; **j'ai demandé à avoir le ~** I asked to have a phone put in; **installer le ~** to connect the phone ❑ **~ cellulaire** cellular phone, Cellphone®. **-3.** [service]: **le ~ marche plutôt mal chez nous** we have a rather bad telephone service. **-4.** *fam* [numéro] (phone) number.

◆ **au téléphone** *loc adv*: **je suis au ~** I'm on the phone; **je l'ai eu au ~** I talked to him on the phone.

◆ **de téléphone** *loc adj* [facture, numéro] phone (*modif*), telephone (*modif*).

◆ **par téléphone** *loc adv*: **il a réservé par ~** he phoned (in) his booking; **réservation possible par ~** phone booking available; **faites vos achats par ~** do your shopping by phone.

◆ **téléphone arabe** *nm* grapevine; **j'ai appris par le ~ arabe qu'il était rentré** I heard on the grapevine that he was back.

**téléphoné, e** [telefɔne] *adj fam* [prévisible] predictable, obvious; **des gags ~s** jokes that you can see coming a mile off.

**téléphoner** [3] [telefɔne] ◇ *vi* to make a phone call; **combien est-ce que ça coûte pour ~ en Angleterre?** how much does it cost to call England?; **ne me dérangez pas quand je téléphone** please do not disturb me when I'm on the phone; **~ à qqn** to phone sb, to call sb. ◇ *vt* to phone; **je te téléphonerai la nouvelle dès que je la connaîtrai** I'll phone and tell you the news as soon as I get it; **elle m'a téléphoné de venir les rejoindre pour dîner** she called to ask me to join them for dinner.

◆ **se téléphoner** *vp* (*emploi réciproque*) to call each other; **on se**

---

USAGE ▶ Au téléphone

| Pour appeler | Pour répondre lorsque le correspondant est joignable | Pour répondre lorsque le correspondant n'est pas joignable |
|---|---|---|
| ▷ *chez un particulier:* | ▷ *chez un particulier:* | ▷ *chez un particulier:* |
| Hello, could I speak to Mrs Jones, please? | Speaking. | I'm afraid you've got the wrong number. |
| Hello, I'd like to OR would it be possible to speak to Jane, please. | I'll just get her for you./Yes, who's calling, please? | I'm sorry, she's not here for the moment. Can I get her to call you back? |
| ▷ *chez une société:* | ▷ *chez une société:* | ▷ *chez une société:* |
| Hello, is that [Br] OU this [Am] Larousse Editorial? | Yes, how can I help? | No, I'm sorry, this is Larousse International. |
| Could I have extension 227 [two-two-seven], please? | I'm putting you through now. | I'm afraid the line is busy [Am] /engaged [Br] (at the moment). |
| Could you put me through to the accounts department, please? [Br] | Hold the line please. [Br] /Can you hold please? [Am] | I'm afraid they're all in a meeting at the moment. |
| Can you connect me to accounting, please? [Am] | The number/line is ringing for you. | The line is ringing, but I'm afraid there's no answer. Will you hold? |
| Could you put me through to Mrs Jones, please? | Certainly, may I say who's calling? [Br] | I'm afraid Mrs Jones is out of the office. Can I take a message OU Would you like to leave a message? |

| **Pour laisser un message** | **Pour prendre un message** | |
|---|---|---|
| Could you tell him I called? | Certainly. | |
| Would you ask her to call me back? | Certainly. Does she have your number? | |

téléphone, d'accord? we'll talk on the phone later, OK?

**téléphonie** [telefɔni] *nf* telephony; ~ **sans fil** wireless telephony.

**téléphonique** [telefɔnik] *adj* [message, ligne, réseau] telephone *(modif)*, phone *(modif)*; **nous avons eu un entretien** ~ we had a discussion over the phone.

**téléphoniste** [telefɔnist] *nmf* telephonist *Br*, (telephone) operator *Am*.

**téléprompteur** [teleprɔ̃ptœr] *nm* Teleprompter®, Autocue®.

**téléreportage** [teleraprtaʒ] *nm* **-1.** [émission] television report. **-2.** [activité] television reporting.

**téléreporter** [teleraprtɛr] *nm* television reporter.

**télescopage** [teleskɔpaʒ] *nm* **-1.** [de véhicules] collision. **-2.** [d'idées, de souvenirs] intermingling. **-3.** LING telescoping, blending.

**télescope** [teleskɔp] *nm* telescope.

**télescoper** [3] [teleskɔpe] *vt* [véhicule] to collide with, to crash into *(insép)*.
◆ **se télescoper** *vp (emploi réciproque)* **-1.** [véhicules] to crash into one another. **-2.** [idées, souvenirs] to intermingle.

**télescopique** [teleskɔpik] *adj* [antenne] telescopic.

**téléscripteur** [teleskriptœr] *nm* teleprinter.

**télésiège** [telesjɛʒ] *nm* chair ou ski lift.

**téléski** [teleski] *nm* drag lift, ski tow.

**téléspectateur, trice** [telespɛktatœr, tris] *nm, f* television ou TV viewer.

**télésurveillance** [telesyrvejɑ̃s] *nf* (security) telemonitoring.

**Télétel®** [teletɛl] *nm* (French) public videotex.

**Télétex®** [teletɛks] *nm* teletex.

**télétexte** [teletɛkst] *nm* teletext.

**télétraitement** [teletrɛtmɑ̃] *nm* teleprocessing.

**télétransmission** [teletrɑ̃smisjɔ̃] *nf* remote transmission.

**Télétype** [teletip] *nm* Teletype®.

**télévente** [televɑ̃t] *nf* television selling *(where articles are offered on television and ordered by telephone or Minitel®)*.

**télévisé, e** [televize] *adj* [discours, match] televised.

**téléviser** [3] [televize] *vt* to televise.

**téléviseur** [televizœr] *nm* television ou TV set.

**télévision** [televizjɔ̃] *nf* **-1.** [entreprise, système] television; **il regarde trop la** ~ he watches too much television; **les** ~**s européennes** European television companies ❑ ~ **câblée** ou **par câble** cable television; ~ **en circuit fermé** closed circuit television; **la** ~ **à péage** ou **à accès conditionnel** pay-TV; ~ **par satellite** satellite television. **-2.** [appareil] television; **allumer la** ~ to turn the television on.
◆ **à la télévision** *loc adv* on television ou TV.

**télévisuel, elle** [televizɥɛl] *adj* televisual.

**télex** [telɛks] *nm* telex; **envoyer un** ~ to (send a) telex.

**télexer** [4] [telekse] *vt* to telex.

**tellement** [tɛlmɑ̃] *adv* **-1.** [avec un adverbe, un adjectif]: **c'est** ~ **loin** it's so far; **je n'ai pas** ~ **mal** it doesn't hurt that ou so much; **il est** ~ **têtu** he's so stubborn; **c'est** ~ **mieux comme ça** it's so much better like that. **-2.** [avec un verbe]: **j'ai** ~ **pleuré!** I cried so much! ‖ [en corrélation avec 'que']: **j'en ai** ~ **rêvé que j'ai l'impression d'y être déjà allée** I've dreamt about it so much ou so often that I feel I've been there already. **-3.** [introduisant la cause]: **personne ne l'invite plus** ~ **il est ennuyeux** he's so boring (that) nobody invites him anymore; **j'ai mal aux yeux** ~ **j'ai lu** my eyes hurt from reading so much. **-4.** *loc*: **pas** ~ *fam* not really; **plus** ~ *fam* not really any more; **je n'aime plus** ~ **ça** I don't really like that any more; **des jeunes au chômage, comme on en voit** ~ **dans la rue** young people on the dole such as you often come across on the street.
◆ **tellement de** *loc dét*: **j'ai** ~ **de travail/de soucis en ce moment** I've got so much work/so many worries at the moment ‖ [en corrélation avec 'que']: **il y avait** ~ **de bruit que l'on ne s'entendait plus** there was so much noise that we could no longer hear ourselves speak; **il y a** ~ **d'hôtels que je ne sais lequel choisir** there are so many hotels that I don't know which one to choose.

**tellurien, enne** [telyrjɛ̃, ɛn] *adj* tellurian.

**tellurique** [telyrik] *adj* telluric; **courants** ~**s** telluric

currents.

**téloche** [telɔʃ] *nf fam* telly.

**téméraire** [temerɛr] *adj* **-1.** [imprudent – personne] foolhardy, rash, reckless. **-2.** [aventuré – tentative] rash, reckless. **-3.** [fait à la légère] rash.

**témérité** [temerite] *nf* **-1.** [hardiesse] boldness, temerity *litt*. **-2.** [imprudence – d'une initiative, d'une personne] foolhardiness, recklessness; [– d'un jugement] rashness.

**témoignage** [temwaɲaʒ] *nm* **-1.** JUR [action de témoigner] testimony, evidence; **faux** ~ perjury, false evidence, false witness; **faire un faux** ~ to give false evidence; **condamné pour faux** ~ found guilty of perjury ou of giving false evidence; **rendre** ~ **à qqch** [rendre hommage] to pay tribute to ou to hail ou to salute sthg; **rendre** ~ **à qqn** [témoigner publiquement en sa faveur] to testify in sb's favour. **-2.** [contenu des déclarations] deposition, (piece of) evidence; **le** ~ **du chauffeur de taxi est accablant pour elle** the taxi driver's statement is conclusive evidence against her; **porter** ~ **de qqch** to bear witness to sthg. **-3.** [preuve] gesture, expression, token; **un** ~ **d'amitié** a token of friendship; **recevoir des** ~**s de sympathie** [après un deuil] to receive messages of sympathy; [pendant une épreuve] to receive messages of support. **-4.** [récit – d'un participant, d'un observateur] (eyewitness) account; **cette pièce sera un jour considérée comme un** ~ **sur la vie des années 80** this play will one day be considered as an authentic account of life in the 80s.

**témoigner** [3] [temwaɲe] ◇ *vi* JUR to testify, to give evidence; ~ **en faveur de/contre l'accusé** to give evidence for/against the defendant; ~ **contre ses complices** to turn King's ou Queen's evidence *Br*, to turn State's evidence *Am*. ◇ *vt* **-1.** [certifier]: ~ **que** to testify that; **il a témoigné avoir passé la soirée avec l'accusé** he testified to spending the evening with the defendant. **-2.** [montrer – sympathie] to show; [– dégoût, goût] to show; [– intérêt] to show, to evince; **il ne m'a témoigné que du mépris en retour** he showed me nothing but contempt in return.
◆ **témoigner de** *v + prép* **-1.** JUR to testify to. **-2.** [indiquer – bonté, générosité, intérêt] to show, to indicate; [prouver] to show, to bear witness ou to testify to, to attest; **le problème ne fait qu'empirer, comme en témoignent ces statistiques** the problem is only getting worse, witness these statistics ou as these statistics show.

**témoin** [temwɛ̃] *nm* **-1.** JUR [qui fait une déposition] witness; **il a été cité comme** ~ he was called as a witness; **le** ~ **est à vous** your witness ❑ ~ **auriculaire** ear witness; ~ **à charge/décharge** witness for the prosecution/defence; ~ **instrumentaire** witness to a deed; ~ **oculaire** eyewitness; **faux** ~ perjurer. **-2.** [à un mariage, à la signature d'un contrat] witness; [à un duel] second; **c'est le** ~ **du marié** he's the best man; **devant** ~**s** in front of witnesses. **-3.** [spectateur] witness, eyewitness; **l'accident s'est passé sans** ~ there were no witnesses to the accident; **être** ~ **de qqch** to be witness to ou to witness sthg; **prendre qqn à** ~ to call upon sb as a witness; **Dieu/le ciel m'est** ~ **que j'ai tout fait pour l'en empêcher** as God/heaven is my witness, I did all I could to stop him. **-4.** [preuve] witness; **elle a bien mené sa carrière,** ~ **sa réussite** she has managed her career well, her success is a testimony to that. **-5.** CONSTR (plaster) telltale. **-6.** RELIG: **Témoin de Jéhovah** Jehovah's Witness. **-7.** SPORT baton; **passer le** ~ to hand over ou to pass the baton. **-8.** *(comme adj)*: **appartements** ~**s** show flats *Br*, model apartments *Am*; **groupe/sujet** ~ SC control group/subject.

**tempe** [tɑ̃p] *nf* temple; **un coup à la** ~ a blow to the side of the head; **ses** ~**s commencent à grisonner** he's going grey at the temples.

**tempérament** [tɑ̃peramɑ̃] *nm* **-1.** [caractère] temperament, disposition, nature; **ce n'est pas dans mon** ~ it's not like me, it's not in my nature; **il est d'un** ~ **plutôt anxieux** he's the worrying kind; **il est d'un** ~ **plutôt instable** he's got a rather unstable character. **-2.** [disposition physique] temperament, constitution; ~ **bilieux/sanguin** bilious/sanguine temperament; ~ **lymphatique/nerveux** lymphatic/nervous disposition ❑ **s'abîmer** *fam* ou **s'esquinter** *fam* ou **se crever**^v **le** ~ **à faire qqch** to wreck one's health doing sthg. **-3.** *fam* [sensualité] sexual nature; **être d'un** ~ **fougueux/exigeant** to be an ardent/a demanding lover. **-4.** *fam* [forte personnalité] strong-willed person. **-5.** MUS temperament.

◆ **à tempérament** ◇ *loc adj* [achat] on deferred payment. ◇ *loc adv* [acheter] on hire purchase *Br*, on an installment plan *Am*.
◆ **par tempérament** *loc adv* naturally, by nature.

**tempérance** [tɑ̃perɑ̃s] *nf* -**1.** RELIG temperance. -**2.** [sobriété] temperance, moderation.

**tempérant, e** [tɑ̃perɑ̃, ɑ̃t] *adj* temperate, sober.

**température** [tɑ̃peratyr] *nf* -**1.** MÉD & PHYSIOL temperature; avoir ou faire *fam* de la ~ to have a temperature; prendre la ~ de [patient] to take the temperature of; [assemblée, public] to gauge (the feelings of). -**2.** MÉTÉO temperature; il y eut une brusque chute de la ~ ou des ~s there was a sudden drop in temperature; on a atteint des ~s de -7° C/40° C temperatures went down to -7° C/reached 40° C. -**3.** [d'une pièce, d'une serre, d'un bain] temperature; avant d'aller nager, je prends la ~ de l'eau before going swimming, I test the water. -**4.** PHYS temperature; ~ absolue/critique/thermodynamique absolute/critical/thermodynamic temperature.

**tempère** [tɑ̃pɛr] *v →* tempérer.

**tempéré, e** [tɑ̃pere] *adj* -**1.** GÉOG [climat, région] temperate. -**2.** MUS [gamme] tempered.

**tempérer** [18] [tɑ̃pere] *vt* -**1.** *litt* [température excessive] to temper, to ease. -**2.** [atténuer – colère] to soften, to appease; [– ardeurs, passion, sévérité] to soften, to temper; tempère ton enthousiasme, je n'ai pas encore dit oui don't get carried away, I haven't said yes yet.
◆ **se tempérer** *vp (emploi réfléchi)* to restrain o.s.
◆ **se tempérer de** *vp + prép* to be softened ou tempered with.

**tempête** [tɑ̃pɛt] *nf* -**1.** MÉTÉO storm, tempest *litt*; ~ de neige snowstorm; ~ de sable sandstorm. -**2.** [troubles] storm; son livre a provoqué une véritable ~ dans les milieux politiques his book raised quite a storm in political circles ❑ une ~ dans un verre d'eau a storm in a teacup *Br*, a tempest in a teapot *Am*. -**3.** [déferlement] wave, tempest, storm; ~ d'applaudissements/de critiques/de protestations storm of applause/criticism/protest; ~ d'insultes hail of abuse.

**tempêter** [4] [tɑ̃pete] *vi* to rage, to rant (and rave); ils ne cessent de ~ contre les syndicats they're always railing against the unions.

**tempétueux, euse** [tɑ̃petɥø, øz] *adj litt* -**1.** [côte, mer] tempestuous *litt*, stormy; [courant] turbulent. -**2.** [amour, passion] tempestuous, stormy.

**temple** [tɑ̃pl] *nm* -**1.** RELIG [gén] temple; [chez les protestants] church; le Temple the Order of the Temple, the Knights Templar. -**2.** [haut lieu]: le ~ de la mode/musique the Mecca of fashion/music.

**templier** [tɑ̃plije] *nm* HIST (Knight) Templar.

**tempo** [tɛmpo] *nm* -**1.** MUS tempo. -**2.** [rythme – d'un film, d'un roman] tempo, pace; [– de la vie] pace.

**temporaire** [tɑ̃pɔrɛr] *adj* temporary.

**temporairement** [tɑ̃pɔrɛrmɑ̃] *adv* temporarily.

**temporal, e, aux** [tɑ̃pɔral, o] *adj* temporal ANAT.
◆ **temporal, aux** *nm* ANAT temporal bone.

**temporalité** [tɑ̃pɔralite] *nf litt* temporality, temporalness.

**temporel, elle** [tɑ̃pɔrɛl] *adj* -**1.** RELIG [autorité, pouvoir] temporal; [bonheur] temporal, earthly; [biens] worldly, temporal. -**2.** LING temporal.

**temporisateur, trice** [tɑ̃pɔrizatœr, tris] ◇ *adj* [politique, tendance] temporizing, delaying; [stratégie, tactique] delaying. ◇ *nm, f* temporizer.
◆ **temporisateur** *nm* INF timer.

**temporiser** [3] [tɑ̃pɔrize] *vi* to use delaying tactics, to temporize.

**temps** [tɑ̃] ◇ *nm* **A.** CLIMAT weather; quel ~ fait-il à Nîmes? what's the weather like in Nîmes?; avec le ~ qu'il fait, ça ~ in this weather; il fait un ~ gris it's overcast, the weather's dull *Br* ou gloomy; par beau ~, on voit la côte anglaise when it's fine ou on a clear day, you can see the English coast.
**B.** DURÉE -**1.** [écoulement des jours]: le ~ time; comme le ~ passe!, comme ou que le ~ passe vite! how time flies!; le Temps Old Father Time. -**2.** [durée indéterminée] time *(U)*; c'est du ~ perdu it's a waste of time; mettre du ~ à faire qqch to take time to do sthg; mettre du ~ à se décider to take a long time deciding ou to decide; je passe mon ~ à lire I spend (all) my time reading; pour passer le ~ to while away ou to pass the time; prendre du ~ to take time; ça prendra le ~ qu'il faudra ou que ça prendra *fam* it'll take as long as is needed ou as it takes; trouver le ~ long to feel time dragging by. -**3.** [durée nécessaire] time *(C)*; le ~ que: calculer le ~ que met la lumière pour aller du Soleil à la Terre to compute the time that light takes to go from the Sun to the Earth; va chercher du lait, le ~ que je fasse du thé go and get some milk while I make some tea; le ~ de: le ~ de faire qqch (the) time to do sthg; le ~ d'enfiler un manteau et j'arrive just let me put on a coat and I'll be with you; juste le ~ de les entendre just long enough to hear them; avoir le ~ de faire qqch to have (the) time to do sthg; prendre son ~ to take one's time; surtout prends ton ~! *iron* take your time, won't you?, don't hurry, will you?; prendre le ~ de faire qqch to take the time to do sthg ❑ ~ de cuisson/préparation CULIN cooking/preparation time; un ~ partiel a part-time job; un ~ plein a full-time job; travailler à ~ partiel/plein to work part-time/full-time; faire un trois quarts (de) ~ ≈ to work 30 h per week; le ~ de la réflexion the time to think. -**4.** [loisir] time *(C)*; maintenant qu'elle est à la retraite, elle ne sait plus quoi faire de son ~ now that she's retired, she doesn't know how to fill her time; avoir du ~ ou le ~ to have time; mon train est à 7 h, j'ai grandement ou tout le ~ my train is at 7, I've plenty of time (to spare); avoir tout son ~ to have all the time in the world; ne nous pressons pas, on a tout notre ~! *iron* couldn't you go (just) a little bit slower?; avoir du ~ devant soi to have time to spare ou on one's hands ❑ ~ libre free time; avoir du ~ libre to have some spare time. -**5.** [moment favorable]: il est ~: il est (grand) ~! it's high time!, it's about time!; la voilà ~ il était ~! here she is – it's about time ou and not a minute too soon ou about time too!; il était ~, le bol allait tomber that was close, the bowl was about to fall; il n'est plus ~ time's run out; il est ~ de now's the time for; il n'est plus ~ de discuter, il faut agir the time for discussion is past ou enough talking, we must act; il est ~ que tu t'inscrives you'd better enrol soon, it's time you enrolled; le ~ était venu pour moi de partir the time had come for me to ou it was time for me to leave. -**6.** [époque déterminée] time *(C)*; le ~ n'est plus aux querelles we should put quarrels behind us, the time for quarelling is past; il fut un ~ où... there was a time when...; le ~ n'est plus où... gone are the days when...; la plus grande découverte de notre ~ the biggest discovery of our time; être en avance/en retard sur son ~ to be ahead of/behind one's time; être de son ~ to move with the times; il n'était pas de son ~ [en retard] he was out of step with his time; [en avance] he was ahead of his time; dans mon jeune ~ when I was young, in my younger days; j'ai cru, un ~, que... I thought, for a while, that...; il y a un ~ pour tout there's a time for everything; elle est fidèle – ça n'aura ou ne durera qu'un ~ she's faithful – it won't last; faire son ~ [détenu, soldat] to do ou to serve one's time; la cafetière/mon manteau a fait son ~ *fam* the coffee machine's/my coat's seen better days; des idées qui ont fait leur ~ outmoded ideas; en ~ normal ou ordinaire usually, in normal circumstances; en ~ voulu in good time; en ~ utile in due time ou course; en son ~ in due course; chaque chose en son ~ there's a right time for everything. -**7.** [saison, période de l'année] time *(C)*, season; le ~ des moissons harvest (time); le ~ des cerises/pêches the cherry/peach season. -**8.** [phase – d'une action, d'un mouvement] stage; dans un premier ~ first; dans un deuxième ~ secondly; dans un troisième ~ thirdly. -**9.** INF time; ~ d'accès/d'amorçage access/start-up time; ~ partagé time sharing; ~ réel real time; traitement en ~ réel real-time processing; travailler en ~ réel to work in real time. -**10.** LING tense. -**11.** MÉCAN stroke. -**12.** MUS beat; valse à trois ~ waltz in three-four time. -**13.** RELIG: le ~ de l'avent/du carême (the season of) Advent/Lent; le ~ pascal Easter time, Eastertide. -**14.** SPORT [d'une course] time; elle a fait le meilleur ~ aux essais hers was the best time ou she was the fastest in the trials ‖ ESCRIME [durée – d'une action] time, temps; [– d'un combat] bout.

◇ *nmpl* [époque] times, days; les ~ sont durs ou difficiles! times are hard!; les ~ modernes/préhistoriques modern/prehistoric times.

◆ **à temps** *loc adv* in time.
◆ **à temps perdu** *loc adv* in one's spare time, in a spare moment.
◆ **au même temps** = en même temps.
◆ **au même temps que** = en même temps que.
◆ **au temps de** *loc prép* in ou at the time of, in the days of; **au ~ de Voltaire** in Voltaire's time ou day.
◆ **au temps jadis** *loc adv* in times past, in the old days.
◆ **au temps où, au temps que** *loc conj* in the days when, at the time when.
◆ **avec le temps** *loc adv* with the passing of time; **avec le ~, tout s'arrange** time is a great healer.
◆ **ces temps-ci** *loc adv* these days, lately.
◆ **dans ce temps-là** *loc adv* in those days, at that time.
◆ **dans le même temps** = en même temps.
◆ **dans le même temps que** = en même temps que.
◆ **dans le temps** *loc adv* before, in the old days.
◆ **dans les temps** *loc adv* on time; **être dans les ~** [pour un travail] to be on schedule ou time; [pour une course] to be within the time (limit).
◆ **de temps à autre, de temps en temps** *loc adv* from time to time, occasionally, (every) now and then.
◆ **du temps de** *loc prép*: **du ~ de Louis XIV** in the days of Louis the XIVth; **du ~ de notre père, tu n'aurais pas osé** when our father was (still) alive, you wouldn't have dared; **de mon ~, ça n'existait pas** when I was young ou in my day, there was no such thing.
◆ **du temps où, du temps que** = au temps où.
◆ **en ce temps-là** = dans ce temps-là.
◆ **en même temps** *loc adv* at the same time.
◆ **en même temps que** *loc conj* at the same time as.
◆ **en temps de** *loc prép*: **en ~ de guerre/paix** in wartime/peacetime; **en ~ de prospérité/récession** in times of prosperity/recession.
◆ **en temps et lieu** *loc adv* in due course ou time, at the proper time and place.
◆ **en un temps où** *loc conj* at a time when.
◆ **par les temps qui courent** *loc adv fam* (things being as they are) these days ou nowadays.
◆ **tout le temps** *loc adv* all the time, always; **ne me harcèle pas tout le ~!** don't keep on pestering me!
◆ **temps fort** *nm* MUS strong beat; *fig* high point, highlight.
◆ **temps mort** *nm* **-1.** BASKET-BALL & VOLLEY-BALL time-out. **-2.** *fig* lull, slack period; [dans une conversation] lull, pause.

**tenable** [tənabl] *adj* **-1.** [supportable] bearable. **-2.** [contrôlable]: **à l'approche de Noël, les enfants ne sont plus ~s** as Christmas gets nearer, the children are going wild.

**tenace** [tənas] *adj* **-1.** [obstiné – travailleur] tenacious, obstinate; [– chercheur] tenacious, dogged; [– ennemi] relentless; [– résistance, volonté] tenacious; [– refus] dogged; [– vendeur] tenacious, insistent. **-2.** [durable – fièvre, grippe, toux] persistent, stubborn; [– parfum, odeur] persistent, lingering; [– tache] stubborn; [– préjugé, impression, superstition] deep-rooted, stubborn, tenacious. **-3.** [qui adhère fortement – colle] strong; [– plante, lierre] clinging.

**ténacité** [tenasite] *nf* **-1.** [d'une personne, d'une volonté] tenacity, tenaciousness; **faire preuve de ~** to be persistent. **-2.** [d'une fièvre, d'une toux, d'une odeur] persistence; [d'une tache] stubbornness; [d'un préjugé, d'une superstition] deep-rootedness, persistence. **-3.** TECH resilience.

**tenaille** [tənaj] *nf* **-1.** **~, ~s** [de charpentier, de menuisier] pincers; [de cordonnier] pincers, nippers; [de forgeron] tongs. **-2.** [fortification] tenaille.
◆ **en tenaille(s)** *loc adv*: **prendre qqn en ~** ou **~s** to catch ou to trap sb in a pincer movement.

**tenailler** [3] [tənaje] *vt sout* [faim, soif] to gnaw; [doute, inquiétude, remords] to gnaw (at), to rack, to torment; **être tenaillé par la faim/par le remords** to be racked with hunger/tormented by remorse.

**tenancier, ère** [tənãsje, ɛr] *nm, f* **-1.** [d'un café, d'un hôtel, d'une maison de jeu] manager. **-2.** [fermier] tenant farmer. **-3.** HIST (feudal) tenant.

**tenant, e** [tənã, ãt] *nm, f* SPORT: **~ (du titre)** titleholder.
◆ **tenant** *nm* [d'une doctrine, d'une idéologie, d'un principe] supporter, upholder.
◆ **tenants** *nmpl* [d'une terre] adjacent parts, abuttals JUR; **les ~s et les aboutissants** [d'une affaire] the ins and outs, the full details.

◆ **d'un (seul) tenant** *loc adj* all in one block.

**tendance** [tãdãs] *nf* **-1.** [disposition, propension] tendency, propensity, leaning; **avoir ~ à** to tend to, to have a tendency to; **tu as un peu trop ~ à croire que tout t'est dû** you're too inclined to think that the world owes you a living. **-2.** [orientation, évolution – gén] trend; [– d'un créateur] leanings; [– d'un livre, d'un discours] drift, tenor; **les nouvelles ~s de l'art/la mode** the new trends in art/fashion; **les ~s de l'automne** VÊT the autumn fashions || *(comme adj)*: **une très ~** a very fashionable cut. **-3.** [position, opinion] allegiance, leaning, sympathy; **un parti de ~ libérale** a party with liberal tendencies; **des partis de toutes ~s étaient représentés** the whole spectrum of political opinion was represented || [fraction d'un parti]: **la ~ centriste au sein du parti** the middle-of-the-road tendency within the party; **le groupe a décidé, toutes ~s réunies, de voter l'amendement** all the factions within the group voted in favour of supporting the amendment; **à quelle ~ appartiens-tu?** what are your political leanings?, where do your (political) sympathies lie? **-4.** BOURSE & ÉCON trend; **~ inflationniste** inflationary trend. **-5.** [résultat d'une étude] trend; **~ générale** (general) trend.

**tendanciel, elle** [tãdãsjɛl] *adj*: **une évolution ~le** a trend-setting development.

**tendancieux, euse** [tãdãsjø, øz] *adj* [film, récit, interprétation] tendentious, tendencious; [question] loaded.

**tendeur** [tãdœr] *nm* **-1.** [pour tendre – un câble] tensioner; [– une toile de tente] guy rope; [– une chaîne de bicyclette] chain adjuster. **-2.** [pour porte-bagages] luggage strap.

**tendinite** [tãdinit] *nf* tendinitis.

**tendon** [tãdõ] *nm* tendon, sinew; **~ d'Achille** Achilles' tendon.

**tendre¹** [tãdr] ◇ *adj* **-1.** [aimant – personne] loving, gentle, tender; [– voix] gentle; [– yeux] gentle, loving; [affectueux – lettre] loving, affectionate; **elle n'est pas ~ avec lui** she's hard on him. **-2.** [moelleux – viande, légumes] tender; **~ comme la rosée** (as) fresh as the morning dew. **-3.** [mou – roche, mine de crayon, métal] soft; **bois ~** softwood. **-4.** *litt* [délicat – feuillage, bourgeons] tender, delicate; [– herbe] soft. **-5.** [doux – teinte] soft, delicate; **un tissu rose/vert ~** a soft pink/green material. **-6.** [jeune] early; **nos ~s années** our early years; **âge ~, ~ enfance** early childhood; **dès sa plus ~ enfance** since his earliest childhood. ◇ *nmf* tender-hearted person.

**tendre²** [73] [tãdr] *vt* **-1.** [étirer – câble, corde de raquette] to tighten, to tauten; [– élastique, ressort] to stretch; [– corde d'arc] to draw back *(sép)*; [– arc] to bend; [– arbalète] to arm; [– voile] to stretch, to brace; [– peau d'un tambour] to pull, to stretch. **-2.** [disposer – hamac, fil à linge, tapisserie] to hang; [– collet, souricière] to set; **~ une embuscade** ou **un piège à qqn** to set an ambush ou a trap for sb □ **~ ses filets** *pr* to set one's nets; *fig* to set a trap. **-3.** [revêtir – mur] to cover; **~ une pièce de toile de jute** to cover the walls of a room with hessian. **-4.** [allonger – partie du corps]: **~ le cou** to crane ou to stretch one's neck; **elle tendit son front/sa joue à sa mère pour qu'elle l'embrasse** she offered her forehead/her cheek for her mother to kiss; **~ les bras (vers qqn)** to stretch out one's arms (towards sb); **assieds-toi, il y a un fauteuil qui te tend les bras** sit down, there's an armchair waiting for you; **vas-y, le poste de directeur te tend les bras** go ahead, the director's job is yours for the taking; **~ la main** [pour recevoir qqch] to hold out one's hand; **~ la main à qqn** [pour dire bonjour] to hold out one's hand to sb; [pour aider] to offer a helping hand to sb; [pour se réconcilier] to extend a ou the hand of friendship to sb □ **~ l'autre joue** *allusion Bible* to turn the other cheek. **-5.** [offrir, présenter] to offer. **-6.** [concentrer]: **~ sa volonté vers la réussite** to strive for success; **~ ses efforts vers un but** to strive to achieve an aim.
◆ **tendre à** *v + prép* **-1.** [avoir tendance à]: **c'est une pratique qui tend à disparaître** it's a custom which is dying out. **-2.** [contribuer à]: **cela tendrait à prouver que j'ai raison** this would seem to prove that I'm right. **-3.** [aspirer à]: **~ à la perfection** to aim at perfection. **-4.** [arriver à]: **~ à sa fin** to near an end.
◆ **tendre vers** *v + prép* **-1.** [viser à]: **~ vers la perfection** to aim at perfection, to strive towards perfection. **-2.** [approcher de]: **le rythme de la production tend vers son maxi-**

mum maximum output is close to being reached. **-3.** MATH: ~ vers zéro/l'infini to tend to zero/infinity.
◆ **se tendre** *vpi* **-1.** [courroie, câble] to tighten (up), to become taut, to tauten. **-2.** [atmosphère, relations] to become strained.

**tendrement** [tɑ̃drəmɑ̃] *adv* [embrasser, regarder, sourire] tenderly, lovingly.

**tendresse** [tɑ̃drɛs] *nf* **-1.** [attachement – d'un amant] tenderness; [– d'un parent] affection, tenderness; **avoir de la ~ pour qqn** to feel affection for sb. **-2.** [inclination, penchant]: **je n'ai aucune ~ pour les menteurs** I have no love for liars, I don't think much of liars.
◆ **tendresses** *nfpl*: **je vous envoie mille ~s ainsi qu'aux enfants** much love to you and to the children.

**tendron** [tɑ̃drɔ̃] *nm* CULIN: ~ **de veau** middle-cut breast of veal.

**tendu, e** [tɑ̃dy] ◇ *pp* → **tendre.** ◇ *adj* **-1.** [nerveux – de tempérament] tense; [– dans une situation] tense, strained, fraught; [– avant un événement, un match] keyed up, tense; **jamais, dit-il d'une voix ~e** never, he said in a strained voice. **-2.** [atmosphère] strained; [rapports] strained, fraught *Br*; [situation] tense, fraught *Br*.**-3.** [partie du corps, muscle] tensed up. **-4.** [étiré – corde, courroie] tight, taut; [– corde d'arc] drawn; [– arc] drawn, bent; [– voile, peau de tambour] stretched; **ma raquette de tennis est trop ~e/n'est pas assez ~e** my tennis racket strings are too tight/too slack. **-5.** [allongé]: **avancer le doigt ~/le poing ~/les bras ~s** to advance with pointed finger/raised fist/outstretched arms. **-6.** LING tense.

**ténèbres** [tenɛbr] *nfpl* **-1.** [nuit, obscurité] darkness *(U)*, dark *(U)*; **être plongé dans les ~** to be in total darkness. **-2.** *fig*: **les ~ de la superstition** the dark age of superstition. **-3.** RELIG Tenebrae.

**ténébreux, euse** [tenebrø, øz] ◇ *adj litt* **-1.** [forêt, maison, pièce] dark, gloomy, tenebrous *litt*; [recoin, cachot] dark, murky. **-2.** [inquiétant – intrigue, complot] dark; [– époque, situation] obscure, murky; **de ~ projets** devious plans. **-3.** [incompréhensible] mysterious, unfathomable; **une ténébreuse affaire** a shady business; **le ~ langage de la loi** the obscure language of the legal profession. **-4.** [personne, caractère] melancholic, saturnine *litt*. ◇ *nm, f hum*: **un beau ~** a tall, dark, handsome stranger.

**teneur** [tənœr] *nf* **-1.** [contenu – d'un document] content; [– d'un traité] terms; **quelle est exactement la ~ de son article?** what exactly is her article about?**-2.** CHIM content; ~ **en alcool** alcohol content, alcoholic strength. **-3.** MIN content, grade, tenor; **minerai à forte ~ en plomb** ore with a high lead content.

**ténia** [tenja] *nm* tapeworm, taenia *spéc*.

**tenir** [40] [tənir] ◇ *vt* **A.** AVOIR DANS LES MAINS **-1.** [retenir] to hold (on to); ~ **la main de qqn** to hold sb's hand; **je tenais mal la bouteille et elle m'a échappé** I wasn't holding the bottle tightly enough and it slipped. **-2.** [manier] to hold; **tu tiens mal ta raquette/ton arc** you're not holding your racket/your bow properly.
**B.** CONSERVER **-1.** [maintenir – dans une position] to hold, to keep; [– dans un état] to keep; **enlève les vis qui tiennent le panneau** undo the screws which hold the panel in place; **tiens-lui la porte, il est chargé** hold the door open for him, he's got his hands full; **tenez-lui la tête hors de l'eau** hold her head above the water; **elle tient ses chiens attachés** she keeps her dogs tied up; ~ **chaud** to keep warm; **je veux une robe qui tienne chaud** I'd like a warm dress; **tenez-le prêt (à partir)** make sure he's ready (to leave). **-2.** [garder – note] to hold; ~ **l'accord** to stay in tune; **'tenez votre droite'**[sur la route] 'keep (to the) right'; [sur un Escalator] 'keep to the right'. **-3.** *vieilli* [conserver – dans un lieu] to keep. **-4.** *Belg* [collectionner] to collect.
**C.** POSSÉDER **-1.** [avoir reçu]: ~ **qqch de qqn** [par hérédité] to get sthg from sb; **les propriétés que je tenais de ma mère** [par héritage] the properties I'd inherited from my mother. **-2.** [avoir capturé] to have caught, to have got hold of; [avoir à sa merci] to have got; **ah, ah, petit coquin, je te tiens!** got you, you little devil!; **si je tenais celui qui a défoncé ma portière!** just let me get ou lay my hands on whoever smashed in my car door!; **elle m'a tenu une heure avec ses histoires de divorce** I had to listen to her going on about

her divorce for a whole hour; **pendant que je vous tiens (au téléphone), pourrais-je vous demander un service?** since I'm speaking to you (on the phone), may I ask you a favour?**-3.** [détenir – indice, information, preuve] to have; [– contrat] to have, to have won; [– réponse, solution] to have (found ou got); **je crois que je tiens un scoop!** I think I've got a scoop!; ~ **qqch de** [l'apprendre] to have (got) sthg from; **il a eu des troubles psychologiques — de qui tenez-vous cela?** he's had psychological problems — who told you that?; **nous tenons de source sûre/soviétique que...** we have it on good authority/we hear from Soviet sources that...; ~ **qqch de** [le tirer de]: **je tiens mon autorité de l'État** I derive my power from the state; **qu'est-ce que je tiens comme rhume!** *fam* I've got a stinking *Br* ou horrible cold! ❑ **elle en tient une couche!** *fam* she's as thick as two short planks *Br*, what a dumb bell! *Am*; **il en tient une bonne ce soir** *fam* he's had a skinful *Br* ou he's three sheets to the wind tonight; **qu'est-ce qu'il tient!** *fam* [il est stupide] what a twit *Br* ou, to have won; [– réponse, solution] to have (found ou got); **je crois que je tiens un scoop!** red!; [il est enrhumé] he's got a stinking *Br* ou horrible cold!**-4.** [transmettre]: **nous vous ferons ~ une copie des documents** *sout* we will make sure you receive a copy of the documents.
**D.** CONTRÔLER, AVOIR LA RESPONSABILITÉ DE **-1.** [avoir prise sur, dominer] to hold; **quand la colère le tient, il peut être dangereux** he can be dangerous when he's angry; **la jalousie le tenait** jealousy had him in its grip, he was gripped by jealousy; **ce rhume me tient depuis deux semaines** I've had this cold for two weeks ‖ MIL to control; [avoir de l'autorité sur – classe, élève] to (keep under) control. **-2.** [diriger, s'occuper de – commerce, maison, hôtel] to run; [– comptabilité, registre] to keep; ~ **la caisse** to be at the cash desk, to be the cashier; **elle tient la rubrique artistique à «Madame»** she has a regular Arts column in 'Madame'; **le soir, il tenait le bar** at night he used to serve behind the bar; ~ **la marque** JEUX & SPORT to keep score. **-3.** [donner – assemblée, conférence, séance] to hold, to have; **le tribunal tiendra audience dans le nouveau bâtiment** the court hearings will be held in the new building. **-4.** [prononcer – discours] to give; [– raisonnement] to have; [– langage] to use; ~ **des propos désobligeants/élogieux** to make offensive/appreciative remarks; **comment peux-tu ~ un tel raisonnement?** how can you possibly think this way?**-5.** ê**tre tenu à qqch** [astreint à]: **être tenu au secret professionnel** to be bound by professional secrecy; **nous sommes tenus à la discrétion** we're obliged to be very discreet; **je me sens tenu de le prévenir** I feel morally obliged ou duty-bound to warn her. **-6.** THÉÂT [rôle] to play, to have; ~ **un rôle dans** *fig* to play a part in. **-7.** ÉQUIT [cheval] to keep in hand.
**E.** EXPRIME UNE MESURE **-1.** [occuper] to take up *(sép)*, to occupy; **le fauteuil tient trop de place** the armchair takes up too much room; ~ **une place importante** to have ou to hold an important place. **-2.** [contenir] to hold.
**F.** ÊTRE CONSTANT DANS **-1.** [résister à] (to be able) to take; **il tient l'alcool** he can take *esp Br* ou hold his drink ❑ ~ **le coup** *fam* [assemblage, vêtements] to hold out; [digue] to hold (out); [personne] (to be able) to take it; **le soir, je ne tiens pas le coup** I can't take late nights; ~ **la route** [véhicule] to have good road-holding *Br*, to hold the road well; **ton raisonnement ne tient pas la route** *fig* your argument doesn't stand up to scrutiny. **-2.** [respecter] to keep to, to stand by, to uphold; ~ **une promesse** to keep ou to fulfil a promise ‖ [s'engager dans – pari]: **je tiens la gageure** ou **le pari!** I'll take up the challenge!; **tenu!, je tiens!** JEUX you're on!
**G.** CONSIDÉRER *sout* to hold, to consider; ~ **qqn/qqch pour** to consider sb/sthg to be, to look upon sb/sthg as.
◇ *vi* **-1.** [rester en position – attaché] to hold; [– chignon] to stay up, to hold; [– bouton, trombone] to stay on; [– empilement, tas] to stay up; ~ **en place** to stay in place; **mets du gel, tes cheveux tiendront mieux** use gel, your hair'll hold its shape better; **la porte du placard ne tient pas fermée** the cupboard door won't stay shut; **tout ça tient avec de la colle** all this is held together with glue; **le porridge vous tient au corps** ou **à l'estomac** porridge keeps you going; **faire ~ qqch avec de la colle/des clous** to glue/to nail sthg into position; ~ **à** [être fixé à] to be fixed on ou to; [être contigu à] to be next to ‖ [personne]: **il ne tient pas encore bien sur sa bicyclette/ses skis/ses jambes** he's not very steady on his bike/his skis/his legs yet; **je ne tiens plus sur mes**

jambes [de fatigue] I can hardly stand up any more; cet enfant ne tient pas sur sa chaise this child can't sit still ou is always fidgeting in his chair; elle ne tient pas en place she can't sit still. **-2.** [résister – union] to last, to hold out; [– chaise, vêtements] to hold ou to last out; [– digue] to hold out; [– personne] to hold ou to last out; je ne tiens plus au soleil, je rentre I can't stand the sun any more, I'm going in; le cœur ne tiendra pas his heart won't take it; tes arguments ne tiendront pas longtemps face à la réalité your arguments won't hold for very long when faced with reality ❏ – **bon** ou **ferme** [s'agripper] to hold firm ou tight; [ne pas céder] to hold out; **tenez bon, les secours arrivent** hold ou hang on, help's on its way; **il me refusait une augmentation, mais j'ai tenu bon** he wouldn't give me a rise but I held out ou stood my ground; **le dollar tient toujours bon** the dollar is still holding firm; **ne pas y ~, ne (pas) pouvoir y ~**: **n'y tenant plus, je l'appelai au téléphone** unable to stand it any longer, I phoned him; **ça sent si bon le chocolat, je ne vais pas pouvoir y ~** there's such a gorgeous smell of chocolate, I just won't be able to resist it. **-3.** [durer, ne pas s'altérer – fleurs] to keep, to last; [– tissu] to last (well); [– beau temps] to last, to hold out; [– bronzage] to last; [– neige] to settle, to stay; **aucun parfum ne tient sur moi** perfumes don't stay on me. **-4.** [être valable, être d'actualité – offre, pari, rendez-vous] to stand; [– promesse] to hold; **ça tient toujours pour demain?** is it still on for tomorrow?; **il n'y a pas de... qui tienne**: **il n'y a pas de congé qui tienne** there's no question of having leave; **il n'y a pas de «mais ma tante» qui tienne, tu vas te coucher!** there's no 'but Auntie' about it, off to bed with you!**-5.** [pouvoir être logé] to fit; **le compte rendu tient en une page** the report takes up one page; **~ en hauteur/largeur (dans)** to fit vertically/widthwise (in); **on tient facilement à cinq dans la barque** the boat sits five in comfort; **son histoire tient en peu de mots** his story can be summed up in a few words. **-6.** loc: **en ~ pour qqn** fam to have a crush on sb; **en ~ pour qqch** fam [aimer] to be hooked on sthg; [ne considérer que] to stick to sthg; **elle en tient vraiment pour l'hypothèse de l'assassinat** she seems convinced it was murder; **tiens, tenez** [en donnant qqch] here; **tiens, tenez** [pour attirer l'attention, pour insister]: **tiens, le tonnerre gronde** listen, it's thundering; **tiens, rends-toi utile** here, make yourself useful; **tenez, je ne vous ferai même pas payer l'électricité** look, I won't even charge you for the electricity; **s'il est intéressé par le salaire? tiens, bien sûr que oui!** is he interested in the salary? you bet he is!; **tiens, tenez** [exprime la surprise, l'incrédulité]: **tiens, Bruno! que fais-tu ici?** (hello) Bruno, what are you doing here?; **tiens, je n'aurais jamais cru ça de lui** well, well, I'd never have expected it of him; **elle a refusé? tiens donc!** fam & iron she said no? you amaze me! ou surprise, surprise!; **un tiens vaut mieux que deux tu l'auras** prov a bird in the hand is worth two in the bush prov.

◆ **tenir à** v + prép **-1.** [être attaché à – personne] to care for, to be very fond of; [– objet] to be attached to; [– réputation] to care about; [– indépendance, liberté] to value; **si tu tiens à la vie... si you value your life...** ou **à ce que:** **je tiens à être eager** to do ou to be keen on doing sthg; **je tiens à être présent à la signature du contrat** I insist on being there when the contract is signed; **tu veux lui parler? — je n'y tiens pas vraiment** would you like to talk to him? — not really ou not particularly; **~ à ce que:** **je tiens à ce qu'ils aient une bonne éducation** I'm most concerned that they should have a good education; **tiens-tu à ce que cela se sache?** do you really want it to become known?; **je voudrais t'aider — je n'y tiens pas** I'd like to help you — I'd rather you didn't; **venez dîner, j'y tiens absolument!** come and have dinner, I insist!**-3.** [résulter de] to stem ou to result from, to be due to, to be caused by; **le bonheur tient parfois à peu de chose** sometimes it's the little things that give people the most happiness; **à quoi ça tient?** fam what's the reason for it?, what's it due to? ❏ **qu'à cela ne tienne** never mind, fear not hum. **-4.** (tournure impersonnelle) [être du ressort de]: **il ne tient qu'à toi de mettre fin à ce désordre** it's entirely up to you to sort out this shambles; **s'il ne tenait qu'à moi** if it was up to me ou my decision.

◆ **tenir de** v + prép **-1.** [ressembler à] to take after; **ce chien tient à la fois de l'épagneul et du setter** this dog is a sort of cross between a spaniel and a setter ❏ **elle est vraiment têtue/douée — elle a de qui ~!** she's so stubborn/gifted —

it runs in the family! **-2.** [relever de]: **sa guérison tient du miracle** his recovery is something of a miracle; **des propos qui tiennent de l'injure** remarks verging on the insulting.

◆ **se tenir** ◇ vp (emploi réciproque): **ils marchaient en se tenant la main** they were walking hand in hand; **se ~ par le cou/la taille** to have one's arms round each other's shoulders/waists.

◇ vp (emploi passif) [se dérouler – conférence] to be held, to take place; [– festival, foire] to take place.

◇ vpt: **se ~ la tête à deux mains** to hold ou to clutch one's head in one's hands.

◇ vpi **-1.** [se retenir] to hold on (tight); **se ~ à** to hold on to; [fortement] to cling to, to clutch, to grip. **-2.** [se trouver – en position debout] to stand, to be standing; [– en position assise] to sit, to be sitting ou seated; **se ~ (légèrement) en retrait** to stand back (slightly); **se ~ debout** to be standing (up); **se ~ droit** [debout] to stand up straight; [assis] to sit up straight; **tiens-toi mieux sur ta chaise** sit properly on your chair; **c'est parce que tu te tiens mal que tu as mal au dos** you get backaches because of bad posture; **se ~ aux aguets** to be on the lookout, to watch out; **se ~ coi** to remain silent. **-3.** [se conduire] to behave; **bien se ~** to behave o.s.; **mal se ~** to behave o.s. badly. **-4.** [être cohérent]: **se ~ (bien)** [argumentation, intrigue] to hold together, to stand up; [raisonnement] to hold water, to hold together; **je voudrais trouver un alibi qui se tienne** I'm looking for a plausible excuse ‖ [coïncider – indices, événements] to hang together, to be linked. **-5.** loc: **s'en ~ à:** **tenez-vous-en aux ordres** confine yourself to carrying out orders; **d'abord ingénieur puis directrice d'usine, elle ne s'en est pas tenue là** she started out as an engineer, then became a factory manager, but she didn't stop there; **ne pas se ~ de** [joie, impatience] to be beside o.s. with; **on ne se tenait plus de rire** we were in absolute fits (of laughter); **tiens-toi bien, tenez-vous bien**: **ils ont détourné, tiens-toi bien, 25 millions de francs!** they embezzled, wait for it, 25 million francs!; **elle a battu le record, tenez-vous bien, de plus de deux secondes!** she broke the previous record and by over two seconds, would you believe!

◆ **se tenir pour** vp + prép **-1.** [se considérer comme]: **je ne me tiens pas encore pour battu** I don't reckon I'm ou I don't consider myself defeated yet; **se ~ pour satisfait** to feel satisfied; **je ne me tiens pas pour un génie** I don't regard myself as ou think of myself as ou consider myself a genius. **-2.** loc: **je ne supporterai pas tes insolences, tiens-le-toi pour dit!** I'll say this only once, I won't put up with your rudeness!

**tennis** [tenis] ◇ nm **-1.** [activité] tennis; **jouer au ~** to play tennis ❏ **~ sur gazon** lawn tennis; **~ en salle** indoor tennis. **-2.** [court] (tennis) court.

◇ nmpl ou nfpl [chaussures – pour le tennis] tennis shoes; [– pour la marche] sneakers, trainers.

◆ **tennis de table** nm table tennis.

**tennisman** [tenisman] (pl **tennismen** [-men]) nm (male) tennis player.

**tenon** [tənɔ̃] nm tenon.

**ténor** [tenɔr] nm **-1.** MUS tenor. **-2.** [vedette] big name.

**tenseur** [tɑ̃sœr] ◇ adj m ANAT tensor. ◇ nm ANAT & MATH tensor.

**tensiomètre** [tɑ̃sjɔmɛtr] nm **-1.** MÉCAN tensometer, tensiometer. **-2.** MÉD sphygmomanometer. **-3.** PHYS & TEXT tensiometer.

**tension** [tɑ̃sjɔ̃] nf **-1.** [étirement] tension, tightness. **-2.** [état psychique]: **elle est dans un tel état de ~ qu'un rien la met en colère** she's so tense that the slightest thing makes her lose her temper ❏ **~ (nerveuse)** tension, strain, nervous stress. **-3.** [désaccord, conflit, difficulté] tension; **des ~s au sein de la majorité** tension ou strained relationships within the majority. **-4.** ÉLECTR tension; **basse ~** low voltage; **'danger, haute ~'** 'beware, high voltage'. **-5.** MÉD: **avoir** ou **faire** fam **de la ~** to have high blood pressure; **prendre la ~ de qqn** to check sb's blood pressure ❏ **~ artérielle** ou **vasculaire** blood pressure. **-6.** PHON tenseness. **-7.** PHYS [d'un liquide] tension; [d'un gaz] pressure.

◆ **à basse tension** loc adj ÉLECTR low-voltage, low-tension.

◆ **à haute tension** loc adj ÉLECTR high-tension.

◆ **sous tension** loc adj **-1.** ÉLECTR [fil] live; **la télécommande s'utilise quand le récepteur est sous ~** use the remote control switch when the set is in standby mode. **-2.** [nerveux] tense, under stress.

**tentaculaire** [tɑ̃takylɛr] *adj* **-1.** ZOOL tentacular. **-2.** [ville] sprawling; [industrie, structure] gigantic.

**tentacule** [tɑ̃takyl] *nm* ZOOL tentacle.

**tentant, e** [tɑ̃tɑ̃, ɑ̃t] *adj* [nourriture] tempting; [projet, pari, idée] tempting; [offre, suggestion] tempting, attractive.

**tentateur, trice** [tɑ̃tatœr, tris] ◇ *adj* [propos] tempting; [sourire, charme] alluring. ◇ *nm, f* tempter; le Tentateur RELIG the Tempter.

**tentation** [tɑ̃tasjɔ̃] *nf* **-1.** [attrait, désir] temptation; céder ou succomber à la ~ to yield to temptation; avoir ou éprouver la ~ de faire to be tempted to do. **-2.** RELIG: induire qqn en ~ to lead sb into temptation.

**tentative** [tɑ̃tativ] *nf* **-1.** [essai] attempt; faire une ~ to make an attempt; une ~ d'évasion an escape attempt, an attempted escape; une ~ de suicide a suicide attempt, an attempted suicide. **-2.** JUR: ~ de meurtre attempted murder.

**tente** [tɑ̃t] *nf* **-1.** [de camping] tent; [à une garden-party] marquee; monter une ~ to put up ou to pitch a tent; passer une semaine sous la ~ to go camping for a week ‖ [chapiteau de cirque] (circus) tent; la grande ~ the big top. **-2.** MÉD: ~ à oxygène oxygen tent.

**tenter** [3] [tɑ̃te] *vt* **-1.** [risquer, essayer] to try, to attempt; ~ une expédition de secours to mount a rescue attempt; ~ une ascension difficile to attempt a difficult climb; je vais tout ~ pour la convaincre I'll try everything to convince her; ~ de faire [chercher à faire] to try ou to attempt ou to endeavour to do ❑ ~ le diable to tempt fate; ~ (la) fortune ou la chance ou le sort to try one's luck. **-2.** [soumettre à une tentation] to tempt; le gâteau me tentait the cake looked very tempting; une petite jupe noire m'avait tentée my eye had been caught by a little black skirt; le mariage, cela ne te tente pas? don't you ever feel like getting married?; se laisser ~ to give in to temptation; il te propose une sortie, laisse-toi ~ he's offering to take you out, why not accept?; être tenté de to be tempted ou to feel inclined to.

**tenture** [tɑ̃tyr] *nf* **-1.** [tapisserie] hanging; ~ murale wall-covering. **-2.** [rideaux] curtain, drape *Am*. **-3.** [pour un service funèbre] funeral hanging.

**tenu, e**[1] [tǝny] ◇ *pp* → **tenir**. ◇ *adj* **-1.** [soigné, propre]: bien ~ tidy, well-kept; une maison mal ~e an untidy ou a badly kept house; des enfants bien/mal ~s well/poorly turned-out children; des comptes bien ~s well-kept accounts. **-2.** BOURSE [actions] firm. **-3.** MUS sustained, held. **-4.** PHON tense.

◆ **tenu** *nm* SPORT play-the-ball.

**ténu, e** [teny] *adj* **-1.** [mince – fil, pointe] fine, slender; [– voix, air, brume] thin. **-2.** [subtil – raison, distinction] tenuous.

**tenue**[2] [tǝny] *nf* **A. -1.** [d'une séance, d'un rassemblement]: ils ont interdit la ~ de la réunion dans nos locaux they banned the meeting from being held on our premises. **-2.** [gestion – d'une maison, d'un établissement] running. **-3.** AUT: ~ de route road holding; avoir une bonne ~ de route to hold the road well; avoir une mauvaise ~ de route to have poor road holding. **-4.** BOURSE [fermeté] firmness; la bonne/mauvaise ~ des valeurs the strong/poor performance of the stock market. **-5.** COMM: ~ des livres bookkeeping. **-6.** ÉQUIT [d'un cheval] stamina. **-7.** MUS holding. **-8.** PHON tenseness.

**B. -1.** [attitude corporelle] posture, position. **-2.** [comportement, conduite] behaviour; manquer de ~ to behave appallingly; voyons, un peu de ~! come now, behave yourself! **-3.** [aspect extérieur d'une personne] appearance; ils exigent de leurs employés une ~ correcte they require their employees to be smartly dressed. **-4.** [habits – gén] clothes, outfit, dress; [– de policier, de militaire, de pompier] uniform; une ~ de sport sports gear ou kit; dans ma ~ de travail in my work clothes; '~ correcte exigée' 'dress code' ❑ ~ de cérémonie, grande ~ full-dress ou dress uniform; ~ de soirée evening dress. **-5.** [rigueur intellectuelle] quality; un magazine d'une haute ~ a quality magazine. **-6.** ÉQUIT [d'un cavalier] seat. **-7.** TEXT firmness.

◆ **en grande tenue** *loc adj* MIL in full dress ou dress uniform.
◆ **en petite tenue** *loc adj* scantily dressed ou clad, in one's underwear; se promener en petite ~ to walk around with hardly a stitch on.

◆ **en tenue** *loc adj* [militaire, policier] uniformed.
◆ **en tenue légère** = **en petite tenue**.

**tequila** [tekila] *nf* tequila.

**ter** [tɛr] *adv* **-1.** [dans des numéros de rue] b. **-2.** [à répéter trois fois] three times.

**tératogène** [teratɔʒɛn] *adj* teratogenic.

**tératologique** [teratɔlɔʒik] *adj* teratological.

**tercet** [tɛrsɛ] *nm* tercet.

**térébenthine** [terebɑ̃tin] *nf* turpentine.

**Tergal**® [tɛrgal] *nm* Tergal® (*synthetic fibre made in France*).

**tergiversation** [tɛrʒiversasjɔ̃] *nf* prevarication; cessez vos ~s stop avoiding the issue ou beating about the bush.

**tergiverser** [3] [tɛrʒiverse] *vi* to prevaricate.

**terme** [tɛrm] *nm* **-1.** [dans l'espace] end, term; ils arrivèrent enfin au ~ de leur voyage they finally reached the end of their journey. **-2.** [dans le temps] end, term; sa convalescence touche à son ~ his convalescence will soon be over; parvenir à son ~ [aventure, relation] to reach its conclusion ou term; la restructuration doit aller jusqu'à son ~ the restructuring must be carried through to its conclusion; mettre un ~ à qqch to put an end to sthg. **-3.** [date-butoir] term, deadline; passé ce ~, vous devrez payer des intérêts after that date, interest becomes due. **-4.** [échéance d'un loyer] date for payment of rent; [montant du loyer] rent; l'augmentation prendra effet au ~ de janvier the increase applies to rent paid as from January; payer à ~ échu to pay at the end of the rental period; avoir plusieurs ~s de retard to be several months behind (with one's rent). **-5.** [date d'un accouchement]: le ~ est prévu pour le 16 juin the baby is due on the 16th June; elle a dépassé le ~ she is overdue. **-6.** BANQUE & BOURSE term, date for payment. **-7.** JUR term; ~ de rigueur latest due date; ~ de grâce days of grace. **-8.** [mot] term, word; ce furent ses propres ~s those were her very words; en ~s simples in plain ou simple terms; puis, elle s'exprima en ces ~s then she said this; en d'autres ~s in other words; parler de qqn en bons/mauvais ~s to speak well/ill of sb; ~ technique technical term; ~ argotique slang expression; ~ de métier professional ou technical term. **-9.** BX-ARTS, LOGIQUE & MATH term.

◆ **termes** *nmpl* **-1.** [sens littéral d'un écrit] wording (*U*), terms. **-2.** [relations] terms; être en bons/mauvais ~s avec qqn to be on friendly/bad terms with sb; nous sommes en très bons ~s we get along splendidly.

◆ **à court terme** ◇ *loc adj* [prêt, projet] short-term. ◇ *loc adv* in the short term ou run.

◆ **à long terme** ◇ *loc adj* [prêt, projet] long-term. ◇ *loc adv* in the long term ou run.

◆ **à terme** ◇ *loc adj* **-1.** BANQUE: compte à ~ *deposit account requiring notice for withdrawals*, time deposit *Am*; compte à ~ de 30 jours 30-days account; assurance à ~ term insurance. **-2.** BOURSE: opérations à ~ forward transactions; marché à ~ BOURSE forward market; [change] futures market. ◇ *loc adv* **-1.** [jusqu'à la fin] to the end, to its conclusion; conduire ou mener à ~ une entreprise to bring an undertaking to a successful conclusion, to carry an undertaking through successfully. **-2.** [tôt ou tard] sooner or later, in the end, in the long run. **-3.** COMM [à la date prévue] on credit. **-4.** FIN: acheter à ~ to buy forward. **-5.** MÉD at term; bébé né à ~ baby born at full term.

◆ **au terme de** *loc prép* [à la fin de] at the end of, in the final stage of.

◆ **aux termes de** *loc prép* [selon] under the terms of.

◆ **avant terme** *loc adv* prematurely; bébé né avant ~ premature baby; il est né six semaines avant ~ he was six weeks premature.

**terminaison** [tɛrminɛzɔ̃] *nf* **-1.** ANAT: ~s nerveuses nerve endings. **-2.** LING ending; mot à ~ en «al» word ending in 'al'.

**terminal, e, aux** [tɛrminal, o] *adj* **-1.** [qui forme l'extrémité] terminal. **-2.** [final] last, final. **-3.** MÉD terminal. **-4.** SCOL: classe ~e final year (*in a lycée*), ≃ (upper) sixth form *Br*, ≃ senior year *Am*.

◆ **terminal, aux** *nm* **-1.** INF terminal; ~ bancaire/industriel bank/manufacturing terminal; ~ portable/vocal portable/voice terminal; ~ graphique graphic terminal, graphic display device; ~ intelligent smart terminal, remote station; ~ lourd high-speed terminal; ~ point de vente point of sale terminal. **-2.** PÉTR: ~ **pétrolier** oil terminal. **-3.** TRANSP terminal.

◆ **terminale** *nf* SCOL final year (*in a lycée*), ≈ (upper) sixth form *Br*, ≈ senior year *Am*.

**terminer** [3] [tɛʀmine] *vt* **-1.** [mener à sa fin – repas, tâche, lecture] to finish (off), to end; *c'est terminé*, *rendez vos copies* time's up, hand in your papers ‖ (*en usage absolu*): *j'ai presque terminé* I've nearly finished; *pour ~, je remercie tous les participants* finally, let me thank all those who took part. **-2.** [stopper – séance, débat] to end, to close, to bring to an end *ou* a close. **-3.** [être le dernier élément de] to end; *le volume qui termine la série comprend un index* the last volume in the series includes an index; *un clip termine l'émission* the programme ends with a pop video. **-4.** [finir – plat, boisson] to finish (off), to eat up (*sép*).

◆ **(en) terminer avec** *v + prép* to finish with; *je suis bien soulagé d'en avoir terminé avec cette affaire* I'm really glad to have seen the end of this business.

◆ **se terminer** *vpi* **-1.** [arriver à sa fin – durée, période, saison] to draw to a close; *la chanson/guerre vient de se ~* the song/war has just finished; *heureusement que ça se termine, j'ai hâte de retrouver ma maison* thank God the end is in sight, I can't wait to get back home. **-2.** [se conclure]: *se ~ bien/mal* [film, histoire] to have a happy/an unhappy ending; [équipée, menée] to turn out well/disastrously; *comment tout cela va-t-il se ~?* where's it all going to end?; *leur aventure s'est terminée au poste* the adventure wound up with them down at the (police) station; *ça s'est terminé en drame* it ended in a tragedy; *l'histoire se termine par la mort du héros* the story ends with the death of the hero.

**terminologie** [tɛʀminɔlɔʒi] *nf* terminology.

**terminus** [tɛʀminys] *nm* terminus; *~! tout le monde descend!* last stop! all change!

**termite** [tɛʀmit] *nm* termite.

**termitière** [tɛʀmitjɛʀ] *nf* termite mound, termitarium *spéc*.

**ternaire** [tɛʀnɛʀ] *adj* ternary.

**terne** [tɛʀn] *adj* **-1.** [sans éclat – cheveux, regard] dull; [– teint] sallow; *les dorures sont devenues ~s* once the gilt has become tarnished over the years. **-2.** [ennuyeux] dull, dreary. **-3.** [inintéressant] dull; *un élève ~* a slow pupil.

**ternir** [32] [tɛʀniʀ] *vt* **-1.** [métal, argenterie] to tarnish; [glace] to dull. **-2.** [honneur, réputation] to tarnish, to stain, to smear; [souvenir, beauté] to cloud, to dull.

◆ **se ternir** *vpi* **-1.** [métal] to tarnish; [miroir] to dull. **-2.** [honneur, réputation] to become tarnished *ou* stained; [beauté, nouveauté] to fade; [souvenir] to fade, to grow dim.

**ternissement** [tɛʀnismɑ̃] *nm* [d'un métal] tarnishing; [d'une glace] dulling.

**ternissure** [tɛʀnisyʀ] *nf* **-1.** [condition] tarnish, tarnished appearance. **-2.** [tache] tarnished *ou* dull spot.

**terrain** [tɛʀɛ̃] *nm* **A.** SOL, TERRE **-1.** GÉOL soil, ground; *~s calcaires* limestone soil *ou* areas; *~ sédimentaire/volcanique* sedimentary/volcanic formations. **-2.** AGR soil. **-3.** [relief] ground, terrain; *~ accidenté* uneven terrain; *~ en pente* sloping ground. **B.** LIEU À USAGE SPÉCIFIQUE **-1.** CONSTR piece *ou* plot of land; *le ~ coûte cher à Genève* land is expensive in Geneva ❑ *~ à bâtir* development land (*U*), building plot; *~ loti* developed site. **-2.** AGR land; *~ cultivé/en friche* cultivated/uncultivated land. **-3.** LOISIRS & SPORT [lieu du jeu] field, pitch *Br*; [moitié défendue par une équipe] half; [installations] ground; *~ de football/rugby* football/rugby pitch *Br ou* field; *notre correspondant sur le ~* SPORT our correspondent on the spot; *~ de golf* golf course *ou* links ❑ *~ d'aventure* adventure playground; *~ de camping* campsite; *~ de jeux* playground; *~ de sports* sports field *ou* ground. **-4.** AÉRON field; *~ (d'aviation)* airfield; *~ d'atterrissage* landing field. **-5.** MIL ground; *~ d'exercice* military training ground; *~ miné* minefield ‖ (*tjrs sg*) [d'une bataille] battleground; [d'une guerre] war *ou* combat zone; *l'armée occupe le ~ conquis* the army is occupying the captured territory; *la prochaine offensive nous permettra de gagner du ~* the next offensive will enable us to gain ground. **-6.** [lieu d'un duel] duelling place. **C.** SENS ABSTRAIT **-1.** [lieux d'étude] field; *les jeunes députés n'hésitent pas à aller sur le ~* young MPs are always

---

ready to go out and meet people ❑ *un homme de ~* a man with practical experience. **-2.** [domaine de connaissances]: *être sur son ~* to be on familiar ground *fig*; *ils discutent de chiffres et je ne peux pas les suivre sur ce ~* they're discussing figures, so I'm out of my depth; *situons la discussion sur le ~ juridique/psychologique* let's discuss this from the legal/psychological angle. **-3.** [ensemble de circonstances]: *il a trouvé là un ~ favorable à ses idées* he found there a breeding ground for his ideas; *elle connaît le ~, laissons-la décider* she knows the situation, let her decide; *sonde le ~ avant d'agir* see how the land lies before making a move; *être en ~ neutre/sur un ~ glissant* to be on neutral/on a dangerous ground; *être sur un ~ mouvant* to be on shaky ground; *trouver un ~ d'entente* to find common ground. **-4.** MÉD ground; *l'enfant présente un ~ favorable aux angines* the child is susceptible to throat infections; *quand le virus trouve un ~ favorable* when the virus finds its ideal breeding conditions.

◆ **terrain vague** *nm* piece of waste ground *ou* land, empty lot *Am*.

**terrassant, e** [tɛʀasɑ̃, ɑ̃t] *adj* **-1.** [nouvelle, révélation] staggering, stunning, crushing. **-2.** [coup] staggering, crushing.

**terrasse** [tɛʀas] *nf* **-1.** [entre maison et jardin] terrace, (raised) patio; [sur le toit] (roof) terrace. **-2.** [d'un café, d'un restaurant]: *être assis à la ~* to sit outside. **-3.** [d'un jardin, d'un parc] terrace, terraced garden. **-4.** [d'une pierre, d'un marbre] terrace.

◆ **en terrasse** ◊ *loc adj* AGR terrace (*modif*). ◊ *loc adv* [consommer] outside.

**terrassement** [tɛʀasmɑ̃] *nm* TRAV PUBL excavation, excavation work, earthworks.

◆ **de terrassement** *loc adj* [travail] excavation (*modif*); [engin] earth-moving; [outil] digging.

**terrasser** [3] [tɛʀase] *vt* **-1.** [jeter à terre, renverser] to bring *ou* to strike down (*sép*). **-2.** [foudroyer] to strike down (*sép*); *être terrassé par une crise cardiaque* to be struck down by a heart attack. **-3.** [atterrer, accabler] to crush, to shatter. **-4.** TRAV PUBL to excavate, to dig.

**terrassier** [tɛʀasje] *nm* workman (*employed for excavation work*).

**terre** [tɛʀ] *nf* **A.** GLOBE **-1.** [planète]: *la Terre* the Earth ❑ *sciences de la Terre* earth sciences. **-2.** [monde terrestre] earth; *le bonheur existe-t-il sur la ~?* is there such a thing as happiness on this earth *ou* in this world?; *si je suis encore sur cette ~* if I am still alive. **B.** SOL **-1.** [surface du sol] ground; *elle souleva l'enfant de ~* she picked the child up (from the ground) ❑ *~ battue* [dans une habitation] earth *ou* hard-earth *ou* mud floor; [dans une cour] bare ground; [sur un court de tennis] clay (surface); *mettre qqn plus bas que ~* [en actes] to treat sb like dirt; [en paroles] to tear sb to shreds. **-2.** [élément opposé à la mer] land (*U*); *on les transporte par voie de ~* they are transported overland *ou* by land; *nous sommes en vue de la ~* we are in sight of land; *nous avons navigué sans nous éloigner des ~s* we sailed close to the coast; *~! NAUT* land ahoy!; *prendre ~* to make land ❑ *sur la ~ ferme* on dry land, on terra firma. **-3.** [région du monde] land; *il reste des ~s inexplorées* there are still some unexplored regions. **-4.** [pays] land, country; *la ~ de France* French soil ❑ *(la) ~ Adélie* Adelie Land; *(la) ~ de Baffin* Baffin Island; *~ d'accueil* host country; *~ d'exil* place of exile; *~ natale* native land *ou* country; *la Terre promise* the Promised Land; *la Terre sainte* the Holy Land. **-5.** [terrain] land (*U*), estate; *acheter une ~* to buy a piece of land. **-6.** [symbole de la vie rurale]: *la ~* the land, the soil; *homme de la ~* a man of the soil; *revenir à/quitter la ~* to return to/to leave the land. **-7.** ÉLECTR earth *Br*, ground *Am*; *mettre ou relier qqch à la ~* to earth *Br ou* to ground *Am* sthg. **C.** MATIÈRE **-1.** [substance – gén] earth, soil; *ne joue pas avec la ~* don't play in the dirt; *mettre ou porter qqn en ~* to bury sb ❑ *~ à vigne/à blé* soil suitable for wine-growing/for wheat; *~ de bruyère* peaty soil; *~ grasse* heavy *ou* clayey soil. **-2.** [matière première] clay, earth; *~ glaise* (brick) clay, brickearth *Br*; *~ cuite* earthenware; *en ~ cuite* earthenware (*modif*). **-3.** [pigment]: *~ de Sienne* sienna; *~ d'ombre* terra ombra, raw umber.

◆ **terres** *nfpl* [domaine, propriété] estate, estates; *vivre sur/de ses ~s* to live on/off one's estates.

◆ **à terre** *loc adv* **-1.** [sur le sol] on the ground; *frapper qqn à*

~ to strike sb when he's down. **-2.** NAUT on land; descendre à ~ to land; vous pourrez rester à ~ deux heures you may stay ashore for two hours.

◆ **en pleine terre** *loc adv* AGR in the open, in open ground.

◆ **par terre** ◇ *loc adj* [ruiné, anéanti] spoilt, wrecked; avec la pluie, notre promenade est par ~ the rain has put paid to our walk *Br* ou ruined our plans for a walk. ◇ *loc adv* [sur le plancher] on the floor; [sur le sol] on the ground; tomber par ~ to fall down; j'ai lavé par ~ *fam* I've washed the floor.

◆ **sous terre** *loc adv* **-1.** [sous le sol] underground; ils durent établir des abris sous ~ they had to build shelters underground ou underground shelters. **-2.** *loc*: j'aurais voulu être à cent pieds sous ~ ou rentrer sous ~ I wished the earth would swallow me up.

◆ **sur terre** *loc adv* **-1.** [ici-bas] on (this) earth. **-2.** *loc*: revenir ou redescendre sur ~ to come back to earth (with a bump).

**terreau, x** [tɛro] *nm* compost *(U)*.

**Terre de Feu** [tɛrdəfø] *npr f*: (la) ~ Tierra del Fuego.

**terre-neuvas** [tɛrnœva] *nm inv* **-1.** [navire] fishing boat (off Newfoundland). **-2.** [marin] fisherman (off Newfoundland).

**terre-neuve** [tɛrnœv] *nm inv* **-1.** ZOOL Newfoundland terrier. **-2.** [personne dévouée]: avoir une mentalité de ~ to be a Good Samaritan.

**Terre-Neuve** [tɛrnœv] *npr* Newfoundland.

**terre-plein** [tɛrplɛ̃] *(pl* terre-pleins) *nm* **-1.** [sur route]: ~ central central reservation *Br*, center divider strip *Am*. **-2.** CONSTR backing, (relieving) platform. **-3.** MIL terreplein.

**terrer** [4] [tɛre] *vt* **-1.** AGR & HORT [arbre, plante] to earth up *(sép)*; [recouvrir de terre] to cover over with soil; [semis] to earth over *(sép)*. **-2.** TEXT to full.

◆ **se terrer** *vpi* **-1.** [se mettre à l'abri, se cacher] to go to ground ou to earth, to lie low; [se retirer du monde] to hide away. **-2.** [dans un terrier] to go to ground ou to earth, to burrow.

**terrestre** [tɛrɛstr] *adj* **-1.** [qui appartient à notre planète] earth *(modif)*, earthly, terrestrial; la croûte ou l'écorce ~ the Earth's crust; le globe ~ the terrestrial globe. **-2.** [qui se passe sur la terre] earthly, terrestrial; durant notre vie ~ during our life on earth. **-3.** [vivant sur la terre ferme] land *(modif)*; animaux/plantes ~s land animals/plants. **-4.** [établi au sol – transport] land *(modif)*. **-5.** [d'ici-bas – joie, plaisir] worldly, earthly.

**terreur** [tɛrœr] *nf* **-1.** [effroi] terror, dread; vivre dans la ~ de to live in dread of; avoir la ~ de faire qqch to have a terror of doing sthg. **-2.** [terrorisme]: la ~ terror (tactics); la Terreur HIST the (Reign of) Terror. **-3.** [voyou]: jouer les ~s to act the bully. **-4.** [personne ou chose effrayante]: le patron est sa ~ she's terrified of the boss; le bac est sa ~ the baccalaureat exam is her constant fear.

**terreux, euse** [tɛrø, øz] *adj* **-1.** [couvert de terre – chaussure, vêtement] muddy; [– mains] dirty; [– légume] caked with soil. **-2.** [brun – couleur, teint] muddy; avoir le visage ~ to be ashen faced. **-3.** [qui rappelle la terre – odeur, goût] earthy.

**terrible** [tɛribl] ◇ *adj* **-1.** [affreux – nouvelle, accident, catastrophe] terrible, dreadful. **-2.** [insupportable – chaleur, douleur] terrible, unbearable; [– déception, conditions de vie] terrible. **-3.** [intense – bruit, vent, orage] terrific, tremendous. **-4.** [terrifiant – colère, cri, rage] terrible. **-5.** [pitoyable] terrible, awful, dreadful; ce qui est ~, c'est de dire que... the terrible thing about it is saying that...; le plus ~, c'est de savoir que... the worst thing ou part of it is knowing that... **-6.** *fam* [fantastique] terrific, great; son concert? pas ~! her concert? it was nothing to write home about! ◇ *adv fam* [très bien] great.

**terriblement** [tɛribləmɑ̃] *adv* terribly, dreadfully.

**terrien, enne** [tɛrjɛ̃, ɛn] ◇ *adj* **-1.** [qui possède des terres] landowning; noblesse ~ne landed aristocracy; propriétaire ~ landowner. **-2.** [rural] rural. ◇ *nm, f* **-1.** [habitant de la Terre] inhabitant of the Earth; [dans un récit de science-fiction] earthling. **-2.** [paysan] countryman. **-3.** [opposé au marin] landsman, landlubber *péj*.

**terrier** [tɛrje] *nm* **-1.** [abri – d'un lapin] (rabbit) hole ou burrow; [– d'un renard] earth, hole, foxhole; [– d'un blaireau] set. **-2.** [chien] terrier.

**terrifiant, e** [tɛrifjɑ̃, ɑ̃t] *adj* **-1.** [effrayant] terrifying. **-2.** *fam* [extraordinaire] amazing.

**terrifier** [9] [tɛrifje] *vt* to terrify.

**terril** [tɛril] *nm* slag heap.

**terrine** [tɛrin] *nf* **-1.** [récipient] terrine dish. **-2.** CULIN terrine; ~ de lapin rabbit terrine ou pâté.

**territoire** [tɛritwar] *nm* **-1.** GÉOG territory; sur le ~ français on French territory; en ~ ennemi in enemy territory; les ~s occupés POL the occupied territories. **-2.** ADMIN area; ~s d'outre-mer (French) overseas territories. **-3.** JUR jurisdiction. **-4.** ZOOL territory. **-5.** [secteur, fief] territory; sa chambre, c'est son ~ his room is his kingdom; défendre son ~ to defend one's patch.

**territorial, e, aux** [tɛritɔrjal, o] *adj* territorial.

◆ **territorial, aux** *nm* territorial.

◆ **territoriale** *nf* territorial army.

**territorialité** [tɛritɔrjalite] *nf* JUR territoriality; ~ des lois/de l'impôt *laws/tax regulations applying to people in a given territory.*

**terroir** [tɛrwar] *nm* **-1.** [région agricole] region; le ~ de la Beauce the Beauce region. **-2.** [campagne, ruralité] country; il a gardé l'accent du ~ he has retained his rural accent; c'est un écrivain du ~ he's a regional author; avoir un goût de ~ *fig* to be evocative ou redolent of the soil.

**terroriser** [3] [tɛrɔrize] *vt* **-1.** [martyriser] to terrorize. **-2.** [épouvanter] to terrify; l'idée de la mort la terrorise the idea of death terrifies her.

**terrorisme** [tɛrɔrism] *nm* terrorism.

**terroriste** [tɛrɔrist] *adj & nmf* terrorist.

**tertiaire** [tɛrsjɛr] ◇ *adj* **-1.** CHIM & MÉD tertiary; GÉOL: ère ~ Tertiary era. **-2.** ADMIN & ÉCON: secteur ~ tertiary sector, service industries. ◇ *nm* **-1.** GÉOL: le ~ the Tertiary era. **-2.** ADMIN & ÉCON: le ~ the tertiary sector.

**tertiairisation** [tɛrsjɛrizasjɔ̃], **tertiarisation** [tɛrsjarizasjɔ̃] *nf* expansion of the tertiary sector.

**tertio** [tɛrsjo] *adv* third, thirdly.

**tertre** [tɛrtr] *nm* **-1.** [monticule] hillock, mound. **-2.** [sépulture]: ~ (funéraire) burial mound.

**tes** [te] *pl* → **ton** *adj poss.*

**tessiture** [tesityr] *nf* tessitura.

**tesson** [tesɔ̃] *nm* [de verre, de poterie] fragment; un mur hérissé de ~s de bouteille a wall with broken glass all along the top.

**test** [tɛst] *nm* **-1.** [essai, vérification] test; soumettre qqn à un ~, faire passer un ~ à qqn to give sb a test ❑ ~ d'aptitude aptitude test; ~ du lendemain [en publicité] day after recall. **-2.** INF test; ~ automatique automatic testing. **-3.** MÉD test; ~ de grossesse pregnancy test; ~ allergologique allergy test projective; ~ cutané cutaneous reaction test; ~ de dépistage du SIDA AIDS test. **-4.** PSYCH test; ~ projectif projective test. **-5.** *(comme adj; avec ou sans trait d'union)* test *(modif)*; population ~ test population; région ~ test region. **-6.** SPORT [test-match] (rugby) test (match). **-7.** ZOOL test.

**testament** [tɛstamɑ̃] *nm* JUR will, testament; faire son ~ to make one's will; ceci est mon ~ this is my last will and testament; il peut faire son ~! *fam & fig* he'd better make (out) his will! ◇ ~ authentique ou public executed will.

**testamentaire** [tɛstamɑ̃tɛr] *adj* testamental.

**testateur, trice** [tɛstatœr, tris] *nm, f* testator.

**tester** [3] [tɛste] ◇ *vt* **-1.** [déterminer les aptitudes de – élèves] to test. **-2.** [vérifier le fonctionnement de – appareil, produit] to test. **-3.** [mettre à l'épreuve] to put to the test; elle a voulu ~ ma loyauté/sa collègue she wanted to put my loyalty/her colleague to the test. ◇ *vi* JUR to make out one's will.

**testeur** [tɛstœr] *nm* [personne, machine] tester.

**testicule** [tɛstikyl] *nm* testicle, testis *spéc.*

**testimonial, e, aux** [tɛstimɔnjal, o] *adj* testimonial.

**test-match** [tɛstmatʃ] *(pl* test-match(e)s) *nm* (rugby) test (match).

**testostérone** [tɛstɔsterɔn] *nf* testosterone.

**tétanie** [tetani] *nf* tetany.

**tétanique** [tetanik] ◇ *adj* tetanic. ◇ *nmf* tetanus sufferer.

**tétanisation** [tetanizasjɔ̃] *nf* tetanization.

**tétaniser** [3] [tetanize] *vt* **-1.** MÉD to tetanize. **-2.** [paralyser –

de peur] to petrify; [– d'étonnement] to stun.

**tétanos** [tetanos] *nm* lockjaw, tetanus *spéc*.

**têtard** [tetar] *nm* ZOOL tadpole.

**tète** [tɛt] *v* → **téter**.

**tête** [tɛt] *nf* **A.** PARTIE DU CORPS **-1.** ANAT head; la ~ haute with (one's) head held high; la ~ la première head first; de la ~ aux pieds from head to foot OU toe; avoir mal à la ~ to have a headache; avoir la ~ lourde to have a thick head *Br*, to feel fuzzy; j'ai la ~ qui tourne [malaise] my head is spinning; ne tourne pas la ~, elle nous regarde don't look round, she's watching us; dès qu'il m'a vu, il a tourné la ~ as soon as she saw me, he looked away ❑ en avoir par-dessus la ~ *fam* to be sick (and tired) of it; avoir la ~ sur les épaules to have a good head on one's shoulders; faire une grosse ~ *fam* OU la ~ au carré *fam* à qqn to smash sb's head OU face in; j'en donnerais OU j'en mettrais ma ~ à couper I'd stake my life on it; être tombé sur la ~ *fam* to have a screw loose; il ne réfléchit jamais, il fonce ~ baissée he always charges in OU ahead without thinking; se cogner OU se taper la ~ contre les murs to bang one's head against a (brick) wall; se jeter à la ~ de qqn to throw o.s. at sb. **-2.** [en référence à la chevelure, à la coiffure]: se laver la ~ to wash one's hair; ~ nue bareheaded ❑ nos chères ~s blondes [les enfants] our little darlings. **-3.** [visage, expression] face; avoir une bonne ~ to look like a nice person; ne fais pas cette ~! don't pull *Br* OU make such a long face!; il a fait une de ces ~s quand je lui ai dit! you should have seen his face when I told him!; elle n'a pas une ~ à se laisser faire she doesn't look the sort to be pushed around ❑ il a OU c'est une ~ à claques *fam* I could swing for him; ~ de nœud▼ dickhead; faire la ~ to sulk; faire la ~ à qqn to ignore sb. **-4.** [mesure] head; il a une ~ de plus que son frère he's a head taller than his brother. **-5.** CULIN head; ~ pressée *Belg* [fromage de tête] pork brawn *Br*, headcheese *Am*. **-6.** SPORT header.
**B.** SIÈGE DE LA PENSÉE **-1.** [siège des pensées, de l'imagination, de la mémoire] mind, head; il a des rêves plein la ~ he's a dreamer; une drôle d'idée m'est passée par la ~ a strange idea came into my head; se mettre dans la ~ OU que to get it into one's head that; se mettre dans la ~ OU en ~ de faire qqch to make up one's mind to do sthg ❑ une ~ bien faite *allusion Montaigne* a good mind; avoir la grosse ~ *fam* to be big-headed; avoir toute sa ~ to have all one's faculties; faire sa mauvaise ~ to dig one's heels in; avoir la ~ chaude, avoir la ~ près du bonnet to be quick-tempered; monter la ~ à qqn to give sb big ideas; monter à la ~ de qqn [succès] to go to sb's head; [chagrin] to unbalance sb; se monter la ~ to get carried away; tourner la ~ à qqn to turn sb's head; avoir la ~ vide/dure to be empty-headed/stubborn; il est ~ en l'air he's got his head in the clouds; excuse-moi, j'avais la ~ ailleurs sorry, I was thinking about something else OU I was miles away; il n'a pas de ~ [il est étourdi] he is scatterbrained OU a scatterbrain; ça m'est sorti de la ~ I forgot, it slipped my mind; il ne sait plus où donner de la ~ he doesn't know whether he's coming or going; n'en faire qu'à sa ~ to do exactly as one pleases; je le lirai à ~ reposée I'll take the time to read it in a quiet moment. **-2.** [sang-froid, présence d'esprit] head; avoir OU garder la ~ froide to keep a cool head.
**C.** PERSONNE, ANIMAL **-1.** [individu] person; plusieurs ~s connues several familiar faces; prendre une assurance sur la ~ de qqn to take out an insurance policy on sb ❑ être une ~ de lard OU de mule to be as stubborn as a mule, to be pig-headed; ~ de linotte OU d'oiseau OU sans cervelle scatterbrain; ~ de cochon bloody-minded individual; ~ couronnée crowned head; forte ~ rebel; une grosse ~ *fam* a brain; petite ~ *fam* pinhead; avoir ses ~s *fam* to have one's favourites. **-2.** [vie d'une personne] head, neck; le procureur réclame la ~ de l'accusé the prosecution is demanding the prisoner's execution ❑ jouer OU risquer sa ~ to risk one's neck; sauver sa ~ to save one's skin OU neck. **-3.** [meneur, leader] head, leader; les ~s pensantes du comité the brains of the committee. **-4.** [animal d'un troupeau] head *inv*.
**D.** PARTIE HAUTE, PARTIE AVANT, DÉBUT **-1.** [faîte] top; la ~ d'un arbre a treetop. **-2.** [partie avant] front end; la ~ du train the front of the train; mets la ~ du lit vers le nord turn the head of the bed towards the north; prendre la ~ du défilé to head OU to lead the procession; prendre la ~

[marcher au premier rang] to take the lead; [commander, diriger] to take over ❑ ~ de ligne [gén] terminus, end of the line; RAIL railhead. **-3.** [début]: faites ressortir les ~s de chapitres make the chapter headings stand out. **-4.** [dans un classement] top, head; les dix élèves qui forment la ~ de la classe the ten best pupils in the class ❑ ~ d'affiche top of the bill; ~ de série SPORT seeded player; ~ de série numéro huit number eight seed. **-5.** [extrémité – d'un objet, d'un organe] head; [– d'un os] head, caput; ~ **d'ail** head of garlic; ~ **de bielle** big end; ~ **d'épingle** pinhead; gros comme une ~ d'épingle the size of a pinhead. **-6.** ACOUST head; ~ de lecture head. **-7.** IMPR head, top. **-8.** INF head. **-9.** MIL head; ~ de pont [sur rivière] bridgehead; [sur plage] beachhead. **-10.** NUCL head; ~ chercheuse homing device; ~ nucléaire warhead.
◆ **à la tête de** *loc prép* **-1.** [en possession de]: elle s'est trouvée à la ~ d'une grosse fortune she found herself in possession of a great fortune. **-2.** [au premier rang de] at the head OU front of; à la ~ d'un groupe de mécontents heading a group of protesters. **-3.** [à la direction de] in charge of, at the head of; il est à la ~ d'un cabinet d'assurances he runs an insurance firm.
◆ **de tête** ◇ *loc adj* **-1.** [femme, homme] able. **-2.** [convoi, voiture] front *(avant n)*. **-3.** IMPR head *(modif)*. ◇ *loc adv* [calculer] in one's head; de ~ je dirais que nous étions vingt at a guess I'd say there were twenty of us.
◆ **en tête** *loc adv* **-1.** [devant]: monter en ~ to go to the front; être en ~ [gén] to be at the front; [dans une course, une compétition] to be (in the) lead. **-2.** [à l'esprit]: avoir qqch en ~ to have sthg in mind; je ne l'ai plus en ~ I can't remember it.
◆ **en tête à tête** *loc adv* alone together; dîner en ~ à ~ avec qqn to have a quiet dinner (alone) with sb.
◆ **en tête de** *loc prép* **-1.** [au début de] at the beginning OU start of; tous les mots placés en ~ de phrase the first word of every sentence. **-2.** [à l'avant de] at the head OU front of; les dirigeants syndicaux marchent en ~ du défilé the union leaders are marching at the head of the procession. **-3.** [au premier rang de] at the top of; en ~ des sondages leading the polls.
◆ **par tête** *loc adv* per head, a head, apiece.
◆ **par tête de pipe** *fam* = **par tête**.
◆ **sur la tête de** *loc prép* **-1.** [sur la personne de]: le mécontentement populaire s'est répercuté sur la ~ du Premier ministre popular discontent turned towards the Prime Minister. **-2.** [au nom de] in the name of. **-3.** [en prêtant serment]: je le jure sur la ~ de mes enfants I swear on my mother's grave.
◆ **tête brûlée** *nf* hot head.
◆ **tête de mort** *nf* **-1.** [crâne] skull. **-2.** [emblème] death's head, skull and crossbones.
◆ **tête de nègre** = **tête-de-nègre** *nf*.
◆ **tête de Turc** *nf* whipping boy, scapegoat.

**tête-à-queue** [tɛtakø] *nm inv* (180°) spin; faire un ~ to spin round, to spin 180°.

**tête-à-tête** [tɛtatɛt] *nm inv* **-1.** [réunion] tête-à-tête, private talk; avoir un ~ avec qqn to have a tête-à-tête with sb. **-2.** [sofa] tête-à-tête, vis-à-vis. **-3.** [service – à thé] tea set for two; [– à café] coffee set for two.

**tête-bêche** [tɛtbɛʃ] ◇ *adv* [lits, personnes] head to foot OU to tail. ◇ *nm inv* tête-bêche stamp.

**tête-de-loup** [tɛtdəlu] *(pl* **têtes-de-loup)** *nf* ceiling brush.

**tête-de-nègre** [tɛtdənɛgr] *(pl* **têtes-de-nègre)** ◇ *adj inv* dark brown, chocolate-brown. ◇ *nm inv* [couleur] dark brown. ◇ *nf* **-1.** CULIN chocolate-coated meringue. **-2.** BOT Boletus aereus.

**tétée** [tete] *nf* **-1.** [action de téter] feeding, breast-feeding. **-2.** [repas] feed *Br*, feeding *Am*; l'heure de la ~ feeding time *Br*, nursing time *Am*.

**téter** [8] [tete] *vt* **-1.** [sein, biberon] to suck (at); ~ sa mère to suck (at) one's mother's breast; être au ~ to breast-feed from one's mother ‖ *(en usage absolu)*: il tète encore he's still being breast-fed, he's still suckling OU *Am* nursing. **-2.** [crayon] to suck on; [pouce] to suck.

**têtière** [tɛtjɛr] *nf* **-1.** [d'un fauteuil, d'un sofa] antimacassar. **-2.** [d'une voile] head.

**tétine** [tetin] *nf* **-1.** ZOOL [mamelle] teat. **-2.** [d'un biberon] teat

*Br*, nipple *Am*; [sucette] dummy *Br*, pacifier *Am*.

**téton** [tetɔ̃] *nm* **-1.** *fam* [sein] tit. **-2.** MÉCAN stud, nipple.

**tétraèdre** [tetraɛdr] *nm* tetrahedron.

**tétralogie** [tetralɔʒi] *nf* tetralogy; 'la Tétralogie' *Wagner* '(The) Ring Cycle'.

**tétraplégie** [tetrapleʒi] *nf* quadriplegia, tetraplegia.

**tétraplégique** [tetrapleʒik] ◇ *adj* quadriplegic, tetraplegic. ◇ *nmf* quadriplegic.

**tétrapode** [tetrapɔd] ◇ *adj* tetrapod. ◇ *nm* ZOOL tetrapod.

**tétras** [tetra] *nm* grouse; grand ~ capercaillie.

**tétrasyllabe** [tetrasilab] ◇ *adj* tetrasyllabic. ◇ *nm* tetrasyllable.

**têtu, e** [tety] *adj* stubborn, obstinate; ~ comme une mule ou un âne ou une bourrique stubborn as a mule.

**teuf-teuf** [tœftœf] (*pl* teufs-teufs) *fam* ◇ *nm* [train] choochoo train. ◇ *nm* ou *nf* [vieille voiture] old banger *esp Br*, jalopy. ◇ *onomat* [bruit du train] puff-puff, choo-choo.

**teuton, onne** [tøtɔ̃, ɔn] *adj* Teutonic.
◆ **Teuton, onne** *nm, f* **-1.** HIST Teuton. **-2.** *péj* [Allemand] Jerry *injur*.

**teutonique** [tøtɔnik] *adj* Teutonic.

**texan, e** [tɛksɑ̃, an] *adj* Texan.
◆ **Texan, e** *nm, f* Texan.

**texte** [tɛkst] *nm* **-1.** [écrit] text; reportez-vous au ~ original consult the original; commenter/résumer un ~ to do a commentary on/to do a précis of a text. **-2.** [œuvre littéraire] text; les grands ~s classiques the great classical texts ou works ‖ [extrait d'une œuvre] passage; ~s choisis selected passages. **-3.** MUS [paroles d'une chanson] lyrics; CIN & THÉÂT lines. **-4.** JUR [teneur d'une loi, d'un traité] text, terms, wording; [la loi elle-même] law, act; [le traité lui-même] treaty; selon le ~ de la loi/du traité according to the terms of the law/treaty; le ~ est paru au Journal officiel the act was published in the official gazette. **-5.** IMPR [opposé aux marges, aux illustrations] text. **-6.** LING [corpus, énoncé] text. **-7.** LITTÉRAT text, work; elle a proposé son ~ à plusieurs éditeurs she sent her work to several publishers; écrire un court ~ d'introduction to write a short introduction. **-8.** SCOL & UNIV [sujet de devoir] question (*for work in class or homework*); je vais vous lire le ~ de la dissertation I'll give you the essay question ‖ ~ libre free composition.
◆ **dans le texte** *loc adv* in the original; en français dans le ~ *pr* in French in the original; *fig* to quote the very words used.

**textile** [tɛkstil] ◇ *adj* textile; fibre/verre ~ textile fibre/ glass. ◇ *nm* **-1.** [tissu] fabric, material; les ~s synthétiques synthetic ou man-made fibres. **-2.** [industrie]: le ~, les ~s the textile industry.

**texto** [tɛksto] *adv fam* word for word, verbatim.

**textuel, elle** [tɛkstɥɛl] *adj* **-1.** [conforme - à ce qui est écrit] literal, word-for-word; [– à ce qui a été dit] verbatim. **-2.** LITTÉRAT textual; analyse ~le textual analysis.
◆ **textuel** *adv fam* quote unquote; elle m'a dit qu'elle s'en fichait, ~ she told me she didn't care, those were her exact words.

**textuellement** [tɛkstɥɛlmɑ̃] *adv* word for word.

**texture** [tɛkstyr] *nf* [d'un bois, de la peau] texture.

**TF1** (*abr de* Télévision Française 1) *npr* French independent television company.

**TGV** (*abr de* train à grande vitesse) *nm* French high-speed train.

**thaï, e** [taj] *adj* Thai.
◆ **Thaï, e** *nm, f* Thai.

**thaïlandais, e** [tajlɑ̃dɛ, ɛz] *adj* Thai.
◆ **Thaïlandais, e** *nm, f* Thai; j'ai rencontré un Thaïlandais I met someone from Thailand.

**Thaïlande** [tajlɑ̃d] *npr f*: (la) ~ Thailand; le golfe de ~ the Gulf of Siam.

**thalamus** [talamys] *nm* thalamus.

**thalasso** [talaso] *nf fam abr de* thalassothérapie.

**thalassothérapie** [talasɔterapi] *nf* seawater therapy, thalassotherapy *spéc*.

**thanatos** [tanatɔs] *nm* Thanatos.

**thaumaturge** [tomatyrʒ] *nmf* thaumaturge, thaumaturgist.

**thé** [te] *nm* **-1.** [boisson] tea; faire du ~ to make (a pot of) tea; prendre le ~ to have tea; boire du ~ to drink tea ❑ ~

de Chine/Ceylan China/Ceylon tea; ~ noir/vert black (leaf)/green tea; ~ citron lemon tea *Br*, tea with lemon; ~ au lait tea with milk; ~ à la menthe mint tea; ~ nature tea without milk. **-2.** [feuilles] tea, tea-leaves; une cuillerée de ~ a spoonful of tea. **-3.** [réception] tea party; [repas] (afternoon) tea. **-4.** BOT tea, tea-plant.

**théâtral, e, aux** [teatral, o] *adj* **-1.** [relatif au théâtre] theatrical, stage (*modif*), theatre (*modif*); une représentation ~e theatrical production; production ~e stage production. **-2.** [scénique] stage (*modif*); il aurait fallu utiliser une écriture ~e it should have been written in a style more suitable for the stage. **-3.** [spectaculaire – geste, action] dramatic, theatrical; avec de grands gestes théâtraux with a lot of histrionics ou drama.

**théâtralement** [teatralmɑ̃] *adv* [avec affectation] theatrically.

**théâtraliser** [3] [teatralize] *vt* to theatricalize.

**théâtralité** [teatralite] *nf* LITTÉRAT stageworthiness.

**théâtre** [teatr] *nm* **A. -1.** [édifice – gén] theatre; ANTIQ amphitheatre; aller au ~ to go to the theatre; elle va souvent au ~ she's a regular theatregoer ❑ le Théâtre-Français the Comédie Française; ~ lyrique opera house; ~ d'ombres shadow theatre; ~ de poche small theatre; ~ en rond theatre-in-the-round; ~ de verdure open-air theatre. **-2.** [compagnie théâtrale] theatre company; ~ municipal local theatre; ~ national national theatre; ~s subventionnés state-subsidized theatres. **-3.** [art, profession] drama, theatre; elle veut faire du ~ she wants to go on the stage ou to become an actress ou to act; je vis pour le ~ [acteur] I live for the theatre ou stage; quand j'étais étudiant j'ai fait un peu de ~ when I was a student I did some acting ❑ ~ filmé film of a play. **-4.** [genre] drama, theatre; je préfère le ~ au cinéma I prefer theatre ou plays to films; le ~ dans le ~ a play within a play ❑ le ~ élisabéthain/romantique Elizabethan/Romantic theatre ou drama; le ~ de l'absurde the theatre of the absurd; le ~ de boulevard mainstream popular theatre (*as first played in theatres on the Paris boulevards*); ~ musical musicals; le ~ de rue street theatre; ~ total total theatre. **-5.** [œuvres d'un auteur] works, plays. **-6.** [attitude pleine d'outrance] histrionics; le voilà qui fait son ~ there he goes, putting on his usual act.
**B. -1.** [lieu d'un événement] scene; notre région a été le ~ de nombreuses mutations our part of the country has seen a lot of changes. **-2.** MIL: ~ d'opérations ou des opérations the theatre of operations.
◆ **de théâtre** *loc adj* [critique, troupe] drama (*modif*), theatre (*modif*); [cours] drama (*modif*); [agence] booking; [jumelles] opera (*modif*); [accessoire, décor] stage (*modif*); une femme de ~ a woman of the stage ou theatre; metteur en scène de ~ (stage) director.

**théâtreux, euse** [teatrø, øz] *nm, f péj* ou *hum* [comédien amateur] amateur actor, Thespian *hum*.

**théier, ère** [teje, ɛr] *adj* tea (*modif*).
◆ **théier** *nm* tea plant.
◆ **théière** *nf* teapot.

**théine** [tein] *nf* theine.

**thématique** [tematik] ◇ *adj* thematic. ◇ *nf* **-1.** LITTÉRAT themes; la ~ des contes de fées the themes developed in fairy tales. **-2.** MUS themes.

**thème** [tɛm] *nm* **-1.** ART, LITTÉRAT & MUS theme; sur le ~ de on the theme of. **-2.** [traduction] translation into a foreign language, prose SCOL; ~ latin/allemand translation (*from one's language*) into Latin/German; faire du ~ to translate into a foreign language. **-3.** LING stem, theme.
◆ **thème astral** *nm* ASTROL birth chart.

**théocratie** [teokrasi] *nf* theocracy.

**théologal, e, aux** [teolɔgal, o] *adj* theological.

**théologie** [teolɔʒi] *nf* theology.

**théologien, enne** [teolɔʒjɛ̃, ɛn] *nm, f* theologian.

**théologique** [teolɔʒik] *adj* theological.

**théorème** [teorɛm] *nm* theorem; le ~ de Pythagore Pythagoras' theorem.

**théoricien, enne** [teorisjɛ̃, ɛn] *nm, f* **-1.** [philosophe, chercheur etc] theorist, theoretician; un ~ de la mécanique quantique an expert in quantum theory. **-2.** [adepte – d'une doctrine] theorist.

**théorie** [teori] *nf* **-1.** SC theory; ~ des ensembles set theory;

la ~ de la relativité the theory of relativity. **-2.** [ensemble de concepts] theory; la ~ du **surréalisme** the theory of surrealism. **-3.** [ensemble des règles] theory; il possède bien la ~ des échecs he has a good theoretical knowledge of chess. **-4.** [opinion] theory; c'est la ~ du gouvernement that's the government's theory ou that's what the government claims. **-5.** [connaissance spéculative] theory; tout cela, c'est de la ~ this is all purely theoretical. **-6.** *litt* [défilé] procession. **-7.** ANTIQ theory.
◆ **en théorie** *loc adv* in theory, theoretically.

**théorique** [teɔrik] *adj* theoretical.

**théoriquement** [teɔrikmɑ̃] *adv* **-1.** *sout* [d'un point de vue spéculatif] theoretically, in theory. **-2.** [en toute hypothèse] in theory.

**théoriser** [3] [teɔrize] ◇ *vt* to theorize. ◇ *vi* to theorize, to speculate.

**théosophie** [teɔzɔfi] *nf* theosophy.

**thérapeute** [terapøt] *nmf* **-1.** [spécialiste des traitements] therapist. **-2.** *litt* [médecin] doctor, physician. **-3.** [psychothérapeute] therapist.

**thérapeutique** [terapøtik] ◇ *adj* therapeutic. ◇ *nf* **-1.** [traitement] therapy, treatment; le choix entre plusieurs ~s the choice between several courses of treatment. **-2.** [discipline médicale] therapeutics *(U)*.

**thérapie** [terapi] *nf* **-1.** [traitement] therapy, treatment. **-2.** PSYCH therapy; ~ familiale family therapy; ~ de groupe group therapy.

**Thérèse** [terɛz] *npr*: sainte ~ d'Avila Saint Teresa of Avila.

**thermal, e, aux** [tɛrmal, o] *adj* [eau] thermal; [source] thermal, hot.

**thermalisme** [tɛrmalism] *nm* balneology; l'argent de la commune provient du ~ the commune derives its revenue from its spa facilities.

**thermes** [tɛrm] *nmpl* **-1.** [établissement de cure] thermal baths. **-2.** ANTIQ thermae.

**thermidor** [tɛrmidɔr] *nm* 11th month of the French Revolutionary calendar (from July 19 to Aug 17).

**thermidorien, enne** [tɛrmidɔrjɛ̃, ɛn] *adj* Thermidorian, of the 9th Thermidor.
◆ **Thermidoriens** *nmpl* revolutionaries of the 9th Thermidor, Thermidorians.

**thermique** [tɛrmik] ◇ *adj* [réacteur, équilibre, signature, papier] thermal; [énergie] thermic. ◇ *nf* heat sciences. ◇ *nm* thermal.

**thermodurcissable** [tɛrmɔdyrsisabl] ◇ *adj* thermosetting. ◇ *nm* thermoset (substance).

**thermoélectrique** [tɛrmɔelɛktrik] *adj* thermoelectric.

**thermogène** [tɛrmɔʒɛn] *adj* thermogenous, thermogenetic.

**thermomètre** [tɛrmɔmɛtr] *nm* **-1.** [appareil] thermometer; le ~ monte/descend the temperature (on the thermometer) is rising/falling ❑ ~ digital/médical digital/clinical thermometer; ~ à maximum et minimum maximum and minimum thermometer. **-2.** [indice] barometer *fig*, gauge.

**thermonucléaire** [tɛrmɔnykleɛr] *adj* thermonuclear.

**thermoplastique** [tɛrmɔplastik] *adj* thermoplastic.

**thermopropulsion** [tɛrmɔprɔpylsjɔ̃] *nf* thermopropulsion.

**thermorégulateur, trice** [tɛrmɔregylatœr, tris] *adj* thermoregulator.

**thermorésistant, e** [tɛrmɔrezistɑ̃, ɑ̃t] *adj* heat-resistant, thermoresistant.

**Thermos®** [tɛrmos] *nf* → **bouteille**.

**thermostat** [tɛrmɔsta] *nm* thermostat.

**thésard, e** [tezar, ard] *nm, f fam* research student, postgrad.

**thésaurisation** [tezɔrizasjɔ̃] *nf* [gén & ÉCON] hoarding.

**thésauriser** [3] [tezɔrize] ◇ *vi* to hoard money. ◇ *vt* to hoard (up).

**thésaurus** [tezɔrys] *nm* **-1.** [lexique] lexicon. **-2.** [outil de classement] thesaurus.

**thèse** [tɛz] *nf* **-1.** ENS thesis; ~ de doctorat d'État ≃ PhD, ≃ doctoral thesis *Br*, ≃ doctoral ou PhD dissertation *Am*; ~ de troisième cycle [en lettres] ≃ MA *Br*, ≃ master's thesis *Am*; [en sciences] ≃ MSc *Br*, ≃ master's thesis *Am*. **-2.** [théorie] argument, thesis, theory; ~, antithèse, synthèse thesis, antithesis, synthesis; la ~ de l'accident n'est pas écartée the possibility that it may have been an accident hasn't been

ruled out.

**Thésée** [teze] *npr* Theseus.

**thêta** [tɛta] *nm* theta.

**Thomas** [tɔma] *npr*: saint ~ d'Aquin Thomas Aquinas.

**thon** [tɔ̃] *nm* tuna (fish), tunny *Br*; ~ blanc long-fin ou white-meat tuna; ~ en boîte tinned tuna fish; ~ à l'huile tuna in oil; ~ au naturel tuna in brine.

**thonier** [tɔnje] *nm* tuna boat.

**thoracique** [tɔrasik] *adj* thoracic.

**thorax** [tɔraks] *nm* thorax.

**thriller** [srilœr, trilœr] *nm* thriller.

**thrombose** [trɔ̃boz] *nf* thrombosis.

**thune**▽ [tyn] *nf* [argent]: je n'avais pas une ~ I was broke.

**thuriféraire** [tyriferɛr] *nm* **-1.** RELIG thurifer. **-2.** *litt* flatterer, sycophant.

**thuya** [tyja] *nm* thuja.

**thym** [tɛ̃] *nm* thyme.

**thymus** [timys] *nm* thymus.

**thyroïde** [tiroid] ◇ *adj* thyroid. ◇ *nf* thyroid (gland).

**thyroïdien, enne** [tirɔidjɛ̃, ɛn] *adj* thyroid *(modif)*.

**tiare** [tjar] *nf* **-1.** [coiffure] tiara. **-2.** [dignité papale]: la ~ the Papal tiara.

**Tibère** [tibɛr] *npr* Tiberius.

**Tibériade** [tiberjad] *npr*: le lac de ~ Lake Tiberias, the Sea of Galilee.

**Tibet** [tibɛ] *npr m*: le ~ Tibet.

**tibétain, e** [tibetɛ̃, ɛn] *adj* Tibetan.
◆ **Tibétain, e** *nm, f* Tibetan.

**tibia** [tibja] *nm* **-1.** ANAT [os] shinbone, tibia *spéc*; [devant de la jambe] shin. **-2.** ZOOL tibia.

**Tibre** [tibr] *npr m*: le ~ the (River) Tiber.

**tic** [tik] *nm* **-1.** [au visage] tic, (nervous) twitch; son visage était agité de ~s his face twitched nervously. **-2.** [manie gestuelle] (nervous) tic, twitch; il est bourré de ~s *fam* he's got a lot of nervous tics. **-3.** [répétition stéréotypée] habit; un ~ de langage a (speech) mannerism. **-4.** VÉTÉR [avec déglutition d'air] wind sucking.

**ticket** [tikɛ] *nm* **-1.** [de bus, de métro] ticket; [de vestiaire, de consigne] slip, ticket; ~ de caisse sales receipt, bill; ~ de quai platform ticket. **-2.** [coupon – de rationnement, de pain] coupon. **-3.** *fam loc*: il a un ~ avec elle he fancies her *Br*, she's sweet on him *Am*. **-4.** POL [aux États-Unis] ticket.
◆ **ticket modérateur** *nm* [pour la Sécurité sociale] *proportion of medical expenses payable by the patient.*

**Ticket-Restaurant®** [tikɛrɛstɔrɑ̃] *(pl* **Tickets-Restaurant)** *nm* voucher given to employees to cover part of luncheon expenses, ≃ Luncheon Voucher® *Br*.

**tic-tac** [tiktak] *nm inv* [d'une pendule, d'une bombe] ticking *(U)*, tick-tock; faire ~ to tick (away), to go tick-tock.

**tie-break** [tajbrɛk] *(pl* **tie-breaks)** *nm* tie break.

**tiédasse** [tjedas] *adj* lukewarm, tepid.

**tiède** [tjɛd] ◇ *adj* **-1.** [ni chaud ni froid] lukewarm, warm, tepid; salade ~ warm salad ‖ [pas suffisamment chaud] lukewarm, not hot enough. **-2.** *fig* [peu enthousiaste – accueil, réaction] lukewarm, unenthusiastic, half-hearted; [– sentiment] half-hearted; les syndicalistes sont ~s the union members lack conviction ou are apathetic. ◇ *nmf fam* [indifférent, mou] wet *Br*, wimp. ◇ *adv*: je préfère boire/manger ~ I don't like drinking/eating very hot things; il fait ~ aujourd'hui it's mild ou warm today.

**tièdement** [tjɛdmɑ̃] *adv* [accueillir] coolly, unenthusiastically; [soutenir] half-heartedly.

**tiédeur** [tjedœr] *nf* **-1.** [d'un liquide] lukewarmness; [d'un solide] warmth; [de l'air] mildness. **-2.** *fig* [d'un accueil] lukewarmness, coolness; [d'un sentiment] half-heartedness.

**tiédir** [32] [tjedir] ◇ *vi* **-1.** [se refroidir – boisson, métal, air] to cool (down); laisser ~ le gâteau/lait leave the cake/milk to cool down. **-2.** [se réchauffer] to grow warmer; faire ~ du lait to warm up some milk. ◇ *vt* **-1.** [refroidir légèrement] to cool (down). **-2.** [réchauffer légèrement] to warm (up).

**tiédissement** [tjedismɑ̃] *nm* **-1.** [refroidissement] cooling (down ou off). **-2.** [réchauffement] warming (up).

**tien** [tjɛ̃] *(f* **tienne** [tjɛn], *mpl* **tiens** [tjɛ̃], *fpl* **tiennes** [tjɛn])* *adj poss litt*: ce devait être un ~ cousin it must have been a cousin of yours.

◆ **le tien** (*f* **la tienne**, *mpl* **les tiens**, *fpl* **les tiennes**) *pron poss* yours; ce parapluie n'est pas le ~ this is not your umbrella, this umbrella is not yours ou doesn't belong to you ‖ (*emploi nominal*): les ~s your family and friends ❑ à la tienne! *fam* [à ta santé] good health!, cheers!; [bon courage] all the best!; tu comptes la convaincre? eh bien, à la tienne! so you think you can convince her? well all I can say is, good luck to you ou rather you than me!; mets-y du ~ [fais un effort] make an effort; [sois compréhensif] try to be understanding; tu as encore fait des tiennes! *fam* you've (gone and) done it again!; ici il n'y a pas de ~ et de mien it's share and share alike here.

**tiendrai** [tjɛ̃dre], **tienne** [tjɛn], **tiens** [tjɛ̃] *v* → **tenir**.

**tierce** [tjɛrs] *f* → **tiers** *adj*.

**tiercé, e** [tjɛrse] *adj* -**1.** AGR third ploughed. -**2.** HÉRALD tierced, en tierce.

◆ **tiercé** ◇ *adj m*: pari ~ triple forecast. ◇ *nm* -**1.** LOISIRS triple forecast; gagner le ~ (dans l'ordre/le désordre) to win on three horses (with the right placings/without the right placings); toucher un gros ~ to win a lot of money on the horses. -**2.** [gén – trois gagnants]: le ~ gagnant *pr* the first three, the three winners; *fig* the winning three ou trio; toucher le ~ gagnant *pr* to win on the horses; *fig* to hit the jackpot.

**tiers**[1] [tjɛr] *nm* -**1.** [partie d'un tout divisé en trois] third; elle en a lu un ~ she's a third of the way through (reading it); la maison était brûlée aux deux ~ two-thirds of the house had been destroyed by fire. -**2.** *sout* [troisième personne] third person; [personne étrangère à un groupe] stranger, outsider, third party; il se fiche ou se moque du ~ comme du quart he couldn't care less. -**3.** JUR third party; les dommages causés à un ~ third party damages ❑ ~ acquéreur subsequent purchaser; ~ opposant (opposing) third party. -**4.** COMM: ~ porteur holder in due course, (second) endorser. -**5.** FIN: ~ provisionnel *thrice-yearly income tax payment based on estimated tax due for the previous year*. -**6.** HIST: le Tiers the Third Estate. -**7.** [pour la Sécurité sociale]: ~ payant *system by which a proportion of the fee for medical treatment is paid directly to the hospital, doctor or pharmacist by the patient's insurer*.

◆ **au tiers** *loc adj* third-party (*modif*).

**tiers**[2], **tierce** [tjɛr, tjɛrs] *adj* -**1.** [étranger à un groupe] third; tierce personne third party. -**2.** CEE: pays ~ third ou non-EC country; produits ~ non-community products. -**3.** JUR: tierce collision third-party (*modif*). -**4.** HIST: le ~ état the Third Estate. -**5.** MATH: a tierce, a‴ 'a' triple dash. -**6.** RELIG: ~ ordre third order.

◆ **tierce** *nf* -**1.** JEUX tierce; tierce à la dame three-card run with queen as the highest card; tierce majeure tierce major. -**2.** ESCRIME & HÉRALD tierce. -**3.** IMPR press proof. -**4.** MUS third; tierce majeure/mineure major/minor third.

**tiers-monde** [tjɛrmɔ̃d] (*pl* **tiers-mondes**) *nm* Third World.

**tiers-mondisation** [tjɛrmɔ̃dizasjɔ̃] *nf*: la ~ du pays the country's economic decline to Third World levels.

**tiers-mondisme** [tjɛrmɔ̃dism] (*pl* **tiers-mondismes**) *nm* support for the Third World.

**tiers-mondiste** [tjɛrmɔ̃dist] (*pl* **tiers-mondistes**) ◇ *adj* -**1.** [du tiers-mondisme] pro-Third World. -**2.** [du tiers-monde] Third World (*modif*). ◇ *nmf* -**1.** [spécialiste du tiers-monde] Third World expert. -**2.** [idéologue du tiers-mondisme] Third Worldist.

**tif(fe)s** [tif] *nmpl fam* hair.

**TIG** (*abr de* **travail d'intérêt général**) *nm* ≈ community service.

**tige** [tiʒ] *nf* -**1.** BOT [d'une feuille] stem, stalk; [de blé, de maïs] stalk; [d'une fleur] stem; tulipe à longue ~ long-stemmed tulip ‖ [arbre]: haute/basse ~ full/half standard. -**2.** [axe – d'une épingle, d'une aiguille, d'un clou, d'un candélabre, d'une flèche] shaft; [– d'un cadran solaire] finger, pointer; [– d'un guéridon] pedestal; une ~ de fer an iron rod ❑ clef à ~ creuse/pleine key with a hollow/solid shank. -**3.** *fam* [cigarette] fag *Br*, smoke *Am*. -**4.** [d'une chaussure] upper; bottes à ~ basse ankle boots; baskets à ~ haute high tops. -**5.** [origine d'une famille] stock, line. -**6.** ARCHIT [de colonne] shaft. -**7.** AUT rod. -**8.** PÉTR: ~ de forage drill pipe.

**tignasse** [tiɲas] *nf fam* -**1.** [chevelure mal peignée] mop ou shock (of hair). -**2.** [chevelure] hair.

**tigre** [tigr] *nm* -**1.** ZOOL tiger; un ~ royal ou du Bengale a Bengal tiger. -**2.** *litt* [homme cruel]: c'est un vrai ~ he's a real ogre ❑ ~ de papier paper tiger.

**tigré, e** [tigre] *adj* [pelage] striped, streaked; [chat] tabby (*modif*), tiger (*modif*).

**tigresse** [tigrɛs] *nf* -**1.** ZOOL tigress. -**2.** *litt* [femme très jalouse] tigress.

**tilbury** [tilbyri] *nm* tilbury.

**tilde** [tild] *nm* [en espagnol] tilde; [en phonétique, pour remplacer un mot] swung dash.

**tilleul** [tijœl] ◇ *nm* -**1.** BOT lime (tree). -**2.** [feuilles séchées] lime-blossom (U); [infusion] lime ou lime-blossom tea. ◇ *adj inv*: (vert) ~ lime green.

**tilt** [tilt] *nm* -**1.** JEUX tilt signal. -**2.** *fam loc*: et soudain, ça a fait ~ [j'ai compris] and suddenly it clicked ou the penny dropped *Br*.

**timbale** [tɛ̃bal] *nf* -**1.** [gobelet] (metal) cup. -**2.** CULIN [moule] timbale mould; [préparation] timbale; ~ de saumon salmon timbale. -**3.** MUS kettledrum; une paire de ~s tympani, a set of kettledrums.

**timbre** [tɛ̃br] *nm* **A. -1.** = **timbre-poste**. -**2.** [vignette – au profit d'une œuvre] sticker (*given in exchange for a donation to charity*); [– attestant un paiement] stamp (*certifying receipt of payment*). -**3.** [sceau, marque] stamp. -**4.** [instrument marqueur] stamp; ~ dateur date stamp; ~ en caoutchouc rubber stamp. -**5.** JUR: ~ fiscal revenue stamp. -**6.** MÉD: ~ tuberculinique tuberculosis patch. **B. -1.** ACOUST [qualité sonore – d'un instrument] tone, timbre, colour; [– d'une voix] tone, resonance; un beau ~ de voix beautiful mellow tones, a beautiful rich voice. -**2.** [sonnette] bell; [de porte] doorbell; ~ de bicyclette bicycle bell. -**3.** MUS [instrument] (small) bell.

**timbré, e** [tɛ̃bre] *adj* -**1.** *fam* [fou] nuts, cracked. -**2.** JUR stamped. -**3.** [d'une bonne sonorité]: de sa voix bien ~e in his mellow ou rich tones.

**timbre-amende** [tɛ̃bramɑ̃d] (*pl* **timbres-amendes**) *nm* stamp purchased to certify payment of a fine.

**timbre-poste** [tɛ̃brəpɔst] (*pl* **timbres-poste**) *nm* (postage) stamp.

**timbre-quittance** [tɛ̃brəkitɑ̃s] (*pl* **timbres-quittances**) *nm* receipt stamp.

**timbrer** [3] [tɛ̃bre] *vt* -**1.** [lettre, colis] to stamp, to stick ou put a stamp on. -**2.** JUR [document] to stamp, to put a stamp on, to affix a stamp to.

**time-sharing** [tajmʃeriŋ] (*pl* **time-sharings**) *nm* time sharing COMPUT.

**timide** [timid] ◇ *adj* -**1.** [embarrassé – sourire, air, regard] timid, shy; [– personne] bashful, diffident; il est ~ avec les femmes he's shy of ou shrinks away from women; faussement ~ coy. -**2.** [faible] slight, feeble, tiny; l'auteur de quelques ~s réformes the author of a handful of half-hearted ou feeble reforms. ◇ *nmf* shy person.

**timidement** [timidmɑ̃] *adv* -**1.** [avec embarras] timidly, shyly; [gauchement] self-consciously, bashfully. -**2.** [de façon peu perceptible] slightly, feebly *péj*, faint-heartedly *péj*; le franc remonte ~ the franc is rising slightly.

**timidité** [timidite] *nf* -**1.** [manque d'assurance] timidity, shyness, diffidence; [gaucherie] self-consciousness, bashfulness. -**2.** [d'un projet, d'une réforme] feebleness *péj*, half-heartedness *péj*.

**timing** [tajmiŋ] *nm* timing (*of a technical process*).

**timon** [timɔ̃] *nm* -**1.** AGR [d'une charrette] shaft; [d'une charrue] (draught) beam. -**2.** NAUT & *vieilli* tiller.

**timonerie** [timɔnri] *nf* -**1.** NAUT [abri] wheelhouse; [service] wheelhouse, steering; [personnel] wheelhouse crew. -**2.** AUT steering and braking gear.

**timonier** [timɔnje] *nm* -**1.** NAUT helmsman. -**2.** AGR wheelhorse, wheeler. -**3.** HIST: le grand ~ the Great Helmsman.

**timoré, e** [timɔre] ◇ *adj* timorous, fearful, unadventurous. ◇ *nm, f* timorous ou fearful ou unadventurous person.

**tins** [tɛ̃] *v* → **tenir**.

**tintamarre** [tɛ̃tamar] *nm* [vacarme] racket, din; on a fait du ~ autour de son livre there was a lot of hooha ou a big to-do about his book.

**tintement** [tɛ̃tmɑ̃] *nm* -**1.** [d'une cloche, d'une sonnette] ringing *(U)*; [d'un lustre] tinkling *(U)*; [de clefs, de pièces de monnaie] jingle, jingling *(U)*, chinking *(U)*; [de verres] chink, clinking *(U)*. **-2.** MÉD: ~ d'oreilles ringing in the ears, tinnitus *spéc*.

**tinter** [3] [tɛ̃te] ◇ *vi* **-1.** [sonner lentement] to ring (out), to peal. **-2.** [produire des sons clairs] to tinkle, to jingle; **tous les verres tintaient sur le plateau** all the glasses were clinking on the tray; **faire ~ des pièces de monnaie** to jingle coins. **-3.** *loc*: **les oreilles doivent lui ~ his** ears must be burning. ◇ *vt* **-1.** [sonner – cloche] to chime. **-2.** [annoncer – glas, messe] to toll the bell for; ~ **le tocsin** to sound the tocsin.

**tintin** [tɛ̃tɛ̃] *interj fam* no go, no way; **les cadres ont eu une augmentation, et nous ~! the** executives got a rise, and we didn't get a blessed thing! ❏ **tu peux faire ~ pour tes places gratuites! as** for your free tickets, forget it ou no way!

**Tintoret** [tɛ̃tɔʀe] *npr*: **le ~** Tintoretto.

**tintouin** [tɛ̃twɛ̃] *nm fam* **-1.** [inquiétude, souci] hassle, (fuss and) bother; **se faire du ~ to** get all worked up. **-2.** [vacarme] racket, din; **quel ~ à côté!** what a racket they're making next door! **-3.** *loc*: **sa canne à pêche, ses bottes, son chapeau et tout le ~** his fishing rod, boots, hat and all the rest of it.

**TIP** [tip] *(abr de* **titre interbancaire de paiement)** *nm* payment slip for bills.

**tipi** [tipi] *nm* tepee, teepee.

**tique** [tik] *nf* tick.

**tiquer** [3] [tike] *vi* [réagir] to flinch; **le prix l'a fait ~ he** flinched ou baulked when he saw the price; ~ **sur qqch** to baulk at sthg.

**tir** [tiʀ] *nm* **-1.** ARM & MIL [action de lancer au moyen d'une arme] shooting, firing; [projectiles envoyés] fire; **un ~ intense/ nourri/sporadique** heavy/sustained/sporadic fire ❏ ~ **direct/indirect** direct/indirect fire; ~ **précis** ou **groupé** grouped fire; ~ **de barrage** barrage fire; ~ **courbe** high-angle fire; ~ **par rafales** firing in bursts; **rectifier le ~ to** change one's angle of attack, to change one's approach to a problem. **-2.** [endroit – pour l'entraînement] rifle ou shooting range; [– à la foire] shooting gallery. **-3.** MIN & TRAV PUBL blasting. **-4.** SPORT: **le ~** [discipline olympique] ❏ ~ **à la carabine/au pistolet** rifle-/pistol-shooting; ~ **à l'arc** archery; ~ **aux pigeons** clay pigeon shooting. **-5.** FTBL shot; ~ **(au but)** shot at goal.

◆ **de tir** *loc adj* [concours, champion] shooting; [position, vitesse] firing; **angle/ligne de ~** angle/line of fire.

**TIR** [teiɛʀ, tiʀ] *(abr écrite de* **transport international routier)** TIR.

**tirade** [tiʀad] *nf* **-1.** CIN & THÉÂT monologue, speech. **-2.** *péj* [discours] speech, tirade *péj*.

**tirage** [tiʀaʒ] *nm* **-1.** IMPR [action] printing; [ensemble d'exemplaires] print run, impression; [d'une gravure] edition; **un ~ de 50 000 exemplaires** a print run of 50,000 ❏ ~ **limité/numéroté** limited/numbered edition; ~ **à part** off-print. **-2.** PRESSE [action] printing, running; [exemplaires mis en vente] circulation; **un ~ de 50 000** circulation figures ou a circulation of 50,000; **à grand ~** with large circulation figures; **la presse à grand ~** the popular press. **-3.** INF [sur imprimante] printout. **-4.** PHOT [action] printing; [copies] prints. **-5.** BANQUE drawing; **droits de ~ spéciaux** ÉCON special drawing rights. **-6.** JEUX [d'une carte] taking, picking; [d'une tombola] draw; ~ **au sort** drawing of lots; **nous t'avons désigné par ~ au sort** we drew lots and your name came up. **-7.** [d'une cheminée, d'un poêle] draught; **le ~ est bon/mauvais** it draws well/doesn't draw well. **-8.** MÉTALL drawing. **-9.** *fam loc*: **il y a du ~ entre eux** there's some friction between them.

**tiraillement** [tiʀajmɑ̃] *nm* **-1.** [sur une corde] tug. **-2.** [d'estomac] gnawing pain; [de la peau, d'un muscle] tightness.

◆ **tiraillements** *nmpl* [conflit] struggle, conflict; **il y a des ~s dans la famille/le syndicat** there is friction within the family/the union.

**tirailler** [3] [tiʀaje] ◇ *vt* **-1.** [tirer sur] to tug at, to pull on; to give little pulls on. **-2.** [faire souffrir légèrement] to prick; **la faim lui tiraillait l'estomac** he was feeling pangs of hunger. **-3.** [solliciter] to dog, to plague; **être tiraillé entre l'espoir et l'inquiétude** to be torn between hope and anxiety. ◇ *vi* to fire at random; **on entendait ~ dans les bois** random fire could be heard in the woods, people could be heard firing

away in the woods.

**tirailleur** [tiʀajœʀ] *nm* **-1.** [éclaireur] scout. **-2.** HIST & MIL (native) infantryman. **-3.** *fig* [personne qui agit isolément]: **dans une grève, il y a toujours quelques ~s** during a strike, there are always some who don't play by the book.

◆ **en tirailleurs(s)** *loc adv* [avancer] in extended order.

**tirant** [tiʀɑ̃] *nm* **-1.** NAUT: ~ **d'eau** draught; **avoir cinq pieds de ~ d'eau** to draw five feet (of water). **-2.** [d'une botte] (boot) strap; [d'une chaussure] (heel) strap. **-3.** CONSTR [entrait] tie beam; [fer plat] rod. **-4.** MIN strap, tie beam.

**tire** [tiʀ] *nf* **-1.** ▽ [voiture] car. **-2.** *Can* [friandise] maple toffee ou taffy; ~ **d'érable** maple candy.

**tiré, e** [tiʀe] *adj* **-1.** [fatigué et amaigri – visage] drawn, pinched; **avoir les traits ~s** to look drawn. **-2.** *loc*: ~ **par les cheveux** contrived, far-fetched.

◆ **tiré** *nm* **-1.** BANQUE drawee. **-2.** PRESSE: ~ **à part** off-print. **-3.** MUS down-bow.

**tire-au-cul**▽ [tiʀoky], **tire-au-flanc** [tiʀoflɑ̃] *nm inv fam* skiver, dodger, shirker.

**tire-botte** [tiʀbɔt] *(pl* **tire-bottes)** *nm* **-1.** [pour mettre] boot hook. **-2.** [pour enlever] bootjack.

**tire-bouchon** [tiʀbuʃɔ̃] *(pl* **tire-bouchons)** *nm* corkscrew.

◆ **en tire-bouchon** *loc adj* corkscrew *(modif)*; **cochon à la queue en ~** pig with a corkscrew tail.

**tire-bouchonner** [3] [tiʀbuʃɔne] *vi* to twist round and round.

**tire-d'aile** [tiʀdɛl]

◆ **à tire-d'aile** *loc adv* **-1.** [en volant]: **les corbeaux passèrent au-dessus de la maison à ~** the crows flew over the house with strong, regular wingbeats. **-2.** *fig* [à toute vitesse]: **il s'est enfui à ~** he took to his heels.

**tire-fesses** [tiʀfɛs] *nm inv fam* ski tow.

**tire-fond** [tiʀfɔ̃] *nm inv* **-1.** CONSTR [vis] long screw; [anneau] eye bolt. **-2.** RAIL sleeper screw.

**tire-jus**▽ [tiʀʒy] *nm inv* snot rag.

**tire-lait** [tiʀlɛ] *nm inv* breast-pump.

**tire-larigot** [tiʀlaʀigo]

◆ **à tire-larigot** *loc adv fam*: **boire à ~** to drink ou to have one's fill.

**tirelire** [tiʀliʀ] *nf* **-1.** [en forme de cochon] piggy bank; [boîte] moneybox. **-2.** ▽ [estomac] belly, gut. **-3.** *fam* [tête] mug.

**tirer** [3] [tiʀe] ◇ *vt* **A.** DÉPLACER **-1.** [traîner – avec ou sans effort] to pull, to drag; [– en remorquant] to draw, to tow; **tiré par un cheval** horse-drawn; ~ **qqn par le bras/les cheveux/les pieds** to drag sb by the arm/hair/feet. **-2.** [amener à soi] to pull; [étirer – vers le haut] to pull (up); [– vers le bas] to pull (down); **je sentis que quelqu'un tirait ma veste** I felt a tug at my jacket; **elle me tira doucement par la manche** she tugged ou pulled at my sleeve; ~ **les cheveux à qqn** to pull sb's hair; ~ **ses cheveux en arrière** to draw ou to pull one's hair back; **tire bien le drap** stretch the sheet (taut); ~ **un fil** [accidentellement] to pull a thread; [pour faire un jour] to draw a thread ❏ ~ **la couverture à soi** [s'attribuer le mérite] to take all the credit; [s'attribuer le profit] to take the lion's share. **-3.** [pour actionner – cordon d'appel, élastique] to pull; [– tiroir] to pull (open ou out); ~ **les rideaux** to pull ou to draw the curtains; **tire le portail derrière toi** close the gates behind you, pull the gates to; ~ **un verrou** [pour ouvrir] to slide a bolt open; [pour fermer] to slide a bolt to, to shoot a bolt; ~ **la chasse d'eau** to flush the toilet. **-4.** NAUT to draw.

**B.** EXTRAIRE, OBTENIR **-1.** [faire sortir]: ~ **qqch de** to pull ou to draw sthg out of; ~ **le vin/cidre (du tonneau)** to draw wine/cider (off from the barrel); ~ **qqn de** [le faire sortir de] to get sb out of; ~ **qqn d'un cauchemar** *fig* to rouse sb from a nightmare; ~ **qqn du sommeil** to wake sb up; ~ **qqn du coma** to pull sb out of a coma; ~ **qqn de son silence** to draw sb out (of his/her silence); ~ **une œuvre de l'oubli** to rescue a work from oblivion; **tire-moi de là** help me out. **-2.** [fabriquer]: ~ **qqch de** to derive ou to get ou to make sthg from; ~ **les produits que l'on tire du pétrole** oil-based products; ~ **des sons d'un instrument** to get ou to draw sounds from an instrument; ~ **un film d'une pièce de théâtre** to adapt a play for the screen; **photos tirées d'un film** movie stills. **-3.** [percevoir – argent]: **elle tire sa fortune de ses terres** she makes her money from her land; **tu ne ti-**

reras pas grand-chose de ta vieille montre you won't get much (money) for your old watch ‖ [retirer – chèque, argent liquide] to draw; ~ de l'argent d'un compte to draw money out of ou to withdraw money from an account. **-4.** [extraire, dégager]: ~ qqch de [morale, leçon, conclusion] to draw sthg from; ce vers est tiré d'un poème de Villon this line is (taken) from a poem by Villon; ce que j'ai tiré de ce livre/cet article what I got out of this book/article; ce roman tire son titre d'une chanson populaire the title of this novel is taken from a popular song; ~ satisfaction de to derive satisfaction from; ~ vanité de to be proud of; ~ vengeance de qqch to avenge sthg. **-5.** [obtenir, soutirer]: ~ qqch de: ~ de l'argent de qqn to extract money from sb, to get money out of sb; la police n'a rien pu ~ de lui the police couldn't get anything out of him; tu auras du mal à lui ~ des remerciements you'll get no thanks from her; ~ des larmes à qqn to make sb cry; on n'en tirera jamais rien, de ce gosse *fam* [il n'est bon à rien] we'll never make anything out of this kid; [il ne parlera pas] we'll never get this kid to talk, we'll never get anything out of this kid; je n'ai pas pu en ~ davantage I couldn't get any more out of her. **-6.** JEUX [billet, numéro] to draw, to pick; [loterie] to draw, to carry out the draw for; [carte] to draw, to take; tirez une carte postale au hasard pick any postcard; qui va ~ le nom du gagnant? who will draw (out) the name of the winner?; le gagnant sera tiré au sort there will be a draw to decide the winner.
**C.** PROJETER **-1.** ARM [coup de fusil, missile] to fire; [balle, flèche] to shoot; ~ un coup de feu to fire a shot. **-2.** [feu d'artifice] to set off; ce soir, on tirera un feu d'artifice there will be a fireworks display tonight. **-3.** CHASSE [lapin, faisan] to shoot. **-4.** PÉTANQUE [boule en main] to throw; [boule placée] to knock out *(séj)*; FTBL to take; la penalty va être tirée par le capitaine the penalty will be taken by the captain ‖ TENNIS [passing-shot, volée] to hit; HALTÉROPHILIE to lift; ESCRIME: ~ des armes to fence. **-5.** *loc:* ~ un coup avec qqn▼ to have it off with sb.
**D.** PASSER *fam* to spend, to do, to get through *(insép)*; j'ai encore trois semaines à ~ avant mon congé I've another three weeks to go before my leave.
**E.** TRACER, IMPRIMER **-1.** [dessiner – ligne] to draw; [– plan] to draw up *(sép)*; tirez deux traits sous les verbes underline the verbs twice. **-2.** PHOT to print; je voudrais que cette photo soit tirée sur du papier mat I'd like a mat print of this picture. **-3.** IMPR [livre] to print; [estampe, lithographie] to print, to draw; [tract] to print, to run; [gravure] to strike, to pull, to print; ce magazine est tiré à plus de 200 000 exemplaires this magazine has a print run ou a circulation of 200,000 ❏ 'bon à ~' 'passed for press'; un bon à ~[épreuve] a press proof. *Belg loc:* tu es assez grand, tu tires ton plan you're old enough to look after yourself.
◇ *vi* **-1.** MIL [faire feu] to fire, to shoot; ne tirez pas, je me rends! don't shoot, I surrender!; tirez dans les jambes shoot at ou aim at the legs; il tire mal he's a bad shot; ~ à balles/à blanc to fire bullets/blanks; ils ont l'ordre de ~ sur tout ce qui bouge they've been ordered to shoot ou to fire at anything that moves. **-2.** ARM & SPORT: ~ à l'arc/ l'arbalète [activité sportive] to do archery/crossbow archery; [action ponctuelle] to shoot a bow/crossbow; ~ à la carabine/au pistolet [activité sportive] to do rifle/pistol shooting; [action ponctuelle] to shoot with a rifle/pistol. **-3.** FTBL & GOLF to shoot; il a tiré dans le mur/petit filet he sent the ball against the wall/into the side netting ‖ ESCRIME to fence. **-4.** [exercer une traction] to pull; tire! pull!, heave!; ça tire dans les genoux à la montée *fam* going up is tough on the knees; elle tire bien, ta voiture! *fam* it goes well, your car!; la moto tire à droite the motorbike pulls to the right; ne tire pas sur ton gilet don't pull your cardigan out of shape; il tira violemment sur le fil du téléphone he gave the phone wire a sharp pull; ~ sur *fig* [délais, budget] to stretch ❏ ~ sur la ficelle to go a bit far. **-5.** [aspirer – fumeur]: ~ sur une pipe to draw on ou to pull at a pipe; ~ sur une cigarette to puff at ou to draw on a cigarette. **-6.** [avoir un bon tirage – cheminée, poêle]: ~ (bien) to draw (well). **-7.** [peau] to feel tight; [points de suture] to pull. **-8.** JEUX: ~ au sort to draw ou to cast lots. **-9.** IMPR: ~ à 50 000 exemplaires to have a circulation of ou to have a (print) run of 50,000 (copies); à combien le journal tire-t-il? what are the paper's circulation figures? **-10.** *loc Belg & Helv:* ça tire there's a draught.

◆ **tirer à** *v* + *prép* **-1.** PRESSE: ~ à la ligne to pad out an article *(because it is being paid by the line)*. **-2.** NAUT: ~ au large to make for the open sea. **-3.** *loc:* ~ à sa fin to come to an end.
◆ **tirer sur** *v* + *prép* [couleur] to verge ou to border on; ses cheveux tirent sur le roux his hair is reddish ou almost red.
◆ **se tirer** ◇ *vp (emploi passif):* le store se tire avec un cordon the blind pulls down with a cord. ◇ *vpi fam* **-1.** [partir, quitter un endroit] to clear off, to make tracks; [s'enfuir] to beat it, to clear off; s'il n'est pas là dans 5 minutes, je me tire if he's not here in 5 minutes I'm going; tire-toi! [ton menaçant] beat it!, clear ou push off!; il s'est tiré de chez lui he's left home; dès que je peux, je me tire de cette boîte as soon as I can, I'll get out of this dump. **-2.** [toucher à sa fin – emprisonnement, service militaire] to draw to a close; plus qu'une semaine, ça se tire quand même! only a week to go, it's nearly over after all!
◆ **se tirer de** *vp* + *prép* [se sortir de] to get out of; il s'est bien/mal tiré de l'entrevue he did well/badly at the interview ❏ s'en ~ *fam* [s'en sortir]: avec son culot, elle s'en tirera toujours with her cheek, she'll always come out on top; si tu ne m'avais pas aidé à finir la maquette, je ne m'en serais jamais tiré if you hadn't given me a hand with the model, I'd never have managed; rien à faire, je ne m'en tire pas! [financièrement] it's impossible, I just can't make ends meet!; il y a peu de chances qu'il s'en tire [qu'il survive] the odds are against him pulling through; je m'en suis tiré avec une suspension de permis I got away with my licence being suspended; s'en ~ à ou avec ou pour [devoir payer] to have to pay; à quatre, on ne s'en tirera pas à moins de 1 000 francs le repas the meal will cost at least 1,000 francs for the four of us; il ne s'en tirera pas comme ça he won't get off so lightly, he won't get away with it; on n'a encaissé qu'un seul but, on ne s'en est pas trop mal tirés they scored only one goal against us, we didn't do too badly; je n'aime pas faire de discours — tu t'en es très bien tiré I don't like to make speeches — you did very well.

**tiret** [tiʀɛ] *nm* **-1.** IMPR [de dialogue] dash; [en fin de ligne] rule. **-2.** [trait d'union] hyphen.
**tirette** [tiʀɛt] *nf* **-1.** ÉLECTR pull knob. **-2.** [d'un meuble] (sliding) leaf.
**tireur, euse** [tiʀœʀ, øz] *nm, f* **-1.** [criminel, terroriste] gunman; [de la police] marksman; bon/mauvais ~ good/bad shot ❏ ~ isolé ou embusqué sniper; ~ d'élite sharpshooter. **-2.** [aux boules] driver. **-3.** BANQUE drawer. **-4.** ESCRIME fencer. **-5.** FTBL shooter. **-6.** PHOT printer. **-7.** ~ de cartes, tireuse de cartes fortune-teller *(who reads cards).*
◆ **tireuse** *nf* **-1.** PHOT printer. **-2.** [pour le vin] bottle filling machine.
**tiroir** [tiʀwaʀ] *nm* **-1.** [de meuble] drawer. **-2.** MÉCAN slide valve.
◆ **à tiroirs** *loc adj* **-1.** [à épisodes] *containing episodes independent of the main action.* **-2.** *fam* [à rallonge]: un nom à ~s a double-barrelled name.
**tiroir-caisse** [tiʀwaʀkɛs] *(pl* tiroirs-caisses*) nm* till.
**tisane** [tizan] *nf* [infusion] herb tea, herbal tea.
**tisanière** [tizanjɛʀ] *nf* teapot *(for herbal tea).*
**tison** [tizɔ̃] *nm* brand.
**tisonner** [3] [tizɔne] *vt* to poke.
**tisonnier** [tizɔnje] *nm* poker; donner un coup de ~ dans le feu to give the fire a poke.
**tissage** [tisaʒ] *nm* **-1.** [procédé] weaving; [entrecroisement de fils] weave. **-2.** [bâtiment] cloth mill.
**tisser** [3] [tise] *vt* **-1.** TEXT [laine, coton, tissu] to weave; l'habitude tisse des liens [entre des personnes] the more you get to know someone, the closer you feel to them. **-2.** [toile d'araignée] to spin. **-3.** *sout* [élaborer] to weave, to construct.
**tisserand, e** [tisʀɑ̃, ɑ̃d] *nm, f* weaver.
**tisseur, euse** [tisœʀ, øz] *nm, f* **-1.** [artisan] weaver. **-2.** [industriel] mill owner.
**tissu** [tisy] *nm* **-1.** TEXT fabric, material, cloth; une longueur de ~ a length of fabric ❏ du ~ d'ameublement furnishing fabric ou material; le rayon des ~s d'ameublement the soft furnishings department. **-2.** *fig & sout* [enchevêtrement]: un ~ de mensonges a pack ou tissue of lies; un ~ d'incohérences a mass of contradictions. **-3.** SOCIOL fabric, make-up; le ~ social the social fabric; le ~ urbain the ur-

ban infrastructure. **-4.** BIOL tissue; ~ **musculaire** muscle tissue. **-5.** BOT tissue.
◆ **de tissu, en tissu** *loc adj* fabric *(modif)*, cloth *(modif)*.

**tissu-éponge** [tisyepɔ̃ʒ] *(pl* **tissus-éponges)** *nm* terry, terry-towelling; **en** ~ terry *(modif)*, terry-towelling *(modif)*, terry cloth *Am*.

**titan** [titɑ̃] *nm litt* [colosse] titan; **c'est un** ~ he's got superhuman strength.
◆ **de titan** *loc adj* [travail] Herculean.

**Titan** [titɑ̃] *npr* **-1.** ASTRON Titan. **-2.** ARM: **(missile)** ~ Titan missile.

**titane** [titan] *nm* titanium.

**titanesque** [titanɛsk], **titanique** [titanik] *adj litt* [force] massive, superhuman; [travail] Herculean; [ouvrage] monumental.

**Tite-Live** [titliv] *npr* Livy.

**titi** [titi] *nm fam:* ~ **parisien** Parisian urchin.

**Titicaca** [titikaka] *npr:* **le lac** ~ Lake Titicaca.

**Titien** [tisjɛ̃] *npr* Titian.

**titillation** [titijasjɔ̃] *nf* **-1.** [léger chatouillement] tickling, tickle. **-2.** *fig* [excitation de l'esprit] titillation.

**titiller** [3] [titije] *vt* **-1.** [chatouiller agréablement] to tickle. **-2.** *fig* [exciter légèrement] to titillate.

**titrage** [titraʒ] *nm* **-1.** [d'un film] titling. **-2.** CHIM titration, titrating. **-3.** MIN [d'un minerai] assaying. **-4.** TEXT counting.

**titre** [titr] *nm* **A. -1.** [d'un roman, d'un poème] title; [d'un chapitre] title, heading. **-2.** IMPR: ~ **courant** running title; **grand** ~ **full** title; **(page de)** ~ **title** page. **-3.** PRESSE headline; ~ **sur cinq colonnes à la une** five column front page headline ❑ **les gros** ~s the main headlines; **faire les gros** ~s **des quotidiens** to hit ou to make the front page of the daily newspapers. **B. -1.** [désignation d'un rang, d'une dignité] title; **porter un** ~ to have a title, to be titled; **porter le** ~ **de duc** to have the title of duke ❑ **un** ~ **de noblesse** ou **nobiliaire** a title; **avoir des** ~s **de noblesse** to be titled. **-2.** [nom de charge, de grade] qualification; **conférer le** ~ **de docteur à qqn** to confer the title of doctor on ou upon sb. **-3.** SPORT title; **mettre son** ~ **en jeu** to risk one's title. **C. -1.** [certificat] credentials; **voici les** ~s **à présenter à l'appui de votre demande** the following documents must accompany your application; **décliner ses** ~s **universitaires** to list one's academic ou university qualifications; **recruter sur** ~s to recruit on the basis of (paper) qualifications ❑ ~ **de pension** pension book; ~ **de permission** (leave) pass; ~ **de transport** ticket. **-2.** *fig*: **son** ~ **de gloire est d'avoir introduit l'informatique dans l'entreprise** his proudest achievement is to have computerized the company. **-3.** BANQUE (transferable) security; **avance sur** ~s advance on ou against securities. **-4.** BOURSE [certificat] certificate; [valeur] security; **les** ~s **securities, bonds** ❑ ~ **nominatif** registered bond; ~ **au porteur** [action] bearer share; [obligation] floater ou bearer security. **-5.** JUR title; ~ **de propriété** title deed, document of title; ~ ~ **good** title. **-6.** FIN: ~ **budgétaire** ≃ budget item *(one of the seven categories into which public spending is divided in the French budget)*. **D. -1.** JOAILL fineness, titre *spéc*; **le** ~ **des monnaies d'or et d'argent est fixé par la loi** the precious metal content of gold and silver coins is determined by law. **-2.** PHARM titre. **-3.** TEXT count.
**E.** *loc*: **à** ~ **amical** as a friend; **à** ~ **consultatif** in an advisory capacity; **à** ~ **d'essai** on a trial basis; **à** ~ **exceptionnel** exceptionally; **à** ~ **privé/professionnel** in a private/professional capacity; **décoration attribuée à** ~ **posthume** posthumous award; **à** ~ **provisoire** on a provisional basis; **présidence accordée à** ~ **honorifique** honorary title of president; **à** ~ **gracieux** free of charge, without charge; **à** ~ **onéreux** for a fee ou consideration; **à** ~ **de** [en tant que]: **consulter qqn à** ~ **d'ami** to consult sb as a friend; **demander une somme à** ~ **d'avance** to ask for some money by way of an advance; **à** ~ **d'exemple** by way of an example, as an example; **à** ~ **indicatif** for information only; **à quel** ~? [en vertu de quel droit] in what capacity?; [pour quelle raison] on what grounds?; **à quel** ~ **vous occupez-vous de ses affaires?** [gén] in what capacity are you looking after his affairs?; [avec irritation] who told you you could ou who gave you permission to look after his affairs?

◆ **à aucun titre** *loc adv* on no account; **il n'est à aucun** ~ **mon ami** he is no friend of mine.
◆ **à ce titre** *loc adv* [pour cette raison] for this reason, on this account.
◆ **à de nombreux titres, à divers titres** *loc adv* for several reasons, on more than one account.
◆ **à juste titre** *loc adv* [préférer] understandably, rightly; [croire] correctly, justly, rightly; **elle s'est emportée, (et) à juste** ~ she lost her temper and understandably ou rightly so.
◆ **à plus d'un titre** = **à de nombreux titres**.
◆ **au même titre** *loc adv* for the same reasons.
◆ **au même titre que** *loc conj* for the same reasons as.
◆ **en titre** *loc adj* **-1.** ADMIN titular. **-2.** [officiel – fournisseur, marchand] usual, appointed; **le fournisseur en** ~ **de la cour de Hollande** the official ou appointed supplier to the Dutch Court.

**titré, e** [titre] *adj* **-1.** [anobli] titled. **-2.** PHARM [liqueur, solution] standard *(modif)*.

**titrer** [3] [titre] *vt* **-1.** PRESSE: ~ **qqch** to run sthg as a headline. **-2.** PHARM to titrate. **-3.** [anoblir] to confer a title upon. **-4.** [œuvre d'art, roman] to give a title to, to entitle.

**titubant, e** [titybɑ̃, ɑ̃t] *adj* [démarche] unsteady, wobbly.

**tituber** [3] [titybe] *vi* [ivrogne] to stagger ou to reel (along); [malade] to stagger (along).

**titulaire** [titylɛr] ◇ *adj* **-1.** [enseignant] tenured; [évêque] titular; **être** ~ [professeur d'université] to have tenure; [sportif] to be under contract. **-2.** [détenteur]: **être** ~ **de** [permis, document, passeport] to hold; **être** ~ **d'un compte en banque** to be an account holder. **-3.** JUR: **être** ~ **d'un droit** to be entitled to a right. ◇ *nmf* **-1.** ADMIN incumbent. **-2.** [détenteur – d'un permis] holder; [– d'un passeport] bearer, holder. **-3.** JUR: **le** ~ **d'un droit** the person entitled to a right. **-4.** SPORT player under contract.

**titularisation** [titylarizasjɔ̃] *nf* [d'un professeur d'université] granting tenure to; [d'un enseignant] appointment to a permanent post; [d'un sportif] giving a contract to.

**titulariser** [3] [titylarize] *vt* [enseignant] to appoint to a permanent post; [sportif] to give a contract to; [professeur d'université]: **être titularisé** to be given ou to be granted tenure; **il attend d'être titularisé** he's waiting for tenure.

**TNP** *(abr de* **Théâtre national populaire)** *npr m* Parisian theatrical company subsidized by the State.

**TNT** *(abr de* **trinitrotoluène)** *nm* TNT.

**toast** [tost] *nm* **-1.** [en buvant] toast; ~ **de bienvenue** toast of welcome; **porter un** ~ to propose a toast; **porter un** ~ **à qqn** to drink (a toast) to sb, to toast sb. **-2.** [pain grillé] piece of toast; **des** ~s **au saumon** salmon canapés.

**toaste(u)r** [tostœr] *nm* toaster.

**toboggan** [tɔbɔgɑ̃] *nm* **-1.** [glissière – sur terre] slide; [– dans l'eau] chute; **les enfants qui font du** ~ the children going down the slide; **tu veux faire du** ~? do you want to go on the slide? **-2.** Toboggan® [pont] flyover *Br*, overpass *Am*.

**toc** [tɔk] ◇ *nm fam* **-1.** [imitation sans valeur – d'un matériau] fake, worthless imitation; [– d'une pierre] rhinestone, paste; [– d'un bijou] fake; **en** ~ fake, imitation; **sa bague, c'est du** ~ her ring is fake. **-2.** *fig* [ce qui est factice] sham; **sa culture/son amitié, c'est du** ~ his so-called education/friendship is just a sham ou is all on the surface. ◇ *adj inv fam* rubbishy *Br*, trashy, tacky; **ça fait** ~ it looks cheap ou tacky. ◇ *interj* **-1.** [coups à la porte]: ~ ~! knock knock! **-2.** *fam* [après une remarque]: **et** ~! so there!, put that in your pipe and smoke it!; **et** ~, **bien fait pour toi/lui/eux!** and (it) serves you/him/them right!

**tocade** [tɔkad] = **toquade**.

**tocard, e** [tɔkar, ard] *adj fam* [tableau, décor] naff *Br*, tacky.
◆ **tocard** *nm fam* **-1.** [cheval] old nag. **-2.** [personne] dead loss, (born) loser.

**toccata** [tɔkata] *nf* toccata.

**tocsin** [tɔksɛ̃] *nm* alarm bell, tocsin; **sonner le** ~ to ring the alarm, to sound the tocsin.

**toge** [tɔʒ] *nf* **-1.** ANTIQ toga; ~ **prétexte/virile** toga praetexta/virilis. **-2.** [de magistrat] gown.

**Togo** [tɔgo] *npr m:* **le** ~ Togo.

**togolais, e** [tɔgɔlɛ, ɛz] *adj* Togolese.
◆ **Togolais, e** *nm, f* Togolese; **les Togolais** the Togolese.

**tohu-bohu** [tɔybɔy] *nm inv* **-1.** [désordre et confusion] confusion, chaos. **-2.** [bruit – de voitures, d'enfants] racket, din; [– d'un marché, d'une gare] hustle and bustle; [– d'une foule] hubbub; [– d'une foire] hurly-burly.

**toi** [twa] *pron pers* **-1.** [après un impératif]: dis-~ bien que... bear in mind that...; réveille-~! wake up!; habille-~! get dressed!-**2.** [sujet] you; qui va le faire? — ~ who's going to do it? — you (are); ~ parti, il ne restera personne when you're gone there'll be nobody left; qu'est-ce que tu en sais, ~? what do you know about it?; tu t'amuses, ~, au moins at least you'RE having fun; ~ et moi you and I; ~ seul peux la convaincre you're the only one who can persuade her. **-3.** [avec un présentatif] you; c'est ~? is it you?; c'est ~ qui le dis! that's what you say!-**4.** [complément] you; il vous a invités, Pierre et ~ he's invited you and Pierre; ~, je te connais! I know you! || [après une préposition]: c'est à ~ qu'on l'a demandé you were the one who was asked, you were asked; qui te l'a dit, à ~? who told you about it?; je te fais confiance, à ~ I trust you; eh, je te parle, à ~! hey, I'm talking to you!; un ami à ~ *fam* a friend of yours; c'est à ~? is this yours?; à ~ de jouer! your turn!-**5.** [pronom réfléchi] yourself; alors, tu es content de ~? I hope you're pleased with yourself, then!

**toile** [twal] *nf* **-1.** TEXT [matériau brut] canvas, (plain) fabric; ~ de coton/lin cotton/linen cloth; ~ à bâches tarpaulin; ~ de jute gunny, (jute) hessian; ~ à matelas ticking; ~ métis cotton-linen mix; ~ à sacs sackcloth, sacking; grosse ~ rough ou coarse canvas || [tissu apprêté] cloth; ~ cirée waxcloth; ~ émeri emery cloth; ~ plastifiée plastic-coated cloth; ~ de tente tent canvas. **-2.** *fam* [film]: se payer une ~ to go to the flicks. **-3.** BX-ARTS [vierge] canvas; [peinte] canvas, painting. **-4.** COUT cloth; ~ à patron toile. **-5.** NAUT [ensemble des voiles d'un navire] sails. **-6.** [couverture d'un livre] cloth. **-7.** THÉÂT (painted) curtain; ~ de fond *pr* & *fig* backdrop. **-8.** ZOOL web; ~ d'araignée cobweb, spider's web.
◆ **de toile**, **en toile** *loc adj* [robe, pantalon] cotton (*modif*); [sac] canvas (*modif*).

**toilerie** [twalri] *nf* **-1.** [atelier] canvas mill. **-2.** [commerce] canvas trade; [fabrication] canvas manufacturing, canvas-making.

**toilettage** [twalɛtaʒ] *nm* [d'un chat, d'un chien] grooming.

**toilette** [twalɛt] *nf* **-1.** [soins de propreté]: faire sa ~ to have a wash, to get washed; faire une ~ de chat to give o.s. a lick and a promise; faire la ~ d'un malade to wash a sick person; faire la ~ d'un mort to lay out a corpse; produits pour la ~ de bébé baby care products; articles ou produits de ~ toiletries. **-2.** [lustrage du pelage, des plumes] grooming; le chat fait sa ~ the cat's washing ou licking itself. **-3.** *sout* [tenue vestimentaire] clothes, outfit, toilette; elle est en grande ~ she is (dressed) in all her finery. **-4.** [table] dressing-table. **-5.** CULIN veal caul.
◆ **toilettes** *nfpl* [publiques] toilets *Br*, restroom *Am*; [chez un particulier] toilet *Br*, bathroom *Am*; [dans un café] toilet, toilets *Br*, restroom *Am*.

**toiletter** [4] [twalɛte] *vt* **-1.** [chien, chat] to groom. **-2.** *fam* [modifier légèrement – texte] to amend, to doctor.

**toi-même** [twamɛm] *pron pers* yourself; tu l'as vu ~ you saw it yourself; vérifie par ~ check for yourself; imbécile ~! *fam* same to you!, look who's talking!

**toise** [twaz] *nf* **-1.** [règle graduée] height gauge; passer qqn à la ~ to measure sb's height. **-2.** *arch* former French unit of measure equal to 1.949m.

**toiser** [3] [twaze] *vt* **-1.** *vieilli* [personne] to measure sb's height. **-2.** *fig*: ~ qqn to look sb up and down, to eye sb from head to foot.

**toison** [twazɔ̃] *nf* **-1.** ZOOL fleece. **-2.** [chevelure] mane. **-3.** *fam* [poils] bushy (tuft of) hair. **-4.** MYTH: la Toison d'or the Golden Fleece.

**toit** [twa] *nm* **-1.** ARCHIT & CONSTR roof; habiter sous les ~s [dans une chambre] to live in an attic room ou in a garret; [dans un appartement] to live in a top-floor flat *Br* ou top-storey apartment *Am* with a sloping ceiling ❏ ~ plat/en pente flat/sloping roof; ~ d'ardoises slate roof; ~ de chaume thatched roof; ~ en terrasse terrace roof; ~ de tuiles tiled roof. **-2.** [demeure] home; avoir un ~ to have a roof over one's head; chercher un ~ to look for somewhere to live; vivre sous le même ~ to live under the same

roof. **-3.** AUT: ~ ouvrant sunroof. **-4.** MIN roof.

**toiture** [twatyr] *nf* [ensemble des matériaux] roofing; [couverture] roof.

**tokay** [tɔkɛ] *nm* ŒNOL (Alsatian) Tokay.

**Tōkyō** [tɔkjo] *npr* Tokyo.

**tôlard, e**[V] [tolar, ard] *arg crime* = **taulard.**

**tôle** [tol] *nf* **-1.** MÉTALL [non découpée] sheet metal; [morceau] metal sheet; ~ d'acier/d'aluminium sheet steel/aluminium; ~ ondulée corrugated iron; ~ galvanisée/laminée galvanized/laminated iron. **-2.** *fam* [mauvais revêtement de route] uneven surface. **-3.** ÉLECTR: ~ magnétique magnetized strip. **-4.** [V] = **taule.**

**tôlé, e** [tole] *adj* AUT metal-panelled.

**tolérable** [tɔlerabl] *adj* [bruit, chaleur, douleur] bearable, tolerable; [attitude, entorse à une règle] tolerable, permissible; son impertinence n'est plus ~ her impertinence can no longer be tolerated.

**tolérance** [tɔlerɑ̃s] *nf* **-1.** [à l'égard d'une personne] tolerance; [à l'égard d'un règlement] latitude; ce n'est pas un droit, c'est une simple ~ this is not a right, it is merely something which is tolerated; il y a une ~ d'un litre d'alcool par personne each person is allowed to bring in a litre of spirits free of duty ❏ ~ orthographique permitted variation in spelling. **-2.** BOT & PHYSIOL tolerance; ~ au bruit/à la chaleur/à une drogue tolerance to noise/to heat/to a drug ❏ ~ immunitaire immunological tolerance. **-3.** MÉCAN tolerance; affecter une ~ à une cote to allow a margin of tolerance (*when determining dimensions*). **-4.** RELIG toleration.

**tolérant, e** [tɔlerɑ̃, ɑ̃t] *adj* **-1.** [non sectaire] tolerant, broadminded. **-2.** [indulgent] lenient, indulgent, easygoing; une mère trop ~e an overindulgent ou excessively lenient mother.

**tolérer** [18] [tɔlere] *vt* **-1.** [permettre – infraction] to tolerate, to allow; ils tolèrent le stationnement bilatéral à certaines heures you're allowed to park on both sides of the street at certain times of the day; le directeur ne tolère pas les retards the boss will not have people arriving late. **-2.** [admettre – attitude, personne] to tolerate, to put up with (*insép*); je ne tolérerai pas son insolence I won't stand for ou put up with ou tolerate his rudeness; elle ne l'aimait pas, elle tolérait juste sa présence à ses côtés she didn't like him, she just put up with having him around. **-3.** [supporter – médicament, traitement] to tolerate; les femmes enceintes tolèrent bien ce médicament pregnant women can take this drug without adverse effects.

**tôlerie** [tolri] *nf* **-1.** [fabrique] sheet metal workshop. **-2.** [technique] sheet metal manufacture. **-3.** [commerce] sheet metal trade. **-4.** [d'un véhicule] panels, bodywork; [d'un réservoir] plates, (steel) cladding.

**tôlier, ère**[V] [tolje, ɛr] = **taulier.**
◆ **tôlier** ◇ *nm* INDUST sheet metal worker; AUT panel beater.
◇ *adj m*: ouvrier ~ sheet metal worker.

**tollé** [tɔle] *nm* general outcry; soulever un ~ général to provoke a general outcry.

**Tolstoï** [tɔlstɔj] *npr*: Léon ~ Leon Tolstoy.

**TOM** [tɔm] (*abr de* **Territoire d'Outre-Mer**) *nm inv* French overseas territory.

**tomate** [tɔmat] *nf* **-1.** BOT [plante] tomato (plant); [fruit] tomato; ~s farcies CULIN stuffed tomatoes; envoyer des ~s (pourries) à qqn [conspuer] to boo sb. **-2.** *fam* [boisson] pastis drink with grenadine.
◆ **à la tomate** *loc adj* tomato-flavoured.

**tombal, e, als** ou **aux** [tɔ̃bal, o] *adj* funerary, tomb (*modif*), tombstone (*modif*).

**tombant, e** [tɔ̃bɑ̃, ɑ̃t] *adj* **-1.** [oreille, moustache] floppy; [seins, fesses] sagging; [épaules] sloping; [tentures] hanging. **-2.** [jour] failing, dwindling.

**tombe** [tɔ̃b] *nf* [fosse] grave; [dalle] tombstone; [monument] tomb; aller sur la ~ de qqn [pour se recueillir] to visit sb's grave; muet ou silencieux comme une ~ as silent ou quiet as the grave; sa femme est morte, il la suivra sans doute d'ici peu dans la ~ his wife has died, he probably won't outlive her long.

**tombeau, x** [tɔ̃bo] *nm* **-1.** [sépulcre] grave, tomb, sepulchre *litt* descendre au ~ to go to one's grave; conduire ou mettre qqn au ~ [causer sa mort] to send sb to his/her grave.

**-2.** *loc*: à ~ ouvert at breakneck speed.

**tombée** [tɔ̃be] *nf*: à la ~ du jour ou de la nuit at nightfall ou dusk.

**tomber¹** [3] [tɔ̃be] ◇ *vi (aux être)* **A.** CHANGER DE NIVEAU — SENS PROPRE ET FIGURÉ **-1.** [de sa propre hauteur – personne] to fall (down); [– meuble, pile de livres] to fall over, to topple over; [– cloison] to fall down, to collapse; ~ **par terre** to fall on the floor, to fall down; ~ **à plat ventre** to fall flat on one's face; ~ **dans un fauteuil** to fall ou to collapse into an armchair; ~ **de fatigue** to be ready to drop (from exhaustion); ~ **de sommeil** to be asleep on one's feet; **faire** ~ **qqn** [en lui faisant un croche-pied] to trip sb up; [en le bousculant] to knock ou to push sb over; **le vent a fait** ~ **des arbres** the wind blew some trees over ou down ‖ *sout* [mourir] to fall, to die; ~ **sur le champ de bataille** to fall on the battlefield; **ceux qui sont tombés au champ d'honneur** those killed in action. **-2.** [d'une certaine hauteur – personne] to fall (down); [– avion, bombe, projectile] to fall; **ne monte pas à l'échelle, tu vas** ~ don't go up the ladder, you'll fall off; ~ **dans l'escalier** to fall down the stairs; ~ **de cheval** to fall off ou from a horse; ~ **d'un arbre** to fall out of a tree ou from a tree; **faire** ~ **qqn** to knock sb down ou over; **elle l'a fait** ~ **de la table** she made him fall off the table; **faire** ~ **qqch** [en poussant] to push sthg over; [en renversant] to knock sthg over; [en lâchant] to drop sthg; [en donnant un coup de pied] to kick sthg over; **j'ai fait** ~ **mes lunettes** I've dropped my glasses ❑ **tu es tombé bien bas** *fig* you've sunk very low. **-3.** [se détacher – feuille, pétale, fruit] to fall ou to drop off; [– cheveu, dent] to fall ou to come out; **ne ramasse pas les cerises qui sont tombées** don't pick the cherries which are on the ground. **-4.** [pendre – cheveux, tentures] to fall, to hang; [– moustaches] to droop; [– seins] to sag, to droop; **ses longs cheveux lui tombaient dans le dos** her long hair hung down her back; **une mèche lui tombait sur un œil** a lock of hair hung over one eye; **il a les épaules qui tombent** he's got sloping shoulders; **la robe tombe bien sur toi** the dress hangs well ou nicely on you. **-5.** [s'abattre, descendre – rayon de soleil, radiations, nuit] to fall; [– brouillard, gifle, coup] to come down; **la neige/pluie tombait** it was snowing/raining; **une goutte est tombée dans mon cou** a drop trickled ou rolled down my neck ‖ *(tournure impersonnelle)*: **il tombe en moyenne 3 mm d'eau par jour** the average daily rainfall is 3 mm; **il en est tombé, de la pluie!** *fam* it tipped ou threw it down! *Br*, it poured!; **il tombera de la neige sur l'est** there will be snow in the east; **il tombe quelques gouttes** it's spitting; **il tombe de grosses gouttes/gros flocons** big drops/flakes are falling; **il tombe de la grêle** it's hailing; **toi, tu as ta paie qui tombe tous les mois** *fam* you have a regular salary coming in (every month); **il lui tombe au moins 30 000 francs par mois** *fam* he has at least 30,000 francs coming in every month ❑ **ça va** ~! [il va pleuvoir] it's going to pour (with rain)!; [il va y avoir des coups] you're/ we're *etc* going to get it!; **des têtes vont** ~! heads will be rolling!; ~ **sous les yeux de qqn** to come to sb's attention. **-6.** [déboucher]: **là où la rue Daneau tombe dans le boulevard Lamain** at the point where Rue Daneau joins ou meets Boulevard Lamain; **continuez tout droit et vous tomberez sur le marché** keep going straight on and you'll come to the market. **-7.** [diminuer – prix, température, voix, ton] to fall, to drop; [– fréquentation] to drop (off); [– fièvre] to drop; [– colère] to die down, to subside; [– inquiétude] to melt away, to vanish; [– enthousiasme, agitation, intérêt] to fall ou to fade away, to subside; [– tempête] to subside, to abate, to die away; [– vent] to drop, to fall, to die down; [– jour] to draw to a close; **la température est tombée de 10 degrés** the temperature has dropped ou fallen (by) 10 degrees; **sa cote de popularité est tombée très bas/à 28%** his popularity rating has plummeted/has dropped to 28%; **faire** ~ **la fièvre** to bring down ou to reduce the fever. **-8.** [disparaître – obstacle] to disappear, to vanish; [– objection, soupçon] to vanish, to fade; **sa réticence est tombée devant mes arguments** she gave way in the face of my arguments; **sa joie tomba brusquement** his happiness suddenly vanished ou evaporated; **ses défenses sont tombées** he dropped his guard. **-9.** [s'effondrer – cité] to fall; [– dictature, gouvernement, empire] to fall, to be brought down, to be toppled; [– record] to be broken; [– concurrent] to go out, to be defeated; [– plan, projet] to fall through; **les candidats de droite sont tombés au pre-**

mier **tour** the right-wing candidates were eliminated in the first round; **le chef du gang est tombé hier** the ringleader was arrested yesterday; **faire** ~ [cité] to bring down; [gouvernement] to bring down, to topple; [record] to break; [concurrent] to defeat. **-10.** [devenir]: ~ **amoureux** to fall in love; ~ **enceinte** to become pregnant; ~ **malade** to become ou to fall ill; ~ **fou** *fam* to go mad; ~ **(raide) mort** to drop dead, to fall down dead. **-11.** JEUX [carte]: **tous les atouts sont tombés** all the trumps have been played.
**B.** SE PRODUIRE, ARRIVER **-1.** [événement] to fall ou to be on; ~ **juste** [calcul] to work out exactly; **bien** ~ to come at the right moment ou at a convenient time; **ton bureau l'intéresse — ça tombe bien, je voulais m'en débarrasser** he's interested in your desk — that's good, I wanted to get rid of it; **mal** ~ to come at the wrong moment ou at an inconvenient time; **le mardi tombe assez mal pour moi** Tuesday's not a good day ou very convenient for me ‖ [personne]: **on est tombés en plein pendant la grève des trains** we got there right in the middle of the rail strike; ~ **juste** [deviner] to guess right; **bien** ~ [opportunément] to turn up at the right moment; [avoir de la chance] to be lucky ou in luck; **ah, vous tombez bien, je voulais justement vous parler** ah, you've come just at the right moment, I wanted to speak to you; **tu ne pouvais pas mieux** ~! you couldn't have come at a better time!; **il est excellent, ce melon, je suis bien tombé** this melon's excellent, I was lucky; **mal** ~ [inopportunément] to turn up at the wrong moment; [ne pas avoir de chance] to be unlucky ou out of luck; **il ne pouvait pas plus mal** ~ he couldn't have picked a worse time; **travailler pour Fanget? tu aurais pu plus mal** ~. working for Fanget? it could be worse; **tu tombes à point!** you've timed it perfectly!, perfect timing! **-2.** [nouvelles] to be ou to come out; **les dernières nouvelles qui viennent de** ~ **font état de 143 victimes** news just out ou released puts the number of victims at 143; **à 20 h, la nouvelle est tombée** the news broke at 8 pm.
◇ *vt (aux avoir)* **-1.** [triompher de – candidat, challenger] to defeat. **-2.** *fam* [séduire] to seduce. **-3.** *fam loc*: ~ **la veste** to slip off one's jacket.

◆ **tomber dans** *v + prép* [se laisser aller à – découragement, désespoir] to sink ou to lapse into *(insép)*; **sans** ~ **dans l'excès inverse** without going to the other extreme; **des traditions qui tombent dans l'oubli** traditions which are falling into oblivion; ~ **dans la dépression** to become depressed.
◆ **tomber en** *v + prép*: ~ **en lambeaux** to fall to bits ou pieces; ~ **en ruine** to go to rack and ruin; ~ **en morceaux** to fall to pieces.
◆ **tomber sur** *v + prép fam* **-1.** [trouver par hasard – personne] to come across, to run ou to bump into, to meet up with *Am*; [– objet perdu, trouvaille] to come across ou upon, to stumble across; **je suis tombé sur ton article dans le journal** I came across your article in the newspaper; **je suis tombé sur une arête** I bit on a fishbone; **on a tiré au sort et c'est tombé sur elle** lots were drawn and her name came up. **-2.** [avoir affaire à – examinateur, sujet d'examen] to get; **quand j'ai téléphoné, je suis tombé sur sa mère/un répondeur** when I phoned, it was her mother who answered (me)/I got an answering machine. **-3.** [assaillir – personne] to set about, to go for; **il tombe sur les nouveaux pour la moindre erreur** he comes down on the newcomers (like a ton of bricks) if they make the slightest mistake ❑ **il a fallu que ça tombe sur moi!** it had to be me! **-4.** [se porter sur – regard, soupçon] to fall on; [– conversation] to turn to.

**tomber²** [tɔ̃be] *nm litt*: **au** ~ **du jour** ou **de la nuit** at nightfall ou dusk.

**tombereau, x** [tɔ̃bro] *nm* **-1.** [benne] dumper, dump truck. **-2.** [contenu] truckload.

**tombeur** [tɔ̃bœr] *nm fam* **-1.** [séducteur] ladykiller. **-2.** SPORT: **le** ~ **du champion d'Europe** the man who defeated the European champion.

**tombola** [tɔ̃bɔla] *nf* raffle, tombola.

**tome** [tɔm] ◇ *nm* [section d'un ouvrage] part; [volume entier] volume. ◇ *nf* = **tomme**.

**tomette** [tɔmɛt] = **tommette**.

**tomme** [tɔm] *nf* Tomme cheese.

**tommette** [tɔmɛt] *nf* red hexagonal floor tile.

**ton¹** [tɔ̃] *nm* **A.** **-1.** [qualité de la voix] tone; ~ **monocorde**

drone; **sur un ~ monocorde** monotonously. **-2.** [hauteur de la voix] pitch (of voice); **~ nasillard** twang. **-3.** [intonation] tone, intonation; **d'un ~ sec** curtly; **hausser le ~ to** up the tone; **pas la peine de prendre un ~ ironique/méchant pour me répondre!** there's no need to be so ironic/spiteful when you answer me!; **ne me parle pas sur ce ~!** don't speak to me like that ou in that tone of voice!; **ne le prends pas sur ce ~!** don't take it like that! **-4.** [style – d'une lettre, d'une œuvre artistique] tone, tenor. **-5.** [manière de se comporter]: **le bon ~** good form. **-6.** LING [en phonétique] tone, pitch; [dans une langue tonale] pitch; **les langues à ~** tonal languages.
**B. -1.** ACOUST tone. **-2.** MUS [d'une voix, d'un instrument] tone; [tube] crook, shank; **prendre le ~ to** tune (up); **baisser/élever le ~** en chantant to lower/to raise the pitch while singing ‖ [mode musical] key; **le ~ majeur/mineur** major/minor key; **donner le ~** MUS to give the chord; fig to set the tone; **elle a très vite donné le ~ de la conversation** she quickly set the tone of the conversation.
**C. -1.** [couleur] tone, shade; **les verts sont en ~s dégradés** the greens are shaded (from dark to light); **être dans le même ~** que to tone in with. **-2.** BX-ARTS shade; **les ~s chauds/froids** warm/cold tones.
◆ **dans le ton** loc adv: **tu crois que je serai dans le ~?** do you think I'll fit in?
◆ **de bon ton** loc adj in good taste; **il est de bon ~ de mépriser l'argent** it's quite the thing ou good form to despise money.
◆ **sur le ton de** loc prép: **sur le ~ de la conversation** conversationally, in a conversational tone; **sur le ~ de la plaisanterie** jokingly, in jest, in a joking tone.
◆ **sur tous les tons** loc adv in every possible way; **on nous répète sur tous les ~s que...** we're being told over and over again that..., it's being drummed into us that...
◆ **ton sur ton** loc adj [en camaïeu] in matching tones ou shades.

**ton²** [tɔ̃] (f **ta** [ta], devant n ou adj commençant par voyelle ou h muet **ton** [tɔn], pl **tes** [te]) dét (adj poss) **-1.** [indiquant la possession] your; **ta meilleure amie** your best friend; **~ père et ta mère** your father and mother; **tes frères et sœurs** your brothers and sisters; **un de tes amis** one of your friends, a friend of yours. **-2.** fam [emploi expressif]: **eh bien regarde-la,** TON **émission!** all right then, watch your (damned) programme!; **arrête de faire ~ intéressant!** stop trying to draw attention to yourself!; **alors, tu as réussi à avoir ~ lundi?** so you managed to get Monday off, then? **-3.** RELIG Thy.

**tonal, e, als** [tɔnal] adj **-1.** LING pitch (modif). **-2.** MUS tonal.
**tonalité** [tɔnalite] nf **-1.** BX-ARTS tonality. **-2.** MUS [organisation] tonality; [d'un morceau] key. **-3.** [atmosphère] tone; **le film prend vite une ~ tragique** the film soon becomes tragic in tone. **-4.** ACOUST tonality; [d'une radio] tone. **-5.** TÉLÉC: **~ (d'invitation à numéroter)** dialling tone; **je n'ai pas de ~** I'm not getting a ou there's no dialling tone.
**tondeur, euse** [tɔ̃dœr, øz] nm, f shearer.
◆ **tondeuse** nf **-1.** HORT: **tondeuse (à gazon)** (lawn) mower; **tondeuse électrique/à main** electric/hand mower. **-2.** [de coiffeur] (pair of) clippers. **-3.** [pour moutons] (pair of) sheep shears.
**tondre** [75] [tɔ̃dr] vt **-1.** [cheveux] to crop; [laine de mouton] to shear (off). **-2.** [mouton] to shear; [chien] to clip. **-3.** [pelouse] to mow, to cut; [haie] to clip. **-4.** fam [dépouiller, voler] to fleece; [exploiter] to fleece, to take to the cleaners; **~ qqn** [au jeu] to clean sb out.
**tondu, e** [tɔ̃dy] ◇ pp→ **tondre.** ◇ adj **-1.** [crâne] closely cropped. **-2.** [mouton] shorn; [caniche] clipped. **-3.** [pelouse] mowed, mown; [haie] clipped. ◇ nm, f [personne tondue] person with close-cropped hair.
◆ **tondu** nm fam & vieilli [moine] monk.
◆ **tondue** nf HIST: **les ~es** French women whose heads were shaved at the end of World War II for fraternizing with Germans.
**tong** [tɔ̃g] nf flip-flop; **des ~s** (a pair of) flip-flops.
**tonicité** [tɔnisite] nf **-1.** PHYSIOL tonicity spéc, muscular tone. **-2.** [de l'air, de la mer] tonic ou bracing effect.
**tonifiant, e** [tɔnifjɑ̃, ɑ̃t] adj **-1.** [air, climat] bracing, invigorating; [promenade] invigorating; [crème, exercice, massage] tonic, toning. **-2.** [influence, conseils] stimulating, inspiring.
**tonifier** [9] [tɔnifje] vt [corps, peau] to tone up (sép); [cheveux]

to give new life to; [esprit] to stimulate.
**tonique** [tɔnik] ◇ adj **-1.** [air, climat] bracing; [médicament] tonic, fortifying; [lotion] toning, tonic; [boisson] tonic; [activité] stimulating, invigorating. **-2.** PHYSIOL tonic. **-3.** LING [syllabe] tonic, stressed. ◇ nm **-1.** MÉD tonic. **-2.** [lotion] toning lotion, skin tonic. ◇ nf MUS tonic, keynote.
**tonitruant, e** [tɔnitryɑ̃, ɑ̃t] adj thundering, resounding.
**tonitruer** [3] [tɔnitrye] vi to thunder, to resound.
**tonnage** [tɔnaʒ] nm **-1.** [d'un bateau]: **~ brut/net** gross/net tonnage. **-2.** [d'un port] tonnage.
**tonnant, e** [tɔnɑ̃, ɑ̃t] adj [voix] thundering.
**tonne** [tɔn] nf **-1.** [unité de masse] ton, tonne; **un bateau de mille ~s** a thousand-ton ship ❑ **~ (métrique)** (metric) ton ou tonne; **un (camion de) deux ~s** a two-ton lorry Br ou truck Am. fam: **des ~s** [beaucoup] tons, heaps, loads; **en faire des ~s** [en rajouter] to lay it on (really) thick.
**tonneau, x** [tɔno] nm **-1.** [contenant pour liquide] cask, barrel; **vin au ~** wine from the barrel ou cask; **mettre du vin en ~** to pour wine in ou into barrels ❑ **c'est le ~ des Danaïdes** [travail interminable] it's an endless task; [gouffre financier] it's a bottomless pit; **le ~ de Diogène** Diogenes' tub. **-2.** [quantité de liquide] caskful, barrelful. **-3.** [accident] somersault; **faire un ~** to roll over, to somersault.
◆ **du même tonneau** loc adj fam of the same ilk péj.
**tonnelet** [tɔnlɛ] nm keg, small cask.
**tonnelier** [tɔnəlje] nm cooper.
**tonnelle** [tɔnɛl] nf [abri] bower, arbour.
**tonnellerie** [tɔnɛlri] nf [fabrication] cooperage.
**tonner** [3] [tɔne] ◇ vi [artillerie] to thunder, to roar, to boom; **on entendait ~ les canons** you could hear the thunder ou roar of the cannons. ◇ v impers: **il tonne** it's thundering.
◆ **tonner contre** v + prép [suj: personne] to fulminate against.
**tonnerre** [tɔnɛr] ◇ nm **-1.** [bruit de la foudre] thunder; **le ~ gronda dans le lointain** there was a rumble of thunder in the distance; **une voix de ~** a thunderous voice ❑ **coup de ~** pr thunderclap; **ce fut un véritable coup de ~** fig it caused a real storm; **ses révélations ont eu l'effet d'un coup de ~ dans l'assemblée** the meeting was thunderstruck by her revelations. **-2.** [tumulte soudain] storm, tumult, commotion; **un ~ d'applaudissements** thunderous applause. ◇ interj fam: **~ (de Dieu)!** hell and damnation!; **~ de Brest!, mille ~s!** hang ou damn it all!
◆ **du tonnerre (de Dieu)** fam & vieilli ◇ loc adj [voiture, fille] terrific, great; [repas, spectacle] terrific, fantastic. ◇ loc adv tremendously ou terrifically well; **ça a marché du ~** it went like a dream.
**tonsure** [tɔ̃syr] nf **-1.** RELIG [partie rasée] tonsure; [cérémonie] tonsuring; **porter la ~** to be tonsured. **-2.** fam [calvitie] bald patch.
**tonsurer** [3] [tɔ̃syre] vt to tonsure.
**tonte** [tɔ̃t] nf **-1.** [de moutons – activité] shearing; [– époque] shearing time. **-2.** [laine tondue] fleece. **-3.** [d'une pelouse] mowing.
**tonton** [tɔ̃tɔ̃] nm **-1.** fam [oncle] uncle. **-2.** HIST: **~ macoute** Tonton Macoute, Haitian secret policeman (under the Duvalier regime).
**tonus** [tɔnys] nm **-1.** [dynamisme] dynamism, energy; **avoir du ~** to be full of energy. **-2.** PHYSIOL tonus; **~ musculaire** muscle tone.
**top** [tɔp] nm **-1.** [signal sonore] pip, beep; **au quatrième ~ il sera exactement 1 h** at the fourth stroke, it will be 1 o'clock precisely. **-2.** [dans une course]: **~, partez!** ready, steady, go!; **donner le ~ de départ** to give the starting signal.
**topaze** [tɔpaz] nf topaz; **couleur ~** topaz.
**toper** [3] [tɔpe] vi: **tope là!** fam it's a deal!, you're on!
**topinambour** [tɔpinɑ̃bur] nm Jerusalem artichoke.
**topique** [tɔpik] ◇ adj **-1.** sout [argument] relevant; [remarque] pertinent, appropriate, relevant. **-2.** PHARM topical. ◇ nm **-1.** LING topic. **-2.** PHARM topical remedy. ◇ nf PHILOS topics (U).
**topless** [tɔplɛs] ◇ adj topless. ◇ nm: **faire du ~** to go topless.
**top niveau** [tɔpnivo] (pl **top niveaux**) nm fam: **elle est au ~** [sportive] she's a top-level sportswoman; [cadre] she's a top-flight executive.

**topo** [tɔpo] *nm fam* **-1.** [discours, exposé] report; c'est toujours le même ~! it's always the same old story!; tu vois (d'ici) le ~! (do) you get the picture? **-2.** *vieilli* [croquis] sketch, draft.

**topographie** [tɔpɔgrafi] *nf* topography.

**topographique** [tɔpɔgrafik] *adj* topographic, topographical.

**topologie** [tɔpɔlɔʒi] *nf* topology.

**toponymie** [tɔpɔnimi] *nf* toponymy; elle s'intéresse à la ~ she's interested in place names.

**top secret** [tɔpsəkrɛ] *adj inv* top secret, highly confidential.

**toquade** [tɔkad] *nf* **-1.** [lubie] fad, whim. **-2.** [passade] crush; avoir une ~ pour qqn to have a crush on sb.

**toquard, e** [tɔkar, ard] *fam* = **tocard**.

**toque** [tɔk] *nf* **-1.** [de femme] pill-box hat, toque; ~ de fourrure (pill-box shaped) fur-hat. **-2.** [de liftier, de jockey, de magistrat] cap; ~ de cuisinier chef's hat.

**toqué, e** [tɔke] *fam* ◇ *adj* **-1.** [cinglé] dotty *Br*, flaky *Am*. **-2.** ~ de [passionné de]: être ~ de qqn to be mad ou nuts about sb. ◇ *nm, f* loony, nutter *Br*, screwball *Am*; un ~ d'écologie an ecology crank ou freak.

**toquer** [3] [tɔke]
◆ **se toquer de** *vp* + *prép fam*: se ~ de qqn to become besotted with sb; se ~ de qqch to have a sudden passion for sthg.

**Tora(h)** [tɔra] *npr f*: la ~ the Torah.

**torche** [tɔrʃ] *nf* **-1.** [bâton résineux] torch; elle n'était plus qu'une ~ vivante ou vive she'd become a human torch, her whole body was ablaze. **-2.** ÉLECTR & TECH: ~ électrique (electric) torch *Br*, flashlight. **-3.** AÉRON: le parachute s'est mis en ~ the parachute didn't open properly. **-4.** PÉTR ~ de soudage soldering torch, flare.

**torcher** [3] [tɔrʃe] *vt* **-1.** *fam* [essuyer – plat, casserole] to wipe clean. **-2.** ▽ [nettoyer – fesses] to wipe. **-3.** *fam* [bâcler – lettre, exposé] to botch; [– réparation] to make a pig's ear of, to botch.
◆ **se torcher** ▽ *vp* (*emploi réfléchi*) to wipe one's bottom.

**torchère** [tɔrʃɛr] *nf* **-1.** PÉTR flare. **-2.** [candélabre] candlestand, torchère.

**torchis** [tɔrʃi] *nm* cob CONSTR.

**torchon** [tɔrʃɔ̃] *nm* **-1.** [pour vaisselle] tea towel; [pour meubles] duster; passer un coup de ~ sur les meubles to give the furniture a (quick) dust ❑ le ~ brûle [dans un parti, un gouvernement, une entreprise] tempers are getting frayed; [dans un couple, entre des collègues, des amis] there's a bit of friction between them. **-2.** *fam* [écrit mal présenté] mess; qu'est-ce que c'est que ce ~? [devoir scolaire] do you call that mess homework? **-3.** *fam* [mauvais journal] rag.

**tordant, e** [tɔrdɑ̃, ɑ̃t] *adj fam* hilarious.

**tord-boyaux** [tɔrbwajo] *nm inv fam* rotgut, hooch *Am*.

**tordre** [76] [tɔrdr] *vt* **-1.** [déformer – en courbant, en pliant] to bend; [– en vrillant] to twist. **-2.** [linge mouillé] to wring (out); elle tordait nerveusement son mouchoir she was playing with ou twiddling her handkerchief nervously. **-3.** [membre] to twist; ~ le cou à une volaille to wring a bird's neck; ~ le cou à qqn *fam* to wring sb's neck. **-4.** [défigurer]: les traits tordus par la douleur his features twisted ou his face contorted with pain. **-5.** [faire mal à]: les brûlures qui lui tordaient l'estomac the burning pains which were knotting his stomach. **-6.** TEXT to twist.
◆ **se tordre** ◇ *vpi* [ver] to twist; [pare-chocs] to buckle; se ~ de douleur to be doubled up with pain; se ~ (de rire) to be doubled ou creased *Br* up with laughter. ◇ *vpt*: se ~ le pied to sprain ou to twist one's foot; se ~ les mains (de désespoir) to wring one's hands (in despair).

**tordu, e** [tɔrdy] ◇ *pp* → **tordre**. ◇ *adj* **-1.** [déformé – bouche] twisted; [– doigt] crooked. **-2.** [plié, recourbé – clef] bent; [– roue de vélo, pare-chocs] buckled; [vrillé] twisted. **-3.** *fam* [extravagant – idée, logique] twisted, weird; [– esprit] twisted, warped; tu es complètement ~! you're off your head! **-4.** *fam* [vicieux]: coup ~ [acte malveillant] mean ou nasty ou dirty trick; c'est la spécialiste des coups ~s she's always playing dirty tricks on people. ◇ *nm, f fam* [personne bizarre ou folle] loony, nutter *Br*, screwball *Am*; où il va, l'autre ~? where's that idiot off to?

**tore** [tɔr] *nm* MATH torus.

**toréador** [tɔreadɔr] *nm vieilli* toreador, torero.

**toréer** [15] [tɔree] *vi* [professionnel] to be a bullfighter; il doit ~ demain he'll be bullfighting tomorrow.

**torero** [tɔrero] *nm* bullfighter, torero.

**torgnole** ▽ [tɔrɲɔl] *nf* wallop.

**toril** [tɔril] *nm* toril, bull pen.

**tornade** [tɔrnad] *nf* MÉTÉO tornado.

**Toronto** [tɔrɔ̃to] *npr* Toronto.

**torpédo** [tɔrpedo] *nf* open tourer *Br*, open touring car *Am*.

**torpeur** [tɔrpœr] *nf* torpor; sortir de sa ~ to shake o.s. up, to rouse o.s.

**torpillage** [tɔrpijaʒ] *nm* **-1.** MIL torpedoing. **-2.** *fig* [sabotage] scuppering *Br*, sabotage; le ~ de la négociation the wrecking of the negotiations.

**torpille** [tɔrpij] *nf* **-1.** ARM [projectile sous-marin] torpedo; ~ aérienne aerial torpedo. **-2.** ZOOL torpedo (ray).

**torpiller** [3] [tɔrpije] *vt* **-1.** MIL to torpedo. **-2.** [projet] to torpedo, to scupper.

**torpilleur** [tɔrpijœr] *nm* torpedo boat.

**torréfaction** [tɔrefaksjɔ̃] *nf* [du café, du cacao] roasting; [du tabac] toasting.

**torréfier** [9] [tɔrefje] *vt* [café, cacao] to roast; [tabac] to toast.

**torrent** [tɔrɑ̃] *nm* **-1.** [ruisseau de montagne] torrent, (fast) mountain stream. **-2.** [écoulement abondant] torrent, stream; des ~s d'eau [inondation] a flood; [pluie] torrential rain, a torrential downpour; des ~s de larmes floods of tears; un ~ d'injures a stream ou torrent of abuse; des ~s de lumière a flood of light.
◆ **à torrents** *loc adv*: il pleut à ~s it's pouring down.

**torrentiel, elle** [tɔrɑ̃sjɛl] *adj* **-1.** [d'un torrent – eau, allure] torrential. **-2.** [très abondant]: des pluies ~les torrential rain.

**torrentueux, euse** [tɔrɑ̃tɥø, øz] *adj litt* **-1.** [rivière] rushing, onrushing, fast. **-2.** [rythme] frantic; *fig* hectic.

**torride** [tɔrid] *adj* [chaleur, après-midi] torrid, scorching; [soleil] scorching; [région, climat] torrid.

**tors, e**[1] [tɔr, tɔrs] *adj* **-1.** [laine, soie] twisted. **-2.** [colonne] wreathed; [pied de meuble] twisted. **-3.** [membre] crooked, bent.

**torsade** [tɔrsad] *nf* **-1.** [de cordes] twist; ~ de cheveux twist ou coil of hair; cheveux en ~s braided ou twisted hair. **-2.** [en tricot]: (point) ~ cable stitch.
◆ **à torsades** *loc adj* **-1.** ARCHIT cabled. **-2.** VÊT: pull à ~s cablestitch sweater.

**torsader** [3] [tɔrsade] *vt* **-1.** [fil] to twist; [cheveux] to twist, to coil. **-2.** ARCHIT: colonne torsadée cabled column.

**torse**[2] [tɔrs] ◇ *f* → **tors**. ◇ *nm* **-1.** ANAT trunk, torso; ~ nu: mettez-vous ~ nu, s'il vous plaît strip to the waist, please; il était ~ nu he was bare-chested. **-2.** BX-ARTS torso.

**torsion** [tɔrsjɔ̃] *nf* **-1.** [d'un cordage, d'un bras] twisting. **-2.** MATH, PHYS & TECH torsion.

**tort** [tɔr] *nm* **-1.** (*sans article*): avoir ~ [se tromper] to be wrong; tu as ~ de ne pas la prendre au sérieux you're making a mistake in not taking her seriously, you're wrong not to take her seriously; tu n'avais pas tout à fait ~/pas ~ de te méfier you weren't entirely wrong/you were quite right to be suspicious; donner ~ à qqn [désapprouver] to disagree with sb; elle me donne toujours ~ contre son fils she always sides with her son against me; les faits lui ont donné ~ events proved her (to be) wrong ou showed that she was (in the) wrong. **-2.** [défaut, travers] fault, shortcoming; je reconnais mes ~s I admit I was wrong; elle a le ~ d'être trop franche the trouble ou problem with her is (that) she's too franche; c'est un ~ (de) it's a mistake (to); c'est un ~ d'agir sans réfléchir it's a mistake to act without due reflexion; tu ne fais pas de sport? c'est un ~ don't you do any exercise? you definitely ought to ou should; avoir le ~ de to make the mistake of; il a eu le ~ de lui faire confiance he made the mistake of trusting her. **-3.** [dommage] wrong; réparer le ~ qu'on a causé to right the wrong one has caused, to make good the wrong one has done; réparer un ~ to make amends; faire du ~ à qqn to do harm to sb, to wrong sb, to harm sb; faire du ~ à une cause [personne] to harm a cause; [initiative] to be detrimental to a cause. **-4.** [part de responsabilité] fault; avoir tous les ~s [gén] to be entirely to blame; [dans un accident] to be fully responsible; [dans un divorce] to be the guilty party; les ~s sont partagés both parties are equally to blame; j'ai des ~s envers eux I have done them wrong.

◆ **à tort** *loc adv* **-1.** [faussement] wrongly, mistakenly; croire/affirmer qqch à ~ to believe/to state sthg wrongly. **-2.** [injustement] wrongly; condamner qqn à ~ to blame sb wrongly.

◆ **à tort ou à raison** *loc adv* right or wrong, rightly or wrongly.

◆ **à tort et à travers** *loc adv*: tu parles à ~ et à travers you're talking nonsense; elle dépense son argent à ~ et à travers money burns a hole in her pocket, she spends money like water.

◆ **dans mon tort, dans son tort** *etc loc adv*: être dans son ~ to be in the wrong; mettre qqn dans son ~ to make sb appear to be in the wrong.

◆ **en tort** *loc adv* in the wrong; dans cet accident, c'est lui qui est en ~ he is to blame for the accident.

**torticolis** [tɔrtikɔli] *nm* stiff neck, torticollis *spéc*; avoir un ~ to have a stiff neck.

**tortillard** [tɔrtijar] *nm fam* slow (local) train.

**tortiller** [3] [tɔrtije] ◇ *vt* **-1.** [mèche, mouchoir, fil, papier] to twist; [doigts] to twiddle; [moustache] to twirl. **-2.** [fesses] to wiggle. ◇ *vi* **-1.** [onduler]: ~ des fesses/hanches to wiggle one's bottom/hips. **-2.** *fam loc*: il n'y a pas à ~ there's no getting out of ou away from it.

◆ **se tortiller** *vpi* [ver] to wriggle, to squirm; [personne – par gêne, de douleur] to squirm; [– d'impatience] to fidget, to wriggle; se ~ sur sa chaise comme un ver to wriggle in one's chair like a worm.

**tortillon** [tɔrtijɔ̃] *nm* [de papier] twist.

**tortionnaire** [tɔrsjɔnɛr] *nmf* torturer.

**tortue** [tɔrty] *nf* **-1.** ZOOL tortoise; ~ marine turtle; ~ d'eau douce terrapin. **-2.** *fam* [traînard] slowcoach *Br*, slowpoke *Am*; avancer comme une ~ to go at a snail's pace, to crawl along.

**tortueux, euse** [tɔrtɥø, øz] *adj* **-1.** [en lacets – sentier] winding, tortuous; [– ruisseau] meandering, winding, sinuous *litt*. **-2.** [compliqué – raisonnement, esprit] tortuous, devious; [– moyens] crooked, devious, tortuous; [– style] convoluted, involved.

**torturant, e** [tɔrtyrɑ̃, ɑ̃t] *adj* [pensée] tormenting, agonising.

**torture** [tɔrtyr] *nf* **-1.** [supplice infligé] torture. **-2.** *fig* [souffrance] torture, torment; l'attente des résultats fut pour lui une véritable ~ he suffered agonies waiting for the results.

◆ **à la torture** *loc adv*: être à la ~ to suffer agonies; mettre qqn à la ~ to put sb through hell.

◆ **sous la torture** *loc adv* under torture.

**torturé, e** [tɔrtyre] *adj* [marqué par la souffrance] tortured, tormented; un regard ~ a tormented look.

**torturer** [3] [tɔrtyre] *vt* **-1.** [supplicier – suj: bourreau] to torture. **-2.** [tourmenter – suj: angoisse, faim] to torture, to torment; [– suj: personne]: ~ qqn to put sb through torture; torturé par sa conscience tormented by his conscience. **-3.** [style, texte] to labour.

◆ **se torturer** *vp* (*emploi réfléchi*) to torture o.s., to worry o.s. sick; ne te torture pas l'esprit! don't rack your brains (too much)!

**torve** [tɔrv] *adj*: il m'a lancé un regard ~ he shot me a murderous sideways look.

**Toscane** [tɔskan] *nprf*: (la) ~ Tuscany.

**tôt** [to] *adv* **-1.** [de bonne heure le matin] early; se lever ~

[ponctuellement] to get up early; [habituellement] to be an early riser ‖ [de bonne heure le soir]: se coucher ~ to go to bed early ‖ [au début d'une période]: ~ dans l'après-midi early in the afternoon, in the early afternoon. **-2.** [avant le moment prévu ou habituel] soon; il est trop ~ pour le dire it's too early ou soon to say that; arrive suffisamment ~ ou il n'y aura pas de place be there in good time or there won't be any seats left; il fallait y penser plus ~ you should have thought about it earlier ou before; je voudrais passer les prendre plus ~ I would like to come and collect them sooner ou earlier; elle a dû partir plus ~ que prévu she had to leave earlier than expected; ce n'est pas trop ~! at last!, (it's) about time too! **-3.** [rapidement] soon; le plus ~ possible as early ou as soon as possible; le plus ~ sera le mieux the sooner, the better ❏ avoir ~ fait de *sout* to be quick to; je n'avais pas plus ~ raccroché qu'il me rappela no sooner had I put the receiver down than he phoned me back; je n'y retournerai pas de si ~! I won't go back there in a hurry!

◆ **au plus tôt** *loc adv* **-1.** [rapidement] as soon as possible. **-2.** [pas avant] at the earliest.

◆ **tôt ou tard** *loc adv* sooner or later; ~ ou tard, quelqu'un se plaindra sooner or later ou one of these days, someone's bound to complain.

**total, e, aux** [tɔtal, o] *adj* **-1.** [entier – liberté] total, complete; j'ai une confiance ~e en elle I trust her totally ou implicitly. **-2.** [généralisé – destruction, échec] total, utter, complete. **-3.** [global – hauteur, poids, dépenses] total; somme ~e total (amount). **-4.** ASTRON [éclipse] total. **-5.** THÉÂT: spectacle ~ total theatre.

◆ **total** *adv fam* the net result is that; ~, je n'ai plus qu'à recommencer the net result (of all that) is that I've got to start all over again.

◆ **total, aux** *nm* total (amount); faire le ~ to work out the total; faire le ~ de to total up, to add up, to reckon up; fais le ~ de ce que je te dois work out everything I owe you ❏ ~ général sum total, grand total; ~ partiel subtotal.

◆ **totale** *nf fam* (total) hysterectomy.

◆ **au total** *loc adv* **-1.** [addition faite] in total. **-2.** [tout bien considéré] all in all, all things (being) considered, on the whole.

**totalement** [tɔtalmɑ̃] *adv* [ignorant, libre, ruiné] totally, completely; [détruit] utterly.

**totalisant, e** [tɔtalizɑ̃, ɑ̃t] *adj* synthetic PHILOS.

**totaliser** [3] [tɔtalize] *vt* **-1.** [dépenses, recettes] to add up *(sép)*, to total up *(sép)*, to reckon up *(sép)*. **-2.** [atteindre le total de] to have a total of, to total; il totalise 15 victoires he has won a total of 15 times; qui totalise le plus grand nombre de points? who has the highest score?

**totalitaire** [tɔtalitɛr] *adj* totalitarian.

**totalitarisme** [tɔtalitarism] *nm* totalitarianism.

**totalité** [tɔtalite] *nf* **-1.** [ensemble]: la ~ des marchandises all the goods; la presque ~ des tableaux almost all the paintings. **-2.** [intégralité] whole; la ~ de la somme the whole (of the) sum. **-3.** PHILOS totality, wholeness.

◆ **en totalité** *loc adv*: somme remboursée en ~ sum paid back in full; le navire a été détruit en ~ the ship was completely destroyed, the whole ship was destroyed.

**totem** [tɔtɛm] *nm* totem.

**toto** [tɔto] *nm fam* [pou] louse.

**touareg, ègue** [twarɛg] *adj* Tuareg.

◆ **Touareg, ègue** *nm, f* Tuareg.

**toubib** [tubib] *nm fam* doctor.

**toucan** [tukɑ̃] *nm* toucan.

---

**Poliment**

Actually, that's not strictly true.
I'm afraid you haven't quite understood.
There seems to be a slight misunderstanding here.
If I might just put you right on one point...
I think you'll find it's French, not Spanish.
With respect, I think you're forgetting something.

**De façon plus catégorique**

That can't be right, surely.
No, that's not what was meant at all.
You've got it all wrong.
You're on completely the wrong track.
You're completely missing the point.
That's nonsense! ou rubbish! [familier]

**touchant¹** [tuʃɑ̃] *prép* [concernant] concerning, about.

**touchant², e** [tuʃɑ̃, ɑ̃t] *adj* [émouvant] touching, moving; **être ~ de maladresse/sincérité** to be touchingly awkward/earnest.

**touche** [tuʃ] *nf* **A.** **-1.** [gén] key; [d'un téléviseur] button; [d'un téléphone] key, button; [d'une machine à écrire] key. **-2.** ÉLECTR [plot de contact] contact. **-3.** MUS [de clavier] key; [d'instrument à cordes] fingerboard. **B.** **-1.** ESCRIME hit. **-2.** JOAILL touch. **-3.** PÊCHE bite; **avoir une ~ avec qqn** *fam* to have something going with sb; **faire une ~ fam** to score. **C.** **-1.** [coup de pinceau] touch, (brush) stroke; **du vert en ~s légères** light strokes of green. **-2.** [cachet, style] touch. **-3.** [trace] note, touch; **une ~ de couleur** a touch of colour; **une ~ de cynisme** a touch *ou* tinge *ou* hint of cynicism. **-4.** *fam* [apparence] look; **on avait une de ces ~s avec nos cheveux mouillés!** we did look funny with our hair all wet! **D.** SPORT [ligne] touchline; [remise en jeu] RUGBY line-out; FTBL throw-in; [sortie de ballon]: **il y a ~** the ball is out; **jouer la ~** to play for time *(by putting the ball into touch)*. ◆ **en touche** *loc adv* into touch; **envoyer le ballon en ~** to kick the ball into touch. ◆ **sur la touche** *loc adv* SPORT: **rester sur la ~** to stay on the bench; **être** *ou* **rester sur la ~** *fam & fig* to be left out.

**touche-à-tout** [tuʃatu] *nmf inv* **-1.** [importun] meddler. **-2.** [dilettante] dabbler, jack-of-all-trades (and master of none).

**toucher¹** [tuʃe] *nm* **-1.** [sens] (sense of) touch; [palpation] touch. **-2.** [sensation] feel. **-3.** [manière de toucher] touch; **avoir un ~ délicat/vigoureux** [gén & MUS] to have a light/ energetic touch. **-4.** MÉD (digital) palpation *spéc*, examination. **-5.** SPORT touch; **il a un bon ~ de balle** he's got a nice touch. ◆ **au toucher** *loc adv*: **doux/rude au ~** soft/rough to the touch; **c'est facile à reconnaître au ~** it's easy to tell what it is by touching it *ou* by the feel of it.

**toucher²** [3] [tuʃe] ◇ *vt* **A.** **-1.** [pour caresser, saisir] to touch; [pour examiner] to feel; **ne me touche pas!** get your hands off me!, don't touch me!; **le parchemin s'effrite dès qu'on le touche** the parchment crumbles at the first touch; **~ qqch du pied** to touch sthg with one's foot ❑ **pas touche! fam** hands off!; **touchez avec les yeux!** don't touch, just look! **-2.** [entrer en contact avec] to touch; **ma main a touché sa main** my hand brushed *ou* touched his; **au moment où la navette spatiale touche le sol** when the space shuttle touches down *ou* lands. **-3.** *fam* [joindre – suj: personne] to contact, to reach, to get in touch with; **où peut-on vous ~ en cas d'urgence?** where can you be contacted *ou* reached in an emergency? ‖ [suj: lettre] to reach; **si notre message l'avait touché** if our message had got (through) to him *ou* reached him. **-4.** MÉD to palpate *spéc*, to examine. **-5.** NAUT [port] to put in at, to call at; [rochers, fonds] to hit, to strike. **B.** **-1.** [se servir de – accessoire, instrument] to touch; **son service est si puissant que je ne touche pas une balle** *fam* his serve is so powerful I can't get anywhere near the ball. **-2.** [consommer] to touch; **il n'a même pas touché son repas/la bouteille** he never even touched his meal/the bottle. **-3.** [blesser] to hit; **touché à l'épaule** hit in the shoulder; **touché!** ESCRIME touché! ❑ **touché, coulé!** JEUX hit, sunk! **-4.** [atteindre – suj: mesure] to concern, to affect, to apply to; [– suj: crise, krach boursier, famine] to affect, to hit; [– suj: incendie, épidémie] to spread to *(insép)*; **la marée noire a touché tout le littoral** the oil slick spread all along the coast; **reste-t-il un secteur que l'informatique n'ait pas touché?** are there still any areas untouched by computerization?; **les personnes touchées par l'impôt sur les grandes fortunes** people in the top tax bracket. **-5.** [émouvoir – suj: film, geste, gentillesse, spectacle] to move, to touch; **ses chansons ne me touchent pas** her songs leave me cold; **vos compliments me touchent beaucoup** I'm very touched by your kind words; **ses prières avaient touché mon cœur** her entreaties had moved *ou* stirred me ‖ [affecter – suj: décès] to affect, to shake; [– suj: critique, propos désobligeants] to affect, to have an effect on; **elle a été très touchée par sa disparition** she was badly shaken by his death. **-6.** *fam* [s'en prendre à – personne] to touch. **-7.** [percevoir – allocation, honoraires, pension, salaire] to receive, to get, to draw; [– indemnité, ration] to receive, to get; [– chèque] to cash (in) *(sép)*; **elle touche 500 000 francs par an** she earns 500,000 francs a

year; **~ gros** *fam* to line one's pockets, to make a packet; **touchez-vous les allocations familiales?** do you get child benefit?; **il a dû ~ pas mal d'argent** *fam* he must've been slipped a tidy sum; **~ le tiercé** to win the tiercé; **~ le chômage** to be on the dole *Br*, to be on welfare *Am*. **C.** **-1.** [être contigu à] to join onto, to adjoin, to be adjacent to. **-2.** [concerner] **une affaire qui touche la Défense nationale** a matter related to defence, a defence-related matter. **-3.** [être parent avec] to be related to. ◇ *vi* **-1.** NAUT to touch bottom. **-2.** PÊCHE to bite. **-3.** ▽ [exceller]: **elle touche en informatique!** she's a wizard at *ou* she knows a thing or two about computers!; **ça y est, au saxo, je commence à ~!** I'm beginning to get the hang of the sax now! **-4.** *loc*: **touchez là!** it's a deal!, (let's) shake on it! ◆ **toucher à** *v* + *prép* **-1.** [porter la main sur – objet] to touch; **évitez de ~ aux fruits** try not to handle the fruit; **que je ne te reprenne pas à ~ aux allumettes!** don't let me catch you playing with matches again! ‖ *fam* [frapper – adversaire, élève] to touch, to lay hands *ou* a finger on; **si tu touches à un seul cheveu de sa tête...!** if you so much as lay a finger on her...! ‖ [porter atteinte à] to interfere with *(insép)*, to harm, to touch; **ils ne veulent pas vraiment ~ au gouvernement** their aim isn't really to harm the government; **ne touchez pas aux parcs nationaux!** hands off the national parks! **-2.** [modifier – appareil, documents, législation] to tamper *ou* to interfere with; **ton dessin est parfait, n'y touche plus** your drawing is perfect, leave it as it is. **-3.** [utiliser – aliment, instrument] to touch; [– somme d'argent] to touch, to break into; **je n'ai jamais touché à la drogue** I've never been on *ou* touched drugs ❑ **~ à tout** *pr* to fiddle with *ou* to touch everything; *fig* to dabble (in everything); **je touche un peu à tout** [artisan] I'm a Jack-of-all-trades, I do a little bit of everything; [artiste] I'm a man of many parts. **-4.** [être proche de – suj: pays, champ] to adjoin, to border (upon); [– suj: maison, salle] to join on *(insép)* to, to adjoin; **notre propriété touche aux salines** our property borders on the salt marsh ‖ [confiner à]: **~ à la perfection** to be close to perfection. **-5.** [concerner, se rapporter à – activité, sujet] to have to do with, to concern; **tout ce qui touche au sexe est tabou** everything connected *ou* to do with sex is taboo. **-6.** [aborder – sujet, question] to bring up *(sép)*, to come onto *(insép)*, to broach; **vous venez de ~ au point essentiel du débat** you've put your finger on the key issue in the debate. **-7.** *sout* [atteindre – un point dans l'espace, dans le temps] to reach; **le navire touche au port ce soir** the ship will enter *ou* reach harbour tonight; **le projet touche à son terme** the project is nearing its end; **notre séjour touche à sa fin** our stay is nearing its end. ◆ **se toucher** ◇ *vp (emploi réciproque)* [être en contact] to touch, to be in contact; [entrer en contact] to touch, to come into contact; [jardins, communes] to touch, to be adjacent (to each other), to adjoin each other; **ils se touchèrent de l'épaule** their shoulders touched. ◇ *vp (emploi réfléchi) euph* [se masturber] to play with o.s.

**touche-touche** [tuʃtuʃ] ◆ **à touche-touche** *loc adv fam*: **être à ~** to be nose to tail *ou* bumper to bumper.

**touffe** [tuf] *nf* **-1.** [de cheveux, de poils] tuft. **-2.** [d'arbustes] clump, cluster. **-3.** [d'herbe] clump, tuft; [de fleurs] clump.

**touffeur** [tufœr] *nf litt* sultry *ou* sweltering heat.

**touffu, e** [tufy] *adj* **-1.** [bois, feuillage, haie] thick, dense; [barbe, sourcils] thick, bushy; [arbre] thickly-covered, with dense foliage. **-2.** [texte] dense.

**touiller** [3] [tuje] *vt fam* [sauce] to stir; [salade] to toss.

**toujours** [tuʒur] *adv* **-1.** [exprimant la continuité dans le temps] always; **je l'ai ~ dit/cru** I've always said/thought so; **il est ~ à se plaindre** he's always *ou* he never stops complaining; **ils n'ont pas ~ été aussi riches** they haven't always been so rich; **ça ne durera pas ~** it won't last forever; **le ciel ~ bleu** the eternally blue sky; **Sophie, ~ plus belle Sophie**, ever more beautiful; **~ plus haut, ~ plus vite, ~ plus loin** ever higher, ever faster, ever farther; **ils sont ~ plus exigeants** they are more and more demanding. **-2.** [marquant la fréquence, la répétition] always; **elle est ~ en retard** she is always late; **les erreurs ne sont pas ~** où on les attend mistakes sometimes occur where we least expect them; **tu as ~ raison, enfin presque ~!** you're always right, well, nearly always! **-3.** [encore] still; **tu travailles ~?** are you still working?; **il fait ~ aussi chaud** it is as hot as ever; **tu es ~**

aussi serviable! *iron* you're just ou still as helpful as ever (, I see)!; ~ **pas** still not; **ta leçon n'est ~ pas sue** you still don't know your lesson; **elle n'a ~ pas téléphoné** she hasn't phoned yet, she still hasn't phoned. **-4.** [dans des emplois expressifs]: **tu peux ~ essayer** you can always try, you might as well try; **prends-le, tu peux ~ en avoir besoin** take it, you may ou might need it (some day); **ça peut ~ servir** it might come in handy ou useful; **c'est ~ mieux que rien** still, it's better than nothing; **on trouvera ~ un moyen** we're sure ou bound to find a way; **tu peux ~ pleurer, je ne céderai pas** (you can) cry as much as you like, I won't give in; **tu lui fais confiance?** — **pas dans ce travail, ~!** do you trust him? — not when it comes to work, anyway!; **il peut ~ attendre!** he'll be lucky!, he'll have a long wait!; **tu peux ~ courir!** no chance! you haven't a hope ou *Am* a prayer!; **c'est ~ ça de pris** that's something (at least).

◆ **comme toujours** *loc adv* as always, as ever.

◆ **de toujours** *loc adj*: **elle se retrouvait face à son public de ~** she found herself before her faithful audience of old; **une amitié de ~** a lifelong friendship.

◆ **pour toujours** *loc adv* forever; **tu me le donnes pour ~?** can I keep it forever ou for good?

◆ **toujours est-il que** *loc conj* the fact remains that.

**toundra** [tundra] *nf* tundra.

**toupet** [tupɛ] *nm* **-1.** *fam* [audace] impudence, nerve, cheek *Br*; **elle a du ~** ou **un sacré ~!** she's got some nerve ou *Br* cheek!; **il a eu le ~ de...** he had the nerve ou *Br* cheek to... **-2.** [de cheveux] tuft of hair, quiff *Br*. **-3.** ZOOL [d'un cheval] forelock.

**toupie** [tupi] *nf* **-1.** JEUX (spinning) top; **tourner comme une ~** to spin like a top; **vieille ~** *fam* [harpie] old ratbag *Br*, old hen *Am*. **-2.** MENUIS spindle moulder.

**tour¹** [tur] *nf* **-1.** ARCHIT & CONSTR tower; **la ~ de Babel** BIBLE the Tower of Babel; **~ de bureaux** office (tower) block; **~ de contrôle** AÉRON control tower; **la ~ Eiffel** the Eiffel tower; **~ d'habitation** tower ou high-rise block; **~ d'ivoire** *fig* ivory tower; **la ~ de Londres** the Tower of London; **la ~ (penchée) de Pise** the Leaning Tower of Pisa; **immeuble ~** tower block. **-2.** *fam* [personne grande et corpulente]: **c'est une vraie ~** he's/she's built like the side of a house. **-3.** JEUX castle, rook. **-4.** CHIM: **~ de fractionnement** fractionating column. **-5.** PÉTR: **~ de forage** drilling rig.

**tour²** [tur] *nm* **A.** CERCLE **-1.** [circonférence – d'un fût, d'un arbre] girth; [– d'un objet, d'une étendue] circumference; **le ~ du lac est planté d'arbres** trees have been planted all round ou around the lake. **-2.** [mensuration]: **~ de taille/hanches** waist/hip measurement; **prends ton ~ de taille** measure (round) your waist; **quel est votre ~ de taille/hanches?** what size waist/hips are you?; **~ de cou** collar size; **il fait (un) 42 de ~ de cou** he takes a size 42 collar; **~ de poitrine** [d'une femme] bust measurement ou size; [d'un homme] chest measurement ou size; **~ de tête** hat size. **-3.** [parure]: **~ de cou** JOAILL choker; VÊT [en fourrure] fur collar; **~ de lit** (bed) valance. **-4.** [circuit] tour, circuit; **j'ai fait le grand ~ pour venir ici** I came here the long way round; **faire le ~ de** [un parc] to go round a park; [à pied] to walk round a park; [en voiture] to drive round a park; **faire le ~ du monde** to go round the world; **faire le ~ du monde en auto-stop/voiture** to hitch-hike/to sail round the world; **faire le ~ de** *fig*: **l'anecdote a fait le ~ des bureaux** the story went round the offices ou did the rounds of the offices; **faire le ~ d'une question** to consider a problem from all angles; **j'ai fait le ~ de toutes les options** I've explored all the possibilities; **je sais ce qu'il vaut, j'en ai vite fait le ~** I know what he's worth, it didn't take me long to size him up ❑ **~ de circuit** lap; **le Tour de France** [cycliste] the Tour de France; [des compagnons] the Tour de France (*carried out by an apprentice to become a journeyman*); **~ d'honneur** lap of honour; **~ de piste** ATHLÉTISME lap; ÉQUIT round; **faire un ~ de piste sans faute** ÉQUIT to have a clear round; **le ~ du propriétaire**: **on a fait le ~ du propriétaire** we went ou looked round the property; **fais-moi faire le ~ du propriétaire** show me round your property; **j'ai fait le ~ du cadran** *fam* I slept round the clock; **faire un ~ d'horizon** to deal with all aspects of a problem. **-5.** [promenade – à pied] walk, stroll; [– en voiture] drive, ride; [– à bicyclette, à cheval, en hélicoptère] ride; [court voyage] trip, outing *(U)*; **faire un ~** [à pied] to go for a walk; [en voiture] to go for a drive ou ride; [à vélo] to go

for a ride; **faire un ~ en ville** to go into town; **nous irons faire un ~ dans les Pyrénées** we'll go for a trip in the Pyrenees. **B.** PÉRIODE, ÉTAPE **-1.** [moment dans une succession] turn; JEUX [gén] turn, go; [aux échecs] move; **c'est (à) ton ~** [gén] it's your turn ou go; [échecs] it's your move; **à qui le ~?** whose turn is it?, who's next?; **chacun son ~** everyone will have his turn; **laisser passer son ~** to miss one's turn; **attendre son ~** to wait one's turn; **c'est à ton ~ de mettre la table** it's your turn to lay ou to set the table; **tu parleras à ton ~** you'll have your chance to say something; **nous veillons chacun à notre ~** we take turns to be on watch ❑ **~ de garde** [d'un médecin] spell ou turn of duty; **~ de scrutin** ballot; **au premier ~** in the first ballot ou round. **-2.** SPORT [série de matches] round; **le second ~ de la coupe d'Europe** the second round of the European Cup. **C.** ACTION HABILE OU MALICIEUSE **-1.** [stratagème] trick; **elle prépare un mauvais ~** she's up to some mischief; **jouer un ~ à qqn** to play a trick on sb; **jouer un sale** ou **mauvais ~ à qqn** to play a nasty ou dirty trick on sb; **ça vous jouera un mauvais** ou **vilain ~!** you'll be sorry for it!, it'll catch up with you (one day)!; **ma mémoire/vue me joue des ~s** my memory/sight is playing tricks on me ❑ et **le ~ est joué!** and there you have it!; **avoir plus d'un ~ dans son sac** to have more than one trick up one's sleeve. **-2.** [numéro, technique]: **~ d'adresse** skilful trick, feat of skill; **~ de cartes** card trick; **~ de passe-passe** sleight of hand.

**D.** ASPECT **-1.** [orientation] turn; **cette affaire prend un très mauvais ~** this business is going very wrong; **la discussion prend un très mauvais ~** the discussion is taking a nasty turn ❑ **~ d'esprit** turn ou cast of mind; **donner le ~** *Helv* [maladie] to take a turn for the better; [personne] to wrap up. **-2.** LING [expression] expression, phrase; [en syntaxe] construction; **un ~ de phrase maladroit** an awkward turn of phrase.

**E.** ROTATION **-1.** [d'une roue, d'un cylindre] turn, revolution; [d'un outil] turn; ASTRON revolution; **faire un ~/trois ~s sur soi-même** to spin round once/three times (on o.s.) ❑ **il n'y a qu'un ~ de clef** the key's only been turned once; **donner deux ~s de clef** to give a key two turns, to turn a key twice; **n'oublie pas de donner un ~ de clef (à la porte)** don't forget to lock the door; **~ de manège** ride on a roundabout *Br* ou a merry-go-round; **~ de vis** (turn of the) screw. **-2.** AUT revolution, rev. **-3.** MÉD: **~ de reins**: **attraper** ou **se donner un ~ de reins** to put one's back out, to rick one's back. **F.** TECH lathe; **~ de potier** potter's wheel; **fait au ~** *fig* beautifully made.

◆ **à tour de bras** *loc adv* [frapper] with all one's strength ou might.

◆ **à tour de rôle** *loc adv* in turn.

◆ **tour à tour** *loc adv* alternately, by turns.

◆ **tour de chant** *nm* (song) recital.

◆ **tour de force** *nm* tour de force, (amazing) feat.

◆ **tour de main** *nm* **-1.** [savoir-faire] knack; **avoir/prendre le ~ de main** to have/to pick up the knack; **c'est un ~ de main à prendre** it's just a knack one has to pick up. **-2.** *loc*: **en un ~ de main** in no time (at all), in the twinkling of an eye.

◆ **tour de table** *nm* **-1.** ÉCON *a meeting of shareholders or investors to decide a course of action*. **-2.** [débat]: **faisons un ~ de table** I'd like each of you in turn to give his or her comments; **réunir un ~ de table** to organize a brainstorming session.

**tourangeau, elle, x** [turɑ̃ʒo, ɛl] *adj* [de Touraine] from the Touraine.

◆ **Tourangeau, elle, x** *nm, f* [de Touraine] inhabitant of or person from the Touraine.

**tourbe** [turb] *nf* [matière] peat, turf.

**tourbeux, euse** [turbø, øz] *adj* [sol] peat *(modif)*, peaty, boggy.

**tourbière** [turbjɛr] *nf* peat bog.

**tourbillon** [turbijɔ̃] *nm* **-1.** MÉTÉO [vent tournoyant] whirlwind, vortex *litt.* **-2.** [masse d'air, de particules]: **~ de poussière/sable** eddy of dust/sand; **~ de fumée** twist ou coil ou eddy of smoke; **~ de feuilles** flutter of whirling leaves; **~ de neige** snow flurry. **-3.** [dans l'eau – important] whirlpool; [– petit] swirl; **l'eau faisait des ~s** the water was

eddying ou swirling. **-4.** [rotation rapide] whirling, spinning; les ~s de la valse the whirling motion of a waltz. **-5.** *litt* [vertige, griserie] whirl. **-6.** MÉCAN & PHYS vortex.
◆ **en tourbillons** *loc adv*: monter/descendre en ~s to swirl up/down.

**tourbillonnant, e** [turbijɔnɑ̃, ɑ̃t] *adj* **-1.** [vent, poussière] whirling; [feuilles, flocons] swirling, whirling, fluttering. **-2.** [existence] whirlwind *(modif)*, hectic.

**tourbillonner** [3] [turbijɔne] *vi* **-1.** [eau, rivière] to swirl, to make eddies. **-2.** [tournoyer – flocons, feuilles, sable] to whirl, to swirl, to flutter; [– fumée] to whirl, to eddy; [– danseur] to spin ou to whirl ou to twirl (round). **-3.** [défiler rapidement – pensées]: les idées tourbillonnaient dans sa tête ideas were whirling ou dancing around in his head.

**tourelle** [turɛl] *nf* **-1.** ARCHIT turret, tourelle. **-2.** MIL [abri] (gun) turret; [d'un bateau] conning tower.

**Tourgueniev** [turgenjɛf] *npr* Turgenev.

**tourière** [turjɛr] *adj f & nf*: (sœur) ~ sister responsible for a convent's external relations.

**tourisme** [turism] *nm* **-1.** [fait de voyager] touring; faire du ~ [dans un pays] to go touring; [dans une ville] to go sightseeing. **-2.** [commerce]: le ~ tourism, the tourist industry; notre région vit du ~ we are a tourist area.
◆ **de tourisme** *loc adj* **-1.** [ville] tourist *(modif)*; [agence] travel *(modif)*. **-2.** [à usage personnel – avion, voiture] private.

**tourista** [turista] *nf fam* traveller's tummy.

**touriste** [turist] *nmf* **-1.** [gén] tourist; [pour la journée] day-tripper. **-2.** *fam* [dilettante, amateur] (outside) observer.

**touristique** [turistik] *adj* **-1.** [pour le tourisme – brochure, guide] tourist *(modif)*; route ~ scenic route; pendant la saison ~ in season, during the tourist season. **-2.** [qui attire les touristes] tourist *(modif)*; c'est un village très ~ this village is very popular with tourists ou is a very popular spot; cette ville est beaucoup trop ~ à mon goût there are too many tourists in this town for my taste.

**tourment** [turmɑ̃] *nm* **-1.** *litt* [physique] intense suffering, agony; les ~s de la maladie the torments ou throes of illness. **-2.** *sout* [moral] agony, torment.

**tourmente** [turmɑ̃t] *nf litt* **-1.** [tempête] tempest *litt*, storm; ~ de neige blizzard. **-2.** *fig* [bouleversements] turmoil.

**tourmenté, e** [turmɑ̃te] *adj* **-1.** [angoissé – personne] tormented, troubled, anguished; [– conscience] tormented, troubled. **-2.** [visage] tormented; un regard ~ a haunted ou tormented look. **-3.** [agité – époque] troubled. **-4.** *sout* [accidenté – paysage, côte] wild, rugged, craggy; [changeant – ciel] changing, shifting. **-5.** LITTÉRAT & BX-ARTS tortuous. **-6.** MÉTÉO & NAUT: mer ~e rough ou heavy sea.

**tourmenter** [3] [turmɑ̃te] *vt sout* **-1.** [martyriser – animal, personne] to torment, to ill-treat. **-2.** [harceler] to harass; tourmenté par ses héritiers plagued ou harassed by his heirs. **-3.** [suj: faim, soif, douleur] to torment, to plague, to rack; [suj: incertitude, remords] to torment, to haunt, to rack; [suj: jalousie] to plague, to torment; [suj: obsession] to torment, to haunt.
◆ **se tourmenter** *vpi sout* [s'inquiéter] to worry o.s., to fret, to be anxious; elle se tourmente pour son fils she's worried sick about her son.

**tournage** [turnaʒ] *nm* **-1.** CIN shooting, filming; sur le ~ during filming. **-2.** TECH turning.

**tournailler** [turnaje] *vi fam* to wander round and round; ~ autour to hang ou to prowl around.

**tournant¹** [turnɑ̃] *nm* **-1.** [virage] bend, turn. **-2.** *fig* turning point, watershed; marquer un ~ to indicate ou to mark a change of direction; prendre le ou un ~ to adapt to changing circumstances; attendre qqn au ~ *fam* to be waiting for a chance to get even with sb, to have it in for sb; avoir ou attraper qqn au ~ *fam* to get one's own back on sb, to get even with sb.

**tournant², e** [turnɑ̃, ɑ̃t] *adj* **-1.** [dispositif, siège] swivel *(modif)*, swivelling. **-2.** [scène] revolving; [escalier, route] winding. **-3.** MIL [manœuvre] outflanking.

**tourné, e¹** [turne] *adj* **-1.** [façonné au tour] turned; un pied de lampe en bois ~ hand-turned wooden lamp base. **-2.** CULIN [altéré – produits laitiers] sour, curdled; [– vin] sour; ce lait est ~ this milk is off *Br* ou bad *Am* ou has gone off *Br* ou bad *Am*; ce bouillon est ~ this soup has gone bad ou off *Br*. **-3.** *loc*:

bien ~ [taille] neat; [remarque, missive] well-phrased; avoir l'esprit mal ~ to have a dirty mind.

**tournebouler** [3] [turnəbule] *vt fam* [troubler] to confuse, to mix up *(sép)*.

**tournebroche** [turnəbrɔʃ] *nm* [gén] roasting jack ou spit; [d'un four] rotisserie; canard/agneau au ~ spit-roasted duck/lamb.

**tourne-disque** [turnədisk] (*pl* **tourne-disques**) *nm* record-player.

**tournedos** [turnədo] *nm* tournedos.

**tournée²** [turne] ◇ *f→* **tourné.** ◇ *nf* **-1.** [d'un facteur, d'un commerçant] round; faire sa ~ [facteur, livreur] to do ou to make one's round; [représentant] to be on the road; ~ de conférences lecture tour; faire une ~ électorale [candidat député] to canvass one's constituency; [dans une élection présidentielle] to go on the campaign trail; ~ d'inspection tour of inspection. **-2.** [d'un artiste, d'une troupe] tour; faire une ~ to go on tour; faire une ~ en Europe to go on a European tour. **-3.** [visite]: faire la ~ des galeries to do the rounds of ou to go round the art galleries ❑ faire la ~ des grands ducs to go out on the town. **-4.** *fam* [au bar] round; c'est ma ~ it's my round; c'est la ~ du patron drinks are on the house. **-5.** *fam* [volée de coups] hiding.
◆ **en tournée** *loc adv*: être en ~ [facteur, représentant] to be off on one's rounds; [chanteur] to be on tour.

**tournemain** [turnəmɛ̃]
◆ **en un tournemain** *loc adv* in no time at all.

**tourner** [3] [turne] ◇ *vi* **A.** DÉCRIRE DES CERCLES **-1.** [se mouvoir autour d'un axe – girouette] to turn, to revolve; [– disque] to revolve, to spin; [– aiguille de montre, manège] to turn, to go round; [– objet suspendu, rouet, toupie] to spin (round); [– aile de moulin] to turn ou to spin round; [– clef, pédale, poignée] to turn; [– hélice, roue, tour] to spin, to rotate; ~ sur soi-même to turn round; [vite] to spin (round and round); la Terre tourne sur elle-même the Earth spins on its axis; je voyais tout ~ everything was spinning ou swimming; faire ~ [pièce de monnaie, manège, roue] to spin; [clef] to turn; faire ~ les tables to do table-turning ❑ ~ de l'œil *fam* to pass out, to faint. **-2.** [se déplacer en cercle – personne] to go round; [– oiseau] to fly ou to wheel round, to circle (round); [– insecte] to fly ou to buzz round; [– avion] to fly round (in circles), to circle (round); [– satellite] to revolve, to go round; les prisonniers tournaient dans la cour the prisoners were walking round (and round) the yard; j'ai tourné 10 minutes avant de trouver à me garer I drove round (and round) for 10 minutes before I found a parking space. **-3.** *fam* [être en tournée – chanteur] to (be on) tour; notre représentant tourne dans votre région en ce moment our representative is in your area at the moment. **B.** CHANGER D'ORIENTATION, D'ÉTAT **-1.** [changer de direction – vent] to turn, to veer, to shift; [– personne] to turn (off); [– véhicule] to turn (off), to make a turn; [– route] to turn, to bend; tournez à droite turn (off to the) right; tourne dans l'allée turn into the drive; ~ au coin de la rue to turn the corner (of the street) ❑ la chance ou la fortune a tourné (pour eux) their luck has changed. **-2.** [faire demi-tour] to turn (round); tourne dans le parking turn round in the car park *Br* ou parking lot *Am*. **-3.** *fam* [se succéder – équipes] to rotate; les médecins tournent pour assurer les urgences the doctors operate a rota system to cover emergencies. **-4.** [évoluer] to go, to turn out; bien ~ [situation, personne] to turn out well ou satisfactorily; mal ~ [initiative, plaisanterie] to turn out badly, to go wrong; la conversation a très mal tourné the discussion took a very nasty turn; un jeune qui a mal tourné a youngster who turned out badly ou went off the straight and narrow. **-5.** [s'altérer – lait] to go off *Br* ou bad *Am*, to turn (sour); [– viande] to go off *Br* ou bad; [– crème, mayonnaise] to curdle; faire ~ du lait/une mayonnaise to curdle milk/mayonnaise. **C.** MARCHER, RÉUSSIR **-1.** [fonctionner – compteur] to go round; [– taximètre] to tick away; [– programme informatique] to run; le moteur tourne the engine's running ou going; faire ~ un moteur (à plein régime) to run an engine (at full throttle); l'heure ou la pendule tourne time passes; l'usine tourne à plein (rendement) the factory's working at full capacity; faire ~ une entreprise [directeur] to run a business; ce sont les commandes étrangères qui font ~ l'entreprise orders from abroad keep the business going.

**-2.** [réussir – affaire, entreprise, économie] to be running well; alors, les affaires, ça tourne? *fam* so, how's business (going)?; ça ne tourne pas très bien entre eux *fam* it's not going too well between them.

◇ *vt* **A.** FAIRE CHANGER D'ORIENTATION **-1.** [faire pivoter – bouton, clé, poignée, volant] to turn. **-2.** [mélanger – sauce, café] to (give a) stir; [– salade] to toss. **-3.** [diriger – antenne, visage, yeux] to turn; ~ son regard *ou* les yeux vers to turn one's eyes *ou* to look towards; ~ ses pensées vers to turn one's thoughts *ou* towards; ~ son attention vers to focus one's attention on. **-4.** [retourner – carte] to turn over *ou* up (*sép*); [– page] to turn (over) (*sép*); [– brochette, grillade] to give a turn, to turn (over) (*sép*); ~ qqch contre un mur to turn sthg to face a wall; ~ et retourner, ~ dans tous les sens [boîte, gadget] to turn over and over; [problème] to turn over and over (in one's mind), to mull over ❏ ~ la mêlée SPORT to wheel the scrum (round). **-5.** [contourner – cap] to round; [– coin de rue] to turn; [– ennemi] to get round (*insép*); ~ la difficulté/le règlement/la loi *fig* to get round the problem/regulations/law. **-6.** *loc:* ~ le cœur à qqn *pr* to nauseate sb, to turn sb's stomach; *fig* to break sb's heart. **B.** CIN & TV: ~ un film [cinéaste] to shoot *ou* to make a film *Br ou* movie *Am*; [acteur] to make a film *Br ou* movie *Am*; ~ une scène [cinéaste] to shoot *ou* to film a scene; [acteur] to play *ou* to act a scene ‖ (*en usage absolu*): elle a tourné plusieurs fois avec Pasolini she played in several of Pasolini's films *Br ou* movies *Am* ❏ silence, on tourne! quiet please, action!
**C.** METTRE EN FORME **-1.** MENUIS & MÉTALL to turn. **-2.** [formuler – compliment] to turn; [– critique] to phrase, to express; je ne sais pas comment ~ cela I don't know how to put it; il tourne bien ses phrases he's got a neat turn of phrase. **-3.** [transformer]: elle tourne tout au tragique she's always making a drama out of everything; ~ qqch à son avantage/désavantage to turn sthg to one's advantage/disadvantage; ~ qqch/qqn en ridicule to ridicule sthg/sb, to make fun of sthg/sb.

◆ **tourner à** *v + prép:* ~ au burlesque/drame to take a ludicrous/tragic turn; ~ au ridicule to become ridiculous; ça tourne à la farce! it's turning into a farce!; le temps tourne à la pluie/neige it looks like rain/snow.

◆ **tourner autour de** *v + prép* **-1.** [axe] to move *ou* to turn round; les planètes qui tournent autour du Soleil the planets revolving round the Sun; l'escalier tourne autour de l'ascenseur the staircase spirals *ou* winds round the lift. **-2.** [rôder]: ~ autour de qqn [gén] to hang *ou* to hover round sb; [pour le courtiser] to hang round sb; les enfants tournaient autour du magasin depuis un moment [par désœuvrement] the children had been hanging around outside the shop for a while; [avec de mauvaises intentions] the children had been loitering outside the shop for a while. **3.** [valoir environ] to be around *ou* about, to be in the region of. **-4.** [concerner – suj: conversation] to revolve round, to centre *ou* to focus on; [– suj: enquête policière] to centre on.

◆ **tourner en** *v + prép* to turn *ou* to change into.

◆ **se tourner** *vpi* **-1.** [faire un demi-tour] to turn round; tourne-toi, je me déshabille turn round *ou* turn your back, I'm getting undressed. **-2.** [changer de position] to turn; il se tournait et se retournait dans son lit he was tossing and turning in his bed; tourne-toi sur le ventre turn over onto your belly ‖ *fig:* de quelque côté qu'on se tourne wherever you turn; je ne sais plus de quel côté me ~ I don't know which way to turn any more.

◆ **se tourner contre** *vp + prép* to turn against.

◆ **se tourner en** *vp + prép litt* to turn into.

◆ **se tourner vers** *vp + prép* **-1.** [s'orienter vers] to turn towards; tous les regards se tournèrent vers elle all eyes turned to look at her. **-2.** *fig:* se ~ vers qqn/Dieu to turn to sb/God; se ~ vers une carrière to take up a career.

**tournesol** [turnəsɔl] *nm* BOT sunflower.

**tourneur, euse** [turnœr, øz] *nm, f* turner; ~ sur bois/métal wood/metal turner.

**tournevis** [turnəvis] *nm* screwdriver; ~ cruciforme Phillips screwdriver®.

**tournicoter** [3] [turnikɔte], **tourniquer** [3] [turnike] *vi fam* to flit *ou* to buzz around.

**tourniquet** [turnikɛ] *nm* **-1.** [à l'entrée d'un établissement] turnstile. **-2.** [présentoir] revolving (display) stand. **-3.** [pour arroser] rotary sprinkler. **-4.** MÉD tourniquet.

**tournis** [turni] *nm* **-1.** VÉTÉR turnsick, gid, coenuriasis *spéc*. **-2.** *loc:* avoir le ~ to feel giddy *ou* dizzy; donner le ~ à qqn to make sb (feel) giddy.

**tournoi** [turnwa] *nm* **-1.** JEUX & SPORT tournament; ~ open open (tournament); le Tournoi des Cinq Nations the Five Nations Tournament. **-2.** HIST tournament, tourney.

**tournoie** [turnwa] *v→* **tournoyer**.

**tournoiement** [turnwamã] *nm* [de feuilles, de papiers] whirling, swirling; [d'un danseur] twirling, swirling, whirling.

**tournoyer** [13] [turnwaje] *vi* [feuilles, fumée, flocons] to whirl, to swirl; [aigle] to wheel *ou* to circle round; [danseur] to swirl *ou* to twirl *ou* to whirl round; faire ~ qqch to whirl *ou* to swing sthg.

**tournure** [turnyr] *nf* **-1.** [allure, aspect] demeanour. **-2.** [évolution, tendance] trend, tendency; d'après la ~ que prend la situation from the way the situation is developing *ou* going; attendons de voir quelle ~ prennent les événements let's wait and see how the situation develops; prendre ~ to take shape ❏ ~ d'esprit turn *ou* cast of mind. **-3.** LING [expression] turn of phrase, expression; [en syntaxe] form, construction; ~ impersonnelle/interrogative impersonal/interrogative form. **-4.** MÉTALL turning, turnings. **-5.** VÊT bustle.

**tour-opérateur** [turɔperatœr] (*pl* **tour-opérateurs**) *nm* tour operator.

**tourte** [turt] *nf* **-1.** [tarte] pie. **-2.** *fam & vieilli* [balourd] dumbo, thicko *Br*, dumbbell *Am*.

**tourteau, x** [turto] *nm* **-1.** [crabe]: ~ (dormeur) (edible) crab. **-2.** AGR oilcake, cattle-cake. **-3.** CULIN: ~ fromagé ≃ baked cheesecake.

**tourtereau, x** [turtəro] *nm* ORNITH young turtledove.

◆ **tourtereaux** *nmpl hum* lovebirds; où sont les ~x? [à un mariage] where's the happy couple?

**tourterelle** [turtərɛl] *nf* turtledove.

**tourtière** [turtjɛr] *nf* **-1.** [plat] pie dish *ou* plate. **-2.** *Can* CULIN meat pie.

**tous** [*adj* tu, *pron* tus] *mpl →* **tout** *dét & pron*.

**Toussaint** [tusɛ̃] *nf* RELIG: (le jour de) la ~ All Saints' Day.

**tousser** [3] [tuse] *vi* **-1.** MÉD to cough; je tousse beaucoup/un peu I have a bad/slight cough. **-2.** [moteur] to splutter.

**toussotement** [tusɔtmã] *nm* (slight) coughing *ou* cough.

**toussoter** [3] [tusɔte] *vi* **-1.** MÉD to have a bit of a cough *ou* a slight cough. **-2.** [pour prévenir] to give a little *ou* discreet cough.

**tout** [tu, *devant voyelle ou h muet* tut] (*f* **toute** [tut], *mpl* **tous** [*adj* tu, *pron* tus], *fpl* **toutes** [tut]) ◇ *adj qualificatif (au singulier)* **-1.** [entier] all (the), the whole (of the); ~ la nuit all night; elle a parcouru ~e la distance en 2 heures she covered the full distance in 2 hours; il se plaint ~e la journée he complains all the time *ou* the whole day long; ~ le village a participé the whole village took part; ~e une journée a whole day; ~ ceci/cela all (of) this/that; ~ ce travail pour rien! all this work for nothing!; j'ai ~ mon temps I've plenty of time *ou* all the time in the world; ~e ma fortune my whole fortune; ils se sont aimés ~e leur vie they loved each other all their lives; ~ le monde everyone ❏ avec lui, c'est ~ l'un *ou* ~ l'autre with him, it's either (all) black or (all) white. **-2.** [devant un nom propre] all; j'ai visité ~ Paris en huit jours I saw all *ou* the whole of Paris in a week. **-3.** [devant un nom sans article]: on a ~ intérêt à y aller it's in our every interest to go; c'est en ~e liberté que j'ai choisi I made the choice completely of my own free will; rouler à ~e vitesse to drive at full *ou* top speed; en ~e franchise/simplicité in all sincerity/simplicity; c'est de ~e beauté it's extremely beautiful. **-4.** [avec une valeur emphatique]: c'est ~e une affaire! it's quite a to-do!; c'est ~e une expédition pour y aller! getting there involves quite a trek! **-5.** (*comme adv*) [entièrement] completely; elle était ~e à son travail she was completely absorbed in her work. **-6.** [unique, seul] only; c'est ~ l'effet que ça te fait? is that all it means to you?; ma fille est ~ mon bonheur my daughter is my sole *ou* only source of happiness; pour ~ remerciement on m'a renvoyé by way of thanks I got fired; pour ~e famille il n'avait qu'une cousine éloignée one distant cousin was all the family he had. **-7.** [suivi d'une relative]: ~ ce qu'on dit

everything people say; ~ ce qui me gêne, c'est la différence d'âge the only thing ou all I'm worried about is the
age difference; ~ ce que l'entreprise compte de personnel
qualifié the company's entire qualified workforce ❏ ils
s'amusaient ~ ce qu'ils savaient they were having a
whale of a time; ~ ce qu'il y a de: ses enfants sont ~ ce
qu'il y a de bien élevés his children are very well-behaved
ou are models of good behaviour; ce projet est ~ ce qu'il y
a de plus sérieux this project couldn't be more serious.
◇ dét (adj indéf) **A.** AU SINGULIER [chaque, n'importe quel] any,
all, every; ~ citoyen a des droits every citizen has rights,
all citizens have rights; ~e personne ayant vu l'accident
any person who witnessed the accident; pour ~ renseignement, écrivez-nous for further information, write to
us; à ~ âge at any age; à ~e heure du jour et de la nuit at
any hour of the day or night; de ~ temps since time immemorial, from the beginning of time; en ~ temps
throughout ou all through history; ~ autre anybody else; ~
autre que lui aurait refusé anyone other than him ou anybody else would have refused.
**B.** AU PLURIEL **-1.** [exprimant la totalité] all; tous les hommes
all men, the whole of mankind; tous les gens everybody,
everyone; je veux tous les détails I want all the details ou
the full details; ça se vend maintenant à tous les coins de
rue it's now sold on every street corner. **-2.** [devant un nu-
méral]: ils viennent tous les deux both of them ou the two
of them are coming; quand nous sommes tous les deux
when we're on our own, when there's just the two of us;
nous avons tous deux les mêmes goûts we both have the
same tastes; tous (les) trois all three of them. **-3.** [devant un
nom sans article]: ils étaient 150 000, ~es disciplines/races
confondues there were 150,000 of them, taking all
disciplines/races together; champion ~es catégories overall champion; il roulait tous feux éteints he was driving
with his lights off; je dois le rencontrer ~es affaires cessantes I must meet him forthwith; il est mon préféré à
tous égards I like him best in every respect. **-4.** [exprimant la
périodicité] every; tous les jours every day; ~es les deux semaines every other week, every second week, every two
weeks; à prendre ~es les quatre heures to be taken every
four hours ou at four-hourly intervals; ~es les fois qu'on
s'est rencontrés every time we've met.
◇ pron indéf **A.** AU SINGULIER everything, all; [n'importe quoi]
anything; j'ai ~ jeté I threw everything away; dis-moi ~
tell me all about it; t'as ~ compris! fam that's it!, that's
right!; c'est ~ dire that says it all; il mange de ~ he eats
anything; il est prêt à ~ he's ready for anything; capable de
~ capable of anything; c'est ~ that's all; ce sera ~? [dans un
magasin] will be that all?, anything else?; ce n'est pas ~
that's not all; ce n'est pas ~ de faire des enfants, il faut les
élever ensuite having children is one thing, but then
you've got to bring them up; être ~ pour qqn to be
everything for sb, to mean everything to sb; et ~ et ~ fam
and all that (sort of thing); on aura ~ vu! now I've ou we've
seen everything!; ~ est là [objets] that's everything; [pro-
blème] that's the whole point ou the crux of the matter;
vous serez remboursé ~ ou partie you'll get all or part of
your money back; avec toi c'est ~ ou rien with you, it's all
or nothing ou one extreme or the other; c'est ~ sauf du foie
gras it's anything but foie gras; il est ~ sauf un génie call
him anything but not a genius; ~ se passe comme si... it's
as though...; à ~ faire [produit] all-purpose; ~ bien pesé after weighing up the pros and the cons; il a ~ de son père
he's every bit like his father.
**B.** AU PLURIEL **-1.** [désignant ce dont on a parlé]: il y a plusieurs points de vue, tous sont intéressants there are several points of view, they are all interesting; j'adore les
prunes — prends-les ~es I love plums — take them all ou
all of them. **-2.** [avec une valeur récapitulative] all; Jean,
Pierre, Jacques, tous voulaient la voir Jean, Pierre, Jacques,
they all wanted to see her; c'est tous feignants et compagnie! fam they're just a bunch of idlers! **-3.** [tout le monde]:
vous m'entendez tous? can you all hear me?; à vous tous
qui m'avez aidé, merci to all of you who helped me, thank
you; des émissions pour tous programmes suitable for all
(audiences); tous ensemble all together; tous tant ou autant que nous sommes all of us, every (single) one of us.
◆ **tout** (f **toute**, fpl **toutes**) ◇ adv (s'accorde en genre et en nombre
devant un adj f commençant par une consonne ou un h aspiré) **-1.** [en-

tièrement, tout à fait] quite, very, completely; ils étaient ~
seuls they were quite ou completely alone; la ville ~ entière the whole town; ~ neuf brand new; ~ nu stark naked; ~ cru (totally) raw; un ~ jeune homme a very young
man; sa chevelure était ~e hérissée his/her hair was all
messy; ses ~ premiers mots his/her very first words; les ~
premiers temps at the very beginning; une robe ~ en dentelle a dress made of lace; le jardin est ~ en longueur the
garden is just one long strip; un de nos ~ meilleurs acteurs
one of our very best actors; ~ mouillé wet ou soaked
through, drenched; être ~ occupé à faire qqch to be very
busy doing sthg; je t'aime ~ autant qu'autrefois I love you
just as much as I did before; ~ simplement/autrement
quite simply/differently; téléphone-moi, ~ simplement
just phone me, that's the easiest (way); une toile ~ coton a
100% cotton cloth, an all cotton material; il est ~e bonté/
générosité he is goodness/generosity itself; ça, c'est ~ lui!
that's typical of him ou just like him! **-2.** [en intensif]: ~ en
haut/bas at the top/bottom; c'est ~ près it's very
close; ~ à côté de moi right next to me; ~ contre le mur
right up against the wall; c'est ~ le contraire! it's quite the
opposite! **-3.** [déjà]: ~ prêt ou préparé ready-made; ~
bébé, elle dansait déjà even as a baby, she was already
dancing ❏ on verra — c'est ~ vu! we'll see — it's already
decided! **-4.** (avec un gérondif) [indiquant la simultanéité]: on
mangera ~ en marchant we'll eat while we're walking ‖
[indiquant la concession]: ~ en avouant son ignorance dans
ce domaine, il continuait à me contredire although he'd
confessed his ignorance in that field, he kept on contradicting me.
◇ nm **-1.** [ensemble] whole; former un ~ to make up a
whole; mon ~ est un instrument de musique [dans une
charade] my whole ou all is a musical instrument. **-2.** le ~
[l'essentiel] the main ou the most important thing ❏ ce n'est
pas le ~, mais je dois partir fam that's all very well, but I've
got to go now; ce n'est pas le ~ de critiquer, il faut pouvoir
proposer autre chose it's not enough to criticize, you've
got to be able to suggest something else; jouer ou risquer le
~ pour le ~ to risk (one's all); tenter le ~ pour le ~ to make
a (final) desperate attempt ou a last ditch effort; c'est un ~
it's all the same, it makes no difference; à quand le ~ informatique? when will everything be computerized?; la politique du ~ ou rien an all-or-nothing policy; changer du ~
au ~ to change completely.
◆ **du tout** loc adv not at all; je vous dérange? — du ~, du ~!
am I disturbing you? — not at all ou not in the least!; elle
finissait son café sans du ~ se soucier de notre présence
she was finishing her coffee without paying any attention
to us at all ou whatsoever.
◆ **en tout** loc adv **-1.** [au total] in total, in all; cela fait 95
francs en ~ that comes to 95 francs in all ou in total. **-2.**
[exactement] exactly, entirely; la copie est conforme en ~ à
l'original the copy matches the original exactly.
◆ **en tout et pour tout** loc adv (all) in all.
◆ **tout à coup** loc adv all of a sudden, suddenly.
◆ **tout à fait** loc adv **-1.** [complètement] quite, fully, absolutely; en es-tu ~ à fait conscient? are you fully aware of it?; je
vous comprends ~ à fait I understand you perfectly well;
ce n'est pas ~ à fait exact it's not quite correct; n'ai-je pas
raison? — ~ à fait! am I right? — absolutely! **-2.** [exacte-
ment] exactly; c'est ~ à fait ce que je cherche/le même it's
exactly what I've been looking for/the same. **-3.** [oui] certainly; vous faites les retouches? — ~ — à fait do you do alterations? — certainly (we do).
◆ **tout de même** loc adv **-1.** [malgré tout] all the same, even
so; j'irai ~ de même all the same, I'll still go. **-2.** [en inten-
sif]: ~ de même, tu exagères! steady on!, that's a bit much!
◆ **tout de suite** loc adv **-1.** [dans le temps] straightaway,
right away, at once; apporte du pain — ~ de suite! bring
some bread — right away! **-2.** [dans l'espace] immediately.
◆ **tout... que** loc conj: ~ directeur qu'il est ou qu'il soit,... he
may well be the boss,...

**tout-à-l'égout** [tutalegu] nm inv main ou mains drainage,
main sewer.

**Toutankhamon** [tutɑ̃kamɔ̃] npr Tutankhamen, Tutankhamun.

**toute** [tut] f→ **tout** adj qualificatif, dét, pron & adv.

**toutefois** [tutfwa] adv however, nevertheless; c'est un

homme généreux, ~ peu l'apprécient he's a generous man, yet he's disliked by many; je lui parlerai, si ~ il veut bien me recevoir I'll talk to him, that is, if he'll see me; elle n'est guère patiente, sauf, ~, avec ses enfants she's not exactly patient, except, however, with her children.

**toute-puissance** [tutpɥisɑ̃s] *nf inv* omnipotence, all-powerful influence.

**toutes** [tut] *fpl* → **tout** *adj* & *pron indéf.*

**toutou** [tutu] *nm fam* **-1.** [chien] doggie, bow-wow. **-2.** [personne docile] lapdog; filer ou obéir comme un (petit) ~ to be a lapdog.

**Tout-Paris** [tupari] *nm*: le ~ the Parisian smart set.

**tout-petit** [tup(ə)ti] (*pl* **tout-petits**) *nm* [qui ne marche pas] infant; [qui marche] toddler; un livre/une émission pour les ~s a book/a programme for the very young.

**tout-puissant, toute-puissante** [tupɥisɑ̃, tutpɥisɑ̃t] (*mpl* **tout-puissants**, *fpl* **toutes-puissantes**) *adj* **-1.** [influent] omnipotent, all-powerful. **-2.** RELIG almighty.

**Tout-Puissant** [tupɥisɑ̃] *npr m*: le ~ the Almighty.

**tout(-)terrain** [tutɛrɛ̃] (*pl* **tous(-)terrains**) ◇ *adj* cross-country (*modif*). ◇ *nm* dirt-track driving ou riding. ◇ *nf* cross-country car ou vehicle.

**tout-venant** [tuvnɑ̃] *nm inv* [choses] everyday things; [personnes] ordinary people.

**toux** [tu] *nf* cough; ~ grasse/nerveuse/sèche loose/nervous/dry cough.

**toxicité** [tɔksisite] *nf* toxicity.

**toxico** [tɔksiko] *nmf fam* druggie.

**toxicologie** [tɔksikɔlɔʒi] *nf* toxicology.

**toxicologue** [tɔksikɔlɔg] *nmf* toxicologist.

**toxicomane** [tɔksikɔman] ◇ *adj* drug-addicted. ◇ *nmf* drug addict.

**toxicomanie** [tɔksikɔmani] *nf* drug addiction.

**toxine** [tɔksin] *nf* toxin.

**toxique** [tɔksik] ◇ *adj* toxic, poisonous. ◇ *nm* poison, toxin.

**toxoplasmose** [tɔksɔplasmoz] *nf* toxoplasmosis.

**TP** ◇ *nmpl* **-1.** *abr de* **travaux pratiques**. **-2.** *abr de* **travaux publics**. ◇ *npr m abr de* **Trésor public**.

**TPG** *nm abr de* **trésorier payeur général**.

**tr** (*abr écrite de* **tour**) rev.

**trac¹** [trak] *nm* [devant un public] stage fright ou nerves; [à un examen] exam nerves; avoir le ~ to have the jitters.

**trac²** [trak]
◆ **tout à trac** *loc adv vieilli* out of the blue, just like that.

**traçage** [trasaʒ] *nm* **-1.** [d'un trait, d'une figure] drawing; [d'une inscription] writing ou tracing (out); [d'un itinéraire] plotting (out). **-2.** TECH marking, scribing.

**traçai** [trase] *v* → **tracer**.

**traçant, e** [trasɑ̃, ɑ̃t] *adj* ARM [projectile] tracer (*modif*).

**tracas** [traka] ◇ *nm* [ennui, embarras]: cette affaire lui cause bien du ~ this business is causing her a lot of worry ou upset. ◇ *nmpl* [soucis matériels ou financiers] troubles.

**tracasser** [3] [trakase] *vt* [suj: situation] to worry, to bother; [suj: enfant] to worry; son état de santé actuel me tracasse I'm worried about the current state of his health.
◆ **se tracasser** *vpi* to worry.

**tracasserie** [trakasri] *nf* (*souvent pl*) petty annoyance; faire face à des ~s administratives to put up with a lot of frustrating redtape.

**tracassier, ère** [trakasje, ɛr] *adj* [administration, fonctionnaire] pettifogging; [personne] awkward, difficult.

**trace** [tras] *nf* **-1.** [empreinte – d'un animal] track, trail, spoor; [– d'un fugitif] trail; des ~s de pas footprints, footmarks; des ~s de pneus tyre ou wheel marks; suivre la ~ ou les ~s de qqn, marcher sur les ~s de qqn *fig* to follow in sb's footsteps. **-2.** [d'un coup, de brûlures, d'une maladie] mark; il portait des ~s de coups his body showed signs of having been beaten. **-3.** [marque, indice] trace, smear; il y a des ~s de doigts sur la vitre there are fingermarks on the window pane; pas la moindre ~ d'effraction no sign ou evidence ou trace of a break-in; elle a laissé des ~s de son passage you can see she's been here; il n'y a pas ~ d'elle ou aucune ~ d'elle no sign of her (anywhere); on ne trouve pas ~ de

votre dossier your file cannot be traced, there's no trace of your file. **-4.** [quantité infime] trace; elle parle sans la moindre ~ d'accent she speaks without the slightest trace ou hint of an accent. **-5.** [vestige] trace; on y a retrouvé les ~s d'une civilisation très ancienne traces of a very ancient civilization have been discovered there. **-6.** [marque psychique] mark; une telle épreuve laisse forcément des ~s such an ordeal is bound to take its toll. **-7.** MATH & PSYCH trace. **-8.** SPORT trail; faire la ~ to break a trail ❑ ~ directe straight running.
◆ **à la trace** *loc adv* **-1.** [d'après les empreintes]: suivre à la ~ [fuyard, gibier] to track (down). **-2.** *fam & fig*: on peut le suivre à la ~, il sème ses stylos partout it's easy to track down, he leaves his pens lying around all over the place.
◆ **sur la trace de** *loc prép* [à la recherche de] on the trail of ou track of; ils sont sur la ~ du bandit/d'un manuscrit they are on the bandit's trail/tracking down a manuscript.

**tracé** [trase] *nm* **-1.** [représentation – d'une ville, d'un réseau] layout, plan; faire le ~ d'une route to lay out ou to plan a road (*on paper*). **-2.** [chemin suivi – par un fleuve] course; [– par une voie] route. **-3.** [ligne – dans un graphique] line; [– dans un dessin] stroke, line; [contour – d'un littoral] outline. **-4.** TRAV PUBL tracing, marking out (*on site*).

**tracer** [16] [trase] ◇ *vt* **-1.** [trait, cercle, motif] to draw; vous nous tracez un tableau pessimiste de l'avenir you're painting a less than rosy picture of our future. **-2.** [inscription, mot] to write. **-3.** [marquer l'emplacement de – itinéraire] to trace, to plot; [– chemin, terrain] to mark ou to stake ou to lay out (*sép*). **-4.** *fig* [indiquer] to map out (*sép*), to plot; ~ une ligne de conduite pour qqn to plot a course of action for sb ❑ ~ le chemin ou la route ou la voie à qqn to mark out ou to pave the way for sb. **-5.** TECH to mark, to scribe. ◇ *vi fam* [aller très vite] to shift *Br*, to barrel along *Am*.

**traceur, euse** [trasœr, øz] ◇ *adj* ARM & PHYS tracer (*modif*). ◇ *nm, f* TECH scriber.
◆ **traceur** *nm* **-1.** NUCL & PHYS tracer. **-2.** INF: ~ de courbes graph plotter.

**trachée** [traʃe] *nf* **-1.** ANAT trachea *spéc*, windpipe. **-2.** ZOOL trachea.

**trachée-artère** [traʃeartɛr] (*pl* **trachées-artères**) *nf* trachea ANAT.

**trachéite** [trakeit] *nf* tracheitis.

**trachéotomie** [trakeɔtɔmi] *nf* tracheotomy.

**traçons** [trasɔ̃] *v* → **tracer**.

**tract** [trakt] *nm* pamphlet, leaflet, tract; distribuer des ~s (à) to leaflet.

**tractations** [traktasjɔ̃] *nfpl* dealings, negotiations.

**tracter** [3] [trakte] *vt* to tow, to pull.

**tracteur, trice** [traktœr, tris] *adj* AUT towing (*avant n*).
◆ **tracteur** *nm* **-1.** AGR tractor. **-2.** AUT: ~ routier tractor.

**traction** [traksjɔ̃] *nf* **-1.** [mode de déplacement] traction, haulage; ~ animale/mécanique animal/mechanical traction, animal/mechanical haulage. **-2.** AUT: une Traction a vintage Citroën, an old front-wheel drive Citroën ❑ ~ avant [système] front-wheel drive. **-3.** MÉD traction. **-4.** PHYS traction; force de ~ tractive force. **-5.** RAIL [force] traction; ~ électrique/à vapeur electric/steam traction. **-6.** SPORT [sur une barre] pull-up; [au sol] press-up, push-up.

**tradition** [tradisjɔ̃] *nf* **-1.** [ensemble des coutumes] tradition; la ~ veut qu'elle soit née ici tradition has it that she was born here; c'est dans la plus pure ~ écossaise it's in the best Scottish tradition. **-2.** [usage] tradition, custom. **-3.** JUR tradition, transfer. **-4.** RELIG: la Tradition Tradition.
◆ **de tradition** *loc adj* traditional; il est de ~ de/que... it's a tradition to/that...

**traditionalisme** [tradisjɔnalism] *nm* **-1.** [gén] traditionalism. **-2.** RELIG Traditionalism.

**traditionaliste** [tradisjɔnalist] *adj* & *nmf* traditionalist.

**traditionnel, elle** [tradisjɔnɛl] *adj* **-1.** [fondé sur la tradition] traditional; une interprétation ~le d'un texte a conventional interpretation of a text. **-2.** [passé dans les habitudes] usual, traditional; le ~ baiser de la mariée the time-honoured tradition of kissing the bride.

**traditionnellement** [tradisjɔnɛlmɑ̃] *adv* **-1.** [selon la tradition] traditionally. **-2.** [comme d'habitude] as usual, as always; un secteur industriel ~ déficitaire an industrial sector which usually OU traditionally runs at a loss.

**traducteur, trice** [tradyktœr, tris] *nm, f* translator.

◆ **traducteur** *nm* **-1.** TECH transducer. **-2.** INF translator.

**traduction** [tradyksjɔ̃] *nf* **-1.** [processus] translating, translation; ~ de l'espagnol en allemand translation from Spanish into German ❑ ~ assistée par ordinateur OU machine (assisted) translation; ~ automatique automatic translation; ~ littérale literal OU word-for-word translation; ~ simultanée simultaneous translation. **-2.** [texte] translation. **-3.** [transposition] expression; la ~ musicale de sa passion the expression of his passion in music.

**traduire** [98] [tradɥir] *vt* **-1.** [écrivain, roman, terme] to translate; livre traduit de l'anglais book translated from (the) English; ~ du russe en chinois to translate from Russian OU out of Russian into Chinese; elle est peu traduite en Europe very few of her works are translated in Europe. **-2.** [exprimer – pensée, sentiment] to express, to reflect, to convey; [– colère, peur] to reveal, to indicate. **-3.** JUR: ~ qqn en justice to bring sb before the courts, to prosecute sb.

◆ **se traduire** *vp (emploi passif)*: la phrase peut se ~ de différentes façons the sentence can be translated OU rendered in different ways.

◆ **se traduire par** *vp + prép* **-1.** [avoir pour résultat]: cela se traduit par des changements climatiques profonds it results in OU entails radical changes in the climate; la sécheresse s'est traduite par une baisse de la production agricole agricultural production fell as a result of the drought. **-2.** [être exprimé par]: son émotion se traduisit par des larmes his emotion found expression in tears.

**traduisible** [tradɥizibl] *adj* translatable.

**traduisons** [tradɥizɔ̃], **traduit, e** [tradɥi, it] *v* → **traduire**.

**trafic** [trafik] *nm* **-1.** [commerce illicite] traffic, trafficking; ~ d'armes arms dealing, gunrunning; le ~ de drogue OU de stupéfiants drug trafficking; faire du ~ de drogue [gén] to be involved in drug trafficking; [organisateur] to traffic in drugs; [revendeur] to deal in OU to push OU to peddle drugs. **-2.** *fam* [manigance] fishy business. **-3.** JUR: ~ d'influence (bribery and) corruption OU corrupt receiving. **-4.** TRANSP traffic; ~ aérien/ferroviaire/maritime/portuaire/routier air/rail/sea/port/road traffic.

**traficoter** [3] [trafikɔte] *fam* ◇ *vi*: il traficote he's a small-time crook, he's into petty dealing. ◇ *vt* [manigancer] to be up to.

**trafiquant, e** [trafikɑ̃, ɑ̃t] *nm, f* dealer, trafficker; ~ de drogue drug dealer OU trafficker; ~ d'armes gunrunner, arms dealer.

**trafiquer** [3] [trafike] ◇ *vi* [faire du commerce illicite] to traffic, to racketeer. ◇ *vt fam* **-1.** [falsifier, altérer – comptabilité, résultats électoraux] to doctor; [– vin] to adulterate; [– compteur électrique] to tamper with *(insép)*; [– compteur kilométrique] to rig. **-2.** *fam* [manigancer] to be up to; je me demande ce qu'ils trafiquent I wonder what they're up to.

**tragédie** [traʒedi] *nf* **-1.** LITTÉRAT tragedy. **-2.** THÉÂT tragedy; c'est dans la ~ qu'elle a atteint au sublime she reached the summit of her art in tragic roles. **-3.** [événement funeste] tragedy, disaster, calamity; l'émeute a tourné à la ~ the riot had a tragic outcome.

**tragédien, enne** [traʒedjɛ̃, ɛn] *nm, f* tragedian (*f* tragedienne), tragic actor (*f* actress).

**tragi-comédie** [traʒikɔmedi] *(pl* tragi-comédies*)* *nf* **-1.** LITTÉRAT tragi-comedy. **-2.** *fig* tragi-comic saga.

**tragi-comique** [traʒikɔmik] *(pl* tragi-comiques*)* ◇ *adj* LITTÉRAT & *fig* tragicomic. ◇ *nm* LITTÉRAT: le ~ the tragicomic.

**tragique** [traʒik] ◇ *adj* **-1.** LITTÉRAT tragic; le genre ~ the tragic genre; un auteur ~ a tragic author, an author of tragedies, a tragedian. **-2.** [dramatique] tragic; elle a eu une fin ~ she came to a sad OU tragic end; ce n'est pas ~ it's not the end of the world. **-3.** [angoissé – regard] anguished. ◇ *nm* **-1.** LITTÉRAT: le ~ tragedy, tragic art. **-2.** [auteur de tragédies] tragic author, tragedian. **-3.** *fig* tragedy; le ~ de sa situation the tragic side OU the tragedy of his situation; prendre qqch au ~ to make a tragedy out of sthg; elle ne prend jamais rien au ~ she never looks on the dark side of things, she never makes a drama out of things; tourner au ~ to take a tragic turn, to go tragically wrong.

**tragiquement** [traʒikmɑ̃] *adv* tragically.

**trahir** [32] [trair] *vt* **A. -1.** [son camp] to betray; *(en usage absolu)*: ceux qui trahissent traitors. **-2.** [renier – idéal, foi] to betray. **-3.** *litt* [tromper – ami, amant]: ~ qqn to deceive sb, to be unfaithful to sb. **-4.** [manquer à] to break, to go against; ~ sa promesse/ses engagements to break one's promise/one's commitments; ~ la vérité to distort OU to twist the truth. **-5.** *sout* [décevoir] to betray; ~ l'attente de qqn to fail to live up to sb's expectations; ~ les intérêts de qqn to betray sb's interests. **-6.** [dénaturer – pensée] to misinterpret, to distort, to do an injustice to; [– en traduisant] to give a false rendering of. **-7.** [ne pas correspondre à]: mes paroles ont trahi ma pensée my words failed to express my true thoughts. **-8.** [faire défaut à – suj: forces, mémoire] to fail; si ma mémoire ne me trahit pas if my memory serves me right.

**B. -1.** [révéler] to betray, to give away *(sép)*; je faillis ~ mes sentiments I almost revealed my feelings; ~ un secret to give away a secret. **-2.** [démasquer] to give away *(sép)*; son silence l'a trahie her silence gave her away. **-3.** [exprimer] to betray; son visage ne trahit aucun émoi he remained stony-faced.

◆ **se trahir** *vpi* **-1.** [se révéler]: l'angoisse se trahissait dans sa voix her voice betrayed her anxiety. **-2.** [laisser voir une émotion] to betray o.s., to give o.s. away. **-3.** [se faire découvrir] to give o.s. away.

**trahison** [traizɔ̃] *nf* **-1.** JUR treason; haute ~ MIL high treason; POL high treason (*by the President*). **-2.** [infidélité] infidelity, unfaithfulness; elle me soupçonne des pires ~s she thinks I'm always being unfaithful to her. **-3.** [déloyauté] betrayal, disloyalty.

**train** [trɛ̃] *nm* **A. -1.** [convoi] train; j'irai t'attendre au ~ I'll wait for you at the station; le ~ de 9 h 40 the 9:40 train; il y a beaucoup de ~s pour Lyon there's a very good train service to Lyons; je prends le ~ à Arpajon I catch the train at Arpajon; être dans le ~ to be on the train ❑ ~ autocouchette car-sleeper train; ~ de banlieue suburban OU commuter train; ~ direct non-stop OU through train; ~ électrique JEUX train set; ~ express express train; ~ de grande ligne long distance train, intercity train *Br*; ~ à grande vitesse high-speed train; ~ de marchandises goods *Br* OU freight train; ~ omnibus slow OU local train; ce ~ est omnibus entre Paris et Vierzon this train stops OU calls at all stations between Paris and Vierzon; ~ rapide fast train; ~ postal mail train; ~ supplémentaire relief train; ~ de voyageurs passenger train; monter dans OU prendre le ~ en marche to climb onto OU to jump on the bandwagon. **-2.** [moyen de transport]: le ~ rail (transport), train; j'irai par le OU en ~ I'll go (there) by train; elle voyage beaucoup en ~ she travels by train a great deal. **-3.** [voyageurs] train. **-4.** [file de véhicules] line (of cars); ~ de camions convoy OU line of lorries *Br* OU trucks *Am*; ~ de péniches train OU string of barges. **-5.** [ensemble, série] set, batch; ~ de réformes set of reforms. **-6.** AÉRON: ~ d'atterrissage landing gear, undercarriage. **-7.** ASTRONAUT: ~ spatial space train. **-8.** AUT: ~ avant/arrière front/rear wheel-axle unit. **-9.** MIL: ~ de combat (combat OU unit) train; ~ régimentaire supply train; ~ sanitaire hospital train. **-10.** INF [de travaux] stream. **-11.** MÉTALL: ~ de laminoirs (mill) train. **-12.** PÉTR: ~ de forage OU de sonde (set of) drilling pipes.

**B. -1.** [allure] pace; accélérer le ~ [marcheur, animal] to quicken the pace; [véhicule] to speed up; au OU du ~ où vont les choses the way things are going, at this rate ❑ aller à fond de ~ OU à un ~ d'enfer to speed OU to race along; aller bon ~ [en marchant] to walk at a brisk pace; les négociations ont été menées bon ~ the negotiations made good progress; aller son petit ~ [marcher] to jog along; [agir posément] to do things at one's own pace; aller son ~ to carry on (as normal). **-2.** [manière de vivre]: ~ de vie lifestyle, standard of living; mener grand ~ to live in grand style. **-3.** SPORT [dans une course – de personnes, de chevaux] pacemaker; gagner au ~ to win after setting the pace throughout the race; mener le ~ to set the pace.

**C. -1.** ZOOL quarters; ~ avant OU de devant forequarters; ~ arrière OU de derrière hindquarters. **-2.** *fam* [fesses] backside; il nous faisait avancer à coups de pied dans le ~ he pushed us on with the occasional kick up the backside; courir OU filer au ~ de qqn [le suivre partout] to stick to sb like glue; [le prendre en filature] to tail OU to shadow sb.

◆ **en train** ◇ *loc adj* **-1.** [en cours]: être en ~ [ouvrage, travaux] to be under way; j'ai un tricot en ~ I'm knitting something. **-2.** [personne]: être en ~ [plein d'allant] to be full of energy; [de bonne humeur] to be in good spirits ou in a good mood; je ne me sens pas vraiment en ~ en ce moment I don't feel my usual perky self. ◇ *loc adv* **-1.** [en route]: mettre un roman en ~ to start a novel. **-2.** [en forme]: le repas m'avait mis en ~ the meal had put me in good spirits.

◆ **en train de** *loc prép*: être en ~ de faire qqch to be (busy) doing sthg; il est toujours en ~ de taquiner sa sœur he's always teasing his sister; l'opinion publique est en ~ d'évoluer public opinion is changing.

**traînailler** [tʁenaje] *fam* = **traînasser**.

**traînant, e** [tʁenɑ̃, ɑ̃t] *adj* **-1.** [lent – élocution] drawling, lazy; je m'en moque, dit-elle d'une voix ~e I don't care, she drawled. **-2.** [qui traîne à terre] trailing.

**traînard, e** [tʁenaʁ, aʁd] *nm, f fam* **-1.** [lambin] slowcoach *Br*, slowpoke *Am*. **-2.** [dans une marche] straggler.

**traînasser** [3] [tʁenase] *vi fam* **-1.** [errer paresseusement] to loaf ou to hang about. **-2.** [lambiner dans son travail] to fall behind.

**train-auto** [tʁɛ̃oto] (*pl* **trains-autos**) *nm* car-sleeper train.

**traîne** [tʁɛn] *nf* **-1.** VÊT train. **-2.** NAUT tow. **-3.** PÊCHE dragnet; pêche à la ~ trolling.

◆ **à la traîne** *loc adj*: être ou rester à la ~ [coureur, pays, élève] to lag ou to drag behind.

**traîneau, x** [tʁeno] *nm* [véhicule] sleigh, sledge *Br*, sled *Am*.

**traînée** [tʁene] *nf* **-1.** [trace – au sol, sur un mur] trail, streak; [– dans le ciel] trail; se propager ou se répandre comme une ~ de poudre to spread like wildfire. **-2.** *fam & péj* [prostituée] tart *Br*, whore.

**traîner** [4] [tʁene] ◇ *vt* **-1.** [tirer – gén] to pull; [– avec effort] to drag, to haul; ~ qqn par les pieds to drag sb (along) by the feet; ~ les pieds to shuffle along, to drag one's feet *literal* ❏ ~ la jambe ou *fam* patte to hobble ou to limp along; ~ qqn dans la boue *fig* to drag sb's name through the mud; ~ un boulet to have a millstone round one's neck; ~ ses guêtres *fam* ou bottes *fam* to loaf ou to hang about. **-2.** [emmener – personne réticente] to drag along (*sép*); [– personne non désirée] to trail, to drag along (*sép*). **-3.** [garder avec soi – fétiche, jouet] to drag around (*sép*). **-4.** *fam* [avoir]: toute ma jeunesse, j'ai traîné ce sentiment de culpabilité throughout my youth I carried around this sense of guilt; ça fait des semaines que je traîne cette angine this sore throat has been with ou plaguing me for weeks.

◇ *vi* **-1.** [pendre]: ~ (par terre) to drag on the floor ou ground. **-2.** [ne pas être rangé – documents, vêtements] to lie around, to be scattered around; laisser ~ qqch to leave sthg lying around. **-3.** [s'attarder, flâner] to dawdle; [rester en arrière] to lag ou to drag behind; ne traîne pas, Mamie nous attend stop dawdling ou do hurry up, Grandma's expecting us; ~ en chemin ou en route to dawdle on the way; j'aime bien ~ sur les quais *fam* I like strolling along the banks of the river ‖ *péj* [errer] to hang about ou around; il traîne dans tous les bistrots he hangs around in all the bars; des chiens traînent dans le village dogs roam around the village. **-4.** *fig & péj* [maladie, idée]: elle attrape toutes les maladies qui traînent she catches every bug that's going around. **-5.** *fam & péj* [s'éterniser – affaire, conversation, procédure] to drag on; [– superstition, maladie] to linger ou to drag on; ~ en longueur [discours, négociations] to drag on; ça n'a pas traîné! it didn't take long!, it wasn't long coming!; faire ~ des pourparlers/un procès to drag out negotiations/a trial. **-6.** [ralentir – voix] to drawl (out); elle a la voix qui traîne she drawls.

◆ **se traîner** *vpi* **-1.** [blessé] to crawl; se ~ par terre to crawl on the floor ou ground; je me suis traînée jusque chez le docteur *fig* I dragged myself to the doctor's ‖ [manquer d'énergie]: depuis sa mort, elle se traîne she just mopes around the place now he's dead. **-2.** *fam* [conducteur, véhicule] to crawl along, to go at a crawl.

**traîne-savates** [tʁensavat] *nmf inv fam* dosser *Br*, bum *Am*.

**train-ferry** [tʁɛnfeʁi] (*pl* **trains-ferries**) *nm* train ferry.

**training** [tʁeniŋ] *nm* **-1.** VÊT [chaussure] sports shoe, trainer; [survêtement] tracksuit. **-2.** PSYCH: ~ autogène self-induced relaxation.

**train-train, traintrain** [tʁɛtʁɛ̃] *nm inv* routine; le ~ quoti-

dien the daily grind.

**traire** [112] [tʁeʁ] *vt* [vache] to milk; [lait] to draw; machine à ~ milking machine.

**trait¹, e¹** [tʁe, et] *pp* → **traire**.

**trait²** [tʁe] *nm* **-1.** [ligne] line; tirer ou tracer un ~ (à la règle) to draw a line (with a ruler); d'un ~ de plume with a stroke of the pen ❏ tirer un ~ sur: tirons un ~ sur cette dispute let's forget this argument, let's put this argument behind us; tirer un ~ sur le passé to turn over a new leaf, to make a complete break with the past. **-2.** [marque distinctive – d'un système, d'une œuvre, d'un style] (characteristic) feature; ~ de caractère (character) trait ❏ ~ pertinent LING distinctive feature. **-3.** [acte]: ~ d'esprit witticism, flash of wit; ~ de générosité act of generosity; ~ de génie stroke of genius. **-4.** *litt* [projectile] shaft, spear; partir ou filer comme un ~ to set off like a shot. **-5.** [repartie] shaft; ~ satirique shaft of satire; ~ railleur taunt, gibe. **-6.** *loc*: avoir ~ à [avoir un rapport avec] to have to do ou to be connected with; ayant ~ à regarding, concerning.

◆ **traits** *nmpl* [du visage] features; il a des ~s fins/grossiers he has delicate/coarse features; avoir les ~s tirés to look drawn; on l'a présenté sous les ~s d'un maniaque he was portrayed as a maniac.

◆ **à grands traits** *loc adv* [dessiner, esquisser] roughly, in broad outline.

◆ **à longs traits** *loc adv* [boire] in long draughts.

◆ **de trait** *loc adj* [bête, cheval] draught.

◆ **d'un (seul) trait** *loc adv* [avaler] in one gulp, in one go; [réciter] (all) in one breath; [dormir] uninterruptedly.

◆ **trait pour trait** *loc adv* [exactement] exactly; c'est sa mère ~ pour ~ she's the spitting image of her mother.

◆ **trait d'union** *nm* hyphen; *fig* link; servir de ~ d'union entre *fig* to bridge the gap between, to link.

**traitable** [tʁetabl] *adj* **-1.** [sujet, question] treatable; [problème] manageable; la question n'est pas ~ en une demi-heure the question cannot be dealt with in half an hour. **-2.** *litt* [accommodant] amenable, helpful.

**traitant, e** [tʁetɑ̃, ɑ̃t] *adj* [shampooing] medicated.

**traite²** [tʁet] *nf* **-1.** COMM, FIN & JUR draft, bill; [lettre de change] bill of exchange; tirer une ~ sur to draw a bill ou draft on. **-2.** [versement] instalment, payment; on n'arrive plus à payer les ~s de la maison we can't pay the mortgage (on the house) any longer. **-3.** [commerce, trafic]: ~ des Noirs slave trade; ~ des Blanches white slave trade ou traffic. **-4.** AGR [action] milking (*U*); [lait] milk (yield).

◆ **de traite** *loc adj* [vache, poste, salle] milking.

◆ **d'une (seule) traite** *loc adv* [voyager] in one go, without stopping; [avaler] at one go, in one gulp; [lire, réciter] in one stretch ou breath; [dormir] uninterruptedly; [travailler] without interruption, at a stretch.

**traité** [tʁete] *nm* **-1.** [accord] treaty; ~ de paix peace treaty; le ~ de Rome the Treaty of Rome. **-2.** [ouvrage] treatise.

**traitement** [tʁetmɑ̃] *nm* **-1.** MÉD & PHARM treatment; un bon ~ contre les poux a cure for lice; donner ou à qqn to prescribe (a treatment) for sb. **-2.** [d'un fonctionnaire] salary, wage, wages. **-3.** [façon d'agir envers quelqu'un] treatment; mauvais ~s ill-treatment; faire subir de mauvais ~s à qqn to ill-treat sb ❏ ~ de choc shock treatment; avoir un ~ bénéficier d'un ~ de faveur to enjoy preferential treatment. **-4.** INF processing; ~ de données data processing; ~ différé off-line processing; ~ par lots batch processing; ~ d'images image processing; ~ de texte word processing; [logiciel] word processing package. **-5.** INDUST treatment, processing. **-6.** [d'un problème, d'une question] treatment, presentation.

◆ **en traitement, sous traitement** *loc adj* under treatment.

**traiter** [4] [tʁete] *vt* **-1.** [se comporter avec] to treat; ~ qqn avec égard to treat sb with consideration, to show consideration to sb; ~ qqn durement/complaisamment to be harsh/accommodating towards sb; il me traite comme un ami/gamin *fam* he treats me like a friend/kid; bien ~ qqn to treat sb well; mal ~ qqn to treat sb badly, to ill-treat sb; ~ qqn d'égal à égal to treat sb as an equal. **-2.** [soigner – patient, maladie] to treat; se faire ~ pour to undergo treatment ou to be treated for; on me traite à l'homéopathie I'm having homeopathy. **-3.** [INDUST] to treat, to process; [aliments] to process; [récoltes – gén] to treat; [– par avion] to spray; [lentille]

to coat. **-4.** [qualifier]: ~ qqn de: ~ qqn d'imbécile to call sb an idiot; se faire ~ de menteur to be called a liar; ~ qqn de tous les noms to call sb all the names under the sun. **-5.** COMM [affaire, demande, dossier] to deal with *(insép)*, to handle. **-6.** [étudier – thème] to treat, to deal with *(insép)*; vous ne traitez pas le sujet you're not addressing the question. **-7.** INF [données, texte, images] to process; ~ qqch par lots to batch process sthg.
◆ **traiter avec** v + *prép* to negotiate OU to deal with.
◆ **traiter de** v + *prép* [suj: roman, film, thèse] to deal with *(insép)*, to be about; [suj: auteur] to deal with.
◆ **se traiter** ◇ *vp (emploi passif)* [maladie]: ça se traite aux antibiotiques it can be treated with antibiotics. ◇ *vp (emploi réciproque)* [personne]: ils se traitaient de menteurs they were calling each other liars.

**traiteur** [trɛtœr] *nm* [qui livre] caterer; chez le ~ [magasin] at the delicatessen.

**traître, esse** [trɛtr, ɛs] ◇ *adj* **-1.** [déloyal – personne] traitorous, treacherous; être ~ à sa patrie to be a traitor to OU to betray one's country. **-2.** [trompeur – visage, sourire] deceptive; [– paroles] treacherous; il est ~, ce petit vin de pays! *fam* this little local wine is stronger than you'd think!.**-3.** *loc*: pas un ~ mot not a single word. ◇ *nm, f* **-1.** [gén & POL] traitor *(f* traitress). **-2.** THÉÂT villain.
◆ **en traître** *loc adv*: prendre qqn en ~ to play an underhand trick on sb; agir en ~ to act treacherously.

**traîtreusement** [trɛtrøzmɑ̃] *adv* treacherously, traitorously, perfidiously.

**traîtrise** [trɛtriz] *nf* **-1.** [caractère] treacherousness, treachery. **-2.** [acte – perfide] (piece of) treachery; [– déloyal] betrayal.

**trajectoire** [traʒɛktwar] *nf* **-1.** [d'une balle, d'un missile] trajectory, path; [d'une planète, d'un avion] path; ~ de vol flight path. **-2.** [carrière professionnelle] career path.

**trajet** [traʒɛ] *nm* **-1.** [chemin parcouru] distance; [voyage] journey; [d'un car, d'un autobus] route; je fais tous les jours le ~ Paris-Egly I commute everyday between Paris and Egly; il a fait le ~ en huit heures he covered the distance in eight hours; ~ par avion crossing. **-2.** ANAT course. **-3.** ARM [d'un projectile] path.

**tralala** [tralala] *nm fam* fuss, frills; (et) tout le ~: il y avait des petits fours, du champagne, tout le ~! there were petits fours, champagne, the (whole) works!

**tram** [tram] *nm* **-1.** [moyen de transport] tram *Br*, streetcar *Am*.-**2.** [véhicule] tram *Br*, tramcar *Br*, streetcar *Am*.

**trame** [tram] *nf* **-1.** TEXT [base] weft, woof; [fil] weft, weft thread, pick. **-2.** [d'un livre, d'un film] thread, basic outline OU framework. **-3.** ARCHIT & IMPR screen. **-4.** TV [lignes] raster; [ensemble] field; [pour lignes paires et impaires] frame.

**tramer** [3] [trame] *vt* **-1.** [conspiration] to hatch; [soulèvement] to plot; elle trame quelque chose! *fig* she's plotting something!.**-2.** TEXT to weave. **-3.** IMPR & PHOT to screen.
◆ **se tramer** *vp (emploi passif)* to be afoot; un complot se tramait contre l'empereur a plot was being hatched against the emperor; il se trame quelque chose something's afoot.

**tramontane** [tramɔ̃tan] *nf* tramontane, transmontane.

**trampoline** [trɑ̃pɔlin] *nm* trampoline; faire du ~ to do trampolining.

**tramway** [tramwɛ] *nm* **-1.** [moyen de transport] tramway (system). **-2.** [véhicule] tramcar *Br*, streetcar *Am*.

**tranchant, e** [trɑ̃ʃɑ̃, ɑ̃t] *adj* **-1.** [lame] sharp, keen, cutting; [outil] cutting; [bord] sharp, cutting. **-2.** [personne, réponse, ton] curt, sharp.
◆ **tranchant** *nm* [d'une lame] sharp OU cutting edge; le ~ de la main the edge of the hand.

**tranche** [trɑ̃ʃ] *nf* **-1.** [de pain, de viande, de pastèque] slice; ~ de bacon [à frire] rasher (of bacon); ~ de saumon [darne] salmon steak; [fumée] slice OU leaf of (smoked) salmon; une ~ fine a sliver, a thin slice; une ~ de rôti a slice cut off the joint □ une ~ de vie a slice of life. **-2.** [subdivision – d'un programme de construction] stage, phase; ~ horaire ADMIN period of time; ~ d'âge age bracket; ~ de salaires/de revenus salary/income bracket. **-3.** BOURSE & FIN [d'actions] block, tranche; [d'emprunt] instalment; [loterie]: ~ d'émission issue. **-4.** RAD & TV slot. **-5.** [bord – d'un livre] edge; [– d'une médaille, d'une pièce] edge, rim; doré sur ~ gilt-edged.
◆ **en tranche(s)** ◇ *loc adj* [pain, saucisson] sliced. ◇ *loc adv*:

**débiter** OU **couper qqch en** ~s to slice sthg (up), to cut sthg into slices.

**tranché, e** [trɑ̃ʃe] *adj* **-1.** [sans nuances – couleurs] distinct, clear, sharply contrasted. **-2.** [distinct – catégories] distinct; [– caractères] distinct, well-defined, clear-cut. **-3.** [péremptoire – position] clear-cut, uncompromising, unequivocal.
◆ **tranchée** *nf* **-1.** MIL & TRAV PUBL trench; creuser une ~ e to (dig a) trench; il était dans les ~es pendant la guerre he fought in the trenches. **-2.** [en forêt] cutting *(U)*; [pare-feu] firebreak.
◆ **tranchées** *nfpl* MÉD colic *(U)*, gripe *(U)*, gripes.

**trancher** [3] [trɑ̃ʃe] ◇ *vt* **-1.** [couper] to cut, to sever, to slice through; ~ la gorge de qqn to cut OU to slit sb's throat. **-2.** [différend] to settle; [difficulté] to solve; [question] to decide. **-3.** *sout* [discussion] to bring to a sudden end, to cut short *(sép)*. ◇ *vi* [décider] to make OU to take a decision, to decide; ~ dans le vif to take drastic action.
◆ **trancher avec**, **trancher sur** v + *prép* [suj: couleur] to stand out against, to contrast sharply with; [suj: attitude] to be in sharp contrast OU to contrast strongly with.
◆ **se trancher** *vpt*: se ~ le doigt to chop one's finger off.

**tranquille** [trɑ̃kil] *adj* **-1.** [sans agitation – quartier, rue] quiet; [– campagne] quiet, peaceful, tranquil *litt*; [– soirée] calm, quiet, peaceful; [– sommeil, vie] peaceful, tranquil *litt*; [– air, eau] still, quiet, tranquil *litt*; aller OU marcher d'un pas ~ to stroll unhurriedly. **-2.** [en paix]: on ne peut même plus être ~ chez soi! you can't even get some peace and quiet at home any more!; allons dans mon bureau, nous y serons plus ~s pour discuter let's go into my office, we can talk there without being disturbed; laisser qqn ~ to leave sb alone OU in peace; le bébé ne la laisse jamais ~ the baby gives her no peace; laisse-le ~ avec tes problèmes! stop bothering him with your problems!; laisse-moi ~, je suis assez grand pour ouvrir la boîte tout seul! leave me alone, I'm old enough to open the box on my own!; laisser qqch ~ *fam* [ne pas y toucher] to leave sthg alone; laisse ma vie de famille ~! leave my family life out of it!.**-3.** [calme, sage] quiet; se tenir OU rester ~ to keep quiet OU still; [ne pas se faire remarquer] to keep a low profile. **-4.** [serein – personne, foi] calm, serene. **-5.** [rassuré]: être ~ to feel OU to be easy in one's mind; sois ~, elle va bien don't worry OU set your mind at rest, she's all right; je ne suis pas OU ne me sens pas ~ quand il est sur les routes I worry when he's on the road; je serais plus ~ s'il n'était pas seul I'd feel easier in my mind knowing that he wasn't on his own. **-6.** [sûr]: tu peux être ~ (que)... you can rest assured (that)...; ils n'auront pas mon argent, sois ~! they won't get my money, that's for sure!

**tranquillement** [trɑ̃kilmɑ̃] *adv* **-1.** [calmement – dormir, jouer] quietly, peacefully; [– répondre, regarder] calmly, quietly. **-2.** [sans se presser – marcher, travailler] unhurriedly; on est allés ~ jusqu'à l'église avec grand-mère we walked slowly to the church with grandma.

**tranquillisant, e** [trɑ̃kiliza, ɑ̃t] *adj* [paroles, voix, présence] soothing, reassuring.
◆ **tranquillisant** *nm* PHARM tranquillizer.

**tranquilliser** [3] [trɑ̃kilize] *vt*: ~ qqn to set sb's mind at rest, to reassure sb.
◆ **se tranquilliser** *vp (emploi réfléchi)* to stop worrying.

**tranquillité** [trɑ̃kilite] *nf* **-1.** [calme – d'un lieu] quietness, peacefulness, tranquillity; [– d'une personne] peace, tranquillity; les enfants ne me laissent pas un seul moment de ~ the children don't give me a single moment's peace. **-2.** [sérénité]: ~ d'esprit peace of mind.
◆ **en toute tranquillité** *loc adv* [sereinement] with complete peace of mind.

**transaction** [trɑ̃zaksjɔ̃] *nf* **-1.** BOURSE, COMM & ÉCON transaction, deal; ~s transactions, dealings. **-2.** JUR (formal) settlement. **-3.** INF transaction.

**transalpin, e** [trɑ̃zalpɛ̃, in] *adj* transalpine.

**transat** [trɑ̃zat] ◇ *nm* deck chair. ◇ *nf* SPORT transatlantic race; la ~ en solitaire the single-handed transatlantic race.

**transatlantique** [trɑ̃zatlɑ̃tik] ◇ *adj* transatlantic. ◇ *nm* **-1.** NAUT (transatlantic) liner. **-2.** [chaise longue] deck chair. ◇ *nf* SPORT transatlantic race.

**transbahuter** [3] [trɑ̃sbayte] *vt fam* to move, to shift, to cart.
◆ **se transbahuter** *vpi fam* to shift o.s.

**transbordement** [trãsbɔrdəmã] *nm* [de marchandises] transshipment; [de voyageurs] transferring (*of passengers to another vessel or vehicle*).

**transborder** [3] [trãsbɔrde] *vt* [marchandises] to transship; [voyageurs] to transfer.

**transbordeur** [trãsbɔrdœr] ◇ *nm* [navire] transporter bridge. ◇ *adj m*: pont ~ transporter bridge.

**transcendance** [trãsãdãs] *nf* -1. PHILOS transcendence, transcendency. -2. MATH transcendence.

**transcendant, e** [trãsãdã, ãt] *adj* -1. *fam* [génial] brilliant; ce n'est pas ~! [livre, film] it's not exactly brilliant!-2. MATH & PHILOS transcendental.

**transcendantal, e, aux** [trãsãdãtal] *adj* transcendental.

**transcender** [3] [trãsãde] *vt* to transcend.
◆ **se transcender** *vpi* to transcend o.s.

**transcontinental, e, aux** [trãskõtinãtal, o] *adj* transcontinental.

**transcripteur** [trãskriptœr] *nm* transcriber.

**transcription** [trãskripsjõ] *nf* -1. [fait d'écrire – gén] transcription, transcribing, noting (down); [– des notes] copying out (in longhand); [– un document officiel] recording. -2. [copie] copy, transcript; [document officiel] record. -3. LING & MUS [gén] transcribing, transcription; [translittération] transliteration.

**transcrire** [99] [trãskrir] *vt* -1. [conversation] to transcribe, to note ou to take down (*sép*); [notes] to copy ou to write out (in longhand) (*sép*); [dans un registre] to record. -2. LING: ~ un mot d'un alphabet dans un autre to transliterate a word; ~ un nom russe/chinois en caractères romains to Romanize a Russian/Chinese name. -3. MUS to transcribe.

**transculturel, elle** [trãskyltyrɛl] *adj* transcultural, cross-cultural.

**transe** [trãs] *nf* -1. [état d'hypnose] trance. -2. [exaltation] trance, exaltation.
◆ **transes** *nfpl* [mouvements] convulsions.
◆ **en transe(s)** *loc adj & loc adv*: être en ~ to be in a trance; entrer en ~ [médium] to go ou to fall into a trance; ~ *fig* & *hum* to get all worked up.

**transept** [trãsɛpt] *nm* transept.

**transférer** [18] [trãsfere] *vt* -1. [prisonnier, sportif] to transfer; [diplomate] to transfer, to move; [évêque] to translate; ~ qqn de... à to transfer sb from... to ‖ [magasin, siège social] to transfer, to move; [fonds] to transfer; [reliques] to translate; 'succursale transférée au n° 42' 'our branch is now at no.42'. -2. INF [information] to transfer. -3. JUR [droits] to transfer, to convey; [propriété – gén] to transfer, to convey; [– par legs] to demise; [pouvoirs] to transfer, to pass on (*sép*). -4. PSYCH: ~ qqch sur qqn to transfer sthg onto sb. -5. BX-ARTS: ~ un motif sur to transfer a design on ou onto.

**transfert** [trãsfɛr] *nm* -1. [gén & COMM] transfer; ~ de fonds transfer of funds. -2. INF transfer. -3. JUR [de propriété] transfer, conveyance; [de droits, de pouvoirs] transfer; ~ par legs demise. -4. PSYCH transference; elle fait un ~ sur toi she's using you as the object of her transference.

**transfiguration** [trãsfigyrasjõ] *nf* -1. [changement profond] transfiguration. -2. RELIG: la Transfiguration the Transfiguration.

**transfigurer** [3] [trãsfigyre] *vt* to transfigure.

**transfo** [trãsfo] *nm fam abr de* **transformateur**.

**transformable** [trãsfɔrmabl] *adj* -1. [modifiable] changeable, alterable. -2. SPORT convertible.

**transformateur, trice** [trãsfɔrmatœr, tris] *adj* [influence] transforming.
◆ **transformateur** *nm* ÉLECTR transformer.

**transformation** [trãsfɔrmasjõ] *nf* -1. [d'une personnalité, d'un environnement] transformation; [d'une matière première, d'énergie] conversion. -2. [résultat d'un changement] transformation, alteration, change; nous avons fait des ~s dans la maison [travaux] we've made some alterations in the house; [décor, ameublement] we've made some changes in the house. -3. SPORT conversion.

**transformer** [3] [trãsfɔrme] *vt* -1. [faire changer – bâtiment, personnalité, institution, paysage] to transform, to change, to alter; [– matière première] to transform, to convert; [– vêtement] to make over (*sép*), to alter; ~ qqch en [faire devenir] to convert sthg into. -2. SPORT to convert.

◆ **se transformer** *vpi* [quartier, personnalité, paysage, institution] to change; l'environnement se transforme lentement/rapidement the environment is changing slowly/rapidly; ce voyage se transformait en cauchemar the trip was turning into a nightmare.

**transfuge** [trãsfyʒ] *nmf* MIL & POL renegade, turncoat; [qui change de camp] defector.

**transfuser** [3] [trãsfyze] *vt* -1. MÉD [sang] to transfuse. -2. *litt* [sentiment] to instill, to communicate, to pass on (*sép*).

**transfusion** [trãsfyzjõ] *nf*: ~ sanguine ou de sang blood transfusion; faire une ~ à qqn to give sb a (blood) transfusion.

**transgresser** [4] [trãsgrese] *vt* [loi, règle] to infringe, to contravene, to break; [ordre] to disobey, to go against; ~ les interdits to break the taboos.

**transgression** [trãsgresjõ] *nf* [d'une règle, d'une loi] infringement, contravention, transgression; [d'un ordre] contravention.

**transhumance** [trãzymãs] *nf* [de troupeaux] seasonal migration, transhumance *spéc*.

**transhumant, e** [trãzymã, ãt] *adj* transhumant *spéc*.

**transhumer** [3] [trãzyme] ◇ *vi* [vers les pâturages] to move up to (summer) grazing grounds; [vers la vallée] to move down to the wintering grounds. ◇ *vt* [troupeaux] to move.

**transi, e** [trãzi] *adj*: être ~ (de froid) to be chilled to the bone ou to the marrow; être ~ de peur to be paralysed ou transfixed by fear.

**transiger** [17] [trãziʒe] *vi* to (come to a) compromise; ~ avec qqn to seek a compromise ou to bargain with sb; ne pas ~ sur la ponctualité to be uncompromising in matters of punctuality, to be a stickler for punctuality.

**transir** [32] [trãzir] *vt*: le froid m'avait transi the cold had gone right through me.

**transistor** [trãzistɔr] *nm* -1. RAD transistor (radio). -2. ÉLECTRON transistor.
◆ **à transistors** *loc adj* transistorized.

**transit** [trãzit] *nm* -1. COMM [de marchandises, de touristes] transit. -2. PHYSIOL: ~ intestinal intestinal transit.
◆ **de transit** *loc adj* transit (*modif*); salle de ~ [d'un aéroport] transit lounge.
◆ **en transit** *loc adj* in transit, transitting.

**transitaire** [trãzitɛr] ◇ *adj* [commerce, port] transit (*modif*). ◇ *nm* forwarding agent.

**transiter** [3] [trãzite] ◇ *vt* [marchandises] to pass through (*sép*), to transit. ◇ *vi* [voyageurs, marchandises]: ~ par to pass through in transit; ces dossiers transitent par mon service those files come through my department.

**transitif, ive** [trãzitif, iv] *adj* transitive.
◆ **transitif** *nm* LING transitive verb.

**transition** [trãzisjõ] *nf* -1. [entre deux états] transition. -2. [entre deux paragraphes, deux scènes] transition, link. -3. [entre deux gouvernements] interim. -4. PHYS transition.
◆ **de transition** *loc adj* -1. [administration, gouvernement] interim (*modif*); période de ~ period of transition, transition ou transitional period. -2. AÉRON & CHIM transition (*modif*).
◆ **sans transition** *loc adv* without transition.

**transitionnel, elle** [trãzisjɔnɛl] *adj* [gén] transitional.

**transitivité** [trãzitivite] *nf* transitivity.

**transitoire** [trãzitwar] *adj* -1. [administration, dispositions, régime] interim, transitional; [charge] temporary. -2. [situation] transitory, transient.

**translation** [trãslasjõ] *nf* -1. JUR [d'une juridiction, d'un dignitaire] transfer; [de propriété] conveyance, transfer. -2. INF: ~ dynamique dynamic relocation. -3. MATH & PHYS translation; mouvement de ~ translation movement.

**translucide** [trãslysid] *adj* translucent.

**transmanche** [trãsmãʃ] *adj inv* cross-Channel.

**transmets** [trãsmɛ] *v* → **transmettre**.

**transmetteur** [trãsmɛtœr] *nm* TÉLÉC transmitter.

**transmettre** [84] [trãsmɛtr] *vt* -1. TÉLÉC to transmit. -2. RAD & TV [émission] to transmit, to relay, to broadcast. -3. PHYS to transmit; ~ un mouvement à qqch to set sthg in motion. -4. [de la main à la main] to hand (on), to pass on (*sép*); l'ailier transmet le ballon à l'avant-centre the wing-forward passes the ball to the centre-forward ‖ [de génération en génération] to pass on *(sép)*, to hand down *(sép)*. **-5.** [communiquer – information, ordre, remerciement] to pass on *(sép)*, to convey; [– pli] to send on *(sép)*, to forward; [– secret] to pass on *(sép)*; **transmettez mes amitiés/mes respects à votre frère** [à l'oral] please remember me to/convey my respects to your brother; [dans une lettre] please send my regards/my respects to your brother ‖ [faire partager – goût, émotion] to pass on *(sép)*, to put over *(sép)*; **il m'a transmis son enthousiasme pour l'art abstrait** he communicated his enthusiasm for abstract art to me. **-6.** MÉD to transmit, to pass on *(sép)*. **-7.** JUR [propriété] to pass on *(sép)*, to transfer; [pouvoirs] to pass on *(sép)*, to hand over *(sép)*, to transfer.

◆ **se transmettre** *vp (emploi passif)* to be transmitted; **la vibration se transmet à la membrane** the vibration spreads ou is transmitted to the membrane.

**transmigrer** [3] [trãsmigre] *vi* **-1.** *litt* [émigrer] to migrate. **-2.** [âme] to transmigrate.

**transmis, e** [trãsmi, iz] *pp* → **transmettre**.

**transmissible** [trãsmisibl] *adj* **-1.** MÉD transmittable, transmissible; **c'est ~ par contact/par la salive** it can be transmitted by (direct) contact/through saliva. **-2.** JUR [biens, droit] transferable, transmissible.

**transmission** [trãsmisjɔ̃] *nf* **-1.** AUT & MÉCAN [pièces]: **organes de ~** transmission (system). **-2.** PHYS [de chaleur, de son] transmission. **-3.** TÉLÉC transmission; RAD & TV [d'une émission] transmission, relaying, broadcasting. **-4.** MÉD passing on, transmission, transmitting. **-5.** [d'une information, d'un ordre] passing on, conveying; [d'un secret] passing on; [d'une lettre] forwarding, sending on; **~ de pensée** telepathy, thought transference. **-6.** [legs – d'un bijou, d'une histoire] handing down, passing on; [– d'un état d'esprit] passing on. **-7.** JUR [de pouvoirs, de biens] transfer.

◆ **transmissions** *nfpl* MIL: **les ~s** ≈ the Signals Corps.

**transmuer** [trãsmɥe] *vt* to transmute; **~ qqch en** to transmute sthg into.

◆ **se transmuer** *vpi* to be transmuted.

**transmutation** [trãsmytasjɔ̃] *nf* transmutation.

**transocéanique** [trãzɔseanik] *adj* transoceanic.

**Transpac** [trãspak] *npr the French packet-switching network.*

**transparaître** [91] [trãsparɛtr] *vi* [lumière, couleur, sentiment] to show ou to filter through; **son visage ne laissa rien ~** he remained impassive, his face showed no emotion.

**transparence** [trãsparãs] *nf* **-1.** [propriété – d'une porcelaine, d'une surface] transparence, transparency; [– d'une peau] clearness, transparence, transparency; [– d'un regard, d'un liquide] transparency, clearness; **regarder qqch par ~** to look at sthg against the light; **on voit son soutien-gorge par ~** her bra is showing through. **-2.** *sout* [caractère d'évidence – d'un dessein, d'une personnalité] transparency, obviousness. **-3.** [caractère public – de transactions, d'une comptabilité] public accountability. **-4.** CIN backprojection.

**transparent, e** [trãsparã, ãt] *adj* **-1.** [translucide – porcelaine, papier, surface] transparent; [– regard, eau] transparent, limpid; [– vêtement] transparent, see-through; [lumineux, clair – peau] transparent, clear. **-2.** [évident – dessein, motif] obvious, transparent. **-3.** [public – comptabilité, transaction] open.

◆ **transparent** *nm* [de projection] transparency.

**transparus** [trãspary] *v* → **transparaître**.

**transpercer** [16] [trãspɛrse] *vt* **-1.** [suj: flèche, épée] to pierce (through), to transfix *litt*; **~ qqn d'un coup d'épée** to run sb through with a sword. **-2.** [pénétrer – suj: pluie] to get through *(insép)*; **un froid qui transperce** piercing cold.

**transpiration** [trãspirasjɔ̃] *nf* **-1.** PHYSIOL [sudation] perspiration; [sueur] perspiration, sweat. **-2.** BOT transpiration.

**transpirer** [3] [trãspire] *vi* **-1.** PHYSIOL to perspire, to sweat; **~ des mains/pieds** to have sweaty hands/feet; **je transpirais à grosses gouttes** great drops ou beads of sweat were rolling off my forehead ‖ *fig* [faire des efforts] to sweat blood, to be hard at it; **~ sur qqch** to sweat over sthg. **-2.** [être divulgué] to leak out, to come to light.

**transplant** [trãsplã] *nm* [avant l'opération] organ for transplant; [après l'opération] transplant, transplanted organ.

**transplantation** [trãsplãtasjɔ̃] *nf* **-1.** MÉD [d'un organe – méthode] transplantation; [– opération] transplant; **~ cardiaque/rénale/hépatique** heart/kidney/liver transplant; **~**

embryonnaire surgical transplantation of an embryo. **-2.** AGR & HORT transplantation, transplanting. **-3.** [déplacement – de personnes] moving, resettling; [– d'animaux] transplantation.

**transplanté, e** [trãsplãte] *nm, f* receiver *(of a transplant)*.

**transplanter** [3] [trãsplãte] *vt* **-1.** MÉD [organe] to transplant; [embryon] to implant. **-2.** AGR & HORT to transplant. **-3.** [populations] to move, to transplant; *péj* to uproot.

**transport** [trãspɔr] *nm* **-1.** [acheminement – de personnes, de marchandises] transport *Br*, transportation *Am*; [– d'énergie] conveyance, conveying; **~ par air** ou **avion** air transport; **~ par mer** shipping; **~ par route** road transport ou haulage ❑ **~ de troupes** MIL [acheminement] troop transportation; [navire, avion] (troop) carrier, troop transport. **-2.** [émotion] transport, burst; **~ de joie** transport ou burst of joy; **~ d'enthousiasme** burst ou gush of enthusiasm; **~ de colère** burst ou outburst of anger; **~s amoureux** *litt* ou *hum* amorous transports.

◆ **transports** *nmpl* ADMIN transport network; **~s (publics** ou **en commun)** public transport *(U)*; **je passe beaucoup de temps dans les ~s** I spend a lot of time commuting; **prendre les ~s en commun** to use public transport; **les ~s aériens** (the) airlines; **les ~s ferroviaires** the rail (transport) network; **les ~s maritimes** the shipping lines; **les ~s routiers** road transport; **les ~s urbains** the urban transport system.

◆ **de transport** *loc adj* transport *Br (modif)*, transportation *Am (modif)*.

**transportable** [trãspɔrtabl] *adj* [denrées] transportable; [blessé] fit to be moved.

**transporter** [3] [trãspɔrte] *vt* **-1.** [faire changer d'endroit – cargaison, passager, troupes] to carry, to transport, to convey; [– blessé] to move; **~ des vivres par avion/par bateau** to fly/to ship food supplies; **~ qqch par camion** to send sthg by lorry *Br* ou by truck *Am*; **~ qqch par train** to transport sthg by rail; **~ qqn à l'hôpital/d'urgence à l'hôpital** to take/to rush sb to hospital ‖ *fig* [par l'imaginaire] to take; **le premier acte nous transporte en Géorgie/au XVIᵉ siècle** the first act takes us to Georgia/takes us back to the 16th century. **-2.** [porter] to carry; **les alluvions transportées par le fleuve** the sediment carried (along) by the river. **-3.** PHYS to convey. **-4.** *litt* [enthousiasmer] to carry away *(sép)*, to send into raptures; **être transporté de joie** to be overjoyed. **-5.** FIN [fonds] to transfer. **-6.** HIST [condamné] to transport.

◆ **se transporter** *vpi* **-1.** [se déplacer] to move. **-2.** *fig* [en imagination] to imagine o.s.

**transporteur, euse** [trãspɔrtœr, øz] *adj* carrying; **benne transporteuse** skip.

◆ **transporteur** *nm* **-1.** [entreprise] haulage contractor, haulier *Br*, hauler *Am*; [en langage juridique] carrier; **~ routier** road haulage contractor, road haulier *Br* ou hauler *Am*. **-2.** [outil] conveyor.

**transposable** [trãspozabl] *adj* transposable.

**transposer** [3] [trãspoze] *vt* **-1.** [intervertir – mots] to switch (round), to transpose. **-2.** [adapter]: **~ un sujet antique à l'époque moderne** to adapt an ancient play to a contemporary setting. **-3.** MUS to transpose.

**transposition** [trãspozisjɔ̃] *nf* **-1.** [commutation] transposition. **-2.** [adaptation] adaptation. **-3.** ÉLECTR, IMPR, MATH, MÉD & MUS transposition.

**transsaharien, enne** [trãssaarjɛ̃, ɛn] *adj* Transsaharan.

**transsexuel, elle** [trãsseksɥɛl] *adj* transexual, transsexual.

**transsibérien, enne** [trãssiberjɛ̃, ɛn] *adj* Trans-Siberian; **le Transsibérien** the Trans-Siberian (Railway).

**transsubstantiation** [trãssypstãsjasjɔ̃] *nf* transsubstantiation.

**transvasement** [trãsvazmã] *nm* [d'un liquide] decanting.

**transvaser** [3] [trãsvaze] *vt* to decant.

**transversal, e, aux** [trãsvɛrsal, o] *adj* [coupe, fil, poutre, trait] cross, transverse, transversal; [onde, axe, moteur] transverse; [voie] which runs ou cuts across; **rue ~e** side road.

◆ **transversale** *nf* **-1.** FTBL [barre] crossbar. **-2.** GÉOM transversal. **-3.** [route] cross-country trunk road *Br* ou highway *Am*. **-4.** RAIL [entre régions] cross-country line; [de ville à ville] Inter-City *Br* ou interurban *Am* line.

**transversalement** [trãsvɛrsalmã] *adv* transversally, across.

**trapèze** [trapɛz] *nm* **-1.** GÉOM trapezium *Br*, trapezoid *Am*. **-2.** ANAT [muscle] trapezius. **-3.** LOISIRS trapeze; ~ volant flying trapeze.

**trapéziste** [trapezist] *nmf* trapezist, trapeze artist.

**trappe** [trap] *nf* **-1.** [piège] trap. **-2.** [sur le sol – porte] trap door; [– ouverture] hatch; [d'une scène de théâtre] trap opening; [pour parachutiste] exit door; **passer à la** ~ to be whisked away (without trace).

**Trappe** [trap] *nprf* **-1.** [abbaye] Trappist monastery. **-2.** [ordre]: **la** ~ the Trappist order.

**trapper** [3] [trape] *vt & vi Can* to trap.

**trappeur** [trapœr] *nm* trapper.

**trappiste** [trapist] *nm* [moine] Trappist monk.

**trapu, e** [trapy] *adj* **-1.** [personne] stocky, thickset. **-2.** [bâtiment] squat. **-3.** *fam* [difficile – devoir, exercice] tough, stiff; **l'examen était vraiment** ~! the exam was a real stinker! **-4.** *fam* [savant] brainy; **il est** ~ **en chimie** he's brilliant at chemistry.

**traque** [trak] *nf* CHASSE: **la** ~ beating (game).

**traquenard** [traknar] *nm* **-1.** [machination] snare, trap; **tomber dans un** ~ to fall into a trap. **-2.** [pour les oiseaux] bird trap; [pour les souris] trap.

**traquer** [3] [trake] *vt* **-1.** [criminel, fuyard] to track ou to hunt down *(sép)*; [vedette] to hound; [erreur] to hunt down *(sép)*. **-2.** CHASSE [rechercher] to track down *(sép)*; [rabattre] to drive; **animal traqué** hunted animal.

**trauma** [troma] *nm* trauma.

**traumatique** [tromatik] *adj* traumatic.

**traumatisant, e** [tromatizɑ̃, ɑ̃t] *adj* traumatizing.

**traumatiser** [3] [tromatize] *vt* to traumatize.

**traumatisme** [tromatism] *nm* trauma, traumatism; ~ **crânien** cranial trauma.

**traumatologie** [tromatɔlɔʒi] *nf* traumatology.

**travail¹, ails** [travaj] *nm* VÉTÉR trave.

**travail², aux** [travaj, o] *nm* **A.** ACTION **-1.** [occupation]: **le** ~ work; **le** ~ **de bureau** office work; **le** ~ **de jour/nuit** day/night work; **je finis le** ~ **à cinq heures** I stop ou finish work at five; **écrire un dictionnaire est un** ~ **collectif** writing a dictionary involves working as a team; ~ **de force** hard physical work; **un** ~ **de longue haleine** a long-term work ou project □ **le** ~ **posté** ou **par roulement** shift work; **le** ~ **à domicile** outwork; ~ **d'intérêt général** JUR community service; **le** ~ **manuel** manual work ou labour; **le** ~ **au noir** [occasionnel] undeclared casual work, moonlighting; [comme pratique généralisée] black economy; ~ **à la pièce** piecework; **le** ~ **saisonnier** seasonal work; **le** ~ **salarié** paid work; **le** ~ **temporaire** [gén] temporary work; [dans un bureau] temping. **-2.** [tâches imposées] work; **donner du** ~ **à qqn** to give sb (some) work to do. **-3.** [tâche déterminée] job; **faire un** ~ **de recherche/traduction** to do a piece of research/a translation □ **c'est un** ~ **de bagnard** ou forçat it's back-breaking work ou a back-breaking job; **c'est un** ~ **de fourmi** it's a painstaking task; **c'est un** ~ **de Romain** ou **de Titan** it's a colossal job. **-4.** [efforts] [hard] work; **c'est un** ~ **d'élever cinq enfants**! bringing up five children is a lot of (hard) work!; **il a encore du** ~ **s'il veut devenir champion** he's still got a lot of work to do if he wants to be champion. **-5.** [exécution] work; **admirez le** ~ **du pinceau** admire the brushwork; **on lui a confié les peintures et elle a fait du bon/mauvais** ~ she was responsible for doing the painting and she made a good/bad job of it □ **regarde-moi ce** ~! just look at this mess!; **je ne retrouve pas une seule disquette, qu'est-ce que c'est que ce** ~? I can't find a single floppy disc, what's going on here?; **et voilà le** ~! *fam* and Bob's your uncle! **-6.** [façonnage] working; **elle est attirée par le** ~ **du bois/de la soie** she's interested in working with wood/with silk. **-7.** [poste] job, occupation, post; [responsabilité] job; **chercher du** ~ ou **un** ~ to be job-hunting, to be looking for a job; **sans** ~ unemployed, jobless, out of work. **-8.** [dans le système capitaliste] labour. **-9.** [contrainte exercée – par la chaleur, l'érosion] action. **-10.** PHYSIOL [accouchement] labour; **le** ~ **n'est pas commencé/est commencé** the patient has not yet gone/has gone into labour ‖ [activité] work; **réduire le** ~ **du cœur/des reins** to lighten the strain on the heart/on the kidneys. **-11.** MÉCAN & PHYS work. **-12.** PSYCH work, working through; ~ **du deuil** grieving process.

**B.** RÉSULTAT, EFFET **-1.** [écrit] piece; **il a publié un** ~ **très intéressant sur Proust** he published a very interesting piece on Proust. **-2.** [transformation – gén] work; [modification interne – dans le bois] warping; [– dans le fromage] maturing; [– dans le vin] working.

**C.** LIEU D'ACTIVITÉ PROFESSIONNELLE work, workplace; **aller à son** ~ to go to (one's) work.

◆ **travaux** *nmpl* **-1.** [tâches] work, working; **gros travaux** heavy work; **j'ai fait des petits travaux** I did some odd jobs; **ils font des travaux après le pont** there are roadworks after the bridge; **nous sommes en travaux à la maison** we're having some work done on the house, we've got (the) workmen in; 'fermé pendant les travaux' 'closed for ou during alterations'; 'attention, travaux' 'caution, work in progress' □ **travaux domestiques** ou **ménagers** housework; **travaux d'aiguille** COUT needlework; **travaux d'approche** MIL approaches; *fig* manoeuvring; **travaux de construction** building work; **travaux forcés** hard labour; **travaux d'Hercule** MYTH labours of Hercules; *fig* Herculean tasks; **travaux manuels** [gén] arts and crafts; SCOL handicraft; **travaux d'utilité collective** ≈ YTS; **grands travaux** large-scale public works; **les Travaux publics** civil engineering. **-2.** [d'une commission] work; **nous publierons le résultat de nos travaux** we'll publish our findings.

◆ **au travail** *loc adv* **-1.** [en activité] at work, working; **se mettre au** ~ to get down ou to set to work; **allez, au** ~! come on, get to work! **-2.** [sur le lieu d'activité] at work, in the workplace; **je vous donne mon numéro au** ~ I'll give you my work number.

◆ **de travail** *loc adj* **-1.** [horaire, séance] working; [vêtement, camarade, permis] work *(modif)*; **mes instruments de** ~ the tools of my trade; **contrat de** ~ employment contract. **-2.** [d'accouchement – période] labour *(modif)*; [– salle] labour *(modif)*, delivery *(modif)*.

◆ **du travail** *loc adj* [accident, sociologie, législation] industrial; **conflit du** ~ employment dispute; **droit du** ~ employment law.

◆ **en travail** *adv* PHYSIOL in labour; **entrer en** ~ to go into ou to start labour.

**travaillé, e** [travaje] *adj* [élaboré – style] polished; [– façade, meuble] finely ou elaborately worked; [– fer] wrought.

**travailler** [3] [travaje] ◇ *vi* **-1.** [être actif] to work; **tu as le temps de** ~ **avant dîner** you've got time to do some work ou to get some work done before dinner; ~ **dur** to work hard; **elle travaille vite** she's a fast worker; **le maçon a bien travaillé** the bricklayer made a good job of it; ~ **à** ou **sur une chanson** to work at ou on a song; ~ **sur ordinateur** to work on a computer □ ~ **comme un bœuf** ou **forçat** to slave away, to work like a Trojan; ~ **du chapeau** *fam* ou **de la touffe** *fam* to have a screw loose. **-2.** [avoir une profession] to work; **vous travaillez?** do you work?, do you have a job?; **j'ai arrêté de** ~ **à 55 ans** I stopped work ou retired at 55; ~ **pour payer ses études** to work one's way through college/university; **aller** ~ to go to work; ~ **en usine** to work in a factory; ~ **dans un bureau** to work in an office; ~ **à la pièce** to do piecework; ~ **à son compte** to have one's own business; **elle travaille dans l'informatique** she works with computers; **elle travaille dans la maroquinerie** she's in the leather trade. **-3.** [faire des affaires] to do (good) business; **entreprise qui travaille bien/mal/à perte** thriving/stagnating/lossmaking firm. **-4.** [pratiquer son activité – artiste, athlète] to practise, to train; [– boxeur] to work out, to train; **faire** ~ **ses jambes** to make one's legs work, to exercise one's legs; **faire** ~ **son argent** *fig* to make one's money work; **c'est ton imagination qui travaille** your imagination's working overtime, you're imagining things. **-5.** [changer de forme, de nature – armature, charpente] to warp; [– fondations, vin] to work. **-6.** [suivi d'une préposition]: ~ **à** [succès] to work ou to strive for; ~ **contre/pour** to work against/for; **le temps travaille contre/pour nous** time is working against us/is on our side.

◇ *vt* **-1.** [façonner – bois, bronze, glaise] to work; CULIN [– mélange, sauce] to stir; ~ **la pâte** CULIN to knead ou to work the dough; [peintre] to work the paste; ~ **la terre** to work ou till the land. **-2.** [perfectionner – discours, style] to work on *(insép)*, to polish up *(sép)*, to hone; [– matière scolaire] to work at ou on *(insép)*, to go over *(insép)*; [– concerto, scène] to work on, to rehearse; SPORT [– mouvement] to practise, to work on;

[–balle] to put (a) spin on. **-3.** [obséder] to worry; ça me travaille de le savoir malheureux it worries me to know that he's unhappy; l'idée de la mort le travaillait (the idea of) death haunted him; être travaillé par le remords/l'angoisse to be tormented by remorse/anxiety. **-4.** [tenter d'influencer] to work on *(insép)*.

**travailleur, euse** [travajœr, øz] ◇ *adj* hardworking, industrious. ◇ *nm, f* **-1.** [exerçant un métier] worker; ~ **intellectuel** white-collar worker; ~ **manuel** manual ou *esp Am* blue-collar worker; les ~s [gén] working people, the workers; [ouvriers] labour; [prolétariat] the working classes ❑ ~ **agricole** agricultural ou farm worker; ~ **à domicile** outworker, homeworker; ~s **immigrés** immigrant workers ou labour; ~ **indépendant** self-employed person, freelance worker; ~ **au noir** *worker in the black economy*; ~ **posté** shift worker. **-2.** ADMIN: ~ **social** social worker. **-3.** [personne laborieuse] hard worker.

**travaillisme** [travajism] *nm* Labour doctrine ou philosophy.

**travailliste** [travajist] ◇ *adj* Labour *(modif)*; être ~ to be a member of the Labour Party ou party ❑ **le parti** ~ the Labour Party ou party. ◇ *nmf* member of the Labour Party; les ~s se sont opposés à cette mesure Labour opposed the move.

**travée** [trave] *nf* **-1.** [rangée de sièges, de personnes assises] row. **-2.** ARCHIT & CONSTR [d'une voûte, d'une nef] bay; [solivage] girder; [d'un pont] span.

**traveller's cheque, traveller's check** [travlœrʃɛk] *(pl* **traveller's cheques** ou **checks)** *nm* traveller's cheque *Br*, traveler's check *Am*.

**travelling** [travliŋ] *nm* CIN **-1.** [déplacement – gén] tracking; [– sur plate-forme] dollying; faire un ~ [caméra, cameraman] to track, to dolly ❑ ~ **avant/arrière/latéral** tracking ou dollying in/out/sideways. **-2.** [plate-forme] dolly, travelling platform. **-3.** [prise de vue] tracking shot.

**travelo**ᵛ [travlo] *nm* transvestite, drag queen; habillé en ~ in drag.

**travers** [travɛr] *nm* **-1.** [largeur] breadth; sa voiture m'a heurté par le ~ her car hit me broadside on. **-2.** [viande]: ~ **(de porc)** spare rib. **-3.** NAUT: par le ~ abeam, on the beam. **-4.** *sout* [défaut] fault, shortcoming, failing; elle tombait dans les mêmes ~ que ses prédécesseurs she displayed the same shortcomings as her predecessors; un petit ~ a minor fault.

◆ **à travers** *loc prép* through, across; à ~ la fenêtre/le plancher/les barreaux through the window/the floor/the bars; à ~ les âges throughout the centuries; prendre ou passer à ~ champs to go through the fields ou across country; ils ont prêché à ~ tout le pays they went preaching throughout the length and breadth of the country; passer à ~ les mailles du filet PÊCHE & *fig* to slip through the net.

◆ **au travers** *loc prép* **-1.** [en franchissant] through; passer au ~ des dangers to escape danger. **-2.** [par l'intermédiaire de] through, by means of; son idée se comprend mieux au ~ de cette comparaison his idea is easier to understand by means of this comparison.

◆ **de travers** ◇ *loc adj* crooked. ◇ *loc adv* **-1.** [en biais – couper] askew, aslant; [– accrocher] askew; **marcher de** ~ [ivrogne] to stagger ou to totter along; la remorque du camion s'est mise de ~ the truck jack-knifed; j'ai avalé mon pain de ~ the bread went down the wrong way. **-2.** [mal]: tu fais tout de ~! you do everything wrong!; elle comprend tout de ~! she gets everything wrong!, she always gets the wrong end of the stick!; regarder qqn de ~ to give sb a funny look; tout va de ~ everything's going wrong; répondre de ~ to give the wrong answer; il prend tout ce qu'on lui dit de ~ he takes everything the wrong way.

◆ **en travers** *loc adv* **-1.** [en largeur] sideways, across, crosswise; le wagon s'est mis en ~ the carriage ended up sideways (across the tracks); la remorque du camion s'est mise en ~ the truck jack-knifed. **-2.** NAUT abeam.

◆ **en travers de** *loc prép* across; s'il se met en ~ de mon chemin ou de ma route *fig* if he stands in my way.

**traversable** [travɛrsabl] *adj* which can be crossed.

**traverse** [travɛrs] *nf* **-1.** RAIL sleeper *Br*, crosstie *Am*. **-2.** CONSTR [de charpente] crossbeam, crosspiece; [entre deux montants] (cross) strut.

**traversée** [travɛrse] *nf* **-1.** [d'une route, d'un pont, d'une frontière] crossing; [d'une agglomération, d'un pays] going ou getting through ou across; **faire sa** ~ **du désert** [politicien] to be in the political wilderness. **-2.** SPORT [en alpinisme – épreuve] through route; [– passage] traverse; [au ski] traverse; **faire une** ~ to traverse.

**traverser** [3] [travɛrse] *vt* **-1.** [parcourir – mer, pièce, route] to go across *(insép)*, to cross, to traverse; [– pont] to go over ou across *(insép)*; [– tunnel] to go ou to pass through *(insép)*; ~ **qqch à la nage/à cheval/en voiture/en bateau/en avion** to swim/to ride/to drive/to sail/to fly across sthg; ~ **une pièce en courant/en sautillant** to run/to skip through a room; **aider qqn à** ~ **la route** to help sb across the road; il n'a fait que ~ ma vie *fig* he only passed through my life. **-2.** [s'étirer d'un côté à l'autre de – suj: voie] to cross, to run ou to go across *(insép)*; [– suj: pont] to cross, to span; [– suj: tunnel] to cross, to run ou to go under *(insép)*. **-3.** [vivre – époque] to live ou to go through *(insép)*; [– difficultés] to pass ou to go through *(insép)*. **-4.** [transpercer – suj: épée] to run through *(insép)*, to pierce; [– suj: balle] to go through *(insép)*; [– suj: pluie, froid] to come ou to go through *(insép)*; **une image me traversa l'esprit** an image passed ou flashed through my mind.

**traversier** [travɛrsje] *nm Can* ferry.

**traversin** [travɛrsɛ̃] *nm* [oreiller] bolster.

**travesti, e** [travɛsti] *adj* **-1.** [pour tromper] in disguise, disguised; [pour s'amuser] dressed up (in fancy dress). **-2.** THÉÂT [comédien] playing a female part; **rôle** ~ female part played by a man. **-3.** [vérité] distorted; [propos] twisted, misrepresented.

◆ **travesti** *nm* **-1.** THÉÂT actor playing a female part; [dans un cabaret] female impersonator, drag artist; **numéro** ou **spectacle de** ~ drag act. **-2.** [homosexuel] transvestite. **-3.** [vêtement – d'homosexuel] drag *(U)*; [– de bal] fancy dress *(U)*.

**travestir** [32] [travɛstir] *vt* **-1.** [pour une fête] to dress up *(sép)*; [comédien] to cast in a female part. **-2.** [pensées] to misrepresent; [vérité] to distort; [propos] to twist.

◆ **se travestir** *vp (emploi réfléchi)* **-1.** [homme] to dress as a woman, to put on drag; [femme] to dress as a man. **-2.** [pour une fête] to dress up (in fancy dress), to put fancy dress on.

**travestisme** [travɛstism] *nm* transvestism.

**travestissement** [travɛstismã] *nm* **-1.** [pour une fête] dressing up, wearing fancy dress. **-2.** PSYCH cross-dressing. **-3.** [de propos, de la vérité] twisting, distortion, distorting; [de pensées] misrepresentation.

**traviole** [travjɔl]

◆ **de traviole** *fam* ◇ *loc adj* [tableau] aslant, crooked; [dents] crooked, badly set. ◇ *loc adv* **-1.** [en biais]: **marcher de** ~ [ivrogne] to stagger ou to totter along; **j'écris de** ~ my handwriting's all crooked ou cockeyed; tu as mis ton chapeau de ~ you've put your hat on crooked ou *Br* skewwiff. **-2.** [mal]: il fait tout de ~ he can't do anything right; tout va de ~ everything's going wrong; tu comprends toujours tout de ~ you always get hold of the wrong end of the stick.

**trax** [traks] *nm Helv* bulldozer.

**trayai** [treje], **trayons** [trejɔ̃] *v* → traire.

**trayeur, euse** [trejœr, øz] *nm, f* milker, milkman (*f* milkwoman) *Am*.

◆ **trayeuse** *nf* milking machine.

**trébuchant, e** [trebyʃã, ãt] *adj* staggering, stumbling, tottering.

**trébucher** [3] [trebyʃe] ◇ *vi* **-1.** [perdre l'équilibre] to stumble, to totter, to stagger; ~ **contre une marche** to trip over a step. **-2.** [achopper] to stumble; ~ **sur un mot** to stumble over a word. ◇ *vt* TECH to weigh.

**trèfle** [trɛfl] *nm* **-1.** BOT clover, trefoil; ~ **à quatre feuilles** four-leaf clover. **-2.** JEUX clubs; la dame de ~ the Queen of clubs. **-3.** ARCHIT trefoil. **-4.** [emblème irlandais] shamrock.

**tréfonds** [trefɔ̃] *nm litt* [partie profonde]: être ému jusqu'au ~ de son être to be moved to the depths of one's soul; dans le ~ de son âme in the (innermost) depths of her soul.

**treillage** [trejaʒ] *nm* HORT trellis ou lattice (work); [d'une vigne] wire trellis.

**treille** [trɛj] *nf* **-1.** [vigne] climbing vine. **-2.** [tonnelle] arbour.

**treillis** [treji] *nm* **-1.** TEXT canvas. **-2.** MIL (usual) outfit. **-3.** [en lattes] trellis; [en fer] wire-mesh.

**treize** [trɛz] ◇ *dét* thirteen; acheter/vendre qqch ~ à la

**douzaine** to buy/to sell thirteen of sthg for the price of twelve; **il y en a ~ à la douzaine** it's a baker's dozen. ◇ *nm inv* thirteen; *voir aussi* **cinq**.

**treizième** [tʀɛzjɛm] *adj num* & *nmf* thirteenth; *voir aussi* **cinquième**.

**trek** [tʀɛk], **trekking** [tʀɛkiŋ] *nm* trekking.

**tréma** [tʀema] *nm* diaeresis; **e ~ e** (with) diaeresis.

**tremblant, e** [tʀɑ̃blɑ̃, ɑ̃t] *adj* [flamme] trembling, flickering; [feuilles] fluttering, quivering; [main, jambes] shaking, trembling, wobbly; [voix] tremulous, quavering, shaky; **~ de peur** trembling ou shaking ou shuddering with fear; **~ de froid** trembling ou shivering with cold; **écrire d'une main ~e** to write shakily; **répondre d'une voix ~e** to answer tremulously.

**tremble** [tʀɑ̃bl] *nm* aspen.

**tremblé, e** [tʀɑ̃ble] *adj* [écriture] shaky, wobbly; [trait] wobbly, wavy, shaky.

**tremblement** [tʀɑ̃bləmɑ̃] *nm* **-1.** [d'une personne – de froid] shiver; [– de peur] tremor, shudder; **son corps était secoué ou parcouru de ~s** his whole body was shaking ou trembling. **-2.** [de la main] shaking, trembling, tremor; [de la voix] trembling, quavering, tremor; [des paupières] twitch, twitching; [des lèvres] trembling, tremble; **avoir des ~s to shake** ❑ **et tout le ~** and all the rest. **-3.** [du feuillage] trembling, fluttering; [d'une lueur, d'une flamme] trembling, flickering; [d'une cloison, de vitres] shaking, rattling. ◆ **tremblement de terre** *nm* earthquake.

**trembler** [3] [tʀɑ̃ble] *vi* **-1.** [personne]: **~ de peur** to tremble ou to shake ou to shudder with fear; **~ de froid** to shiver ou to tremble with cold; **~ de rage** to tremble ou to quiver with anger; **~ de tout son corps** ou **de tous ses membres** to be shaking ou to be trembling all over, to be all of a tremble ❑ **~ comme une feuille** to be shaking like a leaf. **-2.** [main, jambes] to shake, to tremble; [voix] to tremble, to shake, to quaver; [menton] to tremble, to quiver; [paupière] to twitch. **-3.** [feuillage] to tremble, to quiver, to flutter; [flamme, lueur] to flicker; [gelée] to wobble; [cloison, vitre] to shake, to rattle; [terre] to quake, to shake; **les trains font ~ la maison** the trains are shaking the house; **la terre a tremblé** there's been an earthquake ou an earth tremor. **-4.** [avoir peur] to tremble (with fear); **~ devant qqn/qqch** to stand in fear of sb/sthg; **~ pour (la vie de) qqn** to fear for sb ou sb's life; **~ à la pensée de/que** [de crainte] to tremble at the thought of/that; [d'horreur] to shiver at the thought of/that.

**tremblotant, e** [tʀɑ̃blɔtɑ̃, ɑ̃t] *adj* [main] shaking, trembling; [voix] tremulous, quavering, shaking; [lueur] flickering, trembling.

**tremblote** [tʀɑ̃blɔt] *nf fam*: **avoir la ~** to have the shakes; [de peur] to have the jitters; [de froid] to have the shivers.

**tremblotement** [tʀɑ̃blɔtmɑ̃] *nm* **-1.** [d'une personne – gén] shaking; [– de fièvre, de froid] shivering; [– de peur] shivering, shuddering. **-2.** [d'une main] (faint) shaking ou trembling; [d'une voix] slight tremor ou quavering; [d'une lueur] flicker.

**trembloter** [3] [tʀɑ̃blɔte] *vi* [gén] to tremble; [vieillard, main] to shake; [voix] to quaver; [lueur] to flicker; [de froid] to shiver; [de peur] to shudder (with fear).

**trémière** [tʀemjɛʀ] *adj f* → **rose**.

**trémolo** [tʀemɔlo] *nm* **-1.** MUS tremolo. **-2.** [de la voix]: **avec des ~s dans la voix** with a tremor in his voice.

**trémousser** [3] [tʀemuse]
◆ **se trémousser** *vpi* to wiggle, to wriggle; **elle marchait en se trémoussant** she wiggled her hips as she walked.

**trempe** [tʀɑ̃p] *nf* **-1.** [caractère]: **une femme de sa ~** a woman with such moral fibre; **son frère est d'une autre ~** his brother is cast in a different mould. **-2.** *fam* [punition] hiding, thrashing, belting. **-3.** MÉTALL [traitement] quenching; [résultat] temper; **de bonne ~** well-tempered.

**trempé, e** [tʀɑ̃pe] *adj* **-1.** [personne, vêtements] soaked, drenched; [chaussures, jardin] waterlogged; **~ de sueur** soaked with sweat; **~ de larmes** [mouchoir] tear-stained ❑ **~ jusqu'aux os** ou **comme une soupe** *fam* soaked to the skin, wet through. **-2.** [vin, lait] watered-down. **-3.** [énergique]: **avoir le caractère bien ~** to be resilient. **-4.** MÉTALL quenched. **-5.** [verre] toughened.

**tremper** [3] [tʀɑ̃pe] ◇ *vt* **-1.** [plonger – chiffon] to dip, to soak; [– sucre, tartine] to dip, to dunk; [– linge, vaisselle] to soak; **je**

**n'ai fait que ~ mes lèvres dans le champagne** I just had a taste ou took a sip of the champagne. **-2.** [mouiller]: **j'ai trempé ma chemise tellement je transpirais** I sweated so much (that) my shirt got soaked. **-3.** MÉTALL to quench. **-4.** *litt* [affermir – personnalité, caractère] to steel; [*litt*, to toughen, to harden]; **cela va lui ~ le caractère** this'll toughen him up. ◇ *vi* [vêtement, vaisselle, lentilles] to soak; **faire ~ qqch**: **j'ai fait ~ les draps** I put the sheets in to soak; **faire ~ des haricots** to soak beans, to leave beans to soak; **~ dans**: **les clichés trempent dans un bain spécial** the photographs (are left to) soak in a special solution; **attention, tes manches trempent dans la soupe** careful, you've got your sleeves in the soup.
◆ **tremper dans** *v* + *prép* [être impliqué dans] to be involved in, to have a hand in.
◆ **se tremper** ◇ *vpi* to have a quick dip. ◇ *vpt*: **il s'est trempé les pieds en marchant dans l'eau** he stepped into a puddle and got his feet wet.

**trempette** [tʀɑ̃pɛt] *nf fam*: **faire ~** to have a (quick) dip.

**tremplin** [tʀɑ̃plɛ̃] *nm* **-1.** SPORT [de gymnastique] springboard; [de plongeon] diving-board, springboard; [à ski] ski-jump. **-2.** [impulsion initiale] springboard, stepping stone, launching pad; **servir de ~ à qqn** ou **to be a springboard for sb**.

**trench-coat** [tʀɛnʃkot] (*pl* **trench-coats**), **trench** [tʀɛnʃ] *nm* trench coat.

**trentaine** [tʀɑ̃tɛn] *nf*: **une ~ (de)** around ou about thirty; **avoir la ~** to be thirtyish ou thirty-something.

**trente** [tʀɑ̃t] *dét* & *nm inv* thirty; **être sur son ~ et un** to be dressed up to the nines; **se mettre sur son ~ et un** to get all dressed up; *voir aussi* **cinquante**.

**trentenaire** [tʀɑ̃tənɛʀ] *adj* & *nmf* thirty-year-old.

**trente-six** [*en fin de phrase* tʀɑ̃tsis, *devant consonne ou h aspiré* tʀɑ̃tsi, *devant voyelle ou h muet* tʀɑ̃tsiz] ◇ *dét* **-1.** [gén] thirty six. **-2.** *fam* [pour exprimer la multitude] umpteen, dozens of; **il n'y a pas ~ solutions!** there aren't all that many solutions! **j'ai ~ mille choses à faire** I've a hundred and one things to do ❑ **voir ~ chandelles** to see stars. ◇ *nm inv fam*: **tous les ~ du mois** once in a blue moon; *voir aussi* **cinq**.

**trente-sixième** [tʀɑ̃tsizjɛm] *adj num* **-1.** [gén] thirty-sixth. **-2.** *fam loc*: **être dans le ~ dessous** to feel really down; *voir aussi* **cinquième**.

**trente-trois-tours** [tʀɑ̃ttʀwatuʀ] *nm inv* LP.

**trentième** [tʀɑ̃tjɛm] *adj num* & *nmf* thirtieth; *voir aussi* **cinquième**.

**trépanation** [tʀepanasjɔ̃] *nf* trephination, trepanation, trepanning.

**trépaner** [3] [tʀepane] *vt* to trephine, to trepan.

**trépas** [tʀepa] *nm litt*: **le ~** death.

**trépassé, e** [tʀepase] *nm, f* **-1.** *litt* deceased; **les ~s** the departed, the dead. **-2.** RELIG: **le jour** ou **la fête des Trépassés** All Souls' Day.

**trépasser** [3] [tʀepase] *vi litt* to depart this life, to pass away ou on *euph*.

**trépidant, e** [tʀepidɑ̃, ɑ̃t] *adj* **-1.** [animé – époque] frantic, hectic; [– vie] hectic; [– danse, rythme] wild, frenzied. **-2.** [véhicule] vibrating, throbbing.

**trépidation** [tʀepidasjɔ̃] *nf* **-1.** [d'un moteur] vibration. **-2.** [agitation] bustle, whirl.

**trépider** [3] [tʀepide] *vi* [moteur] to vibrate, to throb; [surface] to vibrate.

**trépied** [tʀepje] *nm* tripod.

**trépignement** [tʀepiɲmɑ̃] *nm* stamping (of feet).

**trépigner** [3] [tʀepiɲe] *vi* to stamp one's feet; **~ de colère** to stamp one's feet in anger; **~ d'impatience** to be hopping up and down with impatience.

**très** [tʀɛ] *adv* **-1.** [avec un adverbe, un adjectif] very; **il est ~ snob** he's a real snob; **je ne l'ai pas vu depuis ~ longtemps** I haven't seen him for ages ou for a very long time; **~ bien payé** very well ou highly paid; **tu comprends ce que je veux dire? — non, pas ~ bien** do you see what I mean? — not very well ou not really; **~ bien, je m'en vais alright** (then) ou very well (then) ou OK (then), I'm going; **nous sommes tous ~ famille** we're all very much into family life. **-2.** [dans des locutions verbales]: **avoir ~ peur/faim** to be very frightened/hungry; **j'ai ~ envie de lui dire ses quatre vérités** I very much want to give him a few home truths. **-3.** [employé seul, en réponse] very; **il y a longtemps qu'il est parti? — non, pas ~** has he been gone long? — no, not very ❏ **faire des heures supplémentaires? ~ peu pour moi!** me, do overtime? not likely!

**Très-Haut** [trɛo] *nprm:* **le ~** God, the Almighty.

**trésor** [trezɔr] *nm* **-1.** [argent] treasure. **-2.** JUR treasure trove. **-3.** [chose précieuse] treasure. **-4.** ARCHÉOL [d'un sanctuaire] treasure, treasury. **-5.** *(gén pl)* [grande quantité]: **des ~s de bienfaits/de patience** a wealth of good/patience. **-6.** *fam* [terme d'affection]: **mon (petit) ~** my treasure ou darling ou pet; **tu es un ~** you're a treasure ou a darling ou an angel. **-7.** FIN: **le Trésor (public)** [service] *department dealing with the state budget,* ≃ the Treasury; [moyens financiers] state finances. **-8.** HIST exchequer.

**trésorerie** [trezɔrri] *nf* **-1.** [argent – gén] treasury, finances; [– d'une entreprise] liquid assets; [– d'une personne] budget; **ses problèmes de ~** his cash (flow) problems. **-2.** [gestion] accounts. **-3.** [bureaux – gouvernementaux] public revenue office; [– privés] accounts department. **-4.** [fonction – gén] treasurership; [– d'un trésorier-payeur] paymastership.

**trésorier, ère** [trezɔrje, ɛr] *nm, f* **-1.** ADMIN treasurer. **-2.** MIL paymaster.

**trésorier-payeur** [trezɔrjepejœr] *(pl* **trésoriers-payeurs)** *nm:* **~ général** paymaster *(for a 'département' or 'région').*

**tressaillement** [tresajmã] *nm* [de joie] thrill; [de peur] shudder, quiver, quivering.

**tressaillir** [47] [tresajir] *vi* [personne, animal – de surprise, de peur] to (give a) start; [– de douleur] to flinch, to wince; **~ de joie** to thrill.

**tressautement** [tresotmã] *nm* **-1.** [sursaut] start, jump. **-2.** [secousse] jolting.

**tressauter** [3] [tresote] *vi* **-1.** [sursauter] to jump, to start; **la sonnette m'a fait ~** the bell made me jump ou startled me. **-2.** [être cahoté – passager] to be tossed about; **les cahots du chemin faisaient ~ les voyageurs** the passengers were thrown ou jolted around by the bumps in the road.

**tresse** [trɛs] *nf* **-1.** [de cheveux, de fils] plait, braid. **-2.** ARCHIT strapwork *(U).*

**tresser** [4] [trese] *vt* [cheveux, rubans, fils] to plait, to braid; [corbeille] to weave; [câble] to twist; [guirlande] to wreathe; **~ des couronnes à qqn** *fig* to praise sb to the skies.

**tréteau, x** [treto] *nm* trestle.

**treuil** [trœj] *nm* winch, windlass.

**treuillage** [trœjaʒ] *nm* winching.

**treuiller** [5] [trœje] *vt* to winch.

**trêve** [trɛv] *nf* **-1.** MIL truce. **-2.** [repos] rest, break; **ses rhumatismes ne lui laissent aucune ~** his rheumatisms give him no respite; **elle s'est accordée une ~** dans la rédaction de sa thèse she took a break from writing her thesis ❏ **la ~ des confiseurs** *the lull in political activities between Christmas and the New Year in France.*

◆ **trêve de** *loc prép* enough; **~ de bavardages!** we must stop chatting!, enough of this chatting!; **allez, ~ de plaisanteries, où est la clef?** come on, stop messing about, where's the key?

◆ **sans trêve** *loc adv* unceasingly, without end, neverendingly.

**tri** [tri] *nm* **-1.** [de fiches] sorting out, sorting, classifying; [de renseignements] sorting out, selecting; [de candidats] picking out, screening; **il faut faire le ~ dans ce qu'il dit** you have to sift out the truth in what he says. **-2.** [postal] sorting.

**triade** [trijad] *nf* [groupe de trois] triad.

**triage** [trijaʒ] *nm* **-1.** [pour répartir] sorting (out); **~ à la main** hand sorting. **-2.** [pour choisir] grading, selecting, sifting. **-3.** MIN picking *(U).* **-4.** [en papeterie] assorting, sorting. **-5.** RAIL marshalling *(U).*

**trial, s** [trijal] ◇ *nm* (motorbike) trial ou trials. ◇ *nf* trial motorbike.

**triangle** [trijãgl] *nm* **-1.** GÉOM triangle. **-2.** GÉOG: **le ~ des Bermudes** the Bermuda Triangle; **le Triangle d'Or** the Golden Triangle. **-3.** MUS triangle. **-4.** AUT: **~ de sécurité** warning triangle.

◆ **en triangle** *loc adv* in a triangle.

**triangulaire** [trijãgylɛr] *adj* **-1.** [gén & GÉOM] triangular; [tissu, salle] triangular, triangular-shaped. **-2.** [à trois éléments] triangular; **élection ~** three-cornered election.

**triathlon** [trijatlɔ̃] *nm* triathlon.

**tribal, e, aux** [tribal, o] *adj* tribal.

**tribalisme** [tribalism] *nm* tribalism.

**tribord** [tribɔr] *nm* starboard; **à ~** (to) starboard, on the starboard side.

**tribu** [triby] *nf* **-1.** ANTHR & ANTIQ tribe. **-2.** *fam* [groupe nombreux]: **toute la ~** [famille] the entire clan *hum;* [amis] the (whole) crowd ou gang *hum.* **-3.** [d'animaux] tribe, swarm.

**tribulations** [tribylasjɔ̃] *nfpl* (trials and) tribulations *litt.*

**tribun** [tribœ̃] *nm* **-1.** [orateur] eloquent (public) speaker. **-2.** ANTIQ tribune.

◆ **de tribun** *loc adj* [éloquence] spellbinding.

**tribunal, aux** [tribynal, o] *nm* **-1.** JUR [édifice] court, courthouse; [magistrats] court, bench; **porter une affaire devant le ~** ou **tribunaux** to take a matter to court ou before the Courts; **comparaître devant le ~** to appear before the Court; **traîner qqn devant les tribunaux** to take sb to court ❏ **~ administratif** *court which deals with internal French civil service matters;* **~ de commerce** [litiges] commercial court; [liquidations] bankruptcy court; **~ des conflits** jurisdictional court; **~ pour enfants** juvenile court; **~ d'exception** special court; **~ de grande instance** ≃ Crown Court; **~ d'instance** magistrates' court; **~ de police** police court. **-2.** MIL: **~ militaire** court martial; **passer devant le ~ militaire** to be court-martialled.

**tribune** [tribyn] *nf* **-1.** [places – assises] grandstand; [– debout] stand; [– dans un stade de football] terraces, bleachers *Am.* **-2.** [estrade] rostrum, platform, tribune; **monter à la ~** [gén] to go to the rostrum; [au Parlement] to address the House. **-3.** [lieu de discussions] forum; **notre émission offre une ~ aux écologistes** our program provides a platform for the green party; **à la ~ de ce soir, le racisme** on the agenda of tonight's debate, racism. **-4.** PRESSE: **~ libre** [colonne] opinion column; [page] opinions page. **-5.** ARCHIT gallery, tribune.

**tribut** [triby] *nm* **-1.** *litt* tribute; **la population a payé un lourd ~ à l'épidémie** the epidemic took a heavy toll of the population. **-2.** HIST tribute.

**tributaire** [tribytɛr] ◇ *adj* **-1.** [dépendant]: **~ de** reliant ou dependent on. **-2.** GÉOG: **être ~ de** to be a tributary of, to flow into. **-3.** HIST tributary. ◇ *nm* GÉOG tributary.

**tricentenaire** [trisɑ̃tnɛr] ◇ *adj* three-hundred-year-old. ◇ *nm* tercentenary.

**tricéphale** [trisefal] *adj* three-headed.

**triceps** [trisɛps] *nm* triceps (muscle).

**triche** [triʃ] *nf fam:* **c'est le roi de la ~** he's a prize cheat; **c'est de la ~** that's cheating.

**tricher** [3] [triʃe] *vi* to cheat; **~ sur** to cheat on; **~ sur le poids** to give short weight; **~ sur les prix** to overcharge; **il triche sur son âge** he lies about his age; **~ avec** to play around with.

**tricherie** [triʃri] *nf* cheating *(U).*

**tricheur, euse** [triʃœr, øz] *nm, f* [au jeu, aux examens] cheat, cheater; [en affaires] trickster, con man; [en amour] cheat.

**trichloréthylène** [triklɔretilɛn] *nm* trichlorethylene, trichloreothylene.

**trichromie** [trikrɔmi] *nf* **-1.** IMPR trichromatism *spéc,* three-colour printing. **-2.** TEXT trichrome printing. **-3.** TV three-colour process.

**tricolore** [trikɔlɔr] ◇ *adj* **-1.** [aux couleurs françaises] red, white and blue. **-2.** [français] French; **l'équipe ~** the French team. **-3.** [à trois couleurs] three-coloured. ◇ *nm* French player; **les ~s** the French (team).

**tricorne** [trikɔrn] *nm* tricorn, cocked hat.

**tricot** [triko] *nm* **-1.** [technique] knitting; **faire du ~** to knit, to do some knitting. **-2.** [étoffe] knitted ou worsted fabric. **-3.** VÊT [gén] knitted garment; [pull] pullover, sweater; [gilet] cardigan; **~ de corps** ou **de peau** vest *Br,* undershirt *Am.*

◆ **en tricot** *loc adj* [cravate, bonnet] knitted.

**tricoter** [3] [trikɔte] ◇ *vt* [laine, maille] to knit; [vêtement] to knit (up). ◇ *vi* **-1.** TEXT to knit; **~ à la machine** to machine-knit. **-2.** *fam* [s'activer – coureur] to scramble; [– danseur, cheval] to prance; [– cycliste] to peddle hard.

◆ **à tricoter** *loc adj* [aiguille, laine, machine] knitting.

**trictrac** [triktrak] *nm* **-1.** [activité] trictrac, tricktrack. **-2.** [plateau] trictrac OU tricktrack board.

**tricycle** [trisikl] ◇ *nm* tricycle. ◇ *adj* AÉRON tricycle.

**trident** [tridɑ̃] *nm* **-1.** PÊCHE three-pronged fish spear, trident. **-2.** AGR three-pronged (pitch) fork. **-3.** GÉOM & MYTH trident.

**tridimensionnel, elle** [tridimɑ̃sjɔnɛl] *adj* [gén & CHIM] three-dimensional.

**triennal, e, aux** [trijenal, o] *adj* **-1.** [ayant lieu tous les trois ans] triennial, three-yearly. **-2.** [qui dure trois ans] three-year, three-years-long, triennial; **comité** ~ committee appointed for three years. **-3.** AGR three-yearly.

**trier** [10] [trije] *vt* **-1.** [sortir d'un lot – fruits] to pick (out); [– photos, candidats] to select; **ses amis sont triés sur le volet** his friends are hand-picked. **-2.** [répartir par catégories – lettres] to sort (out) *(sép)*; [– œufs] to grade; [– lentilles] to pick over *(sép)*. **-3.** RAIL [wagons] to marshal.

**trieur, euse** [trijœr, øz] *nm, f* sorter, grader.
◆ **trieur** *nm* **-1.** AGR sorting OU grading machine. **-2.** MIN picker (machine).
◆ **trieuse** *nf* INF sorting machine.

**trifouiller** [3] [trifuje] *vt fam* [papiers] to mess OU to jumble up *(sép)*.
◆ **trifouiller dans** *v + prép fam* **-1.** [fouiller dans – papiers, vêtements] to rummage, to rifle through. **-2.** [tripoter – moteur] to tinker with.

**triglycéride** [trigliserid] *nm* triglyceride.

**trigonométrie** [trigɔnɔmetri] *nf* trigonometry.

**triions** [trijɔ̃] *v* → **trier**.

**trijumeau, x** [triʒymo] ◇ *adj m* trigeminal. ◇ *nm* trigeminal nerve.

**trilatéral, e, aux** [trilateral, o] *adj* trilateral, three-sided.

**trilingue** [trilɛ̃g] ◇ *adj* trilingual. ◇ *nmf* trilingual person.

**trille** [trij] *nm* trill; **faire des** ~s to trill.

**trilogie** [trilɔʒi] *nf* **-1.** [groupe de trois] triad. **-2.** ANTIQ & LITTÉRAT trilogy.

**trim. -1.** *abr écrite de* **trimestre**. **-2.** *abr écrite de* **trimestriel**.

**trimaran** [trimarɑ̃] *nm* trimaran.

**trimbal(l)er** [3] [trɛ̃bale] *vt fam* **-1.** [porter] to lug OU to cart around. **-2.** [emmener] to take. **-3.** *loc:* **qu'est-ce qu'elle trimballe!**[V] she's as thick as two short planks! *Br*, what a lamebrain! *Am*.
◆ **se trimbal(l)er** *vpi fam* **-1.** [aller et venir] to go about. **-2.** [se déplacer] to go; **elle se trimballe toujours avec son frère** she drags that brother of hers around with her everywhere.

**trimer** [3] [trime] *vi fam* to slave away.

**trimestre** [trimɛstr] *nm* **-1.** SCOL term; **premier** ~ Autumn term; **deuxième** ~ Spring term; **troisième** ~ Summer term. **-2.** [trois mois] quarter; **payer tous les** ~s to pay on a quarterly basis. **-3.** [somme payée ou reçue] quarterly instalment.

**trimestriel, elle** [trimɛstrijɛl] *adj* **-1.** SCOL [bulletin] end-of-term; [réunion] termly. **-2.** [réunion, magazine, loyer] quarterly.

**trimestriellement** [trimɛstrijɛlmɑ̃] *adv* **-1.** SCOL once a term, on a termly basis. **-2.** [payer, publier] quarterly, on a quarterly basis, every three months.

**trimoteur** [trimɔtœr] ◇ *adj m* three-engined. ◇ *nm* three-engined aircraft.

**tringle** [trɛ̃gl] *nf* **-1.** [pour pendre] rail; ~ **à rideaux** curtain rail. **-2.** [pour tenir] rod. **-3.** [d'une crémone] rod. **-4.** ARCHIT tringle.

**tringler**[V] [3] [trɛ̃gle] *vt* to screw.

**trinitaire** [trinitɛr] *adj* Trinitarian.

**trinité** [trinite] *nf* **-1.** RELIG: **la Trinité** the (Holy) Trinity; [fête] Trinity Sunday. **-2.** *litt* [trois éléments] trinity.

**Trinité-et-Tobago** [triniteetɔbago] *npr* Trinidad and Tobago.

**trinôme** [trinom] *adj & nm* trinomial MATH.

**trinquer** [3] [trɛ̃ke] *vi* **-1.** [pour fêter] ~ **à qqch/qqn** to drink (a toast) to sthg/sb; [choquer les verres] to clink glasses; **trinquons!** let's drink to that! **-2.** *fam* [subir un dommage] to get the worst of it, to get it in the neck, to cop it *Br*; **c'est lui qui va** ~ he'll be the one who suffers. **-3.** *fam* [boire] to drink.

**trio** [trijo] *nm* **-1.** [trois personnes] trio, threesome. **-2.** MUS trio.

**triode** [trijɔd] ◇ *adj* triode *(modif)*. ◇ *nf* triode.

**triolet** [trijɔlɛ] *nm* MUS & LITTÉRAT triolet.

**triomphal, e, aux** [trijɔ̃fal, o] *adj* [entrée] triumphant; [victoire, succès] resounding; [arc, procession] triumphal.

**triomphalement** [trijɔ̃falmɑ̃] *adv* [sourire, dire] triumphantly; [traiter, recevoir] in triumph.

**triomphalisme** [trijɔ̃falism] *nm* overconfidence; **dans un moment de** ~ in a moment of self-congratulation.

**triomphaliste** [trijɔ̃falist] *adj* [discours, vainqueur] complacent, self-congratulatory, gloating; [attitude] overconfident.

**triomphant, e** [trijɔ̃fɑ̃, ɑ̃t] *adj* triumphant.

**triomphateur, trice** [trijɔ̃fatœr, tris] ◇ *adj* triumphant. ◇ *nm, f* winner, victor *litt*.

**triomphe** [trijɔ̃f] *nm* **-1.** [d'une armée, d'un groupe] triumph, victory; [d'un artiste, d'une idée] triumph; **l'album est un** ~ the album is a great success. **-2.** [jubilation] triumph; **son** ~ **fut de courte durée** his triumph was short-lived. **-3.** [ovation]: **faire un** ~ **à qqn** to give sb a triumphant welcome.

**triompher** [3] [trijɔ̃fe] *vi* **-1.** [armée] to triumph; [parti] to win (decisively). **-2.** [idée] to triumph, to prevail; [bêtise, corruption, racisme] to be rife. **-3.** [artiste] to be a great success. **-4.** [jubiler] to rejoice, to exult *litt*, to gloat. **-5.** ANTIQ to triumph.
◆ **triompher de** *v + prép* [ennemi, rival] to triumph over *(insép)*, to beat, to vanquish *litt*; [malaise, obstacle] to triumph over, to overcome.

**trip**[V] [trip] *nm arg drogue* trip; **faire un mauvais** ~ *pr* to have a bad trip; *fig* to live a nightmare.

**tripant, e** [tripɑ̃, ɑ̃t] *adj Can fam* great, fantastic.

**triparti, e** [triparti] *adj* [traité] tripartite; [négociations] three-way; [alliance électorale] three-party *(avant n)*.

**tripartisme** [tripartism] *nm* three-party government.

**tripartite** [tripartit] = **triparti**.

**tripatouillage** [tripatujaʒ] *nm fam* **-1.** [malaxage] messing around. **-2.** [truquage] tampering, fiddling *Br*, fiddle *Br*; ~ **des comptes** cooking the books.

**tripatouiller** [3] [tripatuje] *fam* ◇ *vt* **-1.** [truquer – document] to tamper with *(insép)*; [– chiffres, résultats] to fiddle *Br*, to doctor *Am*; ~ **les comptes** to cook the books; ~ **les statistiques** to massage the figures. **-2.** [modifier – textes] to alter. **-3.** [nourriture] to play with *(insép)*. ◇ *vi*: **les enfants adorent** ~ **dans le sable** children love messing around in the sand.

**tripatouilleur, euse** [tripatujœr, øz] *nm, f fam*: **c'est un** ~ [mauvais bricoleur] he's a botcher; [mauvais écrivain] he's a hack, he just cobbles other people's ideas together.

**triperie** [tripri] *nf* **-1.** [boutique] tripe and offal shop. **-2.** [activité] tripe (and offal) trade. **-3.** [abats] offal.

**tripes** [trip] *nfpl* **-1.** CULIN: **des** ~ tripe. **-2.** *fam* ANAT guts, insides; **la peur m'a pris aux** ~ *fig* I was petrified with fear ❒ **rendre** ~ **et boyaux** to throw one's guts up.

**tripette** [tripɛt] *nf fam*: **ça ne vaut pas** ~ it's not worth a straw OU bean *Br* OU red cent *Am*.

**triphasé, e** [trifaze] *adj* three-phase.

**triphtongue** [triftɔ̃g] *nf* triphthong.

**tripier, ère** [tripje, ɛr] *nm, f* tripe (and offal) butcher.

**triplace** [triplas] ◇ *adj* three-seater. ◇ *nm* AÉRON three-seater (plane).

**triplan** [triplɑ̃] *nm* triplane.

**triple** [tripl] ◇ *adj* **-1.** [à trois éléments] triple; **une** ~ **collision ferroviaire** a crash involving three trains; **une** ~ **semelle** a three-layer sole; **un** ~ **menton** a triple chin; **un** ~ **rang de perles** three rows OU a triple row of pearls; **en** ~ **exemplaire** in triplicate ❒ ~ **saut périlleux** triple somersault. **-2.** [trois fois plus grand] treble, triple; **ton jardin est** ~ **du mien** your garden is treble the size of mine; **une** ~ **dose** three times the usual amount. **-3.** *fam* [en intensif]: ~ **imbécile!** you stupid idiot! **-4.** MUS: ~ **croche** demi-semiquaver *Br*, thirty-second note *Am*. ◇ *nm*: **neuf est le** ~ **de trois** nine is three times three; **il fait le** ~ **de travail** he does three times as much work; **on a payé le** ~ we paid three times that amount; **le** ~ **de poids/longueur** three times as heavy/long; **ça coûte le** ~ it's three times the price.
◆ **en triple** *loc adv* [copier, signer] in triplicate.

**triplé** [triple] *nm* **-1.** [aux courses] treble; **gagner le** ~ to win a treble. **-2.** [d'un athlète] triple win.

**triplement** [triplǝmɑ̃] ◇ *adv* in three ways, on three counts. ◇ *nm* trebling, tripling.

**tripler** [3] [triple] ◇ *vt* **-1.** [dépenses, dose] to treble, to triple. **-2.** SCOL: ~ une classe to repeat a year *Br* ou class *Am* for a second time, to do a year *Br* ou class *Am* for a third time. ◇ *vi* to treble, to triple.

**triplés, ées** [triple] *nm, f pl* triplets.

**triplet** [triplɛ] *nm* **-1.** MATH triplet. **-2.** OPT & PHOT triple lens. **-3.** ARCHIT triplet.

**triplex** [triplɛks] *nm* **-1.** [carton] triplex. **-2.** [papier] three-sheet paper. **-3.** [appartement] three-storey flat *Br*, triplex (apartment) *Am*.

**triporteur** [tripɔrtœr] *nm* delivery tricycle.

**tripot** [tripo] *nm péj* **-1.** [lieu mal famé] *disreputable bar, nightclub etc.* **-2.** [maison de jeu] gambling den.

**tripotée** [tripote] *nf fam* **-1.** [grand nombre] crowd; une ~ de lots of; ils ont toute une ~ d'enfants they've got loads of kids. **-2.** [coups] thrashing, belting; [défaite] thrashing, clobbering.

**tripoter** [3] [tripote] *fam* ◇ *vt* **-1.** [toucher distraitement – crayon, cheveux] to twiddle, to play ou to fiddle with. **-2.** [palper – fruit, objet] to handle, to finger; ne tripote pas ton bouton don't keep picking at ou touching your spot. **-3.** [personne] to fondle, to grope. ◇ *vi* **-1.** [fouiller] to rummage ou to root around, to root about. **-2.** [en affaires] to be up to some dodgy *Br* ou funny *Am* business.

◆ **se tripoter** *vp (emploi réfléchi) fam* to play with o.s.

**tripoteur, euse** [tripotœr, øz] *nm, f fam* **-1.** [qui trafique] shady dealer, crook. **-2.** [qui caresse] fondler, groper.

**triptyque** [triptik] *nm* triptych.

**trique** [trik] *nf* [bâton] cudgel; donner des coups de ~ à qqn to thrash sb; elle nous mène à la ~ *fig* she rules us with a rod of iron.

**trisaïeul, e** [trizajœl] *nm, f* great-great-grandfather (*f* great-great-grandmother).

**trisannuel, elle** [trizanɥɛl] *adj* **-1.** [qui a lieu tous les trois ans] three-yearly, triennial. **-2.** [qui dure trois ans] three-year-long, triennial.

**trisomie** [trizɔmi] *nf* trisomy; ~ 21 trisomy 21.

**trisomique** [trizɔmik] ◇ *adj*: enfant ~ Down's syndrome child. ◇ *nmf* Down's syndrome child.

**Tristan** [tristɑ̃] *npr* **-1.** LITTÉRAT: ~ et Iseut Tristram ou Tristan and Iseult. **-2.** MUS: '~ et Isolde' *Wagner* 'Tristan and Isolde'.

**triste** [trist] *adj* **-1.** [déprimé – personne] sad; [– sourire, visage] sad, unhappy, sorrowful; un clown ~ a sad-looking clown; ne prends pas cet air ~ don't look so glum ❏ ~ comme un bonnet de nuit as miserable as sin; ~ comme la mort utterly dejected; faire ~ figure ou mine *litt* to look pitiful; faire ~ figure ou mine à qqn to give sb a cold reception. **-2.** [pénible] sad, unhappy; son ~ sort his sad ou unhappy fate. **-3.** [attristant] sad; c'est ~ à dire it's sad to say ❏ ~ comme un lendemain de fête a real anticlimax; c'est pas triste! *fam* what a hoot ou laugh!; il est pas ~, avec sa chemise à fleurs he's a scream in his flowery shirt; ils font voter les réformes sans avoir le financement, ça va pas être ~! they're pushing the reforms through without funds, what a farce!**-4.** [terne – couleur] drab, dull; [morne – rue, saison] bleak; une ville ~ à pleurer a dreadfully bleak town. **-5.** (avant le nom) [déplorable] deplorable, sorry, sad; elle était dans un ~ état she was in a sorry state; nous vivons une bien ~ époque we're living through pretty grim times ‖ [méprisable] un ~ sire an unsavoury character.

**tristement** [tristǝmɑ̃] *adv* **-1.** [en étant triste] sadly. **-2.** [de façon terne] drearily. **-3.** [de manière pénible] sadly, regrettably; ~ célèbre notorious.

**tristesse** [tristɛs] *nf* **-1.** [sentiment] sadness; sourire avec ~ to smile sadly; quelle ~ de voir une telle déchéance! how sad to see such decrepitude! **-2.** [d'un livre, d'une vie] sadness; la ~ du paysage the bleakness of the landscape. **-3.** [manque de vitalité] dreariness, dullness.

**tristounet, ette** [tristunɛ, ɛt] *adj fam* **-1.** [triste] down, low; une petite figure ~te a sad little face. **-2.** [qui rend triste] gloomy, dreary, depressing. **-3.** [terne] dull.

**trisyllabique** [trisilabik] *adj* trisyllabic.

**triton** [tritɔ̃] *nm* **-1.** ZOOL [amphibien] newt, triton *spéc*;

[gastropode] triton, Triton's shell. **-2.** MUS tritone. **-3.** PHYS triton.

**triturer** [3] [trityre] *vt* **-1.** [pétrir – bras, corps, pâte] to knead. **-2.** [manipuler – gants, breloque] to fiddle with. **-3.** [influencer] to manipulate, to distort. **-4.** PHARM [médicament] to crush, to grind, to triturate *spéc*.

◆ **se triturer** *vpt*: se ~ les méninges ou la cervelle *fam* to rack one's brains.

**triumvir** [trijɔmvir] *nm* triumvir.

**triumvirat** [trijɔmvira] *nm* **-1.** [groupe] triumvirate, troika. **-2.** ANTIQ triumvirate.

**trivial, e, aux** [trivjal, o] *adj* **-1.** [grossier] crude, offensive. **-2.** [banal] trivial, trite; un détail ~ a minor detail; une remarque ~e a commonplace, a mundane remark. **-3.** MATH trivial.

**trivialement** [trivjalmɑ̃] *adv* **-1.** [vulgairement] crudely, coarsely. **-2.** [banalement] trivially, tritely.

**trivialité** [trivjalite] *nf* **-1.** [caractère vulgaire] crudeness, coarseness. **-2.** [parole vulgaire] crude remark. **-3.** [caractère banal] triviality, banality.

**tr/mn, tr/min** (*abr écrite de* **tour par minute**) rpm.

**troc** [trɔk] *nm* **-1.** [système économique] barter; (économie de) ~ barter economy. **-2.** [échange] swap.

**troène** [trɔɛn] *nm* privet.

**troglodyte** [trɔglɔdit] *nm* **-1.** ANTHR cave dweller, troglodyte *spéc*. **-2.** ZOOL wren, troglodyte *spéc*.

**troglodytique** [trɔglɔditik] *adj* [population] cave-dwelling, troglodytic *spéc*; habitations ~s cave dwellings.

**trogne** [trɔɲ] *nf fam* face.

**trognon** [trɔɲɔ̃] ◇ *adj fam* cute. ◇ *nm* **-1.** [d'une pomme] core; [d'un chou] stem; il t'exploitera jusqu'au ~ he'll squeeze you dry. **-2.** *fam* [terme d'affection] sweetie.

**Troie** [trwa] *npr* Troy; le cheval/la guerre de ~ the Trojan Horse/War.

**troïka** [trɔika] *nf* **-1.** [traîneau] troika. **-2.** [trois personnes] troika.

**trois** [trwa] ◇ *dét* **-1.** three; frapper les ~ coups *to announce the beginning of a theatre performance by knocking three times*; ~ dimensions: maquette en ~ dimensions model in three dimensions, three-dimensional model; à ~ temps in triple ou three-four time ❏ les ~ jours [à l'armée] *in France, induction course preceding military service* (now lasting one day); haut comme ~ pommes knee-high to a grasshopper; Les Trois Suisses® *French mail order company*; 'les Trois Mousquetaires' *Alexandre Dumas* 'The Three Musketeers'. **-2.** [exprimant une approximation]: dans ~ minutes in a couple of minutes; il n'a pas dit ~ mots he hardly said a word; deux ou ~, ~ ou quatre a few, a handful. ◇ *nm inv* **-1.** [chiffre] three. **-2.** JEUX three; *voir aussi* **cinq**.

**trois-étoiles** [trwazetwal] ◇ *adj inv* three-star. ◇ *nm* [hôtel] three-star hotel; [restaurant] three-star restaurant.

**trois-huit** [trwaɥit] ◇ *nm inv* MUS three-eight (time). ◇ *nmpl* INDUST: les ~ *shift system based on three eight-hour shifts*; faire les ~ to work in shifts of eight hours.

**troisième** [trwazjɛm] ◇ *adj num* third; la ~ personne du singulier GRAMM the third person singular ❏ ~ dimension third dimension; le ~ larron: il était le ~ larron dans cette affaire he took advantage of the quarrel the other two were having. ◇ *nmf* third. ◇ *nf* **-1.** SCOL fourth year *Br*, eighth grade *Am*. **-2.** AUT third gear; *voir aussi* **cinquième**.

**troisièmement** [trwazjɛmmɑ̃] *adv* thirdly, in the third place.

**trois-mâts** [trwama] *nm inv* three-master.

**trois-pièces** [trwapjɛs] *nm inv* [costume] three-piece suit.

**trois-quarts** [trwakar] ◇ *adj inv* three-quarter. ◇ *nm inv* **-1.** [manteau] three-quarter (length) coat. **-2.** SPORT three-quarter; ~ aile/centre wing/centre (three-quarter). **-3.** MUS [violon] three-quarter violin.

**trolley** [trɔlε] *nm* **-1.** TRANSP trolley bus. **-2.** [chariot] truck (*on cableway*). **-3.** ÉLECTR trolley.

**trolleybus** [trɔlεbys] *nm inv* = **trolley 1.**

**trombe** [trɔ̃b] *nf* MÉTÉO [sur mer] waterspout; [sur terre] whirlwind; ~ d'eau downpour.

◆ **en trombe** *loc adv* briskly and noisily; elle entra en ~ she burst in; la voiture passa en ~ the car shot past; partir en ~

to shoot off.

**trombine**▽ [tʀɔbin] *nf* [visage] mug; [physionomie] look.

**trombinoscope** [tʀɔbinɔskɔp] *nm fam* rogues' gallery *hum*.

**trombone** [tʀɔbɔn] *nm* **-1.** MUS [instrument] trombone; [musicien] trombonist, trombone (player); ~ à coulisse/pistons slide/valve trombone. **-2.** [agrafe] paper clip.

**trompe** [tʀɔp] *nf* **-1.** ENTOM & ZOOL [d'éléphant] trunk, proboscis *spéc*; [de papillon] proboscis; [de tapir] snout, proboscis *spéc*. **-2.** MUS horn. **-3.** AUT [avertisseur] horn. **-4.** ANAT: ~ d'Eustache Eustachian tube; ~ utérine ou de Fallope Fallopian tube. **-5.** ARCHIT squinch.

**trompe-la-mort** [tʀɔplamɔʀ] *nmf inv* daredevil.

**trompe-l'œil** [tʀɔplœj] *nm inv* **-1.** BX-ARTS [style] trompe l'œil. **-2.** [faux-semblant] window dressing.
◆ **en trompe-l'œil** *loc adj* BX-ARTS: peinture en ~ trompe l'œil painting.

**tromper** [3] [tʀɔpe] *vt* **-1.** [conjoint] to be unfaithful to, to deceive, to betray; elle le trompe avec Thomas she's having an affair with Thomas behind his back. **-2.** [donner le change à] to fool, to trick, to deceive; ~ qqn sur ses intentions to mislead sb as to one's intentions ❏ ~ son monde: avec ses airs affables, il trompe bien son monde everybody is taken in by his kindly manner. **-3.** [berner, flouer] to dupe, to cheat; il m'a trompé dans la vente de la maison he cheated me on the sale of the house; on m'a trompé sur la qualité I was misinformed as to quality. **-4.** [échapper à]: ~ la vigilance de qqn to elude sb ❏ ~ l'ennui to stave off boredom. **-5.** [induire en erreur] to mislead; mon instinct ne me trompe jamais my instincts never let me down ou fail me; ne te laisse pas ~ par les apparences don't be taken in by appearances ‖ *(en usage absolu)*: c'est un signe qui ne trompe pas it's a sure sign. **-6.** *litt* [décevoir]: ~ l'espoir de qqn to disappoint sb. **-7.** [faim] to appease.
◆ **se tromper** *vpi* **-1.** [commettre une erreur] to make a mistake; se ~ dans une addition/dictée to get a sum/dictation wrong; je me suis trompé de 11 francs I was 11 francs out *Br* ou off *Am*; je ne m'étais pas trompé de beaucoup I wasn't far wrong ou far off *Am*. **-2.** [prendre une chose pour une autre]: se ~ de jour to get the day wrong; se ~ de bus to get on the wrong bus ❏ se ~ d'adresse *pr* to go to the wrong address; se ~ d'adresse ou de porte *fam & fig*: si c'est un complice que tu cherches, tu te trompes d'adresse if it's an accomplice you want, you've come to the wrong address. **-3.** [s'illusionner] to make a mistake, to be wrong; tout le monde peut se ~ anyone can make a mistake, nobody's infallible; se ~ sur les motifs de qqn to misunderstand sb's motives; si je ne me trompe if I'm not mistaken; c'était en 1989 si je ne me trompe, correct me if I'm wrong; s'y ~: que l'on ne s'y trompe pas let there be no misunderstanding about that; au fond, elle était malheureuse et ses amis ne s'y trompaient pas deep down she was unhappy and her friends could tell.

**tromperie** [tʀɔpʀi] *nf* [supercherie] deception; il y a ~ sur la qualité the quality hasn't been described accurately.

**trompeter** [27] [tʀɔpəte] ◇ *vt* [fait] to trumpet, to shout from the rooftops. ◇ *vi vieilli* [musicien – gén] to play the trumpet, to trumpet *vieilli*; [aigle] to scream.

**trompette** [tʀɔpɛt] ◇ *v* → **trompeter**. ◇ *nf* **-1.** [instrument] trumpet; ~ bouchée muted trumpet; ~ à pistons valve trumpet; les ~s de Jéricho BIBLE the trumpets of Jericho; la Trompette du Jugement dernier (the sound of) the Last Judgment. **-2.** AUT rear axle tube. ◇ *nm* [musicien – gén] trumpet player, trumpet, trumpeter; MIL trumpeter.

**trompette-des-morts** [tʀɔpɛtdemɔʀ] *(pl* **trompettes-des-morts)**, **trompette-de-la-mort** [tʀɔpɛtdəlamɔʀ] *(pl* **trompettes-de-la-mort)** *nf* horn of plenty BOT.

**trompetterai** [tʀɔpɛtʀe] *v* → **trompeter**.

**trompettiste** [tʀɔpetist] *nmf* trumpet player, trumpet, trumpeter.

**trompeur, euse** [tʀɔpœr, øz] ◇ *adj* **-1.** [personne] lying, deceitful. **-2.** [signe, air, apparence] deceptive, misleading.
◇ *nm, f* deceiver.

**trompeusement** [tʀɔpøzmɑ̃] *adv* [en apparence] deceptively; [traîtreusement] deceitfully.

**tronc** [tʀɔ̃] *nm* **-1.** BOT trunk. **-2.** ANAT [d'un être humain] trunk, torso; [d'un animal] trunk, barrel; [d'un nerf, d'une artère]

trunk, truncus *spéc*. **-3.** [boîte pour collectes] (collecting) box; ~ des pauvres alms box. **-4.** *(comme adj; avec ou sans trait d'union)* limbless.
◆ **tronc commun** *nm* [d'une famille] common stock, ancestry; ENS compulsory subjects, core curriculum.

**tronche** [tʀɔ̃ʃ] *nf fam* **-1.** [visage] face; [expression] look; t'aurais vu la ~ qu'il faisait! you should have seen the look on his face! **-2.** [tête] head.

**tronçon** [tʀɔ̃sɔ̃] *nm* **-1.** [morceau coupé] segment, section. **-2.** TRANSP [de voie] section; [de route] section, stretch. **-3.** [d'un texte] part, section. **-4.** ARCHIT frustrum. **-5.** MENUIS log, block.

**tronçonner** [3] [tʀɔ̃sɔne] *vt* to cut ou to chop (into sections); ~ un arbre to saw a tree (into sections).

**tronçonneuse** [tʀɔ̃sɔnøz] *nf* motor saw; ~ à chaîne chain saw.

**trône** [tron] *nm* **-1.** [siège, pouvoir] throne; monter sur le ~ to ascend ou to come to the throne. **-2.** *fam, fig & hum* throne; être sur le ~ to be on the throne.

**trôner** [3] [trone] *vi* **-1.** [personne] to sit enthroned *hum* ou in state. **-2.** [bouquet, œuvre d'art] to sit prominently ou imposingly.

**tronquer** [3] [trɔ̃ke] *vt* **-1.** [phrase, récit] to shorten. **-2.** [pilier, statue] to truncate.

**trop** [tro] *adv* **-1.** [excessivement – devant un adjectif, un adverbe] too; [– avec un verbe] too much; de la viande ~ cuite overcooked meat; et en plus, c'est moi qui paye, c'est ~ fort! and what's more I'm the one who's paying, it really is too much!; elle sort ~ peu she doesn't go out enough; on a ~ chargé la voiture we've overloaded the car; tu manges (beaucoup) ~ you eat (far) too much; ne fais pas ~ le difficile don't be too awkward; cela n'a que ~ duré it's been going on far too long; il ne le sait que ~ he knows (it) only too well ‖ [en corrélation avec 'pour']: tu es ~ intelligent pour croire cela you're too intelligent to believe that; ~ belle pour toi too beautiful for you; ~ beau pour être vrai too good to be true; il a ~ tardé à répondre pour qu'elle lui écrive encore he has taken too long in replying for her to write to him again ❏ il est ~, lui! *fam* he really is too much! **-2.** [emploi nominal]: ne demande pas ~ don't ask for too much; prends la dernière part — non, c'est ~ have the last slice — no, it's too much ❏ c'est ~!, c'en est ~! that's it!, I've had enough!; ~ c'est ~! enough is enough!; je sors, ~ c'est ~! I'm leaving, I've had enough! **-3.** [très, beaucoup] so; ce bébé est ~ mignon! this baby is so cute!; c'est ~ bête! how stupid!; vous êtes ~ aimable how very kind of you, you're very ou too kind ‖ [dans des phrases négatives]: il n'est pas ~ content he's not very happy; je ne sais ~ I'm not sure; je ne le connais pas ~ I don't know him very ou that well; on ne se voit plus ~ we don't see much of each other any more; sans ~ savoir pourquoi without really knowing why.
◆ **de trop** *loc adv*: j'ai payé 11 francs de ~ I paid 11 francs too much; il y a une assiette de ~ there's one plate too many; votre remarque était de ~ that remark of yours was uncalled for; je suis de ~, peut-être? are you telling me I'm in the way ou not wanted?; deux jours ne seront pas de ~ pour tout terminer two days should just about be enough to finish everything; un rafraîchissement ne serait pas de ~! a drink wouldn't go amiss!
◆ **en trop** *loc adv*: tu as des vêtements en ~ à me donner? have you got any spare clothes to give me?; j'ai payé 11 francs en ~ I paid 11 francs too much; il y a un verre en ~ there's a ou one glass too many; se sentir en ~ to feel in the way.
◆ **par trop** *loc adv litt* much too, far too; c'est par ~ injuste it's simply too unfair (for words).
◆ **trop de** *loc dét* **-1.** [suivi d'un nom non comptable] too much; [suivi d'un nom comptable] too many; ils ont ~ d'argent they've got too much money; il y a beaucoup ~ de monde there are far too many people; nous ne serons pas de ~ cinq pour soulever le piano it'll take at least five of us to lift the piano ‖ [en corrélation avec 'pour']: j'ai ~ de soucis pour me charger des vôtres I've too many worries of my own to deal with yours ‖ *(comme nom)*: le ~ d'énergie des enfants the children's excess ou surplus energy. **-2.** *loc*: en faire ~ [travailler] to overdo things; [pour plaire] to overdo it.

**trope** [trɔp] *nm* trope.

**trophée** [trɔfe] *nm* trophy.

**tropical, e, aux** [trɔpikal, o] *adj* tropical.

**tropique** [trɔpik] ◇ *adj* tropical. ◇ *nm* ASTRON & GÉOG tropic; le ~ du Cancer/Capricorne the tropic of Cancer/Capricorn.
◆ **tropiques** *nmpl* GÉOG: les ~s the tropics; sous les ~s in the tropics.

**tropisme** [trɔpism] *nm* tropism.

**troposphère** [trɔpɔsfɛr] *nf* troposphere.

**trop-perçu** [trɔpɛrsy] (*pl* **trop-perçus**) *nm* overpayment (of taxes), excess payment (of taxes).

**trop-plein** [trɔplɛ̃] (*pl* **trop-pleins**) *nm* **-1.** [de forces, d'émotion] overflow, surplus; ton ~ d'énergie your surplus energy. **-2.** [d'eau, de graines] overflow; [de vin] surplus. **-3.** TECH overflow.

**troquer** [3] [trɔke] *vt* **-1.** [échanger] to exchange, to swop, to swap; je troquerais bien mon manteau contre le tien I wouldn't mind swapping coats with you. **-2.** COMM to barter, to trade.

**troquet** [trɔkɛ] *nm fam* bar.

**trot** [tro] *nm* ÉQUIT trot, trotting; ~ assis/enlevé sitting/rising trot; ~ attelé trotting (with a sulky); ~ monté saddle-trot, saddle-trotting.
◆ **au trot** *loc adv* **-1.** ÉQUIT at a trot ou trotting pace; au petit ~ at a jogging pace ÉQUIT. **-2.** *fam* [vite] on the double; allez, et au ~! come on, jump to it!

**Trotski** [trɔtski] *npr* Trotsky.

**trotskisme** [trɔtskism] *nm* Trotskyism.

**trotskiste** [trɔtskist] *adj & nmf* Trotskyist.

**trotte** [trɔt] *nf fam*: il y a une bonne ~ d'ici à la plage it's a fair distance ou it's quite a step from here to the beach.

**trotter** [3] [trɔte] *vi* **-1.** [cheval] to trot. **-2.** [marcher vite – enfant] to trot ou to run along; [– souris] to scurry along. **-3.** *fam* [marcher beaucoup] to do a lot of walking, to cover quite a distance on foot. **-4.** *fig*: une idée qui me trotte dans la tête an idea which keeps running through my mind; cet air me trotte continuellement dans la tête! I can't get that tune out of my head!

**trotteur, euse** [trɔtœr, øz] ◇ *adj* **-1.** ÉQUIT: cheval ~ trotter. **-2.** VÊT: talon ~ low heel. ◇ *nm, f* trotter.
◆ **trotteurs** *nmpl* [chaussures] flat shoes.
◆ **trotteuse** *nf* [d'une montre] second hand.

**trottinement** [trɔtinmɑ̃] *nm* [marche rapide] trotting, scurrying; [d'un enfant] toddling; [bruit de pas] patter.

**trottiner** [3] [trɔtine] *vi* **-1.** [souris] to scurry (along); [cheval] to jog-trot (along). **-2.** [personne] to trot along.

**trottinette** [trɔtinɛt] *nf* **-1.** [patinette] scooter. **-2.** *fam* [petite voiture] little car.

**trottoir** [trɔtwar] *nm* **-1.** [bord de chaussée] pavement *Br*, sidewalk *Am*; faire le ~ to walk the streets *euph*. **-2.** TECH: ~ roulant travelator, travolator, moving walkway.

**trou** [tru] *nm* **-1.** [cavité – gén] hole; [– sur la route] pothole; faire un ~ dans les économies de qqn to make a hole in sb's savings ❑ ~ de mémoire memory lapse, lapse of memory; j'ai eu un ~ (de mémoire) en scène I dried up on stage; ~ noir ASTRON black hole; *fig* depths of despair; ~ normand *glass of Calvados taken between courses (of a meal)*; faire le ~ normand *to take a break between courses with a glass of Calvados*; un ~ de souris a tiny place; j'étais tellement gêné que j'aurais voulu disparaître dans un ~ de souris I was so embarrassed I wished the earth would swallow me up; faire son ~: parti de rien, il a fait son ~ he made his way in the world from very humble beginnings; elle a fait son ~ dans l'édition she has made a nice little niche for herself in publishing; sortir de son ~ to go out into the big wide world. **-2.** [ouverture – dans une clôture, dans les nuages] hole, gap; [– d'une aiguille] eye; [– dans du cuir] eyelet; le ~ de la serrure the keyhole; regarder par le ~ de la serrure to watch through the keyhole. **-3.** [déchirure] hole, tear, rip; faire un ~ à son collant to make a hole in ou to rip one's tights; il a fini par faire un ~ à son pull à l'endroit du coude he finally wore a hole in the elbow of his jumper; drap plein de ~s tattered sheet, sheet full of holes. **-4.** [moment] gap; un ~ dans son emploi du temps [élève] a free period; [dans la reconstitution d'un crime] *a period*

*of time during which one's movements cannot be accounted for.* **-5.** *fam* [endroit reculé] (little) place, hole *péj*, one-horse-town *hum*; pas même un café, quel ~! not even a café, what a dump!; il n'est jamais sorti de son ~ he's never been away from home. **-6.** *fam* [tombe] grave; quand je serai dans le ~ when I've kicked the bucket ou I'm six foot under. **-7.** ▽ [prison]: être au ~ to be inside. **-8.** ANAT hole, foramen *spéc*; ~ de l'oreille earhole; ~s de nez nostrils; ça me sort par les ~s de nez *fam* I've had it up to here; ~ du cul▼ ou de balle▼ arsehole *Br*, asshole *Am*; il n'a pas les yeux en face des ~s *fam* [il n'est pas observateur] he's pretty unobservant; [il est à moitié endormi] he's still half asleep. **-9.** AÉRON: ~ d'air air pocket; des ~s d'air turbulence. **-10.** GOLF hole; faire un ~ to get a hole.

**troubadour** [trubadur] *nm* troubadour.

**troublant, e** [trublɑ̃, ɑ̃t] *adj* **-1.** [événement] disturbing, unsettling, disquieting; [question, ressemblance] disconcerting. **-2.** [déshabillé, sourire] thrilling, arousing; une femme ~e a desirable woman.

**trouble¹** [trubl] ◇ *adj* **-1.** [eau] cloudy, murky; [vin] cloudy; [image] blurred; [photo] blurred, out-of-focus; [regard, verre] misty, dull. **-2.** [confus] vague, unclear, imprecise. **-3.** [équivoque] equivocal, ambiguous; [peu honnête] dubious; une affaire ~ a murky business; personnage ~ suspicious character. ◇ *adv* through a blur; je vois ~ everything ou my vision is blurred.

**trouble²** [trubl] *nm* **-1.** [sentiment – de gêne] confusion, embarrassment; [– perplexité] confusion; [– de peine] distress, turmoil; la nouvelle sema le ~ dans les esprits the news sowed confusion in people's minds ou threw people's minds into confusion. **-2.** MÉD disorder; ~ caractériel emotional disorder; un ~ du comportement a behaviour problem; un ~ du langage a speech impediment; ~s circulatoires circulation problems, trouble with one's circulation; elle souffre de ~s digestifs she has trouble with her digestion; ~s de la personnalité personality disorder; ~s visuels ou de la vue eye trouble. **-3.** [désaccord] discord, trouble; jeter ou semer le ~ dans une famille to sow discord within a family; ne viens pas jeter ou semer le ~ ici! don't you come stirring up trouble (around here)!**-4.** JUR disturbance (of rights).
◆ **troubles** *nmpl* [agitation sociale] unrest.

**trouble-fête** [trubləfɛt] *nmf inv* killjoy, spoilsport; je ne veux pas jouer les ~, mais... I don't want to be a spoilsport ou to put a damper on the proceedings but...

**troubler** [3] [truble] *vt* **-1.** [eau] to cloud. **-2.** [rendre moins net] to blur, to dim, to cloud; ~ la vue de qqn to blur ou to cloud sb's vision. **-3.** [sommeil] to disturb; [paix] to disturb, to disrupt; [silence] to break; [digestion] to upset. **-4.** [fête, réunion] to disrupt; [plan] to upset, to disrupt; une époque troublée troubled times; ~ l'ordre public to cause a breach of the peace *Br*, to disturb the peace *Am*.**-5.** [déconcerter] to confuse, to disconcert; un détail nous trouble encore one detail is still baffling us; ses remarques m'avaient troublé her remarks had unsettled me; la question semble te ~ you seem put out ou disconcerted by the question. **-6.** [mettre en émoi – personne] to thrill, to arouse; [– imagination] to stir; sa présence le troublait profondément her presence aroused ou excited him profoundly.
◆ **se troubler** *vpi* **-1.** [eau] to become cloudy ou turbid *litt*; [vue] to become blurred, to grow dim. **-2.** [perdre contenance] to get confused; continuez sans vous ~ carry on and don't let yourself get ruffled.

**troué, e¹** [true] *adj*: un vieux châle ~ a tatty *Br* ou raggedy *Am* old shawl; la chaussette est ~e the sock's got a hole in; des chaussettes toutes ~es socks full of holes ❑ ~ comme une écumoire ou une passoire full of ou riddled with holes.

**trouée²** [true] *nf* **-1.** [ouverture] gap; une ~ de ciel bleu a patch of blue sky; une ~ dans les nuages a break in the clouds; la ~ du chemin the opening formed by the path. **-2.** GÉOG gap. **-3.** MIL breach; effectuer une ~ to break through.

**trouer** [3] [true] *vt* **-1.** [percer – carton, tissu] to make a hole in; [– tôle] to pierce; [– cloison] to make ou to bore a hole in. **-2.** *sout* [traverser] to pierce; le soleil trouait les nuages the sun was breaking through the clouds. **-3.** [cribler] to pit; surface trouée de balles surface pitted with bullet holes.

◆ **se trouer** *vpi* [d'un seul trou] to get a hole; [de plusieurs trous] to get ou to go into *Br* holes.

**troufion**[V] [trufjɔ̃] *nm* soldier, private, squaddy *Br*.

**trouillard, e**[V] [trujar, ard] ◇ *adj* chicken-livered, chicken-hearted. ◇ *nm, f* chicken.

**trouille**[V] [truj] *nf* fear, fright; ça va lui flanquer ou ficher la ~ it'll scare the living daylights out of her ❑ j'avais une ~ bleue I was scared stiff ou to death.

**trouillomètre**[V] [trujɔmɛtr] *nm*: avoir le ~ à zéro to be scared stiff ou to death.

**troupe** [trup] *nf* **-1.** [de touristes, d'enfants] troop; ils se déplacent toujours en ~ they always go round as a group. **-2.** MIL [formation, régiment] troop; la ~, les ~s the troops ou men ❑ ~s de choc shock troops. **-3.** THÉÂT company, troupe; monter une ~ to set up a company; final avec toute la ~ grand finale (with all the cast). **-4.** [de scouts] troop. **-5.** [d'éléphants] herd.

**troupeau, x** [trupo] *nm* **-1.** [de vaches] herd; [de moutons] flock; [d'oies] gaggle; [d'éléphants] herd; il garde le ~ [de vaches] he's tending the herd; [de moutons] he's tending the flock. **-2.** RELIG: le ~ des fidèles the flock RELIG. **-3.** *péj* [multitude passive] herd *péj*; quel ~ d'imbéciles! what a load of idiots!

**troupier** [trupje] ◇ *adj m* → **comique**. ◇ *nm* soldier.

**trousse** [trus] *nf* [étui] case; [d'écolier] pencil case; ~ de maquillage make-up bag; ~ de médecin medical bag; ~ à ongles manicure set; ~ à outils tool kit; ~ de secours first-aid kit; ~ de toilette toilet ou sponge bag.
◆ **aux trousses de** *loc prép*: avoir qqn à ses ~s to be followed by sb; le fisc est à ses ~s he's got the taxman after him; il a la police aux ~s the police are after him.

**trousseau, x** [truso] *nm* **-1.** [assortiment]: ~ de clés) bunch of keys. **-2.** [d'une mariée] trousseau *(including linen)*.

**trousser** [3] [truse] *vt* **-1.** CULIN to truss (up). **-2.** [V] [femme] to have. **-3.** *vieilli* [retrousser – vêtement] to hitch up *(sép)*.
◆ **se trousser** *vpi vieilli* to hitch up one's skirts.

**trousseur** [trusœr] *nm fam & vieilli*: ~ de jupons womanizer, philanderer.

**trou-trou** [trutru] *(pl* **trou-trous***) nm* embroidery of ribbon-leading eyelets; jupon/corsage à ~s broderie anglaise petticoat/blouse, frilly petticoat/blouse.

**trouvaille** [truvaj] *nf* [objet, lieu] find; [idée, méthode] brainwave; [expression] coinage; une émission pleine de ~s a programme full of good ideas.

**trouvé, e** [truve] *adj* **-1.** [découvert] → **enfant**. **-2.** *loc*: bien ~ [original] well-chosen, apposite; voilà une réponse bien ~e! that's a (pretty) good answer!; tout ~ ready-made.

**trouver** [3] [truve] *vt* **A.** APRÈS UNE RECHERCHE **-1.** [objet perdu, personne, emploi] to find; [empreintes, trésor] to find, to discover; [pétrole] to strike, to find; où pourrais-je ~ mardi? where could I find ou contact her on Tuesday?; ~ où [découvrir un lieu approprié pour]: j'ai trouvé où faire reproduire des cartes postales anciennes I've found a place where they do reproductions of old postcards; il faut que je trouve 5 000 francs avant demain I must get hold of ou find 5,000 francs before tomorrow; j'ai trouvé en elle la sœur/l'amie que je cherchais in her I found the sister/the friend I'd been looking for. **-2.** [détecter] to find, to discover; ils lui ont trouvé quelque chose au sein they found a lump in her breast. **-3.** [acheter] to find, to get; du safran, on en trouve dans les épiceries fines you can get ou find saffron in good delicatessens. **-4.** [rendre visite à]: aller ~ qqn to go to sb, to go and see sb; il faut que tu ailles ~ un spécialiste you should go and see a specialist; venir ~ qqn to come to sb, to come and see sb.
**B.** INVOLONTAIREMENT **-1.** [tomber sur – personne, lettre, trésor] to find; j'ai trouvé ce livre en faisant du rangement I found ou came across this book while I was tidying up; à notre grande surprise, nous avons trouvé le beau temps en arrivant when we got there we were surprised to find that the weather was good; si je m'attendais à te ~ là! fancy meeting you here!; si je trouve celui qui m'a cabossé ma portière! just let me lay my hands on whoever dented my car door!; ~ qqch par hasard to chance ou to stumble upon sthg; j'ai trouvé ma maison cambriolée I found my house burgled ou that my house had been burgled; on l'a

trouvé mort dans la cuisine he was found dead in the kitchen ❑ ~ à qui parler [un confident] to find a friend; s'il continue comme ça, il va ~ à qui parler! if he goes on like that, I'll give him what for!**-2.** [surprendre] to find, to catch; je l'ai trouvé fouillant ou qui fouillait dans mes tiroirs I found ou I caught him searching through my drawers.
**C.** PAR L'ESPRIT, LA VOLONTÉ **-1.** [inventer – prétexte, méthode etc] to find; où as-tu trouvé cette idée? where did you get that idea from?; je ne savais pas ce que je faisais — c'est tout ce que tu as trouvé? I didn't know what I was doing — is that the best you can come up with?; ~ qqch à répondre to find an answer; je n'ai rien trouvé à répondre I was stuck for an answer. **-2.** [deviner – solution] to find; [– réponse, mot de passe] to find (out), to discover; [– code] to break, to crack; j'ai trouvé! I've got it!, I know!; 39 moins 7, il fallait ~ 32 39 take away 7, the correct result was 32. **-3.** [parvenir à] to find; ça y est, j'ai trouvé ce que je voulais te dire! I know what I wanted to tell you!; je n'arrivais pas à ~ mes mots I couldn't find the right words, I was lost for words; là, tu as trouvé le mot juste! you've said it!; tu as trouvé ça tout seul? *hum* did you come up with that all on your own?; ~ à: ~ à se loger to find accommodation ou somewhere to live; je trouverai à me faire remplacer I'll find someone to stand in for me; ~ à vendre sa voiture to find a buyer for one's car; le chien a encore trouvé à s'échapper the dog's managed to run away again. **-4.** [se ménager] to find; ~ le temps de lire to find time to read; je n'ai pas le temps — trouve-le! I haven't got time — (then you must) make time!**-5.** [ressentir] to find; ~ du plaisir à (faire) qqch to take pleasure in (doing) sthg, to enjoy (doing) sthg; nous trouvions de la satisfaction à remplir notre devoir we used to find it satisfying to do our duty.
**D.** AVOIR COMME OPINION **-1.** [juger, estimer] to find, to think; ~ qqch remarquable to find sthg remarkable, to think that sthg is remarkable; tu vas me ~ vieilli you'll think ou find I've aged; comment me trouves-tu dans cette robe? how do you like me in this dress?; ~ que to think ou to find that; il est prétentieux — je ne trouve pas he's pretentious — I don't think so; la soupe manque de sel, tu ne trouves pas? the soup needs more salt, don't you think?; tu trouves? do you think so?**-2.** [reconnaître]: ~ qqch à qqn/qqch: je lui trouve du charme I think he's got charm; tu ne lui trouves pas une petite ressemblance avec ta sœur? don't you think ou wouldn't you say that she looks a bit like your sister?; mais enfin, qu'est-ce que tu lui trouves, à ce type? *fam* for goodness' sake, what do you see in this guy?; je lui ai trouvé mauvaise mine hier he didn't look very well to me yesterday.
◆ **se trouver** *v impers* **-1.** il se trouve *(suivi d'un sg)* [il existe, il y a] there is; *(suivi d'un pl)* there are; il se trouvera toujours quelqu'un pour te renseigner you'll always find somebody ou there'll always be someone you can ask; il s'est trouvé peu de gens pour accepter only a few people said yes ou accepted. **-2.** il se trouve que... [le hasard fait que] as it happens,...; il se trouve que quelqu'un vous a vu dans mon bureau as it happens, somebody saw you in my office; il s'est trouvé que je les ai entendus I chanced to overhear them, by chance I overheard them; il s'est trouvé que c'était lui le fautif it turned out that HE was to blame.
◇ *vp (emploi réfléchi)* [s'estimer]: je me trouve trop mince I think I'm too thin.
◇ *vp (emploi passif)* to be found, to exist; de bons artisans, cela se trouve difficilement it's not easy to find ou to get good craftsmen.
◇ *vpi* **-1.** [en un lieu, une circonstance – personne] to be; [– bâtiment, ville] to be (situated ou located); je me trouvais là par hasard I just happened to be there; qu'est-ce que tu dirais si tu te trouvais face à face avec lui? what would you say if you suddenly found yourself face to face with him?; où se trouve la gare? where's the station?; A se trouve à égale distance de B et de C B and C are equidistant from A; se ~ sur [figurer] to appear ou to be shown on ‖ [résider – intérêt, problème] to be, to lie. **-2.** [arriver]: quand vous vous trouverez sur la place, tournez à droite when you arrive at the square, turn right. **-3.** [dans une situation] to find o.s., to be; je me trouve devant un choix I'm faced with a choice; se ~ dans l'impossibilité de faire qqch to find o.s. ou to be unable to do sthg; se ~ dans l'obligation de faire qqch to have no option but to do sthg. **-4.** [se sentir] to feel; je me

suis trouvé bête d'avoir crié I felt stupid for having screamed; se ~ bien/mieux [du point de vue de la santé] to feel good/better; [dans un siège] to feel comfortable/more comfortable; [avec quelqu'un] to feel at ease/more at ease; [dans un vêtement élégant] to feel (that one looks) good/better; se ~ mal [s'évanouir] to pass out, to faint; se ~ bien/mal de qqch: elle a suivi mes conseils et s'en est bien/mal trouvée she followed my advice, and benefited from it/and lived to regret it; se ~ mieux de qqch: qu'il parte, je ne m'en trouverai que mieux! let him leave, see if I care!**-5.** [se réaliser] to find o.s. **-6.** [exprime la fortuité d'un événement, d'une situation] to happen; **ils se trouvaient appartenir au même club** they happened to belong ou it turned out that they belonged to the same club; **je me trouve être libre ce jour-là** it so happens that I'm free that day ❏ **si ça se trouve** fam maybe.

**trouvère** [truvɛr] nm trouvère; 'le Trouvère' Verdi 'Il Trovatore'.

**troyen, enne** [trwajɛ̃, ɛn] adj Trojan.
◆ **Troyen, enne** nm, f Trojan.

**tr/s** (abr écrite de **tours par seconde**) rev/s.

**truand** [tryɑ̃] nm crook, gangster; **les commerçants du coin, tous des ~s!** fig the local shopkeepers are all crooks!

**truander** [3] [tryɑ̃de] fam ◇ vt to con, to swindle. ◇ vi [aux examens] to cheat.

**trublion** [tryblijɔ̃] nm troublemaker.

**truc** [tryk] nm fam **-1.** [astuce] trick; **les ~s du métier** the tricks of the trade; **il doit y avoir un ~, c'est trop beau** there's bound to be a catch, it's too good to be true; **j'ai un ~ pour rentrer sans payer** I know a way of getting in without paying. **-2.** [chose] (special) effect, trick. **-3.** [chose précise] thing; **je pense à un ~** I've just thought of something; **j'ai plein de ~s à faire** I've got lots to do; **tu devrais t'acheter un ~ pour nettoyer ton four** you ought to buy something to clean your oven with ‖ péj thing, business, stuff; **mange pas de ce ~-là!** don't eat any of that (stuff)!; **sa maladie, c'est un sale ~** her illness is a nasty business ❏ **ce n'est pas/c'est mon ~** it's not/it's my cup of tea; **le rock, c'est pas mon ~** rock is not my (kind of) thing; **l'écologie, c'est vraiment son ~** he's really into environmental issues. **-4.** [objet dont on a oublié le nom] thing, thingie Br, whachamacallit. **-5.** [personne dont on a oublié le nom]: **Truc** what's-his-name (fwhat's-her-name), Thingie Br.

**trucage** [trykaʒ] = **truquage**.

**truchement** [tryʃmɑ̃] nm: **par le ~ de son ami** through ou via his friend.

**trucider** [3] [tryside] vt fam to kill.

**trucmuche** [trykmyʃ] nm fam **-1.** [chose] thingy Br, thingumajig, thingamabob. **-2.** Trucmuche [personne] what's-his-name (fwhat's-her-name), Thingie Br.

**truculence** [trykylɑ̃s] nf vividness, colourfulness.

**truculent, e** [trykylɑ̃, ɑ̃t] adj [personne] colourful, larger than life; [prose] vivid, colourful; [plaisanterie] racy.

**truelle** [tryɛl] nf [du maçon] trowel.

**truffe** [tryf] nf **-1.** [champignon] truffle. **-2.** [friandise] (chocolate) truffle. **-3.** [de chien, de chat] nose. **-4.** fam [nez] snout. **-5.** fam [personne] clot, dumbbell Am.

**truffer** [3] [tryfe] vt **-1.** CULIN to garnish with truffles. **-2.** [emplir] to fill; **truffé de mines** riddled with mines; **truffé d'anecdotes** peppered with anecdotes.

**truffier, ère** [tryfje, ɛr] adj: **chien ~** truffle hound.

**truie** [trɥi] nf ZOOL sow.

**truisme** [trɥism] nm truism; **c'est un ~!** it's obvious!, it goes without saying!

**truite** [trɥit] nf trout; **~ arc-en-ciel/saumonée** rainbow/salmon trout.

**trumeau, x** [trymo] nm **-1.** [entre des fenêtres] (window) pier. **-2.** [panneau de lambris, de peinture, de glace] pier glass; [d'une cheminée] overmantel. **-3.** ARCHIT pier.

**truquage** [trykaʒ] nm **-1.** CIN [action] (use of) special effects; [résultat] special effect. **-2.** [d'élection, de résultats] rigging.

**truquer** [3] [tryke] vt **-1.** [élection, statistiques] to rig; [entretien] to set up (sép); [tableau] to fake. **-2.** CIN: **~ une scène** to use special effects in a scene.

**truqueur, euse** [trykœr, øz] nm, f [escroc] cheat.

**truquiste** [trykist] nmf CIN special effects man (f woman).

**trust** [trœst] nm **-1.** ÉCON trust. **-2.** [entreprise] corporation.

**truster** [trœste] vt [marché] to corner, to monopolize.

**trypanosome** [tripanozom] nm trypanosome; **les ~s** the Trypanosoma.

**ts** abr écrite de **tous**.

**tsar** [tsar, dzar] nm tsar, czar.

**tsarine** [tsarin, dzarin] nf tsarina, czarina.

**tsarisme** [tsarism, dzarism] nm tsarism, czarism.

**tsariste** [tsarist, dzarist] adj & nmf tsarist, czarist.

**tsé-tsé** [tsetse] nf inv tsetse (fly).

**TSF** (abr de **télégraphie sans fil**) nf vieilli [appareil] wireless; [procédé] wireless telegraphy.

**T-shirt** [tiʃœrt] = **tee-shirt**.

**tsigane** [tsigan] adj Gypsyish.
◆ **Tsigane** nmf (Hungarian) Gypsy.

**TSVP** (abr écrite de **tournez s'il vous plaît**) PTO.

**tt** abr écrite de **tout**.

**TT(A)** (abr de **transit temporaire (autorisé)**) registration for vehicles bought in France for tax-free export by non-residents.

**TTC** (abr de **toutes taxes comprises**) loc adj inclusive of all tax, including tax.

**tt conf** (abr écrite de **tout confort**).

**ttes** abr écrite de **toutes**.

**TTX** (abr écrite de **traitement de texte**) WP.

**tu¹, e** [ty] pp → **taire**.

**tu²** [ty] pron pers (2ᵉ pers sg) **-1.** [sujet d'un verbe] you; (élidé en 't' devant voyelle ou h muet): **t'es bête!** fam you're stupid!**-2.** RELIG thou; [en s'adressant à Dieu]: **Tu** Thou. **-3.** [emploi nominal]: **dire tu à qqn** to use the familiar form ou the 'tu' form with ou to sb ❏ **être à tu et à toi avec qqn** to be on first-name terms with sb.

**TU** (abr de **temps universel**) nm UT, GMT.

**tuant, e** [tɥɑ̃, ɑ̃t] adj fam **-1.** [épuisant] exhausting. **-2.** [ennuyeux] deadly dull ou boring.

**tub** [tœb] nm **-1.** [objet] tub, bathtub. **-2.** [bain] bath.

**tuba** [tyba] nm **-1.** MUS tuba. **-2.** SPORT snorkel.

**tubage** [tybaʒ] nm **-1.** MÉD intubation, cannulation; **~ gastrique** gastric intubation. **-2.** PÉTR casing.

**tube** [tyb] nm **-1.** [conduit] tube, pipe; **~ lance-torpilles** torpedo tube. **-2.** ÉLECTR: **~ cathodique** cathode-ray tube; **~ au néon** neon tube. **-3.** [contenant] tube; **~ de peinture** tube of paint ❏ **~ à essai** test tube. **-4.** ANAT & BOT tube; **~ digestif** digestive tract. **-5.** fam [chanson] (smash) hit, chart-topper.

**tubercule** [tybɛrkyl] nm **-1.** BOT tuber. **-2.** ANAT & MÉD tubercle.

**tuberculeux, euse** [tybɛrkylø, øz] ◇ adj **-1.** [malade] tuberculous; [symptôme] tuberculous, tubercular. **-2.** BOT tuberous. ◇ nm, f tuberculosis sufferer, tubercular.

**tuberculine** [tybɛrkylin] nf tuberculin.

**tuberculose** [tybɛrkyloz] nf tuberculosis, TB.

**tubéreux, euse** [tyberø, øz] adj tuberous.
◆ **tubéreuse** nf tuberose.

**tubulaire** [tybylɛr] adj **-1.** ANAT & CONSTR tubular. **-2.** [chaudière] tubulous.

**tubulé, e** [tybyle] adj BOT tubulate.

**tubuleux, euse** [tybylø, øz] adj BOT tubulous.

**tubulure** [tybylyr] nf **-1.** [ouverture d'un flacon] tubulure. **-2.** [tuyauterie] piping; [tube] pipe. **-3.** AUT: **~ d'admission** inlet ou induction manifold; **~ d'échappement** exhaust manifold.

**TUC, Tuc** [tyk] (abr de **travaux d'utilité collective**) nmpl community work scheme for unemployed young people.

**tuciste** [tysist] nmf person involved in a 'TUC' scheme.

**tudieu** [tydjø] interj fam & arch zounds.

**tué, e** [tɥe] nm, f [dans un accident]: **11 ~s et 25 blessés** 11 dead ou 11 people killed and 25 injured.

**tue-mouches** [tymuʃ] adj inv **-1.** [insecticide]: **papier ~** fly-paper. **-2.** BOT: **ammanite ~** fly agaric.

**tuer** [7] [tɥe] vt **-1.** [personne] to kill; **~ qqn à coups de couteau** to stab sb ou to knife sb to death; **je t'assure, il est à ~!** [exaspérant] honestly, I could (cheerfully) strangle him!; **ta**

**fille me tuera!** [dit par énervement] your daughter will be the death of me!; **ce voyage m'a tué** this trip's worn me out ou killed me; **qu'il ne comprenne pas, ça me tue** *fam* it amazes me he doesn't understand ‖ *(en usage absolu):* **le tabac tue** tobacco kills ou is a killer. **-2.** [plante] to kill (off); [animal de boucherie] to kill, to slaughter; [gibier] to shoot; ~ **le veau gras** to kill the fatted calf; ~ **la poule aux œufs d'or** to kill the goose that lays the golden eggs; ~ **qqch dans l'œuf** to nip sthg in the bud. **-3.** [anéantir – tourisme, espoir] to ruin, to spoil, to kill. **-4.** *loc:* ~ **le temps** to kill time.
◆ **se tuer** ◇ *vp (emploi réfléchi)* [volontairement] to kill o.s. ◇ *vpi* [par accident] to die, to be killed.
◆ **se tuer à** *vp* + *prép* **-1.** [s'épuiser à]: **elle se tue à la tâche** ou **à la peine** *litt* ou **au travail** she's working herself to death. **-2.** [s'évertuer à]: **comme je me tue à te le répéter** as I keep telling you again and again.

**tuerie** [tyri] *nf* slaughter, massacre, bloodbath.

**tue-tête** [tytɛt]
◆ **à tue-tête** *loc adv* at the top of one's voice.

**tueur, euse** [tyœr, øz] *nm, f* **-1.** [meurtrier] killer; ~ **professionnel** ou **à gages** hired assassin. **-2.** CHASSE pothunter. **-3.** [aux abattoirs] slaughterer.

**tuf** [tyf] *nm:* ~ **calcaire** tufa.

**tuile** [tɥil] *nf* **-1.** CONSTR (roofing) tile; ~ **creuse** ou **canal** ou **romaine** curved tile; ~ **faîtière** ridge tile; ~ **plate** plain tile. **-2.** CULIN biscuit *Br,* cookie *Am (in the shape of a curved tile).* **-3.** *fam* [événement désagréable] stroke of bad luck, blow; **il nous arrive une (grosse)** ~ we're in big trouble; **on n'a plus de gaz, la** ~! we're out of gas, what a pain!**-4.** JEUX [au mahjong] tile.

**tuilerie** [tɥilri] *nf* **-1.** [industrie] tile industry. **-2.** [fabrique] tilery.

**tulipe** [tylip] *nf* **-1.** BOT tulip. **-2.** [abat-jour] tulip-shaped lampshade.

**tulle** [tyl] *nm* **-1.** TEXT tulle. **-2.** PHARM: ~ **gras** tulle gras.

**tuméfaction** [tymefaksjɔ̃] *nf* **-1.** [fait d'enfler] swelling, tumefaction *spéc.* **-2.** [partie enflée] swelling, swollen area ou part.

**tuméfié, e** [tymefje] *adj* swollen, tumid *spéc.*

**tuméfier** [9] [tymefje] *vt* to cause to swell, to tumefy *spéc.*
◆ **se tuméfier** *vpi* to swell up, to tumefy *spéc.*

**tumescence** [tymesɑ̃s] *nf* tumescence.

**tumeur** [tymœr] *nf* MÉD tumour; ~ **bénigne/maligne/ blanche** benign/malignant/white tumour; ~ **au cerveau** brain tumour.

**tumoral, e, aux** [tymɔral, o] *adj* tumorous, tumoral.

**tumulte** [tymylt] *nm* [activité – soudaine] commotion, tumult; [– incessante] hurly-burly, turmoil.

**tumultueusement** [tymyltɥøzmɑ̃] *adv* stormily, tumultuously.

**tumultueux, euse** [tymyltɥø, øz] *adj* [discussion] stormy, turbulent, tumultuous; [foule] boisterous, turbulent; [vie] stormy, turbulent; [passion] tumultuous, turbulent; [flots] turbulent.

**tumulus** [tymylys] *nm* tumulus.

**tune** [tyn] *fam* = **thune.**

**tuner** [tynɛr] *nm* tuner RAD.

**tungstène** [tœ̃kstɛn] *nm* tungsten.

**tunique** [tynik] *nf* **-1.** VÊT tunic. **-2.** ANAT tunic, tunica. **-3.** BOT tunic.

**Tunis** [tynis] *npr* Tunis.

**Tunisie** [tynizi] *npr f:* **(la)** ~ Tunisia.

**tunisien, enne** [tynizjɛ̃, ɛn] *adj* Tunisian.
◆ **Tunisien, enne** *nm, f* Tunisian.
◆ **tunisien** *nm* LING Tunisian.

**tunnel** [tynɛl] *nm* tunnel; **percer un** ~ **(sous)** to tunnel (under) ❑ **le** ~ **sous la Manche** the Channel Tunnel.

**tunnelier** [tynəlje] *nm* tunneller.

**TUP** [typ] *nm abr de* **titre universel de paiement.**

**tuque** [tyk] *nf Can* bobble hat, tuque.

**turban** [tyrbɑ̃] *nm* **-1.** [couvre-chef] turban. **-2.** CULIN ring-shaped mould.

**turbin**▽ [tyrbɛ̃] *nm* work.

**turbine** [tyrbin] *nf* turbine; ~ **hydraulique/à gaz/à vapeur** water/gas/steam turbine.

**turbiner**▽ [3] [tyrbine] *vi* to grind ou to slog away, to graft *Br.*

**turbo** [tyrbo] ◇ *adj inv* turbine-driven, turbo *(modif).* ◇ *nm* AUT turbo. ◇ *nf* turbo.

**turbocompresseur** [tyrbɔkɔ̃presœr] *nm* turbocharger.

**turbomoteur** [tyrbɔmɔtœr] *nm* turboshaft engine.

**turbopompe** [tyrbɔpɔ̃p] *nf* turbopump, turbine pump.

**turbopropulseur** [tyrbɔpropylsœr] *nm* turboprop.

**turboréacteur** [tyrbɔreaktœr] *nm* turbojet (engine).

**turbot** [tyrbo] *nm* turbot.

**turbotrain** [tyrbɔtrɛ̃] *nm* turbotrain.

**turbulence** [tyrbylɑ̃s] *nf* **-1.** [d'un enfant] boisterousness, unruliness. **-2.** *litt* [d'une foule, d'une fête] rowdiness; [de l'océan] turbulence *litt.* **-3.** MÉTÉO turbulence, turbulency.

**turbulent, e** [tyrbylɑ̃, ɑ̃t] *adj* **-1.** [enfant] boisterous, unruly. **-2.** *litt* [foule, fête] rowdy; [époque] stormy; [eaux] turbulent. **-3.** PHYS turbulent.

**turc, turque** [tyrk] *adj* Turkish.
◆ **Turc, Turque** *nm, f* Turk; **le Grand Turc** the Grand Turk; **les Jeunes-Turcs** HIST the Young Turks; **fort comme un Turc** as strong as a horse.
◆ **turc** *nm* LING Turkish; POL: **jeunes** ~**s** young radicals.
◆ **à la turque** ◇ *loc adj* **-1.** [cabinets] seatless, hole-in-the-ground. **-2.** BX-ARTS Turkish. ◇ *loc adv* [s'asseoir] cross-legged.

**turf** [tœrf] *nm* **-1.** [activité] horse racing. **-2.** [terrain] turf, racecourse. **-3.** ▽ [boulot] daily bread; [lieu de travail] work.

**turfiste** [tœrfist] *nmf* racegoer.

**turgescence** [tyrʒesɑ̃s] *nf* turgescence.

**Turkestan** [tyrkɛstɑ̃] *npr m:* **(le)** ~ Turkestan, Turkistan.

**turkmène** [tyrkmen] *adj* Turkoman.
◆ **Turkmène** *nmf* Turkoman.
◆ **turkmène** *nm* LING Turkmen.

**Turkménistan** [tyrkmenistɑ̃] *npr m:* **(le)** ~ Turkmenistan.

**turlupiner** [3] [tyrlypine] *vt fam* to worry, to bug, to bother.

**turlututu** [tyrlytyty] *interj* fiddlesticks.

**turne**▽ [tyrn] *nf* [chambre d'étudiant] room; [logement d'étudiant] digs; [taudis] dive.

**turpitude** [tyrpityd] *nf litt* **-1.** [caractère vil] turpitude *litt,* depravity. **-2.** [acte] base ou vile ou depraved act.

**turque** [tyrk] *f* → **turc.**

**Turquie** [tyrki] *npr f:* **(la)** ~ Turkey.

**turquoise** [tyrkwaz] ◇ *nf* turquoise. ◇ *adj inv* turquoise (blue).

**tus** [ty] *v* → **taire.**

**tutélaire** [tytelɛr] *adj* **-1.** *litt* [divinité, rôle] guardian, tutelary *litt.* **-2.** JUR tutelary.

**tutelle** [tytɛl] *nf* **-1.** JUR guardianship, tutelage; **il est en** ou **sous** ~ he has a guardian, he's under tutelage; **placer** ou **mettre qqn en** ou **sous** ~ to put sb into the care of a guardian ❑ ~ **légale,** ~ **d'État** wardship (order). **-2.** ADMIN: ~ **administrative** administrative supervision. **-3.** POL trusteeship; **territoire sous** ~ trust territory. **-4.** [protection] care, protection; [contrainte] control; **tenir un pays en** ~ ou **sous sa** ~ to hold sway over a country.

**tuteur, trice** [tytœr, tris] *nm, f* **-1.** JUR guardian; ~ **ad hoc** *specially appointed guardian (ad litem).* **-2.** *litt* [appui, protection] guardian, guarantee.
◆ **tuteur** *nm* prop, support, stake HORT.

**tutoie** [tytwa] *v* → **tutoyer.**

**tutoiement** [tytwamɑ̃] *nm use of the familiar 'tu'.*

**tutorat** [tytɔra] *nm* guardianship, tutelage.

**tutoyer** [13] [tytwaje] *vt to use the familiar 'tu' form with;* **elle tutoie son professeur** ≃ she's on first-name terms with her teacher.

**tutti quanti** [tutikwɑ̃ti] *loc adv:* **et** ~ and the rest.

**tutu** [tyty] *nm* tutu.

**tuyau, x** [tɥijo] *nm* **-1.** [conduit] pipe; ~ **d'arrosage** (garden) hose, hosepipe; ~ **d'échappement** exhaust (pipe). **-2.** BOT [d'une tige] stalk. **-3.** [d'une plume] quill. **-4.** *fam* [information] tip; **c'est lui qui m'a filé le** ~**x** I got the info ou gen *Br* from him. **-5.** COUT flute.

**tuyautage** [tɥijotaʒ] *nm* **-1.** *fam* [fait de renseigner] tipping off. **-2.** COUT fluting. **-3.** TECH plumbing.

**tuyauter** [3] [tɥijote] *vt* **-1.** *fam* [informer] to tip off *(sép).* **-2.** [plisser] to flute.

**tuyauterie** [tɥijotri] *nf* **-1.** [canalisations] pipes, piping. **-2.** [d'un orgue] pipes. **-3.** ∇ [vessie] waterworks *euph.*

**TV** *(abr de* **télévision)** *nf* TV.

**TVA** *(abr de* **taxe à la valeur ajoutée)** *nf* ≃ VAT.

**TVHD** *(abr de* **télévision haute définition)** *nf* HDTV.

**tweed** [twid] *nm* tweed.

**twin-set** [twinsɛt] *(pl* **twin-sets)** *nm* twinset.

**twist** [twist] *nm* twist (dance).

**tympan** [tɛ̃pɑ̃] *nm* **-1.** ANAT eardrum, tympanum *spéc;* un bruit à crever ou à déchirer les ~s an earsplitting noise. **-2.** ARCHIT tympanum.

**tympanon** [tɛ̃panɔ̃] *nm* dulcimer.

**type** [tip] *nm* **-1.** *fam* [homme] man, guy, bloke *Br;* c'est un drôle de ~! [bizarre] he's a pretty weird bloke!; [louche] he's a shady character!; quel sale ~! what a nasty piece of work! *Br,* what an SOB! *Am;* c'est un chic ~ he's a decent sort. **-2.** [genre] kind, type; c'est le ~ d'homme à partir sans payer he's the type ou sort of man who would leave without paying; elle a le ~ indien she looks Indian; c'est pas mon ~ she's not my type; c'est le ~ même du romantique he's the typical romantic; un écrou du ~ X a type X nut. **-3.** *(comme adj: avec ou sans trait d'union)* typical; contrat ~ model contract; erreur ~ typical ou classic mistake. **-4.** BOT type. **-5.** IMPR [ensemble de caractères] type; [empreinte] type face.

**typé, e** [tipe] *adj:* elle est indienne mais pas très ~e she's Indian but doesn't have typical Indian features; une femme brune très ~e a dark-haired woman with very distinctive looks.

**typhoïde** [tifɔid] *adj* & *nf* typhoid.

**typhon** [tifɔ̃] *nm* typhoon.

**typhus** [tifys] *nm* **-1.** MÉD typhus (fever). **-2.** VÉTÉR typhoid.

**typique** [tipik] *adj* [caractéristique] typical, characteristic; c'est ~ d'elle d'être en retard it's typical of ou just like her to be late.

**typiquement** [tipikmɑ̃] *adv* typically.

**typo¹** [tipo] *nf fam* typography.

**typo², ote** [tipo, ɔt] *nm, f fam* typographer.

**typographe** [tipɔgraf] *nmf* [compositeur – sur machine] typographer; [– à la main] hand compositor.

**typographie** [tipɔgrafi] *nf* **-1.** [technique] letterpress (printing). **-2.** [présentation] typography.

**typographique** [tipɔgrafik] *adj* [procédé] letterpress *(modif)*; [caractère] typographic.

**typologie** [tipɔlɔʒi] *nf* typology.

**tyran** [tirɑ̃] *nm* **-1.** [despote] tyrant; faire le ~ to tyrannise ou to bully people. **-2.** ORNITH tyrant flycatcher.

**tyrannie** [tirani] *nf* tyranny; exercer sa ~ sur to exercise one's tyranny over, to tyrannize.

**tyrannique** [tiranik] *adj* tyrannical.

**tyranniser** [3] [tiranize] *vt* to tyrannize, to bully.

**Tyrol** [tirɔl] *npr m:* le ~ the Tyrol ou Tirol.

**tyrolien, enne** [tirɔljɛ̃, ɛn] *adj* Tyrolean, Tyrolese.

◆ **tyrolienne** *nf* **-1.** [air] Tyrolienne, yodel. **-2.** [danse] Tyrolienne.

**tzar** [tsar, dzar] = **tsar.**

**tzigane** [dzigan] = **tsigane.**

# U

**u, U** [y] *nm* u, U.

◆ **en U** *loc adj* U-shaped; virage en U U turn.

**u** *(abr écrite de* **unité)** [dix mille francs]: 300 u three million francs.

**ubac** [ybak] *nm northern side of a valley.*

**ubiquité** [ybikɥite] *nf* ubiquity, ubiquitousness; avoir le don d'~ *hum* to be ubiquitous ou everywhere at once.

**ubuesque** [ybyɛsk] *adj* **-1.** LITTÉRAT Ubuesque. **-2.** [grotesque] grotesque, farcical.

**UDF** *(abr de* **Union pour la démocratie française)** *npr f right-wing French political party.*

**UDR** *(abr de* **Union pour la défense de la République)** *npr f right-wing French political party.*

**UEFA** *(abr de* **Union of European Football Associations)** *npr f* UEFA; la coupe de l'~ the UEFA cup.

**UEO** *(abr de* **Union de l'Europe occidentale)** *npr f* WEU.

**UER** ◇ *nf (abr de* **unité d'enseignement et de recherche)** *former name for a university department.* ◇ *npr f (abr de* **Union européenne de radiodiffusion)** EBU.

**UFC** *(abr de* **Union fédérale des consommateurs)** *npr f French consumers' association.*

**UFR** *(abr de* **unité de formation et de recherche)** *nf university department.*

**UHF** *(abr de* **ultra-haute fréquence)** *nf* UHF.

**UHT** *(abr de* **ultra-haute température)** *adj* UHT; lait stérilisé ~ UHT sterilized milk.

**UJP** *(abr de* **Union des jeunes pour le progrès)** *npr f French political party.*

**ukase** [ykaz] *nm* HIST & *fig* ukase.

**Ukraine** [ykrɛn] *npr f* Ukraine.

**ukrainien, enne** [ykrɛnjɛ̃, ɛn] *adj* Ukrainian.

◆ **Ukrainien, enne** *nm, f* Ukrainian.

◆ **ukrainien** *nm* LING Ukrainian.

**ulcère** [ylsɛr] *nm* ulcer; ~ à l'estomac stomach ulcer.

**ulcérer** [18] [ylsere] *vt* **-1.** [indigner] to appal, to sicken; ulcéré par tant d'ingratitude appalled ou sickened by such ungratefulness. **-2.** MÉD to ulcerate.

◆ **s'ulcérer** *vpi* to ulcerate, to form an ulcer.

**ulcéreux, euse** [ylserø, øz] *adj* [couvert d'ulcères] ulcerous; [de la nature d'un ulcère] ulcer-like.

**uléma** [ylema] *nm* ulema.

**ULM** *(abr de* **ultra-léger motorisé)** *nm* microlight.

**Ulster** [ylstɛr] *npr m:* (l') ~ Ulster.

**ultérieur, e** [ylterjœr] *adj* later.

**ultérieurement** [ylterjœrmɑ̃] *adv* later.

**ultimatum** [yltimatɔm] *nm* ultimatum; adresser un ~ à qqn to present sb with an ultimatum.

**ultime** [yltim] *adj* [dernier] ultimate, final; ce furent là ses ~s paroles those were her last ou final words.

**ultra** [yltra] ◇ *adj* extremist, reactionary. ◇ *nmf* **-1.** [extrémiste] extremist, reactionary. **-2.** HIST ultra-royalist.

**ultra-confidentiel, elle** [yltrakɔ̃fidɑ̃sjɛl] *adj* top secret, highly confidential.

**ultracourt, e** [yltrakur, kurt] *adj* ultra-short.

**ultraléger, ère** [yltraleʒe, ɛr] *adj* superlight, extralight.

**ultramoderne** [yltramɔdɛrn] *adj* ultramodern, state-of-the-art *(avant n).*

**ultrasensible** [yltrasɑ̃sibl] *adj* **-1.** [instrument] ultrasensitive;

[peau] highly sensitive. **-2.** PHOT high-speed *(avant n)*.

**ultrason** [yltrasɔ̃] *nm* ultrasound, ultrasonic sound.

**ultrasonique** [yltrasɔnik], **ultrasonore** [yltrasɔnɔr] *adj* ultrasonic.

**ultraviolet, ette** [yltravjɔlɛ, ɛt] *adj* ultraviolet.
◆ **ultraviolet** *nm* ultraviolet ray.

**ululer** [3] [ylyle] *vi* to hoot.

**Ulysse** [ylis] *npr* Ulysses.

**un, une**[1] [œ̃, *devant nm commençant par voyelle ou h muet* œn, yn] *(mpl* **uns** [œ̃], *fpl* **unes** [yn], *pl* **des** [de]) ◇ *dét (art indéf)* **-1.** [avec une valeur indéterminée] a, an *(devant une voyelle)*; **un homme a appelé ce matin** a man called this morning; **il doit y avoir une erreur** there must be a ou some mistake; **un jour, ce sera permis** one day ou someday, it will be allowed; **il y a des enfants qui jouent dans la rue** there are (some) children playing in the street; **as-tu des livres à me prêter?** do you have any books you can lend me? **-2.** [avec une valeur particularisante] a, an *(devant une voyelle)*; **j'irai plutôt un mardi** I'll go on a Tuesday instead; **c'est avec un grand plaisir que… it's with great pleasure that…**; **tu es une idiote** you're an idiot; **elle a fait preuve d'une réelle gentillesse** she showed real kindness; **un grand voyage se prépare des mois à l'avance** ou any long journey needs months of preparation. **-3.** [avec une valeur emphatique]: **il est d'une bêtise/d'un drôle!** he's so stupid/funny!; **j'ai eu une frousse, mais une frousse!** *fam* I was absolutely terrified!; **il y avait une foule!** there was such a crowd!; **j'ai une de ces migraines!** I've got a splitting headache!; **j'ai attendu des heures!** I waited for hours!; **il travaille jusqu'à des trois heures du matin** he works as late as three in the morning; **il gagne des 30 000 ou 40 000 francs par mois** he makes up to 30,000 or 40,000 francs a month. **-4.** [avec un nom propre]: **un M. Baloi vous demande au téléphone** there's a Mr Baloi for you (on the phone); **tout le monde ne peut pas être un Rimbaud** we can't all be Rimbauds; **c'est une future Callas** she will be another ou she's the next Callas; **c'est un Apollon** he's a real Adonis ‖ [désignant une œuvre]: **faire l'acquisition d'un Picasso/d'un Van Gogh** to acquire a Picasso/a Van Gogh.
◇ *pron indéf* **-1.** [dans un ensemble] one; [en corrélation avec 'de']: **un des seuls** one of the few; **appelle-le un de ces jours** give him a call one of these days; **un des événements qui a le plus retenu mon attention** one of the events that really grabbed my attention ‖ [avec l'article défini]: **c'est l'un des concerts les plus réussis de ma carrière** it's one of the most successful concerts of my career; **l'un de mes amis** one of my friends, a friend of mine; **l'un des deux** one of the two; **l'un de vous deux est de trop** one of you is not needed. **-2.** [en corrélation avec 'en'] one; **on demanda un médecin, il y en avait un dans la salle** they called for a doctor, there was one in the room; **parmi les enfants, il y en a un qui…** one of the children…; **mais bien sûr que j'en ai une, de voiture!** *fam* of course I've got a car!-**3.** *(emploi nominal)* [quelqu'un] one person, someone; **j'en connais une qui va être surprise!** I know someone who's going to get a surprise!
◇ *dét (adj num)* **-1.** one; **les enfants de un à sept ans** children (aged) from one to seven; **une femme sur cinq** one woman out of ou in five; **il y a un problème, un seul** there's just one problem; **ils n'ont même pas marqué un (seul) but** they didn't even score one ou a single goal; **je ne resterai pas une minute de plus ici** I won't stay here another minute; **j'ai fait plus d'une erreur dans ma jeunesse** I made many mistakes ou more than one mistake in my youth; **une à une, les lumières s'éteignaient** the lights were going out one by one ou one after the other; **avale les cachets un par un** swallow the tablets one by one ou one at a time; **vingt et un ans** twenty one years; **deux heures une** one minute past two ❏ **la cuisine ne fait qu'un avec le salon** there is an open-plan kitchen cum living-room; **il ne faisait qu'un avec sa monture** horse and rider were as one; **et d'un, et de deux!** that's one, and another (one)!**-2.** [dans des séries] one; **page un** ou une page one; **il est une heure** it's one o'clock; **le trente et un mars** on March the thirty-first *Br*, March thirty-first *Am* ❏ **une, deux!** une, deux! left, right! left, right!; **et d'une** firstly, first of all, for a start.
◇ *adj qualificatif sout*: **Dieu est un** God is one.
◆ **un** *nm inv*: **donnez-moi deux chiffres entre un et dix** give me two numbers between one and ten; **tu fais mal tes un**

your ones don't look right; **la clef du un est perdue** the key for number one has been lost; **on répète la dernière scène du un** THÉÂT we're rehearsing the last scene of act one; *voir aussi* **cinq**.

**unanime** [ynanim] *adj* **-1.** [commun, général – vote, décision] unanimous. **-2.** [du même avis]: **la presse ~ a condamné ce geste** the press unanimously condemned this gesture.

**unanimement** [ynanimmɑ̃] *adv* unanimously.

**unanimité** [ynanimite] *nf* unanimity; **voter à l'~ pour qqn** to vote unanimously for sb; **élu à l'~ moins une voix** elected with only one dissenting vote; **faire l'~** to win unanimous support; **un candidat qui fait l'~ contre lui** a candidate who has no support from anyone.

**underground** [œndœrgraund] ◇ *adj inv* underground. ◇ *nm inv* underground (culture), counter-culture.

**une**[2] [yn] ◇ *dét (art indéf f)* → **un**. ◇ *nf* **-1.** PRESSE: **la ~ page** one, the front page; **faire la ~** to make the headlines; **la naissance de la princesse fait la** ou **est à la ~ de tous les quotidiens** the birth of the princess is on the front page of all the dailies; **ce sujet sera à la ~ de notre dernier journal télévisé ce soir** this will be one of the main items in our late news bulletin. **-2.** TV: **la Une** *France's channel one*; **sur la Une** on channel one. **-3.** *fam* [histoire, nouvelle] one; **j'en ai ~ (bonne) à t'apprendre** wait till you hear this. **-4.** *fam* [fessée, claque]: **tu vas en recevoir ~!** you're going to get a slap!; **j'en ai pris ~ en pleine poire** I got one right across the face. **-5.** *fam* THÉÂT scene one.

**UNEDIC** [ynedik] *(abr de* **Union nationale interprofessionnelle pour l'emploi dans l'industrie et le commerce)** *npr f the department controlling the ASSEDIC.*

**UNEF, Unef** [ynɛf] *(abr de* **Union nationale des étudiants de France)** *npr f* ≈ National Union of Students.

**UNESCO, Unesco** [ynɛsko] *(abr de* **United Nations Educational Scientific and Cultural Organisation)** *npr f* UNESCO, Unesco.

**unetelle** [yntɛl] *f* → **untel**.

**uni, e** [yni] *adj* **-1.** [d'une seule couleur] plain, self-coloured *Br*, solid *Am*; [sans motif] plain. **-2.** [sable] smooth, fine; [terrain] even, level, smooth; [mer] smooth, unruffled. **-3.** [soudé – couple] close; [– famille, société] close-knit; **tous ~s face aux pollueurs!** let's unite (in the fight) against pollution!
◆ **uni** *nm* [étoffe] plain fabric.

**UNICEF, Unicef** [ynisɛf] *(abr de* **United Nations International Children's Emergency Fund)** *npr f* UNICEF, Unicef.

**unicellulaire** [yniselylɛr] *adj* unicellular.

**unicité** [ynisite] *nf sout* uniqueness.

**unicolore** [ynikɔlɔr] *adj* plain, self-coloured *Br*, solid *Am*.

**unidirectionnel, elle** [ynidirɛksjɔnɛl] *adj* unidirectional.

**unième** [ynjɛm] *adj num ord* first; **quarante et ~** forty-first; **cent ~** hundred and first.

**unificateur, trice** [ynifikatœr, tris] ◇ *adj* unifying, uniting. ◇ *nm, f* unifier.

**unification** [ynifikasjɔ̃] *nf* **-1.** [d'un pays] unification, unifying. **-2.** [uniformisation] standardization, standardizing.

**unifier** [9] [ynifje] *vt* **-1.** [réunir – provinces] to unify, to unite. **-2.** [uniformiser – tarifs] to standardize, to bring into line with each other.
◆ **s'unifier** *vpi* [parti, pays] to become united.

**uniforme** [ynifɔrm] ◇ *adj* **-1.** [régulier – vitesse] uniform, regular, steady; [– surface] even, smooth, level. **-2.** [identique]: **horaire ~ pour tout le personnel** the same timetable for all members of staff. **-3.** [monotone] uniform, unvarying, unchanging; **une vie ~** a humdrum existence; **un paysage ~** an unchanging ou a monotonous landscape. ◇ *nm* uniform; **endosser/quitter l'~** [de l'armée] to join/to leave the forces.
◆ **en uniforme** *loc adj* in uniform; **un policier en ~** a uniformed policeman; **en grand ~** in full uniform ou regalia.

**uniformément** [ynifɔrmemɑ̃] *adv* **-1.** [sans aspérités] uniformly, evenly. **-2.** [identiquement]: **des femmes ~ vêtues de noir** women all dressed in the same black clothes. **-3.** [sans changement] regularly, steadily, uniformly; **la vie s'écoulait ~** life went on in its usual way.

**uniformisation** [ynifɔrmizasjɔ̃] *nf* standardization, standardizing.

**uniformiser** [3] [yniformize] *vt* to standardize.
**uniformité** [yniformite] *nf* -1. [régularité] uniformity, evenness. -2. [monotonie] monotony.
**unijambiste** [yniʒãbist] ◇ *adj* one-legged. ◇ *nmf* one-legged person.
**unilatéral, e, aux** [ynilateral, o] *adj* unilateral.
**unilatéralement** [ynilateralmã] *adv* unilaterally.
**unilingue** [ynilɛ̃g] *adj* unilingual, monolingual.
**uninominal, e, aux** [yninominal, o] *adj*→ **scrutin**.
**union** [ynjɔ̃] *nf* -1. [fait de mélanger] union, combination; [mélange] union, integration. -2. [solidarité] union, unity; ~ nationale national coalition ❏ faire l'~ sacrée [être solidaires] to show ou to present a united front; HIST to unite in the face of the aggressor (*in 1914*); Union de la gauche *union of left-wing parties founded in 1972*; Union monétaire européenne European Monetary Union; l'~ fait la force *prov* unity is strength. -3. [harmonie - dans un groupe] harmony; [- dans une famille, un couple] closeness. -4. [liaison entre un homme et une femme] union; ~ charnelle *litt* union of the flesh; ~ conjugale marital union ❏ ~ libre free love; vivre en ~ libre to cohabit. -5. [regroupement] union, association; ~ de consommateurs consumer association ❏ ~ douanière customs union. -6. GÉOG: l'Union soviétique ou des républiques socialistes soviétiques the Soviet Union, the Union of Soviet Socialist Republics; l'ex-Union soviétique the former Soviet Union.
**unionisme** [ynjɔnism] *nm* -1. arch [syndicalisme] unionism. -2. HIST Unionism.
**unioniste** [ynjɔnist] *adj* & *nmf* -1. arch [syndicaliste] unionist. -2. HIST Unionist.
**unipare** [ynipar] *adj* uniparous.
**unipersonnel, elle** [ynipersɔnɛl] *adj* -1. LING impersonal. -2. COMM: entreprise ou société ~le one-person business, sole proprietorship.
**unique** [ynik] *adj* -1. [seul] (one and) only, one; c'est mon ~ recours it's the only recourse I have ou my sole recourse; l'~ explication possible the only possible explanation; Acte ~ européen Single European Act. -2. [exceptionnel] unique. -3. *fam* [étonnant] priceless; il est vraiment ~, lui! he's priceless, he is!-4. [dans une famille]: être fils/fille/enfant ~ to be an only son/daughter/child.
**uniquement** [ynikmã] *adv* only, solely; nous nous occupons ~ de prêts à court terme we deal only ou solely ou exclusively in short-term loans.
**unir** [32] [ynir] *vt* -1. [lier] to unite, to bring together (*sép*); ~ deux pays to unite two countries. -2. *sout* [marier] to join in marriage ou matrimony. -3. [villes] to link, to connect. -4. [combiner] to combine; son style unit l'aisance à ou et la rigueur her style combines both ease and precision.
◆ **s'unir** *vpi* -1. [se regrouper] to unite; s'~ contre un ennemi commun to unite against a common enemy. -2. *sout* [se marier] to become joined in marriage ou matrimony. -3. [être compatible] to match.
**unisexe** [yniseks] *adj* unisex.
**unisexué, e** [yniseksɥe], **unisexuel, elle** [yniseksɥɛl] *adj* unisexual.
**unisson** [ynisɔ̃] *nm* unison.
◆ **à l'unisson** *loc adv* in unison.
**unitaire** [ynitɛr] ◇ *adj* -1. [principe, slogan] uniting; [politique] unitarian. -2. MATH [matrice, vecteur] unit. -3. COMM: prix ~ unit price; tarification ~ tariff based on the price per unit. -4. RELIG Unitarian. ◇ *nmf* RELIG Unitarian.
**unité** [ynite] *nf* -1. [cohésion] unity; arriver à une certaine ~ de pensée ou vues to reach a certain consensus ❏ ~ budgétaire FIN yearly budget (*presented before Parliament*); l'~ nationale POL national unity; les trois ~s, l'~ d'action, l'~ de temps et l'~ de lieu HIST & THÉÂT the three unities, unity of action, unity of time, and unity of place. -2. [étalon] unit, measure; ~ de masse weight; ~ de temps unit for measuring time ou time measure. -3. [élément, module] unit, item; ~ d'entrée/de sortie INF input/output device; ~ centrale (de traitement) INF central processor unit, mainframe; ~ de commande INF control unit; ~ pilote experimental unit; ~ de production INDUST production unit ‖ LING (distinctive) feature ‖ UNIV: ~ de valeur course credit ou unit. -4. MATH unit. -5. MIL unit. -6. PHARM unit.

◆ **à l'unité** ◇ *loc adj*: prix à l'~ unit price. ◇ *loc adv* [acheter, vendre] by the unit, singly, individually.
**univers** [yniver] *nm* -1. ASTRON: l'Univers the Universe; l'~ [notre planète] the world. -2. [domaine] world, universe; l'~ poétique de Mallarmé Mallarmé's poetic world; l'~ carcéral life in prison ❏ ~ du discours LOGIQUE universe of discourse.
**universalisation** [yniversalizasjɔ̃] *nf* universalization.
**universaliser** [3] [yniversalize] *vt* to universalize, to make universal.
◆ **s'universaliser** *vpi* to become universal.
**universalisme** [yniversalism] *nm* -1. PHILOS universalism. -2. RELIG Universalism.
**universalité** [yniversalite] *nf* universality.
**universel, elle** [yniversɛl] *adj* -1. [mondial] universal; produit de réputation ~le world-famous product; paix ~le world peace. -2. [partagé par tous - sentiment] universal, general. -3. [à usages multiples]: remède ~ panacea, universal remedy.
◆ **universel** *nm*: l'~ the universal.
**universellement** [yniverselmã] *adv* universally; ~ reconnu recognized by all; ~ admiré universally admired.
**universitaire** [yniversitɛr] ◇ *adj* [carrière, études] academic, university (*modif*); [année, centre, titre] academic; [restaurant] university (*modif*). ◇ *nmf* -1. [enseignant] academic, don *Br.*-2. *Belg* graduate ou post-graduate student.
**université** [yniversite] *nf* -1. [institution, bâtiment] university; enseigner à l'~ to be a university teacher, to teach college *Am*; l'Université the teaching profession ❏ ~ d'été UNIV summer school; ~ du troisième âge post-retirement ou senior citizens' university. -2. POL: les ~s d'été du parti socialiste socialist party summer school (*during which party leaders meet younger members*).
**univoque** [ynivɔk] *adj* -1. LING unequivocal. -2. [relation, rapport] one-to-one.
**untel, unetelle, Untel, Unetelle** [œ̃tɛl, yntɛl] *nm*, *f* Mr. So-and-so (*f* Mrs. So-and-so).
**UPF** (*abr de* **Union pour la France**) *nprf* French political party.
**uppercut** [yperkyt] *nm* uppercut.
**UPU** (*abr de* **Union postale universelle**) *nprf* UPU.
**uranium** [yranjɔm] *nm* uranium; ~ enrichi enriched uranium.
**Uranus** [yranys] *npr* ASTRON & MYTH Uranus.
**urbain, e** [yrbɛ̃, ɛn] *adj* -1. [de la ville] urban, city (*modif*); un grand centre ~ a big city. -2. *litt* [courtois] urbane, worldly.
**urbanisation** [yrbanizasjɔ̃] *nf* urbanization, urbanizing.
**urbaniser** [3] [yrbanize] *vt* to urbanize.
**urbanisme** [yrbanism] *nm* town planning.
**urbaniste** [1] [yrbanist] *nmf* town planner.
**urbaniste** [2] [yrbanist], **urbanistique** [yrbanistik] *adj* town planning (*modif*).
**urbanité** [yrbanite] *nf* *litt* urbanity.
**urdu** [urdu] *nm* Urdu.
**urée** [yre] *nf* urea; avoir de l'~ to have excess urea.
**urémie** [yremi] *nf* uraemia.
**uretère** [yrtɛr] *nm* ureter.
**urètre** [yrɛtr] *nm* urethra.
**urgeait** [yrʒɛ] *v*→ **urger**.
**urgence** [yrʒãs] *nf* -1. [caractère pressant] urgency; il n'y a pas ~ it's not urgent, there's no urgency; il y a ~ à ce que vous preniez une décision it's urgent for you to come to a decision; en cas d'~ in case of ou in an emergency. -2. [incident] emergency.
◆ **urgences** *nfpl* MÉD casualty department.
◆ **d'urgence** ◇ *loc adj* -1. [mesures, soins] emergency (*modif*); c'est un cas d'~ it's an emergency. -2. POL: état d'~ state of emergency; procédure d'~ emergency ou special powers. ◇ *loc adv* as a matter of emergency; opérer d'~ to perform an emergency operation; on l'a transporté d'~ à l'hôpital he was rushed (off) to hospital; faites-le venir d'~ ask him to come straightaway.
◆ **de toute urgence** *loc adv* most urgently.
**urgent, e** [yrʒã, ãt] *adj* urgent; commençons par le plus ~ let's start with the most urgent thing; il est ~ que je le voie

I must see him urgently; ce n'est pas ~ it's not urgent, there's no (desperate) rush ❑ pli ~ urgent letter.

**urger** [17] [yrʒe] *vi fam*: ça urge? is it urgent?, how urgent is it?

**urinaire** [yrinɛr] *adj* urinary.

**urinal, aux** [yrinal, o] *nm* (bed) urinal.

**urine** [yrin] *nf* urine.

**uriner** [3] [yrine] *vi* to urinate, to pass water.

**urinoir** [yrinwar] *nm* (public) urinal.

**urique** [yrik] *adj* uric.

**urne** [yrn] *nf* **-1.** POL ballot box; se rendre aux ~s to go to the polls. **-2.** [vase] urn; ~ funéraire (funeral) urn.

**uro-génital, e** [yrɔʒenital, o] (*mpl* **uro-génitaux,** *fpl* **uro-génitales**) *adj* urogenital, urinogenital.

**urologie** [yrɔlɔʒi] *nf* urology.

**urologue** [yrɔlɔg] *nmf* urologist.

**URSS** [yrs, yerɛses] (*abr de* **Union des républiques socialistes soviétiques**) *npr f*: (l') ~ the USSR; l'ex-~ the former USSR.

**URSSAF, Urssaf** [yrsaf] (*abr de* **Union pour le recouvrement des cotisations de Sécurité sociale et d'Allocations familiales**) *npr f administrative body responsible for collecting social security payments.*

**urticaire** [yrtikɛr] *nf* nettle rash, hives, urticaria *spéc*; avoir de l'~ to have nettle rash ❑ donner de l'~: les huîtres me donnent de l'~ oysters bring me out in spots; cette musique, ça me donne de l'~ that music makes my skin crawl.

**Uruguay** [yrygwɛ] *npr m*: l'~ [pays] Uruguay; [fleuve] the Uruguay (River).

**uruguayen, enne** [yrygwejɛ̃, ɛn] *adj* Uruguayan.

◆ **Uruguayen, enne** *nm, f* Uruguayan.

**us** [ys] *nmpl litt* customs; les ~ et coutumes habits and customs.

**US** (*abr de* **union sportive**) *nf* sports club ou association; l'~ (de) Liévin the Liévin Sports Association ou SA.

**USA** (*abr de* **United States of America**) *npr mpl*: les ~ the USA, the US, the States.

**usage** [yzaʒ] *nm* **-1.** [utilisation] use; faire ~ de qqch to use sthg; faire bon ~ de qqch to put sthg to good use; faire mauvais ~ de qqch to misuse sthg; faire un ~ abusif du pouvoir to abuse power; faire de l'~ to stand up to a lot of use; mon imperméable a fait de l'~ my raincoat has seen good service; avoir l'~ de to have the use of; une maison dont elle n'a pas la propriété mais l'~ a house which she doesn't own, but which she is legally entitled to use; je n'en ai aucun ~ I have no use for it; à mon ~ personnel for my private ou own personal use ❑ droit d'~ right of use. **-2.** [contrôle] use; il a encore l'~ de son bras he can still use his arm; perdre l'~ des yeux/d'un bras to lose the use of one's eyes/an arm; perdre l'~ de la parole to lose one's power of speech. **-3.** [fonction] use, purpose; appareil d'~ courant household appliance; à divers ~s multi-purpose; à ~ intensif heavy-duty; locaux à ~ administratif office space; 'à ~ interne' 'for internal use', 'to be taken internally'; 'à ~ externe' 'not to be taken internally'. **-4.** LING (accepted) usage; ~ écrit/oral written/spoken usage; le mot est entré dans l'~ the word is now in common use; le mot est sorti de l'~ the word has become obsolete ou is no longer used ❑ le bon ~ correct usage. **-5.** [coutume] habit, habitual practice; selon un ~ bien établi following a well-established habit; l'~, les ~s accepted ou established custom, (the rules of) etiquette; c'est l'~ it's the done thing; ce n'est pas l'~ d'applaudir au milieu d'un air it's not done to clap ou you just don't clap in the middle of an aria; c'est conforme à l'~ ou aux ~s it's in accordance with the rules of etiquette; c'est contraire à l'~ ou aux ~s, c'est contre l'~ ou les ~s it's not the done thing, it's contrary to the rules of etiquette.

◆ **à l'usage** *loc adv* with use; c'est à l'~ qu'on s'aperçoit des défauts d'une cuisine you only realize what the shortcomings of a kitchen are after you've used it for a while; nous verrons à l'~! let's wait and see!

◆ **à l'usage de** *loc prép*: un livre de cuisine à l'~ des enfants a cookery book aimed at ou intended for children.

◆ **d'usage** *loc adj* **-1.** [habituel] customary, usual; finir une lettre avec la formule d'~ to end a letter in the usual ou accepted manner; échanger les banalités d'~ to exchange the customary platitudes; il est d'~ de laisser un pourboire it is customary to leave a tip. **-2.** LING: l'orthographe d'~ the generally accepted spelling.

◆ **en usage** *loc adv* in use.

**usagé, e** [yzaʒe] *adj* **-1.** [usé – costume] worn, old; [– verre] used, old. **-2.** [d'occasion] used, secondhand.

**usager** [yzaʒe] *nm* **-1.** [utilisateur] user; les ~s du téléphone/de la route telephone/road users. **-2.** [locuteur]: les ~s de l'espagnol Spanish language speakers, speakers of the Spanish language.

**usant, e** [yzɑ̃, ɑ̃t] *adj* [tâche] gruelling, wearing; [enfant] wearing, tiresome; c'est ~ it really wears you down.

**usé, e** [yze] *adj* **-1.** [vieux – habit] worn, worn-out; [– pile] worn, old; [– lame] blunt; [– pneu] worn ❑ ~ jusqu'à la corde ou trame threadbare. **-2.** [rebattu – sujet] hackneyed, well-worn; [– plaisanterie] old. **-3.** [affaibli – vieillard] worn-out, weary.

**user** [3] [yze] ◇ *vt* **-1.** [détériorer – terrain, métal] to wear away *(sép)*; [– pneu] to wear smooth; [– veste, couverture] to wear out *(sép)*; ~ un jean jusqu'à la corde ou trame to wear out a pair of jeans; on avait usé nos fonds de culottes sur les mêmes bancs we'd been at school together. **-2.** [utiliser – eau, poudre] to use; [– gaz, charbon] to use, to burn; [– réserves] to use, to go through *(insép)*. **-3.** [fatiguer] to wear out *(sép)*; usé par des années de vie politique worn out by years in politics; tu m'uses la santé! *fam* you'll be the death of me! ◇ *vi litt*: en ~: en ~ bien avec qqn to treat sb well, to do well by sb; en ~ mal avec qqn to treat sb badly, to mistreat sb.

◆ **user de** *v* + *prép sout* [utiliser – autorité, droits] to exercise; [– mot, tournure] to use; [– outil] to use; [– audace, diplomatie] to use, to employ; l'alcool? j'en ai usé et abusé alcohol? I've used and abused it.

◆ **s'user** ◇ *vpi* **-1.** [se détériorer – gén] to wear out; [pile] to run down; [lame] go blunt; les semelles en cuir ne s'usent pas vite there's a lot of wear in leather soles. **-2.** [s'affaiblir]: ma patience commence à s'~ my patience is wearing thin. ◇ *vpt* [se fatiguer] to wear o.s. out; s'~ la santé *fam* to exhaust o.s., to wear o.s. out; s'~ les yeux ou la vue to strain one's eyes.

**usinage** [yzinaʒ] *nm* machining.

**usine** [yzin] *nf* **-1.** INDUST factory, plant, mill; ~ sidérurgique steel mill, steelworks; ~ métallurgique ironworks; ~ à gaz gasworks; ~ pilote pilot plant. **-2.** *fig & péj*: à la fac, c'est l'~! it's just a production line at college!; ce restaurant, une vraie ~! they get you in and out as quick as they can in that restaurant!

**usiner** [3] [yzine] ◇ *vt* to machine. ◇ *vi fam* [travailler dur]: ça usinait dans la cuisine they were slogging away ou hard at it in the kitchen.

**usité, e** [yzite] *adj* [terme] commonly used; l'expression n'est plus ~e the phrase has gone out of use ou is no longer in common use.

**ustensile** [ystɑ̃sil] *nm* utensil, implement; ~s de cuisine cooking ou kitchen utensils; ~s de jardinage garden tools.

**usuel, elle** [yzɥɛl] *adj* [ustensile, vêtement] everyday *(avant n)*; [vocabulaire, terme] common, everyday *(avant n)*; le procédé ~ est de... it's common practice to...

**usuellement** [yzɥɛlmɑ̃] *adv* ordinarily, commonly.

**usufruit** [yzyfrɥi] *nm* usufruct.

**usufruitier, ère** [yzyfrɥitje, ɛr] *adj & nm, f* usufructuary.

**usuraire** [yzyrɛr] *adj* usurious.

**usure** [yzyr] *nf* **-1.** [action de s'user] wear (and tear); matière résistante à l'~ material that stands up to wear (and tear), material that wears well, hard-wearing material; l'~ des roches erosion suffered by the rock. **-2.** [affaiblissement]: l'~ des forces/sentiments the erosion of one's strength/feelings; notre mariage a résisté à l'~ du temps our marriage has stood the test of time ❑ avoir qqn à l'~ *fam* to wear ou to grind sb down (until he gives in). **-3.** [intérêt de prêt] usury; prêter à ~ to lend upon usury ou at usurious rates of interest.

**usurier, ère** [yzyrje, ɛr] *nm, f* usurer.

**usurpateur, trice** [yzyrpatœr, tris] ◇ *adj litt* usurping. ◇ *nm, f* usurper.

**usurpation** [yzyrpasjɔ̃] *nf* usurpation, usurping; ~ de pouvoir usurpation ou usurping of power.

**usurpatoire** [yzyrpatwar] *adj* usurpatory.

**usurper** [3] [yzyrpe] *vt* [droit, identité] to usurp; **sa gloire est usurpée** *fig* her fame isn't rightfully hers.

◆ **usurper sur** *v* + *prép litt* to encroach on ou upon.

**ut** [yt] *nm inv* MUS C.

**UTA** (*abr de* **Union des transporteurs aériens**) *npr f French airline company.*

**utérin, e** [yterē, in] *adj* **-1.** ANAT uterine. **-2.** [de la même mère]: **frères ~s** uterine brothers; **sœurs ~es** uterine sisters.

**utérus** [yterys] *nm* womb, uterus *spéc.*

**utile** [ytil] ◇ *adj* **-1.** [qui sert beaucoup] useful; **ça peut (toujours) être ~** it might come in handy; **cela m'a été ~ de connaître la langue** my knowledge of the language was very useful to me. **-2.** [nécessaire] necessary; **il n'est pas ~ d'avertir la police** there's no need to notify the police. **-3.** [serviable] useful; **il cherche toujours à se rendre ~** he always tries to make himself useful; **puis-je t'être ~ à quelque chose?** can I be of any help to you?, can I help you with anything? ◇ *nm*: **l'~** that which is useful; **joindre l'~ à l'agréable** to combine business with pleasure.

**utilement** [ytilmɑ̃] *adv* usefully, profitably; **employer son temps ~** to spend one's time profitably, to make good use of one's time.

**utilisable** [ytilizabl] *adj* **-1.** [objet, appareil] usable. **-2.** [billet] valid.

**utilisateur, trice** [ytilizatœr, tris] *nm, f* [d'un appareil] user; [d'un service] user, consumer.

**utilisation** [ytilizasjɔ̃] *nf* use, utilization; **notice d'~** instructions for use.

**utiliser** [3] [ytilize] *vt* [appareil, carte, expression] to use; [moyens, tactique] to use, to employ; **je n'ai pas su ~ les possibilités qui m'étaient offertes** I didn't make the most of the opportunities I was given; **il sait ~ son monde** he knows how to make the best use of his connections.

**utilitaire** [ytilitɛr] ◇ *adj* utilitarian. ◇ *nm* INF utility (program); **~s de programmation** utilities.

**utilitarisme** [ytilitarism] *nm* utilitarianism.

**utilitariste** [ytilitarist] *adj & nmf* utilitarian.

**utilité** [ytilite] *nf* **-1.** [caractère utile] use, usefulness; **chaque ustensile a son ~** every implement has its specific use; **des objets sans ~** useless objects; **ça ne t'est plus d'aucune ~** it's no longer of any use to you, you no longer need it; **la carte de la région m'a été de peu d'~/d'une grande ~** the map of the area was of little/great use to me; **en as-tu l'~?** can you make use of it?, do you need it?; **je ne vois pas l'~ de lui en parler** I don't see any point in mentioning it to her. **-2.** ÉCON utility.

◆ **utilités** *nfpl* THÉÂT: **jouer les ~s** *pr* to play minor ou small parts; *fig* to play second fiddle.

**utopie** [ytɔpi] *nf* **-1.** PHILOS utopia, utopian ideal. **-2.** [chimère] utopian idea; **c'est de l'~!** that's all pie in the sky!

**utopique** [ytɔpik] *adj* utopian.

**utopiste** [ytɔpist] ◇ *adj* utopian. ◇ *nmf* **-1.** [rêveur] utopian. **-2.** PHILOS Utopian.

**Utrecht** [ytrɛkt] *npr* Utrecht.

**UV** ◇ *nf abr de* **unité de valeur**. ◇ *nm* (*abr de* **ultraviolet**) UV.

**UVA** (*abr de* **ultraviolet A**) *nm* UVA; **bronzage ~** sunlamp tan.

**uzbek** [yzbɛk] = **ouzbek**.

**v, V** [ve] *nm* **-1.** [lettre] v, V. **-2.** [forme] V (shape); **faire le V de la victoire** to make the victory sign.

◆ **en V** *loc adj* V-shaped; **un pull (à col) en V** a V-necked sweater; **décolleté en V** plunging neckline.

**v. -1.** (*abr écrite de* **verset**) v. (*verse*). **-2.** *abr écrite de* **vers** (*adv*).

**v°** *abr écrite de* **verso**.

**V** (*abr écrite de* **volt**) V.

**V., v.** *abr écrite de* **voir**.

**V1** *nm* V-1.

**V2** *nm* V-2.

**va** [va] *v→* **aller**.

**vacance** [vakɑ̃s] *nf* **-1.** [d'un emploi] vacancy. **-2.** [d'une fonction politique]: **pendant la ~ du siège** while the seat is empty; **pendant la ~ du pouvoir** while there is no one officially in power; **élection provoquée par la ~ du siège** election made necessary because the seat became vacant. **-3.** JUR: **~ de succession** abeyance of succession.

◆ **vacances** *nfpl* **-1.** [période de loisirs] holidays *Br*, vacation *Am*; **prendre des ~s** to take a holiday, to go on holiday; **prendre deux mois de ~s** to take two months off, to have a two-month holiday; **rentrer de ~s** to come back from one's holiday ou vacation ❑ **~s actives** adventure holiday; **~s de neige** skiing holidays ou vacation. **-2.** [période du calendrier]: **~s judiciaires** recess (of the Courts); **~s parlementaires** Parliamentary recess; **~s scolaires** school holidays *Br* ou break *Am*; **~s à thème** special-interest holiday; **~s universitaires** vacation *Br*, university recess *Am*; **un job pendant les ~s (universitaires)** a summer job; **les ~s de Noël** SCOL & UNIV the Christmas holidays *Br* ou vacation *Am*; [pour les salariés] the Christmas break; **les grandes ~s** the

summer holidays *Br*, the long vacation *Am*.

◆ **en vacances** *loc adv* on holiday *Br* ou vacation *Am*; **partir en ~s** to go (off) on holiday.

**vacancier, ère** [vakɑ̃sje, ɛr] *nm, f* holidaymaker *Br*, vacationist *Am*, vacationer *Am*.

**vacant, e** [vakɑ̃, ɑ̃t] *adj* **-1.** [libre – logement] vacant, unoccupied; [– siège, trône] vacant; **il y a un poste d'ingénieur ~** there's a vacancy for an engineer ❑ **succession ~e** JUR estate in abeyance. **-2.** *litt* [vague – regard] vacant, empty.

**vacarme** [vakarm] *nm* racket, din, row; **les enfants faisaient un ~ infernal** the children were making a terrible racket ou an awful din.

**vacataire** [vakatɛr] *nmf* [remplaçant] stand-in, temporary replacement; UNIV part-time lecturer; **avoir un poste de ~ à l'Unesco** to be under temporary contract to UNESCO.

**vacation** [vakasjɔ̃] *nf* **-1.** [temps] session, sitting. **-2.** [honoraires] fee; **être payé à la ~** to be paid on a sessional basis.

**vaccin** [vaksē] *nm* **-1.** [produit] vaccine. **-2.** [injection] vaccination, inoculation.

**vaccinable** [vaksinabl] *adj*: **à quel âge sont-ils ~s?** how old do they have to be before they can be vaccinated?

**vaccination** [vaksinasjɔ̃] *nf* vaccination, inoculation; **la ~ contre la rage est obligatoire** vaccination ou inoculation against rabies is compulsory.

**vaccine** [vaksin] *nf* cowpox, vaccinia *spéc.*

**vacciner** [3] [vaksine] *vt* **-1.** MÉD to vaccinate; **se faire ~ contre la rage** to get vaccinated against rabies. **-2.** *fig*: **je suis vacciné contre ce genre de remarque** I've become immune to that kind of remark; **plus de ski, je suis vaccinée pour un moment** no more skiing, I've had my fill of that for the time being.

**vache** [vaʃ] ◊ *adj fam* rotten, nasty; **faire un coup ~ à qqn** to play a dirty trick on sb; **c'est ~ de ta part** it's rotten of you; **allez, ne sois pas ~** come on, don't be rotten, come on, be a sport *Br*. ◊ *nf* **-1.** ZOOL cow; **~ laitière** ou **à lait** milker, dairy cow; **~ à lait** *fig* milch cow; **dans la famille, c'est moi qui suis la ~ à lait** *fam* I have to fork out for everybody in this family; **parler français comme une ~ espagnole** *fam* to murder the French language. **-2.** [cuir] cowhide. **-3.** [récipient]: **~ à eau** water bag. **-4.** *fam* [homme] swine; [femme] cow; **ah les ~s, ils ne m'ont pas invité!** the swines didn't invite me! □ **cette ~ de bagnole!**[V] that bloody car!; **une ~ de moto**[V] one hell of a motorbike. **-5.**[V] *arg crime* [policier] cop, pig. **-6.** *(comme interj)*: **(ah) la ~!** *fam* [étonnement] wow!, gosh!; [indignation, douleur] oh hell!

◆ **en vache** *loc adv* on the sly; **faire un coup en ~ à qqn** to stab sb in the back.

**vachement**[V] [vaʃmɑ̃] *adv* really, bloody *Br*, real *Am*; **elle est ~ belle, ta robe** that's a great dress you're wearing; **ça fait une sacrée différence! — oui, ~!** it makes a difference! — you can say that again!; **mais je t'assure qu'il t'aime — oui, ~!** *iron* but I'm telling you he loves you — like hell he does!

**Vache-qui-rit**® [vaʃkiri] *npr f*: **la ~** *famous brand of cheese spread triangles.*

**vacher, ère** [vaʃe, ɛr] *nm, f* cowboy (*f* cowgirl).

**vacherie** [vaʃri] *nf fam* **-1.** [caractère méchant] meanness, rottenness. **-2.** [acte] dirty ou rotten trick; **faire une ~ à qqn** to play a dirty ou rotten trick on sb. **-3.** [propos] nasty remark.

**vacherin** [vaʃrɛ̃] *nm* **-1.** [dessert] vacherin. **-2.** [fromage] vacherin cheese.

**vachette** [vaʃɛt] *nf* **-1.** [animal] young cow. **-2.** [peau] calfskin.

◆ **en vachette** *loc adj* calfskin *(modif)*.

**vacillant, e** [vasijɑ̃, ɑ̃t] *adj* **-1.** [titubant – démarche] unsteady, shaky. **-2.** [qui bouge – flamme] flickering. **-3.** [courage] faltering, wavering; [mémoire] failing, faltering; **sa raison ~e** her failing reason. **-4.** [caractère] wavering, irresolute, indecisive.

**vacillation** [vasijasjɔ̃] *nf* **-1.** [d'une lueur, d'une flamme] flickering. **-2.** *litt* [irrésolution] hesitations, hesitating.

**vacillement** [vasijmɑ̃] *nm* **-1.** [d'un poteau, d'une pile de livres] wobbling. **-2.** *fig* [indécision, doute] indecision, vacillating.

**vaciller** [3] [vasije] *vi* **-1.** [tituber – bébé] to totter; [– ivrogne] to sway, to stagger; **~ sur ses jambes** to be unsteady on one's legs; **elle vacilla sur ses jambes** her legs nearly gave way under her. **-2.** [chaise, pile de livres] to wobble. **-3.** [flamme] to flicker. **-4.** [raison, courage] to falter, to waver; [voix] to falter, to shake; [mémoire] to be failing, to falter; **elle n'a jamais vacillé dans ses prises de position** she has never wavered in her attitude.

**va-comme-je-te-pousse** [vakɔmʃtəpus]

◆ **à la va-comme-je-te-pousse** *loc adv fam* any old how.

**vacuité** [vakyite] *nf litt* **-1.** [vide] vacuity *litt*, emptiness. **-2.** [inanité] vacuity, vacuousness, inanity.

**vade-mecum** [vademekɔm] *nm inv litt* vade mecum.

**vadrouille** [vadruj] *nf* **-1.** *fam* [excursion] ramble, jaunt; **faire une ~ en Italie** to go off for a jaunt in Italy. **-2.** *Can* [balai] *long-handled mop used for dusting.*

◆ **en vadrouille** *loc adv*: **partir en ~** to go (off) on a jaunt; **il est toujours en ~ quelque part** he's always gadding about somewhere.

**vadrouiller** [3] [vadruje] *vi fam* to rove about.

**vadrouilleur, euse** [vadrujœr, øz] *nm, f fam* rover.

**va-et-vient** [vaevjɛ̃] *nm inv* **-1.** [circulation] comings and goings, toings and froings. **-2.** [aller et retour]: **faire le ~** to go back and forth ou backwards and forwards. **-3.** MÉCAN [latéral] to-and-fro motion; [vertical] up-and-down movement; **dispositif de ~** reciprocating device. **-4.** ÉLECTR: **interrupteur de ~** two-way switch. **-5.** [charnière de porte] helical hinge; **porte/battant à ~** swing door/panel. **-6.** [bac] small ferry ou ferryboat.

**vagabond, e** [vagabɔ̃, ɔ̃d] ◊ *adj* [mode de vie, personne] wandering, roving; [pensée] wandering, roaming. ◊ *nm, f* tramp, vagabond, vagrant.

**vagabondage** [vagabɔ̃daʒ] *nm* **-1.** [errance] roaming, roving, wandering. **-2.** JUR vagrancy.

**vagabonder** [3] [vagabɔ̃de] *vi* to wander, to roam; **ses pensées vagabondent sans parvenir à se fixer** *fig* her thoughts wander ou drift without any focus.

**vagin** [vaʒɛ̃] *nm* vagina.

**vaginal, e, aux** [vaʒinal, o] *adj* vaginal.

**vaginite** [vaʒinit] *nf* vaginitis.

**vagir** [32] [vaʒir] *vi* [crier – bébé] to cry, to wail.

**vagissant, e** [vaʒisɑ̃, ɑ̃t] *adj* crying.

**vagissement** [vaʒismɑ̃] *nm* cry.

**vague¹** [vag] *nf* **-1.** [dans la mer] wave; **grosse ~** roller; **courir dans les ~s** to run into the waves ou surf □ **~ de fond** *pr* & *fig* groundswell; **faire des ~s** *pr* & *fig* to make waves; **je ne veux pas de ~s** I don't want any scandal. **-2.** *litt* [des blés, des cheveux] wave, ripple; **effet de ~** ripple effect; ARCHIT waved motif. **-3.** [mouvement] wave; **~ de colère** wave ou surge of anger; **~ de protestations/grèves** wave of protest/strikes; **la première ~ de départs** the first wave of departures; **~ d'immigrants** wave of immigrants. **-4.** MÉTÉO: **~ de chaleur** heatwave; **~ de froid** cold spell.

**vague²** [vag] ◊ *adj* **-1.** [peu marqué – sourire, détail] vague; [– souvenir, connaissances] vague, hazy; [– contour, sensation] vague, indistinct; [vacant – regard, expression] vacant, abstracted; **avoir l'air ~** to look vague, to have a vacant expression (on one's face); **esquisser un ~ sourire** to smile faintly. **-2.** *(avant le nom)* [non précisé] vague; **un ~ cousin à moi** some distant cousin of mine; **ils ont eu une ~ liaison** they had some sort ou kind of an affair; **il habite du côté de la Grande Place — c'est plutôt ~!** he lives somewhere near the Grande Place — that's a bit vague! **-3.** VÊT loose, loose-fitting, generously-cut. **-4.** ANAT [nerf] vagal. ◊ *nm* **-1.** [flou] vagueness, indistinctness; [imprécision] vagueness; **laisser une question dans le ~** to be vague about a matter; **rester dans le ~** to be (as) vague (as possible), to avoid giving any details. **-2.** [vide]: **regarder dans le ~** to gaze vacantly into space ou the blue.

◆ **vague à l'âme** *nm* melancholy; **avoir du ~ à l'âme** to be melancholy.

**vaguelette** [vaglɛt] *nf* wavelet.

**vaguement** [vagmɑ̃] *adv* **-1.** [de façon imprécise] vaguely; **ils se ressemblent ~** they look vaguely alike, there is a vague resemblance between them; **tu as prévu le repas de ce soir? — ~!** have you thought of what to cook tonight? — sort of!; **elle est ~ actrice** *péj* she's some kind of actress. **-2.** [un peu] vaguely, mildly.

**vaguemestre** [vagmɛstr] *nm* MIL & NAUT mail orderly.

**vaguer** [3] [vage] *vi litt* [vagabonder – personne] to wander, to roam; [– pensée] to rove, to wander.

**vahiné** [vaine] *nf* Tahitian woman.

**vaillamment** [vajamɑ̃] *adv* valiantly, bravely, gallantly.

**vaillance** [vajɑ̃s] *nf* [courage – moral] courage, bravery, stout-heartedness; [– physique] valiance.

**vaillant, e** [vajɑ̃, ɑ̃t] *adj* **-1.** [courageux – moralement] courageous, brave, stout-hearted; [– physiquement] valiant. **-2.** [bien portant] strong, healthy; **il est encore ~** he's still in good health; **elle n'est plus bien ~e** she's not very strong these days.

**vain, e** [vɛ̃, vɛn] *adj* **-1.** [inutile] vain, fruitless, pointless; **tous nos efforts ont été ~s** all our efforts were fruitless ou in vain; **il est ~ de continuer** it is pointless to continue. **-2.** *litt* [superficiel] shallow, superficial; [vaniteux] vain, conceited. **-3.** *(avant le nom)* [serment, espérance] empty, vain; [promesse] empty, hollow, worthless; **socialisme n'est pas un ~ mot pour moi** to me, socialism is not an empty ou idle word. **-4.** JUR: **~e pâture** common grazing land.

◆ **en vain** *loc adv* in vain, vainly, fruitlessly.

**vaincre** [114] [vɛ̃kr] *vt* **-1.** [équipe, adversaire] to beat, to defeat; [armée] to defeat; **s'avouer vaincu** to admit defeat; **les joueurs partaient vaincus d'avance** the players felt beaten ou defeated before they began; **nous vaincrons!** we shall overcome! **-2.** [peur, douleur, inhibition] to overcome, to conquer, to master; [mal de tête, maladie] to overcome; [hostilité, réticences] to overcome, to triumph over *(insép)*; **toutes les résistances** to carry all before one; **être vaincu par le sommeil/la fatigue** to be overcome with sleep/

exhaustion.

**vaincu, e** [vɛ̃ky] ◇ *pp*→ **vaincre**. ◇ *nm, f* defeated man (*f* woman); **les ~s** the defeated, the vanquished *litt*; **les ~s ne participeront pas aux demi-finales** the losers will not take part in the semi-finals.

**vainement** [vɛnmɑ̃] *adv* in vain, vainly, fruitlessly.

**vainquais** [vɛ̃kɛ] *v*→ **vaincre**.

**vainqueur** [vɛ̃kœr] ◇ *adj m* winning, victorious, triumphant, conquering; **sortir ~ d'une épreuve** to emerge (as) the winner of a contest. ◇ *nm* [gagnant] SPORT winner; MIL victor.

**vainquis** [vɛ̃ki], **vainquons** [vɛ̃kɔ̃] *v*→ **vaincre**.

**vair** [vɛr] *nm* vair.

**vairon** [vɛrɔ̃] ◇ *adj m*: **yeux ~s** wall-eyes; **aux yeux ~s** wall-eyed. ◇ *nm* minnow ZOOL.

**vais** [vɛ] *v*→ **aller**.

**vaisseau, x** [vɛso] *nm* **-1.** [navire] ship, vessel; **~ amiral** flagship; **~ de guerre** warship, man-of-war; **~ fantôme** ghost ship. **-2.** ANAT vessel; **~ capillaire/lymphatique/ sanguin** capillary/lymphatic/blood vessel. **-3.** BOT vessel; **plantes à ~x** vascular plants. **-4.** ASTRONAUT: **~ spatial** spacecraft; **~ spatial habité** spaceship, manned spacecraft. **-5.** ARCHIT nave.

**vaisselier** [vɛsəlje] *nm* dresser *Br*, buffet *Am*.

**vaisselle** [vɛsɛl] *nf* **-1.** [service] crockery; **acheter de la belle ~** to buy some nice tableware ❏ **~ de porcelaine** china tableware. **-2.** [ustensiles sales] (dirty) dishes; **faire la ~** to do the washing-up *Br*, to do ou to wash the dishes.

**val, s** ou **vaux** [val, vo] *nm* [vallée] valley; **le Val d'Aoste** the Valle d'Aosta; **le Val de Loire** the Loire Valley, the Val de Loire.

**valable** [valabl] *adj* **-1.** [valide – ticket, acte] valid. **-2.** [acceptable – schéma, argument] valid, good; [– excuse, raison] valid, good, legitimate. **-3.** [excellent – musicien, athlète] really good; **trouver un interlocuteur ~** [gén] to find someone who'll know what you're talking about; POL to find an authorized representative.

**valablement** [valabləmɑ̃] *adv* **-1.** [à bon droit] validly, justifiably, legitimately; **peut-on ~ invoquer la légitime défense?** can we justifiably plead self-defence? **-2.** [efficacement] usefully.

**Valais** [valɛ] *npr m*: **le ~** Valais.

**valaisan, anne** [valɛzɑ̃, an] *adj* from Valais.

**Val-de-Grâce** [valdagras] *npr m*: **le ~** *military hospital in Paris*.

**valdinguer** [3] [valdɛ̃ge] *vi fam* [tomber]: **il est allé ~ contre le parcmètre** he went sprawling against the parking meter; **envoyer ~ qqch** to send sthg flying; **envoyer ~ qqn** to send sb packing.

**Valence** [valɑ̃s] *npr* [en Espagne] Valencia.

**valenciennes** [valɑ̃sjɛn] *nf* (Valenciennes) lace.

**valériane** [valerjan] *nf* valerian.

**valet** [valɛ] *nm* **-1.** [serviteur]: **jouer les ~s de comédie** THÉÂT to play servants ❏ **~ de chambre** manservant; **~ d'écurie** groom, stable boy; **~ de ferme** farm hand; **~ de pied** footman. **-2.** JEUX jack, knave; **~ de pique** jack ou knave of spades. **-3.** [cintre]: **~ (de nuit)** valet. **-4.** MENUIS clamp.

**valetaille** [valtaj] *nf litt & péj* flunkeys.

**valétudinaire** [valetydinɛr] *litt* ◇ *adj* valetudinarian, valetudinary. ◇ *nmf* valetudinarian.

**valeur** [valœr] *nf* **-1.** [prix] value, worth; **cette statue a-t-elle une quelconque ~?** is this statue worth anything?; **la ~ en a été fixée à 500 F** its value has been put at 500 F, it's been estimated to be worth 500 F; **prendre/perdre de la ~** to increase/to decrease in value; **estimer qqch au-dessus/au-dessous de sa ~** to overvalue/to undervalue sthg; **bijoux sans ~** ou **qui n'ont aucune ~** worthless jewels; **manuscrit d'une ~ inestimable** invaluable manuscript ❏ **mettre en ~** [terre] to exploit; [capital] to get the best return out of; [connaissances] to put to good use; [taille, minceur] to enhance; [talent, qualités] to bring out, to highlight; **le noir est la couleur qui me met le plus en ~** black is the colour that suits me best. **-2.** COMM, ÉCON, FIN & MATH value; **~ marchande/vénale** market/monetary value; **~ absolue** absolute value; **en ~ absolue** in absolute terms; **~ ajoutée** value added; **~ approchée** approximate value; **~ déclarée de-**

clared value; **~ d'échange** exchange value; **~ d'usage** use value; **~ refuge** [gén] sound ou safe investment; BOURSE **currency-safe investment. -3.** [importance subjective] value; **attacher** ou **accorder de la ~ aux traditions** to value ou to set store by traditions; **ton opinion n'a aucune ~ pour moi** as far as I'm concerned, your opinion is worthless; **la ~ sentimentale d'un collier** the sentimental value of a necklace. **-4.** [mérite] worth, merit; **avoir conscience de sa ~** to know one's own worth. **-5.** [bravoure] valiance, bravery. **-6.** *litt* [personne de mérite]: **une ~** a great name; **sûre: une ~ sûre de la sculpture française** one of the top French sculptors. **-7.** [validité – d'une méthode, d'une découverte] value; **sa déposition enlève toute ~ à la vôtre** her testimony renders yours invalid ou worthless. **-8.** [équivalent]: **donnez-lui la ~ d'une cuillère à soupe de sirop** give him the equivalent of a tablespoonful of syrup.

◆ **valeurs** *nfpl* **-1.** [normes morales] values; **~s morales/ sociales/familiales** moral/social/family values. **-2.** BOURSE: **~s (mobilières)** stocks and shares, securities; **~s à revenu fixe/variable** fixed/variable income securities; **~s disponibles** liquid ou tangible assets; **~s minières/pétrolières/ stannifères** mining/oil/tin shares.

◆ **de valeur** *loc adj* **-1.** COMM & FIN [bague, tableau] valuable; **des objets de ~** valuables, items of value, valuable items. **-2.** [de mérite]: **personnes de ~** people of merit; **un collaborateur de ~** a prized colleague.

**valeureusement** [valœrøzmɑ̃] *adv litt* bravely, gallantly, valiantly.

**valeureux, euse** [valœrø, øz] *adj litt* [vaillant] brave, gallant, valiant.

**validation** [validasjɔ̃] *nf* [d'un billet] validation; [d'un document] authentication.

**valide** [valid] *adj* **-1.** [permis, titre de transport] valid. **-2.** [bien portant] fit, (well and) strong; [non blessé] able-bodied; **il n'avait qu'un bras ~** he had only one good arm.

**validement** [validmɑ̃] *adv* validly.

**valider** [3] [valide] *vt* [traité] to ratify; [document] to authenticate; [testament] to prove, to probate *Am*; [billet, passeport] to validate.

**validité** [validite] *nf* **-1.** ADMIN & TRANSP validity; **durée de ~** period of validity; **proroger la ~ d'un visa** to extend a visa; **établir la ~ d'un document** to authenticate a document; **établir la ~ d'un testament** to prove ou to probate a will ❏ **date (limite) de ~** expiry date. **-2.** [bien-fondé – d'un argument, d'un témoignage] validity.

**valise** [valiz] *nf* **-1.** [bagage] suitcase, bag; **mes ~s** my suitcases ou bags ou luggage; **défaire ses ~s** to unpack (one's bags) ❏ **faire ses ~s** *pr* to pack (one's bags); **faire sa ~** ou **ses ~s** [partir] to pack one's bags and go. **-2.** *fam* [sous les yeux]: **avoir des ~s (sous les yeux)** to have bags under one's eyes. **-3.** JUR: **la ~ diplomatique** the diplomatic bag ou *Am* pouch; **expédier du courrier par la ~ diplomatique** to send mail via the diplomatic bag.

**vallée** [vale] *nf* **-1.** GÉOG valley; **les gens de la ~** people who live in the valley ❏ **~ glaciaire** ou **en U** glaciated ou U-shaped valley; **~ suspendue** hanging valley. **-2.** BIBLE: **cette ~ de larmes** *litt* this vale of tears.

**vallon** [valɔ̃] *nm* small valley.

**vallonné, e** [valɔne] *adj* undulating, hilly.

**valoche**▽ [valɔʃ] *nf* [valise] case, bag; *fig* [sous les yeux]: **avoir des ~s (sous les yeux)** to have bags under one's eyes.

**valoir** [60] [valwar] ◇ *vi* **-1.** [avoir tel prix] to be worth; **as-tu une idée de ce que peut ~ ce guéridon?** have you any idea how much this little table might be worth?; **une famille qui vaut plusieurs milliards de dollars** *fam* a family worth several billion dollars ‖ [coûter] to cost; **~ très cher** to cost a lot, to be very expensive, to be very dear; **ne pas ~ cher** to be cheap ou inexpensive; **ces gens-là ne valent pas cher** *fig* those people are just worthless ou contemptible. **-2.** [avoir telle qualité] to be worth; **que vaut ton jeune élève?** how good is your young pupil?; **je sais ce que je vaux** I know my worth ou what I'm worth; **que vaut une vie d'artiste sans la reconnaissance du public?** what's the point of being an artist without public recognition?; **ne rien ~: son idée/ projet ne vaut rien** her idea/project is worthless; **quand je manque de sommeil, je ne vaux rien** if I haven't had enough sleep I'm useless; **ne pas ~ grand-chose:**

l'émission d'hier ne valait pas grand-chose yesterday's programme wasn't up to much; ~ **mieux que**: elle vaut mieux que la réputation qu'on lui fait she's much better than her reputation would suggest; **vous ne valez pas mieux l'un que l'autre** you're as bad as each other; **et il t'a quittée?** tu vaux mieux que ça and he left you? you deserve better than that. **-3.** ~ **par** [tirer sa valeur de]: **ma bague ne vaut que par les souvenirs qu'elle représente** my ring has only sentimental value; **son initiative vaut surtout par son audace** the main merit of his initiative is its boldness. **-4.** [être valable, applicable]: ~ **pour** to apply to, to hold for; **le règlement vaut pour tout le monde** the rules hold for everyone. **-5.** COMM: **à** ~ **sur**: **il y a 25 francs à** ~ **sur votre prochain achat** you'll get 25 francs off your next purchase; **verser un acompte à** ~ **sur une somme** to pay a deposit to be set off against a sum. **-6.** loc: **faire** ~ [argument] to emphasize, to put forward (sép); [opinion, raisons] to put forward (sép); [droit] to assert, to enforce; [qualité] to highlight, to bring out (sép); **faire** ~ **ses droits à la retraite** to provide evidence for one's entitlement to a pension; **elle fait** ~ **sa fille** she pushes her daughter forward; **se faire** ~ to show o.s. to advantage; **faire** ~ **un capital** ÉCON to turn a sum of money to (good) account, to make a sum of money yield a good profit; **faire** ~ **des terres/une propriété** to derive profit from land/a property ‖ (tournure impersonnelle): **il vaut mieux, mieux vaut**: dans ce cas, mieux vaut s'abstenir in that case, it's better to do nothing; **il vaut mieux ne pas répondre** it's best OU better not to answer; **il vaudrait mieux que tu y réfléchisses** you'd do better to OU you should think about it; **ça vaut mieux**: appelle le médecin, **ça vaut mieux** it would be better OU safer if you called the doctor; je **vais lui dire — je crois que ça vaut mieux** I'm going to tell him — I think that would be the best thing to do; **ça vaut mieux ainsi/pour lui** it's better that way/for him; **je vais te rembourser — ça vaudrait mieux pour toi!** I'll pay you back — you'd better!

◇ vt **-1.** [procurer]: ~ **qqch à qqn** to earn sb sthg, to bring sthg to sb; **ses efforts lui ont valu une médaille aux jeux Olympiques** his efforts earned him a medal at the Olympic Games; **tous les soucis que m'a valus ce club** all the worries that club cost me; **voilà ce que ça m'a valu de l'aider!** that's all I got for helping her!; **qu'est-ce qui me vaut l'honneur/le plaisir de ta visite?** to what do I owe the honour/pleasure of your visit?; **l'émission d'hier soir nous a valu une avalanche de coups de téléphone** we were deluged with telephone calls after last night's programme; **ne rien** ~ **à qqn** [ne pas lui convenir] to be no good for sb, not to agree with sb, not to suit sb; **son exploit lui a valu d'être admiré par tous** his achievement earned him widespread admiration. **-2.** [représenter] to be equivalent to, to be worth; **un essai vaut trois points** a try is worth three points; **chaque faute de grammaire vaut quatre points** you lose four points for each grammatical mistake. **-3.** [mériter] to be worth; **le village vaut le détour/déplacement** the village is worth the detour/journey; **ça vaut le coup d'œil** it's worth seeing; **sa cuisine vaut d'être goûtée** her cooking's worth sampling; **l'enjeu de l'affaire vaut que l'on prenne le temps de la réflexion** it's worth taking time to reflect when you see what's at stake in the deal ❏ ~ **la peine** OU **le coup** [rien ne] to be worth it, to be worthwhile; **ça vaut le coup d'essayer** it's worth trying OU a try; **quand je paie 250 F pour un spectacle, je veux que ça en vaille la peine** if I spend 250 F on a show I like to get my money's worth; **j'ai gagné 20 000 F — dis donc, ça vaut le coup!** I won 20,000 F — well, that was certainly worth it!; **à ce prix-là, ça vaut le coup** at that price, you can't go wrong. **-4.** [dans une comparaison] to be as good as, to match up (to); **son idée en vaut une autre** her idea is as good as any other; **tu la vaux largement** you're every bit as good as her; **ah, rien ne vaut les confitures de grand-mère!** there's nothing like grandma's jam!; **ça ne vaut pas Éric, tu sais ce qu'il m'a dit?** fam what about Eric then? do you know what he told me?

◆ **se valoir** vp (emploi réciproque) to be equivalent to; **nous nous valons au sprint** we're both equally good (as) sprinters; **vous vous valez bien!** you're both as bad as each other!; **tu vas voter Dupond ou Dufort? — tout ça se vaut!** are you going to vote Dupond or Dufort? — it's six of one and half a dozen of the other OU it's all the same thing!

◆ **vaille que vaille** loc adv somehow (or other).

**valorisant, e** [valɔrizɑ̃, ɑ̃t] adj **-1.** [satisfaisant moralement]: **il fait un travail** ~ his work brings him a lot of job satisfaction. **-2.** [donnant du prestige]: **une situation** ~e a situation which increases one's prestige.

**valorisation** [valɔrizasjɔ̃] nf **-1.** ÉCON [mise en valeur] economic development; [valeur] enhanced value.

**valoriser** [3] [valɔrize] vt **-1.** ÉCON [région] to develop the economy of; **une nouvelle gare valorisera les terrains avoisinants** a new railway station will enhance the value of local land. **-2.** [augmenter le prestige de]: **son succès l'a valorisé aux yeux de ses amis** his success has increased his standing in the eyes of his friends; **cherchez un travail qui vous valorise** look for a job which will give you personal satisfaction.

**valse** [vals] nf **-1.** DANSE waltz; ~ **viennoise** Viennese waltz. **-2.** fam [succession rapide] (game of) musical chairs; **la** ~ **des ministres** ministerial musical chairs. **-3.** fam [modification]: **la** ~ **des prix** OU **étiquettes** spiralling prices.

**valse-hésitation** [valsezitasjɔ̃] (pl **valses-hésitations**) nf [tergiversation] shilly-shallying, dithering (about).

**valser** [3] [valse] vi **-1.** [danser] to waltz; **faire** ~ **qqn** to waltz with sb. **-2.** fam [tomber] to career, to hurtle; **envoyer** ~ **qqch** to send sthg flying; **envoyer** ~ **qqn** to show sb the door ❏ **faire** ~ **l'argent** OU **les billets** to throw money about OU around. **-3.** fam: **faire** ~ **le personnel** [déplacer, congédier] to play musical chairs with the staff fig.

**valseur, euse** [valsœr, øz] nm, f waltzer.

◆ **valseuses**▼ nfpl balls.

**valu, e** [valy], **valus** [valy] v → **valoir**.

**valve** [valv] nf **-1.** ANAT, BOT & ZOOL valve. **-2.** TECH [clapet] valve; [soupape à clapet] valve. **-3.** ÉLECTRON valve.

**valvule** [valvyl] nf **-1.** ANAT valve. **-2.** BOT valve, valvule.

**vamp** [vɑ̃p] nf vamp.

**vamper** [3] [vɑ̃pe] vt fam to vamp.

**vampire** [vɑ̃pir] nm **-1.** [mort] vampire. **-2.** litt & péj [parasite] vampire, vulture, bloodsucker. **-3.** ZOOL vampire bat.

**vampiriser** [3] [vɑ̃pirize] vt **-1.** [suj: vampire] to suck the blood of. **-2.** fam [dominer] to have under one's sway, to subjugate.

**vampirisme** [vɑ̃pirism] nm **-1.** [croyance, pratique] vampirism. **-2.** litt [rapacité] vampirism.

**van** [vɑ̃] nm **-1.** [corbeille] winnowing basket, fan. **-2.** [véhicule] horse box Br OU trailer Am.

**vandale** [vɑ̃dal] nmf **-1.** [voyou] vandal. **-2.** HIST Vandal.

**vandaliser** [3] [vɑ̃dalize] vt to vandalize.

**vandalisme** [vɑ̃dalism] nm vandalism, hooliganism; **commettre des actes de** ~ to commit acts of vandalism.

**vanille** [vanij] nf vanilla.

◆ **à la vanille** loc adj vanilla (modif), vanilla-flavoured.

**vanillé, e** [vanije] adj vanilla-flavoured.

**vanillier** [vanije] nm vanilla plant.

**vanilline** [vanilin] nf vanillin.

**vanité** [vanite] nf **-1.** [orgueil] vanity, pride, conceit; **tirer** ~ **de qqch** to pride o.s. on sthg, to take pride in sthg; **sans** ~, **je crois pouvoir faire mieux** with all due modesty OU without wishing to boast, I think I can do better. **-2.** [futilité] pointlessness, futility.

**vaniteux, euse** [vanitø, øz] ◇ adj [orgueilleux] vain, conceited, self-important. ◇ nm, f conceited man (f woman).

**vanity-case** [vanitikɛz] (pl **vanity-cases**) nm vanity case.

**vanne** [van] nf **-1.** [d'une écluse] sluicegate; [d'un moulin] hatch. **-2.** [robinet] stopcock. **-3.** fam [plaisanterie] dig, jibe; **lancer** OU **envoyer une** ~ **à qqn** to have a dig at sb.

**vanné, e** [vane] adj fam worn out, beat; **je suis** ~! I've had it!, I'm beat!

**vanneau, x** [vano] nm green plover, peewit.

**vanner** [3] [vane] vt **-1.** AGR to winnow. **-2.** fam [épuiser] to wear out (sép).

**vannerie** [vanri] nf [tressage] basket work, basketry; **faire de la** ~ [paniers] to weave baskets.

◆ **en vannerie** loc adj wicker, wickerwork (modif).

**vanneur, euse** [vanœr, øz] nm, f winnower.

**vannier** [vanje] nm basket maker.

**vantail, aux** [vɑ̃taj, o] *nm* [de porte] leaf; [de fenêtre] casement; **porte à double ~** ou **à vantaux** stable *Br* ou Dutch *Am* door.

**vantard, e** [vɑ̃tar, ard] ◊ *adj* boastful, boasting, bragging. ◊ *nm, f* bragger, braggart.

**vantardise** [vɑ̃tardiz] *nf* **-1.** [glorification de soi] boastfulness, bragging. **-2.** [remarque] boast.

**vanter** [3] [vɑ̃te] *vt* [louer, exalter] to praise; *sout* to extol; **~ les mérites de qqch** to sing the praises of sthg; **~ les mérites de qqn** to sing sb's praises ❏ **~ sa marchandise** *hum* to boast.

◆ **se vanter** *vpi* to boast, to brag; **se ~ de:** il s'est vanté de gagner la course he boasted that he would win the race; il s'est vanté d'avoir gagné la course he bragged that he had won the race; elle l'a fait renvoyer mais elle ne s'en vante pas she had him fired, but she keeps quiet about it; il n'y a pas de quoi se ~ this is nothing to be proud of ou to boast about; sans (vouloir) me ~, j'avais déjà compris I don't wish to boast, but I'd got the idea already.

**Vanuatu** [vanwatu] *npr* Vanuatu.

**va-nu-pieds** [vanypje] *nmf inv péj* [clochard] tramp, beggar.

**vapes** [vap] *nfpl fam:* **être dans les ~** [évanoui] to be out for the count; [rêveur] to be miles away; je suis encore un peu dans les **~** I'm still in a daze; elle est constamment dans les **~** her head is always in the clouds; **tomber dans les ~** [s'évanouir] to pass out, to faint.

**vapeur** [vapœr] ◊ *nf* **-1.** [gén] steam; **~ (d'eau)** steam, (water) vapour; **~ atmosphérique** atmospheric vapour. **-2.** CHIM & PHYS vapour; **~ sèche/saturante** dry/saturated vapour; **~s de pétrole** petrol *Br* ou gas *Am* fumes. **-3.** *litt* [brouillard] haze, vapour *litt*. ◊ *nm* NAUT steamship, steamer.

◆ **vapeurs** *nfpl vieilli:* avoir des ou ses **~s** to have a fit of the vapours.

◆ **à la vapeur** *loc adv & adj:* ça marche à la **~** it's steam-driven; **cuit à la ~** steam-cooked; **cuire des légumes à la ~** to steam vegetables; **repassage à la ~** steam ironing.

◆ **à toute vapeur** *loc adv fam:* **aller à toute ~** [navire] to sail full steam ahead; [train] to go full steam ahead ou at full speed; *fig* to go as fast as one can.

◆ **à vapeur** *loc adj* steam *(modif)*, steam-driven; **machine à ~** steam engine; **bateau à ~** steamboat; **train à ~** steam train; **marine à ~** steamers, steamships.

**vapocuiseur** [vapokɥizœr] *nm* pressure cooker.

**vaporeux, euse** [vapɔrø, øz] *adj* **-1.** [voilé – lumière, paysage] hazy, misty. **-2.** [léger – tissu] filmy, diaphanous; [– robe] flimsy.

**vaporisateur** [vapɔrizatœr] *nm* **-1.** [pulvérisateur] spray; [atomiseur] spray, atomizer; **parfum en ~** spray perfume. **-2.** TECH [échangeur] vaporizer.

**vaporisation** [vapɔrizasjɔ̃] *nf* **-1.** [pulvérisaton] spraying. **-2.** TECH vaporization.

**vaporiser** [3] [vapɔrize] *vt* **-1.** [pulvériser] to spray. **-2.** TECH [volatiliser] to vaporize.

◆ **se vaporiser** *vpi* to vaporize, to turn to vapour.

**vaquer** [3] [vake] *vi* ADMIN [être en vacances] to be on vacation.

◆ **vaquer à** *v + prép sout* to attend to, to see to; **~ à ses occupations** to attend to ou to go about one's business; **~ aux tâches ménagères** to see to ou to attend to the household chores.

**varappe** [varap] *nf* [activités] rock climbing; [course] rock climb; **faire de la ~** to go rock-climbing.

**varapper** [3] [varape] *vi* to rock-climb, to go rock-climbing.

**varech** [varɛk] *nm* kelp, varec.

**vareuse** [varøz] *nf* **-1.** NAUT pea jacket. **-2.** COUT loose-fitting jacket.

**variable** [varjabl] ◊ *adj* **-1.** [changeant – temps] unsettled; [– taux] variable; **être d'humeur ~** to be moody. **-2.** GRAMM: **mot ~** inflected ou inflectional word; **mot ~ en genre/nombre** word inflected in gender/number. **-3.** [varié – composition, forme] varied, diverse. **-4.** ASTRON [étoile] variable. ◊ *nf* CHIM, ÉCON, MATH & PHYS variable; **~ aléatoire/discrète/continue** random/discrete/continuous variable. ◊ *nm* MÉTÉO: **le baromètre est au «~»** the barometer is at ou reads 'change'.

**variance** [varjɑ̃s] *nf* variance.

**variante** [varjɑ̃t] *nf* **-1.** [gén & LING] variant; **la 305 est une ~ du modèle précédent** the 305 is a variation on the previous model. **-2.** [aux échecs] opening move.

**variateur** [varjatœr] *nm* **-1.** MÉCAN: **~ de vitesse** speed variator. **-2.** ÉLECTR dimmer (switch).

**variation** [varjasjɔ̃] *nf* **-1.** [fluctuation] variation, change; **~ d'intensité/de. poids** variation in intensity/weight; **pour vos plantes, attention aux ~s de température** your plants do not like changes in temperature ❏ **en fonction des ~s saisonnières** ÉCON on a seasonally adjusted basis. **-2.** MUS variation; **~ sur un thème de Paganini** variation on a theme by Paganini. **-3.** ASTRON variation. **-4.** BIOL variation.

◆ **variations** *nfpl* [modifications] changes, modifications.

**varice** [varis] *nf* varicose vein, varix *spéc*; **avoir des ~s** to have varicose veins.

**varicelle** [varisɛl] *nf* chickenpox, varicella *spéc*.

**varié, e** [varje] *adj* **-1.** [non uniforme – style, répertoire] varied; **une gamme ~e de papiers peints** a wide range of wallpapers. **-2.** *(au pl)* [différents] various, diverse, miscellaneous; **objets divers et ~s** various ou miscellaneous objects; **hors-d'œuvre ~s** CULIN selection of hors d'oeuvres. **-3.** MUS: **thème ~** theme and variations.

**varier** [9] [varje] ◊ *vt* [diversifier – cursus, menu, occupations] to vary, to diversify; **pour ~ les plaisirs** just for a change ❏ **~ le menu** *pr* to vary the (basic) menu; *fig* to ring the changes. ◊ *vi* **-1.** [changer – temps, poids, humeur] to vary, to change; **les produits varient en qualité** products vary in quality; **les prix varient de 50 à 150 F** prices vary ou range from 50 to 150 F. **-2.** MATH: **faire ~ une fonction** to vary a function. **-3.** [diverger] to differ; **les médecins varient dans le choix du traitement** doctors differ in ou are at variance on the choice of the treatment.

**variété** [varjete] *nf* **-1.** [diversité] variety, diversity; **nos châles existent dans une ~ de coloris** our shawls come in a variety ou a wide range of colours. **-2.** [sorte, genre] variety, kind, sort, type; **toutes les ~s possibles et imaginables d'escroquerie** every conceivable type of swindle. **-3.** BOT variety; [de maïs, de blé] (crop) strain; **les ~s cultivées** cultivars. **-4.** MUS: **la ~** [industrie] the commercial music business; [genre] commercial music.

◆ **variétés** *nfpl* LITTÉRAT miscellanies; MUS easy listening, light music.

◆ **de variétés** *loc adj* [spectacle, émission] variety; [musique] light; **disque de ~s** easy listening ou light music record.

**variions** [varjɔ̃] *v* → **varier**.

**variole** [varjɔl] *nf* smallpox, variola *spéc*.

**variqueux, euse** [varikø, øz] *adj* varicose.

**varois, e** [varwa, az] *adj* from the Var.

**Varsovie** [varsɔvi] *npr* Warsaw; **le pacte de ~** the Warsaw Pact.

**vas** [va] *v* → **aller**.

**vasculaire** [vaskyler] *adj* ANAT & BOT vascular.

**vascularisation** [vaskylarizasjɔ̃] *nf* **-1.** MÉD vascularization. **-2.** ANAT vascularity.

**vase** [vaz] ◊ *nf* [boue] mud, silt, sludge; **banc de ~** mudbank. ◊ *nm* **-1.** [récipient décoratif] vase. **-2.** CHIM & PHYS vessel; **~ d'expansion** expansion bottle ou tank. **-3.** **~ de nuit** chamber pot.

◆ **en vase clos** *loc adv:* **nous vivions en ~ clos** we led an isolated existence; **la recherche ne peut se faire en ~ clos** research cannot be carried out in isolation ou in a vacuum.

**vasectomie** [vazɛktɔmi] *nf* vasectomy.

**vaseline** [vazlin] *nf* petroleum jelly, Vaseline®.

**vaseux, euse** [vazø, øz] *adj* **-1.** [boueux] muddy, silty, sludgy. **-2.** *fam* [confus – idée, plan] hazy, woolly. **-3.** *fam* [malade]: **se sentir tout ~** [affaibli] to feel under the weather, to feel off colour; [étourdi] to feel woozy. **-4.** *fam* [médiocre]: **ses blagues vaseuses** his pathetic jokes.

**vasistas** [vazistas] *nm* fanlight, transom *Am*.

**vasoconstricteur, trice** [vazokɔ̃striktœr, tris] *adj* vasoconstrictor.

**vasodilatateur, trice** [vazɔdilatatœr, tris] *adj* vasodilator.

**vasodilatation** [vazɔdilatasjɔ̃] *nf* vasodilation.

**vasomoteur, trice** [vazɔmɔtœr, tris] *adj* vasomotor.

**vasouiller** [3] [vazuje] *vi fam* to flounder.

**vasque** [vask] *nf* **-1.** [bassin] basin (of fountain). **-2.** [coupe] bowl.

**vassal, e, aux** [vasal, o] *adj* vassal *(modif)*.

◆ **vassal, aux** *nm* vassal.

**vaste** [vast] *adj* **-1.** [immense – vêtement] enormous, huge; [– domaine, sujet] vast, far-reaching; [– palais, gouffre] vast, huge, immense. **-2.** [de grande ampleur] huge.

**Vatican** [vatikɑ̃] *npr m*: **le ~** the Vatican; **l'État de la cité du ~** Vatican City; **au ~** in Vatican City.

**vaticiner** [3] [vatisine] *vi litt* to vaticinate.

**va-tout** [vatu] *nm inv*: **jouer son ~** to risk *ou* to stake one's all.

**vauclusien, enne** [voklyzjɛ̃, ɛn] *adj* from the Vaucluse.

**vaudeville** [vodvil] *nm* vaudeville, light comedy.

**vaudevillesque** [vodvilɛsk] *adj* **-1.** THÉÂT vaudeville *(modif)*. **-2.** [grotesque] farcical, ludicrous, preposterous.

**vaudois, e** [vodwa, az] *adj* **-1.** GÉOG from the canton of Vaud. **-2.** HIST & RELIG Waldensian.

◆ **Vaudois, e** *nm, f* **-1.** GÉOG Vaudois. **-2.** HIST & RELIG Waldensian.

**vaudou, e** [vodu] *adj* voodoo.

◆ **vaudou** *nm* voodoo, voodooism.

**vaudra** [vodra] *v* → **valoir**.

**vau-l'eau** [volo]

◆ **à vau-l'eau** *loc adv*: **aller à ~** [barque] to go with the stream *ou* current; [affaire, projet] to be going downhill *ou* to the dogs.

**vaurien, enne** [vorjɛ̃, ɛn] *nm, f* **-1.** [voyou] good-for-nothing, scoundrel, rogue. **-2.** [enfant]: **petit ~!** you little devil!

**vaut** [vo] *v* → **valoir**.

**vautour** [votur] *nm* **-1.** ORNITH vulture. **-2.** [personne cupide] vulture, shark.

**vautré, e** [votre] *pp*: **il était ~ sur son lit** he was sprawling on his bed.

**vautrer** [3] [votre]

◆ **se vautrer** *vpi* **-1.** [se rouler] to wallow. **-2.** [s'affaler] to sprawl, to be sprawled; **se ~ dans un fauteuil** to loll in an armchair.

**vaux** [vo] *v* → **valoir**.

**va-vite** [vavit]

◆ **à la va-vite** *loc adv* in a rush *ou* hurry; **travail fait à la ~** slapdash work.

**vd** *abr écrite de* **vend**.

**VDQS** *(abr de* **vin délimité de qualité supérieure)** *nm* label indicating quality of wine.

**vds** *abr écrite de* **vends**.

**veau, x** [vo] *nm* **-1.** ZOOL calf; **le ~ d'or** BIBLE the golden calf; **adorer le ~ d'or** *fig* to worship Mammon. **-2.** CULIN veal; **escalope/côtelette de ~** veal escalope/cutlet; **foie/pied de ~** calf's liver/foot. **-3.** [cuir] calf, calfskin. **-4.** *fam & péj* [personne] lump, clot *Br*; [voiture] banger *Br*, old crate *Am*.

◆ **en veau** *loc adj* calf, calfskin *(modif)*.

**vécés** [vese] *nmpl fam* [toilettes]: **les ~** the loo *Br*, the john *Am*.

**vecteur** [vɛktœr] *nm* **-1.** MATH vector. **-2.** MÉD carrier, vector. **-3.** MIL carrier.

**vectoriel, elle** [vɛktɔrjɛl] *adj* vector *(modif)*, vectorial.

**vécu, e** [veky] ◇ *pp* → **vivre.** ◇ *adj* **-1.** [réel] real, real-life, true; **c'est une histoire ~e** it's a true story. **-2.** PHILOS: **temps ~, durée ~e** time as experienced.

◆ **vécu** *nm*: **le ~ de qqn** sb's (real-life) experiences.

**vécus** [veky] *v* → **vivre**.

**vedettariat** [vədetarja] *nm* stardom; **accéder au ~** to achieve stardom *ou* star-status.

**vedette** [vədet] *nf* **-1.** [artiste] star; **~ du petit écran/du cinéma** TV/film star ❑ **~ américaine** *performer who warms up the audience for the main star.* **-2.** [célébrité] star, celebrity; **une ~ de la politique/du rugby** a big name in politics/rugby ❑ **présentateur-~** star presenter; **produit ~** leading product. **-3.** [première place]: **avoir** *ou* **tenir la ~** THÉÂT to top the bill, to have star billing; *fig* to be in the limelight; **partager la ~ avec qqn** THÉÂT to share star billing with sb; *fig* to share the limelight with sb; **ravir** *ou* **souffler la ~ à qqn** to upstage sb. **-4.** NAUT launch; **~ de la douane** customs patrol boat. **-5.** MIL sentinel. **-6.** [dans un texte] heading; [dans un dictionnaire] headword.

◆ **en vedette** *loc adv*: **mettre qqn/qqch en ~** to put the spotlight on sb/sthg.

**vedettisation** [vədetizasjɔ̃] *nf*: **la ~ de qqn** turning sb into a celebrity.

**végétal, e, aux** [veʒetal, o] *adj* [fibre] plant; [huile] vegetable.

◆ **végétal, aux** *nm* plant, vegetable.

**végétalien, enne** [veʒetaljɛ̃, ɛn] *adj & nm, f* vegan.

**végétalisme** [veʒetalism] *nm* veganism.

**végétarien, enne** [veʒetarjɛ̃, ɛn] *adj & nm, f* vegetarian.

**végétarisme** [veʒetarism] *nm* vegetarianism.

**végétatif, ive** [veʒetatif, iv] *adj* **-1.** ANAT, BOT & MÉD vegetative. **-2.** [inactif]: **mener une vie végétative** to sit around all day.

**végétation** [veʒetasjɔ̃] *nf* BOT vegetation; **des arbres en pleine ~** trees in full growth.

◆ **végétations** *nfpl* MÉD: **~s (adénoïdes)** adenoids.

**végéter** [18] [veʒete] *vi* to vegetate, to stagnate; **le marché végète** trading is slow.

**véhémence** [veemɑ̃s] *nf* vehemence.

◆ **avec véhémence** *loc adv* vehemently, passionately.

**véhément, e** [veemɑ̃, ɑ̃t] *adj* [plaidoyer] vehement, passionate; [dénégation] vehement, vociferous.

**véhiculaire** [veikylɛr] *adj* → **langue**.

**véhicule** [veikyl] *nm* **-1.** TRANSP vehicle; **~ automobile/hippomobile** motor/horse-drawn vehicle; **~ utilitaire** commercial vehicle; **~ à deux roues** two-wheeler; **~ spatial** spacecraft, spaceship; '**~ lent**' 'slow vehicle'. **-2.** [moyen de transmission] vehicle; **le ~ de** a vehicle for. **-3.** BX-ARTS & PHARM vehicle. **-4.** RELIG: **petit ~** Hinayana; **grand ~** Mahayana.

**véhiculer** [3] [veikyle] *vt* **-1.** TRANSP to convey, to transport. **-2.** [transmettre – idée, message] to convey, to serve as *ou* to be a vehicle for.

**veille** [vɛj] *nf* **-1.** [jour d'avant]: **la ~, je lui avais dit...** the day before, I'd said to him...; **la ~ au soir** the night before; **la ~ de** the eve of, the day before; **la ~ de Noël** Christmas Eve; **la ~ du jour de l'an** New Year's Eve; **la ~ de son départ/sa mort** the day before he left/died; **à la ~ de:** **à la ~ des présidentielles/de la visite du pape** on the eve of the presidential elections/of the Pope's visit; **on était à la ~ d'entrer en guerre** we were on the brink of war *ou* on the point of declaring war. **-2.** [éveil]: **état de ~** waking state; **être entre la ~ et le sommeil** between waking and sleeping. **-3.** [garde] vigil; MIL night watch; **homme de ~** NAUT lookout.

**veillée** [veje] *nf* **-1.** [soir] evening. **-2.** [réunion] evening gathering; **faire une ~ autour d'un feu** to spend the evening round a fire. **-3.** [en colonie de vacances] evening activities. **-4.** [garde] vigil, watch; **~ d'armes** HIST knightly vigil; **c'est notre ~ d'armes avant le concours** *fig* it's the last night before our exam.

**veiller** [4] [veje] ◇ *vt* [un malade] to watch over, to sit up with; [un mort] to keep watch *ou* vigil over. ◇ *vi* **-1.** [rester éveillé] to sit *ou* to stay up *(insép)*; **ne veille pas trop tard** don't stay up too late. **-2.** [être de garde] to keep watch, to be on watch. **-3.** [être sur ses gardes] to be watchful *ou* vigilant. **-4.** [passer la soirée] to spend the evening in company.

◆ **veiller sur** *v + prép* [surveiller – enfant] to watch (over), to look after, to take care of; [– santé] to watch, to take care of.

◆ **veiller à** *v + prép* to see to; **~ aux intérêts du pays** to attend to *ou* to see to *ou* to look after the interests of the country; **je veillais au bon déroulement des opérations** I saw to it that everything was running smoothly; **veillez à ce qu'il ne tombe pas** be careful *ou* watch that he doesn't fall; **je veillerai à ce qu'elle arrive à l'heure** I'll see (to it) *ou* make sure that she gets there on time; **veillez à ne pas refaire la même faute** take care *ou* be careful not to make the same mistake again ❑ **~ au grain** to keep one's weather eye open.

**veilleur** [vejœr] *nm* **-1.** MIL [soldat] lookout. **-2.** [gardien]: **~ de nuit** night watchman.

**veilleuse** [vejøz] *nf* [lampe] night-light; [flamme] pilot light; **mettre en ~** [lumière] to dim, to turn down low; *fam & fig* [projet] to put off temporarily, to put on the back-burner, to shelve; **mets-la en ~!** *fam* just pipe down, will you!

◆ **veilleuses** *nfpl* AUT sidelights.

**veinard, e** [vɛnar, ard] *fam* ◇ *adj* [chanceux] lucky, jammy *Br*.

◇ *nm, f* lucky devil ou so-and-so; **sacré** ~, **va!** you lucky devil!

**veine** [vɛn] *nf* -**1.** ANAT vein; **s'ouvrir les** ~**s** to slash one's wrists ❏ ~ **cave** vena cava. -**2.** [d'un minerai] vein, lode; [du bois] grain; [d'une feuille] vein. -**3.** [inspiration] vein, inspiration; **les deux récits sont de la même** ~ the two stories are in the same vein. -**4.** *fam* [chance] luck; **avoir de la** ~ to be lucky; **quel coup de** ~! what a stroke of luck!, what a fluke!; **pas de** ~! hard ou tough luck!; **c'est bien ma** ~! *iron* just my luck! ❏ **avoir une** ~ **de cocu**▽ ou **de pendu** to have the luck of the devil. -**5.** *loc:* **être en** ~ **de générosité** to be in a generous mood; **je suis en** ~ **d'inspiration ce matin** I'm feeling inspired this morning.

**veiné, e** [vene] *adj* [bras, main] veiny; [bois] grained; [feuille, marbre] veined.

**veiner** [4] [vene] *vt* to vein.

**veineux, euse** [venø, øz] *adj* -**1.** ANAT venous. -**2.** [strié – bois] grainy.

**veinule** [venyl] *nf* venule, veinlet.

**veinure** [venyr] *nf* veining.

**vélaire** [velɛr] *adj & nf* velar.

**velche** [vɛlʃ] *Helv* ◇ *adj* French-speaking Swiss. ◇ *nmf* French-speaking Swiss (*person*).

**Velcro®** [velkro] *nm* Velcro®.

**vêler** [4] [vele] *vi* to calve.

**vélin** [velɛ̃] *nm* -**1.** [parchemin] vellum. -**2.** [en papeterie] → **papier**.

**véliplanchiste** [veliplɑ̃ʃist] *nmf* windsurfer.

**velléitaire** [veleitɛr] ◇ *adj* indecisive. ◇ *nmf:* **c'est une** ~ she has ideas but never carries them through.

**velléité** [veleite] *nf* vague desire, stray impulse; **il lui vient des** ~**s de repeindre la cuisine** she sometimes gets the urge to redecorate the kitchen (but never gets round to it); **des** ~**s littéraires** a vague desire to write.

**vélo** [velo] *nm* -**1.** [bicyclette] bike, bicycle; **faire du** ~, **monter à** ~ to ride a bike; **aller à** ~ to go by bike, to cycle; **on a fait un tour à** ~ we went for a ride (on our bikes) ❏ ~ **d'appartement** exercise bike; ~ **de course** racing bike; ~ **tout terrain** mountain bike. -**2.** LOISIRS & SPORT: **le** ~ cycling.

**véloce** [velɔs] *adj litt* [rapide] swift, fleet *litt*; [agile] nimble, deft.

**vélocité** [velɔsite] *nf* -**1.** *litt* [rapidité] velocity, speed, swiftness. -**2.** PHYS velocity.

**vélocross** [velɔkrɔs] *nm* cyclo-cross; **faire du** ~ to go cross-country cycling.

**vélodrome** [velɔdrom] *nm* velodrome.

**vélomoteur** [velɔmɔtœr] *nm* lightweight motorcycle, moped *Br*.

**véloski** [velɔski] *nm* skibob.

**velours** [vəlur] *nm* TEXT velvet; ~ **côtelé**, ~ **à côtes** corduroy; **pantalons en** ~ **côtelé** ou ~ **à côtes** corduroy trousers, cords.

**velouté, e** [vəlute] *adj* -**1.** [doux – peau] velvet (*modif*), silky. -**2.** TEXT [tissu] raised-nap (*modif*); [papier peint] flocked.
◆ **velouté** *nm* -**1.** CULIN [potage] cream soup; [sauce] velouté (sauce). -**2.** [douceur – de la peau] velvetiness, silkiness.

**velouter** [3] [vəlute] *vt* -**1.** TEXT to raise, to nap. -**2.** [papier peint] to flock.
◆ **se velouter** *vpi* [voix] to soften.

**velouteux, euse** [vəlutø, øz] *adj* velvety, soft, silky.

**Velpeau** [velpo] *npr* → **bande**.

**velu, e** [vəly] *adj* -**1.** [homme, poitrine] hairy. -**2.** BOT hairy, downy, villous *spéc*. -**3.** TEXT raised-nap.

**vélum** [velɔm] *nm* -**1.** [protection] awning. -**2.** ANTIQ velarium.

**Vélux®** [velyks] *nm* roof light.

**venaison** [vənɛzɔ̃] *nf* venison.

**vénal, e, aux** [venal, o] *adj* -**1.** [corrompu] venal, corrupt. -**2.** [intéressé] venal, mercenary.

**vénalité** [venalite] *nf* venality.

**venant** [vənɑ̃] *nm:* **à tout** ~, **à tous** ~**s** [au premier venu] to all and sundry; **à tout** ~ [à tout propos] constantly.

**vendable** [vɑ̃dabl] *adj* saleable, marketable.

**vendange** [vɑ̃dɑ̃ʒ] *nf* -**1.** [cueillette] grape-picking, grape-harvesting, grape-harvest; **faire la** ~ ou **les** ~**s** [vigneron] to harvest the grapes; [journalier] to go grape-picking. -**2.** [quantité récoltée] grape-harvest, grape-yield; [qualité récoltée] vintage.
◆ **vendanges** *nfpl* [saison] grape-harvesting time.

**vendanger** [17] [vɑ̃dɑ̃ʒe] ◇ *vt* to harvest, to pick. ◇ *vi* to harvest grapes.

**vendangeur, euse** [vɑ̃dɑ̃ʒœr, øz] *nm, f* grape-picker.
◆ **vendangeur** *nm* harvest mite, chigger.
◆ **vendangeuse** *nf* -**1.** [machine] grape-picker. -**2.** BOT aster.

**vendéen, enne** [vɑ̃deɛ̃, ɛn] *adj* Vendean.

**vendémiaire** [vɑ̃demjɛr] *nm* 1st month in the French Revolutionary calendar (from Sept 22nd/23rd/24th to Oct 21st/22nd/23rd).

**vendetta** [vɑ̃deta] *nf* vendetta.

**vendeur, euse** [vɑ̃dœr, øz] ◇ *adj* selling; **si ma maison vous intéresse, je suis vendeuse** if you're interested in my house, I'm willing to sell ❏ **commissionnaire** ~ selling agent. ◇ *nm, f* -**1.** [dans un magasin] salesperson, shop assistant *Br*, (sales) clerk *Am*; **'recherche** ~**s'** 'sales staff wanted'. -**2.** [dans une entreprise] (sales) representative; **il est bon** ~ he's a good salesman. -**3.** [marchand] seller; ~ **de journaux** news ou newspaper man; ~ **de chaussures** shoe seller.
◆ **vendeur** *nm* JUR vendor, seller.

**vendre** [73] [vɑ̃dr] *vt* -**1.** [céder – propriété, brevet, marchandise] to sell; **il vend ses melons (à) 8 F** he sells his melons at ou for 8 F each; ~ **qqch à la pièce/à la douzaine/au poids** to sell sthg by unit/by the dozen/by weight; ~ **(qqch) au détail** to retail (sthg); ~ **(qqch) en gros** to sell (sthg) wholesale; ~ **qqch au prix fort** to price sthg high; ~ **qqch à perte** to sell sthg at a loss; ~ **qqch aux enchères** [gén] to auction sthg; [pour s'en débarrasser] to auction sthg off; ~ **qqch à qqn** to sell sb sthg, to sell sthg to sb; **elle m'a vendu sa montre (pour) 100 F** she sold me her watch for 100 F; **tu me la vendrais combien?** how much would you sell it (to me) for?; **'à** ~' 'for sale' ‖ (*en usage absolu*): **ils vendent cher/ne vendent pas cher chez Zapp** Zapp's is expensive/cheap ❏ ~ **sa salade** *fam* to sell one's line ou o.s.; **il vendrait père et mère** he'd sell his own grandmother; **il ne faut jamais** ~ **la peau de l'ours avant de l'avoir tué** *prov* don't count your chickens before they are hatched *prov*. -**2.** [commercialiser] to sell; ~ **ses charmes** *euph* to sell one's body ‖ (*en usage absolu*): **ce qui les intéresse, c'est de** ~ they're interested in selling ou sales; **nous vendons beaucoup à l'étranger** we sell a lot abroad, we get a lot of sales abroad; **la publicité fait** ~ advertising sells. -**3.** [trahir – secret] to sell; [– associé, confident] to sell down the river; ~ **son âme au diable** to sell one's soul to the devil ❏ ~ **la mèche** [exprès] to give the game ou show away; [par accident] to let the cat out of the bag.
◆ **se vendre** *vp* (*emploi passif*) to sell; **ça se vend bien/mal actuellement** it is/isn't selling well at the moment ❏ **se** ~ **comme des petits pains** to sell ou to go like hot cakes. ◇ *vp* (*emploi réfléchi*) -**1.** [se mettre en valeur] to sell o.s. -**2.** [traître] to sell o.s.; **se** ~ **à l'adversaire** to sell to ou to sell out to the opposite side.

**vendredi** [vɑ̃drədi] *nm* Friday; **le** ~ **saint** Good Friday; *voir aussi* **mardi**.

**Vendredi** [vɑ̃drədi] *npr* [dans «Robinson Crusoé»] Man Friday.

**vendu, e** [vɑ̃dy] ◇ *pp* → **vendre**. ◇ *adj* [vénal] corrupt. ◇ *nm, f péj* turncoat, traitor.

**vénéneux, euse** [venenø, øz] *adj* -**1.** [toxique] poisonous, toxic. -**2.** *litt* [pernicieux]: **elle nourrissait des pensées vénéneuses** malignant thoughts were going through her mind.

**vénérable** [venerabl] *adj* venerable.

**vénération** [venerasjɔ̃] *nf* -**1.** RELIG reverence. -**2.** [admiration] veneration, reverence, respect.

**vénérer** [18] [venere] *vt* -**1.** RELIG to worship, to revere. -**2.** [admirer] to revere, to worship, to venerate.

**vénerie** [venri] *nf* hunting (*with hounds*).

**vénérien, enne** [venerjɛ̃, ɛn] *adj* venereal.

**veneur** [vənœr] *nm* -**1.** [chasseur] hunter. -**2.** [maître des chiens] master of hounds. -**3.** HIST: **le Grand** ~ ≃ the Master of the Royal Hunt.

**Venezuela** [venezyela] *nprm*: le ~ Venezuela.

**vénézuélien, enne** [venezyeljẽ, ɛn] *adj* Venezuelan.

◆ **Vénézuélien, enne** *nm, f* Venezuelan.

**vengeai** [vãʒe] *v* → **venger**.

**vengeance** [vãʒãs] *nf* revenge, vengeance; **crier** ou **demander** ou **réclamer** ~ to cry out for revenge; **tirer** ~ **d'une injustice** to avenge an injustice; **il a menti par** ~ he lied for the sake of revenge; **soif** ou **désir de** ~ revengefulness, vengefulness; **avoir sa** ~ to get one's own back, to have one's revenge □ **c'est la** ~ **divine** ou **du ciel** *hum* it's divine retribution; **la** ~ **est un plat qui se mange froid** *prov* vengeance is a meal best eaten cold *prov*.

**venger** [17] [vãʒe] *vt* **-1.** [réparer] to avenge. **-2.** [dédommager]: ~ **qqn de qqch** to avenge sb for sthg.

◆ **se venger** *vp (emploi réfléchi)* **-1.** [tirer réparation] to revenge ou to avenge o.s., to take vengeance; **je me vengerai!** I'll get my own back!; **se** ~ **de qqn/qqch** to take one's revenge on sb/for sthg. **-2.** [calmer sa colère]: **ne te venge pas sur moi** don't take it out on me.

**vengeur, -eresse** [vãʒœr, vãʒrɛs] ◇ *adj* avenging, revengeful, vengeful; **dit-elle d'un ton** ~ she said, vindictively. ◇ *nm, f* avenger.

**véniel, elle** [venjɛl] *adj* **-1.** [excusable] minor, slight. **-2.** RELIG venial.

**venimeux, euse** [vənimø, øz] *adj* **-1.** [toxique] venomous, poisonous. **-2.** [méchant] venomous, malevolent; **des commentaires** ~ barbs, barbed remarks.

**venin** [vənẽ] *nm* **-1.** [poison] venom. **-2.** *litt* [malveillance]: **cracher** ou **jeter son** ~ to vent one's spleen.

**venir** [40] [vənir] ◇ *v aux* **-1.** [se rendre quelque part pour] to come and ou to; **Roger viendra me chercher** Roger will come and collect me; **je suis venu m'excuser** I've come to apologize; **venez manger!** dinner's ready!; ~ **voir qqn** to come and see ou to visit sb, to visit with sb *Am*; ~ **voir qqch** to come and see sthg ‖ *(à valeur d'insistance)*: **tu l'as bien cherché, alors ne viens pas te plaindre!** you asked for it, so now don't come moaning to me about it!; **qu'est-ce que tu viens nous raconter** ou **chanter là?** *fam* what on earth are you on about *Br* ou talking about?. **-2.** ~ **de** [avoir fini de]: ~ **de faire qqch** to have just done sthg; **je viens de l'avoir au téléphone** I was on the phone to her just a few minutes ou a short while ago. **-3.** *sout*: ~ **à** [exprime un hasard] to happen to; **si les vivres venaient à manquer** should food supplies run out, if food supplies were to run out.

◇ *vi* **A.** AVEC IDÉE DE MOUVEMENT **-1.** [se déplacer, se rendre] to come; **viens plus près** come closer; **ils sont venus nombreux** they came in droves; **il est reparti** ou **il s'en est allé comme il était venu** *pr* he left just as he had come; [il est mort] he died without having made his mark; **comment êtes-vous venus?** how did you get here?; **je l'ai rencontrée en venant ici** I met her on my way here; **viens au lit** come to bed; **alors, tu viens?** are you coming?; **on va au restaurant, tu viens avec nous?** we're off to the restaurant, are you coming with us ou along?; ~ **de:** **d'où viens-tu?** where have you been?; **je viens de Paris et je repars à New York** I've just been in Paris and now I'm off to New York; ~ **sur** [prédateur, véhicule] to move in on, to bear down upon; **la moto venait droit sur nous** the motorbike was heading straight for us; ~ **vers qqn** [s'approcher] to come up to ou towards sb; ~ **à qqn** [s'adresser à qqn] to come to sb; [atteindre qqn] to reach sb. **-2.** **faire** ~ [médecin, police, réparateur] to send for, to call; [parasites, touristes] to attract; **faire** ~ **une personne chez soi** to have somebody come round; **faites** ~ **le prévenu chez le juge** bring the accused to the judge's office; **je fais** ~ **mon foie gras directement du Périgord** I have my foie gras sent straight from Périgord; **faire** ~ **les larmes aux yeux de qqn** to bring tears to sb's eyes.
**B.** SANS IDÉE DE MOUVEMENT: ~ **à** ou **jusqu'à** [vers le haut] to come up to, to reach (up to); [vers le bas] to come down to, to reach (down to); [en largeur, en longueur] to come out to, to stretch to, to reach.
**C.** SURGIR, SE MANIFESTER **-1.** [arriver – moment, saison] to come; **le moment est venu de** the time has come to; **quand vient l'hiver** when winter comes; **l'aube vint enfin** dawn broke at last; **voici** ~ **la nuit** it's nearly night ou nighttime; **puis il vient un âge/moment où...** then comes an age/a time when...; **ça va** ~: **je ne suis jamais tombé amoureux**

— **non, mais ça va** ~! I've never fallen in love — (no, but) you will one day!; **alors, elle vient cette bière?** am I getting that beer or not?, how long do I have to wait for my beer?; **alors, ça vient?** hurry up!; **ça vient, ça vient!** alright, it's coming!**-2.** [apparaître – inspiration, idée, boutons] to come; **la prudence vient avec l'âge** wisdom comes with age; **prendre la vie comme elle vient** ou **les choses comme elles viennent** ou **les événements comme ils viennent** to take things in one's stride ou as they come, to take life as it comes; ~ **à qqn: l'envie m'est soudain venue d'aller me baigner** I suddenly felt like going swimming ou fancied a swim; **une idée géniale m'était venue** a great idea had dawned on me; **les mots semblaient lui** ~ **si facilement!** her words seemed to flow so effortlessly!; **les mots ne me venaient pas** I was at a loss for words, I couldn't find the words; **des rougeurs me sont venues sur tout le corps** I came out in red blotches all over; ~ **à l'esprit de qqn** ou **à l'idée de qqn** to come to ou to dawn on sb; **rien ne lui venait à l'esprit** ou **l'idée** her mind was a blank. **-3.** [dans une chronologie, un ordre, une hiérarchie] to come; **le mois/l'année/la décennie qui vient** the coming month/year/decade; **le trimestre qui vient** next term; ~ **après: fais tes devoirs, la télé viendra après** do your homework, we'll see about TV later on; **dans ce jeu, l'as vient après le valet** in this game, the ace is worth less than the jack. **-4.** [se développer] to come along ou up (well), to do well; ~ **à fruit** to (go into) fruit; ~ **à maturité** to reach maturity, to ripen. **-5.** IMPR & PHOT: ~ **bien/mal:** **les verts viennent bien sur la photo** the green shades come out beautifully in the photograph.

◇ *v impers* **-1.** [se déplacer]: **il vient peu de touristes en hiver** few tourists come in winter. **-2.** **il me/te** *etc* **vient: il me vient une idée** I've got an idea; **il m'est venu à l'idée de faire** I suddenly thought of doing, it dawned on me to do; **il m'est venu une envie de tout casser** I suddenly felt like smashing the place up. **-3.** [exprime un hasard]: **s'il venait à pleuvoir** should it (happen to) rain.

◆ **venir à** *v* + *prép* **-1.** [choisir] to come to; **vous êtes venu tôt à la politique** you started your political career early. **-2.** **en** ~ **à** [thème, problème] to come ou to turn to; [conclusion] to come to, to reach; [décision] to come to; **en** ~ **au fait** ou **à l'essentiel** to come ou to go straight to the point; **je sais certaines choses...** — **où veux-tu en** ~? I know a thing or two... — what do you mean by that ou are you getting at ou are you driving at?; **en** ~ **aux mains** ou **coups** to come to blows; **en** ~ **à faire** [finir par] to come to; [en dernière extrémité] to resort ou to be reduced to; **j'en viens à me demander si...** I'm beginning to wonder whether...; **j'en viendrais presque à souhaiter sa mort** I've reached the stage where I almost wish he were dead; **si j'en suis venu à voler, c'est que...** I resorted to stealing because...; **y** ~ [dans une discussion]: **et l'argent?** — **j'y viens** what about the money? — I'm coming to that; **y** ~ [s'y résoudre] to come round to it.

◆ **venir de** *v* + *prép* **-1.** [être originaire de – suj: personne] to come from, to be from, to be a native of; [– suj: plante, fruit, animal] to come ou to be ou to originate from; **une mode qui vient d'Espagne** a fashion which comes from ou originated in Spain; **le mot vient du latin** the word comes ou derives from Latin. **-2.** [provenir de – suj: marchandise] to originate from; [– suj: bruit, vent] to come from; **ces images nous viennent de Tokyo** these pictures come to you from Tokyo. **-3.** [être issu de] to come from; **venant d'elle, c'est presque un compliment** coming from her it's almost a compliment. **-4.** [être dû à – suj: problème] to come ou to stem from, to lie in ou with; **le problème vient de la prise** it's the plug; **il y a une grosse erreur dans la comptabilité** — **ça ne vient pas de moi** there's a big discrepancy in the books — it's got nothing to do with me; **c'est de là que vient le mal/problème** this is the root of the evil/problem; **de là vient son indifférence** hence her indifference, that's why she's indifferent; **de là vient que: les travaux sont finis, de là vient que tout est calme** the building work is over, hence the peace and quiet; **d'où vient que: je dois terminer pour demain, d'où vient que je n'ai pas de temps à vous consacrer** my deadline is tomorrow, that's why I can't give you any of my time; **d'où vient que...?** how is it that ...?

◆ **s'en venir** *vpi litt* to come.

◆ **à venir** *loc adj*: **dans les jours/semaines/mois à** ~ in the days/weeks/months to come; **les années à** ~ the coming years ou years to come; **les générations à ~** future ou coming generations.

**Venise** [vəniz] *npr* Venice.

**vénitien, enne** [venisjɛ̃, ɛn] *adj* Venetian.

◆ **Vénitien, enne** *nm, f* Venetian.

**vent** [vã] *nm* **-1.** MÉTÉO wind; **un ~ du nord/nord-est a** North/North-East wind; **le ~ souffle/tourne** the wind is blowing/changing; **le ~ tombe/se lève** the wind is dropping/rising; **il y a** ou **il fait du ~** it's windy ou breezy; **un ~ de panique a soufflé sur la foule** *fig* a ripple of panic ran through the crowd ❑ **~ de terre/mer** land/sea breeze; **plante de plein ~** outdoor plant; **il fait un ~ à décorner les bœufs** there is a fierce wind blowing, it's a blustery day. **-2.** NAUT & AÉRON: **au ~ (de)** to windward (of); **sous le ~ (de)** to leeward (of); **aller contre le ~** NAUT to head into the wind; AÉRON to go up the wind ❑ **~ arrière** AÉRON tail wind; NAUT rear wind; **~ contraire** adverse wind; **~ debout** head wind; **avoir le ~ en poupe** to be up-and-coming, to be going places; **du ~!** *fam* clear off!, get lost!; **bon ~!** good riddance!; **quel bon ~ vous amène?** to what do we owe the pleasure (of your visit)?; **faire qqch contre ~s et marées** to do sthg come hell or high water; **aller** ou **filer comme le ~** to fly ou to hurtle along; **(éparpillés) à tous les ~s** ou **à tout ~** (scattered) far and wide. **-3.** [courant d'air]: **du ~** [de l'air] some air, a breeze; [des paroles vaines] hot air; [des actes vains] empty posturing; **il lui a fait un peu de ~ avec son journal** he fanned her with his newspaper ❑ **faire du ~** *fig*: **elle fait beaucoup de ~** she just makes a lot of noise. **-4.** MÉD & PHYSIOL: **des ~s** wind (U); **lâcher des ~s** to break wind. **-5.** CHASSE wind; **avoir ~ de qqch** to (get to) hear of sthg; **elle a eu ~ de l'affaire** she heard about ou she got wind of the story. **-6.** [atmosphère]: **le ~ est à la révolte** there is unrest in the air; **prendre le ~** to test the water, to gauge the situation ❑ **sentir** ou **voir d'où vient le ~** to see which way the wind blows ou how the land lies; **sentir le ~ tourner** to feel the wind change, to realize that the tide is turning. **-7.** ASTRON: **~ solaire** solar wind. **-8.** GÉOG **les îles du Vent** the Windward Isles.

◆ **vents** *nmpl* MUS wind instruments.

◆ **dans le vent** *loc adj* up-to-date.

◆ **en plein vent** ◇ *loc adj* [exposé] exposed (to the wind). ◇ *loc adv* [dehors] in the open (air).

**ventail, aux** [vãtaj, o] *nm*, **ventaille** [vãtaj] *nf* ventail.

**vente** [vãt] *nf* **-1.** [opération] sale; **technique de ~** selling technique; **retiré de la ~** withdrawn from sale ❑ **~ au détail/en gros/en demi-gros** [par le négociant] retail/ wholesale/cash-and-carry selling; [profession] retail/ wholesale/cash-and-carry trade; **~ pour cause d'inventaire** stock-taking sale; **~ pour liquidation avant départ** closing-down sale; **~ à perte** dumping; **lettre/ promesse de ~** sales letter/agreement. **-2.** [domaine d'activité] selling; **~ au comptant** cash selling; **~ par correspondance** mail-order selling; **~ à crédit** credit selling; **~ directe** direct selling; **~ à domicile** door-to-door selling; **~ à l'essai** sale on approval; **~ à terme** sale for settlement. **-3.** JUR: **~ (par adjudication)** forcée/judiciaire compulsory sale, sale by order of the court. **-4.** [réunion, braderie] sale; **~ à l'encan** ou **aux enchères** auction (sale); **~ à la criée** auction (sale) (*especially of fish or meat*); **~ paroissiale** church bazaar; **~ publique** public sale. **-5.** BOURSE: **à la ~: le dollar vaut 6 F à la ~** the selling rate for the US dollar is 6 F. **-6.** [part de bois] fellable stand; [arbres]: **asseoir les ~s** to mark trees (*before felling them*).

◆ **ventes** *nfpl* COMM selling, sales; **achats et ~s** buying and selling; **le responsable des ~s** the sales manager; **~s d'armes** arms sales.

◆ **en vente** *loc adj* & *loc adv* [à vendre] for sale; [disponible] available, on sale; **en ~ en pharmacie** on sale ou available from the chemist's; **en ~ libre** sold without a prescription; **en ~ sur/sans ordonnance** obtainable with/without a prescription; **mettre qqch en ~** [commercialiser qqch] to put sthg on the market; **mettre une maison en ~** to put a house up for sale.

**venté, e** [vãte] *adj* **-1.** [où le vent souffle] windswept, windy. **-2.** [exposé] windswept.

**venter** [3] [vãte] *v impers*: **il vente** it's windy, the wind is blowing.

**venteux, euse** [vãtø, øz] *adj* **-1.** [où le vent souffle] windswept, windy. **-2.** [à courants d'air] draughty.

**ventilateur** [vãtilatœr] *nm* **-1.** [pour rafraîchir] fan; **~ à pales/de plafond** blade/ceiling fan. **-2.** AUT [de radiateur] cooling fan; [de chauffage] heating fan.

**ventilation** [vãtilasjɔ̃] *nf* **-1.** [appareil] ventilation; **faire marcher la ~** to turn on the fan || [aération] supply of (fresh) air. **-2.** MÉD & PHYSIOL ventilation; **~ assistée** respiratory assistance. **-3.** [d'une comptabilité] breakdown. **-4.** [répartition] allocation, apportionment; **la ~ des revenus** the allocation of income ou allocating income.

**ventiler** [3] [vãtile] *vt* **-1.** [aérer] to air, to ventilate; **mal ventilé** stuffy, airless. **-2.** MÉD to ventilate, to give respiratory assistance to. **-3.** [diviser – données] to explode, to scatter; [– élèves, emplois] to distribute, to spread. **-4.** FIN to break down *(sép)*.

**ventôse** [vãtoz] *nm* 6th month in the French Revolutionary calendar (*from Feb 20th to Mar 21st*).

**ventouse** [vãtuz] *nf* **-1.** [en caoutchouc] suction cup. **-2.** MÉD cup, cupping glass; **poser des ~s à qqn** to cup sb. **-3.** ZOOL sucker. **-4.** [déboucheur] plunger; **faire ~** to adhere ou to hold fast (through suction). **-5.** CONSTR [pour l'aération] air valve, air-vent.

**ventral, e, aux** [vãtral, o] *adj* front *(modif)*, ventral *spéc*.

**ventre** [vãtr] *nm* **-1.** ANAT & ZOOL stomach; **être couché sur le ~** to be lying down ou flat on one's stomach; **mettez-vous sur le ~** [de la position debout] lie on your stomach; [de la position couchée] roll over onto your stomach; **il leur marcherait** ou **passerait sur le ~** *fig* he'd trample all over them; **avoir mal au ~** to have (a) stomachache; **avoir le ~ creux** ou **vide** to have an empty stomach; **avoir le ~ plein** to be full, to have a full stomach ❑ **il s'est sauvé à ventre à terre** you couldn't see him for dust; **rentrer/partir ~ à terre** to get back/to go off on the double; **n'avoir rien dans le ~: je n'ai rien dans le ~ depuis trois jours** I haven't had anything to eat for three days, I've had to go hungry for the last three days; **il n'a rien dans le ~** *fig* he's got no guts; **je voudrais bien savoir ce qu'elle a dans le ~** [de manière générale] I'd like to know what makes her tick; [sur un point précis] I'd like to know what she's up to; **lui, professeur? ça me ferait mal au ~!** *fam* a professor, him? like hell he is!-**2.** [contenu – d'un appareil, d'un véhicule] innards. **-3.** [utérus] womb. **-4.** [renflement – d'un vase, d'un tonneau, d'un pot] bulge, belly; [– d'un bateau] bilge; [– d'un avion] belly.

**ventrée** [vãtre] *nf fam*: **on s'est mis une ~ (de saucisses)** we stuffed ourselves with sausages).

**ventricule** [vãtrikyl] *nm* ventricle.

**ventrière** [vãtrijer] *nf* **-1.** [sangle – ventrale] girth; [– de levage] sling. **-2.** CONSTR crosspiece, purlin. **-3.** NAUT bilge block.

**ventriloque** [vãtrilɔk] *nmf* ventriloquist.

**ventripotent, e** [vãtripɔtɑ̃, ɑ̃t] *adj* potbellied, rotund *euph*.

**ventru, e** [vãtry] *adj* **-1.** [personne] potbellied, paunchy. **-2.** [potiche] potbellied.

**venu, e** [vəny] ◇ *pp* → **venir.** ◇ *adj* **-1.** **bien ~** [enfant, plante, animal] strong, sturdy, robust; [conseil, remarque] timely, apposite; [attitude] appropriate; [roman] mature; **mal ~** [enfant, animal] sickly; [plante] stunted; [remarque, attitude] uncalled for, unwarranted, ill-advised; [conseil] untimely, unwelcome. **-2.** **être bien ~ de** [être bien inspiré de]: **tu serais bien ~ de t'excuser** you'd be well-advised to apologize, it would be a good idea for you to apologize; **être mal ~ de** [n'être pas qualifié pour]: **tu serais mal ~ de te plaindre!** you're hardly in a position to complain!; **il serait mal ~ de la critiquer** it wouldn't be appropriate to criticize her.

◆ **venue** *nf* **-1.** [d'une personne] arrival. **-2.** [d'une saison] approach. **-3.** [naissance] birth; **la ~e (au monde) d'un enfant** the arrival ou birth of a child. **-4.** TECH: **~e d'eau/de gaz** water/gas inrush. **-5.** *loc*: **d'une belle ~e** *litt* [arbre] well-grown, sturdy, lush; **d'une seule ~e, tout d'une ~e** *litt* grown all in one spurt.

**vénus** [venys] *nf* ZOOL Venus shell.

**Vénus** [venys] ◇ *npr* Venus. ◇ *nf* [belle femme] Venus.

**vêpres** [vɛpr] *nfpl* vespers; **aller aux ~** to go to vespers; **sonner les ~** to ring the bell for vespers.

**ver** [vɛr] *nm* [gén] worm; [de viande, de fromage, de fruit] maggot; avoir des ~s MÉD to have worms; cette pomme est pleine de ~s worms have been at this apple; meuble mangé aux ou rongé aux ou piqué des ~s worm-eaten piece of furniture ❑ ~ à bois woodworm; ~ luisant glow-worm; ~ à soie silkworm; ~ solitaire tapeworm; ~ de terre earthworm; pas moyen de lui tirer les ~s du nez *fam* he won't give anything away; j'ai fini par lui tirer les ~s du nez I finally got the truth out of him; le ~ est dans le fruit the rot's set in.

**véracité** [verasite] *nf* -**1**. *litt* [habitude de dire vrai] veracity, truthfulness. -**2**. [authenticité] truth.

**véranda** [verɑ̃da] *nf* -**1**. [galerie] veranda, verandah, porch *Am*.-**2**. [pièce] conservatory.

**verbal, e, aux** [verbal, o] *adj* -**1**. [dit de vive voix] verbal. -**2**. [s'exprimant par les mots]: violence ~e angry words; elle est en plein délire ~ *péj* she can't stop talking. -**3**. LING [adjectif, système] verbal; [phrase, forme, groupe] verb *(modif)*.

**verbalement** [verbalmɑ̃] *adv* verbally, orally.

**verbalisateur** [verbalizatœr] *adj m*: agent ~ policeman *(in charge of reporting petty offences)*.

**verbalisation** [verbalizasjɔ̃] *nf* -**1**. [amendes] reporting petty offences. -**2**. PSYCH verbalization, verbalizing.

**verbaliser** [3] [verbalize] ◇ *vi* to report an offender; je suis obligé de ~ I'll have to report you. ◇ *vt* to express verbally, to put into words, to verbalize.

**verbe** [verb] *nm* -**1**. GRAMM verb; ~ à particule phrasal verb. -**2**. [ton de voix]: avoir le ~ haut to lord it *Br*, to take a haughty tone. -**3**. *litt* [expression de la pensée] words, language. -**4**. BIBLE: le Verbe the Word.

**verbeux, euse** [verbø, øz] *adj* verbose, wordy, long-winded.

**verbiage** [verbjaʒ] *nm* verbiage.

**verdâtre** [verdɑtr] *adj* greenish, greeny.

**verdeur** [verdœr] *nf* -**1**. [vigueur] vitality, vigour. -**2**. [crudité] raciness, boldness, sauciness. -**3**. [acidité – d'un vin, d'un fruit] slight tartness ou acidity.

**verdict** [verdikt] *nm* -**1**. JUR verdict; rendre son ~ to pass sentence, to return a verdict; le juge a rendu un ~ sévère the judge brought in a stiff sentence; rendre un ~ de culpabilité/d'acquittement to return a verdict of guilty/not guilty; quel est votre ~? how do you find?-**2**. [opinion] verdict, pronouncement; le ~ du médecin n'était pas très encourageant the doctor's prognosis wasn't very hopeful.

**verdir** [32] [verdir] ◇ *vi* -**1**. [devenir vert] to turn green. -**2**. [de peur] to blench; elle a verdi en apprenant la nouvelle the blood drained out of her face when she heard the news. -**3**. [plante, arbre] to have green shoots. ◇ *vt* to add green ou a green tinge to.

**verdoie** [verdwa] *v* → **verdoyer**.

**verdoiement** [verdwamɑ̃] *nm* greenness.

**verdoiera** [verdwara] *v* → **verdoyer**.

**verdoyant, e** [verdwajɑ̃, ɑ̃t] *adj* [vert] verdant *litt*, green.

**verdoyer** [13] [verdwaje] *vi* to be green ou *litt* verdant.

**Verdun** [verdœ̃] *npr* Verdun; la bataille de ~ the Battle of Verdun.

**verdure** [verdyr] *nf* -**1**. [couleur] verdure *litt*, greenness. -**2**. [végétation] greenery, verdure *litt*; [dans un bouquet] greenery, (green) foliage. -**3**. CULIN salad.

◆ **de verdure** *loc adj* [tapisserie] verdure *(modif)*; [théâtre] open-air.

**véreux, euse** [verø, øz] *adj* -**1**. [plein de vers – fruit, viande] wormy, maggoty. -**2**. [malhonnête – affaire, avocat, architecte, policier] dubious, shady.

**verge** [verʒ] *nf* -**1**. [barre] rod. -**2**. ANAT penis. -**3**. [mesure] yard; ~ d'arpenteur measuring stick ‖ *Can* yard. -**4**. ACOUST bar.

◆ **verges** *nfpl vieilli*: donner les ~s à qqn to birch sb; donner des ~s à qqn pour se faire fouetter to give sb a stick to beat one with.

**vergeoise** [verʒwaz] *nf* brown sugar.

**verger** [verʒe] *nm* (fruit) orchard.

**vergetures** [verʒətyr] *nfpl* stretchmarks.

**verglacé, e** [verglase] *adj*: route ~e road covered in black ice, icy road.

**verglas** [vergla] *nm* black ice *Br*, glare ice *Am*; il y a du ~

dans l'allée the drive is iced over; **plaques de** ~ patches of black ice, icy patches.

**vergogne** [vergɔɲ]

◆ **sans vergogne** *loc adv* shamelessly.

**vergue** [verg] *nf* yard NAUT.

**véridique** [veridik] *adj* -**1**. *litt* [sincère – témoin] truthful, veracious. -**2**. [conforme à la vérité] genuine, true; elle les a renvoyés, ~! *fam* she fired them, it's true!-**3**. [qui ne trompe pas] genuine, authentic.

**vérif** [verif] *nf fam abr de* **vérification**.

**vérifiable** [verifjabl] *adj*: son témoignage n'est pas ~ there's no way of checking ou verifying his testimony; votre hypothèse n'est pas ~ your hypothesis can't be tested.

**vérificateur, trice** [verifikatœr, tris] ◊ *adj* testing, checking; instrument ~ testing instrument; mesure vérificatrice checking measurement. ◊ *nm, f* inspector, controller; ~ des comptes auditor.

◆ **vérificateur** *nm* [contrôleur – de courant, de réseau] tester; [– de l'altimètre, de filetage] gauge.

◆ **vérificatrice** *nf* [personne] verifier operator; [machine] verifier; vérificatrice de cartes card verifier, verifying punch, key-verifier.

**vérificatif, ive** [verifikatif, iv] *adj* verificatory; faire une étude vérificative to carry out a check.

**vérification** [verifikasjɔ̃] *nf* -**1**. [d'identité] check; [d'un témoignage, d'un déplacement] check, verification; [d'un dossier] examination, scrutiny; ~ faite auprès du percepteur having checked with the tax office. -**2**. [d'une hypothèse, d'une preuve] checking, verification; faire la ~ d'une hypothèse to test a hypothesis. -**3**. FIN checking; ~ des comptes audit. -**4**. TECH test, check. -**5**. INF check, control.

**vérifier** [9] [verifje] *vt* -**1**. [examiner – mécanisme] to check, to verify; [– dossier] to check, to go through ‖ *(en usage absolu)*: ~ plutôt deux fois qu'une to check and double-check. -**2**. [preuve, témoignage] to check; **vérifie son adresse** check that his address is correct, check his address; ~ que ou si... to check ou to make sure that, to check whether...; je vais ~ que ou si ce que vous dites est vrai I'll make sure that you're telling the truth. -**3**. [confirmer] to confirm, to bear out *(sép)*. -**4**. MATH: ~ un calcul par total de contrôle to check a sum.

◆ **se vérifier** *vpi* [craintes, supposition] to be borne out ou confirmed.

**vérin** [verɛ̃] *nm* jack; ~ à air comprimé thrustor; ~ hydraulique hydraulic jack.

**véritable** [veritabl] *adj* -**1**. [d'origine] real, true. -**2**. [authentique – or] real, genuine; [– amitié, sentiment] true. -**3**. *(avant le nom)* [absolu] real; une ~ ordure<sup>∨</sup> a real bastard.

**véritablement** [veritabləmɑ̃] *adv* -**1**. [réellement] genuinely. -**2**. [exactement] really, exactly. -**3**. [en intensif] truly, really, absolutely.

**vérité** [verite] *nf* -**1**. [ce qui est réel ou exprimé comme réel]: la ~ the truth; c'est la ~ vraie! *fam* it's true, honest it is; s'écarter de la ~ historique to take liberties with history; je sais que c'est la ~ I know it for a fact; la ~, c'est que ça m'est égal actually ou the truth is ou in fact I don't care; je finirai bien par savoir la ~ I'll get at the truth eventually; dis-moi la ~ tell me the truth; être loin de la ~ to be wide of the mark; 12 millions? vous n'êtes pas loin de la ~ 12 million? you're not far from the truth ❑ la ~ toute nue the plain ou naked truth; la ~ n'est pas toujours bonne à dire, toute ~ n'est pas bonne à dire the truth is sometimes better left unsaid; il n'y a que la ~ qui blesse nothing hurts like the truth; la ~ sort de la bouche des enfants *prov* out of the mouths of babes and sucklings (comes forth the truth) *prov*. -**2**. [chose vraie]: une ~ a true fact. -**3**. [principe] truth; une ~ première a basic truth; les ~s éternelles undying truths, eternal verities *litt*. -**4**. [ressemblance]: ses tableaux sont d'une grande ~ his paintings are very true to life. -**5**. [sincérité] truthfulness, candidness; son récit avait un accent de ~ her story rang true.

◆ **à la vérité, en vérité** *loc adv* to tell the truth.

**verjus** [verʒy] *nm* -**1**. [suc] verjuice. -**2**. [vin] sour wine.

**verlan** [verlɑ̃] *nm* ≃ backslang.

**vermeil, eille** [vermɛj] *adj* [rouge – pétale, tenture] vermilion;

[– teint, joue] ruddy, rosy; [– lèvres] rosy.
◆ **vermeil** *nm* vermeil, gilded silver.
**vermicelle** [vɛrmisɛl] *nm*: ~, ~s vermicelli; ~s chinois Chinese noodles.
**vermicide** [vɛrmisid] ◇ *adj* vermicidal. ◇ *nm* vermicide.
**vermiculaire** [vɛrmikylɛr] *adj* **-1.** [en forme de ver] wormlike, vermicular. **-2.** ANAT: appendice ~ vermiform appendix.
**vermifuge** [vɛrmifyʒ] *adj* & *nm* vermifuge, anthelmintic *spéc*.
**vermillon** [vɛrmijɔ̃] ◇ *adj inv* vermilion, bright red. ◇ *nm* **-1.** [cinabre] vermilion, cinnabar. **-2.** [couleur] vermilion.
**vermine** [vɛrmin] *nf* **-1.** [parasite] vermin. **-2.** *fig* & *péj*: ces gens-là, c'est de la ~ those people are vermin.
**vermisseau, x** [vɛrmiso] *nm* small worm.
**vermouler** [3] [vɛrmule]
◆ **se vermouler** *vpi* to get woodworm.
**vermoulu, e** [vɛrmuly] *adj* **-1.** [piqué des vers] worm-eaten. **-2.** *fig* [vieux] antiquated, age-old.
**vermoulure** [vɛrmulyr] *nf* **-1.** [trou] wormhole. **-2.** [poussière] woodworm dust.
**vermouth** [vɛrmut] *nm* vermouth.
**vernaculaire** [vɛrnakylɛr] *adj* vernacular.
**verni, e** [vɛrni] ◇ *adj* **-1.** [meuble, ongle] varnished; [brique, poterie] enamelled, glazed; des souliers ~s patent leather shoes. **-2.** [brillant] glossy, shiny. **-3.** *fam* [chanceux] lucky. ◇ *nm, f fam* lucky thing.
◆ **verni** *nm* patent leather.
**vernir** [32] [vɛrnir] *vt* [enduire – bois, tableau, ongle] to varnish; [– céramique] to enamel, to glaze; ~ au tampon to French-polish.
**vernis** [vɛrni] *nm* **-1.** [enduit – sur bois] varnish; [– sur métal] polish; ~ à l'asphalte asphalt varnish, black japan; [– sur céramique] enamel; ~ au plomb lead glazing. **-2.** ÉLECTR: ~ conducteur conductive lacquer *ou* varnish; ~ isolant isolac, enamel. **-3.** [cosmétique]: ~ à ongles nail polish. **-4.** BX-ARTS: ~ à l'huile oil varnish. **-5.** BOT varnish *ou* lacquer tree. **-6.** *péj* [savoir]: avoir un ~ de to have a smattering of.
**vernissage** [vɛrnisaʒ] *nm* **-1.** [d'un tableau, d'un meuble] varnishing; [d'une céramique] glazing; [du métal] enamelling. **-2.** [d'une exposition] private viewing; aller à un ~ to go to a private viewing.
**vernissé, e** [vɛrnise] *adj* **-1.** [céramique, tuile] glazed. **-2.** [luisant – feuilles] glossy.
**vernisser** [3] [vɛrnise] *vt* to glaze, to enamel.
**vérole** [verɔl] *nf* **-1.** *fam* [syphilis] pox; avoir la ~ to have the pox. **-2.** [variole]: petite ~ smallpox.
**vérolé, e** [verɔle] *adj fam* poxy.
**Véronèse** [verɔnɛz] *npr* Veronese.
**véronique** [verɔnik] *nf* **-1.** BOT speedwell, veronica *spéc*. **-2.** [passe de tauromachie] veronica.
**verrai** [vɛre] *v* → **voir**.
**verrat** [vera] *nm* breeding boar.
**verre** [vɛr] *nm* **-1.** [matériau] glass; ~ antiballes bulletproof glass; ~ armé wire glass; ~ dépoli frosted *ou* ground glass; ~ double plate glass; ~ filé spun glass; ~ incassable shatterproof glass; ~ moulé pressed glass; ~ optique optical glass; ~ organique organic glass; ~ trempé tempered *ou* toughened glass. **-2.** [protection] glass; ~ de lampe lamp glass; ~ de montre watch glass. **-3.** [récipient] glass; ~ ballon round wine glass; ~ à dents tooth glass; ~ à eau [droit] tumbler; ~ gradué [en chimie] graduated vessel; [pour la cuisine] measuring glass; ~ à moutarde mustard jar *(that can be used as a glass when empty)*; ~ à pied stemmed glass; ~ à vin wineglass. **-4.** [contenu]: boire un ~ to have a drink; je bois *ou* prends juste un petit ~ I'll just have a quick one; ~ de glass of, glassful of ❑ avoir un ~ dans le nez *fam* to have had one too many. **-5.** GÉOL: ~ volcanique volcanic glass.
◆ **verres** *nmpl* **-1.** OPT glasses; ~s de contact contact lenses; ~s correcteurs correcting lenses. **-2.** [bouteilles] empties.
◆ **de verre** *loc adj* glass *(modif)*; objets de ~ glassware (U).
◆ **en verre** *loc adj* [bibelot] glass *(modif)*; ce n'est pas en ~ it won't break.
◆ **sous verre** ◇ *loc adj* [photo, fleurs] glass-framed; une photo sous ~ a glass-mounted photograph. ◇ *loc adv*: met-

tre qqch sous ~ to put sthg in a clip frame.
**verrée** [vɛre] *nf Helv* reception.
**verrerie** [vɛrri] *nf* **-1.** [usine] glassworks. **-2.** [technique] glasswork, glassmaking. **-3.** [objets] glassware. **-4.** [industrie] glass trade.
**verrier, ère** [vɛrje, ɛr] *adj* glass *(modif)*.
◆ **verrier** *nm* **-1.** [souffleur de verre] glassblower. **-2.** [artisan – en verrerie] glassmaker; [– en vitraux] stained-glass maker *ou* artist.
◆ **verrière** *nf* **-1.** [toit] glass roof. **-2.** [baie – à hauteur de plafond] glass wall *ou* partition; [– à mi-hauteur] glass screen. **-3.** [vitrail] stained-glass window. **-4.** AÉRON canopy.
**verroterie** [vɛrɔtri] *nf* [bibelots] glass trinkets; [bijoux] glass jewels; [perles] glass beads.
**verrou** [veru] *nm* **-1.** [fermeture] bolt; mettre *ou* pousser les ~s to slide the bolts home, to bolt the door; tirer le ~ to unbolt the door ❑ ~ de sûreté safety latch, night bolt. **-2.** RAIL lock; ~ d'aiguille facing point lock. **-3.** GÉOL glacial cross cliff. **-4.** ARM breechblock, bolt. **-5.** MIL blockade.
◆ **sous les verrous** *loc adv*: être sous les ~s to be behind bars; mettre qqn sous les ~s to put sb behind bars.
**verrouillage** [verujaʒ] *nm* **-1.** [d'une porte] locking, bolting; [d'une portière] locking; ~ automatique central locking; ~ de sécurité enfants childproof lock. **-2.** ARM bolting. **-3.** MIL blockade. **-4.** AÉRON: ~ du train d'atterrissage [procédé] up-and-down locking; [dispositif] up-and-down lock. **-5.** RAIL: ~ électrique electric interlocking. **-6.** ÉLECTRON [procédé] clamping; [dispositif] clamping device. **-7.** INF [du clavier] locking; [de l'accès] lockout.
**verrouiller** [3] [veruje] *vt* **-1.** [clore – porte] to lock, to bolt. **-2.** [empêcher l'accès de] to close off *(sép)*. **-3.** [enfermer – personne] to lock in *(sép)*. **-4.** INF [clavier] to lock. **-5.** MIL to blockade.
◆ **se verrouiller** *vp (emploi réfléchi)*: se ~ (chez soi) to shut *ou* to lock o.s. in.
**verrue** [very] *nf* wart; ~ plantaire verruca, plantar wart.
**verruqueux, euse** [verykø, øz] *adj* warty, verrucose *spéc*.
**vers¹** [vɛr] ◇ *nm* LITTÉRAT **-1.** [genre] verse; ~ libres free verse; ~ métriques/syllabiques/rythmiques quantitative/syllabic/accentual-syllabic verse. **-2.** [unité] line; le dernier ~ est faux *ou* boiteux the last line doesn't tally. ◇ *nmpl* [poème] (lines of) poetry, verse; écrire *ou* faire des ~ to write poetry *ou* verse; ~ de circonstance occasional verse; des ~ de mirliton doggerel.
◆ **en vers** ◇ *loc adj*: conte/lettre en ~ tale told/letter written in verse. ◇ *loc adv*: mettre qqch en ~ to put sthg into verse.
**vers²** [vɛr] *prép* **-1.** [dans la direction de] to, towards; il regarde ~ la mer he's looking towards the sea; ma chambre regarde ~ le nord my bedroom looks *ou* faces north; ~ la gauche to the left; le village ~ lequel nous nous dirigions the village we were heading for; ~ où tu vas? *fam* which way are you going?; il s'est tourné ~ moi *pr* he turned to *ou* towards me; [pour que je l'aide] he turned *ou* came to me; un pas ~ la paix a step towards peace. **-2.** [indiquant l'approximation – dans le temps] around; [– dans l'espace] near; ~ midi around midday; ~ les années 30 in the 30s or thereabouts; l'accident a eu lieu ~ Ambérieu the accident happened somewhere near Ambérieu; ~ les 1 800 mètres la végétation se raréfie around 1,800 metres the vegetation becomes sparse.
**versaillais, e** [vɛrsaje, ɛz] *adj* **-1.** GÉOG from Versailles. **-2.** HIST: l'armée ~e the Versailles army *(loyal to the Thiers government in 1871)*.
**Versailles** [vɛrsaj] *npr* Versailles.
**versant** [vɛrsɑ̃] *nm* **-1.** GÉOG [côté – d'une montagne, d'une vallée] side, slope; un ~ abrupt a steep slope *ou* hillside. **-2.** [aspect – d'une position, d'un argument] side, aspect.
**versatile** [vɛrsatil] *adj* fickle.
**versatilité** [vɛrsatilite] *nf* fickleness.
**verse** [vɛrs]
◆ **à verse** *loc adv*: il pleut à ~ it's pouring (with rain), it's pouring down.
**versé, e** [vɛrse] *adj sout* versed; être très/peu ~ dans la politique to be well-versed/not particularly well-versed in politics; être ~/peu ~ dans l'art contemporain to be conver-

sant with/ignorant of contemporary art.

**Verseau** [vɛrso] *nm* **-1.** ASTRON Aquarius. **-2.** ASTROL Aquarius; **elle est** ~ she's Aquarius OU an Aquarian.

**versement** [vɛrsəmɑ̃] *nm* **-1.** [paiement] payment; ~**s compensatoires** compensatory payments, compensation *(U)*. **-2.** [paiement partiel] instalment; **effectuer un** ~ to pay an instalment; **un premier** ~ a down payment. **-3.** [dépôt] deposit; **effectuer** OU **faire un** ~ **à la banque** to pay money into a bank account; ~ **en espèces** cash deposit.

**verser** [3] [vɛrse] ◇ *vt* **-1.** [répandre – sang, larmes] to shed; ~ **des larmes** OU **pleurs** to cry; **sans qu'une goutte de sang n'ait été versée** without a drop of blood being spilt. **-2.** [servir – liquide] to pour out *(sép)*; **pour lui en un peu plus pour him** for a bit more, help him to a bit more. **-3.** [faire basculer – sable, gravier, chargement] to tip; **verse la farine dedans pour the** flour in. **-4.** [coucher à terre – céréales] to lay OU to beat down. **-5.** [affecter] to assign, to transfer; **elle vient d'être versée à la comptabilité** she's just been assigned to accounts. **-6.** [payer] to pay; ~ **de l'argent sur un compte** to put money into an account; **on vous versera une retraite** you will receive a pension. **-7.** [apporter] to add, to append; ~ **une pièce au dossier** *pr* to add a new item to the file; *fig* to bring further information to bear on the case. ◇ *vi* to spill, to overturn; **la charrette a versé** the cart tipped over OU overturned.
◆ **verser dans** *v + prép*: **nous versons dans le mélodrame** this is becoming melodramatic; ~ **dans le ridicule** [personne, film] to become ridiculous.

**verset** [vɛrsɛ] *nm* **-1.** [d'un livre sacré, d'un poème] verse. **-2.** RELIG versicle.

**verseur** [vɛrsœr] *adj m*: **bec** ~ [d'une théière] spout; [d'une casserole, d'une tasse] lip; **camion** ~ dump truck.

**verseuse** [vɛrsøz] *nf* coffeepot.

**versificateur** [vɛrsifikatœr] *nm péj* versifier, poetaster *péj*, rhymester *péj*.

**versification** [vɛrsifikasjɔ̃] *nf* versification, versifying.

**versifier** [9] [vɛrsifje] ◇ *vt* to versify, to turn into verse, to write in verse. ◇ *vi* **-1.** [faire des vers] to versify, to write OU to compose verse. **-2.** *péj* to versify.

**version** [vɛrsjɔ̃] *nf* **-1.** SCOL & UNIV translation *(from a foreign language into one's mother tongue)*; ~ **anglaise** [pour un Français] translation from English into French; ~ **latine** translation from Latin. **-2.** [variante – d'un logiciel, d'une œuvre] version; [– d'une automobile] model, version; **en** ~ **originale** in the original language; **en** ~ **originale sous-titrée** with subtitles; **en** ~ **française** dubbed in French. **-3.** [interprétation] version; **voici ma** ~ **des faits** this is my version of the facts, this is how I see what happened; **c'est la** ~ **officielle des faits** that's the official version of what happened. **-4.** MÉD version, turning.

**verso** [vɛrso] *nm* **-1.** [envers] verso, other side; **je n'ai pas lu le** ~ I haven't read the back of the page. **-2.** INF back.
◆ **au verso** *loc adv*: **voir au** ~ see overleaf.

**verste** [vɛrst] *nf* verst.

**vert, e** [vɛr, vɛrt] *adj* **-1.** [couleur] green; ~ **de**: ~ **de rage** livid; **être** ~ **de peur** to be white with fear. **-2.** [vin] tart, acid; [fruit] green, unripe; *fig* [débutant, apprenti] inexperienced. **-3.** [bois] green. **-4.** [à préparer]: **cuir** ~ untanned leather. **-5.** [vigoureux] sprightly. **-6.** [agricole, rural] green, agricultural, rural; **l'Europe** ~**e** farming within the EC; **la livre** ~**e** the green pound; **station** ~**e** rural tourist centre. **-7.** [écologiste] green. **-8.** [osé] risqué, raunchy; **en dire/en avoir entendu des** ~**es et des pas mûres** to tell/to have heard some pretty raunchy jokes; **en avoir vu des** ~**es et des pas mûres** to have been through a lot; **il lui en a fait voir des** ~**es et des pas mûres** he's really put her through it! **-9.** *(avant le nom)* [violent]: **une** ~**e semonce** a good dressing-down.
◆ **vert** *nm* **-1.** [couleur] green; **peint** OU **teint en** ~ painted OU tinted green ❑ ~ **bouteille** bottle green; ~ **d'eau** sea green; ~ **pomme** apple green. **-2.** TRANSP green light; **passer au** ~: **les voitures doivent passer au** ~ motorists must wait for the light to turn green; **le feu est passé au** ~ the lights have turned (to) green. **-3.** *loc*: **mettre un cheval au** ~ to turn a horse out to grass; **se mettre au** ~ to go to the countryside.
◆ **Verts** *nmpl*: **les Verts** SPORT *the Saint-Étienne football team;* POL *the Green Party.*

**vert-de-gris** [vɛrdəgri] *nm inv* verdigris.

**vertébral, e, aux** [vɛrtebral, o] *adj* vertebral, spinal.

**vertèbre** [vɛrtɛbr] *nf* vertebra; **avoir une** ~ **déplacée** to have a slipped disc.

**vertébré, e** [vɛrtebre] *adj* vertebrate.
◆ **vertébré** *nm* vertebrate.

**vertement** [vɛrtəmɑ̃] *adv* harshly, sharply; **répondre** ~ to retort sharply, to give a sharp answer; **se faire tancer** ~ *litt* OU *hum* to get a good dressing-down.

**vertical, e, aux** [vɛrtikal, o] *adj* [droit – position, corps, arbre] vertical, upright; [– écriture, ligne] vertical.
◆ **vertical** *nm* vertical circle.
◆ **verticale** *nf* vertical line.
◆ **à la verticale** ◇ *loc adj* vertically; **un versant à la** ~**e** a sheer drop. ◇ *loc adv* vertically; **se mettre à la** ~**e** to stand vertically OU upright; **s'élever/descendre à la** ~**e** to rise/to descend vertically, to go vertically upwards/downwards.

**verticalement** [vɛrtikalmɑ̃] *adv* **-1.** [tout droit] vertically; **tomber/monter** ~ to fall down/to come up in a straight line. **-2.** [dans les mots croisés] down.

**verticalité** [vɛrtikalite] *nf* [d'une ligne] verticality; [d'un mur] verticality, uprightness; [d'une falaise] sheerness.

**vertige** [vɛrtiʒ] *nm* **-1.** [peur du vide] vertigo; **avoir le** ~ to suffer from vertigo. **-2.** [malaise] dizzy spell; **avoir des** ~**s** to feel dizzy OU faint; **cela me donne le** ~ it's making my head swim, it's making me (feel) dizzy; **des sommes astronomiques qui donnent le** ~ huge amounts of money that make one's head swim OU that don't bear thinking about. **-3.** [égarement] giddiness; [tentation]: **céder/résister au** ~ **de la spéculation** to give in to/to resist the temptations of speculation.

**vertigineux, euse** [vɛrtiʒinø, øz] *adj* **-1.** [effrayant – altitude] vertiginous, dizzy, giddy; [– vitesse] terrifying, breakneck *(avant n)*; **une baisse vertigineuse des cours** a breathtaking collapse on the stock exchange; **une hausse vertigineuse des prix** a staggering increase in prices; **des sommes vertigineuses** absurdly large sums of money. **-2.** MÉD vertiginous.

**vertu** [vɛrty] *nf* **-1.** *litt* [conduite morale] virtue, virtuousness, righteousness. **-2.** [qualité] virtue; **les** ~**s cardinales** the cardinal virtues; **les** ~**s théologales** the theological virtues. **-3.** [propriété] virtue, property, power; **les** ~**s thérapeutiques des plantes** the healing properties of plants; **réapprenons les** ~**s de la vie à la campagne** *fig* let us rediscover the virtues of country life. **-4.** *hum* [chasteté] virtue; **défendre/perdre sa** ~ to defend/to lose one's virtue.
◆ **en vertu de** *loc prép* according to; **en** ~ **des bons principes** following accepted moral principles; **en** ~ **de la loi** according to the law, in accordance with the law, under the law; **en** ~ **de quoi...** for which reason...

**vertueusement** [vɛrtɥøzmɑ̃] *adv* virtuously.

**vertueux, euse** [vɛrtɥø, øz] *adj* **-1.** [qui a des qualités morales] virtuous, righteous. **-2.** *vieilli* [chaste] virtuous.

**verve** [vɛrv] *nf* **-1.** [fougue] verve, gusto; [esprit] wit; **avec** ~ with gusto OU verve. **-2.** *litt* [créativité] inspiration.
◆ **en verve** *loc adj*: **être en** ~ to be particularly witty.

**verveine** [vɛrvɛn] *nf* **-1.** BOT vervain, verbena; ~ **officinale** verbena officinalis. **-2.** [tisane] verbena (tea). **-3.** [liqueur] verbena liqueur.

**vésiculaire** [vezikylɛr] *adj* bladder-like, vesicular *spéc*.

**vésicule** [vezikyl] *nf* MÉD [ampoule] blister, vesicle; [cavité] bladder; ~ **biliaire/cérébrale** gall/brain bladder.

**vespasienne** [vɛspazjɛn] *nf* *vieilli* street urinal.

**vespéral, e, aux** [vɛsperal, o] *adj litt* evening *(modif)*, vespertine *litt*.
◆ **vespéral, aux** *nm* RELIG vesperal.

**vesse-de-loup** [vɛsdəlu] *(pl* **vesses-de-loup)** *nf* puffball.

**vessie** [vesi] *nf* **-1.** ANAT & ZOOL bladder; **prendre des** ~**s pour des lanternes** to be easily hoodwinked; **il voudrait nous faire prendre des** ~**s pour des lanternes** he's trying to pull the wool over our eyes. **-2.** [sac] bladder.

**vestale** [vɛstal] *nf* **-1.** [prêtresse] vestal virgin. **-2.** *litt* [femme chaste] vestal.

**veste** [vɛst] *nf* jacket; ~ **de pyjama** pyjama jacket OU top; ~ **de tailleur** suit jacket ❑ **tomber la** ~ *pr* to take off one's jacket; *fig* to get down to work OU business.

**vestiaire** [vɛstjɛr] *nm* **-1.** [placard] locker. **-2.** [dépôt] cloak-room; **prendre son ~** to collect one's things *ou* belongings from the cloakroom. **-3.** [pièce] changing room, locker room *Am*; **l'arbitre, au ~!** get off, ref!

**vestibule** [vɛstibyl] *nm* **-1.** [d'un bâtiment public, d'une maison] (entrance) hall, vestibule; [d'un hôtel] lobby. **-2.** MÉD vestibule.

**vestige** [vɛstiʒ] *nm* [d'une armée] remnant; [d'une ville, d'une société] vestige; [d'une croyance, du passé, d'une coutume] remnant, vestige; [d'une idée, d'un sentiment] remnant, trace, vestige; **il ne reste que des ~s de sa grandeur** only a shadow of his former greatness remains.

**vestimentaire** [vɛstimɑ̃tɛr] *adj* clothing *(modif)*; **dépenses ~s** clothes expenditure, money spent on clothing; **élégance ~** sartorial elegance; **c'est le détail ~ qui fait tout** it's the finishing touch that makes the outfit.

**veston** [vɛstɔ̃] *nm* jacket.

**Vésuve** [vezyv] *npr m*: **le ~** (Mount) Vesuvius.

**vêtement** [vɛtmɑ̃] *nm* **-1.** [habit] piece *ou* article *ou* item of clothing, garment; **il fait froid, mets un ~ chaud** it's cold, put something warm on; **des ~s en loques** tattered clothes, rags; **~s de travail** work *ou* working clothes; **~s de sport** sportswear; **~s pour homme** menswear; **~s pour femme** ladies' wear; **~s de ski** skiwear; **il portait ses ~s de tous les jours** he was wearing his everyday clothes; **~s habillés** formal dress; **~s de ville** informal clothes ‖ [costume distinctif] dress, garb; **~s ecclésiastiques** clerical garb *ou* dress; **~s sacerdotaux** vestments. **-2.** [profession]: **l'industrie du ~** the clothing industry; **être dans le ~** *fam* to be in the rag trade *Br ou* garment industry *Am*. **-3.** COMM: **~s hommes** menswear; **~ dames** *ou* **femmes** ladies' wear; **~ enfants** children's wear.

**vétéran** [veterɑ̃] *nm* **-1.** [soldat] veteran, old campaigner; [ancien combattant] (war) veteran. **-2.** [personne expérimentée] veteran, old hand; **un ~ de la politique** a veteran political campaigner. **-3.** SPORT veteran.

**vétérinaire** [veterinɛr] ◇ *adj* veterinary; **faire des études ~s** to study veterinary medicine *ou* science. ◇ *nmf* vet, veterinary surgeon *Br*, veterinarian *Am*.

**vétille** [vetij] *nf* trifle; **perdre son temps à des ~s** to waste time over trifles *ou* trivia *ou* piffling details.

**vêtir** [44] [vetir] *vt* **-1.** *sout* [habiller – enfant, malade] to dress. **-2.** [prisonnier, malade] to clothe, to provide with clothes, to kit out *Br*. **-3.** *litt* [revêtir] to put on *(sép)*, to don.

◆ **se vêtir** ◇ *vp (emploi réfléchi) sout* to dress (o.s.); **trouver de quoi se ~** to find something to put on.

**vétiver** [vetivɛr] *nm* vetiver.

**veto** [veto] *nm inv* **-1.** POL veto; **mettre** *ou* **opposer son ~ à une mesure** to veto a measure ❏ **exercer son droit de ~** to use one's power of veto. **-2.** [interdiction]: **opposer son ~ à qqch** to forbid *ou* to prohibit *ou* to veto sthg.

**vêtu, e** [vety] ◇ *pp* → **vêtir**. ◇ *adj* dressed; **être bien/mal ~** to be well/badly dressed; **être chaudement ~** to be warmly dressed *ou* clad; **~ de** dressed in, wearing; **un enfant ~ d'un blouson** a child wearing a jacket; **une femme toute ~e de blanc** a woman all in white; **un homme ~ de haillons** a man in rags; **toute de soie ~e** all dressed in silk.

**vétuste** [vetyst] *adj* dilapidated, decrepit; **la pompe était ~** the pump had fallen into disrepair.

**vétusté** [vetyste] *nf* [d'un bâtiment] dilapidated state; [d'une loi] obsolescence.

**veuf, veuve** [vœf, vœv] ◇ *adj*: **-1.** [personne]: **devenir ~** to be widowed, to become a widower; **devenir veuve** to be widowed, to become a widow; **~ de: il est ~ de plusieurs femmes** he's a widower several times over. **-2.** TYPO: **ligne veuve** widow. ◇ *nm, f* widower (*f* widow); **Madame veuve Dupont** ADMIN Mrs Dupont (*term of address used on official correspondence to widows*); **la veuve Dupont** Mrs Dupont (*slightly informal way of referring to a widow*).

◆ **veuve** *nf* ORNITH widow bird, whydah.

**veuille** [vœj] *v* → **vouloir**.

**veule** [vøl] *adj* [personne] spineless, cowardly; [visage, traits] weak.

**veulent** [vœl] *v* → **vouloir**.

**veulerie** [vølri] *nf* spinelessness.

**veut** [vø] *v* → **vouloir**.

**veuvage** [vœvaʒ] *nm* [perte d'un mari] widowhood; [perte d'une femme] widowerhood.

**veuve** [vœv] *f* → **veuf**.

**veux** [vø] *v* → **vouloir**.

**vexant, e** [vɛksɑ̃, ɑ̃t] *adj* **-1.** [contrariant] annoying; **c'est ~! how infuriating!**. **-2.** [blessant – personne] hurtful; [– remarque] cutting, slighting, hurtful.

**vexation** [vɛksasjɔ̃] *nf* snub, slight, humiliation; **essuyer des ~s** to be snubbed.

**vexatoire** [vɛksatwar] *adj* vexatious, harassing.

**vexer** [4] [vɛkse] *vt*: **~ qqn** to hurt sb's feelings; **être vexé** to be hurt *ou* offended; **il est vexé de n'avoir pas compris** he's cross because he didn't understand; **elle est vexée que tu ne la croies pas** she feels hurt because you don't believe her.

◆ **se vexer** *vpi* to be hurt *ou* offended *ou* upset, to take offence; **ne te vexe pas mais... no offence meant, but...; se ~ facilement** to be easily offended, to be over-sensitive.

**VF** (*abr de* **version française**) *nf* indicates that a film is dubbed in French.

**VHF** (*abr de* **very high frequency**) *nf* VHF.

**via** [vja] *prép* via, through.

**viabiliser** [3] [vjabilize] *vt* to service; **terrain viabilisé** piece of land with water, gas and electricity installed (*for building purposes*).

**viabilité** [vjabilite] *nf* **-1.** [aménagements] utilities, services. **-2.** [état d'une route] practicability. **-3.** [d'un organisme, d'un projet] viability; [d'un fœtus] survival potential.

**viable** [vjabl] *adj* **-1.** BIOL viable. **-2.** [entreprise, projet] viable, practicable, feasible.

**viaduc** [vjadyk] *nm* viaduct.

**viager, ère** [vjaʒe, ɛr] *adj* life (*modif*).

◆ **viager** *nm* life annuity.

◆ **en viager** *loc adv*: **placer son argent en ~** to buy an annuity; **acheter/vendre une maison en ~** to buy/to sell a house so as to provide the seller with a life annuity.

**viande** [vjɑ̃d] *nf* **-1.** CULIN meat; **~ de bœuf** beef; **~ de cheval** horsemeat; **~ hachée** minced meat, mince *Br*, ground meat *Am*; **~ salée** cured *ou* salted meat; **~ fumée** smoked meat; **~ de boucherie** fresh meat (*as sold by the butcher*) ❏ **~ froide** dish of cold meat; **~ rouge/blanche** red/white meat. **-2.** ▽ [corps]: **amène ta ~** get your arse *Br ou* haul your ass *Am* over here; **montrer sa ~** to bare one's flesh.

**viatique** [vjatik] *nm* **-1.** RELIG viaticum. **-2.** *litt* [atout] asset; [soutien] help. **-3.** *arch* [pour un voyage] provisions and money (for the journey).

**vibrant, e** [vibrɑ̃, ɑ̃t] *adj* **-1.** [corde, lamelle] vibrating; [consonne] **~e** vibrant consonant. **-2.** [fort – voix, cri] vibrant. **-3.** [émouvant – accueil, discours] stirring; [– voix] tremulous; **~ de** ringing *ou* echoing with. **-4.** [sensible – nature, personne, caractère] sensitive.

**vibraphone** [vibrafɔn] *nm* vibraphone, vibraharp *Am*.

**vibraphoniste** [vibrafɔnist] *nmf* vibraphonist.

**vibrateur** [vibratœr] *nm* **-1.** TECH vibration generator. **-2.** CONSTR vibrator.

**vibratile** [vibratil] → **cil**.

**vibration** [vibrasjɔ̃] *nf* **-1.** [tremblement – d'un moteur, d'une corde] vibration; [– d'une voix] quaver, tremor, vibration; [– du sol] vibration. **-2.** ACOUST & ÉLECTRON vibration.

**vibrato** [vibrato] *nm* vibrato.

**vibratoire** [vibratwar] *adj* vibratory.

**vibrer** [3] [vibre] ◇ *vi* **-1.** [trembler – diapason, vitre, plancher, voix] to vibrate; **~ d'émotion** to quiver *ou* to quaver with emotion; **faire ~ qqch** to vibrate sthg. **-2.** *fig*: **faire ~ qqn** [l'intéresser] to thrill *ou* to stir sb; **la musique expérimentale, ça ne me fait pas ~** *fam & hum* I don't really get off on avant-garde music. ◇ *vt* to vibrate.

**vibromasseur** [vibromasœr] *nm* vibrator.

**vicaire** [vikɛr] *nm* [auxiliaire – d'un curé] curate; [– d'un évêque, du pape] vicar; **Grand Vicaire, Vicaire général** vicar-general; **~ apostolique** vicar apostolic.

**vice** [vis] *nm* **-1.** [le mal] vice; **le ~ et la vertu** vice and virtue; **mais c'est du ~!** *fam & hum* it's an obsession!. **-2.** [sexuel]: **le ~ perverse** tendencies; **un ~ contre nature** an unnatural tendency. **-3.** [moral] vice; **avoir tous les ~s** to have all the vices; **on ne lui connaît aucun** ~ she has no known vice ‖ *hum* [travers] vice. **-4.** COMM & JUR defect, flaw; ~ **apparent** conspicuous defect; ~ **caché** hidden OU latent defect; ~ **de construction** structural fault; **annulé pour** ~ **de forme** JUR annulled because of a mistake in the drafting.

**vice-** [vis] *préf* vice-.

**vice-amiral** [visamiral, o] (*pl* **vice-amiraux**) *nm* vice-admiral.

**vice-consul** [viskɔ̃syl] (*pl* **vice-consuls**) *nm* vice-consul.

**vice-consulat** [viskɔ̃syla] (*pl* **vice-consulats**) *nm* vice-consulate.

**vicelard, e**▽ [vislar, ard] ◊ *adj* devious, crafty. ◊ *nm, f* **-1.** [personne cruelle] sly devil. **-2.** [pervers]: **un vieux** ~ a dirty old man, an old lecher.

**vice-présidence** [visprezidɑ̃s] (*pl* **vice-présidences**) *nf* [d'un État] vice-presidency; [d'un congrès] vice-chair.

**vice-président, e** [visprezidɑ̃, ɑ̃t] (*mpl* **vice-présidents**, *fpl* **vice-présidentes**) *nm, f* [d'un État] vice-president; [d'un meeting] vice-chairman (*f* vice-chairwoman), vice-chairperson.

**vice-roi** [visrwa] (*pl* **vice-rois**) *nm* viceroy.

**vice-royauté** [visrwajote] (*pl* **vice-royautés**) *nf* viceroyalty.

**vice versa** [vis(e)vɛrsa] *loc adv* vice versa.

**vichy** [viʃi] ◊ *nm* **-1.** TEXT gingham. **-2.** [eau] Vichy (water); **un** ~ **fraise** *a glass of Vichy water with strawberry syrup*. **-3.** CULIN vichy; **carottes** ~ carrots vichy (*glazed with butter and sugar*). ◊ *nf* bottle of Vichy water.

**Vichy** [viʃi] *npr*: **le gouvernement de** ~ the Vichy Government.

**vichyssois, e** [viʃiswa, az] *adj* from Vichy, of Vichy.

◆ **Vichyssois, e** *nm, f* **-1.** GÉOG inhabitant of Vichy, native of Vichy. **-2.** HIST Vichyist.

**vicié, e** [visje] *adj* **-1.** [pollué – air, sang] polluted, contaminated. **-2.** *litt* [faussé – raisonnement, débat] warped, vitiated *litt*. **-3.** JUR vitiated.

**vicier** [9] [visje] *vt* **-1.** [polluer – air, sang] to pollute, to contaminate. **-2.** *litt* [dénaturer – esprit, qualité] to corrupt, to taint; [– relation, situation] to mar. **-3.** JUR to vitiate.

**vicieusement** [visjøzmɑ̃] *adv* **-1.** [lubriquement] lecherously, licentiously. **-2.** [incorrectement] faultily, wrongly. **-3.** [méchamment] maliciously, nastily.

**vicieux, euse** [visjø, øz] ◊ *adj* **-1.** [pervers – livre, film] obscene; [– regard] depraved; [– personne] lecherous, depraved. **-2.** [trompeur – coup, balle] devious, sly; [– calcul] misleading. **-3.** [animal] vicious. **-4.** [incorrect – expression, prononciation, position] incorrect, wrong. ◊ *nm, f* [homme] lecher, pervert; **un vieux** ~ a dirty old man, an old lecher; **petite vicieuse!** you little slut OU tramp!

**viciions** [visijɔ̃] *v* → **vicier**.

**vicinal, e, aux** [visinal, o] *adj* → **chemin**.

**vicissitude** [visisityd] *nf litt* [succession] vicissitude.

◆ **vicissitudes** *nfpl* **-1.** [difficultés] tribulations; **après bien des** ~**s** after many trials and tribulations, taking many hard knocks on the way. **-2.** [événements] vicissitudes, ups and downs.

**vicomte** [vikɔ̃t] *nm* viscount.

**vicomté** [vikɔ̃te] *nf* viscountcy, viscounty.

**vicomtesse** [vikɔ̃tɛs] *nf* viscountess.

**victime** [viktim] *nf* **-1.** [d'un accident, d'un meurtre] victim, casualty; **les** ~**s du crash** the victims of the crash; **accident de la route, trois** ~**s** car crash, three casualties; **l'accident a fait trois** ~**s** three people died in the accident; **les** ~**s du SIDA** AIDS victims. **-2.** RELIG (sacrificial) victim. **-3.** [bouc émissaire] victim, scapegoat. **-4.** [d'un préjudice] victim; **être la** ~ **d'un escroc** to fall prey to OU to be the victim of a con man; **être** ~ **d'hallucinations** to suffer from delusions.

**victoire** [viktwar] *nf* **-1.** [fait de gagner – bataille, compétition] victory, winning; [– dans une entreprise] victory, success (*U*). **-2.** [résultat – militaire] victory, win; [– dans une entreprise] victory, success; **remporter une** ~ to gain a victory; **remporter une** ~ **sur soi-même** *fig* to triumph over o.s.; **une** ~ **à la Pyrrhus** a Pyrrhic victory.

**Victoria** [viktɔrja] *npr*: **le lac** ~ Lake Victoria.

**victorien, enne** [viktɔrjɛ̃, ɛn] *adj* Victorian.

**victorieux, euse** [viktɔrjø, øz] *adj* SPORT victorious, winning (*avant n*); POL victorious, winning (*avant n*), successful; MIL vic-

torious; [air] triumphant.

**victuailles** [viktɥaj] *nfpl* victuals, food (*U*), provisions.

**vidage** [vidaʒ] *nm* **-1.** [d'un récipient] emptying. **-2.** *fam* [d'une personne] kicking out. **-3.** INF: **faire un** ~ to (take a) dump; ~ **sur disque/de la mémoire** disk/core dump; **gestionnaire de** ~ dumper; ~ **d'écran** (sur imprimante) screen dump.

**vidange** [vidɑ̃ʒ] *nf* **-1.** [d'un récipient, d'un réservoir] emptying. **-2.** [dispositif] drain, (waste) outlet; ~ **du carter** oil pan drain OU outlet. **-3.** AUT oil change; **faire la** ~ to change the oil. **-4.** AGR timber hauling OU skidding. **-5.** *Belg* [verre consigné] returnable empties.

◆ **vidanges** *nfpl* [eaux usées] sewage (*U*), liquid waste (*U*).

◆ **de vidange** *loc adj* [huile, système] waste.

**vidanger** [17] [vidɑ̃ʒe] *vt* **-1.** [eaux usées] to empty. **-2.** AUT [huile] to change. **-3.** AÉRON to defuel.

**vidangeur** [vidɑ̃ʒœr] *nm* cesspit emptier.

**vide** [vid] ◊ *adj* **-1.** [sans contenu] empty; **tasse à demi** ~ half-empty cup; **un espace** ~ [entre deux objets] an empty space; [sur un document] a blank space; **une pièce** ~ an empty OU unfurnished room; **avoir le ventre** OU l'**estomac** ~ to have an empty stomach; **j'ai la tête** OU l'**esprit complètement** ~ I can't think straight; **un regard** ~ a vacant stare; ~ **de** devoid of; **des remarques** ~**s de sens** meaningless remarks, remarks devoid of meaning. **-2.** [sans occupant] empty. **-3.** [sans intérêt – personnalité, vie] empty. **-4.** [dénudé – mur] bare, empty.

◊ *nm* **-1.** ASTRON: **le** ~ (empty) space, the void. **-2.** [néant] space; **regarder dans le** ~ to stare into space; **parler dans le** ~ [sans auditoire] to address empty space; [sans contenu] to talk vacuously; **faire des promesses dans le** ~ to make empty promises. **-3.** PHYS vacuum; **faire le** ~ [dans un vase clos] to create a vacuum ‖ *fig*: **faire le** ~ **autour de soi** to drive all one's friends away; **faire le** ~ **autour de qqn** to isolate sb; **faire le** ~ **dans son esprit** to make one's mind go blank. **-4.** [distance qui sépare du sol] (empty) space; **la maison est construite, en partie, au-dessus du** ~ part of the house is built over a drop; **avoir peur du** ~ to be scared of heights; **pendre dans le** ~ to hang in mid-air; **tomber dans le** ~ to fall into (empty) space. **-5.** [trou – entre deux choses] space, gap; [– entre les mots ou les lignes d'un texte] space, blank. **-6.** [lacune] void, gap, blank; **son départ a laissé un grand** ~ **dans ma vie** she left a gaping void in my life when she went ❏ ~ **juridique** JUR legal vacuum; **il y a un** ~ **juridique en la matière** the law is not specific on this matter. **-7.** [manque d'intérêt] emptiness, void. **-8.** CONSTR: ~ **sanitaire** ventilation space.

◆ **à vide** ◊ *loc adj* **-1.** [hors fonctionnement] no-load. **-2.** [sans air]: **cellule/tube/cuve à** ~ vacuum photocell/tube/tank. ◊ *loc adv*: **le moteur tourne à** ~ the engine's ticking over OU idling; **les usines tournent à** ~ the factories are running but not producing.

◆ **sous vide** ◊ *loc adj* vacuum (*modif*). ◊ *loc adv*: **emballé sous** ~ vacuum-packed.

**vidé, e** [vide] *adj* [volaille] drawn, cleaned; [poisson] gutted.

**vidéaste** [videast] *nmf* video maker.

**vidéo** [video] ◊ *adj inv* video (*modif*). ◊ *nf* video (recording); **faire de la** ~ to make videos.

**vidéocassette** [videokasɛt] *nf* videocassette, video.

**vidéo-clip** [videoklip] (*pl* **vidéo-clips**) *nm* (music) video.

**vidéoclub** [videoklœb] *nm* videoclub.

**vidéoconférence** [videokɔ̃ferɑ̃s] *nf* video conferencing.

**vidéodisque** [videodisk] *nm* videodisk.

**vidéofréquence** [videofrekɑ̃s] *nf* video frequency.

**vidéogramme** [videogram] *nm* videogram.

**vidéographie** [videografi] *nf* videography; ~ **interactive** videotex.

**vidéolecteur** [videolɛktœr] *nm* videoplayer.

**vidéophone** [videofɔn] = **visiophone**.

**vide-ordures** [vidordyr] *nm inv* rubbish *Br* OU garbage *Am* chute.

**vidéotex** [videotɛks] *nm* videotex.

**vidéothèque** [videotɛk] *nf* video library.

**vidéotransmission** [videotrɑ̃smisjɔ̃] *nf* video transmission.

**vide-poches** [vidpɔʃ] *nm inv* [meuble] tidy; [dans une voiture] glove compartment.

**vide-pomme** [vidpɔm] *nm inv* apple corer.

**vider** [3] [vide] *vt* **-1.** [le contenu de – seau, verre, sac] to empty (out) *(sép)*; [– poche, valise] to empty (out) *(sép)*; [– baignoire] to let the water out of, to empty; ~ les ordures to put out the rubbish *Br* ou garbage *Am*; ~ son chargeur to empty one's magazine; ~ de: ~ une maison de ses meubles to empty a house of its furniture, to clear the furniture from a house; ~ les lieux to vacate the premises ❏ ~ l'abcès to clear the air, to make a clean breast of things; ~ son sac to get things off one's chest, to unburden o.s. **-2.** [le milieu de – pomme] to core; [– volaille] to empty, to clean (out) *(sép)*; [– poisson] to gut. **-3.** [boire] to drain; ~ son verre to drain one's glass; ~ une bouteille to empty a bottle; nous avons vidé une bouteille à deux we downed a bottle between the two of us; ~ les fonds de bouteille to drink the dregs. **-4.** *fam* [épuiser] to do in *(sép)*, to finish off *(sép)*; être vidé to be exhausted. **-5.** [mettre fin à] to settle (once and for all). **-6.** *fam* [renvoyer] to throw ou to kick out *(sép)*; ~ qqn [employé] to sack *Br* ou to fire sb; [client] to throw sb out, to bounce sb *Am*; [élève] to throw ou to chuck sb out. **-7.** INF to dump. **-8.** ÉQUIT: ~ les arçons ou étriers to take a tumble (off one's horse).
◆ **se vider** *vpi* **-1.** [contenu] to empty ou to drain (out). **-2.** [salle, ville] to empty.

**videur, euse** [vidœr, øz] *nm, f* [de volaille] cleaner.
◆ **videur** *nm* [de boîte de nuit] bouncer.

**vie** [vi] *nf* **-1.** BIOL life; la ~ animale/végétale animal/plant life; durée de ~ life span. **-2.** [existence] life; il a eu la ~ sauve he has been spared; laisser la ~ sauve à qqn to spare sb's life; donner la ~ à un enfant to give birth to a child; mettre sa ~ en danger to put one's life in danger; risquer sa ~ to risk one's life; ôter la ~ à qqn to take sb's life; revenir à la ~ to come back to life; sauver la ~ de qqn to save sb's life; au début de sa ~ at the beginning of his life; à la fin de sa ~ at the end of his life, late in life; une fois dans sa ~ once in a lifetime; de sa ~ elle n'avait vu un tel sans-gêne she'd never seen such a complete lack of consideration; l'œuvre de toute une ~ a lifetime's work; à Julie, pour la ~ to Julie, forever ou for ever; avoir la ~ devant soi [ne pas être pressé] to have all the time in the world; [être jeune] to have one's whole life in front of one; être entre la ~ et la mort to be hovering between life and death, to be at death's door; passer de ~ à trépas to pass away ❏ la ~ continue life goes on; à la ~ à la mort for life (and beyond the grave). **-3.** [personne] life; son rôle est de sauver des ~s he is there to save lives. **-4.** [entrain] life; mettre un peu de ~ dans to liven up *(sép)*; plein de ~ [ressemblant] true to life, lifelike; [énergique] lively, full of life. **-5.** [partie de l'existence] life; ~ privée private life; la ~ affective/intellectuelle/sexuelle love/intellectual/sex life; entrer dans la ~ active to start working; la ~ associative community life. **-6.** [façon de vivre – d'une personne, d'une société] life, lifestyle, way of life; [– des animaux] life; la ~ en Australie the Australian lifestyle ou way of life; dans la ~, l'important c'est de... the important thing in life is...; faire sa ~ avec qqn to settle down with sb; avoir la ~ dure to have a hard life; faire ou mener la ~ dure à qqn to make life difficult for sb; rater sa ~ to make a mess of one's life; refaire sa ~ to start afresh ou all over again; c'est la ~!, la ~ est ainsi faite! such is ou that's life! ❏ mener une ~ de bâton de chaise ou de patachon *fam* to lead a riotous life; ~ de bohème bohemian life; mener une ~ de chanoine to live the life of Riley; une ~ de chien *fam* a dog's life; ce n'est pas une ~! I don't call that living!; c'est la belle ~ ou la ~ de château! this is the life! to live it up; mener joyeuse ~ to lead a merry life. **-7.** [biographie] life; il a écrit une ~ de Flaubert he wrote a life ou biography of Flaubert. **-8.** [conditions économiques] (cost of) living; dans ce pays, la ~ n'est pas chère prices are very low in this country; le coût de la ~ the cost of living. **-9.** RELIG life; la ~ éternelle everlasting life; la ~ ici-bas this life; la ~ terrestre life on earth. **-10.** TECH life; à courte ~ short-lived; à longue ~ long-lived; ~ d'un neutron neutron lifetime.
◆ **à vie** *loc adj* for life, life *(modif)*; amis à ~ friends for life; membre à ~ life member.
◆ **en vie** *loc adj* alive, living; être toujours en ~ to be still alive ou breathing.

◆ **sans vie** *loc adj* [corps] lifeless, inert; [œuvre] lifeless, dull.

**vieil** [vjɛj] *m* → **vieux**.

**vieillard** [vjɛjar] *nm* old man.

**vieille** [vjɛj] *f* → **vieux**.

**vieillerie** [vjɛjri] *nf* **-1.** [objet] old thing. **-2.** [idée]: qui s'intéresse à ces ~s? who's interested in those stale ideas?

**vieillesse** [vjɛjɛs] *nf* **-1.** [d'une personne] old age; mourir de ~ to die of old age. **-2.** *litt* [d'un bijou, d'un vase] age. **-3.** [personnes]: la ~ old people, the old, the aged.

**vieilli, e** [vjeji] *adj* [démodé] old-fashioned; [vieux]: je l'ai trouvé très ~ I thought he'd aged a lot.

**vieillir** [32] [vjejir] ◇ *vi* **-1.** [prendre de l'âge – personne] to age, to be getting old; [– vin, fromage] to age, to mature; [– technique] to become outmoded; tout le monde vieillit we all grow old; bien ~ to grow old gracefully; il a mal vieilli he hasn't aged well; ce film vieillit mal this film doesn't stand the test of time; son roman a beaucoup vieilli her novel seems really dated now; l'argent vieillit bien silver ages well. **-2.** [paraître plus vieux]: il a vieilli de 20 ans he looks 20 years older; tu ne vieillis pas you never seem to look any older. ◇ *vt* **-1.** [rendre vieux – personne] to make old, to age. **-2.** [vin, fromage] to age, to mature; [métal] to age-harden. **-3.** ~ qqn [suj: vêtement, couleur] to make sb seem older; [suj: personne]: vous me vieillissez! you're making me older than I am!; c'est fou ce que les cheveux longs la vieillissent! long hair makes her look a lot older!
◆ **se vieillir** *vp (emploi réfléchi)* [en apparence] to make o.s. look older; [en mentant] to lie about one's age *(by pretending to be older)*.

**vieillissant, e** [vjejisɑ̃, ɑ̃t] *adj* ageing; des techniques ~es techniques that are being superseded.

**vieillissement** [vjejismɑ̃] *nm* **-1.** [naturel] ageing, the ageing process. **-2.** [technique] ageing.

**vieillot, otte** [vjejo, ɔt] *adj* old-fashioned.

**vielle** [vjɛl] *nf* hurdy-gurdy.

**viendrai** [vjɛ̃dre], **vienne** [vjɛn] *v* → **venir**.

**Vienne** [vjɛn] *npr* [en Autriche] Vienna.

**viennent** [vjɛn] *v* → **venir**.

**viennois, e** [vjɛnwa, az] *adj* [Autriche] Viennese.
◆ **Viennois, e** *nm, f* [en Autriche] inhabitant of or person from Vienna; les Viennois the Viennese.

**viennoiserie** [vjɛnwazri] *nf* pastry made with sweetened dough *(croissant, brioche etc)*.

**viens** [vjɛ̃] *v* → **venir**.

**vierge** [vjɛrʒ] ◇ *adj* **-1.** [personne] virgin; elle/il est encore ~ she's/he's still a virgin. **-2.** [vide – cahier, feuille] blank, clean; [– casier judiciaire] clean; [– pellicule, film] unexposed; [– cassette, disquette] blank. **-3.** [inexploité – sol, terre] virgin; de la neige ~ fresh snow. **-4.** [sans additif]: minerai ~ native ore. **-5.** *litt* [pur] pure, unsullied, uncorrupted; ~ de devoid of, innocent of *litt*. ◇ *nf* [femme] virgin.

**Vierge** [vjɛrʒ] *npr f* **-1.** RELIG: la ~ (Marie) the Virgin (Mary), the Blessed Virgin. **-2.** ASTROL Virgo. **-3.** ASTRON Virgo; être ~ to be (a) Virgo ou a Virgoan.

**Viêt-nam** [vjetnam] *npr m*: le ~ Vietnam; le Nord/Sud ~ North/South Vietnam; un ancien du ~ a Vietnam veteran.

**vietnamien, enne** [vjetnamjɛ̃, ɛn] *adj* Vietnamese.
◆ **Vietnamien, enne** *nm, f* Vietnamese; les Vietnamiens the Vietnamese.
◆ **vietnamien** *nm* LING Vietnamese.

**vieux** [vjø] *(devant nm commençant par voyelle ou h muet* **vieil** [vjɛj], *f* **vieille** [vjɛj]) *adj* **-1.** [âgé] old; sa vieille mère her old ou aged mother; un vieil homme an old ou elderly man; les vieilles gens old people, elderly people, the elderly; devenir ~ to grow old, to get old; vivre ~ [personne, animal] to live to be old, to live to a ripe old age; se faire ~ to be getting on (in years), to be getting old; je deviens frileux sur mes ~ jours I feel the cold more with age; le plus ~ des deux the older ou elder (of the two); le plus ~ des trois the eldest ou oldest of the three; faire ~ to look old; être ~ avant l'âge to be old before one's time. **-2.** *(avant le nom)* [de longue date – admirateur, camarade, complicité, passion] old, long-standing; [– famille, tradition] old, ancient; [– dicton, recette] old; [– continent, montagne] old; la vieille ville the old (part of the) town ❏ le Vieux Monde the Old World. **-3.** [désuet – instrument, méthode] old; c'est un tissu un peu ~

pour une robe de fillette this material is a bit old-fashioned for a little girl's dress; **une vieille expression** [qui n'est plus usitée] an obsolete turn of phrase; [surannée] an old-fashioned turn of phrase; **le ~ français** LING Old French ‖ [usé, fâné] old; **recycler les ~ papiers** to recycle waste paper; **un ~ numéro** [de magazine] a back issue ❑ **vieil** or old gold; **~ rose** old rose. **-4.** [précédent] old. **-5.** *fam* [à valeur affectueuse]: **alors, mon ~ chien?** how's my old doggie then?; **le ~ père Davril** old Davril; **~ farceur!** you old devil! ‖ [à valeur dépréciative]: **il doit bien rester un ~ bout de fromage** there must be an odd bit of cheese left over; **t'aurais pas une vieille enveloppe?** got an envelope (,any old one will do)?; **~ dégoûtant!** you disgusting old man! ‖ [à valeur intensive]: **ta voiture a pris un ~ coup** your car got a nasty bash; **j'ai eu un ~ coup de cafard** I felt really low. **-6.** ŒNOL→ vin.

◆ **vieux** ◇ *nm* **-1.** *fam* [homme âgé] *péj* old man; **un ~ de la vieille** [soldat de Napoléon] an old veteran of Napoleon's guard; [personne d'expérience] an old hand. **-2.** ∇ [père]: **mon/son ~** my/his old man. **-3.** *fam* [à valeur affective – entre adultes]: **allez, (mon) ~,** ça va s'arranger come on mate *Br* ou Am, it'll be all right; **débrouille-toi, mon (petit) ~!** you sort it out yourself, pal ou *Br* mate! ‖ [pour exprimer la surprise]: **j'en ai eu pour 5 000 francs — ben mon ~!** it cost me 5,000 francs — good heavens!**-4.** [ce qui est ancien] old things; **faire du neuf avec du ~** to turn old into new; **le vin sent le** ou **a un goût de ~** the wine tastes as though it's past its best. **-5.** *fam loc*: **prendre un coup de ~**: **elle a pris un sacré coup de ~** she's looking a lot older; **le film a pris un coup de ~** the film seems to have dated.

◇ *adv*: **ça fait ~!** it's really old-fashioned!; **s'habiller ~** to wear old-fashioned clothes.

◇ *nmpl péj* **-1.** *fam* [personnes âgées]: **les ~** old people; **les petits ~** old folk. **-2.** ∇ [parents]: **les** ou **mes ~** my parents, my folks, my Mum *Br* ou Mom *Am* and Dad.

◆ **vieille** *nf* **-1.** *fam* & *péj* [femme âgée] old woman ou girl; **une petite vieille** a little old lady. **-2.** ∇ [mère]: **la** ou **ma/ta vieille** my/your old lady. **-3.** *fam* [à valeur affective – entre adultes]: **salut, ma vieille!** hi there!; **il est trop tard, ma vieille!** it's too late, darling! ‖ [exprime l'indignation]: **t'es gonflée, ma vieille!** you've got some nerve, you!

◆ **de vieux, de vieille** *loc adj* old-fashioned, antiquated, geriatric *hum*; **tu as des idées de ~** you're so old-fashioned (in your ideas); **ce sont des hantises de ~** those are old people's obsessions.

◆ **vieux de, vieille de** *loc adj* [qui date de]: **c'est un manteau ~ d'au moins 30 ans** it's a coat which is at least 30 years old; **une amitié vieille de 20 ans** a friendship that goes back 20 years.

◆ **vieille fille** *nf vieilli* ou *péj* spinster, old maid *péj*; **rester vieille fille** to remain unmarried; **c'est une manie de vieille fille** it's an old-maidish thing to do *péj*.

◆ **vieux garçon** *nm vieilli* ou *péj* bachelor; **rester ~ garçon** to remain single ou a bachelor; **des manies de ~ garçon** bachelor ways.

◆ **vieux jeu** *loc adj* [personne, attitude] old-fashioned; [vêtements, idées] old-fashioned, outmoded.

**vif, vive**[1] [vif, viv] *adj* **-1.** [plein d'énergie – personne] lively, vivacious; [– musique, imagination, style] lively; **avoir le regard ~** to have a lively look in one's eye; **marcher d'un pas ~** to walk briskly; **rouler à vive allure** to drive at great speed. **-2.** [intelligent – élève] sharp; [– esprit] sharp, quick; **être ~** to be quick ou quick-witted ou sharp. **-3.** [emporté – remarque, discussion, reproche] cutting, biting; [– geste] brusque, brisk; **excusez-moi de ces mots un peu ~s** I apologize for having spoken rather sharply. **-4.** [très intense – froid] biting; [– couleur] bright, vivid; [– désir, sentiment] strong; [– déception, intérêt] keen; [– félicitations, remerciements] warm; [– regret, satisfaction] deep, great; [– douleur] sharp; **porter un ~ intérêt à** to be greatly ou keenly interested in; **avec un ~ soulagement** with a profound sense of relief; **c'est avec un ~ plaisir que...** it's with great pleasure that...; **à feu ~** over a brisk heat; **l'air est ~ ce matin** it's chilly this morning; **l'air est ~ au bord de la mer** the sea air is bracing. **-5.** [nu – angle, arête] sharp; [– joint] dry; [– pierre] bare. **-6.** [vivant]: **être brûlé/enterré ~** to be burnt/buried alive. **-7.** GÉOG: **marée de vive eau** spring tide. **-8.** ŒNOL [vin] lively.

◆ **vif** *nm* **-1.** [chair vivante]: **le ~** the living flesh, the quick ❑ **piquer qqn au ~** to cut sb to the quick. **-2.** [centre]: **trancher** ou **tailler dans le ~** to go straight to the point; **entrer dans le ~ du sujet** to get to the heart of the matter. **-3.** JUR living person. **-4.** CONSTR sharp edge.

◆ **à vif** *loc adj* [blessure] open; **la chair était à ~** the flesh was exposed.

◆ **de vive voix** *loc adv* personally.

◆ **sur le vif** *loc adv* [peindre] from life; [commenter] on the spot; **ces photos ont été prises sur le ~** these photos were unposed.

**vif-argent** [vifarʒɑ̃] (*pl* **vifs-argents**) *nm* quicksilver; **c'est du ~** ou **un ~** he's a bundle of energy.

**vigie** [viʒi] *nf* **-1.** RAIL observation box; **~ de frein/signaux** brake/signal cabin. **-2.** NAUT [balise] danger-buoy; *vieilli* [guetteur] look-out; [poste] look-out post; [panier] crow's nest.

**vigilance** [viʒilɑ̃s] *nf* vigilance, watchfulness; **sa ~ s'est relâchée** he's become less vigilant.

**vigilant, e** [viʒilɑ̃, ɑ̃t] *adj* [personne, regard] vigilant, watchful; [soins] vigilant; **soyez ~!** watch out!

**vigile** [viʒil] ◇ *nm* **-1.** [d'une communauté] vigilante; [veilleur de nuit] night watchman; [surveillant] guard. **-2.** ANTIQ watch. ◇ *nf* RELIG vigil.

**vigne** [viɲ] *nf* **-1.** AGR vine, grapevine; [vignoble] vineyard; **une région de ~s** a wine-producing region. **-2.** BOT: **~ vierge** Virginia creeper.

**vigneron, onne** [viɲ(ə)rɔ̃, ɔn] *nm, f* wine-grower, wine-producer.

**vignette** [viɲɛt] *nf* **-1.** COMM (manufacturer's) label; [sur un médicament] label ou sticker (*for reimbursement within the French Social Security system*). **-2.** ADMIN & AUT: **~** (auto ou automobile) ≈ (road) tax disc *Br*, ≈ (car) registration sticker *Am*. **-3.** BX-ARTS [sur un livre, une gravure] vignette.

**vignoble** [viɲɔbl] *nm* vineyard; **une région de ~s** a wine-growing area.

**vigoureusement** [viguʀøzmɑ̃] *adv* [frapper, frictionner] vigorously, energetically; [se défendre] vigorously; [protester] forcefully.

**vigoureux, euse** [viguʀø, øz] *adj* **-1.** [fort – homme] vigorous, sturdy; [– membres] strong, sturdy; [– arbre, plante] sturdy; [– santé] robust; [– poignée de main, répression] vigorous; **il est encore ~!** he's still hale and hearty ou going strong!**-2.** [langage, argument] forceful; [opposition, soutien] strong; [défense] vigorous, spirited; [contestation, effort] vigorous, forceful, powerful; [mesures] energetic.

**vigueur** [vigœʀ] *nf* **-1.** [d'une personne, d'une plante] strength, vigour; [d'un coup] vigour, strength, power; **avec ~** vigorously, energetically; [d'un style, d'une contestation] forcefulness, vigour; [d'un argument] forcefulness; **se défendre avec ~** to defend o.s. vigorously; **protester avec ~** to object forcefully.

◆ **en vigueur** ◇ *loc adj* [décret, loi, règlement] in force; [tarif, usage] current; **cesser d'être en ~** [loi] to lapse; [règlement] to cease to apply. ◇ *loc adv*: **entrer en ~** [décret, tarif] to come into force ou effect.

**viking** [vikiŋ] *adj* Viking.

◆ **Viking** *nmf* Viking; **les Vikings** the Vikings.

**vil, e** [vil] *adj* **-1.** *litt* [acte, personne, sentiment] base, vile, despicable. **-2.** *(avant le nom) litt* [métier, condition] lowly, humble. **-3.** *loc*: **à ~ prix** extremely cheap.

**vilain, e** [vilɛ̃, ɛn] ◇ *adj* **-1.** [laid – figure, personne etc] ugly; [– quartier] ugly, sordid; [– décoration, bâtiment, habit] ugly, hideous; **ils ne sont pas ~s du tout,** tes dessins your drawings aren't bad at all!; **un ~ petit canard** an ugly duckling. **-2.** [méchant] naughty; **c'est un ~ monsieur** he's a bad man; **la ~e bête, elle m'a mordu!** that nasty beast has bitten me!; **jouer un ~ tour à qqn** to play a rotten ou dirty trick on sb. **-3.** [sérieux – affaire, blessure, coup, maladie] nasty. **-4.** [désagréable – odeur] nasty, bad; [– temps] nasty, awful. ◇ *nm, f* bad ou naughty boy (*f* girl).

◆ **vilain** *nm* **-1.** HIST villein. **-2.** *fam* [situation désagréable]: **il va y avoir du ~!** there's going to be trouble!; **ça tourne au ~!** things are getting nasty!

**vilebrequin** [vilbʀəkɛ̃] *nm* **-1.** TECH (bit) brace. **-2.** AUT crankshaft.

**vilenie** [vileni] *nf litt* **-1.** [caractère] baseness, villainy. **-2.** [action] base ou vile deed, villainous act.

**vilipender** [3] [vilipãde] *vt litt* to disparage, to revile.

**villa** [vila] *nf* **-1.** [résidence secondaire] villa. **-2.** [pavillon] (detached) house. **-3.** ANTIQ & HIST villa. **-4.** [rue] private road.

**village** [vilaʒ] *nm* **-1.** [agglomération, personnes] village. **-2.** LOISIRS: ~ **(de vacances)** holiday *Br* ou vacation *Am* village.

**villageois, e** [vilaʒwa, az] ◇ *adj* village *(modif)*, country *(modif)*. ◇ *nm, f* villager, village resident.

**ville** [vil] *nf* **-1.** [moyenne] town; [plus grande]city; **toute la ~ en parle** it's the talk of the town; **à la ~ comme à la scène** in real life as (well as) on stage ❑ **~ d'eau** spa (town); **~ industrielle/universitaire** industrial/university town; **~ nouvelle** new town; **la Ville éternelle** the Eternal City; **la Ville lumière** the City of Light; **la Ville sainte** RELIG the Holy City. **-2.** [quartier]: **~ haute/basse** upper/lower part of town. **-3.** ADMIN: **la ~** [administration] the local authority; [représentants] the (town) council. **-4.** [milieu non rural]: **la ~** towns, cities; **les gens de la ~** city-dwellers, townspeople; **la vie à la ~** town ou city life.
◆ **de ville** *loc adj* VÊT: **chaussures/tenue de ~** shoes/outfit for wearing in town.
◆ **en ville** *loc adv*: **aller en ~** to go to ou into town *Br*, to go downtown *Am*; **et si nous dînions en ~?** let's eat out tonight; **trouver un studio en ~** to find a flat *Br* ou studio apartment *Am* in town.

**ville-champignon** [vilʃɑ̃piɲɔ̃] *(pl* **villes-champignons)** *nf* fast-expanding town.

**ville-dortoir** [vildɔrtwar] *(pl* **villes-dortoirs)** *nf* dormitory town.

**villégiature** [vileʒjatyr] *nf* holiday *Br*, vacation *Am*; **être en ~** to be on holiday *Br* ou vacation *Am*; **lieu de ~** holiday resort *Br*, vacation resort *Am*.

**ville-satellite** [vilsatelit] *(pl* **villes-satellites)** *nf* satellite town.

**vin** [vɛ̃] *nm* **-1.** ŒNOL [boisson] wine; [ensemble de récoltes] vintage; **grand ~**, **~ de grand cru** vintage wine; **~ d'appellation d'origine contrôlée** appellation contrôlée wine; **~ blanc** white wine; **~ de Bordeaux** [rouge] claret; [blanc] white Bordeaux; **~ de Bourgogne** Burgundy; **~ chaud** mulled wine; **~ de consommation courante** table wine; **~ du cru** local wine; **~ cuit** fortified wine; **~ de messe** altar ou communion wine; **~ mousseux** sparkling wine; **~ nouveau** ou **(de) primeur** new wine; **~ ordinaire** table wine; **~ de pays** local wine; **~ pétillant** sparkling wine; **~ du Rhin** hock; **~ rosé** rosé wine; **~ rouge** red wine; **~ de table** table wine; **~ vieux** aged wine; **avoir le ~ gai/triste/mauvais** to get merry/depressed/nasty after a few drinks; **être entre deux ~s** to be tiddly ou tipsy. **-2.** [liqueur]: **~ de canne/riz** cane/rice wine.
◆ **vin d'honneur** *nm* reception *(where wine is served)*.

**vinaigre** [vinɛgr] *nm* **-1.** [condiment] vinegar; **cornichons/oignons au ~** pickled gherkins/onions ❑ **~ d'alcool/de cidre/de vin** spirit/cider/wine vinegar. **-2.** *fam loc*: **tourner au ~** [vin] to turn sour; **les choses ont tourné au ~** things definitely went wrong.

**vinaigrer** [4] [vinegre] *vt* to add vinegar to; **ce n'est pas assez vinaigré** there's too little vinegar; **de l'eau vinaigrée** water with a touch of vinegar added.

**vinaigrerie** [vinegrəri] *nf* **-1.** [fabrique] vinegar factory. **-2.** [production] vinegar making. **-3.** [commerce] vinegar trade.

**vinaigrette** [vinegrɛt] *nf* vinaigrette, French dressing.

**vinaigrier** [vinegrije] *nm* **-1.** [bouteille] vinegar bottle. **-2.** [fabricant] vinegar maker ou manufacturer.

**vinasse** [vinas] *nf* **-1.** *fam & péj* [vin] plonk *Br*, jug wine *Am*. **-2.** [résidu] vinasse.

**vindicatif, ive** [vɛ̃dikatif, iv] *adj* vindictive.

**vindicte** [vɛ̃dikt] *nf* JUR: **la ~ publique** prosecution and punishment; **désigner** ou **livrer qqn à la ~ populaire** to expose sb to trial by the mob.

**vineux, euse** [vinø, øz] *adj* [rappelant le vin – visage] blotchy; [– goût] wine-like; [– haleine] which reeks of wine; [– melon] wine-flavoured; **d'une couleur vineuse** wine-coloured.

**vingt** [vɛ̃] ◇ *dét* twenty; **je te l'ai dit ~ fois!** I've told you a hundred times!; **je n'ai plus ~ ans!** I'm not as young as I used to be!; **ah, si j'avais encore mes jambes/mon cœur de**

**~ ans!** if only I still had the legs/the heart of a twenty year-old! ❑ **~ dieux!** *vieilli*: **~ dieux, la belle fille!** strewth *Br* ou Lord *Am*, what a beauty!; **ne touche pas à ça, ~ dieux!** leave that alone, for God's sake! ◇ *nm inv* twenty; **il a joué trois fois le ~** he played three times on number twenty; **le ~ de chaque mois** the twentieth of the month; *voir aussi* **cinquante.**

**vingtaine** [vɛ̃tɛn] *nf*: **une ~** twenty or so, around twenty.

**vingt-deux** [vɛ̃tdø] *dét* & *nm inv* twenty-two; **~ v'là les flics!** ▽ watch out, here come the cops!; *voir aussi* **cinq.**

**vingt-et-un** [vɛ̃tẽœ̃] *nm* JEUX pontoon *Br*, vingt-et-un, twenty-one.

**vingtième** [vɛ̃tjɛm] *adj num* & *nmf* twentieth; *voir aussi* **cinquième.**

**vingt-quatre** [vɛ̃tkatr] *dét* & *nm inv* twenty-four; **~ heures sur ~** round the clock; **surveillé ~ heures sur ~** under round-the-clock surveillance; *voir aussi* **cinq.**

**vinicole** [vinikɔl] *adj* [pays] wine-growing; [industrie, production] wine *(modif)*; **entreprise ~** wine-making firm *Br*, winery *Am*.

**vinification** [vinifikasjɔ̃] *nf* [de jus de fruits] vinification; [pour l'obtention de vin] wine-making process.

**vinifier** [9] [vinifje] *vt* to make into wine.

**vins** [vɛ̃] *v* → **venir.**

**vinyle** [vinil] *nm* vinyl.

**viol** [vjɔl] *nm* [d'une personne] rape; [d'un sanctuaire] violation, desecration.

**violaçait** [vjɔlasɛ] *v* → **violacer.**

**violacé, e** [vjɔlase] *adj* purplish-blue; **les mains ~es par le froid** hands blue with cold.
◆ **violacée** *nf* member of the Violaceae.

**violacer** [16] [vjɔlase]
◆ **se violacer** *vpi* [visage] to turn ou to go ou to become purple; [mains] to turn ou to go ou to become blue.

**violateur, trice** [vjɔlatœr, tris] *nm, f* [d'une loi, d'une constitution] transgressor; [d'un sanctuaire, d'une sépulture] violator, desecrator.

**violation** [vjɔlasjɔ̃] *nf* **-1.** [d'une loi, d'une règle] violation; [d'un serment] breach; [d'un accord] violation, breach. **-2.** [d'un sanctuaire, d'une sépulture] violation, desecration; **~ de domicile** forcible entry *(into somebody's home)*.

**viole** [vjɔl] *nf* viol; **~ d'amour** viola d'amore; **~ de gambe** bass viol, viola da gamba.

**violemment** [vjɔlamɑ̃] *adv* [frapper] violently; [protester] vehemently; [désirer] passionately.

**violence** [vjɔlɑ̃s] *nf* **-1.** [brutalité – d'un affrontement, d'un coup, d'une personne] violence; [– d'un sport] roughness, brutality; **avec ~** with violence, violently; **scène de ~** violent scene; **obliger qqn à faire qqch par la ~** to force sb to do sthg by violent means; **répondre à la ~ par la ~** to meet violence with violence; **faire ~ à une femme** *arch* to violate a woman || *fig*: **faire ~ à** [principes, sentiments] to do violence to, to go against; [texte] to do violence to, to distort the meaning of; **se faire ~** to force o.s. **-2.** [acte] assault, violent act; **~ à agent** assault on (the person of) a police officer. **-3.** [intensité – d'un sentiment, d'une sensation] intensity; [– d'un séisme, du vent etc] violence, fierceness.

**violent, e** [vjɔlɑ̃, ɑ̃t] ◇ *adj* **-1.** [brutal – sport, jeu] rough, brutal; [– attaque, affrontement] fierce, violent, brutal; [– personne] violent, brutal; [– tempérament] violent, fiery; **se montrer ~ avec qqn** to be violent with sb; **une mort ~e** a violent death. **-2.** [intense – pluie] driving; [– vent, tempête] violent, raging; [– couleur] harsh, glaring; [– parfum] pungent, overpowering; [– effort] huge, strenuous; [– besoin, envie] intense, uncontrollable, urgent; [– douleur] violent; **un ~ mal de tête** a splitting headache. ◇ *nm, f* violent person.

**violenter** [3] [vjɔlɑ̃te] *vt* **-1.** [femme] to assault sexually. **-2.** *litt* [désir, penchant] to do violence to, to go against.

**violer** [3] [vjɔle] *vt* **-1.** [personne] to rape; **se faire ~** to be raped. **-2.** [loi, règle] to violate; [serment] to break; [accord, secret professionnel] to violate, to break. **-3.** [sanctuaire, sépulture] to violate, to desecrate; **~ le domicile de qqn** JUR to force entry into sb's home; **~ les consciences** *fig* to violate people's consciences.

**violet, ette** [vjɔlɛ, ɛt] *adj* purple, violet; **ses mains ~tes de**

froid her hands blue with cold.

◆ **violet** *nm* purple, violet (colour).

◆ **violette** *nf* violet.

**violeur, euse** [vjɔlœr, øz] *nm, f* rapist.

**violine** [vjɔlin] *adj* dark purple.

**violon** [vjɔlɔ̃] *nm* **-1.** MUS [instrument – d'orchestre] violin; [– de violoneux] fiddle; [artiste]: premier ~ (solo) first violin; jouer les seconds OU troisièmes ~s *fig* to play second fiddle; ~ d'Ingres hobby. **-2.** [prison] cells.

**violoncelle** [vjɔlɔ̃sɛl] *nm* cello, violoncello *spéc.*

**violoncelliste** [vjɔlɔ̃selist] *nmf* cellist, cello player, violon-cellist *spéc.*

**violoneux** [vjɔlɔnø] *nm péj* (mediocre) violinist.

**violoniste** [vjɔlɔnist] *nmf* violinist, violin-player.

**VIP** [veajpi, veipe] (*abr de* **very important person**) *nmf* VIP.

**vipère** [vipɛr] *nf* adder, viper; c'est une vraie ~ *fig & péj* she's really vicious.

**vipérin, e** [viperɛ̃, in] *adj* **-1.** ZOOL viperine; couleuvre ~e viperine grass snake. **-2.** *litt* [méchant] viperish, vicious.

◆ **vipérine** *nf* BOT viper's bugloss.

**virage** [viraʒ] *nm* **-1.** [d'une route] bend Br, curve, turn Am; prendre un ~ to take a bend, to go round a bend; prendre un ~ à la corde to hug the bend; prendre un ~ sur les chapeaux de roue to take a bend OU turn on two wheels ❏ ~ en épingle à cheveux hairpin bend; ~ en S S-bend Br, S-curve Am; ~ relevé banked corner. **-2.** [mouvement – d'un véhicule, au ski] turn; faire un ~ incliné OU sur l'aile AÉRON to bank an aeroplane. **-3.** [changement – d'attitude, d'idéologie] (drastic) change OU shift; ~ à droite/gauche POL shift to the right/left. **-4.** PHOT toning (*U*). **-5.** CHIM change in colour.

**virago** [virago] *nf* virago, shrew *fig.*

**viral, e, aux** [viral, o] *adj* viral; maladie ~e viral infection OU illness.

**virée** [vire] *nf fam* **-1.** [promenade]: faire une ~ à vélo/en voiture to go for a bicycle ride/a drive; si on faisait une ~ dans les bars du coin? let's hit the local bars. **-2.** [court voyage] trip, tour, jaunt; on a fait une petite ~ en Bretagne we went for a little jaunt to Brittany.

**virement** [virmɑ̃] *nm* **-1.** BANQUE: faire un ~ de 2 000 francs sur un compte to transfer 2,000 francs to an account ❏ ~ bancaire bank transfer; ~ de crédit credit transfer. **-2.** NAUT: ~ de bord tacking.

**virer** [3] [vire] ◇ *vi* **-1.** [voiture] to turn; [vent] to veer; [grue] to turn round; [personne] to turn OU to pivot round; ~ sur l'aile AÉRON to bank; ~ de bord NAUT [gén] to veer; [voilier] to tack; *fig* to take a new line OU tack. **-2.** CHIM [liquide] to change colour. **-3.** MÉD [cuti-réaction] to come up positive. **-4.** PHOT to tone. ◇ *vt* **-1.** BANQUE to transfer; ~ 300 francs sur un compte to transfer 300 francs to an account. **-2.** *fam* [jeter – meuble, papiers] to chuck (out), to ditch; vire-moi ces journaux de là get those papers out of here. **-3.** *fam* [renvoyer – employé] to fire, to sack Br; [– importun] to kick OU to chuck out (*sép*); se faire ~ [employé] to get the sack Br OU the bounce Am; je me suis fait ~ de chez moi I got kicked OU thrown out of my place. **-4.** MÉD: il a viré sa cuti *pr* his skin test was positive; *fig* he changed radically. **-5.** NAUT to veer; virez l'ancre! weigh the anchor! **-6.** PHOT to tone.

◆ **virer à** *v* + *prép*: ~ à l'aigre [vin] to turn sour; ~ au vert/rouge to turn green/red.

**virevolte** [virvɔlt] *nf* **-1.** [pirouette] pirouette, twirl. **-2.** *fig* [changement] volte-face; faire des ~s to chop and change.

**virevolter** [3] [virvɔlte] *vi* **-1.** [tourner sur soi] to pirouette, to spin round (*insép*). **-2.** [s'agiter] to dance around.

**Virgile** [virʒil] *npr* Virgil.

**virginal, e, aux** [virʒinal, o] *adj* virginal, maidenly; d'une blancheur ~e *litt* virgin OU lily white.

◆ **virginal** *nm*, **virginale** *nf* MUS virginals.

**Virginie** [virʒini] ◇ *nm* Virginia (tobacco). ◇ *npr f* GÉOG: (la) ~ Virginia; (la) ~-Occidentale West Virginia.

**virginité** [virʒinite] *nf* **-1.** [d'une personne] virginity; perdre sa ~ to lose one's virginity; le parti devra se refaire une ~ *fig* the party will have to forge itself a new reputation. **-2.** *litt* [d'un lys, de la neige] purity.

**virgule** [virgyl] *nf* **-1.** [dans un texte] comma; copier qqch sans y changer une ~ to copy sthg out without a single al-

teration. **-2.** MATH (decimal) point; 4 ~ 9 4 point 9 ❏ ~ flottante floating comma.

**viril, e** [viril] *adj* **-1.** [force, langage] manly, virile. **-2.** [sexuellement] virile.

**viriliser** [3] [virilize] *vt* **-1.** BIOL [suj: médicament] *to cause the development of male sexual characteristics in.* **-2.** [en apparence – suj: sport] to make more masculine in appearance.

**virilisme** [virilism] *nm* virilism.

**virilité** [virilite] *nf* **-1.** [gén] virility, manliness. **-2.** [vigueur sexuelle] virility.

**virologie** [virɔlɔʒi] *nf* virology.

**virtualité** [virtɥalite] *nf* virtuality.

**virtuel, elle** [virtɥɛl] *adj* **-1.** [fait, valeur] potential. **-2.** INF, OPT & PHYS virtual.

**virtuellement** [virtɥɛlmɑ̃] *adv* **-1.** [potentiellement] potentially. **-2.** [très probablement] virtually, practically.

**virtuose** [virtɥoz] *nmf* MUS virtuoso; ~ du violon violin virtuoso; c'est une ~ du tennis/de l'aiguille she's a brilliant tennis player/needlewoman.

**virtuosité** [virtɥozite] *nf* virtuosity; manier le pinceau avec ~ to be a brilliant painter.

**virulence** [virylɑ̃s] *nf* **-1.** [d'un discours] virulence, viciousness, venom. **-2.** MÉD virulence.

**virulent, e** [virylɑ̃, ɑ̃t] *adj* **-1.** [critique, discours] virulent, vicious, venomous; [haine] burning, bitter. **-2.** MÉD [agent, poison] virulent.

**virus** [virys] *nm* **-1.** BIOL virus; le ~ de la grippe the influenza virus ❏ ~ filtrant filterable virus. **-2.** *fig*: tout le pays était atteint par le ~ du loto the whole country was gripped by lottery fever; elle a attrapé le ~ du deltaplane *fam* she's completely hooked on hang-gliding, she's got the hang-gliding bug. **-3.** INF virus.

**vis**[1] [vi] *v* **-1.** → **vivre. -2.** → **voir.**

**vis**[2] [vis] *nf* TECH screw; ~ à bois woodscrew; ~ platinée AUT contact point; ~ sans fin worm OU endless screw; ~ de serrage setscrew.

**visa** [viza] *nm* **-1.** [sur un passeport] visa; un ~ pour l'Australie a visa for Australia ❏ ~ de touriste OU de visiteur tourist Br OU non-immigrant Am visa; ~ de sortie exit visa; ~ de transit transit visa. **-2.** [sur un document] stamp; apposer un ~ sur to stamp ❏ ~ de censure CIN (censor's) certificate.

**Visa®** [viza] *nf*: la (carte) ~ Visa® (card).

**visage** [vizaʒ] *nm* **-1.** [d'une personne] face; il a soudain changé de ~ his expression suddenly changed ❏ Visage pâle paleface; faire bon ~ à qqn to put on a show of friendliness for sb; à ~ découvert [sans masque] unmasked; [sans voile] unveiled; [ouvertement] openly. **-2.** [aspect] aspect; l'Afrique aux multiples ~ the many faces of Africa; enfin une ville à ~ humain! at last a town made for people to live in!; elle révélait enfin son vrai ~ she was revealing her true self OU nature at last.

**visagiste** [vizaʒist] *nmf* hair stylist.

**vis-à-vis** [vizavi] *nm* **-1.** [personne en face] mon ~ the person opposite me; faire ~ à qqn to be opposite sb, to face sb. **-2.** [immeuble d'en face]: nous n'avons pas de ~ there are no buildings directly opposite. **-3.** [canapé] tête-à-tête.

◆ **vis-à-vis de** *loc prép* **-1.** [en face de]: être ~ de qqn to be opposite sb. **-2.** [envers] towards, vis-à-vis; quelle position avez-vous ~ de ce problème? what is your position on this problem? **-3.** [par rapport à] by comparison with, next to, against.

◆ **en vis-à-vis** *loc adv*: être en ~ to be opposite each other, to be facing each other; assis en ~ sitting opposite each other OU face-to-face.

**viscéral, e, aux** [viseral, o] *adj* **-1.** PHYSIOL visceral. **-2.** [dégoût] profound; [peur] deep-rooted, profound; [jalousie] pathological; je ne l'aime pas, c'est ~ I don't like him, it's a gut feeling.

**viscères** [visɛr] *nmpl* viscera.

**viscose** [viskoz] *nf* viscose.

**viscosité** [viskozite] *nf* [gén & PHYS] viscosity.

**visée** [vize] *nf* **-1.** (*gén pl*) [intention] design, aim; avoir des ~s sur qqn/qqch to have designs on sb/sthg. **-2.** ARM aiming, taking aim, sighting. **-3.** CIN & PHOT viewfinding.

**viser** [3] [vize] ◇ *vt* **-1.** ARM [cible] to (take) aim at *(insép)*; [jambe, tête] to aim for; **bien visé!** good shot!**-2.** [aspirer à – poste] to set one's sights on *(insép)*, to aim for; [– résultats] to aim at OU for *(insép)*. **-3.** [concerner – suj: réforme] to be aimed OU directed at; [– suj: critique] to be aimed OU directed at, to be meant for; **je ne vise personne!** I don't mean anybody in particular!; **se sentir visé** to feel one is being got at. **-4.** ▽ [regarder] to look at, to check out. **-5.** ADMIN [passeport] to visa; [document – gén] to stamp; [– avec ses initiales] to initial. ◇ *vi* **-1.** MIL to (take) aim; ~ **juste/trop bas** to aim accurately/too low. **-2.** *fig:* ~ **(trop) haut** to set one's sights OU to aim (too) high.
◆ **viser à** *v* + *prép* [suj: politique, personne] to aim at.

**viseur** [vizœr] *nm* **-1.** ARM [gén] sight, sights; [à lunette] telescopic sight. **-2.** OPT telescopic sight. **-3.** CIN & PHOT viewfinder.

**visibilité** [vizibilite] *nf* visibility; **atterrir sans** ~ to make a blind landing, to land blind; ~ **nulle** zero visibility.

**visible** [vizibl] ◇ *adj* **-1.** [objet] visible; ~ **à l'œil nu** visible to the naked eye. **-2.** [évident – gêne, intérêt, mépris] obvious, visible; [– amélioration, différence] visible, perceptible; **il est** ~ **que...** it's obvious OU clear that... **-3.** *sout* [prêt à recevoir]: **elle est** ~ **de midi à 4 h** she receives visitors between 12 and 4. ◇ *nm:* **le** ~ that which is visible.

**visiblement** [viziblamā] *adv* [gêné, mécontent] obviously, visibly; [amélioré] perceptibly, visibly.

**visière** [vizjɛr] *nf* [gén] eyeshade *Br*, vizor *Am*; [d'un casque] visor, vizor; [d'une casquette] peak.

**visigoth, e** [vizigo, ɔt] *adj* Visigothic.
◆ **Visigoth, e** *nm, f:* **les Visigoths** the Visigoths.

**visioconférence** [vizjokɔ̃ferɑ̃s] *nf* videoconference.

**vision** [vizjɔ̃] *nf* **-1.** [idée] view, outlook; **nous n'avons pas la même** ~ **des choses** we see things differently; **sa** ~ **du monde** her world view. **-2.** [image] vision; [hallucination] vision, apparition; **tu as des** ~ **s!** *fam* & *hum* you're seeing things!**-3.** PHYSIOL vision.

**visionnaire** [vizjɔnɛr] *adj* & *nmf* visionary.

**visionner** [3] [vizjɔne] *vt* [film, émission] to view; [diapositives] to look at.

**visionneuse** [vizjɔnøz] *nf* viewer.

**visiophone** [vizjɔfɔn] *nm* videophone, viewphone.

**Visitation** [vizitasjɔ̃] *nf* RELIG: **la** ~ the Visitation.

**visite** [vizit] *nf* **-1.** [chez quelqu'un – gén] visit; [– courte] call; ~ **éclair** flying visit; **avoir** OU **recevoir la** ~ **de qqn** to have a visit from sb; **je m'attendais à sa** ~ I was expecting him to call; **rendre** ~ **à qqn** to pay sb a visit, to call on sb, to visit sb; **être en** ~ **chez qqn** to be paying sb a visit, to be visiting sb OU with sb *Am* ❑ ~ **officielle/privée** official/private visit; ~ **de politesse** courtesy call OU visit. **-2.** [à l'hôpital, auprès d'un détenu] visit; **heures de** ~ visiting hours. **-3.** [visiteur]: **avoir de la** ~ to have a visitor; **tu attends de la** *fam* **on va venir** ~? are you expecting a visitor OU somebody?**-4.** [exploration – d'un lieu] visit, tour; ~ **guidée** guided tour. **-5.** [d'un médecin – chez le patient] visit, call; [– dans un hôpital] (ward) round; ~ **de contrôle** follow-up examination; ~ **à domicile** house call OU visit; ~ **médicale** medical OU physical *Am* examination, medical, physical *Am*; **passer une** ~ **médicale** to undergo a medical examination, to take a physical examination *Am*. **-6.** [inspection – pour acheter] viewing; [– pour surveiller] inspection; ~ **de douane** customs inspection; ~ **d'inspection** visitation, visit; **faire une** ~ **d'inspection** to carry out an inspection.

**visiter** [3] [vizite] *vt* **-1.** [se promener dans – région, monument] to visit; [– caves, musée] to go round *(insép)*, to visit; [– pour acheter] to view; [– par curiosité] to look round *(insép)*; **une personne de l'agence vous fera** ~ **l'appartement** somebody from the agency will show you round OU *Am* through the flat *Br* OU apartment *Am*. **-2.** [rendre visite à – détenu] to visit; [– malade, indigent, client] to visit, to call on *(insép)*. **-3.** [inspecter – matériel, valise] to examine, to inspect; [– bateau] to inspect. **-4.** RELIG [diocèse] to visit; [suj: Saint-Esprit] to visit.

**visiteur, euse** [vizitœr, øz] *nm, f* **-1.** [invité] visitor, caller; [d'un musée] visitor. **-2.** [professionnel]: ~ **des douanes** customs inspector; ~ **de prison** prison visitor. **-3.** COMM representative, rep; ~ **médical** representative in pharmaceutical products, medical representative.

**vison** [vizɔ̃] *nm* **-1.** ZOOL mink. **-2.** [fourrure] mink. **-3.** VÊT mink (coat).

**visqueux, euse** [viskø, øz] *adj* **-1.** PHYS [matière] viscous; [surface] viscid. **-2.** [peau, personne] slimy.

**visser** [3] [vise] *vt* **-1.** [fixer – planche, support] to screw on OU to *(sép)*; [– couvercle] to screw on OU down *(sép)*; **le miroir est vissé au mur** the mirror is screwed to the wall || *fig:* **être vissé sur son siège** to be glued to one's chair. **-2.** [en tournant – bouchon, embout] to screw on *(sép)*; [– robinet] to turn off *(sép)*. **-3.** *fam* [personne] to crack down on *(insép)*, to put the screws on; **il a toujours vissé ses gosses** he always kept a tight rein on his kids.
◆ **se visser** *vp* (*emploi passif*) to screw on OU in; **ampoule qui se visse** screw-in bulb.

**visu** [vizy] → **de visu**.

**visualisation** [vizɥalizasjɔ̃] *nf* **-1.** [mentale] visualization, visualizing. **-2.** INF display; **console** OU **écran de** ~ visual display terminal OU unit, VDU.

**visualiser** [3] [vizɥalize] *vt* **-1.** [mentalement] to visualize. **-2.** INF to display.

**visuel, elle** [vizɥel] *adj* [mémoire, support] visual.
◆ **visuel** *nm* INF visual display unit OU terminal, VDU.

**vital, e, aux** [vital, o] *adj* **-1.** BIOL & PHYSIOL vital. **-2.** [indispensable] vital, essential. **-3.** [fondamental – problème, question] vital, fundamental.

**vitalité** [vitalite] *nf* [d'une personne] vitality, energy; [d'une économie] dynamism, vitality, buoyancy; [d'une expression, d'une théorie] vitality; **être plein de** ~ to be full of energy.

**vitamine** [vitamin] *nf* vitamin; ~ **A/C** vitamin A/C.

**vitaminé, e** [vitamine] *adj* with added vitamins, vitaminized.

**vite** [vit] ◇ *adv* **-1.** [rapidement – courir, marcher] fast, quickly; [– se propager] rapidly, quickly; **roule moins** ~ slow down, don't drive so fast; **va plus** ~ speed up, go faster; **tout s'est passé si** ~ **que je n'ai pas eu le temps de voir** everything happened so quickly that I didn't see a thing; **comme le temps passe** ~! doesn't time fly!; **elle apprend/travaille** ~ she's a quick learner/worker; **il calcule** ~ he's quick at calculations; **on fait faire des travaux, mais ça ne va pas** ~ we're having some alterations done, but it's taking a long time OU it's a long job; **prenons un taxi, ça ira plus** ~ let's take a taxi, it'll be quicker; **les exercices vont trop** ~ **pour moi** I can't keep up OU pace with the exercises; **ça a été** ~ **réglé** it was settled in no time at all, it was soon settled; **fais** ~! hurry up!, be quick (about it)!; **tu retournes en ville?** — **je fais** ~ are you going back into town? — I won't be long; **et plus** ~ **que ça!** and be quick about it! ❑ ~ **fait** *fam* quickly; **range-moi ta chambre** ~ **fait!** tidy up your room and be quick about it!; **ça a été du** ~ **fait!** it didn't take long!, that was quick work!; *péj* **it's slapdash work!;** ~ **fait, bien fait** *fam:* **on lui a repeint sa grille** ~ **fait, bien fait** we gave her gate a nice new coat of paint in no time; **je vais l'envoyer se faire voir** ~ **fait, bien fait!**▽ I'll send him packing once and for all!; **aller plus** ~ **que la musique** OU **les violons** to jump the gun. **-2.** [à la hâte] quickly, in a hurry OU rush; **manger** ~ to bolt one's food (down); **aller** ~ [dans ses conclusions] to be hasty; **ne conclus pas trop** ~ don't jump OU rush to conclusions ❑ **ils vont gagner** — **c'est** ~ **dit!** they're going to win — I wouldn't be so sure!; **il est assez efficace** — **il faut le dire** ~! he's quite efficient — well, that's one way of putting it!; **ne parle pas trop** ~! don't speak too soon!**-3.** [sans tarder] quickly, soon; **envoyez** ~ **votre bulletin-réponse!** send your entry form now!; **j'ai** ~ **compris de quoi il s'agissait** I soon realized what it was all about, it didn't take me long to realize what it was all about. **-4.** [facilement] quickly, easily; **méfie-toi, il a** ~ **fait de s'énerver** be careful, he loses his temper easily; **on a** ~ **fait de se brûler avec ça!** it's easy to burn yourself on that thing!**-5.** *loc:* **aller** ~ **en besogne** [être rapide] to be a quick worker; [être trop pressé] to be over-hasty; **vous allez un peu** ~ **en besogne, je ne vous accuse pas!** don't jump to conclusions, I haven't accused you of anything!
◇ *adj* [en langage journalistique – coureur] fast.
◆ **au plus vite** *loc adv* as soon as possible.

**vitesse** [vites] *nf* **-1.** [d'un coureur, d'un véhicule] speed; **à la** ~ **de 180 km/h** at (a speed of) 180 km/h; **la** ~ **est limitée à 90 km/h** the speed limit is 90 km/h; **faire de la** ~ to drive OU to go fast; **prendre de la** ~ to pick up speed, to speed up; **gagner/perdre de la** ~ to gather/to lose speed ❏ ~ **ascensionnelle** AÉRON rate of climb; ~ **de circulation de l'argent** ÉCON velocity of circulation of money; ~ **de croisière** *pr & fig* cruising speed; **le projet a maintenant atteint sa** ~ **de croisière** the project is now running smoothly along; ~ **de pointe** top ou maximum speed; ~ **relative** AÉRON airspeed; **gagner** ou **prendre qqn de** ~ [à pied] to walk faster than sb; [en voiture] to go ou to drive faster than sb; *fig* to beat sb to it, to pip sb at the post *Br*, to beat sb by a nose *Am*.**-2.** PHYS [d'un corps] speed, velocity; [de la lumière] speed; ~ **acquise** momentum; ~ **initiale** [gén] initial speed; ARM muzzle speed; ~ **moyenne** average speed; ~ **de réaction** reaction velocity ou speed; **la** ~ **du son** the speed of sound; **à la** ~ **du son** at the speed of sound. **-3.** [rythme – d'une action] speed, quickness, rapidity; [– d'une transformation] speed, rapidity; **ses cheveux poussent à une** ~ **incroyable!** her hair grows so fast!**-4.** AUT & MÉCAN gear; **première/deuxième/troisième** ~ first/second/third gear; **passer les** ~**s** to go up through the gears; [en rétrogradant] to go down through the gears; **les** ~**s ne veulent pas passer** *fam* the gearbox is sticking; **à deux** ~**s** *fig* two-tier; **à la** ~ **grand V** *fam* at the double, at a rate of knots *Br*.

◆ **à toute vitesse** *loc adv* in double-quick time.

◆ **en vitesse** *loc adv* [rapidement] quickly; [à la hâte] in a rush ou hurry; **déjeuner/se laver en** ~ to have a quick lunch/wash; **écrire une lettre en** ~ to dash off a letter; **on prend un verre en** ~? shall we have a quick drink?; **sors d'ici, et en** ~! get out of here and be sharp about it!; **il a déguerpi en** ~! he left at the double!, he didn't hang around!

**viticole** [vitikɔl] *adj*: **région** ~ wine-growing ou wine-producing region; **entreprise** ~ wine-making company *Br*, winery *Am*.

**viticulteur, trice** [vitikyltœr, tris] *nm, f* wine-grower, wine-producer, viticulturist *spéc*.

**viticulture** [vitikyltyr] *nf* vine-growing, viticulture *spéc*.

**vitoulet** [vitule] *nm Belg* veal meatball.

**vitrage** [vitraʒ] *nm* **-1.** [vitres] windows; [panneau] glass partition. **-2.** [verre] window glass. **-3.** [installation] glazing. **-4.** [rideau] net curtain.

**vitrail, aux** [vitraj, o] *nm* **-1.** [gén] stained-glass window; [non coloré] leaded glass window. **-2.** [technique]: **le** ~ stained-glass window making.

**vitre** [vitr] *nf* **-1.** [plaque de verre] (window) pane. **-2.** [fenêtre] window; ~ **arrière** AUT rear window.

**vitré, e** [vitre] *adj* **-1.** [porte – complètement] glass *(modif)*; [– au milieu] glazed; [panneau, toit] glass *(modif)*. **-2.** [parchemin] vitreous. **-3.** ANAT [corps, humeur] vitreous.

**vitrerie** [vitrəri] *nf* **-1.** [fabrique] glaziery. **-2.** [commerce] window glass trade ou industry. **-3.** [vitres] window glass.

**vitreux, euse** [vitrø, øz] *adj* **-1.** [terne – œil, regard] glassy, glazed. **-2.** GÉOL & PHYS vitreous. **-3.** [porcelaine] vitreous.

**vitrier** [vitrije] *nm* glazier.

**vitrification** [vitrifikasjɔ̃] *nf* **-1.** [d'un parquet] sealing, varnishing; [de tuiles] glazing. **-2.** [de sable, de déchets nucléaires] vitrification.

**vitrifier** [9] [vitrifje] *vt* **-1.** [parquet] to varnish; [tuiles] to glaze. **-2.** [déchets nucléaires, sable] to vitrify. **-3.** [ville] to destroy with nuclear weapons.

**vitrine** [vitrin] *nf* **-1.** [devanture] (shop *Br* ou store *Am*) window, display window; [vitre] shop window; [objets exposés] window display; **faire une** ~ to dress a window; **mettre qqch en** ~ to put sthg (out) on display *(in the window)* ❏ **faire** ou **lécher les** ~**s** *fam* to do some window-shopping. **-2.** [meuble – de maison] display cabinet; [– de musée] display cabinet, showcase; [–de magasin] showcase, display case.

**vitriol** [vitrijɔl] *nm* vitriol; **des propos au** ~ caustic ou vitriolic remarks.

**vitrioler** [3] [vitrijɔle] *vt* **-1.** [traiter] to vitriolize. **-2.** [blesser]: ~ **qqn** to attack sb with acid.

**vitro** [vitro] → **in vitro.**

**vitrocéramique** [vitroseramik] *adj*: **plaque** ~ ceramic hob.

**vitupérations** [vityperasjɔ̃] *nfpl sout* vituperation, vilification, verbal abuse.

**vitupérer** [18] [vitypere] ◇ *vi litt* to vituperate; ~ **contre qqn/qqch** to inveigh against sb/sthg. ◇ *vt sout* to vituperate, to inveigh against.

**vivable** [vivabl] *adj* [situation] bearable; [habitation] fit for living in; [personne]: **elle n'est pas** ~ *fam* she's impossible to live with; **ce n'est plus** ~ **au bureau!** it's unbearable at the office now!

**vivace** [vivas] *adj* **-1.** BOT hardy. **-2.** [qui dure] deep-rooted; **son souvenir est encore** ~ his memory is still very much alive.

**vivacité** [vivasite] *nf* **-1.** [promptitude – d'une attaque, d'une démarche, d'un geste] briskness; [– d'une intelligence] sharpness, acuteness; ~ **d'esprit** quick-wittedness. **-2.** [brusquerie – d'une personne, de propos] brusqueness; ~ **d'humeur** hotness of temper, quick-temperedness. **-3.** [entrain – d'une personne, d'un style] vivaciousness, vivacity, liveliness; [– d'un marché] liveliness, buoyancy; [– d'une description] vividness, liveliness; [– d'un regard] vivacity; **parler avec** ~ to speak animatedly. **-4.** [force – d'une douleur] sharpness, intensity; [– du froid] bitterness, sharpness; [– d'une impression] vividness, keenness; [– d'une couleur] brightness, vividness; [– d'une lumière] brightness.

**vivant, e** [vivã, ãt] *adj* **-1.** BIOL [organisme] living; [personne, animal] alive; **enterré** ~ buried alive; [pour te tell the tale, I survived]; **cuire un homard** ~ to cook a live lobster ou a lobster alive. **-2.** [existant – croyance, tradition, souvenir] living; **l'emploi du mot est resté très** ~ the term is still very much in use. **-3.** [animé – enfant, conférence, présentation] lively, spirited; [– bourg, rue] lively, bustling, full of life. **-4.** [réaliste – description, style] vivid. **-5.** [constitué d'humains – rempart] human. **-6.** [incarné, personnifié – preuve, exemple, témoignage] living.

◆ **vivant** *nm* **-1.** [période]: **de son** ~ [dans le passé] when he was alive; [dans le présent] as long as he lives; **je ne verrai pas ça de mon** ~! I won't live to see it!**-2.** [personne]: **un bon** ~ a bon viveur, a connoisseur of the good things in life.

◆ **vivants** *nmpl* RELIG: **les** ~**s** the living; **les** ~**s et les morts** [gén] the living and the dead; BIBLE the quick and the dead.

**vivarium** [vivarjɔm] *nm* vivarium.

**vivat** [viva] ◇ *nm* cheer; **s'avancer sous les** ~**s** to walk forth through a hail of applause. ◇ *interj arch* hurrah, bravo.

**vive²** [viv] *interj*: ~ **le Canada/la République!** long live Canada/the Republic!; ~ ou ~**nt les vacances!** three cheers for holidays!; ~ **moi!** *fam & hum* hurrah for me!

**vive³** [viv] *nf* ZOOL weever.

**vivement** [vivmã] *adv* **-1.** [exprime un souhait]: ~ **le week-end!** I can't wait for the weekend!, roll on the weekend! *Br*, bring on the weekend! *Am*; ~ **qu'il s'en aille!** I'll be glad when he's gone!**-2.** [extrêmement – ému, troublé] deeply, greatly; [– intéressé] greatly, keenly; **je souhaite** ~ **que...** I sincerely wish that...; **féliciter/remercier/recommander qqn** ~ to congratulate/thank/recommend sb warmly. **-3.** [brusquement – interpeller] sharply; ~ **rabroué** told off in no uncertain terms. **-4.** [vite – marcher] briskly.

**vivent** [viv] ◇ *interj* → **vive.** ◇ *v* → **vivre.**

**viveur, euse** [vivœr, øz] *nm, f vieilli* bon viveur.

**vivier** [vivje] *nm* **-1.** [d'un commerce] fish tank. **-2.** PÊCHE [enclos – pour poissons] fishpond; [– pour homards] crawl; [– d'un bateau] fish tank ou well. **-3.** *fig*: **un véritable** ~ **d'acteurs** a breeding ground for actors.

**vivifiant, e** [vivifjã, ãt] *adj* [air] bracing, invigorating; [expérience] revivifying, invigorating; [atmosphère] enlivening, revivifying.

**vivifier** [9] [vivifje] ◇ *vt sout* [personne] to revivify, to invigorate; [industrie, région] to bring life to; [imagination, sentiments] to quicken, to sharpen. ◇ *vi* RELIG to give life.

**vivipare** [vivipar] ◇ *adj* viviparous. ◇ *nmf* member of the Vivipara.

**vivisection** [viviseksjɔ̃] *nf* vivisection.

**vivo** [vivo] → **in vivo.**

**vivoter** [3] [vivɔte] *vi* [personne] to get by ou along (with little money); **il vivotait de ses tableaux** he scraped a living from his paintings.

**vivre¹** [vivr] *nm*: **le** ~ **et le couvert** bed and board.

◆ **vivres** *nmpl* food (*U*), foodstuffs, provisions.

**vivre²** [90] [vivr] ◇ *vi* **-1.** BIOL [personne, animal] to live, to be alive; [cellule, plante] to live; ~ **vieux** OU **longtemps** to live to a great age OU ripe old age; **elle a vécu jusqu'à 95 ans** she lived to be 95; **il ne lui reste plus longtemps à** ~ she hasn't got much time left (to live) ❏ **avoir vécu** to have had one's day. **-2.** [mener une existence] to live; ~ **en paix** to live in peace; ~ **libre et indépendant** to lead a free and independent life; ~ **au jour le jour** to take each day as it comes; ~ **à l'heure de l'Europe/du XXIe siècle** to live in the world of the European community/of the 21st century; ~ **dans le luxe/l'angoisse** to live in luxury/anxiety; ~ **le péché** to lead a sinful life; **on voit que tu n'as jamais vécu dans la misère** it's obvious you've never experienced poverty; **ne** ~ **que pour la musique/sa famille** to live only for music/one's family; **une rue qui vit la nuit** a street that comes alive at night; **il fait bon** ~ **ici** life is good OU it's a good life here; **une maison où il fait bon** ~ a house that's good to live in; **elle a beaucoup vécu** she's seen life ❏ **on ne vit plus** [on est inquiet] we're worried sick; [on est harassé] this isn't a life, this isn't what you can call living; **savoir** ~: **il ne sait pas** ~ [il est impoli] he has no manners; [il est trop nerveux] he doesn't know how to enjoy life; **ils vécurent heureux et eurent beaucoup d'enfants** (and) they lived happily ever after. **-3.** [résider] to live; ~ **au Brésil/dans un château** to live in Brazil/in a castle; ~ **dans une** OU **en communauté** to live communally OU in a community; ~ **avec qqn** [maritalement] to live with sb; [en amis] to share OU to live with sb; ~ **ensemble** [couple non marié] to live together ❏ **être facile à** ~ to be easygoing OU easy to get on with; **être difficile à** ~ to be difficult to get on with. **-4.** [subsister] to live; **ils ont tout juste de quoi** ~ they've just enough to live on; ~ **sur un seul salaire** to live OU to exist on just one salary; **faire** ~ **une famille** [personne] to provide a living for OU to support a family; [commerce] to provide a living for a family; ~ **bien/chichement** to have a good/poor standard of living; ~ **de** to live on; **ils vivaient de la cueillette et de la chasse** they lived on what they gathered and hunted OU off the land; ~ **de sa plume** to live by one's pen; ~ **de chimères** to live a life of illusion; ~ **d'espérance** to live in hope ❏ **il faut bien** ~! one's got to keep the wolf from the door OU to live (somehow)!; ~ **aux crochets de qqn** to sponge off sb; ~ **de l'air du temps** to live on thin air; ~ **d'amour et d'eau fraîche** to live on love alone. **-5.** [se perpétuer – croyance, coutume] to be alive; **pour que notre entreprise vive** so that our company may continue to exist. **-6.** [donner l'impression de vie – sculpture, tableau]: **voici une description qui vit** here is a description that is full of life.

◇ vt **-1.** [passer par – époque, événement] to live through (insép); ~ **des temps difficiles** to live through OU to experience difficult times; ~ **des jours heureux/paisibles** to spend one's days happily/peacefully. **-2.** [assumer – divorce, grossesse, retraite] to experience; **elle a mal/bien vécu mon départ** she couldn't cope/she coped well after I left. **-3.** loc: ~ **sa vie** to live one's own life; ~ **sa foi** to live intensely through one's faith; **il faut** ~ **l'instant présent** one must live for the moment.

**vivrier, ère** [vivrije, ɛr] adj: **cultures vivrières** food crops.

**vizir** [vizir] nm vizier; **le grand** ~ the grand vizier.

**VL** (abr de **véhicule lourd**) nm HGV.

**v'là** [vla] prép fam: **le** ~! here he is!

**vlan, v'lan** [vlɑ̃] interj [bruit – de porte] bang, wham, slam; [– de coup] smack, thud, wallop.

**VO** (abr de **version originale**) nf indicates that a film is in the original language.
◆ **en VO** loc adj in the original version; **en** ~ **sous-titrée** in the original version with subtitles.

**vocable** [vɔkabl] nm **-1.** LING term. **-2.** RELIG name, patronage; **sous le** ~ **de** dedicated to.

**vocabulaire** [vɔkabylɛr] nm **-1.** LING vocabulary; **avoir du** ~ to have a wide vocabulary ❏ **quel** ~! [réprimande] language! **-2.** [lexique] lexicon, (specialized) dictionary.

**vocal, e, aux** [vɔkal, o] adj vocal.

**vocalique** [vɔkalik] adj vocalic, vowel (modif).

**vocalisation** [vɔkalizasjɔ̃] nf LING & MUS vocalization, vocalizing.

**vocalise** [vɔkaliz] nf MUS vocalise spéc, singing exercise; **faire des** ~**s** to practise scales.

**vocaliser** [3] [vɔkalize] ◇ vi MUS to vocalize spéc, to practise

scales. ◇ vt PHON to vocalize.
◆ **se vocaliser** vpi to become vocalized.

**vocatif** [vɔkatif] nm vocative (case).

**vocation** [vɔkasjɔ̃] nf **-1.** [d'une personne] vocation, calling; **ne pas avoir/avoir la** ~ (**de**) to feel no/a vocation (for); **manquer** OU **rater sa** ~: **voilà un pansement bien fait, tu as manqué** OU **raté ta** ~ what a professional-looking bandage, you should have been a nurse OU you missed your vocation. **-2.** [rôle, mission]: **grâce à la** ~ **touristique de notre région** because our area is dedicated to tourism; **la** ~ **du nouveau musée est d'éduquer les jeunes** the new museum is designed to be of educational value to young people. **-3.** ADMIN: **avoir** ~ **à** OU **pour faire** to be empowered to do.

**vocifération** [vɔsiferasjɔ̃] nf vociferation; **des** ~**s** an outcry, a clamour.

**vociférer** [18] [vɔsifere] ◇ vi to yell, to shout, to vociferate; ~ **contre** to inveigh against, to berate. ◇ vt [injures] to scream, to shout.

**vodka** [vɔdka] nf vodka.

**vœu, x** [vø] nm **-1.** [souhait] wish; **faire un** ~ to (make a) wish; **faire le** ~ **que** to wish OU to pray that; **exaucer un** ~ to grant a wish ❏ **faire un** ~ **pieux** to make a vain wish. **-2.** [serment] vow; **faire (le)** ~ **de faire qqch** to (make a) vow to do sthg. **-3.** RELIG: **faire** ~ **de pauvreté/de chasteté/d'obéissance** to take a vow of poverty/of chastity/of obedience ❏ ~**x du baptême** baptismal vows; ~**x** (**de religion**) (religious) vows; **prononcer ses** ~**x** to take one's vows.
◆ **vœux** nmpl [de fin d'année]: **meilleurs** ~**x** [sur une carte] Season's Greetings; **nous vous adressons nos meilleurs** ~**x** OU **nos** ~**x les plus sincères pour la nouvelle année** our best wishes for the New Year; **le président a présenté ses** ~**x télévisés** the president made his New Year speech OU address on TV ‖ [dans une grande occasion] wishes; **tous nos** ~**x pour...** our best wishes for..., with all good wishes for...; **meilleurs** ~**x de pe be...** with all good wishes from...; **tous nos** ~**x de bonheur** our very best wishes for your happiness; **tous nos** ~**x de succès** all the best, good luck.

**vogue** [vɔg] nf **-1.** [mode] vogue, fashion, trend. **-2.** [popularité] vogue, popularity; **connaître une grande** ~ [style, activité, sport] to be very fashionable; **la** ~ **que connaissent actuellement les jeux vidéo** the current vogue OU craze for video games. **-3.** Helv [kermesse] village fête.
◆ **en vogue** loc adj fashionable; **c'est la coiffure en** ~ it's the latest hairstyle; **être en** ~ [vêtement] to be fashionable OU in vogue; [activité, personne] to be fashionable.

**voguer** [3] [vɔge] vi **-1.** NAUT to sail; ~ **vers** [navire] to sail towards; [personne] to sail for. **-2.** litt [nuage, image] to drift OU to be floating by.

**voici** [vwasi] prép **-1.** [désignant ce qui est proche dans l'espace] (suivi d'un singulier) here is, this is; (suivi d'un pluriel) here are, these are; ~ **mes parents** here are my parents; [dans des présentations] these are my parents; **les** ~! here they are!; **en** ~: **j'ai perdu mon crayon** — **en** ~ **un** I've lost my pencil — here's one; **du riz? en** ~! rice? here you are OU there you are!; **en** ~ **un qui n'a pas peur!** fam HE's certainly got guts!; **en** ~ **une surprise!** what a surprise!; **nous y** ~! here we are!; [dans une discussion] **nous** ~; **l'homme que** ~ this man (here) ‖ (tournure elliptique): **as-tu un timbre?** — ~! do you have a stamp? — here (you are)! ‖ [opposé à 'voilà']: ~ **ma sœur et** ~ **mon fils** this is my sister and that's my son. **-2.** [caractérisant un état]: **vous** ~ **rassuré, j'espère** I hope that's reassured you; **me** ~ **prêt** I'm ready now; **nous** ~ **enfin arrivés!** here we are at last!; **le** ~ **qui veut faire du karaté maintenant!** now he wants to take up karate! ❏ **me/te/nous** etc ~ **bien!** fam & iron what a mess! **-3.** [introduisant ce dont on va parler] (suivi d'un singulier) this OU here is; (suivi d'un pluriel) these OU here are; ~ **ce que je pense** this is what I think; ~, **je crains que ma demande ne vous surprenne beaucoup** now, I'm afraid my request may come as a big surprise to you. **-4.** [pour conclure]: ~ **qui m'étonne!** that's a surprise!; ~ **ce que c'est que de mentir!** that's where lying gets you! **-5.** [désignant une action proche dans le temps]: **et me** ~ **à pleurer** and here I am crying; ~ **l'heure du départ** it's time to go now; ~ **l'orage** here comes the storm; ~ **venir le printemps** spring is coming; ~ **que la**

**nuit tombe** (now) it's getting dark; ~ **qu'ils recommencent avec leur musique!** their music's started (up) again!**-6.** [exprimant la durée]: **j'y suis allé ~ trois mois** I went there three months ago; ~ **une heure qu'il est au téléphone** he's been on the phone for an hour.

**voie** [vwa] *nf* **-1.** [rue] road; ~ **express** ou **rapide** express way; ~ **de passage/raccordement** major/access road; ~ **d'accès** access road; ~ **à double sens** two-way road; ~ **piétonne** pedestrian street; ~ **prioritaire** main road; **la ~ publique** (public) highway ou thoroughfare; ~ **sans issue** no through road, cul-de-sac; ~ **à sens unique** one-way road ‖ TRANSP (traffic) lane; **(route à) trois** ~**s** three-lane road; ~ **de dégagement** slip road ‖ ANTIQ: ~ **romaine** Roman way ou road. **-2.** [moyen d'accès] way; [itinéraire] route; **par la ~ des airs** by air; **par ~ de terre** overland, by land ‖ *fig*: **la ~ est libre** the road is clear; **laisser la ~ libre à qqn** to make way for sb; **ouvrir la ~ à qqn** to pave the way for sb; **ouvrir la ~ à qqch** to make way for sthg; **trouver sa ~** to find one's niche in life; **la ~ de la réussite** the road to success; **ta ~ est toute tracée** it's obvious what your next move should be ❏ ~ **fluviale** ou **navigable** (inland) waterway; ~ **aérienne** air route, airway; ~ **de communication** communication route; ~**s d'eau** watercourses; ~ **maritime** sea route, seaway; **entrer dans l'Administration par la ~ royale** to take the most prestigious route into the Civil Service. **-3.** RAIL: 'ne pas traverser les ~s' 'do not cross the tracks'; **le train 242 est attendu ~ 9** train 242 is due to arrive on platform 9 ❏ ~ **de garage** ou **de service** ou **de dégagement** siding; **mettre sur une ~ de garage** *fig* [projet] to shelve, to table *Am*; [employé] to push aside, to put on the sidelines; ~ **(ferrée)** (railway) track ou line *Br*, railroad *Am*; ~ **principale** main line. **-4.** [procédure, moyen]: **suivre la ~ hiérarchique/diplomatique/normale** to go through the official/diplomatic/usual channels; **par des ~s détournées** by devious means, by a circuitous route ❏ **par ~ de conséquence** consequently. **-5.** RELIG: **les ~s du Seigneur sont impénétrables** the Lord works in mysterious ways. **-6.** CHASSE scent, track; **mettre qqn sur la ~** *pr* to put sb on the right scent; *fig* [en devinant] to give sb a clue; [dans une enquête] to put sb on the right track; **être sur la bonne ~** *pr* to have the scent; *fig* to be on the right track ou lines; **être sur la mauvaise ~** *fig* to be barking up the wrong tree. **-7.** PHARM: **par ~ orale** ou **buccale** orally; **par ~ nasale/rectale** through the nose/the rectum. **-8.** ANAT & PHYSIOL tract, duct; **par les ~s naturelles** naturally ❏ ~**s biliaires** biliary ducts; ~**s digestives** digestive tracts; ~**s respiratoires** airways, respiratory tracts. **-9.** CHIM: ~ **humide/sèche** wet/dry process. **-10.** INF & TÉLÉC [sur bande] track; [de communication] channel; ~ **d'entrée** input channel; ~ **de transmission** transmission channel. **-11.** NAUT: ~ **d'eau** leak. **-12.** ASTRON: **la Voie lactée** the Milky Way.
♦ **voies** *nfpl* JUR: ~**s de fait** [coups] assault and battery; **livrer à des ~s de fait sur qqn** to assault sb.
♦ **en bonne voie** *loc adj*: **être en bonne ~** to be going well; **votre dossier est en bonne ~** your file is being processed.
♦ **en voie de** *loc prép*: **en ~ d'achèvement** on the way to completion; **en ~ de construction** being built, under construction; **espèces en ~ de disparition** endangered species; **en ~ de guérison** getting better, on the road to recovery.
♦ **par la voie de** *loc prép* through, via.

**voilà** [vwala] *prép* **-1.** [désignant ce qui est éloigné] *(suivi d'un singulier)* there ou that is; *(suivi d'un pluriel)* there ou those are; **le monument que ~** that monument (there) ‖ [opposé à 'voici']: **voici mon lit, ~ le tien** here's ou this is my bed and there's ou that's yours. **-2.** [désignant ce qui est proche] *(suivi d'un singulier)* here ou this is; *(suivi d'un pluriel)* here ou these are; ~ **mes parents** here are my parents; [dans des présentations] these are my parents; ~ **l'homme dont je vous ai parlé** here ou this is the man I spoke to you about; **tiens, les ~!** look, here ou there they are!; **ah, te ~ enfin!** so here ou there you are at last!; **nous y ~!** here we are!; [dans une discussion] now...; **l'homme que ~** this man (here); **en ~: du riz?** en ~! rice? here ou there you are!; **je ne trouve pas de marteau – en ~ un** I can't find a hammer – here's one; **tu voulais un adversaire à ta mesure? en ~ un!** you wanted an opponent worthy of you? well, you've got one!; **en ~ un qui n'a pas peur!** *fam* HE's certainly got guts!; **en ~ une surprise/des manières!** what a surprise!/way to behave!;

**vous vouliez la clef, ~** you wanted the key; here it is ou here you are; ~ **madame, ce sera tout?** here you are, madam, will there be anything else? **-3.** [caractérisant un état]: **la ~ recousue/cassée** now it's sewn up again/broken; **me ~ prêt** I'm ready now; **les ~ enfin partis!** at last they've gone!; **dire que te ~ marié!** to think you're married now!; **le ~ qui veut faire du karaté maintenant!** now he wants to take up karate!; **te ~ beau, que t'est-il arrivé?** *iron* you're in a fine state, what's happened to you? ❏ **me/te/nous etc ~ bien!** *fam* & *iron* now what a mess!**-4.** [introduisant ce dont on va parler] *(suivi d'un singulier)* this ou here is; *(suivi d'un pluriel)* these ou here are; ~ **ce que je lui dirai** this ou here is what I'll say to her; **que veux-tu dire par là? – eh bien ~,...** what do you mean by that? – well,... **-5.** [pour conclure] *(suivi d'un singulier)* that's; *(suivi d'un pluriel)* those are; ~ **bien les hommes!** how typical of ou how like men!; ~ **ce que c'est, la jalousie!** that's jealousy for you!; ~ **ce que c'est que de mentir!** that's where lying gets you!; **un hypocrite, ~ ce que tu es!** you're nothing but a hypocrite!; **quelques jours de repos, ~ qui devrait te remettre sur pied** a few day's rest, THAT should set you right again; **on lui paiera les réparations et ~!** I'll pay for the repairs and that's all (there is to it)!; **et ~, il a encore renversé son café!** I don't believe it, he spilt his coffee again!; **et ~, ça devait arriver!** what did I tell you!; **ah ~, c'est parce qu'il avait peur!** so, that explains it, he was frightened!; ~**! vous avez tout compris** that's it! you've got it; ~ **tout** that's all. **-6.** [introduisant une objection, une restriction]: **j'en voudrais bien un, seulement ~, c'est très cher** I'd like one, but the problem is ou but you see, it's very expensive; **c'est facile, seulement ~, il fallait y penser** it's easy once you've thought of it; ~, **j'hésitais à vous en parler, mais...** well, yes, I wasn't going to mention it, but... **-7.** [désignant une action proche dans le temps]: ~ **la pluie** [il ne pleut pas encore] here comes the rain; [il pleut] it's raining; ~ **venu le moment de s'expliquer** now's the moment to explain; ~ **que la nuit tombe** (now) it's getting dark; ~ **qu'ils remettent ça avec leur musique!** *fam* they're at it again with their music!; ~ **Monsieur, je suis à vous dans un instant** yes, sir, I'll be with you in a minute; **il y a quelqu'un? – ~, ~!** anybody in? – hang on, I'm coming! ❏ **ne ~-t-il pas que** *fam*: **je descends de voiture et ne ~-t-il pas qu'une contractuelle arrive!** I get out of my car and guess what, a traffic warden turns up!; **(ne) ~-t-il pas qu'on deviendrait coquette!** vain, now, are we? **-8.** [exprimant la durée]: **il est rentré ~ une heure** he's been home for an hour, he came home an hour ago; ~ **longtemps/deux mois qu'il est parti** he's been gone a long time/two months; ~ **cinq minutes que je t'appelle!** I've been calling you for five minutes!

**voilage** [vwalaʒ] *nm* [rideau] net curtain.

**voile¹** [vwal] *nm* **-1.** [d'une toilette, d'un monument] veil; **porter le ~** to wear the veil ❏ ~ **de deuil** mourning veil; ~ **de mariée** marriage veil; **prendre le ~** RELIG to take the veil. **-2.** TEXT [pour rideau] net, (piece of) netting; [pour chapeau] (piece of) gauze, veil. **-3.** *fig* veil; **ils ont enfin levé le ~ sur ce mystère** they have at last lifted the curtain on this mystery; **jeter** ou **mettre** ou **tirer un ~ sur** to throw a veil across, to draw a veil over. **-4.** *litt* [opacité]: ~ **de brume/fumée** a veil of mist/smoke. **-5.** MÉD: ~ **au poumon** shadow on the lung; **j'ai un ~ devant** ou **sur les yeux** my vision ou sight is blurred. **-6.** PHOT fog. **-7.** ANAT: ~ **du palais** velum *spéc*, soft palate. **-8.** BOT veil. **-9.** [déformation – du métal] buckle, buckling; [– du plastique, du bois] warp, warping.
♦ **sous le voile de** *loc prép sout* in the guise of.

**voile²** [vwal] *nf* **-1.** NAUT sail; **faire ~ vers** to sail towards; **être sous ~s** to be under sail; **mettre à la ~** to set sail ❏ **mettre les ~s** *fam* to clear off. **-2.** *litt* [bateau] sail, sailing boat. **-3.** SPORT: **la ~** sailing, yachting; **faire de la ~** to sail, to go yachting.
♦ **à voile** *loc adj* **-1.** NAUT: **bateau à ~** sailing boat; **HIST clipper; la marine à ~** sailing ships. **-2.** ▽ *loc*: **marcher à ~ et à vapeur** to be AC/DC ou bisexual.
♦ **toutes voiles dehors** *loc adv* **-1.** NAUT in full sail, all sail ou sails set. **-2.** *fam* [rapidement] like a bat out of hell.

**voilé, e** [vwale] *adj* **-1.** [monument, visage, personne] veiled; **des femmes ~es de noir** women veiled in black. **-2.** [couvert – lune, soleil] hazy; [– ciel] overcast; [– horizon] hazy. **-3.** [voix] hoarse, husky. **-4.** [dissimulé – signification] obscure;

s'exprimer en termes ~s to express o.s. in oblique ou veiled terms; sa déception à peine ~e his thinly-veiled disappointment. **-5.** PHOT fogged, veiled. **-6.** [déformé – métal] buckled; [–bois, plastique] warped.

**voiler** [3] [vwale] vt **-1.** [couvrir] to veil, to hide, to cover. **-2.** [rendre moins net – contours] to veil; [– lumière] to dim; le regard voilé par les larmes her eyes misty ou blurred with tears ‖ [enrouer – voix] to make husky. **-3.** litt [dissimuler – fautes] to conceal, to veil; [– motifs, vérité] to mask, to veil, to disguise. **-4.** PHOT to fog. **-5.** [déformer – métal] to buckle; [– bois, plastique] to warp.

◆ **se voiler** ◇ vpt: se ~ le visage [le couvrir] to wear a veil (over one's face) ❑ se ~ la face to bury one's head in the sand, to hide from the truth. ◇ vpi **-1.** [lune, soleil] to become hazy; [ciel – de nuages] to cloud over; [– de brume] to mist over, to become hazy ou misty; son regard s'était voilé [mouillé de larmes] her eyes had misted over ou become blurred (with tears); [terni par la mort] her eyes had become glazed. **-2.** [voix] to grow ou to become husky. **-3.** [métal] to buckle; [bois, plastique] to become warped.

**voilerie** [vwalri] nf sail maker's NAUT.

**voilette** [vwalɛt] nf (hat) veil.

**voilier** [vwalje] nm **-1.** NAUT: ~ (de plaisance) sailing boat, sailboat Am; [navire à voiles] sailing ship ‖ (comme adj): navire bon/mauvais ~ good/bad sailer. **-2.** [ouvrier] sail maker.

**voilure** [vwalyr] nf NAUT sail, sails; changer de/réduire la ~ to change/to shorten sail; dans la ~ aloft, in the rigging.

**voir** [62] [vwar] ◇ vt **A.** PERCEVOIR AVEC LES YEUX **-1.** [distinguer] to see; PHYSIOL to (be able to) see; il ne voit rien de l'œil gauche he can't see anything with his ou he's blind in the left eye; je voyais ses cartes I could see his cards; il faut le ~ pour le croire! you have to see it to believe it!; à les ~, on ne dirait pas qu'ils roulent sur l'or to look at them, you wouldn't think they were rolling in it; à la ~ si souriante, on ne dirait pas qu'elle souffre when you see how cheerful she is, you wouldn't think she's in pain; ~ qqn faire ou qui fait qqch to see sb do ou doing sthg ❑ ~ le jour [bébé] to be born; [journal] to come out; [théorie, invention] to appear; comme je vous vois: je les ai vues comme je vous vois I saw them with my own eyes; faut ~ (ça) fam: il était habillé, faut ~! you should have seen what he was wearing!; il faut la ~ lui répondre, il faut ~ comment elle lui répond you should see the way she speaks to him; ~ venir: je te vois venir, tu veux de l'argent! fam I can see what you're leading up to ou getting at, you want some money!; le garagiste m'a fait payer 3 000 F — il t'a vu venir! fam the mechanic charged me 3,000 F — he saw you coming!; Noël n'est que dans trois semaines, on a le temps de ~ venir! Christmas isn't for another three weeks, we've got plenty of time! **-2.** [assister à – accident, événement] to witness, to see; [– film, spectacle] to see; c'est vrai, je l'ai vue le faire it's true, I saw her do it; je l'ai vu faire des erreurs I saw him making ou make mistakes; à ~ well worth seeing; c'est un film à ~ absolument that film is a must; ici, les terrains ont vu leur prix doubler en cinq ans land prices here have doubled over five years ❑ tu n'as encore rien vu you haven't seen anything yet; n'avoir rien vu to be wet behind the ears ou green; on aura tout vu! that beats everything!; en ~: j'en ai vu d'autres! I've seen worse!, I've been through worse!; ils en ont vu, avec leur aînée! their oldest girl really gave them a hard time!; il en a vu de toutes les couleurs ou des vertes et des pas mûres fam ou de belles ou de drôles he's been through quite a lot; en faire ~ (de toutes les couleurs) à qqn fam to give sb a hard time, to lead sb a merry dance; pour ~: mets de l'eau dessus pour ~ pour some water on it, just to see what happens; j'ai fait du chinois pendant un an pour ~ I studied Chinese for a year just to see how I got on; répète un peu, pour ~! (you DARE) say that again! **-3.** [trouver – spécimen] to see, to find, to encounter; [– qualité] to see; un homme galant comme on n'en voit plus the kind of gentleman they don't make any more. **-4.** [inspecter – appartement] to see, to view; [– rapport] to see, to (have a) look at; [– leçon] to see, to cover; [remarquer] to see, to notice; ne pas ~: il préfère ne pas ~ ses infidélités he prefers to turn a blind eye to ou to shut his eyes to her affairs ‖ [visiter] to see, to visit; qui n'a pas vu l'Égypte n'a rien vu unless you've seen Egypt, you haven't lived. **-5.** [consulter, recevoir – ami, médecin] to see; je dois aller ~ le médecin I've got to

go to the doctor's; je vais aller ~ mes amis I'm going to go and see my friends ‖ [fréquenter] to see; [être en présence de]: je la vois chaque jour I see her every day; va-t-en, je t'ai assez vu! fam go away, I've seen ou had enough of you! **-6.** [se référer à]: ~ illustration p. 7 see diagram p 7; voyez l'horaire des trains check ou consult the train timetable. **B.** PENSER, CONCEVOIR **-1.** [imaginer] to see, to imagine, to picture; le pull est trop large — je te voyais plus carré que cela the jumper is too big — I thought you had broader shoulders; je nous vois mal gagner le match I can't see us winning the match; ~ d'ici qqn/qqch: lui confier le budget? je vois ça d'ici! ask him to look after the budget? I can just see it! **-2.** [concevoir – méthode, solution] to see, to think of; je ne vois pas comment je pourrais t'aider I can't see how I could help you; vous voyez quelque chose à ajouter? can you think of anything else (which needs adding)?; je ne vois pas de mal à cela I don't see any harm in it; ~ qqch d'un mauvais œil, ne pas ~ qqch d'un bon œil to be displeased about sthg; ~ qqch/qqn avec les yeux de: elle le voit avec les yeux de l'amour she sees him through a lover's eyes ‖ (en usage absolu): pose-moi n'importe quelle question — bon, je vais ~ ask me anything — let's see ou let me think; il faut trouver un moyen! — je ne vois pas we must find a way! — I can't think of one ou anything. **-3.** [comprendre – danger, intérêt] to see; tu vois ce que je veux dire? do you see ou understand what I mean?; je ne vois pas ce qu'il y a de drôle! I can't see what's so funny!, I don't get the joke!; je n'en vois pas l'utilité I can't see the point of it; il est directeur de banque — je vois! he's a bank manager — I see! **-4.** [constater] to see, to realize; tu vois que mes principes n'ont pas changé as you can see, my principles haven't changed ❑ elle ne nous causera plus d'ennuis — c'est ou ça reste à ~! she won't trouble us any more — that remains to be seen ou that's what you think! **-5.** [considérer, prendre en compte] to see, to consider, to take into account; ils ne voient que leur intérêt they only consider their own interest. **-6.** [examiner] to see, to check; nous prenons rendez-vous? — voyez cela avec ma secrétaire shall we make an appointment? — arrange that with my secretary; voyez si l'on peut changer l'heure du vol see ou check whether the time of the flight can be changed; c'est à ou il faut ~: j'irai peut-être, c'est à ~ I might go, I'll have to see; les photos seraient mieux en noir et blanc — hum, il faut ~ the pictures would look better in black and white — mm, maybe (maybe not). **-7.** [juger] to see; tu n'es pas sur place, tu vois mal la situation you're not on the spot, your view of the situation is distorted; se faire bien/mal ~: se faire bien ~ de qqn to make o.s. popular with sb; se faire mal ~ de qqn to make o.s. unpopular with sb. **-8.** loc: avoir à ~ avec [avoir un rapport avec]: je voudrais vous parler: ça a à ~ avec notre discussion d'hier I would like to speak to you: it's to do with what we were talking about yesterday; n'avoir rien à ~ avec [n'avoir aucun rapport avec]: l'instruction n'a rien à ~ avec l'intelligence education has nothing to do with intelligence; cela n'a rien à ~ avec le sujet that's irrelevant; je n'ai rien à ~: tu parles de grèves, mais ça n'a rien à ~! you talk about strikes but that has nothing to do with it!; tu vois, vous voyez: tu vois, je préférais ne rien savoir I preferred to remain in the dark, you see; je te l'avais dit, tu vois! what did I tell you!; tu verras, tu verrais: essaie de recommencer et tu verras! just (you) try it again and see!; tu verrais, si j'avais encore mes jambes! if my legs were still up to it, there'd be no holding ou stopping me!; attendez — fam hang on, wait a sec; dis ~, où est le calendrier? fam tell me, where's the calendar?; écoute ~, on va y aller ensemble, d'accord? fam listen, let's go together, OK?; essaie ~! fam [encouragement] go on, have a try!; [défi] (you) just try!, don't you dare!; regardez ~ fam (just) look at that; voyons ~ ou regardons ~ ce que tu as comme note fam let's just have a look and see what mark you got; voyez-vous cela ou ça!: une moto à 14 ans, voyez-vous ça! a motorbike at 14, whatever next!; voyons! come (on) now!; un peu de courage, voyons! come on, be brave!; voyons, tu n'espères pas que je vais te croire! you don't seriously expect me to believe you, do you?

◇ vi **A.** PERCEVOIR LA RÉALITÉ - SENS PROPRE ET FIGURÉ **-1.** PHYSIOL to (be able to) see); il ne voit que d'un œil he can only see out of one eye; elle ne ou n'y voit plus she can't

see ou she's blind now ‖ [exercer sa vue] to see; **il ne sait pas ~** he just doesn't use his powers of observation; **~ bien** to see clearly, to have good eyesight; **~ mal** to have poor eyesight. **-2.** [juger]: encore une fois, tu as vu juste you were right, once again; **~ faux** to have poor judgement; **ne ~ que par les yeux de qqn** to see everything through sb's eyes.
**B.** JEUX: aller ou jouer ou mettre sans **~** to play ou to bet blind; **100 F, pour ~** 100 F, and I'll see you.
◆ **voir à** *v* + *prép* [veiller à]: **~ à** faire qqch to see to it ou to make sure ou to ensure that sthg is done; il faudrait **~ à** ranger ta chambre/payer tes dettes you'd better tidy up your room/clear your debts; **~ à ce que** qqch soit fait to see to it ou to make sure ou to ensure that sthg is done.
◆ **se voir** ◇ *vp (emploi réfléchi)* **-1.** [se contempler] to (be able to) see o.s.; il s'est vu mourir *fig* he knew he was dying. **-2.** [s'imaginer] to see ou to imagine ou to picture o.s.; elle se voyait déjà championne! she thought the championship was hers already!; je ne me vois pas lui demander une augmentation I (just) can't see myself asking her for a rise.
◇ *vp (emploi réciproque)* [se rencontrer] to see each other.
◇ *vp (emploi passif)* **-1.** [être visible, évident – défaut] to show, to be visible; [– émotion, gêne] to be visible, to be obvious; to be apparent; il porte une perruque, ça se voit bien you can tell he wears a wig. **-2.** [se manifester – événement] to happen; [– attitude, coutume] to be seen ou found; ça se voit couramment it's commonplace.
◇ *vpi* **-1.** [se trouver]: se **~** dans l'impossibilité de faire qqch to find o.s. unable to do sthg; se **~** dans l'obligation de... to find o.s. obliged to...; les crédits se verront affectés à la rénovation des locaux the funds will be used to renovate the building. **-2.** *(suivi d'un infinitif)*: se **~** interdire l'inscription à un club to be refused membership to a club; il s'est vu retirer son permis de conduire sur-le-champ he had his driving licence taken away from him on the spot.
**voire** [vwar] *adv*: **~ (même)** (or) even; certains, **~ la** majorité some, or ou perhaps even most; vexé, **~ offensé** upset, not to say offended.
**voirie** [vwari] *nf* **-1.** [entretien des routes] road maintenance; **le service de la ~** ADMIN road maintenance and cleaning department (of the local council). **-2.** [réseau] public road network. **-3.** [décharge] refuse dump *Br*, garbage dump *Am*.
**voisé, e** [vwaze] *adj* voiced.
**voisin, e** [vwazɛ̃, in] ◇ *adj* **-1.** [d'à côté] next, adjoining; [qui est à proximité] neighbouring; il habite la maison **~e** he lives next door; nos jardins sont **~s** our gardens are next to each other, we've got adjoining gardens; les pays **~s** de l'équateur/de notre territoire the countries near the equator/bordering on our territory; un prix **~ du** million a price approaching ou around one million. **-2.** [dans le temps]: **~ de** [antérieur à] preceding, before; [postérieur à] after, following; [autour de] around. **-3.** [similaire – idées, langues] similar; [– espèces] closely related; **~ de** akin to.
◇ *nm, f* **-1.** [habitant à côté] neighbour; **~ d'à côté** next-door neighbour; mes **~s du dessus/dessous** the people upstairs/downstairs from me □ **~ de palier** neighbour (across the landing). **-2.** [placé à côté] neighbour; mon **~ de table** the person next to me ou my neighbour at table; nos **~s belges** our Belgian neighbours. **-3.** [autrui] the next man, one's fellow (man).
**voisinage** [vwazinaʒ] *nm* **-1.** [quartier] vicinity, neighbourhood. **-2.** [le ~ – les alentours de]: dans le **~** de in the vicinity of; ils habitent dans le **~** d'une centrale nucléaire they live near a nuclear plant; le **~** de la gendarmerie les rassure they are comforted by the fact that there is a police station nearby. **-3.** [dans le temps]: au **~** de Noël [avant] just before Christmas; [après] just after Christmas; [avant et après] around Christmas (time). **-4.** [personnes] neighbours; tout le **~** est au courant the whole neighbourhood knows about it. **-5.** [rapports]: être ou vivre en bon **~ avec** qqn to be on neighbourly terms with sb. **-6.** MATH neighbourhood.
**voisiner** [3] [vwazine] *vi* **-1.** **~ avec** [être près de] to be near. **-2.** *litt* [fréquenter ses voisins] to be on friendly terms with one's neighbours.
**voiture** [vwatyr] *nf* **-1.** [de particulier] car, automobile *Am*; on y va en **~?** shall we go (there) by car?, shall we drive (there)? □ **~ de fonction** ou de service company car; **~ de**

course racing car; **~ décapotable** convertible; **~ (de) deux places** two-seater; **~ d'enfant** *vieilli* [landau] pram *Br*, baby carriage *Am*; [poussette] pushchair *Br*, stroller *Am*; **~ de livraison** delivery van; **~ particulière** private car; **~ de police** police car; **~ des pompiers** fire engine; **~ (de) quatre places** four-seater; **~ de sport** sportscar; **~ de tourisme** private car; **~ tout terrain** all terrain vehicle; petite **~** JEUX toy car; [d'infirme] wheelchair. **-2.** RAIL coach, carriage *Br*, car *Am*; en **~!** all aboard! □ **~ de tête/queue** front/rear carriage *Br* ou car *Am*. **-3.** [véhicule sans moteur – pour personnes] carriage, coach; [– pour marchandises] cart; **~ à bras** handcart; **~ à cheval** ou hippomobile horsedrawn carriage; **~ de louage** ou place hackney carriage.
**voiture-balai** [vwatyrbalɛ] *(pl* **voitures-balais)** *nf* SPORT car which follows a cycle race to pick up competitors who drop out.
**voiture-bar** [vwatyrbar] *(pl* **voitures-bars)** *nf* RAIL buffet-car.
**voiture-lit** [vwatyrli] *(pl* **voitures-lits)** *nf* RAIL sleeper *Br*, Pullman *Am*.
**voiture-restaurant** [vwatyrrɛstɔrɑ̃] *(pl* **voitures-restaurants)** *nf* RAIL restaurant ou dining car.
**voiturier** [vwatyrje] *nm* **-1.** [d'hôtel] porter *(who parks the guests' cars)*. **-2.** COMM & JUR carrier.
**voix** [vwa] *nf* **-1.** PHYSIOL voice; parler par la **~ de** qqn to speak through sb; prendre une grosse/petite **~** to put on a gruff/tiny voice □ **~ artificielle** INF synthetized speech; **~ off** CIN voice over; une **~ de stentor** a stentorian voice; attention, Papa va faire la grosse **~!** mind now, Daddy's going to get very cross!; donner de la **~** [chien] to bay; [personne] to shout, to bawl; **de la ~ et du geste** with much waving and shouting. **-2.** MUS [de chanteur] voice; [partition] part; avoir de la **~** to have a strong voice; poser sa **~** to train one's voice; chanter à plusieurs/cinq **~** to sing in parts/five parts; fugue à deux/trois **~** fugue for two/three voices □ **~ de basse/soprano/ténor** bass/soprano/tenor voice; **~ de poitrine/tête** chest/head voice; **~ de fausset** falsetto voice. **-3.** [personne] voice; une grande **~ de la radio** s'éteint one of the great voices of radio has disappeared. **-4.** [message] voice; la **~ de la conscience** the voice of one's conscience; écouter la **~ de la raison/de la sagesse/de Dieu** to listen to the voice of reason/of wisdom/of God; la **~ du peuple** the voice of the people □ avoir **~ au chapitre** to have one's say in the matter; tu n'as pas **~ au chapitre** you have no say in the matter. **-5.** POL vote; un homme, une **~** one man one vote; **~ pour/contre vote** for/against; obtenir 1 500 **~** to win ou to get 1,500 votes; recueillir ou remporter 57 % des **~** to win 57% of the vote ou votes; donner sa **~ à** to give one's vote to, to vote for; mettre qqch aux **~** to put sthg to the vote; avoir **~ consultative** to have a consultative role; avoir **~ prépondérante** to have a casting vote. **-6.** GRAMM voice; **~ active/passive** active/passive voice.
◆ **à voix basse** *loc adv* in a low voice.
◆ **à haute voix, à voix haute** *loc adv* **-1.** [lire] aloud. **-2.** [parler] loud, loudly, in a loud voice; à haute (et intelligible) **~** loudly and clearly.
◆ **en voix** *loc adj*: être en **~** to be in good voice.
◆ **sans voix** *loc adj*: être ou rester sans **~** [d'épouvante] to be speechless, to be struck dumb; [d'émotion, de chagrin] to be speechless.
**vol** [vɔl] *nm* **-1.** JUR theft, robbery; commettre un **~** to commit a theft, to steal □ **~ simple/qualifié** common/aggravated theft; **~ à l'arraché** bag snatching; **~ avec effraction** breaking and entering; **~ à l'étalage** shoplifting; **~ de grand chemin** highway robbery; **~ à main armée** armed robbery; **~ à la roulotte** theft from parked cars; **~ à la tire** pickpocketing; **~ de voiture** car theft. **-2.** [vente à un prix excessif]: c'est du **~** (manifeste)! it's daylight robbery!; c'est du **~ organisé!** it's a racket! **-3.** AÉRON & ASTRONAUT flight; prendre son **~** to take off; il y a 40 minutes de **~** it's a 40-minute flight □ **~** [activité] ballooning; **~ (en) charter** charter flight; **~ d'essai** trial flight; **~ aux instruments** instrument flight; **~ libre** hang-gliding; pratiquer le ou faire du **~ libre** to go hang-gliding; **~ en rase-mottes** hedge-hopping flight; **~ régulier** scheduled flight; **~ à voile** gliding; pratiquer le ou faire du **~ à voile** to glide, to do gliding; **~ à vue** sight flight. **-4.** ZOOL flight; prendre son **~** to fly away, to take wing *litt*; **~ plané**: faire un **~ plané** *pr* to glide; j'ai fait un **~ plané** *fam* & *fig* I went flying! ‖ [groupe –

d'oiseaux] flight, flock; [– d'insectes] swarm; ~ **de perdreaux** flock ou covey of partridges; ~ **de pigeons** flight of pigeons.

◆ **à vol d'oiseau** *loc adv* as the crow flies.

◆ **au vol** *loc adv* **-1.** [en passant]: **saisir au ~** [ballon, clés] to catch in mid-air; **attraper** ou **prendre un bus au ~** to jump on to a moving bus; **saisir une occasion au ~** to jump at ou to seize an opportunity; **saisir un nom au ~** to (just) catch a name. **-2.** CHASSE: **tirer/tuer un oiseau au ~** to shoot/to kill a bird on the wing.

◆ **de haut vol** *loc adj* [artiste, spécialiste] top *(avant n)*; [projet] ambitious, far-reaching.

**vol.** *(abr écrite de* **volume**) vol.

**volage** [vɔlaʒ] *adj* fickle.

**volaille** [vɔlaj] *nf* CULIN & ZOOL: **une ~**[oiseau de basse-cour] a fowl; **de la ~** poultry.

**volailler** [vɔlaje] *nm* **-1.** [éleveur] poultry ou chicken farmer. **-2.** [marchand] poulterer *Br*, poultryman.

**volant¹** [vɔlɑ̃] *nm* **-1.** AUT steering wheel; **être au ~** to be at the wheel, to be behind the wheel, to be driving; **prendre le** ou **se mettre au ~** to take the wheel, to get behind the wheel; **donner un coup de ~** to pull on the wheel (sharply). **-2.** MÉCAN [manuel] handwheel. **-3.** VÊT flounce; **robe à ~s** flounced dress. **-4.** JEUX [objet] shuttlecock; [activité] battledore and shuttlecock. **-5.** ÉCON & FIN: ~ **de sécurité** [financier] reserve funds; [en personnel] reserve; ~ **de trésorerie** cashflow. **-6.** AÉRON member of the cabin crew, crew member.

**volant², e** [vɔlɑ̃, ɑ̃t] *adj* **-1.** AÉRON & ZOOL flying; **personnel ~** AÉRON cabin crew. **-2.** [mobile – câble, camp, échafaudage, pont, service] flying.

**volatil, e¹** [vɔlatil] *adj* **-1.** CHIM volatile. **-2.** [fluctuant – électorat] fickle; [– situation] volatile; [– sentiment] volatile.

**volatile²** [vɔlatil] *nm* **-1.** hum [oiseau] bird, (feathered) creature. **-2.** [oiseau de basse-cour] fowl, chicken.

**volatiliser** [3] [vɔlatilize] *vt* CHIM to volatilize.

◆ **se volatiliser** *vpi* **-1.** [disparaître] to vanish (into thin air). **-2.** CHIM to volatilize.

**vol-au-vent** [vɔlɔvɑ̃] *nm inv* vol-au-vent.

**volcan** [vɔlkɑ̃] *nm* **-1.** GÉOG & GÉOL volcano; ~ **en activité/ dormant/éteint** active/dormant/extinct volcano. **-2.** *fig*: **c'est un vrai ~** she's likely to explode at any moment ❏ **être assis** ou **danser** ou **dormir sur un ~** to be sitting on a powder keg.

**volcanique** [vɔlkanik] *adj* **-1.** GÉOG & GÉOL volcanic. **-2.** *litt* [passion] fiery, volcanic, blazing.

**volcaniser** [3] [vɔlkanize] *vt* to volcanize.

**volcanisme** [vɔlkanism] *nm* volcanism.

**volcanologie** [vɔlkanɔlɔʒi] *nf* volcanology, vulcanology.

**volcanologue** [vɔlkanɔlɔg] *nmf* volcano expert, volcanologist, vulcanologist.

**volé, e¹** [vɔle] ◇ *adj* [argent, bijou] stolen. ◇ *nm, f* victim of theft.

**volée²** [vɔle] *nf* **-1.** [ce qu'on lance]: ~ **d'obus/de pierres** volley of shells/of stones; ~ **de flèches** volley ou flight of arrows; ~ **de coups** shower of blows; ~ **d'insultes** *fig* shower of insults ❏ **une ~ de fillettes** a barrage of fierce criticism. **-2.** *fam* [correction] thrashing, hiding, belting; **tu vas recevoir la ~!** you're really going to get it!**-3.** *fam* [défaite] beating, hammering; **je lui ai flanqué sa ~ au ping-pong** I licked him at table tennis; **il a pris une sacrée ~ en demi-finale** he got trounced ou thrashed in the semi-finals. **-4.** SPORT volley; **reprendre une balle de ~** to volley a ball, to hit the ball on the volley; **monter à la ~** to come to the net; **il n'est pas/il est très bon à la ~** he's a bad/he's a good volleyer ❏ **coup de ~** FTBL & RUGBY punt; **envoyer une balle d'un coup de ~** to punt a ball. **-5.** ORNITH [formation] flock, flight; [distance] flight; **une ~ de fillettes** *fig* & *litt* a crowd of little girls. **-6.** [son de cloche] peal (of bells), pealing bells. **-7.** CONSTR: ~ **d'escaliers** flight of stairs. **-8.** *Helv* [promotion]: **on était de la même ~** we were in the same year.

◆ **à la volée** *loc adv* **-1.** [en passant]: **attraper** ou **saisir à la ~** [clés, balle] to catch in mid-air; **saisir un nom à la ~** to (just) catch a name. **-2.** AGR: **semer à la ~** to (sow) broadcast. **-3.** CHASSE: **tirer à la ~** to shoot without aiming first.

◆ **à toute volée** *loc adv* [frapper, projeter] vigorously, with

full force; **claquer une porte à toute ~** to slam ou to bang a door shut; **sonner à toute ~** [cloches] to peal (out); [carillonneur] to peal all the bells.

◆ **de haute volée** *loc adj* [spécialiste] top *(avant n)*; [projet] ambitious, far-reaching.

**voler** [3] [vɔle] ◇ *vi* **-1.** AÉRON & ORNITH to fly; **faire ~ un cerf-volant** to fly a kite ❏ ~ **de ses propres ailes** to stand on one's own two feet, to fend for o.s. **-2.** [étincelles, projectile] to fly; **il faisait ~ ses adversaires/les assiettes** he was throwing his opponents around/throwing the plates in the air ❏ ~ **en éclats** to be smashed to bits ou to pieces; **ça vole bas!** *fam*, **ça ne vole pas haut!** *fam* VERY funny! *iron*. **-3.** [nuages, flocons] to fly (along). **-4.** *sout* [se précipiter]: ~ **vers qqn/qqch** to fly to sb/towards sthg; **il a volé à sa rencontre** he rushed to meet her; ~ **au secours de qqn** to fly to sb's assistance ❏ ~ **dans les plumes de qqn** *fam* to let fly at sb, to have a go at sb.

◇ *vt* **-1.** [objet, idée] to steal; ~ **qqch à qqn** to steal sthg from sb; **on m'a volé ma montre!** my watch has been stolen!; **il volait de l'argent dans la caisse** he used to steal money from the till; ~ **un baiser à qqn** *litt* to steal a kiss from sb ‖ *(en usage absolu)* to steal; **ce n'est pas bien de ~** it's wrong to steal, stealing is wrong ❏ **n'avoir pas volé: je n'ai pas volé mon argent/dîner/week-end** I've certainly earned my money/earned myself some dinner/earned myself a weekend; **tu ne l'as pas volé!** [tu es bien puni] you (certainly) asked for it!, it serves you right!**-2.** [personne] to rob; **il s'est fait ~ son portefeuille/tout son matériel hi-fi** his wallet/ all his stereo equipment was stolen ‖ [léser] to cheat, to swindle; **je me suis fait ~ de 30 francs** I've been swindled out of 30 francs; **elle ne t'a pas volé sur le poids de la viande** she gave you a good weight of meat.

**volet** [vɔlɛ] *nm* **-1.** [d'une maison] shutter. **-2.** [d'un document – section] section; BX-ARTS [d'un polyptyque] wing, volet *spéc*. **-3.** [d'une politique, d'un projet de loi] point, part; [d'une émission] part. **-4.** AÉRON flap; [de parachute]: ~ **de courbure** flap. **-5.** MÉCAN paddle.

**voleter** [27] [vɔlte] *vi* **-1.** [oiseau, papillon] to flutter ou to flit (about). **-2.** *litt* [flammèche] to flutter, to dance *litt*.

**voleur, euse** [vɔlœr, øz] ◇ *adj*: **être ~** [enfant] to be a (bit of a) thief; [marchand] to be a crook ou a cheat ❏ **il est ~ comme une pie** he's got sticky fingers *fig*. ◇ *nm, f* [escroc] thief, robber; [marchand] crook, cheat; ~ **de bétail** cattle thief; ~ **à l'étalage** shoplifter; ~ **à la tire** pickpocket; **au ~!** stop thief!; **partir** ou **se sauver comme un ~** [en courant] to take to one's heels; [discrètement] to slip away.

**Volga** [vɔlga] *npr f*: **la ~** the (River) Volga.

**volière** [vɔljɛr] *nf* [enclos] aviary; [cage] bird-cage.

**volley-ball** [vɔlebol] *(pl* **volley-balls)** *nm* volleyball.

**volleyer** [12] [vɔleje] *vi* to volley.

**volleyeur, euse** [vɔlejœr, øz] *nm, f* **-1.** VOLLEY-BALL volleyball player. **-2.** TENNIS volleyer.

**volontaire** [vɔlɔ̃tɛr] ◇ *adj* **-1.** [déterminé] self-willed; [têtu] headstrong, wilful. **-2.** [voulu – engagement] voluntary; [– oubli] intentional. **-3.** [qui agit librement – engagé, travailleur] volunteer *(modif)*; **se porter ~ pour** to volunteer for. ◇ *nmf* volunteer.

**volontairement** [vɔlɔ̃tɛrmɑ̃] *adv* **-1.** [sans y être obligé] voluntarily, of one's own free will. **-2.** [intentionnellement] on purpose, intentionally, deliberately.

**volontariat** [vɔlɔ̃tarja] *nm*: **le ~** [gén] voluntary help; MIL voluntary service.

**volontarisme** [vɔlɔ̃tarism] *nm* voluntarism, voluntaryism.

**volontariste** [vɔlɔ̃tarist] ◇ *adj* voluntaristic. ◇ *nmf* voluntarist.

**volonté** [vɔlɔ̃te] *nf* **-1.** [détermination] will, willpower; **avoir de la ~/beaucoup de ~** to have willpower/a strong will; **avoir une ~ de fer** to have a will of iron ou an iron will; **il manque de ~** he lacks willpower, he doesn't have enough willpower. **-2.** [désir] will, wish; **aller contre la ~ de qqn** to go against sb's will; **la ~ de gagner/survivre** the will to win/to survive; **montrer sa ~ de faire qqch** to show one's determination to do sthg ❏ **la ~ divine** ou **de Dieu** God's will; ~ **de puissance** PHILOS will-to-power; **que Ta/Votre ~ soit faite** Thy will be done. **-3.** [disposition]: **bonne ~** willingness; **faire preuve de bonne ~** to show willing; **être plein de bonne ~** to be full of goodwill; **il est plein de**

bonne ~ mais il n'arrive à rien he tries hard but doesn't achieve anything; **faire appel aux bonnes** ~**s** to appeal for volunteers to come forward; **mauvaise** ~ unwillingness; **faire preuve de mauvaise** ~ to be grudging; **allez, lève-toi, c'est de la mauvaise** ~**!** come on, get up, you're not really trying!

◆ **à volonté** ◇ *loc adj*: café à ~ as much coffee as you want, unlimited coffee. ◇ *loc adv* [arrêter, continuer] at will; **poivrez à** ~ add pepper to taste; **servez-vous à** ~ take as much as you want.

**volontiers** [vɔlɔ̃tje] *adv* -**1.** [de bon gré] gladly, willingly; [avec plaisir] with pleasure; **un café?** — **très** ~ **a coffee?** — yes please ou I'd love one. -**2.** [souvent] willingly, readily; **on croit** ~ **que**... we are apt to think ou ready to believe that...; **il ne sourit pas** ~ he's not very generous with his smiles.

**volt** [vɔlt] *nm* volt.

**voltage** [vɔltaʒ] *nm* voltage.

**voltaïque¹** [vɔltaik] *adj* ÉLECTR voltaic, galvanic.

**voltaïque²** [vɔltaik] *adj* -**1.** GÉOG Voltaic, of Burkina-Faso. -**2.** LING Gur, Voltaic.

**voltaire** [vɔltɛr] *nm* Voltaire chair.

**voltairien, enne** [vɔltɛrjɛ̃, ɛn] *adj & nm, f* Voltairean, Voltairian.

**voltmètre** [vɔltmɛtr] *nm* voltameter.

**voltampère** [vɔltɑ̃pɛr] *nm* volt-ampere.

**volte** [vɔlt] *nf* ÉQUIT volt, volte.

**volte-face** [vɔltəfas] *nf inv* -**1.** [fait de pivoter]: **faire** ~ to turn round. -**2.** [changement – d'opinion, d'attitude] volteface, about-turn; **le parti a fait une** ~ the party did a 180 degrees turn ou a U-turn.

**voltige** [vɔltiʒ] *nf* -**1.** [au trapèze]: **la haute** ~ acrobatics, flying trapeze exercises. -**2.** ÉQUIT mounted gymnastics, voltige. -**3.** AÉRON: ~ (**aérienne**) aerobatics. -**4.** [entreprise difficile]: **la Bourse, c'est de la** ~ speculating on the Stock Exchange is a highly risky business.

**voltigeai** [vɔltiʒe] *v* → **voltiger**.

**voltiger** [17] [vɔltiʒe] *vi* -**1.** [libellule, oiseau] to fly about, to flutter (about); [abeille, mouche] to buzz about. -**2.** [flocon, papier] to float around in the air, to flutter (about).

**voltigeur, euse** [vɔltiʒœr, øz] *nm, f* acrobat.

◆ **voltigeur** *nm* HIST light infantryman.

**voltmètre** [vɔltmɛtr] *nm* voltmeter.

**volubile** [vɔlybil] *adj* -**1.** [qui parle – beaucoup] garrulous, voluble; [– avec aisance] fluent. -**2.** BOT voluble.

**volubilis** [vɔlybilis] *nm* morning glory, convolvulus.

**volubilité** [vɔlybilite] *nf* volubility, garrulousness.

**volume** [vɔlym] *nm* -**1.** [tome] volume. -**2.** ACOUST volume; **augmente ou monte le** ~ turn the sound up; **baisse ou descend le** ~ turn the sound down ❑ ~ **sonore** sound volume. -**3.** [quantité globale] volume, amount; **le** ~ **des exportations** the volume of exports. -**4.** BX-ARTS & GÉOM volume. -**5.** [poids, épaisseur] volume; **une permanente donnerait du** ~ **à vos cheveux** a perm would give your hair more body ‖ [cubage] volume; ~ (**d'eau**) **du fleuve** volume of water of the river; **eau oxygénée (à) 20** ~ 20-volume hydrogen peroxide ❑ ~ **atomique/moléculaire** atomic/molecular volume. -**6.** INF [unité] volume; ~ **mémoire** storage capacity.

**volumétrique** [vɔlymetrik] *adj* volumetric.

**volumineux, euse** [vɔlyminø, øz] *adj* [sac] bulky, voluminous; [correspondance] voluminous, massive.

**volupté** [vɔlypte] *nf* -**1.** [plaisir] sensual ou voluptuous pleasure. -**2.** [caractère sensuel] voluptuousness.

**voluptueusement** [vɔlyptɥøzmɑ̃] *adv* voluptuously.

**voluptueux, euse** [vɔlyptɥø, øz] *adj* voluptuous.

**volute** [vɔlyt] *nf* [de fumée] coil; [de lianes] curl, scroll; [en arts décoratifs] volute.

**vomi** [vɔmi] *nm* vomit.

**vomir** [32] [vɔmir] ◇ *vt* -**1.** PHYSIOL [repas] to bring up (*sép*), to vomit; [sang, bile] to bring ou to cough up (*sép*). -**2.** *fig* [fumée] to spew, to vomit; [foule] to spew forth (*insép*); [insultes] to spew out (*insép*). -**3.** *fig* [rejeter avec dégoût] to have no time for, to feel revulsion for. ◇ *vi* to be sick, to vomit; **une telle hypocrisie me donne envie de** ~ such hypocrisy

makes me sick.

**vomissement** [vɔmismɑ̃] *nm* -**1.** [action] vomiting; **si l'enfant est pris de** ~**s** if the child starts to vomit. -**2.** [substance] vomit.

**vomissure** [vɔmisyr] *nf* vomit.

**vomitif, ive** [vɔmitif, iv] *adj* emetic, vomitive.

◆ **vomitif** *nm* emetic, vomitive.

**vont** [vɔ̃] *v* → **aller**.

**vorace** [vɔras] *adj* [mangeur] voracious; [appétit] insatiable, voracious; [lecteur] voracious, avid; **application** ~ **en mémoire** INF memory-intensive application.

**voracement** [vɔrasmɑ̃] *adv* voraciously.

**voracité** [vɔrasite] *nf* voracity, voraciousness.

**vortex** [vɔrtɛks] *nm* vortex.

**vos** [vo] *pl* → **votre**.

**vosgien, enne** [voʒjɛ̃, ɛn] *adj* from the Vosges.

**votant, e** [vɔtɑ̃, ɑ̃t] *nm, f* voter.

**votation** [vɔtasjɔ̃] *nf* *Helv* vote.

**vote** [vɔt] *nm* -**1.** [voix] vote. -**2.** [élection] vote; **procédons ou passons au** ~ let's have ou take a vote ❑ ~ **par correspondance** postal vote ou ballot *Br*, absentee ballot *Am*; ~ **à main levée** vote by show of hands; ~ **obligatoire** compulsory vote; ~ **par procuration** proxy vote; ~ **secret** secret ballot. -**3.** [d'une loi] passing; [de crédits] voting; [d'un projet de loi] vote; ~ **bloqué** enforced vote on a text containing only government amendments.

**voter** [3] [vɔte] ◇ *vi* to vote; ~ **à droite/à gauche/au centre** to vote for the right/left/centre; ~ **pour qqn** to vote for sb; ~ **pour les conservateurs** to vote Conservative; ~ **à main levée** to vote by show of hands; ~ **contre/pour qqch** to vote against/for sthg. ◇ *vt* [crédits] to vote; [loi] to pass; [projet de loi] to vote for (*insép*); ~ **la peine de mort** to pass a vote in favour of capital punishment.

**votif, ive** [vɔtif, iv] *adj* votive.

**votre** [vɔtr] (*pl* **vos** [vo]) *dét (adj poss)* -**1.** [indiquant la possession] your; ~ **livre et vos crayons** [d'une personne] your book and your pencils; [de plusieurs personnes] your books and your pencils; ~ **père et** ~ **mère** your father and mother; **un de vos amis** one of your friends, a friend of yours. -**2.** [dans des titres]: **Votre Majesté** Your Majesty. -**3.** [emploi expressif] your; **comment va** ~ **cher Victor?** how is your dear Victor?. -**4.** RELIG Thy.

**vôtre** [votr] *dét (adj poss) sout* yours; **cette maison qui fut** ~ this house which was yours ou which belonged to you; **mes ambitions, vous les avez faites** ~**s** you espoused my ambitions.

◆ **le vôtre** (*f* **la vôtre**, *pl* **les vôtres**) *pron poss*: **ma voiture est garée à côté de la** ~ my car is parked next to yours ‖ (*emploi nominal*): **les** ~**s** your family and friends; **vous et** ~**s** you and yours; **dans la lutte, je suis des** ~**s** I'm with you ou I'm on your side in the struggle; **je ne pourrai pas être des** ~**s ce soir** I will not be able to join you tonight ❑ **si au moins vous y mettiez du** ~**!** you could at least make an effort!; **vous avez encore fait des** ~**s!** you've gone and done it again!; **à la (bonne)** ~**!** (your) good health!

**voudrai** [vudre] *v* → **vouloir**.

**vouer** [6] [vwe] *vt* -**1.** [dédier – vie, énergie] to devote; [– admiration, fidélité, haine] to vow. -**2.** [destiner]: **voué à l'échec** destined for failure, doomed to fail. -**3.** RELIG [enfant] to dedicate; [temple] to vow, to dedicate.

◆ **se vouer à** *vp* + *prép* to dedicate one's energies ou o.s. to; **se** ~ **à la cause de** to take up the cause of.

**vouloir¹** [vulwar] *nm sout*: **bon** ~ goodwill; **mauvais** ~ ill will.

**vouloir²** [57] [vulwar] *vt* **A.** AVOIR POUR BUT -**1.** [être décidé à obtenir] to want; **je le ferai, que tu le veuilles ou non** I'll do it, whether you like it or not; ~ **absolument** (obtenir) **qqch** to be set on (getting) sthg; **quand elle veut quelque chose, elle le veut!** when she's decided she wants something, she's determined (to get it)!; **si tu veux mon avis** if you ask me; **lui, j'en fais (tout) ce que je veux** I've got him eating out of my hand; ~ **que**: **je ne veux pas que tu lui dises** I don't want you to tell him; **je veux absolument que tu ranges ta chambre** I insist (that) you tidy up your bedroom; ~ **faire qqch** to want to do sthg; **elle veut récupérer son enfant/être reçue par le ministre** she's determined to get her child back/that the Minister should see her; **arrangez-vous comme vous voulez, mais je veux être livré demain** I don't mind how you do it but I insist the goods are delivered tomorrow; **je ne veux pas entendre parler de ça!** I won't hear of it ou such a thing!; **je ne veux plus en parler** I don't want to talk about it any more; **à ton âge, pourquoi ~ faire le jeune homme?** at your age, why do you try to act like a young man?; **~ qqch de: il veut 300 000 francs de son studio** he wants 300,000 francs for his bedsit; **~ qqch de qqn** to want sthg from sb; **que veux-tu de moi?, qu'est-ce que tu me veux?** what do you want from me? ‖ *(en usage absolu)*: **quand tu veux, tu fais très bien la cuisine** you can cook beautifully when you put your mind to it; **il peut être vraiment désagréable quand il veut** he can be a real nuisance when he wants to ❑ **~, c'est pouvoir** *prov*, **quand on veut, on peut** where there's a will, there's a way *prov*. **-2.** [prétendre– suj: personne] to claim. **-3.** [avoir l'intention de]: **~ faire qqch** to want ou to intend ou to mean to do sthg; **sans ~ me mêler de tes affaires/te contredire...** I don't want to interfere/to contradict you but...; **je l'ai vexé sans le ~** I offended him unintentionally ou without meaning to; **je ne voudrais surtout pas t'empêcher de voir ton match!** I wouldn't dream of preventing you from watching the match!; **~ dire: il ne s'est pas ennuyé ce soir-là** — **que veux-tu dire par là?** he had some fun that night — what do you mean by that ou what are you getting at?; **vous voulez dire qu'on l'a tuée?** do you mean ou are you suggesting (that) she was killed? **-4.** [essayer de]: **~ faire** to want ou to try to do; **en voulant la sauver, il s'est noyé** he drowned in his attempt ou trying to rescue her; **tu veux me faire peur?** are you trying to frighten me?**-5.** [s'attendre à] to expect; **tu voudrais peut-être aussi que je te remercie!** you don't expect to be thanked into the bargain, do you?; **pourquoi voudrais-tu qu'on se fasse cambrioler?** why do you assume we might be burgled?; **que veux-tu que j'y fasse?** what do you want me to do about it?, what can I do about it?; **que voulez-vous que je vous dise?** what can I say?, what do you want me to say? **-6.** *fam* [sexuellement] to want.

**B.** PRÉFÉRER, SOUHAITER **-1.** [dans un choix] to want, to wish; **jus d'ananas ou d'orange?** — **ce que tu veux!** pineapple or orange juice? — whatever ou I don't mind!; **on prend ma voiture ou la tienne?** — **c'est comme tu veux** shall we take my car or yours? — as you wish ou please ou like; **je me débrouillerai seule** — **comme tu voudras!** I'll manage on my own — suit yourself!; **où va-t-on?** — **où tu veux** where are we going? — wherever you want; **je pourrai revenir?** — **bien sûr, quand vous voulez!** may I come again? — of course, any time ou whenever you want!; **tu peux dessiner une maison si tu veux** you could draw a house, if you like; **tu l'as ou l'auras voulu!** you asked for it!**-2.** [dans une suggestion] to want; **veux-tu de l'aide?** do you want ou would you like some help?; **tu veux une fessée?** do you want your bottom smacked? **-3.** [dans un souhait]: **je ne veux que ton bonheur** I only want you to be happy; **j'aurais tellement voulu être avec vous** I'd have so much liked ou loved to have been with you; **quand tu me parles, je te voudrais un autre ton** *sout* please don't use that tone when you're talking to me; **comme je voudrais avoir des enfants!** how I'd love to have children!; **elle voudrait vous dire quelques mots en privé** she'd like a word with you in private; **je voudrais vous y voir!** I'd like to see how you'd cope with it! ❑ **aller au match sans avoir rangé ta chambre, je voudrais bien voir ça!** *iron* whatever gave you the idea (that) you could go to the match without tidying up your room first?**-4.** [dans une demande polie]: **veuillez m'excuser un instant** (will you) please excuse me for a moment; **veuillez avoir l'obligeance de...** would you kindly ou please...; **veuillez recevoir, Monsieur, mes salutations distinguées** yours sincerely *Br* ou truly *Am*; **veuillez vous retirer, Marie** you may go now, Marie; **voudriez-vous avoir l'amabilité de me prêter votre crayon?** would you be so kind as to lend me your pencil?; **nous voudrions une chambre pour deux personnes** we'd like a double room; **je vous serais reconnaissant de bien ~ m'envoyer votre brochure** I should be glad to receive your brochure; **voulez-vous me suivre please** follow me. **-5.** [dans un rappel à l'ordre]: **veux-tu (bien) me répondre!** will you (please) answer me!; **voulez-vous ne pas toucher à ça!** please don't

touch that!; **ne m'interromps pas, tu veux!, veuille bien ne pas m'interrompre!** will you please not interrupt me?, would you mind not interrupting me?; **un peu de respect, tu veux (bien)?** a bit less cheek, if you don't mind!

**C.** SUJ: CHOSE **-1.** [se prêter à, être en état de]: **les haricots ne veulent pas cuire** the beans won't cook; **la télé ne marche que quand elle veut** *hum* the TV only works when it feels like it. **-2.** [exiger] to require; **la tradition voulait que... était was a tradition that...; **la dignité de notre profession veut que...** the dignity of our profession demands that...; **comme le veulent les usages** as convention dictates; **les lois le veulent ainsi** that is what the law says ‖ [prétendre]: **comme le veut une vieille légende** as an old legend has it. **-3.** [déterminer – suj: destin, hasard, malheur]: **la chance a voulu que...** as luck would have it...; **le malheur voulut qu'il fût seul ce soir-là** unfortunately he was alone that night; **le calendrier a voulu que cela tombe un lundi** it fell on a Monday, as it so happened. **-4.** [s'efforcer de]: **le décor veut évoquer une ferme normande** the decor strives ou tries to suggest a Normandy farmhouse. **-5.** **~ dire** [avoir comme sens propre] to mean; [avoir comme implication] to mean, to suggest; **je me demande ce que veut dire ce changement d'attitude** I wonder what the meaning of this turn-around is ou what this turn-around means; **cela ne veut rien dire** it doesn't mean anything ❑ **ça veut tout dire!** that says it all!; **ça veut bien dire ce que ça veut dire!** it's clear ou plain enough!; **tu vas m'obéir, non mais, qu'est-ce que ça veut dire?** *fam* for goodness's sake will you do as I say!**-6.** GRAMM to take.

**D.** LOCUTIONS: **bien ~** [consentir à]: **bien ~ faire qqch** to be willing ou to be prepared ou to be quite happy to do sthg; **je veux bien être patient, mais il y a des limites!** I can be patient, but there are limits!; **un petit café?** — **oui, je veux bien** fancy a coffee? — yes please; **poussons jusqu'à la prochaine ville** — **moi je veux bien, mais il est tard!** let's go on to the next town — I don't mind, but it is late!; **bien ~** [admettre]: **je veux bien qu'il y ait des restrictions budgétaires mais...** I understand (that) there are cuts in the budget but...; **je veux bien avoir des défauts, mais pas celui-là** granted, I have some shortcomings, but that isn't one of them; **moi je veux bien!** (it's) fine by me!; **il a dit nous avoir soutenus, moi je veux bien, mais le résultat est là!** he said he supported us, OK ou and that may be so, but look at the result!; **il t'a cogné?** — **je veux!** *fam* did he hit you? — and how ou he sure did!; **que veux-tu, que voulez-vous: c'est ainsi, que voulez-vous!** that's just the way it is!; **j'accepte ses humeurs, que veux-tu!** I (just) put up with his moods, what can I do?; **si tu veux, si vous voulez** more or less, if you like.

◆ **vouloir de** *v + prép* **-1.** [être prêt à accepter]: **~ de qqn/qqch** to want sb/sthg; **je ne veux pas d'une relation sérieuse** I don't want a serious relationship. **-2.** *loc*: **en ~** *fam*: **elle en veut** [elle a de l'ambition] she wants to make it ou to win; [elle a de l'application] she's dead keen; **il faut en ~ pour réapprendre à marcher** you need a lot of determination to learn to walk again; **en ~ à qqn** [éprouver de la rancune] to bear ou to have a grudge against sb; **je ne l'ai pas fait exprès, ne m'en veux pas** I didn't do it on purpose, don't be cross with me; **décidément, ton chien m'en veut** your dog's definitely got something against me; **tu ne m'en veux pas?** no hard feelings?; **elle m'en voulait de mon manque d'intérêt pour elle** she resented my lack of interest in her; **elle lui en voulut d'avoir refusé** she holds it against him that he said no; **en ~ à qqn/qqch** [le convoiter]: **elle en veut à ma fortune** she's after my money; **en ~ à qqch** [vouloir le détruire] to seek to damage sthg; **qui peut en ~ à ma vie/réputation?** who could wish me dead/would want to damage my reputation?

◆ **se vouloir** *vpi*: **je me voudrais plus audacieux** I'd like to be bolder; **le livre se veut une satire de l'aristocratie allemande** the book claims ou is supposed to be a satire on the German aristocracy.

◆ **s'en vouloir** ◇ *vp (emploi réfléchi)* to be angry ou annoyed with o.s.; **je m'en veux de l'avoir laissé partir** I feel bad at having let him go ❑ **je m'en voudrais!** *fam* not likely! ◇ *vp (emploi réciproque)*: **elles s'en veulent à mort** they really hate each other.

◆ **en veux-tu en voilà** *loc adv fam* [en abondance]: **il y avait des glaces en veux-tu en voilà** there were ice creams ga-

lore; **il lui faisait des compliments en veux-tu en voilà** he was showering her with compliments.
◆ **si l'on veut** *loc adv* **-1.** [approximativement] if you like. **-2.** [pour exprimer une réserve]: **il est fidèle... si l'on veut!** he's faithful... after a fashion!

**voulu, e** [vuly] ◇ *pp* → **vouloir**. ◇ *adj* **-1.** [requis] required, desired, requisite. **-2.** [délibéré] deliberate, intentional. **-3.** [décidé d'avance] agreed; **au moment ~** at the right time; **terminé en temps ~** completed on schedule.

**voulus** [vuly] *v* → **vouloir**.

**vous** [vu] ◇ *pron pers (2e pers pl)* **A.** EN S'ADRESSANT À UNE PERSONNE **-1.** [sujet ou objet direct] you; **~ parti, je lui écrirai** once you've gone, I shall write to her; **eux m'ont compris, pas ~** they understood me, you didn't; **elle a fait comme ~** she did (the same) as you did ‖ [en renforcement]: **et ~ qui aviez toujours peur!** to think you're the one who was always scared!; **je ~ connais, ~!** I know you!; **~, ~ restez** as for you, you're staying. **-2.** [objet indirect]: **à ~:** **c'est à ~** [objet] it belongs to you; **à ~!** [dans un magasin, un jeu] it's your turn!; **une maison bien à ~** a house of your very own, your very own house; **pensez un peu à ~** think of yourself a bit; **de ~: c'est de ~, cette lettre?** is this one of your letters?; **de ~ à moi** between (the two of) us ou you and me; **chez ~** at your house, in your home; **ça va, chez ~?** *fam* (are) things OK at home?**-3.** [dans des formes réfléchies]: **taisez-~!** be quiet!; **regardez-~** look at yourself. **B.** EN S'ADRESSANT À PLUSIEURS PERSONNES **-1.** [sujet ou objet direct] you; **elle ~ a accusés tous les trois** she accused all three of you ‖ [en renforcement] you (people); **~, ~ restez** as for you (people), you're staying; **~ (autres), les intellectuels, ~ êtes tous pareils** you're all the same, you intellectuals. **-2.** [après une préposition]: **à ~:** **c'est à ~** [objet] it belongs to you; **à ~** RAD & TV over to you; **pensez à ~ et à vos amis** think of yourselves and of your friends; **à ~ trois, vous finirez bien la tarte?** surely the three of you can finish the tart?; **de ~:** **l'un de ~ trahira** one of you will be a traitor. **-3.** [dans des formes réfléchies, souvent non traduit]: **taisez-~ tous!** be quiet, all of you!; **regardez-~** look at yourselves ‖ [dans des formes réciproques] one another, each other; **aidez-~** help one another. **C.** *fam* [valeur intensive]: **il ~ mange tout un poulet** he can put away a whole chicken; **elle sait ~ séduire une foule** she does know how to captivate a crowd.
◇ *nm:* **le ~** the 'vous' form; **leurs enfants leur disent «~»** their children use the 'vous' form to them.

**vous-même** [vumɛm] (*pl* **vous-mêmes**) *pron pers* yourself; **~s** yourselves; **vous devriez comprendre de ~s** you ought to understand for yourselves; **vous pouvez vérifier par ~** you can check for yourself.

**voussure** [vusyr] *nf* [d'une voûte] spring; [d'une baie] arch; [d'un plafond] coving.

**voûte** [vut] *nf* **-1.** ARCHIT [construction] vault; [passage] archway; **~ d'arête** groined vault; **~ en éventail** fan ou palm vaulting. **-2.** *litt* vault, canopy; **la ~ céleste** ou **des cieux** the canopy of heaven; **la ~ étoilée** the starry dome. **-3.** ANAT: **~ crânienne** cranial vault; **~ palatine** ou **du palais** roof of the mouth; **~ plantaire** arch of the foot.
◆ **en voûte** *loc adj* vaulted.

**voûté, e** [vute] *adj* **-1.** [homme] stooping, round-shouldered; [dos] bent; **avoir le dos ~** to stoop, to have a stoop. **-2.** [galerie] vaulted, arched.

**voûter** [3] [vute] *vt* **-1.** ARCHIT to vault, to arch. **-2.** [courber] to cause to stoop.
◆ **se voûter** *vpi* to stoop, to become round-shouldered.

**vouvoie** [vuvwa] *v* → **vouvoyer**.

**vouvoiement** [vuvwamã] *nm* 'vous' form of address; **ici, le ~ est de rigueur** here people have to address each other as 'vous'.

**vouvoyer** [13] [vuvwaje] *vt* to address as 'vous'.
◆ **se vouvoyer** *vp* (*emploi réciproque*) to address each other as 'vous'.

**vox populi** [vɔkspɔpyli] *nf inv litt* vox populi.

**voyage** [vwajaʒ] *nm* **-1.** [excursion lointaine] journey, trip; [circuit] tour, trip; **leur ~ en Italie** their trip to Italy; **aimer les ~s** to like travelling; **faire un ~** to go on a trip; **faire un ~ dans le temps** [passé, futur] to journey through time; **faire un ~ autour du monde** to go round the world; **partir en ~**

to go on a trip; **nous partons en ~** we're off on a trip, we're going away; **vous serez du ~?** [avec eux] are you going on the trip?; [avec nous] are you coming on the trip?; **cela représente deux jours/six mois de ~** it means a two-day/six-month trip; **bon ~!** have a nice trip! ❏ **~ d'affaires** business trip; **~ d'agrément** (pleasure) trip; **~ de noces** honeymoon; **être en ~ de noces** to be honeymooning ou on one's honeymoon; **~ officiel** [en un endroit] official trip; [en plusieurs endroits] official tour; **~ organisé** package tour; **~ de presse** press visit; **le grand ~** *euph* the last journey; **les ~s forment la jeunesse** *prov* travel broadens the mind *prov*. **-2.** [déplacement local] journey; **tous les matins, je fais le ~ en train** I do the journey by train every morning; **~ aller** outward journey; **~ retour** return ou homeward journey. **-3.** [allée et venue] trip; **on a fait trois ~s pour vider la maison** we made three trips to empty the house. **-4.** *fam* [sous drogue] trip.

**voyageage** [vwajaʒaʒ] *nm Can* travelling (*back and forth*).

**voyager** [17] [vwajaʒe] *vi* **-1.** [faire une excursion] to travel; [faire un circuit] to tour; **aimer ~** to like travelling; **~ dans le temps** [passé, futur] to travel through time. **-2.** [se déplacer] to travel; **~ en bateau/en avion** to travel by sea/by air; **~ en deuxième classe** to travel second class. **-3.** [denrées, sacs] to travel; **le vin voyage mal** wine doesn't travel well. **-4.** COMM to travel; **~ pour une société** to travel for a firm.

**voyageur, euse** [vwajaʒœr, øz] ◇ *adj* [caractère] *litt* wayfaring *litt*, travelling. ◇ *nm, f* **-1.** [dans les transports en commun] passenger; [dans un taxi] fare. **-2.** [qui explore] traveller; **c'est une grande voyageuse** she travels extensively. **-3.** COMM: **~ (de commerce)** commercial traveller.

**voyagiste** [vwajaʒist] *nm* tour operator.

**voyais** [vwaje] *v* → **voir**.

**voyance** [vwajãs] *nf* clairvoyance.

**voyant, e** [vwajã, ãt] ◇ *adj* [couleur] loud, gaudy, garish; [robe] showy, gaudy, garish. ◇ *nm, f* **-1.** [visionnaire] visionary, seer; [spirite]: **~ (extralucide)** clairvoyant. **-2.** [non aveugle] sighted person.
◆ **voyant** *nm*: **~ (lumineux)** indicator ou warning light ‖ [d'un signal] mark; [plaque de nivellement] vane levelling shaft.

**voyelle** [vwajɛl] *nf* vowel.

**voyeur, euse** [vwajœr, øz] *nm, f* voyeur.

**voyeurisme** [vwajœrism] *nm* voyeurism.

**voyons** [vwajõ] *v* → **voir**.

**voyou, te** [vwaju, ut] *adj* loutish.
◆ **voyou** *nm* **-1.** [jeune délinquant] lout; [gangster] gangster. **-2.** [ton affectueux ou amusé]: **petit ~!** you little rascal!

**VPC** *nf abr de* **vente par correspondance**.

**vrac** [vrak] *nm* **-1.** [mode de distribution] bulk. **-2.** [marchandise] material transported in bulk.
◆ **en vrac** *loc adj & loc adv* **-1.** [non rangé] in a jumble; **ses idées sont en ~ dans sa dissertation** the ideas are just jumbled together in his essay. **-2.** [non emballé] loose; [en gros] in bulk.

**vrai, e** [vrɛ] *adj* **-1.** [exact] true; **il n'y a pas un mot de ~ dans son témoignage** there's not a word of truth in her testimony; **ce serait plus facile — c'est ~ mais...** it would be easier — true ou certainly ou granted but...; **ma voiture peut monter jusqu'à 300 km/h — c'est ~?** my car can do up to 300 km/h — can it (really) ou oh really?; **c'est ~ qu'on n'a pas eu de chance** *fam* true, we were a bit unlucky; **pas ~?** *fam*: **il l'a bien mérité, pas ~?** he deserved it, didn't he?; **on ira tous les deux, pas ~!** we'll go together, OK?; **c'est pas ~!** *fam* [pour nier] it's ou that's not true!; [ton incrédule] you're joking!; [ton exaspéré] I don't believe this!; [ton horrifié] my God, no!; **c'est si ~... que...** so much so that...; **il est ~ que... it's true (to say) that...; il est très irritable, il est ~ qu'il n'est pas encore habitué à eux** he's very irritable, true, he's not used to them yet; **il est bien ~ que... it's absolutely true ou it can't be denied that... -2.** [authentique – cuir, denrée] genuine, real; [– or] real; [– connaisseur] real, true; [– royaliste, républicain] true; **c'est une copie, ce n'est pas un ~ Modigliani** it's a copy, it's not a real Modigliani; **les ~es rousses sont rares** there are few genuine ou real redheads; **ce ne sont pas ses ~es dents** they're not her own teeth; **c'est un ~ gentleman** he's a real gentleman; **ça c'est de la bière, de la ~e!** *fam* that's what I call beer! ❏ **c'est ~, ce mensonge?** *fam & hum* are you fibbing?; **il n'y a que ça de**

~: le soleil, il n'y a que ça de ~ give me sunshine anyday; pour enlever les taches, l'acétone, il n'y a que ça de ~ to remove stains, acetone's the thing; ~ de ~: je pars avec toi — ~ de ~? I'm going with you — really (and truly)?; ça c'est de la bière, de la ~ e de ~ e! that's what I call beer! **-3.** [non fictif, non inventé – raison] real; c'est une histoire ~e it's a true story. **-4.** *(avant le nom)* [à valeur intensive] real, complete, utter; c'est un ~ désastre it's a real ou an utter disaster; elle a été une ~e sœur pour moi she was a real sister to me; c'est une ~e folle! she's completely crazy!**-5.** [franc, naturel – personne, acteur] straightforward; des dialogues ~s dialogues that ring true; des personnages ~s characters that are true to life. **-6.** *(avant le nom)* [assigné] true. **-7.** ASTRON: temps ~ true time.

◆ **à la vérité** *loc adv* **-1.** [conformément à la vérité]: elle dit ~ [elle dit la vérité] she's telling the truth; [elle a raison] she's right, what she says is right; tu n'en veux plus? — non, ~, j'ai trop mangé don't you want some more? — no, really, I've eaten too much already. **-2.** [avec vraisemblance]: des auteurs qui écrivent/acteurs qui jouent ~ authors whose writing/actors whose acting is true to life; faire ~ [décor, prothèse] to look real. **-3.** *fam & vieilli* [exprime la surprise, l'irritation]: ~, j'ai cru que je n'en verrais jamais la fin! I thought I'd never see the back of it, I did! ◇ *nm*: le ~ [la vérité] the truth; il y a du ou un peu de ~ dans ses critiques there's some truth ou an element of truth in her criticism; être dans le ~ to be right.

◆ **à dire (le) vrai** = à vrai dire.

◆ **au vrai** *loc adv* to be specific.

◆ **à vrai dire** *loc adv* in actual fact, to tell you the truth, to be quite honest.

◆ **pour de vrai** *loc adv fam* really, truly.

**vrai-faux, vraie-fausse** [vrɛfo, fos] *(mpl* **vrais-faux**, *fpl* **vraies-fausses)** *adj hum*: de vrais-faux plombiers professional cowboy plumbers; de vrais-faux passeports genuine false passports.

**vraiment** [vrɛmɑ̃] *adv* **-1.** [réellement] really; il avait l'air ~ ému he seemed really ou genuinely moved; je vous assure, ~, je dois y aller no, really, I must go. **-2.** [en intensif] really; il est ~ bête! he's really ou so stupid!; tu n'as ~ rien compris! you haven't understood a thing!; tu trouves que j'ai fait des progrès? — ah oui, ~! do you think I've improved ou made any progress? — oh yes, a lot!; ~, il exagère! he really has got a nerve!**-3.** [exprimant le doute]: ~? tu en es sûr? really? are you sure?; elle a dit que c'était moi le meilleur — ~? *iron* she said I was the best — you don't say ou really?

**vraisemblable** [vrɛsɑ̃blabl] ◇ *adj* [théorie] likely; [dénouement, excuse] convincing, plausible; une fin peu ~ a rather implausible ending; il est (très) ~ qu'il ait oublié he's forgotten, in all likelihood. ◇ *nm*: le ~ the plausible.

**vraisemblablement** [vrɛsɑ̃blabləmɑ̃] *adv* in all likelihood ou probability, very likely; est-il là? — ~ non is he there? — it appears not.

**vraisemblance** [vrɛsɑ̃blɑ̃s] *nf* **-1.** [d'une œuvre] plausibility, verisimilitude. **-2.** [d'une hypothèse] likelihood.

◆ **selon toute vraisemblance** *loc adv* in all likelihood.

**V/Réf** *(abr écrite de* **Votre référence)** your ref.

**vreneli** [vrɛnli] *nm Helv* gold coin worth 20 Swiss francs.

**vrille** [vrij] *nf* **-1.** [outil] gimlet. **-2.** AÉRON spin.

◆ **en vrille** *loc adv*: descendre en ~ to spin downwards.

**vrillé, e** [vrije] *adj* [tordu] twisted.

**vriller** [3] [vrije] ◇ *vi* [avion, fusée] to spiral, to spin. ◇ *vt* to pierce, to bore into.

**vrombir** [32] [vrɔ̃bir] *vi* [avion, moteur] to throb, to hum; [insecte] to buzz, to hum.

**vrombissement** [vrɔ̃bismɑ̃] *nm* [d'un avion, d'un moteur] throbbing sound, humming; [d'un insecte] buzzing, humming.

**VRP** *(abr de* **voyageur représentant placier)** *nm* rep.

**VTT** *(abr de* **vélo tout terrain)** *nm* ATB, mountain bike.

**vu¹** [vy] *nm inv sout*: au vu et au su de tous openly; au vu de son dossier... looking at his case...

**vu²** [vy] *prép* [en considération de] in view of, considering, given; vu l'article 317 du Code pénal... JUR in view of article 317 of the Penal Code...

◆ **vu que** *loc conj* [étant donné que] in view of the fact that, seeing that, considering.

**vu³, e¹** [vy] ◇ *pp* → **voir**. ◇ *adj* **-1.** bien/mal vu [bien/mal considéré]: il est bien vu de travailler tard it's the done thing ou it's good form to work late; il veut être bien vu he wants to be well thought of; fumer, c'est assez mal vu ici smoking is disapproved of here; être bien vu de qqn to be well thought-of by sb; être mal vu de qqn to be not well thought-of by sb. **-2.** bien/mal vu [bien/mal analysé]: personnages bien/mal vus finely observed/poorly-drawn characters; un problème bien vu an accurately diagnosed problem; une situation bien vue a finely judged situation; bien vu! well spotted!**-3.** [compris]: (c'est) vu? understood?, get it?; (c'est) vu! OK!, got it!

**vue²** [vy] *nf* **-1.** [sens] eyesight, sight; recouvrer la ~ to get one's eyesight back; perdre la ~ to lose one's sight, to go blind; avoir une bonne ~ to have good eyesight; avoir une mauvaise ~ to have bad ou poor eyesight; avoir la ~ basse to have weak eyes; ma ~ baisse my eyes are getting weaker; avoir une ~ perçante to be hawk-eyed. **-2.** [regard]: se présenter ou s'offrir à la ~ de qqn [personne, animal, chose] to appear before sb's eyes; [spectacle, paysage] to unfold before sb's eyes. **-3.** [fait de voir] sight; je ne supporte pas la ~ du sang I can't stand the sight of blood. **-4.** [yeux] eyes; tu vas t'abîmer la ~ you'll ruin your eyes; ils ont vérifié ma ~ they checked my eyesight ❏ en mettre plein la ~ à qqn *fam* to dazzle sb; on va leur en mettre plein la ~! let's really impress them ou knock' em for six! *Br*.**-5.** [panorama] view; d'ici, vous avez une ~ magnifique the view (you get) from here is magnificent; ~ sur la mer sea view; une ~ imprenable an unobstructed view; de ma cuisine, j'ai une ~ plongeante sur leur chambre from my kitchen I can see straight down into their bedroom; avoir ~ sur to look out on. **-6.** [aspect] view, aspect; dessiner une ~ latérale de la maison to draw a side view ou the side aspect of the house. **-7.** [image] view; ~ du port [peinture, dessin, photo] view of the harbour ❏ ~ d'ensemble PHOT general view; *fig* overview. **-8.** [idée, opinion] view, opinion; avoir des ~s bien arrêtées sur qqch to have firm opinions ou ideas about sthg ‖ [interprétation] view, understanding, interpretation; ~ de l'esprit *péj* idle fancy.

◆ **vues** *nfpl* plans, designs; cela n'était ou n'entrait pas dans nos ~s this was no part of our plan ❏ avoir des ~s sur qqn to have designs on sb; avoir des ~s sur qqch to covet sthg.

◆ **à courte vue** *loc adj* [idée, plan] short-sighted.

◆ **à la vue de** *loc prép*: il s'évanouit à la ~ du sang he faints at the sight of blood; à la ~ de tous ou en front of everybody, in full view of everybody.

◆ **à vue** ◇ *loc adj* **-1.** BANQUE: dépôt à ~ call deposit; retrait à ~ withdrawal on demand. **-2.** THÉÂT → **changement**. ◇ *loc adv* [atterrir] visually; [tirer] on sight; [payable] at sight.

◆ **à vue de nez** *loc adv fam* roughly, approximately.

◆ **à vue d'œil** *loc adv*: ton cousin grossit à ~ d'œil your cousin is getting noticeably ou visibly fatter; mes économies disparaissent à ~ d'œil my savings just disappear before my very eyes.

◆ **de vue** *loc adv* by sight; je le connais de ~ I know his face, I know him by sight.

◆ **en vue** ◇ *loc adj* **-1.** [célèbre] prominent; les gens en ~ people in the public eye ou in the news. **-2.** [escompté]: avoir une solution en ~ to have a solution in mind; j'ai quelqu'un en ~ pour racheter ma voiture I've got somebody who's interested in buying my car. ◇ *loc adv*: mettre qqch en ~ dans son salon to display sthg prominently in one's lounge.

◆ **en vue de** *loc prép* **-1.** [tout près de] within sight of. **-2.** [afin de] so as ou in order to.

**vulcain** [vylkɛ̃] *nm* red admiral.

**Vulcain** [vylkɛ̃] *npr* Vulcan.

**vulcaniser** [3] [vylkanize] *vt* to vulcanize.

**vulcanologie** [vylkanɔlɔʒi] = **volcanologie**.

**vulcanologue** [vylkanɔlɔg] = **volcanologue**.

**vulgaire** [vylgɛr] ◇ *adj* **-1.** [sans goût – meuble, vêtement] vulgar, common, tasteless; [– couleur] loud, garish; [– style] crude, coarse, unrefined; [– personne] uncouth, vulgar. **-2.** [impoli] crude, coarse; ne sois pas ~! no need for that sort of language!**-3.** *(avant le nom)* [ordinaire] ordinary, common, common-or-garden *hum*; un ~ employé a common clerk. **-4.** [non scientifique]: nom ~ common name ‖ [non littéraire – langue] vernacular, everyday. ◇ *nm* [vulgarité]: le ~ vulgarity; la décoration de son appartement est d'un ~! the way he's decorated his flat is so vulgar!

**vulgairement** [vylgɛrmɑ̃] *adv* **-1.** [avec mauvais goût] coarsely, vulgarly, tastelessly. **-2.** [de façon impolie] coarsely, rudely. **-3.** [de façon non scientifique] commonly.

**vulgarisateur, trice** [vylgarizatœr, tris] *adj* [ouvrage] popularizing.

**vulgarisation** [vylgarizasjɔ̃] *nf* popularization; un ouvrage de ~ a book for the layman; la ~ de la pensée d'Einstein the simplification of Einstein's thought.

**vulgariser** [3] [vylgarize] *vt* **-1.** [faire connaître – œuvre, auteur] to popularize, to make accessible to a large audience; *(en usage absolu)*: il nous faut expliquer sans ~ we have to

explain without over-simplifying. **-2.** *litt* [rendre grossier] to vulgarize, to debase, to make coarser.

**vulgarisme** [vylgarism] *nm* [tournure] vulgarism.

**vulgarité** [vylgarite] *nf* **-1.** [caractère vulgaire] vulgarity, coarseness. **-2.** [action] vulgar behaviour; [parole] vulgar ou coarse remark.

**vulgum pecus** [vylgɔmpekys] *nm inv*: le ~ the hoi polloi.

**vulnérabilité** [vylnerabilite] *nf* vulnerability.

**vulnérable** [vylnerabl] *adj* **-1.** [fragile] vulnerable. **-2.** JEUX vulnerable.

**vulve** [vylv] *nf* vulva.

**Vve** *abr écrite de* **veuve**.

**VVF** *(abr de* **village vacances famille**) *nm* state-subsidized holiday village.

**vx** *abr écrite de* **vieux**.

**w, W** [dubləve] *nm* w, W.

**W -1.** *(abr écrite de* **watt**) W. **-2.** *(abr écrite de* **ouest**) W.

**Wagner** [vagnɛr] *npr* Wagner.

**wagnérien, enne** [vagnerjɛ̃, ɛn] *adj &* *nm, f* Wagnerian.

**wagon** [vagɔ̃] *nm* **-1.** [voiture – de passagers] coach, carriage *Br*, car *Am*; [– de marchandises] wagon, truck *Br*, freight car *Am*.**-2.** [contenu] truckload *Br*, wagonload.

**wagon-citerne** [vagɔ̃sitɛrn] *(pl* **wagons-citernes***) nm* tank wagon *Br* ou car *Am*.

**wagon-lit** [vagɔ̃li] *(pl* **wagons-lits***) nm* sleeper, sleeping car, wagon-lit.

**wagonnet** [vagɔnɛ] *nm* truck *Br*, cart *Am*.

**wagon-poste** [vagɔ̃pɔst] *(pl* **wagons-poste***) nm* mailcoach *Br*, mailcar *Am*.

**wagon-restaurant** [vagɔ̃rɛstɔrɑ̃] *(pl* **wagons-restaurants***) nm* dining ou restaurant car.

**Walkman**® [wɔkman] *nm* Walkman®, personal stereo.

**walk-over** [wɔkɔvœr] *nm inv* SPORT **-1.** [compétition à un seul concurrent] walkover. **-2.** *fam* [victoire facile] walkover.

**walkyrie** [valkiri] *nf* Valkyrie, Walkyrie.

**wallon, onne** [walɔ̃, ɔn] *adj* Walloon.

◆ **Wallon, onne** *nm, f* Walloon.

◆ **wallon** *nm* LING Walloon.

**Wallonie** [walɔni] *npr f*: (la) ~ Southern Belgium *(where French and Walloon are spoken)*, Wallonia.

**Washington** [waʃiŋtɔn] *npr* **-1.** [ville] Washington DC. **-2.** [État] Washington State.

**water-polo** [watɛrpɔlo] *(pl* **water-polos***) nm* water polo.

**waters** [watɛr] *nmpl* toilet.

**waterzoï** [watɛrzɔj] *nm Belg speciality made from fish or meat in cream sauce.*

**watt** [wat] *nm* watt.

**wattheure** [watœr] *nm* watt-hour.

**W-C** [vese] *(abr de* **water closet**) *nmpl* WC.

**week-ends** [wikɛnd] *(pl* **week-ends***) nm* weekend; partir en ~ to go away for the weekend; ~ prolongé long weekend.

**welche** [vɛlʃ] = **velche**.

**western** [wɛstɛrn] *nm* western.

**western-spaghetti** [wɛstɛrnspageti] *(pl* **westerns-spaghettis***) nm* spaghetti western.

**Wh** *(abr écrite de* **wattheure**) Wh.

**whisky** [wiski] *(pl* **whiskys** ou **whiskies***) nm* [écossais] whisky; [irlandais ou américain] whiskey.

**white-spirit** [wajtspirit] *(pl inv* ou **white-spirits***) nm* white spirit.

**wienerli** [vinɛrli] *nm Helv small sausage.*

**Wight** [wajt] *npr*: l'île de ~ the Isle of Wight.

**wishbone** [wiʃbon] *nm* wishbone NAUT.

**wisigoth, e** [vizigo,ɔt] *adj* Visigothic.

◆ **Wisigoth, e** *n nm, f* Visigoth; les Wisigoths the Visigoths.

**WYSIWYG** [wiziwig] *(abr de* **what you see is what you get***) WYSIWYG.

**x, X** [iks] ◇ *nm* [lettre] x, X; MATH x; j'ai vu la pièce x fois I've seen the play umpteen times; ça fait x temps que je te demande de le faire I've been asking you to do it for ages; Madame X Mrs. X. ◇ *nmf arg univ* (ex) student of the École Polytechnique. ◇ *nf arg univ*: l'X the École Polytechnique.
**xénon** [gzenɔ̃] *nm* xenon.
**xénophobe** [gzenɔfɔb] ◇ *adj* xenophobic. ◇ *nmf* xenophobe.

**xénophobie** [gzenɔfɔbi] *nf* xenophobia.
**xérès** [gzeʀɛs, kseʀɛs] *nm* sherry.
**Xérocopie**® [gseʀɔkɔpi] *nf* Xerox® copy.
**Xérographie**® [gseʀɔgʀafi] *nf* xerography.
**Xerxès** [gzerksɛs] *npr* Xerxes.
**xylophone** [gsilɔfɔn] *nm* xylophone.

**y, Y** [igʀɛk] *nm* y, Y.
**y** [i] *pron adv* **-1.** [représente le lieu] there; j'y vais souvent I often go there; on y entre comment? how do you get in?; vas-y, entre! go on in!; on n'y voit rien you can't see a thing (here); je n'y suis pour personne whoever it is, I'm not in. **-2.** [représente une chose] it; pensez-y, à mon offre do think about my offer; n'y comptez pas don't count ou bank on it; je n'y manquerai pas I certainly will. **-3.** [représente une personne]: elle est bizarre, ne t'y fie pas she's strange, don't trust her; les fantômes, j'y crois I believe in ghosts. **-4.** *loc*: il y va de it's a matter of; il y va de ma dignité my dignity's at stake; chacun y va de sa chansonnette everyone comes out with a little song; j'y suis! (j'ai compris] (I've) got it!; [je t'ai compris] I'm with you!; y être pour quelque chose to have something to do with it; je n'y suis pour rien, moi! it's (got) nothing to do with me!, it's not my fault!; laisse-le choisir, il s'y connaît let him choose, he knows all about it; si tu veux un matériel de qualité, il faut y mettre le prix if you want quality material, you have to pay for it; avec les petits, il faut savoir s'y prendre with little children you have to know how to handle them.
**Y** (*abr écrite de* **yen**) Y.
**yacht** [jot] *nm* yacht; ~ de croisière cruiser.
**yacht-club** [jotklœb] (*pl* **yacht-clubs**) *nm* yacht club.
**ya(c)k** [jak] *nm* yak.
**Yalta** [jalta] *npr* Yalta; la conférence de ~ the Yalta Conference.
**yang** [jɑ̃g] *nm* yang.
**Yang-tseu-kiang** [jɑ̃gtsekjɑ̃g], **Yangzi Jiang** [jɑ̃gzijɑ̃g] *npr m* Yangtze, Yangtze Kiang.
**yaourt** [jauʀt] *nm* yoghurt.

**yaourtière** [jauʀtjeʀ] *nf* yoghurt maker.
**yass** [jas] *nm Helv popular Swiss card game*.
**Yémen** [jemɛn] *npr m*: le ~ Yemen.
**yéménite** [jemenit] *adj* Yemeni.
◆ **Yéménite** *nmf* Yemeni.
**yen** [jɛn] *nm* yen.
**yeti** [jeti] *nm* yeti.
**Yeu** [jø] *npr*: l'île d'~ the île d'Yeu.
**yeux** [jø] *pl* → **œil**.
**yé-yé** [jeje] *fam* ◇ *adj inv* pop (*in the sixties*). ◇ *nmf inv* [chanteur] (sixties) pop singer; [garçon, fille] sixties pop fan.
**yiddish** [jidiʃ] *adj inv* & *nm inv* Yiddish.
**yin** [jin] *nm* yin.
**yodler** [3] [jɔdle] *vi* to yodel.
**yoga** [jɔga] *nm* yoga.
**yogi** [jɔgi] *nm* yogi.
**yog(h)ourt** [jɔguʀt] = **yaourt**.
**yole** [jɔl] *nf* skiff.
**Yom Kippour** [jɔmkipuʀ] *nm inv* Yom Kippur.
**yougoslave** [jugɔslav] *adj* Yugoslav, Yugoslavian.
◆ **Yougoslave** *nmf* Yugoslav, Yugoslavian.
**Yougoslavie** [jugɔslavi] *npr f*: (la) ~ Yugoslavia.
**youpi** [jupi] *interj* yippee, hooray.
**youpin, e**▼ [jupɛ̃, in] *nm, f antisemitic term used with reference to Jewish people*; ≃ yid.
**Yo-Yo**® [jojo] *nm inv* yo-yo.
**ypérite** [ipeʀit] *nf* mustard gas.
**yuppie** [jupi] *nmf* yuppie.
**yucca** [juka] *nm* yucca.

# Z

**z, Z** [zɛd] *nm* z, Z.
**ZAC, Zac** [zak] (*abr de* **zone d'aménagement concerté**) *nf* area earmarked for local government planning project.
**Zacharie** [zakari] *npr* **-1.** [père de saint Jean-Baptiste] Zacharias. **-2.** [prophète] Zechariah.
**Zagreb** [zagrɛb] *npr* Zagreb.
**Zaïre** [zair] *npr m*: le ~ [pays] Zaïre; [fleuve] the (River) Zaïre.
**zaïrois, e** [zairwa, az] *adj* Zaïrese.
◆ **Zaïrois, e** *nm, f* Zaïrese.
**zakouski** [zakuski] *nmpl* zakuski, zakouski.
**Zambie** [zɑ̃bi] *npr f*: (la) ~ Zambia.
**Zanzibar** [zɑ̃zibar] *npr* Zanzibar.
**zapper** [zape] *vi* to zap (*TV channels*).
**zappeur** [zapœr] *nm* (compulsive) channel-changer.
**zapping** [zapiŋ] *nm*: le ~ zapping, (constant) channel-changing.
**zazou** [zazu] *fam* ◇ *adj* [dans les années 40] hep *vieilli*. ◇ *nmf* [amateur de jazz] hipster *vieilli*.
**zèbre¹** [zɛbr] *v* → **zébrer**.
**zèbre²** [zɛbr] *nm* **-1.** ZOOL zebra; courir ou filer comme un ~ to go like greased lightning. **-2.** *fam* [individu]: c'est un (drôle de) ~, celui-là! [ton dépréciatif] he's a weirdo!; [ton amusé ou admiratif] he's quite something!; arrête de faire le ~! stop being silly!
**zébrer** [18] [zebre] *vt* [de lignes – irrégulières] to streak; [– régulières] to stripe.
**zébrure** [zebryr] *nf* **-1.** [du zèbre, du tigre] stripe. **-2.** [marque de coup] weal. **-3.** [d'éclair] streak.
**zébu** [zeby] *nm* zebu.
**zélateur, trice** [zelatœr, tris] *nm, f* **-1.** [adepte] *litt* devotee, partisan. **-2.** RELIG zealot.
**zèle** [zɛl] *nm* zeal; elle travaillait avec ~ she worked zealously; fais pas de ~! don't do more than you have to!, don't overdo it!
**zélé, e** [zele] *adj* zealous.
**zen** [zɛn] *adj inv & nm* Zen.
**zénith** [zenit] *nm* **-1.** [sommet] zenith, acme; arrivé au ~ de ses pouvoirs having reached the zenith of his powers. **-2.** ASTRON zenith.
**ZEP, Zep** [zɛp] (*abr de* **zone d'éducation prioritaire**) *nf* designated area with special educational needs.
**zéphyr** [zefir] *nm* [vent] zephyr, light breeze; Zéphyr MYTH Zephyr.
**zeppelin** [zɛplɛ̃] *nm* zeppelin.
**zéro** [zero] ◇ *nm* **-1.** MATH zero, nought; [dans un numéro de téléphone] 0; [dans une gradation] zero; ~ ~ trente-cinq double 0 three-five. **-2.** PHYS zero (degrees centigrade), freezing (point); ~ absolu absolute zero. **-4.** SPORT zero, nil *Br*; deux buts à ~ two (goals to) nil *Br* ou zero; ~ partout no score ‖ TENNIS love; ~ partout love all. **-5.** SCOL nought *Br*, zero; j'ai eu ~ I got (a) nought ❑ ~ de conduite black mark; ~ pointé nought *Br*, zero. **-6.** *fam* [incapable] dead loss. **-7.** (*comme adj*) [sans intérêt] nil, worthless; au niveau organisation, c'était ~ as far as organisation goes it was useless; ils ont de beaux tissus, mais pour la confection c'est ~ they've got some nice fabrics but when it comes to making clothes they haven't a clue. ◇ *dét*: ~ faute no mistakes; ~ heure midnight, zero hour *spéc*; ~ heure quinze zero hours fifteen; ça te coûtera ~ franc it'll cost you nothing at all.

◆ **à zéro** ◇ *loc adj*: avoir le moral ou être à ~ *fam* to be at an all-time low. ◇ *loc adv fam*: être réduit à ~ to be reduced; recommencer ou repartir à ~ [dans sa carrière, dans un raisonnement] to go back to square one ou the drawing board; [sans argent, sans aide] to start again from scratch; *fig* to start from scratch again.
**zeste** [zɛst] *nm* **-1.** [d'un agrume] zest; un ~ de citron a piece of lemon peel. **-2.** [petite quantité] pinch.
**Zeus** [dzøs] *npr* Zeus.
**zézaie** [zeze] *v* → **zézayer**.
**zézaiement** [zezemɑ̃] *nm* lisp.
**zézayer** [11] [zezeje] *vi* to (have a) lisp.
**ZI** *nf abr de* **zone industrielle**.
**zibeline** [ziblin] *nf* [fourrure, animal] sable.
**zieuter**▽ [3] [zjøte] *vt* to eye (up) (*sép*), to eyeball *Am*.
**zig**▽ [zig] *nm* guy, bloke *Br*.
**zigoto** [zigoto] *nm fam*: c'est un drôle de ~! he's a funny customer!; faire le ~ to clown around.
**zigouiller**▽ [3] [ziguje] *vt* to knife (to death), to bump off (*sép*), to do in (*sép*).
**zigue**▽ [zig] = **zig**.
**zigzag** [zigzag] *nm* zigzag; la route fait des ~s dans la montée the road zigzags up; elle marchait en faisant des ~s she was zigzagging along.
◆ **en zigzag** *loc adj* zigzagging, winding.
**zigzaguer** [3] [zigzage] *vi* to zigzag; il avançait en zigzaguant he zigzagged along.
**Zimbabwe** [zimbabwe] *npr m*: le ~ Zimbabwe.
**zinc** [zɛ̃g] *nm* **-1.** [métal] zinc. **-2.** *fam* [comptoir] bar. **-3.** *fam* [avion] plane.
**zingueur** [zɛ̃gœr] *nm* zinc worker.
**zinnia** [zinja] *nm* zinnia.
**zinzin** [zɛ̃zɛ̃] *fam* ◇ *adj* dotty, batty, nuts. ◇ *nm* **-1.** [idiot] nutcase. **-2.** [truc] thingamajig, thingumajig.
**Zip®** [zip] *nm* zip *Br*, zipper *Am*.
**zircon** [zirkɔ̃] *nm* zircon.
**zizanie** [zizani] *nf* discord; c'est la ~ entre les frères the brothers are at odds ou loggerheads; jeter ou mettre ou semer la ~ dans un groupe to stir things up in a group.
**zizi** [zizi] *nm fam* [sexe] willie *Br*, peter *Am*.
**Zodiac®** [zɔdjak] *nm* inflatable dinghy.
**zodiacal, e, aux** [zɔdjakal, o] *adj* [signe] zodiac.
**zodiaque** [zɔdjak] *nm* ASTRON & ASTROL zodiac.
**zombi(e)** [zɔ̃bi] *nm* zombie.
**zona** [zona] *nm* shingles (*U*), herpes zoster *spéc*; avoir un ~ to suffer from shingles.
**zonage** [zonaʒ] *nm* zoning.
**zonal, e, aux** [zonal, o] *adj* GÉOG zonal.
**zonard** [zonar] *nm fam* dropout.
**zone** [zon] *nf* **-1.** [domaine] zone, area; la ~ d'activité du directeur commercial the commercial manager's area; la ~ d'influence de l'Asie Asia's sphere of influence. **-2.** ANAT: ~ érogène erogenous zone. **-3.** ADMIN [surface délimitée] area, zone; ~ d'aménagement concerté → ZAC; ~ bleue restricted parking area; ~ industrielle industrial estate *Br* ou park *Am*; ~ piétonnière pedestrian area ou precinct *Br*; ~ résidentielle residential area; ~ de stationnement interdit no parking area; ~ à urbaniser en priorité → ZUP ‖ ADMIN & FIN: ~s des salaires *wage bands subject to the same percentage*

*reduction.* **-4.** HIST: ~ **libre/occupée** unoccupied/occupied France. **-5.** GÉOG: ~ **désertique** desert belt; ~ **forestière** forest belt; ~ **glaciale/tempérée/torride** frigid/temperate/torrid zone; ~ **de végétation** vegetation zone. **-6.** MÉTÉO: ~ **de dépression**, ~ **dépressionnaire** trough of low pressure. **-7.** GÉOL & MATH **zone**. **-8.** FIN: ~ **monétaire** monetary area. **-9.** INF: ~ **de mémoire** storage area. **-10.** *péj*: **c'est la ~** *fam* [quartier pauvre] it's a really rough area; [désordre] it's a real mess OU tip; **cette famille, c'est vraiment la ~** they're real dropouts in that family.
◆ **de deuxième zone** *loc adj* second-rate, second-class.
◆ **de troisième zone** *loc adj* third-rate.

**zoner** [3] [zone] ◇ *vt* to zone. ◇ *vi fam* to doss *Br* OU to bum around.

**zoo** [zo(o)] *nm* zoo.

**zoologie** [zɔɔlɔʒi] *nf* zoology.

**zoologique** [zɔɔlɔʒik] *adj* zoological.

**zoologiste** [zɔɔlɔʒist] *nmf* zoologist.

**zoom** [zum] *nm* [objet] zoom lens; [procédé] zoom; **faire un ~** sur to zoom in on.

**zoomer** [3] [zume] *vi* [pour se rapprocher] to zoom in; [pour s'éloigner] to zoom out.

**zoophile** [zɔɔfil] ◇ *adj* zoophilic. ◇ *nmf* zoophile.

**zoophilie** [zɔɔfili] *nf* zoophilia, bestiality.

**zootechnie** [zɔɔtɛkni] *nf* zootechnics *(U)*.

**Zoroastre** [zɔrɔastr] *npr* Zoroaster.

**zoroastrisme** [zɔrɔastrism] *nm* Zoroastrianism.

**zou** [zu] *interj* [pour éloigner] shoo; [pour marquer la rapidité] whoosh; **allez, ~ les enfants, au lit!** come on, off to bed children!; **on ferme la maison et ~, on part pour l'Italie** we'll shut up the house and whizz off to Italy.

**zouave** [zwav] *nm* **-1.** MIL Zouave. **-2.** *fam loc*: **faire le ~** [faire le pitre] to clown about; [faire le malin] to show off.

**zoulou, e** [zulu] *adj* Zulu.
◆ **Zoulou, e** *nm, f* Zulu.

**Zoulouland** [zululãd] *npr m*: **le ~** Zululand, Kwazulu.

**zozo** [zozo] *nm fam* ninny, nitwit.

**zozoter** [3] [zozɔte] *vi* to lisp.

**ZUP, Zup** [zyp] *(abr de* **zone à urbaniser par priorité)** *nf* area earmarked for urgent urban development.

**Zurich** [zyrik] *npr* Zürich; **le lac de ~** Lake Zürich.

**zut** [zyt] *interj fam* drat, blast; **~ alors, y a plus de sucre!** blast (it), there's no sugar left!; **et puis ~, tant pis, je l'achète!** what the hell, I'll buy it!; **dis-lui ~** tell him to get lost.

**zwieback** [tsɥibak] *nm Helv* sweet biscuit.

**zyeuter**[▽] [zjøte] = **zieuter**.

**zygomatique** [zigɔmatik] *adj* zygomatic.

**zygote** [zigɔt] *nm* zygote.

# CONJUGAISONS
## VERBS

# TABLEAU DES CONJUGAISONS

| | 1 avoir | 2 être | 3 chanter | 4 baisser | 5 pleurer |
|---|---|---|---|---|---|
| IND. présent | j'ai | je suis | je chante | je baisse | je pleure |
| | tu as | tu es | tu chantes | tu baisses | tu pleures |
| | il, elle a | il, elle est | il, elle chante | il, elle baisse | il, elle pleure |
| | nous avons | nous sommes | nous chantons | nous baissons | nous pleurons |
| | vous avez | vous êtes | vous chantez | vous baissez | vous pleurez |
| | ils, elles ont | ils, elles sont | ils, elles chantent | ils, elles baissent | ils, elles pleurent |
| IND. imparfait | il, elle avait | il, elle était | il, elle chantait | il, elle baissait | il, elle pleurait |
| IND. passé s. | il, elle eut | il, elle fut | il, elle chanta | il, elle baissa | il, elle pleura |
| | ils, elles eurent | ils, elles furent | ils, elles chantèrent | ils, elles baissèrent | ils, elles pleurèrent |
| IND. futur | j'aurai | je serai | je chanterai | je baisserai | je pleurerai |
| | il, elle aura | il, elle sera | il, elle chantera | il, elle baissera | il, elle pleurera |
| COND. présent | j'aurais | je serais | je chanterais | je baisserais | je pleurerais |
| | il, elle aurait | il, elle serait | il, elle chanterait | il, elle baisserait | il, elle pleurerait |
| SUBJ. présent | que j'aie | que je sois | que je chante | que je baisse | que je pleure |
| | qu'il, elle ait | qu'il, elle soit | qu'il, elle chante | qu'il, elle baisse | qu'il, elle pleure |
| | que nous ayons | que nous soyons | que nous chantions | que nous baissions | que nous pleurions |
| | qu'ils, elles aient | qu'ils, elles soient | qu'ils, elles chantent | qu'ils, elles baissent | qu'ils, elles pleurent |
| SUBJ. imparfait | qu'il, elle eût | qu'il, elle fût | qu'il, elle chantât | qu'il, elle baissât | qu'il, elle pleurât |
| | qu'ils, elles eussent | qu'ils, elles fussent | qu'ils, elles chantassent | qu'ils, elles baissassent | qu'ils, elles pleurassent |
| IMPÉRATIF | aie | sois | chante | baisse | pleure |
| | ayons | soyons | chantons | baissons | pleurons |
| | ayez | soyez | chantez | baissez | pleurez |
| PART. présent | ayant | étant | chantant | baissant | pleurant |
| PART. passé | eu, eue | été | chanté, e | baissé, e | pleuré, e |

| | 6 jouer | 7 saluer | 8 arguer | 9 copier | 10 prier |
|---|---|---|---|---|---|
| IND. présent | je joue | je salue | j'argue, arguë | je copie | je prie |
| | tu joues | tu salues | tu argues, arguës | tu copies | tu pries |
| | il, elle joue | il, elle salue | il, elle argue, arguë | il, elle copie | il, elle prie |
| | nous jouons | nous saluons | nous arguons | nous copions | nous prions |
| | vous jouez | vous saluez | vous arguez | vous copiez | vous priez |
| | ils, elles jouent | ils, elles saluent | ils, elles arguent, arguënt | ils, elles copient | ils, elles prient |
| IND. imparfait | il, elle jouait | il, elle saluait | il, elle arguait | il, elle copiait | il, elle priait |
| IND. passé s. | il, elle joua | il, elle salua | il, elle argua | il, elle copia | il, elle pria |
| | ils, elles jouèrent | ils, elles saluèrent | ils, elles arguèrent | ils, elles copièrent | ils, elles prièrent |
| IND. futur | je jouerai | je saluerai | j'arguerai, arguërai | je copierai | je prierai |
| | il, elle jouera | il, elle saluera | il, elle arguera, arguëra | il, elle copiera | il, elle priera |
| COND. présent | je jouerais | je saluerais | j'arguerais, arguërais | je copierais | je prierais |
| | il, elle jouerait | il, elle saluerait | il, elle arguerait, arguërait | il, elle copierait | il, elle prierait |
| SUBJ. présent | que je joue | que je salue | que j'argue, arguë | que je copie | que je prie |
| | qu'il, elle joue | qu'il, elle salue | qu'il, elle argue, arguë | qu'il, elle copie | qu'il, elle prie |
| | que nous jouions | que nous saluions | que nous arguions | que nous copiions | que nous priions |
| | qu'ils, elles jouent | qu'ils, elles saluent | qu'ils, elles arguent, arguënt | qu'ils, elles copient | qu'ils, elles prient |
| SUBJ. imparfait | qu'il, elle jouât | qu'il, elle saluât | qu'il, elle arguât | qu'il, elle copiât | qu'il, elle priât |
| | qu'ils, elles jouassent | qu'ils, elles saluassent | qu'ils, elles arguassent | qu'ils, elles copiassent | qu'ils, elles priassent |
| IMPÉRATIF | joue | salue | argue, arguë | copie | prie |
| | jouons | saluons | arguons | copions | prions |
| | jouez | saluez | arguez | copiez | priez |
| PART. présent | jouant | saluant | arguant | copiant | priant |
| PART. passé | joué, e | salué, e | argué, e | copié, e | prié, e |

| | 11 payer (1) | 12 grasseyer | 13 ployer | 14 essuyer |
|---|---|---|---|---|
| IND. présent | je paie | je paye | je grasseye | je ploie | j'essuie |
| | tu paies | tu payes | tu grasseyes | tu ploies | tu essuies |
| | il, elle paie | il, elle paye | il, elle grasseye | il, elle ploie | il, elle essuie |
| | nous payons | nous payons | nous grasseyons | nous ployons | nous essuyons |
| | vous payez | vous payez | vous grasseyez | vous ployez | vous essuyez |
| | ils, elles paient | ils, elles payent | ils, elles grasseyent | ils, elles ploient | ils, elles essuient |
| IND. imparfait | il, elle payait | il, elle payait | il, elle grasseyait | il, elle ployait | il, elle essuyait |
| IND. passé s. | il, elle paya | il, elle paya | il, elle grasseya | il, elle ploya | il, elle essuya |
| | ils, elles payèrent | ils, elles payèrent | ils, elles grasseyèrent | ils, elles ployèrent | ils, elles essuyèrent |
| IND. futur | je paierai | je payerai | je grasseyerai | je ploierai | j'essuierai |
| | il, elle paiera | il, elle payera | il, elle grasseyera | il, elle ploiera | il, elle essuiera |
| COND. présent | je paierais | je payerais | je grasseyerais | je ploierais | j'essuierais |
| | il, elle paierait | il, elle payerait | il, elle grasseyerait | il, elle ploierait | il, elle essuierait |
| SUBJ. présent | que je paie | que je paye | que je grasseye | que je ploie | que j'essuie |
| | qu'il, elle paie | qu'il, elle paye | qu'il, elle grasseye | qu'il, elle ploie | qu'il, elle essuie |
| | que nous payions | que nous payions | que nous grasseyions | que nous ployions | que nous essuyions |
| | qu'ils, elles paient | qu'ils, elles payent | qu'ils, elles grasseyent | qu'ils, elles ploient | qu'ils, elles essuient |
| SUBJ. imparfait | qu'il, elle payât | qu'il, elle payât | qu'il, elle grasseyât | qu'il, elle ployât | qu'il, elle essuyât |
| | qu'ils, elles payassent | qu'ils, elles payassent | qu'ils, elles grasseyassent | qu'ils, elles ployassent | qu'ils, elles essuyassent |
| IMPÉRATIF | paie | paye | grasseye | ploie | essuie |
| | payons | payons | grasseyons | ployons | essuyons |
| | payez | payez | grasseyez | ployez | essuyez |
| PART. présent | payant | payant | grasseyant | ployant | essuyant |
| PART. passé | payé, e | payé, e | grasseyé, e | ployé, e | essuyé, e |

(1) Pour certains grammairiens, le verbe *rayer* (et ses composés) garde le *y* dans toute sa conjugaison.

| | **15** créer | **16** avancer | **17** manger | **18** céder (1) | **19** semer |
|---|---|---|---|---|---|
| IND. présent | je crée | j'avance | je mange | je cède | je sème |
| | tu crées | tu avances | tu manges | tu cèdes | tu sèmes |
| | il, elle crée | il, elle avance | il, elle mange | il, elle cède | il, elle sème |
| | nous créons | nous avançons | nous mangeons | nous cédons | nous semons |
| | vous créez | vous avancez | vous mangez | vous cédez | vous semez |
| | ils, elles créent | ils, elles avancent | ils, elles mangent | ils, elles cèdent | ils, elles sèment |
| IND. imparfait | il, elle créait | il, elle avançait | il, elle mangeait | il, elle cédait | il, elle semait |
| IND. passé s. | il, elle créa | il, elle avança | il, elle mangea | il, elle céda | il, elle sema |
| | ils, elles créèrent | ils, elles avancèrent | ils, elles mangèrent | ils, elles cédèrent | ils, elles semèrent |
| IND. futur | je créerai | j'avancerai | je mangerai | je céderai | je sèmerai |
| | il, elle créera | il, elle avancera | il, elle mangera | il, elle cédera | il, elle sèmera |
| COND. présent | je créerais | j'avancerais | je mangerais | je céderais | je sèmerais |
| | il, elle créerait | il, elle avancerait | il, elle mangerait | il, elle céderait | il, elle sèmerait |
| SUBJ. présent | que je crée | que j'avance | que je mange | que je cède | que je sème |
| | qu'il, elle crée | qu'il, elle avance | qu'il, elle mange | qu'il, elle cède | qu'il, elle sème |
| | que nous créions | que nous avancions | que nous mangions | que nous cédions | que nous semions |
| | qu'ils, elles créent | qu'ils, elles avancent | qu'ils, elles mangent | qu'ils, elles cèdent | qu'ils, elles sèment |
| SUBJ. imparfait | qu'il, elle créât | qu'il, elle avançât | qu'il, elle mangeât | qu'il, elle cédât | qu'il, elle semât |
| | qu'ils, elles créassent | qu'ils, elles avançassent | qu'ils, elles mangeassent | qu'ils, elles cédassent | qu'ils, elles semassent |
| IMPÉRATIF | crée | avance | mange | cède | sème |
| | créons | avançons | mangeons | cédons | semons |
| | créez | avancez | mangez | cédez | semez |
| PART. présent | créant | avançant | mangeant | cédant | semant |
| PART. passé | créé, e | avancé, e | mangé, e | cédé, e | semé, e |

(1) Dans la 9<sup>e</sup> édition de son dictionnaire (1993), l'Académie écrit au futur et au conditionnel *je cèderai, je cèderais*.

| | **20** rapiécer (1) | **21** acquiescer | **22** siéger (1 et 2) | **23** déneiger | **24** appeler |
|---|---|---|---|---|---|
| IND. présent | je rapièce | j'acquiesce | je siège | je déneige | j'appelle |
| | tu rapièces | tu acquiesces | tu sièges | tu déneiges | tu appelles |
| | il, elle rapièce | il, elle acquiesce | il, elle siège | il, elle déneige | il, elle appelle |
| | nous rapiéçons | nous acquiesçons | nous siégeons | nous déneigeons | nous appelons |
| | vous rapiécez | vous acquiescez | vous siégez | vous déneigez | vous appelez |
| | ils, elles rapiècent | ils, elles acquiescent | ils, elles siègent | ils, elles déneigent | ils, elles appellent |
| IND. imparfait | il, elle rapiéçait | il, elle acquiesçait | il, elle siégeait | il, elle déneigeait | il, elle appelait |
| IND. passé s. | il, elle rapiéça | il, elle acquiesça | il, elle siégea | il, elle déneigea | il, elle appela |
| | ils, elles rapiécèrent | ils, elles acquiescèrent | ils, elles siégèrent | ils, elles déneigèrent | ils, elles appelèrent |
| IND. futur | je rapiécerai | j'acquiescerai | je siégerai | je déneigerai | j'appellerai |
| | il, elle rapiécera | il, elle acquiescera | il, elle siégera | il, elle déneigera | il, elle appellera |
| COND. présent | je rapiécerais | j'acquiescerais | je siégerais | je déneigerais | j'appellerais |
| | il, elle rapiécerait | il, elle acquiescerait | il, elle siégerait | il, elle déneigerait | il, elle appellerait |
| SUBJ. présent | que je rapièce | que j'acquiesce | que je siège | que je déneige | que j'appelle |
| | qu'il, elle rapièce | qu'il, elle acquiesce | qu'il, elle siège | qu'il, elle déneige | qu'il, elle appelle |
| | que nous rapiécions | que nous acquiescions | que nous siégions | que nous déneigions | que nous appelions |
| | qu'ils, elles rapiècent | qu'ils, elles acquiescent | qu'ils, elles siègent | qu'ils, elles déneigent | qu'ils, elles appellent |
| SUBJ. imparfait | qu'il, elle rapiéçât | qu'il, elle acquiesçât | qu'il, elle siégeât | qu'il, elle déneigeât | qu'il, elle appelât |
| | qu'ils, elles rapiéçassent | qu'ils, elles acquiesçassent | qu'ils, elles siégeassent | qu'ils, elles déneigeassent | qu'ils, elles appelassent |
| IMPÉRATIF | rapièce | acquiesce | siège | déneige | appelle |
| | rapiéçons | acquiesçons | siégeons | déneigeons | appelons |
| | rapiécez | acquiescez | siégez | déneigez | appelez |
| PART. présent | rapiéçant | acquiesçant | siégeant | déneigeant | appelant |
| PART. passé | rapiécé, e | acquiescé | siégé | déneigé, e | appelé, e |

(1) Dans la 9<sup>e</sup> édition de son dictionnaire (1993), l'Académie écrit au futur et au conditionnel *je rapiècerai, je rapiècerais* ; *je siègerai, je siègerais*. – (2) *Assiéger* se conjugue comme *siéger*, mais son participe passé est variable.

| | **25** peler | **26** interpeller | **27** jeter | **28** acheter | **29** dépecer |
|---|---|---|---|---|---|
| IND. présent | je pèle | j'interpelle | je jette | j'achète | je dépèce |
| | tu pèles | tu interpelles | tu jettes | tu achètes | tu dépèces |
| | il, elle pèle | il, elle interpelle | il, elle jette | il, elle achète | il, elle dépèce |
| | nous pelons | nous interpellons | nous jetons | nous achetons | nous dépeçons |
| | vous pelez | vous interpellez | vous jetez | vous achetez | vous dépecez |
| | ils, elles pèlent | ils, elles interpellent | ils, elles jettent | ils, elles achètent | ils, elles dépècent |
| IND. imparfait | il, elle pelait | il, elle interpellait | il, elle jetait | il, elle achetait | il, elle dépeçait |
| IND. passé s. | il, elle pela | il, elle interpella | il, elle jeta | il, elle acheta | il, elle dépeça |
| | ils, elles pelèrent | ils, elles interpellèrent | ils, elles jetèrent | ils, elles achetèrent | ils, elles dépecèrent |
| IND. futur | je pèlerai | j'interpellerai | je jetterai | j'achèterai | je dépècerai |
| | il, elle pèlera | il, elle interpellera | il, elle jettera | il, elle achètera | il, elle dépècera |
| COND. présent | je pèlerais | j'interpellerais | je jetterais | j'achèterais | je dépècerais |
| | il, elle pèlerait | il, elle interpellerait | il, elle jetterait | il, elle achèterait | il, elle dépècerait |
| SUBJ. présent | que je pèle | que j'interpelle | que je jette | que j'achète | que je dépèce |
| | qu'il, elle pèle | qu'il, elle interpelle | qu'il, elle jette | qu'il, elle achète | qu'il, elle dépèce |
| | que nous pelions | que nous interpellions | que nous jetions | que nous achetions | que nous dépecions |
| | qu'ils, elles pèlent | qu'ils, elles interpellent | qu'ils, elles jettent | qu'ils, elles achètent | qu'ils, elles dépècent |
| SUBJ. imparfait | qu'il, elle pelât | qu'il, elle interpellât | qu'il, elle jetât | qu'il, elle achetât | qu'il, elle dépeçât |
| | qu'ils, elles pelassent | qu'ils, elles interpellassent | qu'ils, elles jetassent | qu'ils, elles achetassent | qu'ils, elles dépeçassent |
| IMPÉRATIF | pèle | interpelle | jette | achète | dépèce |
| | pelons | interpellons | jetons | achetons | dépeçons |
| | pelez | interpellez | jetez | achetez | dépecez |
| PART. présent | pelant | interpellant | jetant | achetant | dépeçant |
| PART. passé | pelé, e | interpellé, e | jeté, e | acheté, e | dépecé, e |

| | 30 envoyer | 31 aller (1) | 32 finir (2) | 33 haïr | 34 ouvrir |
|---|---|---|---|---|---|
| IND. présent | j'envoie | je vais | je finis | je hais | j'ouvre |
| | tu envoies | tu vas | tu finis | tu hais | tu ouvres |
| | il, elle envoie | il, elle va | il, elle finit | il, elle hait | il, elle ouvre |
| | nous envoyons | nous allons | nous finissons | nous haïssons | nous ouvrons |
| | vous envoyez | vous allez | vous finissez | vous haïssez | vous ouvrez |
| | ils, elles envoient | ils, elles vont | ils, elles finissent | ils, elles haïssent | ils, elles ouvrent |
| IND. imparfait | il, elle envoyait | il, elle allait | il, elle finissait | il, elle haïssait | il, elle ouvrait |
| IND. passé s. | il, elle envoya | il, elle alla | il, elle finit | il, elle haït | il, elle ouvrit |
| | ils, elles envoyèrent | ils, elles allèrent | ils, elles finirent | ils, elles haïrent | ils, elles ouvrirent |
| IND. futur | j'enverrai | j'irai | je finirai | je haïrai | j'ouvrirai |
| | il, elle enverra | il, elle ira | il, elle finira | il, elle haïra | il, elle ouvrira |
| COND. présent | j'enverrais | j'irais | je finirais | je haïrais | j'ouvrirais |
| | il, elle enverrait | il, elle irait | il, elle finirait | il, elle haïrait | il, elle ouvrirait |
| SUBJ. présent | que j'envoie | que j'aille | que je finisse | que je haïsse | que j'ouvre |
| | qu'il, elle envoie | qu'il, elle aille | qu'il, elle finisse | qu'il, elle haïsse | qu'il, elle ouvre |
| | que nous envoyions | que nous allions | que nous finissions | que nous haïssions | que nous ouvrions |
| | qu'ils, elles envoient | qu'ils, elles aillent | qu'ils, elles finissent | qu'ils, elles haïssent | qu'ils, elles ouvrent |
| SUBJ. imparfait | qu'il, elle envoyât | qu'il, elle allât | qu'il, elle finît | qu'il, elle haït | qu'il, elle ouvrît |
| | qu'ils, elles envoyassent | qu'ils, elles allassent | qu'ils, elles finissent | qu'ils, elles haïssent | qu'ils, elles ouvrissent |
| IMPÉRATIF | envoie | va | finis | hais | ouvre |
| | envoyons | allons | finissons | haïssons | ouvrons |
| | envoyez | allez | finissez | haïssez | ouvrez |
| PART. présent | envoyant | allant | finissant | haïssant | ouvrant |
| PART. passé | envoyé, e | allé, e | fini, e | haï, e | ouvert, e |

(1) *Aller* fait à l'impér. *vas* dans *vas-y*. *S'en aller* fait à l'impér. *va-t'en, allons-nous-en, allez-vous-en.* Aux temps composés, le verbe *être* peut se substituer au verbe *aller* : *avoir été, j'ai été,* etc. Aux temps composés du pronominal *s'en aller, en* se place normalement avant l'auxiliaire : *je m'en suis allé(e),* mais la langue courante dit de plus en plus *je me suis en allé(e).* – (2) *Maudire* (tableau 104) et *bruire* (tableau 105) se conjuguent sur *finir,* mais le participe passé de *maudire* est *maudit, maudite,* et *bruire* est défectif.

| | 35 fuir | 36 dormir (1) | 37 mentir (2) | 38 servir | 39 acquérir |
|---|---|---|---|---|---|
| IND. présent | je fuis | je dors | je mens | je sers | j'acquiers |
| | tu fuis | tu dors | tu mens | tu sers | tu acquiers |
| | il, elle fuit | il, elle dort | il, elle ment | il, elle sert | il, elle acquiert |
| | nous fuyons | nous dormons | nous mentons | nous servons | nous acquérons |
| | vous fuyez | vous dormez | vous mentez | vous servez | vous acquérez |
| | ils, elles fuient | ils, elles dorment | ils, elles mentent | ils, elles servent | ils, elles acquièrent |
| IND. imparfait | il, elle fuyait | il, elle dormait | il, elle mentait | il, elle servait | il, elle acquérait |
| IND. passé s. | il, elle fuit | il, elle dormit | il, elle mentit | il, elle servit | il, elle acquit |
| | ils, elles fuirent | ils, elles dormirent | ils, elles mentirent | ils, elles servirent | ils, elles acquirent |
| IND. futur | je fuirai | je dormirai | je mentirai | je servirai | j'acquerrai |
| | il, elle fuira | il, elle dormira | il, elle mentira | il, elle servira | il, elle acquerra |
| COND. présent | je fuirais | je dormirais | je mentirais | je servirais | j'acquerrais |
| | il, elle fuirait | il, elle dormirait | il, elle mentirait | il, elle servirait | il, elle acquerrait |
| SUBJ. présent | que je fuie | que je dorme | que je mente | que je serve | que j'acquière |
| | qu'il, elle fuie | qu'il, elle dorme | qu'il, elle mente | qu'il, elle serve | qu'il, elle acquière |
| | que nous fuyions | que nous dormions | que nous mentions | que nous servions | que nous acquérions |
| | qu'ils, elles fuient | qu'ils, elles dorment | qu'ils, elles mentent | qu'ils, elles servent | qu'ils, elles acquièrent |
| SUBJ. imparfait | qu'il, elle fuît | qu'il, elle dormît | qu'il, elle mentît | qu'il, elle servît | qu'il, elle acquît |
| | qu'ils, elles fuissent | qu'ils, elles dormissent | qu'ils, elles mentissent | qu'ils, elles servissent | qu'ils, elles acquissent |
| IMPÉRATIF | fuis | dors | mens | sers | acquiers |
| | fuyons | dormons | mentons | servons | acquérons |
| | fuyez | dormez | mentez | servez | acquérez |
| PART. présent | fuyant | dormant | mentant | servant | acquérant |
| PART. passé | fui, e | dormi | menti | servi, e | acquis, e |

(1) *Endormir* se conjugue comme *dormir,* mais son participe passé est variable. – (2) *Démentir* se conjugue comme *mentir,* mais son participe passé est variable.

| | 40 venir | 41 cueillir | 42 mourir | 43 partir | 44 revêtir |
|---|---|---|---|---|---|
| IND. présent | je viens | je cueille | je meurs | je pars | je revêts |
| | tu viens | tu cueilles | tu meurs | tu pars | tu revêts |
| | il, elle vient | il, elle cueille | il, elle meurt | il, elle part | il, elle revêt |
| | nous venons | nous cueillons | nous mourons | nous partons | nous revêtons |
| | vous venez | vous cueillez | vous mourez | vous partez | vous revêtez |
| | ils, elles viennent | ils, elles cueillent | ils, elles meurent | ils, elles partent | ils, elles revêtent |
| IND. imparfait | il, elle venait | il, elle cueillait | il, elle mourait | il, elle partait | il, elle revêtait |
| IND. passé s. | il, elle vint | il, elle cueillit | il, elle mourut | il, elle partit | il, elle revêtit |
| | ils, elles vinrent | ils, elles cueillirent | ils, elles moururent | ils, elles partirent | ils, elles revêtirent |
| IND. futur | je viendrai | je cueillerai | je mourrai | je partirai | je revêtirai |
| | il, elle viendra | il, elle cueillera | il, elle mourra | il, elle partira | il, elle revêtira |
| COND. présent | je viendrais | je cueillerais | je mourrais | je partirais | je revêtirais |
| | il, elle viendrait | il, elle cueillerait | il, elle mourrait | il, elle partirait | il, elle revêtirait |
| SUBJ. présent | que je vienne | que je cueille | que je meure | que je parte | que je revête |
| | qu'il, elle vienne | qu'il, elle cueille | qu'il, elle meure | qu'il, elle parte | qu'il, elle revête |
| | que nous venions | que nous cueillions | que nous mourions | que nous partions | que nous revêtions |
| | qu'ils, elles viennent | qu'ils, elles cueillent | qu'ils, elles meurent | qu'ils, elles partent | qu'ils, elles revêtent |
| SUBJ. imparfait | qu'il, elle vînt | qu'il, elle cueillît | qu'il, elle mourût | qu'il, elle partît | qu'il, elle revêtît |
| | qu'ils, elles vinssent | qu'ils, elles cueillissent | qu'ils, elles mourussent | qu'ils, elles partissent | qu'ils, elles revêtissent |
| IMPÉRATIF | viens | cueille | meurs | pars | revêts |
| | venons | cueillons | mourons | partons | revêtons |
| | venez | cueillez | mourez | partez | revêtez |
| PART. présent | venant | cueillant | mourant | partant | revêtant |
| PART. passé | venu, e | cueilli, e | mort, e | parti, e | revêtu, e |

| | **45** courir | **46** faillir (1) | **47** défaillir (2) | **48** bouillir | **49** gésir (3) |
|---|---|---|---|---|---|
| IND. présent | je cours | je faillis, faux | je défaille | je bous | je gis |
| | tu cours | tu faillis, faux | tu défailles | tu bous | tu gis |
| | il, elle court | il, elle faillit, faut | il, elle défaille | il, elle bout | il, elle gît |
| | nous courons | nous faillissons, faillons | nous défaillons | nous bouillons | nous gisons |
| | vous courez | vous faillissez, faillez | vous défaillez | vous bouillez | vous gisez |
| | ils, elles courent | ils, elles faillissent, faillent | ils, elles défaillent | ils, elles bouillent | ils, elles gisent |
| IND. imparfait | il, elle courait | il, elle faillissait, faillait | il, elle défaillait | il, elle bouillait | il, elle gisait |
| IND. passé s. | il, elle courut | il, elle faillit | il, elle défaillit | il, elle bouillit | |
| | ils, elles coururent | ils, elles faillirent | ils, elles défaillirent | ils, elles bouillirent | |
| IND. futur | je courrai | je faillirai, faudrai | je défaillirai | je bouillirai | |
| | il, elle courra | il, elle faillira, faudra | il, elle défaillira | il, elle bouillira | |
| COND. présent | je courrais | je faillirais, faudrais | je défaillirais | je bouillirais | |
| | il, elle courrait | il, elle faillirait, faudrait | il, elle défaillirait | il, elle bouillirait | |
| SUBJ. présent | que je coure | que je faillisse, faille | que je défaille | que je bouille | |
| | qu'il, elle coure | qu'il, elle faillisse, faille | qu'il, elle défaille | qu'il, elle bouille | |
| | que nous courions | que nous faillissions, faillions | que nous défaillions | que nous bouillions | |
| | qu'ils, elles courent | qu'ils, elles faillissent, faillent | qu'ils, elles défaillent | qu'ils, elles bouillent | |
| SUBJ. imparfait | qu'il, elle courût | qu'il, elle faillît | qu'il, elle défaillît | qu'il, elle bouillît | |
| | qu'ils, elles courussent | qu'ils, elles faillissent | qu'ils, elles défaillissent | qu'ils, elles bouillissent | |
| IMPÉRATIF | cours | faillis, faux | défaille | bous | |
| | courons | faillissons, faillons | défaillons | bouillons | |
| | courez | faillissez, faillez | défaillez | bouillez | |
| PART. présent | courant | faillissant, faillant | défaillant | bouillant | gisant |
| PART. passé | couru, e | failli | défailli | bouilli, e | |

(1) La conjugaison de *faillir* la plus employée est celle qui a été refaite sur *finir*. Les formes conjuguées de ce verbe sont rares. – (2) On trouve aussi *je défaillerai*, etc., pour le futur, et *je défaillerais*, *tu défaillerais*, etc., pour le conditionnel, de même pour *tressaillir* et *assaillir*. – (3) *Gésir* est défectif aux autres temps et modes.

| | **50** saillir (1) | **51** ouïr (2) | **52** recevoir | **53** devoir | **54** mouvoir |
|---|---|---|---|---|---|
| IND. présent | | j'ouïs, ois | je reçois | je dois | je meus |
| | | tu ouïs, ois | tu reçois | tu dois | tu meus |
| | il, elle saille | il, elle ouït, oit | il, elle reçoit | il, elle doit | il, elle meut |
| | | nous ouïssons, oyons | nous recevons | nous devons | nous mouvons |
| | | vous ouïssez, oyez | vous recevez | vous devez | vous mouvez |
| | ils, elles saillent | ils, elles ouïssent, oient | ils, elles reçoivent | ils, elles doivent | ils, elles meuvent |
| IND. imparfait | il, elle saillait | il, elle ouïssait, oyait | il, elle recevait | il, elle devait | il, elle mouvait |
| IND. passé s. | il, elle saillit | il, elle ouït | il, elle reçut | il, elle dut | il, elle mut |
| | ils, elles saillirent | ils, elles ouïrent | ils, elles reçurent | ils, elles durent | ils, elles murent |
| IND. futur | | j'ouïrai, orrai | je recevrai | je devrai | je mouvrai |
| | il, elle saillera | il, elle ouïra, orra | il, elle recevra | il, elle devra | il, elle mouvra |
| COND. présent | | j'ouïrais, orrais | je recevrais | je devrais | je mouvrais |
| | il, elle saillerait | il, elle ouïrait, orrait | il, elle recevrait | il, elle devrait | il, elle mouvrait |
| SUBJ. présent | | que j'ouïsse, oie | que je reçoive | que je doive | que je meuve |
| | qu'il, elle saille | qu'il, elle ouïsse, oie | qu'il, elle reçoive | qu'il, elle doive | qu'il, elle meuve |
| | | que nous ouïssions, oyions | que nous recevions | que nous devions | que nous mouvions |
| | ils, elles saillent | qu'ils, elles ouïssent, oient | qu'ils, elles reçoivent | qu'ils, elles doivent | qu'ils, elles meuvent |
| SUBJ. imparfait | qu'il, elle saillît | qu'il, elle ouït | qu'il, elle reçût | qu'il, elle dût | qu'il, elle mût |
| | qu'ils, elles saillissent | qu'ils, elles ouïssent | qu'ils, elles reçussent | qu'ils, elles dussent | qu'ils, elles mussent |
| IMPÉRATIF | *inusité* | ouïs, ois | reçois | dois | meus |
| | | ouïssons, oyons | recevons | devons | mouvons |
| | | ouïssez, oyez | recevez | devez | mouvez |
| PART. présent | saillant | oyant | recevant | devant | mouvant |
| PART. passé | sailli, e | ouï, e | reçu, e | dû, due, dus, dues | mû, mue, mus, mues |

(1) Il s'agit ici du verbe *saillir*. (V. à son ordre alphabétique.) – (2) V. REM. au verbe à son ordre alphabétique.

| | **55** émouvoir | **56** promouvoir(1) | **57** vouloir | **58** pouvoir (2) | **59** savoir |
|---|---|---|---|---|---|
| IND. présent | j'émeus | je promeus | je veux | je peux, puis | je sais |
| | tu émeus | tu promeus | tu veux | tu peux | tu sais |
| | il, elle émeut | il, elle promeut | il, elle veut | il, elle peut | il, elle sait |
| | nous émouvons | nous promouvons | nous voulons | nous pouvons | nous savons |
| | vous émouvez | vous promouvez | vous voulez | vous pouvez | vous savez |
| | ils, elles émeuvent | ils, elles promeuvent | ils, elles veulent | ils, elles peuvent | ils, elles savent |
| IND. imparfait | il, elle émouvait | il, elle promouvait | il, elle voulait | il, elle pouvait | il, elle savait |
| IND. passé s. | il, elle émut | il, elle promut | il, elle voulut | il, elle put | il, elle sut |
| | ils, elles émurent | ils, elles promurent | ils, elles voulurent | ils, elles purent | ils, elles surent |
| IND. futur | j'émouvrai | je promouvrai | je voudrai | je pourrai | je saurai |
| | il, elle émouvra | il, elle promouvra | il, elle voudra | il, elle pourra | il, elle saura |
| COND. présent | j'émouvrais | je promouvrais | je voudrais | je pourrais | je saurais |
| | il, elle émouvrait | il, elle promouvrait | il, elle voudrait | il, elle pourrait | il, elle saurait |
| SUBJ. présent | que j'émeuve | que je promeuve | que je veuille | que je puisse | que je sache |
| | qu'il, elle émeuve | qu'il, elle promeuve | qu'il, elle veuille | qu'il, elle puisse | qu'il, elle sache |
| | que nous émouvions | que nous promouvions | que nous voulions | que nous puissions | que nous sachions |
| | qu'ils, elles émeuvent | qu'ils, elles promeuvent | qu'ils, elles veuillent | qu'ils, elles puissent | qu'ils, elles sachent |
| SUBJ. imparfait | qu'il, elle émût | qu'il, elle promût | qu'il, elle voulût | qu'il, elle pût | qu'il, elle sût |
| | qu'ils, elles émussent | qu'ils, elles promussent | qu'ils, elles voulussent | qu'ils, elles pussent | qu'ils, elles sussent |
| IMPÉRATIF | émeus | promeus | veux, veuille | *inusité* | sache |
| | émouvons | promouvons | voulons, veuillons | | sachons |
| | émouvez | promouvez | voulez, veuillez | | sachez |
| PART. présent | émouvant | promouvant | voulant | pouvant | sachant |
| PART. passé | ému, e | promu, e | voulu, e | pu | su, e |

(1) Les formes conjuguées de ce verbe sont rares. – (2) À la forme interrogative, avec inversion du sujet, on a seulement *puis-je ?*

| | **60** valoir | **61** prévaloir | **62** voir | **63** prévoir | **64** pourvoir |
|---|---|---|---|---|---|
| IND. présent | je vaux | je prévaux | je vois | je prévois | je pourvois |
| | tu vaux | tu prévaux | tu vois | tu prévois | tu pourvois |
| | il, elle vaut | il, elle prévaut | il, elle voit | il, elle prévoit | il, elle pourvoit |
| | nous valons | nous prévalons | nous voyons | nous prévoyons | nous pourvoyons |
| | vous valez | vous prévalez | vous voyez | vous prévoyez | vous pourvoyez |
| | ils, elles valent | ils, elles prévalent | ils, elles voient | ils, elles prévoient | ils, elles pourvoient |
| IND. imparfait | il, elle valait | il, elle prévalait | il, elle voyait | il, elle prévoyait | il, elle pourvoyait |
| IND. passé s. | il, elle valut | il, elle prévalut | il, elle vit | il, elle prévit | il, elle pourvut |
| | ils, elles valurent | ils, elles prévalurent | ils, elles virent | ils, elles prévirent | ils, elles pourvurent |
| IND. futur | je vaudrai | je prévaudrai | je verrai | je prévoirai | je pourvoirai |
| | il, elle vaudra | il, elle prévaudra | il, elle verra | il, elle prévoira | il, elle pourvoira |
| COND. présent | je vaudrais | je prévaudrais | je verrais | je prévoirais | je pourvoirais |
| | il, elle vaudrait | il, elle prévaudrait | il, elle verrait | il, elle prévoirait | il, elle pourvoirait |
| SUBJ. présent | que je vaille | que je prévale | que je voie | que je prévoie | que je pourvoie |
| | qu'il, elle vaille | qu'il, elle prévale | qu'il, elle voie | qu'il, elle prévoie | qu'il, elle pourvoie |
| | que nous valions | que nous prévalions | que nous voyions | que nous prévoyions | que nous pourvoyions |
| | qu'ils, elles vaillent | qu'ils, elles prévalent | qu'ils, elles voient | qu'ils, elles prévoient | qu'ils, elles pourvoient |
| SUBJ. imparfait | qu'il, elle valût | qu'il, elle prévalût | qu'il, elle vît | qu'il, elle prévît | qu'il, elle pourvût |
| | qu'ils, elles valussent | qu'ils, elles prévalussent | qu'ils, elles vissent | qu'ils, elles prévissent | qu'ils, elles pourvussent |
| IMPÉRATIF | vaux | prévaux | vois | prévois | pourvois |
| | valons | prévalons | voyons | prévoyons | pourvoyons |
| | valez | prévalez | voyez | prévoyez | pourvoyez |
| PART. présent | valant | prévalant | voyant | prévoyant | pourvoyant |
| PART. passé | valu, e | prévalu, e | vu, e | prévu, e | pourvu, e |

| | **65** asseoir (1) | **66** surseoir | **67** seoir (2) | **68** pleuvoir (3) |
|---|---|---|---|---|
| IND. présent | j'assieds | j'assois | je sursois | | |
| | tu assieds | tu assois | tu sursois | | |
| | il, elle assied | il, elle assoit | il, elle sursoit | il, elle sied | il pleut |
| | nous asseyons | nous assoyons | nous sursoyons | | |
| | vous asseyez | vous assoyez | vous sursoyez | | |
| | ils, elles asseyent | ils, elles assoient | ils, elles sursoient | ils, elles siéent | |
| IND. imparfait | il, elle asseyait | il, elle assoyait | il, elle sursoyait | il, elle seyait | il pleuvait |
| IND. passé s. | il, elle assit | il, elle assit | il, elle sursit | *inusité* | il plut |
| | ils, elles assirent | ils, elles assirent | ils, elles sursirent | | |
| IND. futur | j'assiérai | j'assoirai | je surseoirai | | |
| | il, elle assiéra | il, elle assoira | il, elle surseoira | il, elle siéra | il pleuvra |
| COND. présent | j'assiérais | j'assoirais | je surseoirais | | |
| | il, elle assiérait | il, elle assoirait | il, elle surseoirait | il, elle siérait | il pleuvrait |
| SUBJ. présent | que j'asseye | que j'assoie | que je sursoie | | |
| | qu'il, elle asseye | qu'il, elle assoie | qu'il, elle sursoie | qu'il, elle siée | qu'il pleuve |
| | que nous asseyions | que nous assoyions | que nous sursoyions | | |
| | qu'ils, elles asseyent | qu'ils, elles assoient | qu'ils, elles sursoient | qu'ils, elles siéent | |
| SUBJ. imparfait | qu'il, elle assît | qu'il, elle assît | qu'il, elle sursît | *inusité* | qu'il plût |
| | qu'ils, elles assissent | qu'ils, elles assissent | qu'ils, elles sursissent | | |
| IMPÉRATIF | assieds | assois | sursois | *inusité* | *inusité* |
| | asseyons | assoyons | sursoyons | | |
| | asseyez | assoyez | sursoyez | | |
| PART. présent | asseyant | assoyant | sursoyant | seyant | pleuvant |
| PART. passé | assis, e | assis, e | sursis | *inusité* | plu |

(1) L'usage tend à écrire avec -oi- les formes avec oi : je m'assois, il, elle assoira, que tu assoies, ils, elles assoiraient. – (2) Seoir a ici le sens de « convenir ». Aux sens de « être situé », « siéger », seoir a seulement un participe présent *(séant)* et un participe passé *(sis, e)*. – (3) Pleuvoir connaît au figuré une troisième personne du pluriel : les injures pleuvent, pleuvaient, pleuvront, plurent, pleuvraient...

| | **69** falloir | **70** échoir | **71** déchoir | **72** choir | **73** vendre |
|---|---|---|---|---|---|
| IND. présent | | | je déchois | je chois | je vends |
| | | | tu déchois | tu chois | tu vends |
| | il faut | il, elle échoit | il, elle déchoit | il, elle choit | il, elle vend |
| | | | nous déchoyons | *inusité* | nous vendons |
| | | | vous déchoyez | *inusité* | vous vendez |
| | | ils, elles échoient | ils, elles déchoient | ils, elles choient | ils, elles vendent |
| IND. imparfait | il fallait | il, elle échoyait | *inusité* | *inusité* | il, elle vendait |
| IND. passé s. | il fallut | il, elle échut | il, elle déchut | il, elle chut | il, elle vendit |
| | | ils, elles échurent | ils, elles déchurent | ils, elles churent | ils, elles vendirent |
| IND. futur | il faudra | il, elle échoira, écherra | il, elle déchoira | je choirai, cherrai | je vendrai |
| | | | je déchoirai | il, elle choira, cherra | il, elle vendra |
| COND. présent | il faudrait | il, elle échoirait, écherrait | je déchoirais | je choirais, cherrais | je vendrais |
| | | | il, elle déchoirait | il, elle choirait, cherrait | il, elle vendrait |
| SUBJ. présent | qu'il faille | qu'il, elle échoie | que je déchoie | *inusité* | que je vende |
| | | | qu'il, elle déchoie | | qu'il, elle vende |
| | | | que nous déchoyions | | que nous vendions |
| | | qu'ils, elles échoient | qu'ils, elles déchoient | | qu'ils, elles vendent |
| SUBJ. imparfait | qu'il fallût | qu'il, elle échût | qu'il, elle déchût | qu'il, elle chût | qu'il, elle vendît |
| | | qu'ils, elles échussent | qu'ils, elles déchussent | *inusité* | qu'ils, elles vendissent |
| IMPÉRATIF | *inusité* | *inusité* | *inusité* | *inusité* | vends |
| | | | | | vendons |
| | | | | | vendez |
| PART. présent | *inusité* | échéant | *inusité* | *inusité* | vendant |
| PART. passé | fallu | échu, e | déchu, e | chu, e | vendu, e |

## 74 répandre — 75 répondre — 76 mordre — 77 perdre — 78 rompre

| | **74 répandre** | **75 répondre** | **76 mordre** | **77 perdre** | **78 rompre** |
|---|---|---|---|---|---|
| **IND. présent** | je répands | je réponds | je mords | je perds | je romps |
| | tu répands | tu réponds | tu mords | tu perds | tu romps |
| | il, elle répand | il, elle répond | il, elle mord | il, elle perd | il, elle rompt |
| | nous répandons | nous répondons | nous mordons | nous perdons | nous rompons |
| | vous répandez | vous répondez | vous mordez | vous perdez | vous rompez |
| | ils, elles répandent | ils, elles répondent | ils, elles mordent | ils, elles perdent | ils, elles rompent |
| **IND. imparfait** | il, elle répandait | il, elle répondait | il, elle mordait | il, elle perdait | il, elle rompait |
| **IND. passé s.** | il, elle répandit | il, elle répondit | il, elle mordit | il, elle perdit | il, elle rompit |
| | ils, elles répandirent | ils, elles répondirent | ils, elles mordirent | ils, elles perdirent | ils, elles rompirent |
| **IND. futur** | je répandrai | je répondrai | je mordrai | je perdrai | je romprai |
| | il, elle répandra | il, elle répondra | il, elle mordra | il, elle perdra | il, elle rompra |
| **COND. présent** | je répandrais | je répondrais | je mordrais | je perdrais | je romprais |
| | il, elle répandrait | il, elle répondrait | il, elle mordrait | il, elle perdrait | il, elle romprait |
| **SUBJ. présent** | que je répande | que je réponde | que je morde | que je perde | que je rompe |
| | qu'il, elle répande | qu'il, elle réponde | qu'il, elle morde | qu'il, elle perde | qu'il, elle rompe |
| | que nous répandions | que nous répondions | que nous mordions | que nous perdions | que nous rompions |
| | qu'ils, elles répandent | qu'ils, elles répondent | qu'ils, elles mordent | qu'ils, elles perdent | qu'ils, elles rompent |
| **SUBJ. imparfait** | qu'il, elle répandît | qu'il, elle répondît | qu'il, elle mordît | qu'il, elle perdît | qu'il, elle rompît |
| | qu'ils, elles répandissent | qu'ils, elles répondissent | qu'ils, elles mordissent | qu'ils, elles perdissent | qu'ils, elles rompissent |
| **IMPÉRATIF** | répands | réponds | mords | perds | romps |
| | répandons | répondons | mordons | perdons | rompons |
| | répandez | répondez | mordez | perdez | rompez |
| **PART. présent** | répandant | répondant | mordant | perdant | rompant |
| **PART. passé** | répandu, e | répondu, e | mordu, e | perdu, e | rompu, e |

## 79 prendre — 80 craindre — 81 peindre — 82 joindre — 83 battre

| | **79 prendre** | **80 craindre** | **81 peindre** | **82 joindre** | **83 battre** |
|---|---|---|---|---|---|
| **IND. présent** | je prends | je crains | je peins | je joins | je bats |
| | tu prends | tu crains | tu peins | tu joins | tu bats |
| | il, elle prend | il, elle craint | il, elle peint | il, elle joint | il, elle bat |
| | nous prenons | nous craignons | nous peignons | nous joignons | nous battons |
| | vous prenez | vous craignez | vous peignez | vous joignez | vous battez |
| | ils, elles prennent | ils, elles craignent | ils, elles peignent | ils, elles joignent | ils, elles battent |
| **IND. imparfait** | il, elle prenait | il, elle craignait | il, elle peignait | il, elle joignait | il, elle battait |
| **IND. passé s.** | il, elle prit | il, elle craignit | il, elle peignit | il, elle joignit | il, elle battit |
| | ils, elles prirent | ils, elles craignirent | ils, elles peignirent | ils, elles joignirent | ils, elles battirent |
| **IND. futur** | je prendrai | je craindrai | je peindrai | je joindrai | je battrai |
| | il, elle prendra | il, elle craindra | il, elle peindra | il, elle joindra | il, elle battra |
| **COND. présent** | je prendrais | je craindrais | je peindrais | je joindrais | je battrais |
| | il, elle prendrait | il, elle craindrait | il, elle peindrait | il, elle joindrait | il, elle battrait |
| **SUBJ. présent** | que je prenne | que je craigne | que je peigne | que je joigne | que je batte |
| | qu'il, elle prenne | qu'il, elle craigne | qu'il, elle peigne | qu'il, elle joigne | qu'il, elle batte |
| | que nous prenions | que nous craignions | que nous peignions | que nous joignions | que nous battions |
| | qu'ils, elles prennent | qu'ils, elles craignent | qu'ils, elles peignent | qu'ils, elles joignent | qu'ils, elles battent |
| **SUBJ. imparfait** | qu'il, elle prît | qu'il, elle craignît | qu'il, elle peignît | qu'il, elle joignît | qu'il, elle battît |
| | qu'ils, elles prissent | qu'ils, elles craignissent | qu'ils, elles peignissent | qu'ils, elles joignissent | qu'ils, elles battissent |
| **IMPÉRATIF** | prends | crains | peins | joins | bats |
| | prenons | craignons | peignons | joignons | battons |
| | prenez | craignez | peignez | joignez | battez |
| **PART. présent** | prenant | craignant | peignant | joignant | battant |
| **PART. passé** | pris, e | craint, e | peint, e | joint, e | battu, e |

## 84 mettre — 85 moudre — 86 coudre — 87 absoudre (1) — 88 résoudre (2)

| | **84 mettre** | **85 moudre** | **86 coudre** | **87 absoudre (1)** | **88 résoudre (2)** |
|---|---|---|---|---|---|
| **IND. présent** | je mets | je mouds | je couds | j'absous | je résous |
| | tu mets | tu mouds | tu couds | tu absous | tu résous |
| | il, elle met | il, elle moud | il, elle coud | il, elle absout | il, elle résout |
| | nous mettons | nous moulons | nous cousons | nous absolvons | nous résolvons |
| | vous mettez | vous moulez | vous cousez | vous absolvez | vous résolvez |
| | ils, elles mettent | ils, elles moulent | ils, elles cousent | ils, elles absolvent | ils, elles résolvent |
| **IND. imparfait** | il, elle mettait | il, elle moulait | il, elle cousait | il, elle absolvait | il, elle résolvait |
| **IND. passé s.** | il, elle mit | il, elle moulut | il, elle cousit | il, elle absolut | il, elle résolut |
| | ils, elles mirent | ils, elles moulurent | ils, elles cousirent | ils, elles absolurent | ils, elles résolurent |
| **IND. futur** | je mettrai | je moudrai | je coudrai | j'absoudrai | je résoudrai |
| | il, elle mettra | il, elle moudra | il, elle coudra | il, elle absoudra | il, elle résoudra |
| **COND. présent** | je mettrais | je moudrais | je coudrais | j'absoudrais | je résoudrais |
| | il, elle mettrait | il, elle moudrait | il, elle coudrait | il, elle absoudrait | il, elle résoudrait |
| **SUBJ. présent** | que je mette | que je moule | que je couse | que j'absolve | que je résolve |
| | qu'il, elle mette | qu'il, elle moule | qu'il, elle couse | qu'il, elle absolve | qu'il, elle résolve |
| | que nous mettions | que nous moulions | que nous cousions | que nous absolvions | que nous résolvions |
| | qu'ils, elles mettent | qu'ils, elles moulent | qu'ils, elles cousent | qu'ils, elles absolvent | qu'ils, elles résolvent |
| **SUBJ. imparfait** | qu'il, elle mît | qu'il, elle moulût | qu'il, elle cousît | qu'il, elle absolût | qu'il, elle résolût |
| | qu'ils, elles missent | qu'ils, elles moulussent | qu'ils, elles cousissent | qu'ils, elles absolussent | qu'ils, elles résolussent |
| **IMPÉRATIF** | mets | mouds | couds | absous | résous |
| | mettons | moulons | cousons | absolvons | résolvons |
| | mettez | moulez | cousez | absolvez | résolvez |
| **PART. présent** | mettant | moulant | cousant | absolvant | résolvant |
| **PART. passé** | mis, e | moulu, e | cousu, e | absous, oute | résolu, e |

(1) Le passé simple et le subjonctif imparfait, admis par Littré, sont rares. – (2) Il existe un participe passé *résous, résoute* (rare), avec le sens de « transformé » *(Un brouillard résous en pluie).*

| | **89** suivre | **90** vivre (1) | **91** paraître | **92** naître | **93** croître (2) |
|---|---|---|---|---|---|
| IND. présent | je suis | je vis | je parais | je nais | je croîs |
| | tu suis | tu vis | tu parais | tu nais | tu croîs |
| | il, elle suit | il, elle vit | il, elle paraît | il, elle naît | il, elle croît |
| | nous suivons | nous vivons | nous paraissons | nous naissons | nous croissons |
| | vous suivez | vous vivez | vous paraissez | vous naissez | vous croissez |
| | ils, elles suivent | ils, elles vivent | ils, elles paraissent | ils, elles naissent | ils, elles croissent |
| IND. imparfait | il, elle suivait | il, elle vivait | il, elle paraissait | il, elle naissait | il, elle croissait |
| IND. passé s. | il, elle suivit | il, elle vécut | il, elle parut | il, elle naquit | il, elle crût |
| | ils, elles suivirent | ils, elles vécurent | ils, elles parurent | ils, elles naquirent | ils, elles crûrent |
| IND. futur | je suivrai | je vivrai | je paraîtrai | je naîtrai | je croîtrai |
| | il, elle suivra | il, elle vivra | il, elle paraîtra | il, elle naîtra | il, elle croîtra |
| COND. présent | je suivrais | je vivrais | je paraîtrais | je naîtrais | je croîtrais |
| | il, elle suivrait | il, elle vivrait | il, elle paraîtrait | il, elle naîtrait | il, elle croîtrait |
| SUBJ. présent | que je suive | que je vive | que je paraisse | que je naisse | que je croisse |
| | qu'il, elle suive | qu'il, elle vive | qu'il, elle paraisse | qu'il, elle naisse | qu'il, elle croisse |
| | que nous suivions | que nous vivions | que nous paraissions | que nous naissions | que nous croissions |
| | qu'ils, elles suivent | qu'ils, elles vivent | qu'ils, elles paraissent | qu'ils, elles naissent | qu'ils, elles croissent |
| SUBJ. imparfait | qu'il, elle suivît | qu'il, elle vécût | qu'il, elle parût | qu'il, elle naquît | qu'il, elle crût |
| | qu'ils, elles suivissent | qu'ils, elles vécussent | qu'ils, elles parussent | qu'ils, elles naquissent | qu'ils, elles crûssent |
| IMPÉRATIF | suis | vis | parais | nais | croîs |
| | suivons | vivons | paraissons | naissons | croissons |
| | suivez | vivez | paraissez | naissez | croissez |
| PART. présent | suivant | vivant | paraissant | naissant | croissant |
| PART. passé | suivi, e | vécu, e | paru, e | né, e | crû, crue, crus, crues |

(1) *Survivre* se conjugue comme *vivre*, mais son participe passé est toujours invariable. – (2) L'Académie écrit *crusse, crusses, crussions, crussiez, crussent* (sans accent circonflexe).

| | **94** accroître (1) | **95** rire | **96** conclure (2) | **97** nuire (3) | **98** conduire |
|---|---|---|---|---|---|
| IND. présent | j'accrois | je ris | je conclus | je nuis | je conduis |
| | tu accrois | tu ris | tu conclus | tu nuis | tu conduis |
| | il, elle accroît | il, elle rit | il, elle conclut | il, elle nuit | il, elle conduit |
| | nous accroissons | nous rions | nous concluons | nous nuisons | nous conduisons |
| | vous accroissez | vous riez | vous concluez | vous nuisez | vous conduisez |
| | ils, elles accroissent | ils, elles rient | ils, elles concluent | ils, elles nuisent | ils, elles conduisent |
| IND. imparfait | il, elle accroissait | il, elle riait | il, elle concluait | il, elle nuisait | il, elle conduisait |
| IND. passé s. | il, elle accrut | il, elle rit | il, elle conclut | il, elle nuisit | il, elle conduisit |
| | ils, elles accrurent | ils, elles rirent | ils, elles conclurent | ils, elles nuisirent | ils, elles conduisirent |
| IND. futur | j'accroîtrai | je rirai | je conclurai | je nuirai | je conduirai |
| | il, elle accroîtra | il, elle rira | il, elle conclura | il, elle nuira | il, elle conduira |
| COND. présent | j'accroîtrais | je rirais | je conclurais | je nuirais | je conduirais |
| | il, elle accroîtrait | il, elle rirait | il, elle conclurait | il, elle nuirait | il, elle conduirait |
| SUBJ. présent | que j'accroisse | que je rie | que je conclue | que je nuise | que je conduise |
| | qu'il, elle accroisse | qu'il, elle rie | qu'il, elle conclue | qu'il, elle nuise | qu'il, elle conduise |
| | que nous accroissions | que nous riions | que nous concluions | que nous nuisions | que nous conduisions |
| | qu'ils, elles accroissent | qu'ils, elles rient | qu'ils, elles concluent | qu'ils, elles nuisent | qu'ils, elles conduisent |
| SUBJ. imparfait | qu'il, elle accrût | qu'il, elle rît | qu'il, elle conclût | qu'il, elle nuisît | qu'il, elle conduisît |
| | qu'ils, elles accrussent | qu'ils, elles rissent | qu'ils, elles conclussent | qu'ils, elles nuisissent | qu'ils, elles conduisissent |
| IMPÉRATIF | accrois | ris | conclus | nuis | conduis |
| | accroissons | rions | concluons | nuisons | conduisons |
| | accroissez | riez | concluez | nuisez | conduisez |
| PART. présent | accroissant | riant | concluant | nuisant | conduisant |
| PART. passé | accru, e | ri | conclu, e | nui | conduit, e |

(1) *Recroître* se conjugue comme *accroître*, mais son participe passé est *recrû, recrue, recrus, recrues*. – (2) *Inclure* et *occlure* se conjuguent comme *conclure*, mais leur participe passé est *inclus, incluse ; occlus, occluse*. – (3) *Luire* et *reluire* connaissent une autre forme de passé simple : *je luis, je reluis*, etc.

| | **99** écrire | **100** suffire | **101** confire (1) | **102** dire | **103** contredire |
|---|---|---|---|---|---|
| IND. présent | j'écris | je suffis | je confis | je dis | je contredis |
| | tu écris | tu suffis | tu confis | tu dis | tu contredis |
| | il, elle écrit | il, elle suffit | il, elle confit | il, elle dit | il, elle contredit |
| | nous écrivons | nous suffisons | nous confisons | nous disons | nous contredisons |
| | vous écrivez | vous suffisez | vous confisez | vous dites | vous contredisez |
| | ils, elles écrivent | ils, elles suffisent | ils, elles confisent | ils, elles disent | ils, elles contredisent |
| IND. imparfait | il, elle écrivait | il, elle suffisait | il, elle confisait | il, elle disait | il, elle contredisait |
| IND. passé s. | il, elle écrivit | il, elle suffit | il, elle confit | il, elle dit | il, elle contredit |
| | ils, elles écrivirent | ils, elles suffirent | ils, elles confirent | ils, elles dirent | ils, elles contredirent |
| IND. futur | j'écrirai | je suffirai | je confirai | je dirai | je contredirai |
| | il, elle écrira | il, elle suffira | il, elle confira | il, elle dira | il, elle contredira |
| COND. présent | j'écrirais | je suffirais | je confirais | je dirais | je contredirais |
| | il, elle écrirait | il, elle suffirait | il, elle confirait | il, elle dirait | il, elle contredirait |
| SUBJ. présent | que j'écrive | que je suffise | que je confise | que je dise | que je contredise |
| | qu'il, elle écrive | qu'il, elle suffise | qu'il, elle confise | qu'il, elle dise | qu'il, elle contredise |
| | que nous écrivions | que nous suffisions | que nous confisions | que nous disions | que nous contredisions |
| | qu'ils, elles écrivent | qu'ils, elles suffisent | qu'ils, elles confisent | qu'ils, elles disent | qu'ils, elles contredisent |
| SUBJ. imparfait | qu'il, elle écrivît | qu'il, elle suffît | qu'il, elle confît | qu'il, elle dît | qu'il, elle contredît |
| | qu'ils, elles écrivissent | qu'ils, elles suffissent | qu'ils, elles confissent | qu'ils, elles dissent | qu'ils, elles contredissent |
| IMPÉRATIF | écris | suffis | confis | dis | contredis |
| | écrivons | suffisons | confisons | disons | contredisons |
| | écrivez | suffisez | confisez | dites | contredisez |
| PART. présent | écrivant | suffisant | confisant | disant | contredisant |
| PART. passé | écrit, e | suffi | confit, e | dit, e | contredit, e |

(1) *Circoncire* se conjugue comme *confire*, mais son participe passé est *circoncis, circoncise*.

| | **104** maudire | **105** bruire (1) | **106** lire | **107** croire | **108** boire |
|---|---|---|---|---|---|
| IND. présent | je maudis | je bruis | je lis | je crois | je bois |
| | tu maudis | tu bruis | tu lis | tu crois | tu bois |
| | il, elle maudit | il, elle bruit | il, elle lit | il, elle croit | il, elle boit |
| | nous maudissons | *inusité* | nous lisons | nous croyons | nous buvons |
| | vous maudissez | | vous lisez | vous croyez | vous buvez |
| | ils, elles maudissent | | ils, elles lisent | ils, elles croient | ils, elles boivent |
| IND. imparfait | il, elle maudissait | il, elle bruyait | il, elle lisait | il, elle croyait | il, elle buvait |
| IND. passé s. | il, elle maudit | *inusité* | il, elle lut | il, elle crut | il, elle but |
| | ils, elles maudirent | | ils, elles lurent | ils, elles crurent | ils, elles burent |
| IND. futur | je maudirai | je bruirai | je lirai | je croirai | je boirai |
| | il, elle maudira | il, elle bruira | il, elle lira | il, elle croira | il, elle boira |
| COND. présent | je maudirais | je bruirais | je lirais | je croirais | je boirais |
| | il, elle maudirait | il, elle bruirait | il, elle lirait | il, elle croirait | il, elle boirait |
| SUBJ. présent | que je maudisse | *inusité* | que je lise | que je croie | que je boive |
| | qu'il, elle maudisse | | qu'il, elle lise | qu'il, elle croie | qu'il, elle boive |
| | que nous maudissions | | que nous lisions | que nous croyions | que nous buvions |
| | qu'ils, elles maudissent | | qu'ils, elles lisent | qu'ils, elles croient | qu'ils, elles boivent |
| SUBJ. imparfait | qu'il, elle maudît | *inusité* | qu'il, elle lût | qu'il, elle crût | qu'il, elle bût |
| | qu'ils, elles maudissent | | qu'ils, elles lussent | qu'ils, elles crussent | qu'ils, elles bussent |
| IMPÉRATIF | maudis | *inusité* | lis | crois | bois |
| | maudissons | | lisons | croyons | buvons |
| | maudissez | | lisez | croyez | buvez |
| PART. présent | maudissant | *inusité* | lisant | croyant | buvant |
| PART. passé | maudit, e | | lu, e | cru, e | bu, e |

(1) Traditionnellement, *bruire* ne connaît que les formes de l'indicatif présent, imparfait (*je bruyais, tu bruyais*, etc.), futur, et les formes du conditionnel ; *bruisser* (conjugaison 3) tend de plus en plus à supplanter *bruire*, en particulier dans toutes les formes défectives.

| | **109** faire | **110** plaire | **111** taire | **112** extraire |
|---|---|---|---|---|
| IND. présent | je fais | je plais | je tais | j'extrais |
| | tu fais | tu plais | tu tais | tu extrais |
| | il, elle fait | il, elle plaît | il, elle tait | il, elle extrait |
| | nous faisons | nous plaisons | nous taisons | nous extrayons |
| | vous faites | vous plaisez | vous taisez | vous extrayez |
| | ils, elles font | ils, elles plaisent | ils, elles taisent | ils, elles extraient |
| IND. imparfait | il, elle faisait | il, elle plaisait | il, elle taisait | il, elle extrayait |
| IND. passé s. | il, elle fit | il, elle plut | il, elle tut | *inusité* |
| | ils, elles firent | ils, elles plurent | ils, elles turent | |
| IND. futur | je ferai | je plairai | je tairai | j'extrairai |
| | il, elle fera | il, elle plaira | il, elle taira | il, elle extraira |
| COND. présent | je ferais | je plairais | je tairais | j'extrairais |
| | il, elle ferait | il, elle plairait | il, elle tairait | il, elle extrairait |
| SUBJ. présent | que je fasse | que je plaise | que je taise | que j'extraie |
| | qu'il, elle fasse | qu'il, elle plaise | qu'il, elle taise | qu'il, elle extraie |
| | que nous fassions | que nous plaisions | que nous taisions | que nous extrayions |
| | qu'ils, elles fassent | qu'ils, elles plaisent | qu'ils, elles taisent | qu'ils, elles extraient |
| SUBJ. imparfait | qu'il, elle fît | qu'il, elle plût | qu'il, elle tût | *inusité* |
| | qu'ils, elles fissent | qu'ils, elles plussent | qu'ils, elles tussent | |
| IMPÉRATIF | fais | plais | tais | extrais |
| | faisons | plaisons | taisons | extrayons |
| | faites | plaisez | taisez | extrayez |
| PART. présent | faisant | plaisant | taisant | extrayant |
| PART. passé | fait, e | plu | tu, e | extrait, e |

| | **113** clore (1) | **114** vaincre | **115** frire | **116** foutre |
|---|---|---|---|---|
| IND. présent | je clos | je vaincs | je fris | je fous |
| | tu clos | tu vaincs | tu fris | tu fous |
| | il, elle clôt | il, elle vainc | il, elle frit | il, elle fout |
| | nous closons | nous vainquons | *inusité* | nous foutons |
| | vous closez | vous vainquez | | vous foutez |
| | ils, elles closent | ils, elles vainquent | | ils, elles foutent |
| IND. imparfait | *inusité* | il, elle vainquait | *inusité* | il, elle foutait |
| IND. passé s. | *inusité* | il, elle vainquit | *inusité* | *inusité* |
| | | ils, elles vainquirent | | |
| IND. futur | je clorai | je vaincrai | je frirai | je foutrai |
| | il, elle clora | il, elle vaincra | il, elle frira | il, elle foutra |
| COND. présent | je clorais | je vaincrais | je frirais | je foutrais |
| | il, elle clorait | il, elle vaincrait | il, elle frirait | il, elle foutrait |
| SUBJ. présent | que je close | que je vainque | *inusité* | que je foute |
| | qu'il, elle close | qu'il, elle vainque | | qu'il, elle foute |
| | que nous closions | que nous vainquions | | que nous foutions |
| | qu'ils, elles closent | qu'ils, elles vainquent | | qu'ils, elles foutent |
| SUBJ. imparfait | *inusité* | qu'il, elle vainquît | *inusité* | *inusité* |
| | | qu'ils, elles vainquissent | | |
| IMPÉRATIF | clos | vaincs | fris | fous |
| | *inusité* | vainquons | *inusité* | foutons |
| | | vainquez | | foutez |
| PART. présent | closant | vainquant | *inusité* | foutant |
| PART. passé | clos, e | vaincu, e | frit, e | foutu, e |

(1) *Déclore, éclore, enclore* se conjuguent comme *clore*, mais l'Académie préconise *il, elle éclot, il, elle enclot* (sans accent circonflexe). Le verbe *enclore* possède les formes *nous enclosons, vous enclosez* et *enclosons, enclosez*.

# ENGLISH-FRENCH
## ANGLAIS-FRANÇAIS

**a** (*pl* a's), **A** (*pl* A's OR As) [eɪ] *n* **-1.** [letter] a *m*, A *m*; 45a [house, page number] 45 bis. **-2.** [in list]: I'm not going because a) I've no money and b) I've no time je n'y vais pas parce que primo je n'ai pas d'argent et secundo je n'ai pas le temps.

**a** [*weak form* ə, *strong form* eɪ] (*before vowel* an [*weak form* ən, *strong form* æn]) *det* **-1.** [before countable nouns] un, une; a book un livre; I can't see a thing je ne vois rien || [before professions]: she's a doctor elle est médecin; have you seen a doctor? as-tu vu un médecin? **-2.** [before numbers]: a thousand dollars mille dollars; a dozen eggs une douzaine d'œufs; a twentieth of a second un vingtième de seconde; an hour and a half une heure et demie || [per]: £2 a dozen/a hundred deux livres la douzaine/les cent grammes; three times a year trois fois par an. **-3.** [before terms of quantity, amount]: a few weeks/months quelques semaines/mois; a lot of money beaucoup d'argent. **-4.** [before periods of time] un, une; I'm going for a week/month/year je pars (pour) une semaine/un mois/un an. **-5.** [before days, months, festivals] un, une; it was an exceptionally cold March ce fut un mois de mars particulièrement froid. **-6.** [in generalizations]: a cheetah can outrun a lion le guépard court plus vite que le lion. **-7.** [before uncountable nouns]: a wide knowledge of the subject une connaissance approfondie du sujet. **-8.** [before verbal nouns]: there's been a general falling off in sales il y a eu une chute des ventes. **-9.** [before personal names]: a Miss Jones was asking for you une certaine Miss Jones vous a demandé || [before names of artists]: it's a genuine Matisse c'est un Matisse authentique. **-10.** [after half, rather, such, what]: half a glass of wine un demi-verre de vin; she's rather an interesting person c'est quelqu'un d'assez intéressant; what a lovely dress! quelle jolie robe! **-11.** [after as, how, so, too + adj]: that's too big a slice for me cette tranche est trop grosse pour moi; she's as nice a girl as you could wish to meet c'est la fille la plus gentille du monde.

**a.** *written abbr of* **acre.**

**A** [eɪ] (*pl* A's OR As) ◇ *n* **-1.** [letter] A *m*; A5 *Br* TRANSP ≃ RN *f* 5; from A to Z de A à Z. **-2.** SCH: to get an A in French ≃ obtenir plus de 15 sur 20 en français. **-3.** MUS la *m*. ◇ *adj* **-1.** MUS [string] de la. **-2.** *Br* TRANSP: A road route *f* nationale (*en Grande-Bretagne*). ◇ (*written abbr of* **ampere**) A.

**A-1** *adj* **-1.** [first-class, perfect]: everything's ~ tout est parfait. **-2.** [in health]: to be ~ être en pleine santé OR forme. **-3.** NAUT en excellent état.

**A4** ◇ *n* [paper size] format *m* A4. ◇ *adj*: ~ paper papier *m* (format) A4.

**AA** ◇ *pr n* **-1.** (*abbr of* **Automobile Association**) *automobile club britannique et compagnie d'assurances, qui garantit le dépannage de ses adhérents et propose des services touristiques et juridiques,* ≃ ACF *m*, ≃ TCF *m*. **-2.** (*abbr of* **Alcoholics Anonymous**) Alcooliques Anonymes *mpl*. ◇ *n Am abbr of* **Associate in Arts.**

**AAA** [*sense 1 pronounced* ˌθriː'eɪz] *pr n* **-1.** (*abbr of* **Amateur Athletics Association**) *ancien nom de la fédération britannique d'athlétisme (remplacé en octobre 1991 par la British Athletics Federation).* **-2.** (*abbr of* **American Automobile Association**) *automobile club américain,* ≃ ACF *m*, ≃ TCF *m*.

**Aachen** ['ɑːkən] *pr n* Aix-la-Chapelle.

**aardvark** ['ɑːdvɑːk] *n* oryctérope *m*.

**Aargau** ['ɑːɡaʊ] *pr n* Argovie *f*.

**AAUP** (*abbr of* **American Association of University Professors**) *pr n syndicat américain des professeurs d'université.*

**AB** ◇ *n* **-1.** *Am* UNIV (*abbr of* **Bachelor of Arts**) *(titulaire d'une) licence de lettres.* **-2.** *Br* NAUT *abbr of* **able-bodied seaman.** ◇ *written abbr of* **Alberta.**

**aback** [ə'bæk] *adv*: to be taken ~ être pris au dépourvu, être interloqué; NAUT être pris bout au vent.

**abacus** ['æbəkəs] (*pl* **abacuses** OR **abaci** ['æbəsaɪ]) *n* boulier *m*.

**abandon** [ə'bændən] ◇ *vt* **-1.** [leave – person, object] abandonner; [– post, place] déserter, quitter; to ~ ship abandonner OR quitter le navire. **-2.** [give up – search] abandonner, renoncer à; [– studies, struggle] renoncer à; [– idea, cause] laisser tomber; several runners ~ed the race plusieurs coureurs ont abandonné; the match was ~ed because of bad weather on a interrompu le match en raison du mauvais temps. **-3.** [for insurance]: they ~ed the car to the insurance company ils ont cédé la voiture à la compagnie d'assurances. ◇ *n* **-1.** [neglect] abandon *m*; in a state of ~ laissé à l'abandon. **-2.** [lack of inhibition] désinvolture *f*, laisser-aller *m*; they leapt about with wild OR gay ~ ils sautaient de joie sans aucune retenue.

**abandoned** [ə'bændənd] *adj* **-1.** [person] abandonné, délaissé; [house] abandonné. **-2.** [dissolute – behaviour, person] débauché; [– life] de débauche. **-3.** [unrestrained – laughter, gaiety] sans retenue.

**abandonment** [ə'bændənmənt] *n* **-1.** [of place, person, project] abandon *m*. **-2.** [of right] cession *f*.

**abase** [ə'beɪs] *vt*: to ~ o.s. s'humilier, s'abaisser.

**abasement** [ə'beɪsmənt] *n* humiliation *f*.

**abashed** [ə'bæʃt] *adj* penaud; to be OR to feel ~ avoir honte.

**abate** [ə'beɪt] ◇ *vi* [storm] s'apaiser; [pain] diminuer; [noise] s'atténuer. ◇ *vt* [tax] baisser, réduire.

**abatement** [ə'beɪtmənt] *n* **-1.** [of tax, rent] réduction *f*, abattement *m*. **-2.** [of noise, strength] diminution *f*, réduction *f*.

**abattoir** ['æbətwɑː] *n* abattoirs *mpl*.

**abbess** ['æbes] *n* abbesse *f*.

**abbey** ['æbɪ] ◇ *n* abbaye *f*. ◇ *comp* [grounds] de l'abbaye.

**abbot** ['æbət] *n* abbé *m* (*dans un monastère*).

**abbr, abbrev -1.** *written abbr of* **abbreviation.** **-2.** *written abbr of* **abbreviated.**

**abbreviate** [ə'briːvɪeɪt] *vt* [text, title] abréger; 'for example' is ~d to 'e.g.' «par exemple» est abrégé en «p. ex.».

**abbreviation** [ə,briːvɪ'eɪʃn] *n* [of expression, title, word] abréviation *f*.

**ABC** ◇ *n* **-1.** [rudiments] rudiments *mpl*, b.a.-ba *m*. **-2.** [alphabet] alphabet *m*; it's as easy as ~ c'est simple comme bonjour. **-2.** *pr n* (*abbr of* **American Broadcasting Company**) *chaîne de télévision américaine.*
◆ **ABCs** *npl Am* = **ABC** *n*.

**abdicate** ['æbdɪkeɪt] ◇ *vt* **-1.** [right] renoncer à; [responsibility] abandonner. **-2.** [monarch]: to ~ the throne abdiquer. ◇ *vi* abdiquer.

**abdication** [,æbdɪ'keɪʃn] *n* **-1.** [of throne] abdication *f*. **-2.** [of right] renonciation *f*; [of responsibility] abandon *m*.

**abdomen** ['æbdəmən] *n* abdomen *m*.

**abdominal** [æb'dɒmɪnl] *adj* abdominal.

**abduct** [əb'dʌkt] *vt* enlever, kidnapper.

**abduction** [æb'dʌkʃn] *n* rapt *m*, enlèvement *m*.

**abductor** [əb'dʌktə] *n* **-1.** [of person] ravisseur *m*, -euse *f*. **-2.** PHYSIOL (muscle *m*) abducteur *m*.

**aberration** [,æbə'reɪʃn] *n* **-1.** [action, idea] aberration *f*. **-2.** ASTRON & OPT aberration *f*.

**abet** [ə'bet] (*pt* & *pp* **abetted**, *cont* **abetting**) *vt* [aid] aider; [encourage] encourager.

**abeyance** [ə'beɪəns] *n fml* -**1.** [disuse] désuétude *f*; to fall into ~ tomber en désuétude. -**2.** [suspense] suspens *m*; the question was left in ~ la question a été laissée en suspens.

**abhor** [əb'hɔːr] (*pt* & *pp* **abhorred**, *cont* **abhorring**) *vt fml* détester, avoir en horreur.

**abhorrence** [əb'hɒrəns] *n fml* aversion *f*, horreur *f*.

**abhorrent** [əb'hɒrənt] *adj fml* -**1.** [detestable – practice, attitude] odieux. -**2.** [contrary] contraire; [incompatible] incompatible; such economic considerations are ~ to socialism des considérations économiques de ce genre sont contraires au OR incompatibles avec le socialisme.

**abide** [ə'baɪd] (*pt* & *pp* **abode** [ə'bəʊd] OR **abided**) ◇ *vt* supporter; I can't ~ people smoking in restaurants je ne peux pas supporter les gens qui fument au restaurant. ◇ *vi lit* -**1.** [live] demeurer, habiter. -**2.** [endure] continuer, durer.
◆ **abide by** *vt insep* [decision, law, promise] se conformer à, respecter; [result] supporter, assumer.

**abiding** [ə'baɪdɪŋ] *adj* constant, permanent.

**ability** [ə'bɪlətɪ] (*pl* **abilities**) *n* -**1.** [mental or physical] capacité *f*, capacités *fpl*, aptitude *f*; he has great ~ il a beaucoup de capacités, il est très capable; children at different levels of ~/of different abilities des enfants de niveaux intellectuels différents/aux compétences diverses; I'll do it to the best of my ~ je le ferai du mieux que je peux, je ferai de mon mieux. -**2.** [special talent] capacités *fpl*, aptitude *f*; [artistic or musical] dons *mpl*, capacités *fpl*.

**abject** ['æbdʒekt] *adj* [person, deed] abject, vil; [apology, flattery] servile; they live in ~ poverty ils vivent dans une misère noire.

**abjectly** ['æbdʒektlɪ] *adv* [act, refuse] de manière abjecte; [apologize] avec servilité, servilement.

**abjure** [əb'dʒʊər] *vt* [belief] renier; [religion] abjurer; [right] renoncer à; [alliance] refuser, renier.

**ablative** ['æblətɪv] ◇ *adj*: the ~ case l'ablatif. ◇ *n* ablatif *m*.

**ablaze** [ə'bleɪz] ◇ *adj* -**1.** [on fire] en flammes. -**2.** [luminous]: the offices were ~ with light toutes les lumières brillaient dans les bureaux. -**3.** [face] brillant; [eyes] enflammé, pétillant. ◇ *adv*: to set sthg ~ embraser qqch.

**able** ['eɪbl] (*compar* **abler**, *superl* **ablest**) *adj* -**1.** to be ~ to [to be capable of]: to be ~ to do sthg pouvoir faire qqch; I wasn't ~ to see je ne voyais pas; she wasn't ~ to explain elle était incapable d'expliquer; I'm not ~ to tell you je ne suis pas en mesure de vous le dire; she's better OR more ~ to explain than I am elle est mieux à même de vous expliquer que moi. -**2.** [competent] capable. -**3.** [talented] talentueux, de talent.

**able-bodied** *adj* robuste, solide.

**able-bodied seaman**, **able seaman** *n* NAUT matelot *m* breveté.

**ablutions** [ə'bluːʃnz] *npl* -**1.** *fml* [washing]: to do OR to perform one's ~ faire ses ablutions. -**2.** *mil sl* [building] lavabos *mpl*.

**ably** ['eɪblɪ] *adv* d'une façon compétente.

**abnegate** ['æbnɪgeɪt] *vt* renoncer à.

**abnormal** [æb'nɔːml] *adj* anormal; ~ psychology psychopathologie *f*.

**abnormality** [,æbnɔː'mælətɪ] (*pl* **abnormalities**) *n* -**1.** [abnormal state, condition etc] anormalité *f*, caractère *m* anormal. -**2.** [gen, MED & BIOL] anomalie *f*; [physical deformity] malformation *f*; behavioural abnormalities troubles *mpl* du comportement.

**abnormally** [æb'nɔːməlɪ] *adv* anormalement.

**aboard** [ə'bɔːd] ◇ *adv* à bord; to go ~ monter à bord; all ~! NAUT tout le monde à bord!; RAIL en voiture! ◇ *prep* à bord de.

**abode** [ə'bəʊd] *n fml* demeure *f*; one's place of ~ JUR son domicile.

**abolish** [ə'bɒlɪʃ] *vt* [privilege, slavery] abolir; [right] supprimer; [law] supprimer, abroger.

**abolition** [,æbə'lɪʃn] *n* [of privilege, slavery] abolition *f*; [of law] suppression *f*, abrogation *f*.

**abolitionism** [,æbə'lɪʃənɪzm] *n* abolitionnisme *m* (*dans un contexte américain, ce mot fait le plus souvent référence à l'abolition de l'esclavage aux États-Unis*).

**abolitionist** [,æbə'lɪʃənɪst] ◇ *adj* abolitionniste. ◇ *n* abolitionniste *mf*.

**abominable** [ə'bɒmɪnəbl] *adj* -**1.** [very bad] abominable, lamentable, affreux. -**2.** [odious] abominable, odieux.

**abominable snowman** *n*: the ~ l'abominable homme *m* des neiges.

**abominably** [ə'bɒmɪnəblɪ] *adv* -**1.** [write, spell] lamentablement, affreusement. -**2.** [as intensifier] extrêmement, abominablement. -**3.** [act, behave] abominablement, odieusement.

**abomination** [ə,bɒmɪ'neɪʃn] *n* -**1.** *fml* [loathing] abomination *f*. -**2.** *fml* [detestable act] abomination *f*, acte *m* abominable. -**3.** [awful thing] abomination *f*, chose *f* abominable.

**aboriginal** [,æbə'rɪdʒənl] *adj* -**1.** [culture, legend] aborigène, des aborigènes. -**2.** BOT & ZOOL aborigène.
◆ **Aboriginal** ◇ *adj* aborigène, des aborigènes. ◇ *n* = Aborigine 1.

**aborigine** [,æbə'rɪdʒənɪ] ◇ *n* [original inhabitant] aborigène *mf*. ◇ *adj* aborigène, des aborigènes.
◆ **Aborigine** *n* -**1.** [person] aborigène *mf* (d'Australie). -**2.** LING langue aborigène.

**abort** [ə'bɔːt] ◇ *vi* -**1.** [mission, plans] avorter, échouer; [flight] avorter. -**2.** MED avorter. -**3.** COMPUT abandonner, interrompre. ◇ *vt* -**1.** [mission, flight] interrompre, mettre un terme à; [plan] faire échouer. -**2.** MED avorter. ◇ *n* -**1.** [of mission, spacecraft] interruption *f*. -**2.** COMPUT abandon *m*.

**abortion** [ə'bɔːʃn] *n* -**1.** MED avortement *m*, interruption *f* (volontaire) de grossesse; to have an ~ se faire avorter. -**2.** [of plans, mission] avortement *m*.

**abortionist** [ə'bɔːʃənɪst] *n* -**1.** [practitioner] avorteur *m*, -euse *f*. -**2.** [advocate] partisan *m* de l'avortement (légal).

**abortive** [ə'bɔːtɪv] *adj* -**1.** [attempt] raté, infructueux. -**2.** [agent, organism, process] abortif.

**abound** [ə'baʊnd] *vi* [fish, resources] abonder; [explanations, ideas] abonder, foisonner; the area ~s in OR with natural resources la région abonde en OR regorge de ressources naturelles.

**about** [ə'baʊt] ◇ *prep* -**1.** [concerning, on the subject of] à propos de, au sujet de, concernant; I'm worried ~ her je suis inquiet à son sujet; I'm not happy ~ her going ça ne me plaît pas qu'elle y aille; there's no doubt ~ it cela ne fait aucun doute, il n'y a aucun doute là-dessus; now, ~ your request for a salary increase... bon, en ce qui concerne votre demande d'augmentation...; what's the book ~? c'est un livre sur quoi?; I don't know what all the fuss is ~ je ne sais pas ce que c'est que toute cette histoire; what do you want to see me ~? vous voulez me voir à quel sujet?; that's what life's all ~ c'est ça la vie; he asked us ~ the war il nous a posé des questions sur la guerre; she asked me ~ my mother elle m'a demandé des nouvelles de ma mère; you should do something ~ your headaches vous devriez faire quelque chose pour vos maux de tête; I can't do anything ~ it je n'y peux rien; what do YOU know ~ it? qu'est-ce que vous en savez, vous?; I don't know much ~ Egyptian art je ne m'y connais pas beaucoup en art égyptien; I didn't know ~ your accident je ne savais pas que vous aviez eu un accident; what do you think ~ modern art? que pensez-vous de l'art moderne?; I was thinking ~ my mother je pensais à ma mère; I'd like you to think ~ my offer j'aimerais que vous réfléchissiez à ma proposition; I warned them ~ the political situation je les ai mis en garde en ce qui concerne la situation politique. -**2.** [in the character of]: what I like ~ her is her generosity ce que j'aime en OR chez elle, c'est sa générosité; what I don't like ~ the house is all the stairs ce qui me déplaît dans cette maison, ce sont tous les escaliers; there's something ~ the place that reminds me of Rome cet endroit me fait penser à Rome. -**3.** [busy with]: while I'm ~ it pendant que j'y suis; be quick ~ it! faites vite!, dépêchez-vous! -**4.** [in phrasal verbs] partout; there were clothes lying all ~ the room des vêtements traînaient partout dans la pièce. -**5.** *lit* [surrounding] autour du. -**6.** *fml* [on one's person]: he had a dangerous weapon ~ his person il portait une arme dangereuse.
◇ *adv* -**1.** [more or less] environ, à peu près; ~ £50 50 livres environ; ~ five o'clock vers cinq heures; that looks ~ right ça a l'air d'être à peu près ça; I've just ~ finished j'ai pres-

que fini; I've had just ~ enough! j'en ai vraiment assez!; it's ~ time you started il serait grand temps que vous commenciez; that's ~ it for now c'est à peu près tout pour l'instant. **-2.** [somewhere near] dans les parages, par ici; is there anyone ~? il y a quelqu'un?; there was no one ~ when I left the building il n'y avait personne dans les parages quand j'ai quitté l'immeuble; my keys must be ~ somewhere mes clés doivent être quelque part par ici. **-3.** [in all directions, places]: there's a lot of flu ~ beaucoup de gens ont la grippe en ce moment; watch out, there are pickpockets ~ méfie-toi, il y a beaucoup de pickpockets qui traînent ‖ [in phrasal verbs]: there are some terrible rumours going ~ il court des rumeurs terribles; don't leave your money ~ ne laissez pas traîner votre argent; they've been sitting ~ all day ils ont passé toute la journée assis à ne rien faire; stop fooling ~! *inf* arrête de faire l'imbécile!; she was waving her arms ~ elle agitait les bras dans tous les sens. **-4.** [in opposite direction]: to turn ~ se retourner. ◇ *adj* **-1.** [expressing imminent action]: to be ~ to do sthg être sur le point de faire qqch. **-2.** [expressing reluctance]: I'm not ~ to answer that kind of question je ne suis pas prêt à répondre à ce genre de question.

**about-turn** *Br*, **about-face** *Am* ◇ *interj*: ~! MIL [to right] demi-tour droite!; [to left] demi-tour gauche! ◇ *vi* **-1.** MIL faire un demi-tour. **-2.** [change opinion] faire volte-face. ◇ *n* **-1.** MIL demi-tour *m*. **-2.** [change of opinion] volte-face *f inv*; to do an ~ faire volte-face.

**above** [ə'bʌv] ◇ *prep* **-1.** [in a higher place or position than] au-dessus de; ~ ground en surface; they live ~ the shop ils vivent au-dessus du magasin; a village on the river ~ Oxford un village (situé) en amont d'Oxford. **-2.** [greater in degree or quantity than] au-dessus de; it's ~ my price limit c'est au-dessus du prix OR ça dépasse le prix maximum que je me suis fixé. **-3.** [in preference to] plus que; he values friendship ~ success il accorde plus d'importance à l'amitié qu'à la réussite; he respected her ~ all others il la respectait plus que quiconque. **-4.** [beyond] au-delà de; the discussion was all rather ~ me la discussion me dépassait complètement; ~ and beyond the call of duty bien au-delà du strict devoir. **-5.** [morally or intellectually superior to]: ~ suspicion/reproach au-dessus de tout soupçon/reproche; he's not ~ cheating il irait jusqu'à tricher; I'm not ~ asking for favours je ne répugne pas à demander des faveurs. **-6.** [superior in rank, quality to] au-dessus de; she's ranked ~ the other athletes elle se classe devant les autres athlètes ☐ to get ~ o.s. se monter la tête. **-7.** [in volume, sound] par-dessus; it's difficult to make oneself heard ~ all this noise il est difficile de se faire entendre avec tout ce bruit. ◇ *adj fml* ci-dessus, précité ADMIN; the ~ facts les faits cités plus haut; the names on the ~ list les noms qui figurent sur la liste ci-dessus. ◇ *adv* **-1.** [in a higher place or position] au-dessus; the stars ~ les étoiles là-haut; the people in the flat ~ les gens de l'appartement du dessus OR au-dessus; to fall from ~ tomber d'en haut; two lines ~ deux lignes plus haut. **-2.** [greater in degree or quantity]: aged 20 and ~ âgé de 20 ans et plus. **-3.** [a higher rank or authority] en haut; we've had orders from ~ nous avons reçu des ordres d'en haut. **-4.** [in a previous place] plus haut; mentioned ~ cité plus haut OR ci-dessus. **-5.** [in heaven] là-haut, au ciel. ◇ *n fml*: the ~ [fact, item] ce qui se trouve ci-dessus; [person] le susnommé, la susnommée; [persons] les susnommés; can you explain the ~? pouvez-vous expliquer ce qui précède? ◆ **above all** *adv phr* avant tout, surtout.

**aboveboard** [ə,bʌv'bɔːd] ◇ *adj* **-1.** [person] honnête, régulier. **-2.** [action, behaviour] franc (*f* franche), honnête. ◇ *adv* **-1.** [openly] ouvertement, au grand jour. **-2.** [honestly] honnêtement, de façon régulière. **-3.** [frankly] franchement, cartes sur table.

**above-mentioned** [-'menʃnd] (*pl inv*) *fml* ◇ *adj* cité plus haut, susmentionné. ◇ *n*: the ~ [person] le susmentionné, la susmentionnée.

**above-named** (*pl inv*) *fml* ◇ *adj* susnommé. ◇ *n*: the ~ le susnommé, la susnommée.

**abracadabra** [,æbrəkə'dæbrə] ◇ *interj*: ~! abracadabra! ◇ *n* [magical word] formule *f* magique.

**Abraham** ['eɪbrəhæm] *pr n* Abraham.

**abrasion** [ə'breɪʒn] *n* **-1.** TECH abrasion *f*. **-2.** [graze – on skin] éraflure *f*, écorchure *f*.

**abrasive** [ə'breɪsɪv] ◇ *adj* **-1.** TECH abrasif. **-2.** [character] rêche; [criticism, wit] corrosif; [voice] caustique. ◇ *n* TECH abrasif *m*.

**abreact** [,æbrɪ'ækt] ◇ *vt* PSYCH libérer par abréaction. ◇ *vi* abréagir.

**abreast** [ə'brest] *adv* [march, ride] côte à côte, de front; the children were riding three ~ les enfants faisaient du vélo à trois de front. ◆ **abreast of** *prep phr* **-1.** [alongside] à la hauteur de, au même niveau que. **-2.** [in touch with]: to be ~ of sthg être au courant de qqch; she likes to keep herself ~ of current affairs/the latest fashions elle aime se tenir au courant de l'actualité/de la dernière mode.

**abridge** [ə'brɪdʒ] *vt* [book] abréger; [article, play, speech] écourter, abréger.

**abridged** [ə'brɪdʒd] *adj* abrégé.

**abroad** [ə'brɔːd] *adv* **-1.** [overseas] à l'étranger. **-2.** [over wide area] au loin; [in all directions] de tous côtés, partout; there are rumours ~ about possible redundancies le bruit court qu'il va y avoir des licenciements. **-3.** *lit* [out of doors] (au) dehors.

**abrogate** ['æbrəget] *vt fml* abroger, abolir.

**abrogation** [,æbrə'geɪʃn] *n fml* abrogation *f*.

**abrupt** [ə'brʌpt] *adj* **-1.** [sudden – change, drop, movement] brusque, soudain; [– laugh, question] brusque; [– departure] brusque, précipité. **-2.** [behaviour, person] brusque, bourru. **-3.** [style] haché, décousu. **-4.** [slope] abrupt, raide.

**abruptly** [ə'brʌptlɪ] *adv* **-1.** [change, move] brusquement, tout à coup; [ask, laugh] abruptement; [depart] brusquement, précipitamment. **-2.** [behave, speak] avec brusquerie, brusquement. **-3.** [fall, rise] en pente raide, à pic.

**abruptness** [ə'brʌptnɪs] *n* **-1.** [of change, movement] soudaineté *f*; [of departure] précipitation *f*. **-2.** [of behaviour, person] brusquerie *f*, rudesse *f*.

**ABS** (*abbr of* **Antiblockiersystem**) *n* ABS *m*.

**Absalom** ['æbsələm] *pr n* Absalon.

**abscess** ['æbsɪs] *n* abcès *m*.

**abscond** [əb'skɒnd] *vi fml* s'enfuir, prendre la fuite; to ~ from prison s'échapper de prison, s'évader.

**abseil** ['æbseɪl] ◇ *vi* descendre en rappel. ◇ *n* (descente *f* en) rappel *m*.

**absence** ['æbsəns] *n* **-1.** [state of being away] absence *f*; in OR during my ~ pendant mon absence ☐ ~ makes the heart grow fonder *prov* l'éloignement renforce l'affection. **-2.** [instance of being away] absence *f*. **-3.** [lack] manque *m*, défaut *m*; in the ~ of adequate information en l'absence d'informations satisfaisantes, faute de renseignements. **-4.** JUR non-comparution *f*, défaut *m*; he was tried in his ~ il fut jugé par contumace.

**absent** [*adj* 'æbsənt, *vb* æb'sent] ◇ *adj* **-1.** [not present] absent; he was ~ from the meeting il n'a pas participé à la réunion ☐ ~ friends *formule utilisée pour porter un toast aux absents*; to be OR to go ~ without leave MIL être absent sans permission, être porté manquant. **-2.** [lacking] absent. **-3.** [inattentive – person] distrait; [– manner] absent, distrait. ◇ *vt*: to ~ o.s. (from sthg) s'absenter (de qqch).

**absentee** [,æbsən'tiː] ◇ *n* [someone not present] absent *m*, -e *f*; [habitually] absentéiste *mf*. ◇ *adj* absentéiste; ~ ballot vote *m* par correspondance; ~ rate taux *m* d'absentéisme.

**absenteeism** [,æbsən'tiːɪzm] *n* absentéisme *m*.

**absent-minded** [,æbsənt-] *adj* [person] distrait; [manner] absent, distrait.

**absent-mindedly** [,æbsənt'maɪndɪdlɪ] *adv* distraitement, d'un air distrait.

**absinth(e)** ['æbsɪnθ] *n* absinthe *f*.

**absolute** ['æbsəluːt] ◇ *adj* **-1.** [as intensifier] absolu, total; what ~ nonsense! quelles bêtises, vraiment!; he's an ~ idiot c'est un parfait crétin OR imbécile. **-2.** [entire – secrecy, truth] absolu. **-3.** [unlimited – power] absolu, souverain; [– ruler] absolu. **-4.** [definite, unconditional – decision, refusal] absolu, formel; [– fact] indiscutable; [– proof] formel, irréfutable; ~ veto véto *m* formel. **-5.** [independent, not relative] absolu. **-6.** CHEM [alcohol] absolu, anhydre. **-7.** GRAMM [adjective] substantivé; [verb] absolu. **-8.** JUR [court order, decree] définitif; **the decree was made** ~ le décret a été prononcé. ◇ ~ absolu *m*.

**absolutely** ['æbsəlu:tlɪ] *adv* **-1.** [as intensifier] vraiment. **-2.** [in expressing opinions] absolument; **I ~ agree** je suis tout à fait d'accord; **it's ~ nothing to do with you** cela ne vous regarde absolument pas; **do you agree?** — **~ not!** êtes-vous d'accord? — absolument pas!**-3.** [deny, refuse] absolument, formellement.

**absolute majority** *n* majorité *f* absolue.

**absolute pitch** *n Am* oreille *f* absolue.

**absolute zero** *n* zéro *m* absolu.

**absolution** [,æbsə'lu:ʃn] *n* [forgiveness] absolution *f*; RELIG absolution *f*, remise *f* des péchés; **to grant sb ~** promettre à qqn l'absolution ‖ [in liturgy]: **the Absolution** l'absoute *f*.

**absolutism** ['æbsəlu:tɪzm] *n* POL absolutisme *m*; RELIG *forme intransigeante de prédestination*.

**absolve** [əb'zɒlv] *vt* **-1.** [from blame, sin etc] absoudre; [from obligation] décharger, délier; **to ~ sb from** OR **of all blame** décharger qqn de toute responsabilité. **-2.** JUR acquitter; **to ~ sb of sthg** acquitter qqn de qqch.

**absorb** [əb'sɔ:b] *vt* **-1.** *literal* & *fig* [changes, cost, light, liquid] absorber; [surplus] absorber, résorber; [idea, information] absorber, assimiler; **the project ~ed all my time** ce projet a pris tout mon temps. **-2.** [shock, sound] amortir. **-3.** [incorporate – company] absorber, incorporer; [– group, people] absorber, assimiler. **-4.** *(usu passive)* [engross] absorber; **to be ~ed in sthg** être absorbé par qqch.

**absorbency** [əb'sɔ:bənsɪ] *n* [gen] pouvoir *m* absorbant; CHEM & PHYS absorptivité *f*.

**absorbent** [əb'sɔ:bənt] ◇ *adj* absorbant. ◇ *n* absorbant *m*.

**absorbent cotton** *n Am* coton *m* hydrophile.

**absorbing** [əb'sɔ:bɪŋ] *adj* [activity, book] fascinant, passionnant; [work] absorbant, passionnant.

**absorption** [əb'sɔ:pʃn] *n* **-1.** [of light, liquid, smell] absorption *f*; [of surplus] résorption *f*.**-2.** [of shock, sound] amortissement *m*.**-3.** [of company] absorption *f*, incorporation *f*; [of group, people] absorption, assimilation *f*.**-4.** [fascination] passion *f*, fascination *f*; [concentration] concentration *f* (d'esprit).

**abstain** [əb'steɪn] *vi* **-1.** [refrain] s'abstenir; **to ~ from alcohol** s'abstenir de boire de l'alcool. **-2.** [not vote] s'abstenir.

**abstainer** [əb'steɪnər] *n* **-1.** [teetotaller] abstinent *m*, -e *f*.**-2.** [person not voting] abstentionniste *mf*.

**abstemious** [æb'sti:mjəs] *adj* [person] sobre, abstinent; [diet, meal] frugal.

**abstention** [əb'stenʃn] *n* **-1.** [from action] abstention *f*; [from drink, food] abstinence *f*.**-2.** [in vote] abstention *f*.

**abstinence** ['æbstɪnəns] *n* abstinence *f*.

**abstinent** ['æbstɪnənt] *adj lit* [temperate] sobre, frugal; RELIG abstinent.

**abstract** [*adj* & *n* 'æbstrækt, *vb* æb'strækt] ◇ *adj* abstrait. ◇ *n* **-1.** [idea, term] abstrait *m*; **in the ~** dans l'abstrait. **-2.** [summary] résumé *m*, abrégé *m*; **an ~ of accounts** FIN un extrait de comptes. **-3.** ART [painting, sculpture] œuvre *f* abstraite. ◇ *vt* **-1.** [remove] extraire. **-2.** *euph* [steal] soustraire, dérober. **-3.** [regard theoretically] abstraire. **-4.** [summarize] résumer.

**abstracted** [æb'stræktɪd] *adj* **-1.** [preoccupied] préoccupé, absorbé; [absent-minded] distrait. **-2.** [extracted] extrait.

**abstractedly** [æb'stræktɪdlɪ] *adv* distraitement, d'un air distrait.

**abstraction** [æb'strækʃn] *n* **-1.** [concept] idée *f* abstraite, abstraction *f*.**-2.** PHILOS abstraction *f*.**-3.** [act of removing] extraction *f*.**-4.** [preoccupation] préoccupation *f*; [absent-mindedness] distraction *f*.**-5.** ART [work of art] œuvre *f* abstraite.

**abstruse** [æb'stru:s] *adj* abstrus.

**absurd** [əb'sɜ:d] ◇ *adj* [unreasonable] absurde, insensé; [ludicrous] absurde, ridicule. ◇ *n* absurde *m*.

**absurdity** [əb'sɜ:dətɪ] (*pl* **absurdities**) *n* absurdité *f*.

**absurdly** [əb'sɜ:dlɪ] *adv* [behave, dress] de manière insensée; [as intensifier] ridiculement.

**ABTA** ['æbtə] (*abbr of* **Association of British Travel Agents**) *pr n association des agences de voyage britanniques.*

**Abu Dhabi** [,æbu:'dɑ:bɪ] *pr n* Abou Dhabi.

**abundance** [ə'bʌndəns] *n* abondance *f*, profusion *f*; **there**

was food in ~ il y avait à manger à profusion; **she has an ~ of talent** elle est bourrée de talent.

**abundant** [ə'bʌndənt] *adj* [plentiful] abondant; **he gave ~ proof of his devotion** il a largement fait la preuve de son dévouement.

**abundantly** [ə'bʌndəntlɪ] *adv* **-1.** [profusely] abondamment; [eat, serve] abondamment, copieusement; [grow] à foison. **-2.** [as intensifier] extrêmement; **she made it ~ clear that I was not welcome** elle me fit comprendre très clairement que j'étais indésirable.

**abuse** [*n* ə'bju:s, *vb* ə'bju:z] ◇ *n* **-1.** [misuse] abus *m*; **such positions are open to ~** de telles situations incitent aux abus ❑ **drug ~** usage *m* de la drogue. **-2.** *(U)* [insults] injures *fpl*, insultes *fpl*; **to heap ~ on sb** accabler qqn d'injures. **-3.** *(U)* [cruel treatment] mauvais traitements *mpl*; **sexual ~** violences *fpl* sexuelles. **-4.** [unjust practice] abus *m*. ◇ *vt* **-1.** [authority, position] abuser de. **-2.** [insult] injurier, insulter. **-3.** [treat cruelly] maltraiter, malmener. **-4.** [masturbate]: **to ~ o.s.** *fml* se masturber.

**abuser** [ə'bju:zər] *n* **-1.** [gen]: **~s of the system** ceux qui profitent du système. **-2.** [of child] *personne qui a maltraité un enfant physiquement ou psychologiquement.* **-3.** [of drugs]: **(drug) ~** drogué *m*, -e *f*.

**abusive** [ə'bju:sɪv] *adj* **-1.** [language] offensant, grossier; [person] grossier; [phone call] obscène; **to be ~ to sb** être grossier envers qqn. **-2.** [behaviour, treatment] brutal. **-3.** [incorrectly used] abusif, mauvais.

**abusively** [ə'bju:sɪvlɪ] *adv* **-1.** [speak, write] de façon offensante, grossièrement. **-2.** [behave, treat] brutalement. **-3.** [use] abusivement.

**abut** [ə'bʌt] (*pt* & *pp* **abutted**, *cont* **abutting**) *vi fml*: **to ~ on (to) sthg** être adjacent à.

**abutment** [ə'bʌtmənt], **abuttal** [ə'bʌtl] *n* **-1.** [point of junction] jointure *f*, point *m* de jonction. **-2.** ARCHIT [support] contrefort *m*; [on bridge] butée *f*.

**abuzz** [ə'bʌz] *adj* bourdonnant; **~ with activity** en effervescence.

**abysmal** [ə'bɪzml] *adj* **-1.** [immeasurable] infini, abyssal; **~ ignorance** une ignorance crasse. **-2.** [very bad] épouvantable, exécrable.

**abysmally** [ə'bɪzməlɪ] *adv* atrocement; [fail] lamentablement.

**abyss** [ə'bɪs] *n* abîme *m*, gouffre *m*; [in sea] abysse *m*; *fig* abîme *m*.

**Abyssinia** [,æbɪ'sɪnjə] *pr n* Abyssinie *f*; **in ~** en Abyssinie.

**Abyssinian** [,æbɪ'sɪnjən] ◇ *adj* abyssinien, abyssin; **~ cat** chat *m* abyssin; **the ~ Empire** l'empire *m* d'Éthiopie. ◇ *n* Abyssinien *m*, -enne *f*.

**a/c** (*written abbr of* **account (current)**) *Br* cc.

**AC** *n abbr of* **alternating current**.

**acacia** [ə'keɪʃə] *n* acacia *m*.

**academia** [,ækə'di:mɪə] *n* monde *m* universitaire.

**academic** [,ækə'demɪk] ◇ *adj* **-1.** [related to formal study – book, institution, job] universitaire, scolaire; [– failure, system] scolaire; **~ advisor** *Am* directeur *m*, -trice *f* d'études; **~ dress** toge *f* d'étudiant; **~ freedom** liberté *f* d'enseignement; **~ rank** *Am* grade *m*; **~ year** année *f* universitaire. **-2.** [intellectual – standard, style, work] intellectuel; [– person] studieux, intellectuel. **-3.** [theoretical] théorique, spéculatif; [not practical] sans intérêt pratique, théorique; **out of ~ interest** par simple curiosité; **whether he comes or not is all ~** qu'il vienne ou pas, cela n'a pas d'importance. **-4.** [conventional] académique. ◇ *n* universitaire *mf*.

**academically** [,ækə'demɪklɪ] *adv* [advanced, competent, talented] sur le plan intellectuel; [sound] intellectuellement; **to be ~ qualified** posséder les diplômes requis.

**academician** [ə,kædə'mɪʃn] *n* académicien *m*, -enne *f*.

**academy** [ə'kædəmɪ] (*pl* **academies**) *n* **-1.** [society] académie *f*, société *f*.**-2.** [school] école *f*; [private] école *f* privée, collège *m*; **an ~ of music** un conservatoire de musique.

**Academy Award** *n* oscar *m*.

**Acadia** [ə'keɪdjə] *pr n* Acadie *f*.

**Acadian** [ə'keɪdjən] ◇ *n* Acadien *m*, -enne *f*. ◇ *adj* acadien.

**acanthus** [ə'kænθəs] (*pl* **acanthuses** OR **acanthi** [-θaɪ]) *n* acanthe *f*.

**a cappella** [ˌɑːkəˈpelə] *adj* & *adv* a cappella.

**ACAS** [ˈeɪkæs] (*abbr of* **Advisory, Conciliation and Arbitration Service**) *pr n organisme britannique de conciliation et d'arbitrage des conflits du travail*, ≃ conseil *m* de prud'hommes.

**accede** [ækˈsiːd] *vi fml* **-1.** [agree] agréer, accepter; to ~ to sthg [demand, request] donner suite OR accéder à qqch; [plan, suggestion] accepter OR agréer qqch. **-2.** [attain] accéder; to ~ to the throne monter sur le trône; to ~ to office entrer en fonction; to ~ to the directorship accéder à la direction. **-3.** JUR: to ~ to a treaty adhérer à un traité.

**accelerate** [əkˈseləreɪt] ◊ *vt* [pace, process, rhythm] accélérer; [decline, event] précipiter, accélérer; [work] activer; ~d classes SCH & UNIV cours *mpl* OR niveaux *mpl* accélérés. ◊ *vi* **-1.** [move faster] s'accélérer. **-2.** AUT accélérer.

**acceleration** [əkˌseləˈreɪʃn] *n* [gen & AUT] accélération *f*.

**accelerator** [əkˈseləreɪtəʳ] *n* AUT & PHYS accélérateur *m*.

**accelerator board**, **accelerator card** *n* carte *f* accélératrice.

**accent** [*n* ˈæksent, *vb* ækˈsent] ◊ *n* **-1.** [way of speaking] accent *m*; she has OR she speaks with a Spanish ~ elle a l'accent espagnol; she speaks French without an ~ elle parle français sans accent. **-2.** GRAMM & MUS [stress] accent *m*.**-3.** *fig*: the ~ here is on team work ici on met l'accent sur le travail d'équipe. **-4.** [written mark] accent *m*.**-5.** [contrasting detail] accent *m*. ◊ *vt* **-1.** [stress – syllable] accentuer, appuyer sur; [– word] accentuer, mettre l'accent sur. **-2.** [mark with accent] mettre un accent sur.

**accentuate** [ækˈsentjʊeɪt] *vt* **-1.** [word] accentuer, mettre l'accent sur. **-2.** [feature, importance] souligner, accentuer.

**accentuation** [ækˌsentjʊˈeɪʃn] *n* accentuation *f*.

**accept** [əkˈsept] *vt* **-1.** [agree to receive – apology, gift, invitation] accepter; [– advice, suggestion] accepter, écouter; COMM [– bill] accepter; [– goods] prendre livraison de; he proposed and she ~ed (him) il la demanda en mariage et elle accepta; the machine only ~s coins la machine n'accepte que les pièces. **-2.** [believe as right, true] accepter, admettre; it is generally ~ed that ... il est généralement reconnu que ... **-3.** [face up to – danger] faire face à, affronter; [– challenge] accepter, relever; [– one's fate] se résigner à; she hasn't really ~ed his death elle n'a pas vraiment accepté sa mort; you have to ~ the inevitable il vous faut accepter l'inévitable; they refused to ~ the appalling working conditions ils ont refusé de travailler dans des conditions aussi épouvantables. **-4.** [take on – blame, responsibility] accepter, prendre; [– job, task] se charger de, accepter. **-5.** [admit – to job, school] accepter, prendre; [– to club, university] accepter, admettre; she's been ~ed at OR Am to Harvard elle a été admise à Harvard.

**acceptable** [əkˈseptəbl] *adj* **-1.** [satisfactory] acceptable, convenable; [tolerable] acceptable, admissible; her behaviour just isn't socially ~ son attitude est tout simplement intolérable en société; are these conditions ~ to you? ces conditions vous conviennent-elles?**-2.** [welcome] bienvenu, opportun.

**acceptably** [əkˈseptəbli] *adv* [suitably] convenablement; [tolerably] passablement.

**acceptance** [əkˈseptəns] *n* **-1.** [of gift, invitation] acceptation *f*; ~ speech discours *m* de réception. **-2.** [assent – to proposal, suggestion] consentement *m*; his ~ of his fate sa résignation devant son sort. **-3.** [to club, school, group] admission *f*.**-4.** [approval, favour] approbation *f*, réception *f* favorable; the idea is gaining ~ l'idée fait son chemin. **-5.** [belief]: there is general ~ now that smoking causes cancer il est généralement reconnu maintenant que le tabac provoque le cancer. **-6.** COMM & FIN [of goods] réception *f*; [of bill of exchange] acceptation *f*; [bill of exchange] traite *f*; ~ house banque *f* d'escompte (d'effets étrangers) OR d'acceptation.

**accepted** [əkˈseptɪd] *adj*: ~ ideas les idées reçues OR répandues OR admises; contrary to ~ belief contrairement à la croyance établie; it's an ~ fact that too much sun ages the skin il est généralement reconnu que le soleil à haute dose accélère le vieillissement de la peau.

**access** [ˈækses] ◊ *n* **-1.** [means of entry] entrée *f*, ouverture *f*; [means of approach] accès *m*, abord *m*; JUR droit *m* de passage; the kitchen gives ~ to the garage la cuisine donne accès au garage; how did the thieves gain ~? comment les voleurs

se sont-ils introduits?; '~ only' 'sauf riverains (et livreurs)'. **-2.** [right to contact, use] accès *m*; I have ~ to confidential files j'ai accès à des dossiers confidentiels; he has direct ~ to the minister il a ses entrées auprès du ministre; the father has ~ to the children at weekends JUR le père a un droit de visite le week-end pour voir ses enfants ❑ ~ rights [to child] droits *mpl* de visite. **-3.** *Br lit* [bout – of illness] accès *m*, attaque *f*; [– of fever, anger] accès *m*.**-4.** COMPUT accès *m*; to have ~ to a file avoir accès à un fichier. ◊ *comp* [port, route] d'accès; ~ channel TV canal *m* d'accès. ◊ *vt* accéder à.

**Access**® [ˈækses] *pr n carte de crédit britannique*; to put sthg on ~ payer qqch avec la carte Access.

**accessibility** [ək,sesəˈbɪlətɪ] *n* accessibilité *f*.

**accessible** [əkˈsesəbl] *adj* **-1.** [place] accessible, d'accès facile; [person] d'un abord facile. **-2.** [available] accessible. **-3.** [easily understandable] à la portée de tous, accessible. **-4.** [open, susceptible] ouvert, accessible.

**accession** [ækˈseʃn] ◊ *n* **-1.** [to office, position] accession *f*; [to fortune] accession *f*, entrée *f* en possession; Queen Victoria's ~ (to the throne) l'accession au trône OR l'avènement de la reine Victoria. **-2.** [addition to collection] nouvelle acquisition *f*.**-3.** [increase] augmentation *f*, accroissement *m*; JUR [to property] accession *f*.**-4.** *fml* [consent] assentiment *m*, accord *m*; [of treaty] adhésion *f*. ◊ *vt* enregistrer.

**accession number** *n* numéro *m* de catalogue.

**accessory** [əkˈsesərɪ] (*pl* **accessories**) ◊ *n* **-1.** (*usu pl*) [supplementary article] accessoire *m*; a suit with matching accessories un ensemble avec (ses) accessoires coordonnés. **-2.** JUR complice *mf*; an ~ after/before the fact un complice par assistance/par instigation. ◊ *adj* **-1.** [supplementary] accessoire. **-2.** JUR complice.

**access road** *n* [gen] route *f* d'accès; [to motorway] bretelle *f* d'accès OR de raccordement.

**access time** *n* temps *m* d'accès.

**accidence** [ˈæksɪdəns] *n* morphologie *f* flexionnelle.

**accident** [ˈæksɪdənt] ◊ *n* **-1.** [mishap] accident *m*, malheur *m*; [unforeseen event] événement *m* fortuit, accident *m*; her son had a car ~ son fils a eu un accident de voiture. **-2.** [chance] hasard *m*, chance *f*; it was purely by ~ that we met nous nous sommes rencontrés tout à fait par accident. **-3.** PHILOS accident *m*. ◊ *comp* [figures, rate] des accidents; ~ insurance assurance *f* (contre les) accidents; ~ prevention AUT la prévention des accidents, la prévention routière.

**accidental** [,æksɪˈdentl] ◊ *adj* **-1.** [occurring by chance – death, poisoning] accidentel; [– meeting] fortuit. **-2.** *fml* [nonessential] accessoire, extrinsèque; PHILOS accidentel. **-3.** MUS accidentel. ◊ *n* [gen & MUS] accident *m*.

**accidentally** [,æksɪˈdentəlɪ] *adv* [break, drop] accidentellement; [meet] par hasard; she ~ tore the page elle a déchiré la page sans le vouloir.

**accident-prone** *adj*: to be ~ être prédisposé aux accidents.

**acclaim** [əˈkleɪm] ◊ *vt* **-1.** [praise] acclamer, faire l'éloge de; [applaud] acclamer, applaudir. **-2.** [proclaim] proclamer. ◊ *n* (*U*) acclamation *f*, acclamations *fpl*; his play met with great critical ~ sa pièce a été très applaudie par la critique.

**acclamation** [,ækləˈmeɪʃn] *n* (*U*) acclamation *f*, acclamations *fpl*; to be elected by ~ être plébiscité.

**acclimate** [ˈæklɪmeɪt] *Am* = **acclimatize**.

**acclimation** [,æklɪˈmeɪʃn] *Am* = **acclimatization**.

**acclimatization** [ə,klaɪmətaɪˈzeɪʃn] *n* [to climate] acclimatation *f*; [to conditions, customs] accoutumance *f*, acclimatement *m*.

**acclimatize, -ise** [əˈklaɪmətaɪz] ◊ *vt* [animal, plant] acclimater; to ~ o.s. to [climate] s'habituer à, s'accoutumer à; [conditions, customs] s'acclimater à, s'habituer à. ◊ *vi*: to ~ to [climate] s'habituer à, s'accoutumer à; [conditions, customs] s'acclimater à, s'habituer à, s'accoutumer à.

**accolade** [ˈækəleɪd] *n* **-1.** [praise] acclamation *f*, acclamations *fpl*; [approval] marque *f* d'approbation; [honour] honneur *m*.**-2.** [in conferring knighthood] accolade *f*.**-3.** ARCHIT accolade *f*.

**accommodate** [əˈkɒmədeɪt] ◊ *vt* **-1.** [provide lodging for] loger; [provide with something needed] équiper, pourvoir; [provide with loan] prêter de l'argent à. **-2.** [have room for – subj: car] contenir; [– subj: house, room] contenir, recevoir; the cottage ~s up to six people dans la villa, on peut loger jusqu'à six (personnes). **-3.** [oblige] répondre aux besoins de; **the bill is designed to** ~ **special interest groups** cette loi vise à prendre en compte les besoins de groupes d'intérêts particuliers. **-4.** [adapt] accommoder, adapter; **she soon** ~**d herself to the new working conditions** elle s'est vite adaptée aux nouvelles conditions de travail. ◊ *vi*: **to** ~ **to sthg** s'accommoder OR s'habituer à qqch.

**accommodating** [ə'kɒmədeɪtɪŋ] *adj* [willing to help] obligeant; [easy to please] accommodant, complaisant.

**accommodation** [ə,kɒmə'deɪʃn] *n* **-1.** *(U)* [lodging] logement *m*; [lodging and services] prestations *fpl*; **the hotel has no** ~ **available** l'hôtel est complet ❑ **furnished** ~ chambre *f* meublée, (logement *m*) meublé *m*; **the high cost of rented** ~ le prix élevé des locations; **office** ~ **bureaux** *mpl* à louer. **-2.** *(U)* [facility] équipement *m*; **sleeping** ~ chambres *fpl*. **-3.** [settlement of disagreement] accord *m*, accommodement *m*; [compromise] compromis *m*. **-4.** *fml* [willingness to help] obligeance *f*; [willingness to please] complaisance *f*. **-5.** ANAT & PSYCH accommodation *f*. **-6.** COMM & FIN [loan] prêt *m* de complaisance.
◆ **accommodations** *npl Am* **-1.** [lodging, food and services] hébergement *m*. **-2.** [on boat, train] place *f*.

**accommodation address** *n Br* adresse *f (utilisée uniquement pour la correspondance)*.

**accommodation agency** *n* agence *f* de logement.

**accommodation bill** *n* effet *m* de complaisance.

**accommodation ladder** *n* échelle *f* de coupée.

**accompaniment** [ə'kʌmpənɪmənt] *n* **-1.** [gen] accompagnement *m*. **-2.** CULIN accompagnement *m*, garniture *f*. **-3.** MUS accompagnement *m*; **guitar/piano** ~ accompagnement à la guitare/au piano.

**accompanist** [ə'kʌmpənɪst] *n* accompagnateur *m*, -trice *f*.

**accompany** [ə'kʌmpənɪ] (*pt* & *pp* **accompanied**) *vt* **-1.** [escort] accompagner, escorter; **she was accompanied by her brother** elle était accompagnée de son frère. **-2.** [supplement] accompagner; CULIN accompagner, garnir. **-3.** MUS accompagner; **he accompanies her on the piano** il l'accompagne au piano.

**accompanyist** [ə'kʌmpənɪst] *Am* = **accompanist**.

**accomplice** [ə'kʌmplɪs] *n* complice *mf*; **to be an** ~ **to** OR **in sthg** être complice de qqch.

**accomplish** [ə'kʌmplɪʃ] *vt* **-1.** [manage to do – task, work] accomplir, exécuter; [– desire, dream] réaliser; [– distance, trip] effectuer; **the talks** ~**ed nothing** les pourparlers n'ont pas abouti; **we hope to** ~ **a great deal during our discussions** nous espérons obtenir des résultats durant ces débats. **-2.** [finish successfully] venir à bout de, mener à bonne fin.

**accomplished** [ə'kʌmplɪʃt] *adj* **-1.** [cook, singer] accompli, doué; [performance] accompli. **-2.** [successfully completed] accompli.

**accomplishment** [ə'kʌmplɪʃmənt] *n* **-1.** [skill] talent *m*. **-2.** [feat] exploit *m*, œuvre *f*. **-3.** [completion – of task, trip] accomplissement *m*; [– of ambition] réalisation *f*.

**accord** [ə'kɔːd] ◊ *n* **-1.** [consent] accord *m*, consentement *m*; **to be in** ~ **with sb** être d'accord avec qqn. **-2.** [conformity] accord *m*, conformité *f*; **to be in** ~ **with sthg** être en accord OR en conformité avec qqch. **-3.** [harmony] accord *m*, harmonie *f*. **-4.** *fml* [agreement] accord *m*; [treaty] traité *m*. ◊ *vt* [permission] accorder; [welcome] réserver. ◊ *vi* s'accorder, concorder; **what he said did not** ~ **with our instructions** ce qu'il a dit n'était pas conforme à nos instructions.
◆ **of one's own accord** *adv phr* de son plein gré.
◆ **with one accord** *adv phr* d'un commun accord.

**accordance** [ə'kɔːdəns] *n* **-1.** [conformity] accord *m*, conformité *f*. **-2.** *fml* [granting] octroi *m*.
◆ **in accordance with** *prep phr*: **in** ~ **with the law** aux termes de OR conformément à la loi; **her statement is not in** ~ **with company policy** sa déclaration n'est pas dans la ligne de l'entreprise.

**according** [ə'kɔːdɪŋ]
◆ **according as** *conj phr fml* selon que, suivant que.
◆ **according to** *prep phr* **-1.** [on the evidence of] selon, d'après. **-2.** [in relation to]: **arranged** ~ **to height** disposés par ordre de taille; **prices vary** ~ **to how long the job will take** le prix varie selon le temps qu'il faut pour effectuer le travail. **-3.** [in accordance with] suivant, conformément à; **everything went** ~ **to plan** tout s'est passé comme prévu.

**accordingly** [ə'kɔːdɪŋlɪ] *adv* **-1.** [appropriately] en conséquence. **-2.** [consequently] par conséquent.

**accordion** [ə'kɔːdjən] *n* accordéon *m*.

**accordionist** [ə'kɔːdjənɪst] *n* accordéoniste *mf*.

**accost** [ə'kɒst] *vt* [gen] accoster, aborder; [subj: prostitute] racoler.

**account** [ə'kaʊnt] ◊ *n* **-1.** [report] récit *m*, compte rendu *m*; **he gave his** ~ **of the accident** il a donné sa version de l'accident; **by his own** ~ **he had had too much to drink** à l'en croire, il avait trop bu. **-2.** [explanation] compte rendu *m*, explication *f*; **to bring** OR **to call sb to** ~ demander des comptes à qqn; **you will be held to** ~ **for all damages** il vous faudra rendre des comptes pour tous les dommages causés. **-3.** [consideration] importance *f*, valeur *f*; **what you think is of no** ~ **to me** ce que vous pensez ne m'intéresse pas; **to take sthg into** ~, **to take** ~ **of sthg** tenir compte de qqch, prendre qqch en compte; **he took little** ~ **of her feelings** il ne tenait pas compte OR faisait peu de cas de ses sentiments. **-4.** [advantage, profit] profit *m*; **to put** OR **to turn one's skills to good** ~ savoir tirer parti de ses compétences; **I started working on my own** ~ j'ai commencé à travailler à mon compte. **-5.** [rendition] interprétation *f*, version *f*; **to give a good** ~ **of o.s.** bien se débrouiller. **-6.** COMM [in bank, with shop] compte *m*; **put it on** OR **charge it to my** ~ mettez cela sur mon compte; **I'd like to settle my** ~ je voudrais régler ma note; **to** ~ **rendered** COMM suivant compte remis ❑ ~**s payable** comptes *mpl* fournisseurs; ~**s receivable** comptes *mpl* clients. **-7.** [detailed record of money] compte *m*; **his wife keeps the** ~**s** c'est sa femme qui tient les comptes. **-8.** [business, patronage] appui *m*; [in advertising] budget *m*. ◊ *vt fml* estimer, considérer.
◆ **by all accounts** *adv phr* aux dires de tout le monde, d'après ce que tout le monde dit.
◆ **on account** *adv phr* à crédit; **I paid £100 on** ~ j'ai versé un acompte de 100 livres.
◆ **on account of** *prep phr* à cause de; **don't leave on** ~ **of me** OR **on my** ~ ne partez pas à cause de moi; **we didn't go on** ~ **of there being a storm** nous n'y sommes pas allés à cause de la tempête.
◆ **on no account** *adv phr* en aucun cas, sous aucun prétexte.
◆ **account for** *vt insep* **-1.** [explain] expliquer, rendre compte de; **there's no** ~**ing for his recent odd behaviour** il n'y a aucune explication à son comportement bizarre des derniers temps; **there's no** ~**ing for taste** les goûts et les couleurs, ça ne se discute pas. **-2.** [answer for] rendre compte de; **all the children are** ~**ed for** aucun des enfants n'a été oublié; **two hostages have not yet been** ~**ed for** deux otages n'ont toujours pas été retrouvés. **-3.** [represent] représenter. **-4.** *fml* [shoot, kill] abattre, tuer; [catch] attraper.

**accountability** [ə,kaʊntə'bɪlətɪ] *n*: **the public wants more police** ~ **le public souhaite que la police réponde davantage de ses actes**; **public** ~ transparence *f*.

**accountable** [ə'kaʊntəbl] *adj* **-1.** [responsible] responsable; **she is not** ~ **for her actions** elle n'est pas responsable de ses actes; **I'm** ~ **to your mother for you** je suis responsable de toi devant ta mère; **they cannot be held** ~ **for the accident** on ne peut les tenir responsables de l'accident. **-2.** [explainable] explicable.

**accountancy** [ə'kaʊntənsɪ] *n* [subject, work] comptabilité *f*; [profession] profession *f* de comptable.

**accountant** [ə'kaʊntənt] *n* comptable *mf*.

**account book** *n* livre *m* de comptes.

**account day** *n* ST. EX jour *m* de liquidation.

**account executive** *n* responsable *mf* de budget.

**accounting** [ə'kaʊntɪŋ] *n* comptabilité *f*; ~ **period** exercice *m*.

**accoutrements** *Br*, **accouterments** *Am* [ə'kuːtrəmənts] *npl* [equipment] attirail *m*; MIL équipement *m*.

**accredit** [ə'kredɪt] *vt* **-1.** [credit] créditer; **they** ~**ed the discovery to him** on lui a attribué cette découverte; **she is** ~**ed with having discovered radium** on lui attribue la découverte du radium. **-2.** [provide with credentials] accréditer; **ambassador** ~**ed to Morocco** ambassadeur accrédité au Maroc. **-3.** [recognize as bona fide] agréer.

**accreditation** [ə,kredı'teıʃn] *n*: to seek ~ chercher à se faire accréditer OR reconnaître.

**accredited** [ə'kredıtıd] *adj* -1. [idea, rumour] admis, accepté. -2. [official, person] accrédité, autorisé. -3. [recognized as bona fide] agréé; ~ **dairy herds** troupeaux *mpl* tuberculinés; ~ **schools** SCH & UNIV *établissements délivrant des diplômes reconnus par l'État*.

**accretion** [æ'kriːʃn] *n* -1. [growth – in size] accroissement *m*; [– of dirt, wealth] accroissement *m*, accumulation *f.*-2. [addition] addition *f*; ~ of property JUR accumulation de biens. -3. GEOL accrétion *f.*-4. MED [adhesion] accrétion *f*; [deposit] concrétion *f.*

**accrual** [ə'kruːəl] *n fml* accumulation *f*; ~s FIN compte *m* de régularisation (du passif).

**accrue** [ə'kruː] *fml* ◇ *vi* -1. [increase] s'accroître, s'accumuler; [interest] courir; ~d **interest** intérêt *m* couru; ~d income recettes *fpl* échues; ~d **expenses** frais *mpl* à payer. -2. [benefit, gain]: to ~ to revenir à. ◇ *vt* accumuler.

**accumulate** [ə'kjuːmjoleıt] ◇ *vt* accumuler. ◇ *vi* s'accumuler.

**accumulation** [ə,kjuːmjo'leıʃn] *n* -1. [process] accumulation *f.*-2. [things collected] amas *m*, tas *m.*-3. FIN [of capital] accroissement *m*; [of interest] accumulation *f.*

**accumulative** [ə'kjuːmjolətıv] *adj* cumulatif, qui s'accumule; FIN cumulatif.

**accumulator** [ə'kjuːmjoleıtəʳ] *n* -1. [battery] accumulateur *m.*-2. *Br* [bet] *pari dont les gains sont placés sur la course suivante.*

**accuracy** ['ækjorəsı] *n* [of aim, description, report, weapon] précision *f*; [of figures, watch] exactitude *f*; [of memory, translation] fidélité *f*, exactitude *f*; [of prediction] justesse *f.*

**accurate** ['ækjorət] *adj* [description, report] précis, juste; [instrument, weapon] précis; [figures, watch] exact; [estimate] juste; [memory, translation] fidèle.

**accurately** ['ækjorətlı] *adv* [count, draw] avec précision; [tell] exactement; [judge, estimate] avec justesse; [remember, translate] fidèlement.

**accursed** [ə'kɜːsıd] *adj* [cursed] maudit; [hateful] maudit, exécrable.

**accusal** [ə'kjuːzl] *n* accusation *f.*

**accusation** [,ækju:'zeıʃn] *n* -1. [gen] accusation *f*; to make an ~ against sb porter une accusation contre qqn; there was a note of ~ in her voice sa voix prenait des accents un tant soit peu accusateurs. -2. JUR accusation *f*, plainte *f*; they brought an ~ of theft against him ils ont porté plainte contre lui pour vol.

**accusative** [ə'kjuːzətıv] ◇ *adj* -1. GRAMM accusatif. -2. = accusatorial. ◇ *n* accusatif *m*; in the ~ à l'accusatif.

**accusatorial** [ə,kjuːzə'tɔ:rıəl], **accusatory** [ə'kjuːzətrı] *adj* -1. [look, tone] accusateur. -2. JUR [system] accusateur.

**accuse** [ə'kjuːz] *vt* accuser; to ~ sb of (doing) sthg accuser qqn de (faire) qqch; he is OR he stands ~d of tax fraud il est accusé de fraude fiscale.

**accused** [ə'kjuːzd] (*pl inv*) *n*: the ~ l'accusé *m*, -e *f*, l'inculpé *m*, -e *f.*

**accuser** [ə'kjuːzəʳ] *n* accusateur *m*, -trice *f.*

**accusing** [ə'kjuːzıŋ] *adj* accusateur.

**accusingly** [ə'kjuːzıŋlı] *adv* de façon accusatrice.

**accustom** [ə'kʌstəm] *vt* habituer, accoutumer; to ~ sb to sthg habituer qqn à qqch.

**accustomed** [ə'kʌstəmd] *adj* -1. [familiar] habitué, accoutumé; to get OR to grow ~ to sthg s'habituer OR s'accoutumer à qqch; I'm not ~ to getting up so early je n'ai pas l'habitude de me lever si tôt. -2. [regular] habituel, coutumier.

**AC/DC** ◇ *written abbr of* **alternating current/direct current**. ◇ *adj inf* [bisexual]: to be ~ marcher à voile et à vapeur.

**ace** [eıs] ◇ *n* -1. GAMES [on card, dice, dominoes] as *m*; to have an ~ up one's sleeve, to have an ~ in the hole avoir un atout en réserve; to hold all the ~s avoir tous les atouts dans son jeu; to come within an ~ of doing sthg être à deux doigts de faire qqch. -2. [expert] as *m*; she's an ~ at chess c'est un as aux échecs. -3. [in tennis] ace *m.*-4. [pilot] as *m*. ◇ *adj inf* super, formidable. ◇ *vt* -1. [in tennis]: he ~d

his opponent il a servi un ace contre son adversaire; *fig* il n'a pas laissé une chance à son adversaire. -2. *Am* [in golf]: to ~ a hole faire un trou en un.

**acerbic** [ə'sɜːbık] *adj* [taste] acerbe; [person, tone] acerbe, caustique.

**acetate** ['æsıteıt] *n* acétate *m.*

**acetic** [ə'siːtık] *adj* acétique.

**acetic acid** *n* acide *m* acétique.

**acetone** ['æsıtəʊn] *n* acétone *f.*

**acetylene** [ə'setıli:n] ◇ *n* acétylène *m*. ◇ *comp* [burner, lamp, torch] à acétylène; [welding] acétylène.

**ACGB** *pr n abbr of* **Arts Council of Great Britain.**

**ache** [eık] ◇ *vi* -1. [feel pain] faire mal, être douloureux; I ~ all over j'ai mal partout; my head/tooth ~s j'ai mal à la tête/aux dents; her heart ~d to see them so unhappy *fig* elle souffrait de les voir si malheureux. -2. [feel desire] avoir très envie. ◇ *n* [physical] douleur *f*; [emotional] peine *f*; ~s and pains douleurs *fpl*, maux *mpl.*

**achieve** [ə'tʃiːv] *vt* [gen] accomplir, faire; [desire, dream, increase] réaliser; [level, objective] arriver à, atteindre; [independence, success] obtenir; we really ~d something today on a vraiment bien avancé aujourd'hui; the demonstration ~d nothing la manifestation n'a servi à rien.

**achievement** [ə'tʃiːvmənt] *n* -1. [deed] exploit *m*, réussite *f*; convincing her to come was quite an ~ c'est un véritable exploit d'avoir réussi à la convaincre de venir. -2. [successful completion] accomplissement *m*, réalisation *f*; I felt a real sense of ~ j'ai vraiment eu le sentiment d'avoir accompli quelque chose. -3. SCH [performance]: ~ **tests** tests *mpl* de niveau.

**achiever** [ə'tʃiːvəʳ] *n* fonceur *m*, -euse *f.*

**Achilles** [ə'kıliːz] *pr n* Achille.

**Achilles' heel** *n* talon *m* d'Achille.

**Achilles' tendon** *n* tendon *m* d'Achille.

**aching** ['eıkıŋ] *adj* douloureux, endolori.

**achy** ['eıkı] *adj* douloureux, endolori.

**acid** ['æsıd] ◇ *n* -1. [gen & CHEM] acide *m.*-2. *inf* [LSD] acide *m*. ◇ *adj* -1. [drink, taste] acide. -2. [remark, tone, wit] mordant, acide; [person] revêche, caustique. -3. CHEM acide.

**acid drop** *n* bonbon *m* acidulé.

**acid house** *n* MUS house *f.*

**acidic** [ə'sıdık] *adj* acide.

**acidity** [ə'sıdətı] *n* CHEM & *fig* acidité *f.*

**acid rain** *n* pluie *f* acide.

**acid test** *n* épreuve *f* décisive.

**acidulous** [ə'sıdjuləs] *adj* acidulé.

**ack-ack** [,æk'æk] *Br dated* ◇ *n* défense *f* contre avions, DCA *f*. ◇ *comp* de DCA, antiaérien.

**acknowledge** [ək'nɒlıdʒ] *vt* -1. [admit truth of] reconnaître, admettre; [defeat, mistake] reconnaître, avouer; we ~ (the fact) that we were wrong nous admettons notre erreur. -2. [show recognition of – person]: she ~d him with a nod elle lui a adressé un signe de la tête; they ~d him as their leader ils l'ont reconnu comme leur chef; he ~d her child (as his) JUR il a reconnu l'enfant (comme étant le sien). -3. [confirm receipt of – greeting, message] répondre à; ADMIN [– letter, package] accuser réception de. -4. [express gratitude for]: he ~d the cheers of the crowd il a salué en réponse aux applaudissements de la foule; I'd like to ~ the help given me by my family j'aimerais remercier ma famille pour l'aide qu'elle m'a apportée.

**acknowledged** [ək'nɒlıdʒd] *adj* [expert, authority] reconnu.

**acknowledg(e)ment** [ək'nɒlıdʒmənt] *n* -1. [admission] reconnaissance *f*; [of mistake] reconnaissance *f*, aveu *m*; in ~ of your letter en réponse à votre lettre; ~ of receipt accusé *m* de réception; he received a watch in ~ of his work il a reçu une montre en reconnaissance OR remerciement de son travail. -2. [letter, receipt] accusé *m* de réception; [for payment] quittance *f*, reçu *m.*

◆ **acknowledg(e)ments** *npl* [in article, book] remerciements *mpl.*

**ACLU** (*abbr of* **American Civil Liberties Union**) *pr n* ligue américaine des droits du citoyen.

**acme** ['ækmı] *n* apogée *m*, point *m* culminant.

**acne** ['æknɪ] *n* acné *f*.

**acolyte** ['ækəlaɪt] *n* [gen & RELIG] acolyte *m*.

**acorn** ['eɪkɔːn] *n* gland *m*; ~ **cup** cupule *f*.

**acoustic** [ə'kuːstɪk] *adj* [feature, phonetics, nerve, engineer] acoustique; ~ **guitar** guitare *f* sèche.

**acoustically** [ə'kuːstɪklɪ] *adv* du point de vue acoustique.

**acoustic coupler** [-'kʌplə ͬ] *n* coupleur *m* acoustique.

**acoustics** [ə'kuːstɪks] ◊ *n* (U) [subject] acoustique *f*. ◊ *npl* [of room, theatre] acoustique *f*; **to have bad/good** ~ avoir une mauvaise/bonne acoustique.

**acoustic tile** *n* carreau *m* acoustique.

**ACPO** ['ækpəʊ] (*abbr of* **Association of Chief Police Officers**) *n* syndicat d'officiers supérieurs de la police britannique.

**acquaint** [ə'kweɪnt] *vt* **-1.** [inform] aviser, renseigner; I'll ~ **you with the facts** je vais vous mettre au courant des faits; **she** ~**ed herself with their customs** elle s'est familiarisée avec leurs habitudes. **-2.** [familiarize]: **to be** ~**ed with** [person, place, subject] connaître; [fact, situation] être au courant de; **we were just getting** ~**ed** on venait juste de faire connaissance.

**acquaintance** [ə'kweɪntəns] *n* **-1.** [person] connaissance *f*, relation *f*; **he has a wide circle of** ~**s** il a des relations très étendues. **-2.** [knowledge] connaissance *f*; **pleased to make your** ~ enchanté de faire votre connaissance; **on closer** OR **further** ~ **he seems quite intelligent** quand on le connaît un peu mieux, il semble assez intelligent; **to have a nodding** OR **passing** ~ **with sb/sthg** connaître vaguement qqn/qqch.

**acquaintanceship** [ə'kweɪntənʃɪp] *n* **-1.** [relationship] relations *fpl*. **-2.** [people] relations *fpl*, cercle *m* de connaissances; **he has a wide** ~ il a de nombreuses relations.

**acquiesce** [ˌækwɪ'es] *vi* acquiescer, consentir; **they** ~**d to our demands** ils ont consenti à nos exigences.

**acquiescence** [ˌækwɪ'esns] *n* acquiescement *m*.

**acquiescent** [ˌækwɪ'esnt] *adj* consentant.

**acquire** [ə'kwaɪə ͬ] *vt* **-1.** [advantage, experience, possession, success] acquérir; [reputation] se faire. **-2.** [information, knowledge, language] apprendre. **-3.** [habit] prendre, contracter; **I've** ~**d a taste for champagne** j'ai pris goût au champagne.

**acquired** [ə'kwaɪəd] *adj* acquis; **an** ~ **taste** un goût acquis.

**acquired immune deficiency syndrome** = AIDS.

**acquisition** [ˌækwɪ'zɪʃn] *n* acquisition *f*.

**acquisitive** [ə'kwɪzɪtɪv] *adj* [for money] âpre au gain; [greedy] avide.

**acquit** [ə'kwɪt] (*pt & pp* **acquitted**, *cont* **acquitting**) *vt* **-1.** [release – from duty, responsibility] acquitter, décharger; JUR acquitter, relaxer; **to** ~ **sb of sthg** acquitter qqn de qqch. **-2.** [behave]: **to** ~ **o.s. well/badly** bien/mal s'en tirer. . **-3.** [debt, duty] s'acquitter de.

**acquittal** [ə'kwɪtl] *n* **-1.** [of duty] accomplissement *m*. **-2.** JUR acquittement *m*. **-3.** [of debt, obligation] acquittement *m*.

**acre** ['eɪkə ͬ] *n* ≃ demi-hectare *m*, acre *f*; **they have** ~**s of room** *fig* ils ont des kilomètres de place.

**acreage** ['eɪkərɪdʒ] *n* aire *f*, superficie *f*; **how much** ~ **do you have here?** combien avez-vous d'hectares ici?

**acrid** ['ækrɪd] *adj* **-1.** [smell, taste] âcre. **-2.** [language, remark] acerbe, mordant.

**acrimonious** [ˌækrɪ'məʊnjəs] *adj* [person, remark] acrimonieux, hargneux; [attack, dispute] virulent.

**acrimoniously** [ˌækrɪ'məʊnjəslɪ] *adv* [say] avec amertume; **the meeting ended** ~ la réunion s'est terminée dans l'amertume.

**acrimony** ['ækrɪmənɪ] *n* acrimonie *f*, hargne *f*.

**acrobat** ['ækrəbæt] *n* acrobate *mf*.

**acrobatic** [ˌækrə'bætɪk] *adj* acrobatique.

**acrobatics** [ˌækrə'bætɪks] *npl* acrobatie *f*; **to do** OR **to perform** ~ faire des acrobaties OR de l'acrobatie.

**acronym** ['ækrənɪm] *n* acronyme *m*.

**Acropolis** [ə'krɒpəlɪs] *prn* **the** ~ l'Acropole *f*.

**across** [ə'krɒs] ◊ *prep* **-1.** [from one side to the other of] d'un côté à l'autre de; **to walk** ~ **sthg** traverser qqch; **I ran** ~ **the street** j'ai traversé la rue en courant; **they built a bridge** ~ **the lake** ils ont construit un pont sur le lac; **he lay** ~ **the bed** il était couché OR allongé en travers du lit; **she felt a pain** ~

her chest une douleur lui a traversé la poitrine; **he's very broad** ~ **the shoulders** il est très large d'épaules. **-2.** [on or to the other side of] de l'autre côté de; **the house** ~ **the street** la maison d'en face; **he sat** ~ **the table from me** il s'assit en face de moi; **can you help me** ~ **the road?** pouvez-vous m'aider à traverser la rue?; **she glanced** ~ **the room at us** elle nous lança un regard de l'autre bout de la pièce. **-3.** [so as to cover]: **he leaned** ~ **my desk** il s'est penché par-dessus mon bureau; **a smile spread** ~ **her face** un sourire a éclairé son visage. **-4.** [so as to cross] en travers de, à travers; **the study of literature** ~ **cultures** l'étude de la littérature à travers différentes cultures; **the lines cut** ~ **each other** les lignes se coupent. **-5.** [throughout]: **he gave speeches all** ~ **Europe** il a fait des discours dans toute l'Europe. **-6.** [on]: **he hit me** ~ **the face** il m'a frappé au visage.

◊ *adv* **-1.** [from one side to the other] d'un côté à l'autre; **the room is 3 metres** ~ la pièce fait 3 mètres de large; **I helped him** ~ je l'ai aidé à traverser. **-2.** [on or to the other side] de l'autre côté; **he reached** ~ **and picked the pen up** il a tendu le bras et a pris le stylo; **she walked** ~ **to Mary** elle s'est dirigée vers Mary; **I looked** ~ **at my mother** j'ai regardé ma mère. **-3.** [in crosswords] horizontalement.

◆ **across from** *prep phr* en face de.

**across-the-board** *adj* général, systématique.

◆ **across the board** *adv phr* systématiquement; **stock prices have fallen across the board** le prix des actions a baissé de façon systématique.

**acrostic** [ə'krɒstɪk] *n* acrostiche *m*.

**acrylic** [ə'krɪlɪk] ◊ *adj* acrylique. ◊ *n* acrylique *m*.

**act** [ækt] ◊ *vi* **-1.** [take action] agir; **they** ~**ed for the best** ils ont agi pour le mieux; **she has a good lawyer** ~**ing for her** elle est représentée par un bon avocat; **to** ~ **on behalf of sb**, **to** ~ **on sb's behalf** agir au nom de qqn. **-2.** [serve]: **to** ~ **as** servir de, faire office de; **she** ~**ed as my interpreter** elle m'a servi d'interprète. **-3.** [behave] agir, se comporter; **she just** ~**s dumb** elle fait l'innocente; **you** ~**ed like a fool** vous vous êtes conduit comme un imbécile; **he** ~**s as though he were bored** on dirait comme s'il s'ennuyait; **she's just** ~**ing like she's angry** elle joue à OR fait celle qui est en colère. **-4.** [perform a part] jouer. **-5.** [produce an effect, work] agir.

◊ *vt* [part] jouer, tenir; [play] jouer; *fig*: **he tries to** ~ **the dutiful husband** il essaie de jouer les maris parfaits; **stop** ~**ing the fool!** arrête de faire l'imbécile!; ~ **your age!** sois raisonnable!

◊ *n* **-1.** [action, deed] acte *m*; **the Acts of the Apostles** les Actes des Apôtres; **an** ~ **of God** un acte divin; **to be caught in the** ~ être pris sur le fait; **to get in on the** ~ être dans le coup. **-2.** [pretence] comédie *f*, numéro *m*; **to put on an** ~ jouer la comédie; **I'm not fooled by your worried mother** ~! ton numéro de mère anxieuse ne prendra pas avec moi!-**3.** [in circus, show] numéro *m*; **a comedy** ~ un numéro de comédie ❑ **to get one's** ~ **together** *inf* se reprendre. **-4.** THEAT [part of play] acte *m*.-**5.** [law] loi *f*; **an** ~ **of Congress/Parliament** une loi du Congrès/Parlement; **the Act of Supremacy** l'Acte de suprématie; **the Act of Union** l'Acte d'union.

◆ **act on** *vt insep* **-1.** [advice, suggestion] suivre; [order] exécuter; **she** ~**ed on the information we gave her** elle a suivi les OR s'est conformée aux indications que nous lui avons données; ~**ing on your instructions**, **we have cancelled your account** selon vos instructions, nous avons fermé votre compte. **-2.** [chemical, drug] agir sur.

◆ **act out** ◊ *vt sep* [fantasy] vivre; [emotions] exprimer (par mime); [event, story] mimer. ◊ *vi insep* PSYCH passer à l'acte.

◆ **act up** *vi insep* *inf* [person] faire l'idiot, déconner; [engine, machine] déconner.

◆ **act upon** = **act on**.

**ACT** (*abbr of* **American College Test**) *n* examen de fin d'études secondaires aux États-Unis.

**acting** ['æktɪŋ] ◊ *n* **-1.** [profession] profession *f* d'acteur, profession *f* d'actrice; **I've done a bit of** ~ [theatre] j'ai fait un peu de théâtre; [cinema] j'ai fait un peu de cinéma. **-2.** [performance] interprétation *f*, jeu *m*. ◊ *adj* **-1.** [temporary] provisoire, par intérim; ~ **director/president** directeur/président par intérim. **-2.** [lessons, school] de comédien.

**action** ['ækʃn] ◊ *n* **-1.** [process] action *f*; **it's time for** ~ il est temps d'agir, passons aux actes; **to go into** ~ entrer en action; **to take** ~ prendre des mesures; **we must take** ~ **to**

stop them nous devons agir pour les arrêter; **to put sthg into** ~ [idea, policy] mettre qqch en pratique; [plan] mettre qqch à exécution; [machine] mettre qqch en marche; **she's an excellent dancer, you should see her in** ~ c'est une excellente danseuse, vous devriez la voir en action; **the car is out of** ~ *Br* la voiture est en panne; **the storm put the telephone out of** ~ le téléphone est en dérangement à cause de l'orage; **her accident will put her out of** ~ **for four months** son accident va la mettre hors de combat pour quatre mois. **-2.** [deed] acte *m*, geste *m*, action *f*; ~**s speak louder than words** les actes en disent plus long que les mots. **-3.** [of chemical, drug, force] effet *m*, action *f*. **-4.** [activity, events] activité *f*; **he wants to be where the** ~ **is** *inf* il veut être au cœur de l'action; ~**!** CIN silence, on tourne!; **we all want a piece of the** ~ *inf* nous voulons tous être dans le coup. **-5.** [of book, film, play] intrigue *f*, action *f*. **-6.** [movement – of person] gestes *mpl*; [– of animal] allure *f*; [– of heart] fonctionnement *m*. **-7.** [operating mechanism – of clock] mécanique *f*, mécanisme *m*; [– of gun] mécanisme *m*; [– of piano] action *f*, mécanique *f*. **-8.** JUR procès *m*, action *f* en justice; **to bring an** ~ **against sb** intenter une action contre qqn. **-9.** MIL [fighting] combat *m*, action *f*; **to go into** ~ engager le combat; **killed in** ~ tué au combat. ◇ *comp* [film, photography] d'action. ◇ *vt* [idea, suggestion] mettre en action OR en pratique; [plan] mettre à exécution.

**actionable** ['ækʃnəbl] *adj* [allegations, deed, person] passible de poursuites; [claim] recevable.

**action group** *n* groupe *m* de pression.

**action-packed** *adj* [film] bourré d'action; [holiday] rempli d'activités, bien rempli.

**action painting** *n* peinture *f* gestuelle.

**action replay** *n Br* TV répétition *f* immédiate d'une séquence.

**action stations** ◇ *npl* MIL postes *mpl* de combat. ◇ *interj*: ~**!** à vos postes!

**activate** ['æktɪveɪt] *vt* **-1.** [gen, CHEM & TECH] activer. **-2.** PHYS rendre radioactif.

**activation** [,æktɪ'veɪʃn] *n* activation *f*.

**active** ['æktɪv] ◇ *adj* **-1.** [lively – person] actif, dynamique; [– imagination] vif, actif. **-2.** [busy, involved – person] actif, énergique; [– life, stock market] actif; **to be** ~ **in sthg, to take an** ~ **part in sthg** prendre une part active à qqch; **to be politically** ~ être engagé; **to be sexually** ~ avoir une activité sexuelle; ~ **minority** minorité *f* agissante. **-3.** [keen – encouragement, interest] vif; **they took his suggestion into** ~ **consideration** ils ont soumis sa proposition à une étude attentive; **you have our** ~ **support** vous avez notre soutien total. **-4.** [in operation – account] actif; [– case, file] en cours; [– law, regulation] en vigueur; [– volcano] en activité. **-5.** [chemical, ingredient] actif. **-6.** GRAMM actif; **the** ~ **voice** la voix active, l'actif *m*. **-7.** MIL actif; **to be on** ~ **service** *Br* OR **duty** *Am* être en service actif; **he saw** ~ **service in the Far East** il a servi en Extrême-Orient. **-8.** PHYS actif, radioactif. ◇ *n* GRAMM [voice] actif *m*; [verb] verbe *m* actif; **a verb in the** ~ un verbe à l'actif.

**actively** ['æktɪvlɪ] *adv* **-1.** [involve, participate] activement. **-2.** [disagree, discourage] vivement, activement.

**activist** ['æktɪvɪst] *n* militant *m*, -e *f*, activiste *mf*.

**activity** [æk'tɪvətɪ] (*pl* **activities**) *n* **-1.** [of brain, person] activité *f*; [of place, bank account] mouvement *m*; **economic/political** ~ activité économique/politique. **-2.** [occupation] activité *f*; **leisure activities** activités de loisir.

**activity holiday** *n Br* vacances *fpl* actives.

**actor** ['æktə<sup>r</sup>] *n* acteur *m*, comédien *m*.

**actress** ['æktrɪs] *n* actrice *f*, comédienne *f*.

**ACTT** (*abbr of* **Association of Cinematographic, Television and Allied Technicians**) *pr n* ancien syndicat britannique des techniciens du cinéma et de l'audiovisuel, aujourd'hui remplacé par BECTU.

**actual** ['æktʃʊəl] *adj* **-1.** [genuine] réel, véritable; [existing as a real fact] concret; **what were her** ~ **words?** quels étaient ses mots exacts?; **to take an** ~ **example** prendre un exemple concret; **the** ~ **result was quite different** le résultat véritable était plutôt différent; **the** ~ **cost was £1,000** le coût exact était de 1 000 livres. **-2.** [emphatic use] même.

◆ **in actual fact** *adv phr* en fait.

**actuality** [,æktʃʊ'ælətɪ] (*pl* **actualities**) *n* réalité *f*; **in** ~ en réalité; **the actualities of the situation** les conditions réelles de la situation.

**actually** ['æktʃʊəlɪ] *adv* **-1.** [establishing a fact] vraiment; **I haven't** ~ **read the book** à vrai dire, je n'ai pas lu le livre; **what did he** ~ **say?** qu'est-ce qu'il a dit vraiment?**-2.** [emphatic use] vraiment; **you mean she** ~ **speaks Latin!** tu veux dire qu'elle parle vraiment le latin!**-3.** [contradicting or qualifying] en fait; **she's** ~ **older than she looks** en fait, elle est plus âgée qu'elle n'en a l'air; **I suppose you've never been there** — **I have,** ~ je suppose que vous n'y êtes jamais allé — si, en fait. **-4.** [in requests, advice etc] en fait; ~**, you could set the table** en fait, tu pourrais mettre la table.

**actuarial** [,æktjʊ'eərɪəl] *adj* actuariel.

**actuary** ['æktjʊərɪ] (*pl* **actuaries**) *n* actuaire *mf*.

**actuate** ['æktjʊeɪt] *vt* **-1.** [machine, system] mettre en marche, faire marcher. **-2.** *fml* [person] faire agir, inciter.

**acuity** [ə'kjuːətɪ] *n* [of hearing, sight] acuité *f*; [of person, thought] perspicacité *f*.

**acumen** ['ækjʊmen] *n* perspicacité *f*, flair *m*; **business** ~ sens *m* des affaires.

**acupuncture** ['ækjʊpʌŋktʃə<sup>r</sup>] *n* acupuncture *f*.

**acupuncturist** ['ækjʊpʌŋktʃərɪst] *n* acupuncteur *m*, -trice *f*.

**acute** [ə'kjuːt] ◇ *adj* **-1.** [hearing, sense] fin; [sight] pénétrant, perçant; **an** ~ **sense of hearing** l'ouïe fine. **-2.** [perceptive – mind, person] perspicace, pénétrant; [– intelligence] fin, vif; [– analysis] fin. **-3.** [severe – pain] aigu (*f* -uë), vif; [– anxiety, distress] vif; [– shortage] critique, grave. **-4.** MED [attack, illness] aigu (*f* -uë). **-5.** [angle] aigu (*f* -uë). **-6.** GRAMM [accent] aigu (*f* -uë); **it's spelled with an 'e'** ~ ça s'écrit avec un «e» accent aigu. ◇ *n* accent *m* aigu.

**acutely** [ə'kjuːtlɪ] *adv* **-1.** [intensely – be aware, feel] vivement; [– suffer] intensément. **-2.** [extremely – embarrassing, unhappy] très, profondément. **-3.** [shrewdly] avec perspicacité.

**ad** [æd] (*abbr of* **advertisement**) *n inf* [in newspaper] petite annonce *f*; [on TV] pub *f*; **to put an** ~ **in the newspaper** passer une annonce dans le journal.

**AD** ◇ *adv* (*abbr of* **Anno Domini**) apr. J.-C. ◇ *n abbr of* **active duty**.

**adage** ['ædɪdʒ] *n* adage *m*.

**Adam** ['ædəm] ◇ *pr n* Adam; **I don't know him from** ~ je ne le connais ni d'Ève ni d'Adam. ◇ *adj* dans le style Adam (*style architectural créé par les Écossais Robert et James Adam au XVIII<sup>e</sup> siècle*).

**adamant** ['ædəmənt] *adj* résolu, inflexible.

**adamantly** ['ædəməntlɪ] *adv* résolument.

**Adam's apple** *n* pomme *f* d'Adam.

**adapt** [ə'dæpt] ◇ *vt* **-1.** [adjust] adapter, ajuster. **-2.** [book, play] adapter; **the play was** ~**ed for television** la pièce a été adaptée pour la télévision. ◇ *vi* s'adapter; **she** ~**ed well to the change** elle s'est bien adaptée au changement.

**adaptability** [ə,dæptə'bɪlətɪ] *n* [of person] faculté *f* d'adaptation, adaptabilité *f*.

**adaptable** [ə'dæptəbl] *adj* adaptable.

**adaptation** [,ædæp'teɪʃn] *n* [of person, work] adaptation *f*.

**adapter, adaptor** [ə'dæptə<sup>r</sup>] *n* **-1.** [person] adaptateur *m*, -trice *f*. **-2.** [device] adaptateur *m*; [multiple plug] prise *f* multiple.

**ADC** *n* **-1.** *abbr of* **aide-de-camp**. **-2.** (*abbr of* **analogue-digital converter**) CAN *m*.

**add** [æd] ◇ *vt* **-1.** [put together] ajouter; ~ **her name to the list** ajoute son nom à la liste ❑ **to** ~ **fuel to the fire** jeter de l'huile sur le feu. **-2.** [say] ajouter. **-3.** MATH [figures] additionner; [column of figures] totaliser; ~ **4 and 9, or** OR **9 to 4** additionnez 4 et 9; **it will** ~ **(on) another £100 to the cost** cela augmentera le coût de 100 livres; **they added (on) 10% for service** ils ont ajouté 10 % pour le service. ◇ *vi* faire des additions.

◆ **add on** *vt sep* = **add 3**.

◆ **add to** *vt sep* ajouter à, accroître.

◆ **add up** ◇ *vt sep* [find the sum of – figures] additionner; [– bill, column of figures] totaliser; **we** ~**ed up the advantages and disadvantages** nous avons fait le total des avantages et des inconvénients. ◇ *vi insep* **-1.** [figures, results] se recouper; **these figures don't** ~ **up** ces chiffres ne font pas le compte;

the bill doesn't ~ up la note n'est pas juste; **it just doesn't ~ up** *fig* il y a quelque chose qui cloche OR qui ne marche pas. **-2.** = **add** *vi.*
◆ **add up to** *vt insep* **-1.** [subj: figures] s'élever à, se monter à. **-2.** *fig* [subj: results, situation] signifier, se résumer à.

**added** ['ædɪd] *adj* supplémentaire.

**addend** [ə'dend] *n* nombre *m* OR nombres *mpl* à ajouter.

**addendum** [ə'dendəm] (*pl* **addenda** [-də]) *n* addendum *m*, addenda *mpl*.

**adder** ['ædər] *n* **-1.** [snake] vipère *f*. **-2.** [machine] additionneur *m*.

**addict** ['ædɪkt] *n* **-1.** MED intoxiqué *m*, -e *f*. **-2.** *fig* fanatique *mf*, fana *mf*, mordu *m*, -e *f*; **she's a film** ~ c'est une fana OR mordue de cinéma.

**addicted** [ə'dɪktɪd] *adj* **-1.** MED adonné. **-2.** *fig:* **to be** ~ **to** sthg s'adonner à qqch, se passionner pour qqch; **she's** ~ **to exercise/hard work** c'est une mordue d'exercice/de travail.

**addiction** [ə'dɪkʃn] *n* MED dépendance *f*; *fig* penchant *m* fort, forte inclination *f*.

**addictive** [ə'dɪktɪv] *adj* MED qui crée une dépendance; **chocolate is very** ~ *hum* le chocolat, c'est une vraie drogue, on devient vite accro au chocolat.

**adding machine** ['ædɪŋ-] *n* calculatrice *f*, machine *f* à calculer.

**Addison's disease** ['ædɪsnz-] *n* maladie *f* bronzée d'Addison.

**addition** [ə'dɪʃn] *n* **-1.** [gen & MATH] addition *f*. **-2.** [something or someone added] addition *f*, ajout *m*; **they're going to have an** ~ **to the family** leur famille va s'agrandir; **she's a welcome new** ~ **to our staff** nous sommes heureux de la compter au sein du personnel. **-3.** *Am* [to house] annexe *f*.
◆ **in addition** *adv phr* de plus, de surcroît.
◆ **in addition to** *prep phr* en plus de.

**additional** [ə'dɪʃənl] *adj* additionnel; [supplementary] supplémentaire; **there is an** ~ **charge on certain trains** il y a un supplément à payer pour certains trains.

**additionally** [ə'dɪʃənəlɪ] *adv* **-1.** [further, more] davantage, plus. **-2.** [moreover] en outre, de plus.

**additive** ['ædɪtɪv] ◇ *adj* additif. ◇ *n* additif *m*.

**addled** ['ædld] *adj* **-1.** [person] aux idées confuses, brouillon; [brain] fumeux, brouillon; [ideas] confus. **-2.** [egg] pourri.

**add-on** *n* COMPUT dispositif *m* supplémentaire.

**address** [ə'dres] ◇ *vt* **-1.** [envelope, letter, package] adresser, mettre l'adresse sur; **the letter is** ~**ed to you** cette lettre vous est adressée. **-2.** [direct] adresser; ~ **all complaints to the manager** adressez vos doléances au directeur. **-3.** [speak to] s'adresser à; [write to] écrire à; **she stood up and** ~**ed the audience** elle s'est levée et a pris la parole devant l'assistance; **to** ~ **the chair** s'adresser au président. **-4.** [deal with – subject, theme] traiter, examiner; [– issue, problem] aborder; **to** ~ **o.s. to a task** s'attaquer OR se mettre à une tâche. **-5.** [take position facing] faire face à. ◇ *n* **-1.** [of building, person] adresse *f*; **we've changed our** ~ nous avons changé d'adresse. **-2.** [speech] discours *m*, allocution *f*. **-3.** COMPUT adresse *f*. **-4.** *Br* POL [message to sovereign] adresse *f*. **-5.** *arch* [way of speaking] conversation *f*; [way of behaving] abord *m*.

**address book** *n* carnet *m* d'adresses.

**addressee** [,ædre'siː] *n* destinataire *mf*.

**adduce** [ə'djuːs] *vt* [explanation, proof, reason] fournir, apporter; [expert] invoquer, citer.

**Adelaide** ['ædəleɪd] *prn* Adélaïde.

**Adélie Land** ['ædeɪlɪ-] *prn* terre Adélie *f*.

**adenoidal** [,ædɪ'nɔɪdl] *adj* adénoïde.

**adenoids** ['ædɪnɔɪdz] *npl* végétations *fpl* (adénoïdes).

**adept** [*adj* ə'dept, *n* 'ædept] ◇ *adj* habile, adroit; **to be** ~ **at doing sthg** être adroit à faire qqch; **she's** ~ **in mathematics** elle est douée en mathématiques. ◇ *n* expert *m*.

**adequacy** ['ædɪkwəsɪ] *n* **-1.** [of amount, payment, sum] fait *m* d'être suffisant. **-2.** [of person] compétence *f*, compétences *fpl*, capacité *f*, capacités *fpl*; [of description, expression] justesse *f*.

**adequate** ['ædɪkwət] *adj* **-1.** [in amount, quantity] suffisant, adéquat. **-2.** [appropriate] qui convient, adapté; **he proved** ~ **to the task** il s'est révélé être à la hauteur de la tâche; **this flat is hardly** ~ **for a family of six** cet appartement ne convient guère à une famille de six personnes; **this one is quite** ~ celui-ci fera très bien l'affaire. **-3.** [just satisfactory] acceptable, satisfaisant.

**adequately** ['ædɪkwətlɪ] *adv* **-1.** [sufficiently] suffisamment. **-2.** [satisfactorily] convenablement.

**adhere** [əd'hɪər] *vi* **-1.** [stick] coller, adhérer; **to** ~ **to sthg** coller à qqch. **-2.** [join] adhérer, s'inscrire; **to** ~ **to a political party** s'inscrire à un parti politique. **-3.** [remain loyal]: **to** ~ **to** [party] adhérer à; [rule] obéir à; [plan] se conformer à; [belief, idea] adhérer à, souscrire à.

**adherence** [əd'hɪərəns] *n* adhésion *f*; ~ **to sthg** adhésion à qqch.

**adherent** [əd'hɪərənt] ◇ *adj* adhérent. ◇ *n* [to party] adhérent *m*, -e *f*, partisan *m*, -e *f*; [to agreement] adhérent *m*, -e *f*; [to belief, religion] adepte *mf*.

**adhesion** [əd'hiːʒn] *n* [attachment] adhérence *f*; PHYS adhésion *f*; MED adhérence *f*.

**adhesive** [əd'hiːsɪv] ◇ *adj* adhésif, collant; ~ **tape** [gen] ruban *m* adhésif, Scotch® *m*; MED sparadrap *m*. ◇ *n* adhésif *m*.

**ad hoc** [,æd'hɒk] ◇ *adj* [committee] ad hoc (*inv*); [decision, solution] adapté aux circonstances, ponctuel; **the board meets on an** ~ **basis** le conseil se réunit de façon ad hoc. ◇ *adv* à l'improviste.

**adieu** [ə'djuː] (*pl* **adieus** OR **adieux** [ə'djuːz]) *n* adieu *m*.

**ad infinitum** [,ædɪnfɪ'naɪtəm] *adv* à l'infini.

**adipose** ['ædɪpəʊs] *adj* adipeux.

**adjacent** [ə'dʒeɪsənt] *adj* **-1.** [sharing common boundary – house, room] contigu (*f* -ë), voisin; [– building] qui jouxte, mitoyen; [– country, territory] limitrophe; **their house is** ~ **to the police station** leur maison jouxte le commissariat de police. **-2.** [nearby – street] adjacent; [– town] proche, avoisinant. **-3.** MATH adjacent.

**adjectival** [,ædʒek'taɪvl] *adj* adjectif, adjectival.

**adjective** ['ædʒɪktɪv] *n* adjectif *m*.

**adjoin** [ə'dʒɔɪn] ◇ *vt* [house, land, room]: **they had rooms** ~**ing mine** leurs chambres étaient contiguës à la mienne. ◇ *vi* être contigu.

**adjoining** [ə'dʒɔɪnɪŋ] *adj* contigu (*f* -ë), attenant; ~ **rooms** des pièces contiguës; **at the** ~ **table** à la table voisine.

**adjourn** [ə'dʒɜːn] ◇ *vt* **-1.** [committee, court – break off] suspendre la séance; [– end] lever la séance. **-2.** [move elsewhere] se retirer, passer; **shall we** ~ **to the living room for coffee?** passerons-nous au salon pour prendre le café? ◇ *vt*

---

**USAGE ▶ Addressing someone**

**In the street**

Excusez-moi OR Pardon, monsieur, savez-vous où se trouve la gare routière?
Monsieur, s'il vous plaît!

**To a group**

Mesdames, messieurs, s'il vous plaît.
Votre attention, s'il vous plaît.
Écoutez-moi, les enfants!

**In a shop or restaurant**

Garçon/Mademoiselle/Madame, s'il vous plaît!
Vous désirez, madame?
Vous avez terminé? [said by waiter]

**Using professional titles**

Madame la directrice, voici le rapport financier.
Au revoir, docteur, et merci!
Madame!/Monsieur! [to a teacher]

**-1.** [break off] suspendre. **-2.** [defer] ajourner, remettre, reporter; let's ~ this discussion until tomorrow reportons cette discussion à demain; the president ~ed the meeting le président a levé la séance.

**adjournment** [ə'dʒɜːnmənt] n [of discussion, meeting] suspension f, ajournement m; JUR [of trial] remise f, renvoi m; to call for an ~ demander un renvoi; to move the ~ demander la clôture.

**adjudge** [ə'dʒʌdʒ] vt fml **-1.** [pronounce] déclarer. **-2.** JUR [judge] prononcer, déclarer; [award] adjuger, accorder.

**adjudicate** [ə'dʒuːdɪkeɪt] ◇ vi **-1.** [give a decision] se prononcer. **-2.** [serve as judge] arbitrer. ◇ vt [claim] décider; [competition] juger.

**adjudication** [ə,dʒuːdɪ'keɪʃn] n **-1.** [process] jugement m, arbitration f; the matter is up for ~ l'affaire est en jugement. **-2.** [decision] jugement m, décision f; JUR arrêt m; ~ of bankruptcy JUR déclaration f de faillite.

**adjudicator** [ə'dʒuːdɪkeɪtər] n [of competition] juge m, arbitre m; [of dispute] arbitre m.

**adjunct** ['ædʒʌŋkt] n **-1.** [addition] accessoire m. **-2.** [subordinate person] adjoint m, -e f, auxiliaire mf. **-3.** GRAMM complément m adverbial.

**adjust** [ə'dʒʌst] ◇ vt **-1.** [regulate – heat, height, speed] ajuster, régler; [– knob, loudness] ajuster; [– brakes, machine, television] régler, mettre au point; [– clock] régler. **-2.** [alter – plan, programme] ajuster, mettre au point; [– length, size] ajuster; [– salary, wage] rajuster. **-3.** [correct] rectifier; **figures** ~ed for inflation chiffres en monnaie constante. **-4.** [position of clothing, hat] rajuster. **-5.** [adapt] ajuster, adapter. **-6.** [insurance]: to ~ a claim ajuster une demande d'indemnité. ◇ vi **-1.** [adapt] s'adapter; to ~ to sthg s'adapter à qqch. **-2.** [chair, machine] se régler, s'ajuster.

**adjustable** [ə'dʒʌstəbl] adj [chair, height, speed] ajustable, réglable; [shape, size] ajustable, adaptable; [hours, rate] flexible; ~ **spanner** clé f à molette OR anglaise.

**adjusted** [ə'dʒʌstɪd] adj: **well** ~ équilibré; **badly** ~ pas équilibré.

**adjustment** [ə'dʒʌstmənt] n **-1.** [to heat, height, speed] ajustement m, réglage m; [to knob, loudness] ajustement m; [to brakes, machine, television] réglage m, mise f au point; [to clock] réglage m. **-2.** [to plan, programme] ajustement m, mise f au point; [to length, size] ajustement m; [to salary, wage] rajustement m. **-3.** [correction] rectification f. **-4.** [adaptation – of person] adaptation f.

**adjutant** ['ædʒʊtənt] n MIL adjudant-major m.

**ad-lib** [,æd'lɪb] (pt & pp **ad-libbed**, cont **ad-libbing**) ◇ vi & vt improviser. ◇ adj improvisé, impromptu.

◆ **ad lib** ◇ n [improvised performance] improvisation f, improvisations fpl; [witticism] mot m d'esprit. ◇ adv **-1.** [without preparation] à l'improviste. **-2.** [without limit] à volonté. **-3.** MUS ad libitum.

**adman** inf ['ædmæn] (pl **admen** [-men]) n publicitaire m.

**admin** ['ædmɪn] (abbr of **administration**) n inf travail m administratif.

**administer** [əd'mɪnɪstər] ◇ vt **-1.** [manage – business, institution] diriger, administrer, gérer; [– finances, fund] gérer; [– country, public institution] administrer; [– estate] régir. **-2.** fml [dispense – blow, medicine, punishment, test, last rites] administrer; [– law] appliquer; [– justice] rendre, dispenser; to ~ an oath (to sb) faire prêter serment (à qqn). ◇ vi fml: to ~ to sb subvenir aux besoins de qqn.

**administrate** [əd'mɪnɪstreɪt] = **administer** vt 1.

**administration** [əd,mɪnɪ'streɪʃn] n **-1.** [process – of business, institution] direction f, administration f, gestion f; [– of finances, fund] gestion f; [– of country, public institution] administration f; [– of estate] curatelle f. **-2.** [people – of business, institution] direction f, administration f; [– of country, public institution] administration f. **-3.** POL gouvernement m. **-4.** [of help, justice, medicine, punishment] administration f. **-5.** [of oath] prestation f.

**administrative** [əd'mɪnɪstrətɪv] adj administratif.

**administrator** [əd'mɪnɪstreɪtər] n [of business, institution] directeur m, -trice f, administrateur m, -trice f; [of area, public institution] administrateur, -trice f; [of estate] curateur m, -trice f.

**admirable** ['ædmərəbl] adj admirable, excellent.

**admirably** ['ædmərəblɪ] adv admirablement.

**admiral** ['ædmərəl] n **-1.** NAUT amiral m; ~ **of the fleet, fleet** ~ ≃ amiral de France. **-2.** [butterfly] vanesse f.

**admiralty** ['ædmərəltɪ] (pl **admiralties**) n amirauté f; the Admiralty (Board) Br ≃ le ministère de la Marine; ~ **court/law** tribunal m/droit m maritime.

**admiration** [,ædmə'reɪʃn] n **-1.** [feeling] admiration f. **-2.** [person, thing]: she was the ~ of the entire class elle faisait l'admiration de la classe entière.

**admire** [əd'maɪər] vt admirer; he ~d (her for) the way she dealt with the press il admirait la façon dont elle savait s'y prendre avec la presse.

**admirer** [əd'maɪərər] n admirateur m, -trice f.

**admiring** [əd'maɪərɪŋ] adj admiratif.

**admiringly** [əd'maɪərɪŋlɪ] adv avec admiration.

**admissibility** [əd,mɪsə'bɪlətɪ] n [of behaviour, plan] admissibilité f; JUR recevabilité f.

**admissible** [əd'mɪsəbl] adj [behaviour, plan] admissible; [document] valable; JUR [claim, evidence] recevable.

**admission** [əd'mɪʃn] n **-1.** [entry] admission f, entrée f; the ~ of Portugal to the EC l'entrée du Portugal dans la CEE; '~ £1.50' 'entrée £1.50'; to gain ~ to a club être admis dans un club; they granted women ~ to the club ils ont admis les femmes dans le club || SCH & UNIV: ~s office service m des inscriptions; ~s form dossier m d'inscription. **-2.** [fee] droit m d'entrée. **-3.** [person admitted – to theatre] entrée f; [– to school] candidat m accepté; [– to club] membre m accepté. **-4.** [statement] déclaration f; [confession] aveu m; an ~ of guilt un aveu; by OR on one's own ~ de son propre aveu. **-5.** JUR [acknowledgement] reconnaissance f, admission f.

**admit** [əd'mɪt] (pt & pp **admitted**, cont **admitting**) vt **-1.** [concede] admettre, reconnaître, avouer; I ~ I was wrong je reconnais que j'ai eu tort; she refused to ~ defeat elle a refusé de reconnaître sa défaite; no one would ~ doing it personne ne voulait admettre l'avoir fait; it is generally admitted that women live longer than men il est généralement admis que les femmes vivent plus longtemps que les hommes. **-2.** [confess] avouer; he admitted taking bribes il a reconnu avoir accepté des pots-de-vin. **-3.** [allow to enter – person] laisser entrer, faire entrer; [– air, light] laisser passer, laisser entrer; '~ two' [on ticket] 'valable pour deux personnes'; he was admitted to (the) hospital il a été admis à l'hôpital; to be admitted to a university être admis à l'université; admitting office Am [in hospital] service m des admissions. **-4.** [accommodate] (pouvoir) contenir OR recevoir. **-5.** fml [allow] admettre, permettre. **-6.** JUR [claim] faire droit à; [evidence] admettre comme valable.

◆ **admit of** vt insep fml admettre, permettre; her behaviour ~s of no excuse son attitude est inexcusable.

◆ **admit to** vt insep [acknowledge] admettre, reconnaître; [confess] avouer; she did ~ to a feeling of loss elle a effectivement avoué ressentir un sentiment de perte.

**admittance** [əd'mɪtəns] n admission f, entrée f; 'no ~' 'accès interdit au public'; his supporters gained ~ to the courtroom/to the president ses supporters ont réussi à entrer dans le tribunal/à s'approcher du président.

**admittedly** [əd'mɪtɪdlɪ] adv: ~, he's weak on economics, but he's an excellent manager d'accord, l'économie n'est pas son point fort, mais il fait un excellent gestionnaire; our members, although ~ few in number, are very keen nos membres, peu nombreux il faut le reconnaître, sont très enthousiastes.

**admixture** [,æd'mɪkstʃər] n fml **-1.** [mixture] mélange m. **-2.** [ingredient] ingrédient m.

**admonish** [əd'mɒnɪʃ] vt **-1.** [rebuke] réprimander, admonester. **-2.** [warn] avertir, prévenir; JUR admonester.

**admonition** [,ædmə'nɪʃn] n **-1.** [rebuke] réprimande f, remontrance f; [warning] avertissement m; JUR admonition f.

**ad nauseam** [,æd'nɔːzɪæm] adv literal jusqu'à la nausée; fig à satiété; she went on about her holiday ~ elle nous a raconté ses vacances à n'en plus finir.

**ado** [ə'duː] n: without more OR further ~ sans plus de cérémonie OR de manières ❑ 'Much Ado About Nothing' Shakespeare 'Beaucoup de bruit pour rien'.

**adobe** [ə'dəʊbɪ] ◇ n adobe m. ◇ comp [house, wall] d'adobe.

**adolescence** [,ædə'lesns] n adolescence f.

**adolescent** [ˌædə'lesnt] ◇ n adolescent m, -e f. ◇ adj [boy, girl] adolescent; pej [childish] enfantin, puéril pej.

**Adonis** [ə'dəʊnɪs] pr n MYTH Adonis; a young ~ fig un jeune Apollon.

**adopt** [ə'dɒpt] vt -1. [child] adopter. -2. [choose – plan, technique] adopter, suivre, choisir; [– country, name] adopter, choisir; [– career] choisir, embrasser; POL [– candidate] choisir. -3. [assume – position] prendre; [– accent, tone] adopter, prendre. -4. fml [approve – minutes, report] approuver; [– motion] adopter.

**adopted** [ə'dɒptɪd] adj [child] adoptif; [country] d'adoption, adoptif.

**adoption** [ə'dɒpʃn] n -1. [of child, country, custom] adoption f; she's an American by ~ elle est américaine d'adoption. -2. [of candidate, career, plan] choix m.-3. fml [of bill, motion] adoption f.

**adoptive** [ə'dɒptɪv] adj [child] adoptif; [country] d'adoption, adoptif.

**adorable** [ə'dɔːrəbl] adj adorable.

**adoration** [ˌædə'reɪʃn] n adoration f; in ~ en adoration ❑ 'The Adoration of the Magi' 'l'Adoration des Mages'.

**adore** [ə'dɔːr] vt -1. RELIG adorer. -2. inf [like] adorer; I ~ walking in the rain j'adore marcher sous la pluie.

**adoring** [ə'dɔːrɪŋ] adj [look] d'adoration; [smile] rempli d'adoration; [mother] dévoué; [fans] fervent.

**adoringly** [ə'dɔːrɪŋlɪ] adv avec adoration.

**adorn** [ə'dɔːn] vt fml OR lit -1. [decorate – dress, hair] orner, parer; [– room, table] orner; she ~ed herself with jewels elle s'est parée de bijoux. -2. [story] embellir.

**adornment** [ə'dɔːnmənt] n -1. [act, art] décoration f.-2. [of dress, hair] parure f; [of room, table] ornement m.

**ADP** n abbr of automatic data processing.

**adrenal gland** n surrénale f.

**adrenalin(e)** [ə'drenəlɪn] n adrénaline f.

**Adriatic** [ˌeɪdrɪ'ætɪk] pr n: the ~ (Sea) l'Adriatique f, la mer Adriatique.

**adrift** [ə'drɪft] ◇ adv -1. NAUT à la dérive; their boat had been cut ~ leur bateau avait été détaché. -2. Br [undone]: to come OR to go ~ se détacher, se défaire ◇ adj [boat] à la dérive; fig abandonné; she was (all) ~ elle divaguait complètement.

**adroit** [ə'drɔɪt] adj adroit, habile.

**ADT** (abbr of **Atlantic Daylight Time**) n heure d'été des Provinces Maritimes du Canada et d'une partie des Caraïbes.

**adulation** [ˌædjuː'leɪʃn] n flagornerie f.

**adulatory** ['ædjʊleɪtərɪ] adj adulateur.

**adult** ['ædʌlt] ◇ n adulte mf; 'for ~s only' 'interdit aux moins de 18 ans'. ◇ adj -1. [fully grown] adulte. -2. [mature] adulte. -3. [book, film, subject] pour adultes.

**adult education** n enseignement m pour adultes.

**adulterate** [ə'dʌltəˌreɪt] vt frelater; they ~d the wine with water ils ont coupé le vin (avec de l'eau).

**adulterer** [ə'dʌltərər] n adultère m (personne).

**adulteress** [ə'dʌltərɪs] n adultère f.

**adulterous** [ə'dʌltərəs] adj adultère.

**adultery** [ə'dʌltərɪ] n adultère m (acte).

**adulthood** ['ædʌlthʊd] n âge m adulte.

**adumbrate** ['ædʌmbreɪt] vt fml -1. [outline] ébaucher, esquisser. -2. [foreshadow] faire pressentir. -3. [obscure] obscurcir, voiler.

**advance** [əd'vɑːns] ◇ vt -1. [clock, tape, film] faire avancer; [time, event] avancer; the date of the meeting was ~d by one week la réunion a été avancée d'une semaine. -2. [further – project, work] avancer; [– interest, cause] promouvoir. -3. [suggest – idea, proposition] avancer, mettre en avant; [– opinion] avancer, émettre; [– explanation] avancer. -4. [money] avancer, faire une avance de. -5. fml [increase] augmenter, hausser.

◇ vi -1. [go forward] avancer, s'avancer; to ~ on OR towards sthg avancer OR s'avancer vers qqch. -2. [make progress] avancer, progresser, faire des progrès. -3. [time] avancer, s'écouler; [evening, winter] avancer. -4. fml [price, rent] monter, augmenter. -5. [be promoted] avancer, obtenir de l'avancement; MIL monter en grade.

◇ n -1. [forward movement] avance f, marche f en avant; MIL avance f, progression f; the ~ of old age fig le vieillissement. -2. [progress] progrès m. -3. [money] avance f; an ~ on his salary une avance sur son salaire. -4. fml [in price, rent] hausse f, augmentation f.

◇ comp -1. [prior] préalable; ~ booking is advisable il est recommandé de réserver à l'avance; ~ booking office guichet m de location; ~ notice préavis m, avertissement m; ~ payment paiement m anticipé; ~ warning avertissement m.-2. [preceding]: ~ copy [of book] exemplaire m de lancement; [of speech] texte m distribué à l'avance; ~ group OR party [gen] groupe m de reconnaissance; MIL pointe f d'avant-garde; ~ man Am POL organisateur m de la publicité (pour une campagne politique).

◆ **advances** npl avances fpl; to make ~s to sb faire des avances à qqn.

◆ **in advance** adv phr [beforehand – pay, thank] à l'avance, d'avance; [– prepare, reserve, write] à l'avance; he sent the messenger on in ~ [ahead] il a envoyé le messager devant; they arrived in ~ of their guests ils sont arrivés en avance sur OR avant leurs invités.

**advanced** [əd'vɑːnst] adj -1. [course, education] supérieur; [– child, country, pupil] avancé; [research, work] poussé; [equipment, technology] avancé, de pointe; the system is very ~ technologically le système est très en avance au niveau technologique ❑ ~ mathematics mathématiques fpl supérieures. -2. [afternoon, season] avancé; a woman of ~ years, a woman in ~ years une femme d'un âge avancé.

**Advanced level** → **A level**.

**advancement** [əd'vɑːnsmənt] n -1. [promotion] avancement m, promotion f.-2. [improvement] progrès m, avancement m.

**advantage** [əd'vɑːntɪdʒ] ◇ n -1. [benefit] avantage m; they have an ~ over us OR the ~ of us ils ont un avantage sur nous; the plan has the ~ of being extremely cheap le plan présente l'avantage d'être extrêmement bon marché; it's to your ~ to learn another language c'est (dans) ton intérêt d'apprendre une autre langue; she turned the situation to her ~ elle a tiré parti de la situation, elle a tourné la situation à son avantage; to take ~ of sthg (to do sthg) profiter de qqch (pour faire qqch); to take ~ of sb [make use of] profiter de qqn; [exploit] exploiter qqn; [abuse sexually] abuser de qqn; she uses her charm to great ~ elle sait user de son charme; that colour shows her eyes off to great ~ cette couleur met ses yeux en valeur; this lighting shows the pictures to their ~ cet éclairage met les tableaux en valeur. -2. TENNIS avantage m.-3. [in team sports]: to play the ~ rule laisser jouer la règle de l'avantage. ◇ vt avantager.

**advantageous** [ˌædvən'teɪdʒəs] adj avantageux; to be ~ to sb être avantageux pour qqn, avantager qqn.

**advent** ['ædvənt] n fml OR lit [coming] venue f, avènement m.

◆ **Advent** n RELIG l'Avent m; Advent Sunday le premier dimanche de l'Avent.

**Advent calendar** n calendrier m de l'Avent.

**adventure** [əd'ventʃər] ◇ n -1. [experience] aventure f.-2. [excitement] aventure f; he has no spirit of ~ il n'a pas le goût du risque. -3. [financial operation] spéculation f hasardeuse. ◇ comp [film, novel] d'aventures.

**adventure holiday** n vacances organisées avec des activités sportives.

**adventure playground** n Br sorte d'aire de jeux.

**adventurer** [əd'ventʃərər] n aventurier m; pej aventurier m, intrigant m.

**adventuresome** [əd'ventʃəsəm] adj Am aventureux, téméraire.

**adventurous** [əd'ventʃərəs] adj [person, spirit] aventureux, audacieux; [life, project] aventureux, hasardeux.

**adverb** ['ædvɜːb] n adverbe m.

**adverbial** [əd'vɜːbɪəl] adj adverbial.

**adversarial** [ˌædvə'seərɪəl] adj antagoniste, hostile.

**adversary** ['ædvəsərɪ] (pl **adversaries**) n adversaire mf.

**adverse** ['ædvɜːs] adj [comment, criticism, opinion] défavorable, hostile; [circumstances, report] défavorable; [effect] opposé, contraire; [wind] contraire, debout; the match was cancelled due to ~ weather conditions le match a été annulé à cause du mauvais temps.

**adversely** ['ædvɜːslɪ] adv: [affect]: the harvest was ~ affected by frost la récolte a été très touchée par les gelées.

**adversity** [əd'vɜːsətɪ] (*pl* **adversities**) *n* **-1.** [distress] adversité *f*; in the face of ~ dans l'adversité. **-2.** [incident] malheur *m*.

**advert**[1] ['ædvɜːt] *n Br inf* [advertisement] (petite) annonce *f*; COMM annonce *f* publicitaire, pub *f*; the ~s TV la pub.

**advert**[2] [əd'vɜːt] *vi fml* [refer] se rapporter, se référer; he ~ed to the incident in his report il a fait allusion à l'incident dans son rapport.

**advertise** ['ædvətaɪz] ◇ *vt* **-1.** COMM faire de la publicité pour; I heard his new record ~d on the radio j'ai entendu la publicité pour son nouveau disque à la radio. **-2.** [subj: individual, group] mettre une (petite) annonce pour; we ~d our house in the local paper nous avons mis OR passé une annonce pour vendre notre maison dans le journal local. **-3.** [make known] afficher; don't go advertising the fact that we're thinking of leaving ne va pas crier sur les toits que nous pensons partir. ◇ *vi* **-1.** COMM faire de la publicité; to ~ in the press/on radio/on TV faire de la publicité dans la presse/à la radio/à la télévision. **-2.** [announce] mettre une (petite) annonce OR des annonces. **-3.** [make request] chercher par voie d'annonce.

**advertisement** [*Br* əd'vɜːtɪsmənt, *Am* ˌædvər'taɪzmənt] *n* **-1.** COMM [in all media] annonce *f* publicitaire, publicité *f*; TV spot *m* publicitaire; are the ~s effective? la publicité est-elle efficace? **-2.** [for event, house, sale] (petite) annonce *f*; to put an ~ in the paper passer une annonce dans le journal; I got the job through an ~ j'ai eu le poste grâce à une annonce. **-3.** *fig* [example]: this company is a good/poor ~ for public ownership la situation de cette société plaide/ne plaide pas en faveur de la nationalisation.

**advertiser** ['ædvətaɪzər] *n* annonceur *m* (publicitaire).

**advertising** ['ædvətaɪzɪŋ] ◇ *n* (U) **-1.** [promotion] publicité *f*. **-2.** [advertisements] publicité *f*. **-3.** [business] publicité *f*. ◇ *comp* [rates, revenues] publicitaire; ~ agency agence *f* de publicité; ~ campaign campagne *f* publicitaire OR de publicité; ~ jingle jingle *m*, sonal *m* offic; Advertising Standards Authority *Br* ≃ Bureau *m* de vérification de la publicité.

**advice** [əd'vaɪs] *n* **-1.** (U) [counsel] conseil *m*; a piece of ~ un conseil; he asked his father's ~, he asked his father for ~ il a demandé conseil à OR a consulté son père; let me give you some ~ permettez que je vous donne un conseil OR que je vous conseille; to take OR follow sb's ~ suivre le conseil de qqn; take my ~ and say nothing to her suis mon conseil, ne lui dis rien; my ~ to you would be to write a letter of apology je te conseille d'envoyer une lettre d'excuses; I took OR followed your ~ and called him suivant votre conseil, je l'ai appelé; to take legal/medical ~ consulter un avocat/un médecin. **-2.** [notification] avis *m*; as per ~ suivant avis □ ~ note, letter of ~ avis *m*.

**advisability** [əd,vaɪzə'bɪlətɪ] *n* opportunité *f*, bien-fondé *m*;

they discussed the ~ of performing another operation ils ont discuté de l'opportunité d'une nouvelle opération.

**advisable** [əd'vaɪzəbl] *adj* conseillé, recommandé; it would be ~ to lock the door il serait prudent OR préférable que vous fermiez la porte à clé; I don't think it's ~ to go out je ne vous conseille pas de sortir.

**advise** [əd'vaɪz] *vt* **-1.** [give advice to] conseiller, donner des conseils à; [recommend] recommander; to ~ sb to do sthg conseiller à qqn de faire qqch; we ~d them to wait nous leur avons conseillé d'attendre; he ~d them against taking legal action il leur a déconseillé d'intenter une action en justice. **-2.** [act as counsel to] conseiller; she ~s the government on education elle conseille le gouvernement en matière d'éducation. **-3.** *fml* [inform] aviser, informer.

**advised** [əd'vaɪzd] *adj* [thought-out] réfléchi, délibéré; [judicious] judicieux.

**advisedly** [əd'vaɪzɪdlɪ] *adv* délibérément, en connaissance de cause.

**advisement** [əd'vaɪzmənt] *n Am* [consultation]: the matter is still under ~ aucune décision n'a encore été prise.

**adviser** *Br*, **advisor** *Am* [əd'vaɪzər] *n* conseiller *m*, -ère *f*; SCH & UNIV conseiller *m*, -ère *f* pédagogique.

**advisory** [əd'vaɪzərɪ] *adj* **-1.** [role, work] consultatif, de conseil; he's employed in an ~ capacity il est employé à titre consultatif □ ~ board OR body organe *m* consultatif; ~ opinion *Am* JUR avis *m* consultatif de la cour. **-2.** [informative]: ~ bulletin bulletin *m* de renseignements.

**advocacy** ['ædvəkəsɪ] *n* soutien *m* appuyé, plaidoyer *m*.

**advocate** [*vb* 'ædvəkeɪt, *n* 'ædvəkət] ◇ *vt* prôner, préconiser. ◇ *n* **-1.** [supporter] défenseur *m*, avocat *m*, -e *f*; a strong ~ of free enterprise un fervent partisan de la libre entreprise. **-2.** [barrister] avocat *m* (plaidant), avocate *f* (plaidante).

**advt** *written abbr of* **advertisement**.

**AEA** (*abbr of* **Atomic Energy Authority**) *pr n Br* ≃ CEA *f*.

**AEC** (*abbr of* **Atomic Energy Commission**) *pr n Am* ≃ CEA *f*.

**AEEU** (*abbr of* **Amalgamated Engineering and Electrical Union**) *pr n* syndicat britannique de l'industrie mécanique.

**Aegean** [iː'dʒiːən] ◇ *pr n*: the ~ la mer Égée. ◇ *adj* égéen; the ~ Sea la mer Égée; the ~ Islands les îles *fpl* de la mer Égée.

**Aegina** [iː'dʒaɪnə] *pr n* Égine.

**aegis** ['iːdʒɪs] *n fig* & MYTH égide *f*; under the ~ of sous l'égide de.

**Aeneas** [ɪ'niːəs] *pr n* Énée.

**Aeneid** [ɪ'niːɪd] *pr n*: 'The ~' *Virgil* 'l'Énéide'.

**aeolian harp** [iː'əʊljən-] *n* harpe *f* éolienne.

**aeon** ['iːən] *n* **-1.** [age] période *f* incommensurable; GEOL ère *f*. **-2.** PHILOS éon *m*.

**aerate** ['eɪəreɪt] *vt* **-1.** [liquid] gazéifier; [blood] oxygéner. **-2.** [soil] retourner.

---

## USAGE ▶    Advice

**Asking for advice**

Que dois-je faire?
Que feriez-vous à ma place?
Pensez-vous qu'il faut le lui dire?
Qu'est-ce que tu en penses?

▷ *more tentatively:*

Je voudrais vous demander conseil.
J'aurais besoin d'un conseil.
Pourrais-je avoir votre opinion?
J'aimerais connaître votre sentiment sur ce point.
Je ne sais pas quoi faire, qu'en pensez vous?

**Giving advice**

Il faut absolument le lui dire.
À ta place je n'hésiterais pas, je (le) lui dirais.
Si j'étais toi, je (le) lui dirais.
Je vous conseille de le lui dire.
Tu devrais le lui dire.

▷ *more tentatively:*

Je ne crois pas qu'il soit sage de lui en parler. [formal]
Vous seriez bien avisé de le lui dire. [formal]
Tu ferais peut-être bien OR mieux de le lui dire.
Ce serait peut-être une bonne idée de le lui dire, non?
Pourquoi ne pas le lui dire carrément?
Et si tu lui en parlais?

**Formulas for introducing a piece of advice**

Tu veux mon avis?
Si tu veux mon avis/un (bon) conseil ...
Laissez-moi vous dire ce que j'en pense: ...

▷ *more tentatively:*

Je n'ai pas de conseil à te donner, mais ...
Ne le prends pas mal, mais ...
Je sais que ça ne me regarde pas, mais ...
Sans vouloir me mêler de ce qui ne me regarde pas ...
Tu sais, je crois que ...

**aerial** ['eəriəl] ◇ *adj* [in the air] aérien; ~ **cable car**, ~ **railway** téléphérique *m*; ~ **photograph** photographie *f* aérienne. ◇ *n* RADIO & TV antenne *f*.

**aerobatics** [,eərəʊ'bætiks] (*pl inv*) *n* acrobatie *f* aérienne, acrobaties *fpl* aériennes.

**aerobic** [eə'rəʊbik] *adj* aérobie.

**aerobics** [eə'rəʊbiks] ◇ *n* (*U*) aérobic *m*; **to do** ~ faire de l'aérobic. ◇ *comp* [class, teacher] d'aérobic.

**aerodrome** ['eərədrəʊm] *n* aérodrome *m*.

**aerodynamic** [,eərəʊdai'næmik] *adj* aérodynamique.

**aerodynamics** [,eərəʊdai'næmiks] *n* (*U*) aérodynamique *f*.

**aero-engine** ['eərəʊ-] *n* aéromoteur *m*.

**aerofoil** ['eərəfɔil] *n* Br surface *f* portante, plan *m* de sustentation.

**aerogram** ['eərəgræm] *n* -1. [letter] aérogramme *m*.-2. [radiotelegram] radiotélégramme *m*.

**aeronaut** ['eərənɔːt] *n* aéronaute *mf*.

**aeronautic(al)** [,eərə'nɔːtik(l)] *adj* aéronautique.

**aeronautics** [,eərə'nɔːtiks] *n* (*U*) aéronautique *f*.

**aeroplane** ['eərəplein] *n* Br avion *m*.

**aerosol** ['eərəsɒl] ◇ *n* -1. [suspension system] aérosol *m*.-2. [container] bombe *f*, aérosol *m*. ◇ *comp* [container, spray] aérosol; [hairspray, paint] en aérosol, en bombe.

**aerospace** ['eərəʊ,speis] ◇ *n* aérospatiale *f*. ◇ *comp* [industry, research] aérospatial.

**Aesop** ['iːsɒp] *prn* Ésope; '~'s Fables' 'les Fables d'Ésope'.

**aesthete** ['iːsθiːt] *n* esthète *mf*.

**aesthetic** [iːs'θetik] *adj* esthétique.

**aesthetically** [iːs'θetikli] *adv* esthétiquement.

**aestheticism** [iːs'θetisizm] *n* esthétisme *m*.

**aesthetics** [iːs'θetiks] *n* (*U*) esthétique *f*.

**afar** [ə'fɑːʳ] *adv lit* au loin, à (grande) distance.
◆ **from afar** *adv phr* de loin.

**AFDC** (*abbr of* **Aid to Families with Dependent Children**) *n* type d'allocations familiales, destinées tout particulièrement aux familles monoparentales.

**affable** ['æfəbl] *adj* [person] affable, aimable; [conversation, interview] chaleureux.

**affably** ['æfəbli] *adv* affablement, avec affabilité.

**affair** [ə'feəʳ] *n* -1. [event] affaire *f*; **the meeting was a noisy** ~ la réunion était bruyante; **it was a sorry** ~ c'était une histoire lamentable. -2. [business, matter] affaire *f*.-3. [concern] affaire *f*; **whether I go or not is my** ~ que j'y aille ou non ne regarde que moi. -4. [sexual] liaison *f*, aventure *f*.-5. *inf* [thing] truc *m*; **he was driving one of those sporty** ~**s** il conduisait une de ces voitures genre sport.
◆ **affairs** *npl* [business, matters] affaires *fpl*; **her financial** ~**s** ses finances; **I'm not interested in your private** ~**s je ne m'intéresse pas à votre vie privée; to put one's** ~**s in order** [business] mettre de l'ordre dans ses affaires; **given the current state of** ~**s** étant donné la situation actuelle, les choses étant ce qu'elles sont; **it's an embarrassing state of** ~**s la si**tuation est gênante; **this is a fine state of** ~**s!** *iron* c'est du propre!; ~**s of state** affaires d'État.

**affect** [*vb* ə'fekt, *n* 'æfekt] ◇ *vt* -1. [have effect on – person, life] avoir un effet sur, affecter; [influence – decision, outcome] influer sur, avoir une incidence sur; **I don't see how your decision** ~**s her je ne vois pas en quoi votre décision change pour elle; she doesn't seem to be particularly** ~**ed by the noise elle ne semble pas être particulièrement dérangée par le bruit; these plants were badly** ~**ed by a late frost ces plantes ont beaucoup souffert des gelées tardives; the bad weather has** ~**ed sporting events this weekend le mau**vais temps a eu des répercussions sur les événements sportifs du week-end. -2. [concern, involve] toucher, concerner. -3. [emotionally] affecter, émouvoir, toucher; **don't let it** ~ **you ne vous laissez pas abattre par cela.** -4. MED [subj: illness, epidemic] atteindre; [subj: drug] agir sur; **it has been proved that smoking** ~**s your health il est prouvé que le** tabac est nocif pour la santé; **thousands of people are** ~**ed by this incurable disease des milliers de gens sont touchés** OR **concernés par cette maladie incurable; a disease that** ~**s the kidneys une maladie qui affecte les reins; she has had a stroke, but her speech is not** ~**ed elle a eu une attaque,** mais les fonctions du langage ne sont pas atteintes. -5. *fml*

[pretend, feign – indifference, surprise] affecter, feindre; [– illness] feindre, simuler. -6. BOT & ZOOL [climate, habitat] être un habitué OR des habitués de, affecter.
◇ *n* PSYCH affect *m*.

**affectation** [,æfek'teiʃn] *n* -1. [in behaviour, manners] affectation *f*, manque *m* de naturel; [in language, style] manque *m* de naturel; **without** ~ simple, sans manières. -2. [mannerism] pose *f*.-3. [pretence] semblant *m*, simulacre *m*.

**affected** [ə'fektid] *adj* [person, behaviour] affecté, maniéré; [accent, dress, language] affecté, recherché.

**affectedly** [ə'fektidli] *adv* avec affectation, d'une manière affectée.

**affection** [ə'fekʃn] *n* -1. [liking] affection *f*, tendresse *f*. -2. (*usu pl*) affection *f*; **to gain** OR **to win (a place in) sb's** ~**s ga**gner l'affection OR le cœur de qqn; **she transferred her** ~**s to another man** elle a reporté son affection sur un autre homme. -3. MED affection *f*, maladie *f*.

**affectionate** [ə'fekʃənət] *adj* affectueux, tendre.

**affectionately** [ə'fekʃənətli] *adv* affectueusement.

**affective** [ə'fektiv] *adj* [gen, LING & PSYCH] affectif.

**affidavit** [,æfi'deivit] *n* déclaration *f* sous serment (*écrite*).

**affiliate** [ə'filieit, *n* & *comp* ə'filiət] ◇ *vt* affilier; **to** ~ **o.s. to** OR **with s'affilier à; the local group decided not to** ~ **(itself) to the national organization la section locale a décidé de ne pas s'affilier au mouvement national. ◇ *n* [person] affilié *m*, -e *f*; [organization] groupe *m* affilié. ◇ *comp* [member, organization] affilié.

**affiliated** [ə'filieitid] *adj* [member, organization] affilié; **to be** ~ **to** OR **with être affilié à; an** ~ **company une filiale.**

**affiliation** [ə,fili'eiʃn] *n* -1. ADMIN & COMM affiliation *f*.-2. JUR attribution *f* de paternité; ~ **order jugement** *m* en reconnaissance de paternité. -3. [connection] attache *f*; **his political** ~**s ses attaches politiques.

**affinity** [ə'finəti] (*pl* **affinities**) *n* -1. [connection, link] lien *m*, affinité *f*; BIOL affinité *f*, parenté *f*; CHEM affinité *f*; **the affinities between the English and German languages la res**semblance OR la parenté entre l'anglais et l'allemand. -2. [attraction] affinité *f*, attraction *f*; **he has little** ~ **for** OR **with modern art il est peu attiré par l'art moderne; she feels a strong sense of** ~ **with** OR **for him elle se sent beaucoup d'affinités avec lui. -3. JUR [relation] affinité *f*.

**affirm** [ə'fɜːm] *vt* -1. [state] affirmer, soutenir; **'I will be there' he** ~**ed «j'y serai» assura-t-il. -2. [profess – belief]** professer, proclamer; [– intention] proclamer. -3. [support – person] soutenir.

**affirmation** [,æfə'meiʃn] *n* affirmation *f*, assertion *f*.

**affirmative** [ə'fɜːmətiv] ◇ *n* -1. GRAMM affirmatif *m*; **in the** ~ à la forme affirmative. -2. [in reply] **the answer is in the** ~ la réponse est affirmative. ◇ *adj* affirmatif. ◇ *interj*: ~! affirmatif!

**affirmative action** *n* Am (*U*) mesures *fpl* d'embauche anti-discriminatoires (*en faveur des minorités*).

**affix** [*vb* ə'fiks, *n* 'æfiks] ◇ *vt* [seal, signature] apposer; [stamp] coller; [poster] afficher, poser. ◇ *n* LING affixe *m*.

**afflict** [ə'flikt] *vt* affecter; **to be** ~**ed with a disease souffrir d'une maladie.

**affliction** [ə'flikʃn] *n* -1. [suffering] affliction *f*; [distress] détresse *f*.-2. [misfortune] affliction *f*, souffrance *f*; **blindness is a terrible** ~ la cécité est une grande infirmité.

**affluence** ['æfluəns] *n* [wealth] richesse *f*; **in times of** ~ en période de prospérité.

**affluent** ['æfluənt] ◇ *adj* -1. [wealthy] aisé, riche; **the** ~ **society la société d'abondance. -2. *lit* [abundant] abondant. ◇ *n* GEOG affluent *m*.

**afford** [ə'fɔːd] *vt* -1. [money] avoir les moyens de payer; **she couldn't** ~ **to buy a car elle n'avait pas les moyens d'acheter une voiture; how much can you** ~? combien pouvez-vous mettre?, jusqu'à combien pouvez-vous aller?; **I can't** ~ **£50! je ne peux pas mettre 50 livres!-2. [time, energy]: the doctor can only** ~ **(to spend) a few minutes with each pa**tient le médecin ne peut pas se permettre de passer plus de quelques minutes avec chaque patient; **I'd love to come, but I can't** ~ **the time j'aimerais beaucoup venir mais je ne peux absolument pas me libérer. -3. [allow o.s.] se permettre; **I can't** ~ **to take any risks je ne peux pas me permettre**

de prendre des risques; we can't ~ another delay nous ne pouvons pas nous permettre encore un retard. **-4.** *lit* [provide] fournir, offrir; **this ~s me great pleasure** ceci me procure un grand plaisir.

**affordable** [ə'fɔːdəbl] *adj* [commodity] (dont le prix est) abordable; **at an ~ price** à un prix abordable.

**afforestation** [æ,fɒrɪ'steɪʃn] *n* boisement *m*.

**affray** [ə'freɪ] *n* échauffourée *f*.

**affricate** ['æfrɪkət] *n* affriquée *f*.

**affront** [ə'frʌnt] ◊ *n* affront *m*, insulte *f*; **to suffer an ~** essuyer un affront; **it was an ~ to her dignity** c'était un affront à sa dignité. ◊ *vt* [offend] faire un affront à, insulter, offenser; **to feel ~ed** se sentir offensé.

**Afghan** ['æfgæn] ◊ *n* **-1.** [person] Afghan *m*, -e *f*. **-2.** LING afghan *m*. **-3.** [dog] lévrier *m* afghan. **-4.** [coat] afghan *m*. **-5.** *Am* [blanket] couverture *f* en lainage. ◊ *adj* afghan; **~ hound** lévrier *m* afghan.

**Afghani** [æf'gænɪ] GEOG & LING = **Afghan**.

**Afghanistan** [æf'gænɪstæn] *pr n* Afghanistan *m*.

**aficionado** [ə,fɪsjə'nɑːdəʊ] (*pl* **aficionados**) *n* aficionado *m*, amoureux *m*; **theatre ~s**, **~s of the theatre** les aficionados du théâtre.

**afield** [ə'fiːld] *adv*: **to go far ~** aller loin; **people came from as far ~ as Australia** les gens venaient même d'Australie; **don't go too far ~** n'allez pas trop loin.

**afire** [ə'faɪəʳ] *lit* ◊ *adj* **-1.** [burning] en feu, embrasé. **-2.** *fig* [with emotion] enflammé. ◊ *adv*: **to set sthg ~** *literal* mettre le feu à qqch, *fig* embraser qqch.

**aflame** [ə'fleɪm] *lit* ◊ *adj* **-1.** [burning] en flammes, en feu. **-2.** [emotionally] enflammé. **-3.** [in colour]: **the sky was ~ with colour** le ciel flamboyait de couleurs vives. ◊ *adv*: **to set ~** *literal* mettre le feu à; *fig* exciter, enflammer.

**AFL-CIO** (*abbr of* **American Federation of Labor and Congress of Industrial Organizations**) *pr n* *la plus grande confédération syndicale américaine*.

**afloat** [ə'fləʊt] ◊ *adj* **-1.** [swimmer] qui surnage; [boat] à flot; [cork, oil] flottant; *fig* [business] à flot. **-2.** [flooded] inondé. ◊ *adv* **-1.** [floating] à flot, sur l'eau; **we managed to get OR to set the raft ~** nous avons réussi à mettre le radeau à flot; **to stay ~** [swimmer] garder la tête hors de l'eau, surnager; [boat] rester à flot; **to keep sthg/sb ~** maintenir qqch/qqn à flot ‖ *fig*: **to get a business ~** [from start] mettre une entreprise à flot; [from financial difficulties] renflouer une entreprise; **small businesses struggling to stay ~** des petites entreprises qui luttent pour se maintenir à flot. **-2.** [on boat]: **holiday spent ~** [on barge] vacances en péniche; [at sea] vacances en mer.

**aflutter** [ə'flʌtəʳ] ◊ *adj*: **to be (all) ~ with excitement** tressaillir d'excitation. ◊ *adv*: **she set my heart ~** elle fit battre mon cœur.

**afoot** [ə'fʊt] *adj* [in preparation]: **there is something ~** il se prépare OR il se trame quelque chose; **there is a scheme ~ to build a new motorway** on a formé le projet OR on envisage de construire une nouvelle autoroute.

**aforementioned** [ə'fɔː,menʃənd] *adj fml* susmentionné, précité; **the ~ persons** lesdites personnes.

**aforenamed** [ə'fɔːneɪmd] *adj fml* susnommé, précité.

**aforesaid** [ə'fɔːsed] *adj fml* susdit, précité.

**aforethought** [ə'fɔːθɔːt] *adj fml* prémédité.

**afoul** [ə'faʊl] *adv lit*: **to run ~ of sb** se mettre qqn à dos, s'attirer le mécontentement de qqn.

**afraid** [ə'freɪd] *adj* **-1.** [frightened]: **to be ~** avoir peur; **to make sb ~** faire peur à qqn; **she is ~ of the dark** elle a peur du noir; **there's nothing to be ~ of** il n'y a rien à craindre; **she was ~ (that) the dog would OR might bite her** elle avait peur OR elle craignait que le chien (ne) la morde; **he is ~ for his life** il craint pour sa vie; **she was ~ for her daughter** elle avait peur pour sa fille. **-2.** [indicating reluctance, hesitation]: **he isn't ~ of work** le travail ne lui fait pas peur; **don't be ~ to speak out OR of speaking your mind** n'ayez pas peur de dire ce que vous pensez; **I'm ~ (that) I'll say the wrong thing** je crains OR j'ai peur de ne pas dire ce qu'il faut. **-3.** [indicating regret]: **I'm ~ I won't be able to come** je regrette OR je suis désolé de ne pouvoir venir; **I'm ~ I can't help you** je regrette OR je suis désolé, mais je ne peux pas vous aider; **I'm ~ to say...** j'ai le regret de dire...; **I'm ~ so**

j'ai bien peur que oui, j'en ai bien peur; **I'm ~ not** j'ai bien peur que non, j'en ai bien peur.

**afresh** [ə'freʃ] *adv* de nouveau; **we'll have to start ~** il va falloir recommencer OR reprendre à zéro.

**Africa** ['æfrɪkə] *pr n* Afrique *f*; **in ~** en Afrique ❑ **'Out of ~'** *Blixen* 'la Ferme africaine'.

**African** ['æfrɪkən] ◊ *n* Africain *m*, -e *f*. ◊ *adj* africain.

**African American** *n* Noir *m* américain, Noire *f* américaine.

**African violet** *n* saintpaulia *m*.

**Afrikaans** [,æfrɪ'kɑːns] *n* afrikaans *m*.

**Afrikaner** [,æfrɪ'kɑːnəʳ] *n* Afrikaner *mf*.

**Afro** ['æfrəʊ] (*pl* **Afros**) ◊ *adj* [hairstyle] afro. ◊ *n* coiffure *f* afro.

**Afro-American** ◊ *n* Afro-Américain *m*, -e *f*. ◊ *adj* afro-américain.

**Afro-Asian** ◊ *n* Afro-Asiatique *mf*. ◊ *adj* afro-asiatique.

**Afro-Caribbean** ◊ *n* Afro-antillais *m*, -e *f*. ◊ *adj* afro-antillais.

**aft** [ɑːft] ◊ *adv* NAUT & AERON à OR vers l'arrière. ◊ *adj* [deck] arrière.

**after** ['ɑːftəʳ] ◊ *prep* **-1.** [in time – gen] après; [– period] après, au bout de; **~ dark** la nuit est tombée de la nuit; **which she left après quoi** she left après quoi elle est partie; **it is ~ six o'clock already** il est déjà six heures passées OR plus de six heures; **it's twenty ~ eight** *Am* il est huit heures vingt; **the day ~ tomorrow** après-demain *m*; **~ this date** ADMIN passé OR après cette date. **-2.** [in space] après; [in series, priority etc] après; **Rothman comes ~ Richardson** Rothman vient après Richardson; **~ you** [politely] après vous (je vous en prie); **~ you with the paper** tu peux me passer le journal quand tu l'auras fini. **-3.** [following consecutively]: **day ~ day** jour après jour; **time ~ time** maintes (et maintes) fois; **(for) mile ~ mile** sur des kilomètres et des kilomètres; **he's made mistake ~ mistake** il a fait erreur sur erreur; **generation ~ generation of farmers** des générations entières de fermiers; **it's been one crisis ~ another** ever since she arrived on va de crise en crise depuis son arrivée. **-4.** [behind] après, derrière; **close the door ~ you** fermez la porte derrière vous; **he locked up ~ them** il a tout fermé après leur départ OR après qu'ils soient partis. **-5.** [in view of] après; **~ what you told me** après ce que vous m'avez dit. **-6.** [in spite of]: **~ all the trouble I took, no-one came** après OR malgré tout le mal que je me suis donné, personne n'est venu. **-7.** [in the manner of]: **~ Rubens** d'après Rubens. **-8.** [in search of]: **to be ~ sb/sthg** chercher qqn/qqch; **she's ~ you** elle te cherche; [angry with] elle t'en veut; [attracted to] tu l'intéresses; **the police are ~ him** la police est à ses trousses, il est recherché par la police; **he's ~ her money** il en veut à son argent; **what's he ~?** [want] qu'est-ce qu'il veut?; [looking for] qu'est-ce qu'il cherche?; [intend] qu'est-ce qu'il a derrière la tête?; **I know what she's ~** je sais où elle veut en venir. **-9.** [as verb complement]: **to ask OR to inquire ~ sb** demander des nouvelles de qqn; **to name a child ~ sb** donner à un enfant le nom de qqn.
◊ *adv* après, ensuite; **the day ~** le lendemain, le jour suivant; **two days ~** deux jours après OR plus tard; **the week ~** la semaine d'après OR suivante; **to follow (on) ~** suivre.
◊ *conj* après que; **come and see me ~ you have spoken to him** venez me voir quand vous lui aurez parlé; **I came ~ he had left** je suis arrivé après qu'il soit parti; **~ saying goodnight to the children** après avoir dit bonsoir aux enfants.
◊ *adj* [later]: **in ~ life OR years** plus tard dans la vie.
◆ **afters** *npl Br inf* dessert *m*.
◆ **after all** *adv phr* **-1.** [when all's said and done] après tout. **-2.** [against expectation] après OR malgré tout.
◆ **one after another**, **one after the other** *adv phr* l'un après l'autre; **he made several mistakes one ~ the other** il a fait plusieurs fautes d'affilée OR à la file.

**afterbirth** ['ɑːftəbɜːθ] *n* placenta *m*.

**afterburner** ['ɑːftəbɜːnəʳ] *n* chambre *f* de postcombustion.

**aftercare** ['ɑːftəkeəʳ] *n* **-1.** MED postcure *f*. **-2.** [of prisoner] assistance *f* (*aux anciens détenus*).

**after-dinner** *adj* [speaker, speech] de fin de dîner OR banquet; **an ~ drink** ≃ un digestif.

**aftereffect** ['ɑːftərɪ,fekt] *n* (*usu pl*) [gen] suite *f*; MED séquelle *f*.

**afterglow** ['ɑːftəgləʊ] *n* [of sunset] dernières lueurs *fpl*, derniers reflets *mpl*; *fig* [of pleasure] sensation *f* de bien-être *(après coup)*.

**after-hours** ◇ *adj* [after closing time] qui suit la fermeture; [after work] qui suit le travail; *an* ~ **bar** *Am* un bar de nuit.
◆ **after hours** *adv phr* [after closing time] après la fermeture; [after work] après le travail.

**afterlife** ['ɑːftəlaɪf] *n* vie *f* après la mort.

**aftermath** ['ɑːftəmæθ] *n* **-1.** [of event] séquelles *fpl*, suites *fpl*; **in the** ~ **of the military coup** à la suite du coup d'État militaire; **in the immediate** ~ tout de suite après, dans la foulée. **-2.** AGR regain *m*.

**afternoon** [ˌɑːftə'nuːn] ◇ *n* après-midi *m inv or f inv*; **this** ~ cet après-midi; **all** ~ tout l'après-midi; **tomorrow/yesterday** ~ demain/hier après-midi; **in the** ~ [in general] l'après-midi; [of particular day] (dans) l'après-midi; **on Friday** ~**s** le vendredi après-midi; **on Friday** ~ [in general] le vendredi après-midi; [of particular day] vendredi après-midi; **in the early** ~ tôt dans l'après-midi; **at 2 o'clock in the** ~ à 2 h de l'après-midi; **on the** ~ **of May 16th** (dans) l'après-midi du 16 mai; **on a summer** ~ par un après-midi d'été; **good** ~ [hello] bonjour; [goodbye] au revoir. ◇ *comp* [class, train] de l'après-midi; [walk] qui a lieu dans l'après-midi; ~ **performance** CIN & THEAT matinée *f*.
◆ **afternoons** *adv esp Am* (dans) l'après-midi.

**afternoon tea** *n* thé pris avec une légère collation dans le cours de l'après-midi.

**afterpains** ['ɑːftəpeɪnz] *npl* tranchées *fpl* utérines.

**after-sales** *adj* après-vente *(inv)*.

**after-school** *adj* [activities] extrascolaire.

**aftershave** ['ɑːftəʃeɪv] *n*: ~ **(lotion)** (lotion *f*) après-rasage *m*, (lotion *f*) after-shave *m*.

**aftershock** ['ɑːftəʃɒk] *n* réplique *f* (d'un séisme).

**aftertaste** ['ɑːftəteɪst] *n literal & fig* arrière-goût *m*.

**after-tax** *adj* [profits] après impôts, net d'impôt; [salary] net d'impôt.

**afterthought** ['ɑːftəθɔːt] *n* pensée *f* après coup; **I had an** ~ j'ai pensé après coup; **I only mentioned it as an** ~ j'en ai seulement parlé après coup, quand l'idée m'est venue; **the west wing was added as an** ~ l'aile ouest a été ajoutée après coup.

**afterwards** ['ɑːftəwədz] *Br*, **afterward** ['æftərwərd] *Am adv* après, ensuite; **I only realized** ~ je n'ai compris qu'après coup OR que plus tard.

**afterword** ['ɑːftəwɜːd] *n* [postscript] postface *f*; [epilogue] épilogue *m*.

**afterworld** ['ɑːftəwɜːld] *n* vie *f* après la mort.

**again** [ə'gen] *adv* **-1.** [once more] encore une fois, de nouveau; **it's me** ~! c'est encore moi!, me revoici!; **here we are back home** ~! nous revoilà chez nous!; **you'll soon be well** ~ vous serez bientôt remis; **(the) same** ~ **please!** [in bar] remettez-nous ça OR la même chose s'il vous plaît!; **yet** ~ encore une fois ‖ [with negative] ne... plus; **I didn't see them** ~ je ne les ai plus revus; **not you** ~! encore vous? ❑ ~ **and** ~ maintes et maintes fois, à maintes reprises; **she read the passage through over and over** ~ elle a lu et relu le passage. **-2.** [with verbs]: **to begin** ~ recommencer; **to come** ~ revenir. **-3.** [indicating forgetfulness] déjà; **what's her name** ~? comment s'appelle-t-elle déjà? **-4.** [in quantity]: **as much/many** ~ encore autant; **half as much** ~ encore la moitié de ça; **half as many pages** ~ la moitié plus de pages. **-5.** [furthermore] d'ailleurs, qui plus est.

**against** [ə'genst] ◇ *prep* **-1.** [indicating position] contre; **he leant his bike (up)** ~ **the wall** il appuya son vélo contre le mur; **she had her nose pressed** ~ **the window** elle avait le nez écrasé au carreau ‖ [indicating impact] contre; **I banged my knee** ~ **the chair** je me suis cogné le genou contre la chaise. **-2.** [in the opposite direction to – current, stream, grain] contre; [contrary to – rules, principles] à l'encontre de; **to go** ~ **a trend** s'opposer à une OR aller à l'encontre d'une tendance; **it's** ~ **the law to steal** le vol est interdit par la loi; **they sold the farm** ~ **my advice/wishes** ils ont vendu la ferme sans tenir compte de mes conseils/de ce que je souhaitais. **-3.** [indicating opposition to – person, proposal, government] contre; **the fight** ~ **inflation/crime** la lutte contre l'inflation/la criminalité; **to decide** ~ **sthg** décider de ne pas

faire qqch; **she's** ~ **telling him** elle trouve qu'on ne devrait pas le lui dire; **I advised her** ~ **going** je lui ai déconseillé d'y aller; **what have you got** ~ **him/the idea?** qu'est-ce que vous avez contre lui/l'idée?; **I've nothing** ~ **it** je n'ai rien contre. **-4.** [unfavourable to] contre; **his appearance is** ~ **him** son physique ne joue pas en sa faveur. **-5.** [in competition with] contre; **a race** ~ **time** OR **the clock** une course contre la montre. **-6.** [indicating defence, protection, precaution etc] contre; **an injection** ~ **measles** une injection contre la rougeole ‖ *fml* [in preparation for] en vue de, en prévision de; **to save money** ~ **one's retirement** faire des économies en prévision de OR pour la retraite. **-7.** [in contrast to] contre, sur; **yellow flowers** ~ **a green background** des fleurs jaunes sur un fond vert; **these events took place** ~ **a background of political violence** *fig* ces événements ont eu lieu dans un climat de violence politique. **-8.** [in comparison to, in relation to] en comparaison de, par rapport à; **the dollar fell** ~ **the yen** FIN le dollar a baissé par rapport au yen. **-9.** [in exchange for] contre, en échange de; **cash is available** ~ **presentation of the voucher** ce bon peut être échangé contre de l'argent.
◇ *adv* contre; **are you for or** ~? êtes-vous pour ou contre?; **the odds are 10 to 1** ~ [gen] il y a une chance sur dix; [in horse racing] la cote est à 10 contre 1.

**agape** [ə'geɪp] *adj* bouche bée *(inv)*.

**agate** ['æɡət] *n* agate *f*.

**age** [eɪdʒ] ◇ *n* **-1.** [of person, animal, tree, building] âge *m*; **he is 25 years of** ~ il est âgé de 25 ans; **at the** ~ **of 25** à l'âge de 25 ans; **when I was your** ~ quand j'avais votre âge; **his wife is only half his** ~ sa femme n'a que la moitié de son âge; **she's twice my** ~ elle a le double de mon âge; **I have a son your** ~ j'ai un fils de votre âge; **she doesn't look her** ~ elle ne fait pas son âge; **I'm beginning to feel my** ~ je commence à me sentir vieux; **act** OR **be your** ~! [be reasonable] sois raisonnable!; [don't be silly] ne sois pas stupide!; **he is of an** ~ **when he should consider settling down** il est à un âge où il devrait penser à se ranger; **the two of them were of an** ~ ils étaient tous les deux à peu près du même âge; **to be of** ~ JUR être majeur; **to be under** ~ JUR être mineur ❑ **the** ~ **of consent** JUR âge où les rapports sexuels sont autorisés par la loi britannique (16 ans pour les rapports hétérosexuels et 21 ans pour les rapports homosexuels); **they are below the** ~ **of consent** ils tombent sous le coup de la loi sur la protection des mineurs; **to come of** ~ atteindre sa majorité, devenir majeur. **-2.** [old age – of person] âge *m*, vieillesse *f*; [– of wood, paper, liquor] âge *m*; **yellow** OR **yellowed with** ~ jauni par l'âge. **-3.** [period – esp historical] époque *f*, âge *m*; GEOL âge *m*; **through the** ~**s** à travers les âges. **-4.** *(usu pl)* [long time] éternité *f*; **I haven't seen you for** OR **in** ~**s!** cela fait une éternité que je ne vous ai (pas) vu!; **it took him** ~**s to do the work** il a mis très longtemps à faire le travail.
◇ *vi* vieillir, prendre de l'âge; **he's beginning to** ~ il commence à se faire vieux; **to** ~ **well** [person] vieillir bien; [wine, cheese] s'améliorer en vieillissant.
◇ *vt* **-1.** [person] vieillir. **-2.** [wine, cheese] laisser vieillir OR mûrir; ~ **d in the wood** vieilli en fût.

**age bracket** = **age group**.

**aged** [*adj sense 1* eɪdʒd, *adj sense 2 & npl* 'eɪdʒɪd] ◇ *adj* **-1.** [of the age of]: **a man** ~ **50** un homme (âgé) de 50 ans. **-2.** [old] âgé, vieux, *before vowel or silent 'h'* vieil (*f* vieille); **my** ~ **aunt** ma vieille tante. ◇ *npl*: **the** ~ les personnes *fpl* âgées, les vieux *mpl*.

**age group** *n* tranche *f* d'âge; **the 20 to 30** ~ la tranche d'âge des 20 à 30 ans; **the younger** ~ les jeunes *mpl*.

**ageing** ['eɪdʒɪŋ] ◇ *adj* **-1.** [person] vieillissant, qui se fait vieux; [society] de vieux; [machinery, car] qui se fatigue; **the** ~ **process** le processus du vieillissement. **-2.** [clothes, hairstyle] qui vieillit. ◇ *n* **-1.** [of society, population] vieillissement *m*. **-2.** [of wine, cheese] vieillissement *m*.

**ageism** ['eɪdʒɪzm] *n* âgisme *m*.

**ageist** ['eɪdʒɪst] ◇ *adj* [action, policy] qui relève de l'âgisme. ◇ *n* personne qui fait preuve d'âgisme.

**ageless** ['eɪdʒlɪs] *adj* [person] sans âge, qui n'a pas d'âge; [work of art] intemporel; [beauty] toujours jeune.

**age limit** *n* limite *f* d'âge.

**agency** ['eɪdʒənsɪ] *(pl* **agencies)** *n* **-1.** COMM [for employment] agence *f*, bureau *m*; [for travel, accommodation] agence *f*. **-2.**

ADMIN service *m*, bureau *m*; **international aid agencies** des organisations d'aide internationale; **a government** ~ une agence gouvernementale. **-3.** [intermediary – of person] intermédiaire *m*, entremise *f*; [– of fate] jeu *m*; [– of light, water] action *f*.

**agenda** [ə'dʒendə] *n* **-1.** [for meeting] ordre *m* du jour; [for activities] programme *m*; **what's on today's ~?**, **what's on the ~ (for) today?** [for meeting] quel est l'ordre du jour?; [for activities] qu'est-ce qu'il y a au programme pour aujourd'hui?; **it was top of the ~** *fig* c'était prioritaire ❑ **to set the ~** mener le jeu. **-2.** [set of priorities]: **to have one's own ~** avoir son propre programme.

**agent** ['eɪdʒənt] *n* **-1.** COMM agent *m*, représentant *m*, -e *f*; [for travel, insurance] agent *m*; [for firm] concessionnaire *mf*; [for brand] dépositaire *mf*; **where's the nearest Jaguar ~?** où est le concessionnaire Jaguar le plus proche? ❑ **election ~** agent *m* électoral; **I'm a free ~** je ne dépends de personne. **-2.** [for actor, sportsman, writer] agent *m*. **-3.** [spy] agent *m*. **-4.** [means] agent *m*, moyen *m*. **-5.** CHEM & LING agent *m*.

**age-old** *adj* séculaire, antique.

**agglomerate** [*vb* ə'glɒməreɪt, *n* & *adj* ə'glɒmərət] ◊ *vt* agglomérer. ◊ *vi* s'agglomérer. ◊ *n* aggloméré *m*. ◊ *adj* aggloméré.

**agglomeration** [ə,glɒmə'reɪʃn] *n* agglomération *f*.

**agglutination** [ə,glu:tɪ'neɪʃn] *n* agglutination *f*.

**agglutinative** [ə'glu:tɪnətɪv] *adj* agglutinant.

**aggrandizement** [ə'grændɪzmənt] *n* *pej* agrandissement *m*; **personal ~** volonté *f* de se pousser en avant.

**aggravate** ['ægrəveɪt] *vt* **-1.** [worsen – illness, conditions] aggraver; [– situation, problem] aggraver, envenimer; [– quarrel] envenimer; JUR: **~d assault** coups et blessures; **~d burglary** cambriolage *m* aggravé de coups et blessures. **-2.** [irritate – person] agacer, ennuyer.

**aggravating** ['ægrəveɪtɪŋ] *adj* **-1.** [worsening – situation, illness, conditions] aggravant. **-2.** [irritating – person, problem] agaçant, exaspérant.

**aggravation** [,ægrə'veɪʃn] *n* **-1.** [deterioration – of situation, illness, conditions] aggravation *f*; [– of dispute] envenimement *m*. **-2.** [irritation] agacement *m*, exaspération *f*.

**aggregate** [*n* & *adj* 'ægrɪgət, *vb* 'ægrɪgeɪt] ◊ *n* **-1.** [total] ensemble *m*, total *m*; **in the ~**, **on ~** dans l'ensemble, globalement; **to win on ~** SPORT gagner au total des points. **-2.** CONSTR & GEOL agrégat *m*. ◊ *adj* global, total. ◊ *vt* **-1.** [bring together] rassembler. **-2.** [add up to] s'élever à, se monter à.

**aggression** [ə'greʃn] *n* agression *f*.

**aggressive** [ə'gresɪv] *adj* **-1.** [gen & PSYCH – person, behaviour] agressif. **-2.** MIL [action, weapon] offensif. **-3.** COMM [businessman] combatif, dynamique; [campaign] énergique.

**aggressively** [ə'gresɪvlɪ] *adv* [behave] agressivement, avec agressivité; [campaign] avec dynamisme.

**aggressiveness** [ə'gresɪvnɪs] *n* **-1.** [gen] agressivité *f*. **-2.** COMM [of businessman] combativité *f*; [of campaign] dynamisme *m*, fougue *f*.

**aggressor** [ə'gresər] *n* agresseur *m*.

**aggrieved** [ə'gri:vd] *adj* **-1.** [gen] affligé, chagriné; **to feel ~ at** OR **about sthg** être chagriné de OR par qqch. **-2.** JUR lésé.

**aggro** ['ægrəʊ] *n* *Br* *inf* (U) **-1.** [violence, fighting] grabuge *m*, bagarre *f*. **-2.** [fuss, bother] histoires *fpl*.

**aghast** [ə'gɑ:st] *adj* [astounded] interloqué, pantois; [horrified] frappé d'horreur, atterré; **she was ~ at the news** elle était atterrée par la nouvelle.

**agile** [*Br* 'ædʒaɪl, *Am* 'ædʒəl] *adj* **-1.** [person, animal] agile, leste. **-2.** [brain, mind] vif.

**agility** [ə'dʒɪlətɪ] *n* **-1.** [physical] agilité *f*, souplesse *f*. **-2.** [mental] vivacité *f*.

**aging** *etc* ['eɪdʒɪŋ] = **ageing**.

**agitate** ['ædʒɪteɪt] ◊ *vi* POL: **to ~ for/against sthg** faire campagne en faveur de/contre qqch; **they are agitating for better working conditions** ils réclament de meilleures conditions de travail. ◊ *vt* **-1.** [liquid] agiter, remuer. **-2.** [emotionally] agiter, troubler.

**agitated** ['ædʒɪteɪtɪd] *adj* agité, troublé; **to become** OR **get ~** se mettre dans tous ses états.

**agitation** [,ædʒɪ'teɪʃn] *n* **-1.** [emotional] agitation *f*, émoi *m*, trouble *m*; **to be in a state of ~** être dans tous ses états. **-2.**

[unrest] agitation *f*, troubles *mpl*; [campaign] campagne *f* mouvementée. **-3.** [of sea] agitation *f*.

**agitator** ['ædʒɪteɪtər] *n* **-1.** POL [person] agitateur *m*, -trice *f*. **-2.** [machine] agitateur *m*.

**aglow** [ə'gləʊ] *adj* [fire] rougeoyant; [sky] embrasé; **to be ~ with colour** briller de couleurs vives; **his face was ~ with excitement/health** *fig* son visage rayonnait d'émotion/de santé.

**AGM** (*abbr of* **annual general meeting**) *n* *Br* AGA *f*.

**agnostic** [æg'nɒstɪk] ◊ *n* agnostique *mf*. ◊ *adj* agnostique.

**agnosticism** [æg'nɒstɪsɪzm] *n* agnosticisme *m*.

**ago** [ə'gəʊ] *adv*: **they moved here ten years ~** ils ont emménagé ici il y a dix ans; **how long ~ did this happen?** cela c'est produit il y a combien de temps?, il y a combien de temps que cela s'est produit?; **as long ~ as 1900** en 1900 déjà, dès 1900.

**agog** [ə'gɒg] *adj* en émoi; **the children were all ~ (with excitement)** les enfants étaient tous excités; **I was ~ to discover what had happened** je brûlais d'impatience de savoir ce qui s'était passé.

**agonize, -ise** ['ægənaɪz] *vi* se tourmenter; **to ~ over** OR **about a decision** hésiter longuement avant de prendre une décision; **don't ~ over it!** n'y passe pas trop de temps!; **to ~ over how to do sthg** se ronger les sangs OR se tracasser pour savoir comment faire qqch.

**agonized** ['ægənaɪzd] *adj* [behaviour, reaction] angoissé, d'angoisse; [cry] déchirant.

**agonizing** ['ægənaɪzɪŋ] *adj* [situation] angoissant; [decision] déchirant, angoissant; [pain] atroce.

**agonizingly** ['ægənaɪzɪŋlɪ] *adv* atrocement.

**agony** ['ægənɪ] (*pl* **agonies**) *n* **-1.** [physical – pain] douleur *f* atroce; [– suffering] souffrance *f* atroce, souffrances *fpl* atroces; **to be in ~** souffrir le martyre; **to cry out in ~** crier de douleur; **it was ~ to stand up** je souffrais le martyre pour me lever ❑ **death ~** agonie *f* (de la mort). **-2.** [emotional, mental] supplice *m*, angoisse *f*; **to be in an ~ of doubt/remorse** être torturé par le doute/le remords.

**agony aunt** *n* *Br* responsable *du courrier du cœur*.

**agony column** *n* courrier *m* du cœur.

**agoraphobia** [,ægərə'fəʊbjə] *n* agoraphobie *f*.

**agoraphobic** [,ægərə'fəʊbɪk] ◊ *adj* qui souffre d'agoraphobie. ◊ *n* personne *f* souffrant d'agoraphobie.

**AGR** (*abbr of* **advanced gas-cooled reactor**) *n* AGR *m*.

**agrarian** [ə'greərɪən] ◊ *adj* agraire. ◊ *n* agrarien *m*, -enne *f*.

**agree** [ə'gri:] ◊ *vi* **-1.** [share same opinion] être d'accord; **I quite ~** je suis tout à fait d'accord (avec vous); **don't you ~?** n'êtes-vous pas d'accord?; **to ~ about sthg** être d'accord sur qqch; **I ~ about going on a holiday** je suis d'accord pour partir en vacances; **I think we ~ on OR about the basic facts** je pense que nous sommes d'accord sur l'essentiel; **to ~ with sb** être d'accord avec OR être du même avis que qqn; **I ~ with you about the decor** je suis d'accord avec vous pour ce qui est du décor; **they ~ with me that it's a disgrace** ils trouvent comme moi que c'est une honte; **I couldn't ~ with you more** je partage entièrement votre avis. **-2.** [be in favour] être d'accord; **I don't ~ with censorship** je suis contre OR je n'admets pas la censure; **I don't ~ with people smoking in public places** je ne suis pas d'accord pour que les gens fument dans les lieux publics. **-3.** [assent] consentir, donner son adhésion; **to ~ to a proposal** donner son adhésion à OR accepter une proposition; **to ~ to sb's request** consentir à la requête de qqn; **her parents have ~d to her going abroad** ses parents ont consenti à ce qu'elle aille OR sont d'accord pour qu'elle aille à l'étranger; **they ~d to share the cost** ils se sont mis d'accord pour partager les frais. **-4.** [reach agreement] se mettre d'accord; **to ~ on** OR **upon a date** convenir d'une date. **-5.** [correspond – account, estimate] concorder; **your statement doesn't ~ with hers** ta version OR ta déclaration ne correspond pas à la sienne, vos deux versions ne concordent pas. **-6.** [be suitable]: **the climate here ~s with me** le climat d'ici me réussit OR me convient très bien. **-7.** GRAMM s'accorder; **the verb ~s with the subject** le verbe s'accorde avec le sujet.

◊ *vt* **-1.** [share opinion]: **to ~ that** être d'accord avec le fait que; **we all ~ that he's innocent** nous sommes tous d'accord pour dire qu'il est innocent, nous sommes tous d'avis qu'il est innocent; **I don't** ~ **that the police should be armed** je ne suis pas d'accord pour que la police soit armée. **-2.** [consent]: **to** ~ **to do sth** accepter de or consentir à faire qqch. **-3.** [admit] admettre, reconnaître; **they** ~**d that they had made a mistake** ils ont reconnu or convenu qu'ils avaient fait une faute. **-4.** [reach agreement on] convenir de; **we** ~**d to differ** nous sommes restés chacun sur notre position; **it was** ~**d that the money should be invested** il a été convenu que l'argent serait investi; **to** ~ **a price** se mettre d'accord sur un prix; **the budget has been** ~**d** le budget a été adopté; **unless otherwise** ~**d** JUR sauf accord contraire. **-5.** [accept – statement, plan] accepter.

**agreeable** [əˈgriəbl] *adj* **-1.** [pleasant – situation] plaisant, agréable; [– person] agréable. **-2.** [willing] consentant; **to be** ~ **to doing sth** accepter de or bien vouloir faire qqch; **are you** ~ **to the proposal?** consentez-vous à la proposition?, êtes-vous d'accord avec la proposition?-**3.** [acceptable] acceptable, satisfaisant.

**agreeably** [əˈgriəblɪ] *adv* agréablement.

**agreed** [əˈgriːd] ◇ *adj* **-1.** [in agreement] d'accord; **is everyone** ~? est-ce que tout le monde est d'accord?; **it's** ~ **that we leave on Friday** il est entendu or convenu que nous partons vendredi; **we are** ~ **on** or **about the conditions** nous sommes d'accord sur les conditions. **-2.** [fixed – time, place, price] convenu; **as** ~ comme convenu. ◇ *interj*: ~! (c'est) d'accord or entendu!

**agreement** [əˈgriːmənt] *n* **-1.** accord *m*; **to be in** ~ **with sb about sthg** être d'accord avec qqn sur qqch or au sujet de qqch; **to reach** ~ parvenir à un accord; **by** ~ **with the management** en accord avec la direction. **-2.** COMM & POL accord *m*; **under the (terms of the)** ~ selon les termes de l'accord; **to come to an** ~ tomber d'accord, parvenir à un accord. **-3.** GRAMM accord *m*.

**agricultural** [ˌægrɪˈkʌltʃərəl] *adj* [produce, machinery, land, society] agricole; [expert] agronome; [college] d'agriculture, agricole.

**agriculturalist** [ˌægrɪˈkʌltʃərəlɪst] *n* [specialist] agronome *mf*; [farmer] agriculteur *m*, -trice *f*.

**agricultural show** *n* [national] salon *m* de l'agriculture; [local] foire *f* agricole.

**agriculture** [ˈægrɪkʌltʃəʳ] *n* agriculture *f*.

**agronomy** [əˈgrɒnəmɪ] *n* agronomie *f*.

**aground** [əˈgraʊnd] ◇ *adj* NAUT échoué. ◇ *adv*: **to run** or **to go** ~ s'échouer.

**ah** [ɑː] *interj*: ~! ah!

**aha** [ɑːˈhɑː] *interj*: ~! ah, ah!, tiens!

**ahead** [əˈhed] *adv* **-1.** [in space] en avant, devant; **the road** ~ la route devant nous/eux *etc*; **there's a crossroads about half a mile** ~ il y a un croisement à environ 800 mètres (d'ici); **go/drive on** ~ **and I'll catch you up** vas-y or pars en avant, je te rattraperai; **to push** or **press** ~ **with a project** poursuivre un projet. **-2.** [in time]: **the years** ~ les années à venir; **what lies** ~? qu'est-ce qui nous attend?; **looking** ~ **to the future** en pensant à l'avenir; **to plan** ~ faire des projets; **we must think** ~ nous devons prévoir. **-3.** [in competition, race] en avance; **three lengths/five points** ~ trois longueurs/cinq points d'avance; **it's better to quit while you're** ~ *fig* mieux vaut te retirer du jeu pendant que tu as l'avantage.
**◆ ahead of** *prep phr* **-1.** [in front of] devant. **-2.** [in time]: **he ar-**

rived ten minutes ~ **of me** il est arrivé dix minutes avant moi; **to finish** ~ **of schedule** terminer plus tôt que prévu or en avance; **the rest of the team are two months** ~ **of us** les autres membres de l'équipe ont deux mois d'avance sur nous; **to be** ~ **of one's time** *fig* être en avance sur son époque. **-3.** [in competition, race]: **he is five points** ~ **of his nearest rival** il a cinq points d'avance sur son rival le plus proche, il devance son rival le plus proche de cinq points.

**ahem** [əˈhem] *interj*: ~! hum!

**ahoy** [əˈhɔɪ] *interj*: ~! ohé!, holà!

**AI** ◇ *pr n* (*abbr of* **Amnesty International**) AI. ◇ *n* **-1.** (*abbr of* **artificial intelligence**) IA *f*. **-2.** *abbr of* **artificial insemination**.

**AIB** (*abbr of* **Accident Investigation Bureau**) *pr n* commission d'enquête sur les accidents en Grande-Bretagne.

**aid** [eɪd] ◇ *n* **-1.** [help, assistance] aide *f*; **I managed to open the tin with the** ~ **of a screwdriver** à l'aide d'un tournevis, j'ai réussi à ouvrir la boîte; **to come to sb's** ~ venir à l'aide de qqn; **to go to the** ~ **of sb** se porter au secours de or porter secours à qqn. **-2.** POL aide *f*; **food** ~ aide alimentaire; **overseas** ~ aide au tiers-monde; **the government gives** ~ **to depressed areas** le gouvernement octroie des aides aux régions en déclin. **-3.** [helpful equipment] aide *f*, support *m*; **teaching** ~s supports or aides pédagogiques; **visual** ~s supports visuels. **-4.** [assistant] aide *mf*, assistant *m*, -e *f*.**-5.** [for climber] piton *m*. ◇ *vt* **-1.** [help – person] aider, venir en aide à; [– financially] aider, secourir; **to** ~ **sb with sthg** aider qqn pour qqch. **-2.** [give support to – region, industry] aider, soutenir. **-3.** [encourage – development, understanding] contribuer à. **-4.** JUR: **to** ~ **and abet sb** être (le) complice de qqn; ~**ed and abetted by her sister** *fig* avec la complicité de sa sœur.
**◆ in aid of** *prep phr*: **a collection in** ~ **of the homeless** une collecte au profit des sans-abri; **what are all these levers in** ~ **of?** *Br inf* & *fig* à quoi servent tous ces leviers?; **what are the cakes in** ~ **of?** *Br inf* & *fig* les gâteaux sont en l'honneur de quoi?

**AID** ◇ *n* (*abbr of* **artificial insemination by donor**) IAD *f*. ◇ *pr n* (*abbr of* **Agency for International Development**) AID *f*.

**aide** [eɪd] *n* aide *mf*, assistant *m*, -e *f*.

**aide-de-camp** [eɪddəˈkɑ̃ː] (*pl* **aides-de-camp** [ˌeɪdz-]) *n* aide *m* de camp.

**aide-mémoire** [ˌeɪdmemˈwɑː] (*pl* **aides-mémoire** [ˈeɪdz-]) *n* aide-mémoire *m inv*.

**Aids, AIDS** [eɪdz] (*abbr of* **acquired immune deficiency syndrome**) ◇ *n* sida *m*, SIDA *m*, Sida *m*. ◇ *comp* [sufferer] du sida; [clinic] pour sidéens; ~ **specialist** sidologue *mf*; ~ **patient** sidéen *m*, -enne *f*; **the** ~ **virus** le virus du sida.

**AIH** (*abbr of* **artificial insemination by husband**) *n* IAC *f*.

**ail** [eɪl] ◇ *vt dial* or *lit*: **what** ~**s you?** qu'avez-vous?, quelle mouche vous a piqué? ◇ *vi* être souffrant.

**aileron** [ˈeɪlərɒn] *n* aileron *m*.

**ailing** [ˈeɪlɪŋ] *adj* [person] souffrant, en mauvaise santé; [economy, industry] malade.

**ailment** [ˈeɪlmənt] *n* mal *m*, affection *f*.

**aim** [eɪm] ◇ *n* **-1.** [intention, purpose] but *m*, dessein *m*, objectif *m*; **with the** ~ **of** dans le but de, afin de; **his** ~ **is to get rich quickly** il a pour but or il s'est donné comme but de s'enrichir rapidement. **-2.** [with weapon]: **to take** ~ (at

---

| **USAGE ▶** | **Agreement** |
| --- | --- |

**Strong**

Je suis entièrement or tout à fait d'accord.
Vous avez entièrement or tout à fait raison.
Je vous suis entièrement sur ce point.
C'est exactement ça.
Absolument!
Bravo!/Bien dit!

**Less strong**

Je pense que nous sommes tous d'accord là-dessus.

Je pense comme vous.
Je partage votre avis.
Nous avons la même conception des choses.
Je n'ai or Je ne vois aucune objection à ce que nous diversifions nos activités, comme vous le proposez.

**Weak**

J'aurais tendance à le rejoindre sur ce point.
Je suppose or J'imagine qu'il a raison.
Nous n'avons pas vraiment le choix, de toute façon.

sthg/sb) viser (qqch/qqn); to have a good ~ bien viser; to miss one's ~ manquer la cible OR son but. ◊ *vt* **-1.** [gun] braquer; [missile] pointer; [stone] lancer; [blow] allonger, décocher; [kick] donner; he ~ed his gun at the man's head il a braqué son pistolet sur la tête de l'homme. **-2.** *fig* [criticism, product, programme] destiner; was that remark ~ed at me? est-ce que cette remarque m'était destinée? ◊ *vi* **-1.** [take aim]: to ~ at OR for sthg viser qqch. **-2.** [have as goal]: she's ~ing to become a millionaire by the age of 30 son but, c'est d'être millionnaire à 30 ans; we ~ to arrive before midnight nous avons l'intention OR nous nous sommes fixés d'arriver avant minuit; to ~ high viser haut.

**aimless** ['eɪmlɪs] *adj* [person] sans but, désœuvré; [life] sans but; [occupation, task] sans objet, futile.

**aimlessly** ['eɪmlɪslɪ] *adv* [walk around] sans but; [stand around] sans trop savoir quoi faire.

**ain't** [eɪnt] *inf* = am not, is not, are not, has not, have not.

**air** [eə̃r] ◊ *n* **-1.** [gen & PHYS] air *m*; sea ~ air de la mer, air marin; I need some fresh ~ j'ai besoin de prendre l'air; I went out for a breath of (fresh) ~ je suis sorti prendre l'air; to take the ~ *lit* prendre le frais; the divers came up for ~ les plongeurs sont remontés à la surface pour respirer; I need a change of ~ *fig* j'ai besoin de changer d'air; to disappear OR vanish into thin ~ se volatiser, disparaître sans laisser de traces. **-2.** [sky] air *m*, ciel *m*; the smoke rose into the ~ la fumée s'éleva vers le ciel; to throw sthg up into the ~ lancer qqch en l'air; seen from the ~, the fields looked like a chessboard vus d'avion, les champs ressemblaient à un échiquier; to take to the ~ [bird] s'envoler; [plane] décoller. **-3.** AERON: to travel by ~ voyager par avion ❏ ~ speed vitesse *f* du vol. **-4.** RADIO & TV: to be on (the) ~ [person] être à OR avoir l'antenne; [programme] être à l'antenne; [station] émettre; to go on the ~ [person] passer à l'antenne; [programme] passer à l'antenne, être diffusé; to go off the ~ [person] rendre l'antenne; [programme] se terminer; [station] cesser d'émettre. **-5.** [manner, atmosphere] air *m*; there is an ~ of mystery about her elle a un air mystérieux; with a triumphant ~ d'un air triomphant. **-6.** MUS air *m*. ◊ *comp* [piracy, traffic] aérien; [travel, traveller] par avion. ◊ *vt* **-1.** [linen, bed, room] aérer. **-2.** [express – opinion, grievance] exprimer, faire connaître; [– suggestion, idea] exprimer, avancer. **-3.** *Am* RADIO & TV diffuser. ◆ **airs** *npl*: to put on OR to give o.s. ~s se donner de grands airs; ~s and graces *Br* minauderies *fpl*. ◆ **in the air** *adv phr*: there's a rumour in the ~ that they're going to sell le bruit court qu'ils vont vendre; there's something in the ~ il se trame quelque chose; the project is still very much (up) in the ~ le projet n'est pas encore qu'à l'état d'ébauche OR est encore vague.

**air bag** *n* AUT air-bag *m*.

**airbase** ['eəbeɪs] *n* base *f* aérienne.

**airbed** ['eəbed] *n* matelas *m* pneumatique.

**airborne** ['eəbɔːn] *adj* **-1.** [plane] en vol; to become ~ décoller. **-2.** [troops, division, regiment] aéroporté.

**airbrake** ['eəbreɪk] *n* AUT frein *m* à air comprimé; AERON aérofrein *m*, frein *m* aérodynamique.

**air brick** *n* brique *f* creuse.

**airbrush** ['eəbrʌʃ] ◊ *n* pistolet *m* (*pour peindre*). ◊ *vt* peindre au pistolet.

**air bubble** *n* [in wallpaper, liquid] bulle *f* d'air; [in plastic, metal] soufflure *f*.

**Airbus**® ['eəbʌs] *n* Airbus® *m*.

**air chief marshal** *n* *Br* général *m* d'armée aérienne.

**air commodore** *n* *Br* général *m* de brigade aérienne.

**air-conditioned** *adj* [room, train] climatisé.

**air-conditioner** *n* climatiseur *m*.

**air-conditioning** *n* climatisation *f*.

**air-cooled** [-kuːld] *adj* [engine] refroidissement par air.

**air corridor** *n* couloir *m* aérien.

**air cover** *n* couverture *f* aérienne.

**aircraft** ['eəkrɑːft] (*pl inv*) *n* avion *m*.

**aircraft carrier** *n* porte-avions *m inv*.

**aircraft(s)man** ['eəkrɑːft(s)mən] (*pl* **aircraft(s)men** [-mən]) *n* *Br* MIL soldat *m* de deuxième classe (*dans l'armée de l'air*).

**aircraft(s)woman** ['eəkrɑːft(s),wumən] (*pl* **aircraft(s)-**

**women** [-,wɪmɪn]) *n* *Br* MIL femme *f* soldat de deuxième classe (*dans l'armée de l'air*).

**aircrew** ['eəkruː] *n* équipage *m* (d'avion).

**air current** *n* courant *m* atmosphérique.

**air cushion** *n* [gen] coussin *m* pneumatique; TECH coussin *m* OR matelas *m* d'air.

**air cylinder** *n* cylindre *m* à air comprimé.

**airdrome** ['eədrəum] *Am* = **aerodrome**.

**airdrop** ['eədrɒp] (*pt & pp* **airdropped**, *cont* **airdropping**) ◊ *n* parachutage *m*. ◊ *vt* parachuter.

**airfare** ['eəfeə̃r] *n* prix *m* du billet (d'avion), tarif *m* aérien.

**air ferry** *n* avion *m* transbordeur.

**airfield** ['eəfiːld] *n* terrain *m* d'aviation, (petit) aérodrome *m*.

**airfoil** ['eəfɔɪl] *Am* = **aerofoil**.

**air force** *n* armée *f* de l'air; ~ base base *f* aérienne.

**airframe** ['eəfreɪm] *n* cellule *f* (d'avion).

**airfreight** ['eəfreɪt] *n* [cargo] fret *m* aérien; [transport] transport *m* aérien; to send sthg by ~ expédier qqch par voie aérienne OR par avion.

**airgun** ['eəgʌn] *n* [rifle] carabine *f* OR fusil *m* à air comprimé; [pistol] pistolet *m* à air comprimé.

**airhole** ['eəhəul] *n* trou *m* d'aération.

**airhostess** ['eə,həustɪs] *n* hôtesse *f* de l'air.

**airily** ['eərəlɪ] *adv* avec désinvolture.

**airing** ['eərɪŋ] *n* **-1.** [of linen, room] aération *f*; the room needs an ~ la pièce a besoin d'être aérée. **-2.** *fig*: to give an idea an ~ agiter une idée, mettre une idée sur le tapis.

**airing cupboard** *n* placard chauffé faisant office de sèche-linge.

**airlane** ['eəleɪn] *n* couloir *m* aérien OR de navigation aérienne.

**airless** ['eəlɪs] *adj* **-1.** [room] qui manque d'air, qui sent le renfermé. **-2.** [weather] lourd.

**air letter** *n* aérogramme *m*.

**airlift** ['eəlɪft] ◊ *n* pont *m* aérien. ◊ *vt* [passengers, troops – out] évacuer par pont aérien; [– in] faire entrer par pont aérien; [supplies, cargo] transporter par pont aérien.

**airline** ['eəlaɪn] *n* **-1.** AERON ligne *f* aérienne. **-2.** [for compressed air] tuyau *m* d'air.

**airliner** ['eəlaɪnə̃r] *n* avion *m* de ligne.

**airlock** ['eəlɒk] *n* **-1.** [in spacecraft, submarine] sas *m*. **-2.** [in pipe] poche *f* OR bulle *f* d'air.

**airmail** ['eəmeɪl] ◊ *n* poste *f* aérienne. ◊ *vt* expédier par avion. ◊ *comp* [letter, parcel] par avion; ~ paper papier *m* pelure.

**airman** ['eəmən] (*pl* **airmen** [-mən]) *n* **-1.** [gen] aviateur *m*. **-2.** *Am* MIL soldat *m* de première classe (de l'armée de l'air).

**air marshal** *n* général *m* de corps aérien.

**air mattress** *n* matelas *m* pneumatique.

**airmobile** ['eəmə,biːl] *adj* *Am* aéroporté.

**air pistol** *n* pistolet *m* à air comprimé.

**airplane** ['eəpleɪn] *Am* = **aeroplane**.

**airplay** ['eəpleɪ] *n*: that record is getting a lot of ~ on entend souvent ce disque à la radio.

**air pocket** *n* [affecting plane] trou *m* d'air; [in pipe] poche *f* d'air.

**airport** ['eəpɔːt] *n* aéroport *m*.

**air pressure** *n* pression *f* atmosphérique.

**air pump** *n* compresseur *m*, pompe *f* à air.

**air raid** *n* attaque *f* aérienne, raid *m* aérien.

**air-raid shelter** *n* abri *m* antiaérien.

**air-raid warden** *n* préposé *m*, -e *f* à la défense passive.

**air-raid warning** *n* alerte *f* antiaérienne.

**air rifle** *n* carabine *f* à air comprimé.

**airscrew** ['eəskruː] *n* *Br* hélice *f* (d'avion).

**air-sea rescue** *n* sauvetage *m* en mer (*par hélicoptère*).

**airship** ['eəʃɪp] *n* dirigeable *m*.

**air show** *n* **-1.** COMM [exhibition] salon *m* de l'aéronautique. **-2.** [display] meeting *m* aérien.

**airsick** ['eəsɪk] *adj*: to be OR get ~ avoir le mal de l'air.

**airsock** ['eəsɒk] *n* manche *f* à air.

**airspace** ['eəspeɪs] *n* espace *m* aérien.

**airstream** ['eəstri:m] *n* courant *m* atmosphérique.

**airstrike** ['eəstraik] *n* raid *m* aérien, attaque *f* aérienne.

**airstrip** ['eəstrip] *n* terrain *m* OR piste *f* d'atterrissage.

**air terminal** *n* aérogare *f*.

**airtight** ['eətait] *adj* hermétique, étanche (à l'air); I don't think his argument is completely ~ *fig* je ne crois pas que son argument soit totalement irréfutable.

**airtime** ['eətaim] *n* RADIO & TV: that record is getting a lot of ~ on entend souvent ce disque à la radio.

**air-to-air** *adj* MIL air-air *(inv)*, avion-avion *(inv)*.

**air-to-surface** *adj* MIL air-sol *(inv)*.

**air-traffic control** *n* contrôle *m* du trafic aérien.

**air-traffic controller** *n* contrôleur *m*, -euse *f* du trafic aérien, aiguilleur *m* du ciel.

**air vice-marshal** *n* Br général *m* de division aérienne.

**airwaves** ['eəweivz] *npl* ondes *fpl* (hertziennes); on the ~ sur les ondes, à la radio.

**airway** ['eəwei] *n* -1. AERON [route] voie *f* aérienne; [company] ligne *f* aérienne. -2. MED voies *fpl* respiratoires. -3. [shaft] conduit *m* d'air.

**airworthy** ['eə,w3:ði] *adj* en état de navigation.

**airy** ['eəri] *(compar* airier, *superl* airiest) *adj* -1. [room] bien aéré, clair. -2. *fig* [casual – manner] insouciant, désinvolte; [– ideas, plans, promises] en l'air.

**airy-fairy** *adj* Br *inf* [person, notion] farfelu.

**aisle** [ail] *n* -1. [in church] bas-côté *m*, nef *f* latérale; her father led her up the ~ c'est son père qui l'a menée à l'autel. -2. [in cinema, supermarket] allée *f*; [on train, aeroplane] couloir *m* (central).

**aitch** [eitʃ] *n* H *m inv*, h *m inv*.

**ajar** [ə'dʒɑ:r] ◊ *adj* [door, window] entrouvert, entrebâillé. ◊ *adv*: the door stood ~ la porte est restée entrouverte.

**AK** *written abbr of* **Alaska**.

**aka** *(abbr of* **also known as**) *adv* alias, dit.

**akimbo** [ə'kimbəʊ] *adv*: with arms ~ les mains OR poings sur les hanches.

**akin** [ə'kin] *adj*: ~ to [like] qui ressemble à, qui tient de; [related to] apparenté à.

**AL** *written abbr of* **Alabama**.

**Alabama** [,ælə'bæmə] *pr n* Alabama *m*; in ~ dans l'Alabama.

**alabaster** [,ælə'bɑ:stər] ◊ *n* albâtre *m*. ◊ *comp* d'albâtre.

**alacrity** [ə'lækrəti] *n fml* empressement *m*.

**Aladdin** [ə'lædin] *pr n* Aladin.

**Alamo** ['æləməʊ] *pr n*: the ~ [fort] Fort Alamo; [battle] la bataille de Fort Alamo.

**à la mode** [ɑːlɑː'məʊd] *adj* Am [with ice cream] (servi) avec de la crème glacée.

**alarm** [ə'lɑ:m] ◊ *n* -1. [warning] alarme *f*, alerte *f*; to sound OR to raise the ~ donner l'alarme OR l'alerte OR l'éveil. -2. [for fire, burglary] sonnette *f* OR sonnerie *f* d'alarme. -3. [anxiety] inquiétude *f*, alarme *f*; there is no cause for ~ il n'y a aucune raison de s'alarmer; the government viewed events with increasing ~ le gouvernement s'est montré de plus en plus inquiet face à ces événements. -4. = **alarm clock**. ◊ *comp* [signal] d'alarme; ~ bell sonnerie *f* d'alarme; to set (the) ~ bells ringing *fig* donner l'alerte; ~ call [to wake sleeper] réveil *m* téléphonique. ◊ *vt* -1. [frighten, worry – person] alarmer, faire peur à; [– animal] effaroucher, faire peur à. -2. [warn] alerter.

**alarm clock** *n* réveil *m*, réveille-matin *m inv*; he set the ~ for eight o'clock il a mis le réveil à sonner à huit heures OR pour huit heures.

**alarmed** [ə'lɑ:md] *adj* -1. [anxious] inquiet (*f* -ète). don't be ~ ne vous alarmez OR effrayez pas; to become ~ [person] s'alarmer; [animal] s'effaroucher, prendre peur. -2. [vehicle, building] équipé d'une alarme.

**alarming** [ə'lɑ:miŋ] *adj* alarmant.

**alarmist** [ə'lɑ:mist] ◊ *adj* alarmiste. ◊ *n* alarmiste *mf*.

**alas** [ə'læs] *interj*: ~! hélas!

**Alaska** [ə'læskə] *pr n* Alaska *m*; in ~ en Alaska; the ~ Highway la route de l'Alaska.

**Alaskan** [ə'læskən] ◊ *n* habitant *m*, -e *f* de l'Alaska. ◊ *adj* de l'Alaska.

**Alaska Range** *pr n*: the ~ la chaîne de l'Alaska.

**Albania** [æl'beinjə] *pr n* Albanie *f*; in ~ en Albanie.

**Albanian** [æl'beinjən] ◊ *n* -1. [person] Albanais *m*, -e *f*. -2. LING albanais *m*. ◊ *adj* albanais.

**albatross** ['ælbətrɒs] *n* -1. ZOOL & SPORT albatros *m*. -2. *fig* [handicap] boulet *m*.

**albeit** [ɔːl'bi:it] *conj* bien que, encore que, quoique; an impressive, ~ flawed work of art une œuvre impressionnante bien qu'imparfaite OR quoiqu'imparfaite.

**Alberta** [æl'b3:tə] *pr n* Alberta *m*; in ~ dans l'Alberta.

**Albert Hall** ['ælbət-] *pr n*: the ~ salle de concert à Londres.

**albino** [æl'bi:nəʊ] *n* albinos *mf*.

**Albion** ['ælbjən] *pr n* Albion.

**album** ['ælbəm] *n* [book, LP] album *m*.

**albumen** ['ælbjʊmin] *n* -1. [egg white] albumen *m*, blanc *m* de l'œuf. -2. = **albumin**.

**albumin** ['ælbjʊmin] *n* albumine *f*.

**alchemist** ['ælkəmist] *n* alchimiste *m*.

**alchemy** ['ælkəmi] *n* alchimie *f*.

**Alcibiades** [,ælsi'baiədi:z] *pr n* Alcibiade.

**alcohol** ['ælkəhɒl] *n* alcool *m*.

**alcoholic** [,ælkə'hɒlik] ◊ *adj* [drink] alcoolisé; [person] alcoolique. ◊ *n* alcoolique *mf*.

**Alcoholics Anonymous** *pr n* Alcooliques *mpl* anonymes, ligue *f* antialcoolique.

**alcoholism** ['ælkəhɒlizm] *n* alcoolisme *m*.

**alcove** ['ælkəʊv] *n* [in room] alcôve *f*; [in wall] niche *f*; [in garden] tonnelle *f*.

**aldehyde** ['ældihaid] *n* aldéhyde *m*.

**alder** ['ɔːldər] *n* aulne *m*, aune *m*.

**alderman** ['ɔːldəmən] *(pl* aldermen [-mən]) *n* -1. ADMIN alderman *m*, conseiller *m* municipal. -2. HIST ≃ échevin *m*.

**ale** [eil] *n* bière *f* (anglaise), ale *f*.

**alert** [ə'l3:t] ◊ *n* alerte *f*; to give the ~ donner l'alerte; to be on the ~ [gen] être sur le qui-vive; MIL être en état d'alerte. ◊ *adj* -1. [vigilant] vigilant, sur le qui-vive; you should be ~ to the possible dangers soyez vigilants quant aux éventuels dangers. -2. [lively – child, mind] vif, éveillé. ◊ *vt* alerter, donner l'alerte à; the public should be ~ed to these dangers on devrait sensibiliser l'opinion publique à ces dangers.

**A-level** *(abbr of* **advanced level**) *n* Br SCH: ~s, ~ exams ≃ baccalauréat; to take one's ~s ≃ passer son bac.

**Alexander** [,ælig'zɑ:ndər] *pr n*: ~ the Great Alexandre le Grand.

**Alexandra Palace** [,ælig'zɑːndrə-] *pr n* salle d'exposition et de concert de Londres.

**Alexandria** [,ælig'zɑ:ndriə] *pr n* Alexandrie.

**alexandrine** [,ælig'zændrain] ◊ *adj* alexandrin. ◊ *n* alexandrin *m*.

**alfalfa** [æl'fælfə] *n* luzerne *f*.

**Alfred** ['ælfrid] *pr n* Alfred; ~ the Great Alfred le Grand.

**alfresco** [æl'freskəʊ] *adj* & *adv* en plein air.

**algae** ['ældʒi:] *npl* algues *fpl*.

**algebra** ['ældʒibrə] *n* algèbre *f*.

**algebraic** [,ældʒi'breiik] *adj* algébrique.

**Algeria** [æl'dʒiəriə] *pr n* Algérie *f*; in ~ en Algérie.

**Algerian** [æl'dʒiəriən] ◊ *n* Algérien *m*, -enne *f*. ◊ *adj* algérien.

**Algiers** [æl'dʒiəz] *pr n* Alger *m*.

**algorithm** ['ælgəriðm] *n* algorithme *m*.

**alias** ['eiliəs] ◊ *adv* alias. ◊ *n* nom *m* d'emprunt, faux nom *m*; [of author] nom *m* de plume, pseudonyme *m*.

**alibi** ['ælibai] ◊ *n* JUR alibi *m*; *fig* alibi *m*, excuse *f*. ◊ *vt* Am *inf* [person, action] trouver des excuses à.

**Alice** ['ælis] *pr n*: '~ in Wonderland' *Carroll* 'Alice au pays des merveilles'.

**alien** ['eiljən] ◊ *n* -1. ADMIN [foreigner] étranger *m*, -ère *f*. -2. [in science fiction] extraterrestre *mf*. ◊ *adj* -1. [foreign – customs, environment] étranger. -2. [contrary]: ~ to sthg contraire OR opposé à qqch; violence is completely ~ to his nature la violence n'est absolument pas dans sa nature. -3. [in science fiction] extraterrestre; ~ life forms d'autres formes de vie.

**alienate** ['eɪljəneɪt] *vt* [gen & JUR] aliéner; **this tax will ~ the people** avec cet impôt, ils vont s'aliéner la population.

**alienated** ['eɪljəneɪtɪd] *adj*: **many young people feel ~ and alone** beaucoup de jeunes se sentent seuls et rejetés.

**alienation** [,eɪljə'neɪʃn] *n* **-1.** [of support, friends] fait *m* de décourager OR d'éloigner. **-2.** JUR & PSYCH aliénation *f*.

**alight** [ə'laɪt] ◇ *vi* [bird] se poser; [person – from bus, train] descendre; [– from bike, horse] descendre, mettre pied à terre. ◇ *adj* [fire] allumé; [house] en feu. ◇ *adv*: **to set sthg ~** mettre le feu à qqch.
◆ **alight on** *vt insep fml* [idea] avoir soudain; [information] apprendre par hasard; [lost object] trouver par hasard.

**align** [ə'laɪn] ◇ *vt* **-1.** [place in line – points, objects] aligner, mettre en ligne. **-2.** FIN & POL aligner; **to ~ o.s. with sb** s'aligner sur qqn. **-3.** TECH dégauchir; AUT régler le parallélisme de. ◇ *vi* [points, objects] être aligné; [persons, countries] s'aligner.

**alignment** [ə'laɪnmənt] *n* **-1.** [gen & POL] alignement *m*; **to be in/out of ~** être/ne pas être dans l'alignement, être aligné/désaligné. **-2.** AUT parallélisme *m*; **in/out of ~** [wheels] dont le parallélisme est bien/mal réglé.

**alike** [ə'laɪk] ◇ *adj* semblable; **no two are ~** il n'y en a pas deux pareils. ◇ *adv* [act, speak, dress] de la même façon OR manière; **they look ~** ils se ressemblent; **this affects Peter and his brother ~** cela touche Peter aussi bien que son frère.

**alimentary canal** *n* tube *m* digestif.

**alimony** ['ælɪmənɪ] *n* pension *f* alimentaire.

**A-line** *adj* [skirt, dress] trapèze *(inv)*.

**alive** [ə'laɪv] *adj* **-1.** [living] vivant, en vie; **while he was ~** de son vivant; **to be burnt ~** être brûlé vif; **to bury sb ~** enterrer qqn vivant; **to keep ~** [person] maintenir en vie; [hope] garder; [tradition] préserver; **they kept her memory ~** ils sont restés fidèles à sa mémoire; **those ideas are still ~ and well amongst people in the country** ces idées sont encore très vivaces OR répandues parmi la population rurale; **he felt that he was the luckiest man ~** il se sentit l'homme le plus heureux du monde; **no man ~ could endure such pain** personne au monde ne pourrait endurer de telles souffrances; **it's good to be ~** il fait bon vivre ❏ **~ and kicking: he's still ~ and kicking** [not dead] il est toujours bien en vie; [lively] il est toujours d'attaque OR plein de vie. **-2.** [lively, full of life] plein de vie, vif, actif. **-3.** [alert, aware] conscient, sensible; **to be ~ to the dangers of sthg** être conscient des OR sensible aux dangers de qqch. **-4.** [full, crowded]: **the evening air was ~ with insects** il y avait des nuées d'insectes dans l'air ce soir-là; **the streets were ~ with people** les rues fourmillaient OR grouillaient de monde.

**alkali** ['ælkəlaɪ] *n* alcali *m*.

**alkaline** ['ælkəlaɪn] *adj* alcalin.

**alkie, alky** [ælkɪ] *(pl* **alkies)** *n inf* poivrot *m*, -e *f*.

**all** [ɔːl] ◇ *det* **-1.** [the whole of] tout *m*, toute *f*, tous *mpl*, toutes *fpl*; **~ expenses will be reimbursed** tous les frais seront remboursés; **~ day and ~ night** toute la journée et toute la nuit; **~ five** tous/toutes les cinq; **~ six of us want to go** nous voulons y aller tous/toutes les six ‖ [every one of a particular type]: **~ kinds of people** toutes sortes de gens; **for children of ~ ages** pour les enfants de tous les âges. **-2.** [the utmost]: **in ~ fairness (to sb)** pour être juste (avec qqn). ◇ *predet* **-1.** [the whole of] tout *m*, toute *f*, tous *mpl*, toutes *fpl*; **~ the butter** tout le beurre; **~ five women** les cinq femmes. **-2.** [with comparative adjectives]: **~ the better!** tant mieux!; **you will feel ~ the better for a rest** un peu de repos vous fera le plus grand bien; **its ~ the more unfair since** OR **as he promised not to put up the rent** c'est d'autant plus injuste qu'il a promis de ne pas augmenter le loyer. ◇ *pron* **-1.** [everything] tout; **~ I want is to rest** tout ce que je veux c'est du repos; **will that be ~?** ce sera tout?; **it was ~ I could do not to laugh** j'ai eu du mal à m'empêcher de rire; **it's ~ his fault** c'est sa faute à lui; **you men are ~ the same!** vous les hommes, vous êtes tous pareils OR tous les mêmes! ❏ **~ or nothing** tout ou rien; **~ in good time** chaque chose en son temps; **when ~ is said and done** en fin de compte, au bout du compte. **-2.** [everyone] tous; **don't ~ speak at once!** ne parlez pas tous en même temps! **-3.** SPORT: **the score is 5 ~** le score est de 5 partout. **-4.** [as quantifier]: **~ of**

the butter/the cakes tout le beurre, tous les gâteaux; **~ of** London Londres tout entier; **~ of it was sold** (le) tout a été vendu; **how much wine did they drink? — ~ of it** combien de vin ont-ils bu? — tout ce qu'il y avait; **~ of you can come** vous pouvez tous venir; **listen, ~ of you** écoutez-moi tous ❏ **the book cost me ~ of £10** le livre m'a coûté rien moins que 10 livres; **it's ~ of five minutes' walk away** *hum* c'est AU MOINS à cinq minutes à pied! *hum*.
◇ *adv* [as intensifier] tout; **she was ~ alone** elle était toute seule; **she was ~ excited** elle était tout excitée; **she was ~ dressed** OR **she was dressed ~ in black** elle était habillée tout en noir; **the soup went ~ down my dress** la soupe s'est répandue partout sur ma robe; **the jacket's split ~ up** the sleeve la veste a craqué tout le long de la manche; **don't get your hands ~ dirty** *inf* ne va pas te salir les mains! ❏ **~ in one piece** [furniture] tout d'une pièce; *fig* [person] sain et sauf; **I'm ~ for it** moi, je suis tout à fait pour; **it's ~ up with** him *inf* il est fichu.
◇ *n* tout; **I would give my ~ to be there** je donnerais tout ce que j'ai pour y être; **the team gave their ~** l'équipe a donné son maximum; **to stake one's ~** tout miser.
◆ **all along** *adv phr* depuis le début.
◆ **all at once** *adv phr* **-1.** [suddenly] tout d'un coup. **-2.** [all at the same time] à la fois, en même temps.
◆ **all but** *adv phr* presque; **I ~ but missed it** j'ai bien failli le rater, c'est tout juste si je ne l'ai pas raté.
◆ **all in** *adj phr inf* [exhausted]: **I'm ~** je suis mort. ◇ *adv phr* [everything included] tout compris.
◆ **all in all** *adv phr* tout compte fait.
◆ **all over** ◇ *adj phr* [finished] fini; **that's ~ over and done with now** tout ça c'est bien terminé maintenant. ◇ *prep phr* [everywhere in] partout; **you've got ink ~ over you!** tu t'es mis de l'encre partout!; **~ over the world** dans le monde entier; **we have agencies ~ over Europe** nous avons des agences dans toute l'Europe OR partout en Europe; **it'll be ~ over town tomorrow morning!** demain matin, toute la ville sera au courant! ❏ **~ over the place** [everywhere] partout, dans tous les coins; [very erratic, inaccurate] dans tous les sens *hum*; **he was ~ over her** il ne l'a pas laissée tranquille un instant. ◇ *adv phr* [everywhere] partout; **painted green ~ over** peint tout en vert ❏ **it was like being a child ~ over again** c'était comme retomber en enfance; **that's him ~ over!** *inf* ça c'est lui tout craché!
◆ **all that** *adv phr*: **it isn't ~ that difficult** OR **as difficult as ~** that ce n'est pas si difficile que ça.
◆ **all the more** ◇ *det phr*: **~ the more reason for doing it again** raison de plus pour recommencer. ◇ *adv phr* encore plus.
◆ **all the same** ◇ *adv phr* [nevertheless] tout de même, quand même. ◇ *adj phr*: **it's ~ the same to me** ça m'est complètement égal, peu m'importe; **if it's ~ the same to you** si cela ne vous gêne pas.
◆ **all told** *adv phr* tout compris.
◆ **all too** *adv phr*: **~ too soon** bien trop vite; **the holidays went ~ too quickly** les vacances ne sont passées que trop vite; **it's ~ too easy to forget that** c'est tellement facile de l'oublier.

**all-** *in cpds* entièrement; **~male/female** entièrement masculin/féminin.

**Allah** ['ælə] *pr n* Allah.

**all-American** *adj* cent pour cent américain; **the ~ boy** le jeune américain type.

**all-around** *Am* = **all-round**.

**allay** [ə'leɪ] *vt* [fear] apaiser; [doubt, suspicion] dissiper; [pain, grief] soulager, apaiser.

**All Black** *n*: **the ~s** les All Blacks *mpl* (*l'équipe nationale de rugby de la Nouvelle-Zélande*).

**all clear** *n* [signal *m* de] fin *f* d'alerte; **he received** OR **was given the ~ on the project** *fig* on lui a donné le feu vert pour le projet. ◇ *interj*: **~!** fin *f* d'alerte!

**all comers** *npl*: **the British ~ 100 m record** le record britannique de l'épreuve du 100 m ouverte à tous.

**all-day** *adj* qui dure toute la journée.

**allegation** [,ælɪ'geɪʃn] *n* allégation *f*.

**allege** [ə'ledʒ] *vt* alléguer, prétendre; **he ~s that he was beaten up** il prétend avoir été roué de coups; **the incident is ~d to have taken place the night before** l'incident aurait eu lieu OR on prétend que l'incident a eu lieu la veille au soir.

**alleged** [ə'ledʒd] *adj* [motive, incident, reason] allégué, prétendu; [thief] présumé.

**allegedly** [ə'ledʒɪdlɪ] *adv* prétendument, paraît-il; they ~ broke in and stole £300 ils seraient entrés par effraction et auraient volé 300 livres.

**allegiance** [ə'liːdʒəns] *n* allégeance *f*; to swear ~ faire serment d'allégeance; to switch ~ changer de bord.

**allegoric(al)** [ˌælɪ'gɒrɪk(l)] *adj* allégorique.

**allegory** ['ælɪgərɪ] (*pl* **allegories**) *n* allégorie *f*.

**alleluia** [ˌælɪ'luːjə] *interj*: ~! alléluia!

**all-embracing** [-ɪm'breɪsɪŋ] *adj* exhaustif, complet (*f*-ète).

**allergen** ['ælədʒen] *n* allergène *m*.

**allergic** [ə'lɜːdʒɪk] *adj* [reaction, person] allergique; I'm ~ to cats je suis allergique aux chats.

**allergist** ['ælədʒɪst] *n* allergologiste *mf*, allergologue *mf*.

**allergy** ['ælədʒɪ] (*pl* **allergies**) *n* allergie *f*.

**alleviate** [ə'liːvɪeɪt] *vt* [pain, suffering] alléger, apaiser, soulager; [problem, difficulties] limiter, réduire; [effect] alléger, atténuer.

**alleviation** [əˌliːvɪ'eɪʃn] *n* apaisement *m*, soulagement *m*.

**alley** ['ælɪ] *n* -1. [street] ruelle *f*, passage *m*; [in park, garden] allée *f*; that's right up my ~ c'est tout à fait mon rayon. -2. *Am* [on tennis court] couloir *m*.-3. [for tenpin bowling, skittles] bowling *m*, prise *f* de jeu. -4. [marble] (grosse) bille *f*, calot *m*.

**alley cat** *n* chat *m* de gouttière.

**alleyway** ['ælɪweɪ] *n* ruelle *f*, passage *m*.

**All Fools' Day** *n* le premier avril.

**all fours**
◆ **on all fours** *adv phr* à quatre pattes.

**Allhallows** [ˌɔːl'hæləʊz] *n* Toussaint *f*.

**alliance** [ə'laɪəns] *n* alliance *f*; to enter into OR to form an ~ with sb s'allier OR faire alliance avec qqn.

**allied** ['ælaɪd] *adj* -1. POL [force, nations] allié. -2. [related – subjects] connexe, du même ordre; ECON & FIN [product, industry] assimilé; BIOL de la même famille. -3. [connected] allié; ~ with allié à.
◆ **Allied** *adj*: the Allied forces [in World War II] les forces alliées.

**alligator** ['ælɪgeɪtər] ◇ *n* alligator *m*. ◇ *comp* [bag, shoes] en (peau d')alligator; [skin] d'alligator.

**all-important** *adj* de la plus haute importance, d'une importance primordiale OR capitale; she found the ~ solution elle a trouvé la solution essentielle.

**all-in** *adj* [price, tariff] net, tout compris, forfaitaire; [insurance policy] tous risques.

**all-in-one** *adj* tout-en-un (*inv*).

**all-in wrestling** *n* lutte *f* libre, catch *m*.

**alliteration** [əˌlɪtə'reɪʃn] *n* allitération *f*.

**alliterative** [ə'lɪtərətɪv] *adj* allitératif.

**all-night** *adj* [party, film] qui dure toute la nuit; [shop, restaurant] de nuit, ouvert la nuit.

**allocate** ['æləkeɪt] *vt* -1. [assign – money, duties] allouer, assigner, attribuer; **funds** ~d **to research** des crédits affectés à la recherche. -2. [share out] répartir, distribuer. -3. JUR & FIN ventiler.

**allocation** [ˌælə'keɪʃn] *n* -1. [assignment – of money, duties] allocation *f*, affectation *f*; [– of role, part] attribution *f*.-2. [sharing out] répartition *f*.-3. [share – of money] part *f*; [– of space] portion *f*.-4. JUR & FIN ventilation *f*.

**allomorph** ['æləmɔːf] *n* allomorphe *m*.

**allophone** ['æləfəʊn] *n* allophone *m*.

**allot** [ə'lɒt] (*pt* & *pp* allotted, *cont* allotting) *vt* -1. [assign – money, duties, time] allouer, assigner, attribuer; **in the allotted time** dans le délai imparti. -2. [share out] répartir, distribuer.

**allotment** [ə'lɒtmənt] *n* -1. [of money, duties, time] allocation *f*, attribution *f*.-2. *Br* [land] jardin *m* ouvrier OR familial.

**all out** *adv*: to go ~ to do sthg se donner à fond pour faire qqch.
◆ **all-out** *adj* [strike, war] total; [effort] maximum.

**allover** ['ɔːlˌəʊvər] *adj* qui s'étend sur toute la surface; an ~ tan un bronzage intégral.

**allow** [ə'laʊ] *vt* -1. [permit] permettre, autoriser; to ~ sb to do sthg permettre à qqn de faire qqch, autoriser qqn à faire qqch; he was ~ed a final cigarette on lui a permis (de fumer) une dernière cigarette; we weren't ~ed in on ne nous a pas permis d'entrer; the dog is not ~ed in the house on ne laisse pas le chien entrer dans la maison; 'smoking is not ~ed' 'défense de fumer'; she ~ed herself to be manipulated elle s'est laissée manipuler; he decided to ~ events to take their course il a décidé de laisser les événements suivre leur cours; I won't ~ such behaviour! je ne tolérerai pas une telle conduite!; ~ me! vous permettez?-2. [enable] permettre; the ramp ~s people in wheelchairs to enter the building la rampe permet l'accès de l'immeuble aux personnes en fauteuil roulant. -3. [grant – money, time] accorder, allouer; [– opportunity] donner; [– claim] admettre; she ~ed herself a cream cake as a special treat comme petit plaisir, elle s'est offert un gâteau à la crème. -4. [take into account] prévoir, compter; ~ a week for delivery il faut prévoir OR compter une semaine pour la livraison. -5. *lit* [admit] admettre, convenir.
◆ **allow for** *vt insep* -1. [take account of] tenir compte de; ~ing for the bad weather compte tenu du mauvais temps. -2. [make allowance or provision for]: remember to ~ for the time difference n'oublie pas de compter le décalage horaire; we hadn't ~ed for these extra costs nous n'avions pas prévu ces frais supplémentaires; after ~ing for travel expenses déduction faite des frais de voyage.
◆ **allow of** *vt insep fml* admettre, souffrir, autoriser.

**allowable** [ə'laʊəbl] *adj* admissible, permis; **expenses** ~ **against tax** dépenses *fpl* fiscalement déductibles.

**allowance** [ə'laʊəns] *n* -1. ADMIN [grant] allocation *f*; [for housing, travel, food] indemnité *f*; [alimony] pension *f* alimentaire; [for student – from state] bourse *f*; [– from parents] pension *f* alimentaire; [pension] pension *f*; [income, salary] revenu *m*, appointements *mpl*; his parents give him a monthly ~ of £100 ses parents lui versent une mensualité de 100 livres; □ **cost-of-living** ~ indemnité de vie chère; **rent** ~ allocation (de) logement. -2. [discount] rabais *m*, réduction *f*; **tax** ~ [deduction] dégrèvement *m* fiscal; [tax-free part] revenu *m* non imposable; **trade-in** ~ (valeur *f* de) reprise *f*.-3. *Am* [pocket money] argent *m* de poche. -4. *phr*: to make ~ OR ~s for sthg tenir compte de qqch, prendre qqch en considération; to make ~s for sb être indulgent avec qqn.

**alloy** [*n* 'ælɔɪ, *vb* ə'lɔɪ] ◇ *n* alliage *m*. ◇ *comp*: ~ **steel** acier *m* allié OR spécial; ~ **wheels** AUT roues *fpl* en alliage léger. ◇ *vt* [metal] allier, faire un alliage de.

**all-powerful** *adj* tout-puissant.

**all-purpose** *adj* [gen] qui répond à tous les besoins, passepartout (*inv*); [tool, vehicle] polyvalent; ~ **cleaning fluid** détachant *m* tous usages.

**all right** ◇ *adj* -1. [adequate] (assez) bien, pas mal; the film was ~ le film n'était pas mal. -2. [in good health] en bonne santé; [safe] sain et sauf; I hope they'll be ~ on their own j'espère qu'ils sauront se débrouiller tout seuls; are you ~? [not hurt] ça va?; do you think the car will be ~? tu crois que ça ira avec la voiture? □ I'm ~ Jack *inf* moi, ça va bien (et vous, je m'en fiche). -3. [indicating agreement, approval]: is it ~ if they come too? ça va s'ils viennent aussi?; it's ~ [no problem] ça va; [no matter] ça ne fait rien, peu importe; I've come to see if everything is ~ je suis venu voir si tout va bien; is everything ~, Madam? [in shop, restaurant etc] tout va bien, Madame?; it's ~ by me moi, ça me va. -4. [pleasant] bien, agréable; [nice-looking] chouette. -5. [financially] à l'aise, tranquille; I'll see that you're ~ je veillerai à ce que vous ne manquiez de rien.
◇ *adv* -1. [well, adequately] bien; they're doing ~ [progressing well] ça va (pour eux); [succeeding in career, life] ils se débrouillent bien. -2. [without doubt]: it's rabies ~ pour être la rage, c'est la rage; he was listening ~ ça, pour écouter, il écoutait.
◇ *interj*: ~! [indicating agreement, understanding] entendu!, d'accord!; [indicating approval] c'est ça!, ça va!; [indicating impatience] ça va!, ça suffit!; [indicating change or continuation of activity] bon!
◆ **all-right** *adj esp Am*: he's an all-right guy c'est un type réglo; it was an all-right film le film n'était pas mal.

**all round** *adv*: taken ~ à tout prendre.

**all-round** *adj* -1. [versatile – athlete, player] complet (*f*-ète);

[– ability] complet (*f* -ète), polyvalent. **-2.** [comprehensive – improvement] général, sur toute la ligne.

**all-rounder** [-'raʊndə<sup>r</sup>] *n Br*: he's a good ~ [gen] il est doué dans tous les domaines, il est bon en tout; SPORT c'est un sportif complet.

**All Saints' Day** *n* (le jour de) la Toussaint.

**All Souls' Day** *n* le jour OR la Fête des Morts.

**all square** *adj* **-1.** [financially]: we're ~ now nous ne sommes plus en compte maintenant. **-2.** SPORT [level] à égalité.

**all-star** *adj* [show, performance] avec beaucoup de vedettes, à vedettes; with an ~ cast avec un plateau de vedettes.

**all-time** *adj* [record] sans précédent; sales have reached an ~ high/low les ventes ont connu le niveau le plus élevé jamais atteint/sont tombées au niveau le plus bas jamais atteint; this film is one of the ~ greats ce film est l'un des meilleurs de tous les temps.

**all told** *adv* en tout.

**allude** [ə'luːd] *vi*: to ~ to sb/sthg faire allusion à qqn/qqch.

**allure** [ə'ljʊə<sup>r</sup>] ◊ *vt* attirer, séduire. ◊ *n* attrait *m*, charme *m*.

**alluring** [ə'ljʊərɪŋ] *adj* séduisant, attrayant.

**allusion** [ə'luːʒn] *n* allusion *f*; to make an ~ to sthg faire allusion à qqch.

**allusive** [ə'luːsɪv] *adj* allusif, qui contient une allusion OR des allusions.

**alluvial** [ə'luːvjəl] *adj* [ground] alluvial; ~ deposits alluvions *fpl*, dépôts *mpl* alluvionnaires.

**all-weather** *adj* [surface] de toute saison, tous temps; ~ court [tennis] (terrain *m* en) quick *m*.

**ally** [*vb* ə'laɪ, *n* 'ælaɪ] (*pl* **allies**) ◊ *vt* allier, unir; to ~ o.s. with sb s'allier avec qqn. ◊ *n* [gen & POL] allié *m*, -e *f*; the Allies HIST les Alliés.

**Alma Mater, alma mater** [,ælmə'mɑːtə<sup>r</sup>] *n* [school] *école ou université où l'on a fait ses études*; Am [anthem] *hymne d'une école ou d'une université*.

**almanac** ['ɔːlmənæk] *n* almanach *m*, agenda *m*.

**almighty** [ɔːl'maɪtɪ] ◊ *adj* **-1.** [omnipotent] tout-puissant, omnipotent. **-2.** *inf* [as intensifier – row, racket] formidable, sacré. ◊ *adv Am inf* extrêmement, énormément.

◆ **Almighty** RELIG ◊ *n*: the Almighty le Tout-Puissant. ◊ *adj*: Almighty God, God Almighty Dieu Tout-Puissant.

**almond** ['ɑːmənd] ◊ *n* **-1.** [nut] amande *f*. **-2.** ~ (tree) amandier *m*. ◊ *comp* [icing] d'amandes; [cake] aux amandes.

**almond paste** *n* pâte *f* d'amande.

**almost** ['ɔːlmoʊst] *adv* presque; he is ~ 30 il a presque 30 ans; I ~ cried j'ai failli pleurer; he was ~ crying with frustration il pleurait presque de rage.

**alms** [ɑːmz] *npl* aumône *f*; to give ~ to sb faire l'aumône OR la charité à qqn.

**aloe** ['æləʊ] *n* aloès *m*.

**aloft** [ə'lɒft] *adv*: (up) ~ [gen] en haut, en l'air; AERON en l'air; NAUT dans la mâture.

**alone** [ə'ləʊn] ◊ *adj* **-1.** [on one's own] seul; I'm not ~ in thinking that it's unfair je ne suis pas le seul à penser que c'est injuste. **-2.** [only] seul; she ~ knows the truth elle seule connaît la vérité; time ~ will tell qui vivra verra. **-3.** [lonely] seul. ◊ *adv* **-1.** [on one's own] seul; she managed to open the box ~ elle a réussi à ouvrir la boîte toute seule; to stand ~ [person] rester seul; [house] être situé à l'écart; she stands ~ as the most successful politician this century *fig* elle est la seule depuis le début du siècle à avoir aussi bien réussi politiquement en politique ❑ to go it ~ faire cavalier seul. **-2.** [undisturbed]: to leave OR to let sb ~ laisser qqn tranquille; leave me ~ [on my own] laissez-moi seul; [in peace] laissez-moi tranquille, laissez-moi en paix; leave the bag ~! laissez le sac tranquille!, ne touchez pas au sac!; if I were you I would let well ~ si j'étais vous, je ne m'en mêlerais pas.

◆ **let alone** *conj phr* sans parler de; she can't even walk, let ~ run elle ne peut même pas marcher, alors encore moins courir.

**along** [ə'lɒŋ] ◊ *prep* [the length of] le long de; the railway runs ~ the coast la voie ferrée longe la côte ‖ [at or to a certain point in]: could you move further ~ the row pourriez-vous vous déplacer vers le bout du rang?; the toilets are just ~ the corridor les toilettes sont juste un peu plus loin dans le

couloir. ◊ *adv* **-1.** [in phrasal verbs]: I was driving/strolling ~ on a sunny afternoon, when... je roulais/me baladais par un après-midi ensoleillé, quand...; just then ~ came a policeman c'est alors qu'un policier est arrivé. **-2.** [indicating progress]: how far ~ is the project? où en est le projet?; things are going OR coming ~ nicely, thank you les choses ne se présentent pas trop mal, merci. **-3.** [indicating imminent arrival]: I'll be ~ in a minute j'arrive tout de suite; there'll be another bus ~ shortly un autre bus va passer bientôt.

◆ **along by** *prep phr* en passant par.

◆ **along with** *prep phr* avec.

**alongshore** [ə,lɒŋ'ʃɔː<sup>r</sup>] ◊ *adv* le long de la côte. ◊ *adj* [current, tide] côtier.

**alongside** [ə,lɒŋ'saɪd] ◊ *prep* **-1.** [along] le long de; to come OR to draw ~ the quay accoster le quai; the railway runs ~ the road la ligne de chemin de fer longe la route. **-2.** [beside] à côté de. **-3.** [together with] avec. ◊ *adv* **-1.** NAUT: to come ~ [two ships] naviguer à couple; [at quayside] accoster. **-2.** [gen – at side]: they're going to build a patio with a flower bed ~ ils vont construire un patio bordé d'un parterre de fleurs.

**aloof** [ə'luːf] *adj* distant; to keep OR to remain ~ se tenir à distance; I try to keep ~ from such matters j'essaie de ne pas me mêler à ces histoires.

**aloofness** [ə'luːfnɪs] *n* attitude *f* distante, réserve *f*.

**alopecia** [,ælə'piːʃə] *n (U)* alopécie *f*.

**aloud** [ə'laʊd] *adv* [read] à haute voix, à voix haute, tout haut; [think] tout haut.

**alp** [ælp] *n* [mountain] montagne *f*; [pasture] alpage *m*, alpe *f*.

**alpaca** [æl'pækə] *n* alpaga *m*.

**alpha** ['ælfə] *n* **-1.** [Greek letter] alpha *m*. **-2.** *Br* SCH ≃ mention *f* bien; ~ plus ≃ mention *f* très bien.

**alphabet** ['ælfəbet] *n* alphabet *m*.

**alphabetic(al)** [,ælfə'betɪk(l)] *adj* alphabétique; in ~ order par ordre OR dans l'ordre alphabétique.

**alphabetically** [,ælfə'betɪklɪ] *adv* alphabétiquement, par ordre alphabétique.

**alphabetize, -ise** ['ælfəbə,taɪz] *vt* classer par ordre alphabétique.

**alphameric** [,ælfə'merɪk] = **alphanumeric**.

**alphanumeric** [,ælfənjuː'merɪk] *adj* alphanumérique; ~ key COMPUT touche *f* alphanumérique.

**alpine** ['ælpaɪn] *adj* **-1.** GEOG des Alpes. **-2.** [climate, landscape] alpestre; [club, skiing, troops] alpin; ~ plants [at low altitude] plantes *fpl* alpestres; [at high altitude] plantes *fpl* alpines.

**Alps** [ælps] *pl pr n*: the ~ les Alpes *fpl*; in the ~ dans les Alpes.

**already** [ɔːl'redɪ] *adv* déjà.

**alright** [,ɔːl'raɪt] = **all right**.

**Alsace** [æl'sæs] *pr n* Alsace *f*; in ~ en Alsace.

**Alsatian** [æl'seɪʃn] ◊ *n* **-1.** [person] Alsacien *m*, -enne *f*. **-2.** LING alsacien *m*. **-3.** [dog] berger *m* allemand. ◊ *adj* [person] d'Alsace, alsacien; [wine] d'Alsace.

**also** ['ɔːlsəʊ] *adv* **-1.** [as well] aussi, également; she ~ speaks Italian elle parle aussi or également l'italien; he's lazy and ~ stupid il est paresseux et en plus il est bête. **-2.** [furthermore] en outre, de plus, également; ~, it must be pointed out that... en outre OR de plus, il faut signaler que..., il faut également signaler que... **-3.** [furthermore] en outre, de plus, également; ~, it must be pointed out that... en outre OR de plus, il faut signaler que..., il faut également signaler que...

**also-ran** *n* **-1.** SPORT concurrent *m* non classé; [in horse-race] cheval *m* non classé. **-2.** *fig* [person] perdant *m*, -e *f*.

**Alta.** *written abbr of* **Alberta.**

**altar** ['ɔːltə<sup>r</sup>] *n* autel *m*; to lead sb to the ~ *fig* conduire OR mener qqn à l'autel ❑ ~ boy enfant *m* de chœur; ~ cloth nappe *f* d'autel; at the ~ rail devant l'autel.

**altarpiece** ['ɔːltəpiːs] *n* retable *m*.

**alter** ['ɔːltə<sup>r</sup>] ◊ *vt* **-1.** [change – appearance, plan] changer, modifier; this ~s matters considerably cela change vraiment tout; to ~ course NAUT & AERON changer de cap or de route. **-2.** SEW faire une retouche OR des retouches à, retoucher. **-3.** [falsify – evidence, facts, text] falsifier, fausser. ◊ *vi* changer, se modifier; to ~ for the better [situation] s'améliorer; [person] changer en mieux; to ~ for the worse

[situation] s'aggraver, empirer; [person] changer en mal.
**alteration** [ˌɔːltə'reɪʃn] n -1. [changing] changement m, modification f; [touching up] retouche f.-2. [change] changement m, modification f; [reorganization] remaniement m; [transformation] transformation f; to make an ~ to sthg modifier qqch, apporter une modification à qqch. -3. SEW retouche f; to make ~s to a dress faire des retouches à une robe. -4. [falsification – of figures, document] falsification f.-5. CONSTR aménagement m, transformation f.

**altercation** [ˌɔːltə'keɪʃn] n fml altercation f; to have an ~ with sb se disputer OR avoir une altercation avec qqn.

**alter ego** n alter ego m.

**alternate** [adj & n ɔːl'tɜːnət, Am 'ɔːltərnət, vb 'ɔːltəneɪt] ◇ adj -1. [by turns] alterné; we visit her on ~ weekends nous lui rendons visite un week-end sur deux. -2. [every other] tous les deux; on ~ days un jour sur deux, tous les deux jours. -3. Am [alternative] alternatif. ◇ vi -1. [happen by turns] alterner; wet days ~d with fine days les jours pluvieux alternaient avec les beaux jours, les jours pluvieux et les beaux jours se succédaient. -2. [take turns] se relayer; two actors ~d in the leading role deux acteurs jouaient le rôle principal en alternance OR à tour de rôle. -3. [vary] alterner; she ~s between despair and elation elle est tour à tour désespérée ou enthousiaste; an economy that ~s between periods of growth and disastrous slumps une économie où alternent la prospérité et le marasme le plus profond. -4. ELEC changer périodiquement de sens. ◇ vt (faire) alterner, employer alternativement OR tour à tour; AGR alterner. ◇ n Am remplaçant m, -e f, suppléant m, -e f.

**alternately** [ɔːl'tɜːnətlɪ] adv alternativement, en alternance, tour à tour.

**alternating** ['ɔːltəneɪtɪŋ] adj [gen] alternant, en alternance; ELEC & TECH alternatif; MATH alterné.

**alternating current** n courant m alternatif.

**alternation** [ˌɔːltə'neɪʃn] n alternance f.

**alternative** [ɔːl'tɜːnətɪv] ◇ n -1. [choice] solution f, choix m; he had no ~ but to accept il n'avait pas d'autre solution que d'accepter; you leave me with no ~ vous ne me laissez pas le choix; what's the ~? quelle est l'autre solution?; there are several ~s il y a plusieurs possibilités. -2. PHILOS terme m d'une alternative. ◇ adj -1. [different, other – solution, government] autre, de rechange; an ~ proposal une contre-proposition; an ~ route AUT un itinéraire bis OR de délestage. -2. [not traditional – lifestyle] peu conventionnel, hors normes; [– press, theatre] parallèle; ~ energy énergies fpl de substitution; ~ medicine médecine f douce; ~ technology technologies fpl douces. -3. PHILOS alternatif.

**alternatively** [ɔːl'tɜːnətɪvlɪ] adv comme alternative, sinon; you could travel by train or ~ by bus vous pourriez voyager en train ou bien en autobus.

**alternator** ['ɔːltəneɪtər] n alternateur m.

**although** [ɔːl'ðəʊ] conj -1. [despite the fact that] bien que, quoique; ~ I have never liked him, I do respect him bien que OR quoique je ne l'aie jamais aimé je le respecte, je ne l'ai jamais aimé, néanmoins je le respecte. -2. [but, however] mais; I don't think it will work, ~ it's worth a try je ne crois pas que ça va marcher, mais ça vaut la peine d'essayer.

**altimeter** ['æltɪmiːtər] n altimètre m.

**altitude** ['æltɪtjuːd] ◇ n [gen & AERON] altitude f; [in mountains] altitude f, hauteur f; at high ~ OR ~s en altitude, en hauteur; at these ~s à cette altitude, à ces hauteurs. ◇ comp: ~ sickness mal m d'altitude.

**alt key** [ælt-] n touche f alt.

**alto** ['æltəʊ] (pl altos) ◇ adj [voice – female] de contralto; [– male] de haute-contre; [instrument] alto (inv); ~ clef clef f d'ut. ◇ n -1. [voice – female] contralto m; [– male] haute-contre f.-2. [instrument] alto m.

**altogether** [ˌɔːltə'geðər] adv -1. [entirely] tout à fait, entièrement; I don't ~ agree with you je ne suis pas tout à fait OR entièrement d'accord avec vous; he isn't ~ reliable on ne peut pas toujours compter sur lui; it's ~ out of the question il n'en est absolument pas question; that's a different matter ~ c'est un tout autre problème. -2. [as a whole] en tout; taken ~ à tout prendre. -3. [in general] somme toute, tout compte fait; ~, it was an enjoyable evening somme toute, c'était une soirée agréable. ◇ n phr: in the ~ Br inf &

hum tout nu, à poil.

**altruism** ['æltrʊɪzm] n altruisme m.

**altruistic** [ˌæltru'ɪstɪk] adj altruiste.

**aluminium** [ˌæljʊ'mɪnɪəm] Br, **aluminum** [ə'luːmɪnəm] Am ◇ n aluminium m. ◇ comp [utensil] en aluminium.

**alumna** [ə'lʌmnə] (pl **alumnae** [-niː]) n Am SCH ancienne élève f; UNIV ancienne étudiante f.

**alumnus** [ə'lʌmnəs] (pl **alumni** [-naɪ]) n Am SCH ancien élève m; UNIV ancien étudiant m.

**alveolar** [æl'vɪələr] adj ANAT & LING alvéolaire; ~ ridge alvéoles fpl (dentaires).

**always** ['ɔːlweɪz] adv toujours; has she ~ worn glasses? a-t-elle toujours porté des lunettes?; you can ~ try phoning vous pouvez toujours essayer de téléphoner.

**Alzheimer's disease** ['ælts,haɪməz-] n maladie f d'Alzheimer.

**am** [æm] → be.

**a.m.** (abbr of ante meridiem) adv du matin.

**AM** (abbr of amplitude modulation) n AM.

**AMA** (abbr of American Medical Association) pr n ordre américain des médecins.

**amalgam** [ə'mælgəm] n -1. [gen & METALL] amalgame m.-2. DENT amalgame m.

**amalgamate** [ə'mælgə,meɪt] ◇ vt -1. [firms, businesses] fusionner, unir. -2. [ideas, metals] amalgamer; their findings were ~d with ours to produce the final report leurs conclusions et les nôtres ont été réunies pour constituer le rapport final. ◇ vi -1. [firms] fusionner. -2. [races] se mélanger; [metals] s'amalgamer.

**amalgamation** [ə,mælgə'meɪʃn] n -1. COMM & ECON fusion f.-2. [of races] mélange m; [of metals] amalgamation f.

**amanuensis** [ə,mænjʊ'ensɪs] (pl **amanuenses** [-siːz]) n fml [secretary] secrétaire mf, sténographe mf; [transcriber, copyist] copiste mf.

**amaryllis** [ˌæmə'rɪlɪs] n amaryllis f.

**amass** [ə'mæs] vt [fortune, objects, information] amasser, accumuler.

**amateur** ['æmətər] ◇ n [gen & SPORT] amateur m. ◇ adj -1. [football, photographer] amateur; [painting, psychology] d'amateur; ~ dramatics théâtre m amateur; he has an ~ interest in psychology il s'intéresse à la psychologie en amateur. -2. pej = amateurish.

**amateurish** [ˌæmə'tɜːrɪʃ] adj pej d'amateur, de dilettante.

**amateurism** ['æmətərɪzəm] n -1. SPORT amateurisme m.-2. pej [lack of professionalism] amateurisme m, dilettantisme m.

**amatory** ['æmətərɪ] adj lit [letter, verse] d'amour, galant fml; [feelings] amoureux.

**amaze** [ə'meɪz] vt stupéfier, ahurir; you ~ me! pas possible!; I was ~d at OR by his courage son courage m'a ahuri, j'ai été ahuri par son courage.

**amazed** [ə'meɪzd] adj [expression, look] de stupéfaction, ahuri, éberlué; [person] stupéfait, ahuri.

**amazement** [ə'meɪzmənt] n stupéfaction f, stupeur f; to our ~ à notre stupéfaction; I watched in ~ j'ai regardé, complètement stupéfait.

**amazing** [ə'meɪzɪŋ] adj -1. [astonishing] stupéfiant, ahurissant; it's ~ how hard they work je ne reviens pas de la vitesse à laquelle ils travaillent; that's ~! je n'en reviens pas!-2. [brilliant, very good] extraordinaire, sensationnel.

**amazingly** [ə'meɪzɪŋlɪ] adv incroyablement, extraordinairement; he's ~ patient il est d'une patience extraordinaire OR étonnante; he was ~ good as Cyrano il était absolument extraordinaire dans le rôle de Cyrano; ~ enough, she believed him aussi étonnant que ça puisse paraître, elle l'a cru.

**Amazon** ['æməzn] pr n -1. [river]: the ~ l'Amazone f.-2. [region]: the ~ (Basin) l'Amazonie f; in the ~ en Amazonie; the ~ rain forest la forêt (tropicale) amazonienne. -3. MYTH Amazone f.
◆ **amazon** n: she's a bit of an ~ fig [strong] c'est une grande bonne femme; [athletic] c'est une vraie athlète; [aggressive] c'est une vraie virago.

**Amazonian** [ˌæmə'zəʊnjən] adj amazonien.

**ambassador** [æm'bæsədər] n POL & fig ambassadeur m; the Spanish ~ to Morocco l'ambassadeur d'Espagne au Maroc; the ~'s wife l'ambassadrice f ❏ ~-at-large *Am* ambassadeur *m* extraordinaire, chargé *m* de mission.

**ambassadress** [æm'bæsədrɪs] *n* ambassadrice f.

**amber** ['æmbər] ◇ *n* [colour, resin] ambre *m*. ◇ *adj* **-1.** [necklace, ring] d'ambre. **-2.** [dress, eyes] ambré; ~ (-coloured) ambré; **the (traffic) lights turned** ~ *Br* le feu est passé à l'orange.

**ambergris** ['æmbəgriːs] *n* ambre gris *m*.

**ambidextrous** [ˌæmbɪ'dekstrəs] *adj* ambidextre.

**ambience** ['æmbɪəns] *n* ambiance f.

**ambient** ['æmbɪənt] *adj* ambiant.

**ambiguity** [ˌæmbɪ'gjuːətɪ] (*pl* **ambiguities**) *n* **-1.** [uncertainty] ambiguïté f, équivoque f; [of expression, word] ambiguïté f; **to avoid any** ~ pour éviter tout malentendu. **-2.** [phrase] expression f ambiguë.

**ambiguous** [æm'bɪgjuəs] *adj* ambigu (f -uë), équivoque.

**ambiguously** [æm'bɪgjuəslɪ] *adv* de façon ambiguë.

**ambit** ['æmbɪt] *n fml* [of regulation] étendue f, portée f; [of study] champ *m*; [of person] compétences fpl, capacités fpl.

**ambition** [æm'bɪʃn] *n* ambition f; **her** ~ **was to become a physicist** elle avait l'ambition OR son ambition était de devenir physicienne.

**ambitious** [æm'bɪʃəs] *adj* ambitieux; **she's very** ~ **for her children** elle a beaucoup d'ambition pour ses enfants.

**ambivalence** [æm'bɪvələns] *n* ambivalence f.

**ambivalent** [æm'bɪvələnt] *adj* ambivalent; **to be** OR **to feel** ~ **about sthg** être OR se sentir indécis à propos de qqch; **I have rather** ~ **feelings about him** j'éprouve des sentiments partagés à son égard.

**amble** ['æmbl] ◇ *vi* [person] marcher OR aller d'un pas tranquille; [horse] aller l'amble; **we** ~**d home** nous sommes rentrés lentement OR sans nous presser. ◇ *n* [of person] pas *m* tranquille; [of horse] amble *m*.

**ambrosia** [æm'brəʊzjə] *n* ambroisie f.

**ambulance** ['æmbjʊləns] ◇ *n* ambulance f. ◇ *comp*: ~ **driver** ambulancier *m*, -ère f; ~ **man** [driver] ambulancier; [nurse] infirmier *m* d'ambulance; [stretcher carrier] brancardier *m*; ~ **nurse** infirmier *m*, -ère f d'ambulance.

**ambulatory** ['æmbjʊlətrɪ] (*pl* **ambulatories**) ◇ *adj* ambulatoire; ~ **medical care** traitement *m* ambulatoire. ◇ *n* ARCHIT déambulatoire *m*.

**ambush** ['æmbʊʃ] ◇ *vt* [attack] attirer dans une embuscade; **they were** ~**ed** ils sont tombés OR ils ont donné dans une embuscade. ◇ *n* embuscade f, guet-apens *m*; **the battalion was caught in an** ~ le bataillon est tombé OR a donné dans un guet-apens.

**ameliorate** [ə'miːljəˌreɪt] *fml* ◇ *vt* améliorer. ◇ *vi* s'améliorer.

**amelioration** [əˌmiːljə'reɪʃn] *n fml* amélioration f.

**amen** [ˌɑː'men] ◇ *n* amen *m inv*. ◇ *interj* RELIG: ~! amen!

**amenable** [ə'miːnəbl] *adj* **-1.** [cooperative] accommodant, souple; **to be** ~ **to sthg** être disposé à qqch; **the disease is** ~ **to treatment** la maladie peut être traitée. **-2.** [accountable] responsable; **she is** ~ **for her actions to the committee** elle est responsable de ses actes devant le comité. **-3.** [able to be tested] vérifiable; **data** ~ **to analysis** données susceptibles d'être vérifiées par analyse.

**amend** [ə'mend] *vt* **-1.** [rectify – mistake, text] rectifier, corriger; [– behaviour, habits] réformer, amender fml. **-2.** [law, rule] amender, modifier; [constitution] amender.

**amendment** [ə'mendmənt] *n* **-1.** [correction] rectification f, correction f; [modification] modification f, révision f. **-2.** [to bill, constitution, law] amendement *m*; [to contract] avenant *m*; **an** ~ **to the law** une révision de la loi.

**amends** [ə'mendz] *npl* réparation f, compensation f; **to make** ~ **for sthg** [compensate] faire amende honorable, se racheter; [apologize] se faire pardonner; **we'll try and make** ~ nous allons essayer de réparer nos torts.

**amenity** [ə'miːnətɪ] (*pl* **amenities**) *n* [pleasantness] charme *m*, agrément *m*.

◆ **amenities** *npl* **-1.** [features] agréments *mpl*; [facilities] équipements *mpl*; **urban amenities** équipements collectifs. **-2.** [social courtesy] civilités fpl, politesses fpl.

**America** [ə'merɪkə] *pr n* Amérique f; **in** ~ en Amérique.

◆ **Americas** *pl pr n*: **the** ~**s** les Amériques.

**American** [ə'merɪkn] ◇ *n* Américain *m*, -e f. ◇ *adj* américain; **the** ~ **embassy** l'ambassade f des États-Unis ❏ **the** ~ **Dream** le rêve américain; ~ **English** (anglais *m*) américain *m*.

**Americana** [əˌmerɪ'kɑːnə] *npl* objets ou documents faisant partie de l'héritage culturel américain.

**American eagle** *n* aigle *m* d'Amérique.

**American football** *n Br* football *m* américain.

**American Indian** *n* Indien *m*, -enne f d'Amérique, Amérindien *m*, -enne f.

**Americanism** [ə'merɪkənɪzm] *n* américanisme *m*.

**americanize, -ise** [ə'merɪkəˌnaɪz] *vt* américaniser.

**American League** *pr n* l'une des deux ligues professionnelles de base-ball aux États-Unis.

**American plan** *n Am* pension f complète.

**American Samoa** *pr n* Samoa américaines fpl.

**amethyst** ['æmɪθɪst] ◇ *n* **-1.** [stone] améthyste f. **-2.** [colour] violet *m* d'améthyste. ◇ *adj* **-1.** [necklace, ring] d'améthyste. **-2.** [colour] violet d'améthyste (*inv*).

**Amex** ['æmeks] *pr n* (*abbr of* **American Stock Exchange**) deuxième place boursière des États-Unis.

**amiability** [ˌeɪmjə'bɪlətɪ] *n* amabilité f.

**amiable** ['eɪmjəbl] *adj* aimable, gentil.

**amiably** ['eɪmjəblɪ] *adv* avec amabilité OR gentillesse, aimablement.

**amicable** ['æmɪkəbl] *adj* [feeling, relationship] amical, d'amitié; [agreement, end] à l'amiable; **to settle a dispute in an** ~ **way** régler un différend à l'amiable.

**amicably** ['æmɪkəblɪ] *adv* amicalement; **let's try and settle this** ~ essayons de régler ce problème à l'amiable.

**amid** [ə'mɪd] *prep* au milieu de, parmi; ~ **all the noise and confusion, she escaped** dans la confusion générale, elle s'est échappée; **share prices fell** ~ **rumours of a change of government** le prix des actions a baissé face aux rumeurs selon lesquelles il allait y avoir un changement de gouvernement.

**amidships** [ə'mɪdʃɪps] *adj & adv* au milieu OR par le milieu du navire.

**amidst** [ə'mɪdst] = **amid**.

**amino acid** [ə'miːnəʊ-] *n* acide *m* aminé, aminoacide *m*.

**Amish** ['ɑːmɪʃ] *n* amish. ◇ *npl*: **the** ~ les Amish *mpl* (*communauté mennonite vivant en Pennsylvanie, austère et fidèle aux traditions*).

**amiss** [ə'mɪs] ◇ *adv* **-1.** [incorrectly] de travers, mal; **to take sthg** ~ mal prendre qqch. **-2.** [out of place] mal à propos; **a little tact and diplomacy wouldn't go** ~ un peu de tact et de diplomatie seraient les bienvenus OR ne feraient pas de mal. ◇ *adj* **-1.** [wrong]: **something seems to be** ~ **with the engine** on dirait qu'il y a quelque chose qui ne va pas dans le moteur. **-2.** [out of place] déplacé.

**amity** ['æmətɪ] (*pl* **amities**) *n fml* [friendship] amitié f; [good relations] bonnes relations *fpl*, bons rapports *mpl*.

**ammeter** ['æmɪtər] *n* ampèremètre *m*.

**ammo** ['æməʊ] *n (U) inf* munitions *fpl*.

**ammonia** [ə'məʊnjə] *n* [gas] ammoniac *m*; [liquid] ammoniaque f.

**ammoniac** [ə'məʊnɪæk] ◇ *adj* ammoniacal. ◇ *n* ammoniac *m*, gomme-ammoniaque f.

**ammunition** [ˌæmjʊ'nɪʃn] *n (U)* munitions *fpl*.

**ammunition belt** *n* ceinturon *m*.

**ammunition dump** *n* dépôt *m* de munitions.

**amnesia** [æm'niːzjə] *n* amnésie f; **to have** OR **to suffer (from)** ~ être atteint d'amnésie, être amnésique.

**amnesty** ['æmnəstɪ] (*pl* **amnesties**) *n* amnistie f; **under an** ~ en vertu d'une amnistie.

**amniocentesis** [ˌæmnɪəʊsen'tiːsɪs] (*pl* **amniocenteses** [-siːz]) *n* amniocentèse f.

**amniotic** [ˌæmnɪ'ɒtɪk] *adj* amniotique; ~ **fluid** liquide *m* amniotique.

**amoeba** [ə'miːbə] (*pl* **amoebae** [-biː] OR **amoebas**) *n* amibe f.

**amoebic** [ə'miːbɪk] *adj* amibien.

**amoebic dysentery** *n* dysenterie f amibienne.

**amok** [ə'mɒk] *adv*: **to run** ~ *literal* être pris d'une crise de folie meurtrière OR furieuse; *fig* devenir fou furieux, se déchaîner; defence spending has run ~ les dépenses militaires ont dérapé.

**among(st)** [ə'mʌŋ(st)] *prep* **-1.** [in the midst of] au milieu de, parmi; I moved ~ the spectators je circulais parmi les spectateurs; she was lost ~ the crowd elle était perdue dans la foule; to be ~ friends être entre amis. **-2.** [forming part of] parmi; ~ those who left was her brother parmi ceux qui sont partis, il y avait son frère; several members abstained, myself ~ them plusieurs membres se sont abstenus, dont moi; it is ~ her most important plays c'est une de ses pièces les plus importantes; ~ other things entre autres (choses). **-3.** [within a specified group] parmi, entre; it's a current expression ~ teenagers c'est une expression courante chez les jeunes; we discussed it ~ ourselves nous en avons discuté entre nous; I count her ~ my friends je la compte parmi OR au nombre de mes amis. **-4.** [to each of] parmi, entre; share the books ~ you partagez les livres entre vous, partagez-vous les livres.

**amoral** [,eɪ'mɒrəl] *adj* amoral.

**amorous** ['æmərəs] *adj* [person] amoureux, porté à l'amour; [glance] amoureux, ardent; [letter] d'amour.

**amorously** ['æmərəslɪ] *adv* amoureusement.

**amorphous** [ə'mɔːfəs] *adj* CHEM amorphe; [shapeless] amorphe, *fig* [personality] amorphe, mou, *before vowel or silent 'h'* mol (*f* molle); [plans] vague.

**amortization** [ə,mɔːtɪ'zeɪʃn] *n* amortissement *m*.

**amortize, -ise** [ə'mɔːtaɪz] *vt* amortir.

**amount** [ə'maʊnt] *n* **-1.** [quantity] quantité *f*; great OR large ~s of money beaucoup d'argent; in small/large ~s en petites/grandes quantités; no ~ of talking can bring him back on peut lui parler tant qu'on veut, ça ne le fera pas revenir; I have a certain ~ of respect for them j'ai un certain respect pour eux; any ~ of des quantités de, énormément de; you'll have any ~ of time for reading on holiday tu auras tout ton temps pour lire pendant les vacances. **-2.** [sum, total] montant *m*, total *m*; [of money] somme *f*; do you have the exact ~? avez-vous le compte (exact)?; you're in credit to the ~ of £100 vous avez un crédit de 100 livres; please find enclosed a cheque to the ~ of $100 veuillez trouver ci-joint un chèque (d'un montant) de 100 dollars.

◆ **amount to** *vt insep* **-1.** [total] se monter à, s'élever à; after tax it doesn't ~ to much après impôts ça ne représente pas grand-chose; he'll never ~ to much il ne fera jamais grand-chose. **-2.** [be equivalent to]: it ~s to something you're not far short of stealing c'est pratiquement du vol; it ~s to the same thing cela revient au même; what his speech ~s to is an attack on democracy en fait, avec ce discours, il attaque la démocratie.

**amp** [æmp] *n* **-1.** = ampere. **-2.** *inf* [amplifier] ampli *m*.

**amperage** ['æmpərɪdʒ] *n* intensité *f* de courant.

**ampere** ['æmpeə'] *n* ampère *m*.

**ampersand** ['æmpəsænd] *n* esperluette *f*.

**amphetamine** [æm'fetəmiːn] *n* amphétamine *f*.

**amphibian** [æm'fɪbɪən] ◇ *n* **-1.** ZOOL amphibie *m*. **-2.** [plane] avion *m* amphibie; [car] voiture *f* amphibie; [tank] char *m* amphibie. ◇ *adj* amphibie.

**amphibious** [æm'fɪbɪəs] *adj* amphibie.

**amphitheatre** *Br*, **amphitheater** *Am* ['æmfɪ,θɪətə'] *n* amphithéâtre *m*.

**ample** ['æmpl] *adj* **-1.** [large – clothing] ample; [– garden, lawn] grand, vaste; [– helping, stomach] grand. **-2.** [more than enough – supplies] bien OR largement assez de; [– proof, reason] solide; [– fortune, means] gros (*f* grosse); he was given ~ opportunity to refuse il a eu largement l'occasion OR il a eu de nombreuses occasions de refuser; we have ~ reason to suspect foul play nous avons de solides OR de bonnes raisons de soupçonner quelque chose de louche.

**amplification** [,æmplɪfɪ'keɪʃn] *n* **-1.** [of power, sound] amplification *f*. **-2.** [further explanation] explication *f*, développement *m*.

**amplifier** ['æmplɪ,faɪə'] *n* amplificateur *m*.

**amplify** ['æmplɪ,faɪ] *vt* **-1.** [power, sound] amplifier. **-2.** [facts, idea, speech] développer.

**amplitude** ['æmplɪtjuːd] *n* [breadth, scope] ampleur *f*, envergure *f*; ASTRON & PHYS amplitude *f*.

**amplitude modulation** *n* modulation *f* d'amplitude.

**amply** ['æmplɪ] *adv* amplement, largement; [person]: ~ built bien bâti.

**ampoule** *Br*, **ampule** *Am* ['æmpuːl] *n* ampoule *f* (*de médicament*).

**amputate** ['æmpjʊ,teɪt] *vt* amputer; they had to ~ her arm ils ont dû l'amputer du bras.

**amputation** [,æmpjʊ'teɪʃn] *n* amputation *f*.

**amputee** [,æmpjʊ'tiː] *n* amputé *m*, -e *f*.

**Amsterdam** [,æmstə'dæm] *pr n* Amsterdam.

**amt** *written abbr of* **amount**.

**Amtrak®** ['æmtræk] *pr n* société nationale de chemins de fer aux États-Unis.

**amuck** [ə'mʌk] = amok.

**amulet** ['æmjʊlɪt] *n* amulette *f*, fétiche *m*.

**amuse** [ə'mjuːz] *vt* **-1.** [occupy] divertir, amuser, distraire; he ~d himself (by) building sandcastles il s'est amusé à faire des châteaux de sable; you'll have to ~ yourself this afternoon il va falloir trouver de quoi t'occuper cet après-midi. **-2.** [make laugh] amuser, faire rire.

**amused** [ə'mjuːzd] *adj* **-1.** [occupied] occupé, diverti; to keep o.s. ~ s'occuper, se distraire. **-2.** [delighted, entertained] amusé; they were greatly ~ at OR by the cat's behaviour le comportement du chat les a bien fait rire; I was greatly ~ to hear about his adventures cela m'a beaucoup amusé d'entendre parler de ses aventures; she was not (at all) ~ elle n'a pas trouvé ça drôle (du tout) ❑ we are not ~ très drôle! *iron* (*expression faisant allusion à une réflexion qu'aurait faite la reine Victoria pour exprimer sa désapprobation*).

**amusement** [ə'mjuːzmənt] *n* **-1.** [enjoyment] amusement *m*, divertissement *m*; she smiled in ~ elle a eu un sourire amusé; I listened in ~ amusé, j'ai écouté; much to everyone's ~ au grand amusement de tous; there was much ~ at her untimely entrance son entrée intempestive a fait rire tout le monde. **-2.** [pastime] distraction *f*, amusement *m*; what ~s do you have for the children? qu'est-ce que vous avez pour distraire les enfants? **-3.** [at a funfair] attraction *f*; to go on the ~s monter sur les manèges.

**amusement arcade** *n* galerie *f* de jeux.

**amusement park** *n* parc *m* d'attractions.

**amusing** [ə'mjuːzɪŋ] *adj* amusant, drôle.

**an** [*stressed* æn, *unstressed* ən] ◇ *indef art* → **a**. ◇ *conj arch* si.

**Anabaptist** [,ænə'bæptɪst] ◇ *adj* anabaptiste. ◇ *n* anabaptiste *mf*.

**anabolic** [,ænə'bɒlɪk] *adj* anabolisant.

**anabolic steroid** *n* stéroïde *m* anabolisant.

**anachronism** [ə'nækrənɪzm] *n* anachronisme *m*.

**anachronistic** [ə,nækrə'nɪstɪk] *adj* anachronique.

**anaconda** [,ænə'kɒndə] *n* anaconda *m*.

**anaemia** *Br*, **anemia** *Am* [ə'niːmjə] *n* MED & *fig* anémie *f*; to suffer from ~ être anémique.

**anaemic** *Br*, **anemic** *Am* [ə'niːmɪk] *adj* **-1.** MED & *fig* anémique; to become ~ s'anémier. **-2.** [pale] anémique, blême.

**anaerobic** [,ænə'rəʊbɪk] *adj* anaérobie; ~ exercise exercice *m* d'anaérobie.

**anaesthesia** *Br*, **anesthesia** *Am* [,ænɪs'θiːzjə] *n* anesthésie *f*.

**anaesthetic** *Br*, **anesthetic** *Am* [,ænɪs'θetɪk] ◇ *n* anesthésique *m*, anesthésiant *m*; under ~ sous anesthésie; to give sb an ~ anesthésier qqn; local/general ~ anesthésie *f* locale/générale. ◇ *adj* anesthésique, anesthésiant.

**anaesthetist** *Br*, **anesthetist** *Am* [æ'niːsθətɪst] *n* anesthésiste *mf*.

**anaesthetize, -ise** *Br*, **anesthetize** *Am* [æ'niːsθə,taɪz] *vt* MED anesthésier; *fig* anesthésier, insensibiliser.

**anagram** ['ænəgræm] *n* anagramme *f*.

**anal** ['eɪnl] *adj* **-1.** ANAT anal; ~ intercourse sodomie *f*. **-2.** PSYCH anal.

**analgesia** [,ænæl'dʒiːzjə] *n* analgésie *f*.

**analgesic** [,ænæl'dʒiːsɪk] ◇ *adj* analgésique. ◇ *n* analgésique *m*.

**analog** *Am* = analogue.

**analogous** [ə'næləgəs] *adj* analogue; to be ~ to OR with sthg être analogue à qqch.

**analogue** *Br*, **analog** *Am* ['ænəlɒg] ◇ *n* analogue *m*. ◇ *comp* [clock, watch, computer] analogique.

**analogy** [ə'nælədʒɪ] (*pl* **analogies**) *n* analogie *f*; the author draws an ~ between a fear of falling and the fear of death l'auteur établit une analogie entre la peur de tomber et la peur de mourir; by ~ with sthg par analogie avec qqch; reasoning from ~ raisonnement par analogie.

**analysable** *Br*, **analyzable** *Am* ['ænəlaɪzəbl] *adj* analysable.

**analysand** [ə'nælɪsænd] *n* patient *m* en analyse.

**analyse** *Br*, **analyze** *Am* ['ænə,laɪz] *vt* **-1.** [examine] analyser, faire l'analyse de; [sentence] analyser, faire l'analyse logique de. **-2.** PSYCH psychanalyser.

**analysis** [ə'næləsɪs] (*pl* **analyses** [-siːz]) *n* **-1.** [examination] analyse *f*; [of sentence] analyse *f* logique; in the final OR last OR ultimate ~ en dernière analyse, en fin de compte. **-2.** PSYCH psychanalyse *f*, analyse *f*.

**analyst** ['ænəlɪst] *n* **-1.** [specialist] analyste *mf*. **-2.** PSYCH analyste *mf*, psychanalyste *mf*.

**analytic(al)** [,ænə'lɪtɪk(l)] *adj* analytique.

**analytical geometry** *n* géométrie *f* analytique.

**analytical psychology** *n* psychologie *f* analytique.

**analyze** *etc Am* = **analyse**.

**anamorphosis** [,ænə'mɔːfəsɪs] *n* anamorphose *f*.

**anaphora** [ə'næfərə] *n* LING anaphorique *m*; [in rhetoric] anaphore *f*.

**anaphoric** [,ænə'fɒrɪk] *adj* anaphorique.

**anarchic** [æ'nɑːkɪk] *adj* anarchique.

**anarchism** ['ænəkɪzm] *n* anarchisme *m*.

**anarchist** ['ænəkɪst] *n* anarchiste *mf*.

**anarchistic** [,ænə'kɪstɪk] *adj* anarchiste.

**anarchy** ['ænəkɪ] *n* anarchie *f*.

**anathema** [ə'næθəmə] *n* **-1.** *fml* [detested thing] abomination *f*; such ideas are ~ to the general public le grand public a horreur de ces idées. **-2.** RELIG & *fig* anathème *m*.

**anathematize, -ise** [ə'næθəmə,taɪz] *vt* RELIG anathématiser, frapper d'anathème; *fig* jeter l'anathème sur.

**Anatolia** [,ænə'təuljə] *prn* Anatolie *f*.

**Anatolian** [,ænə'təuljən] ◇ *n* Anatolien *m*, - enne *f*. ◇ *adj* anatolien.

**anatomical** [,ænə'tɒmɪkl] *adj* anatomique.

**anatomically** [,ænə'tɒmɪklɪ] *adv* anatomiquement.

**anatomize, -ise** [ə'nætə,maɪz] *vt* MED & *fig* disséquer.

**anatomy** [ə'nætəmɪ] *n* **-1.** BIOL [of animal, person] anatomie *f*; *fig* [of situation, society] structure *f*. **-2.** *fig* [analysis] analyse *f*. **-3.** *hum* [body] corps *m*, anatomie *f hum*.

**ANC** (*abbr of* **African National Congress**) *prn* ANC *m*.

**ancestor** ['ænsestə'] *n* [forefather] ancêtre *m*, aïeul *m*; *fig* [of computer, system] ancêtre *m*.

**ancestral** [æn'sestrəl] *adj* ancestral; ~ home demeure *f* ancestrale.

**ancestress** ['ænsestrɪs] *n* aïeule *f*.

**ancestry** ['ænsestrɪ] (*pl* **ancestries**) *n* **-1.** [lineage] ascendance *f*. **-2.** [ancestors] ancêtres *mpl*, aïeux *mpl*.

**anchor** ['æŋkə'] ◇ *n* **-1.** [for boat] ancre *f*; to cast OR to come to OR to drop ~ jeter l'ancre, mouiller; up OR weigh ~! levez l'ancre! **-2.** [fastener] attache *f*. **-3.** TV [mainstay] soutien *m*, point *m* d'ancrage. **-4.** TV présentateur *m*, -trice *f*. **-5.** SPORT pilier *m*, pivot *m*. ◇ *vi* **-1.** [boat] jeter l'ancre, mouiller. **-2.** [fasten] s'ancrer, se fixer. **-3.** [settle] se fixer, s'installer; they remain firmly ~ed in tradition ils restent fermement ancrés dans la tradition. ◇ *vt* **-1.** [boat] ancrer. **-2.** [fasten] ancrer, fixer. **-3.** TV [programme] présenter.

**anchorage** ['æŋkərɪdʒ] *n* **-1.** NAUT [place] mouillage *m*, ancrage *m*; [fee] droits *mpl* de mouillage OR d'ancrage. **-2.** [fastening] ancrage *m*, attache *f*. **-3.** *fig* [mainstay] soutien *m*, point *m* d'ancrage.

**anchorite** ['æŋkə,raɪt] *n* ermite *m*, solitaire *m*; RELIG anachorète *m*.

**anchorman** ['æŋkəmæn] (*pl* **anchormen** [-men]) *n* **-1.** TV présentateur *m*. **-2.** SPORT pilier *m*, pivot *m*.

**anchorwoman** ['æŋkə,wumən] (*pl* **anchorwomen** [-,wɪmɪn]) *n* TV présentatrice *f*.

**anchovy** [*Br* 'æntʃəvɪ, *Am* 'æntʃəuvɪ] (*pl inv* OR **anchovies**) *n* anchois *m*; ~ paste beurre *m* d'anchois.

**ancient** ['eɪnʃənt] ◇ *adj* **-1.** [custom, ruins] ancien; [civilization, world] antique; [relic] historique; ~ Greece la Grèce antique ❑ ~ history *literal* & *fig* histoire *f* ancienne; ~ monument monument *m* historique OR classé; ~ times les temps *mpl* anciens, l'antiquité *f*; 'The Rime of the Ancient Mariner' *Coleridge* 'la Chanson du vieux marin'. **-2.** *hum* [very old – person] très vieux; [– thing] antique, antédiluvien. ◇ *n* HIST: the ~s les anciens *mpl*.

**ancillary** [æn'sɪlərɪ] (*pl* **ancillaries**) ◇ *adj* **-1.** [supplementary] auxiliaire; local services are ~ to the national programme les services locaux apportent leur aide OR contribution au programme national; ~ staff [gen] personnel *m* auxiliaire; [in hospital] personnel *m* des services auxiliaires, agents *mpl* des hôpitaux; [in school] personnel *m* auxiliaire, auxiliaires *mfpl*. **-2.** [subsidiary – reason] subsidiaire; [– advantage, cost] accessoire. ◇ *n* **-1.** [helper] auxiliaire *mf*; hospital ancillaries personnel *m* des services auxiliaires, agents *mpl* des hôpitaux. **-2.** [of firm] filiale *f*.

**and** [strong form ænd, weak form ənd, ən] ◇ *conj* **-1.** [in addition to] et; get your hat ~ coat va chercher ton manteau et ton chapeau; he went out without his shoes ~ socks on il est sorti sans mettre ses chaussures ni ses chaussettes; he goes fishing winter ~ summer (alike) il va à la pêche en hiver comme en été; you can't work for us AND work for our competitors vous ne pouvez pas travailler et pour nous et pour nos concurrents; I'm Richard Rogers — ~ ! je suis Richard Rogers — (et) alors? ❑ there are books ~ books il y a livres et livres. **-2.** [then]: he opened the door ~ went out il a ouvert la porte et est sorti; I fell ~ cut my knee je me suis ouvert le genou en tombant. **-3.** [with infinitive]: go ~ look for it va le chercher; try ~ understand essayez de comprendre. **-4.** [but] mais; I want to go ~ he doesn't je veux y aller, mais lui ne veut pas. **-5.** [in numbers]: one hundred ~ three cent trois; three ~ a half years trois ans et demi; four ~ two thirds quatre deux tiers. **-6.** [indicating continuity, repetition]: he cried ~ cried il n'arrêtait pas de pleurer; for hours ~ hours pendant des heures (et des heures); he goes on ~ on about politics quand il commence à parler politique il n'y a plus moyen de l'arrêter ‖ [with comparative adjectives]: louder ~ louder de plus en plus fort. **-7.** [as intensifier]: her room was nice ~ sunny sa chambre était bien ensoleillée; he's good ~ mad *inf* il est fou furieux. **-8.** [with implied conditional]: one move ~ you're dead un geste et vous êtes mort. **-9.** [introducing questions] et; I went to New York — ~ how did you like it? je suis allé à New York — et alors, ça vous a plu? **-10.** [introducing statement]: ~ now it's time for 'Kaleidoscope' et maintenant, voici l'heure de «Kaléidoscope»; ~ another thing...! ah! autre chose OR j'oubliais ‖ [what's more]: ~ that's not all... et ce n'est pas tout...
◇ *n*: I want no ifs, ~s or buts je ne veux pas de discussion.
◆ **and all** *adv phr* **-1.** [and everything] et tout (ce qui s'ensuit); the whole lot went flying, plates, cups, teapot ~ all tout a volé, les assiettes, les tasses, la théière et tout. **-2.** ▽ *Br* [as well] aussi.
◆ **and so on (and so forth)** *adv phr* et ainsi de suite.

**Andalusia** [,ændə'luːzjə] *prn* Andalousie *f*.

**Andalusian** [,ændə'luːzjən] ◇ *n* Andalou *m*, -se *f*. ◇ *adj* andalou (*f*-ouse).

**Andean** [æn'diːən] *adj* des Andes, andin.

**Andes** ['ændiːz] *pl prn*: the ~ les Andes *fpl*; in the ~ dans les Andes.

**andiron** ['ændaɪən] *n* chenet *m*.

**Andorra** [æn'dɔːrə] *prn* Andorre *f*.

**Andorran** [æn'dɔːrən] ◇ *n* Andorran *m*, -ane *f*. ◇ *adj* andorran.

**Andrew** ['ændruː] *prn*: Saint ~ saint André.

**androcentric** [,ændrəu'sentrɪk] *adj* androcentrique.

**Androcles** ['ændrə,kliːz] *prn* Androclès.

**androgynous** [æn'drɒdʒɪnəs] *adj* BIOL & BOT androgyne.

**android** ['ændrɔɪd] ◇ *adj* androïde. ◇ *n* androïde *m*.

**Andromache** [æn'drɒməkɪ] *prn* Andromaque.

**Andromeda** [æn'drɒmɪdə] *prn* Andromède *f*.

**anecdotal** [,ænek'dəutl] *adj* anecdotique.

**anecdote** ['ænɪkdəut] *n* anecdote *f*.

**anemia** *etc Am* = **anaemia**.

**anemometer** [ˌænɪ'mɒmɪtəʳ] *n* anémomètre *m*.

**anemone** [ə'nemənɪ] *n* anémone *f*.

**aneroid** ['ænərɔɪd] *adj* anéroïde.

**anesthesia** *etc Am* = **anaesthesia**.

**anesthesiologist** [ænɪsˌθiːzɪ'ɒlədʒɪst] *n Am* anesthésiste *mf*.

**aneurism** ['ænjʊərɪzm] *n* anévrisme *m*, anévrysme *m*.

**anew** [ə'njuː] *adv lit* -**1.** [again] de nouveau, encore; the fighting began ~ le combat reprit. -**2.** [in a new way] à nouveau; to start life ~ repartir à zéro.

**angel** ['eɪndʒəl] *n* -**1.** RELIG ange *m*; the Angel of Darkness l'ange des ténèbres; to be on the side of the ~s être du bon côté; to go where ~s fear to tread s'aventurer en terrain dangereux. -**2.** [person] ange *m*, amour *m*.-**3.** *inf* THEAT [investor] commanditaire *mf*.

**angel cake** *n* ≈ gâteau *m* de Savoie.

**Angeleno** [ˌændʒə'liːnəʊ] *n* habitant de Los Angeles.

**angelfish** ['eɪndʒəlfɪʃ] (*pl inv* OR **angelfishes**) *n* [fish] scalaire *m*; [shark] ange *m*.

**angelic** [æn'dʒelɪk] *adj* angélique.

**angelica** [æn'dʒelɪkə] *n* angélique *f*.

**angelus** ['ændʒələs] *n* [bell, prayer] angélus *m*.

**anger** ['æŋgəʳ] ◇ *n* colère *f*, fureur *f*; she felt intense ~ elle était très en colère; in a fit OR a moment of ~ dans un accès OR un mouvement de colère; he later regretted words spoken in ~ il regretta ensuite les mots prononcés sous l'empire de la colère; to move sb to ~ mettre qqn en colère. ◇ *vt* mettre en colère, énerver.

**angina** [æn'dʒaɪnə] *n* (*U*) angine *f*.

**angina pectoris** [-'pektərɪs] *n* angine *f* de poitrine.

**angle** ['æŋgl] ◇ *n* -**1.** [gen & GEOM] angle *m*; the roads intersect at an ~ of 90° les routes se croisent à angle droit; the car hit us at an ~ la voiture nous a heurtés de biais; she wore her hat at an ~ elle portait son chapeau penché; cut at an ~ coupé en biseau. -**2.** [corner] angle *m*, coin *m*.-**3.** *fig* [point of view] angle *m*, aspect *m*; seen from this ~ vu sous cet angle; from an economic ~ d'un point de vue économique; what's your ~ on the situation? comment voyez-vous la situation?; we need a new ~ il nous faut un éclairage OR un point de vue nouveau. -**4.** *inf* [motive] raison *f*, motif *m*. ◇ *vt* -**1.** [move] orienter; I ~d the light towards the workbench j'ai orienté OR dirigé la lumière sur l'établi. -**2.** *fig* [slant] présenter sous un certain angle. ◇ *vi* -**1.** [slant] s'orienter. -**2.** FISHING pêcher à la ligne; to go angling aller à la pêche (à la ligne) ∥ *fig*: to ~ for sthg chercher (à avoir) qqch.

**angle bracket** *n* crochet *m*.

**Anglepoise®** ['æŋglpɔɪz] *n* lampe *f* architecte.

**angler** ['æŋgləʳ] *n* -**1.** FISHING pêcheur *m*, -euse *f* (à la ligne). -**2.** [fish] lotte *f* de mer, baudroie *f*.

**Anglican** ['æŋglɪkən] ◇ *adj* anglican; the ~ Communion la communauté anglicane. ◇ *n* anglican *m*, -e *f*.

**Anglicanism** ['æŋglɪkənɪzm] *n* anglicanisme *m*.

**anglicism** ['æŋglɪsɪzm] *n* anglicisme *m*.

**anglicize, -ise** ['æŋglɪˌsaɪz] *vt* angliciser.

**angling** ['æŋglɪŋ] *n* pêche *f* à la ligne.

**Anglo** ['æŋgləʊ] (*pl* **Anglos**) *n* -**1.** *Am* Américain blanc *m*, Américaine blanche *f*.-**2.** *Can* Canadien *m*, -enne *f* anglophone.

**Anglo-** *in cpds* anglo-.

**Anglo-American** ◇ *adj* anglo-américain. ◇ *n* Américain *m*, -e *f* d'origine anglaise.

**Anglo-Catholic** *n* anglican acceptant les préceptes de l'Église catholique sans pour autant se convertir.

**Anglo-French** *adj* anglo-français, franco-anglais, francobritannique.

**Anglo-Indian** ◇ *adj* anglo-indien. ◇ *n* -**1.** [person of mixed British and Indian descent] métis *m*, -isse *f* d'origine anglaise et indienne. -**2.** [English person living in India] Anglais *m*, -e *f* des Indes.

**Anglo-Irish** ◇ *adj* anglo-irlandais; the ~ Agreement *accord conclu en 1985 entre le Royaume-Uni et la république d'Irlande pour garantir la paix et la stabilité en Irlande du Nord.* ◇ *n* LING anglais *m* parlé en Irlande. ◇ *npl*: the ~ les Irlandais *mpl* d'origine anglaise.

**anglophile** ['æŋgləʊˌfaɪl] *adj* anglophile.
◆ **Anglophile** *n* anglophile *mf*.

**anglophobe** ['æŋgləʊˌfəʊb] *adj* anglophobe.
◆ **Anglophobe** *n* anglophobe *mf*.

**Anglo-Saxon** ◇ *n* -**1.** [person] Anglo-Saxon *m*, -onne *f*.-**2.** LING anglo-saxon *m*. ◇ *adj* anglo-saxon.

**Angola** [æŋ'gəʊlə] *pr n* Angola *m*; in ~ en Angola.

**Angolan** [æŋ'gəʊlən] ◇ *n* Angolais *m*, -e *f*. ◇ *adj* angolais.

**angora** [æŋ'gɔːrə] ◇ *n* -**1.** [animal] angora *m*; ~ (cat/goat/rabbit) (chat *m*/chèvre *f*/lapin *m*) angora *m*. -**2.** [cloth, yarn] laine *f* angora, angora *m*. ◇ *adj* -**1.** [cat, rabbit] angora (*inv*). -**2.** [coat, sweater] en angora.

**Angostura bitters®** [ˌæŋgə'stjʊərə-] *npl* bitter *m* à base d'angustura.

**angrily** ['æŋgrəlɪ] *adv* [deny, speak] avec colère OR emportement; [leave, stand up] en colère.

**angry** ['æŋgrɪ] (*compar* **angrier**, *superl* **angriest**) *adj* -**1.** [person – cross] en colère, fâché; [– furious] furieux; to be ~ at OR with sb être fâché OR en colère contre qqn; she's ~ about OR at not having been invited elle est en colère parce qu'elle n'a pas été invitée, elle est furieuse de ne pas avoir été invitée; they're ~ at the price increase ils sont très mécontents de l'augmentation des prix; I'm ~ with myself for having forgotten je m'en veux d'avoir oublié; to get ~ se mettre en colère, se fâcher; her remarks made me ~ ses observations m'ont mis en colère ❑ ~ young man jeune rebelle *m*. -**2.** [look, tone] irrité, fâché; [outburst, words] violent; he wrote her an ~ letter il lui a écrit une lettre dans laquelle il exprimait sa colère. -**3.** *fig* [sky] menaçant; [sea] mauvais, démonté. -**4.** [inflamed] enflammé, irrité; [painful] douloureux.

**angst** [æŋst] *n* angoisse *f*.

**anguish** ['æŋgwɪʃ] ◇ *n* [mental] angoisse *f*; [physical] supplice *m*; to be in ~ [worried] être angoissé OR dans l'angoisse; [in pain] souffrir le martyre, être au supplice. ◇ *vt* angoisser, inquiéter énormément.

**anguished** ['æŋgwɪʃt] *adj* angoissé.

**angular** ['æŋgjʊləʳ] *adj* -**1.** [features, room] anguleux; [face] anguleux, osseux; [body] anguleux, décharné. -**2.** [movement] saccadé, haché. -**3.** TECH [distance, speed] angulaire.

**anhydrous** [æn'haɪdrəs] *adj* anhydre.

**aniline** ['ænɪliːn] *n* aniline *f*; ~ dye colorant *m* à base d'aniline.

**animal** ['ænɪml] ◇ *n* -**1.** ZOOL animal *m*; [excluding humans] animal *m*, bête *f*; man is a social ~ l'homme est un animal sociable; she's not a political ~ elle n'a pas la politique dans le sang. -**2.** *pej* [brute] brute *f*.-**3.** [thing] chose *f*; there's no such ~ ça n'existe pas. ◇ *adj* -**1.** [products] animal; ~ life faune *f*; ~ lover ami *m*, -e *f* des animaux OR des bêtes; ~ rights droits *mpl* des animaux ❑ 'Animal Farm' *Orwell* 'la Ferme des animaux'. -**2.** [desire, needs] animal, bestial; [courage, instinct] animal; ~ high spirits vivacité *f*, entrain *m*.

**animalism** ['ænɪməlɪzm] *n* -**1.** [animal trait] animalité *f*.-**2.** [sensuality] animalité *f*, sensualité *f*.-**3.** [theory] animalisme *m*.

**animal magnetism** *n* magnétisme *m*, charme *m*.

**animate** [*vt* 'ænɪmeɪt, *adj* 'ænɪmət] ◇ *vt* -**1.** [give life to] animer. -**2.** *fig* [enliven – face, look, party] animer, égayer; [– discussion] animer, stimuler. -**3.** [move to action] motiver, inciter. -**4.** CIN & TV animer. ◇ *adj* vivant, animé.

**animated** ['ænɪmeɪtɪd] *adj* animé; to become ~ s'animer.

**animated cartoon** *n* dessin *m* animé.

**animatedly** ['ænɪmeɪtɪdlɪ] *adv* [behave, participate] avec vivacité OR entrain; [talk] d'un ton animé, avec animation.

**animation** [ˌænɪ'meɪʃn] *n* -**1.** [of discussion, party] animation *f*; [of place, street] activité *f*, animation *f*; [of person] vivacité *f*, entrain *m*; [of face, look] animation *f*.-**2.** CIN & TV animation *f*.

**animator** ['ænɪmeɪtəʳ] *n* animateur *m*, -trice *f*.

**animism** ['ænɪmɪzm] *n* animisme *m*.

**animist** ['ænɪmɪst] ◇ *adj* animiste. ◇ *n* animiste *mf*.

**animosity** [ˌænɪ'mɒsətɪ] (*pl* **animosities**) *n* animosité *f*, antipathie *f*; she felt great ~ towards politicians elle avait une grande animosité contre OR une antipathie profonde pour les hommes politiques.

**anion** ['ænaɪən] *n* anion *m*.

**anise** ['ænɪs] *n* anis *m*.

**aniseed** ['ænɪsiːd] ◇ *n* graine *f* d'anis. ◇ *comp* à l'anis; ~ **ball** bonbon *m* à l'anis.

**anisette** [,ænɪ'zet] *n* anisette *f*.

**ankle** ['æŋkl] ◇ *n* cheville *f*. ◇ *comp*: ~ **boot** bottine *f*; ~ **sock** socquette *f*; ~ **strap** bride *f*.

**anklebone** ['æŋkəl,bəʊn] *n* astragale *m*.

**ankle-deep** *adj*: she was ~ in mud elle était dans la boue jusqu'aux chevilles.

**ankle-length** *adj* qui descend jusqu'à la cheville.

**ankylosis** [æŋkɪ'ləʊsɪs] *n* ankylose *f*.

**annalist** ['ænəlɪst] *n* annaliste *mf*.

**annals** ['ænlz] *npl* annales *fpl*.

**Anne** [æn] *pr n*: Saint ~ sainte Anne; ~ **of Cleves** Anne de Clèves.

**anneal** [ə'niːl] *vt* [glass] recuire; [metal] tremper, recuire.

**annex** [*n* 'æneks, *vb* æ'neks] ◇ *n Am* = **annexe**. ◇ *vt* annexer.

**annexation** [,ænek'seɪʃn] *n* [act] annexion *f*; [country] pays *m* annexé; [document] document annexe, annexe *f*.

**annexe** *Br*, **annex** *Am* ['æneks] *n* [building, supplement to document] annexe *f*.

**annihilate** [ə'naɪə,leɪt] *vt* **-1.** [destroy – enemy, race] anéantir, détruire; [– argument, effort] anéantir, annihiler. **-2.** *inf* [defeat] écraser.

**annihilation** [ə,naɪə'leɪʃn] *n* **-1.** [destruction – of argument, enemy, effort] anéantissement *m*. **-2.** *inf* [defeat] défaite *f* (totale), pâtée *f*.

**anniversary** [,ænɪ'vɜːsəri] (*pl* **anniversaries**) ◇ *n* anniversaire *m* (d'un événement), commémoration *f*. ◇ *comp* [celebration, dinner] anniversaire, commémoratif.

**Anno Domini** [,ænəʊ'dɒmɪnaɪ] *adv fml* après Jésus-Christ.

**annotate** ['ænə,teɪt] *vt* annoter.

**annotation** [,ænə'teɪʃn] *n* [action] annotation *f*; [note] annotation *f*, note *f*.

**announce** [ə'naʊns] ◇ *vt* annoncer; to ~ sthg to sb annoncer qqch à qqn; we are pleased to ~ the birth/marriage of our son nous sommes heureux de vous faire part de la naissance/du mariage de notre fils. ◇ *vi Am*: to ~ for the presidency se déclarer candidat à la présidence.

**announcement** [ə'naʊnsmənt] *n* [public statement] annonce *f*; ADMIN avis *m*; [notice of birth, marriage] faire-part *m*.

**announcer** [ə'naʊnsər] *n* [gen] annonceur *m*, -euse *f*; RADIO & TV [newscaster] journaliste *mf*; [introducing programme] speaker *m*, speakerine *f*, annonceur *m*, -euse *f*.

**annoy** [ə'nɔɪ] *vt* ennuyer, agacer; is this man ~ing you? cet homme vous ennuie-t-il OR vous importune-t-il? *fml*; he only did it to ~ you il l'a fait uniquement pour vous ennuyer OR contrarier.

**annoyance** [ə'nɔɪəns] *n* **-1.** [displeasure] contrariété *f*, mécontentement *m*; with a look of ~ d'un air contrarié OR ennuyé; to my great ~ à mon grand mécontentement OR déplaisir. **-2.** [source of irritation] ennui *m*, désagrément *m*.

**annoyed** [ə'nɔɪd] *adj*: to be/get ~ with sb être/se mettre en colère contre qqn; she was ~ elle était mécontente.

**annoying** [ə'nɔɪɪŋ] *adj* [bothersome] gênant, ennuyeux; [very irritating] énervant, agaçant, fâcheux; the ~ thing is... ce qui est énervant dans l'histoire, c'est...

**annoyingly** [ə'nɔɪɪŋli] *adv* de manière gênante OR agaçante; she was ~ vague elle était si vague que c'en était agaçant.

**annual** ['ænjʊəl] ◇ *adj* annuel; what's your ~ income? combien gagnez-vous par an? ◇ *n* **-1.** [publication] publication *f* annuelle; [of association, firm] annuaire *m*; [for children] album *m* (de bandes dessinées). **-2.** BOT plante *f* annuelle.

**annual general meeting** *n* assemblée *f* générale annuelle.

**annualize, -ise** ['ænjʊə,laɪz] *vt* annualiser; ~d percentage rate taux *m* effectif global.

**annually** ['ænjʊəli] *adv* annuellement, tous les ans; he earns £20,000 ~ il gagne 20 000 livres par an.

**annual report** *n* FIN rapport *m* annuel.

**annuity** [ə'njuːɪti] (*pl* **annuities**) *n* [regular income] rente *f*; ~ for life, life ~ viager *m*, rente *f* viagère ‖ [investment] viager *m*, rente *f* viagère; to purchase an ~ placer de l'argent en viager.

**annul** [ə'nʌl] (*pt* & *pp* **annulled**, *cont* **annulling**) *vt* [law] abro-

ger, abolir; [agreement, contract] résilier; [marriage] annuler; [judgment] casser, annuler.

**annulment** [ə'nʌlmənt] *n* [of law] abrogation *f*, abolition *f*; [of agreement, contract] résiliation *f*; [of marriage] annulation *f*; [of judgment] cassation *f*, annulation *f*.

**Annunciation** [ə,nʌnsɪ'eɪʃn] *n*: the ~ l'Annonciation *f*.

**anode** ['ænəʊd] *n* anode *f*.

**anodyne** ['ænədaɪn] ◇ *n* MED analgésique *m*, calmant *m*; *fig* baume *m*. ◇ *adj* **-1.** MED analgésique, antalgique; *fig* apaisant. **-2.** [inoffensive] anodin.

**anoint** [ə'nɔɪnt] *vt* [gen] mettre un onguent sur; [in religious ceremony] oindre, consacrer par l'onction; they ~ed him king ils l'ont sacré roi.

**anointment** [ə'nɔɪntmənt] *n* **-1.** [action] onction *f*. **-2.** [ointment] onguent *m*, pommade *f*.

**anomalous** [ə'nɒmələs] *adj* [effect, growth, result] anormal, irrégulier; GRAMM anormal.

**anomaly** [ə'nɒməli] (*pl* **anomalies**) *n* anomalie *f*.

**anon** [ə'nɒn] *adv arch* OR *lit* [soon] bientôt, sous peu.

**anon.** (*written abbr of* **anonymous**) anon.

**anonymity** [,ænə'nɪmətɪ] *n*- **-1.** [namelessness] anonymat *m*. **-2.** [unexceptional quality] banalité *f*.

**anonymous** [ə'nɒnɪməs] *adj* anonyme; to remain ~ garder l'anonymat.

**anonymously** [ə'nɒnɪməslɪ] *adv* [act, donate] anonymement, en gardant l'anonymat; [publish] anonymement, sans nom d'auteur.

**anorak** ['ænəræk] *n* anorak *m*.

**anorexia** [,ænə'reksɪə] *n* anorexie *f*.

**anorexia nervosa** [-nɜː'vəʊsə] *n* anorexie *f* mentale.

**anorexic** [,ænə'reksɪk] ◇ *adj* anorexique. ◇ *n* anorexique *mf*.

**another** [ə'nʌðər] ◇ *det* **-1.** [additional] un... de plus, une... de plus, encore un, encore une; have ~ chocolate prenez un autre OR reprenez un chocolat; ~ cup of tea? vous reprendrez bien une tasse de thé?; ~ 5 miles encore 5 miles; ~ 5 minutes and we'd have missed the train 5 minutes de plus et on ratait le train; without ~ word sans un mot de plus, sans ajouter un mot; and for ~ thing, he's ill et de plus il est malade. **-2.** [second] un autre, une autre, un second, une seconde; it could be ~ Vietnam ça pourrait être un second OR nouveau Viêt-nam. **-3.** [different] un autre, une autre; let's do it ~ way faisons-le autrement; that's ~ matter entirely! ça, c'est une tout autre histoire! ◇ *pron* **-1.** [a similar one] un autre, une autre, encore un, encore une; many ~ *lit* bien d'autres, beaucoup d'autres. **-2.** [a different one]: ~ of the girls une autre des filles; bring a dessert of one sort or ~ apportez un dessert (n'importe lequel). **-3.** [somebody else] *arch* OR *lit* un autre, une autre.

**A. N. Other** [,eɪən'ʌðər] *n Br* monsieur X, madame X.

**Ansaphone®** ['ænsə,fəʊn] *n* répondeur *m* (téléphonique).

**ANSI** (*abbr of* **American National Standards Institute**) *pr n* ≃ AFNOR *f*.

**answer** ['ɑːnsər] ◇ *vt* **-1.** [letter, person, telephone, advertisement] répondre à; [door] aller OR venir ouvrir; she ~ed with a shy grin pour toute réponse elle a souri timidement; I phoned earlier but nobody ~ed j'ai téléphoné tout à l'heure mais ça ne répondait pas; to ~ a prayer exaucer une prière. **-2.** [respond correctly to]: he could only ~ two of the questions il n'a su répondre qu'à deux des questions; few of the students ~ed this question well peu d'élèves ont bien traité cette question. **-3.** [fulfil] répondre à, satisfaire. **-4.** [description] répondre à, correspondre à. **-5.** JUR: the defendant ~ed the charge l'accusé a répondu à OR a réfuté l'accusation. ◇ *vi* répondre, donner une réponse.

◇ *n* **-1.** [reply – to letter, person, request] réponse *f*; [– to criticism, objection] réponse *f*, réfutation *f*; she made no ~ elle n'a pas répondu; in ~ to her question he simply grinned pour toute réponse à sa question, il a eu un large sourire; I rang the bell but there was no ~ j'ai sonné mais personne n'a répondu OR n'a ouvert; I phoned but there was no ~ j'ai téléphoné mais ça ne répondait pas; she won't take 'no' for an ~ elle n'acceptera pas de refus; he has an ~ for everything il a réponse à tout; it's the ~ to all my prayers OR dreams! c'est ce dont j'ai toujours rêvé!; ~ to the charge JUR réponse à l'accusation. **-2.** [solution] solution *f*; the (right) ~ la bonne réponse; there's no easy ~ *literal & fig* il n'y a pas de solution facile. **-3.** [to exam question] réponse *f*.**-4.** [equivalent]: she's England's ~ to Edith Piaf elle est OR c'est l'Edith Piaf anglaise; it's the poor man's ~ to lobster c'est le homard des pauvres.

◆ **answer back** ◇ *vi insep* répondre (avec insolence). ◇ *vt sep* répondre (avec insolence) à, répliquer à.

◆ **answer for** *vt insep* **-1.** [be responsible for] répondre de, être responsable de; she'll ~ to me for his safety elle se portera garante envers moi de sa sécurité; this government has a lot to ~ for ce gouvernement a bien des comptes à rendre; you'll ~ for that! vous me le paierez!**-2.** [vouch for] garantir.

◆ **answer to** *vt insep* **-1.** [respond to]: the cat ~s to (the name of) Frankie le chat répond au nom de Frankie, le chat s'appelle Frankie. **-2.** [correspond to] répondre à, correspondre à.

**answerable** ['ɑ:nsərəbl] *adj* **-1.** [person] responsable, comptable; to be ~ to sb for sthg être responsable de qqch devant qqn, être garant de qqch envers qqn; he's ~ only to the president il ne relève que du président; I'm ~ to no one je n'ai de comptes à rendre à personne. **-2.** [question] susceptible de réponse, qui admet une réponse; [accusation, argument] réfutable.

**answering machine** ['ɑ:nsərɪŋ-] *n* répondeur *m* (automatique OR téléphonique).

**answering service** *n* permanence *f* téléphonique.

**ant** [ænt] *n* fourmi *f*; to have ~s in one's pants *inf* avoir la bougeotte.

**ANTA** *pr n abbr of* **American National Theater and Academy**.

**antacid** [,ænt'æsɪd] ◇ *n* (médicament *m*) alcalin *m*, antiacide *m*. ◇ *adj* alcalin, antiacide.

**antagonism** [æn'tægənɪzm] *n* antagonisme *m*, hostilité *f*; there is considerable ~ towards the new tax il y a une opposition considérable au nouvel impôt.

**antagonist** [æn'tægənɪst] *n* antagoniste *mf*, adversaire *mf*.

**antagonistic** [æn,tægə'nɪstɪk] *adj* [person] opposé, hostile; [feelings, ideas] antagoniste, antagonique.

**antagonize, -ise** [æn'tægə,naɪz] *vt* contrarier, mettre à dos; we can't afford to ~ the voters nous ne pouvons pas nous permettre de nous aliéner les électeurs; don't ~ him! ne te le mets pas à dos!

**Antarctic** [æn't'ɑ:ktɪk] ◇ *pr n*: the ~ (Ocean) l'Antarctique *m*, l'océan *m* Antarctique; in the ~ dans l'Antarctique. ◇ *adj* antarctique.

**Antarctica** [ænt'ɑ:ktɪkə] *pr n* Antarctique *f*, le continent *m* antarctique.

**Antarctic Circle** *pr n*: the ~ le cercle polaire antarctique.

**ante** ['æntɪ] ◇ *n* **-1.** CARDS mise *f*; to up the ~ *inf* augmenter la mise. **-2.** *inf* [price] part *f*. ◇ *vi* CARDS faire une mise.

◆ **ante up** ▽ *vt sep* & *vi insep Am* casquer.

**anteater** ['ænt,i:tə'] *n* fourmilier *m*.

**antecedent** [,æntɪ'si:dənt] ◇ *n* GRAMM, LOGIC & MATH antécédent. ◇ *adj* antérieur, précédent; ~ to sthg antérieur à qqch.

◆ **antecedents** *npl fml* [family] ancêtres *mpl*; [history] passé *m*, antécédents *mpl*.

**antechamber** ['æntɪ,tʃeɪmbə'] *n* antichambre *f*.

**antedate** [,æntɪ'deɪt] *vt* **-1.** [precede in time] précéder, dater d'avant. **-2.** [give earlier date to] antidater. **-3.** [set an earlier date for] avancer.

**antediluvian** [,æntɪdɪ'lu:vjən] *adj lit* OR *hum* antédiluvien.

**antelope** ['æntɪləʊp] (*pl inv* OR **antelopes**) *n* antilope *f*.

**ante meridiem** [-mə'rɪdɪəm] *adj fml* du matin.

**antenatal** [,æntɪ'neɪtl] *Br* ◇ *adj* prénatal; ~ clinic service *m* de consultation prénatale. ◇ *n inf* consultation *f* prénatale.

**antenna** [æn'tenə] (*pl* **antennae** [-ni:] OR **antennas**) *n* antenne *f*.

**antepenultimate** [,æntɪpɪ'nʌltɪmət] ◇ *adj* antépénultième. ◇ *n* antépénultième *f*.

**anterior** [æn'tɪərɪə'] *adj fml* antérieur; ~ to antérieur à.

**anteroom** ['æntɪrʊm] *n* antichambre *f*, vestibule *m*.

**anthem** ['ænθəm] *n* [song] chant *m*; RELIG motet *m*.

**anther** ['ænθə'] *n* anthère *f*.

**anthill** ['ænthɪl] *n* fourmilière *f*.

**anthologist** [æn'θɒlədʒɪst] *n* anthologiste *mf*.

**anthology** [æn'θɒlədʒɪ] (*pl* **anthologies**) *n* anthologie *f*.

**Anthony** ['æntənɪ] *pr n*: Saint ~ saint Antoine.

**anthracite** ['ænθrə,saɪt] ◇ *n* anthracite *m*. ◇ *adj*: ~ (grey) (gris *m*) anthracite (*inv*).

**anthrax** ['ænθræks] *n* [disease] charbon *m*; [sore] anthrax *m*.

**anthropocentric** [,ænθrəpə'sentrɪk] *adj* anthropocentrique.

**anthropoid** ['ænθrəpɔɪd] ◇ *adj* anthropoïde. ◇ *n* anthropoïde *m*.

**anthropological** [,ænθrəpə'lɒdʒɪkl] *adj* anthropologique.

**anthropologist** [,ænθrə'pɒlədʒɪst] *n* anthropologue *mf*.

**anthropology** [,ænθrə'pɒlədʒɪ] *n* anthropologie *f*.

**anthropomorphic** [,ænθrəpə'mɔ:fɪk] *adj* anthropomorphique.

**anthropomorphous** [,ænθrəpə'mɔ:fəs] *adj* anthropomorphe.

**anthropophagous** [,ænθrə'pɒfəgəs] *adj* anthropophage.

**anti** ['æntɪ] *adj inf*: he's a bit ~ all that kind of thing il est un peu contre tout cela OR toutes ces choses.

**anti-** *in cpds* anti-; ~American antiaméricain.

**antiabortion** [,æntɪə'bɔ:ʃn] *adj*: the ~ movement le mouvement contre l'avortement.

**antiabortionist** [,æntɪə'bɔ:ʃnɪst] *n* adversaire *mf* de l'avortement.

**antiaircraft** [,æntɪ'eəkrɑ:ft] *adj* [system, weapon] antiaérien; ~ defence défense *f* contre avions, DCA *f*.

**antiapartheid** [,æntɪə'pɑ:theɪt] *adj* antiapartheid.

**antibacterial** [,æntɪbæk'tɪərɪəl] *adj* antibactérien.

**antiballistic missile** [,æntɪbə'lɪstɪk-] *n* missile *m* antibalistique.

**antibiotic** [,æntɪbaɪ'ɒtɪk] ◇ *adj* antibiotique. ◇ *n* antibiotique *m*.

**antibody** ['æntɪ,bɒdɪ] (*pl* **antibodies**) *n* anticorps *m*.

**anticathode** [,æntɪ'kæθəʊd] *n* anticathode *f*.

**Antichrist** ['æntɪ,kraɪst] *n*: the ~ l'Antéchrist *m*.

**anticipate** [æn'tɪsɪ,peɪt] ◇ *vt* **-1.** [think likely] prévoir, s'attendre à; they ~ meeting some opposition, they ~ that they will meet some opposition ils s'attendent à rencontrer une certaine opposition; I didn't ~ leaving so early je ne m'attendais pas à ce qu'on parte si tôt; as ~d comme prévu. **-2.** [be prepared for – attack, decision, event] anticiper, anticiper sur; [– needs, wishes] devancer, prévenir, aller au devant de; we ~d our competitors by launching our product first nous avons devancé la concurrence en lançant notre produit les premiers. **-3.** [act on prematurely – effect, success] escompter; [– profit, salary] anticiper sur; [– happiness, pleasure] anticiper, savourer d'avance; [– pain] anticiper, éprouver d'avance. **-4.** [pay in advance – bill] anticiper. **-5.** [mention prematurely] anticiper, anticiper sur. ◇ *vi* anticiper.

**anticipation** [æn,tɪsɪ'peɪʃn] *n* **-1.** [expectation] attente *f*; they

---

**USAGE ▶    Answering machines**

**Typical message**

Bonjour. Vous êtes bien au 42 06 24 03/chez Jean-Pierre et Sophie. Nous sommes absents pour le moment, mais vous pouvez laisser un message après le bip (sonore) et nous vous rappellerons dès notre retour.

**Typical reply**

Bonjour. C'est Valérie Lemaître, du bureau de Londres, mercredi 18 heures. Pourriez-vous me rappeler dès votre retour pour confirmer la date de votre départ? Mon numéro de poste est le 42-23. Merci.

raised their prices in ~ of increased inflation ils ont augmenté leurs prix en prévision d'une hausse de l'inflation. **-2.** *fml* [readiness] anticipation *f*; in ~ of your wishes, I've had the fire made up pour aller au devant de OR pour devancer vos désirs, j'ai demandé qu'on fasse du feu. **-3.** [eagerness] impatience *f*, empressement *m*; fans jostled at the gates in eager ~ les fans, ne tenant plus d'impatience, se bousculaient aux grilles d'entrée. **-4.** [premature experiencing – of inheritance, profits, success] anticipation *f*, attente *f*; [– of fear, pain] appréhension *f*.

**anticipatory** [æn,tɪsɪ'peɪtərɪ] *adj* d'anticipation.

**anticlerical** [,æntɪ'klerɪkl] ◇ *adj* anticlérical. ◇ *n* anticlérical *m*, -e *f*.

**anticlericalism** [,æntɪ'klerɪkəlɪsm] *n* anticléricalisme *m*.

**anticlimactic** [,æntɪklaɪ'mæktɪk] *adj* décevant.

**anticlimax** [æntɪ'klaɪmæks] *n* **-1.** [disappointment] déception *f*.-**2.** LITERAT chute *f* dans le trivial.

**anticlockwise** [,æntɪ'klɒkwaɪz] *Br* ◇ *adv* en sens inverse des aiguilles d'une montre. ◇ *adj*: turn it in an ~ direction tournez-le dans le sens inverse des aiguilles d'une montre.

**anticoagulant** [,æntɪkəʊ'ægjʊlənt] ◇ *adj* anticoagulant. ◇ *n* anticoagulant *m*.

**anticonstitutional** ['æntɪ,kɒnstɪ'tjuːʃənl] *adj* anticonstitutionnel.

**anticonvulsant** [,æntɪkən'vʌlsənt] ◇ *adj* antispasmodique. ◇ *n* antispasmodique *m*.

**anticorrosive** [,æntɪkə'rəʊsɪv] ◇ *adj* anticorrosif. ◇ *n* anticorrosif *m*.

**antics** ['æntɪks] *npl* [absurd behaviour] cabrioles *fpl*, gambades *fpl*; [jokes] bouffonnerie *f*, pitrerie *f*.

**anticyclone** [,æntɪ'saɪkləʊn] *n* anticyclone *m*.

**anti-dazzle** *adj Br*: ~ headlights phares *mpl* antiéblouissants.

**antidepressant** [,æntɪdə'presnt] ◇ *adj* antidépresseur. ◇ *n* antidépresseur *m*.

**antidote** ['æntɪdəʊt] *n* antidote *m*; work is an ~ to OR for unhappiness le travail est un antidote à OR contre la tristesse.

**anti-Establishment** *adj* anticonformiste.

**antifreeze** ['æntɪfriːz] *n* antigel *m*.

**antigen** ['æntɪdʒən] *n* antigène *m*.

**antiglare** ['æntɪgleəʳ] *adj*: ~ headlights phares *mpl* antiéblouissants.

**Antigone** [æn'tɪgənɪ] *pr n* Antigone.

**Antigua** [æn'tiːgə] *pr n* Antigua; in ~ à Antigua; ~ and Barbuda Antigua et Barbuda.

**Antiguan** [æn'tiːgən] ◇ *n* habitant *d'Antigua*. ◇ *adj* d'Antigua.

**antihero** ['æntɪ,hɪərəʊ] (*pl* antiheroes) *n* antihéros *m*.

**antihistamine** [,æntɪ'hɪstəmɪn] *n* antihistaminique *m*.

**anti-imperialist** ◇ *adj* anti-impérialiste. ◇ *n* anti-impérialiste *mf*.

**anti-inflammatory** *adj* anti-inflammatoire.

**anti-inflationary** *adj* anti-inflationniste.

**antiknock** [,æntɪ'nɒk] *n* antidétonant *m*.

**Antilles** [æn'tɪliːz] *pl pr n* Antilles *fpl*; the Greater/Lesser ~ les Grandes/Petites Antilles.

**antilog** ['æntɪlɒg], **antilogarithm** [,æntɪ'lɒgərɪðm] *n* antilogarithme *m*.

**antimacassar** [,æntɪmə'kæsəʳ] *n* têtière *f*.

**antimagnetic** [,æntɪmæg'netɪk] *adj* antimagnétique.

**antimatter** ['æntɪ,mætəʳ] *n* antimatière *f*.

**antimilitarism** [,æntɪ'mɪlɪtərɪzm] *n* antimilitarisme *m*.

**antimissile** [,æntɪ'mɪsaɪl] ◇ *adj* antimissile (*inv*). ◇ *n* missile *m* antimissile.

**antimony** ['æntɪmənɪ] *n* antimoine *m*.

**antinuclear** [,æntɪ'njuːklɪəʳ] *adj* antinucléaire.

**antiparticle** ['æntɪ,pɑːtɪkl] *n* antiparticule *f*.

**antipathetic** [,æntɪpə'θetɪk] *adj* antipathique.

**antipathy** [æn'tɪpəθɪ] (*pl* antipathies) *n* antipathie *f*; to feel ~ towards sb/sthg avoir OR éprouver de l'antipathie pour qqn/qqch.

**antipersonnel** ['æntɪ,pɜːsə'nel] *adj euph* antipersonnel (*inv*).

**antiperspirant** [,æntɪ'pɜːspərənt] ◇ *adj* déodorant. ◇ *n*

déodorant *m*.

**antiphony** [æn'tɪfənɪ] (*pl* antiphonies) *n* chant *m* en contrechant.

**antiphrasis** [æn'tɪfrəsɪs] (*pl* antiphrases [-siːz]) *n* antiphrase *f*.

**antipodean** [æn,tɪpə'dɪən] *adj* des antipodes.

**antipodes** [æn'tɪpədiːz] *npl* antipodes *mpl*.

◆ **Antipodes** *pl, pr n*: the Antipodes l'Australie *f* et la Nouvelle Zélande.

**antipope** ['æntɪpəʊp] *n* antipape *m*.

**antiquarian** [,æntɪ'kweərɪən] ◇ *adj* [collection, shop] d'antiquités; [bookseller, bookshop] spécialisé dans les livres anciens. ◇ *n* [collector] collectionneur *m*, -euse *f* d'antiquités; [researcher] archéologue *mf*; [merchant] antiquaire *mf*.

**antiquary** ['æntɪkwərɪ] (*pl* antiquaries) = **antiquarian** *n*.

**antiquated** ['æntɪkweɪtɪd] *adj* **-1.** [outmoded – machine, method] vieilli, obsolète; [– building, installation] vétuste; [– idea, manners] vieillot, suranné; [– person] vieux jeu (*inv*). **-2.** [ancient] très vieux.

**antique** [æn'tiːk] ◇ *adj* **-1.** [very old] ancien; [dating from Greek or Roman times] antique. **-2.** *inf* = **antiquated**. ◇ *n* [furniture] meuble *m* ancien OR d'époque; [vase] vase *m* ancien OR d'époque; [work of art] objet *m* d'art ancien. ◇ *comp* [lover, shop] d'antiquités; ~ dealer antiquaire *mf*.

**antiquity** [æn'tɪkwətɪ] (*pl* antiquities) *n* **-1.** [ancient times] Antiquité *f*.**-2.** [building, ruin] monument *m* ancien, antiquité *f*; [coin, statue] objet *m* ancien; [work of art] objet d'art *m* ancien, antiquité *f*.**-3.** [oldness] antiquité *f*.

**antiracial** [,æntɪ'reɪʃl] *adj* antiraciste.

**antiriot** [,æntɪ'raɪət] *adj* antiémeutes.

**anti-roll bar** *n* barre *f* antiroulis.

**antirrhinum** [,æntɪ'raɪnəm] *n* muflier *m*, gueule-de-loup *f*.

**antirust** [,æntɪ'rʌst] *adj* antirouille (*inv*).

**anti-Semite** *n* antisémite *mf*.

**anti-Semitic** *adj* antisémite.

**anti-Semitism** *n* antisémitisme *m*.

**antiseptic** [,æntɪ'septɪk] ◇ *adj* antiseptique. ◇ *n* antiseptique *m*.

**antiskid** [,æntɪ'skɪd] *adj* antidérapant.

**antislavery** [,æntɪ'sleɪvərɪ] *adj* antiesclavagiste.

**antisocial** [,æntɪ'səʊʃl] *adj* **-1.** [behaviour, measure] antisocial. **-2.** [unsociable] sauvage.

**antistatic** [,æntɪ'stætɪk] *adj* antistatique.

**antitank** [,æntɪ'tæŋk] *adj* antichar.

**antitheft** [,æntɪ'θeft] *adj* antivol; an ~ device un antivol, un dispositif contre le vol OR antivol.

**antithesis** [æn'tɪθɪsɪs] (*pl* antitheses [-siːz]) *n* **-1.** [exact opposite] contraire *m*, opposé *m*. **-2.** [contrast, opposition] antithèse *f*, contraste *m*, opposition *f*.**-3.** LITERAT antithèse *f*.

**antithetic(al)** [,æntɪ'θetɪk(l)] *adj* antithétique.

**antitoxin** [,æntɪ'tɒksɪn] *n* antitoxine *f*.

**antitrust** [,æntɪ'trʌst] *adj Am* antitrust (*inv*).

**antivivisectionist** ['æntɪ,vɪvɪ'sekʃnɪst] *n* adversaire *mf* de la vivisection.

**antler** ['æntləʳ] *n* corne *f*; the ~s les bois *mpl*, la ramure.

**antonomasia** [,æntənə'meɪzɪə] *n* antonomase *f*.

**Antony** ['æntənɪ] *pr n*: (Mark) ~ (Marc) Antoine; '~ and Cleopatra' *Shakespeare* 'Antoine et Cléopâtre'.

**antonym** ['æntənɪm] *n* antonyme *m*.

**Antwerp** ['æntwɜːp] *pr n* Anvers.

**anus** ['eɪnəs] *n* anus *m*.

**anvil** ['ænvɪl] *n* enclume *f*.

**anxiety** [æŋ'zaɪətɪ] (*pl* anxieties) *n* **-1.** [feeling of worry] anxiété *f*, appréhension *f*; rising interest rates have caused ~ la hausse des taux d'intérêt a suscité une vive anxiété; a source of deep ~ une source d'angoisse profonde. **-2.** [source of worry] souci *m*; her son is a great ~ to her son fils lui donne énormément de soucis OR l'inquiète énormément. **-3.** [intense eagerness] grand désir *m*, désir *m* ardent; in his ~ to please her, he forgot everything else il tenait tellement à lui faire plaisir qu'il en oubliait tout le reste. **-4.** PSYCH anxiété *f*; ~ attack crise *f* d'angoisse.

**anxious** ['æŋkʃəs] *adj* **-1.** [worried] anxieux, angoissé, inquiet (*f* -ète); she's ~ about losing her job elle a peur de perdre son travail; I'm ~ for their safety je suis inquiet te OR je crains pour leur sécurité; she's a very ~ person c'est une grande angoissée. **-2.** [worrying] inquiétant, angoissant; these are ~ times nous vivons une sombre époque. **-3.** [eager] anxieux, impatient; they're ~ to start ils sont impatients OR pressés de commencer; he was ~ for them to go il attendait impatiemment qu'ils partent OR leur départ; he was very ~ that we shouldn't be seen together il tenait beaucoup à ce que l'on ne nous voie pas ensemble; she's very ~ to please elle est très désireuse OR anxieuse de plaire.

**anxiously** ['æŋkʃəslɪ] *adv* **-1.** [nervously] avec inquiétude, anxieusement. **-2.** [eagerly] impatiemment, avec impatience.

**anxiousness** ['æŋkʃəsnɪs] = **anxiety**.

**any** ['enɪ] ◇ *det* **-1.** [some – in questions]: have you ~ money? avez-vous de l'argent?; have ~ guests arrived? des invités sont-ils arrivés?; were you in ~ danger? étiez-vous en danger?; ~ news about the application? *inf* il y a du neuf pour la candidature? ‖ [in conditional clauses]: if there's ~ cake left, can I have some? s'il reste du gâteau, est-ce que je peux en avoir?; ~ nonsense from you and you'll be out! *inf* tu n'as qu'à bien te tenir, sinon, c'est la porte!-**2.** [in negative phrases]: he hasn't ~ change/money/cigarettes il n'a pas de monnaie/d'argent/de cigarettes; he can't stand ~ noise il ne supporte pas le moindre bruit, il ne supporte aucun bruit; it's impossible to say with ~ degree of certainty on ne peut l'affirmer avec aucune certitude; she's forbidden to do ~ work tout travail lui est interdit; hardly OR barely OR scarcely ~ très peu de. **-3.** [no matter which] n'importe quel, n'importe quelle; at ~ time of day à n'importe quel moment OR à tout moment de la journée; ~ one of these paintings is worth a fortune chacun de ces tableaux vaut une fortune; answer ~ two of the questions in section C répondez à deux des questions de la section C ❑ ~ (old) cup will do n'importe quelle vieille tasse fera l'affaire. **-4.** [all, every] tout; give me ~ money you've got donne-moi tout l'argent que tu as; ~ latecomers should report to the office tous les retardataires doivent se présenter au bureau. **-5.** [unlimited]: there are ~ number of ways of winning il y a mille façons de gagner.
◇ *adv* **-1.** [with comparative – in questions, conditional statements]: can you walk ~ faster? peux-tu marcher un peu plus vite?; if she isn't ~ better by tomorrow, call the doctor si elle ne va pas mieux demain, appelez le médecin; [– in negative statements]: he won't be ~ (the) happier il n'en sera pas plus heureux; we can't go ~ further nous ne pouvons aller plus loin; it's not getting ~ easier to find good staff c'est toujours aussi difficile de trouver de bons employés. **-2.** *inf* [at all]: you're not helping me ~ tu ne m'aides pas du tout; has the situation improved ~? la situation s'est-elle arrangée un tant soit peu?; she wasn't ~ too pleased with the press coverage she got elle n'était pas ravie de la publicité que lui ont faite les médias.
◇ *pron* **-1.** [in questions, conditional statements – some, someone]: did you see ~? en avez-vous vu?; did ~ of them go? est-ce que certains d'entre eux y sont allés?; if ~ of you wants them, do take them si quelqu'un parmi vous OR si l'un d'entre vous les veut, il n'a qu'à les prendre; few, if ~, of his supporters remained loyal aucun ou presque aucun de ses supporters ne lui est resté fidèle. **-2.** [in negative statements – even one]: he won't vote for ~ of the candidates il ne votera pour aucun des candidats; there was hardly ~ of it left il n'en restait que très peu; she's learned two foreign languages, I haven't learned ~ elle a étudié deux langues étrangères, je n'en ai étudié aucune; I have absolutely no money and don't expect to get ~ je n'ai pas un sou et je ne m'attends pas à en avoir ❑ he's not having ~ (of it) *inf* il ne marche pas. **-3.** [no matter which one] n'importe lequel, n'importe laquelle; study ~ of her works and you will discover... étudie n'importe laquelle de ses œuvres et tu découvriras... ‖ [every one, all] tout; ~ of the suspects would fit that description cette description s'applique à tous les suspects.

**anybody** ['enɪ,bɒdɪ] *pron* **-1.** (*in questions, conditional statements*) [someone] quelqu'un; (is) ~ home? il y a quelqu'un?; she'll

persuade them, if ~ can si quelqu'un peut les convaincre, c'est bien elle. **-2.** (*in negative statements*) [someone] personne; there was hardly ~ there il n'y avait presque personne. **-3.** [no matter who, everyone]: ~ who wants can join us tous ceux qui veulent peuvent se joindre à nous; invite ~ you want invitez qui vous voulez; it could happen to ~ ça pourrait arriver à tout le monde OR n'importe qui; I don't care what ~ thinks je me fiche de ce que pensent les gens; she's cleverer than ~ I know c'est la personne la plus intelligente que je connaisse; ~ with any sense OR in their right mind would have... toute personne un peu sensée aurait...; please, ~ but him! je t'en prie, pas lui!; ~ but him would have... n'importe qui d'autre que lui OR tout autre que lui aurait...; ~ will do n'importe qui OR le premier venu fera l'affaire; ~ would think you'd just lost your best friend on croirait que tu viens de perdre ton meilleur ami ❑ he's not just ~, he's my brother! ce n'est pas n'importe qui, c'est mon frère! **-4.** [important person] quelqu'un (d'important OR de connu); ~ who's ~ will be there tout le gratin sera là; if you want to be ~, you've got to work si tu veux devenir quelqu'un tu dois travailler.

**anyhow** ['enɪhaʊ] ◇ *adv* **-1.** = **anyway**. **-2.** [in any manner, by any means]: you can do it ~, but just get it done! tu peux le faire n'importe comment, mais fais-le!; I had to persuade her somehow, ~ il fallait que je trouve un moyen de la convaincre, n'importe lequel. **-3.** *inf* [haphazardly] n'importe comment. ◇ *adj inf*: he left the room all ~ il a laissé la pièce sens dessus dessous.

**any more** *Br*, **anymore** *Am* [,enɪ'mɔːr] *adv*: they don't live here ~ ils n'habitent plus ici; I won't do it ~ je ne le ferai plus (jamais).

**anyone** ['enɪwʌn] = **anybody**.

**anyplace** ['enɪpleɪs] *Am inf* = **anywhere**.

**anyroad** ['enɪrəʊd] *Br dial* = **anyway**.

**anything** ['enɪθɪŋ] *pron* **-1.** [something – in questions] quelque chose; did you hear ~? avez-vous entendu quelque chose?; can't we do ~? est-ce qu'il n'y a rien à faire?; is there ~ in OR to what she says? est-ce qu'il y a du vrai dans ce qu'elle dit?; have you heard ~ from them? avez-vous eu de leurs nouvelles?; did you notice ~ unusual? avez-vous remarqué quelque chose de bizarre?; ~ the matter? *inf* quelque chose ne va pas?; [– in conditional statements]: if ~ should happen, take care of John for me s'il m'arrivait quelque chose OR quoi que ce soit, occupez-vous de John; [– in negative statements] rien; I didn't say ~ je n'ai rien dit; don't do ~ stupid! ne fais pas de bêtise!; I don't know ~ about computers je ne m'y connais pas du tout OR je n'y connais rien en informatique; she hasn't written ~ very much since last year elle n'a pas écrit grand-chose depuis l'année dernière ❑ she's not angry or ~ elle n'est pas fâchée ni rien; do you want a book or ~? voulez-vous un livre ou autre chose?; if she feels sick or ~, call the doctor si elle se sent mal OR si ça ne va pas, appelez le médecin. **-2.** [no matter what]: just tell him ~ racontez-lui n'importe quoi; ~ you like tout ce que vous voudrez; I'd give ~ to know the truth je donnerais n'importe quoi pour savoir la vérité ❑ ~ goes! tout est permis!-**3.** [all, everything] tout; her son eats ~ son fils mange de tout; I like ~ with chocolate in it j'aime tout ce qui est au chocolat; she must earn ~ between £30,000 and £40,000 elle doit gagner dans les 30 000 à 40 000 livres; you can use it to flavour ~ from jam to soup vous pouvez l'utiliser pour parfumer n'importe quoi, de la confiture à la soupe. **-4.** [in intensifying phrases]: he isn't ~ like his father il ne ressemble en rien à son père; it doesn't taste ~ like a tomato ça n'a pas du tout le goût de tomate; they aren't producing the goods ~ like fast enough ils ne produisent pas la marchandise assez vite, loin de là; I wouldn't miss it for ~ je ne le manquerais pour rien au monde; it's as easy as ~ c'est facile comme tout; he worked like ~ il a travaillé comme un fou.
◆ **anything but** *adv phr* tout sauf; is he crazy? — ~ but! est-ce qu'il est fou? — au contraire! OR il est tout sauf ça!

**anyway** ['enɪweɪ] *adv* **-1.** [in any case – reinforcing] de toute façon; what's to stop them ~? de toute façon, qu'est-ce qui peut les en empêcher?; [– summarizing, concluding] en tout cas; ~, in the end she left toujours est-il qu'en tout cas, elle a fini par partir; ~, I have to go [I'll be late] bon, il faut que j'y aille; [I don't have any choice] enfin, il faut que j'y aille. **-2.** [nevertheless, notwithstanding] quand même; thanks ~ merci quand même. **-3.** [qualifying] en tout cas; that's what we all think, well, most of us ~ c'est ce qu'on pense tous, ou presque tous en tout cas. **-4.** [returning to topic] bref.

**anyways** ['enɪweɪz] *Am* = anyway.

**anywhere** ['enɪweəʳ] ◇ *adv* **-1.** [in questions] quelque part; have you seen my keys ~? avez-vous vu mes clés (quelque part)?; are you going ~ at Easter? vous partez à Pâques?; are you going ~ this evening? est-ce que vous sortez ce soir?.**-2.** [in positive statements – no matter where] n'importe où; just put it down ~ posez-le n'importe où; sit ~ you like asseyez-vous où vous voulez; ~ you go it's the same story où que vous alliez, c'est toujours pareil OR toujours la même chose; I'd know her ~ je la reconnaîtrais entre mille ‖ [everywhere] partout; you can find that magazine ~ on trouve cette revue partout. **-3.** [in negative statements – any place] nulle part; I can't find my keys ~ je ne trouve mes clés nulle part; look, this isn't getting us ~ écoute, tout ça ne nous mène à rien. **-4.** [any number within a range]: we might receive ~ between 60 and 600 applications on peut recevoir entre 60 et 600 demandes. **-5.** *phr*: he isn't ~ near as quick as you are il est loin d'être aussi rapide que toi; are they ~ near completion? ont-ils bientôt fini?
◇ *pron* [any place]: do they need ~ to stay? ont-ils besoin d'un endroit où loger?; she's looking for a flat, but hasn't found ~ yet elle cherche un appartement mais elle n'a encore rien trouvé; they live miles from ~ ils habitent en pleine brousse.

**A-OK** *Am inf* ◇ *adj* excellent; everything's ~ tout baigne; he's ~ c'est un type bien. ◇ *adv* parfaitement.

**aorta** [eɪ'ɔːtə] (*pl* **aortas** OR **aortae** [-tiː]) *n* aorte *f*.

**Aosta** [ɑː'ɒstə] *pr n* Aoste.

**AP** *n abbr of* **American Plan**.

**apace** [ə'peɪs] *adv lit* rapidement, vite.

**Apache** [ə'pætʃɪ] (*pl inv* OR **Apaches**) ◇ *n* **-1.** [person] Apache *mf*.**-2.** LING apache *m*. ◇ *adj* apache.

**apart** [ə'pɑːt] ◇ *adv* **-1.** [separated – in space]: the houses were about 10 kilometres ~ les maisons étaient à environ 10 kilomètres l'une de l'autre; cities as far ~ as Johannesburg and Hong Kong des villes aussi éloignées l'une de l'autre que Johannesburg et Hong Kong; he stood with his legs wide ~ il se tenait (debout) les jambes bien écartées; they can't bear to be ~ ils ne supportent pas d'être loin l'un de l'autre OR séparés ‖ [in time]: the twins were born 3 minutes ~ les jumeaux sont nés à 3 minutes d'intervalle ‖ *fig*: we're miles ~ when it comes to politics nous avons des points de vue politiques très différents. **-2.** [in pieces] en pièces, en morceaux; to break ~ s'émietter. **-3.** [with verbs of motion]: to push ~ éloigner (en poussant); they sprang ~ when I entered the room ils se sont écartés vivement l'un de l'autre quand je suis entré dans la pièce. **-4.** [isolated] à l'écart; she stood ~ from the others elle se tenait à l'écart des autres. **-5.** [aside] à part; joking ~ trève de plaisanterie. ◇ *adj (after n)* [distinct and special] à part; they regard it as a ~ thing ~ ils considèrent que c'est quelque chose de complètement différent.
◆ **apart from** *prep phr* **-1.** [except for] à part; it's fine, ~ from a few minor mistakes à part OR sauf quelques fautes sans importance, c'est très bien. **-2.** [as well as] en plus de; she has many interests ~ from golf elle s'intéresse à beaucoup de choses à part le OR en plus du golf; quite ~ from the fact that it's too big, I don't like the colour outre (le fait) que c'est trop grand, je n'aime pas la couleur.

**apartheid** [ə'pɑːtheɪt] *n* apartheid *m*.

**apartment** [ə'pɑːtmənt] *n* **-1.** *Br (usu pl)* [room] pièce *f*; [bedroom] chambre *f*.**-2.** *Am* [flat] appartement *m*, logement *m*; a one-bedroom OR one-bedroomed ~ un deux-pièces.

**apartment building** *n Am* immeuble *m (d'habitation)*.

**apartment house** *n Am* immeuble *m (d'habitation)*.

**apathetic** [ˌæpə'θetɪk] *adj* apathique, indifférent.

**apathetically** [ˌæpə'θetɪklɪ] *adv* avec apathie OR indifférence.

**apathy** ['æpəθɪ] *n* apathie *f*, indifférence *f*.

**ape** [eɪp] ◇ *n* **-1.** [monkey] grand singe *m*, anthropoïde *m*

spec. **-2.** *pej* [person] brute *f*.**-3.** *Am inf*: to go ~ devenir fou. ◇ *vt* singer.

**ape-man** (*pl* **ape-men**) *n* homme-singe *m*.

**aperient** [ə'pɪərɪənt] MED ◇ *adj* laxatif. ◇ *n* laxatif *m*.

**aperitif** [əperə'tiːf] *n* apéritif *m*.

**aperture** ['æpə,tjʊəʳ] *n* **-1.** [opening] ouverture *f*, orifice *m*; [gap] brèche *f*, trouée *f*.**-2.** PHOT ouverture *f* (du diaphragme).

**apex** ['eɪpeks] (*pl* **apexes** OR **apices** ['eɪpɪsiːz]) *n* [of triangle] sommet *m*, apex *m*; *fig* point *m* culminant, sommet *m*.

**APEX** ['eɪpeks] *n Br* (*abbr of* **advance purchase excursion**): ~ fare tarif *m* apex.

**aphasia** [ə'feɪzjə] *n* aphasie *f*.

**aphid** ['eɪfɪd] *n* puceron *m*.

**aphorism** ['æfərɪzm] *n* aphorisme *m*.

**aphrodisiac** [ˌæfrə'dɪzɪæk] ◇ *adj* aphrodisiaque. ◇ *n* aphrodisiaque *m*.

**API** (*abbr of* **American Press Institute**) *pr n* association de journalistes américains.

**apiary** ['eɪpjərɪ] (*pl* **apiaries**) *n* rucher *m*.

**apices** ['eɪpɪsiːz] *pl* → **apex**.

**apiculture** ['eɪpɪkʌltʃəʳ] *n* apiculture *f*.

**apiece** [ə'piːs] *adv* **-1.** [for each item] chacun *m*, -e *f*, (la) pièce; the plants are £3 ~ les plantes coûtent 3 livres (la) pièce OR chacune. **-2.** [for each person] chacun *m*, -e *f*, par personne; we had two shirts ~ nous avions deux chemises chacun.

**aplenty** [ə'plentɪ] *adj lit*: she's always had money ~ elle a toujours eu beaucoup OR énormément d'argent.

**aplomb** [ə'plɒm] *n* sang-froid *m*, aplomb *m usu pej*.

**Apocalypse** [ə'pɒkəlɪps] *n* Apocalypse *f*.

**apocalyptic** [ə,pɒkə'lɪptɪk] *adj* apocalyptique.

**Apocrypha** [ə'pɒkrɪfə] *npl*: the ~ les Apocryphes *mpl*.

**apocryphal** [ə'pɒkrɪfl] *adj* apocryphe.

**apogee** ['æpədʒiː] *n* ASTRON & *fig* apogée *m*.

**apolitical** [ˌeɪpə'lɪtɪkəl] *adj* apolitique.

**apologetic** [ə,pɒlə'dʒetɪk] *adj* **-1.** [person]: she was very ~ for being late elle s'est excusée plusieurs fois d'être arrivée en retard; he was most ~ il s'est confondu en excuses. **-2.** [letter, look, note, smile] d'excuse.

**apologetically** [ə,pɒlə'dʒetɪklɪ] *adv* [say] en s'excusant, pour s'excuser; [smile] pour s'excuser.

**apologist** [ə'pɒlədʒɪst] *n* apologiste *mf*.

**apologize, -ise** [ə'pɒlədʒaɪz] *vi* s'excuser; there's no need to ~ inutile de vous excuser; he ~d to them for the delay il leur a demandé de l'excuser pour son retard; ~ to the lady demande pardon à la dame; I can't ~ enough je ne sais comment m'excuser.

**apology** [ə'pɒlədʒɪ] (*pl* **apologies**) *n* **-1.** [expression of regret] excuses *fpl*; to make one's apologies to sb s'excuser auprès de qqn; I owe him an ~ je lui dois des excuses; the director sends his apologies le directeur vous prie de l'excuser. **-2.** [defence] apologie *f*.**-3.** *Br pej* [poor example]: he's a mere ~ for a man c'est un nul; *see* USAGE *overleaf*.

**apoplectic** [ˌæpə'plektɪk] ◇ *adj* apoplectique; to have an ~ fit avoir OR faire une attaque d'apoplexie ‖ *fig* fou de rage. ◇ *n* apoplectique *mf*.

**apoplexy** ['æpəpleksɪ] *n* apoplexie *f*.

**apostasy** [ə'pɒstəsɪ] (*pl* **apostasies**) *n* apostasie *f*.

**apostate** [ə'pɒsteɪt] ◇ *adj* apostat. ◇ *n* apostat *m*, -e *f*.

**apostle** [ə'pɒsl] *n* RELIG OR *fig* apôtre *m*; the Apostles' Creed le Symbole des Apôtres.

**apostolic** [ˌæpə'stɒlɪk] *adj* apostolique.

**apostrophe** [ə'pɒstrəfɪ] *n* apostrophe *f*.

**apostrophize, -ise** [ə'pɒstrəfaɪz] *vt* apostropher.

**apothecary** [ə'pɒθəkərɪ] (*pl* **apothecaries**) *n* pharmacien *m*, -enne *f*, apothicaire *m arch*.

**apotheosis** [ə,pɒθɪ'əʊsɪs] (*pl* **apotheoses** [-siːz]) *n* apothéose *f*.

**appal** *Br*, **appall** *Am* [ə'pɔːl] (*pt* & *pp* **appalled**, *cont* **appalling**) *vt* [scandalize] choquer, scandaliser; [horrify] écœurer; she was appalled at OR by the very thought l'idée même l'écœurait.

**Appalachian** [ˌæpə'leɪtʃjən] ◇ *pr n*: the ~s, the ~ Mountains les (monts *mpl*) Appalaches *mpl*. ◇ *adj* appalachien.

**appall** *Am* = appal.

**appalled** [ə'pɔːld] *adj* écœuré.

**appalling** [ə'pɔːlɪŋ] *adj* épouvantable.

**appallingly** [ə'pɔːlɪŋlɪ] *adv* -1. [badly] de façon écœurante. -2. [as intensifier] effroyablement.

**apparatus** [ˌæpə'reɪtəs] (*pl inv* OR **apparatuses**) *n* -1. (*U*) [equipment] équipement *m*; [set of instruments] instruments *mpl*. -2. (*U*) [in gymnasium] agrès *mpl*. -3. [machine] appareil *m*. -4. ANAT appareil *m*. -5. [organization]: the ~ of government la machine administrative, l'administration *f*.

**apparel** [ə'pærəl] (*Br pt* & *pp* **apparelled**, *cont* **apparelling**, *Am pt* & *pp* **appareled**, *cont* **appareling**) ◇ *n* -1. *lit* OR *arch* [garb] costume *m*, mise *f*. -2. *Am* [clothes] habillement *m*, vêtements *mpl*; [industry] confection *f*. ◇ *vt lit* OR *arch* [dress] vêtir, habiller; [adorn] orner.

**apparent** [ə'pærənt] *adj* -1. [obvious] évident, apparent; the need for better education facilities is becoming increasingly ~ il est de plus en plus évident qu'il faut améliorer le système éducatif; for no ~ reason sans raison apparente. -2. [seeming] apparent, supposé.

**apparently** [ə'pærəntlɪ] *adv* -1. [seemingly] apparemment, en apparence; she was ~ quite calm and collected elle paraissait assez calme et sereine. -2. [according to rumour] à ce qu'il paraît; is she leaving? — ~ not elle part? — on dirait que non; ~, they had a huge row il paraît qu'ils se sont violemment disputés.

**apparition** [ˌæpə'rɪʃn] *n* apparition *f*.

**appeal** [ə'piːl] ◇ *n* -1. [request] appel *m*; she made an ~ on behalf of the victims elle a lancé un appel au profit des victimes; an ~ for help un appel au secours. -2. JUR appel *m*, pourvoi *m*; to enter OR to lodge an ~ interjeter appel, se pourvoir en appel; on ~ en seconde instance; right of ~ droit *m* d'appel. -3. [attraction] attrait *m*, charme *m*; travelling has lost its ~ for me je n'aime plus voyager, les voyages ne m'intéressent plus.
◇ *vi* -1. [make request] faire un appel; [publicly] lancer un appel; [plead] supplier, implorer; she ~ed to me to be patient elle m'a prié d'être patient; they're ~ing for help for the victims ils lancent un appel au profit des victimes. -2. to ~ to sthg [invoke] faire appel à qqch. -3. [apply] faire appel; he ~ed to them for help il leur a demandé du secours; they ~ed to the management for better working conditions ils ont fait appel à la direction pour obtenir de meilleures conditions de travail; he ~ed against the decision il a fait appel contre cette décision. -4. JUR interjeter appel, se pourvoir en appel; to ~ against a sentence appeler d'un jugement. -5. [please] plaire; the idea ~ed to me l'idée m'a séduit; it doesn't really ~ to me ça ne m'attire pas vraiment, ça ne me dit pas grand-chose.

**appeal court** *n* cour *f* d'appel.

**appealing** [ə'piːlɪŋ] *adj* -1. [attractive – dress, person] joli; [– idea, plan] intéressant. -2. [moving] émouvant, attendrissant; [imploring] suppliant, implorant.

**appear** [ə'pɪər] *vi* -1. [come into view – person, ghost, stars] apparaître; the sun ~ed from behind a cloud le soleil est sorti de derrière un nuage; she finally ~ed at about eight o'clock elle est arrivée finalement vers vingt heures. -2. [come into being] apparaître; [new product] apparaître, être mis sur le marché; [publication] paraître, sortir, être publié. -3. [feature] paraître, figurer. -4. [be present officially] se présenter, paraître; [in court] comparaître; to ~ before the court OR the judge comparaître devant le tribunal; they ~ed as witnesses for the defence ils ont témoigné pour la défense. -5. [actor] jouer; she ~ed as Antigone elle a joué Antigone; to ~ on TV passer à la télévision. -6. [seem] paraître, sembler; she ~ed nervous elle avait l'air nerveux OR nerveuse; how does the situation ~ to you? comment voyez-vous la situation?; there ~s to have been a mistake il semble qu'il y ait eu erreur; so it ~s, so it would ~ c'est ce qu'il semble, on dirait bien; is she ill? — it ~s so est-elle malade? — il paraît (que oui); it ~ed later that he had killed his wife il est ensuite apparu qu'il avait assassiné sa femme; there ~s to be a mistake in the bill on dirait qu'il y a une erreur dans la facture.

**appearance** [ə'pɪərəns] *n* -1. [act of appearing] apparition *f*; she made a brief ~ at the party elle a fait une brève apparition à la fête; the president made a personal ~ le président est apparu en personne; to put in an ~ faire acte de présence. -2. [advent] avènement *m*; [of new product] mise *f* sur le marché; [of publication] parution *f*. -3. [in court] comparution *f*; to make an ~ before a court OR a judge comparaître devant un tribunal. -4. [performance]: this was her first ~ on the stage c'était sa première apparition sur scène; she's made a number of television ~s elle est passée plusieurs fois à la télévision; in order of ~ par ordre d'entrée en scène. -5. [outward aspect] apparence *f*, aspect *m*; to have a good ~ [person] présenter bien; contrary to all ~s, against all ~s contrairement à toute apparence; don't judge by ~s ne vous fiez pas aux apparences, il ne faut pas se fier aux apparences; they tried hard to keep up ~s ils ont tout fait pour sauver les apparences; for ~s' sake pour la forme.

**appease** [ə'piːz] *vt* apaiser, calmer.

**appeasement** [ə'piːzmənt] *n* apaisement *m*; *pej* & POL conciliation *f*.

**appellate** [ə'pelət] *adj*: ~ court cour *f* d'appel.

**appellation** [ˌæpə'leɪʃn] *n* appellation *f*.

**append** [ə'pend] *vt fml* [document, note] joindre; [signature] apposer.

---

**Making a spoken apology**

(Oh) excusez-moi OR pardon, je vous ai fait mal?
Excusez-moi de vous avoir dérangé/si je vous ai fait mal.
Excusez-moi, je ne vous avais pas vu/je ne l'ai pas fait exprès.
Je suis désolé, on m'a dit d'entrer/j'ai cru bien faire.
Excusez-moi de vous déranger, mais quelqu'un sait-il où sont passés mes dossiers?

▷ *apologizing afterwards:*

Je vous prie d'excuser mon retard. [formal]
Je suis désolé OR franchement désolé pour ce qui s'est passé ce matin/pour hier soir.
(Écoute), je te demande de m'excuser pour l'autre jour.
Excusez-moi, je ne voulais pas vous causer d'ennuis.

▷ *apologizing in advance:*

Veuillez nous excuser [formal] /Excuse-nous pour la soirée, nous ne pourrons venir.
Désolé pour dimanche, mais je ne pourrai pas être là.

▷ *replying to apologies:*

Je vous en prie.
Ce n'est rien, ça peut arriver à tout le monde.
Ce n'est pas grave.
Ne vous en faites pas pour ça.

**Making a written apology**

Nous regrettons vivement de n'avoir pu assister à votre soirée, mais ...
Veuillez accepter toutes nos excuses pour le regrettable incident survenu au cours de la soirée de lundi.
Pardonne-moi de ne pas avoir été là mardi.

▷ *apologizing in advance:*

Nous regrettons vivement de ne pouvoir assister à votre soirée, mais ...
Veuillez nous excuser, mais nous ne pourrons pas assister à votre soirée.
Excuse-moi OR Pardonne-moi, mais je ne pourrai pas être là mardi.

**appendage** [ə'pendɪdʒ] *n* [gen & ZOOL] appendice *m*.

**appendectomy** [,æpen'dektəmɪ] (*pl* **appendectomies**) *n* appendicectomie *f*.

**appendices** [ə'pendɪsiːz] *pl* → **appendix**.

**appendicitis** [ə,pendɪ'saɪtɪs] *n* (U) appendicite *f*.

**appendix** [ə'pendɪks] (*pl* **appendixes** OR **appendices** [-dɪsiːz]) *n* -**1.** ANAT appendice *m*; **to have one's ~ out** se faire opérer de l'appendicite. -**2.** [to book] appendice *m*; [to report] annexe *f*.

**appertain** [,æpə'teɪn] *vi fml* [belong]: **to ~ to** appartenir à ‖ [relate]: **to ~ to** relever de; **the responsibilities ~ing to adulthood** les responsabilités de l'âge adulte.

**appetite** ['æpɪtaɪt] *n* appétit *m*; **I've lost my ~** j'ai perdu l'appétit; **don't have too many sweets, you'll spoil your ~** ne mange pas trop de bonbons, ça va te couper l'appétit; **they've gone for a swim to work up an ~** ils sont allés se baigner pour s'ouvrir l'appétit OR se mettre en appétit; **I have no ~ for that kind of thing** *fig* je n'ai pas de goût pour ce genre de chose; **he has an insatiable ~ for work** *fig* c'est un boulimique du travail.

**appetizer, -iser** ['æpɪtaɪzə'] *n* [food] hors-d'œuvre *m inv*, amuse-gueule *m*; [drink] apéritif *m*.

**appetizing, -ising** ['æpɪtaɪzɪŋ] *adj* appétissant.

**Appian** ['æpɪən] *adj*: **the ~ Way** la voie Appienne.

**applaud** [ə'plɔːd] ◇ *vi* applaudir. ◇ *vt* applaudir, approuver.

**applause** [ə'plɔːz] *n* (U) applaudissements *mpl*, acclamations *fpl*; **his performance won enthusiastic ~ from the audience** son interprétation a été chaleureusement applaudie par le public.

**apple** ['æpl] ◇ *n* [fruit] pomme *f*; [tree] pommier *m*; **he's a rotten ~** c'est un mauvais sujet; **she's the ~ of his eye** il tient à elle comme à la prunelle de ses yeux. ◇ *comp*: **~ blossom** fleur *f* de pommier; **~ core** trognon *m* de pomme; **~ tree** pommier *m*; **don't upset the ~ cart** *inf* ne fiche pas tout par terre.

**applejack** ['æpldʒæk] *n* eau-de-vie *f* de pommes.

**apple pie** *n* [covered] tourte *f* aux pommes; [open] tarte *f* aux pommes.

◆ **apple-pie** *adj inf* impeccable; **in apple-pie order** en ordre parfait ❑ **apple-pie bed** *Br* lit *m* en portefeuille.

**apple sauce** *Br* [æpl'sɔːs], **applesauce** *Am* ['æplsɔːs] *n* CULIN compote *f* de pommes (*en Grande-Bretagne, traditionnellement servie avec du porc*).

**appliance** [ə'plaɪəns] *n* -**1.** appareil *m*; [small] dispositif *m*, instrument *m*; **domestic** OR **household ~s** appareils électroménagers. -**2.** [fire engine] autopompe *f*.

**applicable** ['æplɪkəbl] *adj* applicable.

**applicant** ['æplɪkənt] *n* -**1.** [gen, for patent] demandeur *m*, -euse *f*; [for a position] candidat *m*, -e *f*, postulant *m*, -e *f*. -**2.** JUR requérant *m*, -e *f*.

**application** [,æplɪ'keɪʃn] *n* -**1.** [use] application *f*; [of lotion, paint] application *f*; **'for external ~ only'** 'réservé à l'usage externe'. -**2.** [request] demande *f*; **a job ~** [spontaneous] une demande d'emploi; [in answer to advertisement] une candidature à un poste; **I submitted my ~ for a scholarship** j'ai fait ma demande de bourse. -**3.** [diligence] assiduité *f*. -**4.** [relevance] pertinence *f*.

**application form** *n* formulaire *m*; [detailed] dossier *m* de candidature; UNIV dossier *m* d'inscription.

**applicator** ['æplɪkeɪtə'] *n* applicateur *m*.

**applied** [ə'plaɪd] *adj* [gen, LING, MATH & SCI] appliqué; **~ arts** arts *mpl* décoratifs.

**appliqué** [æ'pliːkeɪ] ◇ *n* [decoration] application *f*; [decorative work] travail *m* d'application. ◇ *vt* coudre en application.

**apply** [ə'plaɪ] (*pt* & *pp* **applied**) ◇ *vt* -**1.** [use] appliquer, mettre en pratique OR en application; [rule, law] appliquer. -**2.** [pressure]: **to ~ pressure to sthg** exercer une pression OR appuyer sur qqch; **she applied the brakes** elle a appuyé sur le frein; **the bank applied pressure on him to repay his loan** *fig* la banque a fait pression sur lui pour qu'il rembourse son emprunt. -**3.** [paint, lotion etc] appliquer, mettre; **~ antiseptic to the wound** désinfectez la plaie; **to ~ heat to sthg** exposer qqch à la chaleur. -**4.** [devote]: **to ~ one's mind to**

sthg s'appliquer à qqch; **she applied herself to her work** elle s'est lancée dans son travail; **he must learn to ~ himself** il faut qu'il apprenne à s'appliquer.

◇ *vi* -**1.** [make an application] s'adresser, avoir recours; **'~ within'** 's'adresser à l'intérieur OR ici'; **to ~ for a job/scholarship** faire une demande d'emploi/de bourse; **he applied to the Research Council for an award** il s'est adressé au conseil de la recherche pour obtenir une bourse; **she has decided to ~ for the job** elle a décidé de poser sa candidature pour cet emploi; **we applied for a patent** nous avons déposé une demande de brevet. -**2.** [be relevant] s'appliquer; **this law applies to all citizens** cette loi s'applique à tous les citoyens; **this doesn't ~ to us** nous ne sommes pas concernés.

**appoint** [ə'pɔɪnt] *vt* -**1.** [assign] nommer, désigner; **she was ~ed to the post of director** elle a été nommée directrice; **the president ~ed a committee** le président a constitué un comité ‖ [hire]: **we have ~ed a new cook** nous avons engagé un nouveau cuisinier. -**2.** [date, place] fixer, désigner; **we met on the ~ed day** nous nous sommes rencontrés au jour dit OR convenu; **his ~ed agent** son agent attitré. -**3.** *Br fml* [furnish] aménager, installer.

**appointee** [əpɔɪn'tiː] *n* candidat *m* retenu, candidate *f* retenue, titulaire *mf*.

**appointment** [ə'pɔɪntmənt] *n* -**1.** [arrangement] rendez-vous *m*; **to make an ~ with sb** prendre rendez-vous avec qqn; **I made an ~ with the dentist** j'ai pris rendez-vous chez le dentiste; **they made an ~ to have lunch together** ils se sont donné rendez-vous pour déjeuner; **she only sees people by ~** elle ne reçoit que sur rendez-vous; **do you have an ~?** avez-vous (pris) rendez-vous?; **she has an important ~ to keep** elle doit aller à un rendez-vous important. -**2.** [nomination] nomination *f*, désignation *f*; [office filled] poste *m*; [posting] affectation *f*; **there are still some ~s to be made** il y a encore quelques postes à pourvoir; **'by ~ to Her Majesty the Queen'** COMM 'fournisseur de S.M. la Reine' ‖ [in newspaper]: **'~s'** 'offres d'emploi'.

**apportion** [ə'pɔːʃn] *vt* [blame] répartir; [money] répartir, partager.

**apposite** ['æpəzɪt] *adj* juste, pertinent, à propos.

**apposition** [,æpə'zɪʃn] *n* apposition *f*; **a noun/phrase in ~** un nom/une expression en apposition.

**appraisal** [ə'preɪzl] *n* appréciation *f*, évaluation *f*; **performance ~** [in company] évaluation *f*.

**appraise** [ə'preɪz] *vt* [object] estimer, évaluer (la valeur de); [importance, quality] évaluer, apprécier; **they ~d the damage after the fire** ils évaluèrent les dégâts après l'incendie.

**appraising** [ə'preɪzɪŋ] *adj*: **she shot him an ~ glance** elle lui a lancé un coup d'œil pour le jauger.

**appreciable** [ə'priːʃəbl] *adj* sensible, appréciable.

**appreciably** [ə'priːʃəblɪ] *adv* sensiblement, de manière appréciable.

**appreciate** [ə'priːʃeɪt] ◇ *vt* -**1.** [value] apprécier; [art] apprécier, goûter; [person] apprécier (à sa juste valeur); **they ~ good food** ils apprécient la bonne nourriture. -**2.** [be grateful for] être reconnaissant de, être sensible à; **I would ~ a prompt reply to this letter** je vous serais obligé de bien vouloir me répondre dans les plus brefs délais; **I would ~ it if you didn't smoke in the car** je vous serais reconnaissant OR je vous saurais gré de ne pas fumer dans la voiture; **thanks, I'd really ~ that** merci, ça me rendrait vraiment service. -**3.** [realize, understand] se rendre compte de, être conscient de; **he never ~d its true worth** il ne l'a jamais estimé à sa juste valeur; **I do ~ your concern but...** votre sollicitude me touche beaucoup mais... -**4.** [increase in value] accroître la valeur de. ◇ *vi* [increase in value – currency] monter; [– goods, property] prendre de la valeur.

**appreciation** [ə,priːʃɪ'eɪʃn] *n* -**1.** [thanks] reconnaissance *f*; **in ~ of what you have done** en remerciement OR pour vous remercier de ce que vous avez fait. -**2.** [assessment, understanding] évaluation *f*, estimation *f*; [of art, literature] critique *f*; **she wrote** OR **gave an ~ of the play** elle a fait une critique de la pièce; **he has a thorough ~ of the situation** il comprend très bien la situation. -**3.** [increase in value] hausse *f*, augmentation *f*.

**appreciative** [ə'priːʃjətɪv] *adj* -**1.** [admiring] admiratif; **after a few ~ comments** après quelques remarques élogieuses.

**-2.** [grateful] reconnaissant; **I am very ~ of your help** je vous suis très reconnaissant de votre aide.

**appreciatively** [əˈpriːʃjətɪvlɪ] *adv* [with enjoyment] joyeusement; **he smiled ~** [gratefully] il eut un sourire reconnaissant; [admiringly] il eut un sourire appréciatif.

**apprehend** [ˌæprɪˈhend] *vt fml* **-1.** [arrest] arrêter, appréhender. **-2.** [understand] comprendre, saisir. **-3.** [fear, dread] redouter, appréhender.

**apprehension** [ˌæprɪˈhenʃn] *n* **-1.** [fear] inquiétude *f*, appréhension *f*. **-2.** *fml* [arrest] arrestation *f*. **-3.** *fml* [understanding] compréhension *f*.

**apprehensive** [ˌæprɪˈhensɪv] *adj* inquiet (*f* -ète), craintif; **he is ~ about the interview** il appréhende l'entrevue.

**apprehensively** [ˌæprɪˈhensɪvlɪ] *adv* avec appréhension OR inquiétude.

**apprentice** [əˈprentɪs] ◇ *n* apprenti *m*, -e *f*; [in arts and crafts] élève *mf*; **she's an electrician's ~** elle est apprentie électricienne. ◇ *comp*: **an ~ toolmaker/butcher** un apprenti outilleur/boucher; **an ~ draughtsman** un élève dessinateur. ◇ *vt*: **to ~ sb to sb: she is ~d to a violin-maker** elle est en apprentissage chez un luthier.

**apprenticeship** [əˈprentɪʃɪp] *n* apprentissage *m*.

**apprise** [əˈpraɪz] *vt fml* informer, prévenir; **he was ~d of the danger** on l'a averti du danger.

**appro** [ˈæprəʊ] (*abbr of* **approval**) *n Br inf*: **on ~** à OR sous condition, à l'essai.

**approach** [əˈprəʊtʃ] ◇ *vt* **-1.** *literal* [person, place] s'approcher de, s'avancer vers; **as we ~ed Boston** comme nous approchions de Boston ∥ *fig* [state, time, quality] approcher de; **we are ~ing a time when...** le jour approche où...; **we have nothing ~ing that colour** nous n'avons rien qui se rapproche de cette couleur; **speeds ~ing the speed of light** des vitesses proches de celle de la lumière; **it was ~ing Christmas** Noël approchait. **-2.** [consider] aborder; **that's not the way to ~ it** ce n'est pas comme cela qu'il faut s'y prendre. **-3.** [speak to] parler à; **a salesman ~ed me** un vendeur m'a abordé; **I ~ed him about the job** je lui ai parlé du poste; **they ~ed him about doing a deal** ils sont entrés en contact avec lui pour conclure un marché. ◇ *vi* [person, vehicle] s'approcher; [time, event] approcher, être proche. ◇ *n* **-1.** [of person, vehicle] approche *f*, arrivée *f*; **she heard his ~** elle l'a entendu venir; **the pilot began his ~ to Heathrow** le pilote commença sa descente sur OR vers Heathrow ∥ [of time, death] approche *f*, approches *fpl*; **the ~ of spring** la venue du printemps. **-2.** [way of tackling] façon *f*, approche *f*; **another ~ to the problem** une autre façon d'aborder le problème; **his ~ is all wrong** il s'y prend mal; **a new ~ to dealing with unemployment** une nouvelle conception de la lutte contre le chômage; **let's try the direct ~** allons-y sans détours. **-3.** [proposal] proposition *f*; **the shopkeeper made an ~ to his suppliers** le commerçant a fait une proposition à ses fournisseurs. **-4.** [access] voie *f* d'accès; **the ~es to the town** les approches *fpl* OR les abords *mpl* de la ville; **the ~es to the beach** les chemins *mpl* qui mènent à la plage; **the ~ to the summit** le chemin qui mène au sommet. **-5.** *fml* [approximation] ressemblance *f*, apparence *f*.

**approachable** [əˈprəʊtʃəbl] *adj* [place] accessible, approchable; [person] abordable, approchable.

**approaching** [əˈprəʊtʃɪŋ] *adj* [event] prochain, qui est proche; [vehicle] qui vient en sens inverse.

**approach road** *n Br* route *f* d'accès; [to motorway] voie *f* de raccordement, bretelle *f*.

**approbation** [ˌæprəˈbeɪʃn] *n* approbation *f*, consentement *m*; **a nod/smile of ~** un signe de tête/un sourire approbateur.

**appropriate** [*adj* əˈprəʊprɪət, *vb* əˈprəʊprɪeɪt] ◇ *adj* [moment, decision] opportun; [word] bien venu, juste; [name] bien choisi; [authority] compétent; **the level of contribution ~ for** OR **to each country** la contribution appropriée à chaque pays; **music/remarks ~ to the occasion** de la musique/des propos de circonstance; **take the ~ action** prenez les mesures appropriées; **I am not the ~ person to ask** ce n'est pas à moi qu'il faut poser la question. ◇ *vt* **-1.** [take for o.s.] s'approprier, s'emparer de. **-2.** [set aside] affecter.

**appropriately** [əˈprəʊprɪətlɪ] *adv* convenablement; [speak] avec à-propos, pertinemment; [decide] à juste titre; **~ dressed** habillé comme il faut OR pour la circonstance; **the restaurant is ~ named** le restaurant porte bien son nom.

**appropriateness** [əˈprəʊprɪətnɪs] *n* [of moment, decision] opportunité *f*; [of remark] justesse *f*.

**appropriation** [ə,prəʊprɪˈeɪʃn] *n* **-1.** [taking for o.s.] appropriation *f*. **-2.** [allocation of money] dotation *f*; *Am* POL crédit *m* budgétaire; **~s bill** projet *m* de loi de finances; **Appropriations Committee** commission des finances de la Chambre des Représentants qui examine les dépenses.

**approval** [əˈpruːvl] *n* **-1.** [favourable opinion] approbation *f*, accord *m*; **a gesture of ~** un signe approbateur; **the plan has your seal of ~, then?** alors tu donnes ton approbation pour le projet?; **to meet with sb's ~** obtenir OR recevoir l'approbation de qqn; **does the report meet with your ~?** êtes-vous satisfait du rapport?**-2.** [sanction] approbation *f*, autorisation *f*; **submit the proposal for his ~** soumettez la proposition à son approbation. **-3.** COMM: **to buy sthg on ~** acheter qqch à OR sous condition; **articles sent on ~** marchandises envoyées à titre d'essai.

**approve** [əˈpruːv] *vt* [plan, proposal etc] approuver; [agreement, treaty] ratifier, homologuer; **the plan must be ~d by the committee** il faut que le projet reçoive l'approbation du comité; **an appliance ~d by the authorities** un appareil agréé par les autorités.

◆ **approve of** *vt insep* approuver; [person] avoir une bonne opinion de; **they don't ~ of her going out with that man** ils n'apprécient pas du tout qu'elle sorte avec cet homme.

**approved** [əˈpruːvd] *adj* **-1.** [method, practice] reconnu, admis. **-2.** [authorized] autorisé, admis.

**approved school** *n* nom anciennement donné en Grande-Bretagne à un centre d'éducation surveillé (aujourd'hui appelé «community home»).

**approving** [əˈpruːvɪŋ] *adj* approbateur, approbatif.

**approvingly** [əˈpruːvɪŋlɪ] *adv* d'une façon approbatrice; **she looked at him ~** elle l'a regardé d'un air approbateur.

**approx.** (*written abbr of* **approximately**) approx., env.

**approximate** [*adj* əˈprɒksɪmət, *vb* əˈprɒksɪmeɪt] ◇ *adj* approximatif; **the ~ distance to town is 5 miles** il y a à peu près 5 miles d'ici à la ville; **he told the ~ truth** il ne disait qu'une partie de la vérité. ◇ *vi*: **to ~ to sthg** se rapprocher de qqch.

**approximately** [əˈprɒksɪmətlɪ] *adv* à peu près, environ.

**approximation** [ə,prɒksɪˈmeɪʃn] *n* approximation *f*.

**appurtenance** [əˈpɜːtɪnəns] *n* (*usu pl*) *fml* accessoire *m*; **the property and its ~s** [buildings, gardens etc] la propriété et ses dépendances; [legal rights & privileges] la propriété et ses circonstances et dépendances.

**Apr.** (*written abbr of* **April**) avr.

---

USAGE ▶ Approval

**Of a suggestion, proposal, policy etc**

Ça me va tout à fait.
(C'est une) excellente idée!
Je vous approuve entièrement OR à cent pour cent.
Nous sommes tout à fait favorables à ce projet.
Vous pouvez compter sur notre soutien inconditionnel. [formal]
Nous soutenons sans réserve votre nouveau projet. [formal]

Je suis tout à fait en faveur d'une approche sociale du problème [formal].

**Of a course of action, decision, choice etc**

Je pense que tu as eu tout à fait raison de lui en parler.
J'aurais fait la même chose à ta place.
C'est exactement comme ça qu'il fallait réagir.
Je n'aurais pas fait mieux moi-même.

**APR** *n* **-1.** (*abbr of* **annualized percentage rate**) TEG *m*.**-2.** (*abbr of* **annual purchase rate**) taux *m* annuel.

**après-ski** [,æpreɪ'skiː] ◇ *n* après-ski *m*. ◇ *comp* [clothing, outfit] d'après-ski.

**apricot** ['eɪprɪkɒt] ◇ *n* **-1.** [fruit] abricot *m*; [tree] abricotier *m*.**-2.** [colour] abricot *m inv*. ◇ *comp* **-1.** [jam] d'abricots; [pie, tart] aux abricots; ~ **tree** abricotier *m*. **-2.** [colour, paint, wallpaper] abricot *(inv)*.

**April** ['eɪprəl] *n* avril *m*; ~ **Fools' Day** le premier avril; **an ~ fool** [person] *personne à qui l'on a fait un poisson d'avril*; [trick] un poisson d'avril; ~ **showers** giboulées *fpl* de mars; *see also* **February.**

**a priori** [,eɪpraɪ'ɔːraɪ] *adj* a priori.

**apron** ['eɪprən] *n* **-1.** [gen & TECH] tablier *m*; **he is tied to his mother's ~ strings** il est pendu aux jupes de sa mère. **-2.** AERON aire *f* de stationnement.

**apropos** ['æprəpəʊ] ◇ *adj* opportun, à propos. ◇ *adv* à propos, opportunément.
♦ **apropos of** *prep phr* à propos de.

**apse** [æps] *n* [in church] abside *f*; ASTRON apside *f*.

**apt** [æpt] *adj* **-1.** [person]: **to be ~ to do sthg** faire qqch facilement, être porté à faire qqch; **people are ~ to believe the worst** les gens croient facilement le pire. **-2.** [suitable] convenable, approprié; [remark] juste, qui convient; **an ~ expression** une expression heureuse. **-3.** [clever] doué, intelligent.

**apt.** (*written abbr of* **apartment**) appt.

**aptitude** ['æptɪtjuːd] *n* aptitude *f*, disposition *f*; **to have an ~ for sthg** avoir une aptitude à OR disposition pour qqch; **she shows great ~** elle promet.

**aptitude test** *n* test *m* d'aptitude.

**aptly** ['æptlɪ] *adv* à OR avec propos, avec justesse; **the dog, Spot, was ~ named** le chien, Spot, portait OR méritait bien son nom; **as you so ~ pointed out...** comme tu l'as si bien fait remarquer...

**aptness** ['æptnɪs] *n* **-1.** [suitability] à-propos *m*, justesse *f*.**-2.** [tendency] tendance *f*.**-3.** [talent] aptitude *f*, disposition *f*.

**Apulia** [ə'pjuːljə] *prn* Pouille *f*, Pouilles *fpl*.

**aqualung** ['ækwəlʌŋ] *n* scaphandre *m* autonome.

**aquamarine** [,ækwəmə'riːn] ◇ *n* [stone] aigue-marine *f*; [colour] bleu vert *m inv*. ◇ *adj* bleu vert *(inv)*.

**aquanaut** ['ækwənɔːt] *n* plongeur *m*, scaphandrier *m*.

**aquaplane** ['ækwəpleɪn] ◇ *n* aquaplane *m*. ◇ *vi* **-1.** SPORT faire de l'aquaplane. **-2.** *Br* [car] faire de l'aquaplanage *m*.

**aquarium** [ə'kweərɪəm] (*pl* **aquariums** OR **aquaria** [-rɪə]) *n* aquarium *m*.

**Aquarius** [ə'kweərɪəs] ◇ *pr n* ASTROL & ASTRON Verseau *m*. ◇ *n*: **he's (an) ~** il est (du signe du) Verseau.

**aquatic** [ə'kwætɪk] *adj* aquatique; [sport] nautique.

**aqueduct** ['ækwɪdʌkt] *n* aqueduc *m*.

**aqueous** ['eɪkwɪəs] *adj* aqueux.

**aquilegia** [,ækwɪ'liːdʒɪə] *n* BOT ancolie *f*.

**aquiline** ['ækwɪlaɪn] *adj* aquilin; [nose] aquilin, en bec d'aigle.

**Aquinas** [ə'kwaɪnæs] *pr n*: **Saint Thomas ~** saint Thomas d'Aquin.

**AR** *written abbr of* **Arkansas**.

**Arab** ['ærəb] ◇ *n* **-1.** [person] Arabe *mf*.**-2.** [horse] cheval *m* arabe. ◇ *adj* arabe; **the ~-Israeli Wars** le conflit israélo-arabe; **the ~ League** la Ligue arabe.

**arabesque** [,ærə'besk] *n* arabesque *f*.

**Arabia** [ə'reɪbjə] *pr n* Arabie *f*.

**Arabian** [ə'reɪbjən] ◇ *adj* arabe, d'Arabie; **the ~ Desert** le désert d'Arabie; **the ~ Peninsula** la péninsule d'Arabie; **the ~ Sea** la mer d'Arabie; **'the ~ Nights', 'the ~ Nights' Entertainment'** 'les Mille et Une Nuits'. ◇ *n* Arabe *mf*.

**Arabic** ['ærəbɪk] ◇ *n* arabe *m*; **written ~** l'arabe littéral. ◇ *adj* arabe; ~ **numerals** chiffres *mpl* arabes.

**arable** ['ærəbl] *adj* arable, cultivable; [crops] cultivable; [farm] agricole; [farmer] cultivateur; ~ **farming** culture *f*.

**Aral Sea** ['ɑːrəl-] *pr n*: **the ~** la mer d'Aral.

**Aran** ['ærən] *adj* **-1.** **the ~ Islands** les îles *fpl* Aran. **-2.** [sweater] Aran (*de grosse laine naturelle*).

**Ararat** ['ærəræt] *pr n*: **Mount ~** le mont Ararat.

**arbiter** ['ɑːbɪtəʳ] *n* arbitre *m*, médiateur *m*, -trice *f*.

**arbitrarily** [*Br* -'bɪtrərəlɪ, *Am* ,ɑːrbə'trerəlɪ] *adv* arbitrairement.

**arbitrariness** ['ɑːbɪtrərɪnɪs] *n* [of decision, choice] côté *m* arbitraire.

**arbitrary** ['ɑːbɪtrərɪ] *adj* arbitraire.

**arbitrate** ['ɑːbɪtreɪt] ◇ *vt* arbitrer, juger. ◇ *vi* décider en qualité d'arbitre, arbitrer.

**arbitration** [,ɑːbɪ'treɪʃn] *n* [gen & INDUST] arbitrage *m*; **both parties have gone to ~** les deux parties ont recouru à l'arbitrage; **they referred the dispute to ~** ils ont soumis le conflit à l'arbitrage □ ~ **court** OR **tribunal** instance *f* chargée d'arbitrer les conflits sociaux, tribunal *m* arbitral; ~ **clause** clause *f* compromissoire.

**arbitrator** ['ɑːbɪtreɪtəʳ] *n* arbitre *m*, médiateur *m*, -trice *f*; **the dispute has been referred to the ~** le litige a été soumis à l'arbitrage.

**arbor** ['ɑːbəʳ] *n* **-1.** *Am* = **arbour. -2.** TECH arbre *m*, mandrin *m*.

**arboreal** [ɑː'bɔːrɪəl] *adj* [form] arborescent; [animal, technique] arboricole.

**arboretum** [,ɑːbə'riːtəm] (*pl* **arboretums** OR **arboreta** [-tə]) *n* arboretum *m*.

**arbour** *Br*, **arbor** *Am* ['ɑːbəʳ] *n* tonnelle *f*, charmille *f* arch.

**arc** [ɑːk] ◇ *n* arc *m*. ◇ *vi* **-1.** [gen] décrire un arc. **-2.** ELEC projeter OR cracher des étincelles.

**ARC** [ɑːk] (*abbr of* **AIDS-related complex**) *n* ARC *m*.

**arcade** [ɑː'keɪd] *n* [set of arches] arcade *f*, galerie *f*; [shopping] galerie *f* marchande.

**Arcadia** [ɑː'keɪdjə] *pr n* Arcadie *f*; **in ~** en Arcadie.

**Arcadian** [ɑː'keɪdjən] ◇ *n* Arcadien *m*, -enne *f*. ◇ *adj* arcadien, d'Arcadie.

**Arcady** ['ɑːkədɪ] = **Arcadia**.

**arcane** [ɑː'keɪn] *adj* mystérieux, ésotérique.

**arch** [ɑːtʃ] ◇ *n* **-1.** ARCHIT arc *m*; [in church] arc *m*, voûte *f*.**-2.** [of eyebrows] courbe *f*; [of foot] cambrure *f*, voûte *f* plantaire; **to have fallen ~es** MED avoir les pieds plats OR *spec* un affaissement de la voûte plantaire. ◇ *vt* arquer, cambrer; **the cat ~ed its back** le chat fit le gros dos. ◇ *vi* former voûte, s'arquer. ◇ *adj* **-1.** [leading] grand, par excellence; **my ~ rival** mon principal adversaire. **-2.** [mischievous] coquin, espiègle; [look, smile, tone] malin (*f* -igne), espiègle.

**archaeology** *etc Br* = **archeology**.

**archaic** [ɑː'keɪɪk] *adj* archaïque.

**archaism** ['ɑːkeɪɪzm] *n* archaïsme *m*.

**archangel** ['ɑːk,eɪndʒəl] *n* archange *m*.

**archbishop** [,ɑːtʃ'bɪʃəp] *n* archevêque *m*.

**archdeacon** [,ɑːtʃ'diːkən] *n* archidiacre *m*.

**archduchess** [,ɑːtʃ'dʌtʃɪs] *n* archiduchesse *f*.

**archduke** [,ɑːtʃ'djuːk] *n* archiduc *m*.

**arched** [ɑːtʃt] *adj* **-1.** [roof, window] cintré. **-2.** [back, foot] cambré; [eyebrows] arqué.

**archenemy** [,ɑːtʃ'enɪmɪ] (*pl* **archenemies**) *n* pire ennemi *m*; **the Archenemy** RELIG Satan.

**archeological** [,ɑːkɪə'lɒdʒɪkl] *adj* archéologique.

**archeologist** [,ɑːkɪ'ɒlədʒɪst] *n* archéologue *mf*.

**archeology** [,ɑːkɪ'ɒlədʒɪ] *n* archéologie *f*.

**archer** ['ɑːtʃəʳ] *n* archer *m*; **the Archer** ASTROL le Sagittaire.

**archery** ['ɑːtʃərɪ] *n* tir *m* à l'arc.

**archetypal** [,ɑːkɪ'taɪpl] *adj* archétype, archétypique, archétypal.

**archetype** ['ɑːkɪtaɪp] *n* archétype *m*.

**archetypical** [,ɑːkɪ'tɪpɪkl] *adj* = **archetypal**.

**Archimedes** [,ɑːkɪ'miːdiːz] *pr n* Archimède; ~' **principle** le principe d'Archimède; ~' **screw** vis *f* d'Archimède.

**archipelago** [,ɑːkɪ'pelɪgəʊ] (*pl* **archipelagoes** OR **archipelagos**) *n* archipel *m*.

**architect** ['ɑːkɪtekt] *n* architecte *mf*; *fig* artisan *m*, créateur *m*, -trice *f*.

**architectural** [,ɑːkɪ'tektʃərəl] *adj* architectural.

**architecturally** [,ɑːkɪ'tektʃərəlɪ] *adv* au OR du point de vue architectural.

**architecture** [ˈɑːkɪtektʃəʳ] *n* [gen & COMPUT] architecture *f*.

**archive** [ˈɑːkaɪv] ◇ *n*: the ~s les archives *fpl* ‖ [repository] archives *fpl*, dépôt *m*. ◇ *comp* [photo] d'archives. ◇ *vt* archiver.

**archive file** *n* COMPUT fichier *m* archives.

**archivist** [ˈɑːkɪvɪst] *n* archiviste *mf*.

**archly** [ˈɑːtʃlɪ] *adv* d'un air espiègle OR malicieux.

**archpriest** [ˌɑːtʃˈpriːst] *n* archiprêtre *m*.

**archway** [ˈɑːtʃweɪ] *n* porche *m*; [long] galerie *f*, arcades *fpl*.

**arc lamp, arc light** *n* lampe *f* à arc; CIN & TV sunlight *m*.

**arctic** [ˈɑːktɪk] ◇ *adj* -1. arctique. -2. *fig* [cold] glacial. ◇ *n* Am [overshoe] couvre-chaussure *m*.

◆ **Arctic** [ˈɑːktɪk] ◇ *pr n*: the Arctic (Ocean) l'(océan *m*) Arctique *m*; in the Arctic dans l'Arctique. ◇ *adj* arctique.

**Arctic Circle** *pr n*: the ~ le cercle polaire arctique.

**arctic skua** *n* labbe *m* parasite.

**arctic tern** *n* sterne *f* arctique.

**ardent** [ˈɑːdənt] *adj* [keen] ardent, passionné; an ~ admirer un fervent admirateur.

**ardently** [ˈɑːdəntlɪ] *adv* ardemment, passionnément.

**ardour** *Br*, **ardor** *Am* [ˈɑːdəʳ] *n* ardeur *f*, passion *f*.

**arduous** [ˈɑːdjʊəs] *adj* ardu, difficile; [task, work] laborieux, pénible; [path] ardu, raide; [hill] raide, escarpé.

**arduously** [ˈɑːdjʊəslɪ] *adv* péniblement, laborieusement.

**are** [*vb weak form* əʳ, *strong form* ɑːʳ, *n* ɑːʳ] ◇ → **be**. ◇ *n* are *m*.

**area** [ˈeərɪə] ◇ *n* -1. [surface size] superficie *f*, aire *f*; the garden is 500 m² in ~, the garden has OR covers an ~ of 500 m² le jardin a une superficie de 500 m². -2. [region] région *f*; MIL territoire *m*; [small] secteur *m*, zone *f*; a residential/shopping ~ un quartier résidentiel/commercial ❑ ~ of outstanding natural beauty *zone naturelle protégée*. -3. [part, section] partie *f*; [of room] coin *m*. -4. [of study, investigation, experience] domaine *m*, champ *m*. ◇ *comp* [manager, office] régional.

**area code** *n Br* code *m* postal; *Am* TELEC indicatif *m* de zone.

**areca** [ˈærɪkə] *n*: ~ (tree) aréquier *m*; ~ nut noix *f* d'arec.

**arena** [əˈriːnə] *n* arène *f*; when he entered the electoral ~ *fig* quand il est entré en lice pour les élections.

**aren't** [ɑːnt] = are not.

**Argentina** [ˌɑːdʒənˈtiːnə] *pr n* Argentine *f*; in ~ en Argentine.

**Argentine** [ˈɑːdʒəntaɪn] ◇ *n* Argentin *m*, -e *f*. ◇ *adj* argentin.

**Argentinian** [ˌɑːdʒənˈtɪnɪən] ◇ *n* Argentin *m*, -e *f*. ◇ *adj* argentin; the ~ embassy l'ambassade *f* d'Argentine.

**argon** [ˈɑːgɒn] *n* argon *m*.

**Argonaut** [ˈɑːgənɔːt] *n*: the ~s les Argonautes *mpl*.

**argot** [ˈɑːgəʊ] *n* argot *m*.

**arguable** [ˈɑːgjʊəbl] *adj* -1. [questionable] discutable, contestable. -2. [plausible] défendable; it is ~ that... on peut soutenir que...

**arguably** [ˈɑːgjʊəblɪ] *adv* possiblement; the Beatles are ~ the most popular group of all time on pourrait dire OR on peut soutenir que les Beatles sont le groupe le plus populaire de tous les temps.

**argue** [ˈɑːgjuː] ◇ *vi* -1. [quarrel] se disputer; to ~ (with sb) about sthg se disputer (avec qqn) au sujet de OR à propos de qqch. -2. [reason] argumenter; she ~d for/against raising taxes elle a soutenu qu'il fallait/ne fallait pas augmenter les impôts; we ~d (about it) all day nous (en) avons discuté toute la journée; he ~d from the historical aspect ses arguments étaient de nature historique; the facts ~ for the evolutionary theory les faits plaident en faveur de la théorie évolutionniste ‖ JUR témoigner; the evidence ~s against him les preuves sont contre lui. ◇ *vt* -1. [debate] discuter, débattre; a well-~d case une cause bien présentée OR défendue. -2. [person]: he ~d me into/out of staying it m'a persuadé/dissuadé de rester. -3. [maintain] soutenir, affirmer. -4. *fml* [indicate] indiquer.

◆ **argue out** *vt sep* régler; I left them to ~ it out je les ai laissés chercher une solution.

**argument** [ˈɑːgjʊmənt] *n* -1. [quarrel] dispute *f*; they had an ~ about politics ils se sont disputés à propos de politique. -2. [debate] discussion *f*, débat *m*; for the sake of ~ à titre d'exemple; you should listen to both sides of the ~ vous devriez écouter les deux versions de l'histoire; she got the

better of the ~ elle l'a emporté dans la discussion. -3. [reasoning] argument *m*; I didn't follow his (line of) ~ je n'ai pas suivi son raisonnement; their ~ was that the plan was too expensive ils soutenaient que le projet était trop cher; there is a strong ~ in favour of the proposal il y a de bonnes raisons pour soutenir OR appuyer cette proposition. -4. [of book, play] argument *m*, sommaire *m*.

**argumentation** [ˌɑːgjʊmenˈteɪʃn] *n* argumentation *f*.

**argumentative** [ˌɑːgjʊˈmentətɪv] *adj* ergoteur, chicaneur.

**argy-bargy** [ˌɑːdʒɪˈbɑːdʒɪ] *n (U) Br* chamailleries *fpl*.

**argyle** [ɑːˈgaɪl] ◇ *adj* à motifs de losanges. ◇ *n* chaussette *f* avec des losanges.

**aria** [ˈɑːrɪə] *n* aria *f*.

**Ariadne** [ˌærɪˈædnɪ] *pr n* Ariane *f*.

**Arian** [ˈeərɪən] ◇ *n* Arien *m*, -enne *f*. ◇ *adj* arien.

**arid** [ˈærɪd] *adj* -1. *literal* sec (*f* sèche), desséché. -2. *fig* [of no interest] aride, ingrat; [fruitless] stérile.

**aridity** [æˈrɪdətɪ] *n literal & fig* aridité *f*, stérilité *f*.

**Aries** [ˈeəriːz] ◇ *n* ASTROL & ASTRON Bélier *m*. ◇ *n*: I'm an ~ je suis (du signe du) Bélier.

**aright** [əˈraɪt] *adv* bien, correctement; to set things ~ arranger les choses.

**arise** [əˈraɪz] (*pt* arose [əˈrəʊz], *pp* arisen [əˈrɪzn]) *vi* -1. [appear, happen] survenir, se présenter; a doubt arose in his mind un doute est apparu dans son esprit; if the need ~s en cas de besoin; if the occasion ~s si l'occasion se présente. -2. [result] résulter; a problem that ~s from this decision un problème qui résulte OR découle de cette décision; matters arising from the last meeting des questions soulevées lors de la dernière réunion. -3. *lit* [person] se lever; [sun] se lever, paraître.

**aristocracy** [ˌærɪˈstɒkrəsɪ] (*pl* aristocracies) *n* aristocratie *f*.

**aristocrat** [*Br* ˈærɪstəkræt, *Am* əˈrɪstəkræt] *n* aristocrate *mf*.

**aristocratic** [*Br* ˌærɪstəˈkrætɪk, *Am* əˌrɪstəˈkrætɪk] *adj* aristocratique.

**Aristotelian** [ˌærɪstəˈtiːljən] ◇ *adj* aristotélicien. ◇ *n* Aristotélicien *m*, -enne *f*.

**Aristotle** [ˈærɪstɒtl] *pr n* Aristote *m*.

**arithmetic** [*n* əˈrɪθmətɪk, *adj* ˌærɪθˈmetɪk] ◇ *n* arithmétique *f*. ◇ *adj* arithmétique.

**arithmetical** [ˌærɪθˈmetɪkl] *adj* arithmétique.

**arithmetician** [əˌrɪθməˈtɪʃn] *n* arithméticien *m*, -enne *f*.

**Arizona** [ˌærɪˈzəʊnə] *pr n* Arizona *m*; in ~ dans l'Arizona.

**ark** [ɑːk] *n* arche *f*; the Ark of the Covenant l'arche d'alliance.

**Arkansas** [ˈɑːkənsɔː] *pr n* Arkansas *m*; in ~ dans l'Arkansas.

**arm** [ɑːm] ◇ *n* -1. ANAT bras *m*; he carried a book under his ~ il portait un livre sous le bras; to hold sb/sthg in one's ~s tenir qqn/qqch dans ses bras; with his wife on his ~ avec sa femme à son bras; he put his ~ round her il a passé son bras autour d'elle; with ~s folded les bras croisés; to welcome sb/sthg with open ~s accueillir qqn/qqch à bras ouverts; within ~'s reach à portée de la main; we kept him at ~'s length nous l'avons tenu à bout de bras ❑ a list as long as your ~ une liste qui n'en finit pas OR interminable; the long ~ of the law le bras de la justice; I'd give my right ~ for that job je donnerais cher OR n'importe quoi pour obtenir cet emploi. -2. [of sea, machinery] bras *m*; [of clothing] manche *f*; [of spectacle frames] branche *f*; [of furniture] bras *m*, accoudoir *m*; [of record player] bras *m*. -3. [section] section *f*, branche *f*. ◇ *vt* -1. [person, country] armer; to ~ o.s. with the facts/evidence *fig* s'armer de faits/preuves. -2. [missile] munir d'une (tête d')ogive; [bomb, fuse] armer. ◇ *vi* s'armer, prendre les armes.

◆ **arm in arm** *adv phr* bras dessus bras dessous.

**armada** [ɑːˈmɑːdə] *n* armada *f*.

**armadillo** [ˌɑːməˈdɪləʊ] (*pl* armadillos) *n* tatou *m*.

**Armageddon** [ˌɑːməˈgedn] *n* Apocalypse *f*; *fig* apocalypse *f*.

**armament** [ˈɑːməmənt] *n* -1. [fighting force] force *f* de frappe. -2. [weaponry] armement *m*, matériel *m* de guerre. -3. [preparation for war] armement *m*.

◆ **armaments** *npl* armement *m*.

**armature** [ˈɑːmətjʊəʳ] *n* [gen] armature *f*; [of magnet] armature *f*; [of motor] induit *m*; ZOOL carapace *f*.

**armband** [ˈɑːmbænd] *n* brassard *m*; [mourning] brassard *m* de deuil, crêpe *m*.

**armchair** ['ɑːmtʃeəʳ] ◇ *n* fauteuil *m*. ◇ *comp* en chambre.

**armed** [ɑːmd] *adj* **-1.** [with weapons] armé; **they were ~ with knives** ils étaient armés de couteaux; **the minister arrived at the press conference ~ with pages of statistics** *fig* le ministre est arrivé à la conférence de presse armé OR muni de pages entières de statistiques ❑ **~ conflict** conflit *m* armé; **~ robbery** JUR vol *m* OR attaque *f* à main armée; **~ to the teeth** armé jusqu'aux dents. **-2.** [missile] muni d'une (tête d')ogive; [bomb, fuse] armé.

**armed forces** *npl* forces *fpl* armées.

**Armenia** [ɑːˈmiːnjə] *pr n* Arménie *f*; **in ~** en Arménie.

**Armenian** [ɑːˈmiːnjən] ◇ *n* **-1.** [person] Arménien *m*, -enne *f*. **-2.** LING arménien *m*. ◇ *adj* arménien.

**armful** ['ɑːmful] *n* brassée *f*; **in ~s, by the ~** par pleines brassées, par brassées entières.

**armhole** ['ɑːmhəʊl] *n* emmanchure *f*.

**armistice** ['ɑːmɪstɪs] *n* armistice *m*.

**Armistice Day** *n* l'Armistice *m*.

**armor** *etc Am* = **armour**.

**Armorica** [ɑːˈmɒrɪkə] *pr n* Armorique *f*.

**Armorican** [ɑːˈmɒrɪkən] ◇ *n* Armoricain *m*, -e *f*. ◇ *adj* armoricain.

**armour** *Br*, **armor** *Am* ['ɑːməʳ] *n* **-1.** HIST armure *f*; **in full ~** armé de pied en cap. **-2.** *(U)* MIL [plating] blindage *m*; [vehicles] blindés *mpl*; [forces] forces *fpl* blindées. **-3.** [of animal] carapace *f*.

**armour-clad** *Br*, **armor-clad** *Am adj* blindé; [ship] blindé, cuirassé.

**armoured** *Br*, **armored** *Am* ['ɑːməd] *adj* **-1.** MIL blindé. **-2.** [animal] cuirassé, à carapace.

**armoured car** *n* voiture *f* blindée.

**armourer** *Br*, **armorer** *Am* ['ɑːmərəʳ] *n* armurier *m*.

**armour plate** *n* blindage *m*; [on ship] cuirasse *f*.

**armour-plated** [-ˈpleɪtɪd] *adj* blindé.

**armour plating** = **armour plate**.

**armoury** *Br*, **armory** *Am* ['ɑːmərɪ] (*Br pl* **armouries**, *Am pl* **armories**) *n* arsenal *m*, dépôt *m* d'armes; *fig* [resources] arsenal *m*; *Am* [arms factory] armurerie *f*, fabrique *f* d'armes.

**armpit** ['ɑːmpɪt] *n* aisselle *f*.

**armrest** ['ɑːmrest] *n* accoudoir *m*.

**arms** [ɑːmz] ◇ *npl* **-1.** [weapons] armes *fpl*; **to ~!** aux armes!; **to bear ~** porter les armes; **to take up ~ against sb/sthg** s'insurger contre qqn/qqch ❑ **the villagers are up in ~ over the planned motorway** la proposition de construction d'une autoroute a provoqué une levée de boucliers parmi les villageois. **-2.** HERALD armes *fpl*, armoiries *fpl*. ◇ *comp:* **~ control** contrôle *m* des armements; **~ dealer** armurier *m*; **~ manufacturer** fabricant *m* d'armes, armurier *m*.

**arm's-length** *adj* **-1.** [not intimate] distant, froid. **-2.** COMM: **~ price** prix fixé dans les conditions normales de la concurrence.

**arms race** *n* course *f* aux armements.

**arm-twisting** [-ˈtwɪstɪŋ] *n* (U) *inf* pressions *fpl*.

**arm-wrestle** *vi:* **to ~ with sb** faire une partie de bras de fer avec qqn.

**arm wrestling** *n* bras *m* de fer.

**army** ['ɑːmɪ] (*pl* **armies**) ◇ *n* **-1.** MIL armée *f* (de terre); **to go into** OR **to join the ~** s'engager; **he was drafted into the ~** il a été appelé sous les drapeaux; **an ~ of occupation** une armée d'occupation. **-2.** *fig* [multitude] foule *f*, multitude *f*. ◇ *comp* [life, nurse, truck, uniform] militaire; [family] de militaires; **~ corps** corps *m* d'armée; **~ officer** officier *m* de l'armée de terre.

**A-road** *n route nationale britannique*.

**aroma** [əˈrəʊmə] *n* arôme *m*.

**aromatherapy** [ə,rəʊməˈθerəpɪ] *n* aromathérapie *f*.

**aromatic** [,ærəˈmætɪk] ◇ *adj* aromatique. ◇ *n* aromate *m*.

**arose** [əˈrəʊz] *pt* → **arise**.

**around** [əˈraʊnd] ◇ *adv* **-1.** [in all directions] autour; **the fields all ~** les champs tout autour; **for five miles ~** sur OR dans un rayon de cinq miles. **-2.** [nearby] pas loin; **stay** OR **stick ~** reste dans les parages; **he won't be ~** il n'est pas loin, il est dans le coin; **will you be ~ this afternoon?** tu seras là cet après-midi?; **see you ~!** à un de ces jours!**-3.** [in

existence]: **that firm has been ~ for years** cette société existe depuis des années; **he's one of the most promising actors ~ at the moment** c'est un des acteurs les plus prometteurs que l'on puisse voir en ce moment; **there wasn't much money ~ in those days** les gens n'avaient pas beaucoup d'argent à l'époque. **-4.** [here and there] ici et là; **to travel ~** voyager ❑ **I don't know my way ~ yet** je suis encore un peu perdu; **he's been ~** *inf* [has travelled widely] il a pas mal roulé sa bosse; [is experienced] il n'est pas né d'hier. **-5.** = **round**.

◇ *prep* **-1.** [encircling] autour de; **the area ~ Berlin** les alentours *mpl* OR les environs *mpl* de Berlin; **~ the world in 80 days** le tour du monde en 80 jours; **the tree measures two metres ~ the trunk** l'arbre mesure deux mètres de circonférence ‖ *fig:* **find a way (to get) ~ the problem** trouvez un moyen de contourner le problème; **my keys are somewhere ~ here** mes clés sont quelque part par ici. **-2.** [through]: **they travelled ~ Europe** ils ont voyagé à travers l'Europe. **-3.** [approximately] autour de; **~ five o'clock** cinq heures; **~ 1920** vers OR aux alentours de 1920; **he's ~ your age** il a environ OR à peu près votre âge.

**around-the-clock** *adj:* **~ protection/surveillance** protection *f*/surveillance *f* 24 heures sur 24.

**arousal** [əˈraʊzl] *n* excitation *f*, stimulation *f*.

**arouse** [əˈraʊz] *vt* **-1.** [stimulate] stimuler, provoquer; **the sound ~d their curiosity/suspicions** le bruit a éveillé leur curiosité/leurs soupçons; **his pleading ~d their contempt** ses implorations n'ont suscité que leur mépris; **sexually ~d** excité (sexuellement). **-2.** [awaken] réveiller, éveiller; **he ~d her from a deep sleep** il l'a tirée d'un profond sommeil.

**arpeggio** [ɑːˈpedʒɪəʊ] *n* arpège *m*.

**arraign** [əˈreɪn] *vt* traduire en justice; *fig* accuser, mettre en cause.

**arrange** [əˈreɪndʒ] ◇ *vt* **-1.** [put in order] ranger, mettre en ordre; [clothing, room] arranger; [flowers] arranger, disposer. **-2.** [organize, plan] organiser, arranger; **I can ~ a loan** je peux m'arranger pour obtenir un prêt; **I'll ~ a table for eight o'clock** je vais réserver une table pour vingt heures; **it has been ~d for us to travel by train** il a été décidé OR convenu que nous voyagerions en train; **let's ~ a time to meet** fixons (une heure pour) un rendez-vous; **he has something ~d** OR **something for the weekend** il a quelque chose de prévu pour le week-end; **here is the first instalment, as ~d** [money] voici le premier versement, comme convenu; **don't worry, I'll ~ it** ne vous en faites pas, je vais m'en occuper. **-3.** [dispute] régler, arranger. **-4.** MUS & THEAT adapter; **he ~d the concerto for guitar** il a adapté le concerto pour la guitare. ◇ *vi* prendre des dispositions, s'arranger; **I've ~d with the boss to leave early tomorrow** je me suis arrangé avec le patron pour partir de bonne heure demain; **he's ~d for the car to be repaired** il a fait le nécessaire pour faire réparer la voiture.

**arranged marriage** [əˈreɪndʒd-] *n* mariage *m* arrangé.

**arrangement** [əˈreɪndʒmənt] *n* **-1.** (*usu pl*) [plan] disposition *f*, arrangement *m*; **what are the travel ~s?** comment le voyage est-il organisé?; **I haven't made any ~s for the journey yet** je n'ai pas encore fait de OR mes préparatifs pour le voyage; **could you make ~s to change the meeting?** pouvez-vous faire le nécessaire pour changer la date de la réunion?; **he made ~s to leave work early** il s'est arrangé pour quitter son travail de bonne heure. **-2.** [understanding, agreement] arrangement *m*; **we can come to an** OR **some ~ on the price** pour le prix, nous pouvons nous arranger; **he came to an ~ with the bank** il est parvenu à un accord avec la banque. **-3.** [layout] arrangement *m*, disposition *f*; [of room] aménagement *m*; [of clothing, hair] arrangement *m*. **-4.** MUS & THEAT adaptation *f*, arrangement *m*.

◆ **by arrangement** *adv phr:* **price by ~** prix à débattre; **special designs by ~** autres modèles sur demande; **by ~ with the town hall** avec l'autorisation de la mairie; **viewing by ~ with the owner** pour visiter, prenez rendez-vous avec OR contactez le propriétaire.

**arranger** [əˈreɪndʒəʳ] *n* MUS arrangeur *m*, -euse *f*.

**arrant** ['ærənt] *adj* fini, parfait.

**array** [əˈreɪ] ◇ *n* **-1.** [collection] ensemble *m* impressionnant, collection *f*; **a distinguished ~ of people** une assemblée de gens distingués; **there was a fine ~ of cakes in the win-**

**dow** il y avait une belle sélection de gâteaux en vitrine ‖ JUR, COMPUT & MATH tableau *m*.-**2.** MIL rang *m*, ordre *m*; **in battle** ~ en ordre de bataille; **in close** ~ en rangs serrés. -**3.** [fine clothes] parure *f*, atours *mpl*; [ceremonial dress] habit *m* d'apparat. ◇ *vt* -**1.** [arrange] disposer, étaler; MIL [troops] déployer, disposer. -**2.** *lit* [adorn] habiller, revêtir.

**arrears** [ə'rɪəz] *npl* arriéré *m*; **taxes in** ~ arriéré d'impôts; **I'm worried about getting into** ~ j'ai peur de m'endetter; **we're 6 months in** ~ **on the loan payments** nous devons 6 mois de traites; **to be paid a month in** ~ être payé un mois après; **she's in** ~ **with her correspondence** elle a du retard dans sa correspondance.

**arrest** [ə'rest] ◇ *vt* -**1.** [police] arrêter, appréhender. -**2.** *fml* [growth, development] arrêter; [slow down] entraver, retarder; **in an effort to** ~ **unemployment/inflation** pour essayer d'enrayer le chômage/l'inflation; ~**ed development** MED [physical] arrêt *m* de croissance; [mental] atrophie *f* de la personnalité; **to** ~ **judgment** JUR surseoir à un jugement, suspendre l'exécution d'un jugement. -**3.** *fml* [attention] attirer, retenir. ◇ *n* -**1.** [detention] arrestation *f*; **you're under** ~! vous êtes en état d'arrestation!; **he was put under** ~ il a été arrêté; **they made several** ~**s** ils ont procédé à plusieurs arrestations ‖ MIL: **to be under** ~ être aux arrêts. -**2.** [sudden stopping] arrêt *m*, suspension *f*.

**arrester** [ə'restər] *n* AERON: ~ **gear** [on aircraft carrier] dispositif *m* d'appontage.

**arresting** [ə'restɪŋ] *adj* saisissant, frappant.

**arresting officer** *n* policier qui a procédé à l'arrestation.

**arrival** [ə'raɪvl] *n* -**1.** [of person, train, aeroplane etc] arrivée *f*; **on** OR **upon** ~ à l'arrivée; **the** ~**s board/lounge** le tableau/salon des arrivées. -**2.** [newcomer] **late** ~**s should report to reception** les retardataires doivent se présenter à la réception; **he's a new** ~ c'est un nouveau venu. -**3.** COMM [of goods] arrivage *m*.-**4.** [advent] avènement *m*.

**arrive** [ə'raɪv] *vi* -**1.** [person, train, aeroplane etc] arriver; **as soon as you** ~ dès votre arrivée, dès que vous arriverez; **the baby** ~**d three weeks early** le bébé est arrivé OR né avec trois semaines d'avance; **to** ~ **on the scene** survenir; **the time has** ~**d for us to take action**, **the time for action has** ~**d** le moment est venu pour nous d'agir. -**2.** *inf* [achieve success] réussir, arriver.
◆ **arrive at** *vt insep* [decision] arriver OR parvenir à; [perfection] atteindre; **we finally** ~**d at the conclusion that...** nous en sommes finalement arrivés à la conclusion que... ‖ [price] fixer; **they finally** ~**d at a price** ils se sont finalement mis d'accord sur un prix.

**arrogance** ['ærəgəns] *n* arrogance *f*, morgue *f*.

**arrogant** ['ærəgənt] *adj* arrogant, insolent.

**arrogantly** ['ærəgəntlɪ] *adv* de manière arrogante, avec arrogance.

**arrogate** ['ærəgeɪt] *vt fml* -**1.** [claim unjustly] revendiquer à tort, s'arroger; [victory] s'attribuer. -**2.** [assign unjustly] attribuer injustement.

**arrow** ['ærəʊ] ◇ *n* flèche *f*; **to loose** OR **to shoot** OR **to let fly an** ~ décocher une flèche. ◇ *vt* -**1.** [indicate – on list] cocher; [– on road sign] flécher. -**2.** [in editing] indiquer au moyen d'une flèche.

**arrowhead** ['ærəʊhed] *n* fer *m*, pointe *f* de flèche.

**arrowroot** ['ærəʊruːt] *n* BOT marante *f*; CULIN arrow-root *m*.

**arse**▼ [ɑːs] *n Br* cul *m*; **move** OR **shift your** ~ pousse ton cul; **he's a pain in the** ~ c'est un emmerdeur; **he fell** OR **went** ~ **over tit** il est tombé cul par-dessus tête.
◆ **arse about**▽, **arse around**▽ *vi insep Br* déconner.

**arsehole**▼ ['ɑːshəʊl] *n Br* trou *m* du cul; **don't be such an** ~ ne sois pas si con.

**arse-licker**▼ [-ˌlɪkər] *n Br* lèche-cul *m inv*.

**arsenal** ['ɑːsənl] *n* arsenal *m*.

**arsenic** ['ɑːsnɪk] ◇ *n* arsenic *m*; '**Arsenic and Old Lace**' *Capra* 'Arsenic et vieilles dentelles'. ◇ *comp*: ~ **poisoning** empoisonnement *m* à l'arsenic.

**arson** ['ɑːsn] *n* incendie *m* criminel OR volontaire; **to commit** ~ provoquer (volontairement) un incendie.

**arsonist** ['ɑːsənɪst] *n* incendiaire *mf*; [maniac] pyromane *mf*.

**art** [ɑːt] ◇ *n* ◆ **arch** ◆ **be**. ◇ *n* -**1.** [gen] art *m*; [school subject] dessin *m*; **she studies** ~ elle est étudiante en art, ≃ elle fait les Beaux-Arts; ~ **for** ~**'s sake** l'art pour l'art; **the** ~ **of ballet**

---

**l'art du ballet**; **I'd love to go to** ~ **classes** j'aimerais beaucoup suivre des cours de dessin; **a work of** ~ une œuvre d'art ❑ ~**s and crafts** artisanat *m* (d'art). -**2.** [skill] art *m*, habileté *f*; **the** ~ **of survival** l'art de survivre; **she has got cooking down to a real** OR **fine** ~ la cuisine chez elle, c'est du grand art. -**3.** [cunning] ruse *f*, artifice *m*; [trick] artifice *m*, stratagème *m*. ◇ *comp* [collection, critic, exhibition] d'art; ~ **student** étudiant *m*, -**e** *f* en art ❑ ~ **gallery** [museum] musée *m* d'art; [shop] galerie *f* d'art; ~ **school** ≃ école *f* des Beaux-Arts.
◆ **arts** ◇ *npl* UNIV lettres *fpl*; **Faculty of Arts (and Letters)** faculté *f* des lettres (et sciences humaines); **the Arts Council (of Great Britain)** organisme public britannique de promotion des arts. ◇ *comp* UNIV: ~**s student** étudiant *m*, -**e** *f* de OR en lettres (et sciences humaines); **I have an** ~**s degree** j'ai une licence de lettres; ~**s centre** ≃ musée *m* d'art.

**Art Deco** [-'dekəʊ] *n* Art *m* déco.

**artefact** ['ɑːtɪfækt] = **artifact**.

**arterial** [ɑː'tɪərɪəl] *adj* artériel; ~ **road** *Br* route *f* OR voie *f* à grande circulation; ~ **line** *Br* RAIL grande ligne *f*.

**arteriosclerosis** [ɑːˌtɪərɪəʊsklɪə'rəʊsɪs] *n* artériosclérose *f*.

**artery** ['ɑːtərɪ] (*pl* **arteries**) *n* artère *f*; [road] artère *f*, route *f* OR voie *f* à grande circulation.

**artesian well** [ɑː'tiːzjən] *n* puits *m* artésien.

**art form** *n* moyen *m* d'expression artistique.

**artful** ['ɑːtfʊl] *adj* astucieux, habile; [crafty] rusé, malin (*f* -igne); ~ **dodger** rusé *m*, -**e** *f*.

**artfully** ['ɑːtfʊlɪ] *adv* [skilfully] habilement, avec finesse; [craftily] astucieusement, avec astuce.

**artfulness** ['ɑːtfʊlnɪs] *n* [skill] habileté *f*, finesse *f*; [cunning] astuce *f*, ruse *f*.

**arthritic** [ɑː'θrɪtɪk] ◇ *adj* arthritique. ◇ *n* arthritique *mf*.

**arthritis** [ɑː'θraɪtɪs] *n* arthrite *f*.

**Arthur** ['ɑːθər] *pr n* [king] Arthur.

**Arthurian** [ɑː'θjʊərɪən] *adj* du roi Arthur.

**artic** [ɑː'tɪk] *n Br inf abbr of* **articulated lorry**.

**artichoke** ['ɑːtɪtʃəʊk] *n* artichaut *m*; ~ **hearts** cœurs *mpl* d'artichauts.

**article** ['ɑːtɪkl] ◇ *n* -**1.** [object] objet *m*; **an** ~ **of clothing** un vêtement ❑ **it's the genuine** ~! *inf* c'est du vrai de vrai! -**2.** [in press] article *m*.-**3.** JUR [clause, provision] article *m*; **the** ~**s of a contract** les stipulations d'un contrat ❑ ~ **of faith** article de foi; **the Thirty-Nine Articles** RELIG *les trente-neuf articles de foi de l'Église anglicane*; ~**s of war** *Am* code *m* de justice militaire. -**4.** GRAMM article *m*.-**5.** COMM article *m*, marchandise *f*. ◇ *vt Br* [to trade] mettre en apprentissage; [to profession] mettre en stage.
◆ **articles** *npl Br* -**1.** COMM: ~**s of association** statuts *mpl* (*d'une société à responsabilité limitée*). -**2.** JUR: ~**s of apprentice- ship** contrat *m* d'apprentissage; **to do** OR **to serve one's** ~**s** faire son apprentissage.

**articled clerk** ['ɑːtɪkld-] *n Br* clerc *m* d'avoué (*lié par un contrat d'apprentissage*).

**articulate** [*adj* ɑː'tɪkjʊlət, *vb* ɑː'tɪkjʊleɪt] ◇ *adj* -**1.** [person] qui s'exprime bien; [speech] clair, net. -**2.** [manner of speech] bien articulé, distinct. -**3.** ANAT & BOT articulé. ◇ *vt* -**1.** [words, syllables] articuler; *fig* [wishes, thoughts] exprimer clairement. -**3.** ANAT & BOT articuler. ◇ *vi* articuler.

**articulated lorry** [ɑː'tɪkjʊleɪtɪd-] *n Br* semi-remorque *f*.

**articulately** [ɑː'tɪkjʊlətlɪ] *adv* [speak] distinctement; [explain] clairement.

**articulation** [ɑːˌtɪkjʊ'leɪʃn] *n* ANAT, BOT & LING articulation *f*.

**articulatory** [ɑː'tɪkjʊlətrɪ] *adj* articulatoire.

**artifact** ['ɑːtɪfækt] *n* objet *m* (*fabriqué*).

**artifice** ['ɑːtɪfɪs] *n* -**1.** [trick] artifice *m*, ruse *f*; [scheme] stratagème *m*.-**2.** [cleverness] art *m*, adresse *f*.

**artificial** [ˌɑːtɪ'fɪʃl] *adj* -**1.** [man-made] artificiel; COMM synthétique, artificiel; ~ **fertilizer** engrais *m* chimique; ~ **flavouring** parfum *m* artificiel OR synthétique; **an** ~ **leg** une jambe artificielle; ~ **light** la lumière artificielle; ~ **limb** prothèse *f*, membre *m* artificiel. -**2.** [affected – person] factice, étudié; **an** ~ **smile** un sourire forcé. -**3.** JUR: ~ **person** personne *f* morale OR civique OR juridique.

**artificial insemination** *n* insémination *f* artificielle.

**artificial intelligence** *n* intelligence *f* artificielle.

**artificiality** [ˌɑːtɪfɪʃɪˈælətɪ] (*pl* **artificialities**) *n* manque *m* de naturel.

**artificially** [ˌɑːtɪˈfɪʃəlɪ] *adv* artificiellement.

**artificial respiration** *n* respiration *f* artificielle.

**artillery** [ɑːˈtɪlərɪ] (*pl* **artilleries**) *n* artillerie *f*.

**artilleryman** [ɑːˈtɪlərɪmən] (*pl* **artillerymen** [-mən]) *n* artilleur *m*.

**artisan** [ˌɑːtɪˈzæn] *n* artisan *m*.

**artist** [ˈɑːtɪst] *n* [gen & ART] artiste *mf*; *fig* spécialiste *mf*.

**artiste** [ɑːˈtiːst] *n* artiste *mf*.

**artistic** [ɑːˈtɪstɪk] *adj* artistique; [design, product] de bon goût, décoratif; [style, temperament] artiste; **she is an ~ child** cette enfant a des dons artistiques.

**artistically** [ɑːˈtɪstɪklɪ] *adv* avec art, artistiquement.

**artistry** [ˈɑːtɪstrɪ] *n* art *m*, talent *m* artistique.

**artless** [ˈɑːtlɪs] *adj* **-1.** [without deceit] naturel, ingénu. **-2.** [without skill] grossier.

**Art Nouveau** [ɑːnuːˈvəʊ] *n* Art *m* nouveau, Modern Style *m*.

**arts** [ɑːts] → **art**.

**artsy** [ˈɑːtzɪ] (*compar* **artsier**, *superl* **artsiest**) *inf* = **arty**.

**artsy-craftsy** [ˌɑːtzɪˈkrɑːftzɪ] *inf*= **arty-crafty**.

**artwork** [ˈɑːtwɜːk] *n* **-1.** [illustration] iconographie *f*, illustration *f*. **-2.** TYPO documents *mpl*.

**arty** [ˈɑːtɪ] (*compar* **artier**, *superl* **artiest**) *adj inf & pej* [person] qui se veut artiste OR bohème; [clothing] de style bohème; [object, film, style] prétentieux.

**arty-crafty** [ˌɑːtɪˈkrɑːftɪ] *adj inf & pej* [person] qui se veut artiste OR bohème; [object, style] bohème, qui se veut artisanal.

**arty-farty** [ˌɑːtɪˈfɑːtɪ] *adj inf & pej* [person] prétentieux, poseur; [play, film] prétentieux.

**arum** [ˈeərəm] *n* arum *m*; **~ lily** calla *f*.

**Aryan** [ˈeərɪən] ◇ *n* Aryen *m*, -enne *f*. ◇ *adj* aryen.

**as** [weak form əz, strong form æz] ◇ *conj* **-1.** [while] alors que; **the phone rang as I was coming in** le téléphone s'est mis à sonner alors que OR au moment où j'entrais; **I listened as she explained the plan to them** je l'ai écoutée leur expliquer le projet; **as a student, he worked part-time** lorsqu'il était étudiant, il travaillait à mi-temps; **as he advanced, I retreated** (au fur et) à mesure qu'il avançait, je reculais ‖ [when]: **take two aspirins as needed** prenez deux aspirines en cas de douleur. **-2.** [like] comme, ainsi que; **A as in Able** a comme Anatole; **as shown by the unemployment rate** comme OR ainsi que le montre le taux de chômage; **as is often the case** comme c'est souvent le cas; **as I told you** comme je vous l'ai dit; **leave it as it is** laissez-le tel qu'il est OR tel quel ❑ **to buy sthg as is** acheter qqch en l'état; **my mistake! as you were!** c'est moi qui me trompe! faites comme si je n'avais rien dit!**-3.** [since] puisque; **let her drive, as it's her car** laissez-la conduire, puisque c'est sa voiture. **-4.** *fml* [concessive use]: **try as they might, they couldn't persuade her** malgré tous leurs efforts, ils n'ont pu la convaincre; **powerful as the president is, he cannot stop his country's disintegration** quelque pouvoir qu'ait le président, il ne peut empêcher la ruine de son pays. **-5.** [with 'the same', 'such']: **at the same time as last week** à la même heure que la semaine dernière; **such a problem as only an expert can solve** un problème que seul un expert peut résoudre.

◇ *prep* en tant que, comme; **as her husband, he cannot testify** étant son mari, il ne peut pas témoigner; **he was dressed as a clown** il était habillé en clown; **with Vivien Leigh as Scarlett O'Hara** avec Vivien Leigh dans le rôle de Scarlett O'Hara.

◇ *adv* [in comparisons]: **it's twice as big** c'est deux fois plus grand; **it costs half as much again** ça coûte la moitié plus; **as... as** aussi... que; **as often as possible** aussi souvent que possible; **I worked as much for you as for me** j'ai travaillé autant pour toi que pour moi.

◆ **as against** *prep phr* contre.

◆ **as and when** ◇ *conj phr*: **we'll buy new equipment as and when it's required** nous achèterons du nouveau matériel en temps voulu OR quand ce sera nécessaire. ◇ *adv phr inf* en temps voulu.

◆ **as for** *prep phr* quant à.

◆ **as from** = **as of**.

◆ **as if** *conj phr* comme si; **he moved as if to strike him** il a

fait un mouvement comme pour le frapper; **as if it mattered!** comme si ça avait aucune importance!; **as if!** *hum* tu parles!

◆ **as it is** *adv phr* **-1.** [in present circumstances] les choses étant ce qu'elles sont. **-2.** [already] déjà.

◆ **as it were** *adv phr* pour ainsi dire.

◆ **as of** *prep phr* à partir de; **as of yesterday** depuis hier.

◆ **as such** *adv phr* **-1.** [properly speaking] véritablement, à proprement parler. **-2.** [in itself] même, en soi. **-3.** [in that capacity] à ce titre, en tant que tel.

◆ **as though** = **as if**.

◆ **as to** *prep phr* **-1.** [regarding]: **I'm still uncertain as to the nature of the problem** j'hésite encore sur la nature du problème. **-2.** = **as for**.

◆ **as well** *adv phr* **-1.** [in addition] en plus; [also] aussi; **he bought the house and the land as well** il a acheté la maison et la propriété aussi; **and then the car broke down as well!** et par-dessus le marché la voiture est tombée en panne!**-2.** [with modal verbs]: **you may as well tell me the truth** autant me dire OR tu ferais aussi bien de me le dire vérité; **now that we're here, we might as well stay** puisque nous sommes là, autant rester; **shall we go to the cinema?** — **we might as well** et si on allait au cinéma? — pourquoi pas?; **she was angry, as well she might be** elle était furieuse, et ça n'est pas surprenant; **perhaps I'd better leave** — **that might be as well** peut-être vaudrait-il mieux que je m'en aille — je crois que ça vaut mieux; **it would be as well not to break it** ce serait mieux si on pouvait éviter de le casser; **I decided not to write back** — **you said really** j'ai décidé de ne pas répondre — c'est mieux comme ça; **it would be just as well if you were present** il vaudrait mieux que vous soyez là; **it's just as well he missed his flight** c'est une bonne chose qu'il ait manqué l'avion.

◆ **as well as** *conj phr* [in addition to] en plus de.

◆ **as yet** *adv phr* encore; **an as yet undisclosed sum** une somme qui n'a pas encore été révélée.

**ASA** *pr n* **-1.** *Br* (*abbr of* **Advertising Standards Agency**) ≃ **BVP** *m*. **-2.** PHOT (*abbr of* **American Standards Association**) ASA *f*.

**asap** (*abbr of* **as soon as possible**) *adv* aussitôt OR dès que possible.

**asbestos** [æsˈbestəs] ◇ *n* amiante *f*, asbeste *f*. ◇ *comp* [board, cord] d'amiante.

**asbestosis** [ˌæsbesˈtəʊsɪs] *n* asbestose *f*.

**ascend** [əˈsend] ◇ *vi* monter; [in time] remonter; **to ~ (back) to sthg** remonter à qqch. ◇ *vt* [stairs] monter; [ladder] monter à; [mountain] gravir, faire l'ascension de; [river] remonter; [throne] monter sur.

**ascendancy, ascendency** [əˈsendənsɪ] *n* **-1.** [position of power] ascendant *m*, empire *m*; **Japan has gained ~ over its competitors in the electronics market** le Japon domine ses concurrents sur le marché de l'électronique. **-2.** [rise] montée *f*; **their ~ to power** leur ascension jusqu'au pouvoir.

**ascendant, ascendent** [əˈsendənt] ◇ *adj* dominant, puissant; ASTROL ascendant. ◇ *n* ascendant *m*; **his star is in the ~** ASTROL son étoile est à l'ascendant; **his business is in the ~** *fig* ses affaires prospèrent.

**ascender** [əˈsendə] *n* **-1.** [in mountaineering] ascendeur *m*, autobloqueur *m*. **-2.** TYPO hampe *f* montante.

**ascending** [əˈsendɪŋ] *adj* **-1.** [rising] ascendant. **-2.** [increasing]: **in ~ order** en ordre croissant. **-3.** BOT montant.

**ascension** [əˈsenʃn] *n* ascension *f*.

◆ **Ascension** = **Ascension Island**.

**Ascension Day** *n* jour *m* OR fête *f* de l'Ascension.

**Ascension Island** *pr n* île *f* de l'Ascension.

**ascent** [əˈsent] *n* **-1.** [of mountain] ascension *f*. **-2.** [incline] montée *f*. **-3.** [in time] retour *m*; **the line of ~** l'ascendance *f*. **-4.** [in rank] montée *f*, avancement *m*.

**ascertain** [ˌæsəˈteɪn] *vt fml* établir, constater; **the police ~ed their names and addresses** la police a vérifié leurs nom et adresse; **to ~ that sthg is the case** vérifier OR s'assurer que qqch est vrai; **he ~ed that it was safe to continue** il s'est assuré qu'on pouvait continuer sans danger.

**ascetically** [əˈsetɪklɪ] *adv* [live] comme un/une ascète.

**asceticism** [əˈsetɪsɪzm] *n* ascétisme *m*.

**ASCII** [ˈæskɪ] (*abbr of* **American Standard Code for Infor-**

**mation**) *n* ASCII *m* ❑ ~ file fichier *m* ASCII.

**ascorbic acid** [əˈskɔːbɪk-] *n* acide *m* ascorbique.

**ascribe** [əˈskraɪb] *vt* attribuer; [fault, blame] imputer; heart attacks are often ~d to stress les crises cardiaques sont souvent attribuées OR imputées au stress.

**ascription** [əˈskrɪpʃn] *n* attribution *f*, imputation *f*.

**ASE** (*abbr of* **American Stock Exchange**) *pr n* deuxième place boursière des États-Unis.

**aseptic** [ˌeɪˈseptɪk] *adj* aseptique.

**asexual** [ˌeɪˈsekʃʊəl] *adj* asexué.

**ash** [æʃ] *n* **-1.** [from fire, cigarette] cendre *f*; the fire reduced the house to ~es l'incendie a réduit la maison en cendres; ~es to ~es, dust to dust RELIG tu es poussière et tu redeviendras poussière ❑ ~ bin [for ashes] cendrier *m*; [for rubbish] poubelle *f*, boîte *f* à ordures. **-2.** [tree, wood] frêne *m*.

◆ **Ashes** *npl* [in cricket] *trophée fictif que se disputent l'Angleterre et l'Australie.*

**ASH** [æʃ] (*abbr of* **Action on Smoking and Health**) *pr n* ligue antitabac britannique.

**ashamed** [əˈʃeɪmd] *adj* confus, honteux; to be ~ (of oneself) avoir honte; he's ~ of his behaviour/of having cried il a honte de sa conduite/d'avoir pleuré; I'm ~ of you j'ai honte de toi, tu me fais honte; I'm ~ to say that... j'avoue à ma grande honte que...; there is nothing to be ~ of il n'y a pas de quoi avoir honte.

**ash blond** ◇ *adj* blond cendré *(inv)*. ◇ *n* blond *m* cendré.

**ash can** *n Am* poubelle *f*.

**ashen** [ˈæʃn] *adj* **-1.** [ash-coloured] cendré, couleur de cendres; [face] blême, livide. **-2.** [of ashwood] en (bois de) frêne.

**ashen-faced** *adj* blême.

**ashlar** [ˈæʃləʳ] *n* pierre *f* de taille.

**ashore** [əˈʃɔːʳ] ◇ *adv* à terre; he swam ~ il a nagé jusqu'à la rive; debris from the wreck was washed ~ des morceaux de l'épave ont été rejetés sur la côte; to go ~ débarquer; the ship put the passengers ~ at Plymouth le navire a débarqué les passagers à Plymouth. ◇ *adj* à terre.

**ashram** [ˈæʃrəm] *n* ashram *m*.

**ashtray** [ˈæʃtreɪ] *n* cendrier *m*.

**Ash Wednesday** *n* mercredi *m* des Cendres.

**Asia** [*Br* ˈeɪʃə, *Am* ˈeɪʒə] *pr n* Asie *f*; in ~ en Asie.

**Asia Minor** *pr n* Asie *f* Mineure.

**Asian** [*Br* ˈeɪʃn, *Am* ˈeɪʒn] ◇ *n* Asiatique *mf*. ◇ *adj* asiatique.

**Asian American** ◇ *adj* américain d'origine asiatique. ◇ *n* Américain *m*, -e *f* d'origine asiatique.

**Asian flu** *n* grippe *f* asiatique.

**Asiatic** [*Br* ˌeɪʃɪˈætɪk, *Am* ˌeɪʒɪˈætɪk] ◇ *adj* asiatique. ◇ *n* Asiatique *mf*.

**aside** [əˈsaɪd] ◇ *adv* de côté, à part; these problems ~, we have been very successful à part ces problèmes, ce fut un véritable succès; I stepped ~ to let her pass je me suis écarté pour la laisser passer; he took her ~ il l'a prise à part; we've been putting money ~ for the trip nous avons mis de l'argent de côté pour le voyage. ◇ *n* aparté *m*; he said something to her in an ~ il lui a dit quelque chose en aparté.

◆ **aside from** *prep phr* **-1.** [except for] sauf. **-2.** *Am* [as well as] en plus de.

**A-side** *n* face *f* A (*d'un disque*).

**asinine** [ˈæsɪnaɪn] *adj* [person, behaviour] stupide, sot (*f* sotte).

**ask** [ɑːsk] ◇ *vt* **-1.** [for opinion, information]: to ~ sb sthg demander qqch à qqn; she ~ed him about his job elle lui a posé des questions sur son travail; may I ~ you a question? puis-je vous poser une question?; if you ~ me si vous voulez mon avis; but how? I ~ you! *inf* mais comment? je vous le demande!; don't ~ me! *inf* est-ce que je sais, moi?; no one ~ed you! *inf* on ne t'a rien demandé! **-2.** [request] demander, solliciter; he ~ed them a favour il leur a demandé un service; to ~ sb to do sthg demander à qqn de faire qqch; I ~ed them to be quiet je leur ai demandé de ne pas faire de bruit; she ~ed to have the bags brought up elle a demandé que les bagages soient montés; he ~ed to be admitted il a demandé à être admis; that's ~ing too much of me c'est trop me demander ‖ COMM: to ~ a price demander un prix; what are you ~ing for it? combien en voulez-vous OR demandez-vous?. **-3.** [invite] inviter; they ~ed her to join them ils l'ont invitée à se joindre à eux; he ~ed her to the pictures il l'a invitée au cinéma.

◇ *vi* demander; he was ~ing about the job il s'informait OR se renseignait sur le poste; it's there for the ~ing il suffit de demander.

◆ **ask after** *vt insep*: she ~ed after you elle a demandé de vos nouvelles; I ~ed after her health je me suis informé de sa santé.

◆ **ask along** *vt sep* inviter; we ~ed them along (with us) nous leur avons proposé de venir avec nous.

◆ **ask around** *vi insep* se renseigner; I ~ed around about rents je me suis renseigné sur les loyers.

◆ **ask back** *vt sep* [invite again] réinviter; [for reciprocal visit] inviter; she ~ed us back for dinner elle nous a rendu l'invitation à dîner.

◆ **ask for** *vt insep* demander; she ~ed for her book back elle a demandé qu'on lui rende son livre; you're just ~ing for trouble! tu cherches des ennuis! ❑ he was ~ing for it! il l'a cherché!

◆ **ask in** *vt sep* inviter à entrer; he ~ed us in for a drink il nous a invités à (entrer) prendre un verre.

◆ **ask out** *vt sep* inviter à sortir; they ~ed us out for dinner/to the theatre ils nous ont invités au restaurant/au théâtre.

◆ **ask round** *vt sep* inviter (à venir).

**askance** [əˈskæns] *adv* du coin de l'œil.

**askew** [əˈskjuː] ◇ *adv* obliquement, de travers. ◇ *adj Am*: something's ~ here il y a quelque chose qui cloche.

**asking price** [ˈɑːskɪŋ-] *n* prix *m* de départ, prix *m* demandé.

**asleep** [əˈsliːp] *adj* endormi; she's ~ elle dort; to be fast OR sound ~ dormir profondément OR à poings fermés; to fall ~ s'endormir.

**ASLEF** [ˈæzlef] (*abbr of* **Associated Society of Locomotive Engineers and Firemen**) *pr n* syndicat des cheminots en Grande-Bretagne.

**A/S-level** *n* examen facultatif complétant les A-levels.

**asocial** [ˌeɪˈsəʊʃl] *adj* asocial.

**asp** [æsp] *n* **-1.** ZOOL aspic *m*. **-2.** BOT & *arch* tremble *m*.

**asparagus** [əˈspærəgəs] *n (U)* asperge *f*; ~ tips pointes *fpl* d'asperges.

**ASPCA** (*abbr of* **American Society for the Prevention of Cruelty to Animals**) *pr n* société protectrice des animaux aux États-Unis.

**aspect** [ˈæspekt] *n* **-1.** [facet] aspect *m*, côté *m*; we should examine all ~s of the problem nous devrions étudier le problème sous tous ses aspects. **-2.** *lit* [appearance] air *m*, aspect *m*. **-3.** [outlook] orientation *f*, exposition *f*; a house with a northern/southern ~ une maison exposée au nord/sud. **-4.** GRAMM aspect *m*.

**asperity** [æˈsperətɪ] (*pl* **asperities**) *n fml* **-1.** [of manner, voice] aspérité *f*. **-2.** [of person] rudesse *f*. **-3.** [hardship] rigueur *f*.

**aspersions** [əˈspɜːʃnz] *npl*: to cast ~s on sb dénigrer qqn.

**asphalt** [ˈæsfælt] ◇ *n* asphalte *m*. ◇ *comp* [road, roof] asphalté. ◇ *vt* asphalter.

**asphyxiate** [əsˈfɪksɪeɪt] ◇ *vi* s'asphyxier. ◇ *vt* asphyxier.

**asphyxiating** [əsˈfɪksɪeɪtɪŋ] *adj* asphyxiant.

**asphyxiation** [əsˌfɪksɪˈeɪʃn] *n* asphyxie *f*.

**aspic** [ˈæspɪk] *n* gelée *f*; eggs in ~ œufs *mpl* en aspic.

**aspidistra** [ˌæspɪˈdɪstrə] *n* aspidistra *m*.

**aspirant** [ˈæspɪrənt] ◇ *n* ambitieux *m*, -euse *f*. ◇ *adj* ambitieux.

**aspirate** [*vb* ˈæspəreɪt, *adj* & *n* ˈæspərət] ◇ *vt* aspirer. ◇ *adj* aspiré. ◇ *n* aspirée *f*.

**aspiration** [ˌæspəˈreɪʃn] *n* **-1.** [ambition] aspiration *f*. **-2.** LING aspiration *f*.

**aspirator** [ˈæspəreɪtəʳ] *n* aspirateur *m*.

**aspire** [əˈspaɪəʳ] *vi* **-1.** aspirer; he ~s to political power il aspire au pouvoir politique; she ~s to OR after higher things elle vise plus haut, ses ambitions vont plus loin; to ~ to fame briguer la célébrité. **-2.** *arch* OR *lit* [rise] monter, s'élever.

**aspirin** [ˈæsprɪn] *n* aspirine *f*; [tablet] (comprimé *m* d') aspirine *f*.

**aspiring** [əˈspaɪərɪŋ] *adj* ambitieux; *pej* arriviste.

**ass** [æs] *n* **-1.** [donkey] âne *m*; she-~ ânesse *f*. **-2.** *inf* [idiot] imbécile *mf*; he made a complete ~ of himself last night il s'est conduit en parfait imbécile OR s'est parfaitement ridiculisé hier soir. **-3.** ▼ *Am* [bottom] cul *m*; you can bet your ~ I'll do it! tu peux être sûr que je le ferai!; get your ~ over here! amène-toi!; this weather is a pain in the ~ ce temps me fait vraiment chier; they want your ~ ils veulent ta peau. **-4.** ▼ *Am phr*: a piece of ~ [sex] une baise; [woman] une fille baisable.

**assail** [ə'seɪl] *vt* attaquer, assaillir; *fig*: he ~ed her with questions il l'a harcelée de questions; ~ed by doubt assailli par le doute.

**assailant** [ə'seɪlənt] *n* agresseur *m*, assaillant *m*, -e *f*.

**assassin** [ə'sæsɪn] *n* assassin *m*.

**assassinate** [ə'sæsɪneɪt] *vt* assassiner.

**assassination** [ə,sæsɪ'neɪʃn] *n* assassinat *m*.

**assault** [ə'sɔːlt] ◇ *n* **-1.** [attack] agression *f*; he is accused of ~ il est accusé de voie de fait ‖ *fig*: a brave ~ on widely held beliefs une attaque courageuse contre des croyances très répandues ❑ common ~ voie *f* de fait simple; ~ and battery JUR coups *mpl* et blessures *fpl*. **-2.** MIL assaut *m*; to lead an ~ se lancer à l'assaut. **-3.** [climbing] assaut *m*. ◇ *vt* **-1.** [gen] agresser; [sexually] violenter; his rough language ~ed their sensibilities *fig* son langage grossier blessait leur sensibilité. **-2.** JUR se livrer à des voies de fait sur; [sexually] se livrer à des violences sexuelles sur.

**assault course** *n* parcours *m* du combattant.

**assay** [ə'seɪ] ◇ *vt* **-1.** [analyse – metal] essayer. **-2.** *arch* [attempt] essayer, tenter. ◇ *n* essai *m*.

**assemblage** [ə'semblɪdʒ] *n* **-1.** [collection] collection *f*, groupe *m*; [of people] assemblée *f*. **-2.** [process] montage *m*, assemblage *m*.

**assemble** [ə'sembl] ◇ *vt* **-1.** assembler, amasser; [people] rassembler, réunir; [troops] rassembler. **-2.** [put together] monter. ◇ *vi* se rassembler, se réunir.

**assembler** [ə'semblə$^r$] *n* assembleur *m*.

**assembly** [ə'semblɪ] (*pl* **assemblies**) *n* **-1.** [meeting – gen] réunion *f*, assemblée *f*; the right of ~ la liberté de réunion. **-2.** POL assemblée *f*; National Assembly l'Assemblée *f* nationale. **-3.** SCH *réunion de tous les élèves de l'établissement*; ~ hall *hall où les enfants se réunissent le matin avant d'entrer en classe*. **-4.** MIL rassemblement *m*. **-5.** [building – process] montage *m*, assemblage *m*; [– end product] assemblage *m*; the engine ~ le bloc moteur. **-6.** COMPUT assemblage *m*.

**assembly language** *n* langage *m* d'assemblage.

**assembly line** *n* chaîne *f* de montage; to work on an ~ travailler à la chaîne.

**assembly point** *n* point *m* de rassemblement.

**assembly room** *n* **-1.** [gen] salle *f* de réunion; [at town hall] salle *f* des fêtes. **-2.** [industrial] atelier *m* de montage.

**assent** [ə'sent] ◇ *vi* consentir, acquiescer; they finally ~ed to the proposition ils ont fini par donner leur assentiment à la proposition. ◇ *n* consentement *m*, assentiment *m*.

**assert** [ə'sɜːt] *vt* **-1.** [proclaim] affirmer, maintenir; [innocence] affirmer, protester de. **-2.** [insist on] défendre, revendiquer; we must ~ our right to speak nous devons faire valoir notre droit à la parole ‖ [impose]: to ~ o.s. se faire respecter, s'imposer; I had to ~ my authority il a fallu que j'affirme mon autorité OR que je m'impose.

**assertion** [ə'sɜːʃn] *n* affirmation *f*, assertion *f*; [of rights] revendication *f*.

**assertive** [ə'sɜːtɪv] *adj* assuré, autoritaire; *pej* péremptoire.

**assertively** [ə'sɜːtɪvlɪ] *adv* fermement; *pej* de façon péremptoire.

**assertiveness** [ə'sɜːtɪvnɪs] *n* manière *f* assurée; *pej* arrogance *f*.

**assess** [ə'ses] *vt* **-1.** [judge] estimer, évaluer. **-2.** [value] fixer OR déterminer la valeur de; to ~ a property for taxation évaluer OR calculer la valeur imposable d'une propriété. **-3.** [taxes] évaluer; ~ed income revenu *m* imposable.

**assessment** [ə'sesmənt] *n* **-1.** [judgment] estimation *f*, évaluation *f*; what's your ~ of the situation? comment voyez-vous OR jugez-vous la situation? **-2.** Br SCH contrôle *m* des connaissances; [on report card] appréciation *f* des professeurs; methods of ~ méthodes *fpl* d'évaluation. **-3.** [valuation – of amount due] détermination *f*, évaluation *f*; [– of tax]

calcul *m* (de la valeur imposable).

**assessor** [ə'sesə$^r$] *n* **-1.** expert *m*; ~ of taxes *Am* inspecteur *m* des contributions directes. **-2.** JUR ( juge *m*) assesseur *m*.

**asset** ['æset] *n* avantage *m*, atout *m*.

◆ **assets** *npl* [possession] avoir *m*, capital *m*; COMM, FIN & JUR actif *m*; our total ~s tous nos biens; ~s and liabilities l'actif *m* et le passif.

**asset-stripping** [-,strɪpɪŋ] *n* achat d'entreprises pour revente des actifs.

**asseveration** [ə,sevə'reɪʃn] *n* *fml* déclaration *f*; [of good faith, innocence] protestation *f*.

**asshole** ▼ ['æʃəʊl] *Am* = **arsehole.**

**assiduous** [ə'sɪdjʊəs] *adj* assidu.

**assiduously** [ə'sɪdjʊəslɪ] *adv* assidûment.

**assign** [ə'saɪn] *vt* **-1.** [allot] assigner, attribuer; the room was ~ed to study groups la salle fut affectée OR réservée aux groupes d'étude; I ~ed her the task of writing the report je lui ai chargée de la rédaction du rapport. **-2.** [appoint] nommer, désigner; he's been ~ed to Moscow il a été affecté à Moscou. **-3.** [ascribe]: to ~ a reason for sthg donner la raison de qqch; we ~ a value to X nous attribuons OR assignons une valeur à X. **-4.** JUR céder, transférer. ◇ *n* cessionnaire *mf*.

**assignation** [,æsɪg'neɪʃn] *n* **-1.** [meeting] rendez-vous *m* clandestin. **-2.** [assignment] attribution *f*; [of money] allocation *f*; [of person] affectation *f*. **-3.** JUR cession *f*, transfert *m*.

**assignee** [,æsaɪ'niː] *n* cessionnaire *mf*.

**assignment** [ə'saɪnmənt] *n* **-1.** tâche *f*; [official] mission *f*; SCH devoir *m*. **-2.** [appointment] attribution *f*; [of money] allocation *f*; [of person] affectation *f*. **-3.** JUR cession *f*, transfert *m*; ~ of contract cession des droits et obligations découlant d'un contrat.

**assignor** [ə'saɪnə$^r$] *n* cédant *m*, -e *f*.

**assimilate** [ə'sɪmɪleɪt] ◇ *vt* **-1.** [food, information] assimiler. **-2.** [immigrants] intégrer. ◇ *vi* s'assimiler, s'intégrer.

**assimilation** [ə,sɪmɪ'leɪʃn] *n* [gen & LING] assimilation *f*.

**assist** [ə'sɪst] ◇ *vt* **-1.** [help] aider, assister; a man is ~ing police with their enquiries un homme aide la police dans ses investigations. **-2.** [with money]: to be assisted by the town hall avec le concours de la mairie; ~ed passage billet *m* subventionné. ◇ *vi* **-1.** [help] aider, prêter secours; she ~ed at the operation elle a apporté son assistance pendant l'opération. **-2.** *arch* [attend] assister.

**assistance** [ə'sɪstəns] *n* aide *f*, secours *m*; may I be of ~ to you? puis-je vous être utile?; to come to sb's ~ venir au secours de qqn; with the financial ~ of the university avec le concours financier de l'université.

**assistant** [ə'sɪstənt] ◇ *n* assistant *m*, -e *f*, aide *mf*; foreign language ~ SCH assistant *m*, -e *f* (en langue étrangère); UNIV lecteur *m*, -trice *f* (en langue étrangère). ◇ *comp* [director, judge, librarian, secretary] adjoint; ~ manager sous-directeur *m*, directeur *m* adjoint; ~ professor *Am* ≃ maître-assistant *m*; ~ teacher [primary] instituteur *m*, -trice *f*; [secondary] professeur *m* (pas de section).

**assize** [ə'saɪz] *n* réunion *f*; JUR assises *fpl*; ~ court, court of ~s cour *f* d'assises.

**assoc -1.** *written abbr* of **association. -2.** *written abbr* of **associated.**

**associate** [*vb* ə'səʊʃɪeɪt, *n* & *adj* ə'səʊʃɪət] ◇ *vt* associer; the problems ~d with nuclear power les problèmes relatifs à l'énergie nucléaire; I don't ~ you with that kind of activity je ne t'imagine pas dans ce genre d'activité; that kind of behaviour is often ~d with an unhappy childhood ce type de comportement est souvent lié à une enfance malheureuse. ◇ *vi*: to ~ with sb fréquenter qqn. ◇ *n* **-1.** [partner] associé *m*, -e *f*; JUR complice *mf*. **-2.** [of club] membre *m*, associé *m*, -e *f*; Associate in Arts (degree) *(titulaire d'un)* diplôme universitaire américain de lettres; Associate in Science (degree) *(titulaire d'un)* diplôme universitaire américain de sciences. ◇ *adj* associé, allié; ~ judge juge *m* assesseur *m*; Associate Justice *Am* juge *m* de la Cour Suprême.

**associated** [ə'səʊʃɪeɪtɪd] *adj* associé.

**associate professor** *n* *Am* ≃ maître *m* de conférences.

**association** [ə,səʊsɪ'eɪʃn] *n* **-1.** [grouping] association *f*, société *f*. **-2.** [involvement] association *f*, fréquentation *f*; through long ~ with the medical profession à force de fréquenter la profession médicale; this programme was made in ~ with Belgian television ce programme a été fait en collaboration avec la télévision belge. **-3.** [of ideas] association *f*; that trip has many unhappy ~s for me ce voyage me rappelle bien des choses pénibles.

**Association football** *n Br* football *m* association.

**associative** [ə'səʊʃjətɪv] *adj* [gen & COMPUT] associatif.

**assonance** ['æsənəns] *n* assonance *f*.

**assort** [ə'sɔːt] ◇ *vt* classer, ranger. ◇ *vi* s'assortir; to ~ with sthg s'assortir à qqch.

**assorted** [ə'sɔːtɪd] *adj* **-1.** [various] varié, divers; in ~ sizes en différentes tailles. **-2.** [matched] assorti.

**assortment** [ə'sɔːtmənt] *n* assortiment *m*, collection *f*; [of people] mélange *m*; there was a good ~ of cakes il y avait un grand choix OR une bonne sélection de gâteaux.

**asst** *written abbr of* **assistant**.

**assuage** [ə'sweɪdʒ] *vt fml* [grief, pain] soulager, apaiser; [hunger, thirst] assouvir; [person] apaiser, calmer.

**assume** [ə'sjuːm] *vt* **-1.** [presume] supposer, présumer; let's ~ that to be the case mettons OR supposons que ce soit le cas; he's ~d to be rich on le suppose riche. **-2.** [undertake] assumer, endosser; he ~d management of the firm il a pris la direction de l'entreprise. **-3.** [usurp – power] prendre; [– right, title] s'approprier, s'arroger. **-4.** [adopt] prendre; she ~d a look of indifference elle affectait un air d'indifférence; unemployment is assuming frightening proportions le chômage commence à prendre d'inquiétantes proportions.

**assumed** [ə'sjuːmd] *adj* feint, faux (*f* fausse); ~ name nom *m* d'emprunt.

**assuming** [ə'sjuːmɪŋ] *conj* en admettant OR supposant que.

**assumption** [ə'sʌmpʃn] *n* **-1.** [supposition] supposition *f*, hypothèse *f*; on the ~ that he agrees, we can go ahead en supposant OR admettant qu'il soit d'accord, nous pouvons aller de l'avant; we're working on the ~ that what she says is true nous partons du principe qu'elle dit la vérité. **-2.** [of power] appropriation *f*; ~ of office entrée *f* en fonctions. **-3.** [of attitude] affectation *f*.

◆ **Assumption** *n* RELIG: the Assumption l'Assomption *f*.

**Assumption Day** *n* jour *m* OR fête *f* de l'Assomption.

**assurance** [ə'ʃʊərəns] *n* **-1.** [assertion] affirmation *f*, assurance *f*; [pledge] promesse *f*, assurance *f*; she gave repeated ~s that she would not try to escape elle a promis à plusieurs reprises qu'elle n'essaierait pas de s'enfuir. **-2.** [confidence] assurance *f*, confiance *f* en soi; [overconfidence] arrogance *f*; they set out with absolute ~ of their success ils partirent, sûrs de leur réussite. **-3.** *Br* [insurance] assurance *f*.

**assure** [ə'ʃʊəʳ] *vt* **-1.** [affirm] affirmer, assurer; [convince] convaincre, assurer; [guarantee] assurer, certifier; he ~d them of his sincerity il les a assurés de sa sincérité; they ~d her it was true ils lui ont certifié que c'était vrai; we've never had anyone like that here, I can ~ you je peux vous assurer que nous n'avons jamais eu quelqu'un comme ça ici. **-2.** *Br* [insure] assurer.

**assured** [ə'ʃʊəd] ◇ *adj* **-1.** [certain] assuré, certain; I am ~ of her loyalty je suis convaincu OR certain de sa loyauté. **-2.** [self-confident] assuré, sûr de soi; [overconfident] arrogant, effronté. **-3.** *Br* [insured] assuré. ◇ *n* assuré *m*, -e *f*.

**assuredly** [ə'ʃʊərɪdlɪ] *adv* assurément, sûrement, sans aucun doute.

**AST** (*abbr of* **Atlantic Standard Time**) *n* heure d'hiver des Provinces Maritimes du Canada et d'une partie des Caraïbes.

**asterisk** ['æstərɪsk] ◇ *n* astérisque *m*. ◇ *vt* marquer d'un astérisque.

**astern** [ə'stɜːn] ◇ *adv* à OR sur l'arrière, en poupe. ◇ *adj* à OR sur l'arrière.

**asteroid** ['æstərɔɪd] *n* astéroïde *m*.

**asthma** ['æsmə] ◇ *n* asthme *m*; she has ~ elle est asthmatique. ◇ *comp*: ~ attack crise *f* d'asthme; ~ sufferer asthmatique *mf*.

**asthmatic** [æs'mætɪk] ◇ *adj* asthmatique; an ~ attack une crise d'asthme. ◇ *n* asthmatique *mf*.

**astigmatic** [,æstɪg'mætɪk] ◇ *adj* astigmate. ◇ *n* astigmate *mf*.

**astigmatism** [æ'stɪgmətɪzm] *n* astigmatisme *m*.

**astir** [ə'stɜːʳ] *adj lit* **-1.** [out of bed] debout (*inv*), levé. **-2.** [in motion] animé.

**ASTMS** ['æstiːmz, eɪestiːemes] (*abbr of* **Association of Scientific, Technical and Managerial Staffs**) *pr n* ancien syndicat britannique des personnels scientifiques, techniques et administratifs.

**astonish** [ə'stɒnɪʃ] *vt* [surprise] étonner; [amaze] stupéfier, ahurir; we were ~ed that she had come nous étions stupéfaits qu'elle soit venue; she was ~ed to hear from him OR at hearing from him elle était stupéfaite d'avoir de ses nouvelles.

**astonished** [ə'stɒnɪʃt] *adj* surpris.

**astonishing** [ə'stɒnɪʃɪŋ] *adj* [surprising] étonnant; [amazing] stupéfiant, ahurissant.

**astonishingly** [ə'stɒnɪʃɪŋlɪ] *adv* incroyablement; ~, they both decided to leave aussi étonnant que cela paraisse, ils ont tous les deux décidé de partir.

**astonishment** [ə'stɒnɪʃmənt] *n* [surprise] étonnement *m*; [amazement] stupéfaction *f*, ahurissement *m*; they stared in ~ ils avaient l'air stupéfait; a look of ~ un regard stupéfait OR ahuri.

**astound** [ə'staʊnd] *vt* stupéfier, abasourdir; we were ~ed to hear the news la nouvelle nous a stupéfaits; I was ~ed when she left like that j'étais stupéfait qu'elle parte comme ça.

**astounded** [ə'staʊndɪd] *adj* stupéfait.

**astounding** [ə'staʊndɪŋ] *adj* stupéfiant, ahurissant.

**astoundingly** [ə'staʊndɪŋlɪ] *adv* incroyablement; ~ beautiful d'une beauté incroyable; ~ enough, they'd already met chose extraordinaire, ils s'étaient déjà rencontrés.

**astral** ['æstrəl] *adj* astral.

**astray** [ə'streɪ] *adv* **-1.** [lost]: to go ~ s'égarer, se perdre. **-2.** *phr*: to lead sb ~ [misinform] mettre OR diriger qqn sur une fausse piste; [morally] détourner qqn du droit chemin; he's easily led ~ il se laisse facilement entraîner hors du droit chemin.

**astride** [ə'straɪd] *prep* à califourchon OR à cheval sur.

**astringent** [ə'strɪndʒənt] ◇ *adj* **-1.** [remark] acerbe, caustique; [criticism] dur, sévère. **-2.** [lotion] astringent. ◇ *n* astringent *m*.

**astrologer** [ə'strɒlədʒəʳ] *n* astrologue *mf*.

**astrological** [,æstrə'lɒdʒɪkl] *adj* astrologique.

**astrologist** [ə'strɒlədʒɪst] *n* astrologue *mf*.

**astrology** [ə'strɒlədʒɪ] *n* astrologie *f*.

**astronaut** ['æstrənɔːt] *n* astronaute *mf*.

**astronautic(al)** [,æstrə'nɔːtɪk(l)] *adj* astronautique.

**astronomer** [ə'strɒnəməʳ] *n* astronome *mf*.

**astronomic(al)** [,æstrə'nɒmɪk(l)] *adj* ASTRON & *fig* astronomique.

**astronomy** [ə'strɒnəmɪ] *n* astronomie *f*.

**astrophysics** [,æstrəʊ'fɪzɪks] *n* (*U*) astrophysique *f*.

**astute** [ə'stjuːt] *adj* [person – shrewd] astucieux, fin, perspicace; [– crafty] malin (*f* -igne), rusé; [investment, management] astucieux.

**astutely** [ə'stjuːtlɪ] *adv* astucieusement, avec finesse OR perspicacité.

**astuteness** [ə'stjuːtnɪs] *n* finesse *f*, perspicacité *f*.

**asunder** [ə'sʌndəʳ] *adj* & *adv lit* [apart] écartés, éloignés (l'un de l'autre); [in pieces] en morceaux; to be torn ~ être mis en pièces.

**asylum** [ə'saɪləm] *n* **-1.** [refuge] asile *m*, refuge *m*; to give ~ to sb donner asile à qqn; to grant sb political ~ accorder l'asile politique à qqn. **-2.** [mental hospital] asile *m* (d'aliénés).

**asymmetric(al)** [,eɪsɪ'metrɪk(l)] *adj* asymétrique.

**asynchronous** [,eɪ'sɪŋkrənəs] *adj* asynchrone.

**at** [*weak form* ət, *strong form* æt] *prep* **-1.** [indicating point in space] à; at the door/the bus stop à la porte/l'arrêt de bus; at my house/the dentist's chez moi/le dentiste; she's at a wedding/committee meeting [attending] elle est à un mariage/en réunion avec le comité; where are you at with that report? *Am* où en êtes-vous avec ce rapport? ❑ this club is where it's at *inf* ce club est très chic OR dans le vent.

**-2.** [indicating point in time] à; **at noon/six o'clock** à midi/six heures; **I work at night** je travaille de nuit; **I like to work at night** j'aime travailler la nuit; **I'm busy at the moment** je suis occupé en ce moment ‖ [indicating age]: **he started working at 15** il a commencé à travailler à (l'âge de) 15 ans. **-3.** [indicating direction] vers, dans la direction de; **look at this!** regarde ça!; **he shot at the rabbit** il a tiré sur le lapin; **she grabbed at the purse** elle a essayé de s'emparer du porte-monnaie; **don't shout at me!** ne me crie pas dessus!**-4.** [indicating activity]: **my parents are at work** mes parents sont au travail; **he was at lunch** il était allé déjeuner ❑ **get me some coffee while you're at it** *inf* prenez-moi du café pendant que vous y êtes; **she's at it again!** *inf* la voilà qui recommence!; **don't let me catch you at it again!** *inf* que je ne t'y reprenne pas!**-5.** [indicating level, rate]: **the temperature stands at 30°** la température est de 30°; **at 50 mph** à 80 km/h; **he drove at 50 mph** il faisait du 80 (à l'heure); **the rise worked out at £1 an hour** l'augmentation correspondait à 1 livre de l'heure. **-6.** [indicating price] à; **it's a bargain at £5** à 5 livres, c'est une bonne affaire. **-7.** [with superlative] à; **she's at her most/least effective in such situations** c'est là qu'elle est le plus/le moins efficace. **-8.** [as adjective complement] en; **he's brilliant/hopeless at maths** il est excellent/nul en maths. **-9.** *phr*: **to be (on) at sb** *inf* harceler qqn.
♦ **at all** *adv phr*: **he's not at all patient** il n'est pas du tout patient; **thank you for your help — not at all** merci de votre aide — je vous en prie OR il n'y a pas de quoi; **nothing at all** rien du tout; **he comes rarely if at all** il vient très rarement, voire jamais; **if you had any feelings at all** si vous aviez le moindre sentiment; **if you do any travelling at all**, you'll know what I mean si vous voyagez un tant soit peu, vous comprendrez ce que je veux dire.
♦ **at once** *adv phr* **-1.** [immediately] tout de suite, immédiatement. **-2.** [simultaneously] en même temps.
**atavistic** [,ætə'vɪstɪk] *adj* atavique.
**ATC** ◇ *n abbr of* **air traffic control** ◇ *pr n* (*abbr of* **Air Training Corps**) unité de formation de l'armée de l'air britannique.
**ate** [*Br* et, *Am* eɪt] *pt* → **eat**.
**a tempo** [ɑː'tempəʊ] *adj & adv* a tempo.
**atheism** ['eɪθɪɪzm] *n* athéisme *m*.
**atheist** ['eɪθɪɪst] *n* athée *mf*.
**atheistic** [,eɪθɪ'ɪstɪk] *adj* athée.
**Athenian** [ə'θiːnjən] ◇ *n* Athénien *m*, -enne *f*. ◇ *adj* athénien.
**Athens** ['æθɪnz] *pr n* Athènes *f*.
**athlete** ['æθliːt] *n* [gen] sportif *m*, -ive *f*; [track & field competitor] athlète *mf*.
**athlete's foot** *n* (*U*) mycose *f*.
**athletic** [æθ'letɪk] *adj* [sporty] sportif; [muscular] athlétique.
**athletics** [æθ'letɪks] ◇ *n* (*U*) athlétisme *m*. ◇ *comp* [club, meeting] d'athlétisme; [activity – track & field] athlétique; [– other sport] sportif; ~ **coach** *Am* SCH & UNIV entraîneur *m* (sportif).
**at-home** *n* réception chez soi.
**atishoo** [ə'tɪʃuː] *onomat* atchoum!
**Atlantic** [ət'læntɪk] ◇ *adj* [coast, community] atlantique; [wind] de l'Atlantique; **the ~ Ocean** l'Atlantique *m*, l'océan *m* Atlantique; **~ transatlantique** *m*; **the ~ Provinces** [in Canada] les Provinces *fpl* atlantiques. ◇ *pr n*: **the ~** l'Atlantique *m*, l'océan *m* Atlantique.
**Atlantis** [ət'læntɪs] *pr n* Atlantide *f*.
**atlas** ['ætləs] *n* atlas *m*.
**Atlas** ['ætləs] *pr n* **-1.** GEOG: **the ~ Mountains** l'Atlas *m*.**-2.** MYTH Atlas.
**atm.** (*written abbr of* **atmosphere**) atm.
**atmosphere** ['ætmə,sfɪə] *n* **-1.** [air] atmosphère *f*.**-2.** [feeling, mood] ambiance *f*, atmosphère *f*; **the place has no ~** l'endroit est impersonnel.
**atmospheric** [,ætməs'ferɪk] *adj* **-1.** [pollution, pressure] atmosphérique. **-2.** [full of atmosphere]: **the film was very ~** il y avait beaucoup d'atmosphère dans ce film.
**atmospherics** [,ætməs'ferɪks] *npl* parasites *mpl*.
**atoll** ['ætɒl] *n* atoll *m*.
**atom** ['ætəm] *n* **-1.** SCI atome *m*.**-2.** *fig*: **there's not an ~ of**

**truth in what you say** il n'y a pas une once OR un brin de vérité dans ce que tu dis; **they haven't one ~ of common sense** ils n'ont pas le moindre bon sens.
**atom bomb** *n* bombe *f* atomique.
**atomic** [ə'tɒmɪk] *adj* [bomb, theory, age] atomique; ~-**powered** (fonctionnant à l'énergie) nucléaire OR atomique ❑ ~ **power station** centrale *f* nucléaire; ~ **warfare** guerre *f* nucléaire OR atomique.
**atomic energy** *n* énergie *f* nucléaire OR atomique.
**atomic number** *n* nombre *m* OR numéro *m* atomique.
**atomic reactor** *n* réacteur *m* nucléaire.
**atomize, -ise** ['ætəmaɪz] *vt* **-1.** [liquid] pulvériser, atomiser, vaporiser; [solid] atomiser. **-2.** [bomb] atomiser.
**atomizer** ['ætəmaɪzə] *n* atomiseur *m*.
**atonal** [eɪ'təʊnl] *adj* atonal.
**atone** [ə'təʊn] ◇ *vi*: **to ~ for**: **to ~ for one's sins** expier ses péchés; **to ~ for a mistake** réparer OR racheter une faute. ◇ *vt* [guilt, sin] expier.
**atonement** [ə'təʊnmənt] *n* [of crime, sin] expiation *f*; [of mistake] réparation *f*; **to make ~ for one's sins** expier ses péchés; **they made ~ for their past mistakes** ils ont racheté leurs erreurs passées ❑ **Day of Atonement** (fête *f* du) Grand Pardon *m*.
**A to Z** *n* plan *m* de ville.
**atrium** ['eɪtrɪəm] (*pl* **atria** [-trɪə] OR **atriums**) *n* **-1.** [court] cour *f*; ANTIQ atrium *m*.**-2.** ANAT orifice *m* de l'oreillette.
**atrocious** [ə'trəʊʃəs] *adj* **-1.** [cruel, evil] atroce, horrible. **-2.** [very bad] affreux, atroce.
**atrociously** [ə'trəʊʃəslɪ] *adv* **-1.** [cruelly] atrocement, horriblement. **-2.** [badly] affreusement, atrocement.
**atrocity** [ə'trɒsətɪ] (*pl* **atrocities**) *n* atrocité *f*.
**atrophy** ['ætrəfɪ] (*pt* & *pp* **atrophied**) ◇ *n* atrophie *f*. ◇ *vi* s'atrophier. ◇ *vt* atrophier.
**attach** [ə'tætʃ] ◇ *vt* **-1.** [connect – handle, label] attacher, fixer; [– appendix, document] joindre; **the ~ed letter** la lettre ci-jointe. **-2.** [associate with]: **he ~ed himself to a group of walkers** il s'est joint à un groupe de randonneurs. **-3.** [be part of]: **the research centre is ~ed to the science department** le centre de recherche dépend du OR est rattaché au département des sciences. **-4.** [attribute] attacher, attribuer; **don't ~ too much importance to this survey** n'accordez pas trop d'importance à cette enquête. **-5.** [place on temporary duty] affecter. **-6.** JUR [person] arrêter, appréhender; [property, salary] saisir. ◇ *vi fml* être attribué, être imputé; **no blame ~es to you for what happened** la responsabilité de ce qui s'est produit ne repose nullement sur vous.
**attaché** [ə'tæʃeɪ] *n* attaché *m*, -e *f*.
**attaché case** *n* mallette *f*, attaché-case *m*.
**attached** [ə'tætʃt] *adj* attaché; **he's very ~ to his family** il est très attaché OR il tient beaucoup à sa famille; **she's (already) ~** elle a déjà quelqu'un dans sa vie.
**attachment** [ə'tætʃmənt] *n* **-1.** [fastening] fixation *f*.**-2.** [accessory, part] accessoire *m*.**-3.** [affection] attachement *m*, affection *f*; [loyalty] attachement *m*; **she has a strong ~ to her grandfather** elle est très attachée à son grand-père. **-4.** [temporary duty] détachement *m*; **he's on ~ to the hospital** il est en détachement à l'hôpital. **-5.** JUR [of person] arrestation *f*; [of property] saisie *f*.
**attack** [ə'tæk] ◇ *vt* **-1.** [assault – physically] attaquer; [– verbally] attaquer, s'attaquer à; MIL attaquer, assaillir. **-2.** [tackle] s'attaquer à; **a campaign to ~ racism** une campagne pour combattre le racisme. **-3.** [damage] attaquer, ronger; **the disease mainly ~s the very young** la maladie atteint essentiellement les très jeunes enfants; **this apathy ~s the very roots of democracy** cette apathie menace les racines mêmes de la démocratie.
◇ *n* **-1.** [gen & SPORT] attaque *f*; MIL attaque *f*, assaut *m*; ~**s on old people are on the increase** les agressions contre les personnes âgées sont de plus en plus nombreuses; **to launch an ~ on** *literal* donner l'assaut à; *fig* [crime] lancer une opération contre; [problem, policy] s'attaquer à; **the ~ on her life failed** l'attentat contre elle a échoué; **the ~ on drugs** le combat contre la drogue; **to return to the ~** revenir à la charge; **to go on the ~** passer à l'attaque; **the infantry was under ~** l'infanterie subissait un assaut OR était attaquée; **to come under ~** être en butte aux attaques; **to leave o.s.**

**wide open to** ~ prêter le flanc à la critique. **-2.** [of illness] crise *f*; **an** ~ **of fever** un accès de fièvre. **-3.** MUS attaque *f*.

**attacker** [ə'tækəʳ] *n* [gen] agresseur *m*, attaquant *m*, -e *f*; SPORT attaquant *m*.

**attain** [ə'teɪn] *vt* **-1.** [achieve – ambition, hopes, objectives] réaliser; [– happiness] atteindre à; [– independence, success] obtenir; [– knowledge] acquérir. **-2.** [arrive at, reach] atteindre, arriver à.
◆ **attain to** *vt insep*: **to** ~ **to power** arriver au pouvoir.

**attainable** [ə'teɪnəbl] *adj* [level, objective, profits] réalisable; [position] accessible; **a growth rate** ~ **by industrialized countries** un taux de croissance à la portée des OR accessible aux pays industrialisés.

**attainment** [ə'teɪnmənt] *n* **-1.** [of ambition, hopes, objectives] réalisation *f*; [of independence, success] obtention *f*; [of happiness] conquête *f*; [of knowledge] acquisition *f*. **-2.** [accomplishment] résultat *m* (obtenu); [knowledge, skill] connaissance *f*.

**attempt** [ə'tempt] ◇ *n* **-1.** [effort, try] tentative *f*, essai *m*, effort *m*; **to make an** ~ **at doing sthg** OR **to do sthg** essayer de faire qqch; **we made our first** ~ **in January** nous avons fait notre coup d'essai OR nous avons essayé pour la première fois en janvier; **she made every** ~ **to put him at ease** elle a tout fait pour le mettre à l'aise; **he made no** ~ **to help** il n'a rien fait pour (nous) aider; **we made another** ~ nous avons renouvelé nos tentatives, nous sommes revenus à la charge; **he made an** ~ **on the record** il a essayé de battre le record; **he made a feeble** ~ **at a joke** il a essayé de plaisanter sans y parvenir; **he made it at the first** ~ il a réussi du premier coup; **I passed the test at my third** ~ j'ai réussi l'examen la troisième fois; **he was shot in an** ~ **to escape** il fut tué lors d'une tentative d'évasion OR en essayant de s'évader. **-2.** [attack] attentat *m*; **he survived the** ~ **on his life** il a survécu à l'attentat perpétré contre lui.
◇ *vt* **-1.** [try] tenter, essayer; [undertake – job, task] entreprendre, s'attaquer à; **he** ~**ed to cross the street, he** ~**ed crossing the street** il a essayé de traverser la rue; **she plans to** ~ **the record again in June** elle a l'intention de s'attaquer de nouveau au record en juin; **he has already** ~**ed suicide once** il a déjà fait une tentative de suicide. **-2.** [in mountaineering – ascent, climb] entreprendre; [– mountain] entreprendre l'escalade de.

**attempted** [ə'temptɪd] *adj* tenté; ~ **murder/suicide** tentative *f* de meurtre/de suicide.

**attend** [ə'tend] ◇ *vt* **-1.** [go to – conference, meeting] assister à; [– church, school] aller à; **she** ~**s the same course as me** elle suit les mêmes cours que moi; **the concert was well** ~**ed** il y avait beaucoup de monde au concert. **-2.** [look after, care for] servir, être au service de; **he was always** ~**ed by a manservant** un valet de chambre l'accompagnait partout; **a doctor** ~**ed the children** un médecin a soigné les enfants. **-3.** *fml* [accompany] accompagner; **the mission was** ~**ed by great difficulties** la mission comportait de grandes difficultés. ◇ *vi* [be present] être présent; **let us know if you are unable to** ~ prévenez-nous si vous ne pouvez pas venir.
◆ **attend on** *vt insep* **-1.** [subj: maid] servir, être au service de; [subj: bodyguard] accompagner; [subj: doctor] soigner; **she** ~**ed on her guests** elle s'est occupée de ses invités. **-2.** *fml* [be consequence of] résulter de.
◆ **attend to** *vt insep* **-1.** [pay attention to] faire OR prêter attention à. **-2.** [deal with – business, problem] s'occuper de; [– studies] s'appliquer à; [– customer] s'occuper de, servir; [– wound] (faire) soigner.
◆ **attend upon** = **attend on**.

**attendance** [ə'tendəns] ◇ *n* **-1.** [number of people present] assistance *f*. **-2.** [presence] présence *f*; ~ **at classes is obligatory** la présence aux cours est obligatoire; **his poor** ~ **made a bad impression** ses nombreuses absences ont fait mauvaise impression; **your** ~ **is requested** vous êtes prié d'y assister; **regular** ~ assiduité *f*. **-3.** [service] service *m*; **several servants were in** ~ **on her** plusieurs domestiques l'escortaient OR l'accompagnaient. ◇ *comp* [record] d'appel.

**attendance allowance** *n Br allocation pour les handicapés.*

**attendance centre** *n Br maison de redressement où des délinquants assistent régulièrement à des réunions.*

**attendant** [ə'tendənt] ◇ *n* [in museum, park] gardien *m*, -enne *f*; [in petrol station] pompiste *mf*; [servant] domestique *mf*. ◇ *adj fml* **-1.** [person – accompanying] qui accompagne; [– on

**duty**] en service; **the salesman** ~ **on us was a Mr Jones** le vendeur qui nous servait OR s'occupait de nous était un certain M. Jones. **-2.** [related]: **he talked about marriage and its** ~ **problems** il parla du mariage et des problèmes qui l'accompagnent.

**attention** [ə'tenʃn] ◇ *n* **-1.** [concentration, thought] attention *f*; **may I have your** ~ **for a moment?** pourriez-vous m'accorder votre attention un instant?; **we listened to him with close** ~ nous l'avons écouté très attentivement; **she knows how to hold an audience's** ~ elle sait retenir l'attention d'un auditoire; **to pay** ~ prêter attention; **I paid little** ~ **to what she said** j'ai accordé peu d'attention à OR j'ai fait peu de cas de ce qu'elle a dit; **we paid no** ~ **to the survey** nous n'avons tenu aucun compte de l'enquête; ~ **to detail** précision *f*, minutie *f*; **she switched her** ~ **back to her book** elle est retournée à son livre ❏; ~ **span** capacité *f* d'attention. **-2.** [notice] attention *f*; **the news came to his** ~ il a appris la nouvelle; **let me bring** OR **direct** OR **draw your** ~ **to the matter of punctuality** permettez que j'attire votre attention sur le problème de la ponctualité; **let us now turn our** ~ **to the population problem** considérons maintenant le problème démographique; **for the** ~ **of Mr Smith** à l'attention de M. Smith. **-3.** [care]: **they need medical** ~ ils ont besoin de soins médicaux. **-4.** MIL garde-à-vous *m inv*; **to stand at/to come to** ~ se tenir/se mettre au garde-à-vous. ◇ *interj*: ~! garde-à-vous!
◆ **attentions** *npl* attentions *fpl*, égards *mpl*.

**attentive** [ə'tentɪv] *adj* **-1.** [paying attention] attentif; ~ **to detail** méticuleux. **-2.** [considerate] attentionné, prévenant; **to be** ~ **to sb** être prévenant envers qqn; **she was** ~ **to our every need** elle était attentive à tous nos besoins.

**attentively** [ə'tentɪvlɪ] *adv* **-1.** [listen, read] attentivement, avec attention. **-2.** [solicitously] avec beaucoup d'égards.

**attenuate** [*vb* ə'tenjʊeɪt, *adj* ə'tenjʊɪt] ◇ *vt* **-1.** [attack, remark] atténuer, modérer; [pain] apaiser; **attenuating circumstances** des circonstances atténuantes. **-2.** [form, line] amincir, affiner. **-3.** [gas] raréfier. ◇ *vi* s'atténuer, diminuer. ◇ *adj* BOT atténué.

**attenuation** [ə,tenjʊ'eɪʃn] *n* **-1.** [of attack, remark] atténuation *f*, modération *f*; [of pain] atténuation *f*, apaisement *m*. **-2.** [of form] amincissement *m*.

**attest** [ə'test] *fml* ◇ *vt* **-1.** [affirm] attester, certifier; [under oath] affirmer sous serment. **-2.** [be proof of] démontrer, témoigner de. **-3.** [bear witness to] témoigner; **to** ~ **a signature** légaliser une signature. **-4.** [put oath to] faire prêter serment à. ◇ *vi* témoigner, prêter serment; **she** ~**ed to the truth of the report** elle a témoigné de la véracité du rapport; **to** ~ **to the honesty of sb** se porter garant (de l'honnêteté) de qqn.

**attestation** [,æte'steɪʃn] *n fml* **-1.** [statement] attestation *f*; [in court] attestation *f*, témoignage *m*. **-2.** [proof] attestation *f*, preuve *f*. **-3.** [of signature] légalisation *f*. **-4.** [taking of oath] assermentation *f*, prestation *f* de serment.

**attic** ['ætɪk] *n* [space] grenier *m*; [room] mansarde *f*.

**Attic** ['ætɪk] ◇ *adj* attique. ◇ *n* LING attique *m*, dialecte *m* attique.

**Attica** ['ætɪkə] *pr n* Attique *f*.

**Attila** [ə'tɪlə] *pr n*: ~ **the Hun** Attila *m* roi des Huns.

**attire** [ə'taɪəʳ] *fml* ◇ *n* (U) habits *mpl*, vêtements *mpl*; [formal] tenue *f*. ◇ *vt* vêtir, habiller, parer.

**attitude** ['ætɪtjuːd] *n* **-1.** [way of thinking] attitude *f*, disposition *f*; **what's your** ~ **to** OR **towards him?** que pensez-vous de lui?; **she took the** ~ **that...** elle est partie du principe que...; **an** ~ **of mind** un état d'esprit; ~**s towards homosexuality are changing** les comportements à l'égard de l'homosexualité sont en train de changer. **-2.** [behaviour, manner] attitude *f*, manière *f*; **I don't like your** ~, **young man** je n'aime pas, jeune homme; **well, if that's your** ~ **you can go** eh bien, si c'est comme ça que tu le prends, tu peux t'en aller; **he's got an** ~ **problem** il a des problèmes relationnels. **-3.** *fml* [posture] attitude *f*, position *f*. **-4.** *inf* [arrogant manner]: **he's got** ~ il n'a pas froid aux yeux; **don't give me** ~ ne le prends pas sur ce ton.

**attn** (*written abbr of* **for the attention of**) attn, à l'attention de.

**attorney** [ə'tɜːnɪ] (*pl* **attorneys**) *n* **-1.** [representative] mandataire *mf*, représentant *m*, -e *f*. **-2.** *Am* [solicitor – for documents, sales etc] notaire *m*; [– for court cases] avocat *m*, -e *f*;

[barrister] avocat *m*, -e *f*.

**Attorney General** (*pl* **Attorneys General** OR **Attorney Generals**) *n* [in England, Wales and Northern Ireland] *principal avocat de la couronne*; [in US] ≈ ministre *m* de la Justice.

**attract** [ə'trækt] ◇ *vt* **-1.** [draw, cause to come near] attirer; **the proposal** ~**ed a lot of attention/interest** la proposition a attiré l'attention/a éveillé l'intérêt de beaucoup de gens; **to** ~ **criticism** s'attirer des critiques. **-2.** [be attractive to] attirer, séduire, plaire; **she's** ~**ed to men with beards** elle est attirée par les barbus; **what is it that** ~**s you about skiing?** qu'est-ce qui vous plaît OR séduit dans le ski? ◇ *vi* s'attirer; **opposites** ~ les contraires s'attirent.

**attraction** [ə'trækʃn] *n* **-1.** PHYS [pull] attraction *f*; *fig* attraction *f*, attirance *f*; **I don't understand your** ~ **for** OR **to her** je ne comprends pas ce qui te plaît chez OR en elle; **the idea holds no** ~ **for me** cette idée ne me dit rien. **-2.** [appeal – of place, plan] attrait *m*, fascination *f*; [– of person] charme *m*, charmes *mpl*; **the** ~**s of living in the country** les charmes de la vie à la campagne; **the main** ~ **of our show** le clou OR la grande attraction de notre spectacle; **a tourist** ~ un site touristique.

**attractive** [ə'træktɪv] *adj* **-1.** [pretty – person, smile] séduisant; [– dress, picture] attrayant, beau, *before vowel or silent 'h'* bel (*f* belle). **-2.** [interesting – idea, price] intéressant; [– offer, opportunity] intéressant, attrayant. **-3.** PHYS [force] attractif.

**attractively** [ə'træktɪvlɪ] *adv* de manière attrayante; **to dress** ~ s'habiller de façon séduisante.

**attributable** [ə'trɪbjʊtəbl] *adj* attribuable, imputable, dû; **to be** ~ **to sthg** être attribuable OR imputable OR dû à qqch.

**attribute** [*vb* ə'trɪbjuːt, *n* 'ætrɪbjuːt] ◇ *vt* [ascribe – accident, failure] attribuer, imputer; [– invention, painting, quotation] prêter, attribuer; [– success] attribuer; **to what do you** ~ **your success?** à quoi attribuez-vous votre réussite? ◇ *n* **-1.** [feature, quality] attribut *m*; [object] attribut *m*, emblème *m*. **-2.** LING & LOGIC attribut *m*.

**attribution** [,ætrɪ'bjuːʃn] *n* attribution *f*.

**attributive** [ə'trɪbjʊtɪv] ◇ *n* attribut *m*. ◇ *adj* [gen & GRAMM] attributif.

**attributively** [ə'trɪbjʊtɪvlɪ] *adv* LING comme épithète.

**attrition** [ə'trɪʃn] *n* [wearing down] usure *f* (par friction); INDUST & RELIG attrition *f*.

**attune** [ə'tjuːn] *vt* MUS accorder; *fig* accorder, habituer; **her ideas are closely** ~**d to his** ses idées sont en parfait accord avec les siennes.

**Atty. Gen.** *written abbr of* **Attorney General**.

**ATV** *n* (*abbr of* **all terrain vehicle**) véhicule *m* tout terrain.

**atypical** [,eɪ'tɪpɪkl] *adj* atypique.

**aubergine** ['əʊbəʒiːn] *n Br* aubergine *f*.

**auburn** ['ɔːbən] ◇ *adj* auburn (*inv*). ◇ *n* (couleur *f*) auburn *m*.

**auction** ['ɔːkʃn] ◇ *n* (vente *f* aux) enchères *fpl*; **to put sthg up for** ~ mettre qqch en vente aux enchères. ◇ *vt*: **to** ~ **sthg (off)** vendre qqch aux enchères.

**auctioneer** [,ɔːkʃə'nɪər] *n* commissaire-priseur *m*.

**auction room** *n* salle *f* des ventes.

**audacious** [ɔː'deɪʃəs] *adj* **-1.** [daring] audacieux, intrépide. **-2.** [impudent] effronté, impudent.

**audacity** [ɔː'dæsətɪ] *n* **-1.** [daring] audace *f*, intrépidité *f*. **-2.** [impudence] effronterie *f*, impudence *f*.

**audible** ['ɔːdəbl] *adj* [sound] audible, perceptible; [words] intelligible, distinct; **the music was barely** ~ on entendait à peine la musique.

**audibly** ['ɔːdəblɪ] *adv* distinctement.

**audience** ['ɔːdjəns] *n* **-1.** [at film, match, play] spectateurs *mpl*, public *m*; [at concert, lecture] auditoire *m*, public *m*; [of author] lecteurs *mpl*; [of artist] public *m*; **someone in the** ~ **laughed** il y eut un rire dans la salle; **was there a large** ~ **at the play?** y avait-il beaucoup de monde au théâtre?; **his books reach a wide** ~ ses livres sont lus par beaucoup de gens. **-2.** RADIO auditeurs *mpl*, audience *f*; TV téléspectateurs *mpl*, audience *f*. **-3.** *fml* [meeting] audience *f*; **to grant sb an** ~ accorder audience à qqn. ◇ *comp* [figures] de l'assistance, du public; ~ **participation** participation *f* de l'assistance (à ce qui se passe sur la scène); ~ **research** études *fpl* d'audience.

**audio** ['ɔːdɪəʊ] ◇ *n* son *m*, acoustique *f*. ◇ *comp*: ~ **cassette** cassette *f* audio; ~ **equipment** équipement *m* acoustique; ~

**recording** enregistrement *m* sonore; ~ **system** système *m* audio.

**audiotypist** ['ɔːdɪəʊ,taɪpɪst] *n* audiotypiste *mf*.

**audiovisual** [,ɔːdɪəʊ'vɪzjʊəl] *adj* audiovisuel; ~ **methods** l'audiovisuel *m*, les méthodes audiovisuelles.

**audit** ['ɔːdɪt] ◇ *n* vérification *f* des comptes, audit *m*. ◇ *vt* **-1.** [accounts] vérifier, apurer. **-2.** *Am* UNIV: **he** ~**s several courses** il assiste à plusieurs cours en tant qu'auditeur libre.

**audition** [ɔː'dɪʃn] ◇ *n* **-1.** THEAT audition *f*; CIN & TV (séance *f* d') essai *m*; **the director gave her an** ~ THEAT le metteur en scène l'a auditionnée; CIN & TV le metteur en scène lui a fait faire un essai; **to hold** ~**s** THEAT organiser des auditions; CIN & TV organiser des essais. **-2.** [hearing] ouïe *f*, audition *f*. ◇ *vt* THEAT auditionner; CIN & TV faire faire un essai à. ◇ *vi* THEAT [director] auditionner; [actor] passer une audition; CIN & TV faire un essai.

**auditor** ['ɔːdɪtər] *n* **-1.** [accountant] commissaire *m* aux comptes, auditeur *m*, -trice *f*, audit *m*. **-2.** *fml* [listener] auditeur *m*, -trice *f*. **-3.** *Am* [student] auditeur *m*, -trice *f* libre.

**auditorium** [,ɔːdɪ'tɔːrɪəm] (*pl* **auditoriums** OR **auditoria** [-rɪə]) *n* **-1.** [of concert hall, theatre] salle *f*. **-2.** [large meeting room] amphithéâtre *m*.

**auditory** ['ɔːdɪtrɪ] *adj* auditif; ~ **phonetics** phonétique *f* auditive.

**au fait** [,əʊ'feɪ] *adj*: **to be** ~ **with sthg** être au courant de qqch.

**Aug.** *written abbr of* **August**.

**auger** ['ɔːgər] *n* [hand tool] vrille *f*; TECH foreuse *f*.

**aught** [ɔːt] *arch* OR *lit* ◇ *pron* ce que; **for** ~ **I know** (pour) autant que je sache. ◇ *n* zéro *m*.

**augment** [ɔːg'ment] ◇ *vt* **-1.** [increase] augmenter, accroître; **her salary is** ~**ed by** OR **with gratuities** à son salaire s'ajoutent les pourboires. **-2.** MUS augmenter. ◇ *vi* augmenter, s'accroître.

**augmentation** [,ɔːgmen'teɪʃn] *n* **-1.** [increase] augmentation *f*, accroissement *m*. **-2.** MUS augmentation *f*.

**augmented** [ɔːg'mentɪd] *adj* augmenté.

**augur** ['ɔːgər] ◇ *vi*: **this weather** ~**s ill/well for our holiday** ce temps est de mauvais/bon augure pour nos vacances. ◇ *vt* [predict] prédire, prévoir; [be omen of] présager. ◇ *n* augure *m*.

**augury** ['ɔːgjʊrɪ] (*pl* **auguries**) *n* **-1.** [art] art *m* augural; [rite] rite *m* augural. **-2.** [omen] augure *m*, présage *m*; [prediction] prédiction *f*.

**August** ['ɔːgəst] *n* août *m*; ~ **Bank Holiday** *jour férié tombant le dernier lundi d'août en Angleterre et au pays de Galles, le premier lundi d'août en Écosse*; *see also* **February**.

**Augustan** [ɔː'gʌstən] *adj* d'Auguste; **the** ~ **Period** [in Latin literature] le siècle d'Auguste; [in English literature] l'époque *f* d'Auguste.

**Augustine** [ɔː'gʌstɪn] *pr n*: **Saint** ~ saint Augustin.

**Augustus** [ɔː'gʌstəs] *pr n* Auguste.

**auk** [ɔːk] *n* pingouin *m*.

**Auld Lang Syne** [,ɔːldlæŋ'saɪn] *pr n* *chanson sur l'air de «ce n'est qu'un au revoir» que l'on chante à minuit le soir du 31 décembre en Grande-Bretagne*.

**aunt** [ɑːnt] *n* tante *f*.

**auntie** ['ɑːntɪ] *n Br inf* tantine *f*, tata *f*, tatie *f*.

**aunty** ['ɑːntɪ] (*pl* **aunties**) = **auntie**.

**au pair** [,əʊ'peər] (*pl* **au pairs**) ◇ *n* (jeune fille *f*) au pair *f*. ◇ *adj* au pair. ◇ *adv*: **to work** ~ travailler au pair. ◇ *vi* travailler au pair.

**aura** ['ɔːrə] (*pl* **auras** OR **aurae** ['ɔːriː]) *n* **-1.** [of person] aura *f*, émanation *f*; [of place] atmosphère *f*, ambiance *f*; **there's an** ~ **of mystery about her** il y a quelque chose de mystérieux chez elle. **-2.** MED aura *f*.

**aural** ['ɔːrəl] *adj* **-1.** [relating to hearing] auditif, sonore; ~ **comprehension** compréhension *f* orale. **-2.** [relating to the ear] auriculaire.

**aurally** ['ɔːrəlɪ] *adv*: ~ **handicapped** mal entendant.

**auricle** ['ɔːrɪkl] *n* **-1.** [of ear] auricule *f*. **-2.** [of heart] oreillette *f*.

**aurora australis** [ɔː,rɔːrə ɒ'streɪlɪs] *n* aurore *f* australe.

**aurora borealis** [-,bɔːrɪ'eɪlɪs] *n* aurore *f* boréale.

**auspices** ['ɔ:spɪsɪz] *npl*: under the ~ of the UN sous les auspices de l'ONU.

**auspicious** [ɔ:'spɪʃəs] *adj* [event, start, occasion] propice, favorable; [sign] de bon augure.

**auspiciously** [ɔ:'spɪʃəslɪ] *adv* favorablement, sous d'heureux auspices.

**Aussie** ['ɒzɪ] *inf* ◇ *n* Australien *m*, -enne *f*. ◇ *adj* australien.

**austere** [ɒ'stɪəʳ] *adj* **-1.** [person] austère, sévère; [life] austère, sobre, ascétique. **-2.** [design, interior] austère, sobre.

**austerity** [ɒ'sterətɪ] (*pl* **austerities**) ◇ *n* **-1.** [simplicity] austérité *f*, sobriété *f*. **-2.** [hardship] austérité *f*. **-3.** (*usu pl*) [practice] austérité *f*, pratique *f* austère. ◇ *comp* [budget, measure] d'austérité.

**Australasia** [,ɒstrə'leɪʒjə] *pr n* Australasie *f*.

**Australasian** [,ɒstrə'leɪʒn] ◇ *n* natif *m*, -ive *f* de l'Australasie. ◇ *adj* d'Australasie.

**Australia** [ɒ'streɪljə] *pr n* Australie *f*; in ~ en Australie; the Commonwealth of ~ l'Australie.

**Australian** [ɒ'streɪljən] ◇ *n* **-1.** [person] Australien *m*, -enne *f*. **-2.** LING australien *m*. ◇ *adj* australien.

**Austral Islands** ['ɔ:strəl-] *pl pr n*: the ~ les îles *fpl* Australes.

**Austria** ['ɒstrɪə] *pr n* Autriche *f*; in ~ en Autriche.

**Austria-Hungary** *pr n* Autriche-Hongrie *f*.

**Austrian** ['ɒstrɪən] ◇ *n* Autrichien *m*, - enne *f*. ◇ *adj* autrichien.

**Austrian blind** *n* store *m* autrichien.

**Austro-Hungarian** [,ɒstrəʊ-] *adj* austro-hongrois.

**AUT** (*abbr of* **Association of University Teachers**) *pr n* syndicat britannique d'enseignants universitaires.

**autarchy** ['ɔ:tɑ:kɪ] (*pl* **autarchies**) *n* **-1.** = autocracy. **-2.** [self-rule] autocratie *f*.

**autarky** ['ɔ:tɑ:kɪ] (*pl* **autarkies**) *n* **-1.** [system] autarcie *f*. **-2.** [country] pays *m* en autarcie.

**authentic** [ɔ:'θentɪk] *adj* [genuine] authentique; [accurate, reliable] authentique, véridique.

**authenticate** [ɔ:'θentɪkeɪt] *vt* [painting] établir l'authenticité de; [signature] légaliser.

**authentication** [ɔ:,θentɪ'keɪʃn] *n* authentification *f*, certification *f*.

**authenticity** [,ɔ:θen'tɪsətɪ] *n* authenticité *f*.

**author** ['ɔ:θəʳ] ◇ *n* **-1.** [writer] auteur *m*, écrivain *m*. **-2.** [of idea, plan] auteur *m*; [of painting, sculpture] auteur *m*, créateur *m*. ◇ *vt* être l'auteur de.

**authoress** ['ɔ:θərɪs] *n* **-1.** [writer] femme auteur d'ouvrages s'adressant au grand public. **-2.** [of idea, plan] auteur *m*; [of painting, sculpture] auteur *m*, créatrice *f*.

**authoritarian** [ɔ:,θɒrɪ'teərɪən] ◇ *adj* autoritaire. ◇ *n* personne *f* autoritaire.

**authoritative** [ɔ:'θɒrɪtətɪv] *adj* **-1.** [manner, person] autoritaire. **-2.** [article, report] qui fait autorité. **-3.** [official] autorisé, officiel.

**authority** [ɔ:'θɒrɪtɪ] (*pl* **authorities**) *n* **-1.** [power] autorité *f*, pouvoir *m*; she has ~ OR she is in ~ over all the staff elle a autorité sur tout le personnel; those in ~ in Haiti ceux qui gouvernent en Haïti. **-2.** [forcefulness] autorité *f*, assurance *f*; her conviction gave ~ to her argument sa conviction a donné du poids à son raisonnement; his opinions carry a lot of ~ ses opinions font autorité. **-3.** [permission] autorisation *f*, droit *m*; who gave him (the) ~ to enter? qui lui a donné l'autorisation d'entrer?, qui l'a autorisé à entrer?; they had no ~ to answer ils n'étaient pas habilités à répondre; I decided on my own ~ j'ai décidé de ma propre autorité OR de mon propre chef; on his ~ avec son autorisation; without ~ sans autorisation. **-4.** (*usu pl*) [people in command] autorité *f*; the authorities les autorités, l'administration *f*; the proper authorities qui de droit, les autorités compétentes; the education/housing ~ services chargés de l'éducation/du logement. **-5.** [expert] autorité *f*, expert *m*; [article, book] autorité *f*; he's an ~ on China c'est un grand spécialiste de la Chine. **-6.** [testimony]: I have it on his ~ that she was there il m'a certifié qu'elle était présente; we have it on good ~ that... nous tenons de source sûre OR de bonne source que... **-7.** [permit] autorisation *f*.

**authorization** [,ɔ:θəraɪ'zeɪʃn] *n* [act, permission] autorisation *f*; [official sanction] pouvoir *m*, mandat *m*; he has ~ to

leave the country il est autorisé à quitter le pays.

**authorize, -ise** ['ɔ:θəraɪz] *vt* **-1.** [empower] autoriser. **-2.** [sanction] autoriser, sanctionner; to ~ a loan consentir un prêt.

**authorized** ['ɔ:θəraɪzd] *adj* autorisé; ~ dealer COMM distributeur *m* agréé; ~ capital FIN capital *m* social OR nominal.

**Authorized Version** *n*: the ~ la version anglaise de la Bible de 1611 «autorisée» par le roi Jacques 1er d'Angleterre.

**authorship** ['ɔ:θəʃɪp] *n* **-1.** [of book] auteur *m*, paternité *f*; [of invention] paternité *f*. **-2.** [profession] profession *f* d'auteur OR d'écrivain.

**autistic** [ɔ:'tɪstɪk] *adj* autiste.

**auto** ['ɔ:təʊ] *Am* ◇ *n* voiture *f*, auto *f*. ◇ *comp* d'auto, automobile; ~ accident accident *m* de voiture; ~ parts pièces *fpl* détachées (pour voiture).

**autobank** ['ɔ:təʊ,bæŋk] *n* distributeur *m* automatique de billets (de banque).

**autobiographic** ['ɔ:tə,baɪə'græfɪk] *adj* autobiographique.

**autobiography** [,ɔ:təbaɪ'ɒgrəfɪ] (*pl* **autobiographies**) *n* autobiographie *f*.

**autocracy** [ɔ:'tɒkrəsɪ] (*pl* **autocracies**) *n* autocratie *f*.

**autocrat** ['ɔ:təkræt] *n* autocrate *m*.

**autocratic** [,ɔ:tə'krætɪk] *adj* autocratique.

**autocross** ['ɔ:təʊkrɒs] *n* autocross *m*.

**Autocue®** ['ɔ:təʊkju:] *n Br* téléprompteur *m*.

**auto-da-fé** [,ɔ:təʊdɑ:'feɪ] (*pl* **autos-da-fé** [,ɔ:təʊz-]) *n* autodafé *m*.

**autodestruct** [,ɔ:təʊdɪ'strʌkt] ◇ *vi* s'autodétruire. ◇ *adj* qui s'autodétruit.

**autodidact** [,ɔ:təʊdaɪdækt] *n* autodidacte *mf*.

**autofocus** ['ɔ:təʊ,fəʊkəs] *n* autofucus *m inv*.

**autograph** ['ɔ:təgrɑ:f] ◇ *n* autographe *m*. ◇ *comp* [letter] autographe; [album, hunter] d'autographes. ◇ *vt* [book, picture, record] dédicacer; [letter, object] signer.

**autoimmune** [,ɔ:təʊɪ'mju:n] *adj* auto-immun.

**automat** ['ɔ:təmæt] *n* [machine] distributeur *m* automatique; *Am* [room] cafétéria *f* équipée de distributeurs automatiques.

**automata** [ɔ:'tɒmətə] *pl* → **automaton**.

**automate** ['ɔ:təmeɪt] *vt* automatiser.

**automated** ['ɔ:təmeɪtɪd] *adj* automatisé; ~ telling machine, ~ teller distributeur *m* automatique (de billets).

**automatic** [,ɔ:tə'mætɪk] ◇ *adj* [machine] automatique; [answer, smile] automatique, machinal; ~ data processing COMPUT traitement *m* automatique des données. ◇ *n* **-1.** [weapon] automatique *m*. **-2.** AUT voiture *f* à boîte OR à transmission automatique.

**automatically** [,ɔ:tə'mætɪklɪ] *adv literal* automatiquement; *fig* automatiquement, machinalement.

**automatic pilot** *n* pilote *m* automatique; on ~ en pilotage automatique; I just went onto ~ *fig* j'ai poursuivi machinalement.

**automation** [,ɔ:tə'meɪʃn] *n* [process of making automatic] automatisation *f*; [state of being automatic] automation *f*; factory OR industrial ~ productique *f*.

**automatism** [ɔ:'tɒmətɪzm] *n* automatisme *m*.

**automatize, -ise** [ɔ:'tɒmətaɪz] *vt* automatiser.

**automaton** [ɔ:'tɒmətən] (*pl* **automatons** OR **automata** [-tə]) *n* automate *m*.

**automobile** ['ɔ:təməbi:l] *n Am* automobile *f*, voiture *f*.

**automotive** [,ɔ:tə'məʊtɪv] *adj* **-1.** AUT [engineering, industry] (de l') automobile. **-2.** [self-propelled] automoteur.

**autonomous** [ɔ:'tɒnəməs] *adj* autonome.

**autonomy** [ɔ:'tɒnəmɪ] (*pl* **autonomies**) *n* **-1.** [self-government] autonomie *f*. **-2.** [country] pays *m* autonome.

**autopilot** [ɔ:'təʊ'paɪlət] *n* = **automatic pilot**.

**autopsy** ['ɔ:tɒpsɪ] (*pl* **autopsies**) *n* autopsie *f*.

**autosuggestion** [,ɔ:təʊsə'dʒestʃn] *n* autosuggestion *f*.

**autotimer** ['ɔ:təʊ,taɪməʳ] *n* programmateur *m*.

**autumn** ['ɔ:təm] ◇ *n* automne *m*; in (the) ~ en automne. ◇ *comp* [colours, weather] d'automne, automnal; ~ leaves [on tree] feuilles *fpl* d'automne; [dead] feuilles *fpl* mortes.

**autumnal** [ɔ:'tʌmnəl] *adj* automnal, d'automne.

**auxiliary** [ɔ:g'zɪljərɪ] (*pl* **auxiliaries**) ◇ *adj* auxiliaire, supplémentaire; ~ **staff** [gen] le personnel auxiliaire, les auxiliaires *mpl*; *Br* SCH personnel *m* auxiliaire non enseignant. ◊ *n* -**1.** [assistant, subordinate] auxiliaire *mf*; **nursing** ~ infirmier *m*, -ère *f* auxiliaire, aide-soignant *m*, -e *f*.-**2.** MIL: **auxiliaries** auxiliaires *mpl*.-**3.** GRAMM (verbe *m*) auxiliaire *m*.

**auxiliary verb** *n* (verbe *m*) auxiliaire *m*.

**Av.** (*written abbr of* **avenue**) av.

**AV** *n abbr of* **Authorized Version**.

**avail** [ə'veɪl] ◊ *n*: of no ~: it is of no ~ to complain il est inutile de se plaindre; **his efforts were of no** ~ ses efforts n'ont eu aucun effet; **to no** ~ sans effet; **they argued with her to no** ~ ils ont essayé en vain de la convaincre; **to little** ~ sans grand effet. ◊ *vt*: **to** ~ **o.s. of sthg** se servir OR profiter de qqch. ◊ *vi lit* servir.

**availability** [ə,veɪlə'bɪlətɪ] (*pl* **availabilities**) *n* -**1.** [accessibility] disponibilité *f*.-**2.** *Am pej* & POL [of candidate] caractère *m* valable.

**available** [ə'veɪləbl] *adj* -**1.** [accessible, to hand] disponible; **they made the data** ~ **to us** ils ont mis les données à notre disposition; **we tried every** ~ **means** nous avons essayé (par) tous les moyens possibles. -**2.** [free] libre, disponible; **the minister in charge was not** ~ **for comment** le ministre responsable s'est refusé à toute déclaration. -**3.** *Am pej* & POL [candidate] valable (*en raison de son caractère inoffensif*).

**avalanche** ['ævəlɑːnʃ] ◊ *n literal* & *fig* avalanche *f*. ◊ *vi* tomber en avalanche.

**avant-garde** [,ævɒŋ'gɑːd] ◊ *n* avant-garde *f*. ◊ *adj* d'avant-garde, avant-gardiste.

**avarice** ['ævərɪs] *n* avarice *f*, pingrerie *f*.

**avaricious** [,ævə'rɪʃəs] *adj* avare, pingre.

**Ave.** (*written abbr of* **avenue**) av.

**Ave (Maria)** ['ɑːvɪ(məˈrɪə)] *n* Ave *m* (Maria) (*inv*).

**avenge** [ə'vendʒ] *vt* venger; **he intends to** ~ **himself on his enemy** il a l'intention de se venger de OR de prendre sa revanche sur son ennemi.

**avenger** [ə'vendʒə<sup>r</sup>] *n* vengeur *m*, -eresse *f*; 'The Avengers' [TV series] 'Chapeau melon et bottes de cuir'.

**avenging** [ə'vendʒɪŋ] *adj* vengeur; **an** ~ **angel** un ange exterminateur.

**Aventine Hill** ['ævən,taɪn-] *pr n*: **the** ~ le mont Aventin.

**avenue** ['ævənjuː] *n* -**1.** [public] avenue *f*, boulevard *m*; [private] avenue *f*, allée *f* (*bordée d'arbres*). -**2.** *fig* possibilité *f*.

**aver** [ə'vɜː<sup>r</sup>] (*pt* & *pp* **averred**, *cont* **averring**) *vi fml* affirmer, déclarer.

**average** ['ævərɪdʒ] ◊ *n* -**1.** [standard amount, quality etc] moyenne *f*; **above/below** ~ au-dessus/au-dessous de la moyenne; **on (an** OR **the)** ~ en moyenne; **we travelled an** ~ **of 100 miles a day** nous avons fait une moyenne de 100 miles par jour OR 100 miles par jour en moyenne; **the law of** ~s la loi de la probabilité. -**2.** MATH moyenne *f*. ◊ *adj* moyen; **ask the** ~ **man in the street** demandez à l'homme de la rue. ◊ *vt* -**1.** MATH établir la moyenne de. -**2.** [perform typical number of] atteindre la moyenne de; **the factory** ~s **10 machines a day** l'usine produit en moyenne 10 machines par jour; **we** ~ **two letters a day** nous recevons en moyenne deux lettres par jour; **he** ~**d 100 km/h** AUT il a fait du 100 km/h de moyenne. -**3.** [divide up] partager.

◆ **average out** ◊ *vi insep*: **profits** ~ **out at 10%** les bénéfices s'élèvent en moyenne à 10 %; **factory production** ~s **out at 120 cars a day** l'usine produit en moyenne 120 voitures par jour. ◊ *vt sep* faire la moyenne de.

**averse** [ə'vɜːs] *adj*: **she's not** ~ **to the occasional glass of wine** elle boit volontiers un verre de vin de temps à autre; **he's not** ~ **to making money out of the crisis** ça ne le gêne pas de profiter de la crise pour se faire de l'argent.

**aversion** [ə'vɜːʃn] *n* -**1.** [dislike] aversion *f*; **to have an** ~ **to** avoir une aversion pour OR contre; **she has an** ~ **to smoking** elle a horreur du tabac. -**2.** [object of dislike] objet *m* d'aversion.

**aversion therapy** *n* thérapie *f* d'aversion.

**avert** [ə'vɜːt] *vt* -**1.** [prevent] prévenir, éviter. -**2.** [turn aside – eyes, thoughts] détourner; [– blow] détourner, parer; [– suspicion] écarter.

**aviary** ['eɪvjərɪ] (*pl* **aviaries**) *n* volière *f*.

**aviation** [,eɪvɪ'eɪʃn] ◊ *n* aviation *f*. ◊ *comp* [design] d'aviation; **the** ~ **industry** l'aéronautique *f*; ~ **fuel** kérosène *m*.

**aviator** ['eɪvɪeɪtə<sup>r</sup>] ◊ *n* aviateur *m*, -trice *f*, pilote *m*. ◊ *comp*: ~ **glasses** lunettes *fpl* de soleil sport.

**avid** ['ævɪd] *adj* avide; ~ **to learn** avide d'apprendre.

**avidly** ['ævɪdlɪ] *adv* avidement, avec avidité.

**avionics** [,eɪvɪ'ɒnɪks] ◊ *n* (U) [science] avionique *f*. ◊ *npl* [instruments] avionique *f*.

**avocado** [,ævə'kɑːdəʊ] (*pl* **avocados** OR **avocadoes**) *n* [fruit]: ~ (**pear**) avocat *m*; [tree] avocatier *m*.

**avocation** [,ævə'keɪʃn] *n Am* activité *f* de loisir.

**avocet** ['ævə,set] *n* avocette *f*.

**avoid** [ə'vɔɪd] *vt* -**1.** [object, person] éviter; [danger, task] éviter, échapper à; **she** ~**ed my eyes** elle évita mon regard; **we can't** ~ **inviting them** nous ne pouvons pas faire autrement que de les inviter; **they couldn't** ~ **hitting the car** ils n'ont pas pu éviter la voiture; ~ **giving them too much information** évitez de leur donner trop d'informations; **don't** ~ **the issue** n'essaie pas d'éviter OR d'éluder la question; **to** ~ **(paying) taxes** [legally] se soustraire à l'impôt; [illegally] frauder le fisc. -**2.** JUR [void] annuler, rendre nul.

**avoidable** [ə'vɔɪdəbl] *adj* évitable.

**avoidance** [ə'vɔɪdəns] *n*: ~ **of duty** manquements *mpl* au devoir ❑ **tax** ~ évasion *f* fiscale.

**avoirdupois** [,ævədə'pɔɪz] ◊ *n* -**1.** [system] avoirdupois *m*.-**2.** *Am* [of person] embonpoint *m*. ◊ *comp* [ounce, pound] *conforme aux poids et mesures officiellement établis*; ~ **weight** avoirdupois *m*.

**avow** [ə'vaʊ] *vt fml* [state] affirmer, déclarer; [admit] admettre, reconnaître, confesser.

**avowal** [ə'vaʊəl] *n* aveu *m*.

**avowed** [ə'vaʊd] *adj* déclaré; **she's an** ~ **feminist** elle avoue OR reconnaît être féministe.

**avuncular** [ə'vʌŋkjʊlə<sup>r</sup>] *adj* avunculaire.

**aw** [ɔː] *interj Am*: ~! oh!

**await** [ə'weɪt] *vt* -**1.** [wait for] attendre; **a long-**~**ed holiday** des vacances qui se sont fait attendre; **she's** ~**ing trial** elle est dans l'attente de son procès. -**2.** [be in store for] attendre, être réservé à; **a warm welcome** ~**ed them** un accueil chaleureux leur fut réservé.

**awake** [ə'weɪk] (*pt* **awoke** [ə'wəʊk], *pp* **awoken** [ə'wəʊkn]) ◊ *adj* -**1.** [not sleeping] éveillé, réveillé; **to be** ~ être réveillé, ne pas dormir; **the noise kept me** ~ le bruit m'a empêché de dormir; **I lay** ~ **all night** je n'ai pas fermé l'œil de la nuit; **his mother stayed** ~ **all night** sa mère a veillé toute la nuit; **he was wide** ~ il était bien éveillé. -**2.** [aware] attentif, vigilant; **is the minister** ~ **to the dangers inherent to the system?** le ministre a-t-il conscience OR se rend-il compte des dangers inhérents au système? ◊ *vi* -**1.** [emerge from sleep] se réveiller, s'éveiller. -**2.** [become aware] prendre conscience, se rendre compte; **he finally awoke from his illusions** il est enfin revenu de ses illusions. ◊ *vt* -**1.** [person] réveiller, éveiller. -**2.** *fig* [curiosity, suspicions] éveiller; [memories] réveiller, faire renaître; [hope] réveiller, faire naître.

**awaken** [ə'weɪkn] ◊ *vt* éveiller. ◊ *vi* s'éveiller.

**awakening** [ə'weɪknɪŋ] ◊ *n* -**1.** literal & *fig* [arousal] réveil *m*; **it was a rude** ~ c'était un réveil brutal OR pénible. -**2.** [beginning] début *m*, commencement *m*. ◊ *adj* naissant.

**award** [ə'wɔːd] ◊ *n* -**1.** [prize] prix *m*; [medal] médaille *f*; ~ **for bravery** décoration *f*, médaille *f*.-**2.** [scholarship] bourse *f*.-**3.** [damages] dommages-intérêts *mpl* accordés par le juge; [decision] décision *f*, sentence *f* (arbitrale). ◊ *vt* [give – mark] accorder; [– medal, prize] décerner, attribuer; [– scholarship] attribuer, allouer; JUR [– damages] accorder.

**award-winner** *n* [person] lauréat *m*, -e *f*; [film] film *m* primé; [book] livre *m* primé.

**award-winning** *adj* qui a reçu un prix; **he gave an** ~ **performance in...** il a reçu un prix pour son rôle dans...

**aware** [ə'weə<sup>r</sup>] *adj* -**1.** [cognizant, conscious] conscient; [informed] au courant, informé; **to be** ~ **of sthg** être conscient de qqch; **I am quite** ~ **of his feelings** je connais OR je n'ignore pas ses sentiments; **to become** ~ **of sthg** se rendre compte OR prendre conscience de qqch; **she made us** ~ **of the problem** elle nous a fait prendre conscience du problème; **as far as I am** ~ autant que je sache; **not that I am** ~

of pas que je sache; **without being** ~ **of it** sans s'en rendre compte; **politically** ~ politisé; **socially** ~ au courant des problèmes sociaux. **-2.** [sensitive] sensible.

**awareness** [ə'weənɪs] *n* [gen] conscience *f*; a heightened ~ of colour une sensibilité plus aiguë à la couleur.

**awash** [ə'wɒʃ] *adj* **-1.** *literal* & *fig* [flooded] inondé; ~ **with** oil inondé de pétrole. **-2.** NAUT à fleur d'eau, qui affleure.

**away** [ə'weɪ] ◇ *adv* **-1.** [indicating movement]: he drove ~ il s'est éloigné (en voiture); **they're** ~! [at start of race] ils sont partis ∥ [indicating position]: **the village is 10 miles** ~ le village est à 10 miles ∥ [in time]: **the holidays are only three weeks** ~ les vacances sont dans trois semaines seulement; ~ **back in the 20s** il y a bien longtemps dans les années 20. **-2.** [absent] absent; **the boss is** ~ **on business this week** le patron est en déplacement cette semaine; **they're** ~ **on holiday/in Madrid** ils sont (partis) en vacances/à Madrid. **-3.** [indicating disappearance, decline etc]: **the water had boiled** ~ l'eau s'était évaporée (à force de bouillir); **we danced the night** ~ nous avons passé toute la nuit à danser. **-4.** [continuously]: **he was singing** ~ **to himself** il fredonnait; **she's working** ~ **on her novel** elle travaille d'arrache-pied à son roman. **-5.** SPORT: **the team is** (playing) ~ **this Saturday** l'équipe joue à l'extérieur OR en déplacement samedi. **-6.** *phr*: ~ **with** *fml* assez de.
◇ *adj* SPORT à l'extérieur; **the** ~ **team** l'équipe (qui est) en déplacement.
◆ **away from** *prep phr* [indicating precise distance] à... de; **two metres** ~ **from us** à deux mètres de nous ∥ [not at, not in] loin de; **somewhere well** ~ **from the city** quelque part très loin de la ville; **when we're** ~ **from home** quand nous partons, quand nous ne sommes pas chez nous.

**awe** [ɔː] *n* effroi *m* mêlé d'admiration et de respect; **to be** OR **to stand in** ~ **of** être impressionné OR intimidé par; **I stared at her in** ~ je l'ai regardée avec la plus grande admiration.

**awed** [ɔːd] *adj*: **she spoke in an** ~ **whisper** elle chuchotait d'une voix respectueuse et intimidée.

**awe-inspiring** *adj* [impressive] impressionnant, imposant; [amazing] stupéfiant; [frightening] terrifiant.

**awesome** ['ɔːsəm] *adj* **-1.** = **awe-inspiring**. **-2.** *inf* [great] génial.

**awe-struck** *adj* [intimidated] intimidé, impressionné; [amazed] stupéfait; [frightened] frappé de terreur.

**awful** ['ɔːfʊl] ◇ *adj* **-1.** [bad] affreux, atroce; **she was simply** ~ **to him** elle a été absolument infecte avec lui; **I feel** ~ je me sens très mal; **she looks** ~ [ill] elle a l'air malade; [badly dressed] elle est affreusement mal habillée; **how** ~ **for you!** ça a dû être vraiment terrible (pour vous)! **-2.** [horrific] épouvantable, effroyable. **-3.** [as intensifier]: **I have an** ~ **lot of work** j'ai énormément de travail; **they took an** ~ **chance** ils ont pris un risque énorme OR considérable. ◇ *adv Am inf* = **awfully**.

**awfully** ['ɔːflɪ] *adv* [very] très, terriblement; **he's an** ~ **good writer** il écrit merveilleusement bien; **I'm** ~ **sorry** je suis vraiment OR sincèrement désolé; **thanks** ~ merci infiniment OR mille fois.

**awfulness** ['ɔːfʊlnɪs] *n* **-1.** [of behaviour, treatment] atrocité *f*. **-2.** [of accident, crime] horreur *f*.

**awhile** [ə'waɪl] *adv lit* (pendant) un instant OR un moment.

**awkward** ['ɔːkwəd] *adj* **-1.** [clumsy – person] maladroit, gauche; [– gesture] maladroit, peu élégant; [– style] lourd, gauche; **the** ~ **age** l'âge ingrat. **-2.** [embarrassed – person] gêné, ennuyé; [– silence] gêné, embarrassé; **she felt** ~ **about**

going cela la gênait d'y aller. **-3.** [difficult – problem, situation] délicat, fâcheux; [– task] délicat; [– question] gênant, embarrassant; [– person] peu commode, difficile; **it's an** ~ **time for me to leave** cela me serait difficile de partir en ce moment; **you've come at an** ~ **time** vous êtes arrivé au mauvais moment; **they could make things** ~ **for her** ils pourraient lui mettre des bâtons dans les roues; **he's an** ~ **customer** *inf* il faut se le farcir; **it's** ~ **to use** ça n'est pas facile à utiliser; **the table is at an** ~ **angle** la table est mal placée ∥ [uncooperative] peu coopératif; **he's just being** ~ il essaie seulement de compliquer les choses.

**awkwardly** ['ɔːkwədlɪ] *adv* **-1.** [clumsily – dance, move] maladroitement, peu élégamment; [– handle, speak] maladroitement, gauchement; **an** ~ **phrased sentence** une phrase lourde OR mal formulée. **-2.** [with embarrassment – behave] d'une façon gênée OR embarrassée; [– reply, speak] d'un ton embarrassé OR gêné, avec gêne.

**awkwardness** ['ɔːkwədnɪs] *n* **-1.** [clumsiness – of movement, person] maladresse *f*, gaucherie *f*; [– of style] lourdeur *f*, inélégance *f*. **-2.** [unease] embarras *m*, gêne *f*.

**awl** [ɔːl] *n* alène *f*, poinçon *m*.

**awning** ['ɔːnɪŋ] *n* **-1.** [over window] store *m*; [on shop display] banne *f*, store *m*; [at door] marquise *f*, auvent *m*; NAUT taud *m*, taude *f*. **-2.** [tent] auvent *m*.

**awoke** [ə'wəʊk] *pt* → **awake**.

**awoken** [ə'wəʊkn] *pp* → **awake**.

**AWOL** ['eɪwɒl] (*abbr of* **absent without leave**) *adj*: **to be/to go** ~ *literal* & *fig* être absent/s'absenter sans permission.

**awry** [ə'raɪ] ◇ *adj* de travers, de guingois. ◇ *adv* de travers; **to go** ~ mal tourner, aller de travers.

**axe** *Br*, **ax** *Am* [æks] (*pl* **axes**) ◇ *n* [tool] hache *f*; **to have an** ~ **to grind** [ulterior motive] prêcher pour sa paroisse, être intéressé; [complaint] avoir un compte à régler; **to get the** ~ *inf* [person] être licencié OR viré; [programme, plan etc] être annulé OR supprimé. ◇ *vt* **-1.** *literal* [wood] couper, hacher TECH. **-2.** *fig* [person] licencier, virer; [project] annuler, abandonner; [job, position] supprimer.

**axes** ['æksiːz] *pl* → **axis**.

**axiom** ['æksɪəm] *n* axiome *m*.

**axiomatic** [ˌæksɪə'mætɪk] *adj* axiomatique.

**axis** ['æksɪs] (*pl* **axes** [-iːz]) *n* [gen, ANAT, BOT & GEOM] axe *m*.
◆ **Axis** *n* HIST: **the Axis** l'Axe *m*.

**axle** ['æksl] *n* [gen] axe *m*; AUT essieu *m*.

**ay** [aɪ] = **aye** *interj* & *n*.

**ayatollah** [ˌaɪə'tɒlə] *n* ayatollah *m*.

**aye** [aɪ] ◇ *adv* arch OR lit toujours. ◇ *interj arch* OR *dial*: ~! oui; ~, ~, **sir!** NAUT oui, mon commandant! ◇ *n* oui *m inv*; **the** ~**s have it** les oui l'emportent.

**aye-aye** ['aɪˌaɪ] *interj Br*: ~! tiens donc!

**AZ** *written abbr of* **Arizona**.

**azalea** [ə'zeɪljə] *n* azalée *f*.

**Azerbaijan** [ˌæzəbaɪ'dʒɑːn] *pr n* Azerbaïdjan *m*.

**Azerbaijani** [ˌæzəbaɪ'dʒɑːnɪ] ◇ *n* Azerbaïdjanais *m*, -e *f*. ◇ *adj* azerbaïdjanais.

**Azeri** [ə'zerɪ] ◇ *n* Azeri *mf*. ◇ *adj* azeri.

**Azores** [ə'zɔːz] *pl pr n*: **the** ~ les Açores *fpl*.

**AZT** (*abbr of* **azidothymidine**) *n* AZT *f*.

**Aztec** ['æztek] ◇ *n* Aztèque *mf*. ◇ *adj* aztèque.

**azure** ['æʒəʳ] *lit* ◇ *adj* azuré, d'azur. ◇ *n* azur *m*.

# B

**b** (*pl* **b's** OR **bs**), **B** (*pl* **B's** OR **Bs**) [biː] *n* [letter] b *m*, B *m*; B for Bob B comme Bob; 6B Racine Street 6ter, rue Racine.

**b -1.** *written abbr of* **billion. -2.** *written abbr of* **born.**

**B -1.** [indicating secondary importance]: B-movie, B-film, B-picture film *m* de série B; the B-team SPORT l'équipe secondaire. **-2.** SCH & UNIV [mark] bien (= *12 à 14 sur 20*). **-3.** MUS [note] si *m*.

**BA** ◇ *n* (*abbr of* **Bachelor of Arts**) *(titulaire d'une) licence de lettres.* ◇ *pr n* **-1.** *abbr of* **British Academy. -2.** (*abbr of* **British Airways**) *compagnie aérienne britannique.*

**BAA** (*abbr of* **British Airports Authority**) *pr n organisme autonome responsable des aéroports en Grande-Bretagne.*

**baa** [baː] ◇ *n* bêlement *m*; ~! bêê! ◇ *vi* bêler.

**baa-lamb** *n baby talk* petit agneau *m*.

**baba** ['baːbaː] *n* baba *m*.

**babble** ['bæbl] ◇ *vi* **-1.** [baby] gazouiller, babiller; [person – quickly] bredouiller; [– foolishly] bavarder, babiller. **-2.** [stream] jaser, gazouiller. ◇ *vt* [say quickly] bredouiller; [say foolishly] bavarder, babiller. ◇ *n* **-1.** [of voices] rumeur *f*; [of baby] babillage *m*, babil *m*; [of stream] gazouillement *m*, babil *m*. **-2.** [chatter] bavardage *m*.

**babbling** ['bæblɪŋ] ◇ *n* **-1.** [of voices] rumeur *f*; [of baby] babillage *m*, babil *m*; [of stream] gazouillement *m*, babil *m*. **-2.** [chatter] bavardage *m*. ◇ *adj* babillard.

**babe** [beɪb] *n* **-1.** *literal* [baby] bébé *m*; *fig* [naive person] innocent *m*, -e *f*, naïf *m*, -ïve *f*; ~ **in arms** *literal* enfant *m* au berceau; she's a ~ **in arms** *fig* elle est comme l'enfant qui vient de naître. **-2.** *Am inf* [young woman] belle gosse *f*, minette *f*. **-3.** *Am inf* [term of endearment] chéri *m*, -e *f*.

**babel** ['beɪbl] *n* brouhaha *m*.
◆ **Babel** *n*: the tower of Babel la tour de Babel.

**baboon** [bə'buːn] *n* babouin *m*.

**baby** ['beɪbɪ] (*pl* **babies**, *pt & pp* **babied**) ◇ *n* **-1.** [infant] bébé *m*; we've known her since she was a ~ nous l'avons connue toute petite OR bébé; don't be such a ~! ne fais pas l'enfant! ❑ ~'s bottle *Br* biberon *m*; they left him holding the ~ il lui ont laissé payer les pots cassés, ils lui ont tout fait retomber dessus; to throw the ~ out with the bathwater jeter le bébé avec l'eau du bain, pécher par excès de zèle. **-2.** *Am inf* [young woman] belle gosse *f*, minette *f*. **-3.** *Am inf* [term of endearment] chéri *m*, -e *f*. **-4.** *inf* [project]: the new library is the mayor's ~ la nouvelle bibliothèque est l'œuvre du maire. **-5.** *Am inf* [machine] merveille *f*. ◇ *comp* [clothes, food] de bébé; ~ **battering** *violences commises sur un bébé*; ~ **bottle** *Am* biberon *m*; ~ **changing area** relais-bébé *m*; ~ **seat** siège *m* pour bébés. ◇ *vt* dorloter, bichonner. ◇ *adj* [animal] bébé, petit; [mushroom, tomato] petit; ~ **elephant** éléphanteau *m*, bébé *m* éléphant; ~ **girl** petite fille *f*.

**baby boom** *n* baby boom *m*.

**baby boomer** [-,buːmə'] *n* enfant *m* du baby boom.

**Baby-bouncer**® *n* trotteur *m*, youpala *m*.

**baby buggy** *n* **-1.** *Am* = **baby carriage. -2.** *Br* [pushchair]: Baby buggy® poussette *f*.

**baby carriage** *n Am* voiture *f* d'enfant, landau *m*.

**baby doll** *n* poupée *f*.
◆ **baby-doll** *adj*: baby-doll pyjamas baby-doll *m*.

**baby face** *n* visage *m* de bébé.
◆ **baby-face** *adj* au visage de bébé.

**baby grand** *n* (piano *m*) demi-queue *m*.

**babyish** ['beɪbɪʃ] *adj pej* [features, voice] puéril, enfantin; [behaviour] puéril, enfantin, infantile.

**Babylon** ['bæbɪlən] *pr n* Babylone.

**Babylonia** [,bæbɪ'ləʊnjə] *pr n* Babylonie *f*.

**Babylonian** [,bæbɪ'ləʊnjən] ◇ *n* [person] Babylonien *m*, -enne *f*. ◇ *adj* babylonien.

**baby-minder** *n* nourrice *f*.

**baby-sit** *vi* garder des enfants, faire du baby-sitting.

**baby-sitter** *n* baby-sitter *mf*.

**baby-sitting** *n* garde *f* d'enfants, baby-sitting *m*.

**baby sling** *n* porte-bébé *m*, Kangourou® *m*.

**baby-snatcher** *n* ravisseur *m*, -euse *f* de bébés.

**baby-snatching** [-,snætʃɪŋ] *n* rapt *m* OR enlèvement *m* de bébés.

**baby talk** *n* langage *m* enfantin OR de bébé.

**baby-walker** *n* trotteur *m*.

**babywipe** ['beɪbɪwaɪp] *n* lingette *f*.

**baccalaureate** [,bækə'lɔːrɪət] *n* UNIV ≃ licence *f*.

**Bacchae** ['bækiː] *pl pr n*: the ~ les Bacchantes *fpl*.

**bacchanalia** [,bækə'neɪljə] *npl* [rite] bacchanales *fpl*; [party] bacchanale *f*.

**bacchanalian** [,bækə'neɪljən] *adj* bachique.

**baccy**▽ ['bækɪ] *n Br* tabac *m*.

**Bach** [baːx] *pr n* Bach.

**bachelor** ['bætʃələ'] ◇ *n* **-1.** [man] célibataire *m*. **-2.** UNIV ≃ licencié *m*, -e *f*; ~'s degree ≃ licence *f*; Bachelor of Arts/Science [degree] ≃ licence *f* de lettres/de sciences; [person] ≃ licencié *m*, -e *f* ès lettres/ès sciences. ◇ *adj* [brother, uncle] célibataire; [life] de célibataire.

**bachelor flat** *n* garçonnière *f*.

**bachelor girl** *n* célibataire *f*.

**bachelorhood** ['bætʃələhud] *n* [gen] célibat *m*; [of men] vie *f* de garçon.

**bacillus** [bə'sɪləs] (*pl* **bacilli** [-laɪ]) *n* bacille *m*.

**back** [bæk] ◇ *adv* **-1.** [towards the rear] vers l'arrière, en arrière; he stepped ~ il a reculé d'un pas, il a fait un pas en arrière; I pushed ~ my chair j'ai reculé ma chaise; she tied her hair ~ elle a attaché ses cheveux; he glanced ~ il a regardé derrière lui; their house sits ~ from the road leur maison est en retrait par rapport à la route. **-2.** [into or in previous place]: my headache's ~ j'ai de nouveau mal à la tête, mon mal de tête a recommencé; they'll be ~ on Monday ils rentrent OR ils seront de retour lundi; I'll be right ~ je reviens tout de suite; is he ~ at work? a-t-il repris le travail?; he's just ~ from Moscow il arrive OR rentre de Moscou; he went to his aunt's and ~ il a fait l'aller et retour chez sa tante; meanwhile, ~ in Washington entre-temps, à Washington; ~ home there's no school on Saturdays chez moi OR nous, il n'y a pas d'école le samedi ❑ the ~-to-school sales les soldes de la rentrée. **-3.** [indicating return to previous state]: she wants her children ~ elle veut qu'on lui rende ses enfants; he went ~ to sleep il s'est rendormi; business soon got ~ to normal les affaires ont vite repris leur cours normal; miniskirts are coming ~ (in fashion) les minijupes reviennent à la mode. **-4.** [earlier]: six pages ~ six pages plus haut; ~ in the 17th century au 17ᵉ siècle; as far ~ as I can remember d'aussi loin que je m'en souvienne; ~ in November déjà au mois de novembre; ten years ~ *inf* il y a dix ans. **-5.** [in reply, in return]: you should ask for your money ~ vous devriez demander un remboursement OR qu'on vous rembourse; I hit him ~ je lui ai rendu son coup; she smiled ~ at him elle lui a répondu par un sourire.

◇ *adj* **-1.** [rear – door, garden] de derrière; [– wheel] arrière *(inv)*; [– seat] arrière *(inv)*, de derrière; **the ~ legs of a horse** les pattes arrière d'un cheval; **the ~ room is the quietest** la pièce qui donne sur l'arrière est la plus calme; **the ~ page of the newspaper** la dernière page du journal ❏ **to put sthg on the ~ burner** mettre qqch en attente. **-2.** [quiet – lane, road] écarté, isolé; **~ street** petite rue *f*; **I grew up in the ~ streets of Chicago** j'ai été élevé dans les mauvais quartiers de Chicago. **-3.** [overdue] arriéré; **~ rent/taxes** arriéré *m* de loyer/d'impôts; **~ pay** rappel *m* (de salaire). **-4.** LING [vowel] postérieur.

◇ *n* **-1.** ANAT [of animal, person] dos *m*; **I fell flat on my ~** je suis tombé à la renverse OR sur le dos; **we lay on our ~s** nous étions allongés sur le dos; **I only saw them from the ~** je ne les ai vus que de dos; **you had your ~ to me** tu me tournais le dos ❏ **they have the police at their ~s** [in support] ils ont la police avec eux; [in pursuit] ils ont la police à leurs trousses; **the decision was taken behind my ~** la décision a été prise derrière mon dos; **to be on one's ~** [bedridden] être alité OR cloué au lit; **get off my ~!** *inf* fiche-moi la paix!; **to have one's ~ to the wall** être au pied du mur; **the rich live off the ~s of the poor** les riches vivent sur le dos des pauvres; **to put sb's ~ up** énerver qqn; **to put one's ~ into sthg** mettre toute son énergie à faire qqch; **to put one's ~ out** se faire mal au dos; **I'll be glad to see the ~ of her** je serai content de la voir partir OR d'être débarrassé d'elle. **-2.** [part opposite the front – gen] dos *m*, derrière *m*; [– of coat, shirt, door] dos *m*; [– of vehicle, building, head] arrière *m*; [– of hand] queue *f*; [– of book] fin *f*; **the garden is out** OR **round the ~** le jardin se trouve derrière la maison ❏ **she's got a face like the ~ of a bus** *inf* c'est un boudin. **-3.** [other side – of hand, spoon, envelope, cheque] dos *m*; [– of carpet, coin, medal] revers *m*; [– of page] verso *m*; **I know this town like the ~ of my hand** je connais cette ville comme ma poche. **-4.** [farthest from the front – of cupboard, room, stage] fond *m*; **in the ~ of beyond** en pleine brousse, au diable vauvert; **I've had it** OR **it's been at the ~ of my mind for ages** j'y pense depuis longtemps, ça fait longtemps que ça me travaille. **-5.** [of chair] dos *m*, dossier *m*. **-6.** SPORT arrière *m*.

◇ *vt* **-1.** [move backwards – bicycle, car] reculer; [– horse] faire reculer; [– train] refouler; **I ~ed the car into the garage** j'ai mis la voiture dans le garage en marche arrière. **-2.** [support financially – company, venture] financer, commanditer; [– loan] garantir; [encourage – efforts, person, venture] encourager, appuyer, soutenir; [– candidate, bill] soutenir. **-3.** [bet on] parier sur, miser sur; **to ~ a winner** SPORT [horse, team] parier sur un gagnant; FIN [company, stock] bien placer son argent; *fig* jouer la bonne carte. **-4.** [strengthen, provide backing for – curtain, material] doubler; [– picture, paper] renforcer. **-5.** MUS [accompany] accompagner.

◇ *vi* **-1.** [go in reverse – car, train] faire marche arrière; [– horse, person] reculer; **the car ~ed into the driveway** la voiture est entrée en marche arrière dans l'allée; **I ~ed into a corner** je me suis retiré dans un coin.

◆ **back and forth** *adv phr*: **to go ~ and forth** [person] faire des allées et venues; [machine, piston] faire un mouvement de va-et-vient.

◆ **back to back** *adv phr literal* & *fig* dos à dos; **they're showing both films ~ to ~** ils montrent deux films l'un après l'autre.

◆ **back to front** *adv phr* devant derrière.

◆ **in back of** *prep phr Am* derrière.

◆ **back away** *vi insep* **-1.** [car] faire marche arrière. **-2.** [person] (se) reculer; **they have ~ed away from him** elle a reculé devant lui; **they have ~ed away from making a decision** *fig* ils se sont abstenus de prendre une décision.

◆ **back down** *vi insep* [accept defeat] céder.

◆ **back off** *vi insep* **-1.** [withdraw] reculer; **~ off, will you!** *inf* fiche-moi la paix!, lâche-moi les baskets!**-2.** *Am*= **back down**.

◆ **back onto** *vt insep* [have back facing towards] donner sur (à l'arrière).

◆ **back out** *vi insep* **-1.** [car] sortir en marche arrière; [person] sortir à reculons. **-2.** *fig* [withdraw] se dérober, tirer son épingle du jeu; **don't ~ out now!** ne faites pas marche arrière maintenant!; **to ~ out of a contract** se rétracter OR se retirer d'un contrat.

◆ **back up** ◇ *vi insep* **-1.** [car] faire marche arrière. **-2.** [drain] se boucher; [water] refouler. ◇ *vt sep* **-1.** [car, horse]

faire reculer; [train] refouler. **-2.** [support – claim, story] appuyer, soutenir; [– person] soutenir, épauler, seconder; **her story is ~ed up by eye witnesses** sa version des faits est confirmée par des témoins oculaires; **he ~ed this up with a few facts** il a étayé ce qu'il avance quelques faits. **-3.** COMPUT sauvegarder. **-4.** TRANSP: **traffic is ~ed up for 5 miles** il y a un embouteillage sur 8 km.

**backache** ['bækeik] *n* mal *m* de dos.

**backbench** ['bæk'bentʃ] ◇ *n banc des membres du Parlement britannique qui n'ont pas de portefeuille.* ◇ *comp* [opinion, support] des «backbenchers».

**backbencher** [,bæk'bentʃər] *n* parlementaire sans fonction ministérielle.

**backbiting** ['bækbaitiŋ] *n* médisance *f*.

**backbone** ['bækbəʊn] *n* **-1.** ANAT colonne *f* vertébrale; ZOOL épine *f* dorsale. **-2.** [of country, organization] pivot *m*, épine *f* dorsale. **-3.** *fig* [strength of character] fermeté *f*, caractère *m*.

**backbreaking** ['bæk,breikiŋ] *adj* éreintant; **~ work** un travail à vous casser les reins.

**backchat** ['bæktʃæt] *n Br* impertinence *f*, insolence *f*.

**backcloth** ['bækklɒθ] *n* THEAT toile *f* de fond; *fig* toile *f* de fond, fond *m*.

**backcomb** ['bækkəʊm] *vt* crêper.

**back copy** *n* vieux numéro *m*.

**backdate** [,bæk'deit] *vt* [cheque, document] antidater; **the pay rise is ~d to March** l'augmentation de salaire a un effet rétroactif à compter de mars.

**back door** *n* porte *f* arrière; **to get in through** OR **by the ~** *fig* entrer par la petite porte.

◆ **backdoor** *adj* louche, suspect.

**backdrop** ['bækdrɒp] = **backcloth**.

**-backed** [bækt] *comb form* **-1.** [chair] à dos, à dossier; **a broad~ man** un homme qui a le dos large. **-2.** [supported by]: US**~ rebels** des rebelles soutenus par les États-Unis.

**back end** *n* **-1.** [of car, bus] arrière *m*; [of train] queue *f*.**-2.** *Br dial* [autumn] arrière-saison *f*, automne *m*.

**backer** ['bækər] *n* **-1.** [supporter] partisan *m*, -e *f*; [financial supporter] commanditaire *mf*, bailleur *m* de fonds. **-2.** SPORT [punter] parieur *m*, -euse *f*.

**backfire** [,bæk'faiər] ◇ *vi* **-1.** [car] pétarader. **-2.** [plan] avoir un effet inattendu; **the plan ~d on him** le projet s'est retourné contre lui OR lui est retombé sur le nez. ◇ *n* **-1.** [noise] pétarade *f*; [explosion] retour *m* d'allumage. **-2.** [controlled fire] contre-feu *m*.

**backgammon** ['bæk,gæmən] *n* backgammon *m*.

**background** ['bækgraʊnd] ◇ *n* **-1.** [scene, view] fond *m*, arrière-plan *m*; [sound] fond *m* sonore; THEAT fond *m*; **yellow flowers on a green ~** des fleurs jaunes sur fond vert; **in the ~** dans le fond, à l'arrière-plan; **his wife remains very much in the ~** *fig* sa femme est très effacée OR reste à l'écart. **-2.** [of person – history] antécédents *mpl*; [– family] milieu *m* socioculturel; [– experience] formation *f*, acquis *m*; [– education] formation *f*, bagage *m*; **people from a working-class ~** gens *mpl* de milieu ouvrier; **she has a good ~ in history** elle a une bonne formation en histoire. **-3.** [of event, situation] contexte *m*, climat *m*; **the economic ~ to the crisis** les raisons économiques de la crise; **the talks are taking place against a ~ of political tensions** les débats ont lieu dans un climat de tensions politiques; **the report looks at the ~ to the unrest** le rapport examine l'historique de l'agitation. ◇ *adj* **-1.** [unobtrusive – music, noise] de fond. **-2.** [facts, material] de base, de fond; **~ information** éléments de référence OR de base; **~ reading** bibliographie *f*.**-3.** COMPUT: **~ processing** traitement *m* des données non prioritaires. **-4.** PHYS: **~ radiation** rayonnement *m* naturel.

**backhand** ['bækhænd] ◇ *n* revers *m*. ◇ *adj* [stroke] en revers; [volley] de revers. ◇ *adv* en revers.

**backhanded** ['bækhændid] *adj* **-1.** [blow, slap] donné avec le revers de la main; **~ stroke** SPORT revers *m*.**-2.** [compliment, remark] équivoque.

**backhander** ['bækhændər] *n* **-1.** [blow, stroke] coup *m* du revers de la main; SPORT revers *m*.**-2.** [comment] remarque *f* équivoque. **-3.** *Br inf* [bribe] pot-de-vin *m*, dessous-de-table *m inv*.

**backing** ['bækɪŋ] *n* **-1.** [support] soutien *m*, appui *m*; [financial support] soutien *m* financier. **-2.** [material] renforcement *m*, support *m*.**-3.** MUS [accompaniment] accompagnement *m*.

**back issue** *n* vieux numéro *m*.

**backlash** ['bæklæʃ] *n* contrecoup *m*; a ~ of violence une réaction de violence.

**backless** ['bæklɪs] *adj* [dress] (très) décolleté dans le dos; [chair] sans dos, sans dossier.

**backlog** ['bæklɒg] *n* accumulation *f*, arriéré *m*; a ~ of orders COMM des commandes inexécutées OR en souffrance.

**back number** *n* vieux numéro *m*.

**backpack** ['bækpæk] ◇ *n* sac *m* à dos. ◇ *vi* voyager sac au dos. ◇ *vt* transporter dans un sac à dos.

**backpacker** ['bækpækə'] *n* routard *m*, -e *f*.

**backpacking** ['bækpækɪŋ] *n*: to go ~ voyager sac au dos.

**back passage** *n* **-1.** [rectum] rectum *m*.**-2.** [alley] ruelle *f*.

**backpedal** [,bæk'pedl] (*Br pt & pp* **backpedalled**, *cont* **backpedalling**, *Am pt & pp* **backpedaled**, *cont* **backpedaling**) *vi* **-1.** [on bicycle] rétropédaler. **-2.** [change mind] faire marche arrière *fig*.

**backrest** ['bækrest] *n* dossier *m*.

**back room** *n* **-1.** [in house] pièce *f* de derrière; [in shop] arrière-boutique *f*.**-2.** [for research] laboratoire *m* de recherche secret.

◆ **backroom** *adj* [research, work] secret (*f* -ète); backroom boys [gen] ceux qui restent dans l'ombre OR dans les coulisses; [researchers] chercheurs *mpl* qui travaillent dans l'anonymat.

**back-scratcher** *n* [implement] gratte-dos *m inv*.

**back seat** *n* siège *m* arrière; to take a ~ *fig* passer au second plan.

**back-seat driver** *n pej* [in car] personne qui donne toujours des conseils au conducteur; [interfering person] donneur *m*, -euse *f* de leçons.

**backside** ['bæksaɪd] *n inf* derrière *m*.

**backslapping** ['bæk,slæpɪŋ] ◇ *n* [heartiness] (excessive) jovialité *f*; [congratulations] encensement *m*. ◇ *adj* jovial.

**backslash** ['bækslæʃ] *n* barre *f* oblique inversée.

**backslide** [,bæk'slaɪd] (*pt* **backslid** [-'slɪd], *pp* **backslid** [-'slɪd] OR **backslidden** [-'slɪdn]) *vi* retomber, récidiver.

**backslider** [,bæk'slaɪdə'] *n* récidiviste *mf*.

**backspace** ['bækspeɪs] ◇ *vi* faire un retour arrière. ◇ *vt* rappeler. ◇ *n* espacement *m* OR retour *m* arrière.

**backspin** ['bækspɪn] *n* effet *m* contraire; to put ~ on a ball couper une balle.

**backstage** [,bæk'steɪdʒ] THEAT & *fig* ◇ *n* coulisse *f*, coulisses *fpl*. ◇ *adv* THEAT dans la coulisse OR les coulisses, derrière la scène; *fig* en coulisses, en secret. ◇ *adj* secret (*f* -ète), furtif.

**backstitch** ['bækstɪtʃ] ◇ *n* point *m* arrière. ◇ *vi & vt* coudre en point arrière.

**backstop** ['bækstɒp] *n* SPORT **-1.** [screen] panneau *m*.**-2.** [in baseball] attrapeur *m*.

**back straight** *n* ligne *f* (droite) d'en face.

**backstreet** ['bækstri:t] *adj* [secret] secret (*f* -ète), furtif; [underhanded] louche; ~ abortionist faiseuse *f* d'anges.

**backstroke** ['bækstrəʊk] *n* [in swimming] dos *m* crawlé.

**backswing** ['bækswɪŋ] *n* swing *m* (en arrière).

**back talk** *n Am* impertinence *f*.

**back-to-back** ◇ *adj literal & fig* dos à dos. ◇ *n*: ~s [houses] rangée de maisons construites dos à dos et séparées par un passage étroit, typique des régions industrielles du nord de l'Angleterre.

**backtrack** ['bæktræk] *vi literal* revenir sur ses pas, rebrousser chemin; *fig* faire marche arrière.

**backup** ['bækʌp] ◇ *n* **-1.** [support] soutien *m*, appui *m*.**-2.** [reserve] réserve *f*; [substitute] remplaçant *m*.**-3.** COMPUT sauvegarde *f*.**-4.** *Am* MUS musiciens qui accompagnent un chanteur. ◇ *adj* **-1.** [furnace] de secours, de réserve; [plan] de secours; [supplies] supplémentaire, de réserve; [team] remplaçant; ~ troops MIL réserves *fpl*.**-2.** COMPUT: ~ disk sauvegarde *f*; ~ storage mémoire *f* auxiliaire. **-3.** *Am* AUT: ~ light phare *m* arrière.

**backward** ['bækwəd] ◇ *adj* **-1.** [directed towards the rear] en arrière, rétrograde; without a ~ look sans jeter un regard en arrière. **-2.** [late in development – country, society, child] arriéré. **-3.** [reluctant] hésitant, peu disposé; he's not ~ about giving his opinion il n'hésite pas à donner son avis. ◇ *adv Am* = backwards.

**backwardness** ['bækwədnıs] *n* **-1.** [of development – country] sous-développement *m*; [– person] retard *m* mental; [– of economy] retard *m*.**-2.** [reluctance] hésitation *f*, lenteur *f*.

**backwards** ['bækwədz] *adv* **-1.** [towards the rear] en arrière; I fell ~ je suis tombé en arrière OR à la renverse. **-2.** [with the past] en arrière, vers le passé; looking ~ in time en remontant dans le temps. **-3.** [with the back foremost]: to walk ~ marcher à reculons; you've got your sweater on ~ tu as mis ton pull à l'envers OR devant derrière. **-4.** [in reverse] à l'envers; now say it ~ dis-le à l'envers maintenant. **-5.** [thoroughly] à fond, sur le bout des doigts.

◆ **backwards and forwards** *adv phr*: to go ~ and forwards [person] aller et venir; [machine, piston] faire un mouvement de va-et-vient; [pendulum] osciller; she goes ~ and forwards between London and Paris elle fait la navette entre Londres et Paris.

**backwater** ['bæk,wɔːtə'] *n* [of river] bras *m* mort; *fig* [remote spot] coin *m* tranquille; *pej* coin *m* perdu; a cultural ~ un désert culturel.

**back yard** *n Br* [courtyard] cour *f* de derrière, arrière-cour *f*; *Am* [garden] jardin *m* de derrière.

**bacon** ['beɪkən] *n* lard *m* (maigre), bacon *m*; a slice OR rasher of ~ une tranche de lard; ~ and eggs œufs *mpl* au bacon OR au lard; ~ slicer coupe-jambon *m inv*; to bring home the ~ *inf* [be the breadwinner] faire bouillir la marmite; [succeed] décrocher la timbale OR le gros lot.

**bacteria** [bæk'tɪərɪə] *npl* bactéries *fpl*.

**bacterial** [bæk'tɪərɪəl] *adj* bactérien.

**bacteriologist** [bæk,tɪərɪ'ɒlədʒɪst] *n* bactériologiste *mf*.

**bacteriology** [bæk,tɪərɪ'ɒlədʒɪ] *n* bactériologie *f*.

**bacterium** [bæk'tɪərɪəm] (*pl* **bacteria** [-rɪə]) *n* bactérie *f*.

**bad** [bæd] (*compar* **worse** [wɜːs], *superl* **worst** [wɜːst]) ◇ *adj* **-1.** [unpleasant – breath, news, terms, weather] mauvais; [– smell, taste] mauvais, désagréable; that's too ~! [regrettable] c'est OR quel dommage!; [hard luck] tant pis pour toi!; it's too ~ he had to leave quel dommage qu'il ait été obligé de partir; I have a ~ feeling about this j'ai le pressentiment que cela va mal tourner; I feel ~ about leaving you alone cela m'ennuie de te laisser tout seul; he felt ~ about the way he'd treated her il s'en voulait de l'avoir traitée ainsi; he's in a ~ mood OR temper il est de mauvaise humeur; she has a ~ temper elle a un sale caractère, elle a un caractère de chien OR de cochon; I'm on ~ terms with her je suis brouillé avec elle; to come to a ~ end mal finir; it's a ~ business [unpleasant] c'est une sale affaire; [unhappy] c'est une triste affaire; things went from ~ to worse les choses se sont gâtées OR sont allées de mal en pis. **-2.** [unfavourable – effect, result] mauvais, malheureux; [– omen, report] mauvais, défavorable; [– opinion] mauvais (*before n*); things look ~ la situation n'est pas brillante; it happened at the worst possible time ça ne pouvait pas tomber plus mal; he's in a ~ way [ill, unhappy] il va mal, il est dans un piteux état; [in trouble] il est dans de mauvais draps. **-3.** [severe – accident, mistake] grave; [– pain] violent, aigu (*f* -uë); [– headache] violent; [– climate, winter] rude, mauvais; I have a ~ cold j'ai un gros rhume; she has a ~ case of flu elle a une mauvaise grippe. **-4.** [evil, wicked – person] méchant, mauvais; [– behaviour, habit] mauvais, odieux; you've been a ~ girl! tu as fait la vilaine OR la méchante!; ~ boy! vilain! ☐ ~ language gros mots *mpl*, grossièretés *fpl*.**-5.** [harmful] mauvais, néfaste; smoking is ~ for your health le tabac est mauvais pour la santé; eating all these sweets is ~ for him c'est mauvais pour lui OR ça ne lui vaut rien de manger autant de sucreries. **-6.** [unhealthy – leg, arm, person] malade; [– tooth] malade, carié; how are you? – not so ~ comment allez-vous? – on fait aller OR pas trop mal; he was taken ~ at the office *inf* il a eu un malaise au bureau; to have a ~ heart être cardiaque. **-7.** [poor – light, work] mauvais, de mauvaise qualité; [– actor, pay, performance, road] mauvais; that's not ~ for a beginner ce n'est pas mal pour un débutant; your painting isn't half ~ *inf* ton tableau n'est pas mal du tout; he speaks rather ~ Spanish il parle plutôt mal espagnol OR un espagnol plutôt mauvais; it would be ~ form OR manners to refuse ce se-

rait impoli de refuser; **I've always been** ~ **at maths** je n'ai jamais été doué pour les maths, j'ai toujours été mauvais en maths; **she's** ~ **about paying bills on time** elle ne paie jamais ses factures à temps; ~ **debt** créance *f* douteuse OR irrécouvrable. **-8.** [food] mauvais, pourri; **to go** ~ [milk] tourner; [meat] pourrir, se gâter. **-9.** ▽ [very good] terrible.
◇ *n* mauvais *m*; **he's gone to the** ~ il a mal tourné; **we're £100 to the** ~ nous sommes débiteurs OR nous avons un découvert de 100 livres; **she got in** ~ **with her boss** *inf* elle n'a pas la cote avec son patron.
◇ *npl* [people]: **the** ~ les mauvais *mpl*.
◇ *adv inf*: **he wants it** ~ il en meurt d'envie; **she's got it** ~ **for him** elle l'a dans la peau; **he was beaten** ~ *Am* il s'est fait méchamment tabasser.

**baddie, baddy** ['bædɪ] *n inf* méchant *m*.

**bade** [bæd, beɪd] *pt* → **bid.**

**badge** [bædʒ] *n* **-1.** [gen] insigne *m*; [metal, plastic] badge *m*; [fabric] écusson *m*; [on lapel] pin's *nm inv*; [of scout] badge *m*; MIL insigne *m*; **a** ~ **of office** un insigne de fonction. **-2.** *fig* signe *m*, marque *f*.

**badger** ['bædʒər] ◇ *n* blaireau *m*. ◇ *vt* harceler, persécuter; **she** ~ed **us into going** elle nous a harcelés jusqu'à ce que nous y allions.

**badly** ['bædlɪ] (*compar* **worse** [wɜːs], *superl* **worst** [wɜːst]) *adv* **-1.** [poorly] mal; ~ **made/organized** mal fait/organisé; **things aren't going too** ~ ça ne va pas trop mal; **the candidate did** OR **came off** ~ **in the exams** le candidat n'a pas bien marché à ses examens; **we came off worst in the deal** c'est nous qui nous en sommes le plus mal sortis dans l'affaire; **I feel** ~ **about it** [sorry] je le regrette beaucoup; [embarrassed] cela me gêne beaucoup; **don't think** ~ **of him** for what he did ne lui en voulez pas de ce qu'il a fait; **to be** ~ **off** être dans la misère; **we're** ~ **off for supplies** nous manquons de provisions. **-2.** [behave – improperly] mal; [– cruelly] méchamment, avec cruauté. **-3.** [severely – burn, damage] gravement, sérieusement; [– hurt] gravement, grièvement; **she had been** ~ **beaten** elle avait reçu des coups violents; **the army was** ~ **defeated** l'armée a subi une sévère défaite. **-4.** [very much] énormément; **he** ~ **needs** OR **he's** ~ **in need of a holiday** il a grand OR sérieusement besoin de (prendre des) vacances; **we** ~ **want to see her** nous avons très envie de la voir.

**badman** ['bædmæn] (*pl* **badmen** [-men]) *n Am* [crook] bandit *m*; [in movie] méchant *m*.

**bad-mannered** *adj* mal élevé.

**badminton** ['bædmɪntən] *n* badminton *m*.

**Badminton Horse Trials** *pr n* prestigieux concours hippique en Angleterre.

**badmouth** ['bædmaʊθ] *vt Am* médire de, dénigrer.

**badness** ['bædnɪs] *n* **-1.** [wickedness] méchanceté *f*; [cruelty] cruauté *f*. **-2.** [inferior quality] mauvaise qualité *f*, mauvais état *m*.

**bad-tempered** *adj* [as character trait] qui a mauvais caractère; [temporarily] de mauvaise humeur.

**baffle** ['bæfl] ◇ *vt* **-1.** [puzzle] déconcerter, dérouter. **-2.** [frustrate – effort, plans] faire échouer, déjouer; [– expectations, hopes] décevoir, tromper. ◇ *n* [deflector] déflecteur *m*; [acoustic] baffle *m*, écran *m*.

**baffling** ['bæflɪŋ] *adj* déconcertant, déroutant.

**bag** [bæg] (*pt & pp* **bagged**, *cont* **bagging**) ◇ *n* **-1.** [container] sac *m*; paper/plastic ~ sac en papier/en plastique ❑ **he was left holding the** ~ *Am inf* tout lui est retombé dessus; **her promotion is in the** ~ *inf* son avancement, c'est dans la poche OR dans le sac OR du tout cuit; **to pull sthg out of the** ~ sortir qqch du chapeau; **the whole** ~ **of tricks** *inf* tout le tralala. **-2.** [handbag] sac *m* (à main); [suitcase] valise *f*; ~s valises, bagages *mpl*; **it's time to pack our** ~s *fig* c'est le moment de plier bagage; **they threw her out** ~ **and baggage** *inf* ils l'ont mise à la porte avec toutes ses affaires. **-3.** [of cloth, skin] poche *f*. **-4.** HUNT prise *f*. **-5.** *inf & pej* [woman]: **old** ~ vieille peau. **-6.** ▽ [interest]: **it's not my** ~ ce n'est pas mon truc. ◇ *vt* **-1.** [books, groceries] mettre dans un sac. **-2.** *inf* [seize] mettre le grappin sur, s'emparer de; [steal] piquer, faucher; **he bagged the best seat for himself** il s'est réservé la meilleure place. **-3.** HUNT tuer. ◇ *vi* goder, faire des poches.

◆ **bags** *inf* ◇ *npl Br* **-1.** [trousers] pantalon *m*, fute *m*. **-2.** [lots]:

there are ~s of things to do il y a plein de choses à faire.
◇ *interj Br*: ~s **I go!** c'est à moi!

**bagatelle** [,bægə'tel] *n* **-1.** [trinket] bagatelle *f*, babiole *f*.**-2.** GAMES [board game] (sorte *f* de) flipper *m*; [billiards] billard *m* anglais. **-3.** MUS bagatelle *f*.

**bagel** ['beɪgəl] *n* petit pain *m* en couronne (*de la cuisine juive*).

**bagful** ['bægful] *n* sac *m* plein, plein sac *m*.

**baggage** ['bægɪdʒ] *n* **-1.** [luggage] valises *fpl*, bagages *mpl*; ~ **car** *Am* fourgon *m* (*d'un train*); ~ **room** OR **checkroom** *Am* consigne *f*; ~ **handler** bagagiste *m*; ~ **reclaim** livraison *f* des bagages; ~ **tag** *Am* bulletin *m* de consigne. **-2.** MIL équipement *m* (portatif).

**Baggie**® ['bægɪ] *n Am* petit sachet hermétique en plastique.

**baggy** ['bægɪ] (*compar* **baggier**, *superl* **baggiest**) *adj* [clothing – too big] trop ample OR grand; [– loose-fitting] ample; ~ **trousers** un pantalon bouffant.

**Baghdad** [bæg'dæd] *pr n* Bagdad.

**bag lady** *n* clocharde *f*.

**bagpiper** ['bægpaɪpər] *n* joueur *m*, -euse *f* de cornemuse.

**bagpipes** ['bægpaɪps] *npl* cornemuse *f*.

**bag-snatcher** [-snætʃər] *n* voleur *m*, -euse *f* à la tire.

**bag-snatching** [-,snætʃɪŋ] *n* vol *m* à l'arraché.

**bah** [bɑː] *interj*: ~! bah!

**Bahamas** [bə'hɑːməz] *pl pr n* Bahamas *fpl*.

**Bahamian** [bə'heɪmɪən] ◇ *n* habitant *m*, -e *f* des Bahamas. ◇ *adj* des Bahamas.

**Bahrain** [bɑː'reɪn] *pr n* Bahreïn *m*, Bahrayn *m*.

**Bahraini** [bɑː'reɪnɪ] ◇ *n* Bahreïni *m*, -e *f*. ◇ *adj* bahreïni.

**Bahrein** [bɑː'reɪn] = **Bahrain.**

**Baikal** [baɪ'kɑːl] *pr n*: **Lake** ~ le lac Baïkal.

**bail** [beɪl] ◇ *n* **-1.** JUR [money] caution *f*; [guarantor] caution *f*, répondant *m*, -e *f*; [release] mise *f* en liberté provisoire sous caution; **on** ~ sous caution; **the judge granted/refused** ~ le juge a accordé/refusé la mise en liberté provisoire sous caution; **she was released on £2,000** ~ elle a été mise en liberté provisoire après avoir payé une caution de 2 000 livres; **to stand** OR **to go** ~ **for sb** se porter garant de qqn; **who put up** ~? qui a payé la caution?; **the prisoner jumped** OR **forfeited** ~ le prisonnier s'est soustrait à la justice (à la faveur d'une mise en liberté provisoire). **-2.** [in cricket] barrette *f*. ◇ *vt* **-1.** JUR [subj: guarantor] payer la caution pour, se porter garant de; [subj: judge] mettre en liberté provisoire sous caution. **-2.** [water] vider.

◆ **bail out** ◇ *vt sep* **-1.** JUR = **bail** *vt* **1. -2.** [help] tirer OR sortir d'affaire. **-3.** [boat] écoper; [cellar, water] vider. ◇ *vi insep* [parachute] sauter en parachute.

**bailiff** ['beɪlɪf] *n* **-1.** JUR huissier *m*. **-2.** *Br* [on estate, farm] régisseur *m*, intendant *m*. **-3.** [official – formerly] bailli *m*.

**bairn** [beən] *n Br dial* enfant *mf*.

**bait** [beɪt] ◇ *n* FISHING & HUNT appât *m*, amorce *f*; *fig* appât *m*, leurre *m*; **to rise to** OR **to take the** ~ *literal & fig* mordre (à l'hameçon). ◇ *vt* **-1.** [hook, trap] amorcer. **-2.** [tease] harceler, tourmenter. **-3.** [badger, bear] lâcher les chiens sur. **-4.** [entice] tenter.

**baize** [beɪz] ◇ *n* [fabric] feutre *m*; [on billiard table] tapis *m*. ◇ *adj* [cloth, lining] de feutre; ~-**covered** feutré.

**bake** [beɪk] ◇ *vt* **-1.** CULIN faire cuire au four; **she's baking a cake for me** elle me fait un gâteau. **-2.** [dry, harden] cuire; **the land was** ~d **dry** la terre était desséchée. ◇ *vi* **-1.** [person – cook]: **she got busy baking** [bread] elle s'est mise à faire du pain; [cake] elle s'est mise à faire de la pâtisserie. **-2.** [cake, pottery] cuire (au four); **the ground was baking in the sun** le sol se desséchait au soleil. **-3.** *inf* [be hot]: **it's baking in here!** il fait une de ces chaleurs ici! ◇ *n* **-1.** [batch of food] fournée *f*. **-2.** *Am* fête où l'on sert un repas cuit au four.

**baked Alaska** ['beɪkt-] *n* omelette *f* norvégienne.

**baked beans** ['beɪkt-] *npl* haricots *mpl* blancs à la sauce tomate.

**baked potato** ['beɪkt-] *n* pomme *f* de terre en robe de chambre.

**Bakelite**® ['beɪkəlaɪt] ◇ *n* Bakélite® *f*. ◇ *adj* en Bakélite®.

**baker** ['beɪkər] *n* boulanger *m*, -ère *f*; **I'm going to the** ~'s **(shop)** je vais à la boulangerie; **a** ~'s **dozen** treize à la douzaine.

**bakery** ['beɪkərɪ] (*pl* **bakeries**) *n* boulangerie *f*.

**baking** ['beɪkɪŋ] ◇ *n* **-1.** [process] cuisson *f* (au four). **-2.** [bread] pain *m*; [pastry] pâtisserie *f*, pâtisseries *fpl*. ◇ *adj* **-1.** [for cooking]: ~ **potatoes** pommes *fpl* de terre à cuire au four; ~ **dish** plat *m* allant au four; ~ **tray** plaque *f* de four. **-2.** [hot – pavement, sun] brûlant; [– day, weather] torride. ◇ *adv*: a ~ hot afternoon un après-midi torride.

**baking powder** *n* levure *f* (chimique).

**baking soda** *n* bicarbonate *m* de soude.

**baking tin** *n* moule *m* à gâteau.

**balaclava (helmet)** [bælə'klɑːvə-] *n* passe-montagne *m*.

**balalaika** [,bælə'laɪkə] *n* balalaïka *f*.

**balance** ['bæləns] ◇ *n* **-1.** [of person – physical] équilibre *m*, aplomb *m*; [– mental] calme *m*, équilibre *m*; she tried to keep her ~ elle a essayé de garder l'équilibre OR son équilibre; off ~ [physically, mentally] déséquilibré; he threw me off ~ *litteral* il m'a fait perdre l'équilibre; *fig* il m'a pris par surprise. **-2.** [of situation] équilibre *m*; [of painting, sculpture] harmonie *f*; she tried to strike a ~ between the practical and the idealistic elle a essayé de trouver un juste milieu entre la réalité et l'idéal; ~ of power [in government] balance OR équilibre des pouvoirs; [between states] balance OR équilibre des forces; he holds the ~ of power il peut faire pencher la balance, tout dépend de lui. **-3.** [scales] balance *f*; everything is still (hanging) in the ~ rien n'est encore certain; our future hangs OR lies in the ~ notre avenir est en jeu; his remark tipped the ~ in his favour sa remarque a fait pencher la balance en sa faveur. **-4.** [weight, force] poids *m*, contrepoids *m*; the ~ of evidence is against him la plupart des preuves lui sont défavorables; she acts as a ~ to his impulsiveness elle sert de contrepoids à OR elle contrebalance son impulsivité. **-5.** [remainder] solde *m*, reste *m*; COMM & FIN solde *m*; ~ due solde débiteur; I'd like to pay the ~ of my account j'aimerais solder mon compte ❏ bank ~ solde (d'un compte); ~ of payments balance *f* des paiements; ~ of trade balance *f* commerciale.
◇ *vt* **-1.** [put in stable position] mettre en équilibre; [hold in stable position] tenir en équilibre. **-2.** [act as counterbalance, offset] équilibrer, contrebalancer; we have to ~ the right to privacy against the public's right to know nous devons trouver le juste milieu entre le respect de la vie privée et le droit du public à être informé. **-3.** [weigh] mettre en balance, comparer; you have to ~ its usefulness against the actual cost vous devez mettre en balance OR comparer son utilité et le coût réel. **-4.** [equation, finances] équilibrer; to ~ the books dresser le bilan, arrêter les comptes. **-5.** [settle, pay] régler, solder; to ~ an account solder un compte.
◇ *vi* **-1.** [remain in stable position] se maintenir en équilibre; [be in stable position] être en équilibre. **-2.** [act as counterbalance]: the weights ~ les poids s'équilibrent. **-3.** [budget, finances] s'équilibrer, être en équilibre.
◆ **on balance** *adv phr* à tout prendre, tout bien considéré.
◆ **balance out** *vi insep*: the advantages and disadvantages ~ out les avantages contrebalancent OR compensent les inconvénients; the debits and credits should ~ out les débits et les crédits devraient s'équilibrer.

**balanced** ['bælənst] *adj* **-1.** [diet, scales, person] équilibré; the two teams were pretty well ~ les deux équipes étaient de force à peu près égale; a ~ view une vue impartiale OR objective. **-2.** [programme, report] impartial, objectif.

**balance sheet** *n* bilan *m*.

**balancing** ['bælənsɪŋ] *adj* **-1.** [physical effort] stabilisation *f*; a ~ act un numéro d'équilibriste; it was a real ~ act keeping everyone happy *fig* il fallait jongler pour pouvoir satisfaire tout le monde. **-2.** FIN [account, books – equalizing] balance *f*; [– settlement] règlement *m*, solde *m*.

**balcony** ['bælkənɪ] (*pl* **balconies**) *n* **-1.** [of flat, house] balcon *m*. **-2.** THEAT balcon *m*.

**bald** [bɔːld] *adj* **-1.** [having no hair] chauve; he's going ~ il devient chauve, il perd ses cheveux; a ~ patch [on person] une calvitie; [on animal] un endroit sans poils ❏ as ~ as a coot OR as an egg *inf* chauve comme un œuf OR comme une boule de billard. **-2.** [carpet] usé; [mountain top] pelé; [tyre] lisse. **-3.** [unadorned] brutal; the ~ truth la pure vérité; a ~ statement une simple exposition des faits.

**bald eagle** *n* aigle *m* d'Amérique.

**balderdash** ['bɔːldədæʃ] *n (U) dated* âneries *fpl*, bêtises *fpl*.

**bald-faced** *adj Am* [liar, thief] effronté; [lie] flagrant.

**bald-headed** *adj* chauve.

**balding** ['bɔːldɪŋ] *adj* qui devient chauve.

**baldly** ['bɔːldlɪ] *adv* brutalement.

**baldness** ['bɔːldnɪs] *n* **-1.** [of person] calvitie *f*; [of animal] absence *f* de poils. **-2.** [of mountain top] aspect *m*; [of tyre] usure *f*. **-3.** [of statement] brutalité *f*.

**bale** [beɪl] ◇ *n* [of cloth, hay] balle *f*. ◇ *vt* **-1.** [hay] mettre en balles; [cotton, merchandise] emballer, empaqueter. **-2.** = **bail** *vt* 2.

**Balearic Islands** [,bælɪ'ærɪk-] *pl pr n*: the ~ les Baléares *fpl*.

**baleful** ['beɪlfʊl] *adj* **-1.** [menacing] menaçant; [wicked] sinistre, méchant. **-2.** [gloomy] lugubre.

**balefully** ['beɪlfʊlɪ] *adv* **-1.** [menacingly – look] d'un sale œil; [– say] d'un ton menaçant. **-2.** [gloomily] d'une façon lugubre.

**Bali** ['bɑːlɪ] *pr n* Bali; in ~ à Bali.

**Balinese** [,bɑːlɪ'niːz] (*pl inv*) ◇ *n* **-1.** [person] Balinais *m*, -e *f*. **-2.** LING balinais *m*. ◇ *adj* balinais, de Bali.

**balk** [bɔːk] ◇ *vi*: to ~ at sthg: the horse ~ed at the fence le cheval a refusé la barrière; he ~ed at the idea of murder il a reculé devant l'idée du meurtre. ◇ *vt* **-1.** [thwart] contrecarrer, contrarier. **-2.** [avoid] éviter. ◇ *n* **-1.** [beam] bille *f*; [of roof] solive *f*. **-2.** [hindrance] obstacle *m*. **-3.** [in baseball] feinte *f* irrégulière d'un lanceur.

**Balkan** ['bɔːlkən] *adj* balkanique; ~ States États *mpl* balkaniques, Balkans *mpl*; ~ Peninsula péninsule *f* balkanique, Balkans *mpl*.

**Balkans** ['bɔːlkənz] *pl pr n* Balkans *mpl*.

**ball** [bɔːl] ◇ *n* **-1.** [sphere] boule *f*; [of wool] pelote *f*; he rolled up the jersey into a ~ il a roulé le pullover en boule. **-2.** SPORT [small] balle *f*; [large] ballon *m*; [in snooker] bille *f*, boule *f*; [in croquet] boule *f*; [in golf, tennis] balle *f*; [in rugby] ballon *m*; the children were playing ~ les enfants jouaient au ballon. **-3.** [shot – in golf & tennis] coup *m*; [– in football] passe *f*; [– in hockey] tir *m*. **-4.** ANAT [of foot] plante *f*; [of thumb] partie *f* charnue. **-5.** [dance] bal *m*; to have OR to hold OR to organize a ~ donner un bal || *fig*: to have a ~ *inf* se marrer comme des fous. **-6.** *phr*: the ~ is in his court now c'est à lui de jouer maintenant, la balle est dans son camp; to be on the ~ [capable] être à la hauteur de la situation; [alert] être sur le qui-vive; to keep the ~ rolling [maintain interest] maintenir l'intérêt; [maintain activity] assurer la continuité; to start OR to set the ~ rolling [in conversation] lancer la conversation; [in deal] faire démarrer l'affaire; that's the way the ~ bounces! *Am inf* c'est la vie! ◇ *vt* [wool] mettre en pelote; [fists] serrer.
◆ **balls** ▼ *npl* **-1.** [testicles] couilles *fpl*; they've got you by the ~s *fig* t'es bien baisé. **-2.** [courage]: to have ~s avoir des couilles au cul, en avoir. **-3.** [rubbish]: what a load of ~s! c'est des conneries, tout ça! ◇ *interj*: ~s! quelles conneries!
◆ **balls up** ▽ *Br*, **ball up** ▽ *Am vt sep* foutre la merde dans.

**ballad** ['bæləd] *n* [song – narrative] ballade *f*; [– popular, sentimental] romance *f*; [musical piece] ballade *f*.

**ball-and-socket** *adj* [joint] à rotule.

**ballast** ['bæləst] ◇ *n (U)* **-1.** [in balloon, ship] lest *m*. **-2.** [in road] pierraille *f*; RAIL ballast *m*. ◇ *vt* **-1.** [balloon, ship] lester. **-2.** [road] empierrer, caillouter; [railway] ballaster.

**ball bearing** *n* bille *f* de roulement; ~s roulement *m* à billes.

**ball boy** *n* ramasseur *m* de balles.

**ballcock** ['bɔːlkɒk] *n* robinet *m* à flotteur.

**ballerina** [,bælə'riːnə] *n* ballerine *f* (*danseuse*).

**ballet** ['bæleɪ] *n* ballet *m*; ~ shoe chausson *m* de danse.

**ballet dancer** *n* danseur *m*, -euse *f* de ballet.

**ball game** *n* **-1.** SPORT [with small ball] jeu *m* de balle; [with large ball] jeu *m* de ballon; [baseball] match *m* de base-ball. **-2.** *inf* & *fig* [activity]: it's a whole new ~, it's a different ~ altogether ce n'est pas du tout la même histoire.

**ball girl** *n* ramasseuse *f* de balles.

**ballistic** [bə'lɪstɪk] *adj* balistique.

**ballistic missile** *n* missile *m* balistique.

**ballistics** [bə'lɪstɪks] *n (U)* balistique *f*.

**ball joint** *n* joint *m* à rotule.

**balloon** [bə'luːn] ◇ *n* -1. [toy] ballon *m*.-2. AERON ballon *m*, aérostat *m*; to go up in a ~ monter en ballon; when the ~ goes up *inf* & *fig* quand ça démarre. -3. [in comic strip] bulle *f*.-4. CHEM [flask] ballon *m*.-5. [brandy glass] (verre *m*) ballon *m*. ◇ *vi* -1. [billow – sail, trousers] gonfler. -2. *fig* [grow dramatically] augmenter démesurément. ◇ *vt Br* SPORT [ball] projeter très haut en l'air.

**ballooning** [bə'luːnɪŋ] *n*: to go ~ [regularly] pratiquer la montgolfière; [on one occasion] faire un tour en montgolfière OR en ballon.

**balloonist** [bə'luːnɪst] *n* aéronaute *mf*.

**ballot** ['bælət] (*pt* & *pp* **balloted**, *cont* **balloting**) ◇ *n* -1. [secret vote] scrutin *m*; to vote by ~ voter à bulletin secret; in the second ~ au deuxième tour de scrutin; to take a ~ procéder à un scrutin OR à un vote. -2. [voting paper] bulletin *m* de vote. ◇ *vt* sonder au moyen d'un vote.

**ballot box** *n* -1. [for ballot papers] urne *f*; ~ stuffing *Am* fraude *f* électorale. -2. *fig* système *m* électoral OR démocratique.

**ballot paper** *n* bulletin *m* de vote.

**ball park** *n* -1. [stadium] stade *m* de base-ball. -2. *inf* [approximate range] ordre *m* de grandeur; his guess was in the right ~ il avait plutôt bien deviné.

◆ **ball-park** *comp inf*: a ~ figure un chiffre approximatif.

**ballpoint** ['bɔːlpɔɪnt] ◇ *adj* à bille; ~ pen stylo *m* (à) bille. ◇ *n* stylo *m* (à) bille, Bic® *m*.

**ballroom** ['bɔːlrom] *n* salle *f* de bal.

**ballroom dancing** *n* danse *f* de salon.

**balls** [bɔːlz] → **ball**.

**balls-up**▽ *Br n* bordel *m*; to make a ~ of sthg merder qqch.

**ballyhoo** [,bælɪ'huː] *n inf* [commotion] tapage *m*; [publicity] battage *m*.

**balm** [bɑːm] *n* -1. literal & *fig* baume *m*.-2. BOT mélisse *f* officinale.

**balmy** ['bɑːmɪ] *adj* -1. [weather] doux (*f* douce). -2. [scented] embaumé, parfumé; BOT balsamique.

**baloney** [bə'ləunɪ] *n inf*(U) idioties *fpl*, balivernes *fpl*.

**balsa** ['bɒlsə] *n* balsa *m*.

**balsam** ['bɔːlsəm] *n* -1. [balm] baume *m*.-2. [plant] balsamine *f*.-3. [turpentine] oléorésine *f*.

**balsawood** ['bɒlsəwud] *n* balsa *m*.

**Balthazar** [bæl'θæzəʳ] ◇ *pr n* BIBLE Balthazar. ◇ *n* [bottle] balthazar *m*.

**Baltic** ['bɔːltɪk] ◇ *pr n*: the ~ (Sea) la Baltique. ◇ *adj* [port, coast] de la Baltique; the ~ Republics les républiques *fpl* baltes; the ~ States les pays *mpl* baltes.

**balustrade** [,bæləs'treɪd] *n* balustrade *f*.

**bamboo** [bæm'buː] ◇ *n* bambou *m*. ◇ *comp* [screen, table] de OR en bambou; ~ shoots pousses *fpl* de bambou.

**bamboozle** [bæm'buːzl] *vt* -1. [cheat] avoir, embobiner. -2. [confuse] déboussoler.

**ban** [bæn] (*pt* & *pp* **banned**, *cont* **banning**) ◇ *n* -1. [prohibition] interdiction *f*, interdit *m*; they've put a ~ on smoking in the office ils ont interdit de fumer dans le bureau; the nuclear test ~ l'interdiction des essais nucléaires. -2. COMM [embargo] embargo *m*; [sanction] sanctions *fpl* économiques. ◇ *vt* interdire; they are banned from the club ils sont exclus du club; he was banned from driving for a year il a eu une suspension de permis de conduire d'un an.

**banal** [bə'nɑːl] *adj* banal.

**banality** [bə'nælətɪ] *n* banalité *f*.

**banana** [bə'nɑːnə] ◇ *n* [fruit] banane *f*; [plant] bananier *m*. ◇ *comp* de banane; ~ plantation bananeraie *f*.

◆ **bananas** *adj inf* maboul, dingue; to go ~s [crazy] devenir dingue; [angry] piquer une crise.

**banana boat** *n* bananier *m* (*bateau*).

**banana republic** *n pej* république *f* bananière.

**banana skin** *n* peau *f* de banane.

**banana split** *n* banana split *m*.

**band** [bænd] *n* -1. [musicians – folk, rock] groupe *m*; [– brass, military] fanfare *f*. -2. [group] bande *f*, troupe *f*.-3. [strip'– of cloth, metal] bande *f*; [– on hat] ruban *m*; [– of leather] lanière *f*.-4. [stripe – of colour] bande *f*; [– of sunlight] rai *m*; [– small] bandelette *f*.-5. [as binding – around wheel] bandage *m*;

[– around books] sangle *f*; [– on cigar] bague *f*; [– on barrel] cercle *m*.-6. MECH [drive belt] courroie *f* de transmission. -7. RADIO [range of frequency] bande *f*; OPTICS [in spectrum] bande *f*; COMPUT bande *f* magnétique. -8. *Br* [range – in age, price] tranche *f*. -9. [ring] anneau *m*; wedding ~ alliance *f*.

◆ **band together** *vi insep* [unite] se grouper; [gang together] former une bande.

**bandage** ['bændɪdʒ] ◇ *n* -1. [strip of cloth] bande *f*, bandage *m*.-2. [prepared dressing] pansement *m*. ◇ *vt* [head, limb] bander; [wound] mettre un bandage sur; [with prepared dressing] panser.

◆ **bandage up** *vt sep* = **bandage** *vt*.

**Band-Aid**® ['bændeɪd] *n* sparadrap *m*.

**bandan(n)a** [bæn'dænə] *n* bandana *m*.

**b and b, B and B** *n Br abbr of* **bed and breakfast** chambres *fpl* d'hôte (*avec petit déjeuner*); we stayed in a ~ in Brighton à Brighton, nous avons séjourné dans un bed and breakfast.

**bandit** ['bændɪt] *n* literal & *fig* bandit *m*.

**bandleader** ['bænd,liːdəʳ] *n* chef *m* d'orchestre; MIL chef *m* de fanfare; [of pop group] leader *m*.

**bandmaster** ['bænd,mɑːstəʳ] *n* chef *m* d'orchestre.

**bandoleer, bandolier** [,bændə'lɪəʳ] *n* cartouchière *f*.

**band saw** *n* scie *f* à ruban.

**bandsman** ['bændzmən] (*pl* **bandsmen** [-mən]) *n* membre *m* d'un orchestre; MIL membre *m* d'une fanfare.

**bandstand** ['bændstænd] *n* kiosque *m* à musique.

**bandwagon** ['bændwægən] *n*: to jump OR to climb on the ~ prendre le train en marche; *pej* suivre le mouvement.

**bandy** ['bændɪ] (*pt* & *pp* **bandied**, *comp* **bandier**, *superl* **bandiest**) ◇ *vt* -1. [blows] échanger. -2. [ideas, witticisms, insults] échanger; don't ~ words with me ne discute pas avec moi. ◇ *adj* [person] aux jambes arquées; [leg – of animal, person] arqué.

◆ **bandy about** *Br*, **bandy around** *vt insep* [expression, story] faire circuler; his name is often bandied about on parle souvent de lui.

**bandy-legged** *adj*: to be ~ avoir les jambes arquées.

**bane** [beɪn] *n* [scourge, trial] fléau *m*; it's/he's the ~ of my life ça/il m'empoisonne la vie.

**bang** [bæŋ] ◇ *n* -1. [loud noise – explosion] détonation *f*; [– clatter] fracas *m*; [– slam] claquement *m*; [– supersonic] bang *m*; she shut the door with a ~ elle a claqué la porte; there was a big ~ il y a eu une forte détonation OR une explosion ❏ to go over OR out with a ~ *Am*, to go with a ~ *inf* avoir un succès fou. -2. [bump] coup *m* violent; he got a nasty ~ on the head il s'est cogné la tête assez violemment.

◇ *adv* -1. to go ~ [explode] éclater‖ *fig*: ~ go my chances of winning! *inf* envolées, mes chances de gagner!; ~ goes another £10! *inf* et pan, encore 10 livres de parties!-2. [right] en plein; ~ in the middle au beau milieu, en plein milieu; I walked ~ into him je suis tombé en plein sur lui.

◇ *onomat* [gun] pan!; [blow, slam] vlan!; [explosion] boum!

◇ *vt* -1. [hit – table, window] frapper violemment; he banged his fist on the table il a frappé la table du poing; I ~ed my head on the ceiling je me suis cogné la tête contre le OR au plafond; we're ~ing our heads against a brick wall *fig* nous perdons notre temps. -2. [slam – door, window] claquer. -3. ▼ [have sex with] baiser.

◇ *vi* -1. [slam] claquer. -2. [detonate – gun] détoner.

◆ **bangs** *npl Am* frange *f*.

◆ **bang about** *Br*, **bang around** *inf* ◇ *vi insep* faire du bruit, faire du pétard. ◇ *vt sep* [books, crockery] cogner les uns contre les autres; [person] tabasser, cogner.

◆ **bang away** *vi insep* -1. [detonate – gun] tonner. -2. [keep firing – soldier] tirer sans arrêt; [keep hammering – workmen] faire du vacarme; *fig* [keep working] continuer à travailler.

◆ **bang down** *vt sep* [books] jeter violemment; [dish] poser brutalement.

◆ **bang into** *vt insep* [collide with] se cogner contre, heurter.

◆ **bang on** *vi insep Br inf*: he's always ~ing on about his personal problems il n'arrête pas de casser les pieds à tout le monde avec ses problèmes personnels.

◆ **bang out** *vt sep inf* [tune] jouer fort et mal.

◆ **bang together** *vt sep* cogner l'un contre l'autre; I could have ~ed their heads together! j'aurais pu prendre l'un pour taper sur l'autre!

**banger** ['bæŋəʳ] *n Br inf* **-1.** [sausage] saucisse *f*; ~s and mash saucisses-purée. **-2.** [car] tacot *m*, vieux clou *m*.**-3.** [firework] pétard *m*.

**Bangkok** [,bæŋ'kɒk] *pr n* Bangkok.

**Bangladesh** [,bæŋglə'deʃ] *pr n* Bangladesh *m*.

**Bangladeshi** [,bæŋglə'deʃɪ] ◇ *n* Bangladais *m*, - e *f*, Bangladeshi *mf*. ◇ *adj* bangladais, bangladeshi.

**bangle** ['bæŋgl] *n* bracelet *m*.

**bang-on** *inf* ◇ *adv Br* **-1.** [exactly] pile; to hit sthg ~ frapper qqch en plein dans le mille. **-2.** [punctually] à l'heure. ◇ *adj*: his answers were ~ ses réponses étaient percutantes.

**banish** ['bænɪʃ] *vt* [person] exiler; [thought] bannir, chasser.

**banishment** ['bænɪʃmənt] *n* [of thoughts] bannissement *m*; [of person] exil *m*, bannissement *m*.

**banister** ['bænɪstəʳ] *n* rampe *f* (de l'escalier).

**banjo** ['bændʒəʊ] (*Br pl* **banjoes**, *Am pl* **banjos**) *n* banjo *m*.

**bank** [bæŋk] ◇ *n* **-1.** FIN banque *f*; I asked the ~ for a loan j'ai demandé un crédit à ma banque; she has £10,000 in the ~ elle a 10 000 livres à la banque; the ~ of issue la banque d'émission. **-2.** GAMES banque *f*; [in casino] *argent qui appartient à la maison de jeu*; £10 isn't going to break the ~ 10 livres, ce n'est pas la fin du monde. **-3.** [reserve - of blood, data] banque *f*. **-4.** [of lake, river] bord *m*, rive *f*; [above water] berge *f*; [of canal] bord *m*, berge *f*; the Left Bank [in Paris] la rive gauche. **-5.** [embankment, mound - of earth, snow] talus *m*; [- on railway] remblai *m*; [hill] pente *f*. **-6.** [ridge - on racetrack, road] bord *m* relevé; [- of sand] banc *m*; [- by sea] digue *f*.**-7.** [mass - of flowers, shrubs] massif *m*; [- of cloud, coal] amoncellement *m*; [- of fog] couche *f*.**-8.** MIN [pithead] carreau *m*; [face of coal, ore] front *m* de taille. **-9.** AERON virage *m* incliné OR sur l'aile. **-10.** [row - of levers, switches] rangée *f*.

◇ *vt* **-1.** [enclose - railway, road] relever (*dans un virage*); [- river] endiguer. **-2.** [heap up - earth, stone] amonceler; [fire] couvrir. **-3.** AERON: to ~ an aeroplane faire faire à un avion un virage sur l'aile. **-4.** [cheque, money] déposer à la banque.

◇ *vi*: where do you ~?, who do you ~ with? quelle est votre banque?

◆ **bank on**, **bank upon** *vt insep* [count on] compter sur; I'm ~ing on it je compte là-dessus.

◆ **bank up** ◇ *vt sep* **-1.** [road] relever (*dans un virage*); [river] endiguer. **-2.** [fire] couvrir; [earth] amonceler. ◇ *vi insep* [cloud] s'amonceler.

**bankable** ['bæŋkəbl] *adj* bancable, escomptable; to be ~ *fig* être une valeur sûre.

**bank account** *n* compte *m* bancaire.

**bank balance** *n* solde *m* bancaire.

**bankbook** ['bæŋkbʊk] *n* livret *m* (d'épargne).

**bank card** *n* carte *f* bancaire.

**bank charges** *npl* frais *mpl* bancaires.

**bank clerk** *n* employé *m*, -e *f* de banque.

**bank discount** *n* escompte *m* bancaire.

**banker** ['bæŋkəʳ] *n* **-1.** FIN banquier *m*. **-2.** [in betting] banquier *m*.

**banker's card** *n* carte *f* bancaire.

**banker's draft** *n* traite *f* bancaire.

**banker's order** *n Br* ordre *m* de virement bancaire.

**bank holiday** *n* **-1.** [in UK] jour *m* férié. **-2.** [in US] jour *m* de fermeture des banques.

**banking** ['bæŋkɪŋ] *n* (*U*) **-1.** FIN [profession] profession *f* de banquier, la banque; [activity] opérations *fpl* bancaires. **-2.** [embankment - on river] berge *f*; [- on racetrack] bords *mpl* relevés. **-3.** AERON virage *m* sur l'aile.

**banking hours** *npl* heures *fpl* d'ouverture des banques.

**banking house** *n* établissement *m* bancaire.

**bank loan** *n* [money lent] prêt *m* bancaire; [money borrowed] emprunt *m* bancaire; to take out a ~ obtenir un prêt bancaire; to pay off a ~ rembourser un emprunt bancaire.

**bank manager** *n* [head of bank] directeur *m*, -trice *f* d'agence; my OR the ~ [head of bank] le directeur de l'agence où j'ai mon compte; [in charge of account] le responsable de mes banques.

**bank note** *n* billet *m* de banque.

**bank rate** *n* taux *m* d'escompte OR de l'escompte.

**bank robber** *n* cambrioleur *m*, -euse *f* de banque.

**bankroll** ['bæŋkrəʊl] *Am inf* ◇ *n* fonds *mpl*, finances *fpl*. ◇ *vt* financer.

**bankrupt** ['bæŋkrʌpt] ◇ *n* JUR failli *m*, -e *f*; ~'s estate actif *m* de la faillite; ~'s certificate concordat *m*. ◇ *adj* JUR [insolvent] failli; *fig* [person] ruiné; to go ~ faire faillite; to be ~ être en faillite; the firm was declared ~ la firme a été déclarée OR mise en faillite || *fig*: he is completely ~ of ideas il est complètement à court d'idées; morally ~ sans moralité. ◇ *vt* [company, person] mettre en faillite; *fig* [person] ruiner.

**bankruptcy** ['bæŋkrəptsɪ] *n* JUR faillite *f*; *fig* [destitution] ruine *f*; ~ proceedings procédure *f* de faillite.

**bankruptcy court** *n Br* ≈ tribunal *m* de commerce.

**bank statement** *n* relevé *m* de compte.

**banner** ['bænəʳ] *n* [flag] étendard *m*; [placard] bannière *f*; *fig*: to march/to campaign under sb's ~ se ranger/faire campagne sous la bannière de qqn.

**banner headline** *n* gros titre *m*.

**bannister** ['bænɪstəʳ] = **banister**.

**banns** [bænz] *npl* bans *mpl*.

**banquet** ['bæŋkwɪt] ◇ *n* [formal dinner] banquet *m*; [big meal] festin *m*. ◇ *vi* [dine formally] faire un banquet; [dine lavishly] faire un festin. ◇ *vt* [dignitary] offrir un banquet à; [treat lavishly] offrir un festin à.

**bans** [bænz] = **banns**.

**banshee** ['bænʃiː] *n personnage mythique féminin dont les cris présagent la mort*.

**bantam** ['bæntəm] *n* [hen] poule *f* naine; [cock] coq *m* nain.

**bantamweight** ['bæntəmweɪt] ◇ *n* [boxer] poids coq *m inv*. ◇ *adj* [boxer] poids coq (*inv*).

**banter** ['bæntəʳ] ◇ *n* (*U*) badinage *m*, plaisanterie *f*. ◇ *vi* badiner.

**bantering** ['bæntərɪŋ] *adj* [tone] de plaisanterie, badin.

**Bantu** [,bæn'tuː] (*pl sense 1 inv* OR **Bantus**) ◇ *n* **-1.** [person] Bantou *m*, -e *f*.**-2.** LING bantou *m*. ◇ *adj* bantou.

**bap** [bæp] *n Br pain rond que l'on utilise pour faire un sandwich*.

**baptism** ['bæptɪzm] *n* baptême *m*.

**baptismal** [bæp'tɪzml] *adj* baptismal, de baptême; ~ font fonts *mpl* baptismaux.

**Baptist** ['bæptɪst] ◇ *n* **-1.** [member of sect] baptiste *mf*.**-2.** BIBLE: St John the ~ saint Jean-Baptiste. ◇ *adj* [sect]: the ~ Church l'église *f* baptiste.

**baptist(e)ry** ['bæptɪstrɪ] (*pl* **baptistries** OR **baptisteries**) *n* baptistère *m*; [font in Baptist church] fonts *mpl* baptismaux.

**baptize, -ise** [*Br* bæp'taɪz, *Am* 'bæptaɪz] *vt* RELIG & *fig* baptiser.

**bar** [bɑː] (*pt & pp* **barred**, *cont* **barring**) ◇ *n* **-1.** [pub] bar *m*, café *m*; [in hotel, club] bar *m*; [in station] café *m*, bar *m*; [counter] bar *m*.**-2.** [small shop - for coffee, tea] buvette *f*; [- for sandwiches] snack *m*.**-3.** [long piece of metal] barre *f*; [on grating, cage] barreau *m*; [on door] bâcle *f*; ELEC [element] barre *f*; an iron ~ une barre de fer; 'push ~ to open'[on exit doors] 'appuyer sur la barre pour sortir' ❑ to be behind ~s être sous les verrous OR derrière les barreaux. **-4.** [ban] interdiction *f*. **-5.** [bank - in lake, river] banc *m*; *Am* [alluvial deposit] barre *f*. **-6.** [slab - of chocolate] tablette *f*; [- of gold] lingot *m*; a ~ of soap une savonnette, un pain de savon. **-7.** [stripe] raie *f*; [of sunlight] rayon *m*. **-8.** [in court] barre *f*; the prisoner at the ~ l'accusé *m*, -e *f*.**-9.** [authority, tribunal] tribunal *m*.**-10.** *Br* POL endroit au Parlement où le public peut venir s'adresser aux députés ou aux Lords. **-11.** MUS mesure *f*.**-12.** MIL *Br* barrette *f* (*portée sur le ruban d'une médaille*); *Am* galon *m*.**-13.** [unit of pressure] bar *m*.

◇ *vt* **-1.** [put bars on - window] munir de barreaux; ~ the door mettez la barre OR la bâcle à la porte; they barred the door against intruders *fig* ils ont barré la porte aux intrus. **-2.** [obstruct] barrer; he barred her way *fig* il lui barra le passage; high interest rates are barring our way out of the recession *fig* le niveau élevé des taux d'intérêt empêche la reprise (économique). **-3.** [ban - person] exclure; [- activity] interdire; members of the sect were barred from entering the country l'entrée du pays était interdite aux membres de la secte; he was barred from the club il a été exclu du club. **-4.** [stripe] rayer.

◇ *prep* excepté, sauf; ~ accidents sauf accident, sauf imprévu; ~ none sans exception.

◆ **Bar** *n* JUR: the Bar *Br* le barreau; *Am* les avocats; to call sb to the Bar *Br*, to admit sb to the Bar *Am* inscrire qqn au barreau.

**-bar** [baː] *in cpds*: a three~ gate une barrière à trois barreaux; a two~ electric fire un radiateur électrique à deux résistances.

**barb** [baːb] *n* **-1.** [on fishhook] ardillon *m*; [on barbed wire] barbe *f*, pointe *f*; [on arrow] barbelure *f*; [feather] barbe *f*.**-2.** [gibe] trait *m*, pointe *f*.**-3.** [horse] cheval *m* barbe, barbe *m*.

**Barbados** [baːˈbeɪdɒs] *pr n* Barbade *f*.

**barbarian** [baːˈbeərɪən] *n* [boor, savage] barbare *mf*.

**barbaric** [baːˈbærɪk] *adj literal & fig* barbare.

**barbarism** [ˈbaːbərɪzm] *n* **-1.** [state] barbarie *f*.**-2.** [in language] barbarisme *m*.

**barbarity** [baːˈbærətɪ] *n* **-1.** [brutality] barbarie *f*, inhumanité *f*.**-2.** [atrocity] atrocité *f*.

**Barbarossa** [ˌbaːbəˈrɒsə] *pr n* Barberousse.

**barbarous** [ˈbaːbərəs] *adj* [language, manners, tribe] barbare.

**Barbary** [ˈbaːbərɪ] *pr n* Barbarie *f*, États *mpl* barbaresques.

**Barbary coast** *pr n*: the ~ les côtes *fpl* de Barbarie.

**barbecue** [ˈbaːbɪkjuː] (*pt & pp* **barbecued**, *cont* **barbecuing**) ◇ *n* [grill, meal, party] barbecue *m*; to have a ~ faire un barbecue; ~ sauce sauce *f* barbecue. ◇ *vt* [steak] griller au charbon de bois; [pig, sheep] rôtir tout entier.

**barbed** [baːbd] *adj* [arrow, hook] barbelé; [comment] acéré.

**barbed wire** *n* (fil *m* de fer) barbelé *m*; a ~ fence une haie de barbelés.

**barber** [ˈbaːbəʳ] *n* coiffeur *m* (pour hommes); to go to the ~'s aller chez le coiffeur.

**barbershop** [ˈbaːbəʃɒp] ◇ *n* *Am* salon *m* de coiffure (pour hommes). ◇ *adj* MUS [songs] chanté en harmonie étroite; ~ quartet quatuor d'hommes chantant en harmonie étroite.

**barber's pole** *n* enseigne *f* de coiffeur.

**bar billiards** *n* *Br* version du jeu de billard, couramment pratiquée dans les pubs.

**barbiturate** [baːˈbɪtjʊrət] *n* barbiturique *m*; ~ poisoning barbiturisme *m*.

**Barbour jacket**® [ˈbaːbəʳ-] *n* veste en toile cirée à col de velours souvent associée à un style de vie BCBG en Grande-Bretagne.

**Barcelona** [ˌbaːsɪˈleʊnə] *pr n* Barcelone.

**bar chart** *n* histogramme *m*.

**Barclaycard**® [ˈbaːklɪkaːd] *n* carte de crédit britannique.

**bar code** ◇ *n* code-barres *m*; ~ reader lecteur *m* de code-barres. ◇ *vt* mettre un code-barres sur.

**bard** [baːd] *n* **-1.** [Celtic] barde *m*; [Greek] aède *m*; *lit* [poet] poète *m*; the Bard of Avon le Barde de l'Avon (*surnom de William Shakespeare*). **-2.** CULIN barde *f* (de lard). ◇ *vt* barder.

**bar diagram** *n* histogramme *m*.

**bare** [beəʳ] (*compar* **barer**, *superl* **barest**) ◇ *adj* **-1.** [naked – body, feet] nu; he killed a tiger with his ~ hands il a tué un tigre à mains nues; to fight with ~ hands SPORT boxer à main nue. **-2.** [unadorned, uncovered] nu; ELEC [wire] dénudé; we had to sleep on ~ floorboards nous avons dû coucher à même le plancher; his head was ~ il était nu-tête; ~ wood bois *m* naturel; the lawn was just a ~ patch of grass la pelouse consistait en un maigre carré d'herbe; to lay ~ one's heart mettre son cœur à nu; to lay ~ a plot révéler un complot. **-3.** [empty] vide. **-4.** [basic, plain] simple, dépouillé; I just told him the barest details je lui ai donné le minimum de détails; the ~ facts les faits bruts; the ~ bones of the story *fig* le squelette de l'histoire. **-5.** [absolute] absolu, strict; the ~ necessities of life le minimum vital. **-6.** [meagre]: a ~ 20% of the population is literate à peine 20 % de la population est alphabétisée; they won by a ~ majority ils ont gagné de justesse.

◇ *vt* **-1.** [part of body] découvrir; ELEC [wire] dénuder; [teeth] montrer; to ~ one's soul mettre son âme à nu. **-2.** [unsheath – dagger, sword] dégainer, tirer du fourreau.

**bareback** [ˈbeəbæk] ◇ *adj* [rider] qui monte à cru. ◇ *adv* [ride] à nu, à cru.

**barefaced** [ˈbeəfeɪst] *adj* [liar] effronté, éhonté; [lie] impudent.

**barefoot** [ˈbeəfʊt] *adj* aux pieds nus.

**barefooted** [ˌbeəˈfʊtɪd] ◇ *adj* aux pieds nus. ◇ *adv* nu-pieds, (les) pieds nus.

**bare-handed** ◇ *adv* [fight] à mains nues. ◇ *adj* aux mains nues.

**bareheaded** [ˌbeəˈhedɪd] ◇ *adv* nu-tête, (la) tête nue. ◇ *adj* nu-tête (*inv*).

**barelegged** [ˌbeəˈlegd] ◇ *adv* nu-jambes, (les) jambes nues. ◇ *adj* aux jambes nues.

**barely** [ˈbeəlɪ] *adv* **-1.** [only just] à peine, tout juste; I had ~ arrived when I heard the news j'étais à peine arrivé que j'ai entendu la nouvelle. **-2.** [sparsely] très peu; [poorly] pauvrement.

**bareness** [ˈbeənɪs] *n* **-1.** [nakedness – of person] nudité *f*.**-2.** [spareness – of style] sécheresse *f*, dépouillement *m*; [– of furnishings] pauvreté *f*; [– of room] dénuement *m*.**-3.** [simplicity] dépouillement *m*.

**Barents Sea** [ˈbærənts-] *pr n*: the ~ la mer de Barents.

**barfly** [ˈbaːflaɪ] *n* *Am inf* pilier *m* de bistrot.

**bargain** [ˈbaːgɪn] *n* **-1.** [deal] marché *m*, affaire *f*; you keep your end of the ~ and I'll keep mine vous respectez vos engagements et je respecterai les miens; to strike OR to make a ~ with sb conclure un marché avec qqn; to drive a hard ~ marchander d'une façon acharnée. **-2.** [good buy] occasion *f*; it's a real ~! c'est une bonne affaire!, c'est une occasion! ◇ *comp*: ~ offer promotion *f*, offre *f* exceptionnelle; ~ price prix *m* avantageux; ~ sale soldes *mpl* exceptionnels. ◇ *vi* **-1.** [haggle] marchander; she ~ed with me over the price of the shoes elle a marchandé avec moi au sujet du prix des chaussures. **-2.** [negotiate] négocier; the unions are ~ing with management for an 8% pay rise les syndicats négocient une hausse de salaire de 8 % avec la direction.

◆ **into the bargain** *adv phr* par-dessus le marché.

◆ **bargain away** *vt sep* [rights] renoncer à, vendre.

◆ **bargain for** *vt insep* [anticipate] s'attendre à; they got more than they ~ed for ils ne s'attendaient pas à un coup pareil.

◆ **bargain on** *vt insep* [depend on] compter sur; I hadn't ~ed on this happening! je ne m'attendais pas à cela!

**bargain basement** *n* [in shop] dans certains grands magasins, sous-sol où sont regroupés les articles en solde et autres bonnes affaires.

**bargain-hunter** *n* démicheur *m*, -euse *f* de bonnes affaires.

**bargaining** [ˈbaːgɪnɪŋ] *n* [haggling] marchandage *m*; [negotiating] négociations *fpl*; they have considerable ~ power ils ont beaucoup de poids dans les négociations.

**barge** [baːdʒ] ◇ *n* **-1.** [on canal] chaland *m*; [larger – on river] péniche *f*; motor ~ chaland *m* automoteur, péniche *f* automotrice. **-2.** [ceremonial boat] barque *f*. ◇ *vi*: they ~ about as if they owned the place ils vont et viennent comme si l'endroit leur appartenait; he ~d into the room il fit irruption dans la pièce; she ~d past me elle m'a bousculé en passant. ◇ *vt*: to ~ one's way into a room faire irruption dans une pièce; to ~ one's way through the crowd foncer à travers la foule.

◆ **barge in** *vi insep* [enter] faire irruption; [meddle]: he keeps barging in on our conversation il n'arrête pas de nous interrompre dans notre conversation.

◆ **barge into** *vt insep* [bump into – person] rentrer dans; [– piece of furniture] rentrer dans, se cogner contre.

**barge pole** *n* gaffe *f*; I wouldn't touch it with a ~ *Br* [disgusting object] je n'y toucherais pas avec des pincettes; [risky business] je ne m'en mêlerais pour rien au monde.

**baritone** [ˈbærɪtəʊn] ◇ *n* [singer, voice] baryton *m*. ◇ *adj* [part, voice] de baryton.

**barium** [ˈbeərɪəm] *n* baryum *m*.

**barium meal** *n* MED bouillie *f* de sulfate de baryum.

**bark** [baːk] ◇ *n* **-1.** [of dog] aboiement *m*; [of fox] glapissement *m*; *fig* [cough] toux *f* sèche; his ~ is worse than his bite il fait plus de bruit que de mal. **-2.** [of tree] écorce *f*. ◇ *vi* [dog] aboyer; [fox] glapir; *fig* [cough] tousser; [speak harshly] crier, aboyer; the dog ~ed at the postman le chien a aboyé après le facteur ❏ to be ~ing up the wrong tree se tromper de cible. ◇ *vt* **-1.** [order] aboyer. **-2.** [tree] écorcer; [skin] écorcher.

◆ **bark out** vt sep [order] aboyer.

**barkeep** ['bɑːkiːp] n Am inf barman m.

**barking** ['bɑːkɪŋ] n (U) aboiement m.

**barley** ['bɑːlɪ] n -1. AGR [crop, grain] orge f.-2. [in cooking, distilling] orge m; [in soup] orge m perlé; [for whisky] orge m mondé.

**barleycorn** ['bɑːlɪkɔːn] n -1. [grain] grain m d'orge. -2. [barley] orge f.

**barley sugar** n sucre m d'orge.

**barley water** n Br boisson à base d'orge.

**barley wine** n Br bière très forte en alcool.

**barmaid** ['bɑːmeɪd] n barmaid f, serveuse f (de bar).

**barman** ['bɑːmən] (pl **barmen** [-mən]) n barman m, serveur m (de bar).

**bar mitzvah** [,bɑː'mɪtsvə] n [ceremony] bar-mitsva f inv; [boy] garçon m qui fait sa bar-mitsva.

**barmy** ['bɑːmɪ] (compar **barmier**, superl **barmiest**) adj Br inf maboul, dingue.

**barn** [bɑːn] n -1. [for hay] grange f; [for horses] écurie f; [for cows] étable f.-2. [for railroad trucks] dépôt m.

**Barnabas** ['bɑːnəbəs] pr n Barnabé.

**barnacle** ['bɑːnəkl] n bernache f (crustacé).

**Barnardos** [bə'nɑːdəʊz] pr n association caritative britannique.

**barn dance** n bal de campagne où l'on danse des quadrilles.

**barney** ['bɑːnɪ] n Br inf engueulade f.

**barn owl** n chouette-effraie f.

**barnstorm** ['bɑːn,stɔːm] vi -1. SPORT faire une tournée à la campagne; THEAT jouer sur les tréteaux. -2. Am POL faire une tournée électorale (dans les circonscriptions rurales).

**barnstormer** ['bɑːn,stɔːmər] n -1. [actor] acteur m ambulant, actrice f ambulante; [acrobat] acrobate m ambulant, acrobate f ambulante. -2. Am POL orateur m électoral.

**barnyard** ['bɑːnjɑːd] ◇ n cour f de ferme. ◇ adj [animals] de basse-cour; fig [humour] rustre.

**barometer** [bə'rɒmɪtər] n baromètre m; the ~ is showing fair le baromètre est au beau.

**barometric** [,bærə'metrɪk] adj barométrique; ~ pressure pression f atmosphérique.

**baron** ['bærən] n -1. [noble] baron m.-2. [magnate] magnat m; a press ~ un magnat de la presse. -3. CULIN a ~ of beef un double aloyau de bœuf.

**baroness** ['bærənɪs] n baronne f.

**baronet** ['bærənɪt] n baronnet m.

**baronetcy** ['bærənɪtsɪ] n [patent] titre m de baronnet; [position] rang m de baronnet.

**baronial** [bə'rəʊnjəl] adj de baron; ~ hall demeure f seigneuriale.

**baroque** [bə'rɒk] ◇ adj baroque. ◇ n baroque m.

**barrack** ['bærək] vt -1. [soldiers] caserner. -2. Br [heckle] chahuter.

◆ **barracks** n caserne f; infantry ~s quartier m d'infanterie; in ~s à la caserne.

**barracking** ['bærəkɪŋ] n chahut m; he got OR they gave him a terrible ~ on l'a chahuté violemment.

**barrack-room** adj [humour, joke] de caserne.

**barracuda** [,bærə'kuːdə] n barracuda m.

**barrage** ['bærɑːʒ] n -1. MIL tir m de barrage. -2. fig [of punches, questions] pluie f, déluge m; [of insults, words] déluge m, flot m.-3. [dam] barrage m.

**barrage balloon** n ballon m de barrage.

**barred** [bɑːd] adj [window, opening] à barreaux.

**barrel** ['bærəl] (Br pt & pp **barrelled**, cont **barrelling**, Am pt & pp **barreled**, cont **barreling**) ◇ n -1. [cask, unit of capacity – of wine] tonneau m, fût m; [– of cider] fût m; [– of beer] tonneau m; [– of oil, tar] baril m; [– of fish] caque f; to have sb over a ~ inf tenir qqn à sa merci. -2. [hollow cylinder – of gun, key] canon m; [– of clock, lock] barillet m; [– of pen] corps m; to give sb both ~s inf passer un savon à qqn. -3. inf [lot]: we had a ~ of fun OR a ~ of laughs on s'est vachement amusés. ◇ vt [beer] mettre en tonneau; [oil] mettre en baril. ◇ vi Am inf: to ~ (along) foncer, aller à toute pompe.

**barrel organ** n orgue m de Barbarie.

**barren** ['bærən] ◇ adj -1. [land – infertile] stérile, improduc-

---

tif; [– bare] désertique; [– dry] aride. -2. [sterile – plant, woman] stérile. -3. [dull – film, play] aride; [– discussion] stérile; [– writing] aride, sec (f sèche). ◇ n lande f.

**barricade** [,bærɪ'keɪd] ◇ n barricade f. ◇ vt [door, street] barricader.

**barrier** ['bærɪər] n -1. [fence, gate] barrière f; [at railway station] portillon m.-2. [obstacle] obstacle m; the language ~ le barrage de la langue.

**barrier cream** n crème f protectrice.

**barrier reef** n barrière f de corail.

**barring** ['bɑːrɪŋ] prep excepté, sauf.

**barrister** ['bærɪstər] n Br ≈ avocat m, -e f.

**barroom** ['bɑːrʊm] n Am bar m (pièce ou bâtiment où l'on vend des boissons alcoolisées).

**barrow** ['bærəʊ] n -1. [wheelbarrow] brouette f; [fruitseller's] voiture f des quatre saisons; [for luggage] diable m; MIN wagonnet m. -2. [mound] tumulus m.

**barrow boy** n Br marchand m ambulant.

**barrowload** ['bærəʊləʊd] n brouettée f.

**bar snack** n repas léger pris dans un pub.

**bar stool** n tabouret m de bar.

**bartend** ['bɑːtend] vi Am être barman OR serveur (de bar), être barmaid OR serveuse (de bar).

**bartender** ['bɑːtendər] n Am barman m, barmaid f, serveur m (de bar), serveuse f (de bar).

**barter** ['bɑːtər] ◇ n (U) échange m, troc m; a system of ~, a ~ system une économie de troc. ◇ vt échanger, troquer; they ~ed animals for cloth ils ont échangé des animaux contre du tissu. ◇ vi [exchange] faire un échange OR un troc; [haggle] marchander.

**Bartholomew** [bɑː'θɒləmjuː] pr n: Saint ~ saint Barthélemy.

**Bart's** [bɑːts] pr n surnom du Saint Bartholomew's Hospital à Londres.

**barysphere** ['bærɪsfɪər] n barysphère f.

**basal** ['beɪsl] adj PHYSIOL basal; [gen] fondamental.

**basalt** ['bæsɔːlt] n basalte m.

**base** [beɪs] (compar **baser**, superl **basest**) ◇ n -1. [bottom – gen] partie f inférieure, base f; [– of tree, column] pied m; [– of bowl, glass] fond m; [– of triangle] base f.-2. [support, stand] socle m. -3. [of food, paint] base f.-4. [basis – of knowledge] base f; [– of experience] réserve f.-5. ECON & POL base f; an industrial ~ une zone industrielle. -6. [centre of activities] point m de départ; MIL base f; the explorers returned to ~ les explorateurs sont retournés au camp de base. -7. CHEM, COMPUT, GEOM & MATH base f.-8. [in baseball & rounders] base f; he's way off ~ Am inf & fig il n'y est pas du tout; first ~ Am SPORT première base; to get to first ~ réussir la première étape; to touch ~: I just thought I'd touch ~ je voulais juste garder le contact. ◇ vt -1. [found – opinion, project] baser, fonder; the project is ~d on cooperation from all regions le projet est fondé sur la coopération de toutes les régions. -2. [locate] baser; where are you ~d? où êtes-vous installé?; the job is ~d in Tokyo le poste est basé à Tokyo. ◇ adj [motive, thoughts, conduct] bas, indigne; [origins] bas; [ingratitude, outlook] mesquin; [coinage] faux (f fausse).

**baseball** ['beɪsbɔːl] n base-ball m; ~ cap casquette f de base-ball.

**baseboard** ['beɪsbɔːd] n Am CONSTR plinthe f.

**base burner** n Am poêle où le charbon alimente le feu automatiquement.

**base camp** n camp m de base.

**base component** n LING composant m de base.

**-based** [beɪst] in cpds -1. [located]: the company is Tokyo~ le centre d'opérations de la firme est à Tokyo. -2. [centred]: a science~ curriculum un programme basé sur les sciences. -3. [composed]: a water~ paint une peinture à l'eau.

**Basel** ['bɑːzl], **Basle** [bɑːl] pr n Bâle.

**base lending rate** n taux de base du crédit bancaire.

**baseless** ['beɪslɪs] adj [gossip] sans fondement; [suspicion] injustifié; [fear, superstition] déraisonnable.

**baseline** ['beɪslaɪn] n -1. [in tennis] ligne f de fond; [in baseball] ligne f des bases. -2. [in surveying] base f; [in diagram] ligne f zéro; ART ligne f de fuite. -3. [standard] point m de comparaison; ~ **costs** FIN coûts *mpl* de base.

**basement** ['beɪsmənt] *n* sous-sol *m*; **a ~ kitchen** une cuisine en sous-sol.

**base metal** *n* métal *m* vil.

**base rate** *n* FIN taux *m* de base (*utilisé par les banques pour déterminer leur taux de prêt*).

**bases** ['beɪsiːz] *pl*→**basis**.

**bash** [bæʃ] *inf* ◇ *n* **-1.** [blow] coup *m*; [with fist] coup *m* de poing. **-2.** [dent – in wood] entaille *f*; [– in metal] bosse *f*, bosselure *f*. **-3.** [party] fête *f*. **-4.** [attempt] to have a ~ at sthg, to give sthg a ~ essayer de faire qqch. ◇ *vt* **-1.** [person, one's head] frapper, cogner. **-2.** [dent – wooden box, table] entailler; [– car] cabosser, bosseler. **-3.** *fig* [criticize] critiquer.

◆ **bash about** *Br*, **bash around** *inf vt sep* **-1.** [hit – person] flanquer des coups à; [punch] flanquer des coups de poing à. **-2.** [ill-treat – person] maltraiter, rudoyer; [– car] maltraiter.

◆ **bash in** *vt sep inf* [door] enfoncer; [lid] défoncer; [car, hat] cabosser.

◆ **bash on** *vi insep Br inf* [with journey, task] continuer (tant bien que mal).

◆ **bash up** *vt sep inf* [car] bousiller; [person] tabasser.

**-basher** ['bæʃə'] *in cpds inf*: **a union~** un anti-syndicaliste, une anti-syndicaliste.

**bashful** ['bæʃfʊl] *adj* [shy] timide; [modest] pudique.

**-bashing** ['bæʃɪŋ] *in cpds inf*: **media~** dénigration *f* systématique des médias.

**basic** ['beɪsɪk] *adj* **-1.** [fundamental – problem, theme] fondamental; [– aim, belief] principal; **these things are ~ to a good marriage** ces choses sont fondamentales OR vitales pour un mariage heureux. **-2.** [elementary – rule, skill] élémentaire; [– knowledge, vocabulary] de base; **~ English** anglais *m* de base; **the four ~ operations** MATH les quatre opérations *fpl* fondamentales. **-3.** [essential] essentiel; **~ foodstuffs** denrées *fpl* de base; **the ~ necessities of life** les besoins *mpl* vitaux. **-4.** [primitive] rudimentaire. **-5.** [as a starting point – hours, salary] de base; **this is the ~ model of the car** voici la voiture dans son modèle de base. **-6.** CHEM basique.

◆ **basics** *npl*: **the ~s** l'essentiel *m*; **let's get down to ~s** venons-en à l'essentiel; **I learned the ~s of computing** j'ai acquis les notions de base en informatique; **they learned to cook with just the ~s** ils ont appris à faire la cuisine avec un minimum.

**BASIC** ['beɪsɪk] (*abbr of* **beginner's all-purpose symbolic instruction code**) *n* COMPUT basic *m*.

**basically** ['beɪsɪklɪ] *adv* au fond; **~ I agree with you** dans l'ensemble OR en gros je suis d'accord avec vous; **she's ~ a very shy person, she's ~ shy** c'est une personne foncièrement timide; **~, I think this war is wrong** cette guerre me paraît fondamentalement injuste; **~, she doesn't know what to think** dans le fond, elle ne sait pas quoi penser.

**basic rate** *n Br* taux *m* de base.

**basil** ['bæzl] *n* BOT basilic *m*.

**basilica** [bə'zɪlɪkə] *n* basilique *f*.

**basin** ['beɪsn] *n* **-1.** CULIN bol *m*; [for cream] jatte *f*. **-2.** [for washing] cuvette *f*; [plumbed in] lavabo *m*. **-3.** GEOGR [of river] bassin *m*; [of valley] cuvette *f*. **-4.** [for fountain] vasque *f*; [in harbour] bassin *m*.

**basis** ['beɪsɪs] (*pl* **bases** [-siːz]) *n* **-1.** [foundation] base *f*; **he can't survive on that ~** il ne peut pas survivre dans ces conditions-là; **on the ~ of what I was told** d'après ce qu'on m'a dit; **the ~ for assessing income tax** l'assiette de l'impôt sur le revenu. **-2.** [reason] raison *f*; [grounds] motif *m*; **he did it on the ~ that** he'd nothing to lose il l'a fait en partant du principe qu'il n'avait rien à perdre. **-3.** [system]: **employed on a part-time ~** employé à mi-temps; **paid on a weekly ~** payé à la semaine; **the centre is organized on a voluntary ~** le centre fonctionne sur la base du bénévolat.

**bask** [bɑːsk] *vi* **-1.** [lie]: **a cat ~ing in the sunshine** un chat se chauffant au soleil. **-2.** [revel] se réjouir, se délecter; **he ~ed in all the unexpected publicity** il se réjouissait de toute cette publicité imprévue.

**basket** ['bɑːskɪt] *n* **-1.** [container – gen] corbeille *f*; [– for wastepaper] corbeille *f* à papier; [– for shopping] panier *m*; [– for linen] corbeille *f* OR panier *m* à linge; [– for baby] couffin *m*; [– on donkey] panier *m*; [– on someone's back] hotte *f*. **-2.** [quantity] panier *m*. **-3.** [group] assortiment *m*; **a ~ of European**

currencies un panier de devises européennes. **-4.** [in basketball – net, point] panier *m*. **-5.** [on ski stick] rondelle *f* de ski.

**basketball** ['bɑːskɪtbɔːl] *n* basket-ball *m*, basket *m*; **~ player** basketteur *m*, -euse *f*.

**basket chair** *n* chaise *f* en osier.

**basket maker** *n* vannier *m*.

**basketry** ['bɑːskɪtrɪ] *n* vannerie *f*.

**basket weave** *n* TEX armure *f* nattée.

**basketwork** ['bɑːskɪtwɜːk] *n* (U) [objects] objets *mpl* en osier; [skill] vannerie *f*.

**Basle** [bɑːl] = **Basel**.

**basque** [bɑːsk] *n* guêpière *f*.

**Basque** [bɑːsk] ◇ *n* **-1.** [person] Basque *mf*. **-2.** LING basque *m*. ◇ *adj* basque.

**Basque Country** *prn*: **the ~** le Pays basque.

**bass**[1] [beɪs] ◇ *n* **-1.** [part, singer] basse *f*. **-2.** [bass guitar] basse *f*; [double bass] contrebasse *f*. **-3.** ACOUST [on stereo] basses *fpl*, graves *mpl*; [knob] bouton *m* de réglage des graves. ◇ *adj* grave, bas; **a part for a ~ voice** une partie pour une voix de basse.

**bass**[2] [bæs] *n* [freshwater fish] perche *f*; [sea fish] bar *m*, loup *m*.

**bass clef** [beɪs-] *n* clef *f* de fa.

**bass drum** [beɪs-] *n* grosse caisse *f*.

**basset (hound)** *n* basset *m* (*chien*).

**bass guitar** [beɪs-] *n* guitare *f* basse.

**bassist** ['beɪsɪst] *n* joueur *m*, -euse *f* de basse.

**bassoon** [bə'suːn] *n* basson *m*.

**bastard** ['bɑːstəd] ◇ *n* **-1.** *lit* OR *pej* [child] bâtard *m*, -e *f*. **-2.** ▽ *pej* [nasty person] salaud *m*. **-3.** ▽ [affectionate use]: **you lucky ~!** sacré veinard!; **poor ~!** pauvre type!. **-4.** ▽ [difficult case, job]: **it's a ~ of a book to translate** ce livre est vachement dur à traduire. ◇ *adj* **-1.** *lit* OR *pej* [child] bâtard. **-2.** [language] corrompu. **-3.** TYPO [character] d'un autre œil.

**bastardize, -ise** ['bɑːstədaɪz] *vt* **-1.** [language, style] corrompre. **-2.** [child] déclarer illégitime OR naturel.

**baste** [beɪst] *vt* **-1.** CULIN arroser. **-2.** SEW bâtir, faufiler.

**basting** ['beɪstɪŋ] *n* **-1.** CULIN arrosage *m*. **-2.** SEW bâtissage *m*.

**bastion** ['bæstɪən] *n literal &* fig bastion *m*.

**bat** [bæt] (*pt &* *pp* **batted,** *cont* **batting**) ◇ *n* **-1.** [in baseball & cricket] batte *f*; [in table tennis] raquette *f*; **right off the ~** *Am inf* sur-le-champ; **to do sthg off one's own ~** *Br inf* faire qqch de sa propre initiative. **-2.** ZOOL chauve-souris *f*; **she's an old ~** *inf & pej* c'est une vieille bique OR chouette; **to run/to drive like a ~ out of hell** *inf* courir/conduire comme si l'on avait le diable à ses trousses. ◇ *vi* [baseball player, cricketer – play] manier la batte; [– take one's turn at playing] être à la batte; **to go in to ~** aller à la batte; **to go to ~ for sb** *Am inf* intervenir en faveur de qqn. ◇ *vt* **-1.** [hit] donner un coup à. **-2.** [blink]: **she batted her eyelids at him** elle battit des paupières en le regardant; **he didn't ~ an eyelid** *fig* il n'a pas sourcillé OR bronché.

**batch** [bætʃ] ◇ *n* [of letters] paquet *m*, liasse *f*; [of people] groupe *m*; [of refugees] convoi *m*; [of bread] fournée *f*; [of recruits] contingent *m*; COMM lot *m*. ◇ *vt* grouper.

**batch file** *n* COMPUT fichier *m* de commandes.

**batch processing** *n* COMPUT traitement *m* par lots.

**bated** ['beɪtɪd] *adj*: **we waited with ~ breath** nous avons attendu en retenant notre souffle.

**bath** [bɑːθ] (*pl* **baths** [bɑːðz], *pt &* *pp* **bathed**) ◇ *n* **-1.** [wash] bain *m*; [tub] baignoire *f*; **to give sb a ~** donner un bain à qqn; **to have Br OR to take a ~** prendre un bain; **she's in the ~** elle prend son bain, elle est dans son bain; **to run OR fml to draw a ~** se faire couler un bain; **a room with ~** une chambre avec salle de bains. **-2.** [for chemicals, dye] bain *m*; PHOT cuvette *f*. ◇ *vt* [baby, person] baigner, donner un bain à. ◇ *vi Br* prendre un bain.

◆ **baths** *npl* [swimming pool] piscine *f*; [public baths] bains-douches *mpl*; [at spa] thermes *mpl*.

**bath bun** *n* petit pain rond aux raisins secs souvent servi chaud et beurré.

**bath chair** *n* fauteuil *m* roulant.

**bath cube** *n* cube *m* de sels de bain.

**bathe** [beɪð] (*pt &* *pp* **bathed**) ◇ *vi* **-1.** *Br* [swim] se baigner. **-2.** *Am* [bath] prendre un bain. ◇ *vt* **-1.** [wound] laver; [eyes, feet] baigner. **-2.** [covered]: I was ~d in sweat j'étais en nage, je ruisselais de sueur; the hills were ~d in light les collines étaient éclairées d'une lumière douce; her face was ~d in tears son visage était baigné de larmes. **-3.** *Am* [bath] baigner, donner un bain à. ◊ *n* bain *m* (*dans la mer, dans une rivière*); to have a ~ se baigner.

**bather** ['beɪðəʳ] *n* [swimmer] baigneur *m*, -euse *f*.

**bathhouse** ['bɑːθhaʊs, *pl* -haʊzɪz] *n* bains-douches *mpl* (*bâtiment*).

**bathing** ['beɪðɪŋ] *n* (*U*) **-1.** *Br* [swimming] baignade *f*. **-2.** [washing] bain *m*.

**bathing beauty** *n* belle *f* baigneuse.

**bathing cap** *n* bonnet *m* de bain.

**bathing costume** *n* maillot *m* de bain.

**bathing hut** *n* cabine *f* de bains.

**bathing machine** *n* cabine *f* de bains roulante.

**bathing suit** = bathing costume.

**bathing trunks** *npl Br* maillot *m* de bain.

**bath mat** *n* tapis *m* de bain.

**bath oil** *n* huile *f* de bain.

**bathos** ['beɪθɒs] *n* (*U*) LITERAT chute *f* du sublime au ridicule.

**bathrobe** ['bɑːrəʊb] *n* **-1.** [for bathroom, swimming pool] peignoir *m* de bain. **-2.** *Am* [dressing gown] robe *f* de chambre.

**bathroom** ['bɑːrʊm] *n* **-1.** *Br* salle *f* de bains; to use OR to go to the ~ *euph* aller aux toilettes.

**bath salts** *npl* sels *mpl* de bain.

**Bathsheba** [bæθ'ʃiːbə] *prn* Bethsabée.

**bath towel** *n* serviette *f* de bain.

**bathtub** ['bɑːθtʌb] *n* baignoire *f*.

**bathwater** ['bɑːθˌwɔːtəʳ] *n* eau *f* du bain.

**bathysphere** ['bæθɪˌsfɪəʳ] *n* bathysphère *f*.

**batik** [bə'tiːk] *n* [cloth, technique] batik *m*.

**batman** ['bætmən] (*pl* **batmen** [-mən]) *n Br* MIL ordonnance *m* OR *f*.

**baton** ['bætən] *n* **-1.** [conductor's] baguette *f*. **-2.** [policeman's – in traffic] bâton *m*; [– in riots] matraque *f*. **-3.** SPORT témoin *m*.

**baton charge** *n* charge *f* à la matraque.

**baton round** *n* balle *f* en plastique.

**bats** [bæts] *adj inf* timbré, cinglé.

**batsman** ['bætsmən] (*pl* **batsmen** [-mən]) *n* SPORT batteur *m*.

**battalion** [bə'tæljən] *n* MIL & *fig* bataillon *m*.

**batten** ['bætn] ◊ *n* [board] latte *f*; [in roof] volige *f*; [in floor] latte *f*, lame *f* de parquet; NAUT latte *f* de voile; THEAT herse *f*. ◊ *vt* CONSTR latter; [floor] planchéier; [roof] voliger.
◆ **batten down** *vt sep*: to ~ down the hatches *literal* fermer les écoutilles, condamner les panneaux; *fig* dresser ses batteries.

**batter** ['bætəʳ] ◊ *vt* **-1.** [beat – person] battre, maltraiter. **-2.** [hammer – door, wall] frapper sur. **-3.** [buffet]: the ship was ~ed by the waves le vaisseau était battu par les vagues; he felt ~ed by the experience *fig* il se sentait ravagé par l'expérience. ◊ *vi* [hammer]: to ~ at OR on the door frapper à la porte à coups redoublés. ◊ *n* **-1.** TYPO [plate] cliché *m* endommagé; [print] tirage *m* défectueux. **-2.** CULIN pâte *f* à crêpes. **-3.** [in baseball] batteur *m*.
◆ **batter about** *vt sep* **-1.** [person] maltraiter, rouer de coups. **-2.** [ship] battre.
◆ **batter down** *vt sep* [vegetation] fouler; [wall] démolir; [tree] abattre.
◆ **batter in** *vt sep* [skull] défoncer; [door] enfoncer; [nail] enfoncer à grands coups.

**battered** ['bætəd] *adj* [building] délabré; [car, hat] cabossé, bosselé; [briefcase, suitcase] cabossé; [face – beaten] meurtri; [– ravaged] buriné; a ~ child un enfant martyr; a refuge for ~ wives un refuge pour femmes battues.

**battering** ['bætərɪŋ] *n* **-1.** [beating]: he got a bad ~ on l'a rossé sévèrement. **-2.** [hammering]: the building took a ~ in the war le bâtiment a été durement éprouvé pendant la guerre.

**battering ram** *n* bélier *m*.

**battery** ['bætərɪ] (*pl* **batteries**) *n* **-1.** ELEC [in clock, radio] pile *f*; [in car] batterie *f*, accumulateurs *mpl*. **-2.** [of guns, missiles] batterie *f*. **-3.** [barrage] tir *m* de barrage; a ~ of insults une

pluie d'insultes. **-4.** JUR → assault. **-5.** AGR batterie *f*.

**battery charger** *n* chargeur *m*.

**battery farming** *n* élevage *m* intensif OR en batterie.

**battery hen** *n* poule *f* de batterie.

**batting** ['bætɪŋ] *n* **-1.** [wadding] bourre *f* (*pour matelas, couettes*). **-2.** SPORT maniement *m* de la batte.

**battle** ['bætl] ◊ *n* **-1.** [fight] bataille *f*; he was killed in ~ il a été tué au combat; to do OR to give OR to join ~ livrer bataille || *fig* lutte *f*; a ~ of wits une joute d'esprit □ the Battle of Britain la bataille d'Angleterre. **-2.** [struggle] lutte *f*; the ~ for freedom la lutte pour la liberté; to do ~ for lutter pour; to do ~ against OR with lutter contre; we're fighting the same ~ nous nous battons pour la même cause; don't fight his ~s for him ne te bats pas à sa place □ it's half the ~ la partie est presque gagnée. ◊ *comp* [dress, zone] de combat; in ~ order en bataille. ◊ *vi* se battre, lutter. ◊ *vt Am* combattre.

**battleaxe** *Br*, **battleax** *Am* ['bætəlæks] *n* **-1.** [weapon] hache *f* d'armes. **-2.** *pej* OR *hum* [woman] virago *f*.

**battle cruiser** *n* croiseur *m* cuirassé.

**battle cry** *n* cri *m* de guerre.

**battledress** ['bætldres] *n* tenue *f* de combat.

**battle fatigue** *n* psychose *f* traumatique.

**battlefield** ['bætlfiːld], **battleground** ['bætlgraʊnd] *n* MIL & *fig* champ *m* de bataille.

**battlement** ['bætlmənt] *n* [crenellation] créneau *m*.
◆ **battlements** *npl* [wall] remparts *mpl*.

**battle royal** *n fml* OR *lit* **-1.** [fight] bagarre *f*. **-2.** [argument] querelle *f*.

**battle-scarred** *adj* [army, landscape] marqué par les combats; [person] marqué par la vie.

**battleship** ['bætlʃɪp] *n* cuirassé *m*.

**batty** ['bætɪ] (*compar* **battier**, *superl* **battiest**) *adj inf* [crazy] cinglé, dingue; [eccentric] bizarre.

**bauble** ['bɔːbl] *n* [trinket] babiole *f*, colifichet *m*; [jester's] marotte *f*.

**baud** [bɔːd] *n* COMPUT & ELEC baud *m*; ~ rate vitesse *f* de transmission (en bauds).

**bauxite** ['bɔːksaɪt] *n* bauxite *f*.

**Bavaria** [bə'veərɪə] *prn* Bavière *f*; in ~ en Bavière.

**Bavarian** [bə'veərɪən] ◊ *n* Bavarois *m*, -e *f*. ◊ *adj* bavarois; ~ cream CULIN bavaroise *f*.

**bawdy** ['bɔːdɪ] *adj* paillard.

**bawl** [bɔːl] ◊ *vi* **-1.** [yell] brailler; to ~ at sb crier après qqn. **-2.** [cry] brailler. ◊ *vt* [slogan, word] brailler, hurler.
◆ **bawl out** *vt sep* **-1.** [yell] = bawl *vt*. **-2.** *inf* [reprimand] passer un savon à. **-3.** *phr*: the child was ~ing his eyes out *inf* l'enfant braillait à pleins poumons.

**bay** [beɪ] *n* **-1.** [on shoreline] baie *f*; [smaller] anse *f*. **-2.** [recess] ARCHIT travée *f*; [window] baie *f*; RAIL voie *f* d'arrêt. **-3.** BOT & CULIN laurier *m*. **-4.** HUNT & *fig*: to be ~ être aux abois; to keep OR to hold sb at ~ tenir qqn à distance; to keep OR to hold hunger at ~ tromper la faim. **-5.** [horse] cheval *m* bai. ◊ *vi* [hound] aboyer, donner de la voix. ◊ *adj* [colour] bai.

**bay leaf** *n* feuille *f* de laurier.

**Bay of Pigs** *prn*: the ~ la baie des Cochons.

**bayonet** ['beɪənɪt] (*pt* & *pp* **bayoneted** OR **bayonetted**, *cont* **bayoneting** OR **bayonetting**) ◊ *n* baïonnette *f*. ◊ *vt* passer à la baïonnette.

**bayonet charge** *n* charge *f* à la baïonnette.

**bayonet socket** *n* douille *f* à baïonnette.

**bayou** ['baɪuː] *n Am* bayou *m*, marécages *mpl*.

**bay tree** *n* laurier *m*.

**bay window** *n* **-1.** fenêtre *f* en saillie. **-2.** *Am inf* [stomach] gros bide *m*.

**bazaar** [bə'zɑːʳ] *n* [in East] bazar *m*; [sale for charity] vente *f* de charité; [shop] bazar *m*.

**bazooka** [bə'zuːkə] *n* bazooka *m*.

**BB** *n* (*abbr of* **double black**) *sur un crayon à papier, indique une mine grasse*.

**B & B** *n abbr of* **bed and breakfast**.

**BBC** (*abbr of* **British Broadcasting Corporation**) *pr n* office national britannique de radiodiffusion; the ~ la BBC; ~ World Service *émissions radiophoniques de la BBC diffusées dans le* *monde entier;* ~ **English** *l'anglais tel qu'il était parlé sur la BBC et qui servait de référence pour la «bonne» prononciation.*

**BC** ◇ *adv* (*abbr of* **before Christ**) av. J.-C. ◇ *written abbr of* **British Columbia**.

**BD** (*abbr of* **Bachelor of Divinity**) *n* (*titulaire d'une*) *licence de théologie*.

**BDS** (*abbr of* **Bachelor of Dental Science**) *n* (*titulaire d'une*) *licence de chirurgie dentaire*.

**be** [biː] (*pres 1st sing* **am** [*weak form* əm, *strong form* æm], *pres 2nd sing* **are** [*weak form* ə, *strong form* ɑː], *pres 3rd sing* **is** [ız], *pres pl* **are** [*weak form* ə, *strong form* ɑː], *pres 1st sing* **was** [*weak form* wəz, *strong form* wɒz], *pt 2nd sing* **were** [*weak form* wə, *strong form* wɜː], *pt 3rd sing* **was** [*weak form* wəz, *strong form* wɒz], *pt pl* **were** [*weak form* wə, *strong form* wɜː], *pp* **been** [biːn], *cont* **being** ['biːɪŋ]) ◇ *vi*
**-1.** [exist, live] être, exister; **to be or not to be** être ou ne pas être; **God is** Dieu est; **the greatest scientist that ever was** le plus grand savant qui ait jamais existé OR de tous les temps; **as happy as can be** heureux comme un roi; **that may be, but...** cela se peut, mais..., peut-être, mais... **-2.** [used to identify, describe] être; **I'm Bill** je suis OR je m'appelle Bill; **she's a doctor/engineer** elle est médecin/ingénieur; **the glasses are crystal** les verres étaient en cristal; **he is American** il est américain, c'est un Américain; **be careful!** soyez prudent!; ❏ **just be yourself** soyez vous-même, soyez naturel. **-3.** [indicating temporary state or condition]: **he was angry/tired** il était fâché/fatigué; **I am hungry/thirsty/afraid** j'ai faim/soif/peur; **my feet/hands are frozen** j'ai les pieds gelés/mains gelées. **-4.** [indicating health] aller, se porter; **how are you?** comment allez-vous?, comment ça va?; **I am fine** ça va. **-5.** [indicating age] avoir; **how old are you?** quel âge avez-vous? **-6.** [indicating location] être; **the hotel is next to the river** l'hôtel se trouve OR est près de la rivière; **where was I?** *literal* où étais-je?; *fig* [in book, speech] où en étais-je? **-7.** [indicating measurement]: **the table is one metre long** la table fait un mètre de long; **how tall is he?** combien mesure-t-il?; **the school is two kilometres from here** l'école est à deux kilomètres d'ici. **-8.** [indicating time, date] être; **it's 5 o'clock** il est 5 h; **yesterday was Monday** hier on était OR c'était lundi. **-9.** [happen, occur] être, avoir lieu; **the concert is on Saturday night** le concert est OR a lieu samedi soir; **when is your birthday?** quand est OR c'est quand ton anniversaire?; **the spring holidays are in March** this year les vacances de printemps tombent en mars cette année; **how is it that you arrived so quickly?** comment se fait-il que vous soyez arrivé si vite? **-10.** [indicating cost] coûter; **it is expensive** ça coûte OR c'est cher ❏ [add up to]: **the phone bill is £25** la facture de téléphone est de 25 livres. **-11.** [with 'there']: **there is, there are** il y a, il est *lit*; **there is** OR **has been no snow** il n'y a pas de neige; **there are six of them** ils sont OR il y en a six; **there will be swimming** on nagera; **there's no telling what she'll do** il est impossible de prévoir ce qu'elle va faire. **-12.** [calling attention to]: **this is my friend John** voici mon ami John; **there are the others** voilà les autres; **there you are!** [I've found you] ah, te voilà!; [take this] tiens/tenez, voilà!; **now there's an idea!** voilà une bonne idée!**-13.** [with 'it']: **who is it?** — **it's us!** qui est-ce? — c'est nous!; **it was your mother who decided** c'est ta mère qui a décidé. **-14.** [indicating weather] faire; **it is cold/hot/grey** il fait froid/chaud/gris; **it is windy** il y a du vent. **-15.** [go] aller, être; **she's been to visit her mother** elle a été OR est allée rendre visite à sa mère; **has the plumber been?** le plombier est-il (déjà) passé?; **he was into/out of the house in a flash** il est entré dans/sorti de la maison en coup de vent; **I know, I've been there** *literal* je sais, j'y suis allé; *fig* je sais, j'ai connu ça || [come] être, venir; **she is from Egypt** elle vient d'Égypte, your **brother has been and gone** votre frère est venu et reparti ❏ **he's only been and wrecked the car!** *inf* il est allé casser la voiture!; **now you've been (and gone) and done it!** *inf* et voilà, c'est réussi! *iron*. **-16.** [indicating hypothesis, supposition]: **if I were you** si j'étais vous OR à votre place; **were it not for their contribution,** the **school would close** *fml* sans leur assistance, l'école serait obligée de fermer. **-17.** MATH faire; **1 and 1 are 2** 1 et 1 font 2.

◇ *v aux* **-1.** [forming continuous tenses]: **he is having breakfast** il prend OR il est en train de prendre son petit déjeuner; **a problem which is getting worse and worse** un problème qui s'aggrave; **what are you going to do about it?** qu'est-ce

**que vous allez** OR **comptez faire?**; **why aren't you working?** — **but I am working!** pourquoi ne travaillez-vous pas? — mais je travaille!**-2.** [forming passive voice]: **she is known as a good negotiator** elle est connue pour ses talents de négociatrice; **plans are being made** on fait des projets; **what is left to do?** qu'est-ce qui reste à faire?; **socks are sold by the pair** les chaussettes se vendent par deux; **it is said/thought/assumed that...** on dit/pense/suppose que...; **'to be continued'** 'à suivre'; **not to be confused with** à ne pas confondre avec. **-3.** (*with infinitive*) [indicating future event]: **the next meeting is to take place on Wednesday** la prochaine réunion aura lieu mercredi; **she was to become a famous pianist** elle allait devenir une pianiste renommée || [indicating expected event]: **they were to have been married in June** ils devaient se marier en juin. **-4.** (*with infinitive*) [indicating obligation]: **I'm to be home by 10 o'clock** il faut que je rentre avant 10 h || [expressing opinion]: **you are to be congratulated** on doit vous féliciter; **they are to be pitied** ils sont à plaindre || [requesting information]: **what am I to say to them?** qu'est-ce que je vais leur dire? **-5.** (*with passive infinitive*) [indicating possibility]: **bargains are to be found even in the West End** on peut faire de bonnes affaires même dans le West End. **-6.** (*with infinitive*) [indicating hypothesis]: **if he were** OR **were he to die** *fml* s'il venait à mourir, à supposer qu'il meure. **-7.** [in tag questions]: **he's always causing trouble, isn't he?** — yes, **he is** il est toujours en train de créer des problèmes, n'est-ce pas? — oui, toujours; **you're back, are you?** vous êtes revenu alors? **-8.** [in ellipsis]: **is she satisfied?** — **she is** est-elle satisfaite? — oui(, elle l'est); **you're angry** — **no I'm not** — **oh yes you are!** tu es fâché — non — mais si!; **I was pleased to see him but the children weren't** (moi,) j'étais content de le voir mais pas les enfants. **-9.** [forming perfect tenses]: **we're finished** nous avons terminé; **when I looked again, they were gone** quand j'ai regardé de nouveau, ils étaient partis. **-10.** [as suffix]: **the husband-to-be** le futur mari; **the father-to-be** le futur père.
◆ **be that as it may** *adv phr* quoi qu'il en soit.

**B/E** *written abbr of* **bill of exchange**.

**beach** [biːtʃ] ◇ *n* [seaside] plage *f*; [shore – sand, shingle] grève *f*; [at lake] rivage *m*. ◇ *comp* [ball, towel, hut] de plage; ~ **umbrella** parasol *m*. ◇ *vt* **-1.** [boat] échouer. **-2.** (*usu passive*) [whale] échouer.

**beach buggy** *n* buggy *m*.

**beachchair** ['biːtʃ,tʃeə] *n Am* chaise *f* longue, transat *m*.

**beachcomber** ['biːtʃ,kəʊmə*r*] *n* [collector] *personne qui ramasse des objets sur les plages*; [wave] vague *f* déferlante.

**beachhead** ['biːtʃhed] *n* tête *f* de pont.

**beachwear** ['biːtʃweə*r*] *n* (U) [one outfit] tenue *f* de plage; [several outfits] articles *mpl* de plage.

**beacon** ['biːkən] *n* **-1.** [warning signal] phare *m*, signal *m* lumineux; [lantern] fanal *m*; AERON & NAUT balise *f*.**-2.** [bonfire on hill] feu *m* d'alarme. **-3.** [in place names] colline *f*.

**bead** [biːd] *n* **-1.** [of glass, wood] perle *f*; [for rosary] grain *m*; [necklace]: **where are my** ~**s?** où est mon collier?**-2.** [drop of sweat] goutte *f*; [– of water, dew] perle *f*; [bubble] bulle *f*. **-3.** [on gun] guidon *m*. ◇ *vi* [form drops] perler. ◇ *vt* [decorate] broder de perles.

**beaded** ['biːdɪd] *adj* **-1.** [decorated] couvert OR orné de perles. **-2.** [with moisture] couvert de gouttelettes d'eau.

**beading** ['biːdɪŋ] *n* **-1.** ARCHIT astragale *m*; [in carpentry] baguette *f*.**-2.** SEW [trim] garniture *f* de perles; [over cloth] broderie *f* perlée.

**beadle** ['biːdl] *n* **-1.** RELIG bedeau *m*.**-2.** *Br* UNIV appariteur *m*.

**beady** ['biːdɪ] (*compar* **beadier**, *superl* **beadiest**) *adj* [eyes, gaze] perçant; **I had to keep a** ~ **eye on the sweets** il fallait que je surveille les bonbons de près.

**beady-eyed** *adj* aux yeux perçants.

**beagle** ['biːgl] ◇ *n* beagle *m*. ◇ *vi* chasser avec des beagles.

**beak** [biːk] *n* **-1.** [of bird] bec *m*.**-2.** *inf* [nose] nez *m* crochu.

**beaker** ['biːkə*r*] *n* gobelet *m*; CHEM vase *m* à bec.

**be-all** *n phr*: **the** ~ **and end-all** la raison d'être.

**beam** [biːm] ◇ *n* **-1.** [bar of wood – in house] poutre *f*; [– big] madrier *m*; [– small] poutrelle *f*; [– in gymnastics] poutre *f*.**-2.** NAUT [cross member] barrot *m*; [breadth] largeur *f*; **on the** ~ par le travers; **on the port** ~ à bâbord; **on the starboard** ~ à tribord. **-3.** [of scales] fléau *m*; [of engine] balancier *m*; [of loom] ensouple *f*, rouleau *m*; [of plough] age *m*.**-4.** [ray – of sunlight] rayon *m*; [– of searchlight, headlamp] faisceau *m* lumineux; PHYS faisceau *m*; AERON & NAUT chenal *m* de radioguidage; to be on the ~ AERON être dans le chenal radioguidage; *Br inf* & *fig* être sur la bonne voie. **-5.** [smile] sourire *m* radieux. ◇ *vi* **-1.** [smile]: faces ~ing with pleasure des visages rayonnants de plaisir; he ~ed when he saw us il eut un sourire radieux en nous apercevant. **-2.** [shine – sun] briller, darder ses rayons. ◇ *vt* RADIO & TV [message] transmettre par émission dirigée; the pictures were ~ed all over the world les images ont été diffusées dans le monde entier.

**beam-ends** *npl*: on her ~ NAUT couché sur le flanc; to be on one's ~ *Br inf* tirer le diable par la queue.

**beaming** ['bi:mɪŋ] *adj* radieux, resplendissant.

**bean** [bi:n] ◇ *n* **-1.** BOT & CULIN haricot *m*. **-2.** *inf phr*: to be full of ~s péter le feu; I haven't got a ~ je n'ai pas un rond; that car isn't worth a ~ cette voiture-là ne vaut rien; he doesn't know ~s about it *Am* il n'y connaît rien. ◇ *vt Am*: to ~ sb frapper qqn (sur la tête).

**beanbag** ['bi:nbæg] *n* [in game] balle *f* lestée; [seat] sacco *m*.

**bean curd** *n* pâte *f* de soja.

**beanfeast** ['bi:nfi:st] *n Br inf* gueuleton *m*.

**beanie** ['bi:nɪ] *n* [skullcap] calotte *f*.

**beanpole** ['bi:npəʊl] *n literal* rame *f*; *fig* (grande) perche *f*.

**beanshoot** ['bi:nʃu:t], **beansprout** ['bi:nspraʊt] *n* germe *m* de soja.

**beanstalk** ['bi:nstɔ:k] *n* tige *f* de haricot.

**bear** [beə'] (*pt* **bore** [bɔ:'], *pp* **borne** [bɔ:n]) ◇ *vt* **-1.** [carry – goods, burden] porter; [– gift, message] apporter; [– sound] porter, transporter; a convoy of lorries bore the refugees away OR off un convoi de camions emmena les réfugiés; they bore him aloft on their shoulders ils le portèrent en triomphe; they arrived ~ing fruit ils sont arrivés, chargés de fruits; she bore her head high elle avait un port de tête altier. **-2.** [sustain – weight] supporter; the system can only ~ a certain amount of pressure *fig* le système ne peut supporter qu'une certaine pression. **-3.** [endure] tolérer, supporter; the news was more than she could ~ elle n'a pas pu supporter la nouvelle; I can't ~ to see you go je ne supporte pas que tu t'en ailles; I can't ~ the suspense ce suspense est insupportable. **-4.** [accept – responsibility, blame] assumer; [costs] supporter. **-5.** [allow – examination] soutenir; his theory doesn't really ~ close analysis sa théorie ne supporte pas une analyse approfondie; it doesn't ~ thinking about je n'ose pas OR je préfère ne pas y penser. **-6.** [show – mark, name, sign etc] porter; I still ~ the scars j'en porte encore les cicatrices; he ~s no resemblance to his father il ne ressemble pas du tout à son père; his statement bore no relation to the facts sa déclaration n'avait aucun rapport avec les faits; to ~ witness to sthg [person] attester qqch; [thing, quality] témoigner de qqch. **-7.** [give birth to] donner naissance à; she bore him two sons elle lui donna deux fils. **-8.** [produce] porter, produire; the cherry tree ~s beautiful blossom in spring le cerisier donne de belles fleurs au printemps; all my efforts have borne fruit *fig* mes efforts ont porté leurs fruits; his investment bore 8% interest FIN ses investissements lui ont rapporté 8 % d'intérêt. **-9.** [feel] porter, avoir en soi; to ~ love/hatred for sb éprouver de l'amour/de la haine pour qqn; I ~ you no ill will je ne t'en veux pas; to ~ a grudge against sb en vouloir OR garder rancune à qqn; to ~ sthg in mind ne pas oublier qqch; thanks for the suggestion, I'll ~ it in mind merci de ta suggestion, j'en tiendrai compte. **-10.** [behave]: he bore himself like a man il s'est comporté en homme. **-11.** ST.EX [market, shares] faire baisser. ◇ *vi* **-1.** [move] diriger; ~ to your left prenez sur la gauche OR à gauche; '~ left ahead' *Am* 'tournez à gauche', 'filez à gauche'. **-2.** [tree – fruit] produire, donner; [– flower] fleurir. **-3.** [be oppressive] peser; grief bore heavily on her le chagrin l'accablait. **-4.** ST.EX jouer à la baisse. **-5.** *phr*: to bring a gun to ~ on a target pointer un canon sur un objectif; to bring pressure to ~ on sb faire pression sur qqn; to bring one's mind to ~ on sthg s'appliquer à qqch.

◇ *n* **-1.** [animal] ours *m*, -e *f*; ~ cub ourson *m*; he's like a ~ with a sore head *Br inf* il est d'une humeur de dogue. **-2.** *pej* [person] ours *m*. **-3.** ST.EX [person] baissier *m*, -ère *f*; ~ market marché *m* en baisse. **-4.** [toy] ours *m* (en peluche).

◆ **bear down** *vi insep* **-1.** [approach]: to ~ down on OR upon [ship] venir sur; [person] foncer sur. **-2.** [press] appuyer; [in childbirth] pousser.

◆ **bear on** *vt insep* [be relevant to] se rapporter à, être relatif à; [concern] intéresser, concerner.

◆ **bear out** *vt sep Br* confirmer, corroborer; to ~ sb out, to ~ out what sb says corroborer ce que qqn dit.

◆ **bear up** *vi insep Br* tenir le coup, garder le moral; she's ~ing up under the pressure elle ne se laisse pas décourager par le stress.

◆ **bear upon** = **bear on**.

◆ **bear with** *vt insep* [be patient with] supporter patiemment; if you'll just ~ with me a minute je vous demande un peu de patience.

**bearable** ['beərəbl] *adj* supportable, tolérable.

**bearbaiting** ['beə,beɪtɪŋ] *n* combat *m* d'ours et de chiens.

**beard** [bɪəd] ◇ *n* **-1.** [on person] barbe *f*; [goatee] barbiche *f*; to have a ~ avoir la barbe; a man with a ~ un (homme) barbu. **-2.** [on goat] barbiche *f*; [on fish, oyster] barbe *f*; [on plant] arête *f*, barbe *f*. **-3.** TYPO talus *m*. ◇ *vt lit* [confront] affronter, braver.

**bearded** ['bɪədɪd] *adj* barbu; ~ lady femme *f* à barbe.

**beardless** ['bɪədlɪs] *adj* imberbe, sans barbe.

**bearer** ['beərə'] *n* **-1.** [of news, letter] porteur *m*, -euse *f*; [of load, coffin] porteur *m*; [servant] serviteur *m*; I hate to be the ~ of bad tidings j'ai horreur d'annoncer les mauvaises nouvelles. **-2.** [of cheque, title] porteur *m*, -euse *f*; [of passport] titulaire *mf*. **-3.** CONSTR support *m*. ◇ *comp* FIN [bond, cheque] au porteur.

**bear garden** *n* pétaudière *f*.

**bear hug** *n*: to give sb a ~ serrer qqn très fort dans ses bras.

**bearing** ['beərɪŋ] *n* **-1.** [relevance] rapport *m*, relation *f*; his comments have some OR a ~ on the present situation ses remarques ont un certain rapport avec la situation actuelle. **-2.** [deportment] maintien *m*, port *m*. **-3.** [endurance]: it's beyond OR past all ~ c'est absolument insupportable. **-4.** [direction] position *f*; to take a (compass) ~ (on sthg) relever la position (de qqch) au compas; to take a ship's ~ NAUT faire le point; to get OR to find one's ~s *fig* se repérer, s'orienter; to lose one's ~s *fig* perdre le nord. **-5.** MECH palier *m*.

◆ **bearings** *npl* HERALD armoiries *fpl*.

**-bearing** *in cpds*: rain~ clouds des nuages chargés de pluie; fruit ~ trees des arbres fructifères.

**bear pit** *n* fosse *f* aux ours.

**bearskin** ['beəskɪn] *n* **-1.** [piece of fur] peau *f* d'ours. **-2.** MIL [hat] bonnet *m* à poil.

**beast** [bi:st] *n* **-1.** [animal] bête *f*, animal *m*; the Beast BIBLE l'Antéchrist, la bête de l'Apocalypse ❑ ~ of burden bête de somme; ~ of prey bête de proie. **-2.** [savage nature]: the ~ in man la bête en l'homme. **-3.** [person – unpleasant] cochon *m*; [– cruel] brute *f*. **-4.** [difficult task]: a ~ of a job un sale boulot.

**beastly** ['bi:stlɪ] *Br inf* ◇ *adj* [person, behaviour] mauvais; he's a ~ child c'est un enfant insupportable; he was ~ to her il a été infect avec elle. ◇ *adv* vachement.

**beat** [bi:t] (*pt* **beat**, *pp* **beaten** ['bi:tn]) ◇ *vt* **-1.** [hit – dog, person] frapper, battre; [– carpet, metal] battre; CULIN [eggs] battre, fouetter; to ~ sb with a stick donner des coups de bâton à qqn; to ~ sb black and blue battre qqn comme plâtre. **-2.** MUS: to ~ time battre la mesure; to ~ a drum battre du tambour. **-3.** [move – wing] battre. **-4.** [defeat – at game, sport] battre, vaincre; she ~ him at poker elle l'a battu au poker; Liverpool were beaten Liverpool a perdu; to ~ the world record battre le record mondial ‖ *fig*: to ~ the rush hour, travel early évitez l'heure de pointe, voyagez plus tôt; to ~ the system trouver le joint *fig*; we've got to ~ racism il faut en finir avec le racisme; the problem has me ~ *inf* OR ~en le problème me dépasse complètement; she just ~ me to it elle m'a devancé de peu; ‖ [outdo] you can't ~ the Chinese for inventiveness on ne peut pas trouver plus inventifs que les Chinois; nothing ~s a cup of tea rien ne vaut une tasse de thé; ~ that! *literal* voyons si tu peux faire mieux!; *fig* pas mal, hein?; that ~s the lot! *inf*, that takes some ~ing! *inf* ça, c'est le bouquet!; his answer takes some ~ing! *inf* [critically] c'est le comble!; [admiringly] on n'aurait pas pu mieux dire! ❑ to ~ the charge *Am inf* JUR échapper à

l'accusation; to ~ the rap *Am inf* échapper à la tôle; if you can't ~ them, join them si on ne peut pas les battre, alors il faut faire comme eux OR entrer dans leur jeu; to ~ sb hollow OR hands down *Br inf*, to ~ the pants off sb *inf* battre qqn à plate couture; (it) ~s me *inf* cela me dépasse; it ~s me OR what ~s me is how he gets away with it *inf* je ne comprends pas OR ça me dépasse qu'il s'en tire à chaque fois; can you ~ it! *inf* tu as déjà vu ça, toi!**-5.** [path] se frayer; the new doctor soon had people ~ing a path to his door *fig* très vite, les gens se pressèrent chez le nouveau docteur. **-6.** [retreat]: to ~ the retreat MIL battre la retraite; they ~ a hasty retreat when they saw the police arrive *fig* ils ont décampé en vitesse quand ils ont vu arriver la police. **-7.** *phr*: ~ it! *inf* dégage!
◇ *vi* **-1.** [rain] battre; [sun] taper; [wind] souffler en rafales; to ~ on OR at the door cogner à la porte ❏ he doesn't ~ about *Br* OR around *Am* the bush il n'y va pas par quatre chemins. **-2.** [heart, pulse, wing] battre; with ~ing heart le cœur battant; his heart was ~ing with terror son cœur palpitait de terreur. **-3.** NAUT: to ~ to windward louvoyer au plus près.
◇ *n* **-1.** [of heart, pulse, wing] battement *m*, pulsation *f*; [of drums] battement *m*; ACOUST battement *m*; to march to the ~ of the drum marcher au son du tambour. **-2.** MUS [time] temps *m*; [in jazz and pop] rythme *m*. **-3.** [of policeman] ronde *f*, secteur *m*; [of sentry] ronde *f*; he saw the robbery when he was on his ~ il a été témoin du vol pendant qu'il effectuait sa ronde. **-4.** HUNT battue *f*.
◇ *adj inf* [exhausted] crevé, vidé.
◆ **beat back** *vt sep* [enemy, flames] repousser.
◆ **beat down** ◇ *vt sep* **-1.** [grass]: the wind had beaten the grass down le vent avait couché les herbes; the horses had beaten down the crops les chevaux avaient foulé les récoltes. **-2.** *Br* [seller] faire baisser; I ~ him down to £20 je lui ai fait baisser son prix à 20 livres. ◇ *vi insep* [sun] taper; [rain] tomber à verse OR à torrents.
◆ **beat in** *vt sep* [door] défoncer; I'll ~ his head in! je lui défoncerai le crâne!
◆ **beat off** *vt sep* [enemy, attack] repousser.
◆ **beat out** *vt sep* **-1.** [flames] étouffer. **-2.** [metal] étaler au marteau; *fig*: to ~ one's brains out *inf* se creuser la cervelle; to ~ sb's brains out *inf* défoncer le crâne à qqn. **-3.** [rhythm] marquer.
◆ **beat up** *vt sep* **-1.** *inf* [person] tabasser, passer à tabac. **-2.** [eggwhite] faire monter; [cream, egg] fouetter, battre. **-3.** [drum up – help, volunteers] racoler, recruter.
**beaten** ['biːtn] ◇ *pp* → **beat**. ◇ *adj* **-1.** [gold] battu, martelé; [earth, path] battu; CULIN [eggs, cream etc] battu, fouetté; off the ~ track *fig* hors des sentiers battus. **-2.** [defeated] vaincu, battu. **-3.** [exhausted] éreinté, épuisé.
**beaten-up** *adj* cabossé.
**beater** ['biːtə<sup>r</sup>] *n* **-1.** CULIN [manual] fouet *m*; [electric] batteur *m*. **-2.** TEXT peigne *m*; [for carpet] tapette *f*. **-3.** HUNT rabatteur *m*.
**Beat generation** *n*: the ~ *mouvement littéraire et culturel américain des années 50-60 dont les adeptes (les 'beatniks') refusaient les conventions de la société moderne.*
**beatific** [biːə'tɪfɪk] *adj* béat.
**beatification** [biːˌætɪfɪ'keɪʃn] *n* béatification *f*.
**beatify** [biːˈætɪfaɪ] *vt* béatifier.
**beating** ['biːtɪŋ] *n* **-1.** [thrashing] correction *f*; to give sb a ~ donner une correction à qqn. **-2.** [defeat] défaite *f*; to take a ~ [gen & SPORT] se faire battre à plate couture. **-3.** [of wings, heart] battement *m*. **-4.** *(U)* [of metal] batte *f*; [of drums] battement *m*, roulement *m*; [of carpet] battage *m*. **-5.** HUNT battue *f*.
**beatitude** [biːˈætɪtjuːd] *n* béatitude *f*.
◆ **Beatitudes** *npl*: the Beatitudes les béatitudes.
**beatnik** ['biːtnɪk] ◇ *n* beatnik *mf*. ◇ *adj* beatnik.
**beat-up** *adj inf* [car] bousillé, déglingué; *Am* [person] amoché.
**beau** [bəʊ] (*pl* **beaux** [bəʊz]) *n* [dandy] dandy *m*; [suitor] galant *m*.
**Beaufort scale** ['bəʊfət] *n* échelle *f* de Beaufort.
**beauteous** ['bjuːtjəs] *lit* = **beautiful** *adj*.
**beautician** [bjuːˈtɪʃn] *n* esthéticien *m*, -enne *f*.
**beautiful** ['bjuːtɪfʊl] ◇ *adj* **-1.** [attractive – person, dress] beau, *before vowel or silent 'h'* bel (*f* belle). **-2.** [splendid – wea-

ther, meal] magnifique, superbe. ◇ *npl*: **fashions for the** ~ and the rich des modes destinées aux gens beaux et riches.
**beautifully** ['bjuːtəflɪ] *adv* **-1.** [sing, dress] admirablement, à la perfection. **-2.** [splendidly]: it was a ~ played shot c'était bien joué, c'était une belle balle. **-3.** [as intensifier – peaceful, warm] merveilleusement.
**beautify** ['bjuːtɪfaɪ] (*pt & pp* **beautified**) *vt* embellir, orner; to ~ o.s. se faire une beauté.
**beauty** ['bjuːtɪ] (*pl* **beauties**) ◇ *n* **-1.** [loveliness] beauté *f*; to spoil the ~ of sthg déparer qqch ❏ ~ is in the eye of the beholder *prov* il n'y a pas de laides amours *prov*; ~ is only skin-deep *prov* la beauté n'est pas tout *prov*. **-2.** [beautiful person] beauté *f*; the beauties of nature les merveilles de la nature ❏ 'Beauty and the Beast' 'la Belle et la Bête'. **-3.** *inf* [excellent thing] merveille *f*. **-4.** [attraction]: the ~ of the system is its simplicity ce qui est bien dans ce système, c'est sa simplicité; that's the ~ of it c'est ça qui est formidable. ◇ *comp* [cream, product, treatment] de beauté; ~ **specialist** OR **therapist** esthéticien *m*, -enne *f*.
**beauty competition**, **beauty contest** *n* concours *m* de beauté.
**beauty parlour** *n* institut *m* de beauté.
**beauty queen** *n* reine *f* de beauté.
**beauty salon** = **beauty parlour**.
**beauty shop** *n* *Am* institut *m* de beauté.
**beauty sleep** *n*: I need my ~ *hum* j'ai besoin de mon compte de sommeil pour être frais le matin.
**beauty spot** *n* **-1.** [on skin] grain *m* de beauté; [artificial] mouche *f*. **-2.** [scenic place] site *m* touristique.
**beaver** ['biːvə<sup>r</sup>] *n* [animal] castor *m*; [coat] fourrure *f* de castor, castor *m*; [hat] chapeau *m* de castor, castor *m*. ◇ *comp* [coat, hat] de castor.
◆ **beaver away** *vi insep Br inf*: to ~ away at sthg travailler d'arrache-pied à qqch.
**bebop** ['biːbɒp] *n* [music, dance] be-bop *m*.
**becalm** [bɪ'kɑːm] *pt* (*usu passive*): to be ~ed être encalminé.
**became** [bɪ'keɪm] *pt* → **become**.
**because** [bɪ'kɒz] *conj* parce que; if she won it was ~ she deserved to si elle a gagné, c'est qu'elle le méritait; it was all the more difficult ~ he was sick c'était d'autant plus difficile qu'il était malade; why can't I go? – ~ (you can't)! pourquoi est-ce que je ne peux pas y aller? – parce que (c'est comme ça)!
◆ **because of** *prep phr* à cause de; we couldn't move ~ of the snow nous étions bloqués par la neige; it was all ~ of a silly misunderstanding tout ça à cause d'un OR tout provenait d'un petit malentendu.
**béchamel sauce** [ˌbeʃə'mel] *n* (sauce *f*) béchamel *f*.
**beck** [bek] *n* **-1.** *dial* [stream] ruisseau *m*, ru *m* lit. **-2.** *phr*: to be at sb's ~ and call être constamment à la disposition de qqn; she has him at her ~ and call elle le fait marcher à la baguette, il lui obéit au doigt et à l'œil.
**beckon** ['bekən] ◇ *vi* faire signe; to ~ to sb faire signe à qqn; a glittering career ~ed for the young singer *fig* la jeune chanteuse avait devant elle une brillante carrière. ◇ *vt* **-1.** [motion] faire signe à; I ~ed them over to me je leur ai fait signe d'approcher. **-2.** [attract, call] attirer; the bright lights ~ed me to the city j'ai été attiré par les lumières de la ville.
**become** [bɪ'kʌm] (*pt* **became** [-'keɪm], *pp* **become**) ◇ *vi* **-1.** [grow] devenir, se faire; to ~ old vieillir; to ~ fat grossir; to ~ weak s'affaiblir; it became clear that we were wrong il s'est avéré que nous nous trompions; we became friends nous sommes devenus amis. **-2.** [acquire post of] devenir; she's ~ an accountant elle est devenue comptable. ◇ *vt fml* **-1.** [suit – subj: hat, dress] aller à. **-2.** [befit] convenir à, être digne de.
◆ **become of** *vt insep* (*only following* 'what', 'whatever'): whatever will ~ of us? qu'allons-nous devenir?; what became of your hat? où est passé ton chapeau?
**becoming** [bɪ'kʌmɪŋ] *adj fml* **-1.** [fetching] qui va bien, seyant; that's a very ~ hat ce chapeau vous va très bien. **-2.** [suitable] convenable, bienséant.
**BECTU** ['bektuː] (*abbr of* **Broadcasting, Entertainment, Cinematograph and Theatre Union**) *pr n* syndicat britannique des techniciens du cinéma, du théâtre et de l'audiovisuel.

**bed** [bed] (*pt* & *pp* **bedded**, *cont* **bedding**) ◇ *n* **-1.** [furniture] lit *m*; **we asked for a room with two ~s** nous avons demandé une chambre à deux lits; **they sleep in separate ~s** ils font lit à part; **it's time to go to** OR **time for ~** il est l'heure d'aller au lit OR de se coucher; **to get out of ~** se lever; **did I get you out of ~?** est-ce que je vous ai tiré du lit?; **she got** OR **put the children to ~** elle a couché les enfants OR mis les enfants au lit; **to make the ~** faire le lit; **they made me up a ~** ils m'ont préparé un lit; **he's in ~ with the flu** il est au lit avec la grippe; **she took to her ~ with pneumonia** elle a dû s'aliter à cause d'une pneumonie; **to go to ~ with sb** coucher avec qqn ❏ **~ and board** pension *f* complète; **~ and breakfast** chambre *f* d'hôte OR chez l'habitant; '**~ and breakfast**' 'chambres avec petit déjeuner'; **to get out on the wrong side of (the) ~** se lever du pied gauche OR du mauvais pied; **you've made your ~, now you must lie in it** *prov* comme on fait son lit, on se couche *prov*. **-2.** [plot – of flowers] parterre *m*, plate-bande *f*; [– of vegetables] planche *f*; [– of coral, oysters] banc *m*. **-3.** [bottom – of river] lit *m*; [– of lake, sea] fond *m*. **-4.** [layer – of clay, rock] couche *f*, lit *m*; [– of ore] gisement *m*; [– of ashes] lit *m*; CONSTR [– of mortar] bain *m*; **~ of nails** lit à clous. **-5.** TECH [of machine] base *f*, bâti *m*; [of lorry] plateau *m*; TYPO [of printing press] marbre *m*, plateau *m*; **to put a newspaper to ~** *Br* boucler un journal.
◇ *comp*: **~ linen** draps *mpl* de lit (et taies *fpl* d'oreiller); **~ frame** châlit *m*; **the doctor recommended complete ~ rest** le médecin a conseillé l'immobilité totale.
◇ *vt* **-1.** [embed] fixer, enfoncer; CONSTR asseoir. **-2.** HORT repiquer. **-3.** *lit* [have sex with] prendre (*sexuellement*).
◆ **bed down** ◇ *vi insep* [go to bed] se coucher; [spend the night] coucher. ◇ *vt sep* **-1.** [children] mettre au lit, coucher; [animal] installer pour la nuit. **-2.** [embed] fixer, enfoncer; CONSTR asseoir.

**BEd** [,bi:'ed] (*abbr of* **Bachelor of Education**) *n* (*titulaire d'une*) *licence de sciences de l'éducation.*

**bedazzle** [bɪ'dæzl] *vt* [dazzle] éblouir, aveugler; [fascinate] éblouir.

**bed bath** *n* toilette *f* (*d'un malade*).

**bedbug** ['bedbʌg] *n* punaise *f* des lits.

**bedclothes** ['bedkləʊðz] *npl* draps *mpl* et couvertures *fpl*.

**bedcover** ['bed,kʌvə'] *n* dessus-de-lit *m*, couvre-lit *m*.

**bedding** ['bedɪŋ] ◇ *n* **-1.** [bedclothes] draps *mpl* et couvertures *fpl*; [including mattress] literie *f*; MIL matériel *m* de couchage. **-2.** [for animals] litière *f*. ◇ *adj*: **~ plant** plante *f* à repiquer.

**Bede** [bi:d] *prn*: **the Venerable ~** Bède le Vénérable.

**bedeck** [bɪ'dek] *vt lit* orner, parer.

**bedevil** [bɪ'devl] (*Br pt* & *pp* **bedevilled**, *cont* **bedevilling**, *Am pt* & *pp* **bedeviled**, *cont* **bedeviling**) *vt* **-1.** [plague – plans, project] déranger, gêner; [– person] harceler, tourmenter; **bedevilled by** OR **with problems** assailli par les problèmes. **-2.** [confuse] embrouiller. **-3.** [bewitch] ensorceler.

**bedfellow** ['bed,feləʊ] *n* [associate] associé *m*, -e *f*, collègue *mf*; **they make strange ~s** ils forment une drôle d'association OR de paire.

**bedhead** ['bedhed] *n Br* tête *f* de lit.

**bed jacket** *n Br* liseuse *f*.

**bedlam** ['bedləm] *n* tohu-bohu *m*.

**Bedouin** ['beduɪn] (*pl inv* OR **Bedouins**) ◇ *n* Bédouin *m*, -e *f*. ◇ *adj* bédouin.

**bedpan** ['bedpæn] *n* bassin *m* (hygiénique).

**bedpost** ['bedpəʊst] *n* colonne *f* de lit; **(just) between you, me and the ~** *hum* entre nous.

**bedraggled** [bɪ'drægld] *adj* [clothing, person] débraillé; [hair] ébouriffé, échevelé.

**bedridden** ['bed,rɪdn] *adj* alité, cloué au lit.

**bedrock** ['bedrɒk] *n* GEOL soubassement *m*, substratum *m*; *fig* base *f*, fondation *f*.

**bedroll** ['bedrəʊl] *n* matériel *m* de couchage (*enroulé*).

**bedroom** ['bedrʊm] ◇ *n* chambre *f* (à coucher). ◇ *comp* [scene] d'amour; **~ comedy** THEAT comédie *f* de boulevard; **~ community** *Am* cité-dortoir *f*.

**-bedroomed** [,bedrʊmd] *in cpds*: **two~ flat** trois pièces *m*.

**Beds** *written abbr of* **Bedfordshire**.

**bedsettee** [,bedse'ti:] *n Br* canapé-lit *m*.

**bedside** ['bedsaɪd] ◇ *adj* [lamp, table] de chevet; **~ manner** comportement *m* envers les malades. ◇ *n* chevet *m*; **to rush to sb's ~** courir au chevet de qqn.

**bedsit** ['bed,sɪt], **bedsitter** ['bed,sɪtə'], **bedsitting room** [,bed'sɪtɪŋ-] *n Br* chambre *f* meublée.

**bedsocks** ['bedsɒks] *npl* chaussettes *fpl* (de lit).

**bedsore** ['bedsɔ:'] *n* escarre *f*.

**bedspread** ['bedspred] *n* dessus-de-lit *m inv*, couvre-lit *m*.

**bedsprings** ['bedsprɪŋz] *npl* [springs] ressorts *mpl* de sommier; [frame] sommier *m* à ressorts.

**bedstead** ['bedsted] *n* châlit *m*.

**bedtime** ['bedtaɪm] ◇ *n* heure *f* du coucher; **what's his ~?** à quelle heure se couche-t-il?; **it's your ~** il est l'heure d'aller te coucher; **her mother reads to her at ~** sa mère lui lit une histoire avant qu'elle s'endorme. ◇ *comp*: **~ story** histoire *f* (*qu'on lit à l'heure du coucher*).

**bedwarmer** ['bed,wɔ:mə'] *n* bassinoire *f*.

**bed-wetting** [-,wetɪŋ] *n* incontinence *f* nocturne.

**bee** [bi:] *n* [insect] abeille *f*; **he is a busy little ~** *inf* [he is energetic] il déborde d'énergie; [he has a lot of work] il a énormément de choses à faire ❏ **to have a ~ in one's bonnet (about sthg)** être obsédé (par qqch); **it's the ~'s knees!** *inf* c'est formidable OR super!; **he thinks he's the ~'s knees** *inf* il ne se prend pas pour n'importe qui.

**Beeb** [bi:b] *prn Br inf* & *hum*: **the ~** surnom courant de la BBC.

**beech** [bi:tʃ] (*pl inv* OR **beeches**) ◇ *n* [tree] hêtre *m*; [wood] (bois *m* de) hêtre *m*. ◇ *comp* [chair, table] de hêtre; **~ nut** faine *f*; **~ tree** hêtre *m*.

**beechwood** ['bi:tʃwʊd] *n* [substance] (bois *m* de) hêtre *m*; [forest] bois *m* de hêtres.

**beef** [bi:f] (*Br pl sense 2* **beeves** [bi:vz], *pl sense 3* **beefs**, *Am pl* **beefs**) ◇ *n* **-1.** [meat] bœuf *m*; **joint of ~** rôti *m* (de bœuf), rosbif *m*. **-2.** [animal] bœuf *m*. **-3.** *inf* [complaint] grief *m*; **what's your ~?** tu as un problème?; **to have a ~ with sb/ sthg** *Am* avoir des ennuis avec qqn/qqch. ◇ *comp* [sausage, stew] de bœuf; **~ cattle** bœufs *mpl* de boucherie. ◇ *vi inf* râler; **to ~ about sthg** râler contre qqch.
◆ **beef up** *vt sep inf* [army, campaign] renforcer; [report, story] étoffer.

**beefburger** ['bi:f,bɜ:gə'] *n* hamburger *m*.

**Beefeater** ['bi:f,i:tə'] *n* surnom des gardiens de la Tour de Londres.

**beefsteak** ['bi:f,steɪk] *n* bifteck *m*, steak *m*.

**beef tea** *n* bouillon *m* de bœuf.

**beefy** ['bi:fɪ] (*compar* **beefier**, *superl* **beefiest**) *adj* **-1.** [consistency, taste] de viande, de bœuf. **-2.** *inf* [brawny] costaud; [fat] grassouillet.

**beehive** ['bi:haɪv] *n* **-1.** [for bees] ruche *f*. **-2.** [hairstyle] coiffure très haute maintenue avec de la laque.

**beekeeper** ['bi:,ki:pə'] *n* apiculteur *m*, -trice *f*.

**beekeeping** ['bi:,ki:pɪŋ] *n* apiculture *f*.

**beeline** ['bi:laɪn] *n* ligne *f* droite; **he made a ~ for the kitchen** [headed straight to] il s'est dirigé tout droit vers la cuisine; [rushed to] il s'est précipité OR a filé tout droit à la cuisine.

**been** [bi:n] *pp* → **be**.

**beep** [bi:p] ◇ *n* [of car horn] coup *m* de Klaxon®; [of alarm, timer] signal *m* sonore, bip *m*. ◇ *vi* [car horn] klaxonner; [alarm, timer] sonner, faire bip. ◇ *vt*: **to ~ one's horn** klaxonner.

**beer** [bɪə'] ◇ *n* bière *f*; **his life is not all ~ and skittles** *Br* sa vie n'est pas toujours rose. ◇ *comp*: **~ barrel** tonneau *m* à bière; **~ belly** *inf* brioche *f*; **~ bottle** canette *f*; **~ can** boîte *f* de bière; **~ garden** jardin d'un pub, où l'on peut prendre des consommations.

**beeswax** ['bi:zwæks] ◇ *n* cire *f* d'abeille. ◇ *vt* cirer (*avec de la cire d'abeille*).

**beet** [bi:t] *n* betterave *f* (potagère); **red ~** *Am* betterave *f* (rouge).

**Beethoven** ['beɪt,həʊvn] *prn* Beethoven.

**beetle** ['bi:tl] ◇ *n* **-1.** [insect] scarabée *m*, coléoptère *m*. **-2.** GAMES jeu de dés où l'on essaye de dessiner un scarabée. **-3.** [hammer] mailloche *f*; [machine] mouton *m*. ◇ *vi Br inf* courir précipitamment; **to ~ along** filer à toute vitesse.
◆ **Beetle**® *n*: (Volkswagen) **~** AUT Coccinelle® *f*.

◆ **beetle off** *vi insep inf* filer.

**beetle-browed** [-braud] *adj Br* [with bushy eyebrows] aux sourcils broussailleux; [scowling] renfrogné.

**beetling** ['biːtlɪŋ] *adj* [cliff, crag] qui surplombe, surplombant; [brow] proéminent; [eyebrows] broussailleux.

**beetroot** ['biːtruːt] *n* betterave *f* (potagère OR rouge); to go (as red as a) ~ devenir rouge comme une tomate.

**beet sugar** *n* sucre *m* de betterave.

**befall** [bɪ'fɔːl] (*pt* befell [-'fel], *pp* befallen [-'fɔːlən]) *fml* OR *lit* ◇ *vt* arriver à, survenir à. ◇ *vi* **-1.** [happen] arriver, se passer. **-2.** [be due] échoir.

**befit** [bɪ'fɪt] (*pt & pp* befitted, *cont* befitting) *vt fml* convenir à, seoir à *fml*; as ~s a woman of her eminence comme il sied à une femme de son rang.

**befitting** [bɪ'fɪtɪŋ] *adj fml* convenable, seyant; in a manner ~ a statesman d'une façon qui sied à un homme d'État.

**before** [bɪ'fɔː] ◇ *adv* **-1.** [at a previous time] avant; haven't we met ~? est-ce que nous ne nous sommes pas OR ne nous sommes-nous pas déjà rencontrés?; I have never seen this film ~ c'est la première fois que je vois ce film; he's made mistakes ~ ce n'est pas la première fois qu'il se trompe. **-2.** *lit* [ahead] en avant, devant.
◇ *prep* **-1.** [in time] avant; the day ~ the meeting la veille de la réunion; the day ~ yesterday avant-hier; it should have been done ~ now ça devrait déjà être fait ❑ that was ~ your time [you had not been born] vous n'étiez pas encore né; [you had not arrived, joined etc] vous n'étiez pas encore là. **-2.** [in order, preference] avant; the welfare of the people comes ~ private concerns le bien-être du peuple passe avant tout intérêt privé. **-3.** [in space] devant; on the table ~ them *fml* sur la table devant eux; we have a difficult task ~ us *fig* nous avons une tâche difficile devant nous; ~ my very eyes sous mes propres yeux. **-4.** [in the presence of] devant, en présence de; to appear ~ the court/judge comparaître devant le tribunal/juge. **-5.** [for the consideration of] devant; the problem ~ us la question qui nous occupe; the case ~ the court l'affaire portée devant le tribunal; the matter went ~ the council l'affaire est passée devant le conseil.
◇ *conj* **-1.** [in time] avant de, avant que; she hesitated ~ answering elle a hésité avant de répondre; may I see you ~ you leave? puis-je vous voir avant que vous ne partiez OR avant votre départ?; it'll be a long time ~ he tries that again il ne recommencera pas de sitôt, il n'est pas près de recommencer; it'll be two years ~ the school is built l'école ne sera pas construite avant deux ans; it was almost an hour ~ the ambulance arrived il a fallu presque une heure avant que l'ambulance n'arrive ❑ ~ you know it avant qu'on ait le temps de dire «ouf». **-2.** [rather than] plutôt que de.
◇ *adj* d'avant, précédent; the day ~ la veille; the night ~ la veille au soir; the week ~ la semaine d'avant OR précédente.

**beforehand** [bɪ'fɔːhænd] *adv* auparavant, à l'avance; if you're coming let me know ~ prévenez-moi si vous décidez de venir.

**befriend** [bɪ'frend] *vt* [make friends with] prendre en amitié, se prendre d'amitié pour; he was ~ed by a colleague un de ses collègues s'est pris d'amitié pour lui ‖ [assist] venir en aide à, aider.

**befuddle** [bɪ'fʌdl] *vt* **-1.** [confuse – person] brouiller l'esprit OR les idées de, embrouiller; [– mind] embrouiller. **-2.** [muddle with alcohol] griser, enivrer.

**beg** [beg] (*pt & pp* begged, *cont* begging) ◇ *vi* **-1.** [solicit charity] mendier; to ~ for food mendier de la nourriture. **-2.** [ask, plead] supplier; to ~ for forgiveness/mercy demander pardon/grâce. **-3.** [dog] faire le beau. **-4.** *Br phr*: to be going begging: I'll have that last sandwich if it's going begging je prendrai bien ce dernier sandwich si personne d'autre ne le veut. ◇ *vt* **-1.** [solicit as charity] mendier; she begged money from the passers-by elle mendiait auprès des passants. **-2.** [ask for] demander, solliciter; [plead with] supplier; she begged a favour of her sister elle a demandé à sa sœur de lui rendre un service; to ~ sb's forgiveness OR pardon demander pardon à qqn ❑ I ~ your pardon [excuse me] je vous demande pardon; [I didn't hear you] pardon?; [indignantly] pardon! **-3.** *fml* [request politely]: I ~ to differ je me permets de OR permettez-moi de ne pas être de votre avis; I

~ to inform you that... je tiens à OR j'ai l'honneur de vous informer que.. **-4.** *Br phr*: to ~ the question [evade the issue] éluder la question; [assume something proved] considérer que la question est résolue.

**began** [bɪ'gæn] *pt* → begin.

**beget** [bɪ'get] (*pt* begot [-'gɒt] OR begat [-'gæt], *pp* begotten [-'gɒtn], *cont* begetting) *vt arch* OR *lit* [sire] engendrer; *fig* [cause] engendrer, causer.

**beggar** ['begə] ◇ *n* **-1.** [mendicant] mendiant *m*, -e *f*; [pauper] indigent *m*, -e *f*; ~s can't be choosers *prov* nécessité fait loi *prov*; 'The Beggar's Opera' Gay 'l'Opéra du gueux'. **-2.** *Br inf* [so-and-so] type *m*. ◇ *vt* **-1.** *fml* [impoverish] réduire à la mendicité, appauvrir. **-2.** [defy]: to ~ (all) description défier toute description.

**begging** ['begɪŋ] ◇ *n* mendicité *f*. ◇ *adj*: ~ letter lettre *f* de requête (*demandant de l'argent*).

**begging bowl** *n* sébile *f* (*de mendiant*).

**begin** [bɪ'gɪn] (*pt* began [-'gæn], *pp* begun [-'gʌn], *cont* beginning) ◇ *vt* **-1.** [start] commencer; [career, term] commencer, débuter; [task] entreprendre, s'attaquer à; [work] commencer, se mettre à; to ~ to do OR doing sthg commencer à faire qqch, se mettre à faire qqch; the quotation beginning this chapter la citation qui ouvre ce chapitre; she began life as a waitress elle a débuté comme serveuse; he soon began to complain il n'a pas tardé à se plaindre; the film doesn't ~ to compare with the book le film est loin de valoir le livre; I can't ~ to explain c'est trop difficile à expliquer. **-2.** [start to say] commencer. **-3.** [found – institution, club] fonder, inaugurer; [initiate – business, fashion] lancer; [– argument, fight, war] déclencher, faire naître; [– conversation] engager, amorcer; [– discussion, speech] commencer, ouvrir.
◇ *vi* **-1.** [start – subj: person, career, concert, project, speech] commencer; the day began badly/well la journée s'annonçait mal/bien; to ~ afresh recommencer (à zéro); when does school ~? quand est la rentrée?; after the film ~s après le début du film; he began in politics il a commencé par faire de la politique; let me ~ by thanking our host permettez-moi tout d'abord de remercier notre hôte; the play ~s with a murder la pièce débute par un meurtre; I began with the idea of buying a flat au départ OR au début je voulais acheter un appartement. **-2.** [originate – club, country, institution] être fondé; [– fire, epidemic] commencer; [– war] éclater, commencer; [– trouble] commencer; [– river] prendre sa source; [– road] commencer; [– fashion] commencer, débuter; the magazine began as a freesheet la revue a débuté comme publication gratuite.
◆ **to begin with** *adv phr* [in the first place] d'abord, pour commencer; [initially] au départ; everything went well to ~ with tout s'est bien passé au début OR au départ; the plate was cracked to ~ with l'assiette était déjà fêlée au départ.

**beginner** [bɪ'gɪnə] *n* débutant *m*, -e *f*; it's ~'s luck! on a toujours de la chance au début!; French for ~s français pour débutants.

**beginning** [bɪ'gɪnɪŋ] ◇ *n* **-1.** [start – of book, career, project] commencement *m*, début *m*; in OR at the ~ au début, au commencement; this is just the ~ of our troubles nos ennuis ne font que commencer; begin at the ~ commencez par le commencement; let's start again from the ~ reprenons depuis le début; from ~ to end du début à la fin, d'un bout à l'autre; it's the ~ of the end c'est le début de la fin. **-2.** [early part, stage – of book, career, war] commencement *m*, début *m*; [– of negotiations] début *m*, ouverture *f*; since the ~ of time depuis la nuit des temps. **-3.** [origin – of event] origine *f*, commencement *m*; Protestantism had its ~s in Germany le protestantisme a pris naissance en Allemagne; his assassination signalled the ~ of the war son assassinat a marqué le déclenchement de la guerre. ◇ *adj*: ~ student débutant *m*, -e *f*.

**begone** [bɪ'gɒn] *vi lit*: ~! hors d'ici!

**begonia** [bɪ'gəʊnjə] *n* bégonia *m*.

**begot** [bɪ'gɒt] *pt* → beget.

**begotten** [bɪ'gɒtn] *pp* → beget.

**begrudge** [bɪ'grʌdʒ] *vt* **-1.** [envy] envier; she ~s him his success elle lui en veut de sa réussite. **-2.** [give grudgingly] donner OR accorder à regret; he ~s every minute spent away from his family il rechigne à passer une seule minute loin de sa famille; I ~ spending so much on rent ça me fait mal au cœur de payer un loyer aussi cher.

**beguile** [bɪ'gaɪl] *vt* **-1.** [charm] envoûter, séduire. **-2.** [delude] enjôler, tromper; **to ~ sb into doing sthg** amener qqn à faire qqch. **-3.** [pass pleasantly]: **to ~ (away) the hours** faire passer le temps (*agréablement*).

**beguiling** [bɪ'gaɪlɪŋ] *adj* charmant, séduisant.

**begun** [bɪ'gʌn] *pp* → **begin**.

**behalf** [bɪ'hɑːf] *n*
◆ **in behalf of** *Am* = **on behalf of**.
◆ **on behalf of** *prep phr*: **on ~ of sb** [as their representative] de la part de OR au nom de qqn; [in their interest] dans l'intérêt de OR pour qqn; **she acted on his ~ when he was ill** c'est elle qui l'a représenté quand il était malade; **your lawyer acts on your ~** votre avocat agit en votre nom; **the commission decided on their ~** la commission a décidé en leur nom; **don't worry on my ~** ne vous inquiétez pas à mon sujet.

**behave** [bɪ'heɪv] ◇ *vi* **-1.** [act] se comporter, se conduire; **why are you behaving this way?** pourquoi agis-tu de cette façon?; **he ~d badly towards her** il s'est mal conduit envers elle; **she was sorry for the way she'd ~d towards him** elle regrettait la façon dont elle l'avait traité. **-2.** [act properly] se tenir bien; **will you ~!** sois sage!, tiens-toi bien!**-3.** [function] fonctionner, marcher; **she studies how matter ~s in extremes of cold and heat** elle étudie le comportement de la matière dans des conditions de froid ou de chaleur extrêmes; **the car ~s well on curves** la voiture tient bien la route dans les virages. ◇ *vt*: **to ~ o.s.** se tenir bien; **~ yourself!** sois sage!, tiens-toi bien!

**behaviour** *Br*, **behavior** *Am* [bɪ'heɪvjəʳ] ◇ *n* **-1.** [of person] comportement *m*, conduite *f*; [of animal] comportement *m*; **her ~ towards her mother was unforgivable** la façon dont elle s'est comportée avec sa mère était impardonnable; **to be on one's best ~** se tenir OR se conduire de son mieux. **-2.** [of atom, chemical, light] comportement *m*; [of machine] fonctionnement *m*. ◇ *comp* [modification, problem] du comportement; [pattern] de comportement.

**behavioural** *Br*, **behavioral** *Am* [bɪ'heɪvjərəl] *adj* de comportement, comportemental.

**behavioural science** *n* science *f* du comportement, comportementalisme *m*.

**behaviourism** *Br*, **behaviorism** *Am* [bɪ'heɪvjərɪzm] *n* behaviorisme *m*.

**behaviourist** *Br*, **behaviorist** *Am* [bɪ'heɪvjərɪst] ◇ *adj* behavioriste. ◇ *n* behavioriste *mf*.

**behead** [bɪ'hed] *vt* décapiter.

**beheld** [bɪ'held] *pt* & *pp* → **behold**.

**behest** [bɪ'hest] *n* fml commandement *m*, ordre *m*.

**behind** [bɪ'haɪnd] ◇ *prep* **-1.** [at the back of] derrière; **she came out from ~ the bushes** elle est sortie de derrière les buissons; **lock the door ~ you** fermez la porte à clé (derrière vous). **-2.** [indicating past time] derrière; **you have to put the incident ~ you** il faut que tu oublies cet incident. **-3.** [indicating deficiency, delay] en retard sur, derrière; **she is ~ the other pupils** elle est en retard sur les autres élèves; **the trains are running ~ schedule** OR **~ time** les trains ont du retard (sur l'horaire). **-4.** [responsible for] derrière; **who was ~ the plot?** qui était derrière le complot OR à l'origine du complot?; **what's ~ all this?** qu'est-ce que ça cache?**-5.** [supporting]: **we're right ~ you on this** vous avez tout notre soutien dans cette affaire.
◇ *adv* **-1.** [at, in the back] derrière, en arrière; **he attacked them from ~** il les a attaqués par derrière; **disaster was not far ~** la catastrophe était imminente. **-2.** [late] en retard; **I'm ~ in** OR **with my rent** je suis en retard sur mon loyer; **I'm ~ in** OR **with my work** j'ai du retard dans mon travail; **she's too far ~ to catch up with the others** elle a pris trop de retard pour pouvoir rattraper les autres; **our team is three points ~** notre équipe a trois points de moins.
◇ *n euph* derrière *m*, postérieur *m*.

**behindhand** [bɪ'haɪndhænd] *adv* en retard.

**behind-the-scenes** *adj* secret (*f* -ète); **a ~ look at politics** un regard en coulisse sur la politique.

**behold** [bɪ'həʊld] (*pt* & *pp* **beheld** [-'held]) *vt arch* OR *lit* [see] regarder, voir; [notice] apercevoir.

**beholden** [bɪ'həʊldən] *adj* redevable; **I am deeply ~ to him** je lui suis infiniment redevable.

**behove** *Br* [bɪ'həʊv], **behoove** *Am* [bɪ'huːv] *vt arch* OR *lit*: **it ~s them to be prudent** il leur appartient d'être prudents.

**beige** [beɪʒ] ◇ *adj* beige. ◇ *n* beige *m*.

**Beijing** [,beɪ'dʒɪŋ] *pr n* Beijing.

**being** ['biːɪŋ] ◇ *pres part* → **be**. ◇ *n* **-1.** [creature] être *m*, créature *f*; **a human ~** un être humain. **-2.** [essential nature] être *m*; **her whole ~ rebelled** tout son être se révoltait. **-3.** [existence] existence *f*; **already in ~** déjà existant, qui existe déjà; **to bring** OR **to call sthg into ~** faire naître qqch, susciter qqch; **the movement came into ~ in the 1920s** le mouvement est apparu OR fut créé dans les années 20.

**Beirut** [,beɪ'ruːt] *pr n* Beyrouth.

**bejewelled** *Br*, **bejeweled** *Am* [bɪ'dʒuːəld] *adj* [person] paré OR couvert de bijoux; [box, purse] incrusté de bijoux.

**belabour** *Br*, **belabor** *Am* [bɪ'leɪbəʳ] *vt* **-1.** [beat] rouer de coups. **-2.** [criticize] injurier, invectiver.

**Belarus** [,belə'ruːs] *pr n*: **the Republic of ~** la république de Bélarus.

**belated** [bɪ'leɪtɪd] *adj* tardif.

**belatedly** [bɪ'leɪtɪdlɪ] *adv* tardivement.

**belay** [bɪ'leɪ] ◇ *vt* & *vi* **-1.** NAUT amarrer. **-2.** CLIMBING assurer. ◇ *n* assurance *f*.

**belaying pin** [bɪ'leɪɪŋ-] *n* cabillot *m*.

**belch** [beltʃ] ◇ *n* renvoi *m*, rot *m*. ◇ *vi* roter. ◇ *vt* [expel] cracher, vomir.

**beleaguer** [bɪ'liːgəʳ] *vt* **-1.** [harass] harceler, assaillir; **reporters ~ed him with questions** les journalistes le harcelèrent de questions. **-2.** [besiege – city] assiéger; [– army, group] encercler, cerner.

**beleaguered** [bɪ'liːgəd] *adj* **-1.** *literal* assiégé. **-2.** *fig* en difficulté.

**belfry** ['belfrɪ] (*pl* **belfries**) *n* [of church] beffroi *m*, clocher *m*; [of tower] beffroi *m*.

**Belgian** ['beldʒən] ◇ *n* Belge *mf*. ◇ *adj* belge.

**Belgium** ['beldʒəm] *pr n* Belgique *f*; **in ~** en Belgique.

**Belgrade** [,bel'greɪd] *pr n* Belgrade.

**belie** [bɪ'laɪ] (*pt* & *pp* **belied**, *cont* **belying**) *vt fml* [misrepresent] donner une fausse idée OR impression de; [contradict – hope, impression] démentir, tromper; [– promise] démentir, donner le démenti à.

**belief** [bɪ'liːf] *n* **-1.** [feeling of certainty] croyance *f*; **~ in God** croyance en Dieu; **I've lost any ~ I had in human kindness** je ne crois plus du tout en la bonté humaine; **contrary to popular ~** contrairement à ce qu'on croit; **it's beyond ~** c'est incroyable. **-2.** [conviction, opinion] conviction *f*, certitude *f*; **it's my ~ he's lying** je suis certain OR convaincu qu'il ment; **in the ~ that he would help them** certain OR persuadé qu'il allait les aider; **in the mistaken ~ that...** persuadé à tort que...; **to the best of my ~** autant que je sache. **-3.** [religious faith] foi *f*, croyance *f*; [political faith] dogme *m*, doctrine *f*.**-4.** [confidence, trust] confiance *f*, foi *f*.

**believable** [bɪ'liːvəbl] *adj* croyable.

**believe** [bɪ'liːv] ◇ *vt* **-1.** [consider as real or true] croire; **I don't ~ a word of it** je n'en crois rien OR pas un mot; **don't you ~ it!** détrompe-toi!; **he's getting married! – I don't ~ it!** il va se marier! – c'est pas vrai!; **she's fifty, would you ~ it!** elle a cinquante ans, figure-toi!; **he couldn't ~ his ears/his eyes** il n'en croyait pas ses oreilles/ses yeux; **and, ~ it or not, she left** et, crois-le si tu veux, elle est partie. **-2.** [accept statement or opinion of] croire; **if she is to be ~d, she was born a duchess** à l'en croire, elle est duchesse; **and ~ (you) me, I know what I'm talking about!** et croyez-moi, je sais de quoi je parle!**-3.** [hold as opinion, suppose] croire; **I don't know what to ~** je ne sais que croire, je ne sais pas à quoi m'en tenir; **it is widely ~d that the prisoners have been killed** on pense généralement que les prisonniers ont été tués; **she is, I ~, our greatest novelist** elle est, je crois OR à mon avis, notre meilleure romancière; **he'd have her ~ it's an antique** il voudrait lui faire croire que c'est un objet d'époque; **I ~ not/so** je crois que non, je ne crois pas; **I ~ so** je crois que oui, je crois; **I wouldn't have ~d it of him** je n'aurais pas cru cela de lui.
◇ *vi* [have religious faith] être croyant, avoir la foi.
◆ **believe in** *vt insep* **-1.** [be convinced of existence or truth of]: **to ~ in miracles/in God** croire aux miracles/en Dieu; **seeing is believing** voir c'est croire. **-2.** [be convinced of value

of]: I ~ in free enterprise je crois à la libre entreprise; they ~ in their president ils ont confiance en OR font confiance à OR croient en leur président; he ~s in giving the public greater access to information il est d'avis qu'il faut donner au public un plus grand accès à l'information.

**believer** [bɪ'liːvəʳ] n -1. [supporter] partisan m, adepte mf; he's a great ~ in taking exercise il est convaincu qu'il faut faire de l'exercice. -2. RELIG croyant m, -e f.

**Belisha beacon** [bɪ'liːʃə-] n Br globe orange clignotant marquant un passage clouté.

**belittle** [bɪ'lɪtl] vt rabaisser, dénigrer.

**Belize** [be'liːz] pr n Belize m; in ~ au Belize.

**Belizean** [be'liːzɪən] ◇ n Bélizien m, -enne f. ◇ adj bélizien.

**bell** [bel] ◇ n -1. [in church] cloche f; [handheld] clochette f; [on bicycle] sonnette f; [for cows] cloche f, clarine f; [on boots, toys] grelot m; [sound] coup m (de cloche); there goes the dinner ~ c'est la cloche qui annonce le dîner ❑ saved by the ~! sauvé par le gong!; ~s and whistles accessoires mpl; 'For Whom the Bell Tolls' Hemingway 'Pour qui sonne le glas'. -2. [electrical device – on door] sonnette f; there's the ~ il y a quelqu'un à la porte, on sonne (à la porte). -3. Br inf [telephone call]: I'll give you a ~ je te passe un coup de fil. -4. [of flower] calice m, clochette f; [of oboe, trumpet] pavillon m.-5. [of stag] bramement m; [of hound] aboiement m. ◇ vi -1. [stag] bramer; [hound] aboyer. -2. [bloat, distend] ballonner.

**belladonna** [,belə'dɒnə] n belladone f.

**bell-bottoms** npl pantalon m à pattes d'éléphant.

**bellboy** ['belbɔɪ] n chasseur m, porteur m.

**bell buoy** n bouée f à cloche.

**belle** [bel] n belle f, beauté f.

**bellhop** ['belhɒp] Am = **bellboy**.

**bellicose** ['belɪkəʊs] adj belliqueux.

**belligerence** [bɪ'lɪdʒərəns], **belligerency** [bɪ'lɪdʒərənsɪ] n belligérance f.

**belligerent** [bɪ'lɪdʒərənt] ◇ adj belligérant. ◇ n belligérant m, -e f.

**bell jar** n cloche f de verre.

**bellow** ['beləʊ] ◇ vi [bull] beugler, meugler; [elephant] barrir; [person] brailler. ◇ vt: to ~ (out) sthg brailler qqch. ◇ n [of bull] beuglement m, meuglement m; [of elephant] barrissement m; [of person] braillement m.

**bellows** ['beləʊz] npl -1. [for fire] soufflet m; a pair of ~ un soufflet. -2. [for accordion, organ] soufflerie f.

**bellpull** ['belpʊl] n [for servant] cordon m de sonnette; [on door] poignée f de sonnette.

**bell push** n bouton m de sonnette.

**bell-ringer** n sonneur m, carillonneur m.

**bell-ringing** n carillonnement m.

**bell rope** n [to call servant] cordon m de sonnette; [in belfry] corde f de cloche.

**bell tent** n tente f conique.

**bell tower** n clocher m.

**bellwether** ['bel,weðəʳ] n [sheep] sonnailler m; fig [person] meneur m, -euse f, chef m.

**belly** ['belɪ] (pl **bellies**, pt & pp **bellied**) ◇ n -1. [stomach] ventre m.-2. [of plane, ship] ventre m; [of sail] creux m.-3. [of cello, guitar] table f d'harmonie. -4. CULIN: ~ of pork, pork ~ poitrine f de porc. ◇ vi: to ~ (out) s'enfler, se gonfler. ◇ vt enfler, gonfler.

**bellyache** ['belɪeɪk] inf ◇ n -1. [pain] mal m au OR de ventre. -2. [complaint] rogne f, rouspétance f. ◇ vi râler.

**bellyaching** ['belɪ,eɪkɪŋ] n (U) inf ronchonnements mpl, rouspétances fpl.

**belly button** n inf nombril m.

◆ **belly-dance** vi danser OR faire la danse du ventre.

**belly dancer** n danseuse f du ventre OR orientale.

**belly flop** n: to do a ~ faire un plat.

**bellyful** ['belɪfʊl] n inf [of food] ventre m plein; fig: I've had a ~ of your complaints j'en ai ras le bol de tes rouspétances.

**belly-landing** n AERON inf atterrissage m sur le ventre.

**belly laugh** n inf gros rire m.

**belong** [bɪ'lɒŋ] vi -1. [as property]: to ~ to sb appartenir à OR être à qqn. -2. [as member]: he ~s to a trade union il fait partie OR il est membre d'un syndicat, il est syndiqué. -3. [as part, component] appartenir; the field ~s to that house le champ dépend de cette maison; this jacket ~s with those trousers cette veste va avec ce pantalon. -4. [be in proper place] être à sa place; the dishes ~ in that cupboard les assiettes vont dans ce placard; the two of them ~ together ces deux-là sont faits pour être ensemble; I don't ~ here je ne suis pas à ma place ici; go back home where you ~ rentrez chez vous; he ~s in teaching sa place est dans l'enseignement; these issues ~ in a court of law ces questions relèvent d'un tribunal.

**belonging** [bɪ'lɒŋɪŋ] n: a sense of ~ un sentiment d'appartenance.

◆ **belongings** npl affaires fpl, possessions fpl; personal ~s objets mpl OR effets mpl personnels.

**Belorussia** etc [,beləʊ'rʌʃə] = **Byelorussia**.

**beloved** [bɪ'lʌvd] ◇ adj chéri, bien-aimé; my ~ father mon très cher père, mon père bien-aimé. ◇ n bien-aimé m, -e f, amour m; dearly ~, we are gathered here today... mes très chers amis, nous sommes ici aujourd'hui...

**below** [bɪ'ləʊ] ◇ prep -1. [at, to a lower position than] au-dessous de, en dessous de; [under] sous; the flat ~ ours l'appartement au-dessous en dessous du nôtre; her skirt came to ~ her knees sa jupe lui descendait au-dessous du genou. -2. [inferior to] au-dessous de, inférieur à; ~ the poverty line en dessous du seuil de pauvreté; children ~ the age of five des enfants de moins de cinq ans. -3. [downstream of] en aval de. -4. [south of] au sud de. ◇ adv -1. [in lower place, on lower level] en dessous, plus bas; we looked down onto the town ~ nous contemplons la ville en dessous; the flat ~ l'appartement d'en dessous OR du dessous; he could hear two men talking ~ il entendait deux hommes parler en bas ❑ here ~ arch OR lit [on earth] ici-bas. -2. [with numbers, quantities] moins; it was twenty ~ inf il faisait moins vingt; children of five and ~ les enfants de cinq ans et moins. -3. [in text] plus bas, ci-dessous. -4. NAUT en bas; to go ~ descendre dans l'entrepont; she went ~ to her cabin elle est descendue à sa cabine.

**belt** [belt] ◇ n -1. [gen & SPORT] ceinture f; MIL ceinturon m; ceinture f; to give sb the ~ donner une correction à qqn; a black ~ SPORT une ceinture noire ❑ she now has a doctoral degree under her ~ elle a maintenant un doctorat en poche; no hitting below the ~ literal il est interdit de porter des coups bas; fig pas de coups bas!; that was a bit below the ~ c'était un peu déloyal comme procédé; to pull in OR to tighten one's ~ se serrer la ceinture. -2. [of machine] courroie f.-3. [area, zone] région f.-4. inf [sharp blow] coup m.-5. inf [of whisky] gorgée f. ◇ vt -1. [dress, trousers] ceinturer, mettre une ceinture à; he had a gun ~ed to his waist il avait un revolver à la ceinture; a ~ed raincoat un imperméable à ceinture. -2. [hit with belt] donner des coups de ceinture à; [as punishment] administrer une correction à. -3. inf [hit] donner OR flanquer un coup à; she ~ed the ball elle a donné un grand coup dans la balle. ◇ vi Br inf filer; they went ~ing along ils fonçaient.

◆ **belt down** vt sep Br inf [food] engloutir, enfourner; [drink] avaler, descendre.

◆ **belt out** vt sep inf: she ~ed out the last song elle s'est donnée à fond dans la dernière chanson.

◆ **belt up** vi insep -1. [in car, plane] attacher sa ceinture. -2. Br inf [be quiet] la fermer, la boucler.

**belt-driven** adj actionné par courroie.

**belting** ['beltɪŋ] n: to give sb a ~ [as punishment] donner des coups de ceinture OR administrer une correction; [in fight] rouer qqn de coups.

**beltway** ['belt,weɪ] n Am (boulevard m) périphérique m.

**bemoan** [bɪ'məʊn] vt pleurer, se lamenter sur; to ~ one's fate pleurer sur son sort.

**bemused** [bɪ'mjuːzd] adj déconcerté, dérouté.

**bench** [bentʃ] ◇ n -1. [seat] banc m; [caned, padded] banquette f; [in auditorium] gradin m; park ~ banc public; on the ~ SPORT en réserve. -2. Br [in Parliament] banc m; the government ~es les bancs du gouvernement. -3. [work table] établi m, plan m de travail. JUR [seat] banc m; the ~ [judge] la cour, le juge; [judges as group] les juges, les magistrats; she has been raised to the ~ elle a été nommée juge; he serves

OR sits on the ~ [permanent office] il est juge; [for particular case] il siège au tribunal. ◇ *comp* [lathe, vice] d'établi. ◇ *vt* *Am* SPORT retirer du jeu.

**benchmark** ['bentʃ,mɑːk] ◇ *n literal* repère *m*; [in surveying] repère *m* de nivellement; *fig* repère *m*, point *m* de référence. ◇ *comp*: ~ test COMPUT test *m* d'évaluation (de programme).

**bend** [bend] (*pt* & *pp* **bent** [bent]) ◇ *vt* -**1.** [arm, finger] plier; [knee, leg] plier, fléchir; [back, body] courber; [head] pencher, baisser; **they bent their heads over their books** ils se penchèrent sur leurs livres; **to ~ one's head in prayer** baisser la tête pour prier; **he went down on ~ed knee** il se mit à genoux, il s'agenouilla; **to ~ sb to one's will** plier qqn à sa volonté ❑ **to ~ sb's ear** casser les oreilles à qqn. -**2.** [pipe, wire] tordre, courber; [branch, tree] courber, faire ployer; [bow] bander, arquer; **to ~ sthg at right angles** plier qqch à angle droit; **he bent the rod out of shape** il a tordu la barre ❑ **to ~ the rules** faire une entorse au règlement. -**3.** [deflect – light, ray] réfracter; [– stream] dériver, détourner. -**4.** *lit* [direct, turn] diriger; **he bent his attention** OR **his mind to solving the problem** il s'appliqua à résoudre le problème. -**5.** NAUT [fasten – cable, rope] étalinguer; [– sail] enverguer.
◇ *vi* -**1.** [arm, knee, leg] plier; [person] se courber, se pencher; [head] se pencher; [rod, wire] plier, se courber; [branch, tree] ployer, plier; **to ~ under the burden/the weight** ployer sous le fardeau/le poids; **she bent over the counter** elle s'est penchée par-dessus le comptoir; **he bent backwards/forwards** il s'est penché en arrière/en avant. -**2.** [river, road] faire un coude, tourner; **the road ~s to the left** la route tourne à gauche. -**3.** [submit] céder; **the people refused to ~** to the colonial forces le peuple a refusé de se soumettre aux forces coloniales.
◇ *n* -**1.** [in road] coude *m*, virage *m*; [in river] méandre *m*, coude *m*; [in pipe, rod] coude *m*; **'~s for 7 miles'** 'virages sur 10 km' ❑ **to drive sb round the ~** *inf* rendre qqn fou. -**2.** [in arm] pli *m*, saignée *f*; [in knee] pli *m*, flexion *f*; **she did a couple of forward ~s** elle s'est penchée plusieurs fois en avant. -**3.** NAUT [knot] nœud *m* (de jonction).
◆ **bends** *npl*: **the ~** la maladie des caissons.
◆ **bend back** ◇ *vi* insep -**1.** [person] se pencher en arrière. -**2.** [blade, tube] se recourber. ◇ *vt sep* replier, recourber.
◆ **bend down** ◇ *vi* insep -**1.** [person] se courber, se baisser. -**2.** [branch, tree] plier, ployer. ◇ *vt sep* [branch, tree] faire ployer; [blade, tube] replier, recourber.
◆ **bend over** ◇ *vi* insep se pencher; **to ~ over backwards to please (sb)** *fig* se donner beaucoup de mal pour faire plaisir (à qqn). ◇ *vt sep* replier, recourber.

**bender** ['bendəʳ] *n inf* beuverie *f*.

**bendy** ['bendɪ] (*compar* **bendier**, *superl* **bendiest**) *adj* -**1.** [road] sinueux. -**2.** [flexible] souple, flexible.

**beneath** [bɪ'niːθ] ◇ *prep* -**1.** [under] sous. -**2.** [below]: **the valley was spread out ~ us** la vallée s'étalait sous nos pieds. -**3.** [unworthy of] indigne de. -**4.** [socially inferior to] inférieur (*socialement*); **he married ~ him** il a fait une mésalliance *fml*, il n'a pas fait un bon mariage. ◇ *adv* [underneath] en bas; **from ~** d'en dessous.

**Benedictine** [*n sense 1 & adj* ,benɪ'dɪktɪn, *n sense 2* ,benɪ'dɪktiːn] ◇ *n* -**1.** RELIG bénédictin *m*, -e *f*. -**2.** [liqueur] Bénédictine® *f*. ◇ *adj* bénédictin.

**benediction** [,benɪ'dɪkʃn] *n* -**1.** RELIG & *fig* [blessing] bénédiction *f*. -**2.** [service] salut *m*.

**benefaction** [,benɪ'fækʃn] *n* -**1.** [good deed] acte *m* de bienfaisance. -**2.** [donation] don *m*, donation *f*.

**benefactor** ['benɪfæktəʳ] *n* bienfaiteur *m*.

**benefactress** ['benɪfæktrɪs] *n* bienfaitrice *f*.

**beneficent** [bɪ'nefɪsnt] *adj lit* [person, regime] bienfaisant, généreux; [change, effect] bienfaisant, salutaire.

**beneficial** [,benɪ'fɪʃl] *adj* [good, useful] avantageux, profitable; **legislation ~ to the self-employed** des lois favorables aux travailleurs non-salariés; **the holiday proved highly ~** les vacances ont été extrêmement bénéfiques; **vitamins are ~ to health** les vitamines sont bonnes pour la santé; **~ effects** des effets salutaires.

**beneficiary** [,benɪ'fɪʃərɪ] (*pl* **beneficiaries**) *n* -**1.** [of insurance policy, trust] bénéficiaire *mf*; [of will] bénéficiaire *mf*, légataire *mf*. -**2.** RELIG bénéficier *m*.

**benefit** ['benɪfɪt] (*pt* & *pp* **benefited**, *cont* **benefiting**) ◇ *n* -**1.** [advantage] avantage *m*; **she is starting to feel the ~s of the**

treatment elle commence à ressentir les bienfaits du traitement; **she did it for the ~ of the whole family** elle a agi pour le bien-être de toute la famille; **I'm saying this for your ~** je dis cela pour toi OR pour ton bien; **for the ~ of those who arrived late** pour les retardataires OR ceux qui sont arrivés en retard; **the speech she made was all for his ~** le discours qu'elle a prononcé ne s'adressait qu'à lui; **the holiday wasn't of much ~ to him** les vacances ne lui ont pas fait tellement de bien; **it's to your ~ to watch your diet** il est dans votre intérêt de surveiller ce que vous mangez; **with the ~ of hindsight, I now see I was wrong** avec le recul OR rétrospectivement, je m'aperçois que j'avais tort; **to give sb the ~ of the doubt** laisser OR accorder à qqn le bénéfice du doute. -**2.** [payment] allocation *f*, prestation *f*; **social security ~s** prestations sociales; **tax ~** *Am* dégrèvement *m*, allègement *m* fiscal. -**3.** [performance] spectacle *m* (*au profit d'une association caritative*).
◇ *vt* [do good to] faire du bien à; [bring financial profit to] profiter à.
◇ *vi*: **he will ~ from the experience** l'expérience lui sera bénéfique; **no-one is likely to ~ by** OR **from the closures** personne n'a de chance de tirer avantage des fermetures; **the novel would ~ greatly from judicious editing** le roman gagnerait beaucoup à être révisé de façon judicieuse; **you would ~ from a stay in the country** un séjour à la campagne vous ferait du bien.

**Benelux** ['benɪlʌks] *pr n* Bénélux *m*; **the ~ countries** les pays du Bénélux; **in the ~ countries** au Bénélux.

**benevolence** [bɪ'nevələns] *n* -**1.** [kindness] bienveillance *f*, bienfaisance *f*. -**2.** [good deed] acte *m* de bienfaisance, bienfait *m*.

**benevolent** [bɪ'nevələnt] *adj* -**1.** [kindly] bienveillant. -**2.** [organization] de bienfaisance; **~ fund** fonds *m* de prévoyance.

**benevolently** [bɪ'nevələntlɪ] *adv* avec bienveillance.

**BEng** [,biː'eŋ] (*abbr of* **Bachelor of Engineering**) *n* (*titulaire d'une*) *licence d'ingénierie.*

**Bengal** [,beŋ'ɡɔːl] *pr n* Bengale *m*; **Bay of ~** golfe *m* du Bengale.

**Bengali** [beŋ'ɡɔːlɪ] ◇ *n* -**1.** [person] Bengali *mf*. -**2.** LING bengali *m*. ◇ *adj* bengali.

**benighted** [bɪ'naɪtɪd] *adj lit* [ignorant – person] plongé dans (les ténèbres de) l'ignorance; [– policy] aveugle.

**benign** [bɪ'naɪn] *adj* -**1.** [kind – person] affable, aimable; [– smile] affable, chaleureux; [– power, system] bienfaisant, salutaire. -**2.** [harmless] bénin (*f* -igne); **~ tumour** tumeur *f* bénigne. -**3.** [temperate – climate] doux (*f* douce), clément.

**Benin** [be'nɪn] *pr n* Bénin *m*.

**Beninese** [,benɪ'niːz] ◇ *n* Béninois *m*, -e *f*. ◇ *adj* béninois.

**bent** [bent] ◇ *pt* & *pp* → **bend**. ◇ *adj* -**1.** [curved – tree, tube, wire] tordu, courbé; [– branch] courbé; [– back] voûté; [– person] voûté, tassé. -**2.** [dented] cabossé, bosselé. -**3.** [determined]: **he's ~ on becoming an actor** il est décidé à OR veut absolument devenir acteur; **to be ~ on self-destruction** être porté à l'autodestruction. -**4.** *Br inf* [dishonest] véreux. -**5.** ▽ *Br pej* [homosexual] homo, gay. ◇ *n* -**1.** [liking] penchant *m*, goût *m*; [aptitude] aptitudes *fpl*, dispositions *fpl*; **she has a natural ~ for music** [liking] elle a un goût naturel pour la musique; [talent] elle a des dispositions naturelles pour la musique. -**2.** *Br* [endurance] endurance *f*.

**bentwood** ['bentwʊd] *n* bois *m* courbé.

**benumbed** [bɪ'nʌmd] *adj lit* [fingers, toes] engourdi par le froid.

**Benzedrine®** ['benzədriːn] *n* Benzédrine® *f*.

**benzene** ['benziːn] *n* benzène *m*.

**benzine** ['benziːn] *n* benzine *f*.

**benzoin** ['benzəʊɪn] *n* -**1.** [resin] benjoin *m*. -**2.** [tree] styrax *m* benjoin.

**bequeath** [bɪ'kwiːð] *vt* [pass on] transmettre, léguer; JUR [in will] léguer; **her father ~ed him his fortune** son père lui a légué sa fortune.

**bequest** [bɪ'kwest] *n* legs *m*.

**berate** [bɪ'reɪt] *vt* réprimander.

**Berber** ['bɜːbəʳ] ◇ *n* -**1.** [person] Berbère *mf*. -**2.** LING berbère *m*. ◇ *adj* berbère.

**bereave** [bɪ'riːv] (*pt* & *pp* **bereaved** OR **bereft** [-'reft]) *vt* priver, déposséder.

**bereaved** [bɪ'riːvd] ◇ *adj* affligé, endeuillé; a ~ **mother** une mère qui vient de perdre son enfant; **he's recently** ~ il a perdu quelqu'un récemment. ◇ *npl*: **the** ~ la famille du défunt.

**bereavement** [bɪ'riːvmənt] ◇ *n* [loss] perte *f*; [grief] deuil *m*; **in his** ~ dans son deuil. ◇ *comp*: ~ **counselling** *service d'aide psychologique aux personnes frappées par un deuil.*

**bereft** [bɪ'reft] *fml* OR *lit* ◇ *pt* & *pp* → **bereave**. ◇ *adj* privé; ~ **of all hope** complètement désespéré; **I feel utterly** ~ je me sens totalement seul.

**beret** ['bereɪ] *n* béret *m*.

**bergamot** ['bɜːgəmət] *n* bergamote *f*.

**beriberi** [,berɪ'berɪ] *n* béribéri *m*.

**Bering Sea** ['berɪŋ-] *pr n*: **the** ~ la mer de Béring.

**Bering Strait** *pr n*: **the** ~ le détroit de Béring.

**berk** [bɜːk] *n Br inf* idiot *m*, -e *f*.

**Berks** *written abbr of* **Berkshire**.

**Berlin** [bɜː'lɪn] *pr n* Berlin; **East** ~ Berlin-Est; **West** ~ Berlin-Ouest; **the** ~ **Wall** le mur de Berlin.

**Berliner** [bɜː'lɪnər] *n* Berlinois *m*, -e *f*.

**Bermuda** [bə'mjuːdə] *pr n* Bermudes *fpl*; **in** ~ aux Bermudes; **the** ~ **Triangle** le triangle des Bermudes.

**Bermudas** [bə'mjuːdəz], **Bermuda shorts** *npl* bermuda *m*.

**Bern** [bɜːn] *pr n* Berne.

**Bernese** [,bɜː'niːz] ◇ *n* Bernois *m*, -e *f*. ◇ *adj* bernois.

**berry** ['berɪ] (*pl* **berries**, *pt* & *pp* **berried**) ◇ *n* baie *f*. ◇ *vi* **-1.** [bush] produire des baies. **-2.** [person] cueillir des baies; **to go** ~**ing** aller cueillir des baies.

**berserk** [bə'zɜːk] *adj* fou furieux; **to go** ~ [person] devenir fou furieux; [crowd] se déchaîner.

**berth** [bɜːθ] ◇ *n* **-1.** [bunk] couchette *f*. **-2.** NAUT [in harbour] mouillage *m*, poste *m* d'amarrage; [distance] distance *f*. **-3.** *phr*: **to give sb a wide** ~ *Br* éviter qqn (à tout prix). ◇ *vi* [at dock] venir à quai, accoster; [at anchor] mouiller. ◇ *vt* [dock] amarrer, faire accoster; [assign place to] donner un poste d'amarrage à.

**beryl** ['berəl] *n* béryl *m*.

**beseech** [bɪ'siːtʃ] (*pt* & *pp* **beseeched** OR **besought** [-'sɔːt]) *vt fml* OR *lit* **-1.** [ask for] solliciter, implorer. **-2.** [entreat] implorer, supplier; **to** ~ **sb to do sthg** implorer OR supplier qqn de faire qqch; **please, I** ~ **you** s'il vous plaît, je vous en supplie.

**beseeching** [bɪ'siːtʃɪŋ] *adj* suppliant, implorant.

**beset** [bɪ'set] (*pt* & *pp* **beset**, *cont* **besetting**) *vt* (*usu passive*) **-1.** [assail] assaillir, harceler; **I was** ~ **by** OR **with doubt** j'étais assailli par le doute; **the whole project is** ~ **with financial difficulties** le projet pose énormément de problèmes sur le plan financier; **they are** ~ **with problems** ils sont assaillis de problèmes. **-2.** [surround] encercler.

**besetting** [bɪ'setɪŋ] *adj*: **his** ~ **sin** was greed la cupidité était son plus grand défaut.

**beside** [bɪ'saɪd] *prep* **-1.** [next to] à côté de, auprès de; **walk** ~ **me** marchez à côté de moi; **a house** ~ **the sea** une maison au bord de la mer. **-2.** [as compared with] à côté de, par rapport à. **-3.** [in addition to] en plus de, outre; [apart from] à part, excepté. **-4.** *phr*: **to be** ~ **o.s. with rage/excitement/joy** être hors de soi/surexcité/fou de joie.

**besides** [bɪ'saɪdz] ◇ *prep* **-1.** [in addition to] en plus de, outre; **there are three (other) candidates** ~ **yourself** il y a trois (autres) candidats à part vous; ~ **being old, she's also extremely deaf** non seulement elle est vieille, mais elle est également très sourde; ~ **which that book is out of print** sans compter que ce livre est épuisé. **-2.** (*with negatives*) [apart from] hormis, excepté; **nobody** ~ **me** personne à part moi. ◇ *adv* **-1.** [in addition] en plus, en outre; **and more** ~ et d'autres encore. **-2.** [furthermore] en plus.

**besiege** [bɪ'siːdʒ] *vt* **-1.** [surround – town] assiéger; *fig* [– person, office] assaillir. **-2.** [harass] assaillir, harceler; **we've been** ~**d by requests for help** nous avons été assaillis de demandes d'aide.

**besieger** [bɪ'siːdʒər] *n* assiégeant *m*.

**besmirch** [bɪ'smɜːtʃ] *vt lit* [make dirty] souiller; *fig* [tarnish] souiller.

**besom** ['biːzəm] *n* [broom] balai *m*.

**besotted** [bɪ'sɒtɪd] *adj* **-1.** [infatuated] fou, *before vowel or silent 'h'* fol (*f* folle), épris; **to be** ~ **with sb** être fou OR follement épris de qqn. **-2.** [foolish] idiot.

**besought** [bɪ'sɔːt] *pt* & *pp* → **beseech**.

**bespatter** [bɪ'spætər] *vt lit* [splash] éclabousser; *fig* [tarnish] souiller, éclabousser.

**bespeak** [bɪ'spiːk] (*pt* **bespoke** [-'spəʊk], *pp* **bespoke** OR **bespoken** [-'spəʊkən]) *vt lit* démontrer, témoigner de.

**bespectacled** [bɪ'spektəkld] *adj* qui porte des lunettes, à lunettes.

**bespoke** [bɪ'spəʊk] ◇ *pt* & *pp* → **bespeak**. ◇ *adj* [shoemaker, tailor] à façon; [shoes, suit] fait sur mesure.

**bespoken** [bɪ'spəʊkən] *pp* → **bespeak**.

**Bessemer converter** ['besɪmər] *n* convertisseur *m* Bessemer.

**best** [best] (*pl inv*) ◇ *adj* **-1.** (*superl of* **good**) meilleur; **may the** ~ **man win** que le meilleur gagne; **she gave him the** ~ **years of her life** elle lui a sacrifié les plus belles années de sa vie; **I'm doing what is** ~ **for the family** je fais ce qu'il y a de mieux pour la famille; **she knows what's** ~ **for her** elle sait ce qui lui va OR convient le mieux; **they think it** ~ **not to answer** ils croient qu'il vaut mieux ne pas répondre; **the** ~ **thing (to do) is to keep quiet** le mieux, c'est de ne rien dire; ~ **of all** le meilleur de tous; '~ **before 1995'** COMM 'à consommer de préférence avant 1995'. **-2.** [reserved for special occasions] plus beau; **she was dressed in her** ~ **clothes** elle portait ses plus beaux vêtements. **-3.** *phr*: **the** ~ **part of** la plus grande partie de; **I waited for the** ~ **part of an hour** j'ai attendu près d'une heure OR presque une heure.

◇ *adv* (*superl of* **well**) mieux; **he does it** ~ c'est lui qui le fait le mieux; **which film did you like** ~? quel est le film que vous avez préféré?; **I comforted her as** ~ **I could** je l'ai consolée de mon mieux OR du mieux que j'ai pu □ **you had** ~ **apologize to her** vous feriez mieux de lui présenter vos excuses.

◇ *n* **-1.** [most outstanding person, thing, plant etc] le meilleur *m*, la meilleure *f*, les meilleurs *mpl*, les meilleures *fpl*; **it/she is the** ~ **there is** c'est le meilleur/la meilleure qui soit; **he wants her to have the** ~ il veut qu'elle ait ce qu'il y a de mieux, il veut ce qu'il y a de mieux pour elle; **the** ~ **you can say about him is that...** le mieux qu'on puisse dire à son sujet c'est que...; **even the** ~ **of us can make mistakes** tout le monde peut se tromper; **to get** ~ **OR to have the** ~ **of the bargain** avoir la part belle □ **she wants the** ~ **of both worlds** elle veut tout avoir. **-2.** [greatest, highest degree] le mieux, le meilleur; **they're the** ~ **of friends** ce sont les meilleurs amis du monde; **to the** ~ **of my knowledge/recollection** autant que je sache/je me souvienne; **the** ~ **of luck!** bonne chance!; **she's not the calmest of people, even at the** ~ **of times** ce n'est pas quelqu'un de très calme de toute façon; **it was the** ~ **we could do** nous ne pouvions pas faire mieux; **it's journalism at its** ~ c'est du journalisme de haut niveau; **the garden is at its** ~ **in spring** c'est au printemps que le jardin est le plus beau; **I'm not at my** ~ **in the morning** je ne suis pas en forme le matin; **this is Shakespeare at his** ~ voilà du meilleur Shakespeare; **to do one's** ~ faire de son mieux OR tout son possible; **to get the** ~ **out of sb/sthg** tirer un maximum de qqn/qqch; **to look one's** ~ [gen] être resplendissant; **we'll have to make the** ~ **of the situation** il faudra nous accommoder de la situation (du mieux que nous pouvons); **to make the** ~ **of a bad bargain** OR **job** faire contre mauvaise fortune bon cœur. **-3.** [nicest clothes]: **they were in their (Sunday)** ~ ils étaient endimanchés OR portaient leurs habits du dimanche. **-4.** [good wishes]: **(I wish you) all the** ~ (je vous souhaite) bonne chance. **-5.** [winning majority]: **we played the** ~ **of three games** le jeu consistait à gagner deux parties sur trois.

◇ *vt arch* [get advantage over] l'emporter sur; [defeat] vaincre.

♦ **at best** *adv phr* au mieux.

♦ **for the best** *adv phr* pour le mieux; **it's all for the** ~ c'est pour le mieux; **he meant it for the** ~ il avait les meilleures intentions du monde.

**best-case** *adj*: **this is the** ~ **scenario** c'est le scénario le plus optimiste.

**bestial** ['bestjəl] *adj* bestial.

**bestiality** [,bestɪ'ælətɪ] (*pl* **bestialities**) *n* **-1.** [of behaviour, character] bestialité *f*. **-2.** [act] acte *m* bestial. **-3.** [sexual practice] bestialité *f*.

**bestiary** ['bestɪərɪ] (*pl* **bestiaries**) *n* bestiaire *m* (*recueil*).

**bestir** [bɪ'stɜːr] (*pt* & *pp* **bestirred,** *cont* **bestirring**) *vt*: to ~ o.s. s'activer.

**best man** *n* garçon *m* d'honneur.

**bestow** [bɪ'stəʊ] *vt fml* [favour, gift, praise] accorder; [award, honour] conférer, accorder; **to ~ sthg on sb** accorder OR conférer qqch à qqn.

**bestowal** [bɪ'stəʊəl] *n fml* [of favour, honour, title] octroi *m*.

**best-seller** *n* **-1.** [book] best-seller *m*, succès *m* de librairie; [hi-fi, record] article *m* qui se vend bien. **-2.** [author] auteur *m* à succès.

**best-selling** *adj* [book, item] à fort tirage; [author] à succès.

**bet** [bet] (*pt* & *pp* **bet** OR **betted,** *cont* **betting**) ◇ *n* pari *m*; **to win/to lose a ~** gagner/perdre un pari; **he lay** OR **put** OR **placed a ~ on the race** il a parié OR il a fait un pari sur la course; **place your ~s!** faites vos jeux!; **they're taking ~s** ils prennent des paris; **it's a good** OR **safe ~ that they'll win** *fig* ils vont gagner à coup sûr; **your best ~ is to take a taxi** *inf* & *fig* tu ferais mieux de prendre un taxi; **she's a bad/good ~ as a prospective leader** *fig* elle ferait un mauvais/bon leader.

◇ *vt* parier; **how much did you ~ on the race?** combien as-tu parié OR misé sur la course?; **I ~ her £5 he wouldn't come** j'ai parié 5 livres avec elle qu'il ne viendrait pas; **I'll ~ you anything you want** je te parie tout ce que tu veux; **I ~ you won't do it!** *inf* (t'es pas) chiche! ❏ **I'll ~ my bottom dollar** OR **my boots he loses** *inf* il va perdre, j'en mettrais ma main au feu; **are you going to the party? — you ~!** *inf* tu vas à la soirée? — et comment! OR qu'est-ce que tu crois?; **I'll tell him off — I'll ~!** *inf* [you will] je vais lui dire ses quatre vérités — j'en doute pas!; [you won't] je vais lui dire ses quatre vérités — mon œil!

◇ *vi* parier; **to ~ against/on sthg** parier contre/sur qqch; **he ~s on the races** il parie OR joue aux courses; **which horse did you ~ on?** quel cheval as-tu joué?, sur quel cheval as-tu misé?; **to ~ 5 to 1** parier OR miser à 5 contre 1; **he said he'd phone me — well, I wouldn't ~ on it!** *inf* il a dit qu'il me téléphonerait — à ta place, je ne me ferais pas trop d'illusions!

**beta** ['biːtə] *n* bêta *m inv*.

**beta-blocker** [-,blɒkər] *n* bêtabloquant *m*.

**betake** [bɪ'teɪk] (*pt* **betook** [-'tʊk], *pp* **betaken** [-'teɪkn]) *vt lit*: to ~ o.s. se rendre à.

**betel nut** *n* noix *f* d'arec.

**betel palm** *n* aréquier *m*, arec *m*.

**bethel, Bethel** ['beθl] *n* lieu de recueillement pour les marins.

**bethink** [bɪ'θɪŋk] (*pt* & *pp* **bethought** [-'θɔːt]) *vt arch* to ~ o.s. of sthg [consider] considérer qqch, songer à qqch; [remember] se rappeler qqch, se souvenir de qqch.

**Bethlehem** ['beθlɪhem] *prn* Bethléem.

**bethought** [bɪ'θɔːt] *pt* & *pp* → **bethink**.

**betide** [bɪ'taɪd] *vi lit* advenir.

**betoken** [bɪ'təʊkn] *vt fml* [indicate] être l'indice de, révéler; [augur] présager, annoncer.

**betook** [bɪ'tʊk] *pt* → **betake**.

**betray** [bɪ'treɪ] *vt* **-1.** [be disloyal to – friend, principle] trahir; [– husband, wife] tromper, trahir; [– country] trahir, être traître à. **-2.** [denounce] trahir, dénoncer; [hand over] trahir, livrer. **-3.** [confidence, hope, trust] trahir, tromper. **-4.** [disclose – secret, truth] trahir, divulguer; [– grief, happiness] trahir, laisser voir.

**betrayal** [bɪ'treɪəl] *n* **-1.** [of person, principle] trahison *f*. **-2.** [act] [acte *m* de] trahison *f*; **it's a ~ of one's country** c'est une trahison envers son pays. **-3.** [of confidence, trust] abus *m*, trahison *f*. **-4.** [of secret, truth] trahison *f*, divulgation *f*.

**betrayer** [bɪ'treɪər] *n* traître *m*, -esse *f*.

**betrothal** [bɪ'trəʊðl] *n arch* fiançailles *fpl*.

**betrothed** [bɪ'trəʊðd] *arch* ◇ *adj* fiancé, promis. ◇ *n* fiancé *m*, -e *f*, promis *m*, -e *f*.

**better** ['betər] ◇ *adj* **-1.** (*compar of* **good**) [superior] meilleur; **that's ~!** voilà qui est mieux!; **I'm ~ at languages than he is** je suis meilleur OR plus fort en langues que lui; **he's a ~ cook than you are** il cuisine mieux que toi; **I had hoped for ~ things** j'avais espéré mieux; **business is (getting) ~** les affaires vont mieux; **it couldn't** OR **nothing could be ~!**

c'est on ne peut mieux!; **it's ~ if I don't see them** il vaut mieux OR il est préférable que je ne les voie pas; **you're far ~ leaving now** il vaut beaucoup mieux que tu partes maintenant ❏ **to be all the ~ for having done sthg** se trouver mieux d'avoir fait qqch; **~ off mieux; they're ~ off than we are** [richer] ils ont plus d'argent que nous; [in a more advantageous position] ils sont dans une meilleure position que nous; **he'd have been ~ off staying where he was** il aurait mieux fait de rester où il était. **-2.** (*compar of* **well**) [improved in health]: **to get ~** commencer à aller mieux; **now that he's ~** maintenant qu'il va mieux. **-3.** [morally]: **she's a ~ person for it** ça lui a fait beaucoup de bien; **you're a ~ man than I am!** *hum* mieux vaut toi que moi!; **you're no ~ than a liar!** tu n'es qu'un menteur! **-4.** *phr*: **the ~ part of sthg** la plus grande partie de qqch; **I waited for the ~ part of an hour** j'ai attendu presque une heure.

◇ *adv* **-1.** (*compar of* **well**) [more proficiently, aptly etc] mieux; **he swims ~ than I do** il nage mieux que moi; **the town would be ~ described as a backwater** la ville est plutôt un coin perdu ❏ **to go one ~ (than sb)** renchérir (sur qqn). **-2.** [indicating preference]: **I liked his last book ~** j'ai préféré son dernier livre; **I'd like nothing ~ than to talk to him** je ne demande pas mieux que de lui parler; **so much the ~** tant mieux; **the less he knows the ~** moins il en saura, mieux ça vaudra ❏ **late than never** *prov* mieux vaut tard que jamais *prov*. **-3.** [with adj] mieux, plus; **~ looking** plus beau; **~ paid/prepared** mieux payé/préparé; **she's one of Canada's ~-known authors** c'est un des auteurs canadiens les plus OR mieux connus. **-4.** *phr*: **we'd ~ be going** [must go] il faut que nous partions; [would be preferable] il vaut mieux que nous partions; **it'll be ready tomorrow — it'd ~ be!** ce sera prêt demain — il vaudrait mieux!; **you'd ~ be on time!** tu as intérêt à être à l'heure!

◇ *n* **-1.** [superior of two] le meilleur *m*, la meilleure *f*; **there's been a change for the ~ in his health** son état de santé s'est amélioré; **the situation has taken a turn for the ~** la situation a pris une meilleure tournure ❏ **for ~ or worse** pour le meilleur ou pour le pire. **-2.** (*usu pl*) [person] supérieur *m*, -e *f*. **-3.** *phr*: **to get the ~ of sb:** curiosity got the ~ of me ma curiosité l'a emporté; **we got the ~ of them in the deal** nous l'avons emporté sur eux dans l'affaire. **-4.** [gambler] parieur *m*, -euse *f*.

◇ *vt* [position, status, situation] améliorer; [achievement, sales figure] dépasser; **she's eager to ~ herself** elle a vraiment envie d'améliorer sa situation.

**better half** *n inf* & *hum* moitié *f*.

**betterment** ['betəmənt] *n* amélioration *f*; JUR [of property] plus-value *f*.

**better-off** ◇ *adj* aisé, riche. ◇ *npl*: **the ~** les riches *mpl*.

**betting** ['betɪŋ] ◇ *n* **-1.** [bets] pari *m*, paris *mpl*; **what's the ~ they refuse to go?** je suis sûr à parier qu'ils ne voudront pas y aller. **-2.** [odds] cote *f*. ◇ *adj*: **I'm not a ~ man** je n'aime pas parier; **~ slip** *Br* bulletin *m* de pari individuel.

**betting office** *n* ≃ (bureau *m* de) PMU *m*.

**betting shop** *n* bureau *m* de paris (*appartenant à un bookmaker*).

**bettor** ['betər] *Am* = **better** *n* 4.

**between** [bɪ'twiːn] ◇ *prep* **-1.** [in space or time] entre; **the crowd stood ~ him and the door** la foule le séparait de la porte; **~ now and this evening** d'ici ce soir; **I'm ~ jobs at the moment** je suis entre deux emplois en ce moment. **-2.** [in the range that separates] entre; **children ~ the ages of 5 and 10** les enfants de 5 à 10 ans. **-3.** [indicating connection, relation] entre; **a bus runs ~ the airport and the hotel** un bus fait la navette entre l'aéroport et l'hôtel ‖ *fig*: **a treaty ~ the two nations** un traité entre les deux États ❏ **~ you and me, ~ ourselves** entre nous. **-4.** [indicating alternatives] entre; **I had to choose ~ going with them and staying at home** il fallait que je choisisse entre les accompagner et rester à la maison. **-5.** [added together]: **~ us we saved enough money for the trip** à nous tous nous avons économisé assez d'argent pour le voyage; **the 5 groups collected £1,000 ~ them** les 5 groupes ont recueilli 1 000 livres en tout; (in) **~ painting, writing and looking after the children, she was kept very busy** entre la peinture, l'écriture et les enfants, elle était très occupée. **-6.** [indicating division] entre; **they shared the cake ~ them** ils se sont partagé le gâteau.

◇ *adv* = **in between**.

◆ **in between** ◇ *adv phr* **-1.** [in intermediate position]: a row of bushes with little clumps of flowers in ~ une rangée d'arbustes intercallés de petits bouquets de fleurs; he's neither right nor left but somewhere in ~ il n'est ni de droite ni de gauche mais quelque part entre les deux. **-2.** [in time] entretemps, dans l'intervalle. ◇ *prep phr* entre.

**betweentimes** [bɪ'twiːntaɪmz] *adv* dans l'intervalle, entretemps.

**bevel** ['bevl] (*Br pt & pp* **bevelled**, *cont* **bevelling**, *Am pt & pp* **beveled**, *cont* **beveling**) ◇ *vt* biseauter, tailler en biseau OR de biais. ◇ *n* [surface] surface *f* oblique; [angle] angle *m* oblique; ~ (edge) biseau *m*.

**beveled** *Am* = **bevelled**.

**bevelled** *Br*, **beveled** *Am* ['bevld] *adj* biseauté.

**beverage** ['bevərɪdʒ] *n* boisson *f*.

**bevvy** ['bevɪ] (*pl* **bevvies**) *Br n dial* [drink] boisson *f* (alcoolisée); [drinking bout] beuverie *f*.

**bevy** ['bevɪ] (*pl* **bevies**) *n* [of people] bande *f*, troupeau *m pej*; [of quails] volée *f*; [of roe deer] harde *f*.

**bewail** [bɪ'weɪl] *vt lit* pleurer.

**beware** [bɪ'weəʳ] (*infinitive and imperative only*) ◇ *vi* prendre garde; ~ of married men méfiez-vous des hommes mariés; ~ of making hasty decisions gardez-vous de prendre des décisions hâtives; '~ of the dog!' 'chien méchant!' ◇ *vt* prendre garde; ~ what you say to her prenez garde OR faites attention à ce que vous lui dites.

**bewilder** [bɪ'wɪldəʳ] *vt* rendre perplexe, dérouter.

**bewildered** [bɪ'wɪldəd] *adj* perplexe.

**bewildering** [bɪ'wɪldərɪŋ] *adj* déconcertant, déroutant.

**bewilderment** [bɪ'wɪldəmənt] *n* confusion *f*, perplexité *f*; to my complete ~ he refused à mon grand étonnement, il a refusé.

**bewitch** [bɪ'wɪtʃ] *vt* **-1.** [cast spell over] ensorceler, enchanter. **-2.** [fascinate] enchanter, charmer.

**bewitched** [bɪ'wɪtʃt] *adj* ensorcelé, enchanté.

**bewitching** [bɪ'wɪtʃɪŋ] *adj* [smile] enchanteur, charmeur; [beauty, person] charmant, séduisant.

**bewitchingly** [bɪ'wɪtʃɪŋlɪ] *adv* d'une façon séduisante; ~ beautiful beau à ravir.

**beyond** [bɪ'jɒnd] ◇ *prep* **-1.** [on the further side of] au-delà de, de l'autre côté de; the museum is a few yards ~ the church le musée se trouve à quelques mètres après l'église. **-2.** [outside the range of] au-delà de, au-dessus de; do your duties extend ~ teaching? est-ce que vos fonctions s'étendent au-delà de l'enseignement?; ~ belief incroyable; due to circumstances ~ our control dû à des circonstances indépendantes de notre volonté; his guilt has been established ~ (all reasonable) doubt sa culpabilité a été établie sans aucun OR sans le moindre doute; it's (gone) ~ a joke cela dépasse les bornes ❑ to be ~ sb: economics is completely ~ me je ne comprends rien à l'économie. **-3.** [later than] au-delà de, plus de; the deadline has been extended to ~ 1999 l'échéance a été repoussée au-delà de 1999; ~ 1995 that law will no longer be valid après OR à partir de 1995, cette loi ne sera plus applicable. **-4.** [apart from, other than] sauf, excepté; I know nothing ~ what I've already told you je ne sais rien de plus que ce que je vous ai déjà dit. ◇ *adv* **-1.** [on the other side] au-delà, plus loin; the room ~ was smaller la pièce suivante était plus petite. **-2.** [after] au-delà; major changes are foreseen for 1999 and ~ des changements importants sont prévus pour 1999 et au-delà. ◇ *n* au-delà *m*.

**Beyrouth** [,beɪ'ruːt] = **Beirut**.

**bezel** ['bezl] (*Br pt & pp* **bezelled**, *cont* **bezelling**, *Am pt & pp* **bezeled**, *cont* **bezeling**) ◇ *n* **-1.** [face – of tool] biseau *m*; [– of gem] facette *f*. **-2.** [rim – for gem] chaton *m*; [– for watch crystal] portée *f*. ◇ *vt* biseauter, tailler en biseau.

**bf** (*written abbr of* **boldface**) TYPO caractères *mpl* gras.

**b/f** *written abbr of* **brought forward**.

**bhangra** ['bæŋgrə] *n* MUS sorte de musique pop indienne qui est une combinaison de musique traditionnelle du Pendjab et de musique pop occidentale.

**bhp** *n abbr of* **brake horsepower**.

**Bhutan** [,buː'tɑːn] *pr n* Bhoutan *m*.

**bi**ᵛ [baɪ] ◇ *adj* bi (*inv*). ◇ *n* bisexuel *m*, -elle *f*.

**bi-** [baɪ] *in cpds* bi-.

**Biafran** [bɪ'æfrən] ◇ *n* Biafrais *m*, -e *f*. ◇ *adj* biafrais.

**biannual** [baɪ'ænjuəl] *adj* semestriel.

**bias** ['baɪəs] (*pt & pp* **biased** OR **biassed**) ◇ *n* **-1.** [prejudice] préjugé *m*; there is still considerable ~ against women candidates les femmes qui se présentent sont encore victimes d'un fort préjugé. **-2.** [tendency] tendance *f*, penchant *m*; the school has a scientific ~ l'école favorise les sciences. **-3.** SEW biais *m*. **-4.** [in bowls – weight] *poids ou renflement d'une boule qui l'empêche d'aller droit*; [– curved course] déviation *f*. **-5.** MATH biais *m*. ◇ *vt* [influence] influencer; [prejudice] prévenir; his experience ~ed him against/towards them son expérience l'a prévenu contre eux/en leur faveur; the course is ~ed towards the arts l'enseignement est plutôt orienté sur les lettres. ◇ *adj* en biais. ◇ *adv* en biais, de biais.

**bias binding** *n* biais *m* (*ruban*).

**biased, biassed** ['baɪəst] *adj* **-1.** [partial] partial. **-2.** [ball] décentré.

**biathlon** [baɪ'æθlɒn] *n* biathlon *m*.

**bib** [bɪb] *n* **-1.** [for child] bavoir *m*, bavette *f*. **-2.** [of apron, dungarees] bavette *f*. **-3.** [of feathers, fur] tache *f*, touche *f*.

**Bible** ['baɪbl] ◇ *n* Bible *f*. ◇ *comp*: the ~ Belt *états du sud des États-Unis où l'évangélisme est très répandu*; ~ class [in school] classe *f* d'instruction religieuse; [Catholic church] catéchisme *m*; ~ study étude *f* de la Bible.

◆ **bible** *n fig* [manual] bible *f*, évangile *m*.

**bible-basher** *inf* = **bible-thumper**.

**bible-thumper** [-,θʌmpəʳ] *n inf & pej* évangéliste *m* de carrefour.

**biblical, Biblical** ['bɪblɪkl] *adj* biblique.

**bibliographer** [,bɪblɪ'ɒgrəfəʳ] *n* bibliographe *mf*.

**bibliographical** [,bɪblɪə'græfɪkl] *adj* bibliographique.

**bibliography** [,bɪblɪ'ɒgrəfɪ] (*pl* **bibliographies**) *n* bibliographie *f*.

**bibliophile** ['bɪblɪəʊfaɪl] *n* bibliophile *mf*.

**bicameral** [,baɪ'kæmərəl] *adj* bicaméral.

**bicarb** [baɪ'kɑːb] *n inf* bicarbonate *m* (de soude).

**bicarbonate** [baɪ'kɑːbənət] *n* bicarbonate *m*; ~ of soda bicarbonate *m* de soude.

**bicentenary** [,baɪsen'tiːnərɪ] (*pl* **bicentenaries**) *Br* ◇ *adj* bicentenaire. ◇ *n* bicentenaire *m*.

**bicentennial** [,baɪsen'tenjəl] ◇ *adj* bicentenaire. ◇ *n Am* bicentenaire *m*.

**biceps** ['baɪseps] (*pl inv*) *n* biceps *m*.

**bicker** ['bɪkəʳ] *vi* se chamailler; to ~ about OR over sthg se chamailler à propos de qqch.

**bickering** ['bɪkərɪŋ] ◇ *n* chamailleries *fpl*. ◇ *adj* chamailleur.

**bickie** ['bɪkɪ] *n Br inf* [biscuit] petit gâteau *m*.

**bicultural** [,baɪ'kʌltʃərəl] *adj* biculturel.

**bicycle** ['baɪsɪkl] ◇ *n* vélo *m*, bicyclette *f*; I go to work by ~ je vais travailler à bicyclette OR à vélo; do you know how to ride a ~? sais-tu faire du vélo OR de la bicyclette?; he went for a ride on his ~ il est allé faire un tour à vélo. ◇ *comp* [bell, chain, lamp] de vélo, de bicyclette. ◇ *vi* faire du vélo OR de la bicyclette; she ~s to work elle va travailler à bicyclette OR à vélo.

**bicycle clip** *n* pince *f* à vélo.

**bicycle pump** *n* pompe *f* à bicyclette OR à vélo.

**bicycle rack** *n* [for parking] ratelier *m* à bicyclettes OR à vélos; [on car roof] porte-vélos *m inv*.

**bicycle track** *n* piste *f* cyclable.

**bid** [bɪd] (*pt & pp vi all senses and vt senses 1 and 2* **bid**, *pt vt senses 3, 4 and 5* **bade** [bæd], *pp vt senses 3, 4 and 5* **bidden** ['bɪdn], *cont vi and vt all senses* **bidding**) ◇ *vi* **-1.** [offer to pay] faire une offre, offrir; to ~ for sthg faire une offre pour qqch; they ~ against us ils ont surenchéri sur notre offre. **-2.** COMM faire une soumission, répondre à un appel d'offres. **-3.** [make attempt]: he's bidding for the presidency il vise la présidence. **-4.** *phr*: to ~ fair to do sthg promettre de faire qqch. ◇ *vt* **-1.** [offer to pay] faire une offre de, offrir; [at auction] faire une enchère de; what am I ~ for this table? combien m'offre-t-on pour cette table?-**2.** CARDS demander, annoncer. -**3.** *lit* [say] dire. -**4.** *lit* [order, tell] ordonner, enjoindre; **he bade them enter** il les pria d'entrer. -**5.** *arch* [invite] inviter, convier.

◇ *n* -**1.** [offer to pay] offre *f*; [at auction] enchère *f*; **I made a ~ of £100** [gen] j'ai fait une offre de 100 livres; [at auction] j'ai fait une enchère de 100 livres; **a higher ~** une surenchère. -**2.** COMM [tender] soumission *f*; **the firm made ~ or put in a ~ for the contract** l'entreprise a fait une soumission OR a soumissionné pour le contrat; **the State invited ~s for** OR **on the project** l'État a mis le projet en adjudication. -**3.** CARDS demande *f*, annonce *f*; **it's your ~** c'est à vous de jouer; **he raised the ~** il a monté OR enchéri. -**4.** [attempt] tentative *f*; **they made a ~ to gain control of the movement** ils ont tenté de prendre la tête du mouvement; **the prisoners made a ~ for freedom** les prisonniers ont fait une tentative d'évasion.

**biddable** ['bɪdəbl] *adj* -**1.** CARDS demandable. -**2.** *Br* [docile] docile, obéissant.

**bidden** ['bɪdn] *pp* → **bid**.

**bidder** ['bɪdəʳ] *n* -**1.** [at auction] enchérisseur *m*, -euse *f*; **there were no ~s** il n'y a pas eu de preneurs, personne n'a fait d'offre; **sold to the highest ~** vendu au plus offrant. -**2.** COMM soumissionnaire *mf*; **the highest/lowest ~** le soumissionnaire plus/le moins offrant.

**bidding** ['bɪdɪŋ] *n* -**1.** [at auction] enchères *fpl*; **the ~ went against me** on avait enchéri sur mon offre; **to raise the ~** faire monter les enchères; **the ~ is closed** l'enchère est faite, c'est adjugé. -**2.** COMM [tenders] soumissions *fpl*.-**3.** CARDS enchères *fpl*.-**4.** *lit* [request] demande *f*; [order] ordre *m*, ordres *mpl*.

**biddy** ['bɪdɪ] (*pl* **biddies**) *n inf* & *pej* [old woman] vieille bonne femme *f*; [gossip] commère *f pej*.

**bide** [baɪd] (*pt* **bided** OR **bode** [bəʊd], *pp* **bided**) *vt*: **to ~ one's time** attendre son heure OR le bon moment.

**bidet** ['biːdeɪ] *n* bidet *m*.

**bid price** *n* prix auquel un acheteur accepte d'acheter des actions.

**Biel** [biːl] *pr n* Bienne.

**biennial** [baɪ'enɪəl] ◇ *adj* -**1.** [every two years] biennal, bisannuel. -**2.** [lasting two years] biennal. ◇ *n* -**1.** [event] biennale *f*.-**2.** [plant] plante *f* bisannuelle.

**bier** [bɪəʳ] *n* [for corpse] bière *f*; [for coffin] brancards *mpl*.

**biff** [bɪf] *inf* ◇ *vt* flanquer un coup de poing à. ◇ *n* coup *m* de poing, gnon *m*.

**bifocal** [,baɪ'fəʊkl] *adj* bifocal.
◆ **bifocals** *npl* lunettes *fpl* bifocales OR à double foyer.

**BIFU** ['bɪfuː] (*abbr of* **The Banking, Insurance and Finance Union**) *pr n* syndicat britannique des employés du secteur financier.

**bifunctional** [,baɪ'fʌŋkʃnəl] *adj* bifonctionnel.

**bifurcate** ['baɪfəkeɪt] *vi* bifurquer. ◇ *adj* à deux branches.

**bifurcation** [,baɪfə'keɪʃn] *n* bifurcation *f*.

**big** [bɪg] (*compar* **bigger**, *superl* **biggest**) ◇ *adj* -**1.** [in size – car, hat, majority] grand, gros (*f* **grosse**); [– crowd, field, room] grand; [– person] grand, fort; **the crowd got bigger** la foule a grossi; **to earn ~ money** gagner gros; **he has a ~ head** *fig* il a la grosse tête; **we're not ~ eaters** nous ne sommes pas de gros mangeurs; **he has a ~ mouth** *inf* & *fig* il faut toujours qu'il l'ouvre; **why did you have to open your ~ mouth?** *inf* tu ne pouvais pas la fermer, non? ❏ **she's too ~ for her boots** OR **her breeches** *inf* elle ne se prend pas pour n'importe qui; '**The Big Sleep**' *Chandler, Hawks* 'le Grand Sommeil'. -**2.** [in height] grand; **to grow bigger** grandir. -**3.** [older] aîné, plus grand; **my ~ sister** ma grande sœur. -**4.** (*as intensifier*) grand, énorme; **he's just a ~ bully** ce n'est qu'une grosse brute. -**5.** [important, significant – decision, problem] grand, important; [– drop, increase] fort, important; **the ~ day** le grand jour; **he's ~ in publishing, he's a ~ man in publishing** c'est quelqu'un d'important dans l'édition; **we're onto something ~!** nous sommes sur une piste intéressante!-**6.** [grandiose] grand; **he went into politics in a ~ way** il est entré dans la politique par la grande porte; **they entertain in a ~ way** ils font les choses en grand quand ils reçoivent; **~ words!** ce sont de bien grands mots!-**7.** [generous] grand, généreux; **he has a ~ heart** il a

du cœur OR bon cœur; **that's ~ of you!** *iron* quelle générosité! -**8.** *inf* [popular] à la mode. -**9.** *inf* [enthusiastic]: **to be ~ on sthg** adorer qqch OR être fana de qqch; **the company is ~ on research** l'entreprise investit beaucoup dans la recherche.
◇ *adv* -**1.** [grandly]: **he talks ~** il se vante, il fanfaronne; **to think ~** voir grand. -**2.** *inf* [well]: **their music goes over ~ with teenagers** les adolescents adorent leur musique; **they made it ~ in the pop world** ce sont maintenant des stars de la musique pop.

**bigamist** ['bɪgəmɪst] *n* bigame *mf*.

**bigamous** ['bɪgəməs] *adj* bigame.

**bigamy** ['bɪgəmɪ] *n* bigamie *f*.

**Big Apple** *pr n inf*: **the ~** New York (*la ville*).

**big bang** *n*: **the ~** le big-bang, le big bang.

**big bang theory** *n* la théorie du big-bang OR big bang.

**big-boned** *adj* fortement charpenté.

**Big Brother** *pr n* Big Brother.

**big business** *n* (U) les grandes entreprises *fpl*.

**big cat** *n* fauve *m*, grand félin *m*.

**big deal** *inf* ◇ *interj*: **~!** tu parles! ◇ *n*: **it's no ~** il n'y a pas de quoi en faire un plat!

**Big Dipper** *pr n Am* ASTRON: **the ~** la Grande Ourse.
◆ **big dipper** *n* [in fairground]: **the big dipper** les montagnes *fpl* russes.

**big end** *n Br* tête *f* de bielle.

**big game** ◇ *n* gros gibier *m*. ◇ *comp*: **~ hunter** chasseur *m* de gros gibier.

**biggie** ['bɪgɪ] *n inf* [success – song] tube *m*; [– film, record] succès *m*.

**big gun** *n inf* gros bonnet *m*.

**bighead** ['bɪghed] *n inf* crâneur *m*, -euse *f*.

**bigheaded** [,bɪg'hedɪd] *adj inf* crâneur; **to be ~** avoir la grosse tête.

**bighearted** [,bɪg'hɑːtɪd] *adj* au grand cœur.

**bight** [baɪt] *n* -**1.** [of shoreline] baie *f*.-**2.** [in rope – slack] mou *m*; [–coil] boucle *f*.

**bigmouth** ['bɪgmaʊθ, *pl* -maʊðz] *n inf* grande gueule *f*; **she's such a ~** elle ne sait pas la fermer.

**big name** *n* grand nom *m*.

**big noise** *n Br inf* gros bonnet *m*.

**bigot** ['bɪgət] *n* [gen] sectaire *mf*, intolérant *m*, -e *f*; RELIG bigot *m*, -e *f*, sectaire *mf*.

**bigoted** ['bɪgətɪd] *adj* [gen – person] sectaire, intolérant; [– attitude, opinion] fanatique; RELIG bigot.

**bigotry** ['bɪgətrɪ] *n* [gen] sectarisme *m*, intolérance *f*; RELIG bigoterie *f*.

**big shot** *n inf* gros bonnet *m*.

**big smoke** *n Br inf*: **the ~** [gen] la grande ville; [London] Londres.

**big stick** *n*: **the ~** le bâton, la force.

**big time** *n inf*: **to hit** OR **to make** OR **to reach the ~** arriver, réussir.
◆ **big-time** *adj inf* [actor, singer] à succès; [businessman, politician] de haut vol; [project] ambitieux, de grande échelle.

**big-timer** *n inf* gros bonnet *m*.

**big toe** *n* gros orteil *m*.

**big top** *n* [tent] grand chapiteau *m*; [circus] cirque *m*.

**big wheel, bigwig** ['bɪgwɪg] *n inf* gros bonnet *m*.

**bijou** ['biːʒuː] *adj Br pej* OR *hum* chic.

**bike** [baɪk] *inf* ◇ *n* [bicycle] vélo *m*, bicyclette *f*; [motorcycle] moto *f*; **to ride a ~** [bicycle] faire du vélo OR de la bicyclette; [motorcycle] faire de la moto ❏ **on your ~!** *Br inf* [go away] dégage!; [don't be ridiculous] mais oui, c'est ça! ◇ *vi* [bicycle] faire du vélo; [motorcycle] faire de la moto.

**biker** ['baɪkəʳ] *n inf* motard *m*, motocycliste *mf*.

**bikeway** ['baɪkweɪ] *n Am* piste *f* cyclable.

**bikini** [bɪ'kiːnɪ] *n* bikini *m*.

**bilabial** [,baɪ'leɪbjəl] ◇ *adj* bilabial. ◇ *n* bilabiale *f*.

**bilateral** [,baɪ'lætərəl] *adj* bilatéral.

**bilberry** ['bɪlbərɪ] (*pl* **bilberries**) *n* myrtille *f*.

**bile** [baɪl] *n* -**1.** ANAT bile *f*.-**2.** *lit* [irritability] mauvaise humeur *f*, irascibilité *f*.

**bilge** [bɪldʒ] *n* -**1.** NAUT [hull] bouchain *m*, renflement *m*; [hold]

fond *m* de cale, sentine *f*; [water] eau *f* de cale OR de sentine. **-2.** (*U*) *inf* & *fig* [nonsense] âneries *fpl*, idioties *fpl*.

**bilge water** *n* **-1.** NAUT eau *f* de cale OR de sentine. **-2.** (*U*) *inf* & *fig* [nonsense] âneries *fpl*, idioties *fpl*.

**bilharzia** [bɪl'hɑːtsɪə] *n* (*U*) bilharziose *f*.

**bilinear** [baɪ'lɪnɪə] *adj* bilinéaire.

**bilingual** [baɪ'lɪŋgwəl] *adj* bilingue.

**bilingualism** [baɪ'lɪŋgwəlɪzm] *n* bilinguisme *m*.

**bilious** ['bɪljəs] *adj* MED bilieux; ~ **attack** crise *f* de foie.

**bilk** [bɪlk] *vt Br.* **-1.** [thwart – person] contrecarrer, contrarier les projets de; [– plan] contrecarrer, contrarier. **-2.** [cheat] escroquer.

**bill** [bɪl] ◇ *n* **-1.** [for gas, telephone] facture *f*, note *f*; [for product] facture *f*; [in restaurant] addition *f*, note *f*; [in hotel] note *f*; **may I have the ~ please?** l'addition, s'il vous plaît; **put it on my ~** mettez-le sur ma note. **-2.** [draft of law] projet *m* de loi; **to introduce a ~ in Parliament** présenter un projet de loi au Parlement; **to vote on a ~** mettre un projet de loi au vote. **-3.** [poster] affiche *f*, placard *m*. **-4.** THEAT affiche *f*; **to head** OR **to top the ~** être en tête d'affiche OR en vedette. **-5.** [list, statement] liste *f*; ~ **of fare** carte *f* (du jour); ~ **of health** NAUT patente *f* (de santé); **the doctor gave him a clean ~ of health** *inf* le médecin l'a trouvé en parfaite santé; ~ **of lading** COMM connaissement *m*; **to sell sb a ~ of goods** *Am inf* rouler qn à avoir qqn. **-6.** COMM & FIN [promissory note] effet *m*, traite *f*; ~**s payable** effets à payer; ~**s receivable** effets à recevoir ❏ ~ **of exchange** lettre *f* OR effet de change. **-7.** *Am* [banknote] billet *m* (de banque). **-8.** JUR: ~ **of indictment** acte *m* d'accusation; ~ **of sale** acte *m* OR contrat *m* de vente. **-9.** [beak] bec *m*. **-10.** GEOG promontoire *m*, bec *m*. **-11.** [weapon] hallebarde *f*. **-12.** = **billhook**.

◇ *vt* **-1.** [invoice] facturer; **he ~s his company for his travel expenses** il se fait rembourser ses frais de voyage par son entreprise; ~ **me for the newspaper at the end of the month** envoyez-moi la facture pour le journal à la fin du mois. **-2.** [advertise] annoncer; **they're ~ed as the best band in the world** on les présente comme le meilleur groupe du monde. **-3.** THEAT mettre à l'affiche, annoncer.

◇ *vi*: **to ~ and coo** [birds] se becqueter; [people] roucouler.

**billboard** ['bɪlbɔːd] *n* panneau *m* (d'affichage).

**bill broker** *n* agent *m* OR courtier *m* de change.

**billet** ['bɪlɪt] ◇ *n* **-1.** [accommodation] cantonnement *m* (chez l'habitant); [document] billet *m* de logement. **-2.** ARCHIT billette *f*. ◇ *vt* [gen] loger; MIL cantonner, loger.

**billfold** ['bɪlfəʊld] *n Am* portefeuille *m*.

**billhook** ['bɪlhʊk] *n* serpe *f*, serpette *f*.

**billiard** ['bɪljəd] *comp* de billard; ~ **table/hall** (table *f*/salle *f* de) billard *m*.

◆ **billiards** *n* (*U*) (jeu *m* de) billard *m*; **to play (a game of) ~** jouer au billard.

**billing** ['bɪlɪŋ] *n* **-1.** THEAT: **to get** OR **to have top/second ~** être en tête d'affiche/en deuxième place à l'affiche. **-2.** *Am* [advertising]: **to give sthg advance ~** annoncer qqch. **-3.** *literal* & *fig* [sound]: ~ **and cooing** roucoulements *mpl*.

**billion** ['bɪljən] (*pl inv* OR **billions**) *n* [trillion] billion *m*; *Br dated* [thousand million] milliard *m*.

**billionaire** [,bɪljə'neə] *n* milliardaire *mf*.

**Bill of Rights** ◇ *n* déclaration *f* des droits de l'homme. ◇ *pr n*: **the ~** les dix premiers amendements à la Constitution américaine garantissant, entre autres droits, la liberté d'expression, de religion et de réunion.

**billow** ['bɪləʊ] ◇ *vi* [cloth, flag] onduler; [sail] se gonfler; [cloud, smoke] tourbillonner, tournoyer. ◇ *n* **-1.** [of smoke] tourbillon *m*, volute *f*. **-2.** [wave] grosse vague *f*.

◆ **billow out** *vi insep* [sail, cloth] se gonfler.

**billposter** ['bɪl,pəʊstə], **billsticker** ['bɪl,stɪkə] *n* afficheur *m*, -euse *f*, colleur *m*, -euse *f* d'affiches.

**billy** ['bɪlɪ] (*pl* **billies**) *n* **-1.** *Am* [weapon]: ~ **(club)** matraque *f*. **-2.** *Br* & *Austr* [pan] gamelle *f*. **-3.** *inf* [goat] bouc *m*.

**billycan** ['bɪlɪkæn] *n Br* & *Austr* gamelle *f*.

**billy goat** *n* bouc *m*.

**billy-o(h)** ['bɪlɪəʊ] *n Br inf*: **he ran like ~** il a couru comme un dératé.

**bimbo** ['bɪmbəʊ] (*pl* **bimbos** OR **bimboes**) *n inf* & *pej* jeune femme sexy et un peu bête.

**bimetallism** [,baɪ'metəlɪzm] *n* bimétallisme *m*.

**bimonthly** [,baɪ'mʌnθlɪ] (*pl* **bimonthlies**) ◇ *adj* [every two months] bimestriel; [twice monthly] bimensuel. ◇ *adv* [every two months] tous les deux mois; [twice monthly] deux fois par mois. ◇ *n* bimestriel *m*.

**bin** [bɪn] (*pt* & *pp* **binned**, *cont* **binning**) ◇ *n* **-1.** *Br* [for rubbish] poubelle *f*, boîte *f* à ordures. **-2.** [for coal, grain] coffre *m*; [for bread] huche *f*. **-3.** *Br* [for wine] casier *m* (à bouteilles). ◇ *vt* **-1.** [coal, grain] mettre dans un coffre; *Br* [wine] mettre à vieillir. **-2.** *Br inf* [discard] flanquer à la poubelle.

**binal** ['baɪnəl] *adj* double.

**binary** ['baɪnərɪ] *adj* [number, system] binaire.

**binary star** *n* binaire *f*.

**bind** [baɪnd] (*pt* & *pp* **bound** [baʊnd]) ◇ *vt* **-1.** [tie] attacher, lier; **he was bound hand and foot** il avait les pieds et les poings liés. **-2.** [encircle] entourer, ceindre; **to ~ a wound** bander OR panser une blessure. **-3.** [provide with border] border. **-4.** [book] relier; **the book is bound in leather** le livre est relié en cuir. **-5.** [stick together] lier, agglutiner; **add eggs to ~ the sauce** CULIN ajouter des œufs pour lier la sauce. **-6.** *fig* [bond, unite] lier, attacher; **they are bound by friendship** c'est l'amitié qui les unit; **the two companies are bound by commercial interests** des intérêts commerciaux lient les deux sociétés. **-7.** [oblige] obliger, contraindre; **we are bound to tell the truth** nous sommes obligés OR tenus de dire la vérité; **to be bound by oath** être lié par serment. **-8.** [apprentice] mettre en apprentissage. ◇ *vi* **-1.** [agreement, promise] engager; [rule] être obligatoire. **-2.** [sauce] se lier; [cement] durcir, prendre. **-3.** [mechanism] se gripper. ◇ *n* **-1.** [bond] lien *m*, liens *mpl*. **-2.** MUS liaison *f*. **-3.** *inf* [annoying situation] corvée *f*; **we're in a bit of a ~** nous sommes plutôt dans le pétrin.

◆ **bind over** *vt sep* **-1.** [apprentice] mettre en apprentissage. **-2.** *Br* JUR [order] sommer; **they were bound over to keep the peace** ils ont été sommés de ne pas troubler l'ordre public.

◆ **bind up** *vt sep* [tie – gen] attacher, lier; [– wound] bander, panser.

**binder** ['baɪndə] *n* **-1.** [folder] classeur *m*. **-2.** [bookbinder] relieur *m*, -euse *f*. **-3.** [glue] colle *f*; TECH liant *m*, agglomérant *m*. **-4.** AGR [machine] lieuse *f*.

**binding** ['baɪndɪŋ] ◇ *n* **-1.** [for book] reliure *f*. **-2.** [folder] classeur *m*. **-3.** [for sewing] extrafort *m*. **-4.** [on skis] fixation *f*. ◇ *adj* **-1.** [law] obligatoire; [contract, promise] qui engage OR lie; **the agreement is ~ on all parties** l'accord engage chaque partie; **it is ~ on the buyer to make immediate payment** l'acheteur est tenu de payer immédiatement. **-2.** [food] constipant.

**bindweed** ['baɪndwiːd] *n* liseron *m*.

**bin-end** *n* fin *f* de série (*de vin*).

**binge** [bɪndʒ] *inf* ◇ *n* **-1.** [spree]: **to go on a ~** faire la bringue; **they went on a shopping ~** ils sont allés dépenser du fric dans les magasins. **-2.** [drinking bout] beuverie *f*, bringue *f*. ◇ *vi* **-1.** [overindulge] faire des folies. **-2.** [overeat] faire des excès (*de nourriture*).

**bingo** ['bɪŋgəʊ] *n* ≃ loto *m*. ◇ *interj*: ~! ça y est!

**bin liner** *n Br* sac *m* (à) poubelle.

**binman** ['bɪnmæn] (*pl* **binmen** [-men]) *n Br* éboueur *m*.

**binnacle** ['bɪnəkl] *n* habitacle *m*.

**binocular** [bɪ'nɒkjʊlə] *adj* binoculaire.

◆ **binoculars** *npl* jumelles *fpl*.

**binomial** [baɪ'nəʊmjəl] ◇ *adj* binomial. ◇ *n* binôme *m*.

**bint**∇ [bɪnt] *n Br pej* nana *f*.

**bioactive** [,baɪəʊ'æktɪv] *adj* bioactif.

**biochemical** [,baɪəʊ'kemɪkl] ◇ *adj* biochimique. ◇ *n* produit *m* biochimique.

**biochemist** [,baɪəʊ'kemɪst] *n* biochimiste *mf*.

**biochemistry** [,baɪəʊ'kemɪstrɪ] *n* biochimie *f*.

**biodegradable** [,baɪəʊdɪ'greɪdəbl] *adj* biodégradable.

**biodiversity** [,baɪəʊdaɪ'vɜːsətɪ] *n* biodiversité *f*.

**bioengineering** [baɪəʊ,endʒɪ'nɪərɪŋ] *n* bio-ingénierie *f*.

**biofeedback** [,baɪəʊ'fiːdbæk] *n* biofeedback *m*.

**biographer** [baɪ'ɒgrəfə] *n* biographe *mf*.

**biographical** [,baɪə'græfɪkl] *adj* biographique.

**biography** [baɪ'ɒgrəfɪ] *n* biographie *f*.

**biological** [ˌbaɪəˈlɒdʒɪkl] *adj* biologique; ~ warfare guerre *f* bactériologique.

**biological clock** *n* horloge *f* interne biologique.

**biologist** [baɪˈɒlədʒɪst] *n* biologiste *mf*.

**biology** [baɪˈɒlədʒɪ] *n* biologie *f*.

**bionic** [baɪˈɒnɪk] *adj* bionique.

**bionics** [baɪˈɒnɪks] *n (U)* bionique *f*.

**biophysicist** [ˌbaɪəʊˈfɪzɪsɪst] *n* biophysicien *m*, -enne *f*.

**biophysics** [ˌbaɪəʊˈfɪzɪks] *n (U)* biophysique *f*.

**biopsy** [ˈbaɪɒpsɪ] (*pl* **biopsies**) *n* biopsie *f*.

**biorhythm** [ˈbaɪəʊˌrɪðm] *n* biorythme *m*.

**biosphere** [ˈbaɪəʊˌsfɪəʳ] *n* biosphère *f*.

**biotechnology** [ˌbaɪəʊtekˈnɒlədʒɪ] *n* biotechnologie *f*.

**biotype** [ˈbaɪətaɪp] *n* biotype *m*.

**bipartisan** [ˌbaɪpɑːtɪˈzæn] *adj* biparti, bipartite.

**bipartite** [ˌbaɪˈpɑːtaɪt] *adj* BIOL & POL biparti, bipartite.

**biped** [ˈbaɪped] ◇ *adj* bipède. ◇ *n* bipède *m*.

**biplane** [ˈbaɪpleɪn] *n* biplan *m*.

**birch** [bɜːtʃ] ◇ *n* **-1.** [tree] bouleau *m*; [wood] (bois *m* de) bouleau. **-2.** *Br* [rod for whipping] verge *f*; **to give sb the ~** fouetter qqn. ◇ *comp* [forest, furniture] de bouleau. ◇ *vt* fouetter.

**birching** [ˈbɜːtʃɪŋ] *n Br* correction *f*.

**bird** [bɜːd] *n* **-1.** [gen] oiseau *m*; CULIN volaille *f*; **she eats like a ~** elle a un appétit d'oiseau ❏ **~ of paradise** [bird, flower] oiseau de paradis; **~ of passage** *literal* & *fig* oiseau de passage; **~ of prey** oiseau de proie, rapace *m*; **a little ~ told me** mon petit doigt me l'a dit; **the ~s and the bees** *euph* OR *hum* les choses de la vie; **the ~ has flown** l'oiseau s'est envolé; **to give sb the ~** *Br inf* [gen] envoyer paître qqn; THEAT siffler qqn; **~s of a feather flock together** *prov* qui se ressemble s'assemble *prov*; **a ~ in the hand is worth two in the bush** *prov* un tiens vaut mieux que deux tu l'auras *prov*. **-2.** *Br inf* [chap] type *m*.**-3.** *Br inf* [woman] nana *f*.

**birdbath** [ˈbɜːdbɑːθ, *pl* -bɑːðz] *n* vasque *f* (*pour les oiseaux*).

**bird brain** *n inf* & *pej* tête *f* de linotte, écervelé *m*, -e *f*.

**bird-brained** [-breɪnd] *adj inf* [person] écervelé, qui a une cervelle d'oiseau; [idea] insensé.

**birdcage** [ˈbɜːdkeɪdʒ] *n* [small] cage *f* à oiseaux; [large] volière *f*.

**birdcall** [ˈbɜːdkɔːl] *n* cri *m* d'oiseau.

**bird dog** *n* chien *m* d'arrêt (*pour le gibier à plumes*).

**bird fancier** *n Br* [interested in birds] ornithologue *mf* amateur; [breeder] aviculteur *m*, -trice *f*.

**birdhouse** [ˈbɜːdhaʊs, *pl* -haʊzɪz] *n Am* volière *f*.

**birdie** [ˈbɜːdɪ] *n* **-1.** *inf* [small bird] petit oiseau *m*, oisillon *m*.**-2.** [in golf] birdie *m*.

**bird-nesting** *n*: **to go ~** aller dénicher des oiseaux.

**bird sanctuary** *n* réserve *f* OR refuge *m* d'oiseaux.

**birdseed** [ˈbɜːdsiːd] *n* graine *f* pour les oiseaux.

**bird's-eye** ◇ *adj*: **a ~ view of sthg** *literal* une vue panoramique de qqch; *fig* une vue d'ensemble de qqch. ◇ *n* **-1.** BOT [primrose] primevère *f* farineuse. **-2.** [cloth] œil-de-perdrix *m*.

**bird's-foot** *n* BOT pied-d'oiseau *m*.

**bird's-nest soup** *n* soupe *f* aux nids d'hirondelles.

**birdsong** [ˈbɜːdsɒŋ] *n* chant *m* d'oiseau.

**birdtable** [ˈbɜːdˌteɪbl] *n* mangeoire *f* (*pour oiseaux*).

**bird-watcher** *n* ornithologue *mf* amateur.

**bird-watching** *n* ornithologie *f*; **to go ~** aller observer les oiseaux.

**biretta** [bɪˈretə] *n* barrette *f* (*d'un ecclésiastique*).

**Biro®** [ˈbaɪərəʊ] (*pl* **biros**) *n Br* stylo *m* (à) bille, ≃ Bic® *m*.

**birth** [bɜːθ] *n* **-1.** [nativity] naissance *f*. **-2.** [of child] accouchement *m*, couches *fpl*; [of animal] mise *f* bas; **to give ~** [woman] accoucher; [animal] mettre bas; **she gave ~ to a boy** elle a accouché d'un garçon ❏ **~ pangs** douleurs *fpl* de l'accouchement; **the ~ pangs of democracy** *fig* la naissance difficile de la démocratie. **-3.** *fig* [origin – of movement, nation] naissance *f*, origine *f*; [– of era, industry] naissance *f*, commencement *m*; [– of product, radio] apparition *f*. **-4.** [ancestry, lineage] naissance *f*, ascendance *f*; **he's Chinese by ~** il est chinois de naissance; **of high ~** de bonne famille, bien né; **of low ~** de basse extraction.

**birth certificate** *n* acte *m* OR extrait *m* de naissance.

**birth control** *n* **-1.** [contraception] contraception *f*. **-2.** [family planning] contrôle *m* des naissances.

**birthday** [ˈbɜːθdeɪ] ◇ *n* anniversaire *m*. ◇ *comp* [cake, card, present] d'anniversaire; **they're giving him a ~ party** ils organisent une fête pour son anniversaire.

**Birthday Honours** *npl*: **the ~** *titres honorifiques et autres distinctions décernés chaque année le jour de l'anniversaire officiel du souverain britannique.*

**birthday suit** *n inf* & *hum* [of man] costume *m* d'Adam; [of woman] costume *m* d'Ève.

**birthmark** [ˈbɜːθmɑːk] *n* tache *f* de vin.

**birthplace** [ˈbɜːθpleɪs] *n* [town] lieu *m* de naissance; [house] maison *f* natale; *fig* berceau *m*.

**birthrate** [ˈbɜːθreɪt] *n* (taux *m* de) natalité *f*.

**birthright** [ˈbɜːθraɪt] *n* droit *m* (acquis à la naissance).

**birthstone** [ˈbɜːθstəʊn] *n* pierre *f* porte-bonheur (*selon la date de naissance*).

**Biscay** [ˈbɪskeɪ] *pr n* Biscaye; **the Bay of ~** le golfe de Gascogne.

**biscuit** [ˈbɪskɪt] ◇ *n* **-1.** *Br* CULIN biscuit *m*, petit gâteau *m*; **that really takes the ~!** *inf* ça, c'est vraiment le bouquet! **-2.** *Am* CULIN *petit gâteau que l'on mange avec de la confiture ou avec un plat salé.* **-3.** [colour] beige *m*.**-4.** [ceramics] biscuit *m*. ◇ *adj* (de couleur) beige.

**bisect** [baɪˈsekt] *vt* [gen] couper en deux; MATH diviser en deux parties égales.

**bisexual** [ˌbaɪˈsekʃʊəl] ◇ *adj* **-1.** [person, tendency] bisexuel. **-2.** BIOL & ZOOL bisexué, hermaphrodite. ◇ *n* **-1.** [person] bisexuel *m*, -elle *f*.**-2.** BIOL & ZOOL hermaphrodite *m*.

**bisexuality** [baɪˌseksjʊˈælɪtɪ] *n* bisexualité *f*.

**bishop** [ˈbɪʃəp] *n* **-1.** RELIG évêque *m*.**-2.** [in chess] fou *m*.

**bishopric** [ˈbɪʃəprɪk] *n* [position] épiscopat *m*; [diocese] évêché *m*.

**Bismarck** [ˈbɪzmɑːk] *pr n* Bismarck.

**bison** [ˈbaɪsn] *n* bison *m*.

**bisque** [bɪsk] *n* **-1.** [colour] beige-rosé *m*.**-2.** [ceramics] biscuit *m*.**-3.** [soup] bisque *f*.

**bistro** [ˈbiːstrəʊ] (*pl* **bistros**) *n* bistro *m*.

**bit¹** [bɪt] *n* **-1.** [piece – of cake, puzzle, wood, land, string] bout *m*; [– of book] passage *m*; [– of film] séquence *f*; **you missed out the best ~s** [of story, joke] tu as oublié le meilleur; **~s and pieces of sthg** les morceaux de qqch; **she picked up her ~s and pieces** elle a ramassé ses affaires; **in ~s** en morceaux; **to take sthg to ~s** démonter qqch; **to fall to ~s** [book, clothes] tomber en lambeaux. **-2.** [unspecified (small) quantity]: **a ~ of money/time** un peu d'argent/de temps; **there's been a ~ of trouble at home** il y a eu quelques problèmes à la maison; **it's a ~ of a problem** cela pose un problème; **he's a ~ of a crook** il est un peu escroc sur les bords ❏ **everyone did their ~** tout le monde y a mis du sien OR a fait un effort; **we did our ~ to help the children** nous avons fait ce qu'il fallait pour aider les enfants; **she's every ~ as competent as he is** elle est tout aussi compétente que lui; **to have a ~ on the side** *inf* avoir un amant/une maîtresse; **he's/she's a ~ of all right!** ▽ *Br* il/elle est chouette!**-3.** *inf* [role] numéro *m*.**-4.** *inf* [small coin] pièce *f*.

◆ **a bit** *adv phr* **-1.** [some time] quelque temps; **let's sit down for a ~** asseyons-nous un instant OR un peu; **he's away quite a ~** il est souvent absent. **-2.** [slightly] un peu; **she's a good/little ~ older than he is** elle est beaucoup/un peu plus âgée que lui ‖ [at all]: **they haven't changed a ~** ils n'ont pas du tout changé; **not a ~ of it!** pas le moins du monde! ❏ **it's asking a ~ much to expect her to apologize** il ne faut pas s'attendre à des excuses, c'est trop lui demander; **that's a ~ much** OR **a ~ steep!** ça c'est un peu fort!

◆ **bit by bit** *adv phr* petit à petit.

**bit²** [bɪt] *pt* → **bite**.

**bitch** [bɪtʃ] ◇ *n* **-1.** [female canine – gen] femelle *f*; [dog] chienne *f*; [fox] renarde *f*; [wolf] louve *f*. **-2.** ▽ *pej* [woman] garce *f*.**-3.** *inf* [thing] saloperie *f*; **a ~ of a job** une saloperie de boulot; **this problem's a real ~** c'est un vrai casse-tête! **-4.** *inf* [complaint] motif *m* de râler. ◇ *vi inf* râler, rouspéter; **to ~ about sb/sthg** râler OR rouspéter contre qqn/qqch.

**bitchy** [ˈbɪtʃɪ] (*compar* **bitchier**, *superl* **bitchiest**) *adj inf* vache;

a ~ remark une vacherie; he's in a ~ mood il est dans une sale humeur.

**bite** [baɪt] (*pt* **bit** [bɪt], *pp* **bitten** ['bɪtn]) ◇ *vt* **-1.** [subj: animal, person] mordre; [subj: insect, snake] piquer, mordre; **the dog bit him on the leg** le chien l'a mordu à la jambe; **the dog bit the rope in two** le chien a coupé la corde en deux avec ses dents; **to ~ one's nails** se ronger les ongles; **he bit his lip** il s'est mordu la lèvre; **they've been bitten by the photography bug** *fig* ils sont devenus des mordus de photographie ❏ **to ~ one's tongue** *literal* se mordre la langue; *fig* se retenir de dire qqch; **to ~ the bullet** serrer les dents; **to ~ the dust** mordre la poussière; **theirs is the latest plan to ~ the dust** leur projet est le dernier à être tombé à l'eau; **to ~ the hand that feeds one** montrer de l'ingratitude envers qqn qui vous veut du bien; **once bitten, twice shy** *prov* chat échaudé craint l'eau froide *prov*. **-2.** *inf & fig* [bother] agacer, contrarier.

◇ *vi* **-1.** [animal, person] mordre; [insect, snake] piquer, mordre; [fish] mordre (à l'hameçon); **I bit into the apple** j'ai mordu dans la pomme; **he bit through the cord** il coupa la ficelle avec ses dents. **-2.** [mustard, spice] piquer. **-3.** [air, wind] mordre, cingler. **-4.** [clutch, screw] mordre; [tyre] adhérer (à la route); **the acid bit into the metal** l'acide a attaqué le métal; **the rope bit into his wrists** la corde mordait dans la chair de ses poignets. **-5.** [take effect]: **the law is beginning to ~** les effets de la loi commencent à se faire sentir.

◇ *n* **-1.** [of animal, person] morsure *f*; [of insect, snake] piqûre *f*, morsure *f*. **-2.** [piece] bouchée *f*; **to take a ~ of sthg** [bite into] mordre dans qqch; [taste] goûter (à) qqch ❏ **to have** OR **to get another** OR **a second ~ at the cherry** *Br* s'y reprendre à deux fois. **-3.** *inf* [something to eat]: **we stopped for a ~ (to eat)** nous nous sommes arrêtés pour manger un morceau; **I haven't had a ~ all day** je n'ai rien mangé de la journée. **-4.** FISHING touche *f*; **did you get a ~?** ça a mordu? **-5.** [sharpness – of mustard, spice] piquant *m*; [– of speech, wit] mordant *m*; [– of air, wind] caractère *m* cinglant OR mordant. **-6.** DENT articulé *m* dentaire.

◆ **bite back** *vt sep*: **to ~ sthg back** se retenir de dire qqch.
◆ **bite off** *vt sep* arracher d'un coup de dents; **to ~ off more than one can chew** avoir les yeux plus grands OR gros que le ventre; **to ~ sb's head off** *inf* enguirlander qqn.

**bite-sized** [-,saɪzd] *adj*: **cut the meat into ~ pieces** coupez la viande en petits dés.

**biting** ['baɪtɪŋ] *adj* **-1.** [insect] piqueur, vorace. **-2.** *fig* [remark, wit] mordant, cinglant; [wind] cinglant, mordant; [cold] mordant, perçant.

**bitingly** ['baɪtɪŋlɪ] *adj* d'un ton mordant OR cinglant; [as intensifier]: **a ~ cold wind** un vent glacial.

**bit part** *n* THEAT petit rôle *m*.

**bitten** ['bɪtn] *pp* → **bite**.

**bitter** ['bɪtər] ◇ *adj* **-1.** [taste] amer, âpre; **it's a ~ pill (to swallow)** c'est difficile à avaler. **-2.** [resentful – person] amer; [– look, tone] amer, plein d'amertume; [– reproach, tears] amer; **to be ~ about sthg** être amer OR plein d'amertume au sujet de qqch. **-3.** [unpleasant – disappointment, experience] amer, cruel; [argument, struggle] violent; [– blow] dur; **we fought to the ~ end** nous avons lutté jusqu'au bout. **-4.** [extreme – enemy] acharné; [– opposition] violent, acharné; [– remorse] cuisant. **-5.** [cold – wind] cinglant, glacial; [– weather] glacial; [– winter] rude, dur. ◇ *n* [beer] bière pression relativement amère, à forte teneur en houblon.
◆ **bitters** *npl* bitter *m*, amer *m*; PHARM amer *m*.

**bitter lemon** *n* Schweppes® *m* au citron.

**bitterly** ['bɪtəlɪ] *adv* **-1.** [speak] amèrement, avec amertume; [criticize] âprement; [weep] amèrement. **-2.** [intensely – ashamed, unhappy] profondément; [– disappointed] cruellement; **it was a ~ cold day** il faisait un froid de loup.

**bittern** ['bɪtən] *n* butor *m* (*oiseau*).

**bitterness** ['bɪtənɪs] *n* **-1.** [of disappointment, person, taste] amertume *f*; [of criticism, remark] âpreté *f*. **-2.** [of opposition] violence *f*.

**bittersweet** ['bɪtəswiːt] ◇ *adj* [memory, taste] aigre-doux. ◇ *n* BOT douce-amère *f*.

**bitty** ['bɪtɪ] (*compar* **bittier**, *superl* **bittiest**) *adj Br inf* décousu.

**bitumen** ['bɪtjʊmɪn] *n* bitume *m*.

**bivalent** ['baɪ,veɪlənt] *adj* bivalent.

**bivouac** ['bɪvuæk] (*pt & pp* **bivouacked**, *cont* **bivouacking**) ◇ *n* bivouac *m*. ◇ *vi* bivouaquer.

**biweekly** [,baɪ'wiːklɪ] (*pl* **biweeklies**) ◇ *adj* [every two weeks] bimensuel; [twice weekly] bihebdomadaire. ◇ *adv* [every two weeks] tous les quinze jours; [twice weekly] deux fois par semaine. ◇ *n* bimensuel *m*.

**biyearly** [,baɪ'jɪəlɪ] (*pl* **biyearlies**) ◇ *adj* [every two years] biennal; [twice yearly] semestriel. ◇ *adv* [every two years] tous les deux ans; [twice yearly] deux fois par an. ◇ *n* biennale *f*.

**biz** [bɪz] *n inf* commerce *m*.

**bizarre** [bɪ'zɑːr] *adj* bizarre.

**bk** *written abbr of* **book**.

**bl** *written abbr of* **bill of lading**.

**BL** *n* **-1.** (*abbr of* **Bachelor of Law(s)**) (*titulaire d'une*) *licence de droit*. **-2.** (*abbr of* **Bachelor of Letters**) (*titulaire d'une*) *licence de lettres*.

**blab** [blæb] (*pt & pp* **blabbed**, *cont* **blabbing**) *inf* ◇ *vi* **-1.** [tell secret] vendre la mèche. **-2.** [prattle] jaser, babiller. ◇ *vt* laisser échapper, divulguer.

**blabber** ['blæbər] *inf* ◇ *vi* jaser, babiller; **to ~ on about sthg** parler de qqch à n'en plus finir. ◇ *n* **-1.** [person] moulin *m* à paroles. **-2.** [prattle] bavardage *m*, papotage *m*.

**blabbermouth** ['blæbə,maʊθ, *pl* -,maʊðz] *n inf* pipelette *f*.

**black** [blæk] ◇ *adj* **-1.** [colour] noir; **as ~ as ink** noir comme du jais OR de l'encre. **-2.** [race] noir; **he won the ~ vote** il a gagné les voix de l'électorat noir ❏ **~ man** Noir *m*; **~ woman** Noire *f*; **~ Africa** l'Afrique *f* noire; **~ American** Afro-Américain *m*, -e *f*; **~ consciousness** négritude *f*; **Black Nationalism** mouvement nationaliste noir américain; **Black Studies** UNIV études afro-américaines. **-3.** [coffee] noir; [tea] nature (*inv*). **-4.** [dark] noir, sans lumière; **the room was as ~ as pitch** *Br* OR **as ~ as tar** *Am* dans la pièce il faisait noir comme dans un four. **-5.** [gloomy – future, mood] noir; [– despair] sombre; **they painted a ~ picture of our prospects** ils ont peint un sombre tableau de notre avenir; **in a fit of ~ despair** dans un moment d'extrême désespoir; ❏ **~ comedy** comédie *f* noire; **~ humour** humour *m* noir. **-6.** [angry] furieux, menaçant; **he gave her a ~ look** il lui a jeté OR lancé un regard noir. **-7.** [wicked] noir, mauvais; **the ~ art** OR **arts** la magie noire. **-8.** [dirty] noir, sale. **-9.** *Br* INDUST [factory, goods] boycotté; **~ economy** économie *f* noire.

◇ *n* **-1.** [colour] noir *m*; **to be dressed in ~** [gen] être habillé de OR en noir; [in mourning] porter le deuil. **-2.** [darkness] obscurité *f*, noir *m*. **-3.** *phr*: **to be in the ~** être créditeur.

◇ *vt* **-1.** [make black] noircir; [shoes] cirer (*avec du cirage noir*); **he ~ed his attacker's eye** il a poché l'œil de son agresseur. **-2.** *Br* INDUST boycotter.
◆ **Black** *n* [person] Noir *m*, -e *f*.
◆ **black out** ◇ *vt sep* **-1.** [extinguish lights] plonger dans l'obscurité; [in wartime] faire le black-out dans. **-2.** RADIO & TV [programme] interdire la diffusion de. **-3.** [memory] effacer (de son esprit), oublier. ◇ *vi* s'évanouir.

**black and blue** *adj* couvert de bleus; **they beat him ~** ils l'ont roué de coups.

**black and white** ◇ *adj* **-1.** [photograph, television] noir et blanc; **a black-and-white film** un film en noir et blanc. **-2.** *fig* [clear-cut] précis, net; **there's no black-and-white solution** le problème n'est pas simple. ◇ *n* **-1.** [drawing, print] dessin *m* en noir et blanc; [photograph] photographie *f* en noir et blanc. **-2.** [written down]: **to put sthg down in ~** écrire qqch noir sur blanc.

**blackball** ['blækbɔːl] ◇ *vt* blackbouler. ◇ *n* vote *m* contre.

**black beetle** *n* cafard *m*, blatte *f*.

**black belt** *n* ceinture *f* noire; **she's a ~ in judo** elle est ceinture noire de judo.

**blackberry** ['blækbərɪ] (*pl* **blackberries**) ◇ *n* mûre *f*. ◇ *vi* cueillir des mûres; **to go ~ing** aller ramasser OR cueillir des mûres.

**blackbird** ['blækbɜːd] *n* merle *m*.

**blackboard** ['blækbɔːd] *n* tableau *m* (noir).

**black box** *n* boîte *f* noire.

**black cab** *n* taxi *m* londonien.

**blackcap** ['blækkæp] *n* **-1.** ORNITH fauvette *f* à tête noire. **-2.** *Br* [of judge] bonnet *m* noir.

**Black Country** *prn*: **the ~** le Pays noir.

**blackcurrant** [,blæk'kʌrənt] *n* [bush, fruit] cassis *m*.

**Black Death** *n* peste *f* noire.

**blacken** ['blækn] ◇ *vt* **-1.** [make black – house, wall] noircir; [– shoes] cirer *(avec du cirage noir)*; he ~ed his face il s'est noirci le visage. **-2.** [make dirty] noircir, salir. **-3.** *fig* [name, reputation] noircir, ternir. ◇ *vi* [cloud, sky] s'assombrir, (se) noircir; [colour, fruit] (se) noircir, devenir noir.

**black eye** *n* œil *m* poché OR au beurre noir; I'll give him a ~! je vais lui faire un œil au beurre noir!

**black-eyed pea** *n* dolique *m*, dolic *m*, niébé *m*.

**blackfly** ['blækflaɪ] *(pl inv OR* **blackflies**) *n* puceron *m* noir.

**blackguard** ['blægɑːd] *n dated OR hum* canaille *f*.

**blackhead** ['blækhed] *n* point *m* noir.

**black hole** *n* trou *m* noir; it's like the Black Hole of Calcutta in there! il fait horriblement sombre et chaud là-dedans!

**black ice** *n* verglas *m*.

**blacking** ['blækɪŋ] *n* [for shoes] cirage *m* noir; [for stove] pâte *f* à noircir.

**blackjack** ['blækdʒæk] *n* [card game] vingt-et-un *m*.

**blackleg** ['blækleg] *(pt & pp* **blacklegged**, *cont* **blacklegging**) ◇ *n Br pej* jaune *m*, briseur *m* de grève. ◇ *vi* briser la grève.

**blacklist** ['blæklɪst] ◇ *n* liste *f* noire. ◇ *vt* mettre sur la liste noire.

**black magic** *n* magie *f* noire.

**blackmail** ['blækmeɪl] ◇ *vt* faire chanter; he ~ed them into meeting his demands il les a contraints par le chantage à satisfaire ses exigences. ◇ *n* chantage *m*.

**blackmailer** ['blækmeɪlə'] *n* maître chanteur *m*.

**Black Maria** [-mə'raɪə] *n inf* panier *m* à salade *(fourgon)*.

**black mark** *n* mauvais point *m*.

**black market** *n* marché *m* noir; on the ~ au marché noir.

**black marketeer** *n* vendeur *m*, -euse *f* au marché noir.

**Black Muslim** *n* Black Muslim *mf (membre d'un mouvement séparatiste noir se réclamant de l'Islam)*.

**blackness** ['blæknɪs] *n* [of colour] noir *m*, couleur *f* noire; *fig* [of deed] atrocité *f*, noirceur *f*.

**blackout** ['blækaut] *n* **-1.** [in wartime] black-out *m inv*; [power failure] panne *f* d'électricité. **-2.** [loss of consciousness] évanouissement *m*, étourdissement *m*; [amnesia] trou *m* de mémoire; I must have had a ~ j'ai dû m'évanouir. **-3.** RADIO & TV black-out *m inv*, censure *f*; the army imposed a news ~ on the war l'armée a fait le black-out sur la guerre.

**Black Panther** *n* HIST Panthère *f* noire.

**black pepper** *n* poivre *m* gris.

**Black Power** *n* POL Black Power *m (mouvement séparatiste noir né dans les années 60 aux États-Unis)*.

**black pudding** *n* boudin *m*.

**Black Sea** *pr n*: the ~ la mer Noire.

**black sheep** *n* brebis *f* galeuse.

**Blackshirt** ['blækʃɜːt] *n* POL Chemise *f* noire.

**blacksmith** ['blæksmɪθ] *n* [for horses] maréchal-ferrant *m*; [for tools] forgeron *m*.

**black spot** *n Br fig & AUT* point *m* noir.

**blackthorn** ['blækθɔːn] *n* prunelier *m*, épine *f* noire.

**black tie** *n* nœud papillon noir porté avec une tenue de soirée; 'black tie' [on invitation card] 'tenue de soirée exigée'.

♦ **black-tie** *adj*: it's black-tie il faut être en smoking.

**black velvet** *n* **-1.** *literal* velours *m* noir. **-2.** [cocktail] *cocktail de champagne et de stout*.

**black widow** *n* latrodecte *m*, veuve *f* noire.

**bladder** ['blædə'] ◇ *n* **-1.** ANAT vessie *f*. **-2.** [of leather, skin] vessie *f*. **-3.** BOT vésicule *f*. ◇ *comp*: ~ infection cystite *f*.

**blade** [bleɪd] *n* **-1.** [cutting edge – of knife, razor, tool] lame *f*; [– of guillotine] couperet *m*. **-2.** [of fan] pale *f*; [of propeller] pale *f*, aile *f*; [of helicopter] hélice *f*; [of turbine motor] aube *f*; [of plough] soc *m* (tranchant); [of ice skates] lame *f*; [of oar, paddle] plat *m*, pale *f*. **-3.** [of grass] brin *m*; [of wheat] pousse *f*; [of leaf] limbe *m*; wheat in the ~ blé *m* en herbe. **-4.** *lit* [sword] lame *f*. **-5.** *arch* [young man] gaillard *m*. **-6.** [of tongue] dos *m*. **-7.** [of shoulder] omoplate *f*.

**-bladed** [bleɪdɪd] *in cpds* **-1.** [knife, razor] à lame...; sharp~ knife couteau *m* aiguisé. **-2.** [fan, propeller] à pale.... **-3.** [plant] à limbe...; broad~ leaf feuille *f* à limbe large.

**blaeberry** ['bleɪbəri] *(pl* **blaeberries**) *n Br* myrtille *f*.

**blah** [blɑː] *inf* ◇ *n* **-1.** [talk] baratin *m*, bla-bla-bla *m inv*. **-2.** *Am* [blues]: to have the ~s avoir le cafard. ◇ *adj Am* **-1.** [uninteresting] insipide, ennuyeux. **-2.** [blue]: to feel ~ avoir le cafard.

**blamable** ['bleɪməbl] *adj* blâmable.

**blame** [bleɪm] ◇ *n* **-1.** [responsibility] faute *f*, responsabilité *f*; they laid OR put the ~ for the incident on the secretary ils ont rejeté la responsabilité de l'incident sur la secrétaire; we had to bear OR to take the ~ nous avons dû endosser la responsabilité. **-2.** [reproof] blâme *m*, réprimande *f*; her conduct has been without ~ sa conduite a été irréprochable. ◇ *vt* **-1.** [consider as responsible] rejeter la responsabilité sur; he is not to ~ ce n'est pas de sa faute; you have only yourself to ~ tu ne peux t'en prendre qu'à toi-même, tu l'as voulu OR cherché. **-2.** [reproach] critiquer, reprocher; I ~ myself for having left her alone je m'en veux de l'avoir laissée seule; you have nothing to ~ yourself for tu n'as rien à te reprocher; he left in disgust — I don't ~ him! il est parti dégoûté — ça se comprend!

**blamed** [bleɪmd] *adj Am* damné, maudit.

**blameless** ['bleɪmlɪs] *adj* irréprochable, sans reproche.

**blamelessly** ['bleɪmlɪslɪ] *adv* d'une façon irréprochable.

**blameworthy** ['bleɪm,wɜːðɪ] *adj* [person] fautif, coupable; [action] répréhensible.

**blanch** [blɑːntʃ] ◇ *vt* [gen] décolorer, blanchir; AGR & CULIN blanchir; ~ed almonds amandes *fpl* mondées OR épluchées. ◇ *vi* blêmir.

**blancmange** [blə'mɒndʒ] *n entremets généralement préparé à partir d'une poudre, ≈ flan *m* instantané*.

**bland** [blænd] *adj* **-1.** [flavour, food] fade, insipide; [diet] fade. **-2.** [person – dull] insipide, ennuyeux; [– ingratiating] mielleux, doucereux. **-3.** [weather] doux *(f* douce).

**blandishment** ['blændɪʃmənt] *n (usu pl)* [coaxing] cajoleries *fpl*; [flattery] flatterie *f*.

**blandly** ['blændlɪ] *adv* [say – dully] affablement, avec affabilité; [– ingratiatingly] d'un ton mielleux.

**blank** [blæŋk] ◇ *adj* **-1.** [paper – with no writing] vierge, blanc *(f* blanche); [– unruled] blanc *(f* blanche); [form] vierge, à remplir; fill in the ~ spaces remplissez les blancs OR les (espaces) vides; leave this line ~ n'écrivez rien sur cette ligne. **-2.** [empty – screen, wall] vide; [– cassette] vierge; [– cartridge] à blanc; to go ~ [screen] s'éteindre; [face] se vider de toute expression; my mind went ~ j'ai eu un trou. **-3.** [face, look – expressionless] sans expression; [– confused] déconcerté, dérouté. **-4.** [absolute – protest, refusal] absolu, net; [– dismay] absolu, profond. ◇ *n* **-1.** [empty space, void] blanc *m*, (espace *m*) vide *m*; she filled in the ~s of her education elle a comblé les lacunes de son éducation; the rest of his life is a ~ on ne sait rien du reste de sa vie; my mind was a total ~ j'ai eu un passage à vide complet □ to draw a ~ avoir un trou OR un passage à vide; she searched everywhere for him but drew a ~ elle l'a cherché partout mais sans succès. **-2.** [form] formulaire *m* (vierge OR à remplir), imprimé *m* à blanc. **-3.** [cartridge] cartouche *f* à blanc. **-4.** [in dominoes] blanc *m*.

♦ **blank out** *vt sep* [writing] rayer, effacer; [memory] oublier, effacer de son esprit.

**blank cheque** *n* chèque *m* en blanc; to write sb a ~ *fig* donner carte blanche à qqn.

**blanket** ['blæŋkɪt] ◇ *n* **-1.** [for bed] couverture *f*. **-2.** *fig* [of clouds, snow] couche *f*; [of fog] manteau *m*, nappe *f*; [of smoke] voile *m*, nuage *m*; [of despair, sadness] manteau *m*. ◇ *vt* **-1.** [subj: snow] recouvrir; [subj: fog, smoke] envelopper, voiler. **-2.** [noise] étouffer, assourdir. ◇ *adj* général, global; our insurance policy guarantees ~ coverage notre police d'assurance couvre tous les risques.

**blanket bath** *n* grande toilette *f* (d'un malade alité).

**blanket stitch** *n* point *m* de feston.

**blankly** ['blæŋklɪ] *adv* [look – without expression] avec le regard vide; [– with confusion] d'un air ahuri OR interdit. **-2.** [answer, state] carrément; [refuse] tout net, sans ambages.

**blank verse** *n* vers *mpl* blancs OR sans rime.

**blare** [bleə'] ◇ *vi* [siren, music] beugler; [voice] brailler. ◇ *n* [gen] vacarme *m*; [of car horn, siren] bruit *m* strident; [of radio, television] beuglement *m*; [of trumpet] sonnerie *f*.

♦ **blare out** ◇ *vi insep* [radio, television] beugler, brailler; [person, voice] brailler, hurler. ◇ *vt sep* [subj: radio, television] beugler, brailler; [subj: person] brailler, hurler.

**blarney** ['blɑːnɪ] *inf* ◇ *n* [smooth talk] baratin *m*; [flattery] flatterie *f*. ◇ *vt* [smooth talk] baratiner; [wheedle] embobiner; [flatter] flatter.

**blasé** [*Br* 'blɑːzeɪ, *Am* ˌblɑːˈzeɪ] *adj* blasé.

**blaspheme** [blæsˈfiːm] ◇ *vi* blasphémer. ◇ *vt* blasphémer.

**blasphemous** ['blæsfəməs] *adj* [poem, talk] blasphématoire; [person] blasphémateur.

**blasphemy** ['blæsfəmɪ] (*pl* **blasphemies**) *n* blasphème *m*.

**blast** [blɑːst] ◇ *n* -**1.** [explosion] explosion *f*; [shock wave] souffle *m*.-**2.** [of air] bouffée *f*; [of steam] jet *m*; a ~ (of wind) un coup de vent, une rafale. -**3.** [sound – of car horn, whistle] coup *m* strident; [– of trumpet] sonnerie *f*; [– of explosion] détonation *f*; [– of rocket] rugissement *m*; a whistle ~ un coup de sifflet. -**4.** *Am inf* [fun]: we had a ~ on s'est vraiment marrés. -**5.** *phr*: at full ~: she had the radio on (at) full ~ elle faisait marcher la radio à fond; the machine was going at full ~ la machine avançait à toute allure. ◇ *vt* -**1.** [with explosives] faire sauter; they ~ed a tunnel through the mountain ils ont creusé un tunnel à travers la montagne avec des explosifs. -**2.** [with gun] tirer sur. -**3.** [subj: radio, television] beugler. -**4.** BOT [blight] flétrir. -**5.** [criticize] attaquer OR critiquer violemment. -**6.** [plan] détruire; [hope] briser, anéantir. ◇ *vi* [radio, television] beugler; [music] retentir; the radio was ~ing away la radio marchait à fond. ◇ *interj inf*: ~! zut!; ~ her! ce qu'elle peut être embêtante!

♦ **blast off** *vi insep* [rocket] décoller.

♦ **blast out** ◇ *vt sep* [music] beugler. ◇ *vi insep* [radio, television] beugler; [music] retentir.

**blasted** ['blɑːstɪd] *adj* -**1.** [plant] flétri; a ~ oak un chêne foudroyé. -**2.** *inf* [as intensifier] fichu, sacré; you ~ fool! espèce d'imbécile!; it's a ~ nuisance! c'est vraiment casse-pieds!

**blast furnace** *n* haut-fourneau *m*.

**blasting** ['blɑːstɪŋ] *n* -**1.** [explosions] travail *m* aux explosifs, explosions *fpl*; TECH minage *m*; 'beware ~ in progress!' 'attention, tirs de mines!'. -**2.** *Br inf* [verbal attack] attaque *f*; he got a ~ from the boss le patron lui a passé un sacré savon.

**blast-off** *n* lancement *m*, mise *f* à feu (*d'une fusée spatiale*).

**blatant** ['bleɪtənt] *adj* [discrimination, injustice] évident, flagrant; [lie] manifeste.

**blatantly** ['bleɪtəntlɪ] *adv* [discriminate, disregard] de façon flagrante; [cheat, lie] de façon éhontée.

**blather** ['blæðəʳ] *Am* ◇ *n* (*U*) âneries *fpl*, bêtises *fpl*. ◇ *vi* raconter des bêtises OR des âneries.

**blaze** [bleɪz] ◇ *n* -**1.** [flame] flamme *f*, flammes *fpl*, feu *m*; [large fire] incendie *m*.-**2.** [burst – of colour] éclat *m*, flamboiement *m*; [– of light] éclat *m*; [– of eloquence, enthusiasm] élan *m*, transport *m*; [– of sunlight] torrent *m*; a ~ of gunfire des coups de feu, une fusillade; in a sudden ~ of anger sous le coup de la colère; she married in a ~ of publicity elle s'est mariée sous les feux des projecteurs; he finished in a ~ of glory il a terminé en beauté. -**3.** [of gems] éclat *m*, brillance *f*.-**4.** [mark – on tree] marque *f*, encoche *f*; [– on animal, horse] étoile *f*.-**5.** *Br inf phr*: what the ~s are you doing here? qu'est-ce que tu fabriques ici?; we ran like ~s nous avons couru à toutes jambes; go to ~s! va te faire voir! ◇ *vi* -**1.** [fire] flamber; he suddenly ~d with anger il s'est enflammé de colère. -**2.** [colour, light, sun] flamboyer; [gem] resplendir, briller. -**3.** [gun] tirer, faire feu.

◇ *vt* -**1.** [proclaim] proclamer, claironner; [publish] publier; the news was ~d across the front page la nouvelle faisait la une du journal; it's not the kind of thing you want ~d abroad ce n'est pas le genre de chose qu'on veut crier sur les toits. -**2.** *phr*: to ~ a trail frayer un chemin; they're blazing a trail in biotechnology ils font un travail de pionniers dans le domaine de la biotechnologie.

♦ **blaze away** *vi insep* -**1.** [fire] (continuer de) flamber. -**2.** *Br* [gun] faire feu; the gangsters ~d away at the police les gangsters maintenaient un feu nourri contre la police.

**blazer** ['bleɪzəʳ] *n* blazer *m*.

**blazing** ['bleɪzɪŋ] *adj* -**1.** [building, town] en flammes, embrasé; to sit in front of a ~ fire s'installer devant une bonne flambée. -**2.** [sun] brûlant, ardent; [heat] torride; a ~ hot day une journée de chaleur torride. -**3.** [light] éclatant;

[colour] très vif; [gem] brillant, étincelant; [eyes] qui jette des éclairs. -**4.** [argument] violent. -**5.** [angry] furieux.

**blazon** ['bleɪzn] ◇ *n* blason *m*. ◇ *vt* -**1.** [proclaim] proclamer, claironner. -**2.** [mark] marquer; HERALD blasonner.

**bleach** [bliːtʃ] ◇ *n* [gen] décolorant *m*; **household** ~ eau *f* de Javel. ◇ *vt* -**1.** [gen] blanchir; ~ing agent produit *m* à blanchir, décolorant *m*.-**2.** [hair – chemically] décolorer, oxygéner; [– with sun] éclaircir; to ~ one's hair se décolorer les cheveux; a ~ed blonde une fausse blonde, une blonde décolorée. ◇ *vi* blanchir.

**bleachers** ['bliːtʃəz] *npl Am* dans un stade, places les moins chères car non abritées.

**bleak** [bliːk] ◇ *adj* -**1.** [place, room] froid, austère; [landscape] morne, désolé. -**2.** [weather] morne, maussade; [winter] rude, rigoureux. -**3.** [situation] sombre, morne; [life] morne, monotone; the ~ facts la vérité toute nue OR sans fard; the future looks ~ l'avenir se présente plutôt mal. -**4.** [mood, person] lugubre, morne; [smile] pâle; [tone, voice] monocorde, morne. ◇ *n* [fish] ablette *f*.

**bleakness** ['bliːknɪs] *n* -**1.** [of furnishings, room] austérité *f*; [of landscape] caractère *m* morne OR désolé. -**2.** [of weather] caractère *m* morne OR maussade; [of winter] rigueurs *fpl*.-**3.** [of situation] caractère *m* sombre OR peu prometteur; [of life] monotonie *f*.-**4.** [of mood, person] tristesse *f*; [of voice] ton *m* monocorde OR morne.

**bleary** ['blɪərɪ] (*compar* **blearier**, *superl* **bleariest**) *adj* -**1.** [eyes – from fatigue] trouble, voilé; [– watery] larmoyant; [vision] trouble. -**2.** [indistinct] indécis, vague.

**bleary-eyed** [-'aɪd] *adj* [from sleep] aux yeux troubles; [watery-eyed] aux yeux larmoyants.

**bleat** [bliːt] ◇ *vi* -**1.** [sheep] bêler; [goat] bêler, chevroter. -**2.** [person – speak] bêler, chevroter; [– whine] geindre, bêler. ◇ *vt* [say] dire d'un ton bêlant; [whine] geindre, bêler. ◇ *n* -**1.** [of sheep] bêlement *m*; [of goat] bêlement, chevrotement *m*.-**2.** [of person – voice] bêlement *m*; [– complaint] gémissement *m*.

**bled** [bled] *pt* & *pp* → **bleed**.

**bleed** [bliːd] (*pt* & *pp* **bled** [bled]) ◇ *vi* -**1.** [lose blood] saigner, perdre du sang; to ~ to death saigner à mort; my nose is ~ing je saigne du nez; my heart ~s for you! *fig* tu me fends le cœur!-**2.** [plant] pleurer, perdre sa sève. -**3.** [cloth, colour] déteindre. ◇ *vt* -**1.** [person] saigner. -**2.** *fig* [extort money from] saigner; to ~ sb dry OR white saigner qqn à blanc. -**3.** [brake, radiator] purger. ◇ *n* TYPO fond *m* perdu, plein papier *m*.

**bleeder** ['bliːdəʳ] *n Br inf* [person – gen] type *m*; [– disagreeable] salaud *m*.

**bleeding** ['bliːdɪŋ] ◇ *n* -**1.** [loss of blood] saignement *m*; [haemorrhage] hémorragie *f*; [taking of blood] saignée *f*. -**2.** [of plant] écoulement *m* de sève. ◇ *adj* -**1.** [wound] saignant, qui saigne; [person] qui saigne. -**2.** ▽ *Br* [as intensifier] fichu, sacré. ◇ *adv* ▽ vachement.

**bleeding heart** *n pej* [gen & POL] sentimental *m*.

**bleep** [bliːp] ◇ *n* bip *m*, bip-bip *m*. ◇ *vi* émettre un bip OR un bip-bip. ◇ *vt* -**1.** [doctor] appeler (au moyen d'un bip OR d'un bip-bip). -**2.** RADIO & TV: to ~ words (out) masquer des paroles (par un bip).

**bleeper** ['bliːpəʳ] *n* bip *m*, bip-bip *m*.

**blemish** ['blemɪʃ] ◇ *n* -**1.** [flaw] défaut *m*, imperfection *f*.-**2.** [on face – pimple] bouton *m*.-**3.** [on fruit] tache *f*.-**4.** *fig* [on name, reputation] tache *f*, souillure *f lit*. ◇ *vt* -**1.** [beauty, landscape] gâter; [fruit] tacher. -**2.** *fig* [reputation] tacher, souiller *lit*.

**blench** [blentʃ] *vi* [recoil in fear] reculer; [turn pale] blêmir.

**blend** [blend] ◇ *vt* -**1.** [mix – gen] mélanger, mêler; [– cultures, races] fusionner; [– feelings, qualities] joindre, unir; ~ed whisky blend *m* (*whisky obtenu par mélange de whiskies de grain industriels et de whiskies pur malt*). -**2.** [colours – mix together] mêler, mélanger; [– put together] marier; to ~ white and black mélanger du blanc avec du noir. ◇ *vi* -**1.** [mix together – gen] se mélanger, se mêler; [– cultures, races] fusionner; [– feelings, qualities, sounds] se confondre; [– perfumes] se marier; the new student ~ed in well le nouvel étudiant s'est bien intégré. -**2.** [colours – form one shade] se fondre; [– go well together] aller ensemble. ◇ *n* -**1.** [mixture] mélange *m*. -**2.** *fig* [of feelings, qualities] alliance *f*, mélange *m*. -**3.** LING mot-valise *m*.

**blender** ['blendər] *n* CULIN mixer *m*; TECH malaxeur *m*.

**bless** [bles] (*pt & pp* **blessed**) *vt* **-1.** [subj: God, priest] bénir; **God ~ (you)!**, **~ you!** *literal* que Dieu vous bénisse!; **~ you!** [after sneeze] à vos/tes souhaits!; [in thanks] merci mille fois!; **he remembered her birthday, ~ his heart!** et il n'a pas oublié son anniversaire, le petit chéri!; **~ my soul!**, **~ me!** *dated* Seigneur!, mon Dieu!; **~ me if I didn't forget her name!** figurez-vous que j'avais oublié son nom!; **I'm ~ed if I know!** *inf* que le diable m'emporte si je sais!; **God ~ America** *phrase* traditionnellement prononcée par le président des États-Unis pour terminer une allocution. **-2.** (*usu passive*) *fml* [endow, grant] douer, doter; **she is ~ed with excellent health** elle a le bonheur d'avoir une excellente santé.

**blessed** [*adj* 'blesɪd, *npl* blest] ◇ *pt & pp* → **bless.** ◇ *adj* **-1.** [holy] béni, sacré; **the Blessed Virgin** la Sainte Vierge. **-2.** [favoured by God] bienheureux, heureux. **-3.** [wonderful – day, freedom, rain] béni. **-4.** *inf* [as intensifier] sacré, fichu; **every ~ day** chaque jour que le bon Dieu fait. ◇ *npl*: **the ~** les bienheureux *mpl*.

**blessing** ['blesɪŋ] *n* **-1.** [God's favour] grâce *f*, faveur *f*. **-2.** [prayer] bénédiction *f*; [before meal] bénédicité *m*; **the priest said the ~** le prêtre a donné la bénédiction. **-3.** *fig* [approval] bénédiction *f*, approbation *f*. **-4.** [advantage] bienfait *m*, avantage *m*; [godsend] aubaine *f*, bénédiction *f*; **it was a ~ that no one was hurt** c'était une chance que personne ne soit blessé; **the rain was a ~ for the farmers** la pluie était un don du ciel OR une bénédiction pour les agriculteurs; **what a ~!** quelle chance!; **it was a ~ in disguise** c'était une bonne chose, en fin de compte.

**blether** ['bleðər] ◇ *n* âneries *fpl*, bêtises *fpl*. ◇ *vi* dire des âneries OR des bêtises.

**blew** [blu:] *pt* → **blow.**

**blight** [blaɪt] ◇ *n* **-1.** BOT [of flowering plants] rouille *f*; [of fruit trees] cloque *f*; [of cereals] rouille, nielle *f*; [of potato plants] mildiou *m*. **-2.** [curse] malheur *m*, fléau *m*; **the accident cast a ~ on our holiday** l'accident a gâché nos vacances. **-3.** [condition of decay]: **inner-city ~** la dégradation des quartiers pauvres. ◇ *vt* **-1.** BOT [plants – gen] rouiller; [cereals] nieller, rouiller. **-2.** [spoil – happiness, holiday] gâcher; [– career, life] gâcher, briser; [– hopes] anéantir, détruire; [– plans] déjouer.

**blighter** ['blaɪtər] *n Br inf* type *m*.

**blighty, Blighty** ['blaɪtɪ] *n Br inf & dated* l'Angleterre *f*.

**blimey** ['blaɪmɪ] *interj Br inf*: **~!** ça alors!, mon Dieu!

**blind** [blaɪnd] ◇ *adj* **-1.** [sightless] aveugle, non voyant; **to go ~** devenir aveugle; **he's ~ in one eye** il est aveugle d'un œil OR borgne; **~ as a bat** myope comme une taupe; **~ man's buff** colin-maillard *m*; **to turn a ~ eye to sthg** fermer les yeux sur qqch. **-2.** [unthinking] aveugle; **he flew into a ~ rage** il s'est mis dans une colère noire; **~ with anger** aveuglé par la colère; **she was ~ to the consequences** elle ignorait les conséquences, elle ne voyait pas les conséquences; **love is ~** l'amour est aveugle. **-3.** [hidden from sight – corner, turning] sans visibilité; **~ side** AUT angle *m* mort; **on my ~ side** dans mon angle mort. **-4.** AERON [landing, take-off] aux appareils. **-5.** [as intensifier]: **he was ~ drunk** il était ivre mort; **he didn't take a ~ bit of notice of what I said** *inf* il n'a pas fait la moindre attention à ce que j'ai dit; **it doesn't make a ~ bit of difference to me** *inf* cela m'est complètement égal. ◇ *vt* **-1.** [deprive of sight] aveugler, rendre aveugle; [subj: flash of light] aveugler, éblouir. **-2.** [deprive of judgement, reason] aveugler; **vanity ~ed him to her real motives** sa vanité l'empêchait de discerner ses véritables intentions. ◇ *n* **-1.** [for window] store *m*, jalousie *f*. **-2.** *Br inf* [trick] prétexte *m*, feinte *f*. **-3.** *Am* [hiding place] cachette *f*, HUNT affût *m*. ◇ *npl*: **the ~** les aveugles *mpl*, les non-voyants *mpl*; **it's a case of the ~ leading the ~** c'est l'aveugle qui conduit l'aveugle. ◇ *adv* **-1.** [drive, fly – without visibility] sans visibilité; [– using only instruments] aux instruments. **-2.** [purchase] sans avoir vu; [decide] à l'aveuglette. **-3.** [as intensifier] **I would swear ~ he was there** j'aurais donné ma tête à couper OR j'aurais juré qu'il était là.

**blind alley** *n Br* impasse *f*, cul-de-sac *m*; **the government's new idea is just another ~** *fig* encore une idée du gouvernement qui n'aboutira à rien OR ne mènera nulle part.

**blind date** *n* rendez-vous *m* OR rencontre *f* arrangée (*avec quelqu'un qu'on ne connaît pas*).

**blinders** ['blaɪndərz] *npl Am* œillères *fpl*.

**blindfold** ['blaɪndfəʊld] ◇ *n* bandeau *m*. ◇ *vt* bander les yeux à OR de. ◇ *adv* les yeux bandés. ◇ *adj*: **~** OR **~ed prisoners** prisonniers aux yeux bandés.

**blinding** ['blaɪndɪŋ] ◇ *adj* [light] aveuglant, éblouissant; *fig* [speed] éblouissant. ◇ *n* **-1.** [of person, animal] aveuglement *m*. **-2.** CONSTR [on road] couche *f* de sable.

**blindingly** ['blaɪndɪŋlɪ] *adv* de façon aveuglante; **it was ~ obvious** ça sautait aux yeux.

**blindly** ['blaɪndlɪ] *adv* [unseeingly] en aveugle, à l'aveuglette; [without thinking] à l'aveuglette, aveuglément.

**blindness** ['blaɪndnɪs] *n* cécité *f*; *fig* aveuglement *m*.

**blind side** *n* AUT angle *m* mort; **on my ~** dans mon angle mort.

**blind spot** *n* **-1.** AUT [in mirror] angle *m* mort; [in road] endroit *m* sans visibilité. **-2.** MED point *m* aveugle. **-3.** *fig* [weak area] côté *m* faible, faiblesse *f*; **I have a ~ about mathematics** je ne comprends rien aux mathématiques.

**blindworm** ['blaɪndwɜːm] *n* orvet *m*.

**blink** [blɪŋk] ◇ *vi* **-1.** [person] cligner OR clignoter des yeux; [eyes] cligner, clignoter; **she didn't even ~ at the news** *fig* elle n'a même pas sourcillé en apprenant la nouvelle. **-2.** [light] clignoter, vaciller. ◇ *vt* **-1.** **to ~ one's eyes** cligner les yeux OR des yeux; **to ~ away** OR **to ~ back one's tears** refouler ses larmes (*en clignant des yeux*). **-2.** *Am*: **to ~ one's lights** faire un appel de phares. ◇ *n* **-1.** [of eyelid] clignotement *m* (des yeux), battement *m* de paupières; **in the ~ of an eye** OR **eyelid** en un clin d'œil, en un rien de temps. **-2.** [glimpse] coup *m* d'œil. **-3.** [of light] lueur *f*; [of sunlight] rayon *m*. **-4.** *phr*: **on the ~** *inf* en panne.

**blinker** ['blɪŋkər] ◇ *n* AUT: **~ (light)** [turn signal] clignotant *m*; [warning light] feu *m* de détresse. ◇ *vt* mettre des œillères à. ◆ **blinkers** *npl* [for eyes] œillères *fpl*.

**blinkered** ['blɪŋkəd] *adj* **-1.** [horse] qui porte des œillères. **-2.** [opinion, view] borné.

**blinking** ['blɪŋkɪŋ] *inf* ◇ *adj Br euph* sacré, fichu; **~ idiot!** espèce d'idiot! ◇ *adv* sacrément, fichtrement.

**blip** [blɪp] ◇ *n* **-1.** [sound] bip *m*, bip-bip *m*; [spot of light] spot *m*; [on graph, screen etc] sommet *m*. **-2.** [temporary problem] mauvais moment *m* (à passer). ◇ *vi* faire bip OR bip-bip.

**bliss** [blɪs] *n* **-1.** [happiness] bonheur *m* (complet OR absolu), contentement *m*, félicité *f lit*; **our holiday was absolute ~!** on a passé des vacances absolument merveilleuses OR divines!; **married ~** le bonheur conjugal. **-2.** RELIG béatitude *f*.

**blissful** ['blɪsfʊl] *adj* **-1.** [happy] bienheureux; [peaceful] serein; **she remained in ~ ignorance** elle était heureuse dans son ignorance. **-2.** RELIG bienheureux.

**blissfully** ['blɪsfʊlɪ] *adv* [agree, smile] d'un air heureux; [peaceful, quiet] merveilleusement; **he was ~ happy** il était comblé de bonheur; **we were ~ unaware of the danger** nous étions dans l'ignorance la plus totale du danger.

**blister** ['blɪstər] ◇ *n* **-1.** [on skin] ampoule *f*, cloque *f*. **-2.** [on painted surface] boursouflure *f*; [in glass] soufflure *f*, bulle *f*; [in metal] soufflure *f*. ◇ *vi* **-1.** [skin] se couvrir d'ampoules. **-2.** [paint] se boursoufler; [glass] former des soufflures OR des bulles; [metal] former des soufflures. ◇ *vt* **-1.** [skin] donner des ampoules à. **-2.** [paint] boursoufler; [glass] former des soufflures OR des bulles dans; [metal] former des soufflures dans. **-3.** [attack verbally] critiquer sévèrement.

**blistering** ['blɪstərɪŋ] *adj* **-1.** [sun] brûlant, de plomb; [heat] torride. **-2.** [attack, criticism] cinglant, virulent; [remark] caustique, cinglant.

**blister pack** *n Br* [for light bulb, pens] emballage *m* bulle, blister *m*; [for pills] plaquette *f*.

**BLit** [ˌbiːˈlɪt] (*abbr of* **Bachelor of Literature**) *n* (titulaire d'une) licence de littérature.

**blithe** [blaɪð] *adj* [cheerful] gai, joyeux; [carefree] insouciant.

**blithering** ['blɪðərɪŋ] *adj inf* sacré; **a ~ idiot** un crétin fini.

**BLitt** [ˌbiːˈlɪt] (*abbr of* **Bachelor of Letters**) *n Br* (titulaire d'une) licence de littérature.

**blitz** [blɪts] ◇ *n* [attack] attaque *f* éclair; [bombing] bombardement *m*; **an advertising ~** une campagne publicitaire de choc; **let's have a ~ and get this work done** attaquons-

nous à ce travail pour en finir. ◇ *vt* [attack] attaquer en éclair; [bomb] bombarder.
◆ **Blitz** *n* HIST: the Blitz le Blitz.

**blizzard** ['blɪzəd] *n* tempête *f* de neige, blizzard *m*.

**bloated** ['bləʊtɪd] *adj* [gen] gonflé, boursouflé; [stomach] gonflé, ballonné; to feel ~ se sentir ballonné.

**blob** [blɒb] *n* [drop] goutte *f*; [stain] tache *f*.

**bloc** [blɒk] *n* bloc *m*.

**block** [blɒk] ◇ *n* -**1.** [of ice, stone, wood] bloc *m*; [for butcher, executioner] billot *m*; the painting was on the (auctioneer's) ~ le tableau était mis aux enchères ❑ to put OR to lay one's head on the ~ prendre des risques. -**2.** [toy]: (building) ~s jeu *m* de construction, (jeu de) cubes *mpl*.-**3.** [of seats] groupe *m*; [of shares] tranche *f*; [of tickets] série *f*; COMPUT bloc *m*.-**4.** [area of land] pâté *m* de maisons; the school is five ~s away *Am* l'école est cinq rues plus loin; the new kid on the ~ le petit nouveau. -**5.** *Br* [building] immeuble *m*; [of barracks, prison] quartier *m*; [of hospital] pavillon *m*; ~ of flats immeuble (d'habitation). -**6.** [obstruction – in pipe, tube] obstruction *f*; [– in traffic] embouteillage *m*; MED & PSYCH blocage *m*; to have a (mental) ~ about sthg faire un blocage à propos de qqch, avoir un trou de mémoire au sujet de qqch; he's suffering from writer's ~ il n'arrive pas à écrire, c'est le vide OR le blocage total. -**7.** SPORT obstruction *f*.-**8.** *inf* [head] caboche *f*; I'll knock your ~ off! je vais te démolir le portrait!-**9.** [of paper] bloc *m*.-**10.** TECH: ~ (and tackle) palan *m*, moufles *mpl*.
◇ *comp* [booking, vote] groupé. ◇ *vt* -**1.** [obstruct – pipe, tube] boucher, bloquer; [– road] bloquer, barrer; [– view] boucher, cacher; MED [– artery] obstruer; don't ~ the door! dégagez la porte!; to ~ sb's way barrer le chemin à qqn. -**2.** [hinder – traffic] bloquer, gêner; [– progress] gêner, enrayer; [– credit, deal, funds] bloquer; MED [pain] anesthésier; SPORT [opponent] faire obstruction à. -**3.** [hat, knitting] mettre en forme.
◇ *vi* SPORT faire de l'obstruction.
◆ **block in** *vt sep* -**1.** [car] bloquer; I've been ~ed in ma voiture est bloquée. -**2.** [drawing, figure] colorer; *fig* [plan, scheme] ébaucher.
◆ **block off** *vt sep* [road] bloquer, barrer; [door, part of road, window] condamner; [view] boucher, cacher; [sun] cacher.
◆ **block out** *vt sep* -**1.** [light, sun] empêcher d'entrer; [view] cacher, boucher. -**2.** [ideas] empêcher; [information] interdire, censurer. -**3.** [outline] ébaucher.
◆ **block up** *vt sep* -**1.** [pipe, tube] boucher, bloquer; [sink] boucher. -**2.** [door, window] condamner.

**blockade** [blɒ'keɪd] ◇ *n* -**1.** MIL blocus *m*; to be under ~ être en état de blocus. -**2.** *fig* [obstacle] obstacle *m*. ◇ *vt* -**1.** MIL faire le blocus de. -**2.** *fig* [obstruct] bloquer, obstruer.

**blockage** ['blɒkɪdʒ] *n* [gen] obstruction *f*; [in pipe] obstruction *f*, bouchon *m*; MED [in heart] blocage *m*, obstruction *f*; [in intestine] occlusion *f*; PSYCH blocage *m*.

**blockbuster** ['blɒkbʌstəʳ] *n inf* -**1.** [success – book] bestseller *m*, livre *m* à succès; [– film] superproduction *f*.-**2.** [bomb] bombe *f* de gros calibre.

**block capital** *n* (caractère *m*) majuscule *f*; in ~s en majuscules.

**block diagram** *n* COMPUT & GEOG bloc-diagramme *m*; ELECTRON schéma *m* (de principe).

**blockhead** ['blɒkhed] *n inf* imbécile *mf*, idiot *m*, -e *f*.

**block vote** *n* mode de scrutin utilisé par les syndicats britanniques par opposition au mode de scrutin 'OMOV'.

**bloke** [bləʊk] *n Br inf* type *m*.

**blond** [blɒnd] ◇ *adj* blond. ◇ *n* blond *m*.

**blonde** [blɒnd] ◇ *adj* blond. ◇ *n* blond *m*, -e *f*.

**blood** [blʌd] ◇ *n* -**1.** [fluid] ʾsang *m*; to donate OR to give ~ donner son sang; to spill ~ verser OR faire couler du sang; she bit him and drew ~ elle l'a mordu (jusqu') au sang; his last question drew ~ *fig* sa dernière question a fait mouche; he has ~ on his hands *fig* il a du sang sur les mains ❑ the mafia are after his ~ *inf* la mafia veut sa peau; there is bad ~ between the two families le torchon brûle entre les deux familles; the argument made for bad ~ between them la dispute les a brouillés; his attitude makes my ~ boil son attitude me met hors de moi; it's like getting ~ out of a stone ce n'est pas une mince affaire; her ~ froze OR ran cold at the thought rien qu'à y penser son sang s'est

figé dans ses veines; the town's ~ is up over these new taxes la ville s'élève OR part en guerre contre les nouveaux impôts; to do sthg in cold ~ faire qqch de sang-froid; travelling is OR runs in her ~ elle a le voyage dans le sang OR dans le peau; what we need is new OR fresh OR young ~ nous avons besoin d'un OR de sang nouveau; they're out for ~ ils cherchent à se venger; ~ is thicker than water *prov* la voix du sang est la plus forte. -**2.** [breeding, kinship]: of noble/Italian ~ de sang noble/italien.
◇ *vt* -**1.** HUNT [hound] acharner, donner le goût du sang à; [person] donner le goût du sang à. -**2.** *fig* [beginner, soldier] donner le baptême du feu à.

**blood-and-thunder** *adj* [adventure] à sensation; [melodramatic] mélodramatique.

**blood bank** *n* banque *f* du sang.

**bloodbath** ['blʌdbɑːθ, *pl* -bɑːðz] *n* massacre *m*, bain *m* de sang.

**blood blister** *n* pinçon *m*.

**blood brother** *n* frère *m* de sang.

**blood cell** *n* cellule *f* sanguine, globule *m* (du sang).

**blood count** *n* numération *f* globulaire.

**bloodcurdling** ['blʌd,kɜːdlɪŋ] *adj* terrifiant.

**blood donor** *n* donneur *m*, -euse *f* de sang.

**blood feud** *n* vendetta *f*.

**blood group** *n* groupe *m* sanguin.

**bloodhound** ['blʌdhaʊnd] *n* -**1.** [dog] limier *m*.-**2.** *inf* [detective] limier *m*, détective *m*.

**bloodiness** ['blʌdɪnɪs] *n* état *m* sanglant; the ~ of war les carnages de la guerre.

**bloodless** ['blʌdlɪs] *adj* -**1.** [without blood] exsangue. -**2.** [battle, victory] sans effusion de sang; the Bloodless Revolution HIST la Seconde Révolution d'Angleterre (*1688-1689*). -**3.** [cheeks, face] pâle.

**bloodletting** ['blʌd,letɪŋ] *n* -**1.** [bloodshed] carnage *m*, massacre *m*.-**2.** MED saignée *f*.

**blood money** *n* prix *m* du sang.

**blood orange** *n* (orange *f*) sanguine *f*.

**blood plasma** *n* plasma *m* sanguin.

**blood poisoning** *n* septicémie *f*.

**blood pressure** *n* tension *f* (artérielle); the doctor took my ~ le médecin m'a pris la tension; to have high/low ~ faire de l'hypertension/de l'hypotension.

**blood red** *adj* rouge sang (*inv*).

**blood relation** *n* parent *m*, -e *f* par le sang.

**blood serum** *n* sérum *m* sanguin.

**bloodshed** ['blʌdʃed] *n* carnage *m*, massacre *m*; without ~ sans effusion de sang.

**bloodshot** ['blʌdʃɒt] *adj* injecté (de sang).

**blood sport** *n Br* sport *m* sanguinaire.

**bloodstain** ['blʌdsteɪn] *n* tache *f* de sang.

**bloodstained** ['blʌdsteɪnd] *adj* taché de sang.

**bloodstream** ['blʌdstriːm] *n* sang *m*, système *m* sanguin.

**bloodsucker** ['blʌd,sʌkəʳ] *n* ZOOL OR *fig* sangsue *f*.

**blood sugar** *n* glycémie *f*; blood-sugar level taux *m* de glycémie.

**blood test** *n* analyse *f* de sang.

**bloodthirsty** ['blʌd,θɜːstɪ] (*compar* **bloodthirstier**, *superl* **bloodthirstiest**) *adj* [animal, person] assoiffé OR avide de sang, sanguinaire *lit*; [film] violent, sanguinaire *lit*.

**blood transfusion** *n* transfusion *f* sanguine OR de sang.

**blood type** *n* groupe *m* sanguin.

**bloody** ['blʌdɪ] (*compar* **bloodier**, *superl* **bloodiest**) ◇ *adj* -**1.** [wound] sanglant, saignant; [bandage, clothing, hand] taché OR couvert de sang; [nose] en sang. -**2.** [battle, fight] sanglant, meurtrier. -**3.** [blood-coloured] rouge, rouge sang (*inv*). -**4.** ▽ *Br* [as intensifier] foutu; you ~ fool! espèce de crétin!; ~ hell! et merde!; it's a ~ shame she didn't come c'est vachement dommage qu'elle n'ait pas pu venir. -**5.** *inf* [unpleasant] affreux, désagréable. ◇ *adv* ▽ *Br* vachement; you can ~ well do it yourself! tu n'as qu'à te démerder (tout seul)!; are you coming? — not ~ likely! est-ce que tu viens? — pas question! ◇ *vt* ensanglanter, couvrir de sang.

**Bloody Mary** ◇ *pr n* [queen] *surnom donné par les protestants à la reine d'Angleterre Marie Tudor, en raison des persécu-*

*tions qu'elle leur fit subir.* ◇ *n* [cocktail] bloody mary *m inv.*

**bloody-minded** *adj Br inf* [person] vache; [attitude, behaviour] buté, têtu.

**bloody-mindedness** ['-'maɪndɪdnɪs] *n Br inf* caractère *m* difficile; it's sheer ~ on your part tu le fais uniquement pour emmerder le monde.

**bloom** [bluːm] ◇ *n* -1. [flower] fleur *f*.-2. [state]: to be in ~ [lily, rose] être éclos; [bush, garden, tree] être en floraison OR en fleurs. -3. [of cheeks, face] éclat *m*; in the ~ of youth dans la fleur de l'âge, en pleine jeunesse. -4. [on fruit] velouté *m*. ◇ *vi* -1. [flower] éclore; [bush, tree] fleurir; [garden] se couvrir de fleurs. -2. *fig* [person] être en pleine forme; [arts, industry] prospérer.

**bloomer** ['bluːmə'] *n* -1. [plant] plante *f* fleurie. -2. *Br inf* [blunder] gaffe *f*, faux pas *m*.

**bloomers** ['bluːməz] *npl*: (a pair of) ~ une culotte bouffante.

**blooming** ['bluːmɪŋ] ◇ *adj* -1. [flower] éclos; [bush, garden, tree] en fleur, fleuri. -2. [glowing – with health] resplendissant, florissant; [– with happiness] épanoui, rayonnant. -3. *Br inf* [as intensifier] sacré, fichu; you ~ idiot! espèce d'imbécile! ◇ *adv Br inf* sacrément, vachement; you can ~ well do it yourself! tu n'as qu'à te débrouiller tout seul!

**Bloomsbury Group** ['bluːmzbrɪ-] *pr n*: the ~ groupe d'écrivains, d'artistes et d'intellectuels anglais du début du XXe siècle.

**blooper** ['bluːpə'] *n Am inf* gaffe *f*, faux pas *m*.

**blossom** ['blɒsəm] ◇ *n* -1. [flower] fleur *f*.-2. [state]: the cherry trees are just coming into ~ les cerisiers commencent tout juste à fleurir; to be in ~ être en fleurs. ◇ *vi* -1. [flower] éclore; [bush, tree] fleurir. -2. *fig* [person] s'épanouir; [arts, industry] prospérer; she ~ed into a talented writer elle est devenue un écrivain doué.

**blot** [blɒt] (*pt & pp* **blotted**, *cont* **blotting**) ◇ *n* -1. [spot – gen] tache *f*; [– of ink] tache *f*, pâté *m*.-2. *fig* [on character, name] tache *f*, souillure *f*; [on civilization, system] tare *f*; it's a ~ on the landscape ça gâche le paysage. ◇ *vt* -1. [dry] sécher. -2. [spot] tacher; [with ink] tacher, faire des pâtés sur; to ~ one's copybook salir sa réputation.

◆ **blot out** *vt sep* [obscure – light, sun] cacher, masquer; [–memory, thought] effacer; [–act, event] éclipser.

◆ **blot up** *vt sep* [subj: person] éponger, essuyer; [subj: blotting paper, sponge] boire.

**blotch** [blɒtʃ] ◇ *n* [spot – of colour, ink] tache *f*; [– on skin] tache *f*, marbrure *f*. ◇ *vt* -1. [skin] se couvrir de taches OR de marbrures. -2. [pen] faire des pâtés. ◇ *vt* -1. [clothing, paper] tacher, faire des taches sur. -2. [skin] marbrer.

**blotchy** ['blɒtʃɪ] (*compar* **blotchier**, *superl* **blotchiest**) *adj* [complexion, skin] marbré, couvert de taches OR de marbrures; [cloth, paper, report] couvert de taches.

**blotter** ['blɒtə'] *n* -1. [paper] buvard *m*; [desk pad] sous-main *m inv*; hand ~ tampon *m* buvard. -2. *Am* [register] registre *m* (*provisoire*).

**blotting paper** *n* (papier *m*) buvard *m*.

**blotto** ['blɒtəʊ] *adj inf* parti.

**blouse** [blauz] ◇ *n* [for woman] chemisier *m*, corsage *m*; [for farmer, worker] blouse *f*. ◇ *vt* faire blouser; a ~d top un haut blousant.

**blouson** ['bluːzɒn] *n Br* blouson *m*.

**blow** [bləʊ] (*pt* **blew** [bluː], *pp* **blown** [bləʊn]) ◇ *n* -1. [hit] coup *m*; [with fist] coup *m* de poing; to come to ~s en venir aux mains; to strike a ~ for freedom *fig* rompre une lance pour la liberté. -2. [setback] coup *m*, malheur *m*; [shock] coup *m*, choc *m*; to soften OR to cushion the ~ amortir le choc; to deal sb/sthg a (serious) ~ porter un coup (terrible) à qqn/qqch; it was a big ~ to her pride son orgueil en a pris un coup. -3. [blast of wind] coup *m* de vent; [stronger] bourrasque *f*.-4. [puff] souffle *m*; [through nose]: have a good ~ mouche-toi bien.

◇ *vi* -1. [wind] souffler; it's ~ing a gale out there le vent souffle en tempête là-bas; let's wait and see which way the wind ~s attendons de voir de quel côté OR d'où souffle le vent. -2. [person] souffler; she blew on her hands/on her coffee elle a soufflé dans ses mains/sur son café ❏ the ~s hot and cold il le souffle le chaud et le froid. -3. [move with wind]: the trees were ~ing in the wind le vent soufflait dans les arbres; papers blew all over the yard des

papiers se sont envolés à travers la cour; the window blew open/shut un coup de vent a ouvert/fermé la fenêtre. -4. [wind instrument] sonner; [whistle] siffler. -5. [explode – tyre] éclater. -6. [whale] souffler. -7. *inf* [leave] filer. -8. *Am & Austr* [brag] se vanter. -9. [bloom] fleurir; [open out] s'épanouir.

◇ *vt* -1. [wind] faire bouger; [leaves] chasser, faire envoler; the wind blew the door open/shut un coup de vent a ouvert/fermé la porte; the hurricane blew the ship off course l'ouragan a fait dévier OR a dérouté le navire. -2. [subj: person] souffler; ~ your nose! mouche-toi!; he blew the dust off the book il a soufflé sur le livre pour enlever la poussière; to ~ sb a kiss envoyer un baiser à qqn. -3. [bubbles, glass]: to ~ bubbles/smoke rings faire des bulles/ronds de fumée; to ~ glass souffler le verre. -4. [wind instrument] jouer de; [whistle] faire retentir; the policeman blew his whistle le policier a sifflé OR a donné un coup de sifflet; the referee blew his whistle for time l'arbitre a sifflé la fin du match ❏ to ~ the gaff *inf* vendre la mèche; to ~ one's own trumpet se vanter; to ~ the whistle on sthg dévoiler qqch. -5. [tyre] faire éclater; [fuse, safe] faire sauter; the house was blown to pieces la maison a été entièrement détruite par l'explosion; the blast almost blew his hand off l'explosion lui a presque emporté la main; their plans were blown sky-high *fig* leurs projets sont tombés à l'eau ❏ he blew a gasket *Br* OR a fuse when he found out quand il l'a appris, il a piqué une crise. -6. *inf* [squander – money] claquer. -7. [spoil – chance] gâcher; I blew it! j'ai tout gâché!-8. *inf* [reveal, expose] révéler; to ~ sb's cover griller qqn; her article blew the whole thing wide open son article a exposé toute l'affaire au grand jour ❏ to ~ the lid off sthg *inf* faire des révélations sur qqch, découvrir le pot aux roses. -9. *Am inf* [leave] quitter. -10. *Br inf* [disregard]: let's go anyway, and ~ what he thinks allons-y quand même, je me moque de ce qu'il pense OR il peut penser ce qu'il veut; ~ the expense, we're going out to dinner au diable l'avarice, on sort dîner ce soir. -11. *inf phr*: the idea blew his mind l'idée l'a fait flipper; oh, ~ (it)! *Br* la barbe!, mince!; to ~ one's lid OR stack OR top exploser de rage; don't ~ your cool ne t'emballe pas; well, I'll be ~ed! *Br*, ~ me down! ça par exemple!; I'll be OR I'm ~ed if I'm going to apologize! *Br* pas question je le fasse des excuses!

◆ **blow away** *vt sep* -1. [subj: wind] chasser, disperser; let's take a walk to ~ away the cobwebs *Br* allons nous promener pour nous changer les idées. -2. *inf* [astound] sidérer. -3. *inf* [kill] abattre.

◆ **blow down** ◇ *vi insep* être abattu par le vent!, tomber. ◇ *vt sep* [subj: wind] faire tomber, renverser; [subj: person] faire tomber OR abattre (en soufflant).

◆ **blow in** *vi insep inf* débarquer à l'improviste, s'amener. ◇ *vt sep* [door, window] enfoncer.

◆ **blow off** ◇ *vi insep* [hat, roof] s'envoler. ◇ *vt sep* -1. [subj: wind] emporter. -2. [release] laisser échapper, lâcher; ~ off steam dire ce qu'on a sur le cœur.

◆ **blow out** *vt sep* -1. [extinguish – candle] souffler; [– fuse] faire sauter; to ~ one's brains out se faire sauter OR se brûler la cervelle. -2. [tyre: storm]: the hurricane eventually blew itself out l'ouragan s'est finalement calmé. -3. [cheeks] gonfler. ◇ *vi insep* [fuse] sauter; [candle] s'éteindre; [tyre] éclater.

◆ **blow over** ◇ *vi insep* -1. [storm] se calmer, passer; *fig*: the scandal soon blew over le scandale fut vite oublié. -2. [tree] s'abattre, se renverser. ◇ *vt sep* [tree] abattre, renverser.

◆ **blow up** ◇ *vt sep* -1. [explode – bomb] faire exploser OR sauter; [– building] faire sauter. -2. [inflate] gonfler. -3. [enlarge] agrandir; [exaggerate] exagérer. ◇ *vi insep* -1. [explode] exploser, sauter; the plan blew up in their faces *fig* le projet leur a claqué dans les doigts. -2. [begin – wind] se lever; [– storm] se préparer; [– crisis] se déclencher. -3. *inf* [lose one's temper] exploser, se mettre en boule; to ~ up at sb engueuler qqn.

**blow-by-blow** *adj* détaillé; she gave me a ~ account elle m'a tout raconté en détail.

**blow-dry** ◇ *vt* faire un brushing à. ◇ *n* brushing *m*.

**blower** ['bləʊə'] *n* -1. [device] soufflante *f*. -2. [grate] tablier *m* OR rideau *m* de cheminée. -3. MIN jet *m* de grisou. -4. *inf* [whale] baleine *f*.-5. *Br inf* [telephone] bigophone *m*.

**blowfly** ['bləʊflaɪ] (*pl* **blowflies**) *n* mouche *f* à viande.
**blowgun** ['bləʊɡʌn] *n Am* sarbacane *f*.
**blowhole** ['bləʊhəʊl] *n* **-1.** [of whale] évent *m*.**-2.** TECH bouche *f* d'aération, évent *m*.
**blow job**▼ *n*: to give sb a ~ tailler une pipe à qqn.
**blowlamp** ['bləʊlæmp] *n Br* lampe *f* à souder, chalumeau *m*.
**blown** [bləʊn] *pp* → **blow**.
**blowout** ['bləʊaʊt] *n* **-1.** [of fuse]: there's been a ~ les plombs ont sauté. **-2.** [of tyre] éclatement *m*; I had a ~ j'ai un pneu qui a éclaté. **-3.** [of gas] éruption *f*.**-4.** *Br inf* [meal] gueuleton *m*.
**blowpipe** ['bləʊpaɪp] *n* **-1.** *Br* [weapon] sarbacane *f*.**-2.** CHEM & INDUST [tube] chalumeau *m*; [glassmaking] canne *f* de souffleur, fêle *f*.
**blowtorch** ['bləʊtɔːtʃ] *n* lampe *f* à souder, chalumeau *m*.
**blow-up** *n* **-1.** [explosion] explosion *f*.**-2.** *inf* [argument] engueulade *f*.**-3.** PHOT agrandissement *m*.
**blow wave** *n* brushing *m*. ◇ *vt* faire un brushing à.
**blowy** ['bləʊɪ] (*compar* **blowier**, *superl* **blowiest**) *adj* venté, venteux.
**blub** [blʌb] (*pt* & *pp* **blubbed**, *cont* **blubbing**) *vi Br inf* pleurer comme un veau or une Madeleine.
**blubber** ['blʌbər] ◇ *n* [of whale] blanc *m* de baleine; *inf* & *pej* [of person] graisse *f*. ◇ *vi* pleurer comme un veau or une Madeleine. ◇ *adj* plein de graisse.
**blubbery** ['blʌbərɪ] *adj* plein de graisse.
**bludgeon** ['blʌdʒən] ◇ *n* gourdin *m*, matraque *f*. ◇ *vt* **-1.** [beat] matraquer. **-2.** [force] contraindre, forcer; they ~ed him into selling the house ils lui ont forcé la main pour qu'il vende la maison.
**blue** [bluː] (*cont* **blueing** OR **bluing**) ◇ *n* **-1.** [colour] bleu *m*, azur *m*.**-2.** the ~ [sky] le ciel, l'azur *m lit*; they set off into the ~ ils sont partis à l'aventure. **-3.** POL membre du parti conservateur britannique. **-4.** *Br* UNIV: the Dark/Light Blues l'équipe *f* universitaire d'Oxford/de Cambridge; he got a ~ for cricket il a représenté son université au cricket. **-5.** [for laundry] bleu *m*. ◇ *adj* **-1.** [colour] bleu; you can argue until you're ~ in the face but she still won't give in vous pouvez vous tuer à discuter, elle ne s'avouera pas vaincue pour autant. **-2.** *inf* [depressed] triste, cafardeux; to feel ~ avoir le cafard. **-3.** [obscene – language] obscène, cochon; [– book, movie] porno. **-4.** *inf phr*: to have a ~ fit *Br* piquer une crise; to scream OR to shout ~ murder crier comme un putois; once in a ~ moon tous les trente-six du mois. ◇ *vt* **-1.** *Br inf* [squander – money] claquer. **-2.** [laundry] passer au bleu.
◆ **blues** *npl* **-1.** *inf*: the ~s [depression] le cafard; to get OR to have the ~s avoir le cafard. **-2.** MUS: the ~s le blues.
◆ **Blues** *pl pr n*: the Blues and Royals section de la Cavalerie de la Maison du Souverain britannique.
◆ **out of the blue** *adv phr* sans prévenir; the job offer came out of the ~ la proposition de travail est tombée du ciel.
**blue baby** *n* enfant *m* bleu, enfant *f* bleue.
**bluebell** ['bluːbel] *n* jacinthe *f* des bois.
**blueberry** ['bluːbərɪ] (*pl* **blueberries**) *n* myrtille *f*; *Can* bleuet *m*.
**bluebird** ['bluːbɜːd] *n* oiseau *m* bleu.
**blue blood** *n* sang *m* bleu OR noble.
**blue-blooded** *adj* aristocratique, de sang noble.
**bluebottle** ['bluːˌbɒtl] *n* **-1.** [fly] mouche *f* bleue OR de la viande. **-2.** BOT bleuet *m*.
**blue chip** *n* [stock] valeur *f* de premier ordre; [property] placement *m* de bon rapport.
◆ **blue-chip** *comp* [securities, stock] de premier ordre.
**blue-collar** *adj* ouvrier; ~ worker col *m* bleu.
**blue-eyed** *adj* aux yeux bleus; the ~ boy *Br inf* le chouchou.
**blue-green algae** *npl* cyanophycées *fpl spec*, algues *fpl* bleues.
**blue jeans** *npl Am* jean *m*.
**blue laws** *npl Am inf* lois qui, au nom de la morale, limitent certaines activités telles que l'ouverture des commerces le dimanche, la vente d'alcool etc.
**blue peter** *n* pavillon *m* de partance.
**blueprint** ['bluːprɪnt] ◇ *n* **-1.** [photographic] bleu *m*.**-2.** *fig* [programme] plan *m*, projet *m*; [prototype] prototype *m*. ◇ *vt*

tirer des bleus.
**blue rinse** *n* rinçage *m* bleu.
**blue shark** *n* requin *m* bleu.
**bluetit** ['bluːtɪt] *n* mésange *f* bleue.
**blue whale** *n* baleine *f* bleue.
**bluff** [blʌf] ◇ *n* **-1.** [deception] bluff *m*.**-2.** [cliff] falaise *f*, promontoire *m*. **-3.** *phr*: to call sb's ~ défier qqn. ◇ *adj* [person] direct, franc (*f* franche); [landscape] escarpé, à pic. ◇ *vi* bluffer. ◇ *vt* bluffer; to ~ one's way through things marcher au bluff.
**bluish** ['bluːɪʃ] *adj* qui tire sur le bleu; *pej* bleuâtre.
**blunder** ['blʌndər] ◇ *n* [mistake] bourde *f*; [remark] gaffe *f*, impair *m*; I made a terrible ~ j'ai fait une gaffe OR une bévue épouvantable. ◇ *vi* **-1.** [make a mistake] faire une gaffe OR un impair. **-2.** [move clumsily] avancer à l'aveuglette, tâtonner.
**blunderbuss** ['blʌndəbʌs] *n* tromblon *m*.
**blundering** ['blʌndərɪŋ] ◇ *adj* [person] maladroit, gaffeur; [action, remark] maladroit, malavisé. ◇ *n* maladresse *f*, gaucherie *f*.
**blunt** [blʌnt] ◇ *adj* **-1.** [blade] peu tranchant, émoussé; [point] émoussé, épointé; [pencil] mal taillé, épointé; JUR [instrument] contondant. **-2.** [frank] brusque, direct. ◇ *vt* [blade] émousser; [pencil, point] épointer; *fig* [feelings, senses] blaser, lasser.
**bluntly** ['blʌntlɪ] *adv* carrément, franchement.
**bluntness** ['blʌntnɪs] *n* **-1.** [of blade] manque *m* de tranchant, état *m* émoussé. **-2.** [frankness] franchise *f*, brusquerie *f*.
**blur** [blɜːr] (*pt* & *pp* **blurred**, *cont* **blurring**) ◇ *n* **-1.** [vague shape] masse *f* confuse, tache *f* floue; my childhood is all a ~ to me now maintenant mon enfance n'est plus qu'un vague souvenir. **-2.** [smudge] tache *f*; [of ink] pâté *m*, bavure *f*. ◇ *vt* **-1.** [writing] estomper, effacer; [outline] estomper. **-2.** [judgment, memory, sight] troubler, brouiller; tears blurred my eyes mes yeux étaient voilés de larmes. ◇ *vi* [inscription, outline] s'estomper; [judgment, memory, sight] se troubler, se brouiller.
**blurb** [blɜːb] *n* notice *f* publicitaire, argumentaire *m*; [on book] (texte *m* de) présentation *f*.
**blurred** [blɜːd], **blurry** ['blɜːrɪ] *adj* flou, indistinct.
**blurt** [blɜːt] *vt* lâcher, jeter.
◆ **blurt out** *vt sep* [secret] laisser échapper.
**blush** [blʌʃ] ◇ *vi* [turn red – gen] rougir, devenir rouge; [– with embarrassment] rougir; the ~ing bride l'heureuse élue. ◇ *n* rougeur *f*; "thank you", she said with a ~ "merci", dit-elle en rougissant; please, spare our ~es *hum* ne nous faites pas rougir, s'il vous plaît; she was in the first ~ of youth elle était dans la prime fleur de l'âge.
**blusher** ['blʌʃər] *n* fard *m* à joues.
**bluster** ['blʌstər] ◇ *vi* **-1.** [wind] faire rage, souffler en rafales; [storm] faire rage, se déchaîner. **-2.** [speak angrily] fulminer, tempêter. **-3.** [boast] se vanter, fanfaronner. ◇ *vt* [person] intimider; he tried to ~ his way out of doing it il a essayé de se défiler avec de grandes phrases. ◇ *n* **-1.** (U) [boasting] fanfaronnade *f*, fanfaronnades *fpl*, vantardise *f*.**-2.** [wind] rafale *f*.
**blustering** ['blʌstərɪŋ] ◇ *n* (U) fanfaronnade *f*, fanfaronnades *fpl*. ◇ *adj* fanfaron.
**blustery** ['blʌstərɪ] *adj* [weather] venteux, à bourrasques; [wind] qui souffle en rafales, de tempête.
**BM** *n* (*abbr of* **Bachelor of Medicine**) (titulaire d'une) licence de médecine.
**BMA** (*abbr of* **British Medical Association**) *pr n* ordre britannique des médecins.
**B-movie** *n* film *m* de série B.
**BMus** ['biːˈmʌz] (*abbr of* **Bachelor of Music**) *n* (titulaire d'une) licence de musique.
**BMX** (*abbr of* **bicycle motorcross**) *n* **-1.** [bicycle] VTT *m*.**-2.** SPORT cyclo-cross *m inv*.
**bn** *written abbr of* **billion**.
**BNP** (*abbr of* **British National Party**) *pr n* parti d'extrême-droite britannique.
**BO** *n* **-1.** (*abbr of* **body odour**) odeur corporelle; he's got ~ il sent mauvais. **-2.** *abbr of* **box office**.
**boa** ['bəʊə] *n* **-1.** (feather) ~ boa *m*.**-2.** ~ constrictor boa

constricteur *m*, constrictor *m*.

**boar** [bɔːr] *n* [male pig] verrat *m*; [wild pig] sanglier *m*.

**board** [bɔːd] ◇ *n* **-1.** [plank] planche *f*; the policy applies to everybody in the company across the ~ cette politique concerne tous les employés de l'entreprise quelle que soit leur position. **-2.** [cardboard] carton *m*; [for games] tableau *m*. **-3.** [notice board] tableau *m*.**-4.** ADMIN conseil *m*, commission *f*; ~ of directors conseil d'administration; ~ of inquiry commission d'enquête; the ~ of health Am le service municipal d'hygiène; MIL le conseil de révision. **-5.** SCH & UNIV: ~ of education Am ≃ conseil *m* d'administration (*d'un établissement scolaire*); ~ of examiners jury *m* d'examen; ~ of governors Br ≃ conseil *m* d'administration (*d'un lycée ou d'un collège*); ~ of regents Am ≃ conseil *m* d'université. **-6.** [meals provided] pension *f*; arch [table] table *f*; ~ and lodging (chambre *f* et) pension. **-7.** AERON & NAUT bord *m*; to go on ~ monter à bord de ❑ to go by the ~ Br être abandonné OR oublié; to take sthg on ~ tenir compte de qqch.
◇ *comp* [decision, meeting] du conseil d'administration.
◇ *vt* **-1.** [plane, ship] monter à bord de; [bus, train] monter dans; NAUT [in attack] monter OR prendre à l'abordage; the flight is now ~ing at gate 3 embarquement immédiat du vol porte 3. **-2.** [cover with planks] couvrir de planches. **-3.** [provide meals, lodging] prendre en pension.
◇ *vi* [lodge] être en pension; to ~ with sb être pensionnaire chez qqn.
◆ **board up** *vt sep* couvrir de planches; [door, window] boucher, obturer.

**board game** *n* jeu *m* de société.

**boarding** ['bɔːdɪŋ] *n* **-1.** (U) [gen & fence] planches *fpl*; [floor] planchéiage *m*.**-2.** [embarking] embarquement *m*; NAUT [in attack] abordage *m*.

**boarding card** *n* carte *f* d'embarquement.

**boarding house** *n* pension *f*; SCH internat *m*.

**boarding school** *n* internat *m*, pensionnat *m*; to go to ~ être interne; they sent their children to ~ ils ont mis leurs enfants en internat.

**Board of Trade** *pr n*: the ~ Br le ministère du Commerce; Am la chambre de commerce.

**boardroom** ['bɔːdrʊm] ◇ *n* salle *f* de conférence; *fig* [management] administration *f*. ◇ *comp*: the decision was taken at ~ level la décision a été prise au niveau de la direction.

**boardwalk** ['bɔːdwɔːk] *n* Am passage *m* en bois; [on beach] promenade *f* (en planches).

**boast** [bəʊst] ◇ *n* **-1.** fanfaronnade *f*, fanfaronnades *fpl*; it's his proud ~ that he has never lost a game il se vante de n'avoir jamais perdu un jeu. **-2.** [in squash] bosse *f*. ◇ *vi* se vanter, fanfaronner. ◇ *vt* **-1.** [brag] se vanter de. **-2.** [possess] être fier d'avoir.

**boaster** ['bəʊstər] *n* fanfaron *m*, -onne *f*.

**boastful** ['bəʊstfʊl] *adj* fanfaron, vantard.

**boasting** ['bəʊstɪŋ] *n* (U) vantardise *f*, fanfaronnade *f*, fanfaronnades *fpl*.

**boat** [bəʊt] ◇ *n* [gen] bateau *m*; [for rowing] barque *f*, canot *m*; [for sailing] voilier *m*; [ship] navire *m*, paquebot *m*; to go by ~ prendre le bateau; to take to the ~s monter dans les canots de sauvetage ❑ we're all in the same ~ nous sommes tous logés à la même enseigne. ◇ *vi* voyager en bateau; to go ~ing aller se promener en bateau.

**boatbuilder** ['bəʊt,bɪldər] *n* constructeur *m* naval.

**boat deck** *n* pont *m* des embarcations.

**boater** ['bəʊtər] *n* canotier *m*.

**boathouse** ['bəʊthaʊs, *pl* -haʊzɪz] *n* abri *m* OR hangar *m* à bateaux.

**boating** ['bəʊtɪŋ] ◇ *n* canotage *m*. ◇ *comp* [accident, enthusiast, trip] de canotage.

**boatload** ['bəʊtləʊd] *n* [merchandise] cargaison *f*; [people] plein bateau *m*.

**boatman** ['bəʊtmən] (*pl* **boatmen** [-mən]) *n* [rower] passeur *m*; [renter of boats] loueur *m* de canots.

**boat people** *npl* boat people *mpl*.

**boat race** *n* ROWING course *f* d'avirons; SAILING régates *fpl*; the Boat Race *course universitaire annuelle d'avirons entre les uni-*

versités d'Oxford et de Cambridge.

**boatswain** ['bəʊsn] *n* maître *m* d'équipage.

**boat train** *n* train qui assure la correspondance avec un bateau.

**boatyard** ['bəʊtjɑːd] *n* chantier *m* de construction navale.

**bob** [bɒb] (*pt* & *pp* **bobbed**, *cont* **bobbing**, *pl sense 7 inv*) ◇ *vi* **-1.** [cork, buoy]: to ~ up and down danser sur l'eau; I could see his head bobbing up and down behind the wall je voyais par moments sa tête surgir de derrière le mur. **-2.** [curtsy] faire une petite révérence. **-3.** [move quickly]: to ~ in/out entrer/sortir rapidement. **-4.** [bobsleigh] faire du bobsleigh. ◇ *vt* **-1.** [move up and down] faire monter et descendre. **-2.** [hair] couper court. **-3.** [horse's tail] écourter.
◇ *n* **-1.** [abrupt movement] petit coup *m*, petite secousse *f*; [of head] hochement *m* OR salut *m* de tête; [curtsy] petite révérence *f*.**-2.** [hairstyle] (coupe *f* au) carré *m*. **-3.** [horse's tail] queue *f* écourtée. **-4.** [fishing float] flotteur *m*, bouchon *m*; [weight] plomb *m*.**-5.** *inf phr*: all my bits and ~s toutes mes petites affaires. **-6.** [bobsleigh] bobsleigh *m*, bob *m*; [runner] patin *m*.**-7.** Br *dated* [shilling] shilling *m*.

**Bob** [bɒb] *pr n*: ~'s your uncle! *inf* et voilà le travail!

**bobbin** ['bɒbɪn] *n* [gen] bobine *f*; [for lace] fuseau *m*; ~ lace dentelle *f* aux fuseaux.

**bobble** ['bɒbl] *n* **-1.** [bobbing movement] secousse *f*, saccade *f*.**-2.** [pompom] pompon *m*; ~ hat chapeau *m* à pompon. **-3.** Am *inf* [mistake] boulette *f*.

**bobby** ['bɒbɪ] (*pl* **bobbies**) *n* Br *inf* & *dated* flic *m*.

**bobby pin** *n* Am pince *f* à cheveux.

**bobby socks, bobby sox** *npl* Am socquettes *fpl* (*de fille*).

**bobcat** ['bɒbkæt] *n* lynx *m*.

**bobsled** ['bɒbsled], **bobsleigh** ['bɒbsleɪ] ◇ *n* bobsleigh *m*, bob *m*. ◇ *vi* faire du bobsleigh.

**bobtail** ['bɒbteɪl] *n* [tail] queue *f* écourtée; [cat] chat *m* écourté; [dog] chien *m* écourté.

**Boche** ▽ [bɒʃ] *dated* & *offensive* ◇ *n* Boche *mf*. ◇ *adj* boche.

**bod** [bɒd] *n inf* **-1.** Br [person] type *m*; he's a bit of an odd ~ c'est plutôt un drôle d'oiseau. **-2.** [body] physique *m*, corps *m*.

**bode** [bəʊd] ◇ *pt* → **bide**. ◇ *vi* [presage] augurer, présager; it ~s well for him cela est de bon augure pour lui.

**bodge** [bɒdʒ] *vt Br inf* **-1.** [spoil] saboter, bousiller. **-2.** [mend clumsily] rafistoler.

**bodice** ['bɒdɪs] *n* [of dress] corsage *m*; [corset] corset *m*.

**bodily** ['bɒdɪlɪ] ◇ *adj* matériel; ~ functions fonctions *fpl* corporelles; to cause sb ~ harm blesser qqn. ◇ *adv* **-1.** [carry, seize] à bras-le-corps. **-2.** [entirely] entièrement.

**bodkin** ['bɒdkɪn] *n* [needle] grosse aiguille *f*; [for tape] passelacet *m*.

**body** ['bɒdɪ] (*pl* **bodies**) *n* **-1.** [human, animal] corps *m*; to keep ~ and soul together subsister, survivre. **-2.** [corpse] cadavre *m*, corps *m*; over my dead ~! *inf* il faudra me passer sur le corps!**-3.** [group] ensemble *m*, corps *m*; [organization] organisme *m*; the main ~ of voters le gros des électeurs; a large ~ of people une foule énorme; they came in one ~ ils sont venus en masse; taken as a ~ dans leur ensemble, pris ensemble ❑ ~ politic corps *m* politique. **-4.** [mass] masse *f*; a ~ of water un plan d'eau; a growing ~ of evidence une accumulation de preuves; the ~ of public opinion la majorité de l'opinion publique. **-5.** [largest part of document, speech] fond *m*, corps *m*.**-6.** [of car] carrosserie *f*; [of plane] fuselage *m*; [of ship] coque *f*; [of camera] boîtier *m*; [of dress] corsage *m*; [of building] corps *m*.**-7.** [fullness - wine] corps *m*; a shampoo that gives your hair ~ un shampooing qui donne du volume à vos cheveux. **-8.** *inf* [man] bonhomme *m*; [woman] bonne femme *f*.**-9.** [garment] body *m*.**-10.** PHYS corps *m*.

**body bag** *n* sac *m* mortuaire.

**body blow** *n* coup *m* dur.

**body builder** *n* [person] culturiste *mf*; [machine] extenseur *m*; [food] aliment *m* énergétique.

**body building** *n* culturisme *m*.

**body clock** *n* horloge *f* biologique.

**bodyguard** ['bɒdɪgɑːd] *n* garde *m* du corps.

**body language** *n* langage *m* du corps.

**body odour** *n* odeur *f* corporelle.

**body search** *n* fouille *f* corporelle.

**body shop** n atelier m de carrosserie.

**body snatcher** n déterreur m, -euse f de cadavres.

**body stocking** n body m.

**body warmer** [-,wɔːməʳ] n gilet m matelassé.

**bodywork** ['bɒdɪwɜːk] n carrosserie f.

**Boer** [bɔː] ◇ n Boer mf. ◇ adj boer; the ~ War HIST la guerre des Boers.

**boffin** ['bɒfɪn] n Br inf chercheur m scientifique OR technique.

**bog** [bɒg] (pt & pp **bogged**, cont **bogging**) n **-1.** [area] marécage m, marais m; [peat] tourbière f. **-2.** ∇ Br [lavatory] chiottes fpl.

◆ **bog down** vt sep empêcher, entraver; [vehicle] embourber, enliser; I got bogged down in paperwork fig je me suis laissé déborder par la paperasserie.

**bogey** ['bəʊgɪ] n **-1.** [monster] démon m, fantôme m; [pet worry] bête f noire. **-2.** GOLF bogey m, bogée m. **-3.** inf [in nose] crotte f de nez. **-4.** = bogie.

**bogeyman** ['bəʊgɪmæn] (pl **bogeymen** [-men]) n croquemitaine m, père m fouettard.

**boggle** ['bɒgl] vi **-1.** [be amazed] être abasourdi; the mind ~s! ça laisse perplexe!**-2.** [hesitate] hésiter.

**boggy** ['bɒgɪ] (compar **boggier**, superl **boggiest**) adj [swampy] marécageux; [peaty] tourbeux.

**bogie** ['bəʊgɪ] n RAIL bogie m; [trolley] diable m.

**bogroll**∇ ['bɒgrəʊl] n PQ m.

**bogus** ['bəʊgəs] adj faux (f fausse).

**bogy** ['bəʊgɪ] (pl **bogies**) = bogie.

**Bohemia** [bəʊ'hiːmjə] pr n Bohême f.

**bohemian** [bəʊhiːmjən] ◇ n bohème mf. ◇ adj bohème.

**Bohemian** [bəʊ'hiːmjən] ◇ n [from Bohemia] Bohémien m, -enne f; [gypsy] bohémien m, -enne f. ◇ adj [of Bohemia] bohémien; [gypsy] bohémien.

**boil** [bɔɪl] ◇ n **-1.** [on face, body] furoncle m. **-2.** [boiling point]: bring the sauce to the ~ amenez la sauce à ébullition; the water's on the ~ Br l'eau bout OR est bouillante; the project has gone off the ~ Br fig le projet a été mis en attente. ◇ vt **-1.** [liquid] faire bouillir, amener à ébullition. **-2.** [laundry] faire bouillir. **-3.** [food] cuire à l'eau, faire bouillir. ◇ vi **-1.** [liquid] bouillir; the kettle's ~ing l'eau bout (dans la bouilloire); the pot ~ed dry Br toute l'eau de la casserole s'est évaporée. **-2.** [seethe – ocean] bouillonner; [– person] bouillir; I was ~ing with anger je bouillais de rage.

◆ **boil down** vt sep CULIN faire réduire; fig réduire à l'essentiel.

◆ **boil down to** vt insep revenir à; it all ~s down to money tout cela revient à une question d'argent; it ~s down to the same thing ça revient au même.

◆ **boil over** vi insep **-1.** [overflow] déborder; [milk] se sauver, déborder. **-2.** fig [with anger] bouillir; he ~ed over with rage il bouillait de rage; the unrest ~ed over into violence l'agitation a débouché sur la violence.

◆ **boil up** vt insep [milk] monter; frustration ~ed up in her fig elle commençait à s'énerver sérieusement.

**boiled** ['bɔɪld] adj: ~ beef [alone] bœuf m bouilli; [dish] pot-au-feu m inv; ~ egg œuf m à la coque; ~ ham jambon m cuit (à l'eau); ~ potatoes pommes de terre fpl à l'eau OR bouillies; ~ sweets Br bonbons mpl à sucer.

**boiler** ['bɔɪləʳ] n **-1.** [furnace] chaudière f; [domestic] chaudière f; Br [washing machine] lessiveuse f; [pot] casserole f. **-2.** [chicken] poule à faire au pot.

**boilerhouse** ['bɔɪləhaʊs, pl -hauzɪz] n bâtiment m des chaudières.

**boilermaker** ['bɔɪlə,meɪkəʳ] n [workman] chaudronnier m.

**boilerman** ['bɔɪlə,mæn] (pl **boilermen** [-,men]) n chauffeur m.

**boiler room** n salle f des chaudières, chaufferie f; NAUT chaufferie f, chambre f de chauffe.

**boiler suit** n Br [for work] bleu m OR bleus mpl (de travail); [fashion garment] salopette f.

**boiling** ['bɔɪlɪŋ] ◇ adj [very hot] bouillant; the weather here is ~ il fait une chaleur infernale ici; I'm ~ inf je crève de chaleur. ◇ adv: ~ hot tout bouillant; it's ~ hot today inf il fait une chaleur à crever aujourd'hui. ◇ n [action] ébullition f; [bubbling] bouillonnement m.

**boiling point** n point m d'ébullition; to reach ~ literal arriver à ébullition; fig être en ébullition.

**boisterous** ['bɔɪstərəs] adj **-1.** [exuberant] tapageur, plein d'entrain. **-2.** [sea] tumultueux, turbulent; [wind] violent, furieux.

**bold** [bəʊld] ◇ adj **-1.** [courageous] intrépide, hardi; a ~ plan un projet audacieux OR osé; a ~ stroke un coup d'audace; he grew ~er in his efforts il s'est enhardi dans ses tentatives. **-2.** [not shy] assuré; [brazen] effronté; may I be so ~ as to ask your name? puis-je me permettre de vous demander qui vous êtes? ❏ as ~ as brass Br culotté. **-3.** ART & LITERAT [vigorous] puissant, hardi; a ~ style of writing un style (d'écriture) hardi; in ~ relief en puissant relief. **-4.** [colours] vif, éclatant. **-5.** TYPO: in ~ en gras. ◇ n caractères mpl gras, gras m.

**bold face** n caractères mpl gras, gras m; in ~ en gras.

◆ **boldface** adj gras (f grasse).

**boldfaced** ['bəʊldfeɪst] adj impudent; a ~ lie un mensonge éhonté.

**boldly** ['bəʊldlɪ] adv **-1.** [bravely] intrépidement, audacieusement. **-2.** [impudently] avec impudence, effrontément. **-3.** [forcefully] avec vigueur, vigoureusement.

**boldness** ['bəʊldnɪs] n **-1.** [courage] intrépidité f, audace f. **-2.** [impudence] impudence f, effronterie f. **-3.** [force] vigueur f, hardiesse f.

**Bolivia** [bə'lɪvɪə] pr n Bolivie f; in ~ en Bolivie.

**Bolivian** [bə'lɪvɪən] ◇ n Bolivien m, -enne f. ◇ adj bolivien.

**bollard** ['bɒlaːd] n [on wharf] bollard m; Br [on road] borne f.

**bollocking**∇ ['bɒləkɪŋ] n Br engueulade f; he got/she gave him a right ~ il a reçu/elle lui a passé un sacré savon.

**bollocks**▼ ['bɒləks] npl Br [testicles] couilles fpl. ◇ n (U) [rubbish] conneries fpl, couillonnades fpl. ◇ interj: ~! quelles conneries!

**boll weevil** n anthonome m (du cotonnier).

**Bologna** [bə'ləʊnjə] pr n Bologne.

**boloney** [bə'ləʊnɪ] n **-1.** Am [sausage] sorte de saucisson. **-2.** = baloney.

**Bolshevik** ['bɒlʃɪvɪk] ◇ n bolchevik mf. ◇ adj bolchevique.

**bolshie, bolshy** ['bɒlʃɪ] inf ◇ n Br rouge mf. ◇ adj **-1.** [intractable] ronchon. **-2.** POL rouge.

**bolster** ['bəʊlstəʳ] ◇ vt **-1.** [strengthen] soutenir; he ~ed my morale il m'a remonté le moral; these laws simply ~ up the system ces lois ne font que renforcer le système. **-2.** [pad] rembourrer. ◇ n **-1.** [cushion] traversin m. **-2.** ARCHIT racinal m, sous-poutre f.

**bolt** [bəʊlt] ◇ vi **-1.** [move quickly] se précipiter; a rabbit ~ed across the lawn un lapin a traversé la pelouse à toute allure. **-2.** [escape] déguerpir; [horse] s'emballer. **-3.** [plants] monter en graine. ◇ vt **-1.** [lock] fermer à clé, verrouiller. **-2.** [food] engloutir. **-3.** Am [break away from] abandonner, laisser tomber. **-4.** TECH [fasten] boulonner. **-5.** [sift] tamiser, passer au tamis; fig [examine] passer au crible OR tamis. ◇ n **-1.** [sliding bar to door, window] verrou m; [to lock] pêne m. **-2.** [screw] boulon m. **-3.** [dash]: we made a ~ for the door nous nous sommes rués sur la porte; she made a ~ for it elle s'est sauvée à toutes jambes. **-4.** [lightning] éclair m; the news came like a ~ from the blue Br la nouvelle est arrivée comme un coup de tonnerre. **-5.** [of cloth] rouleau m. **-6.** SPORT [of crossbow] carreau m; [of firearm] culasse f mobile; (expansion) ~ [for climbing] piton m (à expansion). ◇ adv: ~ upright droit comme un i.

◆ **bolt down** vt sep [food, meal] avaler à toute vitesse.

**bolt hole** n abri m, refuge m.

**bomb** [bɒm] ◇ n **-1.** [explosive] bombe f; the ~ la bombe atomique. **-2.** Br inf [large sum of money] fortune f. **-3.** Am inf [failure] fiasco m, bide m. **-4.** inf phr: like a ~: this car goes like a ~ elle fonce, cette voiture; the show went like a ~ Br le spectacle a eu un succès du tonnerre. ◇ comp: ~ scare alerte f à la bombe; ~ shelter abri m. ◇ vt bombarder. ◇ vi inf **-1.** [go quickly] filer à toute vitesse. **-2.** Am [fail] être un fiasco OR bide.

◆ **bomb out** ◇ vt sep détruire par bombardement; he was ~ed out (of his house) il a perdu sa maison dans le bombardement. ◇ vi insep Am [fail] foirer.

**bombard** [bɒm'baːd] vt bombarder; to ~ sb with questions bombarder OR assaillir qqn de questions.

**bombardier** [,bɒmbə'dɪəʳ] n [in Air Force] bombardier m

(*aviateur*); *Br* [in Royal Artillery] caporal *m* d'artillerie.

**bombardment** [bɒm'bɑːdmənt] *n* bombardement *m*.

**bombast** ['bɒmbæst] *n* grandiloquence *f*, boursouflure *f*.

**bombastic** [bɒm'bæstɪk] *adj* [style] ampoulé, grandiloquent; [person] grandiloquent, pompeux.

**Bombay duck** [ˌbɒmbeɪ-] *n petit poisson séché utilisé comme accompagnement dans la cuisine indienne.*

**bomb disposal** *n* déminage *m*; ~ expert démineur *m*; ~ squad OR team équipe *f* de déminage.

**bomber** ['bɒmər] *n* **-1.** [aircraft] bombardier *m*; ~ pilot pilote *m* de bombardier. **-2.** [terrorist] plastiqueur *m*, -euse *f*.

**bomber jacket** *n* blouson *m* d'aviateur.

**bombing** ['bɒmɪŋ] ◇ *n* [by aircraft] bombardement *m*; [by terrorist] attentat *m* à la bombe. ◇ *comp* [mission, raid] de bombardement.

**bombshell** ['bɒmʃel] *n* **-1.** [explosive] obus *m*. **-2.** *fig* [shock]: their wedding announcement came as a complete ~ l'annonce de leur mariage a fait l'effet d'une bombe. **-3.** *inf* [woman]: a blonde ~ une blonde incendiaire.

**bombsight** ['bɒmsaɪt] *n* viseur *m* de bombardement.

**bombsite** ['bɒmsaɪt] *n* lieu *m* bombardé.

**bona fide** [ˌbəʊnə'faɪdɪ] *adj* [genuine] véritable, authentique; [agreement] sérieux.

**bonanza** [bə'nænzə] ◇ *n* aubaine *f*, filon *m*; *Am* MIN riche filon *m*. ◇ *comp* exceptionnel.

**bonce** [bɒns] *n Br inf* caboche *f*.

**bond** [bɒnd] ◇ *n* **-1.** [link] lien *m*, liens *mpl*, attachement *m*. **-2.** [agreement] engagement *m*, contrat *m*; we entered into a ~ to buy the land nous nous sommes engagés à acheter la terre; my word is my ~ je n'ai qu'une parole. **-3.** JUR caution *f* financière. **-4.** FIN [certificate] bon *m*, titre *m*. **-5.** [adhesion] adhérence *f*. **-6.** [paper] papier *m* à lettres (de luxe). **-7.** CHEM liaison *f*. **-8.** CONSTR appareil *m*. **-9.** COMM: in ~ en entrepôt; he put the merchandise in ~ il a entreposé les marchandises en douane. ◇ *vt* **-1.** [hold together] lier, unir. **-2.** COMM [goods] entreposer. **-3.** JUR [place under bond] placer sous caution; [put up bond for] se porter caution pour. **-4.** FIN lier (par garantie financière). **-5.** CONSTR liaisonner. ◇ *vi* **-1.** [with adhesive]: the surfaces have ~ed les surfaces ont adhéré l'une à l'autre. **-2.** PSYCH former des liens affectifs.
◆ **bonds** *npl* [fetters] chaînes *fpl*, fers *mpl*; *fig* liens *mpl*, contraintes *fpl*.

**bondage** ['bɒndɪdʒ] *n* **-1.** *literal* esclavage *m*; *fig* esclavage *m*, servitude *f*. **-2.** [sexual] asservissement *m* sexuel.

**bonded** ['bɒndɪd] *adj* FIN titré; COMM (entreposé) sous douane; ~ warehouse entrepôt *m* sous douane.

**bonding** ['bɒndɪŋ] *n* **-1.** PSYCH liens *mpl* affectifs. **-2.** [of two objects] collage *m*. **-3.** ELEC système *m* OR circuit *m* régulateur de tension. **-4.** CONSTR liaison *f*.

**bone** [bəʊn] ◇ *n* **-1.** os *m*; [of fish] arête *f*; she's got good ~ structure elle a une bonne ossature ❑ ~ marrow moelle *f*; ~ of contention pomme *f* de discorde; chilled OR frozen to the ~ glacé jusqu'à la moelle (des os); his comments were a bit close to OR near the ~ ses commentaires frôlaient l'indécence; I have a ~ to pick with you j'ai un compte à régler avec toi; to make no ~s about sthg ne pas y aller de main morte; he'll never make old ~s il ne fera sûrement pas de vieux os; he's nothing but skin and ~ OR ~s, he's nothing but a bag of ~s il est maigre comme un clou. **-2.** [substance] os *m*; [in corset] baleine *f*. **-3.** [essential] essentiel *m*. ◇ *vt* **-1.** [meat] désosser; [fish] ôter les arêtes de.
◆ **bones** *npl* ossements *mpl*, os *mpl*; to lay sb's ~s to rest enterrer qqn.

**bone china** *n* porcelaine *f* tendre.

**boned** [bəʊnd] *adj* **-1.** CULIN [meat, poultry] désossé. **-2.** [corset] baleiné.

**bone-dry** *adj* absolument sec.

**bonehead** ['bəʊnhed] *n inf* crétin *m*, -e *f*, imbécile *mf*.

**bone-idle** *adj Br* paresseux comme une couleuvre.

**boneless** ['bəʊnlɪs] *adj* [meat] désossé, sans os; [fish] sans arêtes.

**boneshaker** ['bəʊnˌʃeɪkər] *n inf* [car] tacot *m*; HIST [bicycle] vélocipède *m*.

**bonfire** ['bɒnˌfaɪər] *n* (grand) feu *m*.

**Bonfire Night** *n Br* le 5 novembre (*commémoration de la tentative de Guy Fawkes de faire sauter le Parlement en 1605*).

**bongo** ['bɒŋgəʊ] (*pl* **bongos** OR **bongoes**) *n* bongo *m*.

**bonhomie** ['bɒnəmiː] *n* bonhomie *f*.

**bonk**▽ [bɒŋk] *hum* ◇ *vi* s'envoyer en l'air. ◇ *vt* s'envoyer en l'air avec. ◇ *n* partie *f* de jambes en l'air.

**bonkers** ['bɒŋkəz] *adj Br inf* fou, *before vowel or silent 'h'* fol (*f* folle), cinglé.

**bonnet** ['bɒnɪt] *n* **-1.** [hat – woman's] bonnet *m*, chapeau *m* à brides; [– child's] bonnet *m*; *Scot* [– man's] béret *m*, bonnet *m*. **-2.** AUT *Br* capot *m*. **-3.** ARCHIT [awning] auvent *m*; [of chimney] capuchon *m*. **-4.** NAUT bonnette *f*.

**Bonnie Prince Charlie** [ˌbɒnɪprɪns'tʃɑːlɪ] *pr n surnom donné à Charles Édouard Stuart, le Jeune Prétendant.*

**bonny** ['bɒnɪ] (*compar* **bonnier**, *superl* **bonniest**) *adj Br dial* [pretty] joli, beau, *before vowel or silent 'h'* bel (*f* belle).

**bonsai** ['bɒnsaɪ] *n* bonsaï *m*.

**bonus** ['bəʊnəs] *n* **-1.** [gen & COMM] prime *f*; the holiday was an added ~ *fig* les vacances étaient en prime. **-2.** *Br* FIN [dividend] dividende *m* exceptionnel.

**bony** ['bəʊnɪ] (*compar* **bonier**, *superl* **boniest**) *adj* **-1.** ANAT osseux; [knees, person] anguleux, décharné. **-2.** [fish] plein d'arêtes; [meat] plein d'os.

**boo** [buː] ◇ *vt* huer, siffler; the audience ~ed him off the stage il a quitté la scène sous les huées OR les sifflets du public. ◇ *vi* pousser des huées, siffler; to ~ at sb huer OR siffler qqn. ◇ *n* huée *f*. ◇ *interj* hou; he wouldn't say ~ to a goose *Br inf* c'est un grand timide.

**boob** [buːb] *inf n* **-1.** [idiot] ballot *m*. **-2.** [mistake] gaffe *f*. **-3.** [breast] sein *m*. ◇ *vi* gaffer.

**boo-boo** ['buːbuː] (*pl* **boo-boos**) *n inf* gaffe *f*, bourde *f*.

**boob tube** *n inf* **-1.** *Am* [television set] télé *f*. **-2.** [strapless top] bustier *m* moulant.

**booby** ['buːbɪ] (*pl* **boobies**) *n* **-1.** *inf* [idiot] nigaud *m*, -e *f*, ballot *m*. **-2.** ORNITH fou *m* (de Bassan).

**booby hatch** *n* **-1.** NAUT écoutillon *m*. **-2.** *Am inf* [mental hospital] asile *m* de dingues.

**booby prize** *n* prix *m* de consolation (*attribué par plaisanterie au dernier*).

**booby trap** (*pt & pp* **booby-trapped**, *cont* **booby-trapping**) *n* MIL objet *m* piégé; [practical joke] farce *f*.
◆ **booby-trap** *vt* piéger.

**boodle** ['buːdl] *n inf* **-1.** *Am* [money] pognon *m*, fric *m*. **-2.** [bribe] pot-de-vin *m*. **-3.** *Am*: the whole ~ tout le bazar.

**boogie** ['buːgɪ] *inf* ◇ *vi* [dance] danser; [party] faire la fête. ◇ *n* boogie *m*.

**boogie-woogie** [-ˌwuːgɪ] *n* boogie-woogie *m*.

**boohoo** [ˌbuː'huː] *inf* ◇ *vi* pleurer à chaudes larmes, chialer. ◇ *n* pleurs *mpl*.

**booing** ['buːɪŋ] *n* (U) huées *fpl*.

**book** [bʊk] ◇ *n* **-1.** *literal* livre *m*; ~ lover bibliophile *mf*; his little black ~ *hum* son carnet d'adresses ‖ *fig*: her face is an open ~ toutes ses émotions se voient sur son visage; his life is an open ~ il n'a rien à cacher; mathematics is a closed ~ to me je ne comprends rien aux mathématiques ❑ to bring sb to ~ *Br* obliger qqn à rendre des comptes; to do things OR to go by the ~ faire qqch selon les règles; to be in sb's good ~s être dans les petits papiers de qqn; to be in sb's bad ~s être mal vu de qqn; in my ~ *inf* à mon avis; he can read her like a ~ pour lui elle est transparente; that's one for the ~ OR ~s! il faudra marquer ça d'une pierre blanche!; that provision is already on the ~s cette disposition figure déjà dans les textes; that law went on the ~s in 1979 cette loi est entrée en vigueur en 1979; that suits my ~ *Br* cela me va tout à fait; to throw the ~ at sb donner le maximum à qqn. **-2.** [section of work] livre *m*; [of poem] chant *m*. **-3.** [of stamps, tickets] carnet *m*; [of matches] pochette *f*. **-4.** COMM [of samples] jeu *m*, album *m*. **-5.** [betting] pari *m*; to make/to start/to keep a ~ on sthg inscrire/engager/tenir un pari sur qqch. **-6.** [script, libretto] livret *m*. **-7.** CARDS contrat *m*.
◇ *vt* **-1.** [reserve] réserver, retenir; *Br* [tickets] prendre; have you already ~ed your trip? avez-vous déjà fait les réservations pour votre voyage?; the tour is fully ~ed l'excursion est complète; the performance is ~ed up OR fully ~ed on

joue à bureaux OR guichets fermés; **the restaurant is fully ~ed** le restaurant est complet. **-2.** [engage] embaucher, engager; **he's ~ed solid until next week** il est complètement pris jusqu'à la semaine prochaine. **-3.** [subj: police]: **he was ~ed for speeding** il a attrapé une contravention pour excès de vitesse. **-4.** SPORT prendre le nom de. **-5.** COMM [order] enregistrer. ◇ *vi* réserver.

◆ **books** *npl* **-1.** COMM & FIN [accounts] livre *m* de comptes; **to keep the ~s** tenir les comptes OR la comptabilité ❑ **the ~s and records** la comptabilité; **to cook the ~s** *inf* trafiquer les comptes. **-2.** [of club] registre *m*; **she's on the association's ~s** elle est membre de l'association.

◆ **book in** ◇ *vi insep Br* se faire enregistrer; [at hotel] prendre une chambre. ◇ *vt sep* inscrire; [at hotel] réserver une chambre pour.

◆ **book out** ◇ *vi insep* quitter une chambre, partir. ◇ *vt sep Br* [library book] emprunter.

◆ **book up** ◇ *vt sep* réserver, retenir; **the restaurant is ~ed up** le restaurant est complet; **she's ~ed up (all) next week** elle est prise (toute) la semaine prochaine. ◇ *vi insep* réserver.

**bookbinding** ['bʊk,baɪndɪŋ] *n* reliure *f*.

**bookcase** ['bʊkkeɪs] *n* bibliothèque *f* (*meuble*).

**book club** *n* club *m* du livre, cercle *m* de lecture.

**bookend** ['bʊkend] *n* serre-livres *m inv*.

**Booker Prize** ['bʊkə-] *pr n*: **the ~** *prix littéraire britannique*.

**bookie** ['bʊkɪ] *n inf* bookmaker *m*.

**booking** ['bʊkɪŋ] *n* **-1.** [reservation] réservation *f*. **-2.** [of actor, singer] engagement *m*.

**booking clerk** *n* préposé *m*, -e *f* aux réservations.

**booking office** *n* bureau *m* de location.

**bookish** ['bʊkɪʃ] *adj* [person] qui aime la lecture, studieux; [style] livresque.

**bookkeeper** ['bʊk,kiːpə'] *n* comptable *mf*.

**bookkeeping** ['bʊk,kiːpɪŋ] *n* comptabilité *f*.

**book-learning** *n* (U) connaissances *fpl* livresques.

**booklet** ['bʊklɪt] *n* petit livre *m*, brochure *f*, plaquette *f*.

**bookmaker** ['bʊk,meɪkə'] *n* bookmaker *m*.

**bookmark** ['bʊkmɑːk] *n* signet *m*, marque *f*.

**bookmobile** ['bʊkməbiːl] *n Am* bibliobus *m*.

**bookplate** ['bʊkpleɪt] *n* ex-libris *m*.

**bookrest** ['bʊkrest] *n* lutrin *m*, support *m* à livres.

**bookseller** ['bʊk,selə'] *n* libraire *mf*.

**bookshelf** ['bʊkʃelf] (*pl* **bookshelves** [-ʃelvz]) *n* étagère *f* à livres, rayon *m* (de bibliothèque).

**bookshop** ['bʊkʃɒp] *n Br* librairie *f*.

**bookstall** ['bʊkstɔːl] *n* étalage *m* de bouquiniste; *Br* [in station] kiosque *m* à journaux.

**bookstand** ['bʊkstænd] *n Am* [furniture] bibliothèque *f*; [small shop] étalage *m* de bouquiniste; [in station] kiosque *m* à journaux.

**bookstore** ['bʊkstɔːr] *n Am* librairie *f*.

**book token** *n Br* bon d'achat de livres.

**bookworm** ['bʊkwɜːm] *n* **-1.** *literal* ver *m* du papier. **-2.** *fig* rat *m* de bibliothèque.

**boom** [buːm] ◇ *vi* **-1.** [resonate – gen] retentir, résonner; [– guns, thunder] tonner, gronder; [– waves] gronder, mugir; [– organ] ronfler; [– voice] tonner, tonitruer. **-2.** [prosper] prospérer, réussir; **business was ~ing** les affaires étaient en plein essor; **car sales are ~ing** les ventes de voitures connaissent une forte progression. ◇ *vt* **-1.** [say loudly] tonner. **-2.** *Am* [develop] développer; [publicize] promouvoir. ◇ *n* **-1.** [sound – gen] retentissement *m*; [– of guns, thunder] grondement *m*; [– of waves] grondement *m*, mugissement *m*; [– of organ] ronflement *m*; [– of voice] rugissement *m*, grondement *m*; **sonic ~** bang *m*. **-2.** [period of expansion] (vague *f* de) prospérité *f*, boom *m*; [of trade] forte hausse *f* OR progression *f*; [of prices, sales] brusque OR très forte hausse, montée *f* en flèche; [of product] popularité *f*, vogue *f*. **-3.** NAUT [spar] gui *m*. **-4.** [for camera, microphone] perche *f*, girafe *f*; [for crane] flèche *f*. **-5.** TECH [of derrick] bras *m*. **-6.** [barrier] barrage *m* (de radeaux OR de chaînes), estacade *f*.

**boom box** *n Am inf* radiocassette *f*.

**boomerang** ['buːməræŋ] ◇ *n* boomerang *m*. ◇ *vi* faire boo-

merang.

**booming** ['buːmɪŋ] ◇ *adj* **-1.** [sound] retentissant. **-2.** [business] prospère, en plein essor. ◇ *n* [gen] retentissement *m*; [of guns, thunder] grondement *m*; [of waves] grondement *m*, mugissement *m*; [of organ] ronflement *m*; [of voice] rugissement *m*, grondement *m*.

**boom town** *n* ville *f* en plein essor, ville-champignon *f*.

**boon** [buːn] *n* [blessing] aubaine *f*, bénédiction *f*.

**boondocks** ['buːndɒks], **boonies** ['buːnɪz] *npl Am inf*: **the ~** le bled, la cambrousse.

**boor** [bʊər] *n* [rough] rustre *m*; [uncouth] goujat *m*, malotru *m*, -e *f*.

**boorish** ['bʊərɪʃ] *adj* grossier, rustre.

**boost** [buːst] ◇ *vt* **-1.** [sales] faire monter, augmenter; [productivity] développer, accroître; [morale, confidence] renforcer; [economy] relancer. **-2.** ELEC survolter; AUT suralimenter. **-3.** [promote] faire de la réclame OR de la publicité pour. ◇ *n* **-1.** [increase] augmentation *f*, croissance *f*; [improvement] amélioration *f*; **the success gave her morale a much-needed ~** le succès lui a remonté le moral, ce dont elle avait bien besoin. **-2.** [promotion]: **the review gave his play a ~** la critique a fait de la publicité pour OR du battage autour de sa pièce.

**booster** ['buːstər] *n* **-1.** AERON: **~ (rocket)** fusée *f* de lancement, moteur *m* auxiliaire. **-2.** RADIO amplificateur *m*. **-3.** ELEC [device] survolteur *m*; [charge] charge *f* d'appoint. **-4.** *Am inf* [supporter] supporter *m*. **-5.** = **booster shot**.

**booster shot** *n* piqûre *f* de rappel.

**boot** [buːt] ◇ *n* **-1.** botte *f*; [ankle-length] bottillon *m*; [for babies, women] bottine *f*; [of soldier, workman] brodequin *m*; **to give sb the ~** *inf* flanquer qqn à la porte; **they put the ~ in** *Br inf & literal* ils lui ont balancé des coups de pied; *fig* ils ont enfoncé méchamment le clou. **-2.** *Br* AUT coffre *m*, malle *f*. **-3.** *inf* [kick] coup *m* de pied. **-4.** [instrument of torture] brodequin *m*. ◇ *vt* **-1.** [kick] donner des coups de pied à. **-2.** [equip with boots] botter. **-3.** COMPUT: **to ~ (up) the system** initialiser le système.

◆ **to boot** *adv phr* en plus, par-dessus le marché.

◆ **boot out** *vt sep inf* flanquer à la porte.

◆ **boot up** *vt sep* COMPUT = **boot** *vt* 3.

**bootblack** ['buːtblæk] *n* cireur *m* de chaussures.

**boot camp** *n Am inf* MIL camp *m* d'entraînement pour nouvelles recrues.

**bootee** ['buːtiː] *n* [for babies] petit chausson *m*, bottine *f*; [for women] bottine *f*, bottillon *m*.

**booth** [buːð] *n* **-1.** [at fair] baraque *f*, stand *m*. **-2.** [cubicle – for telephone, language laboratory] cabine *f*; [– for voting] isoloir *m*. **-3.** *Am* [in restaurant] box *m*.

**bootlace** ['buːtleɪs] *n* lacet *m* (de chaussure).

**bootleg** ['buːtleg] (*pt & pp* **bootlegged**, *cont* **bootlegging**) ◇ *vi* faire de la contrebande de boissons alcoolisées. ◇ *vt* [make] fabriquer illicitement; [sell] vendre en contrebande. ◇ *n* [gen] marchandise *f* illicite; [liquor] alcool *m* fabriqué OR vendu illicitement; [record, cassette] pirate *m*. ◇ *adj* de contrebande.

**bootlegger** ['buːt,legər] *n* bootlegger *m*.

**bootless** ['buːtlɪs] *adj* **-1.** [without boots] sans bottes. **-2.** *lit* [fruitless] vain, infructueux.

**bootlicker** ['buːt,lɪkər] *n inf* lèche-bottes *mf inv*.

**bootmaker** ['buːt,meɪkər] *n* bottier *m*.

**boot polish** *n* cirage *m*.

**bootstrap** ['buːtstræp] ◇ *n* **-1.** [on boot] tirant *m* de botte; **she pulled herself up by her own ~s** *fig* elle a réussi par ses propres moyens. **-2.** COMPUT programme *m* amorce, amorce *f*. ◇ *adj* autonome; **~ program** COMPUT programme *m* amorce.

**booty** ['buːtɪ] *n* butin *m*.

**booze** [buːz] *inf* ◇ *n* (U) alcool *m*, boissons *fpl* alcoolisées; **she's off the ~** elle a arrêté de picoler. ◇ *vi* picoler.

**boozer** ['buːzər] *n inf* **-1.** [drunkard] poivrot *m*, -e *f*. **-2.** *Br* [pub] bistro *m*.

**booze-up** *n Br inf* beuverie *f*, soûlerie *f*.

**boozy** ['buːzɪ] (*compar* **boozier**, *superl* **booziest**) *adj inf* [person] soûlard; [party, evening] de soûlographie.

**bop** [bɒp] (*pt & pp* **bopped**, *cont* **bopping**) ◇ *n* **-1.** [music]

bop *m*.**-2.** *inf* [dance] danse *f*. **-3.** *inf* [punch] coup *m* de poing. ◊ *vt inf* [hit] cogner. ◊ *vi inf* [dance] danser le bop; we bopped (away) all night on a dansé toute la nuit.

**Bordeaux** [bɔː'dəʊ] ◊ *pr n* [region] le Bordelais. ◊ *n* [wine] bordeaux *m*.

**border** ['bɔːdəʳ] ◊ *n* **-1.** [boundary] frontière *f*; on the ~ between Norway and Sweden à la frontière entre la Norvège et la Suède. **-2.** [outer edge – of lake] bord *m*, rive *f*; [– of field] bordure *f*, limite *f*; [– of forest] lisière *f*, limite *f*.**-3.** [edging – of dress, handkerchief] bord *m*, bordure *f*; [– of plate, notepaper] liséré *m*.**-4.** [in garden] bordure *f*, plate-bande *f*. ◊ *comp* [state, post, guard] frontière (*inv*); [town, zone] frontière (*inv*), frontalier; [search] à la frontière; [dispute, patrol] frontalier; ~ police police *f* des frontières. ◊ *vt* **-1.** [line edges of] border; [encircle] entourer, encadrer. **-2.** [be adjacent to] toucher.
◆ **Borders** *pl pr n Br*: the Borders région frontalière du sud-est de l'Écosse.
◆ **border on, border upon** *vt insep* **-1.** [be adjacent to] toucher, avoisiner. **-2.** [verge on] frôler, approcher de.

**Border collie** *n* colley *m* berger.

**borderland** ['bɔːdəlænd] *n* [country] pays *m* frontière; *literal & fig* [area] région *f* limitrophe.

**borderline** ['bɔːdəlaɪn] ◊ *n* limite *f*, ligne *f* de démarcation; to be on the ~ être à la limite; the ~ between acceptable and unacceptable behaviour ce qui sépare un comportement acceptable d'un comportement inacceptable. ◊ *adj* limite; he is a ~ candidate il est à la limite.

**bore** [bɔːʳ] ◊ *pt → bear.* ◊ *vt* **-1.** [tire] ennuyer; housework ~s me stiff OR to tears OR to death faire le ménage m'ennuie à mourir. **-2.** [drill – hole] percer; [– well] forer, creuser; [– tunnel] creuser. ◊ *vi* forer, sonder; they're boring for coal ils forent pour extraire du charbon, ils recherchent du charbon par forage; I felt his eyes boring into me *fig* je sentais son regard me transpercer. ◊ *n* **-1.** [person] raseur *m*, -euse *f*; [event, thing] ennui *m*, corvée *f*; visiting them is such a ~! quelle barbe de leur rendre visite! **-2.** [from drilling] trou *m* de sonde; MECH alésage *m*.**-3.** [diameter of gun, tube] calibre *m*; a twelve-~ shotgun un fusil de calibre douze. **-4.** [tidal flood] mascaret *m*.

**bored** [bɔːd] *adj* [person] qui s'ennuie; [expression] d'ennui; to be ~ with doing sthg s'ennuyer à faire qqch; I'm ~ with my job j'en ai assez de mon travail; to be ~ stiff *inf* OR to tears *inf* OR to death *inf* s'ennuyer ferme OR à mourir.

**boredom** ['bɔːdəm] *n* ennui *m*.

**borehole** ['bɔːhəʊl] *n* trou *m* de sonde.

**borer** ['bɔːrəʳ] *n* **-1.** [person] foreur *m*, perceur *m*; TECH [for wood] vrille *f*, foret *m*; [for metal] alésoir *m*; [for mine, well] foret, sonde *f*.**-2.** [insect] insecte *m* térébrant.

**boring** ['bɔːrɪŋ] ◊ *adj* **-1.** [tiresome] ennuyeux; [uninteresting] sans intérêt. **-2.** TECH [for wood]: ~ machine perceuse *f*; [for metal] alésoir *m*. ◊ *n* TECH [in wood] perforation *f*, forage *m*; [in metal] alésage *m*; [in ground] forage *m*, sondage *m*.

**born** [bɔːn] *adj* **-1.** *literal* né; to be ~ naître; she was ~ blind elle est née aveugle; Victor Hugo was ~ in 1802 Victor Hugo est né en 1802; ~ of an American father né d'un père américain; ~ and bred né et élevé ‖ *fig*: the place where communism was ~ le lieu où est né le communisme; anger ~ of frustration une colère née de or due à la frustration ❑ in all my ~ days *inf* de toute ma vie; I wasn't ~ yesterday! *inf* je ne suis pas né d'hier or de la dernière pluie!; she was ~ with a silver spoon in her mouth elle est née coiffée; there's one ~ every minute! *inf* il y en a toujours un qui tombe dans le panneau!-**2.** [as intensifier] he's a ~ musician il est né musicien, c'est un musicien né; she's a ~ worrier elle s'inquiète à tout propos.

**born-again** *adj* RELIG & *fig* réné.

**borne** [bɔːn] *pp → bear.*

**-borne** in *cpds* transporté par; water~ organisms organismes *mpl* véhiculés par l'eau.

**Bornean** ['bɔːnɪən] ◊ *n* habitant de Bornéo. ◊ *adj* de Bornéo.

**Borneo** ['bɔːnɪəʊ] *pr n* Bornéo; in ~ à Bornéo.

**Borodin** ['bɒrədɪn] *pr n* Borodine.

**borough** ['bʌrə] *n* **-1.** [British town] ville représentée à la Chambre des communes par un ou plusieurs députés. **-2.** [in London] une des 32 subdivisions administratives de Londres. **-3.** [in New York] une des 5 subdivisions administratives de New York.

**borough council** *n* conseil municipal d'un «borough».

**borrow** ['bɒrəʊ] *vt* **-1.** [gen & FIN] emprunter; to ~ sthg from sb emprunter qqch à qqn; an artist who ~s his ideas from nature un artiste qui trouve ses idées dans la nature; a word ~ed from Russian un mot emprunté du russe ❑ to live on ~ed time avoir peu de temps à vivre. **-2.** *Br* MATH [in subtraction]: I ~ one je retiens un.

**borrower** ['bɒrəʊəʳ] *n* emprunteur *m*, -euse *f*; neither a ~ nor a lender be *prov* il ne faut ni emprunter ni prêter d'argent.

**borrowing** ['bɒrəʊɪŋ] *n* FIN & LING emprunt *m*; the ~ rate le taux d'intérêt des emprunts.

**borstal** ['bɔːstl] *n Br* ancien nom d'une institution pour jeunes délinquants, aujourd'hui appelée «young offenders' institution».

**Bosnia** ['bɒznɪə] *pr n* Bosnie *f*; in ~ en Bosnie.

**Bosnia-Herzegovina** [-,heətsəgə'viːnə] *pr n* Bosnie-Herzégovine *f*.

**Bosnian** ['bɒznɪən] ◊ *n* Bosnien *m*, -enne *f*, Bosniaque *mf*. ◊ *adj* bosnien, bosniaque.

**bosom** ['bʊzəm] *n* **-1.** [of person] poitrine *f*; [of woman] seins *mpl*; *fig & lit*: she took the child to her ~ elle prit l'enfant sous son aile; he harboured in his ~ feelings of deep insecurity il nourrissait en son sein un sentiment de profonde insécurité; a ~ friend un ami intime. **-2.** [of dress] corsage *m*.**-3.** *fig* [centre] sein *m*, fond *m*.

**Bosporus** ['bɒspərəs], **Bosphorus** ['bɒsfərəs] *pr n* Bosphore *m*.

**boss** [bɒs] ◊ *n* **-1.** *inf* [person in charge] patron *m*, -onne *f*, chef *m*; who's the ~ around here? qui est-ce qui commande ici?; I'll show you who's ~! je vais te montrer qui est le chef!; he enjoys being his own ~ il aime être son propre patron. **-2.** *inf* [of gang] caïd *m*; *Am* [politician] manitou *m* (du parti). **-3.** [knob] bossage *m*; [on shield] ombon *m*.**-4.** ARCHIT bossage *m*.**-5.** BIOL bosse *f*.**-6.** TECH mamelon *m*, bossage *m*; [of propeller] moyeu *m*. ◊ *vt inf* [person] commander, donner des ordres à; [organization] diriger, faire marcher.
◆ **boss about** *Br*, **boss around** *vt sep inf* mener à la baguette; stop ~ing me around! j'en ai assez que vous me donniez des ordres!

**boss-eyed** *adj Br inf* qui louche.

**bossily** ['bɒsɪlɪ] *adv inf* d'une manière autoritaire.

**bossiness** ['bɒsɪnɪs] *n inf* comportement *m* autoritaire.

**bossy** ['bɒsɪ] (*compar* **bossier**, *superl* **bossiest**) *adj inf* autoritaire, dictatorial.

**Boston** ['bɒstn] *pr n* Boston.

**Bostonian** [bɒ'stəʊnjən] ◊ *n* Bostonien *m*, - enne *f*. ◊ *adj* bostonien.

**bosun** ['bəʊsn] = **boatswain**.

**botanic(al)** [bə'tænɪk(l)] *adj* botanique; ~ garden jardin *m* botanique.

**botanist** ['bɒtənɪst] *n* botaniste *mf*.

**botany** ['bɒtənɪ] *n* botanique *f*.

**botch** [bɒtʃ] ◊ *vt* [spoil] saboter, bâcler; [repair clumsily] rafistoler; to make a ~ed job of sthg *Br* bousiller qqch. ◊ *n*: those workmen made a real ~ OR ~-up of the job ces ouvriers ont fait un travail de cochon or ont tout salopé.

**both** [bəʊθ] ◊ *predet* les deux, l'un OR l'une et l'autre; ~ dresses are pretty les deux robes sont jolies ❑ you can't have it ~ ways! il faut te décider! ◊ *pron* tous (les) deux *mpl*, toutes (les) deux *fpl*; ~ are to blame c'est leur faute à tous les deux; why not do ~? pourquoi ne pas faire les deux?; Claire and I ~ went Claire et moi y sommes allés tous les deux.
◆ **both... and** *conj phr*: her job is ~ interesting and well-paid son travail est à la fois intéressant et bien payé; I ~ read and write Spanish je sais lire et écrire l'espagnol; ~ the rich and the poor voted for him les riches et les pauvres ont voté pour lui.

**bother** ['bɒðəʳ] ◊ *vi* prendre la peine; don't ~ to answer the phone ce n'est pas la peine de répondre au téléphone; please don't ~ getting up! ne vous donnez pas la peine de vous lever!; don't ~ about me ne vous en faites pas or ne vous inquiétez pas pour moi; let's not ~ with the housework laissons tomber le ménage.
◊ *vt* **-1.** [irritate] ennuyer, embêter; [pester] harceler; [disturb] déranger; would it ~ you if I opened the window? cela vous dérange OR ennuie si j'ouvre la fenêtre?. **-2.** [worry]

tracasser; don't ~ yourself OR your head about it ne vous tracassez pas à ce sujet; it doesn't ~ me whether they come or not cela m'est bien égal qu'ils viennent ou pas. **-3.** [hurt] faire souffrir.

◇ *n* **-1.** [trouble] ennui *m*; to be in OR to have a spot of ~ (with sb) *Br* avoir des ennuis (avec qqn); he doesn't give her any ~ il ne la dérange pas; the trip isn't worth the ~ le voyage ne vaut pas la peine; thanks for babysitting — it's no ~! merci pour le babysitting — ça ne m'ennuie pas le moins du monde!**-2.** [nuisance] ennui *m*; homework is such a ~! quelle corvée, les devoirs!; sorry to be a ~ excusez-moi de vous déranger.

◇ *interj Br inf* flûte, mince.

**bothered** ['bɒðəd] *adj*: to be ~ about sb/sthg s'inquiéter de qqn/qqch; I can't be ~ to write letters tonight je n'ai pas le courage d'écrire des lettres ce soir; he can't be ~ to do his own laundry il a la flemme de laver son linge lui-même; I'm not ~ ça m'est égal.

**bothersome** ['bɒðəsəm] *adj* ennuyeux, gênant.

**Bothnia** ['bɒθnɪə] *prn* → gulf.

**Botswana** [bɒ'tswɑːnə] *prn* Botswana *m*.

**bottle** ['bɒtl] ◇ *n* **-1.** [container, contents] bouteille *f*; [of perfume] flacon *m*; [of medicine] flacon *m*, fiole *f*; [jar] bocal *m*; [made of stone] cruche *f*, cruchon *m*; a wine ~ une bouteille à vin we ordered a ~ of wine nous avons commandé une bouteille de vin ‖ *fig*: he was fond of the~ *inf* il levait bien le coude, il aimait la bouteille; to hit the ~ *inf* picoler dur. **-2.** [for baby] biberon *m*.**-3.** *Br inf* [nerve]: he lost his ~ il s'est dégonflé; she's got a lot of ~ elle a un sacré cran. ◇ *vt* [wine] mettre en bouteille; [fruit] mettre en bocal OR conserve, conserver.

◆ **bottle out**▽ *vi insep Br* se dégonfler.

◆ **bottle up** *vt sep* **-1.** [emotions] refouler, ravaler. **-2.** [army] embouteiller, contenir.

**bottle bank** *n* conteneur pour la collecte du verre usagé.

**bottled** ['bɒtld] *adj* en bouteille OR bouteilles.

**bottle-fed** *adj* élevé OR allaité au biberon.

**bottle-feed** *vt* allaiter OR nourrir au biberon.

**bottle green** *n* vert bouteille.

◆ **bottle-green** *adj* vert bouteille (*inv*).

**bottleneck** ['bɒtlnek] ◇ *n* [in road] rétrécissement *m* de la chaussée, étranglement *m*; [of traffic] embouteillage *m*, bouchon *m*; [in industry] goulet *m* OR goulot *m* d'étranglement.

◇ *vt Am*: strikes have ~ed production les grèves ont ralenti la production.

**bottle opener** *n* ouvre-bouteilles *m inv*, décapsuleur *m*.

**bottle rack** *n* casier *m* à bouteilles.

**bottom** ['bɒtəm] ◇ *n* **-1.** [lowest part – of garment, heap] bas *m*; [– of water] fond *m*; [– of hill, stairs] bas *m*, pied *m*; [– of outside of container] bas *m*; [– of inside of container] fond *m*; [– of chair] siège *m*, fond *m*; [– of ship] carène *f*; at the ~ of page one au bas de la une en bas de page un ‖ *fig*: I believe, at the ~ of my heart, that... je crois, au fond de moi-même, que...; he thanked them from the ~ of his heart il les a remerciés du fond du cœur; the ~ fell out of the grain market FIN le marché des grains s'est effondré; the ~ dropped out of her world when he died lorsqu'il est mort, pour elle le monde s'est effondré ‖ ~s up! *inf* cul sec!**-2.** [last place]: he's (at the) ~ of his class il est le dernier de sa classe; you're at the ~ of the list vous êtes en queue de liste; you have to start at the ~ and work your way up vous devez commencer au plus bas et atteindre la hiérarchie à la force du poignet. **-3.** [far end] fond *m*, bas *m*; at the ~ of the street/garden au bout de la rue/du jardin. **-4.** *fig* [origin, source] base *f*, origine *f*; I'm sure she's at the ~ of all this je suis sûr que c'est elle qui est à l'origine de cette histoire; I intend to get to the ~ of this affair j'entends aller au fin fond de cette affaire OR découvrir le pot aux roses. **-5.** [buttocks] derrière *m*, fesses *fpl*.**-6.** [of two-piece garment] bas *m*; pyjama ~s bas de pyjama.

◇ *adj*: the ~ half of the chart la partie inférieure du tableau; the ~ half of the class/list la deuxième moitié de la classe/liste; the ~ floor le rez-de-chaussée; the ~ end of the table le bas de la table; ~ gear *Br* AUT première *f* (vitesse *f*) ❑ ~ land OR lands *Am* terre *f* OR plaine *f* alluviale; ~ round *Am* CULIN gîte *m* à la noix.

◇ *vi* [ship] toucher le fond.

◆ **at bottom** *adv phr* au fond.

◆ **bottom out** *vi* [prices] atteindre son niveau plancher; [recession] atteindre son plus bas niveau.

**bottom drawer** *n Br*: she's collecting things for her ~ elle réunit des choses pour son trousseau.

**bottomless** ['bɒtəmlɪs] *adj* sans fond, insondable; [unlimited – funds, supply] inépuisable.

**bottom line** *n* FIN résultat *m* net; *fig*: the ~ l'essentiel.

**bottommost** ['bɒtəmməʊst] *adj* le plus bas.

**botulism** ['bɒtjʊlɪzm] *n* botulisme *m*.

**boudoir** ['buːdwɑːr] *n* boudoir *m*.

**bouffant** ['buːfɒŋ] *adj* [hairstyle] gonflant; [sleeve] bouffant.

**bougainvill(a)ea** [ˌbuːgən'vɪlɪə] *n* bougainvillée *f*, bougainvillier *m*.

**bough** [baʊ] *n lit* branche *f*.

**bought** [bɔːt] *pt & pp* → **buy**.

**boulder** ['bəʊldər] *n* bloc *m* de roche, boulder *m spec*; [smaller] gros galet *m*.

**boulevard** ['buːləvɑːd] *n* boulevard *m*.

**bounce** [baʊns] ◇ *n* **-1.** [rebound] bond *m*, rebond *m*; he caught the ball on the ~ il a pris la balle au bond. **-2.** [spring]: there isn't much ~ in this ball cette balle ne rebondit pas beaucoup; I'd like to put some ~ in my hair je voudrais donner du volume à mes cheveux. **-3.** *Am inf* [dismissal]: to give sb the ~ virer qqn.

◇ *vi* **-1.** [object] rebondir; the ball ~d down the steps la balle a rebondi de marche en marche; the knapsack ~d up and down on his back le sac à dos tressautait sur ses épaules; the bicycle ~d along the bumpy path le vélo faisait des bonds sur le chemin cahoteux. **-2.** [person] bondir, sauter; she came bouncing into/out of the room elle est entrée dans/sortie de la pièce d'un bond. **-3.** *inf* [cheque] être refusé pour non-provision.

◇ *vt* **-1.** [cause to spring] faire rebondir; she ~d the ball against OR off the wall elle fit rebondir la balle sur le mur; he ~d the baby on his knee il a fait sauter l'enfant sur son genou; signals are ~d off a satellite les signaux sont renvoyés OR retransmis par satellite; they ~d ideas off each other *fig* leur échange de vues créait une émulation réciproque. **-2.** *inf* [cheque]: the bank ~d my cheque la banque a refusé mon chèque. **-3.** *inf* [throw out] flanquer à la porte, vider.

◆ **bounce back** *vi insep* [after illness] se remettre rapidement.

**bouncer** ['baʊnsər] *n inf* videur *m*.

**bouncing** ['baʊnsɪŋ] *adj* **-1.** [healthy] qui respire la santé; a ~ baby un bébé en pleine santé. **-2.** [ball] qui rebondit.

**bouncy** ['baʊnsɪ] (*compar* **bouncier**, *superl* **bounciest**) *adj* **-1.** [ball, bed] élastique; [hair] souple, qui a du volume. **-2.** [person] plein d'entrain, dynamique.

**bound** [baʊnd] ◇ *pt & pp* → **bind**.

◇ *adj* **-1.** [certain] sûr, certain; it was ~ to happen c'était à prévoir; but he's ~ to say that mais il est certain que c'est cela qu'il va dire ❑ she's up to no good, I'll be ~ je parie qu'elle ne mijote rien de bon. **-2.** [compelled] obligé; you are ~ by the treaty to take action l'accord les oblige à prendre des mesures; the teacher felt ~ to report them l'enseignant s'est cru obligé de les dénoncer ❑ I'm ~ to say I disagree je dois dire que je ne suis pas d'accord. **-3.** [connected]: ~ up lié; his frustration is ~ up with his work sa frustration est directement liée à son travail. **-4.** [heading towards]: ~ for [person] en route pour; [shipment, cargo etc] à destination de; [train] à destination OR en direction de. **-5.** [tied] lié; LING lié; ~ hand and foot pieds et poings liés. **-6.** [book] relié; ~ in boards cartonné.

◇ *n* **-1.** [leap] saut *m*, bond *m*.**-2.** MATH: lower ~ minorant *m*; upper ~ majorant *m*.

◇ *vi* [person] sauter, bondir; [animal] faire un bond OR des bonds, bondir; the children ~ed into/out of the classroom les enfants sont entrés dans/sortis de la salle de classe en faisant des bonds.

◇ *vt* borner, limiter.

◆ **bounds** *npl* limite *f*, borne *f*; the situation has gone beyond the ~s of all reason la situation est devenue complètement aberrante OR insensée; her rage knew no ~s sa colère était sans bornes; within the ~s of possibility dans la limite du possible ❑ out of ~s [gen] dont l'accès est interdit;

SPORT hors du jeu; **the castle gardens are out of ~s to visitors** les jardins du château sont interdits au public.

**-bound** *in cpds* **-1.** [restricted] confiné; **house~** confiné à la maison; **snow~** road route *f* complètement enneigée. **-2.** [heading towards]: **a south~ train** un train en partance pour le Sud; **city~ traffic** circulation *f* en direction du centre-ville.

**boundary** ['baʊndərɪ] (*pl* **boundaries**) *n* limite *f*, frontière *f*; **~ (line)** ligne *f* frontière; SPORT limites *fpl* du terrain; [in basketball] ligne *f* de touche.

**boundary stone** *n* borne *f*, pierre *f* de bornage.

**bounder** ['baʊndəʳ] *n Br inf & dated* goujat *m*, malotru *m*.

**boundless** ['baʊndlɪs] *adj* [energy, wealth] illimité; [ambition, gratitude] sans bornes; [space] infini.

**bounteous** ['baʊntɪəs], **bountiful** ['baʊntɪfʊl] *adj lit* [person] généreux, libéral; [supply] abondant; [rain] bienfaisant.

**bounty** ['baʊntɪ] (*pl* **bounties**) *n* **-1.** *lit* [generosity] munificence *f*. **-2.** [gift] don *m*. **-3.** [reward] prime *f*.

**bounty hunter** *n* chasseur *m* de primes.

**bouquet** [bʊ'keɪ] *n* bouquet *m*.

**bourbon** ['bɜːbən] *n* [whisky] bourbon *m*.

**Bourbon** ['bʊəbən] ◇ *adj* Bourbon. ◇ *n* Bourbon *mf*.

**bourgeois** ['bɔːʒwɑː] ◇ *n* bourgeois *m*, -e *f*. ◇ *adj* bourgeois.

**bourgeoisie** [,bɔːʒwɑː'ziː] *n* bourgeoisie *f*.

**bout** [baʊt] *n* **-1.** [period] période *f*; **a ~ of drinking** une soûlerie, une beuverie. **-2.** [of illness] attaque *f*; [of fever] accès *m*; [of rheumatism] crise *f*; **a ~ of bronchitis** une bronchite; **a ~ of flu** une grippe. **-3.** [boxing, wrestling] combat *m*; [fencing] assaut *m*.

**boutique** [buː'tiːk] *n* [shop] boutique *f*; [in department store] rayon *m*.

**bovine** ['bəʊvaɪn] ◇ *adj literal & fig* bovin. ◇ *n* bovin *m*.

**bovver boots** *npl Br inf & dated* brodequins *mpl*, rangers *mpl*.

**bovver boy** *n Br inf & dated* loubard *m*.

**bow¹** [baʊ] ◇ *vi* **-1.** [in greeting] incliner la tête, saluer; **he refuses to ~ and scrape to anyone** il refuse de faire des courbettes OR des salamalecs à qui que ce soit. **-2.** [bend] se courber; [under load] ployer. ◇ *fig* [yield] s'incliner; **to ~ to the inevitable** s'incliner devant l'inévitable; **the government is ~ing under OR to pressure from the unions** l'administration s'incline sous la pression des syndicats; **I'll ~ to your greater knowledge** je m'incline devant tant de savoir OR de science. ◇ *vt* [bend] incliner, courber; [knee] fléchir; [head – in shame] baisser; [– in prayer] incliner; [– in contemplation] pencher. ◇ *n* **-1.** [gen] salut *m*; **to take a ~** saluer. **-2.** [of ship] avant *m*, proue *f*; **on the port/starboard ~** par bâbord/tribord avant. **-3.** [oarsman] nageur *m* de l'avant.

◆ **bow down** ◇ *vi insep* s'incliner; **he ~ed down to her** il s'est incliné devant elle. ◇ *vt sep* faire plier; *fig* écraser, briser.

◆ **bow out** *vi insep fig* tirer sa révérence.

**bow²** [bəʊ] ◇ *n* **-1.** [curve] arc *m*. **-2.** **-3.** MUS [stick] archet *m*; [stroke] coup *m* d'archet. **-4.** [in ribbon] nœud *m*, boucle *f*; **tie it in a ~** faites un nœud. ◇ *vi* MUS manier l'archet.

**bowed** [baʊd] *adj* [back] courbé; [head] baissé.

**bowel** ['baʊəl] *n (usu pl)* **-1.** ANAT [human] intestin *m*, intestins *mpl*; [animal] boyau *m*, boyaux *mpl*, intestins *mpl*. **-2.** *fig*: **the ~s of the earth** les entrailles *fpl* de la terre.

**bower** ['baʊəʳ] *n* **-1.** [arbour] berceau *m* de verdure, charmille *f*. **-2.** *lit* [cottage] chaumière *f*; [boudoir] boudoir *m*.

**bowing¹** ['baʊɪŋ] *n (U)* [greeting] saluts *mpl*; **~ and scraping** salamalecs *mpl*, courbettes *fpl*.

**bowing²** ['bəʊɪŋ] *n* MUS technique *f* d'archet.

**bowl** [bəʊl] ◇ *n* **-1.** [receptacle] bol *m*; [larger] bassin *m*, cuvette *f*; [shallow] jatte *f*; [made of glass] coupe *f*; [for washing-up] cuvette *f*; [of beggar] sébile *f* ‖ [contents] bol *m*. **-2.** [rounded part – of spoon] creux *m*; [– of pipe] fourneau *m*; [– of wine glass] coupe *f*; [– of sink, toilet] cuvette *f*. **-3.** GEOG bassin *m*, cuvette *f*. **-4.** *Am* SPORT [arena] amphithéâtre *m*; [championship] championnat *m*, coupe *f*; [trophy] coupe *f*. **-5.** [ball] boule *f*; **(game of) ~s** *Br* (jeu *m* de) boules *fpl*. ◇ *vi* **-1.** [play bowls] jouer aux boules; [play tenpin bowling] jouer au bowling; [in cricket] lancer (la balle). **-2.** [move quickly] filer, aller bon

train; **the bus ~ed along the country lanes** l'autocar roulait à toute vitesse sur les petites routes de campagne. ◇ *vt* **-1.** [ball, bowl] lancer, faire rouler; [hoop] faire rouler. **-2.** SPORT [score]: **I ~ed 160** j'ai marqué 160 points ‖ [in cricket] **to ~ the ball** servir; **he ~ed (out) the batsman** il a mis le batteur hors jeu.

◆ **bowl over** *vt sep* **-1.** [knock down] renverser, faire tomber. **-2.** *inf & fig* [amaze] stupéfier, sidérer; **I was ~ed over by the news** la nouvelle m'a abasourdi.

**bow-legged** [bəʊ-] *adj* à jambes arquées.

**bow legs** [bəʊ-] *npl* jambes *fpl* arquées.

**bowler** ['bəʊləʳ] *n* **-1.** SPORT [in bowls] joueur *m*, -euse *f* de boules OR pétanque, bouliste *mf*; [in tenpin bowling] joueur *m*, -euse *f* de bowling; [in cricket] lanceur *m*, -euse *f*. **-2.** = **bowler hat**.

**bowler hat** *n Br* (chapeau *m*) melon *m*.

**bowlful** ['bəʊlfʊl] *n* bol *m*.

**bowline** ['bəʊlɪn] *n* [rope] bouline *f*; [knot] nœud *m* de chaise.

**bowling** ['bəʊlɪŋ] *n* [bowls] jeu *m* de boules, pétanque *f*; [tenpin] bowling *m*; [in cricket] service *m*; **to go ~** [bowls] (aller) jouer à la pétanque; [tenpin bowling] (aller) faire du bowling.

**bowling alley** *n* bowling *m*.

**bowling green** *n* terrain *m* de boules (*sur gazon*).

**bowman¹** ['bəʊmən] (*pl* **bowmen** [-mən]) *n lit* [archer] archer *m*.

**bowman²** ['baʊmən] (*pl* **bowmen** [-mən]) *n* NAUT nageur *m* de l'avant.

**bowstring** ['bəʊstrɪŋ] *n* corde *f*.

**bow tie** [bəʊ-] *n* nœud *m* papillon.

**bow window** [bəʊ-] *n Br* fenêtre *f* en saillie, oriel *m*, bow-window *m*.

**bow-wow** [,baʊ'waʊ] ◇ *n baby talk* toutou *m*. ◇ *onomat* ouâ ouâ.

**box** [bɒks] (*pl* **boxes**) ◇ *n* **-1.** [container, contents] boîte *f*; [with lock] coffret *m*; [cardboard box] carton *m*; [crate] caisse *f*; [for money] caisse *f*; [collecting box] tronc *m*; **how can people live in these little ~es?** *fig* comment les gens font-ils pour vivre dans ces trous de souris? **-2.** [compartment] compartiment *m*; THEAT loge *f*; JUR [for jury, reporters] banc *m*; [for witness] barre *f*; [in stable] box *m*; [of coachman] siège *m* (de cocher); **the Royal ~** loge réservée aux membres de la famille royale. **-3.** [designated area – on form] case *f*; [– in newspaper] encadré *m*; [– on road, sportsfield] zone *f* quadrillée. **-4.** AUT & TECH [casing] boîte *f*, carter *m*. **-5.** *inf* [television] téléviseur *m*. **-6.** [postal address] boîte *f* postale. **-7.** [blow]: **a ~ on the ears** une gifle, une claque. **-8.** SPORT [protector] coquille *f*. **-9.** BOT hand *m*. ◇ *comp* [border, hedge] de OR en buis. ◇ *vi* [fight] faire de la boxe, boxer. ◇ *vt* **-1.** [fight] boxer avec, boxer. **-2.** *phr*: **to ~ sb's ears** gifler qqn. **-3.** [put in box] mettre en boîte OR caisse. **-4.** NAUT: **to ~ the compass** réciter les aires du vent.

◆ **box in** *vt sep* [enclose] enfermer, confiner; [pipes] encastrer; **the car was ~ed in between two vans** la voiture était coincée entre deux camionnettes; **to feel ~ed in** se sentir à l'étroit.

◆ **box up** *vt sep* mettre en boîte OR caisse; *fig* enfermer.

**box calf** *n* box *m*, box-calf *m*.

**box camera** *n* appareil *m* photographique rudimentaire.

**boxcar** ['bɒkskɑːʳ] *n Am* wagon *m* de marchandises (couvert).

**boxed** [bɒkst] *adj* COMM en boîte; **a ~ set** un coffret.

**box end wrench** *n Am* clef *f* polygonale.

**boxer** ['bɒksəʳ] *n* [fighter] boxeur *m*; [dog] boxer *m*.

**boxer shorts** *npl* boxer-short *m*.

**boxing** ['bɒksɪŋ] *n* boxe *f*.

**Boxing Day** *n Br* le 26 décembre.

**boxing glove** *n* gant *m* de boxe.

**boxing ring** *n* ring *m*.

**box junction** *n Br* carrefour *m* (*matérialisé sur la chaussée par des bandes croisées*).

**box kite** *n* cerf-volant *m* cellulaire.

**box number** *n* [in newspaper] numéro *m* d'annonce; [at post office] numéro *m* de boîte à lettres.

**box office** *n* [office] bureau *m* de location; [window] guichet *m* (de location).

◆ **box-office** *comp*: to be a box-office success être en tête du box-office.

**box pleat** *n* pli *m* creux.

**boxroom** ['bɒksrʊm] *n Br* débarras *m*, capharnaüm *m*.

**box spanner** *n* clef *f* OR clé *f* en douille.

**boxwood** ['bɒkswʊd] *n* buis *m*.

**boy** [bɔɪ] ◇ *n* **-1.** [male child] garçon *m*, enfant *m*; when I was a ∼ quand j'étais petit OR jeune; be a good ∼! sois sage!; the Smiths' ∼ le petit Smith; sit down, my ∼ assieds-toi, mon petit OR mon grand; I've known them since they were ∼s je les connais depuis leur enfance OR depuis qu'ils sont petits; ∼s will be ∼s un garçon, c'est un garçon ‖ [son] garçon *m*, fils *m*; the ∼s ces *mpl*; the backroom ∼s ceux qui restent dans les coulisses. **-5.** *offensive* [native servant] boy *m*.-**6.** [used to address dog, horse etc] mon beau. ◇ *interj*: (oh) ∼! dis donc!

**boycott** ['bɔɪkɒt] ◇ *n* boycottage *m*, boycott *m*. ◇ *vt* boycotter.

**boyfriend** ['bɔɪfrend] *n* petit ami *m*.

**boyish** ['bɔɪɪʃ] *adj* **-1.** [youthful] d'enfant, de garçon; [childish] enfantin, puéril. **-2.** [tomboyish – girl] garçonnier; [– behaviour] garçonnier, de garçon.

**Boys' Brigade** *pr n* organisation protestante de scoutisme pour garçons.

**boy scout** *n* scout *m*.

**bozo** ['bəʊzəʊ] *n inf* & *pej* type *m*.

**Bp** (*written abbr of* **bishop**) Mgr.

**Br -1.** *written abbr of* **British**. **-2.** [preceding name of monk] (*written abbr of* **brother**) F.

**BR** (*abbr of* **British Rail**) *pr n* société des chemins de fer britanniques.

**bra** [brɑː] *n* soutien-gorge *m*.

**Brabant** [brə'bænt] *pr n* Brabant *m*.

**brace** [breɪs] (*pl senses 1, 2, 3, 4 and 6* **braces**, *pl sense 5 inv*) ◇ *vt* **-1.** [strengthen] renforcer, consolider; [support] soutenir; CONSTR entretoiser; [beam] armer. **-2.** [steady, prepare]: he ∼d his body/himself for the impact il raidit son corps/s'arc-bouta en préparation du choc; he ∼d himself to try again il a rassemblé ses forces pour une nouvelle tentative; the family ∼d itself for the funeral la famille s'est armée de courage pour les funérailles; ∼ yourself for some bad news préparez-vous à de mauvaises nouvelles. ◇ *n* **-1.** [supporting or fastening device] attache *f*, agrafe *f*.-**2.** MED appareil *m* orthopédique; [for teeth] appareil *m* dentaire OR orthodontique. **-3.** CONSTR entretoise *f*.-**4.** TECH [drill]: ∼ (and bit) vilebrequin *m* à main. **-5.** [of game birds, pistols] paire *f*.-**6.** MUS & TYPO [bracket] accolade *f*.

◆ **braces** *npl* **-1.** *Br* [for trousers] bretelles *fpl*.-**2.** MED [for teeth] = **brace 2**.

**bracelet** ['breɪslɪt] *n* bracelet *m*.

**bracing** ['breɪsɪŋ] ◇ *adj* fortifiant, tonifiant; a ∼ wind un vent vivifiant. ◇ *n* CONSTR entretoisement *m*.

**bracken** ['brækn] *n* fougère *f*.

**bracket** ['brækɪt] ◇ *n* **-1.** [L-shaped support] équerre *f*, support *m*; [for shelf] équerre *f*, tasseau *m*; [lamp fixture] fixation *f*; ARCHIT console *f*, corbeau *m*.-**2.** [category] groupe *m*, classe *f*; the high/low income ∼ la tranche des gros/petits revenus. **-3.** MATH & TYPO [parenthesis] parenthèse *f*; [square] crochet *m*; in OR between ∼s entre parenthèses; (brace) ∼ MUS & TYPO accolade *f*. ◇ *vt* **-1.** [put in parentheses] mettre entre parenthèses; [put in square brackets] mettre entre crochets. **-2.** [link by brackets] réunir par une accolade. **-3.** *fig* [categorize] associer, mettre dans la même catégorie.

**brackish** ['brækɪʃ] *adj* saumâtre.

**brad** [bræd] *n* semence *f*, clou *m* de tapissier.

**bradawl** ['brædɔːl] *n* poinçon *m*.

**brag** [bræg] (*pt* & *pp* **bragged**, *cont* **bragging**) ◇ *vi* se vanter; to ∼ about sthg se vanter de qqch. ◇ *n* **-1.** [boasting] vantardise *f*, fanfaronnades *fpl*.-**2.** [person] = **braggart**. **-3.**

[card game] *jeu de cartes qui ressemble au poker*.

**braggart** ['brægət] *n* vantard *m*, -e *f*, fanfaron *m*, -onne *f*.

**Brahma** ['brɑːmə] *pr n* Brahma.

**Brahman** ['brɑːmən] *n* [person] brahmane *m*.

**braid** [breɪd] ◇ *n* **-1.** [trimming] ganse *f*, soutache *f*; [on uniform] galon *m*.-**2.** [of hair] tresse *f*, natte *f*. ◇ *vt* **-1.** [plait] tresser, natter. **-2.** [decorate with] soutacher, galonner.

**braided** ['breɪdɪd] *adj* [clothing] passementé; [hair] tressé.

**braille, Braille** [breɪl] ◇ *adj* braille. ◇ *n* braille *m*.

**brailled** [breɪld] *adj* [switches, instructions] en braille.

**brain** [breɪn] *n* **-1.** ANAT cerveau *m*; [mind] tête *f*, cerveau *m*; CULIN cervelle. **-2.** *inf* & *fig*: to blow one's ∼s out se faire sauter la cervelle ❑ you've got money on the ∼ tu es obsédé par l'argent. **-3.** [intelligence] intelligence *f*; he's got ∼s il est intelligent ❑ can I pick your ∼s for a minute? j'ai besoin de tes lumières. **-4.** *inf* [clever person] = **brains**. ◇ *comp* [damage, disease, surgery, tumour] cérébral; ∼ surgeon chirurgien *m* du cerveau. ◇ *vt inf* [hit] assommer.

◆ **brains** *n inf* [clever person] cerveau *m*; she's the ∼s of the family c'est elle le cerveau de la famille.

**brainbox** ['breɪnbɒks] *n inf* [skull] crâne *m*; [person] cerveau *m*.

**brainchild** ['breɪn,tʃaɪld] (*pl* **brainchildren** [-,tʃɪldrən]) *n inf* idée *f* personnelle.

**brain dead** *adj* dans un coma dépassé; he's ∼ *inf* & *pej* il n'a rien dans la cervelle.

**brain death** *n* mort *f* cérébrale.

**brain drain** *n* fuite *f* OR exode *m* des cerveaux.

**brainless** ['breɪnlɪs] *adj* [person] écervelé, stupide; [idea] stupide.

**brainpower** ['breɪn,paʊər] *n* intelligence *f*.

**brainstorm** ['breɪnstɔːm] ◇ *n* **-1.** MED congestion *f* cérébrale. **-2.** *Br inf* & *fig* [mental aberration] idée *f* insensée OR loufoque. **-3.** *Am inf* & *fig* [brilliant idea] idée *f* géniale. ◇ *vi* faire du brainstorming. ◇ *vt* plancher sur.

**brainstorming** ['breɪn,stɔːmɪŋ] *n* brainstorming *m*, remue-méninges *m inv*.

**brains trust** *n Br* [panel of experts] groupe *m* d'experts.

**brainteaser** ['breɪn,tiːzər] *n inf* problème *m* difficile, colle *f*.

**brain trust** *n Am* [advisory panel] brain-trust *m*.

**brainwash** ['breɪnwɒʃ] *vt* faire un lavage de cerveau à; advertisements can ∼ people into believing anything la publicité peut faire croire n'importe quoi aux gens.

**brainwashing** ['breɪnwɒʃɪŋ] *n* lavage *m* de cerveau.

**brainwave** ['breɪnweɪv] *n* **-1.** MED onde *f* cérébrale. **-2.** *inf* [brilliant idea] inspiration *f*, idée *f* OR trait *m* de génie; I've had a ∼! j'ai eu un éclair de génie.

**brainy** ['breɪnɪ] (*compar* **brainier**, *superl* **brainiest**) *adj inf* intelligent, futé.

**braise** [breɪz] *vt* braiser.

**braising beef** ['breɪzɪŋ-] *n* bœuf *m* à braiser.

**brake** [breɪk] ◇ *n* **-1.** [gen & AUT] frein *m*; to put on OR to apply the ∼s freiner ‖ *fig*: high interest rates acted as a ∼ on borrowing des taux d'intérêt élevés ont freiné les emprunts. **-2.** [carriage] break *m*.-**3.** [bracken] fougère *f*; [thicket] fourré *m*. ◇ *comp* [block, cable, drum, pedal] de frein. ◇ *vi* freiner, mettre le frein.

**brake fluid** *n* liquide *m* de freins, Lockheed® *m*.

**brake horsepower** *n* puissance *f* au frein.

**brake light** *n* feu *m* de stop.

**brake shoe** *n* mâchoire *f* de frein.

**brakesman** ['breɪksmən] (*pl* **brakesmen** [-mən]) *n* machiniste *m* OR mécanicien *m* d'extraction.

**brake van** *n Br* RAIL fourgon *m* à frein.

**braking** ['breɪkɪŋ] *n* freinage *m*; ∼ distance distance *f* de freinage.

**bramble** ['bræmbl] *n* **-1.** [prickly shrub] roncier *m*, roncière *f*.-**2.** [blackberry bush] ronce *f* des haies, mûrier *m* sauvage; [berry] mûre *f* sauvage.

**bran** [bræn] *n* son *m* (de blé), bran *m*.

**branch** [brɑːntʃ] ◇ *n* **-1.** [of tree] branche *f*.-**2.** [secondary part – of road] embranchement *m*; [– of river] branche *f*, bras *m*; [– of railway] bifurcation *f*; [– of pipe] branchement *m*.-**3.** [division – gen] division *f*, section *f*; [– of family] ramification *f*, branche *f*; [– of science] branche *f*; [– of police force] antenne *f*; [~ of government, civil service] service *m*; LING rameau *m*.**-4.** COMM [of company] succursale *f*, filiale *f*; [of bank] agence *f*, succursale *f*; ~ **manager** [of bank] directeur *m*, -trice *f* d'agence. **-5.** COMPUT branchement *m*.**-6.** *Am* [stream] ruisseau *m*. ◇ *vi* **-1.** [tree] se ramifier. **-2.** [road, river] bifurquer.

◆ **branch off** *vi insep* [road] bifurquer.

◆ **branch out** *vi insep* étendre ses activités; they're ~ing out into the restaurant business ils étendent leurs activités à OR se lancent dans la restauration.

**branch line** *n* ligne *f* secondaire.

**branch office** *n* [of company] succursale *f*; [of bank] agence *f*, succursale *f*.

**brand** [brænd] ◇ *n* **-1.** COMM [trademark] marque *f* (de fabrique); he has his own ~ of humour *fig* il a un sens de l'humour particulier ❏ ~ **leader** marque *f* dominante. **-2.** [identifying mark – on cattle] marque *f*; [– on prisoners] flétrissure *f*.**-3.** [branding iron] fer *m* à marquer. **-4.** [burning wood] tison *m*, brandon *m*; *lit* [torch] flambeau *m*. ◇ *vt* **-1.** [cattle] marquer (au fer rouge). **-2.** *fig* [label] étiqueter, stigmatiser; she was ~ed (as) a thief on lui a collé une étiquette de voleuse.

**branded** ['brændɪd] *adj*: ~ **goods** produits *mpl* de marque.

**Brandenburg** ['brændənbɜːg] *pr n* Brandebourg; 'The ~ Concertos' *Bach* 'les Concertos brandebourgeois'.

**brand image** *n* image *f* de marque.

**branding iron** ['brændɪŋ-] *n* fer *m* à marquer.

**brandish** ['brændɪʃ] ◇ *vt* brandir. ◇ *n* brandissement *m*.

**brand name** *n* marque *f* (de fabrique).

**brand-new** *adj* tout OR flambant neuf.

**Brand's Hatch** *pr n* circuit de courses automobiles en Angleterre.

**brandy** ['brændɪ] (*pl* **brandies**) *n* [made from grapes] ≈ cognac *m*; [made of fruit] eau-de-vie *f*.

**brandy butter** *n* *Br* beurre mélangé avec du sucre et parfumé au cognac.

**brandy snap** *n* *Br* galette *f* au gingembre.

**bran loaf** *n* pain *m* au son.

**bran tub** *n* *Br* pêche *f* miraculeuse (*jeu*).

**brash** [bræʃ] *adj* **-1.** [showy] impétueux, casse-cou (*inv*); [impudent] effronté, impertinent. **-2.** [colour] criard.

**brass** [brɑːs] ◇ *n* **-1.** [metal] cuivre *m* (jaune), laiton *m*; [objects]: the ~ is cleaned once a week les cuivres sont faits une fois par semaine. **-2.** *Br* [memorial] plaque *f* mortuaire (en cuivre). **-3.** MUS: the ~ les cuivres *mpl*.**-4.** *Br inf* [nerve] toupet *m*, culot *m*.**-5.** *Br inf* & *dial* [money] pognon *m*. ◇ *comp* [object, ornament] de OR en cuivre; the ~ **section** MUS les cuivres *mpl*; to get down to ~ **tacks** en venir au fait OR aux choses sérieuses.

**brass band** *n* fanfare *f*, orchestre *m* de cuivres.

**brasserie** ['bræsərɪ] *n* brasserie *f*.

**brass farthing** *n* *Br*: it's not worth a ~ *inf* ça ne vaut pas un clou.

**brassiere** [*Br* 'bræsɪər, *Am* brə'zɪr] *n* soutien-gorge *m*.

**brass knuckles** *npl Am* coup-de-poing *m* américain.

**brass-monkey**[V] *adj Br*: it's ~ **weather** on se les gèle, on se les caille.

**brass rubbing** *n* [picture] décalque *m*; [action] décalquage *m* par frottement.

**brassy** ['brɑːsɪ] (*compar* **brassier**, *superl* **brassiest**) *adj* **-1.** [colour] cuivré; [sound] cuivré, claironnant. **-2.** *inf* [brazen] effronté, impertinent.

**brat** [bræt] *n pej* morveux *m*, -euse *f*, galopin *m*.

**bravado** [brə'vɑːdəʊ] *n* bravade *f*.

**brave** [breɪv] ◇ *adj* **-1.** [courageous] courageux, brave; be ~! sois courageux!, du courage!; to put on a ~ **face**, to put a ~ **face** on it faire bonne contenance. **-2.** *lit* [splendid] beau, *before vowel or silent 'h'* bel (*f* belle), excellent; 'Brave New World' *Huxley* 'le Meilleur des mondes'. ◇ *vt* [person] braver, défier; [danger, storm] braver, affronter. ◇ *npl* [people]: the ~ les courageux *mpl*. ◇ *n* [Indian warrior] brave *m*, guerrier *m* indien.

◆ **brave out** *vt sep* faire face à.

**bravely** ['breɪvlɪ] *adv* courageusement, bravement.

**bravery** ['breɪvərɪ] *n* courage *m*, vaillance *f*.

**bravo** [,brɑː'vəʊ] (*pl* **bravos**) ◇ *interj* bravo. ◇ *n* bravo *m*.

**bravura** [brə'vʊərə] *n* [gen & MUS] bravoure *f*.

**brawl** [brɔːl] ◇ *n* **-1.** [fight] bagarre *f*, rixe *f*. **-2.** *Am inf* [party] java *f*. ◇ *vi* se bagarrer.

**brawn** [brɔːn] *n* (*U*) **-1.** [muscle] muscles *mpl*; [strength] muscle *m*. **-2.** *Br* CULIN fromage *m* de tête.

**brawny** ['brɔːnɪ] (*compar* **brawnier**, *superl* **brawniest**) *adj* [arm] musculeux; [person] musclé.

**bray** [breɪ] ◇ *vi* [donkey] braire; *pej* [person] brailler; [trumpet] beugler, retentir. ◇ *n* [of donkey] braiement *m*; *pej* [of person] braillement *m*; [of trumpet] beuglement *m*, bruit *m* strident.

**brazen** ['breɪzn] *adj* **-1.** [bold] effronté, impudent. **-2.** [brass] de cuivre (jaune), de laiton; [sound] cuivré.

◆ **brazen out** *vt sep*: you'll have to ~ it out il va falloir que tu t'en tires par des fanfaronnades.

**brazier** ['breɪzjər] *n* **-1.** [for fire] brasero *m*.**-2.** [brass worker] chaudronnier *m*.

**brazil** [brə'zɪl] *n*: ~ (**nut**) noix *f* du Brésil.

**Brazil** [brə'zɪl] *pr n* Brésil *m*; in ~ au Brésil.

**Brazilian** [brə'zɪljən] ◇ *n* Brésilien *m*, - enne *f*. ◇ *adj* brésilien.

**breach** [briːtʃ] ◇ *n* **-1.** [gap] brèche *f*, trou *m*; our troops made a ~ in the enemy lines nos troupes ont percé les lignes ennemies; she stepped into the ~ when I fell ill *fig* elle m'a remplacé au pied levé quand je suis tombé malade. **-2.** [violation – of law] violation *f*; [– of discipline, order, rules] infraction *f*; [– of etiquette, friendship] manquement *m*; [– of confidence, trust] abus *m*; a ~ **of discipline** une infraction OR un manquement à la discipline; JUR un acte de déloyauté; ~ **of privilege** POL atteinte *f* aux privilèges parlementaires; ~ **of contract** rupture *f* de contrat; ~ **of the peace** JUR atteinte *f* à l'ordre public; ~ **of promise** [gen] manque de parole; [of marriage] violation *f* de promesse de mariage. **-3.** [rift] brouille *f*, désaccord *m*.**-4.** [of whale] saut *m*. ◇ *vt* **-1.** [make gap in] ouvrir une brèche dans, faire un trou dans; we ~ed the enemy lines nous avons percé les lignes ennemies. **-2.** [agreement] violer, rompre; [promise] manquer à. ◇ *vi* [whale] sauter hors de l'eau.

**bread** [bred] *n* (*U*) **-1.** [food] pain *m*; a loaf of ~ un pain, une miche; ~ **and butter** du pain beurré ❏ to earn one's daily ~ gagner sa vie OR sa croûte; translation is her ~ and butter la traduction est son gagne-pain; to take the ~ out of sb's mouth ôter le pain de la bouche à qqn; I know which side my ~ is buttered je sais où est mon intérêt. **-2.** *inf* [money] pognon *m*, fric *m*.

**bread-and-butter** *adj inf* **-1.** [basic]: a ~ **job** un travail qui assure le nécessaire; the ~ **issues** les questions les plus terre-à-terre. **-2.** [reliable – person] sur qui l'on peut compter. **-3.** [expressing gratitude]: a ~ **letter** une lettre de remerciements.

**breadbasket** ['bred,bɑːskɪt] *n* **-1.** [basket] corbeille *f* à pain. **-2.** GEOG région *f* céréalière.

**bread bin** *n Br* [small] boîte *f* à pain; [larger] huche *f* à pain.

**breadboard** ['bredbɔːd] *n* planche *f* à pain.

**bread box** *Am* = bread bin.

**breadcrumb** ['bredkrʌm] *n* miette *f* de pain.

◆ **breadcrumbs** *npl* CULIN chapelure *f*, panure *f*; fish fried in ~s du poisson pané.

**breaded** ['bredɪd] *adj* enrobé de chapelure.

**breadfruit** ['bredfruːt] *n* [tree] arbre *m* à pain; [fruit] fruit *m* à pain.

**breadknife** ['brednaɪf] (*pl* **breadknives** [-naɪvz]) *n* couteau *m* à pain.

**breadline** ['bredlaɪn] *n*: to live OR to be on the ~ *fig* être sans le sou OR indigent.

**bread sauce** *n Br* sauce *f* à la mie de pain.

**breadth** [bredθ] *n* **-1.** [width] largeur *f*; [of cloth] lé *m*; the stage is 60 metres in ~ la scène a 60 mètres de large. **-2.** [scope – of mind, thought] largeur *f*; [– of style] ampleur *f*; ART largeur *f* d'exécution; MUS jeu *m* large.

**breadwinner** ['bred,wɪnər] *n* soutien *m* de famille.

**break** [breɪk] (*pt* **broke** [brəʊk], *pp* **broken** ['brəʊkn]) ◇ *vt* **-1.** [split into pieces – glass, furniture] casser, briser; [– branch, lace, string] casser; to ~ **bread** RELIG [priest] administrer la communion; [congregation] recevoir la communion; to ~ sb's heart *fig* briser le cœur à qqn ❏ to ~ the ice rompre OR briser la glace. **-2.** [fracture] casser, fracturer; to ~ one's leg se casser OR se fracturer la jambe; to ~ one's neck se casser OR se rompre le cou; the fall broke his back la chute lui a brisé les reins ‖ *fig*: to ~ one's back *inf* s'échiner; we've broken the back of the job nous avons fait le plus gros du travail; I'll ~ his neck if I catch him doing it again! *inf* je lui tords le cou si je le reprends à faire ça! ❏ ~ a leg! *inf* merde! (*pour souhaiter bonne chance*). **-3.** [render inoperable – appliance, machine] casser. **-4.** [cut surface of – ground] entamer; [– skin] écorcher; the seal on the coffee jar was broken le pot de café avait été ouvert ❏ to ~ new OR fresh ground innover, faire œuvre de pionnier; scientists are ~ing new OR fresh ground in cancer research les savants font une percée dans la recherche contre le cancer. **-5.** [force a way through] enfoncer; the river broke its banks la rivière est sortie de son lit; to ~ the sound barrier franchir le mur du son; to ~ surface [diver, whale] remonter à la surface; [submarine] faire surface. **-6.** [violate – law, rule] violer, enfreindre; [– agreement, treaty] violer; [– contract] rompre; [– promise] manquer à; RELIG [– commandment] désobéir à; [– sabbath] ne pas respecter; [– speed limit] dépasser; he broke his word to her *lit* il a manqué à la parole qu'il lui avait donnée; to ~ parole JUR *commettre un délit qui entraîne la révocation de la mise en liberté conditionnelle.* **-7.** [escape from, leave suddenly]: to ~ jail s'évader (de prison); to ~ camp lever le camp; to ~ cover [animal] être débusqué; [person] sortir à découvert. **-8.** [interrupt – fast, monotony, spell] rompre; we broke our journey at Brussels nous avons fait une étape à Bruxelles; a cry broke the silence un cri a déchiré OR percé le silence; the plain was broken only by an occasional small settlement la plaine n'était interrompue que par de rares petits hameaux; to ~ step rompre le pas; to ~ sb's service [in tennis] prendre le service de qqn ‖ ELEC [circuit, current] couper. **-9.** [put an end to – strike] briser; [– uprising] mater; the new offer broke the deadlock la nouvelle proposition a permis de sortir de l'impasse; he's tried to stop smoking but he can't ~ the habit il a essayé d'arrêter de fumer mais il n'arrive pas à se débarrasser OR se défaire de l'habitude. **-10.** [wear down, destroy – enemy] détruire; [– person, will, courage, resistance] briser; [– witness] réfuter; [– health] abîmer; this scandal could ~ them ce scandale pourrait signer leur perte; the experience will either make or ~ him l'expérience lui sera ou salutaire ou fatale. **-11.** [bankrupt] ruiner; to ~ the bank [exhaust funds] faire sauter la banque. **-12.** [soften – fall] amortir, adoucir; we planted a row of trees to ~ the wind nous avons planté une rangée d'arbres pour couper le vent. **-13.** [reveal, tell] annoncer, révéler; ~ it to her gently annonce-le lui avec ménagement. **-14.** [beat, improve on] battre. **-15.** [solve – code] déchiffrer. **-16.** [divide into parts – collection] dépareiller; [– bank note] entamer; can you ~ a £10 note? pouvez-vous faire de la monnaie sur un billet de 10 livres?**-17.** [horse] dresser. **-18.** MIL [demote] casser. **-19.** NAUT [flag] déferler. **-20.** *euph*: to ~ wind lâcher un vent.

◇ *vi* **-1.** [split into pieces – glass, furniture] se casser, se briser; [– branch, stick] se casser, se rompre; [– lace, string] se casser. **-2.** [fracture – bone, limb] se fracturer; is the bone broken? y a-t-il une fracture?**-3.** [become inoperable – lock, tool] casser; [– machine] tomber en panne. **-4.** [disperse – clouds] se disperser, se dissiper; [– troops] rompre les rangs; [– ranks] se rompre. **-5.** [escape]: to ~ free se libérer; the ship broke loose from its moorings le bateau a rompu ses amarres. **-6.** [fail – health, person, spirit] se détériorer; she OR her spirit did not ~ elle ne s'est pas laissée abattre; their courage finally broke leur courage a fini par les abandonner. **-7.** [take a break] faire une pause; let's ~ for coffee arrêtons-nous pour prendre un café. **-8.** [arise suddenly – day] se lever, poindre; [– dawn] poindre; [– news] être annoncé; [– scandal, war] éclater. **-9.** [move suddenly] se précipiter, foncer. **-10.** [weather] changer; [storm] éclater. **-11.** [voice – of boy] muer; [– with emotion] se briser. **-12.** [wave] déferler. **-13.** MED: her waters have broken elle a perdu les eaux. **-14.** *phr*: to ~ even [gen] s'y retrouver; FIN rentrer dans ses frais. **-15.** LING [vowel] se diphtonguer. **-16.** [boxers] se dégager. **-17.** [ball] dévier. **-18.** [in billiards] donner l'acquit.

◇ *n* **-1.** [in china, glass] cassure *f*, brisure *f*; [in wood] cassure *f*, rupture *f*; [in bone, limb] fracture *f*; a clean ~ [in object] une cassure nette; [in bone] une fracture simple ‖ *fig* [with friend,

group] rupture *f*; [in marriage] séparation *f*; to make a clean ~ with the past rompre avec le passé. **-2.** [crack] fissure *f*, fente *f*.**-3.** [gap – in hedge, wall] trouée *f*, ouverture *f*; [– in rock] faille *f*; [– in line] interruption *f*, rupture *f*; a ~ in the clouds une éclaircie. **-4.** [interruption – in conversation] interruption *f*, pause *f*; [– in payment] interruption *f*, suspension *f*; [– in trip] arrêt *m*; [– in production] suspension *f*, rupture *f*; a ~ for commercials, a (commercial) ~ RADIO un intermède de publicité; TV un écran publicitaire, une page de publicité; a ~ in transmission une interruption des programmes (due à un incident technique) ‖ LITERAT & MUS pause *f*; [in jazz] break *m*; ELEC: a ~ in the circuit une coupure de courant. **-5.** [rest] pause *f*; [holiday] vacances *fpl*; Br SCH récréation *f*; let's take a ~ on fait une pause?; he drove for three hours without a ~ il a conduit trois heures de suite; you need a ~ [short rest] tu as besoin de faire une pause; [holiday] tu as besoin de vacances ❏ lunch ~ pause *f* de midi; do you get a lunch ~? tu as une pause à midi? *inf* laisse-moi respirer!**-6.** [escape] évasion *f*, fuite *f*; [jail ~] évasion (de prison); she made a ~ for the woods elle s'est élancée vers le bois ❏ to make a ~ for it prendre la fuite. **-7.** *inf* [opportunity] chance *f*; [luck] (coup *m* de) veine *f*; to have a lucky ~ avoir de la veine; to have a bad ~ manquer de veine. **-8.** [change] changement *m*; a ~ in the weather un changement de temps; the decision signalled a ~ with tradition la décision marquait une rupture avec la tradition. **-9.** [carriage] break *m*.**-10.** *lit*: at ~ of day au point du jour, à l'aube. **-11.** SPORT: to have a service ~ OR a ~ (of serve) [in tennis] avoir une rupture de service (*de l'adversaire*); he made a 70 ~ [in snooker] il a fait une série de 70.

◆ **break away** ◇ *vi insep* **-1.** [move away] se détacher; I broke away from the crowd je me suis éloigné de la foule. **-2.** [end association with] rompre; a group of MPs broke away from the party un groupe de députés a quitté le parti. **-3.** SPORT [in racing, cycling] s'échapper, se détacher du peloton. ◇ *vt sep* détacher.

◆ **break down** ◇ *vi insep* **-1.** [vehicle, machine] tomber en panne. **-2.** [fail – health] se détériorer; [– authority] disparaître; [– argument, system] s'effondrer; [– negotiations, relations, plan] échouer; radio communications broke down le contact radio a été coupé. **-3.** [lose one's composure] s'effondrer; to ~ down in tears fondre en larmes. **-4.** [divide] se diviser; the report ~s down into three parts le rapport comprend OR est composé de trois parties. **-5.** CHEM se décomposer; to ~ down into se décomposer en. ◇ *vt sep* **-1.** [destroy – barrier] démolir, abattre; [– door] enfoncer; *fig* [– resistance] briser; we must ~ down old prejudices il faut mettre fin aux vieux préjugés. **-2.** [analyse – idea] analyser; [– reasons] décomposer; [– accounts] analyser, détailler; COMM [– costs, figures] ventiler; CHEM [– substance] décomposer.

◆ **break in** ◇ *vt sep* **-1.** [train – person] former; [– horse] dresser. **-2.** [clothing] porter (*pour user*); I want to ~ these shoes in je veux que ces chaussures se fassent. **-3.** [knock down – door] enfoncer. ◇ *vi insep* **-1.** [burglar] entrer par effraction. **-2.** [speaker] interrompre; to ~ in on sb/sthg interrompre qqn/qqch.

◆ **break into** *vt insep* **-1.** [subj: burglar] entrer par effraction dans; [drawer, safe] forcer. **-2.** [begin suddenly]: the audience broke into applause le public s'est mis à applaudir; the horse broke into a gallop le cheval a pris le galop. **-3.** [conversation] interrompre. **-4.** [start to spend – savings] entamer. **-5.** COMM percer sur.

◆ **break off** ◇ *vi insep* **-1.** [separate] se détacher, se casser. **-2.** [stop] s'arrêter brusquement; he broke off in midsentence il s'est arrêté au milieu d'une phrase; they broke off from work [for rest] ils ont fait une pause; [for day] ils ont cessé le travail. **-3.** [end relationship] rompre; she's broken off with him elle a rompu avec lui. ◇ *vt sep* **-1.** [separate] détacher, casser; to ~ sthg off sthg casser OR détacher qqch de qqch. **-2.** [end – agreement, relationship] rompre; Italy had broken off diplomatic relations with Libya l'Italie avait rompu ses relations diplomatiques avec la Libye.

◆ **break out** ◇ *vi insep* **-1.** [begin – war, storm] éclater; [– disease] se déclarer. **-2.** [become covered]: to ~ out in spots OR in a rash avoir une éruption de boutons; to ~ out in a sweat se mettre à transpirer. **-3.** [escape] s'échapper; to ~ out from OR of prison s'évader (de prison). ◇ *vt sep* [bottle, champagne] ouvrir.

◆ **break through** ◇ *vt insep* [sun] percer; I broke through the crowd je me suis frayé un chemin à travers la foule; **the troops broke through enemy lines** les troupes ont enfoncé les lignes ennemies; **she eventually broke through his reserve** elle a fini par le faire sortir de sa réserve. ◇ *vi insep literal* percer; *fig* & MIL faire une percée.

◆ **break up** ◇ *vt sep* **-1.** [divide up – rocks] briser, morceler; [– property] morceler; [– soil] ameublir; [– bread, cake] partager; **illustrations ~ up the text** le texte est aéré par des illustrations. **-2.** [destroy – house] démolir; [– road] défoncer. **-3.** [end – fight, party] mettre fin à, arrêter; [– coalition] briser, rompre; [– organization] dissoudre; [– empire] démembrer; [– family] séparer; **his drinking broke up their marriage** le fait qu'il buvait a brisé OR détruit leur mariage. **-4.** [disperse – crowd] disperser; **~ it up!** [people fighting or arguing] arrêtez!; [said by policeman] circulez!**-5.** *inf* [distress] bouleverser, retourner.
◇ *vi insep* **-1.** [split into pieces – road, system] se désagréger; [– ice] craquer, se fissurer; [– ship] se disloquer. **-2.** [come to an end – meeting, party] se terminer, prendre fin; [– partnership] cesser, prendre fin; **their marriage broke up** leur mariage n'a pas marché. **-3.** [boyfriend, girlfriend] rompre; **she broke up with her boyfriend** elle a rompu avec son petit ami; **they've broken up** ils se sont séparés. **-4.** [disperse – clouds] se disperser; [– group] se disperser; [– friends] se quitter, se séparer. **-5.** *Br* SCH être en vacances; **we ~ up for Christmas on the 22nd** les vacances de Noël commencent le 22. **-6.** [lose one's composure] s'effondrer.

◆ **break with** *vt insep* **-1.** [end association with – person, organization] rompre avec. **-2.** [depart from – belief, values] rompre avec.

**breakable** ['breɪkəbl] *adj* fragile, cassable.
◆ **breakables** *npl*: **put away all ~s** rangez tout objet fragile.

**breakage** ['breɪkɪdʒ] *n* **-1.** [of metal] rupture *f*; [of glass] casse *f*, bris *m*.**-2.** [damages] casse *f*; **the insurance pays for all ~** OR **~s** l'assurance paye toute la casse.

**breakaway** ['breɪkəweɪ] *n* **-1.** [of people] séparation *f*; [of group] rupture *f*; SPORT [in cycling] échappée *f*; [in boxing] dégagement *m*.**-2.** CIN accessoire *m* cassable. ◇ *adj* séparatiste, dissident.

**breakdance** ['breɪkdɑːns] *n* smurf *m*.
◆ **break-dance** *vi* danser le smurf.

**break dancing** *n* smurf *m*.

**breakdown** ['breɪkdaʊn] *n* **-1.** [mechanical] panne *f*; **to have a ~** tomber en panne. **-2.** [of communications, negotiations] rupture *f*; [of railway system] arrêt *m* complet; [of tradition, state of affairs] détérioration *f*, dégradation *f*.**-3.** MED [nervous] dépression *f* nerveuse; **to have a ~** faire une dépression (nerveuse) ‖ [physical] effondrement *m*.**-4.** [analysis] analyse *f*; [into parts] décomposition *f*; COMM [of costs, figures] ventilation *f*; **a ~ of the population by age** une répartition de la population par âge.

**breakdown lorry, breakdown truck** *n Br* dépanneuse *f*.

**breaker** ['breɪkər] *n* **-1.** [scrap merchant]: **the ship was sent to the ~'s** le navire a été envoyé à la démolition. **-2.** [wave] brisant *m*.**-3.** ELECTRON = **circuit breaker**. **-4.** [machine] concasseur *m*, broyeur *m*.**-5.** CB [operator] cibiste *mf*.

**break-even** *adj*: **~ point** seuil *m* de rentabilité, point mort *m*; **~ price** prix *m* d'équilibre.

**breakfast** ['brekfəst] ◇ *n* petit déjeuner *m*; **to have ~** prendre le petit déjeuner. ◇ *comp* [service, set] à petit déjeuner; [tea, time] du petit déjeuner. ◇ *vi* prendre le petit déjeuner, déjeuner.

**breakfast cereal** *n* céréales *fpl*.

**breakfast room** *n* salle *f* du petit déjeuner.

**breakfast television** *n* télévision *f* du matin.

**break-in** *n* cambriolage *m*.

**breaking** ['breɪkɪŋ] *n* **-1.** [shattering] bris *m*; [of bone] fracture *f*; JUR [of seal] bris *m*; **~ and entering** effraction *f*.**-2.** [violation – of treaty, rule, law] violation *f*; **~ of a promise** manquement à une promesse; **~ of a commandment** désobéissance à un commandement. **-3.** [interruption – of journey] interruption *f*; [– of silence] rupture *f*.**-4.** LING fracture *f*.

**breaking point** *n literal* point *m* de rupture; *fig*: **I've reached ~** je suis à bout, je n'en peux plus; **you're trying my patience to ~** tu pousses à bout ma patience; **the situa-**

tion has reached **~** la situation est devenue critique.

**breakneck** ['breɪknek] *adj*: **at ~ speed** à une allure folle, à tombeau ouvert.

**breakout** ['breɪkaʊt] *n* [from prison] évasion *f* (de prison).

**breakpoint** ['breɪkpɔɪnt] *n* **-1.** [in tennis] point *m* d'avantage. **-2.** COMPUT point *m* de rupture.

**breakthrough** ['breɪkθruː] *n* **-1.** [advance, discovery] découverte *f* capitale, percée *f* (technologique). **-2.** [in enemy lines] percée *f*.

**breakup** ['breɪkʌp] *n* **-1.** [disintegration – of association] démembrement *m*, dissolution *f*; [– of relationship] rupture *f*.**-2.** [end – of meeting, activity] fin *f*.**-3.** [of ship] dislocation *f*.**-4.** [of ice] débâcle *f*.

**breakup value** *n* COMM valeur *f* liquidative.

**breakwater** ['breɪkˌwɔːtər] *n* digue *f*, brise-lames *m inv*.

**bream** [briːm] (*pl inv* OR **breams**) *n* brème *f*.

**breast** [brest] ◇ *n* **-1.** [chest] poitrine *f*; [of animal] poitrine, poitrail *m*; CULIN [of chicken] blanc *m*. **-2.** [bosom – of woman] sein *m*, poitrine *f*; *arch* [– of man] sein *m*; **she put the baby to her ~** elle porta le bébé à son sein. **-3.** MIN front *m* de taille. ◇ *vt* **-1.** [face – waves, storm] affronter, faire front à. **-2.** [reach summit of] atteindre le sommet de; **the runner ~ed the tape** SPORT le coureur a franchi la ligne d'arrivée (en vainqueur).

**breastbone** ['brestbəʊn] *n* ANAT sternum *m*; [of bird] bréchet *m*.

**breast-fed** *adj* nourri au sein.

**breast-feed** ◇ *vt* allaiter, donner le sein à. ◇ *vi* allaiter, nourrir au sein.

**breastplate** ['brestpleɪt] *n* [armour] plastron *m* (de cuirasse); [of priest] pectoral *m*.

**breast pocket** *n* poche *f* de poitrine.

**breaststroke** ['breststrəʊk] *n* brasse *f*; **to swim (the) ~** nager la brasse.

**breath** [breθ] *n* **-1.** [of human, animal] haleine *f*, souffle *m*; **to have bad ~** avoir mauvaise haleine; **take a ~** respirez; **he took a deep ~** il a respiré à fond; **let me get my ~ back** laissez-moi retrouver mon souffle OR reprendre haleine; **she stopped for ~** elle s'est arrêtée pour reprendre haleine; **to be out of ~** être essoufflé OR à bout de souffle; **to be short of ~** avoir le souffle court; **he said it all in one ~** il l'a dit d'un trait; **they are not to be mentioned in the same ~** on ne saurait les comparer; **under one's ~** à voix basse, tout bas; **he drew his last ~** il a rendu l'âme OR le dernier soupir; **to hold one's ~** retenir son souffle; **don't hold your ~ waiting for the money** si c'est l'argent que tu attends, ne compte pas dessus OR tu perds ton temps; **save your ~!** inutile de gaspiller ta salive!; **the sight took his ~ away** la vue OR le spectacle lui a coupé le souffle. **-2.** [gust] souffle *m*; **there isn't a ~ of air** il n'y a pas un souffle d'air; **we went out for a ~ of fresh air** nous sommes sortis prendre l'air. **-3.** [hint] trace *f*; **the first ~ of spring** les premiers effluves du printemps.

**breathable** ['briːðəbl] *adj* respirable.

**breathalyse** *Br*, **breathalyze** *Am* ['breθəlaɪz] *vt* faire passer l'Alcootest® à.

**Breathalyser®, Breathalyzer®** ['breθəlaɪzər] *n* Alcootest® *m*.

**breathe** [briːð] ◇ *vi* **-1.** [person] respirer; **to ~ heavily** OR **deeply** [after exertion] souffler OR respirer bruyamment; [during illness] il respirait péniblement; **I ~d more easily again after the exam** *fig* après l'examen j'ai enfin pu respirer; **how can I work with you breathing down my neck?** *fig* comment veux-tu que je travaille si tu es toujours derrière moi?**-2.** [wine] respirer. ◇ *vt* **-1.** PHYSIOL respirer; **she ~d a sigh of relief** elle poussa un soupir de soulagement; **to ~ one's last** rendre le dernier soupir OR l'âme; **she ~d new life into the project** elle a insufflé de nouvelles forces au projet. **-2.** [whisper] murmurer; **don't ~ a word!** ne soufflez pas mot!**-3.** LING aspirer.

◆ **breathe in** *vi insep* & *vt sep* inspirer.
◆ **breathe out** *vi insep* & *vt sep* expirer.

**breather** ['briːðər] *n* moment *m* de repos OR de répit; **I went out for a ~** je suis sorti prendre l'air.

**breathing** ['briːðɪŋ] *n* **-1.** [gen] respiration *f*, souffle *m*; [of musician] respiration *f*; **heavy ~** respiration bruyante. **-2.**

LING aspiration *f.*

**breathing space** *n* moment *m* de répit.

**breathless** ['breθlɪs] *adj* **-1.** [from exertion] essoufflé, hors d'haleine; [from illness] oppressé, qui a du mal à respirer. **-2.** [from emotion]: his kiss left her ~ son baiser lui a coupé le souffle; the film held us ~ le film nous a tenus en haleine. **-3.** [atmosphere] étouffant.

**breathtaking** ['breθ,teɪkɪŋ] *adj* impressionnant; a ~ view une vue à (vous) couper le souffle.

**breath test** *n* Alcootest®*m.*

**breathy** ['breθɪ] (*compar* **breathier,** *superl* **breathiest**) *adj* qui respire bruyamment; MUS qui manque d'attaque.

**Brechtian** ['brektɪən] ◇ *adj* brechtien. ◇ *n* brechtien *m*, -enne *f.*

**bred** [bred] ◇ *pt & pp* → **breed.** ◇ *adj* élevé.

**breech** [briːtʃ] ◇ *n* **-1.** [of gun] culasse *f.* **-2.** [of person] derrière *m.* ◇ *vt* [gun] munir d'une culasse.

**breech birth** *n* accouchement *m* par le siège *m.*

**breech delivery** = **breech birth.**

**breeches** ['brɪtʃɪz] *npl* pantalon *m*; [knee-length] haut-de-chausses *m*; [for riding] culotte *f.*

**breechloader** ['briːtʃ,ləʊdər] *n* arme *f* qui se charge par la culasse.

**breed** [briːd] (*pt & pp* **bred** [bred]) ◇ *n* **-1.** ZOOL [race] race *f*, espèce *f*; [within race] type *m*; BOT [of plant] espèce *f.* **-2.** *fig* [kind] sorte *f*, espèce *f.* ◇ *vt* **-1.** [raise – animals] élever, faire l'élevage de; [– plants] cultiver; [– children] *lit* OR *hum* élever. **-2.** *fig* [cause] engendrer, faire naître. ◇ *vi* se reproduire, se multiplier.

**breeder** ['briːdər] *n* [person] éleveur *m*, -euse *f*; [animal] reproducteur *m*, -trice *f.*

**breeder reactor** *n* surgénérateur *m*, surrégénérateur *m.*

**breeding** ['briːdɪŋ] *n* **-1.** AGR [raising – of animals] élevage *m*; [– of plants] culture *f.* **-2.** [reproduction] reproduction *f*, procréation *f*; the ~ **season** [for animals] la saison des amours; [for birds] la saison des nids. **-3.** [upbringing] éducation *f.* **-4.** PHYS surgénération *f*, surrégénération *f.*

**breeding-ground** *n* **-1.** [for wild animals, birds] lieu *m* de prédilection pour l'accouplement OR la ponte. **-2.** *fig*: a ~ **for terrorists** une pépinière de terroristes.

**breeze** [briːz] ◇ *n* **-1.** [wind] brise *f*; there's quite a ~ ça souffle. **-2.** *Am inf* [easy task]: that's a ~ c'est du gâteau. **-3.** [charcoal] cendres *fpl* (de charbon). ◇ *vi* **-1.** [move quickly] aller vite. **-2.** [do easily]: I ~d through the exam *inf* j'ai passé l'examen les doigts dans le nez.

◆ **breeze in** *vi insep*: she ~d in [quickly] elle est entrée en coup de vent; [casually] elle est entrée d'un air désinvolte.

**breezeblock** ['briːzblɒk] *n Br* parpaing *m.*

**breezily** ['briːzɪlɪ] *adv* [casually] avec désinvolture; [cheerfully] joyeusement, jovialement.

**breezy** ['briːzɪ] (*compar* **breezier,** *superl* **breeziest**) *adj* **-1.** [weather, day] venteux; [place, spot] éventé. **-2.** [person – casual] désinvolte; [– cheerful] jovial, enjoué.

**Bremen** ['breɪmən] *pr n* Brême.

**brethren** ['breðrən] *npl fml* [fellow members] camarades *mpl*; RELIG frères *mpl.*

**Breton** ['bretn] ◇ *n* **-1.** [person] Breton *m*, -onne *f.* **-2.** LING breton *m.* ◇ *adj* breton.

**breve** [briːv] *n* MUS & TYPO brève *f.*

**breviary** ['breviərı] (*pl* **breviaries**) *n* bréviaire *m.*

**brevity** ['brevɪtɪ] *n* **-1.** [shortness] brièveté *f.* **-2.** [succinctness] concision *f*; [terseness] laconisme *m.*

**brew** [bruː] ◇ *n* **-1.** [infusion] infusion *f*; [herbal] tisane *f.* **-2.** [beer] brassage *m*; [amount made] brassin *m.* ◇ *vt* **-1.** [make – tea] préparer, faire infuser; [– beer] brasser. **-2.** *fig* [scheme] tramer, mijoter. ◇ *vi* **-1.** [tea] infuser; [beer] fermenter. **-2.** [make beer] brasser, faire de la bière. **-3.** *fig* [storm] couver, se préparer; [scheme] se tramer, mijoter; there's trouble ~ing il y a de l'orage dans l'air.

◆ **brew up** *vi insep* **-1.** [storm] couver, se préparer; [trouble] se préparer, se tramer. **-2.** *Br inf* [make tea] préparer OR faire du thé.

**brewer** ['bruːər] *n* brasseur *m.*

**brewer's yeast** *n* levure *f* de bière.

**brewery** ['bruːərɪ] (*pl* **breweries**) *n* brasserie *f* (*fabrique*).

**briar** ['braɪər] **-1.** = **brier.** **-2.** = **briar pipe.**

**briar pipe** *n* pipe *f* de bruyère.

**bribe** [braɪb] ◇ *vt* soudoyer, acheter; [witness] suborner. ◇ *n* pot-de-vin *m*; to take ~s se laisser corrompre.

**bribery** ['braɪbərı] *n* corruption *f*; [of witness] subornation *f*; open to ~ corruptible ❑ ~ **and corruption** JUR corruption *f.*

**bric-à-brac** ['brɪkəbræk] ◇ *n* bric-à-brac *m.* ◇ *comp*: a ~ **shop/stall** une boutique/un éventaire de brocanteur.

**brick** [brɪk] *n* **-1.** [for building] brique *f*; to come down on sb like a ton of ~s *inf* passer un savon à qqn. **-2.** [of ice cream] pavé *m* (de glace). **-3.** *Br* [toy] cube *m* (de construction). ◇ *comp* [building] en brique OR briques; it's like talking to a ~ **wall** autant (vaut) parler à un mur OR un sourd.

◆ **brick up** *vt sep* murer.

**brickbat** ['brɪkbæt] *n* [weapon] morceau *m* de brique; *fig* [criticism] critique *f.*

**brickie** ['brɪkı] *n Br inf* maçon *m*, ouvrier-maçon *m.*

**bricklayer** ['brɪk,leɪər] *n* maçon *m*, ouvrier-maçon *m.*

**brick red** *n* rouge *m* brique.

◆ **brick-red** *adj* rouge brique (*inv*).

**brickwork** ['brɪkwɜːk] *n* [structure] briquetage *m*, brique *f.*

**brickworks** ['brɪkwɜːks] (*pl inv*), **brickyard** ['brɪkjɑːd] *n* briqueterie *f.*

**bridal** ['braɪdl] *adj* [gown, veil] de mariée; [chamber, procession] nuptial; [feast] de noce; the ~ **suite** la suite réservée aux jeunes mariés.

**bride** [braɪd] *n* [before wedding] (future) mariée *f*; [after wedding] (jeune) mariée *f*; the ~ **and groom** les (jeunes) mariés *mpl* ❑ the ~ **of Christ** RELIG l'épouse *f* du Christ.

**bridegroom** ['braɪdgrum] *n* [before wedding] (futur) marié *m*; [after wedding] (jeune) marié *m.*

**bridesmaid** ['braɪdzmeɪd] *n* demoiselle *f* d'honneur.

**bride-to-be** *n* future mariée *f.*

**bridge** [brɪdʒ] ◇ *n* **-1.** [structure] pont *m*; **-2.** *fig* [link] rapprochement *m.* **-3.** [of ship] passerelle *f* (de commandement). **-4.** [of nose] arête *f*; [of glasses] arcade *f.* **-5.** [of stringed instrument] chevalet *m.* **-6.** [dentures] bridge *m.* **-7.** [card game] bridge *m.* ◇ *comp* [party, tournament] de bridge. ◇ *vt* [river] construire OR jeter un pont sur; *fig*: a composer whose work ~d two centuries un compositeur dont l'œuvre est à cheval sur deux siècles; to ~ **the generation gap** combler le fossé entre les générations; in order to ~ **the gap in our knowledge/in our resources** pour combler la lacune dans notre savoir/le trou dans nos ressources.

**bridgehead** ['brɪdʒhed] *n* tête *f* de pont.

**bridge loan** *Am* = **bridging loan.**

**bridgework** ['brɪdʒwɜːk] *n* (*U*) [in dentistry]: to have ~ **done** se faire faire un bridge.

**bridging loan** *n Br* prêt-relais *m.*

**bridle** ['braɪdl] ◇ *n* [harness] bride *f*; *fig* [constraint] frein *m*, contrainte *f.* ◇ *vt* [horse] brider; *fig* [emotions] refréner; to ~ **one's tongue** tenir sa langue. ◇ *vi* [in anger] se rebiffer, prendre la mouche; [in indignation] redresser la tête.

**bridle path, bridleway** ['braɪdlweɪ] *n* piste *f* cavalière.

**brief** [briːf] ◇ *adj* **-1.** [short in duration] bref, court. **-2.** [succinct] concis, bref; to be ~, I think you're right en bref, je crois que tu as raison. **-3.** [terse – person, reply] laconique; [abrupt] brusque. ◇ *vt* **-1.** [bring up to date] mettre au courant; the boss ~ed me on the latest developments le patron m'a mis au courant des derniers développements ‖ [give orders to] donner des instructions à; the soldiers were ~ed on their mission les soldats ont reçu leurs ordres pour la mission. **-2.** JUR [lawyer] confier une cause à; [case] établir le dossier de. ◇ *n* **-1.** JUR dossier *m*, affaire *f*; he took our ~ il a accepté de plaider notre cause ❑ to hold a watching ~ **for sb/sthg** veiller (en justice) aux intérêts de qqn/qqch; to hold no ~ **for sb/sthg** ne pas se faire l'avocat de qqn/qqch; he holds no ~ **for those who take drugs** *fig* il ne prend pas la défense de ceux qui se droguent. **-2.** [instructions] briefing *m*; my ~ **was to develop sales** la tâche OR la mission qui m'a été confiée était de développer les ventes.

◆ **briefs** *npl* [underwear] slip *m.*

◆ **in brief** *adv phr* en résumé.

**briefcase** ['briːfkeɪs] *n* serviette *f*, mallette *f.*

**briefing** ['briːfɪŋ] *n* MIL [meeting] briefing *m*, instructions *fpl*.
**briefly** ['briːflɪ] *adv* **-1.** [for a short time] un court instant; I visited her ~ on the way home au retour, je lui ai rendu visite en coup de vent. **-2.** [succinctly] brièvement; [tersely] laconiquement; she told them ~ what had happened elle leur a résumé ce qui s'était passé; put ~, the situation is a mess en bref, la situation est très embrouillée.
**brier** ['braɪər] *n* **-1.** [thorny plant] ronces *fpl*; [thorn] épine *f.*-**2.** [heather] bruyère *f*; [wood] (racine *f* de) bruyère *f*.
**brier rose** *n* églantine *f*.
**brigade** [brɪ'geɪd] *n* [gen & MIL.] brigade *f*; one of the old ~ *fig* un vieux de la vieille.
**brigadier** [,brɪgə'dɪər] *n* Br général *m* de brigade.
**brigadier general** *n* Am [in army] général *m* de brigade; [in air force] général *m* de brigade aérienne.
**brigand** ['brɪgənd] *n* brigand *m*, bandit *m*.
**brigantine** ['brɪgəntiːn] *n* brigantin *m*.
**bright** [braɪt] ◇ *adj* **-1.** [weather, day] clair, radieux; [sunshine] éclatant; the weather will get ~er later le temps s'améliorera en cours de journée; cloudy with ~ intervals nuageux avec des éclaircies; ~ and early *fig* tôt le matin, de bon OR grand matin ‖ [room] clair; [fire, light] vif; [colour] vif, éclatant. **-2.** [shining – diamond, star] brillant; [– metal] poli, luisant; [– eyes] brillant, vif; it was one of the few ~ spots of our visit *fig* ce fut l'un des rares bons moments de notre visite ❑ she likes the ~ lights elle aime la grande ville; the ~ lights of London les attractions de Londres. **-3.** [clever] intelligent; [child] éveillé, vif; a ~ idea une idée géniale OR lumineuse. **-4.** [cheerful] gai, joyeux; [lively] animé, vif; to be ~ and breezy avoir l'air en pleine forme. **-5.** [promising] brillant; there are ~er days ahead des jours meilleurs nous attendent; the future's looking ~ l'avenir est plein de promesses OR s'annonce bien ❑ to look on the ~ side prendre les choses du bon côté, être optimiste. ◇ *adv lit* [burn, shine] avec éclat, brillamment.
◆ **brights** *npl* Am [headlights]: to put the ~s on se mettre en pleins phares.
**brighten** ['braɪtn] ◇ *vi* **-1.** [weather] s'améliorer. **-2.** [person] s'animer; [face] s'éclairer; [eyes] s'allumer, s'éclairer. **-3.** [prospects] s'améliorer. ◇ *vt* **-1.** [decorate – place, person] égayer; [enliven – conversation] animer, égayer. **-2.** [prospects] améliorer, faire paraître sous un meilleur jour. **-3.** [polish – metal] astiquer, faire reluire. **-4.** [colour] aviver.
◆ **brighten up** *vi insep* & *vt sep* = **brighten**.
**bright-eyed** *adj literal* aux yeux brillants; *fig* [eager] enthousiaste.
**brightly** ['braɪtlɪ] *adv* **-1.** [shine] avec éclat; the stars were shining ~ les étoiles scintillaient; the fire burned ~ le feu flambait; ~ polished reluisant. **-2.** [cheerfully] gaiement, joyeusement; to smile ~ sourire d'un air radieux.
**brightness** ['braɪtnɪs] *n* **-1.** [of sun] éclat *m*; [of light] intensité *f*; [of room] clarté *f*, luminosité *f*; [of colour] éclat *m.*-**2.** [cheerfulness] gaieté *f*, joie *f*; [liveliness] vivacité *f*; [of smile] éclat *m.* **-3.** [cleverness] intelligence *f*.
**Bright's disease** [braɪts-] *n* mal *m* de Bright, néphrite *f* chronique *spec*.
**bright spark** *n* Br *inf* [clever person] lumière *f*.
**brill** [brɪl] (*pl inv*) *n* [fish] barbue *f*.
**brilliance** ['brɪljəns], **brilliancy** ['brɪljənsɪ] *n* **-1.** [of light, smile, career] éclat *m*, brillant *m.*-**2.** [cleverness] intelligence *f*; no one doubts his ~ il ne fait pas de doute que c'est un esprit brillant OR qu'elle est d'une intelligence supérieure.
**brilliant** ['brɪljənt] ◇ *adj* **-1.** [light, sunshine] éclatant, intense; [smile] éclatant, rayonnant; [colour] vif, éclatant. **-2.** [outstanding – mind, musician, writer] brillant, exceptionnel; [– film, novel, piece of work] brillant, exceptionnel; [– success] éclatant. **-3.** *inf* [terrific] sensationnel, super. **-4.** [intelligent] brillant; that's a ~ idea c'est une idée lumineuse OR de génie. ◇ *n* brillant *m*.
**brilliantly** ['brɪljəntlɪ] *adv* **-1.** [shine] avec éclat; ~ coloured d'une couleur vive. **-2.** [perform, talk] brillamment.
**Brillo pad**® ['brɪləʊ-] *n* ≃ tampon *m* Jex®.
**brim** [brɪm] (*pp* & *pt* **brimmed**, *cont* **brimming**) ◇ *n* [of hat] bord *m*; [of bowl, cup] bord *m*; **full to the** ~ plein à ras bord. ◇ *vi* déborder; **eyes brimming with tears** des yeux pleins

OR noyés de larmes; the newcomers were brimming with ideas *fig* les nouveaux venus avaient des idées à revendre.
◆ **brim over** *vi insep* déborder; to be brimming over with enthusiasm *fig* déborder d'enthousiasme.
**brimful** [,brɪm'fʊl] *adj* Br [cup] plein à déborder OR jusqu'au bord; *fig* déborder de.
**brimstone** ['brɪmstəʊn] *n* **-1.** [sulphur] soufre *m.*-**2.** [butterfly] citron *m*.
**brine** [braɪn] *n* **-1.** [salty water] eau *f* salée; CULIN saumure *f.*-**2.** *lit* [sea] mer *f*; [sea water] eau *f* de mer; mussels in ~ moules saumurées.
**bring** [brɪŋ] (*pt* & *pp* **brought** [brɔːt]) *vt* **-1.** [take – animal, person, vehicle] amener; [– object] apporter; I'll ~ the books (across) tomorrow j'apporterai les livres demain; her father's ~ing her home today son père la ramène à la maison aujourd'hui; that ~s the total to £350 cela fait 350 livres en tout; he brought his dog with him il a emmené son chien; did you ~ anything with you? as-tu apporté quelque chose? ‖ [fashion, idea, product] introduire, lancer; black musicians brought jazz to Europe les musiciens noirs ont introduit le jazz en Europe; this programme is brought to you by the BBC ce programme est diffusé par la BBC. **-2.** [into specified state] entraîner, amener; to ~ sthg into question mettre OR remettre qqch en question; to ~ sb to his/her senses ramener qqn à la raison; to ~ sthg to an end OR a close OR a halt mettre fin à qqch; to ~ sthg to sb's attention OR knowledge OR notice attirer l'attention de qqn sur qqch; to ~ a child into the world mettre un enfant au monde; to ~ sthg to light mettre qqch en lumière, révéler qqch. **-3.** [produce] provoquer, causer; to ~ sthg upon sb attirer qqch sur qqn; you ~ credit to the firm vous faites honneur à la société; it ~s bad/good luck ça porte malheur/bonheur; he brought a sense of urgency to the project il a fait accélérer le projet; the story brought tears to my eyes l'histoire m'a fait venir les larmes aux yeux; his speech brought jeers from the audience son discours lui a valu les huées de l'assistance; money does not always ~ happiness l'argent ne fait pas toujours le bonheur; the winter brought more wind and rain l'hiver a amené encore plus de vent et de pluie; tourism has brought prosperity to the area le tourisme a enrichi la région; who knows what the future may ~? qui sait ce que l'avenir nous/lui *etc* réserve?**-4.** [force] amener; she can't ~ herself to speak about it elle n'arrive pas à en parler; her performance brought the audience to its feet les spectateurs se sont levés pour l'applaudir. **-5.** [lead] mener, amener; the shock brought him to the verge of a breakdown le choc l'a mené au bord de la dépression nerveuse; to ~ sb into a conversation/discussion faire participer qqn à une conversation/discussion; that ~s us to the next question cela nous amène à la question suivante. **-6.** JUR: to ~ an action OR a suit against sb intenter un procès à OR contre qqn; to ~ a charge against sb porter une accusation contre qqn; the case was brought before the court l'affaire a été déférée au tribunal; he was brought before the court il a comparu devant le tribunal; the murderer must be brought to justice l'assassin doit être traduit en justice. **-7.** [financially] rapporter.
◆ **bring about** *vt sep* **-1.** [cause – changes, war] provoquer, amener, entraîner; what brought about his dismissal? quel est le motif de son renvoi?**-2.** NAUT faire virer de bord.
◆ **bring along** *vt sep* [person] amener; [thing] apporter.
◆ **bring around** = **bring round**.
◆ **bring back** *vt sep* **-1.** [fetch – person] ramener; [– thing] rapporter; no amount of crying will ~ him back pleurer ne le ramènera pas à la vie. **-2.** [restore] restaurer; the news brought a smile back to her face la nouvelle lui a rendu le sourire; they're ~ing back miniskirts ils relancent la minijupe. **-3.** [evoke – memory] rappeler (à la mémoire); that ~s it all back to me ça réveille tous mes souvenirs.
◆ **bring down** *vt sep* **-1.** [fetch – person] amener; [– thing] descendre, apporter. **-2.** [reduce – prices, temperature] faire baisser; [– swelling] réduire. **-3.** [cause to land – kite] ramener (au sol); [– plane] faire atterrir. **-4.** [cause to fall – prey] descendre; [– plane, enemy, tree] abattre. **-5.** [overthrow] faire tomber, renverser. **-6.** MATH [carry] abaisser. **-7.** *inf* [depress] déprimer, donner le cafard à. **-8.** *lit* [provoke – anger] attirer.

◆ **bring forth** *vt sep fml* -1. [produce – fruit] produire; [– child] mettre au monde; [– animal] mettre bas. -2. [elicit] provoquer.

◆ **bring forward** *vt sep* -1. [present – person] faire avancer; [– witness] produire; [– evidence] avancer, présenter. -2. [move – date, meeting] avancer. -3. [in accounting] reporter.

◆ **bring in** *vt sep* -1. [fetch in – person] faire entrer; [– thing] rentrer; we will have to ~ in the police il faudra faire intervenir la OR faire appel à la police. -2. [introduce – laws, system] introduire, présenter; [– fashion] lancer. -3. [yield, produce] rapporter. -4. JUR [verdict] rendre; they brought in a verdict of guilty ils l'ont déclaré coupable.

◆ **bring off** *vt sep Br inf* [trick] réussir; [plan] réaliser; [deal] conclure, mener à bien; did you manage to ~ it off? avez-vous réussi votre coup?

◆ **bring on** *vt sep* -1. [induce] provoquer, causer. -2. [encourage] encourager; the warm weather has really brought on the flowers la chaleur a bien fait pousser les fleurs. -3. THEAT [person] amener sur scène; [thing] apporter sur scène.

◆ **bring out** *vt sep* -1. [take out] faire sortir; [– thing] sortir. -2. [commercially – product, style] lancer; [– record] sortir; [– book] publier. -3. [accentuate] souligner; that colour ~s out the green in her eyes cette couleur met en valeur le vert de ses yeux; her performance brought out the character's comic side son interprétation a fait ressortir le côté comique du personnage; to ~ out the best/worst in sb faire apparaître qqn sous son meilleur/plus mauvais jour. -4. Br [in rash, spots]: strawberries ~ me out in spots les fraises me donnent des boutons. -5. [encourage – person] encourager; he's very good at ~ing people out (of themselves) il sait très bien s'y prendre pour mettre les gens à l'aise. -6. [workers] appeler à la grève.

◆ **bring over** *vt sep* [take – person] amener; [– thing] apporter.

◆ **bring round** *vt sep* -1. [take – person] amener; [– thing] apporter; I brought the conversation round to marriage *fig* j'ai amené la conversation sur le mariage. -2. [revive] ranimer. -3. [persuade] convaincre, convertir; to ~ sb round to a point of view convertir OR amener qqn à un point de vue.

◆ **bring through** *vt sep*: he brought the country through the depression il a réussi à faire sortir le pays de la dépression; the doctors brought me through my illness grâce aux médecins, j'ai survécu à ma maladie.

◆ **bring to** *vt sep* -1. [revive] ranimer. -2. NAUT mettre en panne.

◆ **bring together** *vt sep* -1. [people] réunir; [facts] rassembler. -2. [introduce] mettre en contact, faire rencontrer. -3. [reconcile] réconcilier.

◆ **bring up** *vt sep* -1. [take – person] amener; [– thing] monter. -2. [child] élever. -3. [mention – fact, problem] signaler, mentionner; [– question] soulever; don't ~ that up again ne me mettez pas cela sur le tapis; we won't ~ it up again nous n'en reparlerons plus. -4. [vomit] vomir, rendre. -5. JUR: to ~ sb up before a judge citer OR faire comparaître qqn devant un juge.

**bring-and-buy** *n Br*: ~ (sale) brocante de particuliers en Grande-Bretagne.

**brink** [brɪŋk] *n* bord *m*; the country is on the ~ of war/of a recession le pays est au bord OR à la veille de la guerre/d'une récession; to be on the ~ of doing sthg être sur le point de faire qqch.

**brink(s)manship** ['brɪŋk(s)mənʃɪp] *n* stratégie *f* du bord de l'abîme.

**briny** ['braɪnɪ] *(compar* brinier, *superl* briniest) *◇ adj* saumâtre, salé. *◇ n lit*: the ~ la mer.

**briquet(te)** [brɪ'ket] *n* [of coal] briquette *f*, aggloméré *m*; [of ice cream] pavé *m*.

**brisk** [brɪsk] *adj* -1. [person] vif, alerte; [manner] brusque. -2. [quick] rapide, vif; to go for a ~ walk se promener d'un bon pas; at a ~ pace à vive allure. -3. COMM florissant; business is ~ les affaires marchent bien; bidding at the auction was ~ les enchères étaient animées. -4. [weather] vivifiant, frais (*f* fraîche); [day, wind] frais (*f* fraîche).

**brisket** ['brɪskɪt] *n* [of animal] poitrine *f*; CULIN poitrine *f* de bœuf.

**briskly** ['brɪsklɪ] *adv* -1. [move] vivement; [walk] d'un bon pas; [speak] brusquement; [act] sans délai OR tarder. -2. COMM: cold drinks were selling ~ les boissons fraîches se

vendaient très bien OR comme des petits pains.

**bristle** ['brɪsl] *◇ vi* -1. [hair] se redresser, se hérisser. -2. *fig* [show anger] s'irriter, se hérisser. *◇ n* [of beard, brush] poil *m*; [of boar, pig] soie *f*; [of plant] poil *m*, soie *f*. *◇ comp* [hairbrush, paintbrush]: a pure ~ brush une brosse pur sanglier.

◆ **bristle with** *vt insep Br* [swarm with] grouiller de.

**bristling** ['brɪslɪŋ] *adj* hérissé, en bataille.

**bristly** ['brɪslɪ] *(compar* bristlier, *superl* bristliest) *adj* [beard – in appearance] aux poils raides; [– to touch] qui pique; [chin] piquant.

**Bristol Channel** ['brɪstl-] *pr n*: the ~ le canal de Bristol.

**Brit** [brɪt] *◇ n* Britannique *mf*. *◇ written abbr of* **British**.

**Britain** ['brɪtn] *pr n*: (Great) ~ Grande-Bretagne *f*; in ~ en Grande-Bretagne; the Battle of ~ la bataille d'Angleterre.

**Britannia** [brɪ'tænjə] *pr n* -1. [figure] femme assise portant un casque et tenant un trident, qui personnifie la Grande-Bretagne sur certaines pièces de monnaie. -2. (the Royal Yacht) ~ yacht de la famille royale britannique.

**Britannic** [brɪ'tænɪk] *adj fml*: His OR Her ~ Majesty Sa Majesté Britannique.

**britches** ['brɪtʃɪz] *Am* = **breeches**.

**briticism** ['brɪtɪsɪzm] *n* anglicisme *m*.

**British** ['brɪtɪʃ] *◇ adj* britannique, anglais; ~ English anglais *m* britannique; the ~ Embassy l'ambassade *f* de Grande-Bretagne; the ~ Empire l'Empire *m* britannique. *◇ npl*: the ~ les Britanniques *mpl*, les Anglais *mpl*.

**British Academy** *pr n*: the ~ organisme public d'aide à la recherche dans le domaine des lettres.

**British Broadcasting Corporation** *pr n*: the ~ la BBC.

**British Columbia** *pr n* Colombie-Britannique *f*.

**British Columbian** *◇ n* habitant ou natif de la Colombie-Britannique. *◇ adj* de la Colombie-Britannique.

**British Commonwealth** *pr n*: the ~ le Commonwealth.

**British Council** *pr n*: the ~ organisme public chargé de promouvoir la langue et la culture anglaises.

**British East India Company** *pr n*: the ~ la Compagnie britannique des Indes orientales.

**British Isles** *pl pr n*: the ~ les îles *fpl* Britanniques; in the ~ aux îles Britanniques.

**British Museum** *pr n* grand musée et bibliothèque londoniens.

**British Rail** *pr n* société des chemins de fers britanniques, ≈ SNCF *f*.

**British Summer Time** *n* heure d'été britannique.

**British Telecom** [-'telɪkɒm] *pr n* société britannique de télécommunications.

**Briton** ['brɪtn] *n* Britannique *mf*, Anglais *m*, -e *f*; HIST Breton *m*, -onne *f* (d'Angleterre).

**Brittany** ['brɪtənɪ] *pr n* Bretagne *f*; in ~ en Bretagne.

**brittle** ['brɪtl] *adj* -1. [breakable] cassant, fragile. -2. [person] froid, indifférent; [humour] mordant, caustique; [reply] sec (*f* sèche). -3. [sound] strident, aigu (*f* -uë).

**broach** [brəʊtʃ] *◇ vt* -1. [subject] aborder, entamer. -2. [barrel] percer, mettre en perce; [supplies] entamer. *◇ vi* NAUT venir OR tomber en travers. *◇ n* -1. *Am* = **brooch**. -2. CONSTR perçoir *m*, foret *m*. -3. CULIN broche *f*.

**broad** [brɔːd] *◇ adj* -1. [wide] large; she has a ~ back elle a une forte carrure; to be ~ in the shoulders, to have ~ shoulders être large d'épaules ❑ he has ~ shoulders, he can take it il a les reins solides, il peut encaisser; it's as ~ as it's long *Br* c'est bonnet blanc et blanc bonnet, c'est du pareil au même. -2. [extensive] vaste, immense; a ~ syllabus un programme très divers; we offer a ~ range of products nous offrons une large OR grande gamme de produits ❑ in ~ daylight *literal* au grand jour, en plein jour; *fig* au vu et au su de tout le monde, au grand jour. -3. [general] général; here is a ~ outline voilà les grandes lignes; in the ~est sense of the word au sens le plus large du mot; his books still have a very ~ appeal ses livres plaisent toujours à OR intéressent toujours un vaste public; ~ construction JUR interprétation *f* large. -4. [not subtle] évident; a ~ hint une allusion transparente; "surely not", she said with ~ sarcasm «pas possible», dit-elle d'un ton des plus sarcastiques; he speaks with a ~ Scots accent il a un accent écossais prononcé OR un fort accent écossais. -5. [liberal] libéral; she has very ~

tastes in literature elle a des goûts littéraires très éclectiques ❑ Broad Church *groupe libéral à l'intérieur de l'Église anglicane.* **-6.** [coarse] grossier, vulgaire. **-7.** PHON large; ~ transcription transcription *f* large.
◇ *n* **-1.** [widest part]: the ~ of the back le milieu du dos. **-2.** ▽ *Am* [woman] gonzesse *f.*

**B-road** *n Br* ≈ route *f* départementale OR secondaire.

**broadband** ['brɔːdbænd] ◇ *n* diffusion *f* en larges bandes de fréquence. ◇ *adj* à larges bandes.

**broad bean** *n* fève *f.*

**broad-brimmed** [-'brɪmd] *adj* à bords larges.

**broad-brush** *adj*: a ~ approach une approche grossière.

**broadcast** ['brɔːdkɑːst] (*pt* & *pp* **broadcast** OR **broadcasted**) ◇ *n* émission *f*; repeat ~ rediffusion *f.* ◇ *vt* **-1.** RADIO diffuser, radiodiffuser, émettre; TV téléviser, émettre; you don't have to ~ it! *fig* ce n'est pas la peine de le crier sur les toits OR le carillonner partout! **-2.** AGR semer à la volée. ◇ *vi* [station] émettre; [actor] participer à une émission; TV paraître à la télévision; [show host] faire une émission. ◇ *adj* RADIO radiodiffusé; TV télévisé; ~ signal/satellite signal *m*/satellite *m* de radiodiffusion. ◇ *adv* AGR à la volée.

**broadcaster** ['brɔːdkɑːstər] *n* personnalité *f* de la radio OR de la télévision.

**broadcasting** ['brɔːdkɑːstɪŋ] *n* RADIO radiodiffusion *f*; TV télévision *f*; he wants to go into ~ il veut faire une carrière à la radio ou à la télévision.

**Broadcasting House** *pr n* siège de la BBC à Londres.

**broaden** ['brɔːdn] ◇ *vi* s'élargir. ◇ *vt* élargir.

**broad jump** *n Am* saut *m* en longueur.

**broadly** ['brɔːdlɪ] *adv* **-1.** [widely] largement; to smile ~ faire un grand sourire. **-2.** [generally] en général; ~ speaking d'une façon générale, en gros.

**broadly-based** *adj* composé d'éléments variés OR divers.

**broad-minded** *adj*: to be ~ avoir les idées larges.

**broad-mindedness** [-'maɪndɪdnɪs] *n* largeur *f* d'esprit.

**broadsheet** ['brɔːdʃiːt] *n* **-1.** [newspaper] journal *m* plein format; the ~s *Br* PRESS les journaux *mpl* de qualité. **-2.** HIST & TYPO placard *m.*

**broadside** ['brɔːdsaɪd] ◇ *n* **-1.** [of ship] flanc *m.* **-2.** [volley of shots] bordée *f*; *fig* [tirade] attaque *f* cinglante; [of insults] bordée *f* d'injures; to fire a ~ at sb/sthg s'en prendre violemment à qqn/qqch. ◇ *adv*: ~ (on) par le travers.

**broadsword** ['brɔːdsɔːd] *n* sabre *m.*

**brocade** [brə'keɪd] ◇ *n* brocart *m.* ◇ *vt* brocher.

**broccoli** ['brɒkəlɪ] *n* (U) brocolis *mpl.*

**brochure** [*Br* 'brəʊʃər, *Am* brəʊ'ʃʊr] *n* [gen] brochure *f*, dépliant *m*; SCH & UNIV prospectus *m.*

**brogue** [brəʊg] *n* [accent] accent *m* du terroir; [Irish] accent *m* irlandais.
◆ **brogues** *npl* chaussures basses assez lourdes ornées de petits trous.

**broil** [brɔɪl] *Am* ◇ *vt* griller, faire cuire sur le gril; *fig* griller. ◇ *vi* griller; ~ing sun soleil brûlant.

**broiler** ['brɔɪlər] *n* [chicken] poulet *m* (à rôtir).

**broke** [brəʊk] ◇ *pt* → **break.** ◇ *adj inf* fauché, à sec; to go ~ faire faillite ❑ to go for ~ risquer le tout pour le tout; to be flat OR dead OR stony *Br* ~ être fauché comme les blés.

**broken** ['brəʊkn] ◇ *pp* → **break.** ◇ *adj* **-1.** [damaged – chair, toy, window] cassé, brisé; [– leg, rib] fracturé, cassé; [– back] brisé, cassé; [– biscuits] brisé; *fig*: ~ heart cœur brisé; to die of a ~ heart mourir de chagrin; she's from a ~ home elle vient d'un foyer désuni; a ~ marriage un mariage brisé, un ménage désuni. **-2.** [sleep – disturbed] interrompu; [– restless] agité. **-3.** [speech] mauvais, imparfait; in ~ French en mauvais français. **-4.** [agreement, promise] rompu, violé; [appointment] manqué. **-5.** [health] délabré; her spirit is ~ elle est abattue; he's a ~ man since his wife's death [emotionally] il a le cœur brisé OR il est très abattu depuis la mort de sa femme; the scandal left him a ~ man [financially] le scandale l'a ruiné. **-6.** [incomplete – set] incomplet (*f* -ète). **-7.** [uneven – ground] accidenté; [– coastline] dentelé; [– line] brisé, discontinu; ~ cloud (U) éclaircie *f.* **-8.** [tamed – animal] dressé, maté. **-9.** LING [vowel] diphtongué. **-10.** MATH: ~ numbers fractions *fpl.* **-11.** MUS: ~ chord arpège *m.*

**broken-down** *adj* **-1.** [damaged – machine] détraqué;

[– car] en panne. **-2.** [worn out] fini, à bout.

**brokenhearted** [,brəʊkn'hɑːtɪd] *adj* au cœur brisé.

**broken-winded** [-'wɪndɪd] *adj* [horse] poussif.

**broker** ['brəʊkər] *n* **-1.** COMM courtier *m*; NAUT courtier *m* maritime; ST. EX ≈ courtier *m* (en Bourse), ≈ agent *m* de change. **-2.** [second-hand dealer] brocanteur *m.*

**brokerage** ['brəʊkərɪdʒ], **broking** ['brəʊkɪŋ] *n* courtage *m.*

**brolly** ['brɒlɪ] (*pl* **brollies**) *n Br inf* pépin *m* (*parapluie*).

**bromide** ['brəʊmaɪd] *n* **-1.** CHEM bromure *m*; [sedative] bromure *m* (de potassium). **-2.** *dated* [remark] banalité *f*, platitude *f.* **-3.** PRINT bromure *m.*

**Bromo®** ['brəʊməʊ] *n Am médicament contre les maux d'estomac, l'indigestion etc.*

**bronchial** ['brɒŋkjəl] *adj* des bronches, bronchique.

**bronchial tubes** *npl* bronches *fpl.*

**bronchitic** [brɒŋ'kɪtɪk] ◇ *adj* bronchitique. ◇ *n* bronchitique *mf.*

**bronchitis** [brɒŋ'kaɪtɪs] *n* (U) bronchite *f*; to have (an attack of) ~ avoir OR faire une bronchite.

**bronchopneumonia** [,brɒŋkəʊnju:'məʊnjə] *n* bronchopneumonie *f.*

**bronco** ['brɒŋkəʊ] (*pl* **broncos**) *n Am* cheval *m* sauvage (*de l'Ouest*).

**broncobuster** ['brɒŋkəʊ,bʌstər] *n Am cowboy qui dresse les chevaux sauvages.*

**brontosaurus** [,brɒntə'sɔːrəs] (*pl* **brontosauruses** OR **brontosauri** [-raɪ]) *n* brontosaure *m.*

**Bronx cheer** [brɒŋks-] *n Am inf* [rude noise]: to give sb a ~ ≈ faire «prout» à qqn.

**bronze** [brɒnz] ◇ *n* **-1.** [alloy] bronze *m.* **-2.** [statue] bronze *m*, statue *f* de OR en bronze. ◇ *comp* **-1.** [lamp, medal, statue] de OR en bronze. **-2.** [colour, skin] (couleur *f* de) bronze (*inv*). ◇ *vi* se bronzer, brunir. ◇ *vt* [metal] bronzer; [skin] faire bronzer, brunir.

**Bronze Age** *n*: the ~ l'âge *m* du bronze.

**bronzed** [brɒnzd] *adj* [skin] bronzé, hâlé.

**bronze medal** *n* médaille *f* de bronze.

**bronze medallist** *n*: he's a ~ il a remporté la médaille de bronze.

**brooch** [brəʊtʃ] (*pl* **brooches**) *n* broche *f* (*bijou*).

**brood** [bruːd] ◇ *n* **-1.** [of birds] couvée *f*, nichée *f*; [of animals] nichée *f*, portée *f*; a ~ mare une (jument) poulinière. **-2.** *hum* [children] progéniture *f hum.* ◇ *vi* **-1.** [bird] couver. **-2.** [danger, storm] couver, menacer. **-3.** [person] ruminer, broyer du noir; it's no use ~ing on OR over the past cela ne sert à rien de s'appesantir sur OR remâcher le passé.

**brooding** ['bruːdɪŋ] ◇ *adj* menaçant, inquiétant. ◇ *n*: he's done a lot of ~ since he got home depuis son retour à la maison, il a passé beaucoup de temps à ruminer.

**broody** ['bruːdɪ] (*compar* **broodier**, *superl* **broodiest**) *adj* **-1.** [reflective] pensif; [gloomy] mélancolique, cafardeux. **-2.** [motherly]: a ~ hen une (poule) couveuse; to feel ~ *Br inf* & *fig* être en mal d'enfant.

**brook** [brʊk] ◇ *vt* (*usu neg*) [tolerate] supporter, tolérer; [answer, delay] admettre, souffrir. ◇ *n* [stream] ruisseau *m.*

**broom** [bruːm] *n* **-1.** [brush] balai *m.* **-2.** BOT genêt *m.*

**broomstick** ['bruːmstɪk] *n* manche *m* à balai.

**bros., Bros.** [brɒs] (*abbr of* **brothers**) COMM Frères.

**broth** [brɒθ] *n* **-1.** CULIN bouillon *m* (*de viande et de légumes*). **-2.** BIOL bouillon *m* de culture.

**brothel** ['brɒθl] *n* maison *f* close OR de passe.

**brother** ['brʌðər] (*pl sense 2* **brethren** ['breðrən] OR **brothers**) ◇ *n* **-1.** [relative] frère *m*; 'The Brothers Karamazov' *Dostoevsky* 'les Frères Karamazov'. **-2.** [fellow member – of trade union] camarade *m*; [– of professional group] collègue *mf*; ~s in arms compagnons *mpl* OR frères *mpl* d'armes. **-3.** *Am inf* [mate]: hey, ~! [stranger] eh, camarade!; [friend] eh, mon vieux! ◇ *interj inf* dis donc, bigre.

**brotherhood** ['brʌðəhʊd] *n* **-1.** [relationship] fraternité *f*; *fig* [fellowship] fraternité *f*, confraternité *f*; RELIG confrérie *f*; the ~ of man la communauté humaine. **-2.** [association] confrérie *f*; the Brotherhood [in Freemasonry] la franc-maçonnerie. **-3.** *Am* [entire profession] corporation *f.*

**brother-in-law** (*pl* **brothers-in-law**) *n* beau-frère *m.*

**brotherly** ['brʌðəlɪ] *adj* fraternel.

**brougham** ['bruːəm] *n* [carriage] voiture *f* à chevaux; [car] coupé *m* de ville.

**brought** [brɔːt] *pt* & *pp* → **bring**.

**brouhaha** ['bruːhɑːhɑː] *n* brouhaha *m*, vacarme *m*.

**brow** [braʊ] *n* **-1.** [forehead] front *m*; her troubled ~ son air inquiet. **-2.** [eyebrow] sourcil *m*. **-3.** [of hill] sommet *m*. **-4.** MIN [pithead] tour *m* d'extraction.

**browbeat** ['braʊbiːt] (*pt* browbeat, *pp* **browbeaten** [-biːtn]) *vt* intimider, brusquer; to ~ sb into doing sthg forcer qqn à faire qqch en usant d'intimidation.

**brown** [braʊn] ◇ *n* brun *m*, marron *m*. ◇ *adj* **-1.** [gen] brun, marron; [leather] marron; [hair] châtain; [eyes] marron; she has ~ hair elle est brune OR châtain; the leaves are turning ~ les feuilles commencent à jaunir □ we'll do it up ~! *Am inf* nous allons fignoler ça!; in a ~ study plongé dans ses pensées, pensif. **-2.** [tanned] bronzé, bruni; as ~ as a berry tout bronzé. ◇ *vi* **-1.** [person] bronzer. **-2.** [skin] bronzer, brunir. **-3.** [plant] roussir. ◇ *vt* **-1.** CULIN faire dorer; [sauce] faire roussir. **-2.** [tan] bronzer, brunir.

**brown ale** *n* bière *f* brune.

**brown bear** *n* ours *m* brun.

**brown bread** *n* (U) pain *m* complet OR bis.

**browned-off** *adj Br inf:* to be ~ [bored] en avoir marre; [discouraged] ne plus avoir le moral; she's ~ with her job elle en a marre OR ras le bol de son travail.

**brown goods** *npl* COMM *biens de consommation de taille moyenne tels que téléviseur, radio ou magnétoscope.*

**brownie** ['braʊnɪ] *n* **-1.** [elf] lutin *m*, farfadet *m*. **-2.** [cake] brownie *m*. **-3.** Brownie® [camera] Brownie® *m* Kodak.

◆ **Brownie (Guide)** *n* ≃ jeannette *f*.

**brownie point** *n inf* & *hum* bon point *m*.

**browning** ['braʊnɪŋ] *n Br* CULIN *colorant brun pour les sauces.*

**brown owl** *n* chat-huant *m*.

**brown paper** *n* papier *m* d'emballage.

**brown rice** *n* riz *m* complet.

**Brown Shirt** *n* fasciste *mf*; HIST [Nazi] chemise *f* brune.

**brown sugar** *n* cassonade *f*, sucre *m* roux.

**browse** [braʊz] ◇ *vi* **-1.** [person] regarder, jeter un œil; she ~d through the book elle a feuilleté le livre. **-2.** [animal] brouter, paître. ◇ *n* **-1.** [look]: I popped into the shop to have a ~ around je suis passée au magasin pour jeter un coup d'œil OR regarder. **-2.** [young leaves, twigs] broutille *f*.

**brucellosis** [,bruːsɪ'ləʊsɪs] *n* brucellose *f*.

**bruise** [bruːz] ◇ *n* [on person] bleu *m*, contusion *f*; [on fruit] meurtrissure *f*, talure *f*. ◇ *vi* [fruit] se taler, s'abîmer; to ~ easily [person] se faire facilement des bleus. ◇ *vt* **-1.** [person] faire un bleu à, contusionner; to ~ one's arm se faire un bleu au bras || *fig* blesser; his ego was ~d son amour-propre en a pris un coup || [fruit] taler, abîmer; [lettuce] flétrir. **-2.** CULIN [crush] écraser, piler.

**bruiser** ['bruːzər] *n inf* [big man] malabar *m*; [fighter] cogneur *m*.

**bruising** ['bruːzɪŋ] ◇ *n* (U) contusion *f*, bleu *m*; he suffered ~ to his arm il a eu le bras contusionné. ◇ *adj fig* pénible, douloureux.

**Brum** [brʌm] *pr n Br inf* nom familier de Birmingham.

**Brummie** ['brʌmɪ] *Br inf* ◇ *n* nom familier désignant un habitant de Birmingham. ◇ *adj* de Birmingham.

**Brummy** ['brʌmɪ] = **Brummie**.

**brunch** [brʌntʃ] *n* brunch *m*.

**Brunei** [bruː'naɪ] *pr n* Brunei *m*; in ~ au Brunei.

**brunet** [bruː'net] *Am* ◇ *n* brun *m*, brune *f*. ◇ *adj* [hair] châtain.

**brunette** [bruː'net] ◇ *n* brune *f*, brunette *f*; she's a ~ elle est brune. ◇ *adj* [hair] châtain.

**brunt** [brʌnt] *n:* the village bore the full ~ of the attack le village a essuyé le plus fort de l'attaque; she bore the ~ of his anger c'est sur elle que sa colère a éclaté.

**brush** [brʌʃ] (*pl* **brushes**) ◇ *n* **-1.** [gen] brosse *f*; [paintbrush] pinceau *m*, brosse *f*; [shaving brush] blaireau *m*; [scrubbing brush] brosse *f* dure; [broom] balai *m*; [short-handled brush] balayette *f*; hair/nail/tooth ~ brosse à cheveux/à ongles/à dents. **-2.** [sweep] coup *m* de brosse. **-3.** [encounter, skirmish]

accrochage *m*, escarmouche *f*; *fig:* to have a ~ with death frôler la mort; to have a ~ with the law avoir des démêlés avec la justice. **-4.** [of fox] queue *f*. **-5.** ELEC [in generator, dynamo] balai *m*; [discharge] aigrette *f*. **-6.** (U) [undergrowth] broussailles *fpl*; [scrubland] brousse *f*. ◇ *vt* **-1.** [clean – teeth] brosser; [tidy – hair] brosser, donner un coup de brosse à; she ~ed her hair back from her face elle a brossé ses cheveux en arrière || [sweep – floor] balayer. **-2.** [touch lightly] effleurer, frôler; [surface] raser. **-3.** TEX [wool] gratter. ◇ *vi* effleurer, frôler.

◆ **brush aside** *vt sep* **-1.** [move aside] écarter, repousser. **-2.** [ignore – remark] balayer d'un geste; [– report] ignorer.

◆ **brush away** *vt sep* [remove – tears] essuyer; [– insect] chasser.

◆ **brush down** *vt sep* [clothing] donner un coup de brosse à; [horse] brosser.

◆ **brush off** ◇ *vt sep* **-1.** [remove] enlever (*à la brosse ou à la main*); [insect] chasser. **-2.** [dismiss – remark] balayer OR écarter (d'un geste); [– person] écarter, repousser. ◇ *vi insep* [dirt] s'enlever.

◆ **brush past** *vt insep* frôler en passant.

◆ **brush up** *vt sep* **-1.** *inf* [revise] revoir, réviser. **-2.** [sweep up] ramasser à la balayette. **-3.** TEX [wool] gratter.

◆ **brush up on** *vt insep inf* réviser.

**brushed** [brʌʃt] *adj* gratté; ~ cotton pilou *m*, finette *f*.

**brush fire** *n* [fire] feu *m* de brousse, incendie *m* de broussailles. **-2.** [minor war] conflit *m* armé.

**brush-off** *n inf:* to give sb the ~ envoyer promener OR balader qqn.

**brush stroke** *n* [gen] coup *m* de brosse; ART coup *m* OR trait *m* de pinceau.

**brush-up** *n* **-1.** *Br* [cleanup] coup *m* de brosse. **-2.** *inf* [revision] révision *f*.

**brushwood** ['brʌʃwʊd] *n* (U) [undergrowth] broussailles *fpl*; [cuttings] menu bois *m*, brindilles *fpl*.

**brushwork** ['brʌʃwɜːk] *n* (U) [gen] travail *m* au pinceau; ART touche *f*.

**brusque** [bruːsk] *adj* [abrupt] brusque; [curt] brusque, bourru.

**brusquely** ['bruːsk OR rudesse, brutalement.

**Brussels** ['brʌslz] *pr n* Bruxelles.

**Brussels sprout** *n* chou *m* de Bruxelles.

**brutal** ['bruːtl] *adj* [cruel – action, behaviour, person] brutal, cruel; [uncompromising – honesty] franc (*f* franche), brutal; [severe – climate, cold] rude, rigoureux.

**brutality** [bruː'tælɪtɪ] (*pl* **brutalities**) *n* **-1.** [cruelty] brutalité *f*, cruauté *f*. **-2.** [act of cruelty] brutalité *f*.

**brutalize, -ise** ['bruːtəlaɪz] *vt* **-1.** [ill-treat] brutaliser. **-2.** [make brutal] rendre brutal.

**brutally** ['bruːtəlɪ] *adv* [attack, kill, treat] brutalement, sauvagement; [say] brutalement, franchement; [cold] extrêmement; she gave a ~ honest account of events elle a raconté les événements avec une franchise brutale OR un réalisme brutal.

**brute** [bruːt] ◇ *n* **-1.** [animal] brute *f*, bête *f*. **-2.** [person – violent] brute *f*; [– coarse] brute *f* (épaisse), rustre *m*. ◇ *adj* **-1.** [animal-like] animal, bestial. **-2.** [purely physical] brutal; ~ force OR strength force *f* brutale. **-3.** [mindless] brut; an act of ~ stupidity un acte d'une bêtise sans nom.

**brutish** ['bruːtɪʃ] *adj* **-1.** [animal-like] animal, bestial. **-2.** [cruel] brutal, violent; [coarse] grossier.

**bs** *written abbr of* **bill of sale**.

**BS** *n* **-1.** *Br* (*abbr of* **British Standard/Standards**) *indique que le chiffre qui suit renvoie au numéro de la norme fixée par l'Institut britannique de normalisation.* **-2.** *Am* UNIV (*abbr of* **Bachelor of Science**) *(titulaire d'une) licence de sciences.*

**BSc** (*abbr of* **Bachelor of Science**) *n Br* UNIV *(titulaire d'une) licence de sciences.*

**BSE** (*abbr of* **bovine spongiform encephalopathy**) *n* EBS *f*.

**BSI** (*abbr of* **British Standards Institution**) *pr n association britannique de normalisation,* ≃ AFNOR *f*.

**B-side** *n* face *f* B OR 2 (*d'un disque*).

**BST** *n abbr of* **British Summer Time**.

**BT** *pr n abbr of* **British Telecom**.

**btu** (*abbr of* **British thermal unit**) *n* unité de chaleur (1054, 2 *joules*).

**bub** [bʌb] *n Am inf*: hi, ~! [man] salut, mon vieux!; [woman] salut, ma vieille!

**bubble** ['bʌbl] ◇ *n* -1. [of foam] bulle *f*; [in liquid] bouillon *m*; [in champagne] bulle *f*; [in glass] bulle *f*, soufflure *f*; [in paint] boursouflure *f*, cloque *f*; [in metal] soufflure *f*.-2. [transparent cover] cloche *f*.-3. *fig* [illusion]: **to prick** OR **to burst sb's ~** réduire à néant les illusions de qqn. -4. COMM: **~ (scheme)** affaire *f* pourrie. -5. [sound] glouglou *m*. ◇ *vi* -1. [liquid] bouillonner, faire des bulles; [champagne] pétiller; [gas] barboter; **her real feelings ~d beneath the surface** *fig* ses sentiments véritables bouillonnaient en elle. -2. [gurgle] gargouiller, glouglouter. -3. [brim] déborder; **the children were bubbling with excitement** les enfants étaient tout excités OR surexcités.
◆ **bubble over** *vi insep literal* & *fig* déborder; **to ~ over with enthusiasm** déborder d'enthousiasme.
◆ **bubble up** *vi insep* [liquid] monter en bouillonnant; *fig* [feeling] monter.

**bubble and squeak** *n Br plat à base de pommes de terre et de choux, servi réchauffé.*

**bubble bath** *n* bain *m* moussant.

**bubble car** *n Br petite voiture à trois roues.*

**bubble gum** ◇ *n* bubble-gum *m*. ◇ *adj inf*: **~ music** *musique destinée aux jeunes adolescents.*

**bubble head** *n Am inf* imbécile *mf*.

**bubblejet printer** ['bʌbldʒet-] *n* imprimante *f* à jet d'encre.

**bubble pack** *n* [for toy, batteries] emballage *m* pelliculé; [for pills] plaquette *f*.

**bubbly** ['bʌblɪ] (*compar* **bubblier**, *superl* **bubbliest**) *Br* ◇ *adj* -1. [liquid] pétillant, plein de bulles. -2. [person] pétillant, plein d'entrain. ◇ *n inf* champ *m*.

**bubonic** [bju:'bɒnɪk] *adj* bubonique.

**buccaneer** [,bʌkə'nɪəᵣ] *n* -1. HIST boucanier *m*.-2. [unscrupulous person] flibustier *m*, pirate *m*.

**buccaneering** [,bʌkə'nɪərɪŋ] *adj* entreprenant.

**buck** [bʌk] ◇ *n* -1. [male animal] mâle *m*.-2. *inf* [young man] jeune mec *m*; *arch* [dandy] dandy *m*.-3. *Am inf* [dollar] dollar *m*; **to make a fast** OR **quick ~** gagner du fric facilement. -4. *inf* [responsibility] responsabilité *f*; **to pass the ~** faire porter le chapeau à qqn; **the ~ stops here** en dernier ressort, c'est moi le responsable. -5. [jump] ruade *f*. ◇ *vi* -1. [horse] donner une ruade; *Am* [car] cahoter, tressauter. -2. *Am* [charge] donner un coup de tête. -3. *Am inf* [resist]: **to ~ against change** se rebiffer contre les changements. -4. *Am inf* [strive] rechercher. ◇ *comp* [goat, hare, kangaroo, rabbit] mâle; **~ deer** daim *m*, chevreuil *m*. ◇ *vt* -1. [subj: horse]: **the horse ~ed his rider off** le cheval a désarçonné OR jeté bas son cavalier. -2. *inf* [resist]: **to ~ the system** se rebiffer contre le système.
◆ **buck up** *Br inf* ◇ *vt sep* -1. [cheer up] remonter le moral à. -2. [improve] améliorer; **you'd better ~ your ideas up** tu as intérêt à te remuer OR à en mettre un coup. ◇ *vi insep* -1. [cheer up] se secouer. -2. [hurry up] se grouiller, se magner.

**buckboard** ['bʌkbɔːd] *n voiture hippomobile à quatre roues très répandue aux États-Unis à la fin du XIXᵉ siècle.*

**bucket** ['bʌkɪt] ◇ *n* -1. [container, contents] seau *m*; **it rained ~s** *inf* il a plu à seaux; **to cry** OR **to weep~s** *inf* pleurer comme une Madeleine OR un veau; **a ~ and spade** un seau et une pelle (*symbole, pour un Britannique, de vacances familiales au bord de la mer*). -2. TECH [of dredger, grain elevator] godet *m*; [of pump] piston *m*; [of wheel] auget *m*. ◇ *vt* -1. [put in bucket] mettre dans un seau; [carry] transporter dans un seau. -2. *Br* [horse] surmener; [car] conduire brutalement. ◇ *vi Br inf* -1. [rain] pleuvoir à seaux. -2. [move hurriedly] aller à fond de train; [car] rouler à fond la caisse.
◆ **bucket down** *vi insep Br inf* pleuvoir à seaux.

**bucketful** ['bʌkɪtful] *n* plein seau *m*; **a ~ of water** un seau plein d'eau.

**bucket seat** *n* baquet *m*, siège-baquet *m*, siège *m* cuve.

**bucket shop** *n* -1. FIN bureau *m* OR maison *f* de contrepartie, bureau *m* de courtiers marrons. -2. *Br* [travel agency] *organisme de vente de billets d'avion à prix réduit.*

**Buck House** [bʌk-] *pr n inf nom familier du palais de Buckingham.*

**Buckingham Palace** ['bʌkɪŋəm-] *pr n* le palais de Bucking-

ham (*résidence officielle du souverain britannique*).

**buckle** ['bʌkl] ◇ *n* -1. [clasp] boucle *f*.-2. [kink - in metal] gauchissement *m*; [- in wheel] voilure *f*. ◇ *vt* -1. [fasten] se boucler, s'attacher. -2. [distort - metal] gauchir, se déformer; [- wheel] se voiler. -3. [give way - knees, legs] se dérober. ◇ *vt* -1. [fasten] boucler, attacher. -2. [distort] déformer, fausser; [metal] gauchir, fausser; [wheel] voiler.
◆ **buckle down** *vi insep inf* s'appliquer; **to ~ down to work** se mettre au travail.
◆ **buckle in** *vt sep* [person] attacher.
◆ **buckle on** *vt sep* [gunbelt, sword] attacher, ceindre.
◆ **buckle to** *vi insep inf* s'y mettre, s'y atteler.

**buckram** ['bʌkrəm] *n* bougran *m*.

**Bucks** *written abbr of* **Buckinghamshire**.

**bucksaw** ['bʌksɔː] *n* scie *f* à bûches.

**buck's fizz** *n Br cocktail composé de champagne et de jus d'orange.*

**buckshot** ['bʌkʃɒt] *n* chevrotine *f*, gros plomb *m*.

**buckskin** ['bʌkskɪn] *n* peau *f* de daim.

**bucktooth** ['bʌk,tu:θ] (*pl* **buckteeth** [-,ti:θ]) *n* dent *f* proéminente OR qui avance.

**buckwheat** ['bʌkwi:t] *n* sarrasin *m*, blé *m* noir; **~ flour** farine *f* de sarrasin.

**bucolic** [bju:'kɒlɪk] ◇ *adj* bucolique, pastoral. ◇ *n* bucolique *f*.

**bud** [bʌd] (*pt* & *pp* **budded**, *cont* **budding**) *n* -1. [shoot on plant] bourgeon *m*, œil *m*; **the trees are in ~** les arbres bourgeonnent ‖ [for grafting] écusson *m*.-2. [flower] bouton *m*; **the roses are in ~** les roses sont en bouton. -3. ANAT papille *f*.-4. *Am inf* [term of address]: hey, **~**! [to stranger] eh, vous là-bas!; [to friend] eh, mon vieux! ◇ *vi* -1. BOT [plant] bourgeonner; [flower] former des boutons. -2. [horns] (commencer à) poindre OR percer. -3. [talent] (commencer à) se révéler OR percer. ◇ *vt* -1. [subj: horse]: greffer, écussonner.

**Buddha** ['budə] *pr n* Bouddha.

**Buddhism** ['budɪzm] *n* bouddhisme *m*.

**Buddhist** ['budɪst] ◇ *n* Bouddhiste *mf*. ◇ *adj* [country, priest] bouddhiste; [art, philosophy] bouddhique.

**budding** ['bʌdɪŋ] *adj* -1. BOT [plant] bourgeonnant, couvert de bourgeons; [flower] en bouton. -2. *fig* [artist, genius] en herbe, prometteur; [love] naissant.

**buddy** ['bʌdɪ] (*pl* **buddies**) *n inf* [friend] copain *m*, copine *f*; [for Aids patient] compagnon *m*, compagne *f* (d'un sidéen).

**budge** [bʌdʒ] ◇ *vi* -1. [move] bouger; **it won't ~** c'est coincé, c'est bloqué. -2. *fig* [yield] céder, changer d'avis; **he wouldn't ~ an inch** il ne tenu bon. ◇ *vt* -1. [move] faire bouger. -2. [convince] convaincre, faire changer d'avis.

**budgerigar** ['bʌdʒərɪɡɑːᵣ] *n Br* perruche *f*.

**budget** ['bʌdʒɪt] ◇ *n* -1. [gen & FIN] budget *m*; **to be on a tight ~** disposer d'un budget serré OR modeste. -2. [law] budget *m*. ◇ *vt* budgétiser, inscrire au budget; **to ~ one's time** bien organiser son temps. ◇ *vi* dresser OR préparer un budget. ◇ *adj* -1. [inexpensive] économique, pour petits budgets; **~ prices** prix *mpl* avantageux OR modiques. -2. ECON & FIN budgétaire.
◆ **budget for** *vt insep* [gen] prévoir des frais de, budgétiser; ECON & FIN inscrire OR porter au budget, budgétiser.

**budget account** *n* [with store] compte-crédit *m*; [with bank] ≃ compte *m* permanent.

**budgetary** ['bʌdʒɪtrɪ] *adj* budgétaire.

**budgie** ['bʌdʒɪ] *n Br inf* perruche *f*.

**buff** [bʌf] ◇ *n* -1. [colour] (couleur *f*) chamois *m*.-2. [leather] peau *f* de buffle; [polishing cloth] polissoir *m*.-3. [enthusiast]: **a wine ~** un amateur de vin; **a history ~** un mordu d'histoire. ◇ *vt* polir. ◇ *adj* [coloured] (couleur) chamois; [leather] de cuir.

**buffalo** ['bʌfələu] (*pl inv* OR **buffaloes**) ◇ *n* buffle *m*, bufflesse *f*, bufflonne *f*; *Am* bison *m*; **a herd of ~** un troupeau de buffles. ◇ *vt Am inf* [intimidate] intimider.

**buffalo grass** *n herbe courte poussant dans les régions sèches au centre des États-Unis.*

**buffer** ['bʌfəᵣ] ◇ *n* -1. [protection] tampon *m*; [on car] *Am* pare-chocs *m inv*; RAIL [on train] tampon *m*; [at station] butoir *m*; COMPUT mémoire *f* tampon; **a ~ against inflation** *fig* une mesure de protection contre l'inflation. -2. *Br inf* [fool] imbécile

**mf.-3.** [for polishing] polissoir *m*. ◇ *vt* tamponner, amortir (le choc); to be ~ed against reality être protégé de la réalité OR des réalités (de la vie).

**buffer memory** *n* mémoire *f* tampon.

**buffer state** *n* état *m* tampon.

**buffer zone** *n* région *f* tampon.

**buffet**¹ [*Br* 'bʊfeɪ, *Am* bə'feɪ] ◇ *n* **-1.** [refreshments] buffet *m*.**-2.** [sideboard] buffet *m*.**-3.** [restaurant] buvette *f*, cafétéria *f*; [in station] buffet *m* OR café *m* de gare; [on train] wagon-restaurant *m*. ◇ *comp* [lunch, dinner] -buffet.

**buffet**² ['bʌfɪt] *vt* [batter]: ~ed by the waves ballotté par les vagues; the trees were ~ed by the wind les arbres étaient secoués par le vent.

**buffet car** ['bʊfeɪ-] *n* wagon-restaurant *m*.

**buffeting** ['bʌfɪtɪŋ] ◇ *n* [of rain, wind] assaut *m*; the waves gave the boat a real ~ le navire a été violemment ballotté par les vagues. ◇ *adj* violent.

**buffoon** [bə'fuːn] *n* bouffon *m*, pitre *m*; to act OR to play the ~ faire le clown OR le pitre.

**buffoonery** [bə'fuːnərɪ] *n* (U) bouffonnerie *f*, bouffonneries *fpl*.

**bug** [bʌg] (*pt & pp* **bugged**, *cont* **bugging**) ◇ *n* **-1.** *Am* [insect] insecte *m*; [bedbug] punaise *f*; *fig*: she's been bitten by the film ~ *inf* c'est une mordue de cinéma. **-2.** *inf* [germ] microbe *m*; I've got a stomach ~ j'ai des problèmes intestinaux. **-3.** *inf* [defect] défaut *m*, erreur *f*; COMPUT bogue *m*.**-4.** *inf* [microphone] micro *m* (caché). **-5.** *Am inf* [car] coccinelle *f*. ◇ *vt* **-1.** *inf* [bother] taper sur les nerfs de. **-2.** [wiretap – room] poser OR installer des appareils d'écoute (clandestins) dans; [–phone] brancher sur table d'écoute.

◆ **bug out** *vi insep Am inf* **-1.** [leave hurriedly] ficher le camp. **-2.** [eyes] être globuleux OR exorbité.

**bugbear** ['bʌgbeəʳ] *n* [monster] épouvantail *m*, croque-mitaine *m*; *fig* [worry] bête noire *f*, cauchemar *m*.

**bug-eyed** *adj Am* aux yeux globuleux OR exorbités.

**bugger** ['bʌgəʳ] ◇ *n* **-1.** ▽ [foolish person] couillon *m*; [unpleasant person] salaud *m*; silly ~! pauvre conard! ‖ [child] gamin *m*, -e *f*; you little ~! petite fripouille!-**2.** ▽ *Br* [job]: this job's a real ~ c'est une saloperie de boulot. **-3.** ▽ *Br* [damn]: I don't give a ~ je m'en tape.-**4.** *dated* [sodomite] pédéraste *m*. ◇ *interj* ▽ *Br* merde alors! ◇ *vt* **-1.** [sodomize] sodomiser; JUR se livrer à la pédérastie avec. **-2.** ▽ *Br* [damn]: ~ him! je l'emmerde!; oh, ~ it! oh, merde!-**3.** ▽ *Br* [damage] bousiller.

◆ **bugger off** ▽ *vi insep Br* foutre le camp.

◆ **bugger up** ▽ *vt sep Br* saloper.

**bugger all** ▽ *n Br* que dalle.

**buggered** ▽ ['bʌgəd] *adj Br*. **-1.** [broken] foutu. **-2.** [in surprise]: well, I'll be ~! merde alors!-**3.** [in annoyance]: ~ if I know j'en sais foutre rien.

**buggery** ['bʌgərɪ] ◇ *n* sodomie *f*. ◇ *interj* ▽ *Br* merde!

**bugging** ['bʌgɪŋ] *n* [of room] utilisation *f* d'appareils d'écoute (clandestins); [of telephone] mise *f* sur écoute; ~ device appareil *m* d'écoute (clandestin).

**buggy** ['bʌgɪ] (*pl* **buggies**, *compar* **buggier**, *superl* **buggiest**) ◇ *n* **-1.** [carriage] boghei *m*; [for baby] poussette *f*, poussette-canne *f*; *Am* [pram] voiture *f* d'enfant. **-2.** *inf* [car] bagnole *f*. ◇ *adj Am inf* [crazy] cinglé.

**bugle** ['bjuːgl] ◇ *n* clairon *m*. ◇ *vi* jouer du clairon, faire sonner le clairon.

**bugler** ['bjuːgləʳ] *n* (joueur *m* de) clairon *m*.

**build** [bɪld] (*pt & pp* **built** [bɪlt]) ◇ *vt* **-1.** [dwelling] construire; [temple] bâtir, édifier; [bridge, machine, ship] construire; [nest] faire, bâtir; houses are being built des maisons sont en construction; this bed wasn't built for two people ce lit n'a pas été conçu pour deux personnes ❑ to ~ castles in the air bâtir des châteaux en Espagne. **-2.** [found] bâtir, fonder. ◇ *vi* **-1.** [construct] bâtir. **-2.** [increase] augmenter, monter. ◇ *n* carrure *f*, charpente *f*; of strong ~ solidement bâti OR charpenté; of heavy ~ de forte corpulence OR taille; of medium ~ de taille OR corpulence moyenne; a man of slight ~ un homme fluet; she's about the same ~ as I am elle est à peu près de ma taille.

◆ **build in** *vt sep* CONSTR [incorporate] encastrer; *fig* [include - special features] intégrer.

◆ **build into** *vt sep* [incorporate] intégrer à.

◆ **build on** ◇ *vt sep* **-1.** CONSTR ajouter. **-2.** *fig*: his success is

built on hard work sa réussite repose sur un travail acharné. ◇ *vi insep*: we need to ~ on our achievements il faut consolider nos succès.

◆ **build up** ◇ *vt sep* **-1.** [develop - business, theory] établir, développer; [- reputation] établir, bâtir; [- confidence] donner, redonner; [-strength] accroître, prendre; you need to ~ up your strength, you need ~ing up vous avez besoin de prendre des forces. **-2.** [increase – production] accroître, augmenter; [- excitement] faire monter, accroître; [- pressure] accumuler. **-3.** [promote] faire de la publicité pour. ◇ *vi insep* **-1.** [business] se développer. **-2.** [excitement] monter, augmenter; [pressure] s'accumuler.

◆ **build upon** = **build on** *vt sep* **2.**

**builder** ['bɪldəʳ] *n* **-1.** CONSTR [contractor] entrepreneur *m*; [worker] ouvrier *m* du bâtiment; [of machines, ships] constructeur *m*.**-2.** *fig* [founder] fondateur *m*, -trice *f*.

**building** ['bɪldɪŋ] ◇ *n* **-1.** [structure] bâtiment *m*, construction *f*; [monumental] édifice *m*; [apartment, office] immeuble *m*.**-2.** [work] construction *f*. ◇ *comp* [land, plot] à bâtir; [materials] de construction; ~ **industry** OR **trade** (industrie *f* du) bâtiment *m*.

**building and loan association** *Am* = **building society**.

**building block** *n* [toy] cube *m*; *fig* composante *f*.

**building contractor** *n* entrepreneur *m* (en bâtiment OR construction).

**building site** *n* chantier *m* (de construction).

**building society** *n Br* société *f* d'investissements et de prêts immobiliers.

**buildup** ['bɪldʌp] *n* **-1.** [increase – in pressure] intensification *f*; [- in excitement] montée *f*; COMM [- in production] accroissement *m*; [- in stock] accumulation *f*; MIL [- in troops] rassemblement *m*; **nuclear arms** ~ accumulation des armes nucléaires. **-2.** [publicity] campagne *f* publicitaire.

**built** [bɪlt] ◇ *pt & pp* → **build**. ◇ *adj* [building] bâti, construit; [person] charpenté; **brick-**~ en OR de brique.

**built-in** *adj* [beam, wardrobe] encastré; [device, safeguard] intégré; *fig* [feature] inné, ancré; ~ **obsolescence** obsolescence *f* programmée.

**built-up** *adj* **-1.** [land] bâti; a ~ **area** une agglomération (urbaine). **-2.** [in clothing]: ~ **shoulders** épaules *fpl* surhaussées; ~ **shoes** chaussures *fpl* à semelles compensées.

**bulb** [bʌlb] *n* **-1.** BOT bulbe *m*, oignon *m*; **tulip** ~ bulbe de tulipe. **-2.** ELEC ampoule *f*; a **light** ~ une ampoule. **-3.** [of thermometer] réservoir *m*.

**bulbous** ['bʌlbəs] *adj* bulbeux.

**Bulgaria** [bʌl'geərɪə] *pr n* Bulgarie *f*; **in** ~ en Bulgarie.

**Bulgarian** [bʌl'geərɪən] ◇ *n* **-1.** [person] Bulgare *mf*.**-2.** LING bulgare *m*. ◇ *adj* bulgare.

**bulge** [bʌldʒ] ◇ *n* **-1.** [lump, swelling] renflement *m*; [on vase, jug] panse *f*, ventre *m*; *Br* MIL saillant *m*; he noticed a ~ in her pocket il remarqua quelque chose qui faisait saillie dans sa poche. **-2.** [increase] poussée *f*; a **population** ~ une explosion démographique. ◇ *vi* [swell] se gonfler, se renfler; his suitcase was bulging with gifts sa valise était bourrée de cadeaux ‖ [stick out] faire saillie, saillir; his eyes ~d il avait les yeux saillants OR globuleux.

**bulging** ['bʌldʒɪŋ] *adj* [eyes] saillant, globuleux; [muscles, waist] saillant; [bag, pockets] gonflé.

**bulimia** [bjuː'lɪmɪə] *n* boulimie *f*.

**bulimic** [bjuː'lɪmɪk] ◇ *adj* boulimique. ◇ *n* boulimique *mf*.

**bulk** [bʌlk] ◇ *n* **-1.** [mass] masse *f*; [stoutness] corpulence *f*. **-2.** [main part]: the ~ **la plus grande partie, la majeure partie; she left the** ~ **of her fortune to charity** elle légua le plus gros de sa fortune aux bonnes œuvres. **-3.** [in food] fibre *f* (végétale). **-4.** NAUT [goods] cargaison *f*. ◇ *comp* [order, supplies] **en gros. ◇** *vi*: **to** ~ **large** *Br* **occuper une place importante; the prospect of a further drop in prices** ~**ed large in their minds la perspective d'une autre baisse des prix les préoccupait vivement OR était au premier plan de leurs préoccupations.

◆ **in bulk** *adv phr* par grosses quantités; COMM en gros; NAUT en vrac.

**bulk buying** *n* (U) achat *m* par grosses quantités; COMM achat *m* en gros.

**bulkhead** ['bʌlkhed] *n* cloison *f* (d'avion, de navire).

**bulk mail** *n (U)* envois *mpl* en nombre.

**bulk rate** *n* affranchissement *m* à forfait.

**bulky** ['bʌlkɪ] *adj* **-1.** [massive, large] volumineux; [cumbersome] encombrant. **-2.** [corpulent, stout] corpulent, gros (*f* grosse); [solidly built] massif.

**bull** [bʊl] ◇ *n* **-1.** [male cow] taureau *m*; like a ~ in a china shop comme un éléphant dans un magasin de porcelaine; to take the ~ by the horns prendre le taureau par les cornes. **-2.** [male of a species] mâle *m*.**-3.** *inf* [large, strong man] costaud *m*, malabar *m*.**-4.** ST.EX haussier *m*, spéculateur *m* à la hausse. **-5.** [centre of target] centre *m* de la cible; to hit the ~ faire mouche, mettre dans le mille. **-6.** ▽ [nonsense] connerie *f*, conneries *fpl*.**-7.** RELIG bulle *f*. ◇ *comp* [elephant, whale] mâle *m*; ~ calf jeune taureau *m*, taurillon *m*. ◇ *vt* ST. EX [market, prices, shares] pousser à la hausse.

**bulldog** ['bʊldɒg] *n* bouledogue *m*.

**bulldog clip** *n* pince *f* à dessin.

**bulldoze** ['bʊldəʊz] *vt* **-1.** [building] démolir au bulldozer; [earth, stone] passer au bulldozer. **-2.** *fig* [push]: to ~ sb into doing sthg forcer qqn à faire qqch, faire pression sur qqn pour lui faire faire qqch.

**bulldozer** ['bʊldəʊzə<sup>r</sup>] *n* bulldozer *m*.

**bullet** ['bʊlɪt] ◇ *n* **-1.** balle *f*; to get the ~ *Br inf* se faire virer, se faire sacquer. **-2.** TYPO puce *f*. ◇ *comp* [hole] de balle; [wound] par balle.

**bulletin** ['bʊlətɪn] *n* [announcement] bulletin *m*, communiqué *m*; [newsletter] bulletin *m*.

**bulletin board** *n* **-1.** *Am* [gen] tableau *m* d'affichage. **-2.** COMPUT tableau *m* d'affichage électronique.

**bulletproof** ['bʊlɪtpruːf] ◇ *adj* [glass, vest] pare-balles *(inv)*; [vehicle] blindé. ◇ *vt* [door, vehicle] blinder.

**bullfight** ['bʊlfaɪt] *n* corrida *f*, course *f* de taureaux.

**bullfighter** ['bʊl.faɪtə<sup>r</sup>] *n* torero *m*, matador *m*.

**bullfighting** ['bʊl.faɪtɪŋ] *n (U)* courses *fpl* de taureaux, tauromachie *f*.

**bullfinch** ['bʊlfɪntʃ] *n* bouvreuil *m*.

**bullfrog** ['bʊlfrɒg] *n* grosse grenouille *f*.

**bullhorn** ['bʊlhɔːn] *n Am* mégaphone *m*, porte-voix *m inv*.

**bullion** ['bʊljən] *n*: gold/silver ~ or/argent *m* en lingots OR en barres.

**bullish** ['bʊlɪʃ] *adj* **-1.** ST.EX: the market is ~ les cours OR valeurs sont en hausse. **-2.** *Br inf* [optimistic]: to be in a ~ mood être confiant OR optimiste.

**bull market** *n* marché *m* à la hausse.

**bull mastiff** *n* chien issu d'un métissage entre le bouledogue et le mastiff.

**bullock** ['bʊlək] *n* [castrated] bœuf *m*; [young] bouvillon *m*.

**bullring** ['bʊlrɪŋ] *n* arène *f (pour la corrida)*.

**bull's-eye** *n* **-1.** [centre of target] mille *m*, centre *m* de la cible; to hit the ~ *literal & fig* faire mouche, mettre dans le mille. **-2.** [sweet] gros bonbon *m* à la menthe. **-3.** [window] œil-de-bœuf *m*, oculus *m*.

**bullshit**▼ ['bʊlʃɪt] ◇ *n (U)* connerie *f*, conneries *fpl*. ◇ *vt* raconter des conneries à. ◇ *vi* déconner, raconter des conneries.

**bull terrier** *n* bull-terrier *m*.

**bully** ['bʊlɪ] ◇ *n* **-1.** [adult] tyran *m*; [child] petite brute *f*. **-2.** [in hockey] bully *m*. ◇ *vt* [intimidate – spouse, employee] malmener; she bullies her little sister elle est tyrannique avec sa bully *m*. petite sœur; they bullied me into going on a fait pression sur moi pour que j'y aille. ◇ *interj inf*: ~ for you! chapeau!; *iron* quel exploit!, bravo!

◆ **bully off** *vi insep* [in hockey] engager le jeu, mettre la balle en jeu.

**bully beef** *n Br* corned-beef *m*.

**bullyboy** ['bʊlɪbɔɪ] *n Br* brute *f*, voyou *m*.

**bullying** ['bʊlɪŋ] ◇ *adj* [intimidating] agressif, brutal. ◇ *n (U)* brimades *fpl*.

**bully-off** *n* bully *m*.

**bulrush** ['bʊlrʌʃ] *n* jonc *m*, scirpe *m*.

**bulwark** ['bʊlwək] *n* ARCHIT rempart *m*, fortification *f*; [breakwater] digue *f*, môle *m*; *fig* [protection] rempart *m*.

◆ **bulwarks** *npl* NAUT bastingage *m*, pavois *m*.

**bum** [bʌm] *(pt & pp* **bummed,** *cont* **bumming)** *inf.* ◇ *n* **-1.** *Br*

[buttocks] fesses *fpl*, pétard *m*.**-2.** [tramp] clochard *m*, -e *f*, clodo *m*; [lazy person] fainéant *m*, -e *f*, flemmard *m*, -e *f*; [worthless person] minable *mf*, minus *m*.**-3.** [sports fanatic] fana *m*, mordu *m*, -e *f*; a beach ~ un fana OR mordu des plages. **-4.** *Am* [vagrancy]: he went on the ~ il s'est mis à dormir sous les ponts. ◇ *adj* [worthless] minable, nul; [injured, disabled] patraque, mal fichu; [untrue] faux (*f* fausse); he got a bit of a ~ deal il a été très mal traité; he was in jail on a ~ rap *Am* il était en prison pour un délit qu'il n'avait pas commis ☐ ~ steer tuyau *m* percé. ◇ *vt* [beg, borrow]: to ~ sthg off sb emprunter qqch à qqn, taper qqn de qqch; to ~ a lift OR ride se faire emmener. ◇ *vi Am* [be disappointed] être déprimé; [laze about] traîner.

◆ **bum about** *Br*, **bum around** *vi insep inf* **-1.** [drift, wander] vagabonder, se balader. **-2.** [loaf, idle] fainéanter, flemmarder.

**bumble** ['bʌmbl] *vi* **-1.** [speak incoherently] bafouiller. **-2.** [move clumsily]: he came bumbling in il entra, l'air gauche.

**bumblebee** ['bʌmblbiː] *n* bourdon *m*.

**bumbler** ['bʌmblə<sup>r</sup>] *n* empoté *m*, -e *f*, maladroit *m*, -e *f*.

**bumbling** ['bʌmblɪŋ] *adj* [person] empoté, maladroit; [behaviour] maladroit.

**bumf** [bʌmf] *n Br inf* **-1.** [documentation] doc *f*.-2. *pej* [useless papers] paperasse *f*.**-3.** [toilet paper] papier cul *m*.

**bummed** [bʌmd] *adj Am inf*: to be ~ (out) with sthg être déprimé par qqch.

**bummer**▽ ['bʌmə<sup>r</sup>] *n* [bad experience] poisse *f*; the film's a real ~ ce film est vraiment nul OR un vrai navet; what a ~! les boules!

**bump** [bʌmp] ◇ *n* **-1.** [lump] bosse *f*; a ~ in the road une bosse sur la route. **-2.** [blow, knock] choc *m*, coup *m*; [noise from blow] bruit *m* sourd, choc *m* sourd. **-3.** AERON [air current] courant *m* ascendant. ◇ *vt* heurter; [elbow, head, knee] cogner. ◇ *vi* **-1.** [move with jerks] cahoter. **-2.** [collide] se heurter; the boat ~ed against the pier le bateau a buté contre l'embarcadère. ◇ *adv*: the driver went ~ into the car in front le conducteur est rentré en plein dans la voiture de devant.

◆ **bump into** *vt insep* [object] rentrer dedans, tamponner; [person] rencontrer par hasard, tomber sur.

◆ **bump off** *vt sep inf* [murder] liquider, supprimer; [with a gun] descendre.

◆ **bump up** *vt sep inf* [increase] faire grimper; [prices] gonfler, faire grimper.

**bumper** ['bʌmpə<sup>r</sup>] ◇ *n* **-1.** AUT pare-chocs *m inv*.-2. [full glass] rasade *f*. ◇ *adj* [crop, harvest] exceptionnel, formidable.

**bumper car** *n* auto *f* tamponneuse.

**bumper-to-bumper** *adj*: the cars are ~ on the bridge les voitures roulent pare-chocs contre pare-chocs sur le pont.

**bumph** *inf* = bumf.

**bumpkin** ['bʌmpkɪn] *n inf & pej* plouc *m*, péquenaud *m*.

**bump start** *n* démarrage d'un véhicule en le poussant.

◆ **bump-start** *vt* démarrer en poussant.

**bumptious** ['bʌmpʃəs] *adj* suffisant, prétentieux.

**bumpy** ['bʌmpɪ] (*compar* **bumpier,** *superl* **bumpiest**) *adj* [road] cahoteux; [flight, ride] agité (*de secousses*); [surface, wall] bosselé; we've got a ~ ride ahead of us *fig* on va traverser une mauvaise passe.

**bun** [bʌn] *n* **-1.** [bread] petit pain *m* (au lait); she's got a ~ in the oven▽ *Br* elle a un polichinelle dans le tiroir. **-2.** [hair] chignon *m*.

**bunch** [bʌntʃ] ◇ *n* **-1.** [of flowers, straw] bouquet *m*, botte *f*; [of grapes] grappe *f*; [of bananas, dates] régime *m*; [of feathers, hair] touffe *f*; [of sticks, twigs] faisceau *m*, poignée *f*; [of keys] trousseau *m*; do you want a ~ of fives? *inf* tu veux mon poing sur la gueule?-2. *inf* [of people] bande *f*; her family are a strange ~ elle a une drôle de famille; he's the best of a bad ~ c'est le moins mauvais de la bande ‖ [of things]: he took out a ~ of papers from the drawer il sortit un tas de papiers du tiroir. **-3.** CYCLING peloton *m*.**-4.** *phr*: thanks a ~! *inf & iron* merci beaucoup! ◇ *vt* [straw, vegetables] mettre en bottes, botteler; [flowers] botteler, mettre en bouquets.

◆ **bunches** *npl Br* couettes *fpl*; she wears her hair in ~es elle porte des couettes.

◆ **bunch together** ◇ *vi insep* [people] se serrer, se presser.

◊ *vt sep* mettre ensemble; [flowers] botteler, mettre en bouquets.

◆ **bunch up** ◊ *vi insep* **-1.** [group of people] se serrer. **-2.** [clothing] se retrousser. ◊ *vt sep* mettre ensemble; [flowers] mettre en bouquets, botteler; [dress, skirt] retrousser.

**bundle** ['bʌndl] ◊ *n* **-1.** [of clothes, linen] paquet *m*; [wrapped in a cloth] paquet *m*; [of goods] paquet *m*, ballot *m*; [of sticks, twigs] faisceau *m*, poignée *f*; [of banknotes, papers] liasse *f*; he's a ~ of nerves c'est un paquet de nerfs; a ~ of firewood un fagot ❑ a ~ of fun OR laughs *inf* marrant, amusant. **-2.** *Am inf* [money]: to make a ~ faire son beurre. **-3.** [baby] bout *m* de chou. **-4.** *Br phr*: to go a ~ on sthg *inf* s'emballer pour qqch; thanks a ~! *inf* & *iron* merci beaucoup! ◊ *vt* **-1.** [clothes] mettre en paquet; [for a journey] empaqueter; [linen] mettre en paquet; [goods] mettre en paquet; [banknotes, papers] mettre en liasses; [sticks, twigs] mettre en faisceaux; [firewood] mettre en fagots; [straw] botteler, mettre en bottes. **-2.** [shove]: he was ~d into the car on l'a poussé dans la voiture brusquement OR sans ménagement.

◆ **bundle off** *vt sep*: the children were ~d off to school les enfants furent envoyés OR expédiés à l'école vite fait.

◆ **bundle up** ◊ *vt sep* **-1.** [tie up] mettre en paquet. **-2.** [dress warmly] emmitoufler. ◊ *vi insep* s'emmitoufler.

**bundled** ['bʌndld] *adj* COMPUT: ~ software logiciel *m* livré avec le matériel.

**bun fight** *n Br inf & hum* [gathering] réception *f*.

**bung** [bʌŋ] ◊ *n* **-1.** [stopper] bondon *m*, bonde *f*. **-2.** [hole] bonde *f*. ◊ *vt* **-1.** [hole] boucher. **-2.** *Br inf* [put carelessly] balancer. **-3.** *Br inf* [add] rajouter; ~ it on the bill rajoutez-le sur la note.

◆ **bung up** *vt sep Br inf* boucher; my nose is/my eyes are ~ed up j'ai le nez bouché/les yeux gonflés.

**bungalow** ['bʌŋgələʊ] *n* [one storey house] maison *f* sans étage; [in India] bungalow *m*.

**bungee-jumping** ['bʌndʒiː-] *n* saut *m* à l'élastique.

**bungle** ['bʌŋgl] ◊ *vt* gâcher.

**bungler** ['bʌŋglə] *n* incapable *mf*.

**bungling** ['bʌŋglɪŋ] ◊ *adj* [person] incompétent, incapable; [action] maladroit, gauche. ◊ *n* incompétence *f*.

**bunion** ['bʌnjən] *n* oignon *m* (cor).

**bunk** [bʌŋk] ◊ *n* **-1.** [berth] couchette *f*; [bed] lit *m*. **-2.** *Br inf*: to do a ~ se tirer, se faire la malle. **-3.** *inf* [nonsense] foutaise *f*, foutaises *fpl*. ◊ *vi inf* **-1.** [sleep] coucher. **-2.** [escape] se tailler.

◆ **bunk down** *vi insep* coucher.

◆ **bunk off** *vi insep Br inf* **-1.** [scram] décamper, filer. **-2.** [from school] faire le mur.

**bunk bed** *n* lit *m* superposé.

**bunker** ['bʌŋkə] ◊ *n* **-1.** MIL blockhaus *m*, bunker *m*. **-2.** [for coal] coffre *m*; NAUT soute *f*. **-3.** GOLF bunker *m*. ◊ *vt* **-1.** NAUT [coal, oil, ship] mettre en soute. **-2.** GOLF envoyer la balle dans un bunker.

**bunkhouse** ['bʌŋkhaʊs, *pl* -haʊzɪz] *n Am* baraquement *m* (pour ouvriers).

**bunkum** ['bʌŋkəm] *n (U) inf* [nonsense] foutaise *f*, foutaises *fpl*.

**bunk-up** *n Br*: to give sb a ~ faire la courte échelle à qqn.

**bunny** ['bʌnɪ] *n*: ~ (rabbit) (petit) lapin *m*, Jeannot lapin *m*.

**bunny girl** *n* hôtesse *f* de boîte de nuit.

**bunny hill** *n Am* [in skiing] piste *f* pour débutants.

**Bunsen burner** ['bʌnsn-] *n* (bec *m*) Bunsen *m*.

**bunting** ['bʌntɪŋ] *n* **-1.** [fabric] étamine *f*. **-2.** (U) [flags] fanions *mpl*, drapeaux *mpl*. **-3.** ORNITH bruant *m*.

**buoy** [*Br* bɔɪ, *Am* 'buːɪ] ◊ *n* bouée *f*, balise *f* flottante. ◊ *vt* [waterway] baliser; [vessel, obstacle] marquer d'une bouée.

◆ **buoy up** *vt sep* **-1.** NAUT faire flotter, maintenir à flot. **-2.** *fig* [support, sustain] soutenir; [person] remonter.

**buoyancy** ['bɔɪənsɪ] *n* **-1.** [ability to float] flottabilité *f*; [of gas, liquid] poussée *f*. **-2.** *fig* [resilience] ressort *m*, force *f* morale; [cheerfulness] entrain *m*, allant *m*. **-3.** ST.EX: the ~ of the market la fermeté du marché.

**buoyant** ['bɔɪənt] *adj* **-1.** [floatable] flottable, capable de flotter; [causing to float] qui fait flotter; sea water is very ~ l'eau de mer porte très bien. **-2.** *fig* [cheerful] plein d'allant OR d'entrain; [mood] gai, allègre. **-3.** FIN [economy, sector] sain,

robuste; ST.EX [market] soutenu.

**buoyantly** ['bɔɪəntlɪ] *adv* [walk] d'un pas allègre; [float, rise] légèrement; [speak] avec allant, avec entrain.

**bur** [bɜːr] ◊ *n* BOT bardane *f*. ◊ *vt* [clothing] enlever les bardanes de.

**burble** ['bɜːbl] ◊ *vi* **-1.** [liquid] glouglouter, faire glouglou; [stream] murmurer. **-2.** *pej* [person] jacasser. ◊ *n* **-1.** [of a liquid] glouglou *m*; [of a stream] murmure *m*. **-2.** *pej* [chatter] jacasserie *f*, jacassement *m*.

**burden** ['bɜːdn] ◊ *n* **-1.** *fml* [heavy weight, load] fardeau *m*, charge *f*. **-2.** *fig* [heavy responsibility, strain] fardeau *m*, charge *f*; to be a ~ to sb être un fardeau pour qqn; his guilt was a heavy ~ to bear sa culpabilité était un lourd fardeau; to increase/to relieve the tax ~ augmenter/alléger le fardeau OR le poids des impôts ❑ the ~ of proof JUR la charge de la preuve. **-3.** NAUT tonnage *m*, jauge *f*. **-4.** *Br* [chorus, refrain] refrain *m*; *fig* [theme, central idea] fond *m*, substance *f*. ◊ *vt* [weigh down] charger; to be ~ed with sthg être chargé de qqch; to ~ sb with taxes *fig* accabler qqn d'impôts.

**burdensome** ['bɜːdnsəm] *adj fml* [load] pesant; [taxes] lourd.

**burdock** ['bɜːdɒk] *n* bardane *f*.

**bureau** ['bjʊərəʊ] (*pl* **bureaus** OR **bureaux** [-rəʊz]) *n* **-1.** ADMIN service *m*, office *m*; [in private enterprise] bureau *m*. **-2.** *Br* [desk] secrétaire *m*, bureau *m*. **-3.** *Am* [chest of drawers] commode *f*.

**bureaucracy** [bjʊə'rɒkrəsɪ] *n* bureaucratie *f*.

**bureaucrat** ['bjʊərəkræt] *n* bureaucrate *mf*.

**bureaucratic** [,bjʊərə'krætɪk] *adj* bureaucratique.

**bureaucratize, -ise** [bjʊə'rɒkrətaɪz] *vt* bureaucratiser.

**burette** *Br*, **buret** *Am* [bjʊ'ret] *n* éprouvette *f* graduée, burette *f*.

**burgeon** ['bɜːdʒən] *vi* BOT OR *lit* bourgeonner; [leaf, flower] éclore; a ~ing romance un amour naissant.

**burger** ['bɜːgər] *n* hamburger *m*.

**burgess** ['bɜːdʒɪs] *n* HIST [elected representative] député *m*, représentant *m*; *arch* [citizen] bourgeois *m*.

**burgher** ['bɜːgər] *n* HIST bourgeois *m*, -e *f*.

**burglar** ['bɜːglər] *n* cambrioleur *m*, -euse *f*.

**burglar alarm** *n* dispositif *m* d'alarme contre le vol, antivol *m*.

**burglarize** ['bɜːgləraɪz] *vt Am* cambrioler.

**burglarproof** ['bɜːgləpruːf] *adj* anti-effraction (inv).

**burglary** ['bɜːglərɪ] (*pl* **burglaries**) *n* cambriolage *m*.

**burgle** ['bɜːgl] *vt* cambrioler.

**Burgundy** ['bɜːgəndɪ] *pr n* **-1.** [region] Bourgogne *f*; in ~ en Bourgogne. **-2.** ŒNOL bourgogne *m*.

**burial** ['berɪəl] ◊ *n* enterrement *m*, inhumation *f*; a Christian ~ une sépulture ecclésiastique. ◊ *comp* [place, service] d'inhumation.

**burial ground** *n* cimetière *m*.

**burial mound** *n* tumulus *m*.

**burk** [bɜːk] = berk.

**Burke's Peerage** [bɜːks-] *pr n* annuaire *de l'aristocratie britannique*.

**Burkina-Faso** [bɜː,kiːnə'fæsəʊ] *pr n* Burkina *m*; in ~ au Burkina.

**burlap** ['bɜːlæp] *n* toile *f* à sac, gros canevas *m*.

**burlesque** [bɜː'lesk] ◊ *n* **-1.** LITERAT & THEAT burlesque *m*, parodie *f*. **-2.** *Am* [bawdy comedy] revue *f* déshabillée, striptease *m*. ◊ *adj* burlesque. ◊ *vt* parodier.

**burly** ['bɜːlɪ] (*compar* **burlier**, *superl* **burliest**) *adj* de forte carrure.

**Burma** ['bɜːmə] *pr n* Birmanie *f*.

**Burmese** [,bɜː'miːz] ◊ *n* **-1.** [person] Birman *m*, -e *f*. **-2.** LING birman *m*. ◊ *adj* birman.

**burn** [bɜːn] (*Br pt & pp* **burned** OR **burnt** [bɜːnt], *Am pt & pp* **burned**) ◊ *n* **-1.** [injury] brûlure *f*. **-2.** AERON (durée *f* de) combustion *f*. **-3.** *inf* PHYSIOL: the ~ la sensation de brûlure. ◊ *vi* **-1.** *literal* brûler; this material won't ~ ce tissu est ininflammable; the church ~ed to the ground l'église a été réduite en cendres. **-2.** *fig* [face, person]: my face was ~ing [with embarrassment] j'avais le visage en feu, j'étais tout rouge; I'm ~ing [from sun] je brûle; [from fever] je suis brûlant, je brûle; she was ~ing with anger elle bouillait de colère; she was ~ing for adventure elle brûlait du désir d'aventure. **-3.** *inf*[travel at speed] filer, foncer.

◇ *vt* [paper, logs, food] brûler; [car, crop, forest] brûler, incendier; **three people were burnt to death** trois personnes sont mortes carbonisées OR ont été brûlées vives; **to be burnt alive** être brûlé vif; **his cigarette burnt a hole in the carpet** sa cigarette a fait un trou dans la moquette; **did you ~ yourself?** est-ce que tu t'es brûlé?; **I burnt my mouth drinking hot tea** je me suis brûlé (la langue) en buvant du thé chaud; **I've burnt the potatoes** j'ai laissé brûler les pommes de terre; **the house was burnt to the ground** la maison fut réduite en cendres OR brûla entièrement ❏ **to ~ one's boats** OR **bridges** brûler ses vaisseaux OR les ponts; **to ~ one's fingers, to get one's fingers burnt** se brûler les doigts; **to have money to ~** avoir de l'argent à ne pas savoir qu'en faire; **money ~s a hole in his pocket** l'argent lui file entre les doigts.

◆ **burn away** ◇ *vi insep* **-1.** [continue burning]: **the bonfire ~ed away for several hours** le feu a brûlé pendant plusieurs heures. **-2.** [be destroyed by fire] se consumer. ◇ *vt sep* [gen] brûler; [paint] brûler, décaper au chalumeau.

◆ **burn down** ◇ *vi insep* **-1.** [be destroyed by fire] brûler complètement. **-2.** [die down]: **the fire in the stove has ~ed down** le feu dans le poêle est presque éteint ‖ [grow smaller] diminuer, baisser. ◇ *vt sep* [building] détruire par le feu, incendier.

◆ **burn off** *vt sep* [vegetation] brûler, détruire par le feu; [gas] brûler; [paint] décaper au chalumeau.

◆ **burn out** ◇ *vt sep* **-1.** [destroy by fire – building] détruire par le feu. ELEC [wear out – bulb] griller; [– fuse] faire sauter; MECH [– engine] griller; **to ~ o.s. out** *fig* s'épuiser. **-3.** [die down] diminuer, éteindre; **after twelve hours the forest fire burnt itself out** au bout de douze heures l'incendie de forêt s'est éteint. ◇ *vi insep* ELEC [bulb] griller; [fuse] sauter; MECH [brakes, engine] griller; [candle, fire] s'éteindre.

◆ **burn up** ◇ *vt sep* **-1.** [destroy by fire] brûler. **-2.** *fig* [person – consume] brûler, dévorer *‖ Am inf* [worry]: **it really ~s me up to see you like this** ça me bouffe de te voir comme ça. **-3.** [consume]: **this car ~s up a lot of petrol** cette voiture consomme beaucoup d'essence; **to ~ up a lot of calories/energy** dépenser OR brûler beaucoup de calories/d'énergie ❏ **to ~ up the miles** aller à toute vitesse, foncer. ◇ *vi insep* **-1.** [fire] flamber. **-2.** AERON se consumer, se désintégrer.

**burned-out** ['bɜːnd-] = **burnt-out**.

**burner** ['bɜːnə<sup>r</sup>] *n* [on a stove] brûleur *m*; [on a lamp] bec *m*.

**burning** ['bɜːnɪŋ] ◇ *adj* **-1.** [on fire] en flammes; [arrow, fire, torch] ardent. **-2.** [hot] ardent, brûlant; **I have a ~ sensation in my stomach** j'ai des brûlures à l'estomac ‖ *fig* [intense] ardent, brûlant; **he had a ~ desire to be a writer** il désirait ardemment être écrivain. **-3.** [crucial, vital] brûlant; **a ~ issue** une question brûlante. ◇ *adv*: **~ hot coals** des charbons ardents; **her forehead is ~ hot** elle a le front brûlant. ◇ *n* **-1.** [sensation, smell]: **a smell of ~** une odeur de brûlé; **he felt a ~ in his chest** il sentit une brûlure à la poitrine. **-2.** [destruction by fire]: **he witnessed the ~ of hundreds of books** il a été témoin de l'autodafé de centaines de livres. **-3.** METALL [overheating] brûlure *f*.

**burnished** ['bɜːnɪʃt] *adj* **-1.** METALL bruni, poli. **-2.** *lit* [bright, shiny] lustré.

**burnout** ['bɜːnaʊt] *n* **-1.** AERON arrêt par suite d'épuisement du combustible. **-2.** ELEC: **what caused the ~?** qu'est-ce qui a fait griller les circuits? **-3.** [exhaustion] épuisement *m* total.

**Burns' Night** [bɜːnz-] *n* fête célébrée en l'honneur du poète écossais Robert Burns, le 25 janvier.

**burnt** [bɜːnt] ◇ *pt & pp →* **burn**. ◇ *adj* **-1.** [charred] brûlé, carbonisé. **-2.** [dark]: **~ orange/red** orange/rouge foncé.

**burnt offering** *n* [sacrifice] holocauste *m*.

**burnt-out** ['bɜːnt-] *adj* **-1.** [destroyed by fire] incendié, brûlé. **-2.** *inf* [person] lessivé, vidé; **she was ~ by thirty** elle était usée avant (l'âge de) trente ans.

**burp** [bɜːp] *inf* ◇ *n* rot *m*; **"cheers", he said with a ~** « à ta santé », dit-il en rotant. ◇ *vi* roter. ◇ *vt*: **to ~ a baby** faire faire son rot à un bébé.

**burr** [bɜː<sup>r</sup>] ◇ *n* **-1.** [rough edge] barbe *f*, bavure *f*. **-2.** [tool] fraise *f*. **-3.** [on tree trunk] broussin *m*. **-4.** PHON grasseyement *m*; **he speaks with a soft Devon ~** il a un léger accent du Devon. **-5.** [noise] ronflement *m*, vrombissement *m*. **-6.** =

---

**bur.** ◇ *vt* **-1.** [file] ébarber, ébavurer. **-2.** = **bur.** ◇ *vi* **-1.** PHON grasseyer. **-2.** [make a noise] ronfler, vrombir.

**burrito** [bəˈriːtəʊ] *n* tortilla fourrée à la viande.

**burrow** ['bʌrəʊ] ◇ *n* terrier *m*. ◇ *vt* **-1.** [subj: person] creuser; [subj: animal, insect] creuser, fouir; **he ~ed his way underneath the prison wall** il a creusé un tunnel sous le mur de la prison. **-2.** *fig* [nestle] enfouir; **the cat ~ed its head into my shoulder** le chat a blotti sa tête contre mon épaule. ◇ *vi* **-1.** [dig] creuser. **-2.** [search] fouiller. **-3.** [nestle] s'enfouir, s'enfoncer.

**bursar** ['bɜːsə<sup>r</sup>] *n* **-1.** [treasurer] intendant *m*, -e *f*, économe *mf*. **-2.** *Scot* [student] boursier *m*, -ère *f*.

**bursary** ['bɜːsəri] (*pl* **bursaries**) *n* **-1.** [grant, scholarship] bourse *f* (d'études). **-2.** *Br* [treasury] intendance *f*.

**burst** [bɜːst] (*pt & pp* **burst**) ◇ *n* **-1.** [explosion] éclatement *m*, explosion *f*; [puncture] éclatement *m*, crevaison *f*. **-2.** [sudden eruption – of laughter] éclat *m*; [– of emotion] accès *m*, explosion *f*; [– of ideas] jaillissement *m*; [– of thunder] coup *m*; [– of flame] jet *m*, jaillissement *m*; [– of applause] salve *f*; **a ~ of gunfire** une rafale; **he had a sudden ~ of energy** il a eu un sursaut d'énergie; **to put on** OR **to have a sudden ~ of speed** prendre une pointe de vitesse; **a ~ of activity** une poussée d'activité.

◇ *vi* **-1.** [break, explode – balloon] éclater; [– abscess] crever; [– tyre] crever, éclater; [– bottle] éclater, voler en éclats; **his heart felt as if it would ~ with joy/grief** *fig* il crut que son cœur allait éclater de joie/se briser de chagrin. **-2.** [enter, move suddenly]: **two policemen ~ into the house** deux policiers ont fait irruption dans la maison; **the front door ~ open** la porte d'entrée s'est ouverte brusquement; **the sun suddenly ~ through the clouds** le soleil perça OR apparut soudain à travers les nuages.

◇ *vt* [balloon, bubble] crever, faire éclater; [pipe] faire éclater; [boiler] faire éclater, faire sauter; [tyre] crever, faire éclater; [abscess] crever, percer; **the river is about to ~ its banks** se fleuve est sur le point de déborder; **to ~ a blood vessel** se faire éclater une veine, se rompre un vaisseau sanguin; **don't ~ a blood vessel to get it done** *Br inf & hum* ce n'est pas la peine de te crever pour finir.

◆ **burst forth** *vi insep lit* [liquid] jaillir; [person] sortir précipitamment, apparaître.

◆ **burst in** *vi insep* [enter violently] faire irruption; [interrupt] interrompre brutalement la discussion; [intrude] entrer précipitamment; **it was very rude of you to ~ in on** OR **upon us like that** c'était très mal élevé de ta part de faire irruption chez nous comme ça.

◆ **burst into** *vt insep* [begin suddenly]: **to ~ into laughter** éclater de rire; **to ~ into tears** éclater en sanglots, fondre en larmes; **to ~ into song** se mettre à chanter; **to ~ into flames** prendre feu, s'enflammer.

◆ **burst out** ◇ *vi insep* [leave suddenly] sortir précipitamment; **two men suddenly ~ out of the room** deux hommes sortirent en trombe de la pièce. ◇ *vt insep* [exclaim] s'exclamer, s'écrier; **to ~ out laughing** éclater de rire; **they all ~ out singing** ils se sont tous mis à chanter d'un coup.

**bursting** ['bɜːstɪŋ] *adj* **-1.** [full] plein à craquer; **to be ~ at the seams** se déchirer aux coutures, se découdre; **the place was ~ at the seams (with people)** *fig* l'endroit était plein à craquer; **to be ~ with joy/pride** déborder de joie/d'orgueil. **-2.** [longing, yearning]: **to be ~ to do sthg** mourir d'envie de faire qqch. **-3.** *inf* [desperate to urinate]: **I'm ~** je ne peux plus attendre, ça presse.

**Burundi** [bʊˈrʊndɪ] *pr n* Burundi *m*; **in ~** au Burundi.

**Burundian** [bʊˈrʊndjən] ◇ *n* Burundais *m*, -e *f*. ◇ *adj* burundais.

**bury** ['berɪ] (*pt & pp* **buried**) *vt* **-1.** [in the ground] enterrer; [in water] immerger; **to be buried alive** être enterré vivant; **to be buried at sea** être immergé en haute mer; **we agreed to ~ our differences** nous avons convenu d'oublier OR d'enterrer nos différends ❏ **to ~ the hatchet** enterrer la hache de guerre. **-2.** [cover completely] ensevelir, enterrer; **she buried her feet in the sand** elle a enfoncé ses pieds dans le sable ❏ **to ~ one's head in the sand** faire l'autruche. **-3.** [hide]: **she buried her face in the pillow** elle enfouit OR enfonça son visage dans l'oreiller; **to ~ one's face in one's hands** enfouir son visage dans ses mains; **he always has his nose buried in a book** il a toujours le nez fourré dans un livre. **-4.** [occupy]: to ~ o.s. in (one's) work se plonger dans son travail. **-5.** [thrust, plunge – knife] enfoncer, plonger; he buried his hands in his pockets il a fourré les mains dans ses poches.

**bus** [bʌs] (*pl* **buses** OR **busses**, *pt* & *pp* **bused** OR **bussed**, *cont* **busing** OR **bussing**) ◇ *n* **-1.** [vehicle] bus *m*; *Am* [coach] car *m*. **-2.** *Br inf* [old car] (vieille) bagnole. **-3.** COMPUT bus *m*. ◇ *comp* [route, service, strike, ticket] d'autobus, de bus. ◇ *vi*: we can walk or ~ home nous pouvons rentrer à pied ou en autobus. ◇ *vt*: the children are bussed to school les enfants vont à l'école en autobus ‖ *Am* SCH [for purposes of racial integration] emmener à l'école en autobus (*pour favoriser l'intégration raciale*).

**busbar** ['bʌsbɑː] *n* COMPUT & ELEC bus *m*.

**busboy** ['bʌsbɔɪ] *n Am* aide-serveur *m*.

**busby** ['bʌzbɪ] (*pl* **busbies**) *n Br* bonnet *m* de hussard.

**bus conductor** *n Br* receveur *m*, -euse *f* d'autobus.

**bus driver** *n* conducteur *m*, -trice *f* d'autobus.

**bush** [buʃ] *n* **-1.** [shrub] buisson *m*, arbuste *m*; a ~ of black hair *fig* une tignasse de cheveux noirs. **-2.** [scrubland]: the ~ la brousse. **-3.** MECH bague *f*.

**bushbaby** ['buʃ,beɪbɪ] *n* galago *m*.

**bushed** [buʃt] *adj inf* [exhausted] crevé, claqué.

**bushel** ['buʃl] *n* [measure] boisseau *m*.

**bushfire** ['buʃ,faɪəʳ] *n* feu *m* de brousse.

**bushing** ['buʃɪŋ] *n* (*U*) TECH bague *f*.

**bush jacket** *n* saharienne *f*.

**Bushman** ['buʃmən] (*pl inv* OR **Bushmen** [-mən]) *n* [in southern Africa] Bochiman *m*.

**bush telegraph** *n literal* téléphone *m* de brousse; *Br fig* & *hum* [grapevine] téléphone *m* arabe.

**bushwhack** ['buʃwæk] ◇ *vi* **-1.** [clear a path] se frayer un passage à travers la brousse. **-2.** [live in the bush] vivre dans la brousse. ◇ *vt Am* [ambush] tendre une embuscade à.

**bushwhacker** ['buʃ,wækəʳ] *n* **-1.** *Am* & *Austr* [backwoodsman] broussard *m*, -e *f*. **-2.** *Am* [guerrilla] guérillero *m*.

**bushy** ['buʃɪ] (*compar* **bushier**, *superl* **bushiest**) *adj* **-1.** [area] broussailleux. **-2.** [tree] touffu; [beard, eyebrows, hair] touffu, fourni.

**busily** ['bɪzɪlɪ] *adv* activement; to be ~ engaged in sthg/in doing sthg être très occupé à qqch/à faire qqch; he was ~ scribbling in his notebook il griffonnait sur son calepin d'un air affairé.

**business** ['bɪznɪs] ◇ *n* **-1.** [firm] entreprise *f*; would you like to have OR to run your own ~? aimeriez-vous travailler à votre compte? **-2.** (*U*) [trade] affaires *fpl*; ~ is good/bad les affaires vont bien/mal; we have lost ~ to foreign competitors nous avons perdu une partie de notre clientèle au profit de concurrents étrangers; the travel ~ les métiers OR le secteur du tourisme; she's in the fashion ~ elle est dans la mode; he's in ~ il est dans les affaires; this firm has been in ~ for 25 years cette entreprise tourne depuis 25 ans; she's in ~ for herself elle travaille à son compte; these high interest rates will put us out of ~ ces taux d'intérêt élevés vont nous obliger à fermer; to go out of ~ cesser une activité; he's got no ~ sense il n'a pas le sens des affaires; to do ~ with travailler OR traiter avec; he's a man we can do ~ with *fig* c'est un homme avec lequel nous pouvons traiter; I've come on ~ je suis venu pour le travail OR pour affaires; big ~ is running the country le gros commerce gouverne le pays; selling weapons is big ~ la vente d'armes rapporte beaucoup d'argent; from now on I'll take my ~ elsewhere désormais j'irai voir OR je m'adresserai ailleurs; we're not in the ~ of providing free meals ce n'est pas notre rôle de fournir des repas gratuits ❑ a degree in ~, a ~ degree un diplôme de gestion; let's get down to ~ passons aux choses sérieuses; (now) we're in ~! nous voilà partis! **-3.** [concern]: it's my (own) ~ if I decide not to go c'est mon affaire OR cela ne regarde que moi si je décide de ne pas y aller; it's none of your ~ cela ne vous regarde pas; tell him to mind his own ~ dis-lui de se mêler de ses affaires; you had no ~ reading that letter vous n'aviez pas à lire cette lettre ❑ I could see she meant ~ je voyais qu'elle ne plaisantait pas; she worked like nobody's ~ to get it finished *inf* elle a travaillé comme un forçat pour tout terminer; I soon sent him about his ~ je l'ai vite envoyé promener. **-4.** [matter, task]: any other ~ [on agenda] points *mpl* divers; any other ~? d'autres questions à l'ordre du jour?; she had important ~ to discuss elle avait à parler d'affaires importantes; this strike ~ has gone on long enough cette histoire de grève a assez duré; I'm tired of the whole ~ je suis las de toute cette histoire. **-5.** [rigmarole]: it was a real ~ getting tickets for the concert ça a été toute une affaire pour avoir des billets pour le concert. **-6.** THEAT jeux *mpl* de scène. **-7.** *inf* & *euph*: the dog did his ~ and ran off le chien a fait ses besoins et a détalé.

◇ *comp* [lunch, trip] d'affaires; ~ **associate** associé *m*, -e *f*; ~ **expenses** [for individual] frais *mpl* professionnels; [for firm] frais *mpl* généraux; ~ **hours** [of office] heures *fpl* de bureau; [of shop, public service] heures *fpl* d'ouverture.

**business address** *n* adresse *f* du lieu de travail.

**business card** *n* carte *f* de visite.

**business centre** *n* centre *m* des affaires.

**business class** *n* [on aeroplane] classe *f* affaires.

**business college** *n Br* école *f* de commerce; [for management training] école *f* (supérieure) de gestion.

**businesslike** ['bɪznɪslaɪk] *adj* **-1.** [systematic, methodical] systématique, méthodique. **-2.** [impersonal, formal]: her manner was cold and ~ son comportement était froid et direct; our conversation was courteous and ~ notre entretien a été courtois et franc.

**businessman** ['bɪznɪsmæn] (*pl* **businessmen** [-men]) *n* homme *m* d'affaires.

**business manager** *n* COMM & INDUST directeur *m* commercial; SPORT manager *m*; THEAT directeur *m*.

**business school** *Am* = **business college**.

**businesswoman** ['bɪznɪs,wumən] (*pl* **businesswomen** [-,wɪmɪn]) *n* femme *f* d'affaires.

**busing** ['bʌsɪŋ] *n Am* système de ramassage scolaire aux États-Unis, qui organise la répartition des enfants noirs et des enfants blancs dans les écoles afin de lutter contre la ségrégation raciale.

**busk** [bʌsk] *vi Br* jouer de la musique (*dans la rue ou le métro*).

**busker** ['bʌskəʳ] *n Br* musicien *m* ambulant, musicienne *f* ambulante.

**bus lane** *n* voie *f* OR couloir *m* d'autobus.

**busload** ['bʌsləʊd] *n*: a ~ of workers un autobus plein d'ouvriers; the tourists arrived by the ~ OR in ~s les touristes sont arrivés par cars entiers.

**busman** ['bʌsmən] (*pl* **busmen** [-mən]) *n Br*: to have a ~'s holiday passer ses vacances à travailler.

**bus shelter** *n* Abribus® *m*.

**bus station** *n* gare *f* routière.

**bus stop** *n* arrêt *m* d'autobus OR de bus.

**bust** [bʌst] (*pt* & *pp* **busted** OR **bust**) ◇ *adj inf* **-1.** [broken] fichu. **-2.** [bankrupt]: to go ~ faire faillite. **-3.** [broke]: I'm ~ je suis fauché. **-4.** *phr*: ... or ~! *expression indiquant la détermination à arriver quelque part.* ◇ *n* **-1.** [breasts] poitrine *f*, buste *m*; she has a small ~ elle a peu de poitrine. **-2.** ART buste *m*. **-3.** *inf* [police raid, arrest]: there was a big drugs ~ in Chicago il y a eu un beau coup de filet chez les trafiquants de drogue de Chicago. **-4.** *Am inf* [failure] fiasco *m*. ◇ *vt inf* **-1.** [break] bousiller, abîmer; *fig*: to ~ a gut OR blood vessel se casser la nénette. **-2.** [arrest, raid]: he was ~ed on a drugs charge il s'est fait choper OR embarquer pour une affaire de drogue. **-3.** *Am* [catch] découvrir.

◆ **bust out** *vi insep inf* [escape] se tirer.

◆ **bust up** *inf* ◇ *vi insep* [boyfriend, girlfriend] rompre (après une dispute). ◇ *vt sep* [disrupt]: demonstrators ~ed up the meeting des manifestants sont venus semer la pagaïe dans la réunion.

**bustard** ['bʌstəd] *n* outarde *f*.

**buster** ['bʌstəʳ] *n inf Am* [pal]: thanks, ~ merci, mon (petit) gars.

**bustle** ['bʌsl] ◇ *vi* [hurry]: he ~d about OR around the kitchen il s'affairait dans la cuisine; the nurse came bustling in l'infirmière entra d'un air affairé. ◇ *n* **-1.** [activity] agitation *f*. **-2.** [on dress] tournure *f*.

**bustling** ['bʌslɪŋ] ◇ *adj* [person] affairé; [place] animé; the streets were ~ with Christmas shoppers les rues grouillaient de gens faisant leurs achats de Noël. ◇ *n* [activity] agitation *f*.

**bust-up** *n inf* **-1.** [quarrel] engueulade *f*. **-2.** [brawl] bagarre *f*.

**busty** ['bʌstɪ] (*compar* **bustier**, *superl* **bustiest**) *adj* qui a une forte poitrine.

**busy** ['bɪzɪ] (*compar* **busier**, *superl* **busiest**, *pt & pp* **busied**) ◇ *adj* **-1.** [person] occupé; she was ~ painting the kitchen elle était occupée à peindre la cuisine; he likes to keep ~ il aime bien s'occuper; the packing kept me ~ all afternoon j'ai été occupé à faire les valises tout l'après-midi; I'm afraid I'm ~ tomorrow malheureusement je suis pris demain ❑ she's as ~ as a bee, she's a ~ bee elle est très occupée. **-2.** [port, road, street] très fréquenté; [time, period, schedule] chargé, plein; I've had a ~ day j'ai eu une journée chargée; this is our busiest period [business, shop] c'est la période où nous sommes en pleine activité; the office is very ~ at the moment nous avons beaucoup de travail au bureau en ce moment; the shops are very ~ today les magasins sont pleins (de monde) aujourd'hui. **-3.** *Am* [telephone line] occupé. **-4.** *pej* [excessively elaborate] chargé. ◇ *vt*: he busied himself with household chores il s'est occupé à des tâches ménagères.

**busybody** ['bɪzɪ,bɒdɪ] (*pl* **busybodies**) *n inf* fouineur *m*, -euse *f*, fouinard *m*, -e *f*.

**busy lizzie** [-'lɪzɪ] *n* balsamine *f*, impatiente *f*.

**but** [bʌt] ◇ *conj* **-1.** [to express contrast] mais; my husband smokes, ~ I don't mon mari fume, mais moi non. **-2.** [in exclamations] mais; ~ that's absurd! mais c'est absurde!- **3.** [when addressing sb politely]: sorry, ~ I think that's MY umbrella pardon, mais je crois que c'est mon parapluie. **-4.** [used for emphasis]: nobody, ~ nobody, gets in without a ticket personne, absolument personne n'entre sans ticket. **-5.** [except, only] mais; it tastes like a grapefruit, ~ sweeter ça a le goût d'un pamplemousse, mais en plus sucré. **-6.** *lit*: barely a day goes by ~ he receives another invitation il ne se passe pas un jour sans qu'il reçoive une nouvelle invitation. ◇ *adv* **-1.** [only] ne... que; I can ~ try je ne peux qu'essayer; his resignation cannot ~ confirm such suspicions *fml* sa démission ne fait que confirmer de tels soupçons. **-2.** *Am inf* [used for emphasis] et; get them down here ~ fast! descends-les et vite! ◇ *prep* **-1.** [except] sauf, à part; she wouldn't see anyone ~ her lawyer elle ne voulait voir personne sauf OR à part son avocat; nothing ~ a miracle could have saved her seul un miracle aurait pu la sauver. **-2.** *Br* [with numbers]: turn right at the next corner ~ one tournez à droite au deuxième carrefour; I was the last ~ two to finish j'étais l'avant-avant-dernier à finir. ◇ *n*: you're coming and no ~s! tu viens, et pas de mais!
◆ **but for** *prep phr* sans.
◆ **but that** *conj phr fml*: I do not doubt ~ that we shall succeed je ne doute pas de notre réussite.
◆ **but then** *adv phr* enfin; ~ then, that's the way it goes enfin, c'est comme ça.

**butane** ['bju:teɪn] *n* butane *m*; ~ gas gaz *m* butane, butane.

**butch** [bʊtʃ] *inf* ◇ *adj* [woman] hommasse; [man] macho. ◇ *n* [lesbian] *lesbienne d'apparence masculine*.

**butcher** ['bʊtʃər] ◇ *n* **1.** COMM boucher *m*; she's gone to the ~'s elle est partie chez le boucher; ~'s shop boucherie *f*. **-2.** [murderer] boucher *m*. **-3.** *Br phr*: let's have a ~'s (at it) *inf* montre un peu! ◇ *vt* **-1.** [animal] abattre, tuer. **-2.** [person] massacrer. **-3.** *fig* [story, joke] massacrer.

**butchery** ['bʊtʃərɪ] *n* **-1.** COMM boucherie *f*; *Br* [slaughterhouse] abattoir *m*. **-2.** *fig* [massacre] boucherie *f*, massacre *m*.

**butler** ['bʌtlər] *n* maître *m* d'hôtel; [in large household] majordome *m*.

**Butlin's** ['bʌtlɪnz] *pr n chaîne de villages de vacances en Grande Bretagne*.

**butt** [bʌt] *n* **-1.** [end] bout *m*; [of rifle] crosse *f*; [of cigarette] mégot *m*. **-2.** *Am inf* [buttocks] fesses *fpl*. **-3.** [in archery - target] but *m*; [- mound] butte *f*; the ~s MIL le champ OR la butte de tir. **-4.** [person]: he was the ~ of all the office jokes il était la cible de toutes les plaisanteries du bureau. **-5.** [barrel] tonneau *m*. ◇ *vt* **-1.** [subj: animal] donner un coup de corne à; [subj: person] donner un coup de tête à. **-2.** TECH [abut] abouter.
◆ **butt in** *vi insep* [interrupt]: excuse me for ~ing in excusez-moi de m'en mêler OR de vous interrompre; she is always

~ing in on people's conversations elle s'immisce toujours dans les conversations des autres.

**butte** [bju:t] *n Am* butte *f*, tertre *m*.

**butter** ['bʌtər] ◇ *n* beurre *m*; ~ dish beurrier *m*; she looked as if ~ wouldn't melt in her mouth on lui aurait donné le bon Dieu sans confession. ◇ *vt* beurrer.
◆ **butter up** *vt sep inf* passer de la pommade à.

**butterball** ['bʌtəbɔ:l] *n Am inf* paquet *m* de graisse.

**butter bean** *n* sorte de haricot de Lima.

**buttercup** ['bʌtəkʌp] *n* bouton *m* d'or.

**buttered** ['bʌtəd] *adj* [bread] beurré.

**butterfat** ['bʌtəfæt] *n* matière *f* grasse.

**butterfingers** ['bʌtə,fɪŋgəz] *n inf* maladroit *m*, -e *f* (*de ses mains*).

**butterfly** ['bʌtəflaɪ] (*pl* **butterflies**) *n* **-1.** ENTOM papillon *m*; she always has OR gets butterflies (in her stomach) before a performance elle a toujours le trac avant une représentation. **-2.** SPORT: (the) ~ la brasse papillon.

**butterfly net** *n* filet *m* à papillons.

**butterfly nut** *n* papillon *m*, écrou *m* à ailettes.

**butter icing** *n* glaçage *m* au beurre.

**butter knife** *n* couteau *m* à beurre.

**buttermilk** ['bʌtəmɪlk] *n* babeurre *m*.

**butterscotch** ['bʌtəskɒtʃ] *n* caramel dur au beurre.

**buttery** ['bʌtərɪ] (*pl* **butteries**) ◇ *adj* **-1.** [smell, taste] de beurre; [fingers] couvert de beurre; [biscuits] fait avec beaucoup de beurre. **-2.** *inf & fig* [obsequious] mielleux. ◇ *n* **-1.** [storeroom] office *m* or *f*. **-2.** [snackbar] buffet *m*, buvette *f*.

**butt naked** *adj Am inf* à poil.

**buttock** ['bʌtək] *n* fesse *f*.

**button** ['bʌtn] ◇ *n* **-1.** [on clothing] bouton *m*; MECH bouton *m*; FENCING bouton *m*; on the ~ *inf* exactement. **-2.** *Am* [badge] badge *m*. ◇ *vt* [gen & FENCING] boutonner; ~ it OR your lip OR your mouth! *inf* ferme-là!, boucle-la! ◇ *vi* se boutonner.
◆ **button up** ◇ *vt sep* **-1.** [piece of clothing] boutonner. **-2.** *inf & fig* [conclude] régler. ◇ *vi insep* **-1.** [piece of clothing] se boutonner. **-2.** *inf* [shut up]: ~ up! ferme-la!, boucle-la!

**button-down** *adj* **-1.** [collar] boutonné; [shirt] à col boutonné. **-2.** *fig* [conventional]: a ~ businessman un homme d'affaires très comme il faut.

**buttonhole** ['bʌtnhəʊl] ◇ *n* **-1.** [in clothing] boutonnière *f*. **-2.** *Br* [flower]: she was wearing a pink ~ elle portait une fleur rose à la boutonnière. ◇ *vt* **-1.** [make buttonholes in] faire des boutonnières sur; [sew with buttonhole stitch] coudre au point de boutonnière. **-2.** *inf & fig* [detain - person] retenir, coincer.

**button mushroom** *n* champignon *m* de couche OR de Paris.

**buttress** ['bʌtrɪs] ◇ *n* **-1.** ARCHIT contrefort *m*. **-2.** *fig* pilier *m*. ◇ *vt* **-1.** ARCHIT étayer; [cathedral] arc-bouter. **-2.** *fig* [argument, system] étayer, renforcer.

**butty** ['bʌtɪ] (*pl* **butties**) *n Br inf & dial* **-1.** [sandwich] sandwich *m*, casse-croûte *m*. **-2.** [friend] copain *m*.

**buxom** ['bʌksəm] *adj* [plump] plantureux, bien en chair; [busty] à la poitrine plantureuse.

**buy** [baɪ] (*pt & pp* **bought** [bɔ:t]) ◇ *vt* **-1.** [purchase] acheter; to ~ sthg for sb, to ~ sb sthg acheter qqch à OR pour qqn; can I ~ you a coffee? puis-je t'offrir un café?; she bought her car from her sister elle a racheté la voiture de sa sœur; I'll ~ it from you je te le rachète; they bought if for £100 ils l'ont payé 100 livres; have you bought the plane tickets? avez-vous les billets d'avion?; she bought herself a pair of skis elle s'est acheté une paire de skis; £20 won't ~ you very much these days avec 20 livres, on ne va pas très loin de nos jours. **-2.** [gain, obtain]: to ~ time gagner du temps; she bought their freedom with her life elle paya leur liberté de sa vie. **-3.** [bribe] acheter. **-4.** *inf* [believe]: she'll never ~ that story elle n'avalera OR ne gobera jamais cette histoire; OK, I'll ~ that! d'accord, je marche!- **5.** *phr*: to ~ it▽ [die]: he bought it in the final attack à la dernière attaque, il a passé l'arme à gauche. ◇ *n* affaire *f*.
◆ **buy back** *vt sep* racheter; can I ~ my bicycle back from you? puis-je te racheter mon vélo?
◆ **buy in** ◇ *vt sep* **-1.** *Br* [stockpile] stocker. **-2.** ST. EX acheter,

acquérir. **-3.** [at auction] racheter. ◇ *vi insep* acheter.

◆ **buy into** *vt insep* FIN acheter une participation dans.

◆ **buy off** *vt sep* [bribe] acheter.

◆ **buy out** *vt sep* **-1.** FIN racheter la part de, désintéresser. **-2.** MIL. racheter; **he bought himself out (of the army)** il a payé pour pouvoir rompre son contrat avec l'armée.

◆ **buy over** = **buy off**.

◆ **buy up** *vt sep* acheter en quantité; FIN [firm, shares, stock] racheter.

**buyer** ['baɪə<sup>r</sup>] *n* acheteur *m*, -euse *f*; **she's a ~ at** OR **for Harrod's** elle est responsable des achats chez Harrod's; **~'s market** FIN marché *m* demandeur OR à la hausse [for house buyers] marché *m* d'offre OR offreur.

**buying** ['baɪɪŋ] *n* achat *m*.

**buyout** ['baɪaʊt] *n* rachat *m*.

**buzz** [bʌz] ◇ *n* **-1.** [of insect] bourdonnement *m*, vrombissement *m*; *fig*: **there was a ~ of conversation in the room** la pièce résonnait du brouhaha des conversations; **the announcement caused a ~ of excitement** l'annonce provoqua un murmure d'excitation. **-2.** [of buzzer] coup *m* de sonnette. **-3.** *inf* [telephone call] coup *m* de fil. **-4.** [activity]: **I love the ~ of London** j'adore l'animation de Londres. **-5.** *inf* [strong sensation]: **I get quite a ~ out of being on the stage** je prends vraiment mon pied sur scène. ◇ *vi* **-1.** [insect] bourdonner, vrombir; **the theatre ~ed with excitement** *fig* le théâtre était tout bourdonnant d'excitation. **-2.** [ears] bourdonner, tinter; **his head was ~ing with ideas** les idées bourdonnaient dans sa tête. **-3.** [with buzzer]: **he ~ed for his secretary** il appela sa secrétaire (à l'interphone). **-4.** *inf* [be lively – person] tenir la forme. ◇ *vt* **-1.** [with buzzer]: **he ~ed the nurse** il appela l'infirmière d'un coup de sonnette. **-2.** *Am inf* [telephone] passer un coup de fil à. **-3.** *inf* AERON [building, town etc] raser, frôler; [aircraft] frôler.

◆ **buzz about** *vi insep inf* s'affairer, s'agiter.

◆ **buzz off** *vi insep inf* décamper, filer.

**buzzard** ['bʌzəd] *n Br* buse *f*; *Am* urubu *m*.

**buzzer** ['bʌzə<sup>r</sup>] *n* sonnette *f*.

**buzzing** ['bʌzɪŋ] ◇ *n* [of insects] bourdonnement *m*, vrombissement *m*; [in ears] bourdonnement *m*, tintement *m*. ◇ *adj* [insect] bourdonnant, vrombissant; **a ~ noise** OR **sound** un bourdonnement OR vrombissement.

**buzzword** ['bʌzwɜ:d] *n inf* mot *m* à la mode.

**BVDs**® *npl Am* sous-vêtements *mpl* (*pour hommes*).

**b/w** (*abbr of* **black and white**) *adj* NB.

**by** [baɪ] ◇ *adv* **-1.** [past]: **she drove by without stopping** elle est passée (en voiture) sans s'arrêter; **he managed to squeeze by** il a réussi à passer (en se faufilant); **two hours have gone by** deux heures ont passé; **as time went by** he became less bitter avec le temps il est devenu moins amer. **-2.** [aside, away]: **she put some money by for her old age** elle a mis de l'argent de côté pour ses vieux jours. **-3.** [nearby]: **is there a bank close by?** y a-t-il une banque près d'ici?. **-4.** [to, at someone's home]: **I'll stop** OR **drop by this evening** je passerai ce soir. ◇ *prep* **A. -1.** [near, beside] près de, à côté de; **by the sea** au bord de la mer; **come and sit by me** OR **my side** viens t'asseoir près de OR auprès de moi; **don't stand by the door** ne restez pas debout près de la porte. **-2.** [past] devant; **she walked right by me** elle passa juste devant moi. **-3.** [through] par; **she left by the back door** elle est partie par la porte de derrière. **B. -1.** [indicating means, method]: **by letter/phone** par courrier/téléphone; **to go by bus/car/plane/train** aller en autobus/voiture/avion/train; **send it by plane/ship** envoyez-le par avion/bateau; **I know her by name/sight** je la connais de nom/vue; **by candlelight** à la lumière d'une bougie; **by moonlight** au clair de lune ❏ **I can do it by myself** je peux le faire (tout) seul; **I'm all by myself tonight** je suis tout seul ce soir. **-2.** [indicating agent or cause] par; **it was built by the Romans** il fut construit par les Romains; **I was shocked by his reaction** sa réaction m'a choqué; **she had two daughters by him** elle a eu deux filles de lui. **-3.** [as a result of] par; [with present participle] en; **he learned to cook by watching his mother** il a appris à faire la cuisine en regardant sa mère. **-4.** [indicating authorship] de; **a book by Toni Morrison** un livre de Toni Morrison. **-5.** [indicating part of person, thing held] par; **she took you by the hand** elle l'a prise par la main.

**C. -1.** [not later than, before]: **she'll be here by tonight/five o'clock** elle sera ici avant ce soir/pour cinq heures; **I'll have finished by Friday** j'aurai fini pour vendredi; **by 1960 most Americans had television sets** en 1960 la plupart des Américains avaient déjà un poste de télévision; **by the time you read this letter** I'll be in California lorsque tu liras cette lettre, je serai en Californie; **he should be in India by now** il devrait être en Inde maintenant; **she had already married by then** à ce moment-là elle était déjà mariée. **-2.** [during]: **he works by night and sleeps by day** il travaille la nuit et dort le jour.

**D. -1.** [according to] d'après; **they're rich, even by American standards** ils sont riches même par rapport aux normes américaines; **it's 6:15 by my watch** il est 6 h 15 à OR d'après ma montre; **you can tell he's lying by the expression on his face** on voit qu'il ment à l'expression de son visage. **-2.** [in accordance with] selon, d'après; **to play by the rules** faire les choses dans les règles. **-3.** [with regard to] de; **he's an actor by trade** OR **profession** il est acteur de profession; **it's all right by me** *inf* moi, je suis d'accord OR je n'ai rien contre.

**E. -1.** [indicating degree, extent] de; **she won by five points** elle a gagné de cinq points; **his second book is better by far** son deuxième livre est nettement meilleur. **-2.** [in calculations, measurements]: **multiply/divide 12 by 6** multipliez/divisez 12 par 6; **the room is 6 metres by 3 (metres)** la pièce fait 6 mètres sur 3 (mètres). **-3.** [indicating specific amount, duration]: **to be paid by the hour/week/month** être payé à l'heure/à la semaine/au mois; **it sold by the thousand** ça s'est vendu par milliers. **-4.** [indicating rate or speed]: **little by little** peu à peu; **year by year** d'année en année; **two by two** deux par deux. **-5.** [used with points of the compass] quart.

◆ **by and by** *adv phr lit* bientôt.

◆ **by the by** ◇ *adv phr* à propos. ◇ *adj phr*: **that's by the by** ça n'a pas d'importance.

**bye** [baɪ] ◇ *n* CRICKET balle *f* passée. ◇ *interj inf* au revoir, salut; **~ for now!** à bientôt!

**byelaw** ['baɪlɔ:] = **bylaw**.

**by-election, bye-election** *n* élection *f* (législative) partielle (*en Grande-Bretagne*).

**Byelorussia** [bɪ,eləʊ'rʌʃə] *pr n* Biélorussie *f*; **in ~** en Biélorussie.

**Byelorussian** [bɪ,eləʊ'rʌʃn] ◇ *n* Biélorusse *mf*. ◇ *adj* biélorusse.

**bygone** ['baɪgɒn] ◇ *adj lit* passé, révolu. ◇ *n* **-1.** [object] vieillerie *f*. **-2.** *phr*: **let ~s be ~s** oublions le passé.

**bylaw** ['baɪlɔ:] *n* **-1.** *Br* ADMIN arrêté *m* municipal. **-2.** *Am* [of club, company] statut *m*.

**by-line** *n* signature *f* (*en tête d'un article*).

**bypass** ['baɪpɑ:s] ◇ *n* **-1.** [road] rocade *f*; **the Oxford ~** la route qui contourne Oxford. **-2.** TECH [pipe] conduit *m* de dérivation, by-pass *m*. **-3.** ELEC dérivation *f*. **-4.** MED pontage *m*, by-pass *m*; **~ operation, ~ surgery** pontage, by-pass. ◇ *vt* [avoid – town] contourner, éviter; [– problem, regulation] contourner, éluder; [– superior] court-circuiter; **I ~ed the personnel officer and spoke directly to the boss** je suis allé parler directement au directeur sans passer par le chef du personnel.

**by-product** *n* sous-produit *m*, (produit *m*) dérivé *m*; *fig* conséquence *f* indirecte, effet *m* secondaire.

**byre** ['baɪə<sup>r</sup>] *n Br* étable *f* (à vaches).

**byroad** ['baɪrəʊd] = **byway**.

**Byronic** [baɪ'rɒnɪk] *adj* byronien.

**bystander** ['baɪ,stændə<sup>r</sup>] *n* spectateur *m*, -trice *f*.

**byte** [baɪt] *n* octet *m*.

**byway** ['baɪweɪ] *n* **-1.** [road] chemin *m* détourné OR écarté. **-2.** *fig* [of subject] à-côté *m*.

**byword** ['baɪwɜ:d] *n* symbole *m*, illustration *f*; **the company has become a ~ for inefficiency** le nom de cette entreprise est devenu synonyme d'inefficacité.

**by-your-leave** *n lit* OR *hum*: **without so much as a ~** sans même demander la permission.

**Byzantine** [*Br* bɪ'zæntaɪn, *Am* 'bɪznti:n] ◇ *n* Byzantin *m*, -e *f*. ◇ *adj* byzantin, de Byzance.

**Byzantium** [bɪ'zæntɪəm] *pr n* Byzance *f*.

# C

**c** (*pl* **c's** OR **cs**), **C** (*pl* **C's** OR **Cs**) [siː] *n* [letter] c *m*, C *m*.
**c -1.** (*written abbr of* **cent(s)**) ct. **-2.** (*written abbr of* **century**) s.
**-3.** (*written abbr of* **circa**) vers.
**C** ◇ *n* **-1.** MUS do *m*, ut *m*. **-2.** SCH & UNIV assez bien; I got a C
in geography j'ai eu assez bien en géographie. **-3.** [Roman
numeral] C *m*. ◇ (*written abbr of* **Celsius, Centigrade**) C.
**ca.** (*written abbr of* **circa**) vers.
**c/a -1.** *written abbr of* **capital account**. **-2.** *written abbr of* **credit
account**. **-3.** *written abbr of* **current account**.
**CA** ◇ *n abbr of* **Consumers' Association**. ◇ **-1.** *written abbr*
*of* **Chartered Accountant**. **-2.** *written abbr of* **Central America**. **-3.** *written abbr of* **California**.
**CAA** *pr n* **-1.** (*abbr of* **Civil Aviation Authority**) *organisme
britannique de réglementation de l'aviation civile*. **-2.** *Am abbr of*
**Civil Aeronautics Authority**.
**cab** [kæb] *n* **-1.** [taxi] taxi *m*. **-2.** [of lorry, train] cabine *f*. **-3.**
[horse-drawn] fiacre *m*.
**CAB** *pr n* **-1.** *Br abbr of* **Citizens' Advice Bureau**. **-2.** (*abbr of*
**Civil Aeronautics Board**) *organisme américain de réglementation de l'aviation civile*.
**cabal** [kə'bæl] *n* cabale *f*.
**cabaret** ['kæbəreɪ] *n* [nightclub] cabaret *m*; [show] spectacle *m*.
**cabbage** ['kæbɪdʒ] *n* chou *m*.
**cabbage white** *n* piéride *f* du chou.
**cabby, cabbie** ['kæbɪ] *n inf* [taxi-driver] chauffeur *m* de taxi.
**caber** ['keɪbər] *n* SPORT tronc *m*; tossing the ~ le lancer de
troncs.
**cabin** ['kæbɪn] *n* **-1.** [hut] cabane *f*, hutte *f*. **-2.** NAUT cabine
*f*. **-3.** AERON: the First Class ~ le compartiment de première
classe. **-4.** *Br* [signal box] cabine *f* d'aiguillage. **-5.** *Br* [of lorry,
train] cabine *f*.
**cabin class** *n* deuxième classe *f*.
**cabin crew** *n* équipage *m*.
**cabin cruiser** *n* cruiser *m*.
**cabinet** ['kæbɪnɪt] *n* **-1.** [furniture] meuble *m* (de rangement);
[for bottles] bar *m*; [radio, television] coffret *m*; [for precious ob-
jects] cabinet *m*; [with glass doors] vitrine *f*; filing ~ classeur
*m*. **-2.** POL cabinet *m*; they took the decision in ~ ils ont pris
la décision en Conseil des ministres.
**cabinet-maker** *n* ébéniste *m*.
**cabinet minister** *n* ministre *m* siégeant au cabinet.
**cabinetwork** ['kæbɪnɪtwɜːk] *n* ébénisterie *f*.
**cabin trunk** *n* malle-cabine *f*.
**cable** ['keɪbl] ◇ *n* **-1.** [rope, wire] câble *m*. **-2.** [telegram] télégramme *m*. **-3.** NAUT [measure] encablure *f*. **-4.** [in knitting]
point *m* de torsade; ~ needle aiguille *f* à torsades. ◇ *vt* **-1.**
[lay cables in] câbler. **-2.** [telegraph] télégraphier à.
**cable car** *n* téléphérique *m*.
**cable railway** *n* funiculaire *m*.
**cable stitch** *n* point *m* de torsade.
**cable television, cable TV** *n* câble *m*, télévision *f* par câble *m*.
**cableway** ['keɪblweɪ] *n* téléphérique *m*.
**cabling** ['keɪblɪŋ] *n* câblage *m*.
**caboodle** [kə'buːdl] *n inf*: the whole (kit and) ~ tout le bataclan OR bazar.
**caboose** [kə'buːs] *n* **-1.** *Am* RAIL fourgon *m* de queue. **-2.**
NAUT coquerie *f*.
**cab rank** *n* station *f* de taxis.

**cabriolet** ['kæbrɪəʊleɪ] *n* cabriolet *m*.
**cabstand** ['kæbstænd] = **cab rank**.
**cacao** [kə'kuːəʊ] (*pl* **cacaos**) *n* [bean] cacao *m*; [tree] cacaoyer
*m*, cacaotier *m*.
**cachet** ['kæʃeɪ] *n literal & fig* cachet *m*.
**cack-handed** [kæk-] *adj Br inf* maladroit, gauche.
**cackle** ['kækl] ◇ *vi* **-1.** [hen] caqueter. **-2.** [person – chatter]
caqueter, jacasser; [– laugh] glousser. ◇ *vt*: "you're trapped!", ~d the old witch «je te tiens!», gloussa la vieille
sorcière. ◇ *n* **-1.** [of hen] caquet *m*. **-2.** [of person – chatter]
caquetage *m*, jacasserie *f*; [– laugh] gloussement *m*.
**cacophony** [kæ'kɒfənɪ] (*pl* **cacophonies**) *n* cacophonie *f*.
**cactus** ['kæktəs] (*pl* **cactuses** OR **cacti** [-taɪ]) *n* cactus *m*.
**cad** [kæd] *n dated* goujat *m*.
**CAD** (*abbr of* **computer-aided design**) *n* CAO *f*.
**cadastral** [kə'dæstrəl] *adj* cadastral; ~ register (registre *m*
du) cadastre *m*.
**cadaver** [kə'dɑːvər] *n* MED cadavre *m*.
**caddie** ['kædɪ] ◇ *n* **-1.** SPORT caddie *m*. **-2.** = **caddy**. ◇ *vi*: to
~ for sb être le caddie de qqn.
**caddie car, caddie cart** *n* poussette *f* (*pour cannes de golf*).
**caddy** ['kædɪ] *n* **-1.** *Br* [container – for tea] boîte *f*. **-2.** *Am* [cart]
chariot *m*, Caddie® *m*.
**cadence** ['keɪdəns] *n* cadence *f*.
**cadenza** [kə'denzə] *n* cadence *f*.
**cadet** [kə'det] ◇ *n* **-1.** MIL élève *m* officier; [police] élève *m* policier; *Br* SCH élève qui reçoit une formation militaire. **-2.** [younger
brother, son] cadet *m*. ◇ *adj* cadet.
**cadet corps** *n* [for military training] peloton *m* d'instruction
militaire; [for police training] corps *m* d'élèves policiers.
**cadge** [kædʒ] *inf* ◇ *vt* [food, money] se procurer (*en quéman-
dant*). ◇ *vi*: she's always cadging off her friends elle est
toujours en train de taper ses amis. ◇ *n Br* **-1.** = **cadger**.
**-2.** *phr*: to be on the ~ chercher à se faire payer quelque
chose.
**cadger** ['kædʒər] *n inf* pique-assiette *mf inv*, parasite *m*.
**Cadiz** [kə'dɪz] *pr n* Cadix.
**cadmium** ['kædmɪəm] *n* cadmium *m*.
**Caesar** ['siːzər] *pr n* César; Julius ~ Jules César.
**Caesarean** *Br*, **Cesarean** *Am* [sɪ'zeərɪən] ◇ *adj* césarien; ~
birth MED césarienne *f*. ◇ *n* = **Caesarean section**.
**Caesarean section** *n* césarienne *f*; to be born OR delivered by ~ naître par césarienne.
**caesura** [sɪ'zjʊərə] (*pl* **caesuras** OR **caesurae** [-riː]) *n* césure *f*.
**CAF** (*written abbr of* **cost and freight**) C et F.
**cafe, café** ['kæfeɪ] *n* [in UK] snack *m*; [in rest of Europe] café
*m*.
**cafeteria** [,kæfɪ'tɪərɪə] *n* [self-service restaurant] restaurant *m*
self-service, self *m*; *Am* [canteen] cantine *f*.
**caff**▽ [kæf] *n* snack *m*.
**caffeine** ['kæfiːn] *n* caféine *f*.
**caffeine-free** *adj* décaféiné.
**caftan** ['kæftæn] *n* caftan *m*.
**cage** [keɪdʒ] ◇ *n* **-1.** [with bars] cage *f*. **-2.** [lift] cabine *f*; MIN
cage *f* (d'extraction). **-3.** SPORT [in basketball] panier *m*; [in ice
hockey] cage *f*. ◇ *vt* mettre en cage, encager.
**cage bird** *n* oiseau *m* d'agrément OR d'appartement.
**caged** [keɪdʒd] *adj* en cage.
**cagey** ['keɪdʒɪ] (*comp* **cagier**, *superl* **cagiest**) *adj inf* [cautious]

mesuré, circonspect; [reticent] réticent.

**cagoule** [kəˈguːl] *n* veste *f* imperméable (*à capuche*).

**cagy** [ˈkeɪdʒɪ] (*compar* **cagier**, *superl* **cagiest**) = **cagey**.

**cahoots** [kəˈhuːts] *npl phr*: to be in ~ (with sb) être de mèche (avec qqn).

**Caiaphas** [ˈkaɪəfæs] *pr n* Caïphe.

**Cain** [keɪn] *pr n* Caïn.

**cairn** [keən] *n* cairn *m*.

**Cairo** [ˈkaɪərəʊ] *pr n* Le Caire.

**caisson** [ˈkeɪsɒn] *n* caisson *m*.

**cajole** [kəˈdʒəʊl] *vt* enjôler; he ~d her into accepting il l'a amenée à accepter à force de cajoleries.

**Cajun** [ˈkeɪdʒən] ◇ *n* Cajun *mf inv*. ◇ *adj* cajun (*inv*).

**cake** [keɪk] ◇ *n* **-1.** CULIN [sweet] gâteau *m*; [pastry] pâtisserie *f*; [savoury] croquette *f*; a chocolate/cherry ~ un gâteau au chocolat/aux cerises ❏ it's a piece of ~ *inf* c'est du gâteau OR de la tarte; you can't have your ~ and eat it *prov* on ne peut pas avoir le beurre et l'argent du beurre *prov*. **-2.** [block - of soap, wax] pain *m*; [- of chocolate] plaquette *f*. ◇ *comp* [dish] à gâteau; ~ shop pâtisserie *f*; ~ stand assiette *f* montée à gâteaux; ~ pan *Am* OR tin moule *m* à gâteau. ◇ *vt*: his boots were ~d with mud ses bottes étaient pleines de boue; her hair was ~d with blood elle avait du sang séché dans les cheveux. ◇ *vi* durcir.

**cake mix** *n* préparation *f* (instantanée) pour gâteau.

**cakewalk** [ˈkeɪkwɔːk] *n* **-1.** [dance] cake-walk *m*. **-2.** *inf* & *fig* [easy task]: the exam was a ~ l'examen, c'était du gâteau.

**cal.** (*written abbr of* **calorie**) cal.

**CAL** (*abbr of* **computer-assisted learning**) *n* EAO *m*.

**Calabria** [kəˈlæbrɪə] *pr n* Calabre *f*; in ~ en Calabre.

**Calabrian** [kəˈlæbrɪən] ◇ *n* Calabrais *m*, -e *f*. ◇ *adj* calabrais.

**calamine** [ˈkæləmaɪn] *n* calamine *f*; ~ lotion lotion calmante à la calamine.

**calamitous** [kəˈlæmɪtəs] *adj* calamiteux.

**calamity** [kəˈlæmətɪ] (*pl* **calamities**) *n* calamité *f*.

**calcify** [ˈkælsɪfaɪ] (*pt* & *pp* **calcified**) ◇ *vt* calcifier. ◇ *vi* se calcifier.

**calcination** [ˌkælsɪˈneɪʃn] *n* calcination *f*.

**calcium** [ˈkælsɪəm] *n* calcium *m*.

**calculate** [ˈkælkjʊleɪt] ◇ *vt* **-1.** MATH calculer; [estimate, evaluate] calculer, évaluer. **-2.** [design, intend]: her remark was ~d to offend the guests sa réflexion était destinée à offenser les invités; the price of the house was scarcely ~d to attract potential buyers le prix de la maison n'a guère été calculé pour attirer d'éventuels acheteurs. ◇ *vi* **-1.** MATH calculer, faire des calculs. **-2.** [count, depend]: I ~d on George lending me the money je comptais sur George pour me prêter l'argent.

**calculated** [ˈkælkjʊleɪtɪd] *adj* **-1.** [considered] calculé, mesuré; a ~ risk un risque calculé. **-2.** [deliberate, intentional] délibéré, voulu; a ~ insult une insulte délibérée.

**calculating** [ˈkælkjʊleɪtɪŋ] *adj* **-1.** *pej* calculateur. **-2.** [adding]: ~ machine machine *f* à calculer.

**calculation** [ˌkælkjʊˈleɪʃn] *n* MATH & *fig* calcul *m*; by OR according to my ~s selon OR d'après mes calculs.

**calculator** [ˈkælkjʊleɪtə<sup>r</sup>] *n* **-1.** [machine] calculateur *m*; [small] calculatrice *f*. **-2.** MATH [table] table *f*.

**calculus** [ˈkælkjʊləs] *n* calcul *m*.

**caldron** [ˈkɔːldrən] = **cauldron**.

**Caledonia** [ˌkælɪˈdəʊnjə] *pr n* HIST Calédonie *f*.

**calendar** [ˈkælɪndə<sup>r</sup>] ◇ *n* **-1.** [of dates] calendrier *m*. **-2.** [register] annuaire *m*. **-3.** *Am* [planner] agenda *m*. ◇ *comp* [day, month, year] civil, calendaire. ◇ *vt* [event] inscrire sur le calendrier; *Am* [put in planner] noter (*dans son agenda*).

**calf** [kɑːf] (*pl* **calves** [kɑːvz]) *n* **-1.** [young cow, bull] veau *m*; the cow is in ~ la vache est pleine. **-2.** [skin] veau *m*, vachette *f*. **-3.** [buffalo] bufflon *m*, buffletin *m*; [elephant] éléphanteau *m*; [giraffe] girafeau *m*, girafon *m*; [whale] baleineau *m*. **-4.** ANAT mollet *m*.

**calf love** *n* premier amour *m*.

**calfskin** [ˈkɑːfskɪn] *n* veau *m*, vachette *f*; ~ gloves gants *mpl* en veau OR vachette.

**caliber** *Am* = **calibre**.

**calibrate** [ˈkælɪbreɪt] *vt* étalonner, calibrer.

**calibration** [ˌkælɪˈbreɪʃn] *n* étalonnage *m*, calibrage *m*.

**calibre, caliber** *Am* [ˈkælɪbə<sup>r</sup>] *n* **-1.** [of gun, tube] calibre *m*. **-2.** [quality] qualité *f*; their work is of the highest ~ ils font un travail de grande qualité; the two applicants are not of the same ~ les deux candidats ne sont pas du même calibre OR n'ont pas la même envergure.

**calico** [ˈkælɪkəʊ] (*pl* **calicoes** OR **calicos**) ◇ *n* TEX *Br* calicot *m* blanc; *Am* calicot *m* imprimé, indienne *f*. ◇ *comp* de calicot.

**California** [ˌkælɪˈfɔːnjə] *pr n* Californie *f*; in ~ en Californie.

**Californian** [ˌkælɪˈfɔːnjən] ◇ *n* Californien *m*, -enne *f*. ◇ *adj* californien.

**Caligula** [kəˈlɪgjʊlə] *pr n* Caligula *m*.

**caliper** *Am* = **calliper**.

**caliph, Caliph** [ˈkeɪlɪf] *n* calife *m*.

**calisthenics** [ˌkælɪsˈθenɪks] = **callisthenics**.

**calix** [ˈkeɪlɪks] (*pl* **calices** [-lɪsiːz]) *n* calice *m* (*récipient*).

**call** [kɔːl] ◇ *vi* **-1.** [with one's voice] appeler; to ~ for help appeler à l'aide OR au secours. **-2.** [on the telephone] appeler; where are you ~ing from? d'où appelles-tu?; may I ask who's ~ing? qui est à l'appareil, je vous prie? **-3.** [animal, bird] pousser un cri. **-4.** *Br* [visit] passer; I was out when they ~ed je n'étais pas là quand ils sont passés. **-5.** *Br* [stop] s'arrêter; to ~ at [train] s'arrêter à; [ship] faire escale à. **-6.** BRIDGE annoncer.
◇ *vt* **-1.** [with one's voice] appeler; can you ~ the children to the table? pouvez-vous appeler les enfants pour qu'ils viennent à table?; he was ~ed to the phone on l'a demandé au téléphone. **-2.** [telephone] appeler; don't ~ me at work ne m'appelle pas au bureau; we ~ed his house nous avons appelé chez lui; to ~ the police/fire brigade appeler la police/les pompiers ❏ don't ~ us, we'll ~ you *hum* on vous écrira. **-3.** [wake up] réveiller. **-4.** [name or describe as] appeler; he has a cat ~ed Felix *Br* il a un chat qui s'appelle Félix; what's this ~ed? comment est-ce qu'on appelle ça?, comment est-ce que ça s'appelle?; she ~ed him a crook elle l'a traité d'escroc. **-5.** [consider]: Denver is where I ~ home c'est à Denver que je me sens chez moi; she had no time to ~ her own elle n'avait pas de temps à elle; (and you) ~ yourself a Christian! et tu te dis chrétien!; I don't ~ that clean ce n'est pas ce que j'appelle propre. **-6.** [announce]: to ~ an election annoncer les élections; to ~ a meeting convoquer une assemblée; to ~ a strike appeler à la grève. **-7.** [send for, summon] appeler, convoquer *fml*; she was suddenly ~ed home elle a été rappelée soudainement chez elle; she was ~ed as a witness elle a été citée comme témoin; he ~ed me over il m'a appelé. **-8.** SPORT [declare, judge] juger. **-9.** BRIDGE annoncer, demander. **-10.** to ~ heads/tails choisir face/pile. **-11.** *phr*: to ~ sthg to mind rappeler qqch; to ~ sthg into play faire jouer qqch; to ~ sthg into question remettre qqch en question.
◇ *n* **-1.** [cry, shout] appel *m*; [of animal, bird] cri *m*; [of bugle, drum] appel *m*; *fig*: the ~ of the sea l'appel du large; a ~ for help un appel à l'aide OR au secours. **-2.** [on the telephone] appel *m*; to put a ~ through passer une communication; to make a ~ passer un coup de téléphone; there's a ~ for you on vous demande au téléphone; to take a ~ prendre un appel; I'll give you a ~ tomorrow je t'appelle demain. **-3.** [visit] visite *f*; to make OR pay a ~ on sb *Br* rendre visite à qqn. **-4.** [stop]: the ship made a ~ at Genoa *Br* le navire a fait escale à Gênes. **-5.** [demand, need]: there have been renewed ~s for a return to capital punishment il y a des gens qui demandent à nouveau le rétablissement de la peine de mort; there is little ~ for unskilled labour il n'y a qu'une faible demande de travailleurs non spécialisés. **-6.** SPORT [decision] jugement *m*. **-7.** BRIDGE annonce *f*. **-8.** [heads or tails]: your ~ pile ou face?

◆ **on call** *adj phr* [doctor, nurse] de garde; [police, troops] en éveil; [car] disponible; FIN [loan] remboursable sur demande.

◆ **call aside** *vt sep* prendre à part.

◆ **call away** *vt sep*: she was ~ed away from the office on l'a appelée et elle a dû quitter le bureau; she's often ~ed away on business elle doit souvent partir en déplacement OR s'absenter pour affaires.

◆ **call back** ◇ *vt sep* **-1.** [on telephone] rappeler. **-2.** [ask to return] rappeler. ◇ *vi insep* **-1.** [on telephone] rappeler. **-2.** [visit again] revenir, repasser.

◆ **call down** *vt sep* **-1.** *lit* [invoke]: he ~ed down the wrath of God on the killers il appela la colère de Dieu sur la tête des tueurs. **-2.** *Am inf* [reprimand] engueuler.

◆ **call for** *vt insep* **-1.** *Br* [collect]: he ~ed for her at her parents' house il est allé la chercher chez ses parents; whose is this parcel? — someone's ~ing for it later à qui est ce paquet? — quelqu'un passera le prendre plus tard. **-2.** [put forward as demand] appeler, demander; [subj: agreement, treaty] prévoir. **-3.** [require] exiger; the situation ~ed for quick thinking la situation demandait OR exigeait qu'on réfléchisse vite.

◆ **call in** ◇ *vt sep* **-1.** [send for] faire venir; the army was ~ed in to assist with the evacuation on a fait appel à l'armée pour aider à l'évacuation. **-2.** [recall – defective goods] rappeler; [– banknotes] retirer de la circulation; [– library books] faire rentrer. **-3.** FIN [debt, loan] rappeler. ◇ *vi insep Br* [pay a visit] passer.

◆ **call off** *vt sep* **-1.** [appointment, meeting, strike] annuler. **-2.** [dog, person] rappeler.

◆ **call on** *vt insep Br* **-1.** [request, summon] faire appel à; she ~ed on the government to take action elle a demandé que le gouvernement agisse. **-2.** [visit] rendre visite à.

◆ **call out** ◇ *vt sep* **-1.** [cry out]: "over here" he ~ed out «par ici» appela-t-il. **-2.** [summon] appeler, faire appel à; the union ~ed out its members for 24 hours le syndicat appela ses adhérents à une grève de 24 heures. ◇ *vi insep* [shout] appeler; she ~ed out to a policeman elle appela un agent de police.

◆ **call out for** *vt insep* exiger.

◆ **call round** *vi insep Br*: can I ~ round this evening? puis-je passer ce soir?; your mother ~ed round for the parcel votre mère est passée prendre le paquet.

◆ **call up** ◇ *vt sep* **-1.** [telephone] appeler. **-2.** MIL appeler; [reservists] rappeler. **-3.** [evoke] évoquer, faire venir à l'esprit. **-4.** [summon] appeler, convoquer. **-5.** COMPUT rappeler. ◇ *vi insep* appeler.

◆ **call upon** *vt insep fml* [request, summon] faire appel à; she may be ~ed upon to give evidence il est possible qu'elle soit citée comme témoin.

**call box** *n Br* cabine *f* téléphonique.

**callbox** ['kɔːlbɒks] *n* THEAT avertisseur *m*.

**caller** ['kɔːlə<sup>r</sup>] *n* **-1.** [visitor] visiteur *m*, -euse *f*. **-2.** TELEC demandeur *m*, -euse *f*. **-3.** [in bingo] ≃ animateur *m*, -trice *f*.

**call girl** *n* call-girl *f*.

**calligraphy** [kə'lɪgrəfɪ] *n* calligraphie *f*.

**call-in** *n* émission *f* à ligne ouverte.

**calling** ['kɔːlɪŋ] *n* **-1.** [vocation] appel *m* intérieur, vocation *f*. **-2.** *fml* [profession] métier *m*, profession *f*.

**calling card** *n Am* carte *f* de visite.

**calliper** *Br*, **caliper** *Am* ['kælɪpə<sup>r</sup>] *n* **-1.** MATH: a pair of ~ compasses OR ~s un compas. **-2.** MED: ~ (splint) attelle-étrier *f*. **-3.** TECH [for brake] étrier *m*.

**callisthenics** [,kælɪs'θenɪks] *n (U)* gymnastique *f* rhythmique.

**call letters** *npl Am* indicatif *m* d'appel (*d'une station de radio*).

**callous** ['kæləs] *adj* **-1.** [unfeeling] dur, sans cœur; [behaviour, remark] dur, impitoyable. **-2.** [skin] calleux.

**callously** ['kæləslɪ] *adv* durement.

**callousness** ['kæləsnɪs] *n* dureté *f*.

**callow** ['kæləʊ] *adj* [immature] sans expérience, sans maturité.

**call sign** *n* indicatif *m* d'appel (*d'une station de radio*).

**call-up** *n Br* [conscription] convocation *f* (au service militaire), ordre *m* d'incorporation; ~ **papers** ordre *m* d'incorporation.

**callus** ['kæləs] *n* [on feet, hands] cal *m*, durillon *m*.

**calm** [kɑːm] ◇ *adj* calme; keep ~! du calme!, restons calmes!; she tried to keep ~ elle essaya de garder son calme OR sang-froid; to be ~ and collected être maître de soi, garder son sang-froid. ◇ *n* calme *m*; [after upset, excitement] accalmie *f*; the ~ before the storm le calme qui précède la tempête. ◇ *vt* calmer; [fears] apaiser, calmer; she tried to ~ her nerves elle essaya de se calmer.

◆ **calm down** ◇ *vi insep* calmer. ◇ *vt sep* calmer.

**calming** ['kɑːmɪŋ] *adj* calmant.

**calmly** ['kɑːmlɪ] *adv* calmement.

**calmness** ['kɑːmnɪs] *n* calme *m*.

**Calor gas®** ['kælə<sup>r</sup>-] *n Br* butane *m*, Butagaz® *m*.

**calorie** ['kælərɪ] *n* calorie *f*.

**calorific** [,kælə'rɪfɪk] *adj* calorifique.

**calumny** ['kæləmnɪ] (*pl* **calumnies**) *n fml* calomnie *f*.

**calvary** ['kælvərɪ] *n* calvaire *m*.

◆ **Calvary** *pr n* RELIG le Calvaire.

**calve** [kɑːv] *vi* vêler.

**calves** [kɑːvz] *pl* → **calf**.

**Calvinism** ['kælvɪnɪzm] *n* calvinisme *m*.

**calypso** [kə'lɪpsəʊ] (*pl* **calypsos**) *n* calypso *m*.

◆ **Calypso** *pr n* MYTH Calypso.

**calyx** ['keɪlɪks] (*pl* **calyxes** OR **calyces** [-siːz]) *n* calice *m* BOT.

**cam** [kæm] *n* came *f*.

**CAM** (*abbr of* **computer-aided manufacturing**) *n* FAO *f*.

**camaraderie** [,kæmə'rɑːdərɪ] *n* camaraderie *f*.

**camber** ['kæmbə<sup>r</sup>] ◇ *n* [in road] bombement *m*; [in beam, girder] cambre *f*, cambrure *f*; [in ship's deck] tonture *f*. ◇ *vi* [road] bomber, être bombé; [beam, girder] être cambré; [ship's deck] avoir une tonture.

**Cambodia** [kæm'bəʊdjə] *pr n* Cambodge *m*; in ~ au Cambodge.

**Cambodian** [kæm'bəʊdjən] ◇ *n* Cambodgien *m*, -enne *f*. ◇ *adj* cambodgien.

**cambric** ['keɪmbrɪk] *n* batiste *f*.

**Cambs** *written abbr of* **Cambridgeshire**.

**camcorder** ['kæm,kɔːdə<sup>r</sup>] *n* Caméscope® *m*.

**came** [keɪm] *pt* → **come**.

**camel** ['kæml] ◇ *n* **-1.** ZOOL chameau *m*; [with one hump] dromadaire *m*; [female] chamelle *f*. **-2.** [colour] fauve *m inv*. ◇ *comp* **-1.** [train] de chameaux. **-2.** [coat, jacket – of camel hair] en poil de chameau; [– coloured] fauve (*inv*).

**camelhair** ['kæmlheə<sup>r</sup>] ◇ *n* poil *m* de chameau. ◇ *comp* [coat, jacket] en poil de chameau.

**camellia** [kə'miːljə] *n* camélia *m*.

**cameo** ['kæmɪəʊ] (*pl* **cameos**) ◇ *n* **-1.** [piece of jewellery] camée *m*. **-2.** [piece of writing] morceau *m* bref, court texte *m*; CIN, THEAT & TV [appearance] brève apparition *f*. ◇ *comp* **-1.** [jewellery]: a ~ **brooch** un camée monté en broche. **-2.** CIN, THEAT & TV: a ~ **performance** OR **role** un petit rôle (*joué par un acteur célèbre*).

**camera** ['kæmərə] *n* **-1.** [device – for still photos] appareil *m* (photographique), appareil photo *m*; [– for film, video] caméra *f*; off ~ hors champ. **-2.** JUR: in ~ à huis clos.

**cameraman** ['kæmərəmæn] (*pl* **cameramen** [-men]) *n* cadreur *m*, cameraman *m*.

**camera-shy** *adj* qui n'aime pas être photographié.

**camerawoman** ['kæmərə,wʊmən] (*pl* **camerawomen** [-,wɪmɪn]) *n* cadreuse *f*.

**camerawork** ['kæmərəwɜːk] *n* prise *f* de vue.

**Cameroon** [,kæmə'ruːn] *pr n* Cameroun *m*; in ~ au Cameroun.

**camiknickers** ['kæmɪ,nɪkəz] *npl Br* combinaison-culotte *f*.

**camisole** ['kæmɪsəʊl] *n* caraco *m*.

**camomile** ['kæməmaɪl] *n* camomille *f*; ~ **tea** infusion *f* de camomille.

**camouflage** ['kæməflɑːʒ] ◇ *n* camouflage *m*. ◇ *vt* camoufler.

**camp** [kæmp] ◇ *n* **-1.** [place] camp *m*; [not permanent] campement *m*; to make OR to pitch OR to set up ~ établir un camp. **-2.** [group] camp *m*, parti *m*. **-3.** *inf* [kitsch]: **(high)** ~ kitsch *m*. ◇ *vi* camper. ◇ *adj inf* **-1.** [effeminate] efféminé. **-2.** [affected] affecté, maniéré; [theatrical – person] cabotin; [– manners] théâtral. **-3.** [in dubious taste] kitsch (*inv*).

◆ **camp out** *vi insep* camper, faire du camping.

◆ **camp up** *vt sep phr*: to ~ it up *inf* [overdramatize] cabotiner; [effeminate man] en rajouter dans le genre efféminé.

**campaign** [kæm'peɪn] ◇ *n* MIL, POL & *fig* campagne *f*; to conduct OR to lead a ~ **against drugs** mener une campagne OR faire campagne contre la drogue. ◇ *vi* mener une campagne, faire campagne; to ~ **against/for sthg** mener une campagne contre/en faveur de qqch.

**campaigner** [kæm'peɪnə<sup>r</sup>] *n* POL & *fig* militant *m*, -e *f*; MIL vétéran *m*; ~s **in favour of/against nuclear power** des militants partisans du nucléaire/antinucléaires.

**campanologist** [ˌkæmpəˈnɒlədʒɪst] *n* carillonneur *m*.

**camp bed** *n* lit *m* de camp.

**camper** [ˈkæmpəʳ] *n* **-1.** [person] campeur *m*, -euse *f*.**-2.** [vehicle] camping-car *m*.

**campfire** [ˈkæmp‚faɪəʳ] *n* feu *m* de camp.

**campground** [ˈkæmpgraʊnd] *n Am* [private] camp *m*; [commercial] terrain *m* de camping, camping *m*; [clearing] emplacement *m* de camping, endroit *m* où camper.

**camphor** [ˈkæmfəʳ] *n* camphre *m*.

**camphorated** [ˈkæmfəreɪtɪd] *adj* camphré.

**camping** [ˈkæmpɪŋ] ◇ *n* camping *m*; to go ~ camper, faire du camping. ◇ *comp* [equipment, stove] de camping; ~ gas butane *m*; ~ ground OR grounds OR site [private] camp *m*; [commercial] terrain *m* de camping, camping ‖ [clearing] emplacement *m* de camping, endroit *m* où camper.

**campsite** [ˈkæmpsaɪt] *n* [commercial] terrain *m* de camping, camping *m*; [clearing] emplacement *m* de camping, endroit *m* où camper.

**campus** [ˈkæmpəs] (*pl* **campuses**) *n* UNIV [grounds] campus *m*; [buildings] campus *m*, complexe *m* universitaire; to live on ~ habiter sur le campus; to live off ~ habiter en dehors du campus ❑ ~ **university** université *f* regroupée sur un campus.

**camshaft** [ˈkæmʃɑːft] *n* arbre *m* à cames.

**can¹** [*weak form* kən, *strong form* kæn] (*pt* **could** [*weak form* kəd, *strong form* kʊd], *negative forms* **cannot** [*weak form* ˈkænət, *strong form* ˈkænɒt], **could not**, *frequently shortened to* **can't** [kɑːnt], **couldn't** [kʊdnt]) *modal vb* **-1.** [be able to] pouvoir; I'll come if I ~ je viendrai si je (le) peux; I'll come as soon as I ~ je viendrai aussitôt que possible OR aussitôt que je pourrai; we'll do everything we ~ to help nous ferons tout ce que nous pourrons OR tout notre possible pour aider. **-2.** [with verbs of perception or understanding]: ~ you feel it? tu le sens?; we ~ hear everything our neighbours say nous entendons tout ce que disent nos voisins; I can't understand you when you mumble je ne te comprends pas OR je ne comprends pas ce que tu dis quand tu marmonnes; there ~ be no doubt about his guilt sa culpabilité ne fait aucun doute. **-3.** [indicating ability or skill] savoir; ~ you drive/sew? savez-vous conduire/coudre?; she ~ speak three languages elle parle trois langues. **-4.** [giving or asking for permission] pouvoir; ~ I borrow your sweater? — yes, you ~ puis-je emprunter ton pull? — (mais oui,) bien sûr. **-5.** [used to interrupt, intervene]: ~ I just say something here? est-ce que je peux dire quelque chose?**-6.** [in offers of help] pouvoir; ~ I be of any assistance? puis-je vous aider?**-7.** [indicating reluctance] pouvoir; we can't leave the children alone nous ne pouvons pas laisser OR il nous est impossible de laisser les enfants seuls ‖ [indicating refusal] pouvoir; we cannot tolerate such behaviour nous ne pouvons pas tolérer ce genre de comportement. **-8.** [expressing opinions]: you can't blame her for leaving him! tu ne peux pas lui reprocher de l'avoir quitté!; you'll have to leave, it can't be helped il faudra que tu partes, il n'y a rien à faire. **-9.** [used to urge or insist]: can't we at least talk about it? est-ce que nous pouvons au moins en discuter?**-10.** [indicating possibility or likelihood] pouvoir; the contract ~ still be cancelled il est toujours possible d'annuler OR on peut encore annuler le contrat; the job can't be finished in one day il est impossible de finir le travail OR le travail ne peut pas se faire en un jour; what ~ I have done with the keys? qu'est-ce que j'ai bien pu faire des clés? ❑ I'm as happy as ~ be je suis on ne peut plus heureux. **-11.** [indicating disbelief or doubt]: you can't be serious! (ce n'est pas possible!) vous ne parlez pas sérieusement!; he can't possibly have finished already! ce n'est pas possible qu'il ait déjà fini!; the house can't have been that expensive la maison n'a pas dû coûter si cher que ça; how ~ you say that? comment pouvez-vous OR osez-vous dire ça? **-12.** *fml* [cannot but: his resignation cannot but confirm such suspicions *fml* sa démission ne fait que confirmer de tels soupçons.

**can²** [kæn] (*pt & pp* **canned**, *cont* **canning**) ◇ *n* **-1.** [container – for liquid] bidon *m*; [– for tinned food] boîte *f* (de conserve); *Am* [– for rubbish] poubelle *f*, boîte *f* à ordures; a ~ of beer/soda une boîte de bière/de soda ❑ a (real) ~ of worms un vrai casse-tête; the deal's in the ~ *inf* l'affaire est conclue. **-2.** *Am inf* [prison] taule *f*.**-3.** *Am inf* [toilet] W-C *mpl*, waters *mpl*;

[buttocks] fesses *fpl*. **-4.** *phr*: to carry the ~ *Br inf* payer les pots cassés. ◇ *vt* **-1.** [food] mettre en boîte OR en conserve, conserver (en boîte). **-2.** *Am inf* [dismiss from job] virer, renvoyer.

**Can** *written abbr of* **Canada**.

**Cana** [ˈkeɪnə] *pr n*: ~ (of Galilee) Cana (de Galilée).

**Canada** [ˈkænədə] *pr n* Canada *m*; in ~ au Canada.

**Canadian** [kəˈneɪdjən] ◇ *n* Canadien *m*, -enne *f*. ◇ *adj* [gen] canadien; [embassy, prime minister] canadien, du Canada; ~ **English** anglais *m* du Canada.

**Canadianism** [kəˈneɪdjənɪzm] *n* [expression] canadianisme *m*.

**canal** [kəˈnæl] *n* **-1.** [waterway] canal *m*; ~ **barge** OR **boat** péniche *f*, chaland *m*.**-2.** ANAT canal *m*, conduit *m*.

**canapé** [ˈkænəpeɪ] *n* canapé *m* (*petit four*).

**canard** [kæˈnɑːd] *n* [false report] fausse nouvelle *f*, canard *m*.

**Canaries** [kəˈneərɪz] *pl pr n*: the ~ les Canaries *fpl*.

**canary** [kəˈneərɪ] (*pl* **canaries**) *n* **-1.** [bird] canari *m*, serin *m*.**-2.** [colour]: ~ (yellow) jaune serin *m inv*, jaune canari *m inv*.

**Canary Islands** *pl pr n*: the ~ les (îles *fpl*) Canaries *fpl*; in the ~ aux Canaries.

**canasta** [kəˈnæstə] *n* canasta *f*.

**Canaveral** [kəˈnævərəl] *pr n*: Cape ~ cap Canaveral.

**cancan** [ˈkænkæn] *n* cancan *m*, french cancan *m*.

**cancel** [ˈkænsl] (*Br pt & pp* **cancelled**, *cont* **cancelling**, *Am pt & pp* **canceled**, *cont* **canceling**) *vt* **-1.** [call off – event, order, reservation] annuler; [– appointment] annuler, décommander. **-2.** [revoke – agreement, contract] résilier, annuler; [– cheque] faire opposition à. **-3.** [mark as no longer valid – by stamping] oblitérer; [– by punching] poinçonner. **-4.** [cross out] barrer, rayer, biffer. **-5.** MATH éliminer.

◆ **cancel out** *vt sep* **-1.** [counterbalance] neutraliser, compenser; the factors ~ each other out les facteurs se neutralisent OR se compensent. **-2.** MATH éliminer, annuler.

**cancellation** [ˌkænsəˈleɪʃn] *n* **-1.** [calling off – of event, reservation] annulation *f*; [annulment – of agreement, contract] résiliation *f*, annulation *f*; [– of cheque] opposition *f*. **-2.** [act of invalidating – by punching] poinçonnage *m*; [– by stamping] oblitération *f*.**-3.** [crossing out] biffage *m*.**-4.** MATH élimination *f*.

**cancer** [ˈkænsəʳ] ◇ *n* MED & *fig* cancer *m*; to die of ~ mourir (à la suite) d'un cancer; cigarettes cause ~ les cigarettes sont cancérigènes OR carcinogènes. ◇ *comp*: ~ **patient** cancéreux *m*, -euse *f*; ~ **research** oncologie *f*, cancérologie *f*; we're collecting money for ~ research nous recueillons des fonds pour la recherche contre le cancer; 'Cancer Ward' *Solzhenitsyn* 'le Pavillon des cancéreux'.

**Cancer** [ˈkænsəʳ] *pr n* ASTROL & ASTRON Cancer *m*; he's a ~ il est (du signe du) Cancer.

**cancerous** [ˈkænsərəs] *adj* cancéreux.

**candelabra** [ˌkændɪˈlɑːbrə] (*pl inv* OR **candelabras**), **candelabrum** [ˌkændɪˈlɑːbrəm] (*pl inv* OR **candelabrums**) *n* candélabre *m*.

**candid** [ˈkændɪd] *adj* [person] franc (*f* franche), sincère; [smile] franc (*f* franche); [account, report] qui ne cache rien; I'd like your ~ opinion j'aimerais que vous me disiez franchement ce que vous en pensez.

**candidacy** [ˈkændɪdəsɪ] *n* candidature *f*.

**candidate** [ˈkændɪdət] *n* candidat *m*, -e *f*; to be a OR to stand as ~ for mayor être candidat à la mairie.

**candidature** [ˈkændɪdətʃəʳ] *n* candidature *f*.

**candid camera** *n* appareil *m* photo à instantanés.

**candidly** [ˈkændɪdlɪ] *adv* [speak] franchement; [smile] candidement, avec candeur.

**candidness** [ˈkændɪdnɪs] *n* franchise *f*.

**candied** [ˈkændɪd] *adj* [piece of fruit, peel] confit; [whole fruit] confit, glacé.

**candle** [ˈkændl] *n* **-1.** [of wax – gen] bougie *f*, chandelle *f*; [– in church] cierge *m*, chandelle *f*; no one can hold a ~ to her when it comes to dancing pour ce qui est de la danse, personne ne lui arrive à la cheville; to burn the ~ at both ends brûler la chandelle par les deux bouts. **-2.** PHYS [former unit] bougie *f*; [candela] candela *f*.

**candleholder** [ˈkændl‚həʊldəʳ] *n* [single] bougeoir *m*;

[branched] chandelier *m*.

**candlelight** ['kændllaɪt] ◇ *n* lueur *f* d'une bougie OR d'une chandelle; **she read by ~** elle lisait à la lueur d'une bougie. ◇ *comp* [dinner, supper] aux chandelles.

**candlelit** ['kændllɪt] *adj* éclairé aux bougies OR aux chandelles.

**Candlemas** ['kændlməs] *n* la Chandeleur.

**candlestick** ['kændlstɪk] *n* [single] bougeoir *m*; [branched] chandelier *m*.

**candlewick** ['kændlwɪk] ◇ *n* [yarn] chenille *f* (de coton). ◇ *comp* [bedspread] en chenille (de coton).

**candour** *Br*, **candor** *Am* ['kændər] *n* candeur *f*, franchise *f*.

**candy** ['kændɪ] (*pl* **candies**, *pt* & *pp* **candied**) ◇ *n* -1. *Am* [piece] bonbon *m*; (*U*) [sweets in general] bonbons *mpl*, confiserie *f*; **~ bar** barre *f* chocolatée. -2. CULIN [sugar] sucre *m* candi. ◇ *vt* [ginger, pieces of fruit, orange peel] confire; [whole fruit] glacer, confire; [sugar] faire candir. ◇ *vi* se candir, se cristalliser.

**candy corn** *n* (*U*) *Am* bonbons que l'on mange à Halloween.

**candyfloss** ['kændɪflɒs] *n Br* barbe *f* à papa.

**candy-striped** *adj* à rayures multicolores.

**candy striper** [-,straɪpər] *n Am* bénévole qui travaille aux œuvres de bienfaisance dans un hôpital.

**cane** [keɪn] ◇ *n* -1. [stem of plant] canne *f*; [in making baskets, furniture] rotin *m*, jonc *m*.-2. [rod – for walking] canne *f*; [– for punishment] verge *f*, baguette *f*; **to give sb the ~** fouetter qqn. -3. [for supporting plant] tuteur *m*. ◇ *comp* [furniture] en rotin; [chair – entirely in cane] en rotin; [– with cane back, seat] canné. ◇ *vt* -1. [beat with rod] donner des coups de bâton à, fouetter. -2. *inf* [defeat] battre à plate couture.

**cane sugar** *n* sucre *m* de canne.

**canine** ['keɪnaɪn] ◇ *adj* -1. [gen] canin; ZOOL de la famille des canidés. -2. ANAT: **~ tooth** canine *f*. ◇ *n* -1. [animal] canidé *m*.-2. [tooth] canine *f*.

**caning** ['keɪnɪŋ] *n* -1. [beating]: **to give sb a ~** [gen] donner des coups de bâton OR de trique à qqn; SCH fouetter qqn. -2. *inf* [defeat]: **to get a ~** être battu à plate couture.

**canister** ['kænɪstər] *n* -1. [for flour, sugar] boîte *f*.-2. [for gas, shaving cream] bombe *f*; **tear gas ~** bombe lacrymogène.

**canker** ['kæŋkər] *n* -1. (*U*) MED ulcère *m*, chancre *m*.-2. BOT & *fig* chancre *m*.

**cannabis** ['kænəbɪs] *n* [plant] chanvre *m* indien; [drug] cannabis *m*.

**canned** [kænd] *adj* -1. [food] en boîte, en conserve; **~ goods** conserves *fpl*.-2. *pej* [pre-prepared, pre-recorded]: **~ laughter** rires *mpl* préenregistrés; **~ music** musique *f* en conserve *hum* & *pej* OR enregistrée. -3. *inf* [drunk] paf (*inv*), rond.

**cannelloni** [,kænɪ'ləʊnɪ] *n* (*U*) cannelloni *mpl*.

**cannery** ['kænərɪ] (*pl* **canneries**) *n* conserverie *f*, fabrique *f* de conserves; '*Cannery Row*' *Steinbeck* 'Rue de la sardine'.

**cannibal** ['kænɪbl] ◇ *adj* cannibale, anthropophage. ◇ *n* cannibale *mf*, anthropophage *mf*.

**cannibalism** ['kænɪbəlɪzm] *n* cannibalisme *m*, anthropophagie *f*.

**cannibalize, -ise** ['kænɪbəlaɪz] *vt* [car] cannibaliser, récupérer des pièces détachées de; [text] récupérer des parties de.

**cannily** ['kænɪlɪ] *adv* [assess] avec perspicacité; [reason] habilement, astucieusement.

**canning** ['kænɪŋ] ◇ *n* mise *f* en boîte OR en conserve. ◇ *comp* [process] de mise en boîte OR en conserve; **~ industry** conserverie *f*, industrie *f* de la conserve.

**cannon** ['kænən] (*pl inv* OR **cannons**) ◇ *n* -1. [weapon] canon *m*.-2. TECH [barrel of gun, syringe] canon *m*.-3. *Br* [in billiards] carambolage *m*. ◇ *vi* -1. [bump]: **to ~ into sthg/sb** se heurter contre qqch/qqn. -2. *Br* [in billiards] caramboler.

**cannonade** [,kænə'neɪd] *n* cannonade *f*.

**cannonball** ['kænənbɔːl] *n* -1. [ammunition] boulet *m* de canon. -2. SPORT: **a ~** (**service**) un service en boulet de canon.

**cannon fodder** *n* chair *f* à canon.

**cannonshot** ['kænənʃɒt] *n* [firing] coup *m* de canon; [range]: **within ~** à portée de canon.

**cannot** ['kænɒt] → **can**.

**canny** ['kænɪ] (*compar* **cannier**, *superl* **canniest**) *adj* -1. [astute] astucieux, habile; [shrewd] malin, (*f* -igne), rusé. -2.

[wary] prudent, circonspect. -3. *Br dial* [person – thrifty] économe; [– nice] sympathique.

**canoe** [kə'nuː] (*cont* **canoeing**) ◇ *n* canoë *m*; [dugout] pirogue *f*; SPORT canoë *m*, canoë-kayak *m*. ◇ *vi* [gen] faire du canoë; SPORT faire du canoë OR du canoë-kayak.

**canoeing** [kə'nuːɪŋ] *n* SPORT canoë-kayak *m*; **to go ~** faire du canoë-kayak.

**canoeist** [kə'nuːɪst] *n* canoéiste *mf*.

**canon** ['kænən] *n* -1. RELIG [decree, prayer] canon *m*; [clergyman] chanoine *m*.-2. LITERAT œuvre *f*.-3. MUS canon *m*.-4. *fig* [rule] canon *m*, règle *f*, règles *fpl*.

**canonical** [kə'nɒnɪkl] *adj* -1. RELIG [text] canonique; [dress, robe] sacerdotal. -2. MUS en canon. -3. *fig* [accepted] canonique, autorisé.

**canonize, -ise** ['kænənaɪz] *vt* RELIG & *fig* canoniser.

**canon law** *n* droit *m* canon.

**canoodle** [kə'nuːdl] *vi Br inf* se faire des mamours.

**can opener** *n* ouvre-boîtes *m inv*.

**canopy** ['kænəpɪ] (*pl* **canopies**) *n* -1. [over bed] baldaquin *m*, ciel *m* de lit; [over balcony, passageway] auvent *m*, marquise *f*; [over throne] dais *m*; ARCHIT [with columns] baldaquin *m*.-2. [of parachute] voilure *f*.-3. AERON [of cockpit] verrière *f*.-4. *fig* [branches, sky] voûte *f*.

**cant** [kænt] ◇ *n* -1. (*U*) [insincere talk] paroles *fpl* hypocrites; [clichés] clichés *mpl*, phrases *fpl* toutes faites. -2. [jargon] argot *m* de métier, jargon *m*.-3. [slope] pente *f*, inclinaison *f*; [oblique surface] surface *f* oblique, plan *m* incliné. -4. [movement] secousse *f*, cahot *m*. ◇ *vi* -1. [talk – insincerely] parler avec hypocrisie; [– in clichés] débiter des clichés. -2. [use jargon] parler en argot de métier, jargonner. -3. [tip slightly] se pencher, s'incliner; [overturn] se renverser OR se retourner (d'un seul coup). ◇ *vt* [tip slightly] pencher, incliner; [overturn] renverser OR retourner (d'un seul coup).

**can't** [kɑːnt] → **can**.

**Cantab.** (*written abbr of* **Cantabrigiensis**) de l'université de Cambridge.

**cantaloup** *Br*, **cantaloupe** *Am* ['kæntəluːp] *n* cantaloup *m*.

**cantankerous** [kæn'tæŋkərəs] *adj* -1. [bad-tempered – habitually] acariâtre, qui a mauvais caractère, grincheux; [– temporarily] de mauvaise humeur. -2. [quarrelsome] querelleur.

**cantata** [kæn'tɑːtə] *n* cantate *f*.

**canteen** [kæn'tiːn] *n* -1. [restaurant] cantine *f*.-2. *Am* [flask] flasque *f*, gourde *f*.-3. [box for cutlery] coffret *m*; **~ of cutlery** ménagère *f*.-4. MIL [mess tin] gamelle *f*.

**canter** ['kæntər] ◇ *n* petit galop *m*. ◇ *vi* aller au petit galop. ◇ *vt* faire aller au petit galop.

**canticle** ['kæntɪkl] *n* cantique *m*; **the Canticle of Canticles** le Cantique des cantiques.

**cantilever** ['kæntɪliːvər] *n* -1. [beam, girder] cantilever *m*; [projecting beam] corbeau *m*, console *f*.-2. AERON cantilever *m*. ◇ *comp* [beam, girder] en cantilever, cantilever (*inv*).

**canton** [*n sense 1* 'kæntɒn, *sense 2* 'kæntən, *vb sense 1* kæn'tɒn, *sense 2* kæn'tuːn] ◇ *n* -1. ADMIN canton *m*.-2. HERALD canton *m*. ◇ *vt* -1. ADMIN [land] diviser en cantons. -2. MIL [soldiers] cantonner.

**Canton** [kæn'tɒn] *pr n* Canton.

**cantonal** ['kæntɒnl] *adj* cantonal.

**Cantonese** [,kæntə'niːz] (*pl inv*) ◇ *n* -1. [person] Cantonais *m*, -e *f*.-2. LING cantonais *m*. ◇ *adj* cantonais.

**Canute** [kə'njuːt] *pr n* Knud.

**canvas** ['kænvəs] (*pl inv* OR **canvasses**) ◇ *n* -1. [cloth] toile *f*; [for tapestry] canevas *m*; **under ~** [in tent] sous une tente; NAUT sous voiles. -2. [painting] toile *f*, tableau *m*. ◇ *comp* [bag, cloth] de OR en toile.

**canvass** ['kænvəs] ◇ *vi* -1. [seek opinions] faire un sondage. -2. COMM [seek orders] visiter la clientèle, faire la place; [door to door] faire du démarchage OR du porte-à-porte. -3. POL [candidate, campaign worker] solliciter des voix. ◇ *vt* -1. [seek opinion of] sonder. -2. COMM [person] démarcher, solliciter des commandes de; [area] prospecter. -3. POL [person] solliciter la voix de; [area] faire du démarchage électoral dans. -4. *Am* POL [ballots] pointer. ◇ *n* -1. [gen & COMM] démarchage *m*; POL démarchage *m* électoral. -2. *Am* POL [of ballots] pointage *m*.

**canvasser** ['kænvəsər] *n* -1. [pollster] sondeur *m*, enquêteur *m*, -euse *f*.-**2.** COMM [salesman] placier *m*; [door to door] démar-cheur *m*.-**3.** POL agent *m* électoral (*qui sollicite des voix*). -**4.** *Am* [of ballots] scrutateur *m*, -trice *f*.

**canvassing** ['kænvəsɪŋ] *n* -**1.** [gen & COMM] démarchage *m*.-**2.** POL démarchage *m* électoral.

**canyon** ['kænjən] *n* cañon *m*, canyon *m*, gorge *f*.

**cap** [kæp] (*pt* & *pp* **capped**, *cont* **capping**) ◇ *n* -**1.** [hat – with peak] casquette *f*; [– without peak] bonnet *m*; [– of jockey, judge] toque *f*; [– of nurse, traditional costume] coiffe *f*; [– of soldier] ca-lot *m*; [– of officer] képi *m*; ~ **and bells** marotte *f* (de bouffon); ~ **and gown** *expression britannique évoquant le milieu universi-taire*; **if the ~ fits, wear it** qui se sent morveux (qu'il) se mouche; **to go to sb ~ in hand** aller vers qqn chapeau bas; **to set one's ~ at sb** jeter son dévolu sur qqn. -**2.** *Br* SPORT: **he has been an England ~ three times** il a été sélectionné trois fois dans l'équipe d'Angleterre. -**3.** [cover, lid – of bottle, container] capsule *f*; [– of lens] cache *m*; [– of tyre valve] bou-chon *m*; [– of pen] capuchon *m*; [– of mushroom] chapeau *m*; [– of tooth] couronne *f*; [– of column, pedestal] chapiteau *m*.-**4.** [for toy gun] amorce *f*.-**5.** [contraceptive device] diaphragme *m*.
◇ *vt* -**1.** [cover] couvrir, recouvrir. -**2.** [tooth] couronner. -**3.** [outdo] surpasser; **he capped that story with an even fun-nier one** il a raconté une histoire encore plus drôle que celle-là; **to ~ it all** pour couronner le tout, pour comble. -**4.** [spending] limiter, restreindre. -**5.** *Br* SPORT sélectionner (dans l'équipe nationale).

**CAP** [kæp, siːeɪˈpiː] (*abbr of* **Common Agricultural Policy**) *n* PAC *f*.

**capability** [ˌkeɪpəˈbɪlətɪ] (*pl* **capabilities**) *n* -**1.** [gen] aptitude *f*, capacité *f*.-**2.** MIL capacité *f*, potentiel *m*; **nuclear ~** puis-sance *f* OR potentiel *m* nucléaire.

**capable** ['keɪpəbl] *adj* -**1.** [able] capable; **they are quite ~ of looking after themselves** ils sont parfaitement capables de OR ils peuvent très bien se débrouiller tout seuls. -**2.** [competent] capable, compétent.

**capably** ['keɪpəblɪ] *adv* avec compétence, de façon compé-tente.

**capacious** [kəˈpeɪʃəs] *adj fml* [container] de grande capacité OR contenance.

**capacitance** [kəˈpæsɪtəns] *n* ELEC capacité *f*.

**capacitor** [kəˈpæsɪtəʳ] *n* ELEC condensateur *m*.

**capacity** [kəˈpæsɪtɪ] (*pl* **capacities**) ◇ *n* -**1.** [size – of contai-ner] contenance *f*, capacité *f*; [– of theatre] capacité *f*; **the theatre has a seating ~ of 500** il y a 500 places dans le théâ-tre; **filled to ~** [bottle, tank] plein; [ship, theatre] plein, comble. -**2.** [aptitude] aptitude *f*, capacité *f*; ~ **to learn** apti-tude à apprendre, capacité d'apprendre; **the work is well within our ~** nous sommes tout à fait en mesure OR capa-bles de faire ce travail. -**3.** [position] qualité *f*, titre *m*; JUR [le-gal competence] pouvoir *m* légal; **she spoke in her ~ as gov-ernment representative** elle s'est exprimée en sa qualité de OR en tant que représentant du gouvernement; **they are here in an official ~** ils sont ici à titre officiel. -**4.** [of factory, industry] moyens *mpl* de production; [output] rendement *m*; **the factory is (working) at full ~** l'usine produit à plein rendement. -**5.** [of engine] capacité *f*.-**6.** ELEC capacité *f*.
◇ *comp*: **a ~ audience** une salle comble; **they played to a ~ crowd** ils ont joué à guichets fermés.

**cape** [keɪp] *n* -**1.** [cloak] cape *f*, pèlerine *f*.-**2.** GEOG [headland] cap *m*; [promontory] promontoire *m*.

**caper** ['keɪpəʳ] ◇ *vi* -**1.** [jump, skip] cabrioler, gambader, faire des cabrioles OR des gambades. -**2.** [frolic] faire le fou.
◇ *n* -**1.** [jump, skip] cabriole *f*, gambade *f*.-**2.** [practical joke] farce *f*.-**3.** *inf* [nonsense]: **I haven't time for all that ~** je n'ai pas de temps à perdre avec des âneries pareilles. -**4.** CULIN câpre *f*; [shrub] câprier *m*. ◇ *comp*: ~ **sauce** sauce *f* aux câ-pres.

**Capernaum** [kəˈpɜːnjəm] *pr n* Capharnaüm.

**Cape Town** *pr n* Le Cap.

**Cape Verde** [-vɜːd] *pr n*: **the ~ Islands** les îles *fpl* du Cap-Vert; **in ~** au Cap-Vert.

**capful** ['kæpfʊl] *n* [of liquid] capsule *f* (pleine).

**capillary** [kəˈpɪlərɪ] (*pl* **capillaries**) ◇ *adj* capillaire. ◇ *n* ca-pillaire *m*.

**capital** ['kæpɪtl] ◇ *adj* -**1.** [chief, primary] capital, principal;

**it's of ~ importance** c'est d'une importance capitale; ~ **city** capitale *f*.-**2.** JUR ~ **offence** crime *m* capital. -**3.** [upper case] majuscule; ~ **D** D majuscule; **in ~ letters** en majuscu-les, en capitales; **he's an idiot with a ~ 'I'** c'est un imbécile avec un grand «I». -**4.** *Br inf* & *dated* [wonderful] chouette, fameux. ◇ *n* -**1.** [city] capitale *f*.-**2.** [letter] majuscule *f*, capi-tale *f*; **write in ~s** écrivez en (lettres) majuscules OR en capi-tales. -**3.** (*U*) [funds] capital *m*, capitaux *mpl*, fonds *mpl*; ECON & FIN [funds and assets] capital *m* (en espèces et en nature); **to raise ~** réunir des capitaux; **to try and make ~ (out) of a si-tuation** essayer de tirer profit OR parti d'une situation. -**4.** FIN [principal] capital *m*, principal *m*.-**5.** ARCHIT [of column] cha-piteau *m*. ◇ *comp* de capital; ~ **allowances** amortissements *mpl* admis par le fisc; ~ **income** revenu *m* du capital; ~ **in-vestment** mise *f* de fonds; ~ **reserves** réserves *fpl* et provi-sions *fpl*; ~ **sum** capital *m*.

**capital assets** *npl* actif *m* immobilisé, immobilisations *fpl*.

**capital expenditure** *n* (*U*) dépenses *fpl* d'investissement.

**capital gains** *npl* gains *mpl* en capital, plus-values *fpl* (en ca-pital).

**capital gains tax** *n* impôt sur les plus-values.

**capital goods** *npl* biens *mpl* d'équipement OR d'investis-sement.

**capital-intensive** *adj* à forte intensité de capital.

**capitalism** ['kæpɪtəlɪzm] *n* capitalisme *m*.

**capitalist** ['kæpɪtəlɪst] ◇ *adj* capitaliste. ◇ *n* capitaliste *mf*.

**capitalistic** [ˌkæpɪtəˈlɪstɪk] *adj* capitaliste.

**capitalization** [ˌkæpɪtəlaɪˈzeɪʃn] *n* capitalisation *f*.

**capitalize, -ise** ['kæpɪtəlaɪz] ◇ *vt* -**1.** [write in upper case] mettre en majuscules. -**2.** ECON [convert into capital] capitali-ser; [raise capital through issue of stock] constituer le capital social de (par émission d'actions); [provide with capital] pour-voir de fonds OR de capital; **under-/over-~d** sous-/sur-capitalisé. -**3.** FIN [estimate value of] capitaliser. ◇ *vi*: **to ~ on** sthg [take advantage of] tirer profit OR parti de qqch; [make money on] monnayer qqch.

**capital levy** *n* impôt *m* OR prélèvement *m* sur le capital.

**capital punishment** *n* peine *f* capitale, peine *f* de mort.

**capital stock** *n* capital *m* social, fonds *mpl* propres.

**capital transfer tax** *n* impôt *m* sur le transfert de capitaux.

**capitation** [ˌkæpɪˈteɪʃn] *n* -**1.** FIN capitation *f*; ~ **(tax)** capita-tion. -**2.** *esp Br* SCH: ~ **(allowance OR expenditure)** dotation *f* forfaitaire par élève (*accordée à un établissement scolaire*).

**Capitol** ['kæpɪtl] *pr n* -**1.** [in Rome]: **the ~** le Capitole. -**2.** [in US]: **the ~** [national] le Capitole (*siège du Congrès américain*); [state] le Capitole (*siège du Congrès de l'État*).

**Capitol Hill** *pr n* la colline du Capitole, à Washington, où se trouve le congrès américain.

**capitulate** [kəˈpɪtjʊleɪt] *vi* MIL & *fig* capituler.

**capitulation** [kəˌpɪtjʊˈleɪʃn] *n* MIL & *fig* capitulation *f*.

**capon** ['keɪpən] *n* chapon *m*.

**cappuccino** [ˌkæpʊˈtʃiːnəʊ] (*pl* **cappuccinos**) *n* cappuccino *m*.

**caprice** [kəˈpriːs] *n* [whim] caprice *m*; [change of mood] saute *f* d'humeur.

**capricious** [kəˈprɪʃəs] *adj* [person] capricieux, fantasque; [weather] capricieux, changeant.

**Capricorn** ['kæprɪkɔːn] *pr n* ASTROL & ASTRON Capricorne *m*; **he's a ~** il est (du signe du) Capricorne.

**caps** [kæps] (*abbr of* **capital letters**) *npl* cap.

**capsicum** ['kæpsɪkəm] *n* [fruit & plant – sweet] poivron *m*, pi-ment *m* doux; [– hot] piment *m*.

**capsize** [kæpˈsaɪz] ◇ *vi* [gen] se renverser; [boat] chavirer. ◇ *vt* [gen] renverser; [boat] faire chavirer.

**capstan** ['kæpstən] *n* cabestan *m*.

**capsule** ['kæpsjuːl] ◇ *n* -**1.** [gen, AERON, ANAT & BOT] capsule *f*.-**2.** PHARM capsule *f*, gélule *f*. ◇ *adj* concis, bref.

**Capt.** (*written abbr of* **captain**) cap.

**captain** ['kæptɪn] ◇ *n* -**1.** [of boat] capitaine *m*; MIL capitaine *m*.-**2.** [of group, team] chef *m*, capitaine *m*; SPORT capitaine *m* (d'équipe); ~ **of industry** capitaine d'industrie. -**3.** *Am* [of police] ≈ commissaire *m* (de police) de quartier. -**4.** *Am* [head waiter] maître *m* d'hôtel; [of bell boys] responsable *m* des grooms. ◇ *vt* [gen] diriger; MIL commander; SPORT être le capitaine de.

**captaincy** ['kæptɪnsɪ] *n* **-1.** MIL grade *m* de capitaine; **to receive one's** ~ être promu OR passer capitaine. **-2.** SPORT poste *m* de capitaine; **under the** ~ **of Rogers** avec Rogers comme capitaine.

**caption** ['kæpʃn] ◇ *n* **-1.** [under illustration] légende *f*.**-2.** [in article, chapter] sous-titre *m*.**-3.** CIN sous-titre *m*. ◇ *vt* **-1.** [illustration] mettre une légende à, légender. **-2.** CIN sous-titrer.

**captious** ['kæpʃəs] *adj* [person] qui trouve toujours à redire, chicanier; [attitude] chicanier.

**captivate** ['kæptɪveɪt] *vt* captiver, fasciner.

**captivating** ['kæptɪveɪtɪŋ] *adj* captivant, fascinant.

**captive** ['kæptɪv] ◇ *n* captif *m*, -ive *f*, prisonnier *m*, -ère *f*; **to take sb** ~ faire qqn prisonnier; **to hold sb** ~ garder qqn en captivité. ◇ *adj* [person] captif, prisonnier; [animal, balloon] captif; **a** ~ **audience** un public captif.

**captivity** [kæp'tɪvətɪ] *n* captivité *f*; **in** ~ en captivité.

**captor** ['kæptəʳ] *n* [gen] personne *f* qui capture; [unlawfully] ravisseur *m*, -euse *f*.

**capture** ['kæptʃəʳ] ◇ *vt* **-1.** [take prisoner – animal, criminal, enemy] capturer, prendre; [– runaway] reprendre; [– city] prendre, s'emparer de; GAMES prendre. **-2.** [gain control of – market] conquérir, s'emparer de; [– attention, imagination] captiver; [– admiration, interest] gagner. **-3.** [succeed in representing] rendre, reproduire. ◇ *n* capture *f*, prise *f*.

**car** [kɑːʳ] ◇ *n* **-1.** [automobile] voiture *f*, automobile *f*, auto *f*; **to go by** ~ aller en voiture. **-2.** Am [of train] wagon *m*, voiture *f*.**-3.** Am [tram] tramway *m*, tram *m*.**-4.** [of lift] cabine *f* (d'ascenseur). **-5.** [of airship, balloon] nacelle *f*. ◇ *comp* [engine, tyre, wheel] de voiture, d'automobile; [journey, trip] en voiture; ~ **allowance** Br indemnité *f* de déplacement (en voiture); ~ **body** carrosserie *f*; ~ **boot sale** Br marché où chacun vient avec sa voiture (dont le coffre sert de stand) pour vendre des objets de toute sorte; ~ **chase** course-poursuite *f*; ~ **industry** industrie *f* (de l') automobile; ~ **radio** autoradio *m*; ~ **worker** ouvrier *m*, -ère *f* de l'industrie automobile.

**carafe** [kə'ræf] *n* carafe *f*.

**caramel** ['kærəmel] ◇ *n* caramel *m*. ◇ *comp*: **a** ~ (candy) Am, **a** (piece of) ~ un caramel; ~ **cream**, ~ **custard** crème *f* (au) caramel.

**caramelize, -ise** ['kærəməlaɪz] ◇ *vt* caraméliser. ◇ *vi* se caraméliser.

**carat** Br, **karat** Am ['kærət] *n* carat *m*; **an 18** ~ **gold ring** une bague en or 18 carats.

**Caravaggio** [,kærə'vædʒɪəʊ] *prn* le Caravage.

**caravan** ['kærəvæn] (Br pt & pp **caravanned**, cont **caravanning**, Am pt & pp **caravanned** OR **caravaned**, cont **caravanning** OR **caravaning**) ◇ *n* **-1.** Br [vehicle] caravane *f*.**-2.** [of gipsy] roulotte *f*.**-3.** [group of travellers] caravane *f*. ◇ *vi*: **to go caravanning** faire du caravaning OR offic du caravanage.

**caravanner** Br, **caravaner** Am ['kærəvænəʳ] *n* caravanier *m*, -ère *f*.

**caravanning** ['kærəvænɪŋ] *n* caravaning *m*, caravanage offic.

**caravan site** *n* Br [for campers] camping *m* (pour caravanes); [of gipsies] campement *m*.

**caraway** ['kærəweɪ] *n* [plant] carvi *m*, cumin *m* des prés; ~ **seeds** (graines *fpl* de) carvi.

**carbine** ['kɑːbaɪn] *n* carabine *f*.

**carbohydrate** [,kɑːbəʊ'haɪdreɪt] *n* **-1.** CHEM hydrate *m* de carbone. **-2.** (usu pl) [foodstuff]: ~**s** glucides *mpl*.

**carbolic** [kɑː'bɒlɪk] *adj* phéniqué; ~ **acid** phénol *m*.

**car bomb** *n* voiture *f* piégée.

**carbon** ['kɑːbən] *n* **-1.** CHEM carbone *m*.**-2.** [copy, paper] carbone *m*.

**carbonate** ['kɑːbənɪt] *n* carbonate *m*.

**carbonated** ['kɑːbəneɪtɪd] *adj* carbonaté; ~ **soft drinks** boissons *fpl* gazeuses.

**carbon copy** *n* TYPO carbone *m*; fig réplique *f*.

**carbon dating** *n* datation *f* au carbone 14.

**carbon dioxide** *n* gaz *m* carbonique, dioxyde *m* de carbone.

**carbon fibre** *n* fibre *f* de carbone.

**carbonize, -ise** ['kɑːbənaɪz] *vt* carboniser.

**carbon monoxide** *n* monoxyde *m* de carbone.

**carbon paper** *n* TYPO (papier *m*) carbone *m*.

**carbon steel** *n* acier *m* carburé.

**carbuncle** ['kɑː,bʌŋkl] *n* **-1.** MED furoncle *m*.**-2.** [gemstone] escarboucle *f*.

**carburettor** Br, **carburetor** Am [,kɑːbə'retəʳ] *n* carburateur *m*.

**carcass, carcase** ['kɑːkəs] *n* **-1.** [of animal] carcasse *f*, cadavre *m*; [for food] carcasse *f*.**-2.** [of person – dead] cadavre *m*.**-3.** [of building] carcasse *f*, charpente *f*; [of car] carcasse *f*.

**carcinogen** [kɑː'sɪnədʒən] *n* (agent *m*) carcinogène *m* OR cancérogène *m*.

**carcinogenic** [,kɑːsɪnə'dʒenɪk] *adj* carcinogène, cancérogène.

**carcinoma** [,kɑːsɪ'nəʊmə] (pl **carcinomas** OR **carcinomata** [-mətə]) *n* carcinome *m*.

**car coat** *n* Br manteau *m* trois-quarts.

**card** [kɑːd] ◇ *n* **-1.** GAMES carte *f*; (playing) ~ carte (à jouer); **to play** ~**s** jouer aux cartes ❑ **to play one's** ~**s right** mener bien son jeu OR sa barque; **to play one's best** OR **strongest** OR **trump** ~ jouer sa meilleure carte; **I still have a couple of** ~**s up my sleeve** j'ai encore quelques atouts dans mon jeu; **he holds all the (winning)** ~**s** il a tous les atouts (en main OR dans son jeu); **to lay** OR **to place one's** ~**s on the table** jouer cartes sur table; **it was on the** ~**s** Br OR **in the** ~**s** Am **that** the project would fail il était dit OR prévisible que le projet échouerait. **-2.** [with written information – gen] carte *f*; [– for business] carte *f* (de visite); [– for index] fiche *f*; [– for membership] carte *f* de membre OR d'adhérent; [– for library] carte *f* (d'abonnement); [postcard] carte *f* (postale); [programme] programme *m*. **-3.** [cardboard] carton *m*.**-4.** inf & dated [person] plaisantin *m*.**-5.** TEX carde *f*. ◇ *vt* **-1.** [information] ficher, mettre sur fiche. **-2.** SPORT [score] marquer. **-3.** TEX carder.
◆ **cards** *npl* Br phr: **to ask for one's** ~**s** quitter son travail.

**cardamom, cardamum** ['kɑːdəməm] *n* cardamome *f*; ~ **seeds** (graines *fpl* de) cardamome *f*.

**cardamon** ['kɑːdəmən] = **cardamom.**

**cardboard** ['kɑːdbɔːd] ◇ *n* carton *m*. ◇ *adj* **-1.** [container, partition] de OR en carton; ~ **box** (boîte *f* en) carton *m*.**-2.** fig [unreal – character, leader] de carton-pâte, faux (*f* fausse).

**card-carrying** *adj*: ~ **member** membre *m*, adhérent *m*, -e *f*.

**card catalogue** *n* fichier *m* (de bibliothèque).

**card file** *n* fichier *m*.

**cardiac** ['kɑːdɪæk] *adj* cardiaque. ◇ *n* cardiaque *mf*.

**cardiac arrest** *n* arrêt *m* cardiaque.

**cardie** ['kɑːdɪ] *n* Br inf cardigan *m*.

**cardigan** ['kɑːdɪgən] *n* cardigan *m*.

**cardinal** ['kɑːdɪnl] ◇ *adj* **-1.** [essential] cardinal. **-2.** [colour]: ~ **(red)** rouge cardinal (inv) écarlate. ◇ *n* **-1.** MATH, ORNITH & RELIG cardinal *m*.**-2.** [colour]: ~ **(red)** rouge cardinal *m* inv, écarlate *f*.

**cardinal number** *n* MATH nombre *m* cardinal.

**cardinal points** *npl*: **the** ~ les (quatre) points *mpl* cardinaux.

**card index** *n* fichier *m*.
◆ **card-index** *vt*: **to card-index information** ficher des renseignements, mettre des renseignements sur fichier.

**cardiogram** ['kɑːdɪəgræm] *n* cardiogramme *m*.

**cardiograph** ['kɑːdɪəgrɑːf] *n* cardiographe *m*.

**cardiologist** [,kɑːdɪ'ɒlədʒɪst] *n* cardiologue *mf*.

**cardiology** [,kɑːdɪəʊ'lɒdʒɪ] *n* cardiologie *f*.

**cardiovascular** [,kɑːdɪəʊ'væskjʊləʳ] *adj* cardiovasculaire.

**cardphone** ['kɑːdfəʊn] *n* Br téléphone *m* à carte.

**cardplayer** ['kɑːd,pleɪəʳ] *n* joueur *m*, -euse *f* de cartes.

**cardpunch** ['kɑːdpʌntʃ] *n* perforatrice *f* de cartes.

**cardsharp(er)** ['kɑːd,ʃɑːp(əʳ)] *n* tricheur *m* (professionel aux cartes), tricheuse *f* (professionnelle aux cartes).

**card table** *n* table *f* de jeu.

**card trick** *n* tour *m* de cartes.

**card vote** *n* Br vote *m* sur carte (chaque voix représentant le nombre de voix d'adhérents représentés).

**care** [keəʳ] ◇ *vi* **-1.** [feel concern]: **to** ~ **about sthg** s'intéresser à OR se soucier de qqch; **they really do** ~ **about** the project le projet est vraiment important pour eux; **a**

book for all those who ~ about the environment un livre pour tous ceux qui s'intéressent à l'environnement OR qui se sentent concernés par les problèmes d'environnement; I don't ~ what people think je me moque de ce que pensent les gens; I couldn't ~ less if he comes or not ça m'est complètement égal qu'il vienne ou non; what do I ~? qu'est-ce que ça peut me faire?; we could be dead for all he ~s pour lui, nous pourrions aussi bien être morts; who ~s? qu'est-ce que ça peut bien faire?.-**2.** [feel affection]: to ~ about OR for sb aimer qqn. -**3.** *fml* [like]: would you ~ to join us? voulez-vous joindre à nous?; I was more nervous than I ~d to admit j'étais plus intimidé qu'il n'y paraissait.

◇ *n* -**1.** [worry] ennui *m*, souci *m*; you look as though you haven't a ~ in the world on dirait que tu n'as pas le moindre souci. -**2.** (U) [treatment – of person] soin *m*, soins *mpl*, traitement *m*; [– of machine, material] entretien *m*; you should take ~ of that cough vous devriez (faire) soigner cette toux. -**3.** (U) [attention] attention *f*, soin *m*; 'handle with ~'[on package] 'fragile'; take ~ not to offend her faites attention à OR prenez soin de ne pas la vexer; drive with ~ conduisez prudemment; he was charged with driving without due ~ and attention il a été accusé de conduite négligente. -**4.** [protection, supervision] charge *f*, garde *f*; I'm leaving the matter in your ~ je vous confie l'affaire, je confie l'affaire à vos soins; the children are in the ~ of a nanny on a laissé OR confié les enfants à une nurse OR à la garde d'une nurse; who will take ~ of your cat? qui va s'occuper OR prendre soin de ton chat?; I'll take ~ of the reservations je me charge des réservations OR de faire les réservations, je vais m'occuper des réservations; take ~ (of yourself) expression affectueuse que l'on utilise lorsque l'on quitte quelqu'un; I can take ~ of myself je peux OR je sais me débrouiller (tout seul); the problem will take ~ of itself le problème va s'arranger tout seul; address the letter to me (in) ~ of Mrs Dodd adressez-moi la lettre chez Mme Dodd. -**5.** *Br* ADMIN: the baby was put in ~ OR taken into ~ on a retiré aux parents la garde de leur bébé.

◆ **care for** *vt insep* -**1.** [look after – child] s'occuper de; [– invalid] soigner. -**2.** [like] aimer; he still ~s for her [loves] il l'aime toujours; [has affection for] il est toujours attaché à elle; she didn't ~ for the way he spoke la façon dont il a parlé lui a déplu; would you ~ for a cup of coffee? *fml* aimeriez-vous OR voudriez-vous une tasse de café?

**CARE** [keər] (abbr of **Cooperative for American Relief Everywhere**) *prn* organisation humanitaire américaine.

**care attendant** *n Br* ADMIN infirmier *m*, -ère *f* à domicile.

**career** [kə'rɪər] ◇ *n* -**1.** [profession] carrière *f*, profession *f*; she made a ~ (for herself) in politics elle a fait carrière dans la politique. -**2.** [life] vie *f*, carrière *f*; he spent most of his ~ working as a journalist il a travaillé presque toute sa vie comme journaliste. ◇ *comp* [diplomat, soldier] de carrière; to be ~-minded être ambitieux; good ~ prospects de bonnes possibilités d'avancement. ◇ *vi Br*: to ~ along aller à toute vitesse OR à toute allure.

◆ **careers** *comp* SCH & UNIV: ~s advisor OR adviser conseiller *m*, -ère *f* d'orientation professionnelle; ~s guidance orientation *f* professionnelle; ~s office centre *m* d'orientation professionnelle.

**careerist** [kə'rɪərɪst] *n pej* carriériste *mf*.

**career woman** *n Br* femme qui attache de l'importance à sa carrière.

**carefree** ['keəfriː] *adj* [person] sans souci, insouciant; [look, smile] insouciant.

**careful** ['keəful] *adj* -**1.** [cautious] prudent; be ~! (faites) attention!; be ~ of the wet floor! attention au sol mouillé!; be ~ not to OR be ~ you don't hurt her feelings faites attention à OR prenez soin de ne pas la froisser; be ~ (that) the boss doesn't find out faites attention OR prenez garde que le patron n'en sache rien; you can never be too ~ [gen] on n'est jamais assez prudent; [in double-checking sthg] deux précautions valent mieux qu'une; to be ~ with one's money [gen] être parcimonieux; *pej* être près de ses sous; we have to be ~ with money this month il faut que nous surveillions nos dépenses ce mois-ci. -**2.** [thorough – person, work] soigneux, consciencieux; [– consideration, examination] approfondi; they showed ~ attention to detail ils se sont montrés très attentifs aux détails.

**carefully** ['keəfli] *adv* -**1.** [cautiously] avec prudence OR précaution, prudemment; she chose her words ~ elle a pesé ses mots. -**2.** [thoroughly – work] soigneusement, avec soin; [– consider, examine] de façon approfondie, à fond; [– listen, watch] attentivement.

**careless** ['keəlıs] *adj* -**1.** [negligent – person] négligent, peu soigneux; [– work] peu soigné; a ~ mistake une faute d'inattention; to be ~ with money dépenser à tort et à travers. -**2.** [thoughtless – remark] irréfléchi. -**3.** [carefree – person] sans souci, insouciant; [– look, smile] insouciant.

**carelessly** ['keəlıslı] *adv* -**1.** [negligently – work, write] sans soin, sans faire attention; to drive ~ conduire avec négligence. -**2.** [thoughtlessly – act, speak] sans réfléchir, à la légère; [– dress] sans soin, sans recherche. -**3.** [in carefree way] avec insouciance.

**carelessness** ['keəlısnıs] *n* (U) -**1.** [negligence] négligence *f*, manque *m* de soin OR d'attention. -**2.** [thoughtlessness – of dress] négligence *f*; [– of behaviour] désinvolture *f*; [– of remark] légèreté *f*.

**carer** ['keərər] *n* terme administratif désignant toute personne qui s'occupe d'un malade ou d'un handicapé.

**caress** [kə'res] ◇ *vt* caresser. ◇ *n* caresse *f*.

**caret** ['kærət] *n* TYPO signe *m* d'insertion.

**caretaker** ['keə,teɪkər] ◇ *n* -**1.** [of building] concierge *mf*, gardien *m*, -enne *f*. -**2.** *Am* [carer]: he's his grandmother's ~ il a sa grande-mère à charge. ◇ *adj* [government] intérimaire.

**carfare** ['kɑːfeər] *n Am* prix *m* du trajet.

**car ferry** *n* ferry-boat *m*.

**cargo** ['kɑːgəu] (*pl* **cargoes** OR **cargos**) ◇ *n* cargaison *f*, chargement *m*. ◇ *comp*: ~ boat OR vessel cargo *m*.

**car hire** *Br*, **car rental** *Am n* location *f* de voitures.

**Carib** ['kærıb] *n* -**1.** [person] Caraïbe *mf*. -**2.** LING caraïbe *m*.

**Caribbean** [*Br* kærı'biːən, *Am* kə'rıbıən] ◇ *adj* des Caraïbes; the ~ islands les Antilles *fpl*. ◇ *n*: the ~ (Sea) la mer des Caraïbes OR des Antilles; in the ~ dans les Caraïbes, aux Antilles.

**caribou** ['kærıbuː] (*pl inv* OR **caribous**) *n* caribou *m*.

**caricature** ['kærıkə,tjuər] ◇ *n* literal & fig caricature *f*. ◇ *vt* [depict] caricaturer; [parody] caricaturer, parodier.

**caricaturist** ['kærıkə,tjuərıst] *n* caricaturiste *mf*.

**caring** ['keərıŋ] ◇ *adj* -**1.** [loving] aimant; [kindly] bienveillant; a more ~ society une société plus chaleureuse or humaine. -**2.** [organization] à vocation sociale; the ~ professions les métiers *mpl* du social. ◇ *n* [loving] affection *f*; [kindliness] bienveillance *f*.

**carload** ['kɑː,ləud] *n*: a ~ of boxes/people une voiture pleine de cartons/de gens.

**Carmel** ['kɑːməl] *prn*: Mount ~ le mont Carmel.

**Carmelite** ['kɑːmılaıt] ◇ *adj* carmélite. ◇ *n* [nun] carmélite *f*; [friar] carme *m*.

**carmine** ['kɑːmaın] ◇ *adj* carmin (inv), carminé. ◇ *n* carmin *m*.

**carnage** ['kɑːnıdʒ] *n* carnage *m*.

**carnal** ['kɑːnl] *adj* charnel; to have ~ knowledge of sb *fml* OR JUR avoir des rapports sexuels avec qqn.

**carnation** [kɑː'neıʃn] ◇ *n* œillet *m*. ◇ *adj* [pink] rose; [reddish-pink] incarnat.

**Carnegie Hall** [kɑː'negı-] *pr n* grande salle de concert à New York.

**carnival** ['kɑːnıvl] ◇ *n* -**1.** [festival] carnaval *m*.-**2.** [fun fair] fête *f* foraine. ◇ *comp* [atmosphere, parade] de carnaval.

**carnivore** ['kɑːnıvɔːr] *n* carnivore *m*, carnassier *m*.

**carnivorous** [kɑː'nıvərəs] *adj* carnivore, carnassier.

**carob** ['kærəb] ◇ *n* [tree] caroubier *m*; [pod] caroube *f*. ◇ *comp*: ~ bean caroube *f*; ~ powder farine *f* de caroube.

**carol** ['kærəl] (*Br pt* & *pp* **carolled**, *cont* **carolling**, *Am pt* & *pp* **caroled**, *cont* **caroling**) ◇ *n* chant *m* (joyeux); ~ service office religieux qui précède Noël; ~ singer personne qui, à l'époque de Noël, va chanter et quêter au profit des bonnes œuvres; Christmas ~ chant de Noël, noël *m*. ◇ *vi* [person] chanter (joyeusement); [baby, bird] gazouiller. ◇ *vt* -**1.** [sing – subj: person] chanter (joyeusement); [– subj: bird] chanter. -**2.** [praise] célébrer (par des chants).

**Carolina** [,kærə'laınə] *pr n* Caroline *f*.

**carousel** [ˌkærəˈsel] *n* -**1.** PHOT [for slides] carrousel *m*.-**2.** [for luggage] carrousel *m*, tapis *m* roulant (à bagages). -**3.** *Am* [merry-go-round] manège *m* (de chevaux de bois).

**carp** [kɑːp] (*pl inv* OR **carps**) ◇ *n* [fish] carpe *f*. ◇ *vi inf* [complain] se plaindre; [find fault] critiquer; **he's always ~ing on about his work** il se plaint toujours de son travail.

**car park** *n Br* parking *m*, parc *m* de stationnement; **long/short stay ~** parking *m* longue/courte durée.

**Carpathian Mountains** [kɑːˈpeɪθɪən-], **Carpathians** [kɑːˈpeɪθɪənz] *pl pr n*: **the ~** les Carpates *fpl*; **in the ~** dans les Carpates.

**carpenter** [ˈkɑːpəntər] *n* [for houses, large-scale works] charpentier *m*; [for doors, furniture] menuisier *m*.

**carpentry** [ˈkɑːpəntrɪ] *n* [large-scale work] charpenterie *f*; [doors, furniture] menuiserie *f*.

**carpet** [ˈkɑːpɪt] ◇ *n* -**1.** [not fitted] tapis *m*; [fitted] moquette *f*; **to be on the ~** *fig* être sur le tapis. -**2.** *fig* [of leaves, snow] tapis *m*. ◇ *vt* -**1.** [floor] recouvrir d'un tapis; [with fitted carpet] recouvrir d'une moquette, moquetter; [house, room] mettre de la moquette dans, moquetter; **~ed with leaves/snow** *fig* tapissé de feuilles/de neige. -**2.** *Br inf* [scold] réprimander.

**carpetbag** [ˈkɑːpɪtˌbæg] *n* sac *m* de voyage (*recouvert de tapisserie*).

**carpetbagger** [ˈkɑːpɪtˌbægər] *n pej* -**1.** POL candidat *m* parachuté. -**2.** *Am* HIST *nom donné aux nordistes qui s'installèrent dans le Sud des États-Unis après la guerre de Sécession pour y faire fortune.*

**carpeting** [ˈkɑːpɪtɪŋ] *n* moquette *f*.

**carpet slipper** *n* pantoufle *f* (*recouverte de tapisserie*).

**carpet sweeper** *n* [mechanical] balai *m* mécanique; [electric] aspirateur *m*.

**carpet tile** *n* carreau *m* de moquette.

**carphone** [ˈkɑːˌfəʊn] *n* téléphone *m* de voiture.

**carping** [ˈkɑːpɪŋ] ◇ *adj* [person – complaining] qui se plaint tout le temps; [– faultfinding] qui trouve toujours à redire, chicanier; [criticism, voice] malveillant. ◇ *n* (*U*) [complaining] plaintes *fpl* (continuelles); [faultfinding] chicanerie *f*, critiques *fpl* (malveillantes).

**car pool** *n* groupe de personnes qui s'organise pour utiliser la même voiture afin de se rendre à une destination commune.

**carport** [ˈkɑːˌpɔːt] *n* auvent *m* (pour voiture).

**car rental** *Am* = **car hire**.

**carriage** [ˈkærɪdʒ] *n* -**1.** [vehicle – horse-drawn] calèche *f*, voiture *f* à cheval; *Br* RAIL voiture *f*, wagon *m* (de voyageurs). -**2.** *Br* COMM [cost of transportation] transport *m*, fret *m*; **~ forward** (en) port *m* dû; **~ paid** (en) port *m* payé; **~ free** franco de port. -**3.** [bearing, posture] port *m*, maintien *m*.-**4.** [of typewriter] chariot *m*; [of gun] affût *m*.

**carriage clock** *n Br* horloge *f* de voyage.

**carriage return** *n* retour *m* chariot.

**carriage trade** *n Br* COMM clientèle *f* riche.

**carriageway** [ˈkærɪdʒweɪ] *n Br* chaussée *f*.

**carrier** [ˈkærɪər] *n* -**1.** [device, mechanism]: **luggage ~** porte-bagages *m inv*.-**2.** COMM [transporter – company] entreprise *f* de transport, transporteur *m*; [– aeroplane] appareil *m*, avion *m*; [– ship] navire *m*; **sent by ~** [by road] expédié par camion OR par transporteur; [by rail] expédié par chemin de fer; [by air] expédié par avion. -**3.** MED [of disease] porteur *m*, -euse *f*.

**carrier bag** *n Br* sac *m* en plastique.

**carrier pigeon** *n* pigeon *m* voyageur.

**carrion** [ˈkærɪən] *n* charogne *f*.

**carrot** [ˈkærət] ◇ *n* -**1.** [plant & vegetable] carotte *f*.-**2.** *fig* [motivation] carotte *f*; **the ~ and stick approach** la méthode de la carotte et du bâton. ◇ *comp* **~ coloured** (de couleur) carotte (*inv*); **~ cake** gâteau *m* aux carottes.

**carroty** [ˈkærətɪ] *adj* roux (*f* rousse).

**carrousel** [ˌkærəˈsel] = **carousel**.

**carry** [ˈkærɪ] (*pt & pp* **carried**) ◇ *vt* -**1.** [bear – subj: person] porter; [– heavy load] porter, transporter; **she carried her baby on her back/in her arms** elle portait son enfant sur son dos/dans ses bras; **could you ~ the groceries into the kitchen?** pourrais-tu porter les provisions jusqu'à la cuisine?; **the porter carried the suitcases downstairs/**

upstairs **le porteur a descendu/monté les bagages. -2.** [convey, transport – subj: vehicle] transporter; [– subj: river, wind] porter, emporter; [– subj: pipe] acheminer, amener; [– subj: airwaves, telephone wire] transmettre, conduire; **she ran as fast as her legs would ~ her** elle a couru à toutes jambes; **she carries all the facts in her head** elle a tous les faits en mémoire ❑ **to ~ a tune** chanter juste; **to ~ coals to Newcastle** porter de l'eau à la rivière. -**3.** [be medium for – message, news] porter, transmettre; MED [– disease, virus] porter. -**4.** [have on one's person – identity card, papers] porter, avoir (sur soi); [– cash] avoir (sur soi); [– gun] porter. -**5.** [comprise, include] porter, comporter; **our products ~ a 6-month warranty** nos produits sont accompagnés d'une garantie de 6 mois ‖ [have as consequence] entraîner; **the crime carries a long sentence** ce crime est passible d'une longue peine. -**6.** [subj: magazine, newspaper] rapporter; [subj: radio, television] transmettre; **all the newspapers carried the story** l'histoire était dans tous les journaux. -**7.** [bear, hold] porter; **to ~ o.s. well** [sit, stand] se tenir droit; [behave] bien se conduire OR se tenir. -**8.** [hold up, support – roof, weight] porter, supporter; **to ~ a heavy load** *literal* & *fig* porter un lourd fardeau. -**9.** [win]: **she carried the audience with her** le public était avec elle; **the motion was carried** la motion a été votée ❑ **he carried all before him** ce fut un triomphe pour lui. -**10.** COMM [stock – stock] vendre, stocker. -**11.** MATH retenir. -**12.** [be pregnant with] attendre; **she's ~ing their fourth child** elle est enceinte de leur quatrième enfant.

◆ **carry away** *vt sep* -**1.** [remove] emporter, enlever; [subj: waves, wind] emporter. -**2.** (*usu passive*) [excite]: **he was carried away by his enthusiasm/imagination** il s'est laissé emporter par son enthousiasme/imagination; **I got a bit carried away and spent all my money** je me suis emballé et j'ai dépensé tout mon argent.

◆ **carry forward** *vt sep* FIN reporter.

◆ **carry off** *vt sep* -**1.** [remove forcibly – goods] emporter, enlever; [– person] enlever. -**2.** [award, prize] remporter. -**3.** [do successfully – aim, plan] réaliser; [– deal, meeting] mener à bien; **she carried it off beautifully** elle s'en est très bien tirée. -**4.** *euph* [kill – subj: disease] emporter.

◆ **carry on** ◇ *vi insep* -**1.** *Br* [continue] continuer; **I carried on working** OR **with my work** j'ai continué à travailler, j'ai continué mon travail. -**2.** *inf* [make a fuss] faire une histoire OR des histoires. -**3.** *inf* [have affair]: **to ~ on with sb**: avoir une liaison avec qqn. ◇ *vt insep* -**1.** *Br* [continue – conversation, work] continuer, poursuivre; [– tradition] entretenir, perpétuer. -**2.** [conduct – work] effectuer, réaliser; [– negotiations] mener; [– discussion] avoir; [– correspondence] entretenir.

◆ **carry out** *vt sep* -**1.** [take away] emporter. -**2.** [perform – programme, raid] effectuer; [– idea, plan] réaliser, mettre à exécution; [– experiment] effectuer, conduire; [– investigation, research, survey] conduire, mener; [– instruction, order] exécuter. -**3.** [fulfil – obligation] s'acquitter de; **he failed to ~ out his promise** il n'a pas tenu OR respecté sa promesse.

◆ **carry over** *vt sep* -**1.** *literal* [transport] faire traverser; *fig* [transfer] reporter, transférer. -**2.** [defer, postpone] reporter. -**3.** FIN reporter. -**4.** COMM: **to ~ over goods from one season to another** stocker des marchandises d'une saison sur l'autre.

◆ **carry through** *vt sep* -**1.** [accomplish] réaliser, mener à bien OR à bonne fin. -**2.** [support] soutenir (dans une épreuve); **her love of life carried her through her illness** sa volonté de vivre lui a permis de vaincre sa maladie.

**carryall** [ˈkærɪɔːl] *n Am* fourre-tout *m inv* (*sac*).

**carrycot** [ˈkærɪkɒt] *n Br* couffin *m*.

**carrying case** [ˈkærɪɪŋ-] *n Am* boîte *f*, étui *m*.

**carrying-on** (*pl* **carryings-on**) *n inf* [fuss] histoires *fpl*; [commotion] tapage *m*, agitation *f*.

**carryon** [ˈkærɪɒn] *n Am* [suitcase] bagage *m* à main.

**carry-on** *n Br inf* [fuss] histoires *fpl*; [commotion] tapage *m*, agitation *f*.

**carryout** [ˈkærɪaʊt] *Am* & *Scot* ◇ *n* [restaurant] *restaurant qui fait des plats à emporter*; [meal] plat *m* à emporter. ◇ *adj* [dish, food] à emporter.

**carsick** [ˈkɑːˌsɪk] *adj*: **to be** OR **to feel ~** avoir le mal de la route.

**car sickness** *n* mal *m* de la route; **to suffer from ~** être malade en voiture.

**cart** [kɑːt] ◇ *n* **-1.** [horse-drawn – for farming] charrette *f*; [– for passengers] charrette *f* (anglaise), voiture *f*; **to put the ~ before the horse** mettre la charrue avant les bœufs. **-2.** [handcart] charrette *f* à bras. ◇ *vt* **-1.** [transport by cart] charrier, charroyer, transporter en charrette. **-2.** *inf* & *fig* [haul] transporter, trimballer.

◆ **cart away, cart off** *vt sep* [rubbish, wood] emporter; [person] *inf* emmener.

**carte blanche** [ˌkɑːtˈblɑ̃ʃ] *n* carte *f* blanche.

**cartel** [kɑːˈtel] *n* COMM & POL cartel *m*.

**carter** [ˈkɑːtəʳ] *n* charretier *m*, -ère *f*.

**Cartesian** [kɑːˈtiːzjən] ◇ *adj* cartésien. ◇ *n* cartésien *m*, -enne *f*.

**carthorse** [ˈkɑːthɔːs] *n* cheval *m* de trait.

**Carthusian** [kɑːˈθjuːzjən] ◇ *adj* de OR des chartreux. ◇ *n* chartreux *m*, -euse *f*.

**cartilage** [ˈkɑːtɪlɪdʒ] *n* cartilage *m*.

**cartographer** [kɑːˈtɒɡrəfəʳ] *n* cartographe *mf*.

**cartography** [kɑːˈtɒɡrəfɪ] *n* cartographie *f*.

**carton** [ˈkɑːtn] *n* [cardboard box] boîte *f* (en carton), carton *m*; [of juice, milk] carton *m*, brique *f*; [of cream, yoghurt] pot *m*; [of cigarettes] cartouche *f*.

**cartoon** [kɑːˈtuːn] *n* **-1.** [drawing] dessin *m* humoristique; [series of drawings] bande *f* dessinée. **-2.** [film] dessin *m* animé. **-3.** ART [sketch] carton *m*.

**cartoonist** [kɑːˈtuːnɪst] *n* [of drawings] dessinateur *m*, -trice *f* humoristique; [of series of drawings] dessinateur *m*, -trice *f* de bandes dessinées; [for films] dessinateur *m*, -trice *f* de dessins animés, animateur *m*, -trice *f*.

**cartridge** [ˈkɑːtrɪdʒ] *n* **-1.** [for explosive, gun] cartouche *f*. **-2.** [for pen, tape deck, typewriter etc] cartouche *f*. **-3.** [for stylus] cellule *f*. **-4.** PHOT chargeur *m* (d'appareil photo).

**cartridge belt** *n* [for hunter, soldier] cartouchière *f*; [for machine gun] bande *f* (de mitrailleuse).

**cartridge paper** *n* papier *m* à cartouche.

**cartridge pen** *n* stylo *m* à cartouche.

**cartwheel** [ˈkɑːtwiːl] ◇ *n* **-1.** [of cart] roue *f* de charrette. **-2.** [movement] roue *f*; **to do** OR **to turn a ~** faire la roue. ◇ *vi* faire la roue.

**cartwright** [ˈkɑːtraɪt] *n* charron *m*.

**carve** [kɑːv] *vt* **-1.** [stone, wood] tailler; **he ~d the wood into the form of a horse, he ~d a horse from the** OR **out of the wood** il a sculpté OR taillé un cheval dans le bois; **she ~d their names on the tree trunk** elle a gravé leurs noms sur le tronc de l'arbre. **-2.** CULIN découper.

◆ **carve out** *vt sep* [piece] découper, tailler; [shape] sculpter, tailler; **she ~d out a career for herself in the arts** *fig* elle a fait carrière dans le monde de l'art.

◆ **carve up** *vt sep* **-1.** [cut up – meat] découper; *fig* [– country, estate] morceler, démembrer. **-2.** *inf* [person] amocher à coups de couteau; [face] balafrer, taillader. **-3.** *Br inf* AUT faire une queue de poisson à.

**carver** [ˈkɑːvəʳ] *n* couteau *m* à découper.

**carvery** [ˈkɑːvərɪ] (*pl* **carveries**) *n* restaurant où l'on mange de la viande découpée à table.

**carve-up** *n inf* [of booty, inheritance] fractionnement *m*; [of country, estate] morcellement *m*, démembrement *m*.

**carving** [ˈkɑːvɪŋ] *n* **-1.** [sculpture] sculpture *f*; [engraving] gravure *f*. **-2.** [act] taille *f*; [skill] taille *f*, art *m* de la taille. **-3.** CULIN découpage *m*.

**carving knife** *n* couteau *m* à découper.

**car wash** *n* [place] portique *m* de lavage automatique (de voitures); [action] lavage *m* de voitures.

**Casanova** [ˌkæsəˈnəʊvə] ◇ *pr n* Casanova. ◇ *n*: **he's a real ~** c'est un vrai Don Juan.

**cascade** [kæˈskeɪd] ◇ *n literal* cascade *f*, chute *f* d'eau; *fig* [of hair] flot *m*. ◇ *vi* [water] tomber en cascade; [hair] ruisseler.

**case** [keɪs] ◇ *n* **A.** **-1.** [container] caisse *f*, boîte *f*; [for bottles] caisse *f*; [for fruit, vegetables] cageot *m*; [chest] coffre *m*; [for jewellery] coffret *m*; [for necklace, watch] écrin *m*; [for camera, guitar] étui *m*. **-2.** [for display] vitrine *f*. **-3.** *Br* [suitcase] valise *f*. **-4.** TYPO casse *f*.

**B.** **-1.** [instance, situation] cas *m*, exemple *m*; **it's a clear ~ of mismanagement** c'est un exemple manifeste de mauvaise

gestion; **it was a ~ of having to decide on the spur of the moment** il fallait décider sur-le-champ; **in that ~** dans ce cas; **in this particular ~** en l'occurrence; **in which ~** auquel cas; **in your ~** en ce qui vous concerne, dans votre cas; **in some ~s** dans certains cas ❑ **the current crisis is a ~ in point** la crise actuelle est un exemple typique OR un bon exemple. **-2.** [actual state of affairs] cas *m*; **can we assume that this is in fact the ~?** pouvons-nous considérer que c'est bien le cas?; **as the ~** OR **whatever the ~ may be** selon le cas. **-3.** [investigation] affaire *f*; **the ~ is closed** c'est une affaire classée ❑ **he's on the ~** [working on it] il s'en occupe; [alert, informed] il est très au courant; **to be on sb's ~** *inf* être sur le dos de qqn. **-4.** JUR affaire *f*, cause *f*, procès *m*; **her ~ comes up next week** son procès a lieu la semaine prochaine; **to try a ~** juger une affaire. **-5.** [argument] arguments *mpl*; **there is no ~ against him** aucune preuve n'a pu être retenue contre lui; **the ~ against/for the defendant** les arguments contre/en faveur de l'accusé; **there is a good ~ against/for establishing quotas** il y a beaucoup à dire contre/en faveur de l'établissement de quotas; **to make (out) a ~ for sthg** présenter des arguments pour OR en faveur de qqch. **-6.** MED [disease] cas *m*; [person] malade *mf*; **there have been several ~s of meningitis recently** il y a eu plusieurs cas de méningite récemment. **-7.** *inf* [person] cas *m*; **he's a sad ~** c'est vraiment un pauvre type. **-8.** GRAMM cas *m*.

◇ *vt* **-1.** [put in box] mettre en boîte OR caisse. **-2.** [cover] couvrir, envelopper; **~d in ice** couvert de glace. **-3.** *inf* [inspect] examiner.

◆ **in any case** *adv phr* **-1.** [besides] en tout cas. **-2.** [at least] du moins, en tout cas.

◆ **in case** ◇ *adv phr* au cas où. ◇ *conj phr* au cas où; **I kept a place for you, in ~ you were late** je t'ai gardé une place, au cas où tu serais en retard.

◆ **in case of** *prep phr* en cas de.

**casefile** [ˈkeɪsfaɪl] *n* dossier *m*.

**case grammar** *n* grammaire *f* des cas.

**case-hardened** *adj* METALL cémenté; *fig* endurci.

**case history** *n* antécédents *mpl*.

**case law** *n* jurisprudence *f*.

**case load** *n* (nombre *m* de) dossiers *mpl* à traiter.

**casement** [ˈkeɪsmənt] ◇ *n* [window] fenêtre *f* à battant OR battants, croisée *f*; [window frame] châssis *m* de fenêtre (à deux battants); *lit* fenêtre *f*. ◇ *comp*: **~ window** fenêtre *f* à battant OR battants, croisée *f*.

**case study** *n* étude *f* de cas.

**casework** [ˈkeɪswɜːk] *n* travail social personnalisé.

**caseworker** [ˈkeɪsˌwɜːkəʳ] *n* travailleur social s'occupant de cas individuels et familiaux.

**cash** [kæʃ] ◇ *n* **-1.** [coins and banknotes] espèces *fpl*, (argent *m*) liquide *m*; **to pay (in) ~** payer en liquide OR en espèces; **hard** OR **ready ~** liquide *m* ❑ **to pay ~ on the nail** payer rubis sur l'ongle. **-2.** [money in general] argent *m*; **to be short of ~** être à court (d'argent). **-3.** [immediate payment]: **discount for ~** escompte *m* de caisse; **to pay ~ down** payer comptant ❑ **~ on delivery** paiement *m* à la livraison, (livraison *f*) contre remboursement; **~ with order** payable à la commande; **~ on shipment** comptant *m* à l'expédition. ◇ *comp* **-1.** [problems, worries] d'argent. **-2.** [price, purchase, sale, transaction] (au) comptant; **~ bar** Am bar *m* payant (à une réception); **she made us a ~ offer for the flat** elle nous a proposé de payer l'appartement (au) comptant; **~ payment** [immediate] paiement *m* comptant; [in cash] paiement *m* en espèces OR en liquide; **~ prize** prix *m* en espèces; **~ sale** vente *f* au comptant. ◇ *vt* [cheque] encaisser, toucher.

◆ **cash in** ◇ *vt sep* [bond, certificate] réaliser, se faire rembourser; [coupon] se faire rembourser. ◇ *vi insep inf* [take advantage]: **to ~ in on a situation** profiter OR tirer profit d'une situation.

◆ **cash up** *vi insep Br* COMM faire ses comptes.

**cash and carry** *n Br* libre-service *m* de gros, cash and carry *m inv*.

◆ **cash-and-carry** *Br* ◇ *adj* de libre-service de gros, de cash and carry.

**cashbook** [ˈkæʃbʊk] *n* livre *m* de caisse.

**cashbox** [ˈkæʃbɒks] *n* caisse *f*.

**cash card** *n* carte *f* bancaire (*qui permet de retirer de l'argent* *dans les distributeurs automatiques*).

**cash crop** *n* culture *f* de rapport OR commerciale.

**cash desk** *n* caisse *f*.

**cash discount** *n* escompte *m* de caisse.

**cash dispenser** *n* distributeur *m* automatique (de billets), DAB *m*.

**cashew** ['kæʃuː] *n* [tree] anacardier *m*; ~ (**nut**) (noix *f* de) cajou *m*.

**cash flow** *n* marge *f* brute d'autofinancement, cash-flow *m*; ~ **problems** *literal* OR *hum* problèmes *mpl* de trésorerie.

**cashier** [kæ'ʃɪəʳ] ◇ *n* BANK & COMM caissier *m*, -ère *f*. ◇ *vt* MIL casser; *fig* renvoyer, congédier.

**cash machine** *n* distributeur *m* de billets.

**cashmere** [kæʃ'mɪəʳ] ◇ *n* cachemire *m*. ◇ *comp* [coat, sweater] de OR en cachemire.

**cashpoint** ['kæʃpɔɪnt] *n* Br distributeur *m* automatique (de billets), DAB *m*.

**cash price** *n* prix *m* comptant.

**cash register** *n* caisse *f* (enregistreuse).

**casing** ['keɪsɪŋ] *n* **-1.** [gen] revêtement *m*, enveloppe *f*; [for tyre] enveloppe *f* extérieure. **-2.** [of window] chambranle *m*, châssis *m*; [of door] encadrement *m*, chambranle *m*.

**casino** [kə'siːnəʊ] (*pl* **casinos**) *n* casino *m*.

**cask** [kɑːsk] *n* [barrel – gen] tonneau *m*, fût *m*; [– large] barrique *f*; [– small] baril *m*.

**casket** ['kɑːskɪt] *n* **-1.** [small box] coffret *m*, boîte *f*. **-2.** Am [coffin] cercueil *m*.

**Caspian Sea** ['kæspɪən-] *pr n*: the ~ la (mer) Caspienne.

**Cassandra** [kə'sændrə] *pr n* MYTH & *fig* Cassandre.

**casserole** ['kæsərəʊl] ◇ *n* **-1.** [pan] cocotte *f*. **-2.** [stew] ragoût *m*. ◇ *vt* (faire) cuire en ragoût.

**cassette** [kæ'set] *n* **-1.** [tape] cassette *f*. **-2.** PHOT [cartridge] chargeur *m*.

**cassette deck** *n* lecteur *m* de cassettes.

**cassette player** *n* lecteur *m* de cassettes.

**cassette recorder** *n* magnétophone *m* à cassettes.

**cassock** ['kæsək] *n* soutane *f*.

**cast** [kɑːst] (*pt* & *pp* **cast**) ◇ *vt* **-1.** [throw] jeter, lancer; **to ~ lots** Br tirer au sort; **to ~ a spell on sb** [subj: witch] jeter un sort à qqn, ensorceler qqn; *fig* ensorceler OR envoûter qqn; **to ~ one's vote for sb** voter pour qqn; **the number of votes ~** le nombre de voix OR de suffrages; **we'll have to ~ our net wide to find the right candidate** *fig* il va falloir ratisser large pour trouver le bon candidat. **-2.** [direct – light, shadow] projeter; [– look] jeter, diriger; **the accident ~ a shadow over their lives** l'accident a jeté une ombre sur leur existence; **could you ~ an eye over this report?** voulez-vous jeter un œil sur ce rapport?; **he ~ an eye over the audience** il a promené son regard sur l'auditoire; **to ~ aspersions on sthg** dénigrer qqch; **the evidence ~ suspicion on him** les preuves ont jeté la suspicion sur lui. **-3.** [shed, throw off] perdre; ~ **all fear/thought of revenge from your mind** oubliez toute crainte/toute idée de revanche. **-4.** [film, play] distribuer les rôles de; [performer]: **the director ~ her in the role of the mother** le metteur en scène lui a attribué le rôle de la mère. **-5.** ART & TECH [form, statue] mouler; [metal] couler, fondre; [plaster] couler; **they are all ~ in the same mould** *fig* ils sont tous faits sur OR sont tous coulés dans le même moule. **-6.** [horoscope] tirer. ◇ *n* **-1.** CIN & THEAT [actors] distribution *f*, acteurs *mpl*; ~ **list** CIN & TV générique *m*; THEAT distribution *f*. **-2.** ART [colour, shade] nuance *f*, teinte *f*. **-3.** ART [act of moulding – metal] coulage *m*, coulée *f*; [– plaster] moulage *m*; [– coin, medallion] empreinte *f*; [mould] moule *m*; [object moulded] moulage *m*; **to make a bronze ~ of a statue** mouler une statue en bronze. **-4.** MED [for broken limb] plâtre *m*; **her arm was in a ~** elle avait un bras dans le plâtre. **-5.** MED [squint] strabisme *m*; **he had a ~ in his eye** il louchait d'un œil, il avait un œil qui louchait. **-6.** *fml* [type]: **the delicate ~ of her features** la finesse de ses traits; **a peculiar ~ of mind** une drôle de mentalité OR de tournure d'esprit.

◆ **cast aside** *vt sep lit* [book] mettre de côté; [shirt, shoes] se débarrasser de; *fig* [person, suggestion] rejeter, écarter.

◆ **cast away** *vt sep* **-1.** [book, letter] jeter; *fig* [cares, principle] se défaire de. **-2.** NAUT: **to be ~ away** être naufragé.

◆ **cast back** *vt sep*: ~ **your mind back to the day we met** souviens-toi du OR rappelle-toi le jour de notre première rencontre.

◆ **cast down** *vt sep* **-1.** *fml* [weapon] déposer, mettre bas. **-2.** *fig & lit*: **to be ~ down** être démoralisé OR découragé.

◆ **cast off** ◇ *vt sep* **-1.** [undo] défaire; [untie] délier, dénouer; [in knitting] rabattre; NAUT [lines, rope] larguer, lâcher; [boat] larguer OR lâcher les amarres de. **-2.** *lit* [rid oneself of – clothing] enlever, se débarrasser de; *fig* [– bonds] se défaire de, se libérer de; [– cares, habit, tradition] se défaire de, abandonner. ◇ *vi insep* **-1.** NAUT larguer les amarres, appareiller. **-2.** [in knitting] rabattre les mailles.

◆ **cast on** ◇ *vi insep* monter les mailles. ◇ *vt sep* [stitches] monter.

◆ **cast out** *vt sep arch* OR *lit* [person] renvoyer, chasser; *fig* [fear, guilt] bannir.

◆ **cast up** *vt sep* [subj: sea, tide, waves] rejeter.

**castanets** [ˌkæstə'nets] *npl* castagnettes *fpl*.

**castaway** ['kɑːstəweɪ] NAUT ◇ *n* naufragé *m*, -e *f*; *fig* naufragé *m*, -e *f*, laissé-pour-compte *m*, laissée-pour-compte *f*. ◇ *adj* naufragé.

**caste** [kɑːst] *n* [gen] caste *f*, classe *f* sociale; [in Hindu society] caste *f*.

**caster** ['kɑːstəʳ] *n* **-1.** [sifter] saupoudroir *m*, saupoudreuse *f*. **-2.** [wheel] roulette *f*.

**caster sugar** *n* Br sucre *m* en poudre.

**castigate** ['kæstɪgeɪt] *vt fml* **-1.** [punish] corriger, punir; [scold] réprimander, tancer *fml*. **-2.** [criticize – person] critiquer sévèrement, fustiger *fml*; [– book, play] éreinter.

**castigation** [ˌkæstɪ'geɪʃn] *n fml* [punishment] correction *f*, punition *f*; [scolding] réprimande *f*; [criticism] critique *f* sévère.

**Castile** [kæ'stiːl] *pr n* Castille *f*.

**Castilian** [kæ'stɪljən] ◇ *n* **-1.** [person] Castillan *m*, -e *f*. **-2.** LING castillan *m*. ◇ *adj* castillan.

**casting** ['kɑːstɪŋ] *n* **-1.** ART [act & object] moulage *m*; TECH [act] coulée *f*, coulage *m*, fonte *f*; [object] pièce *f* fondue. **-2.** CIN & THEAT [selection of actors] attribution *f* des rôles, casting *m*.

**casting couch** *n inf*: **she denied having got the part on the ~** elle a nié avoir couché avec le metteur en scène pour obtenir le rôle.

**casting vote** *n* voix *f* prépondérante; **the president has a** OR **the ~** le président a voix prépondérante.

**cast iron** *n* fonte *f*.

◆ **cast-iron** *comp* **-1.** [pot, stove] de OR en fonte. **-2.** *fig* [alibi] inattaquable, en béton.

**castle** ['kɑːsl] ◇ *n* **-1.** [building] château *m* (fort); **to build ~s in the air** bâtir des châteaux en Espagne; '*The Castle*' Kafka 'le Château'. **-2.** [in chess] tour *f*. ◇ *vi* [in chess] roquer.

**castoff** ['kɑːstɒf] *n* (*usu pl*) [piece of clothing] vieux vêtement *m*; *fig* [person] laissé-pour-compte *m*, laissée-pour-compte *f*.

◆ **cast-off** *adj* dont personne ne veut; **cast-off clothes** vieux vêtements *mpl*.

**castor** ['kɑːstəʳ] *n* = **caster**.

**castor oil** *n* huile *f* de ricin.

**castrate** [kæ'streɪt] *vt literal* châtrer, castrer; *fig* [weaken – person, political movement] émasculer.

**castration** [kæ'streɪʃn] *n literal* castration *f*; *fig* [of political movement] émasculation *f*.

**castrato** [kæ'strɑːtəʊ] (*pl* **castratos** OR **castrati** [-tiː]) *n* castrat *m*.

**cast steel** *n* acier *m* moulé.

**casual** ['kæʒʊəl] ◇ *adj* **-1.** [unconcerned] désinvolte, nonchalant; [natural] simple, naturel; **they're very ~ about the way they dress** ils attachent très peu d'importance à leurs vêtements OR à la façon dont ils s'habillent; **I tried to appear ~ when talking about it** j'ai essayé d'en parler avec désinvolture. **-2.** [informal – dinner] simple, détendu; [– clothing] sport (*inv*). **-3.** [superficial] superficiel; **I took a ~ glance at the paper** j'ai jeté un coup d'œil (rapide) au journal; **to make ~ conversation** parler de choses et d'autres, parler à bâtons rompus; **she's just a ~ acquaintance of mine** c'est quelqu'un que je connais très peu; **a ~ love affair** une aventure; ~ **sex** rapports *mpl* sexuels de rencontre. **-4.** [happening by chance – meeting] de hasard; [– onlooker] venu par hasard. **-5.** [occasional – job] intermittent; [– worker] temporaire; ~ **labourer** Br [for one day] journalier *m*, -ère *f*; [for har-

vest, season] (travailleur *m*) saisonnier *m*, (travailleuse *f*) saisonnière *f*; [in construction work] ouvrier *m*, -ère *f* temporaire.
◊ *n* [farmworker – for one day] journalier *m*, -ère *f*; [– for harvest, season] (travailleur *m*) saisonnier *m*, (travailleuse *f*) saisonnière *f*; [in construction work] ouvrier *m*, -ère *f* temporaire.
◆ **casuals** *npl* [clothing] vêtements *mpl* sport; [shoes] chaussures *fpl* sport.

**casually** ['kæʒʊəlɪ] *adv* **-1.** [unconcernedly] avec désinvolture, nonchalamment. **-2.** [informally] simplement; to dress ~ s'habiller sport. **-3.** [glance, remark, suggest] en passant. **-4.** [by chance] par hasard.

**casualty** ['kæʒjʊəltɪ] (*pl* **casualties**) *n* **-1.** [wounded] blessé *m*, -e *f*; [dead] mort *m*, -e *f*; there were heavy casualties [gen] il y avait beaucoup de victimes OR de morts et de blessés; [dead] il y avait beaucoup de pertes. **-2.** *(U)* = **casualty department.**

**casualty department** MED [emergency ward] service *m* des urgences; [accident ward] salle *f* des accidentés.

**casualty list** *n* [gen] liste *f* des victimes; MIL état *m* des pertes.

**casualty ward** *n* [for emergencies] service *m* des urgences; [for accident victims] salle *f* des accidentés.

**casuistry** ['kæzjuɪstrɪ] *n* [philosophy] casuistique *f*; *(U)* [reasoning] arguments *mpl* de casuiste.

**cat** [kæt] *n* **-1.** ZOOL chat *m*, chatte *f*; to let the ~ out of the bag vendre la mèche; to be like a ~ on hot bricks *Br* OR on a hot tin roof être sur des charbons ardents; there isn't enough room to swing a ~ il n'y a pas la place de se retourner; he looked like something the ~ brought in il était dégoûtant; has the ~ got your tongue? tu as perdu ta langue?; to fight like ~ and dog se battre comme des chiffonniers; to put OR to set the ~ among the pigeons *Br* jeter un pavé dans la mare; to play (a game of) ~ and mouse with sb jouer au chat et à la souris avec qqn; when the ~'s away the mice will play *prov* quand le chat n'est pas là les souris dansent *prov*; 'Cat on a Hot Tin Roof' *Williams, Brooks* 'la Chatte sur un toit brûlant'. **-2.** *pej* [woman] rosse *f*, chipie *f*.**-3.** *Am inf* & *dated* [man] mec *m*.**-4.** *inf* [boat] catamaran *m*.**-5.** *inf* AUT pot *m* catalytique.

**CAT** (*abbr of* **computer-aided teaching**) *n Br* EAO *m*.

**cataclysm** ['kætəklɪzm] *n* cataclysme *m*.

**cataclysmic** [,kætə'klɪzmɪk] *adj* cataclysmique.

**catacomb** ['kætəku:m] *n (usu pl)* catacombe *f*.

**catafalque** ['kætəfælk] *n* catafalque *m*.

**Catalan** ['kætə,læn] ◊ *n* **-1.** [person] catalan *m*, -e *f*.**-2.** LING catalan *m*. ◊ *adj* catalan.

**catalepsy** ['kætəlepsɪ] *n* catalepsie *f*.

**catalogue** *Br*, **catalog** *Am* ['kætəlɒg] ◊ *n* catalogue *m*; [in library] fichier *m*; *Am* UNIV guide *m* de l'étudiant. ◊ *vt* cataloguer, faire le catalogue de.

**Catalonia** [,kætə'ləʊnɪə] *pr n* Catalogne *f*; in ~ en Catalogne.

**Catalonian** [,kætə'ləʊnɪən] ◊ *adj* catalan. ◊ *n* [person] Catalan *m*, -e *f*.

**catalyse** *Br*, **catalyze** *Am* ['kætəlaɪz] *vt* catalyser.

**catalyst** ['kætəlɪst] *n* catalyseur *m*.

**catalytic** [,kætə'lɪtɪk] *adj* catalytique.

**catalytic converter** *n* pot *m* catalytique.

**catalyze** ['kætəlaɪz] *Am* = **catalyse**.

**catamaran** [,kætəmə'ræn] *n* catamaran *m*.

**cataphora** [kə'tæfrə] *n* cataphore *f*.

**catapult** ['kætəpʌlt] ◊ *n* **-1.** *Br* [child's] lance-pierres *m inv*.**-2.** AERON & MIL catapulte *f*; ~ **launching** catapultage *f*. ◊ *vt* [gen & AERON] catapulter.

**cataract** ['kætərækt] *n* **-1.** [waterfall] cataracte *f*, cascade *f*.**-2.** [downpour] déluge *m*.**-3.** MED cataracte *f*.

**catarrh** [kə'tɑ:ʳ] *n* catarrhe *m*.

**catastrophe** [kə'tæstrəfɪ] *n* catastrophe *f*.

**catastrophic** [,kætə'strɒfɪk] *adj* catastrophique.

**catatonic** [,kætə'tɒnɪk] *adj* catatonique.

**cat burglar** *n* monte-en-l'air *m inv*.

**catcall** ['kætkɔ:l] ◊ *n* THEAT sifflet *m*. ◊ *vi* siffler.

**catch** [kætʃ] (*pt* & *pp* **caught** [kɔːt]) ◊ *vt* **-1.** [ball, thrown object] attraper; to ~ hold of sthg attraper qqch ‖ [take hold of]:

to ~ sb's arm saisir OR prendre qqn par le bras. **-2.** [trap – fish, mouse, thief] attraper, prendre; he got caught by the police il s'est fait attraper par la police; to get caught in a traffic jam être pris dans un embouteillage; we got caught in a shower/thunderstorm nous avons été surpris par une averse/l'orage; to ~ sb doing sthg surprendre qqn à faire qqch; you won't ~ me doing the washing-up! aucun danger de me surprendre en train de faire la vaisselle!; don't let me ~ you at it again! que je ne t'y reprenne pas! ❑ you'll ~ it when you get home! *Br inf* qu'est-ce que tu vas prendre en rentrant!; to ~ sb napping prendre qqn en défaut. **-3.** [disease, infection] attraper; to ~ a cold attraper un rhume; to ~ cold attraper OR prendre froid; he'll ~ his death (of cold)! *inf* il va attraper la crève!**-4.** [bus, train] attraper, prendre; [person] attraper; to ~ the last post *Br* arriver à temps pour la dernière levée (du courrier); I just caught the end of the film j'ai juste vu la fin du film. **-5.** [on nail, obstacle]: he caught his finger in the door il s'est pris le doigt dans la porte; she caught her skirt in the door sa jupe s'est prise dans la porte; he caught his coat on the brambles son manteau s'est accroché aux ronces. **-6.** [hear clearly, understand] saisir, comprendre; I didn't quite ~ what you said je n'ai pas bien entendu ce que vous avez dit. **-7.** [attract]: to ~ sb's attention OR sb's eye attirer l'attention de qqn; idea caught her imagination l'idée a enflammé son imagination. **-8.** [in portrait, writing – likeness, mood] saisir. **-9.** [hit]: to ~ sb a blow *Br* donner OR flanquer un coup à qqn; he fell and caught his head on the radiator il est tombé et s'est cogné la tête contre le radiateur. **-10.** [notice] remarquer; did you ~ the look on his face? vous avez remarqué l'expression de son visage?**-11.** *phr*: to ~ one's breath reprendre son souffle.
◊ *vi* **-1.** [ignite – fire, wood] prendre; [– engine] démarrer. **-2.** [bolt, lock] fermer; [gears] mordre. **-3.** [on obstacle]: her skirt caught on a nail sa jupe s'est accrochée à un clou; his coat caught in the door son manteau s'est pris dans la porte.
◊ *n* **-1.** [act] prise *f*; good ~! SPORT bien rattrapé!**-2.** [of fish] prise *f*; he's a good ~ *hum* & *fig* [man] c'est une belle prise. **-3.** [snag] piège *m*; where's the what's the ~? qu'est-ce que ça cache?, où est le piège?**-4.** [on lock, door] loquet *m*; [on window] loqueteau *m*; [on shoe-buckle] ardillon *m*.**-5.** [in voice]: with a ~ in his voice d'une voix entrecoupée. **-6.** GAMES jeu *m* de balle; to play ~ jouer à la balle. ◊ *vt sep* MUS canon *m*.
◆ **catch at** *vt insep* (essayer d') attraper.
◆ **catch on** *vi insep* **-1.** [fashion, trend, slogan] devenir populaire. **-2.** *inf* [understand] piger, saisir, comprendre.
◆ **catch out** *vt sep Br* [by trickery] prendre en défaut; [in the act] prendre sur le fait; I won't be caught out like that again! on ne m'y prendra plus!
◆ **catch up** ◊ *vi insep* **-1.** [as verb of movement]: to ~ up with sb rattraper qqn. **-2.** [on lost time] combler OR rattraper son retard; [on studies] rattraper son retard, se remettre au niveau; to ~ up on OR with one's work rattraper le retard qu'on a pris dans son travail; I need to ~ up on some sleep j'ai du sommeil à rattraper; we had a lot of news to ~ up on nous avions beaucoup de choses à nous dire. ◊ *vt sep* **-1.** [entangle]: the material got caught up in the machinery le tissu s'est pris dans la machine. **-2.** [absorb, involve]: to get caught up in a wave of enthusiasm être gagné par une vague d'enthousiasme; he was too caught up in the film to notice what was happening il était trop absorbé par le film pour remarquer ce qui se passait; I refuse to get caught up in their private quarrel je refuse de me laisser entraîner dans leurs querelles personnelles. **-3.** [seize] ramasser vivement, s'emparer de. **-4.** [person] rattraper.

**catch-22** [-twentɪ'tu:] *n*: it's a ~ situation il n'y a pas moyen de s'en sortir.

**catch-all** ◊ *n* fourre-tout *m inv*. ◊ *adj* fourre-tout *(inv)*, qui pare à toute éventualité; ~ **phrase** expression *f* passe-partout.

**catcher** ['kætʃəʳ] *n* [gen & in baseball] attrapeur *m*.

**catching** ['kætʃɪŋ] *adj* **-1.** MED contagieux. **-2.** *fig* [enthusiasm] contagieux, communicatif; [habit] contagieux.

**catchment** ['kætʃmənt] *n* captage *m*.

**catchment area** *n* **-1.** [drainage area] bassin *m* hydrographique. **-2.** ADMIN [for hospital] *circonscription hospitalière*; [for school] secteur *m* de recrutement scolaire.

**catchment basin** = **catchment area**.

**catchphrase** ['kætʃfreɪz] *n* [in advertising] accroche *f*; [set phrase] formule *f* toute faite; [of performer] petite phrase *f*.

**catch question** *n* question-piège *f*, colle *f*.

**catchword** ['kætʃwɜːd] *n* **-1.** [slogan] slogan *m*; POL mot *m* d'ordre, slogan *m*. **-2.** [in printing – at top of page] mot-vedette *m*; [– at foot of page] réclame *f*. **-3.** THEAT réclame *f*.

**catchy** ['kætʃɪ] (*compar* **catchier**, *superl* **catchiest**) *adj* [tune] qui trotte dans la tête, facile à retenir; [title] facile à retenir.

**catechism** ['kætəkɪzm] *n* catéchisme *m*.

**categorical** [,kætɪ'gɒrɪkl] *adj* catégorique.

**categorically** [,kætɪ'gɒrɪklɪ] *adv* catégoriquement.

**categorization** [,kætəgəraɪ'zeɪʃn] *n* catégorisation *f*.

**categorize, -ise** ['kætəgəraɪz] *vt* catégoriser.

**category** ['kætəgərɪ] (*pl* **categories**) *n* catégorie *f*.

**cater** ['keɪtər] *vi* s'occuper de la nourriture, fournir des repas. ◇ *vt Am* s'occuper de la nourriture pour.

◆ **cater for** *vt insep* **-1.** [with food] s'occuper de la nourriture pour; 'coach parties ~ed for' 'accueil de groupes'. **-2.** fig [needs] répondre à, pourvoir à; [tastes] satisfaire.

◆ **cater to** *vt insep* **-1.** [needs, demands] satisfaire, répondre à. **-2.** *Am* = **cater for**.

**caterer** ['keɪtərər] *n* traiteur *m*.

**catering** ['keɪtərɪŋ] ◇ *n* restauration *f*; who did the ~ for the wedding? qui a fourni le repas pour le mariage? ◇ *comp* [industry] de la restauration; [college] hôtelier; ~ **manager** chef *m* OR responsable *m* de la restauration.

**caterpillar** ['kætəpɪlər] *n* ZOOL & TECH chenille *f*.

**caterpillar track** *n* chenille *f* TECH.

**caterwaul** ['kætəwɔːl] *vi* [cat] miauler; [person] brailler. ◇ *n* [of cat] miaulement *m*; [of person] braillement *m*.

**caterwauling** ['kætəwɔːlɪŋ] *n (U)* [of cat] miaulements *mpl*; [of person] braillements *mpl*.

**catfish** ['kætfɪʃ] (*pl inv* OR **catfishes**) *n* poisson-chat *m*.

**cat flap** *n* chatière *f*.

**cat food** *n (U)* nourriture *f* pour chats.

**catgut** ['kætgʌt] *n* [for musical instrument, racket] boyau *m* (de chat); MED catgut *m*.

**catharsis** [kə'θɑːsɪs] (*pl* **catharses** [-siːz]) *n* catharsis *f*.

**cathartic** [kə'θɑːtɪk] ◇ *adj* cathartique. ◇ *n* MED purgatif *m*, cathartique *m*.

**cathedral** [kə'θiːdrəl] *n* cathédrale *f*.

**cathedral city** *n* évêché *m*, ville *f* épiscopale.

**Catherine** ['kæθrɪn] *pr n*: Saint ~'s Day la Sainte-Catherine; ~ **the Great** Catherine la Grande; ~ **of Aragon** Catherine d'Aragon.

**catherine wheel** *n* [firework] soleil *m*.

**catheter** ['kæθɪtər] *n* cathéter *m*, sonde *f* creuse.

**cathode** ['kæθəʊd] *n* cathode *f*.

**cathode rays** *n* rayons *mpl* cathodiques.

**cathode ray tube** *n* tube *m* cathodique.

**catholic** ['kæθlɪk] *adj* **-1.** [broad – tastes] éclectique. **-2.** [liberal – views] libéral. **-3.** [universal] universel.

◆ **Catholic** ◇ *adj* RELIG catholique; the Catholic Church l'Église *f* catholique. ◇ *n* catholique *mf*.

**Catholicism** [kə'θɒlɪsɪzm] *n* catholicisme *m*.

**catkin** ['kætkɪn] *n* chaton *m* BOT.

**cat lick** *n inf* toilette *f* de chat, brin *m* de toilette.

**catlike** ['kætlaɪk] ◇ *adj* félin.

**cat litter** *n* litière *f* (pour chats).

**catnap** ['kætnæp] *inf* ◇ *n* (petit) somme *m*; to have a ~ faire un petit somme. ◇ *vi* sommeiller, faire un petit somme.

**cat-o'-nine-tails** *n* chat à neuf queues *m*, martinet *m*.

**cat's-eye** *n* **-1.** TRANSP = **Catseye**. **-2.** [gem] œil-de-chat *m*.

**Catseye**® ['kæts,aɪ] *n Br* TRANSP catadioptre *m* (*marquant le milieu de la chaussée*).

**catsuit** ['kætsuːt] *n* combinaison-pantalon *f*.

**catsup** ['kætsəp] *n Am* ketchup *m*.

**cat's whisker** *n* **-1.** RADIO chercheur *m* (détecteur à galène). **-2.** *inf phr*: he thinks he's the ~s il se prend pour le nombril du monde.

**cattle** ['kætl] *npl (U)* bétail *m*, bestiaux *mpl*, bovins *mpl*; ~ **breeder** éleveur *m* (de bétail); ~ **ranch** ranch *m* (*pour l'élevage du bétail*); ~ **shed** étable *f*; ~ **show** concours *m* agricole; ~

**truck** fourgon *m* à bestiaux.

**cattle grid** *n* [sur une route] grille destinée à empêcher le passage du bétail mais non des voitures.

**cattleman** ['kætlmən] (*pl* **cattlemen** [-mən]) *n* vacher *m*, bouvier *m*.

**cattle market** *n* marché *m* OR foire *f* aux bestiaux.

**catty** ['kætɪ] (*compar* **cattier**, *superl* **cattiest**) *adj pej* [person, gossip] méchant, vache.

**catwalk** ['kætwɔːk] *n* passerelle *f*.

**Caucasia** [kɔː'keɪzjə] *pr n* Caucase *m*.

**Caucasian** [kɔː'keɪzjən], **Caucasic** [kɔː'keɪzɪk] ◇ *n* **-1.** [from Caucasia] Caucasien *m*, -enne *f*. **-2.** [race] caucasoïde *mf*. **-3.** LING caucasien *m*. ◇ *adj* **-1.** [from Caucasia] caucasien. **-2.** [race] caucasoïde. **-3.** LING caucasien, caucasique.

**Caucasus** ['kɔːkəsəs] *pr n*: the ~ le Caucase; in the ~ dans le Caucase.

**caucus** ['kɔːkəs] *n* **-1.** *Am* POL [committee] comité *m* électoral, caucus *m*; the Democratic ~ le groupe OR le lobby démocrate. **-2.** *Br* POL [party organization] comité *m*; the Black ~ of the Labour Party les personnalités noires du parti travailliste.

**caudal** ['kɔːdl] *adj* caudal.

**caught** [kɔːt] *pt & pp* → **catch**.

**cauldron** ['kɔːldrən] *n* chaudron *m*.

**cauliflower** ['kɒlɪ,flaʊər] *n* chou-fleur *m*.

**cauliflower cheese** *n* chou-fleur *m* au gratin.

**cauliflower ear** *n* oreille *f* en chou-fleur.

**caulk** [kɔːk] *vt* [gen] calfeutrer; NAUT calfater.

**causal** ['kɔːzl] *adj* [gen] causal; GRAMM causal, causatif.

**causality** [kɔː'zælɪtɪ] *n* causalité *f*.

**causally** ['kɔːzlɪ] *adv*: the two events are ~ linked les deux événements sont la même cause.

**causation** [kɔː'zeɪʃn] *n* [causing] causalité *f*; [cause-effect relationship] relation *f* de cause à effet.

**causative** ['kɔːzətɪv] ◇ *adj* [gen] causal; GRAMM causal, causatif. ◇ *n* GRAMM causatif *m*.

**cause** [kɔːz] ◇ *n* **-1.** [reason] cause *f*; to be the ~ of sthg être (la) cause de qqch; he was the ~ of all our trouble c'est lui qui a été la cause OR qui a été à l'origine de tous nos ennuis; the relation of ~ and effect la relation de cause à effet. **-2.** [justification] raison *f*, motif *m*; there is ~ for anxiety il y a lieu d'être inquiet, il y a de quoi s'inquiéter; there is no real ~ for concern il n'y a aucune raison valable de s'inquiéter; with (good) ~ à juste titre; without good ~ sans cause OR raison valable. **-3.** [principle] cause *f*; in the ~ of justice pour la cause de la justice; it's all in a good ~! c'est pour une bonne cause! **-4.** JUR cause *f*; ~ of action fondement *m* d'une action en justice. ◇ *vt* causer, provoquer; smoking can ~ cancer le tabac peut provoquer des cancers; he has ~d us a lot of trouble il nous a créé beaucoup d'ennuis; it will only ~ trouble cela ne servira qu'à semer la zizanie; what ~d him to change his mind? qu'est-ce qui l'a fait changer d'avis?; this ~d me to lose my job à cause de cela, j'ai perdu mon emploi.

**causeway** ['kɔːzweɪ] *n* chaussée *f* GÉOG.

**caustic** ['kɔːstɪk] ◇ *adj* CHEM & fig caustique. ◇ *n* caustique *m*, substance *f* caustique.

**caustic soda** *n* soude *f* caustique.

**cauterize, -ise** ['kɔːtəraɪz] *vt* cautériser.

**caution** ['kɔːʃn] ◇ *n* **-1.** [care] circonspection *f*, prudence *f*; to proceed with ~ [gen] agir avec circonspection OR avec prudence; [in car] avancer lentement; 'caution!' 'attention!' □ to throw ~ to the wind faire fi de toute prudence. **-2.** [warning] avertissement *m*; [reprimand] réprimande *f*. **-3.** JUR avertissement *m*. ◇ *vt* **-1.** [warn] avertir, mettre en garde; to ~ sb against doing sthg déconseiller à qqn de faire qqch; he ~ed them against the evils of drink il les a mis en garde contre les dangers de la boisson. **-2.** JUR: to ~ a prisoner informer un prisonnier de ses droits. ◇ *vi*: to ~ against sthg déconseiller qqch.

**cautionary** ['kɔːʃənərɪ] *adj* qui sert d'avertissement; as a ~ measure par mesure de précaution; a ~ tale un récit édifiant.

**cautious** ['kɔːʃəs] *adj* circonspect, prudent; to be ~ about doing sthg faire qqch avec circonspection.

**cautiously** ['kɔːʃəslɪ] *adv* avec prudence, prudemment.

**cavalcade** [,kævl'keɪd] *n* cavalcade *f*.
**cavalier** [,kævə'lɪəʳ] ◇ *n* [gen & MIL] cavalier *m*. ◇ *adj* cavalier, désinvolte.
◆ **Cavalier** *n* Br HIST Cavalier *m* (*partisan de Charles Iᵉʳ d'Angleterre pendant la guerre civile anglaise, de 1642 à 1646*).
**cavalry** ['kævlrɪ] *n* cavalerie *f*.
**cavalry charge** *n* charge *f* de cavalerie.
**cavalryman** ['kævlrɪmən] (*pl* **cavalrymen** [-mən]) *n* cavalier *m* (*soldat*).
**cavalry officer** *n* officier *m* de cavalerie.
**cave** [keɪv] ◇ *n* caverne *f*, grotte *f*. ◇ *vi*: to go caving faire de la spéléologie.
◆ **cave in** *vi insep* -1. [ceiling, floor] s'écrouler, s'effondrer, s'affaisser; [wall] s'écrouler, s'effondrer, céder. -2. *inf* [person] flancher, céder.
**caveat** ['kævɪæt] *n* avertissement *m*; JUR notification *f* d'opposition.
**cave dweller** [keɪv-] *n* [in prehistory] homme *m* des cavernes; [troglodyte] troglodyte *m*.
**cave-in** [keɪv-] *n* [of ceiling, floor] effondrement *m*, affaissement *m*.
**caveman** ['keɪvmæn] (*pl* **cavemen** [-men]) *n literal* homme *m* des cavernes; *fig* brute *f*.
**cave painting** [keɪv-] *n* peinture *f* rupestre.
**cavern** ['kævən] *n* caverne *f*.
**cavernous** ['kævənəs] *adj* -1. *fig*: a ~ building un bâtiment très vaste à l'intérieur; ~ depths des profondeurs insondables. -2. GEOL plein de cavernes.
**caviar(e)** ['kævɪɑːʳ] *n* caviar *m*.
**cavil** ['kævl] (*Br pt & pp* **cavilled**, *cont* **cavilling**, *Am pt & pp* **caviled**, *cont* **caviling**) ◇ *vi* chicaner, ergoter; to ~ at sthg chicaner OR ergoter sur qqch.
**caving** ['keɪvɪŋ] *n* spéléologie *f*.
**cavity** ['kævətɪ] (*pl* **cavities**) *n* -1. [in rock, wood] cavité *f*, creux *m*.-2. ANAT cavité *f*; [in tooth] cavité *f*.
**cavity wall** *n* mur *m* creux OR à double paroi.
**cavort** [kə'vɔːt] *vi* -1. *literal* cabrioler, gambader, faire des cabrioles. -2. *fig*: while his wife was off ~ing around Europe pendant que sa femme menait une vie de bâton de chaise en Europe.
**caw** [kɔː] ◇ *vi* croasser. ◇ *n* croassement *m*.
**cayenne pepper** *n* poivre *m* de cayenne.
**cayman** ['keɪmən] *n* caïman *m*.
**CB** (*abbr of* **Citizens' Band**) *n* CB *f*.
**CBC** (*abbr of* **Canadian Broadcasting Corporation**) *pr n* office national canadien de radiodiffusion.
**CBE** (*abbr of* **Companion of (the Order of) the British Empire**) *n* distinction honorifique britannique.
**CBI** (*abbr of* **Confederation of British Industry**) *pr n* association du patronat britannique, ≃ CNPF *m*.
**CBS** (*abbr of* **Columbia Broadcasting System**) *pr n* chaîne de télévision américaine.
**cc** ◇ (*abbr of* **cubic centimetre**) *n* cm³. ◇ (*written abbr of* **carbon copy**) pcc.
**CC** *written abbr of* **county council**.
**CCTV** *n abbr of* **closed-circuit television**.
**CD** ◇ *n* -1. (*abbr of* **compact disc**) CD *m*.-2. *abbr of* **Civil Defence**. ◇ (*written abbr of* **Corps Diplomatique**) CD.
**CDI** (*abbr of* **compact disc interactive**) *n* CDI *m*.
**CD player** *n* lecteur *m* de CD.
**CD-ROM** [,siːdiː'rɒm] (*abbr of* **compact disc read only memory**) *n* CD-ROM *m*, CD-Rom *m*, DOC *m offic.*
**CDT** *n abbr of* **Central Daylight Time**.
**CDV** (*abbr of* **compact disc video**) *n* CDV *m*, CD vidéo *m*.
**CE** *n abbr of* **Church of England**.
**cease** [siːs] ◇ *vi fml* [activity, noise] cesser, s'arrêter; the rain eventually ~d il a finalement cessé de pleuvoir; to ~ and desist JUR se désister. ◇ *vt* [activity, efforts, work] cesser, arrêter; to ~ to do OR to ~ doing sthg cesser de OR arrêter de faire qqch; a county that ~d to exist in 1974 un comté qui n'existe plus depuis 1974; to ~ fire MIL cesser le feu. ◇ *n*: without ~ *fml* sans cesse.
**ceasefire** [,siːs'faɪəʳ] *n* cessez-le-feu *m inv*; to agree to a ~ ac-

cepter un cessez-le-feu.
**ceaseless** ['siːslɪs] *adj* incessant, continuel.
**ceaselessly** ['siːslɪslɪ] *adv* sans cesse, continuellement.
**cedar** ['siːdəʳ] ◇ *n* cèdre *m*. ◇ *comp* de OR en cèdre.
**cede** [siːd] *vt* céder.
**cedilla** [sɪ'dɪlə] *n* cédille *f*.
**CEEB** (*abbr of* **College Entry Examination Board**) *pr n* commission d'admission dans l'enseignement supérieur aux États-Unis.
**Ceefax®** ['siːfæks] *pr n* service de télétexte de la BBC.
**ceilidh** ['keɪlɪ] *n* soirée de danse et de musique traditionelle (en Irlande et en Ecosse).
**ceiling** ['siːlɪŋ] ◇ *n* -1. [of room] plafond *m*.-2. AERON & METEOR plafond *m*.-3. COMM & ECON plafond *m*. ◇ *comp* [charge, price] plafond (*inv*).
**celebrant** ['selɪbrənt] *n* RELIG célébrant *m*, officiant *m*.
**celebrate** ['selɪbreɪt] ◇ *vt* -1. [birthday, Christmas] fêter, célébrer; [event, victory] célébrer. -2. [praise – person, sb's beauty] célébrer, glorifier. -3. RELIG: to ~ mass célébrer la messe. ◇ *vi*: let's ~![gen] il faut fêter ça!; [with drinks] il faut arroser ça!
**celebrated** ['selɪbreɪtɪd] *adj* célèbre.
**celebration** [,selɪ'breɪʃn] *n* -1. [of birthday, Christmas] célébration *f*; [of anniversary, past event] commémoration *f*; in ~ of Christmas pour fêter OR célébrer Noël. -2. MUS & POET éloge *m*, louange *f*. -3. RELIG célébration *f*.-4. (*often pl*) [occasion – birthday, Christmas] fête *f*, fêtes *fpl*; [– of historical event] cérémonies *fpl*, fête *f*; this calls for a ~! il faut fêter ça!, il faut arroser ça!
**celebratory** [,selə'breɪtərɪ] *adj* [dinner] de fête; [marking official occasion] commémoratif; [atmosphere, mood] de fête, festif.
**celebrity** [sɪ'lebrətɪ] (*pl* **celebrities**) *n* -1. [fame] célébrité *f*.-2. [person] vedette *f*, célébrité *f*.
**celeriac** [sɪ'lerɪæk] *n* céleri-rave *m*.
**celery** ['selərɪ] ◇ *n* céleri *m*. ◇ *comp* [salt, plant] de céleri.
**celestial** [sɪ'lestjəl] *adj literal* & *fig* céleste.
**celibacy** ['selɪbəsɪ] *n* célibat *m*.
**celibate** ['selɪbət] ◇ *adj* célibataire. ◇ *n* célibataire *mf*.
**cell** [sel] ◇ *n* -1. BIOL & BOT cellule *f*.-2. [in prison, convent] cellule *f*; he spent the night in the ~s il a passé la nuit en cellule. -3. ELEC élément *m* (de pile). -4. POL cellule *f*. ◇ *comp* BIOL [wall] cellulaire; ~ division division *f* cellulaire; ~ structure structure *f* cellulaire.
**cellar** ['seləʳ] *n* -1. [for wine] cave *f*, cellier *m*; [for coal, bric-a-brac] cave *f*; [for food] cellier *m*.
**cellist** ['tʃelɪst] *n* violoncelliste *mf*.
**cello** ['tʃeləʊ] *n* violoncelle *m*.
**Cellophane®** ['seləfeɪn] *n* Cellophane® *f*.
**cellphone** ['selfəʊn] = **cellular telephone**.
**cellular** ['seljʊləʳ] *adj* -1. ANAT & BIOL cellulaire. -2. CONSTR cellulaire. -3. TEX [blanket] en cellular.
**cellular telephone** *n* téléphone *m* cellulaire.
**cellulite** ['seljʊlaɪt] *n* cellulite *f*.
**Celluloid®** ['seljʊlɔɪd] ◇ *n* Celluloïd® *m*. ◇ *adj* en Celluloïd®.
**cellulose** ['seljʊləʊs] ◇ *n* cellulose *f*. ◇ *adj* en OR de cellulose, cellulosique.
**Celsius** ['selsɪəs] *adj* Celsius; 25 degrees ~ 25 degrés Celsius.
**Celt** [kelt] *n* Celte *mf*.
**Celtic** ['keltɪk] ◇ *n* LING celtique *m*. ◇ *adj* celtique, celte.
**cement** [sɪ'ment] ◇ *n* -1. CONSTR & *fig* ciment *m*.-2. [in dentistry] amalgame *m*.-3. [glue] colle *f*. ◇ *vt* -1. CONSTR & *fig* cimenter. -2. [in dentistry] obturer.
**cement mixer** *n* bétonnière *f*.
**cemetery** ['semɪtrɪ] (*pl* **cemeteries**) *n* cimetière *m*.
**cenotaph** ['senətɑːf] *n* cénotaphe *m*.
**censer** ['sensəʳ] *n* encensoir *m*.
**censor** ['sensəʳ] ◇ *n* censeur *m* CIN & THÉAT. ◇ *vt* censurer.
**censorious** [sen'sɔːrɪəs] *adj fml* [comments, criticism] sévère; [person] porté à la censure.
**censorship** ['sensəʃɪp] *n* -1. [act, practice] censure *f*.-2.

[office of censor] censorat *m*.

**censure** ['senʃər] ◇ *n* blâme *m*, critique *f*. ◇ *vt* blâmer, critiquer.

**census** ['sensəs] *n* recensement *m*; **to conduct** OR **to take a population** ~ faire le recensement de la population, recenser la population.

**cent** [sent] *n* [coin] cent *m*; **it's not worth a** ~ *Am fig* ça ne vaut rien; **I haven't got a** ~ je n'ai pas un sou.

**centaur** ['sentɔːr] *n* centaure *m*.

**centenarian** [,sentɪ'neərɪən] ◇ *n* centenaire *mf*. ◇ *adj* centenaire.

**centenary** [sen'tiːnərɪ] (*pl* **centenaries**) ◇ *n* [anniversary] centenaire *m*, centième anniversaire *m*. ◇ *comp* centenaire; ~ **celebrations** fêtes *fpl* du centenaire.

**centennial** [sen'tenjəl] ◇ *n Am* centenaire *m*, centième anniversaire *m*. ◇ *adj* **-1.** [in age] centenaire, séculaire. **-2.** [every hundred years] séculaire.

**center** *etc Am* = **centre**.

**centigrade** ['sentɪɡreɪd] *adj* centigrade; **25 degrees** ~ 25 degrés centigrades.

**centigram(me)** ['sentɪɡræm] *n* centigramme *m*.

**centilitre** *Br*, **centiliter** *Am* ['sentɪ,liːtər] *n* centilitre *m*.

**centimetre** *Br*, **centimeter** *Am* ['sentɪ,miːtər] *n* centimètre *m*.

**centipede** ['sentɪpiːd] *n* mille-pattes *m inv*.

**central** ['sentrəl] *adj* central.

**Central African** ◇ *n* Centrafricain *m*, -e *f*. ◇ *adj* centrafricain.

**Central African Republic** *pr n*: **the** ~ la République centrafricaine; **in the** ~ en République centrafricaine.

**Central America** *pr n* Amérique *f* centrale; **in** ~ en Amérique centrale.

**Central American** ◇ *n* Centraméricain *m*, -e *f*. ◇ *adj* centraméricain.

**Central Asia** *pr n* Asie *f* centrale; **in** ~ en Asie centrale.

**central bank** *n* banque *f* centrale.

**Central Daylight Time** *n* heure *f* d'été du centre des États-Unis.

**Central Europe** *pr n* Europe *f* centrale.

**Central European** ◇ *n* habitant *m*, -e *f* de l'Europe centrale. ◇ *adj* d'Europe centrale.

**Central European Time** *n* heure *f* de l'Europe centrale.

**central government** *n* gouvernement *m* central.

**central heating** *n* chauffage *m* central.

**centralism** ['sentrəlɪzm] *n* centralisme *m*.

**centrality** [sen'trælətɪ] (*pl* **centralities**) *n* [of argument, idea] caractère *m* essentiel; [of location] situation *f* centrale.

**centralization** [,sentrəlaɪ'zeɪʃn] *n* centralisation *f*.

**centralize, -ise** ['sentrəlaɪz] ◇ *vt* centraliser. ◇ *vi* se centraliser.

**centralized** ['sentrəlaɪzd] *adj* centralisé; ~ **data processing** traitement *m* centralisé de l'information.

**central locking** *n* AUT verrouillage *m* central.

**centrally** ['sentrəlɪ] *adv* [located] au centre; [organized] de façon centralisée; ~ **heated** ayant le chauffage central; **a** ~ **planned economy** ECON une économie dirigée.

**central nervous system** *n* système *m* nerveux central.

**central processing unit** *n* COMPUT unité *f* centrale.

**central reservation** *n Br* AUT [with grass] terre-plein *m* central; [with barrier] bande *f* médiane.

**Central Standard Time** *n* heure *f* d'hiver du centre des États-Unis.

**centre** *Br*, **center** *Am* ['sentər] ◇ *n* **-1.** [gen & GEOM] centre *m*; **in the** ~ au centre ❑ ~ **of gravity** centre de gravité; ~ **of infection** MED foyer *m* d'infection. **-2.** [of town] centre *m*; **she lives in the city** ~ elle habite dans le centre-ville. **-3.** *fig* [of unrest] foyer *m*; [of debate] cœur *m*, centre *m*; **the** ~ **of attention** le centre d'attention. **-4.** [place, building] centre *m*; **a sports/health** ~ un centre sportif/médical. **-5.** POL centre *m*; **to be left/right of** ~ être du centre gauche/droit. **-6.** TECH: **to be off** ~ être décentré. **-7.** SPORT [pass] centre *m*. ◇ *comp* **-1.** [central] central. ◇ *vt* **-1.** POL du centre. ◇ *vt* **-1.** [place in centre] centrer. **-2.** CIN & PHOT cadrer. **-3.** *fig* [attention] concentrer, fixer; **to** ~ **one's hopes on sthg** mettre OR

fonder tous ses espoirs sur qqch. **-4.** SPORT: **to** ~ **the ball** centrer.

◆ **centre around** *vt insep* tourner autour de.

◆ **centre on** *vt insep* se concentrer sur; **all their attention was** ~**d on the World Cup** toute leur attention était concentrée sur la coupe du monde; **the conversation** ~**d on politics** la conversation tournait autour de la politique.

◆ **centre round** = **centre around**.

**centre-back** *n* arrière *m* central.

**centreboard** *Br*, **centerboard** *Am* ['sentəbɔːd] *n* dérive *f* (*d'un bateau*).

**centrefold** *Br*, **centerfold** *Am* ['sentə,fəʊld] *n* grande photo *f* de pin-up (*au milieu d'un magazine*).

**centre-forward** *n* avant-centre *m*.

**centre-half** *n* demi-centre *m*.

**centreline** *Br*, **centerline** *Am* ['sentəlaɪn] *n* axe *m*, ligne *f* médiane.

**centrepiece** *Br*, **centerpiece** *Am* ['sentəpiːs] *n* **-1.** [outstanding feature] joyau *m*; [on table] milieu *m* de table; [of meal] pièce *f* de résistance.

**centre-spread** = **centrefold**.

**centre three-quarter** *n* trois-quarts *m* centre.

**centrifugal** [sentrɪ'fjuːɡl] *adj* centrifuge.

**centrifuge** ['sentrɪfjuːdʒ] ◇ *n* TECH centrifugeur *m*, centrifugeuse *f*. ◇ *vt* centrifuger.

**centripetal** [sen'trɪpɪtl] *adj* centripète.

**centrism** ['sentrɪzm] *n* centrisme *m*.

**centrist** ['sentrɪst] ◇ *adj* centriste. ◇ *n* centriste *mf*.

**centurion** [sen'tjʊərɪən] *n* centurion *m*.

**century** ['sentʃərɪ] (*pl* **centuries**) *n* **-1.** [time] siècle *m*; **in the 20th** ~ au 20e siècle. **-2.** MIL centurie *f*.

**CEO** *n abbr of* **chief executive officer**.

**ceramic** [sɪ'ræmɪk] ◇ *adj* [art] céramique; [vase] en céramique; ~ **hob** *Br* plaque *f* vitrocéramique. ◇ *n* **-1.** = **ceramics**. **-2.** [object] (objet *m* en) céramique *f*.

**ceramics** [sɪ'ræmɪks] *n* (*U*) céramique *f*.

**cereal** ['sɪərɪəl] ◇ *n* **-1.** AGR [plant] céréale *f*; [grain] grain *m* (de céréale). **-2.** CULIN: **baby** ~ bouillie *f*. ◇ *adj* [farming] céréalier; ~ **crops** céréales *fpl*.

**cerebellum** [,serɪ'beləm] (*pl* **cerebellums** OR **cerebella** [-lə]) *n* cervelet *m*.

**cerebral** ['serɪbrəl] *adj* cérébral.

**cerebral palsy** *n* paralysie *f* cérébrale.

**cerebrum** ['serɪbrəm] (*pl* **cerebrums** OR **cerebra** [-brə]) *n* cerveau *m*.

**ceremonial** [,serɪ'məʊnjəl] ◇ *adj* **-1.** [rite, visit] cérémoniel; [robes] de cérémonie. **-2.** *Am* [post] honorifique. ◇ *n* cérémonial *m*; RELIG cérémonial *m*, rituel *m*.

**ceremonially** [,serɪ'məʊnjəlɪ] *adv* selon le cérémonial d'usage.

**ceremonious** [,serɪ'məʊnjəs] *adj* solennel; [mock-solemn] cérémonieux.

**ceremoniously** [,serɪ'məʊnjəslɪ] *adv* solennellement, avec cérémonie; [mock-solemnly] cérémonieusement.

**ceremony** [*Br* 'serɪmənɪ, *Am* 'serəməʊnɪ] (*pl* **ceremonies**) *n* **-1.** (*U*) [formality] cérémonie *f*, cérémonies *fpl*; **we don't stand on** ~ nous ne faisons pas de cérémonies. **-2.** [gen & RELIG] cérémonie *f*.

**Ceres** ['sɪəriːz] *pr n* Cérès.

**cerise** [sə'riːz] *adj* (de) couleur cerise, cerise (*inv*).

**cert** [sɜːt] *n Br inf* certitude *f*; **he's a** ~ **for the job** il est sûr d'obtenir le poste.

**cert.** *written abbr of* **certificate**.

**certain** ['sɜːtn] ◇ *adj* **-1.** [sure] certain, sûr; **to be** ~ **of sthg** être sûr de qqch; **he was** ~ (**that**) **she was there** il était certain qu'elle était là; **it's** ~ **that she will get the job** il est sûr qu'elle aura le poste; **he's** ~ **to come** il ne manquera pas de venir, il viendra sûrement; **to make** ~ **of sthg** [check] vérifier qqch, s'assurer de qqch; [be sure to have] s'assurer qqch; **he made** ~ **that all the doors were locked** il a vérifié que toutes les portes étaient fermées. **-2.** [inevitable – death, failure] certain, inévitable; **the soldiers faced** ~ **death** les soldats allaient à une mort certaine. **-3.** [definite, infallible – cure] sûr, infaillible. ◇ *det* **-1.** [particular but unspecified] cer-

tain; on a ~ day in June un certain jour de juin. **-2.** [not known personally] certain; a ~ Mr Roberts un certain M. Roberts. **-3.** [some] certain; to a ~ extent OR degree dans une certaine mesure. ◇ *pron* certains *mpl*, certaines *fpl*; ~ of his colleagues certains OR quelques-uns de ses collègues.
◆ **for certain** *adv phr*: I don't know for ~ je n'en suis pas certain; I can't say for ~ je ne peux pas l'affirmer; you'll have it tomorrow for ~ vous l'aurez demain sans faute; that's for ~! c'est sûr et certain!, cela ne fait pas de doute!

**certainly** ['sɜːtnlɪ] *adv* **-1.** [without doubt] certainement, assurément; he is ~ very handsome il est très beau, ça ne fait pas de doute; I will ~ come je ne manquerai pas de venir, je viendrai, c'est sûr; it will ~ be ready tomorrow cela sera prêt demain sans faute. **-2.** [of course] certainement, bien sûr; can you help me? — ~! pouvez-vous m'aider? — bien sûr OR volontiers!; ~ not! bien sûr que non!, certainement pas!

**certainty** ['sɜːtntɪ] (*pl* **certainties**) *n* **-1.** [conviction] certitude *f*, conviction *f*; I cannot say with any ~ when I shall arrive je ne peux pas dire exactement à quelle heure j'arriverai. **-2.** [fact] certitude *f*, fait *m* certain; [event] certitude *f*, événement *m* certain; I know for a ~ that he's leaving je sais à coup sûr qu'il part; their victory is now a ~ leur victoire est maintenant assurée OR ne fait aucun doute.

**CertEd** [sɜːt'ed] (*abbr of* **Certificate in Education**) *n* diplôme universitaire britannique en sciences de l'éducation.

**certifiable** [,sɜːtɪ'faɪəbl] *adj* **-1.** [gen & JUR] qu'on peut certifier. **-2.** [insane] bon à enfermer (à l'asile).

**certificate** [sə'tɪfɪkət] *n* **-1.** [gen & ADMIN] certificat *m*; ~ of origin COMM certificat d'origine. **-2.** [academic] diplôme *m*; [vocational – of apprenticeship] brevet *m*.

**certification** [,sɜːtɪfɪ'keɪʃn] *n* **-1.** [act] certification *f*, authentification *f*. **-2.** [certificate] certificat *m*.

**certified** ['sɜːtɪfaɪd] *adj* Am SCH: ~ teacher [in state school] professeur *m* diplômé; [in private school] professeur *m* habilité.

**certified mail** *n* Am envoi *m* recommandé; to send sthg by ~ envoyer qqch en recommandé avec accusé de réception.

**certified public accountant** *n* Am ≃ expert-comptable *m*.

**certify** ['sɜːtɪfaɪ] (*pt & pp* **certified**) ◇ *vt* **-1.** [gen & ADMIN] certifier, attester; MED [death] constater; to ~ that sthg is true attester que qqch est vrai; to ~ sb (insane) PSYCH déclarer qqn atteint d'aliénation mentale. **-2.** Am FIN [cheque] certifier. **-3.** COMM [goods] garantir. ◇ *vi*: to ~ to sthg attester qqch.

**certitude** ['sɜːtɪtjuːd] *n fml* certitude *f*.

**cervical** [Brsə'vaɪkl, Am 'sɜːrvɪkl] *adj* cervical.

**cervical cancer** *n* cancer *m* du col de l'utérus.

**cervical smear** *n* frottis *m* vaginal.

**cervix** ['sɜːvɪks] (*pl* **cervixes** OR **cervices** [-siːz]) *n* col *m* de l'utérus.

**Cesarean, Cesarian** Am = **Caesarean**.

**cessation** [se'seɪʃn] *n fml* cessation *f*, suspension *f*.

**cession** ['seʃn] *n* JUR cession *f*.

**cesspit** ['sespɪt] *n* fosse *f* d'aisances; *fig* cloaque *m*.

**cesspool** ['sespuːl] = **cesspit**.

**cesura** [sɪ'zjʊərə] (*pl* **cesuras** OR **cesurae** [-riː]) = **caesura**.

**CET** *n abbr of* **Central European Time**.

**cetacean** [sɪ'teɪʃən] ◇ *adj* cétacé. ◇ *n* cétacé *m*.

**cf.** (*written abbr of* **confer**) cf.

**c/f** (*written abbr of* **carried forward**).

**c & f** (*written abbr of* **cost** `and **freight**) c et f.

**CFC** (*abbr of* **chlorofluorocarbon**) *n* CFC *m*.

**cfi, CFI** (*abbr of* **cost, freight and insurance**) *adj* & *adv* caf, CAF.

**CG** *n abbr of* **coastguard**.

**C & G** (*abbr of* **City and Guilds**) *n* diplôme britannique d'enseignement technique.

**CGA** (*abbr of* **colour graphics adapter**) *n* adapteur *m* graphique couleur, CGA.

**CGT** *n abbr of* **capital gains tax**.

**ch** (*written abbr of* **central heating**) ch. cent.

**ch.** (*written abbr of* **chapter**) chap.

**cha-cha(-cha)** ['tʃɑːtʃɑː, ,tʃɑːtʃɑː'tʃɑː] ◇ *n* cha-cha-cha *m inv*. ◇ *vi* danser le cha-cha-cha.

**Chad** [tʃæd] *pr n* Tchad *m*; in ~ au Tchad; Lake ~ le lac Tchad.

**Chadian** ['tʃædɪən] ◇ *n* Tchadien *m*, -enne *f*. ◇ *adj* tchadien.

**chador** ['tʃɑːdɔː] *n* tchador *m*.

**chafe** [tʃeɪf] ◇ *vt* **-1.** [rub] frictionner, frotter. **-2.** [irritate] frotter contre, irriter. **-3.** [wear away – collar] élimer, user (par le frottement); [paint] érafler; [rope] raguer. ◇ *vi* **-1.** [become worn – gen] s'user (par le frottement); [rope] raguer. **-2.** [skin] s'irriter, *fig* [person] s'irriter, s'impatienter; to ~ at OR under sthg s'irriter de qqch; the media ~d under the military censorship soumis à la censure militaire, les médias rongeaient leur frein. ◇ *n* friction *f*, usure *f*.

**chaff** [tʃɑːf] *n* [of grain] balle *f*; [hay, straw] menue paille *f*.

**chaffinch** ['tʃæfɪntʃ] *n* pinson *m*.

**chagrin** ['ʃægrɪn] ◇ *n* lit (vif) dépit *m*, (vive) déception *f* OR contrariété *f*. ◇ *vt* contrarier, décevoir.

**chain** [tʃeɪn] ◇ *n* **-1.** [gen] chaîne *f*; to pull the ~ tirer la chasse d'eau ❏ bicycle ~ chaîne de bicyclette; (snow) ~s AUT chaînes (à neige). **-2.** ADMIN: ~ of office ≃ écharpe *f* de maire. **-3.** [of mountains] chaîne *f*; [of islands] chapelet *m*. **-4.** [of events] série *f*, suite *f*; [of ideas] suite *f*. **-5.** COMM [of shops] chaîne *f*. **-6.** TECH [for surveying] chaîne *f* d'arpenteur. **-7.** [measure of length] chaînée *f* (*22 yards, soit environ 20 m 10*). ◇ *vt literal & fig* enchaîner; [door] mettre la chaîne à; the dog was ~ed to the post le chien était attaché au poteau (par une chaîne); to be ~ed to one's desk *fig* être rivé à son bureau.
◆ **chains** *npl* [for prisoner] chaînes *fpl*, entraves *fpl*; a prisoner in ~s un prisonnier enchaîné.
◆ **chain down** *vt sep* enchaîner, attacher avec une chaîne.
◆ **chain up** *vt sep* [prisoner] enchaîner; [dog] mettre à l'attache, attacher.

**chain drive** *n* transmission *f* par chaîne.

**chain gang** *n* chaîne *f* de forçats.

**chain letter** *n* lettre *f* faisant partie d'une chaîne.

**chain lightning** *n* (U) éclairs *mpl* en zigzag.

**chain mail** *n* (U) cotte *f* de mailles.

**chain reaction** *n* réaction *f* en chaîne.

**chain saw** *n* tronçonneuse *f*.

---

**Strong**

Je n'ai jamais rencontré cette femme, je le jure.
Je suis catégorique: c'est lui.
Elle va réussir, j'en suis sûr et certain.
Je suis convaincu de sa bonne foi.
Je suis persuadé qu'il va revenir.

**Less strong**

On va les retrouver, c'est forcé. [informal]
Bien sûr qu'il va venir.
Ça va marcher, tu verras.
Tu vas voir qu'il s'en sortira.

Croyez-moi, c'est quelqu'un de très bien.
Je peux vous assurer que c'est quelqu'un de fiable.

**Tentative**

Je parie que c'est elle qui lui a tout répété.
Je suis pratiquement certain d'y arriver.
Il a des chances de retrouver un travail.
C'est probable.
Vous devez être Jane.
Il me semble bien que je l'ai rangé là.
Autant que je sache, ça commence à 20 heures.

**chain-smoke** *vi* fumer cigarette sur cigarette.

**chain smoker** *n* fumeur invétéré *m*, fumeuse invétérée *f*, gros fumeur *m*, grosse fumeuse *f*.

**chain stitch** *n* point *m* de chaînette.

**chain store** *n* grand magasin *m* à succursales multiples.

**chainwheel** ['tʃeɪnwiːl] *n* roue *f* dentée (*de vélo*), pignon *m*.

**chair** [tʃeəʳ] ◇ *n* **-1.** [seat] chaise *f*; [armchair] fauteuil *m*; please take a ~ asseyez-vous, je vous prie. **-2.** [chairperson] président *m*, -e *f*; to be in the ~ présider. **-3.** UNIV chaire *f*. **-4.** [for execution]: to go OR to be sent to the ~ *Am inf* passer à la chaise électrique. ◇ *comp*: ~ leg pied *m* de chaise. ◇ *vt* **-1.** ADMIN [meeting] présider. **-2.** *Br* [hero, victor] porter en triomphe.

**chairlift** ['tʃeəlɪft] *n* télésiège *m*.

**chairman** ['tʃeəmən] (*pl* **chairmen** [-mən]) *n* **-1.** [at meeting] président *m* (*d'un comité*); to act as ~ présider la séance. **-2.** COMM président-directeur *m* général, P-DG *m*. **-3.** POL: Chairman Mao le président Mao.

**chairmanship** ['tʃeəmənʃɪp] *n* présidence *f* (*d'un comité etc*).

**chairperson** ['tʃeə,pɜːsn] *n* président *m*, -e *f* (*d'un comité*).

**chairwoman** ['tʃeə,wumən] (*pl* **chairwomen** [-,wɪmɪn]) *n* présidente *f* (*d'un comité*).

**chaise** [ʃeɪz] *n* cabriolet *m*.

**chaise longue** [-lɒŋ] (*pl* **chaises longues**) *n* méridienne *f*.

**chalet** ['ʃæleɪ] *n* chalet *m*.

**chalice** ['tʃælɪs] *n* **-1.** RELIG calice *m*. **-2.** [goblet] coupe *f*.

**chalk** [tʃɔːk] ◇ *n* **-1.** [substance] craie *f*; a piece of ~ un morceau de craie ❏ ~ and talk *Br* méthode d'enseignement traditionnelle; they're as different as ~ and cheese *Br* c'est le jour et la nuit. **-2.** [piece] craie *f*. **-3.** *phr*: by a long ~ *Br* de beaucoup, de loin; not by a long ~ loin de là, tant s'en faut. ◇ *vt* [write] écrire à la craie; [mark] marquer à la craie; [rub with chalk – gen] frotter de craie; [– billiard cue] enduire de craie.

◆ **chalk up** *vt sep* **-1.** [write in chalk] écrire à la craie. **-2.** [credit]: ~ that one up to me mettez cela sur mon compte; to ~ sthg up to experience *fig* mettre qqch au compte de l'expérience. **-3.** [add up – points, score] totaliser, marquer. **-4.** [attain – victory] remporter; [– profits] encaisser.

**chalkboard** ['tʃɔːkbɔːd] *n Am* tableau *m* (noir).

**chalky** ['tʃɔːkɪ] (*compar* **chalkier**, *superl* **chalkiest**) *adj* [earth, water] calcaire; [hands] couvert de craie; [complexion] crayeux, blafard; [taste] de craie.

**challenge** ['tʃælɪndʒ] ◇ *vt* **-1.** [gen – defy] défier; to ~ sb lancer un défi à qqn; to ~ sb to do sthg défier qqn de faire qqch; to ~ sb to a game of tennis inviter qqn à faire une partie de tennis; to ~ sb to a duel provoquer qqn en duel. **-2.** [demand effort from] mettre à l'épreuve; she needs a job that really ~s her elle a besoin d'un travail qui soit pour elle une gageure OR un challenge. **-3.** [contest – authority, findings] contester, mettre en cause; to ~ sb's right to do sthg contester à qqn le droit de faire qqch. **-4.** MIL [subj: sentry] faire une sommation à. **-5.** JUR [juror] récuser. ◇ *n* **-1.** [in contest] défi *m*; to issue a ~ lancer un défi; to take up the ~ relever le défi; Jackson's ~ for the leadership of the party la tentative de Jackson pour s'emparer de la direction du parti. **-2.** [in job, activity] défi *m*; he needs a job that presents more of a ~ il a besoin d'un emploi plus stimulant. **-3.** [to right, authority] mise *f* en question, contestation *f*. **-4.** MIL [by sentry] sommation *f*. **-5.** JUR récusation *f*.

**challenged** ['tʃælɪndʒd] *adj euph* handicapé.

**challenger** ['tʃælɪndʒəʳ] *n* [gen] provocateur *m*, -trice *f*; POL & SPORT challenger *m*.

**challenging** ['tʃælɪndʒɪŋ] *adj* **-1.** [defiant] de défi. **-2.** [demanding – ideas, theory] provocateur, stimulant, exaltant; [– job, activity] stimulant, qui met à l'épreuve.

**challengingly** ['tʃælɪndʒɪŋlɪ] *adv* avec défiance.

**chamber** ['tʃeɪmbəʳ] *n* **-1.** [hall, room] chambre *f*; the upper/lower Chamber *Br* POL la Chambre haute/basse. **-2.** *arch* [lodgings] logement *m*, appartement *m*. **-3.** [of a gun] chambre *f*. **-4.** ANAT [of the heart] cavité *f*; [of the eye] chambre *f*.

◆ **chambers** *npl* [of barrister, judge] cabinet *m*; [of solicitor] cabinet *m*, étude *f*; the case was heard in ~s JUR l'affaire a été jugée en référé.

**chamberlain** ['tʃeɪmbəlɪn] *n* chambellan *m*.

**chambermaid** ['tʃeɪmbəmeɪd] *n* femme *f* de chambre.

**chamber music** *n* musique *f* de chambre.

**chamber of commerce** *n* chambre *f* de commerce.

**Chamber of Horrors** *pr n*: the ~ la Chambre des horreurs du musée de cire de Madame Tussaud (à Londres), spécialement consacrée aux meurtres et aux criminels célèbres.

**chamber of trade** *n* chambre *f* des métiers.

**chamber orchestra** *n* orchestre *m* de chambre.

**chamber pot** *n* pot *m* de chambre.

**chambray** ['ʃæmbreɪ] *n* batiste *f*.

**chameleon** [kə'miːljən] *n* ZOOL & *fig* caméléon *m*.

**chamfer** ['tʃæmfəʳ] ◇ *n* chanfrein *m*. ◇ *vt* chanfreiner.

**chammy** ['ʃæmɪ] (*pl* **chammies**) *n* peau *f* de chamois.

**chamois** ['ʃæmwɑː] (*pl inv*) *n* ZOOL chamois *m*; [hide] peau *f* de chamois; (a) ~ leather (une) peau de chamois. ◇ *vt* **-1.** [leather, skin] chamoiser. **-2.** [polish] polir à la peau de chamois.

**champ** [tʃæmp] ◇ *vt* mâchonner. ◇ *vi* **-1.** [munch] mâchonner. **-2.** *phr*: to ~ at the bit: we were all ~ing at the bit to get started on rongeait tous notre frein en attendant de commencer. ◇ *n inf* crack *m*.

**champagne** [,ʃæm'peɪn] ◇ *n* [wine] champagne *m*; a ~ glass une coupe à champagne. ◇ *comp*: ~ socialism la gauche caviare. ◇ *adj* [colour] champagne (*inv*).

**champers** ['ʃæmpəz] *n Br inf* champ' *m*.

**champion** ['tʃæmpjən] ◇ *n* **-1.** [winner] champion *m*, -onne *f*; the world chess ~ le champion du monde d'échecs; she's a ~ runner elle est championne de course. **-2.** [supporter] champion *m*, -onne *f*. ◇ *vt* défendre, soutenir; she ~ed the cause of birth control elle s'est faite la championne de la régulation des naissances.

**championship** ['tʃæmpjənʃɪp] *n* **-1.** GAMES & SPORT championnat *m*; he plays ~ tennis il participe aux championnats de tennis. **-2.** [support] défense *f*.

**chance** [tʃɑːns] ◇ *n* **-1.** [possibility, likelihood]: is there any ~ of seeing you again? serait-il possible de vous revoir?; there was little ~ of him finding work il y avait peu de chances qu'il trouve du travail; we have an outside ~ of success nous avons une très faible chance de réussir; she's got a good OR strong ~ of being accepted elle a de fortes chances d'être acceptée OR reçue; to be in with a ~: he's in with a ~ of getting the job il a une chance d'obtenir le poste. **-2.** [fortune, luck] hasard *m*; it was pure ~ that I found it je l'ai trouvé tout à fait par hasard; to leave things to ~ laisser faire les choses; to leave nothing to ~ ne rien laisser au hasard. **-3.** [opportunity]: I haven't had a ~ to write to him je n'ai pas trouvé l'occasion de lui écrire; give her a ~ to defend herself donnez-lui l'occasion de se défendre; it's a ~ in a million c'est une occasion unique; I'm offering you the ~ of a lifetime je vous offre la chance de votre vie; the poor man never had OR stood a ~ le pauvre homme n'avait aucune chance de s'en tirer; this is your last ~ c'est votre dernière chance. **-4.** [risk] risque *m*; I don't want to take the ~ of losing je ne veux pas prendre le risque de perdre; he took a ~ on a racehorse il a parié sur un cheval de course. ◇ *adj* de hasard; I was a ~ witness to the robbery j'ai été un témoin accidentel du vol.

◇ *vi fml* OR *lit* [happen]: I ~d to be at the same table as Sir Sydney je me suis trouvé par hasard à la même table que Sir Sydney.

◇ *vt* [risk] *lit* hasarder; he ~d his savings on the venture il a risqué ses économies dans l'entreprise; let's ~ it OR our luck tentons notre chance ❏ to ~ one's arm risquer le coup.

◆ **chances** *npl* [possibility, likelihood] chances *fpl*; (the) ~s are (that) he'll never find out il y a de fortes OR grandes chances qu'il ne l'apprenne jamais; what are her ~s of making a full recovery? quelles sont ses chances de se rétablir complètement?

◆ **by chance** *adv phr* par hasard; by pure OR sheer ~ we were both staying at the same hotel il se trouvait que nous logions au même hôtel; would you by any ~ know who that man is? sauriez-vous par hasard qui est cet homme?

◆ **chance on**, **chance upon** *vt insep* [person] rencontrer par hasard; [thing] trouver par hasard.

**chancel** ['tʃɑːnsl] *n* chœur *m*.

**chancellery** ['tʃɑːnsələrɪ] (*pl* **chancelleries**) *n* chancellerie *f*.

**chancellor** ['tʃɑːnsələr] *n* **-1.** POL chancelier *m*; the Chancellor of the Exchequer POL le Chancelier de l'Échiquier, ≃ le ministre des Finances (*en Grande-Bretagne*). **-2.** UNIV *Br* président *m*, -e *f* honoraire; *Am* président *m*, -e *f* (d'université).

**chancellorship** ['tʃɑːnsələʃɪp] *n* **-1.** *Br* ADMIN direction *f* des finances; the economy did extremely under Mr Smith's ~ l'économie avait montré d'excellents résultats lorsque M. Smith était au ministère des Finances. **-2.** *Am* UNIV présidence *f* (d'université).

**chancer** ['tʃɑːnsər] *n Br inf* filou *m*.

**chancery** ['tʃɑːnsərɪ] (*pl* **chanceries**) *n* JUR **-1.** [in UK]: the suit is in ~ l'action est en instance ❏ Chancery (Division) cour *f* de la chancellerie (*une des trois divisions de la Haute cour de justice en Angleterre*); ward in ~ pupille *mf* de l'État. **-2.** [in US]: Court of Chancery ≃ cour *f* d'équité. **-3.** [in wrestling] clé *f*, clef *f*.

**chancy** ['tʃɑːnsɪ] (*compar* **chancier**, *superl* **chanciest**) *adj inf* risqué.

**chandelier** [,ʃændə'lɪər] *n* lustre *m* (*pour éclairer*).

**chandler** ['tʃɑːndlər] *n* **-1.** [supplier] fournisseur *m*; ship's ~ shipchandler *m*. **-2.** [candlemaker] chandelier *m*.

**change** [tʃeɪndʒ] ◇ *n* **-1.** [alteration] changement *m*; we expect a ~ in the weather nous nous attendons à un changement de temps; a survey showed a radical ~ in public opinion un sondage a montré un revirement de l'opinion publique; a ~ for the better/worse un changement en mieux/pire, une amélioration/dégradation; walking to work makes a pleasant ~ from driving c'est agréable d'aller travailler à pied plutôt qu'en voiture; it'll be OR make a nice ~ for them not to have the children in the house cela les changera agréablement de ne pas avoir les enfants à la maison; that makes a ~! voilà qui change!; there's been little ~ in his condition son état n'a guère évolué; to have a ~ of heart changer d'avis; I need a ~ of scene OR scenery *fig* j'ai besoin de changer de décor OR d'air. **-2.** [fresh set or supply]: a ~ of clothes des vêtements de rechange. **-3.** [in journey] changement *m*, correspondance *f*. **-4.** [money] monnaie *f*; can you give me ~ for five pounds? pouvez-vous me faire la monnaie de cinq livres?; I don't have any loose OR small ~ je n'ai pas de petite monnaie ❏ you'll get no ~ out of him *Br inf* on ne peut rien en tirer. **-5.** *euph* & PHYSIOL = **change of life**.

◇ *vt* **-1.** [substitute, switch] changer, changer de; to ~ one's name changer de nom; she's going to ~ her name to Parker elle va prendre le nom de Parker; to ~ one's clothes changer de vêtements, se changer; to ~ trains changer de train; to ~ ends SPORT changer de camp; to ~ one's mind changer d'avis; you'd better ~ your ways tu ferais bien de t'amender ❏ to ~ one's tune changer de ton. **-2.** [exchange] changer; if the shoes are too small we'll ~ them for you si les chaussures sont trop petites nous vous les changerons; to ~ places with sb changer de place avec qqn; I wouldn't want to ~ places with him! *fig* je n'aimerais pas être à sa place!; I'd like to ~ my pounds into dollars FIN j'aimerais changer mes livres contre des OR en dollars; can you ~ a ten-pound note? [into coins] pouvez-vous me donner la monnaie d'un billet de dix livres?. **-3.** [alter, modify] changer; he won't ~ anything in the text il ne changera rien au texte; the illness completely ~d his personality la maladie a complètement transformé son caractère ❏ to ~ one's spots changer OR modifier totalement son caractère. **-4.** [transform] changer, transformer; to ~ sthg/sb into sthg changer qqch/qqn en qqch; to ~ water into wine BIBLE changer l'eau en vin; the liquid/her hair has ~d colour le liquide a/ses cheveux ont changé de couleur. **-5.** [baby, bed] changer. **-6.** AUT: to ~ gear changer de vitesse.

◇ *vi* **-1.** [alter, turn] changer; to ~ for the better/worse changer en mieux/pire; nothing will make him ~ rien ne le changera, il ne changera jamais; wait for the lights to ~ attendez que le feu passe au vert; the wind has ~d le vent a changé OR tourné. **-2.** [become transformed] se changer, se transformer; to ~ into sthg se transformer en qqch. **-3.** [change clothing] se changer; they ~d out of their uniforms ils ont enlevé leurs uniformes; he ~d into a pair of jeans il s'est changé et a mis un jean; I'm going to ~ into something warmer je vais mettre quelque chose de plus chaud.

**-4.** [transportation] changer; all ~! [announcement] tout le monde descend!. **-5.** *Br* AUT: she ~d into fourth gear elle a passé la quatrième. **-6.** [moon] entrer dans une nouvelle phase.

◆ **for a change** *adv phr*: it's nice to see you smiling for a ~ c'est bien de te voir sourire pour une fois.

◆ **change down** *vi insep* AUT rétrograder; he ~ed down into third il est passé en troisième.

◆ **change over** *vi insep* **-1.** *Br* [switch]: he ~d over from smoking cigarettes to smoking cigars il s'est mis à fumer des cigares à la place de cigarettes; the country has ~d over to nuclear power le pays est passé au nucléaire. **-2.** SPORT [change positions] changer de côté.

◆ **change up** *vi insep* AUT passer la vitesse supérieure; he ~d up into third il a passé la troisième, il est passé en troisième.

**changeability** [,tʃeɪndʒə'bɪlətɪ] *n* variabilité *f*.

**changeable** ['tʃeɪndʒəbl] *adj* **-1.** [variable] variable. **-2.** [capricious, fickle] changeant, inconstant.

**changed** [tʃeɪndʒd] *adj* changé, différent; he's a ~ man c'est un autre homme.

**changeling** ['tʃeɪndʒlɪŋ] *n* enfant substitué par les fées au véritable enfant d'un couple.

**change machine** *n* distributeur *m* de monnaie.

**change of life** *n*: the ~ le retour d'âge.

**changeover** ['tʃeɪndʒ,əʊvər] *n* **-1.** [switch] changement *m*, passage *m*; the ~ to computers went smoothly le passage à l'informatisation s'est fait en douceur. **-2.** *Br* SPORT changement *m* de côté.

**change purse** *n Am* porte-monnaie *m inv*.

**changing** ['tʃeɪndʒɪŋ] ◇ *adj* qui change; we're living in a ~ world nous vivons dans un monde en évolution. ◇ *n* changement *m*; the Changing of the Guard la relève de la garde.

**changing room** *n Br* SPORT vestiaire *m*; [in shop] cabine *f* d'essayage.

**channel** ['tʃænl] (*Br pt* & *pp* **channelled**, *cont* **channelling**, *Am pt* & *pp* **channeled**, *cont* **channeling**) ◇ *n* **-1.** [broad strait] détroit *m*, bras *m* de mer; the (English) Channel la Manche; a Channel OR cross-Channel ferry un ferry qui traverse la Manche. **-2.** [river bed] lit *m*; NAUT [navigable course] chenal *m*, passe *f*. **-3.** [passage – for gases, liquids] canal *m*, conduite *f*; [– for electrical signals] piste *f*. **-4.** [furrow, groove] sillon *m*; [on a column] cannelure *f*; [in a street] caniveau *m*. **-5.** TV chaîne *f*; Channel Four *chaîne de télévision privée britannique*. **-6.** RADIO bande *f*. **-7.** *fig* [means] canal *m*, voie *f*; to go through (the) official ~s suivre la filière officielle. **-8.** COMPUT canal *m*.

◇ *vt* **-1.** [land] creuser des rigoles dans; [river] canaliser; [street] construire des caniveaux dans; [gas, water] acheminer (par des conduites); [column] canneler. **-2.** *fig* [direct] canaliser, diriger; the government wants to ~ resources to those who need them most le gouvernement veut affecter les ressources en priorité à ceux qui en ont le plus besoin; she needs to ~ her energies into some useful work elle a besoin de canaliser son énergie à effectuer du travail utile.

**Channel Islander** *n* habitant des îles Anglo-Normandes.

**Channel Islands** *pl pr n*: the ~ les îles *fpl* Anglo-Normandes; in the ~ dans les îles Anglo-Normandes.

**Channel Tunnel** *n*: the ~ le tunnel sous la Manche.

**chant** [tʃɑːnt] ◇ *n* **-1.** MUS mélopée *f*; RELIG psalmodie *f*. **-2.** [slogan, cry] chant *m* scandé. ◇ *vi* **-1.** MUS chanter une mélopée; RELIG psalmodier. **-2.** [crowd, demonstrators] scander des slogans. ◇ *vt* **-1.** MUS chanter; RELIG psalmodier. **-2.** [slogans] scander.

**chaos** ['keɪɒs] *n* chaos *m*.

**chaos theory** *n* théorie *f* du chaos.

**chaotic** [keɪ'ɒtɪk] *adj* chaotique.

**chaotically** [keɪ'ɒtɪklɪ] *adv* chaotiquement.

**chap** [tʃæp] (*pt* & *pp* **chapped**, *cont* **chapping**) ◇ *n* **-1.** *Br inf* [man] type *m*; be a good ~ and tell him I'm not in sois sympa et dis-lui que je ne suis pas là; what do you think, ~s? qu'en pensez-vous, les amis?; how are you, old ~? *dated* comment allez-vous, mon vieux? **-2.** [sore] gerçure *f*, crevasse *f*. ◇ *vt* gercer, crevasser. ◇ *vi* (se) gercer, se crevasser.

**chapat(t)i** [tʃə'pætɪ] *n* galette *f* de pain indienne.

**chapel** ['tʃæpl] *n* **-1.** [in church, school etc] chapelle *f*. **-2.** *Br* [Nonconformist church] temple *m*. **-3.** *Br* [of trade unionists] *membres du syndicat dans une maison d'édition.* ◇ *adj Br* non-conformiste RELIG.

**chapel of rest** *n* chambre mortuaire dans une entreprise de pompes funèbres.

**chaperon(e)** ['ʃæpərəʊn] ◇ *n* chaperon *m*. ◇ *vt* chaperonner.

**chaplain** ['tʃæplɪn] *n* aumônier *m*; [in private chapel] chapelain *m*.

**chaplet** ['tʃæplɪt] *n* -1. [wreath] guirlande *f*.-2. RELIG chapelet *m*.

**Chappaquiddick** [tʃæpə'kwɪdɪk] *pr n*: ~, the ~ incident l'affaire *f* de Chappaquiddick *(accident ayant coûté la vie, en 1973, à Mary-Jo Kopechne, collaboratrice du sénateur américain Edward Kennedy, dans des circonstances mal élucidées).*

**chapped** [tʃæpt] *adj* [hands, lips] gercé.

**chappie** ['tʃæpɪ] *Br inf & dated =* **chap** *n* **1**.

**chaps** [tʃæps] *npl* jambières *fpl* de cuir.

**chapstick**® ['tʃæpstɪk] *n Am* bâton *m* de pommade pour les lèvres.

**chapter** ['tʃæptər] *n* -1. [of book] chapitre *m*; it's in ~ three c'est dans le troisième chapitre ❏ she can give OR quote (you) ~ and verse on the subject elle peut citer toutes les autorités en la matière. -2. [era] chapitre *m*; this closed a particularly violent ~ in our history ceci marqua la fin d'un chapitre particulièrement violent de notre histoire. -3. [series] succession *f*, cascade *f*.-4. [of organization] branche *f*, section *f*.-5. RELIG chapitre *m*.

**chapter house** *n* chapitre *m*.

**char** [tʃɑːr] (*pt & pp* charred, *cont* charring) ◇ *vt* -1. [reduce to charcoal] carboniser, réduire en charbon. -2. [scorch] griller, brûler légèrement. ◇ *vi* -1. [scorch] brûler; [blacken] noircir. -2. *Br inf & dated* [clean] faire des ménages. ◇ *n* -1. *Br inf & dated* [cleaner] femme *f* de ménage. -2. *Br inf & dated* thé *m*.-3. [fish] omble *m* chevalier.

**charabanc** ['ʃærəbæŋ] *n dated* autocar *m* (de tourisme).

**character** ['kærəktər] ◇ *n* -1. [nature, temperament] caractère *m*; his remark was quite in/out of ~ cette remarque lui ressemblait tout à fait/ne lui ressemblait pas du tout. -2. [aspect, quality] caractère *m*.-3. [determination, integrity] caractère *m*; she's a woman of great ~ c'est une femme qui a beaucoup de caractère. -4. [distinction, originality] caractère *m*; the house had (great) ~ la maison avait beaucoup de caractère. -5. [unusual person] personnage *m*; she seems to attract all sorts of ~s elle semble attirer toutes sortes d'individus; he's quite a ~ il est vraiment spécial OR très particulier. -6. *pej* [person] individu *m*.-7. CIN, LITERAT & THEAT personnage *m*; the main ~ le personnage principal, le protagoniste. -8. TYPO caractère *m*.-9. *lit* [handwriting] écriture *f*. ◇ *comp* -1. CIN & THEAT: ~ part OR role rôle *m* de composition. -2. COMPUT: ~ code code *m* de caractère; ~ set jeu *m* de caractères.

**character actor** *n* acteur *m* de genre.

**character assassination** *n* diffamation *f*.

**characteristic** [,kærəktə'rɪstɪk] ◇ *adj* caractéristique; she refused all honours with ~ humility elle refusa tous les honneurs avec l'humilité qui la caractérisait. ◇ *n* caractéristique *f*; national ~s les caractères *mpl* nationaux.

**characteristically** [,kærəktə'rɪstɪklɪ] *adv*: he was ~ generous with his praise comme on pouvait s'y attendre, il fut prodigue de ses compliments OR il ne ménagea pas ses éloges.

**characterization** [,kærəktəraɪ'zeɪʃn] *n* -1. *fml* [description] caractérisation *f*.-2. LITERAT & THEAT représentation *f* OR peinture *f* des personnages.

**characterize, -ise** ['kærəktəraɪz] *vt* caractériser; his music is ~d by a sense of joy sa musique se caractérise par une impression de joie; Shakespeare ~d Henry VI as a weak but pious king Shakespeare a dépeint Henri VI comme un roi faible mais pieux.

**characterless** ['kærəktəlɪs] *adj* sans caractère.

**character sketch** *n* portrait *m* OR description *f* rapide.

**character witness** *n* témoin *m* de moralité.

**charade** [ʃə'rɑːd] *n* [pretence] feinte *f*; the trial was a complete ~! c'était une véritable parodie de procès.

◆ **charades** *npl* GAMES charade *f* en action; let's play ~s jouons aux charades.

**charcoal** ['tʃɑːkəʊl] ◇ *n* -1. [fuel] charbon *m* de bois. -2. ART fusain *m*; he drew her in ~ il l'a dessinée au fusain. ◇ *comp* -1. [fuel] à charbon. -2. ART au charbon, au fusain; a ~ pencil un (crayon) fusain; a ~ drawing un croquis au fusain.

**charcoal burner** *n* charbonnier *m*.

**charcoal grey** ◇ *n* gris *m* foncé. ◇ *adj* gris foncé *(inv)*, (gris) anthracite *(inv)*.

**chard** [tʃɑːd] *n* blette *f*, bette *f*.

**charge** [tʃɑːdʒ] ◇ *n* -1. [fee, cost] frais *mpl*; postal/telephone ~s frais postaux/téléphoniques; there's a ~ of one pound for use of the locker il faut payer une livre pour utiliser la consigne automatique; is there any extra ~ for a single room? est-ce qu'il faut payer un supplément pour une chambre à un lit?; what's the ~ for delivery? la livraison coûte combien?; there's no ~ for children c'est gratuit pour les enfants; free of ~ gratuitement; there's a small admission ~ to the museum il y a un petit droit d'entrée au musée; cash or ~? *Am* comptant ou crédit? ◇ carriage ~ OR ~s COMM frais *m* de port. -2. JUR [accusation] chef *m* d'accusation, inculpation *f*; he was arrested on a ~ of conspiracy il a été arrêté sous l'inculpation d'association criminelle; you are under arrest — on what ~? vous êtes en état d'arrestation — pour quel motif?; to file ~s against sb déposer une plainte contre qqn; a ~ of drunk driving was brought against the driver le conducteur a été mis en examen pour conduite en état d'ivresse; he pleaded guilty to the ~ of robbery il a plaidé coupable à l'accusation de vol. -3. [allegation] accusation *f*; the government rejected ~s that it was mismanaging the economy le gouvernement a rejeté l'accusation selon laquelle il gérait mal l'économie; ~s of torture have been brought OR made against the regime des accusations de torture ont été portées contre le régime. -4. [command, control]: who's in ~ here? qui est-ce qui commande ici?; she's in ~ of public relations elle s'occupe des relations publiques; can I leave you in ~ of the shop? puis-je vous laisser la responsabilité du magasin?; I was put in ~ of the investigation on m'a confié la responsabilité de l'enquête; to take ~ of sthg prendre en charge qqch, prendre OR assumer la direction de qqch; he had a dozen salesmen under his ~ il avait une douzaine de vendeurs sous sa responsabilité. -5. *fml* [burden]: to be a ~ on sb être une charge pour qqn. -6. *fml* [dependent] personne confiée à la garde d'une autre; [pupil] élève *mf*. -7. [duty, mission] charge *f*; he was given the ~ of preparing the defence on l'a chargé de préparer la défense; the judge's ~ to the jury JUR les recommandations du juge au jury. -8. [attack] charge *f*. -9. ELEC & PHYS charge *f*. -10. MIL charge *f*.-11. HERALD meuble *m*.

◇ *vt* -1. [money] faire payer; [demand payment from] demander, prendre; the doctor ~d her $90 for a visit le médecin lui a fait payer OR lui a pris 90 dollars pour une consultation; how much would you ~ to take us to the airport? combien prendriez-vous pour nous emmener à l'aéroport?; they didn't ~ us for the coffee ils ne nous ont pas fait payer les cafés; you will be ~d for postage COMM les frais postaux seront à votre charge. -2. [defer payment of]: ~ the bill to my account mettez le montant de la facture sur mon compte; I ~d all my expenses to the company j'ai mis tous mes frais sur le compte de la société; can I ~ this jacket? *Am* [with a credit card] puis-je payer cette veste avec ma carte (de crédit)?; ~ it *Am* mettez-le sur mon compte. -3. [allege]: to ~ that sb has done sthg accuser qqn d'avoir fait qqch. -4. JUR inculper; I'm charging you with the murder of X je vous inculpe du meurtre de X. -5. [attack] charger; the troops ~d the building les troupes donnèrent l'assaut au bâtiment. -6. *fml* [command, entrust]: I was ~d with guarding the prisoner je fus chargé de la surveillance du prisonnier. -7. ELEC & MIL charger. -8. *fml* [fill] charger.

◇ *vi* -1. [demand in payment] demander, prendre; do you ~ for delivery? est-ce que vous faites payer la livraison?; he doesn't ~ il ne demande OR prend rien. -2. [rush] se précipiter; the rhino suddenly ~d tout d'un coup le rhinocéros a chargé; suddenly two policemen ~d into the room tout d'un coup deux policiers ont fait irruption dans la pièce; she ~d into/out of her office elle entra dans son/sortit de son bureau au pas de charge. -3. MIL [attack] charger, donner l'assaut; ~! à l'assaut! -4. ELEC se charger OR recharger.

◆ **charge up** *vt sep* -1. [bill]: she ~d everything up to her account elle a mis tous les frais sur son compte. **-2.** ELEC charger, recharger.

**chargeable** ['tʃɑːdʒəbl] *adj* **-1.** FIN: the item is ~ with duty of £10 l'article est soumis à une taxe de 10 livres; travelling expenses are ~ to the employer les frais de déplacement sont à la charge de l'employeur; ~ **expenses** frais déductibles. **-2.** JUR: a ~ **offence** un délit.

**charge account** *n Am* compte *m* permanent (*dans un magasin*).

**charge card** *n* carte *f* de crédit.

**charged** [tʃɑːdʒd] *adj* **-1.** [atmosphere] chargé; a voice ~ with emotion une voix pleine d'émotion. **-2.** ELEC chargé.

**chargé d'affaires** [,ʃɑːʒeɪdæ'feəʳ] (*pl* **chargés d'affaires**) *n* chargé *m* d'affaires.

**charge hand** *n Br* sous-chef *m* d'équipe.

**charge nurse** *n Br* infirmier *m*, -ère *f* en chef.

**charger** ['tʃɑːdʒəʳ] *n* **-1.** ELEC chargeur *m*. **-2.** *arch* OR *lit* [horse] cheval *m* de bataille.

**charge sheet** *n Br* procès-verbal *m*.

**chariot** ['tʃærɪət] *n* char *m*.

**charioteer** [,tʃærɪə'tɪəʳ] *n* aurige *m*.

**charisma** [kə'rɪzmə] *n* charisme *m*.

**charismatic** [,kærɪz'mætɪk] *adj* charismatique.

**charitable** ['tʃærətəbl] *adj* **-1.** [generous, kind] charitable. **-2.** [cause, institution] de bienfaisance, de charité; ~ **works** les bonnes œuvres; a ~ **donation** un don fait par charité.

**charitably** ['tʃærətəblɪ] *adv* charitablement.

**charity** ['tʃærətɪ] (*pl* **charities**) *n* **-1.** RELIG charité *f*; [generosity, kindness] charité; **an act of** ~ une action charitable, un acte de charité. **-2.** [help to the needy] charité *f*; they raised £10,000 for ~ ils ont collecté 10 000 livres pour les bonnes œuvres.

**charlady** ['tʃɑː,leɪdɪ] (*pl* **charladies**) *Br dated* = **char** *n* 1.

**charlatan** ['ʃɑːlətən] ◇ *n* charlatan *m*. ◇ *adj* charlatanesque.

**Charlemagne** ['ʃɑːləmeɪn] *pr n* Charlemagne.

**Charles** [tʃɑːlz] *pr n*: ~ **the Bold** Charles le Téméraire; ~ **V** Charles Quint.

**charleston** ['tʃɑːlstən] *n* charleston *m*.

**charley horse** ['tʃɑːlɪ-] *n* (U) *Am inf* crampe *f*.

**charlie** ['tʃɑːlɪ] *n* **-1.** *Br inf* cloche *f*; I felt a proper ~ je me suis senti vraiment bête. **-2.** ▽ *drugs sl* [cocaine] coke *f*.

**Charlie Chaplin** ['tʃɑːlɪ'tʃæplɪn] *pr n* [in real life] Charlie Chaplin; [in films] Charlot.

**charlotte** ['ʃɑːlət] *n* [baked] charlotte *f*; **apple** ~ charlotte aux pommes.

**charm** [tʃɑːm] ◇ *n* **-1.** [appeal, attraction] charme *m*; to turn on the ~ faire du charme. **-2.** [in sorcery] charme *m*, sortilège *m*; **a lucky** ~ un porte-bonheur; **to work like a** ~ marcher à merveille OR à la perfection. **-3.** [piece of jewellery] breloque *f*; **a** ~ **bracelet** un bracelet à breloques. ◇ *vt* **-1.** [please, delight] charmer, séduire; she ~ed him into accepting the invitation elle l'a si bien enjôlé qu'il a accepté l'invitation. **-2.** [subj: magician] charmer, ensorceler; [subj: snake charmer] charmer.

◆ **charms** *npl* charmes *mpl*.

**charmed** [tʃɑːmd] *adj* **-1.** [delighted] enchanté. **-2.** [by magic] charmé; to lead a ~ life *fig* être béni des dieux.

**charmer** ['tʃɑːməʳ] *n* charmeur *m*, -euse *f*.

**charming** ['tʃɑːmɪŋ] *adj* charmant; ~! *iron* c'est charmant!

**charmingly** ['tʃɑːmɪŋlɪ] *adv* de façon charmante.

**charr** [tʃɑːʳ] = **char** *n* 3.

**charred** [tʃɑːd] *adj* noirci (par le feu).

**chart** [tʃɑːt] ◇ *n* **-1.** NAUT carte *f* marine; ASTRON carte *f* (du ciel). **-2.** [table] tableau *m*; [graph] courbe *f*; MED courbe *f*. **-3.** ASTROL horoscope *m*. ◇ *vt* **-1.** NAUT [seas, waterway] établir la carte de, faire un levé hydrographique de; ASTRON [stars] porter sur la carte. **-2.** [record - on a table, graph] faire la courbe de; *fig* [- progress, development] rendre compte de. **-3.** *fig* [make a plan of] tracer; the director ~ed a way out of financial collapse le directeur a établi OR mis au point un plan pour éviter un effondrement financier.

◆ **charts** *npl* MUS hit-parade *m*; she's (got a record) in the ~s elle est au hit-parade.

**charter** ['tʃɑːtəʳ] ◇ *n* **-1.** [statement of rights] charte *f*; [of a business, organization, university] statuts *mpl*. **-2.** [lease, licence] affrètement *m*; [charter flight] charter *m*; **we've hired three coaches on** ~ *Br* nous avons affrété trois autocars. ◇ *vt* **-1.** [establish] accorder une charte à. **-2.** [hire, rent] affréter.

**chartered** ['tʃɑːtəd] *adj* **-1.** [hired, rented] affrété. **-2.** *Br* [qualified]: a ~ **accountant** un expert-comptable; **a** ~ **surveyor** un expert immobilier.

**charter flight** *n* (vol *m*) charter *m*.

**charter plane** *n* (avion *m*) charter *m*.

**Chartist** ['tʃɑːtɪst] ◇ *n* chartiste *mf*. ◇ *adj* chartiste.

**chart-topping** *adj Br* qui est en tête du hit-parade.

**charwoman** ['tʃɑː,wʊmən] (*pl* **charwomen** [-,wɪmɪn]) *dated* = **char** *n* 1.

**chary** ['tʃeərɪ] *adj* **-1.** [cautious] précautionneux; he's ~ of allowing strangers into his home il hésite à accueillir des gens qu'il ne connaît pas chez lui. **-2.** [ungenerous] parcimonieux; he was ~ of praise il faisait rarement des éloges, il était avare de compliments.

**chase** [tʃeɪs] ◇ *vt* **-1.** [pursue] poursuivre; **two police cars** ~**d the van** deux voitures de police ont pris la camionnette en chasse. **-2.** [amorously] courir (après). **-3.** [metal] ciseler, repousser. ◇ *vi* [rush]: she ~**d all around London to find a wedding dress** elle a parcouru OR fait tout Londres pour trouver une robe de mariée. ◇ *n* **-1.** [pursuit] poursuite *f*; **the hounds gave** ~ **to the fox** la meute a pris le renard en chasse; **the prisoner climbed over the wall and the guards gave** ~ le prisonnier escalada le mur et les gardiens se lancèrent à sa poursuite. **-2.** HUNT [sport, land, game] chasse *f*. **-3.** [groove] saignée. **-4.** TYPO châssis *m*.

◆ **chase after** *vt insep* courir après.

◆ **chase away, chase off** *vt sep* chasser.

◆ **chase up** *vt sep Br* **-1.** [information] rechercher. **-2.** [organization, person]: can you ~ up the manager for me? pouvez-vous relancer le directeur à propos de ce que je lui ai demandé?; I had to ~ him up for the £50 he owed me j'ai dû lui réclamer les 50 livres qu'il me devait.

**chaser** ['tʃeɪsəʳ] *n* **-1.** [drink]: they drank scotch with beer ~**s** ils ont bu du scotch suivi de la bière. **-2.** [pursuer] chasseur *m*. **-3.** [horse] cheval *m* de course.

**chasm** ['kæzm] *n* abîme *m*, gouffre *m*.

**chassis** ['ʃæsɪ] (*pl inv* [-sɪz]) *n* **-1.** AUT châssis *m*; AERON **train** *m* **d'atterrissage**. **-2.** *inf* [body] châssis *m*.

**chaste** [tʃeɪst] *adj* chaste.

**chasten** ['tʃeɪsn] *vt fml* **-1.** [subdue, humble] corriger, maîtriser; [pride] rabaisser. **-2.** [punish, reprimand] châtier, punir.

**chastened** ['tʃeɪsnd] *adj* abattu.

**chastening** ['tʃeɪsnɪŋ] *adj*: prison had a ~ **effect on him** la prison l'a assagi; **it's a** ~ **thought** c'était une pensée plutôt décourageante.

**chastise** [tʃæ'staɪz] *vt fml* [punish, beat] châtier, punir; [reprimand] fustiger.

**chastisement** ['tʃæstɪzmənt] *n fml* châtiment *m*.

**chastity** ['tʃæstətɪ] *n* chasteté *f*.

**chastity belt** *n* ceinture *f* de chasteté.

**chasuble** ['tʃæzjʊbl] *n* chasuble *f*.

**chat** [tʃæt] (*pt & pp* **chatted**, *cont* **chatting**) ◇ *vi* bavarder, causer; **we were just chatting about this and that** nous causions de choses et d'autres. ◇ *n*: **we had a nice** ~ **over lunch** nous avons eu une conversation agréable pendant le déjeuner; **she came over for a** ~ elle est venue bavarder un peu.

◆ **chat up** *vt sep Br inf* baratiner, draguer.

**chat show** *n Br* causerie *f* télévisée.

**chattel** ['tʃætl] *n* bien *m* meuble; **a** ~ **mortgage** *Am* FIN un nantissement de biens meubles.

**chatter** ['tʃætəʳ] ◇ *vi* **-1.** [person] papoter, bavarder; [bird] jaser, jacasser; [monkey] babiller; the ~**ing classes** *pej* les intellos *mpl*. **-2.** [machine] cliqueter. **-3.** [teeth] claquer; my teeth were ~**ing from** OR **with the cold** j'avais tellement froid que je claquais des dents. ◇ *n* **-1.** [of people] bavardage *m*, papotage *m*; [of birds, monkeys] jacassement *m*. **-2.** [of machines] cliquetis *m*. **-3.** [of teeth] claquement *m*.

**chatterbox** ['tʃætəbɒks] *n inf* moulin *m* à paroles.

**chatterer** ['tʃætərər] *n* [talkative person] bavard *m*, -e *f*.

**chatty** ['tʃæti] *adj* [person] bavard; [letter] plein de bavardages.

**chauffeur** ['ʃəufər] ◇ *n* chauffeur *m*. ◇ *vi* travailler comme chauffeur. ◇ *vt* conduire.

**chauffeur-driven** *adj* conduit par un chauffeur.

**chauvinism** ['ʃəuvɪnɪzm] *n* [nationalism] chauvinisme *m*; [sexism] machisme *m*, phallocratie *f*.

**chauvinist** ['ʃəuvɪnɪst] *n* [nationalist] chauvin *m*, -e *f*; [sexist] phallocrate *m*, machiste *m*.

**chauvinistic** ['ʃəuvɪ'nɪstɪk] *adj* [nationalistic] chauvin; [sexist] machiste, phallocrate.

**cheap** [tʃiːp] ◇ *adj* -1. [inexpensive] bon marché; **labour is ~er in the Far East** la main-d'œuvre est moins chère en Extrême-Orient; **he bought a ~ ticket to Australia** il a acheté un billet à prix OR tarif réduit pour l'Australie; **it was the ~est piano in the shop** c'était le piano le moins cher du magasin ❑ **~ and cheerful** sans prétentions. -2. [poor quality] de mauvaise qualité; **the furniture was ~ and nasty** *Br* les meubles étaient de très mauvaise qualité. -3. [of little value]: **human life is ~ in many countries** il y a beaucoup de pays où la vie humaine a peu de valeur; **that's how he gets his ~ thrills** c'est ça qui l'excite. -4. [low, despicable]: **a ~ joke** une plaisanterie de mauvais goût; **he made the girl feel ~** il fit en sorte que la fille eût honte. -5. *Am* [stingy] mesquin. ◇ *adv* [buy, get, sell] bon marché; **I can get it for you ~er** je peux vous le trouver pour moins cher; **clothes of that quality don't come ~** des vêtements de cette qualité coûtent cher.

◆ **on the cheap** *adv phr inf*: **she furnished the house on the ~** elle a meublé la maison pour pas cher; **they've got immigrants working for them on the ~** ils ont des immigrés qui travaillent pour eux au rabais.

**cheapen** ['tʃiːpn] ◇ *vt* -1. [lower, debase] abaisser; **I wouldn't ~ myself by accepting a bribe** je ne m'abaisserais pas à accepter un pot-de-vin. -2. [reduce the price of] baisser le prix de. ◇ *vi* devenir moins cher.

**cheaply** ['tʃiːpli] *adv* à bon marché; **I can do the job more ~** je peux faire le travail à meilleur marché OR pour moins cher.

**cheapness** ['tʃiːpnɪs] *n* -1. [low price] bas prix *m*. -2. [poor quality] mauvaise qualité *f*.

**cheapo** ['tʃiːpəu] *adj inf* pas cher.

**cheapskate** ['tʃiːpskeɪt] *n inf* radin *m*, -e *f*, grippe-sou *m*.

**cheat** [tʃiːt] ◇ *vt* -1. [defraud, swindle] escroquer, léser; **to ~ sb out of sthg** escroquer qqch à qqn; **to feel ~ed** se sentir lésé OR frustré. -2. *fig & lit* [deceive, trick] duper; **to ~ death** échapper à la mort. ◇ *vi* tricher. ◇ *n* -1. [dishonest person] tricheur *m*, -euse *f*; [crook, swindler] escroc *m*, fraudeur *m*, -euse *f*. -2. [dishonest practice] tricherie *f*, tromperie *f*.

◆ **cheat on** *vt insep* -1. [behave dishonestly] tricher sur. -2. [be unfaithful to] tromper.

**cheating** ['tʃiːtɪŋ] ◇ *n* -1. [at cards, games] tricherie *f*; [at exams] copiage *m*. -2. [fraud] fraude *f*. -3. (U) [infidelity] infidélité *f*, infidélités *fpl*. ◇ *adj* -1. [dishonest] malhonnête, trompeur. -2. [unfaithful, disloyal] infidèle.

**check** [tʃek] ◇ *vt* -1. [inspect, examine] contrôler, vérifier; [confirm, substantiate] vérifier; **the doctor ~ed my blood pressure** le médecin a pris ma tension; **the inspector ~ed our tickets** le contrôleur a contrôlé nos billets. -2. [contain, limit] enrayer; [emotions, troops] contenir; [urge] réprimer; **to ~ o.s.** se retenir. -3. *Am* [coat, hat] mettre au vestiaire; [luggage] mettre à la consigne. -4. *Am* [mark, tick] cocher. -5. [in chess] faire échec à. ◇ *vi* -1. [confirm] vérifier; [correspond] correspondre, s'accorder; **I'll have to ~ with the accountant** je vais devoir vérifier auprès du comptable; **his description of the killer ~ed with forensic evidence** sa description du tueur s'accordait avec l'expertise médico-légale. -2. [pause, halt] s'arrêter.

◇ *n* -1. [examination, inspection] contrôle *m*, vérification *f*; **the airline ordered ~s on all their 747s** la compagnie aérienne a ordonné que des contrôles soient faits sur tous ses 747. -2. [inquiry, investigation] enquête *f*; **to do** OR **to run a ~ on sb** se renseigner sur qqn. -3. [restraint] frein *m*; **the House of Lords acts as a ~ upon the House of Commons** la Chambre des lords met un frein au pouvoir de la Cham-

bre des communes; **(a system of) ~s and balances** POL (un système d') équilibre des pouvoirs; **he kept** OR **held his anger in ~** il a contenu OR maîtrisé sa colère; **we could no longer hold** OR **keep the enemy in ~** MIL nous ne pouvions plus contenir l'ennemi. -4. [in chess] échec *m*; **in ~** en échec; **~!** échec au roi! -5. *Am* [bill] addition *f*; [receipt for coats, luggage] ticket *m*. -6. [square] carreau *m*. -7. *Am* [mark, tick] coche *f*. -8. *Am* = **cheque**.

◇ *adj* [pattern, skirt] à carreaux.

◆ **check in** ◇ *vi insep* -1. [at airport] se présenter à l'enregistrement. -2. [at hotel] se présenter à la réception. ◇ *vt sep* -1. [at airport] enregistrer. -2. [at hotel] inscrire. -3. [at cloakroom] mettre au vestiaire; [at left-luggage office] mettre à la consigne. -4. *Am* [at library]: **to ~ in a book at the library** rapporter un livre à la bibliothèque.

◆ **check into** *vt insep*: **to ~ into a hotel** descendre dans un hôtel.

◆ **check off** *vt sep Am* cocher.

◆ **check on** *vt insep* -1. [facts] vérifier. -2. [person]: **the doctor ~ed on two patients before leaving** le médecin est allé voir deux patients avant de partir.

◆ **check out** ◇ *vi insep* -1. [pay hotel bill] régler sa note; [leave hotel] quitter l'hôtel. -2. [prove to be correct] s'avérer exact; [correspond, match] s'accorder, correspondre. ◇ *vt sep* -1. [library book] faire tamponner; [hotel guest] faire régler sa note à. -2. [investigate - person] enquêter sur, se renseigner sur; [- information, machine, place] vérifier. -3. *inf* [try] essayer.

◆ **check over** *vt sep* examiner, vérifier.

◆ **check up on** *vt insep*: **to ~ up on sb** enquêter sur qqn; **to ~ up on sthg** vérifier qqch; **the social worker ~ed up on reports of child abuse** l'assistante sociale a enquêté sur les allégations de mauvais traitements à enfant.

**checkbook** *Am* = **chequebook**.

**checked** [tʃekt] *adj* -1. [pattern, tablecloth] à carreaux. -2. LING [syllable] fermé, entravé.

**checker** ['tʃekər] *n Am* -1. GAMES pion *m*. -2. [in supermarket] caissier *m*, -ère *f*; [in left-luggage office] préposé *m*, -e *f* à la consigne; [in cloakroom] préposé *m*, -e *f* au vestiaire.

**Checker cab** *n* taxi américain reconnaissable au motif de damier qui en décore la carrosserie.

**checkered** *Am* = **chequered**.

**checkers** *Am* = **chequers**.

**check guarantee card** = **cheque card**.

**check-in** *n* enregistrement *m*.

**checking account** ['tʃekɪŋ-] *n Am* compte *m* chèque OR chèques.

**checklist** ['tʃeklɪst] *n* liste *f* de vérification; AERON check-list *f*.

**checkmate** ['tʃekmeɪt] ◇ *n* -1. [in chess] échec et mat *m*. -2. *fig* [deadlock, standstill] impasse *f*; [defeat] échec *m* total. ◇ *vt* -1. [in chess] faire échec et mat à. -2. *fig* [frustrate, obstruct] contrecarrer; [defeat] vaincre.

**checkout** ['tʃekaut] ◇ *n* -1. [in supermarket] caisse *f*. -2. [in hotel]: **~ (time) is at 11 a.m.** les chambres doivent être libérées avant 11 h. ◇ *comp*: **the ~ counter** la caisse, le comptoir-caisse; **~ girl** caissière *f*.

**checkpoint** ['tʃekpɔɪnt] *n* (poste *m* de) contrôle *m*.

**checkroom** ['tʃekrum] *n Am* [for coats, hats] vestiaire *m*; [for luggage] consigne *f*.

**checkup** ['tʃekʌp] *n* MED bilan *m* de santé, check-up *m*; **to give sb a ~** faire un bilan de santé à qqn; **to go for** OR **to have a ~** faire un bilan de santé.

**cheek** [tʃiːk] ◇ *n* -1. [of face] joue *f*; **to ~ to ~** joue contre joue; **to be/to live ~ by jowl with sb** être/vivre tout près de qqn; **to turn the other ~** tendre OR présenter l'autre joue. -2. *inf* [buttock] fesse *f*. -3. *Br inf* [impudence] culot *m*, toupet *m*; **he had the ~ to ask her age!** il a eu le culot OR le toupet de lui demander son âge! ◇ *vt Br inf* être insolent avec.

**cheekbone** ['tʃiːkbəun] *n* pommette *f*.

**cheekily** ['tʃiːkɪlɪ] *adv Br* avec effronterie OR impudence, effrontément.

**cheekiness** ['tʃiːkɪnɪs] *n Br* effronterie *f*, audace *f*.

**cheeky** ['tʃiːkɪ] *adj Br* [person] effronté, impudent; [attitude, behaviour] impertinent.

**cheep** [tʃiːp] ◇ *n* pépiement *m*. ◇ *vi* pépier.

**cheer** [tʃiər] ◇ *n* -1. [cry] hourra *m*, bravo *m*; **I heard a ~ go**

up j'ai entendu des acclamations; three ~s for the winner! un ban OR hourra pour le gagnant!-**2.** *lit* [good spirits] bonne humeur *f*, gaieté *f*. ◇ *vt* **-1.** [make cheerful – person] remonter le moral à, réconforter. **-2.** [encourage by shouts] acclamer. ◇ *vi* pousser des acclamations OR des hourras.

◆ **cheer on** *vt sep* encourager (par des acclamations).

◆ **cheer up** ◇ *vt sep* [person] remonter le moral à, réconforter; [house, room] égayer. ◇ *vi insep* s'égayer, se dérider; ~ up! courage!

**cheerful** ['tʃɪəful] *adj* **-1.** [happy – person] de bonne humeur; [– smile] joyeux, gai; [– atmosphere, mood] gai, joyeux; [– colour, wallpaper] gai, riant; [–news] réjouissant. **-2.** [enthusiastic, willing – helper, worker] de bonne volonté; [–dedication] grand.

**cheerfully** ['tʃɪəfulɪ] *adv* **-1.** [happily] joyeusement, avec entrain. **-2.** [willingly] de plein gré, avec bonne volonté; I could ~ have hit him! je l'aurais bien frappé!

**cheerily** ['tʃɪərəlɪ] *adv* joyeusement, avec entrain.

**cheering** ['tʃɪərɪŋ] ◇ *n* (U) acclamations *fpl*, hourras *mpl*. ◇ *adj* [remark, thought] encourageant, qui remonte le moral; [news, sight] encourageant, réconfortant.

**cheerio** [,tʃɪərɪ'əʊ] *interj Br inf* [goodbye] salut, tchao.

**cheerleader** ['tʃɪə,liːdər] *n* majorette qui stimule l'enthousiasme des supporters des équipes sportives, surtout aux États-Unis.

**cheers** [tʃɪəz] *interj Br inf* **-1.** [toast] à la tienne. **-2.** [goodbye] salut, tchao. **-3.** [thanks] merci.

**cheery** ['tʃɪərɪ] (*compar* **cheerier**, *superl* **cheeriest**) *adj* [person] de bonne humeur; [smile] joyeux, gai.

**cheese** [tʃiːz] ◇ *n* fromage *m*; say ~! PHOT souriez! ◇ *comp* [omelette, sandwich] au fromage; [knife] à fromage; the ~ industry l'industrie fromagère.

**cheeseboard** ['tʃiːzbɔːd] *n* [board] plateau *m* à fromage OR fromages; [on menu] plateau *m* de fromages.

**cheeseburger** ['tʃiːz,bɜːgər] *n* hamburger *m* au fromage.

**cheesecake** ['tʃiːzkeɪk] *n* [dessert] gâteau *m* au fromage (blanc).

**cheesecloth** ['tʃiːzklɒθ] *n* CULIN & TEX étamine *f*.

**cheesed off** [tʃiːzd-] *adj Br inf*: to be ~ en avoir marre; I'm ~ with this job j'en ai marre de ce boulot.

**cheese straw** *n* allumette *f* au fromage.

**cheesy** ['tʃiːzɪ] (*compar* **cheesier**, *superl* **cheesiest**) *adj* **-1.** [flavour] qui a un goût de fromage, qui sent le fromage; [smell] qui sent le fromage. **-2.** *Am inf* [excuse] nul.

**cheetah** ['tʃiːtə] *n* guépard *m*.

**chef** [ʃef] *n* CULIN chef *m* (de cuisine), cuisinier *m*, -ère *f*.

**Chelsea bun** ['tʃelsɪ-] *n* petit pain rond aux raisins secs.

**Chelsea Pensioner** *n* ancien combattant résidant au Chelsea Royal Hospital, à Londres.

**chemical** ['kemɪkl] ◇ *n* produit *m* chimique. ◇ *adj* chimique; ~ engineer ingénieur *m* chimiste; ~ engineering génie *m* chimique; ~ warfare guerre *f* chimique; ~ weapons armes *fpl* chimiques.

**chemically** ['kemɪklɪ] *adv* chimiquement.

**chemise** [ʃə'miːz] *n* [dress] robe-chemisier *f*; [undergarment] chemise *f* (de femme).

**chemist** ['kemɪst] *n* **-1.** [scientist] chimiste *mf*. **-2.** *Br* [pharmacist] pharmacien *m*, -enne *f*; ~'s (**shop**) pharmacie *f*.

**chemistry** ['kemɪstrɪ] ◇ *n* chimie *f*; sexual ~ *fig* (bonne) entente *f* sexuelle. ◇ *comp*: ~ set panoplie *f* de chimiste.

**chemotherapy** [,kiːməʊ'θerəpɪ] *n* chimiothérapie *f*.

**cheque** *Br*, **check** *Am* [tʃek] *n* chèque *m*; who should I make the ~ payable to? à quel nom dois-je libeller le chèque?; to pay by ~ payer par chèque; to write sb a ~ faire un chèque à qqn.

**cheque account** *n Br* compte *m* chèques.

**chequebook** *Br*, **checkbook** *Am* ['tʃekbuk] *n* carnet *m* de chèques, chéquier *m*.

**chequebook journalism** *n* dans les milieux de la presse, pratique qui consiste à payer des sommes importantes pour le témoignage d'une personne impliquée dans une affaire.

**cheque card** *n Br* carte d'identité bancaire sans laquelle les chèques ne sont pas acceptés en Grande-Bretagne.

**chequered** *Br*, **checkered** *Am* ['tʃekəd] *adj* **-1.** [pattern] à carreaux, à damiers. **-2.** [varied] varié; she's had a ~ career

sa carrière a connu des hauts et des bas.

**chequers** *Br*, **checkers** *Am* ['tʃekəz] *n* (U) jeu *m* de dames.

**Chequers** ['tʃekəz] *pr n* résidence secondaire officielle du Premier ministre britannique.

**cherish** ['tʃerɪʃ] *vt* [person] chérir, aimer; [ambition, hope] caresser, nourrir; [experience, memory] chérir; [right, value] tenir à; one of my most ~ed memories un de mes souvenirs les plus chers.

**Chernobyl** [tʃɜː'nəʊbl] *pr n* Tchernobyl.

**Cherokee** [,tʃerə'kiː] (*pl inv* OR **Cherokees**) ◇ *n* **-1.** [person] Cherokee *mf*. **-2.** LING cherokee *m*. ◇ *adj* cherokee; ~ Indian Indien *m*, -enne *f* cherokee, Cherokee *mf*.

**cheroot** [ʃə'ruːt] *n* petit cigare *m* (à bouts coupés).

**cherry** ['tʃerɪ] (*pl* **cherries**) ◇ *n* **-1.** [fruit] cerise *f*; [tree] cerisier *m*.-**2.** = **cherry red**. ◇ *comp* [blossom, wood] de cerisier; [pie, tart] aux cerises; ~ orchard cerisaie *f*; ~ tree cerisier *m*.

**cherry brandy** *n* cherry *m*.

**cherry-picking** *n literal* cueillette *f* des cerises; *fig* écrémage *m*.

**cherry red** *n* cerise *f*, rouge *m* cerise.

◆ **cherry-red** *adj* (rouge) cerise (inv).

**cherry tomato** *n* tomate *f* cerise.

**cherub** ['tʃerəb] (*pl* **cherubs** OR **cherubim** [-bɪm]) *n* ART chérubin *m*; *fig* chérubin *m*, petit ange *m*.

**cherubic** [tʃe'ruːbɪk] *adj* [face] de chérubin; [child, look, smile] angélique.

**Ches** *written abbr of* **Cheshire**.

**Cheshire cat** ['tʃeʃə-] *n*: to grin like a ~ avoir un sourire jusqu'aux oreilles.

**chess** [tʃes] *n* (U) échecs *mpl*; ~ player joueur *m*, -euse *f* d'échecs.

**chessboard** ['tʃesbɔːd] *n* échiquier *m*.

**chessman** ['tʃesmæn] (*pl* **chessmen** [-men]) *n* pion *m*, pièce *f* (de jeu d'échecs).

**chest** [tʃest] ◇ *n* **-1.** ANAT poitrine *f*; to have a weak ~ être faible des bronches; to get sthg off one's ~ dire ce qu'on a sur le cœur. **-2.** [box] coffre *m*, caisse *f*. ◇ *comp* **-1.** [cold, measurement, voice, pain] de poitrine; ~ infection infection *f* des voies respiratoires; a ~ X-ray une radio des poumons ❑ ~ expander extenseur *m* (pour développer les pectoraux). **-2.** ~ freezer congélateur-bahut *m*.

**chestnut** ['tʃesnʌt] ◇ *n* **-1.** [tree] châtaignier *m*; [fruit] châtaigne *f*.-**2.** [colour] châtain *m*.-**3.** [horse] alezan *m*, -e *f*.-**4.** *inf* [joke]: old ~ plaisanterie *f* rebattue or éculée. ◇ *comp* **-1.** [blossom, wood] de châtaignier; [stuffing] aux marrons; ~ tree châtaignier *m*.-**2.** [colour, hair] châtain; [horse] alezan; ~ brown châtain (inv).

**chest of drawers** *n* commode *f*.

**chesty** ['tʃestɪ] (*compar* **chestier**, *superl* **chestiest**) *adj* [cough] de poitrine.

**cheval glass** [ʃə'væl,glɑːs] *n* psyché *f* (glace).

**chevron** ['ʃevrən] *n* ARCHIT, HERALD & MIL chevron *m*.

**chew** [tʃuː] ◇ *vt* mâcher, mastiquer; to ~ the cud *literal & fig* ruminer; to ~ the fat with sb *inf* tailler une bavette avec qqn. ◇ *n* **-1.** [act] mâchement *m*, mastication *f*.-**2.** [piece of tobacco] chique *f*.-**3.** [sweet] bonbon *m*.

◆ **chew on** *vt insep* **-1.** [food] mâcher, mastiquer; [bone] ronger; [tobacco] chiquer. **-2.** *inf* [problem, question] ruminer, retourner dans sa tête.

◆ **chew over** *vt sep inf* ruminer, retourner dans sa tête.

◆ **chew up** *vt sep* **-1.** [food] mâchonner, mastiquer. **-2.** [damage] abîmer à force de ronger.

**chewing gum** ['tʃuːɪŋ-] *n* chewing-gum *m*.

**chewy** ['tʃuːɪ] (*compar* **chewier**, *superl* **chewiest**) *adj* caoutchouteux.

**Cheyenne** [ʃaɪ'en] (*pl inv* OR **Cheyennes**) ◇ *n* Cheyenne *mf*. ◇ *adj* cheyenne.

**chiaroscuro** [kɪ,ɑːrə'skʊərəʊ] (*pl* **chiaroscuros**) *n* clair-obscur *m*.

**chic** [ʃiːk] ◇ *adj* chic, élégant. ◇ *n* chic *m*, élégance *f*.

**chicane** [ʃɪ'keɪn] *n* **-1.** GAMES [in bridge] main *f* à sans atout. **-2.** [barrier] chicane *f*.

**chicanery** [ʃɪ'keɪnərɪ] (*pl* **chicaneries**) *n* [trickery] ruse *f*, fourberie *f*; [legal trickery] chicane *f*.

**Chicano** [tʃɪˈkɑːnəʊ] (*pl* **Chicanos**) *n* Chicano *mf* (*Américain d'origine mexicaine*).

**chick** [tʃɪk] *n* **-1.** [baby bird – gen] oisillon *m*; [– of chicken] poussin *m*.**-2.** *inf* [woman] poupée *f*.

**chicken** [ˈtʃɪkɪn] ◇ *n* **-1.** [bird] poulet *m*; [young] poussin *m*; he's no (spring) ~ *inf* il n'est plus tout jeune; which came first, the ~ or the egg? allez savoir quelle est la cause et quel est l'effet, l'œuf ou la poule? **-2.** *inf* [coward] poule *f* mouillée, froussard *m*, -e *f*. ◇ *comp* (dish, liver, stew) de poulet; [sandwich] au poulet; ~ breast blanc *m* (de poulet); ~ leg cuisse *f* (de poulet). ◇ *adj inf* [cowardly] froussard.

♦ **chicken out** *vi insep inf* se dégonfler; he ~ed out of the race il s'est dégonflé et n'a pas pris part à la course.

**chickenfeed** [ˈtʃɪkɪnfiːd] *n* (U) **-1.** *literal* nourriture *f* pour volaille. **-2.** *inf & fig*: he earns ~ il gagne des cacahuètes.

**chickenpox** [ˈtʃɪkɪnpɒks] *n* (U) varicelle *f*.

**chicken wire** *n* grillage *m*.

**chickpea** [ˈtʃɪkpiː] *n* pois *m* chiche.

**chicory** [ˈtʃɪkərɪ] (*pl* **chicories**) *n* [for salad] endive *f*; [for coffee] chicorée *f*.

**chide** [tʃaɪd] (*pt* **chided** OR **chid** [tʃɪd], *pp* **chid** [tʃɪd] OR **chidden** [ˈtʃɪdn]) *vt fml* gronder, réprimander.

**chief** [tʃiːf] ◇ *n* **-1.** [leader] chef *m*; ~ of police ≈ préfet *m* de police; ~ of staff MIL chef *m* d'état-major; *Am* [at White House] secrétaire *m* général de la Maison Blanche. **-2.** *inf* [boss] boss *m*.**-3.** HERALD chef *m*. ◇ *adj* **-1.** [most important] principal, premier. **-2.** [head] premier, en chef; **Chief Constable** *en Grande-Bretagne, chef de la police d'un comté d'une région,* ≈ commissaire *m* divisionnaire; ~ **executive** ADMIN directeur *m*, -trice *f*; **the Chief Executive** *Am* POL le président des États-Unis, le chef de l'exécutif; ~ **executive officer** COMM & INDUST président-directeur général *m*; ~ **inspector** [gen] inspecteur *m* principal, inspectrice *f* principale, inspecteur *m*, -trice *f* en chef; *Br* [of police] ≈ commissaire *m* de police; *Br* SCH ≈ inspecteur général *m*, inspectrice générale *f*; ~ **justice** président *m* de la Haute Cour de justice; *Am* juge *m* à la Cour suprême; ~ **master sergeant** *Am* MIL major *m*; ~ **petty officer** NAUT ≈ maître *m*; ~ **superintendent** *Br* [in police] ≈ commissaire *m* principal; ~ **technician** *Br* [in Air Force] technicien *m*; ~ **warrant officer** MIL adjudant *m* en chef; **Chief Whip** *responsable du maintien de la discipline à l'intérieur d'un parti à la Chambre des communes.*

♦ **in chief** *adv phr* principalement, surtout.

**chiefly** [ˈtʃiːflɪ] *adv* principalement, surtout.

**chieftain** [ˈtʃiːftən] *n* chef *m* (*de tribu*).

**chiffon** [ˈʃɪfɒn] ◇ *n* mousseline *f* de soie. ◇ *adj* **-1.** [dress, scarf] en mousseline (de soie). **-2.** CULIN à la mousse.

**chignon** [ˈʃiːnjɒn] *n* chignon *m*.

**chihuahua** [tʃɪˈwɑːwə] *n* chihuahua *m*.

**chilblain** [ˈtʃɪlbleɪn] *n* engelure *f*.

**child** [tʃaɪld] (*pl* **children** [ˈtʃɪldrən]) ◇ *n* **-1.** [boy or girl] enfant *mf*; while still a ~ tout enfant; don't be such a ~! ne fais pas l'enfant!; to be with ~ *arch* OR *lit* attendre un enfant, être enceinte. **-2.** *lit* [result] fruit *m*. ◇ *comp* [psychiatry, psychology] de l'enfant, infantile; [psychiatrist, psychologist] pour enfants; ~ **abuse** mauvais traitements infligés aux enfants; she was a ~ **bride** elle s'était mariée toute jeune; ~ **guidance** psycho-pédagogie *f* pour enfants caractériels; ~ **labour** travail *m* des enfants; it's ~'s **play** for OR to him *inf* c'est un jeu d'enfant pour lui; ~ **prodigy** enfant *mf* prodige; ~ **welfare** protection *f* de l'enfance.

**childbearing** [ˈtʃaɪldˌbeərɪŋ] ◇ *n* grossesse *f*. ◇ *adj* [complications, problems] de grossesse; of ~ **age** en âge d'avoir des enfants.

**child benefit** *n* (U) allocation *f* familiale OR allocations *fpl* familiales (pour un enfant) (*en Grande-Bretagne*).

**childbirth** [ˈtʃaɪldbɜːθ] *n* (U) accouchement *m*; in ~ en couches.

**child care** *n* **-1.** *Br* ADMIN protection *f* de l'enfance. **-2.** *Am* [day care]: ~ **center** crèche *f*, garderie *f*.

**childhood** [ˈtʃaɪldhʊd] *n* enfance *f*.

**childish** [ˈtʃaɪldɪʃ] *adj* **-1.** [face, fears, voice] d'enfant. **-2.** [immature] enfantin, puéril; don't be so ~ ne fais pas l'enfant.

**childishly** [ˈtʃaɪldɪʃlɪ] *adv* comme un enfant, puérilement.

**childless** [ˈtʃaɪldlɪs] *adj* sans enfants.

**childlike** [ˈtʃaɪldlaɪk] *adj* d'enfant.

**Childline** [ˈtʃaɪldˌlaɪn] *pr n* numéro de téléphone mis à la disposition des enfants maltraités, ≈ SOS enfants battus.

**childminder** [ˈtʃaɪldˌmaɪndər] *n* *Br* [for very young children] nourrice *f*; [for older children] assistante *f* maternelle.

**childproof** [ˈtʃaɪldpruːf] *adj*: ~ **lock** serrure *f* de sécurité pour enfants.

**children** [ˈtʃɪldrən] *pl* → **child**.

**children's home** *n* maison *f* d'enfants.

**Child Support Agency** *pr n* en Grande-Bretagne, organisme gouvernemental qui décide du montant des pensions alimentaires et les prélève au besoin.

**Chile** [ˈtʃɪlɪ] *pr n* Chili *m*; in ~ au Chili.

**Chilean** [ˈtʃɪlɪən] ◇ *n* Chilien *m*, -enne *f*. ◇ *adj* chilien; the ~ **embassy** l'ambassade *f* du Chili.

**chili** [ˈtʃɪlɪ] = **chilli**.

**chill** [tʃɪl] ◇ *vt* **-1.** [make cold – food, wine] mettre au frais; [– champagne] frapper; [– glass, person] glacer; ~ed white wine vin blanc frais; to be ~ed to the bone/to the marrow être glacé jusqu'aux os/jusqu'à la moelle. **-2.** *fig* [enthusiasm] refroidir. **-3.** TECH [metal] tremper. ◇ *vi* se refroidir, rafraîchir. ◇ *n* **-1.** [coldness] fraîcheur *f*, froideur *f*; there's a ~ **in the air** il fait assez frais OR un peu froid; I sensed a certain ~ **in his welcome** *fig* j'ai senti une certaine froideur dans son accueil. **-2.** [feeling of fear] frisson *m*; the story sent ~s **down her spine** l'histoire lui a fait froid dans le dos. **-3.** [illness] coup *m* de froid, refroidissement *m*; to catch a ~ attraper OR prendre froid. ◇ *adj* [air, weather] frais (*f* fraîche), froid; [glance, response] froid, glacial.

♦ **chill out** *vi insep inf* décompresser; ~ **out!** du calme!

**chilli** [ˈtʃɪlɪ] ◇ *n* [spice] sorte de piment; [dish] chili *m*. ◇ *comp*: ~ **powder** chili *m*; ~ **sauce** sauce *f* aux tomates et piments.

**chilli con carne** [ˌtʃɪlɪkɒnˈkɑːnɪ] *n* chili *m* con carne.

**chilling** [ˈtʃɪlɪŋ] *adj* [wind] frais (*f* fraîche), froid; *fig* [look, smile] froid, glacial; [news, story, thought] qui donne des frissons.

**chilly** [ˈtʃɪlɪ] (*compar* **chillier**, *superl* **chilliest**) *adj* **-1.** [air, room] (très) frais (*f* fraîche), froid; I feel ~ j'ai froid. **-2.** *fig* [greeting, look] froid, glacial.

**chime** [tʃaɪm] ◇ *n* [bell] carillon *m*. ◇ *vi* **-1.** [bell, voices] carillonner; [clock] sonner. **-2.** [agree] s'accorder. ◇ *vt* sonner; the clock ~d 6 l'horloge a sonné 6 h.

♦ **chimes** *npl* [for door] carillon *m*, sonnette *f*.

♦ **chime in** *vi insep inf* [say] intervenir; all the children ~d in tous les enfants ont fait chorus.

**chimera** [kaɪˈmɪərə] *n* MYTH & *fig* chimère *f*.

**chimney** [ˈtʃɪmnɪ] *n* **-1.** [in building] cheminée *f*. **-2.** [of lamp] verre *m*. **-3.** GEOL cheminée *f*.

**chimneybreast** [ˈtʃɪmnɪbrest] *n* *Br* manteau *m* (*de cheminée*).

**chimneypiece** [ˈtʃɪmnɪpiːs] *n* *Br* dessus *m* OR tablette *f* de cheminée.

**chimneypot** [ˈtʃɪmnɪpɒt] *n* tuyau *m* de cheminée.

**chimneystack** [ˈtʃɪmnɪstæk] *n* [of one chimney] tuyau *m* de cheminée; [group of chimneys] souche *f* de cheminée.

**chimneysweep** [ˈtʃɪmnɪswiːp] *n* ramoneur *m*.

**chimp** [tʃɪmp] *inf*, **chimpanzee** [ˌtʃɪmpənˈziː] *n* chimpanzé *m*.

**chin** [tʃɪn] *n* menton *m*; (keep your) ~ **up!** courage!; he took the news on the ~ *inf* il a encaissé la nouvelle (sans broncher).

**china** [ˈtʃaɪnə] ◇ *n* **-1.** [material] porcelaine *f*; a piece of ~ une porcelaine. **-2.** [porcelain objects] porcelaine *f*; [porcelain dishes] porcelaine *f*, vaisselle *f* (de porcelaine); [crockery] vaisselle *f*. ◇ *comp* [cup, plate] de OR en porcelaine; [shop] de porcelaine.

**China** [ˈtʃaɪnə] *pr n* Chine *f*; in ~ en Chine; the People's Republic of ~ la République populaire de Chine.

**china clay** *n* kaolin *m*.

**Chinaman** [ˈtʃaɪnəmən] (*pl* **Chinamen** [-mən]) *n dated* Chinois *m*.

**China Sea** *pr n*: the ~ la mer de Chine.

**China tea** *n* thé *m* de Chine.

**Chinatown** [ˈtʃaɪnətaʊn] *n* le quartier chinois.

**chinchilla** [tʃɪnˈtʃɪlə] ◇ *n* chinchilla *m*. ◇ *comp* [coat, wrap] de chinchilla.

**Chinese** [,tʃaɪˈniːz] (pl inv) ◇ n **-1.** [person] Chinois m, -e f. **-2.** LING chinois m. **-3.** Br inf [meal] repas m chinois. ◇ adj chinois; the ~ embassy l'ambassade de Chine.

**Chinese cabbage** n chou m chinois.

**Chinese lantern** n lanterne f vénitienne.

**Chinese leaves** npl bettes fpl.

**Chinese puzzle** n casse-tête m inv chinois.

**chink** [tʃɪŋk] ◇ n **-1.** [hole] fente f, fissure f; [of light] rayon m ❑ we found a ~ in her armour nous avons trouvé son point faible OR sensible. **-2.** [sound] tintement m (de pièces de monnaie, de verres). ◇ vi [jingle] tinter. ◇ vt **-1.** [jingle] faire tinter. **-2.** Am [cracks] boucher les fentes dans.

**Chink** [tʃɪŋk] n terme raciste désignant un Chinois, ≃ Chinetoque mf.

**chinless** [ˈtʃɪnlɪs] adj [with receding chin] au menton fuyant; fig [cowardly] mou, before vowel or silent 'h' mol (f molle), sans caractère; a ~ wonder Br inf & fig une chiffe molle.

**Chinook** [tʃɪˈnuːk] (pl inv OR **Chinooks**) ◇ n [person] Chinook mf. ◇ adj chinook inv.

**chinos** [ˈtʃiːnəʊz] npl chinos m.

**chinstrap** [ˈtʃɪnstræp] n jugulaire f (de casque).

**chintzy** [ˈtʃɪntsɪ] (compar **chintzier**, superl **chintziest**) adj **-1.** Br [decor] typique des intérieurs anglais coquets abondamment ornés de tissus imprimés. **-2.** Am [stingy – person] mesquin; [– amount] misérable, insuffisant; [thing] de mauvaise qualité.

**chin-up** n traction f (à la barre fixe).

**chinwag** [ˈtʃɪnwæg] n inf causette f.

**chip** [tʃɪp] (pt & pp **chipped**, cont **chipping**) ◇ n **-1.** [piece] éclat m; [of wood] copeau m, éclat m; she's a ~ off the old block if elle est bien/la fille de son père/de sa mère; to have a ~ on one's shoulder inf en vouloir à tout le monde. **-2.** [flaw – in dish, glass] ébréchure f; [– in chair, wardrobe] écornure f; this glass has a ~ (in it) ce verre est ébréché. **-3.** CULIN Br [French fry] (pomme de terre f) frite f; Am [crisp] chips f inv. **-4.** GAMES [counter] jeton m, fiche f; to cash in one's ~s literal se faire payer; inf & fig casser sa pipe; when the ~s are down inf dans les moments difficiles; to have had one's ~s Br inf être fichu OR cuit. **-5.** COMPUT puce f. **-6.** [in golf] coup m coché. ◇ vt **-1.** [dish, glass] ébrécher; [furniture] écorner; [paint] écailler. **-2.** [cut into pieces] piler. **-3.** [shape by cutting] tailler. **-4.** Br CULIN couper en lamelles. **-5.** [in golf]: to ~ the ball cocher. ◇ vi [dish, glass] s'ébrécher; [furniture] s'écorner; [paint] s'écailler.

◆ **chip away at** vt insep: to ~ away at sthg décaper qqch.

◆ **chip in** inf ◇ vi insep **-1.** [contribute] contribuer. **-2.** [speak] mettre son grain de sel. ◇ vt insep **-1.** [contribute] contribuer, donner. **-2.** [say] dire.

◆ **chip off** vt sep enlever.

**chip-based** adj COMPUT à puce.

**chipboard** [ˈtʃɪpbɔːd] n (U) Br (panneau m d') aggloméré m, panneau m de particules.

**chipmunk** [ˈtʃɪpmʌŋk] n tamia m, suisse m Can.

**chipolata** [,tʃɪpəˈlɑːtə] n chipolata f.

**chip pan** n friteuse f.

**chipped** [tʃɪpt] adj **-1.** [dish, glass] ébréché; [furniture] écorné; [paint] écaillé. **-2.** Br CULIN: ~ potatoes (pommes de terre fpl) frites fpl.

**chipper** [ˈtʃɪpər] adj inf **-1.** [lively] vif, fringant. **-2.** [smartly dressed] chic, élégant.

**chippie** [ˈtʃɪpɪ] = **chippy**.

**chippings** [ˈtʃɪpɪŋz] npl [gen] éclats mpl, fragments mpl; [of wood] copeaux mpl, éclats mpl; [in roadwork] gravillons mpl.

**chippy** [ˈtʃɪpɪ] (pl **chippies**) n Br inf **-1.** = **chip shop**. **-2.** [carpenter] charpentier m.

**chip shop** n Br boutique où l'on vend du «fish and chips».

**chiromancer** [ˈkaɪərəʊmænsər] n chiromancien m, -enne f.

**chiromancy** [ˈkaɪərəʊmænsɪ] n chiromancie f.

**chiropodist** [kɪˈrɒpədɪst] n pédicure mf.

**chiropody** [kɪˈrɒpədɪ] n (U) [treatment] soins mpl du pied; [science] podologie f.

**chiropractor** [ˈkaɪrə,præktər] n chiropracteur m, chiropracticien m, -enne f.

**chirp** [tʃɜːp] ◇ vi [bird] pépier, gazouiller; [insect] chanter, striduler; [person] parler d'une voix flûtée. ◇ n [of bird] pépiement m, gazouillement m; [of insect] chant m, stridulation f.

**chirpy** [ˈtʃɜːpɪ] (compar **chirpier**, superl **chirpiest**) adj inf [person] gai, plein d'entrain; [mood, voice] gai, enjoué.

**chirrup** [ˈtʃɪrəp] ◇ vi [bird] pépier, gazouiller; [insect] chanter, striduler; [person] parler d'une voix flûtée. ◇ n [of bird] pépiement m, gazouillement m; [of insect] chant m, stridulation f.

**chisel** [ˈtʃɪzl] (Br pt & pp **chiselled**, cont **chiselling**, Am pt & pp **chiseled**, cont **chiseling**) ◇ n [gen] ciseau m; [for engraving] burin m. ◇ vt **-1.** [carve] ciseler; chiselled features fig traits burinés. **-2.** [engrave – form, name] graver au burin; [– plate] buriner. **-3.** [cheat]: to ~ sb out of sthg inf carotter qqch à qqn.

**chit** [tʃɪt] n [memo, note] note f; [voucher] bon m; [receipt] reçu m, récépissé m.

**chitchat** [ˈtʃɪttʃæt] ◇ n (U) bavardage m, papotage m. ◇ vi bavarder, papoter.

**chitlings** [ˈtʃɪtlɪŋz], **chitterlings** [ˈtʃɪtəlɪŋz] npl tripes fpl.

**chitty** [ˈtʃɪtɪ] (pl **chitties**) n Br note f.

**chivalrous** [ˈʃɪvlrəs] adj **-1.** [courteous] chevaleresque, courtois; [gallant] galant. **-2.** [exploit, tournament] chevaleresque.

**chivalrously** [ˈʃɪvlrəslɪ] adv [courteously] de façon chevaleresque, courtoisement; [gallantly] galamment.

**chivalry** [ˈʃɪvlrɪ] n **-1.** [courtesy] conduite f chevaleresque, courtoisie f; [gallantry] galanterie f. **-2.** [knights, system] chevalerie f.

**chives** [tʃaɪvz] npl ciboulette f, civette f.

**chiv(v)y** [ˈtʃɪvɪ] (pt & pp **chivvied** OR **chivied**) vt **-1.** inf [nag] harceler; to ~ sb into doing sthg harceler qqn jusqu'à ce qu'il fasse qqch. **-2.** [hunt – game] chasser; [– criminal] pourchasser.

◆ **chivvy up** vt sep inf faire activer.

**chloride** [ˈklɔːraɪd] n chlorure m.

**chlorinate** [ˈklɔːrɪneɪt] vt [water] javelliser; CHEM chlorurer, chlorer.

**chlorination** [,klɔːrɪˈneɪʃn] n [of water] javellisation f, chloration f; CHEM chloration f.

**chlorine** [ˈklɔːriːn] ◇ n CHEM chlore m. ◇ comp: ~ bleach eau f de Javel.

**chlorofluorocarbon** [ˈklɔːrə,flɔːrəʊˈkɑːbən] n chlorofluorocarbone m.

**chloroform** [ˈklɒrəfɔːm] ◇ n chloroforme m. ◇ vt chloroformer.

**chlorophyll** Br, **chlorophyl** Am [ˈklɒrəfɪl] n chlorophylle f.

**choc** [tʃɒk] n inf chocolat m.

**choc-ice** n Br ≃ Esquimau® m.

**chock** [tʃɒk] ◇ n [for door, wheel] cale f; [for barrel] cale f, chantier m; NAUT chantier m, cale f. ◇ vt [barrel, door, wheel] caler; NAUT mettre sur un chantier OR sur cales.

**chock-a-block**, **chock-full** adj inf [room, theatre] plein à craquer; [container] bourré, plein à ras bord.

**chocolate** [ˈtʃɒkələt] ◇ n [drink, sweet] chocolat m. ◇ comp [biscuit, cake] au chocolat, chocolaté; ~ chip cookie biscuit m avec des perles de chocolat. ◇ adj chocolat (inv); ~ brown (couleur f) chocolat (inv).

**choice** [tʃɔɪs] ◇ n **-1.** [act of choosing] choix m; to make a ~ faire un choix; to have first ~ pouvoir choisir en premier; it's your ~ c'est à vous de choisir OR décider; by OR from ~ de OR par préférence; the profession of her ~ la profession de son choix. **-2.** [option] choix m, option f; you have no ~ vous n'avez pas le choix; I had no ~ but to leave je ne pouvais que partir. **-3.** [selection] choix m, assortiment m; a wide ~ of goods un grand choix de marchandises. **-4.** [thing, person chosen] choix m; he would be a good ~ for president il ferait un bon président; you made the right/wrong ~ vous avez fait le bon/mauvais choix. ◇ adj **-1.** [fruit, meat] de choix, de première qualité. **-2.** [well-chosen – phrase, words] bien choisi. **-3.** [coarse – language] grossier.

**choir** [ˈkwaɪər] ◇ n **-1.** [group of singers] chœur m, chorale f; [in church] chœur m, maîtrise f; we sing in the ~ [gen] nous faisons partie du chœur OR de la chorale; [in church] nous faisons partie du chœur, nous chantons dans la maîtrise. **-2.**

ARCHIT chœur *m.*-3. [group of instruments] chœur *m.* ◇ *comp*: ~ practice répétition *f* de la chorale.

**choirboy** ['kwaɪəbɔɪ] *n* jeune choriste *m.*

**choirmaster** ['kwaɪə,mɑːstər] *n* [gen] chef *m* de chœur; [in church] maître *m* de chapelle.

**choir school** *n* maîtrise *f.*

**choirstall** ['kwaɪəstɔːl] *n* stalle *f* du chœur.

**choke** [tʃəʊk] ◇ *vi* étouffer, s'étouffer, s'étrangler; to ~ on sthg s'étouffer OR s'étrangler en avalant qqch de travers; to ~ to death mourir étouffé; to ~ with rage s'étouffer OR s'étrangler de rage. ◇ *vt* -1. [asphyxiate] étrangler, étouffer; in a voice ~d with emotion d'une voix étranglée par l'émotion. -2. [strangle] étrangler. -3. [clog] boucher, obstruer; ~d with traffic embouteillé, bouché; ~d with weeds étouffé par les mauvaises herbes. -4. TECH [engine, fire] étouffer. ◇ *n* -1. AUT starter *m*; TECH [in pipe] buse *f.*-2. [of artichoke] foin *m.*

◆ **choke back**, **choke down** *vt sep* [anger] refouler, étouffer; [tears] refouler, contenir; [complaint, cry] retenir.

◆ **choke up** *vt sep* -1. [road] boucher, embouteiller. -2. *inf* [emotionally] émouvoir, toucher profondément.

**choked** [tʃəʊkt] *adj* -1. [cry, voice] étranglé. -2. *Br inf* [person – moved] secoué; [– sad] peiné, attristé; [– annoyed] énervé, fâché.

**choker** ['tʃəʊkər] *n* [necklace] collier *m* (court); [neckband] tour *m* de cou.

**choking** ['tʃəʊkɪŋ] *n* étouffement *m*, suffocation *f.*

**cholera** ['kɒlərə] *n* choléra *m.*

**cholesterol** [kə'lestərɒl] *n* cholestérol *m.*

**chomp** ['tʃɒmp] *inf* ◇ *vi* & *vt* mastiquer bruyamment. ◇ *n* mastication *f* bruyante.

**choose** [tʃuːz] (*pt* chose [tʃəʊz], *pp* chosen ['tʃəʊzn]) ◇ *vt* -1. [select] choisir, prendre; ~ your words carefully pesez bien vos mots; there's little OR not much to ~ between the two parties les deux partis se valent. -2. [elect] élire. -3. [decide] décider, juger bon; I didn't ~ to invite her [invited unwillingly] je l'ai invitée contre mon gré. ◇ *vi* choisir; do as you ~ faites comme bon vous semble OR comme vous l'entendez OR comme vous voulez; there's not a lot to ~ from il n'y a pas beaucoup de choix.

**choos(e)y** ['tʃuːzɪ] (*compar* choosier, *superl* choosiest) *adj inf* difficile; she's very ~ about what she eats elle ne mange pas n'importe quoi, elle est très difficile sur la nourriture.

**chop** [tʃɒp] (*pt* & *pp* chopped, *cont* chopping) ◇ *vt* -1. [cut – gen] couper; [– wood] couper; [– hit] donner un coup à, frapper. -3. *inf* [reduce – budget, funding] réduire, diminuer; [– project] mettre au rancart. -4. SPORT [ball] couper. ◇ *vi* [change direction] varier; to ~ and change changer constamment d'avis. ◇ *n* -1. [blow – with axe] coup *m* de hache; [– with hand] coup *m*; to get OR to be given the ~ *Br inf* [employee] être viré; [project] être mis au rancart; the welfare programmes are for the ~ *Br inf* les programmes d'assistance sociale vont être supprimés. -2. CULIN [of meat] côtelette *f.*-3. GOLF coup *m* piqué; TENNIS volée *f* coupée OR arrêtée.

◆ **chops** *npl* [jowls – of person] joue *f*; [– of animal] bajoues *fpl.*

◆ **chop down** *vt sep* abattre.

◆ **chop off** *vt sep* trancher, couper; they chopped off the king's head ils ont coupé la tête au roi.

◆ **chop up** *vt sep* couper en morceaux, hacher.

**chop-chop** *inf* ◇ *adv* rapidement, vite. ◇ *interj*: ~! allez, et que ça saute!

**Chopin** ['ʃɒpæn] *pr n* Chopin.

**chopper** ['tʃɒpər] *n* -1. *Br* [axe] petite hache *f*; CULIN [cleaver] couperet *m*, hachoir *m.*-2. *inf* [helicopter] hélico *m.*-3. *inf* [motorcycle] chopper *m*; [bicycle] vélo *m* (*à haut guidon*).

**chopping board** ['tʃɒpɪŋ-] *n* planche *f* à découper.

**choppy** ['tʃɒpɪ] (*compar* choppier, *superl* choppiest) *adj* -1. [lake, sea] un peu agité; [waves] clapotant. -2. [wind] variable.

**chopstick** ['tʃɒpstɪk] *n* baguette *f* (*pour manger*).

**chopsuey** [,tʃɒp'suːɪ] *n* chop suey *m.*

**choral** ['kɔːrəl] ◇ *adj* choral. ◇ *n* = chorale.

**chorale** [kɒ'rɑːl] *n* -1. [hymn] chœur *m*, choral *m.*-2. *Am* [choir] chœur *m*, chorale *f.*

**chord** [kɔːd] *n* -1. ANAT & GEOM corde *f.*-2. MUS [group of notes] accord *m*; to strike OR to touch a ~ toucher la corde sensible.

**chore** [tʃɔːr] *n* [task – routine] travail *m* de routine; [– unpleasant] corvée *f*; household ~s travaux *mpl* ménagers; I have to do the ~s *Am* il faut que je fasse le ménage.

**choreograph** ['kɒrɪəgrɑːf] *vt* [ballet, dance] chorégraphier, faire la chorégraphie de; *fig* [meeting, party] organiser.

**choreographer** [,kɒrɪ'ɒgrəfər] *n* chorégraphe *mf.*

**choreography** [,kɒrɪ'ɒgrəfɪ] *n* chorégraphie *f.*

**chorister** ['kɒrɪstər] *n* choriste *mf.*

**chortle** ['tʃɔːtl] ◇ *vi* glousser. ◇ *n* gloussement *m*, petit rire *m.*

**chorus** ['kɔːrəs] ◇ *n* -1. [choir] chœur *m*, chorale *f.*-2. [piece of music] chœur *m*, choral *m.*-3. [refrain] refrain *m.*-4. THEAT [dancers, singers] troupe *f*; [speakers] chœur *m.*-5. [of complaints, groans] concert *m.* ◇ *vt* [song] chanter en chœur; [poem] réciter en chœur; [approval, discontent] dire OR exprimer en chœur.

**chorus girl** *n* girl *f.*

**chorus line** *n* troupe *f.*

**chose** [tʃəʊz] *pt* → choose.

**chosen** ['tʃəʊzn] ◇ *pp* → choose. ◇ *adj* choisi; she told only a ~ few elle ne s'est confiée qu'à quelques privilégiés; the ~ people les élus *mpl.* ◇ *npl*: the ~ les élus *mpl.*

**choux pastry** [ʃuː-] *n* (U) pâte *f* à choux.

**chow** [tʃaʊ] *n* -1. [dog] chow-chow *m.*-2. *inf* [food] bouffe *f.*

**chowder** ['tʃaʊdər] *n* potage épais qui contient du poisson ou des fruits de mer.

**Christ** [kraɪst] ◇ *pr n* le Christ, Jésus-Christ *m*; the ~ child l'enfant *m* Jésus. ◇ *interj*: ~!▽ Bon Dieu (de Bon Dieu)!

**christen** ['krɪsn] *vt* -1. [gen] appeler, nommer; [nickname] baptiser, surnommer; NAUT & RELIG baptiser; he was ~ed after his grandfather on lui avait donné le nom de son grand-père. -2. *inf* [use for first time] étrenner.

**Christendom** ['krɪsndəm] *n* chrétienté *f.*

**christening** ['krɪsnɪŋ] *n* baptême *m.*

**Christian** ['krɪstʃən] ◇ *n* chrétien *m*, -enne *f.* ◇ *adj literal* chrétien; *fig* [charitable] charitable, bon.

**Christianity** [,krɪstɪ'ænətɪ] *n* [religion] christianisme *m.*

**Christian name** *n* nom *m* de baptême, prénom *m.*

**Christian Science** *n* la Science chrétienne.

**Christian Scientist** *n* scientiste chrétien *m*, scientiste chrétienne *f.*

**Christlike** ['kraɪstlaɪk] *adj* semblable OR qui ressemble au Christ.

**Christmas** ['krɪsməs] ◇ *n* Noël *m*; at ~ à Noël; for ~ pour Noël; Merry ~! joyeux Noël! ◇ *comp* [party, present, dinner] de Noël; ~ cracker *papillote contenant un pétard et une surprise traditionnelle au moment des fêtes.*

**Christmas box** *n Br* étrennes *fpl* (*offertes à Noël*).

**Christmas cake** *n* gâteau *m* de Noël (*cake décoré au sucre glacé*).

**Christmas card** *n* carte *f* de Noël.

**Christmas carol** *n* chant *m* de Noël, noël *m*; RELIG cantique *m* de Noël.

**Christmas club** *n caisse de contributions pour les cadeaux de Noël.*

**Christmas Day** *n* le jour de Noël.

**Christmas Eve** *n* la veille de Noël.

**Christmas pudding** *n Br* pudding *m*, plum-pudding *m.*

**Christmas stocking** *n chaussette que les enfants suspendent à la cheminée pour que le père Noël y dépose les cadeaux.*

**Christmassy** ['krɪsməsɪ] *adj* qui rappelle la fête de Noël.

**Christmastime** ['krɪsməstaɪm] *n* la période de Noël OR des fêtes (de fin d'année).

**Christmas tree** *n* sapin *m* OR arbre *m* de Noël.

**Christopher** ['krɪstəfər] *pr n*: Saint ~ saint Christophe.

**chromatic** [krə'mætɪk] *adj* chromatique; ~ printing TYPO impression *f* polychrome.

**chromatography** [,krəʊmə'tɒgrəfɪ] *n* chromatographie *f.*

**chrome** [krəʊm] ◇ *n* chrome *m.* ◇ *adj* [fittings, taps] chromé.

**chrome green** *n* vert *m* de chrome.

**chrome steel** *n* acier *m* chromé, chromé *m*.
**chrome yellow** *n* jaune *m* de chrome.
**chromium** ['krəʊmɪəm] *n* chrome *m*.
**chromium-plated** [-'pleɪtɪd] *adj* chromé.
**chromium-plating** [-'pleɪtɪŋ] *n* chromage *m*.
**chromolithograph** [,krəʊməʊ'lɪθəgrɑːf] *n* chromolithographie *f*.
**chromosome** ['krəʊməsəʊm] *n* chromosome *m*.
**chromosome number** *n* nombre *m* chromosomique.
**chronic** ['krɒnɪk] *adj* **-1.** [long-lasting – illness, unemployment] chronique. **-2.** [habitual – smoker, gambler] invétéré. **-3.** [serious – problem, situation] difficile, grave. **-4.** *Br inf* [very bad] atroce, affreux.
**chronically** ['krɒnɪklɪ] *adv* **-1.** [habitually] chroniquement. **-2.** [severely] gravement, sérieusement.
**chronicle** ['krɒnɪkl] ◇ *n* chronique *f*. ◇ *vt* faire la chronique de, raconter.
◆ **Chronicles** *n*: the (Book of) Chronicles le livre des Chroniques.
**chronicler** ['krɒnɪklər] *n* chroniqueur *m*, -euse *f*.
**chronograph** ['krɒnəgrɑːf] *n* chronographe *m*.
**chronological** [,krɒnə'lɒdʒɪkl] *adj* chronologique; in ~ order par ordre OR dans un ordre chronologique.
**chronologically** [,krɒnə'lɒdʒɪklɪ] *adv* chronologiquement, par ordre chronologique.
**chronology** [krə'nɒlədʒɪ] *n* chronologie *f*.
**chronometer** [krə'nɒmɪtər] *n* chronomètre *m*.
**chrysalid** ['krɪsəlɪd] (*pl* **chrysalides** [-'sælɪdiːz]) *n* chrysalide *f*.
**chrysalis** ['krɪsəlɪs] (*pl* **chrysalises** [-siːz]) *n* chrysalide *f*.
**chrysanthemum** [krɪ'sænθəməm] *n* chrysanthème *m*.
**chub** [tʃʌb] (*pl inv* OR **chubs**) *n* chevesne *m*, chevaine *m*.
**chubbiness** ['tʃʌbɪnɪs] *n* rondeur *f*.
**Chubb lock®** [tʃʌb-] *n type de serrure réputé incrochetable*.
**chubby** ['tʃʌbɪ] (*compar* **chubbier**, *superl* **chubbiest**) *adj* [fingers, person] potelé; [face] joufflu; ~-cheeked joufflu.
**chuck** [tʃʌk] ◇ *vt* **-1.** *inf* [toss] jeter, lancer. **-2.** *inf* [give up – activity, job] laisser tomber, lâcher. **-3.** *inf* [jilt – boyfriend, girlfriend] plaquer. ◇ *n Br* **-1.** TECH mandrin *m*.**-2.** = chuck steak.
◆ **chuck away** *vt sep inf* [old clothing, papers] balancer; [chance, opportunity] laisser passer; [money] jeter par les fenêtres.
◆ **chuck in** *vt sep Br inf* [give up – activity, job] lâcher; [– attempt] renoncer à.
◆ **chuck out** *vt sep inf* [old clothing, papers] balancer; [person] vider, sortir.
**chucker-out** [,tʃʌkər-] *n Br inf* videur *m*.
**chuckle** ['tʃʌkl] ◇ *vi* glousser, rire; to ~ with delight rire avec jubilation. ◇ *n* gloussement *m*, petit rire *m*; they had a good ~ over her mishap sa mésaventure les a bien fait rire.
**chuck steak** *n* morceau *m* de bœuf dans le paleron.
**chuck wagon** *n* cantine *f* ambulante (*pour les cowboys*).
**chuffed** [tʃʌft] *adj Br inf* vachement OR super content, ravi; to be ~ about OR at sthg être ravi de qqch.
**chug** [tʃʌg] ◇ *vi* **-1.** [make noise – engine, car, train] s'essouffler, haleter. **-2.** [move] avancer en soufflant OR en haletant. ◇ *n* [of engine, car, train] halètement *m*.
**chukka, chukker** ['tʃʌkə] *n* [in polo] période *f* de jeu (*de sept minutes et demie*).
**chum** [tʃʌm] *n inf* copain *m*, copine *f*.
**chummy** ['tʃʌmɪ] (*compar* **chummier**, *superl* **chummiest**) *adj inf* amical; to be ~ with sb être copain/copine avec qqn.
**chump** [tʃʌmp] *n inf & dated* **-1.** [dolt – boy] ballot *m*; [– girl] gourde *f*.**-2.** *Br* [head] boule *f*.
**chump chop** *n Br* côte *f* (*d'agneau*).
**chunk** [tʃʌŋk] *n* [of meat, wood] gros morceau *m*; [of budget, time] grande partie *f*.
**chunky** ['tʃʌŋkɪ] (*compar* **chunkier**, *superl* **chunkiest**) *adj* **-1.** [person – stocky] trapu; [– chubby] potelé, enrobé; [food, stew] avec des morceaux. **-2.** *Br* [clothing, sweater] de grosse laine; [jewellery] gros (*f* grosse).
**Chunnel** ['tʃʌnl] *n Br inf*: the ~ *terme familier désignant le tunnel sous la Manche*.

**church** [tʃɜːtʃ] ◇ *n* **-1.** [building – gen] église *f*; [– Protestant] église *f*, temple *m*.**-2.** [services – Protestant] office *m*; [– Catholic] messe *f*; to go to ~ [Protestants] aller au temple OR à l'office; [Catholics] aller à la messe OR à l'église; do you go to ~? êtes-vous pratiquant?**-3.** (*U*) [clergy]: the ~ les ordres *mpl*; to go into the ~ entrer dans les ordres. ◇ *vt Br* [gen] faire assister à la messe; [woman after childbirth] faire assister à la messe de relevailles.
◆ **Church** *n* [institution]: the Church l'Église *f*; Church of Christ, Scientist Église de la Science chrétienne; Church of England Église anglicane; Church of France/of Scotland Église de France/d'Écosse; Church of Rome Église catholique.
**churchgoer** ['tʃɜːtʃ,gəʊər] *n* pratiquant *m*, -e *f*.
**church hall** *n* salle *f* paroissiale.
**churchman** ['tʃɜːtʃmən] (*pl* **churchmen** [-mən]) *n* [clergyman] ecclésiastique *m*; [churchgoer] pratiquant *m*.
**church school** *n* ≃ catéchisme *m*.
**churchwarden** [,tʃɜːtʃ'wɔːdn] *n* bedeau *m*, marguillier *m*.
**churchwoman** ['tʃɜːtʃ,wʊmən] (*pl* **churchwomen** [-,wɪmɪn]) *n* pratiquante *f*.
**churchy** ['tʃɜːtʃɪ] (*compar* **churchier**, *superl* **churchiest**) *adj* **-1.** [atmosphere, song] qui rappelle l'église. **-2.** *pej* [person] bigot.
**churchyard** ['tʃɜːtʃjɑːd] *n* [grounds] terrain *m* autour de l'église; [graveyard] cimetière *m* (*autour d'une église*).
**churl** [tʃɜːl] *n lit* [ill-bred person] rustre *m*, malotru *m*; [surly person] ronchon *m*.
**churlish** ['tʃɜːlɪʃ] *adj* [rude] fruste, grossier; [bad-tempered – person] qui a mauvais caractère, revêche; [– attitude, behaviour] revêche, désagréable.
**churn** [tʃɜːn] ◇ *vt* **-1.** [cream] baratter. **-2.** [mud] remuer; [water] faire bouillonner. ◇ *vi* [sea, water] bouillonner; the thought made my stomach ~ j'ai eu l'estomac tout retourné à cette idée. ◇ *n* **-1.** [for butter] baratte *f*.**-2.** *Br* [milk can] bidon *m*.
◆ **churn out** *vt sep inf* **-1.** [produce rapidly – gen] produire rapidement; [– novels, reports] pondre à la chaîne OR en série. **-2.** [produce mechanically] débiter.
◆ **churn up** *vt sep* [mud] remuer; [sea, water] faire bouillonner.
**churning** ['tʃɜːnɪŋ] *n* [act] barattage *m*.
**chute** [ʃuːt] *n* **-1.** [for parcels] glissière *f*.**-2.** [for sledding, in swimming pool] toboggan *m*.**-3.** [in river] rapide *m*.**-4.** *inf* [parachute] parachute *m*.
**chutney** ['tʃʌtnɪ] *n* chutney *m* (*condiment à base de fruits*).
**chutzpah** ['hʊtspə] *n esp Am inf* culot *m*.
**CIA** (*abbr of* **Central Intelligence Agency**) *pr n* CIA *f*.
**ciborium** [sɪ'bɔːrɪəm] *n* ciborium *m*.
**cicada** [sɪ'kɑːdə] (*pl* **cicadas** OR **cicadae** [-diː]) *n* cigale *f*.
**Cicero** ['sɪsə,rəʊ] *pr n* Cicéron.
**Ciceronian** [,sɪsə'rəʊnɪən] *adj* cicéronien.
**CID** (*abbr of* **Criminal Investigation Department**) *pr n* police judiciaire britannique, ≃ PJ.
**cider** ['saɪdər] ◇ *n* cidre *m*. ◇ *comp*: ~ press pressoir *m* à cidre; ~ vinegar vinaigre *m* de cidre.
**cider apple** *n* pomme *f* à cidre.
**cif, CIF** (*abbr of* **cost, insurance and freight**) *adj & adv* CAF, caf.
**cig** [sɪg] *n inf* clope *m* or *f*, sèche *f*.
**cigar** [sɪ'gɑːr] ◇ *n* cigare *m*. ◇ *comp* [box, case, tobacco] à cigares; [ash, smoke] de cigare; ~ holder fume-cigare *m inv*; ~ lighter allume-cigare *m inv*.
**cigaret** [,sɪgə'ret] *Am* = **cigarette**.
**cigarette** [,sɪgə'ret] ◇ *n* cigarette *f*. ◇ *comp* [ash, smoke] de cigarette; [packet, smoke] de cigarettes; [paper, tobacco] à cigarettes; ~ case étui *m* à cigarettes, porte-cigarettes *m inv*.
**cigarette card** *n* image offerte autrefois avec chaque paquet de cigarettes.
**cigarette end** *n* mégot *m*.
**cigarette holder** *n* fume-cigarette *m inv*.
**cigarette lighter** *n* briquet *m*.
**cigarillo** [,sɪgə'rɪləʊ] (*pl* **cigarillos**) *n* petit cigare *m*, cigarillo *m*.

**ciggie** ['sɪgɪ] *n inf* clope *m* or *f*, sèche *f*.

**cinch** [sɪntʃ] *n inf*: it's a ~ [certainty] c'est du tout cuit; [easy to do] c'est du gâteau.

**cinder** ['sɪndəʳ] *n* cendre *f*; ~s [in fireplace] cendres; [from furnace, volcano] scories *fpl*; **burnt to a** ~ réduit en cendres.

**cinder block** *n Am* parpaing *m*.

**Cinderella** [,sɪndə'relə] ◇ *pr n* Cendrillon. ◇ *n fig* parent *m* pauvre.

**cinder track** *n* (piste *f*) cendrée *f*.

**cinecamera** ['sɪnɪ,kæmərə] *n Br* caméra *f*.

**cine-film** ['sɪnɪ-] *n Br* film *m*.

**cinema** ['sɪnəmə] *n* [building] *Br* cinéma *m*; [industry] (industrie *f* du) cinéma *m*.

**cinemagoer** ['sɪnɪmə,gəʊəʳ] *n* personne *f* qui fréquente les cinémas.

**Cinemascope®** ['sɪnəməskəʊp] *n* Cinémascope® *m*.

**cinematic** [,sɪnɪ'mætɪk] *adj* cinématique.

**cinematograph** [,sɪnə'mætəgrɑːf] *n Br* cinématographe *m*.

**cinematography** [,sɪnəmə'tɒgrəfɪ] *n Br* cinématographie *f*.

**cine-projector** ['sɪnɪ-] *n Br* projecteur *m* de cinéma.

**cineraria** [,sɪnə'reərɪə] ◇ *pl* → **cinerarium**. ◇ *n* BOT cinéraire *f*.

**cinerarium** [,sɪnə'reərɪəm] (*pl* **cineraria** [-rɪə]) *n* cinéraire *m*.

**cinnamon** ['sɪnəmən] ◇ *n* -1. [spice] cannelle *f*. -2. [colour] cannelle *f*. ◇ *comp* [flavour] à la cannelle. ◇ *adj* cannelle *(inv)*.

**Cinque Ports** ['sɪŋkpɔːts] *pl pr n* Cinq ports *mpl* (*ancienne confédération réunissant les cinq ports de la côte sud-est de l'Angleterre*).

**cipher** ['saɪfəʳ] ◇ *n* -1. [code] chiffre *m*, code *m* secret. -2. [monogram] chiffre *m*, monogramme *m*. -3. [Arabic numeral] chiffre *m*. -4. *lit* [zero] zéro *m*; **they're mere** ~s *fig* ce sont des moins que rien. ◇ *vt* -1. [encode] crypter, chiffrer, coder. -2. MATH chiffrer.

**circa** ['sɜːkə] *prep* circa, vers.

**circle** ['sɜːkl] ◇ *n* -1. [gen & GEOM] cercle *m*; [around eyes] cerne *m*; **he had us going** OR **running round in** ~s **trying to find the information** il nous a fait tourner en rond à chercher les renseignements; **to come full** ~ revenir au point de départ, boucler la boucle. -2. [group of people] cercle *m*, groupe *m*; **she has a wide** ~ **of friends** elle a beaucoup d'amis OR un grand cercle d'amis; **in artistic/political** ~s dans les milieux artistiques/politiques. -3. THEAT balcon *m*. ◇ *vt* -1. [draw circle round] entourer (d'un cercle), encercler. -2. [move round] tourner autour de. -3. [surround] encercler, entourer. ◇ *vi* -1. [bird, plane] faire OR décrire des cercles. -2. [planet] tourner.

**circuit** ['sɜːkɪt] *n* -1. [series of events, places] circuit *m*; **the tennis** ~ le circuit des matches de tennis. -2. [periodical journey] tournée *f*; JUR tournée *f* (*d'un juge d'assises*). -3. [journey around] circuit *m*, tour *m*; **we made a** ~ **of the grounds** nous avons fait le tour des terrains; **the Earth's** ~ **around the Sun** l'orbite de la terre autour du soleil. -4. ELEC circuit *m*. -5. SPORT [track] circuit *m*, parcours *m*.

**circuit board** *n* plaquette *f* (de circuits imprimés).

**circuit breaker** *n* ELEC disjoncteur *m*.

**circuit judge** *n* juge itinérant.

**circuitous** [sə'kjuːɪtəs] *adj* [route] qui fait un détour, détourné; [journey] compliqué; *fig* [reasoning, thinking] contourné, compliqué.

**circuitry** ['sɜːkɪtrɪ] *n* système *m* de circuits.

**circuit training** *n* SPORT préparation *f* OR entraînement *m* (*en accomplissant plusieurs sortes d'exercices*).

**circular** ['sɜːkjʊləʳ] ◇ *adj* -1. [movement, shape, ticket] circulaire; ~ **letter** OR **memo** circulaire *f*. -2. [reasoning] faux (*f* fausse), mal fondé; ~ **argument** pétition *f* de principe. ◇ *n* -1. [letter, memo] circulaire *f*. -2. [advertisement] prospectus *m*.

**circularity** [,sɜːkjʊ'lærətɪ] *n* -1. [of movement, shape] forme *f* circulaire. -2. [of argument, reasoning] circularité *f*.

**circularize, -ise** ['sɜːkjʊləraɪz] *vt* [send letters to] envoyer des circulaires à; [send advertising to] envoyer des prospectus à.

**circulate** ['sɜːkjʊleɪt] ◇ *vt* [book, bottle] faire circuler; [document – from person to person] faire circuler; [– in mass mailing] diffuser; [news, rumour] propager. ◇ *vi* circuler.

**circulating library** *n* bibliothèque *f* de prêt.

**circulation** [,sɜːkjʊ'leɪʃn] *n* -1. [gen & FIN] circulation *f*; **to be in** ~ [book, money] être en circulation; [person] être dans le circuit; **she's out of** ~ at the moment elle a disparu de la circulation pour l'instant. -2. [of magazine, newspaper] diffusion *f*; **the Times has a** ~ **of 200,000** le Times tire à 200 000 exemplaires. -3. ANAT & BOT circulation *f*; **to have good/poor** ~ avoir une bonne/une mauvaise circulation. -4. [of traffic] circulation *f*.

**circulatory** [,sɜːkjʊ'leɪtərɪ] *adj* circulatoire.

**circumcise** ['sɜːkəmsaɪz] *vt* circoncire.

**circumcision** [,sɜːkəm'sɪʒn] *n* [act] circoncision *f*; [religious rite] (fête *f* de la) circoncision *f*.

**circumference** [sə'kʌmfərəns] *n* circonférence *f*.

**circumflex** ['sɜːkəmfleks] ◇ *n* accent *m* circonflexe. ◇ *adj* circonflexe.

**circumlocution** [,sɜːkəmlə'kjuːʃn] *n* circonlocution *f*.

**circumlocutory** [,sɜːkəm'lɒkjʊtərɪ] *adj* qui procède par circonlocutions.

**circumnavigate** [,sɜːkəm'nævɪgeɪt] *vt* [iceberg, island] contourner (*en bateau*); **to** ~ **the world** faire le tour du monde en bateau, naviguer autour du globe.

**circumnavigation** ['sɜːkəm,nævɪ'geɪʃn] *n* circumnavigation *f*.

**circumscribe** ['sɜːkəmskraɪb] *vt* -1. [restrict] circonscrire, limiter. -2. GEOM circonscrire.

**circumscription** [,sɜːkəm'skrɪpʃn] *n* circonscription *f*.

**circumspect** ['sɜːkəmspekt] *adj* circonspect.

**circumspection** [,sɜːkəm'spekʃn] *n* circonspection *f*.

**circumstance** ['sɜːkəmstəns] *n* -1. (U) [events]: **force of** ~ contrainte *f* OR force *f* des circonstances; **I am a victim of** ~ je suis victime des circonstances. -2. *fml* (U) [ceremony]: **pomp and** ~ grand apparat *m*, pompe *f* *fml*. ◆ **circumstances** *npl* -1. [conditions] circonstance *f*, situation *f*; **in** OR **under these** ~s dans les circonstances actuelles, vu la situation OR l'état actuel des choses; **in** OR **under normal** ~s en temps normal; **under no** ~s en aucun cas; **under similar** ~s en pareil cas. -2. [facts] circonstance *f*, détail *m*; **you have to take into account the** ~s il faut tenir compte des circonstances.

**circumstantial** [,sɜːkəm'stænʃl] *adj* -1. [incidental] accidentel, fortuit; JUR [evidence] indirect. -2. *fml* [description, report] circonstancié, détaillé.

**circumstantiate** [,sɜːkəm'stænʃɪeɪt] *vt* [event, report] donner des détails circonstanciés sur; JUR [evidence] confirmer en donnant des détails sur.

**circumvent** [,sɜːkəm'vent] *vt* -1. [law, rule] tourner, contourner. -2. [outwit – person] circonvenir *fml*, manipuler; [– plan] faire échouer. -3. [enemy] encercler, entourer.

**circumvention** [,sɜːkəm'venʃn] *n* [of law, rule] fait *m* de tourner OR contourner.

**circus** ['sɜːkəs] ◇ *n* -1. [gen & ANTIQ] cirque *m*. -2. *Br* [roundabout] rond-point *m*. ◇ *comp* [clown, company, tent] de cirque.

**cirrhosis** [sɪ'rəʊsɪs] *n* (U) cirrhose *f*.

**cirrocumulus** [,sɪrəʊ'kjuːmjʊləs] (*pl* **cirrocumuli** [-laɪ]) *n* cirrocumulus *m*.

**cirrostratus** [,sɪrəʊ'strɑːtəs] (*pl* **cirrostrati** [-taɪ]) *n* cirrostratus *m*.

**cirrus** ['sɪrəs] (*pl* **cirri** [-raɪ]) *n* -1. [cloud] cirrus *m*. -2. BOT vrille *f*.

**CIS** (*abbr of* **Commonwealth of Independent States**) *pr n* CEI *f*; **in the** ~ dans la CEI.

**cissy** ['sɪsɪ] = sissy.

**Cistercian** [sɪ'stɜːʃn] ◇ *n* cistercien *m*, -enne *f*. ◇ *adj* cistercien; **the** ~ **Order** l'ordre *m* de Cîteaux.

**cistern** ['sɪstən] *n* [tank] citerne *f*; [for toilet] réservoir *m* de chasse d'eau.

**citadel** ['sɪtədəl] *n literal & fig* citadelle *f*.

**citation** [saɪ'teɪʃn] *n* citation *f*.

**cite** [saɪt] *vt* -1. [quote] citer. -2. [commend] citer. -3. JUR citer.

**citizen** ['sɪtɪzn] *n* -1. [of nation, state] citoyen *m*, -enne *f*; ADMIN [national] ressortissant *m*, -e *f*; **to become a French** ~ prendre la nationalité française. -2. [of town] habitant *m*, -e *f.-*3. [civilian] civil *m*, -e *f* (*opposé à militaire*); ~'s arrest *arrestation par un citoyen d'une personne soupçonnée d'avoir commis un délit.*

**Citizens' Advice Bureau** *pr n* en Grande-Bretagne, bureau *où les citoyens peuvent obtenir des conseils d'ordre juridique, social etc.*

**Citizens' Band** *n* fréquence (de radio) réservée au public; ~ radio CB *f*; ~ user cibiste *mf*.

**Citizen's Charter** *n* programme lancé par le gouvernement britannique en 1991 et qui vise à améliorer la qualité des services publics.

**citizenship** ['sɪtɪznʃɪp] *n* citoyenneté *f*, nationalité *f*; ~ papers déclaration *f* de naturalisation.

**citric** ['sɪtrɪk] *adj* citrique; ~ acid acide *m* citrique.

**citrus** ['sɪtrəs] *adj*: ~ fruit OR fruits agrumes *mpl*.

**city** ['sɪtɪ] (*pl* **cities**) ◇ *n* [town] (grande) ville *f*, cité *f*; the whole ~ turned out toute la ville était présente, tous les habitants de la ville étaient présents. ◇ *comp* -1. [lights, mits, streets] de la ville; [officers, police, services] municipal; ~ life vie *f* en ville, vie citadine ❑ ~ fathers édiles *mpl* locaux; 'City Lights' *Chaplin* 'les Lumières de la ville'. -2. *Br* PRESS [news, page, press] financier.
♦ **City** *pr n* [of London] centre d'affaires de Londres; the City la City (de Londres).

**City and Guilds** *n* diplôme britannique d'enseignement technique.

**city centre** *n* centre *m* de la ville, centre-ville *m*.

**city desk** *n* PRESS *Br* service *m* financier; *Am* service *m* des nouvelles locales.

**city-dweller** *n* citadin *m*, -e *f*.

**city editor** *n* PRESS *Br* rédacteur *m* en chef pour les nouvelles financières; *Am* rédacteur *m* en chef pour les nouvelles locales.

**city hall** *n* -1. [building] mairie *f*, hôtel *m* de ville. -2. *Am* [municipal government] administration *f* (municipale).

**city planner** *n* urbaniste *mf*.

**city slicker** *n* inf & pej citadin sophistiqué.

**city-state** *n* cité *f* ANTIQ.

**city technology college** → CTC.

**civet** ['sɪvɪt] *n* [mammal, secretion] civette *f*.

**civic** ['sɪvɪk] *adj* [authority, building] municipal; [duty, right] civique; ~ event événement *m* officiel local; ~ university université de ville, en Grande-Bretagne.

**civics** ['sɪvɪks] *n* (*U*) instruction *f* civique.

**civil** ['sɪvl] *adj* -1. [of community] civil; ~ disturbance émeute *f*; ~ strife conflit *m* interne OR intestin *lit*; ~ wedding OR marriage mariage *m* civil. -2. [non-military] civil. -3. [polite] poli, courtois, civil *fml*; she was very ~ to me elle s'est montrée très aimable avec moi.

**civil defence** *n* protection *f* civile.

**civil disobedience** *n* résistance *f* passive (à la loi).

**civil engineer** *n* ingénieur *m* des travaux publics.

**civil engineering** *n* génie *m* civil.

**civilian** [sɪ'vɪljən] ◇ *adj* civil (*opposé à militaire*); in ~ life dans le civil. ◇ *n* civil *m*, -e *f* (*opposé à militaire*).

**civility** [sɪ'vɪlətɪ] (*pl* **civilities**) *n* -1. [quality] courtoisie *f*, civilité *f*.-2. [act] civilité *f*, politesse *f*.

**civilization** [,sɪvɪlaɪ'zeɪʃn] *n* civilisation *f*.

**civilize, -ise** ['sɪvɪlaɪz] *vt* civiliser.

**civilized** ['sɪvɪlaɪzd] *adj* [person, society] civilisé.

**civil law** *n* droit *m* civil.

**civil liberties** *n* libertés *fpl* civiques.

**Civil List** *n* liste *f* civile (*allouée à la famille royale britannique*).

**civil rights** *npl* droits *mpl* civils OR civiques; the ~ movement la lutte pour les droits civils OR civiques.

**civil servant** *n* fonctionnaire *mf*.

**civil service** *n* fonction *f* publique, administration *f*.

**civil war** *n* guerre *f* civile; the American Civil War la guerre de Sécession.

**civvy** ['sɪvɪ] (*pl* **civvies**) *Br inf* ◇ *n* [civilian] civil *m*, -e *f* (*opposé à militaire*). ◇ *adj* civil.
♦ **civvies** *npl* [dress] vêtements *mpl* civils.

**cl** (*written abbr of* **centilitre**) cl.

**clad** [klæd] ◇ *pp* → **clothe**. ◇ *adj lit* vêtu. ◇ *vt* TECH revêtir.

**cladding** ['klædɪŋ] *n* TECH revêtement *m*, parement *m*.

**claim** [kleɪm] ◇ *vt* -1. [assert, maintain] prétendre, déclarer; it is ~ed that... on dit OR prétend que...; to ~ to be sthg se faire passer pour qqch, prétendre être qqch. -2. [assert one's right to] revendiquer, réclamer; [responsibility, right] revendiquer; he ~s all the credit il s'attribue tout le mérite; to ~ damages/one's due réclamer des dommages et intérêts/son dû. -3. [apply for – money] demander; [– expenses] demander le remboursement de. -4. [call for – attention] réclamer, demander; [– respect, sympathy] solliciter. -5. [take]: the storm ~ed five lives OR five victims l'orage a fait cinq victimes.
◇ *vi*: to ~ for OR on sthg [insurance] demander le paiement de qqch; [travel expenses] demander le remboursement de qqch.
◇ *n* -1. [assertion] affirmation *f*, prétention *f*; I make no ~s to understand why je ne prétends pas comprendre pourquoi. -2. [right] droit *m*, titre *m*; [by trade unions] demande *f* d'augmentation, revendication *f* salariale; his only ~ to fame is that he once appeared on TV c'est à une apparition à la télévision qu'il doit d'être célèbre. -3. [demand] demande *f*; he has no ~s on me je ne lui suis redevable de rien; he made too many ~s on their generosity il a abusé de leur générosité; she has many ~s on her time elle est très prise; to lay ~ to sthg prétendre à qqch, revendiquer son droit à qqch; we put in a ~ for better working conditions nous avons demandé de meilleures conditions de travail; pay ~ demande *f* d'augmentation (de salaire). -4. [in insurance] demande *f* d'indemnité, déclaration *f* de sinistre; to put in a ~ for sthg demander une indemnité pour qqch, faire une déclaration de sinistre pour qqch; the company pays 65 % of all ~s la société satisfait 65 % de toutes les demandes de dédommagement; ~ form [for insurance] formulaire *m* de déclaration de sinistre; [for expenses] note *f* de frais. -5. [piece of land] concession *f*.

**claimant** ['kleɪmənt] *n* ADMIN demandeur *m*, demanderesse *f*; JUR demandeur *m*, demanderesse *f*, requérant *m*, -e *f*.-2. [to throne] prétendant *m*, -e *f*.

**clairvoyant** [kleə'vɔɪənt] ◇ *n* voyant *m*, -e *f*, extralucide *mf*. ◇ *adj* doué de seconde vue.

**clam** [klæm] ◇ *n* palourde *f*, clam *m*. ◇ *vi Am*: to go clamming aller ramasser des clams.
♦ **clam up** *vi insep inf* refuser de parler.

**clambake** ['klæmbeɪk] *n Am* -1. literal repas de coquillages sur la plage. -2. fig grande fête *f*.

**clamber** ['klæmbər] ◇ *vi* grimper (en s'aidant des mains); to ~ aboard a train se hisser à bord d'un train. ◇ *n* escalade *f*.

**clam chowder** *n* potage épais aux palourdes.

**clammy** ['klæmɪ] (*compar* **clammier**, *superl* **clammiest**) *adj* [hands, skin] moite (et froid); [weather] humide, lourd; [walls] suintant, humide.

**clamor** *Am* = **clamour**.

**clamorous** ['klæmərəs] *adj* -1. [noisy] bruyant. -2. [demands] insistant.

**clamour** *Br*, **clamor** *Am* ['klæmər] ◇ *vi* vociférer, crier; to ~ for sthg demander OR réclamer qqch à grands cris OR à cor et à cri. ◇ *n* -1. [noise] clameur *f*, vociférations *fpl*, cri *m*, cris *mpl*.-2. [demand] revendication *f* bruyante.

**clamp** [klæmp] ◇ *n* -1. [fastener] pince *f*; MED clamp *m*; TECH crampon *m*; [on worktable] valet *m* (d'établi). -2. TECH [for joint] serre-joint *m* inv, serre-joints *m* inv.-3. NAUT serre-câbles *m* inv.-4. AGR tas (de navets, de pommes de terre) couvert de paille. -5. [of bricks] tas *m*, pile *f*. -6. AUT = **wheelclamp**. ◇ *vt* -1. [fasten] attacher, fixer; TECH serrer, cramponner; to ~ sthg to sthg fixer qqch sur qqch (à l'aide d'une pince). -2. [vehicle] mettre un sabot à.
♦ **clamp down** *vi insep* donner un coup de frein; to ~ down on [expenses, inflation] mettre un frein à; [crime, demonstrations] stopper; [information] censurer; [the press] bâillonner; [person] serrer la vis à.

**clampdown** ['klæmpdaun] *n* mesures *fpl* répressives, répression *f*; a ~ on crime un plan de lutte contre la criminalité; a ~ on demonstrations une interdiction de manifester.

**clan** [klæn] *n* clan *m*.

**clandestine** [klæn'destɪn] *adj* clandestin.

**clang** [klæŋ] ◇ *vi* retentir OR résonner (d'un bruit métallique). ◇ *vt* faire retentir OR résonner. ◇ *n* bruit *m* métallique.

**clanger** ['klæŋəʳ] *n* Br *inf* gaffe *f*; to drop a ~ faire une gaffe.

**clank** [klæŋk] ◇ *n* cliquetis *m*, bruit *m* sec et métallique. ◇ *vi* cliqueter, faire un bruit sec. ◇ *vt* faire cliqueter.

**clansman** ['klænzmən] (*pl* **clansmen** [-mən]) *n* membre *m* d'un clan.

**clanswoman** ['klænz,wʊmən] (*pl* **clanswomen** [-,wimin]) *n* membre *m* d'un clan.

**clap** [klæp] (*pt* & *pp* **clapped**, *cont* **clapping**) ◇ *vt* -1. to ~ one's hands [to get attention, to mark rhythm] frapper dans ses mains, taper des mains; [to applaud] applaudir. -2. [pat] taper, frapper. -3. [put] mettre, poser; she clapped her hand to her forehead elle s'est frappé le front; the minute she clapped eyes on him *inf* dès qu'elle eut posé les yeux sur lui. ◇ *vi* [in applause] applaudir; [to get attention, to mark rhythm] frapper dans ses mains. ◇ *n* -1. [sound – gen] claquement *m*; [– of hands] battement *m*; [– of applause] applaudissements *mpl*; let's give them a ~! on les applaudit (bien fort)!; ~ of thunder coup *m* de tonnerre. -2. [pat] tape *f*. -3. ▽ [VD] chaude-pisse *f*.

**clapboard** ['klæpbɔːd] *n* bardeau *m*.

**Clapham** ['klæpəm] *pr n*: the man on the ~ omnibus Monsieur Tout-le-Monde.

**clapped-out** [klæpt-] *adj* Br *inf* [machine] fichu; [person] crevé.

**clapper** ['klæpəʳ] *n* [of bell] battant *m*.

◆ **clappers** *npl* Br *inf*: to go OR to move like the ~s aller à toute vitesse.

**clapperboard** ['klæpəbɔːd] *n* CIN claquette *f*, claquoir *m*, clap *m*.

**clapping** ['klæpiŋ] *n* (U) [for attention, to music] battements *mpl* de mains; [applause] applaudissements *mpl*.

**claptrap** ['klæptræp] *n* (U) *inf* [nonsense] âneries *fpl*, bêtises *fpl*.

**claret** ['klærət] ◇ *n* Br (vin *m* de) Bordeaux *m* (rouge). ◇ *adj* bordeaux (*inv*).

**clarification** [,klærifɪ'keiʃn] *n* -1. [explanation] clarification *f*, éclaircissement *m*.-2. [of butter] clarification *f*; [of wine] collage *m*.

**clarify** ['klærifai] (*pt* & *pp* **clarified**) ◇ *vt* -1. [explain] clarifier, éclaircir. -2. [butter] clarifier; [wine] coller. ◇ *vi* -1. [matter, situation] s'éclaircir. -2. [butter] se clarifier.

**clarinet** [,klærə'net] *n* clarinette *f*.

**clarinet(t)ist** [,klærə'netist] *n* clarinettiste *mf*.

**clarion call** *n* appel *m* de clairon.

**clarity** ['klærəti] *n* -1. [of explanation, of text] clarté *f*, précision *f*; ~ of mind lucidité *f*, clarté d'esprit. -2. [of liquid] clarté *f*.

**clash** [klæʃ] ◇ *n* -1. [sound – gen] choc *m* métallique, fracas *m*; [– of cymbals] retentissement *m*.-2. [between people – fight] affrontement *m*, bagarre *f*; [– disagreement] dispute *f*, différend *m*.-3. [incompatibility – of ideas, opinions] incompatibilité *f*; [– of interests] conflit *m*; [– of colours] discordance *f*.-4. [of appointments, events] coïncidence *f* fâcheuse.
◇ *vi* -1. [metallic objects] s'entrechoquer, se heurter; [cymbals] résonner. -2. [people – fight] se battre; [– disagree] se heurter; to ~ with sb over sthg avoir un différend avec qqn à propos de qqch. -3. [be incompatible – ideas, opinions] se heurter, être incompatible OR en contradiction; [– interests] se heurter, être en conflit; [– colours] jurer, détonner; that shirt ~es with your trousers cette chemise jure avec ton pantalon. -4. [appointments, events] tomber en même temps.
◇ *vt* [metallic objects] heurter OR entrechoquer bruyamment; [cymbals] faire résonner.

**clasp** [klɑːsp] ◇ *vt* [hold] serrer, étreindre; [grasp] saisir; to ~ sb/sthg in one's arms serrer qqn/qqch dans ses bras. ◇ *vi* s'attacher, se fermer. ◇ *n* -1. [fastening – of dress, necklace] fermoir *m*; [– of belt] boucle *f*.-2. [hold] prise *f*, étreinte *f*; hand ~ poignée *f* de mains.

**clasp knife** *n* couteau *m* pliant.

**class** [klɑːs] ◇ *n* -1. [category, division] classe *f*, catégorie *f*; ~ A eggs œufs de catégorie A; he's just not in the same ~ as his brother il n'arrive pas à la cheville de son frère; to be in

a ~ by oneself OR in a ~ of one's own être unique, former une classe à part. -2. BIOL, BOT, SOCIOL & ZOOL classe *f*.-3. SCH & UNIV [group of students] classe *f*; [course] cours *m*, classe *f*; the ~ of 1972 *Am* la promotion de 1972. -4. Br UNIV [grade]: first ~ honours licence *f* avec mention très bien. -5. [elegance] classe *f*; to have ~ avoir de la classe. ◇ *vt* classer, classifier.

**class action** *n* Am: ~ suit recours *m* collectif en justice.

**class-conscious** *adj* [person – aware] conscient des distinctions sociales; [– snobbish] snob; [attitude, manners] snob.

**classic** ['klæsik] ◇ *adj literal* & *fig* classique. ◇ *n* -1. [gen] classique *m*. -2. [in horse racing, cycling] classique *f*.-3. SCH & UNIV: the ~s les lettres classiques *fpl*.

**classical** ['klæsikl] *adj* -1. [gen] classique; ~ music musique *f* classique. -2. SCH & UNIV: ~ education études *fpl* de lettres classiques; ~ scholar humaniste *mf*.

**classically** ['klæsikli] *adv* classiquement, de façon classique; a ~ trained musician un musicien de formation classique.

**classicism** ['klæsisizm] *n* classicisme *m*.

**classicist** ['klæsisist] *n* -1. [scholar] humaniste *mf*.-2. ART & LITERAT classique *m*.

**classics** ['klæsiks] *n* (U) ≃ les lettres classiques *fpl*.

**classifiable** ['klæsifaiəbl] *adj* qui peut être classifié, classable.

**classification** [,klæsifi'keiʃn] *n* classification *f*.

**classified** ['klæsifaid] ◇ *adj* -1. [arranged] classifié, classé; ~ ad OR advertisement petite annonce *f*.-2. [secret] (classé) secret. ◇ *n* petite annonce *f*.

**classifier** ['klæsifaiəʳ] *n* classeur *m*.

**classify** ['klæsifai] *vt* ranger.

**classless** ['klɑːslis] *adj* [society] sans classes; [person, accent] qui n'appartient à aucune classe (sociale).

**classmate** ['klɑːsmeit] *n* camarade *mf* de classe.

**classroom** ['klɑːsrʊm] *n* (salle *f* de) classe *f*.

**class struggle** *n* lutte *f* des classes.

**class war(fare)** *n* lutte *f* des classes.

**classy** ['klɑːsi] (*compar* **classier**, *superl* **classiest**) *adj inf* [hotel, restaurant] chic (*inv*), de luxe (*inv*), classe (*inv*); [person] chic (*inv*), qui a de la classe, classe (*inv*).

**clatter** ['klætəʳ] ◇ *n* [rattle] cliquetis *m*; [commotion] fracas *m*; the ~ of dishes le bruit d'assiettes entrechoquées. ◇ *vi* heurter OR entrechoquer bruyamment; ◇ *vi* [typewriter] cliqueter; [dishes] s'entrechoquer bruyamment; [falling object] faire du bruit.

**Claudius** ['klɔːdiəs] *pr n* [emperor] Claude.

**clausal** ['klɔːzl] *adj* -1. GRAMM propositionnel. -2. JUR relatif aux clauses.

**clause** [klɔːz] *n* -1. GRAMM proposition *f*.-2. JUR clause *f*, disposition *f*.

**claustrophobia** [,klɔːstrə'fəʊbjə] *n* claustrophobie *f*.

**claustrophobic** [,klɔːstrə'fəʊbik] *adj* [person] claustrophobe; [feeling] de claustrophobie; [place, situation] où l'on se sent claustrophobe.

**clavichord** ['klævikɔːd] *n* clavicorde *m*.

**clavicle** ['klævikl] *n* clavicule *f*.

**claw** [klɔː] ◇ *n* -1. [of bird, cat, dog] griffe *f*; [of bird of prey] serre *f*; [of crab, lobster] pince *f*; *inf* [hand] patte *f*; to draw in/ to show one's ~s *literal* & *fig* rentrer/sortir ses griffes; to get one's ~s into sb *inf* mettre le grappin sur qqn. -2. TECH [of hammer] pied-de-biche. ◇ *vt* [scratch] griffer; [grip] agripper OR serrer (avec ses griffes); [tear] déchirer (avec ses griffes); he had his way to the top *fig* il a travaillé dur pour arriver en haut de l'échelle.

◆ **claw back** *vt sep* récupérer.

**claw hammer** *n* marteau *m* à pied-de-biche, marteau *m* fendu.

**clay** [klei] ◇ *n* [gen] argile *f*, (terre *f*) glaise *f*; [for pottery] argile *f*. ◇ *comp* [brick, pot] en argile, en terre; ~ court SPORT court *m* en terre battue.

**claymore** ['kleimɔː] *n* claymore *f*.

**clay pigeon** *n* -1. *literal* pigeon *m* d'argile OR de ball-trap; ~ shooting ball-trap *m*.-2. *Am inf* & *fig* [sitting duck] cible *f* facile.

**clay pipe** *n* pipe *f* en terre.

**clean** [kli:n] ◇ *adj* **-1.** [free from dirt – hands, shirt, room] propre, net; [– animal, person] propre; [– piece of paper] vierge, blanc (*f* blanche); **my hands are ~** *literal* j'ai les mains propres, mes mains sont propres; *fig* j'ai la conscience nette OR tranquille; **he made a ~ breast of it** il a dit tout ce qu'il avait sur la conscience, il a déchargé sa conscience; **to make a ~ sweep** faire table rase. **-2.** [free from impurities – air] pur, frais (*f* fraîche); [– water] pur, clair; [– sound] net, clair. **-3.** [morally pure – conscience] net, tranquille; [– joke] qui n'a rien de choquant; **~ living** une vie saine. **-4.** [honourable – fight] loyal; [– reputation] net, sans tache; **he's got a ~ driving licence** il n'a jamais eu de contraventions graves; **to have a ~ record** avoir un casier (judiciaire) vierge. **-5.** [smooth – curve, line] bien dessiné, net; [– shape] fin, élégant; [– cut] net, franc (*f* franche); **to make a ~ break** couper net; **we made a ~ break with the past** nous avons rompu avec le passé, nous avons tourné la page. **-6.** [throw] adroit, habile. **-7.** *inf*: **I'm ~** [innocent] je n'ai rien à me reprocher, je n'ai rien fait; [without incriminating material] je n'ai rien sur moi. **-8.** [not radioactive] non radioactif.
◇ *vt* **-1.** [room, cooker] nettoyer; [clothing] laver; **I ~ed the mud from my shoes** j'ai enlevé la boue de mes chaussures; **to ~ one's teeth** se laver OR se brosser les dents; **to ~ the windows** faire les vitres OR les carreaux. **-2.** [chicken, fish] vider.
◇ *vi* **-1.** [person] nettoyer; **she spends her day ~ing** elle passe sa journée à faire le ménage. **-2.** [carpet, paintbrush] se nettoyer.
◇ *adv inf* **-1.** [completely] carrément; **the handle broke ~ off** l'anse a cassé net; **he cut ~ through the bone** il a coupé l'os de part en part; **we ~ forgot about the appointment** nous avions complètement oublié le rendez-vous. **-2.** *phr*: **to come ~ about sthg** révéler qqch.
◇ *n* nettoyage *m*; **the carpet needs a good ~** la moquette a grand besoin d'être nettoyée.
◆ **clean off** *vt sep* **-1.** [mud, stain] enlever. **-2.** [sofa, table] débarrasser.
◆ **clean out** *vt sep* **-1.** [tidy] nettoyer à fond; [empty] vider. **-2.** *inf* [person] nettoyer, plumer; [house] vider.
◆ **clean up** ◇ *vt sep* **-1.** [make clean] nettoyer à fond; **~ this mess up!** nettoyez-moi ce fouillis! **-2.** [make orderly – cupboard, room] ranger; [– affairs, papers] ranger, mettre de l'ordre dans; **the police intend to ~ up the city** la police a l'intention d'épurer OR de nettoyer cette ville. ◇ *vi insep* **-1.** [tidy room] nettoyer; [tidy cupboard, desk] ranger; [wash oneself] faire un brin de toilette. **-2.** *inf* [make profit] gagner gros.
**clean-cut** *adj* **-1.** [line] net; [shape] bien délimité, net. **-2.** [person] propre (sur soi), soigné.
**cleaner** ['kli:nə<sup>r</sup>] *n* **-1.** [cleaning lady] femme *f* de ménage; [man] (ouvrier *m*) nettoyeur *m*. **-2.** [product – gen] produit *m* d'entretien; [– stain remover] détachant *m*; [device] appareil *m* de nettoyage. **-3.** [dry cleaner] teinturier *m*, -ère *f*; **to take sb to the ~s** *inf* nettoyer OR plumer qqn.
**cleaning** ['kli:nɪŋ] *n* **-1.** [activity – gen] nettoyage *m*; [– household] ménage *m*; **to do the ~** faire le ménage. **-2.** [clothes] vêtements *mpl* à faire nettoyer.
**cleaning lady, cleaning woman** *n* femme *f* de ménage.
**cleanliness** ['klenlɪnɪs] *n* propreté *f*.
**clean-living** *adj* qui mène une vie saine.
**cleanly**[1] ['kli:nlɪ] *adv* **-1.** [smoothly] net; **she cut it ~ in two** elle l'a coupé en deux parties égales. **-2.** [fight, play] loyalement.
**cleanly**[2] ['klenlɪ] (*compar* **cleanlier**, *superl* **cleanliest**) *adj* propre.
**cleanness** ['kli:nnɪs] *n* propreté *f*.
**cleanout** ['kli:naut] *n* = **cleanup**.
**cleanse** [klenz] *vt* **-1.** [clean – gen] nettoyer; [– with water] laver; MED [blood] dépurer; [wound] nettoyer. **-2.** *fig* [purify] purifier; **to ~ sb of their sins** laver qqn de ses péchés.
**cleanser** ['klenzə<sup>r</sup>] *n* **-1.** [detergent] détergent *m*, détersif *m*. **-2.** [for skin] (lait *m*) démaquillant *m*.
**clean-shaven** *adj* [face, man] rasé de près.
**cleansing** ['klenzɪŋ] ◇ *n* nettoyage *m*. ◇ *adj* [lotion] démaquillant; [power, property] de nettoyage.
**cleanup** ['kli:nʌp] *n* nettoyage *m* à fond; **to give sthg a ~** nettoyer qqch à fond.

**clear** [klɪə<sup>r</sup>] ◇ *adj* **-1.** [transparent – glass, plastic] transparent; [– water] clair, limpide; [– river] limpide, transparent; [– air] pur; **~ honey** miel liquide; **~ soup** [plain stock] bouillon *m*; [with meat] consommé *m*. **-2.** [cloudless – sky] clair, dégagé; [– weather] clair, beau, *before vowel or silent 'h'* bel (*f* belle); **on a ~ day** par temps clair ❑ **as ~ as day** clair comme le jour OR comme de l'eau de roche. **-3.** [not dull – colour] vif; [– light] éclatant, radieux; [untainted – complexion, skin] clair, frais (*f* fraîche). **-4.** [distinct – outline] net, clair; [– photograph] net; [– sound] clair, distinct; [– voice] clair, argentin; **make sure your writing is ~** efforcez-vous d'écrire distinctement OR proprement; **the lyrics are not very ~** je ne distingue pas très bien les paroles de la chanson ❑ **the sound was as ~ as a bell** on entendait un son aussi clair que celui d'une cloche. **-5.** [not confused – mind] pénétrant, lucide; [– thinking, argument, style] clair; [– explanation, report] clair, intelligible; [– instructions] clair, explicite; [– message] en clair; **I want to keep a ~ head** je veux rester lucide OR garder tous mes esprits; **he is quite ~ about what has to be done** il sait parfaitement ce qu'il y a à faire; **now let's get this ~** — I want no nonsense comprenons-nous bien OR soyons clairs — je ne supporterai pas de sottises. **-6.** [obvious, unmistakable] évident, clair; **it is a ~ case of favouritism** c'est manifestement du favoritisme, c'est un cas de favoritisme manifeste; **it's ~ that he's lying** il est évident OR clair qu'il ment; **he was unable to make his meaning ~** il n'arrivait pas à s'expliquer; **she made it quite ~ to them what she wanted** elle leur a bien fait comprendre ce qu'elle voulait; **it is important to make ~ exactly what our aims are** il est important de bien préciser quels sont nos objectifs; **do I make myself ~?** est-ce que je me fais bien comprendre?, est-ce que c'est bien clair? ❑ **as ~ as mud** *hum* clair comme l'encre. **-7.** [free from doubt, certain] certain; **I want to be ~ in my mind about it** je veux en avoir le cœur net. **-8.** [unqualified] net, sensible; **it's a ~ improvement over the other** c'est nettement mieux que l'autre, il y a un net progrès par rapport à l'autre; **they won by a ~ majority** ils ont gagné avec une large majorité. **-9.** [unobstructed, free – floor, path] libre, dégagé; [– route] sans obstacles, sans danger; [– view] dégagé; **the roads are ~ of snow** les routes sont déblayées OR déneigées; **~ of obstacles** sans obstacles; **to be ~ of sthg** être débarrassé de qqch; **we're ~ of the traffic** nous sommes sortis des encombrements; **once the plane was ~ of the trees** une fois que l'avion eut franchi les arbres; **can you see your way ~ to lending me £5?** *fig* auriez-vous la possibilité de me prêter 5 livres? **-10.** [free from guilt]: **is your conscience ~?** as-tu la conscience tranquille? **-11.** [of time] libre; **his schedule is ~** il n'a rien de prévu sur son emploi du temps; **we have four ~ days to finish** nous avons quatre jours pleins OR entiers pour finir. **-12.** [net – money, wages] net; **a ~ profit** un bénéfice net; **a ~ loss** une perte sèche; **~ of taxes** net d'impôts. **-13.** LING antérieur.
◇ *adv* **-1.** [distinctly] distinctement, nettement; **reading you loud and ~** RADIO je te reçois cinq sur cinq. **-2.** [out of the way]: **when we got ~ of the town** quand nous nous sommes éloignés de la ville; **we pulled him ~ of the wrecked car/of the water** nous l'avons sorti de la carcasse de la voiture/de l'eau; **stand ~!** écartez-vous!; **stand ~ of the entrance!** dégagez l'entrée! **-3.** [all the way] entièrement, complètement; **the thieves got ~ away** les voleurs ont disparu sans laisser de trace.
◇ *n phr*: **to be in the ~** [out of danger] être hors de danger; [out of trouble] être tiré d'affaire; [free of blame] être blanc comme neige; [above suspicion] être au-dessus de tout soupçon; [no longer suspected] être blanchi (de tout soupçon); SPORT être démarqué.
◇ *vt* **-1.** [remove – object] débarrasser, enlever; [– obstacle] écarter; [– weeds] arracher, enlever; **she ~ed the plates from the table** elle a débarrassé la table. **-2.** [remove obstruction from – gen] débarrasser; [– entrance, road] dégager, déblayer; [– forest, land] défricher; [– pipe] déboucher; **it's your turn to ~ the table** c'est à ton tour de débarrasser la table OR de desservir; **to ~ one's throat** s'éclaircir la gorge OR la voix; **~ the room!** évacuez la salle!; **the judge ~ed the court** le juge a fait évacuer la salle; **the police ~ed the way for the procession** la police a ouvert un passage au cortège; **the talks ~ed the way for a ceasefire** *fig* les pourparlers ont préparé le terrain OR ont ouvert la voie pour un cessez-le-

feu ❏ to ~ the **ground** *literal* & *fig* déblayer le terrain; to ~ the **decks** [prepare for action] se mettre en branle-bas de combat; [make space] faire de la place, faire le ménage. **-3.** [clarify – liquid] clarifier; [– wine] coller, clarifier; [– skin] purifier; [– complexion] éclaircir; his apology ~ed the air *fig* ses excuses ont détendu l'atmosphère; I went for a walk to ~ my **head** [from hangover] j'ai fait un tour pour m'éclaircir les idées; [from confusion] j'ai fait un tour pour me rafraîchir les idées OR pour me remettre les idées en place. **-4.** [authorize] autoriser, approuver; **you'll** have to ~ it with the boss il faut demander l'autorisation OR l'accord OR le feu vert du patron. **-5.** [vindicate, find innocent] innocenter, disculper; to ~ sb of a **charge** disculper qqn d'une accusation; **the court** ~ed him of all **blame** la cour l'a totalement disculpé OR innocenté; **give him a chance to** ~ **himself** donnez-lui la possibilité de se justifier OR de prouver son innocence; to ~ **one's name** se justifier, défendre son honneur. **-6.** [avoid touching] franchir; [obstacle] éviter; **hang the curtains so that they just** ~ **the floor** accrochez les rideaux de façon à ce qu'ils touchent à peine le parquet. **-7.** [make a profit of]: she ~ed 10% on the deal l'affaire lui a rapporté 10 % net OR 10 % tous frais payés. **-8.** [dispatch – work] finir, terminer; COMM [stock] liquider; he ~ed the backlog of work il a rattrapé le travail en retard. **-9.** [settle – account] liquider, solder; [– cheque] compenser; [– debt] s'acquitter de; [– dues] acquitter. **-10.** [subj: customs officer – goods] dédouaner; [– ship] expédier. **-11.** [pass through]: to ~ **customs** [person] passer la douane; [shipment] être dédouané; **the bill** ~ed the **Senate** le projet de loi a été voté par le Sénat. **-12.** MED [blood] dépurer, purifier; [bowels] purger, dégager. **-13.** SPORT: to ~ **the ball** dégager le ballon. **-14.** TECH [decode] déchiffrer.

◇ *vi* **-1.** [weather] s'éclaircir, se lever; [sky] se dégager; [fog] se lever, se dissiper. **-2.** [liquid] s'éclaircir; [skin] devenir plus sain; [complexion] s'éclaircir; [expression] s'éclairer. **-3.** [cheque]: it takes three days for the cheque to ~ il y a trois jours de délai d'encaissement. **-4.** [obtain clearance] recevoir l'autorisation.

◆ **clear away** ◇ *vt sep* [remove] enlever, ôter; **we** ~ed away **the dishes** nous avons débarrassé (la table) OR desservi. ◇ *vi insep* **-1.** [tidy up] débarrasser, desservir. **-2.** [disappear – fog, mist] se dissiper.

◆ **clear off** ◇ *vt insep inf* filer; ~ **off!** fiche le camp! ◇ *vt sep* [get rid of – debt] s'acquitter de; COMM [– stock] liquider.

◆ **clear out** ◇ *vt sep* **-1.** [tidy] nettoyer, ranger; [empty – cupboard] vider; [– room] débarrasser. **-2.** [throw out – rubbish, old clothes] jeter; to ~ **everyone out of a room** faire évacuer une pièce. **-3.** *inf* [leave without money] nettoyer, plumer. **-4.** *inf* [goods, stock] épuiser. ◇ *vi insep inf* filer; ~ **out (of here)!** dégage!, fiche le camp!

◆ **clear up** ◇ *vt sep* **-1.** [settle – problem] résoudre; [– misunderstanding] dissiper; [– mystery] éclaircir, résoudre; **let's** ~ **this matter up** tirons cette affaire au clair. **-2.** [tidy up] ranger, faire du rangement dans. ◇ *vi insep* **-1.** [weather] s'éclaircir, se lever; [fog, mist] se dissiper, se lever; **it's** ~ing **up** le temps se lève. **-2.** [illness]: his cold is ~ing **up** sa grippe tire à sa fin. **-3.** [tidy up] ranger, faire le ménage.

**clearance** ['klɪərəns] *n* **-1.** [removal – of buildings, litter] enlèvement *m*; [– of obstacles] déblaiement *m*; [– of people] évacuation *f*; COMM [– of merchandise] liquidation *f*; **land** ~ déblaiement OR dégagement *m* du terrain. **-2.** [space] jeu *m*, dégagement *m*; **there was a 10-centimetre** ~ **between the lorry and the bridge** il y avait un espace de 10 centimètres entre le camion et le pont; **how much** ~ **is there?** que reste-t-il comme place? **-3.** [permission] autorisation *f*, permis *m*; [from customs] dédouanement *m*; **they sent the order to headquarters for** ~ ils ont envoyé la commande au siège pour contrôle. **-4.** BANK [of cheque] compensation *f*. **-5.** SPORT dégagement *m*.

**clearance sale** *n* liquidation *f*, soldes *mpl*.

**clear-cut** *adj* **-1.** [lines, shape] nettement défini, net. **-2.** [decision, situation] clair; [difference] clair, net; [opinion, plan] bien défini, précis.

**clear-headed** *adj* [person] lucide, perspicace; [decision] lucide, rationnel.

**clearing** ['klɪərɪŋ] *n* **-1.** [in forest] clairière *f*; [in clouds] éclaircie *f*. **-2.** [of land] défrichement *m*; [of passage] dégagement *m*, déblaiement *m*; [of pipe] débouchage *m*. **-3.** [removal – of

objects] enlèvement *m*; [– of people] évacuation *f*. **-4.** [of name, reputation] réhabilitation *f*; JUR [of accused] disculpation *f*. **-5.** BANK [of cheque] compensation *f*; [of account] liquidation *f*, solde *m*. **-6.** [of debt] acquittement *m*.

**clearing bank** *n Br* banque *f* (*appartenant à une chambre de compensation*).

**clearing house** *n* **-1.** BANK chambre *f* de compensation. **-2.** [for information, materials] bureau *m* central.

**clearing-up** *n* nettoyage *m*.

**clearly** ['klɪəlɪ] *adv* **-1.** [distinctly – see, understand] clairement, bien; [– hear, speak] distinctement; [– describe, explain] clairement, précisément; [– think] clairement, lucidement. **-2.** [obviously] manifestement, à l'évidence.

**clearness** ['klɪənɪs] *n* **-1.** [of air, glass] transparence *f*; [of water] limpidité *f*. **-2.** [of speech, thought] clarté *f*, précision *f*.

**clearout** ['klɪəraut] *n Br* inf rangement *m*.

**clearway** ['klɪəweɪ] *n Br* AUT route *f* à stationnement interdit.

**cleat** [kliːt] *n* **-1.** [on shoe] clou *m*. **-2.** [block of wood] tasseau *m*; NAUT taquet *m*.

**cleavage** ['kliːvɪdʒ] *n* **-1.** [of woman] décolleté *m*. **-2.** BIOL [of cell] division *f*; CHEM & GEOL clivage *m*.

**cleave** [kliːv] (*pt* cleaved OR **clove** [kləʊv] OR *arch* cleft [kleft], *pp* cleaved OR **cloven** ['kləʊvn] OR *arch* cleft [kleft]) *vt* **-1.** *lit* [split] fendre; *fig* diviser, séparer. **-2.** BIOL [cell] diviser; GEOL [mineral] cliver.

◆ **cleave through** *vt insep*: to ~ **through the waves** fendre les vagues.

◆ **cleave to** (*pt* cleaved OR **clove** OR *arch* cleft, *pp* cleaved OR **clove**) *vt insep* se cramponner à, s'accrocher à.

**cleaver** ['kliːvə*r*] *n* couperet *m*.

**clef** [klef] *n* MUS clef *f*, clé *f*.

**cleft** [kleft] ◇ *pt* & *pp arch* → **cleave.** ◇ *adj* [split – gen] fendu; [branch] fourchu; **to be in a** ~ **stick** *Br inf* être OR se trouver entre le marteau et l'enclume. ◇ *n* [opening – gen] fissure *f*; [– in rock] fissure *f*, crevasse *f*.

**cleft palate** *n* palais *m* fendu.

**clematis** ['klemətɪs] *n* clématite *f*.

**clemency** ['klemənsɪ] *n* **-1.** [mercy] clémence *f*, magnanimité *f*. **-2.** [of weather] douceur *f*, clémence *f*.

**clement** ['klemənt] *adj* **-1.** [person] clément, magnanime. **-2.** [weather] doux (*f* douce), clément.

**clementine** ['kleməntaɪn] *n* clémentine *f*.

**clench** [klentʃ] ◇ *vt* [fist, jaw, buttocks] serrer; [grasp firmly] empoigner, agripper; [hold tightly] serrer. ◇ *n* **-1.** [grip] prise *f*, étreinte *f*. **-2.** TECH [clamp] crampon *m*.

**Cleopatra** ['klɪə'pætrə] *pr n* Cléopâtre; ~**'s Needle** l'obélisque *m* de Cléopâtre.

**clergy** ['klɜːdʒɪ] *n* (*U*) (membres *mpl* du) clergé *m*.

**clergyman** ['klɜːdʒɪmən] (*pl* clergymen [-mən]) *n* [gen] ecclésiastique *m*; [Catholic] curé *m*, prêtre *m*; [Protestant] pasteur *m*.

**clergywoman** ['klɜːdʒɪ,wʊmən] (*pl* clergywomen [-,wɪmɪn]) *n* (femme *f*) pasteur *m*.

**cleric** ['klerɪk] *n* ecclésiastique *m*.

**clerical** ['klerɪkl] *adj* **-1.** [office – staff, work] de bureau; [– position] de commis; **to do** ~ **work** travailler dans un bureau; ~ **error** [in document] faute *f* de copiste; [in accounting] erreur *f* d'écriture. **-2.** RELIG clérical, du clergé; ~ **collar** col *m* de pasteur.

**clericalism** ['klerɪkəlɪzm] *n* cléricalisme *m*.

**clerk** [*Br* klɑːk, *Am* klɜːrk] ◇ *n* **-1.** [in office] employé *m*, -e *f* (de bureau), commis *m*; [in bank] employé *m*, -e *f* de banque; ~ **of works** *Br* CONSTR conducteur *m* de travaux. **-2.** JUR clerc *m*; **Clerk of the Court** greffier *m* (du tribunal). **-3.** *Am* [sales person] vendeur *m*, -euse *f*. **-4.** *Am* [receptionist]: (desk) ~ réceptionniste *mf*. **-5.** RELIG: ~ **in holy orders** ecclésiastique *m*. ◇ *vi Am* [as assistant]: to ~ **for sb** être assistant de qqn.

**clever** ['klevə*r*] *adj* **-1.** [intelligent] intelligent, astucieux. **-2.** [skilful – person] adroit, habile; [– work] bien fait; **to be** ~ **with one's hands** être adroit OR habile de ses mains; **to be** ~ **at sthg/at doing sthg** être doué pour qqch/pour faire qqch; **to be** ~ **at maths** être fort en maths. **-3.** [cunning] malin (*f* -igne), astucieux; *pej* rusé. **-4.** [ingenious – book] intelligent, ingénieux; [– film] ingénieux, intelligent; [– idea, plan] ingénieux, astucieux; [– story] fin, astucieux.

**clever-clever** *adj Br inf* trop malin (*f* -igne).

**clever Dick** *n Br inf* petit malin *m*.

**cleverly** ['klevəlı] *adv* [intelligently] intelligemment, astucieusement; [skilfully] adroitement, habilement; [cunningly] avec ruse; [ingeniously] ingénieusement.

**cleverness** ['klevənıs] *n* [intelligence] intelligence *f*, astuce *f*; [skilfulness] habileté *f*, adresse *f*; [cunning] ruse *f*; [ingenuity] ingéniosité *f*.

**cliché** [*Br* 'kliːʃeɪ, *Am* kliːʃeɪ] *n* **-1.** [idea] cliché *m*; [phrase] cliché *m*, lieu commun *m*, banalité *f*. **-2.** TYPO cliché *m*.

**clichéd** [*Br* 'kliːʃeɪd, *Am* kliːʃeɪd] *adj* banal; a ~ phrase un cliché, une banalité, un lieu commun.

**click** [klɪk] ◇ *n* **-1.** [sound] petit bruit *m* sec; [of tongue] claquement *m*; LING clic *m*, click *m*. **-2.** [of ratchet, wheel] cliquet *m*. ◇ *vt* [fingers, tongue] faire claquer; he ~ed his heels (together) il a claqué les talons. ◇ *vi* **-1.** [make sound] faire un bruit sec; the lock ~ed into place la serrure s'est enclenchée avec un déclic. **-2.** *inf* [become clear]: it suddenly ~ed tout à coup ça a fait «tilt». **-3.** *inf* [be a success] bien marcher; [get on well]: they ~ed from the beginning ils se sont bien entendus dès le début, ça a tout de suite collé entre eux.

**clicking** ['klɪkɪŋ] *n* cliquetis *m*.

**client** ['klaɪənt] *n* client *m*, -e *f*.

**clientele** [ˌkliːənˈtel] *n* COMM clientèle *f*; THEAT clientèle, public *m* (habituel).

**cliff** [klɪf] *n* escarpement *m*; [on coast] falaise *f*; [in mountaineering] à-pic *m inv*.

**cliffhanger** ['klɪfˌhæŋəʳ] *n inf* [situation in film, story] situation *f* à suspense; [moment of suspense] moment *m* d'angoisse.

**climactic** [klaɪˈmæktɪk] *adj* à son apogée, à son point culminant.

**climate** ['klaɪmɪt] *n* METEOR climat *m*; *fig* climat *m*, ambiance *f*; the ~ of opinion (les courants *mpl* de) l'opinion *f*; the economic ~ la conjoncture économique.

**climatic** [klaɪˈmætɪk] *adj* climatique.

**climax** ['klaɪmæks] ◇ *n* **-1.** [culmination] apogée *m*, point *m* culminant; this brought matters to a ~ ceci a porté l'affaire à son point culminant; as the battle reached its ~ lorsque la bataille fut à son paroxysme; he worked up to the ~ of his story il amena le récit à son point culminant. **-2.** [sexual] orgasme *m*. **-3.** [in rhetoric] gradation *f*. ◇ *vi* **-1.** [film, story] atteindre le OR son point culminant. **-2.** [sexually] atteindre l'orgasme.

**climb** [klaɪm] ◇ *vi* **-1.** [road, sun] monter; [plane] monter, prendre de l'altitude; [prices] monter, augmenter; [plant] grimper. **-2.** [person] grimper; I ~ed into bed/into the boat j'ai grimpé dans mon lit/à bord du bateau; to ~ over an obstacle escalader un obstacle; to ~ed (up) out of the hole/through the opening il s'est hissé hors du trou/par l'ouverture; to ~ to power *fig* se hisser au pouvoir. **-3.** SPORT faire de l'escalade; [on rocks] varapper; to go ~ing faire de l'escalade.
◇ *vt* **-1.** [ascend – stairs, steps] monter, grimper; [– hill] escalader, grimper; [– mountain] gravir, faire l'ascension de; [– cliff, wall] escalader; [– ladder, tree] monter sur; [– rope] monter à. **-2.** SPORT [rockface] escalader, grimper sur.
◇ *n* **-1.** [of hill, slope] montée *f*, côte *f*; [in mountaineering] ascension *f*, escalade *f*; it's quite a ~ ça monte dur; it was an easy ~ to the top (of the hill) ça montait en pente douce jusqu'au sommet (de la colline); there were several steep ~s along the route il y avait plusieurs bonnes côtes sur le trajet. **-2.** [of plane] montée *f*, ascension *f*.
♦ **climb down** *vi insep* **-1.** [descend] descendre; [in mountaineering] descendre, effectuer une descente. **-2.** [back down] en rabattre, céder.

**climb-down** *n* dérobade *f*, reculade *f*.

**climber** ['klaɪməʳ] *n* **-1.** [person] grimpeur *m*, -euse *f*; [mountaineer] alpiniste *mf*; [rock climber] varappeur *m*, -euse *f*. **-2.** [plant] plante *f* grimpante. **-3.** [bird] grimpeur *m*.

**climbing** ['klaɪmɪŋ] ◇ *n* **-1.** [action] montée *f*. **-2.** [mountaineering] alpinisme *m*; [rock climbing] varappe *f*, escalade *f*. ◇ *adj* [bird] grimpeur; [plant] grimpant; [plane, star] ascendant.

**climbing frame** *n Br* cage *f* à poules (*jeu*).

**climes** [klaɪmz] *npl lit* régions *fpl*, contrées *fpl*; he's gone to sunnier ~ il est allé sous des climats plus souriants.

**clinch** [klɪntʃ] ◇ *vt* **-1.** [settle – deal] conclure; [– argument] régler, résoudre; [– agreement] sceller; the ~ing argument l'argument décisif. **-2.** TECH [nail] river; NAUT étalinguer. ◇ *vi* BOXING combattre corps à corps. ◇ *n* **-1.** TECH rivetage *m*; NAUT étalingure *f*. **-2.** BOXING corps à corps *m*. **-3.** *inf* [embrace] étreinte *f*, enlacement *m*.

**clincher** ['klɪntʃəʳ] *n inf* argument *m* irréfutable, argument *m* massue.

**cline** [klaɪn] *n* cline *m*.

**cling** [klɪŋ] (*pt & pp* **clung** [klʌŋ]) *vi* **-1.** [hold on tightly] s'accrocher, se cramponner; they clung to one another ils se sont enlacés, ils se sont cramponnés l'un à l'autre ‖ *fig*: to ~ to a hope/to a belief/to the past se raccrocher à un espoir/à une croyance/au passé. **-2.** [stick] adhérer, coller; a dress that ~s to the body une robe très près du corps OR très ajustée. **-3.** [smell] persister.

**clingfilm** ['klɪŋfɪlm] *n Br* film *m* alimentaire transparent.

**clinging** ['klɪŋɪŋ] *adj* [clothing] collant, qui moule le corps; *pej* [person] importun; ~ vine *Am inf & fig* pot *m* de colle.

**clingy** ['klɪŋɪ] (*compar* **clingier**, *superl* **clingiest**) *adj* [clothing] moulant; *pej* [person] importun.

**clinic** ['klɪnɪk] *n* **-1.** [part of hospital] service *m*; eye ~ clinique *f* ophtalmologique. **-2.** [treatment session] consultation *f*; the doctor holds his ~ twice a week le docteur consulte deux fois par semaine. **-3.** *Br* [private hospital] clinique *f*. **-4.** [consultant's teaching session] clinique *f*. **-5.** [health centre] centre *m* médico-social OR d'hygiène sociale. **-6.** *Br* [of MP] permanence *f*.

**clinical** ['klɪnɪkl] *adj* **-1.** MED [lecture, tests] clinique. **-2.** *fig* [attitude] froid, aseptisé.

**clinically** ['klɪnɪklɪ] *adv* **-1.** MED cliniquement. **-2.** *fig* [act, speak] objectivement, froidement.

**clinical psychologist** *n* spécialiste *mf* en psychologie clinique.

**clinical psychology** *n* psychologie *f* clinique.

**clinical thermometer** *n* thermomètre *m* médical.

**clinician** [klɪˈnɪʃn] *n* clinicien *m*, -enne *f*.

**clink** [klɪŋk] ◇ *vt* faire tinter OR résonner; they ~ed (their) glasses (together) ils ont trinqué. ◇ *vi* tinter, résonner. ◇ *n* **-1.** [sound] tintement *m* (de verres). **-2.** [jail] *inf* prison *f*, taule *f*.

**clinker** ['klɪŋkəʳ] *n* **-1.** (U) [ash] mâchefer *m*, scories *fpl*. **-2.** [brick] brique *f* vitrifiée. **-3.** *Am inf* [mistake] gaffe *f*; MUS couac *m*. **-4.** *Am inf* [film, play] bide *m*.

**clip** [klɪp] (*pt & pp* **clipped**, *cont* **clipping**) ◇ *vt* **-1.** [cut] couper (avec des ciseaux), rogner; [hedge] tailler; [animal] tondre; ~ the coupon out of the magazine découpez le bon dans le magazine; I clipped five seconds off my personal best j'ai amélioré mon record de cinq secondes; to ~ a bird's wings rogner les ailes d'un oiseau ❑ to ~ sb's wings laisser moins de liberté à qqn. **-2.** *Br* [ticket] poinçonner. **-3.** [attach] attacher; [papers] attacher (avec un trombone); [brooch] fixer. **-4.** *inf* [hit] frapper, cogner; to ~ sb round the ear flanquer une taloche à qqn.
◇ *n* **-1.** [snip] petit coup *m* de ciseaux. **-2.** [excerpt] CIN, RADIO & TV court extrait *m*; *Am* [from newspaper] coupure *f*. **-3.** [clasp] pince *f*; [for paper] trombone *m*, pince *f*; [for pipe] collier *m*, bague *f*. **-4.** [for bullets] chargeur *m*. **-5.** [brooch] clip *m*; [for hair] barrette *f*; [for tie] fixe-cravate *m*. **-6.** *inf* [blow] gifle *f*, taloche *f*; he got a ~ round the ear il s'est pris une taloche; at one ~ *Am fig* d'un seul coup.
♦ **clip on** ◇ *vt sep* [document] attacher (avec un trombone); [brooch, earrings] mettre. ◇ *vi* s'attacher OR se fixer avec une pince.

**clipboard** ['klɪpbɔːd] *n* écritoire *f* à pince, clipboard *m*.

**clip-clop** [-klɒp] (*pt & pp* **clip-clopped**, *cont* **clip-clopping**) ◇ *n & onomat* clip-clop *m*. ◇ *vi* faire clip-clop.

**clip-on** *adj* amovible; ~ earrings clips *mpl* (d'oreilles).
♦ **clip-ons** *npl* **-1.** [glasses] verres teintés amovibles. **-2.** [earrings] clips *mpl* (d'oreilles).

**clipped** [klɪpt] *adj* **-1.** [speech, style] heurté, saccadé. **-2.** [hair] bien entretenu.

**clipper** ['klɪpəʳ] *n* **-1.** [ship] clipper *m*. **-2.** [horse] cheval *m* qui court vite.
♦ **clippers** *npl* [for nails] pince *f* à ongles; [for hair] tondeuse *f*; [for hedge] sécateur *m* à haie.

**clipping** ['klɪpɪŋ] n [small piece] petit bout m, rognure f; [from newspaper] coupure f (de presse); **grass** ~s herbe coupée.

**clique** [kliːk] n pej clique f, coterie f.

**cliquey** ['kliːkɪ], **cliquish** ['kliːkɪʃ] adj pej exclusif, qui a l'esprit de clan.

**clitic** ['klɪtɪk] adj [enclitic] enclitique; [proclitic] proclitique.

**clitoral** ['klɪtərəl] adj clitoridien.

**clitoris** ['klɪtərɪs] n clitoris m. ·

**cloak** [kləuk] ◇ n [cape] grande cape f; **under the** ~ **of darkness** fig à la faveur de l'obscurité; **as a** ~ **for his illegal activities** pour cacher or masquer ses activités illégales. ◇ vt **-1.** literal revêtir d'un manteau. **-2.** fig masquer, cacher; ~ed **with** or **in secrecy/mystery** empreint de secret/mystère.

**cloak-and-dagger** adj: **a** ~ **story** un roman d'espionnage.

**cloakroom** ['kləukrum] n **-1.** [for coats] vestiaire m. **-2.** Br euph [toilet – public] toilettes fpl; [– in home] cabinets mpl.

**clobber** ['klɒbəʳ] inf ◇ vt [hit] tabasser; fig [defeat] battre à plate couture. ◇ n Br (U) effets mpl, barda m.

**cloche** [klɒʃ] n **-1.** ~ (hat) cloche f. **-2.** AGR cloche f.

**clock** [klɒk] ◇ n **-1.** [gen] horloge f; [small] pendule f; **to put a** ~ **back/forward** retarder/avancer une horloge ‖ fig: **you can't turn the** ~ **back** ce qui est fait est fait; **this law will put the** ~ **back a hundred years** cette loi va nous ramener cent ans en arrière; **they worked against** or **to beat the** ~ ils ont travaillé dur pour finir à temps; **the jump-off was against the** ~ EQUIT il y a eu un barrage contre la montre; **we worked round the** ~ nous avons travaillé 24 heures d'affilée; **to sleep the** ~ **round** faire le tour du cadran. **-2.** [taximeter] compteur m, taximètre m.**-3.** inf AUT [mileometer] ≈ compteur m kilométrique. **-4.** COMPUT horloge f. ◇ vt **-1.** [measure time] enregistrer; **winds** ~ed **at 50 miles per hour** des vents qui ont atteint 50 miles à l'heure ‖ SPORT [runner] chronométrer; **she's** ~ed **five minutes for the mile** elle court le mile en cinq minutes. **-2.** ▽ Br [hit] flanquer un marron à.

◆ **clock in** vi insep pointer (à l'arrivée).

◆ **clock off** vi insep pointer (à la sortie), dépointer.

◆ **clock on** = **clock in**.

◆ **clock out** = **clock off**.

◆ **clock up** vt sep [work] effectuer, accomplir; [victory] remporter; **she** ~ed **up 300 miles** AUT elle a fait 300 miles au compteur.

**clockmaker** ['klɒk,meɪkəʳ] n horloger m, -ère f.

**clock radio** n radio-réveil m.

**clock tower** n tour f (de l'horloge).

**clockwise** ['klɒkwaɪz] ◇ adv dans le sens des aiguilles d'une montre. ◇ adj: **in a** ~ **direction** dans le sens des aiguilles d'une montre.

**clockwork** ['klɒkwɜːk] ◇ n [of clock, watch] mouvement m (d'horloge); [of toy] mécanisme m, rouages mpl; **to go** or **run like** ~ marcher comme sur des roulettes. ◇ adj mécanique; '**A Clockwork Orange**' Burgess, Kubrick 'Orange mécanique'.

**clod** [klɒd] n **-1.** [of earth] motte f (de terre). **-2.** inf [idiot] imbécile m, crétin m.

**clog** [klɒg] (pt & pp **clogged**, cont **clogging**) ◇ vt **-1.** [pipe] boucher, encrasser; [street] boucher, bloquer; [wheel] bloquer. **-2.** fig [hinder] entraver, gêner. ◇ vi se boucher. ◇ n [wooden] sabot m; [leather] sabot m.

◆ **clog up** ◇ vt sep = **clog** vt. ◇ vi insep = **clog** vi.

**cloister** ['klɔɪstəʳ] ◇ n cloître m. ◇ vt RELIG cloîtrer; fig éloigner or isoler (du monde).

**cloistered** ['klɔɪstəd] adj fig [life] de reclus.

**clone** [kləun] ◇ n clone m. ◇ vt cloner.

**cloning** ['kləunɪŋ] n clonage m.

**clonk** [klɒŋk] ◇ vi faire un bruit sourd. ◇ vt cogner, frapper. ◇ n bruit m sourd.

**close¹** [kləus] (compar **closer**, superl **closest**) ◇ adj **-1.** [near in space or time]: **the library is** ~ **to the school** la bibliothèque est près de l'école; **in** ~ **proximity to sthg** dans le voisinage immédiat de or tout près de qqch; **they're very** ~ **in age** ils ont presque le même âge; **his death brought the war closer to home** c'est avec sa mort que nous avons vraiment pris conscience de la guerre; **we are** ~ **to an agreement** nous

sommes presque arrivés à un accord; **at** ~ **range** à bout portant; **to be** ~ **at** or **to hand** [shop, cinema etc] être tout près; [book, pencil etc] être à portée de main; **to be** ~ **to tears** être au bord des larmes; **I came** ~ **to thumping him one** inf j'ai bien failli lui en coller une; **he keeps things** ~ **to his chest** il ne fait guère de confidences; **to see sthg at** ~ **quarters** voir qqch de près; **to give sb a** ~ **shave** literal raser qqn de près; **that was a** ~ **shave** or **thing** or Am **call!** inf on l'a échappé belle!, on a eu chaud!.**-2.** [in relationship] proche; **they're very** ~ **(friends)** ils sont très proches; **a** ~ **relative** un parent proche; **I'm very** ~ **to my sister** je suis très proche de ma sœur; **he has** ~ **ties with Israel** il a des rapports étroits avec Israël; **sources** ~ **to the royal family** des sources proches de la famille royale; **a subject** ~ **to my heart** un sujet qui me tient à cœur. **-3.** [continuous]: **they stay in** ~ **contact** ils restent en contact en permanence. **-4.** [in competition, race etc] serré; **it was a** ~ **contest** ce fut une lutte serrée. **-5.** [thorough, careful] attentif, rigoureux; **have a** ~ **look at these figures** examinez ces chiffres de près; **upon** ~ **examination** après un examen détaillé or minutieux; **keep a** ~ **eye on the kids** surveillez les enfants de près. **-6.** [roughly similar] proche; **he bears a** ~ **resemblance to his father** il ressemble beaucoup à son père; **it's the closest thing we've got to an operating theatre** voilà à quoi se réduit notre salle d'opération. **-7.** [compact – handwriting, print] serré; [– grain] dense, compact. **-8.** Br [stuffy – room] mal aéré, qui manque de ventilation or d'air; **it's terribly** ~ **today** il fait très lourd aujourd'hui. **-9.** [secretive] renfermé, peu communicatif; **he's very** ~ **about his private life** il est très discret sur sa vie privée. **-10.** inf [stingy] avare, pingre. **-11.** LING [vowel] fermé.

◇ adv **-1.** [near] près; **don't come too** ~ n'approche pas or ne t'approche pas trop; **I live** ~ **to the river** j'habite près de la rivière; **did you win?** — **no, we didn't even come** ~ avez-vous gagné? — non, loin de là; **she lives** ~ **by** elle habite tout près; **I looked at it** ~ **to** or **up** je l'ai regardé de près; ~ **together** serrés les uns contre les autres; **sit closer together!** serrez-vous!.**-2.** [tight] étroitement, de près; **he held me** ~ il m'a serré dans ses bras.

◇ n **-1.** [field] clos m.**-2.** Br [street] impasse f.**-3.** Br [of cathedral] enceinte f.

◆ **close on** prep phr: **it's** ~ **on 9 o'clock** il est presque 9 h.

◆ **close to** prep phr [almost, nearly] presque.

**close²** [kləuz] ◇ vt **-1.** [shut – door, window, shop, book] fermer; fig: **to** ~ **one's eyes to sthg** fermer les yeux sur qqch; **to** ~ **one's mind to sthg** refuser de penser à qqch; **she** ~d **her mind to anything new** elle s'est fermée à tout ce qui était neuf. **-2.** [opening, bottle] fermer, boucher; **we must** ~ **the gap between the rich and the poor** fig nous devons combler le fossé entre riches et pauvres. **-3.** [block – border, road] fermer. **-4.** [shut down – factory] fermer. **-5.** [conclude] clore, mettre fin à. **-6.** COMM & FIN [account] arrêter, clore. **-7.** [settle – deal] conclure. **-8.** [move closer together] serrer, rapprocher; **the party** ~d **ranks behind their leader** fig le parti a serré les rangs derrière le leader.

◇ vi **-1.** [shut – gate, window] fermer, se fermer; [– shop] fermer; [– cinema, theatre] faire relâche; **this window doesn't** ~ **properly** cette fenêtre ne ferme pas bien or ferme mal; **the door** ~d **quietly behind them** la porte s'est refermée sans bruit derrière eux. **-2.** [wound, opening] se refermer; **the gap was closing fast** l'écart diminuait rapidement. **-3.** [cover, surround]: **the waves** ~d **over him** les vagues se refermèrent sur lui; **my fingers** ~d **around the gun** mes doigts se resserrèrent sur le revolver. **-4.** [meeting] se terminer, prendre fin; [speaker] terminer, finir. **-5.** ST. EX: **the share index** ~d **two points down** l'indice (boursier) a clôturé en baisse de deux points.

◇ n fin f, conclusion f; [of day] tombée f; **the year drew to a** ~ l'année s'acheva; **it's time to draw the meeting to a** ~ il est temps de mettre fin à cette réunion.

◆ **close down** ◇ vi insep **-1.** [business, factory] fermer. **-2.** Br RADIO & TV terminer les émissions. ◇ vt sep [business, factory] fermer.

◆ **close in** vi insep **-1.** [approach] approcher, se rapprocher; [encircle] cerner de près; **to** ~ **in on** or **upon** se rapprocher de. **-2.** [evening, night] approcher, descendre; [day] raccourcir; [darkness, fog] descendre; **darkness** ~d **in on us** la nuit nous enveloppa.

◆ **close off** *vt sep* isoler, fermer; the area was ~d off to the public le quartier était fermé au public.

◆ **close on** *vt insep* se rapprocher de.

◆ **close out** *vt sep Am* liquider *(avant fermeture).*

◆ **close up** ◇ *vt sep* fermer; [opening, pipe] obturer, boucher; [wound] refermer, recoudre. ◇ *vi insep* [wound] se refermer.

◆ **close with** *vt insep* **-1.** [finalize deal with] conclure un marché avec. **-2.** *lit* [fight with] engager la lutte OR le combat avec.

**close-cropped** [ˌkləʊs'krɒpt] *adj* [hair] (coupé) ras; [grass] ras.

**closed** [kləʊzd] *adj* **-1.** [shut – shop, museum etc] fermé; [– eyes] fermé, clos; [– opening, pipe] obstrué, bouché; [– road] barré; [– economy, mind] fermé; 'road ~ to traffic' 'route interdite à la circulation'; '~ on Tuesdays' 'fermé le mardi'; THEAT 'relâche le mardi'; we found the door ~ fig nous avons trouvé porte close ❑ in ~ session JUR à huis clos; to do sthg behind ~ doors faire qqch en cachette. **-2.** [restricted] exclusif; a ~ society un cercle fermé. **-3.** LING [syllable] fermé. **-4.** ELEC [circuit, switch] fermé.

**closed circuit television** *n* télévision *f* en circuit fermé.

**closedown** [ˈkləʊzdaʊn] *n* **-1.** [of shop] fermeture *f* (définitive). **-2.** *Br* RADIO & TV fin *f* des émissions.

**closed shop** *n* **-1.** [practice] monopole *m* d'embauche. **-2.** [establishment] entreprise dans laquelle le monopole d'embauche est pratiqué.

**closefisted** [ˌkləʊs'fɪstɪd] *adj* avare, pingre.

**close-fitting** [kləʊs-] *adj* ajusté, près du corps.

**close-knit** [kləʊs-] *adj fig* [community, family] très uni.

**closely** [ˈkləʊslɪ] *adv* **-1.** [near] de près; [tightly] en serrant fort; I held her ~ je l'ai serrée fort OR (tout) contre moi. **-2.** [carefully – watch] de près; [– study] minutieusement, de près; [– listen] attentivement. **-3.** [directly]: he's ~ related to him il est l'un de ses proches parents; ~ connected with sthg étroitement lié à qqch. **-4.** [evenly]: ~ contested elections élections très serrées OR très disputées.

**closeness** [ˈkləʊsnɪs] *n* **-1.** [nearness] proximité *f*. **-2.** [intimacy – of relationship, friendship, family] intimité *f*. **-3.** [compactness – of weave] texture *f* OR contexture *f* serrée; [– of print] resserrement *m* (des caractères).

**closeout** [ˈkləʊzaʊt] *n Am* liquidation *f*.

**close-range** [kləʊs-] *adj* à courte portée.

**close-run** [ˈkləʊs-] = **close** *adj* 4.

**close season** [kləʊs-] *n Br* HUNT fermeture *f* de la chasse; FISHING fermeture de la pêche; FTBL intersaison *f*.

**close-set** [kləʊs-] *adj* rapproché.

**close-shaven** [kləʊs-] *adj* rasé de près.

**closet** [ˈklɒzɪt] ◇ *n* **-1.** [cupboard] placard *m*, armoire *f*; [for hanging clothes] penderie *f*; *fig*: to come out of the ~ *inf* [gen] sortir de l'anonymat; [homosexual] ne plus cacher son homosexualité. **-2.** [small room] cabinet *m*. ◇ *comp* secret (f-ète). ◇ *vt* enfermer *(pour discuter).*

**close-up** [kləʊs-] ◇ *n* [photograph] gros plan *m*; [programme] portrait *m*, portrait-interview *m*; in ~ en gros plan. ◇ *adj* [shot, photograph, picture] en gros plan; a ~ lens une bonnette.

**closing** [ˈkləʊzɪŋ] ◇ *n* [of shop] fermeture *f*; [of meeting] clôture *f*; ST. EX clôture *f*. ◇ *adj* **-1.** [concluding] final, dernier; ~ remarks observations finales; ~ speech discours *m* de clôture. **-2.** [last] de fermeture; ~ date [for applications] date *f* limite de dépôt; [for production] date *f* de réalisation *(d'une opération).* **-3.** ST. EX: ~ price cours *m* à la clôture.

**closing time** *n* heure *f* de fermeture.

**closure** [ˈkləʊʒə<sup>r</sup>] *n* **-1.** [gen] fermeture *f*; [of factory, shop] fermeture *f* définitive. **-2.** [of meeting] clôture *f*; to move the ~ [in Parliament] demander la clôture; ~ rule POL règle du Sénat américain limitant le temps de parole. **-3.** [for container] fermeture *f*. **-4.** LING fermeture *f* (d'une voyelle).

**clot** [klɒt] *(pt & pp clotted, cont clotting)* ◇ *vt* cailler, coaguler. ◇ *vi* (se) cailler, (se) coaguler. ◇ *n* **-1.** [of blood] caillot *m*; [of milk] caillot *m*, grumeau *m*; a ~ on the lung/on the brain une embolie pulmonaire/cérébrale. **-2.** *Br inf* [fool] cruche *f*.

**cloth** [klɒθ] ◇ *n* **-1.** [material] tissu *m*, étoffe *f*; NAUT [sail] toile *f*, voile *f*; [for bookbinding] toile *f*. **-2.** [for cleaning] chiffon *m*,

linge *m*; [tablecloth] nappe *f*. **-3.** [clergy]: man of the ~ membre *m* du clergé. ◇ *comp* [clothing] de OR en tissu, de OR en étoffe.

**clothbound** [ˈklɒθbaʊnd] *adj* [book] relié toile.

**cloth cap** *n* casquette *f (symbole de la classe ouvrière britannique).*

**clothe** [kləʊð] *(pt & pp clothed OR lit clad [klæd]) vt* habiller, vêtir; *fig* revêtir, couvrir.

**cloth-eared** *adj Br inf* dur de la feuille, sourdingue.

**clothes** [kləʊðz] *npl* **-1.** [garments] vêtements *mpl*, habits *mpl*; to put one's ~ on s'habiller; to take one's ~ off se déshabiller. **-2.** *Br* [bedclothes] draps *mpl*.

**clothes basket** *n* panier *m* à linge.

**clothes brush** *n* brosse *f* à habits.

**clothes hanger** *n* cintre *m*.

**clotheshorse** [ˈkləʊðzhɔːs, *pl* -hɔːsɪz] *n* **-1.** [for laundry] séchoir *m* à linge. **-2.** *fig* [model] mannequin *m*; she's such a ~ *pej* elle ne pense qu'à ses toilettes.

**clothesline** [ˈkləʊðzlaɪn] *n* corde *f* à linge.

**clothes peg** *Br*, **clothespin** [ˈkləʊðzpɪn] *Am n* pince *f* à linge.

**clothespole** [ˈkləʊðzpəʊl], **clothesprop** [ˈkləʊðzprɒp] *n* support *m* pour corde à linge.

**clothier** [ˈkləʊðɪə<sup>r</sup>] *n* [cloth dealer, maker] drapier *m*; [clothes seller] marchand *m* de vêtements OR de confection.

**clothing** [ˈkləʊðɪŋ] ◇ *n* (U) **-1.** [garments] vêtements *mpl*, habits *mpl*; an article of ~ un vêtement. **-2.** [act of dressing] habillage *m*; [providing with garments] habillement *m*; RELIG [of monk, nun] prise *f* d'habit. ◇ *comp* [industry, trade] du vêtement, de l'habillement; [shop] de vêtements; ~ allowance indemnité *f* vestimentaire.

**clotted cream** [ˈklɒtɪd-] *n* crème fraîche très épaisse typique du sud-ouest de l'Angleterre.

**cloud** [klaʊd] ◇ *n* **-1.** METEOR nuage *m*, nuée *f* lit; to be on ~ nine être aux anges OR au septième ciel; to come down from the ~s revenir sur terre; to have one's head in the ~s être dans les nuages OR la lune; every ~ has a silver lining *prov* à quelque chose malheur est bon *prov*. **-2.** [of dust, smoke] nuage *m*; [of gas] nappe *f*; [of insects] nuée *f*. **-3.** [haze – on mirror] buée *f*; [– in liquid] nuage *m*; [– in marble] tache *f* noire. ◇ *vt* **-1.** [make hazy – mirror] embuer; [– liquid] rendre trouble; a ~ed sky un ciel couvert OR nuageux. **-2.** [confuse] obscurcir; don't ~ the issue ne brouillez pas les cartes. **-3.** [spoil – career, future] assombrir; [– reputation] ternir. ◇ *vi* **-1.** [sky] se couvrir (de nuages), s'obscurcir. **-2.** [face] s'assombrir.

◆ **cloud over** *vi insep* = **cloud** *vi*.

**cloudbase** [ˈklaʊdbeɪs] *n* plafond *m* de nuages.

**cloudburst** [ˈklaʊdbɜːst] *n* grosse averse *f*.

**cloud-cuckoo-land** *n Br inf*: they are living in ~ ils n'ont pas les pieds sur terre.

**clouded** [ˈklaʊdɪd] *adj* **-1.** = **cloudy** 1. **-2.** *fig* [expression] sombre, attristé; [reputation] terni; [judgement] altéré.

**cloudless** [ˈklaʊdlɪs] *adj* [sky] sans nuages; *fig* [days, future] sans nuages, serein.

**cloudy** [ˈklaʊdɪ] *(compar* **cloudier***, superl* **cloudiest***) adj* **-1.** METEOR nuageux, couvert; it will be ~ today le temps sera couvert aujourd'hui. **-2.** [liquid] trouble; [mirror] embué; [gem] taché, nuageux. **-3.** *fig* [confused] obscur, nébuleux; [gloomy] sombre, attristé.

**clout** [klaʊt] *inf* ◇ *n* **-1.** [blow] coup *m*; [with fist] coup *m* de poing. **-2.** *fig* [influence] influence *f*, poids *m*; to have OR to carry a lot of ~ avoir le bras long. ◇ *vt* frapper, cogner; [with fist] donner un coup de poing à, filer une taloche à.

**clove** [kləʊv] ◇ *pt* → **cleave**. ◇ *n* **-1.** [spice] clou *m* de girofle; [tree] giroflier *m*. **-2.** [of garlic] gousse *f*.

**clove hitch** *n* demi-clef *f*.

**cloven** [ˈkləʊvn] ◇ *pp* → **cleave**. ◇ *adj* fendu, fourchu.

**cloven-footed**, **cloven-hoofed** [-huːft] *adj* [animal] aux sabots fendus; [devil] aux pieds fourchus.

**clover** [ˈkləʊvə<sup>r</sup>] *n* trèfle *m*; to be in ~ *fig* comme un coq en pâte.

**cloverleaf** [ˈkləʊvəliːf] *(pl* **cloverleaves** [-liːvz]*) n* BOT feuille *f* de trèfle.

**clown** [klaʊn] ◇ *n* [entertainer] clown *m*; *fig* [fool] pitre *m*, imbécile *mf*. ◇ *vi* [joke] faire le clown; [act foolishly] faire le pitre

OR l'imbécile.

◆ **clown about** *Br*, **clown around** *vi insep* = **clown** *vi*.

**clownery** ['klaʊnərɪ], **clowning** ['klaʊnɪŋ] *n (U)* clowneries *fpl*, pitreries *fpl*.

**cloy** [klɔɪ] *vt literal & fig* écœurer.

**cloying** ['klɔɪɪŋ] *adj* écœurant.

**club** [klʌb] (*pt & pp* **clubbed**, *cont* **clubbing**) ◇ *n* **-1.** [association] club *m*, cercle *m*; [nightclub] boîte *f* de nuit; a tennis ~ un club de tennis; join the ~! *hum* bienvenue au club!, vous n'êtes pas le seul!; she's in the ~ *Br inf & euph* elle a un polichinelle dans le tiroir. **-2.** [weapon] matraque *f*, massue *f*. **-3.** [golf club] club *m* (de golf). **-4.** CARDS trèfle *m*. ◇ *vt* matraquer, frapper avec une massue; he was clubbed to death il a été matraqué à mort.

◆ **club together** *vi insep* [share cost] se cotiser.

**club car** *n Am* RAIL wagon-restaurant *m*.

**club class** *n* classe *f* club.

**clubfoot** [,klʌb'fʊt] (*pl* **clubfeet** [-'fiːt]) *n* pied *m* bot.

**clubhouse** ['klʌbhaʊs, *pl* -haʊzɪz] *n* club *m*.

**clubland** ['klʌbland] *n Br* [nightclubs] *quartier des boîtes de nuit*.

**clubroom** ['klʌbrʊm] *n* salle *f* de club OR de réunion.

**club sandwich** *n Am* sandwich *m* mixte (*à trois étages*).

**cluck** [klʌk] *vi* [hen, person] glousser; she ~ed in disapproval elle a claqué sa langue de désapprobation. ◇ *n* **-1.** [of hen] gloussement *m*; [of person – in pleasure] gloussement *m*; [– in disapproval] claquement *m* de langue. **-2.** *inf* [fool] idiot *m*, -e *f*.

**clue** [kluː] *n* [gen] indice *m*, indication *f*; [in crosswords] définition *f*; give me a ~ mettez-moi sur la piste; where's John? — I haven't a ~! où est John? — je n'en ai pas la moindre idée OR je n'en ai aucune idée!; he's useless at cooking, he hasn't got a ~! il est nul en cuisine, il n'y connaît absolument rien!

**clued-up** [kluːd-] *adj inf* informé; she's really ~ on computers elle s'y connaît en informatique.

**clueless** ['kluːlɪs] *adj Br inf & pej* qui ne sait rien de rien.

**clump** [klʌmp] ◇ *n* **-1.** [cluster – of bushes] massif *m*; [– of trees] bouquet *m*; [– of hair, grass] touffe *f*. **-2.** [mass – of earth] motte *f*. **-3.** [sound] bruit *m* sourd. ◇ *vi* [walk]: to ~ (about OR around) marcher d'un pas lourd. ◇ *vt* [gather]: to ~ (together) grouper.

**clumsily** ['klʌmzɪlɪ] *adv* [awkwardly] maladroitement; [tactlessly] sans tact.

**clumsiness** ['klʌmzɪnɪs] *n* **-1.** [lack of coordination] maladresse *f*, gaucherie *f*. **-2.** [awkwardness – of tool] caractère *m* peu pratique; [– of design] lourdeur *f*. **-3.** [tactlessness] gaucherie *f*, manque *m* de tact.

**clumsy** ['klʌmzɪ] *adj* **-1.** [uncoordinated – person] maladroit, gauche. **-2.** [awkward – tool] peu commode OR pratique; [– design] lourd, disgracieux; [– painting] maladroit; [– style] lourd, maladroit. **-3.** [tactless] gauche, malhabile.

**clung** [klʌŋ] *pt & pp* → **cling**.

**clunk** [klʌŋk] ◇ *n* [sound] bruit *m* sourd. ◇ *vi* faire un bruit sourd.

**clunker** ['klʌŋkər] *n Am inf* [car] tas *m* de ferraille.

**cluster** ['klʌstər] ◇ *n* **-1.** [of fruit] grappe *f*; [of dates] régime *m*; [of flowers] touffe *f*; [of trees] bouquet *m*; [of stars] amas *m*; [of diamonds] entourage *m*. **-2.** [group – of houses] groupe *m*; [– of people] rassemblement *m*, groupe *m*; [of bees] essaim *m*. **-3.** LING groupe *m*, aggglomérat *m*. ◇ *vi* **-1.** [people] se grouper. **-2.** [things] former un groupe; pretty cottages ~ed around the church l'église était entourée de petites maisons coquettes.

**cluster bomb** *n* bombe *f* à fragmentation.

**clutch** [klʌtʃ] ◇ *vt* **-1.** [hold tightly] serrer fortement, étreindre. **-2.** [seize] empoigner, se saisir de. ◇ *vi*: to ~ at sthg *literal* se cramponner à qqch, s'agripper à qqch; *fig* se cramponner à qqch, se raccrocher à qqch. ◇ *n* **-1.** [grasp] étreinte *f*, prise *f*. **-2.** AUT [mechanism] embrayage *m*; [pedal] pédale *f* d'embrayage; to let in the ~ embrayer; to let out the ~ débrayer. **-3.** [cluster of eggs] couvée *f*; *fig* série *f*, ensemble *m*. **-4.** *Am inf* [crisis] crise *f*. **-5.** *Am* [bag] pochette *f* (*sac à main*).

◆ **clutches** *npl fig* [control] influence *f*; to have sb in one's ~es tenir qqn en son pouvoir; to fall into sb's ~es tomber

dans les griffes de qqn.

**clutch bag** *n* [handbag] pochette *f* (*sac à main*).

**clutter** ['klʌtər] ◇ *n* **-1.** [mess] désordre *m*. **-2.** [disordered objects] désordre *m*, fouillis *m*. ◇ *vt*: ~ (up) [room] mettre en désordre; a desk ~ed with papers un bureau encombré de papiers; his mind was ~ed with useless facts son esprit était encombré d'informations inutiles.

**cm** (*written abbr of* **centimetre**) cm.

**CND** (*abbr of* **Campaign for Nuclear Disarmament**) *pr n* en Grande-Bretagne, *mouvement pour le désarmement nucléaire*.

**Cnut** [kə'njuːt] = **Canute**.

**co-** [kəʊ] *in cpds* co-; ~worker collègue *mf*; he's her ~star il partage l'affiche avec elle.

**c/o** (*written abbr of* **care of**) a/s.

**Co.** [kəʊ] **-1.** (*written abbr of* **company**) Cie. **-2.** *written abbr of* county.

**coach** [kəʊtʃ] ◇ *n* **-1.** [tutor] répétiteur *m*, -trice *f*; SPORT [trainer] entraîneur *m*, -euse *f*; [ski instructor] moniteur *m*, -trice *f*. **-2.** [bus] car *m*, autocar *m*; *Br* RAIL voiture *f*, wagon *m*; [carriage] carrosse *m*; (stage) ~ diligence *f*, coche *m*. ◇ *comp* [driver] de car; [tour, trip] en car. ◇ *vt* [tutor] donner des leçons particulières à; SPORT entraîner; to ~ sb in maths/in English donner des leçons de math/d'anglais à qqn. ◇ *vi* [tutor] donner des leçons particulières; SPORT être entraîneur.

**coach-and-four** *n* carrosse *m* à quatre chevaux.

**coach house** *n* remise *f* (*pour carrosse ou voiture*).

**coaching** ['kəʊtʃɪŋ] *n* **-1.** SCH leçons *fpl* particulières. **-2.** SPORT entraînement *m*.

**coachload** ['kəʊtʃləʊd] *n*: a ~ of tourists un autocar OR car plein de touristes.

**coachman** ['kəʊtʃmən] (*pl* **coachmen** [-mən]) *n* cocher *m*.

**coach party** *n esp Br* excursion *f* en car.

**coach station** *n Br* gare *f* routière.

**coachwork** ['kəʊtʃwɜːk] *n* carrosserie *f*.

**coagulant** [kəʊ'ægjʊlənt] *n* coagulant *m*.

**coagulate** [kəʊ'ægjʊleɪt] ◇ *vi* (se) coaguler. ◇ *vt* coaguler.

**coagulation** [kəʊ,ægjʊ'leɪʃn] *n* coagulation *f*.

**coal** [kəʊl] ◇ *n* **-1.** [gen] charbon *m*; he was treading on hot ~s il était sur des charbons ardents. **-2.** INDUST houille *f*. ◇ *comp* [bunker, cellar, chute] à charbon; [depot, fire] de charbon; ~ industry industrie *f* houillère. ◇ *vt* [supply with coal] fournir OR ravitailler en charbon; NAUT charbonner. ◇ *vi* NAUT charbonner.

**coal-burning** *adj* à charbon, qui marche au charbon.

**coaldust** ['kəʊldʌst] *n* poussier *m* OR poussière *f* de charbon.

**coalesce** [,kəʊə'les] *vi* s'unir (en un groupe), se fondre (ensemble).

**coalface** ['kəʊlfeɪs] *n* front *m* de taille.

**coalfield** ['kəʊlfiːld] *n* bassin *m* houiller, gisement *m* de houille.

**coal-fired** *adj* à charbon, qui marche au charbon.

**coalfish** ['kəʊlfɪʃ] (*pl inv* OR **coalfishes**) *n* lieu *m* noir, colin *m*.

**coal gas** *n* gaz *m* de houille.

**coalition** [,kəʊə'lɪʃn] *n* coalition *f*; ~ government gouvernement *m* de coalition.

**coalman** ['kəʊlmæn] (*pl* **coalmen** [-men]) *n* charbonnier *m*, marchand *m* de charbon.

**coal merchant** = **coalman**.

**coalmine** ['kəʊlmaɪn] *n* mine *f* de charbon, houillère *f*.

**coalminer** ['kəʊl,maɪnər] *n* mineur *m*.

**coalmining** ['kəʊl,maɪnɪŋ] *n* charbonnage *m*.

**coal scuttle** *n* seau *m* à charbon.

**coal tar** *n* coaltar *m*, goudron *m* de houille.

**coal tit** *n* mésange *f* noire.

**coarse** [kɔːs] *adj* **-1.** [rough in texture] gros (*f* grosse), grossier; [skin] rude; [hair] épais (*f* aisse); [salt] gros (*f* grosse). **-2.** [vulgar – person, behaviour, remark, joke] grossier, vulgaire; [– laugh] gros (*f* grosse), gras (*f* grasse); [– accent] commun, vulgaire. **-3.** [inferior – food, drink] ordinaire, commun.

**coarse fishing** *n* pêche *f* à la ligne en eau douce.

**coarse-grained** *adj* à gros grain.

**coarsely** ['kɔːslɪ] *adv* **-1.** [roughly] grossièrement; ~ woven de texture grossière. **-2.** [uncouthly – speak] vulgairement, grossièrement; [– laugh] grassement; [vulgarly] indécemment, crûment.

**coarsen** ['kɔːsn] ◊ *vi* **-1.** [texture] devenir rude OR grossier. **-2.** [person] devenir grossier OR vulgaire; [features] s'épaissir. ◊ *vt* **-1.** [texture] rendre rude OR grossier. **-2.** [person, speech] rendre grossier OR vulgaire; [features] épaissir.

**coarseness** ['kɔːsnɪs] *n* **-1.** [of texture] rudesse *f*. **-2.** [uncouthness] manque *m* de savoir-vivre; [vulgarity] grossièreté *f*, vulgarité *f*.

**coast** [kəʊst] ◊ *n* côte *f*; off the ~ of Ireland au large des côtes irlandaises; broadcast from ~ to ~ diffusé dans tout le pays ❏ the ~ is clear *inf* la voie est libre. ◊ *vi* [vehicle] avancer en roue libre; NAUT caboter; he ~ed through the exam *inf* & *fig* a eu l'examen les doigts dans le nez.

**coastal** ['kəʊstl] *adj* littoral, côtier; ~ waters eaux *fpl* littorales.

**coaster** ['kəʊstər] *n* **-1.** [protective mat – for glass] dessous *m* de verre; [– for bottle] dessous *m* de bouteille; [stand, tray] présentoir *m* à bouteilles. **-2.** NAUT [ship] caboteur *m*. **-3.** *Am* = roller coaster.

**coastguard** ['kəʊstgɑːd] *n* **-1.** [organization] ≃ gendarmerie *f* maritime. **-2.** *Br* [person] membre *m* de la gendarmerie maritime; HIST garde-côte *m*.

**coastline** ['kəʊstlaɪn] *n* littoral *m*.

**coat** [kəʊt] ◊ *n* **-1.** [overcoat] manteau *m*; [man's overcoat] manteau *m*, pardessus *m*; [jacket] veste *f*; HERALD: ~ of arms blason *m*, armoiries *fpl*. **-2.** [of animal] pelage *m*, poil *m*; [of horse] robe *f*. **-3.** [covering – of paint, varnish] couche *f*. ◊ *vt* **-1.** [cover] couvrir, revêtir; [with paint, varnish] enduire; the shelves were ~ed with dust les étagères étaient recouvertes de poussière. **-2.** CULIN: to ~ sthg with flour/sugar saupoudrer qqch de farine/de sucre; to ~ sthg with chocolate enrober qqch de chocolat; to ~ sthg with egg dorer qqch à l'œuf.

**coat hanger** *n* cintre *m*.

**coating** ['kəʊtɪŋ] *n* couche *f*; [on pan] revêtement *m*.

**coatrack** ['kəʊtræk], **coatstand** ['kəʊtstænd] *n* portemanteau *m*.

**coat tails** *npl* queue *f* de pie (*costume*); to ride on sb's ~ profiter de l'influence OR de la position de qqn.

**coauthor** [kəʊ'ɔːθər] *n* coauteur *m*.

**coax** [kəʊks] *vt* cajoler, enjôler; he ~ed us into going à force de nous cajoler, il nous a persuadés d'y aller; he ~ed the box open with a screwdriver il est parvenu à ouvrir la boîte en faisant levier avec un tournevis.

**coaxial** [,kəʊ'æksɪəl] *adj* coaxial; ~ cable COMPUT câble *m* coaxial.

**coaxing** ['kəʊksɪŋ] *n* (*U*) cajolerie *f*, cajoleries *fpl*. ◊ *adj* enjôleur, cajoleur.

**cob** [kɒb] *n* **-1.** [horse] cob *m*. **-2.** [swan] cygne *m* mâle. **-3.** [of corn] épi *m*. **-4.** [of coal] briquette *f* de charbon; [of bread] pain *m*. **-5.** *Br* [nut] noisette *f*. **-6.** CONSTR torchis *m*, pisé *m*.

**cobalt** ['kəʊbɔːlt] *n* cobalt *m*.

**cobble** ['kɒbl] ◊ *n* [stone] pavé *m*. ◊ *vt* paver.

◆ **cobble together** *vt sep* bricoler, concocter.

**cobbled** ['kɒbld] *adj* pavé.

**cobbler** ['kɒblər] *n* [shoemender] cordonnier *m*.

◆ **cobblers**▽ *npl Br* that's a load of ~s! *fig* c'est de la connerie!

**cobblestone** ['kɒblstəʊn] *n* pavé *m* (*rond*).

**cobnut** ['kɒbnʌt] *n* noisette *f*, aveline *f*.

**cobra** ['kəʊbrə] *n* cobra *m*.

**cobweb** ['kɒbweb] *n* toile *f* d'araignée; I'm going for a walk to clear away the ~s OR to blow the ~s away *fig* je vais faire un tour pour me rafraîchir les idées.

**Coca-Cola**® *n* Coca® *m*, Coca-Cola® *m*.

**cocaine** [kəʊ'keɪn] ◊ *n* cocaïne *f*. ◊ *comp*: ~ addict OR freak *inf* cocaïnomane *mf*; ~ addiction cocaïnomanie *f*; carmin *m*.

**cochineal** [,kɒtʃɪnːɪl] *n* [insect] cochenille *f*; [dye] carmin *m*, cochenille *f* des teinturiers.

**cock** [kɒk] ◊ *n* **-1.** [rooster] coq *m*; [male bird] (oiseau *m*) mâle *m*. **-2.** [tap] robinet *m*. **-3.** [of gun] chien *m*; at full ~ armé. **-4.** ▼ [penis] bite *f*, bite *f*. **-5.** [tilt] inclinaison *f*, aspect *m* penché. **-6.** AGR [of hay] meulon *m*. ◊ *vt* **-1.** [gun] armer. **-2.** [raise]: the dog ~ed its ears le chien a dressé les oreilles; she ~ed

an ear towards the door *fig* elle a tendu une oreille du côté de la porte; the dog ~ed its leg le chien a levé la patte ❏ to ~ a snook at sb *Br inf* faire un pied de nez à qqn. **-3.** [head, hat] pencher, incliner; [thumb] tendre. **-4.** [hay] mettre en meulons.

◆ **cock up**▽ *Br* ◊ *vt sep* saloper, faire foirer. ◊ *vi insep*: he's ~ed up again il a encore tout fait foirer.

**cockade** [kɒ'keɪd] *n* cocarde *f*.

**cock-a-doodle-doo** [,kɒkəduːdl'duː] *n* & *onomat* cocorico.

**cock-a-hoop** *adj inf* fier comme Artaban.

**cock-and-bull story** *n* histoire *f* à dormir debout.

**cockatoo** [,kɒkə'tuː] *n* cacatoès *m*.

**cockcrow** ['kɒkkrəʊ] *n* aube *f*.

**cocked hat** *n* tricorne *m*.

**cockerel** ['kɒkrəl] *n* jeune coq *m*.

**cocker spaniel** ['kɒkər-] *n* cocker *m*.

**cockeyed** ['kɒkaɪd] *adj inf* **-1.** [cross-eyed] qui louche. **-2.** [crooked] de travers. **-3.** [absurd – idea, plan] absurde; [– story] qui ne tient pas debout.

**cockfight** ['kɒkfaɪt] *n* combat *m* de coqs.

**cockiness** ['kɒkɪnɪs] *n* impertinence *f*.

**cockle** ['kɒkl] ◊ *n* **-1.** [shellfish] coque *f*. **-2.** [in cloth] faux pli *m*; [in paper] froissure *f*, pliure *f*. ◊ *vt* [paper] froisser; [cloth] chiffonner. ◊ *vi* [paper] se froisser; [cloth] se chiffonner.

**Cockney** ['kɒknɪ] ◊ *n* **-1.** [person] cockney *mf* (*Londonien né dans le «East End»*). **-2.** LING cockney *m*. ◊ *adj* cockney.

**cockpit** ['kɒkpɪt] *n* **-1.** [of plane] cabine *f* de pilotage, cockpit *m*; [of racing car] poste *m* du pilote; [of yacht] cockpit *m*. **-2.** [in cockfighting] arène *f*; *fig* arènes *fpl*.

**cockroach** ['kɒkrəʊtʃ] *n* cafard *m*, blatte *f*.

**cockscomb** ['kɒkskəʊm] *n* **-1.** [of rooster] crête *f*. **-2.** BOT crête-de-coq *f*.

**cock sparrow** *n* moineau *m* mâle.

**cocksure** [,kɒk'ʃɔːr] *adj pej* suffisant.

**cocktail** ['kɒkteɪl] *n* [mixed drink] cocktail *m* (*boisson*); [gen – mixture of things] mélange *m*, cocktail *m*.

**cocktail bar** *n* bar *m* (*dans un hôtel, un aéroport*).

**cocktail dress** *n* robe *f* de cocktail.

**cocktail lounge** *n* bar *m* (*dans un hôtel, un aéroport*).

**cocktail party** *n* cocktail *m* (*fête*).

**cocktail shaker** *n* shaker *m*.

**cocktail stick** *n* pique *f* à apéritif.

**cockteaser**▼ ['kɒk,tiːzər] *n pej* allumeuse *f*.

**cock-up**▽ *n Br*: it was a ~ ça a foiré; he made a ~ of his exam il a raté son l'examen.

**cocky** ['kɒkɪ] (*compar* **cockier**, *superl* **cockiest**) *adj inf* suffisant, qui a du toupet.

**cocoa** ['kəʊkəʊ] *n* **-1.** [powder, drink] cacao *m*. **-2.** [colour] marron *m* clair.

**cocoa bean** *n* graine *f* de cacao.

**cocoa butter** *n* beurre *m* de cacao.

**coconut** ['kəʊkənʌt] *n* noix *f* de coco; ~ milk lait *m* de coco.

**coconut matting** *n* tapis *m* en fibres de noix de coco.

**coconut oil** *n* huile *f* de coco.

**coconut palm** *n* cocotier *m*.

**coconut shy** *n* jeu *m* de massacre *pr*.

**cocoon** [kə'kuːn] ◊ *n* cocon *m*; *fig*: wrapped in a ~ of blankets emmitouflé dans des couvertures. ◊ *vt* [wrap] envelopper avec soin; [overprotect – child] couver.

**cocooned** [kə'kuːnd] *adj* enfermé, cloîtré.

**cod** [kɒd] (*pl inv* OR **cods**) *n* [fish] morue *f*; CULIN: dried ~ merluche *f*, morue.

**Cod** [kɒd] *pr n*: Cape ~ cap *m* Cod.

**COD** (*abbr of* **cash on delivery**) *adv*: to send sthg ~ envoyer qqch contre remboursement.

**coda** ['kəʊdə] *n lit* & MUS coda *f*.

**coddle** ['kɒdl] *vt* **-1.** [pamper – child] dorloter, choyer. **-2.** CULIN (faire) cuire à feu doux; a ~d egg un œuf à la coque.

**code** [kəʊd] ◊ *n* **-1.** [cipher] code *m*, chiffre *m*; BIOL & COMPUT code *m*; a message in ~ un message chiffré OR codé. **-2.** [statement of rules] code *m*; ~ of conduct/of honour code de conduite/de l'honneur; ~ of ethics [gen] sens *m* des valeurs morales, moralité *f*; [professional] déontologie *f*; ~ of practice [gen] déontologie *f*; [rules] règlements *mpl* et usages *mpl*.-**3**. [postcode] code *m* postal. -**4**. [dialling code] code *m*, indicatif *m*. ◇ *vt* [message] coder, chiffrer.

**codeine** ['kəʊdiːn] *n* codéine *f*.

**code name** *n* nom *m* de code.

**code-named** *adj* qui porte le nom de code de.

**codeword** ['kəʊdwɜːd] *n* [password] mot *m* de passe; [name] mot *m* codé.

**codex** ['kəʊdeks] (*pl* **codices** [-dɪsiːz]) *n* volume *m* de manuscrits anciens.

**codger** ['kɒdʒəʳ] *n inf* bonhomme *m*.

**codices** ['kəʊdɪsiːz] *pl* → **codex**.

**codicil** ['kɒdɪsɪl] *n* codicille *m*.

**codify** ['kəʊdɪfaɪ] (*pt* & *pp* **codified**) *vt* codifier.

**coding** ['kəʊdɪŋ] *n* [of message] chiffrage *m*; COMPUT codage *m*; ~ **line** ligne *f* de programmation; ~ **sequence** séquence *f* programmée.

**cod-liver oil** *n* huile *f* de foie de morue.

**codpiece** ['kɒdpiːs] *n* braguette *f*.

**codswallop** ['kɒdz,wɒləp] *n* (*U*) *Br inf* bêtises *fpl*, âneries *fpl*.

**co-ed** [-'ed] ◇ *adj abbr of* **coeducational**. ◇ *n* -**1**. *Am* [female student] *étudiante d'un établissement mixte.* -**2**. *Br* (*abbr of* **co-educational school**) école *f* mixte.

**co-edition** *n* coédition *f*.

**co-editor** *n* coéditeur *m*.

**coeducation** [,kəʊedʒʊ'keɪʃn] *n* éducation *f* mixte.

**coeducational** [,kəʊedʒʊ'keɪʃənl] *adj* mixte.

**coefficient** [,kəʊɪ'fɪʃnt] *n* coefficient *m*.

**coeliac** *Br*, **celiac** *Am* ['siːlɪæk] *adj* cœliaque.

**coerce** [kəʊ'ɜːs] *vt* contraindre, forcer; we ~d them into confessing nous les avons contraints à avouer.

**coercion** [kəʊ'ɜːʃn] *n* (*U*) coercition *f*, contrainte *f*.

**coexist** [,kəʊɪg'zɪst] *vi* coexister.

**coexistence** [,kəʊɪg'zɪstəns] *n* coexistence *f*.

**coexistent** [,kəʊɪg'zɪstənt] *adj* coexistant.

**coextensive** [,kəʊɪk'stensɪv] *adj*: ~ **with** [in space] de même étendue que; [in time] de même durée que.

**C of E** (*abbr of* **Church of England**) ◇ *pr n* Église *f* anglicane. ◇ *adj* anglican.

**coffee** ['kɒfɪ] ◇ *n* -**1**. [drink] café *m*; black ~ café noir; white ~ *Br*, ~ with cream OR milk *Am* [gen] café au lait; [in café] café crème, crème *m*.-**2**. [colour] café au lait (*inv*). ◇ *comp* [filter, service] à café; [ice cream, icing] au café; ~ **cake** *Br* moka *m*; *Am* gâteau *m* (*que l'on sert avec le café*); ~ **cream** [chocolate] chocolat *m* fourré au café; ~ **grounds** marc *m* de café.

**coffee bar** *n Br* café *m*, cafétéria *f*.

**coffee bean** *n* grain *m* de café.

**coffee break** *n* pause-café *f*.

**coffee cup** *n* tasse *f* à café.

**coffee grinder** *n* moulin *m* à café.

**coffee house** *n* café *m*.

**coffee klatch** [-klætʃ] *n Am inf*: he's probably in the ~ il est sans doute en train de prendre un café et de papoter avec les autres.

**coffee machine** *n* [gen] cafetière *f*; [in café] percolateur *m*.

**coffee mill** *n* moulin *m* à café.

**coffee morning** *n Br* rencontre amicale autour d'un café, destinée souvent à réunir de l'argent au profit d'œuvres de bienfaisance.

**coffeepot** ['kɒfɪpɒt] *n* cafetière *f*.

**coffee shop** *n* ≃ café-restaurant *m*.

**coffee spoon** *n* cuillère *f* OR cuiller *f* à café, petite cuillère *f* OR cuiller *f*; [smaller] cuillère *f* OR cuiller *f* à moka.

**coffee table** *n* table *f* basse.

**coffee-table book** *n* ≃ beau livre *m* (*destiné à être feuilleté plutôt que véritablement lu*).

**coffee tree** *n* caféier *m*.

**coffer** ['kɒfəʳ] *n* -**1**. [strongbox] coffre *m*, caisse *f*.-**2**. [watertight chamber] caisson *m*.-**3**. ARCHIT caisson *m* (*de plafond*).

◆ **coffers** *npl* [funds - of nation] coffres *mpl*; [- of organization] caisses *fpl*, coffres *mpl*.

**cofferdam** ['kɒfədæm] *n* batardeau *m*.

**coffin** ['kɒfɪn] *n* -**1**. [box] cercueil *m*, bière *f*.-**2**. [of hoof] cavité *f* du sabot.

**coffin nail** *n inf* & *hum* [cigarette] cigarette *f*.

**C of I** (*abbr of* **Church of Ireland**) *pr n* Église *f* d'Irlande.

**C of S** (*abbr of* **Church of Scotland**) *pr n* Église *f* d'Écosse.

**cog** [kɒg] *n* -[gearwheel] roue *f* dentée; [tooth] dent *f* (*d'engrenage*); you're only a (small) ~ in the machine OR the wheel *fig* vous n'êtes qu'un simple rouage (dans OR de la machine).

**cogency** ['kəʊdʒənsɪ] *n* force *f*, puissance *f*.

**cogent** ['kəʊdʒənt] *adj fml* [argument, reasons – convincing] convaincant, puissant; [– pertinent] pertinent; [– compelling] irrésistible.

**cogitate** ['kɒdʒɪteɪt] *vi fml* méditer, réfléchir.

**cogitation** [,kɒdʒɪ'teɪʃn] *n* réflexion *f*, méditation *f*; *hum* cogitations *fpl*.

**cognac** ['kɒnjæk] *n* cognac *m*.

**cognate** ['kɒgneɪt] ◇ *n* -**1**. LING mot *m* apparenté. -**2**. JUR [person] parent *m* proche, cognat *m* JUR. ◇ *adj* LING apparenté, de même origine; JUR parent.

**cognition** [kɒg'nɪʃn] *n* [gen] connaissance *f*; PHILOS cognition *f*.

**cognitive** ['kɒgnɪtɪv] *adj* cognitif.

**cognizance, -isance** ['kɒgnɪzəns] *n* -**1**. *fml* [knowledge] connaissance *f*. -**2**. *fml* [range, scope] compétence *f*. -**3**. HERALD [badge] emblème *m*.

**cognizant, -isant** ['kɒgnɪzənt] *adj* -**1**. *fml* [aware] ayant connaissance, conscient; -**2**. JUR compétent.

**cogwheel** ['kɒgwiːl] *n* roue *f* dentée.

**cohabit** [,kəʊ'hæbɪt] *vi* cohabiter.

**cohabitation** [,kəʊhæbɪ'teɪʃn] *n* cohabitation *f*.

**cohabitee** [kəʊ,hæbɪ'tiː] *n* concubin *m*, -e *f*.

**cohere** [kəʊ'hɪəʳ] *vi* -**1**. [stick together] adhérer, coller. -**2**. [be logically consistent] être cohérent; [reasoning, argument] (se) tenir.

**coherence** [kəʊ'hɪərəns] *n* -**1**. [cohesion] adhérence *f*.-**2**. [logical consistency] cohérence *f*.

**coherent** [kəʊ'hɪərənt] *adj* [logical – person, structure] cohérent, logique; [– story, speech] facile à suivre OR comprendre.

**coherently** [kəʊ'hɪərəntlɪ] *adv* de façon cohérente.

**cohesion** [kəʊ'hiːʒn] *n* cohésion *f*.

**cohesive** [kəʊ'hiːsɪv] *adj* cohésif.

**cohort** ['kəʊhɔːt] *n* -**1**. [group, band] cohorte *f*.-**2**. MIL cohorte *f*.-**3**. [companion] comparse *mf*, compère *m*.-**4**. BIOL ordre *m*.

**COHSE** ['kəʊzɪ] (*abbr of* **Confederation of Health Service Employees**) *pr n* ancien syndicat des employés des services de santé en Grande-Bretagne.

**coiffure** [kwɑː'fjʊəʳ] *n fml* coiffure *f*.

**coil** [kɔɪl] ◇ *n* -**1**. [spiral – of rope, wire] rouleau *m*; [– of hair] rouleau *m*; [in bun] chignon *m*.-**2**. [single loop – of rope, wire] tour *m*; [– of hair] boucle *f*; [– of smoke, snake] anneau *m*.-**3**. ELEC & TECH bobine *f*.-**4**. MED [for contraception] stérilet *m*. ◇ *vt* -**1**. [rope] enrouler; [hair] enrouler, torsader; the snake ~ed itself up le serpent s'est lové OR enroulé. -**2**. ELEC bobiner. ◇ *vi* -**1**. [river, smoke, procession] onduler, serpenter. -**2**. [rope] s'enrouler; [snake] se lover, s'enrouler.

◆ **coil up** *vt sep* [rope, hose] enrouler.

**coiled** [kɔɪld] *adj* [rope] enroulé, en spirale; [spring] en spirale; [snake] lové.

**coin** [kɔɪn] ◇ *n* -**1**. [item of metal currency] pièce *f* (de monnaie); that's the other side of the ~ c'est le revers de la médaille. -**2**. (*U*) [metal currency] monnaie *f*; to pay sb back in his own ~ rendre à qqn la monnaie de sa pièce. ◇ *vt* -**1**. [money] to ~ money battre monnaie ❏ she's ~ing it (in) *inf* elle se fait du fric. -**2**. [word] fabriquer, inventer; to ~ a phrase *hum* si je puis m'exprimer ainsi.

**coinage** ['kɔɪnɪdʒ] *n* -**1**. [creation of money] frappe *f*; *fig* [– of word] invention *f*.-**2**. [coins] monnaie *f*; [currency system] système *m* monétaire. -**3**. [invented word, phrase] invention *f*, création *f*.

**coin-box** *n Br* cabine *f* téléphonique (à pièces).

**coincide** [,kəʊɪn'saɪd] *vi* -**1**. [in space, time] coïncider. -**2**. [correspond] coïncider, s'accorder.

**coincidence** [kəʊˈɪnsɪdəns] *n* **-1.** [accident] coïncidence *f*, hasard *m*.**-2.** [correspondence] coïncidence *f*.

**coincidental** [kəʊ,ɪnsɪˈdentl] *adj* **-1.** [accidental] de coïncidence. **-2.** [having same position] coïncident.

**coincidentally** [kəʊ,ɪnsɪˈdentəlɪ] *adv* par hasard.

**coin-operated** [-ˈɒpə,reɪtɪd] *adj* automatique.

**coitus** [ˈkɔɪɪtəs] *n* coït *m*.

**coke** [kəʊk] *n* **-1.** [fuel] coke *m*.**-2.** ▽ *drugs sl* [cocaine] cocaïne *f*, coke *f*.

**Coke®** [kəʊk] *n* Coca® *m*.

**col** [kɒl] *n* col *m* (*d'une montagne*).

**Col.** (*written abbr of* **colonel**) Col.

**cola** [ˈkəʊlə] *n* cola *m*.

**colander** [ˈkʌləndər] *n* passoire *f*.

**cold** [kəʊld] ◇ *adj* **-1.** [body, object, food etc] froid; I'm ~ j'ai froid; her hands are ~ elle a les mains froides; eat it before it gets ~ mangez avant que cela refroidisse; the trail was ~ *fig* toute trace avait disparu; her answer was ~ comfort to us sa réponse ne nous a pas réconfortés; is it over here? — no, you're getting ~er [in children's game] est-ce par ici? — non, tu refroidis; she poured ~ water on our plans *fig* sa réaction devant nos projets nous a refroidis ❏ to be as ~ as ice [thing] être froid comme de la glace; [room] être glacial; [person] être glacé jusqu'aux os; to get OR to have ~ feet avoir la trouille. **-2.** [weather] froid; it will be ~ today il va faire froid aujourd'hui; it's freezing ~ il fait un froid de loup OR de canard; it's getting ~er la température baisse. **-3.** [unfeeling] froid, indifférent; [objective] froid, objectif; [unfriendly] froid, peu aimable; to be ~ towards sb se montrer froid envers qqn; the play left me ~ la pièce ne m'a fait ni chaud ni froid; to have a ~ heart avoir un cœur de pierre; in the ~ light of day dans la froide lumière du jour; in ~ blood de sang-froid; 'In Cold Blood' *Capote* 'De sang-froid'. **-4.** [unconscious]: she was out ~ elle était sans connaissance; he knocked him (out) ~ il l'a mis KO. **-5.** [colour] froid.

◇ *n* **-1.** METEOR froid *m*; come in out of the ~ entrez vous mettre au chaud ❏ to come in from the ~ rentrer en grâce; the newcomer was left out in the ~ personne ne s'est occupé du nouveau venu. **-2.** MED rhume *m*; to have a ~ être enrhumé.

◇ *adv* **-1.** [without preparation] à froid. **-2.** *Am inf* [absolutely]: she turned me down ~ elle m'a dit non carrément; he knows his subject ~ il connait son sujet à fond.

**cold-blooded** *adj* **-1.** [animal] à sang froid. **-2.** *fig* [unfeeling] insensible; [ruthless] sans pitié; a ~ murder un meurtre commis de sang-froid.

**cold-bloodedly** [-ˈblʌdɪdlɪ] *adv* de sang-froid.

**cold cream** *n* crème *f* de beauté, cold-cream *m*.

**cold cuts** *npl* [gen] viandes *fpl* froides; [on menu] assiette *f* anglaise.

**cold fish** *n inf*: he's a ~ c'est un pisse-froid.

**cold frame** *n* châssis *m* de couches (*pour plantes*).

**cold front** *n* front *m* froid.

**cold-hearted** *adj* sans pitié, insensible.

**coldly** [ˈkəʊldlɪ] *adv* froidement, avec froideur.

**coldness** [ˈkəʊldnɪs] *n* literal & *fig* froideur *f*.

**cold-pressed** [-prest] *adj* [olive oil] pressé à froid.

**cold room** *n* chambre *f* froide OR frigorifique.

**cold shoulder** *n inf*: to give sb the ~ snober qqn.

◆ **cold-shoulder** *vt inf* snober.

**cold snap** *n* courte offensive *f* du froid.

**cold sore** *n* bouton *m* de fièvre.

**cold storage** *n* conservation *f* par le froid; to put sthg into ~ [food] mettre qqch en chambre froide; [furs] mettre qqch en garde; *fig* mettre qqch en attente.

**cold store** *n* entrepôt *m* frigorifique.

**Coldstream Guards** [ˈkəʊld,striːm-] *pl pr n*: the ~ *régiment d'infanterie de la Garde Royale britannique*.

**cold sweat** *n* sueur *f* froide; to be in a ~ about sthg avoir des sueurs froides au sujet de qqch.

**cold turkey**▽ *n drugs sl* [drugs withdrawal] manque *m*.

**cold war** *n* guerre *f* froide.

**coleslaw** [ˈkəʊlslɔː] *n* salade *f* de chou cru.

**colic** [ˈkɒlɪk] *n (U)* coliques *fpl*.

**Coliseum** [,kɒlɪˈsɪəm] *pr n* Colisée *m*.

**colitis** [kɒˈlaɪtɪs] *n (U)* colite *f*.

**collaborate** [kəˈlæbəreɪt] *vi* collaborer; she ~d with us on the project elle a collaboré avec nous au projet.

**collaboration** [kə,læbəˈreɪʃn] *n* collaboration *f*; ~ (with sb) on sthg collaboration (avec qqn) à qqch; in ~ with en collaboration avec.

**collaborative** [kəˈlæbərətɪv] *adj* conjugué, combiné.

**collaborator** [kəˈlæbəreɪtər] *n* collaborateur *m*, -trice *f*.

**collage** [ˈkɒlɑːʒ] *n* **-1.** ART [picture, method] collage *m*.**-2.** [gen – combination of things] mélange *m*.

**collagen** [ˈkɒlədʒən] *n* collagène *m*.

**collapse** [kəˈlæps] ◇ *vi* **-1.** [building, roof] s'écrouler, s'effondrer; [beam] fléchir. **-2.** *fig* [institution] s'effondrer, s'écrouler; [government] tomber, chuter; [plan] s'écrouler; [market, defence] s'effondrer. **-3.** [person] s'écrouler, s'effondrer; [health] se délabrer, se dégrader; to ~ with laughter se tordre de rire. **-4.** [fold up] se plier. ◇ *vt* [fold up – table, chair] plier. ◇ *n* **-1.** [of building] écroulement *m*, effondrement *m*; [of beam] rupture *f*.**-2.** *fig* [of institution, plan] effondrement *m*, écroulement *m*; [of government] chute *f*; [of market, defence] effondrement *m*.**-3.** [of person] écroulement *m*, effondrement *m*; [of health] délabrement *m*; [of lung] collapsus *m*.

**collapsed** [kəˈlæpst] *adj*: to have a ~ lung avoir fait un collapsus pulmonaire.

**collapsible** [kəˈlæpsəbl] *adj* pliant.

**collar** [ˈkɒlər] ◇ *n* **-1.** [on clothing] col *m*; [detachable – for men] faux col *m*; [– for women] col *m*, collerette *f*.**-2.** [for animal] collier *m*; [neck of animal] collier *m*; CULIN [beef] collier *m*; [mutton, veal] collet *m*.**-3.** TECH [on pipe] bague *f*. ◇ *vt* **-1.** *inf* [seize] prendre OR saisir au collet, colleter; [criminal] arrêter; [detain] intercepter, harponner. **-2.** TECH [pipe] baguer.

**collarbone** [ˈkɒləbəʊn] *n* clavicule *f*.

**collar stud** *n* bouton *m* de col.

**collate** [kəˈleɪt] *vt* **-1.** [information, texts] collationner. **-2.** RELIG nommer (*à un bénéfice ecclésiastique*).

**collateral** [kɒˈlætərəl] ◇ *n* FIN [guarantee] nantissement *m*; offered as ~ remis en nantissement. ◇ *adj* **-1.** [secondary] subsidiaire, accessoire; FIN subsidiaire; ~ loan prêt *m* avec garantie; ~ security nantissement *m*; ~ damage MIL dommages *mpl* de guerre. **-2.** [parallel] parallèle; [fact] concomitant; JUR & MED collatéral.

**collation** [kəˈleɪʃn] *n* **-1.** [of text] collation *f*.**-2.** [light meal] collation *f*.

**collator** [kəˈleɪtər] *n* **-1.** [person] collationneur *m*, -euse *f*; [machine] collationneur *m*.**-2.** RELIG collateur *m*.

**colleague** [ˈkɒliːg] *n* [in office, school] collègue *mf*; [professional, doctor, lawyer] confrère *m*.

**collect**[1] [kəˈlekt] ◇ *vt* **-1.** [gather – objects] ramasser; [– information, documents] recueillir, rassembler; [– evidence] rassembler; [– people] réunir, rassembler; [– wealth] accumuler, amasser; *fig*: to ~ o.s. [calm down] se reprendre, se calmer; [reflect] se recueillir; let me ~ my thoughts laissez-moi réfléchir OR me concentrer. **-2.** [as hobby] collectionner, faire collection de. **-3.** [money] recueillir; [taxes, fines, dues] percevoir; [pension, salary] toucher. **-4.** [take away] ramasser; the council ~s the rubbish la commune se charge du ramassage des ordures; to ~ an order COMM retirer une commande. **-5.** [pick up – people] aller chercher, (passer) prendre. ◇ *vi* **-1.** [accumulate – people] se rassembler, se réunir; [– things] s'accumuler, s'amasser; [– water, dirt] s'accumuler. **-2.** [raise money]: to ~ for charity faire la quête or quêter pour une œuvre de bienfaisance. ◇ *adv Am*: to call ~ téléphoner en PCV. ◇ *adj Am*: a ~ call un (appel en) PCV.

◆ **collect up** *vt sep* ramasser.

**collect**[2] [ˈkɒlekt] *n* [prayer] collecte *f*.

**collectable** [kəˈlektəbl] *adj* [desirable to collectors] (très) recherché.

**collected** [kəˈlektɪd] *adj* **-1.** [composed] maître de soi, calme. **-2.** [complete] complet (*f*-ète).

**collecting** [kəˈlektɪŋ] *n* collection *f*.

**collection** [kəˈlekʃn] *n* **-1.** *(U)* [collecting – objects] ramassage *m*; [– information] rassemblement *m*; [– wealth] accumulation *f*; [– rent, money] encaissement *m*; [– debts] recouvrement *m*; [– taxes] perception *f*.-**2.** [things collected] collection *f*; the fashion designers' winter ~ la collection d'hiver des couturiers. -**3.** [picking up – of rubbish] ramassage *m*; *Br* [– of mail] levée *f*; your order is ready for ~ votre commande est prête. -**4.** [sum of money] collecte *f*, quête *f*; to take OR to make a ~ for faire une quête OR collecte pour ❑ ~ box [gen] caisse *f*; [in church] tronc *m*; ~ plate [in church] corbeille *f*.-**5.** [group – of people, things] rassemblement *m*, groupe *m*.-**6.** [anthology] recueil *m*.

**collective** [kə'lektɪv] ◇ *adj* collectif; LING: ~ noun collectif *m*. ◇ *n* coopérative *f*.

**collective bargaining** *n* négociations pour une convention collective.

**collective farm** *n* ferme *f* collective.

**collectively** [kə'lektɪvlɪ] *adv* collectivement.

**collectivism** [kə'lektɪvɪzm] *n* collectivisme *m*.

**collectivize, -ise** [kə'lektɪvaɪz] *vt* collectiviser.

**collector** [kə'lektər] *n* -**1.** [as a hobby] collectionneur *m*, -euse *f*; ~ 's item pièce *f* de collection. -**2.** [of money] encaisseur *m*; [of taxes] percepteur *m*; [of debts] receveur *m*.

**college** [kɒlɪdʒ] *n* -**1.** [institution of higher education] établissement *m* d'enseignement supérieur; [within university] collège *m* (*dans les universités traditionnelles, communauté indépendante d'enseignants et d'étudiants*); I go to ~ je suis étudiant; ~ degree *Am* diplôme *m* universitaire. -**2.** [for professional training] école *f* professionnelle, collège *m* technique; ~ of art école des Beaux-Arts; ~ of music conservatoire *m* de musique ❑ College of Education *Br* ≈ institut *m* de formation des maîtres; College of Further Education *Br* ≈ institut *m* d'éducation permanente. -**3.** [organization] société *f*, académie *f*; the Royal College of Physicians/Surgeons l'Académie *f* de médecine/de chirurgie.

**collegiate** [kə'liːdʒɪət] *adj* [life] universitaire; [university] composé de diverses facultés; *Can* [school] secondaire.

**collide** [kə'laɪd] *vi* -**1.** [crash] entrer en collision, se heurter; NAUT aborder; the bus ~d with the lorry le bus est entré en collision avec OR a heurté le camion. -**2.** *fig* [clash] entrer en conflit, se heurter.

**collie** [kɒlɪ] *n* colley *m*.

**collier** [kɒlɪər] *n Br* [miner] mineur *m*; [ship] charbonnier *m*.

**colliery** [kɒljərɪ] (*pl* **collieries**) *n* houillère *f*, mine *f* (de charbon).

**collision** [kə'lɪʒn] *n* -**1.** [crash] collision *f*, choc *m*; RAIL collision *f*, tamponnement *m*; NAUT abordage *m*; to come into ~ with sthg entrer en collision avec OR tamponner qqch; the two ships came into ~ les deux navires se sont abordés ❑ ~ damage waiver *réduction sur le prix d'une assurance accordée aux automobilistes qui acceptent de payer les dommages dont ils sont responsables*. -**2.** *fig* [clash] conflit *m*, opposition *f*.

**collision course** *n*: the two planes were on a ~ les deux avions risquaient d'entrer en collision; the government is on a ~ with the unions le gouvernement va au-devant d'un conflit avec les syndicats.

**collocate** [*vb* 'kɒləkeɪt, *n* 'kɒləkət] ◇ *vi* être cooccurrent; to ~ with sthg être cooccurrent de qqch. ◇ *n* cooccurrent *m*.

**collocation** [,kɒlə'keɪʃn] *n* collocation *f*.

**colloquia** [kə'ləʊkwɪə] *pl* → **colloquium**.

**colloquial** [kə'ləʊkwɪəl] *adj* [language, expression] familier, parlé; [style] familier.

**colloquialism** [kə'ləʊkwɪəlɪzm] *n* expression *f* familière.

**colloquially** [kə'ləʊkwɪəlɪ] *adv* familièrement, dans la langue parlée.

**colloquium** [kə'ləʊkwɪəm] (*pl* **colloquiums** OR **colloquia** [-kwɪə]) *n* colloque *m*.

**colloquy** [kɒləkwɪ] (*pl* **colloquies**) *n fml* [conversation] colloque *m*, conversation *f*; [meeting] colloque *m*.

**collude** [kə'luːd] *vi* être de connivence OR de mèche; to ~ with sb (in sthg) être de connivence avec qqn (dans OR pour qqch).

**collusion** [kə'luːʒn] *n* collusion *f*.

**collywobbles** [kɒlɪ,wɒblz] *npl Br inf* [stomachache] mal *m* au ventre; [nervousness] trouille *f*.

**Colombia** [kə'lɒmbɪə] *pr n* Colombie *f*; in ~ en Colombie.

**Colombian** [kə'lɒmbɪən] ◇ *n* Colombien *m*, -enne *f*. ◇ *adj* colombien.

**colon** ['kəʊlən] *n* -**1.** [in punctuation] deux-points *m*.-**2.** ANAT côlon *m*.

**colonel** ['kɜːnl] *n* colonel *m*; Colonel Jones le colonel Jones.

**colonial** [kə'ləʊnjəl] ◇ *adj* -**1.** [power, life] colonial; *pej* [attitude] colonialiste. -**2.** *Am* [design] colonial américain (*style XVIIIᵉ aux États-Unis*). -**3.** BIOL [animals, insects] qui vit en colonie. ◇ *n* colonial *m*, -e *f*.

**colonialism** [kə'ləʊnjəlɪzm] *n* colonialisme *m*.

**colonialist** [kə'ləʊnjəlɪst] ◇ *adj* colonialiste. ◇ *n* colonialiste *mf*.

**colonist** ['kɒlənɪst] *n* colon *m*.

**colonization** [,kɒlənaɪ'zeɪʃn] *n* colonisation *f*.

**colonize, -ise** ['kɒlənaɪz] *vt* coloniser.

**colonnade** [,kɒlə'neɪd] *n* colonnade *f*.

**colony** ['kɒlənɪ] (*pl* **colonies**) *n* colonie *f*.

**colophon** ['kɒləfən] *n* -**1.** [logo] logotype *m*, colophon *m*.-**2.** [end text in book] achevé *m* d'imprimer; [end text in manuscript] colophon *m*.

**color** *etc Am* = **colour**.

**Colorado** [,kɒlə'rɑːdəʊ] *pr n* Colorado *m*; in ~ dans le Colorado; the ~ (River) le Colorado.

**Colorado beetle** *n* doryphore *m*.

**colorant** ['kʌlərənt] *n* colorant *m*.

**coloration** [,kʌlə'reɪʃn] *n* [colouring] coloration *f*; [choice of colours] coloris *m*.

**colossal** [kə'lɒsl] *adj* colossal.

**Colosseum** [,kɒlə'sɪəm] *pr n* Colisée *m*.

**colossus** [kə'lɒsəs] (*pl* **colossuses** OR **colossi** [-saɪ]) *n* colosse *m*.

**colostomy** [kə'lɒstəmɪ] (*pl* **colostomies**) *n* colostomie *f*.

**colour** *Br*, **color** *Am* ['kʌlər] ◇ *n* -**1.** [hue] couleur *f*; what ~ are his eyes? de quelle couleur sont ses yeux?; the movie is in ~ le film est en couleur or couleurs. -**2.** *fig* [the political ~ of a newspaper] la couleur politique d'un journal ❑ we've yet to see the ~ of his money *inf* nous n'avons pas encore vu la couleur de son argent. -**3.** ART [shade] coloris *m*, ton *m*; [paint] peinture *f*; [dye] teinture *f*, matière *f* colorante. -**4.** [complexion] teint *m*, couleur *f* (*du visage*); he changed ~ il a changé de couleur OR de visage; to lose one's ~ pâlir, perdre ses couleurs; to get one's ~ back reprendre des couleurs; to have a high ~ avoir le visage rouge. -**5.** [race] couleur *f*; of ~ noir. -**6.** [interest] couleur *f*; to add ~ to a story colorer un récit. ◇ *comp* [photography, picture, slide] en couleur, en couleurs; ~ film [for camera] pellicule *f* (en) couleur; [movie] film *m* en couleur; ~ filter PHOT filtre *m* coloré; ~ television télévision *f* couleur.

◇ *vt* -**1.** [give colour to] colorer; [with paint] peindre; [with crayons] colorier; he ~ed it blue il l'a colorié en bleu. -**2.** *fig* [distort – judgment] fausser; [exaggerate – story, facts] exagérer. ◇ *vi* [person] rougir; [things] se colorer; [fruit] mûrir.

◆ **colours** *npl* -**1.** [of team] élément vestimentaire (*écusson, cravate etc*) *décerné aux nouveaux membres d'une équipe sportive*; to get OR to win one's ~s être sélectionné pour faire partie d'une équipe ❑ to show one's true ~s se montrer sous son vrai jour. -**2.** [of school] couleurs *fpl*.-**3.** MIL [flag] couleurs *fpl*, drapeau *m*; NAUT couleurs *fpl*, pavillon *m*. -**4.** [clothes for washing] couleurs *fpl*.

◆ **colour in** *vt sep* colorier.

◆ **colour up** *vi insep* [blush] rougir.

**colour bar** *n Br* discrimination *f* raciale.

**colour-blind** *adj* daltonien.

**colour blindness** *n* daltonisme *m*.

◆ **colour code** *n* code *m* coloré.

◆ **colour-code** *vt*: to colour-code sthg coder qqch avec des couleurs.

**colour-coded** *adj* dont la couleur correspond à un code.

**coloured** *Br*, **colored** *Am* ['kʌləd] *adj* -**1.** [having colour] coloré; [drawing] colorié; [pencils] de couleur. -**2.** [person – gen] de couleur; [– in South Africa] métis. -**3.** *fig* [distorted – judgment] faussé; [exaggerated – story] exagéré.

◆ **coloureds** *npl* -**1.** [clothes for washing] couleurs *fpl*. -**2.** ▼ [people – gen] ~s gens *mpl* de couleur; [– in South Africa] métis *mpl (attention: le substantif «coloureds» est considéré comme raciste).*

**-coloured** *Br,* **-colored** *Am in cpds* (de) couleur...; rust~ couleur de rouille.

**colourfast** *Br,* **colorfast** *Am* ['kʌləfɑːst] *adj* grand teint, qui ne déteint pas.

**colourful** *Br,* **colorful** *Am* ['kʌləful] *adj* **-1.** [brightly coloured] coloré, vif. **-2.** *fig* [person] original, pittoresque; [story] coloré.

**colourfully** *Br,* **colorfully** *Am* ['kʌləfulɪ] *adv*: a ~ dressed woman une femme vêtue de couleurs vives.

**colouring** *Br,* **coloring** *Am* ['kʌlərɪŋ] ◊ *n* **-1.** [act] coloration *f*; [of drawing] coloriage *m*.**-2.** [hue] coloration *f*, coloris *m*.**-3.** [complexion] teint *m*.**-4.** *fig* [exaggeration] travestissement *m*, dénaturation *f*.**-5.** [for food] colorant *m*. ◊ *comp*: ~ book album *m* à colorier OR de coloriages.

**colourless** *Br,* **colorless** *Am* ['kʌləlɪs] *adj* **-1.** [without colour] incolore, sans couleur. **-2.** *fig* [uninteresting] sans intérêt, fade.

**colour scheme** *n* palette *f* OR combinaison *f* de couleurs.

**colour supplement** *n Br* supplément *m* illustré.

**colposcopy** ['kɒlpə,skəʊpɪ] *n* MED colposcopie *f*.

**colt** [kəʊlt] *n* **-1.** [horse] poulain *m*.**-2.** *fig* [young person] petit jeune *m*; [inexperienced person] novice *m*.

**Colt**® [kəʊlt] *n* [revolver] colt *m*, pistolet *m* (automatique).

**Columbia** [kə'lʌmbɪə] *pr n* **-1.** the District of ~ le district fédéral de Columbia. **-2.** the ~ (River) la Columbia.

**columbine** ['kɒləmbaɪn] *n* ancolie *f*.

**Columbus** [kə'lʌmbəs] *pr n*: Christopher ~ Christophe Colomb.

**Columbus Day** *n* *aux États-Unis, jour commémorant l'arrivée de Christophe Colomb en Amérique (deuxième lundi d'octobre).*

**column** ['kɒləm] *n* **-1.** [gen & ARCHIT] colonne *f*.**-2.** PRESS [section of print] colonne *f*; [regular article] rubrique *f*.

**columnist** ['kɒləmnɪst] *n* chroniqueur *m*, -euse *f*, échotier *m*, -ère *f*.

**coma** ['kəʊmə] *n* coma *m*; in a ~ dans le coma.

**Comanche** [kə'mæntʃɪ] *(pl inv OR* **Comanches***)* *n* [person] Comanche *mf*; the ~ les Comanches.

**comatose** ['kəʊmətəʊs] *adj* comateux; to be ~ être dans le coma.

**comb** [kəʊm] ◊ *n* **-1.** [for hair] peigne *m*; [large-toothed] démêloir *m*; to run a ~ through one's hair, to give one's hair a ~ se donner un coup de peigne, se peigner. **-2.** [for horses] étrille *f*.**-3.** TEX [for cotton, wool] peigne *m*, carde *f*; ELEC balai *m*.**-4.** [of fowl] crête *f*; [on helmet] cimier *m*.**-5.** [honeycomb] rayon *m* de miel. ◊ *vt* **-1.** [hair] peigner; he ~ed his hair il s'est peigné; I ~ed the girl's hair j'ai peigné la petite fille. **-2.** [horse] étriller. **-3.** TEX peigner, carder. **-4.** *fig* [search] fouiller, ratisser.

◆ **comb out** *vt sep* **-1.** [hair] démêler, peigner. **-2.** *fig* [remove] éliminer.

**combat** ['kɒmbæt] *(pt & pp* **combated***, cont* **combating***)* ◊ *n* combat *m*; killed/lost in ~ tué/perdu au combat. ◊ *comp* [troops, zone] de combat; on ~ duty en service commandé; ~ jacket veste *f* de treillis. ◊ *vt* combattre, lutter contre. ◊ *vi* combattre, lutter.

**combatant** ['kɒmbətənt] ◊ *n* combattant *m*, -e *f*. ◊ *adj* combattant.

**combat fatigue** *n* psychose *f* traumatique, syndrome *m* commotionnel.

**combative** ['kɒmbətɪv] *adj* combatif.

**combination** [,kɒmbɪ'neɪʃn] *n* **-1.** [gen, CHEM & MATH] combinaison *f*; [of circumstances] concours *m*. **-2.** [of lock] combinaison *f*.**-3.** [association, team] association *f*, coalition *f*; together they formed a winning ~ ensemble ils formaient une équipe gagnante. **-4.** *Br* AUT side-car *m*.

◆ **combinations** *npl Br* [underclothing] combinaison-culotte *f*.

**combination lock** *n* serrure *f* à combinaison.

**combine** [*vb* kəm'baɪn, *n* 'kɒmbaɪn] ◊ *vt* [gen] combiner, joindre; CHEM combiner; to ~ business and OR with pleasure joindre l'utile à l'agréable; this, ~d with her other problems, made her ill ceci, conjugué à ses autres problèmes, l'a rendue malade; furniture combining comfort with style meubles alliant confort et style. ◊ *vi* [unite] s'unir,

s'associer; [workers] se syndiquer; POL [parties] fusionner; CHEM se combiner; events ~d to leave her penniless les événements ont concouru à la laisser sans le sou. ◊ *n* **-1.** [association] association *f*; FIN trust *m*, cartel *m*; JUR corporation *f*.**-2.** AGR = **combine harvester**.

**combined** [kəm'baɪnd] *adj* combiné, conjugué; a ~ effort un effort conjugué ‖ MIL: ~ forces forces alliées.

**combine harvester** ['kɒmbaɪn-] *n* moissonneuse-batteuse *f*.

**combining form** [kəm'baɪnɪŋ-] *n* LING affixe *m*.

**combo** ['kɒmbəʊ] *(pl* **combos***)* *n* **-1.** MUS combo *m*.**-2.** *inf* [combination] combinaison *f*.

**combustible** [kəm'bʌstəbl] *adj* combustible.

**combustion** [kəm'bʌstʃn] *n* combustion *f*.

**combustion chamber** *n* chambre *f* de combustion.

**combustion engine** *n* moteur *m* à combustion.

**come** [kʌm] *(pt* came [keɪm]*, pp* come [kʌm]*)* ◊ *vi* **-1.** [move in direction of speaker] venir; coming! j'arrive!; ~ here venez ici; ~ with me [accompany] venez avec moi, accompagnez-moi; [follow] suivez-moi; please ~ this way par ici OR suivez-moi s'il vous plaît; I ~ this way every week je passe par ici toutes les semaines; ~ and look, ~ look *Am* venez voir; ~ and get it! *inf* à la soupe!; a car came hurtling round the corner une voiture a pris le virage à toute vitesse ❏ to ~ and go [gen] aller et venir; *fig* [pains, cramps etc] être intermittent; people are constantly coming and going il y a un va-et-vient continuel; fashions ~ and go la mode change tout le temps; I don't know whether I'm coming or going *inf* je ne sais pas où j'en suis; you have ~ a long way *literal* vous êtes venu de loin; *fig* [made progress] vous avez fait du chemin; the computer industry has ~ a very long way since then l'informatique a fait énormément de progrès depuis ce temps-là; to ~ running *literal & fig* arriver en courant; we could see him coming a mile off on l'a vu venir avec ses gros sabots; you could see it coming *inf* on l'a vu venir de loin, c'était prévisible; everything ~s to him who waits *prov* tout vient à point à qui sait attendre *prov*. **-2.** [as guest, visitor] venir; would you like to ~ for lunch/dinner? voulez-vous venir déjeuner/ dîner?; I've got people coming [short stay] j'ai des invités; [long stay] il y a des gens qui viennent; he couldn't have ~ at a worse time il n'aurait pas pu tomber plus mal. **-3.** [arrive] venir, arriver; to ~ in time/late arriver à temps/en retard; we came to a small town nous sommes arrivés dans une petite ville; the time has ~ to tell the truth le moment est venu de dire la vérité; there will ~ a point when... il viendra un moment où... ‖ [reach]: her hair ~s (down) to her waist ses cheveux lui arrivent à la taille. **-4.** [occupy specific place, position] venir, se trouver; the address ~s above the date l'adresse se met au-dessus de la date; my birthday ~s before yours mon anniversaire vient avant OR précède le tien; that speech ~s in Act 3/on page 10 on trouve ce discours dans l'acte 3/à la page 10. **-5.** [occur, happen] arriver, se produire; such an opportunity only ~s once in your life une telle occasion ne se présente qu'une fois dans la vie; he has a birthday coming son anniversaire approche; success was a long time coming la réussite s'est fait attendre; take life as it ~s prenez la vie comme elle vient ❏ ~ what may advienne que pourra, quoi qu'il arrive OR advienne. **-6.** [occur to the mind]: I said the first thing that came into my head OR that came to mind j'ai dit la première chose qui m'est venue à l'esprit; the answer came to her elle a trouvé la réponse. **-7.** [be experienced in a specified way]: writing ~s natural *inf* OR naturally to her écrire lui est facile, elle est douée pour l'écriture; a house doesn't ~ cheap une maison coûte OR revient cher; the news came as a shock to her la nouvelle lui a fait un choc; her visit came as a surprise sa visite nous a beaucoup surpris ❏ he's as silly as they ~ il est sot comme pas un; they don't ~ any tougher than Big Al on ne fait pas plus fort que Big Al; it'll all ~ right in the end tout cela va finir par s'arranger. **-8.** [be available] exister; this table ~s in two sizes cette table existe OR se fait en deux dimensions; the dictionary ~s with a magnifying glass le dictionnaire est livré avec une loupe. **-9.** [become] devenir; it was a dream ~ true c'était un rêve devenu réalité; to ~ unhooked se décrocher; to ~ unravelled se défaire. **-10.** *(+ infinitive)* [indicating gradual action] en venir à, finir par; **we have ~ to expect this kind of thing** nous nous attendons à ce genre de chose maintenant ‖ [indicating chance] arriver; **how did you ~ to lose your umbrella?** comment as-tu fait pour perdre ton parapluie? ❏ (now that I) ~ **to think of it** maintenant que j'y songe, réflexion faite. **-11.** [be owing, payable]: **I still have £5 coming (to me)** on me doit encore 5 livres ❏ **you'll get what's coming to you** *inf* tu l'auras cherché OR voulu; **he had it coming (to him)** *inf* il ne l'a pas volé. **-12.** ▽ [have orgasm] jouir. **-13.** *phr:* **how ~?** comment ça?; **~ again?** *inf* quoi?; **I haven't seen her in weeks, or her husband, ~ to that** ça fait des semaines que je ne l'ai pas vue, son mari non plus d'ailleurs; **if it ~s to that, I'd rather stay home** à ce moment-là OR à ce compte-là, je préfère rester à la maison; **don't ~ the innocent!** ne fais pas l'innocent!; **you're coming it a bit strong!** *Br* tu y vas un peu fort!; **don't ~ it with me!** *Br* [try to impress] n'essaie pas de m'en mettre plein la vue!; [lord it over] pas la peine d'être si hautain avec moi!; **to ~: the days to ~** les prochains jours, les jours qui viennent; **the battle to ~** la bataille qui va avoir lieu; **in times to ~** à l'avenir; **for some time to ~** pendant quelque temps.

◇ *prep* [by]: **~ tomorrow/Tuesday you'll feel better** vous vous sentirez mieux demain/mardi; **I'll have been here two years ~ April** ça fera deux ans en avril que je suis là.

◇ *interj:* **~, ~!, ~ now!** allons!, voyons! ◇ *n* ▼ foutre *m.*

◆ **come about** *vi insep* [occur] arriver, se produire; **how could such a mistake ~ about?** comment une telle erreur a-t-elle pu se produire?; **the discovery of penicillin came about** quite by accident la pénicilline a été découverte tout à fait par hasard.

◆ **come across** ◇ *vi insep* **-1.** [walk, travel across – field, street] traverser; **as we stood talking she came across to join us** pendant que nous discutions, elle est venue se joindre à nous. **-2.** [create specified impression] donner l'impression de; [communicate effectively]: **he never ~s across as well on film as in the theatre** il passe mieux au théâtre qu'à l'écran; **the author's message ~s across well** le message de l'auteur passe bien; **her disdain for his work came across** le mépris qu'elle avait pour son travail transparaissait. ◇ *vt insep* [person] rencontrer par hasard, tomber sur; [thing] trouver par hasard, tomber sur; **she reads everything she ~s across** elle lit tout ce qui lui tombe sous la main.

◆ **come across with**▽ *vt insep* [give – information] donner, fournir; [– help] offrir; [– money] raquer, se fendre de.

◆ **come after** *vt insep* [pursue] poursuivre.

◆ **come along** *vi insep* **-1.** [encouraging, urging]: **~ along, drink your medicine!** allez, prends OR bois ton médicament! **-2.** [accompany] venir, accompagner; **she asked me to ~ along (with them)** elle m'a invité à aller avec eux OR à les accompagner. **-3.** [occur, happen] arriver, se présenter; **don't accept the first job that ~s along** ne prenez pas le premier travail qui se présente; **he married the first woman that came along** il a épousé la première venue. **-4.** [progress] avancer, faire des progrès; [grow] pousser; **the patient is coming along well** le patient se remet bien; **how's your computer class coming along?** comment va ton cours d'informatique?

◆ **come apart** *vi insep* [object – come to pieces] se démonter; [– break] se casser; [project, policy] échouer; **the book came apart in my hands** le livre est tombé en morceaux quand je l'ai pris; **under pressure he came apart** *fig* sous la pression il a craqué.

◆ **come around** = **come round.**

◆ **come at** *vt insep* [attack] attaquer, se jeter sur; **questions came at me from all sides** *fig* j'ai été assailli de questions.

◆ **come away** *vi insep* **-1.** [leave] partir, s'en aller; **~ away from that door!** écartez-vous de cette porte!; **he asked her to ~ away with him** [elope] il lui a demandé de s'enfuir avec lui; *Br* [go on holiday] il lui a demandé de partir avec lui. **-2.** [separate] partir, se détacher; **the page came away in my hands** la page m'est restée dans les mains.

◆ **come back** *vi insep* **-1.** [return] revenir; **to ~ back home** rentrer (à la maison) ‖ *fig:* **the colour came back to her cheeks** elle reprit des couleurs; **to ~ back to what we were saying** pour en revenir à ce que nous disions. **-2.** [to memory]: **it's all coming back to me** tout cela me revient (à l'esprit OR à la mémoire). **-3.** [reply] répondre; *Am* [retort] rétorquer, répliquer. **-4.** [recover] remonter; **they came back from 3-0 down** ils ont remonté de 3 à 0 ‖ [make comeback]

faire un come-back. **-5.** [become fashionable again] revenir à la mode.

◆ **come before** *vt insep* JUR [person] comparaître devant; [case] être entendu par.

◆ **come between** *vt insep* brouiller, éloigner; **he came between her and her friend** il l'a brouillée avec son amie, il l'a éloignée de son amie.

◆ **come by** ◇ *vi insep* [stop by] passer, venir. ◇ *vt insep* [acquire – work, money] obtenir, se procurer; [– idea] se faire.

◆ **come down** ◇ *vt insep* [descend – ladder, stairs] descendre; [– mountain] descendre, faire la descente de. ◇ *vi insep* **-1.** [descend – plane, person] descendre; **~ down from that tree!** descends de cet arbre! ❏ **he's ~ down in the world** il a déchu; **you'd better ~ down to earth** tu ferais bien de revenir sur terre OR de descendre des nues. **-2.** [fall] tomber; **rain was coming down in sheets** il pleuvait des cordes; **the ceiling came down** le plafond s'est effondré. **-3.** [reach] descendre. **-4.** [decrease] baisser. **-5.** [be passed down] être transmis (de père en fils); **this custom ~s down from the Romans** cette coutume nous vient des Romains. **-6.** [reach a decision] se prononcer; **the majority came down in favour of/against abortion** la majorité s'est prononcée en faveur de/contre l'avortement. **-7.** [be demolished] être démoli OR abattu.

◆ **come down on** *vt insep* [rebuke] s'en prendre à.

◆ **come down to** *vt insep* [amount] se réduire à, se résumer à; **it all ~s down to what you want to do** tout cela dépend de ce que vous souhaitez faire; **it all ~s down to the same thing** tout cela revient au même; **that's what his argument ~s down to** voici à quoi se réduit son raisonnement.

◆ **come down with** *vt insep* [become ill] attraper.

◆ **come forward** *vi insep* [present oneself] se présenter.

◆ **come forward with** *vt insep* [offer]: **the townspeople came forward with supplies** les habitants de la ville ont offert des provisions; **he came forward with a new proposal** il a fait une nouvelle proposition; **to ~ forward with evidence** JUR présenter des preuves.

◆ **come from** *vt insep* venir; **she ~s from China** [Chinese person] elle vient OR elle est originaire de Chine; **this passage ~s from one of his novels** ce passage est extrait OR provient d'un de ses romans; **that's surprising coming from him** c'est étonnant de sa part ❏ **I'm not sure where he's coming from**▽ je ne sais pas très bien ce qui le motive.

◆ **come in** *vi insep* **-1.** [enter] entrer; **~ in!** entrez! ‖ [come inside] rentrer. **-2.** [plane, train] arriver. **-3.** [in competition] arriver. **-4.** [be received – money, contributions] rentrer; **there isn't enough money coming in to cover expenditure** l'argent qui rentre ne suffit pas à couvrir les dépenses; **how much do you have coming in every week?** combien touchez-vous OR encaissez-vous chaque semaine? ‖ PRESS [news, report] être reçu; **news is just coming in of a riot in Red Square** on nous annonce à l'instant des émeutes sur la place Rouge. **-5.** RADIO & TV [begin to speak] parler; **~ in car number 1 over** j'appelle voiture 1, à vous. **-6.** [become seasonable] être de saison; **when do endives ~ in?** quand commence la saison des endives? ‖ [become fashionable] entrer en vogue. **-7.** [prove to be]: **to ~ in handy** OR **useful** [tool, gadget] être utile OR commode; [contribution] arriver à point. **-8.** [be involved] être impliqué; [participate] participer, intervenir; **where do I ~ in?** je ne sais pas où est mon rôle là-dedans?; **this is where the law ~s in** c'est là que la loi intervient; **he should ~ in on the deal** il devrait participer à l'opération. **-9.** [tide] monter.

◆ **come in for** *vt insep* [be object of – criticism] être l'objet de, subir; [– blame] supporter; [– abuse, reproach] subir.

◆ **come into** *vt insep* **-1.** [inherit] hériter de; [acquire] entrer en possession de. **-2.** [play a role in] jouer un rôle.

◆ **come of** *vt insep* résulter de; **no good will ~ from** OR **of it** ça ne mènera à rien de bon, il n'en résultera rien de bon; **let me know what ~s of the meeting** faites-moi savoir ce qui ressortira de la réunion; **that's what ~s from listening to you!** voilà ce qui arrive quand on vous écoute!

◆ **come off** ◇ *vt insep* **-1.** [fall off – subj: rider] tomber de; [– subj: button] se détacher de, se découdre de; [– subj: handle, label] se détacher de; [be removed – stain, mark] partir de, s'enlever de. **-2.** [stop taking – drug, medicine] arrêter de prendre; [– drink] arrêter de boire. **-3.** FTBL [leave] sortir de. **-4.** *phr:* **oh, ~ off it!** *inf* allez, arrête ton char! ◇ *vi insep* **-1.** [rider] tomber; [handle] se détacher; [stains] partir, s'enlever;

[tape, wallpaper] se détacher, se décoller; [button] se détacher, se découdre; **the handle came off in his hand** la poignée lui est restée dans la main. **-2.** FTBL [leave the field] sortir. **-3.** [fare, manage] s'en sortir, se tirer de; **to ~ off best** gagner. **-4.** *inf* [happen] avoir lieu, se passer; **my trip to China didn't ~ off** mon voyage en Chine n'a pas eu lieu ‖ [be carried through] se réaliser; [succeed] réussir. **-5.** CIN & THEAT [film, play] fermer. **-6.** ▽ [have orgasm] décharger.

◆ **come on** ◇ *vi insep* **-1.** [follow] suivre; **I'll ~ on after (you)** je te suivrai. **-2.** *(in imperative)* [hurry]; **~ on!** allez!; **~ on in/ up!** entre/monte donc! **-3.** [progress] avancer, faire des progrès; [grow] pousser, venir; **how is your work coming on?** où en est votre travail? **-4.** [begin – illness] se déclarer; [– storm] survenir, éclater; [– season] arriver; **as night came on** quand la nuit a commencé à tomber; **I feel a headache/ cold coming on** je sens un mal de tête qui commence/que je m'enrhume. **-5.** [start functioning – electricity, gas, heater, lights, radio] s'allumer; [– motor] se mettre en marche; [– utilities at main] être mis en service; **has the water ~ on?** y a-t-il de l'eau? **-6.** [behave, act]: **don't ~ on all macho with me!** ne joue pas les machos avec moi!; **you came on a bit strong** *inf* tu y es allé un peu fort. **-7.** THEAT [actor] entrer en scène; [play] être joué OR représenté.
◇ *vt insep* = **come upon**.
◆ **come on to** *vt insep* **-1.** [proceed to consider] aborder, passer à. **-2.** ▽ *Am* [flirt with] draguer.
◆ **come out** *vi insep* **-1.** [exit] sortir; **as we came out of the theatre** au moment où nous sommes sortis du théâtre ‖ [socially] sortir; **would you like to ~ out with me tonight?** est-ce que tu veux sortir avec moi ce soir? ❏ **if he'd only ~ out of himself** OR **out of his shell** *fig* si seulement il sortait de sa coquille. **-2.** [make appearance – stars, sun] paraître, se montrer; [– flowers] sortir, éclore; *fig* [– book] paraître, être publié; [– film] paraître, sortir; [– new product] sortir; **I didn't mean it the way it came out** ce n'est pas ce que je voulais dire. **-3.** [be revealed – news, secret] être divulgué OR révélé; [– facts, truth] émerger, se faire jour. **-4.** [colour – fade] passer, se faner; [– run] déteindre; [stain] s'enlever, partir. **-5.** [declare oneself publicly] se déclarer; **the governor came out against/for abortion** le gouverneur s'est prononcé contre/pour l'avortement ❏ **to ~ out (of the closet)** *inf* ne plus cacher son homosexualité. **-6.** *Br* [on strike] se mettre en OR faire grève. **-7.** [emerge, finish up] se tirer d'affaire, s'en sortir; **everything will ~ out fine** tout va s'arranger ‖ [in competition] se classer; **I came out top in maths** j'étais premier en maths; **to ~ out on top** gagner. **-8.** [go into society] faire ses débuts OR débuter dans le monde. **-9.** PHOT [the pictures came out well/badly] les photos étaient très bonnes/n'ont rien donné; **the house didn't ~ out well** la maison n'est pas très bien sur les photos.
◆ **come out at** *vt insep* [amount to] s'élever à.
◆ **come out in** *vt insep*: **to ~ out in spots** OR **a rash** avoir une éruption de boutons.
◆ **come out with** *vt insep* [say] dire, sortir.
◆ **come over** ◇ *vi insep* **-1.** [move, travel in direction of speaker] venir; **do you want to ~ over this evening?** tu veux venir à la maison ce soir?; **his family came over with the early settlers** sa famille est arrivée OR venue avec les premiers pionniers. **-2.** [stop by] venir, passer. **-3.** [change sides]: **they came over to our side** ils sont passés de notre côté; **he finally came over to their way of thinking** il a fini par se ranger à leur avis. **-4.** [make specified impression]: **her speech came over well** son discours a fait bon effet OR bonne impression; **he came over as honest** il a donné l'impression d'être honnête. **-5.** *inf* [feel] devenir; **he came over all funny** [felt ill] il s'est senti mal tout d'un coup, il a eu un malaise; [behaved oddly] il est devenu tout bizarre. ◇ *vt insep* affecter, envahir; **a feeling of fear came over him** il a été saisi de peur, la peur s'est emparée de lui; **what has ~ over him?** qu'est-ce qui lui prend?
◆ **come round** *vi insep* **-1.** [make a detour] faire un détour; **we came round by the factory** nous sommes passés par OR nous avons fait le détour par l'usine. **-2.** [stop by] passer, venir. **-3.** [occur – regular event]: **don't wait for Christmas to ~ round** n'attendez pas Noël; **when the championships/ elections ~ round** au moment des championnats/ élections; **the summer holidays will soon be coming round again** bientôt, ce sera une fois de plus les grandes vacances. **-4.** [change mind] changer d'avis; **he finally came**

round to our way of thinking il a fini par se ranger à notre avis ‖ [change to better mood]: **don't worry, she'll soon ~ round** ne t'en fais pas, elle sera bientôt de meilleure humeur. **-5.** [recover consciousness] reprendre connaissance, revenir à soi; [get better] se remettre, se rétablir.
◆ **come through** ◇ *vi insep* **-1.** [be communicated]: **his sense of conviction came through** on voyait qu'il était convaincu; **her enthusiasm ~s through in her letters** son enthousiasme se lit dans ses lettres ‖ TELEC & RADIO: **your call is coming through** je vous passe votre communication; **you're coming through loud and clear** je vous reçois cinq sur cinq. **-2.** [be granted, approved] se réaliser; **did your visa ~ through?** avez-vous obtenu votre visa? **-3.** [survive] survivre, s'en tirer. **-4.** *Am inf* [do what is expected]: **he came through for us** il a fait ce qu'on attendait de lui; **they came through with the documents** ils ont fourni les documents. ◇ *vt insep* **-1.** [cross] traverser; *fig* [penetrate] traverser. **-2.** [survive]: **they came through the accident without a scratch** ils sont sortis de l'accident indemnes; **she came through the examination with flying colours** elle a réussi l'examen avec brio.
◆ **come to** ◇ *vi insep* [recover consciousness] reprendre connaissance, revenir à soi. ◇ *vt insep* **-1.** [concern]: **when it ~s to physics, she's a genius** pour ce qui est de la physique, c'est un génie; **when it ~s to paying...** quand il faut payer... **-2.** [amount to] s'élever à, se monter à. *fig* [arrive at, reach]: **now we ~ to questions of health** nous en venons maintenant aux questions de santé; **to ~ to power** accéder au pouvoir ❏ **what is the world coming to?** où va le monde?; **I never thought it would ~ to this** je ne me doutais pas qu'on en arriverait là.
◆ **come together** *vi insep* **-1.** [assemble] se réunir, se rassembler; [meet] se rencontrer. **-2.** *inf* [combine successfully]: **everything came together at the final performance** tout s'est passé à merveille pour la dernière représentation.
◆ **come under** *vt insep* **-1.** [be subjected to – authority, control] dépendre de; [– influence] tomber sous, être soumis à; **the government is coming under pressure to lower taxes** le gouvernement subit des pressions visant à réduire les impôts. **-2.** [be classified under] être classé sous.
◆ **come up** *vi insep* **-1.** [move upwards] monter; [moon, sun] se lever; [travel in direction of speaker]: **I ~ up to town every Monday** je viens en ville tous les lundis ❏ **to ~ up for air** [diver] remonter à la surface; *fig* [take break] faire une pause; **an officer who came up through the ranks** MIL un officier sorti du rang. **-2.** [approach] s'approcher; **to ~ up to sb** s'approcher de qqn, venir vers qqn; **it's coming up to 5 o'clock** il est presque 5 h; **one coffee, coming up!** *inf* et un café, un! **-3.** [plant] sortir, germer. **-4.** [come under consideration – matter] être soulevé, être mis sur le tapis; [– question, problem] se poser, être soulevé; **she ~s up for re-election this year** son mandat prend fin cette année; **my contract is coming up for review** mon contrat doit être révisé ‖ JUR [accused] comparaître; [case] être entendu; **her case ~s up next Wednesday** elle passe au tribunal mercredi prochain. **-5.** [happen unexpectedly – event] survenir, surgir; [– opportunity] se présenter; **she's ready for anything that might ~ up** elle est prête à faire face à toute éventualité; **I can't make it, something has ~ up** je ne peux pas venir, j'ai un empêchement. **-6.** [intensify – wind] se lever; [– light] s'allumer; [– sound] s'intensifier. **-7.** [be vomited]: **everything she eats ~s up (again)** elle vomit OR rejette tout ce qu'elle mange. **-8.** [colour, wood etc]: **the colour ~s up well when it's cleaned** la couleur revient bien au nettoyage. **-9.** *inf* [win] gagner.
◆ **come up against** *vt insep* [be confronted with] rencontrer; **they came up against some tough competition** ils se sont heurtés à des concurrents redoutables.
◆ **come up to** *vt insep* **-1.** [reach] arriver à; **the mud came up to their knees** la boue leur montait OR arrivait jusqu'aux genoux. **-2.** [equal]: **the play didn't ~ up to our expectations** la pièce nous a déçus.
◆ **come up with** *vt insep* [offer, propose – money, loan] fournir; [think of – plan, suggestion] suggérer, proposer; [– answer] trouver; [– excuse] trouver, inventer; **they came up with a wonderful idea** ils ont eu une idée géniale.
◆ **come upon** *vt insep* [find unexpectedly – person] rencontrer par hasard, tomber sur; [– object] trouver par hasard, tomber sur.

**comeback** [ˈkʌmbæk] *n inf* **-1.** [return] retour *m*, comeback *m*; THEAT rentrée *f*; **to make** OR **to stage a** ~ faire une rentrée OR un comeback. **-2.** [retort] réplique *f*.

**Comecon** [ˈkɒmɪkɒn] (*abbr of* **Council for Mutual Economic Aid**) *pr n* Comecon *m*.

**comedian** [kəˈmiːdjən] *n* **-1.** [comic] comique *m*; *fig* [funny person] clown *m*, pitre *m*.**-2.** THEAT comédien *m*.

**comedienne** [kə,miːdɪˈen] *n* **-1.** [comic] actrice *f* comique. **-2.** THEAT [comic actress] comédienne *f*.

**comedown** [ˈkʌmdaʊn] *n inf* déchéance *f*, dégringolade *f*; **he finds working in sales a bit of a** ~ il trouve plutôt humiliant de travailler comme vendeur.

**comedy** [ˈkɒmədɪ] (*pl* **comedies**) *n* [gen] comédie *f*; THEAT genre *m* comique, comédie *f*; ~ **of manners** comédie de mœurs; 'The Comedy of Errors' *Shakespeare* 'la Comédie des erreurs'.

**comely** [ˈkʌmlɪ] (*compar* **comelier**, *superl* **comeliest**) *adj arch* charmant, beau, *before vowel or silent 'h'* bel (*f* belle).

**come-on** *n inf* attrape-nigaud *m*; **to give sb the** ~ faire les yeux doux à qqn.

**comer** [ˈkʌmər] *n* [arrival] arrivant *m*, -e *f*; **open to all** ~**s** ouvert à tous OR au tout-venant.

**comet** [ˈkɒmɪt] *n* comète *f*.

**come-uppance** [,kʌmˈʌpəns] *n inf*: **you'll get your** ~ tu auras ce que tu mérites.

**comfort** [ˈkʌmfət] ◇ *n* **-1.** [well-being] confort *m*, bien-être *m*; **to live in** ~ vivre dans l'aisance OR à l'aise; **the explosion was too close for** ~ *fig* l'explosion a eu lieu un peu trop près à mon goût. **-2.** (*usu pl*) [amenities] aises *fpl*, commodités *fpl*; **every modern** ~ tout le confort moderne. **-3.** [consolation] réconfort *m*, consolation *f*; **to take** ~ **in sthg** trouver un réconfort dans qqch; **she took** ~ **from his words** elle a trouvé un réconfort dans ses paroles; **if it's any** ~ **to you** si cela peut vous consoler; **you've been a great** ~ **to me** vous avez été d'un grand réconfort pour moi. ◇ *vt* **-1.** [console] consoler; [relieve] soulager. **-2.** [cheer] réconforter, encourager.

**comfortable** [ˈkʌmftəbl] *adj* **-1.** [chair, shoes, bed, room] confortable; [temperature] agréable; *fig* [lead, win] confortable. **-2.** [person] à l'aise; **are you** ~**?** êtes-vous bien installé?; **make yourself** ~ [sit down] installez-vous confortablement; [feel at ease] mettez-vous à l'aise, faites comme chez vous; **I'm not very** ~ **about** OR **I don't feel** ~ **with the idea** l'idée m'inquiète un peu ‖ [after illness, operation, accident] **to be** ~ ne pas souffrir. **-3.** [financially secure] aisé, riche; [easy – job] tranquille; **he makes a** ~ **living** il gagne bien sa vie. **-4.** [ample]: **that leaves us a** ~ **margin** ça nous laisse une marge confortable.

**comfortably** [ˈkʌmftəblɪ] *adv* **-1.** [in a relaxed position – sit, sleep] confortablement, agréablement. **-2.** [in financial comfort] à l'aise; **to be** ~ **off** être à l'aise. **-3.** [easily] facilement, à l'aise; **we can fit five people in the car** ~ la voiture contient bien cinq personnes, on tient à l'aise à cinq dans la voiture; **we should manage it** ~ **in two hours** deux heures suffiront largement.

**comforter** [ˈkʌmfətər] *n* **-1.** [person] consolateur *m*, -trice *f*.**-2.** *Br* [scarf] cache-nez *m*.**-3.** [for baby] tétine *f*, sucette *f*.**-4.** *Am* [quilt] édredon *m*.

**comforting** [ˈkʌmfətɪŋ] ◇ *adj* [consoling – remark, thought] consolant, réconfortant, rassurant; [encouraging] encourageant. ◇ *n* [consolation] réconfort *m*, consolation *f*; [encouragement] encouragement *m*.

**comfort station** *n Am* toilettes *fpl* publiques (*sur le bord de la route*).

**comfy** [ˈkʌmfɪ] (*compar* **comfier**, *superl* **comfiest**) *adj inf* [chair] confortable; **are you** ~**?** vous êtes bien installé?

**comic** [ˈkɒmɪk] ◇ *adj* comique, humoristique; ~ **relief** THEAT intervalle *m* comique; *fig* moment *m* de détente (comique). ◇ *n* **-1.** [entertainer] comique *m* (acteur *m*) comique, actrice *f* comique. **-2.** [magazine] BD *f*, bande dessinée *f*.

◆ **comics** *npl Am* [in newspaper] bandes *fpl* dessinées.

**comical** [ˈkɒmɪkl] *adj* drôle, comique.

**comically** [ˈkɒmɪklɪ] *adv* drôlement, comiquement.

**comic book** *n* magazine *m* de bandes dessinées.

**comic opera** *n* opéra *m* comique.

**comic strip** *n* bande *f* dessinée.

**coming** [ˈkʌmɪŋ] ◇ *adj* [time, events] à venir, futur; [in near future] prochain; **this** ~ **Tuesday** mardi prochain; **the** ~ **storm** l'orage qui approche. **-2.** *inf* [promising – person] d'avenir, qui promet. ◇ *n* **-1.** [gen] arrivée *f*, venue *f*; ~ **and going** va-et-vient *m*; ~**s and goings** allées *fpl* et venues. **-2.** RELIG avènement *m*.

**coming of age** *n* majorité *f*.

**coming out** *n* entrée *f* dans le monde (*d'une jeune fille*).

**Comintern** [ˈkɒmɪntɜːn] (*abbr of* **Communist International**) *pr n* Komintern *m*.

**comma** [ˈkɒmə] *n* GRAMM & MUS virgule *f*.

**command** [kəˈmɑːnd] ◇ *n* **-1.** [order] ordre *m*; MIL ordre *m*, commandement *m*; **they are at your** ~ ils sont à vos ordres. **-2.** [authority] commandement *m*; **who is in** ~ **here?** qui est-ce qui commande ici?; **to be in** ~ **of sthg** avoir qqch sous ses ordres, être à la tête de qqch; **he had/took** ~ **of the situation** il avait/a pris la situation en main; **they are under her** ~ ils sont sous ses ordres OR son commandement. **-3.** [control, mastery] maîtrise *f*; **he's in full** ~ **of his faculties** il est en pleine possession de ses moyens; **she has a good** ~ **of two foreign languages** elle possède bien deux langues étrangères; **her** ~ **of Spanish** sa maîtrise de l'espagnol; **all the resources at my** ~ toutes les ressources à ma disposition OR dont je dispose; **at your** ~ je suis à votre disposition. **-4.** MIL [group of officers] commandement *m*; [troops] troupes *fpl*; [area] région *f* militaire. **-5.** COMPUT commande *f*. ◇ *vt* **-1.** [order] ordonner, commander; **she** ~**ed that we leave immediately** elle nous a ordonné OR nous a donné l'ordre de partir immédiatement; **the general** ~**ed his men to attack** le général a donné l'ordre à ses hommes d'attaquer. **-2.** [have control over – army] commander; [– emotions] maîtriser, dominer. **-3.** [receive as due] commander, imposer; **to** ~ **respect** inspirer le respect, en imposer; **to** ~ **the attention of one's audience** tenir son public en haleine; **the translator** ~**s a high fee** les services du traducteur valent cher; **this painting will** ~ **a high price** ce tableau se vendra à un prix élevé. **-4.** [have use of] disposer de; **all the resources that the country can** ~ toutes les capacités et les ressources dont le pays peut disposer. **-5.** [subj: building, statue – overlook]: **to** ~ **a view of** avoir vue sur, donner sur. ◇ *vi* **-1.** [order] commander, donner des ordres. **-2.** [be in control] commander; MIL commander, avoir le commandement.

**commandant** [,kɒmənˈdænt] *n* commandant *m*.

**command economy** *n* économie *f* planifiée.

**commandeer** [,kɒmənˈdɪər] *vt* [officially] réquisitionner; [usurp] accaparer.

**commander** [kəˈmɑːndər] *n* **-1.** [person in charge] chef *m*; MIL commandant *m*; NAUT capitaine *m* de frégate. **-2.** *Br* [of police] ≃ commissaire *m* divisionnaire, ≃ divisionnaire *m*.

**commander-in-chief** *n* commandant *m* en chef, généralissime *m*.

**commanding** [kəˈmɑːndɪŋ] *adj* **-1.** [in command] qui commande. **-2.** [overlooking – view] élevé; **to be in a** ~ **position** avoir une position dominante; **to have a** ~ **lead** avoir une solide avance. **-3.** [tone, voice] impérieux, de commandement; [look] impérieux; [air] imposant.

**commanding officer** *n* commandant *m*.

**commandment** [kəˈmɑːndmənt] *n* commandement *m*; **the Ten Commandments** les dix commandements.

**commando** [kəˈmɑːndəʊ] (*pl* **commandos** OR **commandoes**) ◇ *n* commando *m*. ◇ *comp* [raid, unit] de commando.

**command performance** *n* représentation (*d'un spectacle*) à la requête d'un chef d'État.

**command post** *n* poste *m* de commandement.

**commemorate** [kəˈmeməreɪt] *vt* commémorer.

**commemoration** [kə,meməˈreɪʃn] *n* commémoration *f*; RELIG commémoraison *f*; **in** ~ **of** en commémoration de.

**commemorative** [kəˈmemərətɪv] *adj* commémoratif.

**commence** [kəˈmens] *fml* ◇ *vi* commencer. ◇ *vt* commencer; **she** ~**d speaking at 2 p.m.** elle a commencé à parler à 2 h de l'après-midi.

**commencement** [kəˈmensmənt] *n* **-1.** *fml* [beginning] commencement *m*, début *m*; JUR [of law] date *f* d'entrée en vigueur. **-2.** *Am* UNIV remise *f* des diplômes.

**Commencement Day** *n jour de la remise des diplômes dans une université américaine.*

**commend** [kə'mend] *vt* -1. [recommend] recommander, conseiller; the report has little to ~ it il n'y a pas grand-chose d'intéressant dans ce rapport. -2. [praise] louer, faire l'éloge de; to ~ sb for bravery louer qqn pour sa bravoure; you are to be ~ed for your hard work on doit vous féliciter pour votre dur labeur. -3. [entrust] confier; to ~ sthg to sb confier qqch à qqn, remettre qqch aux bons soins de qqn; we ~ our souls to God RELIG nous recommandons notre âme à Dieu.

**commendable** [kə'mendəbl] *adj* louable.

**commendation** [,kɒmen'deɪʃn] *n* -1. [praise] éloge *f*, louange *f*. -2. [recommendation] recommandation *f*. -3. [award for bravery] décoration *f*.

**commensurable** [kə'menʃərəbl] *adj fml* commensurable; ~ with OR to sthg commensurable avec qqch.

**commensurate** [kə'menʃərət] *adj fml* -1. [of equal measure] de même mesure, commensurable; the side is ~ with the diagonal MATH on peut mesurer le côté en fonction de la diagonale. -2. [proportionate] proportionné; ~ with OR to sthg proportionné à qqch; the salary will be ~ with your experience le salaire sera en fonction de votre expérience.

**comment** ['kɒment] ◇ *n* -1. [remark] commentaire *m*, observation *f*; she let it pass without ~ elle n'a pas relevé; it's a ~ on our society *fig* c'est une réflexion sur notre société; no ~! je n'ai rien à dire!; (it's a) fair ~ c'est juste. -2. (U) [gossip, criticism]: the decision provoked much ~ la décision a suscité de nombreux commentaires. -3. [note] commentaire *m*, annotation *f*; [critical] critique *f*; teacher's ~s SCH appréciations *fpl* du professeur. ◇ *vi* -1. [remark] faire une remarque OR des remarques; she ~ed on his age elle a fait des remarques OR commentaires sur son âge; he ~ed that... il a fait la remarque que... -2. [give opinion]: ~ on the text commentez le texte, faites le commentaire du texte.

**commentary** ['kɒməntrɪ] (*pl* **commentaries**) *n* -1. [remarks] commentaire *m*, observations *f*. -2. RADIO & TV commentaire *m*.

**commentary box** *n* tribune *f* des journalistes.

**commentate** ['kɒmənteɪt] ◇ *vt* commenter. ◇ *vi* faire un reportage.

**commentator** ['kɒmənteɪtər] *n* -1. RADIO & TV reporter *m*. -2. [analyst] commentateur *m*, -trice *f*.

**commerce** ['kɒmɜːs] *n* (U) [trade] commerce *m*, affaires *fpl*; Secretary/Department of Commerce Am ministre *m*/ministère *m* du Commerce.

**commercial** [kə'mɜːʃl] ◇ *adj* -1. [economic] commercial; ~ district quartier *m* commerçant; ~ law droit *m* commercial. -2. [profitable] commercial, marchand; ~ value valeur *f* marchande. -3. *pej* [profit-seeking – record, book, pop group] commercial. -4. [T.V., radio] commercial. ◇ *n* publicité *f*, spot *m* publicitaire.

**commercial art** *n* graphisme *m*.

**commercial bank** *n* banque *f* commerciale.

**commercial college** *n* école *f* de commerce.

**commercialism** [kə'mɜːʃəlɪzm] *n* -1. [practice of business] (pratique *f* du) commerce *m*, (pratique des) affaires *fpl*. -2. *pej* [profit-seeking] mercantilisme *m*, esprit *m* commercial; [on large scale] affairisme *m*.

**commercialization** [kə,mɜːʃəlaɪ'zeɪʃn] *n* commercialisation *f*.

**commercialize, -ise** [kə'mɜːʃəlaɪz] *vt* commercialiser.

**commercially** [kə'mɜːʃəlɪ] *adv* commercialement.

**commercial traveller** *n dated* voyageur *m* OR représentant *m* de commerce, VRP *m*.

**commercial vehicle** *n* véhicule *m* utilitaire.

**commie** ['kɒmɪ] *inf pej* ◇ *adj* coco. ◇ *n* coco *mf*.

**commiserate** [kə'mɪzəreɪt] *vi*: to ~ with sb [feel sympathy] éprouver de la compassion pour qqn; [show sympathy] témoigner de la sympathie à qqn; we ~d with him on his misfortune nous avons compati à sa malchance.

**commiseration** [kə,mɪzə'reɪʃn] *n* commisération *f*.

**commissar** ['kɒmɪsɑːr] *n* commissaire *m* (du peuple).

**commissariat** [,kɒmɪ'seərɪət] *n* -1. POL commissariat *m*. -2. MIL [department] intendance *f*; [food supply] ravitaillement *m*.

**commissary** ['kɒmɪsərɪ] (*pl* **commissaries**) *n* -1. Am MIL [shop] intendance *f*; [officer] intendant *m*. -2. Am CIN [cafeteria] restaurant *m* (du studio). -3. RELIG délégué *m* (*d'un évêque*).

**commission** [kə'mɪʃn] ◇ *n* -1. [authority for special job] commission *f*, mission *f*, ordres *mpl*; ART commande *f*; work done on ~ travail fait sur commande. -2. [delegation of authority] délégation *f* de pouvoir OR d'autorité, mandat *m*; [formal warrant] mandat *m*, pouvoir *m*; MIL brevet *m*; to resign one's ~ démissionner. -3. [committee] commission *f*, comité *m*; ~ of inquiry, fact-finding ~ commission d'enquête; Royal Commission Br POL commission extraparlementaire. -4. COMM [fee] commission *f*, courtage *m*; to work on a ~ basis travailler à la commission; I get (a) 5% ~ je reçois une commission de 5%. -5. JUR [of crime] perpétration *f*. -6. NAUT [of ship] armement *m*; to put a ship into ~ armer un navire.
◇ *vt* -1. [work of art] commander; [artist] passer commande à. -2. [grant authority to] donner pouvoir OR mission à, déléguer, charger; to ~ sb to do sthg charger qqn de faire qqch. -3. MIL [make officer] nommer à un commandement; he was ~ed general il a été promu au grade de OR nommé général. -4. [make operative] mettre en service; NAUT [ship] mettre en service, armer.
♦ **in commission** *adj phr* [gen] en service; NAUT [ship] en armement, en service.
♦ **out of commission** ◇ *adj phr* [gen] hors service; [car] en panne; NAUT [not working] hors service; [in reserve] en réserve.

**commissionaire** [kə,mɪʃə'neər] *n Br* portier *m* (*d'un hôtel etc*).

**commissioned officer** [kə'mɪʃənd-] *n* officier *m*.

**commissioner** [kə'mɪʃnər] *n* -1. [member of commission] membre *m* d'une commission, commissaire *m*. -2. [of police] *Br* ≃ préfet *m* de police, ≃ Am (commissaire *m*) divisionnaire *m*; [of government department] haut fonctionnaire *m*. -3. Am SCH & UNIV: ~ of education ≃ recteur *m*, ≃ doyen *m*.

**commit** [kə'mɪt] (*pt* & *pp* **committed**, *cont* **committing**) *vt* -1. [crime] commettre, perpétrer; [mistake] faire, commettre; to ~ suicide se suicider. -2. [entrust – thing] confier, remettre; [– person] confier; to ~ sthg to sb's care confier qqch aux soins de qqn OR à la garde de qqn; he was committed to a mental hospital il a été interné; they committed her to prison ils l'ont incarcérée; to ~ sthg to memory apprendre qqch par cœur; to ~ sthg to paper coucher OR consigner qqch par écrit ❑ **committing magistrate** Am JUR juge *m* d'instruction. -3. [promise] engager; to ~ o.s. to sthg/to do sthg s'engager à qqch/à faire qqch; he refused to ~ himself il a refusé de prendre parti OR de s'engager; to ~ troops (to a region) MIL engager des troupes (dans une région). -4. [legislative bill] renvoyer en commission.

**commitment** [kə'mɪtmənt] *n* -1. [promise, loyalty] engagement *m*; to make a ~ [emotionally, intellectually] s'engager. -2. [obligation] obligations *fpl*, responsabilités *fpl*; COMM & FIN engagement *m* financier; with no ~ sans obligation d'achat. -3. [of legislative bill] renvoi *m* en commission.

**committal** [kə'mɪtl] *n* -1. [sending – gen] remise *f*; [– to prison] incarcération *f*, emprisonnement *m*; [– to mental hospital] internement *m*; [– to grave] mise *f* en terre. JUR: ~ proceedings, ~ for trial ≃ mise *f* en accusation. -3. [of crime] perpétration *f*.

**committed** [kə'mɪtɪd] *adj* [writer, artist] engagé; a ~ Socialist/Christian un socialiste/chrétien convaincu.

**committee** [kə'mɪtɪ] ◇ *n* commission *f*, comité *m*; to be OR to sit on a ~ faire partie d'une commission OR d'un comité ‖ [in government] commission *f*; Committee of Ways and Means commission *f* du budget. ◇ *comp* [meeting] de commission OR comité; [member] d'une commission, d'un comité.

**commode** [kə'məʊd] *n* -1. [chest of drawers] commode *f*. -2. [for chamber pot] chaise *f* percée.

**commodious** [kə'məʊdjəs] *adj fml* spacieux, vaste.

**commodity** [kə'mɒdɪtɪ] (*pl* **commodities**) *n* -1. [product] marchandise *f*; [consumer goods] produit *m*, article *m*; [food] denrée *f*. -2. ECON [raw material] produit *m* de base, matière *f* première; the ~ OR commodities market le marché des matières premières.

**commodore** ['kɒmədɔːr] *n* -1. MIL contre-amiral *m*. -2. NAUT [of merchant ships] commodore *m*; [of shipping line] doyen *m*;

[of yacht club] président *m*.

**common** ['kɒmən] ◇ *adj* **-1.** [ordinary] commun, ordinaire; [plant] commun; it's quite ~ c'est courant OR tout à fait banal; it's a ~ experience cela arrive à beaucoup de gens OR à tout le monde; a ~ expression une expression courante; a ~ occurrence une chose fréquente OR qui arrive souvent; the ~ man l'homme du peuple; the ~ parts [in building] les parties communes; the ~ people le peuple, les gens du commun; ~ salt sel *m* (ordinaire); a ~ soldier un simple soldat; it's only ~ courtesy to reply la politesse la plus élémentaire veut qu'on réponde ❏ to have the ~ touch *Br* savoir parler aux gens simples. **-2.** [shared, public] commun; by ~ consent d'un commun accord; the ~ good le bien public ❏ ~ land terrain *m* communal OR banal; ~ ground [in interests] intérêt *m* commun; [for discussion] terrain *m* d'entente. **-3.** [widespread] général, universel; in ~ use d'usage courant; it's ~ knowledge that... tout le monde sait que..., il est de notoriété publique que...; it's ~ practice to thank your host il est d'usage de remercier son hôte. **-4.** *pej* [vulgar] commun, vulgaire. **-5.** GRAMM [gender] non marqué. **-6.** MUS: ~ time OR measure mesure *f* à quatre temps. ◇ *n* [land] terrain *m* communal; [of property] droit *m* de servitude.
◆ **Commons** *npl Br & Can* POL: the Commons les Communes *fpl*.
◆ **in common** *adv phr* en commun; to have sthg in ~ with sb avoir qqch en commun avec qqn; we have nothing in ~ nous n'avons rien en commun; they have certain ideas in ~ ils partagent certaines idées.

**common cold** *n* rhume *m*.

**common denominator** *n* MATH & *fig* dénominateur *m* commun.

**Common Entrance** *n* examen de fin d'études primaires permettant d'entrer dans une «public school».

**commoner** ['kɒmənər] *n* [not noble] roturier *m*, -ère *f*.

**common factor** *n* facteur *m* commun.

**common fraction** *n Am* fraction *f* ordinaire.

**common law** *n* droit *m* coutumier, common law *f*.
◆ **common-law** *adj*: common-law wife concubine *f* (reconnue juridiquement); common-law marriage mariage *m* de droit coutumier.

**commonly** ['kɒmənlɪ] *adv* **-1.** [usually] généralement, communément; what is ~ known as... ce que l'on appelle dans le langage courant... **-2.** *pej* [vulgarly] vulgairement.

**Common Market** *n*: the ~ le marché commun.

**commonness** ['kɒmənnɪs] *n* **-1.** [usualness] caractère *m* commun OR ordinaire. **-2.** [frequency] fréquence *f*. **-3.** [universality] généralité *f*, universalité *f*. **-4.** *pej* [vulgarness] vulgarité *f*.

**common noun** *n* nom *m* commun.

**common-or-garden** *adj Br inf*: the ~ variety le modèle standard OR ordinaire.

**commonplace** ['kɒmənpleɪs] ◇ *adj* banal, ordinaire; compact discs have become ~ les disques compacts sont devenus courants OR sont maintenant monnaie courante. ◇ *n* [thing] banalité *f*; [saying] lieu *m* commun, platitude *f*.

**common room** *n Br* SCH & UNIV [for students] salle *f* commune; [for staff] salle *f* des professeurs.

**commonsense** ['kɒmən,sens], **commonsensical** [,kɒmən'sensɪkl] *adj* [attitude, approach, decision] sensé, plein de bon sens.

**common sense** *n* bon sens *m*, sens *m* commun.

**commonwealth** ['kɒmənwelθ] *n* **-1.** [country] pays *m*; [state] État *m*; [republic] république *f*. **-2.** [body politic] corps *m* politique.
◆ **Commonwealth** ◇ *n* **-1.** the (British) Commonwealth (of Nations) le Commonwealth. **-2.** HIST: the Commonwealth *période de l'histoire britannique de 1649 (mort de Charles Iᵉʳ) à 1660 (rétablissement de la monarchie)*. ◇ *comp* [games, nations] du Commonwealth.

**Commonwealth of Independent States** *pr n*: the ~ la Communauté des États indépendants.

**commotion** [kə'məʊʃn] *n* **-1.** [noise] brouhaha *m*; what's all the ~ (about)? qu'est-ce que c'est que ce brouhaha OR vacarme? **-2.** [disturbance] agitation *f*; what a ~! quel cirque! **-3.** [civil unrest] insurrection *f*, troubles *mpl*.

**comms package** [kɒmz-] *n* COMPUT logiciel *m* de communication.

**communal** ['kɒmjʊnl] *adj* **-1.** [shared] commun. **-2.** [of community] communautaire, collectif.

**communally** ['kɒmjʊnəlɪ] *adv* collectivement, en commun.

**commune** [*n* 'kɒmjuːn, *vb* kə'mjuːn] ◇ *n* **-1.** [group of people] communauté *f*; to live in a ~ vivre en communauté. **-2.** ADMIN [district] commune *f*. ◇ *vi* **-1.** [communicate] communier. **-2.** RELIG communier.

**communicable** [kə'mjuːnɪkəbl] *adj* communicable; MED [disease] contagieux, transmissible.

**communicant** [kə'mjuːnɪkənt] ◇ *n* **-1.** RELIG communiant *m*, -e *f*. **-2.** [informant] informateur *m*, -trice *f*. ◇ *adj* **-1.** [communicating] qui communique, communicant. **-2.** RELIG pratiquant.

**communicate** [kə'mjuːnɪkeɪt] ◇ *vi* **-1.** [be in touch] communiquer; [contact] prendre contact, se mettre en contact; they ~ with each other by phone ils communiquent par téléphone; I find it difficult to ~ (with others) j'ai du mal à entrer en relation avec les autres. **-2.** [rooms – connect] communiquer. **-3.** RELIG communier, recevoir la communion. ◇ *vt* **-1.** [impart – news] communiquer, transmettre; [– feelings] communiquer, faire partager. **-2.** [disease] transmettre.

**communicating** [kə'mjuːnɪkeɪtɪŋ] *adj* [room] communicant; ~ door porte *f* de communication.

**communication** [kə,mjuːnɪ'keɪʃn] *n* **-1.** [contact] communication *f*; are you in ~ with her? êtes-vous en contact OR en relation avec elle?; we broke off all ~ with him nous avons rompu tout contact avec lui; to be in radio ~ with sb être en communication radio avec qqn ‖ [of thoughts, feelings] communication *f*; to be good at ~, to have good ~ skills avoir des talents de communicateur, être un bon communicateur. **-2.** [message] communication *f*, message *m*.
◆ **communications** *npl* [technology] communications *fpl*; [roads, telegraph lines etc] communications *fpl*; MIL liaison *f*, communications *fpl*.

**communication cord** *n Br* sonnette *f* d'alarme *(dans les trains)*.

**communications satellite** *n* satellite *m* de télécommunication.

**communicative** [kə'mjuːnɪkətɪv] *adj* **-1.** [talkative] communicatif, expansif. **-2.** [ability, difficulty] de communication.

**communicator** [kə'mjuːnɪkeɪtər] *n* personne douée pour la communication; she's a good/bad ~ elle est douée/n'est pas douée pour la communication.

**communion** [kə'mjuːnjən] *n* **-1.** [sharing] communion *f*. **-2.** RELIG [group] communion *f*; [denomination] confession *f*.
◆ **Communion** *n* RELIG [sacrament] communion *f*; to give Communion donner la communion; to take OR to receive Communion recevoir la communion.

**communiqué** [kə'mjuːnɪkeɪ] *n* communiqué *m*.

**communism, Communism** ['kɒmjʊnɪzm] *n* communisme *m*.

**communist, Communist** ['kɒmjʊnɪst] ◇ *n* communiste *mf*. ◇ *adj* communiste; 'The Communist Manifesto' *Marx, Engels* 'le Manifeste du parti communiste'.

**community** [kə'mjuːnətɪ] (*pl* **communities**) *n* **-1.** [group of people, animals] communauté *f*, groupement *m*; RELIG communauté *f*; [locality] communauté *f*; the business ~ le monde des affaires; the international ~ la communauté internationale ❏ ~ leader *personne qui joue un rôle actif dans la vie d'une communauté*; ~ policing ~ îlotage *m*; ~ relations relations *fpl* publiques; ~ spirit esprit *m* de groupe. **-2.** [sharing] propriété *f* collective; JUR communauté *f*; ~ of goods/interests communauté de biens/d'intérêts.
◆ **Community** *n*: the (European) Community la Communauté (européenne).

**community association** *n* en Grande-Bretagne, association socioculturelle locale.

**community care** *n* système britannique d'assistance sociale au niveau local.

**community centre** *n* foyer *m* municipal, centre *m* social.

**community charge** *fml* = **poll tax**.

**community chest** *n Am* fonds *m* commun (*à des fins sociales*).

**community college** *n Am* centre *m* universitaire (de premier cycle).

**community home** *n Br* **-1.** [for deprived children] assistance *f* publique. **-2.** [for young offenders] centre *m* d'éducation surveillée.

**community school** *n Br* école servant de maison de la culture.

**community service** *n* ≃ travail *m* d'intérêt général.

**commutable** [kə'mjuːtəbl] *adj* [exchangeable] interchangeable, permutable; JUR commuable; **a death sentence ~ to life imprisonment** une peine capitale commuable en emprisonnement à perpétuité.

**commutation ticket** *n Am* carte *f* d'abonnement.

**commutator** ['kɒmjuːteɪtə'] *n* commutateur *m*.

**commute** [kə'mjuːt] ◇ *vi* faire un trajet régulier, faire la navette; **I ~ from the suburbs** je viens tous les jours de banlieue. ◇ *vt* **-1.** [exchange] substituer, échanger. **-2.** [convert] convertir; **to ~ an annuity into a lump sum** FIN racheter une rente en un seul versement. **-3.** JUR [sentence] commuer; **a sentence ~d to life imprisonment** une peine commuée en emprisonnement à vie.

**commuter** [kə'mjuːtə'] ◇ *n* banlieusard *m*, -e *f* (*qui fait un trajet journalier pour se rendre au travail*); RAIL abonné *m*, -e *f*. ◇ *comp* [line, train] de banlieue; **the ~ belt** *Br* la grande banlieue.

**commuting** [kə'mjuːtɪŋ] *n* (U) trajets *mpl* réguliers, migrations *fpl* quotidiennes (*entre le domicile, généralement en banlieue, et le lieu de travail*).

**Como** ['kəuməu] *prn* Côme; **Lake ~** le lac de Côme.

**Comoran** ['kɒmərən], **Comorian** [kə'mɔrjən] ◇ *n* Comorien *m*, -enne *f*. ◇ *adj* comorien.

**Comoro Islands** ['kɒmərəu-] *npl*: **the ~** les îles *fpl* Comores; **in the ~** aux îles Comores.

**compact** [*adj & vb* kəm'pækt, *n* 'kɒmpækt] ◇ *adj* **-1.** [small] compact, petit; [dense] dense, serré; **the gadget is ~ and easy to use** ce gadget ne prend pas de place et est facile à utiliser. **-2.** [concise] concis, condensé. ◇ *vt* [compress] compacter, tasser. ◇ *n* **-1.** [for powder] poudrier *m*. **-2.** *Am* = **compact car. -3.** [agreement] convention *f*, contrat *m*; [informal] accord *m*, entente *f*.

**compact camera** [,kɒmpækt-] *n* (appareil photo *m*) compact *m*.

**compact car** *n Am* (voiture *f*) compacte *f*, petite voiture *f*.

**compact disc** [,kɒmpækt-] ◇ *n* (disque *m*) compact *m*, CD *m*. ◇ *comp*: **~ player** platine *f* CD.

**compactly** [kəm'pæktlɪ] *adv* **-1.** [made] de manière compacte. **-2.** [concisely] de manière concise.

**companion** [kəm'pænjən] *n* **-1.** [friend] compagnon *m*, compagne *f*; [employee] dame *f* de compagnie; **a travelling ~** un compagnon de voyage; **~s in arms/distress** compagnons d'armes/d'infortune. **-2.** [one of pair] pendant *m*; **the ~ volume** le volume qui va de pair. **-3.** [handbook] manuel *m*. **-4.** [in titles] compagnon *m*. **-5.** NAUT capot *m* (d'escalier).

**companionable** [kəm'pænjənəbl] *adj* [person] sociable, d'une compagnie agréable.

**companionship** [kəm'pænjənʃɪp] *n* (U) [fellowship] compagnie *f*; [friendship] amitié *f*, camaraderie *f*.

**companionway** [kəm'pænjənweɪ] *n* NAUT escalier *m* de descente; [on smaller boat] montée *f*, descente *f*.

**company** ['kʌmpənɪ] (*pl* **companies**) ◇ *n* **-1.** [companionship] compagnie *f*; **we enjoy one another's ~** nous aimons être ensemble; **she's good ~** elle est d'agréable compagnie; **to keep sb ~** tenir compagnie à qqn; **in ~ with others** en compagnie d'autres; **here's where we part ~** *literal* voilà où nos chemins se séparent; *fig* là, je ne suis plus d'accord avec vous. **-2.** [companions] compagnie *f*, fréquentation *f*; **she has got into** OR **she's keeping bad ~** elle a de mauvaises fréquentations; **to be in good ~** être en bonne compagnie; **if I'm wrong, I'm in good ~** *fig* si j'ai tort, je ne suis pas le seul □ **a man is known by the ~ he keeps** *prov* dis-moi qui tu fréquentes, je te dirai qui tu es *prov*. **-3.** (U) [guests] invités *mpl*, compagnie *f*; **are you expecting ~?** attendez-vous de la visite? **-4.** [firm] société *f*, compagnie *f*; **Jones & Company** Jones et Compagnie. **-5.** [group of people] compagnie *f*, assemblée *f*; [of actors] troupe *f*, compagnie *f*; MIL compagnie *f*; NAUT [crew] équipage *m*.

◇ *comp* [policy] d'entreprise; **~ car** voiture *f* de fonction.

◆ **Company** *prn Am inf*: **the Company** la CIA.

**company director** *n* directeur *m*, -trice *f*.

**company secretary** *n* secrétaire *m* général, secrétaire *f* générale (*d'une entreprise*).

**comparable** ['kɒmprəbl] *adj* comparable; **to be ~ to sthg** être comparable à qqch; **the salaries aren't at all ~** il n'y a pas de comparaison possible entre les salaires.

**comparative** [kəm'pærətɪv] ◇ *adj* **-1.** [relative] relatif; **she's a ~ stranger to me** je la connais relativement peu. **-2.** [study] comparatif; [field of study] comparé; **~ linguistics** linguistique *f* comparée. **-3.** GRAMM comparatif. ◇ *n* comparatif *m*; **in the ~** au comparatif.

**comparatively** [kəm'pærətɪvlɪ] *adv* **-1.** [quite] relativement. **-2.** [study] comparativement.

**compare** [kəm'peə'] ◇ *vt* **-1.** [contrast] comparer, mettre en comparaison; **let's ~ Fitzgerald with Hemingway** comparons Fitzgerald à OR avec Hemingway; **~d with** OR **to sthg** en comparaison de OR par comparaison avec qqch; **~d with the others she's brilliant** elle est brillante par rapport aux autres □ **to ~ notes** échanger ses impressions. **-2.** [liken] comparer, assimiler; **to ~ sthg to sthg** comparer qqch à qqch; **it's impossible to ~ the two systems** il n'y a pas de comparaison possible entre les deux systèmes. **-3.** GRAMM former les degrés de comparaison de. ◇ *vi* être comparable à; **to ~ favourably (with sthg)** soutenir la comparaison (avec qqch); **how do the two candidates ~?** quelles sont les qualités respectives des deux candidats?; **how do the brands ~ in (terms of) price?** les marques sont-elles comparables du point de vue prix?; **her cooking doesn't ~ with yours** il n'y a aucune comparaison entre sa cuisine et la tienne. ◇ *n lit*: **beauty beyond ~** beauté sans pareille.

**comparison** [kəm'pærɪsn] *n* **-1.** [gen] comparaison *f*; **there's no ~** il n'y a aucune comparaison (possible); **to draw** OR **to make a ~ between sthg and sthg** faire la comparaison de qqch avec qqch OR entre qqch et qqch. **-2.** GRAMM comparaison *f*.

◆ **by comparison** *adv phr* par comparaison.

◆ **in comparison with** *prep phr* en comparaison de, par rapport à.

**compartment** [kəm'pɑːtmənt] *n* compartiment *m*, subdivision *f*; NAUT & RAIL compartiment *m*.

**compartmentalize, -ise** [,kɒmpɑːt'mentəlaɪz] *vt* compartimenter.

**compass** ['kʌmpəs] ◇ *n* **-1.** [for direction] boussole *f*; NAUT compas *m*. **-2.** GEOM compas *m*. **-3.** [limits] étendue *f*; [range] portée *f*; MUS étendue *f*, portée *f*; **that does not lie within the ~ of this committee** ce n'est pas du ressort de ce comité. ◇ *comp* [bearing, error] du compas; **to take a ~ bearing** prendre un relèvement au compas. ◇ *vt* [go round] faire le tour de; [surround] encercler, entourer.

◆ **compasses** *npl* GEOM: **(a pair of) ~es** un compas.

**compassion** [kəm'pæʃn] *n* compassion *f*.

**compassionate** [kəm'pæʃənət] *adj* compatissant; **on ~ grounds** pour des raisons personnelles OR familiales.

**compassionate leave** *n* [gen & MIL] permission *f* exceptionnelle (*pour raisons personnelles*).

**compass point** *n* aire *f* de vent.

**compass saw** *n* scie *f* à guichet.

**compass window** *n* fenêtre *f* en saillie ronde.

**compatibility** [kəm,pætə'bɪlətɪ] *n* compatibilité *f*.

**compatible** [kəm'pætəbl] *adj* compatible.

**compatriot** [kəm'pætrɪət] *n* compatriote *mf*.

**compel** [kəm'pel] (*pt & pp* **compelled**, *cont* **compelling**) *vt* **-1.** [force] contraindre, obliger; **to ~ sb to do sthg** contraindre OR forcer qqn à faire qqch. **-2.** [demand] imposer, forcer; **the sort of woman who ~s admiration** le genre de femme qu'on ne peut s'empêcher d'admirer OR qui force l'admiration.

**compelling** [kəm'pelɪŋ] *adj* **-1.** [reason, desire] convaincant, irrésistible. **-2.** [book, story] envoûtant.

**compendious** [kəm'pendɪəs] *adj fml* concis.

**compendium** [kəm'pendɪəm] (*pl* **compendiums** OR **compendia** [-dɪə]) *n* **-1.** [summary] abrégé *m*, précis *m*. **-2.** *Br* [collection] collection *f*; **a ~ of games** une boîte de jeux.

**compensate** ['kɒmpenseɪt] ◇ *vt* **-1.** [make amends to – person] dédommager, indemniser; **to ~ sb for sthg** [for loss] dédommager qqn de qqch; [for injury] dédommager qqn pour qqch. **-2.** [offset] compenser, contrebalancer; TECH compenser, neutraliser. ◇ *vi* **-1.** [make up] être une OR servir de compensation, compenser; **she ~s for her short stature by wearing high heels** elle porte des talons hauts pour compenser sa petite taille. **-2.** [with money] dédommager, indemniser.

**compensation** [,kɒmpen'seɪʃn] *n* **-1.** [recompense] indemnité *f*, dédommagement *m*; [payment] rémunération *f*; **working for oneself has its ~s** travailler à son compte a ses avantages; **in ~ for** en compensation de. **-2.** [adaptation] compensation *f*; [in weight] contrepoids *m*; TECH compensation *f*, neutralisation *f*.

**compensatory** [,kɒmpen'seɪtərɪ] *adj* compensateur, ~ **levy** ECON [in EC] prélèvement *m* compensatoire.

**compere** ['kɒmpeə'] *Br* ◇ *n* animateur *m*, -trice *f*, présentateur *m*, -trice *f*. ◇ *vi* & *vt* animer, présenter.

**compete** [kəm'piːt] *vi* **-1.** [vie] rivaliser; **to ~ with sb for sthg** rivaliser avec qqn pour qqch, disputer qqch à qqn; **seven candidates are competing for the position** sept candidats se disputent le poste; **her cooking can't ~ with yours** *fig* sa cuisine n'a rien de commun OR ne peut pas rivaliser avec la vôtre. **-2.** COMM faire concurrence; **they ~ with foreign companies for contracts** ils sont en concurrence avec des entreprises étrangères pour obtenir des contrats; **we have to ~ on an international level** nous devons être à la hauteur de la concurrence sur le plan international. **-3.** SPORT [take part] participer; [contend] concourir; **to ~ against sb for sthg** concourir OR être en compétition avec qqn pour qqch.

**competence** ['kɒmpɪtəns] *n* **-1.** [ability] compétence *f*, aptitude *f*, capacité *f*; LING compétence *f*; **sb's ~ for** OR **in sthg** la compétence de qqn pour OR en qqch, l'aptitude de qqn à OR pour qqch; **to have the ~ to do sthg** avoir les moyens OR la capacité de faire qqch. **-2.** JUR compétence *f*; **to be within the ~ of the court** être de la compétence du tribunal.

**competent** ['kɒmpɪtənt] *adj* **-1.** [capable] compétent, capable; [qualified] qualifié. **-2.** [sufficient] suffisant. **-3.** JUR [witness] habile; [court] compétent; [evidence] admissible, recevable.

**competently** ['kɒmpɪtəntlɪ] *adv* **-1.** [capably] avec compétence. **-2.** [sufficiently] suffisamment.

**competing** [kəm'piːtɪŋ] *adj* en concurrence.

**competition** [,kɒmpɪ'tɪʃn] *n* **-1.** [rivalry] compétition *f*, rivalité *f*; **~ for the position is fierce** il y a beaucoup de concurrence pour le poste, on se dispute âprement le poste; **to be in ~ with sb** être en compétition OR concurrence avec qqn ‖ COMM concurrence *f*. **-2.** [opposition] concurrence *f*. **-3.** [con-

test] concours *m*; SPORT compétition *f*; [race] course *f*; **beauty/fishing ~** concours de beauté/de pêche; **to enter a ~** se présenter à un concours. **-4.** BIOL concurrence *f*.

**competitive** [kəm'petətɪv] *adj* **-1.** [involving competition] de compétition; **~ examination** concours *m*. **-2.** [person] qui a l'esprit de compétition. **-3.** [product, price] concurrentiel, compétitif; **~ bidding** appel *m* d'offres.

**competitively** [kəm'petətɪvlɪ] *adv* avec un esprit de compétition; **~ priced goods** COMM produits au prix compétitif.

**competitor** [kəm'petɪtə'] *n* [gen, COMM & SPORT] concurrent *m*, -e *f*; [participant] participant *m*, -e *f*.

**compilation** [,kɒmpɪ'leɪʃn] *n* compilation *f*.

**compile** [kəm'paɪl] *vt* **-1.** [gather – facts, material] compiler. **-2.** [compose – list] dresser; [– dictionary] composer (*par compilation*); **~d from** établi d'après. **-3.** COMPUT compiler.

**compiler** [kəm'paɪlə'] *n* **-1.** [gen] compilateur, -trice *f*. **-2.** [of dictionary] rédacteur *m*, -trice *f*. **-3.** COMPUT compilateur *m*.

**complacence** [kəm'pleɪsns], **complacency** [kəm'pleɪsnsɪ] *n* autosatisfaction *f*.

**complacent** [kəm'pleɪsnt] *adj* satisfait OR content de soi, suffisant.

**complacently** [kəm'pleɪsntlɪ] *adv* [act] d'un air suffisant, avec suffisance; [speak] d'un ton satisfait, avec suffisance.

**complain** [kəm'pleɪn] ◇ *vi* **-1.** [grumble] se plaindre; **he ~ed of a headache** il s'est plaint d'un mal de tête; **how's it going? — can't ~** *inf* comment ça va? — je n'ai pas à me plaindre OR ça peut aller. **-2.** [make formal protest] formuler une plainte OR une réclamation, se plaindre; **to ~ to sb (about sthg)** se plaindre à OR auprès de qqn (au sujet de qqch). ◇ *vt* se plaindre; **she ~ed that he was always late** elle s'est plainte qu'il était toujours en retard.

**complainant** [kəm'pleɪnənt] *n* demandeur *m*, demanderesse *f*.

**complaint** [kəm'pleɪnt] *n* **-1.** [protest] plainte *f*, récrimination *f*; **to make** OR **lodge a ~** se plaindre ‖ COMM réclamation *f*; JUR plainte *f*; **to lodge a ~ against sb** porter plainte contre qqn. **-2.** [grievance] sujet *m* OR motif *m* de plainte, grief *m*; **I have no ~ OR no cause for ~** je n'ai aucune raison de me plaindre. **-3.** [illness] maladie *f*, affection *f*; **she has a liver ~** elle souffre du foie; *see* USAGE *overleaf*.

**complement** [*n* 'kɒmplɪmənt, *vb* 'kɒmplɪ,ment] ◇ *n* **-1.** [gen, MATH & MUS] complément *m*; **with a full ~** au grand complet. **-2.** GRAMM [of verb] complément *m*; [of subject] attribut *m*. **-3.** [ship's crew, staff] personnel *m*, effectif *m* (complet). ◇ *vt* compléter, être le complément de.

**complementary** [,kɒmplɪ'mentərɪ] *adj* [gen & MATH] complémentaire; **the two pieces are ~** les deux morceaux se complètent.

**complementary medicine** *n* médecine *f* douce.

## Comparing things and people

▷ *expressing similarity or equality:*

Elle est aussi contente que toi/que tu l'étais.
Ils sont aussi paresseux l'un que l'autre.
Ils en ont eu autant que nous.
Elle court aussi vite que moi.
C'est comme l'an dernier.
Tel père tel fils!

▷ *expressing the idea of 'more', 'greater', 'better' etc:*

Elle est (bien)/(encore) plus grande que toi.
Ils en ont eu plus que nous.
Elle court plus vite que vous toutes.
On a mis plus de temps que prévu.
C'est mieux que l'an dernier.
Il en sait davantage qu'il ne veut l'avouer. [formal]

▷ *expressing idea of 'less', 'fewer', 'worse' etc:*

Il est moins en forme que ses concurrents/que l'an dernier.
Elle court moins vite que toi.

C'est moins bien/pire que la dernière fois.
Elle ne le vaut pas.
En maths, il ne fait pas le poids par rapport à elle. [informal]

### Phrases used to introduce comparisons

Comparons à présent nos produits à OR avec ceux de nos concurrents.
Par rapport à OR Comparée à Rome, Venise est une petite ville.
À côté de Paul, il est franchement lent.
La France a une superficie de 550 000 km². Par comparaison, l'Argentine est un véritable continent.
À l'inverse OR À la différence de ses prédécesseurs, il comprend la plaisanterie.
Pierre et François sont venus en vacances. Le premier est resté une semaine, le second trois.
Il adore l'opéra et la peinture tandis OR alors qu'elle est plutôt sportive.
Autant son dernier spectacle était ennuyeux, autant celui-ci m'a passionnée.

**complete** [kəm'pliːt] ◇ *adj* **-1.** [entire] complet (*f* -ète), total; Christmas wouldn't be ~ without the traditional dinner Noël ne serait pas Noël sans le repas traditionnel; **the** ~ **works of Shakespeare** les œuvres complètes de Shakespeare. **-2.** [finished] achevé, terminé. **-3.** [as intensifier] complet, absolu; **if the job is not done to your** ~ **satisfaction** si vous n'êtes pas entièrement satisfait du travail effectué; **he's a** ~ **fool** c'est un crétin fini OR un parfait imbécile; **a** ~ **(and utter) failure** un échec total OR sur toute la ligne. ◇ *vt* **-1.** [make whole] compléter; **to** ~ **her happiness** pour combler son bonheur; **to** ~ **an order** COMM exécuter une commande. **-2.** [finish] achever, finir. **-3.** [form] remplir.
◆ **complete with** *prep phr* avec, doté OR pourvu de; ~ **with instructions** comprenant des instructions.

**completely** [kəm'pliːtlɪ] *adv* complètement.

**completeness** [kəm'pliːtnɪs] *n* état *m* complet.

**completion** [kəm'pliːʃn] *n* **-1.** [of work] achèvement *m*; **the bridge is due for** ~ **in January** le pont doit être fini en janvier; **near** ~ près d'être achevé. **-2.** JUR [of sale] exécution *f*; **payment on** ~ **of contract** paiement à l'exécution du contrat.

**complex** ['kɒmpleks] ◇ *adj* [gen, GRAMM & MATH] complexe. ◇ *n* **-1.** [system] complexe *m*, ensemble *m*; **housing** ~ grand ensemble; **shopping/industrial** ~ complexe commercial/industriel. **-2.** PSYCH complexe *m*; **she has a** ~ **about her weight** elle est complexée par son poids.

**complexion** [kəm'plekʃn] *n* **-1.** [of face] teint *m*. **-2.** [aspect] aspect *m*; **that puts a different** ~ **on things** voilà qui change la situation.

**complexity** [kəm'pleksətɪ] *n* complexité *f*.

**compliance** [kəm'plaɪəns] *n* **-1.** [conformity] conformité *f*. **-2.** [agreement] acquiescement *m*; [submission] complaisance *f*. **-3.** TECH [flexibility] élasticité *f*.
◆ **in compliance with** *prep phr* conformément à.

**compliant** [kəm'plaɪənt] *adj* accommodant, docile.

**complicate** ['kɒmplɪkeɪt] *vt* compliquer, embrouiller; **why** ~ **things?** pourquoi se compliquer la vie?

**complicated** ['kɒmplɪkeɪtɪd] *adj* [complex] compliqué, complexe; [muddled] embrouillé; **to become** OR **to get** ~ se compliquer.

**complication** [,kɒmplɪ'keɪʃn] *n* [gen & MED] complication *f*.

**complicity** [kəm'plɪsətɪ] *n* complicité *f*; **his** ~ **in the murder** sa complicité dans le meurtre.

**compliment** [*n* 'kɒmplɪmənt, *vt* 'kɒmplɪment] ◇ *n* [praise] compliment *m*; **to pay sb a** ~ faire OR adresser un compliment à qqn. ◇ *vt* faire des compliments à, complimenter; **to** ~ **sb on sthg** féliciter qqn de qqch, faire des compliments à qqn sur qqch.

◆ **compliments** *npl fml* [respects] compliments *mpl*, respects *mpl*; **to convey** OR **present one's** ~**s to sb** présenter ses compliments OR hommages à qqn *fig*; **give him my** ~**s** faites-lui mes compliments; **'**~**s of the season'** 'meilleurs vœux'; **'with** ~**s'** 'avec nos compliments'; **with the** ~**s of Mr Smith** avec les hommages OR compliments de M. Smith.

**complimentary** [,kɒmplɪ'mentərɪ] *adj* **-1.** [approving] flatteur; ~ **remarks** compliments *mpl*, félicitations *fpl*. **-2.** [given free] gratuit, gracieux; ~ **copy** exemplaire *m* offert à titre gracieux; ~ **ticket** billet *m* de faveur.

**compliments slip** *n* papillon *m* (*joint à un envoi*).

**comply** [kəm'plaɪ] (*pt* & *pp* **complied**) *vi* **-1.** [obey]: **to** ~ **with the law** se soumettre à la loi; **to** ~ **with the rules** observer OR respecter les règlements; **I will** ~ **with your wishes** je me conformerai à vos désirs; **she complied with our request** elle a accédé à notre demande. **-2.** [machinery] être conforme; **cars must** ~ **with existing regulations** les voitures doivent être conformes aux normes en vigueur.

**component** [kəm'pəʊnənt] ◇ *n* [gen] élément *m*; ELEC composant *m*; AUT & TECH pièce *f*. ◇ *adj* composant, constituant; ~ **parts** parties *fpl* constituantes.

**componential** [,kɒmpə'nenʃl] *adj* componentiel.

**comportment** [kəm'pɔːtmənt] *n fml* comportement *m*, conduite *f*.

**compose** [kəm'pəʊz] ◇ *vt* **-1.** [make up]: **to be** ~**d of sthg** se composer OR être composé de qqch. **-2.** [create, write] composer; **I** ~**d a reply to his letter** j'ai formulé une réponse à sa lettre. **-3.** TYPO [set] composer. **-4.** [make calm] composer; **I need to** ~ **my thoughts** j'ai besoin de mettre de l'ordre dans mes idées. **-5.** [settle – quarrel] arranger, régler. ◇ *vi* composer.

**composed** [kəm'pəʊzd] *adj* calme, posé.

**composer** [kəm'pəʊzər] *n* TYPO & MUS compositeur *m*, -trice *f*.

**composite** ['kɒmpəzɪt] ◇ *adj* [gen, ARCHIT & PHOT] composite; BOT & MATH composé. ◇ *n* [compound] composite *m*; ARCHIT (ordre *m*) composite *m*; BOT composée *f*, composacée *f*.

**composition** [,kɒmpə'zɪʃn] *n* **-1.** [gen, ART, LITERAT & MUS] composition *f*, création *f*. **-2.** [thing created] composition *f*, œuvre *f*; SCH [essay] dissertation *f*. **-3.** [constitution – parts] composition *f*, constitution *f*; [– mixture] mélange *m*, composition *f*; CONSTR stuc *m*. **-4.** LING [of sentence] construction *f*; [of word] composition *f*. **-5.** TYPO composition *f*. **-6.** JUR [agreement] arrangement *m* (*avec un créancier*), accommodement *m*.

**compositor** [kəm'pɒzɪtər] *n* compositeur *m*, -trice *f* TYPO.

**compos mentis** [,kɒmpəs'mentis] *adj* sain d'esprit.

**compost** [*Br* 'kɒmpɒst, *Am* 'kɒmpəʊst] ◇ *n* compost *m*; ~ **heap** tas *m* de compost. ◇ *vt* composter (*une terre*).

---

**USAGE ▶ Complaints**

**Making complaints**

▷ *spoken:*

J'ai une réclamation à faire concernant le billet d'avion que vous nous avez vendu le mois dernier.
Je ne suis pas très content du ventilateur que je vous ai acheté...
Je ne suis pas du tout satisfait du service qui nous a été fourni.
La façon dont on nous a traités est inadmissible.
J'aimerais que ce problème soit résolu au plus vite.
Je pense que vous devriez me le remplacer.
J'exige une compensation immédiate.
Je ne partirai pas d'ici tant que le problème ne sera pas réglé.
Allez me chercher le directeur.
Pourriez-vous baisser la radio, s'il vous plaît?

▷ *written:*

Je vous écris au sujet du billet d'avion que vous m'avez vendu le mois dernier: j'ai été surpris de constater que...
Je pense être en droit d'obtenir un dédommagement pour cet incident.

Je compte sur une réponse rapide de votre part.
J'exige le remboursement intégral de l'appareil.
Je vous prie de bien vouloir faire le nécessaire.

**Answering complaints**

▷ *spoken:*

Je suis désolé, je vais m'en occuper.
Excusez-nous pour le dérangement, cela ne se reproduira plus.
Désolé, mais nous n'y sommes pour rien.
Ce n'est pas de mon ressort, adressez-vous au service des réclamations.

▷ *written:*

Nous vous prions d'accepter toutes nos excuses pour cet incident.
Nous veillerons à ce que tout soit résolu dans les plus brefs délais et à ce que ce genre d'incident ne se reproduise plus.
Nous regrettons de ne pouvoir donner suite à votre réclamation; nous ne saurions en effet être tenus pour responsables de ce fâcheux incident.

**composure** [kəm'pəʊʒəʳ] *n* calme *m*, sang-froid *m*; she regained her ~ elle s'est calmée OR a retrouvé son calme.

**compound** [*adj n* 'kɒmpaʊnd, *vb* kəm'paʊnd] ◇ *adj* **-1.** [gen] composé; CHEM composé, combiné; MATH complexe; TECH [engine] compound *(inv)*; ~ eye BIOL œil *m* composé OR à facettes. **-2.** GRAMM [sentence] complexe; [tense, word] composé. **-3.** MUS composé. ◇ *n* **-1.** [enclosed area] enceinte *f*, enclos *m*; [for prisoners of war] camp *m*.**-2.** [mixture] composé *m*, mélange *m*; CHEM composé *m*; TECH compound *m*.**-3.** GRAMM mot *m* composé. ◇ *vt* **-1.** [combine] combiner, mélanger; [form by combining] composer. **-2.** [make worse – difficulties, mistake] aggraver. **-3.** JUR [settle] régler à l'amiable; to ~ an offence composer OR pactiser avec un criminel. ◇ *vi* JUR composer, transiger.

**compound fracture** *n* fracture *f* multiple.

**compound interest** *n (U)* intérêts *mpl* composés.

**comprehend** [ˌkɒmprɪ'hend] ◇ *vt* **-1.** [understand] comprendre, saisir. **-2.** [include] comprendre, inclure. ◇ *vi* [understand] comprendre, saisir.

**comprehensible** [ˌkɒmprɪ'hensəbl] *adj* compréhensible, intelligible.

**comprehension** [ˌkɒmprɪ'henʃn] *n* **-1.** [understanding] compréhension *f*; things that are beyond our ~ des choses qui nous dépassent. **-2.** SCH [exercise] exercice *m* de compréhension. **-3.** [inclusion] inclusion *f*.

**comprehensive** [ˌkɒmprɪ'hensɪv] ◇ *adj* **-1.** [thorough] complet (*f* -ète), exhaustif; [detailed] détaillé, complet (*f* -ète); ~ knowledge connaissances vastes OR étendues; ~ measures mesures d'ensemble; (a) ~ insurance (policy) *Br*, ~ assurance *Am* une assurance tous risques. **-2.** *Br* SCH polyvalent; ~ school établissement *m* secondaire polyvalent. ◇ *n Br* [school] établissement *m* secondaire polyvalent.

**comprehensively** [ˌkɒmprɪ'hensɪvlɪ] *adv* [thoroughly] complètement, exhaustivement; [in detail] en détail.

**compress** [*vb* kəm'pres, *n* 'kɒmpres] ◇ *vt* [squeeze together] comprimer, *fig* [condense – ideas, facts, writing] condenser, concentrer. ◇ *vi* [material] se comprimer; *fig* [be condensed] se condenser, se concentrer. ◇ *n* compresse *f*.

**compressed air** *n* air *m* comprimé.

**compression** [kəm'preʃn] *n* compression *f*; *fig* [condensing] réduction *f*.

**compression chamber** *n* chambre *f* de compression.

**compressor** [kəm'presəʳ] *n* ANAT & TECH compresseur *m*; ~ unit groupe *m* compresseur.

**comprise** [kəm'praɪz] *vt* **-1.** [consist of] comprendre, consister en; the group ~s OR is ~d of four women and two men il y a quatre femmes et deux hommes dans le groupe, le groupe est formé de quatre femmes et deux hommes. **-2.** [constitute] constituer.

**compromise** ['kɒmprəmaɪz] ◇ *n* compromis *m*; to reach OR arrive at a ~ aboutir OR parvenir à un compromis. ◇ *comp* [decision, solution] de compromis. ◇ *vi* transiger, aboutir à OR accepter un compromis; to ~ with sb (on sthg) transiger avec qqn OR aboutir à un compromis avec qqn (sur qqch). ◇ *vt* **-1.** [principles, reputation] compromettre; don't say anything to ~ yourself ne dites rien qui puisse vous compromettre. **-2.** [jeopardize] mettre en péril, risquer.

**compromising** ['kɒmprəmaɪzɪŋ] *adj* compromettant.

**comptroller** [kən'trəʊləʳ] *n* ADMIN administrateur *m*, -trice *f*, intendant *m*, -e *f*; FIN contrôleur *m*, -euse *f*; Comptroller

General *Am* ≃ président *m* de la Cour des comptes.

**compulsion** [kəm'pʌlʃn] *n* **-1.** [force] contrainte *f*, coercition *f*; he is under no ~ to sell il n'est nullement obligé de vendre, rien ne l'oblige à vendre. **-2.** PSYCH [impulse] compulsion *f*.

**compulsive** [kəm'pʌlsɪv] *adj* **-1.** PSYCH [behaviour] compulsif; he's a ~ liar il ne peut pas s'empêcher de mentir, mentir un besoin chez lui; ~ eating boulimie *f*. **-2.** [reason] coercitif; *fig* [absorbing] irrésistible.

**compulsively** [kəm'pʌlsɪvlɪ] *adv* **-1.** PSYCH [drink, steal, smoke] d'une façon compulsive. **-2.** *fig* irrésistiblement.

**compulsory** [kəm'pʌlsərɪ] *adj* **-1.** [obligatory] obligatoire; ~ liquidation FIN liquidation *f* forcée; ~ retirement mise *f* à la retraite d'office. **-2.** [compelling] irrésistible; [law] obligatoire.

**compunction** [kəm'pʌŋkʃn] *n* [remorse] remords *m*; [misgiving] scrupule *m*; RELIG componction *f*; he has no ~ about stealing il n'a aucun scrupule OR n'hésite pas à voler.

**computation** [ˌkɒmpju:'teɪʃn] *n* **-1.** [calculation] calcul *m*.**-2.** [reckoning] estimation *f*.

**compute** [kəm'pju:t] ◇ *vt* calculer. ◇ *vi* calculer; it doesn't ~ *inf* ça n'a pas de sens.

**computer** [kəm'pju:təʳ] ◇ *n* [electronic] ordinateur *m*; he's good at/he works in ~s il est bon en/il travaille dans l'informatique. ◇ *comp*: ~ model modèle *m* informatique; ~ network réseau *m* informatique; ~ printout sortie *f* papier.

**computer-aided, computer-assisted** [-ə'sɪstɪd] *adj* assisté par ordinateur.

**computer dating** *n* rencontres *sélectionnées par ordinateur*.

**computer game** *n* jeu *m* électronique.

**computer graphics** ◇ *npl* [function] graphiques *mpl*. ◇ *n* [field] infographie *f*.

**computerization** [kəmˌpju:təraɪ'zeɪʃn] *n* **-1.** [of system, of work] automatisation *f*, informatisation *f*.**-2.** [of information – inputting] saisie *f* sur ordinateur; [– processing] traitement *m* (électronique).

**computerize, -ise** [kəm'pju:təraɪz] *vt* [data – put on computer] saisir sur ordinateur; [– process by computer] traiter par ordinateur; [firm] informatiser.

**computerized** [kəm'pju:təraɪzd] *adj*: ~ typesetting composition *f* par ordinateur.

**computer language** *n* langage *m* de programmation.

**computer-literate** *adj* ayant une formation en informatique.

**computer program** *n* programme *m* informatique.

**computer programmer** *n* programmeur *m*, -euse *f*.

**computer programming** *n* programmation *f*.

**computer science** *n* informatique *f*.

**computer scientist** *n* informaticien *m*, -enne *f*.

**computing** [kəm'pju:tɪŋ] *n* **-1.** [use of computers] informatique *f*.**-2.** [calculation] calcul *m*; [reckoning] estimation *f*.

**comrade** ['kɒmreɪd] *n* [gen & POL] camarade *mf*.

**comrade-in-arms** *n* compagnon *m* d'armes.

**comradeship** ['kɒmreɪdʃɪp] *n* camaraderie *f*.

**comsat** ['kɒmsæt] *n abbr of* **communications satellite**.

**con** [kɒn] (*pt & pp* conned, *cont* conning) ◇ *vt* **-1.** *inf* [swindle] arnaquer; [trick] duper; I've been conned! je me suis fait avoir!, on m'a eu!; he conned us into buying it il nous a

---

**USAGE ►**    **Compliments**

**Paying a compliment**

▷ *on external appearance, clothes:*

Cette robe vous va à ravir OR à merveille. [formal]
Vous êtes très en beauté ce soir. [formal]
Quel joli ensemble!
Ces deux couleurs vont très bien ensemble.
J'adore ton pull, tu l'as trouvé où?
Cette coupe de cheveux te va super bien. [informal]
Génial, ce blouson! [informal]

▷ *when visiting:*

Qu'il est mignon, cet enfant!
Vous avez une maison superbe.

**Replying to a compliment**

Vraiment, vous trouvez?
Merci, c'est gentil.
N'est-ce pas? [also humorous]
Arrête, tu vas me faire rougir. [also humorous]

persuadés de l'acheter et nous nous sommes fait avoir. **-2.** NAUT [steer] gouverner, piloter. ◇ **n -1.** *inf* [swindle] arnaque; [trick] duperie *f*.**-2.** *inf* [convict] taulard *m*.**-3.** [disadvantage] contre *m*.

**Con.** *written abbr of* **constable.**

**con artist** *n inf* arnaqueur *m*.

**concatenation** [kɒn,kætɪ'neɪʃn] *n* [series] série *f*, chaîne *f*; [of circumstances] enchaînement *m*; COMPUT & LING concaténation *f*.

**concave** [,kɒn'keɪv] *adj* concave.

**conceal** [kən'siːl] *vt* [hide – object] cacher, dissimuler; [– emotion, truth] cacher, dissimuler; [– news] tenir secret; **to ~ sthg from sb** cacher qqch à qqn.

**concealed** [kən'siːld] *adj*: [lighting] indirect; [driveway, entrance] caché.

**concealment** [kən'siːlmənt] *n* [act of hiding] dissimulation *f*; JUR [of criminal] recel *m*; [of facts, truth] non-divulgation *f*.

**concede** [kən'siːd] ◇ *vt* **-1.** [admit] concéder, admettre; **he ~d (that) he was wrong** il a admis OR reconnu qu'il avait tort; **to ~ defeat** s'avouer vaincu. **-2.** [give up] concéder, accorder; SPORT concéder. **-3.** [grant – privileges] concéder. ◇ *vi* céder.

**conceit** [kən'siːt] *n* **-1.** [vanity] vanité *f*, suffisance *f*.**-2.** LIT [witty expression] trait *m* d'esprit.

**conceited** [kən'siːtɪd] *adj* vaniteux, suffisant.

**conceivable** [kən'siːvəbl] *adj* concevable, imaginable; **every ~ means** tous les moyens possibles et imaginables; **it's quite ~ that it was an accident** il est tout à fait concevable que ç'ait été un accident.

**conceivably** [kən'siːvəblɪ] *adv*: **this might ~ start a war** il est concevable que OR il se peut que cela déclenche une guerre.

**conceive** [kən'siːv] ◇ *vt* **-1.** [idea, plan] concevoir; **I can't ~ why they did it** je ne comprends vraiment pas pourquoi ils l'ont fait. **-2.** [child] concevoir; **she ~d a passion for jazz** *fig* elle conçut une passion pour le jazz. ◇ *vi* **-1.** [think] concevoir; **can't you ~ of a better plan?** ne pouvez-vous rien concevoir de mieux?**-2.** [become pregnant] concevoir.

**concentrate** ['kɒnsəntreɪt] ◇ *vi* **-1.** [pay attention] se concentrer, concentrer OR fixer son attention; **to ~ on sthg** se concentrer sur qqch; **~ on your work!** appliquez-vous à votre travail! **-2.** [focus]: **the government should ~ on improving the economy** le gouvernement devrait s'attacher à améliorer la situation économique; **just ~ on getting the suitcases ready!** occupe-toi seulement des valises!; **the speaker ~d on the Luddite movement** le conférencier a surtout traité du luddisme. **-2.** [gather] se concentrer, converger. ◇ *vt* **-1.** [focus] concentrer; **to ~ one's attention on sthg** concentrer son attention sur qqch; **it concentrates the mind** cela aide à se concentrer. **-2.** [bring together] concentrer, rassembler; CHEM concentrer. ◇ *n* concentré *m*.

**concentrated** ['kɒnsəntreɪtɪd] *adj* **-1.** [liquid] concentré. **-2.** [intense] intense.

**concentration** [,kɒnsən'treɪʃn] *n* [gen & CHEM] concentration *f*.

**concentration camp** *n* camp *m* de concentration.

**concentric** [kən'sentrɪk] *adj* concentrique.

**concept** ['kɒnsept] *n* concept *m*.

**conception** [kən'sepʃn] *n* [gen & MED] conception *f*; **she has no ~ of time** elle n'a aucune notion du temps.

**conceptual** [kən'septʃʊəl] *adj* conceptuel.

**conceptualize, -ise** [kən'septʃʊəlaɪz] *vt* conceptualiser.

**concern** [kən'sɜːn] ◇ *n* **-1.** [worry] inquiétude *f*, souci *m*; **there's no cause for ~** il n'y a pas de raison de s'inquiéter; **she showed great ~ for their welfare** elle s'est montrée très soucieuse de leur bien-être; **a look of ~** un regard inquiet; **this is a matter of great ~** c'est un sujet très inquiétant || [source of worry] souci *m*, préoccupation *f*; **my main ~ is the price** ce qui m'inquiète surtout, c'est le prix. **-2.** [affair, business] affaire *f*; **what ~ is it of yours?** en quoi est-ce que cela vous regarde? **-3.** COMM [firm]: **a (business) ~** une affaire, une firme. **-4.** [share] intérêt *m*.

◇ *vt* **-1.** [worry] inquiéter; **they're ~ed about her** ils s'inquiètent OR se font du souci à son égard; **we were ~ed to learn that...** nous avons appris avec inquiétude que...; **I'm only ~ed with the facts** je ne m'intéresse qu'aux faits. **-2.** [involve] concerner; **where** OR **as far as the budget is ~ed** en ce qui concerne le budget; **to ~ o.s. with sthg** s'occuper de OR s'intéresser à qqch; **this doesn't ~ you** cela ne vous regarde pas; **as far as I'm ~ed** en ce qui me concerne, quant à moi; **to whom it may ~** à qui de droit. **-3.** [be important to] intéresser, importer; **the outcome ~s us all** les résultats nous importent à tous. **-4.** [subj: book, report] traiter.

**concerned** [kən'sɜːnd] *adj* **-1.** [worried] inquiet (*f* -ète), soucieux; **we were ~ for** OR **about his health** nous étions inquiets pour sa santé. **-2.** [involved] intéressé; **pass this request on to the department** ~ transmettez cette demande au service compétent; **notify the person** ~ avisez qui de droit; **the people** ~ [in question] les personnes en question OR dont il s'agit; [involved] les intéressés.

**concerning** [kən'sɜːnɪŋ] *prep* au sujet de, à propos de; **I wrote to her** ~ **the lease** je lui ai écrit au sujet du bail; **any news** ~ **the accident?** y a-t-il du nouveau au sujet de OR concernant l'accident?

**concert** [*n* & *comp* 'kɒnsət, *vb* kən'sɜːt] ◇ *n* **-1.** MUS [performance] concert *m*; **Miles Davis in** ~ Miles Davis en concert. **-2.** *Br fig* [agreement] accord *m*, entente *f*. ◇ *comp* [hall, performer, pianist] de concert. ◇ *vt* concerter, arranger.

◆ **in concert with** *prep phr Br fml* de concert avec.

**concerted** [kən'sɜːtɪd] *adj* concerté.

**concertgoer** ['kɒnsət,gəʊə'] *n* amateur *m* de concerts.

**concert grand** *n* piano *m* de concert.

**concertina** [,kɒnsə'tiːnə] ◇ *n* concertina *m*. ◇ *vi*: **the front of the car ~ed** le devant de la voiture a été télescopé.

**concertmaster** ['kɒnsət,mɑːstə'] *n Am* premier violon *m*.

**concerto** [kən'tʃeətəʊ] (*pl* **concertos** OR **concerti** [-tiː]) *n* concerto *m*.

**concession** [kən'seʃn] *n* **-1.** [gen & JUR] concession *f*; COMM [reduction] réduction *f*; **to make a ~ (to sb)** faire une concession (à qqn). **-2.** MIN & PETR concession *f*.

**concessionary** [kən'seʃnərɪ] (*pl* **concessionaries**) ◇ *adj* [gen, FIN & JUR] concessionnaire; COMM [fare, ticket] à prix réduit. ◇ *n* concessionnaire *mf*.

**concessive clause** [kən'sesɪv-] *n* (proposition *f*) concessive *f*.

**conch** [kɒntʃ, kɒŋk] (*pl* **conches** OR **conchs**) *n* **-1.** ZOOL [mollusc, shell] conque *f*.**-2.** ARCHIT (voûte *f* d') abside *f*.

**conciliation** [kən,sɪlɪ'eɪʃn] *n* **-1.** [appeasement] apaisement *m*.**-2.** [reconciliation] conciliation *f*; INDUST médiation *f*; **a ~ service** un service de conciliation; ~ **board** conseil *m* d'arbitrage.

**conciliatory** [kən'sɪlɪətrɪ] *adj* [manner, words] conciliant; [person] conciliateur, conciliant; JUR & POL [procedure] conciliatoire; **in a ~ spirit** dans un esprit de conciliation.

**concise** [kən'saɪs] *adj* [succinct] concis; [abridged] abrégé.

---

**USAGE ▶   Conceding a point**

**Reluctantly**

Je n'y vois pas d'objection majeure.
Peut-être, effectivement.
Si tu en es vraiment sûr...
Si tu y tiens...
C'est possible, oui.
Bon, bon, je me rends! [humorous]

Bon, d'accord! [with irritation]

**More willingly**

Je me rends à vos arguments. [formal]
Je dois reconnaître OR admettre que vous avez raison.
Il y a du vrai dans ce que tu dis.
Tu marques un point, là. [informal]

**concisely** [kən'saɪslɪ] *adv* avec concision.

**conciseness** [kən'saɪsnɪs], **concision** [kən'sɪʒn] *n* concision *f*.

**conclave** ['kɒŋkleɪv] *n* [private meeting] assemblée *f* OR réunion *f* à huis clos; RELIG conclave *m*.

**conclude** [kən'kluːd] ◊ *vt* **-1.** [finish] conclure, terminer; [meeting] clore, clôturer. **-2.** [settle – deal, treaty] conclure. **-3.** [deduce] conclure, déduire; may I ~ from your statement that... dois-je inférer de votre remarque que... **-4.** [decide] décider. ◊ *vi* **-1.** [person] conclure; to ~, I would just like to say... en conclusion OR pour conclure, je voudrais simplement dire... **-2.** [event] se terminer, s'achever.

**concluding** [kən'kluːdɪŋ] *adj* de conclusion, final.

**conclusion** [kən'kluːʒn] *n* **-1.** [end] conclusion *f*, fin *f*; to bring sthg to a ~ mener qqch à sa conclusion OR à terme. **-2.** [decision, judgment] conclusion *f*, décision *f*; we've come to the ~ that... nous avons conclu que...; it's up to you to draw your own ~s c'est à vous d'en juger; the facts lead me to the ~ that... les faits m'amènent à conclure que... **-3.** [settling – of deal, treaty] conclusion *f*. **-4.** PHILOS conclusion *f*.

◆ **in conclusion** *adv phr* en conclusion, pour conclure.

**conclusive** [kən'kluːsɪv] *adj* [decisive – proof, argument] concluant, décisif; [final] final.

**conclusively** [kən'kluːsɪvlɪ] *adv* de façon concluante OR décisive, définitivement.

**concoct** [kən'kɒkt] *vt* **-1.** [prepare] composer, confectionner; to ~ a dish mitonner OR mijoter un plat. **-2.** *fig* [invent – excuse, scheme] combiner, concocter.

**concoction** [kən'kɒkʃn] *n* **-1.** [act] confection *f*, préparation *f*. **-2.** [mixture] mélange *m*, mixture *f* *pej*. **-3.** *fig* [scheme] combinaison *f*.

**concomitant** [kən'kɒmɪtənt] *fml* ◊ *adj* concomitant. ◊ *n* accessoire *m*.

**concord** [kən'kɔːd] *n* **-1.** *fml* [harmony] concorde *f*, harmonie *f*. **-2.** [treaty] accord *m*, entente *f*. **-3.** GRAMM accord *m*. **-4.** MUS accord *m*.

**concordance** [kən'kɔːdəns] *n* **-1.** *fml* [agreement] accord *m*. **-2.** [index] index *m*; [of Bible, of author's works] concordance *f*.

◆ **in accordance with** *prep phr* en accord avec.

**concordant** [kən'kɔːdənt] *adj* *fml* concordant, s'accordant; ~ with s'accordant avec.

**concourse** ['kɒŋkɔːs] *n* **-1.** [of people, things] multitude *f*, rassemblement *m*; [crowd] foule *f*. **-2.** [of circumstances, events] concours *m*. **-3.** [meeting place] lieu *m* de rassemblement; [in building] hall *m*; *Am* [street] boulevard *m*; [crossroads] carrefour *m*.

**concrete** ['kɒŋkriːt] ◊ *n* **-1.** CONSTR béton *m*. **-2.** PHILOS: the ~ le concret. ◊ *adj* **-1.** [specific – advantage] concret (*f* -ète), réel; [– example, proposal] concret, (*f* -ete). **-2.** GRAMM, MATH & MUS concret (*f* -ète). **-3.** CONSTR en OR de béton; the ~ jungle la forêt de béton. ◊ *vt* bétonner.

**concrete mixer** *n* bétonnière *f*.

**concrete noun** *n* nom *m* concret.

**concubine** ['kɒŋkjʊbaɪn] *n* concubine *f*.

**concur** [kən'kɜːʳ] (*pt* & *pp* **concurred**, *cont* **concurring**) *vi* **-1.** [agree] être d'accord, s'entendre; to ~ with sb/sthg être d'accord avec qqn/qqch; the experts' opinions ~ les avis des experts convergent. **-2.** [occur together] coïncider, arriver en même temps; events concurred to make it a miserable Christmas tout a concouru à gâcher les fêtes de Noël.

**concurrent** [kən'kʌrənt] *adj* **-1.** [simultaneous] concomitant, simultané. **-2.** [acting together] concerté. **-3.** [agreeing] concordant, d'accord. **-4.** MATH & TECH [intersecting] concourant.

**concurrently** [kən'kʌrəntlɪ] *adv* simultanément; the two sentences to run ~ JUR avec confusion des deux peines.

**concuss** [kən'kʌs] *vt* **-1.** [injure brain] commotionner; to be ~ed être commotionné. **-2.** [shake] ébranler, secouer violemment.

**concussion** [kən'kʌʃn] *n* **-1.** *(U)* [brain injury] commotion *f* cérébrale. **-2.** [shaking] ébranlement *m*.

**condemn** [kən'dem] *vt* **-1.** [gen & JUR] condamner; ~ed to death condamné à mort. **-2.** [disapprove of] condamner, censurer. **-3.** [declare unfit] déclarer inutilisable; [building] déclarer inhabitable, condamner. **-4.** *Am* JUR

[property] exproprier pour cause d'utilité publique.

**condemnation** [ˌkɒndem'neɪʃn] *n* **-1.** [gen & JUR] condamnation *f*. **-2.** [criticism] condamnation *f*, censure *f*. **-3.** [of building] condamnation *f*. **-4.** *Am* JUR [of property] expropriation *f* pour cause d'utilité publique.

**condemnatory** [kən'demnətrɪ] *adj* condamnatoire.

**condemned** [kən'demd] *adj* condamné; the ~ man le condamné; ~ cell cellule *f* des condamnés.

**condensation** [ˌkɒnden'seɪʃn] *n* [gen & CHEM] condensation *f*; [on glass] buée *f*, condensation *f*.

**condense** [kən'dens] ◊ *vt* **-1.** [make denser] condenser, concentrer; CHEM [gas] condenser; PHYS [beam] concentrer. **-2.** [report, book] condenser, résumer. ◊ *vi* [become liquid] se condenser; [become concentrated] se concentrer.

**condensed** [kən'denst] *adj* condensé, concentré; in ~ print TYPO en petits caractères.

**condensed milk** *n* lait *m* concentré.

**condenser** [kən'densəʳ] *n* ELEC & TECH condensateur *m*; CHEM [of gas] condenseur *m*; PHYS [of light] condensateur.

**condescend** [ˌkɒndɪ'send] *vi* **-1.** [behave patronizingly]: to ~ (to sb) se montrer condescendant (envers qqn OR à l'égard de qqn). **-2.** [lower o.s.]: condescendre à OR daigner faire qqch; she ~ed to speak to me elle a condescendu à OR a daigné me parler.

**condescending** [ˌkɒndɪ'sendɪŋ] *adj* condescendant.

**condescension** [ˌkɒndɪ'senʃn] *n* condescendance *f*.

**condiment** ['kɒndɪmənt] *n* condiment *m*.

**condition** [kən'dɪʃn] ◊ *n* **-1.** [state – mental, physical] état *m*; you're in no ~ to drive vous n'êtes pas en état de conduire; books in good/poor ~ livres en bon/mauvais état; I'm out of ~ je ne suis pas en forme; in working ~ en état de marche. **-2.** [stipulation] condition *f*; to make a ~ that stipuler que. **-3.** [illness] maladie *f*, affection *f*; he has a heart ~ il a une maladie du cœur. **-4.** *fml* [social status] situation *f*, position *f*. ◊ *vt* **-1.** [train] conditionner; PSYCH provoquer un réflexe conditionné chez, conditionner; her upbringing ~ed her to believe in God son éducation l'a automatiquement portée à croire en Dieu. **-2.** [make fit – animal, person] mettre en forme; [– thing] mettre en bon état; to ~ one's hair/skin traiter ses cheveux/sa peau. **-3.** [determine] conditionner, déterminer.

◆ **conditions** *npl* [circumstances] conditions *fpl*, circonstances *fpl*; living/working ~s conditions de vie/de travail; under these ~s dans ces conditions.

◆ **on condition that** *conj phr*: I'll tell you on ~ that you keep it secret je vais vous le dire à condition que vous gardiez le secret; he'll do it on ~ that he's well paid il le fera à condition d'être bien payé.

**conditional** [kən'dɪʃənl] ◊ *adj* **-1.** [dependent on other factors] conditionnel; to be ~/on OR upon sthg dépendre de qqch. **-2.** GRAMM conditionnel. ◊ *n* conditionnel *m*; in the ~ au conditionnel.

**conditionally** [kən'dɪʃnəlɪ] *adv* conditionnellement.

**conditioned** [kən'dɪʃnd] *adj* conditionné; ~ stimulus stimulus *m* conditionnel.

**conditioner** [kən'dɪʃnəʳ] *n* [for hair] baume *m* démêlant; [for skin] crème *f* traitante OR équilibrante; [for fabric] assouplisseur *m*.

**conditioning** [kən'dɪʃnɪŋ] ◊ *n* conditionnement *m*. ◊ *adj* traitant.

**condo** ['kɒndəʊ] *n Am inf* = **condominium 3**.

**condole** [kən'dəʊl] *vi lit* exprimer ses condoléances OR sa sympathie.

**condolence** [kən'dəʊləns] *n* condoléance *f*; a letter of ~ lettre de condoléances; to offer one's ~s to sb présenter ses condoléances à qqn.

**condom** ['kɒndəm] *n* préservatif *m* (*masculin*).

**condominium** [ˌkɒndə'mɪnɪəm] *n* **-1.** [government] condominium *m*. **-2.** [country] condominium *m*. **-3.** *Am* [ownership] copropriété *f*; [building] immeuble *m* (en copropriété); [flat] appartement *m* en copropriété.

**condone** [kən'dəʊn] *vt* [overlook] fermer les yeux sur; [forgive] pardonner, excuser.

**condor** ['kɒndɔːʳ] *n* condor *m*.

**conducive** [kən'djuːsɪv] *adj* favorable; this weather is not

~ **to study** ce temps n'incite pas à étudier.
**conduct** [n 'kɒndʌkt, vb kən'dʌkt] ◊ n **-1.** [behaviour] conduite f, comportement m; **her** ~ **towards me** son comportement envers moi OR à mon égard. **-2.** [handling – of business, negotiations] conduite f. ◊ vt **-1.** [manage, carry out] diriger; [– campaign] mener; [– inquiry] conduire, mener; **this is not the way to** ~ **negotiations** ce n'est pas ainsi qu'on négocie. **-2.** [guide] conduire, mener; **the director** ~**ed us through the factory** le directeur nous a fait visiter l'usine. **-3.** [behave]: **to** ~ **o.s.** se conduire, se comporter. **-4.** MUS [musicians, music] diriger; **Bernstein will be** ~**ing (the orchestra)** l'orchestre sera (placé) sous la direction de Bernstein. **-5.** ELEC & PHYS [transmit] conduire, être conducteur de.
**conducted tour** [kən'dʌktɪd-] n Br [short] visite f guidée; [longer] voyage m organisé.
**conduction** [kən'dʌkʃn] n conduction f.
**conductive** [kən'dʌktɪv] adj conducteur.
**conductivity** [,kɒndʌk'tɪvəti] n conductivité f.
**conductor** [kən'dʌktər] n **-1.** MUS chef m d'orchestre. **-2.** [on bus, train] contrôleur m; Am [railway official] chef m de train. **-3.** ELEC & PHYS (corps m) conducteur m.
**conductress** [kən'dʌktrɪs] n contrôleuse f.
**conduit** ['kɒndɪt] n [for fluid] conduit m, canalisation f; ELEC tube m; fig [for money] intermédiaire mf.
**cone** [kəʊn] n **-1.** [gen, MATH, OPTICS & TECH] cône m; **a traffic** ~ un cône de signalisation. **-2.** [for ice cream] cornet m.**-3.** BOT [of pine, fir] pomme f, cône m.
◆ **cone off** vt sep Br mettre des cônes de signalisation sur.
**coney** ['kəʊni] = **cony**.
**Coney Island** ['kəʊnɪ-] pr n Coney Island (île située au large de New York et où se trouve un grand parc d'attractions).
**confab** ['kɒnfæb] (pt & pp **confabbed**, cont **confabbing**) Br inf ◊ n causette f. ◊ vi causer, bavarder.
**confection** [kən'fekʃn] n **-1.** [act] confection f.**-2.** CULIN [sweet] sucrerie f, friandise f; [pastry] pâtisserie f; [cake] gâteau m.
**confectioner** [kən'fekʃnər] n [of sweets] confiseur m, -euse f; [of pastry] pâtissier m, -ère f; ~'**s custard** crème f pâtissière; ~'**s sugar** Am sucre m glace.
**confectionery** [kən'fekʃnəri] (pl **confectioneries**) n [sweets] confiserie f; [pastry] pâtisserie f.
**confederacy** [kən'fedərəsi] (pl **confederacies**) n **-1.** [alliance] confédération f.**-2.** [conspiracy] conspiration f.
◆ **Confederacy** n HIST: **the Confederacy** les États mpl confédérés (pendant la guerre de Sécession américaine).
**confederate** [n & adj kən'fedərət, vb kən'fedəreɪt] ◊ n **-1.** [member of confederacy] confédéré m, -e f. **-2.** [accomplice] complice mf. ◊ adj confédéré. ◊ vt confédérer. ◊ vi se confédérer.
◆ **Confederate** HIST ◊ n sudiste mf (pendant la guerre de Sécession américaine); **the Confederates** les Confédérés. ◊ adj: **the Confederate States** les États mpl confédérés (pendant la guerre de Sécession américaine).
**confederation** [kən,fedə'reɪʃn] n confédération f.
**confer** [kən'fɜːr] (pt & pp **conferred**, cont **conferring**) ◊ vi conférer, s'entretenir; **to** ~ **with sb (about sthg)** s'entretenir avec qqn (de qqch). ◊ vt [grant, accorder; **to** ~ **sthg on sb** conférer qqch à qqn; **to** ~ **an award on sb** remettre une récompense OR un prix à qqn.
**conference** ['kɒnfərəns] n **-1.** [meeting] conférence f; [consultation] conférence f, consultation f.**-2.** [convention] congrès m, colloque m; POL congrès m, assemblée f; ~ **centre** [building] centre m de congrès; [town] ville pouvant accueillir des congrès; ~ **hall** salle f de conférence. **-3.** Am SPORT [association] association f, ligue f.
**conference call** n téléconférence f.
**conferencing** ['kɒnfərənsɪŋ] n (U) téléconférence f.
**conferment** [kən'fɜːmənt], **conferral** [kən'fɜːrəl] n action f de conférer; [of diploma] remise f (de diplôme); [of favour, title] octroi m.
**confess** [kən'fes] ◊ vt **-1.** [admit – fault, crime] avouer, confesser; **to** ~ **one's guilt** OR **that one is guilty** avouer sa culpabilité, s'avouer coupable; **I must** OR **I have to** ~ **I was wrong** je dois reconnaître OR admettre que j'avais tort. **-2.**

RELIG [sins] confesser, se confesser de; [subj: priest] confesser. ◊ vi **-1.** [admit] faire des aveux; **the thief** ~**ed** le voleur est passé aux aveux; **she** ~**ed to five murders** elle a avoué OR confessé cinq meurtres; **he** ~**ed to having lied** il a reconnu OR avoué avoir menti; **I** ~ **to a weakness for sweets** j'avoue OR je reconnais que j'ai un faible pour les sucreries. **-2.** RELIG se confesser.
**confessant** [kən'fesənt] n pénitent m, -e f.
**confessed** [kən'fest] adj de son propre aveu; **he was a** ~ **liar** il reconnaissait lui-même être menteur.
**confession** [kən'feʃn] n **-1.** [of guilt] aveu m, confession f; **to make a full** ~ faire des aveux complets. **-2.** RELIG confession f; [sect] confession f; **she made her** ~ elle s'est confessée; **the priest heard our** ~ le prêtre nous a confessés.
**confessional** [kən'feʃənl] ◊ n confessionnal m. ◊ adj confessionnel.
**confessor** [kən'fesər] n confesseur m.
**confetti** [kən'feti] n (U) confettis mpl.
**confidant** [,kɒnfɪ'dænt] n confident m.
**confidante** [,kɒnfɪ'dænt] n confidente f.
**confide** [kən'faɪd] vt **-1.** [reveal] avouer en confidence, confier; **to** ~ **a secret to sb** confier un secret à qqn; **I didn't** ~ **my thoughts to anyone** je n'ai révélé mes pensées à personne. **-2.** [entrust] confier.
◆ **confide in** vt insep **-1.** [talk freely to] se confier à; **there's nobody I can** ~ **in** il n'y a personne à qui je puisse me confier. **-2.** [trust] avoir confiance en.
**confidence** ['kɒnfɪdəns] n **-1.** [faith] confiance f; **we have** ~ **in her ability** nous avons confiance en ses capacités; **I have every** ~ **that you'll succeed** je suis absolument certain que vous réussirez; **to put one's** ~ **in sb/sthg** faire confiance à qqn/qqch; **the** ~ **placed in me** la confiance qui m'a été témoignée. **-2.** [self-assurance] confiance f (en soi), assurance f; **he spoke with** ~ il a parlé avec assurance. **-3.** [certainty] confiance f, certitude f; **I can say with** ~ je peux dire avec confiance OR assurance; **he lacks** ~ il n'est pas très sûr de lui. **-4.** [trust] confiance f; **I was told in** ~ on me l'a dit confidentiellement OR en confiance; **she told me in the strictest** ~ elle me l'a dit dans la plus stricte confidence; **to take sb into one's** ~ se confier à qqn, faire des confidences à qqn. **-5.** [private message] confidence f.
**confidence man** n escroc m.
**confidence trick** n escroquerie f, abus m de confiance.
**confidence trickster** = **confidence man**.
**confident** ['kɒnfɪdənt] adj **-1.** [self-assured] sûr (de soi), assuré. **-2.** [certain] assuré, confiant; ~ **of success** sûr de réussir; **in a** ~ **tone** d'un ton assuré OR plein d'assurance; **we are** ~ **that the plan will work** nous sommes persuadés que le projet va réussir.
**confidential** [,kɒnfɪ'denʃl] adj [private] confidentiel; [on envelope] confidentiel ❑ ~ **secretary** secrétaire m particulier, secrétaire f particulière.
**confidentiality** ['kɒnfɪ,denʃɪ'ælətɪ] n confidentialité f; 'all inquiries treated with complete ~' 'les demandes de renseignements sont traitées en toute discrétion'.
**confidentially** [,kɒnfɪ'denʃəlɪ] adv confidentiellement.
**confidently** ['kɒnfɪdəntlɪ] adv **-1.** [with certainty] avec confiance; **I can** ~ **predict (that)...** je peux prédire avec assurance (que)... **-2.** [assuredly] avec assurance.
**configuration** [kən,fɪgə'reɪʃn] n [gen & COMPUT] configuration f.
**configure** [kən'fɪgə] vt [gen & COMPUT] configurer.
**confine** [kən'faɪn] vt **-1.** [restrict] limiter, borner; **to** ~ **o.s. to sthg** se borner OR s'en tenir à qqch; **the report** ~**s itself to single women** le rapport ne traite que des femmes célibataires; **please** ~ **your remarks to the subject under consideration** veuillez vous limiter au sujet en question. **-2.** [shut up] confiner, enfermer; [imprison] incarcérer, enfermer; **her illness** ~**d her to the house/to bed** sa maladie l'a obligée à rester à la maison/à garder le lit; **to** ~ **sb to barracks** MIL consigner qqn. **-3.** [pregnant woman]: **to be** ~**d** accoucher, être en couches.
**confined** [kən'faɪnd] adj **-1.** [area, atmosphere] confiné; **in a** ~ **space** dans un espace restreint OR réduit. **-2.** [shut up] renfermé; [imprisoned] emprisonné, incarcéré; **to be** ~ **to barracks** MIL être consigné.

**confinement** [kən'faɪnmənt] n -1. [detention] détention f, réclusion f; [imprisonment] emprisonnement m, incarcération f; ~ **to bed** alitement m; ~ **to barracks** MIL consigne f (au quartier); **six months'** ~ six mois de prison. -2. [in childbirth] couches fpl, accouchement m.

**confines** ['kɒnfaɪnz] npl confins mpl, limites fpl.

**confirm** [kən'fɜːm] vt -1. [verify] confirmer, corroborer; **we** ~ **receipt of** OR **that we have received your letter** nous accusons réception de votre lettre. -2. [finalize – arrangement, booking] confirmer. -3. [strengthen – position] assurer, consolider; [– belief, doubts, resolve] fortifier, confirmer, raffermir; **that** ~**s her in her opinion** cela la confirme dans son opinion. -4. [make valid – treaty] ratifier; [– election] valider; JUR entériner, homologuer. -5. RELIG confirmer.

**confirmation** [ˌkɒnfə'meɪʃn] n -1. [verification] confirmation f; **the report is still awaiting** ~ cette nouvelle n'a pas encore été confirmée. -2. [finalization – of arrangements] confirmation f. -3. [strengthening – of position] consolidation f, raffermissement m. -4. [validation] validation f; JUR entérinement m, homologation f; [of treaty] ratification f. -5. RELIG confirmation f.

**confirmed** [kən'fɜːmd] adj -1. [long-established] invétéré; **he's a** ~ **bachelor** c'est un célibataire endurci. -2. RELIG confirmé.

**confiscate** ['kɒnfɪskeɪt] vt confisquer; **to** ~ **sthg from sb** confisquer qqch à qqn.

**confiscation** [ˌkɒnfɪ'skeɪʃn] n confiscation f.

**conflagration** [ˌkɒnflə'greɪʃn] n fml incendie m, sinistre m fml.

**conflate** [kən'fleɪt] vt fml colliger.

**conflict** [n 'kɒnflɪkt, vb kən'flɪkt] ◊ n -1. [clash] conflit m, lutte f; MIL conflit m, guerre f; **she often comes into** ~ **with her mother** elle entre souvent en conflit OR se heurte souvent avec sa mère; **a** ~ **of interests** un conflit d'intérêts. -2. [disagreement] dispute f; JUR conflit m; **to be in** ~ (**with**) être en conflit (avec); **our differing beliefs brought us into** ~ nos croyances divergentes nous ont opposés; **there is a** ~ **between the two statements** les deux déclarations ne concordent pas. -3. PSYCH [turmoil] conflit m. ◊ vi -1. [ideas, interests] s'opposer, se heurter; **the research findings** ~ **with this view** les résultats des recherches sont en contradiction avec OR contredisent cette idée. -2. [fight] être en conflit OR en lutte.

**conflicting** [kən'flɪktɪŋ] adj [opinions] incompatible; [evidence, reports] contradictoire.

**confluence** ['kɒnfluəns] n -1. [of rivers] confluent m. -2. [gathering together] confluence f; fig [crowd] rassemblement m.

**conform** [kən'fɔːm] vi -1. [comply – person] se conformer, s'adapter; **to** ~ **to** OR **with sthg** se conformer OR s'adapter à qqch. -2. [action, thing] être en conformité; **all cars must** ~ **to** OR **with the regulations** toute voiture doit être conforme aux normes. -3. [correspond] correspondre, répondre; **she** ~**s to** OR **with my idea of a president** elle correspond OR répond à ma conception d'un président. -4. RELIG être conformiste.

**conformation** [ˌkɒnfɔː'meɪʃn] n -1. [configuration] conformation f, structure f. -2. [act of forming] conformation f.

**conformism** [kən'fɔːmɪzm] n conformisme m.

**conformist** [kən'fɔːmɪst] ◊ adj conformiste. ◊ n [gen & RELIG] conformiste mf.

**conformity** [kən'fɔːmətɪ] (pl conformities) n -1. [with rules, regulations] conformité f. -2. [in behaviour, dress etc] conformisme m. -3. RELIG conformisme m.

♦ **in conformity with** prep phr en accord avec, conformément à.

**confound** [kən'faʊnd] vt -1. [perplex] déconcerter; **to be** ~**ed** être confondu. -2. fml [mix up] confondre. -3. arch [defeat – enemy] confondre.

**confounded** [kən'faʊndɪd] adj inf & dated [wretched] maudit; **it's a** ~ **nuisance!** c'est la barbe!, quelle barbe!

**confront** [kən'frʌnt] vt -1. [face] affronter, faire face à; **the obstacles** ~**ing us** les obstacles auxquels nous devons faire face; **the headmaster** ~**ed him in the corridor** le directeur l'affronta dans le couloir; **to be** ~**ed by** OR **with sthg** [problem, risk] se trouver en face de qqch. -2. [present] confronter; **she** ~**ed him with the facts** elle l'a confronté avec les

faits.

**confrontation** [ˌkɒnfrʌn'teɪʃn] n -1. [conflict] conflit m, affrontement m; **he hates** ~ il a horreur des affrontements || MIL affrontement m. -2. [act of confronting] confrontation f.

**confrontational** [ˌkɒnfrʌn'teɪʃənl] adj [situation] d'affrontement; [policy] de confrontation; [person]: **to be** ~ aimer les conflits.

**Confucian** [kən'fjuːʃn] ◊ adj confucéen. ◊ n confucéen m, -enne f.

**Confucius** [kən'fjuːʃəs] prn Confucius.

**confuse** [kən'fjuːz] vt -1. [muddle – person] embrouiller; [– thoughts] embrouiller, brouiller; [– memory] brouiller; **don't** ~ **me!** ne m'embrouillez pas (les idées)!; **to** ~ **the issue further** pour embrouiller OR compliquer encore plus les choses. -2. [perplex] déconcerter, rendre perplexe; [fluster] troubler; [embarrass] embarrasser. -3. [mix up] confondre; **you're confusing me with my brother** vous me confondez avec mon frère. -4. [disconcert – opponent] confondre.

**confused** [kən'fjuːzd] adj -1. [muddled – person] désorienté; [– sounds] confus, indistinct; [– thoughts] confus, embrouillé; [– memory] confus, vague; **wait a minute, I'm getting** ~ attends, là, je ne suis plus; **very old people often get** ~ les personnes très âgées ont souvent les idées confuses. -2. [flustered] troublé; [embarrassed] confus. -3. [disordered] en désordre; [enemy] confus.

**confusing** [kən'fjuːzɪŋ] adj embrouillé, déroutant; **the plot is** ~ on se perd dans l'intrigue.

**confusingly** [kən'fjuːzɪŋlɪ] adv de façon embrouillée.

**confusion** [kən'fjuːʒn] n -1. [bewilderment] confusion f; [embarrassment] déconfiture f, trouble m, embarras m; **he stared at it in** ~ il le fixa d'un regard perplexe; **she's in a state of** ~ elle a l'esprit troublé. -2. [mixing up] confusion f; **to avoid** ~ pour éviter toute confusion; **there is some** ~ **as to who won** il y a incertitude sur le vainqueur. -3. [disorder] désordre m; [of enemy] désordre m, désarroi m.

**conga** ['kɒŋgə] ◊ n conga f. ◊ vi danser la conga.

**congeal** [kən'dʒiːl] ◊ vi [thicken] prendre; [oil] (se) figer; [blood] (se) coaguler; [milk] (se) cailler. ◊ vt [thicken] faire prendre; [oil] (faire) figer; [blood] (faire) coaguler; [milk] (faire) cailler.

**congenial** [kən'dʒiːnjəl] adj [pleasant] sympathique, agréable.

**congenital** [kən'dʒenɪtl] adj MED congénital, de naissance; **he's a** ~ **liar** fig c'est un menteur né.

**conger (eel)** ['kɒŋgə*-] n congre m, anguille f de mer.

**congest** [kən'dʒest] ◊ vt -1. [crowd] encombrer. -2. MED [clog] congestionner. ◊ vi -1. [become crowded] s'encombrer. -2. MED [become clogged] se congestionner.

**congested** [kən'dʒestɪd] adj -1. [area, town] surpeuplé; [road] encombré, embouteillé; [communication lines] encombré; **the roads are** ~ **with traffic** il y a des embouteillages OR des encombrements sur les routes. -2. MED [clogged] congestionné.

**congestion** [kən'dʒestʃn] n -1. [of area] surpeuplement m; [of road, traffic] encombrement m, embouteillage m. -2. MED [blockage] congestion f.

**conglomerate** [n adj kən'glɒmərət, vb kən'glɒməreɪt] ◊ n [gen, FIN & GEOL] conglomérat m. ◊ adj conglomérat, aggloméré; GEOL congloméré. ◊ vt agglomérer, congloméré fml. ◊ vi s'agglomérer.

**conglomeration** [kənˌglɒmə'reɪʃn] n -1. [mass] groupement m, rassemblement m; [of buildings] agglomération f. -2. [act, state] agglomération f, conglomération f fml.

**Congo** ['kɒŋgəʊ] n -1. [country]: **the** ~ le Congo; **in the** ~ au Congo. -2. [river]: **the** ~ le fleuve Zaïre.

**Congolese** [ˌkɒŋgə'liːz] ◊ n Congolais m, -e f. ◊ adj congolais.

**congrats** [kən'græts] interj inf: ~! chapeau!

**congratulate** [kən'grætʃʊleɪt] vt féliciter, complimenter; **her parents** ~**d her on passing her exams** ses parents l'ont félicitée d'avoir réussi à ses examens; **she** ~**d them on their engagement** elle leur a présenté ses félicitations à l'occasion de leurs fiançailles.

**congratulation** [kənˌgrætʃʊ'leɪʃn] n félicitation f.

♦ **congratulations** ◊ interj: ~s! (toutes mes) félicitations!, je vous félicite! ◇ *npl* félicitations *fpl*; ~s on the new job/ your engagement félicitations pour votre nouveau poste/ vos fiançailles; I hear ~s are in order il paraît qu'il faut vous féliciter.

**congratulatory** [kən'grætʃʊlətrɪ] *adj* de félicitations.

**congregate** ['kɒŋgrɪgeɪt] *vi* se rassembler, se réunir.

**congregation** [,kɒŋgrɪ'geɪʃn] *n* **-1.** [group] assemblée *f*, rassemblement *m*; RELIG [of worshippers] assemblée *f* (de fidèles), assistance *f*; [of priests] congrégation *f*.-**2.** *Br* UNIV assemblée *f* générale.

**congress** ['kɒŋgres] *n* **-1.** [association, meeting] congrès *m*.-**2.** *(U)* *fml* [sexual intercourse] rapports *mpl* sexuels.

◆ **Congress** *n* POL Congrès *m*; [session] session du Congrès américain.

**congressional** [kɒŋ'greʃənl] *adj* [gen] d'un congrès.

◆ **Congressional** *adj* POL du Congrès; Congressional district *circonscription d'un représentant du Congrès américain*; Congressional Record *journal officiel du Congrès américain*.

**congressman** ['kɒŋgresmən] *(pl* **congressmen** [-mən]) *n* POL membre *m* du Congrès américain; ~-at-large *représentant du Congrès américain non attaché à une circonscription électorale.*

**congresswoman** ['kɒŋgres,wʊmən] *(pl* **congresswomen** [-,wɪmɪn]) *n* POL membre *m* (féminin) du Congrès américain.

**congruent** ['kɒŋgrʊənt] *adj* **-1.** *fml* [similar] conforme; ~ with OR to conforme à. -**2.** *fml* [corresponding] en harmonie; [suitable] convenable; to be ~ with sthg être en harmonie avec qqch. -**3.** MATH [number] congru, congruent; [triangle] congruent.

**congruous** ['kɒŋgrʊəs] *adj fml* **-1.** [corresponding] qui s'accorde; ~ with sthg qui s'accorde avec qqch. -**2.** [suitable] convenable, qui convient.

**conic(al)** ['kɒnɪk(l)] *adj* en forme de cône, conique.

**conifer** ['kɒnɪfə'] *n* conifère *m*.

**coniferous** [kə'nɪfərəs] *adj* conifère; a ~ forest une forêt de conifères.

**conjectural** [kən'dʒektʃərəl] *adj* conjectural.

**conjecture** [kən'dʒektʃə'] ◇ *n* conjecture *f*; whether he knew or not is a matter for ~ savoir s'il était au courant ou pas relève de la conjecture. ◇ *vt* conjecturer, présumer. ◇ *vi* conjecturer, faire des conjectures.

**conjugal** ['kɒndʒʊgl] *adj* conjugal.

**conjugate** [*vb* 'kɒndʒʊgeɪt, *adj* 'kɒndʒʊgɪt] ◇ *vt* conjuguer. ◇ *vi* se conjuguer. ◇ *adj* conjoint, uni.

**conjugation** [,kɒndʒʊ'geɪʃn] *n* conjugaison *f*.

**conjunction** [kən'dʒʌŋkʃn] *n* **-1.** [combination] conjonction *f*, union *f*.-**2.** ASTRON & GRAMM conjonction *f*.

◆ **in conjunction with** *prep phr* conjointement avec.

**conjunctive** [kən'dʒʌŋktɪv] *adj* [gen, ANAT & GRAMM] conjonctif.

**conjunctivitis** [kən,dʒʌŋktɪ'vaɪtɪs] *n* conjonctivite *f*; to have ~ avoir de la conjonctivite.

**conjure** ['kʌndʒə', *vt sense 2* kən'dʒʊə'] ◇ *vt* **-1.** [produce – gen] faire apparaître, produire; [– by magic] faire apparaître *(par prestidigitation).* -**2.** *arch* [appeal to] conjurer, implorer. ◇ *vi* faire des tours de passe-passe; his is a name to ~ with *Br fig* c'est quelqu'un d'important.

◆ **conjure away** *vt sep* faire disparaître.

◆ **conjure up** *vt sep* [object, rabbit] faire apparaître, produire; [gods, spirits] faire apparaître, invoquer; [memory] évoquer, rappeler; [image] évoquer.

**conjurer** ['kʌndʒərə'] *n* [magician] prestidigitateur *m*, -trice *f*; [sorcerer] sorcier *m*, -ère *f*.

**conjuring** ['kʌndʒərɪŋ] *n* prestidigitation *f*. ◇ *adj:* ~ trick tour *m* de passe-passe OR de prestidigitation.

**conjuror** ['kʌndʒərə'] = **conjurer**.

**conk** [kɒŋk] *inf* ◇ *vt* cogner OR frapper (sur la caboche). ◇ *n* **-1.** [blow] gnon *m*.-**2.** *Br* [head] caboche *f*.-**3.** *Br* [nose] pif *m*.

◆ **conk out** *vi insep inf* tomber en panne.

**conker** ['kɒŋkə'] *n Br inf* marron *m*.

◆ **conkers** *n inf (U)* jeu d'enfant qui consiste à tenter de casser un marron tenu au bout d'un fil par son adversaire.

**conman** ['kɒnmæn] *(pl* **conmen** [-men]) *n inf* arnaqueur *m*.

**connect** [kə'nekt] ◇ *vt* **-1.** [join – pipes, wires] raccorder; [– pinions, shafts, wheels] engrener, coupler; to ~ sthg to sthg joindre OR relier OR raccorder qqch à qqch. -**2.** [join to supply – machine, house, telephone] brancher, raccorder; to ~ sthg to sthg raccorder qqch à qqch, brancher qqch sur qqch. -**3.** TELEC mettre en communication, relier; to ~ sb to sb mettre qqn en communication avec qqn; I'm trying to ~ you j'essaie d'obtenir votre communication. -**4.** [link – subj: path, railway, road, airline] relier; to ~ with OR to relier à. -**5.** [associate – person, place, event] associer, faire le rapprochement; to ~ sb/sthg with sb/sthg associer une personne/ chose à une autre; I'd never ~ed the two things before je n'avais (encore) jamais fait le rapprochement entre les deux. ◇ *vi* **-1.** [bus, plane, train] assurer la correspondance; to ~ with assurer la correspondance avec. -**2.** [blow, fist, kick] frapper.

**connected** [kə'nektɪd] *adj* **-1.** [linked – subjects, species] connexe. -**2.** [coherent – speech, sentences] cohérent, suivi. -**3.** [associated]: to be ~ed with avoir un lien OR rapport avec. -**4.** [related]: to be ~ed with OR to être parent de.

**Connecticut** [kə'netɪkət] *pr n* Connecticut *m*; in ~ dans le Connecticut.

**connecting** [kə'nektɪŋ] *adj* [cable, wire] de connexion; ~ rod bielle *f*; ~ flight correspondance *f*; ~ door porte *f* de communication.

**connection** [kə'nekʃn] *n* **-1.** [link between two things] connexion *f*, lien *m*, rapport *m*; to make a ~ between OR to OR with sthg faire le lien avec qqch; does this have any ~ with what happened yesterday? ceci a-t-il un rapport quelconque avec ce qui s'est passé hier?; in this OR that ~ à ce propos, à ce sujet. -**2.** ELECTR prise *f*, raccord *m*.-**3.** TELEC communication *f*, ligne *f*.-**4.** [transfer – between buses, planes, trains] correspondance *f*.-**5.** [transport] liaison *f*. -**6.**

---

**Congratulating someone immediately**

▷ *general phrases:*

Bravo!
(Toutes mes) félicitations!
Bien joué!
C'est formidable! OR merveilleux! [formal]
Quelle bonne nouvelle!
Ça, c'est une bonne nouvelle!
Veinard, va! [informal]
Super! [informal]

▷ *on exam results, getting a job, promotion:*

Ça ne m'étonne pas de toi!
J'en étais sûr!/Je le savais!
Tu vois, quand tu veux! [informal]

▷ *on a birthday, saint's day:*

Bon OR Joyeux anniversaire!
Bonne fête!

**Congratulating someone some time after the event**

▷ *in speech:*

Bravo, je suis très content pour vous.
Je suis très fier de toi.
Ça me fait vraiment plaisir, tu l'as bien mérité.

▷ *in writing:*

Je tiens à vous féliciter de OR pour cette promotion.
Nous sommes ravis d'apprendre la bonne nouvelle/que vous avez réussi.
Tous nos vœux de bonheur à l'occasion de votre mariage.

[relationship] rapport *m*, relation *f*; **he has CIA ~s** des liens avec la CIA; **family ~s** parenté *f*.**-7.** [colleague, business contact] relation *f* (d'affaires).
◆ **in connection with** *prep phr* à propos de.
**connective** [kə'nektɪv] ◇ *adj* [word, phrase] conjonctif. ◇ *n* GRAMM conjonction *f*.
**connect-the-dots** *n* (U) *Am jeu qui consiste à relier des points numérotés pour découvrir un dessin.*
**connexion** [kə'nekʃn] = **connection**.
**conning tower** ['kɒnɪŋ-] *n* [on submarine] kiosque *m* de timonerie; [on warship] centre *m* opérationnel.
**connivance** [kə'naɪvəns] *n pej* connivence *f*; **with the ~ of** OR **in ~ with** de connivence avec.
**connive** [kə'naɪv] *vi pej* [plot] être de connivence; **they ~d together to undermine government policy** ils étaient de connivence pour déstabiliser la politique du gouvernement.
◆ **connive at** *vt insep* **-1.** [ignore] fermer les yeux sur. **-2.** [abet] être complice de.
**conniving** [kə'naɪvɪŋ] *adj pej* malhonnête.
**connoisseur** [ˌkɒnə'sɜːʳ] *n* connaisseur *m*, -euse *f*; **a ~ of fine wine/good literature** un connaisseur en vins/littérature.
**connotation** [ˌkɒnə'teɪʃn] *n* **-1.** [association] connotation *f*; **the name has ~s of quality and expertise** ce nom évoque la qualité et la compétence. **-2.** LING connotation *f*.**-3.** LOGIC implication *f*.
**connote** [kə'nəʊt] *vt* **-1.** *fml* [imply – subj: word, phrase, name] évoquer. **-2.** LING connoter. **-3.** LOGIC impliquer.
**conquer** ['kɒŋkəʳ] *vt* **-1.** [defeat – person, enemy] vaincre. **-2.** [take control of – city, nation] conquérir. **-3.** [master – feelings, habits] surmonter; [– disease, disability] vaincre, surmonter. **-4.** [win over – sb's heart] conquérir; [– audience, public] conquérir, subjuguer.
**conqueror** ['kɒŋkərəʳ] *n* conquérant *m*.
**conquest** ['kɒŋkwest] *n* [of land, person] conquête *f*; **the ~ of space** la conquête de l'espace ‖ [land, person conquered] conquête.
**Conrail**®, **ConRail**® ['kɒnreɪl] *pr n* transport urbain new-yorkais.
**Cons.** *written abbr of* **Conservative**.
**consanguinity** [ˌkɒnsæŋ'gwɪnətɪ] *n* consanguinité *f*.
**conscience** ['kɒnʃəns] *n* **-1.** [moral sense] conscience *f*; **a matter of ~** un cas de conscience; **to have a clear** OR **an easy ~** avoir la conscience tranquille; **my ~ is clear** j'ai la conscience tranquille; **to have a bad** OR **guilty ~** avoir mauvaise conscience; **to have sthg on one's ~** avoir qqch sur la conscience; **in all ~** en toute conscience. **-2.** (U) [scruples] mauvaise conscience *f*, remords *m*, scrupule *m*; **to have no ~ (about doing sthg)** ne pas avoir de scrupules (à faire qqch).
**conscience clause** *n* clause de conscience.
**conscience money** *n* argent *m* restitué *(pour soulager sa conscience).*
**conscience-stricken** *adj* pris de remords; **to be** OR **to look ~** être pris de remords, être la proie des remords.
**conscientious** [ˌkɒnʃɪ'enʃəs] *adj* consciencieux; **she was her usual ~ self** elle était consciencieuse comme toujours.
**conscientiously** [ˌkɒnʃɪ'enʃəslɪ] *adv* consciencieusement.
**conscientiousness** [ˌkɒnʃɪ'enʃəsnɪs] *n* conscience *f*.
**conscientious objector** *n* objecteur *m* de conscience.
**conscious** ['kɒnʃəs] ◇ *adj* **-1.** [aware] conscient; **to be ~ of (doing) sthg** être conscient de (faire) qqch; **to become ~ of sthg** prendre conscience de qqch; **politically ~** politisé. **-2.** [awake] conscient; **to become ~** reprendre connaissance. **-3.** [deliberate – attempt, effort] conscient; [– cruelty, rudeness] intentionnel, délibéré. **-4.** [able to think – being, mind] conscient. ◇ *n* PSYCH: **the ~** le conscient.
**-conscious** *in cpds* conscient de; **clothes~** qui fait attention à sa tenue; **fashion~** qui suit la mode; **age~** conscient de son âge; **health ~** soucieux de sa santé.
**consciously** ['kɒnʃəslɪ] *adv* consciemment, délibérément.
**consciousness** ['kɒnʃəsnɪs] *n* **-1.** [awareness] conscience *f*; **political ~** conscience politique. **-2.** [mentality] conscience *f*; **the national ~** la conscience nationale. **-3.** [state of being

awake] connaissance *f*; **to lose ~** perdre connaissance; **to regain ~** reprendre connaissance.
**conscript** [*vb* kən'skrɪpt, *n & adj* 'kɒnskrɪpt] ◇ *vt* [men, troops] enrôler, recruter; [workers, labourers] recruter. ◇ *n* conscrit *m*, appelé *m*. ◇ *adj* [army] de conscrits.
**conscription** [kən'skrɪpʃn] *n* conscription *f*.
**consecrate** ['kɒnsɪkreɪt] *vt* **-1.** [sanctify – church, building, place] consacrer; [– bread and wine] consacrer; **~d ground** terre *f* sainte OR bénie. **-2.** [ordain – bishop] consacrer, sacrer. **-3.** [dedicate] consacrer, dédier; **to ~ one's life to sthg** consacrer sa vie à qqch. **-4.** [make venerable] consacrer; **a custom ~d by time** une coutume consacrée par l'usage.
**consecration** [ˌkɒnsɪ'kreɪʃn] *n* **-1.** [sanctification] consécration *f*.**-2.** [ordination] sacre *m*.**-3.** [dedication] consécration *f*.**-4.** [veneration] consécration *f*.
**consecutive** [kən'sekjʊtɪv] *adj* **-1.** [successive – days, weeks] consécutif; **for the third ~ day** pour le troisième jour consécutif. **-2.** GRAMM [clause] consécutif.
**consecutively** [kən'sekjʊtɪvlɪ] *adv* consécutivement; **for five years ~** pendant cinq années consécutives; **the sentences to be served ~** JUR avec cumul de peines.
**consensus** [kən'sensəs] ◇ *n* consensus *m*; **they failed to reach a ~ (of opinion)** ils n'ont pas obtenu de consensus (d'opinion); **what is the scientific ~ on the matter?** quelle est l'opinion des scientifiques sur ce sujet? ◇ *comp* [politics] de consensus.
**consent** [kən'sent] ◇ *vi* consentir; **to ~ to (do) sthg** consentir à (faire) qqch. ◇ *n* consentement *m*, accord *m*; **he refused his ~ to a divorce** il a refusé son consentement pour le divorce; **by common ~** d'un commun accord; **by mutual ~** par consentement mutuel; **the age of ~** l'âge *m* nubile.
**consenting adult** [kən'sentɪŋ-] *n* adulte *m* consentant.
**consequence** ['kɒnsɪkwəns] *n* **-1.** [result] conséquence *f*, suite *f*; **as a ~ of** à la suite de; **the policy had terrible ~s for the poor** cette mesure a eu des conséquences terribles pour les pauvres; **in ~ of which** par suite de quoi. **-2.** [importance] conséquence *f*, importance *f*; **a person of no** OR **little ~** une personne sans importance; **a man of ~** un homme important; **it's of no ~** c'est sans conséquence, cela n'a pas d'importance.
◆ **consequences** ◇ *npl* conséquences *fpl*; **to take** OR **to suffer the ~s** accepter OR subir les conséquences; **to face the ~s** faire face aux conséquences. ◇ *n* (U) *Br* GAMES ≈ cadavres *mpl* exquis.
◆ **in consequence** *adv phr* par conséquent.
**consequent** ['kɒnsɪkwənt] *adj fml* consécutif; **~ on** OR **upon** [resulting from] résultant de; [following] consécutif à.
**consequential** [ˌkɒnsɪ'kwenʃl] *adj fml* **-1.** = **consequent**. **-2.** [important – decision] de conséquence, conséquent.
**consequently** ['kɒnsɪkwəntlɪ] *adv* par conséquent, donc.
**conservation** [ˌkɒnsə'veɪʃn] *n* **-1.** [of works of art] préservation *f*.**-2.** [of natural resources] préservation *f*; **nature ~** défense *f* de l'environnement. **-3.** PHYS conservation *f*.
**conservation area** *n* zone *f* protégée.
**conservationist** [ˌkɒnsə'veɪʃənɪst] *n* défenseur *m* de l'environnement.
**conservatism** [kən'sɜːvətɪzm] *n* **-1.** POL = **Conservatism**. **-2.** [traditionalism] conservatisme *m*.
◆ **Conservatism** *n* [policy of Conservative Party] conservatisme *m*.
**conservative** [kən'sɜːvətɪv] ◇ *n* [traditionalist] traditionaliste *mf*, conformiste *mf*. ◇ *adj* **-1.** [traditionalist – views] conformiste. **-2.** [conventional – clothes] conventionnel. **-3.** [modest – estimate] prudent. **-4.** PHYS conservateur.
◆ **Conservative** POL ◇ *n* conservateur *m*, -trice *f*. ◇ *adj* [policy, government, MP] conservateur.
**conservatively** [kən'sɜːvətɪvlɪ] *adv* [dress] de façon conventionnelle.
**Conservative Party** *pr n*: **the ~** le parti conservateur.
**conservatoire** [kən'sɜːvətwɑːʳ] *n* conservatoire *m*.
**conservator** [kən'sɜːvətəʳ] *n* gardien *m*, -enne *f*.
**conservatory** [kən'sɜːvətrɪ] (*pl* **conservatories**) *n* **-1.** [greenhouse] jardin *m* d'hiver. **-2.** = **conservatoire**.
**conserve** [*vb* kən'sɜːv, *n* 'kɒnsɜːv, kən'sɜːv] ◇ *vt* **-1.** [save – energy, resources, battery] économiser; **to ~ one's strength**

ménager ses forces. **-2.** *lit* [preserve – privilege, freedom] protéger, préserver. ◇ *n* confiture *f*; **strawberry** ~ confiture de fraises.

**consider** [kən'sɪdəʳ] ◇ *vt* **-1.** [believe] considérer, estimer, penser; **I've always** ~ed **her (to be) a good friend** je l'ai toujours considérée comme une bonne amie; **she** ~s **it wrong to say such things** elle pense qu'il est mauvais de dire de telles choses; **I** ~ **myself lucky** je m'estime heureux. **-2.** [ponder – problem, offer, possibility] considérer, examiner; **have you ever** ~ed **becoming an actress?** avez-vous jamais songé à devenir actrice?**-3.** [bear in mind – points, facts] prendre en considération; [– costs, difficulties, dangers] tenir compte de; **we got off lightly, when you** ~ **what might have happened** nous nous en sommes bien tirés, quand on pense à ce qui aurait pu arriver; **all things** ~ed tout bien considéré. **-4.** [show regard for – feelings, wishes] tenir compte de; **he has a wife and family to** ~ il a une femme et une famille à prendre en considération. **-5.** [discuss – report, case] examiner, considérer; **she's being** ~ed **for the post of manager** on pense à elle pour le poste de directeur. **-6.** [contemplate – picture, scene] examiner, observer. ◇ *vi* réfléchir.

**considerable** [kən'sɪdrəbl] *adj* considérable; **she showed** ~ **courage** elle a fait preuve de beaucoup de courage; **a** ~ **number of** un nombre considérable de; **to a** ~ **extent** dans une (très) large mesure.

**considerably** [kən'sɪdrəblɪ] *adv* considérablement.

**considerate** [kən'sɪdərət] *adj* [person] prévenant, plein d'égards, aimable; **that's very** ~ **of you** c'est très aimable à vous; **he's always so** ~ **of** OR **towards others** il est toujours si prévenant envers les autres.

**considerately** [kən'sɪdərətlɪ] *adv* avec des égards.

**consideration** [kən,sɪdə'reɪʃn] *n* **-1.** [thought] considération *f*; **the matter needs careful** ~ le sujet demande une attention particulière; **to take sthg into** ~ prendre qqch en considération; **after due** ~ après mûre réflexion. **-2.** [factor] considération *f*, préoccupation *f*. **-3.** [thoughtfulness] égard *m*; **to show** ~ **for sb/sb's feelings** ménager qqn/la sensibilité de qqn; **have you no** ~ **for other people?** n'as-tu donc aucun égard pour les autres?; **she remained silent out of** ~ **for his family** elle se tut par égard pour sa famille. **-4.** [discussion] étude *f*; **the matter is under** ~ l'affaire est à l'étude. **-5.** [importance]: **of no** ~ sans importance. **-6.** *fml* [payment] rémunération *f*, finance *f*.

**considered** [kən'sɪdəd] *adj* **-1.** [reasoned – opinion, manner] bien pesé, mûrement réfléchi; **it's my** ~ **opinion that...** après mûre réflexion, je pense que... **-2.** *fml* [respected – artist, writer] considéré.

**considering** [kən'sɪdərɪŋ] ◇ *conj* étant donné que, vu que; ~ **she'd never played the part before, she did very well** pour quelqu'un qui n'avait jamais tenu ce rôle, elle s'est très bien débrouillée. ◇ *prep* étant donné, vu; ~ **how hard he tried, he did rather poorly** vu tout le mal qu'il s'est donné, c'était plutôt médiocre. ◇ *adv inf* tout compte fait, finalement; **she writes quite well,** ~ elle écrit assez bien, finalement.

**consign** [kən'saɪn] *vt* **-1.** [send – goods] envoyer, expédier. **-2.** [relegate – thing] reléguer; **I** ~ed **his last letter to the rubbish bin** sa dernière lettre s'est retrouvée à la poubelle. **-3.** [entrust – person] confier; **to** ~ **sb to sb** confier qqn à OR aux soins de qqn.

**consignee** [,kɒnsaɪ'niː] *n* consignataire *mf*.

**consigner** [kən'saɪnəʳ] = **consignor**.

**consignment** [kən'saɪnmənt] *n* **-1.** [despatch] envoi *m*, expédition *f*; **goods for** ~ marchandise *f* à expédier; ~ **note** bordereau *m* d'expédition. **-2.** [batch of goods] arrivage *m*, lot *m*.

**consignor** [kən'saɪnəʳ] *n* expéditeur *m*, -trice *f*.

**consist** [kən'sɪst]
◆ **consist of** *vt insep* consister en, se composer de; **the panel** ~s **of five senior lecturers** le jury se compose de cinq maîtres de conférence; **the book** ~s **largely of photos of his family** le livre est constitué surtout de photos de sa famille.
◆ **consist in** *vt insep fml*: **to** ~ **in (doing) sthg** consister à faire qqch OR dans qqch; **the book's success** ~s **largely in its simplicity** le succès du livre réside en grande partie dans sa simplicité.

**consistence** [kən'sɪstəns], **consistency** [kən'sɪstənsɪ] (*pl* **consistences** OR **consistencies**) *n* **-1.** [texture] consistance *f*. **-2.** [coherence – of behaviour, argument] cohérence *f*, logique *f*.

**consistent** [kən'sɪstənt] *adj* **-1.** [constant – opponent, loyalty] constant. **-2.** [steady – growth, improvement] constant. **-3.** [idea, argument, account] cohérent; **his story is not** ~ **with the known facts** son histoire ne correspond pas aux faits.

**consistently** [kən'sɪstəntlɪ] *adv* régulièrement, constamment; **they have won** ~ **throughout the season** ils ont gagné tout au long de la saison.

**consolation** [,kɒnsə'leɪʃn] *n* consolation *f*, réconfort *m*; **if it's any** ~, **the same thing happened to me** si cela peut te consoler, il m'est arrivé la même chose; **she sought** ~ **in music** elle cherchait le réconfort dans la musique; **her children were a great** ~ **to her** ses enfants étaient une grande consolation pour elle.

**consolation prize** *n literal & fig* prix *m* de consolation.

**console** [*vb* kən'səul, *n* 'kɒnsəul] ◇ *vt* consoler; **to** ~ **sb for sthg** (**with** OR **by**) consoler qqn de qqch (avec OR en). ◇ *n* **-1.** [control panel] console *f*, pupitre *m*.**-2.** [cabinet] meuble *m* (*pour téléviseur, chaîne hi-fi*). **-3.** MUS [on organ] console *f*.**-4.** ARCHIT console *f*.

**consolidate** [kən'sɒlɪdeɪt] *vt* **-1.** [reinforce – forces, power] consolider. **-2.** [combine – companies, states] réunir, fusionner; [– funds, loans] consolider.

**consolidated** [kən'sɒlɪdeɪtɪd] *adj* [annuity, loan] consolidé; [in name of company] *désigne une société née de la fusion de deux entreprises*; ~ **accounts** états *mpl* financiers consolidés.

**consolidation** [kən,sɒlɪ'deɪʃn] *n* **-1.** [reinforcement – of power] consolidation *f*; [– of knowledge] consolidation *f*, renforcement *m*.**-2.** [amalgamation – of companies] fusion *f*; [– of funds, loans] consolidation *f*.

**consoling** [kən'səulɪŋ] *adj* [idea, thought] réconfortant.

**consols** ['kɒnsɒlz] *npl Br* fonds *mpl* consolidés.

**consonance** ['kɒnsənəns] *n* **-1.** *fml* [of ideas] accord *m*. **-2.** LITERAT & MUS consonance *f*.

**consonant** ['kɒnsənənt] ◇ *n* consonne *f*. ◇ *adj fml* en accord.

**consonantal** [,kɒnsə'næntl] *adj* consonantique.

**consonant shift** *n* mutation *f* des consonnes.

**consort** [*n* 'kɒnsɔːt, *vb* kən'sɔːt] ◇ *n* **-1.** [spouse] époux *m*, épouse *f*; [of monarch] consort *m*.**-2.** [ship] escorteur *m*. ◇ *vi*: **to** ~ **with sb** fréquenter qqn, frayer avec qqn.

**consortium** [kən'sɔːtjəm] (*pl* **consortiums** OR **consortia** [-tjə]) *n* consortium *m*.

**conspicuous** [kən'spɪkjuəs] *adj* **-1.** [visible – behaviour, hat, person] voyant; **he felt** ~ **in his new hat** il avait l'impression que son nouveau chapeau ne passait pas inaperçu; **to make o.s.** ~ se faire remarquer. **-2.** [obvious – failure, act] manifeste, évident; [– bravery, gallantry] insigne; **to be** ~ **by one's absence** briller par son absence.

**conspicuously** [kən'spɪkjuəslɪ] *adv* **-1.** [visibly – dressed] de façon à se faire remarquer. **-2.** [obviously – successful] de façon remarquable OR évidente.

**conspiracy** [kən'spɪrəsɪ] (*pl* **conspiracies**) ◇ *n* [plotting] conspiration *f*, complot *m*; [plot] complot *m*; **a** ~ **of silence** une conspiration du silence. ◇ *comp*: ~ **theory** thèse *f* du complot.

**conspirator** [kən'spɪrətəʳ] *n* conspirateur *m*, -trice *f*, comploteur *m*, -euse *f*, conjuré *m*, -e *f*.

**conspiratorial** [kən,spɪrə'tɔːrɪəl] *adj* [smile, whisper, wink] de conspirateur; [group] de conspirateurs.

**conspiratorially** [kən,spɪrə'tɔːrɪəlɪ] *adv* [smile, whisper, wink] d'un air de conspiration.

**conspire** [kən'spaɪəʳ] *vi* **-1.** [plot] conspirer; **to** ~ (**with sb**) **to do sthg** comploter OR s'entendre (avec qqn) pour faire qqch; **to** ~ **against sb** conspirer contre qqn. **-2.** [combine – events, the elements] concourir, se conjurer; **to** ~ **to do sthg** concourir à faire qqch; **to** ~ **against sthg** se conjurer contre qqch.

**constable** ['kʌnstəbl] *n* agent *m*, gendarme *m*, sergent *m*; **Constable Jenkins** Sergent Jenkins; **police** ~ agent *m* de police.

**constabulary** [kən'stæbjʊlərɪ] (*pl* **constabularies**) ◇ *n*: the ~ la police, la gendarmerie. ◇ *adj* [duties] de policier.

**Constance** ['kɒnstəns] *pr n*: Lake ~ le lac de Constance.

**constancy** ['kɒnstənsɪ] *n* -**1.** [steadfastness] constance *f*; [of feelings] constance *f*, fidélité *f*.-**2.** [stability - of temperature, light] constance *f*.

**constant** ['kɒnstənt] ◇ *adj* -**1.** [continuous - interruptions, noise, pain] constant, continuel, perpétuel; the entrance is in ~ use il y a un mouvement continuel à l'entrée. -**2.** [unchanging - pressure, temperature] constant. -**3.** [faithful - affection, friend] fidèle, loyal. ◇ *n* [gen, MATH & PHYS] constante *f*.

**Constantine** ['kɒnstəntaɪn] *pr n* -**1.** [emperor] Constantin. -**2.** GEOG Constantine.

**constantly** ['kɒnstəntlɪ] *adv* constamment, sans cesse.

**constellation** [,kɒnstə'leɪʃn] *n* -**1.** [of stars] constellation *f*.-**2.** *fig* [of celebrities] constellation *f*.

**consternation** [,kɒnstə'neɪʃn] *n* consternation *f*; I watched in ~ je regardais avec consternation; the prospect filled me with ~ cette perspective m'a plongé dans la consternation.

**constipated** ['kɒnstɪpeɪtɪd] *adj* constipé.

**constipation** [,kɒnstɪ'peɪʃn] *n* constipation *f*.

**constituency** [kən'stɪtjʊənsɪ] (*pl* **constituencies**) ◇ *n* [area] circonscription *f* électorale; [people] électeurs *mpl*. ◇ *comp* [meeting, organization] local.

**constituent** [kən'stɪtjʊənt] ◇ *adj* -**1.** [component - part, element] constituant, composant. -**2.** POL [assembly, power] constituant. ◇ *n* -**1.** [voter] électeur *m*, -trice *f*.-**2.** [element] élément *m* constitutif.

**constitute** ['kɒnstɪtjuːt] *vt* -**1.** [represent] constituer; what ~s a state of emergency? qu'est-ce que c'est qu'un état d'urgence?; they ~ a threat to the government ils représentent une menace pour le gouvernement. -**2.** [make up] constituer. -**3.** [set up - committee] constituer. -**4.** [appoint - chairman] désigner.

**constitution** [,kɒnstɪ'tjuːʃn] *n* -**1.** POL [statute] constitution *f*; the (United States) Constitution *Am* POL la Constitution. -**2.** [health] constitution *f*; to have a strong/weak ~ avoir une constitution robuste/chétive. -**3.** [structure] composition *f*.

**constitutional** [,kɒnstɪ'tjuːʃənl] ◇ *adj* -**1.** POL constitutionnel; ~ monarchy monarchie constitutionnelle. -**2.** [official - head, privilege] constitutionnel. -**3.** [inherent - weakness] constitutionnel.

**constitutional law** *n* droit *m* constitutionnel.

**constitutionally** [,kɒnstɪ'tjuːʃnəlɪ] *adv* -**1.** POL [act] constitutionnellement. -**2.** [strong, weak] de OR par nature.

**constitutive** [kən'stɪtjʊtɪv] *adj* -**1.** [body, organization] constitutif. -**2.** = **constituent 1**.

**constrain** [kən'streɪn] *vt* -**1.** [force] contraindre, forcer; to ~ sb to do sthg contraindre qqn à faire qqch. -**2.** [limit - feelings, freedom] contraindre, restreindre.

**constrained** [kən'streɪnd] *adj* -**1.** [inhibited] contraint; to feel ~ to do sthg se sentir contraint OR obligé de faire qqch. -**2.** [tense - manner, speech] contraint; [- atmosphere, smile] contraint, gêné.

**constraint** [kən'streɪnt] *n* -**1.** [restriction] contrainte *f*; there are certain ~s on their activities ils subissent certaines contraintes dans leurs activités. -**2.** [pressure] contrainte *f*; to do sthg under ~ agir OR faire qqch sous la contrainte.

**constrict** [kən'strɪkt] *vt* -**1.** [make narrower - blood vessels, throat] resserrer, serrer. -**2.** [hamper - breathing, movement] gêner.

**constricted** [kən'strɪktɪd] *adj* [breathing, movement] gêné, restreint; to feel ~ by sthg *literal & fig* se sentir limité par qqch.

**constricting** [kən'strɪktɪŋ] *adj* [clothes] étroit; *fig* [beliefs, ideology] limité.

**constriction** [kən'strɪkʃn] *n* -**1.** [in chest, throat] constriction *f*.-**2.** [restriction] restriction *f*.

**construct** [*vb* kən'strʌkt, *n* 'kɒnstrʌkt] ◇ *vt* -**1.** [build - bridge, dam, house, road] construire; [- nest, raft] construire, bâtir; to ~ sthg (out) of sthg construire qqch à partir de qqch. -**2.** [formulate - sentence, play] construire; [- system, theory] bâtir. ◇ *n fml* construction *f*.

**construction** [kən'strʌkʃn] ◇ *n* -**1.** [act of building - road, bridge, house] construction *f*; [- machine] construction *f*, réa-

lisation *f*; [- system, theory] construction *f*, élaboration *f*; under ~ en construction; to work in ~ travailler dans le bâtiment. -**2.** [structure] construction *f*, édifice *m*, bâtiment *m*. -**3.** [interpretation] interprétation *f*; to put a wrong ~ on sb's words mal interpréter les paroles de qqn. -**4.** GRAMM construction *f*.-**5.** GEOM construction *f*. ◇ *comp* [site, work] de construction; [worker] du bâtiment; the ~ industry le bâtiment.

**constructive** [kən'strʌktɪv] *adj* [criticism, remark] constructif.

**constructively** [kən'strʌktɪvlɪ] *adv* de manière constructive.

**constructivism** [kən'strʌktɪvɪzm] *n* ART & PHILOS constructivisme *m*.

**constructor** [kən'strʌktər] *n* [of building, road, machine] constructeur *m*; [of system, theory] créateur *m*.

**construe** [kən'struː] *vt* -**1.** [interpret, understand - attitude, statement] interpréter, expliquer; *dated* [Greek, Latin] expliquer. -**2.** [parse - Greek or Latin text] analyser, décomposer.

**consul** ['kɒnsəl] *n* consul *m*.

**consular** ['kɒnsjʊlər] *adj* consulaire.

**consulate** ['kɒnsjʊlət] *n* consulat *m*.

**consult** [kən'sʌlt] ◇ *vt* -**1.** [ask - doctor, expert] consulter; to ~ sb about sthg consulter qqn sur OR au sujet de qqch. -**2.** [consider - person's feelings] prendre en considération. -**3.** [refer to - book, map, watch] consulter. ◇ *vi* consulter, être en consultation; to ~ together over sthg se consulter sur OR au sujet de qqch; to ~ with sb conférer avec qqn.

**consultancy** [kən'sʌltənsɪ] (*pl* **consultancies**) *n* -**1.** [company] cabinet *m* d'expert-conseil. -**2.** [advice] assistance *f* technique; ~ fee honoraires *mpl* d'expert. -**3.** [hospital post] poste *m* de médecin OR chirurgien consultant.

**consultant** [kən'sʌltənt] ◇ *n* -**1.** [doctor - specialist] médecin *m* spécialiste, consultant *m*; [- in charge of department] consultant *m*.-**2.** [expert] expert-conseil *m*, consultant *m*. ◇ *comp* [engineer] conseil (*inv*); MED consultant.

**consultation** [,kɒnsəl'teɪʃn] *n* -**1.** [discussion] consultation *f*, délibération *f*; a matter for ~ un sujet à débattre; in ~ with en consultation OR en concertation avec; to hold ~s about sthg avoir des consultations sur qqch. -**2.** [reference] consultation *f*; the dictionary is designed for easy ~ le dictionnaire a été conçu pour être consulté facilement.

**consultative** [kən'sʌltətɪv] *adj* consultatif.

**consulting** [kən'sʌltɪŋ] *adj* [engineer] conseil (*inv*).

**consulting room** *n* cabinet *m* de consultation.

**consumable** [kən'sjuːməbl] *adj* [substance - by fire] consumable; [foodstuffs] consommable, de consommation.

◆ **consumables** *npl* [food] denrées *fpl* alimentaires, comestibles *mpl*; [hardware] consommables *mpl*.

**consume** [kən'sjuːm] *vt* -**1.** [eat or drink] consommer. -**2.** [use up - energy, fuel] consommer; [- time] dépenser. -**3.** [burn up - subj: fire, flames] consumer; the city was ~d by fire la ville a brûlé; to be ~d with hatred/jealousy *fig* être dévoré par la haine/jalousie.

**consumer** [kən'sjuːmər] ◇ *n* -**1.** [purchaser] consommateur *m*, -trice *f*.-**2.** [user] consommateur *m*, -trice *f*; gas/ electricity ~ abonné *m* au gaz/à l'électricité. ◇ *comp* [advice, protection] du consommateur, des consommateurs; ~ credit crédit *m* à la consommation; ~ durables OR goods biens *mpl* de consommation durables; ~ research étude *f* de marché; ~ spending dépenses *fpl* de consommation.

**consumerism** [kən'sjuːmərɪzm] *n* -**1.** [consumer protection] consumérisme *m*.-**2.** *pej* [consumption] consommation *f* à outrance.

**Consumers' Association** *pr n* association britannique des consommateurs.

**consumer society** *n* société *f* de consommation.

**consuming** [kən'sjuːmɪŋ] *adj* [desire, interest, passion] dévorant.

**consummate** [*adj* kən'sʌmət, *vb* 'kɒnsəmeɪt] ◇ *adj fml* -**1.** [very skilful - artist, musician] consommé, accompli. -**2.** [utter - coward, fool, liar, snob] accompli, parfait, fini. ◇ *vt* [love, marriage] consommer.

**consummation** [,kɒnsə'meɪʃn] *n* -**1.** [of marriage] consommation *f*.-**2.** [culmination - of career, life's work] couronnement *m*.-**3.** [achievement - of ambitions, desires] achèvement *m*.

**consumption** [kən'sʌmpʃn] *n* **-1.** [eating, drinking] consommation *f*; unfit for human ~ non comestible; his words were not intended for public ~ *fig* ses paroles n'étaient pas destinées au public. **-2.** [purchasing] consommation *f*.**-3.** [using up, amount used – of gas, energy, oil] consommation *f*, dépense *f*.**-4.** [tuberculosis] consumption *f* (pulmonaire), phtisie *f*.

**consumptive** [kən'sʌmptɪv] ◇ *adj* [disease, illness] consomptif, destructif. ◇ *n* phtisique *mf*, tuberculeux *m*, -euse *f*.

**cont.** *written abbr of* **continued**.

**contact** ['kɒntækt] ◇ *n* **-1.** [communication] contact *m*, rapport *m*; we don't have much ~ with our neighbours nous n'avons pas beaucoup de contacts avec nos voisins; to be in ~ with sb être en contact OR en rapport avec qqn; to make ~ with sb prendre contact avec qqn. **-2.** [touch] contact *m*; always keep one foot in ~ with the ground gardez toujours un pied au sol; eye ~ contact visuel. **-3.** [person] relation *f*; she has some useful business ~s elle a quelques bons contacts (professionnels). **-4.** ELECTR [connector] contact *m*; [connection] contact *m*; to make/break (the) ~ mettre/couper le contact. **-5.** MED personne ayant approché un malade contagieux. ◇ *comp* **-1.** [contagious – dermatitis] par contact. **-2.** [killing on contact – herbicide, insecticide] par contact. **-3.** [involving physical contact – sport] de contact. **-4.** [maintaining contact]: ~ number numéro où l'on peut contacter qqn. ◇ *vt* prendre contact avec, contacter.

**contactable** [kɒn'tæktəbl] *adj* que l'on peut joindre OR contacter, joignable; I'm ~ at this number on peut me contacter OR m'appeler à ce numéro.

**contact breaker** *n* rupteur *m*, levier *m* de rupture.

**contact lens** *n* verre *m* OR lentille *f* de contact.

**contact print** *n* épreuve *f* par contact.

**contact sport** *n* sport *m* de contact.

**contagion** [kən'teɪdʒn] *n* **-1.** [contamination] contagion *f*.**-2.** [disease] contagion *f*, maladie *f* contagieuse.

**contagious** [kən'teɪdʒəs] *adj literal & fig* contagieux.

**contain** [kən'teɪn] *vt* **-1.** [hold – subj: bag, house, city] contenir. **-2.** [include – subj: pill, substance] contenir; [– subj: book, speech] contenir, comporter; her story does ~ some truth il y a du vrai dans son histoire. **-3.** [restrain – feelings] contenir, cacher; I could barely ~ myself j'avais du mal à me contenir. **-4.** [curb – enemy, growth, riot] contenir, maîtriser. **-5.** [hold back – fire] circonscrire; [– flood waters] contenir, endiguer. **-6.** [limit – damage] limiter. **-7.** MATH être divisible par.

**contained** [kən'teɪnd] *adj* [person] maître de soi.

**container** [kən'teɪnə*] ◇ *n* **-1.** [bottle, box, tin etc] récipient *m*, boîte *f*.**-2.** [for transporting cargo] conteneur *m*, container *m*. ◇ *comp* [port, ship, terminal] porte-conteneurs; [dock, line, transport] pour porte-conteneurs.

**containerize, -ise** [kən'teɪnəraɪz] *vt* [cargo] conteneuriser; convertir à la conteneurisation; [port] conteneuriser.

**containment** [kən'teɪnmənt] *n* **-1.** POL endiguement *m*, freinage *m*, retenue *f*.**-2.** PHYS confinement *m*.

**contaminate** [kən'tæmɪneɪt] *vt* **-1.** [pollute – food, river, water] contaminer; *fig* [corrupt] contaminer, souiller. **-2.** [irradiate – land, person, soil] contaminer.

**contaminated** [kən'tæmɪneɪtɪd] *adj* **-1.** [polluted – food, river, water] contaminé; [– air] contaminé, vicié; *fig* [corrupted] contaminé, corrompu. **-2.** [irradiated – land, person, soil] contaminé.

**contamination** [kən,tæmɪ'neɪʃn] *n* **-1.** [pollution – of food, river, water] contamination *f*; *fig* contamination *f*, corruption *f*.**-2.** [irradiation – of land, person, soil] contamination *f*.

**cont'd, contd** *written abbr of* **continued**.

**contemplate** ['kɒntempleɪt] ◇ *vt* **-1.** [ponder] considérer, réfléchir sur. **-2.** [consider] considérer, envisager; to ~ doing sthg envisager de OR songer à faire qqch. **-3.** [observe] contempler. ◇ *vi* [ponder] méditer, se recueillir. **-2.** [consider] réfléchir.

**contemplation** [,kɒntem'pleɪʃn] *n* **-1.** [thought] réflexion *f*; deep in ~ en pleine réflexion. **-2.** [observation] contemplation *f*.**-3.** [meditation] contemplation *f*, recueillement *m*, méditation *f*.

**contemplative** [kən'templətɪv] ◇ *adj* [look, mood] songeur,

pensif; [life] contemplatif; RELIG [order, prayer] contemplatif. ◇ *n* contemplatif *m*, -ive *f*.

**contemporaneous** [kən,tempə'reɪnjəs] *adj fml* contemporain.

**contemporaneously** [kən,tempə'reɪnjəslɪ] *adv fml* [exist, live] à la même époque.

**contemporary** [kən'tempərərɪ] (*pl* **contemporaries**) ◇ *adj* **-1.** [modern – art, writer] contemporain, d'aujourd'hui; [– design, style] moderne. **-2.** [of the same period – account, report] contemporain; he was ~ with Thackeray il vivait à la même époque que OR il était contemporain de Thackeray. ◇ *n* contemporain *m*, -e *f*; he was a ~ of mine at university nous étions ensemble OR en même temps à l'université.

· **contempt** [kən'tempt] *n* **-1.** [scorn] mépris *m*; to feel ~ for sb/sthg, to hold sb/sthg in ~ mépriser qqn/qqch, avoir du mépris pour qqn/qqch; to be beneath ~ être tout ce qu'il y a de plus méprisable. **-2.** JUR outrage *m*; to charge sb with ~ (of court) accuser qqn d'outrage (à magistrat OR à la Cour).

**contemptible** [kən'temptəbl] *adj* [action, attitude, person] méprisable.

**contemptuous** [kən'temptʃʊəs] *adj fml* [look, manner, remark] dédaigneux, méprisant; to be ~ of sb/sthg dédaigner qqn/qqch, faire peu de cas de qqn/qqch.

**contemptuously** [kən'temptʃʊəslɪ] *adv* [laugh, reject, smile] avec mépris, avec dédain.

**contend** [kən'tend] ◇ *vi* **-1.** [deal]: this is just one of the difficulties we have to ~ with ce n'est que l'une des difficultés auxquelles nous devons faire face; if you do that again, you'll have me to ~ with si tu recommences, tu auras affaire à moi. **-2.** [compete] combattre, lutter; to ~ with sb for over sthg disputer OR contester qqch à qqn. ◇ *vt fml*: to ~ that... soutenir que...

**contender** [kən'tendə*] *n* [in fight] adversaire *mf*; [in race] concurrent *m*, -e *f*; [for title] prétendant *m*, -e *f*; [for political office] candidat *m*, -e *f*.

**contending** [kən'tendɪŋ] *adj* opposé.

**content** [*n senses 1 & 2* 'kɒntent, *n sense 3, adj & vb* kən'tent] ◇ *n* **-1.** [amount contained] teneur *f*; with a high iron ~ avec une forte teneur en fer, riche en fer. **-2.** [substance – of book, film, speech] contenu *m*; [meaning] teneur *f*, fond *m*. **-3.** [satisfaction] contentement *m*, satisfaction *f*. ◇ *adj* content, satisfait; to be ~ to do sthg ne pas demander mieux que de faire qqch; he seems quite ~ with his lot in life il semble assez content de son sort. ◇ *vt*: to ~ oneself with (doing) sthg se contenter de OR se borner à (faire) qqch; my reply seemed to ~ them ils semblaient satisfaits de ma réponse.

◆ **contents** *npl* **-1.** [of bag, bottle, house etc] contenu *m*.**-2.** [of book, letter] contenu *m*; the ~s (list), the list of ~s la table des matières.

**contented** [kən'tentɪd] *adj* [person] content, satisfait; [smile] de contentement, de satisfaction. ·

**contentedly** [kən'tentɪdlɪ] *adv* avec contentement.

**contention** [kən'tenʃn] *n* **-1.** *fml* [belief] affirmation *f*; it is my ~ that... je soutiens que... **-2.** [disagreement] dispute *f*; his morals are not in ~ sa moralité n'est pas ici mise en doute. **-3.** *phr*: to be in ~ for sthg être en compétition pour qqch.

**contentious** [kən'tenʃəs] *adj* **-1.** [controversial – issue, subject] contesté, litigieux. **-2.** [argumentative – family, group, person] querelleur, chicanier. **-3.** JUR contentieux.

**contentment** [kən'tentmənt] *n* contentement *m*, satisfaction *f*.

**content word** ['kɒntent-] *n* LING mot *m* à contenu lexical.

**contest** [*n* 'kɒntest, *vb* kən'test] ◇ *n* **-1.** [competition] concours *m*; beauty ~ concours *m* de beauté. **-2.** [struggle] combat *m*, lutte *f*; a ~ for/between un combat pour/entre. **-3.** SPORT rencontre *f*; [boxing] combat *m*, rencontre *f*; a ~ with/between un combat contre/entre. ◇ *vt* **-1.** [dispute – idea, statement] contester, discuter; to ~ a will contester un testament. **-2.** POL [fight for – election, seat] disputer; SPORT [– match, title] disputer.

**contestant** [kən'testənt] *n* concurrent *m*, -e *f*, adversaire *mf*.

**contestation** [,kɒntes'teɪʃn] *n* contestation *f*.

**context** ['kɒntekst] *n* contexte *m*; in ~ dans son contexte; her comments had been taken out of ~ ses commentaires avaient été retirés de leur contexte.

**contextual** [kɒn'tekstjʊəl] *adj* [criticism] contextuel.

**contextualize**, **-ise** [kɒn'tekstjʊəlaɪz] *vt* [events, facts] contextualiser, remettre dans son contexte.

**contiguous** [kən'tɪgjʊəs] *adj fml* contigu (*f* -ë); to be ~ to OR with sthg être contigu à qqch.

**continence** ['kɒntɪnəns] *n* -1. MED continence *f*.-2. *fml* [chastity] continence *f*, chasteté *f*.

**continent** ['kɒntɪnənt] ◇ *n* GEOG continent *m*. ◇ *adj* -1. MED continent, qui n'est pas incontinent. -2. *fml* [chaste] continent, chaste.

◆ **Continent** *n* Br: the Continent l'Europe *f* continentale; on the Continent en Europe (continentale), outre-Manche.

**continental** [,kɒntɪ'nentl] ◇ *adj* -1. [European] d'outre-Manche, européen, d'Europe continentale. -2. GEOG [crust, divide] continental; ~ Latin America l'Amérique *f* latine continentale; ~ United States Am désigne les 48 États des États-Unis qui forment un bloc géographique (excluant Hawaii et l'Alaska). ◇ *n* Br continental *m*, -e *f*, habitant *m*, -e *f* de l'Europe continentale.

**continental breakfast** *n* petit déjeuner *m* à la française.

**continental drift** *n* dérive *f* des continents.

**continental quilt** *n* couette *f*, duvet *m*.

**continental shelf** *n* plateau *m* continental.

**contingency** [kən'tɪndʒənsɪ] (*pl* contingencies) ◇ *n fml* -1. [possibility] éventualité *f*, contingence *f*. -2. [chance] événement *m* inattendu; [uncertainty] (cas *m*) imprévu *m*, éventualité *f*.-3. [in statistics] contingence *f*. ◇ *comp* [fund] de prévoyance; [plan] d'urgence; [table, coefficient] des imprévus.

◆ **contingencies** *npl* FIN frais *mpl* divers.

**contingency fee** *n* JUR aux États-Unis, principe permettant à un avocat de recevoir une part des sommes attribuées à son client si ce dernier gagne son procès.

**contingent** [kən'tɪndʒənt] ◇ *adj fml* -1. [dependent] contingent; to be ~ on OR upon sthg dépendre de qqch. -2. [accidental] accidentel, fortuit. -3. [uncertain] éventuel. ◇ *n* -1. MIL contingent *m*.-2. [representative group] groupe *m* représentatif.

**continual** [kən'tɪnjʊəl] *adj* -1. [continuous – pain, pleasure, struggle] continuel. -2. [repeated – nagging, warnings] incessant, continuel.

**continually** [kən'tɪnjʊəlɪ] *adv* -1. [continuously – change, evolve] continuellement. -2. [repeatedly – complain, nag, warn] sans cesse.

**continuance** [kən'tɪnjʊəns] *n* -1. [continuation] continuation *f*, persistance *f*, durée *f*.-2. Am JUR ajournement *m* (*d'un procès*).

**continuation** [kən,tɪnjʊ'eɪʃn] *n* -1. [sequel] continuation *f*, suite *f*.-2. [resumption] reprise *f*.-3. [prolongation] prolongement *m*, suite *f*.

**continue** [kən'tɪnjuː] ◇ *vi* -1. [carry on] continuer; to ~ to do sthg OR doing sthg continuer à faire qqch; we ~d on our way nous avons poursuivi notre chemin, nous nous sommes remis en route; to ~ with a treatment continuer un traitement. -2. [begin again] reprendre. ◇ *vt* -1. [carry on – education] poursuivre, continuer; [– tradition] perpétuer, continuer; [– treatment] continuer. -2. [resume – conversation, performance, talks] reprendre, continuer; to be ~d à suivre; ~d on the next page suite à la page suivante.

**continuity** [,kɒntɪ'njuːətɪ] (*pl* continuities) ◇ *n* -1. [cohesion] continuité *f*.-2. CIN & TV continuité *f*. ◇ *comp* [department, studio] pour raccords.

**continuity girl** *n* scripte *f*.

**continuous** [kən'tɪnjʊəs] *adj* -1. [uninterrupted – noise, process] continu, ininterrompu; ~ assessment contrôle *m* continu; ~ performances CIN spectacle *m* permanent; ~ stationery papier *m* en continu. -2. [unbroken – line] continu. -3. GRAMM [tense] continu.

**continuously** [kən'tɪnjʊəslɪ] *adv* continuellement, sans arrêt.

**continuum** [kən'tɪnjʊəm] (*pl* continuums OR continua [-njʊə]) *n* continuum *m*.

**contort** [kən'tɔːt] *vt* [body, features] tordre.

**contorted** [kən'tɔːtɪd] *adj* [body, features] tordu, crispé.

**contortion** [kən'tɔːʃn] *n* [of body, features] contorsion *f*, convulsion *f*, crispation *f*.

**contortionist** [kən'tɔːʃənɪst] *n* contorsionniste *mf*, homme *m* caoutchouc.

**contour** ['kɒn,tʊər] ◇ *n* -1. [line] contour *m*.-2. = contour line. -3. [shape – of body, car] contour *m*. ◇ *vt* -1. [map] tracer les courbes de niveaux sur. -2. [shape – dress, car] tracer les contours de.

**contour line** *n* courbe *f* de niveau.

**contour map** *n* carte *f* topographique.

**contraband** ['kɒntrəbænd] ◇ *n* (U) -1. [smuggling] contrebande *f*.-2. [smuggled goods] (marchandises *fpl* de) contrebande *f*. ◇ *adj* [activities, goods] de contrebande.

**contraception** [,kɒntrə'sepʃn] *n* contraception *f*.

**contraceptive** [,kɒntrə'septɪv] ◇ *n* contraceptif *m*; ~ pill pilule *f* contraceptive. ◇ *adj* [device, method] contraceptif.

**contract** [*n* 'kɒntrækt, *vb* kən'trækt] ◇ *n* -1. [agreement] contrat *m*, convention *f*; [document] contrat *m*; to be under ~ être sous contrat, avoir un contrat; to put work out to ~ sous-traiter du travail; to put out a ~ on sb *inf* mettre la tête de qqn à prix ❑ marriage ~ contrat de mariage; ~ of employment contrat de travail. ◇ *comp* [work] à forfait, contractuel; ~ killer tueur *m* à gages. ◇ *vt* -1. *fml* [agree]: to ~ (with sb) to do sthg s'engager par contrat à faire qqch. -2. *fml* [agree to – alliance, marriage] contracter. -3. [acquire – disease, illness, debt] contracter. -4. [make shorter – vowel, word] contracter. -5. [make tense – muscle] contracter. ◇ *vi* se contracter.

◆ **contract in** *vi insep* Br s'engager (par contrat préalable).

◆ **contract out** ◇ *vt sep* [work] sous-traiter. ◇ *vi insep* Br: to ~ out of sthg cesser de cotiser à qqch.

**contract bridge** *n* bridge *m* contrat.

**contraction** [kən'trækʃn] *n* -1. [shrinkage – of metal] contraction *f*.-2. [short form of word] contraction *f*; forme *f* contractée. -3. [of muscle – esp in childbirth] contraction *f*.

**contractor** [kən'træktər] *n* [worker] entrepreneur *m*.

**contractual** [kən'træktʃʊəl] *adj* [agreement, obligation] contractuel.

**contractually** [kən'træktʃʊəlɪ] *adv* [binding] par contrat.

**contradict** [,kɒntrə'dɪkt] *vt* -1. [challenge – person, statement] contredire. -2. [conflict with – subj: facts, stories] contredire.

**contradiction** [,kɒntrə'dɪkʃn] *n* -1. [inconsistency] contradiction *f*; in ~ with en désaccord avec. -2. [conflicting statement] démenti *m*, contradiction *f*; a ~ in terms une contradiction dans les termes.

**contradictory** [,kɒntrə'dɪktərɪ] *adj* [statements, stories] contradictoire, opposé; [person] qui a l'esprit de contradiction.

**contradistinction** [,kɒntrədɪ'stɪŋkʃn] *n fml* opposition *f*, contraste *m*.

**contraflow** ['kɒntrəfləʊ] Br ◇ *n* circulation *f* à contre-courant. ◇ *comp* [system] de circulation *f* à contre-courant.

**contraindication** ['kɒntrə,ɪndɪ'keɪʃn] *n* contre-indication *f*.

**contralto** [kən'træltəʊ] (*pl* contraltos) ◇ *n* [voice] contralto *m*; [singer] contralto *mf*. ◇ *adj* [part, voice] de contralto.

**contraption** [kən'træpʃn] *n* engin *m*, truc *m*.

**contrariness** [kən'treərɪnɪs] *n* [obstinacy] esprit *m* de contradiction.

**contrary** ['kɒntrərɪ, *adj sense 2* kən'treərɪ] *adj* -1. [opposed – attitudes, ideas, opinions] contraire, en opposition; ~ to nature contre nature. -2. [obstinate – attitude, person] contrariant. -3. *fml* [winds] contraire.

◆ **contrary to** *prep phr* contrairement à; ~ to popular belief contrairement à ce que l'on croit généralement.

◆ **on the contrary** *adv phr* au contraire.

◆ **to the contrary** *adv phr*: the meeting will be at six, unless you hear to the ~ la réunion sera à six heures, sauf contrordre or avis contraire.

**contrast** [*vb* kən'trɑːst, *n* 'kɒntrɑːst] ◇ *vt* contraster, mettre en contraste; to ~ sb/sthg with, to ~ sb/sthg to mettre en contraste qqn/qqch avec. ◇ *vi* contraster, trancher; to ~ with sthg contraster avec qqch. ◇ *n* -1. [difference] contraste *m*; [person, thing] contraste *m*; there is a marked ~ between his public and his private life il y a un contraste frappant entre sa vie d'homme public et sa vie privée; life in Africa was a complete ~ to life in Europe la vie en Afrique présentait un contraste total avec la vie en Europe; her response was in stark ~ to the government's sa réponse était en contraste absolu avec celle du gouvernement. **-2.** ART & TV contraste *m*.

◆ **by contrast, in contrast** *adv phr* par contraste.

◆ **in contrast with, in contrast to** *prep phr* par opposition à, par contraste avec.

**contrasting** [kən'trɑːstɪŋ], **contrastive** [kən'trɑːstɪv] *adj* [attitudes, lifestyles, responses] qui fait contraste; [colours] opposé, contrasté.

**contravene** [ˌkɒntrə'viːn] *vt* [infringe – law, rule] transgresser, enfreindre, violer.

**contravention** [ˌkɒntrə'venʃn] *n* infraction *f*, violation *f*; in ~ of the law en infraction par rapport à la loi.

**contribute** [kən'trɪbjuːt] ◇ *vt* [give – money] donner; [– article, poem] écrire; [– ideas] apporter. ◇ *vi* **-1.** [donate money] contribuer. **-2.** [give] donner; she still has a lot to ~ to her family elle a encore beaucoup à apporter à sa famille. **-3.** [influence]: to ~ to sthg contribuer à qqch; alcohol abuse was a contributing factor to his death/dismissal son alcoolisme a contribué à sa mort/à le faire licencier. **-4.** [journalist, author]: to ~ to écrire pour.

**contributing** [kən'trɪbjuːtɪŋ] *adj*: to be a ~ factor in OR to contribuer à.

**contribution** [ˌkɒntrɪ'bjuːʃn] *n* **-1.** [of money, goods] contribution *f*, cotisation *f*; [of ideas, enthusiasm] apport *m*; he made a valuable ~ to the project il a apporté une collaboration précieuse au projet. **-2.** [article] article *m* (*écrit pour un journal*).

**contributor** [kən'trɪbjʊtəʳ] *n* **-1.** [of money, goods] donateur *m*, -trice *f*. **-2.** [to magazine] collaborateur *m*, -trice *f*. **-3.** [factor] facteur *m*.

**contributory** [kən'trɪbjʊtərɪ] (*pl* **contributories**) ◇ *adj* [cause, factor] contribuant, qui contribue; ~ **pension scheme** régime *m* de retraite (*avec participation de l'assuré*). ◇ *n* FIN *actionnaire qui doit contribuer au paiement des dettes.*

**contrite** ['kɒntraɪt] *adj* [face, look] contrit, repentant.

**contrition** [kən'trɪʃn] *n* contrition *f*, pénitence *f*.

**contrivance** [kən'traɪvns] *n* **-1.** [contraption] dispositif *m*, mécanisme *m*. **-2.** [stratagem] manigance *f*.

**contrive** [kən'traɪv] ◇ *vt* **-1.** [engineer – meeting] combiner. **-2.** [invent – device, machine] inventer, imaginer. ◇ *vi*: to ~ to do sthg trouver le moyen de faire qqch.

**contrived** [kən'traɪvd] *adj* **-1.** [deliberate] délibéré, arrangé. **-2.** [artificial] forcé, peu naturel.

**control** [kən'trəʊl] ◇ *n* **-1.** [of country, organization] direction *f*; [of car, machine] contrôle *m*; [of one's life] maîtrise *f*; [of oneself] maîtrise *f* (de soi); SPORT [of ball] contrôle *m*; to have ~ of OR over sb avoir de l'autorité sur qqn; to have ~ of OR over sthg avoir le contrôle de qqch; to gain ~ of sthg prendre le contrôle de qqch; to be in ~ of sthg être maître de qqch; to lose ~ of sthg [of car] perdre le contrôle de qqch; [of situation] ne plus être maître de qqch; under ~: the situation is under ~ nous maîtrisons la situation; everything's under ~ tout va bien, aucun problème, tout est au point; to keep sthg under ~ maîtriser qqch; dogs must be kept under ~ les chiens doivent être tenus en laisse; beyond OR outside one's ~ indépendant de sa volonté; out of ~: the fire was out of ~ on n'arrivait pas à maîtriser l'incendie; the crowd got out of ~ la foule s'est déchaînée; her children are completely out of ~ ses enfants sont intenables. **-2.** [check] contrôle *m*. **-3.** [device]: volume ~ réglage *m* du volume; ~s [on car, aircraft, machine] commandes *fpl*; the pilot was at the ~s/took over the ~s le pilote était aux commandes/a pris les commandes. **-4.** [in experiment] témoin *m*. **-5.** [checkpoint – at border] douane *f*; [– in car rally] contrôle *m*; **passport and custom** ~s formalités *fpl* de douane. **-6.** [restraint] contrôle *m*; **price/wage** ~s contrôle des prix/des salaires. ◇ *comp* [button, knob, switch] de commande, de réglage. ◇ *vt* **-1.** [run – government, organization] diriger. **-2.** [regulate – machine, system] régler; [– animal] tenir, se faire obéir de; [– crowd, immigration, traffic] contrôler. **-3.** [curb – inflation, prices, spending, fire] maîtriser; [– disease] enrayer, juguler; [– activities, emotions] maîtriser. **-4.** [verify – accounts] contrôler; [– experiment] vérifier.

**control code** *n* COMPUT code *m* de commande.

**control column** *n* manche *m* à balai.

**control experiment** *n* cas *m* témoin.

**control group** *n* groupe *m* témoin.

**control key** *n* touche *f* «control».

**controllable** [kən'trəʊləbl] *adj* [animal, person, crowd] discipliné; [emotions, situation] maîtrisable; [expenditure, inflation] contrôlable.

**controlled** [kən'trəʊld] *adj* **-1.** [emotions, voice] contenu; [person] calme. **-2.** ECON: ~ **economy** économie *f* dirigée OR planifiée. **-3.** [directed]: ~ **explosion** neutralisation *f* (*d'un explosif*).

**controller** [kən'trəʊləʳ] *n* **-1.** [person in charge] responsable *m*. **-2.** [accountant] contrôleur *m*.

**controlling** [kən'trəʊlɪŋ] *adj* [factor] déterminant.

**controlling interest** *n* participation *f* majoritaire.

**control panel** *n* tableau *m* de bord.

**control rod** *n* NUCL barre *f* de commande.

**control room** *n* salle *f* des commandes, centre *m* de contrôle.

**control tower** *n* tour *f* de contrôle.

**controversial** [ˌkɒntrə'vɜːʃl] *adj* [book, film, issue, subject] controversé; [decision, speech] sujet à controverse; [person] controversé.

**controversy** ['kɒntrəvɜːsɪ, *Br* kən'trɒvəsɪ] *n* controverse *f*, polémique *f*; her speech caused a lot of ~ son discours a provoqué beaucoup de controverses.

**contumacy** ['kɒntjuməsɪ] *n* **-1.** *lit* [disobedience] insubordination *f*. JUR contumace *f*.

**contumely** ['kɒntjuːmlɪ] *n lit* [language] insolence *f*; [insult] offense *f*.

**contusion** [kən'tjuːʒn] *n fml* contusion *f*.

**conundrum** [kə'nʌndrəm] *n* **-1.** [riddle] devinette *f*, énigme *f*. **-2.** [problem] énigme *f*.

**conurbation** [ˌkɒnɜː'beɪʃn] *n* conurbation *f*.

**convalesce** [ˌkɒnvə'les] *vi* se remettre (*d'une maladie*); she's convalescing (from a bad bout of flu) elle se remet (d'une mauvaise grippe).

**convalescence** [ˌkɒnvə'lesns] *n* [return to health] rétablissement *m*; [period of recovery] convalescence *f*.

**convalescent** [ˌkɒnvə'lesnt] ◇ *n* convalescent *m*, -e *f*. ◇ *adj*: ~ **home** maison *f* de convalescence OR de repos.

**convection** [kən'vekʃn] ◇ *n* GEOL, METEOR & PHYS convection *f*. ◇ *comp* [heater, heating] à convection; [current] de convection.

**convector (heater)** [kən'vektəʳ-] *n* radiateur *m* à convection, convecteur *m*.

**convene** [kən'viːn] ◇ *vt* [conference, meeting] convoquer. ◇ *vi* [board, jury, members] se réunir.

**convener** [kən'viːnəʳ] *n* **-1.** *Br* [in trade union] secrétaire des délégués syndicaux. **-2.** [of meeting] président *m*, -e *f*.

**convenience** [kən'viːnjəns] *n* **-1.** [ease of use] commodité *f*; [benefit] avantage *m*; for ~ OR for ~'s sake par commodité; at your earliest ~ *fml* dès que possible; at your ~ quand cela vous conviendra. **-2.** [facility] commodités *fpl*, confort *m*; the house has every modern ~ la maison a tout le confort moderne. **-3.** *Br fml* & *euph* [lavatory] toilettes *fpl*; public ~s toilettes publiques.

**convenience food** *n* aliment *m* prêt à consommer, plat *m* cuisiné.

**convenience store** *n Am* supérette de quartier qui reste ouverte tard le soir.

**convenient** [kən'viːnjənt] *adj* **-1.** [suitable] commode; when would be ~ for you? quand cela vous arrangerait-il? **-2.** [handy] pratique; the house is very ~ for local shops and schools la maison est très bien située pour les magasins et les écoles. **-3.** [nearby]: I grabbed a ~ chair and sat down j'ai saisi la chaise la plus proche et me suis assis.

**conveniently** [kən'viːnjəntlɪ] *adv*: the cottage is ~ situated for the beach le cottage est bien situé pour la plage; they very ~ forgot to enclose the cheque comme par hasard, ils ont oublié de joindre le chèque.

**convening** [kən'viːnɪŋ] ◇ *adj* [authority, country] habilité à convoquer, hôte. ◇ *n* convocation *f*.

**convent** ['kɒnvənt] ◇ *n* **-1.** RELIG couvent *m*; to enter a ~ entrer au couvent. **-2.** [convent school] institution *f* religieuse. ◇ *comp* [education, school] religieux.

**convention** [kən'venʃn] *n* **-1.** *(U)* [custom] usage *m*, convenances *fpl*; **to defy** ~ braver les usages. **-2.** [agreement] convention *f*; **to sign a** ~ **on sthg** signer une convention sur qqch. **-3.** [meeting] convention *f*. **-4.** [accepted usage] convention.

**conventional** [kən'venʃənl] *adj* **-1.** [behaviour, ideas] conventionnel; [person] conformiste; ~ **wisdom** sagesse *f* populaire; ~ **wisdom has it that...** d'aucuns disent que... **-2.** [medicine, methods, art] classique, traditionnel. **-3.** [non-nuclear] conventionnel.

**conventionally** [kən'venʃnəlı] *adv* de façon conventionnelle.

**convention centre** *n* palais *m* des congrès.

**converge** [kən'vɜːdʒ] *vi* **-1.** [merge – paths, lines] converger; [– groups, ideas, tendencies] converger. **-2.** [groups, people] se rassembler; **thousands of fans** ~**d on the stadium** des milliers de fans se sont rassemblés sur le stade. **-3.** MATH converger.

**convergence** [kən'vɜːdʒəns] *n* [of paths, ideas] convergence *f*.

**convergent** [kən'vɜːdʒənt] *adj* **-1.** [paths, tendencies] convergent. **-2.** MATH convergent.

**conversant** [kən'vɜːsənt] *adj fml* qui est au courant, qui connaît; **we were expected to be fully** ~ **with colloquial French** nous étions censés avoir une connaissance parfaite du français familier.

**conversation** [ˌkɒnvə'seɪʃn] *n* conversation *f*; **we had a long** ~ **about fishing** nous avons eu une longue conversation sur la pêche; **she was deep in** ~ **with my sister** elle était en grande conversation avec ma sœur; **to get into** ~ **with sb** engager la conversation avec qqn; **to make** ~ faire la conversation ❑ **that's a** ~ **stopper!** ça jette toujours un froid dans la conversation!

**conversational** [ˌkɒnvə'seɪʃənl] *adj* [tone, voice] de la conversation; ~ **Spanish** espagnol courant.

**conversationalist** [ˌkɒnvə'seɪʃnəlɪst] *n* causeur *m*, -euse *f*; **he's a brilliant** ~ il brille dans la conversation.

**conversationally** [ˌkɒnvə'seɪʃnəlı] *adv* [mention, say] sur le ton de la conversation.

**conversation piece** *n* **-1.** [unusual object] curiosité *f*. **-2.** [play] *pièce au dialogue brillant*.

**converse** [*vb* kən'vɜːs, *n* & *adj* 'kɒnvɜːs] ❖ *vi fml* converser; **to** ~ **with sb** s'entretenir avec qqn. ❖ *adj* [opinion, statement] contraire. ❖ *n* **-1.** [gen] contraire *m*, inverse *m*. **-2.** MATH & PHILOS inverse *m*. **-3.** *fml or lit* conversation *f*, entretien *m*.

**conversely** [kən'vɜːslı] *adv* inversement, réciproquement.

**conversion** [kən'vɜːʃn] *n* **-1.** [process] conversion *f*, transformation *f*. **-2.** MATH conversion *f*. **-3.** [change of beliefs] conversion *f*. **-4.** RUGBY transformation *f*. **-5.** [converted building] *appartement aménagé dans un ancien hôtel particulier, entrepôt, atelier etc*. **-6.** JUR conversion *f*.

**conversion table** *n* table *f* de conversion.

**convert** [*vb* kən'vɜːt, *n* 'kɒnvɜːt] ❖ *vt* **-1.** [building, car] aménager, convertir; [machine] transformer; **to** ~ **sthg to** OR **into sthg** transformer OR convertir qqch en qqch. **-2.** MATH convertir; **to** ~ **pesetas into pounds** [as calculation] convertir des pesetas en livres; [by exchanging money] changer des pesetas en livres. **-3.** RELIG convertir; **to** ~ **sb to sthg** convertir qqn à qqch. **-4.** RUGBY transformer. **-5.** JUR convertir. **-6.** FIN [bond] convertir. ❖ *vi* **-1.** [vehicle, machine] se convertir. **-2.** [in rugby] se transformer. ❖ *n* converti *m*, -e *f*; **she's a** ~ **to Catholicism** c'est une catholique convertie.

**converted** [kən'vɜːtɪd] *adj* [factory, farmhouse, school] aménagé, transformé.

**converter** [kən'vɜːtə<sup>r</sup>] *n* METALL & PHYS convertisseur *m*; RADIO modulateur *m* de fréquence; COMPUT convertisseur *m*.

**convertible** [kən'vɜːtəbl] ❖ *adj* [currency] convertible; [car, machine, couch] convertible. ❖ *n* AUT décapotable *f*.

**convertor** [kən'vɜːtə<sup>r</sup>] = **converter**.

**convex** [kɒn'veks] *adj* [lens, surface] convexe.

**convey** [kən'veɪ] *vt* **-1.** *fml* [transport] transporter. **-2.** [communicate] transmettre; **I tried to** ~ **to him the importance of the decision** j'ai essayé de lui faire comprendre l'importance de la décision; **no words can** ~ **my gratitude** aucun mot ne peut traduire ma gratitude. **-3.** JUR transférer.

**conveyance** [kən'veɪəns] *n* **-1.** [transport] transport *m*. **-2.** *dated* [vehicle] véhicule *m*. **-3.** JUR [transfer of property] cession *f*, transfert *m*; [document] acte *m* de cession.

**conveyancing** [kən'veɪənsɪŋ] *n Br* JUR procédure *f* translative (de propriété).

**conveyor** [kən'veɪə<sup>r</sup>] *n* **-1.** [transporter] transporteur *m*. **-2.** = **conveyor belt**.

**conveyor belt** *n* tapis *m* roulant.

**convict** [*vb* kən'vɪkt, *n* 'kɒnvɪkt] ❖ *vt* déclarer OR reconnaître coupable; **to** ~ **sb of** OR **for sthg** déclarer OR reconnaître qqn coupable de qqch. ❖ *n* détenu *m*, -e *f*. ❖ *vi* rendre un verdict de culpabilité.

**convicted** [kən'vɪktɪd] *adj* [criminal] reconnu coupable.

**conviction** [kən'vɪkʃn] *n* **-1.** [belief] conviction *f*. **-2.** [certainty] certitude *f*, conviction *f*. **-3.** [plausibility]: **the theory carries little** ~ la théorie est peu convaincante. **-4.** JUR condamnation *f*; **she has several previous** ~**s** elle a déjà été condamnée plusieurs fois.

**convince** [kən'vɪns] *vt* convaincre, persuader; **to** ~ **sb of sthg** convaincre OR persuader qqn de qqch; **to** ~ **sb to do sthg** convaincre OR persuader qqn de faire qqch.

**convinced** [kən'vɪnst] *adj* convaincu; **to be** ~ **of sthg** être convaincu de qqch.

**convincing** [kən'vɪnsɪŋ] *adj* [argument, person] convaincant; [victory, win] décisif, éclatant.

**convincingly** [kən'vɪnsɪŋlı] *adv* [argue, speak, pretend] de façon convaincante; [beat, win] de façon éclatante.

**convivial** [kən'vɪvɪəl] *adj* [atmosphere, lunch] convivial, joyeux; [manner, person] joyeux, plein d'entrain.

**convocation** [ˌkɒnvə'keɪʃn] *n* **-1.** [summoning] convocation *f*. **-2.** [meeting] assemblée *f*; RELIG synode *m*.

**convoke** [kən'vəʊk] *vt* [assembly, meeting] convoquer.

**convoluted** ['kɒnvəluːtɪd] *adj* [shape] convoluté; [prose, reasoning, sentence] alambiqué.

**convoy** ['kɒnvɔɪ] ❖ *n* convoi *m*; **to travel in** ~ voyager en convoi. ❖ *vt* convoyer, escorter.

**convulsant** [kən'vʌlsənt] ❖ *adj* [drug] convulsivant. ❖ *n* convulsivant *m*.

**convulse** [kən'vʌls] *vi* [face, lungs, muscle] se convulser, se contracter, se crisper.

**convulsed** [kən'vʌlst] *adj*: **he was** ~ **with pain** il se tordait de douleur; **the audience were** ~ **with laughter** l'auditoire se tordait de rire.

**convulsion** [kən'vʌlʃn] *n* **-1.** MED convulsion *f*; **to have** ~**s** avoir des convulsions. **-2.** [revolution, war] bouleversement *m*; [earthquake] secousse *f*.

**convulsive** [kən'vʌlsɪv] *adj* convulsif.

**cony** ['kəʊnı] (*pl* **conies**) *n* [rabbit] lapin *m*; [rabbit fur] lapin *m*.

**coo** [kuː] (*pl* **coos**) ❖ *n* roucoulement *m*. ❖ *vi* [pigeon] roucouler; [baby, person] babiller, gazouiller. ❖ *interj inf*: ~! ça alors!

**cooee, cooey** ['kuːı] *interj inf*: ~! coucou!

**cooing** ['kuːɪŋ] *n* [of pigeon] roucoulement *m*; [of baby, person] gazouillement *m*.

**cook** [kʊk] ❖ *n* cuisinier *m*, -ère *f*; **too many** ~**s spoil the broth** *prov* trop de cuisinières gâtent la sauce. ❖ *vt* **-1.** [food, meal] cuisiner, cuire; **to** ~ **sb's goose** *inf* mettre qqn dans le pétrin. **-2.** *Br inf* [fiddle – accounts, books] truquer. ❖ *vi* [person] cuisiner; [food] cuire; **it** ~**s in five minutes** ça cuit en cinq minutes.

◆ **cook up** *vt sep inf* [plan] mijoter; [excuse, story] inventer.

**cookbook** ['kʊkbʊk] *n* livre *m* de cuisine.

**cooked** [kʊkt] *adj* [food, meat] cuit; ~ **breakfast** *Br* petit déjeuner *m* anglais.

**cooker** ['kʊkə<sup>r</sup>] *n Br* [stove] cuisinière *f*.

**cookery** ['kʊkərı] *n* cuisine *f*.

**cookery book** *n Br* livre *m* de cuisine.

**cookie** ['kʊkı] *n* **-1.** *Am* biscuit *m*. **-2.** *phr*: **that's the way the** ~ **crumbles!** c'est la vie!

**cooking** ['kʊkɪŋ] ❖ *n* [activity] cuisine *f*; [food] cuisine *f*; ~ **time** temps *m* de cuisson. ❖ *comp* [oil, sherry] de cuisine; [apple] à cuire.

**cookout** ['kʊkaʊt] *n Am* barbecue *m*.

**cool** [kuːl] ❖ *adj* **-1.** [in temperature – breeze, room, weather] frais (*f* fraîche); [– drink, water] rafraîchissant, frais (*f* fraîche); [– clothes, material] léger. **-2.** [of colour – blue, green] clair. **-3.** [calm – person, manner, voice] calme; **keep** ~! *inf* du calme!; a ~ **customer** *inf* une personne effrontée OR qui a du culot ❑ to be OR to look as ~ as a cucumber garder son sang-froid OR calme. **-4.** [unfriendly – person, greeting, welcome] froid. **-5.** *inf* [of sum of money] coquet, rondelet. **-6.** *inf* [great] génial, super. ◇ *n* **-1.** [coolness] fraîcheur *f*.**-2.** [calm] calme *m*, sang-froid *m*; to keep/to lose one's ~ garder/perdre son calme. ◇ *vt* [air, liquid, room] rafraîchir, refroidir; [brow, feet] rafraîchir; to ~ one's heels faire le pied de grue. ◇ *vi* [food, liquid] (se) refroidir; [enthusiasm, passion, temper] s'apaiser, se calmer.

◆ **cool down** ◇ *vi insep* **-1.** [machine] se refroidir; *fig* [situation] se détendre. **-2.** [person] se calmer. ◇ *vt sep* [person] calmer; [situation] calmer, détendre.

◆ **cool off** *vi insep* [person – become calmer] se calmer.

**coolant** ['ku:lənt] *n* (fluide *m*) caloporteur *m*.

**coolbox** ['ku:lbɒks] *n* glacière *f*.

**cooler** ['ku:lər] *n* **-1.** [for food] glacière *f*.**-2.** *inf* [prison] taule *f*.**-3.** [drink] rafraîchissement *m*.

**cooling** ['ku:lɪŋ] *n* [in temperature] rafraîchissement *m*, refroidissement *m*; [in relationships] refroidissement *m*.

**cooling-off period** *n* **-1.** [in dispute] moment *m* de répit. **-2.** [after purchase] délai *m* de réflexion.

**cooling system** *n* système *m* de refroidissement.

**cooling tower** *n* refroidisseur *m*.

**coolly** ['ku:lɪ] *adv* **-1.** [calmly – react, respond] calmement. **-2.** [without enthusiasm – greet, welcome] froidement. **-3.** [impertinently – behave, say] avec impertinence.

**coolness** ['ku:lnɪs] *n* **-1.** [in temperature – of air, water, weather] fraîcheur *f*; [– of clothes] légèreté *f*.**-2.** [calmness] calme *m*, sang-froid *m*.**-3.** [lack of enthusiasm] flegme *m*.**-4.** [impertinence] culot *m*, toupet *m*.

**coon** [ku:n] *n* **-1.** *inf* = **raccoon**. **-2.** ▼ *terme raciste désignant un Noir*, ≃ nègre *m*, ≃ négresse *f*.

**coop** [ku:p] *n* poulailler *m*.

◆ **coop up** *vt sep* [animal, person, prisoner] enfermer.

**co-op** ['kəʊ,ɒp] (*abbr of* **co-operative society**) *n* coopérative *f*, coop *f*.

◆ **Co-op** *n Br*: the Co-op la Coop.

**cooper** ['ku:pər] *n* tonnelier *m*.

**cooperate** [kəʊ'ɒpəreɪt] *vi* **-1.** [work together] collaborer, coopérer; to ~ with sb collaborer avec qqn. **-2.** [be willing to help] se montrer coopératif.

**cooperation** [kəʊˌɒpə'reɪʃn] *n* **-1.** [collaboration] coopération *f*, concours *m*; in ~ with OR with the ~ of sb avec la coopération OR le concours de qqn. **-2.** [willingness to help] coopération *f*.

**cooperative** [kəʊ'ɒpərətɪv] ◇ *adj* **-1.** [joint – activity, work] coopératif. **-2.** [helpful – attitude, person] coopératif. ◇ *n* coopérative *f*.

**co-opt** *vt* coopter, admettre; to be ~ed into OR onto sthg être coopté à qqch.

**coordinate** [*n, adj* kəʊ'ɔ:dɪnət, *vt* kəʊ'ɔ:dɪneɪt] ◇ *vt* coordonner. ◇ *n* MATH coordonnée *f*. ◇ *adj* GRAMM & MATH coordonné; ~ **clause** proposition *f* coordonnée; ~ **geometry** géométrie *f* analytique.

◆ **coordinates** *npl* coordonnés *mpl*.

**coordinating** [kəʊ'ɔ:dɪneɪtɪŋ] *adj* [body, officer] de coordination; ~ **conjunction** conjonction *f* de coordination.

**coordination** [kəʊ,ɔ:dɪ'neɪʃn] *n* coordination *f*.

**coordinator** [kəʊ'ɔ:dɪneɪtər] *n* coordinateur *m*, coordonnateur *m*.

**coot** [ku:t] *n* [bird] foulque *f*.

**co-owner** *n* copropriétaire *mf*.

**co-ownership** *n* copropriété *f*.

**cop** [kɒp] (*pt & pp* **copped**, *cont* **copping**) *inf* ◇ *n* **-1.** [policeman] flic *m*; to play ~s and robbers jouer aux gendarmes et aux voleurs. **-2.** *Br* [arrest] arrestation *f*; it's a fair ~! je suis fait!.**-3.** *Br phr*: it's not much ~ c'est pas terrible. ◇ *vt* attraper, empoigner; you'll ~ it if he finds out! qu'est-ce que tu vas prendre s'il s'en rend compte!

◆ **cop out** *vi insep inf* se défiler; to ~ out of sthg réussir à échapper à qqch.

**copartner** [,kəʊ'pɑ:tnər] *n* coassocié *m*, -e *f*.

**cope** [kəʊp] ◇ *vi* [person] se débrouiller, s'en sortir; [business, machine, system] supporter; I can't ~ anymore je n'en peux plus; I'll just have to ~ with the problems as they arise il faudra que je m'occupe des problèmes au fur et à mesure qu'ils se présenteront. ◇ *n* RELIG chape *f*. ◇ *vt* [provide with coping – wall] chaperonner.

**Copenhagen** [,kəʊpən'heɪgən] *pr n* Copenhague.

**Copernicus** [kə'pɜ:nɪkəs] *pr n* Copernic.

**copier** ['kɒpɪər] *n* photocopieuse *f*, copieur *m*.

**copilot** *n* copilote *mf*.

**coping** ['kəʊpɪŋ] *n* chaperon *m*.

**copious** ['kəʊpjəs] *adj* [amount, food] copieux; [sunshine] abondant; [notes] abondant.

**copiously** ['kəʊpjəslɪ] *adv* [cry, produce, write] en abondance, abondamment.

**cop-out** *n inf* dérobade *f*.

**copper** ['kɒpər] ◇ *n* **-1.** [colour, metal] cuivre *m*.**-2.** *inf* [coins] monnaie *f*.**-3.** *inf* [policeman] flic *m*.**-4.** [container] lessiveuse *f*. ◇ *comp* [coin, kettle, wire] en cuivre. ◇ *adj* [colour, hair] cuivré.

**copper beech** *n* hêtre *m* pourpre.

**copper-bottomed** [-'bɒtəmd] *adj literal* [saucepan] à fond de cuivre; *fig* [deal] en béton.

**copperplate** ['kɒpəpleɪt] ◇ *n* **-1.** [plate] cuivre *m*.**-2.** [print] planche *f* (de cuivre). **-3.** [handwriting] écriture *f* moulée. ◇ *comp* [handwriting] moulé.

**coppersmith** ['kɒpəsmɪθ] *n* chaudronnier *m*, -ère *f*.

**coppice** ['kɒpɪs] *n* taillis *m*.

**coproduce** [,kəʊprə'dju:s] *vt* [film, play] coproduire.

**coproduction** [,kəʊprə'dʌkʃn] *n* coproduction *f*.

**copse** [kɒps] *n* taillis *m*.

**Copt** [kɒpt] *n* Copte *mf*.

**Coptic** ['kɒptɪk] ◇ *adj* copte. ◇ *n* copte *m*.

**copula** ['kɒpjʊlə] (*pl* **copulas** OR **copulae** [-li:]) *n* copule *f*.

**copulate** ['kɒpjʊleɪt] *vi* copuler.

**copulation** [,kɒpjʊ'leɪʃn] *n* copulation *f*.

**copy** ['kɒpɪ] (*pl* **copies**, *pt & pp* **copied**) ◇ *n* **-1.** [duplicate – of painting] copie *f*, reproduction *f*; [– of document, photograph] copie *f*.**-2.** [of book, magazine, record] exemplaire *m*.**-3.** (U) [written material] copie *f*; [in advertisement] texte *m*.**-4.** (U) PRESS copie *f*; his story made good ~ son histoire a fait un bon papier. ◇ *vt* **-1.** [write out – letter, notes] copier; to ~ sthg down/out noter/copier qqch. **-2.** [imitate – person, movements, gestures] copier, imiter; [– style, system] copier. **-3.** [cheat] copier. **-4.** [photocopy] photocopier. ◇ *vi* [cheat] copier; no ~ing! on ne copie pas!

**copybook** ['kɒpɪbʊk] ◇ *n* cahier *m*. ◇ *adj* [sentiments] commun.

**copycat** ['kɒpɪkæt] ◇ *n inf* copieur *m*, -euse *f*. ◇ *comp* [killings, murder] inspiré par un autre.

**copy-edit** *vt* [article, book] rédiger.

**copy editor** *n* secrétaire *mf* de rédaction.

**copyist** ['kɒpɪɪst] *n* copiste *mf*.

**copy-protected** [-prə'tektɪd] *adj* COMPUT protégé (contre la copie).

**copyread** ['kɒpɪri:d, *pp & pt* -red] *Am* = **subedit**.

**copyreader** ['kɒpɪ,ri:dər] *Am* = **subeditor**.

**copyright** ['kɒpɪraɪt] ◇ *n* copyright *m*, droit *m* d'auteur; she has ~ on the book elle a des droits d'auteur sur le livre; out of ~ dans le domaine public. ◇ *vt* obtenir les droits exclusifs OR le copyright. ◇ *adj* de copyright.

**copy typist** *n* dactylographe *mf*.

**copywriter** ['kɒpɪ,raɪtər] *n* rédacteur *m*, -trice *f* publicitaire.

**copywriting** ['kɒpɪ,raɪtɪŋ] *n* rédaction *f* publicitaire.

**coquetry** ['kəʊkɪtrɪ, 'kɒkɪtrɪ] (*pl* **coquetries**) *n* coquetterie *f*.

**coquette** [kəʊ'ket, kɒ'ket] *n* coquette *f*.

**coquettish** [kəʊ'ketɪʃ, kɒ'ketɪʃ] *adj* [behaviour, look, woman] coquet, provoquant.

**cor** [kɔ:r] *interj Br inf*: ~ (blimey)! ça alors!

**coracle** ['kɒrəkl] *n* coracle *m*.

**coral** ['kɒrəl] ◇ *n* corail *m*. ◇ *comp* [earrings, necklace] de corail; [island] coralien. ◇ *adj* [pink, red, lipstick] corail; *lit* [lips] de corail.

**coral reef** n récif m de corail.

**cord** [kɔːd] ◇ n -1. [string] cordon m.-2. [cable] câble m.-3. [corduroy] velours m côtelé. ◇ comp [skirt, trousers] en velours côtelé. ◇ vt corder.

◆ **cords** npl inf: (a pair of) ~ un pantalon m en velours côtelé.

**cordial** ['kɔːdjəl] ◇ adj -1. [warm – greeting, welcome] chaleureux. -2. [strong – hatred] cordial; to have a ~ dislike for sb détester qqn cordialement. ◇ n [drink] cordial m.

**cordially** ['kɔːdɪəlɪ] adv [greet, detest etc] cordialement; ~ yours Am [at end of letter] salutations amicales.

**cordite** ['kɔːdaɪt] n cordite f.

**cordless** ['kɔːdlɪs] adj [telephone] sans fil.

**Cordoba** ['kɔːdəbə] pr n Cordoue.

**cordon** ['kɔːdn] ◇ n -1. [barrier] cordon m; police ~ cordon de police; the police put a ~ round the building la police a encerclé le bâtiment. -2. HORT cordon m.-3. [decoration] cordon m. ◇ vt = **cordon off**.

◆ **cordon off** vt sep barrer, interdire l'accès à, isoler.

**cordon bleu** [-blɜː] ◇ adj de cordon bleu; a ~ cook un cordon bleu. ◇ n: she's a ~ c'est un cordon bleu.

**corduroy** ['kɔːdərɔɪ] ◇ n velours m côtelé; (a pair of) ~s (un) pantalon m de OR en velours côtelé. ◇ adj de velours côtelé.

**corduroy road** n route pratiquée en terrain marécageux grâce à des rondins de bois.

**core** [kɔːr] ◇ n -1. [of apple, pear] trognon m, cœur m; [of magnet, earth, organization] noyau m; [of electric cable] âme f, noyau m; [of nuclear reactor] cœur m; [of argument] essentiel m, centre m; to be French/a socialist to the ~ fig être français/socialiste jusqu'à la moelle; rotten to the ~ fig pourri jusqu'à l'os. ◇ comp: ~ business activité f principale; ~ curriculum SCH tronc m commun; ~ memory COMPUT mémoire f à tores (magnétiques); ~ sample GEOL carotte f; ~ subject SCH matière f principale; ~ time [in flexitime] plage f fixe; ~ vocabulary LING vocabulaire m de base. ◇ vt [apple, pear] enlever le trognon de.

**corer** ['kɔːrər] n: apple ~ vide-pomme m inv.

**co-respondent** [,kəʊrɪ'spɒndənt] ◇ adj [shoes] bicolore (style années quarante). ◇ n JUR [in divorce suit] codéfendeur m, -eresse f.

**Corfu** [kɔː'fuː] pr n Corfou; in ~ à Corfou.

**corgi** ['kɔːgɪ] n corgi m.

**coriander** [,kɒrɪ'ændər] n coriandre f.

**Corinth** ['kɒrɪnθ] pr n Corinthe.

**Corinthian** [kə'rɪnθɪən] ◇ n Corinthien m, -enne f. ◇ adj corinthien.

**Coriolanus** [,kɒrɪə'leɪnəs] pr n Coriolan.

**cork** [kɔːk] ◇ n -1. [substance] liège m.-2. [stopper] bouchon m; he took OR pulled the ~ out of the bottle il a débouché la bouteille ❏ put a ~ in it! inf la ferme!-3. FISHING [float] flotteur m, bouchon m. ◇ comp [tile, bathmat etc] de OR en liège. ◇ vt -1. [seal – bottle] boucher. -2. [blacken]: to ~ one's face se noircir le visage avec un bouchon brûlé.

**corkage** ['kɔːkɪdʒ] n (U) droit de débouchage sur un vin qui a été apporté par des consommateurs.

**corked** [kɔːkt] adj [wine] qui sent le bouchon.

**corker** ['kɔːkər] n Br inf & dated: he/she's a real ~ [good-looking] c'est un beau gars/un beau brin de fille; it's a ~ [car, bike etc] c'est un (vrai) bijou.

**corkscrew** ['kɔːkskruː] ◇ n tire-bouchon m. ◇ comp: ~ curl tire-bouchon m. ◇ vi [staircase] tourner en vrille; [plane] vriller.

**cork-tipped** [-tɪpt] adj [cigarette] (à bout) filtre.

**corm** [kɔːm] n bulbe m.

**cormorant** ['kɔːmərənt] n cormoran m.

**corn** [kɔːn] ◇ n -1. [cereal] Br blé m; Am maïs m; on the cob épi m de maïs ❏ the Corn Laws Br HIST les lois fpl sur le blé. -2. inf (U) [banality] banalité f; [sentimentality] sentimentalité f bébête. -3. [on foot] cor m; to tread on sb's ~s Br inf [upset] toucher qqn à l'endroit sensible; [trespass] marcher sur les plates-bandes de qqn. ◇ comp: ~ plaster pansement m (pour cors).

**Corn** written abbr of **Cornwall**.

**corn bread** n pain m à la farine de maïs.

**corncrake** ['kɔːnkreɪk] n râle m des genêts.

**corn dolly** n poupée f de paille.

**cornea** ['kɔːnɪə] n cornée f.

**corneal** ['kɔːnɪəl] adj cornéen.

**corned beef** [kɔːnd-] n corned beef m.

**corner** ['kɔːnər] ◇ n -1. [of page, painting, table etc] coin m; to turn down the ~ of a page faire une corne à une page. -2. [inside room, house etc] coin m; to fight one's ~ Br [argue one's case] défendre sa position. -3. [of street] coin m; [bend in the road] tournant m, virage m; on OR at the ~ au coin; the house on OR at the ~ la maison qui fait l'angle; at the ~ of Regent Street and Oxford Street à l'intersection OR à l'angle de Regent Street et d'Oxford Street; he/the car took the ~ at high speed il/la voiture a pris le virage à toute allure; to overtake on a ~ doubler dans un virage; it's just around OR Br round the ~ [house, shop etc] c'est à deux pas d'ici; fig [Christmas, economic recovery etc] c'est tout proche; you never know what's round the ~ fig on ne sait jamais ce qui peut arriver; to turn the ~ [car] prendre le tournant; fig [patient] passer le moment OR stade critique; [business, economy, relationship] passer un cap critique; to cut the ~ [in car, on bike] couper le virage, prendre le virage à la corde; [on foot] couper au plus court, prendre au plus court. -4. [of mouth, eye] coin m; [of mouth] coin m, commissure f; to look at sb/sthg out of the ~ of one's eye regarder qqn/qqch du coin de l'œil. -5. inf [difficulty] situation f délicate, mauvaise passe f; to drive sb into a tight ~ acculer qqn, mettre qqn dans une situation difficile. -6. [remote place] coin m; the four ~s of the earth les quatre coins de la terre. -7. FTBL corner m.-8. COMM: to make OR to have a ~ in sthg avoir le monopole de qqch, accaparer qqch. ◇ comp [cupboard, table etc] du coin. ◇ vt -1. [animal, prey etc] coincer, acculer. -2. COMM accaparer; to ~ the market in sthg accaparer le marché de qqch. ◇ vi AUT prendre un virage.

**cornered** ['kɔːnəd] adj [animal, prey] acculé, coincé; we've got him ~ on l'a acculé OR coincé.

**corner flag** n SPORT drapeau m de corner.

**cornering** ['kɔːnərɪŋ] n Br -1. AUT [of driver] façon f de prendre les virages; [of car] stabilité f dans les virages. -2. COMM accaparement m.

**corner kick** n FTBL corner m.

**corner post** n FTBL piquet m de corner.

**corner shop** n Br magasin m du coin.

**cornerstone** ['kɔːnəstəʊn] n pierre f d'angle OR angulaire; fig pierre fangulaire, fondement m.

**corner store** Am = **corner shop**.

**cornet** ['kɔːnɪt] n -1. MUS [instrument] cornet m à pistons. -2. Br: (ice-cream) ~ cornet m (de glace).

**corn exchange** n halle f au blé.

**cornfield** ['kɔːnfiːld] n Br champ m de blé; Am champ m de maïs.

**cornflakes** ['kɔːnfleɪks] npl cornflakes mpl, pétales mpl OR flocons mpl de maïs.

**cornflour** ['kɔːnflaʊər] n Br fécule f de maïs.

**cornflower** ['kɔːnflaʊər] ◇ n [plant] bleuet m, bluet m, barbeau m; [colour] bleu m centaurée. ◇ adj: ~ (blue) bleu centaurée.

**cornice** ['kɔːnɪs] n ARCHIT corniche f; [snow] corniche f.

**Cornish** ['kɔːnɪʃ] ◇ npl [people]: the ~ les Cornouaillais mpl. ◇ n LING cornouaillais m. ◇ adj cornouaillais.

**Cornishman** ['kɔːnɪʃmən] (pl **Cornishmen** [-mən]) n Cornouaillais m.

**Cornish pasty** n Br CULIN chausson à la viande et aux légumes.

**Cornishwoman** ['kɔːnɪʃ,wʊmən] (pl **Cornishwomen** [-,wɪmɪn]) n Cornouaillaise f.

**corn meal** n farine f de maïs.

**corn oil** n huile f de maïs.

**corn poppy** n coquelicot m.

**cornstarch** ['kɔːnstɑːtʃ] Am = **cornflour**.

**cornucopia** [,kɔːnjʊ'kəʊpjə] n MYTH & fig corne f d'abondance.

**Cornwall** ['kɔːnwɔːl] pr n Cornouailles f; in ~ en Cornouailles.

**corn whiskey** *n* whisky *m* de maïs.

**corny** ['kɔːnɪ] (*compar* **cornier**, *superl* **corniest**) *adj* [trite] bateau, banal; [sentimental] sentimental, à l'eau de rose; **he's so ~** il est vraiment lourd *fig*.

**corollary** [kə'rɒlərɪ] (*pl* **corollaries**) *n fml* corollaire *m*.

**corona** [kə'rəʊnə] (*pl* **coronas** OR **coronae** [-niː]) *n* **-1.** ANAT, ASTRON, BOT & PHYS couronne *f*.**-2.** ARCHIT larmier *m*.**-3.** [cigar] corona *m*.

**coronary** ['kɒrənrɪ] MED ◇ *adj* coronaire; **the country has a high incidence of ~ heart disease** il y a de nombreux cas de maladies coronariennes dans ce pays. ◇ *n* infarctus *m* du myocarde.

**coronary care unit** *n* MED unité *f* de soins coronariens.

**coronary thrombosis** *n* MED infarctus *m* du myocarde, thrombose *f* coronarienne.

**coronation** [,kɒrə'neɪʃn] ◇ *n* [of monarch] couronnement *m*, sacre *m*. ◇ *comp* [robes, day] du couronnement, du sacre; **'Coronation Street'** *feuilleton télévisé britannique*.

**coroner** ['kɒrənər] *n* JUR coroner *m*; **~'s inquest** enquête *f* judiciaire (*menée par le coroner*).

**coronet** ['kɒrənɪt] *n* [of prince, duke] couronne *f*; [for woman] diadème *m*.

**Corp.** **-1.** (*written abbr of* **corporation**) Cie. **-2.** *written abbr of* **corporal**.

**corpora** ['kɔːpərə] *pl* → **corpus**.

**corporal** ['kɔːpərəl] ◇ *n* MIL caporal-chef *m*. ◇ *adj* corporel; **~ punishment** châtiment *m* corporel.

**corporate** ['kɔːpərət] *adj* **-1.** JUR [forming a single body]: **~ body** OR **institution** personne *f* morale. **-2.** [of a specific company] d'une société, de la société; [of companies in general] d'entreprise; [taxation] sur les sociétés; **to make one's way up the ~ ladder** faire carrière dans l'entreprise; **he's a good ~ man** il est dévoué à l'entreprise; **~ culture** culture *f* d'entreprise; **we have a number of ~ customers** certains de nos clients sont des entreprises; **~ entertainment** divertissement *m* fourni par la société OR l'entreprise ❏ **~ hospitality** réceptions, déjeuners, billets de spectacles etc offerts par une entreprise à ses clients; **~ identity** image *f* de marque; **~ law** droit *m* des sociétés OR des entreprises; **~ lawyer** juriste *m* spécialisé en droit des sociétés; **~ name** raison *f* sociale; **~ sponsorship** sponsoring *m*, parrainage *m* d'entreprises; **~ structure** structure *f* de l'entreprise. **-3.** [collective – decision, responsibility] collectif.

**corporately** ['kɔːpərətlɪ] *adv* **-1.** [as a corporation]: **I don't think we should involve ourselves ~** je ne pense pas que

nous devrions nous impliquer en tant que société. **-2.** [as a group] collectivement.

**corporate tax** *Am* = **corporation tax**.

**corporation** [,kɔːpə'reɪʃn] ◇ *n* **-1.** [company] compagnie *f*, société *f*; JUR personne *f* morale. **-2.** *Br* [municipal authorities] municipalité *f*.**-3.** *inf* [paunch] bedaine *f*, brioche *f*. ◇ *comp Br* [bus, worker] municipal, de la ville.

**corporation tax** *n Br* impôt *m* sur les sociétés.

**corporatism** ['kɔːpərətɪzm] *n* corporatisme *m*.

**corporeal** [kɔː'pɔːrɪəl] *adj* corporel, matériel.

**corps** [kɔːr] (*pl inv*) *n* **-1.** MIL corps *m*; MIL & ADMIN service *m*; **medical/intelligence ~** service de santé/de renseignements; **pay ~** service de la solde. **-2.** [trained team of people] corps *m*; **~ de ballet** corps de ballet.

**corpse** [kɔːps] *n* cadavre *m*, corps *m*.

**corpulence** ['kɔːpjʊləns] *n* corpulence *f*, embonpoint *m*.

**corpulent** ['kɔːpjʊlənt] *adj* corpulent.

**corpus** ['kɔːpəs] (*pl* **corpuses** OR **corpora** [-pərə]) *n* **-1.** [collection of writings – by author] recueil *m*; [– on specific subject] corpus *m*.**-2.** [main body] corpus *m*.

**Corpus Christi** [,kɔːpəs'krɪstɪ] *n* la Fête-Dieu.

**corpuscle** ['kɔːpʌsl] *n* PHYSIOL corpuscule *m*; **red/white blood ~s** globules *mpl* rouges/blancs.

**corral** [kɒ'rɑːl] *Am* (*pt & pp* **corralled**, *cont* **corralling**) ◇ *n* corral *m*. ◇ *vt* [cattle, horses] enfermer dans un corral; *fig* encercler.

**correct** [kə'rekt] ◇ *adj* **-1.** [right – answer, spelling etc] correct; **do you have the ~ time?** avez-vous l'heure exacte?; **that is ~** c'est exact; **to prove (to be) ~** s'avérer juste; **~ to four decimal places** exact à quatre chiffres après la virgule; **am I ~ in thinking that...?** ai-je raison de penser que...?; **she was quite ~ in her assumptions** ses suppositions étaient parfaitement justes. **-2.** [suitable, proper – behaviour, manners etc] correct, convenable, bienséant; [– person] correct, convenable; **the ~ thing for him to do in the circumstances is to resign** dans ces circonstances la bienséance veut qu'il démissionne; **the ~ procedure** la procédure d'usage. ◇ *vt* **-1.** [rectify – mistake, spelling etc] corriger, rectifier; [– squint, bad posture, imbalance] corriger; [– situation] rectifier. **-2.** [indicate error – to person] corriger, reprendre; [– in exam, proofs etc] corriger; **to ~ sb on** OR **about sthg** corriger OR reprendre qqn sur qqch; **to ~ sb's French** corriger le français de qqn, reprendre qqn sur son français; **~ me if I'm wrong, but...** corrigez-moi si je me trompe, mais...

**correction** [kə'rekʃn] *n* **-1.** [of exam paper, homework, proofs etc] correction *f*; [of error] correction *f*, rectification *f*.**-2.** [in

---

**USAGE ▶ Correcting someone**

### Correcting something someone has said

Vous vous trompez de nom, je crois.
Vous vous trompez sûrement de personne.
Il doit y avoir une erreur dans les calculs.
Je crois que ce n'est pas tout à fait ça.
Je ne crois pas que ça s'écrive comme ça (, si?).
Vous croyez? Moi je dirais plutôt que ...
Tu es sûr d'avoir bien compris?
Êtes-vous absolument certain de l'orthographe de ce mot?
Tu en es certain? Ce n'est pas ce que j'avais compris/J'avais pourtant compris le contraire.
J'ai bien peur qu'il n'y ait un malentendu. [formal]
Si je peux me permettre, ce n'est pas exactement ça.

▷ *more bluntly*

Vous faites erreur [formal] OR Vous vous trompez, ce n'est pas de lui qu'il s'agit.
Vous vous méprenez sur mes intentions. [formal]
Non, c'est faux.
Non, vous n'y êtes pas du tout.
Ce n'est pas ça du tout.
Ce n'est pas du tout de ça qu'il s'agit.
Tu te trompes du tout au tout.
Vous faites fausse route, c'est dans un autre domaine qu'il faut chercher.

Tu as mal interprété mes paroles/mal saisi ma pensée.
Il y a erreur, ce n'est pas ici.
Tu as fait une erreur, là.
Ce n'est pas comme ça que ça s'écrit.

### Reacting to being corrected

▷ *positively:*

Ah oui, c'est vrai OR vous avez raison, excusez-moi.
Effectivement, oui.
Autant, pour moi.
Ah bon? Eh bien, je vais corriger.
Vous avez certainement raison.
Peut-être, mais je n'ai plus le temps de corriger.

▷ *less positively:*

J'en étais absolument sûr, pourtant.
Eh bien tant pis, je ne vais pas tout recommencer maintenant!
Ah non, je ne crois pas me tromper.
Vous êtes certain de ne pas faire erreur vous-même?
Pas du tout, c'est vous qui confondez.
Eh bien moi, je pense que c'est toi qui te trompes.
Qu'est-ce que tu en sais, d'abord? [informal]

essay, school work, proofs etc] correction *f*; **to make ~s** faire des corrections; **to make ~s to sthg** apporter des corrections à qqch. **-3.** *arch* [punishment] correction *f*, punition *f*, châtiment *m*.

**correction fluid** *n* liquide *m* correcteur.

**correction tape** *n* [for typewriter] ruban *m* correcteur.

**corrective** [kə'rektɪv] ◇ *adj* [action, measure] rectificatif, correctif; [exercises, treatment] correctif. ◇ *n* correctif *m*; MED [for teeth] appareil *m* dentaire; [for deformed limb] appareil *m* orthopédique; **a ~ to sthg** un correctif de qqch.

**correctly** [kə'rektlɪ] *adv* **-1.** [in the right way – answer, pronounce] correctement; **he ~ predicted that...** il a prédit avec raison que... **-2.** [properly – behave, dress, speak] correctement.

**correctness** [kə'rektnɪs] *n* **-1.** [of answer, prediction etc] exactitude *f*, justesse *f*. **-2.** [of behaviour, dress etc] correction *f*.

**Correggio** [kɒ'redʒɪəʊ] *prn* le Corrège.

**correlate** ['kɒrəleɪt] ◇ *vi*: **to ~ (with sthg)** [gen] être en corrélation OR rapport (avec qqch), correspondre (à qqch); [in statistics] être en corrélation (avec qqch). ◇ *vt* [gen] mettre en corrélation OR en rapport, faire correspondre; [in statistics] corréler; **to ~ sthg with sthg** [gén] mettre qqch en corrélation OR rapport avec qqch; [in statistics] corréler qqch avec qqch; **these two trends are closely ~d** ces deux tendances sont en rapport étroit.

**correlation** [ˌkɒrə'leɪʃn] *n* corrélation *f*.

**correspond** [ˌkɒrɪ'spɒnd] *vi* **-1.** [tally – dates, statements] correspondre; **to ~ with sthg** correspondre à qqch. **-2.** [be equivalent] correspondre, équivaloir; **this animal ~s roughly with** OR **to our own domestic cat** cet animal correspond à peu près à OR est à peu près l'équivalent de notre chat domestique. **-3.** [exchange letters] correspondre.

**correspondence** [ˌkɒrɪ'spɒndəns] ◇ *n* **-1.** [relationship, similarity] correspondance *f*, rapport *m*, relation *f*. **-2.** [letter-writing] correspondance *f*; **to be in ~ with sb** être en correspondance avec qqn; **to enter into (a) ~ with sb** établir une OR entrer en correspondance avec qqn; **no ~ will be entered into** [in competition] il ne sera répondu à aucun courrier. **-3.** [letters] correspondance *f*, courrier *m*; **to read/to do one's ~** lire/faire son courrier OR sa correspondance. ◇ *comp* [course] par correspondance; [school] d'enseignement par correspondance; **~ column** PRESS courrier *m* des lecteurs.

**correspondent** [ˌkɒrɪ'spɒndənt] ◇ *n* **-1.** PRESS, RADIO & TV [reporter] correspondant *m*, -e *f*; **sports ~** correspondant sportif; **war/environment ~** correspondant de guerre/pour les questions d'environnement; **our Moscow ~** notre correspondant à Moscou. **-2.** [letter-writer] correspondant *m*, -e *f*. ◇ *adj* = **corresponding**.

**corresponding** [ˌkɒrɪ'spɒndɪŋ] *adj* correspondant.

**correspondingly** [ˌkɒrɪ'spɒndɪŋlɪ] *adv* **-1.** [proportionally] proportionnellement. **-2.** [related to this, in line with this]: **the translation should be ~ informal in register** la traduction devrait être d'un niveau de familiarité correspondant; **we got a lot of negative press and our election results were ~ poor** nous avons eu beaucoup de commentaires négatifs dans la presse, ce qui nous a valu de mauvais résultats aux élections.

**corridor** ['kɒrɪdɔ:ʳ] *n* [in building] corridor *m*, couloir *m*; [in train] couloir *m*; **the ~s of power** *fig* les allées du pouvoir; [behind the scenes] les coulisses du pouvoir.

**corroborate** [kə'rɒbəreɪt] *vt* [statement, view etc] confirmer, corroborer *lit*; **for lack of corroborating evidence** faute de preuves à l'appui.

**corroboration** [kə,rɒbə'reɪʃn] *n* confirmation *f*, corroboration *f lit*; **to provide ~ of sthg** confirmer OR corroborer qqch; **evidence produced in ~ of sb's testimony** des preuves fournies à l'appui du témoignage de qqn.

**corroborative** [kə'rɒbərətɪv] *adj* [evidence, statement] à l'appui.

**corrode** [kə'rəʊd] ◇ *vt* [subj: acid, rust] corroder, ronger; *fig* [happiness] entamer, miner. ◇ *vi* [due to acid, rust] se corroder; [due to rust] se rouiller.

**corrosion** [kə'rəʊʒn] *n* [of metal] corrosion *f*.

**corrosive** [kə'rəʊsɪv] ◇ *adj* corrosif. ◇ *n* corrosif *m*.

**corrugated** ['kɒrəgeɪtɪd] *adj* [cardboard, paper] ondulé; **~**

iron tôle *f* ondulée.

**corrupt** [kə'rʌpt] ◇ *adj* **-1.** [dishonest – person, society] corrompu; **~ practices** pratiques *fpl* malhonnêtes. **-2.** [depraved, immoral] dépravé, corrompu. **-3.** [containing alterations – text] altéré. **-4.** COMPUT [containing errors – disk, file] altéré. ◇ *vt* **-1.** [make dishonest] corrompre; **~ed by power** corrompu par le pouvoir. **-2.** [deprave, debase – person, society] dépraver, corrompre; [– language] corrompre; **the ~ing influence of television** l'influence corruptrice de la télévision. **-3.** [alter – text] altérer, corrompre. **-4.** COMPUT altérer.

**corruptible** [kə'rʌptəbl] *adj* corruptible.

**corruption** [kə'rʌpʃn] *n* **-1.** [of official, politician etc – action, state] corruption *f*. **-2.** [depravity, debasement – action, state] dépravation *f*, corruption *f*; **the ~ of minors** JUR le détournement de mineurs. **-3.** [of text – action] altération *f*, corruption *f*; [– state] version *f* corrompue; [of word – action] corruption *f*; [– state] forme *f* corrompue. **-4.** COMPUT altération *f*.

**corruptly** [kə'rʌptlɪ] *adv* **-1.** [dishonestly] de manière corrompue. **-2.** [in a depraved way] d'une manière dépravée OR corrompue.

**corsage** [kɔ:'sɑ:ʒ] *n* [flowers] *petit bouquet de fleurs (à accrocher au corsage ou au poignet)*; [bodice] corsage *m*.

**corset** ['kɔ:sɪt] *n* corset *m*.

**Corsica** ['kɔ:sɪkə] *prn* Corse *f*; **in ~** en Corse.

**Corsican** ['kɔ:sɪkən] ◇ *n* **-1.** [person] Corse *mf*. **-2.** LING corse *m*. ◇ *adj* corse.

**cortège** [kɔ:'teɪʒ] *n* cortège *m*.

**cortex** ['kɔ:teks] (*pl* **cortices** [-tɪsi:z]) *n* ANAT & BOT cortex *m*.

**cortical** ['kɔ:tɪkl] *adj* cortical.

**cortisone** ['kɔ:tɪzəʊn] ◇ *n* cortisone *f*. ◇ *comp*: **~ injection** piqûre *f* de cortisone.

**coruscate** ['kɒrəskeɪt] *vi fml* briller, scintiller.

**corvette** [kɔ:'vet] *n* NAUT corvette *f*.

**cos¹** [kɒz] ◇ *conj* = **because**. ◇ *n abbr of* **cosine**.

**cos²** [kɒs] *n Br*: = (lettuce) (laitue *f*) romaine *f*.

**C.O.S.** (*written abbr of* **Cash on shipment**) *paiement à l'expédition*.

**cosh** [kɒʃ] ◇ *n* gourdin *m*, matraque *f*. ◇ *vt* assommer, matraquer.

**cosignatory** [ˌkəʊ'sɪgnətrɪ] (*pl* **cosignatories**) *n fml* cosignataire *mf*.

**cosily** *Br*, **cozily** *Am* ['kəʊzɪlɪ] *adv* [furnished] confortablement.

**cosine** ['kəʊsaɪn] *n* MATH cosinus *m*.

**cosmetic** [kɒz'metɪk] ◇ *adj* [preparation] cosmétique; *fig* [superficial – change, measure] superficiel, symbolique ❑ **to have ~ surgery** se faire faire de la chirurgie esthétique. ◇ *n* cosmétique *m*, produit *m* de beauté; **the ~s industry/counter** l'industrie/le rayon des cosmétiques; **she's in ~s** elle est dans les cosmétiques.

**cosmic** ['kɒzmɪk] *adj* cosmique; **of ~ proportions** *fig* aux proportions gigantesques.

**cosmology** [kɒz'mɒlədʒɪ] *n* cosmologie *f*.

**cosmonaut** ['kɒzmənɔ:t] *n* cosmonaute *mf*.

**cosmopolitan** [ˌkɒzmə'pɒlɪtn] ◇ *adj* [city, person, restaurant etc] cosmopolite. ◇ *n* cosmopolite *mf*.

**cosmos** ['kɒzmɒs] *n* cosmos *m*; *fig* univers *m*.

**cosset** ['kɒsɪt] *vt* [person] dorloter, choyer, câliner; **to ~ o.s.** se dorloter.

**cost** [kɒst] (*pp* & *pt sense 1* **cost**, *sense 2* **costed**) ◇ *vt* **-1.** coûter; **how much** OR **what does it ~?** combien ça coûte?; **how much is it going to ~ me?** combien est-ce que ça va me coûter?, à combien est-ce que ça va me revenir?; **did it ~ much?** est-ce que cela a coûté cher?; **it ~s nothing to join** l'inscription est gratuite; **it didn't ~ me a penny** ça ne m'a rien coûté du tout, ça ne m'a pas coûté un sou; **it'll ~ you!** *inf* [purchase] tu vas le sentir passer!; [help, favour] ce ne sera pas gratuit!; **electricity ~s money, you know!** l'électricité, ce n'est pas gratuit!; **it ~ her a lot of time and effort** cela lui a demandé beaucoup de temps et d'efforts; **it ~ him his job** cela lui a coûté son travail, cela lui a fait perdre son travail; **drinking and driving ~s lives** la conduite en état d'ivresse coûte des vies humaines; **it doesn't ~ anything to be polite** ça ne coûte rien d'être poli; **it must have ~ him to say sorry** cela a dû lui coûter de s'excuser; **what-**

ever it ~s [purchase] quel qu'en soit le prix; whatever it ~s, I'm not going to give up quoi qu'il m'en coûte, je n'abandonnerai pas; to ~ an arm and a leg *inf*, to ~ the earth coûter les yeux de la tête OR la peau des fesses. **-2.** [work out price of – trip] évaluer le coût de; [– job, repairs] établir un devis pour; to ~ a product COMM établir le prix de revient d'un produit; a carefully ~ed budget un budget calculé avec soin.

◇ *n* **-1.** [amount charged or paid] coût *m*; the car was repaired at a ~ of £50 la réparation de la voiture a coûté 50 livres; the ~ of petrol has gone up le prix de l'essence a augmenté; think of the ~ (involved)! imagine un peu le prix que ça coûte!; to bear the ~ of sthg payer qqch; [with difficulty] faire face aux frais OR aux dépenses de qqch; to buy/to sell sthg at ~ [cost price] acheter/vendre qqch au prix coûtant; at no extra ~ sans frais supplémentaires; the firm cut its ~s by 30% l'entreprise a réduit ses frais de 30 % ❑ ~, insurance and freight COMM coût, assurance et fret. **-2.** *fig* prix *m*; whatever the ~ à tout prix, à n'importe quel prix; whatever the ~ to his health quoi qu'il en coûte à sa santé, quel qu'en soit le prix pour sa santé; at the ~ of her job/reputation/marriage au prix de son travail/sa réputation/son mariage; to find out OR to learn OR to discover to one's ~ apprendre OR découvrir à ses dépens; as I know to my ~ comme j'en ai fait la dure expérience; to count the ~ of sthg faire le bilan de qqch; no-one stopped to count the ~ [in advance] personne n'a pensé au prix à payer; the ~ in human life le prix en vies humaines.
◇ *comp* [analysis] de coût.

◆ **costs** *npl* JUR frais *mpl* (d'instance) et dépens *mpl*; to be awarded ~s se voir accorder des frais et dépens; to be ordered to pay ~s être condamné aux dépens.

◆ **at all costs** *adv phr* à tout prix.

◆ **at any cost** *adv phr* en aucun cas; he should not be approached at any ~ en aucun cas il ne doit être approché.

◆ **cost out** *vt sep* = cost 2.

**Costa Brava** [ˌkɒstəˈbrɑːvə] *prn* Costa Brava *f*.

**cost accounting** *n* comptabilité *f* analytique OR d'exploitation.

**Costa del Sol** [ˌkɒstədelˈsɒl] *prn* Costa del Sol *f*.

**co-star** (*pt & pp* co-starred, *cont* co-starring) CIN & TV ◇ *n* [of actor, actress] partenaire *mf*. ◇ *vi* [in film] être l'une des vedettes principales; to ~ with sb partager la vedette OR l'affiche avec qqn. ◇ *vt*: the film ~s Joe Smith and Mary Brown le film met en scène Joe Smith et Mary Brown dans les rôles principaux OR vedettes; co-starring... [in credits] avec...

**Costa Rica** [ˌkɒstəˈriːkə] *prn* Costa Rica *m*; in ~ au Costa Rica.

**Costa Rican** [ˌkɒstəˈriːkən] ◇ *n* Costaricien *m*, -enne *f*. ◇ *adj* costaricien.

**cost-benefit analysis** *n* analyse *f* des coûts et rendements.

**cost-conscious** *adj*: to be ~ contrôler ses dépenses.

**cost-cutting** ◇ *n* compression *f* OR réduction *f* des coûts. ◇ *adj* de compression OR de réduction des coûts.

**cost-effective** *adj* rentable.

**cost-effectiveness** *n* rentabilité *f*.

**costermonger** [ˈkɒstəˌmʌŋgəʳ] *n* Br marchand *m*, -e *f* de quatre-saisons.

**costing** [ˈkɒstɪŋ] *n* [of product] estimation *f* du prix de revient; [of job, repairs] établissement *m* d'un devis; based on detailed ~s basé sur des calculs détaillés.

**costly** [ˈkɒstlɪ] (*compar* costlier, *superl* costliest) *adj* **-1.** [expensive] coûteux, cher; this may be a ~ mistake cette erreur pourrait me/vous *etc* coûter cher. **-2.** [of high quality] somptueux, riche.

**cost of living** ◇ *n* coût *m* de la vie. ◇ *comp*: ~ allowance indemnité *f* de vie chère; ~ increase OR adjustment [in salary] augmentation *f* de salaire indexée sur le coût de la vie; ~ index indice *m* du coût de la vie.

**cost-plus** *adj*: on a ~ basis sur la base du prix de revient majoré.

**cost price** *n* prix *m* coûtant OR de revient; to buy/to sell sthg at ~ acheter/vendre qqch à prix coûtant.

**costume** [ˈkɒstjuːm] ◇ *n* **-1.** CIN, THEAT & TV costume *m* (d'un

acteur); to be (dressed) in ~ porter un costume (de scène); ~s by... [in credits] costumes réalisés par... **-2.** [fancy dress] costume *m*, déguisement *m*; to be (dressed) in ~ être costumé OR déguisé. **-3.** [traditional dress]: national ~ costume *m* national; to wear national ~ porter le costume national. **-4.** [for swimming] maillot *m* de bain. ◇ *comp*: ~ ball OR party bal *m* costumé; ~ designer costumier *m*, -ère *f*; ~ drama OR piece OR play pièce *f* en costumes d'époque. ◇ *vt* [film, play] réaliser les costumes pour.

**costume jewellery** *n* (*U*) bijoux *mpl* fantaisie; a piece of ~ un bijou fantaisie.

**costumier** [kɒˈstjuːmɪəʳ], **costumer** [ˈkɒstjuːməʳ] *n* costumier *m*, -ère *f*.

**cosy** *Br*, **cozy** *Am* [ˈkəʊzɪ] (*Br compar* cosier, *superl* cosiest, *Am compar* cozier, *superl* coziest) ◇ *adj* **-1.** [warm, snug – flat, room, atmosphere] douillet, confortable; it's nice and ~ in here on est bien ici; to feel ~ se sentir bien à l'aise. **-2.** [intimate – chat, evening etc] intime; [– novel] à l'atmosphère douce; they've got a very ~ relationship *pej* ils sont très copain-copain. ◇ *n* [for tea-pot] couvre-théière *m*; [for egg] couvre-œuf *m*.

**cot** [kɒt] *n* Br [for baby] lit *m* d'enfant; Am [camp bed] lit *m* de camp.

**cotangent** [kəʊˈtændʒənt] *n* MATH cotangente *f*.

**cot death** *n* Br mort *f* subite du nourrisson.

**cote** [kəʊt] *n* [for doves] colombier *m*, pigeonnier *m*; [for sheep] abri *m*, bergerie *f*.

**coterie** [ˈkəʊtərɪ] *n* cercle *m*, cénacle *m*; *pej* coterie *f*, clique *f*.

**cottage** [ˈkɒtɪdʒ] *n* **-1.** [in country] petite maison *f* (à la campagne), cottage *m*. **-2.** Am [holiday home] maison *f* de campagne.

**cottage cheese** *n* fromage *m* blanc (égoutté), cottage cheese *m*.

**cottage industry** *n* industrie *f* familiale OR artisanale.

**cottage loaf** *n* Br miche de pain.

**cottage pie** *n* Br hachis *m* parmentier.

**cottaging**▽ [ˈkɒtɪdʒɪŋ] *n* (*U*) Br rencontres homosexuelles dans les toilettes publiques.

**cotter** [ˈkɒtəʳ] *n* MECH [wedge] goupille *f*; ~ (pin) clavette *f*.

**cotton** [ˈkɒtn] ◇ *n* **-1.** [material, plant] coton *m*; to pick ~ cueillir le coton; is this dress ~? [made of cotton] cette robe est-elle en coton?. **-2.** Br [thread for sewing] fil *m*. ◇ *comp* [garment] en coton; [industry, trade] du coton; [culture, field, grower, plantation] de coton; ~ picker [person] cueilleur *m*, -euse *f* de coton.

◆ **cotton on** *vi insep inf* piger; to ~ on to sthg piger qqch.

◆ **cotton to** *vt insep* Am *inf* [like – person] être attiré par; [– idea, plan, suggestion] approuver.

**cotton batting** Am = cotton wool *n*.

**Cotton Belt** *n* GEOG région *f* du coton aux États-Unis.

**cotton bud** *n* Br coton-tige *m*.

**cotton candy** *n* Am barbe *f* à papa.

**cotton mill** *n* filature *f* de coton.

**cotton-picking**▽ *adj* Am sale, sacré.

**cottontail** [ˈkɒtnteɪl] *n* lapin *m* (de garenne).

**cotton wool** *Br* ◇ *n* coton *m* hydrophile, ouate *f*; my legs feel like ~ *inf* j'ai les jambes en coton; to wrap sb in ~ être aux petits soins pour qqn. ◇ *comp*: ~ balls boules *fpl* de coton; ~ pads rondelles *fpl* de coton OR d'ouate.

**couch** [kaʊtʃ] ◇ *n* [sofa] canapé *m*, divan *m*, sofa *m*; [in psychiatrist's office] divan *m*. ◇ *vt* formuler; to be ~ed in very polite terms/in jargon [letter, document] être formulé en termes très polis/en jargon.

**couchette** [kuːˈʃet] *n* RAIL couchette *f*.

**couch potato** *n* *inf & pej*: he's a ~ il passe son temps affalé devant la télé.

**cougar** [ˈkuːgəʳ] *n* couguar *m*, cougouar *m*, puma *m*.

**cough** [kɒf] ◇ *n* toux *f*; you want to get that ~ seen to avec cette toux, tu devrais te faire examiner; I can't get rid of this ~ cette toux ne me passe pas; to have a ~ tousser; she gave a loud ~ elle a toussé fort; smoker's ~ toux de fumeur. ◇ *comp* [medicine, sweets] pour OR contre la toux, antitussif *spec*. ◇ *vi* tousser. ◇ *vt* [blood] cracher.

◆ **cough out** *vt sep* **-1.** cracher (en toussant); you sound as if you're ~ing your insides out on dirait que tu es en train

de cracher tes poumons. **-2.** [words] dire en toussant.
◆ **cough up** *vt sep* **-1.** [blood] cracher (en toussant). **-2.** *inf* [money] cracher, raquer. ◇ *vi insep inf* [pay up] banquer, raquer.

**cough drop** *n* pastille *f* contre la toux OR antitussive.

**coughing** ['kɒfɪŋ] *n* toux *f*; your ~ woke me up tu m'as réveillé en toussant; fit of ~, ~ fit quinte *f* de toux.

**cough mixture** *n* sirop *m* antitussif OR contre la toux.

**cough sweet** = cough drop.

**could** [kʊd] *modal vb* **-1.** [be able to]: I'd come if I ~ je viendrais si je (le) pouvais; she ~ no longer walk elle ne pouvait plus marcher; they ~n't very well refuse il leur aurait été difficile de refuser; five years ago I ~ run a mile in four minutes but I ~n't anymore il y a cinq ans, je courais un mile en quatre minutes mais je ne pourrais plus maintenant; she ~ have had the job if she'd wanted it elle aurait pu obtenir cet emploi si elle l'avait voulu. **-2.** [with verbs of perception or understanding]: he ~ see her talking to her boss il la voyait qui parlait avec son patron; I ~ see his point of view je comprenais son point de vue. **-3.** [indicating ability or skill]: she ~ read and write elle savait lire et écrire; she ~ speak three languages elle parlait trois langues. **-4.** [in polite requests]: ~ I borrow your sweater? est-ce que je pourrais t'emprunter ton pull?; ~ you help me please? pourriez-vous OR est-ce que vous pourriez m'aider, s'il vous plaît? **-5.** [indicating supposition or speculation]: they ~ give up at any time ils pourraient abandonner n'importe quand; ~ he be lying? se pourrait-il qu'il mente?; they ~ have changed their plans ils ont peut-être changé leurs plans ‖ [indicating possibility]: you ~ have told me the truth tu aurais pu me dire la vérité; what ~ I have done with the keys? qu'est-ce que j'ai bien pu faire des clés?; I ~ kill him! je pourrais le tuer!; he ~ have jumped for joy il aurait presque sauté de joie ❏ I'm as happy as ~ be je suis on ne peut plus heureux. **-6.** [indicating unwillingness]: I ~n't just leave him there, could I? je ne pouvais vraiment pas le laisser là; I ~n't possibly do it before tomorrow je ne pourrai vraiment pas le faire avant demain. **-7.** [in polite suggestions]: you ~ always complain to the director tu pourrais toujours te plaindre au directeur; ~n't we at least talk about it? est-ce que nous ne pourrions pas au moins en discuter? **-8.** [introducing comments or opinions]: if I ~ just intervene here est-ce que je peux me permettre d'intervenir ici?; you ~ argue it's a waste of resources tu pourrais argumenter que c'est un gaspillage de ressources. **-9.** [indicating surprise or disbelief]: the house ~n't have been THAT expensive la maison n'a pas dû coûter si cher que ça; how ~ you say that? comment avez-vous pu dire ça OR une chose pareille?; who on earth ~ that be? qui diable cela peut-il bien être? **-10.** [inviting agreement]: he left and you ~n't blame him il est parti et on ne peut pas lui en vouloir.

**couldn't** ['kʊdnt] = could not.

**couldn't-care-less** *adj inf* [attitude] je-m'en-foutiste.

**could've** ['kʊdəv] = could have.

**council** ['kaʊnsl] ◇ *n* **-1.** [group of people] conseil *m*. **-2.** *Br* [elected local body] conseil *m*; to be on the ~ être au conseil ❏ county OR Scot regional ~ conseil *m* régional. **-3.** [meeting] conseil *m*; to hold a ~ of war tenir un conseil de guerre. ◇ *comp* **-1.** [meeting] du conseil. **-2.** *Br* [election, service, worker] municipal; [leader, meeting] du conseil municipal; ~ estate cité *f*; to live on a ~ estate habiter dans une cité; ~ flat/house ≃ habitation *f* à loyer modéré, ≃ HLM *f* or *m*; ~ housing ≃ habitations *fpl* à loyer modéré, ≃ HLM *fpl* or *mpl*; ~ tenants *locataires d'un appartement ou d'une maison appartenant à la municipalité.*

**councillor** *Br*, **councilor** *Am* ['kaʊnsələ[r]] *n* conseiller *m*, -ère *f*; Councillor (John) Murray Monsieur le Conseiller Murray; town/county ~ conseiller municipal/régional.

**councilman** ['kaʊnslmæn] (*pl* **councilmen** [-men]) *n Am* conseiller *m*.

**Council of Europe** *n* Conseil *m* de l'Europe.

**councilor** *Am* = councillor.

**council tax** *n* (U) impôts *mpl* locaux (*en Grande-Bretagne*).

**councilwoman** ['kaʊnsl,wʊmən] (*pl* **councilwomen** [-,wɪmɪn]) *n Am* conseillère *f*.

**counsel** ['kaʊnsəl] (*Br pt & pp* counselled, *cont* counselling,

*Am pt & pp* counseled, *cont* counseling) ◇ *n* **-1.** *fml* [advice] conseil *m*; to keep one's own ~ garder ses opinions OR intentions pour soi. **-2.** JUR avocat *m*, -e *f*; ~ for the defence/ prosecution avocat de la défense/du ministère public ❏ King's ~, Queen's ~ *Br* membre supérieur du barreau. ◇ *vt* **-1.** *fml* conseiller; to ~ sb to do sthg conseiller à qqn de faire qqch; to ~ caution recommander la prudence. **-2.** [in therapy] conseiller.

**counselling** *Br*, **counseling** *Am* ['kaʊnsəlɪŋ] *n* [psychological] assistance *f*, conseils *mpl*; to seek ~ se faire conseiller, prendre conseil; she does ~ at the university elle est conseillère auprès des étudiants à l'université.

**counsellor** *Br*, **counselor** *Am* ['kaʊnsələ[r]] *n* **-1.** [in therapy] conseiller *m*, -ère *f*. **-2.** *Am* JUR avocat *m*, -e *f*.

**count** [kaʊnt] ◇ *n* **-1.** compte *m*; [of ballot papers] décompte *m*; it took three/several ~s il a fallu faire trois/plusieurs fois le compte, il a fallu compter trois/plusieurs fois; to have a second ~ refaire le compte, recompter; to lose ~ perdre le compte; I've lost ~ of the number of times he's been late je ne compte plus le nombre de fois où il est arrivé en retard; to keep ~ (of sthg) tenir le compte (de qqch); at the last ~ [gen] la dernière fois qu'on a compté; ADMIN [of people] au dernier recensement; on the ~ of three, begin à trois, vous commencez. **-2.** [in boxing]: to take the ~ être mis K-O ❏ to be out for the ~ [boxer, person in brawl] être K-O; [fast asleep] dormir comme une souche. **-3.** JUR chef *m* d'accusation; guilty on three ~s of murder coupable de meurtre sur trois chefs d'accusation ‖ *fig*: the argument is flawed on both ~s l'argumentation est défectueuse sur les deux points; I'm annoyed with you on a number of ~s je suis fâché contre toi pour un certain nombre de raisons OR à plus d'un titre. **-4.** MED taux *m*; blood (cell) ~ numération *f* globulaire. **-5.** [nobleman] comte *m*.
◇ *vt* **-1.** [add up - gen] compter; [- votes] compter, décompter; to ~ sheep *fig* [when sleepless] compter les moutons; to ~ the pennies faire attention à ses sous; they can be ~ed on the fingers of one hand on peut les compter sur les doigts de la main; ~ your blessings pense à tout ce que tu as pour être heureux; don't ~ your chickens (before they're hatched) *prov* il ne faut pas vendre la peau de l'ours (avant de l'avoir tué) *prov*. **-2.** [include] compter; not ~ing public holidays sans compter les jours fériés. **-3.** [consider] considérer, estimer; do you ~ her as a friend? la considères-tu comme une amie?; student grants are not ~ed as taxable income les bourses d'études ne sont pas considérées comme revenu imposable; ~ yourself lucky (that...) estime-toi heureux (que...).
◇ *vi* **-1.** [add up] compter; to ~ to twenty/fifty/a hundred compter jusqu'à vingt/cinquante/cent; to ~ on one's fingers compter sur ses doigts; ~ing from tomorrow à partir de demain. **-2.** [be considered, qualify] compter; two children ~ as one adult deux enfants comptent pour un adulte; unemployment benefit ~s as taxable income les allocations (de) chômage comptent comme revenu imposable; this exam ~s towards the final mark cet examen compte dans la note finale; that/he doesn't ~ ça/il ne compte pas; his record ~ed in his favour/against him son casier judiciaire a joué en sa faveur/l'a desservi. **-3.** [be important] compter; experience ~s more than qualifications l'expérience compte davantage que les diplômes; he ~s for nothing il n'est pas important, il ne compte pas; a private education doesn't ~ for much now avoir reçu une éducation privée n'est plus un grand avantage de nos jours.
◆ **count down** *vi insep* faire le compte à rebours.
◆ **count in** *vt sep* [include] compter, inclure; to ~ sb in on sthg inclure OR compter qqn dans qqch; ~ me in compte sur moi, je suis partant.
◆ **count on** *vt insep* **-1.** [rely on] compter sur; we're ~ing on you nous comptons sur toi; I wouldn't ~ on him turning up, if I were you si j'étais vous, je ne m'attendrais pas à ce qu'il vienne; I wouldn't ~ on it je n'y compterais pas. **-2.** [expect] compter; I wasn't ~ing on getting here so early je ne comptais pas arriver si tôt; I wasn't ~ing on my husband being here je ne comptais OR pensais pas que mon mari serait ici.
◆ **count out** *vt sep* **-1.** [money, objects] compter. **-2.** [exclude]: (you can) ~ me out ne compte surtout pas sur moi. **-3.** [in boxing]: to be ~ed out être déclaré K-O.

◆ **count up** ◇ *vt sep* compter, additionner; **when you** ~ **it all up** *fig* en fin de compte. ◇ *vi insep* compter, additionner.

**countable** ['kaʊntəbl] *adj* GRAMM [noun] comptable.

**countdown** ['kaʊntdaʊn] *n* ASTRONAUT compte *m* à rebours; **the** ~ **to the wedding/Christmas has begun** *fig* la date du mariage/de Noël se rapproche.

**countenance** ['kaʊntənəns] ◇ *n* -**1.** *fml* OR *lit* [face] visage *m*; [facial expression] expression *f*, mine *f*. -**2.** *fml* [support, approval]: **to give** OR **to lend** ~ **to sthg** approuver qqch. ◇ *vt fml* [support, approve of – terrorism, violence, lying] approuver; [– idea, proposal] approuver, accepter.

**counter** ['kaʊntə'] ◇ *n* -**1.** [in shop] comptoir *m*; **ask at the** ~ [in bank, post office] demandez au guichet ❏ **it's available over the** ~ [medication] on peut l'acheter sans ordonnance; **to sell sthg under the** ~ *Br inf* vendre qqch en douce OR sous le manteau. -**2.** [device] compteur *m*. -**3.** [in board game] jeton *m*. ◇ *comp*: ~ **staff** [in bank, post office] employés *mpl* du guichet, guichetiers *mpl*. ◇ *vt* [respond to – increase in crime, proposal] contrecarrer; [– accusation, criticism] contrer; [– threat] contrer; **he** ~**ed that the project...** il a contré OR riposté en disant que le projet... ◇ *vi* [in boxing] contrer; **then he** ~**ed with his left** puis il a contré du gauche OR fait un contre du gauche; **she** ~**ed with a suggestion that/by asking whether...** elle a riposté en suggérant que/en demandant si... ◇ *adv*: **to go** OR **to run** ~ **to sthg** aller à l'encontre de qqch; **to act** ~ **to sb's advice/wishes** agir à l'encontre des conseils/des souhaits de qqn.

**counteract** [,kaʊntə'rækt] *vt* [person] contrebalancer l'influence de; [influence] contrebalancer; [effects of drug, taste of sthg] neutraliser; [rising crime] lutter contre.

**counterattack** [,kaʊntərə'tæk] MIL & SPORT ◇ *n* contre-attaque *f*, contre-offensive *f*; *fig* [in business, election etc] contre-offensive *f*. ◇ *vi* contre-attaquer; *fig* riposter, contrer.

**counterbalance** [,kaʊntə'bæləns] ◇ *n* contrepoids *m*. ◇ *vt* contrebalancer, faire contrepoids à; *fig* contrebalancer, compenser.

**counterclaim** ['kaʊntəkleɪm] *n* JUR demande *f* reconventionnelle.

**counterclockwise** [,kaʊntə'klɒkwaɪz] *adj* & *adv* Am dans le sens inverse OR contraire des aiguilles d'une montre.

**counterespionage** [,kaʊntər'espɪɑːʒ] *n* contre-espionnage *m*.

**counterfeit** ['kaʊntəfɪt] ◇ *n* [banknote, document] faux *m*, contrefaçon *f*; [piece of jewellery] faux *m*. ◇ *adj* [banknote, passport, document] faux (*f* fausse); [piece of jewellery] contrefait; *fig* [sympathy, affection] feint. ◇ *vt* [banknote, passport, document, piece of jewellery] contrefaire; *fig* [sympathy, affection] feindre.

**counterfeiter** ['kaʊntəfɪtə'] *n* [of banknote] faux-monnayeur *m*; [of document, jewellery] faussaire *m*.

**counterfoil** ['kaʊntəfɔɪl] *n Br* [of cheque, ticket] talon *m*.

**counterinsurgency** [,kaʊntərɪn'sɜːdʒənsɪ] ◇ *n* contre-insurrection *f*. ◇ *adj* [activities, tactics etc] de contre-insurrection.

**counterintelligence** [,kaʊntərɪn'telɪdʒəns] *n* contre-espionnage *m*; [information] renseignements *mpl* (provenant du contre-espionnage).

**countermand** [,kaʊntə'mɑːnd] *vt* [order] annuler.

**countermeasure** [,kaʊntə'meʒə'] *n* contre-mesure *f*.

**countermove** ['kaʊntəmuːv] *n* contre-mesure *f*.

**counteroffensive** [,kaʊntərə'fensɪv] *n* MIL contre-offensive *f*.

**counteroffer** [,kaʊntər'ɒfə'] *n* offre *f*; [higher] surenchère *f*.

**counterpane** ['kaʊntəpeɪn] *n Br* dessus-de-lit *m inv*, couvre-lit *m*.

**counterpart** ['kaʊntəpɑːt] *n* homologue *mf*; [thing] équivalent *m*.

**counterpoint** ['kaʊntəpɔɪnt] *n* MUS contrepoint *m*.

**counterpoise** ['kaʊntəpɔɪz] ◇ *n* contrepoids *m*; **in** ~ en equilibre. ◇ *vt* = **counterbalance**.

**counterproductive** [,kaʊntəprə'dʌktɪv] *adj* qui va à l'encontre du but recherché, qui a des effets contraires, contre-productif.

**Counter-Reformation** *n* HIST contre-réforme *f*.

**counter-revolution** *n* contre-révolution *f*.

**counter-revolutionary** ◇ *n* contre-révolutionnaire *mf*. ◇ *adj* contre-révolutionnaire.

**countersign** ['kaʊntəsaɪn] *vt* contresigner.

**countersunk** ['kaʊntəsʌŋk] *adj* [screw] noyé; [hole] fraisé.

**countertenor** [,kaʊntə'tenə'] *n* MUS [singer] haute-contre *m*; [voice] haute-contre *f*.

**counterweight** ['kaʊntəweɪt] *n* contrepoids *m*.

**countess** ['kaʊntɪs] *n* comtesse *f*.

**counting** ['kaʊntɪŋ] *n* calcul *m*.

**countless** ['kaʊntlɪs] *adj* [deaths, reasons] innombrable; [difficulties, opportunities] innombrable, sans nombre; ~ **letters/people** un nombre incalculable de lettres/personnes; **I've told you** ~ **times not to do that** je t'ai répété des centaines de fois de ne pas faire ça.

**count noun** *n* GRAMM nom *m* comptable.

**countrified** ['kʌntrɪfaɪd] *adj* -**1.** *pej* campagnard, provincial. -**2.** [rural]: **it's quite** ~ **round here** c'est vraiment la campagne ici.

**country** ['kʌntrɪ] (*pl* **countries**) ◇ *n* -**1.** [land, nation] pays *m*; [homeland] patrie *f*; **to fight/to die for one's** ~ se battre/mourir pour sa patrie ❏ **to go to the** ~ *Br* appeler le pays aux urnes. -**2.** [as opposed to the city] campagne *f*; **to live in the** ~ vivre à la campagne; **to travel across** ~ [in car, on bike] prendre OR emprunter les petites routes (de campagne); [on foot] aller à travers champs. -**3.** [area of land, region] région *f*; **we passed through some beautiful** ~ nous avons traversé de beaux paysages; **this is good farming** ~ c'est une bonne région agricole; **Wordsworth/Constable** ~ le pays de Wordsworth/Constable. -**4.** MUS = **country and western**. ◇ *comp* [house, road, town, bus] de campagne; [people] de la campagne; [life] à la campagne; ~ **music** musique *f* country; **'The Country Wife'** *Wycherly* 'la Provinciale'.

**country and western** MUS ◇ *n* musique *f* country. ◇ *comp* [band, music, singer] country; [fan] de country.

**country bumpkin** *n inf & pej* péquenaud *m*, -e *f*, plouc *mf*.

**country club** *n* club sportif ou de loisirs situé à la campagne.

**country dance** *n* danse *f* folklorique.

**country dancing** *n* danse *f* folklorique; **to go** ~ aller danser des danses folkloriques.

**country-dweller** *n* campagnard *m*, -e *f*, habitant *m*, -e *f* de la campagne.

**country house** *n* grande maison de campagne, souvent historique.

**countryman** ['kʌntrɪmən] (*pl* **countrymen** [-mən]) *n* -**1.** [who lives in the country] campagnard *m*, habitant *m* de la campagne. -**2.** [compatriot] compatriote *m*.

**country park** *n Br* parc *m* naturel.

**country seat** *n* [of noble family] manoir *m*.

**countryside** ['kʌntrɪsaɪd] *n* campagne *f*; [scenery] paysage *m*; **in the** ~ à la campagne; **there is some magnificent** ~ **around here** il y a des paysages magnifiques par ici.

**countrywoman** ['kʌntrɪ,wʊmən] (*pl* **countrywomen** [-,wɪmɪn]) *n* -**1.** [who lives in the country] campagnarde *f*, habitante *f* de la campagne. -**2.** [compatriot] compatriote *f*.

**county** ['kaʊntɪ] (*pl* **counties**) ◇ *n* comté *m*. ◇ *comp* [councillor, boundary] de comté; ~ **cricket** *Br* grands matchs de cricket disputés par les équipes du comté.

**county council** *n Br* = conseil *m* général.

**county court** *n* [in England] tribunal *m* d'instance.

**County Hall** *n Br* hôtel *m* du comté, siège *m* du conseil de comté.

**county town** *n* [in England] chef-lieu *m* de comté.

**coup** [kuː] *n* -**1.** [feat] (beau) coup *m*; **to pull off a** ~ réussir un beau coup. -**2.** [overthrow of government] coup *m* d'État.

**coupé** ['kuːpeɪ] *n* AUT coupé *m*.

**couple** ['kʌpl] ◇ *n* -**1.** [pair] couple *m*; **they make a lovely** ~ ils forment un beau couple; **the happy** ~ les jeunes mariés; **they go everywhere as a** ~ ils vont partout ensemble OR en couple. -**2.** [as quantifier] **a** ~ [a few] quelques-uns, quelques-unes; **a** ~ **of** [a few] quelques; [two] deux; **he's a** ~ **years older** *Am* il a deux ou trois ans de plus. ◇ *vi* [animals, birds, humans] s'accoupler. ◇ *vt* -**1.** [horse] atteler, accrocher. -**2.** *fig* [studies] associer, suivre en parallèle; **to** ~ **sthg with sthg** associer qqch à qqch; **her name has been** ~**d with his** [romantically] son nom a été uni au sien;

~d with [accompanied by] associé à; ~d with that,... en plus de cela,..., venant s'ajouter à cela,...

**couplet** ['kʌplɪt] *n* distique *m*.

**coupling** ['kʌplɪŋ] *n* **-1.** [mating – of animals, birds, humans] accouplement *m*.**-2.** [connecting device] accouplement *m*; RAIL attelage *m*.

**coupon** ['kuːpɒn] *n* [voucher, form] coupon *m*; (money-off) ~ coupon de réduction.

**courage** ['kʌrɪdʒ] *n* courage *m*; to have the ~ to do sthg avoir le courage de faire qqch; a woman of great ~ une femme d'un grand courage, une femme très courageuse; to take one's ~ in both hands prendre son courage à deux mains; to take ~ from the fact that... être encouragé par le fait que...; to have the ~ of one's convictions avoir le courage de ses opinions.

**courageous** [kə'reɪdʒəs] *adj* courageux.

**courageously** [kə'reɪdʒəslɪ] *adv* courageusement.

**courgette** [kɔː'ʒet] *n Br* courgette *f*.

**courier** ['kʊrɪəʳ] *n* **-1.** [messenger] courrier *m*, messager *m*; [company] messagerie *f*; to send sthg by ~ envoyer qqch par courrier. **-2.** [on journey] accompagnateur *m*, -trice *f*.

**course** [kɔːs] ◇ *n* **-1.** [path, route – of ship, plane] route *f*; [– of river] cours *m*; what is our ~? quelle est notre route?; to change ~ [ship, plane, company] changer de cap OR de direction; *fig* [argument, discussion] changer de direction, dévier; to be on ~ [ship, plane] suivre le cap fixé; *fig* être en bonne voie; to be off ~ [ship, plane] dévier de son cap; you're a long way off ~ [walking, driving] vous n'êtes pas du tout dans la bonne direction OR sur la bonne route; [with project, workflow] vous êtes en mauvaise voie; the company is on ~ to achieve a record profit *fig* la société est bien partie pour atteindre des bénéfices record; to set a ~ for Marseilles [ship, plane] mettre le cap sur Marseille. **-2.** *fig* [approach]: ~ (of action) ligne *f* (de conduite); what other ~ is open to us? quelle autre solution avons-nous?; your best ~ of action is to sue la meilleure chose que vous ayez à faire est d'intenter un procès. **-3.** [development, progress – of history, war] cours *m*; the law must take its ~ la loi doit suivre son cours; the illness takes OR runs its ~ la maladie suit son cours □ you will forget him in the ~ of time tu finiras par l'oublier; in the normal OR ordinary ~ of events normalement, en temps normal. **-4.** SCH & UNIV enseignement *m*, cours *mpl*; it's a five-year ~ c'est un enseignement sur cinq ans; we offer ~s in a number of subjects nous offrons OR proposons des enseignements OR des cours dans plusieurs domaines; I'm taking OR doing a computer ~ je suis des cours OR un stage d'informatique; what are the other people on the ~ like? comment sont les autres personnes qui suivent les cours?**-5.** MED : a ~ of injections une série de piqûres; a ~ of pills un traitement à base de comprimés; ~ of treatment [for an illness] traitement *m*.**-6.** [in meal] plat *m*; first ~ entrée *f*; there's a cheese ~ as well il y a aussi du fromage. **-7.** [for golf] terrain *m*; [for horse-racing] champ *m* de courses; to stay the ~ tenir le coup. **-8.** [of bricks] assise *f*.
◇ *vi* **-1.** [flow]: tears ~d down his cheeks les larmes ruisselaient sur ses joues; I could feel the blood coursing through my veins je sentais le sang bouillonner dans mes veines. **-2.** [hunt rabbits, hares] chasser le lièvre.
◆ **in the course of** *prep phr* au cours de; **in the ~ of the next few weeks** dans le courant des semaines qui viennent.
◆ **of course** *adv phr* bien sûr; of ~ I believe you/she loves me, of ~ you bien sûr que je te crois/qu'elle t'aime; no-one believed me, of ~ évidemment OR bien sûr, personne ne m'a cru; I'll tell you of ~ il va de soi que je vous le dirai; was there much damage? – of ~! y a-t-il eu beaucoup de dégâts? – tu parles!; of ~ not! bien sûr que non!

**-course** *in cpds*: a three/five~ meal un repas comprenant trois/cinq plats.

**'course** *interj inf* = **of course**.

**coursebook** ['kɔːsbʊk] *n* livre *m* de classe.

**coursework** ['kɔːswɜːk] *n* travail *m* de l'année (*qui permet d'exercer le contrôle continu*).

**court** [kɔːt] ◇ *n* **-1.** JUR [institution] cour *f*, tribunal *m*; [court room, people in room] cour *f*; silence in ~! silence dans la salle!; to appear in ~ [accused, witness] comparaître au tribunal; to come before a ~ comparaître devant un tribunal; to take sb to ~ poursuivre qqn en justice, intenter un pro-

cès contre qqn; to go to ~ faire appel à la justice, aller en justice; to go to ~ over sthg faire appel à la justice pour régler qqch; to settle sthg out of ~ régler qqch à l'amiable; it won't stand up in ~ OR in a ~ of law cela n'aura aucun poids au tribunal; to put OR to rule sthg out of ~ *fig* exclure qqch. **-2.** [of monarch – people] cour *f*; [– building] palais *m*; to be presented at ~ *Br* être introduit à la cour; to hold ~ *fig* avoir une cour d'adorateurs. **-3.** SPORT [tennis, badminton] court *m*, terrain *m*; [squash] salle *f*; to come on ~ entrer sur le court OR terrain. **-4.** [courtyard] cour *f*.
◇ *comp* **-1.** JUR: ~ **reporter** chroniqueur *m* judiciaire; ~ **usher** huissier *m* de justice. **-2.** [royal]: ~ **jester** bouffon *m* de cour; it is said in ~ circles that... on dit à la cour que...
◇ *vt* **-1.** *literal & dated* faire la cour à, courtiser. **-2.** *fig* [voters] courtiser, chercher à séduire; to ~ **popularity** chercher à se rendre populaire; to ~ **sb's approval/support** chercher à gagner l'approbation/le soutien de qqn; to ~ **danger/ disaster** aller au devant du danger/désastre.
◇ *vi dated* [one person] fréquenter; [two people] se fréquenter.

**court case** *n* procès *m*, affaire *f*.

**court circular** *n* rubrique d'un journal indiquant les engagements officiels de la famille royale.

**courteous** ['kɜːtjəs] *adj* [person, gesture, treatment] courtois.

**courteously** ['kɜːtjəslɪ] *adv* [speak, reply etc] avec courtoisie, courtoisement.

**courtesan** [,kɔːtɪ'zæn] *n* courtisane *f*.

**courtesy** ['kɜːtɪsɪ] (*pl* **courtesies**) ◇ *n* **-1.** [politeness] courtoisie *f*; at least have the ~ to apologize aie au moins la courtoisie de t'excuser; it would only have been common ~ to apologize la moindre des courtoisies OR politesses aurait été de s'excuser; do her the ~ of hearing what she has to say aie l'obligeance d'écouter ce qu'elle a à dire. **-2.** [polite action, remark] politesse *f*; after a brief exchange of courtesies après un bref échange de politesses; to show sb every ~ faire montre d'une extrême courtoisie envers qqn.
◇ *comp* [call, visit] de politesse; to pay a ~ **call on sb** rendre une visite de politesse à qqn; ~ **coach** OR **shuttle** [at airport] navette *f* gratuite; ~ **car** voiture *f* de courtoisie (*voiture mise à la disposition d'un client*); ~ **light** AUT plafonnier *m*.
◆ **(by) courtesy of** *prep phr* avec l'aimable autorisation de.

**courthouse** ['kɔːthaʊs, *pl* -haʊzɪz] *n Am* palais *m* de justice, tribunal *m*.

**courtier** ['kɔːtjəʳ] *n* courtisan *m*.

**courting** ['kɔːtɪŋ] *adj dated*: ~ **couple** couple *m* d'amoureux.

**courtly** ['kɔːtlɪ] *adj* [person, manners] plein de style et de courtoisie; ~ **love** HIST amour *m* courtois.

**court-martial** (*pl* **courts-martial**, *Br pt & pp* **court-martialled**, *cont* **court-martialling**, *Am pt & pp* **court-martialed**, *cont* **court-martialing**) MIL ◇ *n* tribunal *m* militaire; to be tried by ~ être jugé par un tribunal militaire. ◇ *vt* faire comparaître devant un tribunal militaire.

**Court of Appeal** *pr n* cour *f* d'appel.

**court of appeals** *n Am* cour *f* d'appel.

**court of inquiry** *n Br* [body of people] commission *f* d'enquête; [investigation] enquête *f*.

**court order** *n* ordonnance *f* du tribunal.

**courtroom** ['kɔːtrʊm] *n* salle *f* d'audience.

**courtship** ['kɔːtʃɪp] ◇ *n* **-1.** [of couple]: their ~ lasted six years ils se sont fréquentés pendant six ans. **-2.** [of animals] période *f* nuptiale, période *f* des amours. ◇ *adj* [dance, display, ritual] nuptial.

**court shoe** *n Br* escarpin *m*.

**courtyard** ['kɔːtjɑːd] *n* [of building] cour *f*.

**cousin** ['kʌzn] *n* cousin *m*, -e *f*; our American ~s *fig* nos cousins américains.

**couture** [kuː'tʊəʳ] *n* couture *f*.

**couturier** [kuː'tʊərɪeɪ] *n* couturier *m*, -ère *f*.

**cove** [kəʊv] *n* [bay] crique *f*.

**coven** ['kʌvn] *n* ordre *m* OR réunion *f* de sorcières.

**covenant** ['kʌvənənt] ◇ *n* **-1.** [promise of money] convention *f*, engagement *m*; (deed of) ~ contrat *m*.**-2.** [agreement] engagement *m*. ◇ *vt* [promise payment of] s'engager (par contrat) à payer. ◇ *vi*: to ~ **for a sum** s'engager (par contrat) à payer une somme.

**Coventry** ['kɒvəntrɪ] *pr n*: to send sb to ~ *Br* mettre qqn en quarantaine *fig.*

**cover** ['kʌvəʳ] ◇ *n* **-1.** [material – for bed] couverture *f*; [– for cushion, typewriter] housse *f*.-**2.** [lid] couvercle *m*.-**3.** [of book, magazine] couverture *f*; **to read a book (from) ~ to ~** lire un livre de la première à la dernière page OR d'un bout à l'autre. -**4.** [shelter, protection] abri *m*; [for birds, animals] couvert *m*; **to take ~** se mettre à l'abri; **to take ~ from the rain** s'abriter de la pluie; **that tree will provide ~** cet arbre va nous permettre de nous abriter OR nous offrir un abri; **air ~** MIL couverture *f* aérienne; **to keep sthg under ~** garder qqch à l'abri; **to do sthg under ~ of darkness** faire qqch à la faveur de la nuit; **they escaped under ~ of the riot/noise** ils ont profité de l'émeute/du bruit pour s'échapper; **to work under ~** travailler clandestinement ❑ **to break ~** [animal, person in hiding] sortir à découvert. -**5.** [in insurance] couverture *f*; **to have ~ against sthg** être couvert OR assuré contre qqch; **I've taken out ~ for medical costs** j'ai pris une assurance pour les frais médicaux. -**6.** [disguise, front – for criminal enterprise] couverture *f*; [– for spy] fausse identité *f*, identité *f* d'emprunt; **your ~ has been blown** *inf* vous avez été démasqué; **it's just a ~ for her shyness** c'est juste pour cacher OR masquer sa timidité. -**7.** [during a person's absence] remplacement *m*; **to provide ~ for sb** remplacer qqn. -**8.** MUS [new version of song] reprise *f*.-**9.** [in restaurant] couvert *m*.-**10.** [envelope] enveloppe *f*; **under plain/separate ~** sous pli discret/séparé ❑ **~ letter** *Am* lettre *f* explicative OR de couverture; **first-day ~** [for philatelist] émission *f* du premier jour, enveloppe premier jour.
◇ *vt* **-1.** [in order to protect] couvrir; [in order to hide] cacher, dissimuler; [cushion, chair, settee] recouvrir; **to ~ sthg with a sheet/blanket** recouvrir qqch d'un drap/d'une couverture; **to ~ one's eyes/ears** se couvrir les yeux/les oreilles; **to ~ one's shyness/nervousness** dissimuler OR masquer sa timidité/nervosité. -**2.** [coat – subj: dust, snow] recouvrir; **to be ~ed in dust/snow** être recouvert de poussière/neige; **his face was ~ed in spots** son visage était couvert de boutons; **you're ~ing everything in dust/paint** tu mets de la poussière/peinture partout; **to ~ o.s. in glory** *fig* se couvrir de gloire. -**3.** [extend over, occupy – subj: city, desert etc] couvrir une surface de; **water ~s most of the earth's surface** l'eau recouvre la plus grande partie de la surface de la terre; **his interests ~ a wide field** il a des intérêts très variés; **does this translation ~ the figurative meaning of the word?** cette traduction couvre-t-elle bien le sens figuré du mot?-**4.** [travel over] parcourir, couvrir; **we've ~ed every square inch of the park looking for it** nous avons ratissé chaque centimètre carré du parc pour essayer de le retrouver. -**5.** [deal with] traiter; **there's one point we haven't ~ed** il y a un point que nous n'avons pas traité OR vu; **the law doesn't ~ that kind of situation** la loi ne prévoit pas ce genre de situation. -**6.** PRESS, RADIO & TV [report on] couvrir, faire la couverture de. -**7.** [subj: salesman, representative] couvrir. -**8.** [be enough money for – damage, expenses] couvrir; [– meal] suffire à payer; **£30 should ~ it** 30 livres devraient suffire; **to ~ one's costs** [company] rentrer dans ses frais. -**9.** [insure] couvrir, garantir; **to be ~ed against** OR **for sthg** être couvert OR assuré contre qqch. -**10.** [with gun – colleague] couvrir; **I've got you ~ed** [to criminal] j'ai mon arme braquée sur toi. -**11.** [monitor permanently – exit, port etc] avoir sous surveillance. -**12.** SPORT marquer. -**13.** MUS [song] faire une reprise de. -**14.** [subj: male animal] couvrir, s'accoupler avec.
◇ *vi*: **to ~ for sb** remplacer qqn.
◆ **cover up** ◇ *vt sep* **-1.** [hide, conceal] cacher, dissimuler; [in order to protect] recouvrir; *pej* [involvement, report etc] dissimuler, garder secret; [affair] étouffer; **they ~ed up the body with a sheet** ils ont recouvert le cadavre d'un drap. -**2.** [in order to keep warm] couvrir. ◇ *vi insep* [hide something]: **to ~ up for sb** servir de couverture à qqn, couvrir qqn; **they're ~ing up for each other** ils se couvrent l'un l'autre.

**coverage** ['kʌvərɪdʒ] *n* **-1.** PRESS, RADIO & TV reportage *m*; **his ~ of the coup** le reportage qu'il a fait du coup d'État; **royal weddings always get a lot of ~** les mariages de la famille royale bénéficient toujours d'une importante couverture médiatique; **the author's ~ of the years 1789 to 1815 is sketchy** l'auteur traite les années 1789-1815 de manière sommaire; **radio/television ~ of the tournament** la retransmission radiophonique/télévisée du tournoi. -**2.** [in insurance] couverture *f*.

**coveralls** ['kʌvərɔːlz] *npl Am* bleu *m* OR bleus *mpl* (de travail).
**cover charge** *n* [in restaurant] couvert *m*.
**cover price** *n* [of magazine] prix *m*.
**cover girl** *n* cover-girl *f*.
**covering** ['kʌvərɪŋ] ◇ *n* [of snow, dust] couche *f*. ◇ *adj*: **~ fire** MIL tir *m* de couverture; **~ letter** *Br* lettre *f* explicative OR de couverture.
**cover note** *n Br* attestation *f* provisoire.
**cover story** *n* article *m* principal (faisant la couverture).
**covert** ['kʌvət] ◇ *adj* [operation, payments, contacts] secret (*f* -ète); [threats] voilé; [glance, look] furtif; **she had a ~ dislike of him** sans le laisser paraître, elle ne pouvait pas le souffrir. ◇ *n* [hiding place for animals] fourré *m*, couvert *m*.
**covertly** ['kʌvətlɪ] *adv* [sold, paid] secrètement; [threaten] de manière voilée; [signal] furtivement.
**cover-up** *n*: **the government has been accused of a ~** le gouvernement a été accusé d'avoir étouffé l'affaire; **it's a ~** c'est un complot.
**cover version** *n* MUS [of song] reprise *f*.
**covet** ['kʌvɪt] *vt* [crave, long for] convoiter; [wish for] avoir très envie de; **the much ~ed prix Goncourt** le prix Goncourt, objet de tant de convoitise.
**covetous** ['kʌvɪtəs] *adj* [person] avide; [look] de convoitise.
**covetously** ['kʌvɪtəslɪ] *adv* avec convoitise.
**covetousness** ['kʌvɪtəsnɪs] *n* convoitise *f*, avidité *f*.
**covey** ['kʌvɪ] *n* compagnie *f* OR vol *m* de perdrix.
**cow** [kaʊ] ◇ *n* **-1.** [farm animal] vache *f*; **we'll be here until the ~s come home!** *fig* on y sera encore dans dix ans! **I could eat chocolate ice cream until the ~s come home** de la glace au chocolat, je pourrais en manger des kilos et des kilos. -**2.** [female elephant] éléphant *m* femelle, éléphante *f*; [female seal] phoque *m* femelle; [female whale] baleine *f* femelle. -**3.** ▽ *Br pej* [woman] conasse *f*; **you silly ~!** espèce d'abrutie! ◇ *vt* effrayer, intimider.
**coward** ['kaʊəd] *n* lâche *mf*, poltron *m*, -onne *f*; **don't be such a ~** ne sois pas aussi lâche; **I'm an awful ~ when it comes to physical pain** j'ai très peur de OR je redoute beaucoup la douleur physique.
**cowardice** ['kaʊədɪs] *n* lâcheté *f*; **moral ~** manque *m* de force morale.
**cowardliness** ['kaʊədlɪnɪs] *n* lâcheté *f*.
**cowardly** ['kaʊədlɪ] *adj* lâche.
**cowbell** ['kaʊbel] *n* clochette *f*, sonnaille *f*.
**cowboy** ['kaʊbɔɪ] *n* **-1.** [in American West] cow-boy *m*; **to play ~s and Indians** jouer aux cow-boys et aux Indiens. -**2.** *inf* & *pej* petit rigolo *m*. ◇ *comp* de cow-boy; **~ boots** bottes *fpl* de cow-boy, santiags *fpl*; **~ film** OR **movie** film *m* de cow-boys.
**cower** ['kaʊəʳ] *vi* [person] se recroqueviller; [animal] se tapir; **I ~ed** OR **was ~ing in my seat** j'étais recroquevillé sur ma chaise; **she ~ed away from him** tremblant de peur, elle s'est écartée de lui; **he stood ~ing before the boss** il tremblait devant le patron.
**cowgirl** ['kaʊgɜːl] *n* vachère *f*.
**cowherd** ['kaʊhɜːd] *n* vacher *m*, bouvier *m*.
**cowhide** ['kaʊhaɪd] *n* peau *f* de vache; [leather] cuir *m* OR peau *f* de vache.
**cowl** [kaʊl] *n* **-1.** [of chimney] capuchon *m*.-**2.** [of monk] capuchon *m*.-**3.** [on sweater, dress]: **~ neck** OR **neckline** col *m* boule.
**cowlick** ['kaʊlɪk] *n Am* mèche *f* rebelle.
**cowman** ['kaʊmən] (*pl* **cowmen** [-mən]) *n* vacher *m*, bouvier *m*.
**co-worker** *n* collègue *mf*.
**cowpat** ['kaʊpæt] *n* bouse *f* de vache.
**cowrie, cowry** ['kaʊrɪ] (*pl* **cowries**) *n* [shell] cauri *m*.
**cowshed** ['kaʊʃed] *n* étable *f*.
**cowslip** ['kaʊslɪp] *n* BOT primevère *f*, coucou *m*.
**cox** [kɒks] ◇ *n* [of rowing team] barreur *m*, -euse *f*. ◇ *vt* barrer. ◇ *vi* barrer; **he has ~ed for Cambridge** il a été barreur dans l'équipe de Cambridge.
**coxswain** ['kɒksən] *n* [of rowing team] barreur *m*, -euse *f*; [of lifeboat] timonier *m*, homme *m* de barre.
**coy** [kɔɪ] *adj* **-1.** [shy – person] qui fait le/la timide; [– answer,

smile] faussement timide. **-2.** [provocative, playful] coquet.
**-3.** [evasive] évasif.

**coyly** ['kɔɪlɪ] *adv* [timidly] avec une timidité affectée OR
feinte; [provocatively] coquettement.

**coyness** ['kɔɪnɪs] *n* [timidness] timidité *f* affectée OR feinte;
[provocativeness] coquetteries *fpl*.

**coyote** [kɔɪ'əʊtɪ] *n* coyote *m*.

**cozy** *etc Am* = **cosy**.

**cp.** (*written abbr of* **compare**) cf.

**c/p** (*written abbr of* **carriage paid**) pp.

**CP** (*abbr of* **Communist Party**) *pr n* PC *m*.

**CPA** *n Am abbr of* **certified public accountant**.

**CPI** (*abbr of* **Consumer Price Index**) *n* IPC *m*.

**Cpl.** *written abbr of* **corporal**.

**CP/M** (*abbr of* **control program for microcomputers**) *n* CP/
M *m*.

**c.p.s.** (*written abbr of* **characters per second**) cps.

**CPS** (*abbr of* **Crown Prosecution Service**) *n* ≈ ministère *m*
publique.

**CPSA** (*abbr of* **Civil and Public Services Association**) *pr n*
syndicat de la fonction publique.

**CPU** (*abbr of* **central processing unit**) *n* unité *f* centrale (de
traitement).

**cr. -1.** *written abbr of* **credit. -2.** *written abbr of* **creditor**.

**crab** [kræb] (*pt* & *pp* **crabbing**) ◇ *n* **-1.** ZOOL
crabe *m*.**-2.** to catch a ~ [above surface of water] donner un
coup d'aviron dans le vide; [below surface of water] engager la
rame trop profond. **-3.** ASTRON: the Crab le Cancer. ◇ *vi*
[grumble] maugréer, rouspéter.
◆ **crabs** *npl* MED morpions *mpl*.

**crab apple** *n* [fruit] pomme *f* sauvage; ~ (tree) pommier *m*
sauvage.

**crabby** ['kræbɪ] (*compar* **crabbier**, *superl* **crabbiest**) *adj inf* grognon, ronchon.

**crack** [kræk] ◇ *n* **-1.** [in cup, glass, egg] fêlure *f*; [in ceiling,
wall] lézarde *f*, fissure *f*; [in ground] crevasse *f*; [in varnish, en-
amel] craquelure *f*; [in skin] gerçure *f*, crevasse *f*; [in bone] fêlure *f*; *fig* [fault – in policy, argument etc] fissure *f*, faiblesse *f*; the
~s are beginning to show in their marriage *fig* leur ma-
riage commence à a donner des signes de délabrement. **-2.**
[small opening or gap – in floorboards, door etc]: fente *f*; [– in wall]
fissure *f*. **-3.** [noise] craquement *m*; [of thunder] coup *m*.**-4.**
[blow – on head, knee etc] coup *m*; I gave myself a ~ on the
head je me suis cogné la tête. **-5.** *inf* [attempt] tentative *f*; I'll
have a ~ (at it), I'll give it a ~ je vais tenter le coup, je vais
essayer (un coup); do you want another ~ (at it)? tu veux
réessayer?, tu veux retenter le coup? ❏ to give sb a fair ~
of the whip donner toutes les chances OR sa chance à qqn.
**-6.** [joke, witticism] blague *f*, plaisanterie *f*.**-7.** [drug] crack
*m*.**-8.** *phr*: at the ~ of dawn au point du jour; I've been up
since the ~ of dawn je suis debout OR levé depuis l'aube.
◇ *adj* [regiment, team etc] d'élite; one of their ~ players un
de leurs meilleurs joueurs; ~ shot tireur *m*, -euse *f* d'élite.
◇ *vt* **-1.** [damage – cup, glass, egg] fêler; [– ice] fendre; [– ceiling, wall] lézarder, fissurer; [– ground] crevasser; [– varnish, en-
amel] craqueler; [– skin] gercer, crevasser; [– bone] fêler. **-2.**
[open – eggs, nuts] casser; to ~ a safe fracturer un coffre-
fort; to ~ (open) a bottle *inf* ouvrir OR déboucher une bouteille. **-3.** [bang, hit – head, knee]: to ~ one's head/knee on
sthg se cogner la tête/le genou contre qqch. **-4.** [make noise
with – whip] faire claquer; [– knuckles] faire craquer; to ~ the
whip faire le gendarme. **-5.** *inf phr*: to ~ a joke sortir une
blague. **-6.** [solve]: to ~ a code déchiffrer un code; the police think they have ~ed the case la police pense qu'elle a
résolu l'affaire; I think we've ~ed it je pense que nous y
sommes arrivés. **-7.** CHEM craquer.
◇ *vi* **-1.** [cup, glass, ice] se fissurer, se fêler; [ceiling, wall] se
lézarder, se fendre; [ground] se crevasser; [varnish, enamel]
se craqueler; [skin] se gercer, se crevasser; [bone] se fêler. **-2.**
[make noise – whip] claquer; [– twigs] craquer; a rifle ~ed and
he dropped to the ground un coup de fusil a retenti et il
s'est effondré. **-3.** [give way, collapse – through nervous ex-
haustion] s'effondrer, craquer; [– under questioning, surveil-
lance] craquer; their marriage ~ed under the strain leur
mariage s'est détérioré sous l'effet du stress; his voice ~ed
with emotion sa voix se brisa sous le coup de l'émotion.

**-4.** *inf phr*: to get ~ing [start work] s'y mettre, se mettre au
boulot; [get ready, get going] se mettre en route; I'll get ~ing
on dinner/cleaning the windows je vais me mettre à préparer le dîner/nettoyer les vitres; get ~ing!, let's get ~ing!
au boulot!
◆ **crack down** *vi insep* sévir; to ~ down on sthg/sb sévir
contre qqch/qqn.
◆ **crack open** *vt sep* [eggs, nuts] casser; *inf* [bottle] ouvrir, déboucher.
◆ **crack up** ◇ *vi insep* **-1.** [ice] se fissurer; [ground] se crevasser. **-2.** *inf* [through nervous exhaustion] s'effondrer, craquer; I
must be ~ing up [going mad] je débloque. **-3.** *inf* [with laugh-
ter] se tordre de rire. ◇ *vt sep* **-1.** [make laugh] faire se tordre
de rire. **-2.** (*always passive*) [say good things about]: he's not
what he's ~ed up to be il n'est pas aussi fantastique qu'on
le dit OR prétend; the play is everything it's ~ed up to be la
pièce a toutes les qualités qu'on lui vante.

**crackbrained** ['krækbreɪnd] *adj inf* débile, dingue.

**crackdown** ['krækdaʊn] *n*: we're going to have a ~ on petty theft on va sévir contre les petits larcins; the annual
Christmas ~ on drunk driving les mesures répressives prises tous les ans à Noël contre la conduite en état d'ivresse.

**cracked** [krækt] *adj* **-1.** [damaged – cup, glass] fêlé; [– ice]
fendu; [– ceiling, wall] lézardé; [– ground] crevassé; [– varnish]
craquelé; [– skin] gercé, crevassé. **-2.** *inf* [mad – person] fêlé,
taré.

**cracker** ['krækə'] *n* **-1.** [savoury biscuit] biscuit *m* salé, cracker *m*.**-2.** *Br* [for pulling] *papillote contenant un pétard et une surprise, traditionnelle au moment des fêtes*. **-3.** [firework] pétard
*m*.**-4.** *inf* [good-looking person] canon *m*.**-5.** *inf* [something excellent of its kind]: that was a ~ of a goal c'était un but sensass.

**crackers** ['krækəz] *adj inf* cinglé, fêlé, taré; to drive sb ~
faire tourner qqn en bourrique.

**cracking** ['krækɪŋ] ◇ *adj* **-1.** [excellent] génial, épatant. **-2.**
[fast]: to keep up a ~ pace aller à fond de train. ◇ *adv Br inf*
& *dated*: ~ good [match, meal] de première. ◇ *n* CHEM craquage *m*; ~ plant usine *f* de craquage.

**crackle** ['krækl] ◇ *vi* [paper, dry leaves] craquer; [fire] crépiter, craquer; [radio] grésiller; to ~ with energy *fig* pétiller
d'énergie. ◇ *vt* [glaze] craqueler. ◇ *n* [of paper, twigs] craquement *m*; [of fire] crépitement *m*, craquement *m*; [of radio]
grésillement *m*; [on telephone] friture *f*; [of machine-gun fire]
crépitement *m*.

**crackling** ['kræklɪŋ] *n* **-1.** CULIN couenne *f* rôtie. **-2.** [noise]=
**crackle**.

**crackly** ['kræklɪ] (*compar* **cracklier**, *superl* **crackliest**) *adj*: the
line is a bit ~ [on phone] il y a de la friture sur la ligne; the
radio's a bit ~ la radio grésille un peu.

**cracknel** ['kræknl] *n* [biscuit] craquelin *m*; [filling for chocolate]
nougatine *f*.

**crackpot** ['krækpɒt] *inf* ◇ *n* [person] tordu *m*, -e *f*, cinglé *m*,
-e *f*. ◇ *adj* [idea, scheme] tordu; [person] tordu, cinglé.

**crack-up** *inf n* **-1.** [of person] dépression *f* (nerveuse). **-2.** [of
country, economy] effondrement *m*.

**Cracow** ['krækaʊ] *pr n* Cracovie.

**cradle** ['kreɪdl] ◇ *n* **-1.** [for baby] berceau *m*; *fig* berceau *m*;
from the ~ to the grave du berceau au tombeau; to rob the
~ *Am hum* les prendre au berceau OR biberon. **-2.** [frame – for
painter, window cleaner] pont *m* volant, échafaudage *m* volant;
[– in hospital bed] arceau *m*.**-3.** TELEC support *m* (du combiné).
◇ *vt* [hold carefully – baby, kitten] tenir tendrement (dans ses
bras); [– delicate object] tenir précieusement OR délicatement
(dans ses bras).

**cradle-snatcher** *n Br inf*: ~! tu les prends au berceau!

**cradle-song** *n* berceuse *f*.

**craft** [krɑːft] (*pl sense 3 inv*) ◇ *n* **-1.** [of artist, artisan] art *m*, métier *m*.**-2.** [guile, cunning] ruse *f*; to obtain sthg by ~ obtenir
qqch par la ruse. **-3.** [boat, ship] bateau *m*; [aircraft] avion *m*;
[spacecraft] engin *m* OR vaisseau *m* spatial. ◇ *comp*: ~(s) fair
foire *f* d'artisanat; ~ guild corporation *f* artisanale OR
d'artisans. ◇ *vt* (*usu passive*) travailler; a hand ~ed table une
table travaillée à la main; a beautifully ~ed film *fig* un film
magnifiquement travaillé.

**craftily** ['krɑːftɪlɪ] *adv* astucieusement; to behave ~ agir astucieusement OR habilement; *pej* agir avec ruse.

**craftiness** ['krɑːftɪnɪs] *n* habileté *f*; *pej* ruse *f*, roublardise *f*.

**craftsman** ['krɑːftsmən] (*pl* **craftsmen** [-mən]) *n* artisan *m*, homme *m* de métier; [writer, actor] homme *m* de métier.

**craftsmanship** ['krɑːftsmənʃɪp] *n* connaissance *f* d'un OR du métier; a **fine example of** ~ un bel ouvrage, un vrai travail d'artiste; **the** ~ **is superb** cela a été superbement travaillé.

**crafty** ['krɑːftɪ] (*compar* **craftier**, *superl* **craftiest**) *adj* [person, idea, scheme] malin (*f* -igne), astucieux; *pej* [person] rusé, roublard; [idea, scheme] rusé; **you** ~ **old devil!** espèce de vieux renard!

**crag** [kræg] *n* [steep rock] rocher *m* escarpé OR à pic.

**craggy** ['krægɪ] (*compar* **craggier**, *superl* **craggiest**) *adj* [hill] escarpé, à pic; *fig* [features] anguleux, taillé à la serpe.

**cram** [kræm] (*pt* & *pp* **crammed**, *cont* **cramming**) ◇ *vt* **-1.** [objects] fourrer; [people] entasser; **to** ~ **sthg into a drawer** fourrer qqch dans un tiroir; **to** ~ **clothes into a suitcase** bourrer des vêtements dans une valise, bourrer une valise de vêtements; **could you** ~ **one more person in?** y aurait-il encore une petite place?; **to** ~ **food into one's mouth** se bourrer de nourriture, se gaver; **I crammed a lot of quotations into my essay** j'ai bourré ma dissertation de citations; **we crammed a lot into one day** on en a fait beaucoup en une seule journée. **-2.** *inf* SCH [facts] apprendre à toute vitesse; [students] faire bachoter. ◇ *vi* **-1.** *inf* [study hard] bachoter. **-2.** [into small space]: **we all crammed into his office** nous nous sommes tous entassés dans son bureau.

**crammed** ['kræmd] *adj* [full – bus, train, room, suitcase] bourré, bondé; **to be** ~ **with people** être bondé; **to be** ~ **with sthg** être plein à craquer OR bourré de qqch; **the encyclopedia is** ~ **with useful information** l'encyclopédie regorge d'informations utiles.

**cramming** ['kræmɪŋ] *n inf* [intensive learning] bachotage *m*; [intensive teaching] bourrage *m* de crâne.

**cramp** [kræmp] ◇ *n* **-1.** (*U*) [muscle pain] crampe *f*; **to have** ~ OR *Am* **a** ~ avoir une crampe; **I've got** ~ **in my leg** j'ai une crampe à la jambe; **to have stomach** ~, **to have** ~**s** *Am* avoir des crampes d'estomac ❏ **writer's** ~ crampe *f* des écrivains. **-2.** [in carpentry] serre-joint *m*. ◇ *vt* **-1.** [hamper – person] gêner; [– project] entraver, contrarier; **to** ~ **sb's style** *inf* faire perdre tous ses moyens à qqn, priver qqn de ses moyens. **-2.** [secure with a cramp] maintenir à l'aide d'un serre-joint.

**cramped** [kræmpt] *adj* **-1.** [room, flat] exigu (*f* -ë); **they live in very** ~ **conditions** ils vivent très à l'étroit; **we're a bit** ~ **for space** nous sommes un peu à l'étroit. **-2.** [position] inconfortable. **-3.** [handwriting] en pattes de mouche, serré.

**crampon** ['kræmpən] *n* crampon *m* (à glace).

**cranberry** ['krænbərɪ] (*pl* **cranberries**) ◇ *n* airelle *f*. ◇ *comp*: ~ **sauce** sauce *f* aux airelles.

**crane** [kreɪn] ◇ *n* **-1.** ORNITH grue *f*. **-2.** TECH & CIN grue *f*. ◇ *comp*: ~ **driver** OR **operator** grutier *m*. ◇ *vt*: **to** ~ **one's neck** tendre le cou. ◇ *vi*: **to** ~ **(forward)** tendre le cou.

**crane fly** *n* tipule *f* des prés OR des prairies.

**crania** ['kreɪnjə] *pl* → **cranium**.

**cranial** ['kreɪnjəl] *adj* crânien.

**cranium** ['kreɪnjəm] (*pl* **craniums** OR **crania** [-njə]) *n* [skull – gen] crâne *m*; [– enclosing brain] boîte *f* crânienne.

**crank** [kræŋk] ◇ *n* **-1.** *inf* [eccentric] excentrique *mf*; **a religious** ~ un/une fanatique; **she's a bit of a** ~ elle est un peu excentrique, c'est un cas. **-2.** *Am inf* [bad-tempered person] grognon *m*, -onne *f*. **-3.** MECH: ~ **(handle)** manivelle *f*. ◇ *vt* [engine] démarrer à la manivelle; [gramophone] remonter à la manivelle.

◆ **crank out** *vt sep Am inf* [books, plays etc] produire en quantités industrielles.

**crankshaft** ['kræŋkʃɑːft] *n* vilebrequin *m*.

**cranky** ['kræŋkɪ] (*compar* **crankier**, *superl* **crankiest**) *adj inf* **-1.** [eccentric – person, behaviour, ideas] bizarre. **-2.** *Am* [bad-tempered] grognon. **-3.** [unreliable – machine] capricieux.

**cranny** ['krænɪ] (*pl* **crannies**) *n* fente *f*.

**crap** [kræp] (*pt* & *pp* **crapping**, *cont* **crapping**) ◇ *n* (*U*) **-1.** ▼ [faeces] merde *f*; **to have a** ~ chier. **-2.** ▽ *fig* [nonsense] conneries *fpl*; **to talk** ~ raconter OR dire des conneries; **don't give me that** ~! arrête de me raconter des conneries! **-3.** ▽ *fig* [rubbish] merde *f*; **get all this** ~ **off the table** enlève tout ce bordel OR toute cette merde de la table; **he writes abso-**

lute ~ ce qu'il écrit c'est de la merde. **-4.** *Am* [dice game] *jeu de dés similaire au quatre-vingt-et-un et où on parie sur le résultat.* ◇ *vi* ▼ [defecate] chier. ◇ *adj* ▽ *Br* [of very poor quality] de merde, merdique.

◆ **craps** *n Am*: **to shoot** ~ [play game] jouer aux dés, faire une partie de dés; [throw dice] lancer les dés.

**crappy** ▽ ['kræpɪ] (*compar* **crappier**, *superl* **crappiest**) *adj* [programme, book etc] de merde, merdique, à la con; [remark, action] dégueulasse.

**crash** [kræʃ] ◇ *n* **-1.** [accident] accident *m*; **car/plane/train** ~ accident de voiture/d'avion/ferroviaire; **to have a** ~ avoir un accident; **to be (involved) in a** ~ [person] avoir un accident; **the car looks as though it has been in a** ~ la voiture semble avoir été accidentée. **-2.** [loud noise] fracas *m*; **a** ~ **of thunder** un coup de tonnerre; **there was a loud** ~ **as the plate hit the ground** cela a fait un bruit fracassant quand l'assiette est tombée par terre. **-3.** FIN [slump] krach *m*, débâcle *f*. **-4.** COMPUT panne *f*. ◇ *comp* [diet, programme] intensif, de choc. ◇ *adv*: **he ran** ~ **into a wall** il est rentré en plein dans le mur; **it went** ~ ça a fait boum. ◇ *interj* boum. ◇ *vi* **-1.** [car, train] avoir un accident; [plane, pilot] s'écraser, se crasher; [driver] avoir un accident; **we're going to** ~ [plane] on va s'écraser; [car] on va lui rentrer dedans/rentrer dans le mur *etc*; [train] on va avoir un accident; **the cars** ~**ed (head on)** les voitures se sont emboutties OR percutées (par l'avant); **to** ~ **into sthg** percuter qqch; **the car** ~**ed through the fence** la voiture est passée à travers la clôture; **to** ~ **into sb** [subj: person] rentrer dans qqn. **-2.** [make loud noise – thunder] retentir; **what are you** ~**ing about at this hour for?** pourquoi fais-tu autant de vacarme OR boucan à cette heure?; **the elephants** ~**ed through the undergrowth** les éléphants ont traversé le sous-bois dans un vacarme terrible. **-3.** [fall, hit with loud noise or violently]: **the tree came** ~**ing down** l'arbre est tombé avec fracas; **her world came** ~**ing down (about her** OR **her ears)** tout son monde s'est écroulé; **the vase** ~**ed to the ground** le vase s'est écrasé au sol. **-4.** ST. EX s'effondrer. **-5.** COMPUT tomber en panne. **-6.** ▽ [sleep] dormir; [fall asleep] s'endormir; **can I** ~ **at your place?** je peux dormir chez toi? ◇ *vt* **-1.** [vehicle]: **to** ~ **a car** avoir un accident avec une voiture; [on purpose] démolir une voiture; **to** ~ **a plane** s'écraser en avion; **he** ~**ed the car through the fence/shop-window** il a traversé la clôture/la vitrine avec la voiture; **she** ~**ed the car into a wall** elle est rentrée OR a percuté un mur (avec la voiture). **-2.** *inf* [attend without invitation]: **to** ~ **a party** entrer dans une fête sans y être invité.

◆ **crash out** ▽ *vi insep* [fall asleep] s'endormir; [spend the night, sleep] roupiller; **I found him** ~**ed out in the corner** je l'ai trouvé endormi OR qui roupillait dans le coin.

**crash barrier** *n* glissière *f* de sécurité.

**crash course** *n* cours *m* intensif; **a** ~ **in French** un cours intensif de français.

**crash-dive** *vi* [submarine] plonger; [plane] faire un plongeon.

**crash helmet** *n* casque *m* (de protection).

**crashing** ['kræʃɪŋ] *adj Br inf*: **he's a** ~ **bore** c'est un raseur de première.

**crash-land** ◇ *vi* [aircraft] faire un atterrissage forcé, atterrir en catastrophe. ◇ *vt* [aircraft] poser OR faire atterrir en catastrophe.

**crash landing** *n* atterrissage *m* forcé OR en catastrophe.

**crash pad** ▽ *n* piaule *f* de dépannage.

**crass** [kræs] *adj* [comment, person] lourd; [behaviour, stupidity] grossier; [ignorance] grossier, crasse.

**crassly** ['kræslɪ] *adv* [behave, comment] lourdement.

**crassness** ['kræsnɪs] *n* [of comment, person] lourdeur *f*, manque *m* de finesse; **the** ~ **of his behaviour** son manque de finesse.

**crate** [kreɪt] ◇ *n* **-1.** [for storage, transport] caisse *f*; [for fruit, vegetables] cageot *m*, cagette *f*; [for bottles] caisse *f*. **-2.** *Br inf* [old car] caisse *f*; [plane] coucou *m*. ◇ *vt* [furniture, bottles] mettre dans une caisse OR en caisses; [fruit, vegetables] mettre dans un cageot OR en cageots.

**crater** ['kreɪtə*r*] *n* [of volcano, moon etc] cratère *m*; **bomb** ~ entonnoir *m*; **shell** ~ entonnoir, trou *m* d'obus.

**cravat** [krə'væt] *n Br* foulard *m*.

**crave** [kreɪv] *vt* -1. [long for – cigarette, drink] avoir terriblement envie de; [– affection, love] avoir soif OR terriblement besoin de; [– stardom] avoir soif de; [– luxury, wealth] avoir soif OR être avide de; [in medical, psychological context] éprouver un besoin impérieux de. -2. *fml* [beg] implorer; **to ~ sb's indulgence** faire appel à l'indulgence de qqn.
◆ **crave for** *vt insep* = **crave** *vt* 1.

**craven** ['kreɪvn] *adj fml* [person, attitude] lâche, veule.

**craving** ['kreɪvɪŋ] *n* [longing] envie *f* impérieuse OR irrésistible; [physiological need] besoin *m* impérieux; **to have a ~ for sthg** [chocolate, sweets, cigarette] avoir terriblement envie de qqch; [subj: alcoholic, drug addict] avoir un besoin impérieux de qqch.

**craw** [krɔː] *n* [of bird] jabot *m*; [of animal] estomac *m*; **it sticks in my ~** *inf* cela me reste en travers de la gorge, j'ai du mal à l'avaler.

**crawfish** ['krɔːfɪʃ] = **crayfish**.

**crawl** [krɔːl] ◇ *n* -1. [person]: **it involved a laborious ~ through the undergrowth** il a fallu ramper tant bien que mal à travers le sous-bois. -2. [vehicle] ralenti *m*; **to move at a ~** avancer au ralenti OR au pas. -3. SPORT crawl *m*; **to do the ~** nager le crawl.
◇ *vi* -1. [move on all fours – person] ramper; [– baby] marcher à quatre pattes; **he ~ed out of/into bed** il se traîna hors du/au lit; **to ~ on one's hands and knees** marcher OR se traîner à quatre pattes; **she ~ed under the desk** elle s'est mise à quatre pattes sous le bureau; **what are you ~ing about on the floor for?** qu'est-ce que tu fais à quatre pattes? -2. [move slowly – traffic, train] avancer au ralenti OR au pas; [– insect, snake] ramper; **the train ~ed out of the station** le train est sorti de la gare au ralenti OR au pas; **there's a caterpillar ~ing up your arm** il y a une chenille qui te grimpe sur le bras. -3. [be infested]: **to be ~ing with** être infesté de, grouiller de. -4. [come out in goose pimples]: **to make sb's flesh ~** donner la chair de poule à qqn; **just the thought of it makes my skin ~** j'ai la chair de poule rien que d'y penser. -5. *inf* [grovel]: **to ~ to sb** ramper OR s'aplatir devant qqn, lécher les bottes de qqn; **he'll come ~ing back** il reviendra te supplier à genoux.

**crawler** ['krɔːləʳ] *n* -1. *inf & pej* [groveller] lèche-bottes *mf*. -2. *Br* AUT: **~ lane** file *f* OR voie *f* pour véhicules lents.
◆ **crawlers** *npl* [for baby] grenouillère *f*.

**crawling** ['krɔːlɪŋ] ◇ *adj* -1. *inf & pej* [grovelling] rampant, de lèche-bottes. -2. [on all fours]: **she's reached the ~ stage** [baby] elle commence à marcher à quatre pattes. ◇ *n pej* [grovelling]: **if there's one thing I hate, it's ~ to the teacher** s'il y a bien quelque chose que je déteste, c'est qu'on lèche les bottes du prof.

**crayfish** ['kreɪfɪʃ] (*pl inv* OR **crayfishes**) *n* écrevisse *f*.

**crayon** ['kreɪɒn] ◇ *n* [coloured pencil] crayon *m* de couleur; **eye/lip ~** crayon pour les yeux/à lèvres; **wax ~** crayon gras. ◇ *vt* [draw] dessiner avec des crayons de couleurs; [colour] colorier (avec des crayons).

**craze** [kreɪz] ◇ *n* engouement *m*, folie *f*; **it's the latest ~** c'est la dernière folie OR lubie; **the latest dance/music ~** la nouvelle danse/musique à la mode; **a ~ for sthg** un engouement pour qqch. ◇ *vt* -1. [send mad] rendre fou. -2. [damage – ceramics] craqueler; [– windscreen, glass] étoiler. ◇ *vi* [ceramics] se craqueler; [windscreen, glass] s'étoiler.

**crazed** [kreɪzd] *adj* -1. [mad – look, expression] fou, *before vowel or silent 'h'* fol (*f* folle); **~ with fear/grief** fou de peur/ douleur. -2. [ceramics] craquelé.

**crazily** ['kreɪzɪlɪ] *adv* [behave] comme un fou.

**craziness** ['kreɪzɪnɪs] *n* folie *f*.

**crazy** ['kreɪzɪ] (*compar* **crazier**, *superl* **craziest**) *adj* -1. [insane – person, dream] fou, *before vowel or silent 'h'* fol (*f* folle); **that's a ~ idea!, that's ~!** c'est de la folie!; **that's the craziest thing I've ever heard** c'est la chose la plus insensée que j'aie jamais entendue; **to drive** OR **to send sb ~** rendre qqn fou; **he went ~** [insane] il est devenu fou; [angry] il est devenu fou (de colère OR de rage); **the fans went ~** *inf* les fans ne se sont plus sentis; **power ~** avide de pouvoir; **you must be ~!** mais tu es fou!; **like ~** [work, drive, run, spend money] comme un fou. -2. *inf* [very fond]: **to be ~ about** être fou OR dingue de; **I'm not ~ about the idea** l'idée ne m'emballe pas vraiment; **he's football ~** c'est un fana OR un cinglé de foot. -3.

[strange, fantastic] bizarre, fou, *before vowel or silent 'h'* fol (*f* folle).

**crazy paving** *n Br* dallage irrégulier en pierres plates.

**creak** [kriːk] ◇ *vi* [chair, floorboard, person's joints] craquer; [door hinge] grincer; [shoes] crisser; **to ~ with age** *fig* donner des signes de vieillesse. ◇ *n* [of chair, floorboard, person's joints] craquement *m*; [of door hinge] grincement *m*; [of shoes] crissement *m*; **to give a ~** craquer, grincer, crisser.

**creaking** ['kriːkɪŋ] ◇ *adj* = **creaky**. ◇ *n* [of chair, floorboard, person's joints] craquement *m*; [of door hinge] grincement *m*; [of shoes] crissement *m*.

**creaky** ['kriːkɪ] (*compar* **creakier**, *superl* **creakiest**) *adj* [chair, floorboard, person's joints] qui craque; [door hinge] grinçant; [shoes] qui crisse; **a ~ noise** un craquement, un grincement, un crissement.

**cream** [kriːm] ◇ *n* -1. crème *f*; **strawberries and ~** des fraises à la crème; **~ of tomato soup** velouté *m* de tomates. -2. [filling for biscuits, chocolates] crème *f*; **vanilla ~** [biscuit] biscuit *m* fourré à la vanille; [dessert] crème *f* à la vanille. -3. [mixture] mélange *m* crémeux. -4. *fig* [best, pick] crème *f*; **the ~ of society** la crème OR le gratin de la société; **they were the ~ of their year at university** ils formaient l'élite de leur promotion à l'université ❑ **the ~ of the crop** le dessus du panier. -5. [for face, shoes etc] crème *f*. -6. [colour] crème *m*. ◇ *comp* [cake, bun] à la crème; [jug] à crème; **~-coloured** crème; **~ sherry** sherry *m* OR xérès *m* doux. ◇ *vt* -1. [skim – milk] écrémer. -2. CULIN [beat] écraser, travailler; **~ the butter and sugar** travailler le beurre et le sucre en crème; **~ed potatoes** purée *f* de pommes de terre. -3. [hands, face] mettre de la crème sur. -4. [add cream to – coffee] mettre de la crème dans. -5. *Am inf* [beat up] casser la figure à; [defeat] battre à plate couture, mettre la pâtée à.
◆ **cream off** *vt sep fig*: **to ~ off the best students** sélectionner les meilleurs étudiants; **they have ~ed off the elite** ils se sont accaparé l'élite.

**cream cheese** *n* fromage *m* frais.

**cream cracker** *n Br* biscuit *m* sec.

**creamer** ['kriːməʳ] *n* -1. [machine] écrémeuse *f*. -2. [for coffee] succédané *m* de crème. -3. *Am* [jug] pot *m* à crème.

**cream puff** *n* chou *m* à la crème.

**cream soda** *n* boisson gazeuse aromatisée à la vanille.

**cream tea** *n Br* goûter composé de thé et de scones servis avec de la confiture et de la crème.

**creamy** ['kriːmɪ] (*compar* **creamier**, *superl* **creamiest**) *adj* -1. [containing cream – coffee, sauce] à la crème; [– milk] qui contient de la crème; **it's too ~** il y a trop de crème. -2. [smooth – drink, sauce etc] crémeux; [– complexion] velouté. teint *m* laiteux et velouté. -3. [colour]: **~ white** blanc cassé.

**crease** [kriːs] ◇ *n* -1. [in material, paper – made on purpose] pli *m*; [– accidental] faux pli *m*; [in skin, on face] pli *m*; **to put a ~ in a pair of trousers** faire le pli d'un pantalon; **in order to get rid of the ~** [in shirt, blouse etc] pour le/la défroisser. -2. [in cricket] limite *f* du batteur. ◇ *vt* [on purpose] faire les plis de; [accidentally] froisser, chiffonner; **this shirt is all ~d** cette chemise est toute froissée. -2. [amuse]: **this one'll ~ you** celle-là va te faire mourir de rire. ◇ *vi* [clothes] se froisser, se chiffonner; **his face ~d with laughter** son visage s'est plissé de rire.
◆ **crease up** *inf* ◇ *vi insep* se tordre de rire. ◇ *vt sep* faire mourir OR se tordre de rire.

**creased** [kriːst] *adj* -1. [fabric] froissé. -2. [face] plissé.

**crease-resistant** *adj* infroissable.

**create** [kriː'eɪt] ◇ *vt* -1. [employment, problem, the world] créer; [fuss, noise, impression, draught] faire; **to ~ a stir** OR **a sensation** faire sensation; **to ~ a disturbance** JUR porter atteinte à l'ordre public. -2. [appoint]: **he was ~d (a) baron** il a été fait baron. ◇ *vi* -1. [be creative] créer. -2. *Br inf* [cause a fuss] faire des histoires.

**creation** [kriː'eɪʃn] *n* -1. [process of creating] création *f*; **the Creation** BIBLE la Création. -2. [something created] création *f*.

**creative** [kriː'eɪtɪv] *adj* [person, mind, skill] créatif; *hum & pej* (trop) libre; **the ~ instinct** l'instinct *m* de création; **to encourage sb to be ~** encourager la créativité chez qqn; **we need some ~ thinking** nous avons besoin d'idées originales ❑ **~ writing techniques** *fpl* de l'écriture.

**creatively** [kriː'eɪtɪvlɪ] *adv* de manière créative.

**creativeness** [kriː'eɪtɪvnɪs], **creativity** [ˌkriːeɪ'tɪvətɪ] *n* créativité *f*.

**creator** [kriː'eɪtə$^r$] *n* créateur *m*, -trice *f*; the Creator le Créateur.

**creature** ['kriːtʃə$^r$] *n* **-1.** [person] créature *f*; [animal] bête *f*; poor ~! [person, animal] le/la pauvre!; he's a ~ of habit il est esclave de ses habitudes. **-2.** *lit* & *pej* [dependent person] créature *f*.

**creature comforts** *npl* confort *m* matériel; I like my ~ j'aime OR je suis attaché à mon (petit) confort.

**crèche** [kreʃ] *n Br* crèche *f*, garderie *f*.

**credence** ['kriːdns] *n* croyance *f*, foi *f*; to give OR to attach ~ to sthg ajouter foi à qqch; to give OR to lend ~ to sthg rendre qqch crédible.

**credentials** [krɪ'denʃlz], *npl* **-1.** [references] références *fpl*. **-2.** [identity papers] papiers *mpl* d'identité; to ask to see sb's ~ demander ses papiers (d'identité) à qqn, demander une pièce d'identité à qqn. **-3.** [of diplomat] lettres *fpl* de créance.

**credibility** [ˌkredə'bɪlətɪ] ◇ *n* **-1.** [trustworthiness] crédibilité *f*; the party has lost ~ with the electorate le parti a perdu de sa crédibilité auprès de l'électorat. **-2.** [belief]: it's beyond ~ c'est invraisemblable, c'est difficile à croire. ◇ *comp*: ~ rating crédibilité *f*; he has a ~ problem il manque de crédibilité.

**credibility gap** *n* manque *m* de crédibilité.

**credible** ['kredəbl] *adj* [person] crédible; [evidence, statement] crédible, plausible.

**credibly** ['kredəblɪ] *adv* [argue] de manière crédible.

**credit** ['kredɪt] ◇ *n* **-1.** FIN crédit *m*; to be in ~ [person] avoir de l'argent sur son compte; [account] être approvisionné; he has £50 to his ~ il a 50 livres sur son compte; to enter OR to place a sum to sb's ~ créditer le compte de qqn d'une somme || [loan]: to give sb ~, to give ~ to sb [bank] accorder un découvert à qqn; [shop, pub] faire crédit à qqn; 'we do not give ~' 'la maison ne fait pas crédit'; to sell/to buy/to live on ~ vendre/acheter/vivre à crédit; interest-free ~ crédit gratuit; line of ~ *Am* limite *f* OR plafond *m* de crédit; her ~ is good elle a une bonne réputation de solvabilité; *fig* [trustworthy] elle est digne de confiance. **-2.** [merit, honour] mérite *m*; all the ~ should go to the team tout le mérite doit revenir à l'équipe; to take the ~ for sthg/doing sthg s'attribuer le mérite de qqch/d'avoir fait qqch; I can't take all the ~ for it tout le mérite ne me revient pas; to give sb the ~ for sthg/doing sthg attribuer à qqn le mérite de qqch/d'avoir fait qqch; give her ~ for what she has achieved reconnais ce qu'elle a accompli; nobody emerged with any ~ except him c'est le seul qui s'en soit sorti à son honneur; it must be said to his ~ that... il faut dire en sa faveur que...; to her ~ she did finish the exam il faut lui accorder qu'elle a fini l'examen; she has five novels to her ~ elle a cinq romans à son actif; to be a ~ to one's family/school, to do one's family/school ~ faire honneur à sa famille/son école, être l'honneur de sa famille/son école; it does you ~ that you gave the money back c'est tout à votre honneur d'avoir rendu l'argent; give me SOME ~! je ne suis quand même pas si bête!; to ~ where ~ is due il faut reconnaître ce qui est. **-3.** [credence] croyance *f*; to give ~ to sb/sthg ajouter foi à qqn/qqch; the theory is gaining ~ cette théorie est de plus en plus acceptée; he's cleverer than I gave him ~ for il est plus intelligent que je le pensais OR supposais; I gave you ~ for more sense je vous supposais plus de bon sens. **-4.** UNIV unité *f* de valeur, UV *f*. ◇ *comp* [boom, control] du crédit; [sales] à crédit; [balance] créditeur; ~ entry écriture *f* au crédit; ~ side crédit *m*, avoir *m*; to run a ~ check on sb [to ensure enough money in account] vérifier la solvabilité de qqn, vérifier que le compte de qqn est approvisionné; [to ensure no record of bad debts] vérifier le passé bancaire de qqn ❏ ~ agency *Br* OR bureau *Am* établissement chargé de vérifier le passé bancaire de personnes ou d'entreprises sollicitant un crédit; ~ broker courtier *m* en crédits OR en prêts; ~ note avis *m* de crédit. ◇ *vt* **-1.** [account] créditer; to ~ an account with £200, to ~ £200 to an account créditer un compte de 200 livres. **-2.** [accord]: to ~ sb with intelligence/tact/sense supposer de l'intelligence/du tact/du bon sens à qqn; ~ me with a bit more intelligence! tu serais gentil de ne pas sous-estimer mon intelligence!; he is ~ed with the discovery of DNA on lui attribue la découverte de l'ADN. **-3.** [believe] croire; you wouldn't ~ some of the things he's done tu n'en reviendrais pas si tu savais les choses qu'il a faites; I could hardly ~ it j'avais du mal à le croire.

◆ **credits** *npl* CIN & TV générique *m*.

**creditable** ['kredɪtəbl] *adj* honorable, estimable.

**creditably** ['kredɪtəblɪ] *adv* honorablement.

**credit account** *n* **-1.** BANK compte *m* créditeur. **-2.** *Br* [with shop] compte *m* client.

**credit card** *n* carte *f* de crédit; to pay by ~ payer avec une OR régler par carte de crédit.

**credit facilities** *npl* facilités *fpl* de crédit.

**credit limit** *n* limite *f* OR plafond *m* de crédit.

**credit line** *n* **-1.** *Br* [loan] autorisation *f* de crédit. **-2.** *Am* = **credit limit**.

**credit note** *n Br* [in business] facture *f* OR note *f* d'avoir; [in shop] avoir *m*.

**creditor** ['kredɪtə$^r$] *n* créancier *m*, -ère *f*.

**credit rating** *n* degré *m* de solvabilité.

**credit squeeze** *n* restriction *f* OR encadrement *m* du crédit.

**credit terms** *npl* modalités *fpl* de crédit.

**credit transfer** *n* virement *m*, transfert *m* (de compte à compte).

**creditworthy** ['kredɪt,wɜːðɪ] *adj* solvable.

**credo** ['kreɪdəu] *n* credo *m inv*.

**credulity** [krɪ'djuːlətɪ] *n* crédulité *f*.

**credulous** ['kredjuləs] *adj* crédule, naïf.

**credulously** ['kredjuləslɪ] *adv* naïvement.

**creed** [kriːd] *n* [religious] credo *m*, croyance *f*; [political] credo *m*; people of every colour and ~ des gens de toutes races et de toutes croyances; the Creed RELIG le Credo.

**creek** [kriːk] *n Br* [of sea] crique *f*, anse *f*; *Am* [stream] ruisseau *m*; [river] rivière *f*; to be up the ~ *inf* être dans de beaux draps OR dans le pétrin; to be up shit ~ (without a paddle)$^∇$ être dans la merde (jusqu'au cou).

**creep** [kriːp] (*pt* & *pp* **crept** [krept]) ◇ *n inf* [unpleasant person] sale type *m*, rat *m*; [weak, pathetic person] pauvre type *m*. ◇ *vi* **-1.** [person, animal] se glisser; to ~ into a room entrer sans bruit OR se glisser dans une pièce; I crept upstairs je suis monté sans bruit; to ~ into bed se glisser dans le lit; I was ~ing about so as not to waken you je ne faisais pas de bruit pour ne pas te réveiller; I can hear somebody ~ing about downstairs j'entends quelqu'un bouger en bas; the dog crept under the chair le chien s'est tapi sous la chaise; the hours crept slowly by les heures se sont écoulées lentement. **-2.** [plant – along the ground] ramper; [– upwards] grimper. **-3.** *phr*: to make sb's flesh ~ donner la chair de poule à qqn, faire froid dans le dos à qqn.

◆ **creeps** *npl inf*: he gives me the ~s [is frightening] il me fait froid dans le dos, il me donne la chair de poule; [is unpleasant] il me dégoûte OR répugne.

◆ **creep in** *vi insep* [person] entrer sans bruit; *fig* [mistakes] se glisser; [doubts, fears] s'insinuer.

◆ **creep out** *vi insep* sortir sans bruit.

◆ **creep up** *vi insep* **-1.** [approach] s'approcher sans bruit; to ~ up behind sb s'approcher doucement OR discrètement de qqn par derrière. **-2.** [increase – water, prices] monter lentement; [– salary, number OR progresser lentement.

◆ **creep up on** *vt insep* **-1.** [in order to attack, surprise] s'approcher discrètement de, s'approcher à pas de loup de; don't ~ up on me like that! ne t'approche pas de moi sans faire de bruit comme ça!; old age crept up on me je suis devenu vieux sans m'en rendre compte. **-2.** [catch up with – in competition, business etc] rattraper peu à peu; the deadline is ~ing up on us la date limite se rapproche.

**creeper** ['kriːpə$^r$] *n* **-1.** [plant] plante *f* grimpante. **-2.** *Br inf* [shoe] chaussure *f* à semelles de crêpe.

**creeping** ['kriːpɪŋ] *adj* **-1.** [plant – upwards] grimpant; [– along the ground] rampant. **-2.** [insect] rampant. **-3.** *fig* [inflation] rampant; [change] graduel; ~ paralysis paralysie *f* progressive.

**creepy** ['kriːpɪ] (*compar* **creepier**, *superl* **creepiest**) *adj inf* qui donne la chair de poule.

**creepy-crawly** [-'krɔːlɪ] (*pl* **creepy-crawlies**) *inf n Br* petite bestiole *f*.

**cremate** [krɪ'meɪt] *vt* incinérer.

**cremation** [krɪ'meɪʃn] *n* incinération *f*, crémation *f*.

**crematorium** [ˌkremə'tɔːrɪəm] (*pl* **crematoria** [-rɪə] OR **crematoriums**) *n* [establishment] crématorium *m*; [furnace] four *m* crématoire.

**crematory** ['kremətrɪ] (*pl* **crematories**) Am = **crematorium**.

**crème de la crème** ['kremdəlæ'krem] *n*: the ~ le gratin, le dessus du panier.

**crenellated** Br, **crenelated** Am ['krenəleɪtɪd] *adj* crénelé, à créneaux.

**crenellation** Br, **crenelation** Am [ˌkrenə'leɪʃn] *n* (*usu pl*) créneau *m*.

**Creole** ['kriːəʊl] ◇ *n* **-1.** LING créole *m*. **-2.** [person] créole *mf*. ◇ *adj* créole.

**creosote** ['krɪəsəʊt] ◇ *n* créosote *f*. ◇ *vt* traiter à la créosote.

**crepe** [kreɪp] ◇ *n* **-1.** [fabric] crêpe *m*. **-2.** = **crepe rubber.** **-3.** = **crepe paper. -4.** [pancake] crêpe *f*. ◇ *comp* [skirt, blouse etc] de OR en crêpe.

**crepe bandage** *n* bande *f* Velpeau®.

**crepe paper** *n* papier *m* crépon.

**crepe rubber** *n* crêpe *m*.

**crepe(-soled) shoes** [-səʊld-] *npl* chaussures *fpl* à semelles de crêpe.

**crept** [krept] *pt & pp* → **creep.**

**Cres.** *written abbr of* **Crescent.**

**crescendo** [krɪ'ʃendəʊ] (*pl* **crescendos** OR **crescendoes**) ◇ *n* *fig & MUS* crescendo *m*. ◇ *vi* [gen] augmenter; MUS faire un crescendo. ◇ *adv* MUS crescendo, en augmentant.

**crescent** ['kresnt] ◇ *n* **-1.** [shape] croissant *m*. **-2.** Br [street] rue *f* (en arc de cercle). ◇ *adj* [shaped] en (forme de) croissant; ~ **moon** croissant *m* de lune.

**cress** [kres] *n* cresson *m*.

**crest** [krest] ◇ *n* **-1.** [peak – of hill, wave] crête *f*; [– of ridge] arête *f*; [– of road] haut *m* OR sommet *m* de côte; **she's (riding) on the** ~ **of a wave** just now *fig* tout lui réussit OR elle a le vent en poupe en ce moment. **-2.** [on bird, lizard] crête *f*; [on helmet] cimier *m*. **-3.** [coat of arms] timbre *m*; [emblem] armoiries *fpl*.

**crested** ['krestɪd] *adj* **-1.** [animal] orné d'une crête; [bird] huppé. **-2.** [with emblem] armorié.

**crestfallen** ['krest,fɔːln] *adj* découragé, déconfit.

**Cretan** ['kriːtn] ◇ *n* Crétois *m*, -e *f*. ◇ *adj* crétois.

**Crete** [kriːt] *pr n* Crète *f*; **in** ~ en Crète.

**cretin** ['kretɪn] *n* **-1.** MED crétin *m*, -e *f*. **-2.** *inf* [idiot] crétin *m*, -e *f*, imbécile *mf*.

**cretinous** ['kretɪnəs] *adj* MED & *fig* crétin.

**crevasse** [krɪ'væs] *n* crevasse *f*.

**crevice** ['krevɪs] *n* fissure *f*, fente *f*.

**crew** [kruː] ◇ *n pt* Br → **crow.** ◇ *n* **-1.** [gen & CIN] équipe *f*; [on plane, ship] équipage *m*. **-2.** *inf* [crowd, gang] bande *f*, équipe *f*. ◇ *comp*: ~ **member** membre *mf* d'équipage. ◇ *vi*: **to** ~ **for sb** être l'équipier de qqn. ◇ *vt* armer (*d'un équipage*).

**crew cut** *n* coupe *f* de cheveux en brosse.

**crewman** ['kruːmən] (*pl* **crewmen** [-mən]) *n* membre *m* de l'équipage.

**crew neck** *n* col *m* ras le OR du cou, ras-le-cou *m*.

**crew-neck(ed)** *adj*: **a** ~ **sweater** un pul ras le OR du cou.

**crib** [krɪb] (*pt & pp* **cribbed**, *cont* **cribbing**) ◇ *n* **-1.** *esp* Am [cot] lit *m* d'enfant. **-2.** [bin] grenier *m* (à blé); [stall] stalle *f*. **-3.** [manger] mangeoire *f*, râtelier *m*; RELIC crèche *f*. **-4.** *inf* [plagiarism] plagiat *m*; Br SCH [list of answers] antisèche *m* or *f*. **-5.** = **cribbage.** ◇ *vt*: *inf* [plagiarize] plagier, copier; **he cribbed the answers from his friend** SCH il a copié les réponses sur son ami, il a pompé sur son ami. ◇ *vi* [line with planks] consolider avec des planches; TECH boiser. ◇ *vi* copier; **the author had cribbed from Shaw** l'auteur a plagié Shaw; **don't** ~ **off me!** SCH ne copie pas sur moi!

**cribbage** ['krɪbɪdʒ] *n (U)* jeu *m* de cartes où les points sont marqués sur une planche de bois.

**crib death** *n* Am mort *f* subite (du nourrisson).

**crick** [krɪk] ◇ *n* **to have a** ~ **in the neck** avoir un torticolis. ◇ *vt*: **she** ~ **ed her neck** elle a attrapé un torticolis.

**cricket** ['krɪkɪt] ◇ *n* **-1.** [insect] grillon *m*. **-2.** [game] cricket *m*; **that's not** ~ Br *inf* ce n'est pas fair-play. ◇ *comp* [ball, bat,

ground, match] de cricket.

**cricketer** ['krɪkɪtər] *n* joueur *m*, -euse *f* de cricket.

**cried** [kraɪd] *pt & pp* → **cry.**

**crier** ['kraɪər] *n* crieur *m*, -euse *f*; [in court] huissier *m*.

**crikey** ['kraɪkɪ] *interj* Br *inf & dated* mince alors.

**crime** [kraɪm] *n* **-1.** [gen] crime *m*; ~ **is on the decline** il y a une baisse de la criminalité; **a life of** ~ une vie de criminel; ~ **doesn't pay** le crime ne paie pas; **a minor** OR **petty** ~ un délit mineur; **it's a** ~ **that she died so young** *fig* c'est vraiment injuste qu'elle soit morte si jeune ❑ ~ **prevention** lutte *f* contre la criminalité; ~ **reporter** journaliste *mf* qui couvre les affaires criminelles; ~ **writer** auteur *m* de romans noirs; **'Crime and Punishment'** Dostoievsky 'Crime et châtiment'. **-2.** MIL manquement *m* à la discipline, infraction *f*.

**Crimea** [kraɪ'mɪə] *pr n*: **the** ~ la Crimée; **in the** ~ en Crimée.

**Crimean** [kraɪ'mɪən] ◇ *n* Criméen *m*, -enne *f*. ◇ *adj* criméen; **the** ~ **(War)** la guerre de Crimée.

**criminal** ['krɪmɪnl] ◇ *n* criminel *m*, -elle *f*. ◇ *adj* criminel; **to take** ~ **proceedings against sb** JUR poursuivre qqn au pénal; **it's** ~ **the way he treats her** *fig* il ne devrait pas avoir le droit de la traiter comme ça ❑ **the Criminal Investigation Department** Br→ **CID; the Criminal Records Office** Br l'identité *f* judiciaire.

**criminal assault** *n* agression *f* criminelle, voie *f* de fait.

**criminal damage** *n* délit consistant à causer volontairement des dégâts matériels.

**criminality** [ˌkrɪmɪ'nælətɪ] *n* criminalité *f*.

**criminalize, -ise** ['krɪmɪnəlaɪz] *vt* criminaliser.

**criminal law** *n* droit *m* pénal OR criminel.

**criminal lawyer** *n* avocat *m*, -e *f* au criminel, pénaliste *mf*.

**criminally** ['krɪmɪnəlɪ] *adv* criminellement; **he's been** ~ **negligent** sa négligence est criminelle.

**criminal offence** *n* délit *m*.

**criminal record** *n* casier *m* judiciaire.

**criminology** [ˌkrɪmɪ'nɒlədʒɪ] *n* criminologie *f*.

**crimp** [krɪmp] ◇ *vt* **-1.** [hair] crêper, friser; [pie crust] pincer; [metal] onduler. **-2.** *inf* TECH [pinch together] pincer, sertir. ◇ *n* **-1.** [wave in hair] cran *m*, ondulation *f*; [fold in metal] ondulation *f*. **-2.** TEX pli *m*.

**crimson** ['krɪmzn] ◇ *adj* cramoisi. ◇ *n* cramoisi *m*.

**cringe** [krɪndʒ] *vi* **-1.** [shrink back] avoir un mouvement de recul, reculer; [cower] se recroqueviller; **to** ~ **in terror** reculer de peur; **to** ~ **with embarrassment** être mort de honte; **I** ~ **at the very thought** j'ai envie de rentrer sous terre rien que d'y penser. **-2.** [be servile] ramper.

**cringing** ['krɪndʒɪŋ] *adj* [fearful] craintif; [servile] servile, obséquieux.

**crinkle** ['krɪŋkl] ◇ *vt* froisser, chiffonner. ◇ *vi* se froisser, se chiffonner. ◇ *n* **-1.** [wrinkle] fronce *f*, pli *m*; [on face] ride *f*. **-2.** [noise] froissement *m*.

**crinkle-cut** *adj* [crisps] dentelé.

**crinkly** ['krɪŋklɪ] (*compar* **crinklier**, *superl* **crinkliest**) *adj* [material, paper] gaufré; [hair] crépu, crêpelé.

**crinoline** ['krɪnəlɪn] *n* crinoline *f*.

**cripple** ['krɪpl] ◇ *vt* **-1.** [person] estropier. **-2.** *fig* [damage – industry, system] paralyser; [– plane, ship] désemparer. ◇ *n* **-1.** *dated & offensive* [lame person] estropié *m*, -e *f*; [invalid] invalide *mf*; [maimed person] mutilé *m*, -e *f*. **-2.** *fig*: **an emotional** ~ un caractériel *m*, une caractérielle *f*.

**crippled** ['krɪpld] *adj* **-1.** [person]: **to be** ~ **with rheumatism** être perclus de rhumatismes. **-2.** *fig* [industry, country] paralysé; [plane, ship] accidenté.

**crippling** ['krɪplɪŋ] *adj* **-1.** [disease] invalidant. **-2.** *fig* [strikes] paralysant; [prices, taxes] écrasant.

**crisis** ['kraɪsɪs] (*pl* **crises** [-siːz]) *n* crise *f*; **things have come to a** ~ la situation est à son point critique; **the oil** ~ le choc pétrolier; **a** ~ **of confidence** une crise de confiance; ~ **management** gestion *f* des crises; ~ **point** point *m* critique.

**crisis centre** *n* [for disasters] cellule *f* de crise; [for personal help] centre *m* d'aide; [for battered women] association *f* d'aide d'urgence.

**crisp** [krɪsp] ◇ *adj* **-1.** [crunchy – vegetable] croquant;

**[~ cracker]** croquant, croustillant; **[~ bread]** croustillant; **[~ snow]** craquant. **-2.** [fresh – clothing] pimpant; [~ linen] apprêté; **[~ paper]** craquant, raide. **-3.** [air, weather] vif, tonifiant. **-4.** [concise – style] précis, clair et net. **-5.** [brusque] tranchant, brusque; [manner] brusque; [tone] acerbe. ◇ *n*: (potato) ~s *Br* (pommes *fpl*) chips *fpl*; burnt to a ~ carbonisé. ◇ *vt* faire chauffer pour rendre croustillant.

**crispbread** ['krɪspbred] *n* biscuit *m* scandinave.

**crisply** ['krɪsplɪ] *adv* **-1.** [succinctly] avec concision. **-2.** [sharply] d'un ton acerbe OR cassant.

**crispness** ['krɪspnɪs] *n* **-1.** [of food, paper] craquant *m*; [of clothing, sheets, weather] fraîcheur *f*. **-2.** [of reasoning] clarté *f*, rigueur *f*. **-3.** [of style] précision *f*. **-4.** [brusqueness] tranchant *m*, brusquerie *f*.

**crispy** ['krɪspɪ] *(compar* **crispier,** *superl* **crispiest)** *adj* [vegetables] croquant; [biscuits] croquant, croustillant; [bacon] croustillant.

**crisscross** ['krɪskrɒs] ◇ *vt* entrecroiser. ◇ *vi* s'entrecroiser. ◇ *adj* [lines] entrecroisé; [in disorder] enchevêtré; in a ~ pattern en croisillons. ◇ *n* entrecroisement *m*. ◇ *adv* en réseau.

**criterion** [kraɪ'tɪərɪən] *(pl* **criteria** [-rɪə]) *n* critère *m*.

**critic** ['krɪtɪk] *n* [reviewer] critique *m*; [fault-finder] critique *m*, détracteur *m*, -trice *f*; film/art/theatre ~ critique *m* de cinéma/d'art/de théâtre.

**critical** ['krɪtɪkl] *adj* **-1.** [crucial] critique, crucial; [situation] critique; he's in a ~ condition OR on the ~ list il est dans un état critique; the ~ path [gen & COMPUT] le chemin critique ‖ PHYS critique. **-2.** [analytical] critique; [disparaging] critique, négatif; he's very ~ of others il critique beaucoup les autres, il est très critique vis-à-vis des autres. **-3.** ART, LITERAT & MUS [analysis, edition] critique; [essay, study] critique, de critique; [from the critics] des critiques; the play met with ~ acclaim la pièce fut applaudie par la critique.

**critically** ['krɪtɪklɪ] *adj* **-1.** [analytically] d'un œil critique, en critique; [disparagingly] sévèrement. **-2.** [seriously] gravement; she is ~ ill elle est gravement malade, elle est dans un état critique.

**criticism** ['krɪtɪsɪzm] *n* critique *f*; to come in for ~ se faire OR se voir critiquer; **literary** ~ la critique littéraire.

**criticize, -ise** ['krɪtɪsaɪz] *vt* **-1.** [find fault with] critiquer, réprouver. **-2.** [analyse] critiquer, faire la critique de.

**critique** [krɪ'tiːk] ◇ *n* critique *f*. ◇ *vt* faire une critique de.

**critter** ['krɪtər] *n* *Am inf* [creature] créature *f*; [animal] bête *f*, bestiole *f*.

**croak** [krəʊk] ◇ *vi* **-1.** [frog] coasser; [crow] croasser. **-2.** [person] parler d'une voix rauque; [grumble] ronchonner. **-3.** *inf* [die] crever. ◇ *vt* [utter] dire d'une voix rauque OR éraillée. ◇ *n* [of frog] coassement *m*; [of crow] croassement *m*; [of person] ton *m* rauque.

**croaking** ['krəʊkɪŋ] *n* [of frog] coassement *m*; [of crow] croassement *m*.

**croaky** ['krəʊkɪ] *adj* enroué.

**Croat** ['krəʊæt] = **Croatian** *n*.

**Croatia** [krəʊ'eɪʃə] *pr n* Croatie *f*; in ~ en Croatie.

**Croatian** [krəʊ'eɪʃn] ◇ *n* **-1.** [person] Croate *mf*. **-2.** LING croate *m*. ◇ *adj* croate.

**crochet** ['krəʊʃeɪ] ◇ *n*: ~ (work) (travail *m* au) crochet *m*. ◇ *vt* faire au crochet. ◇ *vi* faire du crochet.

**crock** [krɒk] *n* **-1.** [jar, pot] cruche *f*, pot *m* de terre; [broken earthenware] morceau *m* de faïence, tesson *m*. **-2.** *Br inf*: old ~ [car] tacot *m*, guimbarde *f*; [person] croulant *m*.

**crockery** ['krɒkərɪ] *n* [pottery] poterie *f*, faïence *f*; [plates, cups, bowls etc] vaisselle *f*.

**crocodile** ['krɒkədaɪl] *n* **-1.** [reptile] crocodile *m*. **-2.** *Br* SCH cortège *m* en rangs (*par deux*).

**crocodile clip** *n* pince *f* crocodile.

**crocodile tears** *npl* larmes *fpl* de crocodile.

**crocus** ['krəʊkəs] *n* crocus *m*.

**Croesus** ['kriːsəs] *pr n* Crésus; as rich as ~ riche comme Crésus.

**croft** [krɒft] *n* *Br* petite ferme *f*.

**crofter** ['krɒftər] *n* *Br* [farmer] petit fermier *m*.

**crofting** ['krɒftɪŋ] *n* (exploitation *f* en) affermage *m*.

**crone** [krəʊn] *n* *inf* vieille bique *f*.

**crony** ['krəʊnɪ] *(pl* **cronies**) *n* *inf* pote *m*, copine *f*.

**crook** [krʊk] ◇ *n* **-1.** *inf* [thief] escroc *m*, filou *m*. **-2.** [bend – in road] courbe *f*, coude *m*; [~ in river] coude *m*, détour *m*; [~ in arm] coude *m*; [~ in leg] flexion *f*. **-3.** [staff – of shepherd] houlette *f*; [~ of bishop] crosse *f*. ◇ *vt* [finger] courber, recourber; [arm] plier.

**crooked** ['krʊkɪd] ◇ *adj* **-1.** [not straight, bent – stick] courbé, crochu; [~ path] tortueux; [~ person] courbé; a ~ smile un sourire grimaçant. **-2.** *inf* [dishonest] malhonnête. ◇ *adv* de travers.

**croon** [kruːn] *vi* & *vt* **-1.** [sing softly] fredonner, chantonner; [professionally] chanter (*en crooner*). **-2.** [speak softly, sentimentally] susurrer.

**crooner** ['kruːnər] *n* crooner *m*, chanteur *m* de charme.

**crop** [krɒp] *(pt* & *pp* **cropped,** *cont* **cropping)** ◇ *n* **-1.** [produce] produit *m* agricole, culture *f*; food ~s cultures vivrières ‖ [harvest] récolte *f*; [of fruit] récolte *f*, cueillette *f*; [of grain] moisson *f*. **-2.** fig fournée *f*; what do you think of this year's ~ of students? que pensez-vous des étudiants de cette année? **-3.** [of whip] manche *m*; [riding whip] cravache *f*. **-4.** [of bird] jabot *m*. **-5.** [haircut – for man] coupe *f* rase OR courte; [cut – for woman] coupe courte OR à la garçonne. ◇ *vt* **-1.** [cut – hedge] tailler, tondre; [~ hair] tondre; [~ tail] écourter; PHOT recadrer. **-2.** [subj: animal] brouter, paître. **-3.** [farm] cultiver; [harvest] récolter. ◇ *vi* [land, vegetables] donner OR fournir une récolte.

◆ **crop up** *vi insep inf* survenir, se présenter; his name cropped up in the conversation son nom a surgi dans la conversation; we'll deal with anything that ~s up while you're away on s'occupera de tout pendant votre absence.

**crop dusting** = **crop spraying**.

**cropper** ['krɒpər] *n* *Br inf phr*: to come a ~ [fall] se casser la figure; [fail] se planter.

**crop rotation** *n* assolement *m*, rotation *f* des cultures.

**crop spraying** *n* pulvérisation *f* des cultures.

**croquet** ['krəʊkeɪ] ◇ *n* croquet *m*. ◇ *comp* [hoop, lawn, mallet] de croquet.

**croquette** [krɒ'ket] *n* croquette *f*; potato ~ croquette de pomme de terre.

**crosier** ['krəʊzjər] *n* crosse *f* (*d'évêque*).

**cross** [krɒs] ◇ *n* **-1.** [mark, symbol] croix *f*; he signed with a ~ il a signé d'une croix ‖ the Iron Cross la Croix de fer. **-2.** RELIG croix *f*; the Cross la Croix ‖ fig [burden] croix *f*; we each have our ~ to bear chacun a OR porte sa croix. **-3.** [hybrid] hybride *m*; a ~ between a horse and a donkey un croisement *m* d'un cheval et d'une ânesse; the novel is a ~ between a thriller and a comedy fig ce roman est un mélange de policier et de comédie. **-4.** SEW: on the ~ en biais. ◇ *vt* **-1.** [go across – road, room, sea] traverser; [~ bridge, river] traverser, passer; [~ fence, threshold] franchir; the bridge ~es the river at Orléans le pont franchit OR enjambe le fleuve à Orléans; cross my mind that... j'ai pensé OR l'idée m'a effleuré que... ❑ to ~ the floor (of the House) *Br* POL changer de parti politique; I'll ~ that bridge when I come to it je m'occuperai de ce problème en temps voulu. **-2.** [place one across the other] croiser; to ~ one's arms/one's legs croiser les bras/les jambes ❑ ~ your fingers OR keep your fingers ~ed for me pense à moi et croise les doigts; to ~ swords with sb croiser le fer avec qqn; ~ my palm (with silver)! donnez-moi une petite pièce! **-3.** [mark with cross] faire une croix; to ~ o.s. RELIG faire le signe de (la) croix, se signer; ~ your 't's barrez OR mettez des barres à vos «t»; to ~ a cheque *Br* barrer un chèque ❑ ~ my heart and hope to die *inf* croix de bois croix de fer, si je mens je vais en enfer. **-4.** [animals, plants] croiser. **-5.** [oppose] contrarier, contrecarrer; ~ed in love malheureux en amour. **-6.** TELEC: we've got a ~ed line il y a des interférences sur la ligne. ◇ *vi* **-1.** [go across] traverser; she ~ed (over) to the other side of the road elle a traversé la route; they ~ed from Dover to Boulogne ils ont fait la traversée de Douvres à Boulogne. **-2.** [intersect – lines, paths, roads] se croiser, se rencontrer; our letters ~ed in the post nos lettres se sont croisées. ◇ *adj* [angry] de mauvaise humeur, en colère; she's ~ with me elle est fâchée contre moi; he makes me so ~! qu'est-ce qu'il peut m'agacer!; I never heard her utter a ~ word elle ne dit jamais un mot plus haut que l'autre ❑ to be as ~ as a bear *inf* être dans une colère noire. **-2.** [diagonal]

diagonal; ~ **member** CONSTR **traverse** *f*, entremise *f*.
◆ **cross off** *vt sep* [item] barrer, rayer; [person] radier; **to** ~ **sb off the list** radier qqn.

◆ **cross out** *vt sep* barrer, rayer.

**crossbar** ['krɒsbɑːr] *n* [on bike] barre *f*; [on goalposts] barre *f* traversale.

**crossbeam** ['krɒsbiːm] *n* traverse *f*, sommier *m*.

**crossbench** ['krɒsbentʃ] *n (usu pl)* Br POL banc où s'assoient les députés non inscrits à un parti du côté des non-inscrits.

**crossbencher** [,krɒs'bentʃər] *n* Br POL au Parlement britannique, membre non inscrit, assis sur les bancs transversaux.

**crossbones** ['krɒsbəʊnz] *npl* os *mpl* en croix OR de mort.

**crossbow** ['krɒsbəʊ] *n* arbalète *f*.

**crossbred** ['krɒsbred] ◇ *adj* hybride, métis. ◇ *n* hybride *m*, métis *m*, -isse *f*.

**crossbreed** ['krɒsbriːd] *(pt & pp* **crossbred** [-bred]) ◇ *vt* croiser. ◇ *n* [animal, plant] hybride *m*, métis *m*, -isse *f*; *pej* [person] métis *m*, -isse *f*, sang-mêlé *mf*.

**cross-Channel** *adj* Br [ferry, route] qui traverse la Manche.

**cross-check** ◇ *vt* contrôler (par contre-épreuve OR par recoupement). ◇ *vi* vérifier par recoupement. ◇ *n* contre-épreuve *f*, recoupement *m*.

**cross-country** ◇ *n* cross-country *m*, cross *m*. ◇ *adj*: ~ **runner** coureur *m*, -euse *f* de cross; ~ **skiing** ski *m* de fond. ◇ *adv* à travers champs.

**cross-cultural** *adj* interculturel.

**cross-current** *n* contre-courant *m*.

**crossed** [krɒst] *adj* croisé; ~ **cheque** chèque *m* barré; ~ **line** TELEC ligne *f* embrouillée.

**cross-examination** *n* contre-interrogatoire *m*.

**cross-examine** *vt* [gen] soumettre à un interrogatoire serré; JUR faire subir un contre-interrogatoire à.

**cross-eyed** *adj* qui louche.

**cross-fertilization** *n* croisement *m*; *fig* osmose *f*.

**cross-fertilize, -ise** *vt* croiser.

**crossfire** ['krɒs,faɪər] *n* feux *mpl* croisés; **to be caught in the** ~ *literal & fig* être pris entre deux feux.

**cross hairs** *npl* fils croisés d'une lunette qui déterminent la ligne de visée.

**crossheaded** ['krɒshedɪd] *adj* [screwdriver] cruciforme.

**cross-index** ◇ *vi* renvoyer à. ◇ *vt* établir les renvois de. ◇ *n* renvoi *m*, référence *f*.

**crossing** ['krɒsɪŋ] *n* -1. [intersection] croisement *m*; [of roads] croisement *m*, carrefour *m*. -2. [sea journey] traversée *f*. -3. [inter-breeding] croisement *m*.

**cross-legged** [krɒs'legɪd] *adj* en tailleur.

**crossly** ['krɒslɪ] *adv* avec mauvaise humeur.

**crossover** ['krɒs,əʊvər] ◇ *n* -1. [of roads] (croisement *m* par) pont *m* routier; [for pedestrians] passage *m* clouté; RAIL voie *f* de croisement. -2. BIOL croisement *m*. ◇ *adj* MUS [style] hybride.

**cross-party** *adj* POL: ~ **agreement** accord *m* entre partis.

**crosspatch** ['krɒspætʃ] *n* *inf* grincheux *m*, -euse *f*.

**crosspiece** ['krɒspiːs] *n* traverse *f*.

**crossply** ['krɒsplaɪ] *adj* [tyre] à carcasse biaise OR croisée.

**cross-purposes** *npl*: **to be at** ~ **with sb** [misunderstand] comprendre qqn de travers; [oppose] être en désaccord avec qqn; **they were talking at** ~ leur conversation tournait autour d'un quiproquo.

**cross-question** = **cross-examine**.

**cross-refer** ◇ *vi*: **to** ~ **to sthg** renvoyer à qqch. ◇ *vt* renvoyer.

**cross-reference** *n* renvoi *m*, référence *f*.

**crossroads** ['krɒsrəʊdz] *(pl inv)* *n* croisement *m*, carrefour *m*; **her career is at a** ~ sa carrière va maintenant prendre un tournant décisif.

**cross-section** *n* -1. [gen & BIOL] coupe *f* transversale. -2. [sample – of population] échantillon *m*.

**cross-stitch** ◇ *n* point *m* de croix. ◇ *vt* coudre au point de croix.

**cross street** *n* Am rue *f* transversale.

**crosswalk** ['krɒswɔːk] *n* Am passage *m* clouté.

**crossways** ['krɒsweɪz] *(pl inv)* (= Am = **crossroads**. ◇ *adj & adv* = **crosswise**.

**crosswind** ['krɒswɪnd] *n* vent *m* de travers.

**crosswise** ['krɒswaɪz] *adj & adv* [shaped like cross] en croix; [across] en travers; [diagonally] en travers, en diagonale.

**crossword (puzzle)** ['krɒswɜːd-] *n* mots *mpl* croisés.

**crotch** [krɒtʃ] *n* [of tree] fourche *f*; [of trousers] entre-jambes *m*.

**crotchet** ['krɒtʃɪt] *n* Br noire *f*.

**crotchet rest** *n* Br soupir *m*.

**crotchety** ['krɒtʃɪtɪ] *adj* *inf* grognon, bougon.

**crouch** [kraʊtʃ] *vi*: **to** ~ **(down)** [person] s'accroupir, se tapir; [animal] s'accroupir, se ramasser. ◇ *n* [posture] accroupissement *m*; [act] action *f* de se ramasser.

**croup** [kruːp] *n* -1. [of animal] croupe *f*. -2. MED croup *m*.

**croupier** ['kruːpɪər] *n* croupier *m*.

**crouton** ['kruːtɒn] *n* croûton *m*.

**crow** [krəʊ] *(Br pt* **crowed** OR **crew** [kruː], *Am pt* **crowed**) ◇ *n* -1. ORNITH corbeau *m*; [smaller] corneille *f*; **it's 3 miles as the** ~ **flies** c'est à 3 miles à vol d'oiseau; **he had to eat** ~ *Am inf* il a dû admettre qu'il avait tort. -2. [sound of cock] chant *m* du coq, cocorico *m*. -3. [of baby] gazouillis *m*. ◇ *vi* -1. [cock] chanter. -2. [baby] gazouiller. -3. [boast] se vanter; **to** ~ **over sthg** se vanter de qqch.

**crowbar** ['krəʊbɑːr] *n* (pince *f* à) levier *m*.

**crowd** [kraʊd] ◇ *n* -1. [throng] foule *f*, masse *f*; **there was quite a** ~ **at the match** il y avait beaucoup de monde au match; **she stands out in a** ~ elle se distingue de la masse. -2. *inf* [social group] bande *f*; **to be in with the wrong** ~ avoir de mauvaises fréquentations. -3. *fig & pej* [people as a whole]: **the** ~ la foule, la masse du peuple; **she always goes with** OR **follows the** ~ elle suit toujours le mouvement. ◇ *vi* se presser; **to** ~ **round sb/sthg** se presser autour de qqn/qqch; **they** ~ed **round to read the poster** ils se sont attroupés pour lire l'affiche; **the reporters** ~ed **into the room** les journalistes se sont entassés dans la pièce. ◇ *vt* -1. [cram] serrer, entasser; **people** ~ed **the streets/the shops** des gens se pressaient dans les rues/les magasins; **the park was** ~ed **with sunbathers** le parc était plein de gens qui prenaient des bains de soleil. -2. *inf* [jostle] bousculer.
◆ **crowd in** *vi insep* -1. [enter] entrer en foule, affluer. -2. *fig* [flood in] submerger.
◆ **crowd out** *vi insep* sortir en foule. ◇ *vt sep*: **independent traders are being** ~ed **out by bigger stores** les petits commerçants sont étouffés par les grands magasins.

**crowded** ['kraʊdɪd] *adj* -1. [busy – room, building, bus etc] bondé, plein; [– street] plein (de monde); [– town] encombré (de monde), surpeuplé; **a room** ~ **with furniture/with people** une pièce encombrée de meubles/pleine de monde; **he has a** ~ **schedule** son emploi du temps est surchargé. -2. [overpopulated] surpeuplé.

**crowdpuller** ['kraʊd,pʊlər] *n* Br *inf*: **his play is a real** ~ sa pièce attire les foules.

**crown** [kraʊn] ◇ *n* -1. [headdress] couronne *f*; **to succeed to the** ~ accéder au trône. -2. [regal power] couronne *f*, pouvoir *m* royal. -3. [award] prix *m*. -4. [top – of head] sommet *m* de la tête; [– of hat] fond *m*; [– of hill, tree] sommet *m*, cime *f*; [– of roof] faîte *m*; [– of road] milieu *m*; [– of tooth] couronne *f*; ARCHIT [– of arch] clef *f*. -5. [coin] couronne *f*. -6. [outstanding achievement] couronnement *m*. -7. [paper size] couronne *f*. -8. [of anchor] diamant *m*. ◇ *vt* -1. [confer a title on] sacrer, couronner; **she was** ~ed **queen/champion** elle fut couronnée reine/championne. -2. [top] couronner; **to** ~ **a tooth** couronner une dent; **and to** ~ **it all, it started to rain** *fig* et pour couronner le tout, il s'est mis à pleuvoir. -3. [in draughts] damer. -4. *inf* [hit] flanquer un coup (sur la tête) à.
◆ **Crown** *n*: **the Crown** la Couronne, l'État *m* (monarchique); **counsel for the Crown** Br JUR conseiller *m* juridique de la Couronne; **Crown witness** Br JUR témoin *m* à charge.

**crown cap** *n* Br capsule *f* (de bouteille).

**crown colony** *n* Br colonie *f* de la Couronne.

**crown court** *n* ≃ Cour *f* d'assises (*en Angleterre et au Pays de Galles*).

**crowning** ['kraʊnɪŋ] ◇ *n* couronnement *m*. ◇ *adj* *fig* suprême; ~ **glory** [hair] *hum* chevelure *f*; **the** ~ **glory of her career** le plus grand triomphe de sa carrière.

**crown jewels** *npl* joyaux *mpl* de la Couronne.

**crown land** *n* terres *fpl* domaniales.

**crown prince** *n* prince *m* héritier.

**crown princess** *n* [heir to throne] princesse *f* héritière; [wife of crown prince] princesse *f* royale.

**crow's feet** *npl* [wrinkles] pattes *fpl* d'oie (*rides*).

**crow's nest** *n* NAUT nid *m* de pie.

**crozier** ['krəʊʒjə'] = **crosier**.

**cruces** ['kruːsiːz] *pl* → **crux**.

**crucial** ['kruːʃl] *adj* **-1.** [critical] critique, crucial; MED & PHILOS crucial. **-2.** ▽ [excellent] d'enfer.

**crucially** ['kruːʃəlɪ] *adv* fondamentalement.

**crucible** ['kruːsɪbl] *n* [vessel] creuset *m*; *fig* [test] (dure) épreuve *f*; 'The Crucible' *Miller* 'les Sorcières de Salem'.

**crucifix** ['kruːsɪfɪks] *n* christ *m*, crucifix *m*; (roadside) ~ calvaire *m*.

**crucifixion** [,kruːsɪ'fɪkʃn] *n* crucifiement *m*.

◆ **Crucifixion** *n*: the Crucifixion RELIG la crucifixion, la mise en croix.

**crucify** ['kruːsɪfaɪ] (*pt* & *pp* **crucified**) *vt* **-1.** [execute] crucifier, mettre en croix. **-2.** *fig* [treat harshly] mettre au pilori.

**crude** [kruːd] ◇ *adj* **-1.** [vulgar – person, behaviour] vulgaire, grossier; [– manners] fruste, grossier; a ~ remark une grossièreté. **-2.** [raw] brut; [sugar] non raffiné. **-3.** [unsophisticated – tool] grossier, rudimentaire; [– piece of work] mal fini, sommaire; [– drawing] grossier; it was a ~ attempt at self-promotion c'était une tentative grossière pour se mettre en avant. **-4.** [stark – colour, light] cru, vif. ◇ *n* = **crude oil**.

**crudely** ['kruːdlɪ] *adv* **-1.** [vulgarly] grossièrement; [bluntly] crûment, brutalement. **-2.** [unsophisticatedly] grossièrement, sommairement.

**crudeness** ['kruːdnɪs] = **crudity**.

**crude oil** *n* (pétrole *m*) brut *m*.

**crudity** ['kruːdɪtɪ] *n* **-1.** [vulgarity] grossièreté *f*. **-2.** [rawness – of material] état *m* brut. **-3.** [lack of sophistication – of tool] caractère *m* rudimentaire; [– of drawing, work] manque *m* de fini, caractère *m* sommaire.

**cruel** [kruəl] *adj* **-1.** [unkind] cruel; to be ~ to sb être cruel envers qqn ❏ you've got to be ~ to be kind qui aime bien châtie bien *prov*. **-2.** [painful] douloureux, cruel; it was a ~ disappointment ce fut une cruelle déception.

**cruelly** ['kruəlɪ] *adv* cruellement.

**cruelty** ['kruəltɪ] (*pl* **cruelties**) *n* **-1.** [gen] cruauté *f*; ~ to animals la cruauté envers les animaux. **-2.** JUR sévices *mpl*; divorce on the grounds of ~ divorce pour sévices. **-3.** [cruel act] cruauté *f*.

**cruet** ['kruːɪt] *n* **-1.** [for oil, vinegar] petit flacon *m*. **-2.** [set of condiments] service *m* à condiments. **-3.** RELIG burette *f*.

**Cruft's** ['krʌfts] *pr n* le plus important concours canin de Grande-Bretagne, qui se tient chaque année à Londres.

**cruise** [kruːz] ◇ *n* **-1.** [sea trip] croisière *f*; they went on a ~ ils sont partis en OR ont fait une croisière. **-2.** = **cruise missile**. ◇ *vi* **-1.** [ship] croiser; [tourists] être en croisière. **-2.** [car] rouler; [plane] voler; I ~d through the exam j'ai trouvé l'examen très facile ∥ [police car, taxi] marauder, être en maraude; cruising speed AERON & AUT vitesse *f* OR régime *m* de croisière. **-3.** *inf* [for sexual partner] draguer. ◇ *vt* **-1.** [ocean] croiser dans. **-2.** *inf* [sexual partner] draguer.

**cruise missile** *n* missile *m* de croisière.

**cruiser** ['kruːzə'] *n* **-1.** [warship] croiseur *m*; [pleasure boat] yacht *m* de croisière. **-2.** *Am* [police patrol car] voiture *f* de police (en patrouille).

**cruiserweight** ['kruːzəweɪt] *n* poids *m* mi-lourd.

**cruller** ['krʌlə'] *n Am* beignet *m*.

**crumb** [krʌm] *n* **-1.** [of bread] miette *f*; [inside loaf] mie *f*; *fig* [small piece] miette *f*, brin *m*; a few ~s of information des bribes d'information. **-2.** *Am inf* [person] nul *m*, nulle *f*.

**crumble** ['krʌmbl] ◇ *vt* [bread, stock cube] émietter; [earth, plaster] effriter. ◇ *vi* [bread] s'émietter; [plaster] s'effriter; [building] tomber en ruines, se désagréger; [earth, stone] s'ébouler; *fig* [hopes, society] s'effondrer, s'écrouler. ◇ *n* crumble *m* (*dessert composé d'une couche de compote de fruits recouverte de pâte sablée*).

**crumbly** ['krʌmblɪ] (*compar* **crumblier**, *superl* **crumbliest**) *adj* friable.

**crumbs** [krʌmz] *interj Br inf* & *dated* mince, zut.

**crummy** ['krʌmɪ] (*compar* **crummier**, *superl* **crummiest**) *adj inf* minable, nul.

**crumpet** ['krʌmpɪt] *n Br* **-1.** [cake] galette épaisse qu'on mange chaude et beurrée. **-2.** ▽ [women] nanas *fpl*, pépées *fpl*.

**crumple** ['krʌmpl] ◇ *vt* froisser, friper; to ~ a piece of paper (up) into a ball chiffonner un papier. ◇ *vi* **-1.** [crease] se froisser, se chiffonner. **-2.** [collapse] s'effondrer, s'écrouler; his face ~d and tears came to his eyes *fig* son visage se contracta et ses yeux se remplirent de larmes.

**crunch** [krʌntʃ] ◇ *vi* **-1.** [gravel, snow] craquer, crisser. **-2.** [chew] croquer; to ~ on sthg croquer qqch. ◇ *vt* **-1.** [chew] croquer. **-2.** [crush underfoot] faire craquer OR crisser, écraser. ◇ *n* **-1.** [sound – of teeth] coup *m* de dents; [– of food] craquement *m*; [– of gravel, snow] craquement *m*, crissement *m*. **-2.** *inf* [critical moment] moment *m* critique; when it comes to the ~ dans une situation critique, au moment crucial. ◇ *adj inf* critique, décisif.

◆ **crunch up** *vt sep* broyer.

**crunchy** ['krʌntʃɪ] (*compar* **crunchier**, *superl* **crunchiest**) *adj* [food] croquant; [snow, gravel] qui craque OR crisse.

**crusade** [kruː'seɪd] ◇ *n fig* & HIST croisade *f*. ◇ *vi* HIST partir en croisade, être à la croisade; *fig* faire une croisade; to ~ for/against sthg mener une croisade pour/contre qqch.

**crusader** [kruː'seɪdə'] *n* HIST croisé *m*; *fig* champion *m*, -onne *f*, militant *m*, -e *f*.

**crush** [krʌʃ] ◇ *vt* **-1.** [smash – gen] écraser, broyer; ~ed ice glace *f* pilée; they were ~ed to death ils sont morts écrasés. **-2.** [crease] froisser, chiffonner; ~ed velvet velours *m* frappé. **-3.** [defeat – enemy] écraser; [suppress – revolt] écraser, réprimer; *fig* [– hopes] écraser; she felt ~ed by the news elle a été accablée OR atterrée par la nouvelle. **-4.** [squash, press] serrer; we were ~ed in the race for the door nous avons été écrasés dans la ruée vers la porte. ◇ *vi* **-1.** [throng] se serrer, s'écraser; we all ~ed into the lift nous nous sommes tous entassés dans l'ascenseur. **-2.** [crease] se froisser. ◇ *n* **-1.** [crowd] foule *f*, cohue *f*; in the ~ to enter the stadium dans la bousculade pour entrer dans le stade. **-2.** *inf* [infatuation] béguin *m*; to have a ~ on sb en pincer pour qqn. **-3.** *Br* [drink] jus *m* de fruit; lemon ~ citron *m* pressé.

**crush barrier** *n* barrière *f* de sécurité.

**crushing** ['krʌʃɪŋ] *adj* [defeat] écrasant; [remark] cinglant, percutant.

**crust** [krʌst] ◇ *n* **-1.** [of bread, pie] croûte *f*; [of snow, ice] couche *f*; a ~ of bread un croûton, une croûte; the earth's ~ GEOL la croûte OR l'écorce terrestre ❏ to earn a ~ gagner sa croûte. **-2.** [on wound] croûte *f*. **-3.** [on wine] dépôt *m*. ◇ *vt* couvrir d'une croûte. ◇ *vi* former une croûte.

**crustacean** [krʌ'steɪʃn] ◇ *adj* crustacé. ◇ *n* crustacé *m*.

**crusty** ['krʌstɪ] (*compar* **crustier**, *superl* **crustiest**) *adj* **-1.** [bread] croustillant. **-2.** [bad-tempered – person] hargneux, bourru; [– remark] brusque, sec (*f* sèche).

**crutch** [krʌtʃ] *n* **-1.** [support] support *m*, soutien *m*; [for walking] béquille *f*; ARCHIT étançon *m*; NAUT support *m*; she uses ~es elle marche avec des béquilles. **-2.** *fig* soutien *m*. **-3.** *Br* = **crotch**.

**crux** [krʌks] (*pl* **cruxes** OR **cruces** ['kruːsiːz]) *n* **-1.** [vital point] point *m* crucial OR capital; [of problem] cœur *m*; the ~ of the matter le nœud de l'affaire. **-2.** [in climbing] passage-clef *m*.

**cry** [kraɪ] (*pt* & *pp* **cried**, *pl* **cries**) ◇ *vi* **-1.** [weep] pleurer; she cried in OR with frustration elle pleurait d'impuissance; we laughed until we cried nous avons pleuré de rire OR avons ri aux larmes ❏ it's no use ~ing over spilt milk *prov* ce qui est fait est fait. **-2.** [call out] crier, pousser un cri; to ~ (out) in pain pousser un cri de douleur; to ~ for help crier au secours ❏ to ~ for the moon demander la lune OR l'impossible. **-3.** [bird, animal] pousser un cri OR des cris; [hounds] donner de la voix, aboyer.

◇ *vt* **-1.** [weep] pleurer; she cried herself to sleep elle s'est endormie en pleurant; he cried tears of joy il versa des larmes de joie; he was ~ing his heart OR eyes out il pleurait toutes les larmes de son corps. **-2.** [shout] crier; 'look', she cried «regardez», s'écria-t-elle; he cried quits OR mercy il s'est avoué vaincu ❏ to ~ wolf crier au loup.

◇ *n* **-1.** [exclamation] cri *m*; he heard a ~ for help il a entendu crier au secours; there have been cries for lower taxes *fig* on a réclamé une baisse des impôts; to be in full ~ crier à tue-tête. **-2.** [of birds, animals] cri *m*; [of hounds] aboiements *mpl*, voix *f*.**-3.** [weep]: **to have a good ~** pleurer un bon coup.

◆ **cry down** *vt sep* décrier.

◆ **cry off** *vi insep* [from meeting] se décommander; [from promise] se rétracter, se dédire.

◆ **cry out** ◇ *vi insep* pousser un cri; **I cried out to them** je les ai appelés; **to ~ out against** *fig* protester contre; **to ~ out for sthg** demander OR réclamer qqch; **the system is ~ing out for revision** OR **to be revised** *fig* le système a grand besoin d'être révisé ❏ **for ~ing out loud!** *inf* bon sang! ◇ *vt sep* s'écrier; **'listen', she cried out** «écoutez», s'écria-t-elle.

**crybaby** ['kraɪ,beɪbɪ] (*pl* **crybabies**) *n inf* pleurnichard *m*, - e *f*.

**crying** ['kraɪɪŋ] ◇ *adj* **-1.** [person] qui pleure, pleurant. **-2.** *inf* [as intensifier] criant, flagrant; **it's a ~ shame** c'est un scandale. ◇ *n (U)* **-1.** [shouting] cri *m*, cris *mpl*.**-2.** [weeping] pleurs *mpl*.

**crypt** [krɪpt] *n* crypte *f*.

**cryptic** ['krɪptɪk] *adj* [secret] secret (*f* -ète); [obscure] énigmatique, sibyllin.

**cryptically** ['krɪptɪklɪ] *adv* [secretly] secrètement; [obscurely] énigmatiquement.

**crypto-** ['krɪptəʊ] *in cpds* crypto-; **~fascist** cryptofasciste *mf*.

**cryptographer** [krɪp'tɒɡrəfə] *n* cryptographe *mf*.

**cryptography** [krɪp'tɒɡrəfɪ], **cryptology** [krɪp'tɒlədʒɪ] *n* cryptographie *f*.

**crystal** ['krɪstl] ◇ *n* **-1.** [gen & MINER] cristal *m*.**-2.** [chip] cristal *m*; salt/snow **~s** cristaux de sel/de neige. **-3.** *Am* [of watch] verre *m* (de montre). **-4.** ELECTRON galène *f*. ◇ *adj* [vase, glass, water] de cristal.

**crystal ball** *n* boule *f* de cristal.

**crystal clear** *adj* clair comme le jour OR comme de l'eau de roche; [voice] cristalline.

**crystal-gazing** *n (U)* [in ball] (art *m* de la) voyance *f*; *fig* prédictions *fpl*, prophéties *fpl*.

**crystalline** ['krɪstəlaɪn] *n* cristallin.

**crystallization** [,krɪstəlaɪ'zeɪʃn] *n* [gen & SCI] cristallisation *f*.

**crystallize, -ise** ['krɪstəlaɪz] ◇ *vi literal & fig* se cristalliser. ◇ *vt* cristalliser; [sugar] (faire) candir; **~d fruit** fruits *mpl* confits.

**crystal set** *n* poste *m* à galène.

**CSE** (*abbr of* **Certificate of Secondary Education**) *n ancien brevet de l'enseignement secondaire en Grande-Bretagne, aujourd'hui remplacé par le GCSE.*

**CSEU** (*abbr of* **Confederation of Shipbuilding and Engineering Unions**) *pr n confédération britannique des syndicats de la construction navale et de la mécanique.*

**CS gas** *n Br* gaz *m* CS OR lacrymogène.

**CST** *n abbr of* **Central Standard Time.**

**CSU** (*abbr of* **Civil Service Union**) *pr n syndicat de la fonction publique.*

**ct** *written abbr of* **carat.**

**CT** *written abbr of* **Connecticut.**

**CTC** (*abbr of* **city technology college**) *n collège technique britannique, généralement établi dans des quartiers défavorisés.*

**cu.** *written abbr of* **cubic.**

**cub** [kʌb] *n* **-1.** [animal] petit *m*, -e *f*.**-2.** [youngster]: **young ~** jeune blanc-bec *m*.**-3.** [scout] louveteau *m* (*scout*).

**Cuba** ['kju:bə] *pr n* Cuba; **in ~** à Cuba.

**Cuban** ['kju:bən] ◇ *adj* cubain; **~ heel** talon *m* cubain; **the ~ missile crisis** la crise de Cuba (*conflit américano-soviétique dû à la présence de missiles soviétiques à Cuba (1962)*).

**cubbyhole** ['kʌbɪhəʊl] *n* **-1.** [cupboard] débarras *m*, remise *f*; [small room] cagibi *m*, réduit *m*.**-2.** [in desk] case *f*; AUT videpoches *m*.

**cube** [kju:b] ◇ *n* [gen & MATH] cube *m*. ◇ *vt* **-1.** [cut into cubes] couper en cubes OR en dés. **-2.** MATH cuber; TECH [measure] cuber.

**cube root** *n* racine *f* cubique.

**cubic** ['kju:bɪk] *adj* [shape, volume] cubique; [measurement] cube; **~ equation** MATH équation *f* du troisième degré; **~ metre** mètre *m* cube.

**cubicle** ['kju:bɪkl] *n* [in dormitory, hospital ward] alcôve *f*, box

*m*; [in swimming baths, public toilets] cabine *f*.

**cubism, Cubism** ['kju:bɪzm] *n* cubisme *m*.

**cubist, Cubist** ['kju:bɪst] ◇ *adj* cubiste. ◇ *n* cubiste *mf*.

**cubit** ['kju:bɪt] *n* [measurement] coudée *f* (*unité de mesure*).

**cub master** *n* chef *m* (*des scouts*).

**cub mistress** *n* cheftaine *f* (*des scouts*).

**cub reporter** *n* jeune journaliste *mf*.

**cub scout, Cub Scout** *n* louveteau *m* (*scout*).

**cuckold** ['kʌkəʊld] ◇ *n* (mari *m*) cocu *m*. ◇ *vt* faire cocu, cocufier.

**cuckoo** ['kuku:] (*pl* **cuckoos**) ◇ *n* ORNITH [bird, sound] coucou *m*. ◇ *adj inf* [mad] loufoque, toqué.

**cuckoo clock** *n* coucou *m* (*pendule*).

**cuckoopint** ['kuku:pɪnt] *n* pied-de-veau *m*.

**cucumber** ['kju:kʌmbə] *n* concombre *m*.

**cud** [kʌd] *n* bol *m* alimentaire (*d'un ruminant*).

**cuddle** ['kʌdl] ◇ *vi* se faire un câlin, se câliner. ◇ *vt* câliner, caresser; [child] bercer (*dans ses bras*). ◇ *n* câlin *m*, caresse *f*, caresses *fpl*; **they were having a ~** ils se faisaient un câlin; **she gave the child a ~** elle a fait un câlin à l'enfant.

◆ **cuddle up** *vi insep* se blottir, se pelotonner; **she ~d up close to him** elle se blottit contre lui.

**cuddly** ['kʌdlɪ] (*compar* **cuddlier**, *superl* **cuddliest**) *adj* [child, animal] câlin.

**cuddly toy** *n* peluche *f*.

**cudgel** ['kʌdʒəl] (*Br pt & pp* **cudgelled**, *cont* **cudgelling**, *Am pt & pp* **cudgeled**, *cont* **cudgeling**) ◇ *n* gourdin *m*, trique *f*. ◇ *vt* battre à coups de gourdin.

**cue** [kju:] ◇ *n* **-1.** CIN & THEAT [verbal] réplique *f*; [action] signal *m*; MUS signal *m* d'entrée; **to give sb their ~** donner la réplique à qqn; **he took his ~** il a entamé sa réplique; **her yawn was our ~ to leave** nous avons compris qu'il fallait partir quand elle s'est mise à bâiller. **-2.** *fig* [signal] signal *m*; **on ~** au bon moment; **to take one's ~ from sb** prendre exemple sur qqn. **-3.** [for snooker etc] queue *f* (*de billard*). **-4.** [of hair] queue *f* (*de cheval*). ◇ *vi* [in snooker, pool] queuter. ◇ *vt* [prompt] donner le signal à; THEAT donner la réplique à.

◆ **cue in** *vt sep* [gen, RADIO & TV] donner le signal à; THEAT donner la réplique à.

**cue ball** *n* bille *f* de joueur.

**cuff** [kʌf] ◇ *n* **-1.** [of sleeve] poignet *m*, manchette *f*; [of glove] poignet *m*; [of coat] parement *m*; *Am* [of trousers] revers *m*; **off the ~** à l'improviste; **she was speaking off the ~** elle a improvisé son discours. **-2.** [blow] gifle *f*, claque *f*. ◇ *vt* **-1.** [hit] gifler, donner une gifle OR une claque à. **-2.** *Am* [trousers] faire un revers à.

◆ **cuffs** *npl inf* [handcuffs] menottes *fpl*.

**cuff link** *n* bouton *m* de manchette.

**cu.in.** *written abbr of* **cubic inch(es).**

**cuisine** [kwɪ'zi:n] *n* cuisine *f*.

**cul-de-sac** ['kʌldəsæk] *n* cul-de-sac *m*, impasse *f*.

**culinary** ['kʌlɪnərɪ] *adj* culinaire.

**cull** [kʌl] ◇ *vt* **-1.** [sample] sélectionner. **-2.** [remove from herd] éliminer, supprimer; [slaughter – seals] abattre, massacrer. **-3.** [gather – flowers, fruit] cueillir. ◇ *n* **-1.** [slaughter] massacre *m*.**-2.** [animal] animal *m* à éliminer.

**Culloden Moor** [kə'lɒdn'mɔ:] *pr n bataille à l'issue de laquelle, en 1746, les partisans écossais de Charles-Édouard Stuart furent vaincus par l'armée anglaise.*

**culminate** ['kʌlmɪneɪt] *vi* ASTRON culminer.

◆ **culminate in** *vt insep*: **the demonstration ~d in a riot** la manifestation s'est terminée en émeute.

**culmination** [,kʌlmɪ'neɪʃn] *n* **-1.** [climax – of career] apogée *m*; [– of efforts] maximum *m*; [– of disagreement] point *m* culminant. **-2.** ASTRON culmination *f*.

**culottes** [kju:'lɒts] *npl* jupe-culotte *f*.

**culpable** ['kʌlpəbl] *adj fml* coupable; JUR: **~ homicide** homicide *m* volontaire.

**culprit** ['kʌlprɪt] *n* coupable *mf*.

**cult** [kʌlt] ◇ *n fig* OR RELIG culte *m*; **personality ~** culte *m* de la personnalité. ◇ *comp* [book, film] culte; **~ figure** idole *f*; **the film has a ~ following** c'est un film culte.

**cultivate** ['kʌltɪveɪt] *vt* **-1.** [land] cultiver, exploiter; [crop] cultiver. **-2.** *fig* [idea, person] cultiver; **reading is the best**

**way** to ~ the mind la lecture est le meilleur moyen de se cultiver (l'esprit).

**cultivated** ['kʌltɪveɪtɪd] *adj* [land] cultivé, exploité; [person] cultivé; [voice] distingué.

**cultivation** [,kʌltɪ'veɪʃn] *n* **-1.** [of land, crops] culture *f*; fields under ~ cultures *fpl*.**-2.** *fig* [of taste] éducation *f*; [of relations] entretien *m*.

**cultivator** ['kʌltɪveɪtəʳ] *n* [person] cultivateur *m*, -trice *f*; [tool] cultivateur *m*; [power-driven] motoculteur *m*.

**cultural** ['kʌltʃərəl] *adj* **-1.** [events, background] culturel; ~ integration acculturation *f*; a ~ desert *fig* un désert culturel. **-2.** AGR de culture, cultural.

**culturally** ['kʌltʃərəlɪ] *adv* culturellement.

**Cultural Revolution** *n*: the ~ la Révolution culturelle.

**culture** ['kʌltʃəʳ] ◇ *n* **-1.** [civilization, learning] culture *f*; a man of ~ un homme cultivé OR qui a de la culture. **-2.** AGR [of land, crops] culture *f*; [of animals] élevage *m*; [of fowl] aviculture *f*.**-3.** BIOL culture *f*. ◇ *vt* [plants] cultiver; [animals] élever; [bacteria] faire une culture de.

**cultured** ['kʌltʃəd] *adj* **-1.** [refined – person] cultivé, lettré. **-2.** [grown artificially] cultivé; ~ pearls perles *fpl* de culture.

**culture gap** *n* fossé *m* culturel.

**culture medium** *n* milieu *m* de culture.

**culture shock** *n* choc *m* culturel.

**cum** [kʌm] *prep* avec; a kitchen-~-dining area une cuisine *f* avec coin-repas; he's a teacher-~-philosopher il est philosophe aussi bien qu'enseignant.

**cumbersome** ['kʌmbəsəm] *adj* [bulky] encombrant, embarrassant; *fig* [process, system, style] lourd, pesant.

**cumin** ['kʌmɪn] *n* cumin *m*.

**cummerbund** ['kʌməbʌnd] *n* large ceinture *f* (de smoking).

**cumulative** ['kjuːmjʊlətɪv] *adj* cumulatif; ~ evidence JUR preuve *f* par accumulation de témoignages; ~ interest FIN intérêts *mpl* cumulatifs; ~ voting POL vote *m* plural.

**cumuli** ['kjuːmjʊlaɪ] *pl* → **cumulus**.

**cumulonimbus** [,kjuːmjʊləʊ'nɪmbəs] (*pl* **cumulonimbi** [-baɪ] OR **cumulonimbuses**) *n* cumulo-nimbus *m*.

**cumulus** ['kjuːmjʊləs] (*pl* **cumuli** [-laɪ]) *n* cumulus *m*.

**cuneiform** ['kjuːnɪfɔːm] ◇ *adj* cunéiforme. ◇ *n* écriture *f* cunéiforme.

**cunnilingus** [,kʌnɪ'lɪŋgəs] *n* cunnilingus *m*.

**cunning** ['kʌnɪŋ] ◇ *adj* **-1.** [shrewd] astucieux, malin (*f* -igne); *pej* rusé, fourbe; he's as ~ as a fox il est rusé comme un renard. **-2.** [skilful] habile, astucieux. **-3.** *Am* [cute] mignon, charmant. ◇ *n* **-1.** [guile] finesse *f*, astuce *f*; *pej* ruse *f*, fourberie *f*.**-2.** [skill] habileté *f*, adresse *f*.

**cunningly** ['kʌnɪŋlɪ] *adv* **-1.** [shrewdly] astucieusement, finement; *pej* avec ruse OR fourberie. **-2.** [skilfully] habilement, astucieusement.

**cunt**▼ [kʌnt] *n* **-1.** [vagina] con *m*, chatte *f*.**-2.** [man] enculé *m*; [woman] salope *f*.

**cup** [kʌp] (*pt & pp* **cupped**, *cont* **cupping**) ◇ *n* **-1.** [for drinking, cupful] tasse *f*; RELIG calice *m*; a ~ of coffee une tasse de café □ my ~ runneth over *lit* mon bonheur est complet OR parfait; he drained the ~ of sorrow *lit* il a bu la coupe jusqu'à la lie; jazz isn't everyone's ~ of tea *inf* tout le monde n'aime pas le jazz. **-2.** SPORT [trophy, competition] coupe *f*.**-3.** [shape – of plant] corolle *f*; [– of bone] cavité *f* articulaire, glène *f*; [– of bra] bonnet *m*.**-4.** [punch] boisson *f* alcoolisée; champagne ~ punch *m* au champagne; fruit ~ cocktail *m* aux fruits (*pouvant contenir de l'alcool*). **-5.** TECH godet *m*, cuvette *f*.**-6.** *Am* [in golf] trou *m*. ◇ *comp* **-1.** SPORT [winners, holders, match] de coupe. **-2.** [handle] de tasse; [rack] pour tasses. ◇ *vt* [hands] mettre en coupe; [hold]: to ~ one's hands around sthg mettre ses mains autour de qqch; he cupped a hand to his ear il mit sa main derrière son oreille; she cupped her hands around her mouth and shouted elle mit ses mains en porte-voix et cria.

**cupboard** ['kʌbəd] *n* [on wall] placard *m*; [free-standing – for dishes, pans] buffet *m*, placard *m*; [– for clothes] placard *m*, armoire *f*; the ~ is bare *fig* il n'y a rien à se mettre sous la dent.

**cupboard love** *n Br* amour *m* intéressé.

**cup cake** *n* petit gâteau *m*.

**cup final** *n* finale *f* de la coupe; the Cup Final *Br* la finale de la Coupe de Football.

**cup finalist** *n* finaliste *mf* de la coupe.

**cupful** ['kʌpfʊl] *n* tasse *f*.

**Cupid** ['kjuːpɪd] *prn* MYTH Cupidon *m*.
◆ **cupid** *n* ART [cherub] chérubin *m*, amour *m*.

**cupidity** [kjuː'pɪdɪtɪ] *n* cupidité *f*.

**cupola** ['kjuːpələ] *n* **-1.** ARCHIT [ceiling, roof] coupole *f*, dôme *m*; [tower] belvédère *m*.**-2.** METALL [furnace] cubilot *m*.

**cuppa** ['kʌpə] *n Br* inf tasse *f* de thé.

**cup tie** *n* match *m* de coupe.

**cup-tied** *adj* [player] disqualifié pour un match de coupe.

**cur** [kɜːʳ] *n* **-1.** [dog] (chien *m*) bâtard *m*, sale chien *m*.**-2.** [person] malotru *m*, -e *f*, roquet *m*.

**curable** ['kjʊərəbl] *adj* guérissable, curable.

**curate** ['kjʊərət] *n* vicaire *m* (de l'Église anglicane).

**curate's egg** *n Br*: it's like the ~ il y a du bon et du mauvais.

**curative** ['kjʊərətɪv] *adj* curatif.

**curator** [,kjʊə'reɪtəʳ] *n* **-1.** [of museum] conservateur *m*, -trice *f*.**-2.** *Scot* [guardian] curateur *m*, -trice *f*.

**curb** [kɜːb] ◇ *n* **-1.** [restraint] frein *m*; a ~ on trade une restriction au commerce. **-2.** [on harness]: ~ (bit) mors *m*; ~ (chain) gourmette *f*; ~ reins rênes *fpl* de filet. **-3.** [of well] margelle *f*.**-4.** *Am*= kerb. ◇ *vt* **-1.** [restrain – emotion] refréner, maîtriser; [– expenses] restreindre, mettre un frein à; [– child] modérer, freiner. **-2.** [horse] mettre un mors à. **-3.** *Am*: '~ your dog' 'votre chien doit faire ses besoins dans le caniveau'.

**curbstone** ['kɜːbstəʊn] *Am*= kerbstone.

**curd** [kɜːd] *n* (*usu pl*) [of milk] caillot *m*, grumeau *m*; ~s lait *m* caillé, caillebotte *f*; ~s and whey lait caillé sucré.

**curd cheese** *n* fromage *m* blanc battu.

**curdle** ['kɜːdl] ◇ *vi* [milk] cailler; [sauce] tourner; [mayonnaise] tomber; his screams made my blood ~ *fig* ses cris m'ont glacé le sang. ◇ *vt* [milk] cailler; [sauce] faire tourner; [mayonnaise] faire tomber.

**cure** [kjʊəʳ] ◇ *vt* **-1.** [disease, person] guérir; *fig* [problem] éliminer, remédier à; he was ~d of cancer il a été guéri du cancer; his experiences in politics ~d him of all his illusions *fig* son expérience de la politique lui a fait perdre toutes ses illusions. **-2.** [tobacco, meat, fish – gen] traiter; [– with salt] saler; [– by smoking] fumer; [– by drying] sécher. ◇ *n* **-1.** [remedy] remède *m*, cure *f*; a ~ for the common cold un remède contre le rhume de cerveau; there's no known ~ on ne connaît pas de remède; to take OR to follow a ~ faire une cure; a ~ for all ills *fig* la panacée. **-2.** [recovery] guérison *f*; to be beyond OR past ~ [person] être incurable; *fig* [problèm, situation] être irrémédiable. **-3.** RELIG: the ~ of souls la charge d'âmes.

**cure-all** *n* panacée *f*.

**curfew** ['kɜːfjuː] *n* couvre-feu *m*; the authorities imposed a/lifted the ~ les autorités ont imposé/levé le couvre-feu.

**curio** ['kjʊərɪəʊ] (*pl* curios) *n* curiosité *f*, bibelot *m*.

**curiosity** [,kjʊərɪ'ɒsɪtɪ] (*pl* curiosities) *n* **-1.** [interest] curiosité *f*; out of ~ par curiosité □ ~ killed the cat *prov* la curiosité est un vilain défaut *prov*. **-2.** [novelty – object] curiosité *f*; [– person] bête *f* curieuse.

**curious** ['kjʊərɪəs] *adj* **-1.** [inquisitive] curieux; I'm ~ to see/know je suis curieux de voir/savoir. **-2.** [strange] curieux, singulier.

**curiously** ['kjʊərɪəslɪ] *adv* **-1.** [inquisitively] avec curiosité. **-2.** [strangely] curieusement, singulièrement; ~ enough chose bizarre OR curieuse.

**curl** [kɜːl] ◇ *vi* **-1.** [hair] friser; [loosely] boucler. **-2.** [paper, leaf] se recroqueviller, se racornir; [lip] se retrousser; her lip ~ed in contempt elle fit une moue de mépris. **-3.** [road] serpenter; [smoke] monter en spirale. **-4.** SPORT jouer au curling. ◇ *vt* **-1.** [hair] friser; [loosely] (faire) boucler; [paper] enrouler; [ribbon] faire boucler; [lip] retrousser. ◇ *n* **-1.** [of hair] boucle *f* (de cheveux). **-2.** [spiral] courbe *f*; [of smoke] spirale *f*; [of wave] ondulation *f*; with a scornful ~ of the lip *fig* avec une moue méprisante.
◆ **curl up** ◇ *vi insep* **-1.** [leaf, paper] s'enrouler, se recroqueviller; [bread] se racornir. **-2.** [person] se pelotonner; [cat] se mettre en boule, se pelotonner; [dog] se coucher en rond; the cat was sleeping ~ed up in a ball le chat dormait roulé

en boule; **I just wanted to ~ up and die** *fig* [in shame] j'aurais voulu rentrer sous terre. ◇ *vt sep* enrouler; **to ~ o.s. up** [person] se pelotonner; [cat] se mettre en boule, se pelotonner; [dog] se coucher en rond.

**curler** ['kɜːlər] *n* **-1.** [for hair] bigoudi *m*, rouleau *m*. **-2.** SPORT joueur *m*, -euse *f* de curling.

**curlew** ['kɜːljuː] *n* courlis *m*.

**curlicue** ['kɜːlɪkjuː] *n* [in design, handwriting] enjolivure *f*; [in skating] figure *f* (compliquée).

**curling** ['kɜːlɪŋ] *n* SPORT curling *m*.

**curling iron** *n*, **curling tongs** *npl* fer *m* à friser.

**curly** ['kɜːlɪ] (*compar* **curlier**, *superl* **curliest**) *adj* [hair – tight] frisé; [– loose] bouclé; **~ lettuce** (laitue *f*) frisée *f*.

**curly kale** *n* chou *m* frisé.

**currant** ['kʌrənt] *n* **-1.** BOT [fruit] groseille *f*; **~ bush** groseiller *m*. **-2.** [dried grape] raisin *m* de Corinthe.

**currant bun** *n* petit pain *m* aux raisins.

**currency** ['kʌrənsɪ] (*pl* **currencies**) *n* **-1.** ECON & FIN monnaie *f*, devise *f*; [foreign – devise, monnaie étrangère; **he has no Spanish ~** il n'a pas d'argent espagnol; **this coin is no longer legal ~** cette pièce n'a plus cours (légal) OR n'est plus en circulation; **~ unit** unité *f* monétaire. **-2.** *fig* [prevalence] cours *m*, circulation *f*; **the theory has gained ~** cette théorie s'est répandue.

**current** ['kʌrənt] ◇ *n* [gen & ELEC] courant *m*; *fig* [trend] cours *m*, tendance *f*; **to go against the ~** *literal* remonter le courant; *fig* aller à contre-courant; **to go with the ~** *literal* & *fig* suivre le courant. ◇ *adj* **-1.** [widespread] courant, commun; **the ~ theory** la théorie actuelle; **it's in ~ use** c'est d'usage courant; **words that are in ~ use** des mots courants OR qui s'emploient couramment. **-2.** [most recent – fashion, trend] actuel; [– price] courant; **the ~ issue of this magazine** le dernier numéro de cette revue; **the ~ month** le mois courant OR en cours; **the ~ exhibition at the Louvre** l'exposition qui a lieu en ce moment au Louvre; **his ~ girlfriend** la fille avec qui il est en ce moment; **the ~ rate of exchange** FIN le cours actuel du change.

**current account** *n Br* compte *m* courant.

**current affairs** ◇ *npl* l'actualité *f*, les questions *fpl* d'actualité. ◇ *comp* [programme, magazine] d'actualités.

**current assets** *npl* actif *m* de roulement.

**current liabilities** *npl* passif *m* exigible á court terme.

**currently** ['kʌrəntlɪ] *adv* actuellement, à présent.

**curricular** [kə'rɪkjələr] *adj* au programme.

**curriculum** [kə'rɪkjələm] (*pl* **curricula** [-lə] OR **curriculums**) *n* programme *m* d'enseignement; **the maths ~** le programme de maths.

**curriculum vitae** [-'viːtaɪ] (*pl* **curricula vitae**) *n Br* curriculum *m* (vitae).

**curried** ['kʌrɪd] *adj* au curry OR cari; **~ eggs** des œufs au curry OR à l'indienne.

**curry** ['kʌrɪ] (*pl* **curries**, *pt* & *pp* **curried**) ◇ *n* CULIN curry *m*, cari *m*; **chicken ~** curry de poulet. ◇ *vt* **-1.** CULIN accommoder au curry. **-2.** [horse] étriller; [leather] corroyer; **he's trying to ~ favour with the boss** il cherche à se faire bien voir du patron.

**currycomb** ['kʌrɪkəʊm] *n* étrille *f*.

**curry powder** *n* curry *m*, cari *m*.

**curse** [kɜːs] ◇ *n* **-1.** [evil spell] malédiction *f*; **to call down** OR **to put a ~ on sb** maudire qqn; **the town is under a ~** la ville est sous le coup d'une malédiction. **-2.** [swearword] juron *m*, imprécation *f*; **~s!** *inf* zut!, mince alors! **-3.** *fig* [bane] fléau *m*, calamité *f*. **-4.** *inf* & *euph* [menstruation]: **the ~** les règles *fpl*. ◇ *vt* **-1.** [damn] maudire. **-2.** [swear at] injurier. **-3.** [afflict] affliger; **he's ~d with a bad temper** il est affligé d'un mauvais caractère. ◇ *vi* [swear] jurer, blasphémer.

**cursed** ['kɜːsɪd] *adj* maudit.

**cursive** ['kɜːsɪv] ◇ *adj* cursif. ◇ *n* (écriture *f*) cursive *f*.

**cursor** ['kɜːsər] *n* curseur *m*.

**cursory** ['kɜːsərɪ] *adj* [superficial] superficiel; [hasty] hâtif; **she gave the painting only a ~ glance** elle n'a jeté qu'un bref coup d'œil au tableau.

**curt** [kɜːt] *adj* [person, reply, manner] brusque, sec (*f* sèche).

**curtail** [kɜː'teɪl] *vt* **-1.** [cut short – story, visit, studies] écourter. **-2.** [reduce – expenses] réduire, rogner; [– power, freedom] li-

miter, réduire.

**curtailment** [kɜː'teɪlmənt] *n* **-1.** [of studies, visit] raccourcissement *m*. **-2.** [of expenses] réduction *f*; [of power, freedom] limitation *f*, réduction *f*.

**curtain** ['kɜːtn] ◇ *n* **-1.** [gen & THEAT] rideau *m*; *fig* rideau *m*, voile *m*; **if she finds out, it's ~s for us** *inf* si elle apprend ça, on est fichus. **-2.** THEAT [for actor] rappel *m*; **the singer took four ~s** le chanteur a été rappelé quatre fois. ◇ *vt* garnir de rideaux.

◆ **curtain off** *vt sep* séparer par un rideau.

**curtain call** *n* rappel *m*; **she took four ~s** elle a été rappelée quatre fois.

**curtain hook** *n* crochet *m* de rideau.

**curtain rail** *n* tringle *f* à rideau OR à rideaux.

**curtain raiser** *n* THEAT lever *m* de rideau; *fig* événement *m* avant-coureur, prélude *m*.

**curtain ring** *n* anneau *m* de rideau.

**curtain rod** = **curtain rail**.

**curtly** ['kɜːtlɪ] *adv* [bluntly – say, reply] avec brusquerie, sèchement, sans ménagement.

**curtness** ['kɜːtnɪs] *n* [bluntness – of tone, reply, manner, person] brusquerie *f*, sécheresse *f*.

**curtsey, curtsy** ['kɜːtsɪ] (*pl* **curtseys** OR **curtsies**, *pt* & *pp* **curtseyed** OR **curtsied**) ◇ *n* révérence *f*; **she made** OR **gave a ~** elle a fait une révérence. ◇ *vi* faire une révérence.

**curvaceous** [kɜː'veɪʃəs] *adj hum* bien fait.

**curvature** ['kɜːvətʃər] *n* [gen] courbure *f*; **the ~ of space** la courbure de l'espace ‖ MED déviation *f*; **~ of the spine** [abnormal] déviation de la colonne vertébrale, scoliose *f*.

**curve** [kɜːv] ◇ *n* **-1.** [gen] courbe *f*; [in road] tournant *m*, virage *m*; ARCHIT [of arch] voussure *f*; [of beam] cambrure *f*; **a woman's ~s** les rondeurs *fpl* d'une femme. **-2.** MATH courbe *f*. ◇ *vi* [gen] se courber; [road] être en courbe, faire une courbe; **the path ~d round to the left** le chemin tournait vers la gauche. ◇ *vt* [gen] courber; TECH cintrer.

**curved** [kɜːvd] *adj* [gen] courbe; [edge] arrondi; [road] en courbe; [convex] convexe; TECH cintré.

**curvilinear** [ˌkɜːvɪ'lɪnɪər] *adj* curviligne.

**curvy** ['kɜːvɪ] (*compar* **curvier**, *superl* **curviest**) *adj* **-1.** [road, line] sinueux. **-2.** *inf* [woman] bien fait.

**cushion** ['kʊʃn] ◇ *n* **-1.** [pillow] coussin *m*; *fig* tampon *m*; **a ~ of air** *fig* un coussin d'air. **-2.** [in snooker, billiards etc] bande *f*. ◇ *vt* **-1.** [sofa] mettre des coussins à; [seat] rembourrer; TECH matelasser. **-2.** *fig* [shock, blow] amortir; **to ~ a fall** amortir une chute.

**cushy** ['kʊʃɪ] (*compar* **cushier**, *superl* **cushiest**) *adj inf* peinard, pépère; **a ~ job** une bonne planque.

**cusp** [kʌsp] *n* ANAT & BOT cuspide *f*; ASTRON [of moon] cuspide *f*; ASTROL corne *f*.

**cuspidor** ['kʌspɪdɔːr] *n Am* crachoir *m*.

**cuss** [kʌs] *inf* ◇ *vi* jurer, blasphémer. ◇ *vt* injurier. ◇ *n* **-1.** [oath] juron *m*. **-2.** [person] type *m pej*.

◆ **cuss out** *vt sep inf Am*: **to ~ sb out** traiter qqn de tous les noms.

**cussed** ['kʌsɪd] *adj inf* **-1.** [obstinate] têtu, entêté. **-2.** [cursed] sacré.

**custard** ['kʌstəd] *n* **-1.** [sauce] *crème sucrée épaisse servie chaude ou froide*, ≃ crème *f* anglaise. **-2.** [dessert] crème *f* renversée, flan *m*.

**custard apple** *n* anone *f*.

**custard cream** *n* biscuit *m* fourré à la vanille.

**custard pie** *n* tarte *f* à la crème.

**custard powder** *n* ≃ crème *f* anglaise instantanée.

**custard tart** = **custard pie**.

**Custer** ['kʌstər] *pr n* Custer; **~'s Last Stand** *expression désignant la bataille de Little Bighorn*.

**custodial** [kʌ'stəʊdjəl] *adj* **-1.** JUR de prison. **-2.** [guarding]: **~ staff** personnel *m* de surveillance.

**custodian** [kʌ'stəʊdjən] *n* **-1.** [of building] gardien *m*, -enne *f*; [of museum] conservateur *m*, -trice *f*; [of prisoner] gardien *m*, -enne *f*, surveillant *m*, -e *f*. **-2.** *fig* [of morals, tradition] gardien *m*, -enne *f*, protecteur *m*, -trice *f*.

**custodianship** [kʌ'stəʊdjənʃɪp] *n* **-1.** [guarding] surveillance *f*. **-2.** *Br* JUR *garde d'un enfant à long terme sans obligation* *d'adoption.*

**custody** ['kʌstədɪ] (*pl* **custodies**) *n* **-1.** [care] garde *f*; the son is in the ~ of his mother le fils est sous la garde de sa mère; to be given OR awarded ~ of a child JUR obtenir la garde d'un enfant; in safe ~ sous bonne garde. **-2.** [detention] garde *f* à vue; [imprisonment] emprisonnement *m*; [before trial] détention *f* préventive; the police held her in ~ la police l'a mise en garde à vue; he was taken into (police) ~ il a été mis en état d'arrestation.

**custom** ['kʌstəm] *n* **-1.** [tradition] coutume *f*, usage *m*; it is the ~ to eat fish on Friday l'usage veut qu'on mange du poisson le vendredi; as ~ has it selon la coutume OR les us et coutumes. **-2.** COMM [trade] clientèle *f*; they have a lot of foreign ~ ils ont beaucoup de clients étrangers; I'll take my ~ elsewhere je vais me fournir ailleurs. **-3.** JUR coutume *f*, droit *m* coutumier.

**customary** ['kʌstəmrɪ] *adj fml* **-1.** [traditional] coutumier, habituel; [usual] habituel; as is ~ comme le veut l'usage. **-2.** JUR coutumier.

**custom-built** *adj* (fait) sur commande.

**customer** ['kʌstəmər] *n* **-1.** [client] client *m*, -e *f*. **-2.** *inf* [character] type *m pej*; she's a cool ~ elle ne prend à son aise.

**customer services** *npl* service *m* (à la) clientèle.

**customize, -ise** ['kʌstəmaɪz] *vt* [make to order] faire OR fabriquer OR construire sur commande; [personalize] personnaliser; ~d software COMPUT logiciel *m* sur mesure.

**custom-made** *adj* [clothing] (fait) sur mesure; [other articles] (fait) sur commande.

**customs** ['kʌstəmz] *npl* **-1.** [authorities, checkpoint] douane *f*; to go through ~ passer la douane ❑ **Customs and Excise** *Br* ≃ la Régie. **-2.** [duty] droits *mpl* de douane.

**customs duty** *n* droit *m* OR droits *mpl* de douane.

**customs house** *n* (poste *m* OR bureau *m* de) douane *f*.

**customs union** *n* union *f* douanière.

**cut** [kʌt] (*pt* & *pp* **cut**, *cont* **cutting**) ◇ *vt* **-1.** [incise, slash, sever] couper; ~ the box open with the knife ouvrez la boîte avec le couteau; he fell and ~ his knee (open) il s'est ouvert le genou en tombant; she ~ her hand elle s'est coupé la main OR à la main; he ~ his wrists il s'est ouvert OR taillé les veines; they ~ his throat ils lui ont coupé la gorge, ils l'ont égorgé; they ~ the prisoners free OR loose ils ont détaché les prisonniers ‖ *fig*: the atmosphere was so tense, you could ~ it with a knife l'atmosphère était extrêmement tendue. **-2.** [divide into parts] couper, découper; [meat] découper; [slice] découper en tranches; she ~ articles from the paper elle découpait des articles dans le journal; ~ the cake in half/in three pieces coupez le gâteau en deux/en trois; the enemy ~ the army to pieces *fig* l'ennemi a taillé l'armée en pièces; the critics ~ the play to pieces *fig* les critiques ont esquinté la pièce. **-3.** [trim – grass, lawn] tondre; [– bush, tree] tailler; [reap – crop] couper, faucher; I ~ my nails/my hair je me suis coupé les ongles/les cheveux; you've had your hair ~ vous vous êtes fait couper les cheveux. **-4.** [shape – dress, suit] couper; [– diamond, glass, key] tailler; [– screw] fileter; [dig – channel, tunnel] creuser, percer; [engrave] graver; [sculpt] sculpter; steps had been ~ in the rock on avait taillé des marches dans le rocher ❑ you must ~ your coat according to your cloth il ne faut pas vivre au-dessus de ses moyens. **-5.** [cross, traverse] couper, croiser; MATH couper; where the path ~s the road à l'endroit où le chemin coupe la route. **-6.** [interrupt] interrompre, couper; to ~ sb short couper la parole à qqn; we had to ~ our visit short nous avons dû écourter notre visite; his career was tragically ~ short by illness sa carrière a été tragiquement interrompue par la maladie ❑ to ~ a long story short, I left bref en deux mots, je suis parti. **-7.** [stop] arrêter, cesser; he ~ working weekends il a arrêté de travailler le weekend. **-8.** [switch off] couper; he ~ the engine il a coupé OR arrêté le moteur. **-9.** [reduce] réduire, diminuer; to ~ prices casser les prix; the athlete ~ 5 seconds off the world record OR ~ the world record by 5 seconds l'athlète a amélioré le record mondial de 5 secondes. **-10.** [edit out] faire des coupures dans, réduire; the censors ~ all scenes of violence la censure a coupé OR supprimé toutes les scènes de violence. **-11.** [hurt feelings of] blesser profondément. **-12.** *inf* [ignore, snub]: they ~ me (dead) in the street dans la rue ils ont fait comme s'ils ne me voyaient pas. **-13.** *inf* [ab-

sent oneself from – meeting, appointment etc] manquer (volontairement), sauter; I had to ~ lunch in order to get there on time j'ai dû me passer de déjeuner pour arriver à l'heure; to ~ school sécher les cours. **-14.** [tooth] percer; a pianist who ~ her teeth on Bach *inf* & *fig* une pianiste qui s'est fait la main sur du Bach. **-15.** [dilute] couper. **-16.** [record, track] graver, faire. **-17.** [pack of cards] couper. **-18.** CIN [film] monter. **-19.** MED [incise] inciser; VETER [castrate] châtrer. **-20.** SPORT [ball] couper. **-21.** *phr*: to ~ the ground from under sb's feet couper l'herbe sous le pied de qqn; he couldn't ~ the mustard *Am* il n'était pas à la hauteur; to ~ sthg fine compter un peu juste, ne pas se laisser de marge; that argument ~s no ice with me *inf* cet argument ne m'impressionne pas; to ~ one's losses sauver les meubles; to ~ a caper OR capers [skip] faire des cabrioles, gambader; [fool around] faire l'idiot; to ~ a corner AUT prendre un virage à la corde, couper un virage; *fig* sauter des étapes.

◇ *vi* **-1.** [incise, slash] couper, trancher; ~ around the edge découpez OR coupez en suivant le bord; she ~ into the bread elle a entamé le pain; the rope ~ into my wrists la corde m'a coupé OR cisaillé les poignets; he ~ through all the red tape *fig* il s'est dispensé de toutes les formalités administratives; the yacht ~ through the waves *fig* le yacht fendait les vagues; the boat ~ loose NAUT le bateau a rompu les amarres; to ~ loose *fig* se libérer ❑ to ~ and run se sauver, filer; that argument ~s both ways c'est un argument à double tranchant. **-2.** [cloth, paper] se couper; the cake will ~ into six pieces ce gâteau peut se couper en six. **-3.** [hurtfully] faire mal. **-4.** [take shorter route] couper, passer; we ~ across the fields nous avons coupé par les champs. **-5.** [cross] traverser, couper; MATH [lines] se couper; this path ~s across OR through the swamp ce sentier traverse OR coupe à travers le marécage. **-6.** [in cards] couper. **-7.** CIN & TV [stop filming] couper; [change scenes]: the film ~s straight from the love scene to the funeral l'image passe directement de la scène d'amour à l'enterrement.

◇ *n* **-1.** [slit] coupure *f*; [deeper] entaille *f*; [wound] balafre *f*; MED incision *f*; she had a nasty ~ on her leg from the fall elle s'était fait une vilaine entaille à la jambe en tombant ❑ to be a ~ above the rest être nettement mieux que les autres OR le reste. **-2.** [act of cutting] coupure *f*, entaille *f*; to make a ~ in sthg [with knife, scissors etc] faire une entaille dans qqch. **-3.** [blow, stroke] coup *m*; a knife/sword ~ un coup de couteau/d'épée; his treachery was the unkindest ~ of all *fig* sa trahison était le coup le plus perfide ❑ the ~ and thrust of parliamentary debate les joutes oratoires des débats parlementaires. **-4.** [meat – piece] morceau *m*; [– slice] tranche *f*; a ~ off the joint CULIN un morceau de rôti. **-5.** [reduction – in price, taxes] réduction *f*, diminution *f*; [– in staff] compression *f*; a ~ in government spending une réduction OR diminution des dépenses publiques; the ~s in the Health Service la réduction OR diminution du budget de la Sécurité sociale; the ~s FIN les compressions *fpl* budgétaires. **-6.** [deletion] coupure *f*; they made several ~s in the film ils ont fait plusieurs coupures dans le film. **-7.** [gibe, nasty remark] trait *m*, coup *m*. **-8.** [shape, style – of clothes, hair] coupe *f*; [– of jewel] taille *f*. **-9.** *inf* [portion, share] part *f*; what's his ~ (of the profits)? à combien s'élève sa part? **-10.** *Am inf* [absence] absence *f*. **-11.** [in cards] coupe *f*. **-12.** *inf* [on record] plage *f*. **-13.** CIN & TV coupe *f*. **-14.** SPORT [backspin] effet *m*.

◇ *adj* **-1.** [hand, flowers] coupé; [tobacco] découpé. **-2.** [reduced] réduit; to sell sthg at ~ prices vendre qqch au rabais. **-3.** [shaped – clothing] coupé; [faceted – gem] taillé; a well-~ suit un costume bien coupé OR de bonne coupe.

◆ **cut across** *vt insep* **-1.** [cross, traverse] traverser, couper à travers; they ~ across country ils ont coupé à travers champs. **-2.** [go beyond] surpasser, transcender; the issue ~s across party lines la question déborde le clivage des partis. **-3.** [contradict] contredire, aller à l'encontre de.

◆ **cut along** *vi insep Br inf* filer.

◆ **cut away** *vt sep* [remove] enlever OR ôter (en coupant); [branch] élaguer, émonder.

◆ **cut back** ◇ *vi insep* **-1.** [return] rebrousser chemin, revenir sur ses pas. **-2.** CIN revenir en arrière. ◇ *vt sep* **-1.** [reduce] réduire, diminuer; [prune, trim] tailler; [shrub, tree] élaguer, tailler.

◆ **cut back on** *vt insep* réduire.

◆ **cut down** *vt sep* **-1.** [tree] couper, abattre; [person – in battle] abattre. **-2.** [make smaller – article, speech] couper, tronquer; [– clothing] rendre plus petit ❏ to ~ sb down to size remettre qqn à sa place. **-3.** [curtail] réduire, diminuer; [expenses] réduire, rogner; he ~ his smoking down to 10 a day il ne fume plus que 10 cigarettes par jour.

◆ **cut down on** *vt insep* réduire; I'm going to ~ down on drinking/smoking je vais boire/fumer moins.

◆ **cut in** ◇ *vi insep* **-1.** [interrupt] interrompre; she ~ in on their conversation elle est intervenue dans leur conversation; the new store is cutting in on our business *fig* le nouveau magasin nous fait perdre de la clientèle. **-2.** AUT faire une queue de poisson; the taxi ~ in on them le taxi leur a fait une queue de poisson. ◇ *vt sep* [include]: we should ~ him in on the deal nous devrions l'intéresser à l'affaire.

◆ **cut off** *vt sep* **-1.** [hair, piece of meat, bread] couper; [arm, leg] amputer, couper; they ~ off the king's head ils ont décapité le roi ❏ he was ~ off in his prime il a été emporté à la fleur de l'âge; she ~ off her nose to spite her face elle l'a fait par esprit de contradiction. **-2.** [interrupt – speaker] interrompre, couper. **-3.** [disconnect, discontinue] couper; they ~ off his allowance ils lui ont coupé les vivres; I was ~ off TELEC j'ai été coupé. **-4.** [separate, isolate] isoler; the house was ~ off by snow drifts la maison était isolée par des congères; he ~ himself off from his family il a rompu avec sa famille. **-5.** [bar passage of] couper la route à; the police ~ off the thief la police a barré le passage au voleur.

◆ **cut out** *vt sep* **-1.** [make by cutting – coat, dress] couper, tailler; [– statue] sculpter, tailler; a valley ~ out by the river une vallée creusée par le fleuve ❏ I'm not ~ out for living abroad je ne suis pas fait pour vivre à l'étranger; he's not ~ out to be a politician il n'a pas l'étoffe d'un homme politique; you have your work ~ out for you vous avez du pain sur la planche OR de quoi vous occuper. **-2.** [remove by cutting – article, picture] découper; advertisements ~ out from OR of the paper des annonces découpées dans le journal. **-3.** [eliminate] supprimer; [stop] arrêter; they ~ out all references to the president ils ont supprimé toute référence au président; he ~ out smoking il a arrêté de fumer ❏ ~ it out! *inf* ça suffit!, ça va comme ça!**-4.** *inf* [rival] supplanter. **-5.** [deprive] priver; his father ~ him out of his will son père l'a rayé de son testament. **-6.** PHOT & TYPO détourer. ◇ *vi insep* [machine – stop operating] caler; [– switch off] s'éteindre.

◆ **cut up** *vt sep* **-1.** [food, wood] couper; [meat – carve] découper; [– chop up] hacher. **-2.** *(usu passive) inf* [affect deeply]: she's really ~ up about her dog's death la mort de son chien a été un coup pour elle. ◇ *vi insep inf* **-1.** *Br phr*: to ~ up rough se mettre en rogne OR en boule. **-2.** *Am* [fool around] faire le pitre.

**cut-and-dried** *adj inf*: a ~ formula une formule toute faite; it's all ~ [prearranged] tout est déjà décidé; [inevitable] il n'y a rien à (y) faire.

**cut-and-paste** *vt* & *vi* couper-coller.

**cutaway** ['kʌtəweɪ] *n* **-1.** [coat] jaquette *f* (*d'homme*). **-2.** [drawing, model] écorché *m*.**-3.** CIN changement *m* de plan.

**cutback** ['kʌtbæk] *n* **-1.** [reduction – in costs] réduction *f*, diminution *f*; [– in staff] compression *f*; a ~ in production une réduction de production. **-2.** *Am* CIN retour *m* en arrière, flash-back *m*.

**cute** [kjuːt] *adj inf* **-1.** [pretty] mignon; *Am pej* affecté. **-2.** [clever] malin (*f* -igne).

**cut glass** *n* cristal *m* taillé.

◆ **cut-glass** *adj*: a cut-glass vase un vase *m* en cristal taillé; a cut-glass accent *Br fig* un accent distingué.

**cuticle** ['kjuːtɪkl] *n* **-1.** [skin] épiderme *m*; [on nails] petites peaux *fpl*, envie *f*.**-2.** BOT cuticule *f*.

**cutlass** ['kʌtləs] *n* coutelas *m*.

**cutlery** ['kʌtlərɪ] *n* (U) **-1.** [eating utensils] couverts *mpl*.**-2.** [knives, trade] coutellerie *f*.

**cutlet** ['kʌtlɪt] *n* **-1.** [gen] côtelette *f*; [of veal] escalope *f*.**-2.** *Br* [croquette] croquette *f*; vegetable ~s croquettes de légumes.

**cutoff** ['kʌtɒf] *n* **-1.** [stopping point] arrêt *m*; $100 is our ~ (point) nous nous arrêtons à 100 dollars; ~ switch TECH interrupteur *m*.**-2.** *Am* [shortcut] raccourci *m*.

**cutout** ['kʌtaʊt] *n* **-1.** [figure] découpage *m*; cardboard ~s découpages *mpl* en carton. **-2.** ELEC disjoncteur *m*, coupe-circuit *m*; AUT échappement *m* libre.

**cut-price** ◇ *adj* [articles] à prix réduit, au rabais; [shop] à

---

prix réduits; [manufacturer] qui vend à prix réduits. ◇ *adv* à prix réduit.

**cutter** ['kʌtər] *n* **-1.** [person – of clothes] coupeur *m*, -euse *f*; [– of jewels] tailleur *m*; [– of film] monteur *m*, -euse *f*.**-2.** [tool] coupoir *m*; wire ~s cisailles *fpl*, pince *f* coupante. **-3.** [sailing boat] cotre *m*, cutter *m*; [motorboat] vedette *f*; [of coastguard] garde-côte *m*; [warship] canot *m*.

**cutthroat** ['kʌtθrəʊt] ◇ *n* **-1.** [murderer] assassin *m*.**-2.** [razor]: ~ (**razor**) rasoir *m* à main. ◇ *adj* féroce; [competition] acharné; [prices] très compétitif.

**cutting** ['kʌtɪŋ] ◇ *n* **-1.** [act] coupe *f*; [of jewel, stone] taille *f*; [of film] montage *m*; [of trees] coupe *f*, abattage *m*.**-2.** [piece – of cloth] coupon *m*; [– from newspaper] coupure *f*; AGR [of shrub, vine] marcotte *f*, HORT [of plant] bouture *f*.**-3.** [for railway, road] tranchée *f*. ◇ *adj* **-1.** [tool] tranchant, coupant; ~ edge *literal* tranchant *m*; to be at the ~ edge of technological progress *fig* être à la pointe du progrès en technologie. **-2.** [wind] glacial, cinglant; [rain] cinglant. **-3.** [hurtful – remark] mordant, tranchant; [– word] cinglant, blessant.

**cuttingly** ['kʌtɪŋlɪ] *adv* méchamment.

**cuttlebone** ['kʌtlbəʊn] *n* os *m* de seiche.

**cuttlefish** ['kʌtlfɪʃ] (*pl inv*) *n* seiche *f*.

**cutup** ['kʌtʌp] *n Am inf* farceur *m*, rigolo *m*, -ote *f*.

**CV** (*abbr of* **curriculum vitae**) *n Br* CV *m*.

**CVS** (*abbr of* **chorionic villus sampling**) *n* prélèvement *m* des villosités choriales.

**c.w.o.**, **CWO** (*written abbr of* **cash with order**) payable à la commande.

**cwt.** *written abbr of* **hundredweight**.

**cyan** ['saɪən] ◇ *adj* cyan. ◇ *n* cyan *m*.

**cyanide** ['saɪənaɪd] *n* cyanure *m*.

**cybernetics** [ˌsaɪbə'netɪks] *n* (U) cybernétique *f*.

**cyclamen** ['sɪkləmən] (*pl inv*) *n* cyclamen *m*.

**cycle** ['saɪkl] ◇ *n* **-1.** [gen, COMPUT, ELEC & LITERAT] cycle *m*.**-2.** [bicycle] bicyclette *f*, vélo *m*; [tricycle] tricycle *m*; [motorcycle] motocyclette *f*, moto *f*. ◇ *comp* [path, track] cyclable; ~ racing courses *fpl* cyclistes; ~ racing track vélodrome *m*; ~ rack [on pavement] râtelier *m* à bicyclettes; [on car] porte-vélos *m*. ◇ *vi* faire de la bicyclette OR du vélo; she ~d into town everyday elle allait en ville à bicyclette OR à vélo chaque jour.

**cyclic(al)** ['saɪklɪk(l)] *adj* cyclique.

**cycling** ['saɪklɪŋ] ◇ *n* cyclisme *m*; I go ~ every weekend [gen] je fais du vélo tous les week-ends; SPORT tous les week-ends, je fais du cyclisme. ◇ *comp* [magazine, shoes, shorts] de cyclisme; we went on a ~ holiday nous avons fait du cyclotourisme.

**cyclist** ['saɪklɪst] *n* cycliste *mf*.

**cyclo-cross** ['saɪkləʊkrɒs] *n* cyclo-cross *m*.

**cyclone** ['saɪkləʊn] *n* cyclone *m*.

**cyclops** ['saɪklɒps] *n* cyclope *m*.

◆ **Cyclops** *n*: (the) ~ le Cyclope.

**cyclostyle** ['saɪkləʊstaɪl] ◇ *n* machine *f* à polycopier. ◇ *vt* polycopier.

**cygnet** ['sɪgnɪt] *n* jeune cygne *m*.

**cylinder** ['sɪlɪndər] *n* **-1.** AUT, MATH & TECH cylindre *m*; four ~ engine moteur *m* à quatre cylindres; oxygen/gas ~ bouteille *f* d'oxygène/de gaz. **-2.** [of typewriter] rouleau *m*; [of gun] barillet *m*.

**cylinder block** *n* bloc-cylindres *m*.

**cylinder head** *n* culasse *f* (*d'un moteur*).

**cylindrical** [sɪ'lɪndrɪkl] *adj* cylindrique.

**cymbal** ['sɪmbl] *n* cymbale *f*.

**cynic** ['sɪnɪk] ◇ *adj* [gen & PHILOS] cynique. ◇ *n* cynique *mf*.

**cynical** ['sɪnɪkl] *adj* [gen & PHILOS] cynique.

**cynically** ['sɪnɪklɪ] *adv* cyniquement, avec cynisme.

**cynicism** ['sɪnɪsɪzm] *n* [gen & PHILOS] cynisme *m*; ~s remarques *fpl* cyniques.

**CYO** (*abbr of* **Catholic Youth Organization**) *pr n* association de jeunes catholiques aux États-Unis.

**cypher** ['saɪfər] = **cipher**.

**cypress** ['saɪprəs] *n* cyprès *m*.

**Cypriot** ['sɪprɪət] ◇ *n* Chypriote *mf*, Cypriote *mf*; Greek ~ Chypriote grec *m*, Chypriote grecque *f*; Turkish ~ Chy-

priote turc *m*, Chypriote turque *f*. ◇ *adj* chypriote, cypriote.
**Cyprus** ['saɪprəs] *pr n* Chypre; in ~ à Chypre.
**Cyrillic** [sɪ'rɪlɪk] ◇ *adj* cyrillique. ◇ *n* alphabet *m* cyrillique.
**cyst** [sɪst] *n* **-1.** MED kyste *m*.**-2.** BIOL sac *m* (membraneux).
**cystic fibrosis** ['sɪstɪk-] *n* mucoviscidose *f*.
**cystitis** [sɪs'taɪtɪs] *n* cystite *f*.
**cytology** [saɪ'tɒlədʒɪ] *n* cytologie *f*.
**cytoplasm** ['saɪtəʊ,plæzm] *n* cytoplasme *m*.
**CZ** *pr n abbr of* **Canal Zone**.
**czar** [zɑːr] *n* tsar *m*.
**czarevitch** ['zɑːrəvɪtʃ] *n* tsarévitch *m*.

**czarina** [zɑː'riːnə] *n* tsarine *f*.
**czarism** ['zɑːrɪzm] *n* tsarisme *m*.
**czarist** ['zɑːrɪst] ◇ *adj* tsariste. ◇ *n* tsariste *mf*.
**Czech** [tʃek] ◇ *n* **-1.** [person] Tchèque *mf*.**-2.** LING tchèque *m*. ◇ *adj* tchèque; the ~ Republic la République tchèque.
**Czechoslovak** [,tʃekə'sləʊvæk] = **Czechoslovakian**.
**Czechoslovakia** [,tʃekəslə'vækɪə] *pr n* Tchécoslovaquie *f*; in ~ en Tchécoslovaquie.
**Czechoslovakian** [,tʃekəslə'vækɪən] ◇ *n* Tchécoslovaque *mf*. ◇ *adj* tchécoslovaque.

# D

**d** (*pl* **d's** OR **ds**), **D** (*pl* **D's** OR **Ds**) [diː] *n* [letter] d *m*, D *m*; D for dog OR David ≃ D comme Désirée; in 3-D en trois dimensions, en 3-D.
**d -1.** (*written abbr of* **penny**) symbole du penny anglais jusqu'en 1971. **-2.** (*written abbr of* **died**): d 1913 mort en 1913.
**D** ◇ *n* **-1.** MUS ré *m*.**-2.** SCH & UNIV [grade] note inférieure à la moyenne (7 sur 20). ◇ *Am written abbr of* **democrat(ic)**.
**DA** (*abbr of* **District Attorney**) *n Am* ≃ Procureur de la République.
**dab** [dæb] (*pt* & *pp* **dabbed**, *cont* **dabbing**) ◇ *n* **-1.** [small amount]: a ~ un petit peu. **-2.** [fish] limande *f*. ◇ *vt* **-1.** [touch lightly] tamponner; she dabbed her eyes elle s'est tamponné OR essuyé les yeux. **-2.** [daub]: he dabbed the canvas with paint il posait la peinture sur la toile par petites touches.
◆ **dab on** *vt sep* appliquer par petites touches.
**dabble** ['dæbl] ◇ *vt* mouiller; they ~d their feet in the water ils trempaient les pieds dans l'eau. ◇ *vi fig*: she ~s in politics elle fait un peu de politique.
**dabbler** ['dæblər] *n* dilettante *mf*.
**dab hand** *n Br inf*: to be a ~ at sthg être doué en OR pour qqch; to be a ~ at doing sthg être doué pour faire qqch.
**dace** [deɪs] *n* dard *m*, vandoise *f*.
**dachshund** ['dækshʊnd] *n* teckel *m*.
**Dacron®** ['dækrɒn] *n* Dacron® *m*, ≃ Tergal® *m*.
**dactyl** ['dæktɪl] *n* dactyle *m*.
**dad** [dæd] *n inf* [father] papa *m*; [old man] pépé *m*.
**Dada** ['dɑːdɑː] ◇ *n* dada *m*. ◇ *adj* dada *(inv)*, dadaïste.
**Dadaist** ['dɑːdɑːɪst] ◇ *adj* dadaïste. ◇ *n* dadaïste *mf*.
**daddy** ['dædɪ] (*pl* **daddies**) *n inf* papa *m*; the ~ of them all *Am* le meilleur de tous.
**daddy longlegs** [-'lɒŋlegz] *n Br* [cranefly] tipule *f*; *Am* [harvestman] faucheur *m*, faucheux *m*.
**dado** ['deɪdəʊ] (*pl* **dadoes**) *n* [of wall] lambris *m* d'appui; ARCHIT [of pedestal] dé *m*.
**Daedalus** ['daɪdələs] *pr n* MYTH Dédale.
**daffodil** ['dæfədɪl] *n* jonquille *f*; ~ yellow jaune *m* d'or.
**daft** [dɑːft] *inf* ◇ *adj Br* [foolish] idiot, bête. ◇ *adv*: don't talk ~ ne dites pas de bêtises.
**dagger** ['dægər] *n* **-1.** [weapon] poignard *m*; [smaller] dague *f*; to be at ~s drawn with sb être à couteaux tirés avec qqn; to shoot OR to look ~s at sb foudroyer qqn du regard. **-2.** TYPO croix *f*.
**dago▾** ['deɪgəʊ] (*pl* **dagos** OR **dagoes**) *n* terme injurieux dési-

gnant une personne d'origine espagnole, italienne ou portugaise.
**daguerreotype** [də'gerətaɪp] *n* daguerréotype *m*.
**dahlia** ['deɪljə] *n* dahlia *m*.
**daily** ['deɪlɪ] (*pl* **dailies**) ◇ *adj* **-1.** [routine, task] quotidien, de tous les jours; [output, wage] journalier; a ~ paper un quotidien; to be paid on a ~ basis être payé à la journée; (to earn) one's ~ bread (gagner) son pain quotidien; the ~ routine OR grind *inf* le train-train quotidien ❑ she has a ~ help *Br* elle a une femme de ménage. **-2.** PRESS: the Daily Express quotidien britannique populaire conservateur; the Daily Mail quotidien britannique populaire du centre droit; the Daily Mirror quotidien britannique populaire du centre gauche; the Daily Sport quotidien britannique à sensation de droite; the Daily Star quotidien britannique à sensation de droite; the Daily Telegraph quotidien britannique de qualité, de tendance conservatrice. ◇ *adv* tous les jours, quotidiennement; twice ~ deux fois par jour. ◇ *n* **-1.** [newspaper] quotidien *m*.**-2.** *Br inf* [cleaner] femme *f* de ménage.
**daintily** ['deɪntɪlɪ] *adv* **-1.** [eat, hold] délicatement; [walk] avec grâce. **-2.** [dress] coquettement.
**daintiness** ['deɪntɪnɪs] *n* **-1.** [of manner] délicatesse *f*, raffinement *m*.**-2.** [of dress] coquetterie *f*.
**dainty** ['deɪntɪ] (*compar* **daintier**, *superl* **daintiest**, *pl* **dainties**) ◇ *adj* **-1.** [small] menu, petit; [delicate] délicat. **-2.** [food] de choix, délicat. ◇ *n* [food] mets *m* délicat; [sweet] friandise *f*.
**daiquiri** ['daɪkɪrɪ] *n* daiquiri *m*.
**dairy** ['deərɪ] (*pl* **dairies**) ◇ *n* AGR [building on farm] laiterie *f*; [shop] crémerie *f*, laiterie *f*. ◇ *comp* [cow, farm, products] laitier; [butter, cream] fermier; ~ cattle vaches *fpl* laitières; ~ farmer producteur *m* de lait OR laitier; ~ farming industrie *f* laitière.
**dairymaid** ['deərɪmeɪd] *n* fille *f* de laiterie.
**dairyman** ['deərɪmən] (*pl* **dairymen** [-mən]) *n* [on farm] employé *m* de laiterie; [in shop] crémier *m*, laitier *m*.
**dais** ['deɪɪs] *n* estrade *f*.
**daisy** ['deɪzɪ] (*pl* **daisies**) *n* marguerite *f*; [smaller] pâquerette *f*.
**daisy chain** *n* guirlande *f* de pâquerettes.
**daisywheel** ['deɪzɪwiːl] *n* marguerite *f*; ~ printer imprimante *f* à marguerite.
**Dakar** ['dækɑː] *pr n* Dakar.
**Dakota** [də'kəʊtə] *pr n* Dakota *m*; in ~ dans le Dakota.
**Dalai Lama** [,dælaɪ'lɑːmə] *pr n* dalaï-lama *m*.
**dale** [deɪl] *n* vallée *f*, vallon *m*.

**dally** ['dælɪ] (*pt & pp* **dallied**) *vi* **-1.** [dawdle] lanterner; to ~ over sthg lanterner sur OR dans qqch. **-2.** [toy] badiner; [–with idea] caresser; [–with affections] jouer.

**Dalmatian** [dæl'meɪʃn] *n* [dog] dalmatien *m*, -enne *f*.

**daltonism** ['dɔːltə,nɪzm] *n* daltonisme *m*.

**dam** [dæm] (*pt & pp* **dammed**, *cont* **damming**) ◇ *n* **-1.** [barrier] barrage *m* (de retenue). **-2.** [reservoir] réservoir *m*.**-3.** [animal] mère *f*. ◇ *vt* construire un barrage sur.

◆ **dam up** *vt sep* **-1.** *literal* construire un barrage sur. **-2.** *fig* [feelings] refouler, ravaler; [words] endiguer.

**damage** ['dæmɪdʒ] ◇ *n* **-1.** (U) [harm] dommage *m*, dommages *mpl*; [visible effects] dégâts *mpl*, dommages *mpl*; [to ship, shipment] avarie *f*, avaries *fpl*; ~ to property dégâts matériels; ~ limitation effort *m* pour limiter les dégâts. **-2.** *fig* tort *m*, préjudice *m*; the scandal has done the government serious ~ le scandale a fait énormément de tort OR a énormément porté préjudice au gouvernement; the ~ is done le mal est fait; what's the ~? *inf & hum* c'est combien la soustraction? ◇ *vt* [harm – crop, object] endommager, causer des dégâts à; [– food] abîmer, gâter; [– eyes, health] abîmer; [–ship, shipment] avarier; [– reputation] porter atteinte à, nuire à; [– cause] faire du tort à, porter préjudice à.

◆ **damages** *npl* JUR dommages *mpl* et intérêts *mpl*; to award ~s to sb for sthg accorder des dommages et intérêts à qqn pour qqch; liable for ~s civilement responsable; war ~s dommages *mpl* OR indemnités *fpl* de guerre.

**damaging** ['dæmɪdʒɪŋ] *adj* dommageable, nuisible; JUR préjudiciable; **psychologically** ~ dommageable sur le plan psychologique.

**Damascus** [də'mæskəs] *pr n* Damas.

**damask** ['dæməsk] ◇ *n* **-1.** [silk] damas *m*, soie *f* damassée; [linen] damassé *m*.**-2.** [steel] (acier *m*) damasquiné *m*.**-3.** [colour] vieux rose *m*. ◇ *adj* [cloth] damassé.

**damask rose** *n* rose *f* de Damas.

**dame** [deɪm] *n* **-1.** *arch* OR *lit* [noble] dame *f*; **Dame Fortune** Dame Fortune; (pantomime) ~ *Br* THEAT rôle travesti outré et ridicule dans la pantomime anglaise. **-2.** *Br* [title]: **Dame** titre donné à une femme ayant reçu certaines distinctions honorifiques.

**dammit** ['dæmɪt] *interj inf* mince; **as near as** ~ *Br* à un cheveu près.

**damn** [dæm] ◇ *interj inf*: ~! mince! ◇ *n inf*: **I don't give a** ~ **about the money** je m'en fiche pas mal de l'argent. ◇ *vt* **-1.** RELIG damner. **-2.** [condemn] condamner. ◇ *inf phr*: ~ **you!** va te faire voir!; **well I'll be** ~ed! ça, c'est le comble!; **I'll be** ~ed **if I'll apologize!** m'excuser! plutôt mourir! ◇ *adj inf* fichu, sacré; **you** ~ **fool!** espèce d'idiot!; **he's a** ~ **nuisance** il est vraiment casse-pied. ◇ *adv inf* **-1.** [as intensifier] très; **he knows** ~ **well what I mean** il sait exactement OR très bien ce que je veux dire. **-2.** *Br phr*: ~ **all** que dalle.

**damnable** ['dæmnəbl] *adj* **-1.** RELIG damnable. **-2.** *inf & dated* [awful] exécrable, odieux.

**damnation** [dæm'neɪʃn] ◇ *n* damnation *f*. ◇ *interj inf*: ~! enfer et damnation! *hum*.

**damned** [dæmd] ◇ *adj* **-1.** RELIG damné, maudit. **-2.** *inf* = **damn**. ◇ *adv inf* rudement, vachement; **do what you** ~ **well like!** fais ce que tu veux, je m'en fiche. ◇ *npl* RELIG OR *lit*: **the** ~ les damnés *mpl*.

**damnedest** ['dæmdəst] *inf*. ◇ *n* [utmost]: **he did his** ~ **to ruin the party** il a vraiment fait tout ce qu'il pouvait pour gâcher la soirée. ◇ *adj Am* incroyable.

**damning** ['dæmɪŋ] *adj* [evidence, statement] accablant.

**Damocles** ['dæmə,kliːz] *pr n* Damoclès.

**damp** [dæmp] ◇ *adj* [air, clothes, heat] humide; [skin] moite. ◇ *n* **-1.** [moisture] humidité *f*.**-2.** MIN [air] mofette *f*; [gas] grisou *m*. ◇ *vt* **-1.** [wet] humecter. **-2.** [stifle – sounds] amortir, étouffer; MUS étouffer. **-3.** *fig* [spirits] décourager, refroidir. **-3.** [fire] couvrir. **-4.** TECH amortir.

◆ **damp down** *vt sep* [fire] couvrir; *fig* [enthusiasm] refroidir; [crisis] atténuer, rendre moins violent.

**damp course** *n* couche *f* d'étanchéité.

**dampen** ['dæmpən] *vt* **-1.** [wet] humecter. **-2.** [ardour, courage] refroidir; **don't** ~ **their spirits** ne les découragez pas.

**damper** ['dæmpər] *n* **-1.** [in furnace] registre *m*.**-2.** *fig* douche *f* froide; **the news put a** ~ **on the party/his enthusiasm** la nouvelle a jeté un froid sur la fête/a refroidi son enthousiasme. **-3.** AUT, ELEC & TECH amortisseur *m*; MUS étouffoir

*m*.**-4.** [for linen, stamps] mouilleur *m*.

**damping** ['dæmpɪŋ] *n* **-1.** [wetting] mouillage *m*.**-2.** AUT, ELEC & TECH amortissement *m*.

**dampness** ['dæmpnɪs] *n* humidité *f*; [of skin] moiteur *f*.

**damp-proof** *adj* protégé contre l'humidité, hydrofuge; ~ **course** CONSTR couche *f* d'étanchéité.

**damp squib** *n Br inf* déception *f*.

**damsel** ['dæmzl] *n arch* OR *lit* damoiselle *f*.

**damson** ['dæmzn] ◇ *n* [tree] prunier *m* de Damas; [fruit] prune *f* de Damas. ◇ *comp* [jam, wine] de prunes (de Damas).

**dan** [dæn] *n* [in judo] dan *m*.

**dance** [dɑːns] ◇ *n* **-1.** danse *f*; **may I have the next** ~? voulez-vous m'accorder la prochaine danse?; ~ **of death** danse macabre; **to lead sb a (merry** OR **pretty)** ~ [exasperate] donner du fil à retordre à qqn; [deceive] faire marcher qqn; [in romantic context] mener qqn en bateau. **-2.** [piece of music] morceau *m* (de musique). **-3.** [art] danse *f*. **-4.** [social occasion] soirée *f* dansante; [larger] bal *m*. ◇ *comp* [class, school, step, studio] de danse; ~ **band** orchestre *m* de bal; ~ **floor** piste *f* de danse; ~ **hall** salle *f* de bal; ~ **music** musique *f* dansante. ◇ *vi* [person] danser; *fig* [leaves, light, words] danser; [eyes] scintiller; **to** ~ **with sb** danser avec qqn; **to ask sb to** ~ inviter qqn à danser; **it's not the type of music you can** ~ **to** ce n'est pas le genre de musique sur lequel on peut danser; **to** ~ **for joy** sauter de joie ❑ **to** ~ **to sb's tune** obéir à qqn au doigt et à l'œil. ◇ *vt* [waltz, polka] danser; **to** ~ **a step** faire OR exécuter un pas de danse; **to** ~ **a baby on one's knee** faire sauter un bébé sur ses genoux ❑ **to** ~ **attendance on sb** *Br* s'empresser auprès de qqn.

**dancer** ['dɑːnsər] *n* danseur *m*, -euse *f*.

**dancing** ['dɑːnsɪŋ] ◇ *n* danse *f*; **to go** ~ aller danser. ◇ *comp* [class, teacher] de danse; ~ **partner** cavalier *m*, -ère *f*. ◇ *adj* [eyes] scintillant.

**dancing girl** *n* danseuse *f*.

**dancing shoe** *n* [for dance] chaussure *f* de bal; [for ballet] chausson *m* de danse.

**D and C** (*abbr of* **dilation and curettage**) *n* MED (dilation *f* et) curetage *m*.

**dandelion** ['dændɪlaɪən] *n* pissenlit *m*, dent-de-lion *f*.

**dander** ['dændər] *n inf*: **to get one's/sb's** ~ **up** se mettre/mettre qqn en rogne.

**dandified** ['dændɪfaɪd] *adj* [person] à l'allure de dandy; [appearance] de dandy.

**dandruff** ['dændrʌf] *n* (U) pellicules *fpl*; **to have** ~ avoir des pellicules; ~ **shampoo** shampooing *m* antipelliculaire.

**dandy** ['dændɪ] (*pl* **dandies**) ◇ *n* dandy *m*. ◇ *adj Am inf* extra, épatant.

**Dane** [deɪn] *n* Danois *m*, -e *f*.

**danger** ['deɪndʒər] ◇ *n* danger *m*; **is there any** ~ **of fire?** y a-t-il un danger OR risque d'incendie?; '~, **keep out!**' 'danger, entrée interdite!'; **to be out of/in** ~ être hors de/en danger; **he was in no** ~ il n'était pas en danger, il ne courait aucun danger; **to be in** ~ **of doing sthg** courir le risque OR risquer de faire qqch; **to be a** ~ **to sb/sthg** être un danger pour qqn/qqch; **it's a** ~ **to my health** c'est dangereux pour ma santé; **there is no** ~ **of that happening** il n'y a pas de danger OR de risque que cela se produise; **no** ~ *inf* pas de danger. ◇ *comp*: ~ **area** OR **zone** zone *f* dangereuse; **to be on the** ~ **list** MED être dans un état critique; **to be off the** ~ **list** être hors de danger; ~ **money** prime *f* de risque; ~ **point** cote *f* d'alerte; ~ **signal** RAIL signal *m* d'arrêt; *fig* signal *m* d'alerte OR d'alarme.

**dangerous** ['deɪndʒərəs] *adj* [job, sport, criminal, animal] dangereux, MED [illness] dangereux, grave; [operation] délicat, périlleux; [assumption] risqué; **to be on** ~ **ground** *fig* être sur un terrain glissant; ~ **driving** conduite *f* dangereuse.

**dangerously** ['deɪndʒərəslɪ] *adv* dangereusement; [ill] gravement; **you're coming** ~ **close to being fired/spanked** continue comme ça et tu es viré/tu as une fessée; **this firm is** ~ **close to collapse/bankruptcy** cette entreprise est au bord de l'effondrement/la faillite.

**dangle** ['dæŋgl] ◇ *vt* [legs, arms, hands] laisser pendre; [object on chain, string] balancer; **to** ~ **sthg in front of sb** balancer qqch devant qqn; *fig* faire miroiter qqch aux yeux de qqn. ◇ *vi* [legs, arms, hands] pendre; [keys, earrings] se balancer;

the climber was dangling at the end of the rope l'alpiniste se balançait OR était suspendu au bout de la corde; to keep sb dangling *fig* laisser qqn dans le vague.

**dangling participle** *n* en anglais, participe qui, de par sa position dans la phrase, vient qualifier un élément autre que celui auquel il se rapporte: 'having prepared the meal, an idea came into Mary's mind'.

**Danish** ['deɪnɪʃ] ◇ *n* -1. LING danois *m*.-2. [pastry] = **danish pastry**. ◇ *npl*: the ~ les Danois *mpl*. ◇ *adj* [person, food, Parliament, countryside] danois; [king] du Danemark; [ambassador, embassy, representative] danois, du Danemark; [dictionary, teacher] de danois; the ~ **people** les Danois *mpl*.

**Danish blue** *n* [cheese] bleu *m* du Danemark.

**Danish pastry** *n* CULIN sorte de pâtisserie fourrée.

**dank** [dæŋk] *adj* humide et froid.

**Dante** ['dæntɪ] *prn* Dante.

**Danube** ['dænjuːb] *pr n*: the ~ le Danube; 'The Blue ~' Strauss 'le Beau Danube bleu'.

**Daphne** ['dæfnɪ] *prn* MYTH Daphné.

**dapper** ['dæpəʳ] *adj* propre sur soi, soigné.

**dapple** ['dæpl] *vt* tacheter.

**dappled** ['dæpld] *adj* [animal] tacheté; ~ **shade** ombre *f* mouchetée de lumière.

**dapple-grey** ◇ *adj* gris pommelé. ◇ *n* [colour] gris *m* pommelé; [horse] cheval *m*, jument *f* gris pommelé.

**Darby and Joan** [,dɑːbɪən'dʒəʊn] *n* couple uni de personnes âgées; ~ **club** club du troisième âge (*en Grande-Bretagne*).

**dare** [deəʳ] ◇ *modal vb* [venture] oser; to ~ (to) do sthg oser faire qqch; she didn't ~ (to) OR ~d not say a word elle n'a pas osé dire un mot; don't you ~ tell me what to do! ne t'avise surtout pas de me dire ce que j'ai à faire!; don't you ~! je te le déconseille! ❏ ~ I say it si j'ose m'exprimer ainsi; I ~ say you're hungry after your journey je suppose que vous êtes affamés après ce voyage; he was most apologetic — I ~ say! il s'est confondu en excuses — j'imagine! ◇ *vt* -1. [challenge] défier; to ~ sb to do sthg défier qqn de faire qqch; I ~ you! chiche!-2. *lit* [death, dishonour] braver, défier; [displeasure] braver. ◇ *n* [challenge] défi *m*; to do sthg for a ~ faire qqch par défi.

**daredevil** ['deə,devl] ◇ *n* casse-cou *m inv*. ◇ *adj* casse-cou.

**daren't** [deənt] = **dare not**.

**daresay** [,deə'seɪ] *vi Br*: I ~ [probably, I suppose] j'imagine, je suppose.

**daring** ['deərɪŋ] ◇ *n* [of person] audace *f*, hardiesse *f*; [of feat] hardiesse *f*. ◇ *adj* [audacious] audacieux, hardi; [provocative] audacieux, provocant.

**daringly** ['deərɪŋlɪ] *adv* audacieusement, hardiment; a ~ low neckline un décolleté audacieux OR provocant.

**dark** [dɑːk] ◇ *n* noir *m*; to see in the ~ voir dans le noir; before/after ~ avant/après la tombée de la nuit ❏ in the ~: I can't work in the ~! je ne peux pas travailler sans savoir où je vais!; to keep sb in the ~ about sthg maintenir qqn dans l'ignorance à propos de qqch.

◇ *adj* -1. [without light – night, room, street] sombre; *fig* [thoughts] sombre; [ideas] noir; it's very ~ in here il fait très sombre ici; it's getting ~ il commence à faire nuit, la nuit tombe; it's getting ~er il fait de plus en plus nuit; it gets ~ early il fait nuit de bonne heure; to get ~ [sky] s'assombrir; the ~ days of the war la sombre période de la guerre; to look on the ~ side voir tout en noir. -2. [colour] foncé; [dress, suit] sombre; ~ **chocolate** chocolat *m* noir. -3. [hair, eyes] foncé; [skin, complexion] foncé, brun; a ~ **man** un brun; a ~ **woman** une brune; to be ~ [hair] to have ~ hair avoir les cheveux bruns, être brun; to get ~er [hair] foncer. -4. [hidden, mysterious] mystérieux, secret (*f* -ète); [secret] bien gardé; [hint] mystérieux, énigmatique; the ~ **side** of the moon la face cachée de la lune; to keep sthg ~ tenir qqch secret; you kept it very ~! tu nous avais caché ça!-5. [sinister] noir; there's a ~ side to her elle a un côté désagréable; a ~ **chapter** in the country's history un chapitre peu glorieux de l'histoire du pays.

**Dark Ages** *npl* HIST Haut Moyen Âge *m*; he's still in the ~ *fig* il est resté au Moyen Âge.

**darken** ['dɑːkn] ◇ *vt* [sky] assombrir; [colour] foncer; a ~ed room une pièce sombre ❏ never ~ my door again! ne viens plus jamais frapper à ma porte! ◇ *vi* (sky, room)

s'assombrir, s'obscurcir; [hair, wood] foncer; [face] s'assombrir; [painting] s'obscurcir.

**dark glasses** *npl* lunettes *fpl* noires.

**dark horse** *n* -1. [secretive person]: to be a ~ être très secret; you're a ~! tu nous en caches des choses!-2. [competitor, horse] participant *m* inconnu; *Am* POL candidat *m* surprise.

**darkish** ['dɑːkɪʃ] *adj* [colour, sky, wood] plutôt OR assez sombre; [hair, skin] plutôt brun OR foncé; [person] plutôt brun.

**darkly** ['dɑːklɪ] *adv* [hint] énigmatiquement; [say] sur un ton sinistre.

**darkness** ['dɑːknɪs] *n* -1. [of night, room, street] obscurité *f*; to be in ~ être plongé dans l'obscurité. -2. [of hair, skin] couleur *f* foncée.

**darkroom** ['dɑːkrʊm] *n* PHOT chambre *f* noire.

**dark-skinned** *adj* à la peau foncée.

**darling** ['dɑːlɪŋ] ◇ *n* -1. [term of affection] chéri *m*, -e *f*; yes ~? oui (mon) chéri?; she's a ~ c'est un amour; he was an absolute ~ **about it** il a été absolument charmant; be a ~ **and...** sois gentil OR un amour et... -2. [favourite – of teacher, parents] favori *m*, -ite *f*, chouchou *m*, -oute *f*; [– of media] coqueluche *f*. ◇ *adj* [beloved] chéri; [delightful] charmant, adorable.

**darn** [dɑːn] ◇ *n* -1. SEW reprise *f*; there was a ~ in the elbow of his sweater son pull était reprisé au coude. -2. *inf phr*: I couldn't OR I don't give a ~ je m'en fiche. ◇ *vt* -1. SEW repriser, raccommoder. -2. *inf* [damn]: ~ it! bon sang!; ~ that cat/man! encore ce chat/bonhomme de malheur! ◇ *interj inf* bon sang. ◇ *adj inf* de malheur. ◇ *adv inf* vachement; it's too ~ late bon sang, il est trop tard; don't be so ~ stupid! ce que tu peux être bête!

**darned** [dɑːnd] *Am inf* = **darn** *adj & adv.*

**darning** ['dɑːnɪŋ] *adj* [action] reprise *f*, raccommodage *m*; [items to be darned] linge *m* à repriser OR raccommoder.

**darning needle** *n* aiguille *f* à repriser.

**dart** [dɑːt] ◇ *n* -1. SPORT fléchette *f*; [weapon] flèche *f*; to play ~s jouer aux fléchettes. -2. SEW pince *f*. -3. [sudden movement]: to make a ~ for the door/telephone se précipiter vers la porte/sur le téléphone; to make a ~ at sb/sthg se précipiter sur qqn/qqch. ◇ *vt* [glance, look – quickly] lancer, jeter; [– angrily] darder; [rays] lancer; [stronger] darder. ◇ *vi*: to ~ away OR off partir en OR comme une flèche; to ~ for the door/telephone se précipiter vers la porte/sur le téléphone; to ~ at sthg/sb se précipiter sur qqch/qqn.

**dartboard** ['dɑːtbɔːd] *n* cible *f* (de jeu de fléchettes).

**Darwinian** [dɑː'wɪnɪən] *adj* [of Darwin – theory] darwinien; [in favour of Darwinism – thinker] darwiniste.

**Darwinism** ['dɑːwɪnɪzm] *n* darwinisme *m*.

**dash** [dæʃ] ◇ *n* -1. [quick movement] mouvement *m* précipité; to make a ~ for freedom s'enfuir vers la liberté; to make a ~ for it [rush] se précipiter; [escape] s'enfuir, s'échapper; it was a headlong ~ to the station ça n'a été qu'une course effrénée jusqu'à la gare. -2. *Am* SPORT sprint *m*.-3. [small amount – of water, soda] goutte *f*, trait *m*; [– of cream, milk] nuage *m*; [– of lemon juice, vinegar] filet *m*; [– of salt, pepper] soupçon *m*; [– of colour, humour] pointe *f*.-4. [punctuation mark] tiret *m*; [in Morse code] trait *m*.-5. [style] panache *m*; to cut a ~ faire de l'effet. -6. = **dashboard**.

◇ *vt* -1. [throw] jeter (avec violence); **several boats were ~ed against the cliffs** plusieurs bateaux ont été projetés OR précipités contre les falaises; to ~ sb's hopes *fig* réduire les espoirs de qqn à néant; to ~ sb's spirits *fig* démoraliser OR abattre qqn. -2. *inf* [damn]: ~ it! *dated* bon sang!; I'll be ~ed! ça alors!, oh, la vache!

◇ *vi* -1. [rush] se précipiter; I must ~ *Br* je dois filer; I'll just ~ out to the post-office/library *Br* je vais juste faire un saut à la poste/bibliothèque; ~ **upstairs and fetch it, will you?** *Br* monte vite le chercher, s'il te plaît; the dog ~ed across the road in front of us le chien a traversé la route à toute vitesse devant nous. -2. [waves] se jeter.

◇ *interj Br dated*: ~! bon sang!

◆ **dash off** ◇ *vi insep* partir en flèche. ◇ *vt sep* [letter, memo] écrire en vitesse; [drawing] faire en vitesse.

**dashboard** ['dæʃbɔːd] *n* AUT tableau *m* de bord.

**dashed** [dæʃt] *Br dated* ◇ *adj* de malheur. ◇ *adv* vachement.

**dashing** ['dæʃɪŋ] *adj* pimpant, fringant.

**dastardly** ['dæstədlɪ] *adj lit* [act, person] odieux, infâme.

**DAT** [dæt] (*abbr of* **digital audio tape**) *n* DAT *m*.

**data** ['deɪtə] (*pl of* **datum**, *usu with sing vb*) ◇ *n* informations *fpl*, données *fpl*; COMPUT données *fpl*; a piece of ~ une donnée, une information; COMPUT une donnée. ◇ *comp* COMPUT [retrieval, security, input] de données.

**data bank** *n* COMPUT banque *f* de données.

**database** ['deɪtəbeɪs] ◇ *n* COMPUT base *f* de données; ~ management gestion *f* de base de données. ◇ *vt* mettre sous forme de base de données.

**data capture** *n* COMPUT saisie *f* de données.

**data processing** ◇ *n* traitement *m* de l'information. ◇ *comp* [department, service] de traitement des données OR de l'information, informatique *f*.

**data protection** *n* protection *f* de l'information.

**Data Protection Act** *n* loi *f* sur la protection de l'information (*en Grande-Bretagne*).

**date** [deɪt] ◇ *n* **-1.** [of letter, day of the week] date *f*; what's the ~ today?, what's today's ~? quelle est la date aujourd'hui?, le combien sommes-nous aujourd'hui?; today's ~ is the 20th January nous sommes le 20 janvier; what's the ~ of the coin/building? de quelle année est cette pièce/ce bâtiment?; would you be free on that ~? est-ce que vous seriez libre ce jour-là OR à cette date?; **at a later** OR **some future** ~ plus tard; *fml* ultérieurement; **of an earlier/a later** ~ plus ancien/récent; **to set a** ~ fixer une date; [engaged couple] fixer la date de son mariage; **to put a** ~ **to sthg** [remember when it happened] se souvenir de la date de qqch; [estimate when built, established etc] attribuer une date à qqch, dater qqch; ~ **of birth** date de naissance. **-2.** [meeting] rendez-vous *m*; let's make a ~ for lunch prenons rendez-vous pour déjeuner ensemble; to go out on a ~ sortir en compagnie de quelqu'un; her parents don't let her go out on ~s ses parents ne la laissent pas sortir avec des garçons. **-3.** [person] ami *m*, -e *f*; who's your ~ tonight? avec qui sors-tu ce soir? **-4.** [fruit] datte *f*.
◇ *vt* **-1.** [write date on – cheque, letter, memo] dater; a fax ~d May 6th un fax daté du 6 mai. **-2.** [attribute date to – building, settlement etc] dater; gosh, that ~s him! eh bien, ça montre qu'il n'est plus tout jeune OR ça ne le rajeunit pas! **-3.** *Am* [go out with] sortir avec.
◇ *vi* **-1.** [clothes, style] se démoder; [novel] vieillir. **-2.** *Am* [go out on dates] sortir avec des garçons/filles.
◆ **out of date** *adj phr*: to be out of ~ [dress, style, concept, slang] être démodé OR dépassé; [magazine, newspaper] être vieux; [dictionary] ne pas être à jour OR à la page; [passport, season ticket etc] être périmé.
◆ **to date** *adv phr* à ce jour.
◆ **up to date** *adj phr*: to be up to ~ [dress, style, person] être à la mode OR à la page; [newspaper, magazine] être du jour/de la semaine etc; [dictionary] être à la page OR à jour; [passport] être valide OR valable; [list] être à jour; **to keep up to** ~ **with the** news/scientific developments se tenir au courant de l'actualité/des progrès de la science; **to keep sb up to** ~ **on** sthg tenir qqn au courant de qqch; **to bring sb up to** ~ **on** sthg mettre qqn au courant de qqch.
◆ **date back to**, **date from** *vt insep* dater de.

**dated** ['deɪtɪd] *adj* [clothes, style] démodé; [novel, term, expression, concept] vieilli.

**dateline** ['deɪt,laɪn] *n* **-1.** PRESS date *f* de rédaction. **-2.** = **International Date-Line.**

**date palm** *n* palmier *m* dattier.

**date rape** *n* viol commis par une connaissance, un ami etc.

**datestamp** ['deɪtstæmp] ◇ *n* tampon *m* dateur; [used for cancelling] oblitérateur *m*, timbre *m* à date; [postmark] cachet *m* de la poste. ◇ *vt* [book] tamponner, mettre le cachet de la date sur; [letter] oblitérer.

**dating** ['deɪtɪŋ] *n* [of building, settlement etc] datation *f*.

**dative** ['deɪtɪv] ◇ *n* datif *m*; **in the** ~ au datif. ◇ *adj* datif.

**datum** ['deɪtəm] (*pl* **data**) *n fml* donnée *f*.

**daub** [dɔːb] ◇ *n* **-1.** [of paint] tache *f*, barbouillage *m*; [done on purpose] barbouillage *m*. **-2.** *pej* [painting] croûte *f*. **-3.** [for walls] enduit *m*. ◇ *vt* enduire; [with mud] couvrir; **a wall** ~ed **with slogans** un mur couvert de slogans. ◇ *vi pej* [paint badly] peinturlurer, barbouiller.

**daughter** ['dɔːtə'] *n* fille *f*.

**daughter board** *n* COMPUT carte *f* fille.*

**daughter-in-law** *n* bru *f*, belle-fille *f*.

**daughterly** ['dɔːtəlɪ] *adj* filial.

**Daughters of the American Revolution** *pl pr n* organisme regroupant des femmes descendant des patriotes de la guerre d'Indépendance aux États-Unis.

**daunt** [dɔːnt] *vt* intimider.

**daunting** ['dɔːntɪŋ] *adj* [task, question] intimidant.

**dauntless** ['dɔːntlɪs] *adj* déterminé.

**dauphine** ['dɔːfiːn] *n* HIST dauphine *f*.

**davenport** ['dævnpɔːt] *n* Br [desk] secrétaire *m*.

**David** ['deɪvɪd] *pr n* David.

**Davy Jones** ['deɪvɪ,dʒəʊnz] *n*: **in ~'s locker** [person, ship] au fond de la mer.

**Davy lamp** *n* lampe *f* de sécurité de mineur.

**dawdle** ['dɔːdl] *vi pej* traîner, lambiner, traînasser; **to ~ over** sthg traîner OR traîner en faisant qqch.

**dawdler** ['dɔːdlə'] *n* lambin *m*, -e *f*, traînard *m*, -e *f*.

**dawdling** ['dɔːdlɪŋ] ◇ *n*: **stop all this ~!** arrête de traînasser! ◇ *adj* traînard.

**dawn** [dɔːn] ◇ *n* **-1.** *literal* aube *f*; **at ~** à l'aube; **from ~ till dusk** du matin au soir; **at the crack of ~** au point du jour; **(just) as ~ was breaking** alors que l'aube pointait; **to watch the ~** regarder le jour se lever. **-2.** *fig* [of civilization, era] aube *f*; [of hope] naissance *f*, éclosion *f*; **since the ~ of time** depuis la nuit des temps. ◇ *vi* **-1.** [day] se lever. **-2.** *fig* [new era, hope] naître; **the truth ~ed on** OR **upon him** la vérité lui apparut; **it suddenly ~ed on her that...** il lui est soudain apparu que...

**dawn chorus** *n* chant *m* des oiseaux à l'aube.

**dawning** ['dɔːnɪŋ] ◇ *adj* naissant. ◇ *n* = **dawn 2.**

**dawn raid** *n* descente *f* à l'aube; [by police] descente *f* OR rafle *f* à l'aube; ST. EX attaque *f* à l'ouverture.

**day** [deɪ] ◇ *n* **-1.** [period of twenty-four hours] jour *m*, journée *f*; **it's a nice** OR **fine ~** c'est une belle journée, il fait beau aujourd'hui; **on a clear ~** par temps clair; **we went to the country for the ~** nous sommes allés passer la journée à la campagne; **what ~ is it (today)?** quel jour sommes-nous (aujourd'hui)?; **(on) that ~** ce jour-là; **(on) the ~ (that** OR **when) she was born** le jour où elle est née; **the ~ after**, **(on) the next** OR **following ~** le lendemain, le jour suivant; **the ~ after the party** le lendemain de OR le jour d'après la fête; **the ~ after tomorrow** après-demain; **the ~ before**, **(on) the previous ~** la veille, le jour d'avant; **the ~ before yesterday** avant-hier; **in four ~s, in four ~s' time** dans quatre jours ‖ [in greetings]: **good ~!** bonjour!; **have a nice ~!** bonne journée! ❑ **Day of Judgment** RELIG (jour du) jugement dernier; **dish of the ~** plat *m* du jour; **any ~ now** d'un jour à l'autre; ~ **after ~**, ~ **in ~ out** jour après jour; **for ~s on end** OR **at a time** pendant des jours et des jours; **from ~ to ~** de jour en jour; **to live from ~ to ~** vivre au jour le jour; **from one ~ to the next** d'un jour à l'autre; **from that ~ on** OR **onwards** à partir de ce jour-là; **from that ~ to this** depuis ce jour-là; **to the ~ I die** OR **my dying ~** jusqu'à mon dernier jour; **I'd rather work in Madrid any ~ (of the week)** je préférerais largement OR de loin travailler à Madrid; **from Day One** depuis le premier jour; **she's seventy if she's a ~** elle a au moins soixante-dix ans; **it's been one of those ~s!** tu parles d'une journée!; **let's make a ~ of it** passons-y la journée; **you've made my ~!** rien ne saurait me faire plus plaisir!; **it's not my (lucky) ~** ce n'est pas mon jour (de chance); **that'll be the ~!** *inf* [it's highly unlikely] il n'y a pas de danger que ça arrive de sitôt! **-2.** [hours of daylight] jour *m*, journée *f*; **in the cold light of ~** à la froide lumière du jour; **all ~ (long)** toute la journée; **we haven't got all ~** nous n'avons pas que ça à faire; **to travel during the** OR **by ~** voyager pendant la journée OR de jour; ~ **and night**, **night and** ~ jour et nuit, nuit et jour. **-3.** [working hours] journée *f*; **to work a seven-hour ~** travailler sept heures par jour, faire des journées de sept heures ❑ ~ **off** jour *m* de congé; **let's call it a ~** [stop work] arrêtons-nous pour aujourd'hui; [end relationship] finissons-en; **it's all in a ~'s work!** ça fait partie du travail! **-4.** (*often pl*) [lifetime, era] époque *f*; **in the ~s of King Arthur, in King Arthur's ~** du temps du Roi Arthur; **in ~s to come** à l'avenir; **in ~s gone by** par le passé; **in the good old ~s** dans le temps; **in my/**

our ~ de mon/notre temps; **in his younger** ~s dans son jeune temps, dans sa jeunesse; **the happiest/worst** ~s of **my life** les plus beaux/les pires jours de ma vie; **during the early** ~s **of the strike/my childhood** au tout début de la grève/de mon enfance ❑ **her** ~ **will come** son heure viendra; **he's had his** ~ il a eu son heure; **he's/this chair has seen better** ~s il/cette chaise a connu des jours meilleurs; **those were the** ~s c'était le bon temps. **-5.** [battle, game]: **to win** OR **to carry the** ~ l'emporter.

◇ *comp*: ~ **pass** [for skiing] forfait *m* journalier; ~ **work** travail *m* de jour.

◆ **days** *adv*: **to work** ~ travailler de jour.
◆ **in this day and age** *adv phr* de nos jours, aujourd'hui.
◆ **in those days** *adv phr* à l'époque.
◆ **one day** *adv phr* un jour.
◆ **one of these days** *adv phr* un de ces jours.
◆ **some day** *adv phr* un jour.
◆ **the other day** *adv phr* l'autre jour.
◆ **these days** *adv phr*: **what are you up to these** ~s? qu'est-ce que tu fais de beau ces temps-ci?; **honestly, teen-agers these** ~s! vraiment, les adolescents d'aujourd'hui!
◆ **to the day** *adv phr* jour pour jour.
◆ **to this day** *adv phr* à ce jour, aujourd'hui encore.

**day bed** *n* lit *m* de repos.

**daybook** ['deɪbuk] *n* main *f* courante, journal *m*.

**dayboy** ['deɪbɔɪ] *n Br* SCH demi-pensionnaire *m*.

**daybreak** ['deɪbreɪk] *n* point *m* du jour.

**day care** *n* [for elderly, disabled] service *m* d'accueil de jour; [for children] service *m* de garderie.
◆ **day-care** *adj* [facilities – for elderly, disabled] d'accueil de jour; [– for children] de garderie; ~ **centre** *centre d'animation et d'aide sociale; Am* [for children] garderie *f*.

**day centre** *n centre d'animation et d'aide sociale.*

**daydream** ['deɪdriːm] ◇ *n* rêverie *f*; *pej* rêvasserie *f*; **to be in the middle of a** ~ être en pleine rêverie. ◇ *vi* rêver; *pej* rêvasser; **to** ~ **about sthg** rêver OR rêvasser à qqch.

**daydreamer** ['deɪdriːməʳ] *n* rêveur *m*, -euse *f*.

**daydreaming** ['deɪdriːmɪŋ] *n (U)* rêveries *fpl*, rêvasseries *fpl*.

**daygirl** ['deɪgɜːl] *n Br* SCH demi-pensionnaire *f*.

**Day-Glo®** ['deɪgləu] ◇ *n* tissu *m* fluorescent. ◇ *adj* fluorescent.

**daylight** ['deɪlaɪt] *n* **-1.** [dawn] = **daybreak**. **-2.** [light of day] jour *m*, lumière *f* du jour; **it was still** ~ il faisait encore jour; **in** ~ de jour; **in broad** ~ en plein jour ❑ **to beat** OR **to thrash** OR **to knock the living** ~s **out of sb** *inf* tabasser qqn; **to scare** OR **to frighten the living** ~s **out of sb** *inf* flanquer une trouille bleue à qqn.

**daylight robbery** *n inf*: **it's** ~ c'est du vol pur et simple.

**daylight saving (time)** *n* heure *f* d'été.

**day nursery** *n* garderie *f*.

**day-old** *adj* [chick, baby] d'un jour.

**day pupil** *n* SCH (élève *mf*) externe *mf*.

**day release** *n Br* formation *f* continue en alternance.

**day return** *n Br* RAIL aller-retour *m* valable pour la journée.

**day room** *n* salle *f* commune.

**day school** *n* externat *m*.

**day shift** *n* [period worked] service *m* de jour; [workers] équipe *f* de jour; **to work the** ~ travailler de jour, être (dans l'équipe) de jour.

**daytime** ['deɪtaɪm] ◇ *n* journée *f*; **in the** ~ le jour, pendant la journée. ◇ *adj* de jour.

**day-to-day** *adj* [life, running of business] quotidien; [chores, tasks] journalier, quotidien; **to lead a** ~ **existence** vivre au jour le jour; [with difficulty] vivre péniblement jour après jour.

**day trip** *n* excursion *f*.

**day tripper** *n* excursionniste *mf*.

**daze** [deɪz] ◇ *n* [caused by blow] étourdissement *m*; [caused by emotional shock, surprise] ahurissement *m*; [caused by medication] abrutissement *m*; **to be in a** ~ [because of blow] être étourdi; [because of emotional shock, surprise] être abasourdi OR ahuri; [because of medication] être abruti. ◇ *vt* [subj: blow] étourdir; [subj: emotional shock, surprise] abasourdir, ahurir; [subj: medication] abrutir.

**dazed** [deɪzd] *adj* [by blow] étourdi; [by emotional shock, surprise] abasourdi, ahuri; [by medication] abruti.

**dazzle** ['dæzl] *vt literal & fig* éblouir.

**dazzling** ['dæzlɪŋ] *adj* éblouissant.

**dazzlingly** ['dæzlɪŋlɪ] *adv*: ~ **beautiful** d'une beauté éblouissante.

**DBE** (*abbr of* **Dame Commander of the Order of the British Empire**) *n distinction honorifique britannique pour les femmes.*

**DBMS** (*abbr of* **database management system**) *n* SGBD *m*.

**DBS** (*abbr of* **direct broadcasting by satellite**) *n* télédiffusion *f* directe par satellite.

**DC** *n* **-1.** *abbr of* **direct current**. **-2.** *abbr of* **District of Columbia**.

**dd.** *written abbr of* **delivered**.

**DD** (*abbr of* **Doctor of Divinity**) *n (titulaire d'un) doctorat en théologie.*

**D/D** *written abbr of* **direct debit**.

**D-day** *n* le jour J.

**DDS** (*abbr of* **Doctor of Dental Science**) *n (titulaire d'un) doctorat en dentisterie.*

**DDT** (*abbr of* **dichlorodiphenyltrichloroethane**) *n* DDT *m*.

**DE** *written abbr of* **Delaware**.

**DEA** (*abbr of* **Drug Enforcement Agency**) *pr n agence américaine de lutte contre la drogue.*

**deacon** ['diːkn] *n* RELIG diacre *m*.

**deaconess** [,diːkə'nes] *n* RELIG diaconesse *f*.

**deactivate** [diː'æktɪˌveɪt] *vt* désamorcer.

**dead** [ded] ◇ *adj* **-1.** [not alive – person, animal, plant] mort; [– flower] fané; ~ **man** mort *m*; ~ **woman** morte *f*; **the** ~ **woman's husband** le mari de la défunte; **to be** ~ **on arrival** être mort OR décédé à l'arrivée à l'hôpital; ~ **or alive** mort ou vif; **more** ~ **than alive** plus mort que vif; **half** ~ **with hunger/exhaustion/fear** à demi mort de faim/ d'épuisement/de peur; ~ **and buried** *literal & fig* mort et enterré; **stone** ~ raide mort; **to drop (down)** OR **to fall down** ~ tomber mort; **to shoot sb** ~ tuer qqn (avec une arme à feu), abattre qqn; **to leave sb for** ~ laisser qqn pour mort; **you're** ~ **if he finds out** *inf & fig* c'est fini de toi s'il l'apprend ❑ **drop** ~! *inf* va te faire voir!; ~ **as a doornail** OR **a dodo** *inf* on ne peut plus mort; **over my** ~ **body** *inf* je ne permettrai pas cela de mon vivant, moi vivant c'est hors de question; **I wouldn't be seen** ~ **with him** *inf* plutôt mourir que de me montrer en sa compagnie; ~ **men tell no tales** *prov* les morts ne parlent pas. **-2.** [lacking in sensation – fingers, toes etc] engourdi; **to go** ~ s'engourdir; **he is** ~ **to reason** il ne veut pas entendre raison ❑ **she's** ~ **from the neck up** *inf* elle n'a rien dans la tête; **to be** ~ **to the world** *inf* dormir d'un sommeil de plomb. **-3.** [not alight – fire] mort, éteint; [– coals] éteint; [– match] usé. **-4.** [lacking activity – town] mort; [– business, market] très calme. **-5.** [language] mort. **-6.** SPORT [out of play – ball] hors jeu *(inv).* **-7.** ELEC [battery] mort, à plat; TELEC [phone, line] coupé. **-8.** [dull – colour] terne, fade; [– sound] sourd. **-9.** *inf* [tired out] mort, crevé. **-10.** [complete, exact]: ~ **calm** NAUT calme *m* plat; ~ **silence** silence *m* complet OR de mort; **on a** ~ **level with sthg** exactement au même niveau que qqch; **in** ~ **earnest** [be] très sérieux; [speak] très sérieusement; ~ **cert** *Br inf* [in race, competition] valeur *f* sûre; **she fell to the floor in a** ~ **faint** elle tomba à terre, inconsciente; ~ **loss** *Br* COMM perte *f* sèche; **to be a** ~ **loss** *Br inf* [person, thing] être complètement nul.

◇ *adv* **-1.** [precisely]: ~ **ahead** tout droit; **in the middle** juste au milieu, au beau milieu; **to be** ~ **level (with sthg)** *Br* être exactement au même niveau (que qqch); ~ **on time** *Br* juste à l'heure; ~ **on target** *Br* [hit sthg] en plein dans le mille; **you're** ~ **right** *Br inf* tu as entièrement raison. **-2.** *inf* [very] super; ~ **drunk** ivre mort. **-3.** [completely]: **the sea was** ~ **calm** la mer était parfaitement calme; **to be** ~ **against sthg/sb** être absolument contre qqch/qqn. **-4.** ['~ **slow**' AUT 'au pas'. **-5.** *phr*: **to play** ~ faire le mort; **to stop** ~ s'arrêter net; **to stop sb** ~ arrêter qqn net.

◇ *npl*: **the** ~ les morts; **to rise from the** ~ RELIG ressusciter d'entre les morts.

◇ *n* [depth]: **in the** ~ **of winter** au cœur de l'hiver; **in the** OR **at** ~ **of night** au milieu OR au plus profond de la nuit.

**dead beat** *adj inf* crevé, mort.

**dead duck** *n inf* [plan, proposal – which will fail] désastre *m* assuré, plan *m* foireux; [– which has failed] désastre *m*, fiasco *m*; **he's a** ~ c'en est fini de lui.

**deaden** ['dedn] *vt* [sound] assourdir; [sense, nerve, hunger pangs] calmer; [pain] endormir, calmer; [blow] amortir.

**dead end** *n* cul *m* de sac, voie *f* sans issue, impasse *f*; it's a ~ [job] il n'y a aucune perspective d'avenir; [line of investigation, research] cela ne mènera *or* conduira à rien; **to come to** *or* **to reach a** ~ *fig* aboutir à une impasse.

◆ **dead-end** *adj* [street] sans issue; a dead-end job *fig* un travail qui n'offre aucune perspective d'avenir.

**deadening** ['dednɪŋ] *adj* [boredom, task] abrutissant.

**dead hand** *n* **-1.** [influence] mainmise *f*, emprise *f*.**-2.** JUR mainmorte *f*.

**deadhead** ['dedhed] ◆ *n* **-1.** *inf* [dull person] nullité *f*.**-2.** [person using free ticket - in theatre] spectateur *m*, -trice *f* ayant un billet de faveur; [- on train] voyageur *m*, -euse *f* muni(e) d'un billet gratuit. **-3.** Am [empty vehicle] *train, avion, camion etc circulant à vide.* ◆ *vi* Am [train] circuler à vide.

**dead heat** *n* course dont les vainqueurs sont déclarés ex aequo; [horse race] dead-heat *m*.

**dead letter** *n* **-1.** [letter that cannot be delivered] lettre *f* non distribuée, (lettre *f* passée au) rebut *m*.**-2.** [law, rule] loi *f* or règle *f* caduque or tombée en désuétude; it's a ~ *fig* c'est mort et enterré.

**dead-letter box, dead-letter drop** *n* cachette *f*.

**deadline** ['dedlaɪn] *n* [day] date *f* limite; [hour] heure *f* limite; Monday is the absolute ~ c'est pour lundi dernier délai or dernière limite; **to meet/to miss a** ~ respecter/laisser passer une date limite; **I'm working to a** ~ j'ai un délai à respecter.

**deadliness** ['dedlɪnɪs] *n* [of poison, snake] caractère *m* mortel; [of weapon] caractère *m* meurtrier.

**deadlock** ['dedlɒk] *n* impasse *f*; **to reach (a)** ~ arriver à une impasse; **to break the** ~ [negotiators] sortir de l'impasse; [concession] apporter une solution à l'impasse.

**deadlocked** ['dedlɒkt] *adj*: **to be** ~ être dans une impasse.

**deadly** ['dedlɪ] (*compar* **deadlier,** *superl* **deadliest**) ◆ *adj* **-1.** [lethal - poison, blow] mortel; [- snake] au venin mortel; [- weapon] meurtrier; *fig* [hatred] mortel; [silence, pallor] de mort, mortel; **they are** ~ **enemies** *fig* ce sont des ennemis mortels ❑ the seven ~ sins les sept péchés capitaux. **-2.** [precise]: his aim is ~ il a un tir excellent; with ~ accuracy avec une extrême précision. **-3.** [extreme]: in ~ earnest [say] avec le plus grand sérieux. **-4.** *inf* [boring] mortel, barbant. ◆ *adv* extrêmement, terriblement.

**deadly nightshade** *n* BOT belladone *f*.

**deadpan** ['dedpæn] ◆ *adj* [face, expression] impassible; [humour] pince-sans-rire *(inv).* ◆ *adv* d'un air impassible.

**dead ringer** *n inf* sosie *m*.

**Dead Sea** *pr n*: the ~ la mer Morte.

**dead set** *adj*: **to be** ~ **on doing sthg** être fermement décidé à faire qqch; **to be** ~ **on sthg** tenir absolument or à tout prix à qqch; **to be** ~ **against sthg/sb** être résolument opposé à qqch/qqn.

**dead weight** *n literal & fig* poids *m* mort.

**dead wood** Br, **deadwood** ['dedwʊd] Am *n* [trees, branches] bois *m* mort; *fig* [people] personnel *m* inutile.

**deaf** [def] ◆ *adj* sourd; ~ in one ear sourd d'une oreille; **to turn a** ~ **ear to sthg/sb** *fig* faire la sourde oreille à qqch/qqn; **our complaints fell on** ~ **ears** *fig* nos protestations n'ont pas été entendues ❑ (as) ~ **as a post** sourd comme un pot; **there are none so** ~ **as those who will not hear** *prov* il n'est pire sourd que celui qui ne veut entendre *prov.* ◆ *npl*: the ~ les sourds *mpl*.

**deaf-aid** *n* appareil *m* acoustique.

**deaf-and-dumb** ◆ *adj* sourd-muet (*attention: le terme 'deaf-and-dumb' est considéré comme injurieux*). ◆ *n* sourd-muet *m*, sourde-muette *f*.

**deafen** ['defn] *vt literal* rendre sourd; *fig* casser les oreilles à.

**deafening** ['defnɪŋ] *adj* [music, noise, roar] assourdissant; [applause] retentissant.

**deafeningly** ['defnɪŋlɪ] *adv*: ~ **loud** assourdissant.

**deaf-mute** = **deaf-and-dumb.**

**deafness** ['defnɪs] *n* surdité *f*.

**deal** [di:l] (*pt & pp* **dealt** [delt]) ◆ *n* **-1.** [agreement] affaire *f*, marché *m*; ST. EX opération *f*, transaction *f*; business ~ affaire, marché, transaction; **to do** or **to make a** ~ **with sb**

conclure une affaire or un marché avec qqn; the ~ is off l'affaire est annulée, le marché est rompu; the government does not do ~s with terrorists le gouvernement ne traite pas avec les terroristes; no ~s! pas de marchandage!; no ~! je ne marche pas!; it's a ~! marché conclu!; you've got (yourself) a ~! *inf* ça marche!, ça roule!; that wasn't the ~ ce n'est pas ce qui était convenu; **to get a good** ~ faire une bonne affaire. **-2.** [treatment]: **to give sb a fair** ~ traiter loyalement avec qqn; the government promised (to give) teachers a better ~ le gouvernement a promis d'améliorer la condition des enseignants. **-3.** CARDS donne *f*, distribution *f*; it's my ~ c'est à moi de donner. **-4.** [quantity]: a (good) ~ of, a great ~ of [money, time etc] beaucoup de; he thinks a good/great ~ of her il l'estime beaucoup/énormément; I didn't enjoy it a great ~ je n'ai pas trop or pas tellement aimé; I didn't do a great ~ last night je n'ai pas fait grand-chose hier soir; big ~! *inf & iron* tu parles d'un coup!, la belle affaire!; he made a big ~ out of it *inf* il en a fait tout un plat or tout un cinéma; what's the big ~? *inf* et alors?, et puis quoi?-**5.** [timber] planche *f*.

◇ *vt* **-1.** CARDS donner, distribuer. **-2.** [strike]: **to** ~ **sb a blow** asséner un coup à qqn; **to** ~ **sthg a blow,** **to** ~ **a blow to sthg** *fig* porter un coup à qqch. **-3.** [drugs] revendre.

◇ *vi* **-1.** CARDS distribuer les cartes. **-2.** COMM négocier, traiter; **to** ~ **on the Stock Exchange** faire des opérations or des transactions en bourse; **to** ~ **in death/human misery** *fig* être un marchand de mort/de misère humaine. **-3.** [in drugs] revendre de la drogue.

◆ **deal in** *vt sep* CARDS [player] donner or distribuer des cartes à, servir; ~ **me in** *fig* tu peux compter sur moi.

◆ **deal out** *vt sep* [cards, gifts] donner, distribuer; [justice] rendre; [punishment] distribuer; ~ **me out** *fig* ne compte pas sur moi.

◆ **deal with** *vt insep* **-1.** [handle - problem, situation, query, complaint] traiter; [- customer, member of the public] traiter avec; [- difficult situation, child] s'occuper de; a difficult child to ~ **with** un enfant difficile; I can't ~ **with all the work I've got** je ne me sors pas de tout le travail que j'ai; the management dealt with the situation promptly la direction a réagi immédiatement; the culprits were dealt with severely les coupables ont été sévèrement punis; that's that dealt with voilà qui est fait. **-2.** [do business with] traiter or négocier avec. **-3.** [be concerned with] traiter de.

**dealer** ['di:ləʳ] *n* **-1.** COMM marchand *m*, -e *f*, négociant *m*, -e *f*; ST. EX marchand *m*, -e *f* de titres; AUT concessionnaire *mf.*-**2.** [in drugs] dealer *m.*-**3.** CARDS donneur *m*, -euse *f*.

**dealership** ['di:ləʃɪp] *n* AUT & COMM concession *f*.

**dealing** ['di:lɪŋ] *n* **-1.** (U) ST. EX opérations *fpl*, transactions *fpl*; [trading] commerce *m.*-**2.** (U) [of cards] donne *f*, distribution *f.*-**3.** ~s [business] affaires *fpl*, transactions *fpl*; [personal] relations *fpl*; **to have** ~s **with sb** [in business] traiter avec qqn, avoir affaire à qqn; [personal] avoir affaire à qqn. **-4.** [in drugs] trafic *m* de drogue.

**dealt** [delt] *pt & pp* → **deal.**

**dean** [di:n] *n* UNIV & RELIG doyen *m*, -enne *f*.

**deanery** ['di:nərɪ] *n* RELIG doyenné *m*; UNIV résidence *f* du doyen.

**dear** [dɪəʳ] ◇ *adj* **-1.** [loved] cher; [precious] cher, précieux; [appealing] adorable, charmant; he is a ~ friend of mine c'est un ami très cher; she's such a ~ girl elle est tellement gentille; Margaret ~est ma chère Margaret; he/the memory is very ~ to me il/ce souvenir m'est très cher; **to hold sb/sthg** ~ *lit* chérir qqn/qqch; **to run for** ~ **life** courir à toute vitesse; **to hang on for** ~ **life** s'accrocher désespérément; MED s'accrocher à la vie; my ~ **fellow** mon cher ami; my ~ **Mrs Stevens** chère madame Stevens; what a ~ **little child/cottage/frock!** quel enfant/quel cottage/quelle robe adorable!-**2.** [in letter]: **Dear Sir** Monsieur; **Dear Sir or Madam** Madame, Monsieur; **Dear Mrs Baker** [less formal] Chère Madame; [informal] Chère Madame Baker; **Dear Mum and Dad** Chers Maman et Papa; My ~ **Clare** Ma chère Clare; **Dearest Richard** Très cher Richard. **-3.** [expensive - item, shop] cher; [- price] haut, élevé; **things are getting** ~er *esp* Br la vie augmente.

◇ *interj*: ~!, ~!~!, ~ **me!, oh** ~! [surprise] oh mon Dieu!; [regret] oh là là!; oh ~! [worry] mon Dieu!

◇ *n*: my ~ [to child, spouse, lover] mon chéri, ma chérie; [to friend] mon cher, ma chère; my ~est mon chéri, ma chérie;

she's such a ~ elle est tellement gentille; I gave the old ~ my seat Br inf j'ai laissé ma place à la vieille dame; be a ~ and answer the phone, answer the phone, there's a ~ sois gentil OR un amour, réponds au téléphone. ◊ adv [sell, pay, cost] cher (adv).

**dear Abby** [-'æbɪ] n Am la rubrique courrier du cœur.

**dearie** ['dɪərɪ] inf ◊ n chéri m, -e f. ◊ interj: (oh) ~ me! oh mon Dieu!

**dearly** ['dɪəlɪ] adv **-1.** [very much] beaucoup, énormément; ~ beloved son of... [on gravestone] fils bien-aimé de... **-2.** [at high cost]: to pay ~ for sthg payer cher qqch.

**dearth** [dɜːθ] n pénurie f.

**death** [deθ] n mort f; JUR décès m; their ~s were caused by smoke inhalation leur mort a été causée OR provoquée par l'inhalation de fumée; a ~ in the family un décès dans la famille; to fall/to jump to one's ~ se tuer en tombant/se jetant dans le vide; to freeze/to starve to ~ mourir de froid/de faim; to be beaten to ~ être battu à mort; to be burnt to ~ mourir brûlé; to bleed to ~ perdre tout son sang; to fight to the ~ se battre à mort; to meet one's ~ trouver la mort; to meet an early ~ mourir jeune; condemned to OR under sentence of ~ condamné à mort; to sentence/to put sb to ~ condamner/mettre qqn à mort; to smoke/to drink o.s. to ~ se tuer à force de fumer/boire; till ~ do us part jusqu'à ce que la mort nous sépare; this means the ~ of the steel industry cela sonne le glas de la sidérurgie; it's been done to ~ fig [play, subject for novel etc] ça a été fait et refait; to discuss sthg to ~ fig discuter de qqch jusqu'à l'épuisement du sujet; to look like ~ (warmed up) inf avoir une mine de déterré; to feel like ~ (warmed up) inf être en piteux état; to catch one's ~ (of cold) inf attraper la mort OR la crève; to be in at the ~ fig être présent à la fin; to die a horrible ~ avoir une mort atroce; to be sick OR tired to ~ of inf en avoir ras le bol de; to be bored to ~ s'ennuyer à mourir; to be worried/scared to ~ inf être mort d'inquiétude/de frousse; you'll be the ~ of me inf [with amusement] tu me feras mourir (de rire); [with irritation] tu es tuant; that job will be the ~ of her ce travail la tuera OR à ~'s door [patient] être à l'article de la mort; to die a thousand ~s [worry about somebody] mourir d'inquiétude; [worry about oneself] être mort de peur; [be embarrassed] mourir de honte; to die a ~ inf [actor, film] faire un bide; [joke] tomber à plat; [idea, plan, hope] tomber à l'eau; ~ by misadventure mort accidentelle; to hang OR to hold OR to cling on like grim ~ s'accrocher désespérément; 'Death in the Afternoon' Hemingway 'Mort dans l'après-midi'; 'Death of a Salesman' Miller 'Mort d'un commis voyageur'.

**deathbed** ['deθbed] ◊ n lit m de mort; on one's ~ sur son lit de mort. ◊ adj [confession] fait à l'article de la mort; [repentance] exprimé à l'article de la mort; the ~ scene THEAT la scène du lit de mort.

**deathblow** ['deθbləʊ] n fig coup m fatal OR mortel; to be the ~ for sthg porter un coup fatal OR mortel à qqch.

**death camp** n camp m de la mort.

**death certificate** n acte m OR certificat m de décès.

**death-dealing** adj mortel, fatal.

**death duty** n droits mpl de succession.

**death knell** n glas m; to sound the ~ for OR of sthg fig sonner le glas de qqch.

**deathless** ['deθlɪs] adj immortel; hum inimitable.

**deathly** ['deθlɪ] ◊ adj [silence, pallor] de mort, mortel. ◊ adv: ~ pale pâle comme la mort; ~ cold glacial; the house was ~ quiet [silent] la maison était plongée dans un profond silence; [sinister] la maison était plongée dans un silence de mort.

**death mask** n masque m mortuaire.

**death penalty** n peine f de mort, peine f capitale.

**death rate** n taux m de mortalité.

**death rattle** n râle m d'agonie.

**death row** n quartier m des condamnés à mort.

**death sentence** n condamnation f à mort.

**death squad** n escadron m de la mort.

**death tax** Am = death duty.

**death throes** [-ˌθrəʊz] npl agonie f; [painful] affres fpl de la mort; fig agonie f; to be in one's ~ agoniser, être agonisant;

[suffering] connaître les affres de la mort; to be in its ~ fig [project, business etc] agoniser, être agonisant.

**death toll** n nombre m de morts.

**death trap** n: the building is a ~ l'édifice est extrêmement dangereux.

**Death Valley** pr n la Vallée de la Mort.

**death warrant** n ordre m d'exécution; to sign one's own ~ fig signer son propre arrêt de mort.

**deathwatch beetle** n grande OR grosse vrillette f, horloger m de la mort.

**death wish** n PSYCH désir m de mort; he seems to have a ~ fig il faut croire qu'il est suicidaire.

**deb** [deb] inf = debutante.

**debacle** [de'bɑːkl] n débâcle f.

**debar** [diː'bɑːʳ] (pt & pp debarred, cont debarring) vt interdire à; to ~ sb from sthg/doing sthg interdire qqch à qqn/à qqn de faire qqch.

**debase** [dɪ'beɪs] vt [degrade – person, sport] avilir, abaisser; [– quality of object] dégrader, altérer; [– currency] altérer; fig dévaloriser.

**debasement** [dɪ'beɪsmənt] n [of person, sport] avilissement m, abaissement m; [of quality of object] dégradation f, altération f; [of currency] altération f; fig dévalorisation f.

**debatable** [dɪ'beɪtəbl] adj discutable, contestable; it is ~ whether... on peut se demander si...

**debate** [dɪ'beɪt] ◊ vt [one person] se demander; [two or more people] débattre, discuter. ◊ vi discuter; to ~ (with o.s.) whether to do sthg or not se demander si on doit faire qqch. ◊ n [gen] discussion f; [organized] débat m; to have OR to hold a ~ on sthg tenir un débat OR avoir une discussion sur OR à propos de qqch; there's been a lot of ~ about it cela a été très OR longuement débattu; the subject under ~ le sujet des débats; open to ~ discutable, contestable; after much OR lengthy ~ [between two or more people] après de longs débats; [with oneself] après de longs débats intérieurs; to be the subject of ~ faire le thème de débats.

**debater** [dɪ'beɪtəʳ] n débatteur m.

**debating** [dɪ'beɪtɪŋ] ◊ n art m du débat. ◊ comp: ~ society société f de débats contradictoires.

**debauch** [dɪ'bɔːtʃ] vt débaucher; arch OR lit [woman] séduire.

**debauched** [dɪ'bɔːtʃt] adj débauché.

**debauchee** [dɪbɔː'tʃiː] n débauché m, -e f.

**debauchery** [dɪ'bɔːtʃərɪ] n débauche f.

**debenture** [dɪ'bentʃəʳ] FIN ◊ n obligation f. ◊ comp: ~ bond titre m d'obligation.

**debilitate** [dɪ'bɪlɪteɪt] vt débiliter.

**debilitating** [dɪ'bɪlɪteɪtɪŋ] adj [illness] débilitant; [climate] anémiant.

**debility** [dɪ'bɪlətɪ] n débilité f.

**debit** ['debɪt] ◊ n débit m; your account is in ~ Br votre compte est déficitaire OR débiteur. ◊ comp [balance, account] débiteur; ~ card carte de paiement à débit immédiat; ~ entry écriture f au débit; ~ note note f de débit; ~ side débit m; on the ~ side, it means we won't see her fig l'inconvénient, c'est que nous ne la verrons pas. ◊ vt [account] débiter; [person] porter au débit de qqn; to ~ £50 from sb's account, to ~ sb's account with £50 débiter 50 livres du compte de qqn, débiter le compte de qqn de 50 livres.

**debonair** [ˌdebə'neəʳ] adj d'une élégance nonchalante.

**debrief** [ˌdiː'briːf] vt faire faire un compte rendu verbal de mission à, débriefer.

**debriefing** [ˌdiː'briːfɪŋ] ◊ n compte rendu m verbal de mission. ◊ comp: ~ officer officier m chargé de recevoir le compte rendu verbal des pilotes; ~ room salle f de compte rendu de mission.

**debris** ['deɪbriː] n (U) débris mpl.

**debt** [det] ◊ n [gen] dette f; ADMIN créance f; to be in ~, to have ~s avoir des dettes, être endetté; to get OR to run into ~ s'endetter; to get out of ~ s'acquitter de ses dettes; to pay one's ~s régler ses dettes; he has paid his ~ to society il s'est acquitté de sa dette envers la société; to be in ~ to sb être endetté auprès de qqn; fig avoir une dette envers qqn, être redevable à qqn ❑ bad ~ mauvaise créance; outstanding ~ dette OR créance à recouvrer. ◊ comp [rescheduling, servicing] de la dette; ~ collector agent m de recouvrement;

**~ collection agency** bureau *m* de recouvrement OR récupération des créances.

**debtor** ['detə<sup>r</sup>] *n* débiteur *m*, -trice *f*; **~ nations** pays *mpl* débiteurs.

**debug** [,di:'bʌg] (*pt* & *pp* **debugged**, *cont* **debugging**) *vt* **-1.** COMPUT [program] déboguer; [machine] mettre au point. **-2.** [remove hidden microphones from] débarrasser des micros (cachés). **-3.** [remove insects from] débarrasser des insectes, désinsectiser.

**debugging** [,di:'bʌgɪŋ] ◇ *n* **-1.** COMPUT [of program] débogage *m*; [of machine] mise *f* au point. **-2.** [removal of microphones] élimination *f* des micros (cachés). **-3.** [removal of insects] désinsectisation *f*. ◇ *comp* **-1.** COMPUT de débogage. **-2.** [to remove microphones – operation] d'élimination des micros (cachés); [– team] chargé d'éliminer les micros (cachés); [– expert] dans l'élimination des micros (cachés). **-3.** [to remove insects] de désinsectisation.

**debunk** [,di:'bʌŋk] *vt inf* [ridicule] tourner en ridicule; [show to be false] discréditer.

**debut** ['deɪbju:] (*pt* & *pp* **debut'd**) ◇ *n* début *m*; **to make one's ~** faire ses débuts. ◇ *vi* débuter.

**debutante** ['debjutɑ:nt] *n* débutante *f*.

**Dec.** (*written abbr of* **December**) déc.

**decade** ['dekeɪd] *n* **-1.** [ten years] décennie *f*; **over a ~ ago** il y a plus de dix ans. **-2.** RELIG dizaine *f*.

**decadence** ['dekədəns] *n* décadence *f*.

**decadent** ['dekədənt] ◇ *adj* décadent. ◇ *n* **-1.** personne *f* décadente. **-2.** ART décadent *m*, -e *f*.

**decaff** ['di:kæf] *n inf* [coffee] déca *m*.

**decaffeinated** [di:'kæfineɪtɪd] *adj* décaféiné.

**decagon** ['dekəgən] *n* décagone *m*.

**decagramme** *Br*, **decagram** *Am* ['dekəgræm] *n* décagramme *m*.

**decal** ['di:kæl] *n Am inf* décalcomanie *f*.

**decalcify** [,di:'kælsɪfaɪ] *vt* décalcifier.

**decalitre** *Br*, **decaliter** *Am* ['dekə,li:tə<sup>r</sup>] *n* décalitre *m*.

**decametre** *Br*, **decameter** *Am* ['dekə,mi:tə<sup>r</sup>] *n* décamètre *m*.

**decamp** [dɪ'kæmp] *vi* **-1.** MIL lever le camp. **-2.** *inf* [abscond] décamper, ficher le camp.

**decant** [dɪ'kænt] *vt* décanter.

**decanter** [dɪ'kæntə<sup>r</sup>] *n* carafe *f*.

**decapitate** [dɪ'kæpɪteɪt] *vt* décapiter.

**decapitation** [dɪ,kæpɪ'teɪʃn] *n* décapitation *f*.

**decathlete** [dɪ'kæθli:t] *n* décathlonien *m*, -enne *f*.

**decathlon** [dɪ'kæθlɒn] *n* décathlon *m*.

**decay** [dɪ'keɪ] ◇ *vi* **-1.** [rot – food, wood, flowers] pourrir; [– meat] s'avarier, pourrir; [– corpse] se décomposer; [– tooth] se carier; [– building] se délabrer; [– stone] s'effriter, se désagréger; *fig* [– beauty, civilization, faculties] décliner. **-2.** PHYS dépérir, se dégrader, se désintégrer. ◇ *vt* [wood] pourrir; [stone] désagréger; [tooth] carier. ◇ *n* **-1.** [of food, wood, flowers] pourrissement *m*; [of corpse] décomposition *f*; [of building] délabrement *m*; [of stone] effritement *m*, désagrégation *f*; *fig* [of beauty, faculties] délabrement *m*; [of civilization] déclin *m*; **to fall into ~** literal & fig se délabrer; **moral ~** déchéance *f* morale ❑ **tooth ~** (*U*) caries *fpl*. **-2.** PHYS désintégration *f*, dégradation *f*.

**decayed** [dɪ'keɪd] *adj* [food, wood, flowers] pourri; [meat] avarié, pourri; [corpse] décomposé; [tooth] carié; [building] délabré, en ruines; [stone] effrité, désagrégé; *fig* [beauty] fané; [civilization] délabré, en ruines.

**decaying** [dɪ'keɪɪŋ] *adj* [food, wood, flowers] pourrissant; [meat] en train de s'avarier; [corpse] en décomposition; [tooth] en train de se carier; [building] qui se délabre; [stone] en désagrégation; *fig* [beauty] qui se fane; [civilization] sur le déclin.

**decease** [dɪ'si:s] ◇ *n* décès *m*. ◇ *vi* décéder.

**deceased** [dɪ'si:st] (*pl inv*) ◇ *adj* décédé, défunt. ◇ *n*: **the ~** le défunt, la défunte.

**deceit** [dɪ'si:t] *n* **-1.** [quality] duplicité *f*. **-2.** [trick] supercherie *f*, tromperie *f*. **-3.** JUR fraude *f*; **by ~** frauduleusement.

**deceitful** [dɪ'si:tful] *adj* trompeur; [behaviour] trompeur, sournois.

**deceitfully** [dɪ'si:tfulɪ] *adv* trompeusement, avec duplicité.

**deceive** [dɪ'si:v] *vt* tromper; **to ~ sb into doing sthg** amener qqn à faire qqch par la tromperie; **she ~d me into believing that...** elle m'a fait croire que...; **to ~ o.s.** se mentir à soi-même; **unless my eyes ~ me** à moins que mes yeux ne me jouent des tours OR que ma vue ne me joue des tours.

**deceiver** [dɪ'si:və<sup>r</sup>] *n* trompeur *m*, -euse *f*.

**decelerate** [,di:'seləreɪt] *vi* & *vt* ralentir.

**deceleration** ['di:,selə'reɪʃn] *n* ralentissement *m*.

**December** [dɪ'sembə<sup>r</sup>] *n* décembre; *see also* **February**.

**decency** ['di:snsɪ] (*pl* **decencies**) *n* décence *f*; **for ~'s sake** pour respecter les convenances; **an offence against public ~** *Br* un outrage à la pudeur; **to have the (common) ~ to do sthg** avoir la décence de faire qqch; **to observe the decencies** observer les convenances.

**decent** ['di:snt] *adj* **-1.** [proper, morally correct] décent, convenable; **to do the ~ thing** se comporter OR agir dans les règles; [marry woman one has made pregnant] faire son devoir, réparer; **are you ~?** [dressed] es-tu visible? **-2.** [satisfactory, reasonable – housing, wage] décent, convenable; [– price] convenable, raisonnable; **a ~ night's sleep** une bonne nuit de sommeil; **the rooms are a ~ size** les pièces sont de bonne taille; **to speak ~ French** parler assez bien OR parler convenablement le français. **-3.** *inf* [kind, good] bien, sympa.

**decently** ['di:sntlɪ] *adv* **-1.** [properly] décemment, convenablement. **-2.** [reasonably]: **the job pays ~** le travail paie raisonnablement bien.

**decentralization** [di:,sentrəlaɪ'zeɪʃn] *n* décentralisation *f*.

**decentralize** [,di:'sentrəlaɪz] *vt* décentraliser.

**deception** [dɪ'sepʃn] *n* **-1.** [act of deceiving] tromperie *f*, duperie *f*; **by ~** en usant de tromperie. **-2.** [trick] subterfuge *m*, tromperie *f*. **-3.** [state of being deceived] duperie *f*.

**deceptive** [dɪ'septɪv] *adj* trompeur.

**deceptively** [dɪ'septɪvlɪ] *adv*: **it looks ~ easy/near** cela donne l'illusion d'être facile/tout près, on a l'impression que c'est facile/tout près.

**decibel** ['desɪbel] *n* décibel *m*.

**decide** [dɪ'saɪd] ◇ *vt* **-1.** [resolve] décider; **to ~ to do sthg** décider de faire qqch; **it was ~d to alter our strategy** il a été décidé que nous devions modifier notre stratégie; **the weather hasn't ~d what it's doing yet** le temps n'arrive pas à se décider. **-2.** [determine – outcome, sb's fate, career] décider de, déterminer; [– person] décider; **that was what ~d me to leave him** c'est ce qui m'a décidé à le quitter. **-3.** [settle – debate, war] décider de l'issue de. ◇ *vi* **-1.** [make up one's mind] décider, se décider; **I can't ~** je n'arrive pas à me décider; **you ~** c'est toi qui décides; **to ~ against/in favour of doing sthg** décider de ne pas/de faire qqch; **to ~ in favour of sb/sthg** JUR décider en faveur de qqn/qqch; **to ~ against sb/sthg** JUR décider contre qqn/qqch. **-2.** [determine]: **but circumstances ~d otherwise** mais les circonstances en ont décidé autrement.

◆ **decide on** *vt insep* décider de, se décider pour; **what plan of action have you ~d on?** pour quel plan d'action vous êtes-vous décidé?, quel plan d'action avez-vous décidé de suivre?

**decided** [dɪ'saɪdɪd] *adj* **-1.** [distinct – improvement, difference] net, incontestable; [– success] éclatant. **-2.** [resolute – person, look] décidé, résolu; [– opinion, stance] ferme; [– effort] résolu; [– refusal] ferme, catégorique.

**decidedly** [dɪ'saɪdɪdlɪ] *adv* **-1.** [distinctly – better, different] décidément; **I feel ~ unwell today** je ne me sens vraiment pas bien aujourd'hui, décidément, je ne me sens pas bien aujourd'hui. **-2.** [resolutely] résolument, fermement.

**decider** [dɪ'saɪdə<sup>r</sup>] *n* [goal] but *m* décisif; [point] point *m* décisif; [match] match *m* décisif, rencontre *f* décisive; [factor] facteur *m* décisif.

**deciding** [dɪ'saɪdɪŋ] *adj* décisif, déterminant; **the chairperson has the ~ vote** la voix du président est prépondérante.

**deciduous** [dɪ'sɪdjʊəs] *adj* [tree] à feuilles caduques; [leaves, antlers] caduc.

**decilitre** *Br*, **deciliter** *Am* ['desɪ,li:tə<sup>r</sup>] *n* décilitre *m*.

**decimal** ['desɪml] ◇ *adj* décimal; **to go ~** adopter le système décimal. ◇ *n* chiffre *m* décimal.

**decimal currency** *n* monnaie *f* décimale.

**decimal fraction** = **decimal** *n*.

**decimalization** [,desɪməlaɪ'zeɪʃn] n décimalisation f.

**decimal place** n décimale f; correct to four ~s exact jusqu'à la quatrième décimale OR jusqu'au quatrième chiffre après la virgule OR au dix millième près.

**decimal point** n virgule f.

**decimal system** n système m décimal.

**decimate** ['desɪmeɪt] vt décimer.

**decimetre** Br, **decimeter** Am ['desɪ,miːtəʳ] n décimètre m.

**decipher** [dɪ'saɪfəʳ] vt [code, handwriting] déchiffrer.

**decipherable** [dɪ'saɪfərəbl] adj déchiffrable.

**decision** [dɪ'sɪʒn] ◇ n -1. décision f; to make OR to take a ~ prendre une décision, se décider; JUR & ADMIN prendre une décision; to come to OR to arrive at OR to reach a ~ parvenir à une décision; to make the right/wrong ~ faire le bon/mauvais choix; it's your ~ c'est toi qui décides; is that your ~? ta décision est prise?; the referee's ~ is final la décision de l'arbitre est irrévocable OR sans appel. -2. fml [decisiveness] résolution f, fermeté f. -3. [decision-making]: it's a matter for personal ~ c'est une affaire de choix personnel. ◇ comp COMPUT: ~ table table f de décision.

**decision-maker** n décideur m, -euse f, décisionnaire mf.

**decision-making** n prise f de décision.

**decisive** [dɪ'saɪsɪv] adj -1. [manner, person] décidé, résolu; be ~! montre-toi décidé OR résolu!-2. [factor, argument] décisif, déterminant.

**decisively** [dɪ'saɪsɪvlɪ] adv -1. [resolutely] résolument, sans hésitation. -2. [conclusively] de manière décisive.

**decisiveness** [dɪ'saɪsɪvnɪs] n -1. [of person] décision f. -2. [of battle] caractère m décisif OR déterminant.

**deck** [dek] ◇ n -1. NAUT pont m; on ~ sur le pont; below ~ OR ~s sous le pont; to clear the ~s fig mettre de l'ordre avant de passer à l'action. -2. [of plane, bus] étage m; top OR upper ~ [of bus] impériale f.-3. CARDS jeu m de cartes. -4. [in hi-fi system] platine f.-5. Am [of house] ponton m. ◇ comp NAUT [officer, cabin, crane] de pont; ~ cargo pontée f. ◇ vt = **deck out**.

◆ **deck out** vt sep parer, orner; to ~ o.s. out in one's best clothes se mettre sur son trente et un.

**deckchair** ['dektʃeəʳ] n chaise f longue, transat m.

**deckhand** ['dekhænd] n matelot m.

**deckhouse** ['dekhaʊs, pl -haʊzɪz] n rouf m.

**deckle** ['dekl] n cadre m volant (utilisé dans la fabrication artisanale du papier).

**declaim** [dɪ'kleɪm] ◇ vi déclamer; to ~ against sthg récriminer OR se récrier contre qqch. ◇ vt déclamer.

**declamation** [,deklə'meɪʃn] n déclamation f.

**declamatory** [dɪ'klæmətrɪ] adj [style] déclamatoire.

**declaration** [,deklə'reɪʃn] n -1. [gen] déclaration f; to make a ~ that... déclarer que...; customs ~ déclaration en douane. -2. CARDS annonce f.

**Declaration of Independence** n: the ~ Am HIST la Déclaration d'indépendance (américaine).

**declarative** [dɪ'klærətɪv] adj déclaratif.

**declaratory** [dɪ'klærətrɪ] adj JUR déclaratoire.

**declare** [dɪ'kleəʳ] ◇ vt -1. [proclaim – independence, war etc] déclarer; have you anything to ~? [at customs] avez-vous quelque chose à déclarer? -2. [announce] déclarer; to ~ o.s. [proclaim one's love] se déclarer; POL se présenter, présenter sa candidature. -3. CARDS: to ~ one's hand annoncer son jeu. ◇ vi -1. to ~ for/against faire une déclaration en faveur de/contre; well, I (do) ~! eh bien ça alors!-2. CARDS faire l'annonce, annoncer; [in cricket] déclarer la tournée terminée (avant sa fin normale).

**declared** [dɪ'kleəd] adj [intention, opponent] déclaré, ouvert.

**declassified** [,diː'klæsɪfaɪd] adj [information] déclassé.

**declassify** [,diː'klæsɪfaɪ] (pt & pp **declassified**) vt [information] déclasser.

**declension** [dɪ'klenʃn] n GRAMM déclinaison f.

**declination** [,deklɪ'neɪʃn] n ASTRON déclinaison f.

**decline** [dɪ'klaɪn] ◇ n [decrease – in prices, standards, crime, profits] baisse f; fig [of civilization] déclin m; to be in ~ être en déclin; to be on the ~ [prices, sales] être en baisse; [civilization, influence] être sur le déclin; to fall into a ~ dated [person] dépérir ❑ 'Decline and Fall' Waugh 'Grandeur et déca-

dence'. ◇ vt -1. [refuse – invitation, honour, offer of help] décliner, refuser; [– food, drink] refuser; [– responsibility] décliner; to ~ to do sthg refuser de faire qqch. -2. GRAMM décliner. ◇ vi -1. [decrease, diminish – empire, health] décliner; [– prices, sales, population] baisser, être en baisse, diminuer; [– influence, enthusiasm, fame] baisser, diminuer; to ~ in importance/value/significance perdre de son importance/de sa valeur/de sa signification. -2. [refuse] refuser. -3. [slope downwards] être en pente, descendre. -4. GRAMM se décliner.

**declining** [dɪ'klaɪnɪŋ] adj [health, industry, market] sur le déclin; he is in ~ health sa santé décline OR faiblit.

**declutch** [dɪ'klʌtʃ] vi AUT débrayer.

**decode** [,diː'kəʊd] vt décoder, déchiffrer; COMPUT & TV décoder.

**decoder** [,diː'kəʊdəʳ] n décodeur m.

**decoding** [,diː'kəʊdɪŋ] n décodage m.

**decoke** [,diː'kəʊk] Br AUT ◇ vt décalaminer. ◇ n décalaminage m.

**décolleté** [deɪ'kɒlteɪ] ◇ adj décolleté. ◇ n décolleté m.

**decolonization** [diː,kɒlənaɪ'zeɪʃn] n décolonisation f.

**decommission** [,diːkə'mɪʃn] vt -1. [shut down – nuclear power station] déclasser. -2. MIL [remove from active service – warship, aircraft] mettre hors service.

**decompose** [,diːkəm'pəʊz] ◇ vi se décomposer. ◇ vt CHEM & PHYS décomposer.

**decomposition** [,diːkɒmpə'zɪʃn] n [gen, CHEM & PHYS] décomposition f.

**decompress** [,diːkəm'pres] vt [gas, air] décomprimer; [diver] faire passer en chambre de décompression.

**decompression** [,diːkəm'preʃn] n décompression f.

**decompression chamber** n chambre f de décompression.

**decompression sickness** n maladie f des caissons.

**decongestant** [,diːkən'dʒestənt] MED ◇ n décongestif m. ◇ adj décongestif.

**deconstruct** [,diːkən'strʌkt] vt déconstruire.

**deconstruction** [,diːkən'strʌkʃn] n déconstruction f.

**decontaminate** [,diːkən'tæmɪneɪt] vt décontaminer.

**decontamination** ['diːkən,tæmɪ'neɪʃn] ◇ n décontamination f. ◇ comp [equipment, team] de décontamination; [expert] en décontamination.

**decontrol** [,diːkən'trəʊl] ◇ vt lever le contrôle gouvernemental sur; to ~ prices libérer les prix. ◇ n [of prices] libération f.

**decontrolled road** [,diːkən'trəʊld-] n route f sans limitation de vitesse.

**decor** ['deɪkɔːʳ] n décor m.

**decorate** ['dekəreɪt] ◇ vt -1. [house, room – paint] peindre; [– wallpaper] tapisser, décorer. -2. [dress, hat] garnir, orner; [cake, tree, street] décorer. -3. [give medal to] décorer, médailler. ◇ vi [paint] peindre; [wallpaper] tapisser.

**decorating** ['dekəreɪtɪŋ] n -1. [of house, room] décoration f; painting and ~ Br peinture f et décoration. -2. [of dress, hat] garnissage m, ornementation f; [of cake, tree, street] décoration f.

**decoration** [,dekə'reɪʃn] n -1. [action – of house, street, cake, tree] décoration f; [– of dress, hat] ornementation f.-2. [ornament – for house, street, cake, tree] décoration f; [– for dress, hat] garniture f, ornements mpl.-3. [medal] décoration f, médaille f.

**Decoration Day** n fête nationale américaine en souvenir des soldats morts à la guerre; appelée aussi 'Memorial Day' (dernier lundi de mai).

**decorative** ['dekərətɪv] adj décoratif, ornemental.

**decorator** ['dekəreɪtəʳ] n décorateur m, -trice f; interior ~ décorateur m, -trice f d'intérieur.

**decorous** ['dekərəs] adj fml [behaviour] bienséant, séant, convenable; [person] convenable, comme il faut.

**decorum** [dɪ'kɔːrəm] n bienséance f, décorum m; to have a sense of ~ avoir le sens des convenances.

**decoy** [n 'diːkɔɪ, vb dɪ'kɔɪ] ◇ n -1. [for catching birds – live bird] appeau m, chanterelle f; [– artificial device] leurre m.-2. fig [person] appât m; [message, tactic] piège m. ◇ comp: ~ duck

[live] appeau *m*, chanterelle *f*; [wooden] leurre *m*. ◇ *vt* [bird – using live bird] attirer à l'appeau OR à la chanterelle; [– using artificial means] attirer au leurre; [person] appâter, attirer.

**decrease** [*vb* dɪ'kriːs, *n* 'diːkriːs] ◇ *vi* [number, enthusiasm, population, speed] décroître, diminuer; [value, price] diminuer, baisser; [in knitting] diminuer, faire des diminutions. ◇ *vt* réduire, diminuer. ◇ *n* [in size] réduction *f*, diminution *f*; [in popularity] baisse *f*; [in price] réduction *f*, baisse *f*; a ~ in numbers une baisse des effectifs; to be on the ~ être en diminution OR en baisse.

**decreasing** [diː'kriːsɪŋ] *adj* [amount, energy, population] décroissant; [price, value, popularity] en baisse; a ~ number of students are going into industry de moins en moins d'étudiants se dirigent vers l'industrie.

**decreasingly** [diː'kriːsɪŋlɪ] *adv* de moins en moins.

**decree** [dɪ'kriː] ◇ *n* POL décret *m*, arrêté *m*; RELIG décret *m*; JUR jugement *m*, arrêt *m*; by royal ~ par décret du roi/de la reine. ◇ *vt* décréter; POL décréter, arrêter; RELIG décréter; JUR ordonner (par jugement).

**decree absolute** *n* JUR jugement *m* définitif (de divorce).

**decree nisi** [-'naɪsaɪ] *n* JUR jugement *m* provisoire (de divorce).

**decrepit** [dɪ'krepɪt] *adj* [building, furniture] délabré; [person, animal] décrépit.

**decrepitude** [dɪ'krepɪtjuːd] *n* décrépitude *f*.

**decriminalize** [diː'krɪmɪnəˌlaɪz] *vt* dépénaliser.

**decry** [dɪ'kraɪ] (*pt & pp* **decried**) *vt* décrier, dénigrer.

**decrypt** [diː'krɪpt] *vt* décrypter.

**dedicate** ['dedɪkeɪt] *vt* **-1.** [devote] consacrer; to ~ o.s. to sb/sthg se consacrer à qqn/qqch. **-2.** [book, record etc] dédier. **-3.** [consecrate – church, shrine] consacrer.

**dedicated** ['dedɪkeɪtɪd] *adj* **-1.** [devoted] dévoué; to be ~ to one's work être dévoué à son travail; she is ~ to her family/to helping the poor elle se dévoue pour sa famille/pour aider les pauvres; he is ~ il se donne à fond. **-2.** COMPUT dédié; ~ **word processor** machine *f* exclusivement destinée au traitement de texte.

**dedication** [ˌdedɪ'keɪʃn] *n* **-1.** [devotion] dévouement *m*; ~ is what is needed il est essentiel de pouvoir tout donner. **-2.** [in book, on photograph etc] dédicace *f*. **-3.** [of church, shrine] consécration *f*.

**deduce** [dɪ'djuːs] *vt* déduire; to ~ sthg from sthg déduire qqch de qqch; I ~d that she was lying j'en ai déduit qu'elle mentait.

**deducible** [dɪ'djuːsəbl] *adj* qui peut se déduire.

**deduct** [dɪ'dʌkt] *vt* déduire, retrancher; [tax] prélever; to ~ £10 from the price déduire OR retrancher 10 livres du prix; to be ~ed at source [tax] être prélevé à la source; after ~ing expenses après déduction des frais.

**deductible** [dɪ'dʌktəbl] *adj* déductible.

**deduction** [dɪ'dʌkʃn] *n* **-1.** [inference] déduction *f*; by (a process of) ~ par déduction. **-2.** [subtraction] déduction *f*; tax ~s prélèvements *mpl* fiscaux.

**deductive** [dɪ'dʌktɪv] *adj* déductif.

**deed** [diːd] ◇ *n* **-1.** [action] action *f*; in word and ~ en parole et en fait OR action; brave ~ acte *m* de bravoure; to do one's good ~ for the day faire sa bonne action OR sa BA de la journée. **-2.** JUR acte *m* notarié; ~ of covenant contrat *m*; mortgage ~ contrat *m* d'hypothèque; title ~ titre *m* de propriété. ◇ *vt Am* JUR transférer par acte notarié.

**deed poll** *n* JUR contrat *m* unilatéral; to change one's name by ~ changer de nom par contrat unilatéral JUR, changer de nom officiellement.

**deejay** ['diːdʒeɪ] *n inf* DJ *mf*.

**deem** [diːm] *vt fml* juger, considérer, estimer; it was ~ed necessary/advisable to call an enquiry on a jugé qu'il était nécessaire/opportun d'ordonner une enquête; he ~ed it a great honour il considéra cela comme un grand honneur, il estima que c'était un grand honneur.

**de-emphasize** [diː'emfəsaɪz] *vt* [need, claim, feature] moins insister sur, se montrer moins insistant sur.

**deep** [diːp] ◇ *adj* **-1.** [going far down – water, hole, wound etc] profond; ~ **snow** lay round about une épaisse couche de neige recouvrait les alentours; the water/hole is five

metres ~ l'eau/le trou a cinq mètres de profondeur; the road was a foot ~ in snow la route était sous OR recouverte de 30 centimètres de neige; the ~ **blue sea** le vaste océan; to be in a ~ **sleep** être profondément endormi; ~ in thought/study plongé dans ses pensées/l'étude; ~ **in debt** criblé de dettes; a ~ **breath** une inspiration profonde; take a ~ **breath and just do it** *fig* respire un bon coup et vas-y; ~ **breathing** [action, noise] respiration *f* profonde; [exercises] exercices *mpl* respiratoires; we're in ~ **trouble** nous sommes dans de sales draps; the ~ **end** [of swimming pool] le grand bain ❑ to plunge OR to jump in at the ~ **end** y aller carrément; to be in ~ **water** être dans le pétrin, avoir des problèmes; to go off the ~ **end** *inf* [lose one's temper] piquer une crise OR une colère; [panic] perdre tous ses moyens, paniquer à mort; to be thrown in at the ~ **end** *fig* être mis dans le bain tout de suite. **-2.** [going far back – forest, cupboard, serve] profond; ~ **in the forest** au (fin) fond de la forêt; the crowd stood 15 ~ la foule se tenait sur 15 rangées ❑ the **Deep South** [of the USA] le Sud profond; ~ **space** profondeurs *fpl* de l'espace. **-3.** [strong – feelings] profond; with ~est **sympathy** avec mes plus sincères condoléances. **-4.** [profound – thinker] profond. **-5.** [mysterious, difficult to understand – book] profond; a ~ **dark secret** un sinistre secret; he's a ~ **one** on ne peut jamais savoir ce qu'il pense. **-6.** [dark – colour] profond; to be in ~ **mourning** être en grand deuil. **-7.** [low – sound, note] grave; [– voice] grave, profond. ◇ *adv* profondément; they went ~ **into the forest** ils se sont enfoncés dans la forêt; the snow lay ~ **on the ground** il y avait une épaisse couche de neige sur le sol; he looked ~ **into her eyes** [romantically] il a plongé ses yeux dans les siens; [probingly] il l'a regardée intensément dans les yeux; to go OR to run ~ [emotions] être profond; ~ **down she knew she was right** au fond OR dans son for intérieur elle savait qu'elle avait raison; he thrust his hands ~ **into his pockets** il plongea les mains au fond de ses poches; ~ **into the night** tard dans la nuit; **don't go in too** ~ [in water] n'allez pas où c'est profond, n'allez pas trop loin; **don't get in too** ~ [involved] ne t'implique pas trop. ◇ *n lit* **-1.** [ocean]: the ~ l'océan *m*. **-2.** [depth]: in the ~ **of winter** au plus profond ou au cœur de l'hiver.

**-deep** *in cpds*: she was knee/waist ~ **in water** elle avait de l'eau jusqu'aux genoux/jusqu'à la taille.

**deepen** ['diːpn] ◇ *vt* [hole, river bed, knowledge] approfondir; [mystery] épaissir; [love, friendship] faire grandir, intensifier; [sound, voice] rendre plus grave; [colour] rendre plus profond, intensifier. ◇ *vi* [sea, river] devenir plus profond; [silence, mystery] s'épaissir; [crisis] s'aggraver, s'intensifier; [knowledge] s'approfondir; [love, friendship] s'intensifier; grandir; [colour] devenir plus profond, s'intensifier; [sound] devenir plus grave.

**deepening** ['diːpnɪŋ] ◇ *adj* [silence, shadows, emotion] de plus en plus profond; [crisis] qui s'aggrave OR s'intensifie; [love, friendship] de plus en plus profond. ◇ *n* [of hole, channel] approfondissement *m*; [of silence, love] intensification *f*.

**deep-fat fryer** *n* friteuse *f*.

**deep freeze** *n* [in home, shop] congélateur *m*; [industrial] surgélateur *m*.

◆ **deep-freeze** *vt* [at home] congeler; [industrially] surgeler.

**deep-fried** *adj* frit.

**deep-frozen** *adj* [at home] congelé; [industrially] surgelé.

**deep-fry** *vt* faire frire.

**deep-heat treatment** *n* MED thermothérapie *f*.

**deeply** ['diːplɪ] *adv* **-1.** [dig, breathe, sleep, admire, regret, think] profondément; [drink] à grands traits. **-2.** [offended, relieved, grateful, religious] profondément, extrêmement.

**deepness** ['diːpnɪs] *n* [of ocean, voice, writer, remark] profondeur *f*; [of note, sound] gravité *f*.

**deep-rooted** *adj* [tree] dont les racines sont profondes; *fig* [ideas, belief, prejudice] profondément ancré OR enraciné; [feeling] profond.

**deep-sea** *adj* [creatures, exploration] des grands fonds; ~ **diver** plongeur *m* sous-marin, plongeuse *f* sous-marine; ~ **diving** plongée *f* sous-marine; ~ **fisherman** pêcheur *m* hauturier OR en haute mer; ~ **fishing** pêche *f* hauturière OR en haute mer.

**deep-seated** [-'siːtɪd] *adj* [sorrow, dislike] profond; [idea, belief, complex, prejudice] profondément ancré OR enraciné.

**deep-set** *adj* enfoncé.

**deer** [dɪə<sup>r</sup>] (*pl inv*) ◇ *n* cerf *m*, biche *f*; **fallow ~** daim *m*; **red ~** cerf. ◇ *comp* [hunter, park] de cerf OR cerfs; 'The Deer Hunter' *Cimino* 'Voyage au bout de l'enfer'.

**deerhound** ['dɪəhaʊnd] *n* limier *m*.

**deerskin** ['dɪəskɪn] *n* peau *f* de daim.

**deerstalker** ['dɪə,stɔ:kə<sup>r</sup>] *n* **-1.** [hunter] chasseur *m*, -euse *f* de cerf. **-2.** [hat] chapeau *m* à la Sherlock Holmes.

**de-escalate** [,di:'eskəleɪt] ◇ *vt* [crisis] désamorcer; [tension] faire baisser. ◇ *vi* [crisis] se désamorcer; [tension] baisser.

**deface** [dɪ'feɪs] *vt* [statue, painting – with paint, aerosol spray] barbouiller; [– by writing slogans] dégrader par des inscriptions; [book] abîmer OR endommager par des gribouillages OR des inscriptions.

**de facto** [deɪ'fæktəʊ] *adv* & *adj* de facto, de fait.

**defalcation** [,di:fæl'keɪʃn] *n* détournement *m* de fonds.

**defamation** [,defə'meɪʃn] *n* diffamation *f*; **to sue sb for ~ of character** poursuivre qqn en justice pour diffamation.

**defamatory** [dɪ'fæmətrɪ] *adj* diffamatoire.

**defame** [dɪ'feɪm] *vt* diffamer, calomnier.

**default** [dɪ'fɔ:lt] ◇ *n* **-1.** JUR [non-appearance – in civil court] défaut *m*, non-comparution *f*; [– in criminal court] contumace *f*. **-2.** *fml* [absence]: **in ~ of** à défaut de. **-3.** COMPUT sélection *f* par défaut; **drive C is the ~** C est l'unité de disque par défaut. **-4.** FIN défaut *m* de paiement, manquement *m* à payer. ◇ *comp* COMPUT [drive, font, setting, value] par défaut. ◇ *vi* **-1.** JUR manquer à comparaître, faire défaut. **-2.** FIN manquer OR faillir à ses engagements; **to ~ on a payment** ne pas honorer un paiement. **-3.** SPORT déclarer forfait. **-4.** COMPUT prendre une sélection par défaut; **the computer automatically ~s to drive C** l'ordinateur sélectionne l'unité de disque C par défaut.

◆ **by default** *adv phr* **-1.** [lack of action]: **you are responsible by ~** tu es responsable pour n'avoir rien fait. **-2.** SPORT par forfait. **-3.** COMPUT par défaut.

**defaulter** [dɪ'fɔ:ltə<sup>r</sup>] *n* **-1.** JUR inculpé *m*, -e *f* contumace OR défaillant(e) OR par défaut, témoin *m* défaillant. **-2.** FIN & ST. EX débiteur *m* défaillant, débitrice *f* défaillante. **-3.** *Br* MIL & NAUT soldat *m* OR marin *m* qui a transgressé la discipline.

**defeat** [dɪ'fi:t] ◇ *n* [of army, opposition] défaite *f*; [of project, bill] échec *m*; **to suffer a ~** connaître une défaite, échouer; **to admit ~** s'avouer vaincu. ◇ *vt* [army, adversary] vaincre; [team, government] battre; [attempts, project, bill] faire échouer; **we were ~ed by the weather** nous avons échoué à cause du temps; **that ~s the object** ça n'avance à rien.

**defeatism** [dɪ'fi:tɪzm] *n* défaitisme *m*.

**defeatist** [dɪ'fi:tɪst] ◇ *adj* défaitiste. ◇ *n* défaitiste *mf*.

**defecate** ['defəkeɪt] *vi* déféquer.

**defecation** [,defə'keɪʃn] *n* défécation *f*.

**defect** [*n* 'di:fekt, *vb* dɪ'fekt] ◇ *n* défaut *m*; **physical ~** malformation *f*; **hearing/speech ~** défaut de l'ouïe/de prononciation. ◇ *vi* POL [to another country] passer à l'étranger; [to another party] quitter son parti pour un autre; **to ~ to the West** passer à l'Ouest.

**defection** [dɪ'fekʃn] *n* [to another country] passage *m* à un pays ennemi; [to another party] passage *m* à un parti adverse; **the country was shocked by his ~** le pays a été choqué quand il est passé à l'étranger.

**defective** [dɪ'fektɪv] ◇ *adj* **-1.** [machine, reasoning] défectueux; [hearing, sight, organ] déficient; **to be mentally ~** souffrir de débilité mentale. **-2.** GRAMM défectif. ◇ *n*: **mental ~** débile *m* mental, débile *f* mental.

**defector** [dɪ'fektə<sup>r</sup>] *n* POL & *fig* transfuge *mf*.

**defence** *Br*, **defense** *Am* [dɪ'fens] ◇ *n* **-1.** [protection] défense *f*; **to carry a weapon for ~** porter une arme pour se défendre; **to come to sb's ~** venir à la défense de qqn; **to act/to speak in ~ of sthg** [following attack] agir/parler en défense de qqch; [in support of] agir/parler en faveur de qqch; **to speak in ~ of sb, to speak in sb's ~** [following attack] parler en défense de qqn; [in support of] parler en faveur de qqn. ❑ **Ministry of Defence** *Br*, **Department of Defense** *Am* ≃ ministère *m* de la Défense; **Secretary of State for Defence** *Br*, **Secretary of Defense** *Am* ≃ ministre *m* de la Défense. **-2.** [thing providing protection] protection *f*, défense *f*; [argument] défense *f*; **~s** [weapons] moyens *mpl* de défense; [fortifica-tions] défenses, fortifications *fpl*; **to use sthg as a ~ against sthg** se servir de qqch comme défense OR protection contre qqch, se servir de qqch pour se défendre OR se protéger de qqch; **the body's natural ~s against infection** les défenses naturelles de l'organisme contre l'infection. **-3.** JUR défense *f*; **the ~** [lawyers] la défense; **witness for the ~** témoin *m* à décharge, témoin de la défense; **the case for the ~** la défense; **to conduct one's own ~** assurer sa propre défense; **it must be said in her ~ that...** il faut dire à sa décharge OR pour sa défense que... **-4.** SPORT défense *f*.

◇ *comp* **-1.** MIL [forces] de défense; [cuts, minister, spending] de la défense. **-2.** JUR [lawyer] de la défense; [witness] à décharge.

**defenceless** *Br*, **defenseless** *Am* [dɪ'fenslɪs] *adj* sans défense, vulnérable.

**defence mechanism** *n* mécanisme *m* de défense.

**defend** [dɪ'fend] *vt* **-1.** [protect] défendre; [justify] justifier; **to ~ sthg/sb from** OR **against attack** défendre qqch/qqn contre une attaque; **to ~ o.s.** se défendre. **-2.** SPORT [goalmouth, title] défendre. **-3.** JUR défendre.

**defendant** [dɪ'fendənt] *n* JUR [in civil court] défendeur *m*, -eresse *f*; [in criminal court] inculpé *m*, -e *f*; [accused of serious crimes] accusé *m*, -e *f*.

**defender** [dɪ'fendə<sup>r</sup>] *n* **-1.** [of a cause, rights etc] défenseur *m*, avocat *m*, -e *f*; **Defender of the Faith** Défenseur de la foi. **-2.** SPORT [player] défenseur *m*; [of title, record] détenteur *m*, -trice *f*. **-3.** *Am* JUR: **public ~** avocat *m* commis d'office.

**defending** [dɪ'fendɪŋ] *adj* **-1.** SPORT [champion] en titre. **-2.** JUR de la défense.

**defenestration** [,di:fenɪ'streɪʃn] *n* défenestration *f*.

**defense** *etc Am* = **defence**.

**defensible** [dɪ'fensəbl] *adj* [idea, opinion etc] défendable.

**defensive** [dɪ'fensɪv] ◇ *adj* [strategy, weapon, game etc] défensif; **she's very ~ about it** elle est très susceptible quand on parle de cela. ◇ *n* MIL & *fig* défensive *f*; **to be on the ~** être OR se tenir sur la défensive; **to go on the ~** se mettre sur la défensive.

**defensively** [dɪ'fensɪvlɪ] *adv*: **they played very ~** SPORT ils ont eu un jeu très défensif; **"it's not my fault", she said, ~** «ce n'est pas de ma faute», dit-elle, sur la défensive.

**defer** [dɪ'fɜ:<sup>r</sup>] (*pt* & *pp* **deferred**, *cont* **deferring**) ◇ *vt* [decision, meeting] remettre, reporter; [payment, business, judgment] différer, retarder. ◇ *vi* [give way]: **to ~ to sb** s'en remettre à qqn; **to ~ to sb's judgment/knowledge** s'en remettre au jugement/aux connaissances de qqn.

**deference** ['defərəns] *n* déférence *f*, égard *m*, considération *f*; **out of ~ in ~ to sb/sb's wishes** par égard OR considération pour qqn/les souhaits de qqn; **to treat sb with ~, to pay** OR **to show ~ to sb** traiter qqn avec déférence OR égards.

**deferential** [,defə'renʃl] *adj* déférent, révérencieux; **to be ~ to sb** faire montre de déférence OR d'égards envers qqn.

**deferment** [dɪ'fɜ:mənt], **deferral** [dɪ'fɜ:rəl] *n* [of decision, meeting, payment, sentence] report *m*, ajournement *m*; **to apply for ~** MIL demander à être réformé.

**deferred** [dɪ'fɜ:d] *adj* [gen] ajourné, retardé; [payment, shares] différé; [annuity] à paiement différé, à jouissance différée; **~ sentence** JUR jugement *m* dont le prononcé est suspendu, jugement ajourné.

**defiance** [dɪ'faɪəns] *n* défi *m*; **your ~ of my orders meant that people's lives were put at risk** en défiant mes ordres vous avez mis la vie d'autrui en danger; **gesture/act of ~** geste *m*/acte *m* de défi.

◆ **in defiance of** *prep phr*: **in ~ of sb/sthg** au mépris de qqn/qqch.

**defiant** [dɪ'faɪənt] *adj* [gesture, remark, look] de défi; [person, reply] provocateur.

**defibrillation** [di:,faɪbrɪ'leɪʃn] *n* MED défibrillation *f*.

**deficiency** [dɪ'fɪʃnsɪ] (*pl* **deficiencies**) *n* **-1.** MED [shortage] carence *f*; **a ~ in** OR **of calcium, a calcium ~** une carence en calcium; **mental ~** déficience *f* mentale. **-2.** [flaw – in character, system] défaut *m*.

**deficient** [dɪ'fɪʃnt] *adj* **-1.** [insufficient] insuffisant; **to be ~ in sthg** manquer de qqch. **-2.** [defective] défectueux; **to be mentally ~** avoir une déficience mentale.

**deficit** ['defɪsɪt] *n* FIN & COMM déficit *m*; **to be in ~** être en déficit, être déficitaire; **budget ~** déficit budgétaire.

**defile** [vb dɪˈfaɪl, n ˈdiːfaɪl] ◇ vt [grave, memory] profaner. ◇ vi MIL. défiler. ◇ n [valley, passage] défilé m.

**defilement** [dɪˈfaɪlmənt] n [of grave, memory] profanation f.

**definable** [dɪˈfaɪnəbl] adj définissable.

**define** [dɪˈfaɪn] vt -**1.** [term, word] définir; [boundary, role, subject] délimiter; [concept, idea, feeling] définir, préciser. -**2.** [object, shape] définir; the figures in the painting are not clearly ~d les formes humaines du tableau ne sont pas bien définies.

**defining** [dɪˈfaɪnɪŋ] adj restrictif.

**definite** [ˈdefɪnɪt] adj -**1.** [precise, clear] précis; [advantage, answer, improvement, opinion] net; [orders, proof] formel; [price] fixe; the boss was very ~ about the need for punctuality le patron a été très ferme en ce qui concerne la ponctualité. -**2.** [certain] certain, sûr; I've heard rumours of a merger, but nothing ~ j'ai entendu dire qu'il allait y avoir une fusion, mais rien de sûr pour l'instant.

**definite article** n article m défini.

**definitely** [ˈdefɪnɪtlɪ] adv certainement, sans aucun doute; she's ~ leaving, but I don't know when je sais qu'elle part, mais je ne sais pas quand; are you ~ giving up your flat? allez-vous vraiment quitter votre appartement?; that's ~ not the man I saw je suis sûr que ce n'est pas l'homme que j'ai vu; are you going to the show? — ~! est-ce que tu vas au spectacle? — absolument!

**definition** [defɪˈnɪʃn] n -**1.** [of term, word] définition f; [of duties, territory] définition, délimitation f; by ~ par définition. -**2.** [of photograph, sound] netteté f; TV définition f.

**definitive** [dɪˈfɪnɪtɪv] adj -**1.** [conclusive] définitif; [battle, victory] définitif, décisif; [result] définitif, qui fait autorité. -**2.** [authoritative]: the ~ book on the subject le livre qui fait autorité or décisif en la matière.

**definitively** [dɪˈfɪnɪtɪvlɪ] adv définitivement.

**deflate** [dɪˈfleɪt] ◇ vt -**1.** [balloon, tyre] dégonfler; fig [person] démonter. -**2.** ECON [prices] faire baisser, faire tomber; the measure is intended to ~ the economy cette mesure est destinée à faire de la déflation. ◇ vi [balloon, tyre] se dégonfler.

**deflation** [dɪˈfleɪʃn] n -**1.** [of balloon, tyre] dégonflement m. -**2.** ECON & GEOG déflation f. -**3.** [anti-climax] abattement m.

**deflationary** [dɪˈfleɪʃnərɪ] adj déflationniste.

**deflect** [dɪˈflekt] ◇ vt faire dévier; fig [attention, criticism] détourner. ◇ vi dévier; [magnetic needle] décliner.

**deflection** [dɪˈflekʃn] n déviation f; [of magnetic needle] déclinaison f; PHYS déflexion f.

**deflower** [ˌdiːˈflaʊər] vt -**1.** lit [woman] déflorer. -**2.** BOT défleurir.

**defog** [ˌdiːˈfɒg] vt Am AUT désembuer.

**defogger** [ˌdiːˈfɒgər] n Am AUT dispositif m anti-buée (inv).

**defoliant** [ˌdiːˈfəʊlɪənt] n défoliant m.

**defoliate** [ˌdiːˈfəʊlɪeɪt] vt défolier.

**deforest** [ˌdiːˈfɒrɪst] vt déboiser.

**deforestation** [diːˌfɒrɪˈsteɪʃn] n déboisement m, déforestation f.

**deform** [dɪˈfɔːm] vt déformer; fig [distort, ruin] défigurer.

**deformation** [ˌdiːfɔːˈmeɪʃn] n déformation f.

**deformed** [dɪˈfɔːmd] adj difforme.

**deformity** [dɪˈfɔːmɪtɪ] n difformité f.

**defraud** [dɪˈfrɔːd] vt [the state] frauder; [company, person] escroquer, frustrer spec; he ~ed the government of £15,000 in unemployment benefits il a frauduleusement perçu 15 000 livres d'allocations chômage.

**defray** [dɪˈfreɪ] vt fml rembourser, prendre en charge; we will ~ the cost of your air fare nous vous rembourserons le prix de votre billet d'avion.

**defrock** [ˌdiːˈfrɒk] vt défroquer.

**defrost** [ˌdiːˈfrɒst] ◇ vt -**1.** [food] décongeler; [refrigerator] dégivrer. -**2.** Am [demist] désembuer; [de-ice] dégivrer. ◇ vi [food] se décongeler; [refrigerator] se dégivrer.

**deft** [deft] adj adroit, habile; [fingers] habile.

**deftly** [ˈdeftlɪ] adv adroitement, habilement.

**defunct** [dɪˈfʌŋkt] adj défunt.

**defuse** [ˌdiːˈfjuːz] vt literal & fig désamorcer.

**defy** [dɪˈfaɪ] (pt & pp defied) vt -**1.** [disobey] s'opposer à; [law,

rule] braver. -**2.** [challenge, dare] défier; she defied him to justify his claims elle l'a défié or mis au défi de justifier ses revendications; a death-~ing feat un exploit téméraire. -**3.** fig [make impossible] défier; his behaviour defies explanation son comportement défie toute explication.

**degeneracy** [dɪˈdʒenərəsɪ] n [process] dégénérescence f; [state] décadence f, corruption f.

**degenerate** [vb dɪˈdʒenəreɪt, adj & n dɪˈdʒenərət] ◇ vi dégénérer; the discussion ~d into an argument fig la discussion dégénéra en dispute. ◇ adj lit dégénéré; [person] dépravé. ◇ n lit [person] dépravé m, -e f.

**degeneration** [dɪˌdʒenəˈreɪʃn] n [process, state] dégénérescence f.

**degenerative** [dɪˈdʒenərətɪv] adj dégénératif.

**degradation** [ˌdegrəˈdeɪʃn] n -**1.** [deterioration] dégradation f; ECOL dégradation f. -**2.** [corruption, debasement] avilissement m, dégradation f; [poverty] misère f abjecte.

**degrade** [dɪˈgreɪd] vt -**1.** [deteriorate] dégrader. -**2.** [debase] avilir, dégrader; I refuse to ~ myself (by) playing these silly games je refuse de m'abaisser à ces jeux idiots.

**degrading** [dɪˈgreɪdɪŋ] adj avilissant, dégradant.

**degree** [dɪˈgriː] n -**1.** [unit of measurement] degré m; the temperature is 28 ~s in New York la température est de 28 degrés à New York; he had to work in 32 ~s of heat il a dû travailler par une chaleur de 32 degrés; it's three ~s outside il fait trois degrés dehors; Paris is about two ~s east of Greenwich GEOG Paris est environ à deux degrés de longitude est de Greenwich; a 90 ~ angle GEOM un angle de 90 degrés. -**2.** [extent, amount]: there was a certain ~ of mistrust between them il y avait un certain degré de méfiance entre eux; the Prime Minister does accept criticism to a ~ le Premier ministre accepte les critiques, mais jusqu'à un certain point; there are varying ~s of opposition to the new law il y a une opposition plus ou moins forte à la nouvelle loi. -**3.** [stage, step] degré m; a ~ of precision never before thought possible un niveau de précision jusqu'à présent considéré comme inaccessible. -**4.** [academic qualification] diplôme m universitaire; she has a ~ in economics elle est diplômée en sciences économiques; he's taking or doing a ~ in biology il fait une licence de biologie. -**5.** GRAMM & MUS degré m. -**6.** arch OR lit [rank, status] rang m. -**7.** Am JUR: murder in the first ~ homicide m volontaire.
◆ **by degrees** adv phr par degrés, au fur et à mesure.
◆ **to a degree** adv phr -**1.** [to an extent] jusqu'à un certain point; the Prime Minister does accept criticism to a ~ le Premier ministre accepte les critiques, mais jusqu'à un certain point. -**2.** [very much] extrêmement.

**dehumanize, -ise** [diːˈhjuːmənaɪz] vt déshumaniser.

**dehumidify** [ˌdiːhjuːˈmɪdɪfaɪ] vt déshumidifier.

**dehydrate** [ˌdiːhaɪˈdreɪt] vt déshydrater.

**dehydration** [ˌdiːhaɪˈdreɪʃn] n déshydratation f.

**de-ice** [diːˈaɪs] vt dégivrer.

**de-icer** [diːˈaɪsər] n dégivreur m.

**deictic** [ˈdaɪktɪk] adj déictique.

**deification** [ˌdiːɪfɪˈkeɪʃn] n déification f.

**deify** [ˈdiːɪfaɪ] vt déifier.

**deign** [deɪn] vt daigner; he didn't ~ to reply fml OR hum il n'a pas daigné répondre.

**deindustrialization, -isation** [ˈdiːɪnˌdʌstrɪəlaɪˈzeɪʃn] n désindustrialisation f.

**deism** [ˈdiːɪzm] n déisme m.

**deist** [ˈdiːɪst] n déiste mf.

**deity** [ˈdiːɪtɪ] (pl deities) n -**1.** MYTH dieu m, déesse f, divinité f. -**2.** RELIG: the Deity Dieu m, la Divinité.

**déjà vu** [ˌdeʒɑːˈvuː] n déjà-vu m inv.

**dejected** [dɪˈdʒektɪd] adj abattu, découragé.

**dejectedly** [dɪˈdʒektɪdlɪ] adv [speak] d'un ton abattu; [look] d'un air abattu.

**dejection** [dɪˈdʒekʃn] n abattement m, découragement m.

**Del** (written abbr of **delete**) [on keyboard] Suppr.

**Del.** written abbr of **Delaware**.

**Delaware** [ˈdeləweər] pr n Delaware m; in ~ dans le Delaware.

**delay** [dɪˈleɪ] ◇ vt -**1.** [cause to be late] retarder; [person] retarder, retenir; the flight was ~ed (for) three hours le vol a

été retardé de trois heures. **-2.** [postpone, defer] reporter, remettre; she ~ed handing in her resignation elle a tardé à
donner sa démission; the poison had a ~ed effect le poison a agi avec retard. ◊ *vi* tarder; don't ~, write off today
for your free sample demandez aujourd'hui même votre
échantillon gratuit. ◊ *n* **-1.** [lateness] retard *m*; there are
long ~s on the M25 *Br* la circulation est très ralentie OR est
très perturbée sur la M25; there's a three to four hour ~ on
all international flights il y a trois à quatre heures de retard
sur tous les vols internationaux. **-2.** [waiting period]:
without ~ sans tarder OR délai; there's no time for ~ il
n'y a pas de temps à perdre.

**delayed-action** [dɪ'leɪd-] *adj* [fuse, shutter] à retardement.

**delaying** [dɪ'leɪɪŋ] *adj* dilatoire; ~ **tactics** OR **action** manœuvres *fpl* dilatoires.

**delectable** [dɪ'lektəbl] *adj* délectable.

**delectation** [,di:lek'teɪʃn] *n* *lit* OR *hum* délectation *f*; for your
~ pour votre plus grand plaisir.

**delegate** [*n* 'delɪgət, *vb* 'delɪgeɪt] ◊ *n* délégué *m*, -e *f*. ◊ *vt*
déléguer. ◊ *vi* déléguer.

**delegation** [,delɪ'geɪʃn] *n* **-1.** [group of delegates] délégation *f*. **-2.** [of duties, power] délégation *f*.

**delete** [dɪ'li:t] *vt* supprimer; [erase] effacer; [cross out] barrer,
biffer.

**deleterious** [,delɪ'tɪərɪəs] *adj fml* [effect] nuisible; [influence,
substance] nuisible, délétère.

**deletion** [dɪ'li:ʃn] *n* suppression *f*.

**deli** ['delɪ] *n inf abbr of* **delicatessen**.

**deliberate** [*adj* dɪ'lɪbərət, *vb* dɪ'lɪbəreɪt] ◊ *adj* **-1.** [intentional]
délibéré, volontaire, voulu; it was a ~ attempt to embar-
rass the minister cela visait délibérément à embarrasser le
ministre. **-2.** [unhurried, careful] mesuré, posé. ◊ *vi* délibérer; to ~ on OR upon sthg délibérer sur qqch; they ~d
whether or not to expel him ils ont délibéré pour savoir
s'ils allaient l'expulser. ◊ *vt* délibérer sur.

**deliberately** [dɪ'lɪbərətlɪ] *adv* **-1.** [intentionally] volontairement; I didn't hurt him ~ je n'ai pas fait exprès de le blesser; you have ~ lied to the court vous avez menti délibérément OR sciemment à la cour. **-2.** [carefully] de façon mesu-
rée, avec mesure; [walk] d'un pas ferme.

**deliberation** [dɪ,lɪbə'reɪʃn] *n* **-1.** [consideration, reflection] délibération *f*, réflexion *f*. **-2.** [care, caution] attention *f*, soin *m*.
◆ **deliberations** *npl* délibérations *fpl*.

**deliberative** [dɪ'lɪbərətɪv] *adj* [group, assembly] délibérant.

**delicacy** ['delɪkəsɪ] (*pl* **delicacies**) *n* **-1.** [refinement] délicatesse *f*, finesse *f*; [fragility, frailty] délicatesse *f*, fragilité *f*; [diffi-
culty] délicatesse *f*; [tact] délicatesse *f*; it's a matter of great
~ c'est une affaire très délicate. **-2.** [fine food] mets *m* délicat.

**delicate** ['delɪkət] *adj* **-1.** [fingers, lace, china] délicat, fin. **-2.**
[child, health] délicat, fragile. **-3.** [situation, question] délicat,
difficile. **-4.** [smell, colour] délicat. **-5.** [instrument] délicat,
sensible.

**delicately** ['delɪkətlɪ] *adv* délicatement, avec délicatesse.

**delicatessen** [,delɪkə'tesn] *n* **-1.** *Br* [fine foods shop] épicerie
fine *f*. **-2.** *Am* [food shop] ≈ traiteur *m*; [restaurant] ≈ restaurant
*m*.

**delicious** [dɪ'lɪʃəs] *adj* délicieux.

**deliciously** [dɪ'lɪʃəslɪ] *adv* délicieusement.

**delight** [dɪ'laɪt] ◊ *vi*: she ~s in irritating people elle prend
plaisir OR se complaît à énerver les gens; she ~s in her
grandchildren elle adore ses petits-enfants. ◊ *vt* ravir, réjouir. ◊ *n* [pleasure] joie *f*, (grand) plaisir *m*; she listened
with ~ elle écoutait avec délectation; to the ~ of the audience à la plus grande joie OR pour le plus grand plaisir de
l'auditoire; her brother took (great) ~ in teasing her son
frère prenait (un malin) plaisir à la taquiner; the ~s of gardening les charmes *mpl* OR délices *fpl* du jardinage; the child
was a ~ to teach c'était un plaisir d'enseigner à cet enfant.

**delighted** [dɪ'laɪtɪd] *adj* ravi; I'm ~ to see you again je suis
ravi de vous revoir; we are ~ that you were able to accept
our invitation nous sommes ravis que vous ayez pu accepter notre invitation; I was ~ at the news la nouvelle m'a
fait très plaisir; I was ~ with sthg être ravi de qqch; could
you come to dinner on Saturday? — I'd be ~ pourriez-
vous venir dîner samedi? — avec (grand) plaisir.

**delightedly** [dɪ'laɪtɪdlɪ] *adv* avec joie, joyeusement.

**delightful** [dɪ'laɪtfʊl] *adj* [person, place] charmant; [book, experience, film] merveilleux; she looked ~ in her new dress
sa nouvelle robe lui allait à ravir.

**delightfully** [dɪ'laɪtfʊlɪ] *adv* [dance, perform, sing] merveilleusement, à ravir.

**Delilah** [dɪ'laɪlə] *pr n* Dalila.

**delimit** [di:'lɪmɪt] *vt fml* délimiter.

**delimitation** [di:,lɪmɪ'teɪʃn] *n* délimitation *f*.

**delineate** [dɪ'lɪnɪeɪt] *vt fml* **-1.** [outline, sketch] tracer. **-2.** *fig*
[define, describe] définir, décrire.

**delineation** [dɪ,lɪnɪ'eɪʃn] *n* **-1.** [sketch] tracé *m*. **-2.** [definition]
définition *f*, description *f*.

**delinquency** [dɪ'lɪŋkwənsɪ] (*pl* **delinquencies**) *n* **-1.** [crimi-
nal behaviour] délinquance *f*. **-2.** [negligence] faute *f*.

**delinquent** [dɪ'lɪŋkwənt] ◊ *adj* **-1.** [law-breaking] délinquant; [negligent] fautif. **-2.** FIN [overdue] impayé. ◊ *n* **-1.**
[law-breaker] délinquant *m*, -e *f*. **-2.** [bad debtor] mauvais
payeur *m*.

**delirious** [dɪ'lɪrɪəs] *adj* **-1.** MED en délire; the fever made
him ~ la fièvre l'a fait délirer; to become ~ se mettre à délirer, être pris de délire. **-2.** *fig* [excited, wild] délirant, en délire; he was ~ with joy il était délirant de joie.

**deliriously** [dɪ'lɪrɪəslɪ] *adv* de façon délirante, frénétiquement; ~ happy follement heureux.

**delirium** [dɪ'lɪrɪəm] *n* **-1.** MED délire *m*. **-2.** *fig* [state of excite-
ment] délire *m*.

**delirium tremens** [-'tri:menz] *n* delirium tremens *m*.

**deliver** [dɪ'lɪvəʳ] ◊ *vt* **-1.** [carry, transport] remettre; COMM livrer; what time is the post OR mail ~ed? le courrier est distribué à quelle heure? ❑ can he ~ the goods? *inf* est-ce qu'il
peut tenir parole? **-2.** *fml* OR *lit* [save, rescue] délivrer. **-3.**
MED: to ~ a baby faire un accouchement; he ~ed the mare
of her foal il aida la jument à mettre bas. **-4.** [pronounce, ut-
ter]: to ~ a sermon/speech prononcer un sermon/discours;
to ~ o.s. of an opinion *fml* faire part de OR émettre son opinion. **-5.** *Am* POL: can he ~ the Black vote? est-ce qu'il peut
nous assurer les voix des Noirs? **-6.** [strike]: to ~ a blow (to
the head/stomach) porter OR *lit* asséner un coup (à la tête/à
l'estomac). ◊ *vi* **-1.** [make delivery] livrer. **-2.** *inf* [do as prom-
ised] tenir parole, tenir bon.
◆ **deliver over** *vt sep* remettre; he ~ed himself over to the
police il s'est livré OR rendu à la police.
◆ **deliver up** *vt sep* [fugitive, town] livrer.

**deliverance** [dɪ'lɪvərəns] *n* **-1.** *fml* OR *lit* [release, rescue] délivrance *f*. **-2.** [pronouncement] déclaration *f*; JUR prononcé *m*.

**deliverer** [dɪ'lɪvərəʳ] *n* **-1.** *fml* OR *lit* [saviour] sauveur *m*. **-2.**
COMM livreur *m*.

**delivery** [dɪ'lɪvərɪ] (*pl* **deliveries**) ◊ *n* **-1.** COMM livraison *f*;
to take ~ of sthg prendre livraison de qqch; 'allow two
weeks for ~' 'délai de livraison: deux semaines'; payment
on ~ règlement *m* OR paiement *m* à la livraison. **-2.** [transfer,
handing over] remise *f*. **-3.** MED accouchement *m*. **-4.** [manner
of speaking] débit *m*, élocution *f*. **-5.** *fml* OR *lit* [release, rescue]
délivrance *f*. ◊ *comp* **-1.** COMM [note, truck, van] de livraison.
**-2.** MED: the ~ room la salle de travail OR d'accouchement.

**deliveryman** [dɪ'lɪvərɪmæn] (*pl* **deliverymen** [-men]) *n* livreur *m*.

**dell** [del] *n* vallon *m*.

**delouse** [,di:'laʊs] *vt* [animal, person] épouiller; [clothing, furni-
ture] enlever les poux de.

**Delphi** ['delfaɪ] *pr n* Delphes.

**Delphic** ['delfɪk] *adj* delphique, de Delphes; *fig* [obscure]
obscur.

**delphinium** [del'fɪnɪəm] (*pl* **delphiniums** OR **delphinia**
[-nɪə]) *n* delphinium *m*.

**delta** ['deltə] ◊ *n* delta *m*. ◊ *comp* en delta.

**delta wing** *n* aile *f* (en) delta.

**delude** [dɪ'lu:d] *vt* tromper, duper; he ~d investors into
thinking that the company was doing well il a fait croire
aux investisseurs que la société se portait bien; let's not ~
ourselves about his motives ne nous leurrons pas sur ses
motivations.

**deluded** [dɪ'lu:dɪd] *adj* **-1.** [mistaken, foolish]: a poor ~
young man un pauvre jeune homme qu'on a trompé OR in-

duit en erreur. **-2.** PSYCH sujet à des délires.

**deluge** ['delju:dʒ] ◇ *n literal & fig* déluge *m*. ◇ *vt* inonder; we have been ~d with letters nous avons été submergés OR inondés de lettres.

**delusion** [dɪ'lu:ʒn] *n* **-1.** [illusion, mistaken idea] illusion *f*; she's under the ~ that her illness isn't serious elle s'imagine à tort que sa maladie n'est pas grave. **-2.** PSYCH délire *m*; he has ~s of grandeur *fig* il est sujet au délire de grandeur.

**delusive** [dɪ'lu:sɪv] *adj* trompeur, illusoire.

**delusory** [dɪ'lu:sərɪ] = **delusive**.

**deluxe** [də'lʌks] *adj* de luxe.

**delve** [delv] *vi* **-1.** [investigate] fouiller; she preferred not to ~ too deeply into the past elle préférait ne pas fouiller trop profondément (dans) le passé. **-2.** [search]: he ~d into the bag il a fouillé dans le sac. **-3.** [dig, burrow] creuser; [animal] fouiller.

**Dem.** *written abbr of* **Democrat(ic)**.

**demagnetize, -ise** [,di:'mægnɪtaɪz] *vt* démagnétiser.

**demagog** ['deməgɒg] *Am* = **demagogue**.

**demagogic** [,demə'gɒgɪk] *adj* démagogique.

**demagogue** ['deməgɒg] *n* démagogue *mf*.

**demagoguery** [,demə'gɒgərɪ] *n* démagogie *f*.

**demagogy** ['deməgɒgɪ] *n* démagogie *f*.

**demand** [dɪ'mɑ:nd] ◇ *vt* **-1.** [ask forcefully] exiger; [money] réclamer; the terrorists ~ed to be flown to Tehran les terroristes exigeaient d'être emmenés en avion à Téhéran; pressure groups are ~ing that fuller information be released les groupes de pression exigent la publication de plus amples informations; to ~ one's rights revendiquer ses droits; she ~ed nothing of OR from her children elle n'exigeait rien de ses enfants. **-2.** [require, necessitate] exiger, réclamer; he doesn't have the imagination ~ed of a good writer il n'a pas l'imagination que l'on attend d'un bon écrivain.
◇ *n* **-1.** [obligation, requirement] exigence *f*; to make ~s on sb exiger beaucoup de qqn; his work makes great ~s on his time son travail lui prend beaucoup de temps; there are many ~s on her at work elle est très prise au travail. **-2.** [firm request]: wage ~s revendications *fpl* salariales. **-3.** ECON & COMM demande *f*; due to public ~ à la demande du public; there is not much ~ for the subject les livres sur ce sujet ne sont pas très demandés; qualified maths teachers are in increasing ~ les professeurs de mathématiques diplômés sont de plus en plus demandés.
♦ **on demand** *adv phr* sur demande; she's in favour of abortion on ~ elle est pour l'avortement libre.

**demand deposit** *n Br* épargne *f* disponible sur demande.

**demanding** [dɪ'mɑ:ndɪŋ] *adj* [person] exigeant; [job, profession] difficile, astreignant; the work is not physically ~ ce travail ne demande pas beaucoup de force physique.

**demarcate** ['di:mɑ:keɪt] *vt fml* délimiter.

**demarcation** [,di:mɑ:'keɪʃn] *n* **-1.** [boundary, border] démarcation *f*. **-2.** INDUST attributions *fpl*; ~ dispute conflit *m* d'attributions.

**dematerialize, -ise** [di:mə'tɪərɪəlaɪz] *vi* se volatiliser.

**demean** [dɪ'mi:n] *vt fml* avilir, rabaisser.

**demeaning** [dɪ'mi:nɪŋ] *adj* avilissant, déshonorant.

**demeanour** *Br*, **demeanor** *Am* [dɪ'mi:nəʳ] *n fml* [behaviour] comportement *m*; [manner] allure *f*, maintien *m*.

**demented** [dɪ'mentɪd] *adj* MED dément; *fig* fou, *before vowel or silent 'h'* fol (*f* folle).

**dementia** [dɪ'menʃə] *n* démence *f*.

**dementia praecox** [-'pri:kɒks] *n dated* démence *f* précoce.

**demerara** [,demə'reərə] *n*: ~ sugar cassonade *f*.

**demerger** [,di:'mɜ:dʒəʳ] *n* scission *f*.

**demerit** [di:'merɪt] *n* **-1.** *fml* [flaw] démérite *m*, faute *f*. **-2.** *Am* SCH & MIL blâme *m*.

**demesne** [dɪ'meɪn] *n* **-1.** [land] domaine *m*. **-2.** JUR: land held in ~ terrain possédé en toute propriété.

**demigod** ['demɪgɒd] *n* demi-dieu *m*.

**demijohn** ['demɪdʒɒn] *n* dame-jeanne *f*, bonbonne *f*.

**demilitarize, -ise** [,di:'mɪlɪtəraɪz] *vt* démilitariser; a ~d zone une zone démilitarisée.

**demimonde** [,demɪ'mɒnd] *n* demi-monde *m*.

**demise** [dɪ'maɪz] ◇ *n* **-1.** *arch* OR *lit* [death] mort *f*, disparition *f*; [end] fin *f*, mort *f*. **-2.** JUR [transfer] cession *f*; the ~ of the Crown la transmission de la Couronne. ◇ *vt* **-1.** JUR [lease] louer à bail; [bequeath] léguer. **-2.** HIST [transfer] transmettre.

**demisemiquaver** ['demɪsemɪ,kweɪvəʳ] *n Br* triple croche *f*.

**demist** [,di:'mɪst] *vt Br* désembuer.

**demister** [,di:'mɪstəʳ] *n Br* dispositif *m* antibuée.

**demitasse** ['demɪtæs] *n* [cup] tasse *f* à café; [coffee] café *m* serré, express *m* inv.

**demo** ['deməʊ] (*pl* **demos**) (*abbr of* **demonstration**) *n inf* manif *f*.

**demob** [,di:'mɒb] (*pt & pp* **demobbed**, *cont* **demobbing**) *Br inf* ◇ *vt* démobiliser. ◇ *n* **-1.** [demobilization] démobilisation *f*. **-2.** [soldier] soldat *m* démobilisé. ◇ *comp*: ~ suit ≃ tenue *f* civile.

**demobilization** [di:,məʊbɪlaɪ'zeɪʃn] *n* démobilisation *f*.

**demobilize, -ise** [,di:'məʊbɪlaɪz] *vt* démobiliser.

**democracy** [dɪ'mɒkrəsɪ] (*pl* **democracies**) *n* démocratie *f*.

**democrat** ['deməkræt] *n* démocrate *mf*.
♦ **Democrat** *n* **-1.** [in US] démocrate *mf*. **-2.** [in UK] *membre des «Liberal Democrats»*.

**democratic** [,demə'krætɪk] *adj* [country, organization, principle] démocratique; [person] démocrate; the Democratic Party le parti démocrate (américain).

**democratically** [,demə'krætɪklɪ] *adv* démocratiquement.

**democratize, -ise** [dɪ'mɒkrətaɪz] ◇ *vt* démocratiser. ◇ *vi* se démocratiser.

**Democritus** [dɪ'mɒkrɪtəs] *prn* Démocrite.

**demodulate** [,di:'mɒdjʊleɪt] *vt* démoduler.

**demographic** [,demə'græfɪk] *adj* démographique.

**demography** [dɪ'mɒgrəfɪ] *n* démographie *f*.

**demolish** [dɪ'mɒlɪʃ] *vt* **-1.** *literal & fig* [destroy] démolir. **-2.** *inf* [devour] dévorer.

**demolition** [,demə'lɪʃn] *n literal & fig* démolition *f*.
♦ **demolitions** *npl* MIL explosifs *mpl*; a ~s expert *Br* un expert en explosifs.

**demon** ['di:mən] *n* **-1.** [devil, evil spirit] démon *m*. **-2.** *fig* diable *m*; she works like a ~ c'est un bourreau de travail.

**demonic** [di:'mɒnɪk] *adj* diabolique.

**demonstrable** [dɪ'mɒnstrəbl] *adj* démontrable.

**demonstrably** [dɪ'mɒnstrəblɪ] *adv* manifestement.

**demonstrate** ['demənstreɪt] ◇ *vt* **-1.** [prove, establish] démontrer. **-2.** [appliance, machine] faire une démonstration de; he ~d how to use a sewing machine il a montré comment se servir d'une machine à coudre. **-3.** [ability, quality] faire preuve de. ◇ *vi* POL manifester; to ~ against sthg manifester contre qqch.

**demonstration** [,demən'streɪʃn] ◇ *n* **-1.** [proof] démonstration *f*. **-2.** COMM & INDUST démonstration *f*; the salesman gave a ~ of the word processor le vendeur a fait une démonstration de la machine de traitement de texte. **-3.** POL [protest] manifestation *f*; to hold a ~ faire une manifestation. **-4.** [of emotion] démonstration *f*, manifestation *f*. **-5.** MIL démonstration *f*. ◇ *comp* [car, lesson, model] de démonstration.

**demonstrative** [dɪ'mɒnstrətɪv] ◇ *adj* démonstratif. ◇ *n* démonstratif *m*.

**demonstrator** ['demənstreɪtəʳ] *n* **-1.** COMM & INDUST [person] démonstrateur *m*, -trice *f*. **-2.** POL [protester] manifestant *m*, -e *f*. **-3.** *Br* UNIV ≃ préparateur *m*, -trice *f*. **-4.** *Am* COMM [appliance, machine] modèle *m* de démonstration.

**demoralization** [dɪ,mɒrəlaɪ'zeɪʃn] *n* démoralisation *f*.

**demoralize, -ise** [dɪ'mɒrəlaɪz] *vt* démoraliser.

**demoralized** [dɪ'mɒrəlaɪzd] *adj* démoralisé; to become ~ perdre courage OR le moral.

**demoralizing** [dɪ'mɒrəlaɪzɪŋ] *adj* démoralisant.

**Demosthenes** [dɪ'mɒsθəni:z] *prn* Démosthène.

**demote** [,di:'məʊt] *vt* rétrograder.

**demotic** [dɪ'mɒtɪk] ◇ *adj* **-1.** [of the people] populaire. **-2.** LING démotique. ◇ *n* [ancient Egyptian] démotique *m*.
♦ **Demotic** *n* grec *m* démotique.

**demotion** [,di:'məʊʃn] *n* rétrogradation *f*.

**demotivate** [ˌdiːˈməʊtɪveɪt] vt démotiver.

**demount** [ˌdiːˈmaʊnt] vt démonter.

**demur** [dɪˈmɜːʳ] (pt & pp **demurred**, cont **demurring**) ◇ vi **-1.** fml soulever une objection. **-2.** JUR opposer une exception. ◇ n objection f; without ~ sans sourciller OR faire d'objection.

**demure** [dɪˈmjʊəʳ] adj **-1.** [modest] modeste, pudique; [well-behaved] sage; [reserved] retenu. **-2.** pej [coy] d'une modestie affectée.

**demurely** [dɪˈmjʊəlɪ] adv **-1.** [modestly] modestement; [reservedly] avec retenue. **-2.** pej [coyly] avec une modestie affectée.

**demystification** [ˈdiːˌmɪstɪfɪˈkeɪʃn] n démystification f.

**demystify** [ˌdiːˈmɪstɪfaɪ] (pt & pp **demystified**) vt démystifier.

**demythologize, -ise** [ˌdiːmɪˈθɒlədʒaɪz] vt démythifier.

**den** [den] n **-1.** ZOOL repaire m, tanière f; fig [hideout] repaire m, nid m; a ~ of thieves un nid de brigands; a ~ of iniquity un lieu de perdition. **-2.** [room, study] ≃ bureau m, ≃ cabinet m de travail.

**denationalization** [ˈdiːˌnæʃnəlaɪˈzeɪʃn] n dénationalisation f.

**denationalize, -ise** [ˌdiːˈnæʃnəlaɪz] vt dénationaliser.

**denature** [ˌdiːˈneɪtʃəʳ] vt dénaturer.

**deniable** [dɪˈnaɪəbl] adj niable.

**denial** [dɪˈnaɪəl] n **-1.** [of story, rumour] démenti m; [of wrongdoing] dénégation f; [of request, right] refus m. **-2.** [disavowal, repudiation] reniement m.**-3.** [abstinence] abnégation f.**-4.** PSYCH dénégation f.

**denier** [ˈdenɪəʳ, dəˈnɪəʳ] n **-1.** Br [measure] denier m; 15 ~ stockings bas m de 15 deniers. **-2.** [coin] denier m.

**denigrate** [ˈdenɪɡreɪt] vt dénigrer.

**denigration** [ˌdenɪˈɡreɪʃn] n dénigrement m.

**denigrator** [ˈdenɪɡreɪtəʳ] n dénigreur m, -euse f.

**denim** [ˈdenɪm] ◇ n TEX (toile f de) jean m, denim m. ◇ comp [jacket] en jean.
♦ **denims** npl blue-jean m, jean m.

**denizen** [ˈdenɪzn] n **-1.** lit OR hum [inhabitant] habitant m, -e f, hôte mf lit; [regular visitor] habitué m, -e f.**-2.** Br [permanent resident] ≃ résident m, -e f.**-3.** [non-native plant] plante f allogène; [non-native animal] animal m allogène.

**Denmark** [ˈdenmɑːk] pr n Danemark m; in ~ au Danemark.

**denominate** [dɪˈnɒmɪneɪt] vt dénommer.

**denomination** [dɪˌnɒmɪˈneɪʃn] n **-1.** FIN valeur f; small/large ~ notes petites/grosses coupures. **-2.** RELIG confession f, culte m.**-3.** fml [designation, specification] dénomination f.

**denominational** [dɪˌnɒmɪˈneɪʃənl] adj: a ~ school une école confessionnelle.

**denominative** [dɪˈnɒmɪnətɪv] ◇ adj dénominatif. ◇ n dénominatif m.

**denominator** [dɪˈnɒmɪneɪtəʳ] n dénominateur m.

**denotation** [ˌdiːnəʊˈteɪʃn] n (U) [indication] dénotation f; [representation, symbol] signes mpl, symboles mpl; [specific meaning] signification f.

**denotative** [dɪˈnəʊtətɪv] adj dénotatif.

**denote** [dɪˈnəʊt] vt [indicate] dénoter; [represent] signifier.

**denounce** [dɪˈnaʊns] vt dénoncer; the union's president ~d the practice as unjust le président du syndicat a dénoncé cette pratique comme étant injuste.

**denouncement** [dɪˈnaʊnsmənt] n dénonciation f.

**denouncer** [dɪˈnaʊnsəʳ] n dénonciateur m, -trice f.

**dense** [dens] adj **-1.** [thick] dense; [fog, smoke] épais (f -aisse); [undergrowth, vegetation] dense, dru lit; PHOT opaque. **-2.** [prose] dense, ramassé. **-3.** inf [stupid] bouché, obtus.

**densely** [ˈdenslɪ] adv: a ~ populated area une région très peuplée OR à forte densité de population; a ~ wooded valley une vallée très boisée.

**denseness** [ˈdensnɪs] n **-1.** [thickness] densité f.**-2.** inf [stupidity] stupidité f.

**density** [ˈdensətɪ] n densité f.

**dent** [dent] ◇ n **-1.** [in metal] bosse f; [in bed, pillow] creux m; he made a ~ in his car il a cabossé sa voiture; the car has a ~ in the bumper la voiture a le pare-chocs cabossé. **-2.** fig [reduction]: to make a ~ in one's savings faire un trou dans

ses économies. ◇ vt [metal] cabosser, bosseler; fig [pride] froisser; [confidence] entamer.

**dental** [ˈdentl] ◇ adj **-1.** MED dentaire. **-2.** LING dental. ◇ n dentale f.

**dental floss** n fil m dentaire.

**dental hygienist** n ≃ assistant m, -e f dentaire (qui s'occupe du détartrage etc).

**dental plate** n dentier m.

**dental surgeon** n Br chirurgien-dentiste m.

**dental surgery** n **-1.** [activity] chirurgie f dentaire. **-2.** Br [office] cabinet m dentaire.

**dental technician** n prothésiste mf (dentaire).

**dental treatment** n traitement m dentaire.

**dented** [ˈdentɪd] adj [metal] cabossé.

**dentifrice** [ˈdentɪfrɪs] n [paste] pâte f dentifrice; [powder] poudre f dentifrice.

**dentine** [ˈdentiːn], **dentin** [ˈdentɪn] Am n dentine f.

**dentist** [ˈdentɪst] n dentiste mf; the ~'s surgery Br OR office Am le cabinet dentaire; to go to the ~'s aller chez le dentiste.

**dentistry** [ˈdentɪstrɪ] n dentisterie f.

**dentition** [denˈtɪʃn] n dentition f.

**denture** [ˈdentʃəʳ] n [artificial tooth] prothèse f dentaire.
♦ **dentures** npl dentier m.

**denuclearize, -ise** [ˌdiːˈnjuːklɪəraɪz] vt dénucléariser.

**denude** [dɪˈnjuːd] vt dénuder.

**denunciation** [dɪˌnʌnsɪˈeɪʃn] n dénonciation f.

**deny** [dɪˈnaɪ] (pt & pp **denied**) vt **-1.** [declare untrue] nier; [report, rumour] démentir; the prisoner denied having conspired OR conspiring against the government le prisonnier nia avoir conspiré contre le gouvernement; he denied that he had been involved il nia avoir été impliqué; there's no ~ing that we have a problem il est indéniable que nous avons un problème. **-2.** [refuse] refuser, dénier lit; in many countries people are denied even basic human rights dans beaucoup de pays les gens sont privés des droits les plus fondamentaux. **-3.** [deprive] priver; she thought that by ~ing herself she could help others elle pensait qu'en se privant elle pourrait aider les autres. **-4.** arch OR lit [disavow, repudiate] renier.

**deodorant** [diːˈəʊdərənt] n déodorant m.

**deodorize, -ise** [diːˈəʊdəraɪz] vt désodoriser.

**deontology** [ˌdiːɒnˈtɒlədʒɪ] n déontologie f.

**deoxidize, -ise** [diːˈɒksɪdaɪz] vt désoxyder.

**deoxyribonucleic** [ˈdiːˌɒksɪˌraɪbəʊnjuˈkliːɪk] adj: ~ acid acide m désoxyribonucléique.

**depart** [dɪˈpɑːt] ◇ vi fml **-1.** [leave] partir; the train now ~ing from platform two is the express to Liverpool le train en partance au quai numéro deux est l'express de Liverpool. **-2.** [deviate, vary] s'écarter; to ~ from tradition s'écarter de la tradition. ◇ vt quitter; to ~ this life euph quitter ce monde.

**departed** [dɪˈpɑːtɪd] euph & fml ◇ adj [dead] défunt, disparu. ◇ n: the ~ le défunt, la défunte, le disparu, la disparue.

**department** [dɪˈpɑːtmənt] n **-1.** ADMIN [division] département m; [ministry] ministère m ❑ the Department of State Am le Département d'État ≃ le ministère des Affaires étrangères; the Department for Br OR of Am Education ≃ (le ministère de) l'Éducation nationale; the Department of Trade and Industry Br ≃ le ministère de l'Industrie et du Commerce; Department of Trade Am ministère m du Commerce. **-2.** INDUST service m; the sales/personnel ~ le service commercial/du personnel. **-3.** [field, responsibility] domaine m; recruiting staff is not my ~ le recrutement du personnel n'est pas mon domaine OR de mon ressort; cooking's not really my ~ fig la cuisine n'est pas vraiment mon domaine OR ma spécialité. **-4.** COMM rayon m; the toy ~ le rayon des jouets. **-5.** SCH & UNIV département m.**-6.** GEOG département m.

**departmental** [ˌdiːpɑːtˈmentl] adj **-1.** ADMIN du département; INDUST du service; COMM du rayon. **-2.** GEOG du département, départemental.

**department store** n grand magasin m.

**departure** [dɪˈpɑːtʃəʳ] ◇ n **-1.** [leaving] départ m; the crew were preparing for ~ l'équipage se préparait au départ. **-2.**

[variation, deviation] modification *f*; a ~ from standard company policy une entorse à la politique habituelle de l'entreprise. **-3.** [orientation] orientation *f*; farming was an entirely new ~ for him l'agriculture était une voie OR orientation tout à fait nouvelle pour lui. ◇ *comp* [gate] d'embarquement; [time] de départ; ~ **lounge** salle *f* d'embarquement.

**depend** [dɪ'pend]
◆ **depend on, depend upon** *vt insep* **-1.** [be determined by] dépendre de; the outcome of the war will ~ on OR upon a number of factors l'issue de la guerre dépendra d'un certain nombre de facteurs; his job ~s on his OR him getting the contract il ne gardera son emploi que s'il obtient le contrat; survival ~ed on their finding enough water pour survivre, il leur fallait trouver suffisamment d'eau; are we going out? — it (all) ~s est-ce qu'on sort? — ça dépend. **-2.** [rely on] dépendre de; the firm ~s heavily on orders from abroad l'entreprise dépend beaucoup des commandes de l'étranger; she ~s on the money her children give her l'argent qu'elle reçoit de ses enfants est sa seule ressource. **-3.** [trust, be sure of] compter sur; he's a friend you can ~ on c'est un ami sur qui vous pouvez compter.
◆ **depending on** *prep phr* selon.

**dependability** [dɪ,pendə'bɪlətɪ] *n* fiabilité *f*.

**dependable** [dɪ'pendəbl] *adj* [machine] fiable; [person] fiable, sérieux; [organization, shop] sérieux.

**dependant** [dɪ'pendənt] *n* ADMIN personne *f* à charge.

**dependence** [dɪ'pendəns] *n* dépendance *f*; the government hopes to reduce our ~ on oil le gouvernement espère diminuer notre dépendance vis-à-vis du pétrole.

**dependency** [dɪ'pendənsɪ] (*pl* **dependencies**) *n* dépendance *f*.

**dependent** [dɪ'pendənt] ◇ *adj* **-1.** [person] dépendant; he became increasingly ~ on his children il devenait de plus en plus dépendant de ses enfants; she's financially ~ on her parents elle dépend financièrement OR elle est à la charge de ses parents; he has two ~ children ADMIN il a deux enfants à charge; she's heavily ~ on sleeping pills elle ne peut se passer de somnifères. **-2.** [contingent]: the prosperity of his business was ~ on the continuation of the war la prospérité de son entreprise dépendait OR était tributaire de la poursuite de la guerre. **-3.** GRAMM [clause] subordonné. **-4.** MATH [variable] dépendant. ◇ *n* GRAMM subordonnée *f*.

**depersonalize, -ise** [,di:'pɜːsnəlaɪz] *vt* dépersonnaliser.

**depict** [dɪ'pɪkt] *vt* **-1.** [describe] dépeindre; Shakespeare ~s Richard III as cruel and calculating Shakespeare dépeint Richard III comme un homme cruel et calculateur. **-2.** [paint, draw] représenter.

**depiction** [dɪ'pɪkʃn] *n* **-1.** [description] description *f*. **-2.** [picture] représentation *f*.

**depilatory** [dɪ'pɪlətrɪ] (*pl* **depilatories**) ◇ *adj* épilatoire, dépilatoire. ◇ *n* épilatoire *m*, dépilatoire *m*.

**deplane** [,di:'pleɪn] *vi* descendre d'avion.

**deplete** [dɪ'pliːt] *vt* **-1.** [reduce] diminuer, réduire; the illness ~d her strength la maladie amoindrissait ses forces; our stocks have become ~d nos stocks ont beaucoup diminué. **-2.** [impoverish, exhaust] épuiser; the stream is ~d of fish la rivière est beaucoup moins poissonneuse qu'avant.

**depletion** [dɪ'pliːʃn] *n* **-1.** [reduction] diminution *f*, réduction *f*. **-2.** [exhaustion] épuisement *m*; [of soil] appauvrissement *m*.

**deplorable** [dɪ'plɔːrəbl] *adj* déplorable, lamentable.

**deplorably** [dɪ'plɔːrəblɪ] *adv* d'une manière déplorable, lamentablement.

**deplore** [dɪ'plɔːr] *vt* **-1.** [regret] déplorer, regretter. **-2.** [condemn, disapprove of] désapprouver, condamner.

**deploy** [dɪ'plɔɪ] ◇ *vt* déployer. ◇ *vi* se déployer.

**deployment** [dɪ'plɔɪmənt] *n* déploiement *m*.

**depoliticize, -ise** [,di:pə'lɪtɪsaɪz] *vt* dépolitiser.

**deponent** [dɪ'pəʊnənt] ◇ *n* **-1.** GRAMM déponent *m*. **-2.** JUR déposant *m*, -e *f*. ◇ *adj* déponent.

**depopulate** [,di:'pɒpjʊleɪt] *vt* dépeupler.

**depopulated** [,di:'pɒpjʊleɪtɪd] *adj* dépeuplé.

**depopulation** [di:,pɒpjʊ'leɪʃn] *n* dépeuplement *m*.

**deport** [dɪ'pɔːt] *vt* **-1.** [expel] expulser; HIST [to colonies, camp] déporter; they were ~ed to Mexico ils furent expulsés vers le Mexique. **-2.** *fml* [behave]: to ~ o.s. se comporter, se conduire.

**deportation** [,di:pɔː'teɪʃn] *n* expulsion *f*; HIST [to colonies, camp] déportation *f*; ~ order arrêt *m* d'expulsion.

**deportee** [,di:pɔː'tiː] *n* expulsé *m*, -e *f*; HIST [prisoner] déporté *m*, -e *f*.

**deportment** [dɪ'pɔːtmənt] *n fml* OR *dated* [behaviour] comportement *m*; [carriage, posture] maintien *m*.

**depose** [dɪ'pəʊz] ◇ *vt* **-1.** [remove] destituer; [sovereign] déposer, destituer. **-2.** JUR déposer. ◇ *vi* faire une déposition.

**deposit** [dɪ'pɒzɪt] ◇ *vt* **-1.** [leave, place] déposer. **-2.** [subj: liquid, river] déposer, remettre; I'd like to ~ £500 j'aimerais faire un versement de 500 livres. **-4.** [pay] verser. **-5.** *Am* [insert] mettre; please ~ one dollar for your call veuillez introduire un dollar pour votre appel. ◇ *vi* GEOL se déposer. ◇ *n* **-1.** BANK dépôt *m*; to make a ~ of £200 faire un versement de 200 livres; on ~ en dépôt. **-2.** FIN & COMM [down payment] acompte *m*, arrhes *fpl*; she put down a ~ on a house elle a versé un acompte OR a fait un premier versement pour une maison; a £50 ~ 50 livres d'acompte OR d'arrhes. **-3.** [guarantee against loss or damage] caution *f*; [on a bottle] consigne *f*. **-4.** *Br* POL cautionnement *m*. **-5.** MINER gisement *m*. **-6.** [sediment, silt] dépôt *m*; [in wine] dépôt *m*.

**deposit account** *n Br* compte *m* sur livret.

**deposition** [,depə'zɪʃn] *n* **-1.** JUR déposition *f*. **-2.** MINER dépôt *m*. **-3.** [removal of leader] déposition *f*.

**depositor** [də'pɒzɪtər] *n* déposant *m*, -e *f*.

**depot** [*sense 1 & 2* 'depəʊ, *sense 3* 'di:pəʊ] *n* **-1.** [warehouse] dépôt *m*; *Br* [garage] dépôt *m*, garage *m*. **-2.** *Br* MIL ≃ caserne *f*. **-3.** *Am* [station] gare *f*; bus ~ gare routière.

**depravation** [,deprə'veɪʃn] *n* dépravation *f*.

**deprave** [dɪ'preɪv] *vt* dépraver.

**depraved** [dɪ'preɪvd] *adj* dépravé, perverti.

**depravity** [dɪ'prævətɪ] (*pl* **depravities**) *n* dépravation *f*, corruption *f*.

**deprecate** ['deprɪkeɪt] *vt* **-1.** *fml* [disapprove of, deplore] désapprouver. **-2.** [denigrate, disparage] dénigrer.

**deprecating** ['deprɪkeɪtɪŋ] = **deprecatory**.

**deprecatory** ['deprɪkətrɪ] *adj* **-1.** [disapproving] désapprobateur; [derogatory] dénigrant. **-2.** [apologetic] navré.

**depreciate** [dɪ'priːʃɪeɪt] ◇ *vt* **-1.** FIN [devalue] déprécier, dévaloriser. **-2.** [denigrate] dénigrer, déprécier. ◇ *vi* se déprécier, se dévaloriser.

**depreciation** [dɪ,priːʃɪ'eɪʃn] *n* **-1.** FIN dépréciation *f*, dévalorisation *f*. **-2.** [disparagement] dénigrement *m*, dépréciation *f*.

**depress** [dɪ'pres] *vt* **-1.** [deject, sadden] déprimer. **-2.** ECON [reduce] (faire) baisser. **-3.** *fml* [push down on] appuyer sur.

**depressant** [dɪ'presənt] MED ◇ *adj* dépresseur. ◇ *n* dépresseur *m*.

**depressed** [dɪ'prest] *adj* **-1.** [melancholy] déprimé, abattu; MED déprimé; you mustn't get ~ about your exam results tu ne dois pas te laisser abattre OR perdre ton moral à cause de tes résultats d'examen; visiting her grandparents made her feel ~ le fait de rendre visite à ses grands-parents la déprimait OR lui donnait le cafard. **-2.** ECON [area, industry] en déclin, touché par la crise, déprimé; [prices, profits, wages] en baisse. **-3.** [sunken, hollow] creux.

**depressing** [dɪ'presɪŋ] *adj* déprimant; [idea, place] triste, sinistre.

**depressingly** [dɪ'presɪŋlɪ] *adv* [say, speak] d'un ton abattu; unemployment is ~ high le taux de chômage est déprimant.

**depression** [dɪ'preʃn] *n* **-1.** [melancholy] dépression *f*; MED dépression *f* (nerveuse); she suffers from ~ elle fait de la dépression. **-2.** ECON [slump] dépression *f*, crise *f* économique; the country's economy is in a state of ~ l'économie du pays est en crise ❑ the Great Depression *Am* HIST la grande dépression. **-3.** [hollow, indentation] creux *m*; GEOG dépression *f*. **-4.** METEOR dépression *f*.

**depressive** [dɪ'presɪv] ◇ *adj* dépressif. ◇ *n* dépressif *m*, -ive *f*.

**depressurize, -ise** [,di:'preʃəraɪz] *vt* dépressuriser.

**deprivation** [,deprɪ'veɪʃn] *n (U)* privation *f*.

**deprive** [dɪ'praɪv] *vt* priver; to ~ sb of sthg priver qqn de qqch; he was ~d of his rank il fut déchu de son grade; she ~s herself of nothing elle ne se prive de rien; the legitimate heir was ~d of his inheritance l'héritier légitime fut frustré OR dépossédé de son héritage.

**deprived** [dɪ'praɪvd] *adj* [area, child] défavorisé; the boy is emotionally ~ le garçon souffre d'une carence affective.

**dept.** *written abbr of* **department**.

**depth** [depθ] *n* **-1.** [distance downwards] profondeur *f*; the wreck was located at a ~ of 200 metres l'épave a été repérée à 200 mètres de profondeur OR par 200 mètres de fond; the canal is about 12 metres in ~ le canal a environ 12 mètres de profondeur; this submarine could dive to a ~ of 500 feet ce sous-marin pouvait descendre jusqu'à une profondeur de 500 pieds. **-2.** [in deep water]: she swam too far and got out of her ~ elle a nagé trop loin et a perdu pied ❏ to be out of one's ~ *literal* ne plus avoir pied; *fig* perdre pied. **-3.** PHOT: ~ of field/focus profondeur *f* de champ/foyer. **-4.** [of a voice, sound] registre *m* grave. **-5.** [extent, intensity] profondeur *f*; [of colour] intensité *f*; we must study the proposal in ~ nous devons étudier à fond OR en profondeur cette proposition.
◆ **depths** *npl*: the ocean ~s les grands fonds *mpl*; the ~s of the earth les profondeurs *fpl* OR entrailles *fpl* de la terre ‖ *fig*: she's in the ~s of despair elle touche le fond du désespoir; in the ~s of winter au cœur de l'hiver.

**depth charge** *n* grenade *f* sous-marine.

**deputation** [,depjʊ'teɪʃn] *n* députation *f*, délégation *f*.

**deputize, -ise** ['depjʊtaɪz] ◇ *vt* députer. ◇ *vi*: to ~ for sb représenter qqn.

**deputy** ['depjʊtɪ] (*pl* **deputies**) ◇ *n* **-1.** [assistant] adjoint *m*, -e *f*. **-2.** [substitute] remplaçant *m*, -e *f*; to act as ~ remplacer qqn, agir en tant qu'adjoint. **-3.** POL [elected representative] député *m*. **-4.** *Am* [law enforcement agent] shérif *m* adjoint. ◇ *comp*: ~ chairman vice-président *m*; ~ head teacher, ~ head directeur *m* adjoint, directrice *f* adjointe; ~ manager directeur *m* adjoint.

**derail** [dɪ'reɪl] ◇ *vt* faire dérailler. ◇ *vi* dérailler.

**derailment** [dɪ'reɪlmənt] *n* déraillement *m*.

**derange** [dɪ'reɪndʒ] *vt* **-1.** [disarrange, disorder] déranger. **-2.** [drive insane] rendre fou.

**deranged** [dɪ'reɪndʒd] *adj* dérangé, déséquilibré; it's the work of a ~ mind c'est l'œuvre d'un esprit dérangé OR détraqué.

**derangement** [dɪ'reɪndʒmənt] *n* **-1.** [disorder, disarray] désordre *m*. **-2.** [mental illness] démence *f*.

**derby** [*Br* 'dɑːbɪ, *Am* 'dɜːbɪ] *n* **-1.** [match]: a local ~ un derby. **-2.** *Am* [race] derby *m*.

**deregulate** [,diː'regjʊleɪt] *vt* **-1.** ECON [prices, wages] libérer, déréguler. **-2.** [relax restrictions on] assouplir les règlements de, déréglementer.

**deregulation** [,diːregjʊ'leɪʃn] *n* **-1.** ECON [of prices, wages] libération *f*, dérégulation *f*. **-2.** [relaxation of restrictions] assouplissement *m* des règlements, déréglementation *f*.

**derelict** ['derəlɪkt] ◇ *adj* **-1.** [abandoned] abandonné, délaissé; a ~ old building un vieux bâtiment à l'abandon. **-2.** [negligent, neglectful] négligent. ◇ *n* **-1.** [vagrant] clochard *m*, -e *f*, vagabond *m*, -e *f*. **-2.** NAUT navire *m* abandonné.

**dereliction** [,derə'lɪkʃn] *n* **-1.** [abandonment] abandon *m*. **-2.** *Br* [negligence] négligence *f*; ~ of duty manquement *m* au devoir.

**derestrict** [,diːrɪ'strɪkt] *vt Br*: to ~ a road supprimer une limitation de vitesse sur une route.

**deride** [dɪ'raɪd] *vt* tourner en dérision, railler.

**derision** [dɪ'rɪʒn] *n* dérision *f*.

**derisive** [dɪ'raɪsɪv] *adj* moqueur.

**derisively** [dɪ'raɪsɪvlɪ] *adv* avec dérision; [say, speak] d'un ton moqueur.

**derisory** [də'raɪzərɪ] *adj* **-1.** [ridiculous] dérisoire. **-2.** [mocking, scornful] moqueur.

**derivation** [,derɪ'veɪʃn] *n* dérivation *f*.

**derivative** [dɪ'rɪvətɪv] ◇ *adj* **-1.** [gen] dérivé. **-2.** *pej* peu original, banal. ◇ *n* [gen] dérivé *m*; MATH dérivée *f*.

**derive** [dɪ'raɪv] ◇ *vt* **-1.** [gain, obtain]: she ~s great pleasure from her garden elle tire beaucoup de plaisir de son jardin;

the young man ~d little benefit from his expensive education le jeune homme n'a guère tiré profit de ses études coûteuses; to ~ courage/strength from trouver du courage/des forces dans. **-2.** [deduce] dériver de. ◇ *vi*: to ~ from provenir de; the word "coward" ~s originally from French LING le mot «coward» vient du français.

**dermabrasion** ['dɜːmə,breɪʒn] *n* dermabrasion *f*.

**dermatitis** [,dɜːmə'taɪtɪs] *n* (U) dermite *f*, dermatite *f*.

**dermatologist** [,dɜːmə'tɒlədʒɪst] *n* dermatologiste *mf*, dermatologue *mf*.

**dermatology** [,dɜːmə'tɒlədʒɪ] *n* dermatologie *f*.

**derogate** ['derəgeɪt] ◇ *vt fml* [disparage] dénigrer, déprécier. ◇ *vi*: to ~ from porter atteinte à.

**derogation** [,derə'geɪʃn] *n* dépréciation *f*.

**derogatorily** [dɪ'rɒgətrəlɪ] *adv* de façon péjorative.

**derogatory** [dɪ'rɒgətrɪ] *adj* [comment, remark] désobligeant, critique; [word] péjoratif.

**derrick** ['derɪk] *n Br* [crane] mât *m* de charge; PETR derrick *m*.

**derv** [dɜːv] *n Br* gas-oil *m*.

**dervish** ['dɜːvɪʃ] *n* derviche *m*; a whirling ~ un derviche tourneur.

**DES** (*abbr of* **Department of Education and Science**) *pr n* ancien ministère britannique de l'Éducation et de la Recherche scientifique.

**desalinate** [,diː'sælɪneɪt] *vt* dessaler.

**desalination** [diː,sælɪ'neɪʃn] ◇ *n* dessalement *m*. ◇ *comp* [plant] de dessalement.

**descale** [,diː'skeɪl] *vt* détartrer.

**descant** ['deskænt] ◇ *n* déchant *m*. ◇ *comp*: ~ recorder flûte *f* à bec soprano. ◇ *vi* **-1.** MUS déchanter. **-2.** *lit & pej* [comment, ramble] discourir, pérorer *pej*.

**descend** [dɪ'send] *vi* **-1.** *fml* [go, move down] descendre; she ~ed from the train elle est descendue du train. **-2.** [fall] tomber, s'abattre; a thick blanket of fog ~ed on the valley une couche épaisse de brouillard tomba sur la vallée; despair ~ed upon the families of the missing men *fig* le désespoir gagna OR envahit les familles des disparus. **-3.** [pass on by ancestry] descendre; [pass on by inheritance] revenir; dogs and wolves probably ~ from a common ancestor les chiens et les loups descendent probablement d'un ancêtre commun; Lord Grey's title ~ed to his grandson le titre de Lord Grey est revenu à son petit-fils. **-4.** [attack, invade] s'abattre; my in-laws ~ed on us last weekend *hum* ma belle-famille a débarqué chez nous le week-end dernier. **-5.** [sink, stoop] s'abaisser, descendre; you don't want to ~ to their level tu ne vas quand même pas te rabaisser à leur niveau.

**descendant** [dɪ'sendənt] *n* descendant *m*, -e *f*.

**descended** [dɪ'sendɪd] *adj*: she is ~ from the Russian aristocracy elle descend OR est issue de l'aristocratie russe; man is ~ from the apes l'homme descend du singe.

**descender** [dɪ'sendəʳ] *n* jambage *m*.

**descending** [dɪ'sendɪŋ] *adj* descendant; in ~ order of importance par ordre décroissant d'importance.

**descent** [dɪ'sent] *n* **-1.** [move downward] descente *f*; the aircraft made a sudden ~ l'avion a fait une descente subite. **-2.** *fig & lit* [decline] chute *f*. **-3.** [origin] origine *f*; of Irish ~ d'origine irlandaise. **-4.** [succession, transmission] transmission *f*. **-5.** [invasion] descente *f*; we're braced for the ~ on the town of thousands of football fans nous sommes prêts pour la venue des milliers de fans de football qui vont s'abattre sur la ville.

**describe** [dɪ'skraɪb] *vt* **-1.** [recount, represent] décrire; how would you ~ yourself? comment vous décririez-vous?; witnesses ~d the man as tall and dark-haired des témoins ont décrit l'homme comme étant grand et brun; she ~d her attacker to the police elle a fait une description OR un portrait de son agresseur à la police. **-2.** [characterize] définir, qualifier; the general ~d himself as a simple man le général s'est défini comme un homme simple; the Chancellor's methods have been ~ed as unorthodox on a qualifié les méthodes du Chancelier de pas très orthodoxes. **-3.** [outline, draw] décrire.

**description** [dɪ'skrɪpʃn] *n* **-1.** [account, representation] description *f*; [physical] portrait *m*; ADMIN signalement *m*; the brochure gives a detailed ~ of the hotel la brochure donne une description détaillée de l'hôtel; **a man answering the police** ~ un homme correspondant au signalement donné par la police; **her father was angry beyond** ~ son père était dans une colère indescriptible. **-2.** [kind] sorte *f*, genre *m*; **the police seized weapons of every** ~ la police a saisi toutes sortes d'armes; **we were unable to find a vehicle of any** ~ nous étions incapables de trouver un quelconque véhicule.

**descriptive** [dɪ'skrɪptɪv] *adj* descriptif.

**descriptive linguistics** *n* linguistique *f* descriptive.

**descriptivism** [dɪ'skrɪptɪvɪzm] *n* descriptivisme *m*.

**descry** [dɪ'skraɪ] (*pt & pp* **descried**) *vt lit* apercevoir, distinguer.

**desecrate** ['desɪkreɪt] *vt* profaner.

**desecration** [ˌdesɪ'kreɪʃn] *n* profanation *f*.

**desegregate** [ˌdiː'segrɪgeɪt] *vt* abolir la ségrégation raciale dans; ~**d schools** écoles qui ne sont plus soumises à la ségrégation raciale.

**desegregation** [ˌdiːsegrɪ'geɪʃn] *n* déségrégation *f*.

**deselect** [ˌdiːsɪ'lekt] *vt Br* POL ne pas réinvestir (*un candidat*).

**desensitize, -ise** [ˌdiː'sensɪtaɪz] *vt* désensibiliser.

**desert**[1] ['dezət] ◇ *n* [wilderness] désert *m*. ◇ *comp* [area, plant, sand] désertique.

**desert**[2] [dɪ'zɜːt] ◇ *vt* [person] abandonner, délaisser *lit*; [place] abandonner, déserter; [organization, principle] déserter; **his wits** ~**ed him** *fig* il a perdu son sang-froid. ◇ *vi* MIL déserter; **one of the officers** ~**ed to the enemy** un des officiers est passé à l'ennemi.

**desert boots** *npl* chaussures *en daim à lacets*.

**deserted** [dɪ'zɜːtɪd] *adj* désert.

**deserter** [dɪ'zɜːtər] *n* déserteur *m*.

**desertion** [dɪ'zɜːʃn] *n* MIL désertion *f*; JUR [of spouse] abandon *m* (du domicile conjugal); [of cause, organization] défection *f*, désertion *f*.

**desert island** ['dezət-] *n* île *f* déserte.

**desert rat** ['dezət-] *n* **-1.** ZOOL gerboise *f*. **-2.** *Br* MIL *soldat britannique combattant en Afrique du Nord (pendant la Seconde Guerre mondiale).*

**deserts** [dɪ'zɜːts] *npl* [reward]: **to get one's just** ~ avoir ce que l'on mérite.

**deserve** [dɪ'zɜːv] ◇ *vt* mériter; **the book, though controversial, didn't** ~ **to be banned** le livre, bien que controversé, ne méritait pas d'être interdit OR qu'on l'interdise; **she** ~**s wider recognition** elle mérite d'être plus largement reconnue; **she's taking a much** ~**d holiday** elle prend des vacances bien méritées; **frankly, they** ~ **each other** franchement ils se valent l'un l'autre OR ils sont dignes l'un de l'autre. ◇ *vi* mériter; **to** ~ **well of sthg** *fml* bien mériter de qqch.

**deservedly** [dɪ'zɜːvɪdlɪ] *adv* à juste titre, à bon droit; **Mozart has been described as a genius, and** ~ **so** on a décrit Mozart comme un génie, à juste titre.

**deserving** [dɪ'zɜːvɪŋ] *adj* [person] méritant; [cause, organization] méritoire; **a musician** ~ **of greater recognition** *fml* un musicien qui mérite d'être davantage reconnu du public.

**deshabille** ['dezæbiːl] *n*: **in** ~ en déshabillé, en négligé.

**desiccated** ['desɪkeɪtɪd] *adj* **-1.** [dehydrated]: ~ **coconut** noix *f* de coco séchée. **-2.** [dull – style] aride; [– person] desséché.

**desideratum** [dɪˌzɪdə'rɑːtəm] (*pl* **desiderata** [-tə]) *n* (*usu pl*) desideratum *m*.

**design** [dɪ'zaɪn] ◇ *n* **-1.** [drawing, sketch] dessin *m*; INDUST dessin *m*, plan *m*; ARCHIT plan *m*, projet *m*; TEX modèle *m*; [of book] maquette *f*; **the** ~ **for the new museum has been severely criticized** les projets OR plans du nouveau musée ont été sévèrement critiqués. **-2.** INDUST [composition, structure – of car, computer etc] conception *f*; **the problems were all due to poor** ~ tous les problèmes viennent de ce que la conception est mauvaise. **-3.** [subject for study] design *m*; book ~ conception *f* graphique; **fashion** ~ stylisme *m*; **industrial** ~ dessin *m* industriel. **-4.** [pattern] motif *m*. **-5.** [purpose, intent] dessein *m*; **to do sthg by** ~ faire qqch à dessein OR exprès; **to have** ~**s on sb/sthg** avoir des vues sur qqn/qqch. ◇ *comp* [course] de dessin; ~ **award** prix *m* du meilleur de-

sign; ~ **department** bureau *m* d'études; ~ **engineer** ingénieur *m* d'études; ~ **studio** cabinet *m* de design. ◇ *vt* [plan] concevoir; [on paper] dessiner; ARCHIT faire les plans de; TEX concevoir, créer; **the system is** ~**ed to favour the landowners** le système est conçu pour OR vise à favoriser les propriétaires terriens; **it's specially** ~**ed for very low temperatures** c'est spécialement conçu pour les très basses températures. ◇ *adj* désigné.

**designate** [*vb* 'dezɪgneɪt, *adj* 'dezɪgnət] ◇ *vt fml* **-1.** [appoint, name] désigner, nommer; **he has been** ~**d as the new Foreign Minister** il a été désigné pour être le nouveau ministre des Affaires étrangères; **the theatre should rightfully be** ~**d a national monument** il serait légitime que le théâtre soit classé monument historique. **-2.** [indicate, signify] indiquer, montrer. ◇ *adj* désigné.

**designation** [ˌdezɪg'neɪʃn] *n* désignation *f*.

**designer** [dɪ'zaɪnər] ◇ *n* ART & INDUST dessinateur *m*, -trice *f*; TEX modéliste *mf*, styliste *mf*; CIN & THEAT décorateur *m*, -trice *f*; [of high fashion clothes] couturier *m*, -ère *f*; [of books, magazines] maquettiste *mf*; [of furniture] designer *m*. ◇ *comp* [jeans] haute couture; [glasses, handbag] de marque; [furniture] design; ~ **stubble** *hum* barbe *f* de deux jours.

**designing** [dɪ'zaɪnɪŋ] ◇ *adj* [cunning] rusé; [scheming] intrigant. ◇ *n* [design work] conception *f*, dessin *m*, design *m*.

**desirability** [dɪˌzaɪərə'bɪlətɪ] *n* (*U*) **-1.** [benefits] intérêt *m*, avantage *m*, opportunité *f*. **-2.** [attractiveness] charmes *mpl*, attraits *mpl*.

**desirable** [dɪ'zaɪərəbl] *adj* **-1.** [advisable] souhaitable, désirable *fml*. **-2.** [attractive] à désirer, tentant; **a** ~ **residence** une belle propriété. **-3.** [sexually appealing] désirable, séduisant.

**desire** [dɪ'zaɪər] ◇ *n* **-1.** [wish] désir *m*, envie *f*; **she had no** ~ **to go back** elle n'avait aucune envie d'y retourner. **-2.** [sexual attraction] désir *m*. ◇ *vt* **-1.** [want, wish] désirer; **the Prince** ~**s that you should be his guest tonight** *fml* le Prince désire que vous soyez son invité ce soir; **the agreement left much** OR **a great deal** OR **a lot to be** ~**d** l'accord laissait beaucoup à désirer; **his words had the** ~**d effect** ses paroles eurent l'effet désiré OR escompté. **-2.** [want sexually] désirer.

**desirous** [dɪ'zaɪərəs] *adj fml* désireux.

**desist** [dɪ'zɪst] *vi fml* cesser; **he was asked to** ~ **from his political activities** on lui a demandé de cesser ses activités politiques.

**desk** [desk] ◇ *n* **-1.** [in home, office] bureau *m*; [with folding top] secrétaire *m*; SCH [for pupil] pupitre *m*; [for teacher] bureau *m*. **-2.** [reception counter] réception *f*; [cashier] caisse *f*. **-3.** PRESS [section] service *m*; **the sports** ~ le service des informations sportives. ◇ *comp* [diary, job, lamp] de bureau; ~ **blotter** *Br* sous-main *m inv*.

**deskbound** ['deskbaʊnd] *adj* sédentaire.

**desk clerk** *n Am* réceptionniste *mf*.

**desk editor** *n* rédacteur *m*, -trice *f*.

**deskill** [ˌdiː'skɪl] *vt* déqualifier.

**desktop** ['desktɒp] *adj* [computer, model] de bureau; ~ **publishing** publication *f* assistée par ordinateur.

**desolate** [*adj* 'desələt, *vb* 'desəleɪt] ◇ *adj* **-1.** [area, place – empty] désert; [– barren, lifeless] désolé; *fig* [gloomy, bleak] morne, sombre. **-2.** [person – sorrowful] consterné, abattu; [– friendless] délaissé. ◇ *vt* **-1.** [area, place – devastate] dévaster, saccager; [– depopulate] dépeupler. **-2.** [person] désoler, navrer.

**desolation** [ˌdesə'leɪʃn] *n* **-1.** [barrenness, emptiness] caractère *m* désert, désolation *f*; [devastation, ruin] dévastation *f*, ravages *mpl*. **-2.** [despair, sorrow] désolation *f*, consternation *f*; [loneliness] solitude *f*.

**despair** [dɪ'speər] ◇ *n* **-1.** [hopelessness] désespoir *m*; **in** ~, she took her own life de désespoir elle a mis fin à ses jours; **the people are in** ~ **at** OR **over the prospect of war** les gens sont désespérés à cause des perspectives de guerre; **their son drove them to** ~ leur fils les désespérait OR les réduisait au désespoir. **-2.** [cause of distress] désespoir *m*. ◇ *vi* désespérer; **she began to** ~ **of ever finding her brother alive** elle commençait à désespérer de retrouver un jour son frère vivant; **he** ~**ed at the thought of all the work he had to do** il était désespéré à l'idée de tout le travail qu'il avait à faire.

**despairing** [dɪ'speərɪŋ] *adj* [cry, look] de désespoir, désespéré; [person] abattu, consterné.

**despairingly** [dɪ'speərɪŋlɪ] *adv* [look, speak] avec désespoir.

**despatch** [dɪ'spætʃ] = **dispatch**.

**desperado** [ˌdespə'rɑːdəʊ] (*pl* **desperadoes** OR **desperados**) *n lit* OR *hum* desperado *m*, hors-la-loi *m inv*.

**desperate** ['desprət] *adj* **-1.** [hopeless, serious] désespéré; **the refugees are in** ~ **need of help** les réfugiés ont désespérément besoin d'assistance. **-2.** [reckless] désespéré; **he died in a** ~ **attempt to escape** il est mort en essayant désespérément de s'évader; **I'm afraid she'll do something** ~ j'ai bien peur qu'elle ne tente un acte désespéré; **a** ~ **criminal/man** un criminel/homme prêt à tout. **-3.** [intent, eager]: **to be** ~ **for money** avoir un besoin urgent d'argent; **she was** ~ **to leave home** elle voulait à tout prix partir de chez elle; **I'm** ~ **to go to the loo** *inf*, **I'm** ~ *inf* & *hum* je ne tiens plus, ça urge.

**desperately** ['desprətlɪ] *adv* **-1.** [hopelessly, seriously] désespérément; **their country is** ~ **poor** leur pays est d'une pauvreté désespérante; **they're** ~ **in love** ils s'aiment éperdument. **-2.** [recklessly] désespérément; **the soldiers fought** ~ les soldats se battaient désespérément OR avec acharnement. **-3.** [as intensifier] terriblement; **he** ~ **wanted to become an actor** il voulait à tout prix devenir acteur.

**desperation** [ˌdespə'reɪʃn] *n* désespoir *m*; **he agreed in** ~ **en** désespoir de cause, il a accepté.

**despicable** [dɪ'spɪkəbl] *adj* [person] méprisable, détestable; [action, behaviour] méprisable, ignoble.

**despicably** [dɪ'spɪkəblɪ] *adv* [behave] bassement, d'une façon indigne.

**despise** [dɪ'spaɪz] *vt* [feel contempt for] mépriser; **he** ~**d himself for his cowardice** il se méprisait d'avoir été lâche.

**despite** [dɪ'spaɪt] *prep* malgré, en dépit de; ~ **having a degree she's still unemployed** bien que diplômée OR malgré son diplôme, elle est toujours au chômage; **he laughed** ~ **himself** il n'a pas pu s'empêcher de rire.

**despoil** [dɪ'spɔɪl] *vt fml* OR *lit* [person] spolier, dépouiller; [land, town] piller.

**despondence** [dɪ'spɒndəns], **despondency** [dɪ'spɒndənsɪ] *n* abattement *m*, consternation *f*.

**despondent** [dɪ'spɒndənt] *adj* abattu, consterné.

**despondently** [dɪ'spɒndəntlɪ] *adv* d'un air consterné; [say, speak] d'un ton consterné.

**despot** ['despɒt] *n* despote *m*.

**despotic** [de'spɒtɪk] *adj* despotique.

**despotism** ['despətɪzm] *n* despotisme *m*.

**dessert** [dɪ'zɜːt] ◇ *n* dessert *m*; **what's for** ~? qu'est-ce qu'il y a comme dessert? ◇ *comp* [dish, plate] à dessert; **a** ~ **apple** une pomme à couteau; **a** ~ **wine** un vin de dessert.

**dessertspoon** [dɪ'zɜːtspuːn] *n* cuiller *f* à dessert.

**dessertspoonful** [dɪ'zɜːtspuːnˌfʊl] *n* cuillerée *f* à dessert.

**destabilization** [diːˌsteɪbɪlaɪ'zeɪʃn] *n* déstabilisation *f*.

**destabilize, -ise** [diː'steɪbɪlaɪz] *vt* déstabiliser.

**destination** [ˌdestɪ'neɪʃn] *n* destination *f*.

**destined** ['destɪnd] *adj* **-1.** [intended]: **she felt she was** ~ **for an acting career** elle sentait qu'elle était destinée à une carrière d'actrice; **she was** ~ **for greater things** elle était promise à un plus grand avenir; **their plan was** ~ **to fail** OR **for failure** leur projet était voué à l'échec; **she was** ~ **never to have children** le destin a voulu qu'elle n'ait jamais d'enfant. **-2.** [bound]: **the flight was** ~ **for Sydney** le vol était à destination de Sydney.

**destiny** ['destɪnɪ] *n* [fate] destin *m*; [personal fate] destinée *f*, destin *m*.

**destitute** ['destɪtjuːt] ◇ *adj* **-1.** [extremely poor] dans la misère, sans ressources. **-2.** *fml* [lacking]: ~ **of** dépourvu de. ◇ *npl*: **the** ~ les indigents *mpl* OR démunis *mpl*.

**destitution** [ˌdestɪ'tjuːʃn] *n* misère *f*, indigence *f*.

**destroy** [dɪ'strɔɪ] *vt* **-1.** [demolish, wreck] détruire; **they threaten to** ~ **our democratic way of life** ils menacent d'anéantir OR de détruire nos institutions démocratiques. **-2.** [ruin, spoil – efforts, hope, love] anéantir, briser; [– career, friendship, marriage] briser; [– health] ruiner; **his wartime experiences** ~**ed his faith in humanity** ses expériences de guerre ont brisé sa foi en l'humanité; **to** ~ **sb's life** briser la vie de qqn. **-3.** [kill – farm animal] abattre; [– pet] supprimer,

(faire) piquer; **we had to have the dog** ~**ed** nous avons dû faire piquer le chien.

**destroyer** [dɪ'strɔɪər] *n* **-1.** MIL destroyer *m*, contre-torpilleur *m*. **-2.** [person] destructeur *m*, -trice *f*.

**destruct** [dɪ'strʌkt] ◇ *vt* détruire. ◇ *vi* se détruire. ◇ *n* destruction *f*. ◇ *comp* [button, mechanism] de destruction.

**destructible** [dɪ'strʌktəbl] *adj* destructible.

**destruction** [dɪ'strʌkʃn] *n* **-1.** [demolition, devastation] destruction *f*; **a nuclear war would result in total** ~ une guerre nucléaire mènerait à une destruction totale. **-2.** [elimination – of evidence] suppression *f*; [– of life, hope] anéantissement *m*. **-3.** *fig* [ruin] ruine *f*.

**destructive** [dɪ'strʌktɪv] *adj* destructeur; **the** ~ **power of a bomb** le pouvoir destructif d'une bombe; **she's a** ~ **child** c'est une enfant qui aime casser.

**destructively** [dɪ'strʌktɪvlɪ] *adv* de façon destructrice.

**destructiveness** [dɪ'strʌktɪvnɪs] *n* [of bomb, weapon] capacité *f* destructrice; [of criticism] caractère *m* destructeur; [of person] penchant *m* destructeur.

**desultory** ['desəltrɪ] *adj fml* [conversation] décousu, sans suite; [attempt] peu suivi, peu soutenu, sans suite.

**Det.** *written abbr of* **detective**.

**detach** [dɪ'tætʃ] *vt* **-1.** [handle, hood] détacher. **-2.** [person]: **to** ~ **o.s.** se détacher, prendre du recul; **he can't** ~ **himself sufficiently from the conflict** il n'a pas assez de recul par rapport au conflit. **-3.** MIL [troops] envoyer en détachement.

**detachable** [dɪ'tætʃəbl] *adj* [collar, lining] amovible.

**detached** [dɪ'tætʃt] *adj* **-1.** [separate] détaché, séparé; ~ **house** *Br* maison *f* individuelle, pavillon *m*. **-2.** [objective] objectif; [unemotional] détaché.

**detachment** [dɪ'tætʃmənt] *n* **-1.** [separation] séparation *f*. **-2.** [indifference] détachement *m*; [objectivity] objectivité *f*. **-3.** MIL détachement *m*.

**detail** [*Br* 'diːteɪl, *Am* dɪ'teɪl] ◇ *n* **-1.** [item, element] détail *m*; **there's no need to go into** ~ OR ~**s** ça ne sert à rien d'entrer dans les détails; **the author recounts his childhood in great** ~ l'auteur raconte son enfance dans les moindres détails; **attention to** ~ **is important** il faut être minutieux OR méticuleux; **that's a mere** ~! ce n'est qu'un point de détail!**-2.** MIL détachement *m*. ◇ *vt* **-1.** [enumerate, specify] raconter en détail, détailler, énumérer; **operating instructions are fully** ~**ed in the booklet** le mode d'emploi détaillé se trouve dans le livret. **-2.** MIL détacher, affecter.

◆ **details** *npl* [particulars] renseignements *mpl*, précisions *fpl*; [name, address etc] coordonnées *fpl*.

**detailed** [*Br* 'diːteɪld, *Am* dɪ'teɪld] *adj* détaillé.

**detain** [dɪ'teɪn] *vt* **-1.** *fml* [delay] retenir. **-2.** JUR [keep in custody] retenir, garder à vue; **to** ~ **sb for questioning** mettre OR placer qqn en garde à vue.

**detainee** [ˌdiːteɪ'niː] *n* détenu *m*, -e *f*.

**detect** [dɪ'tekt] *vt* déceler, discerner, distinguer, découvrir; MIL & MIN détecter; MED dépister.

**detectable** [dɪ'tektəbl] *adj* MIL & MIN détectable; [illness] que l'on peut dépister.

**detection** [dɪ'tekʃn] ◇ *n* **-1.** [discovery] découverte *f*; MIL & MIN détection *f*; MED dépistage *m*; **athletes who have used banned drugs have so far escaped** ~ on n'a pas encore repéré les athlètes qui se sont dopés avec des substances interdites. **-2.** [investigation] recherche *f*; **crime** ~ la recherche des criminels; **the killer escaped** ~ le tueur échappa aux recherches. ◇ *adj* [device] de détection; MED de dépistage.

**detective** [dɪ'tektɪv] ◇ *n* [on a police force] ≃ inspecteur *m*, -trice *f* de police; [private] détective *m*. ◇ *comp* [film, novel, story] policier.

**detective constable** *n Br* ≃ inspecteur *m*, -trice *f* de police.

**detective inspector** *n Br* ≃ inspecteur de police principal *m*, inspectrice de police principale *f*.

**detective sergeant** *n Br* ≃ inspecteur *m*, -trice *f* de police.

**detector** [dɪ'tektər] *n* détecteur *m*.

**detector van** *n Br* voiture-radar utilisée pour la détection des postes de télévision non déclarés.

**detention** [dɪ'tenʃn] *n* **-1.** [captivity] détention *f*; **in** ~ [gen] en détention; MIL aux arrêts. **-2.** SCH retenue *f*, consigne *f*; **to put sb in** ~ consigner qqn, mettre qqn en retenue.

**deter** [dɪ'tɜːr] (*pt* & *pp* **deterred**, *cont* **deterring**) *vt* **-1.** [discourage – person] dissuader; **to ~ sb from doing sthg** dissuader qqn de faire qqch; **he was not to be deterred from his purpose** il n'allait pas se laisser détourner de son but. **-2.** [prevent – attack] prévenir.

**detergent** [dɪ'tɜːdʒənt] ◇ *n* détergent *m*, détersif *m*; *Am* [washing powder] lessive *f*. ◇ *adj* détersif, détergent.

**deteriorate** [dɪ'tɪərɪəreɪt] *vi* se détériorer.

**deterioration** [dɪ,tɪərɪə'reɪʃn] *n* détérioration *f*; [in health, relations] dégradation *f*, détérioration *f*.

**determination** [dɪ,tɜːmɪ'neɪʃn] *n* **-1.** [resolve] détermination *f*, résolution *f*; **she showed a dogged ~ to find her natural mother** elle était plus que déterminée OR résolue à retrouver sa vraie mère. **-2.** [establishment, fixing – of prices, wages etc] détermination *f*; fixation *f*; [– of boundaries] délimitation *f*; établissement *m*.

**determinative** [dɪ'tɜːmɪnətɪv] ◇ *adj* déterminant; GRAMM déterminatif. ◇ *n* élément *m* déterminant; GRAMM déterminant *m*, déterminatif *m*.

**determine** [dɪ'tɜːmɪn] *vt* **-1.** [control, govern] déterminer, décider de. **-2.** [establish, find out] déterminer, établir. **-3.** [settle – date, price] déterminer, fixer; [– boundary] délimiter, établir. **-4.** *lit* [resolve]: **she ~d to prove her innocence** elle a décidé de OR s'est résolue à prouver son innocence.

**determined** [dɪ'tɜːmɪnd] *adj* **-1.** [decided, resolved] déterminé, décidé; **to be ~ to do sthg** être déterminé OR résolu à faire qqch; **she was ~ (that) her son would go to university** elle était bien décidée OR déterminée à ce que son fils fasse des études supérieures; **he's a very ~ young man** c'est un jeune homme très décidé OR qui a de la suite dans les idées. **-2.** [resolute]: **they made ~ efforts to find all survivors** ils ont fait tout ce qu'ils ont pu pour retrouver tous les survivants.

**determiner** [dɪ'tɜːmɪnə'] *n* déterminant *m*.

**determining** [dɪ'tɜːmɪnɪŋ] *adj* déterminant.

**determinism** [dɪ'tɜːmɪnɪzm] *n* déterminisme *m*.

**determinist** [dɪ'tɜːmɪnɪst] ◇ *adj* déterministe. ◇ *n* déterministe *mf*.

**deterministic** [dɪ,tɜːmɪ'nɪstɪk] = **determinist** *adj*.

**deterrence** [dɪ'terəns] *n* [gen] dissuasion *f*; MIL force *f* de dissuasion.

**deterrent** [dɪ'terənt] ◇ *n* **-1.** [gen] agent *m* de dissuasion; **fear acted as a strong ~** la peur a eu un très grand effet de dissuasion. **-2.** MIL arme *f* de dissuasion. ◇ *adj* dissuasif, de dissuasion.

**detest** [dɪ'test] *vt* détester; **I ~ housework** j'ai horreur de OR je déteste faire le ménage.

**detestable** [dɪ'testəbl] *adj* détestable, exécrable.

**detestation** [,diːte'steɪʃn] *n* haine *f*, horreur *f*.

**dethrone** [dɪ'θrəun] *vt* détrôner, déposer.

**detonate** ['detəneɪt] ◇ *vt* faire détoner OR exploser. ◇ *vi* détoner, exploser.

**detonation** [,detə'neɪʃn] *n* détonation *f*, explosion *f*.

**detonator** ['detəneɪtə'] *n* détonateur *m*, amorce *f*; RAIL pétard *m*.

**detour** ['diː,tuə'] ◇ *n* [in road, stream] détour *m*; [for traffic] déviation *f*. ◇ *vi* faire un détour. ◇ *vt* (faire) dévier.

**detoxicate** [,diː'tɒksɪkeɪt] *vt* **-1.** [person] désintoxiquer. **-2.** [poison] détoxiquer.

**detoxication** ['diː,tɒksɪ'keɪʃn] *n* **-1.** [of person] désintoxication *f*. **-2.** [of poison] détoxication *f*.

**detoxification** [diː,tɒksɪfɪ'keɪʃn] *n* [of person] désintoxication *f*.

**detoxify** [,diː'tɒksɪfaɪ] (*pt & pp* **detoxified**) *vt* [person] désintoxiquer.

**detract** [dɪ'trækt] *vi*: **to ~ from sthg** diminuer qqch; **the criticism in no way ~s from her achievements** la critique ne réduit en rien la portée de OR n'enlève rien à ce qu'elle a accompli.

**detraction** [dɪ'trækʃn] *n* critique *f*, dénigrement *m*.

**detractor** [dɪ'træktə'] *n* détracteur *m*, -trice *f*.

**detriment** ['detrɪmənt] *n*: **to sb's ~** à son détriment OR préjudice; **to the ~ of his work** aux dépens de son travail.

**detrimental** [,detrɪ'mentl] *adj*: **~ to** [health, reputation] nuisible à, préjudiciable à; **~ to** [interests] qui nuit à, qui cause

un préjudice à; **pollution has a ~ effect on** OR **is ~ to plant life** la pollution nuit à la flore.

**detritus** [dɪ'traɪtəs] *n* (*U*) *fml* [debris] détritus *m*; GEOL roches *fpl* détritiques, pierrailles *fpl*.

**detumescence** [,diːtjuː'mesəns] *n* détumescence *f*.

**deuce** [djuːs] *n* **-1.** [on card, dice] deux *m*. **-2.** TENNIS égalité *f*. **-3.** *inf & dated* [as expletive]: **where the ~ is it?** où diable peut-il bien être?

**deuterium** [djuː'tɪərɪəm] *n* deutérium *m*.

**Deuteronomy** [,djuːtə'rɒnəmɪ] *pr n* Deutéronome.

**devaluation** [,diːvæljuː'eɪʃn] *n* dévaluation *f*.

**devalue** [,diː'væljuː] *vt* dévaluer.

**devastate** ['devəsteɪt] *vt* **-1.** [country, town] dévaster, ravager; [enemy] anéantir. **-2.** [overwhelm] foudroyer, accabler, anéantir; **he was ~d by his mother's death** la mort de sa mère l'a complètement anéanti.

**devastated** ['devəsteɪtɪd] *adj* **-1.** [area, city] dévasté. **-2.** [person] accablé.

**devastating** ['devəsteɪtɪŋ] *adj* **-1.** [disastrous – passion, storm] dévastateur, ravageur; [– news] accablant; [– argument, effect] accablant, écrasant. **-2.** [highly effective – person, charm] irrésistible.

**devastatingly** ['devəsteɪtɪŋlɪ] *adv* de manière dévastatrice; [as intensifier]: **~ beautiful** d'une beauté irrésistible.

**devastation** [,devə'steɪʃn] *n* [disaster] dévastation *f*.

**develop** [dɪ'veləp] ◇ *vi* **-1.** [evolve – country, person] se développer, évoluer; [– feeling] se former, grandir; [– plot] se développer, se dérouler; **to ~ into sthg** devenir qqch. **-2.** [become apparent – disease] se manifester, se déclarer; [– talent, trend] se manifester; [– event] se produire. **-3.** PHOT se développer. ◇ *vt* **-1.** [form – body, mind] développer, former; [– story] développer; [– feeling] former. **-2.** [expand – business, market] développer; [– idea, argument] développer, expliquer (en détail), exposer (en détail). **-3.** [improve – skill] développer, travailler; [– machine, process] mettre au point. **-4.** [acquire – disease] contracter; [– cold, tic] attraper; [– symptoms] présenter; **she ~ed a habit of biting her nails** elle a pris l'habitude de se ronger les ongles; **I've ~ed a taste for jazz** je me suis mis à aimer le jazz. **-5.** [land, resources] exploiter, mettre en valeur, aménager. **-6.** MATH, MUS & PHOT développer.

**developed** [dɪ'veləpt] *adj* [film] développé; [land] mis en valeur, aménagé; [country] développé.

**developer** [dɪ'veləpə'] *n* **-1.** [of land] promoteur *m* (de construction). **-2.** [person]: **to be a late ~** se développer sur le tard. **-3.** PHOT révélateur *m*, développateur *m*.

**developing** [dɪ'veləpɪŋ] ◇ *adj* [crisis, storm] qui se prépare, qui s'annonce; [industry] en expansion. ◇ *n* PHOT développement *m*; **~ bath** (bain *m*) révélateur *m*; **~ tank** cuve *f* à développement.

**developing country, developing nation** *n* pays *m* OR nation *f* en voie de développement.

**development** [dɪ'veləpmənt] *n* **-1.** [of body, person, mind] développement *m*, formation *f*; [of ideas, language] développement *m*, évolution *f*; [of argument, theme] développement *m*, exposé *m*; [of plot, situation] déroulement *m*, développement *m*; [of business] développement *m*, expansion *f*; [of invention, process] mise *f* au point; [of region] mise *f* en valeur, exploitation *f*; **~ grant** subvention *f* pour le développement. **-2.** [incident] fait *m* nouveau; **we're awaiting further ~s** nous attendons la suite des événements OR les derniers développements; **there has been an unexpected ~** l'affaire a pris une tournure inattendue; **there are no new ~s** il n'y a rien de nouveau. **-3.** [tract of land]: **housing ~** cité *f* (ouvrière). **-4.** MATH, MUS & PHOT développement *m*.

**developmental** [dɪ,veləp'mentl] *adj* de développement.

**development area** *n* zone économiquement sinistrée bénéficiant d'aides publiques en vue de sa reconversion.

**development system** *n* système informatique conçu pour le développement de logiciels.

**deviance** ['diːvjəns], **deviancy** ['diːvjənsɪ] *n* [gen & PSYCH] déviance *f*; **~ from the norm** écart *m* par rapport à la norme.

**deviant** ['diːvjənt] ◇ *adj* **-1.** [behaviour] déviant, qui s'écarte de la norme; [growth] anormal; **sexually ~** perverti. **-2.** LING déviant. ◇ *n* déviant *m*, -e *f*; **sexual ~** pervers *m*, -e *f*.

**deviate** ['diːvɪeɪt] *vi* **-1.** [differ] dévier, s'écarter; those who ~ from the norm ceux qui s'écartent de la norme. **-2.** [plane, ship] dévier, dériver; [missile] dévier.

**deviation** [,diːvɪ'eɪʃn] *n* **-1.** [from custom, principle] déviation *f*; [from social norm] déviance *f*; there must be no ~ from the party line on ne doit en aucun cas s'écarter de la ligne du parti. **-2.** [in statistics] écart *m*.**-3.** [of plane, ship] déviation *f*, dérive *f*; [of missile] déviation *f*, dérivation *f*.**-4.** MATH, MED & PHILOS déviation *f*.

**deviationist** [,diːvɪ'eɪʃənɪst] ◇ *adj* déviationniste. ◇ *n* déviationniste *mf*.

**device** [dɪ'vaɪs] *n* **-1.** [gadget] appareil *m*, engin *m*, mécanisme *m*; nuclear ~ engin nucléaire. **-2.** [scheme] ruse *f*, stratagème *m*; to leave sb to their own ~s laisser qqn se débrouiller (tout seul). **-3.** *lit* [figure of speech] formule *f*.**-4.** HERALD devis *m*, emblème *m*.

**devil** ['devl] (*Br pt & pp* **devilled**, *cont* **devilling**, *Am pt & pp* **deviled**, *cont* **deviling**) ◇ *n* **-1.** [demon] diable *m*, démon *m*; the Devil RELIG le Diable, Satan *m*; go to the ~! *inf & dated* va te faire voir!, va au diable! ❏ to play ~'s advocate se faire l'avocat du diable. **-2.** *inf & fig* [person]: you little ~! petit monstre!; you lucky ~! veinard! ❏ go on, be a ~! *hum* allez, laisse-toi faire OR tenter!**-3.** *inf* [as intensifier]: what the ~ are you doing? mais enfin, qu'est-ce que tu fabriques?; how the ~ should I know? comment voulez-vous que je sache?; I had a ~ of a time getting here j'ai eu un mal fou OR un mal de chien à arriver jusqu'ici; there'll be the ~ to pay when your father finds out ça va barder quand ton père apprendra ça; we had the ~ of a job OR the ~'s own job finding the house on a eu un mal fou à trouver la maison ❏ between the ~ and the deep blue sea entre l'enclume et le marteau; to give the ~ his due... en toute honnêteté, il faut dire que..., rendons OR rendons-lui justice...; he has the luck of the ~ OR the ~'s own luck il a une veine de pendu OR de cocu; speak OR talk of the ~ (and he appears)! quand on parle du loup (on en voit la queue)!; better the ~ you know than the ~ you don't *prov* on ne sait ce qu'on perd, on ne sait pas ce qu'on trouve; the ~ finds OR makes work for idle hands *prov* l'oisiveté est (la) mère de tous les vices *prov*; let the ~ take the hindmost *prov* chacun pour soi et Dieu pour tous *prov*. **-4.** [brazier] brasero *m*.**-5.** [ghostwriter] nègre *m* (*d'un écrivain*); JUR [assistant] avocat *m* stagiaire; printer's ~ TYPO apprenti *m* imprimeur.
◇ *vt* **-1.** CULIN accommoder à la moutarde et au poivre; devilled egg œuf *m* à la diable. **-2.** *Am* [harass] harceler.
◇ *vi Br*: to ~ for sb [author] servir de nègre à qqn; [lawyer] être avocat stagiaire auprès de qqn; [printer] être apprenti imprimeur chez qqn.

**devilfish** ['devlfɪʃ] *n* mante *f*.

**devilish** ['devlɪʃ] *adj* **-1.** [fiendish] diabolique, infernal; [mischievous] espiègle. **-2.** *inf & dated* [extreme] sacré, satané.

**devilishly** ['devlɪʃlɪ] *adv* **-1.** [fiendishly] diaboliquement; [mischievously] par espièglerie. **-2.** *inf & dated* [as intensifier] rudement, sacrément.

**devil-may-care** *adj* [careless] insouciant; [reckless] casse-cou.

**devilment** ['devlmənt] *n* [mischief] espièglerie *f*; [malice] méchanceté *f*, malice *f*.

**devilry** ['devlrɪ] *n* (*U*) **-1.** [mischief] espièglerie *f*; [recklessness] témérité *f*.**-2.** [black magic] magie *f* noire, maléfices *mpl*.

**devious** ['diːvjəs] *adj* **-1.** [cunning – person] retors, sournois; [– means, method] détourné; [– mind] tortueux. **-2.** [winding – route] sinueux.

**deviously** ['diːvjəslɪ] *adv* sournoisement.

**deviousness** ['diːvjəsnɪs] *n* [of person] sournoiserie *f*; [of plan] complexité *f*.

**devise** [dɪ'vaɪz] ◇ *vt* **-1.** [plan] imaginer, inventer, concevoir, élaborer; [plot] combiner, manigancer; a scheme of my own devising un plan de mon invention. **-2.** JUR [property] léguer. ◇ *n* legs *m* (de biens immobiliers).

**deviser** [dɪ'vaɪzər] *n* [of plan] inventeur *m*, -trice *f*; [of scheme] auteur *m*.

**devitalize, -ise** [,diː'vaɪtəlaɪz] *vt* affaiblir.

**devocalize, -ise** [,diː'vəukəlaɪz] *vt* assourdir.

**devoid** [dɪ'vɔɪd] *adj*: ~ of dépourvu de, dénué de.

**devolution** [,diːvə'luːʃn] *n* **-1.** [of duty, power] délégation *f*; JUR [of property] transmission *f*, dévolution *f*.**-2.** POL décentralisation *f*.**-3.** BIOL dégénérescence *f*.

**devolutionist** [,diːvə'luːʃnɪst] ◇ *adj* décentralisateur. ◇ *n* partisan *m* de la décentralisation.

**devolve** [dɪ'vɒlv] ◇ *vi* **-1.** [duty, job] incomber; [by chance] incomber, échoir; the responsibility ~s on OR upon him la responsabilité lui incombe OR lui échoit. **-2.** JUR [estate] passer. ◇ *vt* déléguer; to ~ sthg on OR upon OR to sb déléguer qqch à qqn, charger qqn de qqch.

**devote** [dɪ'vəut] *vt* consacrer; to ~ o.s. to [study, work] se consacrer OR s'adonner à; [a cause] se vouer OR se consacrer à; [pleasure] se livrer à.

**devoted** [dɪ'vəutɪd] *adj* [friend, servant, service] dévoué, fidèle; [admirer] fervent; I'm ~ to my children je ferais tout pour mes enfants.

**devotedly** [dɪ'vəutɪdlɪ] *adv* avec dévouement.

**devotee** [,devə'tiː] *n* [of opera, sport etc] passionné *m*, -e *f*; [of doctrine] adepte *mf*, partisan *m*, -e *f*; [of religion] adepte *mf*.

**devotion** [dɪ'vəuʃn] *n* **-1.** [to person] dévouement *m*, attachement *m*; [to cause] dévouement *m*; he showed great ~ to duty il a prouvé son sens du devoir. **-2.** RELIG dévotion *f*, piété *f*.
◆ **devotions** *npl* dévotions *fpl*, prières *fpl*.

**devotional** [dɪ'vəuʃənl] ◇ *adj* [book, work] de dévotion OR piété; [attitude] de prière, pieux. ◇ *n* service *m* (religieux).

**devour** [dɪ'vauər] *vt* **-1.** [food] dévorer, engloutir; *fig* [book] dévorer. **-2.** [subj: fire] dévorer, consumer; ~ed by hatred *fig* dévoré de haine.

**devouring** [dɪ'vauərɪŋ] *adj* [hunger, jealousy] dévorant; [interest] ardent; [need] urgent.

**devout** [dɪ'vaut] *adj* [person] pieux, dévot; [hope, prayer] fervent.

**devoutly** [dɪ'vautlɪ] *adv* **-1.** [pray] avec dévotion, dévotement. **-2.** *fml* [earnestly] sincèrement.

**dew** [djuː] *n* rosée *f*.

**dewdrop** ['djuːdrɒp] *n* goutte *f* de rosée.

**dewlap** ['djuːlæp] *n* fanon *m*.

**dewy** ['djuːɪ] (*compar* **dewier**, *superl* **dewiest**) *adj* couvert OR humide de rosée.

**dewy-eyed** *adj* [innocent] innocent; [trusting] naïf, ingénu.

**Dexedrine**® ['deksɪdriːn] *n* Dexédrine® *f*.

**dexterity** [dek'sterətɪ] *n* adresse *f*, dextérité *f*.

**dexterous** ['dekstrəs] *adj* [person] adroit, habile; [movement] adroit, habile, agile.

**dextrose** ['dekstrəus] *n* dextrose *m*.

**dextrous** *etc* ['dekstrəs] = **dexterous**.

**DFE** *pr n abbr of* **Department for Education**.

**DG** *n abbr of* **director-general**.

**dhal** [daːl] *n* sorte de légumineuse; CULIN plat à base de lentilles et d'épices.

**DHSS** (*abbr of* **Department of Health and Social Security**) *pr n Br* ancien nom du ministère britannique de la santé et de la Sécurité sociale.

**diabetes** [,daɪə'biːtiːz] *n* diabète *m*.

**diabetic** [,daɪə'betɪk] ◇ *adj* diabétique. ◇ *n* diabétique *mf*.

**diabolic** [,daɪə'bɒlɪk] *adj* [action, plan] diabolique, infernal; [look, smile] diabolique, satanique.

**diabolical** [,daɪə'bɒlɪkl] *adj* **-1.** = **diabolic**. **-2.** *inf* [terrible] atroce, épouvantable, infernal; I think it's a ~ liberty il faut un toupet monstre OR un sacré culot pour faire une chose pareille.

**diabolically** [,daɪə'bɒlɪklɪ] *adv* **-1.** [fiendishly] diaboliquement, de manière diabolique. **-2.** *Br inf* [as intensifier] vachement, rudement, sacrément.

**diachronic** [,daɪə'krɒnɪk] *adj* diachronique.

**diacritic** [,daɪə'krɪtɪk] ◇ *adj* diacritique. ◇ *n* signe *m* diacritique.

**diadem** ['daɪədem] *n* diadème *m*.

**diaeresis** [daɪ'erɪsɪs] (*pl* **diaereses** [-,siːz]) = **dieresis**.

**diagnosable** [,daɪəg'nəuzəbl] *adj* susceptible d'être diagnostiqué, décelable.

**diagnose** ['daɪəgnəuz] *vt* [illness] diagnostiquer; they ~d her illness as cancer ils ont diagnostiqué un cancer ‖ *fig* [fault, problem] déceler, discerner.

**diagnosis** [ˌdaɪəɡ'nəʊsɪs] (*pl* **diagnoses** [-siːz]) *n* MED & *fig* diagnostic *m*; BIOL & BOT diagnose *f*.

**diagnostic** [ˌdaɪəɡ'nɒstɪk] *adj* diagnostique.

**diagnostician** [ˌdaɪəɡnɒs'tɪʃn] *n* diagnostiqueur *m*.

**diagnostics** [ˌdaɪəɡ'nɒstɪks] *n (U)* COMPUT & MED diagnostic *m*.

**diagonal** [daɪ'æɡənl] ◇ *adj* diagonal. ◇ *n* diagonale *f*.

**diagonally** [daɪ'æɡənəlɪ] *adv* en diagonale, diagonalement, obliquement.

**diagram** ['daɪəɡræm] (*Br pt* & *pp* **diagrammed**, *cont* **diagramming**, *Am pt* & *pp* **diagramed** OR **diagrammed**, *cont* **diagraming** OR **diagramming**) ◇ *n* [gen] diagramme *m*, schéma *m*; MATH diagramme *m*, figure *f*. ◇ *vt* donner une représentation graphique de.

**diagrammatic** [ˌdaɪəɡrə'mætɪk] *adj* schématique.

**dial** ['daɪəl] (*Br pt* & *pp* **dialled**, *cont* **dialling**, *Am pt* & *pp* **dialed**, *cont* **dialing**) ◇ *n* [of clock, telephone] cadran *m*; [of radio, TV] bouton *m* (de réglage). ◇ *vt* [number] composer; to ~ Spain direct appeler l'Espagne par l'automatique; ~ the operator appelez l'opératrice ❑ ~-a-joke/disc la plaisanterie/le disque du jour par téléphone.

**dial.** *written abbr of* **dialect.**

**dialect** ['daɪəlekt] *n* [regional] dialecte *m*, parler *m*; [local, rural] patois *m*.

**dialectal** [ˌdaɪə'lektl] *adj* dialectal, de dialecte.

**dialectic** [ˌdaɪə'lektɪk] ◇ *adj* dialectique. ◇ *n* dialectique *f*.

**dialectical** [ˌdaɪə'lektɪkl] *adj* dialectique.

**dialectical materialism** *n* matérialisme *m* dialectique.

**dialectology** [ˌdaɪəlek'tɒlədʒɪ] *n* dialectologie *f*.

**dialling code** ['daɪəlɪŋ-] *n Br* indicatif *m*.

**dialling tone** *Br* ['daɪəlɪŋ-], **dial tone** *Am n* tonalité *f*.

**dialogue** *Br*, **dialog** *Am* ['daɪəlɒɡ] *n* dialogue *m*.

**dial tone** *Am* = **dialling tone.**

**dialysis** [daɪ'ælɪsɪs] (*pl* **dialyses** [-siːz]) *n* dialyse *f*; ~ machine dialyseur *m*.

**diamanté** [dɪə'mɒnteɪ] *n* tissu *m* diamanté.

**diamantine** [ˌdaɪə'mæntaɪn] *adj* diamantin.

**diameter** [daɪ'æmɪtər] *n* -1. [gen & GEOM] diamètre *m*; the tree is two metres in ~ l'arbre fait deux mètres de diamètre. -2. [of microscope] unité *f* de grossissement.

**diametric(al)** [ˌdaɪə'metrɪk(l)] *adj* GEOM & *fig* diamétral.

**diametrically** [ˌdaɪə'metrɪklɪ] *adv* GEOM & *fig* diamétralement; ~ opposed diamétralement opposé.

**diamond** ['daɪəmənd] ◇ *n* -1. [gem] diamant *m*; he's a ~ in the rough *esp Am* il a un cœur d'or sous ses dehors frustes. -2. [shape] losange *m*. -3. CARDS carreau *m*. -4. [in baseball] terrain *m* (de baseball). ◇ *comp* -1. [brooch, ring etc] de diamant OR diamants; ~ necklace collier *m* OR rivière *f* de diamants. -2. [mine] de diamant OR diamants; ~ drill foreuse *f* à pointe de diamant; ~ merchant diamantaire *m*.

**diamond jubilee** *n* (célébration *f* du) soixantième anniversaire *m*.

**diamond wedding** *n* noces *npl* de diamant.

**Diana** [daɪ'ænə] *pr n* MYTH Diane.

**diaper** ['daɪəpər] *n* -1. *Am* [nappy] couche *f* (de bébé). -2. [fabric] damassé *m*.

**diaphanous** [daɪ'æfənəs] *adj* diaphane.

**diaphragm** ['daɪəfræm] *n* diaphragme *m*.

**diarist** ['daɪərɪst] *n* [private] auteur *m* d'un journal intime; [of public affairs] chroniqueur *m*.

**diarrhoea** *Br*, **diarrhea** *Am* [ˌdaɪə'rɪə] *n* diarrhée *f*; to have ~ avoir la diarrhée.

**diary** ['daɪərɪ] (*pl* **diaries**) *n* -1. [personal] journal *m* (intime); to keep a ~ tenir un journal. -2. *Br* [for business] agenda *m*.

**diaspora** [daɪ'æspərə] *n* HIST & *fig* diaspora *f*.

**diatribe** ['daɪətraɪb] *n* diatribe *f*.

**dib** [dɪb] (*pt* & *pp* **dibbed**, *cont* **dibbing**) *vi* pêcher à la ligne flottante.

**dibber** ['dɪbər] *Br* = **dibble** *n*.

**dibble** ['dɪbl] ◇ *n* plantoir *m*. ◇ *vt* [plant] repiquer au plantoir.

**dibs** [dɪbz] *npl* -1. [jacks] osselets *mpl*. -2. *inf* [claim]: to have ~ on sthg avoir des droits sur qqch.

**dice** [daɪs] (*pl inv*) ◇ *n* -1. [game] dé *m*; to play ~ jouer aux dés ❑ no ~! *Am inf* des clous!-2. CULIN dé *m*, cube *m*. ◇ *vt* CULIN couper en dés OR en cubes. ◇ *vi* jouer aux dés; to ~ with death jouer avec sa vie.

**dicey** ['daɪsɪ] (*compar* **dicier**, *superl* **diciest**) *adj inf* risqué, dangereux, délicat.

**dichotomy** [daɪ'kɒtəmɪ] (*pl* **dichotomies**) *n* dichotomie *f*.

**dick** [dɪk] *n* -1. ▼ [penis] queue *f*.-2. ▽ *Br* [idiot] con *m*.

**dickens** ['dɪkɪnz] *n inf*: what the ~ are you doing? mais qu'est-ce què tu fabriques?; we had a ~ of a job getting a babysitter ça a été la galère OR la croix et la bannière pour trouver une baby-sitter.

**Dickensian** [dɪ'kenzɪən] *adj* à la Dickens.

**dickey** ['dɪkɪ] *n* -1. [shirt] faux plastron *m* (de chemise). -2. *Br* [in carriage] siège *m* du cocher; AUT spider *m*, strapontin *m*.-3. *Br inf* [bow tie]: ~ (bow) nœud *m* pap.

**dickhead** ['dɪkhed] *n* con *m*.

**dicky** ['dɪkɪ] (*pl* **dickies**, *compar* **dickier**, *superl* **dickiest**) ◇ *n* = **dickey**. ◇ *adj Br inf* [ladder] peu solide, branlant; [heart] qui flanche; [situation] peu sûr.

**dickybird** ['dɪkɪbɜːd] *n inf* petit oiseau *m*.

**dicta** ['dɪktə] *pl* → **dictum.**

**Dictaphone®** ['dɪktəfəʊn] *n* Dictaphone® *m*, machine *f* à dicter.

**dictate** [*vb* dɪk'teɪt, *n* 'dɪkteɪt] ◇ *vt* -1. [letter] dicter; to ~ sthg to sb dicter qqch à qqn. -2. [determine – terms, conditions] dicter, imposer; he ~s how we run the business c'est lui qui décide de la marche de l'entreprise; our budget will ~ the type of computer we buy le type d'ordinateur que nous achèterons dépendra de notre budget. ◇ *vi* [give dictation] dicter. ◇ *n* -1. [order] ordre *m*.-2. (*usu pl*) [principle] précepte *m*; the ~s of conscience/reason la voix de la conscience/raison.

◆ **dictate to** *vt insep* donner des ordres à; I won't be ~d to je n'ai pas d'ordres à recevoir!

**dictation** [dɪk'teɪʃn] *n* [of letter, story] dictée *f*; to take ~ écrire sous la dictée; French ~ dictée de français.

**dictator** [dɪk'teɪtər] *n* dictateur *m*.

**dictatorial** [ˌdɪktə'tɔːrɪəl] *adj* dictatorial.

**dictatorially** [ˌdɪktə'tɔːrɪəlɪ] *adv* dictatorialement, en dictateur.

**dictatorship** [dɪk'teɪtəʃɪp] *n* dictature *f*.

**diction** ['dɪkʃn] *n* -1. [pronunciation] diction *f*, élocution *f*.-2. [phrasing] style *m*, langage *m*.

**dictionary** ['dɪkʃənrɪ] (*pl* **dictionaries**) *n* dictionnaire *m*.

**dictum** ['dɪktəm] (*pl* **dicta** [-tə] OR **dictums**) *n fml* -1. [statement] affirmation *f*; JUR remarque *f* superfétatoire. -2. [maxim] dicton *m*, maxime *f*.

**did** [dɪd] *pt* → **do.**

**didactic** [dɪ'dæktɪk] *adj* didactique.

**didactically** [dɪ'dæktɪklɪ] *adv* didactiquement.

**diddle** ['dɪdl] *vt Br inf* duper, rouler; to ~ sb out of sthg carotter qqch à qqn.

**diddums** ['dɪdəmz] *n inf* pauvre petit.

**didn't** ['dɪdnt] = **did not.**

**didst** [dɪdst] *2nd pers sing arch* → **did.**

**die** [daɪ] (*pl sense 1* **dice** [daɪs], *pl sense 2* **dies**) ◇ *vi* -1. [person] mourir, décéder; she's dying elle est mourante OR à l'agonie; she ~d of cancer elle est morte du OR d'un cancer; thousands are dying of hunger des milliers de gens meurent de faim; to ~ a hero mourir en héros; he left us to ~ il nous a abandonnés à la mort ❑ *fig*: to ~ laughing *inf* mourir de rire; I nearly ~d *inf*, I could have ~d *inf* [from fear] j'étais mort de trouille; [from embarrassment] j'aurais voulu rentrer sous terre, je ne savais plus où me mettre ❑ to ~ with one's boots on OR in harness mourir debout OR en pleine activité; never say ~! il ne faut jamais désespérer!-2. [animal, plant] mourir. -3. [engine] caler, s'arrêter. -4. [fire, love, memory] s'éteindre, mourir; [tradition] s'éteindre, disparaître, mourir; [smile] disparaître, s'évanouir; old habits ~ hard les mauvaises habitudes ne se perdent pas facilement; her secret ~d with her elle a emporté son secret dans la tombe. -5. *inf* [want very much]: to be dying for sthg avoir une envie folle de qqch; to be dying to do sthg mourir d'envie de faire qqch.

◇ *vt*: to ~ a natural/violent death mourir de sa belle mort/de mort violente.

◇ *n* **-1.** GAMES dé *m* (à jouer); the ~ is cast *fig* les dés sont jetés. **-2.** ARCHIT [dado] dé *m* (*d'un piédestal*); TECH [stamp] matrice *f*; [in minting] coin *m*; as straight as a ~ franc comme l'or.

◆ **die away** *vi insep* s'affaiblir, s'éteindre, mourir.

◆ **die back** *vi insep* [plant] dépérir.

◆ **die down** *vi insep* **-1.** [wind] tomber, se calmer; [fire – in chimney] baisser; [– in building, forest] s'apaiser, diminuer; [noise] diminuer; [anger, protest] se calmer, s'apaiser. **-2.** [plant] se flétrir, perdre ses feuilles et sa tige.

◆ **die off** *vi insep* mourir les uns après les autres.

◆ **die out** *vi insep* [family, tribe, tradition] disparaître, s'éteindre; [fire] s'éteindre; the panda is in danger of dying out le panda est menacé d'extinction.

**die-cast** ◇ *vt* mouler sous pression OR en matrice. ◇ *adj* moulé sous pression OR en matrice.

**die-casting** *n* moulage *m* en matrice.

**diehard** ['daɪhɑːd] ◇ *n* conservateur *m*, -trice *f*, réactionnaire *mf*; the party ~s les durs du parti. ◇ *adj* intransigeant; POL réactionnaire; a ~ liberal un libéral pur et dur.

**dieresis** [daɪ'erɪsɪs] (*pl* **diereses** [-siːz]) *n* [sound] diérèse *f*; [sign] tréma *m*.

**diesel** ['diːzl] *n* [vehicle] diesel *m*; [fuel] gas-oil *m*, gazole *m*.

**diesel-electric** ◇ *adj* diesel-électrique. ◇ *n* dieselélectrique *m*.

**diesel engine** *n* AUT moteur *m* diesel; RAIL motrice *f*.

**diesel fuel, diesel oil** *n* gas-oil *m*, gazole *m*.

**diesel train** *n* autorail *m*.

**diet** ['daɪət] ◇ *n* **-1.** [regular food] alimentation *f*, nourriture *f*; they live on a ~ of rice and fish ils se nourrissent de riz et de poisson. **-2.** [restricted or special food] régime *m*; to be on a ~ être au régime; to go on a ~ faire OR suivre un régime; a low-fat ~ un régime à faible teneur en matières grasses. **-3.** [assembly] diète *f*. ◇ *comp* [drink, food] de régime, basses calories. ◇ *vi* suivre un régime.

**dietary** ['daɪətrɪ] (*pl* **dietaries**) ◇ *adj* [supplement] alimentaire; [of special food] de régime, diététique; ~ fibre cellulose *f* végétale. ◇ *n* régime *m* alimentaire (*d'un malade, d'une prison*).

**dietetic** [,daɪə'tetɪk] *adj* diététique.

**dietetics** [,daɪə'tetɪks] *n* (*U*) diététique *f*.

**dietician** [,daɪə'tɪʃn] *n* diététicien *m*, -enne *f*.

**differ** ['dɪfər] *vi* **-1.** [vary] différer, être différent; in what way does this text ~ from the first? en quoi ce texte diffère-t-il du premier?; the two approaches ~ quite considerably les deux approches n'ont pas grand-chose à voir l'une avec l'autre; the houses ~ in size and design les maisons diffèrent par leurs dimensions et leur conception. **-2.** [disagree] être en désaccord, ne pas être d'accord.

**difference** ['dɪfrəns] *n* **-1.** [dissimilarity] différence *f*; [in age, size, weight] écart *m*, différence *f*; there are many ~s between the two cultures les deux cultures sont très différentes l'une de l'autre; I can't tell the ~ between the two je ne vois pas la différence entre les deux; there's a ~ in height of six inches il y a une différence de hauteur de quinze centimètres; it makes no ~, it doesn't make the slightest ~ ça n'a aucune importance, ça revient au même, ça ne change absolument rien; it makes no ~ to me (one way or the other) (d'une manière ou d'une autre), cela m'est (parfaitement) égal; does it make any ~ whether he comes or not? est-ce que ça change quelque chose qu'il vienne ou pas?; that makes all the ~ voilà qui change tout; a house with a ~ une maison pas comme les autres. **-2.** [disagreement] différend *m*; we have our ~s nous ne sommes pas toujours d'accord; a ~ of opinion une différence OR divergence d'opinion. **-3.** [in numbers, quantity] différence *f*.

**different** ['dɪfrənt] *adj* **-1.** [not identical] différent, autre; ~ from OR to OR *esp Am* than différent de; it's very ~ from any other city I've visited ça ne ressemble en rien aux autres villes que j'ai visitées; you look ~ today tu n'es pas comme d'habitude aujourd'hui; he put on a ~ shirt il a mis une autre chemise; she's a ~ person since their wedding elle a beaucoup changé depuis leur mariage; what's ~ about it? qu'est-ce qu'il y a de différent OR de changé?; I now see

things in a ~ light je vois désormais les choses sous un autre jour OR angle; that's quite a ~ matter ça, c'est une autre affaire OR histoire. **-2.** [various] divers, différents, plusieurs. **-3.** [unusual] singulier; I'm looking for something ~ je cherche quelque chose d'original OR qui sorte de l'ordinaire; she always has to be ~ elle veut toujours se singulariser, elle ne peut jamais faire comme tout le monde; I've been out with a lot of men before, but he's ~ je suis sortie avec beaucoup d'hommes, mais celui-là n'est pas comme les autres.

**differential** [,dɪfə'renʃl] ◇ *adj* **-1.** MATH différentiel. **-2.** AUT différentiel *m*; ~ housing boîtier *m* de différentiel. ◇ *n* **-1.** [in salary] écart *m* salarial. **-2.** MATH différentielle *f*. **-3.** = differential gear.

**differential calculus** *n* calcul *m* différentiel.

**differential coefficient** *n* dérivée *f*.

**differential equation** *n* équation *f* différentielle.

**differential gear** *n* différentiel.

**differentiate** [,dɪfə'renʃɪeɪt] ◇ *vt* **-1.** [distinguish] différencier, distinguer; what ~s this product from its competitors? qu'est-ce qui différencie OR distingue ce produit de ses concurrents?. **-2.** MATH différencier, calculer la différentielle de. ◇ *vi* faire la différence OR distinction; I'm unable to ~ between the two je ne vois pas de différence entre les deux.

**differentiation** [,dɪfərenʃɪ'eɪʃn] *n* [gen] différenciation *f*; MATH différentiation *f*.

**differently** ['dɪfrəntlɪ] *adv* différemment, autrement; I do it ~ from OR *esp Am* than you je le fais différemment de OR autrement que vous, je ne fais pas ça comme vous.

**difficult** ['dɪfɪkəlt] *adj* **-1.** [problem, task] difficile, dur, ardu; [book, question] difficile; he's had a ~ life il a eu une vie difficile; I find it ~ to believe she's gone j'ai du mal à OR il m'est difficile de croire qu'elle est partie; the most ~ part is over le plus difficile OR le plus dur est fait. **-2.** [awkward] difficile, peu commode; don't be so ~! ne fais pas le difficile!, ne fais pas la fine bouche!; he's ~ to get along with il n'est pas commode, il a un caractère difficile; we could make life/things very ~ for you on pourrait sérieusement vous compliquer la vie/les choses.

**difficulty** ['dɪfɪkəltɪ] (*pl* **difficulties**) *n* **-1.** (*U*) [trouble] difficulté *f*, difficultés *fpl*; to have ~ experience ~ (in) doing sthg avoir du mal OR de la peine OR des difficultés à faire qqch; with ~ avec difficulté OR peine; without ~ sans difficulté OR peine. **-2.** [obstacle, problem] difficulté *f*, problème *m*; the main ~ is getting the staff le plus difficile, c'est de trouver le personnel ‖ [predicament] difficulté *f*, embarras *m*; to get into difficulties être OR se trouver en difficulté; to be in financial difficulties avoir des ennuis d'argent, être dans l'embarras.

**diffidence** ['dɪfɪdəns] *n* manque *m* d'assurance OR de confiance en soi, timidité *f*.

**diffident** ['dɪfɪdənt] *adj* [person] qui manque de confiance en soi OR d'assurance; [remark, smile] timide; [tone] hésitant.

**diffidently** ['dɪfɪdəntlɪ] *adv* avec timidité OR embarras, de façon embarrassée.

**diffract** [dɪ'frækt] *vt* diffracter.

**diffraction** [dɪ'frækʃn] *n* diffraction *f*.

**diffuse** [*vb* dɪ'fjuːz, *adj* dɪ'fjuːs] ◇ *vt* diffuser, répandre. ◇ *vi* se diffuser, se répandre. ◇ *adj* **-1.** [light] diffus; [thought] diffus, vague. **-2.** [wordy] diffus, prolixe.

**diffused** [dɪ'fjuːzd] *adj* diffus.

**diffuser** [dɪ'fjuːzər] *n* [gen & ELEC] diffuseur *m*.

**diffusion** [dɪ'fjuːʒn] *n* **-1.** [of light, news] diffusion *f*. **-2.** [of style] prolixité *f*.

**dig** [dɪg] (*pt* & *pp* **dug** [dʌg], *cont* **digging**) ◇ *vt* **-1.** [in ground – hole] creuser; [– tunnel] creuser, percer; [with spade] bêcher; he dug his way under the fence il s'est creusé un passage sous la clôture; to ~ potatoes arracher des pommes de terre ❑ to ~ one's own grave creuser sa propre tombe. **-2.** [jab] enfoncer; she dug me in the ribs (with her elbow) elle m'a donné un coup de coude dans les côtes. **-3.** ▽ *dated* [understand] piger; [appreciate, like] aimer; [look at] viser. ◇ *vi* **-1.** [person] creuser; [animal] fouiller, fouir; to ~ for gold creuser pour trouver de l'or; he spends hours digging about in old junk shops *fig* il passe des heures à fouiller dans les magasins de brocante. **-2.** ▽ *dated* [understand] piger. ◇ *n* **-1.** [in ground] coup *m* de bêche. **-2.** ARCHEOL fouilles *fpl*; to go on a ~ faire des fouilles. **-3.** [jab] coup *m*; to give sb a ~ in the ribs donner un coup de coude dans les côtes de qqn. **-4.** *inf* [snide remark] coup *m* de patte; that was a ~ at you c'était une pierre dans votre jardin.

◆ **dig in** ◇ *vi insep* **-1.** MIL [dig trenches] se retrancher; *fig* tenir bon. **-2.** *inf* [eat] commencer à manger; ~ in! allez-y, mangez!, attaquez! ◇ *vt sep* **-1.** [mix with ground] enterrer. **-2.** [jab] enfoncer; to ~ in one's heels se braquer, se buter; to ~ o.s. in *literal* se retrancher; *fig* camper sur ses positions.

◆ **dig into** *vt insep* **-1.** [delve into] fouiller dans; don't ~ into your savings *fig* n'entame pas tes économies, ne pioche pas dans tes économies. **-2.** [jab]: your elbow is digging into me ton coude me rentre dans les côtes.

◆ **dig out** *vt sep* **-1.** [remove] extraire; [from ground] déterrer; they had to ~ the car out of the snow il a fallu qu'ils dégagent la voiture de la neige (à la pelle). **-2.** *inf* [find] dénicher.

◆ **dig up** *vt sep* **-1.** [ground – gen] retourner; [– with spade] bêcher. **-2.** [plant] arracher. **-3.** [unearth] déterrer; *inf* & *fig* [find] dénicher; where did you ~ him up? où est-ce que tu l'as pêché OR dégoté?

**digest** [*vb* dɪ'dʒest, *n* 'daɪdʒest] ◇ *vt* **-1.** [food] digérer. **-2.** [idea] assimiler, digérer. **-3.** [classify] classer; [sum up] résumer. ◇ *vi* digérer. ◇ *n* **-1.** [of book, facts] résumé *m*; in ~ form en abrégé. **-2.** JUR digeste *m*. **-3.** [magazine] digest *m*.

**digestible** [dɪ'dʒestəbl] *adj literal* & *fig* digeste, facile à digérer.

**digestion** [dɪ'dʒestʃn] *n* digestion *f*.

**digestive** [dɪ'dʒestɪv] ◇ *adj* digestif; ~ troubles troubles *mpl* de la digestion ❑ ~ biscuit *Br sorte de sablé*; ~ system/tract système *m*/appareil *m* digestif. ◇ *n* [drink] digestif *m*; *Br* [biscuit] *sorte de sablé*.

**digger** ['dɪgər] *n* **-1.** [miner] mineur *m*; *Br inf* CONSTR terrassier *m*. **-2.** [machine] excavatrice *f*, pelleteuse *f*.

**diggings** ['dɪgɪŋz] *npl* **-1.** ARCHEOL fouilles *fpl*. **-2.** MIN [dirt] terrassement *m*; [pit] creusement *m*, excavation *f*; [of gold] placer *m*. **-3.** *Br inf* & *dated* = **digs**.

**digit** ['dɪdʒɪt] *n* **-1.** [number] chiffre *m*; three-~ number nombre à trois chiffres. **-2.** [finger] doigt *m*; [toe] orteil *m*. **-3.** ASTRON doigt *m*.

**digital** ['dɪdʒɪtl] *adj* **-1.** ANAT digital. **-2.** [clock, watch] à affichage numérique; [display] numérique; COMPUT numérique.

**digital audio tape** → **DAT**.

**digital computer** *n* calculateur *m* numérique.

**digitalis** [,dɪdʒɪ'teɪlɪs] *n* BOT digitale *f*; PHARM digitaline *f*.

**digital recording** *n* enregistrement *m* numérique.

**digitization** [,dɪdʒɪtaɪ'zeɪʃn] *n* numérisation *f*.

**digitize, -ise** ['dɪdʒɪtaɪz] *vt* numériser.

**dignified** ['dɪgnɪfaɪd] *adj* [person] plein de dignité, digne; [silence] digne; he behaved in a very ~ manner il s'est comporté avec beaucoup de dignité.

**dignify** ['dɪgnɪfaɪ] (*pt* & *pp* **dignified**) *vt* donner de la dignité à; I refuse to even ~ that question with an answer cette question n'est même pas digne de réponse OR ne mérite même pas une réponse.

**dignitary** ['dɪgnɪtrɪ] (*pl* **dignitaries**) *n* dignitaire *m*.

**dignity** ['dɪgnətɪ] (*pl* **dignities**) *n* **-1.** [importance, poise] dignité *f*; it would be beneath my ~ to accept accepter serait indigne de moi OR serait m'abaisser; she considered it beneath her ~ elle s'estimait au-dessus de ça; to stand on one's ~ se draper dans sa dignité. **-2.** [rank] dignité *f*, haut rang *m*; [title] titre *m*, dignité *f*.

**digress** [daɪ'gres] *vi* s'éloigner, s'écarter; but I ~ mais je m'égare, revenons à nos moutons.

**digression** [daɪ'greʃn] *n* digression *f*.

**digressive** [daɪ'gresɪv] *adj* qui s'écarte OR s'éloigne du sujet.

**digs** [dɪgz] *npl Br inf* piaule *f*.

**dike** [daɪk] = **dyke**.

**diktat** ['dɪktæt] *n* **-1.** POL [decree] diktat *m*. **-2.** [statement] affirmation *f* catégorique.

**dilapidated** [dɪ'læpɪdeɪtɪd] *adj* [house] délabré; [car] déglingué; in a ~ state dans un état de délabrement OR de dégradation avancé.

**dilapidation** [dɪ,læpɪ'deɪʃn] *n* [of building] délabrement *m*,

dégradation *f*.

**dilate** [daɪ'leɪt] ◇ *vi* **-1.** [physically] se dilater. **-2.** *fml* [talk]: to ~ on OR upon a topic s'étendre sur un sujet. ◇ *vt* dilater.

**dilation** [daɪ'leɪʃn] *n* **-1.** [gen & MED] dilatation *f*; ~ and curettage (dilatation et) curetage *m*. **-2.** *fml* [talk] exposition *f* en détail.

**dilator** [daɪ'leɪtər] *n* [instrument] dilatateur *m*; [muscle] muscle *m* dilatateur.

**dilatory** ['dɪlətrɪ] *adj fml* [action, method] dilatoire; [person] lent.

**dildo** ['dɪldəʊ] (*pl* **dildos**) *n* godemiché *m*.

**dilemma** [dɪ'lemə] *n* dilemme *m*; to be in a ~ être pris dans un dilemme; her decision leaves me in something of a ~ sa décision me pose un cruel dilemme.

**dilettante** [,dɪlɪ'tæntɪ] (*pl* **dilettantes** OR **dilettanti** [-tɪ]) ◇ *n* dilettante *mf*. ◇ *adj* dilettante.

**dilettantism** [,dɪlɪ'tæntɪzm] *n* dilettantisme *m*.

**diligence** ['dɪlɪdʒəns] *n* **-1.** [effort] assiduité *f*, application *f*, zèle *m*. **-2.** [carriage] diligence *f*.

**diligent** ['dɪlɪdʒənt] *adj* [person] assidu, appliqué; [work] appliqué, diligent.

**diligently** ['dɪlɪdʒəntlɪ] *adv* avec assiduité OR soin OR application, assidûment.

**dill** [dɪl] *n* aneth *m*.

**dill pickle** *n* cornichon *m* à l'aneth.

**dilly-dally** ['dɪlɪdælɪ] (*pt* & *pp* **dilly-dallied**) *vi inf* [dawdle] lanterner, lambiner; [hesitate] hésiter, tergiverser.

**dilute** [daɪ'luːt] ◇ *vt* **-1.** [liquid] diluer, étendre; [milk, wine] mouiller, couper d'eau; [sauce] délayer, allonger; [colour] délayer; '~ to taste' diluer selon votre goût. **-2.** PHARM diluer. **-3.** *fig* [weaken] diluer, édulcorer; ~d socialism socialisme affadi OR édulcoré. ◇ *adj* [liquid] dilué, coupé OR étendu (d'eau); [colour] délayé, adouci; *fig* dilué, édulcoré.

**dilution** [daɪ'luːʃn] *n* [act, product] dilution *f*; [of milk, wine] coupage *m*, mouillage *m*; *fig* édulcoration *f*.

**dim** [dɪm] (*pt* & *pp* **dimmed**, *cont* **dimming**) ◇ *adj* **-1.** [light] faible, pâle; [lamp] faible; [room] sombre; [colour] terne, sans éclat; to grow ~ [light] baisser; [room] devenir sombre; [colour] devenir terne. **-2.** [indistinct – shape] vague, imprécis; [– sight] faible, trouble; [– sound] vague, indistinct; she has only a ~ memory of it elle n'a qu'un vague souvenir; in the ~ and distant past *hum* au temps jadis. **-3.** [gloomy] sombre, morne; to take a ~ view of sthg ne pas beaucoup apprécier qqch, voir qqch d'un mauvais œil. **-4.** *inf* [stupid] gourde. ◇ *vt* **-1.** [light] baisser; ~ your headlights *Am* AUT mettez-vous en codes. **-2.** [beauty, colour, hope, metal] ternir; [memory] estomper, effacer; [mind, senses] affaiblir, troubler; [sound] affaiblir; [sight] baisser, troubler; his eyes were dimmed with tears ses yeux étaient voilés de larmes. ◇ *vi* [light] baisser, s'affaiblir; [beauty, glory, hope] se ternir; [colour] devenir terne OR mat; [memory] s'estomper, s'effacer; [sound] s'affaiblir; [sight] baisser, se troubler.

◆ **dim out** *vt sep Am* plonger dans un black-out partiel.

**dime** [daɪm] *n Am* pièce *f* de dix cents; guys like that are a ~ a dozen *inf* des types comme lui, on en trouve à la pelle; it's not worth a ~ OR one thin ~ *inf* ça ne vaut pas un clou.

**dimension** [dɪ'menʃn] *n* **-1.** [measurement, size] dimension *f*; ARCHIT & GEOM dimension *f*, cote *f*; MATH & PHYS dimension *f*. **-2.** *fig* [scope] étendue *f*; [aspect] dimension *f*.

**-dimensional** [dɪ'menʃənl] *in cpds*: two/four~ à deux/quatre dimensions.

**dime store** *n Am* supérette *f* de quartier.

**diminish** [dɪ'mɪnɪʃ] ◇ *vt* **-1.** [number] diminuer, réduire; [effect, power] diminuer, amoindrir; [value] réduire. **-2.** [person] déprécier, rabaisser. **-3.** ARCHIT [column] amincir, diminuer; MUS diminuer. ◇ *vi* diminuer, se réduire.

**diminished** [dɪ'mɪnɪʃt] *adj* **-1.** [number, power, speed] diminué, amoindri; [reputation] diminué, terni; [value] réduit; ~ responsibility JUR responsabilité *f* atténuée. **-2.** MUS diminué.

**diminishing** [dɪ'mɪnɪʃɪŋ] ◇ *adj* [influence, number, speed] décroissant, qui va en diminuant; [price, quality] qui baisse, en baisse; the law of ~ returns la loi des rendements décroissants. ◇ *n* diminution *f*, baisse *f*.

**diminuendo** [dɪ,mɪnjʊ'endəʊ] (*pl* **diminuendos**) ◇ *n* diminuendo *m*. ◇ *adv* diminuendo.

**diminution** [ˌdɪmɪ'nju:ʃn] *n* **-1.** [in number, value] diminution *f*, baisse *f*; [in speed] réduction *f*; [in intensity, importance, strength] diminution *f*, affaiblissement *m*; [in temperature] baisse *f*, abaissement *m*; [in authority, price] baisse *f*.-**2.** MUS diminution *f*.

**diminutive** [dɪ'mɪnjʊtɪv] ◇ *adj* [tiny] minuscule, tout petit; LING diminutif. ◇ *n* diminutif *m*.

**dimly** ['dɪmlɪ] *adv* [shine] faiblement, sans éclat; [see] indistinctement, à peine; [remember] vaguement, à peine; the room was ~ lit la pièce était mal OR faiblement éclairée.

**dimmer** ['dɪmə'] *n* -**1.** [on lamp] rhéostat *m* OR variateur *m* (de lumière). -**2.** *Am* AUT [switch] basculeur *m* (de phares).
◆ **dimmers** *npl* [headlights] phares *mpl* code; [parking lights] feux *mpl* de position.

**dimmer switch** *n* variateur *m* (de lumière).

**dimness** ['dɪmnɪs] *n* -**1.** [of light, sight] affaiblissement *m*; [of room] obscurité *f*; [of colour, metal] aspect *m* terne; [of memory, shape] imprécision *f*.-**2.** *inf* [stupidity] sottise *f*.

**dimple** ['dɪmpl] ◇ *n* [in cheek, chin] fossette *f*; [in surface of ground, water] ride *f*, ondulation *f*. ◇ *vi* [cheek] former OR creuser des fossettes; [surface of ground] onduler, former des rides; [surface of water] onduler, se rider.

**dimpled** ['dɪmpld] *adj* [cheek, chin] à fossettes; [arm, knee] potelé; [surface] ridé, ondulé.

**dimwit** ['dɪmwɪt] *n inf* crétin *m*, -e *f*.

**dim-witted** *adj inf* crétin, gourde.

**din** [dɪn] (*pt & pp* **dinned**, *cont* **dinning**) ◇ *n* [of people] tapage *m*, tumulte *m*; [in classroom] chahut *m*; [of industry, traffic] vacarme *m*; they were kicking up *inf* OR making a real ~ ils faisaient un boucan d'enfer OR monstre. ◇ *vt*: to ~ sthg into sb *inf* [knowledge] faire (bien) comprendre qqch à qqn, faire entrer qqch dans la tête à qqn.

**DIN** [dɪn] *n* -**1.** (*abbr of* **Deutsche Industrie Norm**) (indice *m*) DIN *f*.-**2.** PHOT DIN *f*.

**dindins** ['dɪndɪnz] *n baby talk* dîner *m*.

**dine** [daɪn] ◇ *vi* dîner; to ~ off OR on sthg dîner de qqch. ◇ *vt* offrir à dîner à.
◆ **dine out** *vi insep* dîner dehors OR en ville; I ~d out on that story for weeks *fig* ça m'a fait une bonne histoire à raconter pendant des semaines.

**diner** ['daɪnə'] *n* -**1.** [person] dîneur *m*, -euse *f*.-**2.** RAIL wagon-restaurant *m*; *Am* petit restaurant *m* sans façon.

**dinette** [daɪ'net] *n* coin-repas *m*.

**ding** [dɪŋ] ◇ *vi* tinter. ◇ *vt* = din. ◇ *n* tintement *m*.

**ding-a-ling** ['dɪŋə,lɪŋ] *n* [ring] dring dring *m*, tintement *m*.

**dingbat** ['dɪŋbæt] *n inf*. -**1.** *Am* [thing] truc *m*, machin *m*.-**2.** [fool] crétin *m*, -e *f*, gourde *f*.

**dingdong** [,dɪŋ'dɒŋ] ◇ *n* -**1.** [sound] ding dong *m*.-**2.** *Br inf* [quarrel] dispute *f*; [fight] bagarre *f*. ◇ *adj inf* [argument, fight] acharné; [race] très disputé.

**dinger** ['dɪŋə'] *n Am inf* [person] imbécile *mf*.

**dinghy** ['dɪŋgɪ] (*pl* **dinghies**) *n* [rowing boat] petit canot *m*, youyou *m*; [sailboat] dériveur *m*; [rubber] canot *m* pneumatique, dinghy *m*.

**dinginess** ['dɪndʒɪnɪs] *n* [shabbiness] aspect *m* miteux OR douteux; [drabness] couleur *f* terne.

**dingle** ['dɪŋgl] *n* vallon *m* boisé.

**dingo** ['dɪŋgəʊ] (*pl* **dingoes**) *n* dingo *m*.

**dingy** ['dɪndʒɪ] (*compar* **dingier**, *superl* **dingiest**) *adj* [shabby] miteux; [dirty] douteux; [colour] terne.

**dining car** ['daɪnɪŋ-] *n* wagon-restaurant *m*.

**dining hall** ['daɪnɪŋ-] *n* réfectoire *m*, salle *f* à manger.

**dining room** ['daɪnɪŋ-] ◇ *n* salle *f* à manger. ◇ *comp* [curtains, furniture] de (la) salle à manger; ~ suite salle *f* à manger (meubles).

**dining table** ['daɪnɪŋ-] *n* table *f* de salle à manger.

**dinner** ['dɪnə'] ◇ *n* [evening meal] dîner *m*; [~ very late] souper *m*; *dial* [lunch] déjeuner *m*; to be at ~ être en train de dîner; she's having guests to ~ elle a des invités à dîner; they went out to ~ [in restaurant] ils ont dîné au restaurant OR en ville; [at friends] ils ont dîné chez des amis; did you give the cat its ~? avez-vous donné à manger au chat?; a formal ~ un grand dîner OR dîner officiel ❑ I've played more cup matches in my time than you've had hot ~s *Br inf* j'ai joué plus de matchs de coupe dans ma vie que tu n'en joueras jamais. ◇ *comp* [fork, knife] de table; she rang the ~ bell elle a sonné pour annoncer le dîner; ~ duty SCH service *m* de réfectoire; ~ hour [at work] heure *f* du déjeuner; [at school] pause *f* de midi; ~ plate (grande) assiette *f*.

**dinner dance** *n* dîner *m* dansant.

**dinner jacket** *n* smoking *m*.

**dinner lady** *n Br* employée d'une cantine scolaire.

**dinner party** *n* dîner *m* (sur invitation).

**dinner service** *n* service *m* de table.

**dinner table** *n* table *f* de salle à manger; at OR over the ~ pendant le dîner, au dîner.

**dinnertime** ['dɪnətaɪm] *n* heure *f* du dîner.

**dinnerware** ['dɪnəweə'] *n Am* vaisselle *f*.

**dinosaur** ['daɪnəsɔː'] *n* dinosaure *m*; the institute's become a bit of a ~ *fig* l'institut est le survivant d'une époque révolue OR a fait son temps.

**dint** [dɪnt] = dent.
◆ **by dint of** *prep phr* à force de.

**diocesan** [daɪ'ɒsɪsn] ◇ *adj* diocésain. ◇ *n* (évêque *m*) diocésain *m*.

**diocese** ['daɪəsɪs] *n* diocèse *m*.

**diode** ['daɪəʊd] *n* diode *f*.

**Diogenes** [daɪ'ɒdʒɪniːz] *pr n* Diogène.

**Dionysiac** [,daɪə'nɪzɪæk], **Dionysian** [,daɪə'nɪzɪən] *adj* dionysiaque.

**Dionysus** [,daɪə'naɪsəs] *pr n* Dionysos.

**diorama** [,daɪə'rɑːmə] *n* diorama *m*.

**dioxide** [daɪ'ɒksaɪd] *n* dioxyde *m*.

**dip** [dɪp] (*pt & pp* **dipped**, *cont* **dipping**) ◇ *vi* -**1.** [incline – ground] descendre, s'incliner; [– road] descendre, plonger; [– head] pencher, s'incliner. -**2.** [drop – sun] baisser, descendre à l'horizon; [– price] diminuer, baisser; [– temperature] baisser; [– plane] piquer; [– boat] tanguer, piquer. ◇ *vt* -**1.** [immerse] tremper, plonger; TECH tremper; [clean] décaper; [dye] teindre; [sheep] laver. -**2.** [plunge] plonger. -**3.** *Br* AUT: to ~ one's headlights se mettre en codes; dipped headlights codes *mpl*, feux *mpl* de croisement. ◇ *n* -**1.** *inf* [swim] baignade *f*, bain *m* (*en mer, en piscine*); to go for a ~ aller se baigner, aller faire trempette; a brief ~ into Homer *fig* un survol rapide d'Homère. -**2.** [liquid] bain *m*; [for sheep] bain *m* parasiticide. -**3.** [slope – in ground] déclivité *f*; [– in road] descente *f*; GEOL pendage *m*.-**4.** [bob] inclinaison *f*; [of head] hochement *m*.-**5.** [drop – in temperature] baisse *f*; [– in price] fléchissement *m*, baisse *f*.-**6.** CULIN pâte ou mousse (à tartiner) servie avec du pain ou des biscuits salés; avocado ~ mousse *f* à l'avocat.
◆ **dip into** *vt insep* -**1.** [dabble]: I've only really dipped into Shakespeare j'ai seulement survolé OR feuilleté Shakespeare. -**2.** [draw upon] puiser dans.

**Dip.** *written abbr of* diploma.

**DipEd** [dɪp'ed] (*abbr of* **Diploma in Education**) *n Br* ≃ CAPES *m*.

**diphtheria** [dɪf'θɪərɪə] *n* diphtérie *f*; ~ vaccine vaccin *m* antidiphtérique.

**diphthong** ['dɪfθɒŋ] *n* diphtongue *f*.

**diploma** [dɪ'pləʊmə] *n* diplôme *m*; she has a ~ in business studies elle est diplômée de OR en commerce; teaching ~ diplôme d'enseignement.

**diplomacy** [dɪ'pləʊməsɪ] *n* POL & *fig* diplomatie *f*.

**diplomat** ['dɪpləmæt] *n* POL & *fig* diplomate *mf*.

**diplomatic** [,dɪplə'mætɪk] *adj* -**1.** POL diplomatique. -**2.** *fig* [person] diplomate; [action, remark] diplomatique; you have to be ~ when dealing with these people il faut faire preuve de tact OR user de diplomatie pour traiter avec ces gens-là.

**diplomatically** [,dɪplə'mætɪklɪ] *adv* POL diplomatiquement; *fig* avec diplomatie, diplomatiquement.

**diplomatic bag** *Br*, **diplomatic pouch** *Am* *n* valise *f* diplomatique.

**diplomatic corps** *n* corps *m* diplomatique.

**diplomatic immunity** *n* immunité *f* diplomatique; to claim ~ faire valoir l'immunité diplomatique.

**Diplomatic Service** *n*: the ~ la diplomatie, le service diplomatique.

**diplomatist** [dɪˈpləʊmətɪst] = **diplomat.**

**dipper** [ˈdɪpəʳ] *n* **-1.** [ladle] louche *f*.**-2.** [of machine] godet *m* (de pelleteuse); [for lake, river] benne *f* (de drague), hotte *f* à draguer. **-3.** *Br* AUT basculeur *m* (de phares). **-4.** ORNITH cincle *m* (plongeur).

**dippy** [ˈdɪpɪ] (*compar* **dippier,** *superl* **dippiest**) *adj inf* écervelé.

**dipso**▽ [ˈdɪpsəʊ] *n* alcoolo *mf*.

**dipsomania** [ˌdɪpsəˈmeɪnjə] *n* dipsomanie *f*.

**dipsomaniac** [ˌdɪpsəˈmeɪnɪæk] ◇ *adj* dipsomane. ◇ *n* dipsomane *mf*.

**dipstick** [ˈdɪpstɪk] *n Br* jauge *f* (de niveau d'huile).

**dipswitch** [ˈdɪpswɪtʃ] *n Br* basculeur *m* (des phares).

**dire** [ˈdaɪəʳ] *adj* **-1.** [fearful] affreux, terrible; [ominous] sinistre. **-2.** [very bad]: the film was pretty ~ le film était vraiment mauvais. **-3.** [extreme] extrême; he's in ~ need of sleep il a absolument besoin de sommeil ❏ to be in ~ straits être dans une mauvaise passe OR aux abois.

**direct** [dɪˈrekt] ◇ *vt* **-1.** [supervise – business] diriger, gérer, mener; [– relationship, work] diriger; [– movements] guider; [– traffic] régler. **-2.** CIN, RADIO & TV [film, programme] réaliser; [actors] diriger; THEAT [play] mettre en scène. **-3.** [address] adresser; the accusation was ~ed at me l'accusation le visait; he ~ed my attention to the map il a attiré mon attention sur la carte; we should ~ all our efforts towards improving our education service nous devrions consacrer tous nos efforts à améliorer notre système scolaire. **-4.** [point] diriger; can you ~ me to the train station? pourriez-vous m'indiquer le chemin de la gare?**-5.** [instruct] ordonner; I did as I was ~ed j'ai fait comme on m'avait dit OR comme on m'en avait donné l'ordre; 'take as ~ed' 'se conformer à la prescription du médecin'. **-6.** JUR: to ~ the jury instruire le jury; the judge ~ed the jury to bring in a verdict of guilty le juge incita le jury à rendre un verdict de culpabilité ❏ ~ed verdict *Am* verdict rendu par le jury sur la recommandation du juge. **-7.** *Am* MUS diriger.

◇ *vi* **-1.** [command] diriger, commander. **-2.** *Am* MUS diriger. **-3.** THEAT mettre en scène.

◇ *adj* **-1.** [straight] direct; ~ flight/route vol *m*/chemin *m* direct ❏ ~ memory access COMPUT accès *m* direct à la mémoire; ~ taxation impôt *m* direct; ~ taxation imposition *f* directe. **-2.** MIL: ~ hit coup *m* au but; the missile made a ~ hit le missile a atteint son objectif. **-3.** [immediate – cause, effect] direct, immédiat; he's a ~ descendant of the King il descend du roi en ligne directe; 'keep out of ~ sunlight' 'évitez l'exposition directe au soleil'. **-4.** [frank] franc (*f* franche), direct; [denial, refusal] catégorique, absolu; she asked some very ~ questions elle a posé des questions parfois très directes. **-5.** [exact] exact, précis; ~ quotation citation exacte; it's the ~ opposite of what I said c'est exactement le contraire de ce que j'ai dit. **-6.** ASTRON, GRAMM & LOGIC direct; ~ question GRAMM question *f* au style direct. ◇ *adv* directement.

**direct access** *n* accès *m* direct.

**direct action** *n* action *f* directe.

**direct current** *n* courant *m* continu.

**direct debit** *n* prélèvement *m* automatique.

**direct dialling** *n* automatique *m*.

**direct discourse** *Am* = **direct speech.**

**direct-grant school** *n Br* établissement scolaire privé subventionné par l'État si l'établissement accepte un certain nombre d'élèves qui ne paient pas.

**direction** [dɪˈrekʃn] *n* **-1.** [way] direction *f*, sens *m*; in every ~ dans toutes les directions, en tous sens, dans tous les sens; in the ~ of Chicago dans la OR en direction de Chicago; a step in the right ~ *fig* un pas dans la bonne voie OR direction; she takes ~ *fig* elle ne sait pas très bien où elle va. **-2.** [control] direction *f*. **-3.** CIN, RADIO & TV réalisation *f*; THEAT mise *f* en scène.

◆ **directions** *npl* indications *fpl*, instructions *fpl*, mode *m* d'emploi; I asked for ~ to the station j'ai demandé le chemin de la gare ❏ stage ~s THEAT indications scéniques.

**directional** [dɪˈrekʃənl] *adj* [gen & ELECTRON] directionnel.

**direction finder** *n* radiogoniomètre *m*.

**directive** [dɪˈrektɪv] ◇ *n* directive *f*, instruction *f*. ◇ *adj* directeur.

---

recteur.

**directly** [dɪˈrektlɪ] ◇ *adv* **-1.** [straight] directement; to be ~ descended from sb descendre en droite ligne OR en ligne directe de qqn. **-2.** [promptly] immédiatement; ~ after lunch tout de suite après le déjeuner; ~ before the film juste avant le film; I'll be there ~ j'arrive tout de suite. **-3.** [frankly] franchement. **-4.** [exactly] exactement; ~ opposite the station juste en face de la gare. ◇ *conj Br* aussitôt que, dès que.

**direct mail** *n* publipostage *m*.

**directness** [dɪˈrektnɪs] *n* **-1.** [of person, reply] franchise *f*; [of remark] absence *f* d'ambiguïté. **-2.** [of attack] caractère *m* direct.

**direct object** *n* complément *m* (d'objet) direct.

**director** [dɪˈrektəʳ] *n* **-1.** [person – of business] directeur *m*, -trice *f*, chef *m*; [– of organization] directeur *m*, -trice *f*; Director of Education *Br* ≃ recteur *m* d'académie; Director of Public Prosecutions *Br* JUR ≃ procureur *m* de la République; ~ of studies UNIV directeur *m*, -trice *f* d'études OR de travaux. **-2.** *Am* MUS chef *m* d'orchestre. **-3.** CIN, RADIO & TV réalisateur *m*, -trice *f*; THEAT metteur *m* en scène. **-4.** [device] guide *m*.

**directorate** [dɪˈrektərət] *n* **-1.** [board] conseil *m* d'administration. **-2.** [position] direction *f*, poste *m* de directeur.

**director-general** *n* directeur *m* général.

**directorial** [ˌdaɪrekˈtɔːrɪəl] *adj* de mise en scène.

**director's chair** *n* régisseur *m*.

**directorship** [dɪˈrektəʃɪp] *n* direction *f*, poste *m* OR fonctions *fpl* de directeur.

**directory** [dɪˈrektərɪ] (*pl* **directories**) ◇ *n* **-1.** [of addresses] répertoire *m* (d'adresses); TELEC annuaire *m* (des téléphones), bottin *m*; COMPUT répertoire *m*.**-2.** [of instructions] mode *m* d'emploi; RELIG directoire *m*. ◇ *adj* directeur.

◆ **Directory** *n* HIST: the Directory le Directoire.

**directory enquiries** *Br*, **directory assistance** *Am n* (service *m* des) renseignements *mpl* téléphoniques.

**direct rule** *n* contrôle direct du maintien de l'ordre par le gouvernement britannique en Irlande du Nord, depuis 1972.

**direct speech** *n Br* discours *m* OR style *m* direct.

**dirge** [dɜːdʒ] *n* hymne *m* OR chant *m* funèbre; *fig* chant *m* lugubre.

**dirigible** [ˈdɪrɪdʒəbl] ◇ *adj* dirigeable. ◇ *n* dirigeable *m*.

**dirt** [dɜːt] *n* (*U*) **-1.** [grime] saleté *f*, crasse *f*; [mud] boue *f*; [excrement] crotte *f*, ordure *f*; this dress really shows the ~ cette robe fait vite sale OR est très salissante. **-2.** [soil] terre *f*; to be as common as ~ [person] avoir mauvais genre; to treat sb like ~ traiter qqn comme un chien. **-3.** [obscenity] obscénité *f*.**-4.** *inf* [scandal] ragots *mpl*, cancans *mpl*; to dig up some ~ on sb dénicher des ragots sur qqn. **-5.** INDUST [in material, solution] impuretés *fpl*, corps *mpl* étrangers; [in machine] encrassement *m*.

**dirt-cheap** *inf* ◇ *adv* pour rien. ◇ *adj* très bon marché.

**dirt farmer** *n* petit fermier *m*.

**dirt track** *n* [gen] piste *f*; SPORT (piste) cendrée *f*; ~ racing courses *fpl* sur cendrée.

**dirty** [ˈdɜːtɪ] (*compar* **dirtier,** *superl* **dirtiest,** *pt* & *pp* **dirtied**)
◇ *adj* **-1.** [not clean – clothes, hands, person] sale, malpropre, crasseux; [– machine] encrassé; [– wound] infecté; [muddy] plein de boue, crotté; don't get ~! ne vous salissez pas!; he got his shirt ~ il a sali sa chemise; this rug gets ~ easily ce tapis est salissant. **-2.** [colour] sale. **-3.** [nasty] sale; politics is a ~ business il est difficile de garder les mains propres quand on fait de la politique; a ~ campaign une campagne sordide; that's a ~ lie ce n'est absolument pas vrai; ~ money argent sale OR mal acquis; he's a ~ fighter il se bat en traître ❏ to give sb a ~ look regarder qqn de travers OR d'un sale œil; that's ~ pool! *Am* c'est un tour de cochon!; you ~ rat! *inf* espèce de salaud!**-4.** [weather] sale, vilain. **-5.** [obscene] grossier, obscène; to have a ~ mind avoir l'esprit mal tourné ❏ ~ magazines revues *fpl* pornographiques; a ~ old man *inf* un vieux cochon OR vicelard; a ~ joke/story une blague/histoire cochonne; a ~ word une grossièreté, un gros mot. **-6.** *inf* [sexy]: a ~ weekend un week-end coquin.

◇ *adv inf* **-1.** [fight, play] déloyalement; [talk] grossièrement.

**-2.** *Br* [as intensifier] vachement; a ~ great skyscraper un gratte-ciel énorme.
◇ *vt* [soil] salir; [machine] encrasser; to ~ one's hands *literal* & *fig* se salir les mains.
◇ *n Br*: to do the ~ on sb *inf* jouer un sale tour OR faire une vacherie à qqn.

**dirty-minded** *adj* qui a l'esprit mal tourné.

**dirty trick** *n* [malicious act] sale tour *m*; to play a ~ on sb jouer un sale tour OR un tour de cochon à qqn.
♦ **dirty tricks** *npl*: they've been up to their ~s again ils ont encore fait des leurs; ~s campaign POL manœuvres déloyales visant à discréditer un adversaire politique.

**dirty work** *n* (*U*) **-1.** [unpleasant work] travail *m* salissant; he wants someone else to do his ~ il veut que quelqu'un d'autre se salisse les mains à sa place. **-2.** *inf* [dishonest work] magouille *f*.

**disability** [,dɪsə'bɪlətɪ] (*pl* **disabilities**) *n* **-1.** [state – physical] incapacité *f*, invalidité *f*.**-2.** [handicap] infirmité *f*, handicap *m* ADMIN.

**disability clause** *n* clause d'une police d'assurance-vie permettant à l'assuré de cesser tout paiement et de recevoir une pension en cas d'invalidité.

**disability pension** *n* pension *f* d'invalidité.

**disable** [dɪs'eɪbl] *vt* **-1.** [accident, illness] rendre infirme; [maim] mutiler, estropier; a disabling disease une maladie invalidante. **-2.** [machine] mettre hors service; [ship] faire subir une avarie à, désemparer; [gun, tank] mettre hors d'action; [army, battalion] mettre hors de combat. **-3.** JUR: to ~ sb from doing sthg rendre qqn inhabile à faire qqch; [pronounce] prononcer qqn inhabile à faire qqch.

**disabled** [dɪs'eɪbld] ◇ *adj* **-1.** [handicapped] infirme, handicapé ADMIN; [maimed] mutilé, estropié. **-2.** MIL mis hors de combat. **-3.** [machine] hors service; [ship] avarié, désemparé; [propeller] immobilisé. **-4.** JUR: to be ~ from doing sthg être incapable de OR inhabile à faire qqch. ◇ *npl*: the ~ [handicapped] les handicapés *mpl*; [maimed] les mutilés *mpl* OR estropiés *mpl*.

**disablement** [dɪs'eɪblmənt] *n* invalidité *f*, infirmité *f*; ~ benefit allocation *f* d'invalidité; ~ insurance assurance *f* invalidité; ~ pension pension *f* d'invalidité.

**disabuse** [,dɪsə'bjuːz] *vt* détromper, ôter ses illusions à.

**disadvantage** [,dɪsəd'vɑːntɪdʒ] ◇ *n* **-1.** [condition] désavantage *m*, inconvénient *m*; to be at a ~ être désavantagé OR dans une position désavantageuse; to put sb at a ~ désavantager OR défavoriser qqn; the situation works OR is to her ~ la situation est un handicap OR un désavantage pour elle.**-2.** COMM [loss] perte *f*. ◇ *vt* désavantager, défavoriser.

**disadvantaged** [,dɪsəd'vɑːntɪdʒd] ◇ *adj* [gen] défavorisé; [economically] déshérité; socially ~ défavorisé sur le plan social. ◇ *npl*: the ~ les défavorisés *mpl*.

**disadvantageous** [,dɪsædvɑːn'teɪdʒəs] *adj* désavantageux, défavorable; to be ~ to sb être désavantageux OR défavorable à qqn.

**disaffected** [,dɪsə'fektɪd] *adj* [discontented] hostile, mécontent; [disloyal] rebelle; ~ youth jeunesse révoltée.

**disaffection** [,dɪsə'fekʃn] *n* désaffection *f*, détachement *m*.

**disagree** [,dɪsə'griː] *vi* **-1.** [person, people] ne pas être d'accord, être en désaccord; to ~ with sb about OR on sthg ne pas être d'accord avec OR ne pas être du même avis que

qqn sur qqch; I ~ with everything they've done je suis contre OR je désapprouve tout ce qu'ils ont fait; we ~ on everything [differ] nous ne sommes jamais d'accord. **-2.** [figures, records] ne pas concorder. **-3.** [food, weather] ne pas convenir; spicy food ~s with him les plats épicés ne lui réussissent pas, il digère mal les plats épicés.

**disagreeable** [,dɪsə'grɪəbl] *adj* [person, remark] désagréable, désobligeant; [experience, job] désagréable, pénible; [smell] désagréable, déplaisant.

**disagreeably** [,dɪsə'grɪəblɪ] *adv* désagréablement, d'une façon désagréable OR désobligeante.

**disagreement** [,dɪsə'griːmənt] *n* **-1.** [of opinions, records] désaccord *m*, conflit *m*; they are in ~ about OR on what action to take ils ne sont pas d'accord sur les mesures à prendre. **-2.** [quarrel] différend *m*, querelle *f*; they've had a ~ over OR about money ils se sont disputés à propos d'argent, ils en ont eu une querelle d'argent.

**disallow** [,dɪsə'lau] *vt* [argument, opinion] rejeter; SPORT refuser; JUR débouter, rejeter.

**disappear** [,dɪsə'pɪər] *vi* **-1.** [vanish – person, snow] disparaître; [– object] disparaître, s'égarer; LING s'amuïr; she ~ed from sight on l'a perdue de vue; he ~ed into the crowd il s'est perdu dans la foule; to make sthg ~ [gen] faire disparaître qqch; [magician] escamoter qqch; Michael did his usual ~ing act *inf* Michael a encore joué la fille de l'air. **-2.** [cease to exist – pain, tribe] disparaître; [– problem] s'aplanir; [– memory] s'effacer, s'estomper; [– tradition] disparaître, tomber en désuétude; as a species, the turtle is fast ~ing les tortues sont une espèce en voie de disparition.

**disappearance** [,dɪsə'pɪərəns] *n* [gen] disparition *f*; LING amuïssement *m*.

**disappoint** [,dɪsə'pɔɪnt] *vt* **-1.** [person] décevoir, désappointer. **-2.** [hope] décevoir; [plan] contrarier, contrecarrer.

**disappointed** [,dɪsə'pɔɪntɪd] *adj* **-1.** [person] déçu, désappointé; I'm very ~ in him il m'a beaucoup déçu; I was ~ to hear you won't be coming j'ai été déçu d'apprendre que vous ne viendrez pas; are you ~ at OR with the results? les résultats vous ont-ils déçu?, avez-vous été déçu par les résultats?; to be ~ in love être malheureux en amour. **-2.** [ambition, hope] déçu; [plan] contrarié, contrecarré.

**disappointing** [,dɪsə'pɔɪntɪŋ] *adj* décevant; how ~! quelle déception!, comme c'est décevant!

**disappointingly** [,dɪsə'pɔɪntɪŋlɪ] *adv*: ~ low grades des notes d'une faiblesse décourageante OR décevante; he did ~ badly in the exam ses résultats à l'examen ont été très décevants.

**disappointment** [,dɪsə'pɔɪntmənt] *n* **-1.** [state] déception *f*, désappointement *m*, déconvenue *f*; to her great ~ she failed à sa grande déception OR déconvenue, elle a échoué. **-2.** [letdown] déception *f*, désillusion *f*; she has suffered many ~s elle a essuyé bien des déboires; he has been a great ~ to me il m'a beaucoup déçu.

**disapprobation** [,dɪsæprə'beɪʃn] *n fml* désapprobation *f*; [strong] réprobation *f*.

**disapproval** [,dɪsə'pruːvl] *n* désapprobation *f*; [strong] réprobation *f*; to shake one's head in ~ faire un signe désapprobateur de la tête; she showed/expressed her ~ of his decision elle a montré/exprimé sa désapprobation à l'égard de sa décision.

**disapprove** [,dɪsə'pruːv] ◇ *vi* désapprouver; to ~ of sthg

---

### USAGE ▶ Disagreement

**Strong**

Je ne suis absolument pas OR pas du tout d'accord.
Il n'en est pas question.
C'est inadmissible OR inacceptable.
Je ne peux pas accepter ça.
Tu veux rire! [informal]

**Less strong**

J'ai bien peur de ne (pas) pouvoir vous suivre sur ce point. [formal]

Désolé OR Je regrette, mais je ne peux pas accepter.
Ça ne me satisfait pas vraiment.
Je ne suis pas entièrement d'accord.

**Mild**

Si je puis me permettre, je pense que vous oubliez un aspect important du problème. [formal]
Vous avez raison sur ce point, mais...
Certes, mais...
Je pense qu'il s'agit de... et non de...
Il me semble pourtant que...

désapprouver qqch; your mother ~s of your going votre mère n'est pas d'accord pour que vous y alliez; he ~s of everything I do il trouve à redire à tout ce que je fais; her father ~s of me son père ne me trouve pas à son goût. ◇ *vt* désapprouver.

**disapproving** [ˌdɪsəˈpruːvɪŋ] *adj* désapprobateur, de désapprobation; don't look so ~ ne prends pas cet air désapprobateur.

**disapprovingly** [ˌdɪsəˈpruːvɪŋlɪ] *adv* [look] d'un air désapprobateur; [speak] d'un ton désapprobateur, avec désapprobation.

**disarm** [dɪsˈɑːm] ◇ *vt* **-1.** [country, enemy, critic] désarmer. **-2.** [charm] désarmer, toucher. ◇ *vi* désarmer.

**disarmament** [dɪsˈɑːməmənt] ◇ *n* désarmement. ◇ *comp* [conference, negotiations, talks] sur le désarmement.

**disarming** [dɪsˈɑːmɪŋ] ◇ *adj* désarmant, touchant. ◇ *n* désarmement *m*.

**disarmingly** [dɪsˈɑːmɪŋlɪ] *adv* de façon désarmante; ~ honest/friendly d'une honnêteté/amabilité désarmante.

**disarrange** [ˌdɪsəˈreɪndʒ] *vt* [order, room] déranger, mettre en désordre; [plans] déranger, bouleverser; [hair] défaire.

**disarray** [ˌdɪsəˈreɪ] *n* [of person] confusion *f*, désordre *m*; [of clothing] désordre *m*; the group was thrown into ~ la confusion régnait dans le groupe; the enemy was in ~ l'ennemi était en déroute; the party is in complete ~ le parti est en plein désarroi; her thoughts were in ~ ses pensées étaient très confuses.

**disassemble** [ˌdɪsəˈsembl] *vt* démonter, désassembler.

**disassociate** *etc* [ˌdɪsəˈsəʊʃɪeɪt] = **dissociate**.

**disaster** [dɪˈzɑːstəʳ] ◇ *n* **-1.** [misfortune] désastre *m*, catastrophe *f*; [natural] catastrophe *f*, sinistre *m*; air ~ catastrophe aérienne; at the scene of the ~ sur les lieux de la catastrophe OR du sinistre; the town has suffered one ~ after another la ville a subi désastre après désastre; the project is heading for ~ le projet est voué à l'échec OR à la catastrophe; she's heading for OR courting ~ elle court à sa perte OR à la catastrophe. **-2.** *fig*: as a manager, he's a ~! en tant que directeur, ce n'est pas une réussite!; my hair's a ~ this morning! mes cheveux sont dans un état épouvantable ce matin! ◇ *comp* [fund] d'aide aux sinistrés; [area] sinistré.

**disaster area** *n literal* région *f* sinistrée; *fig* champ *m* de bataille; your sister's a walking ~! ta sœur est une vraie catastrophe ambulante!

**disastrous** [dɪˈzɑːstrəs] *adj* désastreux, catastrophique.

**disastrously** [dɪˈzɑːstrəslɪ] *adv* désastreusement.

**disavow** [ˌdɪsəˈvaʊ] *vt fml* [child, opinion] désavouer; [responsibility, faith] renier.

**disavowal** [ˌdɪsəˈvaʊəl] *n fml* [of child, opinion] désaveu *m*; [of responsibility, faith] reniement *m*.

**disband** [dɪsˈbænd] ◇ *vt* [army, club] disperser; [organization] disperser, dissoudre. ◇ *vi* [army] se disperser; [organization] se dissoudre.

**disbar** [dɪsˈbɑːʳ] (*pt* & *pp* **disbarred**, *cont* **disbarring**) *vt* JUR rayer du barreau OR du tableau de l'ordre (*des avocats*).

**disbelief** [ˌdɪsbɪˈliːf] *n* incrédulité *f*; she looked at him in ~ elle l'a regardé avec incrédulité.

**disbelieve** [ˌdɪsbɪˈliːv] ◇ *vt* [person] ne pas croire; [news, story] ne pas croire à. ◇ *vi* RELIG ne pas croire.

**disbelieving** [ˌdɪsbɪˈliːvɪŋ] *adj* incrédule.

**disc** [dɪsk] *n* **-1.** [flat circular object] disque *m*. **-2.** [record] disque *m*. **-3.** ANAT disque *m* (*invertébral*). **-4.** [identity tag] plaque *f* d'identité.

**discard** [*n* ˈdɪskɑːd, *vb* dɪˈskɑːd] ◇ *vt* **-1.** [get rid of] se débarrasser de, mettre au rebut; [idea, system] renoncer, abandonner. **-2.** CARDS se défausser de, défausser; [in cribbage] écarter. ◇ *vi* CARDS se défausser; [in cribbage] écarter. ◇ *n* **-1.** COMM & INDUST [reject] pièce *f* de rebut. **-2.** CARDS défausse *f*; [in cribbage] écart *m*.

**discarded** [dɪˈskɑːdɪd] *adj* [small object] jeté; [larger] abandonné.

**disc brake** *n* frein *m* à disque.

**discern** [dɪˈsɜːn] *vt* [see] discerner, distinguer; [understand] discerner.

**discernible** [dɪˈsɜːnəbl] *adj* [visible] visible; [detectable] discernable, perceptible.

**discernibly** [dɪˈsɜːnəblɪ] *adv* [visibly] visiblement; [perceptibly] perceptiblement, sensiblement.

**discerning** [dɪˈsɜːnɪŋ] *adj* [person] judicieux, sagace; [taste] fin, délicat; [look] perspicace.

**discernment** [dɪˈsɜːnmənt] *n* discernement *m*.

**discharge** [*vb* ˈdɪstʃɑːdʒ, *n* dɪsˈtʃɑːdʒ] ◇ *vt* **-1.** [release – patient] laisser sortir, libérer; [– prisoner] libérer, mettre en liberté; he was ~d yesterday il est sorti hier; the patient ~d herself la malade a signé une décharge et est partie. **-2.** [dismiss – employee] renvoyer, congédier; [– official] destituer; JUR [jury] dessaisir; [accused] acquitter, relaxer; MIL [from service] renvoyer à la vie civile; [from active duty] démobiliser; [for lack of fitness] réformer; ~d bankrupt failli *m* réhabilité. **-3.** [unload – cargo] décharger; [– passengers] débarquer. **-4.** [emit – liquid] dégorger, déverser; [– gas] dégager, émettre; ELEC décharger. **-5.** [perform – duty] remplir, s'acquitter de; [– function] remplir. **-6.** [debt] acquitter, régler. **-7.** [gun] décharger, tirer; [arrow] décocher. ◇ *vi* **-1.** [ship] décharger. **-2.** [wound] suinter. **-3.** ELEC être en décharge. ◇ *n* **-1.** [release – of patient] sortie *f*; [of prisoner] libération *f*, mise *f* en liberté. **-2.** [dismissal – of employee] renvoi *m*; [– of soldier] libération *f*; [after active duty] démobilisation *f*; JUR [acquittal] acquittement *m*. **-3.** [of cargo] déchargement *m*. **-4.** [emission] émission *f*; [of liquid] écoulement *m*; MED [of wound] suintement *m*; [vaginal] pertes *fpl* (blanches); [of pus] suppuration *f*; ELEC décharge *f*. **-5.** [of duty] accomplissement *m*. **-6.** [of debt] acquittement *m*. **-7.** [of gun] décharge *f*.

**disc harrow** *n* pulvériseur *m*.

**disciple** [dɪˈsaɪpl] *n* [gen & RELIG] disciple *m*.

**disciplinarian** [ˌdɪsɪplɪˈneərɪən] ◇ *n* partisan *m* de la manière forte. ◇ *adj* disciplinaire.

**disciplinary** [ˈdɪsɪplɪnərɪ] *adj* **-1.** [corrective – measure] disciplinaire; [committee] de discipline. **-2.** [relating to field] relatif à une discipline.

**discipline** [ˈdɪsɪplɪn] ◇ *n* **-1.** [training, control] discipline *f*. **-2.** [area of study] discipline *f*, matière *f*. ◇ *vt* **-1.** [train – person] discipliner; [– mind] discipliner, former. **-2.** [punish] punir.

**disciplined** [ˈdɪsɪplɪnd] *adj* discipliné.

**disc jockey** *n* animateur *m*, -trice *f* (*de radio ou de discothèque*), disc-jockey *m*.

**disclaim** [dɪsˈkleɪm] *vt* **-1.** [deny – responsibility] rejeter, décliner; [– knowledge] nier; [– news, remark] démentir; [– paternity]

---

**USAGE ▶ Disapproval**

**Of a suggestion, remark, proposal etc**

Je ne suis pas très convaincu par sa proposition.
Il y aurait beaucoup à redire sur la formulation du projet.
Ce n'est pas comme ça que je voyais les choses.
Je n'aurais pas dit ça comme ça.
Sa proposition ne m'emballe pas tellement. [informal]

**Of someone's behaviour, attitude, action etc**

Nous condamnons avec indignation cet acte de terrorisme barbare. [formal]

Je désapprouve totalement son attitude. [formal]
Je ne l'approuve pas du tout.
Mais qu'est-ce qui lui a pris de lui dire ça!

▷ *less strong:*

Je ne peux pas dire que j'approuve entièrement son attitude dans cette affaire.
Je ne crois pas qu'elle ait bien fait de lui en parler.
Je ne comprends pas très bien les raisons d'une telle attitude.
Il me semble qu'elle a eu tort de lui parler comme ça.

désavouer. **-2.** JUR se désister de, renoncer à.

**disclaimer** [dɪs'kleɪmər] n **-1.** [denial] démenti m, désaveu m. **-2.** JUR désistement m, renonciation f.

**disclose** [dɪs'kləʊz] vt **-1.** [reveal – secret] divulguer, dévoiler; [– news] divulguer; [– feelings] révéler. **-2.** [uncover] exposer, montrer.

**disclosure** [dɪs'kləʊʒər] n **-1.** [revelation] divulgation f, révélation f. **-2.** [fact revealed] révélation f.

**disco** ['dɪskəʊ] (pl **discos**) ◇ n discothèque f, boîte f. ◇ comp [dancing, music] disco.

**discolor** Am = **discolour**.

**discoloration** [dɪs,kʌlə'reɪʃn] n [fading] décoloration f; [yellowing] jaunissement m; [dulling] ternissement m.

**discolour** Br, **discolor** Am [dɪs'kʌlər] ◇ vt [change colour of, fade] décolorer; [turn yellow] jaunir. ◇ vi [change colour, fade] se décolorer; [turn yellow] jaunir.

**discoloured** Br, **discolored** Am [dɪs'kʌləd] adj [faded] décoloré; [yellowed] jauni.

**discomfit** [dɪs'kʌmfɪt] vt fml **-1.** [confuse, embarrass] déconcerter, gêner. **-2.** [thwart – plan, project] contrecarrer, contrarier.

**discomfiture** [dɪs'kʌmfɪtʃər] n fml [embarrassment] embarras m, gêne f.

**discomfort** [dɪs'kʌmfət] ◇ n **-1.** [pain] malaise m; [unease] gêne f; **she's in some** ~ elle a assez mal; **you may experience some** ~ il se peut que vous ressentiez une gêne; **her letter caused him some** ~ sa lettre l'a mis un peu mal à l'aise. **-2.** [cause of pain, unease] incommodité f, inconfort m. ◇ vt incommoder, gêner.

**disconcert** [,dɪskən'sɜːt] vt **-1.** [fluster] déconcerter, dérouter. **-2.** [upset] troubler, gêner.

**disconcerting** [,dɪskən'sɜːtɪŋ] adj **-1.** [unnerving] déconcertant, déroutant. **-2.** [upsetting] gênant.

**disconcertingly** [,dɪskən'sɜːtɪŋlɪ] adv de façon déconcertante OR déroutante.

**disconnect** [,dɪskə'nekt] vt **-1.** [detach] détacher, séparer; [plug, pipe, radio, TV] débrancher; RAIL [carriages] décrocher. **-2.** [gas, electricity, telephone, water] couper.

**disconnected** [,dɪskə'nektɪd] adj **-1.** [remarks, thoughts] décousu, sans suite; [facts] sans rapport. **-2.** [detached – wire, plug etc] détaché; [– telephone] déconnecté.

**disconsolate** [dɪs'kɒnsələt] adj triste, inconsolable.

**disconsolately** [dɪs'kɒnsələtlɪ] adv tristement, inconsolablement.

**discontent** [,dɪskən'tent] ◇ n **-1.** [dissatisfaction] mécontentement m; **a cause of** ~ grief m. **-2.** [person] mécontent m, -e f. ◇ adj mécontent. ◇ vt mécontenter.

**discontented** [,dɪskən'tentɪd] adj mécontent.

**discontinue** [,dɪskən'tɪnjuː] vt **-1.** [gen] cesser, interrompre; COMM & INDUST [production] abandonner; [product] interrompre; [publication] interrompre la publication de; **this item/model has been** ~**d** cet article/ce modèle ne se fait plus; ~**d line** fin f de série. **-2.** JUR [action, suit] abandonner.

**discontinuous** [,dɪskən'tɪnjuəs] adj [gen, LING & MATH] discontinu.

**discord** ['dɪskɔːd] n **-1.** (U) [conflict] désaccord m, discorde f; **civil** ~ **dissensions** fpl sociales. **-2.** MUS dissonance f.

**discordant** [dɪ'skɔːdənt] adj **-1.** [opinions] incompatible, opposé; [colours, sounds] discordant. **-2.** MUS dissonant.

**discotheque** ['dɪskəʊtek] n discothèque f (pour danser).

**discount** [n 'dɪskaʊnt, vb 'dɪskaʊnt, dɪs'kaʊnt] ◇ n **-1.** COMM [price reduction] remise f, rabais m; **I bought it at a** ~ je l'ai acheté au rabais; **she got a** ~ on lui a fait une remise; **the store is currently offering a 5 %** ~ **on radios** le magasin fait (une réduction de) 5 % sur les radios en ce moment. **-2.** FIN [deduction] escompte m; '~ **for cash**' escompte au comptant; **shares offered at a** ~ des actions offertes en dessous du pair. ◇ vt **-1.** [disregard] ne pas tenir compte de; **they did not** ~ **the possibility** ils n'ont pas écarté cette possibilité. **-2.** COMM [article] faire une remise OR un rabais sur. **-3.** FIN [sum of money] faire une remise de, escompter; [bill, banknote] prendre à l'escompte, escompter.

**discount store** n solderie f.

**discourage** [dɪ'skʌrɪdʒ] vt **-1.** [dishearten] décourager; **to become** ~**d** se laisser décourager. **-2.** [dissuade] découra-

ger, dissuader; **to** ~ **sb from doing sthg** dissuader qqn de faire qqch; **a type of diet which should be** ~**d** un type de régime qui devrait être déconseillé.

**discouraged** [dɪs'kʌrɪdʒd] adj découragé; **don't be** ~ ne te laisse pas abattre OR décourager.

**discouragement** [dɪ'skʌrɪdʒmənt] n **-1.** [attempt to discourage]: **I met with** ~ **on all sides** tout le monde a essayé de me décourager; **my plans met with** ~ on a essayé de me dissuader de poursuivre mes projets. **-2.** [deterrent]: **the metal shutters act as a** ~ **to vandals** les rideaux métalliques servent à décourager les vandales.

**discouraging** [dɪ'skʌrɪdʒɪŋ] adj décourageant.

**discourse** [n 'dɪskɔːs, vb dɪ'skɔːs] ◇ n **-1.** fml [sermon] discours m; [dissertation] discours m, traité m; '**Discourse on Method**' Descartes 'Discours de la méthode'. **-2.** LING discours m. **-3.** (U) lit [conversation] conversation f, débat m. ◇ vi **-1.** fml [speak]: **to** ~ **on** OR **upon sthg** traiter de OR parler de qqch. **-2.** lit [converse] s'entretenir.

**discourse analysis** n LING analyse f du discours.

**discourteous** [dɪs'kɜːtjəs] adj discourtois, impoli; **to be** ~ **to** OR **towards sb** être discourtois OR impoli avec OR envers qqn.

**discourtesy** [dɪs'kɜːtɪsɪ] (pl **discourtesies**) n manque m de courtoisie, impolitesse f; **to treat sb with** ~ manquer de courtoisie envers qqn.

**discover** [dɪ'skʌvər] vt **-1.** [country, answer, reason] découvrir; **I finally** ~**ed my glasses in my desk** j'ai fini par trouver mes lunettes dans mon bureau. **-2.** [realize] se rendre compte. **-3.** [actor, singer etc] découvrir.

**discoverer** [dɪ'skʌvərər] n découvreur m; **the** ~ **of penicillin** la personne qui a découvert la pénicilline.

**discovery** [dɪ'skʌvərɪ] (pl **discoveries**) n **-1.** [act, event] découverte f. **-2.** [actor, singer, place, thing] découverte f. **-3.** JUR [of documents] divulgation f.

**discredit** [dɪs'kredɪt] ◇ vt **-1.** [person] discréditer. **-2.** [report, theory – cast doubt on] discréditer, mettre en doute; [– show to be false] montrer l'inexactitude de. ◇ n [loss of good reputation] discrédit m; **to bring** ~ **on** OR **upon** jeter le discrédit sur; **it is very much to his** ~ ce n'est pas du tout à son honneur.

**discredited** [dɪs'kredɪtɪd] adj discrédité.

**discreet** [dɪ'skriːt] adj discret (f -ète).

**discreetly** [dɪ'skriːtlɪ] adv discrètement, de manière discrète.

**discrepancy** [dɪ'skrepənsɪ] (pl **discrepancies**) n [in figures] contradiction f; [in statements] contradiction f, désaccord m, divergence f; **there's a** ~ **between these reports** ces rapports se contredisent OR divergent (sur un point).

**discrete** [dɪ'skriːt] adj [gen, TECH & MATH] discret, (f -ète).

**discretion** [dɪ'skreʃn] n **-1.** [tact, prudence] discrétion f; **to be the soul of** ~ être la discrétion même; ~ **is the better part of valour** prov prudence est mère de sûreté prov. **-2.** [judgment, taste] jugement m; **use your own** ~ jugez par vous-même; **a woman of** ~ une femme de raison; **at the manager's** ~ à la discrétion du directeur.

**discretionary** [dɪ'skreʃnərɪ] adj discrétionnaire.

**discriminate** [dɪ'skrɪmɪneɪt] ◇ vi **-1.** [on grounds of race, sex etc]: **to** ~ **in favour of** favoriser; **she was** ~**d against** elle faisait l'objet OR était victime de discriminations. **-2.** [distinguish] établir OR faire une distinction, faire une différence; **to** ~ **between right and wrong** distinguer le bien du mal. ◇ vt distinguer; **to** ~ **right from wrong** distinguer le bien du mal.

**discriminating** [dɪ'skrɪmɪneɪtɪŋ] adj **-1.** [showing discernment] judicieux; [in matters of taste] qui a un goût sûr; **the company was very** ~ **in its choice of employees** l'entreprise était très sélective dans le choix de ses employés; **a car for the** ~ **motorist** une voiture pour l'automobiliste averti. **-2.** [tax, tariff] différentiel.

**discrimination** [dɪ,skrɪmɪ'neɪʃn] n **-1.** [on grounds of race, sex etc] discrimination f. **-2.** [good judgment] discernement m; [in matters of taste] goût m; **he is a man of great** ~ c'est un homme qui a énormément de goût. **-3.** [ability to distinguish]: **powers of** ~ capacités fpl de distinction, discernement m.

**discriminatory** [dɪ'skrɪmɪnətrɪ] adj [treatment, proposals] discriminatoire; **the company is being** ~ la société pratique la discrimination.

**discursive** [dɪ'skɜːsɪv] *adj fml* [essay, report, person etc] discursif.

**discus** ['dɪskəs] (*pl* **discuses** OR **disci** [-kaɪ]) *n* SPORT disque *m*; ~ **thrower** lanceur *m*, -euse *f* de disque ‖ [in antiquity] discobole *m*.

**discuss** [dɪ'skʌs] *vt* [talk about – problem, price, subject etc] discuter de, parler de; [– person] parler de; [debate] discuter de; [examine – subj: author, book, report etc] examiner, parler de, traiter de; **I'll ~ it with you later** nous en parlerons OR discuterons plus tard; **it is being ~ed** c'est en cours de discussion.

**discussion** [dɪ'skʌʃn] *n* [talk] discussion *f*; [debate] débat *m*; [examination – by author in report] traitement *m*; [– of report] examen *m*; **the report contained a ~ of the recent findings** le rapport parlait OR traitait des découvertes récentes; **there's been a lot of ~ about it** on en a beaucoup parlé; [in parliament, on board etc] cela a été beaucoup débattu; [in press, in media] cela a été largement traité; **to come up for ~** [report, proposal etc] être discuté; **it is still under ~** c'est encore en cours de discussion.

**disdain** [dɪs'deɪn] ◇ *vt fml* dédaigner. ◇ *n* dédain *m*, mépris *m*; **with** OR **in ~** avec dédain, dédaigneusement; **a look of ~** un regard dédaigneux.

**disdainful** [dɪs'deɪnfʊl] *adj* dédaigneux; **to be ~ of sb/sthg** se montrer dédaigneux envers qqn/qqch, dédaigner qqn/qqch.

**disease** [dɪ'ziːz] *n* **-1.** BOT, MED & VETER maladie *f*; **he's suffering from a kidney ~** il a une maladie des reins, il est malade des reins; **to combat ~** combattre la maladie ❏ **heart ~** maladie cardiaque OR du cœur. **-2.** *fig* mal *m*, maladie *f*.

**diseased** [dɪ'ziːzd] *adj* BOT, MED & VETER malade; *fig* [mind] malade, dérangé; [imagination] malade.

**disembark** [ˌdɪsɪm'bɑːk] ◇ *vi* débarquer. ◇ *vt* [passengers, cargo] débarquer.

**disembarkation** [ˌdɪsembɑː'keɪʃn], **disembarkment** [ˌdɪsɪm'bɑːkmənt] *n* [of passengers, cargo] débarquement *m*.

**disembodied** [ˌdɪsɪm'bɒdɪd] *adj* [voice, spirit] désincarné.

**disembowel** [ˌdɪsɪm'baʊəl] *vt* éviscérer, éventrer.

**disenchanted** [ˌdɪsɪn'tʃɑːntɪd] *adj* désillusionné; **to be ~ with sb/sthg** avoir perdu ses illusions sur qqn/qqch, être désillusionné par qqn/qqch; **to become ~ with sb/sthg** perdre ses illusions sur qqn/qqch.

**disenchantment** [ˌdɪsɪn'tʃɑːntmənt] *n* désillusion *f*; **~ with the government has been growing** de plus en plus de gens sont déçus par le gouvernement.

**disenfranchise** [ˌdɪsɪn'fræntʃaɪz] *vt* priver du droit de vote.

**disengage** [ˌdɪsɪn'geɪdʒ] ◇ *vt* **-1.** MECH désenclencher; [lever, catch] dégager; AUT [handbrake] desserrer; **to ~ the clutch** AUT débrayer. **-2.** [release] dégager. **-3.** MIL: **the order came through to ~ the troops** l'ordre arriva de cesser le combat. ◇ *vi* **-1.** MIL cesser le combat. **-2.** MECH se désenclencher.

**disengagement** [ˌdɪsɪn'geɪdʒmənt] *n* **-1.** [from political group, organization] désengagement *m*. **-2.** MIL cessez-le-feu *m inv*.

**disentangle** [ˌdɪsɪn'tæŋgl] *vt* [string, plot, mystery] démêler.

**disfavour** *Br*, **disfavor** *Am* [dɪs'feɪvəʳ] *n* désapprobation *f*, défaveur *f*; **to fall into ~ with sb** tomber en défaveur auprès de qqn.

**disfigure** [dɪs'fɪgəʳ] *vt* défigurer.

**disfigured** [dɪs'fɪgəd] *adj* défiguré.

**disfigurement** [dɪs'fɪgəmənt] *n* défigurement *m*.

**disgorge** [dɪs'gɔːdʒ] ◇ *vt* **-1.** [food] régurgiter, rendre; *fig* [contents, passengers, pollutants] déverser. **-2.** [give unwillingly – information] donner avec répugnance OR à contrecœur. ◇ *vi* [river] se jeter, se dégorger.

**disgrace** [dɪs'greɪs] ◇ *n* **-1.** [dishonour] disgrâce *f*; **it will bring ~ on** OR **to the family** cela fera tomber la famille dans la disgrâce, cela déshonorera la famille; **there's no ~ in not knowing** il n'y a pas de honte à ne pas savoir. **-2.** [disapproval]: **to be in ~ (with sb)** être en disgrâce (auprès de qqn). **-3.** [shameful example or thing] honte *f*; **it's a ~** c'est une honte, c'est honteux; **look at you, you're a ~!** regarde-toi, tu fais honte (à voir)!; **look at you, your hair's a ~** regarde-toi, tu es coiffé n'importe comment; **you're a ~ to your family** tu déshonores ta famille, tu es la honte de la famille.

◇ *vt* **-1.** [bring shame on] faire honte à, couvrir de honte, déshonorer; **to ~ o.s.** se couvrir de honte. **-2.** (*usu passive*) [discredit] disgracier.

**disgraceful** [dɪs'greɪsfʊl] *adj* [behaviour] honteux, scandaleux; *inf* [hat, jacket etc] miteux; **look at you, you're ~!** regarde-toi, tu fais honte (à voir)!; **it's ~** c'est honteux.

**disgracefully** [dɪs'greɪsfʊlɪ] *adv* honteusement.

**disgruntled** [dɪs'grʌntld] *adj* mécontent.

**disguise** [dɪs'gaɪz] ◇ *n* déguisement *m*; **in ~** déguisé; **to put on a ~** se déguiser; **to be a master of ~** être un roi du déguisement. ◇ *vt* **-1.** [voice, handwriting, person] déguiser; **to be ~d as sb/sthg** être déguisé en qqn/qqch. **-2.** [feelings, disappointment etc] dissimuler, masquer; [truth, facts] dissimuler, cacher; [unsightly feature] cacher; [bad taste of food, cough mixture etc] couvrir.

**disgust** [dɪs'gʌst] ◇ *n* [sick feeling] dégoût *m*, aversion *f*, répugnance *f*; [displeasure] écœurement *m*, dégoût *m*; **to be filled with ~ by sthg** être écœuré par qqch; **in order to express our ~ with the decision** pour montrer que nous sommes écœurés par cette décision; **I resigned in ~** dégoûté OR écœuré, j'ai démissionné. ◇ *vt* [sicken] dégoûter; [displease] écœurer; **I am ~ed with him/this government/his behaviour** il/ce gouvernement/son comportement m'écœure; **I was ~ed by the accounts of torture** [sickened] les récits de torture m'ont écœuré OR m'ont donné la nausée; **I am ~ed with OR at my own stupidity** [displeased] je m'en veux d'être aussi stupide.

**disgusted** [dɪs'gʌstɪd] *adj* [displeased] écœuré; [sick] écœuré, dégoûté.

**disgusting** [dɪs'gʌstɪŋ] *adj* [sickening – person, behaviour, smell] écœurant, dégoûtant; [– habit, language] dégoûtant; [very bad] écœurant, déplorable; **how ~!** c'est écœurant!, c'est dégoûtant!

**disgustingly** [dɪs'gʌstɪŋlɪ] *adv*: **a ~ bad meal** un repas épouvantable; **she is ~ clever/successful** *inf* elle est intelligente/elle réussit au point que c'en est écœurant.

**dish** [dɪʃ] ◇ *n* **-1.** [plate] assiette *f*; **the ~es** la vaisselle; **to wash** OR **to do the ~es** faire la vaisselle; **to wash ~es** [in restaurant] faire la plonge. **-2.** [food] plat *m*. **-3.** [amount of food] plat *m*. **-4.** *inf* [good looking man or woman] canon *m*. **-5.** [of telescope] miroir *m* concave (*de télescope*). ◇ *vt inf* **-1.** *Br* [chances, hopes] ruiner. **-2.** *phr*: **to ~ the dirt** [gossip] faire des commérages.

◆ **dish out** *vt sep* **-1.** [food] servir. **-2.** *inf & fig* [money, leaflets etc] distribuer; [advice] prodiguer. ◇ *vi insep* [serve food] faire le service.

◆ **dish up** *vt sep* [food] servir OR verser OR mettre dans un plat; *inf* [arguments, excuses etc] ressortir. ◇ *vi insep* [serve food] servir.

**dish aerial** *n Br* TV antenne *f* parabolique.

**disharmony** [dɪs'hɑːmənɪ] *n* manque *m* d'harmonie.

**dishcloth** ['dɪʃklɒθ] *n* torchon *m* (à vaisselle).

**dishearten** [dɪs'hɑːtn] *vt* décourager, abattre, démoraliser; **don't get ~ed** ne te décourage pas, ne te laisse pas abattre.

**disheartened** [dɪs'hɑːtnd] *adj* découragé.

**disheartening** [dɪs'hɑːtnɪŋ] *adj* décourageant.

**dished** [dɪʃt] *adj* [angled] non parallèle; [convex] lenticulaire.

**dishevelled** *Br*, **disheveled** *Am* [dɪ'ʃevld] *adj* [hair] ébouriffé, dépeigné; [clothes] débraillé, en désordre; [person, appearance] débraillé.

**dishful** ['dɪʃfʊl] *n* [of food] plat *m*.

**dish mop** *n* lavette *f*.

**dishonest** [dɪs'ɒnɪst] *adj* malhonnête; **you're being ~ not telling him how you feel** c'est malhonnête de ne pas lui dire ce que tu ressens.

**dishonestly** [dɪs'ɒnɪstlɪ] *adv* de manière malhonnête, malhonnêtement.

**dishonesty** [dɪs'ɒnɪstɪ] *n* malhonnêteté *f*.

**dishonour** *Br*, **dishonor** *Am* [dɪs'ɒnəʳ] ◇ *n* déshonneur *m*; **to bring ~ on sb/one's country** déshonorer qqn/son pays. ◇ *vt* **-1.** [family, country, profession etc] déshonorer. **-2.** FIN [cheque] refuser d'honorer.

**dishonourable** *Br*, **dishonorable** *Am* [dɪs'ɒnrəbl] *adj* [conduct] déshonorant; **he was given a ~ discharge** MIL il a été renvoyé pour manquement à l'honneur.

**dishpan** ['dɪʃpæn] *n Am* bassine *f*.
**dish rack** *n* égouttoir *m* (à vaisselle).
**dishrag** ['dɪʃræg] = **dishcloth**.
**dish soap** *n Am* liquide *m* vaisselle.
**dishtowel** ['dɪʃtaʊəl] *Am* = **tea towel**.
**dishwasher** ['dɪʃ,wɒʃər] *n* [machine] lave-vaisselle *m*; [person] plongeur *m*, -euse *f*.
**dishwater** ['dɪʃ,wɔːtər] *n* eau *f* de vaisselle.
**dishy** ['dɪʃɪ] (*compar* **dishier**, *superl* **dishiest**) *adj Br inf* séduisant, sexy.
**disillusion** [,dɪsɪ'luːʒn] ◇ *vt* faire perdre ses illusions à, désillusionner. ◇ *n* = **disillusionment**.
**disillusioned** [,dɪsɪ'luːʒnd] *adj* désillusionné, désabusé; to be ~ with sb/sthg avoir perdu ses illusions sur qqn/qqch.
**disillusionment** [,dɪsɪ'luːʒnmənt] *n* désillusion *f*, désabusement *m*.
**disincentive** [,dɪsɪn'sentɪv] *n*: taxes are a ~ to expansion les impôts découragent l'expansion; are social security payments a ~ to work? est-ce que les prestations sociales dissuadent les gens de travailler?
**disinclination** [,dɪsɪnklɪ'neɪʃn] *n* [of person] peu *m* d'inclination; her ~ to believe him sa tendance à ne pas le croire; the West's ~ to go on lending le peu d'enthousiasme dont fait preuve l'Occident pour continuer à prêter de l'argent.
**disinclined** [,dɪsɪn'klaɪnd] *adj*: to be ~ to do sthg être peu disposé OR enclin à faire qqch.
**disinfect** [,dɪsɪn'fekt] *vt* désinfecter.
**disinfectant** [,dɪsɪn'fektənt] *n* désinfectant *m*.
**disinfection** [,dɪsɪn'fekʃn] *n* désinfection *f*.
**disinformation** [,dɪsɪnfə'meɪʃn] *n* désinformation *f*.
**disingenuous** [,dɪsɪn'dʒenjʊəs] *adj* peu sincère.
**disingenuously** [,dɪsɪn'dʒenjʊəslɪ] *adv* avec peu de sincérité.
**disingenuousness** [,dɪsɪn'dʒenjʊəsnɪs] *n* manque *m* de sincérité.
**disinherit** [,dɪsɪn'herɪt] *vt* déshériter.
**disinherited** [,dɪsɪn'herɪtɪd] *adj* déshérité.
**disintegrate** [dɪs'ɪntɪ,greɪt] *vi* [stone, wet paper] se désagréger; [plane, rocket] se désintégrer; *fig* [coalition, the family] se désagréger.
**disintegration** [dɪs,ɪntɪ'greɪʃn] *n* [of stone, wet paper] désagrégation *f*; [of plane, rocket] désintégration *f*; *fig* [of coalition, the family] désagrégation *f*.
**disinter** [,dɪsɪn'tɜːr] (*pt & pp* **disinterred**, *cont* **disinterring**) *vt* [body] déterrer, exhumer.
**disinterest** [,dɪs'ɪntərest] *n* **-1**. [objectivity]: his ~ was the reason we chose him on l'a choisi parce qu'il n'avait aucun intérêt dans l'affaire. **-2**. [lack of interest] manque *m* d'intérêt.
**disinterested** [,dɪs'ɪntrəstɪd] *adj* **-1**. [objective] désintéressé. **-2**. *inf* [uninterested] indifférent.
**disinvest** [,dɪsɪn'vest] *vi* désinvestir.
**disjointed** [dɪs'dʒɔɪntɪd] *adj* [conversation, film, speech] décousu, incohérent.
**disjunctive** [dɪs'dʒʌŋktɪv] *adj* GRAMM disjonctif.
**disk** [dɪsk] *n* **-1**. COMPUT [hard] disque *m*; [soft] disquette *f*; on ~ sur disque, sur disquette; to write sthg to ~ sauvegarder

qqch sur disque OR disquette. **-2**. *Am* = **disc**.
**disk crash** *n* COMPUT atterrissage *m* de tête.
**disk drive** *n* COMPUT lecteur *m* de disquettes.
**diskette** [dɪs'ket] *n* COMPUT disquette *f*.
**diskette drive** *Am* = **disk drive**.
**disk operating system** *n* COMPUT système *m* d'exploitation de disques.
**dislike** [dɪs'laɪk] ◇ *vt* ne pas aimer; I ~ flying je n'aime pas prendre l'avion; why do you ~ him so much? pourquoi le détestes-tu autant?; he is much ~d il est loin d'être apprécié; I don't ~ him je n'ai rien contre lui. ◇ *n* [for sb] aversion *f*, antipathie *f*; [for sthg] aversion *f*; to have a ~ for OR of sthg détester qqch; to take a ~ to sb/sthg prendre qqn/qqch en grippe.
**dislocate** ['dɪsləkeɪt] *vt* **-1**. [shoulder, knee etc – subj: person] se démettre, se déboîter, se luxer; [– subj: accident, fall] démettre, déboîter, luxer; he has ~d his shoulder il s'est démis OR déboîté OR luxé l'épaule; a ~d shoulder une épaule démise OR déboîtée OR luxée. **-2**. [disrupt – plans] désorganiser, perturber.
**dislocation** [,dɪslə'keɪʃn] *n* **-1**. [of shoulder, knee etc] luxation *f*, déboîtement *m*. **-2**. [disruption – of plans] perturbation *f*.
**dislodge** [dɪs'lɒdʒ] *vt* [fish bone, piece of apple etc] dégager; [large rock] déplacer; *fig* [enemy, prey] déloger; [leader, title holder] prendre la place de.
**disloyal** [,dɪs'lɔɪəl] *adj* déloyal; to be ~ to sb/sthg être déloyal envers qqn/qqch.
**disloyalty** [,dɪs'lɔɪəltɪ] *n* déloyauté *f*; an act of ~ un acte déloyal.
**dismal** ['dɪzml] *adj* [day, weather] horrible; [streets, countryside] lugubre; [song] mélancolique, triste; *fig* [result, performance] lamentable; [future, prospect] sombre; what are you looking so ~ about? pourquoi as-tu l'air aussi lugubre?; to be a ~ failure [person] être un zéro sur toute la ligne; [film, project] échouer lamentablement.
**dismally** ['dɪzmlɪ] *adv* lugubrement; [fail] lamentablement.
**dismantle** [dɪs'mæntl] ◇ *vt* [object, scenery] démonter; *fig* [system, arrangement] démanteler. ◇ *vi* se démonter.
**dismantling** [dɪs'mæntlɪŋ] *n* [of object, scenery, exhibition] démontage *m*; *fig* [of system, reforms] démantèlement *m*.
**dismay** [dɪs'meɪ] ◇ *n* consternation *f*; [stronger] désarroi *m*; in OR with ~ avec consternation OR désarroi; to be filled with ~ by sthg être consterné par OR rempli de désarroi à cause de qqch; (much) to my ~ à ma grande consternation, à mon grand désarroi. ◇ *vt* consterner; [stronger] emplir de désarroi, effondrer.
**dismayed** [dɪs'meɪd] *adj* consterné, effondré.
**dismember** [dɪs'membər] *vt* démembrer.
**dismiss** [dɪs'mɪs] ◇ *vt* **-1**. [from job – employee] licencier, congédier, renvoyer; [– magistrate, official] destituer, révoquer, relever de ses fonctions. **-2**. [not take seriously – proposal] rejeter; [– objection, warning] ne pas tenir compte de, ne pas prendre au sérieux; [– problem] écarter, refuser de considérer; he ~ed him as a crank il a déclaré que c'était un excentrique à ne pas prendre au sérieux; police ~ed the warning as a hoax la police n'a pas tenu compte de l'avertissement et l'a pris pour une mauvaise plaisanterie. **-3**. [send away] congédier; *fig* [thought, possibility] écarter; [memory] effacer; [suggestion, idea] rejeter; SCH [class] laisser

---

**USAGE ▶ Dislikes**

**Strong**

Je déteste le foot.
Les fêtes de famille, ça m'horripile.
Je ne supporte pas le mensonge/d'avoir à répéter cent fois la même chose/qu'on me dise ce que j'ai à faire.
J'ai horreur des mini-jupes/de travailler sur ordinateur/que mes amis s'invitent sans prévenir.
Il m'agace prodigieusement OR au plus haut point. [formal]
Il me tape sur les nerfs OR le système. [informal]
Je ne peux pas le voir (en peinture) OR le supporter OR l'encadrer. [informal]

**Less strong**

Ce que je n'aime pas chez lui, c'est son arrogance.
Je ne l'aime pas beaucoup OR tellement.
Je n'apprécie pas particulièrement l'opéra.
Le ballet, ça n'est pas tellement ma tasse de thé.
Je ne suis pas un grand amateur de poésie.
Sa peinture me laisse indifférente.
Je ne suis pas très branché sport. [informal]
Le hard-rock, c'est pas vraiment mon truc. [informal]
Cet opéra, je ne l'aime pas des masses. [informal]
Ses tableaux ne m'emballent pas (tellement). [informal]

partir; ~ him from your thoughts chasse-le de tes pensées; class ~ed! vous pouvez sortir!; ~ed! MIL rompez!-**4.** JUR [hung jury] dissoudre; to ~ a charge [judge] rendre une ordonnance de non-lieu; all charges against her have been ~ed toutes les accusations qui pesaient sur elle ont été levées; the judge ~ed the case le juge a rendu une fin de non-recevoir; case ~ed! affaire classée!-**5.** [in cricket – batsman, team] éliminer. ◊ *vi:* ~! MIL rompez (les rangs)!

**dismissal** [dɪsˈmɪsl] *n* -**1.** [from work – of employee] licenciement *m*, renvoi *m*; [– of magistrate, official] destitution *f*, révocation *f.*-**2.** [of proposal] rejet *m.* -**3.** JUR: the judge's ~ of the case met with widespread approval la fin de non-recevoir rendue par le juge a été accueillie avec satisfaction; the ~ of the charges against you le non-lieu qui a été prononcé en votre faveur.

**dismissive** [dɪsˈmɪsɪv] *adj* [tone of voice, gesture] dédaigneux; to be ~ of sb/sthg ne faire aucun cas de qqn/qqch; you're always so ~ of my efforts tu fais toujours si peu de cas de mes efforts.

**dismissively** [dɪsˈmɪsɪvlɪ] *adv* [offhandedly] d'un ton dédaigneux; [in final tone of voice] d'un ton sans appel.

**dismount** [ˌdɪsˈmaʊnt] ◊ *vi* descendre; she ~ed from her horse/bike elle est descendue de son cheval/vélo. ◊ *vt* -**1.** [cause to fall – from horse] désarçonner, démonter; [– from bicycle, motorcycle] faire tomber. -**2.** [gun, device] démonter.

**disobedience** [ˌdɪsəˈbiːdjəns] *n* désobéissance *f*; she was punished for (her) ~ elle a été punie pour avoir désobéi.

**disobedient** [ˌdɪsəˈbiːdjənt] *adj* désobéissant; don't be ~ to your father! ne désobéis pas à ton père!

**disobediently** [ˌdɪsəˈbiːdjəntlɪ] *adv* de manière désobéissante.

**disobey** [ˌdɪsəˈbeɪ] *vt* désobéir à.

**disobliging** [ˌdɪsəˈblaɪdʒɪŋ] *adj fml* -**1.** [unhelpful]: I'm sorry to be ~ je suis désolé de ne pouvoir vous rendre service. -**2.** [unpleasant] désobligeant.

**disorder** [dɪsˈɔːdər] ◊ *n* -**1.** [untidiness – of house, room, desk] désordre *m*; to be in (a state of) ~ être en désordre; his financial affairs were in total ~ le désordre le plus total régnait dans ses finances; the meeting broke up in ~ la réunion s'est achevée dans le désordre OR la confusion. -**2.** [unrest] trouble *m*; public ~ atteinte *f* à OR trouble *m* de l'ordre public. -**3.** MED trouble *m*, troubles *mpl*; nervous/blood ~ troubles nerveux/de la circulation. ◊ *vt* [make untidy – files, papers] mettre en désordre.

**disordered** [dɪsˈɔːdəd] *adj* [room] en désordre.

**disorderly** [dɪsˈɔːdəlɪ] *adj* -**1.** [untidy – room, house] en désordre, désordonné. -**2.** [unruly – crowd, mob] désordonné, agité; [– conduct] désordonné; [– meeting, demonstration] désordonné, confus; to keep a ~ house JUR tenir une maison close.

**disorganization** [dɪsˌɔːgənaɪˈzeɪʃn] *n* désorganisation *f.*

**disorganized** [dɪsˈɔːgənaɪzd] *adj* désorganisé.

**disorient** *Am* [dɪsˈɔːrɪənt], **disorientate** *Br* [dɪsˈɔːrɪənteɪt] *vt* désorienter; to be ~ed être désorienté; it's easy to become ~ed c'est facile de perdre son sens de l'orientation; *fig* on a vite fait d'être désorienté.

**disorientation** [dɪsˌɔːrɪənˈteɪʃn] *n* désorientation *f.*

**disown** [dɪsˈəʊn] *vt* [child, opinion, statement] renier, désavouer; [country] renier.

**disparage** [dɪsˈpærɪdʒ] *vt* dénigrer, décrier.

**disparaging** [dɪsˈpærɪdʒɪŋ] *adj* [person, newspaper report – about person] désobligeant; [– about proposals, ideas] critique; to make ~ remarks about sb faire des remarques désobligeantes à propos de OR sur qqn; the critics were very ~ about his latest play les critiques ont beaucoup dénigré sa dernière pièce.

**disparagingly** [dɪsˈpærɪdʒɪŋlɪ] *adv* [say, look at] d'un air désobligeant.

**disparate** [ˈdɪspərət] *adj fml* disparate.

**disparity** [dɪsˈpærətɪ] (*pl* **disparities**) *n* [in ages] disparité *f*; [in report, statement] contradiction *f.*

**dispassionate** [dɪsˈpæʃnət] *adj* [objective – person, report, analysis etc] impartial, objectif; to be ~ rester objectif OR impartial.

**dispassionately** [dɪsˈpæʃnətlɪ] *adv* [unemotionally] sans émo-

---

tion, calmement; [objectively] objectivement, impartialement.

**dispatch** [dɪsˈpætʃ] ◊ *vt* -**1.** [send – letter, merchandise, telegram] envoyer, expédier; [– messenger] envoyer, dépêcher; [– troops, envoy] envoyer. -**2.** [complete – task, work] expédier, en finir avec. -**3.** *euph* [kill – person] tuer. -**4.** *inf* [food] s'envoyer. ◊ *n* -**1.** [of letter, merchandise, telegram] envoi *m*, expédition *f*; [of messenger, troops, envoy] envoi *m.*-**2.** MIL & PRESS [report] dépêche *f*; to be mentioned in ~s être cité à l'ordre du jour. -**3.** [swiftness] promptitude *f.* ◊ *comp:* ~ clerk expéditionnaire *mf.*

**dispatch box** *n* -**1.** [for documents] boîte *f* à documents. -**2.** *Br* POL: the ~ tribune d'où parlent les membres du gouvernement et leurs homologues du cabinet fantôme.

**dispatch rider** *n* estafette *f.*

**dispel** [dɪsˈpel] (*pt* & *pp* **dispelled**, *cont* **dispelling**) *vt* [clouds, mist – subj: sun] dissiper; [– subj: wind] chasser; [doubts, fears, anxiety] dissiper.

**dispensable** [dɪsˈpensəbl] *adj* dont on peut se passer, superflu.

**dispensary** [dɪsˈpensərɪ] (*pl* **dispensaries**) *n* pharmacie *f*; [for free distribution of medicine] dispensaire *m.*

**dispensation** [ˌdɪspenˈseɪʃn] *n* -**1.** [handing out] distribution *f.*-**2.** [administration – of charity, justice] exercice *m.*-**3.** ADMIN, JUR & RELIG [exemption] dispense *f*; to receive ~ from military service être exempté du service militaire; special ~ permission *f* exceptionnelle. -**4.** POL & RELIG [system] régime *m.*

**dispense** [dɪsˈpens] *vt* -**1.** [subj: person, machine] distribuer. -**2.** [administer – justice, charity] exercer. -**4.** PHARM préparer. -**4.** *fml* [exempt] dispenser; to ~ sb from (doing) sthg dispenser qqn de (faire) qqch.

♦ **dispense with** *vt insep* [do without] se passer de; [get rid of] se débarrasser de; to ~ with the formalities couper court aux OR se dispenser des formalités; to ~ with the need for sthg rendre qqch superflu.

**dispenser** [dɪsˈpensər] *n* -**1.** PHARM pharmacien *m*, -enne *f.*-**2.** [machine] distributeur *m.*

**dispensing** [dɪsˈpensɪŋ] *adj Br*: ~ chemist [person] préparateur *m*, -trice *f* en pharmacie; [establishment] pharmacie *f*; ~ optician opticien *m.*

**dispersal** [dɪsˈpɜːsl] *n* [of crowd, seeds] dispersion *f*; [of gas – disappearance] dissipation *f*; [– spread] dispersion *f*; [of light – by prism] dispersion *f*, décomposition *f.*

**dispersant** [dɪsˈpɜːsənt] *n* CHEM dispersant *m.*

**disperse** [dɪsˈpɜːs] ◊ *vt* -**1.** [crowd, seeds] disperser; [clouds, mist – subj: sun] dissiper; [– subj: wind] chasser; [gas, chemical – cause to spread] propager; [– cause to vanish] disperser; a prism ~s light un prisme disperse OR décompose la lumière. -**2.** [place at intervals] répartir. ◊ *vi* [crowds, seeds] se disperser; [clouds, mist, smoke – with sun] se dissiper; [– with wind] être chassé; [gas, chemicals – spread] se propager; [– vanish] se dissiper; [light – with prism] se décomposer.

**dispersion** [dɪsˈpɜːʃn] *n* -**1.** = **dispersal**. -**2.** RELIG: the Dispersion la Diaspora.

**dispirited** [dɪsˈpɪrɪtɪd] *adj* abattu.

**dispiriting** [dɪsˈpɪrɪtɪŋ] *adj* décourageant.

**displace** [dɪsˈpleɪs] *vt* -**1.** [refugees, population] déplacer. -**2.** [supplant] supplanter, remplacer. -**3.** CHEM & PHYS [water, air etc] déplacer.

**displaced** [dɪsˈpleɪst] *adj*: ~ person ADMIN & POL personne *f* déplacée.

**displacement** [dɪsˈpleɪsmənt] *n* -**1.** [of people, bone] déplacement *m.*-**2.** [supplanting] remplacement *m.*-**3.** NAUT déplacement *m.*-**4.** PSYCH déplacement *m.*

**displacement activity** *n* PSYCH déplacement *m.*

**displacement ton** *n* NAUT tonne *f.*

**display** [dɪsˈpleɪ] ◊ *vt* -**1.** [gifts, medals, ornaments etc] exposer; *pej* exhiber; [items in exhibition] mettre en exposition, exposer; COMM [goods for sale] mettre en étalage, exposer. -**2.** [notice, poster, exam results] afficher. -**3.** [courage, determination, skill] faire preuve de, montrer; [anger, affection, friendship, interest] manifester. -**4.** PRESS & TYPO mettre en vedette. -**5.** COMPUT [subj: screen] afficher; [subj: user] visualiser.

◊ *vi* [birds, fish etc] faire la parade.

◊ *n* -**1.** [of gifts, medals, ornaments] exposition *f*; COMM [of

goods, merchandise] mise *f* en étalage; [goods, merchandise] étalage *m*, exposition *f*; to be on ~ être exposé; to put sthg on ~ exposer qqch; to be on public ~ être presenté au public; 'for ~ (only)' [on book] 'exemplaire de démonstration'. **-2.** [of poster, notice etc] affichage *m*; the exam results were on ~ les résultats des examens étaient affichés. **-3.** [of affection, friendship, interest, anger] manifestation *f*; [of courage, determination, ignorance etc] démonstration *f*; an air ~ un meeting aérien; a military ~ une parade militaire; a fireworks ~ un feu d'artifice; I have never seen such a ~ of incompetence je n'ai jamais vu un tel déploiement OR étalage d'incompétence; to make a great ~ of sthg faire parade de qqch. **-4.** COMPUT [screen, device] écran *m*; [visual information] affichage *m*, visualisation *f*; [of calculator] viseur *m*. **-5.** [by birds, fish] parade *f*.
◇ *comp*: ~ advertisement encadré *m*; ~ advertising publicité *f* par affichage; ~ cabinet OR case [in shop] étalage *m*, vitrine *f*; [in home] vitrine *f*; ~ copy [of book] exemplaire *m* de démonstration; ~ unit COMPUT unité *f* de visualisation OR d'affichage; ~ window [of calculator] viseur *m*.

**displease** [dɪsˈpliːz] *vt* mécontenter.

**displeased** [dɪsˈpliːzd] *adj* mécontent; to be ~ with OR at être mécontent de.

**displeasure** [dɪsˈpleʒəʳ] *n* mécontentement *m*.

**disport** [dɪsˈpɔːt] *vt fml*: to ~ o.s. s'ébattre, folâtrer.

**disposable** [dɪˈspəʊzəbl] ◇ *adj* **-1.** [throwaway – lighter, nappy, cup] jetable; [– bottle] non consigné; [– wrapping] perdu. **-2.** [available – money] disponible; ~ income FIN revenus *mpl* disponibles (après impôts). ◇ *n* **-1.** [nappy] couche *f* jetable. **-2.** [lighter] briquet *m* jetable.

**disposal** [dɪˈspəʊzl] *n* **-1.** [taking away] enlèvement *m*; [of rubbish, by authority] enlèvement *m*, ramassage *m*; [sale] vente *f*; JUR [of property] cession *f*; waste OR refuse ~ traitement *m* des ordures. **-2.** [resolution – of problem, question] résolution *f*; [– of business] exécution *f*, expédition *f*. **-3.** *Am* [disposal unit] broyeur *m* d'ordures (*dans un évier*). **-4.** [availability]: to be at sb's ~ être à la disposition de qqn; to have sthg at one's ~ avoir qqch à sa disposition; to put sthg/sb at sb's ~ mettre qqch/qqn à la disposition de qqn. **-5.** *fml* [arrangement] disposition *f*, arrangement *m*; [of troops] déploiement *m*.

**dispose** [dɪˈspəʊz] *vt* **-1.** *fml* [arrange – ornaments, books] disposer, arranger; [– troops, forces] déployer. **-2.** [make willing] disposer; to ~ sb to do sthg disposer qqn à faire qqch.
♦ **dispose of** *vt insep* **-1.** [get rid of – waste, rubbish, problem] se débarrasser de; [by removing, taking away – refuse] enlever, ramasser; [by selling] vendre; [by throwing away] jeter; [workers] congédier, renvoyer. **-2.** [deal with – problem, question] résoudre, régler; [– task, matter under discussion] expédier, régler; [– food] s'envoyer. **-3.** [have at one's disposal] disposer de, avoir à sa disposition. **-4.** *inf* [kill – person, animal] liquider; *fig* [team, competitor] se débarrasser de.

**disposed** [dɪˈspəʊzd] *adj*: to be ~ to do sthg être disposé à faire qqch; to be well/ill ~ towards sb être bien/mal disposé envers qqn.

**disposition** [ˌdɪspəˈzɪʃn] *n* **-1.** [temperament, nature] naturel *m*; to have OR to be of a cheerful ~ être d'un naturel enjoué. **-2.** *fml* [arrangement – of troops, buildings] disposition *f*; [– of ornaments] disposition *f*, arrangement *m*. **-3.** [inclination, tendency] disposition *f*.

**dispossess** [ˌdɪspəˈzes] *vt* déposséder; JUR exproprier.

**dispossessed** [ˌdɪspəˈzest] ◇ *npl*: the ~ les dépossédés *mpl*. ◇ *adj* dépossédé.

**disproportion** [ˌdɪsprəˈpɔːʃn] *n* disproportion *f*.

**disproportionate** [ˌdɪsprəˈpɔːʃnət] *adj* [excessive] disproportionné; to be ~ to sthg être disproportionné à OR avec qqch; we spent a ~ amount of time on it on a passé plus de temps dessus que cela ne le méritait.

**disproportionately** [ˌdɪsprəˈpɔːʃnətlɪ] *adv* d'une façon disproportionnée; a ~ large sum une somme disproportionnée.

**disprove** [ˌdɪsˈpruːv] (*pp* disproved OR disproven [-ˈpruːvn]) *vt* [theory] prouver la fausseté de; you can't ~ it tu ne peux pas prouver que ce n'est pas vrai.

**disputable** [dɪˈspjuːtəbl] *adj* discutable, contestable.

**dispute** [dɪˈspjuːt] ◇ *vt* **-1.** [question – claim, theory, statement etc] contester, mettre en doute; JUR [will] contester; I would

~ that je ne suis pas d'accord. **-2.** [debate – subject, motion] discuter, débattre. **-3.** [fight for – territory, championship, title] disputer. ◇ *vi* [argue] se disputer; [debate] discuter, débattre. ◇ *n* **-1.** [debate] discussion *f*, débat *m*; there's some ~ about the veracity of his statement la véracité de sa déclaration fait l'objet de discussions OR est sujette à controverse; your honesty is not in ~ votre honnêteté n'est pas mise en doute OR contestée; the matter is beyond (all) ~ la question est tout à fait incontestable; open to ~ contestable. **-2.** [argument – between individuals] dispute *f*, différend *m*; [– between management and workers] conflit *m*; JUR litige *m*; these are the main areas of ~ ce sont là les questions les plus conflictuelles OR litigieuses; to be in ~ with sb over sthg être en conflit avec qqn sur qqch; to be in ~ [proposals, territory, ownership] faire l'objet d'un conflit; a border ~ un litige portant sur une question de frontière.

**disputed** [dɪˈspjuːtɪd] *adj* **-1.** [decision, fact, claim] contesté. **-2.** [fought over]: this is a much ~ territory ce territoire fait l'objet de beaucoup de conflits.

**disqualification** [dɪsˌkwɒlɪfɪˈkeɪʃn] *n* [from standing for election] exclusion *f*; [from sporting event] disqualification *f*; [from exam] exclusion *f*; JUR [of witness] inhabilité *f*, incapacité *f*; [of testimony] exclusion *f*.

**disqualify** [ˌdɪsˈkwɒlɪfaɪ] (*pt & pp* disqualified) *vt* exclure; SPORT disqualifier; SCH exclure; JUR [witness] rendre inhabile OR incapable; [testimony] exclure; [juror] empêcher de faire partie du jury; to ~ sb from driving retirer son permis (de conduire) OR infliger un retrait de permis (de conduire) à qqn; he's been disqualified for speeding AUT on lui a retiré son permis OR il a eu un retrait de permis pour excès de vitesse.

**disquiet** [dɪsˈkwaɪət] *fml* ◇ *n* inquiétude *f*. ◇ *vt* inquiéter, troubler; to be ~ed by sthg être inquiet OR s'inquiéter de qqch.

**disquieting** [dɪsˈkwaɪətɪŋ] *adj fml* inquiétant, troublant.

**disregard** [ˌdɪsrɪˈgɑːd] ◇ *vt* [person, order, law, rules] ne tenir aucun compte de; [sb's feelings, instructions, remark, warning] ne tenir aucun compte de, négliger; [danger] ne tenir aucun compte de, ignorer. ◇ *n* [for person, feelings] manque *m* de considération; [of order, warning, danger etc] mépris *m*; with complete ~ for her own safety au mépris total de sa vie.

**disrepair** [ˌdɪsrɪˈpeəʳ] *n* [of building] mauvais état *m*, délabrement *m*; [of road] mauvais état *m*; in (a state of) ~ en mauvais état; to fall into ~ [building] se délabrer; [road] se dégrader, s'abîmer.

**disreputable** [dɪsˈrepjʊtəbl] *adj* [dishonourable – behaviour] honteux; [not respectable – person] de mauvaise réputation, louche; [– area, club] mal famé, de mauvaise réputation; *hum* [– clothing] miteux.

**disreputably** [dɪsˈrepjʊtəblɪ] *adv* [behave] d'une manière honteuse.

**disrepute** [ˌdɪsrɪˈpjuːt] *n* discrédit *m*; to bring sthg into ~ discréditer qqch; to fall into ~ [acquire bad reputation] tomber en discrédit; [become unpopular] tomber en défaveur.

**disrespect** [ˌdɪsrɪˈspekt] *n* irrespect *m*, irrévérence *f*; she has a healthy ~ for authority elle porte un irrespect OR une irrévérence salutaire à toute forme d'autorité; I meant no ~ (to your family) je ne voulais pas me montrer irrespectueux OR irrévérencieux (envers votre famille); to show ~ towards sb/sthg manquer de respect à qqn/qqch; to treat sb/sthg with ~ traiter qqn/qqch irrespectueusement.

**disrespectful** [ˌdɪsrɪˈspektfʊl] *adj* irrespectueux, irrévérencieux; to be ~ to sb manquer de respect à qqn.

**disrobe** [ˌdɪsˈrəʊb] *fml* ◇ *vi* [judge, priest] enlever sa robe; [undress] se déshabiller. ◇ *vt* [judge, priest] aider à enlever sa robe; [undress] déshabiller.

**disrupt** [dɪsˈrʌpt] *vt* [lesson, meeting, train service] perturber; [conversation] interrompre; [plans] déranger, perturber.

**disruption** [dɪsˈrʌpʃn] *n* [of lesson, meeting, train service, plans] perturbation *f*; [of conversation] interruption *f*.

**disruptive** [dɪsˈrʌptɪv] *adj* [factor, person, behaviour] perturbateur.

**dissatisfaction** [ˈdɪsˌsætɪsˈfækʃn] *n* mécontentement *m*; there is growing ~ with his policies le mécontentement grandit à l'égard de sa politique.

**dissatisfied** [ˌdɪsˈsætɪsfaɪd] *adj* mécontent; to be ~ with sb/sthg être mécontent de qqn/qqch.

**dissect** [dɪ'sekt] *vt* [animal, plant] disséquer; *fig* [argument, theory] disséquer; [book, report] éplucher.

**dissection** [dɪ'sekʃn] *n* [of body] dissection *f*; *fig* [of argument, theory] dissection *f*; [of book, report] épluchage *m*.

**dissemble** [dɪ'sembl] *lit* ◇ *vi* dissimuler. ◇ *vt* [feelings, motives] dissimuler.

**disseminate** [dɪ'semɪneɪt] *vt* [knowledge, ideas] disséminer, propager; [information, news] diffuser, propager.

**dissemination** [dɪ,semɪ'neɪʃn] *n* [of knowledge, of ideas] propagation *f*, dissémination *f*; [of information] diffusion *f*, propagation *f*.

**dissension** [dɪ'senʃn] *n* dissension *f*, discorde *f*.

**dissent** [dɪ'sent] ◇ *vi* -**1.** [person] différer; [opinion] diverger. -**2.** RELIG être dissident OR en dissidence. ◇ *n* -**1.** (U) [gen] opinion *f* divergente; to voice OR to express one's ~ exprimer son désaccord. -**2.** RELIG dissidence *f*. -**3.** *Am* JUR avis *m* contraire (*d'un juge*).

**dissenter** [dɪ'sentə<sup>r</sup>] *n* -**1.** [gen] dissident *m*, -e *f*. -**2.** RELIG: Dissenter *dissident de l'Eglise anglicane.*

**dissenting** [dɪ'sentɪŋ] *adj* [opinion] divergent; mine was the only ~ voice j'étais le seul à ne pas être d'accord.

**dissertation** [,dɪsə'teɪʃn] *n* -**1.** UNIV *Br* mémoire *m*; *Am* thèse *f*. -**2.** *fml* [essay] dissertation *f*; [speech] exposé *m*.

**disservice** [,dɪs'sɜːvɪs] *n* mauvais service *m*; to do sb a ~ faire du tort à qqn, rendre un mauvais service à qqn; to do o.s. a ~ se faire du tort.

**dissidence** ['dɪsɪdəns] *n* [disagreement] désaccord *m*; POL dissidence *f*.

**dissident** ['dɪsɪdənt] ◇ *n* dissident *m*, -e *f*. ◇ *adj* dissident.

**dissimilar** [,dɪ'sɪmɪlə<sup>r</sup>] *adj* différent; they are not ~ ils se ressemblent; the situation now is not ~ to what was going on 20 years ago la situation actuelle n'est pas sans rappeler ce qui s'est passé il y a 20 ans.

**dissimilarity** [,dɪsɪmɪ'lærətɪ] (*pl* **dissimilarities**) *n* différence *f*.

**dissimulate** [dɪ'sɪmjʊleɪt] *fml* ◇ *vt* dissimuler, cacher. ◇ *vi* dissimuler.

**dissimulation** [dɪ,sɪmjʊ'leɪʃn] *n fml* dissimulation *f*.

**dissipate** ['dɪsɪpeɪt] ◇ *vt* [disperse – cloud, fears] dissiper; [waste – fortune] dilapider, gaspiller; [– energies] disperser, gaspiller; PHYS [heat, energy] dissiper. ◇ *vi* [cloud, crowd] se disperser; [fears, hopes] s'évanouir; PHYS [energy] se dissiper.

**dissipated** ['dɪsɪpeɪtɪd] *adj* [person] débauché; [habit, life] de débauche; [society] décadent.

**dissipation** [,dɪsɪ'peɪʃn] *n* -**1.** [of cloud, fears, hopes etc] dissipation *f*; [of fortune] dilapidation *f*; [of energies] dispersion *f*, gaspillage *m*; PHYS [of energy, heat] dissipation *f*. -**2.** [debauchery] débauche *f*.

**dissociate** [dɪ'səʊʃɪeɪt] ◇ *vt* -**1.** [gen] dissocier, séparer; to ~ o.s. from sthg se dissocier OR désolidariser de qqch. -**2.** CHEM dissocier. ◇ *vi* CHEM [subj: chemist] opérer une dissociation; [subj: molecules] se dissocier.

**dissolute** ['dɪsəluːt] *adj* [person] débauché; [life] de débauche, dissolu [it].

**dissoluteness** ['dɪsəluːtnɪs] *n* débauche *f*.

**dissolution** [,dɪsə'luːʃn] *n* -**1.** [gen] dissolution *f*. -**2.** *Am* JUR [divorce] divorce *m*.

**dissolvable** [dɪ'zɒlvəbl] *adj* soluble.

**dissolve** [dɪ'zɒlv] ◇ *vt* -**1.** [salt, sugar] dissoudre. -**2.** [empire, marriage, Parliament] dissoudre. ◇ *vi* -**1.** [salt, sugar] se dissoudre; *fig* [fear, hopes] s'évanouir, s'envoler; [apparition] s'évanouir; [crowd] se disperser; [clouds] disparaître; to ~ into tears fondre en larmes; to ~ into laughter être pris de rire. -**2.** [marriage, Parliament] être dissout; [empire] se dissoudre. -**3.** CIN & TV faire un fondu enchaîné. ◇ *n* CIN & TV fondu enchaîné *m*.

**dissonance** ['dɪsənəns] *n* MUS dissonance *f*; *fig* discordance *f*.

**dissonant** ['dɪsənənt] *adj* MUS dissonant; *fig* [colours, opinions] discordant.

**dissuade** [dɪ'sweɪd] *vt* [person] dissuader; to ~ sb from doing sthg dissuader qqn de faire qqch; to ~ sb from sthg détourner qqn de qqch.

**dissuasive** [dɪ'sweɪsɪv] *adj* [person, effect] dissuasif.

**distaff** ['dɪstɑːf] *n* [for spinning] quenouille *f*; on the ~ side *fig* du côté maternel. ·

**distance** ['dɪstəns] ◇ *n* -**1.** [between two places] distance *f*; at a ~ of 50 metres à (une distance de) 50 mètres; within walking/cycling ~ from the station à quelques minutes de marche/en vélo de la gare; is it within walking ~? peut-on y aller à pied?; it's some OR quite a OR a good ~ from here c'est assez loin d'ici; a short ~ away tout près; it's no ~ (at all) c'est tout près OR à deux pas; we covered the ~ in ten hours nous avons fait le trajet en dix heures; to keep at a safe ~ (from) se tenir à une distance prudente (de) ‖ *fig*: to keep sb at a ~ tenir qqn à distance (respectueuse); to keep one's ~ (from sb) garder ses distances (par rapport à qqn). ❑ to go the ~ [boxer, political campaigner] tenir la distance. -**2.** [distant point, place]: to see/to hear sthg in the ~ voir/ entendre qqch au loin; in the middle ~ au second plan; to see sthg from a ~ voir qqch de loin; you can't see it from OR at this ~ on ne peut pas le voir à cette distance; to admire sb from OR at a ~ *fig* admirer qqn de loin. -**3.** [separation in time]: at a ~ of 200 years, it's very difficult to know 200 ans plus tard, il est très difficile de savoir. -**4.** *fig* [gap]: there's a great ~ between us il y a un grand fossé entre nous. -**5.** [aloofness, reserve] froideur *f*. ◇ *comp*: ~ learning OR teaching enseignement *m* à distance; ~ race SPORT épreuve *f* de fond; ~ runner SPORT coureur *m*, -euse *f* de fond. ◇ *vt*: distancer; to ~ o.s. (from sb/sthg) *fig* prendre ses distances (par rapport à qqn/qqch).

**distant** ['dɪstənt] ◇ *adj* -**1.** [faraway – country, galaxy, place] lointain, éloigné; the ~ sound of the sea le bruit de la mer au loin. -**2.** [in past – times] lointain, reculé; [– memory] lointain; in the (dim and) ~ past il y a bien OR très longtemps, dans le temps. -**3.** [in future – prospect] lointain; in the ~ future dans un avenir lointain; in the not too ~ future dans un avenir proche, prochainement. -**4.** [relation] éloigné; [resemblance] vague. -**5.** [remote – person, look] distant; [aloof] froid. ◇ *adv*: three miles ~ from here à trois miles d'ici; not far ~ pas très loin.

**distantly** ['dɪstəntlɪ] *adv* -**1.** [in the distance] au loin. -**2.** [resemble] vaguement; to be ~ related [people] avoir un lien de parenté éloigné; [ideas, concepts etc] avoir un rapport éloigné. -**3.** [speak, behave, look] froidement, d'un air distant OR froid.

**distaste** [dɪs'teɪst] *n* dégoût *m*, répugnance *f*.

**distasteful** [dɪs'teɪstfʊl] *adj* [unpleasant – task] désagréable; [in bad taste – joke, remark etc] de mauvais goût; to be ~ to sb déplaire à qqn.

**distastefully** [dɪs'teɪstfʊlɪ] *adv* [with repugnance – look] d'un air dégoûté.

**Dist. Atty** *written abbr of* **district attorney**.

**distemper** [dɪs'stempə<sup>r</sup>] ◇ *n* -**1.** [paint] détrempe *f*. -**2.** VETER maladie *f* de Carré. ◇ *vt* peindre à la OR en détrempe.

**distend** [dɪs'tend] ◇ *vt* gonfler. ◇ *vi* [stomach] se ballonner, se gonfler; [sails] se gonfler.

**distended** [dɪs'tendɪd] *adj* gonflé; [stomach] gonflé, ballonné.

**distil** *Br*, **distill** *Am* [dɪs'tɪl] (*pt* & *pp* **distilled**, *cont* **distilling**) ◇ *vt literal* & *fig* distiller. ◇ *vi* se distiller.

**distillation** [,dɪstɪ'leɪʃn] *n literal* & *fig* distillation *f*.

**distiller** [dɪs'tɪlə<sup>r</sup>] *n* distillateur *m*.

**distillery** [dɪs'tɪlərɪ] (*pl* **distilleries**) *n* distillerie *f*.

**distinct** [dɪs'tɪŋkt] *adj* -**1.** [different] distinct; to be ~ from se distinguer de; the two poems are quite ~ from each other les deux poèmes sont tout à fait différents l'un de l'autre. -**2.** [clear – memory] clair, net; [– voice, announcement] distinct. -**3.** [decided, evident – accent] prononcé; [– preference] marqué; [– lack of respect, interest] évident; [– likeness] clair, net, prononcé; [– advantage, improvement] net; she had a ~ feeling that something would go wrong elle avait le sentiment très net que quelque chose allait mal tourner; I have the ~ impression you're trying to avoid me j'ai la nette impression que tu essaies de m'éviter; there's a ~ smell of smoke in here cela sent vraiment la fumée ici; a ~ possibility une forte possibilité.

◆ **as distinct from** *prep phr* par opposition à.

**distinction** [dɪs'tɪŋkʃn] *n* -**1.** [difference] distinction *f*; to make OR to draw a ~ between two things faire OR établir une distinction entre deux choses. **-2.** [excellence] distinction *f*; a writer/artist of great ~ un écrivain/artiste très réputé. **-3.** SCH & UNIV [mark] mention *f*; he got a ~ in maths il a été reçu en maths avec mention. **-4.** [honour, award] honneur *m*.

**distinctive** [dɪ'stɪŋktɪv] *adj* [colour, feature] distinctif; her car is quite ~ sa voiture se remarque facilement.

**distinctively** [dɪ'stɪŋktɪvlɪ] *adv* [coloured] de manière distinctive.

**distinctly** [dɪ'stɪŋktlɪ] *adv* **-1.** [clearly – speak, hear] distinctement, clairement; [remember] clairement; I ~ told you not to do that je t'ai bien dit de ne pas faire cela. **-2.** [very] vraiment, franchement.

**distinguish** [dɪ'stɪŋgwɪʃ] ◇ *vt* **-1.** [set apart] distinguer; to ~ o.s. se distinguer; to ~ sthg from sthg distinguer qqch de qqch. **-2.** [tell apart] distinguer. **-3.** [discern] distinguer. ◇ *vi* faire OR établir une distinction; to ~ between two things/people faire la distinction entre deux choses/personnes.

**distinguishable** [dɪ'stɪŋgwɪʃəbl] *adj* **-1.** [visible] visible. **-2.** [recognizable] reconnaissable; to be easily ~ from se distinguer facilement de, être facile à distinguer de; the male is ~ by his red legs le mâle est reconnaissable à OR se distingue par ses pattes rouges.

**distinguished** [dɪ'stɪŋgwɪʃt] *adj* **-1.** [eminent] distingué. **-2.** [refined – manners, voice] distingué; ~-looking distingué.

**distinguishing** [dɪ'stɪŋgwɪʃɪŋ] *adj* [feature, mark, characteristic etc] distinctif; ~ features [on passport] signes *mpl* particuliers.

**distort** [dɪ'stɔːt] ◇ *vt* **-1.** [face, image, structure etc] déformer; *fig* [facts, truth] déformer, dénaturer; [judgment] fausser. **-2.** ELECTRON, RADIO & TV déformer. ◇ *vi* [face, structure, sound] se déformer.

**distorted** [dɪ'stɔːtɪd] *adj* [face, limbs] déformé; *fig* [facts, truth, account] déformé, dénaturé; [view of life] déformé, faussé; [judgment] faussé.

**distortion** [dɪ'stɔːʃn] *n* **-1.** *literal* & *fig* déformation *f*. **-2.** ELECTRON & RADIO distorsion *f*; TV déformation *f*.

**distract** [dɪ'strækt] *vt* **-1.** [break concentration of] distraire; [disturb] déranger; to ~ sb from his/her objective détourner qqn de son but; to ~ sb/sb's attention [accidentally] distraire l'attention de qqn; [on purpose] détourner l'attention de qqn. **-2.** [amuse] distraire.

**distracted** [dɪ'stræktɪd] *adj* **-1.** [with thoughts elsewhere] distrait. **-2.** [upset] affolé, bouleversé; ~ with worry/with grief fou d'inquiétude/de chagrin.

**distracting** [dɪ'stræktɪŋ] *adj* **-1.** [disruptive]: I find it ~ ça m'empêche de me concentrer; it's very ~ having so many people in the office c'est très difficile de se concentrer (sur son travail) avec autant de gens dans le bureau. **-2.** [amusing] distrayant.

**distraction** [dɪ'strækʃn] *n* **-1.** [diversion – of attention, from objective] distraction *f*. **-2.** [amusement] distraction *f*. **-3.** [anxiety] affolement *m*; [absent-mindedness] distraction *f*. **-4.** [madness] affolement *m*; to drive sb to ~ rendre qqn fou; to love sb to ~ aimer qqn éperdument OR à la folie.

**distraught** [dɪ'strɔːt] *adj* [with worry] angoissé, fou d'angoisse; [after death] fou OR éperdu de douleur, désespéré; to be ~ with grief être fou de douleur.

**distress** [dɪ'stres] ◇ *n* [suffering – mental] angoisse *f*; [– physical] souffrance *f*; [hardship] détresse *f*; to cause sb ~ causer du tourment à qqn; to be in ~ [horse, athlete] souffrir; [mentally] être angoissé; [ship] être en détresse OR perdition; [aircraft] être en détresse; to be in financial ~ avoir de sérieux problèmes financiers. ◇ *vt* [upset] faire de la peine à, tourmenter; he was ~ by the animal's suffering les souffrances de la bête lui faisaient de la peine.

**distressed** [dɪ'strest] *adj* **-1.** [mentally] tourmenté; [very sorry] affligé; [physically] souffrant; [financially] dans le besoin; to be ~ by OR about sthg être affligé par qqch; they are in ~ circumstances *euph* ils sont dans le besoin. **-2.** [furniture, leather, clothing] vieilli.

**distressing** [dɪ'stresɪŋ] *adj* pénible.

**distress signal** *n* signal *m* de détresse.

**distribute** [dɪ'strɪbjuːt] *vt* **-1.** [hand out – money, leaflets, gifts etc] distribuer. **-2.** [share out, allocate – wealth, weight] répartir; [– paint] répandre. **-3.** CIN & COMM [supply] distribuer.

**distribution** [ˌdɪstrɪ'bjuːʃn] ◇ *n* **-1.** [of leaflets, money etc] distribution *f*. **-2.** CIN & COMM [delivery, supply] distribution *f*; to have a wide ~ COMM être largement distribué || [of books] diffusion *f*. **-3.** [of wealth] répartition *f*, distribution *f*; [of load] répartition *f*. ◇ *comp* COMM [channel, network] de distribution; ~ rights CIN droits *mpl* de distribution.

**distributor** [dɪ'strɪbjʊtəʳ] *n* **-1.** CIN & COMM distributeur *m*. **-2.** AUT distributeur *m*; ~ cap tête *f* de Delco® OR d'allumeur.

**district** ['dɪstrɪkt] ◇ *n* [of country] région *f*; [of town] quartier *m*; [administrative area – of country] district *m*; [– of city] arrondissement *m*; [surrounding area] région *f*; the District of Columbia le district fédéral de Columbia. ◇ *comp*: ~ manager COMM directeur *m* régional, directrice *f* régionale.

**district attorney** *n* [in US] procureur *m* de la République.

**district council** *n* [in UK] conseil *m* municipal.

**district court** *n* [in US] ≃ tribunal *m* d'instance (fédéral).

**district nurse** *n* Br infirmière *f* visiteuse.

**distrust** [dɪs'trʌst] ◇ *vt* se méfier de. ◇ *n* méfiance *f*; my ~ of her la méfiance que j'éprouve pour elle OR à son égard; to have a deep ~ of sb/sthg éprouver une profonde méfiance à l'égard de qqn/qqch.

**distrustful** [dɪs'trʌstfʊl] *adj* méfiant; to be deeply ~ of éprouver une extrême méfiance pour OR à l'égard de.

**disturb** [dɪ'stɜːb] *vt* **-1.** [interrupt – person] déranger; [– silence, sleep] troubler; '(please) do not ~' '(prière de) ne pas déranger'; to ~ the peace JUR troubler l'ordre public. **-2.** [distress, upset] troubler, perturber; [alarm] inquiéter. **-3.** [alter condition of – water] troubler; [– mud, sediment] agiter, remuer; [– papers] déranger.

**disturbance** [dɪ'stɜːbəns] *n* **-1.** [interruption, disruption] dérangement *m*. **-2.** POL: ~s [unrest] troubles *mpl*, émeute *f*. **-3.** [noise] bruit *m*, vacarme *m*; to cause a ~ JUR troubler l'ordre public; you're creating a ~ vous dérangez tout le monde; police were called to a ~ in the early hours of the morning la police a été appelée au petit matin pour mettre fin à un tapage nocturne. **-4.** [distress, alarm] trouble *m*, perturbation *f*.

**disturbed** [dɪ'stɜːbd] *adj* **-1.** [distressed, upset] troublé, perturbé; [alarmed] inquiet (*f* -ète); to be ~ at OR by sthg être troublé par OR perturbé par OR inquiet de qqch; mentally ~ mentalement dérangé. **-2.** [interrupted – sleep] troublé.

**disturbing** [dɪ'stɜːbɪŋ] *adj* [alarming] inquiétant; [distressing, upsetting] troublant, perturbant; some viewers may find the programme ~ cette émission pourrait troubler OR perturber certains spectateurs.

**disturbingly** [dɪ'stɜːbɪŋlɪ] *adv*: the level of pollution is ~ high la pollution a atteint un niveau inquiétant.

**disunited** [ˌdɪsjuː'naɪtɪd] *adj* désuni.

**disunity** [ˌdɪs'juːnətɪ] *n* désunion *f*.

**disuse** [ˌdɪs'juːs] *n*: to fall into ~ [word, custom, law] tomber en désuétude.

**disused** [ˌdɪs'juːzd] *adj* [building, mine] abandonné, désaffecté.

**ditch** [dɪtʃ] ◇ *n* **-1.** [by roadside] fossé *m*; [for irrigation, drainage] rigole *f*; he drove the car into the ~ il est tombé dans le fossé avec la voiture. ◇ *vt* *inf* **-1.** [abandon – car] abandonner; [– plan, idea] abandonner, laisser tomber; [– boyfriend, girlfriend] plaquer, laisser tomber; [throw out] se débarrasser de. **-2.** AERON: to ~ a plane faire un amerrissage forcé. ◇ *vi* **-1.** AERON faire un amerrissage forcé. **-2.** AGR creuser un fossé.

**ditchwater** ['dɪtʃˌwɔːtəʳ] *n phr*: to be as dull as ~ *inf* être ennuyeux comme la pluie.

**dither** ['dɪðəʳ] *inf* ◇ *vi* [be indecisive] hésiter, se tâter; stop ~ing (about) [decide] décide-toi; [make a start] arrête de tourner en rond. ◇ *n*: to be in a ~ hésiter, se tâter; he was in OR all of a ~ about his exams il était dans tous ses états à cause de ses examens.

**ditherer** ['dɪðərəʳ] *n inf*: he's such a terrible ~ il est toujours à hésiter sur tout.

**dithery** ['dɪðərɪ] *adj inf* **-1.** [indecisive] hésitant, indécis. **-2.** [agitated] nerveux, agité.

**ditsy** ['dɪtsɪ] (*compar* **ditsier**, *superl* **ditsiest**) *adj* Am *inf* écervelé.

**ditto** ['dɪtəʊ] ◇ *adv inf*: I feel like a drink — ~ j'ai bien envie de prendre un verre — idem; I don't like her — ~ je ne l'aime pas — moi non plus. ◇ *comp*: ~ mark guillemets *mpl* itératifs, signes *mpl* d'itération.

**ditty** ['dɪtɪ] (*pl* **ditties**) *n hum* chanson *f*.

**diuretic** [,daɪjʊ'retɪk] ◇ *adj* diurétique. ◇ *n* diurétique *m*.

**diva** ['diːvə] *n* diva *f*.

**divan** [dɪ'væn] *n* [couch] divan *m*; ~ (bed) divan-lit *m*.

**dive** [daɪv] (*Br pt* & *pp* **dived**, *Am pt* **dove** [dəʊv] OR **dived**, *pp* **dived**) ◇ *vi* **-1.** [person, bird, submarine] plonger; [aircraft] plonger, piquer, descendre en piqué; to ~ for clams/pearls pêcher la palourde/des perles (*en plongée*); she ~d off the side of the boat elle a plongé depuis le bord du bateau. **-2.** [as sport] faire de la plongée. **-3.** *inf* [rush]: they ~d for the exit ils se sont précipités OR ils ont foncé vers la sortie; she ~d out of sight elle s'est cachée précipitamment; to ~ under the table plonger OR se jeter sous la table. ◇ *n* **-1.** [of swimmer, bird, submarine] plongeon *m*; [by aircraft] piqué *m*; to go into a ~ [aircraft] plonger, piquer, descendre en piqué. **-2.** *inf* [sudden movement]: to make a ~ for the exit se précipiter vers la sortie; to make a ~ for shelter se précipiter pour se mettre à l'abri. **-3.** *inf* & *pej* [bar, café etc] bouge *m*. ◆ **dive in** *vi insep* **-1.** [swimmer] plonger. **-2.** *inf*: ~ in! [eat] attaquez!

**dive-bomb** *vt* [subj: plane] bombarder OR attaquer en piqué; [subj: bird] attaquer en piqué.

**diver** ['daɪvə'] *n* **-1.** [from diving board, underwater] plongeur *m*, -euse *f*; [deep-sea] scaphandrier *m*; **pearl/clam** ~ pêcheur *m*, -euse *f* de perles/de palourdes (*en plongée*). **-2.** [bird] plongeur *m*.

**diverge** [daɪ'vɜːdʒ] *vi* [paths] se séparer, diverger; *fig* [opinions] diverger.

**divergence** [daɪ'vɜːdʒəns] *n* [of paths] séparation *f*, divergence *f*; *fig* [of opinions] divergence *f*.

**divergent** [daɪ'vɜːdʒənt] *adj* [opinions] divergent.

**diverse** [daɪ'vɜːs] *adj* divers.

**diversification** [daɪ,vɜːsɪfɪ'keɪʃn] *n* diversification *f*; the company's recent ~ into cosmetics la diversification qu'a récemment entreprise la société en pénétrant le marché des cosmétiques.

**diversify** [daɪ'vɜːsɪfaɪ] (*pt* & *pp* **diversified**) ◇ *vi* [company] se diversifier; to ~ into a new market se diversifier en pénétrant un nouveau marché; to ~ into a new product se diversifier en fabriquant un nouveau produit. ◇ *vt* diversifier.

**diversion** [daɪ'vɜːʃn] *n* **-1.** [of traffic] déviation *f*; [of river] dérivation *f*, détournement *m*. **-2.** [distraction] diversion *f*; to create a ~ [distract attention] faire (une) diversion; MIL opérer une diversion. **-3.** [amusement] distraction *f*.

**diversionary** [daɪ'vɜːʃnrɪ] *adj* [remark, proposal] destiné à faire diversion; ~ **tactics** tactique *f* de diversion.

**diversity** [daɪ'vɜːsətɪ] *n* diversité *f*.

**divert** [daɪ'vɜːt] *vt* **-1.** [reroute – traffic] dévier; [– train, plane, ship] dévier (la route de); [– river, attention, conversation, blow] détourner; **the plane was** ~ed to London l'avion a été dévié OR détourné sur Londres. **-2.** [money] transférer; [illegally] détourner. **-3.** [amuse] distraire.

**diverting** [daɪ'vɜːtɪŋ] *adj* divertissant.

**divest** [daɪ'vest] *vt fml* **-1.** [take away from] priver; to ~ sb of sthg priver qqn de qqch. **-2.** [rid]: to ~ o.s. of [opinion, belief] se défaire de; [coat] enlever; [luggage] se débarrasser de.

**divestiture** [daɪ'vestɪtʃə'] *n Am* désinvestissement *m*.

**divestment** [daɪ'vestmənt] *n Am* désinvestissement *m*.

**divide** [dɪ'vaɪd] ◇ *vt* **-1.** [split up – territory, property, work] diviser; [share out] partager, répartir; to ~ sthg in OR into two couper OR diviser qqch en deux; she ~d the cake equally among the children elle a partagé le gâteau en parts égales entre les enfants; they ~d the work between them ils se sont partagé OR réparti le travail; he ~s his time between the office and home il partage son temps entre le bureau et la maison. **-2.** [separate] séparer. **-3.** MATH diviser; to ~ 10 by 2 diviser 10 par 2. **-4.** [disunite – family, party] diviser. **-5.** *Br* POL: to ~ the House faire voter la Chambre. ◇ *vi* **-1.** [cells, group of people, novel] se diviser; **a policy of ~ and rule** POL une politique consistant à diviser pour régner; **the class** ~d into groups la classe s'est divisée OR répartie en groupes. **-2.** [river, road] se séparer. **-3.** MATH diviser;

we're learning to ~ nous apprenons à faire des divisions; 10 ~s by 2 10 est divisible par 2, 10 est un multiple de 2. **-4.** *Br* POL: the House ~d on the question la Chambre a voté sur la question. ◇ *n* **-1.** [gap] fossé *m*; the North-South ~ la division Nord-Sud. **-2.** *Am* GEOG [watershed] ligne *f* de partage des eaux; the Great OR Continental Divide ligne de partage des eaux des Rocheuses; to cross the Great Divide [die] passer de vie à trépas. ◆ **divide off** *vt sep* séparer; to ~ sthg off from sthg séparer qqch de qqch. ◆ **divide out** *vt sep* partager, répartir; to ~ sthg out between OR among people partager qqch entre des gens. ◆ **divide up** ◇ *vi insep* = **divide** *vi* 1. ◇ *vt sep* = **divide** *vt* 1.

**divided** [dɪ'vaɪdɪd] *adj* **-1.** [property, territory] divisé; BOT découpé; ~ **highway** *Am* route *f* à quatre voies; ~ **skirt** jupe-culotte *f*. **-2.** [disunited – family, party] divisé; **opinion is** ~ **on the matter** les avis sont partagés sur ce problème; to have ~ **loyalties** être déchiré.

**dividend** ['dɪvɪdend] *n* FIN & MATH dividende *m*; to pay a ~ FIN [company] verser un dividende; [shares] rapporter un dividende; to pay ~s *fig* porter ses fruits.

**divider** [dɪ'vaɪdə'] *n* [in room] meuble *m* de séparation. ◆ **dividers** *npl* MATH: (a pair of) ~s un compas à pointes sèches.

**dividing** [dɪ'vaɪdɪŋ] *adj* [fence, wall] de séparation; ~ **line** *literal* limite *f*; *fig* distinction *f*.

**divination** [,dɪvɪ'neɪʃn] *n* divination *f*.

**divine** [dɪ'vaɪn] ◇ *adj* **-1.** RELIG divin; the ~ **right of kings** HIST la monarchie de droit divin; 'The Divine Comedy' Dante 'la Divine Comédie'. **-2.** *inf* [delightful] divin. ◇ *n* [priest] théologien *m*. ◇ *vt* **-1.** *lit* [foretell – the future] présager, prédire. **-2.** *lit* [conjecture, guess] deviner. **-3.** *lit* [perceive by intuition] pressentir. **-4.** [locate – water, metal] détecter OR découvrir par la radiesthésie. ◇ *vi*: to ~ **for water** détecter OR découvrir de l'eau par la radiesthésie.

**divinely** [dɪ'vaɪnlɪ] *adv* divinement.

**diving** ['daɪvɪŋ] *n* [underwater] plongée *f* sous-marine; [from board] plongeon *m*.

**diving bell** *n* cloche *f* à plongeur OR de plongée.

**diving board** *n* plongeoir *m*.

**diving suit** *n* scaphandre *m*.

**divining rod** [dɪ'vaɪnɪŋ-] *n* baguette *f* de sourcier.

**divinity** [dɪ'vɪnətɪ] (*pl* **divinities**) *n* **-1.** [quality, state] divinité *f*. **-2.** [god, goddess] divinité *f*; the Divinity la Divinité. **-3.** [theology] théologie *f*; SCOL instruction *f* religieuse; Faculty/Doctor of Divinity faculté *f* de/docteur *m* en théologie. ◇ *comp*: ~ **student** étudiant *m*, -e *f* en théologie.

**divisible** [dɪ'vɪzəbl] *adj* divisible; ~ **by** divisible par.

**division** [dɪ'vɪʒn] *n* **-1.** [act, state] division *f*; [sharing out] partage *m*; the ~ **of labour** la division du travail. **-2.** [section – of company, organization] division *f*; [– of scale, thermometer] graduation *f*; [compartment – in box, bag] compartiment *m*. **-3.** BIOL, MIL & SPORT division *f*. **-4.** MATH division *f*. **-5.** [that which separates] division *f*; [dividing line] division *f*, scission *f*; [in room] cloison *f*; **class** ~s divisions entre les classes, divisions sociales. **-6.** [dissension] division *f*. **-7.** *Br* POL vote officiel à la Chambre des communes (*pour lequel les députés se répartissent dans les deux «division lobbies»*); **to call for a** ~ **on sthg** demander que qqch soit soumis à un vote.

**divisional** [dɪ'vɪʒənl] *adj* de la division, de division; the ~ **manager** le directeur de la division; **there were six** ~ **managers there** il y avait six directeurs de division.

**division sign** *n* MATH symbole *m* de division.

**divisive** [dɪ'vaɪsɪv] *adj* [policy, issue] qui crée des divisions.

**divisiveness** [dɪ'vaɪsɪvnɪs] *n*: the ~ **of this policy is evident to everyone** il apparaît clairement à tout le monde que cette politique crée des OR est source de divisions.

**divisor** [dɪ'vaɪzə'] *n* MATH diviseur *m*.

**divorce** [dɪ'vɔːs] ◇ *n* **-1.** JUR divorce *m*; **I want a** ~ je veux divorcer, je veux le divorce; **he asked his wife for a** ~ il a demandé à sa femme de divorcer, il a demandé le divorce à sa femme; **her first marriage ended in** ~ son premier mariage s'est soldé par un divorce; **to file** OR **to sue for (a)** ~ demander le divorce; **to get** OR **to obtain a** ~ obtenir le divorce; **Mary's getting a** ~ **from John** Mary divorce d'avec

John; they're getting a ~ ils divorcent; **that's grounds for ~!** *hum* ça, c'est un motif de divorce! **-2.** *fig* séparation *f*, divorce *m*. ◇ *comp* [case, proceedings] de divorce; ~ **court** chambre spécialisée dans les affaires familiales au tribunal de grande instance; ~ **lawyer** avocat *m* spécialisé dans les affaires OR cas de divorce. ◇ *vt* **-1.** JUR [subj: husband, wife] divorcer d'avec; [subj: judge] prononcer le divorce de; **they got ~d** a few years ago ils ont divorcé il y a quelques années. **-2.** *fig* séparer; **to ~ sthg from sthg** séparer qqch de qqch. ◇ *vi* divorcer.

**divorcé** [dɪ'vɔːseɪ] *n* divorcé *m*.

**divorced** [dɪ'vɔːst] *adj* **-1.** JUR divorcé; **a ~ woman** une (femme) divorcée. **-2.** *fig*: **to be ~ from reality** [person] être coupé de la réalité, ne pas avoir les pieds sur terre; [suggestion, plan] être irréaliste.

**divorcée** [dɪvɔː'siː] *n* divorcée *f*.

**divot** ['dɪvət] *n* motte *f* de terre.

**divulge** [daɪ'vʌldʒ] *vt* divulguer, révéler.

**Dixie** ['dɪksɪ] *pr n Am inf* le Sud (*terme désignant le sud-est des États-Unis, particulièrement les anciens États esclavagistes*).

**DIY** *n & comp abbr of* **do-it-yourself**.

**dizzily** ['dɪzɪlɪ] *adv* **-1.** [walk] avec une sensation de vertige. **-2.** [behave] étourdiment.

**dizziness** ['dɪzɪnɪs] *n (U)* vertiges *mpl*.

**dizzy** ['dɪzɪ] (*compar* **dizzier**, *superl* **dizziest**) *adj* **-1.** [giddy]: **to feel ~** avoir le vertige, avoir la tête qui tourne; **it makes me (feel) ~** cela me donne le vertige; **~ spell** OR **turn** éblouissement *m*. **-2.** [height, speed] vertigineux; **the ~ heights of fame** les sommets grisants de la célébrité OR gloire. **-3.** *inf* [scatterbrained] étourdi.

**DJ** (*abbr of* **disc jockey**) *n* DJ *m*.

**Djerba** ['dʒɜːbə] *pr n* Djerba; **in ~** à Djerba.

**Djibouti** [dʒɪ'buːtɪ] *pr n* (République *f* de) Djibouti; **in ~** à Djibouti.

**Djibouti City** *pr n* Djibouti; **in ~** à Djibouti.

**dl** (*written abbr of* **decilitre**) dl.

**DLit(t)** [diː'lɪt] *n* **-1.** (*abbr of* **Doctor of Literature**) docteur *m* ès lettres. **-2.** (*abbr of* **Doctor of Letters**) docteur *m* ès lettres.

**dm** (*written abbr of* **decimetre**) dm.

**DM** (*written abbr of* **Deutsche Mark**) DM.

**DMA** *n abbr of* **direct memory access**.

**DMus** [,diː'mjuːz] (*abbr of* **Doctor of Music**) *n* docteur *m* en musique.

**DNA** (*abbr of* **deoxyribonucleic acid**) *n* ADN *m*.

**do¹** [duː] (*pres 3rd sing* **does** [dʌz], *pt* **did** [dɪd], *pp* **done** [dʌn], *negative forms* **do not, does not, did not** *frequently shortened to* **don't** [dəʊnt], **doesn't** [dʌznt], **didn't** [dɪdnt], *cont* **doing** ['duːɪŋ]) ◇ *aux vb* **-1.** [in questions]: **do you know her?** est-ce que tu la connais?, la connais-tu? ‖ [in exclamations]: **do I know London!** si je connais Londres?; **boy, do I hate paperwork!** nom d'un chien, qu'est-ce que je peux avoir horreur des paperasses! **-2.** [in tag questions]: **he takes you out a lot, doesn't he?** il te sort souvent, n'est-ce pas OR hein?; **he doesn't take you out very often, does he?** il ne te sort pas souvent, n'est-ce pas OR hein?; **so you want to be an actress, do you?** alors tu veux devenir actrice?; **you didn't sign it, did you?** [disbelief, horror] tu ne l'as pas signé, quand même?; **look, we don't want any trouble, do we?** [encouraging, threatening] écoute, nous ne voulons pas d'histoires, hein? **-3.** [with the negative]: **don't you believe you je ne te crois pas**. **-4.** [for emphasis]: **do you mind if I smoke?** — **yes I DO mind** cela vous dérange-t-il que je fume? — justement, oui, ça me dérange; **I DID tell you** [refuting sb's denial] mais si, je te l'ai dit, bien sûr que je te l'ai dit; [emphasizing earlier warning] je te l'avais bien dit; **if you DO decide to buy it** si tu décides finalement de l'acheter; **DO sit down** asseyez-vous donc; **DO let us know how your mother is** surtout dites-nous comment va votre mère; **DO stop crying** mais arrête de pleurer, enfin. **-5.** [elliptically]: **you know as much as/more than I do** tu en sais autant que/plus que moi; **so do I/does she** moi/elle aussi; **neither do I/does she** moi/elle non plus; **I'll talk to her about it — please do/don't!** je lui en parlerai — oh, oui/non s'il vous plaît!; **don't, you'll make me blush!** arrête, tu vas me faire rougir!; **you tell her?** — **I may do** (le) lui diras-tu? — peut-être; **I may come to Paris next month — let me know if you do** il

se peut que je vienne à Paris le mois prochain — préviens-moi si tu viens; **you said eight o'clock — oh, so I did** tu as dit huit heures — oh, c'est vrai; **I liked her — you didn't!** [surprised] elle m'a plu — non! vraiment?; **I wear a toupee — you do?** [astonished] je porte une perruque — vraiment? OR non! OR pas possible! ‖ [asserting opposites]: **yes you do — no I don't** mais si — mais non; **you know her, I don't** tu la connais, moi pas; **you don't know her — I do!** tu ne la connais pas — si (, je la connais)! ❏ **I do** [marriage service] ≈ oui. **-6.** [in sentences beginning with adverbial phrase]: **not only did you lie...** non seulement tu as menti...; **little did I realize...** j'étais bien loin de m'imaginer...

◇ *vt* **-1.** [be busy or occupied with] faire; **what are you doing?** qu'est-ce que tu fais?, que fais-tu?, qu'es-tu en train de faire?; **what do you do for a living?** qu'est-ce que vous faites dans la vie?; **what are these files doing here?** qu'est-ce que ces dossiers font ici?; **somebody DO something!** que quelqu'un fasse quelque chose! ‖ [carry out – task, work] faire; **he did a good job** il a fait du bon travail; **what do I have to do to make you understand?** mais qu'est-ce que je dois faire pour que tu comprennes?; **to do sthg about sthg/sb**: **what are you going to do about the noise?** qu'est-ce que tu vas faire au sujet du bruit?; **to do sthg for sb/sthg**: **the doctors can't do anything more for him** la médecine ne peut plus rien pour lui; **that dress really does something/nothing for you** cette robe te va vraiment très bien/ne te va vraiment pas du tout; **what do you do for entertainment?** quelles sont vos distractions?, comment est-ce que vous vous distrayez?; **to do sthg to sb/sthg**: **what have you done to your hair?** qu'est-ce que tu as fait à tes cheveux?; **I hate what your job is doing to you** je n'aime pas du tout l'effet que ton travail a sur toi ❏ **that does it!** cette fois c'en est trop!; **that's done it, the battery's flat** et voilà, la batterie est à plat. **-2.** [produce, provide – copy, report] faire; **I don't do portraits** je ne fais pas les portraits; **the pub does a good lunch** *Br* on sert un bon déjeuner dans ce pub; **could you do me a quick translation of this?** pourriez-vous me traduire ceci rapidement?; **do you do day trips to France?** [to travel agent] est-ce que vous avez des excursions d'une journée en France? **-3.** [work on, attend to] s'occuper de; **he's doing your car now** il est en train de s'occuper de votre voiture; **to do the garden** s'occuper du jardin. **-4.** [clean, tidy – room, cupboard] faire; [decorate – room] faire la décoration de ‖ [arrange – flowers] arranger. **-5.** SCH & UNIV [subject] étudier; *Br* [course] suivre; **to do medicine/law** étudier la médecine/le droit, faire sa médecine/son droit. **-6.** [solve – sums, crossword, equation] faire. **-7.** AUT & TRANSP [speed, distance] faire; **the car will do over 100** la voiture peut faire du 160. **-8.** CIN, THEAT & TV [produce – play, film] faire; [appear in] être dans; [play part of] faire; MUS [perform] jouer. **-9.** CULIN [cook] faire; [prepare – vegetables, salad] préparer; **how would you like your steak done?** comment voulez-vous votre steak? **-10.** *inf* [spend time – working, in prison] faire. **-11.** [be enough or suitable for] suffire; **will £10 do you?** 10 livres, ça te suffira?; **those shoes will have to do the children for another year** les enfants devront encore faire un an avec ces chaussures. **-12.** [finish]: **well that's that done, thank goodness** bon, voilà qui est fait, dieu merci; **have you done eating/crying?** tu as fini de manger/pleurer?; **done!** [in bargain] marché conclu! **-13.** [imitate] imiter, faire. **-14.** *Br inf* [arrest]: **she was done for speeding** elle s'est fait pincer pour excès de vitesse; **we could do you for dangerous driving** nous pourrions vous arrêter pour conduite dangereuse. **-15.** *inf* [rob, burgle – bank, shop] cambrioler, se faire. **-16.** *inf* [cheat] rouler, avoir; **you've been done** tu t'es fait rouler OR avoir. **-17.** *inf* [visit] faire. **-18.** ▽ [take]: **to do drugs** se camer. **-19.** *Br inf* [beat up] s'occuper de qqn, en mettre une à qqn.

◇ *vi* **-1.** [perform – in exam, competition etc] s'en tirer, s'en sortir; **the company's not doing too badly** l'entreprise ne se débrouille pas trop mal; **try to do better in future** essaie de mieux faire à l'avenir; **how are we doing with the corrections?** [checking progress] où en sommes-nous avec les corrections?; **well done!** bien joué!, bravo! **-2.** [referring to health]: **how is she doing, doctor?** comment va-t-elle, docteur?; **mother and baby are both doing well** la maman et le bébé se portent tous les deux à merveille ❏ **how do you do?** [greeting] comment allez-vous?; [on being introduced] ≈ enchanté, ravi. **-3.** [act, behave] faire; **do as you're told!** fais

ce qu'on te dit! ❑ you would do well to listen to your mother tu ferais bien d'écouter ta mère; to do well by sb bien traiter qqn; to be/to feel hard done by *Br* être/se sentir lésé; do as you would be done by *prov* traite les autres comme tu voudrais être traité. **-4.** [be enough] suffire; will £20 do? 20 livres, ça ira OR suffira?**-5.** [be suitable] aller; that will do (nicely) ça ira OR conviendra parfaitement, cela fera très bien l'affaire; this won't do ça ne peut pas continuer comme ça; it wouldn't do to be late ce ne serait pas bien d'arriver en retard. **-6.** *(always in continuous form)* [happen]: is there anything doing at the club tonight? est-ce qu'il y a quelque chose au club ce soir? ❑ nothing doing *inf* [rejection, refusal] rien à faire. **-7.** *(always in perfect tense)* [finish]: have you done? tu as fini?**-8.** [be connected with]: it has to do with your missing car c'est au sujet de votre voiture volée; that's got nothing to do with it! [is irrelevant] cela n'a rien à voir!; I want nothing to do with it/you je ne veux rien avoir à faire là-dedans/avec toi; it's nothing to do with me je n'y suis pour rien; we don't have much to do with the people next door nous n'avons pas beaucoup de contacts avec les gens d'à côté; what I said to him has got nothing to do with you [it's none of your business] ce que je lui ai dit ne te regarde pas; [it's not about you] ce que je lui ai dit n'a rien à voir avec toi; that has a lot to do with it cela joue un rôle très important; he is OR has something to do with printing il est dans l'imprimerie. **-9.** *Br inf* [work as cleaner] faire le ménage.
◇ *n* **-1.** [tip]: the do's and don'ts of car maintenance les choses à faire et à ne pas faire dans l'entretien des voitures. **-2.** *inf* [party, celebration] fête *f*.
◆ **do away with** *vt insep* **-1.** [abolish – institution, rule, restriction] abolir; [get rid of – object] se débarrasser de. **-2.** [kill] se débarrasser de, faire disparaître.
◆ **do down** *vt sep Br inf* **-1.** [criticize, disparage] rabaisser, médire sur, dire du mal de. **-2.** [cheat] avoir, rouler.
◆ **do for**▽ *vt insep* **-1.** *Br* [murder] zigouiller; [cause death of] tuer. **-2.** [ruin – object, engine] bousiller; [cause failure of – plan] ruiner; [– company] couler; I'm done for je suis cuit; the project is done for le projet est tombé à l'eau OR foutu. **-3.** *Br* [exhaust] tuer, crever.
◆ **do in**▽ *vt sep* **-1.** [murder, kill] zigouiller, buter, butter. **-2.** [exhaust] = **do for 3**. **-3.** [injure]: to do one's back/one's knee in se bousiller le dos/la genou.
◆ **do out** *vt sep Br inf* [clean thoroughly] nettoyer à fond; [decorate] refaire.
◆ **do out of** *vt sep inf* [money, job] faire perdre.
◆ **do over** *vt sep* **-1.** [room] refaire. **-2.** *Am* [do again] refaire. **-3.** *inf* [beat up] casser la gueule OR la tête à. **-4.** *inf* [burgle, rob – house, bank etc] cambrioler.
◆ **do up** ◇ *vt sep* **-1.** [fasten – dress, jacket] fermer; [– zip] fermer, remonter; [– buttons] boutonner; [– shoelaces] attacher. **-2.** [wrap, bundle up] emballer; envelopes done up in bundles of 20 des enveloppes en paquets de 20. **-3.** *inf* [renovate – house, cottage etc] refaire, retaper; [– old dress, hat] arranger; [make more glamorous]: to do o.s. up se faire beau/belle.
◇ *vi insep* [skirt, dress] se fermer; [zip] se fermer, se remonter; [buttons] se fermer, se boutonner.
◆ **do with** *vt insep* **-1.** *Br (after 'could')* *inf* [need, want] avoir besoin de; I could have done with some help j'aurais eu bien besoin d'aide; I could do with a drink je prendrais bien un verre, j'ai bien envie de prendre un verre. **-2.** *Br (after 'can't')* *inf* [tolerate] supporter. **-3.** *(after 'what')* [act with regard to] faire de; they don't know what to do with themselves ils ne savent pas comment s'occuper; what do you want me to do with this? que veux-tu que je fasse de ça?**-4.** *(always with past participle)* [finish with] finir avec; can I borrow the ashtray if you've done with it? puis-je emprunter le cendrier si tu n'en as plus besoin?
◆ **do without** ◇ *vi insep* faire sans. ◇ *vt insep* se passer de.
**do²** [dəʊ] *n* MUS do *m*.
**do.** *Br (written abbr of* **ditto)** do.
**DOA** *adj Br abbr of* **dead on arrival.**
**doable** ['duːəbl] *adj inf* faisable.
**d.o.b., DOB** *written abbr of* **date of birth.**
**Doberman (pinscher)** ['dəʊbəmən('pɪnʃə')] *n* doberman *m*.
**doc** [dɒk] *n inf* [doctor] toubib *m*; morning, ~ bonjour docteur.

**docile** [*Br* 'dəʊsaɪl, *Am* 'dɒsəl] *adj* docile.
**docility** [də'sɪlətɪ] *n* docilité *f*.
**dock** [dɒk] ◇ *vi* [ship] se mettre à quai; [spacecraft] s'amarrer. ◇ *vt* **-1.** [ship] mettre à quai; [spacecraft] amarrer. ◇ *vt* **-1.** [ship] mettre à quai; [spacecraft] amarrer. **-2.** [money]: to ~ sb's pay/pocket money faire une retenue sur la paye/réduire l'argent de poche de qqn; you'll be ~ed £20 on retiendra 20 livres sur votre salaire. **-3.** [animal's tail] couper. ◇ *n* **-1.** NAUT dock *m*, docks *mpl*; the ~s les docks; to be in dry ~ [ship] être en cale sèche; to be in ~ *fig* [car, plane] être en réparation. **-2.** JUR banc *m* des accusés; the prisoner in the ~ l'accusé; to be in the ~ *fig* être sur la sellette. **-3.** BOT patience *f*. ◇ *comp* [manager] des docks; ~ worker *Br* docker *m*; ~ strike grève *f* des dockers.
**docker** ['dɒkə'] *n Br* docker *m*.
**docket** ['dɒkɪt] ◇ *n* **-1.** *Br* [on file, package] fiche *f* (de renseignements). **-2.** *Am* [make summary of] liste *f* des affaires en instance; *Br* compte-rendu *m* des jugements. ◇ *vt* **-1.** [parcel, file] mettre une fiche (indiquant le contenu) sur. **-2.** JUR [make summary of] résumer; [register] enregistrer.
**docking** ['dɒkɪŋ] *n* [of ship] mise *f* à quai; [of spacecraft] amarrage *m*; ~ manoeuvre accostage *m*.
**dockland** ['dɒklənd] *n* quartier *m* des docks.
◆ **Docklands** *prn* quartier d'affaires très moderne à Londres sur les bords de la Tamise.
**dockside** ['dɒksaɪd] *n*: on the ~ sur le quai.
**dockyard** ['dɒkjɑːd] *n* chantier *m* naval OR de constructions navales; naval ~ arsenal *m* maritime OR de la marine.
**doctor** ['dɒktə'] ◇ *n* **-1.** MED docteur *m*, médecin *m*; dear Doctor Cameron [in letter] docteur; I've an appointment with Doctor Cameron j'ai rendez-vous avec le docteur Cameron; thank you, ~ merci docteur; he/she is a ~ il/elle est docteur OR médecin; to go to the ~ OR ~'s aller chez le docteur OR médecin; you should see a ~ tu devrais consulter un docteur OR médecin; to be under the ~ *inf* être sous traitement médical; woman ~ *Br*, female ~ *Am* femme *f* médecin; army ~ médecin militaire ❑ ~'s line OR note certificat *m* médical; that's just what the ~ ordered! *inf* c'est exactement ce qu'il me faut OR fallait!; 'Doctor Zhivago' *Pasternak, Lean* 'le Docteur Jivago'; 'Doctor Faustus' *Mann* 'le Docteur Faustus'; *Marlowe* 'la Tragique Histoire du docteur Faustus'. **-2.** UNIV docteur *m*; Doctor of Science docteur ès OR en sciences.
◇ *vt* **-1.** [tamper with – results, figures] falsifier, trafiquer; [– wine] frelater. **-2.** [drug – drink, food] mettre de la drogue dans; [– racehorse] doper. **-3.** *Br* [castrate, sterilize – cat, dog] châtrer. **-4.** [treat] soigner.
**doctoral** ['dɒktərəl] *adj* [thesis, degree] de doctorat.
**doctorate** ['dɒktərət] *n* doctorat *m*; to have/to do a ~ in sthg avoir/faire un doctorat en qqch.
**doctrinaire** [,dɒktrɪ'neə'] *adj* doctrinaire.
**doctrinal** [dɒk'traɪnl] *adj* doctrinal.
**doctrine** ['dɒktrɪn] *n* doctrine *f*.
**docudrama** [,dɒkjʊ'drɑːmə] *n* TV docudrame *m*.
**document** [*n* 'dɒkjʊmənt, *vb* 'dɒkjʊment] ◇ *n* document *m*; JUR acte *m*; to draw up a ~ rédiger un document; may I have a look at your travel ~s, sir? pourrais-je voir votre titre de transport, monsieur?; the ~s in the case le dossier de l'affaire. ◇ *vt* **-1.** [write about in detail] décrire (de façon détaillée); [record on film – subj: film] montrer (en détail), présenter (de façon détaillée); [– subj: photographer] faire un reportage sur; the book ~s life in the 1920s le livre décrit la vie dans les années 20; it is well ~ed c'est bien documenté; the first ~ed case of smallpox le premier cas de variole qu'on ait enregistré. **-2.** [support – with evidence or proof] fournir des preuves à l'appui de, attester; [– with citations, references] documenter.
**documentary** [,dɒkjʊ'mentərɪ] *(pl* **documentaries)** ◇ *adj* **-1.** JUR [consisting of documents]: ~ evidence preuve *f* littérale; ~ credit crédit *m* documentaire. **-2.** [factual – film, programme] documentaire. ◇ *n* CIN & TV documentaire *m*.
**documentation** [,dɒkjʊmen'teɪʃn] *n* documentation *f*.
**document case** *n* porte-documents *m inv*.
**DOD** *prn Am abbr of* **Department of Defense.**
**dodderer** ['dɒdərə'] *n inf & pej* croulant *m*, -e *f*, gâteux *m*, -euse *f*.
**doddering** ['dɒdərɪŋ] *adj inf* [walk] hésitant, chancelant; *pej*

[elderly person] gâteux.

**doddery** ['dɒdərɪ] adj inf [walk] hésitant.

**doddle** ['dɒdl] n Br inf: it's a ~ c'est simple comme bonjour, c'est du gâteau.

**dodecagon** [dəʊ'dekəgən] n dodécagone m.

**dodge** [dɒdʒ] ◇ n -1. [evasive movement] écart m; [by footballer, boxer] esquive f.-2. Br inf [trick] truc m, combine f. ◇ vi [make evasive movement] s'écarter vivement; [footballer, boxer] faire une esquive; he ~d into the doorway il s'est esquivé OR il a disparu dans l'entrée; to ~ out of the way s'écarter vivement; to ~ out of doing sthg fig se défiler pour ne pas faire qqch. ◇ vt [blow] esquiver; [falling rock, ball] éviter; [bullets] passer entre, éviter; [pursuer, police] échapper à; [creditor, landlord etc] éviter; [question] éluder; he has ~d the taxman OR paying tax all his life il a échappé au fisc toute sa vie; to ~ the issue OR esquiver le problème.

**Dodgem**® ['dɒdʒəm] n Br auto f tamponneuse; to have a ride on the ~s faire un tour d'autos tamponneuses.

**dodger** ['dɒdʒər] n inf [workshy] tire-au-flanc m inv; [dishonest] combinard m, -e f, roublard m, -e f; fare ~ resquilleur m, -euse f.

**dodgy** ['dɒdʒɪ] (compar dodgier, superl dodgiest) adj Br inf -1. [risky, dangerous – plan, idea] risqué; the brakes are really ~ les freins sont très douteux; the weather looks pretty ~ [unreliable] le temps a l'air plutôt douteux OR menaçant. -2. [dishonest – person] roublard, combinard; [– scheme] douteux, suspect.

**dodo** ['dəʊdəʊ] (pl dodos OR dodoes) n -1. [extinct bird] dronte m, dodo m. -2. inf [fool] andouille f.

**doe** [dəʊ] n [deer] biche f; [rabbit] lapine f; [hare] hase f; [rat] rate f, ratte f.

**DoE** (abbr of Department of the Environment) pr n ministère britannique de l'Environnement.

**DOE** (abbr of Department of Energy) pr n ministère américain de l'Énergie.

**doer** ['duːər] n: she is more (of) a ~ than a talker elle préfère l'action à la parole.

**does** [weak form dəz, strong form dʌz] → **do** vb.

**doesn't** ['dʌznt] = does not.

**doff** [dɒf] vt [hat] ôter.

**dog** [dɒg] (pt & pp dogged, cont dogging) ◇ n -1. chien m; 'beware of the ~' 'attention, chien méchant'; to follow sb about like a ~ suivre qqn comme un petit chien ❑ this is a real ~'s dinner OR breakfast [mess] Br inf c'est un vrai torchon OR gâchis; to be dressed OR done up like a ~'s dinner Br inf [gaudy, showy] être habillé de façon extravagante; to lead sb a ~'s life mener la vie dure à qqn; it's a ~'s life being a traffic warden c'est une vie de chien que d'être contractuel; a ~ in the manger un empêcheur de danser OR tourner en rond; I'm going to see a man about a ~ inf façon humoristique d'éviter de dire où l'on va; it's (a case of) ~ eat ~ c'est la loi de la jungle; every ~ has its OR his day prov tout le monde a son heure de gloire; give a ~ a bad name (and hang him) prov qui veut noyer son chien l'accuse de la rage prov; let sleeping ~s lie prov n'éveillez pas le chat qui dort prov; you can't teach an old ~ new tricks prov les vieilles habitudes ont la vie dure; the ~s Br inf SPORT les courses de lévriers; this country's going to the ~s inf le pays va à sa ruine. -2. [male fox, wolf etc] mâle m.-3. inf [person]: you lucky ~! sacré veinard!; dirty ~ sale type m; there's life in the old ~ yet! je ne suis/ce n'est pas encore un vieux croulant!-4. ∇ pej [ugly woman] cageot m, boudin m.-5. Am inf [hopeless – product, company] catastrophe f; [– thing]: it's a ~ c'est nul. -6. [firedog] chenet m.-7. TECH [pawl] cliquet m; [cramp] crampon m.-8. Am [hot dog] hot dog m.
◇ comp [breeder, breeding] de chiens; [bowl, basket, food] pour chien; ~ fox renard m mâle; ~ racing courses fpl de lévriers; ~ track cynodrome m.
◇ vt -1. [follow closely] suivre de près; to ~ sb's footsteps ne pas lâcher qqn d'une semelle. -2. [plague]: to be dogged by bad health/problems ne pas arrêter d'avoir des ennuis de santé/des problèmes; the team has been dogged by injury l'équipe n'a pas arrêté d'avoir des blessés; she is dogged by misfortune elle est poursuivie par la malchance.

**dog biscuit** n biscuit m pour chien.

**dog-catcher** n employé m, -e f de la fourrière.

**dog collar** n [for dog] collier m pour OR de chien; hum [of clergyman] col m d'ecclésiastique.

**dog days** npl canicule f.

**dog-eared** adj [page] corné; [book] aux pages cornées.

**dog-eat-dog** adj [business] impitoyable, sans pitié.

**dog-end** n inf [of cigarette] mégot m.

**dogfight** ['dɒgfaɪt] n [between dogs] combat m de chiens; MIL [between aircraft] combat m rapproché.

**dogfish** ['dɒgfɪʃ] n roussette f, chien m de mer.

**dogged** ['dɒgɪd] adj [courage, perseverance] tenace; [person, character] tenace, déterminé, persévérant; [refusal] obstiné.

**doggedness** ['dɒgɪdnɪs] n [of person] ténacité f, persévérance f; [of courage] ténacité f.

**doggerel** ['dɒgərəl] ◇ n poésie f burlesque. ◇ adj [rhyme, verse] burlesque.

**doggie** ['dɒgɪ] = doggy.

**doggone** ['dɒgɒn] Am inf ◇ interj: ~ (it)! zut!, nom d'une pipe! ◇ adj = doggoned.

**doggoned** ['dɒgɒnd] adj Am inf fichu; it's a ~ shame! c'est vraiment honteux!

**doggy** ['dɒgɪ] (pl doggies) inf ◇ n baby talk toutou m. ◇ adj [smell] de chien; he's a ~ person il adore les chiens.

**doggy bag** n sachet (ou boîte) que l'on propose aux clients dans les restaurants pour qu'ils emportent ce qu'ils n'ont pas consommé.

**doggy paddle** ◇ n nage f du petit chien. ◇ vi faire la nage du petit chien.

**dog handler** n maître-chien m.

**doghouse** ['dɒghaʊs, pl -haʊzɪz] n -1. Am [kennel] chenil m, niche f.-2. inf phr: to be in the ~ (with sb) ne pas être en odeur de sainteté OR être en disgrâce (auprès de qqn).

**dog Latin** n latin m de cuisine.

**dogleg** ['dɒgleg] ◇ n [in pipe, road] coude m. ◇ vi [pipe, road] faire un coude. ◇ adj [pipe, road] qui fait un coude.

**dog licence** n Br permis de posséder un chien.

**doglike** ['dɒglaɪk] adj [devotion] aveugle.

**dogma** ['dɒgmə] n dogme m.

**dogmatic** [dɒg'mætɪk] adj dogmatique; to be ~ about sthg être dogmatique au sujet de qqch.

**dogmatism** ['dɒgmətɪzm] n dogmatisme m.

**dogmatist** ['dɒgmətɪst] n personne f dogmatique.

**do-gooder** [-'gʊdər] n pej âme f charitable, bonne âme f.

**dog paddle** = doggy paddle.

**dog rose** n églantine f.

**dogsbody** ['dɒgz,bɒdɪ] (pl dogsbodies) n Br inf bonne f à tout faire.

**dog show** n exposition f canine.

**dogsled** ['dɒgsled] n luge f tirée par des chiens.

**dog's-tooth check** n Br pied-de-poule m.

**dog-tired** adj inf épuisé.

**doh** [dəʊ] n MUS do m.

**doily** ['dɔɪlɪ] (pl doilies) n napperon m.

**doing** ['duːɪŋ] n [work, activity]: it's all your ~ tout cela, c'est de ta faute; is this your ~? [have you done this?] c'est toi qui as fait cela?; [are you behind this?] c'est toi qui es derrière cela?; it's none of my ~ je n'y suis pour rien; that'll take some ~ cela ne va pas être facile.

**doings** ['duːɪŋz] n Br inf [thing] machin m, truc m.

**do-it-yourself** ◇ n bricolage m. ◇ comp [manual, shop] de bricolage; a ~ enthusiast un bricoleur; a ~ kit des éléments en kit.

**doldrums** ['dɒldrəmz] npl -1. GEOG [zone] zones fpl des calmes équatoriaux, pot au noir m; [weather] calme m équatorial. -2. phr: to be in the ~ [person] avoir le cafard, broyer du noir; [activity, trade] être en plein marasme.

**dole** [dəʊl] n (U) Br inf: ~ (money) (indemnités fpl de) chômage m; how much is the ~ nowadays? combien est-ce qu'on touche au chômage maintenant?; to be/to go on the ~ s'inscrire au chômage.
♦ **dole out** vt sep [distribute] distribuer; [in small amounts] distribuer au compte-gouttes.

**doleful** ['dəʊlfʊl] adj [mournful – look, voice] malheureux; [– person, song] triste.

**doll** [dɒl] *n* **-1.** [for child] poupée *f*; [for ventriloquist] marionnette *f* de ventriloque; **to play with** ~s jouer à la poupée; ~'s pram poussette *f* de poupée ❏ ~'s house *Br*, ~ house *Am literal & fig* maison *f* de poupée. **-2.** *inf* [girl] nana *f*, souris *f*; [attractive girl] poupée *f*.**-3.** *inf* [dear person] amour *m*; you're a ~ tu es un amour. **-4.** *Am inf* [nice person]: he's a real ~ il est vraiment adorable.
◆ **doll up** *vt sep*: **to get** ~ed up, **to** ~ o.s. up se faire beau/belle, se pomponner.

**dollar** ['dɒlər] ◇ *n* [currency] dollar *m*; **you can bet your bottom** ~ OR ~s **to doughnuts that he'll be there** tu peux être sûr qu'il sera là; **I feel like a million** ~s je me sens merveilleusement bien; **you look like a million** ~s **in that dress** tu es magnifique avec cette robe; **that's the sixty-four thousand** ~ **question** c'est la question à mille francs. ◇ *comp:* ~ **bill** billet *m* d'un dollar; ~ **diplomacy** diplomatie *f* du dollar; ~ **sign** (signe *m* du) dollar *m*.

**dollop** ['dɒləp] *inf* ◇ *n* [of mashed potatoes, cream etc] (bonne) cuillerée *f*; [of mud, plaster, clay] (petit) tas *m*; [of butter, margarine] (gros OR bon) morceau *m*. ◇ *vt*: **to** ~ **food out onto plates** balancer de la nourriture dans des assiettes.

**dolly** ['dɒlɪ] (*pt & pp* **dollied**, *pl* **dollies**) ◇ *n* **-1.** *inf* [for child] = **doll 1**. **-2.** CIN & TV [for camera] chariot *m*.**-3.** [in cricket] prise *f* au vol facile; [in tennis] coup *m* facile. ◇ *vt* CIN & TV: **to** ~ **a camera in/out** faire un travelling avant/arrière.

**dolly bird** *n Br inf & dated* poupée *f* (*femme*).

**dolly mixtures** *npl Br* [sweets] petits bonbons *mpl* assortis.

**dolmen** ['dɒlmən] *n* ARCHEOL dolmen *m*.

**dolomite** ['dɒləmaɪt] *n* dolomie *f*, dolomite *f*.

**Dolomites** ['dɒləmaɪts] *pl pr n*: **the** ~ les Dolomites *fpl*, les Alpes *fpl* dolomitiques.

**dolphin** ['dɒlfɪn] *n* dauphin *m*; ~**-friendly** [tuna] *pêché sans dommages pour les dauphins*.

**dolt** [dəʊlt] *n* [stupid person] lourdaud *m*, gourde *f*.

**domain** [də'meɪn] *n* **-1.** [territory, sphere of interest] domaine *m*; **that's your** ~ *fig* c'est ton domaine; **to be in the public** ~ [information] être dans le domaine public. **-2.** MATH & SCI domaine *m*.

**dome** [dəʊm] *n* **-1.** ARCHIT dôme *m*, coupole *f*.**-2.** [of head] calotte *f*; [of hill] dôme *m*; [of heavens, sky] voûte *f*.

**domed** [dəʊmd] *adj* [building] à coupole, à dôme; [roof] en forme de dôme OR de coupole; [forehead] bombé.

**Domesday Book** ['duːmzdeɪ-] *pr n*: **the** ~ *recueil cadastral établi à la fin du XIᵉ siècle à l'initiative de Guillaume le Conquérant afin de permettre l'évaluation des droits fiscaux sur les terres d'Angleterre.*

**domestic** [də'mestɪk] ◇ *adj* **-1.** [household – duty, chore] ménager; **a** ~ **servant** un domestique; **to be in** ~ **service** être employé de maison; ~ **staff** employés *mpl* de maison, domestiques *mpl*; **a** ~ **help** une aide ménagère; 'for ~ **use only**' 'réservé à l'usage domestique'; ~ **appliance/product** appareil *m*/produit *m* ménager ❏ ~ **science** *Br* SCH & *dated* enseignement *m* ménager. **-2.** [of the family – duties, problems] familial; [– life] familial, de famille; **they lived in** ~ **bliss for many years** ça a été un ménage très heureux pendant de nombreuses années; **a minor** ~ **crisis** un petit problème à la maison; **a** ~ **sort of person** [woman] une femme d'intérieur; [man] un homme d'intérieur. **-3.** [not foreign – affairs, flight, trade, policy] intérieur; [– currency, economy, news, produce] national. **-4.** [not wild – animal] domestique. ◇ *n fml Br* domestique *mf*; *Am* femme *f* de ménage.

**domestically** [də'mestɪklɪ] *adv* ECON & POL: **to be produced** ~ être produit à l'intérieur du pays ou au niveau national.

**domesticate** [də'mestɪkeɪt] *vt* [animal] domestiquer, apprivoiser; *hum* [person] habituer aux tâches ménagères.

**domesticated** [də'mestɪkeɪtɪd] *adj* [animal] domestiqué, apprivoisé; **she's very** ~ c'est une vraie femme d'intérieur.

**domestication** [də,mestɪ'keɪʃn] *n* [of animal] domestication *f*, apprivoisement *m*.

**domesticity** [,dəʊme'stɪsətɪ] *n* [home life] vie *f* de famille.

**domicile** ['dɒmɪsaɪl] ADMIN, FIN & JUR ◇ *n* domicile *m*. ◇ *vt* domicilier; ~**d at** domicilié à.

**domiciliary** [,dɒmɪ'sɪljərɪ] *adj* ADMIN [visit] domiciliaire; [care, services] à domicile.

**dominance** ['dɒmɪnəns] *n* **-1.** [ascendancy – of race, person,**

football team etc] prédominance *f*; [– of animal, gene] dominance *f*.**-2.** [importance] importance *f*.

**dominant** ['dɒmɪnənt] ◇ *adj* **-1.** dominant; [nation, political party, team etc] prédominant; [person, personality] dominateur; [building, geographical feature – most elevated] dominant; [– most striking] le plus frappant. **-2.** MUS de dominante. ◇ *n* MUS dominante *f*; SCI dominance *f*.

**dominate** ['dɒmɪneɪt] ◇ *vt* dominer; **to be** ~**d by sb** être dominé par qqn. ◇ *vi* dominer.

**dominating** ['dɒmɪneɪtɪŋ] *adj* dominateur.

**domination** [,dɒmɪ'neɪʃn] *n* domination *f*; [of organization] contrôle *m*; [of conversation] monopolisation *f*; **Spain was under Roman** ~ **at the time** à cette époque, l'Espagne était sous la domination romaine.

**domineer** [,dɒmɪ'nɪər] *vi* se montrer autoritaire; **to** ~ **over sb** se montrer autoritaire avec qqn.

**domineering** [,dɒmɪ'nɪərɪŋ] *adj* autoritaire.

**Dominica** [də'mɪnɪkə] *pr n* Dominique *f*; **in** ~ à la Dominique.

**Dominican** [də'mɪnɪkən] ◇ *n* **-1.** [person from the Dominican Republic] Dominicain *m*, -e *f*.**-2.** [person from Dominica] Dominiquais *m*, -e *f*.**-3.** RELIG dominicain *m*, -e *f*. ◇ *adj* **-1.** [from the Dominican Republic] dominicain. **-2.** [from Dominica] dominiquais. **-3.** RELIG dominicain.

**Dominican Republic** *pr n*: **the** ~ la République Dominicaine; **in the** ~ en République Dominicaine.

**dominion** [də'mɪnjən] *n* **-1.** [rule, authority] domination *f*, empire *m*; **to have** ~ **over a country** avoir un pays sous sa domination. **-2.** [territory] territoire *m*; [in British Commonwealth] dominion *m*.

**domino** ['dɒmɪnəʊ] (*pl* **dominoes**) ◇ *n* **-1.** domino *m*; **to play** ~**es** jouer aux dominos. **-2.** [cloak, mask] domino *m*. ◇ *comp:* ~ **effect** effet *m* d'entraînement; ~ **theory** théorie *f* des dominos.

**don** [dɒn] (*pt & pp* **donned**, *cont* **donning**) ◇ *vt fml* [put on] mettre. ◇ *n* **-1.** *Br* UNIV *professeur d'université (en particulier à Oxford et Cambridge).* **-2.** [Spanish title] don *m*.**-3.** *Am* chef *m* de la Mafia.

**Donald Duck** *pr n* Donald.

**donate** [də'neɪt] ◇ *vt* [money, goods] faire un don de; [specific amount] faire (un) don de; **to** ~ **blood** donner son OR du sang. ◇ *vi* [give money, goods] faire un don, faire des dons.

**donation** [də'neɪʃn] *n* [action] don *m*, donation *f*; [money, goods or blood given] don *m*; **to make a** ~ **to a charity** faire un don OR une donation à une œuvre (de charité).

**done** [dʌn] ◇ *pp* → **do**. ◇ *adj* **-1.** [finished] fini; **are you** ~ **yet?** tu as enfin fini?; **to get sthg** ~ [completed] finir qqch. **-2.** [cooked – food] cuit. **-3.** *inf* [exhausted] crevé, claqué. **-4.** *inf* [used up]: **that's the milk** ~ il n'y a plus de lait. **-5.** [fitting]: **it's not the** ~ **thing, it's not** ~ ça ne se fait pas.

**dong** [dɒŋ] *n* **-1.** [noise of bell] ding-dong *m*.**-2.** ▼ [penis] queue *f*, bite *f*.

**dongle** ['dɒŋgl] *n* COMPUT boîtier *m* de sécurité, clé *f* gigogne.

**Don Juan** [,dɒn'dʒuːən] *n literal & fig* don Juan *m*; **he's a bit of a** ~ il est un peu du genre don Juan ❏ 'Don Juan' *Byron* 'Don Juan'.

**donkey** ['dɒŋkɪ] *n* âne *m*, ânesse *f*; **I haven't seen her for** ~'s **years** je ne l'ai pas vue depuis une éternité.

**donkey jacket** *n Br veste longue en tissu épais, généralement bleu foncé.*

**donkeywork** ['dɒŋkɪwɜːk] *n* (U) *inf*: **to do the** ~ [drudgery] faire le sale boulot; [difficult part] faire le gros du travail.

**donnish** ['dɒnɪʃ] *adj Br* [person] érudit, savant; [look, speech] d'érudit, cultivé; *pej* pédant.

**donor** ['dəʊnər] *n* **-1.** [gen & JUR] donateur *m*, -trice *f*.**-2.** MED [of blood, organ] donneur *m*, -euse *f*.

**donor card** *n* carte *f* de don d'organe.

**don't** [dəʊnt] ◇ = **do not**. ◇ *n* (*usu pl*) chose *f* à ne pas faire.

**don't know** *n* [on survey] sans opinion *mf inv*; [voter] indécis *m*, -e *f*.

**donut** ['dəʊnʌt] *Am* = **doughnut**.

**doodah** ['duːdɑː] *n inf* truc *m*, bidule *m*.

**doodle** ['duːdl] ◇ *vi & vt* gribouiller, griffonner. ◇ *n* gribouillage *m*, griffonnage *m*.

**doodlebug** ['duːdlbʌɡ] *n inf* [bomb] V1 *m*, bombe *f* volante.

**doohickey** ['duːˌhɪkɪ] *n Am inf* truc *m*, machin *m*.

**doom** [duːm] ◇ *n* (U) [terrible fate] destin *m* (malheureux), sort *m* (tragique); [ruin] perte *f*, ruine *f*; [death] mort *f*; to meet one's ~ trouver la mort; thousands were sent to their ~ on envoya des milliers de gens à la mort. ◇ *vt* condamner.

**doomed** [duːmd] *adj* condamné; to be ~ (to failure) être voué à l'échec; she is ~ to a life of poverty elle est condamnée à une vie de misère.

**Doomsday** ['duːmzdeɪ] *n* jour *m* du Jugement dernier; till ~ jusqu'à la fin du monde OR des temps.

**Doomsday Book** = Domesday Book.

**door** [dɔːr] *n* -1. [of building, room] porte *f*; she walked through the ~ elle franchit la porte; they shut the ~ in my face ils m'ont fermé la porte au nez; he lives two ~s down il habite deux portes plus loin; I found the ~ closed j'ai trouvé porte close; out of ~s dehors, en plein air; to go from ~ to ~ aller de porte en porte; can someone answer the ~? est-ce que quelqu'un peut aller ouvrir?; I'll see you to the ~ je vous reconduis jusqu'à la porte; 'tickets available at the ~' THEAT 'billets en vente à l'entrée'; the agreement leaves the ~ open for further discussion l'accord laisse la porte ouverte à des discussions ultérieures; the discovery opens the ~ to medical advances la découverte ouvre la voie à des progrès médicaux; having a famous name certainly helps to open ~s avoir un nom célèbre permet sans aucun doute de voir s'ouvrir des portes; to lay sthg at sb's ~ imputer qqch à qqn, reprocher qqch à qqn; to show sb the ~ *literal & fig* montrer la porte à qqn. -2. [of car] porte *f*, portière *f*; [of train] portière *f*.

**doorbell** ['dɔːbel] *n* sonnette *f*; the ~ rang on sonna à la porte.

**door chain** *n* chaînette *f* de sûreté.

**do-or-die** *adj* [chance, effort] désespéré, ultime; [attitude, person] jusqu'au-boutiste.

**doorframe** ['dɔːfreɪm] *n* chambranle *m*, châssis *m* de porte.

**door-handle** *n* poignée *f* de porte; AUT poignée *f* de portière.

**doorjamb** ['dɔːdʒæm] *n* montant *m* de porte, jambage *m*.

**doorkeeper** ['dɔːˌkiːpər] *n* [at hotel] portier *m*; [at apartment building] concierge *mf*.

**doorknob** ['dɔːnɒb] *n* poignée *f* de porte.

**doorknocker** ['dɔːˌnɒkər] *n* heurtoir *m*, marteau *m* (de porte).

**doorman** ['dɔːmən] (*pl* doormen [-mən]) *n* [at hotel] portier *m*; [at apartment building] concierge *m*.

**doormat** ['dɔːmæt] *n literal* paillasson *m*, essuie-pieds *m inv*; *fig* [person] chiffe *f* molle; to treat sb like a ~ traiter qqn comme un moins que rien.

**doornail** ['dɔːneɪl] *n* clou *m* de porte.

**doorpost** ['dɔːpəʊst] *n* montant *m* de porte, jambage *m*.

**doorstep** ['dɔːstep] ◇ *n* -1. [step] pas *m* de la porte, seuil *m* de porte; leave the milk on the ~ laissez le lait devant la porte; don't leave him standing on the ~, ask him to come in! ne le laisse pas à la porte, fais-le entrer!; they're building a huge factory practically on my ~ ils construisent une immense usine presque à ma porte. -2. *Br hum* [piece of bread] grosse tranche *f* de pain. ◇ *adj Br*: ~ salesman vendeur *m* à domicile, démarcheur *m*; ~ selling vente *f* à domicile, porte-à-porte *m inv* démarchage *m*.

**doorstop** ['dɔːstɒp] *n* butoir *m* de porte.

**door-to-door** ◇ *adj*: ~ salesman vendeur *m* à domicile, démarcheur *m*; ~ selling vente *f* à domicile, porte-à-porte *m inv*; ~ service service *m* à domicile. ◇ *adv*: a 2-hour trip ~ un trajet de 2 heures de porte à porte.

**doorway** ['dɔːweɪ] *n* porte *f*; standing in the ~ debout dans l'embrasure de la porte.

**dope** [dəʊp] ◇ *n* -1. (U) *inf* [illegal drug] drogue *f*, dope *f*. -2. [for athlete, horse] dopant *m*. -3. *inf* [idiot] crétin *m*, -e *f*, andouille *f*. -4. (U) *inf & dated* [news] tuyau *m*, renseignement *m*. -5. [varnish] enduit *m*; AUT, CHEM & TECH dopant *m*. -6. [for dynamite] absorbant *m*. ◇ *comp* [drugs]: ~ addict toxicomane *mf*, drogué *m*, -e *f*; ~ dealer OR pusher revendeur *m*, -euse *f* de drogue, dealer *m*; ~ test test *m* antidoping. ◇ *vt* -1. [drug – horse, person] doper; [– drink, food] mettre une drogue OR un dopant dans. -2. AUT, CHEM & TECH doper.

**dopey** ['dəʊpɪ] (*compar* **dopier**, *superl* **dopiest**) = **dopy**.

**doppelgänger** ['dɒpl.gæŋər] *n* double *m* (*d'une personne vivante*), sosie *m*.

**dopy** ['dəʊpɪ] (*compar* **dopier**, *superl* **dopiest**) *adj* -1. [drugged] drogué, dopé; [sleepy] (à moitié) endormi. -2. *inf* [silly] idiot, abruti.

**Dorian** ['dɔːrɪən] ◇ *n* Dorien *m*, -enne *f*. ◇ *adj* LING & MUS dorien.

**Doric** ['dɒrɪk] ◇ *adj* dorique. ◇ *n* dorique *m*.

**dorm** [dɔːm] *n inf abbr of* **dormitory**.

**dormant** ['dɔːmənt] *adj* -1. [idea, passion] qui sommeille; [energy, reserves] inexploité; [disease] à l'état latent; [law] inappliqué; to lie ~ sommeiller. -2. [animal] endormi; [plant] dormant. -3. [volcano] en repos, en sommeil. -4. HERALD dormant.

**dormer** ['dɔːmər] *n*: ~ (window) lucarne *f*.

**dormice** ['dɔːmaɪs] *pl* → **dormouse**.

**dormitory** ['dɔːmətrɪ] (*pl* **dormitories**) ◇ *n* [room] dortoir *m*; *Am* UNIV résidence *f* universitaire. ◇ *comp Br*: ~ town ville-dortoir *f*.

**Dormobile®** ['dɔːmə.biːl] *n Br* camping-car *m*.

**dormouse** ['dɔːmaʊs] (*pl* **dormice** [-maɪs]) *n* loir *m*.

**Dors** *written abbr of* **Dorset**.

**dorsal** ['dɔːsl] ◇ *adj* ANAT, LING & ZOOL dorsal. ◇ *n* dorsale *f*.

**dorsal fin** *n* nageoire *f* dorsale.

**dory** ['dɔːrɪ] (*pl* **dories**) *n* -1. [salt water fish] saint-pierre *m inv*, dorée *f*; [freshwater fish] dorée *f*. -2. *Am* [boat] doris *m*.

**DOS** [dɒs] (*abbr of* **disk operating system**) *n* DOS *m*.

**dosage** ['dəʊsɪdʒ] *n* [giving of dose] dosage *m*; [amount] dose *f*; [directions on bottle] posologie *f*.

**dose** [dəʊs] ◇ *n* -1. [amount] dose *f*; she took her daily ~ of medicine elle a pris son médicament quotidien; in small/large ~s à faible/haute dose; I can only take him in small ~s je ne peux le supporter qu'à petites doses. -2. [of illness] attaque *f*; a bad ~ of flu une mauvaise grippe. -3. ▽ [venereal disease] bléno *f*. ◇ *vt* -1. [subj: pharmacist] doser. -2. [person] administrer un médicament à; she ~d herself (up) with pills elle s'est bourrée de médicaments.

**dosh**▽ [dɒʃ] *n Br* fric *m*.

**do-si-do** [.dəʊsɪ'dəʊ] *n* figure de quadrille où les danseurs sont dos à dos.

**doss**▽ [dɒs] *Br* ◇ *n* -1. [bed] lit *m*, pieu *m*. -2. [nap] somme *m*, roupillon *m*. -3. [easy thing]: it was a real ~ c'était fastoche. ◇ *vi* coucher, roupiller.

◆ **doss around**▽ *vi insep* glander.

◆ **doss down**▽ *vi insep* coucher, crécher.

**dosser**▽ ['dɒsər] *n Br* [person] sans-abri *mf inv*, clochard *m*, -e *f*; [house] foyer *m* de sans-abri.

**dosshouse** ['dɒshaʊs, *pl* -haʊzɪz] *n Br inf* foyer *m* de sans-abri.

**dossier** ['dɒsɪeɪ] *n* dossier *m*, documents *mpl*.

**Dostoievsky** [.dɒstɔɪ'efskɪ] *pr n* Dostoïevski.

**dot** [dɒt] (*pt & pp* **dotted**, *cont* **dotting**) ◇ *n* [gen & MUS] point *m*; [on material] pois *m*; ~, ~, ~ [in punctuation] points de suspension; ~s and dashes [Morse code] points et traits *mpl*. ◇ *vt* -1. [mark] marquer avec des points; [punctuate]; [an 'i'] mettre un point sur; to ~ one's i's and cross one's t's *fig* mettre les points sur les i. -2. [spot] parsemer; the lake was dotted with boats des bateaux étaient dispersés sur le lac; ~ the surface with butter CULIN mettez des morceaux de beurre sur le dessus.

◆ **on the dot** *adv phr*: at 3 o'clock on the ~ à 3 h pile OR tapantes; he always pays right on the ~ il paye toujours recta.

**dotage** ['dəʊtɪdʒ] *n* gâtisme *m*; to be in one's ~ être gâteux, être retombé en enfance.

**dote** [dəʊt] *vi*: to ~ on sb être fou de qqn, aimer qqn à la folie.

**doth** [*weak form* dəθ, *strong form* dʌθ] *arch 3rd pers sing* → **do** *vb*.

**doting** ['dəʊtɪŋ] *adj*: he has a ~ mother sa mère l'aime à la folie.

**dot-matrix printer** *n* imprimante *f* matricielle.

**dotted** ['dɒtɪd] *adj* -1. [shirt, tie] à pois. -2. ~ line ligne *f* en pointillés; AUT ligne *f* discontinue; tear along the ~ line détachez suivant le pointillé. **-3.** MUS: ~ **note** note *f* pointée; ~ **rhythm notes** *fpl* pointées.

**dotty** ['dɒtɪ] (*compar* **dottier,** *superl* **dottiest**) *adj Br inf* [crazy] fou, *before vowel or silent 'h'* fol (*f* folle), dingue.

**Douay Bible** ['daʊeɪ-] *n* Bible *f* de Douai.

**double** ['dʌbl] ◇ *adj* **-1.** [twice as large – quantity, portion] double. **-2.** [line, row] double; ~ **doors, a** ~ **door** une porte à deux battants ‖ [with figures, letters] deux fois; ~ **five two one** [figure] deux fois cinq deux un; [phone number] cinquante-cinq, vingt et un; "**letter**" **is spelt with a** ~ "**t**" «lettre» s'écrit avec deux «t»; **to throw a** ~ **six/three** faire un double six/trois; **to be into** ~ **figures** dépasser la dizaine. **-3.** [folded in two] en double, replié; ~ **thickness** double épaisseur. **-4.** [for two people] pour OR à deux personnes. **-5.** [dual – purpose, advantage] double; [ambiguous] double, ambigu (*f* -uë); **a word with a** ~ **meaning** un mot à double sens.
◇ *predet* [twice] deux fois plus.
◇ *n* **-1.** [twice the amount] double *m*; [of alcohol] double *m*; **he charged us** ~ il nous a fait payer le double ❑ **at** OR **on the** ~ au pas de course; **on the** ~! *literal & fig* magnez-vous!; ~ **or quits** quitte ou double. **-2.** [duplicate] double *m*, réplique *f*; [of person] double *m*, sosie *m*; CIN & TV [stand-in] doublure *f*; THEAT [actor with two parts] acteur *m*, -trice *f* qui tient deux rôles. **-3.** [turn] demi-tour *m*.
◇ *adv* [in two] en deux; [two of the same]: **to see** ~ voir double.
◇ *vt* **-1.** [increase] doubler. **-2.** [fold] plier en deux, replier. **-3.** CIN & TV doubler.
◇ *vi* **-1.** [increase] doubler. **-2.** [turn] tourner, faire un crochet. **-3.** [serve two purposes]: **the dining room** ~**s as a study** la salle à manger sert également de bureau.

◆ **double back** ◇ *vi insep* [animal, person, road] tourner brusquement; **the path** ~**s back on itself** le sentier te ramène sur tes pas. ◇ *vt sep* [sheet, blanket] mettre en double.

◆ **double for** *vt insep* CIN & THEAT doubler.

◆ **double over** = **double up** *vi* **1.**

◆ **double up** ◇ *vi insep* **-1.** [bend over] se plier, se courber; **he** ~**d up in pain** il se plia en deux de douleur; **to** ~ **up with laughter** se tordre de rire. **-2.** [share] partager. ◇ *vt sep* plier en deux, replier.

**double act** *n* duo *m* comique.

**double-acting** *adj* à double effet.

**double agent** *n* agent *m* double.

**double bar** *n* double barre *f*.

**double-barrelled** *Br*, **double-barreled** *Am* [-'bærəld] *adj* **-1.** [gun] à deux coups; *fig* [question, remark] équivoque. **-2.** *Br* [name] ≃ à particule.

**double bass** [-beɪs] *n* contrebasse *f*.

**double bassoon** *n* contrebasson *m*.

**double bed** *n* grand lit *m*, lit *m* à deux places.

**double bill** *n* double programme *m*.

**double-blind** *adj* [experiment, test] en double aveugle; [method] à double insu, à double anonymat.

**double-breasted** [-'brestɪd] *adj* croisé.

**double-check** *vi* & *vt* revérifier.

◆ **double check** *n* revérification *f*.

**double chin** *n* double menton *m*.

**double cream** *n Br* crème *f* fraîche épaisse.

**double-cross** *vt* trahir, doubler.

◆ **double cross** *n* trahison *f*, traîtrise *f*.

**double-crosser** [-'krɒsəʳ] *n* traître *m*, -esse *f*, faux jeton *m*.

**double dagger** *n* TYPO diésis *m*.

**double date** *n Am* sortie *f* à quatre (*deux couples*).

◆ **double-date** *vi Am* sortir à quatre (*deux couples*).

**double-dealing** ◇ *n* (U) fourberie *f*, double jeu *m*. ◇ *adj* fourbe, faux comme un jeton.

**double-decker** [-'dekəʳ] *n* **-1.** *Br* [bus] autobus *m* à impériale. **-2.** *inf* [sandwich] club sandwich *m*.

**double-declutch** *vi Br* faire un double débrayage.

**double-density** *adj* [disk] double densité.

**double-dutch** *n Br inf* charabia *m*, baragouin *m*.

**double-edged** *adj* [blade, knife, sword] à double tranchant, à deux tranchants; *fig* [compliment, remark] à double tranchant.

**double entendre** [,du:blɑ̃'tɑ̃dr] *n* mot *m* OR expression *f* à double sens.

**double entry** *n* comptabilité *f* en partie double; ~ **bookkeeping** digraphie *f*, comptabilité en partie double.

**double exposure** *n* surimpression *f*.

**double fault** *n* double faute *f*.

**double feature** *n* séance de cinéma où sont projetés deux longs métrages.

**double first** *n Br* ≃ mention *f* très bien (*dans deux disciplines à la fois*).

**double flat** *n* double bémol *m*.

**double-glaze** *vt Br* isoler (*par système de double vitrage*); **to** ~ **a window** poser un double vitrage.

**double-glazing** *Br* ◇ *n* (U) double vitrage *m*. ◇ *comp* [salesman] de double vitrage.

**double helix** *n* double hélice *f*.

**double indemnity** *n Am* indemnité *f* double.

**double-jointed** *adj* désarticulé.

**double knitting** *n* laine assez épaisse utilisée en tricot.

**double-lock** *vt* fermer à double tour.

**double negative** *n* double négation *f*.

**double-park** ◇ *vi* stationner en double file. ◇ *vt* garer en double file.

**double parking** *n* stationnement *m* en double file.

**double pneumonia** *n* pneumonie *f* double.

**double-quick** *adj* très rapide; **in** ~ **time** [move] au pas de course OR gymnastique; [finish, work] en vitesse, en moins de rien.

**double room** *n* chambre *f* pour deux personnes.

**doubles** ['dʌblz] (*pl inv*) *n* double *m*; **to play** ~ jouer un double; **a** ~ **player** un joueur de double; **ladies'/men's** ~ double dames/messieurs.

**double sharp** *n* double dièse *m*.

**double-sided** *adj* [disk] double face.

**double spacing** *n* double interligne *m*; **in** ~ à double interligne.

**double standard** *n*: **to have** ~**s** faire deux poids, deux mesures.

**double stopping** *n* double-corde *f*.

**doublet** ['dʌblɪt] *n* **-1.** [jacket] pourpoint *m*, justaucorps *m*. **-2.** [of words] doublet *m*.

**double take** *n inf*: **to do a** ~ marquer un temps d'arrêt (*par surprise*).

**double-talk** *n* (U) *inf* [ambiguous] propos ambigus et contournés; [gibberish] charabia *m*.

**doublethink** ['dʌbl,θɪŋk] *n* (U) raisonnement de mauvaise foi qui contient des contradictions flagrantes; **it's another case of** ~ c'est encore un raisonnement pervers.

**double time** *n* **-1.** [pay] salaire *m* double; **I get** ~ **on Sundays** je suis payé le double le dimanche. **-2.** MIL pas *m* redoublé. **-3.** MUS mesure *f* double.

**double-tongue** *vi* MUS faire des doubles coups de langue (*sur un instrument à vent*).

**double vision** *n* double vision *f*.

**double whammy** [-'wæmɪ] *n inf* double malédiction *f*.

**doubling** ['dʌblɪŋ] *n* [of letter, number] redoublement *m*, doublement *m*.

**doubloon** [dʌ'blu:n] *n* doublon *m*.

**doubly** ['dʌblɪ] *adv* [twice as much] doublement, deux fois plus; [in two ways] doublement.

**doubt** [daʊt] ◇ *n* **-1.** [uncertainty – about fact] doute *m*, incertitude *f*; **there is now considerable** ~ **about the convictions** on a maintenant de sérieux doutes au sujet des condamnations; **beyond all reasonable** ~ à n'en pas douter, sans le moindre doute; **to cast** ~ **on sthg** mettre en doute OR jeter le doute sur qqch; **the report casts** ~ **on the police evidence** les auteurs du rapport émettent des doutes sur les preuves fournies par la police; **her honesty is in** ~ OR **open to** ~ [generally] on a des doutes sur son honnêteté, son honnêteté est sujette à caution; [this time] son honnêteté est mise en doute; **the future of the company is in some** ~ l'avenir de l'entreprise est incertain; **if** OR **when in** ~ s'il y a un doute, en cas de doute; **when in** ~, **do nothing** dans le doute, abstiens-toi *prov*; **there is some** ~ **as to whether they paid** on n'est pas certain qu'ils aient payé; **there is no**

~ **about it** cela ne fait pas de doute; **there's no** ~ **(but) that it will be a difficult journey** il n'y a pas de doute que le voyage sera pénible; **no** ~ sans doute; **he'll no** ~ **be late** il sera sûrement en retard; **without (any)** ~ sans aucun OR le moindre doute. **-2.** [feeling of distrust] doute *m*; **I have my** ~**s about him** j'ai des doutes sur lui OR à son sujet; **she has her** ~**s (about) whether it's true** elle doute que cela soit vrai; **I have no** ~ OR ~**s about it** je n'en doute pas. ◇ *vt* **-1.** [consider unlikely]: **I** ~ **(whether) she'll be there** je doute qu'elle soit là; **she'll be there** — **I don't** ~ **it** elle sera là — je n'en doute pas OR j'en suis certain; **I** ~ **it** j'en doute; **I** ~ **if it makes him happy** je doute que cela le rende heureux. **-2.** [distrust] douter de; **there was no** ~**ing their sincerity** on ne pouvait pas mettre en doute leur sincérité. ◇ *vi* douter, avoir des doutes.

**doubter** ['daʊtər] *n* incrédule *mf*, sceptique *mf*.

**doubtful** ['daʊtful] *adj* **-1.** [unlikely] improbable, douteux. **-2.** [uncertain – person] incertain, indécis; **I'm** ~ **about his chances** je doute de OR j'ai des doutes sur ses chances; **we're** ~ **about accepting** nous hésitons à accepter; **it's** ~ **whether they're really serious** il est douteux qu'ils soient vraiment sérieux, on ne sait pas s'ils sont vraiment sérieux. **-3.** [questionable – answer, results] douteux, discutable. **-4.** [dubious – person] louche, suspect; [– affair] douteux, louche.

**doubtfully** ['daʊtfʊlɪ] *adv* [uncertainly] avec doute, d'un air de doute; [indecisively] avec hésitation, de façon indécise.

**doubtfulness** ['daʊtfʊlnɪs] *n* **-1.** [uncertainty] incertitude *f*; [hesitation] indécision *f*. **-2.** [dubiousness] caractère *m* équivoque OR douteux.

**doubting** ['daʊtɪŋ] *adj* sceptique, incrédule.

**doubting Thomas** *n* Thomas *m* l'incrédule; **don't be such a** ~ ne fais pas l'incrédule, ne fais pas comme saint Thomas.

**doubtless** ['daʊtlɪs] *adv* [certainly] sans aucun OR le moindre doute; [probably] très probablement.

**douche** [du:ʃ] ◇ *n* MED lavage *m* interne, douche *f*; [instrument] poire *f* à injections. ◇ *vt* doucher.

**dough** [dəʊ] *n* **-1.** CULIN pâte *f*; **bread** ~ pâte à pain. **-2.** *inf* [money] blé *m*.

**doughnut** ['dəʊnʌt] *n* beignet *m*.

**doughty** ['daʊtɪ] (*compar* **doughtier**, *superl* **doughtiest**) *adj lit* vaillant.

**dour** [dʊər] *adj* [sullen] renfrogné; [stern] austère, dur; [stubborn] buté.

**dourly** ['dʊəlɪ] *adv* [look] d'un air dur OR renfrogné; [say] d'un ton dur OR maussade.

**douse** [daʊs] *vt* **-1.** [fire] éteindre. **-2.** [drench] tremper, inonder.

**dove**[1] [dʌv] *n* ORNITH & POL colombe *f*.

**dove**[2] [dəʊv] *Am pt* → **dive**.

**dovecot(e)** ['dʌvkɒt] *n* colombier *m*, pigeonnier *m*.

**Dover** ['dəʊvər] *pr n* Douvres; **the Strait of** ~ le pas de Calais.

**Dover sole** *n* sole *f* ZOOL.

**dovetail** ['dʌvteɪl] ◇ *vt* TECH assembler à queue d'aronde; [fit] faire concorder, raccorder. ◇ *vi* **-1.** TECH se raccorder. **-2.** [combine] bien cadrer, concorder. ◇ *n* TECH queue-d'aronde *f*; **a** ~ **joint** un assemblage à queue-d'aronde.

**dowager** ['daʊədʒər] *n* douairière *f*; **the** ~ **duchess** la duchesse douairière.

**dowdy** ['daʊdɪ] (*compar* **dowdier**, *superl* **dowdiest**) *adj* [person] sans chic, inélégant; [dress] peu flatteur, sans chic.

**dowel(l)ing** ['daʊəlɪŋ] *n* **-1.** [act] assemblage *m* à goujons, goujonnage *m*. **-2.** [wood] tourillon *m*.

**Dow-Jones** [ˌdaʊˈdʒəʊnz] *pr n*: **the** ~ **(average** OR **index)** l'indice *m* Dow Jones.

**down**[1] [daʊn] ◇ *prep* **-1.** [towards lower level of]: **a line** ~ **the middle of the page** une ligne verticale au milieu de la page; **to go** ~ **the steps/the escalator/the mountain** descendre l'escalier/l'escalier mécanique/la montagne; **tears ran** ~ **her face** des larmes coulaient le long de son visage ‖ [into]: **to go** ~ **the plughole** passer par le trou (de l'évier/de la baignoire *etc*); **the rabbit disappeared back** ~ **its hole** le lapin a redisparu dans son trou. **-2.** [at lower level of] en bas de; **it's** ~ **the stairs** c'est en bas de l'escalier; **to work** ~ **a mine** tra-

vailler au fond d'une mine; **they live** ~ **the street** ils habitent plus loin OR plus bas dans la rue. **-3.** [along] le long de; **he walked** ~ **the street** il a descendu la rue. **-4.** [through] à travers; ~ **(through) the ages** à travers les âges. **-5.** *Br inf* [to] à; **they went** ~ **the shops** ils sont partis faire des courses. ◇ *adv* **-1.** [downwards] vers le bas, en bas; ~**!** [to dog] couché!, bas les pattes!; ~ **and** ~ de plus en plus bas. **-2.** [on lower level] en bas; ~ **at the bottom of the hill/page** en bas de la colline/de la page; **she lives three floors** ~ elle habite trois étages plus bas; **the blinds are** ~ les stores sont baissés ‖ [downstairs]: **I'll be** ~ **in a minute** je descends dans un instant ‖ [on the ground or floor] à terre. **-3.** [facing downwards] vers le bas, dessous. **-4.** [reduced, lower]: **prices are** ~ les prix ont baissé ‖ [below expected, desired level]: **the tyres are** ~ [underinflated] les pneus sont dégonflés; [flat] les pneus sont à plat; **the cashier is £10** ~ il manque 10 livres au caissier; **we were two goals** ~ **at half-time** FTBL on avait deux buts de retard à la mi-temps. **-5.** [on paper]: **get it** ~ **in writing** OR **on paper** mettez-le par écrit; **it's** ~ **in my diary/on the calendar** c'est dans mon agenda/sur le calendrier; **he's** ~ **to speak at the conference** il est inscrit en tant qu'intervenant à la conférence. **-6.** [from city, the north]: **we're going** ~ **south** nous descendons vers le sud ‖ *Br* UNIV: **she came** ~ **from Oxford** [on vacation] elle est descendue d'Oxford; [graduated] elle est sortie d'Oxford. **-7.** [out of action – machine, computer] en panne; **the wires are** ~ les lignes sont coupées. **-8.** [paid]: **he paid** OR **put £5** ~ [whole amount] il a payé 5 livres comptant; [as deposit] il a versé (un acompte de) 5 livres ❑ **5** ~ **and 3 to go** ça fait 5, il en reste 3. **-9.** [ill]: **he's (gone)** ~ **with flu** il est au lit avec la grippe. **-10.** *phr*: **to be** ~ **on sb** *inf* être monté contre qqn; ~ **with the system!** à bas le système! ◇ *adj* **-1.** [depressed] déprimé, malheureux; **to feel** ~ avoir le cafard. **-2.** [elevator] qui descend. ◇ *vt* **-1.** [knock down – opponent] mettre à terre; [– object, target] faire tomber. **-2.** [drink] descendre; [eat] avaler. ◇ *n* **-1.** [setback] revers *m*, bas *m*. **-2.** *phr*: **to have a** ~ **on sb** *inf* avoir une dent contre qqn.

◆ **down for** *prep phr*: **she's** ~ **for physics** elle est inscrite au cours de physique; **the meeting is** ~ **for today** la réunion est prévue pour aujourd'hui.

◆ **down to** *prep phr* **-1.** [through to and including] jusqu'à. **-2.** [reduced to]: **I'm** ~ **to my last pound** il ne me reste qu'une livre; **the team was** ~ **to 10 men** l'équipe était réduite à 10 hommes. **-3.** [indicating responsibility]: **it's** ~ **to you now** c'est à toi de jouer maintenant *fig*.

**down**[2] [daʊn] *n* **-1.** [on bird, person, plant, fruit] duvet *m*. **-2.** [hill] colline *f* dénudée; [sand dune] dune *f*.

**down-and-out** ◇ *adj* indigent, sans ressources; '**Down and Out in Paris and London**' *Orwell* 'Dans la dèche à Paris et à Londres'. ◇ *n* clochard *m*, -e *f*; **the** ~ OR ~**s** les sans-abri *mpl*.

**down-at-heel** *adj* [shabby] miteux; [shoe] éculé.

**downbeat** ['daʊnbi:t] ◇ *n* MUS temps *m* frappé. ◇ *adj* **-1.** [gloomy – person] abattu, triste; [– story] pessimiste. **-2.** [relaxed – person] décontracté, flegmatique; [– situation] décontracté.

**downcast** ['daʊnkɑ:st] ◇ *adj* **-1.** [dejected] abattu, démoralisé. **-2.** [eyes, look] baissé. ◇ *n* MIN puits *m* d'aérage.

**downer** ['daʊnər] *n* **-1.** *inf* [experience] expérience *f* déprimante; **to be on a** ~ faire de la déprime, être déprimé. **-2.** ▽ [drug] tranquillisant *m*, sédatif *m*.

**downfall** ['daʊnfɔ:l] *n* **-1.** [of person, institution] chute *f*, ruine *f*; [of dream, hopes] effondrement *m*; **drink was his** ~ la boisson l'a perdu. **-2.** [of rain, snow] chute *f*.

**downgrade** ['daʊngreɪd] *vt* **-1.** [job] dévaloriser, déclasser; [person] rétrograder. **-2.** [belittle] rabaisser.

**downhearted** [ˌdaʊnˈhɑːtɪd] *adj* abattu, découragé.

**downhill** [ˌdaʊnˈhɪl] ◇ *adv*: **to go** ~ [car, road] descendre, aller en descendant; [business] péricliter; *fig* se dégrader. ◇ *adj* **-1.** [road] en pente, incliné; [walk] en descente; *fig*: **when you get to 40, it's** ~ **all the way** passé la quarantaine, vous ne faites plus que décliner; **it should all be** ~ **from now on** maintenant ça devrait aller comme sur des roulettes. **-2.** [in skiing]: ~ **skiing** ski *m* alpin; ~ **race** descente *f*. ◇ *n* [of road] descente *f*; [in skiing] descente *f*.

**Downing Street** ['daʊnɪŋ-] *pr n* Downing Street (*rue de Lon-*

*dres où se trouve la résidence officielle du Premier ministre britannique).*

**down-in-the-mouth** *adj*: to be ~ être abattu.

**download** [ˌdaʊn'ləʊd] *vt* COMPUT télécharger.

**downloadable** [ˌdaʊn'ləʊdəbl] *adj* COMPUT téléchargeable.

**downloading** [ˌdaʊn'ləʊdɪŋ] *n* COMPUT téléchargement *m*.

**down-market** *adj* [product] bas de gamme; [book] grande diffusion *(inv)*; **it's a rather** ~ **area** ce n'est pas un quartier très chic.

**down payment** *n* acompte *m*; **to make a** ~ **on sthg** verser un acompte pour qqch.

**downpipe** [ˈdaʊnpaɪp] *n Br* (tuyau *m* de) descente *f*.

**downplay** [ˈdaʊnpleɪ] *vt* [event, person] minimiser l'importance de; [situation] dédramatiser.

**downpour** [ˈdaʊnpɔːr] *n* averse *f*, déluge *m*.

**downright** [ˈdaʊnraɪt] ◇ *adj* **-1.** [lie] effronté, flagrant; [refusal] catégorique; ~ **stupidity** bêtise crasse. **-2.** [of person, speech] franc (*f* franche), direct. ◇ *adv* [as intensifier] franchement, carrément.

**downriver** [ˌdaʊn'rɪvər] ◇ *adj* (situé) en aval. ◇ *adv* [move] vers l'aval; [live] en aval.

**downs** [daʊnz] *npl Br*: **the** ~ **les** Downs *fpl*.

**downside** [ˈdaʊnsaɪd] *n* **-1.** [underside] dessous *m*; ~ **up** *Am* sens dessous dessus. **-2.** [trend]: **prices have tended to be on the** ~ la tendance des prix est plutôt à la baisse. **-3.** [disadvantage] inconvénient *m*.

**downsize** [ˈdaʊnsaɪz] *vt* [company] réduire les effectifs de.

**downspout** [ˈdaʊnspaʊt] *n Am* (tuyau *m* de) descente *f*.

**Down's syndrome** [daʊnz-] *n* trisomie 21 *f*; ~ **baby** bébé *m* trisomique.

**downstage** [ˌdaʊn'steɪdʒ] ◇ *adj* du devant de la scène. ◇ *adv* vers le devant de la scène. ◇ *n* avant-scène *f*.

**downstairs** [ˌdaʊn'steəz] ◇ *adv* **-1.** [gen] en bas (de l'escalier); **to come** OR **to go** ~ descendre (les escaliers); **she ran** ~ elle a descendu l'escalier OR elle est descendue en courant; **he fell** ~ il a dégringolé l'escalier. **-2.** [on lower floor] à l'étage en dessous OR inférieur; [on ground floor] au rez-de-chaussée; **the family** ~ la famille du dessous. ◇ *adj* **-1.** [gen] en bas; **I'm using the** ~ **phone** j'utilise le téléphone d'en bas. **-2.** [of lower floor] de l'étage au-dessous OR inférieur; [of ground floor] du rez-de-chaussée. ◇ *n* rez-de-chaussée *m inv*.

**downstream** [ˌdaʊn'striːm] ◇ *adv* **-1.** [live] en aval; [move] vers l'aval; **the boat drifted** ~ le bateau était poussé par le courant. **-2.** ECON en aval. ◇ *adj* **-1.** [gen] (situé) en aval. **-2.** ECON en aval.

**downstroke** [ˈdaʊnstrəʊk] *n* [of piston] course *f* descendante; [in handwriting] plein *m*.

**downswing** [ˈdaʊnswɪŋ] *n* **-1.** [trend] tendance *f* à la baisse, baisse *f*. **-2.** GOLF mouvement *m* descendant.

**downtime** [ˈdaʊntaɪm] *n* (U) période *f* de non-fonctionnement (*d'une machine, d'une usine*).

**down-to-earth** *adj* terre à terre *(inv)*, réaliste.

**downtown** [ˌdaʊn'taʊn] *Am* ◇ *n* centre-ville *m*. ◇ *adj*: ~ **New York** le centre OR centre-ville de New York. ◇ *adv* en ville.

**downtrodden** [ˈdaʊnˌtrɒdn] *adj* **-1.** [person] opprimé. **-2.** [grass] piétiné.

**downturn** [ˈdaʊntɜːn] *n* baisse *f*.

**down under** *Br adv inf*: **to go/to live** ~ [to Australia] aller/vivre en Australie; [to New Zealand] aller/vivre en Nouvelle-Zélande; [gen] aller/vivre aux antipodes.

**downward** [ˈdaʊnwəd] ◇ *adj* [movement] vers le bas; *fig*: **a** ~ **trend** une tendance à la baisse; **the economy is on a** ~ **path** l'économie est sur une mauvaise pente. ◇ *adv* = **downwards**.

**downwards** [ˈdaʊnwədz] *adv* vers le bas, de haut en bas; **she put the letter face** ~ elle a posé la lettre à l'envers; **the road drops sharply** ~ la route descend brusquement ‖ *fig*: **everyone from the president** ~ tout le monde depuis le président jusqu'en bas de la hiérarchie; **we will have to revise our estimates** ~ il faudra que nous revoyions nos estimations à la baisse.

**downwind** [ˌdaʊn'wɪnd] *adj* & *adv* sous le vent; **to be** ~ **of sthg** être sous le vent de qqch.

**downy** [ˈdaʊni] (*compar* **downier**, *superl* **downiest**) *adj* **-1.** [leaf, skin] couvert de duvet, duveté; [fruit] duveté, velouté. **-2.** [fluffy] duveteux. **-3.** [filled with down] garni de duvet.

**dowry** [ˈdaʊərɪ] (*pl* **dowries**) *n* dot *f*.

**dowse** [daʊz] *vi* [for water, for minerals] faire de la radiesthésie, prospecter à la baguette. ◇ *vt* = **douse**.

**dowsing** [ˈdaʊzɪŋ] *n* radiesthésie *f*.

**dowsing rod** *n* baguette *f* (de sourcier).

**doxology** [dɒk'sɒlədʒɪ] *n* doxologie *f*.

**doyen** [ˈdɔɪən] *n* doyen *m* (d'âge).

**doyenne** [ˈdɔɪen] *n* doyenne *f* (d'âge).

**doz.** (*written abbr of* **dozen**) douz.

**doze** [dəʊz] ◇ *vi* sommeiller. ◇ *n* somme *m*.

◆ **doze off** *vi insep* s'assoupir.

**dozen** [ˈdʌzn] *n* douzaine *f*; **a** ~ **eggs** une douzaine d'œufs; **30 pence a** ~ 30 pence la douzaine; **half a** ~ une demi-douzaine; **have some more, there are** ~s **of them** reprenez-en, il y en a beaucoup OR des tas; **I've told you a** ~ **times** je te l'ai dit vingt fois.

**dozy** [ˈdəʊzɪ] (*compar* **dozier**, *superl* **doziest**) *adj* **-1.** [drowsy] à moitié endormi, assoupi. **-2.** *inf* [stupid] lent, engourdi.

**DP** *n* **-1.** *abbr of* **data processing**. **-2.** *abbr of* **disabled person**.

**DPh** (*written abbr of* **Doctor of Philosophy**) = **PhD**.

**DPhil** [ˌdiː'fɪl] = **PhD**.

**DPP** *pr n abbr of* **Director of Public Prosecutions**.

**dr** *written abbr of* **debtor**.

**Dr -1.** (*written abbr of* **Doctor**): ~ **Jones** [on envelope] Dr Jones; **Dear** ~ **Jones** [in letter] Monsieur, Madame; [less formal] Cher Monsieur, Chère Madame; [if acquainted] Cher Docteur. **-2.** *written abbr of* **drive**.

**drab** [dræb] (*compar* **drabber**, *superl* **drabbest**) *adj* **-1.** [colour] terne, fade; [surroundings] morne, triste. **-2.** [shabby] miteux.

**drabness** [ˈdræbnɪs] *n* [of colour] caractère *m* OR aspect *m* terne, fadeur *f*; [of surroundings] caractère *m* OR aspect *m* morne, tristesse *f*, grisaille *f*.

**drachma** [ˈdrækmə] (*pl* **drachmas** OR **drachmae** [-miː]) *n* **-1.** [currency] drachme *f*. **-2.** [gen & PHARM] drachme *m*.

**draconian** [drə'kəʊnjən] *adj* draconien.

**draft** [drɑːft] ◇ *n* **-1.** [of letter] brouillon *m*; [of novel, speech] premier jet *m*, ébauche *f*; [of plan] avant-projet *m*; **this is only the first** ~ ceci n'est qu'une ébauche; ~ **quality** COMPUT qualité *f* brouillon. **-2.** COMM & FIN traite *f*, effet *m*. **-3.** MIL [detachment] détachement *m*. **-4.** *Am* MIL conscription *f*. **-5.** *Am* = **draught**. ◇ *vt* **-1.** [draw up – first version] faire le brouillon de, rédiger; [– diagram] dresser; [– plan] esquisser, dresser; JUR [contract, will] rédiger, dresser; [bill] préparer. **-2.** [gen & MIL] détacher, désigner; **to** ~ **sb to sthg/to do sthg** détacher qqn à qqch/pour faire qqch. **-3.** *Am* MIL [enlist] appeler (sous les drapeaux), incorporer. ◇ *comp* [version] préliminaire; ~ **letter** [gen] brouillon *m* de lettre; [formal] projet *m* de lettre; ~ **treaty** projet *m* de convention.

**draft card** *n Am* ordre *m* d'incorporation.

**draft dodger** *n Am* réfractaire *m* MIL.

**draftee** [ˌdrɑːf'tiː] *n Am* recrue *f*.

**draft resister** *n Am* réfractaire *m* MIL.

**draftsman** (*pl* **draftsmen**) *etc Am* = **draughtsman**.

**drafty** (*compar* **draftier**, *superl* **draftiest**) *etc Am* = **draughty**.

**drag** [dræg] (*pt* & *pp* **dragged**, *cont* **dragging**) ◇ *vt* **-1.** [pull] traîner, tirer; **to** ~ **sthg on** OR **along the ground** traîner qqch par terre; **to** ~ **one's feet** traîner les pieds; **don't** ~ **me into this!** ne me mêlez pas à vos histoires!; **I had to** ~ **the truth out of her** il m'a fallu lui arracher la vérité; **to** ~ **anchor** NAUT chasser sur ses ancres ❏ **the government has been accused of dragging its feet** OR **heels over the issue** on a accusé le gouvernement de montrer peu d'empressement à s'occuper de la question; **to** ~ **sb's name through the mud** traîner qqn dans la boue. **-2.** [search] draguer.

◇ *vi* **-1.** [trail] traîner (par terre); [anchor] chasser. **-2.** [hang behind] traîner, rester à l'arrière. **-3.** [search] draguer. **-4.** [go on and on] traîner, s'éterniser. **-5.** AUT [brakes] frotter, gripper, se gripper.

◇ *n* **-1.** [pull] tirage *m*; AERON, AUT & NAUT résistance *f*, traînée *f*. **-2.** [dredge] drague *f*; [sledge] traîneau *m*; AGR [harrow] herse *f*; NAUT araignée *f*. **-3.** [brake] sabot *m* OR patin *m* de frein. **-4.**

[handicap] entrave *f*, frein *m*; **unemployment is a ~ on the economy** le chômage est un frein pour l'économie. **-5.** *inf* [bore]: **he's a real ~!** c'est un vrai casse-pieds!; **what a ~!** quelle barbe!, c'est la barbe!**-6.** *inf* [puff on cigarette] bouffée *f*, taffe *f*; **I had a ~ on** or **of his cigarette** j'ai tiré une bouffée de sa cigarette. **-7.** *inf* [women's clothing]: **in ~** en travesti. **-8.** *Am inf* [street]: **the main ~** la rue principale.
◇ *comp inf* [disco, show] de travestis; **~ artist** artiste *m* de spectacles de travestis.
◆ **drag along** *vt sep* [chair, toy] tirer, traîner; [person] traîner, entraîner; **to ~ o.s. along** se traîner.
◆ **drag apart** *vt sep* séparer de force.
◆ **drag away** *vt sep* emmener de force; **I couldn't ~ him away from his work** je ne pouvais pas l'arracher à son travail.
◆ **drag down** *vt sep* **-1.** [lower] entraîner (en bas); **being rude only ~s you down to his level** être grossier ne fait que vous rabaisser à son niveau. **-2.** [weaken] affaiblir; [depress] déprimer, décourager.
◆ **drag in** *vt sep* apporter (de force); **he insisted on dragging in the issue of housing** il voulait à tout prix mettre la question du logement sur le tapis.
◆ **drag on** ◇ *vi insep* se prolonger, s'éterniser; **don't let the matter ~ on** ne laissez pas traîner l'affaire. ◇ *vt insep*: **to ~ on a cigarette** tirer sur une cigarette.
◆ **drag out** *vt sep* [prolong] faire traîner.
◆ **drag up** *vt sep* **-1.** [affair, story] remettre sur le tapis, ressortir. **-2.** *Br inf* [child] élever à la diable or tant bien que mal.

**draggy** ['drægɪ] (*compar* **draggier,** *superl* **draggiest**) *adj Br inf* [boring] ennuyeux, assommant; [listless] mou, *before vowel or silent 'h'* mol (*f* molle), avachi.

**dragnet** ['drægnet] *n* **-1.** [for fish] seine *f*, drège *f*; [for game] tirasse *f*. **-2.** [for criminals] rafle *f*.

**dragon** ['drægən] *n* MYTH, ZOOL & *fig* dragon *m*.

**dragonfly** ['drægənflaɪ] (*pl* **dragonflies**) *n* libellule *f*.

**dragoon** [drə'gu:n] ◇ *n* dragon *m*. ◇ *vt* [force] contraindre, forcer.

**drag queen** *n inf* travelo *m*.

**drag racing** *n* course *f* de dragsters.

**dragrope** ['drægrəup] *n* AERON guiderope *m*.

**dragster** ['drægstər] *n* voiture *f* à moteur gonflé, dragster *m*.

**drain** [dreɪn] ◇ *n* **-1.** [in house] canalisation *f* or tuyau *m* d'évacuation; [of dishwasher] tuyau *m* de vidange; [outside house] puisard *m*; [sewer] égout *m*; [grid in street] bouche *f* d'égout; **all our plans went down the ~** tous nos projets sont tombés à l'eau; **to laugh like a ~** rire comme une baleine. **-2.** AGR & MED drain *m*.**-3.** [depletion] perte *f*, épuisement *m*; **a ~ on resources** une ponction sur les ressources. ◇ *vt* **-1.** [dry – dishes, vegetables] égoutter; [– land] drainer, assécher; [– reservoir] vider, mettre à sec; [– mine] drainer; [– oil tank] vider, vidanger; AGR & MED drainer; **she ~ed her glass** elle a vidé son verre or a tout bu jusqu'à la dernière goutte; **~ed weight** COMM poids *m* net égoutté. **-2.** [deplete] épuiser; **the war ~ed the country of its resources** la guerre a saigné le pays. ◇ *vi* **-1.** [colour] disparaître; [blood] s'écouler; **the colour ~ed from her face** son visage a blêmi. **-2.** [dishes, vegetables] s'égoutter; **leave the dishes to ~** laisse égoutter la vaisselle.
◆ **drain away** ◇ *vi insep* [liquid] s'écouler; [hope, strength] s'épuiser. ◇ *vt sep* faire écouler.
◆ **drain off** ◇ *vt sep* **-1.** [liquid] faire écouler; [dishes, vegetables] égoutter. **-2.** AGR & MED drainer. ◇ *vi insep* s'écouler.

**drainage** ['dreɪnɪdʒ] *n* (U) **-1.** [process] drainage *m*, assèchement *m*.**-2.** [system – in house] système *m* d'évacuation des eaux; [– in town] système *m* d'égouts; [– of land] système *m* de drainage; GEOL système *m* hydrographique. **-3.** [sewage] eaux *fpl* usées, vidanges *fpl*.

**drainboard** ['dreɪnbɔːd] *Am* = **draining board.**

**drained** [dreɪnd] *adj* épuisé, éreinté.

**drainer** ['dreɪnər] = **draining board.**

**draining board** *n* égouttoir *m*.

**draining** ['dreɪnɪŋ] *adj* [person, task] épuisant.

**drainpipe** ['dreɪnpaɪp] *n* [from roof] (tuyau *m* de) descente *f*; [from sink] tuyau *m* d'écoulement; AGR [on land] drain *m*.

**drainpipe trousers** *npl Br* pantalon-cigarette *m*.

**drake** [dreɪk] *n* canard *m* (mâle).

**Dralon®** ['dreɪlɒn] *n* Dralon® *m*.

**dram** [dræm] *n* **-1.** [gen & PHARM] drachme *m*.**-2.** *inf* [drop] goutte *f*.

**drama** ['drɑːmə] *n* **-1.** [theatre] théâtre *m*; **she teaches ~** elle enseigne l'art dramatique; **Spanish ~** le théâtre espagnol; **~ critic** critique *mf* de théâtre; **~ school** école *f* de théâtre. **-2.** [play] pièce *f* (de théâtre), drame *m*.**-3.** [situation] drame *m*.**-4.** [excitement] drame *m*.

**dramatic** [drə'mætɪk] *adj* **-1.** LITERAT, MUS & THEAT dramatique; **the ~ works of Racine** le théâtre de Racine. **-2.** [effect, entry] théâtral, dramatique; [change] remarquable, spectaculaire.

**dramatically** [drə'mætɪklɪ] *adv* **-1.** LITERAT, MUS & THEAT du point de vue théâtral. **-2.** [act, speak] de manière dramatique, dramatiquement; [change] de manière remarquable or spectaculaire.

**dramatics** [drə'mætɪks] ◇ *n* (U) THEAT art *m* dramatique, dramaturgie *f*. ◇ *npl fig* [behaviour] comédie *f*, cirque *m*.

**dramatis personae** [,drɑːmətɪspɜː'səʊnaɪ] *npl* personnages *mpl* (*d'une pièce ou d'un roman*).

**dramatist** ['dræmətɪst] *n* auteur *m* dramatique, dramaturge *m*.

**dramatization** [,dræmətaɪ'zeɪʃn] *n* **-1.** [for theatre] adaptation *f* pour la scène; [for film] adaptation *f* pour l'écran; [for television] adaptation *f* pour la télévision. **-2.** [exaggeration] dramatisation *f*.

**dramatize, -ise** ['dræmətaɪz] ◇ *vt* **-1.** [for theatre] adapter pour la scène; [for film] adapter pour l'écran; [for television] adapter pour la télévision. **-2.** [exaggerate] faire un drame de, dramatiser; [make dramatic] rendre dramatique. ◇ *vi* dramatiser.

**drank** [dræŋk] *pt* → **drink.**

**drape** [dreɪp] ◇ *n* [way something hangs] drapé *m*. ◇ *vt* **-1.** [adorn – person, window] draper; [– altar, room] tendre. **-2.** [hang] étendre; **she ~d a leg over the chair arm** elle a étendu sa jambe sur l'accoudoir.
◆ **drapes** *npl Br* [drapery] tentures *fpl*; *Am* [curtains] rideaux *mpl*.

**draper** ['dreɪpər] *n Br* marchand *m*, -e *f* de tissus.

**drapery** ['dreɪpərɪ] (*pl* **draperies**) *n* **-1.** (U) [material] étoffes *fpl*; [arrangement of material] draperie *f*.**-2.** (*usu pl*) [hangings] tentures *fpl*; [curtains] rideaux *mpl*.

**drastic** ['dræstɪk] *adj* [measures] sévère, draconien; [change, effect] radical; [remedy] énergique; **~ cutbacks** ECON coupes *fpl* sombres; **to take ~ steps** trancher dans le vif, prendre des mesures draconiennes or énergiques.

**drastically** ['dræstɪklɪ] *adv* radicalement; [cut, reduce] radicalement, sévèrement.

**drat** [dræt] *interj inf*: **~!** diable!, bon sang!

**dratted** ['drætɪd] *adj inf* sacré.

**draught** *Br*, **draft** *Am* [drɑːft] ◇ *n* **-1.** [breeze] courant *m* d'air. **-2.** [in fireplace] tirage *m*.**-3.** [drink – swallow] trait *m*, gorgée *f*; **in one ~** d'un seul trait or coup. **-4.** [medicine] potion *f*, breuvage *m*.**-5.** **on ~** [beer] à la pression. **-6.** GAMES dame *f*. [pulling] traction *f*, tirage *m*; NAUT [of ship] tirant *m* (d'eau). ◇ *adj* [horse] de trait.

**draught beer** *n* bière *f* pression.

**draughtboard** ['drɑːftbɔːd] *n Br* GAMES damier *m*.

**draught excluder** [-ɪk'skluːdər] *n Br* bourrelet *m* (de porte).

**draught-proof** ◇ *vt* calfeutrer. ◇ *adj* calfeutré.

**draught-proofing** [-,pruːfɪŋ] *n* calfeutrage *m*.

**draughts** [drɑːfts] *n Br* GAMES (jeu *m* de) dames *fpl*; **a game of ~** un jeu de dames.

**draughtsman** *Br*, **draftsman** *Am* ['drɑːftsmən] (*Br pl* **draughtsmen** [-mən], *Am pl* **draftsmen** [-mən]) *n* [artist] dessinateur *m*, -trice *f*; ARCHIT & INDUST dessinateur *m* industriel, dessinatrice *f* industrielle.

**draughtsmanship** *Br*, **draftsmanship** *Am* ['drɑːftsmənʃɪp] *n* [of artist] talent *m* de dessinateur, coup *m* de crayon; [of work] art *m* du dessin.

**draughty** *Br*, **drafty** *Am* ['drɑːftɪ] (*Br compar* **draughtier,** *superl* **draughtiest,** *Am compar* **draftier,** *superl* **draftiest**) *adj* [house, room] plein de courants d'air; [street, corner] exposé à tous les vents or aux quatre vents.

**draw** [drɔː] (*pt* **drew** [druː], *pp* **drawn** [drɔːn]) ◇ *vt* **-1.** [pull] ti-

rer; to ~ the curtains [open] tirer OR ouvrir les rideaux; [shut] tirer OR fermer les rideaux; **I drew my coat closer around me** je me suis enveloppé dans mon manteau; **to ~ a bow** [in archery] tirer à l'arc. **-2.** [haul, pull behind – car] tirer, traîner, remorquer; [– trailer] remorquer. **-3.** [take out] tirer, retirer; [remove] retirer, enlever; [tooth] arracher, extraire; **he drew his knife from** OR **out of his pocket** il a tiré son couteau de sa poche; **the thief drew a gun on us** le voleur a sorti un pistolet et l'a braqué sur nous; **to ~ a sword** dégainer une épée. **-4.** [lead] conduire, entraîner; *fig*: **I was drawn into the controversy** j'ai été mêlé à OR entraîné dans la dispute; **the senator refused to be drawn** [refused to answer] le sénateur refusa de répondre; [refused to be provoked] le sénateur refusa de réagir; **to ~ a meeting to a close** mettre fin à une réunion. **-5.** [attract, elicit] attirer; **to be drawn to sb** être attiré par qqn; **to ~ sb's attention to sthg** faire remarquer qqch à qqn; **to ~ the enemy's fire** *fig* attirer le feu de l'ennemi sur soi. **-6.** [take from source] tirer, puiser; **to ~ water from a well** puiser de l'eau dans un puits; **to ~ (out) money from the bank** retirer de l'argent à la banque; **the university ~s its students from all social backgrounds** l'université recrute ses étudiants dans toutes les couches sociales; **her performance drew an ovation from the audience** son interprétation lui a valu l'ovation du public; **his confession drew tears from his mother** son aveu a arraché des larmes à sa mère; **I ~ comfort from the fact that he didn't suffer** je me console en me disant qu'il n'a pas souffert; **to ~ trumps** CARDS faire tomber les atouts. **-7.** [breathe in]: **we barely had time to ~ (a) breath** nous avons à peine eu le temps de souffler. **-8.** [choose at random] tirer; **to ~ lots** tirer au sort. **-9.** [earn – amount, salary] gagner, toucher; [– pension] toucher; FIN [– interest] rapporter. **-10.** [sketch] dessiner; [line, triangle] tracer; [map] faire; **to ~ a picture of sb** faire le portrait de qqn; **she drew a vivid picture of village life** *fig* elle (nous) a fait une description vivante de la vie de village; **the author has drawn his characters well** *fig* l'auteur a bien dépeint ses personnages ❑ **to ~ the line at sthg** ne pas admettre qqch, se refuser à qqch; **you have to ~ the line somewhere** il faut fixer des limites, il y a des limites. **-11.** [formulate – comparison, parallel, distinction] établir, faire; [conclusion] tirer. **-12.** FIN: **to ~ a cheque on one's account** tirer un chèque sur son compte. **-13.** [disembowel] vider. **-14.** SPORT [tie]: **the game was drawn** SPORT ils ont fait match nul; CARDS ils ont fait partie nulle. **-15.** HUNT [game] débusquer; [covert] battre.
◇ *vi* **-1.** [move]: **the crowd drew to one side** la foule s'est rangée sur le côté OR s'est écartée; **the bus drew into the coach station** l'autocar est arrivé OR entré dans la gare routière; **to ~ ahead of sb** prendre de l'avance sur qqn; **to ~ to a halt** s'arrêter; **they drew level with** OR **alongside the window** ils sont arrivés à la hauteur de la fenêtre; **they drew nearer to us** ils se sont approchés un peu plus de nous; **to ~ to an end** OR **to a close** tirer OR toucher à sa fin. **-2.** [pull out gun] tirer; **the policeman drew and fired** le policier a dégainé OR sorti son pistolet et a tiré. **-3.** [choose at random] tirer au hasard; **they drew for partners** ils ont tiré au sort leurs partenaires. **-4.** [sketch] dessiner. **-5.** [fireplace, pipe] tirer; [pump, vacuum cleaner] aspirer. **-6.** [tea] infuser. **-7.** [be equal – two competitors] être ex aequo *(inv)*; [– two teams] faire match nul; **Italy drew against Spain** l'Italie et l'Espagne ont fait match nul; **the two contestants drew for third prize** les deux concurrents ont remporté le troisième prix ex aequo OR sont arrivés troisièmes ex aequo.
◇ *n* **-1.** [act of pulling]: **to be quick on the ~** *literal* dégainer vite, avoir la détente rapide; *fig* avoir de la repartie; **to beat sb to the ~** *literal* dégainer plus vite que qqn; *fig* devancer qqn. **-2.** [card] carte *f* tirée; **it's your ~** c'est à vous de tirer une carte. **-3.** [raffle, lottery] loterie *f*, tombola *f*. **-4.** [attraction] attraction *f*. **-5.** GAMES partie *f* nulle; SPORT match *m* nul; **the chess tournament ended in a ~** le tournoi d'échecs s'est terminé par une partie nulle. **-6.** *Am* [gully] ravine *f*; [drain] rigole *f*.
◆ **draw apart** ◇ *vi insep* se séparer. ◇ *vt sep* prendre à l'écart.
◆ **draw aside** ◇ *vi insep* s'écarter, se ranger. ◇ *vt sep* [person] prendre OR tirer à l'écart; [thing] écarter.
◆ **draw away** *vi insep* **-1.** [move away – person] s'éloigner, s'écarter; [– vehicle] s'éloigner, démarrer. **-2.** [move ahead] prendre de l'avance.

◆ **draw back** ◇ *vi insep* **-1.** [move backwards] reculer, se reculer, avoir un mouvement de recul; **the child drew back in fear** l'enfant a reculé de peur. **-2.** [avoid commitment] se retirer. ◇ *vt sep* [person] faire reculer; [one's hand, thing] retirer.
◆ **draw down** *vt sep* **-1.** [lower – blinds] baisser, descendre. **-2.** [provoke] attirer; **their policy drew down a storm of protest** leur politique a soulevé une vague de protestations.
◆ **draw in** ◇ *vi insep* [move]: **the train drew in** le train est entré en gare; **the bus drew in to the kerb** [pulled over] le bus s'est rapproché du trottoir; [stopped] le bus s'est arrêté le long du trottoir. **-2.** [day, evening] diminuer, raccourcir. ◇ *vt sep* **-1.** [pull in] rentrer; **to ~ in the reins** tirer sur les rênes, serrer la bride. **-2.** [involve] impliquer, mêler; **he drew me into the conversation** il m'a mêlé à la conversation; **I got drawn into the project** je me suis laissé impliquer dans le projet; **he listened to the debate but refused to be drawn in** il a écouté le débat mais a refusé d'y participer OR de s'y joindre. **-3.** [attract] attirer; **the film is ~ing in huge crowds** le film fait de grosses recettes. **-4.** [sketch] ébaucher. **-5.** [air] aspirer, respirer; **to ~ in a deep breath** respirer profondément.
◆ **draw off** *vt sep* **-1.** *Br* [remove – clothing] enlever, ôter; [– gloves] retirer, ôter. **-2.** [liquid] tirer.
◆ **draw on** ◇ *vt sep Br* **-1.** [put on – gloves, trousers, socks] enfiler. **-2.** [entice, encourage] encourager, entraîner. ◇ *vt insep* **-1.** [as source] faire appel à; **I drew on my own experiences for the novel** je me suis inspiré OR servi de mes propres expériences pour mon roman; **I had to ~ on my savings** j'ai dû prendre OR tirer sur mes économies. **-2.** [suck] tirer sur; **to ~ on a pipe** tirer sur une pipe. ◇ *vi insep* [time – come near] approcher; [– get late] avancer.
◆ **draw out** ◇ *vt sep* **-1.** [remove] sortir, retirer, tirer; [money] retirer. **-2.** [extend – sound, visit] prolonger; [– meeting, speech] prolonger, faire traîner; TECH [– metal] étirer; [– wire] tréfiler. **-3.** [cause to speak freely] faire parler. **-4.** [information, secret] soutirer; **to ~ sthg out of sb** soutirer qqch de qqn. ◇ *vi insep* [vehicle] sortir, s'éloigner.
◆ **draw up** ◇ *vt sep* **-1.** *Br* [pull up] tirer; **she drew herself up (to her full height)** elle s'est redressée (de toute sa hauteur). **-2.** *Br* [move closer – chair] approcher; MIL [– troops] aligner, ranger; **~ your chair up to the table** approche ta chaise de la table. **-3.** [formulate – document] dresser, rédiger; [– bill, list] dresser, établir; [– plan] préparer, établir. ◇ *vi insep Br* **-1.** [move] se diriger; **the other boat drew up alongside us** l'autre bateau est arrivé à notre hauteur OR à côté de nous. **-2.** [stop – vehicle] s'arrêter, stopper; [– person] s'arrêter.
◆ **draw upon** *vt insep*: **they had to ~ upon their emergency funds** ils ont dû tirer sur OR prendre sur leur caisse de réserve; **you have to ~ upon your previous experience** il faut faire appel à votre expérience antérieure.

**drawback** ['drɔːbæk] *n* inconvénient *m*, désavantage *m*.

**drawbridge** ['drɔːbrɪdʒ] *n* pont-levis *m*, pont *m* basculant OR à bascule.

**drawee** [drɔː'iː] *n* tiré *m*.

**drawer** [*sense 1* drɔːr, *sense 2* 'drɔːər] *n* **-1.** [in chest, desk] tiroir *m*. **-2.** [of cheque] tireur *m*.

**drawers** [drɔːz] *npl dated* OR *hum* [for men] caleçon *m*; [for women] culotte *f*.

**drawing** ['drɔːɪŋ] ◇ *n* **-1.** ART dessin *m*. **-2.** METALL [shaping, tapering] étirage *m*. ◇ *comp* [paper, table] à dessin; [lesson, teacher] de dessin; **~ pen** tire-ligne *m*.

**drawing board** *n* planche *f* à dessin; **it's back to the ~** il faudra tout recommencer.

**drawing pin** *n Br* punaise *f* (à papier).

**drawing room** *n* **-1.** [living room] salon *m*; [reception room] salle *f* OR salon *m* de réception. **-2.** *Am* RAIL compartiment *m* privé.

**drawl** [drɔːl] ◇ *n* débit *m* traînant, voix *f* traînante; **a Southern ~** un accent du Sud. ◇ *vi* parler d'une voix traînante. ◇ *vt* dire d'une voix traînante.

**drawn** [drɔːn] ◇ *pp* → **draw**. ◇ *adj* **-1.** [blind, curtain] fermé, tiré. **-2.** [face, features] tiré; **he looked tired and ~** il avait l'air fatigué et avait les traits tirés. **-3.** [game] nul. **-4.** CULIN: **~ butter** beurre fondu.

**drawn-out** *adj* prolongé, qui traîne.

**drawstring** ['drɔːstrɪŋ] *n* cordon *m*.

**dread** [dred] ◇ *n* terreur *f*, effroi *m*; **she lives in ~ of her ex-**

husband elle vit dans la crainte de son ex-mari. ◇ *vt* craindre, redouter; I ~ to think of what might happen je n'ose pas imaginer ce qui pourrait arriver. ◇ *adj* redoutable, effrayant.

**dreaded** ['drɛdɪd] *adj* redoutable, terrible *aussi hum*.

**dreadful** ['drɛdful] *adj* **-1.** [terrible – crime, pain] affreux, épouvantable; [– enemy, weapon] redoutable; how ~! quelle horreur! **-2.** [unpleasant] atroce, affreux; they said some ~ things about her ils ont raconté des horreurs sur son compte; I feel ~ [ill] je ne me sens pas du tout bien; [embarrassed] je suis vraiment gêné. **-3.** [as intensifier]: he's a ~ bore! c'est un casse-pieds insupportable!, c'est un horrible casse-pieds!; what a ~ waste! quel affreux gaspillage!

**dreadfully** ['drɛdfulɪ] *adv* **-1.** [very] terriblement; I'm ~ sorry je regrette infiniment OR énormément. **-2.** [badly] affreusement; the children behaved ~ les enfants se sont affreusement mal comportés.

**dreadlocks** ['drɛdlɒks] *npl* coiffure des rastas.

**dreadnought** ['drɛdnɔːt] *n* cuirassé *m*.

**dream** [driːm] (*pt* & *pp* **dreamt** [drɛmt] OR **dreamed**) ◇ *vi* **-1.** [in sleep] rêver; to ~ about sb rêver de qqn; it can't be true, I must be ~ing ce n'est pas vrai, je rêve. **-2.** [daydream] rêvasser, rêver; he's always ~ing il est toujours dans la lune; for years she'd dreamt of having a cottage in the country elle a, durant des années, rêvé d'avoir un cottage à la campagne; ~ on! *inf* on peut toujours rêver! **-3.** [imagine]: to ~ of doing sthg songer à faire qqch.
◇ *vt* **-1.** [in sleep] rêver; he dreamt a ~ il a fait un rêve; you must have dreamt it vous avez dû le rêver. **-2.** [daydream] rêvasser; to ~ idle ~s se nourrir d'illusions, rêver creux. **-3.** [imagine] songer, imaginer.
◇ *n* **-1.** [during sleep] rêve *m*; I had a ~ about my mother last night j'ai rêvé de ma mère la nuit dernière; to see sthg in a ~ voir qqch en rêve; the child had a bad ~ l'enfant a fait un mauvais rêve OR un cauchemar; the meeting was like a bad ~ la réunion était un cauchemar; sweet ~s! faites de beaux rêves! **-2.** [wish, fantasy] rêve *m*, désir *m*; the woman of his ~s la femme de ses rêves; her ~ was to become a pilot elle rêvait de devenir pilote; a job beyond my wildest ~s un travail comme je n'ai jamais osé imaginer OR qui dépasse tous mes rêves; even in her wildest ~s she never thought she'd win first prize même dans ses rêves les plus fous, elle n'avait jamais pensé remporter le premier prix; the American ~ le rêve américain; the holiday was like a ~ come true les vacances étaient comme un rêve devenu réalité. **-3.** [marvel] merveille *f*; my interview went like a ~ mon entretien s'est passé à merveille; a ~ of a house *inf* une maison de rêve. **-4.** [daydream] rêverie *f*, rêve *m*; he's always in a ~ il est toujours dans les nuages OR en train de rêver.
◇ *comp* [car, person, house] de rêve; a ~ world [ideal] un monde utopique; [imaginary] un monde imaginaire; she lives in a ~ world elle vit dans les nuages; ~ sequence CIN séquence *f* onirique.
◆ **dream up** *vt sep* imaginer, inventer, concocter; where did you ~ that up? où es-tu allé pêcher ça?

**dreamboat** ['driːmbəʊt] *n inf* & *dated* homme *m*, femme *f* de rêve.

**dreamer** ['driːmə'] *n literal* rêveur *m*, -euse *f*; [idealist] rêveur *m*, -euse *f*, utopiste *mf*; *pej* songe-creux *m inv*.

**dreamily** ['driːmɪlɪ] *adv* [act] d'un air rêveur OR songeur; [speak] d'un ton rêveur OR songeur; [absent-mindedly] d'un air absent.

**dreamless** ['driːmlɪs] *adj* sans rêves.

**dreamlike** ['driːmlaɪk] *adj* irréel, onirique.

**dreamt** [drɛmt] *pt* & *pp* → **dream**.

**dreamy** ['driːmɪ] (*compar* **dreamier**, *superl* **dreamiest**) *adj* **-1.** [vague – person] rêveur, songeur; [– expression] rêveur, distrait. **-2.** [impractical – person] utopique, rêveur; [– idea] chimérique, utopique. **-3.** [music, voice] langoureux. **-4.** *inf* [wonderful] magnifique, ravissant.

**drearily** ['drɪərəlɪ] *adv* tristement.

**dreariness** ['drɪərɪnɪs] *n* [of surroundings] aspect *m* morne OR terne, monotonie *f*; [of life] monotonie *f*, tristesse *f*.

**dreary** ['drɪərɪ] (*compar* **drearier**, *superl* **dreariest**) *adj* [surroundings] morne, triste; [life] morne, monotone; [work, job]

monotone, ennuyeux; [person] ennuyeux (comme la pluie); [weather] maussade, morne.

**dredge** [drɛdʒ] ◇ *vt* **-1.** [river] draguer. **-2.** CULIN [with flour, sugar] saupoudrer; [with breadcrumbs] paner. ◇ *n* NAUT drague *f*.
◆ **dredge up** *vt sep literal* draguer; *fig* [scandal, unpleasant news] déterrer, ressortir.

**dredger** ['drɛdʒə'] *n* **-1.** NAUT [ship] dragueur *m*; [machine] drague *f*. **-2.** CULIN saupoudreuse *f*, saupoudroir *m*.

**dregs** [drɛgz] *npl literal* & *fig* lie *f*.

**drench** [drɛntʃ] ◇ *vt* **-1.** [soak] tremper, mouiller; by the time we got home we were absolutely ~ed le temps d'arriver à la maison, nous étions complètement trempés; she had ~ed herself with perfume *fig* elle s'était aspergée de parfum. **-2.** VETER donner OR faire avaler un médicament à. ◇ *n* VETER (dose *f* de) médicament *m*.

**drenching** ['drɛntʃɪŋ] ◇ *n* trempage *m*. ◇ *adj*: ~ rain pluie *f* battante OR diluvienne.

**Dresden** ['drɛzdən] ◇ *pr n* [city] Dresde. ◇ *n* [china] porcelaine *f* de Saxe, saxe *m*.

**dress** [drɛs] ◇ *n* **-1.** [frock] robe *f*. **-2.** [clothing] habillement *m*, tenue *f*. **-3.** [style of dress] tenue *f*, toilette *f*; formal/informal ~ tenue de cérémonie/de ville. ◇ *vt* **-1.** [clothe] habiller; she ~ed herself OR got ~ed elle s'est habillée. **-2.** [arrange] orner, parer; [groom – horse] panser; [– hair] coiffer; [– shop window] faire la vitrine de; [– ship] pavoiser. **-3.** [wound] panser. **-4.** CULIN [salad] assaisonner, garnir; [meat, fish] parer; ~ed chicken poulet *m* prêt à cuire. **-5.** [treat – cloth, skins] préparer, apprêter; [– leather] corroyer; [– stone] tailler, dresser; [– metal] polir; [– timber] dégrossir. **-6.** [bush, tree] tailler; [woods] dégrossir. **-7.** AGR [field] façonner. **-8.** MIL [troops] aligner; to ~ ranks se mettre en rangs. **-9.** [neuter – animal] dresser. ◇ *vi* **-1.** [get dressed, wear clothes] s'habiller; to ~ for dinner [gen] se mettre en tenue de soirée; [men] se mettre en smoking; [women] se mettre en robe du soir; do we have to ~ for dinner? est-ce qu'il faut s'habiller pour le dîner? **-2.** MIL [soldiers] s'aligner.
◆ **dress down** *Br* ◇ *vi insep* s'habiller simplement. ◇ *vt sep inf* [scold] passer un savon à.
◆ **dress up** ◇ *vi insep* **-1.** [put on best clothes] s'habiller, se mettre sur son trente et un; he was all ~ed up il était tout endimanché. **-2.** [put on disguise] se déguiser, se costumer; she ~ed up as a clown elle s'est déguisée en clown. ◇ *vt sep* **-1.** [put on best clothes] habiller. **-2.** [disguise] déguiser; his mother had ~ed him up as a soldier sa mère l'avait déguisé en soldat. **-3.** [smarten] rendre plus habillé. **-4.** [embellish] orner; you could ~ up the outfit with a nice scarf tu pourrais rendre la tenue plus habillée avec un joli foulard; it's the same old clichés ~ed up as new ideas c'est toujours les mêmes clichés, mais présentés comme des idées novatrices.

**dressage** ['drɛsɑːʒ] *n* dressage *m* ÉQUIT.

**dress circle** *n* premier balcon *m*, corbeille *f*.

**dress designer** *n* modéliste *mf*, dessinateur *m*, -trice *f* de mode; [famous] couturier *m*.

**dressed** ['drɛst] *adj* habillé; ~ in blue chiffon vêtu de mousseline de soie bleue; she was not appropriately ~ for the country/for gardening elle n'avait pas la tenue appropriée OR qui convenait pour la campagne/pour jardiner; she was ~ as a man elle était habillée en homme ❑ she was ~ to kill *inf* elle avait un look d'enfer.

**dresser** ['drɛsə'] *n* **-1.** [person]: he's a smart/sloppy ~ il s'habille avec beaucoup de goût/avec négligence. **-2.** THEAT habilleur *m*, -euse *f*. **-3.** [tool – for wood] raboteuse *f*; [– for stone] rabotin *m*. **-4.** [for dishes] buffet *m*, dressoir *m*. **-5.** *Am* [for clothing] commode *f*.

**dressing** ['drɛsɪŋ] *n* **-1.** [act of getting dressed] habillement *m*, habillage *m*. **-2.** CULIN [sauce] sauce *f*, assaisonnement *m*; *Am* [stuffing] farce *f*; an oil and vinegar ~ une vinaigrette. **-3.** [for wound] pansement *m*. **-4.** AGR [fertilizer] engrais *m*. **-5.** [for cloth, leather] apprêt *m*.

**dressing-down** *n Br inf* réprimande *f*, semonce *f*; to give sb a ~ passer un savon à qqn.

**dressing gown** *n* robe *f* de chambre, peignoir *m*.

**dressing room** *n* [at home] dressing-room *m*, dressing *m*, vestiaire *m*; [at gymnasium, sports ground] vestiaire *m*; THEAT

loge f (d'acteur); Am [in shop] cabine f d'essayage.
**dressing table** n coiffeuse f, (table f de) toilette f.
**dressing-up** n [children's game] déguisement m.
**dressmaker** ['dres,meɪkəʳ] n couturière f; [famous] couturier m.
**dressmaking** ['dres,meɪkɪŋ] n couture f, confection f des robes.
**dress rehearsal** n THEAT (répétition f) générale f; fig [practice] répétition f générale.
**dress shirt** n chemise f de soirée.
**dress uniform** n tenue f de cérémonie.
**dressy** ['dresɪ] (compar **dressier**, superl **dressiest**) adj [clothes] (qui fait) habillé, élégant; [person] élégant, chic; [event] habillé.
**drew** [druː] pt→ **draw**.
**drib** [drɪb] n phr: in ~s and drabs petit à petit.
**dribble** ['drɪbl] ◇ vi **-1.** [trickle] couler lentement, tomber goutte à goutte; the strikers slowly ~d back to work fig les grévistes reprenaient le travail par petits groupes. **-2.** [baby] baver. **-3.** SPORT dribbler. ◇ vt **-1.** [trickle] laisser couler OR tomber lentement. **-2.** SPORT [ball, puck] dribbler. ◇ n **-1.** [trickle] filet m. fig [small amount]: a ~ of un petit peu de. **-3.** SPORT dribble m.
**dried** [draɪd] adj [fruit] sec (f sèche); [meat] séché; [milk, eggs] déshydraté.
**dried-up** adj [apple, person] ratatiné, desséché; [talent, well] tari; [beauty, love] fané.
**drier** ['draɪəʳ] ◇ compar→ **dry**. ◇ n [for clothes] séchoir m (à linge); [for hair – hand-held] séchoir m (à cheveux), sèche-cheveux m inv; [– helmet] casque m (sèche-cheveux).
**driest** ['draɪɪst] superl→ **dry**.
**drift** [drɪft] ◇ vi **-1.** [float – on water] aller à la dérive, dériver; [– in current, wind] être emporté; AERON dériver; the clouds ~ed les nuages étaient poussés par le vent. **-2.** [sand, snow] s'amonceler, s'entasser. **-3.** [move aimlessly] marcher nonchalamment; people began to ~ away/in/out les gens commençaient à s'en aller/entrer/sortir d'un pas nonchalant ‖ fig: the conversation ~ed from one topic to another la conversation passait d'un sujet à un autre; he just ~s along il flâne simplement; to ~ apart [friends] se perdre de vue; [couple] se séparer petit à petit; he ~ed into a life of crime il s'est laissé entraîner dans la criminalité. **-4.** ELECTRON se décaler. ◇ vt **-1.** [subj: current] entraîner, charrier; [subj: wind] emporter, pousser. **-2.** [sand, snow] amonceler, entasser. ◇ n **-1.** [flow] mouvement m, force f; [of air, water] poussée f; the ~ of the tide [speed] la vitesse de la marée; [direction] le sens de la marée ‖ the North Atlantic Drift GEOG le courant nord-atlantique. **-2.** [of leaves, sand] amoncellement m, entassement m; [of fallen snow] amoncellement m, congère f; [of falling snow] rafale f, bourrasque f; [of clouds] traînée f; [of dust, mist] nuage m; GEOL [deposits] apports mpl. **-3.** [of plane, ship] dérivation f; [of missile] déviation f; [deviation from course] dérive f; continental ~ dérive des continents. **-4.** ELECTRON déviation f. **-5.** [trend] tendance f. **-6.** [meaning] sens m, portée f; do you get my ~? voyez-vous où je veux en venir? **-7.** LING évolution f (d'une langue). **-8.** MIN galerie f chassante.
◆ **drift off** vi insep [fall asleep] s'assoupir.
**drifter** ['drɪftəʳ] n **-1.** [person] personne qui n'a pas de but dans la vie. **-2.** [boat] drifter m, dériveur m.
**drift ice** n (U) glaces fpl flottantes OR en dérive.
**drift net** n filet m dérivant.
**driftwood** ['drɪftwʊd] n (U) bois mpl flottants.
**drill** [drɪl] ◇ n **-1.** [manual] porte-foret m; [electric] perceuse f; [of dentist] fraise f (de dentiste), roulette f; [for oil well] trépan m; [pneumatic] marteau m piqueur; MIN perforatrice f. **-2.** [bit]: ~ (bit) foret m, mèche f. **-3.** [exercise] exercice m; MIL manœuvre f, drill m; I know the ~ Br inf & fig je sais ce qu'il faut faire, je connais la marche à suivre. **-4.** TEX treillis m, coutil m. **-5.** AGR [machine] semoir m; [furrow] sillon m. ◇ vt **-1.** [metal, wood] forer, percer; [hole] percer; [dentist] fraiser; to ~ an oil well forer un puits de pétrole. **-2.** inf SPORT [ball]: he ~ed the ball into the back of the net il envoya la balle droit au fond du filet. **-3.** [train] faire faire des exercices à; I ~ed him as to what to say je lui ai fait la leçon sur ce qu'il fallait dire; MIL faire faire l'exercice à; the troops are well ~ed les

troupes sont bien entraînées. **-4.** [seeds] semer en sillon; [field] tracer des sillons dans. ◇ vi **-1.** [bore] forer; they are ~ing for oil ils forent OR effectuent des forages pour trouver du pétrole. **-2.** [train] faire de l'exercice, s'entraîner; MIL être à l'exercice, manœuvrer.
◆ **drill into** vt sep faire comprendre, enfoncer dans la tête.
**drilling** ['drɪlɪŋ] n (U) [in metal, wood] forage m, perçage m; [by dentist] fraisage m; ~ for oil forage pétrolier.
**drilling platform** n plate-forme f (de forage).
**drilling rig** n **-1.** [on land] derrick m, tour f de forage. **-2.** [at sea] = **drilling platform**.
**drill sergeant** n sergent m instructeur.
**drily** ['draɪlɪ] adv [wryly] d'un air pince-sans-rire; [coldly] sèchement, d'un ton sec.
**drink** [drɪŋk] (pt **drank** [dræŋk], pp **drunk** [drʌŋk]) ◇ vt boire, prendre; would you like something to ~? voulez-vous boire quelque chose?; the water is not fit to ~ l'eau n'est pas potable; this coffee isn't fit to ~ ce café est imbuvable; red Burgundy is best drunk at room temperature le bourgogne rouge est meilleur bu chambré; to ~ one's fill boire à sa soif; to ~ sb's health, to ~ a toast to sb boire à la santé de qqn; he drank himself into a stupor il s'est soûlé jusqu'à l'hébétude; he's ~ing himself to death l'alcool le tue peu à peu ‖ to ~ sb under the table faire rouler qqn sous la table. ◇ vi boire; she drank out of OR from the bottle elle a bu à la bouteille; I only ~ socially je ne bois jamais seul; 'don't ~ and drive' 'boire ou conduire, il faut choisir' ❑ he ~s like a fish il boit comme un trou.
◇ n **-1.** [nonalcoholic] boisson f; may I have a ~? puis-je boire quelque chose?; a ~ of water un verre d'eau; give the children a ~ donnez à boire aux enfants; there's plenty of food and ~ il y a tout ce qu'on veut à boire et à manger. **-2.** [alcoholic] verre m; [before dinner] apéritif m; [after dinner] digestif m; we invited them in for a ~ nous les avons invités à prendre un verre; he likes OR enjoys a ~ il aime bien boire un verre; ~s are on the house! la maison offre à boire!; he'd had one ~ too many il avait bu un verre de trop, il avait un verre dans le nez. **-3.** [mouthful] gorgée f. **-4.** [alcohol] la boisson, l'alcool m; she's taken to ~ elle s'adonne à la boisson, elle boit; to be the worse for ~ être en état d'ébriété; to drive under the influence of ~ conduire en état d'ivresse OR d'ébriété; to smell of ~ sentir l'alcool. **-5.** Br inf [sea] flotte f.
◇ comp: he has a ~ problem il boit trop, il s'adonne à la boisson.
◆ **drink away** vt sep [troubles] noyer; [fortune] boire.
◆ **drink down** vt sep avaler OR boire d'un trait.
◆ **drink in** vt sep **-1.** [water] absorber, boire. **-2.** fig [story, words] boire; [atmosphere, surroundings] s'imprégner de.
◆ **drink to** vt insep boire à, porter un toast à; I'll ~ to that! je suis pour!
◆ **drink up** ◇ vt sep boire (jusqu'à la dernière goutte), finir. ◇ vi insep vider son verre.
**drinkable** ['drɪŋkəbl] adj [safe to drink] potable; [tasty] buvable.
**drink-driving** n conduite f en état d'ivresse.
**drinker** ['drɪŋkəʳ] n buveur m, -euse f; he's a hard OR heavy ~ il boit sec OR beaucoup.
**drinking** ['drɪŋkɪŋ] n (U) n fait m de boire; heavy ~ ivrognerie f; I'm not used to ~ je n'ai pas l'habitude de boire; his ~ is becoming a problem le fait qu'il boive devient un problème. ◇ comp [man] qui boit; [habits] de buveur; [bout, companion, session] de beuverie.
**drinking chocolate** n chocolat m à boire; [powder] chocolat m en poudre; [hot drink] chocolat m chaud.
**drinking fountain** n [in street] fontaine f publique; [in corridor, public conveniences] jet m d'eau potable.
**drinking-up time** n Br moment où les clients doivent finir leur verre avant la fermeture du bar.
**drinking water** n eau f potable.
**drip** [drɪp] (pt & pp **dripped**, cont **dripping**) ◇ vi **-1.** [liquid] tomber goutte à goutte, dégoutter; the rain is dripping down my neck la pluie me dégouline dans le cou; I was dripping with sweat j'étais en nage; dripping with sentimentality fig dégoulinant de sentimentalité. **-2.** [tap] fuir, goutter; [nose] couler; [washing] s'égoutter; [walls] suinter; [hair, trees] dégoutter, ruisseler. ◇ vt laisser tomber goutte à

goutte; **you're dripping coffee everywhere** tu mets du café partout. ◇ *n* **-1.** [falling drops – from tap, gutter, ceiling] égouttement *m*, dégoulinement *m*.**-2.** [sound – from trees, roofs] bruit *m* de l'eau qui goutte; [– from tap] bruit d'un robinet qui fuit OR goutte. **-3.** [drop] goutte *f*.**-4.** *inf* & *pej* [person] nouille *f*, lavette *f*.**-5.** MED [device] goutte-à-goutte *m inv*; [solution] perfusion *f*; **she's on a ~** elle est sous perfusion. **-6.** ARCHIT larmier *m*.

**drip-dry** ◇ *adj* qui ne nécessite aucun repassage. ◇ *vi* s'égoutter. ◇ *vt* (faire) égoutter.

**drip-feed** ◇ *n* [device] goutte-à-goutte *m inv*; [solution] perfusion *f*. ◇ *vt* alimenter par perfusion.

**dripping** ['drɪpɪŋ] ◇ *n* **-1.** CULIN [of meat] graisse *f* (*de rôti*). **-2.** [of liquid] égouttement *m*, égouttage *m*. ◇ *adj* **-1.** [tap] qui fuit OR goutte; **~ with blood/with sweat** ruisselant de sang/de sueur. **-2.** [very wet] trempé.

**drippy** ['drɪpɪ] (*compar* **drippier**, *superl* **drippiest**) *adj* **-1.** *inf* & *pej* [person] mou, *before vowel or silent 'h'* mol (*f* molle). **-2.** [tap] qui fuit OR goutte.

**drive** [draɪv] (*pt* **drove** [drəʊv], *pp* **driven** ['drɪvn]) ◇ *vt* **-1.** [bus, car, train] conduire; [racing car] piloter; **I ~ a Volvo** j'ai une Volvo; **he ~s a taxi/lorry** il est chauffeur de taxi/camionneur; **she ~s racing cars** elle est pilote de course; **he drove her into town** il l'a conduite OR emmenée en voiture en ville; **she drove the car into a tree** elle a heurté un arbre avec la voiture. **-2.** [chase] chasser, pousser; **to ~ sb out of the house/of the country** chasser qqn de la maison/du pays; **we drove the cattle back into the shed** nous avons fait rentrer le bétail dans l'étable; **the waves drove the ship against the rocks** les vagues ont jeté le navire contre les rochers; **the strong winds had driven the ship off course** les vents forts avaient dévié le navire de sa route ‖ *fig*: **her words drove all worries from his mind** ses paroles lui ont fait complètement oublier ses soucis; **they have driven us into a corner** ils nous ont mis au pied du mur. **-3.** [work]: **it doesn't pay to ~ your workers too hard** on ne gagne rien à surmener ses employés; **he ~s himself too hard** il exige trop de lui-même. **-4.** [force] pousser, inciter; **she was driven to it** on lui a forcé la main; **driven by jealousy, he killed her** il l'a tuée sous l'emprise de la jalousie; **the situation is driving me to despair/distraction** la situation me pousse au désespoir/me rend fou; **to ~ sb crazy** OR **mad** OR **up the wall** *inf* rendre qqn fou; **his performance drove the audience wild** *inf* son spectacle a mis le public en délire. **-5.** [hammer]: **to ~ a nail home** enfoncer un clou ‖ *fig*: **to ~ a point home** faire admettre son point de vue; **to ~ a hard bargain** avoir toujours le dernier mot en affaires, être dur en affaires. **-6.** [bore – hole] percer; [– tunnel] percer, creuser. **-7.** [operate – machine] faire fonctionner; MECH entraîner; **driven by electricity** marchant à l'électricité; **the pinion is driven in rotation** le pignon est actionné par rotation. **-8.** SPORT: **to ~ a ball** exécuter un drive; [in golf] driver. **-9.** HUNT [game] rabattre; [area] battre.

◇ *vi* **-1.** [operate a vehicle] conduire; [travel in vehicle] aller en voiture; **do you** OR **can you ~?** savez-vous conduire?; **I was driving at 100 mph** je roulais à 160 km/h; **we drove home/down to the coast** nous sommes rentrés/descendus sur la côte en voiture; **they drove all night** ils ont roulé toute la nuit; **are you walking or driving?** êtes-vous à pied ou en voiture?; **~ on the right** roulez à droite, tenez votre droite. **-2.** [car] rouler. **-3.** [dash] se ruer; **rain was driving against the window** la pluie fouettait les vitres.

◇ *n* **-1.** AUT [trip] promenade *f* OR trajet *m* (en voiture); **we went for a ~** nous avons fait une promenade OR un tour en voiture; **it's an hour's ~ from here** c'est à une heure d'ici en voiture. **-2.** [road – public] avenue *f*, rue *f*; [– private] voie *f* privée (*menant à une habitation*); [in street names] allée *f*.**-3.** [energy] dynamisme *m*, énergie *f*; **we need someone with ~** il nous faut quelqu'un de dynamique OR d'entreprenant. **-4.** [urge] besoin *m*, instinct *m*.**-5.** [campaign] campagne *f*; **the company is having a sales ~** la compagnie fait une campagne de vente. **-6.** *Br* [for bridge, whist] tournoi *m*.**-7.** SPORT [in cricket, tennis] coup *m* droit; [in golf] drive *m*; [in football] tir *m*, shoot *m*.**-8.** [of animals] rassemblement *m*; [in hunting] battue *f*.**-9.** TECH [power transmission] transmission *f*, commande *f*; AUT: **four-wheel ~** quatre roues motrices *fpl*, quatre-quatre *m inv* ou *f inv*. **-10.** COMPUT [for disk] unité *f* OR lecteur *m* de disquettes; [for tape] dérouleur *m*.**-11.** MIL poussée *f*, of-

fensive *f*. ◇ *comp* TECH [mechanism, device] d'entraînement, d'actionnement, de transmission.

◆ **drive along** ◇ *vi insep* [car] rouler, circuler; [person] rouler, conduire. ◇ *vt sep* [subj: river, wind] pousser, chasser.

◆ **drive at** *vt insep* vouloir dire.

◆ **drive away** ◇ *vi insep* [person] s'en aller OR partir (en voiture); [car] démarrer. ◇ *vt sep* [car] démarrer; [person] *literal* emmener en voiture; *fig* repousser, écarter; [animal] chasser, éloigner.

◆ **drive back** ◇ *vi insep* [person] rentrer en voiture; [car] retourner. ◇ *vt sep* **-1.** [person] ramener OR reconduire en voiture; [car] reculer. **-2.** [repel] repousser, refouler; **fear drove them back** la peur leur a fait rebrousser chemin.

◆ **drive in** ◇ *vi insep* [person] entrer (en voiture); [car] entrer. ◇ *vt sep* [nail, stake] enfoncer; [screw] visser; [rivet] poser.

◆ **drive off** ◇ *vi insep* **-1.** [leave – person] s'en aller OR s'éloigner en voiture; [– car] démarrer. **-2.** GOLF driver. ◇ *vt sep* [frighten away] éloigner, chasser.

◆ **drive on** ◇ *vi insep* [continue trip] poursuivre sa route; [after stopping] reprendre la route. ◇ *vt sep* [push] pousser, inciter.

◆ **drive out** ◇ *vi insep* [person] sortir (en voiture); [car] sortir. ◇ *vt sep* [person] chasser, faire sortir; [thought] chasser.

◆ **drive over** ◇ *vi insep* venir OR aller en voiture. ◇ *vt insep* [crush] écraser. ◇ *vt sep* conduire OR emmener en voiture.

◆ **drive up** *vi insep* [person] arriver (en voiture); [car] arriver.

**drive-in** ◇ *n* [cinema] drive-in *m inv*, ciné-parc *m offic*; [restaurant, bank etc] désigne tout commerce où l'on est servi dans sa voiture. ◇ *adj* où l'on reste dans sa voiture.

**drivel** ['drɪvl] (*Br pt* & *pp* **drivelled**, *cont* **drivelling**, *Am pt* & *pp* **driveled**, *cont* **driveling**) ◇ *n* (*U*) **-1.** [nonsense] bêtises *fpl*, radotage *m*. **-2.** [saliva] bave *f*. ◇ *vi* **-1.** [speak foolishly] dire des bêtises, radoter; **what's he drivelling on about?** qu'est-ce qu'il radote? **-2.** [dribble] baver.

**driven** ['drɪvn] *pp* → **drive**. ◇ *adj* TECH: **a ~ shaft** un arbre mené OR récepteur.

**-driven** *in cpds* **-1.** MECH (fonctionnant) à; **electricity/steam~ engine** machine électrique/à vapeur. **-2.** *fig* déterminé par; **market/consumer~** déterminé par les contraintes du marché/les exigences du consommateur. **-3.** COMPUT contrôlé par; **menu~** contrôlé par menu.

**driver** ['draɪvər] *n* **-1.** [of car] conducteur *m*, -trice *f*; [of bus, taxi, lorry] chauffeur *m*, conducteur *m*, -trice *f*; [of racing car] pilote *m*; [of train] mécanicien *m*, conducteur *m*, -trice *f*; [of cart] charretier *m*, -ère *f*; SPORT [of horse-drawn vehicle] driver *m*; **she's a good ~** elle conduit bien; **~s** automobilistes *mpl*.**-2.** [of animals] conducteur *m*, -trice *f*.**-3.** [golf club] driver *m*.

**driver's license** *n Am* permis *m* de conduire.

**drive shaft** *n* arbre *m* de transmission.

**driveway** ['draɪvweɪ] *n* voie *f* privée (*menant à une habitation*).

**driving** ['draɪvɪŋ] ◇ *adj* **-1.** [rain] battant. **-2.** [powerful] fort; [ambition] ferme. ◇ *n* conduite *f*; **her ~ is good** elle conduit bien; **I like ~** j'aime conduire; **bad ~** conduite imprudente.

**driving force** *n* MECH force *f* motrice; **she's the ~ behind the project** *fig* c'est elle le moteur du projet.

**driving instructor** *n* moniteur *m*, -trice *f* de conduite OR d'auto-école.

**driving lesson** *n* leçon *f* de conduite.

**driving licence** *n Br* permis *m* de conduire.

**driving school** *n* auto-école *f*.

**driving seat** *n* place *f* du conducteur; **she's in the ~** *fig* c'est elle qui mène l'affaire OR qui tient les rênes.

**driving shaft** *n* arbre *m* moteur.

**driving test** *n* examen *m* du permis de conduire; **I passed my ~ today/in 1972** j'ai eu mon permis aujourd'hui/en 1972; **he failed his ~** il a raté son permis.

**drizzle** ['drɪzl] ◇ *n* bruine *f*, crachin *m*. ◇ *vi* bruiner, crachiner.

**drizzly** ['drɪzlɪ] *adj* de bruine OR crachin, bruineux.

**droll** [drəʊl] *adj* [comical] drôle, comique; [odd] curieux, drôle.

**dromedary** ['drɒmədərɪ] (*pl* **dromedaries**) *n* dromadaire *m*.

**drone** [drəʊn] ◇ *n* **-1.** [sound – of bee] bourdonnement *m*; [– of engine] ronronnement *m*; [loud] vrombissement *m*; [male bee] abeille *f* mâle, faux-bourdon *m*; *pej* [person] fainéant *m*, -e *f*.**-3.** MUS bourdon *m*.**-4.** [plane] avion *m* téléguidé, drone *m*. ◇ *vi* [bee] bourdonner; [engine] ronronner; [loudly] vrombir; to ~ on [person] parler d'un ton monotone.

**drool** [druːl] *vi* baver; to ~ over sthg *fig* baver d'admiration OR s'extasier devant qqch.

**droop** [druːp] ◇ *vi* [head] pencher; [eyelids] s'abaisser; [body] s'affaisser; [shoulders] tomber; [flowers] commencer à baisser la tête OR à se faner; her spirits ~ed elle s'est démoralisée. ◇ *n* [of eyelids] abaissement *m*; [of head] attitude *f* penchée; [of body, shoulders] affaissement *m*; [of spirits] langueur *f*, abattement *m*.

**drooping** ['druːpɪŋ] *adj* [eyelids] abaissé; [flowers] qui commence à se faner.

**droopy** ['druːpɪ] (*compar* **droopier**, *superl* **droopiest**) *adj* [moustache, shoulders] qui tombe; [flowers] qui commence à se faner.

**drop** [drɒp] (*pt & pp* **dropped**, *cont* **dropping**) ◇ *vt* **-1.** [let fall – accidentally] laisser tomber; [– bomb] lancer, lâcher; [– stitch] sauter, laisser tomber; [– liquid] laisser tomber goutte à goutte; [– trousers] laisser tomber; [release] lâcher; ~ **it!** [to dog] lâche ça!; **they dropped soldiers/supplies by parachute** ils ont parachuté des soldats/du ravitaillement; **to ~ a curtsy** faire une révérence; **to ~ anchor** NAUT mouiller, jeter l'ancre ‖ SPORT: **to ~ a goal** [in rugby] marquer un drop; **she dropped the ball over the net** [in tennis] elle a placé un amorti juste derrière le filet ❑ **to ~ a brick** OR **a clanger** *Br inf* faire une gaffe. **-2.** [lower – voice] baisser; [– speed] réduire; [– hem] ressortir. **-3.** [deliver] déposer; **could you ~ me at the corner please?** pouvez-vous me déposer au coin s'il vous plaît? **-4.** [abandon – friend] laisser tomber, lâcher; [– discussion, work] abandonner, laisser tomber; **I've dropped the idea of going** j'ai renoncé à y aller; **let's ~ the subject** ne parlons plus de cela, parlons d'autre chose; **just ~ it!** laissez tomber!, assez! **-5.** [utter – remark] laisser échapper; **to ~ a hint about sthg** faire allusion à qqch; **he dropped me a hint that she wanted to come** il m'a fait comprendre qu'elle voulait venir; **she let (it) ~ that she had been there** [accidentally] elle a laissé échapper qu'elle y était allée; [deliberately] elle a fait comprendre qu'elle y était allée. **-6.** [send – letter, note] écrire, envoyer; **I'll ~ you a line next week** je t'enverrai un petit mot la semaine prochaine; **I'll ~ it in the post** OR **mail** je la mettrai à la poste. **-7.** [omit – when speaking] ne pas prononcer; [– when writing] omettre; [– intentionally] supprimer; **he ~s his h's** il n'aspire pas les h; **let's ~ the formalities, shall we?** oublions les formalités, d'accord?; **to ~ a player from a team** SPORT écarter un joueur d'une équipe. **-8.** *Br* [lose] perdre. **-9.** *inf* [knock down – with punch] sonner; [– with shot] descendre. ◇ *vi* **-1.** [fall – object] tomber, retomber; [– liquid] tomber goutte à goutte; [– ground] s'abaisser; **the road ~s into the valley** la route plonge vers la vallée; **the curtain dropped** THEAT le rideau tomba. **-2.** [sink down – person] se laisser tomber, tomber; [collapse] s'écrouler, s'affaisser; **she dropped to her knees** elle est tombée à genoux; **I'm ready to ~** [from fatigue] je tombe de fatigue, je ne tiens plus sur mes jambes; **he'll work until he ~s** il va travailler jusqu'à épuisement; **she dropped dead** elle est tombée raide morte; ~ **dead!** *inf* va te faire voir!; **I find that I ~ back into the local dialect when I go home** je réalise que je retombe dans le dialecte quand je rentre chez moi; **the team dropped to third place** l'équipe est descendue à la troisième position. **-3.** [decrease – price, speed] baisser, diminuer; [– temperature] baisser; [– wind] se calmer, tomber; [– voice] baisser. **-4.** [end] cesser; **there the matter dropped** l'affaire en est restée là. **-5.** [give birth – subj: animals] mettre bas. ◇ *n* **-1.** [of liquid] goutte *f*; ~ **by** ~ goutte à goutte; **he's had a** ~ **too much (to drink)** *inf* il a bu un verre de trop ❑ **it's just a** ~ **in the ocean** ce n'est que quelque goutte d'eau dans la mer. **-2.** [decrease – in price] baisse *f*, chute *f*; [– in temperature] baisse *f*; [– in voltage] chute *f*; **a** ~ **in prices** une baisse OR une chute des prix. **-3.** [fall] chute *f*; [in parachuting] saut *m* (en parachute); **it was a long** ~ **from the top of the wall** ça faisait haut depuis le haut du mur ❑ **at the** ~ **of a hat** sans hésiter, à tout moment. **-4.** [vertical distance] hauteur *f* de chute; [slope] descente *f* brusque; [abyss] à-pic *m inv*, précipice *m*; [in climbing] vide *m*; **a sudden** ~ **in the ground level** une soudaine dénivellation; **it's a 50 m** ~ **from the cliff to the sea** il y a (un dénivelé de OR une hauteur de) 50 m entre le haut de la falaise et la mer ❑ **to have the** ~ **on sb** *Am* avoir

l'avantage sur qqn. **-5.** [earring] pendant *m*, pendeloque *f*; [on necklace] pendentif *m*; [on chandelier] pendeloque *f*. **-6.** [sweet] bonbon *m*, pastille *f*. **-7.** [delivery] livraison *f*; [from plane] parachutage *m*, droppage *m*; **to make a** ~ déposer un colis. **-8.** [hiding place] cachette *f*, dépôt *m* (clandestin). **-9.** [place to leave sthg] lieu *m* de dépôt.
◆ **drops** *npl* MED gouttes *fpl*.
◆ **drop away** *vi insep* **-1.** [interest, support] diminuer, baisser. **-2.** [land] s'abaisser.
◆ **drop back** *vi insep* retourner en arrière, se laisser devancer OR distancer.
◆ **drop by** *vi insep* passer.
◆ **drop down** *vi insep* [person] tomber (par terre); [table leaf] se rabattre.
◆ **drop in** ◇ *vi insep* passer; **to** ~ **in on sb** passer voir qqn. ◇ *vt sep* [deliver] déposer.
◆ **drop off** ◇ *vt sep* [person] déposer; [package, thing] déposer, laisser. ◇ *vi insep* **-1.** [fall asleep] s'endormir; [have a nap] faire un (petit) somme. **-2.** [decrease] diminuer, baisser. **-3.** [fall off] tomber.
◆ **drop out** *vi insep* **-1.** [fall out] tomber. **-2.** [withdraw] renoncer; **she dropped out of the race** elle s'est retirée de la course; **he dropped out of school** il a abandonné ses études ‖ [from society] vivre en marge de la société.
◆ **drop round** *Br* ◇ *vi insep* = **drop in**. ◇ *vt sep* [deliver] déposer.

**drop front** *adj* [bureau] à abattant.

**drop goal** *n* drop-goal *m*, drop *m*.

**drop handlebars** *npl* guidon *m* renversé.

**drop-in centre** *n Br* centre *m* d'assistance sociale (*où l'on peut aller sans rendez-vous*).

**drop kick** ['drɒpkɪk] *n* coup *m* de pied tombé.

**drop-leaf** *adj*: **a** ~ **table** une table à abattants OR à volets.

**droplet** ['drɒplɪt] *n* gouttelette *f*.

**drop-off** *n* **-1.** [decrease] baisse *f*, diminution *f*; **a** ~ **in sales** une baisse des ventes. **-2.** *Am* [descent] à-pic *m inv*; **there's a sharp** ~ **in the road** la rue descend en pente très raide.

**dropout** ['drɒpaʊt] *n inf* [from society] marginal *m*, -e *f*; [from studies] étudiant *m*, -e *f* qui abandonne ses études; **he's a high school** ~ *Am* il a quitté le lycée avant le bac.

**drop-out** *n* RUGBY renvoi *m* aux 22 mètres.

**dropper** ['drɒpər] *n* compte-gouttes *m inv*.

**droppings** ['drɒpɪŋz] *npl* [of animal] crottes *fpl*; [of bird] fiente *f*.

**drop shot** *n* amorti *m*.

**dropsy** *n* ['drɒpsɪ] *n* hydropisie *f*.

**dross** [drɒs] *n* (U) **-1.** METALL scories *fpl*, crasse *f*; INDUST [of minerals] schlamm *m*. **-2.** [waste] déchets *mpl*, impuretés *fpl*.

**drought** [draʊt] *n* **-1.** [no rain] sécheresse *f*. **-2.** [shortage] disette *f*, manque *m*.

**drove** [drəʊv] ◇ *pt* → **drive**. ◇ *n* **-1.** [of animals] troupeau *m* en marche; [of people] foule *f*, multitude *f*; **every summer the tourists come in** ~**s** chaque été les touristes arrivent en foule. **-2.** [chisel] boucharde *f*. ◇ *vt* **-1.** [animals] chasser, conduire. **-2.** [stone] boucharder.

**drover** ['drəʊvər] *n* toucheur *m* de bestiaux.

**drown** [draʊn] ◇ *vt* **-1.** [person, animal] noyer; **to be** ~**ed** se noyer; [in battle, disaster etc] mourir noyé; **to** ~ **o.s.** se noyer. **-2.** [field, village] noyer; **don't** ~ **it!** [my drink] ne mets pas trop d'eau! ❑ **to** ~ **one's sorrows** noyer son chagrin (dans la boisson). **-3.** [make inaudible] noyer, couvrir; **his voice was** ~**ed (out) by the music** sa voix était couverte par la musique. ◇ *vi* se noyer; [in battle, disaster etc] mourir noyé.
◆ **drown out** *vt sep* = **drown 3**.

**drowned** [draʊnd] *adj* noyé.

**drowning** ['draʊnɪŋ] ◇ *adj*: **the** ~ **woman was saved just in time** la noyée a été sauvée de justesse ❑ **a** ~ **man will clutch at a straw** *prov* dans une situation désespérée on se raccroche à un rien. ◇ *n* noyade *f*; **to save sb from** ~ sauver qqn de la noyade; **he died of** ~ il est mort noyé.

**drowse** [draʊz] *vi* somnoler.
◆ **drowse off** *vi insep* s'assoupir.

**drowsily** ['draʊzɪlɪ] *adv* d'un air somnolent.

**drowsiness** ['draʊzɪnɪs] *n* (U) somnolence *f*; 'may cause ~'

'peut provoquer des somnolences'.

**drowsy** ['drauzı] (*compar* **drowsier**, *superl* **drowsiest**) *adj* [person, voice] somnolent, engourdi; [place] endormi; to feel ~ être tout endormi; to make sb feel ~ [atmosphere] engourdir qqn; [drug] endormir qqn, provoquer des somnolences chez qqn.

**drubbing** ['drʌbıŋ] *n* [thorough defeat] volée *f* de coups; to give sb a real ~ donner une correction à qqn.

**drudge** [drʌdʒ] ◇ *n* -1. [person] bête *f* de somme. -2. [work] besogne *f*. ◇ *vi* besogner, peiner.

**drudgery** ['drʌdʒərı] *n (U)* travail *m* de bête de somme.

**drug** [drʌg] (*pt* & *pp* **drugged**, *cont* **drugging**) ◇ *n* -1. [medication] médicament *m*; to be on ~s prendre des médicaments; to be put on ~s by the doctor se voir prescrire des médicaments par le médecin. -2. [illegal substance] drogue *f*; JUR stupéfiant *m*; to be on ~s se droguer; to take ~s se droguer; [athlete] se doper; to do *inf* OR to use ~s se droguer ❑ a ~ on the market un produit qui ne se vend pas. ◇ *comp* [abuse, dealing, trafficking] de drogue; ~-related [crime, offence] lié à la drogue; ~ baron gros bonnet *m* de la drogue; to be arrested on ~s charges [possession] être arrêté pour détention de drogue OR de stupéfiants; [trafficking] être arrêté pour trafic de drogue; ~ courier passeur *m*, -euse *f* de drogue; **Drug Squad** [police] brigade *f* des stupéfiants; ~ taker [addict] drogué *m*, -e *f*; [athlete] consommateur *m*, -trice *f* de produits dopants; ~ taking dopage *m*; ~s test [of athlete, horse] contrôle *m* antidopage; ~ traffic trafic *m* de drogue OR stupéfiants; ~ user drogué *m*, -e *f*. ◇ *vt* droguer; [athlete, horse] doper; to be drugged with sleep *fig* être engourdi de sommeil.

**drug addict** *n* drogué *m*, -e *f*, toxicomane *mf*.

**drug addiction** *n* toxicomanie *f*.

**druggist** ['drʌgıst] *n Am* [person] pharmacien *m*, -enne *f*; [shop] ~, ~'s pharmacie *f*.

**drugstore** ['drʌgstɔːr] *n Am* drugstore *m*.

**druid** ['druːıd] *n* druide *m*, -esse *f*.

**drum** [drʌm] (*pt* & *pp* **drummed**, *cont* **drumming**) ◇ *n* -1. [instrument – gen] tambour *m*; [– African] tam-tam *m*; to play (the) ~s jouer de la batterie; to beat OR to bang a ~ taper OR frapper sur un tambour ❑ to beat the ~ for sb/sthg faire de la publicité pour qqn/qqch. -2. [for fuel] fût *m*, bidon *m*; [for rope] cylindre *m*; COMPUT [cylinder] tambour *m*; (concrete) mixing ~ tambour *m* mélangeur (de béton). -3. ANAT [eardrum] tympan *m*. -4. [noise – of rain, fingers] tambourinement *m*. ◇ *vi* -1. MUS [on drum kit] jouer de la batterie; [on one drum] jouer du tambour. -2. [rain, fingers] tambouriner. ◇ *vt* [on instrument] tambouriner, jouer sur un tambour; to ~ one's fingers on the table tambouriner de ses doigts sur la table.
◆ **drum in** *vt sep* insister lourdement sur.
◆ **drum into** *vt sep*: to ~ sthg into sb enfoncer qqch dans la tête de qqn; ~ it into her that... mets-lui bien dans la tête que...
◆ **drum out** *vt sep* expulser; he was drummed out of the club/of the army il a été expulsé du club/de l'armée.
◆ **drum up** *vt insep* [customers, support] attirer, rechercher; [supporters] battre le rappel de; [enthusiasm] chercher à susciter.

**drumbeat** ['drʌmbiːt] *n* battement *m* de tambour.

**drum brake** *n* AUT frein *m* à tambour.

**drumfire** ['drʌmfaıər] *n* MIL tir *m* de barrage, feu *m* roulant.

**drumhead** ['drʌmhed] *n* MUS peau *f* de tambour; ~ court-martial MIL conseil *m* de guerre.

**drum kit** *n* batterie *f*.

**drum machine** *n* boîte *f* à rythmes.

**drum major** *n* MIL tambour-major *m*.

**drum majorette** *n esp Am* chef-majorette *f*.

**drummer** ['drʌmər] *n* [in band] batteur *m*; [tribal] joueur *m* de tambour; MIL tambour *m*.

**drumming** ['drʌmıŋ] *n (U)* [sound – of one drum] son *m* du tambour; [– of set of drums] son *m* de la batterie; [– of fingers, rain, in the ears] tambourinement *m*, tambourinage *m*; [– of woodpecker] tambourinement *m*, tambourinage *m*; some really great ~ un jeu de batterie superbe.

**drum roll** *n* roulement *m* de tambour.

**drumstick** ['drʌmstık] *n* -1. MUS baguette *f*. -2. CULIN pilon *m*.

**drunk** [drʌŋk] ◇ *pp* → **drink**. ◇ *adj* -1. *literal* soûl, saoul, ivre; to get ~ (on beer/on wine) se soûler (à la bière/au vin); to get sb ~ soûler qqn; ~ and disorderly JUR en état d'ivresse publique; dead OR blind ~ *inf* ivre mort ❑ as ~ as a lord soûl comme une grive. -2. *fig*: ~ with power/success ivre de pouvoir/succès. ◇ *n* [habitual] ivrogne *mf*; [on one occasion] homme *m* soûl OR ivre, femme *f* soûle OR ivre.

**drunkard** ['drʌŋkəd] *n* ivrogne *mf*.

**drunk-driving** = **drink-driving**.

**drunken** ['drʌŋkn] *adj* [person] ivre; [laughter, sleep] d'ivrogne; [evening, party] très arrosé; ~ orgy beuverie *f*, soûlerie *f*.

**drunkenly** ['drʌŋkənlı] *adv* [speak, sing, shout etc] comme un ivrogne.

**drunkenness** ['drʌŋkənnıs] *n* [state] ivresse *f*; [habit] ivrognerie *f*.

**Drury Lane** ['druərı-] *pr n* nom courant du Théâtre Royal de Londres.

**Drusean** ['druːzıən] *adj* druze.

**dry** [draı] (*compar* **drier**, *superl* **driest**, *pt* & *pp* **dried**) ◇ *adj* -1. [climate, season, clothing, skin] sec (*f* sèche); to go OR to run ~ [well, river] s'assécher, se tarir; to keep sthg ~ garder qqch au sec; her mouth had gone OR turned ~ with fear elle avait la bouche sèche de peur; to be ~ [be thirsty] mourir de soif *fig*, avoir soif; [cow] être tarie OR sèche ❑ to be (as) ~ as a bone, to be bone ~ [washing, earth etc] être très sec; there wasn't a ~ eye in the house *hum* tout le monde pleurait. -2. [vermouth, wine] sec (*f* sèche); [champagne] brut; medium ~ [wine] demi-sec. -3. [where alcohol is banned] où l'alcool est prohibé; [where alcohol is not sold] où on ne vend pas d'alcool; ~ state *Am* État ayant adopté les lois de la prohibition. -4. [boring – book, lecture] aride; ~ as dust ennuyeux comme la pluie. -5. [wit, sense of humour] caustique, mordant. -6. *Br inf* POL [hardline] en faveur de la politique extrémiste du parti conservateur.
◇ *n* -1. *Br inf* POL [hardliner] conservateur en faveur de la politique extrémiste du parti. -2. [dry place]: come into the ~ viens te mettre au sec. -3. [with towel, cloth] to give sthg a ~ essuyer qqch.
◇ *vt* [hair, clothes, fruit, leaves] (faire) sécher; [dishes] essuyer; to ~ one's eyes se sécher les yeux, sécher ses yeux.
◇ *vi* -1. [clothes, hair, fruit, leaves] sécher; you wash, I'll ~ tu laves et moi j'essuie. -2. [cow] se tarir.
◆ **dry off** ◇ *vi insep* [clothes, person] = **dry out** 1. ◇ *vt sep* sécher; to ~ o.s. off se sécher.
◆ **dry out** ◇ *vi insep* -1. [clothes] sécher; [person] se sécher. -2. [alcoholic] se désintoxiquer. ◇ *vt sep* [alcoholic] désintoxiquer.
◆ **dry up** ◇ *vi insep* -1. [well, river] s'assécher, se tarir; [puddle, street] sécher; [inspiration] se tarir; [cow] se tarir. -2. [dry the dishes] essuyer la vaisselle. -3. *inf* [be quiet] la fermer, la boucler. -4. *inf* [actor, speaker] avoir un trou (de mémoire).

**dryad** ['draıəd] (*pl* **dryads** OR **dryades** [-diːz]) *n* MYTH dryade *f*.

**dry battery** = **dry cell**.

**dry cell** *n* pile *f* sèche.

**dry-clean** *vt* nettoyer à sec; to take sthg to be ~ed emmener qqch au nettoyage (à sec) OR chez le teinturier OR à la teinturerie; '~ only' 'nettoyage à sec'.

**dry cleaner** *n* [person] teinturier *m*, -ère *f*; ~'s [shop] teinturerie *f*; to be in OR at the ~'s être chez le teinturier OR à la teinturerie.

**dry-cleaning** *n (U)* -1. [action] nettoyage *m* à sec. -2. [clothes – being cleaned] vêtements *mpl* laissés au nettoyage (à sec) OR chez le teinturier OR à la teinturerie; [– to be cleaned] vêtements à emmener au nettoyage (à sec) OR chez le teinturier OR à la teinturerie.

**dry dock** *n* cale *f* sèche.

**dryer** ['draıər] = **drier**.

**dry ginger** *n* boisson gazeuse au gingembre.

**dry goods** *npl Am* tissus et articles de bonneterie *mpl*.

**dry ice** *n* neige *f* carbonique.

**drying** ['draıŋ] ◇ *n* [of clothes, hair] séchage *m*; [of skin, flowers, wood] dessèchement *m*; [with a cloth] essuyage *m*. ◇ *adj* [wind] desséchant.

**drying cupboard** *n* armoire *f* sèche-linge.

**drying up** *n Br* [of dishes]: to do the ~ essuyer la vaisselle.

**dry land** n terre f ferme.

**dryly** ['draɪlɪ] = **drily**.

**dry measure** n unité de mesure des matières sèches.

**dryness** ['draɪnɪs] n **-1.** [of region, weather, skin] sécheresse f. **-2.** [of wit, humour] mordant m, causticité f.

**dry-roasted** adj [peanuts] grillé à sec.

**dry rot** n (U) [in wood] moisissure f sèche; [in potatoes] pourriture f sèche.

**dry run** n **-1.** [trial, practice] coup m d'essai, test m. **-2.** MIL entraînement m avec tir à blanc.

**dry ski slope** n piste f de ski artificielle.

**dry-stone** adj [wall] en pierres sèches.

**DSc** (abbr of **Doctor of Science**) n (titulaire d'un) doctorat en sciences.

**DSS** (abbr of **Department of Social Security**) pr n ministère britannique de la Sécurité sociale.

**DST** n abbr of **daylight saving time**.

**DT** n abbr of **data transmission**.

**DTI** (abbr of **Department of Trade and Industry**) pr n ministère britannique du Commerce et de l'Industrie.

**DTp** (abbr of **Department of Transports**) pr n Br ≃ ministère m des Transports.

**DTP** (abbr of **desktop publishing**) n PAO f.

**DT's** [ˌdiː'tiːz] npl inf: to have the ~ avoir une crise de delirium tremens.

**dual** ['djuːəl] adj [purpose, nationality] double; with the ~ aim of reducing inflation and stimulating demand dans le but à la fois de réduire l'inflation et de stimuler la demande; to have a ~ personality souffrir d'un dédoublement de la personnalité ❏ ~ controls AERON & AUT double commande f.

**dual carriageway** n Br AUT route f à quatre voies.

**dual-control** adj [car, plane] à double commande.

**dualism** ['djuːəlɪzm] n PHILOS & RELIG dualisme m.

**duality** [djuː'ælətɪ] n dualité f.

**dual-purpose** adj à double fonction.

**dub** [dʌb] (pt & pp **dubbed**, cont **dubbing**) vt **-1.** [nickname] surnommer. **-2.** CIN & TV [add soundtrack, voice] sonoriser; [in foreign language] doubler; **dubbed into French** doublé en français. **-3.** lit OR arch armer chevalier.

**Dubai** [ˌduː'baɪ] pr n Dubayy; **in** ~ à Dubayy.

**dubbin** ['dʌbɪn] n graisse f à chaussures, dégras m.

**dubbing** ['dʌbɪŋ] n CIN & TV [addition of soundtrack] sonorisation f; [in a foreign language] doublage m.

**dubious** ['djuːbjəs] adj **-1.** [unsure – reply, voice] dubitatif; [– expression] dubitatif, d'incertitude; [– outcome, value] incertain; **I'm rather** ~ about the whole thing j'ai des doutes sur toute cette affaire; **I'm a bit** ~ about whether it will work je ne suis pas très sûr que ça marche. **-2.** [suspect – person, nature, reputation, decision] douteux; of ~ character douteux; a ~ distinction OR honour un triste honneur.

**dubiously** ['djuːbjəslɪ] adv **-1.** [doubtfully] d'un air de doute. **-2.** [in suspect manner] d'une manière douteuse.

**Dublin** ['dʌblɪn] pr n Dublin.

**Dubliner** ['dʌblɪnər] n Dublinois m, -e f; 'Dubliners' Joyce 'Gens de Dublin'.

**ducal** ['djuːkl] adj ducal.

**duchess** ['dʌtʃɪs] n duchesse f.

**duchy** ['dʌtʃɪ] (pl **duchies**) n duché m.

**duck** [dʌk] ❖ n **-1.** [bird] canard m; **to take to sthg like a** ~ **to water** [become good at sthg very quickly] se mettre à qqch très rapidement; [develop a liking for sthg] mordre à qqch. **-2.** [in cricket] score n nul. **-3.** MIL véhicule m amphibie. **-4.** [material] coutil m. ❖ vt **-1.** [dodge – blow] esquiver; **to** ~ **one's head** (out of the way) baisser vivement la tête. **-2.** [submerge in water] faire boire la tasse à. **-3.** [evade – responsibility, question] se dérober à, esquiver. ❖ vi **-1.** [drop down quickly] se baisser vivement; [in boxing] esquiver un coup; **to** ~ **behind a hedge** se cacher derrière une haie. **-2.** [move quickly]: **to** ~ **out of a room** s'esquiver d'une pièce. **-3.** inf [avoid] se défiler; **to** ~ **out of doing sthg** se défiler pour ne pas faire qqch.

**duckbilled platypus** [ˌdʌkbɪld'plætɪpəs] n ornithorynque m.

**duckboards** ['dʌkbɔːdz] npl caillebotis m.

**ducking** ['dʌkɪŋ] n: **he got a** ~ on lui a fait boire la tasse.

**duckling** ['dʌklɪŋ] n caneton m; [female] canette f; [older] canardeau m.

**duckpond** ['dʌkpɒnd] n mare f aux canards.

**ducks** [dʌks] ❖ n Br inf = **ducky** n. ❖ npl [trousers] pantalon m de coutil.

**ducks and drakes** n Br [game]: **to play** ~ literal faire des ricochets; **to play** ~ **with sthg** gaspiller qqch.

**duckweed** ['dʌkwiːd] n lentille f d'eau.

**ducky** ['dʌkɪ] inf ❖ n Br [term of endearment] mon canard. ❖ adj Am **-1.** [perfect] impec. **-2.** [cute] joli.

**duct** [dʌkt] n [for gas, liquid, electricity] conduite f, canalisation f; ANAT conduit m, canal m; BOT vaisseau m; **tear/hepatic** ~ canal m lacrymal/hépatique.

**ductile** ['dʌktaɪl] adj [metal, plastic] ductile; fig [person] malléable, influençable.

**dud** [dʌd] inf ❖ adj [false – coin, note] faux (f fausse); [useless – drill, video] qui ne marche pas; [– shell, bomb] qui a raté; [– idea] débile. ❖ n [person] nullité f, tache f; [cheque] chèque m en bois; [coin] fausse pièce f de monnaie; [note] faux billet m; [shell] obus m qui a raté OR qui n'a pas explosé.

**dude** [djuːd] n Am inf [man] type m, mec m.

**dudgeon** ['dʌdʒən] n: **in high** ~ fml très en colère, fort indigné.

**due** [djuː] ❖ n [what one deserves]: **but then, to give him his** ~,... mais pour lui rendre justice... ❖ adj **-1.** [owed, payable – amount, balance, money] dû; **when's the next instalment** ~? quand le prochain versement doit-il être fait?; **he's** ~ **some money from me** je lui dois de l'argent; **repayment** ~ **on December 1st** remboursement à effectuer le 1ᵉʳ décembre; **to fall** ~ [bill] arriver à échéance; **to be** ~ **an apology** avoir droit à des excuses; **to be** ~ **a bit of luck/some good weather** mériter un peu de chance/du beau temps; **I'm** ~ **(for) a rise** [I will receive one] je vais être augmenté, je vais recevoir une augmentation; [I deserve one] je suis en droit d'attendre une augmentation; **(to give) credit where credit's** ~ pour dire ce qui est, pour être juste. **-2.** [expected]: **we're** ~ **round there at 7:30** on nous attend à 7 h 30, nous devons y être à 7 h 30; **to be** ~ **to do sthg** devoir faire qqch; **the train is** ~ (in OR to arrive) **now** le train devrait arriver d'un instant à l'autre; **my baby is** OR **she's** ~ **any day now** elle doit accoucher d'un jour à l'autre. **-3.** [proper]: **to give sthg** ~ **consideration** accorder mûre réflexion à qqch; **to fail to exercise** ~ **care and attention** ne pas prêter l'attention nécessaire; **to give sb** ~ **warning** prévenir qqn suffisamment tôt ❏ **in** ~ **course** [at the proper time] en temps voulu; [in the natural course of events] à un certain moment; [at a later stage, eventually] plus tard; **to treat sb with** ~ **respect** traiter qqn avec le respect qui lui est dû; **with (all)** ~ **respect...** avec tout le respect que je vous dois..., sauf votre respect... ❖ adv [east, west etc] plein.

◆ **dues** npl droits mpl; **to pay one's** ~ fig faire sa part.

◆ **due to** prep phr **-1.** [owing to] à cause de, en raison de; ~ **to bad weather they arrived late** ils sont arrivés en retard à cause du mauvais temps. **-2.** [because of] grâce à; **it's all** ~ **to you** c'est grâce à toi; **her success was** ~ **in (large) part to hard work** elle doit sa réussite en grande partie à son travail acharné; **our late arrival was** ~ **to the bad weather** notre retard était dû au mauvais temps.

**duel** ['djuːəl] (Br pt & pp **duelled**, cont **duelling**, Am pt & pp **dueled**, cont **dueling**) ❖ n duel m; **to fight a** ~ se battre en duel. ❖ vi se battre en duel.

**duelling** Br, **dueling** Am ['djuːəlɪŋ] adj: ~ **pistols** pistolets mpl de duel.

**duellist** Br, **duelist** Am ['djuːəlɪst] n duelliste mf.

**duet** [djuː'et] n duo m; **to sing/to play a** ~ chanter/jouer en duo.

**duff** [dʌf] ❖ adj Br inf [useless] qui ne marche pas; [idea] débile. ❖ n CULIN variante du plum-pudding.

◆ **duff up** vt sep Br inf [beat up] tabasser, démolir.

**duffel** ['dʌfl] n [fabric] tissu m de laine.

**duffel bag** n sac m marin.

**duffel coat** n duffel-coat m, duffle-coat m.

**duffer** ['dʌfər] n Br inf **-1.** [useless person] gourde f; SCH nullité f, cancre m; **to be a** ~ **at sthg** être nul en qqch. **-2.** [old man] vieux bonhomme m.

**duffle** ['dʌfl] = **duffel**.

**dug** [dʌg] ◇ *pt* & *pp* → **dig**. ◇ *n* mamelle *f*; [of cow, goat] pis *m*.

**dugout** ['dʌgaʊt] *n* **-1.** MIL tranchée-abri *f*; SPORT banc *m* abri de touche. **-2.** [canoe] canoë *m* creusé dans un tronc.

**duke** [djuːk] *n* duc *m*.

**dukedom** ['djuːkdəm] *n* [territory] duché *m*; [title] titre *m* de duc.

**Duke of Edinburgh's Award Scheme** *pr n*: the ~ ≃ la bourse du duc d'Édimbourg.

**dulcet** ['dʌlsɪt] *adj lit* doux (*f* douce), suave; her ~ tones ses intonations douces; *hum* sa douce voix.

**dulcimer** ['dʌlsɪmər] *n* MUS dulcimer *m*, tympanon *m*.

**dull** [dʌl] ◇ *adj* **-1.** [slow-witted – person] peu intelligent; [– reflexes] ralenti; to grow ~ [intellectual capacities] s'affaiblir, décliner. **-2.** [boring – book, person, lecture] ennuyeux, assommant. **-3.** [not bright – colour] terne, fade; [– light, eyes] terne; [– weather, sky] sombre, maussade. **-4.** [not sharp – blade] émoussé; [– pain] sourd; [– sound] sourd, étouffé. **-5.** [listless – person] abattu. ◇ *vt* [sound] assourdir; [colour, metal] ternir; [blade, pleasure, senses, impression] émousser; [grief] endormir. ◇ *vi* [colour] se ternir, perdre son éclat; [pleasure] s'émousser; [pain] s'atténuer; [eyes] s'assombrir, perdre son éclat; [mind] s'affaiblir, décliner.

**dullness** ['dʌlnɪs] *n* **-1.** [slow-wittedness] lenteur *f* OR lourdeur *f* d'esprit. **-2.** [tedium – of book, speech] caractère *m* ennuyeux. **-3.** [dimness – of light] faiblesse *f*; [– of weather] caractère *m* maussade. **-4.** [of sound, pain] caractère *m* sourd; [of blade] manque *m* de tranchant. **-5.** [listlessness] apathie *f*.

**dully** ['dʌlɪ] *adv* **-1.** [listlessly] d'un air déprimé. **-2.** [tediously] de manière ennuyeuse. **-3.** [dimly] faiblement. **-4.** [not sharply] sourdement.

**duly** ['djuːlɪ] *adv* **-1.** [properly] comme il convient; [in accordance with the rules] dans les règles, dûment. **-2.** [as expected – arrive, call] comme prévu; I was ~ surprised comme de bien entendu, j'ai été surpris.

**dumb** [dʌm] *adj* **-1.** [unable or unwilling to speak] muet; to be struck ~ (with fear/surprise) rester muet (de peur/surprise); ~ animal bête *f*, animal *m*. **-2.** *inf* [stupid] bête; ~ blonde *pej* blonde *f* évaporée.

**dumbbell** ['dʌmbel] *n* SPORT haltère *m*.

**dumbfound** [dʌm'faʊnd] *vt* abasourdir, interloquer.

**dumbfounded** [dʌm'faʊndɪd] *adj* [person] muet de stupeur, abasourdi, interloqué; [silence] stupéfait; to be ~ at OR by sthg être abasourdi OR interloqué par qqch.

**dumbo** ['dʌmbəʊ] *n inf* [fool] abruti *m*, -e *f*.

**dumb show** *n* pantomime faisant partie d'une pièce de théâtre.

**dumbstruck** ['dʌmstrʌk] = **dumbfounded**.

**dumb waiter** *n Br* [lift] monte-plats *m inv*; [trolley] table *f* roulante; [revolving tray] plateau *m* tournant.

**dumdum** ['dʌmdʌm] *n* **-1.** MIL [bullet] balle *f* dum-dum. **-2.** *inf* [fool] imbécile *mf*.

**dummy** ['dʌmɪ] (*pl* **dummies**) ◇ *n* **-1.** [in shop window, for dressmaking] mannequin *m*; [of ventriloquist] marionnette *f*; FIN [representative] prête-nom *m*, homme *m* de paille. **-2.** [fake object] objet *m* factice; [book, model for display] maquette *f*. **-3.** *Br* [for baby] tétine *f*. **-4.** [in bridge – cards] main *f* du mort; [– player] mort *m*. **-5.** *pej* [mute] muet *m*, -ette *f*. **-6.** *inf* [fool] imbécile *mf*. **-7.** SPORT feinte *f*. ◇ *adj* [fake] factice; ~ buyer FIN acheteur *m* prête-nom. ◇ *vi* & *vt* SPORT feinter.

**dummy run** *n* [trial] essai *m*; AERON & MIL attaque *f* simulée OR d'entraînement.

**dump** [dʌmp] ◇ *vt* **-1.** [rubbish, waste] déverser, déposer; [sand, gravel] déverser; [oil – subj: ship] vidanger; to ~ waste at sea rejeter OR immerger des déchets dans la mer; he just ~ed me off at the motorway exit il m'a déposé à la sortie de l'autoroute. **-2.** *inf* [get rid of – boyfriend, girlfriend] plaquer; [– member of government, board] se débarrasser de; to ~ sb/sthg on sb *inf* laisser qqn/qqch sur les bras de qqn. **-3.** [set down – bags, shopping, suitcase] poser. **-4.** COMM vendre en dumping. **-5.** COMPUT [memory] vider. ◇ *n* **-1.** [rubbish heap] tas *m* d'ordures; [place] décharge *f*, dépôt *m* d'ordures. **-2.** MIL dépôt *m*. **-3.** *inf* & *pej* [town, village] trou *m*; [messy room, flat] dépotoir *m*. **-4.** COMPUT [of memory] vidage *m*.

**dumper truck** ['dʌmpə-] = **dump truck**.

**dumping** ['dʌmpɪŋ] *n* **-1.** [of rubbish, waste] dépôt *m* OR décharge *f* d'ordures OR de déchets; [of toxic or nuclear waste – at sea] déversement *m* OR immersion *f* de déchets; [– underground] entreposage *m* sous terre de déchets; [of oil from ship] vidange *f*; 'no ~' 'dépôt d'ordures interdit', 'décharge interdite'. **-2.** COMM dumping *m*. **-3.** COMPUT [of memory] vidage *m*.

**dumping ground** *n* [for rubbish] décharge *f*, dépôt *m* d'ordures; *fig* [for inferior goods] dépotoir *m*.

**dumpling** ['dʌmplɪŋ] *n* **-1.** CULIN [savoury] boulette *f* de pâte, knödel *m*; *Scot* [sweet] variante du plum-pudding. **-2.** *inf* [plump person] boulot *m*, -otte *f*.

**dumps** [dʌmps] *npl inf*: to be down in the ~ avoir le cafard OR bourdon.

**dump truck** *n* dumper *m*, tombereau *m*.

**dumpy** ['dʌmpɪ] *adj inf* [person] courtaud; [bottle] pansu.

**dun** [dʌn] (*pt* & *pp* **dunned**, *cont* **dunning**) ◇ *adj* brun gris (*inv*). ◇ *n* [colour] brun *m* gris; [horse] cheval *m* louvet; [mare] jument *f* louvette. ◇ *vt* COMM presser, harceler.

**dunce** [dʌns] *n* âne *m*, cancre *m*.

**dunce cap, dunce's cap** *n* bonnet *m* d'âne.

**dunderhead** ['dʌndəhed] *n* âne *m*.

**dune** [djuːn] *n* dune *f*.

**dung** [dʌŋ] *n* (*U*) crotte *f*; [of cow] bouse *f*; [of horse] crottin *m*; [of wild animal] fumées *fpl*; [manure] fumier *m*.

**dungarees** [,dʌŋgə'riːz] *npl Br* salopette *f*; *Am* [overalls] bleu *m* de travail; a pair of ~ *Br* une salopette; *Am* un bleu de travail.

**dung beetle, dung chafer** *n* bousier *m*.

**dungeon** ['dʌndʒən] *n* [in castle] cachot *m* souterrain; [tower] donjon *m*.

**dunghill** ['dʌŋhɪl] *n* gros tas *m* de fumier.

**dunk** [dʌŋk] *vt* tremper.

**Dunkirk** [dʌn'kɜːk] *pr n* **-1.** GEOG Dunkerque. **-2.** HIST l'évacuation des troupes alliées de Dunkerque, en mai-juin 1940.

**dunno** [də'nəʊ] *inf* = **I don't know**.

**duo** ['djuːəʊ] *n* MUS & THEAT duo *m*; [couple] couple *m*.

**duodecimal** [,djuːəʊ'desɪml] *adj* duodécimal.

**duodenal** [,djuːəʊ'diːnl] *adj* duodénal; ~ ulcer ulcère *m* duodénal.

**duodenum** [,djuːəʊ'diːnəm] (*pl* **duodenums** OR **duodena** [-nə]) *n* duodénum *m*.

**dupe** [djuːp] ◇ *vt* duper, leurrer; to ~ sb into doing sthg duper OR leurrer qqn pour qu'il/elle fasse qqch. ◇ *n* dupe *f*.

**duplex** ['djuːpleks] ◇ *adj* **-1.** [double, twofold] double; ~ apartment (appartement *m* en) duplex *m*. **-2.** ELEC & TELEC duplex. ◇ *n* [apartment] (appartement *m* en) duplex *m*; *Am* [house] maison convertie en deux appartements.

**duplicate** [*vb* 'djuːplɪkeɪt, *n* & *adj* 'djuːplɪkət] ◇ *vt* **-1.** [document] dupliquer, faire un double OR des doubles de; [key] faire un double OR des doubles de. **-2.** [repeat – work] refaire; [– feat] reproduire. ◇ *n* [of document, key] double *m*; ADMIN & JUR duplicata *m*, copie *f* conforme; in ~ en double, en deux exemplaires. ◇ *adj* [key, document] en double; [receipt, certificate] en duplicata; [of receipt, certificate] duplicata *m*.

**duplicating machine** ['djuːplɪkeɪtɪŋ-] *n* duplicateur *m*.

**duplication** [,djuːplɪ'keɪʃn] *n* **-1.** [on machine] reproduction *f*; [result] double *m*. **-2.** [repetition – of work, efforts] répétition *f*.

**duplicity** [djuː'plɪsətɪ] *n* fausseté *f*, duplicité *f*.

**durability** [,djʊərə'bɪlətɪ] *n* [of construction, relationship, peace] caractère *m* durable, durabilité *f*; [of fabric] résistance *f*; [of politician, athlete] longévité *f*.

**durable** ['djʊərəbl] *adj* [construction, friendship, peace] durable; [fabric, metal] résistant; [politician, athlete] qui jouit d'une grande longévité; COMM: ~ goods biens *mpl* durables OR non périssables.

**duration** [djʊ'reɪʃn] *n* durée *f*; of short ~ de courte durée; for the ~ of the summer holiday pendant toute la durée des grandes vacances; are you here for the ~? êtes vous ici jusqu'à la fin?

**duress** [djʊ'res] *n* contrainte *f*; under ~ sous la contrainte.

**Durex**® ['djʊəreks] *n Br* [condom] préservatif *m*.

**during** ['djʊərɪŋ] *prep* pendant; they met ~ the war ils se sont rencontrés pendant la guerre ‖ [in the course of] au cours de.

**durst** [dɜːst] *arch* OR *lit pt* → **dare**.

**durum (wheat)** ['djʊərəm-] *n* blé *m* dur.

**dusk** [dʌsk] *n* crépuscule *m*; at ~ au crépuscule.

**dusky** ['dʌskɪ] (*compar* **duskier**, *superl* **duskiest**) *adj* **-1.** [light] crépusculaire; [colour] sombre, foncé; [room] sombre. **-2.** [skin] mat.

**dust** [dʌst] ◇ *n* **-1.** (*U*) [on furniture, of gold, coal] poussière *f*; thick ~ covered the furniture une poussière épaisse couvrait les meubles; to gather ~ [ornaments] amasser la poussière; [plans, proposals] rester en plan ❑ to allow the ~ to OR to let the ~ settle *fig* attendre que les choses se calment; to trample sb in the ~ *fig* fouler qqn aux pieds; to kick up OR to raise a ~ *inf* faire tout un cinéma OR foin; to throw ~ in sb's eyes tromper qqn; we won't see him for ~ [he'll leave] il partira en moins de temps qu'il n'en faut pour le dire. **-2.** [action]: to give sthg a ~ épousseter qqch. **-3.** [earthly remains] poussière *f*. ◇ *vt* **-1.** [furniture, room] épousseter. **-2.** [with powder, flour] saupoudrer; to ~ a field with insecticide répandre de l'insecticide sur un champ.
◆ **dust down** *vt sep* [with brush] brosser; [with hand] épousseter.
◆ **dust off** *vt sep* [dust, crumbs, dandruff] nettoyer, enlever; *fig* [skill] se remettre à; [speech, lecture notes] ressortir.

**dust bag** *n* [for vacuum cleaner] sac *m* à poussière.

**dust-bath** *n*: to take a ~ [bird] prendre un bain de poussière.

**dustbin** ['dʌstbɪn] *n Br* poubelle *f*.

**dustbin man** *Br* = **dustman**.

**dust bowl** *n* GEOG zone *f* semi-désertique; [in US]: the Dust Bowl le Dust Bowl.

**dustcart** ['dʌstkɑːt] *n Br* camion *m* des éboueurs.

**dustcloth** ['dʌstklɒθ] *Am* = **duster 1**.

**dustcloud** ['dʌstklaʊd] *n* nuage *m* de poussière.

**dust coat** *n* cache-poussière *m inv*.

**dust cover** *n* **-1.** = **dust jacket**. **-2.** [for machine] housse *f* de rangement; [for furniture] housse *f* de protection.

**duster** ['dʌstə<sup>r</sup>] *n* **-1.** [cloth] chiffon *m* (à poussière); [for blackboard] tampon *m* effaceur. **-2.** *Am* [garment – for doing housework] blouse *f*, tablier *m*; [– for driving] cache-poussière *m inv*. **-3.** [lightweight coat] manteau *m* léger. **-4.** AGR poudreuse *f*; [aircraft] avion servant à répandre de l'insecticide sur les champs.

**dust-free** *adj* [environment] protégé de la poussière.

**dustiness** ['dʌstɪnɪs] *n* état *m* poussiéreux.

**dusting** ['dʌstɪŋ] *n* **-1.** [of room, furniture] époussetage *m*, dépoussiérage *m*; to do the ~ épousseter, enlever OR faire la poussière. **-2.** [with sugar, insecticide] saupoudrage *m*.

**dusting powder** *n* talc *m*.

**dust jacket** *n* [for book] jaquette *f*.

**dustman** ['dʌstmən] (*pl* **dustmen** [-mən]) *n Br* éboueur *m*.

**dustpan** ['dʌstpæn] *n* pelle *f* à poussière.

**dustproof** ['dʌstpruːf] *adj* imperméable OR étanche à la poussière.

**dust sheet** *n Br* housse *f* de protection.

**dust storm** *n* tempête *f* de poussière.

**dust trap** *n* nid *m* à poussière.

**dust-up** *n inf* accrochage *m*, prise *f* de bec.

**dusty** ['dʌstɪ] (*compar* **dustier**, *superl* **dustiest**) *adj* **-1.** [room, furniture, road] poussiéreux; to get ~ s'empoussiérer, se couvrir de poussière. **-2.** [colour] cendré. **-3.** *inf & dated phr*: to get a ~ answer se faire recevoir.

**Dutch** [dʌtʃ] ◇ *npl*: the ~ les Hollandais *mpl*, les Néerlandais *mpl*. ◇ *n* LING néerlandais *m*. ◇ *adj* [cheese] de Hollande; [bulbs, city] hollandais; [embassy, government etc] néerlandais; [dictionary, teacher] de néerlandais. ◇ *adv*: to go ~ (with sb) [share cost equally] partager les frais (avec qqn).

**Dutch barn** *n Br* hangar *m* à armature métallique.

**Dutch cap** *n* diaphragme *m* (*contraceptif*).

**Dutch courage** *n inf* courage trouvé dans la boisson; I need some ~ il faut que je boive un verre pour me donner du courage.

**Dutch door** *n Am* porte *f* à deux vantaux.

**Dutch elm disease** *n* (*U*) maladie *f* des ormes.

**Dutchman** ['dʌtʃmən] (*pl* **Dutchmen** [-mən]) *n* Hollandais

*m*, Néerlandais *m*; (then) I'm a ~! *fig* je mange mon chapeau!

**Dutch uncle** *n*: to talk (to sb) like a ~ faire la morale (à qqn).

**Dutchwoman** ['dʌtʃ,wʊmən] (*pl* **Dutchwomen** [-,wɪmɪn]) *n* Hollandaise *f*, Néerlandaise *f*.

**dutiable** ['djuːtjəbl] *adj* taxable.

**dutiful** ['djuːtɪfʊl] *adj* [child] obéissant, respectueux; [husband, wife] qui remplit ses devoirs conjugaux; [worker, employee] consciencieux.

**dutifully** ['djuːtɪflɪ] *adv* consciencieusement.

**duty** ['djuːtɪ] *n* **-1.** [moral or legal obligation] devoir *m*; to do one's ~ (by sb) faire son devoir (envers qqn); to fail in one's ~ manquer à son devoir; it is my painful ~ to inform you that... j'ai la douloureuse tâche de vous informer que...; to make it one's ~ to do sthg se faire un devoir de faire qqch; ~ calls *hum* le devoir m'appelle; to do sthg out of a sense of ~ faire qqch par sens du devoir. **-2.** (*usu pl*) [responsibility] fonction *f*; to take up one's duties entrer en fonction; in the course of one's duties dans l'exercice de ses fonctions; public duties responsabilités *fpl* publiques OR envers la communauté. **-3.** *phr*: on ~ [soldier, doctor] de garde; [policeman] de service; to go on/off ~ [soldier] prendre/laisser la garde; [doctor] prendre la/cesser d'être de garde; [policeman] prendre/quitter son service; to do ~ for sb remplacer qqn; to do ~ for sthg *fig* faire office de qqch ❑ active ~ *Am* MIL service *m* actif. **-4.** [tax] taxe *f*, droit *m*.

**duty-bound** *adj* tenu (par son devoir).

**duty doctor** *n* médecin *m* de garde.

**duty-free** ◇ *adj* [goods] hors taxe, en franchise; [shop] hors taxe; my ~ allowance les marchandises hors taxe auxquelles j'ai droit. ◇ *adv* hors taxe, en franchise. ◇ *n* marchandises *fpl* hors taxe OR en franchise.

**duty officer** *n* officier *m* de service.

**duty roster**, **duty rota** *n* tableau *m* de service.

**duvet** ['duːveɪ] *n* couette *f*; ~ cover housse *f* de couette.

**DVLC** (*abbr of* **Driver and Vehicle Licensing Centre**) *pr n* service des immatriculations et des permis de conduire en Grande-Bretagne.

**DVM** (*abbr of* **Doctor of Veterinary Medicine**) *n* docteur vétérinaire.

**dwarf** [dwɔːf] (*pl* **dwarfs** OR **dwarves** [dwɔːvz]) ◇ *n* **-1.** [person] nain *m*, -e *f*. **-2.** [tree] arbre *m* nain. **-3.** MYTH nain *m*, -e *f*. ◇ *adj* [plant, animal] nain. ◇ *vt* **-1.** *fig* [in size] écraser; [in ability] éclipser. **-2.** [make small – tree] rabougrir.

**dwarf star** *n* ASTRON étoile *f* naine, naine *f*.

**dwell** [dwel] (*pt & pp* **dwelt** [dwelt] OR **dwelled**) *vi lit* résider, demeurer.
◆ **dwell on**, **dwell upon** *vt insep* [the past – think about] penser sans cesse à; [– talk about] parler sans cesse de; [problem, fact, detail] s'attarder sur; don't ~ on it [in thought] n'y pense pas trop.

**dwelling** ['dwelɪŋ] *n hum* OR *lit* résidence *f*.

**dwelt** [dwelt] *pt & pp* → **dwell**.

**dwindle** ['dwɪndl] *vi* [hopes, savings, population] se réduire, diminuer; the island's population has ~d to 120 la population de l'île est descendue à 120 habitants; to ~ (away) to nothing se réduire à rien.

**dwindling** ['dwɪndlɪŋ] ◇ *n* [of savings, hopes] diminution *f*; [of population, membership] baisse *f*, diminution *f*. ◇ *adj* [population, audience] en baisse, décroissant; [savings, hopes] décroissant.

**dye** [daɪ] ◇ *n* [substance] teinture *f*; [colour] teinte *f*, couleur *f*; the ~ will run in the wash la couleur partira au lavage. ◇ *vt* [fabric, hair] teindre; to ~ sthg yellow/green teindre qqch en jaune/en vert; ~d blond hair les cheveux teints en blond. ◇ *vi* [fabric] se teindre.

**dyed-in-the-wool** [daɪd-] *adj* bon teint (*inv*).

**dyer** ['daɪə<sup>r</sup>] *n* teinturier *m*, -ère *f*.

**dyestuff** ['daɪstʌf] *n* teinture *f*, colorant *m*.

**dying** ['daɪɪŋ] ◇ *adj* **-1.** [person, animal] mourant; *lit* agonisant; [tree, forest] mourant; [species] en voie de disparition; the ~ man le mourant; her ~ words les mots qu'elle a prononcés en mourant, ses derniers mots; to OR till my ~ day jusqu'à ma mort, jusqu'à mon dernier jour; men like him are a ~ breed des hommes comme lui, on n'en fait plus. **-2.** *fig* [art, craft] en train de disparaître; [industry] agonisant, en train de disparaître. ◇ *n* [death] mort *f*. ◇ *npl*: the ~ les mourants *mpl*, les agonisants *mpl*.

**dyke** [daɪk] *n* **-1.** [against flooding] digue *f*; [for carrying water away] fossé *m*; *Scot* [wall] mur *m*.**-2.** ▽ [lesbian] gouine *f*.

**dynamic** [daɪˈnæmɪk] ◇ *adj* **-1.** [person, company] dynamique. **-2.** TECH dynamique. ◇ *n* dynamique *f*.

**dynamically** [daɪˈnæmɪklɪ] *adv* dynamiquement.

**dynamics** [daɪˈnæmɪks] ◇ *npl* [of a situation, group] dynamique *f*. ◇ *n (U)* TECH dynamique *f*.

**dynamism** [ˈdaɪnəmɪzm] *n* [of person] dynamisme *m*.

**dynamite** [ˈdaɪnəmaɪt] ◇ *n* [explosive] dynamite *f*; a stick of ~ un bâton de dynamite; this story is ~! *fig* cette histoire, c'est de la dynamite! ◇ *vt* [blow up] dynamiter.

**dynamo** [ˈdaɪnəməʊ] *n* TECH dynamo *f*; a human ~ *fig* une boule d'énergie.

**dynastic** [dɪˈnæstɪk] *adj* dynastique.

**dynasty** [*Br* ˈdɪnəstɪ, *Am* ˈdaɪnəstɪ] *n* dynastie *f*; the Romanov/Bourbon ~ la dynastie des Romanov/des Bourbon.

**dysentery** [ˈdɪsntrɪ] *n (U)* MED dysenterie *f*.

**dysfunction** [dɪsˈfʌŋkʃn] *n* MED dysfonction *f*, dysfonctionnement *m*.

**dysfunctional** [dɪsˈfʌŋkʃənl] *adj* dysfonctionnel.

**dyslexia** [dɪsˈleksɪə] *n* dyslexie *f*.

**dyslexic** [dɪsˈleksɪk] ◇ *adj* dyslexique. ◇ *n* dyslexique *mf*.

**dysmenorrhoea** *Br*, **dysmenorrhea** *Am* [ˌdɪsmenəˈrɪə] *n (U)* MED dysménorrhée *f*.

**dyspepsia** [dɪsˈpepsɪə] *n (U)* MED dyspepsie *f*.

**dyspeptic** [dɪsˈpeptɪk] ◇ *adj* **-1.** MED dyspeptique, dyspepsique. **-2.** *fig* [irritable] irritable. ◇ *n* MED dyspeptique *mf*, dyspepsique *mf*.

**dystrophy** [ˈdɪstrəfɪ] *n* MED dystrophie *f*.

# E

**e** (*pl* **e's** OR **es**), **E** (*pl* **E's** OR **Es**) [iː] *n* [letter] e *m*, E *m*.

**E** ◇ *n* **-1.** MUS mi *m*; in E flat en mi bémol. **-2.** ▽ *drugs sl* (*abbr of* **ecstasy**) [drug] ecstasy *m*; [pill] comprimé *m* d'ecstasy. ◇ (*written abbr of* **East**) E.

**ea.** (*written abbr of* **each**): £3.00 ~ 3 livres pièce.

**each** [iːtʃ] ◇ *det* chaque; ~ day chaque jour, tous les jours; ~ (and every) one of us/you/them chacun/chacune d'entre nous/vous/eux (sans exception). ◇ *pron* [every one] chacun, chacune; ~ of his six children chacun de ses six enfants; a number of suggestions, ~ more crazy than the last un certain nombre de suggestions toutes plus folles les unes que les autres; or would you like some of ~? ou bien voudriez-vous un peu de chaque? ❏ ~ to his own à chacun ses goûts. ◇ *adv* [apiece]: the tickets cost £20 ~ les billets coûtent 20 livres chacun.
  ◆ **each other** *pron phr*: to hate ~ other se détester (l'un l'autre); [more than two people] se détester (les uns les autres); do you two know ~ other? est-ce que vous vous connaissez?; the two sisters wear ~ other's clothes les deux sœurs échangent leurs vêtements; they walked towards ~ other ils ont marché l'un vers l'autre; we get on ~ other's nerves nous nous portons mutuellement sur les nerfs; we get on very well with ~ other's parents nous nous entendons très bien avec nos parents l'un de l'autre.

**each way** ◇ *adj*: ~ bet pari sur un cheval gagnant, premier ou placé. ◇ *adv* [in betting] placé; to put money ~ on a horse jouer un cheval placé.

**eager** [ˈiːgəʳ] *adj* [impatient, keen] impatient; [learner, helper] enthousiaste, fervent; [crowd, face, look] passionné, enfiévré; to be ~ to do sthg avoir hâte de faire qqch; [very willing] faire preuve d'enthousiasme OR de ferveur pour faire qqch; I am ~ to help in any way I can je tiens absolument à apporter mon aide; to be ~ to please avoir envie de faire plaisir; to be ~ for affection/for success être avide d'affection/de succès; he's ~ for me to see his work il a très envie que je voie son travail.

**eager beaver** *n inf* travailleur *m* acharné, travailleuse *f* acharnée, mordu *m*, -e *f* du travail.

**eagerly** [ˈiːgəlɪ] *adv* [wait] impatiemment; [help] avec empressement; [say, look at] avec passion OR enthousiasme.

**eagerness** [ˈiːgənɪs] *n* [to know, see, find out] impatience *f*; [to help] empressement *m*; [in eyes, voice] excitation *f*, enthousiasme *m*; his ~ to please sa volontéde plaire.

**eagle** [ˈiːgl] *n* **-1.** [bird] aigle *m*; to have an ~ eye avoir un œil d'aigle. **-2.** [standard, seal] aigle *f*.**-3.** [lectern] aigle *m*.**-4.** GOLF eagle *m*.

**eagle-eyed** ◇ *adj* aux yeux d'aigle. ◇ *adv* [watch] avec une grande attention.

**eagle owl** *n* grand-duc *m*.

**eaglet** [ˈiːglɪt] *n* aiglon *m*, -onne *f*.

**Ealing comedy** [ˈiːlɪŋ-] *n* genre de film comique britannique produit dans les studios d'Ealing (Londres) vers 1950.

**E and OE** (*written abbr of* **errors and omissions excepted**) *Br* s e & o.

**ear** [ɪəʳ] *n* **-1.** [of person, animal] oreille *f*; to have a good ~ avoir de l'oreille; to have an ~ for music avoir l'oreille musicale; to keep an ~ OR one's ~s open ouvrir les oreilles, tendre l'oreille; it has reached my ~s that... j'ai entendu dire que...; he closed his ~s to her request for help elle lui a demandé de l'aide mais il a fait la sourde oreille; I've heard that until it's coming out of my ~s *inf* je l'ai tellement entendu que ça me sort par les oreilles; to have the ~ of sb [have influence with] avoir l'oreille de qqn; to be grinning from ~ to ~ sourire jusqu'aux oreilles ❏ ~ infection otite *f*; ~, nose and throat department service *m* d'otorhino-laryngologie; ~, nose and throat specialist oto-rhino *mf*, oto-rhino-laryngologiste *mf*; to be all ~s *inf* être tout oreilles OR tout ouïe; to be out on one's ~ *inf* [from job, school] être viré; he's out on his ~ [been dismissed] il s'est fait virer; [from family home] il s'est fait flanquer dehors; to be up to one's ~s in work OR in it *inf* être débordé (de travail); it just goes in one ~ and out the other ça entre par une oreille et ça ressort par l'autre; to keep one's ~ to the ground ouvrir l'oreille, être à l'écoute; my ~s are burning! j'ai les oreilles qui (me) sifflent!; to play by ~ MUS jouer à l'oreille; to play it by ~ improviser. **-2.** [of grain] épi *m*.

**earache** [ˈɪəreɪk] *n* mal *m* d'oreille; to have ~ *Br* OR an ~ *Am* avoir mal aux oreilles.

**eardrops** ['ɪədrɒps] *npl* gouttes *fpl* pour les oreilles.

**eardrum** ['ɪədrʌm] *n* tympan *m*.

**earful** ['ɪəful] *n*: to get an ~ of water prendre de l'eau plein l'oreille ❏ to give sb an ~ *inf* [tell off] passer un savon à qqn; to give sb an ~ about sthg *Am* [say a lot to] raconter qqch à qqn en long, en large et en travers.

**earhole** ['ɪəhəʊl] *n Br inf* [ear] esgourde *f*.

**earl** [ɜːl] *n* comte *m*.

**earldom** ['ɜːldəm] *n* [title] titre *m* de comte; [estates, land] comté *m*.

**earlier** ['ɜːlɪə] *compar* → **early**.

**earliest** ['ɜːlɪəst] *superl* → **early**.

**earlobe** ['ɪələʊb] *n* lobe *m* de l'oreille.

**Earls Court** [ɜːlz-] *prn* grand centre d'exposition à Londres.

**early** ['ɜːlɪ] (*compar* **earlier,** *superl* **earliest**) ◇ *adj* **-1.** [morning] matinal; I had an ~ breakfast j'ai déjeuné de bonne heure; to get off to an ~ start partir de bonne heure; the ~ shuttle to London le premier avion pour Londres; it's too ~ to get up il est trop tôt pour se lever; to be an ~ riser être matinal OR un lève-tôt. **-2.** [belonging to the beginning of a period of time – machine, film, poem] premier; [– Edwardian, Victorian etc] du début de l'époque; in the ~ afternoon/spring/fifties au début de l'après-midi/du printemps/des années cinquante; when was that? — ~ ~ September quand était-ce? — début septembre; it's ~ days yet *Br* [difficult to be definite] il est trop tôt pour se prononcer; [might yet be worse, better] il est encore tôt; from the earliest times depuis le début des temps; I need an ~ night je dois me coucher de bonne heure; it's too ~ to tell il est trop tôt pour se prononcer, on ne peut encore rien dire; the earliest human artefacts les premiers objets fabriqués par l'homme; the ~ Roman Empire l'Empire romain naissant; ~ music [baroque] musique *f* ancienne; an ~ Picasso une des premières œuvres de Picasso; he's in his ~ twenties il a une vingtaine d'années; from an ~ age dès l'enfance; at an ~ age de bonne heure, très jeune; ~ reports from the front indicate that... les premières nouvelles du front semblent indiquer que...; in the ~ stages of the project dans une phase initiale du projet. **-3.** [ahead of time]: to be ~ [person, train, flight, winter] être en avance; I had an ~ lunch déjeunons de bonne heure; you're too ~ vous arrivez trop tôt, vous êtes en avance; Easter is ~ this year Pâques est de bonne heure cette année. **-4.** [relating to the future – reply] prochain; at your earliest convenience COMM dans les meilleurs délais; what is your earliest possible delivery date? quelle est votre première possibilité de livraison?

◇ *adv* **-1.** [in the morning – rise, leave] tôt, de bonne heure; let's set off as ~ as we can mettons-nous en route le plus tôt possible; how ~ should I get there? à quelle heure dois-je y être? **-2.** [at the beginning of a period of time]: ~ in the evening/in the afternoon tôt le soir/(dans) l'après-midi; ~ in the year/winter au début de l'année/de l'hiver; I can't make it earlier than 2.30 je ne peux pas avant 14 h 30; what's the earliest you can make it? [be here] quand pouvez-vous être ici? ❏ ~ on tôt; earlier on plus tôt. **-3.** [ahead of schedule] en avance; [earlier than usual] de bonne heure; shop/post ~ for Christmas faites vos achats/postez votre courrier à l'avance pour Noël. **-4.** [relating to the future]: at the earliest au plus tôt; we can't deliver earlier than Friday nous ne pouvons pas livrer avant vendredi.

**early bird** *n*: to be an ~ *inf* être matinal ❏ it's the ~ that catches the worm *prov* [it's good to get up early] le monde appartient à ceux qui se lèvent tôt *prov*; [it's good to arrive early] les premiers arrivés sont les mieux servis.

**early closing** *n Br* COMM jour où l'on ferme tôt.

**early-warning** *adj*: ~ system système *m* de préalerte.

**earmark** ['ɪəmɑːk] ◇ *vt* réserver; [money] affecter, assigner; this land is ~ed for development ce terrain est réservé OR assigné à l'aménagement. ◇ *n* marque *f* à l'oreille.

**earmuffs** ['ɪəmʌfs] *npl* protège-oreille *m*.

**earn** [ɜːn] ◇ *vt* **-1.** [money] gagner; [interest] rapporter; to ~ a living gagner sa vie ❏ ~ed income revenu *m* salarial, revenus *mpl* salariaux. **-2.** [respect, punishment – subj: activities] valoir; [– subj: person] mériter; it ~ed him ten years in prison cela lui a valu dix ans de prison. ◇ *vi* [person] gagner de

l'argent; [investment] rapporter; ~ing capacity [of person] potentiel *m* de revenu; [of firm] rentabilité *f*.

**earner** ['ɜːnə] *n* **-1.** [person] salarié *m*, -e *f*; she's the main ~ in the family c'est elle qui fait vivre la famille. **-2.** *Br inf* [source of income]: it's a nice little ~ [business, shop etc] c'est une bonne petite affaire.

**earnest** ['ɜːnɪst] *adj* **-1.** [person, expression, tone] sérieux. **-2.** [hope, request] ardent, fervent; [endeavour] fervent; [desire] profond.

◆ **in earnest** ◇ *adv phr* [seriously] sérieusement, sincèrement; [in a determined way] sérieusement; it's raining in ~ now il pleut pour de bon cette fois. ◇ *adj phr*: to be in ~ être sérieux.

**earnestly** ['ɜːnɪstlɪ] *adv* [behave] sérieusement; [study, work] sérieusement, avec ardeur; [speak, nod, look at] gravement; we ~ hope that... nous espérons sincèrement que...

**earnestness** ['ɜːnɪstnɪs] *n* sérieux *m*, gravité *f*.

**earnings** ['ɜːnɪŋz] *npl* [of person, business] revenus *mpl*.

**earnings-related** *adj* proportionnel au revenu.

**earphones** ['ɪəfəʊnz] *npl* écouteurs *mpl*, casque *m*.

**earpiece** ['ɪəpiːs] *n* [of telephone receiver, personal stereo] écouteur *m*.

**ear piercing** *n* (U): 'ear piercing' 'ici, on perce les oreilles'.

◆ **ear-piercing** *adj* [noise] perçant, strident.

**earplugs** ['ɪəplʌgz] *npl* [for sleeping] boules *fpl* Quiès®; [for protection against water, noise] protège-tympans *mpl*.

**earring** ['ɪərɪŋ] *n* boucle *f* d'oreille.

**earshot** ['ɪəʃɒt] *n*: out of/within ~ hors de/à portée de voix.

**ear-splitting** *adj* [noise] assourdissant.

**earth** [ɜːθ] ◇ *n* **-1.** [the world, the planet] terre *f*; the planet Earth la planète Terre; on ~ sur terre ❏ why/how/who on ~? pourquoi/comment/qui diable?; there's nothing on ~ I'd like better il n'y a rien au monde dont j'aie plus envie; to cost the ~ *inf* coûter les yeux de la tête OR la peau des fesses; to promise sb the ~ promettre la lune (à qqn), promettre monts et merveilles (à qqn). **-2.** [ground] terre *f*; to fall to ~ tomber par terre ❏ to bring sb down to ~ (with a bump) ramener qqn sur terre (brutalement). **-3.** [soil] terre *f*. **-4.** *Br* ELEC [connection, terminal] terre *f*; ~ lead conducteur *m* de terre. **-5.** [of fox] terrier *m*, tanière *f*; to run a fox to ~ chasser un renard jusqu'à son terrier OR sa tanière; to run sb/sthg to ~ [find] dénicher qqn/qqch; to go to ~ aller se terrer. ◇ *vt Br* ELEC mettre à la terre.

**earthbound** ['ɜːθbaʊnd] *adj* **-1.** [insects] non volant. **-2.** [spaceship] progressant en direction de la terre; [journey] en direction de la terre. **-3.** [unimaginative] terre à terre.

**earth closet** *n* fosse *f* d'aisance.

**earthen** ['ɜːθn] *adj* [dish] en OR de terre (cuite); [floor] en terre.

**earthenware** ['ɜːθnweə] ◇ *n* [pottery] poterie *f*; [glazed] faïence *f*. ◇ *adj* en OR de terre (cuite), en OR de faïence.

**earthiness** ['ɜːθɪnɪs] *n* **-1.** [of humour] truculence *f*; [of person, character] nature *f* directe. **-2.** [of food] goût *m* de terre.

**earthling** ['ɜːθlɪŋ] *n* terrien *m*, -enne *f*.

**earthly** ['ɜːθlɪ] *adj* **-1.** [worldly] terrestre; ~ possessions biens *mpl* matériels. **-2.** *inf* [possible]: there's no ~ reason why I should believe you je n'ai absolument aucune raison de te croire.

**earth mother** *n* **-1.** MYTH déesse *f* de la terre. **-2.** *inf & fig* mère *f* nourricière.

**earthquake** ['ɜːθkweɪk] *n* tremblement *m* de terre.

**earth sciences** *npl* sciences *fpl* de la terre.

**earth-shaking** [-,ʃeɪkɪŋ], **earth-shattering** *adj inf* fracassant, extraordinaire.

**earth tremor** *n* secousse *f* sismique.

**earthward** ['ɜːθwəd] ◇ *adj* [journey] en direction de la Terre. ◇ *adv* en direction de la Terre.

**earthwards** ['ɜːθwədz] *adv* en direction de la Terre.

**earthwork(s)** ['ɜːwɜːk(s)] *n (pl)* CONSTR terrassement *m*; ARCHEOL & MIL fortification *f* en terre.

**earthworm** ['ɜːθwɜːm] *n* ver *m* de terre, lombric *m*.

**earthy** ['ɜːθɪ] *adj* **-1.** [taste, smell] de terre. **-2.** [humour] truculent; [person, character] direct.

**ear trumpet** *n* cornet *m* acoustique.

**earwax** ['ɪəwæks] *n* cire *f* (*sécrétée par les oreilles*), cérumen *m*.
**earwig** ['ɪəwɪg] *n* perce-oreille *m*.

**ease** [iːz] ◇ *n* **-1.** [comfort] aise *f*; to be OR to feel at ~ être OR se sentir à l'aise; to be OR to feel ill at ~ être OR se sentir mal à l'aise; to set sb's mind at ~ tranquilliser qqn; to put sb at (his OR her) ~ mettre qqn à l'aise; (stand) at ~! MIL repos!-**2.** [facility] facilité *f*; [of movements] aisance *f*; to do sthg with ~ faire qqch facilement OR aisément; ~ of access facilité d'accès. -**3.** [affluence]: to live a life of ~ avoir la belle vie, mener une vie facile. ◇ *vt* -**1.** [alleviate – anxiety, worry] calmer; [– pain] calmer, soulager; [– pressure, tension] relâcher; [– traffic flow] rendre plus fluide; [– sb's workload] alléger; to ~ sb's mind rassurer qqn; to ~ sb of their anxiety/pain calmer l'inquiétude/la douleur de qqn. -**2.** [move gently]: to ~ o.s. into a chair s'installer délicatement dans un fauteuil; she ~d the rucksack from her back elle fit glisser le sac à dos de ses épaules; to ~ sthg out faire sortir qqch délicatement; to ~ sb out [from position, job] pousser qqn vers la sortie *fig*; he ~d himself through the gap in the hedge il s'est glissé OR faufilé à travers le trou dans la haie. ◇ *vi* [pain] se calmer, s'adoucir; [situation, tension, rain] se calmer.

◆ **ease back** *vt sep* [throttle, lever] tirer doucement.
◆ **ease off** ◇ *vt sep* [lid, bandage] enlever délicatement. ◇ *vi insep* [rain] se calmer; [business] ralentir; [traffic] diminuer; [tension] se relâcher; **work has** ~**d off** il y a moins de travail.
◆ **ease up** *vi insep* [slow down – in car] ralentir; [rain] se calmer; [business, work] ralentir; [traffic] diminuer; to ~ **up on sb/sthg** y aller doucement avec qqn/qqch.

**easel** ['iːzl] *n* chevalet *m*.

**easily** ['iːzɪlɪ] *adv* -**1.** [without difficulty] facilement; that's ~ said/done c'est facile à dire/faire; she is ~ pleased elle n'est pas difficile. -**2.** [undoubtedly] sans aucun doute; she's ~ the best c'est de loin la meilleure; it's ~ two hours from here c'est facilement à deux heures d'ici. -**3.** [very possibly]: he could ~ change his mind il pourrait bien changer d'avis. -**4.** [in a relaxed manner – talk] de manière décontractée; [– smile, answer] d'un air décontracté.

**easing** ['iːzɪŋ] *n* [of discomfort] soulagement *m*; [of tension] relâchement *m*.

**east** [iːst] ◇ *n* est *m*; **the East** [the Orient] l'Orient *m*; [Eastern Europe] l'Est *m*; [in US] l'Est *m* (*États situés à l'est du Mississippi*); **East-West relations** relations *fpl* Est-Ouest; on the ~ of the island à l'est de l'île; to the ~ of the mainland à l'est OR au large de la côte est du continent; the wind is (coming) from the ~ le vent vient de l'est. ◇ *adj* [coast, shore, face of mountain] est, oriental; [wind] d'est; to live in ~ London habiter dans l'est de Londres. ◇ *adv* [go, look, travel] en direction de l'est, vers l'est; [sail] cap sur l'est; **further** ~ plus à l'est; ~ **of** à l'est de; ~ **by north/south** est quart nord/sud; **back** ~ *Am inf* dans l'est (*des États-Unis*).

**East Africa** *pr n* Afrique *f* orientale.

**East African** ◇ *adj* d'Afrique orientale. ◇ *n* Africain *m*, -e *f* de l'est.

**eastbound** ['iːstbaund] *adj* [traffic, train] en direction de l'est.

**East End** *n* [of city] quartiers *mpl* est; **the** ~ quartier industriel de Londres, connu pour ses docks et, autrefois, pour sa pauvreté.

**Easter** ['iːstər] ◇ *n* Pâques *fpl*; **Happy** ~! joyeuses Pâques!; **last/next** ~ à Pâques l'année dernière/l'année prochaine. ◇ *comp* [holiday, Sunday, weekend] de Pâques; [week] de Pâques, pascal; [celebrations] pascal; ~ **Day** (jour *m* de) Pâques.

**Easter egg** *n* œuf *m* de Pâques.

**Easter Island** *pr n* l'île *f* de Pâques; **in** OR **on** ~ à l'île de Pâques.

**easterly** ['iːstəlɪ] ◇ *adj* [in the east] situé à l'est; [from the east] d'est; [to the east] vers l'est, en direction de l'est. ◇ *n* vent *m* d'est.

**eastern** ['iːstən] *adj* [Europe] de l'Est; [France, Scotland etc] de l'est; [region, seaboard] est, oriental; [culture, philosophy] oriental; ~ **hemisphere** hémisphère *m* oriental; **the Eastern Bloc** le bloc de l'Est.

**Eastern Daylight Time** *n* heure *f* d'été de New York.

**Easterner** ['iːstənər] *n* -**1.** [in US] *personne qui vient de l'est des États-Unis.* -**2.** [oriental] Oriental *m*, -e *f*.

**Eastern European Time** *n* heure *f* d'Europe orientale.

**easternmost** ['iːstənməust] *adj* situé le plus à l'est.

**Eastern Standard Time** *n* heure *f* d'hiver de New York.

**Eastertide** ['iːstətaid] *n lit* (saison *f* de) Pâques *fpl*.

**east-facing** *adj* exposé OR donnant à l'est.

**East German** ◇ *adj* est-allemand, d'Allemagne de l'Est. ◇ *n* Allemand *m*, -e *f* de l'Est.

**East Germany** *pr n*: (former) ~ (l'ex-) Allemagne *f* de l'Est; **in** ~ en Allemagne de l'Est.

**East Indies** *pl pr n* HIST: **the** ~ les Indes orientales.

**east-northeast** ◇ *n* est-nord-est *m*. ◇ *adj* [direction] est-nord-est; [wind] d'est-nord-est. ◇ *adv* en direction de l'est-nord-est; [blow] d'est-nord-est.

**East Side** *pr n*: **the** ~ l'East Side *m* (*quartier situé à l'est de Manhattan*).

**east-southeast** ◇ *n* est-sud-est *m*. ◇ *adj* [direction] est-sud-est; [wind] d'est-sud-est. ◇ *adv* en direction de l'est-sud-est; [blow] d'est-sud-est.

**eastward** ['iːstwəd] ◇ *adj* est. ◇ *adv* = **eastwards**.

**eastwards** ['iːstwədz] *adv* en direction de l'est, vers l'est; **facing** ~ [building] exposé OR donnant à l'est; to sail ~ naviguer cap sur l'est.

**easy** ['iːzɪ] (*compar* **easier**, *superl* **easiest**) ◇ *adj* -**1.** [not difficult] facile; it's ~ to see why/that... on voit bien pourquoi/que...; it's ~ to say that... c'est facile de dire que...; she is (an) ~ (person) to please c'est facile de lui faire plaisir; it's an ~ mistake to make c'est une erreur qui est facile à faire; in ~ stages [travel] par petites étapes; [learn] sans peine; within ~ reach of près de; the ~ way out OR option la solution facile OR de facilité; ~ to get on with facile à vivre; to have an ~ time (of it) [a good life] avoir la belle vie OR la vie facile; it's ~ money *inf* c'est de l'argent gagné facilement OR sans se fatiguer; to come in an ~ first [in a race] gagner haut la main ❏ ~ game OR meat *inf* bonne poire *f*; as ~ as pie OR ABC *inf* simple comme bonjour OR tout; to be on ~ street *inf* rouler sur l'or. -**2.** [at peace]: to feel ~ in one's mind être tranquille, avoir l'esprit tranquille. -**3.** [easygoing – person, atmosphere] décontracté; [– disposition, nature] facile; [– manner] décontracté, naturel; [– style] coulant, facile; I'm ~ *inf* [I don't mind] ça m'est égal; to be on ~ terms with sb avoir des rapports plutôt amicaux avec qqn. -**4.** [sexually]: a woman of ~ virtue *lit* une femme de petite vertu OR aux mœurs légères. -**5.** [pleasant]: to be ~ on the eye [film, painting] être agréable à regarder; [person] être un plaisir pour les yeux. -**6.** ST. EX [market] calme. ◇ *adv* [in a relaxed or sparing way] doucement; to go ~ y aller doucement; to go ~ on OR with sthg y aller doucement avec OR sur qqch; he's got it ~ *inf* [has an easy life] il se la coule douce, il a la belle vie; take it ~! doucement!; to take things OR it OR life ~ [relax] se reposer; ~ now! *inf*, ~ does it! *inf* doucement!; to sleep ~ in one's bed dormir sur ses deux oreilles; stand ~! MIL repos!; **easier said than done** plus facile à dire qu'à faire.

**easy chair** *n* fauteuil *m*.

**easygoing** [,iːzɪ'gəuɪŋ] *adj* [person] décontracté, facile à vivre; [lifestyle] décontracté.

**eat** [iːt] (*pt* **ate** [et, eɪt], *pp* **eaten** ['iːtn]) ◇ *vt* manger; to ~ (one's) breakfast/lunch/dinner prendre son petit déjeuner/déjeuner/dîner; it looks good enough to ~! on en mangerait!; he/she looks good enough to ~ il est beau/elle est belle à croquer ❏ I'll ~ my hat if he gets elected si'il est élu, je mange mon chapeau; he ~s people like you for breakfast il ne fait qu'une bouchée des gens comme toi; to ~ one's words ravaler ses mots; what's ~ing you? *inf* qu'est-ce que tu as? ◇ *vi* manger; let's ~ à table; to ~ for two [pregnant woman] manger pour deux ❏ to have sb ~ing out of one's hand faire ce qu'on veut de qqn.

◆ **eats** *npl inf* bouffe *f*.
◆ **eat away** ◇ *vt sep* [subj: waves] ronger; [subj: mice] ronger; [subj: acid, rust] ronger, corroder; *fig* [confidence] miner; [support, capital, resources] entamer. ◇ *vi insep* [person] manger.
◆ **eat away at** *vt insep* = **eat away** *vt sep*.
◆ **eat in** *vi insep* manger chez soi OR à la maison.
◆ **eat into** *vt insep* -**1.** [destroy] attaquer. -**2.** [use up – savings] entamer; [– time] empiéter sur.
◆ **eat out** ◇ *vi insep* sortir déjeuner OR dîner, aller au restaurant. ◇ *vt sep*: to ~ one's heart out se morfondre; ~ your heart out! dommage pour toi!

◆ **eat up** ◇ *vi insep* manger. ◇ *vt sep* [food] terminer, finir; *fig* [electricity, gas, petrol] consommer beaucoup de; to ~ up the miles dévorer OR avaler les kilomètres; to be eaten up with [jealousy, hate, ambition] être rongé OR dévoré par.

**eatable** ['i:təbl] *adj* [fit to eat] mangeable; [edible] comestible.

**eaten** ['i:tn] *pp* → **eat**.

**eater** ['i:tər] *n* -**1.** [person] mangeur *m*, -euse *f*; to be a messy ~ manger salement. -**2.** *Br inf* [apple] pomme *f* à couteau.

**eatery** ['i:tərɪ] (*pl* **eateries**) *n inf* café-restaurant *m*.

**eating** ['i:tɪŋ] ◇ *n*: ~ is one of his favourite pastimes manger constitue un de ses passe-temps favoris. ◇ *adj* -**1.** [for eating]: ~ apple/pear pomme *f*/poire *f* à couteau; ~ place OR house restaurant *m*.-**2.** [of eating]: ~ habits habitudes *fpl* alimentaires; ~ disorder trouble *m* du comportement alimentaire.

**eau de Cologne** [,əʊdəkə'ləʊn] *n* eau *f* de Cologne.

**eaves** ['i:vz] *npl* avant-toit *m*, corniche *f*.

**eavesdrop** ['i:vzdrɒp] (*pt* & *pp* **eavesdropped**, *cont* **eavesdropping**) *vi* écouter de manière indiscrète, espionner; to ~ on sb's conversation espionner la conversation de qqn.

**ebb** [eb] ◇ *n* [of tide] reflux *m*; [of public opinion] variations *fpl*; ~ and flow flux *m* et reflux; to be at a low ~ [person] ne pas avoir le moral; [patient, enthusiasm, spirits] être bien bas; [business] aller mal, être OR tourner au ralenti; [finances, relations] aller mal. ◇ *vi* -**1.** [tide] baisser, descendre; to ~ and flow monter et baisser OR descendre. -**2.** *fig* = **ebb away**.

◆ **ebb away** *vi insep* [confidence, enthusiasm, strength etc] baisser peu à peu; [completely] disparaître.

**ebb tide** *n* marée *f* descendante.

**ebony** ['ebənɪ] ◇ *n* [tree] ébénier *m*; [wood] ébène *m*. ◇ *adj* [chair, table etc] en ébène; *fig* [eyes, hair] d'ébène.

**EBRD** (*abbr of* **European Bank of Reconstruction and Development**) *pr n* BERD *f*.

**ebullience** [ɪ'bʌljəns] *n* exubérance *f*.

**ebullient** [ɪ'bʌljənt] *adj* exubérant.

**EC** (*abbr of* **European Community**) *pr n* CE *f*.

**eccentric** [ɪk'sentrɪk] ◇ *adj* -**1.** [person, clothes, behaviour] excentrique. -**2.** ASTRON, MATH & TECH excentrique, excentré. ◇ *n* -**1.** [person] excentrique *mf*.-**2.** TECH excentrique *m*.

**eccentrically** [ɪk'sentrɪklɪ] *adv* -**1.** [dress, talk] de manière excentrique. -**2.** ASTRON, MATH & TECH excentriquement.

**eccentricity** [,eksen'trɪsətɪ] (*pl* **eccentricities**) *n* excentricité *f*.

**Eccles cake** ['eklz-] *n* petit gâteau rond en pâte feuilletée fourré de fruits secs.

**Ecclesiastes** [ɪ,kli:zɪ'æsti:z] *pr n* BIBLE: (the book of) ~ l'Ecclésiaste *m*.

**ecclesiastical** [ɪ,kli:zɪ'æstɪkl] *adj* [robes, traditions, calendar] ecclésiastique; [history] de l'Église; [music] d'église.

**ECG** *n* -**1.** (*abbr of* **electrocardiogram**) ECG *m*.-**2.** (*abbr of* **electrocardiograph**) ECG *m*.

**echelon** ['eʃəlɒn] *n* -**1.** [level] échelon *m*.-**2.** MIL échelon *m*.

**echo** ['ekəʊ] (*pl* **echoes**) ◇ *n* écho *m*; ~es of Kafka *fig* des éléments qui rappellent OR évoquent Kafka. ◇ *vt* [sound] répéter; *fig* [colour, theme] reprendre, rappeler; [architecture, style] rappeler, évoquer; to ~ sb's opinions [person] se faire l'écho des opinions de qqn; [editorial] reprendre les opinions de qqn. ◇ *vi* [noise, voice, music] résonner; [place] faire écho, résonner; the corridor ~ed with shouts/footsteps des cris/bruits de pas résonnèrent dans le couloir.

**echo chamber** *n* chambre *f* de réverbération.

**echo sounder** *n* échosondeur *m*.

**eclampsia** [ɪ'klæmpsɪə] *n* MED éclampsie *f*.

**eclectic** [ɪ'klektɪk] ◇ *n* éclectique *mf*. ◇ *adj* éclectique.

**eclipse** [ɪ'klɪps] ASTRON & *fig* ◇ *n* éclipse *f*; an ~ of the sun/moon une éclipse de soleil/lune; to be in ~ être éclipsé; to go into ~ [sun, moon] s'éclipser. ◇ *vt* éclipser.

**ecliptic** [ɪ'klɪptɪk] ASTRON ◇ *n* écliptique *m*. ◇ *adj* écliptique.

**ECM** *Am* (*abbr of* **European Common Market**) *n* Marché commun européen.

**eco-friendly** [,i:kəʊ-] *adj* qui respecte l'environnement.

**ecological** [,i:kə'lɒdʒɪkl] *adj* écologique.

**ecologically** [,i:kə'lɒdʒɪklɪ] *adv* écologiquement; ~ (speaking) du point de vue de l'écologie; ~ harmful/sound qui est

nuisible à/qui respecte l'environnement.

**ecologist** [ɪ'kɒlədʒɪst] *n* écologiste *mf*.

**ecology** [ɪ'kɒlədʒɪ] *n* écologie *f*.

**economic** [,i:kə'nɒmɪk] *adj* -**1.** ECON [growth, system, indicator] économique. -**2.** [profitable] rentable; it isn't ~, it doesn't make ~ sense ce n'est pas économique OR avantageux.

**economical** [,i:kə'nɒmɪkl] *adj* [person] économe; [machine, method, approach] économique; to be ~ to run [car, heating] être économique; to be ~ with sthg économiser qqch; to be ~ with the truth *euph* dire la vérité avec parcimonie; ~ use of language emploi sobre du langage.

**economically** [,i:kə'nɒmɪklɪ] *adv* -**1.** ECON économiquement. -**2.** [live] de manière économe; [write] avec sobriété; [use] de manière économe, avec parcimonie.

**economics** [,i:kə'nɒmɪks] ◇ *n (U)* [science] économie *f* (politique), sciences *fpl* économiques. ◇ *npl* [financial aspects] aspect *m* économique.

**economist** [ɪ'kɒnəmɪst] *n* économiste *mf*; the Economist PRESS *hebdomadaire britannique politique, économique et financier*.

**economize**, **-ise** [ɪ'kɒnəmaɪz] *vi* économiser, faire des économies; to ~ on sthg économiser sur qqch.

**economy** [ɪ'kɒnəmɪ] (*pl* **economies**) ◇ *n* -**1.** [system] économie *f*.-**2.** [saving] économie *f*; with ~ of effort sans effort inutile; ~ of language sobriété *f* de langage. ◇ *comp* [pack] économique; ~ car *aux États-Unis, voiture de taille moyenne, consommant peu par rapport aux «grosses américaines»*; ~ class classe *f* touriste; ~ drive politique *f* de réduction des dépenses. ◇ *adv* [fly, travel] en classe touriste.

**economy-size(d)** *adj* [pack, jar] taille économique *(inv)*.

**ecosystem** ['i:kəʊ,sɪstəm] *n* écosystème *m*.

**ecotype** ['i:kəʊtaɪp] *n* écotype *m*.

**ecstasy** ['ekstəsɪ] (*pl* **ecstasies**) *n* -**1.** extase *f*, ravissement *m*; to be in/to go into ecstasies être/tomber en extase. -**2.** [drug] ecstasy *f*.

**ecstatic** [ek'stætɪk] *adj* ravi; to be ~ about sthg/sb [in admiration] être en extase devant qqch/qqn; [with joy] être ravi de qqch/qqn.

**ecstatically** [ek'stætɪklɪ] *adv* avec extase; to be ~ happy être dans un bonheur extatique.

**ECT** *n abbr of* **electroconvulsive therapy**.

**ectomorph** ['ektəʊmɔ:f] *n* ectomorphe *mf*.

**ectopic** [ek'tɒpɪk] *adj*: ~ pregnancy grossesse *f* extrautérine OR ectopique.

**ectoplasm** ['ektəplæzm] *n* ectoplasme *m*.

**ECU** ['ekju:] (*abbr of* **European Currency Unit**) *n* ECU *m*, écu *m*.

**Ecuador** ['ekwədɔ:r] *pr n* Équateur *m*; in ~ en Équateur.

**Ecuadoran** [,ekwə'dɔ:rən], **Ecuadorian** [,ekwə'dɔ:rɪən] ◇ *n* Équatorien *m*, -enne *f*. ◇ *adj* équatorien.

**ecumenical** [i:kjʊ'menɪkl] *adj* œcuménique.

**ecumenism** [i:'kju:mənɪzm], **ecumenicism** [,i:kju:-'menɪsɪzm] *n* œcuménisme *m*.

**eczema** ['eksɪmə] *n* MED eczéma *m*; to have ~ avoir de l'eczéma.

**ed.** ◇ -**1.** (*written abbr of* **edited**) sous la dir. de, coll. -**2.** (*written abbr of* **edition**) éd., édit. ◇ *n* (*abbr of* **editor**) éd., édit.

**Edam** ['i:dæm] *n* édam *m*.

**eddy** ['edɪ] (*pl* **eddies**) ◇ *n* tourbillon *m*. ◇ *vi* tourbillonner.

**edelweiss** ['eɪdlvaɪs] *n* edelweiss *m*, immortelle *f* des neiges.

**edema** *Am* = **oedema**.

**Eden** ['i:dn] *pr n* BIBLE Éden *m*; *fig* éden *m*; 'East of ~' Steinbeck, Kazan 'À l'est d'Éden'.

**edge** [edʒ] ◇ *n* -**1.** [of blade] fil *m*, tranchant *m*; to put an ~ on [knife, blade] aiguiser, affiler, affûter; to take the ~ off [blade] émousser; the sandwich took the ~ off my hunger ce sandwich a calmé ma faim; to have the ~ on [be better than] avoir légèrement le dessus OR l'avantage sur; [have an advantage over] avoir l'avantage sur; the performance lacked ~ le spectacle manquait de ressort OR d'énergie. -**2.** [outer limit – of table, cliff, road] bord *m*; [– of page] bord *m*, marge *f*; [– of forest] lisière *f*, orée *f*; [– of coin, book] tranche *f*; [– of ski] carre *f*; at OR by the water's ~ au bord de l'eau; to

stand sthg on its ~ [coin, book] mettre qqch sur la tranche; [brick, stone] poser OR mettre qqch de OR sur chant; to be on the ~ of [war, disaster, madness] être au bord de; this film will have you on the ~ of your seat *fig* ce film est d'un suspense à vous faire frémir; to be close to the ~ *literal* être près du bord; *fig* être au bord du précipice; to push sb over the ~ *fig* faire craquer qqn; to live on the ~ prendre des risques.
◇ *vt* **-1.** [give a border to] border; to ~ sthg with sthg border qqch de qqch. **-2.** [sharpen] aiguiser, affiler, affûter. **-3.** [in skiing]: to ~ one's skis planter ses carres. **-4.** [move gradually]: to ~ one's way avancer OR progresser lentement; to ~ one's chair nearer sb/sthg approcher peu à peu sa chaise de qqn/qqch.
◇ *vi* avancer OR progresser lentement; to ~ through the crowd se frayer un chemin à travers la foule; to ~ past sb/ sthg se faufiler à côté de qqn/qqch; the car ~d forward/ backward la voiture avança/recula doucement.
◆ **on edge** *adj & adv phr*: to be on ~ être énervé OR sur les nerfs; to set sb's teeth on ~ faire grincer les dents à qqn; to set sb's nerves on ~ mettre les nerfs de qqn à fleur de peau.
◆ **edge out** *vt sep*: to ~ sb out of a job pousser qqn vers la sortie en douceur. ◇ *vi insep* sortir lentement; to ~ out of a room se glisser hors d'une pièce.
◆ **edge up** *vt sep*: to ~ prices up faire monter les prix doucement. ◇ *vi insep* **-1.** [prices] monter doucement. **-2.** [approach slowly]: to ~ up to sb/sthg s'avancer lentement vers qqn/qqch.

**edge tool** *n* outil *m* tranchant.

**edgewise** ['edʒwaɪz], **edgeways** ['edʒweɪz] *adv* de côté; I couldn't get a word in ~ je n'ai pas pu placer un mot.

**edginess** ['edʒɪnɪs] *n* nervosité *f*.

**edging** ['edʒɪŋ] *n* [border – on dress, of flowers etc] bordure *f*; ~ shears cisailles *fpl* à gazon.

**edgy** ['edʒɪ] (*compar* **edgier**, *superl* **edgiest**) *adj* nerveux, sur les nerfs.

**edible** ['edɪbl] *adj* [mushroom, berry] comestible; is it ~? c'est bon à manger?

**edict** ['iːdɪkt] *n* POL décret *m*; *fig* ordre *m*; the Edict of Nantes HIST l'édit *m* de Nantes.

**edification** [,edɪfɪ'keɪʃn] *n fml* édification *f*, instruction *f*.

**edifice** ['edɪfɪs] *n literal & fig* édifice *m*.

**edify** ['edɪfaɪ] (*pt & pp* **edified**) *vt fml* édifier.

**edifying** ['edɪfaɪɪŋ] *adj fml* édifiant.

**Edinburgh** ['edɪnbrə] *prn* Édimbourg; the ~ Festival le Festival d'Edimbourg.

**edit** ['edɪt] ◇ *n* [of text] révision *f*, correction *f*. ◇ *vt* **-1.** [correct – article, book] corriger, réviser; COMPUT [– file] éditer; [prepare for release – book, article] éditer, préparer à la publication; [– film, TV programme, tape] monter; the footnotes were ~ed from the book les notes ont été coupées dans le OR retranchées du livre. **-2.** [be in charge of – review, newspaper] diriger la rédaction de.
◆ **edit down** *vt sep* raccourcir.
◆ **edit out** *vt sep* couper, supprimer.

**editing** ['edɪtɪŋ] *n* [of newspaper, magazine] rédaction *f*; [initial corrections] révision *f*, correction *f*; [in preparation for publication] édition *f*, préparation *f* à la publication; [of film, tape] montage *m*; COMPUT [of file] édition *f*.

**edition** [ɪ'dɪʃn] *n* [of book, newspaper] édition *f*; first ~ première édition; revised/limited ~ édition revue et corrigée/ à tirage limité.

**editor** ['edɪtəʳ] *n* **-1.** [of newspaper, review] rédacteur *m*, -trice *f* en chef; [of author] éditeur *m*, -trice *f*; [of dictionary] rédacteur *m*, -trice *f*; [of book, article – who makes corrections] correcteur *m*, -trice *f*; [– who writes] rédacteur *m*, -trice *f*; [of film] monteur *m*, -euse *f*; political ~ PRESS rédacteur *m*, -trice *f* politique; ~'s note PRESS note *f* de la rédaction. **-2.** COMPUT éditeur *m*.

**editorial** [,edɪ'tɔːrɪəl] ◇ *adj* PRESS [decision, comment] de la rédaction; [jobs, problems, skills] de rédaction, rédactionnel. ◇ *n* PRESS éditorial *m*.

**editorially** [,edɪ'tɔːrɪəlɪ] *adv* du point de vue de la rédaction.

**editor-in-chief** *n* rédacteur *m*, -trice *f* en chef.

**editorship** ['edɪtəʃɪp] *n* rédaction *f*; during her ~ quand elle dirigeait la rédaction.

**EDP** *n abbr of* **electronic data processing**.

**EDT** *n abbr of* **Eastern Daylight Time**.

**educable** ['edʒʊkəbl] *adj fml* éducable.

**educate** ['edʒʊkeɪt] *vt* [pupil] instruire, donner une éducation à; [mind, tastes, palate] éduquer, former; [customers, public] éduquer; she was ~d in Edinburgh/at Birmingham University elle a fait sa scolarité à Édimbourg/ses études à l'université de Birmingham.

**educated** ['edʒʊkeɪtɪd] *adj* [person] instruit; [voice] distingué; to make an ~ guess faire une supposition bien informée.

**education** [,edʒʊ'keɪʃn] ◇ *n* éducation *f*; [teaching] enseignement *m*; a classical/scientific ~ une formation classique/scientifique; the ~ of poor countries in modern farming techniques la formation des pays pauvres aux techniques agricoles modernes; she completed her ~ in Italy elle a terminé ses études en Italie; standards of ~ niveau *m* scolaire; it was an ~ cela m'a beaucoup appris; *hum* c'était très édifiant □ adult ~ continuing ~ éducation *f* pour adultes, formation *f* continue; further ~ enseignement *postscolaire, mais non universitaire*; higher OR university ~ enseignement *m* supérieur OR universitaire; Minister of OR Secretary of State for Education *Br* ministre *m* de l'Éducation; physical ~ éducation *f* physique; primary/secondary ~ (enseignement *m*) primaire *m*/secondaire *m*; tertiary ~ enseignement *m* supérieur. ◇ *comp* [costs, budget] de l'éducation; Education Act ≃ réforme *f* (de l'Éducation); the ~ system le système éducatif; (local) ~ authority *Br* ≃ académie *f* régionale.

**educational** [,edʒʊ'keɪʃənl] *adj* [programme, system] éducatif; [establishment] d'éducation, d'enseignement; [books, publisher] scolaire; [method, film, visit, TV] éducatif, pédagogique; they talked about rising/falling ~ standards ils ont évoqué la hausse/baisse du niveau scolaire; ~ qualifications qualifications *fpl*, diplômes *mpl* □ ~ age niveau *m* scolaire; ~ psychologist psychopédagogue *mf*.

**educationalist** [,edʒʊ'keɪʃnəlɪst] *n* pédagogue *mf*.

**educationally** [,edʒʊ'keɪʃnəlɪ] *adv* d'un point de vue éducatif; ~ deprived child *enfant qui n'a pas suivi une scolarité normale*; ~ subnormal *dated* en retard sur le plan scolaire.

**educative** ['edʒʊkətɪv] *adj* éducatif.

**educator** ['edʒʊkeɪtəʳ] *n esp Am* éducateur *m*, -trice *f*.

**Edward** ['edwəd] *prn*: ~ the Confessor Édouard le Confesseur.

**Edwardian** [ed'wɔːdɪən] *adj* [architecture, design] édouardien, de style Édouard VII, (des années) 1900; [society, gentleman] de l'époque d'Édouard VII, des années 1900; ~ style style *m* Édouard VII; the ~ era ≃ la Belle Époque.

**EEC** (*abbr of* **European Economic Community**) *prn* CEE *f*.

**EEG** *n* **-1.** (*abbr of* **electroencephalogram**) EEG *m*. **-2.** (*abbr of* **electroencephalograph**) EEG *m*.

**eek** [iːk] *interj inf* hi.

**eel** [iːl] *n* anguille *f*; to be as slippery as an ~ glisser comme une anguille.

**e'en** [iːn] *lit* = **even** *adv*.

**EENT** (*abbr of* **eye, ear, nose and throat**) *n* ophtalmologie *f* et ORL *f*.

**EEOC** (*abbr of* **Equal Employment Opportunity Commission**) *prn Commission pour l'égalité des chances d'emploi aux États-Unis*.

**e'er** [eəʳ] *lit* = **ever** *adv*.

**eerie** ['ɪərɪ] (*compar* **eerier**, *superl* **eeriest**) *adj* [house, silence, sound] inquiétant, sinistre.

**eerily** ['ɪərəlɪ] *adv* sinistrement, d'une manière sinistre.

**eery** ['ɪərɪ] (*compar* **eerier**, *superl* **eeriest**) = **eerie**.

**EET** *n abbr of* **Eastern European Time**.

**efface** [ɪ'feɪs] *vt literal & fig* effacer; to ~ o.s. s'effacer.

**effect** [ɪ'fekt] ◇ *n* **-1.** [of action, law] effet *m*; [of chemical, drug, weather] effet *m*, action *f*; to have an ~ on avoir OR produire un effet sur; the ~ of the law will be to... la loi aura pour effet de...; the ~ of all this is that... tout cela a pour résultat que...; with ~ from January 1st *Br* à partir OR à compter du 1er janvier; with immediate ~ à compter d'aujourd'hui; to no OR little ~ en vain; to use OR to put sthg to good ~ [technique, talent] utiliser qqch avec succès; [money, inheritance] faire bon usage de qqch; to put OR to bring OR to carry into ~ [law] mettre en pratique; to come into OR to take ~ [law]

entrer en vigueur; **to take** ~ [drug] (commencer à) faire effet. **-2.** [meaning] sens *m*; **to this** OR **that** ~ dans ce sens; **a telegram/an announcement to the** ~ **that...** un télégramme/une annonce disant que...; **or words to that** ~ ou quelque chose dans le genre. **-3.** [impression] effet *m*; **(just) for** ~ (juste) pour faire de l'effet. ◇ *vt fml* [reform] effectuer; [sale, purchase] réaliser, effectuer; [improvement] produire, apporter; [cure, rescue, reconciliation] mener à bien; **to** ~ **entry** JUR entrer.

◆ **effects** *npl fml* household ~s articles *mpl* ménagers; personal ~s effets *mpl* personnels.

◆ **in effect** ◇ *adj phr* [law, system] en vigueur. ◇ *adv phr* [in fact] en fait, en réalité.

**effective** [ɪˈfektɪv] *adj* **-1.** [which works well – measure, treatment, advertising etc] efficace; [– worker, manager] efficace; [– argument] qui porte; [– service, system] qui fonctionne bien; [– disguise] réussi. **-2.** ADMIN & FIN: ~ **as from January 1st** [law] en vigueur OR applicable à compter du 1er janvier; **to become** ~ entrer en vigueur. **-3.** [actual] véritable; ~ **income** revenu *m* réel. **-4.** [creating effect – colour, illustration] qui fait de l'effet.

**effectively** [ɪˈfektɪvlɪ] *adv* **-1.** [efficiently – work, run, manage] efficacement. **-2.** [successfully] avec succès. **-3.** [in fact] en réalité, en fait. **-4.** [impressively] d'une manière impressionnante.

**effectiveness** [ɪˈfektɪvnɪs] *n* **-1.** [efficiency – of treatment, advertising] efficacité *f*; [– of undertaking, attempt] succès *m*. **-2.** [effect – of entrance, gesture, colour] effet *m*; **to improve the** ~ **of your backhand** pour améliorer votre revers.

**effectual** [ɪˈfektʃʊəl] *adj fml* [action, plan, law] efficace.

**effectuate** [ɪˈfektjʊeɪt] *vt fml* effectuer, réaliser.

**effeminacy** [ɪˈfemɪnəsɪ] *n* [of man] caractère *m* efféminé.

**effeminate** [ɪˈfemɪnət] *adj* [man, voice] efféminé.

**effervesce** [ˌefəˈves] *vi* [liquid] être en effervescence; [wine] pétiller; [gas] s'échapper (d'un liquide) par effervescence; *fig* [person] déborder de vie.

**effervescence** [ˌefəˈvesəns] *n* [of liquid] effervescence *f*; [of wine] pétillement *m*; *fig* [of person] vitalité *f*, pétulance *f*; [of personality] pétulance *f*.

**effervescent** [ˌefəˈvesənt] *adj* [liquid] effervescent; [wine] pétillant; *fig* [person] débordant de vie, pétulant; [personality] pétulant.

**effete** [ɪˈfiːt] *adj fml* [weak – person] mou, *before vowel or silent 'h'* mol (*f* molle); [– civilization, society] affaibli; [decadent] décadent.

**efficacious** [ˌefɪˈkeɪʃəs] *adj fml* efficace.

**efficacy** [ˈefɪkəsɪ] *n fml* efficacité *f*.

**efficiency** [ɪˈfɪʃənsɪ] *n* [of person, company, method] efficacité *f*; [of machine – in operation] fonctionnement *m*; [– in output] rendement *m*.

**efficiency expert** *n* expert *m* en organisation.

**efficient** [ɪˈfɪʃənt] *adj* [person, staff, method, company] efficace; [piece of work] bien fait; [machine – in operation] qui fonctionne bien; [– in output] qui a un bon rendement.

**efficiently** [ɪˈfɪʃəntlɪ] *adv* [work – person] efficacement; **the machine works** ~ [functions well] la machine fonctionne bien; [has high output] la machine a un bon rendement.

**effigy** [ˈefɪdʒɪ] (*pl* **effigies**) *n* effigie *f*; **to burn sb in** ~ brûler qqn en effigie.

**effing**▽ [ˈefɪŋ] *Br* ◇ *adj* de merde. ◇ *adv* foutrement. ◇ *n*: **there was a lot of** ~ **and blinding** on a eu droit à un chapelet de jurons.

**effluent** [ˈefluənt] *n* **-1.** [waste] effluent *m*. **-2.** [stream] effluent *m*.

**effluvium** [ɪˈfluːvjəm] (*pl* **effluviums** OR **effluvia** [-vjə]) *n fml* émanation *f* pestilentielle.

**effort** [ˈefət] *n* **-1.** [physical or mental exertion] effort *m*; **without much** ~ sans trop d'effort OR de peine; **your** ~**s on our behalf** les efforts que vous avez faits pour nous; **it was an** ~ **for me to stay awake** j'avais du mal à rester éveillé; [stronger] rester éveillé me coûtait; **put some** ~ **into it!** fais un effort!; **in an** ~ **to do sthg** dans le but de faire qqch; **to make no** ~ **to do sthg** ne pas essayer de faire qqch; **to make every** ~ **to do sthg** faire tout son possible pour faire qqch; **it's not worth the** ~ ça ne vaut pas la peine de se fatiguer. **-2.** [attempt] essai *m*, tentative *f*; **it's only my first** ~ ce

n'est que la première fois que j'essaie; **it was a good** ~ pour un essai, c'était bien.

**effortless** [ˈefətlɪs] *adj* [win] facile; [style, movement] aisé.

**effortlessly** [ˈefətlɪslɪ] *adv* facilement, sans effort OR peine.

**effrontery** [ɪˈfrʌntərɪ] *n* effronterie *f*.

**effulgent** [ɪˈfʌldʒənt] *adj lit* rayonnant.

**effusion** [ɪˈfjuːʒn] *n lit* **-1.** [of words] effusion *f*. **-2.** [of liquid] écoulement *m*; [of blood] hémorragie *f*.

**effusive** [ɪˈfjuːsɪv] *adj* [person] expansif; [welcome, thanks] chaleureux; *pej* exagéré.

**effusively** [ɪˈfjuːsɪvlɪ] *adv* avec effusion; *pej* avec une effusion exagérée.

**EFL** (*abbr of* **English as a foreign language**) *n* anglais langue étrangère.

**EFTA** [ˈeftə] (*abbr of* **European Free Trade Association**) *pr n* AELE *f*, AEL-E *f*.

**EFTPOS** [ˈeftpɒs] (*abbr of* **electronic funds transfer at point of sale**) *n* transfert électronique de fonds au point de vente.

**EFTS** [efts] (*abbr of* **electronic funds transfer system**) *n* système électronique de transfert de fonds.

**e.g.** (*abbr of* **exempli gratia**) *adv* par exemple.

**EGA** (*abbr of* **enhanced graphics adapter**) *n* adaptateur *m* graphique couleur EGA.

**egad** [ɪˈgæd] *interj arch* sacredieu.

**egalitarian** [ɪˌgælɪˈteərɪən] ◇ *n* égalitariste *mf*. ◇ *adj* égalitaire.

**egalitarianism** [ɪˌgælɪˈteərɪənɪzm] *n* égalitarisme *m*.

**egg** [eg] *n* **-1.** CULIN œuf *m*; ~**s and bacon** œufs au bacon; **fried** ~ œuf sur le plat; **hard-boiled** ~ œuf dur; **soft-boiled** ~ œuf à la coque; ~ **white/yolk** blanc *m*/jaune *m* d'œuf; **to be left with** OR **to get** ~ **on one's face** avoir l'air ridicule. **-2.** [of bird, insect, fish] œuf *m*; [of woman] ovule *m*; **to lay an** ~ [bird] pondre un œuf; **to put all one's** ~**s in one basket** mettre tous ses œufs dans le même panier. **-3.** *Br dated* [person]: **he's/she's a good** ~ c'est un brave garçon/une brave fille.

◆ **egg on** *vt sep* encourager, inciter; **to** ~ **sb on to do sthg** encourager OR inciter qqn à faire qqch.

**egg-and-spoon race** *n* jeu consistant à courir en tenant un œuf dans une cuillère.

**eggcup** [ˈegkʌp] *n* coquetier *m*.

**egg custard** *n* CULIN ≃ crème *f* anglaise.

**egghead** [ˈeghed] *n inf* intello *mf*.

**eggnog** [ˈegnɒg] *n* boisson composée d'œufs, de lait, de sucre, d'épices, de brandy, de rhum etc.

**eggplant** [ˈegplɑːnt] *n Am* aubergine *f*.

**eggshell** [ˈegʃel] ◇ *n* **-1.** coquille *f* d'œuf. **-2.** [colour] coquille *f* d'œuf. ◇ *adj* [finish, paint] coquille d'œuf *(inv)*.

**egg timer** *n* sablier *m*.

**egg whisk** *n* fouet *m* CULIN.

**eglantine** [ˈegləntaɪn] *n* BOT [bush] églantier *m*; [flower] églantine *f*.

**ego** [ˈiːgəʊ] *n* [self-esteem] amour-propre *m*; PSYCH ego *m inv*, moi *m inv*.

**egocentric** [ˌiːgəʊˈsentrɪk] *adj* égocentrique.

**egocentricity** [ˌiːgəʊsenˈtrɪsətɪ], **egocentrism** [ˌiːgəʊˈsentrɪzm] *n* égocentrisme *m*.

**egoism** [ˈiːgəʊɪzm] *n* [selfishness] égoïsme *m*.

**egoist** [ˈiːgəʊɪst] *n* égoïste *mf*.

**egoistic** [ˌiːgəʊˈɪstɪk] *adj* égoïste.

**egoistically** [ˌiːgəʊˈɪstɪklɪ] *adv* égoïstement.

**egomania** [ˌiːgəʊˈmeɪnjə] *n* égocentrisme *m* extrême.

**egomaniac** [ˌiːgəʊˈmeɪnɪæk] *n* égocentrique *mf*.

**egotism** [ˈiːgətɪzm] *n* égocentrisme *m*, égotisme *m*.

**egotist** [ˈiːgətɪst] *n* égocentrique *mf*, égotiste *m*.

**egotistic(al)** [ˌiːgəˈtɪstɪk(l)] *adj* égocentrique, égotiste.

**egotistically** [ˌiːgəˈtɪstɪklɪ] *adv* de manière égocentrique OR égotiste.

**ego trip** *n inf*: **she's just on an** ~ c'est par vanité qu'elle le fait.

◆ **ego-trip** *vi inf*: **you're just ego-tripping** tu fais ça par vanité.

**egregious** [ɪˈgriːdʒəs] *adj fml* [blatant – error, mistake] monumental, énorme; [– lie] énorme; [– cowardice, incompetence] extrême.

**egret** ['iːgrɪt] *n* [bird] aigrette *f*.

**Egypt** ['iːdʒɪpt] *pr n* Égypte *f*; in ~ en Égypte.

**Egyptian** [ɪ'dʒɪpʃn] ◇ *n* **-1.** [person] Égyptien *m*, -enne *f*.**-2.** LING égyptien *m*. ◇ *adj* égyptien.

**eh** [eɪ] *interj* **-1.** [what did you say?]: ~? hein?**-2.** [seeking agreement]: ~? hein?**-3.** [in astonishment]: ~? quoi?**-4.** [in doubt, hesitation] heu.

**eider** ['aɪdər] *n* [bird] eider *m*.

**eiderdown** ['aɪdədaʊn] *n* **-1.** [feathers] duvet *m* d'eider. **-2.** [for bed] édredon *m*.

**eider duck** = eider.

**Eiffel** ['aɪfl] *pr n*: the ~ Tower la tour Eiffel.

**eight** [eɪt] ◇ *n* **-1.** [number, numeral] huit *m*; to live at number ~ habiter au huit ❑ to have had one over the ~ Br dated avoir bu plus que son compte. **-2.** [in rowing] huit *m*. ◇ *adj* huit; to work an ~-hour day travailler huit heures par jour, faire des journées de huit heures. ◇ *pron* huit; see also five.

**eight ball** *n Am* [ball] bille *f* numéro huit; [game] variante du billard; to be right behind the ~ *inf* & *fig* être en mauvaise posture.

**eighteen** [,eɪ'tiːn] ◇ *pron* dix-huit. ◇ *adj* dix-huit. ◇ *n* dix-huit *m*; see also five.

**eighteenth** [,eɪ'tiːnθ] ◇ *adj* dix-huitième. ◇ *n* [in series] dix-huitième *mf*; [fraction] dix-huitième *m*; see also fifth.

**eighth** [eɪtθ] ◇ *adj* huitième. ◇ *n* [in series] huitième *mf*; [fraction] huitième *m*. ◇ *adv* **-1.** [in contest] en huitième position, à la huitième place. **-2.** [on list] huitièmement; see also fifth.

**eighth note** *n Am* MUS croche *f*.

**eighth rest** *n Am* MUS demi-soupir *m*.

**eightieth** ['eɪtɪɪθ] ◇ *adj* quatre-vingtième. ◇ *n* [in series] quatre-vingtième *mf*; [fraction] quatre-vingtième *m*; see also fifth.

**Eights Week** [eɪts-] *n* semaine de la course d'avirons aux universités de Cambridge et d'Oxford.

**eighty** ['eɪtɪ] ◇ *pron* quatre-vingt. ◇ *adj* quatre-vingts; ~ one quatre-vingt-un; ~ first quatre-vingt-unième; page ~ page quatre-vingt; ~ million quatre-vingts millions. ◇ *n* quatre-vingt *m*; see also fifty.

**Eire** ['eərə] *pr n* Eire *f*.

**EIS** (abbr of **Educational Institute of Scotland**) *pr n* syndicat écossais d'enseignants.

**eisteddfod** [aɪ'stedfɒd] *n* festival annuel de musique, littérature et théâtre au pays de Galles.

**either** [esp Br 'aɪðər, esp Am 'iːðər] ◇ *det* **-1.** [one or the other] l'un ou l'autre, l'une ou l'autre; if you don't agree with ~ suggestion... si vous n'approuvez ni l'une ni l'autre OR aucune de ces suggestions...; you can take ~ route tu peux prendre l'un ou l'autre de ces chemins; ~ bus will get you there les deux bus y vont; he can write with ~ hand il peut écrire avec la main droite ou avec la main gauche. **-2.** [each] chaque; there were candles at ~ end of the table il y avait des bougies aux deux bouts OR à chaque bout de la table. ◇ *pron* [one or the other] l'un ou l'autre, l'une ou l'autre; I don't like ~ of them je ne les aime ni l'un ni l'autre; if ~ of you two makes the slightest noise si l'un de vous deux fait le moindre bruit; which would you like? — lequel voudriez-vous? — n'importe lequel. ◇ *adv* non plus; we can't hear anything ~ nous n'entendons rien non plus ‖ [emphatic use]: and don't take too long about it ~! et ne traîne pas, surtout!; he had a suggestion to make and not such a silly one ~ il avait une suggestion à faire et qui n'était pas bête en plus.

◆ **either... or** *conj phr* ou... ou, soit... soit; [with negative] ni... ni; ~ you stop complaining or I go home! ou tu arrêtes de te plaindre, ou je rentre chez moi; they're ~ very rich or very stupid ils sont soit très riches soit très bêtes; I've not met ~ him or his brother je n'ai rencontré ni lui ni son frère.

◆ **either way** *adv phr* **-1.** [in either case] dans les deux cas; ~ way I lose dans les deux cas je suis perdant; you can do it ~ way tu peux le faire d'une façon comme de l'autre; it's fine by me ~ way n'importe OR ça m'est égal. **-2.** [more or less] en plus ou en moins; a few days ~ way could make all the difference quelques jours en plus ou en moins pourraient

changer tout. **-3.** [indicating advantage]: it could go ~ way on ne peut rien prévoir; the match could have gone ~ way le match était ouvert.

**either-or** *adj*: it's an ~ situation il n'y a que deux solutions possibles.

**ejaculate** [ɪ'dʒækjʊleɪt] ◇ *vi* **-1.** PHYSIOL éjaculer. **-2.** *fml* [call out] s'écrier, s'exclamer. ◇ *vt* **-1.** PHYSIOL éjaculer. **-2.** *fml* [utter] lancer, pousser.

**eject** [ɪ'dʒekt] ◇ *vt* **-1.** [troublemaker] expulser. **-2.** [cartridge, pilot] éjecter; [lava] projeter. ◇ *vi* [pilot] s'éjecter.

**ejection** [ɪ'dʒekʃn] *n* **-1.** [of troublemaker] expulsion *f*.**-2.** [of cartridge, pilot] éjection *f*; [of lava] projection *f*.

**ejection seat** = ejector seat.

**ejector** [ɪ'dʒektər] *n* [on gun] éjecteur *m*.

**ejector seat** *n* siège *m* éjectable.

**eke** [iːk]

◆ **eke out** *vt sep* **-1.** [make last] faire durer. **-2.** [scrape]: to ~ out a living gagner tout juste sa vie. **-3.** [by adding something] augmenter.

**EKG** (abbr of **electrocardiogram**) *n Am* ECG *m*.

**el** [el] (abbr of **elevated railroad**) *n Am inf* métro *m* aérien.

**elaborate** [adj ɪ'læbrət, vb ɪ'læbəreɪt] ◇ *adj* [system, preparations] élaboré; [style, costume] recherché, travaillé; [pattern] compliqué; [details] minutieux; [map, plans] détaillé. ◇ *vt* [work out in detail – plan, scheme etc] élaborer; [describe in detail] décrire en détail. ◇ *vi* [go into detail] donner des détails.

◆ **elaborate on** *vt insep* [idea, statement] développer.

**elaborately** [ɪ'læbərətlɪ] *adv* [decorated, designed etc] minutieusement, avec recherche; [planned] minutieusement; [packaged] de manière élaborée.

**elaboration** [ɪ,læbə'reɪʃn] *n* [working out – of scheme, plan] élaboration *f*; [details] exposé *m* minutieux.

**élan** [eɪ'læn] *n* vigueur *f*, énergie *f*.

**eland** ['iːlənd] *n* éland *m*.

**elapse** [ɪ'læps] *vi* s'écouler, passer.

**elastic** [ɪ'læstɪk] ◇ *adj* **-1.** [material] élastique; ~ stockings bas *mpl* anti-varices. **-2.** *fig* [timetable, arrangements, concept] souple; [word, moral principles] élastique, souple; [working hours] élastique. **-3.** *lit* [step] élastique. ◇ *n* **-1.** [material] élastique *m*.**-2.** *Am* [rubber band] élastique *m*, caoutchouc *m*.

**elasticated** [ɪ'læstɪkeɪtɪd] *adj* [stockings, waist] élastique.

**elastic band** *n Br* élastique *m*.

**elasticity** [,elæ'stɪsətɪ] *n* élasticité *f*.

**Elastoplast®** [ɪ'læstəplɑːst] *n Br* pansement *m* adhésif.

**elated** [ɪ'leɪtɪd] *adj* fou de joie, exultant, euphorique.

**elation** [ɪ'leɪʃn] *n* allégresse *f*, exultation *f*, euphorie *f*.

**Elba** ['elbə] *pr n* l'île *f* d'Elbe; on ~ sur l'île d'Elbe.

**Elbe** [elb] *pr n*: the ~ (the River) l'Elbe *m*, l'Elbe *m*.

**elbow** ['elbəʊ] ◇ *n* [of arm, jacket, pipe, river] coude *m*; with his ~s on the bar les coudes sur le bar, accoudé au bar ❑ to give sb the ~ Br inf [employee] virer qqn; [boyfriend, girlfriend] larguer qqn; to jeter qqn; [tenant] mettre qqn à la porte; to lift the ~ Br inf picoler, lever le coude. ◇ *vt* [hit] donner un coup de coude à; [push] pousser du coude; he just ~ed me aside il m'a écarté du coude.

**elbow grease** *n inf* huile *f* de coude.

**elbowroom** ['elbəʊrʊm] *n*: I don't have enough ~ je n'ai pas assez de place (pour me retourner); *fig* je n'ai pas suffisamment de liberté d'action.

**elder** ['eldər] ◇ *adj* [brother, sister] aîné; Pitt the Elder le Premier Pitt; Brueghel the Elder Bruegel l'ancien. ◇ *n* **-1.** [of two children] aîné *m*, -e *f*.**-2.** [of tribe, the Church] ancien *m*.**-3.** [senior]: you should respect your ~s (and betters) vous devez le respect à vos aînés. **-4.** BOT sureau *m*.

**elderberry** ['eldə,berɪ] *n* baie *f* de sureau; ~ wine vin *m* de sureau.

**elderly** ['eldəlɪ] ◇ *adj* âgé; my ~ uncle mon vieil oncle. ◇ *npl*: the ~ les personnes *fpl* âgées.

**elder statesman** *n* [gen] vétéran *m*; [politician] vétéran *m* de la politique.

**eldest** ['eldɪst] ◇ *adj* aîné. ◇ *n* aîné *m*, -e *f*.

**elect** [ɪ'lekt] ◇ *vt* **-1.** [by voting] élire; to ~ sb President élire qqn président; to ~ sb to office élire qqn. **-2.** *fml* [choose] choisir; to ~ to do sthg choisir de faire qqch. ◇ *adj*: the

**President** ~ le président élu. ◇ *npl* RELIG: **the** ~ les élus *mpl*.

**elected** [ɪ'lektɪd] *adj* élu; **as an** ~ **official of the society** en tant que représentant élu de la société.

**election** [ɪ'lekʃn] ◇ *n* élection *f*; **to stand for** ~ se présenter aux élections. ◇ *comp* [day, results] des élections; [agent, campaign, speech] électoral.

**electioneering** [ɪ,lekʃə'nɪərɪŋ] ◇ *n* campagne *f* électorale; *pej* propagande *f* électorale. ◇ *adj* [speech, campaign] électoral; *pej* propagandiste.

**elective** [ɪ'lektɪv] ◇ *adj* **-1.** [with power to elect – assembly] électoral. **-2.** [chosen – official, post] électif. **-3.** [optional – course, subject] optionnel, facultatif; ~ **surgery** chirurgie *f* de confort. ◇ *n Am* SCH & UNIV [subject] cours *m* optionnel OR facultatif.

**elector** [ɪ'lektər] *n* **-1.** électeur *m*, -trice *f*. **-2.** HIST: **the Elector** l'Électeur.

**electoral** [ɪ'lektərəl] *adj* électoral; ~ **college** collège *m* électoral (*qui élit le président des États-Unis*); **on the** ~ **roll** OR register sur la liste électorale.

**electorate** [ɪ'lektərət] *n* électorat *m*.

**Electra** [ɪ'lektrə] *pr n* Électre.

**Electra complex** *n* PSYCH complexe *m* d'Électre.

**electric** [ɪ'lektrɪk] ◇ *adj* [cooker, cable, current, motor, musical instrument] électrique; *fig* [atmosphere] chargé d'électricité; [effect] électrisant; ~ **blanket** couverture *f* chauffante; ~ **eel** ZOOL anguille *f* électrique; ~ **fire** OR **heater** appareil *m* de chauffage électrique; ~ **guitar** guitare *f* électrique; ~ **light** [individual appliance] lumière *f* électrique; [lighting] éclairage *m* OR lumière *f* électrique. ◇ *n Br inf* électricité *f*.
◆ **electrics** *npl Br* installation *f* électrique.

**electrical** [ɪ'lektrɪkl] *adj* [appliance] électrique; [failure, fault] au niveau de l'installation électrique; ~ **engineer** ingénieur *m* électricien; ~ **engineering** électrotechnique *f*.

**electrically** [ɪ'lektrɪklɪ] *adv* électriquement; ~ **operated** [machine] · fonctionnant à l'électricité; [windows] à commande électrique.

**electrical shock** *Am* = **electric shock**.

**electric blue** ◇ *n* bleu *m* électrique. ◇ *adj* bleu électrique.

**electric chair** *n* chaise *f* électrique.

**electrician** [ɪ,lek'trɪʃn] *n* électricien *m*, -enne *f*.

**electricity** [ɪ,lek'trɪsətɪ] ◇ *n* électricité *f*; **to turn** OR **to switch the** ~ **off** couper le courant; **to turn** OR **to switch the** ~ **on** mettre le courant. ◇ *comp*: ~ **bill** note *f* d'électricité; ~ **board** *Br* agence *f* régionale de distribution de l'électricité; ~ **supply** alimentation *f* en électricité.

**electric shock** *Br*, **electrical shock** *Am* *n* décharge *f* électrique; **to get an** ~ prendre une décharge (électrique), prendre le courant.

**electric storm** *n* orage *m*.

**electrification** [ɪ,lektrɪfɪ'keɪʃn] *n* électrification *f*.

**electrify** [ɪ'lektrɪfaɪ] *vt* [railway line] électrifier; *fig* [audience] électriser.

**electrifying** [ɪ'lektrɪfaɪŋ] *adj fig* électrisant.

**electrocardiogram** [ɪ,lektrəʊ'kɑːdɪəgræm] *n* électrocardiogramme *m*.

**electrocardiograph** [ɪ,lektrəʊ'kɑːdɪəgrɑːf] *n* électrocardiographe *m*.

**electroconvulsive** [ɪ,lektrəʊkən'vʌlsɪv] *adj*: ~ **therapy** thérapie *f* par électrochocs.

**electrocute** [ɪ'lektrəkjuːt] *vt* électrocuter; **you'll** ~ **yourself** [give yourself a shock] tu vas prendre une décharge.

**electrode** [ɪ'lektrəʊd] *n* électrode *f*.

**electroencephalogram** [ɪ,lektrəʊen'sefələgræm] *n* électro-encéphalogramme *m*.

**electroencephalograph** [ɪ,lektrəʊen'sefələgrɑːf] *n* électro-encéphalographe *m*.

**electrolysis** [ɪ,lek'trɒləsɪs] *n* électrolyse *f*.

**electrolyte** [ɪ'lektrəʊlaɪt] *n* électrolyte *m*.

**electromagnet** [ɪ,lektrəʊ'mægnɪt] *n* électro-aimant *m*.

**electromagnetic** [ɪ,lektrəʊmæg'netɪk] *adj* électromagnétique.

**electromotive** [ɪ,lektrəʊ'məʊtɪv] *adj* électromoteur.

**electron** [ɪ'lektrɒn] *n* électron *m*.

**electron gun** *n* canon *m* électronique OR à électrons.

**electronic** [ɪ,ɪlek'trɒnɪk] *adj* électronique; ~ **data processing** traitement *m* électronique de données; ~ **transfer of funds** transfert *m* de fonds électronique; ~ **mail** courrier *m* électronique; ~ **office** bureau *m* informatisé; ~ **publishing** édition *f* électronique.
◆ **electronics** ◇ *n* (U) électronique *f*. ◇ *npl* composants *mpl* électroniques. ◇ *comp*: ~**s engineer** ingénieur *m* électronicien, électronicien *m*, -enne *f*; ~**s industry** industrie *f* électronique.

**electronically** [ɪ,ɪlek'trɒnɪklɪ] *adv* électroniquement; [operated] par voie électronique.

**electron microscope** *n* microscope *m* électronique.

**electron telescope** *n* télescope *m* électronique.

**electroplate** [ɪ'lektrəʊpleɪt] *vt* plaquer par galvanoplastie; [with gold] dorer par galvanoplastie; [with silver] argenter par galvanoplastie. ◇ *n* (U) articles *mpl* plaqués (par galvanoplastie); [with silver] articles *mpl* argentés.

**electroshock** [ɪ'lektrəʊʃɒk] *n* électrochoc *m*; ~ **therapy** thérapie *f* par électrochocs.

**electrostatic** [ɪ,lektrəʊ'stætɪk] *adj* électrostatique.

**electrostatics** [ɪ,lektrəʊ'stætɪks] *n* (U) électrostatique *f*.

**electrotherapy** [ɪ,lektrəʊ'θerəpɪ] *n* électrothérapie *f*.

**elegance** ['elɪgəns] *n* élégance *f*.

**elegant** ['elɪgənt] *adj* [person, style, solution] élégant; [building, furniture] aux lignes élégantes.

**elegantly** ['elɪgəntlɪ] *adv* élégamment.

**elegiac** [elɪ'dʒaɪək] *adj* élégiaque. ◇ *n* élégie *f*.

**elegy** ['elɪdʒɪ] (*pl* **elegies**) *n* élégie *f*.

**element** ['elɪmənt] *n* **-1.** [water, air etc] élément *m*; **to be exposed to/to brave the** ~**s** être exposé aux/affronter les éléments; **to be in one's** ~ *fig* être dans son élément. **-2.** [in kettle, electric heater] résistance *f*. **-3.** [small amount – of danger, truth, the unknown] part *f*; **the** ~ **of surprise** l'élément de OR le facteur surprise. **-4.** (*usu pl*) [rudiment] rudiment *m*. **-5.** [in society, group] élément *m*; **the hooligan** ~ l'élément hooligan de la société; **a disruptive** ~ [in class] un élément perturbateur.

**elemental** [,elɪ'mentl] *adj* **-1.** [basic] fondamental, de base. **-2.** [relating to the elements] propre aux éléments; **the** ~ **force of the storm** la force des éléments déchaînés dans la tempête. **-3.** CHEM élémentaire.

**elementary** [,elɪ'mentərɪ] *adj* élémentaire; ~ **school/ education** école *f*/enseignement *m* primaire.

**elephant** ['elɪfənt] *n* éléphant *m*; **African/Indian** ~ éléphant d'Afrique/d'Asie.

**elephantiasis** [,elɪfən'taɪəsɪs] *n* éléphantiasis *m*.

**elephantine** [,elɪ'fæntaɪn] *adj* [proportions, size] éléphantesque; [gait] lourd, pesant; [movement] gauche, maladroit.

**elephant seal** *n* éléphant *m* de mer.

**elevate** ['elɪveɪt] *vt* [raise – in height, rank etc] élever.

**elevated** ['elɪveɪtɪd] *adj* **-1.** [height, position, rank] haut, élevé; [thoughts] noble, élevé; [style] élevé, soutenu. **-2.** [raised – road] surélevé; ~ **railway** OR **railroad** *Am* métro *m* aérien.

**elevation** [,elɪ'veɪʃn] *n* **-1.** [of roof, in rank] élévation *f*; RELIG [of host] élévation *f*; [of style, language] caractère *m* élevé OR soutenu. **-2.** [height]: ~ **above sea-level** élévation *f* par rapport au niveau de la mer. **-3.** [hill] élévation *f*, hauteur *f*. **-4.** [of cannon] hausse *f*. **-5.** ARCHIT élévation *f*.

**elevator** ['elɪveɪtər] *n* **-1.** *Am* [lift] ascenseur *m*. **-2.** [for grain] élévateur *m*.

**eleven** [ɪ'levn] ◇ *pron* onze. ◇ *adj* onze. ◇ *n* onze *m*; SPORT équipe *f*; FTBL onze *m*, équipe *f*; *see also* **five**.

**eleven-plus** *n Br* SCH examen de sélection pour l'entrée dans le secondaire en Grande-Bretagne.

**elevenses** [ɪ'levnzɪz] *n Br* boisson ou en-cas pour la pause de onze heures.

**eleventh** [ɪ'levnθ] ◇ *adj* onzième. ◇ *n* [in series] onze *mf*; [fraction] onzième *m*; *see also* **fifth**.

**eleventh hour** *n*: **at the** ~ à la dernière minute.
◆ **eleventh-hour** *adj* de dernière minute.

**elf** [elf] (*pl* **elves** [elvz]) *n* elfe *m*.

**elfin** ['elfɪn] *adj fig* [face, features] délicat.

**elfish** ['elfɪʃ] = **elfin**.

**elicit** [ɪ'lɪsɪt] *vt* [information, explanation, response] obtenir;

[facts, truth] découvrir, mettre au jour; **to ~ sthg from sb** tirer qqch de qqn.

**elide** [ɪ'laɪd] *vt* élider.

**eligibility** [ˌelɪdʒə'bɪlətɪ] *n* [to vote] éligibilité *f*; [for a job] admissibilité *f*.

**eligible** ['elɪdʒəbl] *adj* [to vote] éligible; [for a job] admissible; [for promotion] pouvant bénéficier d'une promotion; [for marriage] mariable; **to be ~ for a pension/a tax rebate** avoir droit à une retraite/un dégrèvement fiscal; **an ~ bachelor** un bon or beau parti.

**Elijah** [ɪ'laɪdʒə] *pr n* Élie.

**eliminate** [ɪ'lɪmɪneɪt] *vt* [competitor, alternative] éliminer; [stain, mark] enlever, faire disparaître; [item from diet] supprimer, éliminer; [possibility] écarter, éliminer; [kill] éliminer, supprimer; MATHS & PHYSIOL éliminer; **to ~ hunger and poverty from the world** éliminer or supprimer la faim et la pauvreté dans le monde.

**elimination** [ɪˌlɪmɪ'neɪʃn] *n* élimination *f*; **by (a process of) ~** par élimination.

**Elisha** [ɪ'laɪʃə] *pr n* Élisée.

**elision** [ɪ'lɪʒn] *n* élision *f*.

**elite** [ɪ'liːt], **élite** [eɪ'liːt] ◇ *n* élite *f*. ◇ *adj* d'élite.

**elitism** [ɪ'liːtɪzm] *n* élitisme *m*.

**elitist** [ɪ'liːtɪst] ◇ *n* élitiste *mf*. ◇ *adj* élitiste.

**elixir** [ɪ'lɪksəʳ] *n* élixir *m*; **~ of life** élixir *m* de vie.

**Elizabeth** [ɪ'lɪzəbəθ] *pr n*: **Queen ~** la reine Élisabeth.

**Elizabethan** [ɪˌlɪzə'biːθn] ◇ *adj* élisabéthain. ◇ *n* Élisabéthain *m*, -e *f*.

**elk** [elk] (*pl inv* or **elks**) *n* élan *m*; **American ~** wapiti *m*.

**ellipse** [ɪ'lɪps] *n* MATH ellipse *f*.

**ellipsis** [ɪ'lɪpsɪs] (*pl* **ellipses** [-siːz]) *n* ellipse *f* GRAMM.

**elliptic** [ɪ'lɪptɪk] *adj* elliptique.

**Ellis Island** ['elɪs-] *pr n* Ellis Island (*dans la première moitié du XXᵉ siècle, lieu de débarquement des immigrés, situé au large de New York*).

**elm** [elm] *n* orme *m*.

**elocution** [ˌelə'kjuːʃn] *n* élocution *f*, diction *f*.

**elongate** ['iːlɒŋgeɪt] ◇ *vt* allonger; [line] prolonger. ◇ *vi* s'allonger, s'étendre.

**elongated** ['iːlɒŋgeɪtɪd] *adj* [in space] allongé; [in time] prolongé.

**elongation** [ˌiːlɒŋ'geɪʃn] *n* allongement *m*; [of line] prolongement *m*.

**elope** [ɪ'ləʊp] *vi* s'enfuir pour se marier; **to ~ with sb** s'enfuir avec qqn pour l'épouser.

**elopement** [ɪ'ləʊpmənt] *n* fugue *f* amoureuse (*en vue d'un mariage*).

**eloquence** ['eləkwəns] *n* éloquence *f*.

**eloquent** ['eləkwənt] *adj* éloquent.

**eloquently** ['eləkwəntlɪ] *adv* éloquemment, avec éloquence.

**El Salvador** [el'sælvədɔːʳ] *pr n* Salvador *m*; **in ~** au Salvador.

**else** [els] *adv* **-1.** [after indefinite pronoun] d'autre; **anybody** or **anyone ~** [at all] n'importe qui d'autre; [in addition] quelqu'un d'autre; **he's no cleverer than anybody ~** il n'est pas plus intelligent qu'un autre; **anything ~** [at all] n'importe quoi d'autre; [in addition] quelque chose d'autre; **would you like** or **will there be anything ~?** [in shop] vous fallait-il autre chose?; [in restaurant] désirez-vous autre chose?; **I couldn't do anything ~ but** or **except apologize** je ne pouvais (rien faire d'autre) que m'excuser; **anywhere ~** ailleurs; **I haven't got anywhere ~** or **I've got nowhere ~ to go** je n'ai nulle part ailleurs où aller; **everybody ~** tous les autres; **everything ~** tout le reste; **everywhere ~** partout ailleurs; **and much ~** (besides) et beaucoup de choses encore; **nobody** or **no one ~** personne d'autre; **we're alive, nothing ~ matters** nous sommes vivants, c'est tout ce qui compte; **there's nothing ~ for it** il n'y a rien d'autre à faire; **somebody** or **someone ~** quelqu'un d'autre; **something ~** autre chose, quelque chose d'autre; **somewhere** or *Am* **someplace ~** ailleurs, autre part ❏ **if all ~ fails** en dernier recours; **it'll teach him a lesson, if nothing ~** au moins, ça lui servira de leçon; **he's/she's/it's something ~!** *inf* il est/elle est/c'est incroyable!**-2.** (*after interrogative pronoun*) [in addi-

tion] d'autre; **what/who ~?** quoi/qui d'autre? ‖ [otherwise] autrement; **how/why ~ would I do it?** comment/pourquoi te ferais-je sinon?; **where ~ would he be?** où peut-il être à part là?

**elsewhere** [els'weəʳ] *adv* ailleurs; **~ in France** ailleurs en France.

**ELT** (*abbr of* **English language teaching**) *n* enseignement de l'anglais.

**elucidate** [ɪ'luːsɪdeɪt] ◇ *vt* [point, question] élucider, expliciter; [reasons] expliquer. ◇ *vi* expliquer, être plus clair.

**elucidation** [ɪˌluːsɪ'deɪʃn] *n* [of point, question] élucidation *f*, éclaircissement *m*; [of reasons] explication *f*.

**elude** [ɪ'luːd] *vt* [enemy, pursuers] échapper à; [question] éluder; [blow] esquiver; [escape] éviter, fuir; [obligation, responsibility] se dérober à, se soustraire à; [justice] se soustraire à; **his name/that word ~s me** son nom/ce mot m'échappe; **to ~ sb's grasp** échapper à (l'emprise de) qqn; **success has always ~d him** la réussite lui a toujours échappé.

**elusive** [ɪ'luːsɪv] *adj* [enemy, prey, happiness, thought] insaisissable; [word, concept] difficile à définir; [answer] élusif, évasif; **she's being rather ~** [difficult to find] elle se fait plutôt discrète ces derniers temps; [vague] elle se montre assez évasive.

**elusively** [ɪ'luːsɪvlɪ] *adv* [answer] de manière élusive; [move] de manière insaisissable.

**elves** [elvz] *pl* → **elf**.

**Elysium** [ɪ'lɪzɪəm] *n* MYTH Élysée *m*.

**em** [em] *n* TYPO cadratin *m*.

**'em** [əm] *inf* = **them**.

**emaciated** [ɪ'meɪʃɪeɪtɪd] *adj* émacié, décharné.

**emaciation** [ɪˌmeɪsɪ'eɪʃn] *n* émaciation *f*.

**email, e-mail** ['iːmeɪl] (*abbr of* **electronic mail**) ◇ *n* courrier *m* électronique. ◇ *vt* envoyer par courrier électronique.

**emanate** ['eməneɪt] ◇ *vi*: **~ from** émaner de. ◇ *vt* [love, affection] exsuder, rayonner de; [concern] respirer.

**emanation** [ˌemə'neɪʃn] *n* émanation *f*.

**emancipate** [ɪ'mænsɪpeɪt] *vt* [women] émanciper; [slaves] affranchir.

**emancipated** [ɪ'mænsɪpeɪtɪd] *adj* émancipé.

**emancipation** [ɪˌmænsɪ'peɪʃn] *n* émancipation *f*.

**emasculate** [ɪ'mæskjʊleɪt] *vt* [castrate] émasculer; *fig* émasculer, affaiblir.

**emasculation** [ɪˌmæskjʊ'leɪʃn] *n* [castration] émasculation *f*; *fig* émasculation *f*, affaiblissement *m*.

**embalm** [ɪm'bɑːm] *vt* embaumer.

**embalmer** [ɪm'bɑːməʳ] *n* embaumeur *m*, thanatopracteur *m*.

**embalming** [ɪm'bɑːmɪŋ] *n* embaumement *m*; **~ fluid** fluide *m* de thanatopraxie.

**embankment** [ɪm'bæŋkmənt] *n* [of concrete] quai *m*; [of earth] berge *f*; [to contain river] digue *f*; [along railway, road] talus *m*.

**embargo** [em'bɑːgəʊ] (*pl* **embargoes**) ◇ *n* **-1.** COMM & POL embargo *m*; **to put** or **to place on** or **to lay an ~ on sthg** mettre l'embargo sur qqch; **to lift/to break an ~** lever/enfreindre un embargo; **there is still an ~ on arms, arms are still under an ~** les armes sont encore sous embargo; **oil/arms ~** embargo pétrolier/sur les armes. **-2.** *fig* [on spending] interdiction *f*; **to put an ~ on sthg** interdire or bannir qqch. ◇ *vt* COMM & POL mettre l'embargo sur; *fig* interdire.

**embark** [ɪm'bɑːk] ◇ *vt* [passengers, cargo] embarquer. ◇ *vi* embarquer, monter à bord.

◆ **embark on, embark upon** *vt insep* [journey, career] commencer, entreprendre; [explanation, venture] se lancer dans; [risky operations] s'embarquer dans.

**embarkation** [ˌembɑː'keɪʃn], **embarkment** [ɪm'bɑːkmənt] *n* [of passengers, cargo] embarquement *m*; **~ papers** or **card** carte *f* d'embarquement.

**embarrass** [ɪm'bærəs] *vt* embarrasser, gêner.

**embarrassed** [ɪm'bærəst] *adj* embarrassé; **to feel ~ (about sthg)** être embarrassé or se sentir gêné (à propos de qqch); **to be (financially) ~** être gêné, avoir des problèmes d'argent.

**embarrassing** [ɪm'bærəsɪŋ] *adj* [experience, person] embarrassant, gênant; [situation] embarrassant, délicat.

**embarrassingly** [ɪmˈbærəsɪŋlɪ] *adv* de manière embarrassante; **it was ~ obvious** c'était évident au point d'en être embarrassant.

**embarrassment** [ɪmˈbærəsmənt] *n* embarras *m*, gêne *f*; **(much) to my ~** à mon grand embarras; **to cause sb ~** mettre qqn dans l'embarras; **to be in a state of financial ~** avoir des problèmes OR embarras financiers; **to be an ~** OR **a source of ~ to sb** être une source d'embarras pour qqn, faire honte à qqn.

**embassy** [ˈembəsɪ] (*pl* **embassies**) *n* ambassade *f*; **the British/French Embassy** l'ambassade de Grande-Bretagne/France.

**embattled** [ɪmˈbætld] *adj* [army] engagé dans la bataille; [town] ravagé par les combats; *fig* en difficulté, aux prises avec des difficultés.

**embed** [ɪmˈbed] (*pt* & *pp* **embedded**, *cont* **embedding**) *vt* [in wood] enfoncer; [in rock] sceller; [in cement] sceller, noyer; [jewels] enchâsser, incruster.

**embedded** [ɪmˈbedɪd] *adj* [in wood] enfoncé; [in rock] scellé; [in cement] scellé, noyé; [jewels] enchâssé, incrusté; **~ command** COMPUT commande *f* intégrée; **~ clause** GRAMM proposition *f* enchâssée.

**embedding** [ɪmˈbedɪŋ] *n* [in wood] enfoncement *m*; [in rock, cement] scellement *m*; GRAMM enchâssement *m*.

**embellish** [ɪmˈbelɪʃ] *vt* [garment, building] embellir, décorer, orner; [account, story etc] enjoliver, embellir.

**embellishment** [ɪmˈbelɪʃmənt] *n* [of building] embellissement *m*; [of garment] décoration *f*; [of account, story etc] enjolivement *m*, embellissement *m*; [in handwriting] fioritures *fpl*.

**ember** [ˈembəʳ] *n* charbon *m* ardent, morceau *m* de braise; **~s** braise *f*.

**embezzle** [ɪmˈbezl] ◇ *vt* [money] détourner, escroquer; **to ~ money from sb** escroquer de l'argent à qqn. ◇ *vi*: **to ~ from a company** détourner les fonds d'une société.

**embezzlement** [ɪmˈbezlmənt] *n* [of funds] détournement *m*; **to be convicted of ~** être reconnu coupable de détournement de fonds.

**embezzler** [ɪmˈbezləʳ] *n* escroc *m*, fraudeur *m*, -euse *f*.

**embitter** [ɪmˈbɪtəʳ] *vt* [person] remplir d'amertume, aigrir; [relations] altérer, détériorer.

**embittered** [ɪmˈbɪtəd] *adj* aigri.

**emblazon** [ɪmˈbleɪzn] *vt* blasonner.

**emblazoned** [ɪmˈbleɪznd] *adj*: **the shield is ~ with dragons** le bouclier porte des dragons.

**emblem** [ˈembləm] *n* emblème *m*.

**emblematic** [ˌembləˈmætɪk] *adj* emblématique.

**embodiment** [ɪmˈbɒdɪmənt] *n* **-1.** [epitome] incarnation *f*, personnification *f*; **to be the ~ of goodness/evil** [person] être la bonté même/le mal incarné. **-2.** [inclusion] intégration *f*, incorporation *f*.

**embody** [ɪmˈbɒdɪ] (*pt* & *pp* **embodied**) *vt* **-1.** [epitomize – subj: person] incarner; [– subj: action] exprimer. **-2.** [include] inclure, intégrer.

**embolden** [ɪmˈbəʊldən] *vt fml* enhardir; **to feel ~ed to do sthg** se sentir le courage de faire qqch.

**embolism** [ˈembəlɪzm] *n* MED embolie *f*.

**emboss** [ɪmˈbɒs] *vt* [metal] repousser, estamper; [leather] estamper, gaufrer; [cloth, paper] gaufrer.

**embossed** [ɪmˈbɒst] *adj* [metal] repoussé; [leather] gaufré; [cloth, wallpaper] gaufré, à motifs en relief.

**embouchure** [ˌɑːmbuːˈʃʊəʳ] *n* MUS embouchure *f*.

**embrace** [ɪmˈbreɪs] ◇ *vt* **-1.** [friend, child] [lover] étreindre, enlacer; [official, visitor, statesman] donner l'accolade à. **-2.** [include] regrouper, comprendre, embrasser. **-3.** [adopt – religion, cause] embrasser; [– opportunity] saisir. ◇ *vi* [friends] s'étreindre; [lovers] s'étreindre, s'enlacer; [statesmen] se donner l'accolade. ◇ *n* [of friend, child] étreinte *f*; [of lover] étreinte *f*, enlacement *m*; [of official visitor, statesman] accolade *f*; **to hold** OR **to clasp sb in an ~** étreindre qqn.

**embrocation** [ˌembrəˈkeɪʃn] *n* embrocation *f*.

**embroider** [ɪmˈbrɔɪdəʳ] ◇ *vt* [garment, cloth] broder; *fig* [story, truth] embellir, enjoliver. ◇ *vi* [with needle] broder; *fig* [embellish] broder, enjoliver.

**embroidered** [ɪmˈbrɔɪdəd] *adj* [garment, cloth] brodé.

**embroidery** [ɪmˈbrɔɪdərɪ] (*pl* **embroideries**) *n* [on garment, cloth] broderie *f*; *fig* [of story, truth] enjolivement *m*, embellissement *m*.

**embroil** [ɪmˈbrɔɪl] *vt* mêler, impliquer; **to get ~ed in sthg** se retrouver mêlé à qqch.

**embryo** [ˈembrɪəʊ] (*pl* **embryos**) *n* BIOL & *fig* embryon *m*; **in ~** [foetus, idea] à l'état embryonnaire.

**embryology** [ˌembrɪˈɒlədʒɪ] *n* embryologie *f*.

**embryonic** [ˌembrɪˈɒnɪk] *adj* BIOL embryonnaire; *fig* à l'état embryonnaire.

**emcee** [ˌemˈsiː] *inf* ◇ *n abbr of* **master of ceremonies**. ◇ *vt* animer.

**emend** [iːˈmend] *vt* corriger.

**emendation** [ˌiːmenˈdeɪʃn] *n fml* correction *f*.

**emerald** [ˈemərəld] ◇ *n* **-1.** [gem stone] émeraude *f*.**-2.** [colour]: **~ (green)** (vert *m*) émeraude *m*. ◇ *comp* [brooch, ring] en émeraude.

**Emerald Isle** *pr n lit* Île *f* d'Émeraude.

**emerge** [ɪˈmɜːdʒ] *vi* [person, animal] sortir; [sun] sortir, émerger; [truth, difficulty] émerger, apparaître; **to ~ from hiding** sortir de sa cachette; **to ~ as favourite** apparaître comme le favori; **it later ~d that...** il est apparu par la suite que...

**emergence** [ɪˈmɜːdʒəns] *n* émergence *f*.

**emergency** [ɪˈmɜːdʒənsɪ] (*pl* **emergencies**) ◇ *n* **-1.** (cas *m* d') urgence *f*; **this is an ~!** c'est une urgence!; **in case of ~, in an ~** en cas d'urgence; **to be prepared for any ~** être prêt à toutes les éventualités. **-2.** MED [department] (service *m* des) urgences *fpl*. ◇ *comp* [measures, procedure, meeting] d'urgence; **~ brake** frein *m* de secours; **'~ exit'** 'sortie *f* de secours'; **~ landing** AERON atterrissage *m* forcé; **~ patient** urgence *f*; **~ powers** pouvoirs *mpl* extraordinaires; **~ room** *Am* salle *f* des urgences; **~ service** AUT service *m* de dépannage; MED service *m* des urgences; **~ services** services *mpl* d'urgence; **~ stop** AUT arrêt *m* d'urgence; **~ supply** réserve *f*; **~ tank** AERON réservoir *m* auxiliaire; **~ ward** *Br* MED salle *f* des urgences.

**emergent** [ɪˈmɜːdʒənt] *adj* [theory, nation] naissant.

**emeritus** [ɪˈmerɪtəs] *adj* UNIV honoraire.

**emery** [ˈeməri] *n* émeri *m*.

**emery board** *n* lime *f* à ongles.

**emery paper** *n* papier *m* (d') émeri.

**emetic** [ɪˈmetɪk] ◇ *adj* émétique. ◇ *n* émétique *m*, vomitif *m*.

**emigrant** [ˈemɪgrənt] ◇ *n* émigrant *m*, -e *f*; [when established abroad] émigré *m*, -e *f*. ◇ *comp* [worker, population] émigré.

**emigrate** [ˈemɪgreɪt] *vi* émigrer.

**emigration** [ˌemɪˈgreɪʃn] *n* émigration *f*.

**émigré** [ˈemɪgreɪ] *n* émigré *m*, -e *f*.

**eminence** [ˈemɪnəns] *n* **-1.** [prominence] rang *m* éminent. **-2.** [high ground] éminence *f*, hauteur *f*.
◆ **Eminence** *n* RELIG [title] Éminence *f*; **Your/His Eminence** Votre/Son Éminence.

**eminent** [ˈemɪnənt] *adj* [distinguished] éminent; [conspicuous] éminent, remarquable, insigne.

**eminently** [ˈemɪnəntlɪ] *adv* éminemment; **~ suitable** qui convient parfaitement.

**emir** [eˈmɪəʳ] *n* émir *m*.

**emirate** [ˈemərət] *n* émirat *m*.

**emissary** [ˈemɪsərɪ] (*pl* **emissaries**) *n* émissaire *m*.

**emission** [ɪˈmɪʃn] *n* émission *f*.

**emit** [ɪˈmɪt] (*pt* & *pp* **emitted**, *cont* **emitting**) *vt* [sound, radiation, light] émettre; [heat] dégager, émettre; [gas] dégager; [sparks, cry] lancer.

**Emmental, Emmenthal** [ˈemən,tɑːl] *n* Emmental *m*.

**Emmy** [ˈemɪ] *n*: **~ (award)** *distinction récompensant les meilleures émissions télévisées américaines de l'année.*

**emollient** [ɪˈmɒlɪənt] ◇ *adj* émollient; *fig* adoucissant, calmant. ◇ *n* émollient *m*.

**emolument** [ɪˈmɒljʊmənt] *n fml (usu pl)*: **~s** émoluments *mpl*, rémunération *f*.

**emote** [ɪˈməʊt] *vi* [on stage] faire dans le genre tragique; [in life] avoir un comportement théâtral.

**emotion** [ɪˈməʊʃn] *n* [particular feeling] sentiment *m*; [faculty] émotion *f*; **to show no ~** ne laisser paraître aucune émotion; to express one's ~s exprimer ses sentiments; full of ~ ému.

**emotional** [ɪ'məʊʃənl] *adj* **-1.** [stress] émotionnel; [life, problems] affectif. **-2.** [person – easily moved] sensible, qui s'émeut facilement; [– stronger] émotif; [appealing to the emotions – plea, speech, music] émouvant; [charged with emotion – issue] passionné, brûlant; [– reunion, scene] chargé d'émotion; [governed by emotions – person] passionné, ardent; [– reaction, state] émotionnel; why do you always have to get so ~? pourquoi faut-il toujours que tu te mettes dans de tels états?; ~ blackmail chantage *m* affectif.

**emotionally** [ɪ'məʊʃnəlɪ] *adv* [react, speak] avec émotion; to feel ~ exhausted OR drained se sentir vidé (sur le plan émotionnel); to be ~ disturbed souffrir de troubles affectifs; to be ~ involved with sb avoir des liens affectifs avec qqn.

**emotionless** [ɪ'məʊʃnlɪs] *adj* [person, face, eyes] impassible; [style] froid.

**emotive** [ɪ'məʊtɪv] *adj* [issue] sensible; [word, phrase] à forte teneur émotionnelle.

**empanel** [ɪm'pænl] (*Br pt & pp* **empanelled**, *cont* **empanelling**, *Am pt & pp* **empaneled**, *cont* **empaneling**) *vt* [jury] constituer; [juror] inscrire sur la liste OR le tableau du jury.

**empathize** ['empəθaɪz] *vi*: to ~ with sb s'identifier à qqn.

**empathy** ['empəθɪ] *n* [affinity – gen] affinité *f*, affinités *fpl*, sympathie *f*; PHILOS & PSYCH empathie *f*; [power, ability] capacité *f* à s'identifier à autrui.

**emperor** ['empərəʳ] *n* empereur *m*; 'The Emperor's New Clothes' *Andersen* 'les Nouveaux Habits de l'empereur'.

**emperor moth** *n* saturnie *f*, paon de nuit *m*.

**emperor penguin** *n* manchot *m* empereur.

**emphasis** ['emfəsɪs] (*pl* **emphases** [-siːz]) *n* **-1.** [importance] accent *m*; to. place OR to lay OR to put ~ on sthg mettre l'accent sur qqch; there is too much ~ on materialism in our society on accorde trop d'importance aux choses matérielles dans notre société; the ~ now is on winning votes ce qui est important maintenant c'est de gagner des voix. **-2.** LING [stress] accent *m*.

**emphasize** ['emfəsaɪz] *vt* **-1.** [detail, need, importance] insister sur; I can't ~ this strongly enough je n'insisterai jamais assez sur cela. **-2.** [physical feature] accentuer. **-3.** LING [syllable] accentuer; [word] accentuer, appuyer sur.

**emphatic** [ɪm'fætɪk] *adj* [gesture, refusal] emphatique; [speaker, manner] énergique, vigoureux; LING emphatique; to be ~ in one's denials nier avec emphase.

**emphatically** [ɪm'fætɪklɪ] *adv* **-1.** [forcefully] emphatiquement, avec emphase; [deny] avec emphase. **-2.** [definitely] clairement; I most ~ do not agree with you je ne suis absolument pas d'accord avec vous.

**emphysema** [,emfɪ'siːmə] *n* emphysème *m*.

**empire** ['empaɪəʳ] *n* empire *m*.

◆ **Empire** *comp* [costume, furniture, style] Empire.

**empire-builder** *n fig* bâtisseur *m* d'empires.

**empire-building** *n*: there's too much ~ going on on joue trop les bâtisseurs d'empires.

**empirical** [ɪm'pɪrɪkl] *adj* empirique.

**empirically** [ɪm'pɪrɪklɪ] *adv* empiriquement.

**empiricism** [ɪm'pɪrɪsɪzm] *n* empirisme *m*.

**empiricist** [ɪm'pɪrɪsɪst] *n* empiriste *mf*.

**emplacement** [ɪm'pleɪsmənt] *n* MIL [of canon] emplacement *m*.

**employ** [ɪm'plɔɪ] ◇ *vt* **-1.** [give work to] employer; they ~ 245 staff ils ont 245 employés; he has been ~ed with the firm for twenty years il travaille pour cette entreprise de-

puis vingt ans. **-2.** [use – means, method, word] employer, utiliser; [– skill, diplomacy] faire usage de, employer; [– force] employer, avoir recours à. **-3.** [occupy]: to ~ oneself/to be ~ed in doing sthg s'occuper/être occupé à faire qqch; you'd be better ~ed doing your homework tu ferais mieux de faire tes devoirs. ◇ *n fml* service *m*; to be in sb's ~ être au service de qqn.

**employable** [ɪm'plɔɪəbl] *adj* [person] susceptible d'être employé; [method] utilisable; a good education makes you more ~ une bonne formation donne plus de chances de trouver du travail.

**employed** [ɪm'plɔɪd] ◇ *adj* employé; I am not ~ at the moment je n'ai pas de travail en ce moment. ◇ *npl* personnes *fpl* qui ont un emploi; employers and ~ patronat *m* et salariat *m*.

**employee** [ɪm'plɔɪiː] *n* employé *m*, -e *f*, salarié *m*, -e *f*; management and ~s la direction et les employés or le personnel; [in negotiations] les partenaires *mpl* sociaux; ~'s contribution OR share [to benefits] cotisation *f* ouvrière.

**employer** [ɪm'plɔɪəʳ] *n* employeur *m*, patron *m*; ADMIN employeur *m*; who is your ~? pour qui travaillez-vous?; ~s [as a body] patronat *m*; ~'s contribution OR share [to employee benefits] cotisation *f* patronale.

**employment** [ɪm'plɔɪmənt] *n* **-1.** [work] emploi *m*; to be in ~ avoir un emploi OR du travail; full ~ plein emploi; conditions of ~ conditions *fpl* de travail; to look for OR to seek ~ chercher du travail OR un emploi, être demandeur d'emploi; (the) ~ figures les chiffres de l'emploi ❑ Department of Employment *Am* OR *dated Br*, Employment Department ≃ ministère *m* du Travail; Secretary (of State) for OR Minister of Employment *Br*, Secretary for Employment *Am* ≃ ministre *m* du Travail. **-2.** [recruitment] embauche *f*; [providing work] emploi *m*. **-3.** [use – of method, word] emploi *m*; [– of force, skill] usage *m*, emploi *m*.

**employment agency**, **employment bureau** *n* agence *f* OR bureau *m* de placement.

**employment exchange**, **employment office** *n Br dated* ≃ ANPE *f*.

**emporium** [em'pɔːrɪəm] (*pl* **emporiums** OR **emporia** [-rɪə]) *n* grand magasin *m*.

**empower** [ɪm'paʊəʳ] *vt fml* habiliter, autoriser; to ~ sb to do sthg habiliter OR autoriser qqn à faire qqch.

**empowering** [ɪm'paʊərɪŋ] *adj* qui donne un sentiment de pouvoir.

**empress** ['empris] *n* impératrice *f*.

**emptiness** ['emptɪnɪs] *n* vide *m*.

**empty** ['emptɪ] (*pl* **empties**, *compar* **emptier**, *superl* **emptiest**) ◇ *adj* [glass, room, box etc] vide; [city, street] désert; [cinema] désert, vide; [job, post] vacant, à pourvoir; *fig* [words, talk] creux; [promise] en l'air, vain; [gesture] dénué de sens; [threat] en l'air; ~ of meaning vide OR dénué de sens; my stomach is ~ [I'm hungry] j'ai un creux (à l'estomac); to do sthg on an ~ stomach faire qqch à jeun; to feel ~ [drained of emotion] se sentir vidé (sur le plan émotionnel) ❑ ~ vessels make most noise *prov* moins on en sait, plus on parle. ◇ *n inf* [bottle] bouteille *f* vide; [glass] verre *m* vide. ◇ *vt* [glass, pocket, room] vider; [car, lorry] décharger. ◇ *vi* [building, street, container] se vider; [water] s'écouler; to ~ into the sea [river] se jeter dans la mer.

◆ **empty out** ◇ *vt sep* vider. ◇ *vi insep* [tank, container] se vider; [water, liquid] s'écouler.

**empty-handed** [-'hændɪd] *adj* les mains vides.

**empty-headed** *adj* écervelé, sans cervelle.

**EMS** (*abbr of* **European Monetary System**) *pr n* SME *m*.

---

USAGE ▶ **Emphasizing a point**

On ne dira jamais assez l'importance de ce phénomène.
Je dois souligner le caractère provisoire du projet.
Il ne faut pas négliger ce dernier aspect.
Il est indispensable, et là j'insiste, que vous appreniez à prendre des décisions.
Vous avez exactement un quart d'heure, je répète, un quart d'heure.

▷ *less formally:*

N'oublie pas que c'est une étape décisive dans ta carrière.
Je ne voudrais pas avoir l'air d'insister, mais, s'il te plaît, assure-toi que la porte est bien fermée.
Tu es bien sûr d'avoir fermé la porte?
Tu te rappelles que tu dois le voir ce soir, n'est-ce pas?

**EMT** (*abbr of* **emergency medical technician**) *n technicien médical des services d'urgence.*

**emu** ['iːmjuː] *n* émeu *m.*

**emulate** ['emjuleɪt] *vt* [person, action] imiter; COMPUT émuler.

**emulation** [,emjʊ'leɪʃn] *n* [gen & COMPUT] émulation *f.*

**emulator** ['emjʊleɪtəʳ] *n* COMPUT émulateur *m.*

**emulsifier** [ɪ'mʌlsɪfaɪəʳ] *n* émulsifiant *m.*

**emulsify** [ɪ'mʌlsɪfaɪ] *vt* émulsionner, émulsifier.

**emulsion** [ɪ'mʌlʃn] ◇ *n* **-1.** CHEM & PHOT émulsion *f.* **-2.** [paint] (peinture *f*) émulsion *f.* ◇ *vt* appliquer de la peinture émulsion sur.

**emulsion paint** = **emulsion** *n* 2.

**en** [en] *n* TYPO demi-cadratin *m.*

**enable** [ɪ'neɪbl] *vt*: to ~ sb to do sthg permettre à qqn de faire qqch; JUR habiliter OR autoriser qqn à faire qqch.

**enabling** [ɪ'neɪblɪŋ] *adj* JUR habilitant.

**enact** [ɪ'nækt] *vt* **-1.** JUR [bill, law] promulguer. **-2.** [scene, play] jouer; to be ~ed *fig* se dérouler.

**enactment** [ɪ'næktmənt] *n* **-1.** JUR [of bill, law etc] promulgation *f.* **-2.** [of play] représentation *f.*

**enamel** [ɪ'næml] (*Br pt* & *pp* **enamelled**, *cont* **enamelling**, *Am pt* & *pp* **enameled**, *cont* **enameling**) ◇ *n* **-1.** ART [on clay, glass etc] émail *m.* **-2.** [paint] peinture *f* laquée OR vernie. **-3.** [on teeth] émail *m.* ◇ *comp* [mug, saucepan] en émail, émaillé; ~ paint peinture *f* laquée OR vernie, ~ painting peinture *f* sur émail. ◇ *vt* émailler.

**enamelling** *Br*, **enameling** *Am* [ɪ'næməlɪŋ] *n* émaillage *m.*

**enamoured** *Br*, **enamored** *Am* [ɪ'næməd] *adj*: to be ~ of *lit* [person] être amoureux OR épris de; [job, flat] être enchanté OR ravi de.

**en bloc** [ɑ̃'blɒk] *adv* en bloc.

**enc. -1.** (*written abbr of* **enclosure**) PJ. **-2.** *written abbr of* **enclosed.**

**encamp** [ɪn'kæmp] ◇ *vi* camper. ◇ *vt* faire camper; to be ~ed camper.

**encampment** [ɪn'kæmpmənt] *n* campement *m.*

**encapsulate** [ɪn'kæpsjʊleɪt] *vt* PHARM mettre en capsule; *fig* résumer.

**encase** [ɪn'keɪs] *vt* recouvrir, entourer.

**encephalitis** [,ensefə'laɪtɪs] *n* encéphalite *f.*

**encephalogram** [en'sefələgræm] *n* encéphalogramme *m.*

**enchant** [ɪn'tʃɑːnt] *vt* **-1.** [delight] enchanter, ravir. **-2.** [put spell on] enchanter, ensorceler.

**enchanted** [ɪn'tʃɑːntɪd] *adj* enchanté.

**enchanting** [ɪn'tʃɑːntɪŋ] *adj* charmant.

**enchantingly** [ɪn'tʃɑːntɪŋlɪ] *adv* [sing, play] merveilleusement bien; ~ pretty ravissant.

**enchantment** [ɪn'tʃɑːntmənt] *n* **-1.** [delight] enchantement *m*, ravissement *m*; to fill sb with ~ enchanter OR ravir qqn. **-2.** [casting of spell] enchantement *m*, ensorcellement *m.*

**enchantress** [ɪn'tʃɑːntrɪs] *n* enchanteresse *f.*

**enchilada** [,entʃɪ'lɑːdə] *n plat mexicain consistant en une galette de maïs frite, farcie à la viande et servie avec une sauce piquante.*

**encircle** [ɪn'sɜːkl] *vt* entourer; MIL & HUNT encercler, cerner.

**encircling** [ɪn'sɜːklɪŋ] ◇ *n* encerclement *m.* ◇ *adj* MIL: ~ movement manœuvre *f* d'encerclement.

**encl.** = **enc.**

**enclave** ['enkleɪv] *n* enclave *f.*

**enclose** [ɪn'kləʊz] *vt* **-1.** [surround – with wall] entourer, ceinturer; [– with fence] clôturer. **-2.** [in letter] joindre; to ~ sthg with a letter joindre qqch à une lettre.

**enclosed** [ɪn'kləʊzd] *adj* **-1.** [area] clos; ~ order RELIG ordre *m* claustral. **-2.** COMM [cheque] ci-joint, ci-inclus; please find ~ my CV veuillez trouver ci-joint OR ci-inclus mon CV.

**enclosure** [ɪn'kləʊʒəʳ] *n* **-1.** [enclosed area] enclos *m*, enceinte *f*; public ~ [at sports ground, racecourse] pelouse *f.* **-2.** [with letter] pièce *f* jointe OR annexée OR incluse. **-3.** [action] action *f* de clôturer. **-4.** *Br* HIST enclosure *f.*

**encode** [en'kəʊd] *vt* coder, chiffrer; COMPUT encoder.

**encoder** [en'kəʊdəʳ] *n* [gen & COMPUT] encodeur *m.*

**encoding** [en'kəʊdɪŋ] *n* codage *m*; COMPUT encodage *m.*

**encompass** [ɪn'kʌmpəs] *vt* **-1.** [include] englober, compren-

dre, regrouper. **-2.** *fml* [surround] entourer, encercler.

**encore** ['ɒŋkɔːʳ] ◇ *interj*: ~!, ~! bis!, bis! ◇ *n* bis *m*; to call for an ~ bisser; to give an ~ [performer] donner un bis. ◇ *vt* [singer, performer] rappeler, bisser; [song] bisser.

**encounter** [ɪn'kaʊntəʳ] ◇ *vt* [person, enemy] rencontrer; [difficulty, resistance, danger] rencontrer, se heurter à. ◇ *n* [gen & MIL] rencontre *f.*

**encounter group** *n séance de psychothérapie de groupe.*

**encourage** [ɪn'kʌrɪdʒ] *vt* [person] encourager, inciter; [project, research, attitude] encourager; to ~ sb to do sthg encourager OR inciter qqn à faire qqch; to ~ sb in his/her belief that... renforcer qqn dans sa conviction que..., conforter qqn dans son idée que...

**encouragement** [ɪn'kʌrɪdʒmənt] *n* encouragement *m*; to give sb ~, to give ~ to sb donner des encouragements à OR encourager qqn; shouts/words of ~ cris/mots d'encouragement.

**encouraging** [ɪn'kʌrɪdʒɪŋ] *adj* encourageant; [smile, words] d'encouragement.

**encouragingly** [ɪn'kʌrɪdʒɪŋlɪ] *adv* [smile, speak] de manière encourageante.

**encroach** [ɪn'krəʊtʃ]
◆ **encroach on**, **encroach upon** *vi insep*: the sea is gradually ~ing on the land la mer gagne progressivement du terrain; the new buildings are ~ing on the countryside les nouveaux bâtiments envahissent la campagne; to ~ on sb's territory *fig* marcher OR empiéter sur les plates-bandes de qqn.

**encroachment** [ɪn'krəʊtʃmənt] *n* [on freedom, property, time] empiétement *m*; [by sea, river] envahissement *m*, ingression *f spec*; [buildings] envahissement.

**encrust** [ɪn'krʌst] *vt* [with jewels] incruster; [with mud, snow, ice] couvrir; to be ~ed with sthg être incrusté OR couvert OR recouvert de qqch.

**encrustation** [ɪn,krʌst'eɪʃn] *n* incrustation *f.*

**encumber** [ɪn'kʌmbəʳ] *vt fml* [person, room] encombrer, embarrasser; ~ed estate JUR [with debts] propriété *f* grevée de dettes; [with mortgage] propriété *f* hypothéquée.

**encumbrance** [ɪn'kʌmbrəns] *n fml* [burden] charge *f*, fardeau *m*; JUR charge *f* hypothécaire.

**encyclical** [ɪn'sɪklɪkl] RELIG ◇ *adj* encyclique. ◇ *n* encyclique *f.*

**encyclopaedia** *etc* [ɪn,saɪklə'piːdjə] = **encyclopedia**.

**encyclopedia** [ɪn,saɪklə'piːdjə] *n* encyclopédie *f.*

**encyclopedic** [ɪn,saɪkləʊ'piːdɪk] *adj* encyclopédique.

**end** [end] ◇ *n* **-1.** [furthermost part, tip, edge] bout *m*; at the ~ of the garden au bout OR fond du jardin; at either ~ of the political spectrum aux deux extrémités de l'éventail politique; third from the ~ troisième en partant de la fin; the deep/shallow ~ le grand/petit bain; to change ~s SPORT changer de côté ‖ [area, aspect] côté *m*; the marketing/manufacturing ~ of the operation le côté marketing/fabrication de l'opération, tout ce qui est marketing/fabrication ❏ this is the ~ of the road OR line c'est fini; to go to the ~s of the earth aller jusqu'au bout du monde; to keep one's ~ of the bargain tenir parole; he doesn't know OR can't tell one ~ of a word processor from the other il ne sait même pas à quoi ressemble un traitement de texte; to make (both) ~s meet [financially] joindre les deux bouts. **-2.** [conclusion, finish] fin *f*; from beginning to ~ du début à la fin, de bout en bout; to be at an ~ être terminé OR fini; my patience is at OR has come to an ~ ma patience est à bout; to bring sthg to an ~ [meeting] clore qqch; [situation] mettre fin à qqch; [speech] achever qqch; to come to an ~ s'achever, prendre fin; to draw to an ~ arriver OR toucher à sa fin; to put an ~ to sthg mettre fin à qqch; we want an ~ to the war nous voulons que cette guerre cesse OR prenne fin; and that was the ~ of that et ça s'est terminé comme ça ❏ he's/you're the ~! *inf* [impossible] il est/tu es incroyable!; [extremely funny] il est/tu es trop (drôle)!; ~ of story! *inf* [stop arguing] plus de discussions!; [I don't want to talk about it] un point, c'est tout!; it's not the ~ of the world *inf* ce n'est pas la fin du monde; we'll never hear the ~ of it on n'a pas fini d'en entendre parler; is there no ~ to his talents? a-t-il donc tous les talents? **-3.** [aim] but *m*, fin *f*; to achieve OR to attain one's ~ atteindre son but; with this ~

in view OR mind, to this ~ dans ce but, à cette fin ❏ an ~ in itself une fin en soi. **-4.** [remnant – of cloth, rope] bout *m*; [– of loaf] croûton *m*.**-5.** *euph* OR *lit* [death] mort *f*; I was with him at the ~ j'étais auprès de lui dans ses derniers moments.
◇ *comp* [house, seat, table] du bout.
◇ *vt* [speech, novel] terminer, conclure; [meeting, discussion] clore; [day] terminer, finir; [war, speculation, relationship] mettre fin OR un terme à; [work] terminer, finir, achever; the war to ~ all wars la dernière de toutes les guerres ❏ he decided to ~ it all [life, relationship] il décida d'en finir.
◇ *vi* [story, film] finir, se terminer, s'achever; [path, road etc] se terminer, s'arrêter; [season, holiday] se terminer, toucher à sa fin; how OR where will it all ~? comment tout cela finira-t-il OR se terminera-t-il?; where does society ~ and the individual begin? où s'arrête la société et où commence l'individu?; the discussion ~ed in an argument la discussion s'est terminée en dispute; to ~ in failure/divorce se solder par un échec/un divorce; the word ~s in -ed le mot se termine par OR en -ed ❏ it'll ~ in tears ça va mal finir.
◆ **at the end of the day** *adv phr literal* à la fin de la journée; *fig* au bout du compte, en fin de compte.
◆ **end on** *adv phr* par le bout.
◆ **end to end** *adv phr* **-1.** [with ends adjacent] bout à bout. **-2.** = **from end to end**.
◆ **from end to end** *adv phr* d'un bout à l'autre.
◆ **in the end** *adv phr* finalement.
◆ **no end** *adv phr inf*: it upset her/cheered her up no ~ ça l'a bouleversée/ravie à un point (inimaginable).
◆ **no end of** *det phr inf*: it'll do you no ~ of good cela vous fera un bien fou; we met no ~ of interesting people on a rencontré des tas de gens intéressants.
◆ **on end** *adv phr* **-1.** [upright] debout; her hair was standing on ~ elle avait les cheveux dressés sur la tête. **-2.** [in succession] entier; for hours/days on ~ pendant des heures entières/des jours entiers.
◆ **end off** *vt sep* terminer.
◆ **end up** *vi insep* finir; they ~ed up in Manchester ils se sont retrouvés à Manchester; to ~ up in hospital/in prison finir à l'hôpital/en prison; to ~ up doing sthg finir par faire qqch; I wonder what he'll ~ up as/how he'll ~ up je me demande ce qu'il deviendra/comment il finira.

**end-all** → **be-all**.

**endanger** [ın'deındʒəʳ] *vt* [life, country] mettre en danger; [health, reputation, future, chances] compromettre.

**endangered species** [ın'deındʒəd-] *n* espèce *f* en voie de disparition.

**endear** [ın'dıəʳ] *vt* faire aimer; what ~s him to me ce qui le rend cher à mes yeux; to ~ o.s. to sb se faire aimer de qqn; the Chancellor's decision did not ~ him to the voters la décision du Chancelier ne lui a pas gagné la faveur des électeurs.

**endearing** [ın'dıərıŋ] *adj* [personality, person] attachant; [smile] engageant.

**endearingly** [ın'dıərıŋlı] *adv* de manière attachante; [smile] de manière engageante.

**endearment** [ın'dıəmənt] *n*: ~s, words of ~ mots *mpl* tendres; term of ~ terme *m* affectueux.

**endeavour** *Br*, **endeavor** *Am* [ın'devəʳ] *fml* ◇ *n* effort *m*; to make every ~ to obtain sthg faire tout son possible pour obtenir qqch; to use one's best ~s to do sthg employer tous ses efforts à faire qqch; a new field of human ~ une nouvelle perspective pour l'homme. ◇ *vi*: to ~ to do sthg s'efforcer OR essayer de faire qqch.

**endemic** [en'demık] MED ◇ *adj* endémique. ◇ *n* endémie *f*.

**endgame** ['endgeım] *n* CHESS fin *f* de partie; 'Endgame' *Beckett* 'Fin de partie'.

**ending** ['endıŋ] *n* **-1.** [of story, book] fin *f*; a story with a happy/sad ~ une histoire qui finit bien/mal. **-2.** LING terminaison *f*.

**endive** ['endaıv] *n* **-1.** [curly-leaved] (chicorée *f*) frisée *f*.**-2.** *esp Am* [chicory] endive *f*.

**endless** ['endlıs] *adj* **-1.** [speech, road, job] interminable, sans fin; [patience] sans bornes, infini; [resources] inépuisable, infini; the possibilities are ~ les possibilités sont innombrables; to ask ~ questions poser des questions à n'en plus finir. **-2.** TECH [belt] sans fin.

**endlessly** ['endlıslı] *adv* [speak] continuellement, sans cesse; [extend] à perte de vue, interminablement; to be ~ patient/generous être d'une patience/générosité sans bornes.

**endmost** ['endməʊst] *adj* du bout.

**endocrine** ['endəʊkraın] *adj* PHYSIOL [disorders, system] endocrinien; ~ gland glande *f* endocrine.

**endocrinology** [,endəʊkraı'nɒlədʒı] *n* MED endocrinologie *f*.

**endorse** [ın'dɔːs] *vt* **-1.** [cheque] endosser; [document – sign] apposer sa signature sur; [– annotate] apposer une remarque sur. **-2.** *Br* JUR: to ~ a driving licence faire état d'une infraction sur un permis de conduire. **-3.** [approve – action, decision] approuver; [– opinion] soutenir, adhérer à; [– appeal, candidature] appuyer; sportswear ~d by top athletes vêtements de sport adoptés par les athlètes de haut niveau.

**endorsement** [ın'dɔːsmənt] *n* **-1.** [of cheque] endossement *m*; [of document – signature] signature *f*; [– annotation] remarque *f*.**-2.** *Br* JUR [on driving licence] infraction dont il est fait état sur le permis de conduire. **-3.** [approval – of action, decision] approbation *f*; [– of claim, candidature] appui *m*; it was the ultimate ~ of his ideas ce fut la reconnaissance ultime OR la consécration de sa théorie.

**endoscopy** [en'dɒskəpı] *n* MED endoscopie *f*.

**endow** [ın'dau] *vt* **-1.** [institution] doter; [university chair, hospital ward] fonder; to ~ a hospice with £1 million doter un hospice d'un million de livres. **-2.** *(usu passive)*: to be ~ed with sthg être doté de qqch.

**endowment** [ın'daumənt] *n* **-1.** [action, money] dotation *f*.**-2.** *(usu pl) fml* [talent, gift] don *m*, talent *m*.

**endowment assurance**, **endowment insurance** *n* assurance *f* à capital différé.

**endowment mortgage** *n* hypothèque garantie par une assurance-vie.

**endowment policy** *n* assurance *f* mixte.

**endpaper** ['end,peıpə] *n* garde *f*, page *f* de garde.

**end product** *n* INDUST & COMM produit *m* final; *fig* résultat *m*.

**end result** *n* résultat *m* final.

**endurable** [ın'djuərəbl] *adj* supportable, endurable.

**endurance** [ın'djuərəns] ◇ *n* endurance *f*; powers of ~ endurance; it is beyond ~ c'est insupportable. ◇ *comp*: ~ test épreuve *f* d'endurance.

**endure** [ın'djuəʳ] ◇ *vt* [bear – hardship] endurer, subir; [– pain] endurer; [– person, stupidity, laziness] supporter, souffrir. ◇ *vi fml* [relationship, ceasefire, fame] durer; [memory] rester.

**enduring** [ın'djuərıŋ] *adj* [friendship, fame, peace] durable; [democracy, dictatorship] qui dure; [epidemic, suffering] tenace; [actor, politician] qui jouit d'une grande longévité (*en tant qu'acteur, homme politique etc*).

**end user** *n* [gen & COMPUT] utilisateur *m* final.

**endways** ['endweız] *adv*: put it ~ on mets-le en long; put them ~ on mets-les bout à bout.

**enema** ['enımə] *n* [act] lavement *m*; [liquid] produit *m* à lavement.

**enemy** ['enımı] *(pl* enemies*)* ◇ *n* **-1.** ennemi *m*, -e *f*; to make enemies se faire des ennemis; I made an ~ of her je m'en suis fait une ennemie; to be one's own worst ~ se nuire à soi-même. **-2.** MIL: the ~ was OR were advancing l'ennemi avançait; boredom is the ~ l'ennui, voilà l'ennemi. ◇ *comp* [forces, attack, missile, country] ennemi; [advance, strategy] de l'ennemi; ~ alien ressortissant *m*, -e *f* d'un pays ennemi; ~ fire feu *m* de l'ennemi; ~-occupied territory territoire *m* occupé par l'ennemi.

**energetic** [,enə'dʒetık] *adj* [person, measures] énergique; [music] vif, rapide; [activity] qui consomme de l'énergie; [campaigner, supporter] enthousiaste; to feel ~ se sentir plein d'énergie.

**energetically** [,enə'dʒetıklı] *adv* énergiquement.

**energize** ['enədʒaız] *vt* [person] donner de l'énergie à, stimuler; ELEC exciter, envoyer de l'électricité dans.

**energy** ['enədʒı] *(pl* energies*)* ◇ *n* **-1.** [vitality] énergie *f*; to be/to feel full of ~ être/se sentir plein d'énergie; to have no ~ se sentir sans énergie; she didn't have the ~ for an argument elle n'avait pas assez d'énergie pour se disputer; glucose is full of ~ le glucose est très énergétique. **-2.** [effort] énergie *f*; to devote OR to apply (all) one's ~ OR energies to sthg consacrer toute son énergie OR toutes ses énergies à qqch. **-3.** PHYS énergie *f*. **-4.** [power] énergie *f*; to save OR to conserve ~ faire des économies d'énergie ❏ Minister of OR Secretary (of State) for Energy ministre *m* de l'Énergie. ◇ *comp* [conservation, consumption] d'énergie; [supplies, programme, level] énergétique; ~ crisis crise *f* énergétique OR de l'énergie.

**enervate** ['enəveɪt] *vt* amollir, débiliter.

**enervating** ['enəveɪtɪŋ] *adj* amollissant, débilitant.

**enfeeble** [ɪn'fiːbl] *vt* affaiblir.

**enfold** [ɪn'fəʊld] *vt* [embrace] étreindre; to ~ sb in one's arms étreindre qqn, entourer qqn de ses bras.

**enforce** [ɪn'fɔːs] *vt* [policy, decision] mettre en œuvre, appliquer; [law] mettre en vigueur; [subj: police] faire exécuter; [one's rights] faire valoir; [one's will, discipline] faire respecter; [contract] faire exécuter; to ~ obedience se faire obéir.

**enforceable** [ɪn'fɔːsəbl] *adj* exécutoire.

**enforced** [ɪn'fɔːst] *adj* forcé.

**enforcement** [ɪn'fɔːsmənt] *n* [of law] application *f*; [of contract] exécution *f*.

**enfranchise** [ɪn'fræntʃaɪz] *vt* [give vote to – women, workers] accorder le droit de vote à; [emancipate – slaves] affranchir.

**engage** [ɪn'geɪdʒ] ◇ *vt* **-1.** [occupy, involve]: to ~ sb in conversation [talk to] discuter avec qqn; [begin talking to] engager la conversation avec qqn. **-2.** *fml* [employ – staff] engager; [– lawyer] engager les services de. **-3.** *fml* [attract, draw – interest, attention] attirer; [– sympathy] susciter. **-4.** AUT & TECH engager; to ~ the clutch embrayer. **-5.** MIL: to ~ the enemy engager (le combat avec) l'ennemi. ◇ *vi* **-1.** [take part]: to ~ in prendre part à; to ~ in conversation discuter. **-2.** MIL: to ~ in battle with the enemy engager le combat avec l'ennemi. **-3.** AUT & TECH s'engager; [cogs] s'engrener; [machine part] s'enclencher. **-4.** *fml* [promise]: to ~ to do sthg s'engager à faire qqch.

**engaged** [ɪn'geɪdʒd] *adj* **-1.** [of couple] fiancé; to be ~ to be married être fiancé; to get ~ se fiancer; the ~ couple les fiancés *mpl*. **-2.** [busy, occupied] occupé; I'm otherwise ~ je suis déjà pris; to be ~ in discussions with sb être engagé dans des discussions avec qqn; to be ~ in a conversation être en pleine discussion. **-3.** *Br* [telephone] occupé; I got the ~ tone ça sonnait occupé. **-4.** [toilet] occupé.

**engagement** [ɪn'geɪdʒmənt] *n* **-1.** [betrothal] fiançailles *fpl*. **-2.** [appointment] rendez-vous *m*; he couldn't come, owing to a prior OR previous ~ il n'a pas pu venir car il était déjà pris. **-3.** MIL engagement *m*. **-4.** AUT & TECH engagement *m*. **-5.** [recruitment] engagement *m*, embauche *f*. **-6.** [for actor, performer] engagement *m*, contrat *m*.

**engagement ring** *n* bague *f* de fiançailles.

**engaging** [ɪn'geɪdʒɪŋ] *adj* [smile, manner, tone] engageant; [person, personality] aimable, attachant.

**engender** [ɪn'dʒendər] *vt* engendrer, créer; to ~ sthg in sb engendrer qqch chez qqn.

**engine** [ɪn'dʒɪn] ◇ *n* **-1.** [in car, plane] moteur *m*; [in ship] machine *f*; (railway) ~ *Br* locomotive *f*. ◇ *comp* [failure, trouble] de moteur OR machine; ~ block AUT bloc-moteur *m*; ~ oil AUT huile *f* à OR de moteur.

**engine driver** *n* *Br* RAIL mécanicien *m*, conducteur *m*.

**engineer** [ˌendʒɪ'nɪər] ◇ *n* **-1.** [for roads, machines, bridges] ingénieur *m*; [repairer] dépanneur *m*, réparateur *m*; MIL soldat *m* du génie; NAUT mécanicien *m*; aircraft ~ AERON mécanicien *m* de piste OR d'avion; flight ~ AERON ingénieur *m* de vol, mécanicien *m* naviguant; the Royal Engineers MIL le génie (*britannique*). **-2.** *Am* RAIL = **engine driver**. **-3.** *fig* [of plot, scheme etc] instigateur *m*, -trice *f*, artisan *m*. ◇ *vt* **-1.** [road, bridge, car] concevoir. **-2.** *pej* [bring about – event, situation] manigancer. **-3.** [work – goal, victory] amener.

**engineering** [ˌendʒɪ'nɪərɪŋ] ◇ *n* ingénierie *f*, engineering *m*; to study ~ faire des études d'ingénieur; an incredible feat of ~ une merveille de la technique. ◇ *comp*: ~ department service *m* technique; ~ and design department bureau *m* d'études; ~ work [on railway line] travail *m* d'ingénierie.

**engine room** *n* NAUT salle *f* des machines.

**engine shed** *n* RAIL dépôt *m*.

**England** ['ɪŋglənd] *pr n* Angleterre *f*; to live in ~ habiter l'Angleterre OR en Angleterre; to go to ~ aller en Angle-

terre; the ~ team SPORT l'équipe d'Angleterre.

**English** ['ɪŋglɪʃ] ◇ *adj* anglais; [history, embassy] d'Angleterre; [dictionary, teacher] d'anglais. ◇ *n* LING anglais *m*; to study ~ étudier OR apprendre l'anglais; she speaks excellent ~ elle parle très bien (l')anglais; we spoke (in) ~ to each other nous nous sommes parlé en anglais; that's not good ~ ce n'est pas du bon anglais; in plain OR simple ~ clairement ❏ ~ as a Foreign Language anglais langue étrangère; the King's OR Queen's ~ l'anglais correct; ~ as a Second Language anglais deuxième langue. ◇ *npl*: the ~ les Anglais *mpl*.

**English breakfast** *n* petit déjeuner *m* anglais OR à l'anglaise, breakfast *m*.

**English Channel** *pr n*: the ~ la Manche.

**English Heritage** *pr n* organisme britannique de protection du patrimoine historique.

**English horn** *n* *Am* cor *m* anglais.

**Englishman** ['ɪŋglɪʃmən] (*pl* **Englishmen** [-mən]) *n* Anglais *m*; an ~'s home is his castle *prov* charbonnier est maître dans sa maison *prov*.

**English muffin** *n* *Am* sorte de gaufre.

**English speaker** *n* [as native speaker] anglophone *mf*; [as non-native speaker] personne *f* parlant anglais.

**English-speaking** *adj* [as native language] anglophone; [as learned language] parlant anglais.

**Englishwoman** ['ɪŋglɪʃˌwʊmən] (*pl* **Englishwomen** [-ˌwɪmɪn]) *n* Anglaise *f*.

**engrave** [ɪn'greɪv] *vt* graver; ~d on her memory gravé dans sa mémoire.

**engraver** [ɪn'greɪvər] *n* graveur *m*.

**engraving** [ɪn'greɪvɪŋ] *n* gravure *f*.

**engross** [ɪn'grəʊs] *vt* [absorb] absorber.

**engrossed** [ɪn'grəʊst] *adj*: to be ~ in sthg être absorbé par qqch; to be ~ in a book être absorbé OR plongé dans un livre; I was so ~ in what I was doing j'étais tellement absorbé par ce que je faisais.

**engrossing** [ɪn'grəʊsɪŋ] *adj* absorbant.

**engulf** [ɪn'gʌlf] *vt* engloutir; to be ~ed by the sea/in flames être englouti par la mer/les flammes.

**enhance** [ɪn'hɑːns] *vt* [quality, reputation, performance] améliorer; [value, chances, prestige] augmenter, accroître; [taste, beauty] rehausser, mettre en valeur.

**-enhanced** *in cpds*: computer~ [graphics] optimisé par ordinateur; protein~ enrichi en protéines.

**enhancement** [ɪn'hɑːnsmənt] *n* [of quality, reputation, performance] amélioration *f*; [of value, chances, prestige] augmentation *f*, accroissement *m*; [of taste, beauty] rehaussement *m*, mise *f* en valeur.

**enigma** [ɪ'nɪgmə] *n* énigme *f*.

**enigmatic** [ˌenɪg'mætɪk] *adj* énigmatique.

**enigmatically** [ˌenɪg'mætɪklɪ] *adv* [smile, speak] d'un air énigmatique; [worded] d'une manière énigmatique.

**enjoin** [ɪn'dʒɔɪn] *vt fml* **-1.** [urge strongly]: to ~ sb to do sthg [urge] exhorter qqn à faire qqch; [command] enjoindre OR ordonner à qqn de faire qqch; to ~ sthg on sb enjoindre qqch à qqn. **-2.** *Am* [forbid] interdire à.

**enjoy** [ɪn'dʒɔɪ] ◇ *vt* **-1.** [like – in general] aimer; [– on particular occasion] apprécier; to ~ sthg/doing sthg aimer qqch/faire qqch; to ~ life aimer la vie; I don't ~ being made fun of je n'aime pas qu'on se moque de moi; ~ your meal! bon appétit!; did you ~ your meal, sir? avez-vous bien mangé, monsieur?; I ~ed that [book, film] cela m'a plu; [meal] je me suis régalé; I thoroughly ~ed the weekend/party j'ai passé un excellent week-end/une excellente soirée; I'm really ~ing this fine weather quel plaisir, ce beau temps; to ~ o.s. s'amuser; ~ yourselves! amusez-vous bien!; did you ~ yourself? alors, c'était bien? **-2.** [possess – rights, respect, privilege, income, good health] jouir de; [profits] bénéficier de. ◇ *vi*: ~! *Am* [enjoy yourself] amusez-vous bien!; [in restaurant] bon appétit!

**enjoyable** [ɪn'dʒɔɪəbl] *adj* [book, film, day] agréable; [match, contest] beau, *before vowel or silent 'h'* bel (*f* belle); [meal] excellent.

**enjoyably** [ɪn'dʒɔɪəblɪ] *adv* de manière agréable.

**enjoyment** [ɪn'dʒɔɪmənt] *n* **-1.** [pleasure] plaisir *m*; to get ~

from sthg/doing sthg tirer du plaisir de qqch/à faire qqch; to get ~ out of life jouir de la vie. **-2.** [of privileges, rights etc] jouissance *f*.

**enlarge** [ɪn'lɑːdʒ] ◇ *vt* **-1.** [expand – territory, house, business] agrandir; [– field of knowledge, group of friends] étendre, élargir; [– hole] agrandir, élargir; [– pores] dilater; MED [– organ] hypertrophier; ~d edition édition *f* augmentée. **-2.** PHOT agrandir. ◇ *vi* [pores] se dilater; MED [organ] s'hypertrophier.
◆ **enlarge on, enlarge upon** *vt insep* [elaborate on] s'étendre sur, donner des détails sur.

**enlargement** [ɪn'lɑːdʒmənt] *n* **-1.** [of territory, house, business] agrandissement *m*; [of group of friends, field of knowledge] élargissement *m*; [of hole] agrandissement *m*, élargissement *m*; [of pore] dilatation *f*; MED [of organ] hypertrophie *f*. **-2.** PHOT agrandissement *m*.

**enlighten** [ɪn'laɪtn] *vt* éclairer; to ~ sb about sthg/as to why... éclairer qqn sur qqch/sur la raison pour laquelle...

**enlightened** [ɪn'laɪtnd] *adj* [person, view, policy] éclairé; ~ self-interest magnanimité *f* intéressée.

**enlightening** [ɪn'laɪtnɪŋ] *adj* [book, experience] instructif; the film was very ~ about the subject le film en apprenait beaucoup sur le sujet.

**enlightenment** [ɪn'laɪtnmənt] *n* [explanation, information] éclaircissements *mpl*; [state] édification *f*, instruction *f*.
◆ **Enlightenment** *n* HIST: the (Age of) Enlightenment le Siècle des lumières.

**enlist** [ɪn'lɪst] *vt* **-1.** MIL enrôler. **-2.** [help, support etc] mobiliser, faire appel à.

**enlisted** [ɪn'lɪstɪd] *adj Am*: ~ man (simple) soldat *m*.

**enlistment** [ɪn'lɪstmənt] *n* MIL enrôlement *m*, engagement *m*.

**enliven** [ɪn'laɪvn] *vt* [conversation, party] animer.

**en masse** [ɑ̃'mæs] *adv* en masse, massivement.

**enmesh** [ɪn'meʃ] *vt literal* prendre dans un filet; *fig* mêler; to become OR get ~ed in sthg s'empêtrer dans qqch.

**enmity** ['enmətɪ] (*pl* **enmities**) *n fml* inimitié *f*, hostilité *f*; ~ for/towards sb inimitié pour/envers qqn.

**ennoble** [ɪ'nəʊbl] *vt* [confer title upon] anoblir; *fig* [exalt, dignify] ennoblir, grandir.

**enology** *etc* [iː'nɒlədʒɪ] *Am* = **oenology**.

**enormity** [ɪ'nɔːmətɪ] (*pl* **enormities**) *n* **-1.** [of action, crime] énormité *f*. **-2.** *fml* [atrocity] atrocité *f*; [crime] crime *m* très grave. **-3.** [great size] énormité *f*.

**enormous** [ɪ'nɔːməs] *adj* **-1.** [very large – thing] énorme; [– amount, number] énorme, colossal; ~ amounts of food une quantité énorme or énormément de vivres; an ~ number of cars une énorme quantité de voitures. **-2.** [as intensifier] énorme, grand; it has given me ~ pleasure cela m'a fait énormément plaisir.

**enormously** [ɪ'nɔːməslɪ] *adv* énormément, extrêmement; demand has increased ~ la demande a énormément augmenté; it was ~ successful ce fut extrêmement réussi.

**enough** [ɪ'nʌf] ◇ *det* assez de; ~ money assez OR suffisamment d'argent; you've had more than ~ wine tu as bu plus qu'assez de vin; the report is proof ~ le rapport est une preuve suffisante; she's not fool ~ to believe that! elle n'est pas assez bête pour le croire! ◇ *pron*: do you need some money? — I've got ~ avez-vous besoin d'argent? — j'en ai assez OR suffisamment; we earn ~ to live on nous gagnons de quoi vivre; more than ~ plus qu'il n'en faut ❑ ~ said! *inf* je vois!; that's ~! ça suffit!; it's ~ to drive you mad c'est à vous rendre fou; I can't get ~ of his films je ne me lasse jamais de ses films; to have had ~ (of sthg) en avoir assez (de qqch). ◇ *adv* **-1.** [sufficiently] assez, suffisamment; he's old ~ to understand il est assez grand pour comprendre; it's a good ~ reason c'est une raison suffisante; you know well ~ what I mean vous savez très bien ce que je veux dire. **-2.** [fairly] assez; she's honest ~ elle est assez honnête. **-3.** [with adverb]: oddly OR strangely ~, nobody knows her chose curieuse, personne ne la connaît.

**enquire** [ɪn'kwaɪər] = **inquire**.

**enquiry** [ɪn'kwaɪərɪ] (*pl* **enquiries**) *n* **-1.** [request for information] demande *f* (de renseignements); we have received hundreds of enquiries nous avons reçu des centaines de demandes de renseignements; to make enquiries about sthg se renseigner sur qqch. **-2.** [investigation] enquête *f*;

upon further ~ après vérification.
◆ **enquiries** *npl* [information desk, department] renseignements *mpl*.

**enquiry desk, enquiry office** *n* accueil *m*.

**enrage** [ɪn'reɪdʒ] *vt* rendre furieux, mettre en rage.

**enraged** [ɪn'reɪdʒd] *adj* [person] furieux; [animal] enragé.

**enrapture** [ɪn'ræptʃər] *vt* enchanter, ravir.

**enrich** [ɪn'rɪtʃ] *vt* [mind, person, life] enrichir; [soil] fertiliser, amender; PHYS enrichir; breakfast cereals ~ed with vitamins céréales enrichies en vitamines.

**enriching** [ɪn'rɪtʃɪŋ] *adj* enrichissant.

**enrichment** [ɪn'rɪtʃmənt] *n* [of mind, person, life] enrichissement *m*; [of soil] fertilisation *f*, amendement *m*; PHYS enrichissement *m*.

**enrol** *Br*, **enroll** *Am* [ɪn'rəʊl] (*pt* & *pp* **enrolled**, *cont* **enrolling**) ◇ *vt* **-1.** [student] inscrire, immatriculer; [member] inscrire; MIL [recruit] enrôler, recruter. **-2.** *Am* POL [prepare] dresser, rédiger; [register] enregistrer; ~ed bill projet *m* de loi enregistré. ◇ *vi* [student] s'inscrire; MIL s'engager, s'enrôler; to ~ on OR for a course s'inscrire à un cours.

**enrolment** *Br*, **enrollment** *Am* [ɪn'rəʊlmənt] *n* [registration – of members] inscription *f*; [– of students] inscription *f*, immatriculation *f*; [– of workers] embauche *f*; MIL enrôlement *m*, recrutement *m*; a school with an ~ of 300 students une école avec un effectif de 300 élèves.

**ensconce** [ɪn'skɒns] *vt fml* OR *hum* installer; she ~d herself/was ~d in the armchair elle se cala/était bien calée dans le fauteuil.

**ensemble** [ɒn'sɒmbl] *n* [gen & MUS] ensemble *m*.

**enshrine** [ɪn'ʃraɪn] *vt literal* enchâsser; *fig* [cherish] conserver pieusement OR religieusement; our fundamental rights are ~d in the constitution nos droits fondamentaux font partie intégrante de la constitution.

**ensign** ['ensaɪn] *n* **-1.** [flag] drapeau *m*, enseigne *f*; NAUT pavillon *m*. **-2.** [symbol] insigne *m*, emblème *m*. **-3.** *Br* MIL (officier *m*) porte-étendard *m*. **-4.** *Am* NAUT enseigne *m* de vaisseau de deuxième classe.

**enslave** [ɪn'sleɪv] *vt literal* réduire en esclavage, asservir; *fig* asservir, captiver.

**enslavement** [ɪn'sleɪvmənt] *n literal* asservissement *m*; assujettissement *m*; *fig* sujétion *f*, asservissement *m*.

**ensnare** [ɪn'sneər] *vt literal* & *fig* prendre au piège; ~d by her charms séduit par ses charmes.

**ensue** [ɪn'sjuː] *vi* s'ensuivre, résulter; the problems that have ~d from government cutbacks les problèmes qui ont résulté des restrictions gouvernementales.

**ensuing** [ɪn'sjuːɪŋ] *adj* [action, event] qui s'ensuit; [month, year] suivant.

**en suite** [ˌɒn'swiːt] *adj* & *adv*: with ~ bathroom, with bathroom ~ avec salle de bain particulière.

**ensure** [ɪn'ʃʊər] *vt* **-1.** [guarantee] assurer, garantir; I did everything I could to ~ that he would succeed OR to ~ his success j'ai fait tout ce que j'ai pu pour m'assurer qu'il réussirait OR pour assurer son succès. **-2.** [protect] protéger, assurer.

**ENT** (*abbr of* **ear, nose & throat**) ◇ *n* ORL *f*. ◇ *adj* ORL.

**entail** [ɪn'teɪl] *vt* [imply – consequence, expense] entraîner; [– difficulty, risk] comporter; [– delay, expense] occasionner; LOGIC entraîner; starting a new job often ~s a lot of work prendre un nouveau poste exige souvent OR nécessite souvent beaucoup de travail.

**entangle** [ɪn'tæŋgl] *vt* **-1.** [ensnare] empêtrer, enchevêtrer; to become OR get ~d in sthg s'empêtrer dans qqch. **-2.** [snarl – hair] emmêler; [– threads] emmêler, embrouiller. **-3.** *fig* [involve] entraîner, impliquer; she got ~d in the dispute elle s'est retrouvée impliquée dans la dispute.

**entanglement** [ɪn'tæŋglmənt] *n* **-1.** [in net, undergrowth] enchevêtrement *m*. **-2.** [of hair, thread] emmêlement *m*. **-3.** *fig* [involvement] implication *f*; emotional ~s complications *fpl* sentimentales.

**entente** [ɒn'tɒnt] *n* entente *f*.

**enter** ['entər] ◇ *vt* **-1.** [go into – room] entrer dans; [– building] entrer dans, pénétrer dans; the ship ~ed the harbour le navire est entré OR dans le port; where the bullet ~ed the body l'endroit où la balle a pénétré le corps; the war ~ed a

new phase la guerre est entrée dans une phase nouvelle; the thought never ~ed my head l'idée ne m'est jamais venue à l'esprit. **-2.** [join – university] s'inscrire à, se faire inscrire à; [– profession] entrer dans; [– army] s'engager OR entrer dans; [– politics] se lancer dans; to ~ the church entrer dans les ordres. **-3.** [register] inscrire; the school ~ed the pupils for the exam/in the competition l'école a présenté les élèves à l'examen/au concours; to ~ a horse for a race engager OR inscrire un cheval dans une course. **-4.** [record – on list] inscrire; [– in book] noter; COMPUT [data] entrer, introduire; he ~ed the figures in the ledger il a porté les chiffres sur le livre de comptes. **-5.** [submit] présenter; to ~ a protest protester officiellement; to ~ an appeal JUR interjeter appel.
◇ *vi* **-1.** [come in] entrer. **-2.** [register] s'inscrire; she ~ed for the race/for the exam elle s'est inscrite pour la course/à l'examen.
◆ **enter into** *vt insep* **-1.** [begin – explanation] se lancer dans; [– conversation, relations] entrer en; [– negotiations] entamer. **-2.** [become involved in]: to ~ into an agreement with sb conclure un accord avec qqn; I ~ed into the spirit of the game *fig* je suis entré dans le jeu. **-3.** [affect] entrer dans; my feelings don't ~ into my decision mes sentiments n'ont rien à voir avec OR ne sont pour rien dans ma décision.
◆ **enter up** *vt sep* [amount] inscrire, porter.
◆ **enter upon** *vt insep* **-1.** [career] débuter OR entrer dans; [negotiations] entamer; [policy] commencer. **-2.** JUR [inheritance] prendre possession de.

**enteritis** [‚entə'raɪtɪs] *n (U)* entérite *f*.

**enter key** *n* COMPUT (touche *f*) entrée *f*.

**enterprise** ['entəpraɪz] *n* **-1.** [business, project] entreprise *f*. **-2.** [initiative] initiative *f*, esprit *m* entreprenant OR d'initiative.

**enterprise culture** *n* culture *f* d'entreprise.

**enterprise zone** *n Br* zone d'encouragement à l'implantation d'entreprises dans les régions économiquement défavorisées.

**enterprising** ['entəpraɪzɪŋ] *adj* [person] entreprenant, plein d'initiative; [project] audacieux, hardi.

**entertain** [‚entə'teɪn] ◇ *vt* **-1.** [amuse] amuser, divertir; I ~ed them with a story je leur ai raconté une histoire pour les distraire OR amuser. **-2.** [show hospitality towards] recevoir; he ~ed them to dinner [at restaurant] il leur a offert le dîner; [at home] il les a reçus à dîner. **-3.** [idea] considérer, penser à; [hope] caresser, nourrir; [doubt] entretenir; [suggestion] admettre. ◇ *vi* recevoir.

**entertainer** [‚entə'teɪnər] *n* [comedian] comique *m*, amuseur *m*, -euse *f*; [in music hall] artiste *mf* (de music-hall), fantaisiste *mf*; a well-known television ~ un artiste de télévision bien connu.

**entertaining** [‚entə'teɪnɪŋ] ◇ *n*: she enjoys ~ elle aime bien recevoir; they do a lot of business ~ ils donnent pas mal de réceptions d'affaires. ◇ *adj* amusant, divertissant.

**entertainment** [‚entə'teɪnmənt] *n* **-1.** [amusement] amusement *m*, divertissement *m*; this film is OR provides good family ~ ce film est un bon divertissement familial ❏ ~ allowance frais *mpl* de représentation. **-2.** [performance] spectacle *m*, attraction *f*; musical ~s will be provided des attractions musicales sont prévues.

**enthral** *Br*, **enthrall** *Am* [ɪn'θrɔːl] (*pt & pp* **enthralled**, *cont* **enthralling**) *vt* [fascinate] captiver, passionner; she was ~ed by the idea elle était séduite par l'idée.

**enthralling** [ɪn'θrɔːlɪŋ] *adj* [book, film] captivant, passionnant; [beauty, charm] séduisant.

**enthrone** [ɪn'θrəʊn] *vt* [monarch] mettre sur le trône, introniser; [bishop] introniser.

**enthronement** [ɪn'θrəʊnmənt] *n* intronisation *f*.

**enthuse** [ɪn'θjuːz] ◇ *vi* s'enthousiasmer; she ~d over the plan elle parlait du projet avec beaucoup d'enthousiasme. ◇ *vt* enthousiasmer, emballer.

**enthusiasm** [ɪn'θjuːzɪæzm] *n* **-1.** [interest] enthousiasme *m*; the discovery has aroused OR stirred up considerable ~ among historians la découverte a suscité un grand enthousiasme chez les historiens. **-2.** [hobby] passion *f*.

**enthusiast** [ɪn'θjuːzɪæst] *n* enthousiaste *mf*, fervent *m*, -e *f*; football ~s passionnés *mpl* de football.

**enthusiastic** [ɪn‚θjuːzɪ'æstɪk] *adj* [person, response] enthou-

siaste; [shout, applause] enthousiaste, d'enthousiasme; they gave me an ~ welcome ils m'ont accueilli chaleureusement; she's very ~ about the project elle est très enthousiaste à l'idée de ce projet; to be ~ about a suggestion accueillir une proposition avec enthousiasme.

**enthusiastically** [ɪn‚θjuːzɪ'æstɪklɪ] *adv* [receive] avec enthousiasme; [speak, support] avec enthousiasme OR ferveur; [work] avec zèle.

**entice** [ɪn'taɪs] *vt* attirer, séduire; to ~ sb away from sthg éloigner qqn de qqch; I managed to ~ him away from the television j'ai réussi à l'arracher à la télévision; ~d by their offer alléché OR attiré par leur proposition.

**enticement** [ɪn'taɪsmənt] *n* **-1.** [attraction] attrait *m*, appât *m*. **-2.** [act] séduction *f*.

**enticing** [ɪn'taɪsɪŋ] *adj* [offer] attrayant, séduisant; [person] séduisant; [food] alléchant, appétissant.

**entire** [ɪn'taɪər] *adj* **-1.** [whole] entier, tout; my ~ life toute ma vie, ma vie entière; the ~ world le monde entier. **-2.** [total] entier, complet (*f* -ète); [absolute] total, absolu; she has my ~ sympathy elle peut compter sur mon soutien sans réserve. **-3.** [intact] entier, intact.

**entirely** [ɪn'taɪəlɪ] *adv* entièrement, totalement; I agree with you ~ je suis entièrement d'accord avec vous; that's ~ unnecessary c'est absolument inutile.

**entirety** [ɪn'taɪrətɪ] (*pl* **entireties**) *n* **-1.** [completeness] intégralité *f*; in its ~ en (son) entier, intégralement. **-2.** [total] totalité *f*.

**entitle** [ɪn'taɪtl] *vt* **-1.** [give right to] autoriser; the results ~ them to believe that... les résultats les autorisent à croire que...; his disability ~s him to a pension son infirmité lui donne droit à une pension; to be ~d to do sthg [by status] avoir qualité pour OR être habilité à faire qqch; [by rules] avoir le droit OR être en droit de faire qqch; you're ~d to your own opinion but... vous avez le droit d'avoir votre avis mais...; you're quite ~d to say that... vous pouvez dire à juste titre que...; to be ~d to vote avoir le droit de vote ‖ JUR habiliter; to be ~d to act être habilité à agir. **-2.** [film, painting etc] intituler; the book is ~d... le livre s'intitule... **-3.** [bestow title on] donner un titre à.

**entitlement** [ɪn'taɪtlmənt] *n* droit *m*; ~ to social security droit à la sécurité sociale.

**entity** ['entətɪ] (*pl* **entities**) *n* entité *f*; legal ~ personne *f* morale.

**entomb** [ɪn'tuːm] *vt literal* mettre au tombeau, ensevelir; *fig* ensevelir.

**entomological** [‚entəmə'lɒdʒɪkl] *adj* entomologique.

**entomologist** [‚entə'mɒlədʒɪst] *n* entomologiste *mf*.

**entomology** [‚entə'mɒlədʒɪ] *n* entomologie *f*.

**entourage** [‚ɒntʊ'rɑːʒ] *n* entourage *m*.

**entrails** ['entreɪlz] *npl literal & fig* entrailles *fpl*.

**entrain** [ɪn'treɪn] ◇ *vi fml* monter dans un train. ◇ *vt* **-1.** *fml* [person] embarquer dans un train. **-2.** [subj: liquid, gas] entraîner.

**entrance¹** ['entrəns] ◇ *n* **-1.** [means of entry] entrée *f*; [large] portail *m*; [foyer] entrée *f*, vestibule *m*; the ~ to the store l'entrée du magasin. **-2.** [arrival] entrée *f*; to make an ~ [gen] faire une entrée; THEAT entrer en scène. **-3.** [admission] admission *f*; to gain ~ to [club, profession, college etc] être admis à. **-4.** [access] accès *m*, admission *f*; the police gained ~ to the building from the back la police a accédé au bâtiment par derrière. ◇ *comp* [card, ticket] d'entrée, d'admission; ~ examination [for school] examen *m* d'entrée; [for job] concours *m* de recrutement; ~ requirements qualifications *fpl* exigées à l'entrée.

**entrance²** [ɪn'trɑːns] *vt* **-1.** [hypnotize] hypnotiser, faire entrer en transe. **-2.** *fig* [delight] ravir, enchanter; she was ~d by the beauty of the place elle était en extase devant la beauté de l'endroit.

**entrance fee** ['entrəns-] *n* [to exhibition, fair etc] droit *m* d'entrée; *Br* [to club, organization etc] droit *m* OR frais *mpl* d'inscription.

**entrance hall** ['entrəns-] *n* [in house] vestibule *m*; [in hotel] hall *m*.

**entrance ramp** ['entrəns-] *n Am* bretelle *f* d'accès.

**entrancing** [ɪn'trɑːnsɪŋ] *adj* enchanteur, ravissant.

**entrancingly** [ɪn'trɑːnsɪŋlɪ] *adv* [smile] de façon ravissante OR séduisante; [dance, sing] à ravir.

**entrant** ['entrənt] *n* **-1.** [in exam] candidat *m*, -e *f*; [in race] concurrent *m*, -e *f*, participant *m*, -e *f*.**-2.** [to profession, society] débutant *m*, -e *f*.

**entrap** [ɪn'træp] (*pt* & *pp* **entrapped**, *cont* **entrapping**) *vt fml* prendre au piège.

**entrapment** [ɪn'træpmənt] *n* incitation au délit par un policier afin de justifier une arrestation.

**entreat** [ɪn'triːt] *vt fml* implorer, supplier; to ~ sb to do sthg supplier qqn de faire qqch; I ~ you to help me je vous supplie de m'aider.

**entreaty** [ɪn'triːtɪ] (*pl* **entreaties**) *n fml* supplication *f*, prière *f*; a look of ~ un regard suppliant.

**entrée** ['ɒntreɪ] *n* **-1.** [right of entry] entrée *f*.**-2.** CULIN [course preceding main dish] entrée *f*; *Am* [main dish] plat *m* principal OR de résistance.

**entrench** [ɪn'trentʃ] *vt* MIL retrancher.

**entrenched** [ɪn'trentʃt] *adj* **-1.** MIL retranché. **-2.** *fig* [person] inflexible, inébranlable; [idea] arrêté; [power, tradition] implanté; attitudes that are firmly ~ in our society des attitudes qui sont fermement ancrées dans notre société.

**entrepreneur** [,ɒntrəprə'nɜːr] *n* entrepreneur *m* (*homme d'affaires*).

**entrepreneurial** [,ɒntrəprə'nɜːrɪəl] *adj* [spirit, attitude] d'entrepreneur; [society, person] qui a l'esprit d'entreprise; [skills] d'entrepreneur.

**entrust** [ɪn'trʌst] *vt* confier; to ~ sthg to sb confier qqch à qqn; to ~ sb with a job charger qqn d'une tâche, confier une tâche à qqn.

**entry** ['entrɪ] (*pl* **entries**) ◇ *n* **-1.** [way in] entrée *f*; [larger] portail *m*.**-2.** [act] entrée *f*; to make an ~ [gen] faire une entrée; THEAT entrer en scène. **-3.** [admission] entrée *f*, accès *m*; this ticket gives you free ~ to the exhibition ce billet te donne le droit d'entrer gratuitement à l'exposition; she was refused ~ to the country on lui a refusé l'entrée dans le pays; 'no ~'[on door] 'défense d'entrer', 'entrée interdite'; [in street] 'sens interdit'. **-4.** [in dictionary] entrée *f*; [in diary] notation *f*; [in encyclopedia] article *m*; [on list] inscription *f*; COMPUT [of data] entrée (des données); [in account book, ledger] écriture *f*; an ~ in the log NAUT un élément du journal de bord. **-5.** [competitor] inscription *f*; [item submitted for competition] participant *m*, -e *f*, concurrent *m*, -e *f*.**-6.** *(U)* [number of entrants] taux *m* de participation; the ~ is down this year [in competition] le taux de participation est en baisse cette année; [in exam] les candidats sont moins nombreux cette année; [at school, university] le nombre d'inscriptions a baissé cette année. ◇ *comp* [fee, form] d'inscription.

**Entryphone**® ['entrɪ,fəʊn] *n* Interphone® *m* (*à l'entrée d'un immeuble ou de bureaux*).

**entryway** ['entrɪ,weɪ] *n Am* entrée *f*; [larger] portail *m*; [foyer] foyer *m*, vestibule *m*.

**entwine** [ɪn'twaɪn] *vt* entrelacer; the ivy had become ~d OR had ~d itself around the trellis le lierre s'était entortillé autour du treillis.

**E number** *n Br inf* additif *m* code E.

**enumerate** [ɪ'njuːməreɪt] *vt* énumérer, dénombrer.

**enumeration** [ɪ,njuːmə'reɪʃn] *n* énumération *f*, dénombrement *m*.

**enunciate** [ɪ'nʌnsɪeɪt] ◇ *vt* **-1.** [articulate] articuler, prononcer. **-2.** *fml* [formulate – idea, theory, policy] énoncer, exprimer. ◇ *vi* articuler.

**enunciation** [ɪ,nʌnsɪ'eɪʃn] *n* **-1.** [of sound, word] articulation *f*, prononciation *f*.**-2.** *fml* [of theory] énonciation *f*, exposition *f*; [of problem] énoncé *m*.

**enuresis** [,enjʊə'riːsɪs] *n* énurésie *f*.

**envelop** [ɪn'veləp] *vt* envelopper; ~ed in mystery entouré OR voilé de mystère; ~ed in mist voilé de brume.

**envelope** ['envələʊp] *n* **-1.** [for letter] enveloppe *f*; put the letter in an ~ mettez la lettre sous enveloppe; in a sealed ~ sous pli cacheté; they came in the same ~ ils sont arrivés dans le même pli. **-2.** BIOL enveloppe *f*, tunique *f*; MATH enveloppe *f*; ELECTRON enveloppe *f*.**-3.** [of balloon] enveloppe *f*.

**enviable** ['envɪəbl] *adj* enviable.

**envious** ['envɪəs] *adj* [person] envieux, jaloux; [look, tone] en-

vieux, d'envie; she's ~ of their new house elle est envieuse de leur nouvelle maison; I am very ~ of you! comme je t'envie!

**enviously** ['envɪəslɪ] *adv* avec envie.

**environment** [ɪn'vaɪərənmənt] *n* **-1.** ECOL & POL [nature] environnement *m*; the Secretary of State for the Environment ≃ le ministre de l'Équipement. **-2.** [surroundings – physical] cadre *m*, milieu *m*; [– social] milieu *m*, environnement *m*; [– psychological] milieu *m*, ambiance *f*; BIOL, BOT & GEOG milieu *m*; LING & COMPUT environnement *m*; the novel examines the effect of ~ on character le roman étudie les effets du milieu ambiant sur le caractère; a pleasant working ~ des conditions de travail agréables.

**environmental** [ɪn,vaɪərən'mentl] *adj* **-1.** ECOL & POL écologique; Environmental Protection Agency *Am* Agence *f* pour la protection de l'environnement; ~ science/studies science *f*/études *fpl* de l'environnement. **-2.** [of surroundings] du milieu.

**Environmental Heath Officer** *n Br* inspecteur *m* sanitaire.

**environmentalism** [ɪn,vaɪərən'mentəlɪzm] *n* **-1.** ECOL étude *f* de l'environnement. **-2.** PSYCH environnementalisme *m*.

**environmentalist** [ɪn,vaɪərən'mentəlɪst] *n* **-1.** ECOL écologiste *mf*.**-2.** PSYCH environnementaliste *mf*.

**environmentally** [ɪn,vaɪərən'mentəlɪ] *adv* ECOL écologiquement.

**environment-friendly, environmentally friendly** *adj* [policy] respectueux de l'environnement; [product] non polluant.

**environs** [ɪn'vaɪərənz] *npl fml* environs *mpl*, alentours *mpl*.

**envisage** [ɪn'vɪzɪdʒ] *vt* [imagine] envisager; [predict] prévoir; I don't ~ (that there will be) any difficulty je n'envisage pas (qu'il puisse y avoir) la moindre difficulté.

**envision** [ɪn'vɪʒn] *Am* = **envisage**.

**envoy** ['envɔɪ] *n* **-1.** [emissary] envoyé *m*, -e *f*, représentant *m*, -e *f*; ~ (extraordinary) POL ministre *m* plénipotentiaire. **-2.** LITERAT envoi *m*.

**envy** ['envɪ] (*pl* **envies**, *pt* & *pp* **envied**) ◇ *n* **-1.** [jealousy] envie *f*, jalousie *f*; out of ~ par envie OR jalousie; filled with ~ dévoré de jalousie. **-2.** [object of jealousy] objet *m* d'envie; she was the ~ of all her friends elle excitait OR faisait l'envie de tous ses amis. ◇ *vt* envier; I do ~ her je l'envie vraiment; I ~ him his success je lui envie son succès.

**enzyme** ['enzaɪm] *n* enzyme *f*.

**EOC** *pr n abbr of* **Equal Opportunities Commission**.

**Eocene** ['iːəʊsiːn] *adj* éocène.

**eolith** ['iːəʊlɪθ] *n* éolithe *m*.

**eon** ['iːən] *Am* = **aeon**.

**eosin(e)** ['iːəʊsɪn] *n* éosine *f*.

**Eozoic** [,iːəʊ'zəʊɪk] *adj* précambrien.

**EP** (*abbr of* **extended play**) *n* **-1.** super 45 tours *m*, EP *m*.**-2.** *abbr of* **European Plan**.

**EPA** *pr n abbr of* **Environmental Protection Agency**.

**epaulette** *Br*, **epaulet** *Am* [,epə'let] *n* [gen & MIL] épaulette *f*.

**ephemera** [ɪ'femərə] (*pl* **ephemeras** OR **ephemerae** [-,riː]) *n* **-1.** ZOOL éphémère *m*.**-2.** [short-lived thing] chose *f* éphémère.

**ephemeral** [ɪ'femərəl] *adj* [short-lived] éphémère, fugitif; ZOOL éphémère.

**epic** ['epɪk] ◇ *adj* **-1.** [impressive] héroïque, épique; *hum* épique, homérique. **-2.** LITERAT épique. ◇ *n* **-1.** LITERAT épopée *f*, poème *m* OR récit *m* épique. **-2.** [film] film *m* à grand spectacle.

**epicene** ['episiːn] *adj* **-1.** [hermaphrodite] hermaphrodite; [sexless] asexué. **-2.** [effeminate] efféminé. **-3.** GRAMM épicène.

**epicentre** *Br*, **epicenter** *Am* ['episentər] *n* épicentre *m*.

**epicure** ['epɪ,kjʊər] *n fml* gourmet *m*, gastronome *mf*.

**epicurean** [,epɪkjʊə'riːən] ◇ *adj* [gen] épicurien. ◇ *n* **-1.** [gen] épicurien *m*, -enne *f*.**-2.** [gourmet] gourmet *m*, gastronome *mf*.

◆ **Epicurean** PHILOS ◇ *adj* épicurien. ◇ *n* épicurien *m*, -enne *f*.

**epicyclic** [,epɪ'saɪklɪk] *adj* épicycloïdal.

**epidemic** [ˌepɪˈdemɪk] *literal & fig* ◇ *n* épidémie *f.* ◇ *adj* épidémique; of ~ **proportions** qui prend les proportions d'une épidémie.

**epidemiology** [ˈepɪˌdiːmɪˈɒlədʒɪ] *n* épidémiologie *f.*

**epidermis** [ˌepɪˈdɜːmɪs] *n* épiderme *m.*

**epidiascope** [ˌepɪˈdaɪəskəʊp] *n* épidiascope *m.*

**epidural** [ˌepɪˈdjʊərəl] ◇ *adj* épidural. ◇ *n* anesthésie *f* épidurale, péridurale *f.*

**epifocal** [ˌepɪˈfəʊkl] *adj* épicentral.

**epigenesis** [ˌepɪˈdʒenɪsɪs] *n* BIOL épigenèse *f;* GEOL épigénie *f.*

**epiglottis** [ˌepɪˈglɒtɪs] (*pl* **epiglottises** OR **epiglotides** [-tɪˌdiːz]) *n* épiglotte *f.*

**epigram** [ˈepɪgræm] *n* épigramme *f.*

**epigrammatic(al)** [ˌepɪgrəˈmætɪk(l)] *adj* épigrammatique.

**epigraph** [ˈepɪgrɑːf] *n* épigraphe *f.*

**epilepsy** [ˈepɪlepsɪ] *n* épilepsie *f.*

**epileptic** [ˌepɪˈleptɪk] ◇ *adj* épileptique; an ~ **fit** une crise d'épilepsie. ◇ *n* épileptique *mf.*

**epilog** *Am,* **epilogue** [ˈepɪlɒg] *n* épilogue *m.*

**epinephrine** [ˌepɪˈnefrɪn] *n Am* adrénaline *f.*

**Epiphany** [ɪˈpɪfənɪ] *n* Épiphanie *f,* fête *f* des rois.

**episcopal** [ɪˈpɪskəpl] *adj* épiscopal.

**Episcopal Church** *n:* the ~ l'Église *f* épiscopale.

**episcopalian** [ɪˌpɪskəʊˈpeɪljən] ◇ *adj* épiscopal, épiscopalien. ◇ *n* épiscopalien *m,* -enne *f.*

**episcopate** [ɪˈpɪskəpət] *n* épiscopat *m.*

**episcope** [ˈepɪskəʊp] *n Br* épiscope *m.*

**episiotomy** [ɪˌpɪzɪˈɒtəmɪ] (*pl* **episiotomies**) *n* épisiotomie *f.*

**episode** [ˈepɪsəʊd] *n* [period, event] épisode *m;* [part of story] épisode *m.*

**episodic** [ˌepɪˈsɒdɪk] *adj* épisodique.

**epistemology** [e,pɪstiːˈmɒlədʒɪ] *n* épistémologie *f.*

**epistle** [ɪˈpɪsl] *n -1. fml* OR *hum* [letter] lettre *f,* épître *f hum;* AD-MIN courrier *m.***-2.** LITERAT épître *f.*
◆ **Epistle** *n* BIBLE: the **Epistle to the Romans** l'Épître *f* aux Romains.

**epistolary** [ɪˈpɪstələrɪ] *adj fml* épistolaire.

**epitaph** [ˈepɪtɑːf] *n* épitaphe *f.*

**epithet** [ˈepɪθet] *n* épithète *f.*

**epitome** [ɪˈpɪtəmɪ] *n -1.* [typical example] modèle *m,* type *m* OR **example** *m* même; she's the ~ **of generosity** elle est l'exemple même de la générosité OR la générosité même. **-2.** [of book] abrégé *m,* résumé *m.*

**epitomize, -ise** [ɪˈpɪtəmaɪz] *vt -1.* [typify] personnifier, incarner. **-2.** [book] abréger, résumer.

**EPNS** (*abbr of* **electroplated nickel silver**) *n* rudz *m.*

**epoch** [ˈiːpɒk] *n* époque *f;* the discovery marked a new ~ in the history of science cette découverte a fait date dans l'histoire de la science.

**epoch-making** *adj* qui fait époque, qui fait date.

**eponym** [ˈepəʊnɪm] *n* éponyme *m.*

**eponymous** [ɪˈpɒnɪməs] *adj* du même nom, éponyme.

**epoxy** [ˈɪpɒksɪ] (*pl* **epoxies**) ◇ *adj* CHEM [function, group] époxy *inv.* ◇ *n* époxyde *m.*

**EPROM** [ˈiːprɒm] (*abbr of* **erasable programmable read only memory**) *n* mémoire *f* morte effaçable.

**Epsom salts** [ˈepsəm-] *npl* sel *m* d'Epsom, epsomite *f.*

**equable** [ˈekwəbl] *adj* [character, person] égal, placide; [climate] égal, constant.

**equably** [ˈekwəblɪ] *adv* tranquillement, placidement.

**equal** [ˈiːkwəl] (*Br pt & pp* **equalled,** *cont* **equalling,** *Am pt & pp* **equaled,** *cont* **equaling**) ◇ *adj -1.* [of same size, amount, degree, type] égal; ~ **in number** égal en nombre; ~ **in size** to an orange d'une taille égale à une orange; to be ~ to sthg égaler qqch; **mix** ~ **parts** of sand and cement mélangez du sable et du ciment en parts égales; **she speaks French and German with** ~ **ease** elle parle français et allemand avec la même facilité; to be on an ~ **footing with sb** être sur un pied d'égalité avec qqn; to meet/to talk to sb on an ~ **terms** rencontrer qqn/parler à qqn d'égal à égal; **other** ~ **all things being** ~ toutes choses égales par ailleurs ❑ ~ **ops** *inf,* ~ **opportunities** chances *fpl* égales, égalité *f* des chances; ~ **opportunity employer** entreprise *s'engageant à respecter*

*la législation sur la non-discrimination dans l'emploi;* ~ **rights** égalité des droits; **Equal Rights Amendment→** ERA; ~ **time** RADIO & TV droit *m* de réponse. **-2.** [adequate]: ~ **to:** he **proved** ~ **to the task** il s'est montré à la hauteur de la tâche; **to feel** ~ **to doing sthg** se sentir le courage de faire qqch.
◇ *n* égal *m,* -e *f,* pair *m;* to talk to sb as an ~ parler à qqn d'égal à égal; **we worked together as** ~**s** nous avons travaillé ensemble sur un pied d'égalité; he **has no** ~ il est hors pair, il n'a pas son pareil.
◇ *vt -1.* [gen & MATH] égaler; **2 and 2** ~**s 4** 2 et 2 égalent OR **font 4; let x** ~ **y** si x égale y. **-2.** [match] égaler; **there is nothing to** ~ **it** il n'y a rien de comparable OR de tel; his **arrogance is only equalled by his vulgarity** son arrogance n'a d'égale que sa vulgarité.

**equality** [iːˈkwɒlətɪ] (*pl* **equalities**) *n* égalité *f;* ~ **of opportunity** égalité des chances.

**equalization** [ˌiːkwəlaɪˈzeɪʃn] *n* [gen] égalisation *f;* ELECTRON régularisation *f;* FIN péréquation *f.*

**equalize, -ise** [ˈiːkwəlaɪz] ◇ *vt* [chances] égaliser; [taxes, wealth] faire la péréquation de. ◇ *vi* SPORT égaliser.

**equalizer** [ˈiːkwəlaɪzəʳ] *n -1.* SPORT but *m* OR point *m* égalisateur. **-2.** ELECTRON égaliseur *m.*

**equally** [ˈiːkwəlɪ] *adv -1.* [evenly] également; **divided** ~ divisé en parts OR parties égales. **-2.** [to same degree] également, aussi; ~ **well** tout aussi bien; ~ **talented students** élèves également OR pareillement doués. **-3.** [by the same token]: **efficiency is important, but** ~ **we must consider the welfare of the staff** l'efficacité, c'est important, mais nous devons tout autant considérer le bien-être du personnel.

**Equal Opportunities Commission** *pr n* commission *f* pour l'égalité des chances (*en Grande-Bretagne*)

**equal sign, equals sign** *n* signe . *m* d'égalité OR d'équivalence.

**equanimity** [ˌekwəˈnɪmətɪ] *n fml* sérénité *f,* équanimité *f lit.*

**equatable** [ɪˈkweɪtəbl] *adj* comparable, assimilable.

**equate** [ɪˈkweɪt] *vt -1.* [regard as equivalent] assimiler, mettre sur le même pied; some people wrongly ~ **culture with elitism** certaines personnes assimilent à tort culture et élitisme. **-2.** [make equal] égaler, égaliser; **our aim is to** ~ **exports and imports** notre but est d'amener au même niveau les exportations et les importations; **to** ~ **sthg to sthg** MATH mettre qqch en équation avec qqch.

**equation** [ɪˈkweɪʒn] *n -1. fml* [association] assimilation *f.***-2.** *fml* [equalization] égalisation *f.***-3.** CHEM & MATH équation *f.*

**equator** [ɪˈkweɪtəʳ] *n* équateur *m;* **at** OR **on the** ~ sous OR à l'équateur.

**equatorial** [ˌekwəˈtɔːrɪəl] *adj* équatorial.

**Equatorial Guinea** *pr n* Guinée-Équatoriale *f;* **in** ~ en Guinée-Équatoriale.

**equerry** [ˈekwərɪ] (*pl* **equerries**) *n Br* [of household] intendant *m,* -e *f* (*de la maison du roi, de la reine*); [of stable] écuyer *m,* -ère *f.*

**equestrian** [ɪˈkwestrɪən] ◇ *adj* [event] hippique; [skills] équestre; [statue] équestre; [equipment, clothing] d'équitation. ◇ *n* [rider] cavalier *m,* -ère *f;* [in circus & MIL] écuyer *m,* -ère *f.*

**equidistant** [ˌiːkwɪˈdɪstənt] *adj* équidistant, à distance égale.

**equilateral** [ˌiːkwɪˈlætərəl] *adj* équilatéral; ~ **triangle** triangle *m* équilatéral.

**equilibrium** [ˌiːkwɪˈlɪbrɪəm] *n* équilibre *m;* **in** ~ en équilibre; **she lost her** ~ elle a perdu l'équilibre.

**equine** [ˈekwaɪn] *adj* [disease, animal] équin; [profile] chevalin.

**equinox** [ˈiːkwɪnɒks] *n* équinoxe *m;* **spring** OR **vernal** ~ équinoxe de printemps, point *m* vernal.

**equip** [ɪˈkwɪp] (*pt & pp* **equipped,** *cont* **equipping**) *vt -1.* [fit out – factory] équiper, outiller; [– laboratory, kitchen] installer, équiper; [– army, ship] équiper; **the hospital is not equipped to perform heart surgery** l'hôpital n'est pas équipé pour pratiquer la chirurgie du cœur. **-2.** *fig* [prepare]: **to be well-equipped to do sthg** avoir tout ce qu'il faut pour faire qqch; **it won't** ~ **her for life's hardships** cela ne la préparera pas à affronter les épreuves de la vie; **he is ill-equipped to handle the situation** il est mal armé pour faire face à la situation. **-3.** [supply – person] équiper, pourvoir; [– army, machine, factory] équiper, munir; **the fighter plane is equipped with the latest technology** l'avion de combat est doté des équipements les plus modernes; **if your computer is equipped with a hard disk** si votre ordinateur est pourvu d'un disque dur.

**equipage** ['ekwɪpɪdʒ] *n* [carriage & MIL] équipage *m*.

**equipment** [ɪ'kwɪpmənt] *n (U)* **-1.** [gen] équipement *m*; [in laboratory, office, school] matériel *m*; MIL & SPORT équipement *m*, matériel *m*; **camping** ~ matériel de camping; **electrical** ~ appareillage *m* électrique. **-2.** [act] équipement *m*.

**equitable** ['ekwɪtəbl] *adj* équitable, juste.

**equitably** ['ekwɪtəblɪ] *adv* équitablement, avec justice.

**equity** ['ekwətɪ] *(pl* **equities)** *n* **-1.** [fairness] équité *f*. **-2.** JUR [system] équité *f*; [right] droit *m* équitable. **-3.** FIN [market value] fonds *mpl* OR capitaux *mpl* propres; [share] action *f* ordinaire.
◆ **Equity** *pr n* principal syndicat britannique des gens du spectacle.

**equivalence** [ɪ'kwɪvələns] *n* équivalence *f*.

**equivalent** [ɪ'kwɪvələnt] ◇ *adj* équivalent; **to be** ~ **to sthg** être équivalent à qqch, équivaloir à qqch. ◇ *n* équivalent *m*.

**equivocal** [ɪ'kwɪvəkl] *adj* **-1.** [ambiguous – words, attitude] ambigu *(f -uë)*, équivoque. **-2.** [dubious – behaviour, person] suspect, douteux; [– outcome] incertain, douteux.

**equivocally** [ɪ'kwɪvəklɪ] *adv* **-1.** [ambiguously] de manière équivoque OR ambiguë. **-2.** [dubiously] de manière douteuse.

**equivocate** [ɪ'kwɪvəkeɪt] *vi fml* user d'équivoques OR de faux-fuyants, équivoquer *lit*.

**equivocation** [ɪ,kwɪvə'keɪʃn] *n (U) fml* [words] paroles *fpl* équivoques; [prevarication] tergiversation *f*.

**er** [ɜːʳ] *interj* heu.

**ER** *(written abbr of* **Elizabeth Regina)** *emblème de la reine Élisabeth.*

**era** ['ɪərə] *n* [gen] époque *f*; GEOL & HIST ère *f*; **her election marked a new** ~ **in politics** son élection a marqué un tournant dans la vie politique.

**ERA** ['ɪərə] *(abbr of* **Equal Rights Amendment)** *n projet de loi américain rejeté en 1982 qui posait comme principe l'égalité des individus quels que soient leur sexe, leur religion ou leur race.*

**eradicate** [ɪ'rædɪkeɪt] *vt* [disease] éradiquer, faire disparaître; [poverty, problem] faire disparaître, supprimer; [abuse, crime] extirper, supprimer; [practice] bannir, mettre fin à; [weeds] détruire.

**eradication** [ɪ,rædɪ'keɪʃn] *n* [of disease] éradication *f*; [of poverty, problem] suppression *f*; [of abuse, crime] extirpation *f*, suppression *f*; [of practice] fin *f*; [of weeds] destruction *f*.

**erase** [ɪ'reɪz] ◇ *vt* [writing] effacer, gratter; [with rubber] gommer; *fig* & COMPUT effacer. ◇ *vi* s'effacer.

**erase head** *n* tête *f* d'effacement.

**eraser** [ɪ'reɪzəʳ] *n* gomme *f*.

**erasing** [ɪ'reɪzɪŋ] *n* effacement *m*.

**Erasmus** [ɪ'ræzməs] *pr n* Érasme.

**erasure** [ɪ'reɪʒəʳ] *n* **-1.** [act] effacement *m*, grattage *m*. **-2.** [mark] rature *f*, grattage *m*.

**ere** [eəʳ] ◇ *prep lit* avant; ~ **long** sous peu; ~ **now**, ~ **this** déjà, auparavant. ◇ *conj arch* OR *lit* avant que.

**erect** [ɪ'rekt] ◇ *adj* **-1.** [upright] droit; [standing] debout; **she holds herself very** ~ elle se tient bien droite. **-2.** PHYSIOL [penis, nipples] dur. ◇ *vt* **-1.** [build – building, wall] bâtir, construire; [– statue, temple] ériger, élever; [– equipment] installer; [– roadblock, tent] dresser. **-2.** *fig* [system] édifier; [obstacle] élever.

**erectile** [ɪ'rektaɪl] *adj* érectile.

**erection** [ɪ'rekʃn] *n* **-1.** [of building, wall] construction *f*; [of statue, temple] érection *f*; [of equipment] installation *f*; [of roadblock, tent] dressage *m*; *fig* [of system, obstacle] édification *f*. **-2.** [building] bâtiment *m*, construction *f*. **-3.** PHYSIOL érection *f*; **to have** OR **to get an** ~ avoir une érection.

**erector** [ɪ'rektəʳ] *n* **-1.** [muscle] érecteur *m*. **-2.** [builder] constructeur *m*, -trice *f*; ~ **set** *Am* jeu *m* de construction.

**ergative** ['ɜːgətɪv] ◇ *adj* ergatif. ◇ *n* ergatif *m*.

**ergonomic** [,ɜːgəʊ'nɒmɪk] *adj* ergonomique.

**ergonomics** [,ɜːgə'nɒmɪks] *n (U)* ergonomie *f*.

**Erie** ['ɪərɪ] *pr n*: **Lake** ~ le lac Érié.

**ERISA** [ə'riːsə] *(abbr of* **Employee Retirement Income Se-**

curity Act) *n loi américaine sur les pensions de retraite.*

**Eritrea** [,erɪ'treɪə] *pr n* Erythrée *f*; **in** ~ en Erythrée.

**Eritrean** [,erɪ'treɪən] ◇ *n* Erythréen *m*, -enne *f*. ◇ *adj* érythréen.

**ERM** *(abbr of* **exchange rate mechanism)** *n* mécanisme *m* de change (du SME).

**ermine** ['ɜːmɪn] *n* [fur, robe, stoat] hermine *f*.

**Ernie** ['ɜːnɪ] *(abbr of* **Electronic Random Number Indicator Equipment)** *n en Grande-Bretagne, ordinateur qui sert au tirage des numéros gagnants des bons à lots.*

**erode** [ɪ'rəʊd] ◇ *vt* [subj: water, wind] éroder, ronger; [subj: acid, rust] ronger, corroder; *fig* [courage, power] ronger, miner. ◇ *vi* [rock, soil] s'éroder.

**erogenous** [ɪ'rɒdʒɪnəs] *adj* érogène; ~ **zone** zone *f* érogène.

**Eros** ['ɪərɒs] *pr n* **-1.** MYTH Éros. **-2.** *Br* surnom donné au monument en l'honneur du comte de Shaftesbury, à Piccadilly Circus.

**erosion** [ɪ'rəʊʒn] *n* [of soil, rock] érosion *f*; [of metal] corrosion *f*; *fig* [of courage, power] érosion *f*, corrosion *f*.

**erotic** [ɪ'rɒtɪk] *adj* érotique.

**erotica** [ɪ'rɒtɪkə] *npl* ART art *m* érotique; LITERAT littérature *f* érotique.

**erotically** [ɪ'rɒtɪklɪ] *adv* érotiquement.

**eroticism** [ɪ'rɒtɪsɪzm] *n* érotisme *m*.

**err** [ɜːʳ] *vi fml* **-1.** [make mistake] se tromper; **I** ~**ed on the side of caution** j'ai péché par excès de prudence. **-2.** [sin] pécher, commettre une faute.

**errand** ['erənd] *n* commission *f*, course *f*; **to go on** OR **to do** OR **to run an** ~ **(for sb)** faire une course (pour qqn); **an** ~ **of mercy** une mission de charité.

**errand boy** *n* garçon *m* de courses.

**errant** ['erənt] *adj* **-1.** [wayward] dévoyé. **-2.** [roaming] errant.

**errata** [e'rɑːtə] ◇ *pl* → **erratum.** ◇ *npl* [list] errata *m inv*.

**erratic** [ɪ'rætɪk] *adj* **-1.** [irregular – results] irrégulier; [– performance] irrégulier, inégal; [– person] fantasque, excentrique; [– mood] changeant; [– movement, course] mal assuré; **he is a bit** ~ on ne sait jamais comment il va réagir. **-2.** GEOL & MED erratique.

**erratically** [ɪ'rætɪklɪ] *adv* [act, behave] de manière fantasque OR capricieuse; [move, work] irrégulièrement, par à-coups; **he drives** ~ il conduit de façon déconcertante.

**erratum** [e'rɑːtəm] *(pl* **errata** [-tə]) *n* erratum *m*.

**erroneous** [ɪ'rəʊnjəs] *adj* erroné, inexact.

**erroneously** [ɪ'rəʊnjəslɪ] *adv* erronément, à tort.

**error** ['erəʳ] *n* **-1.** [mistake] erreur *f*, faute *f*; **to make** OR **to commit an** ~ faire (une) erreur; ~**s and omissions excepted** COMM sauf erreur ou omission. **-2.** MATH [mistake] faute *f*; [deviation] écart *m*. **-3.** [mistakenness] erreur *f*; **it was done in** ~ cela a été fait par erreur OR méprise; **I've seen the** ~ **of my ways** je suis revenu de mes erreurs.

**ersatz** ['eəzæts] ◇ *adj*: **this is** ~ **coffee** c'est de l'ersatz OR du succédané de café. ◇ *n* ersatz *m*, succédané *m*.

**erstwhile** ['ɜːstwaɪl] *lit* OR *hum* ◇ *adj* d'autrefois. ◇ *adv* autrefois, jadis.

**erudite** ['eruːdaɪt] *adj* [book, person] érudit, savant; [word] savant.

**erudition** [,eruː'dɪʃn] *n* érudition *f*.

**erupt** [ɪ'rʌpt] *vi* **-1.** [volcano – start] entrer en éruption; [– continue] faire éruption. **-2.** [pimples] sortir, apparaître; [tooth] percer; **her face** ~**ed in spots** elle a eu une éruption de boutons sur le visage. **-3.** *fig* [fire, laughter, war] éclater; [anger] exploser; **the city** ~**ed into violence** il y eut une explosion de violence dans la ville.

**eruption** [ɪ'rʌpʃn] *n* **-1.** [of volcano] éruption *f*. **-2.** [of pimples] éruption *f*, poussée *f*; [of teeth] percée *f*. **-3.** *fig* [of laughter] éclat *m*, éruption *f*; [of anger] accès *m*, éruption *f*; [of violence] explosion *f*, accès *m*.

**erysipelas** [,erɪ'sɪpɪləs] *n* érysipèle *m*, érésipèle *m*.

**ESA** *(abbr of* **European Space Agency)** *pr n* ESA *f*, ASE *f*.

**escalate** ['eskəleɪt] ◇ *vi* [fighting, war] s'intensifier; [prices] monter en flèche. ◇ *vt* [fighting] intensifier; [problem] aggraver; [prices] faire grimper.

**escalation** [,eskə'leɪʃn] *n* [of fighting, war] escalade *f*, intensification *f*; [of prices] escalade *f*, montée *f* en flèche.

**escalator** ['eskəleɪtəʳ] *n* escalier *m* roulant OR mécanique, escalator *m*.

**escalator clause** *n* clause *f* d'indexation OR de révision.

**escalope** ['eskə,lɒp] *n* escalope *f*.

**escapade** [,eskə'peɪd] *n* [adventure] équipée *f*; [scrape] fredaine *f*, escapade *f*; [prank] frasque *f*.

**escape** [ɪ'skeɪp] ◇ *vi* **-1.** [get away – person, animal] échapper, s'échapper; [– prisoner] s'évader; they ~d from the enemy/from the hands of their kidnappers ils ont échappé à l'ennemi/des mains de leurs ravisseurs; the thieves ~d after a police chase les voleurs ont pris la fuite après avoir été poursuivis par la police; she ~d from the camp elle s'est échappée du camp; he ~d to Italy il s'est enfui en Italie. **-2.** [gas, liquid, steam] s'échapper, fuir. **-3.** [survive, avoid injury] s'en tirer, en réchapper; she ~d uninjured elle s'en est tirée sans aucun mal; he ~d with a reprimand il en a été quitte pour une réprimande.
◇ *vt* **-1.** [avoid] échapper à; to ~ doing sthg éviter de faire qqch; I narrowly ~d being killed j'ai failli OR manqué me faire tuer; he ~d detection il ne s'est pas fait repérer; there's no escaping the fact that... il n'y a pas moyen d'échapper au fait que... **-2.** [elude notice, memory of] échapper à; her name ~s me son nom m'échappe; her blunder ~d notice sa gaffe est passée inaperçue.
◇ *n* **-1.** [of person] fuite *f*, évasion *f*; [of prisoner] évasion *f*; [of animal] fuite *f*; I made my ~ je me suis échappé OR évadé; he had a narrow ~ *fig* [from danger] il l'a échappé belle, il a eu chaud; [from illness] il revient de loin. **-2.** [diversion] évasion *f*; an ~ from reality une évasion hors de la réalité. **-3.** [of gas, liquid] fuite *f*; [of exhaust fumes, steam] échappement *m*.
◇ *comp* [plot, route] d'évasion; [device] de sortie, de secours; ~ key COMPUT touche *f* d'échappement.

**escape clause** *n* clause *f* échappatoire.

**escaped** [ɪ'skeɪpt] *adj* échappé; an ~ prisoner un évadé.

**escapee** [ɪ,skeɪ'piː] *n* évadé *m*, -e *f*.

**escape hatch** *n* trappe *f* de secours.

**escape mechanism** *n* *literal* mécanisme *m* de secours; PSYCH fuite *f* (devant la réalité).

**escapement** [ɪ'skeɪpmənt] *n* [of clock, piano] échappement *m*; MECH échappement *m*.

**escape road** *n* talus *m* de protection.

**escape valve** *n* soupape *f* d'échappement.

**escapism** [ɪ'skeɪpɪzm] *n* évasion *f* hors de la réalité, fuite *f* devant la réalité.

**escapist** [ɪ'skeɪpɪst] ◇ *n* personne *f* cherchant à s'évader du réel. ◇ *adj* d'évasion.

**escapologist** [,eskə'pɒlədʒɪst] *n* virtuose de l'évasion dans les spectacles de magie.

**escarpment** [ɪ'skɑːpmənt] *n* escarpement *m*.

**eschatology** [,eskə'tɒlədʒɪ] *n* eschatologie *f*.

**eschew** [ɪs'tʃuː] *vt* *fml* [duty, work, activity] éviter; [alcohol] s'abstenir de boire; [publicity, temptation, involvement] fuir.

**escort** [*n* & *comp* 'eskɔːt, *vb* ɪ'skɔːt] ◇ *n* **-1.** [guard] escorte *f*, cortège *m*; MIL & NAUT escorte *f*; under the ~ of sous l'escorte de; they were given a police ~ on leur a donné une escorte de police. **-2.** [consort – male] cavalier *m*; [– female] hôtesse *f*.
◇ *comp* d'escorte; an ~ vessel un bâtiment d'escorte, un (vaisseau) escorteur. ◇ *vt fml* accompagner, escorter; [police & MIL] escorter; they ~ed him in/out ils l'ont fait entrer/sortir sous escorte.

**escort agency** *n* service *m* OR bureau *m* d'hôtesses.

**escutcheon** [ɪ'skʌtʃn] *n* **-1.** [shield] écu *m*, écusson *f*. **-2.** [on door, handle, light switch] écusson *m*.

**ESE** *written abbr of* **east-southeast**.

**Eskimo** ['eskɪməʊ] (*pl inv* OR **Eskimos**) ◇ *n* **-1.** [person] Esquimau *m*, Esquimaude *f*. **-2.** LING esquimau *m*. ◇ *adj* esquimau.

**ESL** (*abbr of* **English as a Second Language**) *n* anglais langue seconde.

**esophagus** [iː'sɒfəgəs] (*pl* **esophagi** [-gaɪ]) *Am* = **oesophagus**.

**esoteric** [,esə'terɪk] *adj* [obscure] ésotérique; [private] secret (*f*-ète).

**esp.** *written abbr of* **especially**.

**ESP** *n* **-1.** (*abbr of* **extrasensory perception**) perception *f* ex-trasensorielle. **-2.** (*abbr of* **English for special purposes**) anglais spécialisé.

**espadrille** [,espə'drɪl] *n* espadrille *f*.

**especial** [ɪ'speʃl] *adj fml* [notable] particulier, exceptionnel; [specific] particulier.

**especially** [ɪ'speʃəlɪ] *adv* **-1.** [to a particular degree] particulièrement, spécialement; [particularly] en particulier, surtout; I can't mention it, ~ since OR as I'm not supposed to know anything about it je ne peux pas en parler d'autant que OR surtout que je ne suis pas censé savoir quoi que ce soit à ce sujet; you ~ ought to know better! vous devriez le savoir mieux que personne!; be ~ careful with this one faites particulièrement attention à celui-ci. **-2.** [for a particular purpose] exprès; he went ~ to meet her il est allé exprès pour la rencontrer.

**Esperanto** [,espə'ræntəʊ] ◇ *n* espéranto *m*. ◇ *adj* en espéranto.

**espionage** ['espɪə,nɑːʒ] *n* espionnage *m*.

**esplanade** [,esplə'neɪd] *n* esplanade *f*.

**espousal** [ɪ'spaʊzl] *n fml* [of belief, cause] adoption *f*.

**espouse** [ɪ'spaʊz] *vt fml* [belief, cause] épouser, adopter.

**espresso** [e'spresəʊ] (*pl* **espressos**) *n* (café *m*) express *m*.

**espy** [ɪ'spaɪ] (*pt* & *pp* **espied**) *vt lit* apercevoir, distinguer.

**Esq.** (*written abbr of* **esquire**): James Roberts, ~ M. James Roberts.

**esquire** [ɪ'skwaɪəʳ] *n Br* **-1.** = **Esq. -2.** HIST écuyer *m*.

**essay** [*n* 'eseɪ, *vb* e'seɪ] ◇ *n* **-1.** LITERAT essai *m*; SCH composition *f*, dissertation *f*; UNIV dissertation *f*; 'An Essay on Man' Pope 'Essai sur l'homme'. **-2.** *fml* [attempt] essai *m*, tentative *f*.
◇ *vt fml* **-1.** [try] essayer, tenter. **-2.** [test] mettre à l'épreuve;
*see* USAGE *overleaf*.

**essayist** ['eseɪɪst] *n* essayiste *mf*.

**essence** ['esns] *n* **-1.** [gen] essence *f*, essentiel *m*; the ~ of her speech was that... l'essentiel de son discours tenait en ceci que...; time is of the ~ il est essentiel de faire vite, la vitesse s'impose. **-2.** PHILOS essence *f*, nature *f*; RELIG essence *f*. **-3.** CHEM essence *f*. **-4.** CULIN extrait *m*.
♦ **in essence** *adv phr* essentiellement, surtout.

**essential** [ɪ'senʃl] ◇ *adj* **-1.** [vital – action, equipment, services] essentiel, indispensable; [– point, role] essentiel, capital; [– question] essentiel, fondamental; it is ~ to know whether... il est essentiel OR il importe de savoir si...; the ~ thing is to relax l'essentiel est de rester calme; a balanced diet is ~ for good health un régime équilibré est essentiel pour être en bonne santé; ~ goods biens *m* de première nécessité. **-2.** [basic] essentiel, fondamental; the ~ goodness of man la bonté essentielle de l'homme; the ~ oils huiles *fpl* essentielles. ◇ *n* objet *m* indispensable; the ~s l'essentiel; we can only afford to buy the ~s nous n'avons pas les moyens d'acheter que l'essentiel; the ~s of astronomy les rudiments *mpl* de l'astronomie; in (all) ~s essentiellement.

**essentially** [ɪ'senʃəlɪ] *adv* [fundamentally] essentiellement, fondamentalement; [mainly] essentiellement, principalement.

**est. -1.** *written abbr of* **established. -2.** *written abbr of* **estimated**.

**EST** *n abbr of* **Eastern Standard Time**.

**establish** [ɪ'stæblɪʃ] *vt* **-1.** [create, set up – business] fonder, créer; [– government] constituer, établir; [– society, system] constituer; [– factory] établir, monter; [– contact] établir; [– relations] établir, nouer; [– custom, law] instaurer; [– precedent] créer; [– order, peace] faire régner. **-2.** [confirm – authority, power] affermir; [– reputation] établir; she has already ~ed her reputation as a physicist elle s'est déjà fait une réputation de physicienne; he ~ed himself as a computer consultant il s'est établi conseiller en informatique. **-3.** [prove – identity, truth] établir; [– cause, nature] déterminer, établir; [– guilt, need] établir, prouver; [– innocence] établir, démontrer.

**established** [ɪ'stæblɪʃt] *adj* **-1.** [existing, solid – order, system] établi; [– government] établi, au pouvoir; [– business] établi, solide; [– law] établi, en vigueur; [– tradition] établi, enraciné; [– reputation] établi, bien assis; ~ in 1890 COMM maison fondée en 1890; the ~ Church l'Église *f* officielle. **-2.** [proven – fact] acquis, reconnu; [– truth] établi, démontré.

**establishment** [ɪ'stæblɪʃmənt] *n* **-1.** [of business] fondation *f*, création *f*; [of government] constitution *f*; [of society, system]

constitution f, création f; [of law] instauration f. **-2.** [institution] établissement m; a business ~ un établissement commercial, une firme. **-3.** [staff] personnel m; MIL & NAUT effectif m.
◆ **Establishment** n [ruling powers]: the Establishment les pouvoirs mpl établis, l'ordre m établi, l'establishment m; the financial Establishment ceux qui comptent dans le monde financier.

**estate** [ɪ'steɪt] n **-1.** [land] propriété f, domaine m; her country ~ ses terres fpl. **-2.** Br [development – housing] lotissement m, cité f; [– trading] zone f commerciale. **-3.** JUR [property] biens mpl, fortune f; [of deceased] succession f. **-4.** fml [state, position] état m, rang m; men of low/high ~ les hommes d'humble condition/de haut rang.

**estate agency** n Br agence f immobilière.

**estate agent** n Br **-1.** [salesperson] agent m immobilier. **-2.** [manager] intendant m, régisseur m.

**estate car** n Br break m.

**estd., est'd.** written abbr of **established**.

**esteem** [ɪ'stiːm] ◇ vt **-1.** [respect – person] avoir de l'estime pour, estimer; [– quality] estimer, apprécier. **-2.** fml [consider] estimer, considérer; I ~ it a great honour je m'estime très honoré. ◇ n estime f, considération f; to hold sb/sthg in high ~ tenir qqn/qqch en haute estime.

**esteemed** [ɪ'stiːmd] adj fml estimé.

**esthete** etc ['iːsθiːt] Am = **aesthete**.

**estimate** [n 'estɪmət, vb 'estɪmeɪt] ◇ n **-1.** [evaluation] évaluation f, estimation f; give me an ~ of how much you think it will cost donnez-moi une idée du prix que cela coûtera, à votre avis; at a rough ~ approximativement; these figures are only a rough ~ ces chiffres ne sont que très approximatifs; at the lowest ~ it will take five years il faudra cinq ans au bas mot. **-2.** COMM [quote] devis m; get several ~s before deciding who to employ faites faire plusieurs devis avant de décider quelle entreprise choisir.
◇ vt **-1.** [calculate – cost, number] estimer, évaluer; [– distance, speed] estimer, apprécier; the cost was ~d at £2,000 le coût était évalué à 2 000 livres; I ~ (that) it will take at least five years à mon avis cela prendra au moins cinq ans,

j'estime que cela prendra au moins cinq ans. **-2.** [judge] estimer, juger; I don't ~ him very highly je n'ai guère d'estime pour lui.

**estimated** ['estɪmeɪtɪd] adj estimé; an ~ 50,000 people attended the demonstration environ 50 000 personnes auraient manifesté ❏ ~d time of arrival/of departure heure probable d'arrivée/de départ.

**estimation** [,estɪ'meɪʃn] n **-1.** [calculation] estimation f, évaluation f. **-2.** [judgment] jugement m, opinion f; in my ~ à mon avis, selon moi. **-3.** [esteem] estime f, considération f; he went down/up in my ~ il a baissé/monté dans mon estime.

**Estonia** [e'stəʊnjə] pr n Estonie f; in ~ en Estonie.

**Estonian** [e'stəʊnjən] ◇ n **-1.** [person] Estonien m, -enne f. **-2.** LING estonien m. ◇ adj estonien.

**estrange** [ɪ'streɪndʒ] vt aliéner, éloigner.

**estranged** [ɪ'streɪndʒd] adj [couple] séparé; to become ~ from sb se brouiller avec OR se détacher de qqn; her ~ husband son mari, dont elle est séparée.

**estrogen** Am = **oestrogen**.

**estrus** Am = **oestrus**.

**estuary** ['estjʊərɪ] (pl **estuaries**) n estuaire m.

**ET** (abbr of **Employment Training**) n programme gouvernemental en faveur des chômeurs de longue durée en Grande-Bretagne.

**ETA** (abbr of **estimated time of arrival**) n HPA.

**et al.** [,et'æl] (abbr of **et alii**) adv phr et al.

**etc.** (written abbr of **et cetera**) etc.

**et cetera** [ɪt'setərə] ◇ adv et cetera, et cætera. ◇ n: the ~s les et cætera mpl.

**etch** [etʃ] vi & vt graver; ART & TYPO graver à l'eau-forte; ~ed on my memory fig gravé dans ma mémoire.

**etching** ['etʃɪŋ] n **-1.** [print] (gravure f à l') eau-forte f. **-2.** [technique] gravure f à l'eau-forte.

**ETD** (abbr of **estimated time of departure**) n HPD f.

**eternal** [ɪ'tɜːnl] ◇ adj **-1.** [gen, PHILOS & RELIG] éternel. **-2.** [perpetual] continuel, perpétuel; [arguments, problems] éter-

---

**USAGE ►  Essay writing**

[NB: (i) the use of 'nous' is best suited to a formal thesis, rather than a general essay
(ii) French essays are traditionally based on a classical three-part structure: the thesis ('on the one hand...'); the antithesis ('on the other hand...'); and the synthesis, or resolution of the arguments for and against.]

**The introduction**

Nous tenterons/Je tenterai dans cet essai de considérer les différents aspects de...
L'opinion la plus communément répandue veut que...
Nous sommes de plus en plus clairement confrontés au problème de...
Aujourd'hui plus que jamais, la question de... est une question capitale.
Avant d'aborder plus en détail le problème qui nous occupe, considérons...
Le problème de... n'est pas sans soulever un certain nombre de questions connexes/d'une grande actualité.

**Presenting arguments**

▷ *structuring arguments:*

On commencera par évoquer la question de...; ensuite nous montrerons comment/pourquoi...; enfin nous examinerons le problème du point de vue OR sous l'angle de...
D'une part..., d'autre part...
Quant à...,
De même, ...
En conséquence, ...
Aussi pouvons-nous penser que...
Nous pouvons donc OR par conséquent penser que...
Premièrement...; deuxièmement...; troisièmement...

▷ *giving one's opinion:*

Je pense/Nous pensons que...
Il me semble que...
Pour moi...

▷ *giving examples:*

Ainsi, ...
Par exemple...
Prenons le cas de...

▷ *using quotations/references:*

Comme l'a dit Descartes, ...
Ainsi que le fait remarquer Lacan, ...
Chez Sartre également, ...
Pour citer Dolto, ...

▷ *presenting counterarguments:*

Cependant...
En revanche, ...
Il faut pourtant remarquer que...
Mais s'il est vrai que..., il faut aussi envisager les choses du point de vue de...
..., ce qui est loin d'être toujours le cas. En fait OR En réalité OR Effectivement, ...
On peut toutefois se demander si...

**The conclusion**

Pour conclure...
En conclusion...
Ainsi, comme on a pu le voir, ...
À la lumière de cet exposé, on voit donc comment/que/pourquoi...

nel; [discussion, wrangling] continuel, sempiternel *pej*; he's
an ~ student c'est l'étudiant éternel; to my ~ shame à ma
grande honte. ◇ *n*: the Eternal l'Éternel *m*.
**eternally** [ɪ'tɜːnəlɪ] *adv* **-1.** [forever] éternellement; I shall be
~ grateful je serai infiniment reconnaissant. **-2.** *pej* [perpe-
tually] perpétuellement, continuellement.
**eternal triangle** *n*: the ~ l'éternel trio *m* (*femme, mari,
amant*).
**eternity** [ɪ'tɜːnətɪ] (*pl* **eternities**) *n literal* & *fig* éternité *f*; it
seemed like an ~ on aurait dit une éternité ❏ 'From Here
to Eternity' *Jones, Zinnemann* 'Tant qu'il y aura des hommes'.
**ether** ['iːθəʳ] *n* **-1.** CHEM & PHYS éther *m*.**-2.** *lit* & MYTH [sky]:
the ~ l'éther *m*, la voûte céleste; over OR through the ~
RADIO sur les ondes.
**ethereal** [ɪ'θɪərɪəl] *adj* [fragile] éthéré, délicat; [spiritual]
éthéré, noble.
**ethic** ['eθɪk] ◇ *n* éthique *f*, morale *f*. ◇ *adj* moral, éthique
*fml*.
**ethical** ['eθɪkl] *adj* moral, éthique *fml*; an ~ code un code
déontologique.
**ethics** ['eθɪks] ◇ *n* (*U*) [study] éthique *f*, morale *f*. ◇ *npl* [prin-
ciples] morale *f*; [morality] moralité *f*.
**Ethiopia** [ˌiːθɪ'əʊpjə] *pr n* Éthiopie *f*; in ~ en Éthiopie.
**Ethiopian** [ˌiːθɪ'əʊpjən] ◇ *n* **-1.** [person] Éthiopien *m*, -enne
*f*.**-2.** LING éthiopien *m*. ◇ *adj* éthiopien.
**ethnic** ['eθnɪk] ◇ *adj* **-1.** [of race] ethnique; ~ cleansing purification *f* ethnique. **-2.** [traditional] folklorique, traditionnel. ◇ *n Am* membre *m* d'une minorité ethnique.
**ethnically** ['eθnɪklɪ] *adv* du point de vue ethnique, ethni-
quement.
**ethnicity** ['eθnɪsɪtɪ] *n* appartenance *f* ethnique.
**ethnic minority** *n* minorité *f* ethnique.
**ethnology** [eθ'nɒlədʒɪ] *n* ethnologie *f*.
**ethos** ['iːθɒs] *n* éthos *m*.
**ethyl** ['eθɪl, 'iːθaɪl] *n* éthyle *m*; ~ acetate acétate *m* d'éthyle.
**etiquette** ['etɪket] *n* (*U*) [code of practice] étiquette *f*; [cus-
toms] bon usage *m*, convenances *fpl*; according to ~ selon
l'usage; courtroom ~ cérémonial *m* de cour; that's not professional ~ c'est contraire à la déontologie OR aux usages
de la profession.
**Etna** ['etnə] *pr n*: (Mount) ~ l'Etna *m*.
**Eton** ['iːtn] *pr n*: ~ (College) l'école d'Eton.
**Etonian** [iː'təʊnjən] *n* élève *m* de l'école d'Eton.
**etymological** [ˌetɪmə'lɒdʒɪkl] *adj* étymologique.
**etymologist** [ˌetɪ'mɒlədʒɪst] *n* étymologiste *mf*.
**etymology** [ˌetɪ'mɒlədʒɪ] *n* étymologie *f*.
**EU** *pr n abbr of* **European Union.**
**eucalyptus** [ˌjuːkə'lɪptəs] (*pl* **eucalyptuses** OR **eucalypti**
[-taɪ]) *n* eucalyptus *m*.
**Eucharist** ['juːkərɪst] *n* Eucharistie *f*.
**Euclidian** [juː'klɪdɪən] *adj* euclidien; ~ geometry la géométrie euclidienne.
**eugenic** [juː'dʒenɪk] *adj* eugénique.
◆ **eugenics** *n* (*U*) eugénique *f*, eugénisme *m*.
**eulogistic** [ˌjuːlə'dʒɪstɪk] *adj* très élogieux, louangeur.
**eulogize, -ise** ['juːlədʒaɪz] *vt* faire l'éloge OR le panégyrique
de.
**eulogy** ['juːlədʒɪ] (*pl* **eulogies**) *n* panégyrique *m*.
**Eumenides** [juː'menɪˌdiːz] *npl*: the ~ les Euménides.
**eunuch** ['juːnək] *n* eunuque *m*.
**euphemism** ['juːfəmɪzm] *n* euphémisme *m*.
**euphemistic** [ˌjuːfə'mɪstɪk] *adj* euphémique.
**euphemistically** [ˌjuːfə'mɪstɪklɪ] *adv* par euphémisme, eu-
phémiquement *fml*.
**euphonium** [juː'fəʊnjəm] *n* euphonium *m*.
**euphony** ['juːfənɪ] *n* euphonie *f*.
**euphoria** [juː'fɔːrɪə] *n* euphorie *f*.
**euphoric** [juː'fɒrɪk] *adj* euphorique.
**Eurasia** [jʊə'reɪʒə] *pr n* Eurasie *f*.
**Eurasian** [jʊə'reɪʒən] ◇ *n* Eurasien *m*, -enne *f*. ◇ *adj* [person]
eurasien; [continent] eurasiatique.
**Euratom** [jʊər'ætəm] (*abbr of* **European Atomic Energy**

Community) *pr n* CEEA *f*.
**eureka** [jʊə'riːkə] *interj*: ~! eurêka!
**eurhythmics** [juː'rɪðmɪks] *n* (*U*) gymnastique *f* rythmique.
**Euripedes** [jʊə'rɪpɪˌdiːz] *pr n* Euripide.
**Euro-** ['jʊərəʊ] *in cpds* euro-.
**Eurobank** ['jʊərəʊˌbæŋk] *n* eurobanque *f*.
**Eurobond** ['jʊərəʊˌbɒnd] *n* euro-obligation *f*.
**Eurocentric** ['jʊərəʊˌsentrɪk] *adj* européocentrique.
**Eurocheque** ['jʊərəʊˌtʃek] *n* eurochèque *m*.
**Eurocrat** ['jʊərəʊˌkræt] *n* eurocrate *mf*.
**Eurocurrency** ['jʊərəʊˌkʌrənsɪ] *n* eurodevise *f*, euromon-
naie *f*.
**Eurodollar** ['jʊərəʊˌdɒləʳ] *n* eurodollar *m*.
**Euro-MP** (*abbr of* **European Member of Parliament**)
['jʊərəʊ-] *n* député *m* OR parlementaire *m* européen.
**Europa** [jʊ'rəʊpə] *pr n* MYTH Europe.
**Europe** ['jʊərəp] *pr n* Europe *f*; in ~ en Europe.
**European** [ˌjʊərə'piːən] ◇ *n* [inhabitant of Europe] Européen
*m*, -enne *f*; [pro-Europe] partisan *m* de l'Europe unie, Européen *m*, -enne *f*. ◇ *adj* européen; the Single ~ Market le
marché unique (européen); ~ plan *Am* [in hotel] chambre *f*
sans pension.
**European Bank of Reconstruction and Develop-**
**ment** *pr n*: the ~ la Banque européenne de reconstruction
et de développement.
**European Court of Human Rights** *pr n*: the ~ la Cour
européenne des droits de l'homme.
**European Court of Justice** *pr n*: the ~ la Cour européenne de justice.
**European Currency Unit** *n* Unité *f* monétaire euro-
péenne.
**European Economic Community** *pr n* Communauté *f*
économique européenne.
**European Free Trade Association** *pr n* Association *f*
européenne de libre-échange.
**Europeanism** [ˌjʊərə'piːənɪzm] *n* européanisme *m*.
**Europeanize, -ise** [ˌjʊərə'piːənaɪz] *vt* européaniser.
**European Monetary System** *pr n*: the ~ le Système mo-
nétaire européen.
**European Parliament** *pr n* Parlement *m* européen.
**European Union** *pr n* Union *f* européenne.
**Europhile** ['jʊərəʊˌfaɪl] *n* partisan *m* de l'Europe unie.
**Eurosceptic** ['jʊərəʊˌskeptɪk] *n* eurosceptique *mf*.
**Eurovision**® ['jʊərəʊˌvɪʒn] *n* Eurovision® *f*; the ~ Song
Contest le concours Eurovision de la chanson.
**Eustachian tube** [juː'steɪʃən-] *n* trompe *f* d'Eustache.
**euthanasia** [ˌjuːθə'neɪzjə] *n* euthanasie *f*.
**evacuate** [ɪ'vækjʊeɪt] *vt* [gen & PHYSIOL] évacuer.
**evacuation** [ɪˌvækjʊ'eɪʃn] *n* [gen & PHYSIOL] évacuation *f*.
**evacuee** [ɪˌvækjʊ'iː] *n* évacué *m*, -e *f*.
**evade** [ɪ'veɪd] *vt* **-1.** [escape from – pursuers] échapper à;
[– punishment] échapper à, se soustraire à. **-2.** [avoid – respon-
sibility] éviter, esquiver; [– question] esquiver, éluder; [– eyes,
glance] éviter; to ~ paying taxes frauder le fisc; to ~ military service se dérober à ses obligations militaires.
**evaluate** [ɪ'væljʊeɪt] *vt* **-1.** [value] évaluer, déterminer le
montant de. **-2.** [assess – situation, success, work] évaluer,
former un jugement sur la valeur de; [– evidence, reasons]
peser, évaluer.
**evaluation** [ɪˌvæljʊ'eɪʃn] *n* **-1.** [of damages, worth] évaluation
*f*.**-2.** [of situation, work] évaluation *f*, jugement *m*; [of evidence,
reasons] évaluation *f*.
**evanescent** [ˌiːvə'nesnt] *adj* évanescent, fugitif.
**evangelical** [ˌiːvæn'dʒelɪkl] ◇ *adj* évangélique. ◇ *n* évangélique *m*.
**evangelicalism** [ˌiːvæn'dʒelɪkəlɪzm] *n* évangélisme *m*.
**evangelism** [ɪ'vændʒəlɪzm] *n* évangélisme *m*.
**evangelist** [ɪ'vændʒəlɪst] *n* **-1.** BIBLE: Evangelist évangéliste
*m*.**-2.** [preacher] évangélisateur *m*, -trice *f*.**-3.** *fig* [zealous ad-
vocate] prêcheur *m*, -euse *f*.
**evangelize, -ise** [ɪ'vændʒəlaɪz] ◇ *vt* évangéliser, prêcher
l'Évangile à. ◇ *vi* RELIG prêcher l'Évangile.
**evaporate** [ɪ'væpəreɪt] ◇ *vi* [liquid] s'évaporer; *fig* [hopes,

doubts] s'envoler, se volatiliser. ◊ *vt* faire évaporer.
**evaporated milk** [ɪ'væpəreɪtɪd-] *n* lait *m* condensé.
**evaporation** [ɪ,væpə'reɪʃn] *n* évaporation *f*.
**evasion** [ɪ'veɪʒn] *n* **-1.** [avoidance] fuite *f*, évasion *f*; [of duty] dérobade *f*; ~ of a responsibility dérobade devant une responsabilité. **-2.** [deception, trickery] détour *m*, subterfuge *m*, échappatoire *f*.
**evasive** [ɪ'veɪsɪv] *adj* évasif; to take ~ action [gen] louvoyer; MIL effectuer une manœuvre dilatoire.
**evasively** [ɪ'veɪsɪvlɪ] *adv* évasivement; he replied ~ il a répondu en termes évasifs.
**evasiveness** [ɪ'veɪsɪvnɪs] *n* caractère *m* évasif.
**eve** [iːv] *n* veille *f*; RELIG vigile *f*; on the ~ of the election à la veille des élections.
**Eve** [iːv] *pr n* Ève.
**even**[1] ['iːvn] ◊ *adj* **-1.** [level] plat, plan; [smooth] uni; to make sthg ~ égaliser OR aplanir qqch; it's ~ with the desk c'est au même niveau que le bureau. **-2.** [steady – breathing, temperature] égal; [– rate, rhythm] régulier. **-3.** [equal – distribution, spread] égal; the score is OR the scores are ~ ils sont à égalité; it's an ~ game la partie est égale; now we're ~ nous voilà quittes; there's an ~ chance he'll lose il y a une chance sur deux qu'il perde ❑ to bet ~ money [gen] donner chances égales; [in betting] parier le même enjeu; to get ~ with sb se venger de qqn. **-4.** [calm – temper] égal; [– voice] égal, calme. **-5.** [number] pair.
◊ *adv* **-1.** [indicating surprise] même; he ~ works on Sundays il travaille même le dimanche; she's ~ forgotten his name elle a oublié jusqu'à son nom; not ~ même pas. **-2.** *(with comparative)* [still] encore; ~ better encore mieux; ~ less encore moins. **-3.** [qualifying]: he seemed indifferent, ~ hostile il avait l'air indifférent, hostile même.
◊ *vt* égaliser, aplanir.
◊ *vi* s'égaliser, s'aplanir.
♦ **even as** *conj phr* **-1.** *fml* [at the very moment that] au moment même où. **-2.** *lit* OR *arch* [just as] comme.
♦ **even if** *conj phr* même si; ~ if I say so myself sans fausse modestie.
♦ **even now** *adv phr* **-1.** [despite what happened before] même maintenant. **-2.** *lit* [at this very moment] en ce moment même.
♦ **even so** *adv phr* [nevertheless] quand même, pourtant.
♦ **even then** *adv phr* **-1.** [in that case also] quand même. **-2.** [at that time also] même à ce moment-là.
♦ **even though** *conj phr*: ~ though she explained it in detail bien qu'elle l'ait expliqué en détail.
♦ **even with** *prep phr* même avec, malgré.
♦ **even out** ◊ *vt sep* [surface] égaliser, aplanir; [prices] égaliser; [supply] répartir OR distribuer plus également. ◊ *vi insep* [road] s'égaliser, s'aplanir; [prices] s'égaliser; [supply] être réparti plus également.
♦ **even up** *vt sep* égaliser; to ~ things up rétablir l'équilibre.
**even**[2] ['iːvn] *n arch* & *lit* [evening] soir *m*.
**even-handed** *adj* équitable, impartial.
**evening** ['iːvnɪŋ] ◊ *n* **-1.** [part of day] soir *m*; (good) ~! bonsoir!; in the ~ le soir; it is 8 o'clock in the ~ il est 8 h du soir; I'm hardly ever at home ~s *Am* OR in the ~ *Br* je suis rarement chez moi le soir; this ~ ce soir; that ~ ce soir-là; tomorrow ~ demain soir; on the ~ of the next day, on the following ~ le lendemain soir, le soir suivant; on the ~ of the fifteenth le quinze au soir; on the ~ of her departure le soir de son départ; one fine spring ~ (par) un beau soir de printemps; every Friday ~ tous les vendredis soir OR soirs; the long winter ~s les longues soirées OR veillées d'hiver; I work ~s je travaille le soir; in the ~ of her life *fig* au soir OR au déclin de sa vie. **-2.** [length of time] soirée *f*; we spent the ~ playing cards nous avons passé la soirée à jouer aux cartes. **-3.** [entertainment] soirée *f*; a musical ~ une soirée musicale.
◊ *comp* [newspaper, train] du soir; the ~ performance starts at 7.30 en soirée la représentation débute à 19 h 30; ~ prayers/service RELIG office *m*/service *m* du soir; an ~ match SPORT une nocturne ❑ the Evening Standard PRESS *quotidien populaire londonien de tendance conservatrice.*
**evening class** *n* cours *m* du soir.
**evening dress** *n* [for men] tenue *f* de soirée, habit *m*; [for women] robe *f* du soir; in ~ [man] en tenue de soirée; [woman] en

robe du soir, en toilette de soirée.
**evening star** *n* étoile *f* du berger.
**evening wear** *n* (U) = evening dress.
**evenly** ['iːvnlɪ] *adv* **-1.** [breathe, move] régulièrement; [talk] calmement, posément. **-2.** [equally – divide] également, de façon égale; [– spread] de façon égale, régulièrement; they are ~ matched ils sont de force égale.
**evenness** ['iːvnnɪs] *n* **-1.** [of surface] égalité *f*, caractère *m* lisse. **-2.** [of competition, movement] régularité *f*.
**evens** *Br* ['iːvənz], **even odds** *Am* ◊ *npl*: to lay ~ donner à égalité. ◊ *comp*: ~ favorite favori *m*, -ite *f* à égalité.
**evensong** ['iːvnsɒŋ] *n* [Anglican] office *m* du soir; [Roman Catholic] vêpres *fpl*.
**event** [ɪ'vent] *n* **-1.** [happening] événement *m*; the course of ~s la suite des événements, le déroulement des faits; in the course of ~s par la suite, au cours des événements; in the normal course of ~s normalement; I realized after the ~ j'ai réalisé après coup; the party was quite an ~ la soirée était un véritable événement. **-2.** [organized activity] manifestation *f*; the society organizes a number of social ~s l'association organise un certain nombre de soirées OR de rencontres. **-3.** SPORT [meeting] manifestation *f*; [competition] épreuve *f*; [in horseracing] course *f*; field ~s épreuves d'athlétisme; track ~s épreuves sur piste.
♦ **at all events, in any event** *adv phr* en tout cas, de toute façon.
♦ **in either event** *adv phr* dans l'un ou l'autre cas.
♦ **in the event** *adv phr* en fait, en l'occurence.
♦ **in the event of** *prep phr*: in the ~ of rain en cas de pluie; in the ~ of her refusing au cas où OR dans le cas où elle refuserait.
♦ **in the event that** *conj phr* au cas où; in the unlikely ~ that he comes au cas OR dans le cas fort improbable où il viendrait.
**even-tempered** *adj* d'humeur égale.
**eventful** [ɪ'ventful] *adj* **-1.** [busy – day, holiday, life] mouvementé, fertile en événements. **-2.** [important] mémorable, très important.
**eventide** ['iːvntaɪd] *n lit* soir *m*, tombée *f* du jour.
**eventing** [ɪ'ventɪŋ] *n* participation à toutes les épreuves d'un concours hippique.
**eventual** [ɪ'ventʃʊəl] *adj* [final] final, ultime; [resulting] qui s'ensuit; bad management led to the ~ collapse of the company une mauvaise gestion a finalement provoqué la faillite de l'entreprise.
**eventuality** [ɪ,ventʃʊ'ælətɪ] (*pl* **eventualities**) *n* éventualité *f*.
**eventually** [ɪ'ventʃʊəlɪ] *adv* finalement, en fin de compte; I'll get around to it ~ je le ferai un jour ou l'autre; she ~ became a lawyer elle a fini par devenir avocat; ~, I decided to give up pour finir OR en fin de compte, j'ai décidé d'abandonner, j'ai finalement décidé d'abandonner.
**ever** ['evəʳ] *adv* **-1.** [always] toujours; ~ hopeful/the pessimist, he... toujours plein d'espoir/pessimiste, il...; yours ~, ~ yours [in letter] amicalement vôtre. **-2.** [at any time] jamais; do you ~ meet him? est-ce qu'il vous arrive (jamais) de le rencontrer?; all they ~ do is work ils ne font que travailler; he hardly ~ scarcely ~ smokes il ne fume presque jamais ‖ [with comparatives]: lovelier/more slowly than ~ plus joli/plus lentement que jamais; he's as sarcastic as ~ il est toujours aussi sarcastique ‖ [with superlatives]: the first/biggest ~ le tout premier/plus grand qui ait jamais vu; the worst earthquake ~ le pire tremblement de terre qu'on ait jamais connu. **-3.** *inf* [in exclamations]: do you enjoy dancing? – do I ~! Am aimez-vous danser? – et comment!; well, did you ~! ça, par exemple! **-4.** [as intensifier]: as soon as ~ she comes aussitôt OR dès qu'elle sera là; before ~ they OR before they ~ set out avant même qu'ils partent ‖ [in questions]: how ~ did you manage that? comment donc y êtes-vous parvenu?; where ~ can it be? où diable peut-il être?; why ~ not? mais enfin, pourquoi pas?
♦ **ever after** *adv phr* pour toujours; they lived happily ~ after ils vécurent heureux jusqu'à la fin de leurs jours.
♦ **ever so** *adv phr* **-1.** *inf* [extremely] vraiment; she's ~ so clever elle est vraiment intelligente; ~ so slightly off-centre un tout petit peu décentré; thanks ~ so (much) merci vraiment. **-2.** *fml* [however]: no teacher, be he ~ so patient...

aucun enseignant, aussi patient soit-il...

◆ **ever such** det phr inf vraiment.

**Everest** ['evərıst] pr n: (Mount) ~ le mont Everest, l'Everest m; it was his ~[goal] c'était son but ultime; [achievement] c'était sa plus grande réussite.

**evergreen** ['evəgriːn] ◇ n -1. [tree] arbre m à feuilles persistantes; [conifer] conifère m; [bush] arbuste m à feuilles persistantes. -2. fig [song, story] chanson f OR histoire f qui ne vieillit jamais. ◇ adj -1. [bush, tree] à feuilles persistantes. -2. fig [song, story] qui ne vieillit pas.

**everlasting** [,evə'lɑːstıŋ] adj -1. [eternal – hope, mercy] éternel, infini; [– fame] éternel, immortel; [– God, life] éternel. -2. [incessant] perpétuel, éternel.

**everlastingly** [,evə'lɑːstıŋlı] adv -1. [eternally] éternellement. -2. [incessantly] sans cesse, perpétuellement.

**evermore** [,evə'mɔːr] adv toujours; for ~ pour toujours, à jamais.

**every** ['evrı] det -1. [each] tout, chaque; ~ room has a view of the sea les chambres ont toutes vue OR toutes les chambres ont vue sur la mer; not ~ room is as big as this toutes les chambres ne sont pas aussi grandes que celle-ci; he drank ~ drop il a bu jusqu'à la dernière goutte; ~ one of these apples chacune de OR toutes ces pommes; ~ one of them arrived late ils sont tous arrivés en retard; ~ (single) one of these pencils is broken tous ces crayons (sans exception) sont cassés; ~ (single) person in the room tous ceux qui étaient dans la pièce (sans exception); ~ day tous les jours, chaque jour; ~ time I go out chaque fois que je sors; of ~ age/~sort/~colour de tout âge/toute sorte/ toutes les couleurs ❏ ~ little helps prov les petits ruisseaux font les grandes rivières prov. -2. [with units of time, measurement etc] tout; ~ two days, ~ second day, ~ other day tous les deux jours, un jour sur deux; once ~ month une fois par mois; ~ third man un homme sur trois; three women out of OR in ~ ten, three out of ~ ten women trois femmes sur dix; ~ other Sunday un dimanche sur deux. -3. [indicating confidence, optimism] tout; I have ~ confidence that... je ne doute pas un instant que...; you have ~ reason to be happy vous avez toutes les raisons OR tout lieu d'être heureux; we wish you ~ success nous vous souhaitons très bonne chance. -4. [with possessive adj] chacun, moindre; his ~ action bears witness to it chacun de ses gestes OR tout ce qu'il fait en témoigne; her ~ wish son moindre désir, tous ses désirs.

◆ **every now and again, every once in a while, every so often** adv phr de temps en temps, de temps à autre.

◆ **every which way** adv phr Am [everywhere] partout; [from all sides] de toutes parts; he came home with his hair ~ which way il est rentré les cheveux en bataille.

**everybody** ['evrı,bɒdı] = everyone.

**everyday** ['evrıdeı] adj -1. [daily] de tous les jours, quotidien; ~ life la vie de tous les jours. -2. [ordinary] banal, ordinaire; an ~ expression une expression courante; in ~ use d'usage courant.

**Everyman** ['evrımæn] n l'homme m de la rue.

**everyone** ['evrıwʌn] pron tout le monde, chacun; as ~ knows comme chacun OR tout le monde le sait; ~ else tous les autres; in a small town where ~ knows ~ (else) dans une petite ville où tout le monde se connaît.

**everyplace** ['evrı,pleıs] adv Am = everywhere.

**everything** ['evrıθıŋ] pron -1. [all things] tout; ~ he says tout ce qu'il dit; they sell ~ ils vendent de tout; she means ~ to me elle est tout pour moi, je ne vis que pour elle. -2. [the most important thing] l'essentiel m; winning is ~ l'essentiel, c'est de gagner; money isn't ~ il n'y a pas que l'argent qui compte.

**everywhere** ['evrıweər] ◇ adv partout; ~ she went partout où elle allait ❏ the card indexes were ~ inf [in complete disorder] les cartes étaient rangées n'importe comment. ◇ pron inf tout; ~'s in such a mess tout est sens dessus dessous.

**evict** [ı'vıkt] vt -1. [person] expulser, chasser. -2. [property] récupérer par moyens juridiques.

**eviction** [ı'vıkʃn] n expulsion f; an ~ notice un mandat d'expulsion.

**evidence** ['evıdəns] ◇ n -1. [proof] évidence f, preuve f; [testimony] témoignage m; on the ~ of eye witnesses à en croire les témoins. -2. JUR [proof] preuve f; [testimony] témoignage m; to give ~ against/for sb témoigner contre/en faveur de qqn; the ~ is against him les preuves pèsent contre lui ❏ to turn King's OR Queen's ~ Br, to turn State's ~ Am témoigner contre ses complices. -3. [indication] signe m, marque f; to show ~ of laisser voir; to be in ~[person]: his daughter was not in ~ sa fille n'était pas là OR n'était pas présente; a politician very much in ~ these days un politicien très en vue ces temps-ci. ◇ vt manifester, montrer.

**evident** ['evıdənt] adj évident, manifeste; with ~ pleasure avec un plaisir manifeste; it is ~ from the way she talks cela se voit à sa manière de parler; it is quite ~ that he's not interested il ne s'y intéresse pas, c'est évident.

**evidently** ['evıdəntlı] adv -1. [apparently] apparemment; did he refuse? — ~ not a-t-il refusé? — non apparemment OR à ce qu'il paraît; unemployment is ~ rising again de toute évidence le chômage est à nouveau en hausse. -2. [clearly] évidemment, manifestement; he was ~ in pain il était évident OR clair qu'il souffrait.

**evil** ['iːvl] (Br compar **eviller**, superl **evillest**, Am compar **eviler**, superl **evilest**) ◇ adj -1. [wicked – person] malveillant, méchant; [– deed, plan, reputation] mauvais; [– influence] néfaste; [– doctrine, spell, spirit] malfaisant; [– person] mauvais; she has an ~ temper elle a un sale caractère OR un caractère de chien ❏ the Evil One le Malin. -2. [smell, taste] infect, infâme. ◇ n mal m; to speak ~ of sb dire du mal de qqn; social ~s plaies sociales, maux sociaux; pollution is one of the ~s of our era la pollution est un fléau de notre époque; it's the lesser ~ OR of two ~s c'est le moindre mal.

**evildoer** [,iːvl'duːər] n méchant m, -e f, scélérat m, -e f.

**evil eye** n: the ~ le mauvais œil.

**evince** [ı'vıns] vt fml [show – interest, surprise] manifester, montrer; [– quality] faire preuve de, manifester.

**eviscerate** [ı'vısəreıt] vt éventrer, étriper; MED éviscérer.

**evocation** [,evəʊ'keıʃn] n évocation f.

**evocative** [ı'vɒkətıv] adj -1. [picture, scent] évocateur. -2. [magic] évocatoire.

**evoke** [ı'vəʊk] vt -1. [summon up – memory, spirit] évoquer. -2. [elicit – admiration] susciter; [– response, smile] susciter, provoquer.

**evolution** [,iːvə'luːʃn] n -1. [of language, situation] évolution f; [of art, society, technology] développement m, évolution f; [of events] développement m, déroulement m. -2. BIOL, BOT & ZOOL évolution f. -3. [of dancers, troops] évolution f. -4. MATH extraction f (de la racine).

**evolutionary** [,iːvə'luːʃnərı] adj évolutionniste.

**evolutionist** [,iːvə'luːʃənıst] ◇ adj évolutionniste. ◇ n évolutionniste mf.

**evolve** [ı'vɒlv] ◇ vi évoluer, se développer; BIOL, BOT & ZOOL évoluer; to ~ from sthg se développer à partir de qqch. ◇ vt [system, theory] développer, élaborer.

**ewe** [juː] n brebis f; a ~ lamb une agnelle.

**ewer** ['juːər] n aiguière f.

**ex** [eks] ◇ prep -1. COMM départ, sortie; price ~ works prix m départ OR sortie usine. -2. FIN sans. ◇ n inf [gen] ex mf; [husband] ex-mari m; [wife] ex-femme f; my ~ [girlfriend] mon ancienne petite amie; [boyfriend] mon ancien petit ami.

**ex-** in cpds ex-, ancien; his ~wife son ex-femme; the ~president l'ancien président, l'ex-président.

**exacerbate** [ıg'zæsəbeıt] vt fml -1. [make worse] exacerber, aggraver. -2. [annoy] énerver, exaspérer.

**exact** [ıg'zækt] ◇ adj -1. [accurate, correct] exact, juste; it's an ~ copy [picture] c'est fidèle à l'original; [document] c'est une copie conforme OR textuelle; she told me the ~ opposite elle m'a dit exactement le contraire; those were her ~ words ce furent ses propres paroles, voilà ce qu'elle a dit textuellement. -2. [precise – amount, idea, value] exact, précis; [– directions, place, time] précis; is it 5 o'clock? — 5:03 to be ~ est-il 5 h? — 5 h 03 plus exactement OR précisément; I'm 35 and 2 days to be ~ j'ai exactement 35 ans et 2 jours; she likes music, or to be ~, classical music elle aime la musique, ou plus précisément la musique classique; can you be more ~? pouvez-vous préciser?. -3. [meticulous – work] rigoureux, précis; [– mind] rigoureux; [– science] exact; [– instrument] de précision. ◇ vt -1. [demand – money] extorquer. -2. [insist upon] exiger.

**exacting** [ɪgˈzæktɪŋ] *adj* [person] exigeant; [activity, job] astreignant, exigeant.

**exactitude** [ɪgˈzæktɪtjuːd] *n* exactitude *f*.

**exactly** [ɪgˈzæktlɪ] *adv* **-1.** [accurately] précisément, avec précision; **the computer can reproduce this sound** ~ l'ordinateur peut reproduire exactement ce son. **-2.** [entirely, precisely] exactement, justement; **I don't remember** ~ je ne me rappelle pas au juste; **it's** ~ **the same thing** c'est exactement la même chose; **it's** ~ **5 o'clock** il est 5 h juste; **it's been six months** ~ cela fait six mois jour pour jour.

**exactness** [ɪgˈzæktnɪs] *n* exactitude *f*, soin *m*.

**exaggerate** [ɪgˈzædʒəreɪt] ◇ *vi* exagérer. ◇ *vt* **-1.** [overstate – quality, situation, size] exagérer; [– facts] amplifier; [– importance] s'exagérer; **he is exaggerating the seriousness of the problem** il s'exagère la gravité du problème. **-2.** [emphasize] accentuer; **she** ~**s her weakness to gain sympathy** elle se prétend plus faible qu'elle ne l'est réellement pour s'attirer la compassion.

**exaggerated** [ɪgˈzædʒəreɪtɪd] *adj* **-1.** [number, story] exagéré; [fashion, style] outré; **to have an** ~ **opinion of o.s.** OR **of one's own worth** avoir une trop haute opinion de soi-même. **-2.** MED exagéré.

**exaggeratedly** [ɪgˈzædʒəreɪtɪdlɪ] *adv* d'une manière exagérée, exagérément.

**exaggeration** [ɪg,zædʒəˈreɪʃn] *n* exagération *f*.

**exalt** [ɪgˈzɔːlt] *vt* **-1.** [praise highly] exalter, chanter les louanges de. **-2.** [in rank] élever (à un rang plus important).

**exaltation** [,egzɔːlˈteɪʃn] *n* (*U*) **-1.** [praise] louange *f*, louanges *fpl*, exaltation *f*. **-2.** [elation] exultation *f*, exaltation *f*.

**exalted** [ɪgˈzɔːltɪd] *adj* **-1.** [prominent – person] de haut rang, haut placé; [– position, rank] élevé. **-2.** [elated] exalté.

**exam** [ɪgˈzæm] (*abbr of* **examination**) ◇ *n*: **to sit** OR **to take an** ~ passer un examen; **to pass/to fail an** ~ réussir à/échouer à un examen. ◇ *comp* d'examen; ~ ˈboard commission *f* d'examen; ~ paper [set of questions] sujet *m* d'examen; [written answer] copie *f* (d'examen).

**examination** [ɪg,zæmɪˈneɪʃn] ◇ *n* **-1.** [of records, proposal etc] examen *m*; [of building – by official] inspection *f*; [– by potential buyer] visite *f*; **it doesn't stand up to** ~ [argument, theory] cela ne résiste pas à l'examen; [alibi] cela ne tient pas; **to carry out** OR **to make an** ~ **of sthg** procéder à l'examen de qqch; **on** ~ après examen; **the proposal is still under** ~ la proposition est encore à l'étude. **-2.** MED examen *m* médical; [at school, work] visite *f* médicale; [regular] bilan *m* de santé; **I'm just going in for an** ~ j'y vais juste pour passer un examen médical. **-3.** *fml*, SCH & UNIV examen *m*. **-4.** JUR [of witness] audition *f*; [of suspect] interrogatoire *m*. ◇ *comp* [question, results] d'examen; ~ ˈboard commission *f* d'examen; ~ paper [set of questions] sujet *m* d'examen; [written answer] copie *f* (d'examen).

**examine** [ɪgˈzæmɪn] *vt* **-1.** [records, proposal etc] examiner, étudier; [building] inspecter; **the weapon is being** ~**d for fingerprints** on est en train d'examiner l'arme pour voir si elle porte des empreintes digitales. **-2.** MED examiner. **-3.** SCH & UNIV faire passer un examen à; **you'll be** ~**d in French/in all six subjects/on your knowledge of the subject** vous aurez à passer un examen de français/dans ces six matières/pour évaluer vos connaissances sur le sujet. **-4.** JUR [witness] entendre; [suspect] interroger.

**examinee** [ɪg,zæmɪˈniː] *n* candidat *m*, -e *f* (*à un examen*).

**examiner** [ɪgˈzæmɪnəʳ] *n* [in school, driving test] examinateur *m*, -trice *f*; **the** ~**s** SCH & UNIV les examinateurs, le jury.

**examining body** [ɪgˈzæmɪnɪŋ-] *n* jury *m* d'examen.

**examining magistrate** *n* Br JUR juge *m* d'instruction.

**example** [ɪgˈzɑːmpl] *n* **-1.** [illustration] exemple *m*; **to mention just a few** ~**s** pour ne citer que quelques exemples; **this is an excellent** ~ **of what I meant** ceci illustre parfaitement ce que je voulais dire. **-2.** [person or action to be imitated] exemple *m*, modèle *m*; **you're an** ~ **to us all** vous êtes un modèle pour nous tous; **to follow sb's** ~ suivre l'exemple de qqn; **following France's** ~, **Britain has introduced sanctions** à l'exemple OR à l'instar de la France, la Grande-Bretagne a pris des sanctions; **to set an** ~ montrer l'exemple; **to set a good/bad** ~ montrer le bon/mauvais exemple; **to hold sb up as an** ~ citer qqn en exemple. **-3.** [sample, specimen] exemple *m*, spécimen *m*; [of work] échan-

tillon *m*. **-4.** [warning] exemple *m*; **let this be an** ~ **to you** que ça te serve d'exemple; **to make an** ~ **of sb** faire un exemple du cas de qqn.

◆ **for example** *adv phr* par exemple.

**exasperate** [ɪgˈzæspəreɪt] *vt* [irritate] exaspérer; **her father was so** ~**d with her that he lost his temper** elle a tellement exaspéré son père que celui-ci s'est mis en colère.

**exasperating** [ɪgˈzæspəreɪtɪŋ] *adj* exaspérant.

**exasperatingly** [ɪgˈzæspəreɪtɪŋlɪ] *adv*: **the service is** ~ **slow in this restaurant** le service est d'une lenteur exaspérante OR désespérante dans ce restaurant.

**exasperation** [ɪg,zæspəˈreɪʃn] *n* [irritation, frustration] exaspération *f*; **to look at sb in** ~ regarder qqn avec exaspération OR un air exaspéré; **she was nearly weeping with** OR **from** ~ elle pleurait presque d'exaspération.

**excavate** [ˈekskəveɪt] *vt* **-1.** [hole, trench] creuser, excaver. **-2.** ARCHEOL [temple, building] mettre au jour; **to** ~ **a site** faire des fouilles sur un site.

**excavation** [,ekskəˈveɪʃn] *n* **-1.** [of hole, trench] excavation *f*, creusement *m*. **-2.** ARCHEOL [of temple, building] mise *f* au jour; **the** ~**s at Knossos** les fouilles *fpl* de Knossos.

**excavator** [ˈekskə,veɪtəʳ] *n* **-1.** [machine] excavateur *m*, excavatrice *f*. **-2.** [archaeologist] personne qui conduit des fouilles.

**exceed** [ɪkˈsiːd] *vt* **-1.** [be more than] dépasser, excéder; **her salary** ~**s mine by £5,000 a year** son salaire mien dépasse le mien de 5 000 livres. **-2.** [go beyond – expectations, fears] dépasser; [– budget] excéder, déborder; **to** ~ **one's authority** outrepasser ses pouvoirs; **to** ~ **the speed limit** dépasser la limite de vitesse; **'do not** ~ **the stated dose'** 'ne pas dépasser la dose prescrite'.

**exceedingly** [ɪkˈsiːdɪŋlɪ] *adv* [extremely] extrêmement.

**excel** [ɪkˈsel] (*pt* & *pp* **excelled**) ◇ *vi* exceller; **to** ~ **at** OR **in music** exceller en musique; **I've never excelled at games** je n'ai jamais été très fort en sport. ◇ *vt* surpasser; **to** ~ **o.s.** *literal* OR *iron* se surpasser.

**excellence** [ˈeksələns] *n* [high quality] qualité *f* excellente; [commercially] excellence *f*; **a prize for general** ~ SCH un prix d'excellence; **to strive for** ~ s'efforcer d'atteindre une qualité excellente; **awards for** ~ prix d'excellence ❑ **centre of** ~ centre *m* d'excellence.

**Excellency** [ˈeksələnsɪ] (*pl* **Excellencies**) *n* Excellence *f*; **Your/His** ~ Votre/Son Excellence.

**excellent** [ˈeksələnt] *adj* excellent; [weather] magnifique; ~**!** formidable!, parfait!

**excellently** [ˈeksələntlɪ] *adv* de façon excellente, superbement; **it was** ~ **done** cela a été fait de main de maître.

**except** [ɪkˈsept] ◇ *prep* [apart from] à part, excepté, sauf; ~ **weekends** à part OR excepté OR sauf le week-end; **I know nothing about it** ~ **what he told me** je ne sais rien d'autre que ce qu'il m'a raconté; **I remember nothing** ~ **that I was scared** je ne me souviens de rien sauf que OR excepté que j'avais peur. ◇ *conj* **-1.** [apart from]: **I'll do anything** ~ **sell the car** je ferai tout sauf vendre la voiture; ~ **if** sauf OR à part si... **-2.** [only] seulement, mais; **we would stay longer** ~ **(that) we have no more money** nous resterions bien plus longtemps, mais OR seulement nous n'avons plus d'argent. ◇ *vt* [exclude] excepter, exclure; **all countries, France** ~**ed** tous les pays, la France exceptée OR à l'exception de la France.

◆ **except for** *prep phr* sauf, à part; **the office will be empty over Christmas** ~ **for the boss and me** il n'y aura que le patron et moi au bureau au moment de Noël; **he would have got away with it** ~ **for that one mistake** sans cette erreur il s'en serait tiré.

**excepting** [ɪkˈseptɪŋ] ◇ *prep* à part, excepté, sauf; **not** ~... **y compris.** ◇ *conj arch* = **unless.**

**exception** [ɪkˈsepʃn] *n* **-1.** [deviation, exemption] exception *f*; **the** ~ **proves the rule** l'exception confirme la règle; **I'll make an** ~ **this time/in your case** je ferai une exception cette fois/dans votre cas; **but she's an** ~ mais elle n'est pas comme les autres; **with the** ~ **of Daniel** à l'exception de Daniel; **and you're no** ~ et cela te concerne aussi. **-2.** *phr*: **to take** ~ **to sthg** s'offenser OR s'offusquer de qqch, être outré par qqch; **he takes** ~ **to being kept waiting** il n'aime pas du tout qu'on le fasse attendre.

**exceptionable** [ɪk'sepʃnəbl] *adj* [objectionable] offensant, outrageant.

**exceptional** [ɪk'sepʃənl] *adj* exceptionnel; in ~ circumstances dans des circonstances exceptionnelles.

**exceptionally** [ɪk'sepʃnəlɪ] *adv* exceptionnellement; that's ~ kind of you c'est extrêmement gentil de votre part; she's an ~ bright child c'est une enfant d'une intelligence exceptionnelle.

**excerpt** ['eksɜːpt] *n* [extract] extrait *m*; an ~ from sthg un extrait de qqch.

**excess** [*n* ɪk'ses, *adj* 'ekses] ◇ *n* **-1.** [unreasonable amount] excès *m*; an ~ of salt/fat in the diet un excès de sel/de graisses dans l'alimentation. **-2.** [difference between two amounts] supplément *m*, surplus *m*; [in insurance] franchise *f*. **-3.** [overindulgence] excès *m*; a life of ~ une vie d'excès. **-4.** *(usu pl)* [unacceptable action] excès *m*, abus *m*; the ~es of the occupying troops les excès OR abus commis par les soldats pendant l'occupation. ◇ *adj* [extra] en trop, excédentaire.
◆ **in excess of** *prep phr* [a stated percentage, weight] au-dessus de; she earns in ~ of £25,000 a year elle gagne plus de 25 000 livres par an.
◆ **to excess** *adv phr*: to carry sthg to ~ pousser qqch trop loin; he does OR carries it to ~ il exagère, il dépasse les bornes; to eat/to drink to ~ manger/boire à l'excès.

**excess baggage** ['ekses-] *n (U)* [on plane] excédent *m* de bagages.

**excess fare** ['ekses-] *n Br* supplément *m* de prix.

**excessive** [ɪk'sesɪv] *adj* [unreasonable] excessif; [demand] excessif, démesuré.

**excessively** [ɪk'sesɪvlɪ] *adv* excessivement.

**exchange** [ɪks'tʃeɪndʒ] ◇ *vt* **-1.** [give and receive - gifts, letters, blows] échanger; shots were ~d il y a eu un échange de coups de feu; to ~ sthg with sb échanger qqch avec qqn; we ~d addresses nous avons échangé nos adresses. **-2.** [give in return for sthg else] échanger; to ~ sthg for sthg échanger qqch contre qqch.
◇ *n* **-1.** [of prisoners, ideas] échange *m*; ~ of contracts échange *m* de contrats à la signature; fair ~ is no robbery *Br prov* donnant donnant; Exchange and Mart hebdomadaire britannique de petites annonces. **-2.** [discussion] échange *m*; a heated ~ un échange enflammé. **-3.** [cultural, educational] échange *m*; as part of an ~ dans le cadre d'un échange; a ~ student *étudiant qui prend part à un échange avec l'étranger*; the Spanish students are here on an ~ visit les étudiants espagnols sont en visite ici dans le cadre d'un échange. **-4.** TELEC central *m* téléphonique. **-5.** COMM bourse *f*.
◆ **in exchange** *adv phr* en échange.
◆ **in exchange for** *prep phr* en échange de; in ~ for helping with the housework she was given food and lodging elle aidait aux travaux ménagers et en échange OR en contrepartie elle était nourrie et logée.

**exchangeable** [ɪks'tʃeɪndʒəbl] *adj* échangeable, qui peut être échangé.

**exchange rate** *n* taux *m* de change.

**Exchange Rate Mechanism** *pr n* mécanisme *m* (des taux) de change (du SME).

**exchequer** [ɪks'tʃekəʳ] *n* [finances] finances *fpl*.
◆ **Exchequer** *n* POL [department]: the ~ le ministère des Finances (*en Grande-Bretagne*).

**excise¹** ['eksaɪz] *n* **-1.** [tax] taxe *f*, contribution *f* indirecte. **-2.** *Br* [government office] régie *f*, service *m* des contributions indirectes.

**excise²** [ek'saɪz] *vt* **-1.** *fml* [remove from a text] retrancher. **-2.** MED exciser.

**excise duty** ['eksaɪz-] *n* [taxation] contribution *f* indirecte.

**exciseman** ['eksaɪzmæn] (*pl* **excisemen** [-men]) *n Br* employé *m* de la régie OR des contributions indirectes.

**excitability** [ɪk,saɪtə'bɪlətɪ] *n* nervosité *f*, émotivité *f*.

**excitable** [ɪk'saɪtəbl] *adj* excitable, nerveux.

**excitation** [,eksɪ'teɪʃn] *n* **-1.** [process, state] excitation *f*. **-2.** TECH excitation *f*.

**excite** [ɪk'saɪt] *vt* **-1.** [agitate] exciter, énerver; the doctor said you weren't to ~ yourself le docteur a dit qu'il ne te fallait pas d'excitation OR qu'il ne fallait pas que tu t'énerves. **-2.** [fill with enthusiasm] enthousiasmer; I'm very ~d by this latest development ce fait nouveau me remplit

d'enthousiasme. **-3.** [sexually] exciter. **-4.** [arouse - interest, curiosity] exciter, soulever, éveiller. **-5.** PHYSIOL exciter.

**excited** [ɪk'saɪtd] *adj* **-1.** [enthusiastic, eager] excité; to be ~ about OR at sthg être excité par qqch; the children were ~ at the prospect of going to the seaside les enfants étaient tout excités à l'idée d'aller au bord de la mer; you must be very ~ at being chosen to play for your country vous devez être fou de joie d'avoir été choisi pour jouer pour votre pays; don't get too ~ ne t'excite OR t'emballe pas trop. **-2.** [agitated]: don't go getting ~, don't get ~ ne va pas t'énerver. **-3.** [sexually] excité. **-4.** PHYS excité.

**excitedly** [ɪk'saɪtdlɪ] *adv* [behave, watch] avec agitation; [say] sur un ton animé; [wait] fébrilement.

**excitement** [ɪk'saɪtmənt] *n* **-1.** [enthusiasm] excitation *f*, animation *f*, enthousiasme *m*; in her ~ at the news she knocked over a vase les nouvelles l'ont mise dans un tel état d'excitation OR d'enthousiasme qu'elle a renversé un vase. **-2.** [agitation] excitation *f*, agitation *f*; the ~ would kill her une telle émotion lui serait fatale; I've had quite enough ~ for one day j'ai eu assez de sensations fortes pour une seule journée. **-3.** [sexual] excitation *f*. **-4.** [exciting events] animation *f*; there should be plenty of ~ in today's match le match d'aujourd'hui devrait être très animé; all the ~ seemed to have gone out of their marriage leur mariage semblait maintenant totalement dénué de passion; what's all the ~ about? mais que se passe-t-il?

**exciting** [ɪk'saɪtɪŋ] *adj* **-1.** [day, life, events, match] passionnant, palpitant; [prospect] palpitant; [person, novel, restaurant] formidable; [news] sensationnel; we've had an ~ time (of it) recently ces derniers temps ont été mouvementés; it was ~ to think that we'd soon be in New York c'était excitant de penser que nous serions bientôt à New York. **-2.** [sexually] excitant.

**excl.** (*written abbr of* **excluding**): ~ taxes HT.

**exclaim** [ɪk'skleɪm] ◇ *vi* s'exclamer. ◇ *vt*: "but why?", he ~ed «mais pourquoi?», s'exclama-t-il.

**exclamation** [,eksklə'meɪʃn] *n* exclamation *f*.

**exclamation mark** *Br*, **exclamation point** *Am n* point *m* d'exclamation.

**exclamatory** [ɪk'sklæmətrɪ] *adj* exclamatif.

**exclude** [ɪk'skluːd] *vt* **-1.** [bar] exclure; to ~ sb from sthg exclure qqn de qqch; I felt that I was being ~d from the conversation je sentais qu'on m'excluait de la conversation. **-2.** [not take into consideration] exclure; to ~ sthg/sb from sthg exclure qqch/qqn de qqch; submarine-launched missiles were ~d from the arms talks les missiles sous-marins n'entraient pas dans le cadre des négociations sur les armements.

**excluding** [ɪk'skluːdɪŋ] *prep* à l'exclusion OR l'exception de, sauf, à part; not ~.... y compris.

**exclusion** [ɪk'skluːʒn] *n* **-1.** [barring] exclusion *f*; the ~ of sb from a society/conversation l'exclusion de qqn d'une société/conversation. **-2.** [omission] exclusion *f*; the ~ of sthg/sb from sthg l'exclusion de qqch/qqn de qqch; to the ~ of everything OR all else à l'exclusion de toute autre chose.

**exclusion clause** *n* clause *f* d'exclusion.

**exclusive** [ɪk'skluːsɪv] ◇ *adj* **-1.** [select - restaurant, neighbourhood] chic; [- club] fermé. **-2.** [deal] exclusif; ~ to réservé (exclusivement) à. **-3.** [excluding taxes, charges etc]: ~ of VAT TVA non comprise; a single room is £30 a night, ~ une chambre pour une personne coûte 30 livres la nuit, hors taxe; the rent is £100 a week ~ le loyer est de 100 livres par semaine sans les charges. **-4.** [excluding time]: from the 14th to the 19th October, ~ du 14 au 19 octobre exclu. **-5.** [incompatible] exclusif; they are mutually ~ [propositions] l'une exclut l'autre, elles sont incompatibles. **-6.** [sole] unique; their ~ concern leur seul souci; the ~ use of gold l'emploi exclusif d'or. ◇ *n* PRESS exclusivité *f*; [interview] interview *f* exclusive.

**exclusively** [ɪk'skluːsɪvlɪ] *adv* [only] exclusivement; published ~ in the Times publié en exclusivité dans le Times.

**exclusiveness** [ɪk'skluːsɪvnɪs], **exclusivity** [,eksklu'sɪvətɪ] *n* **-1.** [of restaurant, address, district] chic *m*. **-2.** [of contract] nature *f* exclusive.

**excommunicate** [,ekskə'mjuːnɪkeɪt] *vt* RELIG excommunier.

**excommunication** [ˈekskəˌmjuːnɪˈkeɪʃn] *n* RELIG excommunication *f*.

**excoriate** [eksˈkɔːrɪeɪt] *vt fml* [censure, reprimand] condamner.

**excrement** [ˈekskrɪmənt] *n (U) fml* excréments *mpl*.

**excreta** [ɪkˈskriːtə] *npl fml* excréments *mpl*.

**excrete** [ɪkˈskriːt] *vt* excréter.

**excretion** [ɪkˈskriːʃn] *n* -1. [action] excrétion *f*.-2. [substance] sécrétion *f*.

**excruciating** [ɪkˈskruːʃɪeɪtɪŋ] *adj* -1. [extremely painful] extrêmement douloureux, atroce. -2. *inf* [extremely bad] atroce, abominable; it was ~ [embarrassing] c'était affreux; [boring] c'était atroce.

**excruciatingly** [ɪkˈskruːʃɪeɪtɪŋlɪ] *adv* [painful, boring] atrocement, affreusement.

**exculpate** [ˈekskʌlpeɪt] *vt fml* disculper; to ~ sb from sthg disculper qqn de qqch.

**excursion** [ɪkˈskɜːʃn] *n* -1. [organized trip] excursion *f*.-2. [short local journey] expédition *f*.-3. [into a different field] incursion *f*; after a brief ~ into politics après une brève incursion dans la politique.

**excursion ticket** *n Br* RAIL billet *m* circulaire *(bénéficiant de tarifs réduits)*.

**excusable** [ɪkˈskjuːzəbl] *adj* excusable, pardonnable.

**excuse** [*n* ɪkˈskjuːs, *vb* ɪkˈskjuːz] ◇ *n* -1. [explanation, justification] excuse *f*; her ~ for not coming son excuse pour n'être pas venue; to give sthg as one's ~ donner qqch comme excuse; that's no ~ ce n'est pas une excuse OR une raison; there's no ~ for that kind of behaviour ce genre de comportement est sans excuse OR inexcusable; I don't want (to hear) any ~s! je ne veux pas d'excuse!; you'd better have a good ~! tu as intérêt à avoir une bonne excuse!; ~s, ~s! des excuses, toujours des excuses!; he's always finding ~s for them/for their behaviour il est tout le temps en train de leur trouver des excuses/d'excuser leur comportement; I'm not making ~s for them je ne les excuse pas; to make one's ~s s'excuser, présenter ses excuses; ignorance is no ~ l'ignorance n'excuse pas tout; by way of (an) ~ en guise d'excuse. -2. [example]: a poor ~ for a father un père lamentable; this is a poor ~ for a bus service ce service d'autobus est lamentable. -3. [pretext] excuse *f*, prétexte *m*; an ~ to do OR for doing sthg une excuse OR un prétexte pour faire qqch; any ~ for a drink! toutes les excuses sont bonnes pour boire un verre!

◇ *vt* -1. [justify – bad behaviour] excuser; he tried to ~ himself by saying that... il a essayé de se justifier en disant que... -2. [forgive – bad behaviour, person] excuser, pardonner; you can ~ that in someone of his age c'est pardonnable chez quelqu'un de son âge; I'll ~ your lateness (just) this once je te pardonne ton retard pour cette fois; now, if you will ~ me maintenant, si vous voulez bien m'excuser; one could be ~d for thinking that he was much younger on dirait OR croirait qu'il est beaucoup plus jeune; ~ my interrupting, but... excusez-moi OR pardon de vous interrompre, mais...; ~ me [to get past] pardon; [as interruption, to attract sb's attention] pardon, excusez-moi; *Am* [as apology] pardon, excusez-moi; to ~ o.s. s'excuser. -3. [exempt] dispenser; to ~ sb from sthg dispenser qqn de qqch; to ~ sb from doing sthg dispenser qqn de faire qqch. -4. [allow to go] excuser; please may I be ~d? [to go to lavatory] puis-je sortir, s'il vous plaît?; [from table] puis-je sortir de table, s'il vous plaît?

**excuse-me** [ɪkˈskjuːz-] *n* danse pendant laquelle on peut prendre le ou la partenaire de quelqu'un d'autre.

**ex-directory** *Br* ◇ *adj* sur la liste rouge; an ~ number un numéro ne figurant pas dans l'annuaire OR figurant sur la liste rouge. ◇ *adv*: to go ~ se mettre sur la liste rouge.

**exec.** [ɪgˈzek] *n abbr of* **executive**.

**execrable** [ˈeksɪkrəbl] *adj fml* exécrable.

**execrate** [ˈeksɪkreɪt] *vt fml* -1. [loathe] exécrer. -2. [denounce] condamner, s'élever contre.

**executant** [ɪgˈzekjʊtənt] *n* -1. *fml* [of an order] exécutant *m*, -e *f*.-2. MUS exécutant *m*, -e *f*.

**execute** [ˈeksɪkjuːt] *vt* -1. [put to death] exécuter; ~d for murder/treason exécuté pour meurtre/trahison. -2. *fml* [carry out] exécuter. -3. JUR [will, sentence, law] exécuter. -4.

COMPUT exécuter.

**execution** [ˌeksɪˈkjuːʃn] *n* -1. [of person] exécution *f*.-2. *fml* [of order, plan, drawing] exécution *f*; to put sthg into ~ mettre qqch à exécution. -3. JUR [of will, sentence, law] exécution *f*.-4. COMPUT exécution *f*.

**executioner** [ˌeksɪˈkjuːʃnər] *n* bourreau *m*.

**executive** [ɪgˈzekjʊtɪv] ◇ *n* -1. [person] cadre *m*; a business ~ un cadre commercial. -2. [body] corps *m* exécutif; POL [branch of government] exécutif *m*. ◇ *adj* -1. [dining room, washroom etc] des cadres, de la direction; [suite, chair] de cadre, spécial cadre; ~ model OR version [of car] modèle *m* grand luxe ❑ ~ briefcase attaché-case *m*; ~ toys gadgets *mpl* pour cadres. -2. [function, role] exécutif; an ~ officer in the civil service un cadre de l'administration; he's not good at making ~ decisions il n'est pas doué pour prendre des décisions importantes; we need an ~ decision il faut trancher ❑ ~ director cadre *m* supérieur.

**executor** [ɪgˈzekjʊtər] *n* JUR [of will] exécuteur *m*, -trice *f* testamentaire.

**exegesis** [ˌeksɪˈdʒiːsɪs] *n* exégèse *f*.

**exemplary** [ɪgˈzemplərɪ] *adj* -1. [very good – behaviour, pupil] exemplaire. -2. [serving as a warning] exemplaire; ~ damages JUR dommages-intérêts *mpl* exemplaires OR à titre exemplaire.

**exemplification** [ɪgˌzemplɪfɪˈkeɪʃn] *n* illustration *f*, illustrations *fpl*, exemplification *f*.

**exemplify** [ɪgˈzemplɪfaɪ] *vt* -1. [give example of] illustrer, exemplifier. -2. [be example of] illustrer.

**exempt** [ɪgˈzempt] ◇ *adj* exempt; to be ~ from sthg être exempt de qqch. ◇ *vt* [gen] exempter; [from tax] exonérer; to ~ sb/sthg from sthg exempter qqn/qqch de qqch.

**exemption** [ɪgˈzempʃn] *n* [action, state] exemption *f*; tax ~ exonération *f* fiscale.

**exercise** [ˈeksəsaɪz] ◇ *n* -1. [physical] exercice *m*; ~ is good for you l'exercice est bon pour la santé; it's good ~ c'est un bon exercice; the doctor has told him to take more ~ le docteur lui a dit de faire plus d'exercice. -2. [mental, in education] exercice *m*; piano ~s exercices de piano. -3. [use] exercice *m*; in the ~ of one's duties dans l'exercice de ses fonctions; by the ~ of a little imagination en usant d'un peu d'imagination, avec un peu d'imagination. -4. MIL exercice *m*; they're on ~s ils sont à l'exercice. -5. [activity, operation]: it was an interesting ~ cela a été une expérience intéressante; this is more than just a PR ~ ce n'est pas seulement de la poudre aux yeux; it was a pointless ~ cela n'a servi absolument à rien. -6. *Am* [ceremony] cérémonie *f*; graduation ~s cérémonie de remise des diplômes.

◇ *vt* -1. [body, muscle] exercer, faire travailler; [dog, horse] donner de l'exercice à; if you were to ~ your brain on the problem si tu faisais travailler tes méninges pour régler ce problème. -2. [troops] entraîner. -3. [use, put into practice – right, option, authority] exercer.

◇ *vi* -1. [take exercise] faire de l'exercice. -2. [train] s'exercer, s'entraîner.

**exercise bike** *n* vélo *m* d'appartement.

**exercise book** *n* -1. [for writing in] cahier *m* d'exercices. -2. [containing exercises] livre *m* d'exercices.

**exerciser** [ˈeksəsaɪzər] *n* [piece of equipment] appareil *m* de gymnastique; [bike] vélo *m* d'appartement.

**exercise yard** *n* [in prison] cour *f*, préau *m*.

**exert** [ɪgˈzɜːt] *vt* -1. [pressure, force] exercer; they were willing to ~ their influence on behalf of our campaign ils étaient d'accord pour mettre leur influence au service de notre campagne. -2. to ~ o.s. [make effort] se donner de la peine OR du mal.

**exertion** [ɪgˈzɜːʃn] *n* -1. [of force] exercice *m*; the ~ of pressure on sb/sthg la pression exercée sur qqn/qqch. -2. [effort] effort *m*; by one's own ~s par ses propres moyens.

**exeunt** [ˈeksɪʌnt] *vi* THEAT [in stage directions]: ~ the Queen and her attendants la reine et sa suite sortent.

**exfoliate** [eksˈfəʊlɪeɪt] ◇ *vi* s'exfolier. ◇ *vt* exfolier.

**ex gratia** [eksˈɡreɪʃə] *adj*: ~ payment paiement *m* à titre gracieux.

**exhalation** [ˌeksəˈleɪʃn] *n* -1. [breathing out – of air] expiration *f*; [– of smoke, fumes] exhalation *f*.-2. [air breathed out] air *m* expiré, souffle *m*, exhalaison *f*.

**exhale** [eks'heɪl] ◇ *vt* [air] expirer; [gas, fumes] exhaler. ◇ *vi* [breathe out] expirer.

**exhaust** [ɪg'zɔːst] ◇ *n* **-1.** [on vehicle – system] échappement *m*; [– pipe] pot *m* OR tuyau *m* d'échappement. **-2.** (*U*) [fumes] gaz *mpl* d'échappement. ◇ *vt* **-1.** [use up – supplies, possibilities] épuiser; you're ~ing my patience tu mets ma patience à bout. **-2.** [tire out] épuiser, exténuer.

**exhausted** [ɪg'zɔːstɪd] *adj* **-1.** [person, smile] épuisé, exténué. **-2.** [used up – mine, land] épuisé; my patience is ~ je suis à bout de patience.

**exhausting** [ɪg'zɔːstɪŋ] *adj* [job, climb, climate] épuisant, exténuant, éreintant; [person] fatigant, excédant.

**exhaustion** [ɪg'zɔːstʃn] *n* **-1.** [tiredness] épuisement *m*, éreintement *m*, grande fatigue *f*; to be suffering from ~ être dans un état d'épuisement. **-2.** [of supplies, topic] épuisement *m*.

**exhaustive** [ɪg'zɔːstɪv] *adj* [analysis, treatment] exhaustif; [investigation, enquiry] approfondi, poussé.

**exhaustively** [ɪg'zɔːstɪvlɪ] *adv* exhaustivement.

**exhaust pipe** *n Br* pot *m* OR tuyau *m* d'échappement.

**exhaust system** *n* AUT échappement *m*.

**exhibit** [ɪg'zɪbɪt] ◇ *vt* **-1.** [subj: artist] exposer; [subj: companies] présenter. **-2.** [show, display – ID card, passport] montrer. **-3.** [manifest – courage, self-control] montrer, manifester. ◇ *vi* [painter, company] exposer. ◇ *n* **-1.** [in an exhibition] objet *m* (exposé). **-2.** JUR pièce *f* à conviction. **-3.** *Am* [exhibition] exposition *f*.

**exhibition** [,eksɪ'bɪʃn] *n* **-1.** [of paintings, products] exposition *f*; [of film] présentation *f*; the Klee ~ l'exposition Klee ❑ ~ centre centre *m* d'exposition. **-2.** [of bad manners, ingenuity] démonstration *f*; to make an ~ of o.s. se donner en spectacle. **-3.** *Br* UNIV bourse *f* d'études.

**exhibitioner** [,eksɪ'bɪʃnəʳ] *n Br* UNIV boursier *m*, -ère *f*.

**exhibitionism** [,eksɪ'bɪʃnɪzm] *n* **-1.** [gen] besoin *m* OR volonté *f* de se faire remarquer. **-2.** PSYCH exhibitionnisme *m*.

**exhibitionist** [,eksɪ'bɪʃnɪst] *n* **-1.** [gen] *personne qui cherche toujours à se faire remarquer*; he's a terrible ~ il faut toujours qu'il cherche à se faire remarquer. **-2.** PSYCH exhibitionniste *mf*.

**exhibitor** [ɪg'zɪbɪtəʳ] *n* [at gallery, trade fair] exposant *m*.

**exhilarate** [ɪg'zɪləreɪt] *vt* exalter, griser.

**exhilarated** [ɪg'zɪləreɪtɪd] *adj* [mood, laugh] exalté.

**exhilarating** [ɪg'zɪləreɪtɪŋ] *adj* exaltant, grisant.

**exhilaration** [ɪg,zɪlə'reɪʃn] *n* exaltation *f*, griserie *f*.

**exhort** [ɪg'zɔːt] *vt fml* exhorter; to ~ sb to do sthg exhorter qqn à faire qqch.

**exhortation** [,egzɔː'teɪʃn] *n fml* [act, words] exhortation *f*.

**exhumation** [,ekshjuː'meɪʃn] *n fml* exhumation *f*.

**exhume** [eks'hjuːm] *vt fml* exhumer.

**ex-husband** *n* ex-mari *m*.

**exigency** ['eksɪdʒənsɪ] (*pl* **exigencies**), **exigence** ['eksɪdʒəns] *n fml* **-1.** (*usu pl*) [demand] exigence *f*.-**2.** [urgent situation] situation *f* urgente. **-3.** [urgency] urgence *f*.

**exigent** ['eksɪdʒənt] *adj fml* **-1.** [urgent] urgent, pressant. **-2.** [demanding, exacting] exigeant.

**exile** ['eksaɪl] ◇ *n* **-1.** [banishment] exil *m*; his self-imposed ~ son exil volontaire; to live in ~ vivre en exil; to send sb into ~ envoyer qqn en exil; to go into ~ partir en exil. **-2.** [person] exilé *m*, -e *f*; tax ~ *personne qui s'expatrie pour échapper au fisc*. ◇ *vt* exiler, expatrier; he was ~d from his native Poland il a été exilé OR expatrié de sa Pologne natale.

**exiled** ['eksaɪld] *adj* exilé; the ~ government le gouvernement en exil.

**exist** [ɪg'zɪst] *vi* exister; do ghosts ~? les fantômes existent-ils?; that's not living, that's just ~ing! je n'appelle pas ça vivre, j'appelle ça subsister OR survivre; can life ~ under these conditions? la vie est-elle possible dans ces conditions?; he earns enough to ~ on il gagne suffisamment pour vivre; we can't ~ without oxygen nous ne pouvons pas vivre sans oxygène.

**existence** [ɪg'zɪstəns] *n* **-1.** [being] existence *f*; the continued ~ of life on this planet/of these old-fashioned procedures la survivance de la vie sur la planète/de ces procédures arriérées; to come into ~ [species] apparaître; [the earth] se former; [law, institution] naître, être créé; the oldest

steam engine still in ~ la plus vieille machine à vapeur encore existante; the only whale left in ~ la dernière baleine encore en vie; to go out of ~ cesser d'exister. **-2.** [life] existence *f*; to lead a pleasant/wretched ~ mener une existence agréable/misérable.

**existent** [ɪg'zɪstənt] *adj* existant.

**existential** [,egzɪ'stenʃl] *adj* existentiel.

**existentialism** [,egzɪ'stenʃəlɪzm] *n* existentialisme *m*.

**existentialist** [,egzɪ'stenʃəlɪst] ◇ *n* existentialiste *mf*. ◇ *adj* existentialiste.

**existing** [ɪg'zɪstɪŋ] *adj* actuel.

**exit** ['eksɪt] ◇ *n* **-1.** [way out – from room, motorway] sortie *f*; '~ only' 'réservé à la sortie'. **-2.** THEAT sortie *f*, exit *m inv*; [act of going out – from a room] sortie *f*; to make one's ~ THEAT OR *fig* faire sa sortie. **-3.** COMPUT sortie *f*. ◇ *vi* **-1.** THEAT sortir; ~ Anne [as stage direction] exit Anne, Anne sort. **-2.** [go out, leave] sortir; [bullet] ressortir. **-3.** COMPUT sortir. ◇ *vt* COMPUT sortir de; [leave] quitter, sortir de.

**exit poll** *n Br* *sondage réalisé auprès des votants à la sortie du bureau de vote*.

**exit visa** *n* visa *m* de sortie.

**exodus** ['eksədəs] *n* exode *m*; there was a general ~ to the bar il y a eu un mouvement de masse en direction du bar.

◆ **Exodus** *n* **-1.** [book]: (the Book of) Exodus (l') Exode. **-2.** [journey] exode *m*.

**ex officio** [eksə'fɪʃɪəʊ] ◇ *adj* [member] de droit. ◇ *adv* [act, decide etc] de droit.

**exonerate** [ɪg'zɒnəreɪt] *vt* disculper, innocenter.

**exoneration** [ɪg,zɒnə'reɪʃn] *n* disculpation *f*.

**exorbitant** [ɪg'zɔːbɪtənt] *adj* [price, demands, claims] exorbitant, démesuré, excessif.

**exorbitantly** [ɪg'zɔːbɪtəntlɪ] *adv* [priced] excessivement, démesurément.

**exorcism** ['eksɔːsɪzm] *n* exorcisme *m*.

**exorcist** ['eksɔːsɪst] *n* exorciste *mf*.

**exorcize, -ise** ['eksɔːsaɪz] *vt* [evil spirits, place] exorciser.

**exotic** [ɪg'zɒtɪk] *adj* exotique; an ~-sounding name un nom à consonance exotique.

**exotica** [ɪg'zɒtɪkə] *npl* objets *mpl* exotiques.

**exotically** [ɪg'zɒtɪklɪ] *adv* [dressed, decorated] avec exotisme; ~ perfumed [flower] aux senteurs exotiques; [person] au parfum exotique.

**exoticism** [ɪg'zɒtɪsɪzm] *n* exotisme *m*.

**expand** [ɪk'spænd] ◇ *vt* **-1.** [empire, army, staff] agrandir; [company, business] agrandir, développer; [chest, muscles, ideas] développer; [knowledge, influence] élargir, étendre; COMPUT [memory] étendre; [gas, metal] dilater. **-2.** MATH [equation] développer. ◇ *vi* **-1.** [empire, army, staff] s'agrandir; [company, business] s'agrandir, se développer; [chest, muscles, market] se développer; [knowledge, influence] s'étendre, s'élargir; [gas, metal] se dilater; [volume of traffic] augmenter; [in business] se développer, s'agrandir; we are looking to ~ into the cosmetics industry nous envisageons de nous diversifier en nous lançant dans l'industrie des cosmétiques. **-2.** [on an idea] s'étendre.

◆ **expand on** *vt insep* développer.

**expandable** [ɪk'spændɪbl] *adj* [gas, material] expansible; [idea, theory] qui peut être développé; [basic set] qui peut être complété; COMPUT [memory] extensible.

**expanded** [ɪk'spændɪd] *adj* [metal, gas] expansé.

**expanding** [ɪk'spændɪŋ] *adj* **-1.** [company, empire, gas, metal] en expansion; [influence] grandissant; [industry, market] en expansion, qui se développe; the ~ universe theory la théorie de l'expansion de l'univers. **-2.** [extendable]: ~ suitcase/briefcase valise/serviette extensible.

**expanse** [ɪk'spæns] *n* étendue *f*; the vast ~ of the plain l'immensité de la plaine; she was showing a large ~ of thigh on lui voyait une bonne partie des cuisses.

**expansion** [ɪk'spænʃn] *n* [of empire] expansion *f*, élargissement *m*; [of army, staff] augmentation *f*, accroissement *m*; [of chest, muscles, ideas] développement *m*; [of knowledge, influence] élargissement *m*; [of gas, metal] expansion *f*, dilatation *f*; COMPUT [of memory] extension *f*; [of business] développement *m*, agrandissement *m*, extension *f*.

**expansion card** *n* COMPUT carte *f* d'extension.

**expansionism** [ɪk'spænʃənɪzm] *n* expansionnisme *m*.

**expansionist** [ɪk'spænʃənɪst] ◇ *adj* expansionniste. ◇ *n* expansionniste *mf*.

**expansion slot** *n* COMPUT emplacement *m* OR logement *m* pour carte d'extension.

**expansive** [ɪk'spænsɪv] *adj* -**1.** [person, mood, gesture] expansif. -**2.** PHYS [gas] expansible, dilatable.

**expansively** [ɪk'spænsɪvlɪ] *adv* [talk, gesture] de manière expansive.

**expansiveness** [ɪk'spænsɪvnɪs] *n* [of person] expansivité *f*.

**expat** [,eks'pæt] (*abbr of* **expatriate**) *inf* ◇ *n* expatrié *m*, -e *f*. ◇ *adj* [Briton, American] expatrié; [bar, community] des expatriés.

**expatiate** [eks'peɪʃɪeɪt] *vi fml* s'étendre, discourir; to ~ on sthg s'étendre OR discourir sur qqch.

**expatriate** [*n* & *adj* eks'pætrɪət, *vb* eks'pætrɪeɪt] ◇ *n* expatrié *m*, -e *f*. ◇ *adj* [Briton, American etc] expatrié; [bar, community] des expatriés. ◇ *vt* expatrier, exiler.

**expect** [ɪk'spekt] ◇ *vt* -**1.** [anticipate] s'attendre à; we ~ed that it would be much bigger nous nous attendions à ce qu'il soit beaucoup plus gros, nous pensions qu'il allait être beaucoup plus gros; we ~ed you to bring your own nous pensions que vous alliez apporter le vôtre; to ~ sb to do sthg s'attendre à ce que qqn fasse qqch; she knew more Russian than I ~ed her to elle était meilleure en russe que je ne m'y attendais; to ~ the worst s'attendre au pire; I ~ed as much! je m'en doutais!, c'est bien ce que je pensais!; it was better/worse than I ~ed c'était mieux/pire que je ne m'y attendais; she is as well as can be ~ed elle va aussi bien que sa condition le permet; I had ~ed better of OR from you je n'aurais pas cru ça de vous; what can you ~ from a government like that? que voulez-vous, avec un gouvernement pareil!; as might have been ~ed, as was to be ~ed comme on pouvait s'y attendre. -**2.** [count on]: we're ~ing you to help us nous comptons sur votre aide; don't ~ me to be there! ne t'attends pas à ce que j'y sois! -**3.** [demand]: to ~ sb to do sthg demander à qqn de faire qqch; I ~ something to be done j'exige qu'on fasse quelque chose à ce sujet; you ~ too much of him tu lui en demandes trop; it's no less than I would have ~ed from my own family je ne me serais pas attendu à moins de la part de ma propre famille; I'm ~ed to write all his speeches je suis censé OR supposé rédiger tous ses discours. -**4.** [suppose, imagine] imaginer, penser, supposer; I ~ so je pense, j'imagine; I don't ~ so je ne pense pas, j'imagine que non; I ~ you're right tu dois avoir raison; I ~ you'll be wanting something to drink vous boirez bien quelque chose; [grudgingly] j'imagine que vous voulez quelque chose à boire. -**5.** [baby] attendre. -**6.** [await] attendre; I'm ~ing friends for dinner j'attends des amis à dîner; (at) what time should we ~ you then? à quelle heure devons-nous vous attendre alors?
◇ *vi*: to be ~ing [be pregnant] être enceinte, attendre un enfant.

**expectancy** [ɪk'spektənsɪ], **expectance** [ɪk'spektəns] *n* [anticipation]: the look of ~ on his face l'attente qui se lisait sur son visage; in a tone of eager ~ sur un ton plein d'espérance OR d'espoir.

**expectant** [ɪk'spektənt] *adj* -**1.** [anticipating]: with an ~ look in his eye avec dans son regard l'air d'attendre quelque chose; in an ~ tone of voice la voix chargée d'espoir. -**2.** [pregnant]: ~ mother future maman *f*.

**expectantly** [ɪk'spektəntlɪ] *adv* [enquire, glance] avec l'air d'attendre quelque chose; [wait] impatiemment.

**expectation** [,ekspek'teɪʃn] *n* -**1.** (*U*) [anticipation]: with eager ~ avec l'air d'espérer quelque chose; in ~ of dans l'attente de; we live in ~ nous vivons dans l'attente OR l'expectative. -**2.** (*usu pl*) [sthg expected] attente *f*; my ~s for its success were not that high je n'espérais pas vraiment que ça réussirait; this merely confirms our worst ~s cela ne fait que confirmer nos prévisions les plus noires; contrary to ~s contrairement à OR contre toute attente; to exceed sb's ~s dépasser l'attente OR les espérances de qqn; (not) to come up to ~s (ne pas) être à la hauteur des espérances; to have high ~s of sb/sthg attendre beaucoup de qqn/qqch; we have certain ~s of our employees [requirements] nous avons certaines exigences envers nos em-

ployés; to have great ~s [prospects] avoir de grandes espérances; what are your ~s? [for salary, job prospects] quelles sont vos conditions OR exigences? ❑ 'Great Expectations' Dickens 'les Grandes Espérances'.

**expected** [ɪk'spektɪd] *adj* attendu.

**expectorant** [ɪk'spektərənt] *n* expectorant *m*.

**expediency** [ɪk'spiːdjənsɪ] (*pl* **expediencies**), **expedience** [ɪk'spiːdjəns] *n* [advisability – of measure, policy etc] opportunité *f*; [self-interest] opportunisme *m*.

**expedient** [ɪk'spiːdjənt] ◇ *adj* [advisable] indiqué, convenable, opportun; [involving self-interest] commode. ◇ *n* expédient *m*.

**expedite** ['ekspɪdaɪt] *vt fml* [work, legal process] hâter, activer, accélérer; [completion of contract, deal] hâter.

**expedition** [,ekspɪ'dɪʃn] *n* [scientific, of explorers, to shops etc] expédition *f*; to go on an ~ aller OR partir en expédition, aller faire une expédition.

**expeditionary** [,ekspɪ'dɪʃnərɪ] *adj* MIL: ~ mission mission *f* d'expédition; ~ force force *f* expéditionnaire.

**expeditious** [,ekspɪ'dɪʃəs] *adj fml* diligent.

**expel** [ɪk'spel] *vt* -**1.** [from school] renvoyer; [from country, club] expulser. -**2.** [gas, liquid] expulser.

**expend** [ɪk'spend] *vt* -**1.** [time, energy] consacrer; [resources] utiliser, employer; to ~ time/energy on sthg consacrer du temps/de l'énergie à qqch. -**2.** [use up] épuiser.

**expendability** [ɪk,spendə'bɪlətɪ] *n* [of people, workforce, equipment] superfluité *f*; [of troops, spies] caractère *m* sacrifiable.

**expendable** [ɪk'spendəbl] *adj* [person, workforce, object] superflu; [troops, spies] qui peut être sacrifié; he thinks people are ~ il pense qu'il peut se débarrasser des gens comme bon lui semble.

**expenditure** [ɪk'spendɪtʃər] *n* -**1.** [act of spending] dépense *f*. -**2.** (*U*) [money spent] dépenses *fpl*; ~ on sthg dépenses en qqch; arms/defence ~ dépenses en armes/liées à la défense.

**expense** [ɪk'spens] *n* -**1.** [cost] coût *m*; anything we can do to offset the ~ tout ce que nous pouvons faire pour compenser le coût OR les coûts OR les frais; if it can really be done with such little ~ si cela peut vraiment se faire à si peu de frais; the huge ~ of moving house le coût énorme qu'entraîne un déménagement; to go to considerable ~ to do sthg faire beaucoup de frais pour faire qqch; don't go to any ~ over it ne vous mettez pas en frais pour cela; they had gone to the ~ of hiring a firm of caterers ils s'étaient mis en frais et avaient engagé des traiteurs; no ~ was spared on n'a pas regardé à la dépense; I'll do it at my own ~ je le ferai à mes frais. -**2.** [expensiveness] cherté *f*, coût *m* élevé. -**3.** *fig*: a joke at somebody else's ~ une plaisanterie aux dépens de quelqu'un d'autre; at the ~ of sthg aux dépens de qqch; to succeed at other people's ~ réussir aux dépens des autres. -**4.** COMM: no, that's my ~ non, c'est sur mon compte.
◆ **expenses** *npl* frais *mpl*; it's on ~s c'est l'entreprise qui paie, cela passe dans les notes de frais; to live on ~s vivre sur ses notes de frais, vivre aux frais de son entreprise; to put sthg on ~s mettre qqch dans les notes de frais; to get ~s [be paid expenses] être indemnisé de ses frais; travelling ~s frais de déplacement; all ~s paid tous frais payés.

**expense account** ◇ *n* indemnité *f* OR allocation *f* pour frais professionnels; to put sthg on the ~ mettre qqch dans les (notes de) frais. ◇ *comp*: an ~ dinner un dîner passé dans les notes de frais.

**expenses-paid** *adj* [trip, holiday] tous frais payés.

**expensive** [ɪk'spensɪv] *adj* cher; it's an ~ hobby c'est un passe-temps coûteux OR qui coûte cher; the central heating became too ~ to run le chauffage central a commencé à revenir trop cher; to have ~ tastes avoir des goûts de luxe; it's an ~ place to live la vie y est chère; that could be an ~ mistake *literal* & *fig* c'est une erreur qui pourrait coûter cher.

**expensively** [ɪk'spensɪvlɪ] *adv* à grands frais.

**expensiveness** [ɪk'spensɪvnɪs] *n* cherté *f*.

**experience** [ɪk'spɪərɪəns] ◇ *n* -**1.** [in life, in a subject] expérience *f*; I had no previous ~ je n'avais aucune expérience préalable; do you have any ~ of working with animals? avez-vous déjà travaillé avec des animaux?; she has considerable management ~ elle a une expérience considé-

rable de OR dans la gestion; ~ shows OR proves that... l'expérience démontre OR montre OR prouve que...; I know from ~ that he's not to be trusted je sais par expérience qu'il ne faut pas lui faire confiance; to know from bitter ~ savoir pour en avoir fait la cruelle expérience; to speak from ~ parler en connaissance de cause; in ~ from my (own) ~, (speaking) from personal ~ d'après mon expérience personnelle; my ~ has been OR it has been my ~ that... d'après mon expérience...; has that been your ~? [do you agree?] avez-vous remarqué la même chose?; to put sthg down to ~ tirer un enseignement OR une leçon de qqch; it's all good ~ [as consolation] à quelque chose malheur est bon. **-2.** [event] expérience *f*; I had so many exciting ~s j'ai fait tellement d'expériences passionnantes; after this stressful ~ après ce stress; how did you enjoy the American ~? comment as-tu trouvé l'Amérique?; my first ~ of French cooking/of a real Scottish New Year la première fois que j'ai goûté à la cuisine française/que j'ai assisté à un vrai réveillon écossais.
◇ *vt* **-1.** [undergo – hunger, hardship, recession] connaître; to ~ military combat faire l'expérience du combat militaire; he ~d great difficulty in opening the door il a eu beaucoup de mal à ouvrir la porte. **-2.** [feel – thrill, emotion, despair] sentir, ressentir. **-3.** [have personal knowledge of]: come and ~ Manhattan venez découvrir Manhattan; if you've never ~d French cooking si vous n'avez jamais goûté à la cuisine française; to ~ a real Scottish New Year assister à un vrai réveillon écossais.

**experienced** [ɪk'spɪərɪənst] *adj* expérimenté; we're looking for someone a bit more ~ nous recherchons quelqu'un qui ait un peu plus d'expérience; to be ~ in sthg avoir l'expérience de qqch; to be ~ at doing sthg avoir l'habitude de faire qqch.

**experiential** [ɪkspɪərɪ'enʃəl] *adj fml* & PHILOS empirique, expérientiel.

**experiment** [ɪk'sperɪmənt] ◇ *n literal* & *fig* expérience *f*; to carry out OR to conduct an ~ réaliser OR effectuer une expérience; an ~ in sthg une expérience de qqch; ~s on animals des expériences sur les animaux; as an OR by way of ~ à titre d'expérience. ◇ *vi* faire une expérience OR des expériences; to ~ with a new technique expérimenter une nouvelle technique; to ~ with drugs essayer la drogue; to ~ on animals faire des expériences sur les animaux.

**experimental** [ɪk,sperɪ'mentl] *adj* expérimental.

**experimentally** [ɪk,sperɪ'mentəlɪ] *adv* [by experimenting] expérimentalement; [as an experiment] à titre expérimental.

**experimentation** [ɪk,sperɪmen'teɪʃn] *n* expérimentation *f*.

**experimenter** [ɪk'sperɪmentər] *n* expérimentateur *m*, -trice *f*.

**expert** ['eksp3ːt] ◇ *n* expert *m*, spécialiste *mf*; to be an ~ on one's subject/in one's field être un expert dans sa matière/dans son domaine; he's an ~ at archery c'est un expert au tir à l'arc; to look at sthg with the eye of an ~ regarder qqch avec l'œil d'un expert; I'm no ~, but... je ne suis pas expert OR spécialiste en la matière, mais... ◇ *adj* [person] expert; [advice, opinion] autorisé, d'expert; to be ~ at doing sthg être expert à faire qqch; to be ~ at sthg être expert en qqch; to run OR to cast an ~ eye over sthg jeter un œil expert sur qqch; ~ testimony JUR témoignage *m* d'expert; ~ panel commission *f* d'experts.

**expertise** [,eksp3ː'tiːz] *n* compétence *f* d'expert, expertise *f*.

**expertly** ['eksp3ːtlɪ] *adv* d'une manière experte, expertement.

**expert system** *n* COMPUT système *m* expert.

**expert witness** *n* JUR expert *m* (*appelé comme témoin*).

**expiate** ['ekspɪeɪt] *vt fml* expier.

**expiation** [,ekspɪ'eɪʃn] *n fml* expiation *f*.

**expire** [ɪk'spaɪər] *vi* **-1.** [contract, lease, visa etc] expirer, arriver à terme. **-2.** [exhale] expirer. **-3.** *arch* OR *lit* [die] expirer.

**expiry** [ɪk'spaɪərɪ] *n* [of contract, lease, visa etc] expiration *f*, échéance *f*.

**expiry date** *n* [of contract, lease, visa etc] date *f* d'expiration OR d'échéance.

**explain** [ɪk'spleɪn] ◇ *vt* **-1.** [clarify] expliquer; he ~ed to us how the machine worked il nous a expliqué comment la machine marchait; to ~ sthg in full expliquer qqch en détail; that is easily ~ed, that is easy to ~ c'est facile à expliquer, cela s'explique facilement. **-2.** [account for] expliquer; she's got a cold which ~s OR will ~ why she's off work today elle a un rhume, ce qui explique pourquoi elle ne travaille pas aujourd'hui; to ~ o.s. s'expliquer. ◇ *vi* [clarify] expliquer; I don't understand, you'll need to ~ je ne comprends pas, il va falloir que tu m'expliques; you've got a bit of OR a little OR some ~ing to do il va falloir que tu t'expliques.
◆ **explain away** *vt sep* [justify, excuse] justifier.

**explainable** [ɪk'spleɪnəbl] *adj* [explicable]: it's easily ~ cela s'explique facilement, c'est facilement explicable.

**explanation** [,eksplə'neɪʃn] *n* **-1.** [clarification] explication *f*; the instructions for this new video need a bit of ~ les instructions de ce nouveau magnétoscope nécessitent des explications; to give OR to offer an ~ for sthg donner une explication à qqch; to find an ~ for sthg trouver une explication à qqch. **-2.** [justification] explication *f*; you'd better have a good ~! j'espère que tu as une bonne excuse OR une explication valable!

**explanatory** [ɪk'splænətrɪ] *adj* explicatif.

**expletive** [ɪk'spliːtɪv] ◇ *n* **-1.** [swearword] juron *m*. **-2.** GRAMM explétif *m*. ◇ *adj* GRAMM explétif.

**explicable** [ɪk'splɪkəbl] *adj* explicable.

**explicit** [ɪk'splɪsɪt] *adj* [denial, meaning, support] explicite; ~ sex and violence on the television le sexe et la violence montrés ouvertement à la télévision; sexually ~ cru.

**explicitly** [ɪk'splɪsɪtlɪ] *adv* explicitement.

**explode** [ɪk'spləʊd] ◇ *vt* [detonate] faire exploser OR sauter; *fig* [theory, myth etc] détruire, anéantir. ◇ *vi* [bomb, mine etc] exploser, sauter; *fig*: to ~ with laughter éclater de rire; to ~ with anger exploser de colère; the game ~d into life la match s'est animé d'un seul coup.

**exploded** [ɪk'spləʊdɪd] *adj* **-1.** [bomb, mine etc] qu'on a fait exploser; *fig* [theory, myth etc] détruit, anéanti. **-2.** [view, diagram] éclaté.

**exploit** [*n* 'eksplɔɪt, *vb* ɪk'splɔɪt] ◇ *n* exploit *m*. ◇ *vt* **-1.** [workers] exploiter. **-2.** [natural resources] exploiter.

**exploitation** [,eksplɔɪ'teɪʃn] *n* [of workers, of natural resources] exploitation *f*.

**exploitative** [ɪk'splɔɪtətɪv] *adj* [practices] relevant de l'exploitation; the company's ~ attitude towards the

---

**USAGE ►**    **Explanations**

**Asking for explanations**

Qu'est-ce que tu veux dire, exactement?
Je ne vous suis plus du tout, vous pouvez être plus clair?
C'est-à-dire?

▷ *more politely:*

Pourriez-vous être plus précis?
Qu'entendez-vous par là?
À quoi faites-vous référence quand vous parlez de...?

▷ *more informally:*

Comment ça, narcissisme?

(Alors) là, je ne te comprends pas/je ne vois pas du tout où tu veux en venir.
Explique-toi!
Quoi?

**Giving explanations**

Je veux/voulais dire que...
Si je parle de..., c'est (parce) que/c'est pour montrer que...
C'est pourtant simple: ...
Je vais tâcher d'être plus clair: ...
Pour simplifier, on peut dire que...
En d'autres termes, on pourrait dire que...

workforce la manière dont l'entreprise exploite la main-d'œuvre.

**exploiter** [ɪk'splɔɪtər] *n* **-1.** [of workers] exploiteur *m*, -euse *f*.**-2.** [of natural resources] exploitant *m*, -e *f*.

**exploration** [,eksplə'reɪʃn] *n* **-1.** [of place, problem] exploration *f*.**-2.** MED exploration *f*.

**exploratory** [ɪk'splɒrətrɪ] *adj* [journey] d'exploration; [talks, discussions] exploratoire; ~ **drilling** forage *m* d'exploration; ~ **surgery** chirurgie *f* exploratrice.

**explore** [ɪk'splɔːr] ◇ *vt* **-1.** [country] explorer; [town] découvrir. **-2.** [issue, possibility, problem] explorer, examiner; **to** ~ **every avenue** *fig* explorer toutes les voies OR solutions possibles; **to** ~ **the ground** *fig* tâter le terrain. **-3.** MED explorer, sonder. ◇ *vi* faire une exploration; **let's go exploring** [in the woods, countryside etc] partons en exploration; [in a city] allons découvrir la ville.

**explorer** [ɪk'splɔːrər] *n* **-1.** [person] explorateur *m*, -trice *f*.**-2.** [instrument] sonde *f*.

**explosion** [ɪk'spləʊʒn] *n* **-1.** [of bomb, gas] explosion *f*; **an** ~ **ripped through the building** une explosion a ébranlé le bâtiment ‖ *fig*: **there was an** ~ **of laughter from the dining room** une explosion OR une tempête de rires est arrivée de la salle à manger. **-2.** [act of exploding] explosion *f*.

**explosive** [ɪk'spləʊsɪv] ◇ *adj* **-1.** explosif; [gas] explosible; ~ **device** dispositif *m* explosif; ~ **situation** *fig* situation *f* explosive. **-2.** LING explosif. ◇ *n* **-1.** [in bomb] explosif *m*; **high** ~ explosif puissant. **-2.** LING explosive *f*.

**exponent** [ɪk'spəʊnənt] *n* **-1.** [of idea, theory] apôtre *m*, avocat *m*, -e *f*; [of skill] représentant *m*, -e *f*. MATH exposant *m*.

**exponential** [,ekspə'nenʃl] *adj* exponentiel.

**export** [*n* 'ekspɔːt, *vb* ɪk'spɔːt] ◇ *n* **-1.** [action] exportation *f*.**-2.** [product] exportation *f*. ◇ *comp* [duty, licence, trade] d'exportation; ~ **drive** campagne *f* visant à stimuler l'exportation; ~**-driven** [expansion, recovery] basé OR centré sur les exportations; ~ **earnings** revenus *mpl* OR recettes *fpl* de l'exportation; ~ **reject** produit *m* impropre à l'exportation. ◇ *vt* **-1.** *literal & fig* exporter; **to** ~ **goods to other countries** exporter des marchandises vers d'autres pays. **-2.** COMPUT exporter. ◇ *vi* exporter; ~**ing company** société exportatrice.

**exportation** [,ekspɔː'teɪʃn] *n fml* exportation *f*.

**exporter** [ek'spɔːtər] *n* exportateur *m*, -trice *f*.

**expose** [ɪk'spəʊz] *vt* **-1.** [uncover] découvrir; PHOT exposer; **to** ~ **sb/sthg to sthg** exposer qqn/qqch à qqch; **he was** ~**d to German from the age of five** il a été au contact de l'allemand depuis l'âge de cinq ans; **to** ~ **o.s.** [exhibitionist] s'exhiber; **to** ~ **o.s. to sthg** [to criticism, ridicule, risk] s'exposer à qqch. **-2.** [reveal, unmask – plot] découvrir; [– spy] découvrir, démasquer.

**exposé** [eks'pəʊzeɪ] *n* PRESS révélations *fpl*.

**exposed** [ɪk'spəʊzd] *adj* [location, house, position etc] exposé; TECH [parts, gears] apparent, à découvert; ARCHIT [beam] apparent; **the troops are in an** ~ **position** les soldats sont à découvert; **in an** ~ **position** *fig* dans une position précaire.

**exposition** [,ekspə'zɪʃn] *n* **-1.** [explanation] exposition *f*.**-2.** [exhibition] exposition *f*.

**expostulate** [ɪk'spɒstjʊleɪt] *vi fml* récriminer; **to** ~ **with sb about sthg** récriminer contre qqn à propos de qqch.

**exposure** [ɪk'spəʊʒər] *n* **-1.** [to harm, radiation] exposition *f*; ~ **to danger is something she encounters daily** il est quotidiennement exposé au danger. **-2.** [to cold]: **to die of** ~ mourir de froid. **-3.** [unmasking, revealing – of crime, scandal] révélation *f*, divulgation *f*.**-4.** PHOT pose *f*; **a film with 24** ~**s** une pellicule de 24 poses ❑ ~ **time** temps *m* de pose; ~ **counter** compteur *m* de prises de vue. **-5.** [position of house] exposition *f*; **the building has a southern** ~ le bâtiment est exposé au sud. **-6.** [media coverage] couverture *f*; **pop stars suffer from too much media** ~ les stars de la musique pop sont l'objet d'une attention excessive des média.

**expound** [ɪk'spaʊnd] *vt* exposer.

**express** [ɪk'spres] ◇ *n* **-1.** [train] express *m*; **to travel by** ~ voyager en express. **-2.** [system of delivery] exprès *m*; **the Express** PRESS *nom abrégé du Daily Express*. ◇ *adj* **-1.** [clear – instructions, purpose] clair; **with the** ~ **intention of...** avec la claire intention de... **-2.** [fast – delivery, messenger] express; ~ **company** entreprise *f* de livraison exprès; ~ **train** train *m*

**express, express** *m.* ◇ *adv* [send] en exprès. ◇ *vt* **-1.** [voice, convey] exprimer; **to** ~ **an interest in (doing) sthg** manifester de l'intérêt pour (faire) qqch; **she** ~**es her feelings by painting** elle exprime ses sentiments par OR à travers la peinture; **to** ~ **o.s.** s'exprimer; **to** ~ **o.s. through sthg** s'exprimer par OR à travers qqch. **-2.** [render in a different form] exprimer; **to** ~ **sthg as a fraction** MATH exprimer qqch sous la forme d'une fraction. **-3.** *fml* [juice] extraire, exprimer; [milk] tirer. **-4.** [send] envoyer en exprès.

**expression** [ɪk'spreʃn] *n* **-1.** [of feelings, thoughts, friendship] expression *f*; **we'd like you to have it as an** ~ **of our gratitude** nous vous l'offrons en témoignage de notre reconnaissance; **to give** ~ **to sthg** exprimer qqch; **her feelings found** ~ **in music** ses sentiments trouvèrent leur expression dans la musique; **freedom of** ~ liberté *f* d'expression. **-2.** [feeling – in art, music] expression *f*; **he puts a lot of** ~ **into what he plays** il met beaucoup d'expression dans ce qu'il joue. **-3.** [phrase] expression *f*; **set** OR **fixed** ~ LING expression OR locution *f* figée OR toute faite. **-4.** [facial] expression *f*; **I could tell by her** ~ je voyais bien à son expression.

**expressionism** [ɪk'spreʃənɪzm] *n* ART expressionnisme *m*.

**expressionist** [ɪk'spreʃənɪst] ART ◇ *adj* expressionniste. ◇ *n* expressionniste *mf*.

**expressionistic** [ɪk,spreʃə'nɪstɪk] *adj* ART expressionniste.

**expressionless** [ɪk'spreʃənlɪs] *adj* [face, person] inexpressif, sans expression; [voice] inexpressif, éteint, terne.

**expressive** [ɪk'spresɪv] *adj* [face, gesture, smile] expressif; **to be** ~ **of sthg** être indicatif de qqch.

**expressively** [ɪk'spresɪvlɪ] *adv* [gesture, smile] avec expression.

**expressiveness** [ɪk'spresɪvnɪs] *n* [of face, gesture, smile] expressivité *f*.

**expressly** [ɪk'spreslɪ] *adv* expressément; **I** ~ **forbid you to leave** je vous interdis formellement de partir.

**expressway** [ɪk'spreɪweɪ] *n Am* autoroute *f*.

**expropriate** [eks'prəʊprɪeɪt] *vt* exproprier.

**expulsion** [ɪk'spʌlʃn] *n* **-1.** [from party, country] expulsion *f*; [from school] renvoi *m*.**-2.** [of breath] expulsion *f*.

**expunge** [ɪk'spʌndʒ] *vt fml* [delete] supprimer, effacer; [from memory] effacer.

**expurgate** ['ekspəgeɪt] *vt* [book, play] expurger.

**exquisite** [ɪk'skwɪzɪt] *adj* **-1.** [food, beauty, manners] exquis; [jewellery, craftsmanship] raffiné. **-2.** [intense – pleasure, pain, thrill] intense.

**exquisitely** [ɪk'skwɪzɪtlɪ] *adv* **-1.** [superbly] de façon exquise, exquisément *lit*. **-2.** [intensely] intensément.

**ex-serviceman** (*pl* **ex-servicemen**) *n* retraité *m* de l'armée.

**ex-servicewoman** (*pl* **ex-servicewomen**) *n* retraitée *f* de l'armée.

**ext.** (*written abbr of* **extension**): ~ **4174** p. 4174.

**extant** [ek'stænt] *adj fml* encore existant.

**extemporaneous** [ɪk,stempə'reɪnjəs], **extempory** [ɪk'stempərɪ] *adj* improvisé, impromptu.

**extempore** [ɪk'stempərɪ] ◇ *adj* improvisé, impromptu. ◇ *adv* [speak] impromptu.

**extemporize** [ɪk'stempəraɪz] ◇ *vt* [speech, piece of music] improviser. ◇ *vi* [speaker, musician] improviser.

**extend** [ɪk'stend] ◇ *vt* **-1.** [stretch out – arm, leg] étendre, allonger; [– wings] ouvrir, déployer; [– aerial] déployer, déployer. **-2.** [in length, duration – guarantee, visa, news programme] prolonger; [– road, runway] prolonger, allonger. **-3.** [make larger, widen – frontiers, law, enquiry, search] étendre; [– building] agrandir; [– vocabulary] enrichir, élargir. **-4.** [offer – friendship, hospitality] offrir; [– thanks, condolences, congratulations] présenter; [– credit] accorder; **to** ~ **an invitation to sb** faire une invitation à qqn; **to** ~ **a welcome to sb** souhaiter la bienvenue à qqn. **-5.** [stretch – horse, person] pousser au bout de ses capacités OR à son maximum.

◇ *vi* **-1.** [protrude – wall, cliff] avancer, former une avancée. **-2.** [stretch – country, forest, hills etc] s'étendre; *fig*: **the parliamentary recess** ~**s into October** les vacances parlementaires se prolongent jusqu'en octobre; **the laughter** ~**ed to the others in the room** le rire a gagné le reste de la salle; **the legislation does not** ~ **to single mothers** la législation ne vities]: Department of Extramural Studies ≃ Institut *m* d'éducation permanente. **-2.** [district] extra-muros.

**extraneous** [ɪk'streɪnjəs] *adj* **-1.** [irrelevant – idea, point, consideration, issue] étranger, extérieur; to be ~ to sthg [idea, point, issue] être étranger à qqch; [detail] être sans rapport avec qqch. **-2.** [from outside – noise, force] extérieur.

**extraordinarily** [ɪk'strɔːdnrəlɪ] *adv* **-1.** [as intensifier] extraordinairement, incroyablement. **-2.** [unusually] extraordinairement, d'une manière inhabituelle.

**extraordinary** [ɪk'strɔːdnrɪ] *adj* **-1.** [remarkable] extraordinaire. **-2.** [additional – meeting, session] extraordinaire.

**extrapolate** [ɪk'stræpəleɪt] ◇ *vt* [infer from facts] déduire par extrapolation; MATH établir par extrapolation. ◇ *vi* extrapoler; to ~ from sthg extrapoler à partir de qqch.

**extrapolation** [ɪkˌstræpə'leɪʃn] *n* extrapolation *f*.

**extrasensory** [ˌekstrə'sensərɪ] *adj* extrasensoriel; ~ perception perception *f* extrasensorielle.

**extraterrestrial** [ˌekstrətə'restrɪəl] ◇ *adj* extraterrestre. ◇ *n* extraterrestre *mf*.

**extraterritorial** ['ekstrəˌterɪ'tɔːrɪəl] *adj* [possessions] situé hors du territoire national; [rights] d'exterritorialité, d'extra-territorialité.

**extravagance** [ɪk'strævəgəns] *n* **-1.** [wasteful spending] dépenses *fpl* extravagantes. **-2.** [extravagant purchase] folie *f*.

**extravagant** [ɪk'strævəgənt] *adj* **-1.** [wasteful, profligate – person] dépensier, prodigue; [– tastes] coûteux, dispendieux; I think you're being a bit ~, having the central heating on all the time je trouve que c'est du gaspillage de laisser le chauffage central allumé en permanence comme tu le fais; to be ~ with one's money être gaspilleur OR dépensier, gaspiller son argent. **-2.** [exaggerated – idea, opinion] extravagant; [– claim, behaviour, prices] extravagant, excessif.

**extravagantly** [ɪk'strævəgəntlɪ] *adv* **-1.** [wastefully]: to live ~ vivre sur un grand pied; an ~ furnished room une pièce meublée à grands frais OR luxueusement meublée. **-2.** [exaggeratedly – behave, act, talk] de manière extravagante; [– praise] avec excès; ~ worded claims des affirmations exagérées OR excessives.

**extravaganza** [ɪkˌstrævə'gænzə] *n* [lavish performance] œuvre *f* à grand spectacle.

**extreme** [ɪk'striːm] ◇ *adj* **-1.** [heat, pain, views, measures] extrême; they live in ~ poverty ils vivent dans une misère extrême; to be in ~ pain souffrir terriblement OR atrocement; the ~ left wing of the party l'aile d'extrême gauche du parti; ~ old age grand âge *m*. **-2.** [furthest away] extrême; at the ~ end of the platform à l'extrémité du quai; on the ~ right of the screen à l'extrême droite de l'écran; they are ~ opposites of the political spectrum ils sont aux deux extrémités de l'éventail politique. ◇ *n* extrême *m*; ~s of temperature extrêmes de température; to go to ~s exagérer; to take OR to carry sthg to ~s, to go to ~s with sthg pousser qqch à l'extrême; to be driven to ~s être poussé à bout; to go from one ~ to the other aller OR passer d'un extrême à l'autre.
◆ **in the extreme** *adv phr* à l'extrême; polite/careful in the ~ poli/soigneux à l'extrême.

**extremely** [ɪk'striːmlɪ] *adv* [as intensifier] extrêmement.

**extreme unction** *n* RELIG extrême-onction *f*.

**extremis** [ɪk'striːmɪs]
◆ **in extremis** *adv phr* en dernier recours, au pire.

**extremism** [ɪk'striːmɪzm] *n* POL extrémisme *m*.

**extremist** [ɪk'striːmɪst] ◇ *adj* extrémiste. ◇ *n* extrémiste *mf*.

**extremity** [ɪk'stremətɪ] (*pl* **extremities**) *n* **-1.** [furthermost tip] extrémité *f*. **-2.** (*usu pl*) [hand, foot]: the extremities les extrémités *fpl*. **-3.** [extreme nature – of belief, view etc] extrémité *f*. **-4.** [adversity, danger] extrémité *f*; to help sb in their ~ aider qqn dans son malheur. **-5.** (*usu pl*) [extreme measure] extrémité *f*; to drive sb to extremities pousser OR conduire qqn à des extrêmes.

**extricate** ['ekstrɪkeɪt] *vt* [thing] extirper, dégager; [person] dégager; to ~ o.s. from a tricky situation se sortir OR se tirer d'une situation délicate.

**extrinsic** [ek'strɪnsɪk] *adj* extrinsèque.

**extrovert** ['ekstrəvɜːt] PSYCH ◇ *adj* extraverti, extroverti. ◇ *n* extraverti *m*, -e *f*, extroverti *m*, -e *f*.

**extrude** [ɪk'struːd] ◇ *vt* **-1.** TECH [metals, plastics] extruder. **-2.** *fml* [force out – lava] extruder. ◇ *vi* [protrude] déborder, s'avancer.

**extruded** [ɪk'struːdɪd] *adj* extrudé.

**extrusion** [ɪk'struːʒn] *n* **-1.** TECH [of metal, plastic] extrusion *f*. **-2.** *fml* [action] extraction *f*. **-3.** [protrusion] extrusion *f*.

**exuberance** [ɪg'zjuːbərəns] *n* **-1.** [of person, writing] exubérance *f*. **-2.** [of vegetation] exubérance *f*.

**exuberant** [ɪg'zjuːbərənt] *adj* **-1.** [person, mood, style] exubérant. **-2.** [vegetation] exubérant.

**exuberantly** [ɪg'zjuːbərəntlɪ] *adv* avec exubérance.

**exude** [ɪg'zjuːd] ◇ *vi* (liquid, sap, blood etc) exsuder. ◇ *vt* [blood, sap] exsuder; *fig* [confidence, love] déborder de.

**exult** [ɪg'zʌlt] *vi* [rejoice] exulter, jubiler; [triumph] exulter; to ~ at OR in one's success [rejoice] se réjouir de son succès; to ~ over defeated opponents [triumph] exulter de la défaite de ses adversaires.

**exultant** [ɪg'zʌltənt] *adj* [feeling, shout, look] d'exultation; [mood, crowd] jubilant; to be OR to feel ~ exulter.

**exultantly** [ɪg'zʌltəntlɪ] *adv* avec exultation.

**exultation** [ˌegzʌl'teɪʃn] *n* exultation *f*.

**ex-wife** *n* ex-femme *f*.

**eye** [aɪ] (*cont* **eyeing** OR **eying**) ◇ *n* **-1.** [organ] œil *m*; to have green ~s avoir les yeux verts; a girl with green ~s une fille aux yeux verts; before your very ~s! sous vos yeux!; look me in the ~ and say that regarde-moi bien dans les yeux et dis-le moi; I saw it with my own ~s je l'ai vu de mes yeux vu OR de mes propres yeux; with one's ~s closed/open les yeux fermés/ouverts; she can't keep her ~s open *fig* elle dort debout ❑ I could do it with my ~s closed je pourrais le faire les yeux fermés; he went into it with his ~s open il s'y est lancé en toute connaissance de cause. **-2.** [gaze] regard *m*; the film looks at the world through the ~s of a child dans ce film, on voit le monde à travers les yeux d'un enfant; with a critical ~ d'un œil critique; I couldn't believe my ~s je n'en croyais pas mes yeux; he couldn't take his ~s off her il ne pouvait pas la quitter des yeux. **-3.** MIL: ~s left/right! tête à gauche/à droite!; ~s front! fixe! **-4.** SEW [of needle] chas *m*, œil *m*; [eyelet] œillet *m*. **-5.** [of potato, twig] œil *m*. **-6.** [of storm] œil *m*, centre *m*. **-7.** [photocell] œil *m* électrique. **-8.** *phr*: we can't close OR shut our ~s to the problem on ne peut pas fermer les yeux sur ce problème; the incident opened his ~s to the truth about her l'incident lui ouvrit les yeux sur ce qu'elle était vraiment; for your ~s only ultra-confidentiel; she has a good ~ for detail elle a l'œil pour ce qui est des détails; to get one's ~ in *Br* prendre ses repères; he only has ~s for her il n'a d'yeux que pour elle; the boss has his ~ on Smith for the job le patron a Smith en vue pour le poste; she has her ~ on the mayor's position elle vise la mairie; he always has an ~ for OR to the main chance il ne perd jamais de vue ses propres intérêts; in my/her ~s à mes/ses yeux; in the ~s of the law aux yeux OR au regard de la loi; to run OR to cast one's ~ over sthg jeter un coup d'œil à qqch; to try to catch sb's ~ essayer d'attirer le regard de qqn; keep your ~ on the ball fixez OR regardez bien la balle; could you keep your ~ on the children/the house? pourriez-vous surveiller les enfants/la maison?; keep an ~ on the situation suivez de près la situation; to keep one's ~s open for sthg être attentif à qqch; keep your ~s open OR an ~ out for a filling station essayez de repérer une station service; the children were all ~s les enfants n'en perdaient pas une miette; an ~ for an ~ (and a tooth for a tooth) œil pour œil(, dent pour dent); his ~s are too big for his stomach il a les yeux plus grands que le ventre; to give sb the ~ *inf* [flirt] faire de l'œil à qqn; [give signal] faire signe à qqn (d'un clin d'œil); to have ~s in the back of his head il a des yeux derrière la tête; I've never clapped *inf* OR set OR laid ~s on her je ne l'ai jamais vue de ma vie; keep your ~s skinned OR peeled for trouble *inf* restez vigilant; to make ~s at sb faire de l'œil à qqn; my ~! *inf* mon œil!; she and I don't see ~ to ~ [disagree] elle ne voit pas les choses du même œil que moi; [dislike one another] elle et moi, nous ne nous entendons pas; that's one in the ~ for him! *inf* ça lui fera les pieds!; there's more to this than meets the ~ [suspicious] on ne connaît pas les dessous de l'affaire; [difficult] c'est moins simple que cela n'en a l'air; there's more to her than meets the ~ elle gagne à être

connue; we're up to our ~s in it! [overworked] on a du travail jusque là!; [in deep trouble] on est dans les ennuis jusqu'au cou!
◇ *comp* [hospital, specialist] des yeux; ~ **bank** banque *f* des yeux.
◇ *vt* regarder, mesurer du regard; the child ~d the man warily l'enfant dévisagea l'homme avec circonspection.
◆ **with an eye to** *prep phr*: with an ~ to sthg/to doing sthg en vue de qqch/de faire qqch.
◆ **eye up** ▽ *vt sep* reluquer.
**eyeball** ['aɪbɔːl] ◇ *n* globe *m* oculaire; **drugged (up) to the ~s** *fig* drogué à mort; ~ **to ~ (with)** nez à nez (avec). ◇ *vt inf* regarder fixement, reluquer.
**eyeball-to-eyeball** *adj inf* nez à nez.
**eyebath** ['aɪbɑːθ] *n Br* œillère *f* MÉD.
**eyebrow** ['aɪbraʊ] *n* sourcil *m*; **to raise one's ~s** lever les sourcils; **her behaviour raised a few ~s** *fig* son comportement en a fait tiquer quelques-uns.
**eyebrow pencil** *n* crayon *m* à sourcils.
**eye-catching** *adj* [colour, dress] qui attire l'œil; [poster, title] accrocheur, tapageur.
**eye contact** *n* croisement *m* des regards; **to establish ~ (with sb)** croiser le regard (de qqn); **to maintain ~ (with sb)** regarder (qqn) dans les yeux.
**-eyed** [aɪd] *in cpds* aux yeux...; **blue~** aux yeux bleus; she stared at him, **wide~** elle le regardait, les yeux écarquillés; **one~** borgne, qui n'a qu'un œil.
**eye drops** *npl* gouttes *fpl* (pour les yeux).
**eyeful** ['aɪfʊl] *n* -1. [of dirt, dust]: I got an ~ of sand j'ai reçu du sable plein les yeux. -2. *inf* [look] regard *m*; get an ~ of that! visez un peu ça!. -3. *inf* [woman] belle fille *f*.
**eyeglass** ['aɪglɑːs] *n* [monocle] monocle *m*.
◆ **eyeglasses** *npl Am* [spectacles] lunettes *fpl*.
**eyehole** ['aɪhəʊl] *n* -1. [peephole – in mask] trou *m* pour les

yeux; [– in door, wall] judas *m*.-2. [eyelet] œillet *m*.-3. *inf* [eye socket] orbite *f*.
**eyelash** ['aɪlæʃ] *n* cil *m*.
**eyelet** ['aɪlɪt] *n* -1. [gen & SEW] œillet *m*.-2. [peephole – in mask] trou *m* pour les yeux; [– in door, wall] judas *m*.
**eye level** *n*: at ~ au niveau des yeux.
◆ **eye-level** *adj* qui est au niveau des yeux; **eye-level grill** gril *m* surélevé.
**eyelid** ['aɪlɪd] *n* paupière *f*.
**eyeliner** ['aɪˌlaɪnə'] *n* eye-liner *m*.
**eye-opener** *n inf* -1. [surprise] révélation *f*, surprise *f*. -2. *Am* [drink] petit verre pris au réveil.
**eyepatch** ['aɪpætʃ] *n* [after operation] cache *m*, pansement *m* (sur l'œil); [permanent] bandeau *m*.
**eyepiece** ['aɪpiːs] *n* oculaire *m*.
**eyeshade** ['aɪʃeɪd] *n* visière *f*.
**eye shadow** *n* fard *m* à paupières.
**eyesight** ['aɪsaɪt] *n* vue *f*; do you have good ~? avez-vous une bonne vue OR de bons yeux?; his ~ is failing sa vue baisse; to lose one's ~ perdre la vue.
**eye socket** *n* orbite *f*.
**eyesore** ['aɪsɔː'] *n* abomination *f*, horreur *f*.
**eyestrain** ['aɪstreɪn] *n* fatigue *f* des yeux.
**eyetooth** ['aɪtuːθ] (*pl* **eyeteeth** [-tiːθ]) *n* canine *f* supérieure; I'd give my eyeteeth for a bike like that *inf* je donnerais n'importe quoi pour avoir un vélo comme ça.
**eyewash** ['aɪwɒʃ] *n* MED collyre *m*; that's a load of ~! *Br inf & fig* [nonsense] c'est de la foutaise!; [boasting] ce n'est que de la frime!
**eyewitness** ['aɪ'wɪtnɪs] ◇ *n* témoin *m* oculaire. ◇ *comp* [account, description] d'un témoin oculaire.
**eyrie** ['ɪərɪ] *n* aire *f* (d'aigle).
**Ezekiel** [ɪ'ziːkɪəl] *pr n* Ézéchiel.

**f** (*pl* **f's** OR **fs**), **F** (*pl* **F's** OR **Fs**) [ef] ◇ *n* [letter] f *m*, F *m*; **f for Freddie** ≃ F comme François; **the F word** *Br euph* le mot «*fuck*», ≃ le mot de Cambronne. ◇ -1. (*written abbr of* **fathom**. -2. *written abbr of* **female**. -3. (*written abbr of* **feminine**) f, fém.
**f** -1. (*written abbr of* **function of**) MATH f de. -2. (*written abbr of* **forte**) MUS f.
**F** ◇ *n* -1. MUS fa *m*; a concerto in F un concerto en fa. -2. SCH [grade]: to get an F échouer. ◇ -1. (*written abbr of* **Fahrenheit**) F. -2. (*written abbr of* **franc**) F.
**fa** [fɑː] = fah.
**FA** (*abbr of* **Football Association**) *pr n*: the ~ la Fédération britannique de football; the ~ cup championnat de football dont la finale se joue à Wembley.
**Fabian** ['feɪbjən] ◇ *adj* temporisateur. ◇ *n* Fabien *m*, -enne *f*.
**fable** ['feɪbl] *n* -1. [legend] fable *f*, légende *f*; LITERAT fable. -2. [false account] fable *f*.
**fabled** ['feɪbld] *adj* [famous] légendaire, célèbre; [fictitious] légendaire, fabuleux.
**fabric** ['fæbrɪk] *n* -1. [cloth] tissu *m*, étoffe *f*.-2. [framework, structure] structure *f*, tissu *m*; the ~ of society *fig* la structure de la société.
**fabricate** ['fæbrɪkeɪt] *vt* -1. [make] fabriquer. -2. [story] in-

venter, fabriquer; [document] faire un faux, contrefaire.
**fabrication** [ˌfæbrɪ'keɪʃn] *n* -1. [manufacture] fabrication *f*, production *f*.-2. [falsehood] fabrication *f*.
**fabric softener** *n* assouplissant *m* (textile).
**fabulist** ['fæbjʊlɪst] *n* lit [storyteller] fabuliste *mf*; [liar] fabulateur *m*, -trice *f*, menteur *m*, -euse *f*.
**fabulous** ['fæbjʊləs] *adj* -1. [astounding] fabuleux, incroyable. -2. *inf* [good] génial. -3. [fictitious] fabuleux, légendaire.
**fabulously** ['fæbjʊləslɪ] *adv* fabuleusement.
**facade, façade** [fə'sɑːd] *n* ARCHIT & *fig* façade *f*.
**face** [feɪs] ◇ *n* -1. ANAT visage *m*, figure *f*; I know that ~ je connais cette tête-là; she was lying ~ down OR downwards elle était étendue à plat ventre OR face contre terre; she was lying ~ up OR upwards elle était étendue sur le dos; he told her to her ~ what he thought of her il lui a dit en face OR sans ambages ce qu'il pensait d'elle; to look sb in the ~ *literal* regarder qqn en face OR dans les yeux; I'll never be able to look him in the ~ again *fig* je n'oserai plus jamais le regarder en face ❏ to put on one's ~ *inf* [woman] se maquiller. -2. [expression] mine *f*, expression *f*; to make OR to pull a ~ at sb faire une grimace à qqn; to pull a funny ~

faire des simagrées, faire le singe ❏ she put on a brave OR bold ~ elle a fait bon visage OR bonne contenance; put a good OR brave ~ on it vous n'avez qu'à faire contre mauvaise fortune bon cœur. **-3.** [appearance] apparence *f*, aspect *m*; it changed the ~ of the town cela a changé la physionomie de la ville; this is the ugly ~ of capitalism voici l'autre visage OR le mauvais côté du capitalisme. **-4.** [front – of building] façade *f*, devant *m*; [– of cliff] paroi *f*; [of mountain] face *f.*-**5.** [of clock] cadran *m*; [of coin] face *f*; [of page] recto *m*; [of playing card] face *f*, dessous *m*; [of the earth] surface *f*; it fell ~ down/up [gen] c'est tombé du mauvais/bon côté; [card, coin] c'est tombé face en dessous/en dessus; she has vanished off the ~ of the earth *fig* elle a complètement disparu de la circulation. **-6.** *Br inf* [impudence] culot *m*, toupet *m*.**-7.** MIN front *m* de taille. **-8.** TYPO [typeface] œil *m*; [fount] fonte *f.*-**9.** *phr:* she laughed/shut the door in his ~ elle lui a ri/fermé la porte au nez; to lose/to save ~ perdre/sauver la face; he set his ~ against our marriage il s'est élevé contre notre mariage; he won't show his ~ here again! il ne risque pas de remettre les pieds ici!; her plans blew up in her ~ tous ses projets se sont retournés contre elle.

◇ *comp* [cream] pour le visage.

◇ *vt* **-1.** [turn towards] faire face à; ~ the wall tournez-vous vers le mur. **-2.** [be turned towards] faire face à, être en face de; he ~d the blackboard il était face au OR faisait face au tableau; she was facing him elle était en face de lui; facing one another l'un en face de l'autre, en vis-à-vis; a room facing the courtyard une chambre sur cour OR donnant sur la cour; the house ~s south la maison est orientée OR exposée au sud; facing page 9 en regard OR en face de la page 9. **-3.** [confront] faire face OR front à, affronter; to be ~d with sthg être obligé de faire face à OR être confronté à qqch; I was ~d with having to pay for the damage j'ai été obligé OR dans l'obligation de payer les dégâts; ~d with the evidence devant l'évidence, confronté à l'évidence ❏ we'll just have to ~ the music *inf* il va falloir affronter la tempête OR faire front. **-4.** [deal with] faire face à; I can't ~ telling her je n'ai pas le courage de le lui dire; we must ~ facts il faut voir les choses comme elles sont; let's ~ it, we're lost admettons-le, nous sommes perdus. **-5.** [risk – disaster] être menacé de; [– defeat, fine, prison] encourir, risquer; ~d with eviction, he paid his rent face à OR devant la perspective d'une expulsion, il a payé son loyer. **-6.** [subj: problem, situation] se présenter à; the problem facing us le problème qui se pose (à nous) OR devant lequel on se trouve; the difficulties facing the EC les difficultés que rencontre la CEE OR auxquelles la CEE doit faire face. **-7.** [cover] revêtir de.

◇ *vi* **-1.** [turn] se tourner; [be turned] être tourné; she was facing towards the camera elle était tournée vers OR elle faisait face à l'appareil photo ‖ MIL: right ~! *Am* à droite, droite!; about ~! *Am* demi-tour!**-2.** [house, window] être orienté; [look over] faire face à, donner sur; the terrace ~s towards the mountain la terrasse donne sur la montagne; facing forwards [in bus, train] dans le sens de la marche; facing backwards dans le mauvais sens.

◆ **in the face of** *prep phr*: she succeeded in the ~ of fierce opposition elle a réussi malgré une opposition farouche; in the ~ of adversity face à l'adversité.

◆ **on the face of it** *adv phr* à première vue.

◆ **face out** *vt sep Br* surmonter.

◆ **face up to** *vt insep* faire face à, affronter; he won't ~ up to the fact that he's getting older il ne veut pas admettre qu'il vieillit.

**facecloth** ['feɪsklɒθ] *Br* = **face flannel**.

**-faced** [feɪst] *in cpds* au visage...; round~ au visage rond; white~ blême.

**face flannel** *n Br* gant *m* de toilette.

**faceless** ['feɪslɪs] *adj* anonyme.

**face-lift** *n* **-1.** [surgery] lifting *m*; to have a ~ se faire faire un lifting. **-2.** *inf* [renovation] restauration *f*; the school has had a ~ l'école a fait peau neuve.

**face mask** *n* [cosmetic] masque *m* de beauté; SPORT masque *m*.

**face-off** *n* SPORT remise *f* en jeu; *fig* confrontation *f*.

**face pack** *n* masque *m* de beauté.

**face powder** *n* poudre *f* de riz.

**face-saving** *adj* qui sauve la face.

**facet** ['fæsɪt] *n* **-1.** [gen, ANAT, ARCHIT & ENTOM] facette *f.*-**2.** [aspect] aspect *m*, facette *f*.

**faceted** ['fæsɪtɪd] *adj* à facettes.

**facetious** [fə'si:ʃəs] *adj* [person] facétieux, moqueur; [remark] facétieux, comique.

**facetiously** [fə'si:ʃəslɪ] *adv* de manière facétieuse, facétieusement.

**face to face** *adv* face à face; it brought us ~ with the problem cela nous a mis directement devant le problème.

◆ **face-to-face** *adj* [discussion, confrontation] face à face.

**face towel** *n* serviette *f* de toilette.

**face value** *n* FIN valeur *f* nominale; I took her remark at ~ *fig* j'ai pris sa remarque au pied de la lettre OR pour argent comptant.

**facia** ['feɪʃə] = **fascia**.

**facial** ['feɪʃl] ◇ *adj* facial; ~ hair poils *mpl* du visage; to remove ~ hair enlever les poils disgracieux (du visage); ~ scrub lotion *f* exfoliante pour le visage. ◇ *n* soin *m* du visage; to have a ~ se faire faire un soin du visage.

**facially** ['feɪʃəlɪ] *adv* de visage.

**facies** ['feɪʃii:z] (*pl inv*) *n* faciès *m*.

**facile** [*Br* 'fæsaɪl, *Am* 'fæsl] *adj* [solution, victory] facile; [remark, reasoning] facile, creux; [style] facile, coulant; [person] superficiel, complaisant.

**facilitate** [fə'sɪlɪteɪt] *vt* faciliter.

**facilitator** [fə'sɪlɪteɪtəʳ] *n* SOCIOL animateur *m*, -trice *f* de groupe.

**facility** [fə'sɪlətɪ] (*pl* **facilities**) *n* **-1.** [ease] facilité *f*; with great ~ avec beaucoup de facilité. **-2.** [skill] facilité *f*, aptitude *f*; to have a ~ for OR with languages avoir des facilités OR des aptitudes pour les langues. **-3.** [equipment] équipement *m*; [means] moyen *m*; there are facilities for cooking il y a la possibilité de OR il y a ce qu'il faut pour faire la cuisine; we don't have the facilities to hold a conference here nous ne sommes pas équipés pour organiser une conférence ici; washing facilities installations sanitaires; sports facilities équipements sportifs; transport facilities moyens de transport; the facilities *euph* les toilettes *fpl*.**-4.** [building] installation *f.*-**5.** [device] mécanisme *m*; COMPUT fonction *f*; the clock also has a radio ~ ce réveil fait aussi radio. **-6.** [service] service *m*; we offer easy credit facilities nous offrons des facilités de paiement OR crédit; an overdraft ~ *Br* une autorisation de découvert.

**facing** ['feɪsɪŋ] *n* CONSTR revêtement *m*; SEW revers *m*.

**-facing** *in cpds* orienté vers...; north~ orienté OR exposé au nord.

**facsimile** [fæk'sɪmɪlɪ] *n* fac-similé *m*; in ~ en fac-similé.

**facsimile machine** *n* télécopieur *m*.

**fact** [fækt] *n* **-1.** [true item of data] fait *m*; it's a (well-known) ~ that... tout le monde sait (bien) que...; let's get the ~s straight mettons les choses au clair; ten ~s about whales dix choses à savoir sur les baleines; I'll give you all the ~s and figures je vous donnerai tous les détails voulus ‖ [known circumstance]: the ~ that he left is in itself incriminating le fait qu'il soit parti est compromettant en soi; he broke his promise, there's no getting away from the ~ disons les choses comme elles sont, il n'a pas tenu sa promesse ❏ I know for a ~ that they're friends je sais pertinemment qu'ils sont amis; I know it for a ~ je le sais de source sûre; to teach sb the ~s of life [sex] apprendre à qqn comment les enfants viennent au monde; [hard reality] apprendre à qqn la réalité des choses; there's something strange going on, (and) that's a ~ il se passe quelque chose de bizarre, c'est sûr; is that a ~? c'est pas vrai?-**2.** (U) [reality] faits *mpl*, réalité *f*; [argument] basé sur des faits; [book, film] basé sur des faits réels; ~ and fiction le réel et l'imaginaire ❏ the ~ (of the matter) is that I forgot all about it la vérité, c'est que j'ai complètement oublié; the ~ remains he's my brother il n'en est pas moins mon frère.

◆ **in fact** *adv phr* **-1.** [giving extra information]: he asked us, in ~ ordered us, to be quiet il nous a demandé, ou plutôt ordonné, de nous taire. **-2.** [correcting] en fait; he claims to be a writer, but in (actual) ~ he's a journalist il prétend être écrivain mais en fait c'est un journaliste. **-3.** [emphasizing, reinforcing]: did she in ~ say when she was going to arrive? est-ce qu'elle a dit quand elle arriverait en fait?

**fact-finding** adj d'information; a ~ **mission** une mission d'information.

**faction** ['fækʃn] n **-1.** [group] faction f.-**2.** [strife] dissension f, discorde f.-**3.** [book, programme] docudrame m.

**factional** ['fækʃənl] adj de faction; ~ **strife** luttes fpl intestines.

**factious** ['fækʃəs] adj factieux.

**factitious** [fæk'tɪʃəs] adj lit factice, artificiel.

**factor** ['fæktəʳ] n **-1.** [element] facteur m, élément m; **age is an important** ~ **l'âge** joue un rôle important; **the safety** ~ le facteur de sécurité; **the chill** ~ le coefficient de froid; ~ **6** [in suntan cream] indice m 6. **-2.** BIOL & MATH facteur m.-**3.** [agent] agent m.

**factorage** ['fæktərɪdʒ] n courtage m, commission f.

**factoring** ['fæktərɪŋ] n affacturage m.

**factorize, -ise** ['fæktəraɪz] vt mettre en facteurs.

**factory** ['fæktərɪ] (pl **factories**) ◇ n usine f; [smaller] fabrique f; **a car** ~ une usine d'automobiles; **a porcelain** ~ une manufacture de porcelaine. ◇ comp [chimney, worker] d'usine; ~ **inspector** inspecteur m, -trice f du travail; **on the** ~ **floor** dans les ateliers, parmi les ouvriers.

**factory farm** n ferme f industrielle.

**factory farming** n élevage m industriel.

**factory ship** n navire-usine m.

**factotum** [fæk'təʊtəm] n factotum m.

**fact sheet** n prospectus m, brochure f.

**factual** ['fæktʃʊəl] adj [account, speech] factuel, basé sur les OR des faits; [event] réel.

**factually** ['fæktʃʊəlɪ] adv en se tenant aux faits.

**facultative** ['fækltətɪv] adj **-1.** [optional] facultatif. **-2.** PHILOS casuel, contingent.

**faculty** ['fæktɪ] (pl **faculties**) ◇ n **-1.** [of reason, sight] faculté f; **she's in full command of her faculties** elle a toutes ses facultés; **his critical faculties** son sens critique. **-2.** UNIV [section] faculté f; [staff] corps m enseignant; **the Faculty of Arts/of Medicine** la faculté de lettres/de médecine. ◇ comp [member, staff] de faculté.

**fad** [fæd] n inf [craze] mode f, vogue f; [personal] lubie f, (petite) manie f.

**fade** [feɪd] ◇ vi **-1.** [colour] pâlir, passer; [material] se décolorer, passer; [light] baisser, diminuer. **-2.** [wither – flower] se faner, se flétrir; fig [– beauty] se faner. **-3.** [disappear – figure] disparaître; [– memory, sight] baisser; [– thing remembered, writing] s'effacer; [– sound] baisser, s'éteindre; [– anger, interest] diminuer; [– hope, smile] s'éteindre; **to** ~ **from sight** disparaître aux regards; **the sound keeps fading** RADIO & TV il y a du fading, on s'en va. **-4.** lit [die] dépérir, s'éteindre. ◇ vt **-1.** [discolour – material] décolorer; [– colour] faner. **-2.** [reduce] baisser; CIN & TV faire disparaître en fondu.

◆ **fade away** vi insep [sound] disparaître; [memory, sight] baisser; [thing remembered, writing] s'effacer; [sound] s'éteindre; [anger, interest] diminuer; [hope, smile] s'éteindre.

◆ **fade in** ◇ vt ♦ CIN & TV faire apparaître en fondu; RADIO monter. ◇ vi insep CIN & TV apparaître en fondu.

◆ **fade out** ◇ vi insep **-1.** [sound] disparaître, s'éteindre; fig [interest] diminuer, tomber; [fashion] passer. **-2.** CIN & TV disparaître en fondu; RADIO être coupé dans un fondu sonore. ◇ vt sep CIN & TV faire disparaître en fondu; RADIO couper par un fondu sonore.

**fade-away** n CIN fondu m en fermeture; TV disparition f graduelle; RADIO évanouissement m, fading m.

**faded** ['feɪdɪd] adj [material] décoloré, déteint; [jeans] délavé; [flower] fané, flétri; [beauty] défraîchi, fané.

**fade-in** n CIN fondu m en ouverture; TV apparition f graduelle; RADIO fondu sonore.

**fade-out** n CIN fondu m en fermeture; TV disparition f graduelle; RADIO fondu sonore.

**faecal** Br, **fecal** Am ['fiːkl] adj fécal.

**faeces** Br, **feces** Am ['fiːsiːz] npl fèces fpl.

**Faeroe** ['feərəʊ] pr n: **the** ~ **Islands**, **the** ~s les îles Féroé fpl; **in the** ~ **Islands** aux îles Féroé.

**Faeroese** [,feərəʊ'iːz] (pl inv) ◇ n [person] Féroïen m, -enne f, Féringien m, -enne f. ◇ adj féroïen, féringien.

**faff** [fæf] Br inf ◇ vi faire la mouche du coche; **stop** ~**ing (about** OR **around)!** arrêtez de tourner en rond! ◇ n [panic]

panique f; [effort]: **it's too much of a** ~ c'est trop compliqué.

**fag** [fæg] (pt & pp **fagged**, cont **fagging**) ◇ n **-1.** Br [at school] jeune élève d'une «public school» assujetti à un «ancien». **-2.** Br inf [task] corvée f, barbe f.-**3.** Br inf [cigarette] clope m or f.-**4.** ▽ Am pej [homosexual] pédé m. ◇ vi Br [at school]: **to** ~ **for sb** faire les corvées de qqn.

**fag end** n Br inf [remainder] reste m; [of cloth] bout m; [of conversation] dernières bribes fpl; [cigarette] mégot m.

**fagged** [fægd] adj Br inf **-1.** [exhausted] crevé, claqué. **-2.** [bothered]: **I can't be** ~ j'ai trop la flemme.

**faggot** ['fægət] n **-1.** [of sticks] fagot m.-**2.** Br CULIN boulette f de viande. **-3.** ▽ Am pej [homosexual] pédé m, tapette f.

**fagot** ['fægət] Am = **faggot 1.**

**fah** [fɑː] n fa m.

**Fahrenheit** ['færənhaɪt] adj Fahrenheit (inv); **the** ~ **scale** l'échelle f Fahrenheit; **it's 6° Centigrade — what's that in** ~? il fait 6° Centigrade — ça fait combien en Fahrenheit?

**fail** [feɪl] ◇ vi **-1.** [not succeed – attempt, plan] échouer, ne pas réussir; [– negotiations] échouer, ne pas aboutir; [– person] échouer; **he** ~**ed (in his efforts) to convince us** il n'a pas réussi OR il n'est pas arrivé à nous convaincre; **her attempt was bound to** ~ sa tentative était vouée à l'échec; **to** ~ **by three votes/five minutes** échouer à trois voix près/cinq minutes près; **it never** ~s ça ne rate jamais; **if all else** ~s en désespoir de cause. **-2.** SCH & UNIV échouer, être recalé; **I** ~**ed in maths** j'ai été collé OR recalé en maths. **-3.** [stop working] tomber en panne, céder; [brakes] lâcher; **his heart** ~**ed** son cœur s'est arrêté; **the power** ~**ed** il y a eu une panne d'électricité. **-4.** [grow weak – eyesight, health, memory] baisser, faiblir; [– person, voice] s'affaiblir; [– light] baisser. **-5.** [be insufficient] manquer, faire défaut; **their crops** ~**ed because of the drought** ils ont perdu les récoltes à cause de la sécheresse; **she** ~**ed in her duty** elle a manqué OR failli à son devoir. **-6.** [go bankrupt] faire faillite.

◇ vt **-1.** [not succeed in] échouer à, ne pas réussir à; **he** ~**ed his driving test** il n'a pas eu son permis || SCH & UNIV [exam] échouer à, être recalé à; [candidate] refuser, recaler; **he** ~**ed the exam/history** il a échoué à l'examen/en histoire. **-2.** [let down] décevoir, laisser tomber; **my memory** ~s **me** la mémoire me fait défaut, ma mémoire me trahit; **her courage** ~**ed her** le courage lui a fait défaut OR lui a manqué; **words** ~ **me** je ne sais pas quoi dire. **-3.** [neglect] manquer, négliger; **he** ~**ed to mention he was married** il a omis de signaler qu'il était marié; **they never** ~ **to call** ils ne manquent jamais d'appeler; **he** ~**ed to keep his word** il a manqué à sa parole; **I** ~ **to see how I can help** je ne vois pas comment je peux aider; **such success never** ~s **to arouse jealousy** une telle réussite ne va jamais sans provoquer des jalousies; **to** ~ **to appear** JUR faire défaut.

◇ n SCH & UNIV échec m.

◆ **without fail** adv phr [for certain] sans faute, à coup sûr; [always] inévitablement, immanquablement.

**failed** [feɪld] adj qui n'a pas réussi, raté; **she's a** ~ **artist** c'est une artiste manquée.

**failing** ['feɪlɪŋ] ◇ n défaut m. ◇ prep à défaut de; ~ **this** à défaut; ~ **which** faute OR à défaut de quoi. ◇ adj [health] défaillant; [business] qui fait faillite; [marriage] qui va à la dérive; Am [student] faible, mauvais.

**fail-safe** adj [device, machine] à sûreté intégrée; [plan] infaillible.

**failure** ['feɪljəʳ] n **-1.** [lack of success] échec m, insuccès m; **to end in** ~ se terminer par un échec. **-2.** SCH & UNIV échec m; ~ **in an exam/in maths** échec à un examen/en maths. **-3.** [fiasco] échec m, fiasco m; [of plan] échec m, avortement m; **the play was a dismal** ~ la pièce a été OR a fait un four noir. **-4.** [person] raté m, -e f; **I feel a complete** ~ je me sens vraiment nul; **I'm a complete** ~ **at maths** je suis totalement nul en maths. **-5.** [breakdown] panne f; **a power** ~ une panne d'électricité. **-6.** [lack] manque m; **crop** ~ perte f des récoltes. **-7.** [non-performance] manquement m, défaut m; **the press criticized the government's** ~ **to act** la presse a critiqué l'immobilité du gouvernement; ~ **to observe the rules will result in a fine** le manquement au règlement est passible d'une amende; ~ **to appear** JUR défaut m de comparution. **-8.** [bankruptcy] faillite f.

**faint** [feɪnt] ◇ adj **-1.** [slight – breeze, feeling, sound, smell] faible, léger; [– idea] flou, vague; [– breathing, light] faible;

[– voice] faible, éteint; **he hasn't the ~est chance of winning** il n'a pas la moindre chance de gagner; **I haven't the ~est idea** je n'en ai pas la moindre idée; **her cries grew ~** ses cris s'estompaient OR diminuaient. **-2.** [colour] pâle, délavé. **-3.** [half-hearted] faible, sans conviction; **a ~ smile** [feeble] un vague sourire; [sad] un pauvre OR triste sourire; **~ praise** éloges *mpl* tièdes. **-4.** [dizzy] prêt à s'évanouir, défaillant; **to feel ~** se sentir mal; **he was ~ with exhaustion** la tête lui tournait de fatigue. ◇ *vi* s'évanouir; **he ~ed from the pain** il s'est évanoui de douleur; **a ~ing fit** un évanouissement; **to be ~ing from** OR **with hunger** défaillir de faim; **I almost ~ed when they told me I'd got the job** *fig* j'ai failli m'évanouir quand on m'a dit que j'avais le poste. ◇ *n* évanouissement *m*, syncope *f*; **she fell to the floor in a (dead) ~** elle s'est évanouie OR est tombée en syncope.

**faint-hearted** ◇ *adj* [person] timoré, pusillanime; [attempt] timide, sans conviction. ◇ *npl*: **not for the ~** à déconseiller aux peureux.

**faintly** ['feɪntlɪ] *adv* **-1.** [breathe, shine] faiblement; [mark, write] légèrement; [say, speak] d'une voix éteinte, faiblement. **-2.** [slightly] légèrement, vaguement; **~ absurd/ridiculous** quelque peu absurde/ridicule.

**faintness** ['feɪntnɪs] *n* **-1.** [of light, sound, voice] faiblesse *f*; [of image, writing] manque *m* de clarté. **-2.** [dizziness] malaise *m*, défaillance *f*.

**fair** [feəʳ] ◇ *adj* **-1.** [just – person, decision] juste, équitable; [– contest, match, player] loyal, correct; [– deal, exchange] équitable, honnête; [– price] correct, convenable; [– criticism, profit] justifié, mérité; **it's not ~ to the others** ce n'est pas juste OR honnête vis-à-vis des autres; **that's a ~ point** c'est une remarque pertinente; **to be ~ (to them), they did contribute their time** rendons-leur cette justice, ils ont donné de leur temps; **it's only ~ to let him speak** ce n'est que justice que de le laisser parler; **as is only ~** ce n'est que justice, comme de juste; **I gave him ~ warning** je l'ai prévenu à temps; **he got his ~ share of the property** il a eu tous les biens qui lui revenaient (de droit); **she's had more than her ~ share of problems** elle a largement eu sa part de problèmes ❑ **to have a ~ crack of the whip** *Br* ne pas être désavantagé par rapport aux autres; **the boss gave her a ~ go** *Am inf* OR **a ~ shake (of the dice)** *inf* OR **a ~ trot** *inf* la traitée équitablement OR a été fair-play *(inv)* avec elle; **it's all ~ and above board, it's all ~ and square** tout est régulier OR correct; **all's ~ in love and war** tous les moyens sont bons; **by ~ means or foul** par tous les moyens, d'une manière ou d'une autre; **~ enough!** très bien!, d'accord!; **~'s ~, it's her turn now** il faut être juste, c'est son tour maintenant. **-2.** [light – hair] blond; [– skin] clair, blanc *(f* blanche). **-3.** *lit* [lovely] beau, *before vowel or silent 'h'* bel *(f* belle). **-4.** [weather] beau, *before vowel or silent 'h'* bel *(f* belle); [tide, wind] favorable, propice; **the wind's set ~ for France** le temps est au beau fixe sur la France. **-5.** [adequate] passable, assez bon; **you have a ~ chance of winning** vous avez des chances de gagner; **a ~ standard** un assez bon niveau ❑ **~ to middling** passable, pas mal. **-6.** [substantial] considérable; **she reads a ~ amount** elle lit pas mal; **I have a ~ idea (of) why** je crois bien savoir pourquoi; **at a ~ pace** à une bonne allure. **-7.** *Br inf* [real] véritable; **I had a ~ old time getting here** j'ai eu pas mal de difficultés à arriver jusqu'ici. ◇ *adv* **-1.** [act] équitablement, loyalement; **to play ~** jouer franc jeu ❑ **he told us ~ and square** il nous l'a dit sans détours OR carrément. **-2.** *Br inf & dial* [completely] tout à fait, vraiment. ◇ *n* **-1.** [entertainment] foire *f*, fête *f* foraine; [for charity] kermesse *f*, fête *f*. **-2.** COMM foire *f*; **the Book Fair** la Foire du livre; [in Paris] le Salon du livre.

**fair copy** *n Br* copie *f* au propre OR au net; **I made a ~ of the report** j'ai recopié le rapport au propre.

**fair game** *n* proie *f* idéale; **after such behaviour he was ~ for an attack** *fig* après s'être comporté de cette façon, il méritait bien qu'on s'en prenne à lui.

**fairground** ['feəgraʊnd] *n* champ *m* de foire.

**fair-haired** *adj* [blond] blond, aux cheveux blonds; **the ~ girl** la blonde ❑ **the boss's ~ boy** *Am inf* le favori OR le chouchou du patron.

**fairing** ['feərɪŋ] *n* [on vehicle] carénage *m*.

**Fair Isle, Fairisle** ['feəraɪl] ◇ *adj* tricoté avec des motifs de

couleurs vives. ◇ *pr n* GEOG Fair Isle *(dans les îles Shetland)*. ◇ *n* [sweater] *pull avec des motifs de couleurs vives*.

**fairly** ['feəlɪ] *adv* **-1.** [justly – treat] équitablement, avec justice; [– compare, judge] impartialement, avec impartialité. **-2.** [honestly] honnêtement, loyalement; **~ priced goods** articles à un prix honnête OR raisonnable. **-3.** [moderately] assez, passablement; **a ~ good book** un assez bon livre; **he works ~ hard** il travaille plutôt dur. **-4.** *Br* [positively] absolument, vraiment; **he was ~ beside himself with worry** il était dans tous ses états.

**fair-minded** *adj* équitable, impartial.

**fairness** ['feənɪs] *n* **-1.** [justice] justice *f*, honnêteté *f*; **in all ~** en toute justice; **in ~ to you** OR **out of ~ to you** pour être juste envers OR avec vous. **-2.** [of hair] blondeur *f*, blond *m*; [of skin] blancheur *f*.

**fair play** *n* fair-play *m inv*, franc-jeu *m offic*.

**fair sex** *n*: **the ~** le beau sexe.

**fair-sized** *adj* assez grand.

**fair-skinned** *adj* blanc *(f* blanche) de peau.

**fairway** ['feəweɪ] *n* **-1.** [in golf] fairway *m*. **-2.** NAUT chenal *m*, passe *f*.

**fair-weather** *adj* [clothing, vessel] qui convient seulement au beau temps; **a ~ friend** un ami des beaux OR bons jours.

**fairy** ['feərɪ] *(pl* fairies) ◇ *n* **-1.** [sprite] fée *f*; **the bad ~** la fée Carabosse. **-2.** ▽ *pej* [homosexual] pédé *m*, tapette *f*. ◇ *adj* [enchanted] magique; [fairylike] féerique, de fée.

**fairy godmother** *n* LITERAT & *fig* bonne fée *f*.

**fairyland** ['feərɪlænd] *n* LITERAT royaume *m* des fées, féerie *f*; *fig* féerie *f*.

**fairy lights** *npl* guirlande *f* électrique.

**fairy queen** *n* reine *f* des fées.

**fairy story** *n* LITERAT conte *m* de fées; [untruth] histoire *f* à dormir debout.

**fairy tale** *n* LITERAT conte *m* de fées; [untruth] histoire *f* invraisemblable OR à dormir debout.

◆ **fairy-tale** *adj*: **a fairy-tale ending** une fin digne d'un conte de fées.

**fait accompli** [,feɪtə'kɒmplɪ] *n* fait *m* accompli.

**faith** [feɪθ] *n* **-1.** [trust] confiance *f*; **I have ~ in him** je lui fais confiance; **she has lost (all) ~ in the doctors** elle n'a plus aucune confiance dans les médecins; **to put one's ~ in sthg** mettre ses espoirs dans qqch. **-2.** RELIG [belief] foi *f*; **~ in God** foi en Dieu. **-3.** [particular religion] foi *f*, religion *f*. **-4.** [honesty]: **he did it in good ~** il l'a fait en toute bonne foi; **he acted in bad ~** il a agi de mauvaise foi. **-5.** [loyalty] fidélité *f*; **you must keep ~ with the movement** il faut tenir vos engagements envers le mouvement; **to break ~ with sb** manquer à sa parole envers qqn.

**faithful** ['feɪθfʊl] ◇ *adj* **-1.** [believer, friend, lover] fidèle; **~ to sb/sthg** fidèle à qqn/qqch. **-2.** [reliable] sûr, solide. **-3.** [accurate – account, translation] fidèle, exact; [– copy] conforme. ◇ *npl*: **the ~** [supporters] les fidèles *mpl*; RELIG les fidèles OR croyants *mpl*.

**faithfully** ['feɪθfʊlɪ] *adv* **-1.** [loyally] fidèlement, loyalement; **she promised ~ to come** elle a donné sa parole qu'elle viendrait; **yours ~** [in letter] veuillez agréer mes salutations distinguées. **-2.** [accurately] exactement, fidèlement.

**faithfulness** ['feɪθfʊlnɪs] *n* **-1.** [loyalty] fidélité *f*, loyauté *f*. **-2.** [of report, translation] fidélité *f*, exactitude *f*; [of copy] conformité *f*.

**faith healer** *n* guérisseur *m*, -euse *f*.

**faith healing** *n* guérison *f* par la foi.

**faithless** ['feɪθlɪs] *adj* **-1.** [dishonest, unreliable] déloyal, perfide. **-2.** RELIG infidèle, non-croyant.

**fake** [feɪk] ◇ *vt* **-1.** [make – document, painting] faire un faux de, contrefaire; [– style, furniture] imiter. **-2.** [alter – document] falsifier, maquiller; [– account] falsifier; [– election, interview, photograph] truquer. **-3.** [simulate] feindre; **he ~d a headache/sadness** il a fait semblant d'avoir mal à la tête/d'être triste; **to ~ a pass** SPORT feinter la passe. **-4.** [ad-lib] improviser. ◇ *vi* faire semblant; SPORT feinter. ◇ *n* **-1.** [thing] article *m* OR objet *m* truqué; [antique, painting] faux *m*. **-2.** [person] imposteur *m*. ◇ *adj* [antique, painting] faux *(f* fausse); [account, document] falsifié, faux *(f* fausse; [elections, interview, photograph] truqué.

**Falangist** [fæ'lændʒɪst] ◇ *adj* phalangiste. ◇ *n* phalangiste *mf*.

**falcon** ['fɔːlkən] *n* faucon *m*.

**falconer** ['fɔːlkənə'] *n* fauconnier *m*.

**falconry** ['fɔːlkənrɪ] *n* fauconnerie *f*.

**falderol** ['fældɪˌrɒl] = folderol.

**Falkland** ['fɔːlklənd] *prn*: the ~ Islands, the ~s les (îles *fpl*) Falkland *fpl*, les (îles *fpl*) Malouines *fpl*; in the ~ Islands aux îles Falkland, aux Malouines; the Falklands War la guerre des Malouines.

**fall** [fɔːl] (*pt* **fell** [fel], *pp* **fallen** ['fɔːln]) ◇ *vi* **-1.** [barrier, cup, napkin, person] tomber; **the napkin fell to the floor** la serviette est tombée par terre; **she fell off the stool/out of the window** elle est tombée du tabouret/par la fenêtre; **he fell over the pile of books** il est tombé en butant contre le tas de livres; **just let your arms ~ to your sides** laissez simplement vos bras pendre OR tomber sur les côtés; **he fell in a heap on the floor** il s'est affaissé OR il est tombé comme une masse; **he fell full length** il est tombé de tout son long; **the crowd fell on** OR **to their knees** la foule est tombée à genoux; **the book fell open at page 20** le livre s'est ouvert à la page 20 ❑ **to ~ on one's feet** *literal & fig* retomber sur ses pieds; **I fell flat on my face** *literal* je suis tombé à plat ventre OR face contre terre; *inf & fig* je me suis planté; **he fell flat on his ass**∇ *Am literal & fig* il s'est cassé la gueule; **his only joke fell flat** la seule plaisanterie qu'il a faite est tombée à plat; **to ~ to bits** OR **to pieces** tomber en morceaux; **all her good intentions fell by the wayside** toutes ses bonnes intentions sont tombées à l'eau; **the job fell short of her expectations** le poste ne répondait pas à ses attentes. **-2.** [move deliberately] se laisser tomber; **I fell into the armchair** je me suis laissé tomber dans le fauteuil; **they fell into one another's arms** ils sont tombés dans les bras l'un de l'autre. **-3.** [bridge, building] s'écrouler, s'effondrer. **-4.** [err, go astray] s'écarter du droit chemin; RELIG [sin] pécher; **to ~ from grace** RELIG perdre la grâce; *fig* tomber en disgrâce. **-5.** [ground] descendre, aller en pente. **-6.** [government] tomber, être renversé; [city, country] tomber; **Constantinople fell to the Turks** Constantinople est tombée aux mains des Turcs. **-7.** [darkness, light, night, rain, snow] tomber; **as night fell** à la tombée de la nuit; **the tree's shadow fell across the lawn** l'arbre projetait son ombre sur la pelouse. **-8.** [land – eyes, blow, weapon] tomber; **my eyes fell on the letter** mon regard est tombé sur la lettre. **-9.** [face, spirits] s'assombrir. **-10.** [hang down] tomber, descendre; **the curtains ~ right to the floor** les rideaux tombent OR descendent jusqu'au sol. **-11.** [decrease in level, value – price, temperature] baisser, tomber; **their voices fell to a whisper** ils se sont mis à chuchoter. **-12.** [issue forth] tomber, s'échapper; **the tears started to ~** il/elle se mit à pleurer. **-13.** [occur] tomber; **May Day ~s on a Tuesday this year** le Premier Mai tombe un mardi cette année; **the accent ~s on the third syllable** l'accent tombe sur la troisième syllabe. **-14.** [descend]: **a great sadness fell over the town** une grande tristesse s'abattit sur la ville. **-15.** [become]: **to ~ asleep** s'endormir; **the bill ~s due on the 6th** la facture arrive à échéance le 6; **to ~ ill** OR **sick** tomber malade; **to ~ in love (with sb)** tomber amoureux (de qqn); **to ~ silent** se taire; **it ~s vacant in February** [job] il se trouvera vacant au mois de février; [apartment] il se trouvera libre OR il se libérera au mois de février; **to ~ victim to sthg** être victime de qqch. **-16.** [die] mourir; **the young men who fell in battle** les jeunes tombés au champ d'honneur. **-17.** [be classified]: **the athletes ~ into two categories** les sportifs se divisent en deux catégories; **that ~s outside my area of responsibility** cela ne relève pas de ma responsabilité. **-18.** [inheritance]: **the fortune fell to his niece** c'est sa nièce qui a hérité de sa fortune. **-19.** SPORT [in cricket]: **two English wickets fell on the first day** deux batteurs anglais ont été éliminés le premier jour. ◇ *n* **-1.** [tumble] chute *f*; **have you had a ~?** êtes-vous tombé?, avez-vous fait une chute?; **a ~ from a horse** une chute de cheval ❑ **the ~ of night** *lit* la tombée de la nuit; **the Fall (of Man)** RELIG la chute (de l'homme); **to be heading** OR **riding for a ~** courir à l'échec. **-2.** [of rain, snow] chute *f*; **there was a heavy ~ of snow overnight** il y a eu de fortes chutes de neige dans la nuit. **-3.** [collapse – of building, wall] chute *f*, effondrement *m*; [– of dirt, rock] éboulement *m*, chute

*f*; [– of city, country] chute *f*, capitulation *f*; [– of regime] chute *f*, renversement *m*. **-4.** [decrease – in price, temperature] baisse *f*; [– in currency] dépréciation *f*, baisse *f*; [more marked] chute *f*. **-5.** [drape]: **the ~ of her gown** le drapé de sa robe, la façon dont tombe sa robe. **-6.** [slope] pente *f*, inclinaison *f*. **-7.** *Am* [autumn] automne *m*; **in the ~** en automne. **-8.** SPORT [in judo] chute *f*; [in wrestling] chute *f*. ◇ *adj Am* [colours] automnal.

◆ **falls** *npl* [waterfall] cascade *f*, chute *f* d'eau; **Niagara Falls** les chutes du Niagara.

◆ **fall about** *vi insep Br inf* se tordre de rire; **they fell about (laughing)** ils se tordaient de rire.

◆ **fall apart** *vi insep* **-1.** [book, furniture] tomber en morceaux; *fig* [nation] se désagréger; [conference] échouer; [system] s'écrouler, s'effondrer; **her plans fell apart at the seams** ses projets sont tombés à l'eau; **their marriage is ~ing apart** leur mariage est en train de se briser OR va à vau-l'eau. **-2.** [person] s'effondrer; **he more or less fell apart after his wife's death** il a plus ou moins craqué après la mort de sa femme.

◆ **fall away** *vi insep* **-1.** [paint, plaster] s'écailler. **-2.** [diminish – in size – attendance, figures] diminuer; [– fears] se dissiper, fondre. **-3.** [defect] déserter; **support for his policies is beginning to ~ away** dans la politique qu'il mène il commence à perdre ses appuis. **-4.** [land, slope] s'affaisser.

◆ **fall back** *vi insep* **-1.** [retreat, recede] reculer, se retirer; MIL se replier, battre en retraite. **-2.** [lag, trail] se laisser distancer, être à la traîne.

◆ **fall back on** *vt insep*: **to ~ back on sthg** avoir recours à qqch; **it's good to have sthg to ~ back on** [skill] c'est bien de pouvoir se raccrocher à qqch; [money] il vaut mieux avoir d'autres ressources.

◆ **fall behind** ◇ *vi insep* se laisser distancer, être à la traîne; SPORT se laisser distancer; [in cycling] décrocher; **we can't ~ behind in** OR **with the rent** nous ne pouvons pas être en retard pour le loyer. ◇ *vt insep* prendre du retard sur.

◆ **fall down** *vi insep* [book, person, picture] tomber (par terre); [bridge, building] s'effondrer, s'écrouler; [argument, comparison] s'écrouler, s'effondrer.

◆ **fall down on** *vt insep*: **to ~ down on sthg** échouer à qqch; **he's been ~ing down on the job lately** il n'était pas OR ne s'est pas montré à la hauteur dernièrement.

◆ **fall for** *vt insep inf* **-1.** [become infatuated with] tomber amoureux de; **they really fell for Spain in a big way** ils ont vraiment été emballés par l'Espagne. **-2.** [be deceived by] se laisser prendre par.

◆ **fall in** *vi insep* **-1.** [tumble] tomber; **you'll ~ in!** tu vas tomber dedans! **-2.** [roof] s'effondrer, s'écrouler; **then the roof fell in** *fig* puis tout s'est écroulé. **-3.** [line up] se mettre en rang, s'aligner; MIL [troops] former les rangs; [one soldier] rentrer dans les rangs.

◆ **fall in with** *vt insep* **-1.** [frequent]: **to ~ in with sb** se mettre à fréquenter qqn. **-2.** [agree with]: **I'll ~ in with whatever you decide to do** *Br* je me rangerai à ce que tu décideras.

◆ **fall into** *vt insep* **-1.** [tumble into] tomber dans; **to ~ into sb's clutches** OR **sb's hands** tomber dans les griffes de qqn, tomber entre les mains de qqn; **the pieces began to ~ into place** *fig* les éléments ont commencé à se mettre en place. **-2.** [begin]: **she fell into conversation with the stranger** elle est entrée en conversation avec l'étranger.

◆ **fall off** *vi insep* **-1.** [drop off] tomber; [in mountain climbing] dévisser; **she fell off the bicycle/horse** elle est tombée du vélo/de cheval. **-2.** [diminish – attendance, exports, numbers, sales] diminuer, baisser; [– enthusiasm, production] baisser, tomber; [– population, rate] baisser, décroître; [– interest, zeal] se relâcher.

◆ **fall on** *vt insep* **-1.** [drop on] tomber sur; **something fell on my head** j'ai reçu quelque chose sur la tête. **-2.** [attack] attaquer, se jeter sur; **the guerrillas fell on the unsuspecting troops** MIL les guérilleros ont fondu sur OR attaqué les troupes sans qu'elles s'y attendent. **-3.** [meet with] tomber sur, trouver; **they fell on hard times** ils sont tombés dans la misère, ils ont subi des revers de fortune. **-4.** [responsibility] revenir à, incomber à.

◆ **fall out** *vi insep* **-1.** [drop out] tomber; **the keys must have fallen out of my pocket** les clés ont dû tomber de ma poche. **-2.** [quarrel] se brouiller, se disputer; **she's fallen out with her boyfriend** elle s'est OR s'est brouillée avec son petit ami. **-3.** [happen] se passer, advenir. **-4.** MIL rompre les rangs; ~ out! rompez!

◆ **fall over** *vi insep* **-1.** [lose balance] tomber (par terre). **-2.** *inf phr*: the men were ~ing over each other to help her les hommes ne savaient pas quoi inventer pour l'aider.

◆ **fall through** *vi insep* échouer; the deal fell through l'affaire n'a pas abouti.

◆ **fall to** ◇ *vt insep* **-1.** *Br* [begin] se mettre à; we fell to work nous nous sommes mis à l'œuvre. **-2.** [devolve upon] appartenir à, incomber à; the task that ~s to us is not an easy one la tâche qui nous incombe OR revient n'est pas facile; it fell to her to break the news to him ce fut à elle de lui annoncer la nouvelle. ◇ *vi insep* [eat]: he brought in the food and they fell to il a apporté à manger et ils se sont jetés dessus.

◆ **fall upon** *vt insep* **-1.** [attack] attaquer, se jeter sur; the army fell upon the enemy MIL l'armée s'est abattue OR a fondu sur l'ennemi. **-2.** [meet with] tomber sur, trouver; the family fell upon hard times la famille a subi des revers de fortune.

**fallacious** [fə'leɪʃəs] *adj* [statement] fallacieux, faux (*f* fausse); [hope] faux (*f* fausse), illusoire.

**fallacy** ['fæləsɪ] (*pl* **fallacies**) *n* [misconception] erreur *f*, idée *f* fausse; [false reasoning] mauvais raisonnement *m*, sophisme *m*; LOGIC sophisme *m*.

**fallback** ['fɔːlbæk] *n* **-1.** [retreat] retraite *f*, recul *m*. **-2.** [reserve] réserve *f*.

**fallen** ['fɔːln] ◇ *pp* → **fall**. ◇ *adj* **-1.** [gen] tombé; [hero, soldier] tombé, mort; [leaf] mort. **-2.** [immoral] perdu; [angel, woman] déchu. ◇ *npl*: the ~ ceux qui sont morts à la guerre.

**fallen arches** *npl* MED affaissement *m* de la voûte plantaire.

**fall guy** *n inf* [dupe] pigeon *m*; [scapegoat] bouc *m* émissaire.

**fallibility** [,fælə'bɪlətɪ] *n* faillibilité *f*.

**fallible** ['fæləbl] *adj* faillible.

**falling** ['fɔːlɪŋ] *adj* [gen] qui tombe; [population] décroissant; [prices, value] en baisse.

**falling-off** *n* réduction *f*, diminution *f*; a gradual ~ of interest/of support une baisse progressive d'intérêt/de soutien.

**falling star** *n* étoile *f* filante.

**Fallopian tube** [fə'ləʊpɪən-] *n* trompe *f* utérine OR de Fallope.

**fallout** ['fɔːlaʊt] *n* (*U*) [radioactive] retombées *fpl* (radioactives); *inf & fig* [consequences] retombées *fpl*, répercussions *fpl*; ~ shelter abri *m* antiatomique.

**fallow** ['fæləʊ] ◇ *adj* **-1.** AGR [field, land] en jachère, en friche; to lie ~ être en jachère; *fig* [period] non productif. **-2.** [colour] fauve. ◇ *n* jachère *f*, friche *f*.

**fallow deer** *n* daim *m*.

**false** [fɔːls] *adj* **-1.** [wrong] faux (*f* fausse); [untrue] erroné, inexact; don't make any ~ moves ne faites pas de faux pas; ~ pride vanité *f*; ~ start faux départ *m*. **-2.** [fake] faux (*f* fausse); [artificial] artificiel; a ~ bottom un double fond; a suitcase with a ~ bottom une valise à double fond; ~ eyelashes faux cils *mpl*. **-3.** [deceptive] faux (*f* fausse), mensonger; JUR: under ~ pretences par des moyens frauduleux; you've got me here under ~ pretences *fig* tu m'as bien piégé; to bear ~ witness porter un faux témoignage. **-4.** [insincere] perfide, fourbe; [disloyal] déloyal; ~ modesty fausse modestie *f*. ◇ *adv* faux; to play sb ~ trahir qqn.

**false alarm** *n* fausse alerte *f*.

**falsehood** ['fɔːlshʊd] *n fml* **-1.** [lie] mensonge *m*. **-2.** [lying] faux *m*. **-3.** [falseness] fausseté *f*.

**falsely** ['fɔːlslɪ] *adv* [claim, state] faussement; [accuse, judge] à tort, injustement; [interpret] mal; [act] déloyalement.

**falseness** ['fɔːlsnɪs] *n* **-1.** [of belief, statement] fausseté *f*. **-2.** [of friend, lover] infidélité *f*. **-3.** [insincerity] fausseté *f*, manque *m* de sincérité.

**false teeth** *npl* dentier *m*.

**falsetto** [fɔːl'setəʊ] (*pl* **falsettos**) ◇ *n* fausset *m*. ◇ *adj* de fausset, de tête.

**falsies** ['fɔːlsɪz] *npl inf* soutien-gorge *m* rembourré.

**falsification** [,fɔːlsɪfɪ'keɪʃn] *n* falsification *f*.

**falsify** ['fɔːlsɪfaɪ] (*pt & pp* **falsified**) *vt* **-1.** [document] falsifier; [evidence] maquiller; [accounts, figures] truquer. **-2.** [misrepresent] déformer, dénaturer. **-3.** [disprove] réfuter.

**falsity** ['fɔːlsətɪ] (*pl* **falsities**) *n* **-1.** [falseness] fausseté *f*, erreur *f*. **-2.** [lie] mensonge *m*.

**falter** ['fɔːltər] ◇ *vi* **-1.** [waver] vaciller, chanceler; [courage, memory] faiblir. **-2.** [stumble] chanceler, tituber. **-3.** [in speech] hésiter, parler d'une voix mal assurée. ◇ *vt* balbutier, bredouiller.

**faltering** ['fɔːltərɪŋ] *adj* [attempt] timide, hésitant; [voice] hésitant; [steps] chancelant, mal assuré; [courage, memory] défaillant.

**fame** [feɪm] *n* célébrité *f*, renommée *f*; the film brought her ~ and fortune le film l'a rendue riche et célèbre; to rise to ~ se faire un nom; Mick Jagger of Rolling Stones ~ Mick Jagger, le chanteur du célèbre groupe The Rolling Stones.

**famed** [feɪmd] *adj* célèbre, renommé; ~ for his generosity connu OR célèbre pour sa générosité.

**familial** [fə'mɪlɪəl] *adj* familial.

**familiar** [fə'mɪljər] ◇ *adj* **-1.** [well-known] familier; his name is ~ j'ai déjà entendu son nom (quelque part), son nom me dit quelque chose; she's a ~ sight about town tout le monde la connaît de vue en ville; there's something ~ about the place il me semble connaître cet endroit; a ~ feeling un sentiment bien connu; it's a ~ story c'est toujours la même histoire; we're on ~ territory *fig* nous voilà en terrain de connaissance. **-2.** [acquainted]: to be ~ with sthg bien connaître qqch; she's ~ with the situation elle est au courant OR au fait de la situation; to become ~ with sthg se familiariser avec qqch. **-3.** [informal] familier, intime; to be on ~ terms with sb entretenir des rapports amicaux avec qqn. **-4.** *pej* [presumptuous – socially] familier; [– sexually] trop entreprenant; don't let him get too ~ (with you) ne le laissez pas devenir trop entreprenant. ◇ *n* **-1.** [friend] familier *m*, ami *m*, -e *f*. **-2.** [spirit] démon *m* familier.

**familiarity** [fə,mɪlɪ'ærətɪ] (*pl* **familiarities**) *n* **-1.** [of face, place] caractère *m* familier. **-2.** [with book, rules, language] connaissance *f*; ~ breeds contempt *prov* la familiarité engendre le mépris. **-3.** [intimacy] familiarité *f*, intimité *f*. **-4.** (*usu pl*) *pej* [undue intimacy] familiarité *f*, privauté *f*.

**familiarize, -ise** [fə'mɪljəraɪz] *vt* **-1.** [inform] familiariser; to ~ o.s. with sthg se familiariser avec qqch. **-2.** [make widely known] répandre, vulgariser.

**familiarly** [fə'mɪljəlɪ] *adv* familièrement.

**family** ['fæmlɪ] (*pl* **families**) ◇ *n* [gen, BIOL, BOT & LING] famille *f*; have you any ~? [relatives] avez-vous de la famille?; [children] avez-vous des enfants?; a large ~ une famille nombreuse; to start a ~ avoir un (premier) enfant; she's (just like) one of the ~ elle fait (tout à fait) partie OR elle est (tout à fait) de la famille; his musical talent runs in the ~ il tient son talent musical de la famille. ◇ *comp* [life] familial, de famille; [car, friend] de la famille; [dinner, likeness, quarrel] de famille; [business, programme] familial; a ~-sized jar of jam un pot de confiture familial ❑ ~ circle cercle *m* de (la) famille; ~ doctor docteur *m* de famille; ~ law droit *m* de la famille; ~ practice *Am* médecine *f* générale; ~ practitioner *Am* médecin *m* de famille, (médecin) généraliste *m*; to be in the ~ way *inf & euph* être enceinte, attendre un enfant.

**family allowance** *n Br* allocations *fpl* familiales (*aujourd'hui «child benefit»*).

**family court** *n Am tribunal pour toute affaire concernant des enfants.*

**family credit** *n prestation complémentaire pour familles à faibles revenus ayant au moins un enfant.*

**family income supplement** *n* ≃ complément *m* familial (*aujourd'hui «family credit»*).

**family man** *n*: he's a ~ il aime la vie de famille, c'est un bon père de famille.

**family name** *n* nom *m* de famille.

**family planning** *n* planning *m* familial; a ~ clinic un centre de planning familial.

**family tree** *n* arbre *m* généalogique.

**famine** ['fæmɪn] *n* famine *f*.

**famished** ['fæmɪʃt] *adj* affamé; I'm ~! *inf* je meurs de faim!, j'ai une faim de loup!

**famous** ['feɪməs] *adj* **-1.** [renowned] célèbre, renommé; its stately home is ~ for its gardens le château est connu OR célèbre pour ses jardins ❑ ~ last words! c'est ce que tu crois!**-2.** *dated* [first-rate] fameux, formidable.

**famously** ['feɪməslɪ] *adv* inf fameusement, rudement bien; **they get on** ~ ils s'entendent à merveille OR comme larrons en foire.

**fan** [fæn] (*pt* & *pp* **fanned**, *cont* **fanning**) ◇ *n* **-1.** [supporter] enthousiaste *mf*, passionné *m*, -e *f*; [of celebrity] fan *m*; SPORT supporter *m*, -trice *f*; she's a chess/jazz ~ elle se passionne pour les échecs/le jazz; I'm not one of her ~s, I'm not a great ~ of hers je suis loin d'être un de ses admirateurs. **-2.** [ventilator – mechanical] ventilateur *m*; [– hand-held] éventail *m*; shaped like a ~ en éventail. **-3.** AGR [machine] tarare *m*; [basket] van *m*. ◇ *vt* **-1.** [face, person] éventer; to ~ o.s. s'éventer. **-2.** [fire] attiser, souffler sur; to ~ the flames *fig* jeter de l'huile sur le feu. **-3.** = **fan out**. ◇ *vi* s'étaler (en éventail).
◆ **fan out** ◇ *vi insep* [spread out] s'étaler (en éventail); [army, search party] se déployer. ◇ *vt sep* étaler (en éventail).

**fanatic** [fə'nætɪk] ◇ *adj* fanatique. ◇ *n* fanatique *mf*.

**fanatical** [fə'nætɪkl] *adj* fanatique.

**fanatically** [fə'nætɪkəlɪ] *adv* fanatiquement.

**fanaticism** [fə'nætɪsɪzm] *n* fanatisme *m*.

**fan belt** *n* courroie *f* de ventilateur.

**fanciable** ['fænsɪəbl] *adj Br* inf plutôt bien, pas mal du tout.

**fancied** ['fænsɪd] *adj* **-1.** [imagined] imaginaire. **-2.** SPORT [favoured] coté, en vogue.

**fancier** ['fænsɪər] *n* **-1.** [fan] amateur *m*, -trice *f*.**-2.** [breeder] éleveur *m*, -euse *f*.

**fanciful** ['fænsɪfʊl] *adj* **-1.** [imaginary] imaginaire. **-2.** [imaginative] imaginatif, plein d'imagination. **-3.** [whimsical – person] capricieux, fantaisiste; [– notion] fantasque, excentrique; [– clothing] extravagant.

**fancifully** ['fænsɪfʊlɪ] *adv* **-1.** [draw, write] avec imagination. **-2.** [act] capricieusement; [dress] d'une façon extravagante OR fantaisiste.

**fancily** ['fænsɪlɪ] *adv* d'une façon recherchée OR raffinée.

**fanciness** ['fænsɪnɪs] *n* caractère *m* raffiné.

**fan club** *n* cercle *m* OR club *m* de fans; her ~ is here *fig* ses admirateurs sont là.

**fancy** ['fænsɪ] (*compar* **fancier**, *superl* **fanciest**, *pl* **fancies**, *pt* & *pp* **fancied**) ◇ *adj* **-1.** [elaborate – clothes] recherché, raffiné; [– style] recherché, travaillé; [– excuse] recherché, compliqué. **-2.** [high-quality] de qualité supérieure, de luxe. **-3.** *pej* [overrated – price] exorbitant; [– talk, words] extravagant; with all her ~ ways avec ses grands airs.
◇ *n* **-1.** [whim] caprice *m*, fantaisie *f*; as the ~ takes him comme ça lui chante; it's just a passing ~ ce n'est qu'une lubie. **-2.** *Br* [liking] goût *m*, penchant *m*; to take a ~ to sb se prendre d'affection pour qqn; the dress took OR caught her ~ la robe lui a fait envie OR lui a tapé dans l'œil ❏ the idea tickled my ~ *inf* l'idée m'a séduit. **-3.** [imagination] imagination *f*, fantaisie *f*. **-4.** [notion] idée *f* fantasque, fantasme *m*; I have a ~ that... j'ai idée que...
◇ *vt* **-1.** [want] avoir envie de; [like] aimer; do you ~ a cup of tea? ça te dirait une tasse de thé?; I don't ~ travelling je n'ai pas envie OR cela ne me dit rien de voyager; I don't ~ your chances of getting that job j'imagine mal que vous obteniez ce travail; to fancy sb s'enticher de qqn; she really fancies herself elle ne se prend vraiment pas pour rien; which horse do you ~? SPORT à votre avis, quel sera le cheval gagnant?, quel cheval donnez-vous gagnant?**-2.** *inf* [imagine] imaginer, s'imaginer; she fancies herself as an intellectual elle se prend pour une intellectuelle; ~ meeting you here! tiens! je ne m'attendais pas à vous voir ici!; ~ her coming! qui aurait cru qu'elle allait venir! ❏ ~ that! tiens! voyez-vous cela! **-3.** *lit* [believe] croire, se figurer.

**fancy dress** *n Br* déguisement *m*, costume *m*; in ~ déguisé; a ~ ball un bal masqué OR costumé; ~ party fête *f* déguisée.

**fancy-free** *adj* sans souci.

**fancy goods** *npl* nouveautés *fpl*, articles *mpl* de fantaisie.

**fancy man** *n* inf & *pej* jules *m*.

**fancy woman** *n* inf & *pej* maîtresse *f*, petite amie *f*.

**fanfare** ['fænfeər] *n* MUS fanfare *f*; *fig* [ostentation]: with much ~ avec des roulements de tambour, avec éclat.

**fang** [fæŋ] *n* [of snake] crochet *m*; [of wolf, vampire] croc *m*, canine *f*.

**fan heater** *n* radiateur *m* soufflant.

**fanlight** ['fænlaɪt] *n* imposte *f* (semi-circulaire).

**fan mail** *n* courrier *m* des admirateurs.

**fanny** ['fænɪ] (*pl* **fannies**) *n* **-1.** ▼ *Br* [female genitals] chatte *f*. **-2.** *Am* [buttocks] fesses *fpl*.

**fanny adams** *n Br* inf: (sweet) ~ que dalle.

**fanny pack** *n Am* banane *f* (sac).

**fantasia** [fæn'teɪzjə] *n* LITERAT & MUS fantaisie *f*.

**fantasize, -ise** ['fæntəsaɪz] *vi* fantasmer, se livrer à des fantasmes; she ~d about becoming rich and famous elle rêvait de devenir riche et célèbre.

**fantastic** [fæn'tæstɪk] *adj* **-1.** inf [wonderful] fantastique, sensationnel. **-2.** inf [very great – success] inouï, fabuleux; [– amount, rate] phénoménal, faramineux. **-3.** [preposterous, strange – idea, plan, story] fantastique, bizarre.

**fantastically** [fæn'tæstɪklɪ] *adv* fantastiquement, extraordinairement; it's ~ expensive c'est incroyablement OR terriblement cher.

**fantasy** ['fæntəsɪ] (*pl* **fantasies**) *n* **-1.** [dream] fantasme *m*; PSYCH fantasme *m*; [notion] idée *f* fantasque. **-2.** [imagination] imagination *f*, fantaisie *f*; to live in a ~ world vivre dans un monde à soi. **-3.** LITERAT & MUS fantaisie *f*.

**fanzine** ['fænziːn] *n* revue *f* spécialisée, fanzine *m*.

**fao** (*written abbr of* **for the attention of**) à l'attention de.

**FAO** (*abbr of* **Food and Agriculture Organization**) *pr n* FAO *f*.

**far** [fɑːr] (*compar* **farther** ['fɑːðər] OR **further** ['fɜːðər], *superl* **farthest** ['fɑːðɪst] OR **furthest** ['fɜːðɪst]) ◇ *adv* **-1.** [distant in space] loin; how ~ is it to town? combien y a-t-il jusqu'à la ville?; how ~ is he going? jusqu'où va-t-il?; have you come ~? êtes-vous venu de loin?; he went as ~ north as Alaska il est allé au nord jusqu'en Alaska; ~ away OR off in the distance au loin, dans le lointain; ~ beyond bien au-delà; ~ out at sea en pleine mer ‖ *fig*: his thoughts are ~ away son esprit est ailleurs; his work is ~ above the others' son travail est de loin supérieur à celui des autres; that's ~ beyond me [physically] c'est bien au-dessus de mes forces; [intellectually] ça me dépasse; how ~ can you trust him? jusqu'à quel point peut-on lui faire confiance?; how ~ have you got with the translation? où en es-tu de la traduction? ❏ ~ and wide de tous côtés; they came from ~ and wide ils sont venus de partout; ~ be it from me to interfere! loin de moi l'idée d'intervenir!; to be ~ out *Br*, to be ~ off *Am* [person] se tromper complètement; [report, survey] être complètement erroné; [guess] être loin du compte; he's not ~ off OR wrong il n'a pas tout à fait tort; have you got ~ to go? *literal* avez-vous encore beaucoup de chemin à faire?; *fig* êtes-vous loin du but?**-2.** [distant in time] loin; as ~ back as 1800 déjà en 1800, dès 1800; as ~ back as I can remember aussi loin que je m'en souvienne; she worked ~ into the night elle a travaillé très avant OR jusque tard dans la nuit; he's not ~ off sixty il n'a pas loin de la soixantaine. **-3.** (*with comparatives*) [much] beaucoup, bien; she is ~ more intelligent than I am elle est bien OR beaucoup plus intelligente que moi. **-4.** *phr*: to go ~ [person, idea] aller loin, faire son chemin; this has gone ~ enough trop, c'est trop; his policy doesn't go ~ enough sa politique ne va pas assez loin; I would even go so ~ as to say... j'irais même jusqu'à dire..., je dirais même...; to go too ~ [exaggerate] dépasser les bornes, exagérer ‖ [make progress]: she's gone too ~ to back out elle s'est trop engagée pour reculer ‖ [money]: £5 doesn't go ~ nowadays on ne va pas loin avec 5 livres de nos jours.
◇ *adj* **-1.** [distant] lointain, éloigné; [remote] éloigné; it's a ~ cry from what she expected ce n'est pas du tout OR c'est loin de ce qu'elle attendait. **-2.** [more distant] autre, plus éloigné; on the ~ side de l'autre côté; the ~ end of the autre bout de, l'extrémité de; at the ~ end of the room au fond de la salle. **-3.** [extreme] extrême; the ~ left/right POL l'extrême gauche *f*/droite *f*.
◆ **as far as** ◇ *prep phr* jusqu'à. ◇ *conj phr* **-1.** [distance]: as ~ as the eye can see à perte de vue ❏ that's fine as ~ as it goes c'est très bien, jusqu'à un certain point. **-2.** [to the extent that] autant que; as ~ as possible autant que possible, dans la mesure du possible; as ~ as I can dans la mesure de mon possible; as ~ as I know (pour) autant que je sache; as ~ as she's/I'm concerned en ce qui la/me concerne, pour

sa/ma part; as ~ as money goes OR is concerned pour ce qui est de l'argent.
◆ **by far** *adv phr* de loin, de beaucoup.
◆ **far and away** *adv phr* de loin.
◆ **far from** ◇ *adv phr* [not at all] loin de; I'm ~ from approving all he does je suis loin d'approuver tout ce qu'il fait ❑ he's not rich, ~ from it il n'est pas riche, loin de là OR tant s'en faut. ◇ *prep phr* [rather than] loin de; ~ from being generous, he is rather stingy loin d'être généreux, il est plutôt radin.
◆ **in so far as** *conj phr* dans la mesure où.
◆ **so far** *adv phr* jusqu'ici, jusqu'à présent; so ~ so good jusqu'ici ça va.
◆ **so far as** *conj phr* = **as far as 2**.
**faraway** ['fɑːrəweɪ] *adj* [distant] lointain, éloigné; [isolated] éloigné; [sound, voice] lointain; [look] absent; her eyes had a ~ look son regard était perdu dans le vague.
**farce** [fɑːs] *n* **-1.** THEAT & *fig* farce *f*; this law is a ~ cette loi est grotesque OR dérisoire. **-2.** CULIN farce *f*.
**farcical** ['fɑːsɪkl] *adj* risible, ridicule; the election was completely ~ l'élection était grotesque OR était une pure comédie.
**fare** [feəʳ] ◇ *n* **-1.** [charge – for bus, underground] prix *m* du billet OR ticket; [– for boat, plane, train] prix *m* du billet; [– in taxi] prix *m* de la course; what is the ~? [gen] combien coûte le billet?; [in taxi] combien je vous dois?; ~s are going up les tarifs des transports augmentent; have you got the ~? avez-vous de quoi payer le billet?; (any more) ~s, please! [in bus, train] qui n'a pas son ticket?**-2.** [passenger] voyageur *m*, -euse *f*; [in taxi] client *m*, -e *f*.**-3.** [food] nourriture *f*, chère *f*; hospital ~ régime *m* d'hôpital. ◇ *comp*: ~ dodger resquilleur *m*, -euse *f*. ◇ *vi*: how did you ~ at the booking office? comment ça s'est passé au bureau de réservation?
**Far East** *pr n*: the ~ l'Extrême-Orient *m*.
**Far Eastern** *adj* extrême-oriental.
**fare stage** *n Br* [of bus] section *f*.
**fare-thee-well** *n Am inf*: to a ~ à la perfection.
**farewell** [,feə'wel] ◇ *n* adieu *m*; to bid sb ~ dire adieu à qqn ❑ 'A Farewell to Arms' Hemingway 'l'Adieu aux armes'. ◇ *comp* [dinner, party] d'adieu.
**far-fetched** [-'fetʃt] *adj* bizarre, farfelu.
**far-flung** *adj* [widespread] étendu, vaste; [far] lointain.
**farinaceous** [,færɪ'neɪʃəs] *adj* farinacé.
**farm** [fɑːm] ◇ *n* ferme *f*, exploitation *f* (agricole); to work on a ~ travailler dans une ferme. ◇ *comp* [equipment] agricole; ~ labourer OR worker ouvrier *m*, -ère *f* agricole; ~ produce produits *mpl* agricoles OR de ferme; ~ shop *magasin qui vend des produits de la ferme*. ◇ *vt* [land] cultiver, exploiter; [animals] élever. ◇ *vi* être fermier, être cultivateur.
◆ **farm out** *vt sep* **-1.** [shop] mettre en gérance; [work] donner en sous-traitant. **-2.** [child]: she ~s her children out on an aunt elle confie (la garde de) ses enfants à une tante.
**farmer** ['fɑːməʳ] *n* [of land] fermier *m*, -ère *f*, agriculteur *m*, -trice *f*; [of animals] éleveur *m*, -euse *f*.
**farmhand** ['fɑːmhænd] *n* ouvrier *m*, -ère *f* agricole.
**farmhouse** ['fɑːmhaus, *pl* -hauzɪz] *n* (maison *f* de) ferme *f*.
**farming** ['fɑːmɪŋ] ◇ *n* agriculture *f*; fish/mink ~ élevage *m* de poisson/vison; fruit/vegetable ~ culture *f* fruitière/maraîchère. ◇ *comp* [methods] de culture, cultural; [equipment, machines] agricole; [community, region] rural.
**farmland** ['fɑːmlænd] *n* (U) terre *f* arable, terres *fpl* arables.
**farmstead** ['fɑːmsted] *n* ferme *f* (*et ses dépendances*).
**farmyard** ['fɑːmjɑːd] *n* cour *f* de ferme.
**Far North** *pr n*: the ~ le Grand Nord.
**far-off** *adj* [place, time] lointain, éloigné.
**far-out** *adj inf* **-1.** [odd] bizarre, farfelu; [avant-garde] d'avant-garde. **-2.** [excellent] génial, super.
**farrago** [fə'rɑːgəu] (*pl* **farragoes**) *n* pêle-mêle *m*.
**far-reaching** [-'riːtʃɪŋ] *adj* d'une grande portée; to have ~ consequences avoir des conséquences considérables OR d'une portée considérable.
**farrier** ['færɪəʳ] *n Br* [blacksmith] maréchal-ferrant *m*.
**farrow** ['færəu] ◇ *vi & vt* mettre bas. ◇ *n* portée *f* (de cochons).

**Farsi** [,fɑː'siː] *n* farsi *m*.
**farsighted** [,fɑː'saɪtɪd] *adj* **-1.** [shrewd – person] prévoyant, perspicace; [– action] prévoyant; [decision] pris avec clairvoyance. **-2.** *Am* MED hypermétrope.
**farsightedness** [,fɑː'saɪtɪdnɪs] *n* **-1.** [of person] prévoyance *f*, perspicacité *f*; [of act, decision] clairvoyance *f*.**-2.** *Am* MED hypermétropie *f*, presbytie *f*.
**fart**▽ [fɑːt] ◇ *n* **-1.** [gas] pet *m*.**-2.** [person] birbe *m*. he's a boring old ~ il est rasoir, c'est un raseur. ◇ *vi* péter.
◆ **fart about**▽ *Br*, **fart around**▽ *vi insep* gaspiller OR perdre son temps, glander.
**farther** ['fɑːðəʳ] (*compar of* **far**) ◇ *adv* **-1.** [more distant] plus loin; how much ~ is it? c'est encore à combien?; have we much ~ to go? avons-nous encore beaucoup de chemin à faire?; ~ ahead loin devant; ~ along the corridor plus loin dans le couloir; ~ away, ~ off plus éloigné, plus loin; to move ~ and ~ away s'éloigner de plus en plus; ~ back plus (loin) en arrière; move ~ back reculez (-vous); ~ back than 1900 avant 1900; ~ down/up plus bas/haut; ~ on OR forward plus loin. **-2.** [in addition] en plus, de plus. ◇ *adj* plus éloigné, plus lointain; the ~ end of the tunnel l'autre bout du tunnel.
**farthermost** ['fɑːðə,məust] *adj* plus lointain, plus éloigné.
**farthest** ['fɑːðɪst] (*superl of* **far**) ◇ *adj* le plus lointain, le plus éloigné; in the ~ depths of Africa au fin fond de l'Afrique. ◇ *adv* le plus loin; it's 3 km at the ~ il y a 3 km au plus OR au maximum; the ~ removed le plus éloigné.
**farthing** ['fɑːðɪŋ] *n* pièce de monnaie qui valait le quart d'un ancien penny.
**fas, FAS** (*abbr of* **free alongside ship**) *adj & adv Br* FLB.
**fascia** [*sense 1* & *2* 'feɪʃə, *sense 3* 'fæʃɪə] (*pl* **fasciae** [-ʃiiː]) *n* **-1.** [on building] panneau *m*.**-2.** *Br* [dashboard] tableau *m* de bord. **-3.** ANAT fascia *m*.
**fascinate** ['fæsɪneɪt] *vt* **-1.** [delight] fasciner, captiver; she was ~d by OR with his story elle était fascinée par son histoire. **-2.** [prey] fasciner.
**fascinating** ['fæsɪneɪtɪŋ] *adj* [country, idea, person] fascinant, captivant; [book, speaker, speech] fascinant, passionnant.
**fascinatingly** ['fæsɪneɪtɪŋlɪ] *adv* d'une façon fascinante OR passionnante.
**fascination** [,fæsɪ'neɪʃn] *n* fascination *f*, attrait *m*; her ~ with the Orient la fascination qu'exerce sur elle l'Orient; it holds a ~ for me ça le fascine.
**fascism** ['fæʃɪzm] *n* fascisme *m*.
**fascist** ['fæʃɪst] ◇ *adj* fasciste. ◇ *n* fasciste *mf*.
**fascistic** [fə'ʃɪstɪk] *adj* fasciste.
**fashion** ['fæʃn] ◇ *n* **-1.** [current style] mode *f*; in ~ à la mode, en vogue; to come back into ~ revenir à la mode; big weddings are no longer in ~ ça ne se fait plus, les grands mariages; she dresses in the latest ~ elle s'habille à la dernière mode; the Paris ~s les collections (de mode) parisiennes; to set the ~ donner le ton, lancer la mode; out of ~ démodé, passé de mode; to go out of ~ se démoder. **-2.** [manner] façon *f*, manière *f*; in an orderly ~ d'une façon méthodique, méthodiquement; after the ~ of Shakespeare à la manière de Shakespeare; after a ~ tant bien que mal; he can paint after a ~ il peint à sa manière. ◇ *comp* [editor, magazine] de mode; [industry] de la mode; ~ designer modéliste *mf*; the great ~ designers les grands couturiers; ~ house maison *f* de (haute) couture; ~ model mannequin *m*; ~ show présentation *f* des modèles OR des collections, défilé *m* de mode. ◇ *vt* [gen] fabriquer, modeler; [carving, sculpture] façonner; [dress] confectionner; *fig* [character, person] former, façonner.
**fashionable** ['fæʃnəbl] *adj* [clothing] à la mode; [café, neighbourhood] chic, à la mode; [subject, writer] à la mode, en vogue; a café ~ with writers un café fréquenté par des écrivains; it is no longer ~ to eat red meat cela ne se fait plus de manger de la viande rouge.
**fashionably** ['fæʃnəblɪ] *adv* élégamment, à la mode; her hair is ~ short elle a les cheveux coupés court selon la mode.
**fashion-conscious** *adj* qui suit la mode.
**fast** [fɑːst] ◇ *adj* **-1.** [quick] rapide; she's a ~ runner elle court vite ❑ ~ bowler [in cricket] lanceur *m* rapide; ~ train

rapide *m*; **to pull a ~ one on sb** *inf* jouer un mauvais tour à qqn; **he's a ~ worker** *literal* il va vite en besogne; *fig* il ne perd pas de temps. **-2.** [clock] en avance; **my watch is (three minutes) ~** ma montre avance (de trois minutes). **-3.** [secure – knot, rope] solide; [– door, window] bien fermé; [– grip] ferme, solide; [– friend] sûr, fidèle; **to make a boat ~** amarrer un bateau. **-4.** [colour] bon teint *(inv)*, grand teint *(inv)*; **the colour is not ~** la couleur déteint OR s'en va. **-5.** [wild] libertin; **~ living** vie dissolue OR de dissipation.
◇ *adv* **-1.** [quickly] vite, rapidement; **how ~ is the car going?** à quelle vitesse roule la voiture?; **he needs help ~** il lui faut de l'aide de toute urgence; **she ran off as ~ as her legs would carry her** elle s'est sauvée à toutes jambes, elle a pris ses jambes à son cou; **the insults came ~ and furious** les insultes volaient OR pleuvaient dru; **not so ~!** doucement!, pas si vite! **-2.** [ahead of correct time] en avance; **my watch is running ~** ma montre avance. **-3.** [securely] ferme, solidement; **shut ~** bien fermé; **to hold ~ (on) to sthg** tenir fermement qqch; **they held ~ despite the threats** *fig* ils ont tenu bon malgré les menaces. **-4.** [soundly] profondément; **to be ~ asleep** dormir à poings fermés OR profondément.
◇ *n* jeûne *m*; **a ~ day** RELIG un jour maigre OR de jeûne.
◇ *vi* [gen] jeûner, rester à jeun; RELIG jeûner, faire maigre.

**fastback** ['fɑːstbæk] *n* voiture *f* deux-volumes, voiture *f* à hayon arrière.

**fast breeder reactor** *n* surrégénérateur *m*, surgénérateur *m*.

**fasten** ['fɑːsn] ◇ *vt* **-1.** [attach] attacher; [close] fermer; **to ~ sthg with glue/nails/string to sthg** coller/clouer/lier qqch à qqch; **~ your seatbelts** attachez votre ceinture; **he ~ed the two ends together** il a attaché les deux bouts ensemble OR l'un à l'autre. **-2.** [attention, eyes] fixer; **he ~ed his eyes on the door** il a fixé la porte des yeux OR a fixé son regard sur la porte. **-3.** [ascribe – guilt, responsibility] attribuer; [– crime] imputer; **to ~ sthg on sb** attribuer qqch à qqn. ◇ *vi* [bra, dress] s'attacher; [bag, door, window] se fermer.
◆ **fasten down** *vt sep* [flap, shutter] fermer; [envelope, sticker] coller.
◆ **fasten on** *vt sep* [belt, holster] fixer.
◆ **fasten onto** *vt insep* **-1.** [seize upon] saisir; **to ~ onto an idea** se mettre une idée en tête. **-2.** [grip] se cramponner à, s'accrocher à; **he ~ed onto our group** *fig* il s'est attaché à notre groupe.
◆ **fasten up** *vt sep* fermer, attacher.
◆ **fasten upon** *vt insep* **-1.** [gaze at] fixer; **her eyes ~ed upon the letter** elle fixait la lettre du regard OR des yeux. **-2.** [seize upon] saisir; **she ~ed upon the idea of escaping** elle s'est mis en tête de s'échapper OR de s'évader.

**fastener** ['fɑːsnə'], **fastening** ['fɑːsnɪŋ] *n* [gen] attache *f*; [on box, door] fermeture *f*; [on bag, necklace] fermoir *m*; [on clothing] fermeture *f*; [button] bouton *m*; [hook] agrafe *f*; [press stud] pression *f*, bouton-pression *m*; [zip] fermeture *f* Éclair®.

**fast food** *n* fast-food *m*, prêt-à-manger *m* offic.
◆ **fast-food** *comp* [place, restaurant] de restauration rapide, de fast-food; **fast-food restaurants** des fast-foods *mpl*.

**fast-forward** ◇ *vi* se dérouler en avance rapide. ◇ *vt*: **to ~ a tape** faire avancer OR défiler une cassette. ◇ *comp*: **~ button** touche *f* d'avance rapide.

**fastidious** [fə'stɪdɪəs] *adj* **-1.** [fussy about details] tatillon, pointilleux; [meticulous – person] méticuleux, minutieux; [– work] minutieux; **he is ~ about the way he dresses** il est d'une coquetterie méticuleuse. **-2.** [fussy about cleanliness] méticuleux, tatillon.

**fastidiously** [fə'stɪdɪəslɪ] *adv* [meticulously] méticuleusement, minutieusement.

**fast lane** *n* [in the UK] voie *f* de droite; [on the continent, in the US etc] voie *f* de gauche; **life in the ~** *fig* vie *f* excitante.

**fast-moving** *adj* [film] plein d'action; **~ events** des évènements rapides.

**fastness** ['fɑːstnɪs] *n* **-1.** [secureness] solidité *f*. **-2.** [of colour] solidité *f*, résistance *f*. **-3.** [stronghold] place *f* forte, repaire *m*.

**fast-track** *adj*: **~ executives** des cadres qui gravissent rapidement les échelons.

**fat** [fæt] *(compar* **fatter,** *superl* **fattest,** *pt* & *pp* **fatted,** *cont* **fatting)** ◇ *adj* **-1.** [heavy, overweight – person] gros *(f* grosse), gras; [– cheeks, limb] gros *(f* grosse); [– face] joufflu; **to get OR to grow ~** grossir, engraisser; **they had grown ~ on their investments** *fig* ils s'étaient enrichis OR engraissés grâce à leurs investissements ❑ **he's a ~ cat** *inf* [rich] c'est un richard; [important] c'est une huile. **-2.** [meat] gras *(f* grasse). **-3.** [thick, hefty] gros *(f* grosse); **he made a ~ profit** *inf* il a fait de gros bénéfices. **-4.** [productive – year] gras *(f* grasse), prospère; [– land, soil] fertile, riche. **-5.** *inf phr*: **get this into your ~ head** mets-toi ça dans la tête une fois pour toutes; **I reckon you'll get it back — ~ chance!** je pense qu'on te le rendra — tu parles!; **~ chance you have of winning!** comme si tu avais la moindre chance de gagner!; **a ~ lot of good it did him!** ça t'a bien avancé!, le voilà bien avancé!
◇ *n* **-1.** [gen & ANAT] graisse *f*. **-2.** CULIN [on raw meat] graisse *f*, gras *m*; [on cooked meat] gras *m*; [as cooking medium] matière *f* grasse; [as part of controlled diet] lipide *m*; **we are trying to eat less ~** nous nous efforçons de manger moins de matières grasses OR corps gras; **margarine low in ~** margarine pauvre en matières grasses OR allégée; **pork ~** saindoux *m*; **~ content** (teneur *f* en) matières *fpl* grasses ❑ **the ~ is in the fire** *inf* ça va chauffer; **to live off the ~ of the land** vivre comme un coq en pâte.
◇ *vt* engraisser; **to kill the fatted calf** *fig* tuer le veau gras.

**fatal** ['feɪtl] *adj* **-1.** [deadly – disease, injury] mortel; [– blow] fatal, mortel; [– result] fatal. **-2.** [ruinous – action, consequences] désastreux, catastrophique; [– influence] néfaste, pernicieux; [– mistake] fatal, grave; **such a decision would be ~ to our plans** une décision de ce type porterait un coup fatal OR le coup de grâce à nos projets. **-3.** [crucial] fatal, fatidique.

**fatalism** ['feɪtəlɪzm] *n* fatalisme *m*.

**fatalist** ['feɪtəlɪst] ◇ *adj* fataliste. ◇ *n* fataliste *mf*.

**fatalistic** [,feɪtə'lɪstɪk] *adj* fataliste.

**fatality** [fə'tælətɪ] *(pl* **fatalities)** *n* **-1.** [accident] accident *m* mortel; [person killed] mort *m*, -e *f*. **-2.** *fml* [destiny] fatalité *f*.

**fatally** ['feɪtəlɪ] *adv* **-1.** [mortally] mortellement; **~ ill** condamné, perdu. **-2.** [inevitably] fatalement; **the plan was ~ flawed** le projet était fatalement OR forcément imparfait.

**fate** [feɪt] *n* **-1.** [destiny] destin *m*, sort *m*. **-2.** [of person, thing] sort *m*; **to meet one's ~** trouver la mort; **the new project met with a similar ~** le nouveau projet a connu un destin semblable; **a ~ worse than death** *fig* un sort pire que la mort.
◆ **Fates** *pl pr n*: **the ~** les Parques *fpl*.

**fated** ['feɪtɪd] *adj* **-1.** [destined] destiné; **they seem ~ to be unhappy** ils semblent destinés OR condamnés à être malheureux. **-2.** [doomed] voué au malheur.

**fateful** ['feɪtfʊl] *adj* **-1.** [decisive – day, decision] fatal, décisif; [disastrous] désastreux, catastrophique. **-2.** [prophetic] fatidique.

**fat-free** *adj* sans matières grasses, sans corps gras.

**fathead** ['fæthed] *n inf* imbécile *mf*.

**father** ['fɑːðə'] ◇ *n* **-1.** [male parent] père *m*; **he's like a ~ to me** il est comme un père pour moi; **on my ~'s side** du côté de mon père ❑ **like ~, like son** *prov* tel père, tel fils *prov*, **bon chien chasse de race** *prov*. **-2.** *(usu pl)* [ancestor] ancêtre *m*, père *m*. **-3.** [founder, leader] père *m*, fondateur *m*; **founding ~** père *m* fondateur. ◇ *vt* **-1.** [child] engendrer; *fig* [idea, science] concevoir, inventer. **-2.** [impose] attribuer; **to ~ sthg on sb** attribuer qqch à qqn.
◆ **Father** *n* RELIG **-1.** [priest] père *m*; **Father Brown** le (révérend) père Brown; **yes, Father** oui, mon père. **-2.** [God]: **the Father, the Son and the Holy Ghost** le Père, le Fils et le Saint Esprit; **Our Father who art in Heaven** Notre Père qui êtes aux cieux. **-3.** POL: **the Father of the House** titre traditionnel donné au doyen (par l'ancienneté) des parlementaires britanniques.

**Father Christmas** *pr n* *Br* le Père Noël.

**father confessor** *n* directeur *m* de conscience, père *m* spirituel.

**father figure** *n* personne *f* qui joue le rôle du père; **he was a ~ for all the employees** le personnel le considérait un peu comme un père.

**fatherhood** ['fɑːðəhʊd] *n* paternité *f*.

**father-in-law** *n* beau-père *m*.

**fatherland** ['fɑːðəlænd] *n* patrie *f*, mère *f* patrie.

**fatherly** ['fɑːðəlɪ] *adj* paternel.

**Father's Day** *n* fête *f* des pères.

**Father Time** *n*: (Old) ~ le Temps.

**fathom** ['fæðəm] (*pl inv* OR **fathoms**) ◇ *n* brasse *f* (*mesure*). ◇ *vt* **-1.** [measure depth of] sonder. **-2.** *inf* [understand] sonder, pénétrer; I just can't ~ it je n'y comprends rien.

**fatigue** [fə'ti:g] ◇ *n* **-1.** [exhaustion] fatigue *f*, épuisement *m*.**-2.** TECH [in material] fatigue *f*; metal ~ fatigue du métal. **-3.** MIL [chore] corvée *f*; I'm on ~s je suis de corvée. ◇ *comp* **-1.** MIL [shirt, trousers] de corvée; ~ **duty** corvée *f*; a ~ party une corvée. **-2.** TECH [limit] de fatigue. ◇ *vt* **-1.** *fml* [person] fatiguer, épuiser. **-2.** TECH [material] fatiguer.

◆ **fatigues** *npl* MIL [clothing] treillis *m*, tenue *f* de corvée.

**fatless** ['fætlıs] *adj* sans matières grasses.

**fatness** ['fætnıs] *n* **-1.** [of person] embonpoint *m*, corpulence *f*.**-2.** [of meat] teneur *f* en graisse.

**fatso** ['fætsəu] (*pl* **fatsoes**) *n inf* & *pej* gros lard *m*.

**fatten** ['fætn] ◇ *vt* [animal, person] engraisser; [ducks, geese] gaver. ◇ *vi* [animals] engraisser; [person] engraisser, prendre de l'embonpoint.

◆ **fatten up** *vt sep* [person] engraisser, faire grossir; AGR [animal] mettre à l'engrais.

**fattening** ['fætnıŋ] ◇ *adj* qui fait grossir. ◇ *n* [of animals] engraissement *m*; [of ducks, geese] gavage *m*.

**fatty** ['fætı] (*compar* **fattier**, *superl* **fattiest**, *pl* **fatties**) ◇ *adj* **-1.** [food] gras (*f* grasse). **-2.** [tissue] adipeux; ~ **degeneration** MED dégénérescence *f* graisseuse. ◇ *n inf* & *pej* gros *m* (bonhomme *m*), grosse *f* (bonne femme *f*).

**fatty acid** *n* acide *m* gras.

**fatuous** ['fætjuəs] *adj* [person, remark] sot (*f* sotte), niais; [look, smile] niais, béat.

**fatuously** ['fætjuəslı] *adv* [say] sottement, niaisement; [smile] niaisement, béatement.

**faucet** ['fɔːsıt] *n Am* robinet *m*.

**fault** [fɔːlt] ◇ *n* **-1.** (U) [blame, responsibility] faute *f*; it's not my ~ ce n'est pas de ma faute; whose ~ is it? à qui la faute?, qui est fautif?; it's nobody's ~ but your own vous n'avez à vous en prendre qu'à vous-même; to be at ~ être fautif OR coupable; the judge found him to be at ~ le juge lui a donné tort. **-2.** [mistake] erreur *f*; a ~ in the addition une erreur d'addition. **-3.** [flaw – in person] défaut *m*; [– in machine] défaut *m*, anomalie *f*; an electrical ~ un défaut électrique; a mechanical ~ une défaillance mécanique ❑ honest to a ~ honnête à l'excès; to find ~ with sthg trouver à redire à qqch, critiquer qqch; to find ~ with sb critiquer qqn; she finds ~ with everything elle trouve toujours à redire. **-4.** GEOL faille *f*.**-5.** TENNIS faute *f*. ◇ *vt* critiquer; to ~ sthg/sb trouver des défauts à qqch/chez qqn; you can't ~ her on her work il n'y a rien à redire à son travail, vous ne pouvez pas prendre son travail en défaut; I can't ~ her logic je ne trouve aucune faille à sa logique. ◇ *vi* [make mistake] commettre une faute.

**faultless** ['fɔːltlıs] *adj* [performance, work] impeccable, irréprochable; [behaviour, person] irréprochable; [logic, reasoning] sans faille.

**fault line** *n* GEOL ligne *f* de faille.

**faulty** ['fɔːltı] (*compar* **faultier**, *superl* **faultiest**) *adj* [machine] défectueux; [work] défectueux, mal fait; [reasoning] défectueux, erroné; the wiring is ~ il y a un défaut dans l'installation électrique.

**faun** [fɔːn] *n* faune *m*.

**fauna** ['fɔːnə] (*pl* **faunas** OR **faunae** [-niː]) *n* faune *f*.

**Faunus** ['fɔːnəs] *pr n* Faune.

**Fauvism** ['fəuvızm] *n* fauvisme *m*.

**faux pas** [,fəu'pɑː] (*pl* **faux pas** [,fəu'pɑːz]) *n* bévue *f*, gaffe *f*.

**favor** *etc Am* = **favour**.

**favorite** *etc Am* = **favourite**.

**favour** *Br*, **favor** *Am* ['feıvə'] ◇ *n* **-1.** [approval] faveur *f*, approbation *f*; to be in ~ [person] être bien en cour, être bien vu; [artist, fashion] être à la mode OR en vogue; to be out of ~ [person] être mal en cour, ne pas être bien vu; [artist, book] ne pas être à la mode OR en vogue; [fashion] être démodé OR dépassé; he speaks in their ~ il parle en leur faveur; to fall out of ~ with sb perdre les bonnes grâces de qqn; to find ~ with sb trouver grâce aux yeux de qqn, gagner l'approbation de qqn; to be in ~ of sthg être partisan de

qqch, être pour qqch; to be in ~ of doing sthg être d'avis de OR être pour faire qqch. **-2.** [act of goodwill] service *m*, faveur *f*; will you do me a ~ OR do a ~ for me? voulez-vous me rendre (un) service?; may I ask a ~ of you OR ask you a ~? puis-je vous demander un service?; do me a ~ and play somewhere else soyez gentil, allez jouer ailleurs ❑ are you going to buy it? — do me a ~! *inf* tu vas l'acheter? — je t'en prie! **-3.** [advantage]: everything is in our ~ tout joue en notre faveur, nous avons tout pour nous; the odds are in his ~ il est (donné) favori; the magistrates decided in his ~ les juges lui ont donné raison OR gain de cause; he dropped the idea in ~ of our suggestion il a laissé tomber l'idée au profit de notre suggestion. **-4.** [partiality] faveur *f*, partialité *f*.**-5.** HIST [badge] faveur *f*. **-6.** [gift] petit cadeau *m* (*offert aux invités lors d'une fête*). **-7.** *Br arch* & COMM [letter] communication *f*.

◇ *vt* **-1.** [prefer] préférer; [show preference for] montrer une préférence pour. **-2.** [support – suggestion, team] être partisan de, être pour; [– candidate, project] favoriser, appuyer; [– theory] soutenir. **-3.** [benefit] favoriser, faciliter; circumstances that would ~ a June election des circonstances (qui seraient) favorables à une élection en juin. **-4.** [honour] favoriser, gratifier; she ~ed him with a smile elle l'a gratifié d'un sourire; he ~ed us with his company il nous a fait l'honneur de se joindre à nous. **-5.** [resemble] ressembler à.

**favourable** *Br*, **favorable** *Am* ['feıvrəbl] *adj* [answer, comparison, impression] favorable; [time, terms] bon, avantageux; [weather, wind] propice; in a ~ light sous un jour favorable.

**favourably** *Br*, **favorably** *Am* ['feıvrəblı] *adv* [compare, react] favorablement; [consider] d'un bon œil; to be ~ disposed to OR towards sthg voir qqch d'un bon œil; to be ~ disposed to OR towards sb être bien disposé envers qqn; she speaks very ~ of you elle parle de vous en très bons termes.

**favoured** *Br*, **favored** *Am* ['feıvəd] *adj* favorisé; the ~ few les privilégiés *mpl*.

**favourite** *Br*, **favorite** *Am* ['feıvrıt] ◇ *adj* favori, préféré; he's not one of my ~ people je ne le porte pas dans mon cœur. ◇ *n* **-1.** [gen] favori *m*, -ite *f*, préféré *m*, -e *f*; that book is one of my ~s c'est un de mes livres préférés; let's listen to some old ~s écoutons de vieilles chansons à succès. **-2.** SPORT favori *m*.

**favouritism** *Br*, **favoritism** *Am* ['feıvrıtızm] *n* favoritisme *m*.

**fawn** [fɔːn] ◇ *n* **-1.** [animal] faon *m*.**-2.** [colour] fauve *m*. ◇ *adj* (de couleur) fauve. ◇ *vi*: to ~ on sb [person] ramper devant qqn, passer de la pommade à qqn; [dog] faire la fête à qqn.

**fawning** ['fɔːnıŋ] *adj* [attitude, person] flagorneur, servile; [dog] trop affectueux OR démonstratif.

**fax** [fæks] ◇ *n* [machine] fax *m*, télécopieur *m offic*; [document] fax *m*, télécopie *f offic*; by ~ par télécopie. ◇ *vt* faxer, envoyer par télécopie OR par télécopieur; ~ me (through) the information faxez-moi l'information.

**fax machine** *n* fax *m*, télécopieur *m offic*.

**fax message** *n* fax *m*, télécopie *f offic*.

**fax number** *n* numéro *m* de fax.

**faze** [feız] *vt inf* déconcerter, dérouter.

**FBI** (*abbr of* **Federal Bureau of Investigation**) *pr n*: the ~ le FBI.

**FC** *written abbr of* **Football Club**.

**FCO** *pr n abbr of* **Foreign and Commonwealth Office**.

**FDA** *pr n abbr of* **Food and Drug Administration**.

**fear** [fıə'] ◇ *n* **-1.** [dread] crainte *f*, peur *f*; have no ~ ne craignez rien, soyez sans crainte; he expressed his ~s about their future il a exprimé son inquiétude en ce qui concerne leur avenir; my one ~ is that he will hurt himself je n'ai qu'une crainte, c'est qu'il le blesse; there are ~s that he has escaped on craint fort qu'il ne se soit échappé; to be OR to go in ~ for one's life craindre pour sa vie; she lives in a state of constant ~ elle vit dans la crainte; for ~ of what people would think par peur du qu'en-dira-t-on; for ~ that she might find out de peur qu'elle ne l'apprenne ❑ without ~ or favour impartialement; (a) ~ of heights (le) vertige. **-2.** [awe] crainte *f*, respect *m*; I put the ~ of God into him *inf* [scared] je lui ai fait une peur bleue; [scolded] je

lui ai passé un savon. **-3.** [risk] risque *m*, danger *m*; there is no ~ of her leaving elle ne risque pas de partir, il est peu probable qu'elle parte ❑ will you tell him? — no ~! *inf* lui direz-vous? — pas de danger OR pas question!
◇ *vt* **-1.** [be afraid of] craindre, avoir peur de; to ~ the worst craindre le pire; he is a man to be ~ed c'est un homme redoutable; I ~ he's in danger je crains OR j'ai peur qu'il ne soit en danger; it is to be ~ed that... *fml* il est à craindre que...; never ~, ~ not *fml* OR *dated* ne craignez rien, soyez tranquille. **-2.** *fml* [be sorry] regretter; I ~ it's too late je crois bien qu'il est trop tard. **-3.** [revere – God] révérer, craindre.
◇ *vi*: I ~ for my children je crains OR je tremble pour mes enfants; he ~s for his life il craint pour sa vie.

**fearful** ['fɪəful] *adj* **-1.** [very bad] épouvantable, affreux. **-2.** *inf* & *dated* [as intensifier] affreux. **-3.** [afraid] peureux, craintif.

**fearfully** ['fɪəfulɪ] *adv* **-1.** [look, say] peureusement, craintivement. **-2.** *inf* & *dated* [as intensifier] affreusement, horriblement.

**fearless** ['fɪəlɪs] *adj* intrépide, sans peur.

**fearlessly** ['fɪəlɪslɪ] *adv* avec intrépidité.

**fearlessness** ['fɪəlɪsnɪs] *n* audace *f*, absence *f* de peur.

**fearsome** ['fɪəsəm] *adj* **-1.** [frightening] redoutable, effroyable. **-2.** *lit* [afraid] peureux, craintif; [timid] extrêmement timide.

**feasibility** [,fi:zə'bɪlətɪ] *n*: to show the ~ of a plan démontrer qu'un plan est réalisable OR faisable; the ~ of doing sthg la possibilité de faire qqch.

**feasibility study** *n* étude *f* de faisabilité.

**feasible** ['fi:zəbl] *adj* [plan, suggestion] faisable, réalisable.

**feast** [fi:st] ◇ *n* **-1.** [large meal] festin *m*; midnight ~ festin *m* nocturne; a ~ for the eyes *fig* un régal OR une fête pour les yeux; a ~ of music/poetry *fig* une véritable fête de la musique/poésie. **-2.** RELIG fête *f*. ◇ *comp*: ~ day (jour *m* de) fête *f*. ◇ *vi* festoyer; to ~ on OR off sthg se régaler de qqch. ◇ *vt* **-1.** *fig*: to ~ o.s. on sthg se régaler de qqch; to ~ one's eyes on sthg repaître ses yeux de qqch *lit*, se délecter à la vue de qqch. **-2.** [give feast to] donner un banquet en l'honneur de.

**feasting** ['fi:stɪŋ] *n* festin *m*.

**feat** [fi:t] *n* exploit *m*, prouesse *f*; a ~ of courage un acte courageux; a ~ of engineering une (véritable) prouesse technique, un chef-d'œuvre de la technique.

**feather** ['feðə˞] ◇ *n* **-1.** [of bird] plume *f*; [on tail, wing] penne *f*; [of arrow] penne *f*; as light as a ~ léger comme une plume; to show the white ~ manquer de courage; that's a ~ in his cap il peut en être fier; you could have knocked me down with a ~ les bras m'en sont tombés. ◇ *comp* [mattress] de plume; [headdress] de plumes. ◇ *vt* **-1.** [put feathers on – arrow] empenner; to ~ one's (own) nest *pej* faire son beurre. **-2.** AERON [propeller] mettre en drapeau. ◇ *vi* [in rowing] plumer.

**featherbed** ['feðəbed] (*pt* & *pp* **featherbedded**, *cont* **featherbedding**) *vt pej* [industry, business] protéger (excessivement).

**feather bed** *n* lit *m* de plumes.

**featherbedding** ['feðəbedɪŋ] *n pej* protection *f* excessive.

**feather boa** *n* boa *m* de plumes.

**featherbrained** ['feðəbreɪnd] *adj inf* étourdi, tête en l'air.

**feather duster** *n* plumeau *m*.

**feathered** ['feðəd] *adj* [headdress] de plumes; our ~ friends *hum* nos amis les oiseaux.

**featherweight** ['feðəweɪt] ◇ *n* **-1.** [boxer, category] poids plume *m inv*. **-2.** *fig* [person of little importance] poids plume *m inv*; he's a (political/literary) ~ il n'a pas beaucoup de poids (sur le plan politique/littéraire). ◇ *adj* [contest, championship] poids plume; [champion] de la catégorie OR des poids plume.

**feathery** ['feðərɪ] *adj* **-1.** [bird] à plumes. **-2.** *fig* [light and soft – snowflake] doux et léger comme la plume.

**feature** ['fi:tʃə˞] ◇ *n* **-1.** [facial] trait *m*; a woman with delicate ~s une femme aux traits fins. **-2.** [characteristic – of style, landscape, play etc] caractéristique *f*, particularité *f*; [– of personality] trait *m*, caractéristique *f*; [– of car, machine, house, room] caractéristique *f*; the most interesting ~ of the exhibition l'élément OR l'aspect le plus intéressant de l'exposition; seafood is a special ~ of the menu les fruits de mer sont l'un des points forts du menu; to make a ~ of sthg mettre qqch en valeur; the novel has just one redeeming ~ le roman est sauvé par un seul élément. **-3.** RADIO & TV reportage *m*; PRESS [special] article *m* de fond; [regular] chronique *f*. **-4.** CIN film *m*, long métrage *m*; double-~ (programme) programme *m* proposant deux films. ◇ *vt* **-1.** CIN [star – actor, actress] avoir pour vedette; also featuring Mark Williams avec Mark Williams. **-2.** PRESS [display prominently]: the story/the picture is ~d on the front page le récit/la photo est en première page. **-3.** COMM [promote] promouvoir, mettre en promotion. **-4.** [subj: car, appliance] comporter, être équipé OR doté de; [subj: house, room] comporter. ◇ *vi* **-1.** CIN figurer, jouer. **-2.** [appear, figure] figurer; the millionaire ~d prominently in the scandal le millionaire était très impliqué dans le scandale.

**feature article** *n* PRESS article *m* de fond.

**feature film** *n* CIN long métrage *m*.

**feature-length** *adj* CIN: a ~ film un long métrage; a ~ cartoon un film d'animation.

**featureless** ['fi:tʃəlɪs] *adj* [desert, city etc] sans traits distinctifs OR marquants.

**features editor** *n* journaliste responsable d'une rubrique.

**feature story** = feature article.

**feature writer** *n* PRESS journaliste *mf*.

**Feb.** (*written abbr of* **February**) févr.

**febrile** ['fi:braɪl] *adj lit* fébrile, fiévreux.

**February** ['februərɪ] ◇ *n* février *m*; I don't like ~ je n'aime pas le mois de février; this has been the wettest ~ on record cela a été le mois de février le plus pluvieux qu'on ait jamais vu; in ~ en février, au mois de février; in the month of ~ au mois de février; ~ first/ninth *Am*, the first/ninth of ~, ~ the first/ninth le premier/neuf février; during (the month of) ~ pendant le mois de février; last/next ~ en février dernier/prochain; at the beginning/end of ~ au début/à la fin février; in the middle of ~ au milieu du mois de février, à la mi-février; early/late in ~, in early/late ~ au début/à la fin du mois de février; every OR each ~ tous les ans en février. ◇ *comp* [weather] de février, du mois de février.

---

**Being afraid**

J'ai peur/J'ai la phobie des araignées.
J'ai peur dans le noir/de tomber.
Je ne supporte pas de/Je n'aime pas rester seul dans la maison.
Elle craint pour sa vie.
J'étais terrifié.
J'étais mort de peur! [informal]
J'ai une peur bleue des serpents. [informal]

**Being anxious about somebody**

Je m'inquiète pour lui/pour sa santé.
Elle m'inquiète beaucoup, ces derniers temps.

Il se fait beaucoup de souci pour ses enfants.
Je n'aime pas la savoir seule chez elle.
Je n'aime pas du tout la voir traîner avec ce garçon.
Son état est jugé très préoccupant. [formal]

**Fearing that something might happen**

J'ai peur qu'il se perde.
Il pourrait s'être perdu, je suis inquiet...
Je crains qu'il ne fasse pas beau pour le pique-nique.
Je n'ose pas imaginer sa réaction quand elle va apprendre la nouvelle.
Je n'aimerais pas qu'il attrape froid, tout de même. [less strong]

concerne pas les mères célibataires.

**extendable** [ɪk'stendəbl] *adj* **-1.** [in space]: ~ aerial antenne *f* télescopique; ~ ladder échelle *f* à coulisse. **-2.** [in time – contract, visa] renouvelable.

**extended** [ɪk'stendɪd] *adj* **-1.** [in time – contract, visit] prolongé; to be on ~ leave être en arrêt prolongé; owing to the ~ news bulletin en raison de la prolongation du bulletin d'informations ❏ ~ coverage [on radio, TV] *informations détaillées sur un événement.* **-2.** [larger, wider – frontiers, enquiry, search] étendu; the ~ family la famille élargie; ~ coverage [in insurance] couverture *f* multirisque. **-3.** [in space] étendu, allongé; [building] agrandi.

**extended-play** *adj* [record] double.

**extending** [ɪk'stendɪŋ] *adj* [table] à rallonge OR rallonges; [ladder] à coulisse. ◇ *n* **-1.** [of arm, leg, freedom] extension *f.* **-2.** [of contract, visa, road] prolongation *f.*

**extension** [ɪk'stenʃn] *n* **-1.** [of arm, legislation, frontiers] extension *f.* **-2.** [of house, building]: to build an ~ onto agrandir; do you like the new ~? [to the house] la nouvelle partie de la maison vous plaît-elle?; [of library, museum etc] la nouvelle aile vous plaît-elle?. **-3.** [of contract, visa, time period] prolongation *f*; to ask for/to get an ~ [to pay, hand in work] demander/obtenir un délai; the bar's been granted an ~ le bar a obtenu une prolongation de ses heures d'ouverture. **-4.** [telephone – in office building] poste *m*; [– in house] poste *m* supplémentaire; can I have ~ 946? pouvez-vous me passer le poste 946?. **-5.** ELEC prolongateur *m*, rallonge *f*.
♦ **by extension** *adv phr* par extension.

**extension course** *n* cours *m* d'éducation permanente.

**extension ladder** *n* échelle *f* à coulisse.

**extension lead** *n Br* prolongateur *m*, rallonge *f*.

**extensive** [ɪk'stensɪv] *adj* [desert, powers, knowledge] étendu; [damage] important, considérable; [tests, research, investigation] approfondi; AGR extensif; the issue has been given ~ coverage in the media ce problème a été largement traité dans les médias; to make ~ use of sthg beaucoup utiliser qqch, faire un usage considérable de qqch.

**extensively** [ɪk'stensɪvlɪ] *adv* [damaged, altered, revised] considérablement; [quote] abondamment; [travel, read] beaucoup; [discuss] en profondeur; to use sthg ~ beaucoup utiliser qqch, faire un usage considérable de qqch.

**extent** [ɪk'stent] *n* **-1.** [size, range – of ground, damage, knowledge] étendue *f*; [– of debts] importance *f*; trees ran along the entire ~ of the boulevard des arbres longeaient le boulevard sur toute sa longueur. **-2.** [degree] mesure *f*, degré *m*; these figures show the ~ to which tourism has been affected ces chiffres montrent à quel point le tourisme a été affecté; to that ~ sur ce point, à cet égard; to the ~ that..., to such an ~ that... à tel point que...
♦ **to a large extent, to a great extent** *adv phr* dans une grande mesure, à un haut point OR degré.
♦ **to an extent, to some extent, to a certain extent** *adv phr* dans une certaine mesure, jusqu'à un certain point OR degré.

**extenuating** [ɪk'stenjuᵊeɪtɪŋ] *adj*: ~ circumstances circonstances *fpl* atténuantes.

**exterior** [ɪk'stɪərɪəʳ] ◇ *adj* extérieur; ~ angle MATH angle externe; ~ to extérieur à. ◇ *n* [of house, building] extérieur *m*; [of person] apparence *f*, dehors *m*.

**exterminate** [ɪk'stɜːmɪneɪt] *vt* [pests] exterminer; [race, people] exterminer, anéantir.

**extermination** [ɪk,stɜːmɪ'neɪʃn] *n* [of pests] extermination *f*; [of race, people] extermination *f*, anéantissement *m*.

**exterminator** [ɪk'stɜːmɪneɪtəʳ] *n* [person – gen] exterminateur *m*, -trice *f*; [– of rats, mice] dératiseur *m*; [poison] mort-aux-rats *f inv*.

**external** [ɪk'stɜːnl] ◇ *adj* [events, relations, trade, wall] extérieur; ~ ear oreille *f* externe; 'for ~ use only' PHARM 'à usage externe uniquement'; ~ pressure [on person] pression *f* de l'extérieur; [on device] pression *f* extérieure OR du dehors; ~ examiner UNIV examinateur *m*, -trice *f* venant de l'extérieur; ~ device COMPUT dispositif *m* externe, périphérique *m*.
◇ *n (usu pl)*: he judges people by ~s il juge les gens sur leur apparence.

**externalize, -ise** [ɪk'stɜːnəlaɪz] *vt* extérioriser.

**externally** [ɪk'stɜːnəlɪ] *adv* à l'extérieur; 'to be used ~' PHARM 'à usage externe'.

**extinct** [ɪk'stɪŋkt] *adj* [species, race] disparu; ~ volcano volcan *m* éteint; the horse and plough are nearly ~ le cheval et la charrue sont en voie d'extinction; to become ~ [species, tradition] s'éteindre, disparaître; [method] disparaître.

**extinction** [ɪk'stɪŋkʃn] *n* [of race, species] extinction *f*, disparition *f*; [of fire] extinction *f*.

**extinguish** [ɪk'stɪŋgwɪʃ] *vt* [fire, candle etc] éteindre; *fig* [memory] effacer.

**extinguisher** [ɪk'stɪŋgwɪʃəʳ] *n* extincteur *m*.

**extirpate** ['ekstəpeɪt] *vt fml* extirper.

**extn.** = ext.

**extol, extoll** *Am* [ɪk'stəʊl] (*pt & pp* extolled, *cont* extolling) *vt fml* [person] chanter les louanges de; [system, virtues, merits] vanter.

**extort** [ɪk'stɔːt] *vt* [money] extorquer, soutirer; [confession, promise] extorquer, arracher; to ~ money from sb extorquer OR soutirer de l'argent à qqn.

**extortion** [ɪk'stɔːʃn] *n* [of money, promise, confession] extorsion *f*.

**extortionate** [ɪk'stɔːʃnət] *adj* [price, demand] exorbitant, démesuré.

**extortionately** [ɪk'stɔːʃnətlɪ] *adv* démesurément, excessivement.

**extra** ['ekstrə] ◇ *adj* **-1.** [additional] supplémentaire; I put an ~ jumper on j'ai mis un pull en plus; he made an ~ effort to get there on time il a redoublé d'efforts pour y arriver à l'heure; as an ~ precaution pour plus de précaution; an ~ helping of cake une autre part de gâteau; no ~ charge/cost aucun supplément de prix/frais supplémentaire; service/VAT is ~ le service/la TVA est en supplément; ~ pay supplément de salaire; she asked for an ~ £2 elle a demandé 2 livres de plus; at no ~ charge sans supplément de prix ❏ ~ time [to pay, finish etc] délai *m*; SPORT prolongations *fpl*; the game has gone into ~ time les joueurs sont en train de jouer les prolongations. **-2.** [spare] en plus.
◇ *adv* **-1.** [extremely – polite, kind] extrêmement; [– strong, white] super-; to work ~ hard travailler d'arrache-pied; ~ dry [wine] très sec; [champagne, vermouth] extra-dry *(inv)*; ~ fine [flour, sugar] extrafin, surfin. **-2.** [in addition] plus, davantage; to pay ~ for a double room payer plus OR un supplément pour une chambre double.
◇ *n* **-1.** [addition] supplément *m*; the paper comes with a business ~ le journal est vendu avec un supplément affaires; a car with many ~s une voiture avec de nombreux accessoires en option. **-2.** [in film] figurant *m*, -e *f*. **-3.** [additional charge] supplément *m*. **-4.** [luxury]: little ~s petits extras *mpl* OR luxes *mpl*.

**extra-** *in cpds* extra-; ~large grande taille; ~special ultraspécial; you'll have to take ~special care over it il faudra que tu y fasses super attention.

**extract** [*vb* ɪk'strækt, *n* 'ekstrækt] ◇ *vt* **-1.** [take out – juice, oil, bullet] extraire; [– tooth] arracher, extraire; to ~ a quotation from a passage extraire OR tirer une citation d'un passage. **-2.** [obtain – information] soutirer, arracher; [– money] soutirer; to ~ a confession from sb soutirer OR arracher un aveu à qqn. ◇ *n* **-1.** [from book, piece of music] extrait *m*. **-2.** [substance] extrait *m*; PHARM extrait *m*, essence *f*; beef/malt/vegetable ~ extrait de bœuf/malt/de légumes.

**extraction** [ɪk'strækʃn] *n* **-1.** [removal – of juice, oil, bullet] extraction *f*; [– of tooth] extraction *f*, arrachage *m*. **-2.** [descent] extraction *f*; of noble/humble ~ de noble/modeste extraction; he is of Scottish ~ il est d'origine écossaise.

**extractor** [ɪk'stræktəʳ] *n* [machine, tool] extracteur *m*; [fan] ventilateur *m*, aérateur *m*; juice ~ *Br* presse-fruits *m inv*.

**extractor fan** *n* ventilateur *m*, aérateur *m*.

**extractor hood** *n* [on stove] hotte *f* aspirante.

**extracurricular** [,ekstrəkə'rɪkjʊləʳ] *adj* SCH hors programme, extrascolaire; UNIV hors programme.

**extraditable** ['ekstrə,daɪtəbl] *adj* passible d'extradition.

**extradite** ['ekstrədaɪt] *vt* [send back] extrader; [procure extradition of] obtenir l'extradition de.

**extradition** [,ekstrə'dɪʃn] *n* extradition *f*; [order, treaty] d'extradition.

**extramarital** [,ekstrə'mærɪtl] *adj* extraconjugal; ~ sex rapports *mpl* extraconjugaux.

**extramural** [,ekstrə'mjʊərəl] *adj* **-1.** UNIV [course, studies, acti-

**fecal** *Am* = faecal.

**feces** *Am* = faeces.

**feckless** ['feklɪs] *adj* [ineffectual] incapable, qui manque d'efficacité; [irresponsible] irresponsable.

**fecund** ['fiːkənd] *adj lit* **-1.** *literal* [woman, female animal] fécond. **-2.** *fig* [author] fécond; [imagination] fécond, fertile.

**fecundity** [fɪ'kʌndətɪ] *n lit* **-1.** *literal* [of woman, female animal] fécondité *f*. **-2.** *fig* [of author] fécondité *f*; [of imagination] fécondité *f*, fertilité *f*.

**fed** [fed] ◊ *pt* & *pp* → **feed**. ◊ *n Am inf* agent *m* (du bureau) fédéral ou du FBI.

**Fed** [fed] ◊ *pr n* **-1.** *abbr of* **Federal Reserve Board**. **-2.** *abbr of* **Federal Reserve System**. ◊ **-1.** *written abbr of* **federal**. **-2.** *written abbr of* **federation**.

**federal** ['fedrəl] ◊ *adj* **-1.** [republic, system] fédéral; the Federal Bureau of Investigation→ FBI; the Federal Republic of Germany la République fédérale d'Allemagne; the Federal Reserve Board *organe de contrôle de la banque centrale américaine*; the Federal Reserve System *système bancaire fédéral américain*; the Federal Trade Commission *l'une des deux autorités fédérales chargées du respect de la loi antitrust aux États-Unis*. **-2.** [taxes] fédéral. ◊ *n Am* HIST nordiste *m*, fédéral *m*.

**federalism** ['fedrəlɪzm] *n* fédéralisme *m*.

**federalist** ['fedrəlɪst] ◊ *adj* fédéraliste. ◊ *n* fédéraliste *mf*.

**federalize** ['fedrəlaɪz] ◊ *vt* fédéraliser. ◊ *vi* se fédéraliser.

**federally** ['fedrəlɪ] *adv*: to be ~ funded être financé par le gouvernement fédéral.

**federate** [*vb* 'fedəreɪt, *adj* & *n* 'fedərət] ◊ *vt* fédérer. ◊ *vi* se fédérer. ◊ *adj* fédéré.

**federation** [,fedə'reɪʃn] *n* fédération *f*.

**fedora** [fɪ'dɔːrə] *n* [hat] chapeau *m* mou.

**fed up** *adj inf*: to be ~ en avoir marre, en avoir ras le bol; she's ~ with him elle en a marre de lui; to be ~ (to the back teeth) with sb/with sthg/with doing sthg en avoir (vraiment) marre ou ras le bol de qqn/de qqch/de faire qqch.

**fee** [fiː] *n* **-1.** [of doctor, lawyer] honoraires *mpl*. **-2.** [for speaker, performer] cachet *m*; [retainer – for company director] jetons *mpl* de présence (*d'un administrateur*); [for private tutor] appointements *mpl*; [for translator] tarif *m*; [for agency] commission *f*; for a small ~ contre une somme modique; **school fees** frais *mpl* de scolarité; **entrance** ~ droit *m* d'entrée.

**feeble** ['fiːbəl] *adj* **-1.** [lacking strength] faible. **-2.** [lacking conviction, force – attempt, excuse] piètre; [– argument] léger; [– smile] timide. **-3.** [silly – joke] qui manque de finesse, bête.

**feeble-minded** *adj* faible d'esprit.

**feebly** ['fiːblɪ] *adv* [say, shine] faiblement; [smile] timidement; [suggest] sans (grande) conviction.

**feed** [fiːd] ◊ *vt* (*pt* & *pp* **fed** [fed]) **-1.** [provide food for – person, family] nourrir; [– country] approvisionner; [– army] ravitailler; there are ten mouths to ~ il y a dix bouches à nourrir. **-2.** [give food to – person, animal] donner à manger à; [subj: bird] donner la becquée à; [breastfeed] allaiter; [bottlefeed] donner le biberon à; [fertilize – plant, soil, lawn etc] nourrir; to ~ sthg to sb, to ~ sb sthg donner qqch à manger à qqn; 'please do not ~ the animals' 'prière de ne pas donner à manger aux animaux'. **-3.** *fig* [supply – fire, furnace] alimenter; [– lake, river] se jeter dans; [– imagination, hope, rumour] alimenter, nourrir; to ~ a parking meter mettre des pièces dans un parcmètre. **-4.** [transmit]: the results are fed to the departments concerned les résultats sont transmis aux services concernés; to ~ information to sb, to ~ sb information donner des informations à qqn; [in order to mislead] donner de fausses informations à qqn (*afin de le tromper*) ❑ to ~ sb a line *inf* faire avaler une histoire à qqn. **-5.** TECH [introduce – liquid] faire passer; [– solid] faire avancer; [insert – paper, wire etc] introduire; to ~ data into a computer entrer des données dans un ordinateur. **-6.** THEAT [give cue to] donner la réplique à. **-7.** SPORT passer la balle à, servir.

◊ *vi* [person, animal] manger; [baby – gen] manger; [– breastfeed] téter.

◊ *n* **-1.** [foodstuff for animal] nourriture *f*; [hay, oats etc] fourrage *m*. **-2.** [meal for baby – breast milk] tétée *f*; [– bottled milk] biberon *m*. **-3.** *inf* [meal] repas *m*. **-4.** TECH [introduction – of liquid] alimentation *f*; [– of solid] avancement *m*; [device] dis-

positif *m* d'alimentation ou d'avancement; ~ **pump** pompe *f* d'alimentation ou de circulation. **-5.** *inf* THEAT [cue] réplique *f*; [comedian's partner] faire-valoir *m*.

◆ **feed back** *vt sep* [information, results] renvoyer.

◆ **feed in** *vt sep* [paper, wire] introduire; COMPUT [data] entrer.

◆ **feed on**, **feed upon** *vt insep* se nourrir de; *fig* se repaître de.

◆ **feed up** *vt sep* [animal] engraisser; [goose] gaver; he needs ~ing up [person] il a besoin d'engraisser un peu.

**feedback** ['fiːdbæk] *n* **-1.** ELECTRON rétroaction *f*; [in microphone] effet *m* Larsen; COMPUT réaction *f*, rétroaction *f*, retour *m* ou remontée *f* de l'information; **positive/negative** ~ ELECTRON réactions positives/négatives. **-2.** (*U*) [information] réactions *fpl*, échos *mpl*; we haven't had much ~ from them nous n'avons pas eu beaucoup de réactions ou d'échos de leur part; we welcome ~ from customers nous sommes toujours heureux d'avoir les impressions ou les réactions de nos clients.

**feeder** ['fiːdər] *n* **-1.** [person] mangeur *m*. **-2.** [child's bottle] biberon *m*. **-3.** [feeding device – for cattle] nourrisseur *m*, mangeoire *f* automatique; [– for poultry] mangeoire *f* automatique; [– for machine] chargeur *m*. **-4.** [river] affluent *m*; [road] voie *f* ou bretelle *f* de raccordement; [air route] ligne *f* régionale de rabattement (*regroupant les passagers vers un aéroport principal*). **-5.** ELEC câble *m* ou ligne *f* d'alimentation. ◊ *comp*: ~ **primary school** *école primaire fournissant des élèves à un collège*; ~ **road** voie *f* ou bretelle *f* de raccordement; ~ **route** [in air transport] ligne *f* régionale de rabattement (*regroupant les passagers vers un aéroport principal*).

**feeding** ['fiːdɪŋ] ◊ *n* [of person, baby, animal, machine] alimentation *f*. ◊ *comp*: ~ **cup** MED canard *m*; ~ **ground** ou **grounds** *lieux où viennent se nourrir des animaux*; [for sthg liquid] mécanisme *m* d'alimentation; ~ **time** [for child, animal] heure *f* des repas.

**feed pipe** *n* tuyau *m* d'alimentation.

**feedstuff** ['fiːdstʌf] *n* nourriture *f* ou aliments *mpl* pour animaux.

**feel** [fiːl] (*pt* & *pp* **felt** [felt]) ◊ *vi* (*with complement*) **-1.** [physically]: to ~ hot/cold/hungry/thirsty avoir chaud/froid/faim/soif; my hands/feet ~ cold j'ai froid aux mains/pieds; to ~ good/old/full of energy se sentir bien/vieux/plein d'énergie; I felt really bad about it j'étais dans mes petits souliers; to ~ as though ou as if like *inf* croire que, avoir l'impression que ❑ he's not ~ing himself today il n'est pas en forme aujourd'hui; you'll soon be ~ing (more) yourself ou your old self again tu iras bientôt mieux, tu seras bientôt remis; you're as old as you ~ on a l'âge que l'on veut bien avoir. **-2.** [emotionally]: to ~ glad/sad/undecided être heureux/triste/indécis; to ~ (like) a fool se sentir bête; to ~ (like) a failure avoir l'impression d'être un raté; I know how you ~ je sais ce que tu ressens; if that's how you ~... si c'est comme ça que tu vois les choses...; how do you ~ about him/the plan? qu'est-ce que tu penses de lui/ce projet?, comment le trouves-tu/trouves-tu ce projet?; she ~s very strongly about it elle a une position très arrêtée là-dessus; how do you ~ about him coming to stay with us for a few months? qu'est-ce que ça te ferait s'il venait habiter chez nous pendant quelques mois? **-3.** [in impersonal constructions]: it ~s good to be alive/home c'est bon d'être en vie/chez soi; it ~s strange to be back ça fait drôle d'être de retour; does that ~ better? est-ce que c'est mieux comme ça?; it ~s all wrong for me to be doing this ça me gêne de faire ça; it ~s like spring ça sent le printemps; what does it ~ like ou how does it ~ to be Prime Minister? quelle impression ça fait d'être Premier ministre? **-4.** [give specified sensation]: to ~ hard/soft/smooth/rough être dur/doux/lisse/rêche (au toucher); the room felt hot/stuffy il faisait chaud/l'atmosphère était étouffante dans la pièce; your forehead ~s hot ton front est brûlant; your neck ~s swollen on dirait que ton cou est enflé. **-5.** [be capable of sensation] sentir. **-6.** [grope] = **feel about**. **-7.** *phr*: to ~ like [want, have wish for] avoir envie de; do you ~ like going out tonight? ça te dit de sortir ce soir?

◊ *vt* **-1.** [touch] toucher; [explore] tâter, palper; ~ the quality of this cloth apprécie la qualité de ce tissu ❑ to ~ one's way avancer à tâtons; [in new job, difficult situation etc] avancer avec précaution; to ~ one's way into/out of/up entrer/sortir/monter à tâtons; I'm still ~ing my way je suis en train de m'habituer tout doucement. **-2.** [be aware of –

wind, sunshine, atmosphere, tension] sentir; [– pain] sentir, ressentir; [be sensitive to – cold, beauty] être sensible à; I could ~ myself blushing je me sentais rougir; ~ the weight of it! soupèse-moi ça!; he felt the full force of the blow il a reçu le coup de plein fouet ❏ I can ~ it in my bones j'en ai le pressentiment. **-3.** [experience – sadness, happiness, joy, relief] ressentir, éprouver; [to be affected by – sb's absence, death] être affecté par; to ~ fear/regret avoir peur/des regrets; to ~ the effects of sth ressentir les effets de qqch. **-4.** [think] penser, estimer; I ~ it is my duty to tell you j'estime qu'il est de mon devoir de te le dire; she ~s very strongly that... elle est tout à fait convaincue que...; I can't help ~ing that... je ne peux pas m'empêcher de penser que...; I ~ that things have changed between us j'ai l'impression que les choses ont changé entre nous; you mustn't ~ you have to do it il ne faut pas que tu te sentes obligé de le faire. ◇ n **-1.** [tactile quality, sensation]: this garment has a really nice ~ to it ce vêtement est vraiment agréable au toucher; I like the ~ of cotton next to OR against my skin j'aime bien le contact du coton sur ma peau. **-2.** [act of feeling, touching]: to have a ~ of sth toucher qqch. **-3.** [knack]: to get the ~ of sth s'habituer à qqch; to have a real ~ for translation/music avoir la traduction/la musique dans la peau. **-4.** [atmosphere] atmosphère f; the room has a nice homely ~ (to it) on se sent vraiment bien dans cette pièce; his music has a really Latin ~ (to it) il y a vraiment une influence latine dans sa musique.
◆ **feel about** vi insep [in drawer, pocket] fouiller; to ~ about in the dark for sth chercher qqch à tâtons dans le noir, tâtonner dans le noir pour trouver qqch.
◆ **feel for** vt insep **-1.** [sympathize with]: I ~ for you je compatis; hum comme je te plains!; that poor woman, I ~ for her la pauvre, ça me fait de la peine pour elle. **-2.** [in drawer, handbag, pocket] chercher.
◆ **feel up to** vt insep: to ~ up to (doing) sth [feel like] se sentir le courage de faire qqch; [feel physically strong enough] se sentir la force de faire qqch; [feel qualified, competent] se sentir capable OR à même de faire qqch.

**feeler** ['fiːləʳ] n [of insect] antenne f; [of snail] corne f; [of octopus] tentacule m; to put out ~s fig tâter le terrain.

**feelgood** ['fiːlgʊd] adj inf: it's a real ~ film c'est un film qui donne la pêche.

**feeling** ['fiːlɪŋ] ◇ n **-1.** [sensation] sensation f; she gets a tingling ~ in her fingers elle a une sensation de fourmillement dans les doigts; there's a ~ of spring in the air ça sent le printemps; a ~ of unease came over her elle a commencé à se sentir mal à l'aise. **-2.** [opinion] avis m, opinion f; she has very strong ~s about it elle a des opinions très arrêtées là-dessus; what is your ~ about...? que pensez-vous de...?; the ~ I have is that... à mon avis...; the general ~ is that..., there is a general ~ that... l'opinion générale est que... **-3.** [awareness – relating to the future] pressentiment m; [– caused by external factors] impression f; I had a ~ he would write j'avais le pressentiment qu'il allait écrire; I had a ~ you'd say that j'étais sûr que tu allais dire ça; I have a nasty ~ that... j'ai le mauvais pressentiment que...; I have the ~ you're trying to avoid me j'ai l'impression que tu essaies de m'éviter. **-4.** [sensitivity, understanding] émotion f, sensibilité f; a writer/a person of great ~ un écrivain/une personne d'une grande sensibilité; to play the piano/to sing with ~ jouer du piano/chanter avec cœur OR sentiment; to have a ~ for poetry/music être sensible à OR apprécier la poésie/la musique; you have no ~ for other people les autres te sont indifférents. **-5.** (often pl) [emotion] sentiment m; to have mixed ~s about sb/sth avoir des sentiments mitigés à l'égard de qqn/qqch; ~s are running high les passions sont déchaînées; to hurt sb's ~s blesser qqn; bad OR ill ~ hostilité f; I know the ~ je sais ce que c'est; the ~ is mutual c'est réciproque; to say sth with ~ dire qqch avec émotion ❏ no hard ~s? sans rancune? ◇ adj [person, look] sympathique.

**fee-paying** adj [school] privé; ~ students étudiants qui paient tous les droits d'inscription.

**feet** [fiːt] pl → **foot.**

**feign** [feɪn] vt [surprise, innocence] feindre; [madness, death] simuler; to ~ sleep faire semblant OR mine de dormir; to ~ illness/interest faire semblant OR mine d'être malade/

intéressé.

**feint** [feɪnt] MIL & SPORT ◇ n feinte f. ◇ vi faire une feinte.

**feint-ruled** adj [paper] à réglure légère.

**feisty** ['faɪstɪ] (compar **feistier**, superl **feistiest**) adj inf [lively] plein d'entrain; [combative] qui a du cran.

**felicitous** [fɪ'lɪsɪtəs] adj fml **-1.** [happy] heureux. **-2.** [word] bien trouvé, heureux; [colour combination] heureux.

**felicity** [fɪ'lɪsətɪ] n fml **-1.** [happiness] félicité f. **-2.** [aptness – of word, term] à-propos m, justesse f.

**feline** ['fiːlaɪn] ◇ adj [grace] félin; [characteristic] du chat. ◇ n félin m.

**fell** [fel] ◇ pt → **fall.** ◇ vt [tree] abattre, couper; fig [opponent] abattre, terrasser. ◇ n **-1.** Br GEOG montagne f, colline f; the ~s [high moorland] les landes fpl des plateaux. **-2.** [hide, pelt] fourrure f, peau f. ◇ comp: ~ walking randonnée f en basse montagne; ~ running course f en basse montagne. ◇ adj **-1.** arch OR lit [fierce – person] féroce, cruel; [deadly – disease] cruel. **-2.** phr: in OR at one ~ swoop d'un seul coup.

**fella** ['felə] n inf [man] mec m, type m.

**fellatio** [fe'leɪʃɪəʊ] n fellation f.

**feller** ['feləʳ] Br inf = **fellow** n **1.**

**fellow** ['feləʊ] ◇ n **-1.** inf & dated [man] gars m, type m; a good ~ un type OR gars bien; an old ~ un vieux bonhomme; the poor ~'s just lost his job le pauvre vient juste de perdre son travail; my dear ~ mon cher ami. **-2.** lit [comrade] ami m, -e f, camarade mf; [other human being] semblable mf; [person in same profession] confrère m, consœur f; ~s in misfortune compagnons mpl d'infortune. **-3.** UNIV [professor] professeur m (faisant également partie du conseil d'administration); [postgraduate student] étudiant m, -e f de troisième cycle (souvent chargé de cours); research ~ chercheur m, -euse f dans une université. **-4.** [of society] membre m. ◇ adj: ~ prisoner/student camarade mf de prison/d'études; ~ passenger/sufferer/soldier compagnon m de voyage/d'infortune/d'armes; ~ being OR creature semblable mf, pareil m, -eille f; one's ~ man son semblable; ~ worker [in office] collègue mf (de travail); [in factory] camarade mf (de travail), compagnon m de travail; ~ citizen concitoyen m, -enne f; ~ countryman/countrywoman compatriote mf; an opportunity to meet your ~ translators une occasion de rencontrer vos confrères traducteurs.

**fellow feeling** n sympathie f.

**fellowship** ['feləʊʃɪp] n **-1.** [friendship] camaraderie f; [company] compagnie f. **-2.** [organization] association f, société f; RELIG confrérie f. **-3.** UNIV [scholarship] bourse f d'études de l'enseignement supérieur; [position] poste m de chercheur.

**felon** ['felən] n JUR criminel m, -elle f.

**felony** ['felənɪ] n JUR crime m.

**felt** [felt] ◇ pt & pp → **feel.** ◇ n TEX feutre m; roofing ~ feutre m bitumé. ◇ comp de OR en feutre; ~ pen feutre m.

**felt-tip (pen)** n (stylo m) feutre m.

**fem** [fem] abbr of **feminine.**

**female** ['fiːmeɪl] ◇ adj **-1.** [animal, plant, egg] femelle; [sex, quality, voice, employee] féminin; [vote] des femmes; [equality] de la femme, des femmes; ~ company la compagnie féminine OR des femmes; male and ~ clients des clients et des clientes; there are not enough ~ politicians il n'y a pas assez de femmes sur la scène politique. **-2.** TECH femelle. ◇ n [animal, plant] femelle f; the ~ of the species la femelle ‖ offensive gonzesse f.

**female impersonator** n travesti m (dans un spectacle).

**feminine** ['femɪnɪn] ◇ adj **-1.** [dress, woman, hands etc] féminin; the bedroom is very ~ c'est une vraie chambre de femme; this flat needs the ~ touch cet appartement a besoin de la présence d'une femme. **-2.** GRAMM [ending, form] féminin. ◇ n GRAMM féminin m; in the ~ au féminin.

**femininity** [ˌfemɪ'nɪnətɪ] n féminité f.

**feminism** ['femɪnɪzm] n féminisme m.

**feminist** ['femɪnɪst] ◇ adj féministe. ◇ n féministe mf.

**femur** ['fiːməʳ] n ANAT fémur m.

**fen** [fen] n marais m, marécage m; the Fens région de plaines anciennement marécageuses dans le sud-est de l'Angleterre.

**fence** [fens] ◇ n **-1.** [gen] barrière f; [completely enclosing] barrière f, clôture f; [high and wooden] palissade f; electric/barbed-wire ~ clôture électrique/en fil barbelé ❏ to mend one's ~s with sb [fans, electorate] se refaire une réputation auprès OR regagner les faveurs de qqn; [friends, colleagues] se réconcilier avec qqn; to sit on the ~ ne pas se prononcer, rester neutre. **-2.** [in show-jumping] obstacle *m*; *fig* aller trop vite en besogne. **-3.** ▽ [of stolen goods] receleur *m*, -euse *f*. **-4.** TECH protection *f*. ◇ *comp*: ~ post piquet *m* de clôture. ◇ *vt* **-1.** [land] clôturer. **-2.** ▽ [stolen goods] receler. ◇ *vi* **-1.** SPORT faire de l'escrime. **-2.** [evade question] se dérober; [joust verbally] s'affronter verbalement. **-3.** ▽ [handle stolen goods] faire du recel.

◆ **fence in** *vt sep* **-1.** [garden] clôturer. **-2.** *fig* [restrict – person] enfermer, étouffer.

◆ **fence off** *vt sep* séparer à l'aide d'une clôture.

**fencer** ['fensəʳ] *n* SPORT escrimeur *m*, -euse *f*.

**fencing** ['fensɪŋ] ◇ *n* **-1.** SPORT escrime *f*. **-2.** [fences] clôture *f*, barrière *f*; [material] matériaux *mpl* pour clôture. **-3.** ▽ [handling stolen goods] recel *m*. ◇ *comp* [lesson, match] d'escrime.

**fend** [fend] *vi*: to ~ for o.s. se débrouiller tout seul; [financially] s'assumer, subvenir à ses besoins.

◆ **fend off** *vt sep* [blow] parer; [attack, attacker] repousser; *fig* [question] éluder, se dérober à; [person at door, on telephone] éconduire.

**fender** ['fendəʳ] *n* **-1.** [for fireplace] garde-feu *m inv*. **-2.** NAUT défense *f*. **-3.** *Am* [on car] aile *f*; [on bicycle] garde-boue *m inv*; [on train, tram – shock absorber] pare-chocs *m inv*; [– for clearing track] chasse-pierres *m inv*.

**fennel** ['fenl] *n* fenouil *m*.

**fenugreek** ['fenjʊˌgriːk] *n* fenugrec *m*.

**ferment** [*vb* fəˈment, *n* ˈfɜːment] ◇ *vt* faire fermenter; to ~ trouble *fig* fomenter des troubles. ◇ *vi* fermenter. ◇ *n* **-1.** [agent] ferment *m*; [fermentation] fermentation *f*. **-2.** *fig* [unrest] agitation *f*; to be in (a state of) ~ être en effervescence.

**fermentation** [ˌfɜːmənˈteɪʃn] *n* fermentation *f*.

**fermented** [fəˈmentɪd] *adj* fermenté.

**fern** [fɜːn] *n* fougère *f*.

**ferocious** [fəˈrəʊʃəs] *adj* [animal, appetite, criticism, fighting] féroce; [weapon] meurtrier; [competition] acharné; [heat] terrible, intense; [climate] rude.

**ferociously** [fəˈrəʊʃəslɪ] *adv* [bark, criticize, attack] avec férocité, férocement; [look at sb] d'un œil féroce; this business is ~ competitive ce secteur est caractérisé par une concurrence acharnée.

**ferociousness** [fəˈrəʊʃəsnɪs], **ferocity** [fəˈrɒsətɪ] *n* [of person, animal, attack, criticism] férocité *f*; [of climate] rudesse *f*; [of heat] intensité *f*, caractère *m* torride.

**ferret** ['ferɪt] ◇ *n* furet *m*. ◇ *vi* **-1.** [hunt with ferrets] chasser au furet; to go ~ing aller à la chasse au furet. **-2.** *fig* = **ferret about, ferret around**.

◆ **ferret about** *Br*, **ferret around** *vi insep* [in pocket, drawer] fouiller; [in room] fouiller, fureter; to ~ about for information fureter dans le but de trouver des renseignements.

◆ **ferret out** *vt sep* [information, truth] dénicher.

**Ferris wheel** ['ferɪs-] *n* grande roue *f*.

**ferrous** ['ferəs] *adj* ferreux.

**ferrule** ['feruːl] *n* [of umbrella, walking stick] virole *f*.

**ferry** ['ferɪ] (*pl* **ferries**, *pt* & *pp* **ferried**) ◇ *n* [large] ferry *m*; [small] bac *m*; to take the ~ prendre le ferry OR le bac; a ~ crossing une traversée en ferry OR bac; passenger ~ ferry *m* pour passagers piétons; car ~ car-ferry *m*. ◇ *vt* **-1.** [by large boat – subj: company] transporter en ferry; [by small boat – subj: company] faire traverser en bac; [– subj: boat] transporter. **-2.** *fig* [by vehicle – goods] transporter; [– people] conduire.

**ferryboat** ['ferɪbəʊt] *n* ferry *m*.

**ferryman** ['ferɪmən] (*pl* **ferrymen** [-mən]) *n* passeur *m*.

**fertile** ['fɜːtaɪl] *adj* [land, soil] fertile; [person, couple, animal] fécond; *fig* [imagination] fertile, fécond; a ~ egg un œuf fécondé; to fall on ~ ground *fig* trouver un terrain propice.

**fertility** [fɜːˈtɪlətɪ] ◇ *n* [of land, soil] fertilité *f*; [of person, animal] fécondité *f*; *fig* [of imagination] fertilité *f*, fécondité *f*. ◇ *comp* [rate] de fécondité; [rite, symbol] de fertilité; ~ clinic centre *m* de traitement de la stérilité; ~ drug médicament *m* pour le traitement de la stérilité.

**fertilization** [ˌfɜːtɪlaɪˈzeɪʃn] *n* **-1.** BIOL [of egg] fécondation

*f*. **-2.** AGR [of soil] fertilisation *f*.

**fertilize, -ise** ['fɜːtɪlaɪz] *vt* **-1.** BIOL [animal, plant, egg] féconder. **-2.** AGR [land, soil] fertiliser.

**fertilizer** ['fɜːtɪlaɪzəʳ] *n* AGR engrais *m*.

**ferule** ['feruːl] = **ferrule**.

**fervent** ['fɜːvənt] *adj* [desire, supporter etc] fervent, ardent; he is a ~ believer in reincarnation il croit ardemment à la réincarnation.

**fervently** ['fɜːvəntlɪ] *adv* [beg, desire, speak etc] avec ferveur; [believe] ardemment.

**fervour** *Br*, **fervor** *Am* ['fɜːvəʳ] *n* ferveur *f*.

**fester** ['festəʳ] *vi* **-1.** [wound] suppurer; *fig* [memory, resentment] s'aigrir. **-2.** *Br inf* [do nothing] buller.

**festival** ['festəvl] *n* [of music, film etc] festival *m*; RELIG fête *f*; street ~ festival de rue.

**festive** ['festɪv] *adj* [atmosphere] de fête; the ~ season la période des fêtes; to be in ~ mood [person] se sentir d'une humeur de fête; the village is in ~ mood une ambiance de fête règne dans le village; to look ~ [place] être décoré comme pour une fête.

**festivity** [fesˈtɪvətɪ] (*pl* **festivities**) *n* [merriness] fête *f*.

◆ **festivities** *npl* festivités *fpl*; the Christmas festivities les fêtes *fpl* de Noël.

**festoon** [feˈstuːn] ◇ *n* feston *m*, guirlande *f*. ◇ *vt* orner de festons, festonner; to be ~ed in sthg *fig* [draped with] être couvert de qqch.

**festoon blind** *n* store *m* autrichien.

**feta** ['fetə] *n*: ~ (cheese) feta *f*.

**fetal** *Am* = **foetal**.

**fetch** [fetʃ] ◇ *vt* **-1.** [go to get] aller chercher; [come to get] venir chercher; to ~ sb from the station/from school aller chercher qqn à la gare/à l'école; go/run and ~ him va/va vite le chercher; to ~ sb in faire rentrer qqn; to ~ sthg in rentrer qqch; she ~ed him down from upstairs elle est montée le chercher. **-2.** [generate – response, laugh] susciter; the joke ~ed a laugh la plaisanterie a suscité des rires; it ~ed no response cela n'a suscité OR soulevé aucune réaction. **-3.** [be sold for – money] rapporter; [– price] atteindre; it should ~ you £8,000 cela devrait vous rapporter 8 000 livres, vous devriez en tirer 8 000 livres; the painting ~ed £8,000 le tableau a atteint la somme de 8 000 livres. **-4.** *fml* [utter – sigh, groan] pousser. **-5.** *inf* [deal – blow]: he ~ed him one with his right fist il lui a flanqué OR envoyé un droit. ◇ *vi* aller chercher; ~! [to dog] va chercher!

◆ **fetch up** *inf* ◇ *vi insep* **-1.** [end up] se retrouver; to ~ up in hospital/in a ditch se retrouver à l'hôpital/dans un fossé. **-2.** [vomit] rendre. ◇ *vt sep* [vomit] rendre.

**fetching** ['fetʃɪŋ] *adj* [smile, person, look] séduisant; [hat, dress] seyant.

**fête** [feɪt] ◇ *n* fête *f*, kermesse *f*; village ~ fête du village. ◇ *vt* fêter.

**fetid** ['fetɪd] *adj* fétide.

**fetish** ['fetɪʃ] *n* PSYCH & RELIG fétiche *m*; to have a ~ for sthg être un fétichiste de qqch; to have a ~ for OR to make a ~ of sthg être obsédé par qqch, être un maniaque de qqch.

**fetishism** ['fetɪʃɪzm] *n* PSYCH & RELIG fétichisme *m*; food ~ obsession *f* pour la nourriture.

**fetishist** ['fetɪʃɪst] *n* PSYCH & RELIG fétichiste *mf*; food ~ personne *f* obsédée par la nourriture.

**fetishistic** [ˌfetɪˈʃɪstɪk] *adj* PSYCH fétichiste.

**fetlock** ['fetlɒk] *n* [horse – part of leg] partie *f* postérieure du pied; [– joint] boulet *m*; [– hair] fanon *m*.

**fetter** ['fetəʳ] *vt* [slave, prisoner] enchaîner; [horse] entraver; *fig* entraver.

◆ **fetters** *npl* [of prisoner] fers *mpl*, chaînes *fpl*; [of horse] entraves *fpl*; *fig* [of marriage, job] chaînes *fpl*, sujétions *fpl*; in ~s [prisoner] enchaîné; *fig* entravé; to put sb in ~s mettre qqn aux fers; *fig* entraver qqn.

**fettle** ['fetl] *n inf*: to be in fine OR good ~ aller bien.

**fetus** *Am* = **foetus**.

**feud** [fjuːd] ◇ *n* [between people, families] querelle *f*; [more aggressive – between families] vendetta *f*; a bloody ~ une vendetta; to have a ~ with sb être à couteaux tirés avec qqn. ◇ *vi* se quereller, se disputer; to ~ with sb (over sthg) se quereller OR se disputer avec qqn (pour qqch).

**feudal** ['fju:dl] *adj* [society, system] féodal; *pej* [extremely old-fashioned] moyenâgeux.

**feudalism** ['fju:dəlɪzm] *n* féodalisme *m*.

**feuding** ['fju:dɪŋ] *n* (U) querelle *f*, querelles *fpl*; [more aggressive] vendetta *f*.

**fever** ['fi:vər] *n* **-1.** MED [illness] fièvre *f*; to have a ~ [high temperature] avoir de la température OR de la fièvre; to have a high ~ avoir beaucoup de température OR de fièvre. **-2.** *fig* excitation *f* fébrile; a ~ of anticipation une attente fiévreuse OR fébrile; football/election/gold ~ fièvre *f* du football/des élections/de l'or; gambling ~ démon *m* du jeu; to be in a ~ about sthg [nervous, excited] être tout excité à cause de qqch.

**fevered** ['fi:vəd] *adj* [brow] fiévreux; *fig* [imagination] enfiévré.

**feverish** ['fi:vərɪʃ] *adj* MED fiévreux; *fig* [activity, atmosphere] fébrile.

**fever pitch** *n fig*: things are at ~ here l'excitation ici est à son comble; excitement is rising to ~ l'excitation est de plus en plus fébrile.

**few** [fju:] ◇ *det* **-1.** [not many] peu de; so/too ~ books to read si/trop peu de livres à lire; there are four books too ~ il manque quatre livres; with ~ exceptions à peu d'exceptions près, sauf de rares exceptions ‖ *(with def art, poss adj etc)*: on the ~ occasions that I have met him les rares fois où je l'ai rencontré; her ~ remaining possessions le peu de biens qui lui restaient; these ~ precious souvenirs ces quelques précieux souvenirs ❑ visitors are ~ and far between les visiteurs sont rares. **-2.** [indicating an unspecified or approximate number]: the first ~ copies les deux ou trois premiers exemplaires; in the past/next ~ days pendant les deux ou trois derniers/prochains jours; he's been living in London for the past ~ years ça fait quelques années qu'il habite à Londres; these past ~ weeks have been wonderful ces dernières semaines ont été merveilleuses. ◇ *pron* [not many]: how many of them are there? — very ~ combien sont-ils? — très peu nombreux; I didn't realize how ~ there were je ne m'étais pas rendu compte qu'ils étaient aussi peu nombreux; ~ could have predicted the outcome peu de personnes OR rares sont ceux qui auraient pu prévoir le résultat; the ~ who knew her les quelques personnes qui la connaissaient ❑ the chosen ~ les heureux élus.

◆ **a few** ◇ *det phr* quelques; he has a ~ more friends than I have il a un peu plus d'amis que moi; a ~ more days/months/years quelques jours/mois/années de plus. ◇ *pron phr* quelques-uns, quelques-unes; we need a ~ more/less il nous en faut un peu plus/moins; a ~ of you quelques-uns d'entre vous ❑ he's had a ~ (too many) *inf* [drinks] il a bu un coup (de trop); to name but a ~ pour n'en citer que quelques-uns; not a ~ pas peu.

◆ **a good few**, **quite a few** ◇ *det phr* un assez grand nombre de. ◇ *pron phr* un assez grand nombre; quite a ~ of us/of the books un assez grand nombre d'entre nous/de livres.

**fewer** ['fju:ər] *(compar of* few*)* ◇ *det* moins de; there have been ~ accidents than last year il y a eu moins d'accidents que l'an dernier; ~ and ~ people de moins en moins de gens; the ~ people turn up the better moins il y aura de monde et mieux ce sera. ◇ *pron* moins; there are ~ of you than I thought vous êtes moins nombreux que je ne le pensais; the ~ the better moins il y en a mieux c'est; how many days are you going to spend there? — the ~ the better combien de jours vas-tu passer là-bas? — le moins possible.

**fewest** ['fju:ɪst] *(superl of* few*)* ◇ *adj* le moins de; the ~ mistakes possible le moins d'erreurs possible; this is the part where the ~ people live c'est la région la moins peuplée. ◇ *pron*: I had the ~ c'est moi qui en ai eu le moins.

**fey** [feɪ] *adj* [whimsical – person, behaviour] bizarre.

**fez** [fez] *n* fez *m*.

**fiancé** [fɪ'ɒnseɪ] *n* fiancé *m*.

**fiancée** [fɪ'ɒnseɪ] *n* fiancée *f*.

**fiasco** [fɪ'æskəʊ] *(pl* fiascos OR fiascoes*)* *n* fiasco *m*; it was a ~ ça a été un véritable fiasco.

**fiat** ['faɪæt] *n* [decree] décret *m*.

**fib** [fɪb] *inf* ◇ *n* petit mensonge *m*; to tell ~s raconter des histoires. ◇ *vi* raconter des histoires.

**fibber** ['fɪbər] *n inf* menteur *m*, -euse *f*.

**fibre** *Br*, **fiber** *Am* ['faɪbər] *n* **-1.** [of cloth, wood] fibre *f*; moral ~ *fig* force *f* morale; to love sb/sthg with every ~ of one's being *fig* aimer qqn/qqch de tout son être. **-2.** *(U)* [in diet] fibres *fpl*; high-~ diet régime *m* OR alimentation *f* riche en fibres.

**fibreboard** *Br*, **fiberboard** *Am* ['faɪbəbɔ:d] *n* panneau *m* de fibres.

**fibreglass** *Br*, **fiberglass** *Am* ['faɪbəglɑ:s] ◇ *n* fibre *f* de verre. ◇ *comp* [boat, hull etc] en fibre de verre.

**fibre optic** ◇ *n*: ~s fibre *f* optique, fibres *fpl* optiques. ◇ *adj* [cable] en fibres optiques.

**fibrillation** [,faɪbrɪ'leɪʃn] *n* fibrillation *f*.

**fibroid** ['faɪbrɔɪd] ◇ *adj* [tissue] fibreux; ~ tumour fibrome *m*; ◇ *n* [tumour] fibrome *m*.

**fibrositis** [,faɪbrə'saɪtɪs] *n* (U) fibrosite *f*.

**fibrous** ['faɪbrəs] *adj* fibreux.

**fibula** ['fɪbjʊlə] *(pl* fibulas OR fibulae [-li:]*)* *n* ANAT péroné *m*.

**fickle** ['fɪkl] *adj* [friend, fan] inconstant; [weather] changeant, incertain; [lover] inconstant, volage.

**fiction** ['fɪkʃn] *n* **-1.** (U) LITERAT ouvrages *mpl* OR œuvres *fpl* de fiction; a work OR piece of ~ un ouvrage OR une œuvre de fiction. **-2.** [invention] fiction *f*; we'll have to keep up the ~ a little longer il nous faudra continuer encore un peu à faire semblant. ◇ *comp*: ~ writer auteur *m* d'ouvrages de fiction.

**fictional** ['fɪkʃənl] *adj* fictif; a well-known ~ character un célèbre personnage de la littérature.

**fictitious** [fɪk'tɪʃəs] *adj* [imaginary, invented] fictif.

**fiddle** ['fɪdl] ◇ *n* **-1.** MUS [instrument] violon *m*; to be as fit as a ~ être en pleine forme, être frais comme un gardon; to play second ~ to sb jouer les seconds violons OR rôles auprès de qqn. **-2.** *inf* [swindle] truc *m*, combine *f*; to work a ~ *Br* combiner quelque chose; to be on the ~ traficoter. ◇ *vi* **-1.** [be restless]: stop fiddling! tiens-toi tranquille!, arrête de remuer!; to ~ with sthg [aimlessly, nervously] jouer avec qqch; [interfere with] jouer avec OR tripoter qqch. **-2.** [tinker] bricoler; to ~d with the knobs on the television il a tourné les boutons de la télé dans tous les sens. **-3.** MUS jouer du violon; to ~ while Rome burns s'occuper de futilités alors qu'il est urgent d'agir. **-4.** *inf* [cheat] trafiquer. ◇ *vt* **-1.** *inf* [falsify – results, financial accounts] truquer, falsifier; [– election] truquer; he ~d it so that he got the results he wanted il a trafiqué pour obtenir les résultats qu'il voulait. **-2.** *inf* [gain dishonestly – money, time off] carotter. **-3.** *inf* [swindle – person]: he ~d me out of £20 il m'a refait de 20 livres. **-4.** [play – tune] jouer au violon.

◆ **fiddle about** *Br*, **fiddle around** *vi insep* **-1.** [fidget] jouer. **-2.** *inf* [mess about] bricoler; [loaf about, waste time] traînasser.

**fiddler** ['fɪdlər] *n inf* **-1.** MUS joueur *m*, -euse *f* de violon, violoniste *mf*. **-2.** [swindler] arnaqueur *m*, -euse *f*.

**fiddlesticks** ['fɪdlstɪks] *interj inf* & *dated* [in disagreement] balivernes *fpl*, sornettes *fpl*; [in annoyance] bon sang de bonsoir.

**fiddling** ['fɪdlɪŋ] ◇ *adj* [trivial – job] futile, insignifiant. ◇ *n* **-1.** [fidgeting]: stop your ~! arrête de gigoter!-**2.** *inf* [swindling] trafic *m*, falsification *f*.

**fiddly** ['fɪdlɪ] *adj inf* [awkward – job, task] délicat, minutieux; [– small object] difficile à manier, difficile à tenir entre les doigts.

**fidelity** [fɪ'delətɪ] *n* **-1.** [of people] fidélité *f*.-**2.** [of translation] fidélité *f*.-**3.** ELECTRON fidélité *f*.

**fidget** ['fɪdʒɪt] *inf* ◇ *vi* [be restless] avoir la bougeotte, gigoter; stop ~ing! arrête de gigoter!; to ~ with sthg jouer avec qqch, tripoter qqch. ◇ *n* **-1.** [restless person]: she's such a ~ elle ne tient pas en place, elle gigote tout le temps. **-2.** *phr*: to have OR to get the ~s [be restless, nervous] ne pas tenir en place.

**fidgety** ['fɪdʒɪtɪ] *adj inf* qui ne tient pas en place.

**fief** [fi:f] *n* HIST & *fig* fief *m*.

**field** [fi:ld] ◇ *n* **-1.** AGR champ *m*.-**2.** SPORT [pitch] terrain *m*; the ~ [in baseball] les défenseurs *mpl*; Smith is way ahead of the (rest of the) ~ Smith est loin devant OR devance largement les autres; there's a very strong ~ for the 100 metres il y a une très belle brochette de concurrents OR participants au départ du 100 mètres ❑ sports OR games ~ terrain de sport; to take the ~ entrer sur le terrain; to lead the ~ [in

race] mener la course, être en tête; *fig* [in sales, area of study] être en tête; [subj: theory] faire autorité; to play the ~ *inf* [romantically] jouer sur plusieurs tableaux. **-3.** [of oil, minerals etc] gisement *m*. **-4.** MIL: ~ (of battle) champ *m* de bataille; bravery in the ~ bravoure sur le champ de bataille; to hold the ~ ne pas lâcher de terrain, tenir. **-5.** [sphere of activity, knowledge] domaine *m*; in the political ~, in the ~ of politics dans le domaine politique; what's your ~?, what ~ are you in? quel est ton domaine?**-6.** [practice rather than theory] terrain *m*; to work/to study in the ~ travailler/étudier sur le terrain. **-7.** PHYS & OPTICS champ *m*; ~ of vision champ visuel OR de vision ‖ MIL: ~ of fire champ *m* de tir. **-8.** COMPUT champ *m*.**-9.** HERALD [on coat of arms, coin] champ *m*; [on flag] fond *m*.
◊ *vt* **-1.** [team] présenter; [player] faire jouer; MIL [men, hardware] réunir; [POL [candidate] présenter. **-2.** [in cricket, baseball – ball] arrêter (et renvoyer); to ~ a question *fig* savoir répondre à une question.
◊ *vi* [in cricket, baseball] être en défense, tenir le champ.
**field ambulance** *n* MIL ambulance *f*.
**field artillery** *n* MIL artillerie *f* de campagne.
**field day** *n* SCH journée *f* en plein air; MIL jour *m* des grandes manœuvres; to have a ~ *inf* & *fig* s'en donner à cœur joie.
**fielder** ['fiːldər] *n* [in cricket, baseball] joueur *m* de l'équipe défendante OR champ.
**field events** *npl* SPORT concours *mpl* (d'athlétisme).
**field glasses** *npl* jumelles *fpl*.
**field gun** *n* MIL canon *m*.
**field hockey** *n Am* hockey *m* (sur gazon).
**field hospital** *n* MIL antenne *f* chirurgicale, hôpital *m* de campagne.
**field marshal** *n* MIL maréchal *m*.
**fieldmouse** ['fiːldmaʊs] (*pl* **fieldmice** [-maɪs]) *n* mulot *m*.
**field officer** *n* MIL officier *m* supérieur.
**field study** *n* étude *f* sur le terrain.
**field test** *n* essai *m* sur le terrain.
◆ **field-test** *vt* [machine] soumettre à des essais sur le terrain.
**field trials** *npl* [for machine] essais *mpl* sur le terrain.
**field trip** *n* SCH & UNIV voyage *m* d'études; [of one afternoon, one day] sortie *f* d'études.
**fieldwork** ['fiːldwɜːk] *n* (U) travaux *mpl* sur le terrain; [research] recherches *fpl* sur le terrain.
**field worker** *n* [social worker] travailleur *m* social, travailleuse *f* sociale; [researcher] chercheur *m*, -euse *f* de terrain.
**fiend** [fiːnd] *n* **-1.** [demon] démon *m*, diable *m*; [evil person] monstre *m*.**-2.** *inf* [fanatic, freak] mordu *m*, -e *f*, fana *mf*; tennis ~ fana OR mordu de tennis; sex ~ satyre *m*; [in newspaper headline] maniaque *m* sexuel.
**fiendish** ['fiːndɪʃ] *adj* **-1.** [fierce – cruelty, look] diabolique, démoniaque. **-2.** *inf* [plan, cunning] diabolique; [very difficult – problem] abominable, atroce.
**fiendishly** ['fiːndɪʃlɪ] *adv* **-1.** [cruelly] diaboliquement. **-2.** *inf* [extremely]: ~ difficult abominablement OR atrocement difficile.
**fierce** [fɪəs] *adj* **-1.** [animal, person, look, words] féroce. **-2.** [heat, sun] torride; [competition, fighting, loyalty, resistance] acharné; [battle, criticism, desire, hatred, temper] féroce.
**fiercely** ['fɪəslɪ] *adv* **-1.** *literal* férocement; to look ~ at sb regarder qqn d'un air féroce. **-2.** *fig* [argue, attack, criticize, fight] violemment; [resist] avec acharnement; [independent] farouchement; it is a ~ competitive business c'est un secteur où la concurrence est acharnée; to be ~ loyal to sb faire preuve d'une loyauté à toute épreuve OR farouche envers qqn.
**fierceness** ['fɪəsnɪs] *n* **-1.** [of animal, look, person] férocité *f*.**-2.** [of desire] violence *f*; [of sun] ardeur *f*; [of resistance] acharnement *m*; [of criticism] férocité *f*.
**fiery** ['faɪərɪ] *adj* [heat, sun, coals] ardent; [speech] violent, fougueux; [temper] fougueux; [sky, sunset] embrasé; [curry] très épicé; ~ red hair cheveux d'un roux flamboyant ❏ the ~ cross *Am* la croix en flammes (*symbole du Ku Klux Klan*).
**fiesta** [fɪ'estə] *n* fiesta *f*.
**FIFA** ['fiːfə] (*abbr of* **Fédération Internationale de Football Association**) *pr n* FIFA *f*.

**fife** [faɪf] *n* MUS fifre *m*.
**fifteen** [fɪf'tiːn] ◊ *det* quinze; about ~ people une quinzaine de personnes; to be ~ avoir quinze ans. ◊ *n* **-1.** [numeral] quinze *m inv*; about ~ une quinzaine. **-2.** [in rugby] quinze *m*; the opposing ~ l'équipe rivale. ◊ *pron* quinze; ~ is not enough quinze, ce n'est pas assez.
**fifteenth** [fɪf'tiːnθ] ◊ *det* quinzième; Louis the Fifteenth Louis Quinze. ◊ *n* [fraction] quinzième *m*; [in series] quinzième *mf*; *see also* **fifth**.
**fifth** [fɪfθ] ◊ *det* cinquième; a ~ part un cinquième; on the ~ day of the month le cinq du mois; in ~ place à la cinquième place; ~ from the end/right cinquième en partant de la fin/droite; on the ~ floor *Br* au cinquième étage; *Am* au quatrième étage; ~ gear AUT cinquième vitesse; ~ form *Br* SCH ≃ classe de seconde ❏ to feel like a ~ wheel avoir l'impression d'être la cinquième roue du carrosse; Fifth Amendment Cinquième Amendement *m* (*de la Constitution des États-Unis, permettant à un accusé de ne pas répondre à une question risquant de jouer en sa défaveur*); Fifth Avenue la cinquième avenue; the Fifth Republic la Cinquième OR Vᵉ République; George the Fifth Georges Cinq.
◊ *n* **-1.** [day of month] cinq *m inv*; the ~, on the ~ le cinq; July ~ *Am*, the ~ of July, July the ~ le cinq juillet ❏ the ~ of November *jour anniversaire de la conspiration des poudres aussi appelé Guy Fawkes' Day* ‖ [fraction] cinquième *m*; [in series] cinquième *mf*.**-2.** MUS quinte *f*.**-3.** *Am* [Fifth Amendment]: I'll take the Fifth *Am* expression utilisée par une personne appréhendée pour invoquer le Cinquième Amendement.
◊ *adv* **-1.** [in contest] en cinquième position, à la cinquième place. **-2.** = **fifthly**.
**fifth-generation** *adj* COMPUT de cinquième génération.
**fifthly** ['fɪfθlɪ] *adv* cinquièmement.
**fiftieth** ['fɪftɪəθ] ◊ *adj* cinquantième. ◊ *n* [fraction] cinquantième *m*; [in series] cinquantième *mf*.
**fifty** ['fɪftɪ] ◊ *det* cinquante; about ~ people une cinquantaine de personnes. ◊ *n* **-1.** [numeral] cinquante *m inv*; about ~ une cinquantaine; to be ~ avoir cinquante ans; the fifties les années cinquante; in the early/late fifties au début/à la fin des années cinquante; she is in her fifties elle a dans les cinquante ans; to be in one's early/late fifties avoir une petite cinquantaine/la cinquantaine bien sonnée; he must be close to OR getting on for ~ il doit approcher de la cinquantaine; to do ~ AUT ≃ faire du quatre-vingts. **-2.** *Am* [money] billet *m* de cinquante (dollars). ◊ *pron* cinquante; there are ~ (of them) il y en a cinquante. ◊ *comp*: ~-one cinquante et un; ~-two/-three cinquante-deux/-trois; ~-first cinquante et unième; ~-second cinquante-deuxième; there were ~-odd people at the party il y avait une cinquantaine de personnes à la soirée.
**fifty-fifty** ◊ *adj*: on a ~ basis moitié-moitié, fifty-fifty; his chances of winning/surviving are ~ il a une chance sur deux de gagner/de s'en tirer. ◊ *adv* moitié-moitié, fifty-fifty; to go ~ (with sb on sthg) faire moitié-moitié OR fifty-fifty (avec qqn pour qqch).
**fig** [fɪg] *n* [fruit] figue *f*; [tree] figuier *m*; it's not worth a ~ *inf* & *dated* ça ne vaut pas un radis; I don't give OR care a ~ what she thinks je me contrefiche de ce qu'elle pense.
**fight** [faɪt] (*pt* & *pp* **fought** [fɔːt]) ◊ *n* **-1.** [physical] bagarre *f*; [verbal] dispute *f*; [of army, boxer] combat *m*, affrontement *m*; [against disease, poverty etc] lutte *f*, combat *m*; do you want a ~? tu veux te battre?; to have OR to get into a ~ with sb [physical] se battre avec qqn; [verbal] se disputer avec qqn; you've been in a ~ again tu t'es encore battu OR bagarré; to pick a ~ (with sb) chercher la bagarre (avec qqn); a ~ to the death une lutte à mort; are you going to the ~? [boxing match] est-ce que tu vas voir le combat?; to put up a (good) ~ (bien) se défendre; to give in without (putting up) a ~ capituler sans (opposer de) résistance; he realized he would have a ~ on his hands il s'est rendu compte qu'il allait devoir lutter. **-2.** [fighting spirit] combativité *f*; there's not much ~ left in him il a perdu beaucoup de sa combativité.
◊ *vi* [physically – person, soldier] se battre; [– boxer] combattre; [– two boxers] s'affronter; [verbally] se disputer; [against disease, injustice etc] lutter; to ~ to the death/the last se battre à mort/jusqu'à la fin; he fought in the war il a fait la guerre; they were always ~ing over OR about money ils se

disputaient toujours pour des problèmes d'argent; **the children were** ~**ing over the last biscuit** les enfants se disputaient (pour avoir) le dernier biscuit; **to** ~ **for one's rights/to clear one's name** lutter pour ses droits/pour prouver son innocence; **they fought for the leadership of the party** ils se sont disputé la direction du parti; **he fought for breath** il se débattait OR il luttait pour respirer; **to** ~ **for one's life** [ill person] lutter contre la mort; *fig* [in race, competition] se battre avec la dernière énergie, se démener ❏ **to go down** ~**ing** se battre jusqu'au bout; **to** ~ **shy of doing sthg** tout faire pour éviter de faire qqch.

◊ *vt* [person, animal] se battre contre; [boxer] combattre (contre), se battre contre; [disease, terrorism, fire etc] lutter contre, combattre; **to** ~ **a duel** se battre en duel; **to** ~ **a battle** livrer (une) bataille; **I'm not going to** ~ **your battles for you** *fig* c'est à toi de te débrouiller; **to** ~ **a court case** [subj: lawyer] défendre une cause; [subj: plaintiff, defendant] être en procès; **to** ~ **an election** [politician] se présenter à une élection; **to** ~ **an election campaign** *Br* mener une campagne électorale; **I'll** ~ **you for it** on réglera ça par une bagarre; **to** ~ **a losing battle (against sthg)** livrer une bataille perdue d'avance (contre qqch); **she fought the urge to laugh** elle essayait de réprimer une forte envie de rire; **don't** ~ **it** [pain, emotion] n'essaie pas de lutter; **you've got to** ~ **it** il faut que tu te battes; **to** ~ **sb/a newspaper in court** emmener qqn/un journal devant les tribunaux, faire un procès à qqn/à un journal; **to** ~ **one's way through the crowd/the undergrowth** se frayer un passage à travers la foule/les broussailles; **to** ~ **one's way to the top of one's profession** se battre pour atteindre le sommet de sa profession; **he fought his way back to power** c'est en luttant qu'il est revenu au pouvoir.

◆ **fight back** ◊ *vi insep* [in physical or verbal dispute] se défendre, riposter; [in boxing, football match] se reprendre; [in race] revenir. ◊ *vt sep* [tears] refouler; [despair, fear, laughter] réprimer.

◆ **fight off** *vt sep* [attack, enemy, advances] repousser; [sleep] combattre; [disease] résister à; **she has to** ~ **men off** [has a lot of admirers] elle a des admirateurs à la pelle OR à ne plus savoir qu'en faire.

◆ **fight on** *vi insep* continuer le combat.

◆ **fight out** *vt sep*: **just leave them to** ~ **it out** laisse-les se bagarrer et régler cela entre eux.

**fightback** ['faɪtbæk] *n* reprise *f*.

**fighter** ['faɪtə<sup>r</sup>] ◊ *n* **-1.** [person who fights] combattant *m*, -e *f*; [boxer] boxeur *m*; **he's a** ~ *fig* c'est un battant. **-2.** [plane] avion *m* de chasse, chasseur *m*. ◊ *comp* [pilot] de chasseur, d'avion de chasse; [squadron] de chasseurs, d'avions de chasse; [plane] de chasse.

**fighter-bomber** *n* MIL chasseur *m* bombardier.

**fighting** ['faɪtɪŋ] ◊ *n* (U) [physical] bagarre *f*, bagarres *fpl*; [verbal] dispute *f*, disputes *fpl*, bagarre *f*, bagarres *fpl*; MIL combat *m*, combats *mpl*; ~ **broke out between police and fans** une bagarre s'est déclenchée entre la police et les fans; ~ **is not allowed in the playground** il est interdit de se bagarrer dans la cour. ◊ *comp* [forces, unit] de combat; ~ **cock** coq *m* de combat; ~ **men** MIL combattants *mpl*; **to be in with** OR **to have a** ~ **chance** avoir de bonnes chances; **to be** ~ **fit** être dans une forme éblouissante, avoir la forme olympique; ~ **spirit** esprit *m* combatif; **that's** ~ **talk!** c'est un langage offensif!

**fig leaf** *n* BOT feuille *f* de figuier; [on statue, in painting] feuille *f* de vigne; *fig* camouflage *m*.

**figment** ['fɪgmənt] *n*: **a** ~ **of the imagination** un produit OR une création de l'imagination.

**figurative** ['fɪgərətɪv] *adj* **-1.** [language, meaning] figuré. **-2.** ART figuratif.

**figuratively** ['fɪgərətɪvlɪ] *adv* au (sens) figuré.

**figure** [*Br* 'fɪgə<sup>r</sup>, *Am* 'fɪgjər] ◊ *n* **-1.** [number, symbol] chiffre *m*; [amount] somme *f*; **six-**~ **number** nombre de six chiffres; **his salary is in** OR **runs to six** ~**s** ≈ il gagne plus d'un million de francs; **in round** ~**s** en chiffres ronds; **to be in double** ~**s** [inflation, unemployment] dépasser la barre OR le seuil des 10 %; **to put a** ~ **on sthg** [give cost] évaluer le coût de OR chiffrer qqch; **I couldn't put a** ~ **on the number of people there** je ne pourrais pas dire combien de personnes il y avait; **she's good at** ~**s** elle est bonne en calcul; **name your**

~ [to purchaser, seller] quel est votre prix?**-2.** [human shape] ligne *f*; **she has a good** ~ elle a une jolie silhouette, elle est bien faite; **to look after one's** ~ faire attention à sa ligne; **to keep/to lose one's** ~ garder/perdre la ligne ❏ **a fine** ~ **of a woman/man** une femme/un homme qui a de l'allure; **to cut a fine** ~ avoir beaucoup d'allure; **to cut a sorry** ~ faire piètre figure. **-3.** [human outline] silhouette *f*. **-4.** [character in novel, film etc] personnage *m*; **the group of** ~**s on the left** le groupe de personnes à gauche ❏ **key** ~ personnage central; ~ **of fun** objet *m* de risée OR ridicule. **-5.** [in geometry, skating, dancing] figure *f*; ~ **of eight** *Br*, ~ **eight** *Am* huit *m*.**-6.** [illustration, diagram] figure *f*.**-7.** [rhetorical]: ~ **of speech** figure *f* de rhétorique; **it was just a** ~ **of speech** ce n'était qu'une façon de parler. **-8.** [statuette] figurine *f*.

◊ *vi* **-1.** [appear] figurer, apparaître; **where do I** ~ **in all this?** quelle est ma place dans tout cela?; **guilt** ~**s quite a lot in his novels** la culpabilité OR tient une place relativement importante dans ses romans; **she** ~**d prominently in the scandal** elle a été très impliquée dans le scandale. **-2.** *inf* [make sense] sembler logique OR normal; **that** ~**s!** [I'm not surprised] tu m'étonnes!; [that makes sense] c'est logique; **it just doesn't** ~ *Am* ça n'a pas de sens ❏ **go** ~! *Am* qui aurait imaginé ça?

◊ *vt* **-1.** *inf* [reckon] penser; **we** ~**d something like that must have happened** nous pensions OR nous nous doutions bien que quelque chose de ce genre était arrivé. **-2.** *Am inf*= **figure out 1. -3.** [decorate – silk] brocher; ~**d velvet** *Br* velours *m* figuré. **-4.** MUS chiffrer.

◆ **figure on** *vt insep inf* [plan on] compter.

◆ **figure out** *vt sep* **-1.** [understand – person] arriver à comprendre; **we couldn't** ~ **it out** nous n'arrivions pas à comprendre OR saisir. **-2.** [work out – sum, cost etc] calculer; ~ **it out for yourself** réfléchis donc un peu; **she still hasn't** ~**d out how to do it** elle n'a toujours pas trouvé comment faire.

**figurehead** ['fɪgəhed] *n* NAUT figure *f* de proue; *fig* [of organization, society] représentant *m* nominal, représentante *f* nominale; *pej* homme *m* de paille.

**figure skating** ◊ *n* patinage *m* artistique. ◊ *comp* [champion, championship] de patinage artistique.

**figurine** [*Br* 'fɪgəri:n, *Am* ,fɪgjə'ri:n] *n* figurine *f*.

**Fiji** ['fi:dʒi:] *pr n* Fidji; **in** ~ à Fidji; **the** ~ **Islands** les îles *fpl* Fidji; **in the** ~ **Islands** aux îles Fidji.

**Fijian** [,fi:'dʒi:ən] ◊ *n* [person] Fidjien *m*, -enne *f*. ◊ *adj* fidjien.

**filament** ['fɪləmənt] *n* BOT & ELEC filament *m*.

**filch** [fɪltʃ] *vt inf* [steal] piquer.

**file** [faɪl] ◊ *n* **-1.** [folder] chemise *f*; [box] classeur *m*.**-2.** [dossier, documents] dossier *m*; [series or system of files] fichier *m*; **to have/to keep sthg on** ~ avoir/garder qqch dans ses dossiers; **it's on** ~ c'est dans les dossiers, c'est classé; **we have placed your CV on** ~ OR **in our** ~**s** nous avons classé votre CV dans nos dossiers; **to have/to keep a** ~ **on** avoir/garder un dossier sur; **to open/to close a** ~ **on** ouvrir/fermer un dossier sur; **the police have started their** ~ **on the case** la police a classé l'affaire. **-3.** COMPUT fichier *m*; **data on** ~ données *fpl* sur fichier; **data** ~ fichier de données. **-4.** [row, line] file *f*; **in single** OR **Indian** ~ en OR à la file indienne. **-5.** [for metal, fingernails] lime *f*.

◊ *comp*: ~ **copy** copie *f* à classer; ~ **name** COMPUT nom *m* de fichier.

◊ *vt* **-1.** [documents, information] classer; **to be** ~**d under a letter/subject** être classé sous une lettre/dans une catégorie. **-2.** JUR: **to** ~ **a suit against sb** intenter un procès à qqn; **to** ~ **a complaint (with the police/the manager)** déposer une plainte (au commissariat/auprès du directeur); **to** ~ **a claim** déposer une demande; **to** ~ **a claim for damages** intenter un procès en dommages-intérêts; **to** ~ **a petition in bankruptcy** déposer son bilan. **-3.** [metal] limer; **to** ~ **one's fingernails** se limer les ongles; **to** ~ **through sthg** limer qqch.

◊ *vi* **-1.** [classify documents, information] faire du classement. **-2.** [walk one behind the other]: **they** ~**d up the hill** ils sont monté la colline en file (indienne) OR les uns derrière les autres; **the troops** ~**d past the general** les troupes ont défilé devant le général; **they all** ~**d in/out** ils sont tous entrés/sortis à la file.

◆ **file away** *vt sep* **-1.** [documents] classer. **-2.** [rough edges] polir à la lime; [excess material] enlever à la lime.

◆ **file down** *vt sep* [metal, fingernails, rough surface] polir à la lime.

◆ **file for** *vt insep*: to ~ for divorce demander le divorce.

**file cabinet** *n Am* classeur *m*.

**file clerk** *n Am* documentaliste *mf*.

**file management** *n* COMPUT gestion *f* de fichiers.

**file server** *n* COMPUT serveur *m* de fichiers.

**filet** *Am* = **fillet**.

**filial** ['fɪljəl] *adj* [devotion, respect] filial.

**filibuster** ['fɪlɪbʌstəʳ] POL ◇ *n* obstruction *f* (parlementaire). ◇ *vi* faire de l'obstruction; ~ing tactics tactiques obstructionnistes. ◇ *vt* [legislation] faire obstruction à.

**filibustering** ['fɪlɪbʌstərɪŋ] *n* POL obstructionnisme *m*.

**filigree** ['fɪlɪgriː] ◇ *n* filigrane *m*. ◇ *adj* en or de filigrane.

**filing** ['faɪlɪŋ] *n* **-1.** [of documents] classement *m*; I still have a lot of ~ to do j'ai encore beaucoup de choses à classer. **-2.** JUR [of complaint, claim] dépôt *m*.

**filing cabinet** *n* classeur *m*.

**filing clerk** *n* documentaliste *mf*.

**filings** ['faɪlɪŋz] *npl* [of metal] limaille *f*.

**Filipino** [,fɪlɪ'piːnəʊ] (*pl* **Filipinos**) ◇ *n* [person] Philippin *m*. ◇ *adj* philippin.

**fill** [fɪl] ◇ *n*: to eat one's ~ manger à sa faim, se rassasier; to drink one's ~ boire tout son soûl ❏ I've had my ~ of it/her *inf* j'en ai assez/assez d'elle.

◇ *vt* **-1.** [cup, glass, bottle] remplir; [room, streets – subj: people, smoke, laughter] envahir; [chocolates] fourrer; [cake, pie] garnir; [vegetables] farcir; [pipe] bourrer; to ~ a page with writing remplir une page d'écriture; wind ~ed the sails le vent a gonflé les voiles; she ~ed his head with nonsense elle lui a bourré le crâne de bêtises; to be ~ed with people [room, street] être plein OR rempli de gens; to be ~ed with horror/admiration être rempli d'horreur/d'admiration; it ~ed me with sorrow cela m'a profondément peiné. **-2.** [plug – hole] boucher; [– tooth] plomber; to have a tooth ~ed se faire plomber une dent; the product ~ed a gap in the market le produit a comblé un vide sur le marché ❏ ...or I'll ~ you full of lead! [shoot]...ou je te farcis le crâne de plomb! **-3.** [position, vacancy – subj: employee] occuper; [– subj: employer] pourvoir; to ~ the office of president remplir les fonctions de président; the post has been ~ed le poste a été pris OR pourvu. **-4.** [occupy – time] occuper. **-5.** [meet – requirement] répondre à. **-6.** [supply]: to ~ an order [in bar, restaurant] apporter ce qui a été commandé; [for stationery, equipment etc] livrer une commande.

◇ *vi* [room, bath, bus] se remplir; [sail] se gonfler; her eyes ~ed with tears ses yeux se sont remplis de larmes.

◆ **fill in** ◇ *vi insep* faire une remplacement; to ~ in for sb remplacer qqn. ◇ *vt sep* **-1.** [hole, window, door] boucher; he ~ed it in in green [outline] il l'a colorié OR rempli en vert. **-2.** [complete – form, questionnaire] compléter, remplir; [insert – name, missing word] insérer. **-3.** [bring up to date] mettre au courant; to ~ sb in on sthg mettre qqn au courant de qqch. **-4.** [use – time] occuper; he's just ~ing in time il fait ça pour s'occuper OR pour occuper son temps.

◆ **fill out** ◇ *vi insep* **-1.** [cheeks] se remplir; [person] s'étoffer. **-2.** [sails] se gonfler. ◇ *vt sep* **-1.** [complete – form] remplir. **-2.** [pad out – essay, speech] étoffer.

◆ **fill up** ◇ *vi insep* se remplir; to ~ up with petrol faire le plein d'essence; don't ~ up on biscuits, you two! ne vous gavez pas de biscuits, vous deux! ◇ *vt sep* **-1.** [make full] remplir; [person with food] rassasier; he ~ed the car up il a fait le plein (d'essence). **-2.** [use – day, time] occuper. **-3.** = **fill out** *vt sep* **1**.

**filler** ['fɪləʳ] *n* **-1.** [for holes, cracks] mastic *m*; [for cavity, open space] matière *f* de remplissage. **-2.** [funnel] entonnoir *m*. **-3.** [in quilt, bean bag etc] matière *f* de rembourrage; [in cigar] tripe *f*. **-4.** PRESS & TV bouche-trou *m*. **-5.** LING: ~ (word) mot *m* de remplissage.

**filler cap** *n* bouchon *m* du réservoir d'essence.

**fillet** ['fɪlɪt] ◇ *n* CULIN filet *m*; two pieces of ~ steak deux biftecks dans le filet; ~ steak is expensive le filet de bœuf est cher. ◇ *vt* [meat, fish – prepare] préparer; [cut into fillets – fish] faire des filets dans, lever les filets de; [– meat] faire des

steaks dans; ~ed sole filets *mpl* de sole.

**filling** ['fɪlɪŋ] ◇ *adj* [foodstuff] bourratif. ◇ *n* **-1.** [in tooth] plombage *m*; I had to have a ~ il a fallu qu'on me fasse un plombage. **-2.** CULIN [for cake, pie – sweet] garniture *f*; [for vegetables, poultry – savoury] farce *f*; they all have different ~s [chocolates] ils sont tous fourrés différemment.

**filling station** *n* station-service *f*, station *f* d'essence.

**fillip** ['fɪlɪp] *n* coup *m* de fouet; to give sb/sthg a ~ donner un coup de fouet à qqn/qqch.

**filly** ['fɪlɪ] (*pl* **fillies**) *n* **-1.** [horse] pouliche *f*. **-2.** *inf* & *dated* [girl] fille *f*.

**film** [fɪlm] ◇ *n* **-1.** [thin layer – of oil, mist, dust] film *m*, pellicule *f*; plastic ~ film plastique. **-2.** PHOT pellicule *f*; a roll of ~ une pellicule. **-3.** CIN film *m*; the ~ of the book le film tiré du livre; full-length/short-length ~ (film) long/court métrage *m*; to shoot OR to make a ~ (about sthg) tourner OR faire un film (sur qqch); to be in ~s faire du cinéma. ◇ *comp* [critic, star, producer] de cinéma; [clip, premiere] d'un film; [sequence] de film; [archives, award, rights] cinématographique; ~ buff *inf* cinéphile *mf*; the ~ crew les techniciens du film; ~ director metteur *m* en scène; the ~ industry l'industrie *f* cinématographique OR du cinéma; ~ maker cinéaste *mf*; ~ set plateau *m* de tournage; ~ speed PHOT sensibilité *f* d'une pellicule; ~ strip bande *f* (de film) fixe; ~ studio studio *m* (de cinéma). ◇ *vt* [event, people] filmer; CIN [scene] filmer, tourner. ◇ *vi* **-1.** [record] filmer; CIN tourner. **-2.** = **film over**.

◆ **film over** *vi insep* s'embuer, se voiler.

**filmgoer** ['fɪlm,gəʊəʳ] *n* amateur *m* de cinéma, cinéphile *mf*; she is a regular ~ elle va régulièrement au cinéma.

**filming** ['fɪlmɪŋ] *n* CIN tournage *m*.

**filmset** ['fɪlmset] *vt Br* photocomposer.

**filmsetter** ['fɪlm,setəʳ] *n Br* [machine] photocomposeuse *f*; [person] photocompositeur *m*.

**filmsetting** ['fɪlm,setɪŋ] *n Br* photocomposition *f*.

**filmy** ['fɪlmɪ] *adj* [material] léger, vaporeux, aérien.

**filo** ['fiːləʊ] *n* CULIN: ~ (pastry) *pâte feuilletée très fine utilisée dans les pâtisseries moyen-orientales*.

**Filofax®** ['faɪləʊfæks] *n* agenda *m* modulaire.

**filter** ['fɪltəʳ] ◇ *n* **-1.** CHEM, MECH & PHOT filtre *m*. **-2.** *Br* AUT flèche *f* lumineuse (*autorisant le dégagement des voitures à droite ou à gauche*). ◇ *comp*: ~ coffee café *m* filtre; ~ lane *Br* AUT voie *f* de dégagement; ~ paper papier *m* filtre. ◇ *vt* [coffee, oil, water etc] filtrer. ◇ *vi* **-1.** [liquid, light] filtrer. **-2.** *Br* AUT suivre la voie de dégagement.

◆ **filter in** *vi insep* [light, sound, information, news] filtrer; [people] entrer petit à petit.

◆ **filter out** ◇ *vt sep* [sediment, impurities] éliminer par filtrage OR filtration. ◇ *vi insep* [people] sortir petit à petit.

**filter tip** *n* [tip] (bout *m*) filtre *m*; [cigarette] cigarette *f* (bout) filtre.

**filter-tipped** *adj* [cigarette] (bout) filtre.

**filth** [fɪlθ] *n* (U) **-1.** [on skin, clothes] crasse *f*; [in street] saleté *f*. **-2.** [obscene books, films etc] ordures *fpl*, obscénités *fpl*; [obscene words, jokes] grossièretés *fpl*, obscénités *fpl*. **-3.** ▽ *Br*: the ~ [police] les flics *mpl*.

**filthy** ['fɪlθɪ] (*compar* **filthier**, *superl* **filthiest**) ◇ *adj* **-1.** [dirty] dégoûtant, crasseux. **-2.** [obscene, smutty – language, talk, jokes] grossier, obscène, ordurier; [– person] grossier, dégoûtant; [– film, book, photograph] obscène, dégoûtant; [– habit] dégoûtant; to have a ~ mind avoir l'esprit mal tourné. **-3.** *inf* [nasty – temper, day] atroce, abominable; [– trick] vicieux, méchant; [– look] méchant; [– weather] sale; he's in a ~ mood il est de sale humeur, il est d'une humeur massacrante. ◇ *adv*: to be ~ rich *inf* être plein aux as.

**filtrate** ['fɪltreɪt] *n* filtrat *m*.

**filtration** [fɪl'treɪʃn] *n* filtrage *m*, filtration *f*.

**filtration plant** *n* station *f* d'épuration.

**Fimbra** ['fɪmbrə] (*abbr of* **Financial Intermediaries, Managers and Brokers Regulatory Association**) *pr n organisme britannique contrôlant les activités des courtiers d'assurances*.

**fin** [fɪn] *n* **-1.** [of fish] nageoire *f*; [of shark] aileron *m*; [of boat] dérive *f*. **-2.** [of aircraft, spacecraft] empennage *m*; [of rocket, bomb] ailette *f*. **-3.** AUT [of radiator] ailette *f*.

**final** ['faɪnl] ◇ *adj* **-1.** [last] dernier; ~ demand dernier rap-

pel *m*; the ~ irony le comble de l'ironie; a ~-year student UNIV un étudiant en OR de dernière année. **-2.** [definitive] définitif; [score] final; that's my ~ offer c'est ma dernière offre; I'm not moving, and that's ~! je ne bouge pas, un point c'est tout!; the referee's decision is ~ la décision de l'arbitre est sans appel; is that your ~ answer? c'est ta réponse définitive?; nothing's ~ yet il n'y a encore rien de définitif, rien n'est encore arrêté. **-3.** PHILOS [cause] final; GRAMM [clause] de but, final. ◇ *n* **-1.** SPORT finale *f*; to get to the ~ OR ~s arriver en finale. **-2.** PRESS dernière édition *f*; late ~ dernière édition du soir.
◆ **finals** *npl* UNIV examens *mpl* de dernière année.

**finale** [fɪ'nɑːlɪ] *n* MUS finale *m*; *fig* final *m*, finale *m*.

**finalist** ['faɪnəlɪst] *n* [in competition] finaliste *mf*.

**finality** [faɪ'næləti] *n* [of decision, death] irrévocabilité *f*, caractère *m* définitif.

**finalization** [ˌfaɪnəlaɪ'zeɪʃn] *n* [of details, plans, arrangements] mise *f* au point; [of deal, agreement] conclusion *f*.

**finalize, -ise** ['faɪnəlaɪz] *vt* [details, plans] mettre au point; [deal, decision, agreement] mener à bonne fin; [preparations] mettre la dernière main OR touche à, mettre la touche finale à; [date] arrêter; [of deal, agreement] conclusion *f*; nothing has been ~d yet rien n'a encore été décidé OR arrêté.

**finally** ['faɪnəlɪ] *adv* **-1.** [eventually] finalement, enfin; she ~ agreed to come elle a fini par accepter de venir; ~! enfin!**-2.** [lastly] enfin; and, ~, I would like to say... et pour finir je voudrais dire que... **-3.** [irrevocably] définitivement; no, she said ~ non, dit-elle fermement.

**finance** [*n* 'faɪnæns, *vb* faɪ'næns] ◇ *n* (U) [money management] finance *f*; [financing] financement *m*; in the world of French ~ dans le monde français de la finance ❑ high ~ la haute finance; Minister/Ministry of Finance ministre *m*/ministère *m* des Finances. ◇ *vt* financer; [project, enterprise] financer, trouver les fonds pour.
◆ **finances** *npl* finances *fpl*, fonds *mpl*.

**finance company** *n* établissement *m* de crédit.

**finance director** *n* directeur *m* financier.

**financial** [fɪ'nænʃl] *adj* financier; but does it make ~ sense? mais est-ce que c'est avantageux OR intéressant du point de vue financier?; ~ adviser conseiller *m* financier; ~ backer bailleur *m* de fonds; ~ controller contrôleur *m* financier; director directeur *m* financier; ~ services services *mpl* financiers.

**financially** [fɪ'nænʃəlɪ] *adv* financièrement; are they ~ sound? est-ce qu'ils ont une bonne assise financière?

**Financial Times** *pr n*: the ~ quotidien britannique d'information financière.

**financial year** *n*: the ~ [in business] l'exercice *m* financier; [in politics] l'année *f* budgétaire.

**financier** [fɪ'nænsɪər] *n* financier *m*.

**finch** [fɪntʃ] *n* fringillidé *m* spec; [goldfinch] chardonneret *m*; [chaffinch] pinson *m*; [bullfinch] bouvreuil *m*.

**find** [faɪnd] (*pt* & *pp* **found** [faʊnd]) ◇ *vt* **-1.** [by searching] trouver; [lost thing, person] retrouver; the police could ~ no reason OR explanation for his disappearance la police n'arrivait pas à expliquer sa disparition; I can't ~ my place [in book] je ne sais plus où j'en suis; my wallet/he was nowhere to be found mon portefeuille/il était introuvable ‖ [look for, fetch] chercher; go and ~ me a pair of scissors va me chercher une paire de ciseaux ❑ to ~ one's feet [in new job, situation] prendre ses repères; I'm still ~ing my feet je ne suis pas encore complètement dans le bain; she couldn't ~ it in her heart OR herself to say no elle n'a pas eu le cœur de dire non; to ~ one's way trouver son chemin; I'll ~ my own way out je te trouverai la sortie tout seul; somehow, the book had found its way into my room somehow que je sache comment, le livre s'était retrouvé dans ma chambre. **-2.** [come across by chance] trouver; we left everything as we found it nous avons tout laissé dans l'état où nous l'avions trouvé; the complete list is to be found on page 18 la liste complète se trouve page 18; I found her waiting outside je l'ai trouvée qui attendait dehors; to ~ happiness/peace trouver le bonheur/la paix ❑ I take people as I ~ them je prends les gens comme ils sont. **-3.** [expressing an opinion, personal view] trouver; I ~ her very pretty je la trouve très jolie; she ~s it very difficult/impossible to talk about it il

lui est très difficile/impossible d'en parler; he ~s it very hard/impossible to make friends il a beaucoup de mal à/il n'arrive pas à se faire des amis ❑ Rovers have been found wanting OR lacking in defence les Rovers ont fait preuve de faiblesse au niveau de la défense. **-4.** [discover, learn] constater; they came back to ~ the house had been burgled à leur retour, ils ont constaté que la maison avait été cambriolée; I think you'll ~ I'm right je pense que tu t'apercevras que j'ai raison. **-5.** JUR: to ~ sb guilty/innocent déclarer qqn coupable/non coupable; how do you ~ the accused? déclarez-vous l'accusé coupable ou non coupable?**-6.** [reflexive use]: to ~ o.s.: I woke up to ~ myself on a ship je me suis réveillé sur un bateau; I ~/found myself in an impossible situation je me trouve/me suis retrouvé dans une situation impossible; she found herself forced to retaliate elle s'est trouvée dans l'obligation de riposter.
◇ *vi* JUR: to ~ for/against the plaintiff prononcer en faveur de l'accusation/de la défense.
◇ *n* [object] trouvaille *f*; [person] merveille *f*.
◆ **find out** ◇ *vi insep* **-1.** [investigate, make enquiries] se renseigner; to ~ out about sthg se renseigner sur qqch. **-2.** [learn, discover]: his wife/his boss found out sa femme/son chef a tout découvert; his wife found out about his affair sa femme a découvert qu'il avait une liaison; what if the police ~ out? et si la police l'apprend?; I didn't ~ out about it in time je ne l'ai pas su à temps.
◇ *vt sep* **-1.** [learn, discover – truth, real identity] découvrir; [– answer, phone number] trouver; [– by making enquiries, reading instructions] se renseigner sur; what have you found out about him/it? qu'est-ce que tu as découvert sur lui/là-dessus?; can you ~ out the date of the meeting for me? est-ce que tu peux te renseigner sur la date de la réunion?; when I found out the date of the meeting quand j'ai appris la date de la réunion; I found out where he'd put it j'ai trouvé où il l'avait mis. **-2.** [catch being dishonest] prendre; [show to be a fraud] prendre en défaut; make sure you don't get found out veille à ne pas te faire prendre; you've been found out tu as été découvert.

**finder** ['faɪndər] *n* **-1.** [of lost object]: it becomes the property of the ~ celui/celle qui l'a trouvé en devient propriétaire ❑ ~s keepers (, losers weepers) celui qui le trouve le garde. **-2.** [of camera] viseur *m*.

**finding** ['faɪndɪŋ] *n* **-1.** [discovery, conclusion]: ~s conclusions *fpl*, résultats *mpl*.**-2.** JUR verdict *m*.

**fine** [faɪn] (*compar* **finer**, *superl* **finest**) ◇ *adj* **-1.** [of high quality – meal, speech, view] excellent; [beautiful and elegant – clothes, house] beau, *before vowel or silent 'h'* bel (*f* belle); [– fabric] précieux; this is very ~ workmanship c'est un travail d'une grande qualité; she is a very ~ athlete c'est une excellente athlète; she is a ~ lady [admirable character] c'est une femme admirable; [elegant] c'est une femme élégante; to appeal to sb's finer feelings faire appel aux nobles sentiments de qqn; a ~ example un bel exemple; of the finest quality de première qualité; made from the finest barley fabriqué à base d'orge de la meilleure qualité; her finest hour was winning the gold elle a eu son heure de gloire quand elle a remporté la médaille d'or. **-2.** [very thin – hair, nib, thread] fin; it's a ~ line la différence OR la distinction est infime OR très subtile. **-3.** [not coarse – powder, grain, drizzle] fin; [– features, skin] fin, délicat; to chop OR to cut sthg (up) ~ hacher qqch menu ❑ to cut it ~ calculer juste. **-4.** [good, OK]: how are you? — ~, thanks comment ça va? — bien, merci; more coffee? — no thanks, I'm ~ encore du café? — non, ça va, merci; the tent's ~ for two, but too small for three la tente convient pour deux personnes, mais elle est trop petite pour trois; I'll be back in about an hour or so — ~ je serai de retour d'ici environ une heure — d'accord OR entendu OR très bien; I was a bit worried about the new job, but it turned out ~ in the end j'étais un peu inquiet à propos de mon nouveau travail mais ça s'est finalement bien passé; that's ~ by OR with me ça me va; that's all very ~, but what about me? tout ça c'est bien joli, mais moi qu'est-ce que je deviens dans l'affaire? **-5.** [well]: that looks ~ to me cela m'a l'air d'aller; he looks ~ now [in health] il a l'air de bien aller maintenant; you look just ~, it's a very nice dress tu es très bien, c'est une très jolie robe; that sounds ~ [suggestion, idea] très bien, parfait; [way of playing music] cela rend très bien. **-6.** Br [weather] beau; a ~ day une

belle journée; there will be ~ weather OR it will be ~ in all parts of the country il fera beau OR il y aura du beau temps dans tout le pays; I hope it keeps ~ for you j'espère que tu auras du beau temps; one of these ~ days un de ces jours; one ~ day un beau jour. **-7.** [subtle – distinction, language] subtil; [precise – calculations] minutieux, précis; ~ detail petit détail *m* ❑ not to put too ~ a point on it pour parler carrément. **-8.** *inf* & *iron* [awful, terrible]: that's a ~ thing to say! c'est charmant de dire ça!; look at you, you're in a ~ state! non mais tu t'es vu, ah tu es dans un bel état!; you picked a ~ time to leave me/tell me! tu as bien choisi ton moment pour me quitter/me le dire!; you're a ~ one to talk! ça te va bien de dire ça!; here's another ~ mess you've got me into! tu m'as encore mis dans un beau pétrin!; a ~ friend you are! eh bien, tu fais un bon copain/une bonne copine!; this is a ~ time to come in/get up! c'est à cette heure-ci que tu rentres/te lèves?
◇ *adv* [well] bien; yes, that suits me ~ oui, cela me va très bien; the baby is doing ~ le bébé va très bien.
◇ *n* [punishment] amende *f*, contravention *f*; to impose a ~ on sb infliger une amende à qqn; a parking ~ une contravention OR amende pour stationnement illégal.
◇ *vt* [order to pay] condamner à une amende, donner une contravention à; she was ~d heavily elle a été condamnée à une lourde amende OR contravention; she was ~d for speeding elle a reçu une contravention pour excès de vitesse.
**fine art** *n* (U) beaux-arts *mpl*; he's got it down to a ~ *inf* il est expert en la matière.
**fine-drawn** *adj fig* [distinction] subtil; [features] fin.
**fine-grained** *adj* [wood] à fibres fines, à fil fin; ~ leather cuir *m* à grain peu apparent.
**finely** ['faɪnlɪ] *adv* **-1.** [grated, ground, sliced] finement; ~ chopped haché menu, finement haché; ~ powdered en poudre fine. **-2.** [delicately, subtly – tuned] avec précision; the situation is very ~ balanced la situation est caractérisée par un équilibre précaire. **-3.** [carved, sewn etc] délicatement.
**fineness** ['faɪnnɪs] *n* **-1.** [of clothes, manners] raffinement *m*; [of work of art, features, handwriting] finesse *f*. **-2.** [of sand, sugar etc] finesse *f*. **-3.** [purity – of metal] pureté *f*. **-4.** [thinness – of thread, hair, nib] finesse *f*; *fig* [of detail, distinction] subtilité *f*.
**finery** ['faɪnərɪ] *n* (U) parure *f*; the princess in all her ~ la princesse dans or parée de ses plus beaux atours; to be dressed in all one's ~ porter sa tenue d'apparat.
**finesse** [fɪ'nes] ◇ *n* **-1.** [skill] finesse *f*. **-2.** CARDS impasse *f*.
◇ *vi* CARDS: to ~ against a card faire l'impasse à une carte.
◇ *vt* CARDS: to ~ a card faire l'impasse en jouant une carte.
**fine-tooth(ed) comb** *n* peigne *m* fin; to go through sthg with a ~ *fig* passer qqch au peigne fin.
**fine-tune** *vt* [machine, engine, radio] régler avec précision; *fig* [plan] peaufiner; [economy] *régler grâce à des mesures fiscales et monétaires*.
**finger** ['fɪŋgər] ◇ *n* **-1.** ANAT doigt *m*; to wear a ring on one's ~ porter une bague au doigt; she ran her ~s through his hair elle a passé ses doigts OR sa main dans ses cheveux; to lick one's ~s se lécher les doigts; a ~'s breadth un doigt; to point a ~ at sb/sthg montrer qqn/qqch du doigt ❑ to twist sb round one's little ~ faire ce qu'on veut de qqn; to be all ~s and thumbs avoir des mains de beurre, avoir deux mains gauches; get OR pull your ~ out!⁷ *Br* remue-toi!; to have a ~ in every pie jouer sur tous les tableaux; if you lay a ~ on her si tu touches à un seul de ses cheveux; to keep one's ~s crossed croiser les doigts (*pour souhaiter bonne chance*); to point the ~ (of suspicion) at sb diriger les soupçons sur qqn; the ~ of suspicion points at the accountant les soupçons pèsent sur le comptable; to put the ~ on sb *inf* [inform against] balancer OR donner qqn; to put one's ~ on sthg [identify] mettre le doigt sur qqch; something has changed but I can't put my ~ on it il y a quelque chose de changé mais je n'arrive pas à dire ce que c'est; to have one's ~ on the pulse [person] être très au fait de ce qui se passe; [magazine, TV programme] être à la pointe de l'actualité; to put two ~s up at sb *Br inf*, to give sb the ~ *Am inf* ≃ faire un bras d'honneur à qqn; success/happiness/the suspect slipped through his ~s le succès/le bonheur/le suspect lui a glissé entre les doigts; to work one's ~s to the bone

s'épuiser à la tâche; you never lift OR raise a ~ to help tu ne lèves jamais le petit doigt pour aider. **-2.** [of glove] doigt *m*. **-3.** [of alcohol] doigt *m*; [of land] bande *f*; to cut a cake into ~s couper un gâteau en petits morceaux rectangulaires.
◇ *comp*: ~ exercises MUS exercices *mpl* de doigté; ~ puppet marionnette *f* à doigt. ◇ *vt* **-1.** [feel] tâter du doigt; *pej* tripoter. **-2.** MUS doigter, indiquer le doigté de. **-3.** ⁷ [inform on] balancer, donner.
**fingerboard** ['fɪŋgəbɔːd] *n* MUS touche *f*.
**finger bowl** *n* rince-doigts *m inv*.
**fingered** ['fɪŋgəd] *adj* **-1.** [dirty, soiled] qui a été tripoté. **-2.** MUS doigté.
**fingering** ['fɪŋgərɪŋ] *n* **-1.** MUS [technique, numerals] doigté *m*. **-2.** *pej* [touching] tripotage *m*. **-3.** [knitting wool] laine *f* fine à tricoter.
**fingerless** ['fɪŋgələs] *adj*: ~ glove mitaine *f*.
**fingermark** ['fɪŋgəmɑːk] *n* trace *f* OR marque *f* de doigt.
**fingernail** ['fɪŋgəneɪl] *n* ongle *m* (de la main); to hang on by one's ~s *literal* se retenir du bout des doigts; *fig* se raccrocher comme on peut.
**finger paint** *n* peinture *f* pour peindre avec les doigts.
**fingerprint** ['fɪŋgəprɪnt] ◇ *n* empreinte *f* digitale; five different sets of ~s cinq empreintes digitales différentes; his ~s are all over it *literal* c'est couvert de ses empreintes digitales; *fig* tout indique que c'est lui; to take sb's ~s prendre les empreintes digitales de qqn ❑ genetic ~ empreinte OR code *m* génétique. ◇ *comp*: ~ expert spécialiste *mf* en empreintes digitales OR en dactyloscopie. ◇ *vt* [person] prendre les empreintes digitales de; [object, weapon] relever les empreintes digitales sur; to ~ sb genetically identifier l'empreinte OR le code génétique de qqn.
**fingerprinting** ['fɪŋgə,prɪntɪŋ] *n* (U) [of person] prise *f* d'empreintes digitales; [of object] relevé *m* d'empreintes digitales; DNA OR genetic ~ identification *f* de l'empreinte OR du code génétique.
**fingertip** ['fɪŋgətɪp] ◇ *n* bout *m* du doigt; he rolled a cigarette between his ~s il s'est roulé une cigarette entre les doigts ❑ to have information at one's ~s [be conversant with] connaître des informations sur le bout des doigts; [readily available] avoir des informations à portée de main. ◇ *comp*: ~ controls commandes *fpl* à touches.
**finicky** ['fɪnɪkɪ] *adj* **-1.** [person] pointilleux, tatillon *pej*; [habit] tatillon; to be ~ about sthg être pointilleux OR *pej* tatillon sur qqch. **-2.** [job, task] minutieux.
**finish** ['fɪnɪʃ] ◇ *n* **-1.** [end, closing stage – of life, game etc] fin *f*; [– of race] arrivée *f*; a close ~ [in race] une arrivée serrée OR dans un mouchoir ❑ to fight to the ~ se battre jusqu'au bout; it was a fight to the ~ la partie fut serrée; to be in at the ~ voir la fin. **-2.** [created with paint, varnish, veneer] finitions *fpl*. **-3.** [quality of workmanship, presentation etc] finition *f*; his prose/acting lacks ~ sa prose/son jeu manque de poli. **-4.** SPORT [of athlete] finish *m*. **-5.** [shot at goal] but *m*.
◇ *vt* **-1.** [end, complete – work, meal, school] finir, terminer, achever; [– race] finir, terminer; [consume – supplies, food, drink] finir, terminer; to ~ doing sthg finir OR terminer de faire qqch; when do you ~ work? [time] à quelle heure est-ce que tu finis?; [date] quand OR à quelle date finis-tu?; to be in a hurry to get sthg ~ed être pressé de finir OR terminer qqch. **-2.** [ruin – sb's career] mettre un terme à; [– sb's chances] détruire, anéantir. **-3.** [exhaust] achever, tuer. **-4.** [put finish on – wood, garment] finir, mettre les finitions à.
◇ *vi* **-1.** [come to an end, film etc] (se) finir, se terminer, s'achever; [complete activity – person] finir, terminer; to ~ by doing sthg finir OR terminer en faisant qqch; please let me ~ [speaking] s'il te plaît, laisse-moi finir OR terminer; to ~ first/third [in race] arriver premier/troisième; where did he ~? [in race] en quelle position est-il arrivé OR a-t-il fini?; the runner ~ed strongly/well [in race] le coureur a fini fort/a bien fini.
◆ **finish off** ◇ *vi insep* [in speech, meal] finir, terminer. ◇ *vt sep* **-1.** [complete – work, letter] finir, terminer, achever; [– passing move in sport] terminer, finir, conclure. **-2.** [consume – drink] finir, terminer. **-3.** [kill – person, wounded animal] achever; *fig* [exhaust – person] achever, tuer; fierce competition ~ed the industry off *fig* une concurrence féroce a eu raison de cette industrie.
◆ **finish up** ◇ *vi insep* [end up] finir; to ~ up in jail/hospital

finir en prison/à l'hôpital; they ~ed up arguing ils ont fini par se disputer; she ~ed up a nervous wreck à la fin c'était une vraie boule de nerfs, elle a fini à bout de nerfs. ◇ *vt sep* [meal, food, drink] finir, terminer.

◆ **finish with** *vt insep* **-1.** [have no further use for] ne plus avoir besoin de; I haven't ~ed with it yet j'en ai encore besoin. **-2.** [want no more contact with] en finir avec. **-3.** [end relationship] rompre avec. **-4.** [stop punishing] régler son compte à; just wait till I ~ with him attends que je lui règle son compte, attends que j'en aie fini avec lui.

**finished** ['fɪnɪʃt] *adj* **-1.** fini; *fig* [performance] parfaitement exécuté; [appearance] raffiné; **it's beautifully ~** les finitions sont magnifiques, c'est magnifiquement fini. **-2.** *inf* [exhausted] mort, crevé. **-3.** [ruined – career] fini, terminé; **he's ~ as a politician** sa carrière d'homme politique est terminée OR finie, il est fini en tant qu'homme politique; **you're ~** c'est fini OR terminé pour vous. **-4.** [completed – work, job] fini, terminé, achevé; [consumed – wine, cake] fini; **the butter is ~** il n'y a plus de beurre; **the plumber was ~ by 4 p.m.** le plombier avait terminé OR fini à 16 h ❏ ~ **product** OR **article** produit *m* fini. **-5.** [over] fini; **I'm ~ with him/my boyfriend** lui/mon petit ami et moi, c'est fini; **I'm ~ with politics/journalism** la politique/le journalisme et moi, c'est fini, j'en ai fini avec la politique/le journalisme.

**finisher** ['fɪnɪʃər] *n* **-1.** SPORT finisseur *m*, -euse *f*; FTBL marqueur *m*; **he's a fast ~** [athlete] il finit vite, il est rapide au finish. **-2.** [thorough person]: **he's not a ~** il ne finit jamais complètement son travail. **-3.** INDUST finisseur *m*, -euse *f*.

**finishing line** ['fɪnɪʃɪŋ-] *n Br* SPORT ligne *f* d'arrivée.

**finishing school** *n* école privée de jeunes filles surtout axée sur l'enseignement des bonnes manières.

**finishing touch** *n*: **to put the ~es to sthg** mettre la dernière touche OR la dernière main à qqch.

**finish line** *Am* = finishing line.

**finite** ['faɪnaɪt] *adj* limité; PHILOS & MATH [number, universe] fini; GRAMM [verb] à rapport fini.

**Finland** ['fɪnlənd] *pr n* Finlande *f*; **in ~** en Finlande.

**Finn** [fɪn] *n* **-1.** [inhabitant of Finland] Finlandais *m*, -e *f*. **-2.** HIST Finnois *m*, -e *f*.

**Finnish** ['fɪnɪʃ] ◇ *n* LING finnois *m*. ◇ *adj* **-1.** [gen] finlandais. **-2.** HIST finnois.

**fiord** [fjɔːd] *n* fjord *m*.

**fir** [fɜːr] ◇ *n* [tree, wood] sapin *m*. ◇ *comp*: ~ **cone** *Br* pomme *f* de pin; ~ **tree** sapin *m*.

**fire** ['faɪər] ◇ *n* **-1.** [destructive] incendie *m*; ~! au feu!; **to catch ~** prendre feu; **to set ~ to sthg, to set sthg on ~** mettre le feu à qqch; **to cause** OR **to start a ~** [person, faulty wiring] provoquer un incendie; **that's how ~s start** c'est comme ça qu'on met le feu; **on ~** en feu; **the building/village was set on ~** le bâtiment/village a été incendié; **my throat's on ~** *fig* j'ai la gorge en feu; **his forehead/he is on ~** *fig* [because of fever] son front/il est brûlant ❏ ~ **forest** incendie OR feu *m* de forêt; **to play with ~** jouer avec le feu; **fight ~ with ~** combattre le mal par le mal; **this novel is not going to set the world** OR *Br* **the Thames on ~** *inf* ce roman ne casse pas des briques; **the Great Fire of London** le grand incendie de Londres *(qui, en 1666, détruisit les trois quarts de la ville, et notamment la cathédrale Saint-Paul)*. **-2.** [in hearth, campsite] feu *m*; **to lay a ~** préparer un feu; **to light** OR **to make a ~** allumer un feu, faire du feu ❏ **open ~** feu de cheminée; **wood/coal ~** feu de bois/de charbon. **-3.** [element] feu *m*. **-4.** MIL feu *m*; **to open/to cease ~** ouvrir/cesser le feu; **to open ~ on sb** ouvrir le feu OR tirer sur qqn; **to draw the enemy's ~** faire diversion en attirant le feu de l'ennemi; **to return (sb's) ~** riposter (au tir de qqn); **hold your ~** [don't shoot] ne tirez pas; [stop shooting] cessez le feu ❏ **to come under ~** *literal* essuyer le feu de l'ennemi; *fig* être vivement critiqué OR attaqué; **between two ~s** entre deux feux. **-5.** *Br* [heater] appareil *m* de chauffage; **to turn the ~ on/off** allumer/éteindre le chauffage. **-6.** [passion, ardour] flamme *f*; **the ~ of youth** la fougue de la jeunesse. ◇ *comp*: ~ **appliance** *Br* camion *m* de pompiers; ~ **prevention** mesures *fpl* de sécurité contre l'incendie; ~ **prevention officer** *personne chargée des mesures de sécurité contre l'incendie*; ~ **regulations** consignes *fpl* en cas d'incendie.

◇ *vt* **-1.** [shot, bullet] tirer; [gun, cannon, torpedo] décharger; [arrow] décocher; **without a shot being ~d** sans un seul

coup de feu; **to ~ questions at sb** *fig* bombarder qqn de questions. **-2.** [inspire – person, an audience, supporters, the imagination] enflammer; **to ~ sb with enthusiasm/desire** remplir qqn d'enthousiasme/de désir. **-3.** [in kiln] cuire. **-4.** [power, fuel – furnace] chauffer. **-5.** *inf* [dismiss] virer.

◇ *vi* **-1.** [shoot – person] tirer, faire feu; **the rifle failed to ~** le coup n'est pas parti; ~! MIL feu!; **to ~ at** OR **on sb** tirer sur qqn. **-2.** [engine] tourner; [spark plug] s'allumer; [pin on print head] se déclencher; **the engine is only firing on two cylinders** le moteur ne tourne que sur deux cylindres ❏ **to ~ on all cylinders** *literal* & *fig* marcher à pleins tubes.

◆ **fire away** *vi insep inf* [go ahead]: ~ **away!** allez-y!

◆ **fire off** *vt sep* [round of ammunition] tirer; *fig* [facts, figures] balancer; **to ~ off questions at sb** bombarder qqn de questions.

**fire alarm** *n* alarme *f* d'incendie.

**fire-and-brimstone** *adj* [preacher, sermon] menaçant des feux de l'enfer.

**firearm** ['faɪərɑːm] *n* arme *f* à feu; ~**s offence** JUR délit *m* lié à la détention d'armes à feu.

**fireball** ['faɪəbɔːl] *n* boule *f* de feu.

**firebomb** ['faɪəbɒm] ◇ *n* bombe *f* incendiaire. ◇ *vt* [building] attaquer à la bombe incendiaire.

**firebrand** ['faɪəbrænd] *n fig* exalté *m*, -e *f*.

**fire brigade** *n* brigade *f* des pompiers OR sapeurs-pompiers; **have you called the ~?** as-tu appelé les pompiers?

**fire chief** *n* capitaine *m* des pompiers OR sapeurs-pompiers.

**firecracker** ['faɪə,krækər] *n* pétard *m*.

**fire curtain** *n* THEAT rideau *m* de fer.

**fire-damaged** *adj* endommagé par le feu.

**firedamp** ['faɪədæmp] *n* MIN grisou *m*.

**fire department** *Am* = fire brigade.

**fire door** *n* porte *f* coupe-feu.

**fire drill** *n* exercice *m* de sécurité *(en cas d'incendie)*.

**fire-eater** *n* [in circus] cracheur *m* de feu; *fig* personne *f* belliqueuse, bagarreur *m*, -euse *f*.

**fire engine** *n* voiture *f* de pompiers.

**fire escape** *n* escalier *m* de secours OR d'incendie.

**fire exit** *n* sortie *f* de secours.

**fire extinguisher** *n* extincteur *m*.

**fire fighter** *n* pompier *m*, sapeur-pompier *m* (volontaire).

**fire-fighting** ◇ *n* lutte *f* contre les incendies. ◇ *comp* [equipment, techniques] de lutte contre les incendies.

**firefly** ['faɪəflaɪ] *(pl* **fireflies)** *n* luciole *f*.

**fireguard** ['faɪəgɑːd] *n* [for open fire] garde-feu *m*.

**fire hazard** *n*: **all those empty boxes are a ~** toutes ces boîtes vides constituent OR représentent un risque d'incendie.

**fire hose** *n* tuyau *m* de pompe à incendie.

**fire hydrant** *n* bouche *f* d'incendie.

**firelight** ['faɪəlaɪt] *n* lueur *f* OR lumière *f* du feu.

**firelighter** ['faɪəlaɪtər] *n* allume-feu *m*.

**fireman** ['faɪəmən] *(pl* **firemen** [-mən]) *n* **-1.** pompier *m*, sapeur-pompier *m*. **-2.** RAIL chauffeur *m* de locomotive.

**fire marshal** *Am* = fire chief.

**fireplace** ['faɪəpleɪs] *n* cheminée *f*.

**fire plug** *n Am* [fire hydrant] bouche *f* d'incendie.

**firepower** ['faɪə,paʊər] *n* puissance *f* de feu.

**fireproof** ['faɪəpruːf] ◇ *adj* [door, safe] à l'épreuve du feu; [clothing, toys] ininflammable; [dish] allant au feu. ◇ *vt* ignifuger, rendre ininflammable.

**fire-raising** [-,reɪzɪŋ] *n* pyromanie *f*.

**fire screen** *n* écran *m* de cheminée.

**fire service** = fire brigade.

**fireside** ['faɪəsaɪd] *n* coin *m* du feu.

**fire station** *n* caserne *f* de pompiers.

**fire truck** *n Am* voiture *f* de pompiers.

**fire walker** *n* personne *f* en transe qui marche sur des braises.

**fire warden** *n* [in forest] guetteur *m* d'incendie.

**firewood** ['faɪəwʊd] *n* bois *m* à brûler; [for use in home] bois *m* de chauffage.

**firework** ['faɪəwɜːk] *n* pièce *f* d'artifice; ~ OR ~**s display** feu *m* d'artifice; **there were ~s at the meeting** *inf* & *fig* il y a eu des étincelles à la réunion.

**firing** ['faɪərɪŋ] ◇ *n* **-1.** *(U)* MIL tir *m*; **~ has been heavy de nombreux coups de feu ont été tirés. -2.** [of piece of pottery] cuisson *f*, cuite *f*.**-3.** *inf* [dismissal] renvoi *m*.**-4.** AUT [of engine, sparkplug] allumage *m*. ◇ *comp*: **~ order** OR **sequence** AUT [of engine] ordre *m* d'allumage; **~ pin** percuteur *m*; **~ practice** exercice *m* de tir; **~ range** champ *m* de tir.

**firing line** *n* MIL ligne *f* de tir; **to be in the ~** *fig* être dans la ligne de tir.

**firing squad** *n* peloton *m* d'exécution; **to be executed by ~** passer devant le peloton d'exécution.

**firm** [fɜːm] ◇ *n* [company] entreprise *f*; [of solicitors] étude *f*; [of lawyers, barristers, consultants] cabinet *m*. ◇ *adj* **-1.** [solid, hard – flesh, fruit, mattress etc] ferme; **on ~ ground** *literal* sur la terre ferme; *fig* sur un terrain solide. **-2.** [stable, secure – basis] solide; [– foundations] stable; COMM & FIN [currency, market etc] stable. **-3.** [strong – handshake, grip, leadership] ferme; **to have a ~ hold** OR **grasp** OR **grip of sthg** tenir qqch fermement. **-4.** [unshakeable, definite – belief, evidence, friendship] solide; [– view, opinion] déterminé, arrêté; [– intention, voice, agreement, offer] ferme; [– date] définitif; **they are ~ friends** ce sont de bons amis; **she gave a ~ denial** elle a nié fermement; **I am a ~ believer in women's equality** je crois fermement à l'égalité de la femme; **to be ~ with a child/dog** être ferme avec un enfant/chien. ◇ *adv*: **to stand ~ on sthg** ne pas céder sur qqch; **he stands ~ on this issue** il a une position bien arrêtée sur le sujet. ◇ *vt*: **to ~ the soil** tasser le sol. ◇ *vi* = **firm up** *vi insep*.
◆ **firm up** ◇ *vt sep* [make firm – muscles, prices] raffermir; **to ~ up an agreement** régler les derniers détails d'un accord. ◇ *vi insep* [muscles, prices] se raffermir.

**firmament** ['fɜːməmənt] *n arch* OR *lit* [sky] firmament *m*.

**firmly** ['fɜːmlɪ] *adv* **-1.** [securely – hold, grasp sthg] fermement; [– closed, secured] bien; **to keep one's feet ~ on the ground** *fig* bien garder les pieds sur terre, rester fermement ancré dans la réalité. **-2.** [say, deny, refuse, deal with] fermement, avec fermeté.

**firmness** ['fɜːmnɪs] *n* **-1.** [hardness – of flesh, fruit, mattress] fermeté *f*.**-2.** [stability – of basis] solidité *f*; [– of foundations] stabilité *f*; COMM & FIN [of currency, market, prices] stabilité *f*.**-3.** [strength – of grip, character, belief] fermeté *f*.**-4.** [of voice, denial, refusal] fermeté *f*.

**firmware** ['fɜːmweəʳ] *n* COMPUT microprogramme *m*.

**first** [fɜːst] ◇ *det* **-1.** [in series] premier; **the ~ six months** les six premiers mois; **Louis the First** Louis Premier OR Ier; **I'm ~** je suis OR c'est moi le premier; **she's in ~ place** [in race] elle est en tête; **to win ~ prize** gagner le premier prix ❑; **~ floor** *Br* premier étage *m*; *Am* rez-de-chaussée *m*; **put the car into ~ gear** passe la première (vitesse); **~ year** *Br* UNIV première année *f*; SCH sixième *f*; **I learned of her resignation at ~ hand** c'est elle-même qui m'a appris sa démission; **I don't know the ~ thing about cars** je n'y connais absolument rien en voitures; **I'll pick you up ~ thing (in the morning)** je passerai te chercher demain matin à la première heure; **I'm not at my best ~ thing in the morning** je ne suis pas au mieux de ma forme très tôt le matin; **there's a ~ time for everything** il y a un début à tout. **-2.** [immediately] tout de suite; **~ thing after lunch** tout de suite après le déjeuner. **-3.** [most important – duty, concern] premier; **the ~ priority** la priorité des priorités ❑; **~ things ~!** prenons les choses dans l'ordre!
◇ *adv* **-1.** [before the others – arrive, leave, speak] le premier, la première, en premier; **I saw it ~!** c'est moi qui l'ai vu le premier OR en premier!; **you go ~** vas-y en premier; **women and children ~** les femmes et les enfants d'abord ❑; **to come ~** [in race] arriver premier; [in exam] avoir la première place, être premier; **her career comes ~** sa carrière passe d'abord OR avant tout; **to put one's family ~** faire passer sa famille d'abord OR avant tout; **~ come ~ served** *prov* les premiers arrivés sont les premiers servis. **-2.** [firstly, before anything else] d'abord; **~, I want to say thank you** tout d'abord, je voudrais vous remercier, je voudrais d'abord vous remercier; **what should I do ~?** qu'est-ce que je dois faire en premier?; **I'm a mother ~ and a wife second** je suis une mère avant d'être une épouse. **-3.** [for the first time] pour la première fois; [initially] au début. **-4.** [sooner, rather]: **I'd**

**die ~** plutôt mourir.
◇ *n* **-1.** [before all others]: **the ~** le premier, la première; **he came in an easy ~** [in race] il est arrivé premier haut la main. **-2.** [achievement] première *f*. **-3.** [first time]: **the ~ we heard/knew of it was when...** nous en avons entendu parler pour la première fois/l'avons appris quand...; **it's the ~ I've heard of it!** première nouvelle!**-4.** *Br* UNIV: **he got a ~ in economics** ≃ il a eu mention très bien en économie. **-5.** AUT première *f*.
◆ **at first** *adv phr* au début.
◆ **first and foremost** *adv phr* d'abord et surtout.
◆ **first and last** *adv phr* avant tout.
◆ **first of all** *adv phr* tout d'abord, pour commencer.
◆ **first off** *adv phr inf* pour commencer.
◆ **from first to last** *adv phr* du début à la fin.
◆ **from the (very) first** *adv phr* dès le début.
◆ **in the first instance** *adv phr* d'abord.
◆ **in the first place** *adv phr* **-1.** [referring to a past action] d'abord; **why did you do it in the ~ place?** et puis d'abord, pourquoi as-tu fait cela?**-2.** [introducing an argument] d'abord.

**first aid** ◇ *n* *(U)* [technique] secourisme *m*; [attention] premiers soins *mpl*; **does anyone know any ~?** quelqu'un s'y connaît-il en secourisme?; **to give/to receive ~** donner/recevoir les premiers soins. ◇ *comp* [class, manual] de secourisme; **~ kit** OR **box** trousse *f* à pharmacie; **~ post** OR **station** *Br* poste *m* de secours.

**First Amendment** *n Am*: **the ~** le Premier Amendement (*de la Constitution des États-Unis, garantissant les libertés individuelles du citoyen américain, notamment la liberté d'expression*).

**first-born** ◇ *adj* premier-né. ◇ *n* premier-né *m*, première-née *f*.

**first class** *n* **-1.** [on train, plane] première classe *f*.**-2.** [for letter, parcel] tarif *m* normal.
◆ **first-class** ◇ *adj* **-1.** [seat] en première classe; [compartment, ticket] de première classe. **-2.** [letter, stamp] au tarif normal. **-3.** *Br* UNIV: **to graduate with first-class honours** obtenir son diplôme avec mention très bien. **-4.** [excellent]= **first-rate**. ◇ *adv* [travel] en première classe; [send letter] au tarif normal.

**first cousin** *n* cousin *m* germain, cousine *f* germaine.

**first-day cover** *n* [for stamp collector] émission *f* premier jour.

**first-degree** *adj* **-1.** MED [burn] au premier degré. **-2.** JUR [in US]: **~ murder** meurtre *m* avec préméditation.

**first-foot** *vt Scot*: **to ~ sb** *être le premier à rendre visite à qqn pour lui souhaiter la bonne année à la nuit de la Saint-Sylvestre.*

**first form** *n Br* SCH sixième *f*.

**first-former** *n Br* SCH élève *mf* de sixième.

**first-generation** *adj* de première génération.

**firsthand** [fɜːst'hænd] ◇ *adj* [knowledge, information, news] de première main; **I know from ~ experience what it is like to be poor** je sais d'expérience ce que c'est que d'être pauvre. ◇ *adv* [hear of sthg] de première main.

**first lady** *n* [in US] femme *f* du président des États-Unis; **the ~ of rock** *fig* la grande dame du rock.

**first language** *n* langue *f* maternelle.

**first lieutenant** *n* NAUT lieutenant *m* de vaisseau; *Am* MIL & AERON lieutenant *m*.

**firstly** ['fɜːstlɪ] *adv* premièrement.

**first mate** *n* NAUT second *m*.

**first name** *n* prénom *m*; **to be on ~ terms with sb** appeler qqn par son prénom; **we're on ~ terms** ≃ on se tutoie.

**first night** THEAT ◇ *n* première *f*. ◇ *comp*: **~ nerves** trac *m* (*du soir de la première*).

**first offender** *n* délinquant *m*, -e *f* primaire.

**first officer** = **first mate**.

**first-past-the-post** *adj Br* POL [system] majoritaire à un tour.

**first person** *n* GRAMM première personne *f*; **in the ~** à la première personne.
◆ **first-person** *adj* GRAMM [pronoun] de la première personne; **a first-person narrative** un récit à la première personne.

**first principle** *n* principe *m* fondamental OR de base.

**first-rate** *adj* [excellent – wine, meal, restaurant] de première qualité, excellent; [– idea, performance, student] excellent; that's absolutely ~! *Br* [idea, news etc] c'est formidable!

**first refusal** *n* préférence *f*; to give sb ~ on sthg donner la préférence à qqn pour qqch.

**first-strike** *adj* MIL [missile] de première frappe; a ~ capability une force de frappe importante (permettant d'attaquer en premier).

**first-time** *adj*: ~ (house) buyer personne *f* devenant propriétaire pour la première fois.

**first violin** *n* MUS [person, instrument] premier violon *m*.

**firth** [fɜːθ] *n Scot* estuaire *m*.

**fiscal** ['fɪskl] ◇ *adj* [measures, policy etc] fiscal; ~ year *Am* [of company] exercice *m* (financier); ADMIN année *f* budgétaire. ◇ *n Scot* JUR: procurator ~ ≃ procureur *m* de la République.

**fish** [fɪʃ] (*pl inv* OR **fishes**) ◇ *n* poisson *m*; to catch a ~ pêcher un poisson ❑ ~ and chips poisson frit avec des frites; to feel like a ~ out of water ne pas se sentir dans son élément; to drink like a ~ *inf* boire comme un trou; there are plenty more ~ in the sea un de perdu, dix de retrouvés; to have other ~ to fry avoir d'autres chats à fouetter; to be a big ~ in a little pond être le premier dans son village; to be a little ~ in a big pond être perdu dans la masse. ◇ *comp* [course, restaurant] de poisson. ◇ *vi* **-1.** SPORT pêcher; to go ~ing aller à la pêche; to ~ in troubled waters *fig* pêcher en eau trouble. **-2.** [search, seek]: he ~ed around for his pen under the papers il a fouillé sous ses papiers pour trouver son crayon; to ~ for information essayer de soutirer des informations; to ~ for compliments rechercher les compliments. ◇ *vt* [river, lake etc] pêcher dans.
◆ **fish out** *vt sep* [from water] repêcher; he ~ed out his wallet *fig* il a sorti son portefeuille; [with difficulty] il a extrait son portefeuille.
◆ **fish up** *vt sep* [from water] repêcher; where did you ~ that up from? *inf* [object] où est-ce que tu as été dénicher ça?; [idea] où est-ce que tu as été pêcher ça?

**fish-and-chip shop** *n Br* magasin vendant du poisson frit et des frites.

**fishbone** ['fɪʃbəʊn] *n* arête *f* de poisson.

**fishbowl** ['fɪʃbəʊl] *n* bocal *m* à poissons.

**fishcake** ['fɪʃkeɪk] *n* CULIN croquette *f* de poisson.

**fisher** ['fɪʃər] *n* **-1.** arch [fisherman] pêcheur *m*. **-2.** [bird, animal] pêcheur *m*.

**fisherman** ['fɪʃəmən] (*pl* **fishermen** [-mən]) *n* pêcheur *m*.

**fishery** ['fɪʃərɪ] (*pl* **fisheries**) *n* [fishing ground] pêcherie *f*; [fishing industry] industrie *f* de la pêche.

**fish-eye lens** *n* PHOT fish-eye *m*.

**fish farm** *n* établissement *m* piscicole.

**fish farming** *n* pisciculture *f*.

**fish finger** *n* CULIN bâtonnet *m* de poisson pané.

**fish hook** *n* hameçon *m*.

**fishing** ['fɪʃɪŋ] ◇ *n* pêche *f*; trout/salmon ~ pêche à la truite/au saumon; there is some good ~ to be had along this river il y a de bons coins de pêche dans cette rivière; 'no ~' 'pêche interdite'. ◇ *comp* [vessel, permit, port, tackle] de pêche; [season] de la pêche; [village, party] de pêcheurs.

**fishing boat** *n* bateau *m* de pêche.

**fishing ground** *n* zone *f* de pêche.

**fishing line** *n* ligne *f* de pêche.

**fishing net** *n* filet *m* de pêche.

**fishing rod** *n* canne *f* à pêche, gaule *f*.

**fish market** *n* marché *m* au poisson.

**fishmonger** ['fɪʃ,mʌŋgər] *n Br* poissonnier *m*, -ère *f*; to go to the ~'s aller à la poissonnerie OR chez le poissonnier.

**fishnet** ['fɪʃnet] ◇ *n Am* [for catching fish] filet *m* (de pêche). ◇ *adj*: ~ stockings/tights bas *mpl* /collants *mpl* résille.

**fish paste** *n* pâte *f* de poisson.

**fishpond** ['fɪʃpɒnd] *n* étang *m* (à poissons).

**fish slice** *n* pelle *f* à poisson.

**fish stick** *Am* = **fish finger**.

**fish tank** *n* [in house] aquarium *m*; [on fish farm] vivier *m*.

**fishwife** ['fɪʃwaɪf] (*pl* **fishwives** [-waɪvz]) *n* poissonnière *f*, marchande *f* de poisson; she's a real ~ *fig* elle a un langage de charretier, elle parle comme un charretier.

**fishy** ['fɪʃɪ] (*compar* **fishier**, *superl* **fishiest**) *adj* **-1.** [smell] de poisson. **-2.** *inf* [suspicious] louche.

**fissile** ['fɪsaɪl] *adj* fissile.

**fission** ['fɪʃn] *n* PHYS fission *f*; BIOL scissiparité *f*.

**fission bomb** *n* bombe *f* atomique.

**fissure** ['fɪʃər] ◇ *n* [crevice, crack] fissure *f*; *fig* fissure *f*, brèche *f*. ◇ *vi* se fissurer, se fendre.

**fist** [fɪst] *n* poing *m*; to clench one's ~s serrer les poings; he shook his ~ at me il m'a menacé du poing; to put one's ~s up se mettre en garde; make a ~ ~ serrez le poing.

**fistfight** ['fɪstfaɪt] *n* bagarre *f* aux poings; to have a ~ with sb se battre aux poings contre qqn.

**fisticuffs** ['fɪstɪkʌfs] *n* (U) *hum* bagarre *f*.

**fit** [fɪt] (*compar* **fitter**, *superl* **fittest**, *Br pt* & *pp* **fitted**, *Am pt* & *pp* **fit**, *cont* **fitting**) ◇ *adj* **-1.** [suitable] convenable; that dress isn't ~ to wear cette robe n'est pas mettable; ~ to eat [edible] mangeable; [not poisonous] comestible; ~ to drink [water] potable; this coffee is not ~ to drink ce café est imbuvable; a meal ~ for a king un repas digne d'un roi; she's not ~ to look after children elle ne devrait pas avoir le droit de s'occuper d'enfants; she's not a ~ mother c'est une mère indigne; I'm not ~ to be seen je ne suis pas présentable; these programmes aren't ~ for children ce ne sont pas des programmes pour les enfants; that's all he's ~ for c'est tout ce qu'il mérite; to think OR to see ~ to do sthg trouver OR juger bon de faire qqch; do as you think OR see ~ fais comme tu penses OR juges bon. **-2.** *inf* [ready]: to be ~ to drop être mort de fatigue; I feel ~ to burst je me sens prêt à éclater; to laugh ~ to burst être plié en deux de rire ❑ I was ~ to be tied *Am* [extremely angry] j'étais furieux. **-3.** [healthy] en forme; to get ~ *Br* retrouver la forme; to keep OR to stay ~ entretenir sa forme; the patient is not ~ enough to be discharged le patient n'est pas en état de quitter l'hôpital; it's a case of the survival of the fittest ce sont les plus forts qui survivent ❑ to be as ~ as a fiddle se porter comme un charme.
◇ *n* **-1.** [size]: it's a perfect ~ [item of clothing] cela me/vous *etc* va à merveille; [fridge, stove, piece of furniture] cela s'adapte parfaitement; [two interlocking pieces] cela s'emboîte bien; it's not a very good ~ [too large] c'est trop grand; [too tight] c'est trop juste; tight/loose/comfortable ~ [item of clothing] coupe *f* ajustée/ample/confortable; these trousers are a bit of a tight ~ ce pantalon est un peu juste; it was a bit of a tight ~ [in room, car] on était un peu à l'étroit; [parking car] il n'y avait pas beaucoup de place. **-2.** MED [of apoplexy, epilepsy, hysterics] crise *f*; ~ of coughing, coughing ~ quinte *f* de toux; ~ of crying crise de larmes ❑ to have a ~ MED avoir une crise; she'll have a ~ when she finds out *fig* elle va faire une crise quand elle le saura; to throw a ~ *inf* piquer une crise; he nearly threw a ~ when he heard the news il a failli exploser quand il apprit la nouvelle. **-3.** [outburst – of anger] mouvement *m*, accès *m*, moment *m*; [– of depression] crise *f*; [– of pique, generosity] moment *m*; he did it in a ~ of rage il a fait cela dans un mouvement de rage; he had us all in ~s il nous a fait hurler OR mourir de rire; to get a ~ of the giggles être pris d'un OR piquer un fou rire ❑ to work by OR in ~s and starts travailler par à-coups.
◇ *vt* **-1.** [be of the correct size for]: those trousers ~ you better than the other ones ce pantalon te va mieux que l'autre; none of the keys fitted the lock aucune des clés n'entrait dans la serrure; the nut doesn't ~ the bolt l'écrou n'est pas de la même taille que le boulon; the lid doesn't ~ the pot very well ce couvercle n'est pas très bien adapté à la casserole. **-2.** [correspond to, match – description] correspondre à; to make the punishment ~ the crime adapter le châtiment au crime; the music fitted the occasion la musique était de circonstance ❑ to ~ the bill faire l'affaire. **-3.** [make suitable for]: what do you think ~s you for the job? en quoi estimez-vous correspondre au profil de l'emploi? **-4.** [install – lock, door, window etc] installer; [carpet] poser; to ~ a key in a lock engager OR mettre une clé dans une serrure; I've got special tyres fitted *Br* je me suis fait mettre des pneus spéciaux. **-5.** [attach, fix on] fixer; then you ~ the parts together puis vous assemblez les différentes pièces. **-6.** [equip] équiper; to ~ sthg with sthg équiper qqch de qqch; she has been fitted with a new hip replacement elle s'est fait mettre une nouvelle hanche artificielle. **-7.** [take measurements of – person]: to be fitted for a new suit faire un es-

sayage pour un nouveau costume. **-8.** [adjust – idea, theory] adapter; I'll ~ **the dress on you** j'essaierai la robe sur vous.

◇ *vi* **-1.** [be of the correct size]: **the dress doesn't** ~ la robe ne lui/me *etc* va pas; **this lid/key doesn't** ~ ce couvercle/cette clé n'est pas le bon/la bonne; **the key won't** ~ **in the lock** la clé n'entre pas dans la serrure; **do these pieces** ~ **together?** est-ce que ces morceaux vont ensemble?; **it won't** ~ **cela** n'ira pas; **we won't all** ~ **round one table** nous ne tiendrons pas tous autour d'une table; **cut the pieces to** ~ couper les morceaux aux mesures adéquates. **-2.** [correspond, match – description] correspondre; **it all** ~s tout concorde; **to** ~ **with sthg** correspondre à qqch ❑ **my face didn't** ~ *inf* je n'avais pas le profil de l'emploi.

◆ **fit in** ◇ *vi insep* **-1.** [go in space available] tenir; **we won't all** ~ **in** nous ne tiendrons pas tous; **that piece** ~s **in here** [jigsaw] ce morceau va là. **-2.** [in company, group etc] s'intégrer; **I feel that I don't** ~ **in** j'ai l'impression de ne pas être à ma place; **to** ~ **in with** [statement] correspondre à; [plans, arrangements] cadrer avec; [colour scheme] s'accorder avec; **she doesn't** ~ **in easily with other people** elle a du mal à s'entendre avec les autres; **I think you should** ~ **in with what I want to do** je pense que tu devrais t'adapter à ce que je veux faire.

◇ *vt sep* **-1.** [install] installer. **-2.** [find room for – clothes in suitcase] faire entrer; **can you** ~ **one more in?** [in car] peux-tu prendre une personne de plus?; **how on earth are you going to** ~ **everyone in?** [in room, car etc] comment diable vas-tu réussir à faire tenir tout le monde? **-3.** [find time for – patient] prendre; [– friend] trouver du temps pour; **could you** ~ **in this translation by the end of the week?** est-ce que vous pourriez faire cette traduction d'ici la fin de la semaine?; **could you** ~ **in lunch this week?** [with me] est-ce que tu seras libre pour déjeuner avec moi cette semaine?

◆ **fit into** ◇ *vt insep* [furniture into room, clothes into suitcase etc] entrer dans, tenir dans; [people into room, car] tenir dans; [piece into another] s'emboîter dans. ◇ *vt sep*: **to** ~ **sthg into sthg** faire entrer *or* tenir qqch dans qqch; **he** ~s **a lot into one day** il en fait beaucoup en une journée.

◆ **fit on** ◇ *vi insep*: **this lid won't** ~ **on** ce couvercle ne va pas; **where does this part** ~ **on?** où va cette pièce? ◇ *vt sep* [attach] mettre.

◆ **fit out** *vt sep* [ship] armer; [person – with equipment] équiper.

◆ **fit up** *vt sep* **-1.** [equip – house, car] équiper; [– person] munir; **to** ~ **sb/sthg up with sthg** munir qqn/équiper qqch de qqch. **-2.** ▽ *Br crime sl* monter un coup contre.

**fitful** ['fɪtful] *adj* [sleep] intermittent; **attendance has been** ~ les gens ne sont pas venus régulièrement.

**fitfully** ['fɪtfʊlɪ] *adv* [work] par à-coups; [attend] irrégulièrement; [sleep] de manière intermittente.

**fitment** ['fɪtmənt] *n Br* [in bathroom, kitchen etc] élément *m* démontable.

**fitness** ['fɪtnɪs] ◇ *n* **-1.** [health] forme *f* physique. **-2.** [suitability – of person for job] aptitude *f*; **your** ~ **as a mother is not in question** vos compétences de mère ne sont pas en cause. ◇ *comp*: ~ **centre** *Br* club *m* de mise en forme; ~ **freak** *inf* fana *mf* d'exercice physique; ~ **training** entraînement *m* physique.

**fitted** ['fɪtəd] *adj* **-1.** [jacket] ajusté. **-2.** *Br* [made to measure]: **the house has** ~ **carpets in every room** il y a de la moquette dans toutes les pièces de la maison; ~ **sheet** draphousse *m*. **-3.** *Br* [built-in – cupboard] encastré; ~ **kitchen** cuisine *f* encastrée. **-4.** [suited]: **to be** ~ **for sthg/doing sthg** être apte à qqch/à faire qqch.

**fitter** ['fɪtər] *n* **-1.** [of machine] monteur *m*, -euse *f*; [of carpet] poseur *m*, -euse *f*. **-2.** [of clothes] essayeur *m*, -euse *f*.

**fitting** ['fɪtɪŋ] ◇ *adj* [suitable – conclusion, remark] approprié; [– tribute] adéquat; [socially correct] convenable. ◇ *n* **-1.** [trying on – of clothes] essayage *m*. **-2.** *Br* [of shoe]: **have you got it in a wider/narrower** ~? l'avez-vous en plus large/plus étroit? ◇ *comp*: ~ **room** salon *m* *or* salle *f* d'essayage; [cubicle] cabine *f* d'essayage.

◆ **fittings** *npl Br*: bathroom ~s éléments *mpl* de salle de bains; **electrical** ~s appareillage *m* électrique.

**-fitting** *in cpds*: close~, tight~ [item of clothing] moulant; [screwtop lid] qui ferme bien; [lid of saucepan] adapté; loose~ [item of clothing] ample.

**fittingly** ['fɪtɪŋlɪ] *adv* [dressed] convenablement; ~, **the**

government **has agreed to ratify the treaty** comme il le fallait, le gouvernement a accepté de ratifier le traité.

**five** [faɪv] ◇ *n* [number, numeral, playing card] cinq *m*; ~ **times table** table *f* des cinq; **I'm waiting for a number** ~ **(bus)** j'attends le (bus numéro) cinq; **to be** ~ [in age] avoir cinq ans; **it's** ~ **to/past** ~ il est cinq heures moins cinq/cinq heures cinq; **to get** ~ **out of ten** avoir cinq sur dix; **a table for** ~ une table pour cinq (personnes). ◇ *det* cinq; **trains leave at** ~ **minutes to the hour** le train part toutes les heures à moins cinq; **to be** ~ **years old** avoir cinq ans. ◇ *pron*: **there are** ~ **of them** [people] ils sont cinq; [objects] il y en a cinq.

**five and dime** *n Am* bazar *m*, supérette *f*.

**five-a-side** *Br* SPORT ◇ *n* football *m* à dix. ◇ *comp*: ~ **football** football *m* à dix.

**fivefold** ['faɪvfəʊld] ◇ *adj* [increase] au quintuple. ◇ *adv* par cinq, au quintuple.

**five-o'clock shadow** *n* barbe *f* d'un jour, barbe *f* naissante; **he's always got** ~ il a toujours l'air mal rasé.

**fiver** ['faɪvər] *n inf* [five pounds] billet *m* de cinq livres; [five dollars] billet *m* de cinq dollars.

**five-star** *adj* [hotel] cinq étoiles.

**five-year** *adj* [plan] quinquennal.

**fix** [fɪks] ◇ *vt* **-1.** [fasten in position – mirror, sign] fixer; [attention, gaze] fixer; [sthg in mind] inscrire, graver; **to** ~ **the blame on sb** attribuer *or* imputer la faute à qqn; **to** ~ **one's hopes on sthg/sb** mettre tous ses espoirs en qqch/qqn. **-2.** [set – date, price, rate, limit] fixer; [– meeting place] convenir de; **nothing has been** ~ed **yet** rien n'a encore été fixé; **have you (got) anything** ~ed **for Friday?** as-tu quelque chose de prévu pour vendredi? **-3.** [arrange, sort out] s'occuper de; **I'll** ~ **it** je vais m'en occuper; **try to** ~ **it so you don't have to stay overnight** essaye de t'arranger pour que tu ne sois pas obligé de passer la nuit là-bas; **I'll** ~ **it with your teacher** j'arrangerai cela avec ton professeur. **-4.** *inf* [settle a score with] s'occuper de, régler son compte à; **that'll** ~ **him** ça devrait lui régler son compte. **-5.** *Am inf* [prepare – meal, drink] préparer. **-6.** *inf* [adjust – make-up, tie] arranger; **to** ~ **one's hair** se coiffer; [redo] se recoiffer. **-7.** [mend, repair – car, puncture etc] réparer. **-8.** *inf* [race, fight, election, result] truquer; [interview] arranger; [jury, official, security guard etc – bribe] acheter. **-9.** AERON & NAUT [position] déterminer. **-10.** CHEM [nitrogen] fixer. **-11.** ART & PHOT [drawing, photo] fixer.

◇ *n* **-1.** *inf* [tight spot, predicament] pétrin *m*; **to be in a** ~ être dans une mauvaise passe; **to get into/out of a** ~ se mettre dans une/sortir d'une mauvaise passe. **-2.** ▽ *drugs sl* dose *f*, fix *m*. **-3.** AERON & NAUT: **to get a** ~ **on** [ship] déterminer la position de; *fig* [get clear idea of] se faire une idée de. **-4.** *inf* [unfair arrangement]: **the result was a** ~ le résultat avait été truqué.

◆ **fix on** ◇ *vt sep* [attach] fixer. ◇ *vt insep* [decide on – date, candidate] choisir.

◆ **fix up** ◇ *vt sep* **-1.** [install, erect] mettre en place, installer. **-2.** *inf* [arrange – date, meeting] fixer; [– deal, holiday] organiser, mettre au point; ~ **me up with an appointment with the dentist** prends-moi un rendez-vous chez le dentiste; **he'll try to** ~ **something up for us** il va essayer de nous arranger quelque chose; **have you got anything** ~ed **up for this evening?** as-tu quelque chose de prévu pour ce soir?; **I've managed to** ~ **him up with some work** j'ai réussi à lui trouver du travail; **you can stay here until you get** ~ed **up (with a place to stay)** tu peux loger ici jusqu'à ce que tu trouves un endroit où habiter; **to** ~ **sb up with a date** trouver un/une partenaire à qqn. **-3.** [room] refaire; [flat, house] refaire, retaper. ◇ *vi insep* s'arranger pour que.

**fixated** [fɪk'seɪtɪd] *adj* fixé; **to be** ~ **on sthg** être fixé sur qqch.

**fixation** [fɪk'seɪʃn] *n* **-1.** PSYCH fixation *f*; **to have a** ~ **about sthg** faire une fixation sur qqch. **-2.** CHEM fixation *f*.

**fixative** ['fɪksətɪv] *n* PHOT fixateur *m*; ART fixatif *m*.

**fixed** [fɪkst] *adj* **-1.** [immovable – glare] fixe; [– idea] arrêté; [– smile] figé; **the seats are** ~ **to the floor** les sièges sont fixés au sol. **-2.** [set, unchangeable – price, rate, plans] fixe; **people on** ~ **incomes** des gens disposant de revenus fixes; **of no** ~ **abode** JUR sans domicile fixe; ~ **assets** FIN immobilisations *fpl*; ~ **capital** FIN capitaux *mpl* immobilisés; ~ **costs** FIN coûts *mpl* fixes; ~ **disk** COMPUT disque *m* non amovible; ~-**rate**

**mortgage** emprunt *m* immobilier à intérêt fixe. **-3.** *inf* [placed]: how are you ~ for time/money? [how much] combien de temps/d'argent as-tu?; [is it sufficient] as-tu suffisamment de temps/d'argent?

**fixer** ['fɪksəʳ] *n* **-1.** *inf* [person] combinard *m*, -e *f*.**-2.** PHOT fixateur *m*.**-3.** [adhesive] adhésif *m*.

**fixing bath** *n* [container] cuvette *f* de fixage; [solution] bain *m* de fixage.

**fixings** ['fɪksɪŋz] *npl Am* CULIN accompagnement *m*.

**fixture** ['fɪkstʃəʳ] ◇ *n* **-1.** [in building] installation *f* fixe; she's become a ~ here *fig* elle fait partie des meubles à présent ❑ bathroom ~s installations *fpl* sanitaires; '~s and fittings £2,500' 'reprise 2 500 livres'. **-2.** SPORT rencontre *f*. ◇ *comp*: ~ list SPORT calendrier *m*.

**fizz** [fɪz] ◇ *vi* [drink] pétiller; [firework] crépiter. ◇ *n* **-1.** [of drink] pétillement *m*; the champagne has lost its ~ le champagne est éventé. **-2.** [sound] sifflement *m*.**-3.** *inf* [soft drink] boisson *f* gazeuse; *Br* [champagne] champagne *m*.

**fizziness** ['fɪzɪnɪs] *n* [of drink] pétillement *m*.

**fizzle** ['fɪzl] *vi* [drink] pétiller; [fire, firework] crépiter.

◆ **fizzle out** *vi insep fig* [interest, enthusiasm] tomber; [plan, project] tomber à l'eau; [book, film, party, strike etc] tourner OR partir en eau de boudin; [career] tourner court.

**fizzy** ['fɪzɪ] *(compar* **fizzier,** *superl* **fizziest)** *adj* [soft drink] gazeux; [wine] pétillant, mousseux.

**fjord** [fjɔːd] = **fiord.**

**FL** *written abbr of* **Florida.**

**flab** [flæb] *n inf* [of person] graisse *f*, lard *m*; [in text] délayage *m*, verbiage *m*; to fight the ~ essayer de perdre sa graisse.

**flabbergasted** ['flæbəgɑːstɪd] *adj inf* sidéré; I was ~ at OR by the news j'ai été sidéré par la nouvelle, la nouvelle m'a sidéré.

**flabby** ['flæbɪ] *(compar* **flabbier,** *superl* **flabbiest)** *adj inf* [arms, stomach] flasque, mou, *before vowel or silent 'h'* mol *(f* molle); [person] empâté, *fig* [argument, speech] qui manque de concision.

**flaccid** ['flæsɪd] *adj* flasque.

**flag** [flæg] *(pt & pp* **flagged,** *cont* **flagging)** ◇ *n* **-1.** [emblem of country, signal] drapeau *m*; [for celebration] banderole *f*, fanion *m*; NAUT pavillon *m*; all the ~s are out in the city la ville est pavoisée ❑ ~ of convenience NAUT pavillon de complaisance; to fly the ~ défendre les couleurs de son pays; to go down with all ~s flying NAUT couler pavillon haut; *fig* échouer la tête haute; to keep the ~ flying faire front; to put out the ~s for sb organiser une fête en l'honneur de qqn; *fig* faire acte de présence. **-2.** [for charity] *badge ou autocollant que l'on obtient lorsque l'on verse de l'argent à une œuvre de charité*. **-3.** [in taxi]: the ~ was down/up le taxi était pris/libre. **-4.** COMPUT drapeau *m*, fanion *m*.**-5.** [on floor] dalle *f*.**-6.** BOT iris *m*.

◇ *vt* **-1.** [put marker on – page of book] marquer; to ~ an error COMPUT indiquer OR signaler une erreur par un drapeau OR un fanion. **-2.** [floor] daller.

◇ *vi* [strength] faiblir; [energy, enthusiasm, interest, spirits] faiblir, tomber; [efforts] se relâcher; [conversation] tomber, s'épuiser; I'm flagging [becoming physically or mentally tired] je fatigue; [unable to eat any more] je commence à être rassasié, je cale.

◆ **flag down** *vt sep* [taxi, bus, motorist etc] faire signe de s'arrêter à.

◆ **flag up** *vt sep* [identify] marquer.

**flag day** *n* **-1.** [in UK] *jour de quête d'une œuvre de charité.* **-2.** [in US]: Flag Day le 14 juin *(fête nationale des États-Unis).*

**flagellate** ['flædʒəleɪt] ◇ *vt fml* flageller; *fig* fustiger. ◇ *adj* BIOL & BOT flagellé. ◇ *n* BIOL & BOT flagellé *m*.

**flagellation** [,flædʒɪ'leɪʃn] *n* flagellation *f*.

**flagged** [flægd] *adj* dallé.

**flagging** ['flægɪŋ] ◇ *n* [on floor] dallage *m*. ◇ *adj* [enthusiasm, spirits] qui baisse; [conversation] qui tombe OR s'épuise.

**flagon** ['flægən] *n* [jug] cruche *f*; [bottle] bouteille *f*.

**flagpole** ['flægpəʊl] *n* mât *m*; let's run it up the ~ *inf & fig* soumettons-le et voyons les réactions.

**flagrant** ['fleɪɡrənt] *adj* [injustice, lie, abuse] flagrant.

**flagrante delicto** [flə'ɡræntɪdɪ'lɪktəʊ] *adv phr*: to be caught in ~ être surpris en flagrant délit.

**flagrantly** ['fleɪɡrəntlɪ] *adv* [abuse, disregard, defy etc] d'une manière flagrante.

**flagship** ['flægʃɪp] ◇ *n* NAUT vaisseau *m* OR bâtiment *m* amiral; *fig* [product] tête *f* de gamme. ◇ *comp*: ~ restaurant/store restaurant *m*/magasin *m* principal.

**flagstaff** ['flægstɑːf] = **flagpole.**

**flagstone** ['flægstəʊn] = **flag** *n* **5.**

**flail** [fleɪl] ◇ *n* AGR fléau *m*. ◇ *vt* AGR battre au fléau; [arms] agiter. ◇ *vi* [person, limbs] s'agiter violemment.

◆ **flail about** ◇ *vi insep* [person, limbs] s'agiter dans tous les sens. ◇ *vt sep* [arms, legs] battre.

**flair** [fleəʳ] *n* **-1.** [stylishness] style *m*.**-2.** [gift] don *m*; to have a ~ for sthg avoir un don pour qqch.

**flak** [flæk] ◇ *n* **-1.** [gunfire] tir *m* antiaérien OR de DCA. **-2.** *(U) inf & fig* [criticism] critiques *fpl*; I took a lot of ~ over it on m'a beaucoup critiqué pour cela. ◇ *comp*: ~ jacket gilet *m* pare-balles.

**flake** [fleɪk] ◇ *n* **-1.** [of snow] flocon *m*; [of metal] paillette *f*; [of skin] peau *f* morte; [of paint] écaille *f*. **-2.** *Am inf* [person] barjo *mf*. ◇ *vi* [plaster] s'effriter, s'écailler; [paint] s'écailler; [skin] peler; [fish] s'émietter. ◇ *vt* CULIN [fish] émietter; ~d almonds amandes *fpl* effilées.

◆ **flake off** *vi insep* = **flake** *vi.*

◆ **flake out** *vi insep inf* s'écrouler; [fall asleep] s'endormir.

**flaky** ['fleɪkɪ] *(compar* **flakier,** *superl* **flakiest)** *adj* **-1.** [paint, rock] effrité; ~ pastry CULIN pâte *f* feuilletée. **-2.** *Am inf* [person] barjo; [idea] loufoque.

**flambé** ['flɑːbe] *(pt & pp* **flambéed,** *cont* **flambéing)** ◇ *vt* flamber. ◇ *adj* flambé.

**flamboyance** [flæm'bɔɪəns] *n* [of style, dress, behaviour etc] extravagance *f*.

**flamboyant** [flæm'bɔɪənt] *adj* [behaviour, lifestyle, personality] extravagant; [colour] éclatant; [clothes] aux couleurs éclatantes; *pej* voyant; ARCHIT flamboyant.

**flamboyantly** [flæm'bɔɪəntlɪ] *adv* de manière extravagante.

**flame** [fleɪm] ◇ *n* **-1.** [of fire, candle] flamme *f*; to be in ~s [building, car] être en flammes; to burst into ~s prendre feu, s'enflammer; to go up in ~s s'embraser ❑ to be shot down in ~s *literal & fig* être descendu en flammes. **-2.** *lit* [of passion, desire] flamme *f*. ◇ *vi fig* [face, cheeks] s'empourprer; [passion, anger] brûler. ◇ *vt* CULIN flamber.

◆ **flame up** *vi insep* [fire] s'embraser; *fig* [person] s'enflammer.

**flamenco** [flə'meŋkəʊ] ◇ *n* flamenco *m*. ◇ *comp* [dancer] de flamenco; ~ music flamenco *m*.

**flameproof** ['fleɪmpruːf] *adj* [clothing] ininflammable, à l'épreuve des flammes; [dish] allant au feu.

**flamethrower** ['fleɪmθrəʊəʳ] *n* lance-flammes *m inv.*

**flaming** ['fleɪmɪŋ] *adj* **-1.** [sun, sky] embrasé; [fire] flamboyant. **-2.** *Br inf* [extremely angry]: to be in a ~ temper être d'une humeur massacrante, être furax; we had a ~ row about it nous avons eu une belle engueulade là-dessus. **-3.** *inf* [as intensifier] fichu; you ~ idiot! espèce d'abruti! ◇ *adv Br inf* [as intensifier] fichtrement; don't be so ~ stupid! ne sois donc pas aussi bête!

**flamingo** [flə'mɪŋgəʊ] *n* flamant *m* rose.

**flammable** ['flæməbl] *adj* inflammable.

**flan** [flæn] CULIN *n* tarte *f*; [savoury] quiche *f*. ◇ *comp*: ~ case fond *m* de tarte.

**Flanders** ['flɑːndəz] *pr n* Flandre *f*, Flandres *fpl*; in ~ dans les Flandres, en Flandre.

**flange** [flændʒ] *n* [on pipe] bride *f*, collerette *f*; RAIL [on rail] patin *m*. ◇ *comp*: ~ girder poutre *f* en I.

**flanged** [flændʒd] *adj* [with flanges] à brides; [attached by flanges] fixé par brides.

**flank** [flæŋk] ◇ *n* flanc *m*; ~ of beef CULIN flanchet *m*. ◇ *vt* **-1.** [be on either side of] encadrer; ~ed by his wife and son entouré de sa femme et de son fils. **-2.** MIL flanquer.

**flanker** ['flæŋkəʳ] *n* RUGBY avant-aile *m*, flanqueur *m*.

**flannel** ['flænl] *(Br pt & pp* **flannelled,** *cont* **flannelling,** *Am pt & pp* **flanneled,** *cont* **flanneling)** ◇ *n* **-1.** TEX flanelle *f*. **-2.** *Br* [for washing] gant *m* de toilette. **-3.** *(U) Br inf* [empty words] baratin *m*, blabla *m*, blablabla *m*. ◇ *comp* TEX [nightgown, sheet, trousers, suit] en OR de flanelle. ◇ *vi Br inf* [use empty words] faire du baratin OR du blabla OR du blablabla.

◆ **flannels** *npl* pantalon *m* en OR de flanelle.

**flannelette** [flænə'let] TEX ◇ *n* pilou *m*. ◇ *comp* [nightgown, sheet] en OR de pilou.

**flap** [flæp] (*pt* & *pp* **flapped**, *cont* **flapping**) ◇ *n* -**1.** [of sails] claquement *m*; [of wings] battement *m*. -**2.** [of counter, desk – hinged] abattant *m*; [– sliding] rallonge *f*; [of pocket, tent, envelope] rabat *m*; [in floor, door] trappe *f*; [of aircraft] volet *m* (hypersustentateur). -**3.** *inf* [panic] panique *f*; to be in a ~ être paniqué; to get in a ~ paniquer. ◇ *vi* -**1.** [wings] battre; [sails, shutters, washing, curtains] claquer. -**2.** *inf* [panic] paniquer, s'affoler. ◇ *vt*: the bird flapped its wings l'oiseau a battu des ailes; he was flapping his arms about to keep warm il agitait ses bras pour se tenir chaud.

**flapjack** ['flæpdʒæk] *n* CULIN [in UK] biscuit *m* à l'avoine; [in US] *petite crêpe épaisse.*

**flapper** ['flæpə*r*] *n jeune fille dans le vent (dans les années 20).*

**flare** [fleə*r*] ◇ *n* -**1.** [bright flame – of fire, match] flamboiement *m*.-**2.** [signal] signal *m* lumineux; [rocket] fusée *f* éclairante. -**3.** [in clothes] évasement *m*. ◇ *vi* -**1.** [flame, match] flamboyer. -**2.** [tempers] s'échauffer. -**3.** [nostrils] frémir. -**4.** [clothes] s'évaser. ◇ *vt* [clothes] évaser.

◆ **flares** *npl*: (a pair of) ~s un pantalon à pattes d'éléphant.

◆ **flare up** *vi insep* [fire] s'embraser; *fig* [dispute, quarrel, violence] éclater; [disease, epidemic, crisis] apparaître, se déclarer; [person] s'emporter.

**flared** [fleəd] *adj* [trousers] à pattes d'éléphant; [dress] évasé; [skirt] évasé, à godets.

**flare gun** *n* pistolet *m* de détresse, lance-fusées *m inv*.

**flare-up** *n* [of fire, light] flamboiement *m*; *fig* [of anger, violence] explosion *f*; [of tension] montée *f*; [of disease, epidemic] apparition *f*; [quarrel] dispute *f*.

**flash** [flæʃ] ◇ *n* -**1.** [of light, diamond] éclat *m*; [of metal] reflet *m*, éclat *m*; we saw a ~ of light in the distance nous avons vu l'éclat d'une lumière au loin; ~ of wit/humour pointe *f* d'esprit/d'humour; ~ of inspiration éclair *m* de génie; in a ~ [very quickly] en un éclair, en un clin d'œil ❑ ~ of lightning éclair *m*; a ~ in the pan un feu de paille; (as) quick as a ~ aussi rapide que l'éclair, rapide comme l'éclair. -**2.** [of news] flash *m* (d'information). -**3.** MIL [on uniform] écusson *m*.-**4.** [of colour] tache *f*.-**5.** PHOT flash *m*; are you going to use a ~ for this one? est-ce que tu vas la prendre au flash, celle-ci? -**6.** *Am inf* [flashlight] torche *f*.

◇ *vi* -**1.** [light, torch, sign] clignoter; [diamond] briller, lancer des éclats; [move fast] filer comme l'éclair, aller à la vitesse de l'éclair; to ~ past OR by [time] passer à toute vitesse; the thought ~ed through OR across her mind that... la pensée que... lui a traversé l'esprit; information ~ed onto OR up on the screen des informations sont apparues sur l'écran; my life ~ed before me ma vie a défilé devant mes yeux. -**3.** *Br inf* [expose o.s.] s'exhiber.

◇ *vt* -**1.** [torch – turn on and off] faire clignoter; to ~ a light in sb's face OR eyes diriger une lumière dans les yeux de qqn; to ~ (one's headlights at) sb AUT faire un appel de phares à qqn; to ~ a smile at sb *fig* lancer OR adresser un sourire à qqn. -**2.** [give brief glimpse of – passport, photograph etc] montrer rapidement; to ~ one's money around [to impress] dépenser son argent avec ostentation; [be indiscreet] montrer son argent. -**3.** [news, information] diffuser; to ~ a message up on the screen faire apparaître un message sur l'écran.

◇ *adj inf*-**1.** *pej* = flashy. -**2.** [expensive – looking] chic.

◆ **flash back** *vi insep* [in novel, film etc] to ~ back to sthg revenir en arrière sur OR faire un flash-back sur qqch.

**flashback** ['flæʃbæk] *n* [in novel, film, etc] flash-back *m inv*, retour *m* en arrière; a ~ to the war un flash-back sur la guerre; I had a ~ to when I was a child mon enfance m'est revenue à l'esprit.

**flashbulb** ['flæʃbʌlb] *n* PHOT ampoule *f* de flash.

**flash card** *n* SCH *carte portant un mot, une image etc utilisée dans l'enseignement comme aide à l'apprentissage.*

**flashcube** ['flæʃkjuːb] *n* PHOT cube *m* de flash.

**flasher** ['flæʃə*r*] *n* -**1.** AUT [indicator] clignotant *m*.-**2.** *inf* [person] exhibitionniste *mf*.

**flash flood** *n* crue *f* subite.

**flash gun** *n* PHOT flash *m*.

**flashily** ['flæʃɪlɪ] *adv inf* & *pej* d'une manière tapageuse OR tape-à-l'œil, tapageusement.

**flashing** ['flæʃɪŋ] ◇ *adj* [indicator, light, torch] clignotant; ~ light [on police car] gyrophare *m*. ◇ *n* -**1.** *inf* [indecent exposure] exhibitionnisme *m*.-**2.** *(U)* [on roof] raccord *m*.

**flashlight** ['flæʃlaɪt] *n* -**1.** PHOT ampoule *f* de flash. -**2.** *esp Am* [torch] torche *f* électrique, lampe *f* électrique OR de poche. -**3.** [flashing signal] fanal *m*.

**flash photography** *n* photographie *f* au flash.

**flashpoint** [flæʃpɔɪnt] *n* -**1.** CHEM point *m* d'éclair. -**2.** *fig* [trouble spot] poudrière *f*.

**flashy** ['flæʃɪ] *adj inf* & *pej* [person, car, clothes, taste] tapageur, tape-à-l'œil *(inv)*; [colour] voyant, criard.

**flask** [flɑːsk] *n* PHARM fiole *f*; CHEM ballon *m*; [for water, wine] gourde *f*; [Thermos®]: (bouteille *f*) Thermos® *f*.

**flat** [flæt] ◇ *adj* -**1.** [countryside, feet, stomach] plat; [surface] plan; [roof] plat, en terrasse; [nose] épaté, camus; [tyre – deflated] à plat, dégonflé; [– punctured] crevé; (ball, balloon) dégonflé; it folds up ~ c'est pliable; he was lying ~ on his back il était allongé à plat sur le dos; to be ~ on one's back *fig* [with illness] être alité; lay the book ~ on the desk pose le livre à plat sur le bureau; to fall ~ on one's back tomber sur le dos; to fall ~ [joke] tomber à plat ❑ to fall ~ on one's face *literal* tomber la tête la première; *fig* se casser le nez. -**2.** [soft drink, beer, champagne] éventé; to go ~ [beer, soft drink] s'éventer, perdre ses bulles ‖ *fig* [monotonous – style, voice] monotone, terne; [without emotion – voice] éteint; [stock market, business] au point mort; [social life] peu animé; to feel ~ *fig* se sentir vidé OR à plat. -**3.** [battery] à plat. -**4.** MUS en dessous du ton; to be ~ [singer] chanter en dessous du ton; [instrumentalist] jouer en dessous du ton; E ~ mi bémol. -**5.** [categorical – refusal, denial] catégorique; to give a ~ refusal refuser catégoriquement. -**6.** COMM [rate, fare, fee] fixe.

◇ *adv* -**1.** [categorically] catégoriquement; she turned me down ~ elle m'a opposé un refus catégorique. -**2.** [exactly]: in thirty seconds ~ en trente secondes pile. -**3.** MUS en dessous du ton. -**4.** *phr*: ~ broke *inf* complètement fauché.

◇ *n* -**1.** [in house] *Br* appartement *m*; (block of) ~s immeuble *m* (d'habitation). -**2.** [of hand, blade] plat *m*.-**3.** [in horse racing: the ~ [races] le plat; [season] la saison des courses de plat. -**4.** MUS bémol *m*.-**5.** *inf* [puncture] crevaison *f*; [punctured tyre] pneu *m* crevé; [deflated tyre] pneu *m* à plat. -**6.** THEAT ferme *f*.

◆ **flats** *npl* GEOG: salt ~s marais *mpl* salants.

◆ **flat out** *phr*: to work ~ out travailler d'arrache-pied; to be ~ out [exhausted] être à plat, être vidé; [drunk] être fin saoul; [knocked out] être K-O; to be going ~ out [car] être à sa vitesse maximum; [driver, runner, horse] être au maximum OR à fond.

**flat cap** *n* casquette *f*.

**flat-chested** [-'tʃestɪd] *adj*: to be ~ ne pas avoir de poitrine; *pej* être plat comme une planche à pain OR une limande.

**flatfish** ['flætfɪʃ] *n* poisson *m* plat.

**flat-footed** *adj* -**1.** MED aux pieds plats. -**2.** *inf* [clumsy] empoté; [tactless] maladroit, lourdaud. -**3.** [off guard]: to catch sb ~ *inf* prendre qqn par surprise.

**flat-hunt** *vi (usu in progressive) Br* chercher un appartement.

**flatlet** ['flætlɪt] *n Br* studio *m*.

**flatly** ['flætlɪ] *adv* -**1.** [categorically – deny, refuse] catégoriquement. -**2.** [without emotion – say, speak] d'une voix éteinte; [monotonously] avec monotonie.

**flatmate** ['flætmeɪt] *n Br personne avec qui on partage un appartement;* she and I were ~s in London elle et moi partagions un appartement à Londres.

**flat racing** *n* [in horse racing – races] plat *m*; [– season] saison *f* des courses de plat.

**flat-screen** *adj* TV & COMPUT à écran plat.

**flat season** *n* [in horse racing] saison *f* des courses de plat.

**flatten** ['flætn] ◇ *vt* -**1.** [path, road, ground] aplanir; [dough, metal] aplatir; [animal, person – subj: vehicle] écraser; [house, village – subj: bulldozer; earthquake] raser; [crop – subj: wind, storm] écraser, aplatir; [piece of paper] étaler; to ~ o.s. against a wall se plaquer OR se coller contre un mur. -**2.** *inf* [defeat thoroughly] écraser, battre à plate couture. -**3.** *inf* [knock to the ground] démolir. -**4.** *inf* [subdue – person] clouer le bec à. **-5.** MUS [note] baisser d'un demi-ton, bémoliser. ◇ *vi* = **flatten out.**

◆ **flatten out** ◇ *vi insep* **-1.** [countryside, hills] s'aplanir. **-2.** AERON [plane] se redresser; [pilot] redresser l'appareil. ◇ *vt sep* [piece of paper] étaler à plat; [bump, path, road] aplanir.

**flatter** ['flætər] ◇ *vt* [subj: person] flatter; [subj: dress, photo, colour] avantager; **don't ~ yourself!**, **you ~ yourself!** non mais tu rêves!; **he ~s himself (that) he's a good singer** il a la prétention d'être un bon chanteur. ◇ *vi* flatter.

**flatterer** ['flætərər] *n* flatteur *m*, -euse *f*.

**flattering** ['flætərɪŋ] *adj* [remark, person, offer] flatteur; [picture, colour] avantageux, flatteur; [dress] seyant.

**flattery** ['flætərɪ] *n (U)* flatterie *f*; **~ will get you nowhere** la flatterie ne vous mènera nulle part, vous n'obtiendrez rien par la flatterie.

**flattie** ['flætɪ] *n* chaussure *f* plate.

**flat top** *n* [haircut] brosse *f*.

**flatulence** ['flætjʊləns] *n* flatulence *f*.

**flatulent** ['flætjʊlənt] *adj* flatulent.

**flatware** ['flætweər] *n (U) Am* [cutlery] couverts *mpl*; [serving dishes] plats *mpl*; [plates] assiettes *fpl*.

**flatworm** ['flæt,wɜːm] *n* plathelminthe *m*, ver *m* plat.

**flaunt** [flɔːnt] *vt* [wealth, beauty] étaler, faire étalage de; [car, jewellery] faire parade de, exhiber; **to ~ o.s.** s'afficher.

**flautist** ['flɔːtɪst] *n Br* MUS flûtiste *mf*.

**flavor** *etc Am* = **flavour.**

**flavour** *Br*, **flavor** *Am* ['fleɪvər] ◇ *n* [of food, drink] goût *m*; [of ice-cream, tea] parfum *m*; **chocolate/coffee ~ ice-cream** glace au chocolat/au café; **it's got quite a spicy ~** c'est assez épicé; **it gives the dish a South American ~** *fig* cela donne une note sud-américaine au film ❑ **to be ~ of the month** [in vogue] être au goût du jour. ◇ *comp*: **~ enhancers** agents *mpl* de sapidité. ◇ *vt* [with spices, herbs] assaisonner; [with fruit, alcohol] parfumer.

**-flavoured** ['fleɪvəd] *in cpds*: **chocolate~** au chocolat; **vanilla~** à la vanille.

**flavouring** *Br*, **flavoring** *Am* ['fleɪvərɪŋ] *n* CULIN [savoury] assaisonnement *m*; [sweet] parfum *m*, arôme *m*; **'no artificial ~s'** [on tin, package] 'sans arômes artificiels'.

**flavourless** *Br*, **flavorless** *Am* ['fleɪvəlɪs] *adj* sans goût, insipide.

**flaw** [flɔː] ◇ *n* [in material, plan, character] défaut *m*; JUR vice *m* de forme. ◇ *vt* [object] endommager; [sb's character, beauty] altérer.

**flawed** [flɔːd] *adj* imparfait; **the argument is, however, ~** cette argumentation a cependant un défaut OR des défauts.

**flawless** ['flɔːlɪs] *adj* parfait.

**flax** [flæks] *n* lin *m*.

**flaxen** ['flæksn] *adj* [hair] blond pâle OR filasse.

**flay** [fleɪ] *vt* [animal] dépouiller, écorcher; [person] fouetter; *fig* [criticize] éreinter.

**flea** [fliː] ◇ *n* puce *f*; **to have ~s** avoir des puces ❑ **to send sb off with a ~ in his/her ear** *inf* [dismiss] envoyer balader qqn; [scold] passer un savon à qqn. ◇ *comp*: **~ circus** cirque *m* de puces savantes.

**fleabite** ['fliːbaɪt] *n* piqûre *f* OR morsure *f* de puce; *fig* [trifle] broutille *f*.

**flea-bitten** *adj* couvert de puces; *fig* [shabby] miteux.

**flea collar** *n* collier *m* anti-puces.

**flea market** *n* marché *m* aux puces.

**fleapit** ['fliːpɪt] *n inf* cinéma *m* OR théâtre *m* miteux.

**fleck** [flek] ◇ *n* [of colour] moucheture *f*, tacheture *f*; [of sunlight] moucheture *f*; [of dust] particule *f*. ◇ *vt* [with colour] moucheter, tacheter; [with sunlight] **hair ~ed with grey** cheveux *mpl* grisonnants.

**fled** [fled] *pt & pp* = **flee.**

**fledged** [fledʒd] *adj* [bird] emplumé.

**fledgeling** ['fledʒlɪŋ] ◇ *n* **-1.** [young bird] oisillon *m*. **-2.** *fig* novice *mf*, débutant *m*, -e *f*. ◇ *comp* [company, political party etc] naissant.

**flee** [fliː] *(pt & pp* **fled** [fled]*)* ◇ *vi* s'enfuir, fuir; **to ~ from sb/sthg** fuir qqn/qqch; **to ~ from a house/country** s'enfuir d'une maison/d'un pays. ◇ *vt* [person, danger, temptation] fuir; [country, town] s'enfuir de.

**fleece** [fliːs] ◇ *n* **-1.** [of sheep] toison *f*; **the Golden Fleece** MYTH la Toison d'or. **-2.** TEX peau *f* de mouton. ◇ *comp* [lining] en peau de mouton; **~-lined** [coat, jacket, gloves] doublé en peau de mouton. ◇ *vt* **-1.** *inf* [cheat] escroquer. **-2.** [shear – sheep] tondre.

**fleecy** ['fliːsɪ] *adj* [material] laineux; [clouds] cotonneux.

**fleet** [fliːt] ◇ *n* **-1.** NAUT flotte *f*; [smaller] flottille *f*. **-2.** [of buses, taxis] parc *m*; **a ~ of ambulances took the injured to hospital** plusieurs ambulances ont transporté les blessés à l'hôpital ❑ **car ~** parc *m* automobile. ◇ *adj lit* rapide; **~ of foot** aux pieds ailés.

**fleet admiral** *n* NAUT ≃ amiral *m* de France.

**Fleet Air Arm** *pr n*: **the ~** l'aéronavale britannique.

**fleeting** ['fliːtɪŋ] *adj* [memory] fugace; [beauty, pleasure] passager; **to catch a ~ glimpse of** apercevoir, entrevoir.

**fleetingly** ['fliːtɪŋlɪ] *adv* [glimpse] rapidement.

**Fleet Street** [fliːt-] *pr n rue de Londres, dont le nom sert à désigner les grands journaux britanniques.*

**Fleming** ['flemɪŋ] *n* Flamand *m*, -e *f*.

**Flemish** ['flemɪʃ] ◇ *n* LING flamand *m*. ◇ *npl*: **the ~** les Flamands *mpl*. ◇ *adj* flamand.

**flesh** [fleʃ] *n* **-1.** [of person, animal, fruit] chair *f*; **she looks better on TV than she does in the ~** elle est plus jolie à la télé qu'en chair et en os ❑ **I'm only ~ and blood, you know** je suis comme tout le monde, tu sais; **it's more than ~ and blood can bear** OR **stand** c'est plus que ce que la nature humaine peut endurer; **she's my own ~ and blood** c'est ma chair et mon sang; **to press the ~** *inf* [politicians, royalty etc] serrer des mains. **-2.** RELIG chair *f*; **pleasures/sins of the ~** plaisirs de la/péchés de chair; **the spirit is willing but the ~ is weak** l'esprit est prompt mais la chair est faible; **to go the way of all ~** retourner à la OR redevenir poussière. **-3.** [colour] couleur *f* chair.

◆ **flesh out** *vt sep* [essay, report etc] étoffer. ◇ *vi insep* [person] s'étoffer, prendre de la carrure.

**flesh-coloured** *adj* [tights] couleur chair.

**fleshpots** ['fleʃpɒts] *npl hum* OR *pej* lieux *mpl* de plaisir.

**flesh wound** *n* blessure *f* superficielle OR légère.

**fleshy** ['fleʃɪ] *(compar* **fleshier,** *superl* **fleshiest)* *adj* [person] bien en chair; [part of the body, fruit, leaf] charnu.

**flew** [fluː] *pt* → **fly.**

**flex** [fleks] ◇ *vt* [one's arms, knees] fléchir; **to ~ one's muscles** *literal* bander OR faire jouer ses muscles; *fig* faire étalage de sa force. ◇ *n* [wire] fil *m*; [heavy-duty] câble *m*.

**flexibility** [,fleksə'bɪlətɪ] *n* [of object] flexibilité *f*, souplesse *f*; *fig* [of plan, approach] flexibilité *f*; [of person's character] souplesse *f*.

**flexible** ['fleksəbl] *adj* flexible, souple; *fig* [approach, plans, timetable etc] flexible; [person's character] souple; [as regards timing, arrangements] arrangeant; **~ working hours** horaires *mpl* (de travail) à la carte OR flexibles; **~ response** MIL riposte *f* graduée.

**flexitime** ['fleksɪtaɪm] *n (U)* horaires *m* à la carte OR flexibles; **to be on** OR **to work ~** avoir des horaires à la carte.

**flick** [flɪk] ◇ *n* [with finger] chiquenaude *f*; [with wrist] petit OR léger mouvement *m*; [with tail, whip, duster] petit OR léger coup *m*; **at the ~ of a switch** en appuyant simplement sur un interrupteur. ◇ *vt* [switch] appuyer sur; **don't ~ your ash on the floor** ne mets pas tes cendres par terre; **she ~ed the ash off the table** [with duster] d'un coup de chiffon, elle a enlevé la cendre de la table; [with finger] d'une chiquenaude, elle a enlevé la cendre de la table.

◆ **flicks** *npl*: *inf & dated*: **the ~s** le ciné, le cinoche.

◆ **flick over** *vt sep* [pages of book, newspaper etc] tourner rapidement.

◆ **flick through** *vt insep* [book, newspaper] feuilleter; **to ~ through the channels** TV passer rapidement d'une chaîne à une autre.

**flicker** ['flɪkər] ◇ *vi* [flame, light] vaciller, trembler; [eyelids, TV screen] trembler; **the candle was ~ing** la flamme de la bougie vacillait. ◇ *n* [of flame, light] vacillement *m*, tremblement *m*; [of eyelids, TV screen] tremblement *m*.

**flick knife** *n* (couteau *m* à) cran *m* d'arrêt.

**flier** ['flaɪər] *n* **-1.** AERON [pilot] aviateur *m*, -trice *f*. **-2.** ORNITH: **the heron is an ungainly ~** le héron a un vol peu élégant. **-3.** *inf* SPORT [start to race] départ *m* lancé; [false start] faux départ *m*; **to get a ~** [good start] partir comme un boulet de canon. **-4.** *inf* [fall] vol *m* plané. **-5.** [leaflet] prospectus *m*.

**flies** [flaɪz] *npl* **-1.** = **fly 2. -2.** THEAT dessus *mpl*, cintres *mpl*.

**flight** [flaɪt] *n* **-1.** [flying] vol *m*; **capable of ~** capable de voler; **to be in ~** être en vol. **-2.** [journey – of bird, spacecraft, plane, missile] vol *m*; **manned ~** [of spacecraft] vol habité. **-3.** AERON [journey in plane – by passenger] voyage *m*; [– by pilot] vol *m*; [plane itself] vol *m*; **how was your ~?** as-tu fait bon voyage?; **~ BA 314 to Paris** le vol BA 314 à destination de Paris; **when is the next ~ to Newcastle?** à quelle heure part le prochain vol pour OR à destination de Newcastle?; **all ~s out of Gatwick** tous les vols en provenance de Gatwick. **-4.** [group of birds] vol *m*, volée *f*; [group of aircraft] flotte *f* aérienne. **-5.** [fleeing] fuite *f*; **to take ~** prendre la fuite; **to put sb/the enemy to ~** mettre qqn/l'ennemi en fuite ❑ **the Flight into Egypt** la fuite en Égypte. **-6.** [of stairs]: **~** (of stairs OR steps) escalier *m*; **it's another three ~s up** c'est trois étages plus haut; **a short ~ of steps** quelques marches. **-7.** *fig:* **a ~ of the imagination** une envolée de l'imagination; **it was just a ~ of fancy** ce n'était qu'une idée folle. **-8.** [on arrow, dart] penne *f*, empennage *m*. **-9.** *phr:* **to be in the first** OR **top ~** faire partie de l'élite.

**flight attendant** *n* [male] steward *m*; [female] hôtesse *f* de l'air; **one of our ~s** un des membres de l'équipage.

**flight control** *n* [place] contrôle *m* aérien; [people] contrôleurs *mpl* aériens.

**flight crew** *n* équipage *m* (*d'un avion*).

**flight deck** *n* [of aircraft] poste *m* OR cabine *f* de pilotage, habitacle *m*; [of aircraft carrier] pont *m* d'envol.

**flightless** ['flaɪtlɪs] *adj* [bird] coureur.

**flight lieutenant** *n* capitaine de l'armée de l'air britannique.

**flight number** *n* numéro *m* de vol.

**flight path** *n* trajectoire *f* de vol.

**flight recorder** *n* enregistreur *m* de vol.

**flight sergeant** *n* sergent-chef de l'armée de l'air britannique.

**flight simulator** *n* simulateur *m* de vol.

**flighty** ['flaɪtɪ] (*compar* **flightier**, *superl* **flightiest**) *adj* inconstant; [in romantic relationships] volage, inconstant.

**flimsily** ['flɪmzɪlɪ] *adv* [built, constructed] d'une manière peu solide, peu solidement.

**flimsy** ['flɪmzɪ] (*compar* **flimsier**, *superl* **flimsiest**) ◇ *adj* **-1.** [material] fin, léger; [clothes, shoes] léger; [sthg built] peu solide; [paper] peu résistant, fragile; [toys, books] fragile. **-2.** [argument, case, excuse etc] léger. ◇ *n* [paper] papier *m* pelure; [with typing on it] double *m* sur pelure.

**flinch** [flɪntʃ] *vi* **-1.** [wince, with pain] tressaillir; **without ~ing** sans broncher. **-2.** [shy away]: **to ~ from one's duty/obligations** reculer devant son devoir/ses obligations.

**fling** [flɪŋ] (*pt & pp* **flung** [flʌŋ]) ◇ *vt* lancer, jeter; **to ~ one's arms around sb's neck** jeter ses bras autour du cou de qqn; **he flung himself into an armchair** il s'est jeté dans un fauteuil; **I flung a few things into a suitcase** j'ai fourré quelques affaires dans une valise; **he flung himself off the top of the cliff** il s'est jeté du haut de la falaise; **with his coat casually flung over his shoulders** avec son manteau négligemment jeté sur ses épaules; **she flung the windows wide open** elle ouvrit ses fenêtres en grand; **to ~ sthg in sb's face** *fig* envoyer qqch à la figure de qqn. ◇ *n* **-1.** *inf* [attempt, try]: **to have a ~ at sthg** essayer de faire qqch. **-2.** [wild behaviour]: **youth must have its ~** il faut que jeunesse se passe; **to have a ~ with sb** *inf* [affair] avoir une aventure avec qqn. **-3.** [dance] danse traditionnelle écossaise.

◆ **fling about** *vt sep* [objects] lancer; **he flung his arms about wildly** [fighting] il se démenait violemment; [gesticulating] il gesticulait violemment.

◆ **fling away** *vt sep* [discard] jeter (de côté).

◆ **fling back** *vt sep* [ball] renvoyer; [curtains] ouvrir brusquement; **she flung back her head** elle a rejeté sa tête en arrière.

◆ **fling off** *vt sep* [coat, dress] jeter.

◆ **fling out** *vt sep* [object] jeter, balancer; [person] mettre à la porte, jeter dehors.

◆ **fling up** *vt sep* [throw – in air] jeter en l'air; [– to sb in higher position] lancer, envoyer; **he flung up his hands in horror** horrifié, il leva les bras au ciel.

**flint** [flɪnt] ◇ *n* [substance] silex *m*; [for cigarette lighter] pierre *f*

à briquet. ◇ *comp* [tools, axe] en silex.

**flintlock** ['flɪntlɒk] *n* [rifle] mousquet *m*; [pistol] pistolet *m* à fusil.

**flip** [flɪp] (*pt & pp* **flipped**, *cont* **flipping**) ◇ *n* **-1.** [little push, flick] petit coup *m*. **-2.** [turning movement] demi-tour *m* (*sur soi-même*); [somersault – in diving] saut *m* périlleux; [– in gymnastics] flip-flap *m*. **-3.** **to have a (quick) ~ through a magazine** feuilleter un magazine. **-4.** [drink] boisson alcoolisée à l'œuf. ◇ *vt* **-1.** [move with a flick] donner un petit coup sec à; **he flipped the packet shut** d'un petit coup sec il a refermé le paquet. **-2.** [throw] envoyer, balancer; **to ~ a coin** (for sthg) décider (qqch) à pile ou face. **-3.** *phr:* **to ~ one's lid** *inf=* **flip** *vi* **2.** ◇ *vi* *inf* **-1.** [become ecstatic] être emballé, flasher; **to ~ over sthg** être emballé par qqch, flasher sur qqch. **-2.** [get angry] exploser, piquer une crise; [go mad] devenir dingue, perdre la boule; [under effects of stress] craquer. ◇ *adj inf* [flippant] désinvolte. ◇ *interj inf* mince, zut.

◆ **flip out** *vi insep inf* [get angry] exploser, piquer une crise; [become ecstatic] être emballé, flasher.

◆ **flip over** ◇ *vt sep* [turn over – stone, person] retourner; [– page] tourner. ◇ *vi insep* [turn over – plane, boat, fish] se retourner; [– page] tourner tout seul.

◆ **flip through** *vt insep* [magazine] feuilleter.

◆ **flip chart** *n* tableau *m* à feuilles.

**flip-flop** ◇ *n* **-1.** [sandal] tong *f*. **-2.** ELECTRON bascule *f*. **-3.** *Am inf* [in attitude, policy] volte-face *f inv*, revirement *m*. ◇ *vi Am inf* faire volte-face, retourner sa veste.

**flippant** ['flɪpənt] *adj* désinvolte; **he was just being ~** il ne parlait pas sérieusement.

**flippantly** ['flɪpəntlɪ] *adv* avec désinvolture.

**flipper** ['flɪpə] *n* **-1.** [for swimming] palme *f*. **-2.** [of seal, penguin] nageoire *f*.

**flipping** ['flɪpɪŋ] *Br inf* ◇ *adj* [as intensifier] fichu; **you ~ idiot!** espèce d'idiot! ◇ *adv* [as intensifier] fichtrement; **not ~ likely!** il n'y a pas de risque!

**flip side** *n* [of record] face *f* B; *fig* face *f* cachée.

**flip top** *n* [of packet] couvercle *m* à rabat.

**flirt** [flɜːt] ◇ *vi* **-1.** [sexually] flirter; **he ~s with everybody** il flirte avec tout le monde. **-2.** *fig:* **to ~ with danger/death** frayer avec le danger/la mort; **to ~ with an idea** jouer avec une idée. ◇ *n* **-1.** [person] charmeur *m*, -euse *f*; **he's just a ~** il fait du charme à tout le monde, c'est un charmeur. **-2.** [act] badinage *m* amoureux.

**flirtation** [flɜːˈteɪʃn] *n* badinage *m* amoureux; **his ~ with danger/the idea ended in disaster** *fig* il a frayé avec le danger/joué avec cette idée et cela a tourné au désastre.

**flirtatious** [flɜːˈteɪʃəs] *adj* charmeur.

**flit** [flɪt] (*pt & pp* **flitted**, *cont* **flitting**) ◇ *vi* **-1.** [bird, bat etc] voleter; [person]: **people were constantly flitting in and out of his office** les gens n'arrêtaient pas d'entrer et de sortir de son bureau; **to ~ from one subject to another** sauter d'un sujet à un autre, passer du coq à l'âne. **-2.** *Br dial* [move house] déménager. ◇ *n Br dial* déménagement *m*.

**flitting** ['flɪtɪŋ] *n Br dial* déménagement *m*.

**float** [fləʊt] ◇ *n* **-1.** [for fishing line] bouchon *m*, flotteur *m*; [on raft, seaplane, fishing net, in carburettor, toilet cistern] flotteur *m*; [for swimming] planche *f*. **-2.** [vehicle – in parade, carnival] char *m*; [– for milk delivery] voiture *f* du livreur de lait. **-3.** [cash advance] avance *f*; [business loan] prêt *m* de lancement; [money in cash register] encaisse *f*. **-4.** [drink] soda avec une boule de glace.

◇ *vi* **-1.** [on water] flotter; [be afloat – boat] flotter, être à flot; **the raft/log ~ed down the river** le radeau/le tronc d'arbre a descendu la rivière au fil de l'eau; **the bottle ~ed out to sea** la bouteille a été emportée vers le large; **we ~ed downstream** [in boat] le courant nous a portés. **-2.** [in the air – balloon, piece of paper] voltiger; [– mist, clouds] flotter; [– ghost, apparition] flotter, planer; **music/the sound of laughter ~ed in through the open window** de la musique est entrée/des bruits de rires sont entrés par la fenêtre ouverte. **-3.** [currency] flotter.

◇ *vt* **-1.** [put on water – ship, raft, platform] mettre à flot; **the timber is then ~ed downstream to the mill** le bois est ensuite flotté jusqu'à l'usine située en aval. **-2.** [launch – company] lancer, créer; FIN [bonds, share issue] émettre. **-3.** FIN [currency] faire flotter. **-4.** *fig* [idea] lancer, proposer;

[plan] proposer.

◆ **float about** *Br*, **float around** *vi insep inf* [rumours] courir; [unoccupied person]traîner.

◆ **float off** ◇ *vt sep* [free – boat] remettre à flot. ◇ *vi insep* **-1.** [be carried away – log, ship etc] partir OR être emporté au fil de l'eau; [in the air – balloon, piece of paper] s'envoler. **-2.** *fig* [person] s'envoler, disparaître.

**floatation** [fləʊˈteɪʃn] = **flotation**.

**floater** [ˈfləʊtəʳ] *n Am* [floating voter] (électeur *m*) indécis *m*, électrice *f* indécise.

**floating** [ˈfləʊtɪŋ] ◇ *adj* **-1.** [on water] flottant; ~ **crane** ponton-grue *m*.**-2.** [not fixed]: he has led a sort of ~ existence il a mené une vie assez vagabonde ❑ ~ **voters** (électeurs *mpl*) indécis *mpl*.**-3.** FIN [currency, exchange rate] flottant; [capital] disponible. **-4.** COMPUT [accent] flottant; ~ **point** virgule *f* flottante. ◇ *n* **-1.** [putting on the water] mise *f* à flot; [getting afloat again] remise *f* à flot. **-2.** [of new company] lancement *m*, création *f*.**-3.** [of currency] flottement *m*.**-4.** [of new idea, plan] proposition *f*.

**flock** [flɒk] ◇ *n* [of sheep] troupeau *m*; [of birds] vol *m*, volée *f*; [of people]foule *f*; RELIG ouailles *fpl*; TEX bourre *f*; ~ **wallpaper** papier *m* tontisse. ◇ *vi* aller OR venir en foule OR en masse, affluer; the people ~ed around him les gens se sont massés OR attroupés autour de lui.

◆ **flock together** *vi insep* [sheep] se regrouper, s'attrouper.

**floe** [fləʊ] = **ice floe**.

**flog** [flɒg] (*pt & pp* **flogged**, *cont* **flogging**) *vt* **-1.** [beat] fouetter; we're just flogging a dead horse *inf* nous nous dépensons en pure perte, nous nous acharnons inutilement; to ~ an idea/a joke to death *inf* accommoder une idée/blague à toutes les sauces. **-2.** *Br inf* [sell] vendre.

◆ **flog off** *vt sep Br inf* [sell off] bazarder.

**flogging** [ˈflɒgɪŋ] *n* [beating] flagellation *f*; JUR supplice *m* du fouet OR de la flagellation.

**flood** [flʌd] ◇ *n* **-1.** *literal* inondation *f*; the Flood le déluge; to be in ~ [river] être en crue. **-2.** *fig* [of applications, letters, offers] déluge *m*; [of light] flot *m*; to be in ~s of tears pleurer à chaudes larmes. **-3.** = **flood tide**.**-4.** = **floodlight**. ◇ *vt* **-1.** [unintentionally] inonder; [deliberately] inonder, noyer. **-2.** AUT [carburettor] noyer. **-3.** [river – subj: rain] faire déborder. **-4.** *(usu passive) fig* [person – with letters, replies] inonder, submerger; to be ~ed with applications/letters être submergé de demandes/lettres; to be ~ed in light [room, valley] être inondé de lumière. **-5.** COMM: to ~ the market inonder le marché. ◇ *vi* **-1.** [river] être en crue, déborder. **-2.** [land, area] être inondé. **-3.** *fig* [move in large quantities]: refugees are still ~ing across the border les réfugiés continuent à passer la frontière en foule OR en masse; light was ~ing through the window la lumière entrait à flots par la fenêtre.

◆ **flood back** *vi insep* [people] revenir en foule OR en masse; [strength, memories] revenir à flots, affluer.

◆ **flood in** *vi insep* [people] entrer en foule OR en masse, affluer; [applications, letters] affluer; [light, sunshine] entrer à flots.

◆ **flood out** ◇ *vt sep* inonder. ◇ *vi insep* [people] sortir en foule OR en masse; [words] sortir à flots; [ideas] se bousculer, affluer.

**flood barrier** *n* digue *f* de retenue.

**flood-damaged** *adj* abîmé OR endommagé par les eaux.

**floodgate** [ˈflʌdgeɪt] *n* vanne *f*, porte *f* d'écluse; to open the ~s *fig*: the new law will open the ~s to all kinds of fraudulent practices cette nouvelle loi est la porte ouverte à toutes sortes de pratiques frauduleuses.

**flooding** [ˈflʌdɪŋ] *n (U)* inondation *f*; [of submarine's tanks] remplissage *m*; ~ is a major problem les inondations sont un grand problème.

**floodlight** [ˈflʌdlaɪt] (*pt & pp* **floodlit** [-lɪt] OR **floodlighted**) ◇ *n* [lamp] lumière *f*; [light] lumière *f* des projecteurs; to play under ~s jouer à la lumière des projecteurs. ◇ *vt* [football pitch, stage] éclairer (aux projecteurs); [building] illuminer *f*.

**floodlit** [ˈflʌdlɪt] *adj* [match, stage] éclairé (aux projecteurs); [building] illuminé.

**flood tide** *n* marée *f* montante.

**floor** [flɔːʳ] ◇ *n* **-1.** [ground – gen] sol *m*; [– wooden] plancher

*m*, parquet *m*; [– tiled] carrelage *m*; to put sthg/to sit on the ~ poser qqch/s'asseoir par terre; the forest ~ le sol de la forêt, la couverture *spec* ❑ to wipe the ~ with sb [in match, fight] battre qqn à plate couture, réduire qqn en miettes; [in argument] descendre qqn. **-2.** [bottom part – of lift, cage] plancher *m*; [– of sea, ocean] fond *m*.**-3.** [storey] étage *m*; on the second ~ *Br* au deuxième étage; *Am* au premier étage. **-4.** [for dancing] piste *f* (de danse); to take the ~ aller sur la piste (de danse). **-5.** [in parliament, assembly etc] enceinte *f*; [of stock exchange] parquet *m*; the ~ of the House ≃ l'hémicycle *m*; to have/to take the ~ [speaker] avoir/prendre la parole; questions from the ~ questions du public ❑ to cross the ~ [in parliament] changer de parti. ◇ *vt* **-1.** [building, house] faire le sol de; [with linoleum] poser le revêtement de sol dans; [with parquet] poser le parquet OR plancher dans, parqueter; [with tiles] poser le carrelage dans, carreler. **-2.** *inf* [opponent] terrasser. **-3.** *inf* [puzzle, baffle] dérouter; [surprise, amaze] abasourdir.

**floor area** *n* [of room, office] surface *f*.

**floorboard** [ˈflɔːbɔːd] *n* lame *f* (de parquet); to take the ~s up enlever les lames du parquet.

**floorcloth** *n* serpillière *f*; [old rag] chiffon *m*.

**floor covering** *n* [linoleum, fitted carpet] revêtement *m* de sol; [rug] tapis *m*.

**floor exercise** *n* [in gymnastics] exercice *m* au sol.

**flooring** [ˈflɔːrɪŋ] *n (U)* **-1.** [act]: the ~ has still to be done il reste encore le plancher à faire. **-2.** [material] revêtement *m* de sol; ~ tiles carreaux *mpl*.

**floor lamp** *n Am* lampadaire *m*.

**floor leader** *n* POL chef de file d'un parti siégeant au Sénat ou à la Chambre des représentants aux États-Unis.

**floor manager** *n* **-1.** [in department store] chef *m* de rayon. **-2.** TV régisseur *m*, -euse *f* de plateau.

**floor-mounted** [-ˈmaʊntɪd] *adj* [gear lever] au plancher.

**floor plan** *n* plan *m*.

**floor polish** *n* encaustique *f*, cire *f*.

**floor polisher** *n* [machine] cireuse *f*.

**floor show** *n* spectacle *m* de cabaret.

**floorspace** [ˈflɔːspeɪs] *n* espace *m*.

**floor tile** *n* carreau *m*.

**floozie, floozy** [ˈfluːzɪ] (*pl* **floozies**) *n inf* traînée *f*.

**flop** [flɒp] (*pt & pp* **flopped**, *cont* **flopping**) ◇ *vi* **-1.** [fall slackly – head, arm etc] tomber; [– person] s'affaler, s'effondrer. **-2.** *inf* [attempt, idea, recipe] louper; [fail – play, film] faire un four OR un bide; [– actor] faire un bide. ◇ *n inf* [failure] fiasco *m*, bide *m*; this cake is a ~ ce gâteau est complètement loupé; he was a ~ as Othello il était complètement nul dans le rôle d'Othello OR en Othello.

**flophouse** [ˈflɒphaʊs, *pl* -haʊzɪz] *n Am* [of *n* asile *m* de nuit.

**floppy** [ˈflɒpɪ] (*compar* **floppier**, *superl* **floppiest**) ◇ *adj* [ears, tail, plant] pendant; [collar, brim of hat] mou, *before vowel or silent 'h'* mol (*f* molle); [trousers, sweater] flottant, large. ◇ *n* COMPUT disquette *f*.

**floppy disk** *n* COMPUT disquette *f*.

**flora** [ˈflɔːrə] *npl* flore *f*.

◆ **Flora** *pr n* MYTH Flore.

**floral** [ˈflɔːrəl] *adj* [arrangement, display] floral; [pattern, fabric, dress] à fleurs, fleuri.

**floral tribute** *n* [gen] bouquet *m* OR gerbe *f* de fleurs; [funeral wreath] couronne *f* de fleurs.

**floret** [ˈflɒrɪt] *n* fleuron *m*.

**florid** [ˈflɒrɪd] *adj* **-1.** [complexion] coloré. **-2.** [style, architecture] chargé; [music] qui comporte trop de fioritures.

**Florida** [ˈflɒrɪdə] *pr n* Floride *f*; in ~ en Floride.

**florin** [ˈflɒrɪn] *n* [British, Dutch] florin *m*.

**florist** [ˈflɒrɪst] *n* fleuriste *mf*; ~'s (shop) fleuriste *m*.

**floss** [flɒs] ◇ *n* **-1.** [for embroidery] fil *m* de schappe OR de bourrette. **-2.** [for teeth] fil *m* OR soie *f* dentaire. ◇ *vt* [teeth] nettoyer au fil OR à la soie dentaire.

**flotation** [fləʊˈteɪʃn] *n* **-1.** [of ship – putting into water] mise *f* à flot; [– off sandbank] remise *f* à flot; [of logs] flottage *m*; ~ rings flotteurs *mpl*.**-2.** [of new company] lancement *m*, création *f*; FIN [of loan by means of share issues] émission *f* d'actions *(permettant de financer la création d'une entreprise)*.

**flotilla** [flə'tılə] *n* flottille *f*.

**flotsam** ['flɒtsəm] *n* (U) morceaux *mpl* d'épave; ~ and jetsam morceaux d'épave et détritus *mpl*; the ~ and jetsam of society *fig* les laissés-pour-compte *mpl* de la société.

**flounce** [flaʊns] ◇ *n* [in garment] volant *m*. ◇ *vi*: to ~ into/out of a room entrer dans une/sortir d'une pièce de façon très théâtrale.

**flounced** [flaʊnst] *adj* [skirt] à volants.

**flounder** ['flaʊndəʳ] ◇ *vi* -1. [in water, mud] patauger péniblement. -2. [in speech, lecture etc] perdre pied, s'empêtrer. ◇ *n* [fish] flet *m*.

**flour** ['flaʊəʳ] ◇ *n* farine *f*. ◇ *vt* saupoudrer de farine, fariner.

**flourish** ['flʌrɪʃ] ◇ *vi* [business, economy, plant] prospérer; [arts, literature etc] fleurir, s'épanouir; [in health] être en pleine forme OR santé. ◇ *vt* [wave, brandish – sword, diploma] brandir. ◇ *n* -1. [in lettering, design] ornement *m*, fioriture *f*; [in signature] paraphe *m*, parafe *m*. -2. [wave] grand geste *m* de la main. -3. [in musical or written style] fioriture *f*.

**flourishing** ['flʌrɪʃɪŋ] *adj* [business, trade] florissant, prospère; [trader] prospère; [in health] en pleine forme OR santé; [plant] qui prospère.

**flourmill** ['flaʊəmɪl] *n* minoterie *f*.

**floury** ['flaʊərɪ] *adj* -1. [covered in flour – hands] enfariné; [– clothes] couvert de farine. -2. [potatoes] farineux.

**flout** [flaʊt] *vt* [orders, instructions] passer outre à; [tradition, convention] se moquer de; [laws of physics] défier.

**flow** [fləʊ] ◇ *vi* -1. [liquid] couler; [electric current, air] circuler; the river ~s into the sea la rivière se jette dans la mer; I let the waves ~ over me j'ai laissé les vagues glisser sur moi; blood was still ~ing from the wound le sang continuait à couler OR s'écouler de la blessure; I let the sound of the music just ~ over me j'ai laissé la musique m'envahir. -2. [traffic, crowd] circuler, s'écouler; new measures designed to enable the traffic to ~ more freely de nouvelles mesures destinées à rendre la circulation plus fluide. -3. [hair, dress] flotter. -4. [prose, style, novel] couler; [work, project] avancer, progresser. -5. [appear in abundance]: the whisky ~ed freely le whisky a coulé à flots; ideas ~ed fast and furious les idées fusaient de tous côtés. -6. [tide] monter. -7. [emanate] provenir. ◇ *n* -1. [of liquid] circulation *f*; [of river] écoulement *m*; [of lava] coulée *f*; [of tears] ruissellement *m*. -2. [amount – of traffic, people, information, work] flux *m*; [movement – of work] acheminement *m*; [– of information] circulation *f*. -3. [of dress, cape] drapé *m*. -4. [of prose, novel, piece of music] flot *m*; to be in full ~ [orator] être en plein discours; there's no stopping him once he's in full ~ il n'y a pas moyen de l'arrêter quand il est lancé. -5. [of the tide] flux *m*.

◆ **flow in** *vi insep* [water, liquid] entrer, s'écouler; [contributions, messages of sympathy, people] affluer.

◆ **flow out** *vi insep* [water, liquid] sortir, s'écouler; [people, crowds] s'écouler.

**flowchart** ['fləʊtʃɑːt] *n* organigramme *m*, graphique *m* d'évolution.

**flower** ['flaʊəʳ] ◇ *n* -1. BOT fleur *f*; to be in ~ être en fleur OR fleurs; to come into ~ fleurir. -2. *fig*: the ~ of the youth of Athens/of the army *lit* la fine fleur de la jeunesse athénienne/de l'armée; in the full ~ of youth dans la fleur de la jeunesse. -3. CHEM: ~s of sulphur fleur *f* de soufre. ◇ *vi* -1. [plant, tree] fleurir. -2. *lit* [artistic movement, genre] fleurir, s'épanouir.

**flower arrangement** *n* art *m* floral; [actual arrangement] composition *f* florale.

**flower arranging** [-ə'reɪndʒɪŋ] *n* (U) art *m* floral.

**flowerbed** ['flaʊəbed] *n* parterre *m* de fleurs.

**flower child** *n* hippy *mf*, hippie *mf* (*surtout des années soixante*).

**flower girl** *n* -1. [selling flowers] marchande *f* de fleurs. -2. *Am & Scot* [at wedding] petite fille qui porte des fleurs dans un mariage, ≃ demoiselle *f* d'honneur.

**flowering** ['flaʊərɪŋ] ◇ *n* -1. [of plant, tree] floraison *f*. -2. [of artistic movement, talents] épanouissement *m*. ◇ *adj* [plant, tree – which flowers] à fleurs; [– which is in flower] en fleurs; ~ cherry cerisier *m* à fleurs.

**flower people** *n* hippies *mpl* (*surtout des années soixante*).

**flowerpot** ['flaʊəpɒt] *n* pot *m* de fleurs.

**flower power** *n* pacifisme prôné par les hippies, surtout dans les années soixante.

**flower-seller** *n* vendeur *m*, -euse *f* de fleurs.

**flower shop** *n*: fleuriste *m*.

**flower show** *n* exposition *f* de fleurs; [outdoors, on a large scale] floralies *fpl*.

**flowery** ['flaʊərɪ] *adj* -1. [fields, perfume] fleuri; [smell] de fleurs; [pattern, dress, carpet] à fleurs. -2. [language, compliments] fleuri.

**flowing** ['fləʊɪŋ] *adj* [style, prose] fluide; [beard, hair, robes] flottant; [movement] fluide, coulant.

**flown** [fləʊn] *pp* → **fly**.

**fl. oz.** *written abbr of* **fluid ounce**.

**flu** [fluː] *n* grippe *f*; to have ~ *Br*, to have the ~ avoir la grippe, être grippé.

**fluctuate** ['flʌktʃʊeɪt] *vi* [rate, temperature, results etc] fluctuer; [interest, enthusiasm, support] être fluctuant OR variable; [person – in enthusiasm, opinions etc] être fluctuant OR changeant.

**fluctuating** ['flʌktʃʊeɪtɪŋ] *adj* [rate, figures, results etc] fluctuant; [enthusiasm, support etc] fluctuant, variable; [needs, opinions etc] fluctuant, changeant.

**fluctuation** [ˌflʌktʃʊ'eɪʃn] *n* fluctuation *f*.

**flue** [fluː] *n* [chimney] conduit *m*; [for stove, boiler] tuyau *m*; MUS [of organ] tuyau *m*.

**fluency** ['fluːənsɪ] *n* -1. [in speaking, writing] facilité *f*, aisance *f*. -2. [in a foreign language]: ~ in French is desirable la connaissance du français parlé est souhaitable; I doubt whether I'll ever achieve complete ~ je doute d'arriver un jour à parler couramment. -3. SPORT [of play, strokes] facilité *f*, aisance *f*.

**fluent** ['fluːənt] *adj* -1. [prose, style] fluide; he's a ~ speaker il s'exprime aisément OR avec facilité. -2. [in a foreign language]: to be ~ in French, to speak ~ French parler couramment (le) français; he replied in ~ Urdu il a répondu dans un ourdou aisé OR coulant. -3. SPORT [play, strokes] facile, aisé.

**fluently** ['fluːəntlɪ] *adv* -1. [speak, write] avec facilité OR aisance. -2. [speak a foreign language] couramment. -3. SPORT [play] avec facilité OR aisance.

**fluff** [flʌf] ◇ *n* (U) [on baby animal, baby's head] duvet *m*; [from pillow, material etc] peluches *fpl*; [collected dust] moutons *mpl*; a bit of ~ des peluches; *Br inf* [pretty girl] une minette, une nana. ◇ *vt Br inf* [lines, entrance] rater, louper.

◆ **fluff up** *vt sep* [feathers] hérisser, ébouriffer; [pillows, cushions] secouer.

**fluffy** ['flʌfɪ] (*compar* **fluffier**, *superl* **fluffiest**) *adj* -1. [material, sweater] pelucheux; [chick, kitten, hair] duveteux; [mousse, sponge] léger; [clouds] cotonneux; ~ toy *Br* (jouet *m* en) peluche *f*. -2. [covered in fluff, dust] couvert de moutons.

**flugelhorn** ['fluːgəlhɔːn] *n* bugle *m*.

**fluid** ['fluːɪd] ◇ *n* -1. [substance] fluide, liquide. -2. [flowing – style, play, match] fluide. -3. [liable to change – situation] indécis, indéterminé; [– plans] indéterminé. ◇ *n* fluide *m*, liquide *m*; body ~s sécrétions *fpl* corporelles; to be on ~s [patient] ne prendre que des liquides.

**fluidity** [fluː'ɪdətɪ] *n* -1. [of substance] fluidité *f*. -2. [of style, play] fluidité *f*. -3. [liability to change – of situation, plans] indétermination *f*.

**fluid ounce** *n Br* ≈ 0,028 litre, *Am* ≈ 0,03 litre.

**fluke** [fluːk] ◇ *n* -1. *inf* [piece of good luck] coup *m* de bol OR pot; [coincidence] hasard *m*. -2. [on anchor] patte *f*, bras *m*; [on whale's tail] lobe *m* de la nageoire caudale. -3. [flounder] flet *m*; [flatworm] douve *f*. ◇ *comp* [shot, discovery] heureux; it was a ~ discovery cela a été découvert par hasard.

**flummox** ['flʌməks] *vt* déconcerter, dérouter.

**flummoxed** ['flʌməkst] *adj*: I was completely ~ ça m'a complètement démonté.

**flung** [flʌŋ] *pt & pp* → **fling**.

**flunk** [flʌŋk] *inf* ◇ *vi* [in exam, course] se planter. ◇ *vt* [subj: student – French, maths] se planter en; [– exam] se planter à.

◆ **flunk out** *Am inf* ◇ *vi insep* [from college, university] se faire virer (*à cause de la médiocrité de ses résultats*). ◇ *n* raté *m*, -e *f*.

**flunk(e)y** ['flʌŋkɪ] (*pl* **flunkies** OR **flunkeys**) *n* [manservant] laquais *m*; *pej* [assistant] larbin *m*.

**fluorescence** [flʊə'resəns] *n* fluorescence *f*.

**fluorescent** [fluə'resənt] *adj* [lighting, paint] fluorescent; ~ tube tube *m* fluorescent.

**fluoridation** [,fluərɪ'deɪʃn] *n* fluoration *f*, fluoruration *f*.

**fluoride** ['fluəraɪd] *n* fluorure *m*; ~ toothpaste dentifrice *m* au fluor.

**fluorine** ['fluəri:n] *n* fluor *m*.

**flurried** ['flʌrɪd] *adj* paniqué; to get ~ perdre la tête, paniquer.

**flurry** ['flʌrɪ] (*pl* **flurries**, *pt* & *pp* **flurried**, *cont* **flurrying**) ◇ *n* **-1.** [of snow, wind] rafale *f*. **fig**: a ~ of activity un branle-bas de combat. ◇ *vt (usu passive)* agiter, troubler.

**flush** [flʌʃ] ◇ *n* **-1.** [facial redness] rougeur *f*; to bring a ~ to sb's cheeks [compliment, crude joke] faire rougir qqn; [wine] mettre le feu aux joues à qqn ❑ hot ~es MED bouffées *fpl* de chaleur. **-2.** [of beauty, youth] éclat *m*; in the full ~ of youth dans tout l'éclat de la jeunesse; in the first ~ of victory/success dans l'ivresse de la victoire/du succès. **-3.** [on toilet-device] chasse *f* (d'eau); to pull the ~ tirer la chasse (d'eau). **-4.** [in card games] flush *m*.
◇ *vi* **-1.** [face, person] rougir. **-2.** [toilet]: it's not ~ing properly la chasse d'eau ne marche pas bien; the toilet ~es automatically la chasse (d'eau) fonctionne automatiquement.
◇ *vt* **-1.** [cheeks, face] empourprer. **-2.** [with water]: to ~ the toilet tirer la chasse (d'eau); you ~ it by pushing this button/pulling this chain pour actionner la chasse d'eau, appuyez sur le bouton/tirez sur la chaîne; to ~ sthg down the toilet/sink jeter qqch dans les toilettes/l'évier. **-3.** HUNT lever, faire sortir.
◇ *adj* **-1.** [level] au même niveau; ~ with the side of the cupboard dans l'alignement du placard; ~ with the ground au niveau du sol, à ras de terre. **-2.** *inf* [with money] en fonds. **-3.** TYPO justifié.
◇ *adv* **-1.** [fit, be positioned]: this piece has to fit ~ into the frame ce morceau doit être de niveau avec la charpente. **-2.** TYPO: set ~ left/right justifié à gauche/droite.
♦ **flush away** *vt sep* [in toilet] jeter dans les toilettes; [in sink] jeter dans l'évier.
♦ **flush out** *vt sep* **-1.** [clean out – container, sink etc] nettoyer à grande eau; [– dirt, waste] faire partir. **-2.** HUNT [animals] faire sortir, lever; *fig* [person] faire sortir; [truth] faire éclater.

**flushed** [flʌʃt] *adj* **-1.** [person] rouge; [cheeks] rouge, en feu; he was looking rather ~ il était plutôt rouge. **-2.** *fig*: ~ with success enivré OR grisé par le succès.

**fluster** ['flʌstər] ◇ *vt* [make agitated, nervous] troubler, rendre nerveux. ◇ *n*: to be in a ~ être troublé OR nerveux; to get into a ~ se troubler, devenir nerveux.

**flustered** ['flʌstəd] *adj* troublé; you're looking a bit ~ tu as l'air un peu agité; to get ~ se troubler, devenir nerveux.

**flute** [flu:t] *n* **-1.** MUS flûte *f*. **-2.** ARCHIT [groove on column] cannelure *f*. **-3.** [glass] flûte *f*.

**fluted** ['flu:tɪd] *adj* ARCHIT cannelé.

**fluting** ['flu:tɪŋ] *n* ARCHIT cannelures *fpl*.

**flutist** ['flu:tɪst] *Am* = **flautist**.

**flutter** ['flʌtər] ◇ *vi* **-1.** [wings] battre; [flag] flotter; [washing] flotter, voler; [heart] palpiter; [pulse] battre irrégulièrement. **-2.** [butterfly, bird] voleter, voltiger; [leaf, paper] voltiger; a butterfly ~ed in through the window un papillon est entré par la fenêtre en voletant OR voltigeant. ◇ *vt* [fan, piece of paper] agiter; [wings] battre; to ~ one's eyelashes at sb aguicher qqn en battant des cils. ◇ *n* **-1.** [of heart] battement *m* irrégulier, pulsation *f* irrégulière; [of pulse] battement *m* irrégulier, MED palpitation *f*; [of wings] battement *m*. **-2.** *inf* [nervous state]: to be all in OR of a ~ être dans tous ses états. **-3.** AERON oscillation *f*. **-4.** *Br inf* [gamble] pari *m*.

**fluvial** ['flu:vjəl] *adj fml* fluvial.

**flux** [flʌks] *n* (*U*) **-1.** [constant change]: to be in a state of constant ~ [universe] être en perpétuel devenir; [government, private life etc] être en proie à des changements permanents. **-2.** MED flux *m*. **-3.** METALL fondant *m*.

**fly** [flaɪ] (*pl* **flies**, *pt* **flew** [flu:], *pp* **flown** [fləʊn]) ◇ *n* **-1.** ENTOM & FISHING mouche *f*; they're dropping like flies *inf* [dying, fainting] ils tombent comme des mouches; the ~ in the ointment [person] l'empêcheur *m* de tourner en rond; [problem] l'os *m*; there are no flies on him *inf* il n'est pas fou; he wouldn't hurt a ~ il ne ferait pas de mal à une mouche; I

wouldn't mind being a ~ on the wall *inf* j'aimerais bien être une petite souris; to live on the ~ *Am inf* vivre à cent à l'heure. **-2.** (*often pl*) [on trousers] braguette *f*. **-3.** [entrance to tent] rabat *m*. **-4.** = **flysheet**. **-5.** = **flywheel**. **-6.** [in aeroplane]: to go for a ~ faire un tour en avion. **-7.** *Br inf phr*: to do sthg on the ~ [craftily, secretly] faire qqch en douce.
◇ *vi* **-1.** [bird, insect, plane, pilot] voler; [passenger] prendre l'avion; [arrow, bullet, missile] voler, filer; the first plane to ~ faster than the speed of sound le premier avion à dépasser la vitesse du son; it flies well [plane] il se pilote bien; he flies to Paris about twice a month [passenger] il va à Paris en avion environ deux fois par mois; soon we'll be ~ing over Manchester nous allons bientôt survoler Manchester; which airline did you ~ with? avec quelle compagnie aérienne as-tu voyagé?; the trapeze artist flew through the air le trapéziste a voltigé ❑ the bird had already flown *fig* l'oiseau s'était envolé. **-2.** [move quickly – person] filer; [– time] passer à toute vitesse; [shoot into air – sparks, dust, shavings] voler; I really must ~! *inf* il faut vraiment que je file OR que je me sauve!; he came ~ing round the corner il a débouché du coin comme un bolide; the past two years have just flown les deux dernières années ont passé à toute vitesse OR se sont envolées; time flies!, doesn't time ~! comme le temps passe!; the door flew open and there stood... la porte s'est ouverte brusquement sur...; to ~ into a rage OR temper s'emporter, sortir de ses gonds; to knock OR to send sb ~ing envoyer qqn rouler à terre; to knock OR to send sthg ~ing envoyer qqch voler; his hat went ~ing across the room son chapeau a volé OR voltigé à travers la pièce. **-3.** [kite] voler; [flag] être déployé; [in wind – flag, coat] flotter; [– hair] voler. **-4.** *phr*: to let ~ [physically] envoyer OR décocher un coup; [verbally] s'emporter; she then let ~ with a string of accusations elle a alors lancé un flot d'accusations; to (let) ~ at sb [physically] sauter OR se jeter sur qqn; [verbally] s'en prendre violemment à qqn; to ~ in the face of sthg [reason, evidence, logic] défier qqch.
◇ *vt* **-1.** [plane, helicopter – subj: pilot] piloter; to ~ Concorde [pilot] piloter le Concorde; [passenger] prendre le Concorde, voyager en Concorde. **-2.** [passengers, people, goods] transporter en avion; [route – subj: pilot, passenger] emprunter; [airline] voyager avec; [distance – subj: passenger, pilot, plane] parcourir; [combat mission] effectuer; to ~ the Atlantic [pilot, passenger] traverser l'Atlantique en avion; [plane] traverser l'Atlantique. **-3.** [flag – subj: ship] arborer; [kite] faire voler. **-4.** [flee from – the country] fuir; to ~ the nest [baby bird] quitter le nid; *fig* quitter le foyer familial.
◇ *adj Br inf dated* [sharp] malin (*f* -igne), rusé.
♦ **fly about** *vi insep* [bird, insect] voleter, voltiger; [plane, pilot] voler dans les parages, survoler les parages.
♦ **fly away** *vi insep* [bird, insect, plane] s'envoler.
♦ **fly back** ◇ *vi insep* [bird, insect] revenir; [plane] revenir; [passenger] rentrer en avion. ◇ *vt sep* [person, passengers – to an area] emmener en avion; [– from an area] ramener en avion; [– to own country] rapatrier en avion.
♦ **fly by** *vi insep* [time] passer à toute vitesse.
♦ **fly in** ◇ *vi insep* **-1.** [person] arriver en avion; [plane] arriver. **-2.** [bird, insect] entrer. ◇ *vt sep* [troops, reinforcements, food] envoyer en avion; [subj: pilot – to an area] emmener; [– from an area] amener.
♦ **fly off** ◇ *vi insep* **-1.** [bird, insect] s'envoler; [plane] décoller; [person] partir en avion. **-2.** [hat, lid] s'envoler; [button] sauter. ◇ *vt sep* **-1.** [from oil rig, island] évacuer en avion OR hélicoptère. **-2.** [transport by plane – to an area] emmener en avion; [– from an area] amener en avion.
♦ **fly out** ◇ *vi insep* **-1.** [person] partir (en avion), prendre l'avion; [plane] s'envoler; I'll ~ out to join you next Monday je prendrai l'avion pour te rejoindre lundi prochain; we flew out but we're going back by boat nous avons fait l'aller en avion mais nous rentrons en bateau. **-2.** [come out suddenly – from hook, pocket] s'échapper. ◇ *vt sep* [person, supplies – to an area] envoyer par avion; [– from an area] évacuer par avion.
♦ **fly past** *vi insep* **-1.** [plane, bird] passer; [plane – as part of display, ceremony] défiler. **-2.** [time, days] passer à toute vitesse.

**flyaway** ['flaɪəweɪ] *adj* **-1.** [hair] fin, difficile. **-2.** [person] frivole, étourdi; [idea] frivole.

**flyblown** ['flaɪbləʊn] *adj literal* couvert OR plein de chiures de mouches; [meat] avarié; *fig* très défraîchi.

**flyby** ['flaɪ,baɪ] (*pl* **flybys**) *n* **-1.** [of spacecraft] *passage d'un avion ou d'un engin spatial à proximité d'un objectif.* **-2.** *Am* = **flypast.**

**fly-by-night** *inf* ◇ *adj* **-1.** [unreliable] peu fiable, sur qui on ne peut pas compter; [firm, operation] véreux, louche. **-2.** [passing] éphémère. ◇ *n* **-1.** [person – irresponsible] écervelé *m*, -e *f*; [– in debt] débiteur *m*, -trice *f* qui décampe en douce. **-2.** [nightclubber] fêtard *m*, -e *f*, couche-tard *mf*.

**flycatcher** ['flaɪ,kætʃəʳ] *n* gobe-mouches *m inv*.

**flyer** ['flaɪəʳ] = **flier.**

**fly-fishing** *n* pêche *f* à la mouche.

**fly half** *n* RUGBY demi *m* d'ouverture.

**flying** ['flaɪɪŋ] ◇ *n* [piloting plane] pilotage *m*; [travelling by plane] voyage *m* en avion; I love ~ [as traveller] j'adore prendre l'avion; to be afraid of ~ avoir peur de prendre l'avion; he goes ~ at the weekends le week-end, il fait de l'aviation. ◇ *adj* **-1.** [animal, insect] volant; ~ **machine** machine *f* volante. **-2.** [school] d'aviation; [staff] navigant; ~ **lessons** leçons *fpl* de pilotage (aérien). **-3.** [fast] rapide; she took a ~ leap over the fence elle a sauté par-dessus la barrière.

**flying boat** *n* hydravion *m*.

**flying bomb** *n* bombe *f* volante.

**flying buttress** *n* arc-boutant *m*.

**flying colours** *npl*: to pass with ~ réussir brillamment.

**flying doctor** *n* médecin *m* volant.

**Flying Dutchman** *n*: the ~ [legend] le Hollandais volant; 'The Flying Dutchman' *Wagner* 'le Vaisseau fantôme'.

**flying fish** *n* poisson *m* volant, exocet *m*.

**flying fox** *n* roussette *f*.

**flying officer** *n* lieutenant *m* de l'armée de l'air.

**flying picket** *n* piquet *m* de grève volant.

**flying saucer** *n* soucoupe *f* volante.

**Flying Squad** *pr n*: the ~ *brigade de détectives britanniques spécialisés dans la grande criminalité.*

**flying start** *n* SPORT départ *m* lancé; the runner got off to a ~ le coureur est parti comme une flèche ‖ *fig*: the campaign got off to a ~ la campagne a démarré sur les chapeaux de roues.

**flying visit** *n* visite *f* éclair.

**fly kick** *n* coup *m* de pied à suivre.

**flyleaf** ['flaɪliːf] (*pl* **flyleaves** [-liːvz]) *n* page *f* de garde.

**flyover** ['flaɪ,əʊvəʳ] *n* **-1.** *Br* AUT pont *m* routier. **-2.** *Am* = **flypast.**

**flypaper** ['flaɪ,peɪpəʳ] *n* papier *m* tue-mouches.

**flypast** ['flaɪ,pɑːst] *n Br* défilé *m* aérien.

**flyposting** ['flaɪ,pəʊstɪŋ] *n* affichage *m* illégal.

**fly rod** *n* canne *f* à mouche.

**flyscreen** ['flaɪskriːn] *n* moustiquaire *f*.

**flysheet** ['flaɪʃiːt] *n* **-1.** [on tent] auvent *m*. **-2.** [circular] feuille *f* volante; [instructions] mode *m* d'emploi.

**flyspecked** ['flaɪspekt] *adj* sali par les mouches.

**fly spray** *n* bombe *f* insecticide.

**flyswat** ['flaɪswɒt], **flyswatter** ['flaɪ,swɒtəʳ] *n* tapette *f* (*pour tuer les mouches*).

**flytrap** ['flaɪtræp] *n* [plant] dionée *f*, tue-mouches *m inv*; [device] attrape-mouches *m inv*.

**flyweight** ['flaɪweɪt] ◇ *n* poids *m* mouche. ◇ *adj* de poids mouche.

**flywheel** ['flaɪwiːl] *n* volant *m* TECH.

**FM** *n* **-1.** (*abbr of* **frequency modulation**) FM *f*; ~ **radio** (radio *f*) FM; broadcast on ~ only diffusion en FM seulement. **-2.** *abbr of* **field marshal.**

**FO** *n* **-1.** *abbr of* **field officer. -2.** *abbr of* **Foreign Office.**

**foal** [fəʊl] ◇ *n* [of horse] poulain *m*; [of donkey] ânon *m*; the mare is in ~ la jument est pleine. ◇ *vi* mettre bas, pouliner.

**foam** [fəʊm] ◇ *n* [gen] mousse *f*; [of mouth, sea] écume *f*; [in fire-fighting] mousse *f* (carbonique); ~ **bath** bain *m* moussant. ◇ *vi* [soapy water] mousser, faire de la mousse; [sea] écumer, moutonner; to ~ at the mouth [animal] baver, écumer; [person] baver, avoir l'écume aux lèvres; she was practically ~ing at the mouth *fig* elle écumait de rage.

**foam-backed** *adj* avec envers de mousse.

**foaming** ['fəʊmɪŋ] = **foamy.**

**foam rubber** *n* caoutchouc *m* Mousse®.

**foamy** ['fəʊmɪ] (*compar* **foamier,** *superl* **foamiest**) *adj* [liquid] mousseux; [sea] écumeux.

**fob**[1] [fɒb] (*pt & pp* **fobbed,** *cont* **fobbing**) *n* [pocket] gousset *m*; [chain] chaîne *f* (de gousset)

◆ **fob off** *vt sep* se débarrasser de; he fobbed her off with promises il s'est débarrassé d'elle avec de belles promesses; don't try to ~ that rubbish off on me! n'essayez pas de me refiler cette camelote!

**fob**[2], **FOB** (*abbr of* **free on board**) *adj & adv* FOB.

**fob watch** *n* montre *f* de gousset.

**focal** ['fəʊkl] *adj* focal.

**focal length** *n* distance *f* focale, focale *f*.

**focal plane** *n* **-1.** OPT plan *m* focal. **-2.** PHOT: ~ **shutter** obturateur *m* focal OR à rideau.

**focal point** *n* OPT foyer *m*; *fig* [of room] point *m* de convergence; the ~ of the debate le point central du débat.

**foci** ['fəʊsaɪ] *pl* → **focus.**

**fo'c'sle** ['fəʊksl] = **forecastle.**

**focus** ['fəʊkəs] (*pl* **focuses** OR **foci** [-saɪ], *pt & pp* **focussed,** *cont* **focussing**) ◇ *n* **-1.** OPT foyer *m*; the picture is in/out of ~ l'image est nette/floue, l'image est/n'est pas au point; bring the image into ~ fais la mise au point, mets l'image au point. **-2.** [centre – of interest] point *m* central; [– of trouble] foyer *m*, siège *m*; taxes are currently the ~ of attention en ce moment, les impôts sont au centre des préoccupations; let's try and get the problem into ~ essayons de préciser le problème. **-3.** MED siège *m*, foyer *m*.

◇ *vt* **-1.** OPT mettre au point; to ~ a camera (on sthg) faire la mise au point d'un appareil photo (sur qqch). **-2.** [eyes] fixer; all eyes were focussed on him tous les regards étaient rivés sur lui. **-3.** [direct – heat, light] faire converger; [– beam, ray] diriger; *fig* [attention] concentrer.

◇ *vi* **-1.** OPT se fixer, accommoder *spec*; to ~ on sthg [eyes] se fixer sur qqch; [person] fixer le regard sur qqch; I can't ~ properly je vois trouble, je n'arrive pas à accommoder. **-2.** [converge – light, rays] converger; *fig* [– attention] se concentrer; the debate focussed on unemployment le débat était centré sur le problème du chômage; his speech focussed on the role of the media son discours a porté principalement sur le rôle des médias.

**focussed** ['fəʊkəst] *adj*: she's very ~ elle sait où elle va.

**fodder** ['fɒdəʳ] *n* (U) [feed] fourrage *m*; *fig & pej* [material] substance *f*, matière *f*.

**foe** [fəʊ] *n lit* OR *fml* ennemi *m*, -e *f*, adversaire *mf*.

**foetal** *Br*, **fetal** *Am* ['fiːtl] *adj* fœtal; in the ~ position en position fœtale, dans la position du fœtus.

**foetus** *Br*, **fetus** *Am* ['fiːtəs] *n* fœtus *m*.

**fog** [fɒg] (*pt & pp* **fogged,** *cont* **fogging**) ◇ *n* **-1.** [mist] brouillard *m*, brume *f*. **-2.** *fig* [mental] brouillard *m*, confusion *f*. **-3.** PHOT voile *f*. ◇ *vt* **-1.** [glass, mirror] embuer; PHOT [film] voiler. **-2.** [confuse] embrouiller. ◇ *vi*: to ~ (over OR up) [glass, mirror] s'embuer; PHOT [film] se voiler.

**fog bank** *n* banc *m* de brume.

**fogbound** ['fɒgbaʊnd] *adj* pris dans le brouillard OR la brume.

**fogey** ['fəʊgɪ] *n inf* schnock *m*.

**foggiest** ['fɒgɪəst] ◇ *n inf*: I haven't the ~ je n'ai aucune idée, je n'en ai pas la moindre idée. ◇ *adj* → **foggy.**

**foggy** ['fɒgɪ] (*compar* **foggier,** *superl* **foggiest**) *adj* **-1.** [misty] brumeux; it's ~ il y a du brouillard OR de la brume; it's getting ~ le brouillard commence à tomber; on a ~ day par un jour de brouillard. **-2.** *phr*: I haven't the foggiest idea OR notion je n'ai aucune idée, je n'en ai pas la moindre idée. **-3.** PHOT [film] voilé.

**foghorn** ['fɒghɔːn] *n* corne *f* OR sirène *f* de brume; a voice like a ~ une voix tonitruante OR de stentor.

**fog lamp** *Br*, **fog light** *Am n* feu *m* de brouillard.

**foible** ['fɔɪbl] *n* [quirk] marotte *f*, manie *f*; [weakness] faiblesse *f*.

**foil** [fɔɪl] ◇ *n* **-1.** [metal sheet] feuille *f* OR lame *f* de métal; (silver) ~ CULIN (papier *m*) aluminium *m*, papier *m* alu; cooked in ~ en papillote CULIN. **-2.** [complement] repoussoir *m*; [person] faire-valoir *m inv*; he's the perfect ~ to his wife il sert de faire-valoir à sa femme. **-3.** [sword] fleuret *m*. ◇ *vt* [thwart – attempt] déjouer; [– plan, plot] contrecarrer.

**foist** [fɔɪst]
◆ **foist on** *vt sep* **-1.** [pass on]: you're not ~ing (off) your old rubbish on OR onto me il n'est pas question que j'hérite de ta vieille camelote. **-2.** [impose on]: he ~ed himself on us for the weekend il s'est imposé OR invité pour le weekend.

**fold** [fəʊld] ◇ *vt* [bend] plier; ~ the blanket in two pliez la couverture en deux; she sat with her legs ~ed under her elle s'assit les jambes repliées sous elle; he ~ed his arms il s'est croisé les bras; she sat with her hands ~ed in her lap elle était assise, les mains jointes sur les genoux; the bird ~ed its wings l'oiseau replia ses ailes; he ~ed her in his arms il l'a serrée dans ses bras, il l'a enlacée. ◇ *vi* **-1.** [bed, chair] se plier, se replier. **-2.** *inf* [fail – business] faire faillite, fermer (ses portes); [– newspaper] disparaître, cesser de paraître; [– play] être retiré de l'affiche. ◇ *n* **-1.** [crease] pli *m*. **-2.** [enclosure] parc *m* à moutons; [flock] troupeau *m*. **-3.** *fig* [group]: to return to the ~ rentrer au bercail. **-4.** GEOL pli *m*.
◆ **fold away** *vt sep* plier et ranger. ◇ *vi insep* se plier, se replier.
◆ **fold down** ◇ *vt sep* [sheet] replier, rabattre; [chair, table] plier; he ~ed down a corner of the page il a corné la page. ◇ *vi insep* se rabattre, se replier.
◆ **fold in** *vt sep* CULIN incorporer.
◆ **fold over** ◇ *vt sep* [newspaper] plier, replier; [sheet] replier, rabattre. ◇ *vi insep* se rabattre, se replier.
◆ **fold up** ◇ *vt sep* plier, replier. ◇ *vi insep* **-1.** [chair, table] se plier, se replier. **-2.** = **fold** *vi* 2.

**-fold** *in cpds*: **a ten~** increase une multiplication par dix; your investment should multiply **six~** votre investissement devrait vous rapporter six fois plus.

**foldaway** ['fəʊldəˌweɪ] *adj* pliant.

**folder** ['fəʊldə'] *n* **-1.** [cover] chemise *f*; [binder] classeur *m*; [for drawings] carton *m*; where's the ~ on the new project? où est le dossier sur le nouveau projet? **-2.** [circular] dépliant *m*, brochure *f*. **-3.** TYPO [machine] plieuse *f*.

**folding** ['fəʊldɪŋ] *adj* pliant; ~ chair [without arms] chaise *f* pliante; [with arms] fauteuil *m* pliant; ~ seat OR stool [gen] pliant *m*; AUT & THEAT strapontin *m*.

**foldout** ['fəʊldaʊt] *n* encart *m*.

**foliage** ['fəʊlɪɪdʒ] *n* feuillage *m*; ~ plant plante *f* verte.

**foliation** [ˌfəʊlɪ'eɪʃn] *n* **-1.** [of book] foliotage *m*. **-2.** [of metal] battage *m*; [of mirror] étamage *m*. **-3.** BOT foliation *f*, feuillaison *f*; GEOL foliation *f*. **-4.** [decoration] rinceaux *mpl*.

**folio** ['fəʊlɪəʊ] (*pl* **folios**) *n* **-1.** [of paper] folio *m*, feuillet *m*. **-2.** [book] (livre *m*) in-folio *m inv*.

**folk** [fəʊk] ◇ *npl* **-1.** [people] gens *mpl*; **city/country ~** les gens *mpl* de la ville/de la campagne. **-2.** [race, tribe] race *f*, peuple *m*. ◇ *n* MUS [traditional] musique *f* folklorique; [contemporary] musique *f* folk, folk *m*. ◇ *adj*: ~ **dance** OR **dancing** danse *f* folklorique; ~ **wisdom** la sagesse populaire.
◆ **folks** *npl inf* **-1.** *esp Am* [family] famille *f*, parents *mpl*; **my ~s** are from Chicago ma famille est de Chicago. **-2.** [people]: **the old ~s** les vieux *mpl*; **the young ~s** les jeunes *mpl*; **hi ~s!** bonjour tout le monde!

**folk etymology** *n* étymologie *f* populaire.

**folklore** ['fəʊklɔː'] *n* folklore *m*.

**folk medicine** *n* (*U*) remèdes *mpl* de bonne femme.

**folk memory** *n* tradition *f* populaire.

**folk music** *n* [traditional] musique *f* folklorique; [contemporary] musique *f* folk, folk *m*.

**folk rock** *n* folk-rock *m*.

**folk singer** *n* [traditional] chanteur *m*, -euse *f* de chansons folkloriques; [contemporary] chanteur *m*, -euse *f* folk.

**folk song** *n* [traditional] chanson *f* OR chant *m* folklorique; [contemporary] chanson *f* folk.

**folksy** ['fəʊksɪ] (*compar* **folksier**, *superl* **folksiest**) *adj inf* **-1.** *Am* [friendly] sympa. **-2.** [casual – person] sans façon; [– speech] populaire. **-3.** [dress, manners, town] typique; [story] populaire.

**follicle** ['fɒlɪkl] *n* follicule *m*.

**follow** ['fɒləʊ] ◇ *vt* **-1.** [come after] suivre; [in procession] al-

ler OR venir à la suite de, suivre; ~ **me** suivez-moi; **he left,** ~**ed by his brother** il est parti, suivi de son frère; **to ~ sb in/out** entrer/sortir à la suite de qqn; **his eyes ~ed her everywhere** il la suivait partout du regard OR des yeux; **his talk will be ~ed by a discussion** son exposé sera suivi d'une discussion; **he ~ed his father into politics** il est entré en politique sur les traces de son père; **she'll be a hard act** *inf* OR **hard person to ~** il sera difficile de lui succéder; **to ~ suit** [in cards] fournir; **she sat down and I ~ed suit** *fig* elle s'est assise, et j'en ai fait autant OR j'ai fait de même; **just ~ your nose** [walk] continuez tout droit; [act] suivez votre instinct. **-2.** [pursue] suivre, poursuivre; [suspect] filer; **he ~ed them to Rome** il les a suivis OR il a suivi leurs traces jusqu'à Rome; ~ **that car!** suivez cette voiture!; **I'm being ~ed** on me suit; **we're continuing to ~ this line of enquiry** nous continuons l'enquête dans la même direction. **-3.** [go along] suivre, longer; ~ **the path** suivez le chemin. **-4.** [conform to – diet, instructions, rules] suivre; [– orders] exécuter; [– fashion] suivre, se conformer à; [– sb's advice, example] suivre. **-5.** [understand] suivre, comprendre. **-6.** [watch] suivre OR regarder attentivement; [listen] suivre OR écouter attentivement; **to ~ a score** suivre une partition. **-7.** [take an interest in] suivre, se tenir au courant de. **-8.** [accept – ideas] suivre; [– leader] appuyer, être partisan de; [– cause, party] être partisan de, être pour. **-9.** [practice – profession] exercer, suivre; [– career] poursuivre; [– religion] pratiquer; [– method] employer, suivre.
◇ *vi* **-1.** [come after] suivre; **he answered as ~s** il a répondu comme suit; **my theory is as ~s** ma théorie est la suivante; **his sister ~ed hard on his heels** sa sœur le suivait de près OR était sur ses talons; **revolution ~ed hard on the heels of the elections** la révolution suivit de très près OR immédiatement les élections; **to ~ in sb's footsteps** *literal* & *fig* suivre les traces de qqn. **-2.** [ensue] s'ensuivre, résulter; **it doesn't necessarily ~ that he'll die** cela ne veut pas forcément dire qu'il va mourir; **that doesn't ~** ce n'est pas forcément OR nécessairement vrai. **-3.** [understand] suivre, comprendre. **-4.** [imitate] suivre, faire de même.
◆ **follow on** *vi insep* **-1.** [come after] suivre. **-2.** [in cricket] *reprendre la garde du guichet au début de la seconde partie faute d'avoir marqué le nombre de points requis*.
◆ **follow through** ◇ *vt sep* [idea, plan] poursuivre jusqu'au bout OR jusqu'à sa conclusion. ◇ *vi insep* [in ball games] accompagner son coup OR sa balle; [in billiards] faire OR jouer un coulé.
◆ **follow up** ◇ *vt sep* **-1.** [pursue – advantage, success] exploiter, tirer parti de; [– offer] donner suite à. **-2.** [maintain contact] suivre; [subj: doctor] suivre, surveiller. **-3.** [continue, supplement] faire suivre, compléter; ~ **up your initial phone call with a letter** confirmez votre coup de téléphone par écrit; **I ~ed up your suggestion for a research project** j'ai repris votre suggestion pour un projet de recherche. ◇ *vi insep* exploiter un avantage, tirer parti d'un avantage.

**follower** ['fɒləʊə'] *n* **-1.** [disciple] disciple *m*, partisan *m*, -e *f*; **a ~ of fashion** quelqu'un qui suit la mode. **-2.** SPORT [supporter] partisan *m*, fan *mf*. **-3.** [attendant] domestique *mf*; **the king and his ~s** le roi et sa suite.

**following** ['fɒləʊɪŋ] ◇ *adj* **-1.** [next] suivant; **the ~ day** le jour suivant, le lendemain; **the ~ names** les noms suivants, les noms que voici. **-2.** [wind] arrière (*inv*). ◇ *prep* après, suite à; ~ **your letter** COMM suite à OR en réponse à votre lettre. ◇ *n* **-1.** [supporters] partisans *mpl*, disciples *mpl*; [entourage] suite *f*; **she has a large ~** elle a de nombreux partisans OR fidèles. **-2.** [about to be mentioned]: **he said the ~** il a dit ceci; **her reasons are the ~** ses raisons sont les suivantes.

**follow-my-leader** *n Br* jeu où tout le monde doit imiter tous les mouvements d'un joueur désigné.

**follow-the-leader** *Am* = **follow-my-leader**.

**follow-through** *n* **-1.** [to plan] suite *f*, continuation *f*. **-2.** [in ball games] accompagnement *m* (*d'un coup*); [in billiards] coulé *m*.

**follow-up** ◇ *n* **-1.** [to event, programme] suite *f*; [on case, file] suivi *m*; MED [appointment] visite *f* OR examen *m* de contrôle. **-2.** [bill, letter] rappel *m*. ◇ *adj* [action, survey, work] complémentaire; ~ **a visit** une visite de contrôle; ~ **letter/phone call** une lettre/un coup de téléphone de rappel OR de relance; ~ **care** MED soins *mpl* post-hospitaliers.

**folly** ['fɒlɪ] (*pl* **follies**) *n* **-1.** (*U*) *fml* [foolishness] folie *f*, sottise *f*; **it would be** ~ **to continue** ce serait de la folie de continuer. **-2.** [building] folie *f* ARCHIT.

◆ **follies** *npl* THEAT folies *fpl*.

**foment** [fəʊ'ment] *vt* MED & *fig* fomenter.

**fond** [fɒnd] *adj* **-1. to be** ~ **of sb** aimer beaucoup qqn, avoir de l'affection pour qqn; **to be** ~ **of sthg** aimer beaucoup qqch, être amateur de qqch; **he's** ~ **of reading** il aime lire ‖ [loving – friend, wife] affectueux, tendre; [– parent] indulgent, bon; [– look] tendre; **with** ~**est love** affectueusement. **-2.** [hope] fervent; [ambition, wish] cher. **-3.** *lit* [foolish] naïf.

**fondant** ['fɒndənt] *n* fondant *m*.

**fondle** ['fɒndl] *vt* caresser.

**fondly** ['fɒndlɪ] *adv* **-1.** [lovingly] tendrement, affectueusement. **-2.** [foolishly] naïvement.

**fondness** ['fɒndnɪs] *n* [for person] affection *f*, tendresse *f*; [for things] prédilection *f*, penchant *m*; ~ **for sb** affection pour OR envers qqn; **to have a** ~ **for drink** avoir un penchant pour la boisson.

**fondue** ['fɒndjuː] *n* fondue *f*; ~ **set** service *m* à fondue.

**font** [fɒnt] *n* **-1.** RELIG fonts *mpl* baptismaux. **-2.** TYPO fonte *f*.

**fontanelle** *Br*, **fontanel** *Am* [,fɒntə'nel] *n* fontanelle *f*.

**food** [fuːd] ◇ *n* **-1.** (*U*) [nourishment] nourriture *f*, vivres *mpl*; **is there any** ~? y a-t-il de quoi manger?; **do you have enough** ~ **for everyone?** avez-vous assez à manger OR assez de nourriture pour tout le monde?; **they like spicy** ~ ils aiment la cuisine épicée; **we need to buy some** ~ il faut qu'on achète à manger OR qu'on fasse des provisions; **the** ~ **here is especially good** dans ce restaurant la cuisine est particulièrement bonne; **he's off his** ~ il n'a pas d'appétit, il a perdu l'appétit; ~ **for babies/for pets** aliments *mpl* pour bébés/pour animaux. **-2.** *fig* [material] matière *f*; **the accident gave her much** ~ **for thought** l'accident l'a fait beaucoup réfléchir. **-3.** HORT engrais *m*. ◇ *comp* [industry, product] alimentaire; [crop] vivrier; ~ **hall** [in shop] rayon *m* d'alimentation; ~ **stamp** *Am* bon *m* alimentaire (*accordé aux personnes sans ressources*); ~ **value** valeur *f* nutritive; **Food and Agriculture Organization** Organisation *f* des Nations Unies pour l'alimentation et l'agriculture; **Food and Drug Administration** *Am* organisme officiel chargé de contrôler la qualité des aliments et de délivrer les autorisations de mise sur le marché pour les produits pharmaceutiques.

**food chain** *n* chaîne *f* alimentaire.

**foodie** ['fuːdɪ] *n inf* fin gourmet *m*.

**food mixer** *n* mixeur *m*.

**food parcel** *n* colis *m* de vivres.

**food poisoning** *n* intoxication *f* alimentaire.

**food processor** *n* robot *m* ménager OR de cuisine.

**foodstuff** ['fuːdstʌf] *n* aliment *m*.

**fool** [fuːl] ◇ *n* **-1.** [idiot] idiot *m*, -e *f*, imbécile *mf*; **you stupid** ~! espèce d'imbécile OR d'abruti!; **what a** ~ **I am!** suis-je idiot OR bête!; **don't be a** ~! ne fais pas l'idiot!; **she was a** ~ **to go** elle a été idiote d'y aller; **I felt such a** ~ je me suis senti bête; **he's no** ~ OR **nobody's** ~ il n'est pas bête, il n'est pas né d'hier; **to make a** ~ **of sb** [ridicule] ridiculiser qqn; [trick] duper qqn; **she doesn't want to make a** ~ **of herself** elle ne veut pas passer pour une imbécile OR se ridiculiser ❑ **more** ~ **you!** tu n'as qu'à t'en prendre à toi-même!; **there's no** ~ **like an old** ~ il n'y a pire imbécile qu'un vieil imbécile; **a** ~ **and his money are soon parted** *prov* aux idiots l'argent brûle les doigts *prov*. **-2.** [jester] bouffon *m*, fou *m*. **-3.** CULIN *sorte de mousse aux fruits*. ◇ *vt* [deceive] duper, berner; (**I**) ~**ed you!** je t'ai eu!; **your excuses don't** ~ **me** vos excuses ne prennent pas avec moi; **he** ~**ed me into believing it** il a réussi à me le faire croire. ◇ *vi* **-1.** [joke] faire l'imbécile OR le pitre; **I'm only** ~**ing** je ne fais que plaisanter, c'est pour rire. **-2.** [trifle] traiter à la légère.

◆ **fool about** *Br*, **fool around** *vi insep* **-1.** [joke] faire l'imbécile OR le pitre; **I'm only** ~**ing around** je ne fais que plaisanter, c'est pour rire. **-2.** [waste time] perdre du temps; **stop** ~**ing around and get up!** arrête de traîner et lève-toi! **-3.** [trifle] traiter à la légère; **stop** ~**ing around with that computer!** arrête de jouer avec cet ordinateur! **-4.** *Am inf* [have sex] avoir OR se payer des aventures.

**foolery** ['fuːlərɪ] (*pl* **fooleries**) *n* [behaviour] bouffonnerie *f*, pitrerie *f*, pitreries *fpl*.

**foolhardy** ['fuːl,hɑːdɪ] *adj* [act, person] téméraire, impru-

dent; [remark] imprudent.

**foolish** ['fuːlɪʃ] *adj* **-1.** [unwise] insensé, imprudent; **it would be** ~ **to leave now** ce serait de la folie de partir maintenant; **I was** ~ **enough to believe her** j'ai été assez bête pour la croire; **don't do anything** ~ ne faites pas de bêtises. **-2.** [ridiculous] ridicule, bête; **the question made him look** ~ la question l'a ridiculisé.

**foolishly** ['fuːlɪʃlɪ] *adv* [stupidly] bêtement, sottement; [unwisely] imprudemment; ~, **I believed him** comme un idiot OR un imbécile, je l'ai cru.

**foolishness** ['fuːlɪʃnɪs] *n* bêtise *f*, sottise *f*.

**foolproof** ['fuːlpruːf] ◇ *adj* [machine] indéréglable; [plan] infaillible, à toute épreuve.

**foolscap** ['fuːlzkæp] ◇ *n* ≈ papier *m* ministre. ◇ *comp* [paper, size] ministre (*inv*); ~ **envelope** enveloppe *f* longue; ~ **pad** bloc *m* de papier ministre.

**foot** [fʊt] (*pl* **feet** [fiːt]) ◇ *n* **-1.** [of person, cow, horse, pig] pied *m*; [of bird, cat, dog] patte *f*; **I came on** ~ je suis venu à pied; **to be on one's feet** [standing] être OR se tenir debout; [after illness] être sur pied OR rétabli OR remis; **on your feet!** debout!; **the speech brought the audience to its feet** l'auditoire s'est levé pour applaudir le discours; **to get** OR **to rise to one's feet** se mettre debout, se lever; **put your feet up** reposez-vous un peu; **to set** ~ **on land** poser le pied sur la terre ferme; **I've never set** ~ **in her house** je n'ai jamais mis les pieds dans sa maison; **we got the project back on its feet** *fig* on a relancé le projet; **it's slippery under** ~ c'est glissant par terre; **the children are always under my feet** les enfants sont toujours dans mes jambes ❑ ~ **passenger** piéton *m* (*passager sans véhicule*). **-2.** *phr*: **feet first** *inf* les pieds devant; **to run** OR **to rush sb off their feet** accabler qqn de travail, ne pas laisser à qqn le temps de souffler; **I've been rushed off my feet all day** je n'ai pas arrêté de toute la journée; **he claims he's divorced** — **divorced, my** ~! *inf* il prétend être divorcé — divorcé, mon œil!; **to fall** OR **to land on one's feet** retomber sur ses pieds; **to find one's feet** s'adapter; **to get a** ~ **in the door** poser des jalons, établir le contact; **to have a** ~ **in the door** être dans la place; **well at least it's a** ~ **in the door** au moins, c'est un premier pas OR contact; **to have a** ~ **in both camps** avoir un pied dans chaque camp; **to have one** ~ **in the grave** *inf* [person] avoir un pied dans la tombe; [business] être moribond; **to have one's** OR **both feet (firmly) on the ground** avoir les pieds sur terre; **to have two left feet** *inf* être pataud OR empoté; **to have feet of clay** avoir un point faible OR vulnérable, avoir une faiblesse de caractère; **to put one's best** ~ **forward** [hurry] se dépêcher, presser le pas; [do one's best] faire de son mieux; **to put one's** ~ **down** faire acte d'autorité; AUT accélérer; **to put one's** ~ **in it** *Br inf* OR **in one's mouth** *Am inf* mettre les pieds dans le plat; **she didn't put a** ~ **wrong** *Br* elle n'a pas commis la moindre erreur; **to get** OR **to start off on the right/wrong** ~ être bien/mal parti; **the boot** *Br* OR **shoe** *Am* **is on the other** ~ les rôles sont inversés. **-3.** [of chair, glass, lamp] pied *m*. **-4.** [lower end – of bed, stocking] pied *m*; [– of table] bout *m*; [– of cliff, mountain, hill] pied *m*; [– of page, stairs] bas *m*; **at the** ~ **of the page** au bas OR en bas de la page; **at the** ~ **of the stairs** en bas de l'escalier. **-5.** [measurement] pied *m* (anglais); **a 40-** ~ **fall, a fall of 40 feet** une chute de 40 pieds ❑ **to feel ten feet tall** *inf* être aux anges OR au septième ciel. **-6.** LITERAT pied *m*. **-7.** *Br* MIL infanterie *f*. ◇ *vt* **-1.** [pay]: **to** ~ **the bill** *inf* payer (l'addition).

**footage** ['fʊtɪdʒ] *n* (*U*) **-1.** [length] longueur *f* en pieds. **-2.** CIN [length] métrage *m*; [material filmed] séquences *fpl*.

**foot-and-mouth disease** *n* fièvre *f* aphteuse.

**football** ['fʊtbɔːl] ◇ *n* **-1.** *Br* football *m*; *Am* football américain. **-2.** [ball] ballon *m* de football; **the abortion issue has become a political** ~ *fig* les partis politiques se renvoient la balle à propos de l'avortement. ◇ *comp* [match, team] de football; [season] du football; ~ **club** *Br* club *m* de football; ~ **field** terrain *m* de football; ~ **game** *Am* match *m* de football américain; ~ **ground** *Br* terrain *m* de football; ~ **hooligans** hooligans *mpl*; ~ **fan** fan *mf* de foot; **the Football League** *association réunissant la majorité des clubs de football professionnels en Angleterre*; ~ **supporter** supporter *m* (de football).

**football coupon** *n Br* grille *f* de Loto sportif.

**footballer** ['fʊtbɔːlər] *n Br* joueur *m*, -euse *f* de football, footballeur *m*, -euse *f*; *Am* joueur *m*, -euse *f* de football américain.

**football pools** *npl Br* pronostics *mpl* (*sur les matchs de football*); to do the ~ parier sur les matchs de football; he won £20 on the ~ il a gagné 20 livres en pariant sur les matchs de football.

**footbath** ['futbɑːθ, *pl* -bɑːðz] *n* bain *m* de pieds.

**footbrake** ['futbreɪk] *n* frein *m* à pied.

**footbridge** ['futbrɪdʒ] *n* passerelle *f*.

**-footer** *in cpds*: the boat is a 15~ le bateau mesure 15 pieds OR environ 4,50 mètres.

**footfall** ['futfɔːl] *n* bruit *m* de pas.

**foot fault** *n* faute *f* de pied TENNIS.

**foothills** ['futhɪlz] *npl* contreforts *mpl*.

**foothold** ['futhəʊld] *n literal* prise *f* de pied; *fig* position *f* avantageuse; to gain OR to get a ~ *literal* & *fig* prendre pied; to get OR to secure a ~ in a market COMM prendre pied sur un marché.

**footing** ['futɪŋ] *n* **-1.** [balance] prise *f* de pied; to get one's ~ prendre pied; to keep/to lose one's ~ garder/perdre l'équilibre. **-2.** [position]: to be on an equal ~ être sur un pied d'égalité; let's try to keep things on a friendly ~ essayons de rester en bons termes.

**footle** ['fuːtl]
◆ **footle about** *Br*, **footle around** *vi insep inf* **-1.** [potter] passer son temps à des futilités. **-2.** [talk nonsense] dire des bêtises, radoter.

**footless** ['futlɪs] *adj* [tights] sans pieds.

**footlights** ['futlaɪts] *npl literal* rampe; *fig* [the stage] le théâtre, les planches *fpl*.

**footling** ['fuːtlɪŋ] *adj inf* [trivial] insignifiant, futile.

**footloose** ['futluːs] *adj*: ~ and fancy-free libre comme l'air.

**footman** ['futmən] (*pl* **footmen** [-mən]) *n* valet *m* de pied.

**footmen** ['futmən] *pl* → **footman**.

**footnote** ['futnəʊt] ◇ *n* [on page] note *f* en bas de page; [in speech] remarque *f* supplémentaire; he was doomed to become just a ~ in the history of events *fig* il était destiné à rester en marge de l'histoire des événements OR à ne jouer qu'un rôle secondaire dans l'histoire des événements. ◇ *vt* annoter, mettre des notes de bas de page.

**footpad** ['futpæd] *n* **-1.** *arch* [thief] voleur *m*. **-2.** TECH [of spacecraft] semelle *f*.

**footpath** ['futpɑːθ, *pl* -pɑːðz] *n* [path] sentier *m*; [paved] trottoir *m*.

**footplate** ['futpleɪt] *n Br* plate-forme *f* (*d'une locomotive*).

**footplateman** ['futpleɪtmən] (*pl* **footplatemen** [-mən]) *n Br* agent *m* de conduite.

**footprint** ['futprɪnt] *n* **-1.** [of foot] empreinte *f* (de pied). **-2.** [of satellite] empreinte *f*. **-3.** COMPUT encombrement *m*.

**footrest** ['futrest] *n* [gen] repose-pieds *m*; [stool] tabouret *m*.

**footsie** ['futsɪ] *n inf*: to play ~ with sb *Br* faire du pied à qqn; *Am* être le complice de qqn.

**footslog** ['futslɒg] (*pt* & *pp* **footslogged**, *cont* **footslogging**) *vi inf* marcher (d'un pas lourd).

**foot soldier** *n* fantassin *m*.

**footsore** ['futsɔːr] *adj*: I was tired and ~ j'étais fatigué et j'avais mal aux pieds.

**footstep** ['futstep] *n* [action] pas *m*; [sound] bruit *m* de pas.

**footstool** ['futstuːl] *n* tabouret *m*.

**footwear** ['futweər] *n* (U) chaussures *fpl*.

**footwork** ['futwɜːk] *n* **-1.** SPORT jeu *m* de jambes; it took some fancy ~ to avoid legal action *fig* il a fallu manœuvrer adroitement pour éviter un procès. **-2.** [walking] marche *f*; the job entails a lot of ~ le travail oblige à beaucoup marcher.

**fop** [fɒp] *n* dandy *m*.

**foppish** ['fɒpɪʃ] *adj* [man] dandy; [dress] de dandy; [manner] de dandy.

**for** [fɔːr] ◇ *prep* **A. -1.** [expressing purpose or function] pour; we were in Vienna ~ a holiday/~ work nous étions à Vienne en vacances/pour le travail; what ~? pourquoi?; I don't know what she said that ~ je ne sais pas pourquoi elle a dit ça; what's this knob ~? à quoi sert ce bouton?; it's ~ adjusting the volume ça sert à régler le volume; 'not suitable ~ freezing' 'ne pas congeler'. **-2.** [in order to obtain]

pour; write ~ a free catalogue demandez votre catalogue gratuit (*par écrit*); ~ further information write to... pour de plus amples renseignements, écrivez à... **-3.** [indicating recipient or beneficiary] pour, à l'intention de; these flowers are ~ her ces fleurs sont pour elle; I've got some news ~ you j'ai une nouvelle à vous annoncer; he left a note ~ them il leur a laissé un mot, il a laissé un mot à leur intention; 'parking ~ customers only' 'parking réservé à la clientèle'; he often cooks ~ himself il se fait souvent la cuisine; see ~ yourself! voyez par vous-même! **-4.** [indicating direction, destination] pour, dans la direction de; they left ~ Spain ils sont partis pour l'Espagne; before leaving ~ the office avant de partir au bureau; she ran ~ the door elle s'est précipitée vers la porte en courant; he made ~ home il a pris la direction de la maison; the ship made ~ port le navire a mis le cap sur le port. **-5.** [available for] à; '~ sale' 'à vendre'; these books are ~ reference only ces livres sont à consulter sur place.

**B. -1.** [indicating span of time – past, future] pour, pendant; [– action uncompleted] depuis; they're going away ~ the weekend ils partent pour le week-end; they will be gone ~ some time ils seront absents (pendant OR pour) quelque temps; I lived there ~ one month j'y ai vécu pendant un mois; I've lived here ~ two years j'habite ici depuis deux ans; you haven't been here ~ a long time il y a OR voilà OR ça fait longtemps que vous n'êtes pas venu; we've known them ~ years nous les connaissons depuis des années, il y a des années que nous les connaissons; she won't be able to go out ~ another day or two elle devra rester sans sortir pendant encore un jour ou deux; can you stay ~ a while? pouvez-vous rester un moment? **-2.** [indicating a specific occasion or time] pour; I went home ~ Christmas je suis rentré chez moi pour Noël; it's time ~ bed c'est l'heure de se coucher OR d'aller au lit. **-3.** [indicating distance] pendant; you could see ~ miles around on voyait à des kilomètres à la ronde; we walked ~ several miles nous avons marché pendant plusieurs kilomètres. **-4.** [indicating amount]: they paid him £100 ~ his services ils lui ont donné 100 livres pour ses services; it's £2 ~ a ticket c'est 2 livres le billet; he's selling it ~ £200 il le vend 200 livres; I wrote a cheque ~ £15 j'ai fait un chèque de 15 livres.

**C. -1.** [indicating exchange, equivalence]: do you have change ~ a pound? vous avez la monnaie d'une livre?; he exchanged the bike ~ another model il a échangé le vélo contre OR pour un autre modèle; 'salvia' is the Latin term ~ 'sage' «salvia» veut dire «sauge» en latin; what's the Spanish ~ 'good'? comment dit-on «bon» en espagnol?; F ~ François F comme François; what's the M ~? qu'est-ce que le M veut dire?; he has cereal ~ breakfast il prend des céréales au petit déjeuner; I ~ one don't care pour ma part, je m'en fiche. **-2.** [indicating ratio] pour; there's one woman applicant ~ every five men six postulants il y a une femme et cinq hommes; ~ every honest politician there are a hundred dishonest ones pour un homme politique honnête, il y en a cent qui sont malhonnêtes. **-3.** [on behalf of] pour; I'm speaking ~ all parents je parle pour OR au nom de tous les parents; I'll go to the meeting ~ you j'irai à la réunion à votre place; the representative ~ the union le représentant du syndicat. **-4.** [in favour of] pour; ~ or against pour ou contre; who's ~ a drink? qui veut boire un verre? **-5.** [because of] pour, en raison de; candidates were selected ~ their ability les candidats ont été retenus en raison de leurs compétences; she couldn't sleep ~ the pain la douleur l'empêchait de dormir; he couldn't speak ~ laughing il ne pouvait pas parler tellement il riait; you'll feel better ~ a rest vous vous sentirez mieux quand vous vous serez reposé; if it weren't ~ you, I'd leave sans vous, je partirais. **-6.** [indicating cause, reason] de; the reason ~ his leaving la raison de son départ; she apologized ~ being late elle s'est excusée d'être en retard. **-7.** [concerning, as regards] pour; so much ~ that voilà qui est classé; it may be true ~ all I know c'est peut-être vrai, je n'en sais rien; I'm very happy ~ her je suis très heureux pour elle. **-8.** [given normal expectations] pour; it's warm ~ March il fait bon pour un mois de mars. **-9.** [in phrase with infinitive verbs]: it's not ~ him to decide il ne lui appartient pas OR ce n'est pas à lui de décider; it was difficult ~ her to apologize il lui était difficile de s'excuser; this job is too complicated ~ us to finish today ce travail est trop compliqué pour que nous le

finissions aujourd'hui; there is still time ~ her to finish elle a encore le temps de finir; ~ us to arrive on time we'd better leave now si nous voulons être à l'heure, il vaut mieux partir maintenant; **the easiest thing would be** ~ **you to lead the way** le plus facile serait que vous nous montriez le chemin.
**D.** *phr:* oh ~ a holiday! ah, si je pouvais être en vacances!; you'll be (in) ~ it if your mother sees you! *inf* ça va être ta fête si ta mère te voit!; there's nothing ~ it but to pay him il n'y a qu'à OR il ne nous reste qu'à le payer; that's the postal service ~ you! ça c'est bien la poste!
◇ *conj fml* car, parce que.
◆ **for all** ◇ *prep phr* malgré; ~ all their efforts malgré tous leurs efforts. ◇ *conj phr:* ~ all she may say quoi qu'elle en dise || [as far as]: ~ all I know autant que je sache.
◆ **for all that** ◇ *adv phr* pour autant, malgré tout. ◇ *conj phr* [whatever]: ~ all the good it does pour tout l'effet que ça fait.
◆ **for ever** *adv phr* [last, continue] pour toujours; [leave] pour toujours, sans retour; ~ ever and a day jusqu'à la fin des temps; ~ ever and ever à tout jamais, éternellement; ~ ever and ever, amen pour les siècles des siècles, amen.

**fora** ['fɔːrə] *pl* → **forum**.

**forage** ['fɒrɪdʒ] ◇ *n* **-1.** [search] fouille *f*; [food] fourrage *m*.**-2.** MIL [raid] raid *m*, incursion *f*. ◇ *vi* **-1.** [search] fourrager, fouiller; to ~ for sthg fouiller pour trouver qqch. **-2.** MIL [raid] faire un raid OR une incursion. ◇ *vt* **-1.** [obtain] trouver en fourrageant. **-2.** [feed] donner du fourrage à, donner à manger à.

**forage cap** *n* calot *m*.

**forasmuch as** [fərəz'mʌtʃ-] *conj arch* OR *lit* vu que.

**foray** ['fɒreɪ] ◇ *n* MIL [raid] raid *m*, incursion *f*; [excursion] incursion *f*; he made a ~ into politics il a fait une incursion dans la politique.◇ *vi* faire une raid OR une incursion.

**forbad(e)** [fə'bæd] *pt* → **forbid**.

**forbear** [fɔː'beə'] (*pt* **forbore** [-'bɔːr], *pp* **forborne** [-'bɔːn]) *fml* ◇ *vi* [abstain] s'abstenir; to ~ from doing OR to do sthg se garder OR s'abstenir de faire qqch. ◇ *vt* renoncer à, se priver de. ◇ *n* = **forebear**.

**forbearance** [fɔː'beərəns] *n* **-1.** [patience] patience *f*, tolérance *f*.**-2.** [restraint] abstention *f*.

**forbearing** [fɔː'beərɪŋ] *adj* patient.

**forbid** [fə'bɪd] (*pt* **forbad** OR **forbade** [-'bæd], *pp* **forbidden** [-'bɪdn]) *vt* **-1.** [not allow] interdire, défendre; to ~ sb alcohol interdire l'alcool à qqn; to ~ sb to do sthg défendre OR interdire à qqn de faire qqch; students are forbidden to talk during exams les étudiants n'ont pas le droit de parler pendant les examens; it is strictly forbidden to smoke il est formellement interdit de fumer. **-2.** [prevent] empêcher; God ~! pourvu que non!; Heaven ~ (that) all her family should come too! pourvu qu'elle ne vienne pas avec toute sa famille!

**forbidden** [fə'bɪdn] ◇ *pp* → **forbid**. ◇ *adj* interdit, défendu.

**forbidden fruit** *n* fruit *m* défendu.

**forbidding** [fə'bɪdɪŋ] *adj* [building, look, sky] menaçant; [person] sévère, menaçant.

**forbore** [fɔː'bɔːr] *pt* → **forbear**.

**forborne** [fɔː'bɔːn] *pp* → **forbear**.

**force** [fɔːs] ◇ *vt* **-1.** [compel] forcer, obliger; to ~ sb to do sthg contraindre OR forcer qqn à faire qqch; don't ~ yourself! *hum* ne te force surtout pas! ❑ to ~ sb's hand forcer la main à qqn. **-2.** [wrest] arracher, extorquer; I ~d a confession from OR out of him je lui ai arraché une confession. **-3.** [impose] imposer; to ~ sthg on OR upon sb imposer qqch à qqn; to ~ o.s. on sb imposer sa présence à qqn; he ~d himself OR his attentions on her il l'a poursuivie de ses assiduités. **-4.** [push]: to ~ one's way into a building entrer OR pénétrer de force dans un immeuble; I ~d my way through the crowd je me suis frayé un chemin OR passage à travers la foule; don't ~ it né force pas; the car ~d us off the road la voiture nous a forcés à quitter la route ❑ to ~ sb into a corner *literal* pousser qqn dans un coin; *fig* mettre qqn au pied du mur. **-5.** [break open] forcer; to ~ open a door/lock forcer une porte/une serrure. **-6.** [answer, smile] forcer; she managed to ~ a smile elle eut un sourire forcé. **-7.** [hurry] forcer, hâter; to ~ flowers/plants forcer des fleurs/des

plantes; we ~d the pace nous avons forcé l'allure OR le pas. **-8.** [strain – metaphor, voice] forcer; [– word] forcer le sens de.
◇ *n* **-1.** [power] force *f*, puissance *f*; television could be a ~ for good la télévision pourrait avoir une bonne influence; France is a ~ to be reckoned with la France est une puissance OR force avec laquelle il faut compter. **-2.** [strength] force *f*; [violence] force *f*, violence *f*; they used ~ to control the crowd ils ont employé la force pour contrôler la foule; I hit it with as much ~ as I could muster je l'ai frappé aussi fort que j'ai pu. **-3.** [of argument, word] force *f*, poids *m*.**-4.** *phr:* ~ of circumstances force *f* des choses; by OR from ~ of habit par la force de l'habitude; by sheer ~ de vive force; the law comes into ~ this year la loi entre en vigueur cette année. **-5.** PHYS force *f*; the ~ of gravity la pesanteur. **-6.** [of people] force *f*; the allied ~s les armées *fpl* alliées, les alliés *mpl*; the (armed) ~s les forces armées; the (police) ~ les forces de police.
◆ **in force** ◇ *adj phr* en application, en vigueur; the rules now in ~ le règlement en vigueur. ◇ *adv phr* en force; the students were there in ~ les étudiants étaient venus en force; in full ~ au grand complet.
◆ **force back** *vt sep* **-1.** [push back] repousser, refouler; MIL faire reculer. **-2.** [repress] réprimer.
◆ **force down** *vt sep* **-1.** [push down] faire descendre (de force); he ~d down the lid of the box il a fermé la boîte en forçant; to ~ down prices faire baisser les prix. **-2.** [plane] forcer à atterrir. **-3.** [food] se forcer à manger OR à avaler.
◆ **force out** *vt sep* **-1.** [push out] faire sortir (de force); the opposition ~d him out *fig* l'opposition l'a poussé dehors. **-2.** [remark]: he ~d out an apology il s'est excusé du bout des lèvres.
◆ **force up** *vt sep* faire monter (de force).

**forced** [fɔːst] *adj* **-1.** [compulsory] forcé. **-2.** [smile] forcé, artificiel; he gave a ~ laugh il a ri du bout des lèvres. **-3.** [plant] forcé.

**force-feed** *vt* nourrir de force; [livestock] gaver.

**forceful** ['fɔːsful] *adj* [person] énergique, fort; [argument, style] puissant; [impression] puissant.

**forcefully** ['fɔːsfulɪ] *adv* avec force, avec vigueur.

**forcemeat** ['fɔːsmiːt] *n* farce *f*.

**forceps** ['fɔːseps] *npl*: (a pair of) ~ un forceps; ~ delivery accouchement *m* au forceps.

**forcible** ['fɔːsəbl] *adj* **-1.** [by force] de OR par force; ~ entry JUR effraction *f*.**-2.** [powerful – argument, style] puissant, fort; [– personality] puissant, fort; [– speaker] puissant. **-3.** [emphatic – opinion] catégorique; [– wish] vif.

**forcibly** ['fɔːsəblɪ] *adv* **-1.** [by force] de force, par la force; they were ~ removed from the house on les a fait sortir de force de la maison. **-2.** [argue, speak] énergiquement, avec vigueur OR force. **-3.** [recommend, remind] fortement.

**forcing house** *n* forcerie *f*, serre *f* chaude.

**ford** [fɔːd] ◇ *n* gué *m*. ◇ *vt* passer OR traverser à gué.

**fore** [fɔːr] ◇ *adj* **-1.** [front] à l'avant, antérieur; the ~ and hind legs les pattes de devant et de derrière. **-2.** NAUT à l'avant. ◇ *n* NAUT avant *m*, devant *m*; *fig*: to come to the ~ [person] percer, commencer à être connu; [courage] se manifester; the revolt brought these issues to the ~ la révolte a mis ces problèmes en évidence. ◇ *adv* NAUT à l'avant; ~ and aft de l'avant à l'arrière. ◇ *interj* [in golf]: ~! attention!, gare!

**fore-and-aft** *adj* NAUT aurique.

**forearm** [*n* 'fɔːrˌɑːm, *vb* fɔːr'ɑːm] ◇ *n* avant-bras *m*. ◇ *vt* prémunir.

**forebear** ['fɔːbeər] *n* ancêtre *m*; our ~s nos aïeux *mpl*.

**forebode** [fɔː'bəud] *vt fml* augurer.

**foreboding** [fɔː'bəudɪŋ] *n* [feeling] pressentiment *m*, prémonition *f*; [omen] présage *m*, augure *m*; she had a ~ that things would go seriously wrong elle a eu le pressentiment que les choses allaient très mal tourner; her laughter filled me with ~ ses rires m'ont rendu très appréhensif.

**forecast** ['fɔːkɑːst] (*pt* & *pp* **forecast** OR **forecasted**) ◇ *vt* [gen & METEOR] prévoir; [in betting] pronostiquer. ◇ *n* **-1.** [gen & METEOR] prévision *f*; economic ~ prévisions économiques; the weather ~ le bulletin météorologique, la météo. **-2.** [in betting] pronostic *m*.

**forecaster** ['fɔːkɑːstər] *n* pronostiqueur *m*, -euse *f*; weather

~ météorologiste *mf*, météorologue *mf*.

**forecastle** ['fəʊksl] *n* NAUT gaillard *m* d'avant; [in merchant navy] poste *m* d'équipage.

**foreclose** [fɔː'kləʊz] ◇ *vt* [mortgage] saisir. ◇ *vi* saisir le bien hypothéqué; to ~ on sb saisir les biens de qqn; to ~ on a mortgage saisir un bien hypothéqué.

**foreclosure** [fɔː'kləʊʒəʳ] *n* forclusion *f*.

**forecourt** ['fɔːkɔːt] *n* avant-cour *f*, cour *f* de devant; [of petrol station] devant *m*; ~ prices prix à la pompe.

**forefather** ['fɔː,fɑːðəʳ] *n* ancêtre *m*; our ~s nos aïeux *mpl*.

**forefinger** ['fɔː,fɪŋgəʳ] *n* index *m*.

**forefront** ['fɔːfrʌnt] *n* premier rang *m*; to be at OR in/the ~ of sthg [country, firm] être au premier rang de qqch; [person] être une sommité dans qqch.

**foregather** [fɔː'gæðəʳ] = **forgather**.

**forego** [fɔː'gəʊ] (*pt* **forewent** [-'went], *pp* **foregone** [-'gɒn]) = **forgo**.

**foregone** [fɔː'gɒn] *pp* → **forego**.

**foregone conclusion** ['fɔːgɒn-] *n* issue *f* certaine OR prévisible; it was a ~ c'était gagné d'avance.

**foreground** ['fɔːgraʊnd] ◇ *n* [gen, ART & PHOT] premier plan; in the ~ au premier plan. ◇ *vt* privilégier.

**forehand** ['fɔːhænd] ◇ *n* **-1.** SPORT coup *m* droit. **-2.** [of horse] avant-main *m*. ◇ *adj*: ~ volley volée *f* de face.

**forehead** ['fɔːhed] *n* front *m*.

**foreign** ['fɒrən] *adj* **-1.** [country, language, person] étranger; [aid, visit – to country] à l'étranger; [– from country] de l'étranger; [products] de l'étranger; [trade] extérieur; students from ~ countries des étudiants venant de l'étranger; ~ relations relations avec l'étranger ❑ ~ affairs affaires *fpl* étrangères; ~ agent [spy] agent *m* étranger; COMM représentant *m*, -e *f* à l'étranger; ~ competition concurrence *f* étrangère; ~ correspondent correspondant *m*, -e *f* à l'étranger; ~ currency OR exchange devises *fpl* étrangères; ~ exchange market marché *m* des changes; ~ investment investissement *m* étranger; ~ minister ministre *m* des Affaires étrangères; ~ policy politique *f* étrangère OR extérieure. **-2.** [alien] étranger; such thinking is ~ to them un tel raisonnement leur est étranger; a ~ body, ~ matter un corps étranger.

**foreigner** ['fɒrənəʳ] *n* étranger *m*, -ère *f*.

**Foreign Legion** *n*: the ~ la Légion (étrangère).

**Foreign Office** *n*: the Foreign (and Commonwealth) Office *le ministère britannique des Affaires étrangères*.

**Foreign Secretary, Foreign and Commonwealth Secretary** *n*: the ~ *le ministre britannique des Affaires étrangères*.

**foreign service** *n Am* service *m* diplomatique.

**foreleg** ['fɔːleg] *n* [of horse] jambe *f* de devant OR antérieure; [of dog, cat] patte *f* de devant OR antérieure.

**forelock** ['fɔːlɒk] *n* [of person] mèche *f*, toupet *m*; [of horse] toupet *m*; to touch OR to tug one's ~ saluer en portant la main au front.

**foreman** ['fɔːmən] (*pl* **foremen** [-mən]) *n* **-1.** INDUST contremaître *m*, chef *m* d'équipe; JUR président *m*, -e *f*.

**foremost** ['fɔːməʊst] ◇ *adj* [first – in position] le plus en avant; [– in importance] principal, le plus important. ◇ *adv* en avant.

**forename** ['fɔːneɪm] *n Br* prénom *m*.

**forensic** [fə'rensɪk] *adj* **-1.** [chemistry] légal; [expert] légiste; ~ department département de médecine légale; ~ evidence expertise médico-légale; ~ medicine OR science médecine *f* légale; ~ scientist médecin *m* légiste. **-2.** [skill, term] du barreau.

**foreplay** ['fɔːpleɪ] *n* (*U*) préliminaires *mpl*.

**forerunner** ['fɔː,rʌnəʳ] *n* [precursor] précurseur *m*; [omen] présage *m*, signe *m* avant-coureur.

**foresee** [fɔː'siː] (*pt* **foresaw** [-'sɔː], *pp* **foreseen** [-'siːn]) *vt* prévoir, présager.

**foreseeable** [fɔː'siːəbl] *adj* prévisible; in the ~ future dans un avenir prévisible.

**foreseen** [fɔː'siːn] *pp* → **foresee**.

**foreshadow** [fɔː'ʃædəʊ] *vt* présager, annoncer; her first novel ~ed this masterpiece son premier roman a laissé prévoir ce chef-d'œuvre.

**foreshorten** [fɔː'ʃɔːtn] *vt* ART faire un raccourci de; PHOT [hor-

izontally] réduire; [vertically] écraser.

**foreshortened** [fɔː'ʃɔːtnd] *adj* réduit.

**foreshortening** [fɔː'ʃɔːtnɪŋ] *n* ART raccourci *m*; PHOT [horizontal] réduction *f*; [vertical] écrasement *m*.

**foresight** ['fɔːsaɪt] *n* prévoyance *f*, lack of ~ imprévoyance *f*.

**foreskin** ['fɔːskɪn] *n* prépuce *m*.

**forest** ['fɒrɪst] *n* forêt *f*; a ~ of hands *fig* une multitude de mains.

**forestall** [fɔː'stɔːl] *vt* **-1.** [prevent] empêcher, retenir. **-2.** [anticipate – desire, possibility] anticiper, prévenir; [– person] devancer, prendre les devants sur.

**forester** ['fɒrɪstəʳ] *n* forestier *m*, -ère *f*.

**forest ranger** *n Am* garde *m* forestier.

**forestry** ['fɒrɪstrɪ] *n* sylviculture *f*; the Forestry Commission *organisme britannique de gestion des forêts domaniales*, ≃ les eaux et forêts *fpl*.

**foretaste** ['fɔːteɪst] *n* avant-goût *m*.

**foretell** [fɔː'tel] (*pt & pp* **foretold** [-'təʊld]) *vt* prédire.

**forethought** ['fɔːθɔːt] *n* [premeditation] préméditation *f*; [foresight] prévoyance *f*.

**foretold** [fɔː'təʊld] *pt & pp* → **foretell**.

**forever** [fə'revəʳ] *adv* **-1.** [eternally] (pour) toujours, éternellement; it won't last ~ ça ne durera pas toujours; Europe ~! vive l'Europe!-**2.** [incessantly] toujours, sans cesse. **-3.** [for good] pour toujours. **-4.** *inf* [a long time] très longtemps; it'll take ~! ça va prendre des lustres!; he took ~ to get ready il a mis des heures à se préparer; we can't wait ~ nous ne pouvons pas attendre jusqu'à la saint-glinglin.

**forevermore** [fə,revə'mɔː] *adv* pour toujours, à jamais.

**forewarn** [fɔː'wɔːn] *vt* prévenir, avertir; ~ed is forearmed *prov* un homme averti en vaut deux *prov*.

**forewent** [fɔː'went] *pt* → **forego**.

**foreword** ['fɔːwɜːd] *n* avant-propos *m*, préface *f*.

**forfeit** ['fɔːfɪt] ◇ *vt* **-1.** [lose] perdre; [give up] renoncer à, abandonner. **-2.** JUR [lose] perdre (par confiscation); [confiscate] confisquer. ◇ *n* **-1.** [penalty] prix *m*, peine *f*; COMM [sum] amende *f*, dédit *m*.**-2.** JUR [loss] perte *f* (par confiscation). **-3.** [game]: to play ~s jouer aux gages; to pay a ~ avoir un gage. ◇ *adj fml* [subject to confiscation] susceptible d'être confisqué; [confiscated] confisqué; her life could be ~ *fig* elle pourrait le payer de sa vie.

**forfeiture** ['fɔːfɪtʃəʳ] *n* **-1.** JUR [loss] perte *f* par confiscation; *fig* [surrender] renonciation *f*; ~ of rights renonciation aux droits. **-2.** [penalty] prix *m*, peine *f*; COMM [sum] amende *f*, dédit *m*.

**forgather** [fɔː'gæðəʳ] *vi fml* se réunir, s'assembler.

**forgave** [fə'geɪv] *pt* → **forgive**.

**forge** [fɔːdʒ] ◇ *vt* **-1.** [metal, sword] forger; to ~ an alliance/a friendship *fig* sceller une alliance/une amitié. **-2.** [counterfeit – money, signature] contrefaire; [– picture] faire un faux de, contrefaire; [– document] faire un faux de; a ~d passport un faux passeport; a ~d £20 note un faux billet de 20 livres. ◇ *n* [go forward] avancer; to ~ into the lead prendre la tête. ◇ *n* [machine, place] forge *f*.

◆ **forge ahead** *vi insep* prendre de l'avance; *fig* faire son chemin, réussir, prospérer.

**forger** ['fɔːdʒəʳ] *n* [gen] faussaire *mf*; [of money] faux-monnayeur *m*, faussaire *mf*.

**forgery** ['fɔːdʒərɪ] (*pl* **forgeries**) *n* **-1.** [of money, picture, signature] contrefaçon *f*; [of document] falsification *f*; to prosecute sb for ~ poursuivre qqn pour faux (et usage de faux). **-2.** [object] faux *m*.

**forget** [fə'get] (*pt* **forgot** [-'gɒt], *pp* **forgotten** [-'gɒtn]) ◇ *vt* **-1.** [be unable to recall] oublier; I'll never ~ seeing him play Lear je ne l'oublierai jamais OR je le reverrai toujours dans le rôle de Lear; I forgot (that) you had a sister j'avais oublié que tu avais une sœur; she's forgotten how to swim elle ne sait plus (comment) nager; I never ~ a face j'ai la mémoire des visages; she'll never let him ~ his mistake elle n'est pas près de lui pardonner son erreur ‖ [not think about] oublier; I forgot the time j'ai oublié l'heure; to ~ o.s. s'oublier; he was so overwhelmed by emotion that he quite forgot himself il était tellement ému qu'il perdit toute retenue; it's my idea and don't you ~ it! c'est moi

qui ai eu cette idée, tâchez de ne pas l'oublier!; **such things are best forgotten** il vaut mieux ne pas penser à de telles choses; **that never-to-be-forgotten day** ce jour inoubliable OR mémorable. **-2.** [neglect, overlook] oublier, omettre; **she forgot to mention that she was married** elle a oublié OR a omis de dire qu'elle était mariée; **not forgetting ... sans oublier ...;** ~ **it!** *inf* [in reply to thanks] il n'y a pas de quoi!; [in reply to apology] ce n'est pas grave!, ne vous en faites pas!; [in irritation] laissez tomber!; [in reply to question] cela n'a aucune importance, peu importe!**-3.** [leave behind] oublier, laisser. **-4.** [give up – idea, plan] abandonner, renoncer à.
◇ *vi:* **to** ~ **about sb/sthg** oublier qqn/qqch; **sorry, I completely forgot about it** désolé, j'avais complètement oublié; **he agreed to** ~ **about the outburst** il a accepté de fermer les yeux sur l'incartade.

**forgetful** [fə'getful] *adj* [absent-minded] distrait; [careless] négligent, étourdi; **to be** ~ **of sthg** être oublieux de qqch.

**forgetfulness** [fə'getfulnɪs] *n* [absent-mindedness] manque *m* de mémoire; [carelessness] négligence *f*, étourderie *f*.

**forget-me-not** *n* myosotis *m*.

**forgivable** [fə'gɪvəbl] *adj* pardonnable.

**forgivably** [fə'gɪvəblɪ] *adv:* **she was, quite** ~, **rather annoyed with him!** elle était plutôt en colère contre lui, et on la comprend!

**forgive** [fə'gɪv] (*pt* **forgave** [-'geɪv], *pp* **forgiven** [-'gɪvn]) *vt* **-1.** [pardon] pardonner; **to** ~ **sb (for) sthg** pardonner qqch à qqn; **he asked me to** ~ **him** il m'a demandé pardon; **can you ever** ~ **me?** pourras-tu jamais me pardonner?; **one might be forgiven for thinking that...** on pourrait penser que...; ~ **and forget** pardonner et oublier. **-2.** [debt, payment]: **to** ~ **(sb) a debt** faire grâce (à qqn) d'une dette.

**forgiveable** [fə'gɪvəbl] = **forgivable**.

**forgiveness** [fə'gɪvnɪs] *n* **-1.** [pardon] pardon *m*; **to ask sb's** ~ demander pardon à qqn. **-2.** [tolerance] indulgence *f*, clémence *f*.

**forgiving** [fə'gɪvɪŋ] *adj* indulgent, clément.

**forgo** [fɔː'gəʊ] (*pt* **forwent** [-'went], *pp* **forgone** [-'gɒn]) *vt* renoncer à, se priver de.

**forgot** [fə'gɒt] *pt*→ **forget**.

**forgotten** [fə'gɒtn] *pp*→ **forget**.

**fork** [fɔːk] ◇ *n* **-1.** [for eating] fourchette *f*.**-2.** AGR fourche *f*.**-3.** [junction – in road, railway] bifurcation *f*, embranchement *m*; **take the right** ~ tournez OR prenez à droite à l'embranchement. **-4.** [on bicycle, motorbike] fourche *f*. ◇ *vt* **-1.** AGR fourcher. **-2.** [food] prendre avec une fourchette. ◇ *vi* **-1.** [river, road] bifurquer, fourcher. **-2.** [car, person] bifurquer, tourner.
◆ **fork out** *inf* ◇ *vt sep* [money] allonger, cracher. ◇ *vi insep* casquer.

**forked** [fɔːkt] *adj* [tongue] fourchu; [river, road] à bifurcation.

**forked lightning** *n* éclair *m* en zigzags.

**forklift** [fɔː'klɪft] *n:* ~ **(truck)** chariot *m* élévateur.

**forlorn** [fə'lɔːn] *adj* **-1.** [wretched] triste, malheureux; **a** ~ **cry** un cri de désespoir. **-2.** [lonely – person] abandonné, délaissé; [– place] désolé, désert. **-3.** [desperate] désespéré; **I went there in the** ~ **hope that she'd see me** j'y suis allé en espérant contre tout espoir qu'elle accepterait de me voir.

**form** [fɔːm] ◇ *n* **-1.** [shape] forme *f;* **in the** ~ **of a heart** en forme de cœur; **her plan began to take** ~ son projet a commencé à prendre tournure OR forme. **-2.** [body, figure] forme *f*, silhouette *f*. **-3.** [aspect, mode] forme *f;* **it's written in the** ~ **of a letter** c'est écrit sous forme de lettre; **the Devil appeared in the** ~ **of a goat** le diable apparut sous la forme d'une chèvre; **the same product in a new** ~ le même produit présenté différemment; **what** ~ **should my questions take?** comment devrais-je formuler mes questions?; **the interview took the** ~ **of an informal chat** l'entrevue prit la forme d'une discussion informelle; **her anxiety showed itself in the** ~ **of anger** son inquiétude se manifesta par de la colère. **-4.** [kind, type] forme *f*, sorte *f;* **we studied three different** ~**s of government** nous avons examiné trois systèmes de gouvernement OR trois régimes différents; **all** ~**s of sugar** le sucre sous toutes ses formes; **she sent some flowers as a** ~ **of thanks** elle a envoyé des fleurs en guise de remerciements. **-5.** [document] formulaire *m*; [for bank, telegram] formule *f*. **-6.** [condition] forme *f*, condition *f*; **John**

**was on** *Br* OR **in** *Am* **good** ~ **at lunch** John était en forme OR plein d'entrain pendant le déjeuner; **he's off** ~ *Br* OR **out of** ~ *Am* il n'est pas en forme; **I'm on** *Br* OR **in** *Am* **top** ~ je suis en pleine forme; **to study** ~ [in horse racing] examiner le tableau des performances des chevaux. **-7.** [gen, ART, LITERAT & MUS] forme *f;* **her ideas lack** ~ ses idées sont confuses. **-8.** [standard practice] forme *f*, règle *f;* **to do sthg as a matter of** ~ faire qqch pour la forme; **what's the usual** ~ **in these cases?** que fait-on d'habitude OR quelle est la marche à suivre dans ces cas-là?**-9.** *dated* [etiquette] forme *f*, formalité *f;* **it's bad** ~ cela ne se fait pas; **it's good** ~ c'est de bon ton, cela se fait. **-10.** [formula] forme *f*, formule *f;* ~ **of address** formule de politesse; **the correct** ~ **of address for a senator** la manière correcte de s'adresser à un sénateur. **-11.** [mould] forme *f*, moule *m*.**-12.** GRAMM & LING forme *f;* **the masculine** ~ la forme du masculin, le masculin. **-13.** PHILOS [structure] forme *f;* [essence] essence *f*.**-14.** *Br* SCH [class] classe *f;* **she's in the first** ~ ≃ elle est en sixième. **-15.** *Br* [bench] banc *m*.**-16.** *Br* *inf* [criminal record] casier *m* (judiciaire).
◇ *comp Br* SCH: ~ **master,** ~ **mistress,** ~ **teacher** professeur *m* principal.
◇ *vt* **-1.** [shape] former, construire; [character, mind] former, façonner; [sentence] construire; **he** ~**ed the model out of** OR **from clay** il a sculpté OR façonné le modèle dans l'argile; ~ **the dough into a ball** pétrissez la pâte en forme de boule. **-2.** [take the shape of] former, faire; ~ **a line please** faites la queue s'il vous plaît. **-3.** [develop – opinion] se former, se faire; [– plan] concevoir, élaborer; [– habit] contracter; **he's wary of** ~**ing friendships** il hésite à nouer des amitiés; **to** ~ **an impression** avoir une impression. **-4.** [organize – association, club] créer, fonder; [– committee, government] former; [– company] fonder, créer. **-5.** [constitute] composer, former; **to** ~ **the basis of sthg** constituer la base de OR servir de base à qqch; **to** ~ **a part of sthg** faire partie de qqch. **-6.** GRAMM former.
◇ *vi* **-1.** [materialize] se former, prendre forme; **doubts began to** ~ **in his mind** des doutes commencèrent à prendre forme dans son esprit, il commença à avoir des doutes. **-2.** [take shape] se former; **we** ~**ed into groups** nous nous sommes mis en groupes, nous avons formé des groupes.
◆ **form up** *vi insep Br* se mettre en ligne, s'aligner.

**formal** ['fɔːml] ◇ *adj* **-1.** [conventional – function] officiel, solennel; [– greeting] solennel, cérémonieux; **a** ~ **dance** un grand bal; **a** ~ **dinner** un dîner officiel; ~ **dress** [for ceremony] tenue *f* de cérémonie; [for evening] tenue *f* de soirée. **-2.** [official – announcement, approval] officiel; [– order] formel, explicite; ~ **agreement/contract** accord *m*/contrat *m* en bonne et due forme; **she had no** ~ **education** elle n'a jamais fait d'études; **we gave him a** ~ **warning** nous l'avons averti officiellement OR dans les règles. **-3.** [correct – person] solennel; [– behaviour, style] soigné, solennel, guindé *pej;* **don't be so** ~ sois un peu plus détendu; **in** ~ **language** dans un style soigné OR soutenu, **'vous'** is the ~ **form** «vous» est la formule de politesse. **-4.** [ordered] formaliste, méthodique. **-5.** [nominal] de forme; **she is the** ~ **head of State** c'est elle le chef d'État officiel. **-6.** GRAMM & LING formaliste, formel. **-7.** PHILOS formel. ◇ *n* *Am* **-1.** [dance] bal *m*.**-2.** [suit] habit *m* de soirée.

**formaldehyde** [fɔː'mældɪhaɪd] *n* formaldéhyde *m*.

**formalism** ['fɔːməlɪzm] *n* formalisme *m*.

**formalist** ['fɔːməlɪst] ◇ *adj* formaliste. ◇ *n* formaliste *mf*.

**formality** [fɔː'mælətɪ] (*pl* **formalities**) *n* **-1.** [ceremoniousness] cérémonie *f;* [solemnity] solennité *f*, gravité *f;* [stiffness] froideur *f;* [convention] formalité *f*. **-2.** [procedure] formalité *f;* **it's a mere** ~ c'est une simple formalité.

**formalize, -ise** ['fɔːməlaɪz] *vt* formaliser.

**formally** ['fɔːmalɪ] *adv* **-1.** [conventionally] solennellement, cérémonieusement; ~ **dressed** [for ceremony] en tenue de cérémonie; [for evening] en tenue de soirée. **-2.** [officially] officiellement, dans les règles; **an agreement was** ~ **drawn up** un accord a été rédigé en bonne et due forme. **-3.** [speak] de façon soignée; [behave] de façon solennelle OR guindée *pej.* **-4.** [study, research] de façon méthodique; [arrange] de façon régulière. **-5.** [nominally] pour la forme.

**format** ['fɔːmæt] (*cont* **formatting**, *pt* & *pp* **formatted**) ◇ *n* **-1.** [size] format *m*.**-2.** [layout] présentation *f*.**-3.** COMPUT for-

**mat** *m*. ◇ *vt* **-1.** [layout] composer la présentation de. **-2.** COMPUT formater.

**formation** [fɔːˈmeɪʃn] *n* **-1.** [establishment – of club] création *f*, fondation *f*; [– of committee, company] formation *f*, fondation *f*; [– of government] formation *f*.**-2.** [development – of character, person] formation *f*; [– of idea] développement *m*, élaboration *f*; [– of plan] élaboration *f*, mise *f* en place. **-3.** BOT, GEOL & MED formation *f*.**-4.** [arrangement] formation *f*, disposition *f*; MIL [unit] formation *f*, dispositif *m*; **battle** ~ formation de combat; **in close** ~ en ordre serré.

**formative** [ˈfɔːmətɪv] ◇ *adj* formateur. ◇ *n* formant *m*, élément *m* formateur.

**formatting** [ˈfɔːmætɪŋ] *n* COMPUT formatage *m*.

**-formed** [fɔːmd] *in cpds* formé.

**former** [ˈfɔːmər] ◇ *adj* **-1.** [time] passé; **in** ~ **times** OR **days** autrefois, dans le passé. **-2.** [earlier, previous] ancien, précédent; **my** ~ **boss** mon ancien patron; **my** ~ **wife** mon ex-femme; **in a** ~ **life** dans une vie antérieure; **he's only a shadow of his** ~ **self** il n'est plus que l'ombre de lui-même. **-3.** [first] premier; **I prefer the** ~ **idea to the latter** je préfère la première idée à la dernière. ◇ *n* **-1.** [first] premier *m*, -ère *f*, celui-là *m*, celle-là *f*; **of the two methods I prefer the** ~ des deux méthodes je préfère la première. **-2.** TECH gabarit *m*.

**-former** *in cpds Br* élève de; **first**~ ≃ élève *mf* de sixième.

**formerly** [ˈfɔːməlɪ] *adv* autrefois, jadis.

**form feed** *n* COMPUT avancement *m* du papier.

**Formica**® [fɔːˈmaɪkə] *n* Formica® *m*, plastique *m* laminé.

**formidable** [ˈfɔːmɪdəbl] *adj* **-1.** [inspiring fear] redoutable, terrible; [inspiring respect] remarquable; **a** ~ **intellect** un esprit brillant. **-2.** [difficult] ardu.

**formidably** [ˈfɔːmɪdəblɪ] *adv* redoutablement, terriblement.

**formless** [ˈfɔːmlɪs] *adj* [shape] informe; [fear, idea] vague.

**formula** [ˈfɔːmjʊlə] *(pl* **formulas** OR **formulae** [-liː], *pl senses 2 & 4* **formulas)** *n* **-1.** [gen, CHEM & MATH] formule *f*; **a** ~ **for happiness** une recette qui assure le bonheur. **-2.** [expression] formule *f*.**-3.** AUT formule *f*; ~ **1 (racing)** la formule 1. **-4.** *Am* [for baby] ≃ bouillie *f (pour bébé)*.

**formulate** [ˈfɔːmjʊleɪt] *vt* **-1.** [express] formuler. **-2.** [plan] élaborer.

**formulation** [ˌfɔːmjʊˈleɪʃn] *n* **-1.** [of idea] formulation *f*, expression *f*.**-2.** [of plan] élaboration *f*.

**fornicate** [ˈfɔːnɪkeɪt] *vi fml* forniquer.

**fornication** [ˌfɔːnɪˈkeɪʃn] *n fml* fornication *f*.

**forsake** [fəˈseɪk] *(pt* **forsook** [-ˈsʊk], *pp* **forsaken** [-ˈseɪkn] *vt fml* **-1.** [abandon – family, spouse] abandonner; [– friend] délaisser; [– place] quitter; [subj: patience] faire défaut à. **-2.** [give up] renoncer à.

**forsaken** [fəˈseɪkn] ◇ *pp* → **forsake.** ◇ *adj lit* [person] abandonné; [place] abandonné, désert.

**forsook** [fəˈsʊk] *pt* → **forsake.**

**forsooth** [fəˈsuːθ] *arch* ◇ *adv* à vrai dire, en vérité. ◇ *interj* ma foi, par exemple.

**forswear** [fɔːˈsweər] *(pt* **forswore** [-ˈswɔːr], *pp* **forsworn** [-ˈswɔːn]) *fml* ◇ *vt* **-1.** [renounce] abjurer. **-2.** [deny] désavouer; **to** ~ **o.s.** se parjurer. ◇ *vi* se parjurer.

**forsythia** [fɔːˈsaɪθjə] *n* forsythia *m*.

**fort** [fɔːt] *n* fort *m*; [smaller] fortin *m*; **to hold the** ~ *Br*, to hold down the ~ *Am* assurer la permanence.

**forte¹** [ˈfɔːteɪ] *n* [strong point] fort *m*.

**forte²** [ˈfɔːtɪ] ◇ *adj & adv* MUS forte. ◇ *n* forte *m*.

**forth** [fɔːθ] *adv lit* **-1.** [out, forward] en avant; **to go** OR **to set** ~ se mettre en route; **to bring** ~ produire; **to send** ~ envoyer. **-2.** [forwards in time]: **from this moment** ~ désormais; **from this day** ~ à partir d'aujourd'hui OR de ce jour.

**forthcoming** [fɔːθˈkʌmɪŋ] *adj* **-1.** [imminent – event] à venir; [– book] à paraître; [– film] qui va sortir prochainement; **the** ~ **elections** les prochaines élections; **'**~ **attractions'** 'prochainement'. **-2.** [made available]: **no answer was** ~ il n'y a eu aucune réponse; **the funds were not** ~ les fonds n'ont pas été débloqués. **-3.** [verbally]: **he wasn't very** ~ il n'a pas été très bavard.

**forthright** [ˈfɔːθraɪt] *adj* [person, remark] franc (*f* franche), direct; **he's a** ~ **critic of the government** il critique le gouvernement ouvertement.

**forthwith** [ˌfɔːθˈwɪθ] *adv fml* incontinent *lit*, sur-le-champ.

**fortieth** [ˈfɔːtɪɪθ] ◇ *n* **-1.** [ordinal] quarantième *m*.**-2.** [fraction] quarantième *m*. ◇ *det* quarantième; *see also* **fiftieth**.

**fortification** [ˌfɔːtɪfɪˈkeɪʃn] *n* fortification *f*.

**fortified** [ˈfɔːtɪfaɪd] *adj* fortifié.

**fortified wine** *n Br* vin *m* de liqueur, vin *m* doux naturel.

**fortify** [ˈfɔːtɪfaɪ] *(pt & pp* **fortified)** *vt* **-1.** [place] fortifier, armer; *fig* [person] réconforter. **-2.** [wine] augmenter la teneur en alcool, alcooliser; [food] renforcer en vitamines.

**fortitude** [ˈfɔːtɪtjuːd] *n* courage *m*, force *f* morale.

**fortnight** [ˈfɔːtnaɪt] *n Br* quinzaine *f*, quinze jours *mpl*; **for a** ~ pour quinze jours; **a** ~ **ago** il y a quinze jours; **a** ~ **tomorrow** demain en quinze; **a** ~**'s holiday** quinze jours de vacances; **it's been postponed for a** ~ cela a été remis à quinzaine.

**fortnightly** [ˈfɔːtˌnaɪtlɪ] *(pl* **fortnightlies)** *Br* ◇ *adj* bimensuel. ◇ *adv* tous les quinze jours. ◇ *n* bimensuel *m*.

**fortress** [ˈfɔːtrɪs] *n* [fort] fort *m*; [prison] forteresse *f*; [castle] château *m* fort; [place, town] place *f* forte.

**fortuitous** [fɔːˈtjuːɪtəs] *adj* fortuit, imprévu.

**Fortuna** [fɔːˈtjuːnə] *prn* Fortune.

**fortunate** [ˈfɔːtʃnət] ◇ *adj* [person] heureux, chanceux; [choice, meeting] heureux, propice; **you are** ~ vous avez de la chance; **I was** ~ **enough to get the job** j'ai eu la chance d'obtenir le travail; **he is** ~ **in his friends** il a de bons amis; **how** ~! quelle chance! ◇ *npl*: **the less** ~ les déshérités *mpl*.

**fortunately** [ˈfɔːtʃnətlɪ] *adv* heureusement, par bonheur.

**fortune** [ˈfɔːtʃuːn] *n* **-1.** [wealth] fortune *f*; **he came to London to make his** ~ il est venu à Londres pour faire fortune; **she makes a** ~ elle gagne beaucoup d'argent; **to come into a** ~ faire un gros héritage; **to cost/to pay/to spend a (small)** ~ coûter/payer/dépenser une (petite) fortune. **-2.** [future] destin *m*; **to tell sb's** ~ dire la bonne aventure à qqn. **-3.** [chance, fate] sort *m*, fortune *f*; **the novel traces its hero's changing** ~s le roman retrace les tribulations de son héros; **the** ~s **of war** les hasards de la guerre. **-4.** [luck] fortune *f*, chance *f*; **he had the good** ~ **to win** il a eu la chance de gagner; **by good** ~ par chance, par bonheur.

**fortune cookie** *n Am* biscuit chinois dans lequel est caché un horoscope.

**Fortune Five Hundred** *npl* les 500 plus grosses entreprises américaines (dont la liste est établie, chaque année, par le magazine Fortune).

**fortune-hunter** *n pej* [man] coureur *m* de dot; [woman] aventurière *f*, femme *f* intéressée.

**fortune-teller** *n* [gen] diseur *m*, -euse *f* de bonne aventure; [with cards] tireur *m*, -euse *f* de cartes.

**forty** [ˈfɔːtɪ] *(pl* **forties)** ◇ *det* quarante *(inv)*. ◇ *n* quarante *m*; **about** ~ environ quarante, une quarantaine; **the lower** ~-**eight** *Am* les quarante-huit États américains (à part l'Alaska et Hawai); *see also* **fifty**.

**forty-five** *n* **-1.** [record] quarante-cinq tours *m*.**-2.** *Am* [pistol] quarante-cinq *m*.

**forty winks** *npl inf* petit somme *m*.

**forum** [ˈfɔːrəm] *(pl* **forums** OR **fora** [-rə]) *n* [gen & *fig*] forum *m*, tribune *f*; HIST forum *m*.

**forward** [ˈfɔːwəd] ◇ *adj* **-1.** [towards front – movement] en avant, vers l'avant; [– position] avant; **the seat is too far** ~ le siège est trop avancé OR en avant; ~ **line** SPORT ligne *f* des avants. **-2.** [advanced]: **the project is no further** ~ le projet n'a pas avancé; ~ **planning** planification *f* à long terme. **-3.** [brash] effronté, impertinent. **-4.** [buying, delivery] à terme. ◇ *adv* **-1.** [in space] en avant; NAUT à l'avant; **to move** ~ avancer; **he reached** ~ il a tendu le bras en avant; **three witnesses came** ~ *fig* trois témoins se sont présentés; **clocks go** ~ **one hour at midnight** il faut avancer les pendules d'une heure à minuit. **-2.** *fml* [in time]: **from this moment** ~ à partir de maintenant; **from this day** ~ désormais, dorénavant. ◇ *vt* **-1.** [send on] faire suivre; COMM expédier, envoyer; **'please** ~**'** 'faire suivre SVP', 'prière de faire suivre'. **-2.** [advance, promote] avancer, favoriser. ◇ *n* avant *m*.

**forwarding address** [ˈfɔːwədɪŋ-] *n* adresse *f* pour faire suivre le courrier; COMM adresse *f* pour l'expédition; **he left no** ~ il est parti sans laisser d'adresse.

**forwarding agent** [ˈfɔːwədɪŋ-] *n* transitaire *m*.

**forward-looking** *adj* [person] tourné vers OR ouvert sur l'avenir; [plans] tourné vers l'avenir OR le progrès; [company, policy] qui va de l'avant, dynamique, entreprenant.

**forwardness** ['fɔːwədnɪs] *n* **-1.** [presumption] effronterie *f*, impertinence *f*; [eagerness] empressement *m*. **-2.** *Br* [of child] précocité *f*; [of project] état *m* avancé.

**forward pass** *n* en-avant *m inv*, passe *f* en avant.

**forward roll** *n* cabriole *f*, culbute *f*.

**forwards** ['fɔːwədz] *adv* = forward.

**forwent** [fɔː'went] *pt* → forgo.

**Fosbury flop** ['fɒzbərɪ-] *n* fosbury-flop *m*.

**fossil** ['fɒsl] ◇ *n* fossile *m*. ◇ *adj* fossilisé.

**fossil fuel** *n* combustible *m* fossile.

**fossilized** ['fɒsɪlaɪzd] *adj* **-1.** *literal* fossilisé. **-2.** *fig* fossilisé, figé; LING figé.

**foster** ['fɒstə<sup>r</sup>] ◇ *vt* **-1.** *Br* JUR [subj: family, person] accueillir; [subj: authorities, court] placer; **the children were ~ed (out) at an early age** les enfants ont été placés dans une famille tout jeunes. **-2.** [idea, hope] nourrir, entretenir. **-3.** [promote] favoriser, encourager. ◇ *adj*: **~ child** enfant *m* placé dans une famille d'accueil; **~ home** OR **parents** famille *f* d'accueil; **~ mother/father** mère *f*/père *m* de la famille d'accueil.

**fostering** ['fɒstərɪŋ] *n* JUR accueil *m* (*d'un enfant*).

**fought** [fɔːt] *pt* & *pp* → fight.

**foul** [faʊl] ◇ *adj* **-1.** [food, taste] infect; [smell] infect, fétide; [breath] fétide; **to smell ~** puer; **to taste ~** avoir un goût infect. **-2.** [filthy - linen] sale, souillé; [- place] immonde, crasseux; [- air] vicié, pollué; [- water] croupi. **-3.** *inf* [horrible - weather] pourri; [- person] infect, ignoble; **I've had a ~ day** j'ai eu une sale journée; **she's in a ~ mood** elle est d'une humeur massacrante; **he has a ~ temper** il a un sale caractère OR un caractère de chien. **-4.** [language] grossier, ordurier; **he has a ~ mouth** il est très grossier. **-5.** *lit* [vile] vil; [unfair] déloyal. **-6.** [clogged] obstrué, encrassé. **-7.** *phr*: **to fall** OR **to run ~ of sb** se brouiller avec qqn; **they fell ~ of the law** ils ont eu des démêlés avec la justice. ◇ *n* SPORT [in boxing] coup *m* bas; [in football, baseball etc] faute *f*. ◇ *vt* **-1.** [dirty] salir; [air, water] polluer, infecter; [subj: dog] salir. **-2.** [clog] obstruer, encrasser; [entangle] embrouiller, emmêler; [nets] se prendre dans. **-3.** [collide with] entrer en collision avec. **-4.** SPORT commettre une faute contre. **-5.** *fig* [reputation] salir. ◇ *vi* **-1.** [tangle] s'emmêler, s'embrouiller. **-2.** SPORT commettre une faute.

◆ **foul up** *vt sep* **-1.** [contaminate] polluer; [clog] obstruer, encrasser. **-2.** *inf* [bungle] ficher en l'air, flanquer par terre.

**foul-mouthed** *adj* au langage grossier.

**foul play** *n* SPORT jeu *m* irrégulier OR déloyal; [in cards, games] tricherie *f*; **the police suspect ~** *fig* la police croit qu'il y a eu meurtre OR croit au meurtre.

**foul-smelling** [-'smelɪŋ] *adj* puant, fétide.

**foul-up** *n inf* [mix-up] cafouillage *m*; [mechanical difficulty] problème *m* OR difficulté *f* mécanique.

**found** [faʊnd] ◇ *pt* & *pp* → find. ◇ *adj dated* **-1.** [furnished] équipé. **-2.** *phr*: **all ~** *Br* tout compris. ◇ *vt* **-1.** [establish - organization, town] fonder, créer; [- business] fonder, établir. **-2.** [base] fonder, baser; **to be ~ed on** être fondé sur. **-3.** [cast] fondre.

**foundation** [faʊn'deɪʃn] *n* **-1.** [of business, town] fondation *f*, création *f*. **-2.** [institution] fondation *f*, institution *f* dotée; [endowment] dotation *f*, fondation *f*. **-3.** [basis] base *f*, fondement *m*; **his work laid the ~** OR **~s of modern science** son œuvre a jeté les bases de la science moderne; **the rumour is entirely without ~** la rumeur est dénuée de tout fondement. **-4.** [make-up] fond *m* de teint. **-5.** *Am* [of building] fondations *fpl*.

◆ **foundations** *npl* CONSTR fondations *fpl*; **to lay the ~s** poser les fondations.

**foundation course** *n* cours *m* introductif.

**foundation cream** *n* fond *m* de teint.

**foundation garment** *n* [girdle] gaine *f*, combiné *m*; [bra] soutien-gorge *m*.

**foundation stone** *n* pierre *f* commémorative; **to lay the ~** poser la première pierre.

**founder** ['faʊndə<sup>r</sup>] ◇ *n* fondateur *m*, -trice *f*; **~ member** *Br*

membre *m* fondateur. ◇ *vi* **-1.** [ship] sombrer, chavirer. **-2.** *fig* [fail] s'effondrer, s'écrouler. **-3.** [horse - in mud] s'embourber; [- go lame] se mettre à boîter.

**founding** ['faʊndɪŋ] ◇ *n* [of business, organization, town] fondation *f*, création *f*. ◇ *adj* fondateur.

**founding father** *n* père *m* fondateur.

**Founding Fathers** *pl pr n*: **the ~** *les «pères fondateurs» des États-Unis: Washington, Jefferson, Franklin.*

**foundling** ['faʊndlɪŋ] *n fml* enfant *mf* trouvé; **~ hospital** hospice *m* pour enfants trouvés.

**foundry** ['faʊndrɪ] (*pl* **foundries**) *n* [place] fonderie *f*; [of articles] fonderie *f*, fonte *f*; [articles] fonte *f*.

**fount** [faʊnt] *n* **-1.** *Br* TYPO fonte *f*. **-2.** *lit* [spring] source *f*; **a ~ of knowledge** un puits de science.

**fountain** ['faʊntɪn] *n* **-1.** [natural] fontaine *f*, source *f*; [man-made] jet *m* d'eau; **drinking ~** [in street] fontaine publique; [in building] fontaine d'eau potable. **-2.** *fig* source *f*.

**fountainhead** ['faʊntɪnhed] *n* [spring] source *f*; *fig* [source] source *f*, origine *f*.

**fountain pen** *n* stylo *m* à encre.

**four** [fɔː<sup>r</sup>] ◇ *n* **-1.** [number] quatre *m*; **on all ~s** à quatre pattes. **-2.** [in rowing] quatre *m*. ◇ *det* quatre; *see also* **five**.

**four-colour** *adj* quadrichrome; **~ printing process** TYPO quadrichromie *f*.

**four-door** *adj* à quatre portes.

**four-engined** *adj* à quatre moteurs.

**four-eyes** *n inf* binoclard *m*, -e *f*.

**fourfold** ['fɔːfəʊld] ◇ *adv* au quadruple. ◇ *adj* quadruple.

**four-four** *n* quatre-quatre *m*; **in ~ (time)** à quatre-quatre.

**four-handed** *adj* à quatre mains.

**four-leaf clover**, **four-leaved clover** *n* trèfle *m* à quatre feuilles.

**four-legged** *adj* quadrupède, à quatre pattes; **our ~ friends** *hum* nos compagnons à quatre pattes.

**four-letter word** *n* gros mot *m*, obscénité *f*.

**four-ply** *adj* [wool] à quatre fils; [wood] contreplaqué (*à quatre plis*).

**four-poster (bed)** *n* lit *m* à baldaquin OR à colonnes.

**fourscore** [,fɔː'skɔː<sup>r</sup>] *arch* ◇ *adj* quatre-vingts; **~ years and ten** quatre-vingt-dix ans. ◇ *n* quatre-vingts *m*.

**foursome** ['fɔːsəm] *n* **-1.** [people] groupe *m* de quatre personnes; [two couples] deux couples *mpl*; **we went as a ~** nous y sommes allés à quatre. **-2.** [game] partie *f* à quatre; **will you make up a ~ for bridge?** voulez-vous faire le quatrième au bridge?

**foursquare** [,fɔː'skweə<sup>r</sup>] ◇ *adj* **-1.** [square] carré. **-2.** [position, style] solide; [approach, decision] ferme, inébranlable. **-3.** [forthright] franc (*f* franche). ◇ *adv* [solidly] fermement.

**four-star** *adj* [gen & MIL] à quatre étoiles; **~ hotel** hôtel *m* quatre étoiles OR de première catégorie; **~ petrol** *Br* super *m*, super-carburant *m*.

**four-stroke** ◇ *adj* à quatre temps. ◇ *n* moteur *m* à quatre temps.

**fourteen** [,fɔː'tiːn] ◇ *det* quatorze. ◇ *n* quatorze *m*; *see also* **fifteen**.

**fourteenth** [,fɔː'tiːnθ] ◇ *n* **-1.** [ordinal] quatorzième *mf*. **-2.** [fraction] quatorzième *m*. ◇ *det* quatorzième. ◇ *adv* quatorzièmement; **he came ~ in the marathon** il est arrivé en quatorzième position OR quatorzième dans le marathon; *see also* **fifteenth**.

**fourth** [fɔːθ] ◇ *n* **-1.** [ordinal] quatrième *mf*; **the Fourth of July** le quatre juillet (*fête nationale de l'Indépendance aux États-Unis*). **-2.** [fraction] quart *m*. **-3.** MUS quarte *f*. ◇ *det* quatrième; **~-class mail** *Am* paquet-poste *m* ordinaire; **the ~ finger** l'annulaire *m*; **to go** OR **to change into ~ (gear)** AUT passer en quatrième. ◇ *adv* quatrièmement; **she finished ~ in the race** elle a fini la course à la quatrième place; *see also* **fifth**.

**fourth estate** *n*: **the ~** le quatrième pouvoir, la presse.

**fourthly** ['fɔːθlɪ] *adv* quatrièmement, en quatrième lieu.

**Fourth World** *pr n*: **the ~** le quart-monde.

**four-wheel** *vi Am* faire du quatre-quatre.

**four-wheel drive** *n* propulsion *f* à quatre roues motrices; **with ~** à quatre roues motrices.

**fowl** [faʊl] (*pl inv* OR **fowls**) *n* [for eating – collectively] volaille *f*; [– one bird] volaille *f*, volatile *m*.

**fox** [fɒks] (*pl inv* OR **foxes**) ◇ *n* **-1.** [animal, fur] renard *m*; he's a sly old ~ *fig* c'est un vieux renard; ~ cub renardeau *m*; as sly as a ~ rusé comme un renard. ◇ *vt* **-1.** [outwit] duper, berner. **-2.** *inf* [baffle] souffler.

**foxed** [fɒkst] *adj* [paper] marqué OR taché de rousseurs.

**foxglove** ['fɒksglʌv] *n* digitale *f* (pourprée).

**foxhole** ['fɒkshəʊl] *n* **-1.** [of fox] terrier *m* de renard, renardière *f*. **-2.** MIL gourbi *m*.

**foxhound** ['fɒkshaʊnd] *n* fox-hound *m*.

**foxhunt** ['fɒkshʌnt] *n* chasse *f* au renard.

**foxhunter** ['fɒks,hʌntəʳ] *n* chasseur *m*, -euse *f* de renard.

**foxhunting** ['fɒks,hʌntɪŋ] *n* chasse *f* au renard; **to go** ~ aller chasser le renard OR à la chasse au renard.

**foxtrot** ['fɒkstrɒt] ◇ *n* fox-trot *m*. ◇ *vi* danser le fox-trot.

**foxy** ['fɒksɪ] (*compar* **foxier**, *superl* **foxiest**) *adj* **-1.** [wily] rusé, malin (*f* -igne). **-2.** [colour] roux (*f* rousse).

**foyer** ['fɔɪeɪ] *n* **-1.** [of cinema, hotel] hall *m*, vestibule *m*; [of theatre] foyer *m*. **-2.** *Am* [of house] entrée *f*, vestibule *m*.

**FPA** (*abbr of* **Family Planning Association**) *pr n association pour le planning familial.*

**fracas** [*Br* 'fræka:, *Am* 'freɪkæs] (*Br pl inv* [-ka:z], *Am pl* **fracases** [-kəsɪz]) *n* [brawl] rixe *f*, bagarre *f*; [noise] fracas *m*.

**fraction** ['frækʃn] *n* **-1.** MATH fraction *f*. **-2.** *fig* [bit] fraction *f*, petite partie *f*; **at a** ~ **of the cost** pour une fraction du prix; **for a** ~ **of a second** pendant une fraction de seconde; **move back just a** ~ reculez un tout petit peu.

**fractional** ['frækʃənl] *adj* **-1.** MATH fractionnaire. **-2.** *fig* [tiny] tout petit, infime; ~ **part** fraction *f*.

**fractionally** ['frækʃnəlɪ] *adv* **-1.** [slightly] un tout petit peu. **-2.** CHEM par fractionnement.

**fractious** ['frækʃəs] *adj fml* **-1.** [unruly] indiscipliné, turbulent. **-2.** [irritable – child] grognon, pleurnicheur; [– adult] irascible, revêche.

**fracture** ['fræktʃəʳ] ◇ *n* fracture *f*. ◇ *vt* [break] fracturer; he ~**d his arm** il s'est fracturé le bras; **their withdrawal** ~**d the alliance** *fig* leur retrait brisa l'alliance. ◇ *vi* [break] se fracturer.

**fragile** [*Br* 'frædʒaɪl, *Am* 'frædʒl] *adj* **-1.** [china, glass] fragile; *fig*: [peace, happiness] précaire, fragile. **-2.** [person] fragile, frêle; **I'm feeling a bit** ~ **today** *hum* je ne suis pas dans mon assiette ce matin.

**fragility** [frə'dʒɪlətɪ] *n* fragilité *f*.

**fragment** [*n* 'frægmənt, *vb* fræg'ment] ◇ *n* [of china, text] fragment *m*, morceau *m*; [of bomb] éclat *m*; *fig* [of conversation] bribe *f*. ◇ *vt* [break] fragmenter, briser; [divide] fragmenter, morceler. ◇ *vi* se fragmenter.

**fragmentary** ['frægməntrɪ] *adj* fragmentaire.

**fragmentation** [,frægmen'teɪʃn] *n* [breaking] fragmentation *f*; [division] fragmentation *f*, morcellement *m*; ~ **bomb** bombe *f* à fragmentation; ~ **grenade** grenade *f* offensive.

**fragmented** [fræg'mentɪd] *adj* fragmentaire, morcelé.

**fragrance** ['freɪgrəns] *n* parfum *m*.

**fragrant** ['freɪgrənt] *adj* parfumé.

**frail** [freɪl] *adj* **-1.** [object] fragile; [person] fragile, frêle; [health] délicat, fragile; **she's rather** ~ **elle a une petite santé. -2.** [happiness, hope] fragile, éphémère.

**frailty** ['freɪltɪ] (*pl* **frailties**) *n* [of health, hope, person] fragilité *f*; [of character] faiblesse *f*.

**frame** [freɪm] ◇ *n* **-1.** [border – gen] cadre *m*; [– of canvas, picture etc] cadre *m*, encadrement *m*; [– of window] cadre *m*, châssis *m*; [– of door] encadrement *m*; [– for spectacles] monture *f*; **glasses with red** ~**s** des lunettes avec une monture rouge. **-2.** [support, structure – gen] cadre *m*; [– of bicycle] cadre *m*; [– of car] châssis *m*; [– of lampshade, racket, tent] armature *f*; [– of machine] bâti *m*; [– for walking] déambulateur *m*; CONSTR charpente *f*; TEX métier *m*. **-3.** [body] charpente *f*. **-4.** [setting, background] cadre *m*; [area, scope] cadre *m*. **-5.** PHOT image *f*; CIN image *f*, photogramme *m*; TV trame *f*. ◇ *vt* **-1.** [enclose, encase] encadrer. **-2.** *fml* [design, draft] élaborer; [formulate, express] formuler. **-3.** *inf* [incriminate falsely]: **to** ~ **sb** monter un (mauvais) coup contre qqn; **I've been** ~**d** j'ai été victime d'un coup monté.

**frame of mind** *n* état *m* d'esprit; **I'm not in the right** ~ **for celebrating** je ne suis pas d'humeur à faire la fête.

**frame of reference** *n* système *m* de référence.

**frame rucksack** *Br*, **frame backpack** *Am*   *n* sac *m* à dos à armature.

**frame-up** *n inf* coup *m* monté.

**framework** ['freɪmwɜːk] *n* **-1.** [structure] cadre *m*, structure *f*; CONSTR charpente *f*; TECH bâti *m*. **-2.** *fig* cadre *m*.

**framing** ['freɪmɪŋ] *n* encadrement *m*.

**franc** [fræŋk] *n* franc *m*.

**France** [frɑːns] *pr n* France *f*; **in** ~ en France.

**franchise** ['fræntʃaɪz] ◇ *n* **-1.** POL suffrage *m*, droit *m* de vote. **-2.** COMM & JUR franchise *f*. ◇ *vt* accorder une franchise à.

**franchising** ['fræntʃaɪzɪŋ] *n* franchisage *m*.

**Francis** ['frɑːnsɪs] *pr n*: **Saint** ~ (**of Assisi**) saint François (d'Assise).

**Franciscan** [fræn'sɪskən] ◇ *adj* franciscain. ◇ *n* franciscain *m*, -e *f*.

**Franco-** ['fræŋkəʊ] *in cpds* franco-.

**Francophile** ['fræŋkəfaɪl] ◇ *adj* francophile. ◇ *n* francophile *mf*.

**Francophobe** ['fræŋkəfəʊb] ◇ *adj* francophobe. ◇ *n* francophobe *mf*.

**Francophone** ['fræŋkəfəʊn] ◇ *adj* francophone. ◇ *n* francophone *mf*.

**Franglais** ['frɒŋgleɪ] *n* franglais *m*.

**frank** [fræŋk] ◇ *adj* franc (*f* franche); **I'll be** ~ **with you** je vais vous parler franchement OR être franc avec vous; **to be (perfectly)** ~ franchement OR sincèrement. ◇ *vt Br* affranchir. ◇ *n Br* **-1.** [on letter] affranchissement *m*. **-2.** *Am inf* [sausage] saucisse *f* (de Francfort); [hot dog] hot-dog *m*.

**Frank** [fræŋk] *n* HIST Franc *m*, Franque *f*.

**Frankfurt** ['fræŋkfət] *pr n*: ~ (**am Main**) Francfort (-sur-le-Main).

**frankfurter** ['fræŋkfɜːtəʳ] *n* saucisse *f* de Francfort.

**frankincense** ['fræŋkɪnsens] *n* encens *m*.

**franking machine** ['fræŋkɪŋ-] *n* machine *f* à affranchir.

**Frankish** ['fræŋkɪʃ] ◇ *adj* franc (*f* franque). ◇ *n* francique *m*.

**frankly** ['fræŋklɪ] *adv* franchement, sincèrement.

**frankness** ['fræŋknɪs] *n* franchise *f*.

**frantic** ['fræntɪk] *adj* **-1.** [distraught, wild] éperdu, affolé; **she was** ~ **with worry** elle était folle d'inquiétude. **-2.** [very busy]: **a scene of** ~ **activity** une scène d'activité frénétique; **things are pretty** ~ **at the office** *inf* il y a un travail fou au bureau.

**frantically** ['fræntɪklɪ] *adv* désespérément; **she worked** ~ **to finish the dress** elle travailla comme une forcenée pour terminer la robe; **the shop is** ~ **busy just before Christmas** il y a un monde fou au magasin juste avant Noël.

**frappe** [*Br* 'fræpeɪ, *Am* fræ'peɪ] *n* [drink] milk-shake *m* (épais).

**fraternal** [frə'tɜːnl] *adj* fraternel; ~ **twins** des faux jumeaux.

**fraternally** [frə'tɜːnəlɪ] *adv* fraternellement.

**fraternity** [frə'tɜːnətɪ] (*pl* **fraternities**) *n* **-1.** [friendship] fraternité *f*. **-2.** [association] confrérie *f*; **the medical** ~ la confrérie des médecins. **-3.** *Am* UNIV ≃ club *m* d'étudiants.

**fraternity pin** *n Am* UNIV insigne *m* de confrérie.

**fraternization** [,frætənaɪ'zeɪʃn] *n* fraternisation *f*.

**fraternize, -ise** ['frætənaɪz] *vi* fraterniser.

**fratricide** ['frætrɪsaɪd] *n* fratricide *mf*.

**fraud** [frɔːd] *n* **-1.** JUR fraude *f*; FIN escroquerie *f*; **tax** ~ fraude fiscale; **he obtained the painting by** ~ il a eu le tableau en fraude. **-2.** [dishonest person] imposteur *m*. **-3.** [product, work] supercherie *f*.

**Fraud Squad** *n Br*: **the** ~ section de la police britannique spécialisée dans les fraudes des entreprises.

**fraudulence** ['frɔːdjʊləns] *n* caractère *m* frauduleux.

**fraudulent** ['frɔːdjʊlənt] *adj* frauduleux; JUR fraudatoire.

**fraught** [frɔːt] *adj* **-1.** [filled] chargé, lourd; ~ **with danger** rempli de dangers. **-2.** *Br inf* [tense] tendu.

**fray** [freɪ] ◇ *vt* (*usu passive*) **-1.** [clothing, fabric, rope] effilocher. **-2.** [nerves] mettre à vif; **her nerves were** ~**ed** elle avait les nerfs à vif. ◇ *vi* **-1.** [clothing, fabric, rope] s'effilocher. **-2.** *fig:* tempers began to ~ les gens commençaient à s'énerver OR perdre patience. ◇ *n:* the ~ la mêlée; to enter OR to join the ~ se jeter dans la mêlée.

**frayed** [freɪd] *adj* **-1.** [garment] élimé. **-2.** *fig:* tempers were increasingly ~ les gens étaient de plus en plus irritables.

**frazzle** ['fræzl] *inf* ◇ *vt* [exhaust] tuer, crever. ◇ *n:* worn to a ~ crevé; burnt to a ~ carbonisé, calciné.

**frazzled** ['fræzld] *adj inf* [exhausted] crevé.

**FRB** (*abbr of* **Federal Reserve Board**) *pr n* organe de contrôle de la Banque centrale américaine.

**FRCP** (*abbr of* **Fellow of the Royal College of Physicians**) *n* membre du RCP.

**FRCS** (*abbr of* **Fellow of the Royal College of Surgeons**) *n* membre du RCS.

**freak** [friːk] ◇ *n* **-1.** [abnormal event] caprice *m* de la nature; [abnormal person] phénomène *m* de foire; [eccentric person] phénomène *m*, farfelu *m*, -e *f*; by a ~ of nature par un caprice de la nature ◻ ~ show exhibition *f* de monstres (*à la foire*). **-2.** *inf* [fanatic] fana *mf*; a health ~ un fana de la forme. **-3.** ▽ [hippie] hippie *mf*. **-4.** *lit* [caprice] foucade *f*. ◇ *adj* [accident, storm] insolite, anormal; ~ weather conditions des conditions atmosphériques anormales. ◇ *vi* ▽ = **freak out** *vi insep*.

◆ **freak out** ▽ ◇ *vi insep* **-1.** [on drugs] flipper. **-2.** [lose control of one's emotions] perdre les pédales. ◇ *vt sep* **-1.** [cause to hallucinate] faire flipper. **-2.** [upset emotionally] déboussoler.

**freakish** ['friːkɪʃ] *adj* **-1.** [abnormal, strange] étrange, insolite. **-2.** *lit* [capricious, changeable] changeant.

**freaky** ['friːkɪ] *adj inf* bizarre, insolite.

**freckle** ['frekl] ◇ *n* tache *f* de rousseur OR son. ◇ *vt* marquer de taches de rousseur. ◇ *vi* se couvrir de taches de rousseur.

**freckled** ['frekld] *adj* taché de son, marqué de taches de rousseur; a ~ face/nose un visage/nez couvert de taches de rousseur.

**Frederick** ['fredrɪk] *pr n:* ~ the Great Frédéric le Grand.

**free** [friː] ◇ *adj* **-1.** [unconfined, unrestricted – person, animal, passage, way] libre; the hostage managed to get ~ l'otage a réussi à se libérer; to cut sb ~ délivrer qqn en coupant ses liens; to let sb go ~ relâcher qqn, remettre qqn en liberté; to set ~ [prisoner, animal] remettre en liberté; [slave] affranchir; [hostage] libérer; you are ~ to leave vous êtes libre de partir; you are ~ to refuse libre à vous de refuser; feel ~ to visit us any time ne vous gênez pas pour nous rendre visite quand vous voulez; can I use the phone? — yes, feel ~ puis-je téléphoner? — mais certainement ◻ ~ pardon JUR grâce *f*. **-2.** [unattached] libre, sans attaches. **-3.** [democratic] libre; it's a ~ country! on est en démocratie! **-4.** [at no cost] gratuit; ~ admission entrée *f* gratuite OR libre. **-5.** [not in use, unoccupied] libre; she doesn't have a ~ moment elle n'a pas un moment de libre; could you let us know when you're ~? pourriez-vous nous faire savoir quand vous êtes libre OR disponible?; what do you do in your ~ time? que faites-vous pendant vos loisirs?; she has very little ~ time elle a peu de temps libre. **-6.** [unhampered]: the jury was not entirely ~ of OR from prejudice les jurés n'étaient pas entièrement sans préjugés OR parti pris; to be ~ from pain ne pas souffrir; I just want to be ~ of him! je veux être débarrassé de lui!; they're trying to keep Antarctica ~ from pollution ils essaient de préserver l'Antarctique de la pollution ◻ ~ and easy désinvolte, décontracté; ~ love union *f* libre. **-7.** [generous]: she's very ~ with her criticism elle ne ménage pas ses critiques. **-8.** [disrespectful] trop familier; he's a bit ~ in his manners for my liking il est un peu trop sans gêne à mon goût. **-9.** CHEM libre, non combiné; ~ nitrogen azote *m* à l'état libre.

◇ *adv* **-1.** [at no cost] gratuitement; they will deliver ~ of charge ils livreront gratuitement; children travel ~ (for) ~ les enfants voyagent gratuitement. **-2.** [without restraint] librement; to make ~ with sthg se servir de qqch sans se gêner.

◇ *vt* **-1.** [release – gen] libérer; [– prisoner] libérer, relâcher; [– tied-up animal] détacher; [– captive animal] libérer; [– slave] affranchir; giving up work has ~d me to get on with my painting arrêter de travailler m'a permis de continuer à peindre ‖ COMM [prices, trade] libérer; [funds] débloquer. **-2.** [disengage, disentangle] dégager; she tried to ~ herself from his grasp elle essaya de se libérer OR dégager de son

étreinte; he cannot ~ himself of guilt *fig* il ne peut pas se débarrasser d'un sentiment de culpabilité. **-3.** [unblock – pipe] déboucher; [– passage] libérer.

**-free** *in cpds:* additive~ sans additifs; salt~ sans sel; trouble~ sans ennuis OR problèmes.

**free agent** *n* personne *f* libre OR indépendante; I'm a ~ je ne dépends de personne.

**free association** *n* association *f* libre.

**freebei, freebee** ['friːbɪ] *n inf* cadeau *m*.

**freeboard** ['friːbɔːd] *n* franc-bord *m*.

**freeborn** ['friːbɔːn] *adj* né libre.

**freedom** ['friːdəm] *n* liberté *f*; the journalists were given complete ~ to talk to dissidents les journalistes ont pu parler aux dissidents en toute liberté; ~ of speech/association liberté d'expression/de réunion; ~ of information liberté d'information; ~ of worship liberté du culte; ~ from persecution le droit de vivre sans persécution; she had the ~ of the whole house elle avait la maison à son entière disposition ◻ to be given OR granted the ~ of the city être nommé citoyen d'honneur de la ville.

**freedom fighter** *n* combattant *m*, -e *f* de la liberté.

**free enterprise** *n* libre entreprise *f*.

**free-fall** *n* chute *f* libre.

**free-floating** *adj* en mouvement libre.

**Freefone®** ['friːfəʊn] *n Br* appel gratuit, ≃ numéro *m* vert; call ~ 800 appelez le numéro vert 800.

**free-for-all** *n* mêlée *f* générale.

**free gift** *n* COMM cadeau *m*.

**free hand** *n* liberté *f* d'action; to give sb a ~ to do sthg donner carte blanche à qqn pour faire qqch.

◆ **freehand** *adj* & *adv* à main levée.

**freehold** ['friːhəʊld] ◇ *n* ≃ propriété *f* foncière inaliénable. ◇ *adv:* to buy/to sell sthg ~ acheter/vendre qqch en propriété inaliénable. ◇ *adj:* ~ property propriété *f* inaliénable.

**freeholder** ['friːhəʊldər] *n* ≃ propriétaire *m* foncier, ≃ propriétaire *f* foncière (*à perpétuité*).

**free house** *n Br* pub libre de ses approvisionnements (*et non lié à une brasserie particulière*).

**freeing** ['friːɪŋ] *n* [of prisoner] libération *f*, délivrance *f*; [of slave] affranchissement *m*.

**free kick** *n* coup *m* franc.

**freelance** ['friːlɑːns] ◇ *n* travailleur *m* indépendant, travailleuse *f* indépendante, free-lance *mf inv*; [journalist, writer] pigiste *mf*. ◇ *adj* indépendant, free-lance. ◇ *adv* en freelance, en indépendant. ◇ *vi* travailler en free-lance OR indépendant.

**freelancer** ['friːlɑːnsər] *n* travailleur *m* indépendant, travailleuse *f* indépendante, free-lance *mf inv*.

**freeload** ['friːləʊd] *vi inf* vivre aux crochets des autres.

**freeloader** ['friːləʊdər] *n inf* pique-assiette *mf*, parasite *mf*.

**freely** ['friːlɪ] *adv* **-1.** [without constraint] librement; she made her confession ~ elle a avoué de son plein gré; traffic is moving ~ again la circulation est redevenue fluide; the book is now ~ available on peut se procurer le livre facilement maintenant. **-2.** [liberally – spend] largement; [– perspire, weep] abondamment.

**freeman** ['friːmən] (*pl* **freemen** [-mən]) *n* HIST homme *m* libre; [citizen] citoyen *m*.

**free-market** *adj:* ~ economy économie *f* de marché.

**freemason, Freemason** ['friː,meɪsn] *n* franc-maçon *m*.

**freemasonry, Freemasonry** ['friː,meɪsnrɪ] *n* franc-maçonnerie *f*.

**free on board** *adj* & *adv* franco à bord.

**free port** *n* port *m* franc.

**Freepost®** ['friːpəʊst] *n Br* port *m* payé.

**free-range** *adj* [chicken] fermier; ~ eggs œufs *mpl* de poules élevées en plein air.

**freesheet** ['friːʃiːt] *n* publication *f* gratuite.

**freesia** ['friːzjə] *n* freesia *m*.

**free speech** *n* liberté *f* de parole OR d'expression.

**free spirit** *n* non-conformiste *mf*.

**free-standing** *adj* isolé; GRAMM indépendant.

**freestyle** ['fri:staɪl] *n* [in swimming] nage *f* libre.
**freethinker** [,fri:'θɪŋkər] *n* libre-penseur *m*.
**free trade** *n* libre-échange *m*.
**free verse** *n* vers *m* libre.
**free vote** *n* vote *m* libre.
**freeway** ['fri:weɪ] *n Am* autoroute *f*.
**freewheel** [,fri:'wi:l] ◇ *n* [on bicycle] roue *f* libre. ◇ *vi* **-1.**
[cyclist] être en roue libre. **-2.** [motorist] rouler au point mort.
**free will** *n* libre arbitre *m*; to do sthg of one's own ~ faire
qqch de son plein gré.
**freeze** [fri:z] (*pt* froze [frəʊz], *pp* frozen ['frəʊzn]) ◇ *vi* **-1.**
[earth, pipes, water] geler; [food] se congeler; to ~ to death
mourir de froid. **-2.** *fig* [stop moving]: (everybody) ~! que
personne ne bouge!; she froze (in her tracks) elle est restée
figée sur place; her blood froze son sang se figea OR se glaça
dans ses veines. ◇ *vt* **-1.** [water] geler, congeler; [food]
congeler; [at very low temperatures] surgeler; MED [blood, human tissue] congeler. **-2.** ECON & FIN [assets] geler; [prices,
wages] bloquer. **-3.** CIN: ~ it! arrêtez l'image! ◇ *n* METEOR gel
*m*; ECON & FIN gel *m*, blocage *m*; pay ~ gel OR blocage des salaires.
◆ **freeze out** *vt sep Br inf* exclure.
◆ **freeze over** *vi insep* geler.
◆ **freeze up** *vi insep* **-1.** [turn to ice] geler. **-2.** *inf* [become im-
mobilized] rester pétrifié.
**freeze-dried** *adj* lyophilisé.
**freeze-dry** *vt* lyophiliser.
**freeze-frame** *n* arrêt *m* sur image.
**freezer** ['fri:zər] *n* congélateur *m*; [in refrigerator] freezer *m*; ~
compartment compartiment *m* congélateur (*d'un réfrigérateur*).
**freezing** ['fri:zɪŋ] ◇ *adj* METEOR glacial; [person] gelé, glacé;
~ rain neige *f* fondue; it's ~ in this room! on gèle dans
cette pièce!; your hands are ~ vous avez les mains gelées
OR glacées. ◇ *n*: it's two degrees above/below ~ il fait
deux degrés au-dessus/au-dessous de zéro. ◇ *adv*: a ~ cold
day une journée glaciale; it's ~ cold outside il fait un froid
glacial dehors.
**freezing point** *n* point *m* de congélation.
**freight** [freɪt] ◇ *n* **-1.** [goods] fret *m*. **-2.** [transport]: to send
goods by ~ envoyer des marchandises en régime ordi-
naire; air ~ fret *m* par avion. ◇ *comp* [transport] de fret; ~
charges frais *mpl* de port. ◇ *vt* transporter.
**freightage** ['freɪtɪdʒ] *n* fret *m*.
**freight car** *n Am* wagon *m* de marchandises, fourgon *m*.
**freighter** ['freɪtər] *n* NAUT navire *m* de charge; AERON avion-
cargo *m*, avion *m* de fret.
**Freightliner®** ['freɪt,laɪnər] *n* train *m* de transport de conte-
neurs.
**freight train** *n Am* train *m* de marchandises.
**French** [frentʃ] ◇ *npl* [people]: the ~ les Français. ◇ *n* LING
français *m*; pardon my ~ *hum* excusez la grossièreté de mon
langage. ◇ *adj* [person, cooking, customs] français; [ambassa-
dor, embassy, king] de France; 'The French Lieutenant's
Woman' *Fowles* 'Sarah et le lieutenant français'.
**French bean** *n* haricot *m* vert.
**French bread** *n* baguette *f*.
**French Canadian** ◇ *adj* canadien français. ◇ *n* **-1.** [per-
son] Canadien *m* français, Canadienne *f* française. **-2.** LING
français *m* canadien.
**French cricket** *n* version simplifiée du cricket.
**French curve** *n* pistolet *m* (de dessinateur).
**French door** *Am* = **French window**.
**French dressing** *n* [in UK] vinaigrette *f*; [in US] *sauce de sa-
lade à base de mayonnaise et de ketchup*.
**French fried potatoes** *npl* pommes *fpl* frites.
**French fries** *npl* frites *fpl*.
**French horn** *n* cor *m* d'harmonie.
**Frenchie** ['frentʃɪ] *inf* ◇ *adj* français. ◇ *n* Français *m*, -e *f*.
**French kiss** *n* baiser *m* profond. ◇ *vt* embrasser sur la
bouche (*avec la langue*). ◇ *vi* s'embrasser sur la bouche (*avec
la langue*).
**French knickers** *npl* ≃ caleçon *m* (*culotte pour femme*).
**French leave** *n*: to take ~ *Br inf* filer à l'anglaise.

**French letter** *n Br* [condom] capote *f* anglaise.
**French loaf** *n* baguette *f*.
**Frenchman** ['frentʃmən] (*pl* **Frenchmen** [-mən]) *n* Français
*m*.
**French polish** *n Br* vernis *m* (à l'alcool).
◆ **French-polish** *vt Br* vernir (à l'alcool).
**French Riviera** *pr n*: the ~ la Côte d'Azur.
**French-speaking** *adj* francophone.
**French stick** *n Br* baguette *f*.
**French toast** *n* [in UK] *pain grillé d'un seul côté*; [in US] pain *m*
perdu.
**French Triangle** *pr n*: the ~ *région du sud des États-Unis
comprise entre La Nouvelle-Orléans, Alexandria et Cameron.*
**French window** *n Br* porte-fenêtre *f*.
**Frenchwoman** ['frentʃ,wʊmən] (*pl* **Frenchwomen**
[-,wɪmɪn]) *n* Française *f*.
**Frenchy** ['frentʃɪ] (*pl* **Frenchies**) *inf* = **Frenchie**.
**frenetic** [frə'netɪk] *adj* frénétique.
**frenetically** [frə'netɪklɪ] *adv* frénétiquement.
**frenzied** ['frenzɪd] *adj* [activity] frénétique, forcené; [crowd]
déchaîné; [person] forcené, déchaîné.
**frenzy** ['frenzɪ] *n* **-1.** [fury, passion] frénésie *f*. **-2.** [fit, outburst]
accès *m*, crise *f*.
**frequency** ['fri:kwənsɪ] *n* fréquence *f*.
**frequency distribution** *n* distribution *f* des fréquences.
**frequency modulation** *n* modulation *f* de fréquence.
**frequent** [*adj* 'fri:kwənt, *vb* frɪ'kwent] ◇ *adj* fréquent; a ~
visitor un habitué. ◇ *vt lit* fréquenter.
**frequentative** [frɪ'kwentətɪv] *adj* LING fréquentatif.
**frequently** ['fri:kwəntlɪ] *adv* fréquemment, souvent.
**fresco** ['freskəʊ] (*pl* **frescoes** OR **frescos**) *n* fresque *f*.
**fresh** [freʃ] ◇ *adj* **-1.** [recently made or produced] frais (*f* fraîche); the vegetables are ~ from the garden les légumes
viennent directement du jardin; ~ from OR out of university (tout) frais émoulus de l'université. **-2.** [idea, problem]
nouveau, *before vowel or silent 'h'* nouvel (*f* nouvelle), original;
[news, paint] frais (*f* fraîche); [impression] frais, (*f* fraîche); I
need some ~ air j'ai besoin de prendre l'air; they have
agreed to ~ talks ils ont accepté de reprendre leurs négociations; to make a ~ start prendre un nouveau départ; he
put on a ~ shirt il mit une chemise propre; start on a ~
page prenez une nouvelle page. **-3.** [not salt – water] doux (*f*
douce). **-4.** [rested] frais (*f* fraîche); as ~ as a daisy frais
comme une rose. **-5.** [clean] frais (*f* fraîche), pur. **-6.** [bright]:
~ colours des couleurs fraîches. **-7.** METEOR [gen] frais (*f* fraîche); [on Beaufort scale]: ~ breeze bonne brise *f*; ~ gale coup
*m* de vent. **-8.** [refreshing – taste] rafraîchissant. **-9.** *Am inf*
[impudent] insolent; [child] mal élevé. **-10.** *Am inf* [sexually for-
ward] effronté. ◇ *adv* fraîchement; ~ cut flowers des fleurs
fraîchement cueillies; to be ~ out of sthg *inf* être à court de
OR manquer de qqch.
**freshen** ['freʃn] ◇ *vt* rafraîchir. ◇ *vi* NAUT [wind] fraîchir.
◆ **freshen up** *vi insep* faire un brin de toilette. ◇ *vt sep* **-1.**
[person] faire un brin de toilette à. **-2.** [house, room] donner
un petit coup de peinture à. **-3.** [drink]: let me ~ up your
drink laisse-moi te resservir à boire.
**fresher** ['freʃər] *n inf* UNIV bizut *m*, bizuth *m*, étudiant *m*, -e *f*
de première année.
**freshly** ['freʃlɪ] *adv* récemment; ~ made coffee du café qui
vient d'être fait; ~ squeezed orange juice jus *m* d'oranges
pressées; the grave had been ~ dug la fosse avait été fraîchement creusée.
**freshman** ['freʃmən] (*pl* **freshmen** [-mən]) *Am* = **fresher**.
**freshness** ['freʃnɪs] *n* fraîcheur *f*.
**freshwater** ['freʃ,wɔ:tər] *adj*: ~ fish poisson *m* d'eau douce.
**fret** [fret] (*pt* & *pp* **fretted**, *cont* **fretting**) ◇ *vi* [worry] tracasser;
to ~ about OR over sb se faire du souci pour qqn; the small
boy was fretting for his mother le petit garçon réclamait sa
mère en pleurant. ◇ *vt* **-1.** [worry]: to ~ one's life away
passer sa vie à se tourmenter OR à se faire du mauvais sang.
**-2.** [erode, wear down] ronger. **-3.** [decorate – metal, wood]
chantourner. ◇ *n* **-1.** *inf* [state]: to get in a ~ about sthg se
faire du mauvais sang OR se ronger les sangs à propos de
qqch. **-2.** [on a guitar] touchette *f*, frette *f*.
**fretful** ['fretful] *adj* [anxious] soucieux; [irritable, complaining]

grincheux, maussade; a ~ child un enfant grognon; the baby's ~ crying les pleurnichements du bébé.

**fretsaw** ['fretsɔː] n scie f à chantourner.

**fretwork** ['fretwɜːk] n chantournement m.

**Freudian** ['frɔɪdɪən] ◇ adj freudien. ◇ n disciple mf de Freud.

**Freudian slip** n lapsus m.

**FRG** (abbr of Federal Republic of Germany) pr n RFA f.

**Fri.** (written abbr of Friday) ven.

**friable** ['fraɪəbl] adj friable.

**friar** ['fraɪəʳ] n frère m, moine m.

**friary** ['fraɪərɪ] (pl **friaries**) n monastère m.

**fricassee** ['frɪkəsiː] ◇ n fricassée f. ◇ vt fricasser.

**fricative** ['frɪkətɪv] ◇ adj constrictif, fricatif. ◇ n constrictive f, fricative f.

**friction** ['frɪkʃn] n **-1.** PHYS friction f. **-2.** [discord] friction f, conflit m; it's an issue that often causes ~ between neighbours c'est un problème qui est souvent cause de frictions entre voisins.

**frictionless** ['frɪkʃənlɪs] adj sans friction.

**Friday** ['fraɪdɪ] n vendredi m; it's ~ today nous sommes OR on est vendredi aujourd'hui; I'll see you (on) ~ je te verrai vendredi; he leaves on ~, he leaves ~ Am il part vendredi; the cleaning woman comes on ~s la femme de ménage vient le vendredi; I work ~s je travaille le vendredi; there's a market each ~ OR every ~ il y a un marché tous les vendredis OR chaque vendredi; every other ~, every second ~ un vendredi sur deux; we arrive on the ~ and leave on the Sunday nous arrivons le vendredi et repartons le dimanche; the programme's usually shown on a ~ généralement cette émission passe le vendredi; the following ~ le vendredi suivant; she saw the doctor last ~ elle a vu le médecin vendredi dernier; I have an appointment next ~ j'ai un rendez-vous vendredi prochain; the ~ after next vendredi en huit; the ~ before last l'autre vendredi; a week from ~, a week on ~ Br, ~ week Br vendredi en huit; a fortnight on ~, ~ fortnight Br vendredi en quinze; a week/fortnight ago ~ il y a eu huit/quinze jours vendredi; ~ morning vendredi matin; ~ afternoon vendredi après-midi; ~ evening vendredi soir; we're going out (on) ~ night nous sortons vendredi soir; she spent ~ night at her friend's house elle a passé la nuit de vendredi chez son amie; ~ 26 February vendredi 26 février; they were married on ~ June 12th ils se sont mariés le vendredi 12 juin; ~ the thirteenth vendredi treize.

**fridge** [frɪdʒ] n réfrigérateur m.

**fridge-freezer** n réfrigérateur-congélateur m.

**fried** [fraɪd] adj frit; ~ eggs œufs mpl poêlés OR sur le plat; ~ food friture f; ~ potatoes pommes fpl frites; (special) ~ rice riz m cantonais.

**friend** [frend] n **-1.** [gen] ami m, -e f; his school ~s ses camarades d'école; Bill's a good ~ of mine Bill est un grand ami à moi; we're just good ~s nous sommes bons amis sans plus; she's someone I used to be ~s with nous avons été amies; to make ~s se faire des amis; he tried to make ~s with her brother il essaya d'être amis avec son frère; shall we be ~s? on est amis?; [after a quarrel] on fait la paix?; she's no ~ of mine elle ne fait pas partie de mes amis; I tell you this as a ~ je vous dis ça en ami ❑ she has ~s in high places elle a des amis en haut lieu OR bien placés; Friends of the Earth les Amis de la Terre; the (Society of) Friends RELIG la Société des Amis, les Quakers; a ~ in need is a ~ indeed prov c'est dans le besoin qu'on reconnaît ses vrais amis. **-2.** [colleague] collègue mf; ~s, we are gathered here tonight... chers amis OR collègues, nous sommes réunis ici ce soir.. **-3.** [patron] mécène m, ami m, -e f.

**friendless** ['frendlɪs] adj sans amis.

**friendliness** ['frendlɪnɪs] n gentillesse f.

**friendly** ['frendlɪ] (compar **friendlier**, superl **friendliest**) ◇ adj **-1.** [person] aimable, gentil; [animal] gentil; [advice, game, smile] amical; to be ~ to OR towards sb être gentil OR aimable avec qqn; a ~ welcome OR reception un accueil chaleureux. **-2.** [close, intimate] ami; [allied] ami; Anne is still on ~ terms with her brother Anne est toujours en bons termes avec son frère; a ~ nation un pays ami; don't let him get too ~ inf garde tes distances avec lui ❑ ~ fire MIL tirs mpl

de son propre camp. ◇ n [match] match m amical.

**friendship** ['frendʃɪp] n amitié f; to form a ~ with sb se lier d'amitié avec qqn, nouer une amitié avec qqn; to strike up a ~ with sb lier amitié avec qqn.

**frier** ['fraɪəʳ] = fryer.

**Friesian** ['friːʒən] n: ~ (cow) frisonne f.

**frieze** [friːz] n **-1.** ARCHIT frise f. **-2.** TEX ratine f.

**frigate** ['frɪɡət] n frégate f.

**frigging**▽ ['frɪɡɪŋ] adj: move your ~ car! enlève-moi cette foutue bagnole!

**fright** [fraɪt] n **-1.** [sudden fear] frayeur f, peur f; to take ~ at sthg avoir peur de qqch; to give sb a ~ faire une frayeur à qqn; you gave me a terrible ~! vous m'avez fait une de ces frayeurs!; I got the ~ of my life when he said that j'ai eu la peur de ma vie quand il a dit ça. **-2.** inf [mess]: you look an absolute ~ tu fais vraiment peur à voir.

**frighten** ['fraɪtn] vt effrayer, faire peur à; to ~ sb out of doing sthg dissuader qqn de faire qqch en lui faisant peur; to ~ sb into doing sthg obliger qqn à faire qqch en lui faisant peur; to ~ sb to death OR out of their wits, to ~ the life out of sb faire une peur bleue à qqn.

◆ **frighten away** vt sep faire fuir (par la peur); [animal] effaroucher; the burglars were ~ed away by the police siren effrayés par la sirène de police, les cambrioleurs ont pris la fuite.

◆ **frighten off** vt sep **-1.** [cause to flee] faire fuir; [animal] effaroucher. **-2.** [intimidate] chasser, faire peur à, faire fuir.

**frightened** ['fraɪtnd] adj effrayé; to be ~ of sthg avoir peur de qqch; I was too ~ to speak je n'arrivais pas à parler tellement j'avais peur; there's nothing to be ~ of il n'y a rien à craindre; he looked ~ il avait l'air d'avoir peur; ~ faces/ children des visages/des enfants apeurés.

**frightener** ['fraɪtnəʳ] n phr: to put the ~s on sb▽ filer la trouille à qqn.

**frightening** ['fraɪtnɪŋ] adj effrayant.

**frighteningly** ['fraɪtnɪŋlɪ] adv à faire peur; the story was ~ true to life l'histoire était d'un réalisme effrayant.

**frightful** ['fraɪtfʊl] adj **-1.** [horrible] affreux, horrible. **-2.** Br inf [unpleasant]: we had a ~ time parking the car on a eu un mal fou à garer la voiture; he's a ~ bore [as intensifier] il est horriblement OR affreusement casse-pieds.

**frightfully** ['fraɪtfʊlɪ] adv Br: he's a ~ good dancer il danse remarquablement bien; I'm ~ sorry je suis absolument désolé.

**frigid** ['frɪdʒɪd] adj **-1.** [very cold] glacial, glacé; GEOG & METEOR glacial. **-2.** [sexually] frigide.

**frigidity** [frɪ'dʒɪdətɪ] n **-1.** [coldness] froideur f. **-2.** PSYCH frigidité f.

**frijoles** [frɪ'hoʊlez] npl purée de haricots rouges frits.

**frill** [frɪl] n TEX ruche f, volant m; CULIN papillote f; ORNITH collerette f.

◆ **frills** npl [ornamentation, luxuries]: without ~s sans façon; a cheap, basic package holiday with no ~s des vacances organisées simples et pas chères.

**frilly** ['frɪlɪ] adj **-1.** TEX orné de fanfreluches. **-2.** [style] affecté, apprêté.

**fringe** [frɪndʒ] ◇ n **-1.** [decorative edge] frange f. **-2.** [of hair] frange f. **-3.** [periphery] périphérie f, frange f; on the ~ OR ~s of literal en bordure de; fig en marge de ❑ ~ group frange f. **-4.** THEAT: the Fringe (festival) Br le festival off. ◇ vt franger; the path was ~d with rosebushes le sentier était bordé de rosiers.

**fringe benefit** n avantage m annexe OR en nature.

**fringe theatre** n Br théâtre m d'avant-garde OR expérimental.

**frippery** ['frɪpərɪ] (pl **fripperies**) n **-1.** [showy objects] colifichets mpl, babioles fpl; [on clothing] fanfreluches fpl. **-2.** [ostentation] mignardises fpl, chichis m.

**Frisbee®** ['frɪzbɪ] n Frisbee® m inv.

**Frisian** ['friːʒən] ◇ n **-1.** [person] Frison m, -onne f. **-2.** LING frison m. ◇ adj frison.

**Frisian Islands** pl pr n: the ~ l'archipel m frison.

**frisk** [frɪsk] ◇ vi [play] gambader. ◇ vt [search] fouiller. ◇ n [search] fouille f.

**frisky** ['frɪskɪ] (compar **friskier**, superl **friskiest**) adj [animal] fringant; [person] gaillard.

**fritter** ['frɪtər] ◇ *n* CULIN beignet *m*; **banana** ~s beignets *mpl* de banane. ◇ *vt*= **fritter away**.

◆ **fritter away** *vt sep* gaspiller.

**frivolity** [frɪ'vɒlətɪ] (*pl* **frivolities**) *n* frivolité *f*.

**frivolous** ['frɪvələs] *adj* frivole.

**frizz** [frɪz] ◇ *n*: she had a ~ of blond hair elle avait des cheveux blonds tout frisés. ◇ *vt* faire friser. ◇ *vi* friser.

**frizzly** ['frɪzlɪ] (*compar* **frizzlier**, *superl* **frizzliest**), **frizzy** ['frɪzɪ] (*compar* **frizzier**, *superl* **frizziest**) *adj* crépu.

**fro** [frəʊ] → **to and fro**.

**frock** [frɒk] *n* [dress] robe *f*; RELIG froc *m*.

**frock coat** *n* redingote *f*.

**frog** [frɒg] *n* **-1.** ZOOL grenouille *f*; ~'s legs CULIN cuisses *fpl* de grenouille; to have a ~ in one's throat *inf* avoir un chat dans la gorge. **-2.** [on uniform] brandebourg *m*; [on women's clothing] soutache *f*.

◆ **Frog**▽ *n Br* [French person] *terme injurieux désignant un Français*.

**Froggy**▽ ['frɒgɪ] *n Br terme injurieux désignant un Français.*

**frogman** ['frɒgmən] (*pl* **frogmen** [-mən]) *n* homme-grenouille *m*.

**frogmarch** ['frɒgmɑːtʃ] *vt Br porter par les bras et les jambes, le visage vers le sol*; they ~ed us out of the building [moved forcibly] ils nous ont délogés du bâtiment sans ménagement.

**frogspawn** ['frɒgspɔːn] *n* frai *m* de grenouilles.

**fro-ing** ['frəʊɪŋ] → **to-ing and fro-ing**.

**frolic** ['frɒlɪk] (*pt* & *pp* **frolicked**, *cont* **frolicking**) ◇ *vi* s'ébattre. ◇ *n* [run] gambades *fpl*, ébats *mpl*; [game] jeu *m*; we let the dogs have a ~ in the park on a laissé les chiens s'ébattre dans le parc.

**from** [*weak form* frəm, *strong form* frɒm] *prep* **-1.** [indicating starting point – in space] de; [– in time] de, à partir de, depuis; [– in price, quantity] à partir de; where's your friend ~? d'où est OR vient votre ami?; I've just come back ~ there j'en reviens; there are no direct flights ~ Hobart il n'y a pas de vol direct à partir d'Hobart; the 11:10 ~ Cambridge le train de 11 h 10 en provenance de Cambridge; ~ now on désormais, dorénavant; ~ the age of four à partir de quatre ans; she was unhappy ~ her first day at boarding school elle a été malheureuse dès son premier jour à l'internat; a week ~ today dans huit jours; we've got food left over ~ last night nous avons des restes d'hier soir; knives ~ £2 each des couteaux à partir de 2 livres la pièce; 6 ~ 14 is 8 6 ôté de 14 donne 8. **-2.** [indicating origin, source] de; who's the letter ~? de qui est la lettre?; he got the idea ~ a book he read il a trouvé l'idée dans un livre qu'il a lu; you can get a money order ~ the post office vous pouvez avoir un mandat à la poste; I bought my piano ~ a neighbour j'ai acheté mon piano à un voisin; you mustn't borrow money ~ them vous ne devez pas leur emprunter de l'argent; I heard about it ~ the landlady c'est la propriétaire qui m'en a parlé; he translates ~ English into French il traduit d'anglais en français; she's been away ~ work for a week ça fait une semaine qu'elle n'est pas allée au travail. **-3.** [off, out of]: she took a book ~ the shelf elle a pris un livre sur l'étagère; he drank straight ~ the bottle il a bu à même la bouteille; he took a beer ~ the fridge il a pris une bière dans le frigo. **-4.** [indicating position, location] de; you get a great view ~ the bridge on a une très belle vue du pont. **-5.** [indicating cause, reason]: you can get sick ~ drinking the water vous pouvez tomber malade en buvant l'eau; his back hurt ~ lifting heavy boxes il avait mal au dos après avoir soulevé des gros cartons; I guessed she was Australian ~ the way she spoke j'ai deviné qu'elle était australienne à sa façon de parler; he died ~ grief il est mort de chagrin. **-6.** [using]: Calvados is made ~ apples le calvados est fait avec des pommes; she played the piece ~ memory elle joua le morceau de mémoire; I speak ~ personal experience je sais de quoi je parle. **-7.** [judging by] d'après; ~ the way she talks you'd think she were the boss à l'entendre, on croirait que c'est elle le patron. **-8.** [in comparisons] de; it's no different ~ riding a bike c'est comme faire du vélo; how do you tell one ~ the other? comment les reconnais-tu l'un de l'autre?**-9.** [indicating prevention, protection] de; we sheltered ~ the rain in a cave nous nous

sommes abrités de la pluie dans une caverne.

**frond** [frɒnd] *n* fronde *f*; [on palm tree] feuille *f*.

**front** [frʌnt] ◇ *n* **-1.** [forward part] devant *m*; [of vehicle] avant *m*; [of queue] début *m*; [of stage] devant *m*; [of building] façade *f*; I'll be at the ~ of the train je serai en tête de OR à l'avant du train; he sat up ~ near the driver il s'est assis à l'avant près du conducteur; our seats were at the ~ of the theatre nous avions des places aux premiers rangs (du théâtre); come to the ~ of the class venez devant; the Times's theatre critic is out ~ tonight le critique dramatique du Times est dans la salle ce soir; she wrote her name on the ~ of the envelope elle écrivit son nom sur le devant de l'enveloppe; he got wine down his ~ or the ~ of his shirt du vin a été renversé sur le devant de sa chemise. **-2.** [seashore] bord *m* de mer, front *m* de mer; the hotel is on the ~ l'hôtel est au bord de la OR sur le front de mer; a walk along OR on the ~ une promenade au bord de la mer. **-3.** MIL front *m*; on the Eastern/Western ~ sur le front Est/Ouest ‖ *fig*: the Prime Minister is being attacked on all ~s on s'en prend au Premier ministre de tous côtés ❑ 'All Quiet on the Western Front' *Remarque* 'À l'Ouest, rien de nouveau'. **-4.** [joint effort] front *m*; to present a united ~ (on sthg) faire front commun (devant qqch). **-5.** [appearance] façade *f*; to put on a bold OR brave ~ faire preuve de courage. **-6.** [cover] façade *f*, couverture *f*. **-7.** METEOR front *m*.**-8.** *phr*: up ~ *inf* d'avance.

◇ *adj* **-1.** [in a forward position] de devant; ~ seat/wheel AUT siège *m*/roue *f* avant; the ~ page PRESS la première page; his picture is on the ~ page sa photo est en première page; I'll be in the ~ end of the train je serai en tête de OR à l'avant du train; his name is on the ~ cover son nom est en couverture; a ~ view une vue de face. **-2.** [bogus, fake] de façade. **-3.** LING: a ~ vowel une voyelle avant OR antérieure. ◇ *adv* par devant; eyes ~! MIL fixe!

◇ *vi* **-1.** *Br* [face]: the hotel ~s onto the beach l'hôtel donne sur la plage. **-2.** [cover]: the newspaper ~ed for a terrorist organization le journal servait de façade à une organisation terroriste.

◇ *vt* **-1.** [stand before]: lush gardens ~ed the building il y avait des jardins luxuriants devant le bâtiment. **-2.** CONSTR: the house was ~ed with stone la maison avait une façade en pierre. **-3.** [lead] être à la tête de, diriger; TV [present] présenter.

◆ **in front** *adv phr* [in theatre, vehicle] à l'avant; [ahead, leading] en avant; there was a very tall man in the row in ~ il y avait un très grand homme assis devant moi; the women walked in ~ and the children behind les femmes marchaient devant et les enfants derrière; to be in ~ SPORT être en tête OR premier.

◆ **in front of** *prep phr* devant; he was right in ~ of me il était juste devant moi.

**frontage** ['frʌntɪdʒ] *n* **-1.** [wall] façade *f*; [shopfront] devanture *f*.**-2.** [land] terrain *m* en bordure.

**frontage road** *n Am* contre-allée *f*.

**frontal** ['frʌntl] ◇ *adj* MIL [assault, attack] de front; ANAT & MED frontal; ~ system METEOR système *m* de fronts. ◇ *n* RELIG parement *m*.

**frontbench** [,frʌnt'bentʃ] *n Br* POL [members of the government] ministres *mpl*; [members of the opposition] ministres *mpl* du cabinet fantôme; the ~es [in Parliament] *à la Chambre des communes, bancs situés à droite et à gauche du Président et occupés respectivement par les ministres du gouvernement en exercice et ceux du gouvernement fantôme.*

**frontbencher** [,frʌnt'bentʃər] *n Br* POL [member of the government] ministre *m*; [member of the opposition] membre *m* du cabinet fantôme.

**front desk** *n* réception *f*.

**front door** *n* [of house] porte *f* d'entrée; [of vehicle] portière *f* avant.

**frontier** [*Br* 'frʌn,tɪər, *Am* frʌn'tɪər] ◇ *n* **-1.** *literal* & *fig* [border] frontière *f*.**-2.** *Am*: the ~ la Frontière (*nom donné à la limite des terres habitées par les colons pendant la colonisation de l'Amérique du Nord*). ◇ *comp* **-1.** [dispute] de frontière; [post] frontière. **-2.** *Am* [spirit] de pionnier; a ~ town *une bourgade d'une région limitrophe du pays.*

**frontiersman** [*Br* 'frʌntɪəzmən, *Am* frʌn'tɪrzmən] (*pl* **frontiersmen** [-mən]) *n* pionnier *m*.

**frontispiece** ['frʌntɪspiːs] n frontispice m.

**front line** n: the ~ MIL la première ligne; she is in the ~ in the fight against drug abuse fig elle joue un rôle important dans la lutte contre la toxicomanie.

◆ **front-line** adj **-1.** MIL [soldiers, troops] en première ligne; [ambulance] de zone de combat. **-2.** POL: the ~ states les États mpl limitrophes. **-3.** Am SPORT: ~ player avant m.

**front-loading** adj [washing machine] à chargement frontal.

**front man** n **-1.** [representative, spokesman] porte-parole m inv, représentant m. **-2.** pej [figurehead] prête-nom m. **-3.** TV [presenter] présentateur m.

**front of house** n THEAT partie d'un théâtre où peuvent circuler les spectateurs.

**front-page** adj [article, story] de première page.

**front room** n [at front of house] pièce qui donne sur le devant de la maison; [sitting room] salon m.

**front-runner** n favori m, -e f.

**frontwards** ['frʌntwədz] adv en avant, vers l'avant.

**front-wheel drive** n traction f avant.

**frost** [frɒst] ◇ n **-1.** [freezing weather] gel m, gelée f; there was a ~ last night il a gelé hier soir. **-2.** [frozen dew] givre m, gelée f blanche; the grass was covered in ~ le gazon était couvert de givre. **-3.** inf [cold manner] froideur f. ◇ vt **-1.** [freeze] geler; [cover with frost] givrer; the rim of the glass was ~ed with sugar le bord du verre avait été givré avec du sucre. **-2.** Am [cake] glacer. **-3.** TECH [glass pane] dépolir. ◇ vi [freeze] geler; [become covered with frost] se givrer.

◆ **frost over**, **frost up** ◇ vi insep se givrer. ◇ vt sep givrer.

**frostbite** ['frɒstbaɪt] n (U) gelure f; he got ~ in his toes il a eu les orteils gelés.

**frostbitten** ['frɒst,bɪtn] adj [hands, nose] gelé; [plant] gelé, grillé par le gel.

**frosted** ['frɒstɪd] adj **-1.** [frozen] gelé; [covered with frost] givré. **-2.** [pane of glass] dépoli. **-3.** Am [cake] glacé. **-4.** [lipstick, nail varnish] nacré. **-5.** [hair] grisonnant.

**frostily** ['frɒstɪlɪ] adv de manière glaciale, froidement.

**frosting** ['frɒstɪŋ] n Am glaçage m, glace f.

**frosty** ['frɒstɪ] (compar **frostier**, superl **frostiest**) adj **-1.** [weather, air] glacial. **-2.** [ground, window] couvert de givre. **-3.** [answer, manner] glacial, froid.

**froth** [frɒθ] ◇ n (U) **-1.** [foam] écume f, mousse f; [on beer] mousse f; [on lips] écume f. **-2.** [trivialities, empty talk] futilités fpl. ◇ vi [liquid] écumer, mousser; [beer, soap] mousser; to ~ at the mouth écumer, baver. ◇ vt faire mousser.

**frothy** ['frɒθɪ] (compar **frothier**, superl **frothiest**) adj **-1.** [liquid] mousseux, écumeux; [beer] mousseux; [sea] écumeux. **-2.** [entertainment, literature] creux. **-3.** [dress, lace] léger, vaporeux.

**frown** [fraʊn] ◇ vi froncer les sourcils, se renfrogner; she ~ed at my remark mon observation lui a fait froncer les sourcils; to ~ at sb regarder qqn de travers. ◇ n froncement m de sourcils; he gave a ~ il fronça les sourcils. ◇ comp: ~ lines rides fpl intersourcilières.

◆ **frown on**, **frown upon** vt insep désapprouver; such behaviour is rather ~ed upon ce type de comportement n'est pas vu d'un très bon œil.

**frowsty** ['fraʊstɪ] (compar **frowstier**, superl **frowstiest**) adj qui sent le renfermé.

**froze** [frəʊz] pt → freeze.

**frozen** ['frəʊzn] ◇ pp → freeze. ◇ adj **-1.** [ground, lake, pipes] gelé; [person] gelé, glacé; the lake is ~ solid le lac est complètement gelé; my hands are ~ j'ai les mains gelées OR glacées; I'm ~ stiff je suis gelé jusqu'à la moelle (des os) ❑ ~ food [in refrigerator] aliments mpl congelés; [industrially frozen] surgelés mpl. **-2.** [prices, salaries] bloqué; FIN [assets, credit] gelé, bloqué. **-3.** MED: ~ shoulder épaule f ankylosée.

**FRS** ◇ n (abbr of **Fellow of the Royal Society**) ≃ membre m de l'Académie des sciences. ◇ pr n abbr of **Federal Reserve System.**

**fructify** ['frʌktɪfaɪ] (pt & pp **fructified**) fml ◇ vi fructifier. ◇ vt faire fructifier.

**frugal** ['fruːgl] adj **-1.** [person] économe, frugal; [life] frugal, simple; she's very ~ with her money elle est près de ses sous. **-2.** [meal] frugal.

**frugally** ['fruːgəlɪ] adv [live] simplement, frugalement; [distri-

bute, give] parcimonieusement.

**fruit** [fruːt] (pl sense 1 inv OR **fruits**) ◇ n **-1.** literal fruit m; to eat ~ manger des fruits; a piece of ~ un fruit; would you like ~ or cheese? voulez-vous un fruit ou du fromage?; a tree in ~ un arbre qui porte des fruits ‖ fig fruit m; the ~ of her womb le fruit de ses entrailles; their plans have never borne fruit leurs projets ne se sont jamais réalisés. **-2.** Br inf & dated [term of address]: old ~ mon vieux. **-3.** ▽ Am pej [homosexual] pédé m, tante f. ◇ comp [basket, bowl, knife] à fruits; [diet, farm, stall] fruitier; ~ **dish** [individual] coupe f, coupelle f; [large] coupe f à fruits, compotier m; ~ **farmer** arboriculteur m (fruitier); ~ **juice/salad** jus m/salade f de fruits; ~ **tree** arbre m fruitier. ◇ vi BOT donner.

**fruit bat** n chauve-souris f frugivore.

**fruit cake** n **-1.** [cake] cake m. **-2.** inf [lunatic] cinglé m, -e f.

**fruit cocktail** n macédoine f de fruits.

**fruit drop** n bonbon m aux fruits.

**fruiterer** ['fruːtərə'] n Br marchand m, -e f de fruits, fruitier m, -ère f.

**fruit fly** n mouche f du vinaigre, drosophile f.

**fruitful** ['fruːtfʊl] adj **-1.** [discussion, suggestion] fructueux, utile; [attempt, collaboration] fructueux. **-2.** [soil] fertile, fécond; [plant, tree] fécond, productif.

**fruitfully** ['fruːtfʊlɪ] adv fructueusement.

**fruit gum** n Br boule f de gomme.

**fruition** [fruː'ɪʃn] n fml réalisation f; to come to ~ se réaliser; to bring sthg to ~ réaliser qqch, concrétiser qqch.

**fruitless** ['fruːtlɪs] adj **-1.** [discussion, effort] vain, sans résultat. **-2.** [plant, tree] stérile, infécond; [soil] stérile.

**fruit machine** n Br machine f à sous.

**fruity** ['fruːtɪ] (compar **fruitier**, superl **fruitiest**) adj **-1.** [flavour, sauce] fruité, de fruit; [perfume, wine] fruité. **-2.** [voice] étoffé, timbré. **-3.** inf [joke, story] corsé, salé.

**frump** [frʌmp] n femme f mal habillée.

**frumpish** ['frʌmpɪʃ], **frumpy** ['frʌmpɪ] adj mal habillé; she wears rather ~ clothes elle s'habille plutôt mal.

**frustrate** [frʌ'streɪt] vt [person] frustrer, agacer, contrarier; [efforts, plans] contrecarrer, faire échouer, contrarier; [plot] déjouer, faire échouer; the prisoner was ~d in his attempt to escape le prisonnier a raté sa tentative d'évasion.

**frustrated** [frʌ'streɪtɪd] adj **-1.** [annoyed] frustré, agacé; [disappointed] frustré, déçu; [sexually] frustré; a ~ poet un poète manqué. **-2.** [attempt, effort] vain.

**frustrating** [frʌ'streɪtɪŋ] adj agaçant, frustrant, pénible.

**frustration** [frʌ'streɪʃn] n [gen & PSYCH] frustration f; it's one of the ~s of the job c'est un des aspects frustrants du travail.

**fry** [fraɪ] (pt & pp **fried**, pl **fries**) ◇ vt CULIN faire frire, frire; he fried himself an egg il s'est fait un œuf sur le plat ❑ go ~ an egg! Am inf va te faire cuire un œuf! ◇ vi [food] frire; fig [person] griller. ◇ n ZOOL [fish] fretin m; [frogs] têtards mpl.

◆ **fries** npl Am = **french fries.**

◆ **fry up** vt sep faire frire, frire.

**fryer** ['fraɪə'] n **-1.** [pan] poêle f (à frire); [for deep-fat frying] friteuse f. **-2.** [chicken] poulet m à frire.

**frying** ['fraɪɪŋ] n friture f.

**frying pan** Br, **fry pan** Am n poêle f (à frire); to jump out of the ~ into the fire tomber de Charybde en Scylla, changer un cheval borgne pour un cheval aveugle.

**fry-up** n Br inf plat constitué de plusieurs aliments frits ensemble.

**f-stop** n ouverture f (du diaphragme).

**ft -1.** written abbr of **foot. -2.** written abbr of **fort.**

**FT** pr n abbr of **Financial Times.**

**FTC** pr n abbr of **Federal Trade Commission.**

**FT Index** (abbr of **Financial Times Industrial Ordinary Share Index**) n Br indice m du «Financial Times» (moyenne quotidienne des principales valeurs boursières britanniques).

**fuchsia** ['fjuːʃə] n [colour] fuchsia m; BOT fuchsia m.

**fuck▽** [fʌk] ◇ vt baiser; ~ you! va te faire enculer OR foutre!; ~ it! putain de merde!; ~ me! putain! ◇ vi baiser; don't ~ with me! fig essaie pas de te foutre de ma gueule! ◇ n **-1.** [act] baise f. **-2.** [sexual partner]: he's a good ~ il baise bien. **-3.** Am [idiot]: you stupid ~! espèce de connard! **-4.** phr: I don't give a ~ j'en ai rien à branler. **-5.** [as intensifier]: what the ~ do you expect? mais qu'est-ce que tu veux, putain de merde? ◊ *interj* putain de merde!

◆ **fuck about▼** *Br*, **fuck around▼** ◊ *vi insep* déconner. ◊ *vt sep* faire chier.

◆ **fuck off▼** *vi insep* foutre le camp; ~ off! va te faire enculer OR foutre!

◆ **fuck up▼** ◊ *vt sep* [plan, project] foutre la merde dans; [person] foutre dans la merde; he's really ~ed up emotionally il est complètement paumé. ◊ *vi insep* merder.

**fucker▼** ['fʌkə'] *n*: you stupid ~! mais qu'est-ce que tu peux être con!

**fucking▼** ['fʌkɪŋ] ◊ *adj*: I'm fed up with this ~ car! j'en ai plein le cul de cette putain de bagnole!; you ~ idiot! pauvre con!; ~ hell! putain de merde! ◊ *adv*: he's ~ stupid! tu parles d'un con!; it was a ~ awful day! tu parles d'une putain de journée!

**fuddled** ['fʌdld] *adj* [ideas, mind] embrouillé, confus; [person – confused] confus; [– tipsy] gris, éméché.

**fuddy-duddy** ['fʌdɪ,dʌdɪ] (*pl* **fuddy-duddies**) *n inf* vieux schnock *m*, vieille bicoque *f*.

**fudge** [fʌdʒ] ◊ *n* **-1.** (U) [sweet] caramel *m*; a piece of ~ un caramel. **-2.** (U) [nonsense] balivernes *fpl*, âneries *fpl*. **-3.** (U) [dodging] faux-fuyant *m*, échappatoire *f*. **-4.** TYPO [stop press box] emplacement *m* de la dernière heure; [stop press news] (insertion *f* de) dernière heure *f*, dernières nouvelles *fpl*. ◊ *vi* [evade, hedge] esquiver le problème; the President ~d on the budget issue le président a esquivé les questions sur le budget. ◊ *vt* **-1.** [make up – excuse] inventer; [– story] monter; [– figures, results] truquer. **-2.** [avoid, dodge] esquiver.

**fuel** [fjʊəl] (*Br pt & pp* **fuelled**, *cont* **fuelling**, *Am pt & pp* **fueled**, *cont* **fueling**) ◊ *n* **-1.** [gen & AERON] combustible *m*; [coal] charbon *m*; [oil] mazout *m*, fuel *m*, fioul *m*; [wood] bois *m*; AUT carburant *m*; coal is not a very efficient ~ le charbon n'est pas une source d'énergie très efficace ❑ **nuclear ~** combustible *m*: nucléaire. **-2.** *fig*: to add ~ to the flames jeter de l'huile sur le feu; his words were merely ~ to her anger ses paroles n'ont fait qu'attiser OR qu'aviver sa colère. ◊ *comp* [bill, costs] de chauffage; ~ **injector** injecteur *m* de carburant; ~ **pump** pompe *f* d'alimentation; ~ **tank** [in home] cuve *f* à mazout; [in car] réservoir *m* de carburant OR d'essence; [in ship] soute *f* à mazout OR à fuel. ◊ *vt* **-1.** [furnace] alimenter (en combustible); [car, plane, ship] approvisionner en carburant. **-2.** *fig* [controversy] aviver.

**fuel cell** *n* élément *m* de conversion.

**fuel-efficient** *adj* économique, qui ne consomme pas beaucoup.

**fuel injection** *n* injection *f* (de carburant).

**fuel oil** *n* mazout *m*, fuel *m*, fioul *m*.

**fug** [fʌg] *n Br* renfermé *m*.

**fugitive** ['fjuːdʒɪtɪv] ◊ *n* [escapee] fugitif *m*, -ive *f*, évadé *m*, -e *f*; [refugee] réfugié *m*, -e *f*; she's a ~ from justice elle fuit la justice, elle est recherchée par la justice. ◊ *adj* **-1.** [debtor, slave] fugitif. **-2.** *lit* [beauty, happiness] éphémère, passager; [impression, thought, vision] fugitif, passager.

**fugue** [fjuːg] *n* MUS & PSYCH fugue *f*.

**Fuji** ['fuːdʒɪ] *prn* Mount ~ le Fuji-Yama.

**fulcrum** ['fʊlkrəm] (*pl* **fulcrums** OR **fulcra** [-krə]) *n* [pivot] pivot *m*, point *m* d'appui; *fig* [prop, support] point *m* d'appui.

**fulfil** *Br*, **fulfill** *Am* [fʊl'fɪl] (*pt & pp* **fulfilled**, *cont* **fulfilling**) *vt* **-1.** [carry out – ambition, dream, plan] réaliser; [– prophecy, task] accomplir, réaliser; [– promise] tenir; [– duty, obligation] remplir, s'acquitter de. **-2.** [satisfy – condition] remplir; [– norm, regulation] répondre à, obéir à; [– desire, need] satisfaire, répondre à; [– prayer, wish] exaucer; it's important to feel fulfilled il est important de se réaliser (dans la vie). **-3.** [complete, finish – prison sentence] achever, terminer. **-4.** COMM [order] exécuter; [contract] remplir, respecter.

**fulfilled** [fʊl'fɪld] *adj* [life] épanoui, heureux; [person] épanoui, comblé.

**fulfilling** [fʊl'fɪlɪŋ] *adj* extrêmement satisfaisant.

**fulfilment** *Br*, **fulfillment** *Am* [fʊl'fɪlmənt] *n* **-1.** [of ambition, dream, wish] réalisation *f*; [of desire] satisfaction *f*; [of plan, condition, contract] exécution *f*; [of duty, prophecy] accomplissement *m*; [of prayer] exaucement *m*. **-2.** [satisfaction] (sentiment *m* de) contentement *m* OR satisfaction *f*; she gets a

sense OR feeling of ~ from her work son travail la comble. **-3.** [of prison sentence] achèvement *m*, fin *f*. **-4.** COMM [of order] exécution *f*.

**full** [fʊl] ◊ *adj* **-1.** [completely filled] plein, rempli; will you open the door for me, my hands are ~ vous voulez bien m'ouvrir la porte, j'ai les mains occupées; don't talk with your mouth ~ ne parle pas la bouche pleine; you shouldn't go swimming on a ~ stomach tu ne devrais pas nager après avoir mangé; I've got a ~ week ahead of me j'ai une semaine chargée devant moi. **-2.** *fig*: (to be) ~ of [filled with] (être) plein de; the children were ~ of excitement les enfants étaient très excités; her parents were ~ of hope ses parents étaient remplis d'espoir; her letters are ~ of spelling mistakes ses lettres sont truffées de fautes d'orthographe; ~ of energy OR of life plein de vie; to be ~ of o.s. être plein de soi-même OR imbu de sa personne; he's ~ of his own importance il est pénétré de sa propre importance; they/the papers were ~ of news about China ils/les journaux ne parlaient que de la Chine ❑ to be ~ of it *inf* OR ~ of shit▼ brasser du vent. **-3.** [crowded – room, theatre] comble, plein; [– hotel, restaurant, train] complet (*f* -ète). **-4.** [satiated] rassasié, repu; I'm ~ (up)! *Br* je n'en peux plus!**-5.** [complete, whole] tout, complet (*f* -ète); she listened to him for three ~ hours elle l'a écouté pendant trois heures entières; the house is a ~ 10 miles from town la maison est à 15 bons kilomètres OR est au moins à 15 kilomètres de la ville; ~ fare [for adult] plein tarif; [for child] une place entière; he rose to his ~ height il s'est dressé de toute sa hauteur; to fall ~ length tomber de tout son long; he leads a very ~ life il a une vie bien remplie; I don't want a ~ meal je ne veux pas un repas entier; give him your ~ name and address donnez-lui vos nom, prénom et adresse; in ~ uniform en grande tenue; in ~ view of the cameras/of the teacher devant les caméras/le professeur ❑ ~ marks: to get ~ marks avoir vingt sur vingt; ~ marks for observation! bravo, vous êtes très observateur!**-6.** [maximum] plein; make ~ use of this opportunity mettez bien cette occasion à profit, tirez bien profit de cette occasion; they had the music on ~ volume ils avaient mis la musique à fond; peonies in ~ bloom des pivoines épanouies; the trees are in ~ bloom les arbres sont en fleurs; it was going ~ blast [heating] ça chauffait au maximum; [radio, TV] ça marchait à pleins tubes; [car] ça roulait à toute allure; the orchestra was at ~ strength l'orchestre était au grand complet; ~ employment ECON plein emploi *m*; she caught the ~ force of the blow elle a reçu le coup de plein fouet. **-7.** [detailed] détaillé; I didn't get the ~ story je n'ai pas entendu tous les détails de l'histoire; I asked for ~ information j'ai demandé des renseignements complets. **-8.** [plump – face] plein, rond; [– figure] rondelet, rond (*f* -ète); [– lips] charnu. **-9.** [ample, wide – clothes] large, ample. **-10.** [sound] timbré; [voice] étoffé, timbré. **-11.** [flavour] parfumé; [wine] robuste, qui a du corps. **-12.** [brother, sister] germain. **-13.** *Br* MIL: ~ colonel colonel *m*; ~ general ≃ général *m* à cinq étoiles. ◊ *adv* **-1.** [entirely, completely] complètement, entièrement; I turned the heat ~ on *Br* OR on ~ j'ai mis le chauffage à fond; he put the radio ~ on *Br* il a mis la radio à fond. **-2.** [directly, exactly] carrément; the blow caught her ~ in the face elle a reçu le coup en pleine figure. **-3.** *phr*: you know ~ well I'm right tu sais très bien OR parfaitement que j'ai raison; ~ out *Br* à toute vitesse, à pleins gaz.

◆ **in full** *adv phr* intégralement; she paid in ~ elle a tout payé; they refunded my money in ~ ils m'ont entièrement remboursé; write out your name in ~ écrivez votre nom en toutes lettres; they published the book in ~ ils ont publié le texte intégral OR dans son intégralité.

◆ **to the full** *adv phr* au plus haut degré, au plus haut point; enjoy life to the ~ *Br* profitez de la vie au maximum.

**fullback** ['fʊlbæk] *n* arrière *m*.

**full-blooded** [-'blʌdɪd] *adj* **-1.** [hearty – person] vigoureux, robuste; [– effort] vigoureux, puissant; [– argument] violent. **-2.** [purebred] de pure race, pur sang.

**full-blown** *adj* **-1.** [flower] épanoui. **-2.** *fig* [complete] à part entière; a ~ doctor *Br* un médecin diplômé; ~ war la guerre totale; the discussion developed into a ~ argument la discussion a dégénéré en véritable dispute. **-3.** MED: ~ AIDS *Br* sida m avéré.

**full board** *n* pension *f* complète.

**full-bodied** [-'bɒdɪd] *adj* [wine] qui a du corps, corsé.

**full dress** *n* [evening clothes] tenue *f* de soirée; [uniform] grande tenue *f*.

◆ **full-dress** *adj*: full-dress uniform tenue *f* de cérémonie, grande tenue *f*; full-dress rehearsal THEAT répétition *f* générale.

**fuller's earth** ['fʊlə-] *n* terre *f* à foulon.

**full-face(d)** *adj* **-1.** [person] au visage rond. **-2.** [photograph] de face. **-3.** TYPO gras (*f* grasse).

**full-fashioned** *Am* = fully-fashioned.

**full-fledged** *Am* = fully-fledged.

**full frontal** *n* photographie montrant une personne nue de face.

◆ **full-frontal** *adj*: full-frontal photograph nu *m* de face (*photographie*).

**full-grown** *adj* adulte.

**full house** *n* **-1.** CARDS full *m*. **-2.** THEAT salle *f* comble; to play to a ~ jouer à guichets fermés.

**full-length** ◇ *adj* [mirror, portrait] en pied; [curtain, dress] long (*f* longue); a ~ film un long métrage. ◇ *adv*: he was stretched out ~ on the floor il était étendu de tout son long par terre.

**full moon** *n* pleine lune *f*.

**fullness** ['fʊlnɪs] *n* **-1.** [state] état *m* plein, plénitude *f*; MED [of stomach] plénitude *f*; in the ~ of time avec le temps. **-2.** [of details, information] abondance *f*. **-3.** [of face, figure] rondeur *f*; the ~ of his lips ses lèvres charnues. **-4.** [of skirt, sound, voice] ampleur *f*.

**full-page** *adj* pleine page.

**full professor** *n Am* professeur *m* d'université (*titulaire d'une chaire*).

**full-scale** *adj* **-1.** [model, plan] grandeur nature (*inv*). **-2.** [all-out – strike, war] total; [– attack, investigation] de grande envergure; the factory starts ~ production this week l'usine commence à tourner à plein rendement cette semaine; ~ fighting MIL bataille *f* rangée.

**full score** *n* partition *f*.

**full-size(d)** *adj* [animal, plant] adulte; [drawing, model] grandeur nature (*inv*); ~ car *Am* grosse voiture *f*.

**full stop** *n Br* **-1.** [pause] arrêt *m* complet; the whole airport came to a ~ toute activité a cessé dans l'aéroport. **-2.** GRAMM point *m*; I won't do it, ~! je ne le ferai pas, un point c'est tout!

**full time** *n* [of working week] temps *m* complet; SPORT fin *f* de match.

◆ **full-time** ◇ *adj* **-1.** [job] à plein temps; it's a full-time job taking care of a baby! ça prend beaucoup de temps de s'occuper d'un bébé! **-2.** SPORT: full-time score score *m* final. ◇ *adv* à plein temps, à temps plein.

**full-timer** *n* personne qui travaille à plein temps.

**fully** ['fʊlɪ] *adv* **-1.** [totally – automatic, dressed, satisfied, trained] complètement, entièrement; I ~ understand je comprends très bien OR parfaitement. **-2.** [thoroughly – answer, examine, explain] à fond, dans le détail. **-3.** [at least] au moins, bien.

**fully-fashioned** *Br*, **full-fashioned** *Am* [-'fæʃnd] *adj* moulant.

**fully-fledged** *Br*, **full-fledged** *Am* *adj* **-1.** [bird] qui a toutes ses plumes. **-2.** *fig* à part entière; a ~ doctor un médecin diplômé; a ~ atheist un athée pur et dur.

**fulmar** ['fʊlmə'] *n* fulmar *m*.

**fulminate** ['fʌlmɪneɪt] ◇ *vi fml* fulminer, pester. ◇ *n* fulminate *m*.

**fulsome** ['fʊlsəm] *adj* [apology, thanks] excessif, exagéré; [welcome] plein d'effusions; [compliments, praise] dithyrambique.

**fumble** ['fʌmbl] ◇ *vi* [grope – in the dark] tâtonner; [– in pocket, purse] fouiller; he ~d (about OR around) in the dark for the light switch il a cherché à tâtons dans l'obscurité. ◇ *vt* **-1.** [handle awkwardly] manier gauchement OR maladroitement; he ~d his lines il récita son texte en bafouillant. **-2.** SPORT [miss – catch] attraper OR arrêter maladroitement. ◇ *n* **-1.** [grope] tâtonnements *mpl*. **-2.** SPORT [bad catch] prise *f* de balle maladroite.

**fume** [fjuːm] ◇ *n* (*usu pl*): ~s [gen] exhalaisons *fpl*, émanations *fpl*; [of gas, liquid] vapeurs *fpl*; factory ~s fumées *fpl* d'usine. ◇ *vi* **-1.** [gas] émettre OR exhaler des vapeurs; [liquid] fumer. **-2.** [person] rager; the boss is fuming le patron est furieux. ◇ *vt* **-1.** [treat with fumes] fumer, fumiger. **-2.** [rage]: "this is your fault", she ~d «c'est de ta faute», dit-elle d'un ton rageur.

**fumigate** ['fjuːmɪɡeɪt] *vi* & *vt* désinfecter par fumigation, fumiger *fml*.

**fun** [fʌn] ◇ *n* **-1.** [amusement] amusement *m*; [pleasure] plaisir *m*; to have ~ s'amuser; have ~! amusez-vous bien!; what ~! ce que c'est drôle OR amusant!; skiing is good OR great ~ c'est très amusant de faire du ski; her brother is a lot of ~ son frère est très drôle; the children got a lot of ~ out of the bicycle les enfants se sont bien amusés avec le vélo; I'm learning Chinese for ~ OR for the ~ of it j'apprends le chinois pour mon plaisir; he only went for the ~ of it il n'y est allé que pour s'amuser; just for the ~ of it he pretended to be the boss histoire de rire, il a fait semblant d'être le patron; his sister spoiled the ~ sa sœur a joué les trouble-fête OR les rabat-joie; having to wear a crash helmet takes all the ~ out of motorcycling devoir porter un casque gâche tout le plaisir qu'on a à faire de la moto; her boyfriend walked in and that's when the ~ began *iron* son copain est entré et c'est là qu'on a commencé à rire; the president has become a figure of ~ le président est devenu la risée de tous; to make ~ of OR to poke ~ at sb se moquer de qqn; ~ and games: we'll have a children's party with lots of ~ and games on va organiser une fête pour les enfants avec des tas de jeux et divertissements; I've had enough of your ~ and games [foolish behaviour] j'en ai assez de tes blagues OR farces; there'll be some ~ and games if his wife finds out [trouble] ça va mal aller si sa femme l'apprend. **-2.** [playfulness] enjouement *m*, gaieté *f*; to be full of ~ être plein d'entrain OR très gai; he said it in ~ il l'a dit pour rire OR en plaisantant. ◇ *adj inf* rigolo, marrant.

**function** ['fʌŋkʃn] ◇ *vi* fonctionner, marcher; this room ~s as a study cette pièce sert de bureau OR fait fonction de bureau. ◇ *n* **-1.** [role – of machine, organ] fonction *f*; [– of person] fonction *f*, charge *f*; it is the ~ of a lawyer to provide sound legal advice l'avocat a pour fonction OR tâche de donner de bons conseils juridiques. **-2.** [working] fonctionnement *m*. **-3.** [ceremony] cérémonie *f*; [reception] réception *f*; [meeting] réunion *f*. **-4.** [gen, LING & MATH] fonction *f*. **-5.** COMPUT fonction *f*.

**functional** ['fʌŋkʃnəl] *adj* **-1.** [gen, MATH & PSYCH] fonctionnel; ~ illiterate *personne qui, sans être tout à fait analphabète, est incapable de faire face à la vie de tous les jours dans une société industrialisée*. **-2.** [in working order]: the machine is no longer ~ la machine ne marche plus OR ne fonctionne plus.

**functionalism** ['fʌŋkʃnəlɪzm] *n* fonctionnalisme *m*.

**functionary** ['fʌŋkʃnərɪ] (*pl* **functionaries**) *n* [employee] employé *m*, -e *f* (*dans une administration*); [civil servant] fonctionnaire *mf*.

**function key** *n* COMPUT touche *f* de fonction.

**function room** *n* salle *f* de réception.

**function word** *n* mot *m* fonctionnel.

**fund** [fʌnd] ◇ *n* **-1.** [reserve of money] fonds *m*, caisse *f*; they've set up a ~ for the earthquake victims ils ont ouvert une souscription en faveur des victimes du séisme. **-2.** *fig* fond *m*, réserve *f*; a ~ of knowledge un trésor de connaissances. ◇ *vt* **-1.** [provide money for] financer. **-2.** FIN [debt] consolider.

◆ **funds** *npl* [cash resources] fonds *mpl*; secret ~s une caisse noire; to be in/out of ~s être/ne pas être en fonds; I'm a bit short of ~s je n'ai pas beaucoup d'argent; insufficient ~s [in banking] défaut *m* de provision.

**fundamental** [,fʌndə'mentl] ◇ *adj* **-1.** [basic – concept, rule, principle] fondamental, de base; [– difference, quality] fondamental, essentiel; [– change, mistake] fondamental. **-2.** [central] fondamental, principal; it's of ~ importance c'est d'une importance capitale. **-3.** MUS fondamental. ◇ *n* **-1.** (*usu pl*): the ~s of chemistry les principes *mpl* de base de la chimie; when it comes to the ~s quand on en vient à l'essentiel. **-2.** MUS fondamentale *f*.

**fundamentalism** [,fʌndə'mentəlɪzm] *n* [gen & RELIG] fondamentalisme *m*; [Muslim] intégrisme *m*.

**fundamentalist** [,fʌndə'mentəlɪst] ◇ *adj* [gen & RELIG] fondamentaliste; [Muslim] intégriste. ◇ *n* [gen & RELIG] fondamentaliste *mf*; [Muslim] intégriste *mf*.

**fundamentally** [ˌfʌndəˈmentəlɪ] *adv* **-1.** [at bottom] fondamentalement, essentiellement; she seems hard but ~ she's good-hearted elle a l'air dure, mais au fond elle a bon cœur. **-2.** [completely]: I disagree ~ with his policies je suis radicalement OR fondamentalement opposé à sa politique.

**fundholder** [ˈfʌndhəʊldəʳ] *n* cabinet médical ayant obtenu le droit de gérer son propre budget auprès du système de sécurité sociale britannique.

**funding** [ˈfʌndɪŋ] *n (U)* fonds *mpl*, financement *m*.

**fundraiser** [ˈfʌndˌreɪzəʳ] *n* [person] collecteur *m*, -trice *f* de fonds; [event] projet organisé pour collecter des fonds.

**fund-raising** [-ˌreɪzɪŋ] ◇ *n* collecte *f* de fonds. ◇ *adj* [dinner, project, sale] organisé pour collecter des fonds.

**funeral** [ˈfjuːnərəl] ◇ *n* **-1.** [service] enterrement *m*, obsèques *fpl*; [more formal] funérailles *fpl*; [in announcement] obsèques *fpl*; [burial] enterrement *m*; it's OR that's your ~! *inf* débrouille-toi!, c'est ton affaire!**-2.** [procession – on foot] cortège *m* funèbre; [– in cars] convoi *m* mortuaire. ◇ *adj* funèbre.

**funeral director** *n* entrepreneur *m* de pompes funèbres.

**funeral home** *Am* = **funeral parlour**.

**funeral march** *n* marche *f* funèbre.

**funeral parlour** *n* entreprise *f* de pompes funèbres.

**funeral pyre** *n* bûcher *m* (funéraire).

**funeral service** *n* service *m* OR office *m* funèbre.

**funereal** [fjuːˈnɪərɪəl] *adj* [atmosphere, expression] funèbre, lugubre; [voice] sépulcral, lugubre; [pace] lent, mesuré.

**funfair** [ˈfʌnfeəʳ] *n* fête *f* foraine.

**fungal** [ˈfʌŋgl] *adj* fongique.

**fungi** [ˈfʌŋgaɪ] *pl* → **fungus**.

**fungicide** [ˈfʌndʒɪsaɪd] *n* fongicide *m*.

**fungoid** [ˈfʌŋgɔɪd] *adj* fongique.

**fungus** [ˈfʌŋgəs] (*pl* **fungi** [-gaɪ]) ◇ *n* BOT champignon *m*; [mould] moisissure *f*; MED fongus *m*. ◇ *comp*: ~ infection fongus *m*.

**funicular** [fjuːˈnɪkjʊləʳ] ◇ *adj* funiculaire; ~ railway funiculaire *m*. ◇ *n* funiculaire *m*.

**funk** [fʌŋk] ◇ *n* **-1.** MUS musique *f* funk, funk *m inv*.**-2.** *inf & dated* [fear] trouille *f*, frousse *f*; [depression] découragement *m*.**-3.** *dated* [coward] froussard *m*, -e *f*. ◇ *vt* **-1.** [be afraid of] ne pas avoir le courage de; she had her chance and she ~ed it elle a eu sa chance mais elle s'est dégonflée. **-2.** (*usu pass*) [make afraid] ficher la frousse à. ◇ *adj* funky (*inv*).

**funky** [ˈfʌŋkɪ] (*compar* **funkier**, *superl* **funkiest**) *adj inf* **-1.** *esp Am* [excellent] super; [fashionable] branché, dans le vent. **-2.** MUS funky (*inv*).

**fun-loving** *adj* qui aime s'amuser OR rire.

**funnel** [ˈfʌnl] (*Br pt & pp* **funnelled**, *cont* **funnelling**, *Am pt & pp* **funneled**, *cont* **funneling**) ◇ *n* **-1.** [utensil] entonnoir *m*; [smokestack] cheminée *f*. ◇ *vt* [liquid] (faire) passer dans un entonnoir; [crowd, funds] canaliser. ◇ *vi*: the crowd funnelled out of the gates la foule s'est écoulée par les grilles.

**funnies** [ˈfʌnɪz] *npl*: the ~ les bandes *fpl* dessinées (*dans un journal*).

**funnily** [ˈfʌnɪlɪ] *adv* **-1.** [oddly] curieusement, bizarrement; ~ enough, I was just thinking of you c'est drôle OR chose curieuse, je pensais justement à toi. **-2.** [in a funny manner] drôlement, comiquement.

**funny** [ˈfʌnɪ] (*pl* **funnies**) ◇ *adj* **-1.** [amusing] amusant, drôle, comique; it's not ~ ce n'est pas drôle; she didn't see the ~ side of it elle n'a pas vu le côté comique de la situation; he's trying to be ~ il cherche à faire de l'esprit; was it ~ ha-ha or ~ peculiar? *inf* c'était drôle-rigolo ou drôle-bizarre?**-2.** [odd] bizarre, curieux, drôle; she has some ~ ideas about work elle a de drôles d'idées sur le travail; the wine tastes ~ le vin a un drôle de goût; I think it's ~ that he should turn up now je trouve (ça) bizarre qu'il arrive maintenant; the ~ thing (about it) is that she claimed she was away ce qu'il y a de bizarre OR de curieux c'est qu'elle ait prétendu ne pas être là; she's ~ that way *inf* elle est comme ça; that's ~, I thought I heard the phone ring c'est curieux OR drôle, j'ai cru entendre le téléphone; the whole conversation left me with a ~ feeling la conversation m'a

fait un drôle d'effet; I've got a ~ feeling that's not the last we've seen of her j'ai comme l'impression qu'on va la revoir; I feel a bit ~ *inf* [odd] je me sens tout drôle OR tout chose; [ill] je ne suis pas dans mon assiette, je suis un peu patraque; he went all ~ when he heard the news *inf* la nouvelle l'a rendu tout chose. **-3.** [dubious, suspicious] louche; there's some ~ business *inf* OR there's something ~ going on il se passe quelque chose de louche OR de pas très catholique; there's something ~ about her wanting to see him ça me paraît louche qu'elle veuille le voir. **-4.** *Br inf* [mad] fou, *before vowel or silent 'h'* fol (*f* folle); he went ~ in the head il a perdu la tête.
◇ *n inf* [joke] blague *f*; to pull a ~ on sb *Am* jouer un tour à qqn, faire une farce à qqn.

**funny bone** *n inf* ANAT petit juif *m*.

**funny farm** *n inf & euph* maison *f* de fous.

**fun run** *n* course *f* à pied pour amateurs (*pour collecter des fonds*).

**fur** [fɜːʳ] (*pt & pp* **furred**, *cont* **furring**) ◇ *n* **-1.** [on animal] poil *m*, pelage *m*, fourrure *f*; her remark made the ~ fly OR set the ~ flying *inf* ça a fait du grabuge quand elle a dit ça. **-2.** [coat, pelt] fourrure *f*.**-3.** [in kettle, pipe] incrustation *f*, [dépôt *m* de] tartre *m*.**-4.** MED [on tongue] enduit *m*. ◇ *vt* **-1.** [person] habiller de fourrures. **-2.** [kettle, pipe] entartrer, incruster. **-3.** MED [tongue] empâter. ◇ *vi*: to ~ (up) [kettle, pipe] s'entartrer, s'incruster.

**furbelow** [ˈfɜːbɪləʊ] *n* falbala *m pej*.

**furbish** [ˈfɜːbɪʃ] *vt* [polish] fourbir, astiquer; [renovate] remettre à neuf.

**fur coat** *n* (manteau *m* de) fourrure *f*.

**furious** [ˈfjʊərɪəs] *adj* **-1.** [angry] furieux; she was ~ with me for being late elle m'en voulait de mon retard; he was ~ when he saw the car il s'est mis en colère quand il a vu la voiture; a ~ look un regard furibond. **-2.** [raging, violent – sea, storm] déchaîné; [– effort, struggle] acharné; [– pace, speed] fou, *before vowel or silent 'h'* fol (*f* folle).

**furiously** [ˈfjʊərɪəslɪ] *adv* **-1.** [answer, look] furieusement. **-2.** [fight, work] avec acharnement; [drive, run] à une allure folle.

**furled** [fɜːld] *adj* [umbrella, flag] roulé; [sail] serré.

**furlong** [ˈfɜːlɒŋ] *n* furlong *m* (= 201,17 mètres).

**furlough** [ˈfɜːləʊ] ◇ *n* **-1.** MIL [leave of absence] permission *f*, congé *m*; to be on ~ être en permission. **-2.** *Am* [laying off] mise *f* à pied provisoire. ◇ *vt* **-1.** MIL [grant leave of absence] accorder une permission à. **-2.** *Am* [lay off] mettre à pied provisoirement.

**furnace** [ˈfɜːnɪs] *n* [for central heating] chaudière *f*; INDUST fourneau *m*, four *m*; the office was like a ~ *fig* le bureau était une vraie fournaise.

**furnish** [ˈfɜːnɪʃ] *vt* **-1.** [supply – food, provisions] fournir; [– information, reason] fournir, donner; they ~ed us with the translation il nous ont donné la traduction. **-2.** [house, room] meubler; a comfortably ~ed house une maison confortablement aménagée.

**furnished** [ˈfɜːnɪʃt] *adj* [room, apartment] meublé.

**furnishings** [ˈfɜːnɪʃɪŋz] *npl* **-1.** [furniture] meubles *mpl*, mobilier *m*, ameublement *m*.**-2.** *Am* [clothing] habits *mpl*, vêtements *mpl*; [accessories] accessoires *mpl*.

**furniture** [ˈfɜːnɪtʃəʳ] *n (U)* **-1.** [for house] meubles *mpl*, mobilier *m*, ameublement *m*; a piece of ~ un meuble; he treats me as if I were part of the ~ pour lui, je fais partie des meubles. **-2.** NAUT & TYPO garniture *f*.**-3.** [accessories]: street ~ mobilier *m* urbain; door ~ éléments décoratifs pour portes d'entrée. ◇ *comp* [shop, store] d'ameublement, de meubles; ~ van camion *m* de déménagement; ~ polish encaustique *f*, cire *f*.

**furore** [fjʊˈrɔːrɪ] *Br*, **furor** [ˈfjʊərər] *Am n* scandale *m*, tumulte *m*; to cause OR to create a ~ faire un scandale.

**furrier** [ˈfʌrɪəʳ] *n* fourreur *m*.

**furrow** [ˈfʌrəʊ] ◇ *n* [in field] sillon *m*; [in garden] rayon *m*, sillon *m*; [on forehead] ride *f*, sillon *m*; [on sea] sillage *m*. ◇ *vt* **-1.** [soil, surface] sillonner. **-2.** [brow] rider. ◇ *vi* se plisser.

**furrowed** [ˈfʌrəʊd] *adj* ridé, sillonné de rides; he looked up with ~ed brow il a levé les yeux en plissant le front.

**furry** [ˈfɜːrɪ] (*compar* **furrier**, *superl* **furriest**) *adj* **-1.** [animal] à poils; [fabric] qui ressemble à de la fourrure; [toy] en peluche. **-2.** [kettle, pipe] entartré; [tongue] pâteux, chargé.

**further** ['fɜːðəʳ] ◇ adv (compar of **far**) **-1.** [at a greater distance in space, time] plus loin; ~ to the south plus au sud; she's never been ~ north than Leicester elle n'est jamais allée plus au nord que Leicester; how much ~ is it? c'est encore loin?; he got ~ and ~ away from the shore il a continué à s'éloigner de la rive; she moved ~ back elle a reculé encore plus; ~ back than 1960 avant 1960; ~ forward, ~ on plus en avant, plus loin; she's ~ on than the rest of the students fig elle est en avance sur les autres étudiants; I've got no ~ with finding a nanny mes recherches pour trouver une nourrice n'ont pas beaucoup avancé; nothing could be ~ from the truth rien n'est moins vrai; nothing could be ~ from my mind j'étais bien loin de penser à ça. **-2.** [more] plus, davantage; I have nothing ~ to say je n'ai rien à ajouter, je n'ai rien d'autre OR rien de plus à dire; don't try my patience any ~ ne pousse pas ma patience à bout, n'abuse pas de ma patience; the police want to question him ~ la police veut encore l'interroger; I want nothing ~ to do with him je ne veux plus avoir affaire à lui; until you hear ~ jusqu'à nouvel avis. **-3.** [to a greater degree]: her arrival only complicated things ~ son arrivée n'a fait que compliquer les choses. **-4.** fml [moreover] de plus, en outre. **-5.** phr: I would go even ~ and say he's a genius j'irais même jusqu'à dire que c'est un génie; we need to go ~ into the matter il faut approfondir davantage la question; I'll go no ~ [move] je n'irai pas plus loin; [say nothing more] je vais en rester là; this information must go no ~ cette information doit rester entre nous OR ne doit pas être divulguée.
◇ adj (compar of **far**) **-1.** [more distant] plus éloigné, plus lointain. **-2.** [additional – comments, negotiations] additionnel, autre; [– information, news] supplémentaire, complémentaire; do you have any ~ questions? avez-vous d'autres questions à poser?; I need a ~ nine hundred pounds j'ai encore besoin de neuf cents livres; upon ~ consideration à la réflexion, après plus ample réflexion; I have no ~ use for it je ne m'en sers plus, je n'en ai plus besoin OR l'usage; for ~ information, phone this number pour tout renseignement complémentaire, appelez ce numéro; without ~ delay sans autre délai, sans plus attendre; until ~ notice jusqu'à nouvel ordre ❑ without ~ ado sans plus de cérémonie.
◇ vt [cause, one's interests] avancer, servir, favoriser; [career] servir, favoriser; [chances] augmenter.
◆ **further to** prep phr fml suite à.

**furtherance** ['fɜːðərəns] n fml: in ~ of their policy pour servir leur politique.

**further education** ◇ n Br enseignement m postscolaire.
◇ comp [class, college] d'éducation permanente.

**furthermore** [,fɜːðə'mɔːʳ] adv en outre, par ailleurs.

**furthermost** ['fɜːðəməʊst] adj lit le plus éloigné, le plus lointain.

**furthest** ['fɜːðɪst] (superl of **far**) ◇ adv le plus loin; her house is the ~ away sa maison est la plus éloignée. ◇ adj le plus lointain, le plus éloigné; it's 10 miles at the ~ il y a 16 kilomètres au plus OR au maximum.

**furtive** ['fɜːtɪv] adj [behaviour, look] furtif; [person] sournois.

**fury** ['fjʊərɪ] (pl **furies**) n **-1.** [anger] fureur f, furie f; to be in a ~ être dans une colère noire OR en furie. **-2.** [violence – of storm, wind] violence f; [– of fight, struggle] acharnement m; to work like ~ Br travailler d'arrache-pied OR avec acharnement; to run like ~ Br courir ventre à terre. **-3.** [frenzy] frénésie f; a ~ of activity une période d'activité débordante.
◆ **Furies** npl MYTH: the Furies les Furies fpl, les Érynies fpl.

**furze** [fɜːz] n (U) ajoncs mpl.

**fuse**, **fuze** Am [fjuːz] ◇ vi **-1.** [melt] fondre; [melt together] fusionner. **-2.** [join] s'unifier, fusionner. **-3.** Br ELEC: the lights/the appliance ~d les plombs ont sauté. ◇ vt **-1.** [melt] fondre; [melt together] fondre, mettre en fusion. **-2.** [unite] fusionner, unifier, amalgamer. **-3.** Br ELEC: to ~ the lights faire sauter les plombs. **-4.** [explosive] amorcer. ◇ n **-1.** ELEC plomb m, fusible m; the ~ keeps blowing les plombs n'arrêtent pas de sauter ‖ fig: to blow a ~ inf se mettre dans une colère noire, exploser. **-2.** [of explosive] amorce f, détonateur m; MIN cordeau m; to have a short ~ inf être soupe au lait, se mettre facilement en rogne.

**fuse box** n boite f à fusibles, coupe-circuit m inv; AUT porte-fusible m.

**fused** [fjuːzd] adj [kettle, plug] avec fusible incorporé.

**fuselage** ['fjuːzəlɑːʒ] n fuselage m.

**fuse wire** n fusible m.

**fusilier** [,fjuːzə'lɪəʳ] n fusilier m.

**fusillade** [,fjuːzə'leɪd] n fusillade f.

**fusion** ['fjuːʒn] n METALL fonte f, fusion f; PHYS fusion f; fig [of ideas, parties] fusion f, fusionnement m.

**fusion bomb** n bombe f thermonucléaire OR à hydrogène.

**fusion reactor** n réacteur m nucléaire.

**fuss** [fʌs] ◇ n **-1.** (U) [bother] histoires fpl; what a lot of ~ about nothing! que d'histoires pour rien!; after a great deal of ~ she accepted après avoir fait toutes sortes de manières, elle a accepté. **-2.** [state of agitation] panique f; don't get into a ~ over it! ne t'affole pas pour ça!. **-3.** phr: to kick up inf OR to make a ~ about OR over sthg faire des histoires OR tout un plat au sujet de qqch; people are making a ~ about the new road les gens protestent contre la nouvelle route; you should have made a ~ about it tu n'aurais pas dû laisser passer ça; to make a ~ of OR over sb être aux petits soins pour qqn; he likes to be made a ~ over il aime bien qu'on fasse grand cas de lui.
◇ vi [become agitated] s'agiter, s'inquiéter, se tracasser; [worry] s'inquiéter, se tracasser; she kept ~ing with her hair elle n'arrêtait pas de tripoter ses cheveux; to ~ over sb être aux petits soins pour qqn; stop ~ing over me! laisse-moi tranquille!; don't ~, we'll be on time ne t'en fais pas, on sera à l'heure.
◇ vt **-1.** esp Am agacer, embêter. **-2.** Br inf phr: do you want meat or fish? — I'm not ~ed veux-tu de la viande ou du poisson? — ça m'est égal; I don't think he's particularly ~ed whether we go or not je crois que cela lui est égal qu'on y aille ou pas.
◆ **fuss about** Br, **fuss around** vi insep [rush around] s'affairer.

**fussbudget** ['fʌs,bʌdʒet] Am = **fusspot**.

**fussily** ['fʌsɪlɪ] adv **-1.** [fastidiously] de façon méticuleuse OR tatillonne; [nervously] avec anxiété. **-2.** [over-ornate] de façon tarabiscotée.

**fussiness** ['fʌsɪnɪs] n **-1.** [fastidiousness] côté m tatillon. **-2.** [ornateness – of decoration] tarabiscotage m.

**fusspot** ['fʌspɒt] n inf **-1.** [worrier] anxieux m, -euse f; don't be such a ~ arrête de te faire du mauvais sang. **-2.** [fastidious person] tatillon m, -onne f; she's such a ~! qu'est-ce qu'elle peut être difficile!

**fussy** ['fʌsɪ] (compar **fussier**, superl **fussiest**) adj **-1.** [fastidious] tatillon, pointilleux; he's ~ about his food/about what he wears il fait très attention à ce qu'il mange/à ce qu'il porte; where shall we go? — I'm not ~ où est-ce qu'on va? — ça m'est égal. **-2.** [over-ornate – decoration] trop chargé, tarabiscoté; [– language] ampoulé, qui manque de simplicité.

**fustian** ['fʌstɪən] n [fabric] futaine f; fig & lit [bombast] grandiloquence f.

**fusty** ['fʌstɪ] (compar **fustier**, superl **fustiest**) adj [room] qui sent le renfermé; [smell] de renfermé, de moisi; fig [idea, outlook] vieux jeu.

**futile** [Br 'fjuːtaɪl, Am 'fuːtl] adj [action, effort] vain; [remark, question] futile, vain; [idea] futile, creux; it's ~ trying to reason with him il est inutile d'essayer de lui faire entendre raison.

**futility** [fjuː'tɪlətɪ] (pl **futilities**) n [of action, effort] futilité f, inutilité f; [of remark, question] inanité f; [of gesture] futilité f.

**futon** ['fuːtɒn] n futon m.

**future** ['fjuːtʃəʳ] ◇ n **-1.** [time ahead] avenir m; in (the) ~ à l'avenir; sometime in the near ~ OR in the not so distant ~ [gen] bientôt; [more indistant] dans un avenir proche; in the distant ~ dans un avenir lointain; young people today don't have much of a ~ les jeunes d'aujourd'hui n'ont pas beaucoup d'avenir; he has a great ~ ahead of him as an actor c'est un comédien plein d'avenir; I'll have to see what the ~ holds OR has in store on verra ce que l'avenir me réserve. **-2.** GRAMM futur m. ◇ adj **-1.** futur; at a ~ date à une date ultérieure; I kept it for ~ reference je l'ai conservé comme document. **-2.** COMM [delivery, estate] à terme.
◆ **in future** adv phr à l'avenir; I shan't offer my advice in ~! je ne donnerai plus de conseils désormais!

**future perfect** n futur m antérieur.

**futures** ['fjuːtʃəz] npl ST. EX marchandises fpl achetées à terme; the ~ market le marché à terme; sugar ~ sucre m (acheté) à terme.

**future tense** *n* futur *m*.

**futurism** ['fju:tʃərɪzm] *n* futurisme *m*.

**futurist** ['fju:tʃərɪst] ◇ *adj* futuriste. ◇ *n* futuriste *mf*.

**futuristic** [,fju:tʃə'rɪstɪk] *adj* futuriste.

**futurology** [,fju:tʃə'rɒlədʒɪ] *n* futurologie *f*, prospective *f*.

**fuze** [fju:z] *Am* = **fuse** *n*.

**fuzz** [fʌz] ◇ *n (U)* **-1.** [down – on peach] duvet *m*; [– on body] duvet *m*, poils *mpl* fins; [– on head] duvet *m*, cheveux *mpl* fins. **-2.** [frizzy hair] cheveux *mpl* crépus OR frisottants. **-3.** [on blanket, sweater] peluches *fpl*.**-4.** ▽ [police]: the ~ les flics

*mpl*.**-5.** *Am* [lint] peluches *fpl*. ◇ *vt* **-1.** [hair] frisotter. **-2.** [image, sight] rendre flou. ◇ *vi* **-1.** [hair] frisotter. **-2.** [image, sight] devenir flou. **-3.** [blanket, sweater] pelucher.

**fuzzy** ['fʌzɪ] (*compar* **fuzzier**, *superl* **fuzziest**) *adj* **-1.** [cloth, garment] peluché, pelucheux. **-2.** [image, picture] flou. **-3.** [confused – ideas] confus; my head feels a bit ~ today j'ai un peu la tête qui tourne aujourd'hui. **-4.** [hair] crépu, frisottant.

**fwd.** *written abbr of* **forward**.

**fwy** *written abbr of* **freeway**.

**FY** *n abbr of* **fiscal year**.

# G

**g** (*pl* **g's** OR **gs**), **G** (*pl* **G's** OR **Gs**) [dʒi:] *n* [letter] g *m*, G *m*.

**g -1.** (*written abbr of* **gram**) g. **-2.** (*written abbr of* **gravity**) g.

**G** ◇ *n* **-1.** MUS [note] sol *m*.**-2.** *Am inf (abbr of* **grand**) mille dollars. ◇ **-1.** (*written abbr of* **good**) B. **-2.** *Am* CIN (*written abbr of* **general (audience)**) *tous publics*.

**GA** *written abbr of* **Georgia**.

**gab** [gæb] (*pt & pp* **gabbed**, *cont* **gabbing**) *inf* ◇ *n (U)* [chatter] parlotte *f*, parlote *f*. ◇ *vi* papoter.

**gabardine** [,gæbə'di:n] = **gaberdine**.

**gabble** ['gæbl] ◇ *vi* **-1.** [idly] faire la parlote, papoter. **-2.** [inarticulately] bredouiller, balbutier. ◇ *vt* bredouiller, bafouiller; she ~d (out) her story elle a raconté son histoire en bredouillant. ◇ *n* baragouin *m*, flot *m* de paroles; a ~ of voices un bruit confus de conversations; to talk at a ~ parler vite OR avec volubilité, jacasser.

**gabbler** ['gæblə'] *n* bavard *m*, -e *f*.

**gabby** ['gæbɪ] (*compar* **gabbier**, *superl* **gabbiest**) *adj inf* bavard.

**gaberdine** [,gæbə'di:n] ◇ *n* gabardine *f*. ◇ *comp*: ~ raincoat gabardine *f*.

**gable** ['geɪbl] *n* [wall] pignon *m*; [over arch, door etc] gâble *m*, gable *m*.

**gabled** ['geɪbld] *adj* [house] à pignon OR pignons; [wall] en pignon; [roof] sur pignon OR pignons; [arch] à gâble.

**gable-end** *n* pignon *m*.

**Gabon** [gæ'bɒn] *pr n* Gabon *m*; in ~ au Gabon.

**Gabonese** [,gæbə'ni:z] ◇ *n* Gabonais *m*, -e *f*. ◇ *npl*: the ~ les Gabonais. ◇ *adj* gabonais.

**gad** [gæd] (*pt & pp* **gadded**, *cont* **gadding**) ◇ *vi*: to ~ about OR around se balader. ◇ *vt* MIN casser au coin OR au picot. ◇ *n* **-1.** MIN [chisel] coin *m*; [pick] picot *m*.**-2.** [goad] aiguillon *m*.

**gadabout** ['gædəbaut] *n Br inf* vadrouilleur *m*, -euse *f*.

**gadget** ['gædʒɪt] *n* gadget *m*.

**gadgetry** ['gædʒɪtrɪ] *n (U)* gadgets *mpl*.

**Gael** [geɪl] *n*: the ~s les Gaëls *mpl*.

**Gaelic** ['geɪlɪk] ◇ *adj* gaélique. ◇ *n* LING gaélique *m*.

**gaff** [gæf] *n* **-1.** [fishhook] gaffe *f*.**-2.** NAUT [spar] corne *f*.**-3.** *Br (U)* [nonsense] foutaise *f*, foutaises *fpl*.**-4.** *phr*: to blow the ~ *inf* vendre la mèche; to blow the ~ on sb vendre qqn. ◇ *vt* [fish] gaffer.

**gaffe** [gæf] *n* [blunder] bévue *f*; a social ~ un faux pas, un impair.

**gaffer** ['gæfə'] *n inf* **-1.** *Br* [boss]: the ~ le patron, le chef. **-2.** [old man] vieux *m*.

**gag** [gæg] (*pt & pp* **gagged**, *cont* **gagging**) ◇ *n* **-1.** [over mouth] bâillon *m*; they want to put a ~ on the press *fig* ils veulent bâillonner la presse. **-2.** *inf* [joke] gag *m*.**-3.** MED ouvre-bouche *m*. ◇ *vt* [silence] bâillonner; *fig* bâillonner, museler. ◇ *vi* **-1.** [retch] avoir un haut-le-cœur; he gagged on a fishbone il a failli s'étrangler avec une arête de poisson. **-2.** *inf* [joke] blaguer, rigoler. **-3.** THEAT faire des improvisations comiques.

**gaga** ['gɑ:gɑ:] *adj inf* [senile, crazy] gaga.

**gage** [geɪdʒ] ◇ *n* **-1.** *Am* = **gauge**. **-2.** [pledge] gage *m*.**-3.** [challenge] défi *m*.**-4.** *arch* [glove] gant *m*. ◇ *vt arch* [pledge, wager] gager.

**gaggle** ['gægl] ◇ *n literal & fig* troupeau *m*. ◇ *vi* cacarder.

**gag resolution**, **gag rule** *n Am* règle *f* du bâillon (*procédure parlementaire permettant de limiter le temps de parole et d'éviter l'obstruction systématique*).

**gaiety** ['geɪətɪ] (*pl* **gaieties**) *n* gaieté *f*.

**gaily** ['geɪlɪ] *adv* **-1.** [brightly] gaiement; ~ coloured clothes des vêtements aux couleurs vives. **-2.** [casually] tranquillement.

**gain** [geɪn] ◇ *n* **-1.** [profit] gain *m*, profit *m*, bénéfice *m*; *fig* avantage *m*, gain *m*; to do sthg for personal ~ faire qqch par intérêt; their loss is our ~ ce n'est pas perdu pour tout le monde. **-2.** [acquisition] gain *m*; there were large Conservative ~s le parti conservateur a gagné de nombreux sièges. **-3.** [increase] augmentation *f*. **-4.** ELECTRON gain *m*.
◇ *vt* **-1.** [earn, win, obtain] gagner; what would we (have to) ~ by joining? quel intérêt avons-nous à adhérer?; to ~ friends (by doing sthg) se faire des amis (en faisant qqch); they managed to ~ entry to the building ils ont réussi à s'introduire dans le bâtiment; he managed to ~ a hearing il a réussi à se faire écouter. **-2.** [increase] gagner. **-3.** [obtain more] gagner, obtenir; to ~ weight/speed prendre du poids/de la vitesse; to ~ experience acquérir de l'expérience; to ~ ground gagner du terrain; to ~ time gagner du temps. **-4.** [subj: clock, watch] avancer de; my watch ~s ten minutes a day ma montre avance de dix minutes par jour. **-5.** *lit* [reach] atteindre, gagner.
◇ *vi* **-1.** [profit] profiter, gagner; who stands to ~ by this deal? qui y gagne dans cette affaire?**-2.** [clock] avancer.
◆ **gain on**, **gain upon** *vt insep* [catch up] rattraper.

**gainful** ['geɪnful] *adj* **-1.** [profitable] profitable, rémunérateur. **-2.** [paid] rémunéré; ~ employment un emploi rémunéré.

**gainfully** ['geɪnfulɪ] *adv* de façon profitable, avantageusement; **to be ~ employed** avoir un emploi rémunéré.

**gainsay** [ˌgeɪn'seɪ] (*pt* & *pp* **gainsaid** [-'sed]) *vt fml* [deny] nier; [contradict] contredire.

**gainst** [geɪnst], **'gainst** [genst] *lit* = **against** *prep.*

**gait** [geɪt] *n* démarche *f*, allure *f*.

**gaiters** ['geɪtəz] *npl* guêtres *fpl.*

**gal** [gæl] *n* **-1.** *inf* [girl] fille *f*.**-2.** PHYS [unit of acceleration] gal *m.*

**gal.** *written abbr of* **gallon.**

**gala** ['gɑːlə] ◇ *n* **-1.** [festivity] gala *m*.**-2.** *Br* SPORT réunion *f* sportive; **swimming ~** concours *m* de natation. ◇ *comp* [dress, day, evening] de gala; **a ~ occasion** une grande occasion.

**galactic** [gə'læktɪk] *adj* galactique.

**Galapagos Islands** [gə'læpəgəs-] *pl pr n*: **the ~** les (îles *fpl*) Galapagos *fpl.*

**Galatian** [gə'leɪʃjən] *n*: **the Epistle of Paul to the ~s** l'Épître de saint Paul aux Galates.

**galaxy** ['gæləksɪ] (*pl* **galaxies**) *n* **-1.** ASTRON galaxie *f*; **the Galaxy** la Voie lactée. **-2.** [gathering] constellation *f*, pléiade *f.*

**gale** [geɪl] *n* **-1.** [wind] coup *m* de vent, grand vent *m*; **a force 9 ~** un vent de force 9; **it's blowing a ~ outside!** quel vent! ❑ **~ warning** avis *m* de coup de vent. **-2.** [outburst] éclat *m.*

**gale force** *n* force *f* 8 à 9; **gale-force winds** coups *mpl* de vent.

**Galicia** [gə'lɪʃɪə] *pr n* **-1.** [Central Europe] Galicie *f*. **-2.** [Spain] Galice *f.*

**Galician** [gə'lɪʃjən] ◇ *adj* galicien. ◇ *n* [person] Galicien *m*, -enne *f.*

**Galilean** [ˌgælɪ'liːən] ◇ *adj* galiléen. ◇ *n* Galiléen *m*, -enne *f.*

**Galilee** ['gælɪliː] *pr n* Galilée *f*; **in ~** en Galilée; **the Sea of ~** le lac de Tibériade, la mer de Galilée.

**Galileo** [ˌgælɪ'leɪəʊ] *pr n* Galilée.

**gall** [gɔːl] ◇ *n* **-1.** ANAT [human] bile *f*; [animal] fiel *m*.**-2.** [bitterness] fiel *m*, amertume *f*.**-3.** [nerve] culot *m*.**-4.** BOT galle *f*.**-5.** MED & VETER écorchure *f*, excoriation *f*. ◇ *comp*: **~ duct** ANAT voie *f* biliaire. ◇ *vt* **-1.** [annoy] énerver. **-2.** MED & VETER excorier.

**gall.** *written abbr of* **gallon.**

**gallant** [*adj sense 1* & *3* 'gælənt, *adj sense 2* 'gæl ənt, *n* 'gælənt] ◇ *adj* **-1.** [brave] courageux, vaillant; **~ deeds** des actions d'éclat, des prouesses. **-2.** [chivalrous] galant. **-3.** *lit* [noble] noble; [splendid] superbe, splendide. ◇ *n lit* galant *m.*

**gallantly** ['gæləntlɪ] *adv* **-1.** [bravely] courageusement, vaillamment. **-2.** [chivalrously] galamment.

**gallantry** ['gæləntrɪ] (*pl* **gallantries**) *n* **-1.** [bravery] courage *m*, vaillance *f*.**-2.** [brave deed] prouesse *f*, action *f* d'éclat. **-3.** [chivalry, amorousness] galanterie *f.*

**gall bladder** *n* vésicule *f* biliaire.

**galleon** ['gælɪən] *n* galion *m.*

**galleria** [gælə'rɪə] *n* puits *m* (*aménagé dans un grand magasin à plusieurs étages*).

**gallery** ['gælərɪ] (*pl* **galleries**) ◇ *n* **-1.** [of art] musée *m* (des beaux-arts). **-2.** [balcony] galerie *f*; [for spectators] tribune *f*; **the press ~** la tribune de la presse. **-3.** [covered passageway] galerie *f*.**-4.** THEAT [upper balcony] dernier balcon *m*; [audience] galerie *f*; **to play to the ~** *fig* poser pour la galerie. **-5.** [tunnel] galerie *f*.**-6.** GOLF [spectators] public *m*. ◇ *comp*: **~ forest** forêt-galerie *f*, galerie *f* forestière.

**galley** ['gælɪ] ◇ *n* **-1.** [ship] galère *f*; [ship's kitchen] cambuse *f*; [aircraft kitchen] office *m* or *f*.**-2.** TYPO [container] galée *f*; [proof] placard *m*. ◇ *comp*: **~ kitchen** kitchenette *f*, cuisinette *f* offic.

**galley proof** *n* TYPO (épreuve *f* en) placard *m.*

**galley slave** *n* galérien *m.*

**Gallic** ['gælɪk] *adj* **-1.** [French] français. **-2.** [of Gaul] gaulois; **the ~ Wars** la guerre des Gaules.

**gallicism** ['gælɪsɪzm] *n* gallicisme *m.*

**gallicize, -ise** ['gælɪsaɪz] *vt* franciser.

**galling** ['gɔːlɪŋ] *adj* [annoying] irritant; [humiliating] humiliant, vexant.

**gallivant** [ˌgælɪ'vænt] *vi hum*: **to ~ about** or **around** se balader.

**gallon** ['gælən] *n* gallon *m.*

**gallop** ['gæləp] ◇ *vi* galoper; **to ~ away** or **off** partir au galop; **he came ~ing down the stairs** *fig* il a descendu l'escalier au galop. ◇ *vt* faire galoper. ◇ *n* galop *m*; **the pony broke into a ~** le poney a pris le galop; **to do sthg at a ~** *fig* faire qqch à toute vitesse.

◆ **gallop through** *vt insep* faire à toute vitesse; **I positively ~ed through the book** j'ai vraiment lu ce livre à toute allure.

**galloping** ['gæləpɪŋ] *adj* [horse] au galop; *fig* galopant.

**Gallo-Roman** [ˌgæləʊ'rəʊmən] ◇ *adj* [dialects] gallo-roman; [civilization, remains] gallo-romain. ◇ *n* LING gallo-roman *m.*

**gallows** ['gæləʊz] (*pl inv*) *n* potence *f*, gibet *m.*

**gallows humour** *n Br* humour *m* noir.

**gallows tree** = **gallows.**

**gallstone** ['gɔːlstəʊn] *n* calcul *m* biliaire.

**Gallup Poll** ['gæləp-] *n* sondage *m* d'opinion (réalisé par l'institut Gallup).

**galore** [gə'lɔːr] *adv* en abondance.

**galoshes** [gə'lɒʃɪz] *npl* caoutchoucs *mpl* (*pour protéger les chaussures*).

**galumph** [gə'lʌmf] *vi inf* courir lourdement OR comme un pachyderme.

**galvanic** [gæl'vænɪk] *adj* **-1.** ELEC galvanique. **-2.** [convulsive] convulsif. **-3.** [stimulating] galvanisant.

**galvanism** ['gælvənɪzm] *n* galvanisme *m.*

**galvanize, -ise** ['gælvənaɪz] *vt* MED, METALL & *fig* galvaniser; **it ~d the team into action** ça a poussé l'équipe à agir.

**galvanometer** [ˌgælvə'nɒmɪtər] *n* galvanomètre *m.*

**Gambia** ['gæmbɪə] *pr n*: **(the) ~** (la) Gambie; **in (the) ~** en Gambie.

**Gambian** ['gæmbɪən] ◇ *n* Gambien *m*, -enne *f*. ◇ *adj* gambien.

**gambit** ['gæmbɪt] *n* [chess] gambit *m.*

**gamble** ['gæmbl] ◇ *vi* jouer. ◇ *vt* parier, miser. ◇ *n* **-1.** [wager] pari *m*; **I like an occasional ~ on the horses** j'aime bien jouer aux courses de temps en temps. **-2.** [risk] coup *m* de poker; **it's a ~ we have to take** c'est un risque qu'il faut prendre; **it's a bit of a ~ whether it'll work or not** nous n'avons aucun moyen de savoir si ça marchera.

◆ **gamble away** *vt sep* perdre au jeu.

◆ **gamble on** *vt insep* miser OR tabler OR compter sur.

**gambler** ['gæmblər] *n* joueur *m*, -euse *f.*

**gambling** ['gæmblɪŋ] ◇ *n* (U) jeu *m*, jeux *mpl* d'argent; **~ debts** dettes *fpl* de jeu. ◇ *adj* joueur.

**gambling house** *n* maison *f* de jeu.

**gambol** ['gæmbl] (*Br pt* & *pp* **gambolled**, *cont* **gambolling**, *Am pt* & *pp* **gamboled**, *cont* **gamboling**) ◇ *vi* gambader, cabrioler. ◇ *n* gambade *f*, cabriole *f.*

**game** [geɪm] ◇ *n* **-1.** [gen] jeu *m*; **card/party ~s** jeux de cartes/de société; **a ~ of chance/of skill** un jeu de hasard/d'adresse; **bets are forbidden** il est interdit de jouer au ballon; **she plays a good ~ of chess** c'est une bonne joueuse d'échecs, elle joue bien aux échecs; **I'm off my ~ today** je joue mal aujourd'hui; **it put me right off my ~** ça m'a complètement déconcerté; **to play sb's ~** entrer dans le jeu de qqn; ❑ **the ~ is not worth the candle** *Br* le jeu n'en vaut pas la chandelle. **-2.** [contest] partie *f*; [esp professional] match *m*; **do you fancy a ~ of chess?** ça te dit de faire une partie d'échecs? **-3.** [division of match – in tennis, bridge] jeu *m*. **-4.** [playing equipment, set] jeu *m*.**-5.** *inf* [scheme, trick] ruse *f*, stratagème *m*; **what's your (little) ~?** qu'est-ce que tu manigances?, à quel jeu joues-tu? ❑ **to play a double ~** jouer un double jeu; **to beat sb at his/her own game** battre qqn sur son propre terrain; **the ~'s up!** tout est perdu!; **two can play at that ~!** moi aussi je peux jouer à ce petit jeu-là!; **to give the ~ away** vendre la mèche; **that gave the ~ away** c'est comme ça qu'on a découvert le pot aux roses. **-6.** *inf* [undertaking, operation]: **at this stage in the ~** à ce stade des opérations ❑ **to be ahead of the ~** mener le jeu *fig*. **-7.** [activity] travail *m*; **I'm new to this ~** je suis novice en la matière; **when you've been in this ~ as long as I have, you'll understand** quand tu auras fait ça aussi longtemps que moi, tu comprendras. **-8.** CULIN & HUNT gibier *m*.**-9.** *phr*: **to be on the ~** ▽ *Br* faire le tapin.

◇ *comp* de chasse; **~ laws** réglementation *f* de la chasse.

◇ *adj* **-1.** [plucky] courageux, brave. **-2.** [willing] prêt, par-

tant; they're ~ for anything ils sont toujours partants. **-3.**
*Br* [lame] estropié.
◇ *vi fml* [gamble] jouer (de l'argent).
◆ **games** *npl* [international] jeux *mpl*; *Br* SCH sport *m*.
**game bird** *n*: ~s gibier *m* à plumes.
**game fish** *n* poisson *m* noble (*saumon, brochet*).
**game-fishing** *n* pêche *f* (*au saumon, à la truite, au brochet*).
**game fowl** = **game bird**.
**gamekeeper** ['geɪm,ki:pəʳ] *n* garde-chasse *m*.
**gamely** ['geɪmlɪ] *adv* courageusement, vaillamment.
**game park** *n* [in Africa] réserve *f*.
**game pie** *n* tourte *f* au gibier, ≈ pâté *m* en croûte.
**game plan** *n* stratégie *f*, plan *m* d'attaque.
**game point** *n* balle *f* de jeu.
**game reserve** *n* réserve *f* (*pour animaux sauvages*).
**gamesmanship** ['geɪmzmənʃɪp] *n* art de gagner (*aux jeux*) en
déconcertant son adversaire.
**gamete** ['gæmiːt] *n* gamète *m*.
**game theory** *n* théorie *f* des jeux.
**game warden** *n* **-1.** [gamekeeper] garde-chasse *m*.**-2.** [in
safari park] garde *m* (d'une réserve).
**gamey** [geɪmɪ] (*compar* **gamier,** *superl* **gamiest**) = **gamy**.
**gamine** ['gæmiːn] *Br* ◇ *n* [impish girl] jeune fille *f* espiègle;
[tomboy] garçon *m* manqué. ◇ *adj* gamin.
**gaming** ['geɪmɪŋ] *fml* = **gambling** *n*.
**gaming laws** *npl* lois réglementant les jeux de hasard.
**gaming table** *n* table *f* de jeu.
**gamma** ['gæmə] *n* gamma *m*.
**gamma ray** *n* rayon *m* gamma.
**gammon** ['gæmən] *n Br* [cut] jambon *m*; [meat] jambon *m*
fumé.
**gammon steak** *n Br* (épaisse) tranche de jambon fumé.
**gammy** ['gæmɪ] (*compar* **gammier,** *superl* **gammiest**) *adj Br inf*
estropié.
**gamut** ['gæmət] *n* MUS OR *fig* gamme *f*; to run the (whole) ~
of sthg passer par toute la gamme de qqch.
**gamy** ['geɪmɪ] (*compar* **gamier,** *superl* **gamiest**) *adj* [meat] faisandé.
**gander** ['gændəʳ] *n* **-1.** [goose] jars *m*.**-2.** *Br inf* [simpleton] nigaud *m*, -e *f*, andouille *f*.**-3.** *Br inf* [look]: to have OR to take a
~ at sthg jeter un coup d'œil sur qqch.
**gang** [gæŋ] ◇ *n* **-1.** [gen] bande *f*; [of criminals] gang *m*.**-2.** [of
workmen] équipe *f*; [of convicts] convoi *m*.**-3.** TECH [of tools] série *f*. ◇ *vt* TECH [tools, instruments] coupler.
◆ **gang up** *vi insep* se mettre à plusieurs; to ~ up against OR
on sb se liguer contre qqn.
**gang-bang**▼ *n* viol *m* collectif.
**ganger** ['gæŋəʳ] *n Br* [foreman] contremaître *m*, chef *m*
d'équipe.
**Ganges** ['gændʒiːz] *pr n*: the (River) ~ le Gange.
**gangland** ['gæŋlænd] ◇ *n* le milieu. ◇ *comp*: a ~ killing un
règlement de comptes (*dans le milieu*).
**ganglia** ['gæŋglɪə] *pl* → **ganglion**.
**gangling** ['gæŋglɪŋ] *adj* dégingandé.
**ganglion** ['gæŋglɪən] (*pl* **ganglia** [-glɪə]) *n* **-1.** ANAT ganglion
*m*.**-2.** [centre, focus] centre *m*, foyer *m*.
**gangly** ['gæŋlɪ] = **gangling**.
**gangplank** ['gæŋplæŋk] *n* passerelle *f*; to walk the ~ être
soumis au supplice de la planche (*par des pirates*).
**gangrene** ['gæŋgriːn] ◇ *n* MED & *fig* gangrène *f*. ◇ *vi* se gangrener.
**gangrenous** ['gæŋgrɪnəs] *adj* gangreneux; the wound went
~ la blessure s'est gangrenée.
**gang show** *n* spectacle de variétés organisé par les scouts.
**gangster** ['gæŋstəʳ] ◇ *n* gangster *m*. ◇ *comp* [film, story] de
gangsters.
**gangway** ['gæŋweɪ] ◇ *n* **-1.** NAUT = **gangplank. -2.** [pas-
sage] passage *m*; *Br* [in theatre] allée *f*. ◇ *interj*: ~! dégagez le
passage!
**gannet** ['gænɪt] *n* **-1.** ORNITH fou *m* de Bassan. **-2.** *Br inf* [per-
son] glouton *m*, -onne *f*.
**gantry** ['gæntrɪ] (*pl* **gantries**) *n* [for crane] portique *m*;
(launching) ~ ASTRON portique (de lancement); (signal) ~

RAIL portique (à signaux).
**gantry crane** *n* grue *f* (à) portique.
**Ganymede** ['gænɪmiːd] *pr n* Ganymède.
**GAO** (*abbr of* **General Accounting Office**) *pr n* Cour des
comptes américaine.
**gaol** *etc* [dʒeɪl] *Br* = **jail**.
**gap** [gæp] *n* **-1.** [hole, breach] trou *m*, brèche *f*; the sun shone
through a ~ in the clouds le soleil perça à travers les nuages. **-2.** [space between objects] espace *m*; [narrower] interstice *m*, jour *m*; he has a ~ between his front teeth il a les
dents de devant écartées; I could see through a ~ in the
curtains je voyais par la fente entre les rideaux. **-3.** [blank]
blanc *m*.**-4.** [in time] intervalle *m*; she returned to work after
a ~ of six years elle s'est remise à travailler après une interruption de six ans. **-5.** [lack] vide *m*; to bridge OR to fill a ~
combler un vide; a ~ in the market un créneau sur le mar-
ché. **-6.** [omission] lacune *f*.**-7.** [silence] pause *f*, silence *m*.**-8.**
[disparity] écart *m*, inégalité *f*.**-9.** [mountain pass] col *m*.
**gape** [geɪp] ◇ *vi* **-1.** [stare] regarder bouche bée; what are
you gaping at? qu'est-ce que tu regardes avec cet air
bête?**-2.** [open one's mouth wide] ouvrir la bouche toute
grande. **-3.** [be open] être béant, béer *lit*. ◇ *n* [stare] regard *m*
ébahi.
**gaping** ['geɪpɪŋ] *adj* **-1.** [staring] bouche bée (*inv*). **-2.** [wide
open] béant.
**gappy** ['gæpɪ] (*compar* **gappier,** *superl* **gappiest**) *adj* **-1.** [ac-
count, knowledge] plein de lacunes. **-2.** ~ teeth des dents
écartées.
**gap-toothed** *adj* [with spaces between teeth] aux dents écartées; [with missing teeth] à qui il manque des dents.
**garage** [*n Br* 'gæraːʒ, 'gærɪdʒ, *Am* gə'raːʒ, *vb Br* 'gæraːʒ, *Am*
gə'raːʒ] ◇ *n* garage *m*. ◇ *vt* mettre au garage.
**garage sale** *n* vente d'occasion chez un particulier.
**garb** [gɑːb] *lit* ◇ *n* costume *m*, mise *f*. ◇ *vt* vêtir.
**garbage** ['gɑːbɪdʒ] *n* (*U*) **-1.** *Am* [waste matter] ordures *fpl*, détritus *mpl*; throw it in the ~ jette-le à la poubelle. **-2.** *inf*
[nonsense] bêtises *fpl*, âneries *fpl*. **-3.** COMPUT données *fpl* erronées; ~ in, ~ out la qualité des résultats est fonction de la
qualité des données à l'entrée.
**garbage can** *n Am* poubelle *f*.
**garbage chute** *n Am* vide-ordures *m inv*.
**garbage collector** *n Am* éboueur *m*.
**garbage disposal unit** *n Am* broyeur *m* d'ordures.
**garbage dump** *n Am* décharge *f*.
**garbage man** *Am* = **garbage collector**.
**garbage truck** *n Am* camion *m* des éboueurs.
**garble** ['gɑːbl] *vt* [involuntarily – story, message] embrouiller;
[– quotation] déformer; [deliberately – facts] dénaturer, déformer.
**garbled** ['gɑːbld] *adj* [story, message, explanation – involun-
tarily] embrouillé, confus; [– deliberately] dénaturé, déformé.
**garda** ['gɑːdə] (*pl* **gardai** [-diː]) *n* policier *m* (*en République
d'Irlande*).
**Garda** ['gɑːdə] *pr n*: Lake ~ le lac de Garde.
**garden** ['gɑːdn] ◇ *n* **-1.** [with flowers] jardin *m*; [with vegeta-
bles] (jardin *m*) potager *m*; to do the ~ jardiner, faire du jardinage ❑ the Garden of Eden le jardin *m* d'Éden, l'Éden *m*;
everything in the ~ is rosy OR lovely tout va bien. **-2.** [fer-
tile region] jardin *m*. ◇ *comp* de jardinage, de jardin; ~ path
allée *f* (*dans un jardin*); ~ produce produits *mpl* maraîchers; ~
shears cisaille *f* OR cisailles *fpl* de jardin; ~ shed resserre *f*; ~
tools outils *mpl* de jardinage; ~ wall mur *m* du jardin. ◇ *vi*
jardiner, faire du jardinage.
◆ **gardens** *npl* [park] jardin *m* public.
**garden centre** *n* jardinerie *f*.
**gardener** ['gɑːdnəʳ] *n* jardinier *m*, -ère *f*.
**garden flat** *n* rez-de-jardin *m inv*.
**garden gnome** *n* gnome *m* (décoratif).
**gardenia** [gɑː'diːnjə] *n* gardénia *m*.
**gardening** ['gɑːdnɪŋ] ◇ *n* jardinage *m*. ◇ *comp* [book, pro-
gramme] de OR sur le jardinage; [gloves] de jardinage.
**garden party** *n Br* garden-party *f*.
**garden suburb** *n* banlieue *f* verte.
**garden-variety** *adj Am* ordinaire.

**gargantuan** [gɑːˈgæntjʊən] *adj* gargantuesque.

**gargle** [ˈgɑːgl] ◇ *vi* se gargariser, faire des gargarismes. ◇ *n* gargarisme *m*.

**gargoyle** [ˈgɑːgɔɪl] *n* gargouille *f*.

**garibaldi** [ˌgærɪˈbɔːldɪ] *n Br* biscuit aux raisins secs.

**garish** [ˈgeərɪʃ] *adj* [colour] voyant, criard; [clothes] voyant, tapageur; [light] cru, aveuglant.

**garishly** [ˈgeərɪʃlɪ] *adv*: ~ **dressed** vêtu de manière tapageuse.

**garishness** [ˈgeərɪʃnɪs] *n* [of appearance] tape-à-l'œil *m inv*; [of colour] crudité *f*, violence *f*.

**garland** [ˈgɑːlənd] ◇ *n* **-1.** [on head] couronne *f* de fleurs; [round neck] guirlande *f* OR collier *m* de fleurs; [hung on wall] guirlande *f*. **-2.** LITERAT [of poems] guirlande *f*, florilège *m*. ◇ *vt* [decorate] décorer avec des guirlandes, enguirlander; [crown] couronner de fleurs.

**garlic** [ˈgɑːlɪk] *n* ail *m*; ~ **bread** pain beurré frotté d'ail et servi chaud; ~ **butter** beurre *m* d'ail; ~ **salt** sel *m* d'ail; ~ **sausage** saucisson *m* à l'ail.

**garlicky** [ˈgɑːlɪkɪ] *adj* [taste] d'ail; [breath] qui sent l'ail.

**garlic press** *n* presse-ail *m inv*.

**garment** [ˈgɑːmənt] *n* vêtement *m*; **the** ~ **industry** la confection.

**garner** [ˈgɑːnəʳ] ◇ *n* lit grenier *m* (à grain), grange *f*. ◇ *vt* [grain] rentrer, engranger; fig [information] glaner, grappiller; [compliments] recueillir.
♦ **garner in, garner up** *vt sep* engranger.

**garnet** [ˈgɑːnɪt] ◇ *n* [stone, colour] grenat *m*. ◇ *adj* **-1.** [in colour] grenat *(inv)*. **-2.** [jewellery] de OR en grenat.

**garnish** [ˈgɑːnɪʃ] ◇ *vt* CULIN garnir; [decorate] embellir; ~ed **with parsley** garni de persil. ◇ *n* garniture *f*.

**garnishing** [ˈgɑːnɪʃɪŋ] *n* CULIN garniture *f*; fig embellissement *m*.

**garnishment** [ˈgɑːnɪʃmənt] *n* **-1.** JUR saisie-arrêt *f*. **-2.** CULIN garniture *f*.

**garotte** [gəˈrɒt] = **garrot(t)e**.

**garret** [ˈgærət] *n* [room] mansarde *f*; **to live in a** ~ habiter une chambre sous les combles.

**garrison** [ˈgærɪsn] ◇ *n* garnison *f*. ◇ *vt* **-1.** [troops] mettre en garnison. **-2.** [town] placer une garnison dans.

**garrison troops** *npl* (troupes *fpl* de) garnison *f*.

**garrot(t)e** [gəˈrɒt] ◇ *n* **-1.** [execution] (supplice *m* du) garrot *m*. **-2.** [collar] garrot *m*. ◇ *vt* garrotter.

**garrulous** [ˈgærələs] *adj* **-1.** [person] loquace, bavard. **-2.** [style] prolixe, verbeux.

**garter** [ˈgɑːtəʳ] *n* **-1.** Br [for stockings] jarretière *f*; [for socks] fixe-chaussette *m*; **Knight of the Garter** chevalier *m* de l'ordre de la Jarretière. **-2.** Am [suspender] jarretelle *f*.

**garter belt** *n Am* porte-jarretelles *m inv*.

**garter stitch** *n* point *m* mousse.

**gas** [gæs] (*pl* **gasses**) ◇ *n* **-1.** [domestic] gaz *m*; **to turn on/off the** ~ allumer/éteindre le gaz ❏ ~ **bracket** applique *f* à gaz; ~ **industry** industrie *f* du gaz. **-2.** CHEM gaz *m*. **-3.** MIN grisou *m*. **-4.** MED gaz *m* anesthésique OR anesthésiant; **to have** ~ subir une anesthésie gazeuse OR par inhalation; **the dentist gave me** ~ le dentiste m'a endormi au gaz. **-5.** Am AUT essence *f*; ~ **pedal** accélérateur *m*; **step on the** ~! *inf & literal* appuie sur le champignon!; fig grouille! **-6.** Am inf [amusement]: **the party was a real** ~ on s'est bien marrés OR on a bien rigolé à la soirée. **-7.** Br inf [chatter] bavardage *m*. **-8.** (U) Am [in stomach] gaz *mpl*. ◇ *vt* **-1.** [poison] asphyxier OR intoxiquer au gaz; **to** ~ **o.s.** [poison] s'asphyxier au gaz; [suicide] se suicider au gaz. **-2.** MIL gazer. ◇ *vi* **-1.** inf [chatter] bavarder, jacasser. **-2.** CHEM dégager des gaz.
♦ **gas up** *Am* ◇ *vt sep*: **to** ~ **the automobile up** faire le plein d'essence. ◇ *vi insep* faire le plein d'essence.

**gasbag** [ˈgæsbæg] *n Br inf & pej* moulin *m* à paroles, pie *f*.

**gas burner** *n* brûleur *m*.

**gas chamber** *n* chambre *f* à gaz.

**Gascon** [ˈgæskən] ◇ *n* [person] Gascon *m*, -onne *f*. ◇ *adj* gascon.

**Gascony** [ˈgæskənɪ] *pr n* Gascogne *f*.

**gas cooker** *n Br* cuisinière *f* à gaz, gazinière *f*.

**gaseous** [ˈgæsjəs] *adj* PHYS gazeux.

**gas fire** *n Br* (appareil *m* de) chauffage *m* au gaz.

**gas-fired** *adj Br*: ~ **central heating** chauffage *m* central au gaz.

**gas fitter** *n* installateur *m* d'appareils à gaz.

**gas guzzler** *n Am inf* AUT voiture *f* qui consomme beaucoup.

**gash** [gæʃ] ◇ *vt* **-1.** [knee, hand] entailler; [face] balafrer, taillader; **she fell and** ~ed **her knee** elle est tombée et s'est entaillé OR ouvert le genou. **-2.** [material] déchirer, lacérer. ◇ *n* **-1.** [on knee, hand] entaille *f*; [on face] balafre *f*, estafilade *f*. **-2.** [in material] (grande) déchirure *f*, déchiqueture *f*. ◇ *adj* ⱽ [surplus] superflu, en trop.

**gas heater** *n* [radiator] radiateur *m* à gaz; [for water] chauffe-eau *m inv* à gaz.

**gas jet** *n* brûleur *m*.

**gasket** [ˈgæskɪt] *n* **-1.** MECH joint *m* (d'étanchéité); (cylinder) head ~ AUT joint *m* de culasse. **-2.** NAUT raban *m* de ferlage.

**gaslight** [ˈgæslaɪt] *n* **-1.** [lamp] lampe *f* à gaz, appareil *m* d'éclairage à gaz; [in street] bec *m* de gaz. **-2.** [light produced] lumière *f* produite par du gaz.

**gas lighter** *n* [for cooker] allume-gaz *m*; [for cigarettes] briquet *m* à gaz.

**gaslit** [ˈgæslɪt] *adj* éclairé au gaz.

**gasman** [ˈgæsmæn] (*pl* **gasmen** [-men]) *n* employé *m* du gaz.

**gas mantle** *n* manchon *m* à incandescence.

**gas mask** *n* masque *m* à gaz.

**gas meter** *n* compteur *m* à gaz.

**gas oil** *n* gas-oil *m*, gazole *m*.

**gasoline, gasolene** [ˈgæsəliːn] *n Am* AUT essence *f*.

**gasometer** [gæˈsɒmɪtəʳ] *n* gazomètre *m*.

**gas oven** *n* [domestic] four *m* à gaz; [cremation chamber] four *m* crématoire.

**gasp** [gɑːsp] ◇ *vi* **-1.** [be short of breath] haleter, souffler; **to** ~ **for breath** OR **for air** haleter, suffoquer. **-2.** [in shock, surprise] avoir le souffle coupé; **to** ~ **in** OR **with amazement** avoir le souffle coupé par la surprise. **-3.** Br inf & fig: **I'm** ~ing (**for a drink**) je meurs de soif. ◇ *vt*: **what? he** ~ed **quoi?** dit-il d'une voix pantelante. ◇ *n* halètement *m*; **she gave** OR **she let out a** ~ **of surprise** elle a eu un hoquet de surprise; **to give a** ~ **of horror** avoir le souffle coupé par l'horreur; **to the last** ~ jusqu'au dernier souffle.

**gas pipe** *n* tuyau *m* à gaz.

**gas ring** *n* [part of cooker] brûleur *m*; [small cooker] réchaud *m* à gaz.

**gas station** *n Am* poste *m* d'essence, station-service *f*.

**gas stove** *n Br* [in kitchen] cuisinière *f* à gaz, gazinière *f*; [for camping] réchaud *m* à gaz.

**gassy** [ˈgæsɪ] (*compar* **gassier**, *superl* **gassiest**) *adj* **-1.** CHEM gazeux. **-2.** [drink] gazeux. **-3.** inf [person] bavard. **-4.** MIN grisouteux.

**gas tank** *n* **-1.** [domestic] cuve *f* à gaz. **-2.** Am AUT réservoir *m* à essence.

**gas tap** *n* **-1.** [on cooker] bouton *m* de cuisinière à gaz; [at mains] robinet *m* de gaz.

**gastrectomy** [gæsˈtrektəmɪ] (*pl* **gastrectomies**) *n* gastrectomie *f*.

**gastric** [ˈgæstrɪk] *adj* gastrique.

**gastric flu** *n* (U) grippe *f* intestinale OR gastro-intestinale.

**gastric ulcer** *n* ulcère *m* de l'estomac, gastrite *f* ulcéreuse.

**gastritis** [gæsˈtraɪtɪs] *n* (U) gastrite *f*.

**gastroenteritis** [ˈgæstrəʊˌentəˈraɪtɪs] *n* (U) gastro-entérite *f*.

**gastronome** [ˈgæstrənəʊm] *n* gastronome *mf*.

**gastronomic** [ˌgæstrəˈnɒmɪk] *adj* gastronomique.

**gastronomy** [gæsˈtrɒnəmɪ] *n* gastronomie *f*.

**gas turbine** *n* turbine *f* à gaz.

**gasworks** [ˈgæswɜːks] (*pl inv*) *n* usine *f* à gaz.

**gate** [geɪt] ◇ *n* **-1.** [into garden] porte *f*; [into driveway, field] barrière *f*; [bigger – of mansion] portail *m*; [– into courtyard] porte *f* cochère; [low] portillon *m*; [wrought iron] grille *f*; **the main** ~ la porte OR l'entrée principale; **the** ~s **of heaven/hell** les portes du paradis/de l'enfer; **to pay at the** ~ [for match] payer à l'entrée ❏ **to give sb the** ~ Am inf flanquer qqn à la porte; **'The Gates of Hell'** Rodin 'la Porte de l'enfer'. **-2.** [at airport] porte *f*. **-3.** [on ski slope] porte *f*. **-4.** [on canal]: **lock** ~s écluse *f*, portes *fpl* d'écluse. **-5.** SPORT [spectators] nombre *m* de spectateurs (admis); [money] recette *f*, entrées *fpl*; there was a good/poor ~ il y a eu beaucoup/peu de spectateurs. **-6.** ELECTRON gâchette *f*.**-7.** PHOT fenêtre *f*.**-8.** [in horse racing] starting-gate *f*. ◊ *vt* BrSCH consigner, retenir en retenue.

**gateau** ['gætəʊ] (*pl* **gateaux** [-təʊz]) *n* gros gâteau *m* (*décoré et fourré à la crème*).

**gatecrash** ['geɪtkræʃ] *inf* ◊ *vi* [at party] s'inviter, jouer les pique-assiette; [at paying event] resquiller. ◊ *vt*: to ~ a party aller à une fête sans invitation.

**gatecrasher** ['geɪtkræʃəʳ] *n inf* [at party] pique-assiette *mf*; [at paying event] resquilleur *m*, -euse *f*.

**gatehouse** ['geɪthaʊs, *pl* -haʊzɪz] *n* [of estate] loge *f* du portier; [of castle] corps *m* de garde.

**gatekeeper** ['geɪt,ki:pəʳ] *n* portier *m*, -ère *f*; RAIL garde-barrière *mf*.

**gate-leg table, gate-legged table** *n* table *f* pliante.

**gate money** *n* recette *f*, montant *m* des entrées.

**gatepost** ['geɪtpəʊst] *n* montant *m* de barrière OR de porte; between you, me and the ~ Br*inf* soit dit entre nous.

**gateway** ['geɪtweɪ] *n* porte *f*, entrée *f*; *fig* porte *f*.

**gather** ['gæðəʳ] ◊ *vt* **-1.** [pick, collect – mushrooms, wood] ramasser; [– flowers, fruit] cueillir. **-2.** [bring together – information] recueillir; [– taxes] percevoir, recouvrer; [– belongings] ramasser; to ~ a crowd attirer une foule de gens. **-3.** [gain] prendre; to ~ strength prendre des forces; to ~ speed prendre de la vitesse. **-4.** [prepare]: to ~ one's thoughts se concentrer; to ~ one's wits rassembler ses esprits. **-5.** [embrace] serrer; he ~ed the children to him il serra les enfants dans ses bras OR sur son cœur. **-6.** [clothes] ramasser. **-7.** [deduce] déduire, comprendre; I ~ he isn't coming then j'en déduis qu'il ne vient pas; as far as I can ~ d'après ce que j'ai cru comprendre. **-8.** SEW froncer. **-9.** TYPO [signatures] assembler. **-10.** *phr*: to ~ dust ramasser la poussière. ◊ *vi* **-1.** [people] se regrouper, se rassembler; [crowd] se former; [troops] se masser. **-2.** [clouds] s'amonceler; [darkness] s'épaissir; [storm] menacer, se préparer. **-3.** MED [abscess] mûrir; [pus] se former.
◆ **gathers** *npl* SEW fronces *fpl*.
◆ **gather in** *vt sep* **-1.** [harvest] rentrer; [wheat] récolter; [money, taxes] recouvrer; [books, exam papers] ramasser. **-2.** SEW: ~ed in at the waist froncé à la taille.
◆ **gather round** *vi insep* se regrouper, se rassembler; ~ round and listen approchez (-vous) et écoutez.
◆ **gather together** ◊ *vi insep* se regrouper, se rassembler. ◊ *vt sep* [people] rassembler, réunir; [books, belongings] rassembler, ramasser.
◆ **gather up** *vt sep* **-1.** [objects, belongings] ramasser. **-2.** [skirts] ramasser, retrousser; [hair] ramasser, relever.

**gathering** ['gæðərɪŋ] ◊ *n* **-1.** [group] assemblée *f*, réunion *f*. **-2.** [accumulation] accumulation *f*; [of clouds] amoncellement *m*.**-3.** [bringing together – of people] rassemblement *m*; [– of objects] accumulation *f*, amoncellement *m*.**-4.** [harvesting] récolte *f*; [picking] cueillette *f*.**-5.** [increase – in speed, force] accroissement *m*.**-6.** (U) SEW froncis *m*, fronces *fpl*.**-7.** (U) MED [abscess] abcès *m*. ◊ *adj lit*: the ~ storm l'orage qui se prépare OR qui menace.

**GATT** [gæt] (*abbr of* **General Agreement on Tariffs and Trade**) *pr n* GATT *m*.

**gauche** [gəʊʃ] *adj* gauche, maladroit.

**gaudily** ['gɔ:dɪlɪ] *adv* [dress] de manière voyante, tapageusement; [decorate] de couleurs criardes.

**gaudy** ['gɔ:dɪ] (*compar* **gaudier**, *superl* **gaudiest**) *adj* [dress] voyant; [colour] voyant, criard; [display] tapageur.

**gauge** Br, **gage** Am [geɪdʒ] ◊ *n* **-1.** [instrument] jauge *f*, indicateur *m*; **petrol** OR **fuel** ~ jauge à essence; **temperature** ~ indicateur de température. **-2.** [standard measurement] calibre *m*, gabarit *m*; [diameter – of wire, cylinder, gun] calibre *m*.**-3.** RAIL [of track] écartement *m*; AUT [of wheels] écartement *m*.**-4.** TECH [of steel] jauge *f*.**-5.** CIN [of film] pas *m*.**-6.** *fig*: the survey provides a ~ of current trends le sondage permet d'évaluer les tendances actuelles. ◊ *vt* **-1.** [measure, calculate] mesurer, jauger; she tried to ~ how much it would cost her elle a essayé d'évaluer combien ça lui coûterait. **-2.** [predict] prévoir. **-3.** [standardize] normaliser.

**Gaul** [gɔ:l] ◊ *pr n* GEOG Gaule *f*. ◊ *n* [person] Gaulois *m*, -e *f*.

**Gaullism** ['gəʊlɪzm] *n* POL Gaullisme *m*.

**Gaullist** ['gəʊlɪst] POL ◊ *adj* Gaulliste. ◊ *n* Gaulliste *mf*.

**gaunt** [gɔ:nt] *adj* **-1.** [emaciated – face] creux, émacié; [– body] décharné, émacié. **-2.** [desolate – landscape] morne, lugubre, désolé; [– building] lugubre, désert.

**gauntlet** ['gɔ:ntlɪt] *n* [medieval glove] gantelet *m*; [for motorcyclist, fencer] gant *m* (à crispin OR à manchette); to throw down/to take up the ~ jeter/relever le gant; to run the ~ *literal* passer par les baguettes; *fig* se faire fustiger; to run the ~ of an angry mob se forcer OR se frayer un passage à travers une foule hostile.

**gauze** [gɔ:z] *n* gaze *f*.

**gave** [geɪv] *pt* → **give**.

**gavel** ['gævl] *n* marteau *m* (*de magistrat etc*).

**gavotte** [gə'vɒt] *n* gavotte *f*.

**gawk** [gɔ:k] *inf* ◊ *vi* être OR rester bouche bée. ◊ *n* [person] godiche *f*, grand dadais *m*.

**gawkish** ['gɔ:kɪʃ] *adj* gauche, emprunté.

**gawky** ['gɔ:kɪ] (*compar* **gawkier**, *superl* **gawkiest**) *adj inf* gauche, emprunté.

**gawp** [gɔ:p] *vi* Br*inf* rester bouche bée.

**gay** [geɪ] ◊ *adj* **-1.** [cheerful, lively – appearance, party, atmosphere] gai, joyeux; [– laughter] enjoué, joyeux; [– music, rhythm] gai, entraînant, allègre; to have a ~ time prendre du bon temps; with ~ abandon avec une totale OR parfaite désinvolture. **-2.** [bright – colours, lights] gai, vif, éclatant. **-3.** [homosexual] gay, homosexuel. ◊ *n* homosexuel *m*, -elle *f*, gay *m*; the Gay Liberation Movement le mouvement de libération des homosexuels.

**Gaza Strip** ['gɑːzə] *pr n*: the ~ la bande de Gaza.

**gaze** [geɪz] ◊ *vi*: to ~ at sthg regarder qqch fixement OR longuement; to ~ into space avoir le regard perdu dans le vague, regarder dans le vide. ◊ *n* regard *m* fixe.
◆ **gaze about** Br, **gaze around** *vi insep* regarder autour de soi.

**gazebo** [gə'zi:bəʊ] (*pl* **gazebos**) *n* belvédère *m*.

**gazelle** [gə'zel] (*pl inv* OR **gazelles**) *n* gazelle *f*.

**gazette** [gə'zet] *n* **-1.** [newspaper] journal *m*; [official publication] journal *m* officiel. ◊ *vt* Br publier OR faire paraître au journal officiel.

**gazetteer** [,gæzɪ'tɪəʳ] *n* index *m* OR nomenclature *f* géographique.

**gazump** [gə'zʌmp] Br*inf* ◊ *vt* augmenter le prix d'une maison *après une promesse de vente orale*. ◊ *vi* rompre une promesse de vente (d'une maison) à la suite d'une surenchère.

**GB** (*abbr of* **Great Britain**) *pr n* G-B *f*.

**GBH** *n abbr of* **grievous bodily harm**.

**GCE** (*abbr of* **General Certificate of Education**) *n certificat de fin d'études secondaires en deux étapes (O level et A level) dont la première est aujourd'hui remplacée par le GCSE*.

**GCH** Br *written abbr of* **gas central heating**.

**GCHQ** (*abbr of* **Government Communications Headquarters**) *pr n centre d'interception des télécommunications étrangères en Grande-Bretagne*.

**GCSE** (*abbr of* **General Certificate of Secondary Education**) *n premier examen de fin de scolarité en Grande-Bretagne*.

**Gdns.** *written abbr of* **Gardens**.

**GDP** (*abbr of* **gross domestic product**) *n* Br PNB *m*.

**GDR** (*abbr of* **German Democratic Republic**) *pr n* RDA *f*.

**gear** [gɪəʳ] ◊ *n* **-1.** (U) [accessories, equipment – for photography, camping] equipement *m*, matériel *m*; [– for manual work] outils *mpl*, matériel *m*; [– for household] ustensiles *mpl*. **-2.** (U) [personal belongings] effets *mpl* personnels, affaires *fpl*; [luggage] bagages *mpl*.**-3.** (U) [clothes] vêtements *mpl*, tenue *f*; she was in her jogging/swimming ~ elle était en (tenue de) jogging/en maillot de bain. **-4.** (U) Br*inf* [fashionable clothes] fringues *fpl*.**-5.** (U) [apparatus] mécanisme *m*, dispositif *m*.**-6.** [in car, on bicycle] vitesse *f*; to change ~ changer de vitesse; put the car in ~ passez une vitesse; to be in first/second ~ être en première/seconde vitesse; 'use low ~' utiliser le frein moteur, rétrograder; I'm back in ~ again now *fig* c'est reparti pour moi maintenant. **-7.** MECH [cogwheel] roue *f* dentée, pignon *m*; [system of cogs] engrenage *m*.
◊ *vt* **-1.** [adapt] adapter; the government's policies were

not ~ed to cope with an economic recession la politique mise en place par le gouvernement n'était pas prévue pour faire face à une récession économique; the city's hospitals were not ~ed to cater for such an emergency les hôpitaux de la ville n'étaient pas équipés pour répondre à une telle situation d'urgence. **-2.** AUT & TECH engrener.

◆ **gear up** *vt sep* [prepare]: to be ~ed up être paré OR fin prêt; she'd ~ed herself up to meet them elle s'était mise en condition pour les rencontrer.

**gearbox** ['gɪəbɒks] *n* boîte *f* de vitesses.

**gear change** *n* changement *m* de vitesse.

**gearing** ['gɪərɪŋ] *n* **-1.** MECH engrenage *m*.**-2.** Br FIN effet *m* de levier.

**gear lever** Br, **gear shift** Am *n* levier *m* de vitesse.

**gear stick** *n* levier *m* de changement de vitesse.

**gee** [dʒiː] *interj* Am *inf* ~! ça alors!; ~ whiz! super!, génial!

**gee-gee** ['dʒiːdʒiː] *n* Br baby talk dada *m*.

**geese** [giːs] *pl* → **goose**.

**gee up** *interj* hue! ◇ *vt sep* Br *inf* faire avancer.

**geezer** ['giːzər] *n* Br *inf* bonhomme *m*, coco *m*.

**Geiger counter** ['gaɪgər-] *n* compteur *m* Geiger.

**geisha (girl)** ['geɪʃə-] *n* geisha *f*.

**gel[1]** [dʒel] (*pt* & *pp* **gelled**, *cont* **gelling**) ◇ *n* **-1.** [ CHEM & gen] gel *m*.**-2.** THEAT filtre *m* coloré. ◇ *vi* **-1.** [idea, plan – take shape] prendre forme OR tournure, se cristalliser. **-2.** [jellify] se gélifier.

**gel[2]** [gel] Br hum = **girl**.

**gelatin** ['dʒelətɪn], **gelatine** [,dʒelə'tiːn] *n* **-1.** [substance] gélatine *f*.**-2.** THEAT filtre *m* coloré.

**gelatinous** [dʒə'lætɪnəs] *adj* gélatineux.

**geld** [geld] *vt* [bull] châtrer; [horse] hongrer.

**gelding** ['geldɪŋ] *n* (cheval *m*) hongre *m*.

**gelignite** ['dʒelɪgnaɪt] *n* gélignite *f*.

**gem** [dʒem] ◇ *n* **-1.** [precious stone] gemme *f*, pierre *f* précieuse; [semiprecious stone] gemme *f*, pierre *f* fine. **-2.** [masterpiece] joyau *m*, bijou *m*, merveille *f*.**-3.** [person]: you're a ~! tu es un ange!; our baby-sitter is a real ~ notre baby-sitter est une perle. **-4.** [in printing] diamant *m*. ◇ *vt* orner, parer.

**Gemini** ['dʒemɪnaɪ] *prn* ASTROL & ASTRON Gémeaux *mpl*; he's a ~ il est Gémeaux.

**gemstone** ['dʒemstəun] *n* [precious] gemme *f*, pierre *f* précieuse; [semiprecious] gemme *f*, pierre *f* fine.

**gen** [dʒen] (*pt* & *pp* **genned**, *cont* **genning**) *n* (U) Br *inf* tuyaux *mpl*, renseignements *mpl*.

◆ **gen up** Br *inf* ◇ *vi insep* se rencarder; to ~ up on se rencarder sur. ◇ *vt sep* rencarder, mettre au parfum.

**gen.** (*written abbr of* **general, generally**) gén.

**Gen.** (*written abbr of* **general**) Gal.

**gender** ['dʒendər] *n* **-1.** GRAMM genre *m*.**-2.** [sex] sexe *m*; ~ studies à l'université, matière qui formule une critique des rôles de l'homme et de la femme tels qu'ils sont établis par la société.

**gender-bender**∇ *n* travelo *m*.

**gene** [dʒiːn] *n* gène *m*.

**genealogical** [,dʒiːnjə'lɒdʒɪkl] *adj* généalogique.

**genealogical tree** *n* arbre *m* généalogique.

**genealogist** [,dʒiːnɪ'ælədʒɪst] *n* généalogiste *mf*.

**genealogy** [,dʒiːnɪ'ælədʒɪ] *n* généalogie *f*.

**gene pool** *n* patrimoine *m* OR bagage *m* héréditaire.

**genera** ['dʒenərə] *pl* → **genus**.

**general** ['dʒenərəl] ◇ *adj* **-1.** [common] général; as a ~ rule en règle générale, en général; in ~ terms en termes généraux; in the ~ interest dans l'intérêt de tous; there was a ~ movement to leave the room la plupart des gens se sont levés pour sortir. **-2.** [approximate] général; a ~ resemblance une vague ressemblance; to go in the ~ direction of sthg se diriger plus ou moins vers qqch. **-3.** [widespread] général, répandu; to be in ~ use être d'usage courant OR répandu; this word is no longer in ~ use ce mot est tombé en désuétude; there is ~ agreement on the matter il y a un consensus sur la question. **-4.** [overall – outline, plan, impression] d'ensemble; the ~ effect is quite pleasing le résultat général est assez agréable; I get the ~ idea je vois en gros. **-5.** [ordinary]: this book is for the ~ reader ce livre est destiné

au lecteur moyen; the ~ public le grand public *m*. ◇ *n* **-1.** [in reasoning]: to go from the ~ to the particular aller du général au particulier. **-2.** MIL général *m*.**-3.** [domestic servant] bonne *f* à tout faire.

◆ **in general** *adv phr* en général.

**general assembly** *n* assemblée *f* générale.

**general degree** *n* UNIV licence *f* comportant plusieurs matières.

**general delivery** *n* Am poste *f* restante.

**general election** *n* élections *fpl* législatives.

**general headquarters** *n* (grand) quartier *m* général.

**general hospital** *n* centre *m* hospitalier.

**generalist** ['dʒenərəlɪst] *n* non-spécialiste *mf*, généraliste *mf*.

**generality** [,dʒenə'rælətɪ] (*pl* **generalities**) *n* **-1.** [generalization] généralité *f*; in the ~ en règle générale. **-2.** *fml* [majority] plupart *f*.

**generalization** [,dʒenərəlaɪ'zeɪʃn] *n* **-1.** [general comment] généralisation *f*.**-2.** [spread] généralisation *f*.

**generalize, -ise** ['dʒenərəlaɪz] ◇ *vt* généraliser. ◇ *vi* **-1.** [person] généraliser. **-2.** MED [disease] se généraliser.

**general knowledge** *n* culture *f* générale.

**generally** ['dʒenərəlɪ] *adv* **-1.** [usually] en général, d'habitude. **-2.** [in a general way] en général, de façon générale; ~ speaking en général, en règle générale. **-3.** [by most] dans l'ensemble.

**general manager** *n* directeur *m* général, directrice *f* générale.

**general meeting** *n* assemblée *f* générale.

**General Post Office** = **GPO**.

**general practice** *n* médecine *f* générale.

**general practitioner** *n* médecin *m* généraliste, omnipraticien *m*, -enne *f*.

**general-purpose** *adj* polyvalent.

**general staff** *n* état-major *m*.

**general store** *n* bazar *m*.

**general strike** *n* grève *f* générale; the General Strike la grève de mai 1926 en Grande-Bretagne, lancée par les syndicats par solidarité avec les mineurs.

**General Studies** *npl* SCH ≃ cours *m* de culture générale.

**General Synod** *prn* le Synode général de l'Église anglicane.

**generate** ['dʒenəreɪt] *vt* **-1.** [produce – electricity, power] produire, générer; *fig* [– emotion] susciter, donner naissance à. **-2.** LING & COMPUT générer.

**generating station** *n* centrale *f* électrique.

**generation** [,dʒenə'reɪʃn] *n* **-1.** [age group] génération *f*; the rising ~ la jeune OR nouvelle génération. **-2.** [by birth]: she is second ~ Irish elle est née de parents irlandais; third ~ black Britons still face racial prejudice les noirs britanniques de la troisième génération sont encore confrontés au racisme. **-3.** [period of time] génération *f*. **-4.** [model – of machine] génération *f*.**-5.** (U) [of electricity] génération *f*, production *f*; LING génération *f*.

**generation gap** *n* écart *m* entre les générations; [conflict] conflit *m* des générations.

**generative** ['dʒenərətɪv] *adj* génératif.

**generative grammar** *n* grammaire *f* générative.

**generator** ['dʒenəreɪtər] *n* **-1.** [electric] générateur *m*, groupe *m* électrogène; [of steam] générateur *m*, chaudière *f* (à vapeur); [of gas] gazogène *m*.**-2.** [person] générateur *m*, -trice *f*.

**generic** [dʒɪ'nerɪk] *adj* générique.

**generically** [dʒɪ'nerɪklɪ] *adv* génériquement.

**generosity** [,dʒenə'rɒsɪtɪ] *n* générosité *f*.

**generous** ['dʒenərəs] *adj* **-1.** [with money, gifts] généreux; he was very ~ in his praise il ne tarissait pas d'éloges. **-2.** [in value – gift] généreux; [in quantity – sum, salary] généreux, élevé. **-3.** [copious] copieux, abondant; [large] bon, abondant; food and drink were in ~ supply il y avait à boire et à manger en abondance. **-4.** Br [strong – wine] généreux. **-5.** [physically – size] généreux, ample.

**generously** ['dʒenərəslɪ] *adv* **-1.** [unsparingly] généreusement, avec générosité. **-2.** [with magnanimity – agree, offer] généreusement; [– forgive] généreusement, avec magnanimité. **-3.** [copiously]: the soup was rather ~ salted [oversalted] la soupe était très généreusement salée. **-4.** [in size] am-

plement; **to be ~ built** *euph* avoir des formes généreuses.
**genesis** ['dʒenəsɪs] (*pl* **geneses** [-siːz]) *n* genèse *f*, origine *f*.
◆ **Genesis** *n* BIBLE la Genèse.
**genetic** [dʒɪ'netɪk] *adj* génétique.
**genetically** [dʒɪ'netɪklɪ] *adv* génétiquement.
**genetic code** *n* code *m* génétique.
**genetic engineering** *n* génie *m* génétique.
**geneticist** [dʒɪ'netɪsɪst] *n* généticien *m*, -enne *f*.
**genetics** [dʒɪ'netɪks] *n* (U) génétique *f*.
**Geneva** [dʒɪ'niːvə] *pr n* Genève; **Lake ~** le lac Léman.
**Geneva Convention** *pr n*: **the ~** la Convention de Genève.
**Genevan** [dʒɪ'niːvn], **Genevese** [,dʒenɪ'viːz] (*pl inv*) ◇ *n* Genevois *m*, -e *f*. ◇ *adj* genevois.
**genial** ['dʒiːnjəl] *adj* **-1.** [friendly – person] aimable, affable; [– expression, voice] cordial, chaleureux. **-2.** *lit* [clement – weather] clément.
**geniality** [dʒiːnɪ'ælətɪ] *n* **-1.** [of person, expression] cordialité *f*, amabilité *f*. **-2.** *lit* [of weather] clémence *f*.
**genially** ['dʒiːnjəlɪ] *adv* cordialement, chaleureusement.
**genie** ['dʒiːnɪ] (*pl* **genii** [-nɪaɪ]) *n* génie *m*, djinn *m*.
**genii** ['dʒiːnɪaɪ] *pl* → **genie**, **genius**.
**genital** ['dʒenɪtl] *adj* génital.
◆ **genitals** *npl* organes *mpl* génitaux.
**genitalia** [,dʒenɪ'teɪlɪə] *npl* organes *mpl* génitaux, parties *fpl* génitales.
**genitive** ['dʒenɪtɪv] ◇ *n* génitif *m*; **in the ~** au génitif. ◇ *adj* du génitif; **the ~ case** le génitif.
**genito-urinary** [,dʒenɪtəʊ'jʊərɪnərɪ] *adj* génito-urinaire.
**genius** ['dʒiːnjəs] (*pl senses 1, 2 & 3* **geniuses**, *pl sense 4* **genii** [-nɪaɪ]) *n* **-1.** [person] génie *m*; **she's a ~ at music** c'est un génie en musique. **-2.** [special ability] génie *m*; **a work/writer of ~** une œuvre/un écrivain de génie; **to have a ~ for sthg** avoir le génie de qqch; **her ~ lies in her power to evoke atmosphere** son génie, c'est de savoir recréer une atmosphère. **-3.** [special character – of system, idea] génie *m* (particulier), esprit *m*. **-4.** [spirit, demon] génie *m*.
**Genoa** ['dʒenəʊə] *pr n* Gênes.
**genocide** ['dʒenəsaɪd] *n* génocide *m*.
**genotype** ['dʒenəʊtaɪp] *n* génotype *m*.
**genre** ['ʒɑ̃rə] ◇ *n* genre *m*. ◇ *comp*: **~ painting** peinture *f* de genre.
**gent** [dʒent] (*abbr of* **gentleman**) *n esp Br inf* monsieur *m*; **~s'** **outfitters** magasin *m* de confection OR d'habillement pour hommes.
◆ **gents** *n inf*: **the ~s** les toilettes *fpl* (pour hommes).
**genteel** [dʒen'tiːl] *adj* **-1.** [refined] comme il faut, distingué. **-2.** [affected – speech] maniéré, affecté; [– manner] affecté; [– language] précieux.
**gentian** ['dʒenʃɪən] *n* gentiane *f*.
**Gentile** ['dʒentaɪl] ◇ *n* gentil *m*. ◇ *adj* des gentils.
**gentility** [dʒen'tɪlətɪ] *n* **-1.** [good breeding] distinction *f*. **-2.** [gentry] petite noblesse *f*. **-3.** (U) [affected politeness] manières *fpl* affectées.
**gentle** ['dʒentl] ◇ *adj* **-1.** [mild – person, smile, voice] doux (*f* douce); [– landscape] agréable; **a ~ soul** une bonne âme, une âme charitable ❏ **the ~ sex** le sexe faible; **as ~ as a lamb** doux comme un agneau. **-2.** [light – knock, push, breeze] léger; [– rain] fin, léger; [– exercise] modéré. **-3.** [discreet – rebuke, reminder] discret (*f* -ète); **the ~ art of persuasion** *hum* l'art subtil de la persuasion; **to try ~ persuasion on sb** essayer de convaincre qqn par la douceur; **we gave him a ~ hint** nous l'avons discrètement mis sur la voie. **-4.** [gradual – slope, climb] doux (*f* douce); **a ~ transition** une transition progressive OR sans heurts. **-5.** *arch* [noble] noble, de bonne naissance. ◇ *vt* [animal] apaiser, calmer. ◇ *n* [maggot] asticot *m*.
**gentlefolk** ['dʒentlfəʊk] *npl arch* personnes *fpl* de bonne famille OR de la petite noblesse.
**gentleman** ['dʒentlmən] (*pl* **gentlemen** [-mən]) *n* **-1.** [man] monsieur *m*; **show the ~ in** faites entrer monsieur. **-2.** [well-bred man] homme *m* du monde, gentleman *m*; **to act like a ~** agir en gentleman; **a born ~** un gentleman né ❏ '**Gentlemen Prefer Blondes**' *Hawks* 'les Hommes préfèrent

les blondes'. **-3.** [man of substance] rentier *m*; [at court] gentilhomme *m*.
**gentleman farmer** *n* gentleman-farmer *m*.
**gentleman-in-waiting** *n Br* gentilhomme *m* (au service du roi).
**gentlemanly** ['dʒentlmənlɪ] *adj* [person] bien élevé; [appearance, behaviour] distingué; [status] noble; **to behave in a ~ way** agir en gentleman.
**gentleman's agreement** *n* gentleman's agreement *m*, accord *m* reposant sur l'honneur.
**gentlemen** ['dʒentlmən] *pl* → **gentleman**.
**gentleness** ['dʒentlnɪs] *n* douceur *f*, légèreté *f*.
**gentlewoman** ['dʒentl,wʊmən] (*pl* **gentlewomen** [-,wɪmɪn]) *n* **-1.** [of noble birth] dame *f*. **-2.** [refined] femme *f* du monde. **-3.** [lady-in-waiting] dame *f* d'honneur OR de compagnie.
**gently** ['dʒentlɪ] *adv* **-1.** [mildly – speak, smile] avec douceur. **-2.** [discreetly – remind, reprimand, suggest] discrètement; **he broke the news to her as ~ as possible** il fit de son mieux pour lui annoncer la nouvelle avec tact OR ménagement. **-3.** [lightly]: **the rain was falling ~** la pluie tombait doucement. **-4.** [gradually] doucement, progressivement; **~ rolling hills** des collines qui ondoient (doucement). **-5.** [slowly – move, heat] doucement; **a ~ flowing river** une rivière qui coule paisiblement ❏ **~ does it!** doucement!
**gentrify** ['dʒentrɪfaɪ] (*pt & pp* **gentrified**) *vt* [suburb] embourgeoiser, rendre chic OR élégant.
**gentry** ['dʒentrɪ] (*pl* **gentries**) *n* petite noblesse *f*.
**genuflect** ['dʒenjuːflekt] *vi* faire une génuflexion.
**genuflection, genuflexion** [,dʒenjuː'flekʃn] *n* génuflexion *f*.
**genuine** ['dʒenjuɪn] *adj* **-1.** [authentic – antique] authentique; [– gold, mahogany] véritable, vrai; **he's the ~ article** *fig* c'est un vrai de vrai. **-2.** [sincere – person] naturel, franc (*f* franche); [– emotion] sincère, vrai; [– smile, laugh] vrai, franc (*f* franche). **-3.** [real – mistake] fait de bonne foi. **-4.** [not impersonated – repairman, official] vrai, véritable. **-5.** [serious – buyer] sérieux; '**~ enquiries only**' [in advert] 'pas sérieux s'abstenir'.
**genuinely** ['dʒenjuɪnlɪ] *adv* [truly] authentiquement; [sincerely] sincèrement, véritablement.
**genus** ['dʒiːnəs] (*pl* **genera** ['dʒenərə]) *n* BIOL genre *m*.
**geocentric** [,dʒiːəʊ'sentrɪk] *adj* géocentrique.
**geodesic** [,dʒiːəʊ'desɪk] *adj* géodésique.
**geographer** [dʒɪ'ɒgrəfər] *n* géographe *mf*.
**geographical** [dʒɪə'græfɪkl] *adj* géographique.
**geographically** [dʒɪə'græfɪklɪ] *adv* géographiquement.
**geography** [dʒɪ'ɒgrəfɪ] (*pl* **geographies**) *n* **-1.** [science] géographie *f*. **-2.** [layout]: **I don't know the ~ of the building** je ne connais pas le plan du bâtiment.
**geological** [,dʒɪə'lɒdʒɪkl] *adj* géologique.
**geologist** [dʒɪ'ɒlədʒɪst] *n* géologue *mf*.
**geology** [dʒɪ'ɒlədʒɪ] *n* géologie *f*.
**geomagnetic** [,dʒiːəʊmæg'netɪk] *adj* géomagnétique.
**geometer** [dʒɪ'ɒmɪtər] *n* géomètre *mf*.
**geometric** [,dʒɪə'metrɪk] *adj* géométrique.
**geometrical** [,dʒɪə'metrɪkl] *adj* géométrique.
**geometrically** [,dʒɪə'metrɪklɪ] *adv* géométriquement.
**geometrician** [,dʒɪəʊmə'trɪʃn] *n* géomètre *mf*.
**geometry** [dʒɪ'ɒmɪtrɪ] *n* géométrie *f*.
**geomorphology** [,dʒɪːəʊmɔː'fɒlədʒɪ] *n* géomorphologie *f*.
**geophysical** [,dʒɪːəʊ'fɪzɪkl] *adj* géophysique.
**geophysics** [,dʒɪːəʊ'fɪzɪks] *n* (U) géophysique *f*.
**geopolitical** [,dʒɪːəʊpə'lɪtɪkl] *adj* géopolitique.
**geopolitics** [,dʒɪːəʊ'pɒlətɪks] *n* (U) géopolitique *f*.
**Geordie** ['dʒɔːdɪ] *Br n* **-1.** [person] *surnom des habitants de Tyneside, dans le Nord-Est de l'Angleterre.* **-2.** [dialect] *dialecte parlé par les habitants de Tyneside.*
**George** ['dʒɔːdʒ] *pr n*: **Saint ~** saint Georges; **King ~ V** le roi George V ❏ **by ~!** *inf & dated* sapristi!
**George Cross** *n décoration britannique décernée pour des actes de bravoure.*
**georgette** [dʒɔː'dʒet] *n* crêpe *m* georgette.
**Georgia** ['dʒɔːdʒə] *pr n* [in US, CIS] Géorgie *f*; **in ~** en Géorgie.

**Georgian** ['dʒɔːdʒjən] ◊ *n* [inhabitant of Georgia] Géorgien *m*, -enne *f*. ◊ *adj* -1. [of Georgia] géorgien. -2. HIST géorgien (*du règne des rois George I-IV (1714-1830*). -3. LITERAT: ~ poetry poésie *f* géorgienne (*poésie britannique des années 1912-1922*).

**geoscience** [,dʒiːəʊ'saɪəns] *n* -1. [particular] science *f* de la terre. -2. (U) [collectively] sciences *fpl* de la terre.

**geothermal** [,dʒiːəʊ'θɜːml], **geothermic** [,dʒiːəʊ'θɜːmɪk] *adj* géothermique.

**geranium** [dʒɪ'reɪnjəm] ◊ *n* géranium *m*. ◊ *adj* rouge géranium *(inv)*, incarnat.

**gerbil** ['dʒɜːbɪl] *n* gerbille *f*.

**geriatric** [,dʒerɪ'ætrɪk] ◊ *adj* MED gériatrique; ~ hospital hospice *m*; ~ medicine gériatrie *f*; ~ nurse infirmier *m* (spécialisé), infirmière *f* (spécialisée) en gériatrie; ~ ward service *m* de gériatrie. ◊ *n* -1. [patient] malade *mf* en gériatrie. -2. *pej* vieux *m*, vieille *f*.

**geriatrician** [,dʒerɪə'trɪʃn] *n* gériatre *mf*.

**geriatrics** [,dʒerɪ'ætrɪks] *n* (U) gériatrie *f*.

**germ** [dʒɜːm] *n* -1. [microbe] microbe *m*, germe *m*.-2. BIOL germe *m*.-3. *fig* germe *m*, ferment *m*.

**German** ['dʒɜːmən] ◊ *n* -1. [person] Allemand *m*, -e *f*.-2. LING allemand *m*. ◊ *adj* allemand.

**German Democratic Republic** *pr n*: the ~ la République démocratique allemande, la RDA.

**germane** [dʒɜː'meɪn] *adj fml* pertinent; ~ to en rapport avec.

**Germanic** [dʒɜː'mænɪk] ◊ *adj* germanique. ◊ *n* LING germanique *m*.

**German measles** *n* (U) rubéole *f*.

**German shepherd (dog)** *n* berger *m* allemand.

**Germany** ['dʒɜːmənɪ] *pr n* Allemagne *f*; in ~ en Allemagne.

**germ-free** *adj* stérilisé, aseptisé.

**germicide** ['dʒɜːmɪsaɪd] *n* bactéricide *m*.

**germinal** ['dʒɜːmɪnl] *adj* -1. BIOL germinal. -2. *fig* & *fml* embryonnaire.

**germinate** ['dʒɜːmɪneɪt] ◊ *vi* -1. BIOL germer. -2. *fig* [originate] germer, prendre naissance. ◊ *vt* -1. BIOL faire germer. -2. *fig* faire germer, donner naissance à.

**germination** [,dʒɜːmɪ'neɪʃn] *n* germination *f*.

**germ warfare** *n* guerre *f* bactériologique.

**Gerona** [dʒə'rəʊnə] *pr n* Gérone.

**gerontocracy** [,dʒerɒn'tɒkrəsɪ] (*pl* gerontocracies) *n* gérontocratie *f*.

**gerontology** [,dʒerɒn'tɒlədʒɪ] *n* gérontologie *f*.

**gerrymandering** ['dʒerɪmændərɪŋ] *n pej* charcutage *m* électoral.

**gerund** ['dʒerənd] *n* gérondif *m*.

**gerundive** [dʒɪ'rʌndɪv] ◊ *n* adjectif *m* verbal. ◊ *adj* du gérondif.

**gestalt psychology** *n* gestaltisme *m*, théorie *f* de la forme.

**Gestapo** [ge'stɑːpəʊ] *pr n* Gestapo *f*.

**gestate** [dʒe'steɪt] ◊ *vi* être en gestation; *fig* mûrir. ◊ *vt* -1. BIOL [young] porter. -2. *fig* [idea, plan] laisser mûrir.

**gestation** [dʒe'steɪʃn] *n* gestation *f*; ~ period période *f* de gestation.

**gesticulate** [dʒe'stɪkjʊleɪt] ◊ *vi* gesticuler. ◊ *vt* [answer, meaning] mimer.

**gesticulation** [dʒe,stɪkjʊ'leɪʃn] *n* gesticulation *f*.

**gesture** ['dʒestʃər] ◊ *n* -1. [expressive movement] geste *m*; a ~ of acknowledgment un signe de reconnaissance. -2. [sign, token] geste *m*; as a ~ of friendship en signe OR en témoignage d'amitié; it was a nice ~ c'était une gentille attention. ◊ *vi*: to ~ with one's hands/head faire un signe de la main/de la tête; he ~d to me to stand up il m'a fait signe de me lever; she ~d towards the pile of books elle désigna OR montra la pile de livres d'un geste. ◊ *vt* mimer.

**get** [get] (*Br pt* & *pp* got [gɒt], *cont* getting [getɪŋ], *Am pt* got [gɒt], *pp* gotten [gɒtn], *cont* getting [getɪŋ]) ◊ *vt* **A. -1.** [receive – gift, letter, phone call] recevoir, avoir; [– benefits, pension] recevoir, toucher; self [– treatment] suivre; I ~ 'The Times' at home je reçois le «Times» à la maison; the living room ~s a lot of sun le salon est très ensoleillé; I rang but I got no answer [at door] j'ai sonné mais je n'ai pas obtenu OR eu de réponse; [on phone] j'ai appelé sans obtenir de réponse; he got 5 years for smuggling il a écopé de OR il a pris 5 ans (de pri-

son) pour contrebande ❑ you're really going to ~ it! *inf* qu'est-ce que tu vas prendre OR écoper!-2. [obtain – gen] avoir, trouver, obtenir; [– through effort] se procurer, obtenir; [– licence, loan, permission] obtenir; [– diploma, grades] avoir, obtenir; they got him a job ils lui ont trouvé du travail; I got the job! ils m'ont embauché!; can you ~ them the report? pouvez-vous leur procurer le rapport?; the town ~s its water from the reservoir la ville reçoit son eau du réservoir; I'm going out to ~ a breath of fresh air je sors prendre l'air; I'm going to ~ something to drink/eat [fetch] je vais chercher quelque chose à boire/manger; [consume] je vais boire/manger quelque chose; can I ~ a coffee? *Am* je pourrais avoir un café, s'il vous plaît?; ~ yourself a good lawyer trouvez-vous un bon avocat; to ~ sb for o.s. avoir qqn pour soi tout seul; ~ plenty of sleep dormez beaucoup; I got a lot from OR out of my trip to China mon voyage en Chine m'a beaucoup apporté; he didn't ~ a chance to introduce himself il n'a pas eu l'occasion de se présenter. -3. [inherit – characteristic] tenir; she ~s her shyness from her father elle tient sa timidité de son père. -4. [obtain in exchange] recevoir; they got a lot of money for their flat la vente de leur appartement leur a rapporté beaucoup d'argent; they got a good price for the painting le tableau s'est vendu à un bon prix; you don't ~ something for nothing on n'a rien pour rien. -5. [offer as gift] offrir, donner. -6. [buy] acheter, prendre. -7. [learn – information, news] recevoir, apprendre. -8. [reach by calculation or experimentation – answer, solution] trouver; [– result] obtenir. -9. [earn, win – salary] recevoir, gagner, toucher; [– prize] gagner; [– reputation] se faire; someone's trying to ~ your attention [calling] quelqu'un vous appelle; [waving] quelqu'un vous fait signe. -10. [bring, fetch] (aller) chercher; ~ me my coat va me chercher OR apporte-moi mon manteau; we had to ~ a doctor nous avons dû faire venir un médecin; what can I ~ you to drink? qu'est-ce que je vous sers à boire?; they sent him to ~ help ils l'ont envoyé chercher de l'aide. -11. [catch – ball] attraper; [– bus, train] prendre, attraper. -12. [capture] attraper, prendre; [seize] prendre, saisir; (I've) got you! je te tiens!-13. [book, reserve] réserver, retenir. -14. [answer – door, telephone] répondre; the doorbell's ringing – I'll ~ it! quelqu'un sonne à la porte – j'y vais!

**B. -1.** [become ill with] attraper; he got a chill il a pris OR attrapé froid; I ~ a headache when I drink red wine le vin rouge me donne mal à la tête ❑ to ~ it bad for sb *inf* avoir quelqu'un dans la peau. -2. [experience, feel – shock] recevoir, ressentir, avoir; [– fun, pain, surprise] avoir; I ~ the impression he doesn't like me j'ai l'impression que je lui plais pas; to ~ a thrill out of (doing) sthg prendre plaisir à (faire) qqch; to ~ religion *inf* devenir croyant. -3. [encounter]: you ~ some odd people on these tours il y a de drôles de gens dans ces voyages organisés.

**C. -1.** *(with adj or past participle)* [cause to be]: she managed to ~ the window closed/open elle a réussi à fermer/ouvrir la fenêtre; don't ~ your feet wet! ne te mouille pas les pieds!; ~ the suitcases ready préparez les bagages; let me ~ this clear que ce soit bien clair; to ~ things under control prendre les choses en main; he likes his bath as hot as he can ~ it il aime que son bain soit aussi chaud que possible; he got himself nominated president il s'est fait nommer président; don't ~ yourself all worked up ne t'en fais pas. -2. *(with infinitive)* [cause to do or carry out]: we couldn't ~ her to leave on n'a pas pu la faire partir; ~ him to move the car demande-lui de déplacer la voiture; I got it to work OR working j'ai réussi à le faire marcher; he got the other members to agree il a réussi à obtenir l'accord des autres membres; I can always ~ someone else to do it je peux toujours le faire faire par quelqu'un d'autre; I got her to talk about life in China je lui ai demandé de parler de la vie en Chine; they can't ~ the landlord to fix the roof ils n'arrivent pas à obtenir du propriétaire qu'il fasse réparer le toit. -3. *(with past participle)* [cause to be done or carried out]: to ~ sthg done/repaired faire faire/réparer qqch; to ~ one's hair cut se faire couper les cheveux; it's impossible to ~ anything done around here [by oneself] il est impossible de faire quoi que ce soit ici; [by someone else] il est impossible d'obtenir quoi que ce soit ici. -4. [cause to come, go, move]: how are you going to ~ this package to them? comment allez-vous leur faire parvenir ce paquet?; they eventually got all the boxes downstairs/upstairs ils ont fini par descendre/monter toutes leurs boîtes; ~ him away from me débarrassez-moi de lui; his friends managed to ~ him home ses amis ont réussi à le ramener (à la maison); he can't ~ the kids to bed il n'arrive pas à mettre les enfants au lit; I can't ~ my boots off/on je n'arrive pas à enlever/mettre mes bottes; that won't ~ you very far! ça ne te servira pas à grand-chose!, tu ne seras pas beaucoup plus avancé!

**D. -1.** [prepare – meal, drink] préparer. **-2.** [hear correctly] entendre, saisir. **-3.** [establish telephone contact with]: I got her father on the phone j'ai parlé à son père OR j'ai eu son père au téléphone; ~ me extension 3500 passez-moi OR donnez-moi le poste 3500. **-4.** [understand] comprendre, saisir; I don't ~ it, I don't ~ the point je ne comprends OR ne saisis pas, je n'y suis pas du tout; don't ~ me wrong comprenez-moi bien; I don't ~ the joke je ne vois pas ce qui est (si) drôle; (I've) got it! ça y est!, j'y suis!-**5.** [take note of] remarquer; did you ~ his address? lui avez-vous demandé son adresse? **-6.** ▽ [look at] viser; ~ (a load of) that! vise-ça un peu!

**E. -1.** inf [hit] atteindre; [hit and kill] tuer; she got him in the face with a pie elle lui a jeté une tarte à la crème à la figure. **-2.** inf [harm, punish]: everyone's out to ~ me tout le monde est après moi. **-3.** inf [take vengeance on] se venger de; we'll ~ you for this! on te revaudra ça!-**4.** inf [affect – physically]: the pain ~s me in the back j'ai des douleurs dans le dos ‖ [– emotionally] émouvoir; that song really ~s me cette chanson me fait vraiment quelque chose. **-5.** inf [baffle, puzzle]: you've got me there alors là, aucune idée. **-6.** inf [irritate] énerver, agacer. **-7.** Am [learn] apprendre. **-8.** RADIO & TV [signal, station] capter, recevoir. **-9.** phr: he got his in Vietnam inf il est mort au Viêt-nam.

◇ vi **A. -1.** [become] devenir; I'm getting hungry/thirsty je commence à avoir faim/soif; ~ dressed! habille-toi!; to ~ fat grossir; to ~ married se marier; to ~ divorced divorcer; don't ~ lost! ne vous perdez pas!; how did that vase ~ broken? comment se fait-il que ce vase soit cassé?; to ~ used to (doing) sthg s'habituer à (faire) qqch; will you ~ with it! inf mais réveille-toi un peu!-**2.** [used to form passive]: to ~ elected se faire élire, être élu; suppose he ~s killed et s'il se fait tuer?; I'm always getting invited to parties on m'invite toujours à des soirées. **-3.** (with present participle) [start] commencer à, se mettre à; let's ~ going OR moving! [let's leave] allons-y!; [let's hurry] dépêchons (-nous)!, grouillons-nous!; [let's start to work] au travail!; I'll ~ going on that right away je m'y mets tout de suite; I can't seem to ~ going today je n'arrive pas à m'activer aujourd'hui; we got talking about racism nous en sommes venus à parler de racisme; he got to thinking about it il s'est mis à réfléchir à la question.

**B. -1.** [go] aller, se rendre; [arrive] arriver;˙when did you ~ home? quand es-tu rentré?; how do you ~ to the museum? comment est-ce qu'on fait pour aller au musée?; how did you ~ here? comment es-tu venu?; how did that bicycle ~ here? comment se fait-il que ce vélo se trouve ici?; he got as far as buying the tickets il est allé jusqu'à acheter les billets; I'd hoped things wouldn't ~ this far j'avais espéré qu'on n'en arriverait pas là; now you're getting somewhere! enfin tu avances!; I'm not getting anywhere OR I'm getting nowhere (fast inf) with this project je fais du sur place avec ce projet; she won't ~ anywhere OR she'll ~ nowhere if she's rude to people elle n'arrivera à rien en étant grossière avec les gens; where's your sister got to? où est passée ta sœur?-**2.** [move in specified direction]: to ~ into bed se coucher; ~ in OR into the car! monte dans la voiture!; ~ over here! viens ici! **-3.** (with infinitive) [start] commencer à, se mettre à; to ~ to know sb apprendre à connaître qqn; you'll ~ to like it in the end ça finira par te plaire; his father got to hear of the rumours son père a fini par entendre les rumeurs; they got to talking about the past ils en sont venus à OR ils se sont mis à parler du passé. **-4.** [become] devenir; it's getting to be impossible to find a flat ça devient impossible de trouver un appartement. **-5.** [manage] réussir à; we never got to see that film nous n'avons jamais réussi à OR nous ne sommes jamais arrivés à voir ce film. **-6.** inf [be allowed to]: I never ~ to drive on ne me laisse jamais conduire. **-7.** Am inf [leave] se tirer; ~! fous le camp!, tire-toi!

◆ **get about** vi insep **-1.** [be up and about, move around] se dé-

placer; she ~s about on crutches/in a wheelchair elle se déplace avec des béquilles/en chaise roulante. **-2.** [travel] voyager. **-3.** [be socially active]: she certainly ~s about elle connaît beaucoup de monde, circuler. **-4.** [story, rumour] se répandre, circuler.

◆ **get across** ◇ vi insep pénétrer, passer. ◇ vt sep communiquer; I can't seem to ~ the idea across to them je n'arrive pas à leur faire comprendre ça; he managed to ~ his point across il a réussi à faire passer son message.

◆ **get after** vt insep poursuivre.

◆ **get ahead** vi insep [succeed] réussir, arriver; to ~ ahead in life OR in the world réussir dans la vie.

◆ **get along** vi insep **-1.** [fare, manage] aller; how are you getting along? comment vas-tu?, comment ça va?; she's getting along well in her new job elle se débrouille bien dans son nouveau travail; we can ~ along without him nous pouvons nous passer de lui OR nous débrouiller sans lui. **-2.** [advance, progress] avancer, progresser. **-3.** [be on good terms] s'entendre; she's easy to ~ along with elle est facile à vivre. **-4.** [move away] s'en aller, partir; [go] aller, se rendre ❑ ~ along with you! Br [leave] va-t-en!, fiche le camp!; [I don't believe you] inf à d'autres!

◆ **get around** ◇ vt insep [obstacle, problem] contourner; [law, rule] tourner. ◇ vi insep = **get about**.

◆ **get around to** vt insep: she won't ~ around to reading it before tomorrow elle n'arrivera pas à (trouver le temps de) le lire avant demain; he finally got around to fixing the radiator il a fini par OR il est finalement arrivé à réparer le radiateur.

◆ **get at** vt insep **-1.** [reach – object, shelf] atteindre; [– place] parvenir à, atteindre. **-2.** [discover] trouver; to ~ at the truth connaître la vérité. **-3.** [mean, intend] entendre; I see what you're getting at je vois où vous voulez en venir. **-4.** inf [criticize] s'en prendre à, s'attaquer à. **-5.** inf [bribe, influence] acheter, suborner.

◆ **get away** vi insep **-1.** [leave] s'en aller, partir; she has to ~ away from home/her parents il faut qu'elle parte de chez elle/s'éloigne de ses parents; to ~ away from the daily grind échapper au train-train quotidien; ~ away from it all, come to Florida! quittez tout, venez en Floride!; she's gone off for a couple of weeks to ~ away from it all elle est partie quelques semaines loin de tout. **-2.** [move away] s'éloigner; ~ away from me! fichez-moi le camp!-**3.** [escape] s'échapper, se sauver; there's no getting away from OR you can't ~ away from the fact that the other solution would have been cheaper on ne peut pas nier (le fait) que l'autre solution aurait coûté moins cher; you can't ~ away from it, there's no getting away from it c'est comme ça, on n'y peut rien. **-4.** Br phr: ~ away (with you)! inf à d'autres!

◆ **get away with** vt insep: he got away with cheating on his taxes personne ne s'est aperçu qu'il avait fraudé le fisc; I can't believe you got away with it! je n'arrive pas à croire que personne ne t'ait rien dit!

◆ **get back** ◇ vi insep **-1.** [move backwards] reculer. **-2.** [return] revenir, retourner; I can't wait to ~ back home je suis impatient de rentrer (à la maison); ~ back in bed! va te recoucher!, retourne au lit!; I got back in the car/on the bus je suis remonté dans la voiture/dans le bus; to ~ back to sleep se rendormir; to ~ back to work [after break] se remettre au travail; [after holiday, illness] reprendre le travail; things eventually got back to normal les choses ont peu à peu repris leur cours (normal); getting OR to ~ back to the point pour en revenir au sujet qui nous préoccupe; I'll ~ back to you on that [call back] je vous rappelle pour vous dire ce qu'il en est; [discuss again] nous reparlerons de cela plus tard. **-3.** [return to political power] revenir.

◇ vt sep **-1.** [recover – something lost or lent] récupérer; [– force, strength] reprendre, récupérer; [– health, motivation] retrouver; he got his job back il a été repris; you'll have to ~ your money back from the shop il faut que vous vous fassiez rembourser par le magasin. **-2.** [return] rendre. **-3.** [return to original place] remettre, replacer; he managed to ~ the children back to bed il a réussi à remettre les enfants au lit. **-4.** phr: to ~ one's own back (on sb) inf se venger (de qqn).

◆ **get back at** vt insep se venger de.

◆ **get behind** vi insep [gen] rester à l'arrière, se laisser distancer; SPORT se laisser distancer; fig: he got behind with his work il a pris du retard dans son travail; **we mustn't** ~ **be-hind with** the rent il ne faut pas qu'on soit en retard pour le loyer.

◆ **get by** *vi insep* **-1.** [pass] passer. **-2.** [be acceptable] passer, être acceptable. **-3.** [manage, survive] se débrouiller, s'en sortir; **how do you** ~ **by on that salary?** comment tu te débrouilles OR tu t'en sors avec un salaire comme ça?

◆ **get down** ◇ *vi insep* descendre; ~ **down off that chair!** descends de cette chaise!; **they got down on their knees** ils se sont mis à genoux; ~ **down!** [hide] couchez-vous!; [to dog] bas les pattes! ◇ *vt sep* **-1.** [write down] noter. **-2.** [depress] déprimer, démoraliser. **don't let it** ~ **you down** ne te laisse pas abattre. **-3.** [swallow] avaler, faire descendre.

◆ **get down to** *vt insep* se mettre à.

◆ **get in** ◇ *vi insep* **-1.** [into building] entrer; **the thief got in through the window** le cambrioleur est entré par la fenêtre ‖ [into vehicule]: **a car pulled up and she got in** une voiture s'est arrêtée et elle est montée dedans. **-2.** [return home] rentrer. **-3.** [arrive] arriver. **-4.** [be admitted – to club] se faire admettre; [– to school, university] entrer, être admis OR reçu. **-5.** [be elected – person] être élu; [– party] accéder au pouvoir. **-6.** *inf* [become involved] participer; **she got in at the beginning** elle est arrivée au début. **-7.** [interject] glisser. ◇ *vt sep* **-1.** [fit in]: **I hope to** ~ **in a bit of reading on holiday** j'espère pouvoir lire OR que je trouverai le temps de lire pendant mes vacances. **-2.** [collect, gather – crops] rentrer, engranger; [– debts] recouvrer; [– taxes] percevoir. **-3.** [lay in]: **I must** ~ **in some more coal** je dois faire une provision de charbon; **to** ~ **in supplies** s'approvisionner. **-4.** [call in – doctor, plumber] faire venir. **-5.** [hand in, submit] rendre, remettre. **-6.** [cause to be admitted – to club, university] faire admettre OR accepter; [cause to be elected] faire élire. **-7.** [plant – seeds] planter, semer; [– bulbs, plants] planter. **-8.** *Br inf* [pay for, stand] payer, offrir. ◇ *vt insep* [building] entrer dans; [vehicle] monter dans.

◆ **get in on** ◇ *vt insep*: **to** ~ **in on a deal** prendre part à un marché; **to** ~ **in on the fun** se mettre de la partie. ◇ *vt sep* faire participer à; **he got me in on the deal** il m'a intéressé à l'affaire.

◆ **get into** ◇ *vt insep* **-1.** [arrive in] arriver à. **-2.** [put on – dress, shirt, shoes] mettre; [– trousers, stockings] enfiler, mettre; [– coat] endosser; **can you still** ~ **into your jeans?** est-ce que tu rentres encore dans ton jean? **-3.** [be admitted to – club, school, university] entrer dans; **to** ~ **into office** être élu. **-4.** [become involved in]: **he wants to** ~ **into politics** il veut se lancer dans la politique; **they got into a conversation about South Africa** ils se sont mis à parler de l'Afrique du Sud; **we got into a fight over who had to do the dishes** nous nous sommes disputés pour savoir qui devait faire la vaisselle; **this is not the moment to** ~ **into that** ce n'est pas le moment de parler de ça. **-5.** *inf* [take up] s'intéresser à; **he got into Eastern religions** il a commencé à s'intéresser aux religions orientales. **-6.** [become accustomed to]: **he soon got into her way of doing things** il s'est vite fait OR s'est vite mis à sa façon de faire les choses. **-7.** [experience a specified condition or state]: **to** ~ **into debt** s'endetter; **he got into a real mess** il s'est mis dans un vrai pétrin; **the children were always getting into mischief** les enfants passaient leur temps à faire des bêtises; **I got into a real state about the test** j'étais dans tous mes états à cause du test; **she got into trouble with the teacher** elle a eu des ennuis avec le professeur. **-8.** [cause to act strangely] prendre; **what's got into you?** qu'est-ce qui te prend?, quelle mouche te pique?; **I wonder what got into him to make him act like that** je me demande ce qui l'a poussé à réagir comme ça. ◇ *vt sep* **-1.** [cause to be admitted to – club] faire entrer à; [– school, university] faire entrer dans. **-2.** [cause to be in a specified condition or state] mettre; **she got herself into a terrible state** elle s'est mise dans tous ses états; **he got them into a lot of trouble** il leur a attiré de gros ennuis. **-3.** [involve in] impliquer dans, entraîner dans; **you're the one who got us into this** c'est toi qui nous a embarqués dans cette histoire. **-4.** *inf* [make interested in] faire découvrir; [accustom to] habituer à, faire prendre l'habitude de. **-5.** *phr*: **when will you** ~ **it into your thick head that I don't want to go?** *inf* quand est-ce que tu vas enfin comprendre que je ne veux pas y aller?

◆ **get in with** *vt insep* s'insinuer dans les bonnes grâces de, se faire bien voir de.

◆ **get off** ◇ *vi insep* **-1.** [leave bus, train etc] descendre; **I told him where to** ~ **off!** *inf* je l'ai envoyé sur les roses!, je l'ai envoyé promener!; **where do you** ~ **off telling me what to do?** *Am inf* qu'est-ce qui te prend de me dicter ce que je dois faire? **-2.** [depart – person] s'en aller, partir; [– car] démarrer; [– plane] décoller; [– letter, parcel] partir; **the project got off to a bad/good start** *fig* le projet a pris un mauvais/bon départ. **-3.** [leave work] finir, s'en aller; [take time off] se libérer. **-4.** [escape punishment] s'en sortir, s'en tirer, être quitte; **the students got off with a fine/warning** les étudiants en ont été quittes pour une amende/un avertissement. **-5.** [go to sleep] s'endormir. ◇ *vt sep* **-1.** [leave – bus, train etc] descendre de ❑ **if only the boss would** ~ **off my back** si seulement le patron me fichait la paix. **-2.** [depart from] partir de, décamper de; ~ **off my property** fichez le camp de chez moi; **we got off the road to let the ambulance pass** nous sommes sortis de la route pour laisser passer l'ambulance. **-3.** [escape from] se libérer de; [avoid] échapper à; **how did you** ~ **off doing the housework?** comment as-tu fait pour échapper au ménage? ◇ *vt sep* **-1.** [cause to leave, climb down] faire descendre; **the conductor got the passengers off the train** le conducteur a fait descendre les passagers du train; **try to** ~ **her mind off her troubles** *fig* essaie de lui changer les idées. **-2.** [send] envoyer, faire partir. **-3.** [remove – clothing, lid] enlever, ôter; [– stains] faire partir OR disparaître, enlever; ~ **your hands off me!** ne me touche pas!; **he'd like to** ~ **that house off his hands** *fig* il aimerait bien se débarrasser de cette maison. **-4.** [free from punishment] tirer d'affaire; [in court] faire acquitter; **he'll need a good lawyer to** ~ **him off** il lui faudra un bon avocat pour se tirer d'affaire. **-5.** [put to sleep] endormir.

◆ **get off on** *vt insep inf* [sexually]: **he** ~**s off on pornographic films** il prend mon pied en regardant des films porno ‖ *fig*: **I really** ~ **off on jazz!** j'adore le jazz!

◆ **get off with** *vt insep Br inf* sortir avec; **did you** ~ **off with anyone last night?** est-ce que tu as fait des rencontres hier soir?

◆ **get on** ◇ *vi insep* **-1.** [bus, plane, train] monter à bord. **-2.** [fare, manage]: **how's your husband getting on?** comment va votre mari?; **how did he** ~ **on at the interview?** comment s'est passé son entretien?, comment ça a marché pour son entretien? **-3.** [make progress] avancer, progresser; **John is getting on very well in maths** John se débrouille très bien en maths. **-4.** [succeed] réussir, arriver; **to** ~ **on in life** OR **in the world** faire son chemin OR réussir dans la vie. **-5.** [continue] continuer; **we must be getting on** il faut que nous partions; ~ **on with your work!** allez! au travail!; **they got on with the job** ils se sont remis au travail. **-6.** [be on good terms] s'entendre; **my mother and I** ~ **on well** je m'entends bien avec ma mère; **to be difficult/easy to** ~ **on with** être difficile/facile à vivre. **-7.** [grow late – time]: **time's getting on** il se fait tard; **it was getting on in the evening, the evening was getting on** la soirée tirait à sa fin. **-8.** [grow old – person] se faire vieux. **-9.** *phr*: ~ **on with it!** [continue speaking] continuez!; [continue working] allez! au travail!; [hurry up] mais dépêchez-vous enfin! ◇ *vt insep* [bus, train] monter dans; [plane] monter à bord de; [ship] monter à bord de; [bed, horse, table, bike] monter sur; ~ **on your feet** levez-vous, mettez-vous debout; **it took the patient a while to** ~ **(back) on his feet** *fig* le patient a mis longtemps à se remettre sur pied. ◇ *vt sep* **-1.** [help onto – bus, train] faire monter dans; [– bed, bike, horse, table] faire monter sur; **they got him on his feet** ils l'ont mis debout; **the doctor got her on her feet** *fig* le médecin l'a remise sur pied. **-2.** [coat, gloves, shoes] mettre, enfiler; [lid] mettre.

◆ **get on for** *vt insep*: **the president is getting on for sixty** le président approche la soixantaine OR a presque soixante ans; **it's getting on for midnight** il est presque minuit, il n'est pas loin de minuit; **it's getting on for three weeks since we saw her** ça va faire bientôt trois semaines que nous ne l'avons pas vue; **there were getting on for ten thousand demonstrators** il n'y avait pas loin OR il y avait près de dix mille manifestants.

◆ **get onto** ◇ *vt insep* **-1.** = **get on** *vt insep*. **-2.** [turn attention to]: **to** ~ **onto a subject** OR **onto a topic** aborder un sujet; **I'll** ~ **right onto it!** je vais m'y mettre tout de suite! **-3.** [contact] prendre contact avec, se mettre en rapport avec; [speak to] parler à; [call] téléphoner à, donner un coup de fil à. **-4.** *inf* [become aware of] découvrir. **-5.** [nag, rebuke] harceler. **-6.** [be elected to]: he got onto the school board il a été élu au conseil d'administration de l'école. ◇ *vt sep* **-1.** = **get on** *vt sep* **1. -2.** [cause to talk about] faire parler de, amener à parler de.

◆ **get out** ◇ *vi insep* **-1.** [leave – of building, room] sortir; [– of car, train] descendre; [– organization, town] quitter; to ~ out of bed se lever, sortir de son lit; you'd better ~ out of here tu ferais bien de partir OR sortir ⬚ ~ out of here! [leave] sortez d'ici!; *Am inf* [I don't believe it]mon œil!; to ~ out while the going is good partir au bon moment. **-2.** [go out] sortir. **-3.** [information, news] se répandre, s'ébruiter; the secret got out le secret a été éventé. **-4.** [escape] s'échapper; he was lucky to ~ out alive il a eu de la chance de s'en sortir vivant. ◇ *vt sep* **-1.** [champagne, furniture] sortir; [person] (faire) sortir. **-2.** [produce – book] publier, sortir; [– list] établir, dresser. **-3.** [speak with difficulty] prononcer, sortir; to ~ out from under *inf* s'en sortir, s'en tirer.

◆ **get out of** ◇ *vt insep* **-1.** [avoid] éviter, échapper à; [obligation] se dérober OR se soustraire à; he tried to ~ out of helping me il a essayé de se débrouiller pour ne pas devoir m'aider; we have to go, there's no getting out of it il faut qu'on y aille, il n'y a rien à faire OR il n'y a pas moyen d'y échapper. **-2.** [escape from]: to ~ out of trouble se tirer d'affaire; how can I ~ out of this mess? comment puis-je me tirer de ce pétrin?

◇ *vt sep* **-1.** [take out of] sortir de; how many books did you ~ out of the library? combien de livres as-tu emprunté à OR sorti de la bibliothèque? **-2.** [help to avoid]: the lawyer got his client out of jail l'avocat a fait sortir son client de prison; the phone call got her out of having to talk to me *fig* le coup de fil lui a évité d'avoir à me parler; he'll never ~ himself out of this one! il ne s'en sortira jamais!; my confession got him out of trouble ma confession l'a tiré d'affaire. **-3.** [extract – cork] sortir de; [– nail, splinter] enlever de; [– stain] faire partir de, enlever de; the police got a confession/the truth out of him la police lui a arraché une confession/la vérité; we got the money out of him nous avons réussi à obtenir l'argent de lui; I can't ~ anything out of him je ne peux rien tirer de lui. **-4.** [gain from] gagner, retirer; to ~ a lot out of sthg tirer (un) grand profit de qqch; I didn't ~ much out of that class ce cours ne m'a pas apporté grand-chose, je n'ai pas retiré grand-chose de ce cours.

◆ **get over** ◇ *vt insep* **-1.** [cross – river, street] traverser, franchir; [– fence, wall] franchir, passer par-dessus. **-2.** [recover from – illness] se remettre de, guérir de; [– accident] se remettre de; [– loss] se remettre de, se consoler de; I'll never ~ over her je ne l'oublierai jamais; we couldn't ~ over our surprise nous n'arrivions pas à nous remettre de notre surprise; I can't ~ over it! je n'en reviens pas!; he couldn't ~ over the fact that she had come back il n'en revenait pas qu'elle soit revenue; he'll ~ over it! il n'en mourra pas! **-3.** [master, overcome – obstacle] surmonter; [– difficulty] surmonter, venir à bout de. ◇ *vt sep* **-1.** [cause to cross] faire traverser, faire passer. **-2.** [communicate – idea, message] faire passer. ◇ *vi insep* **-1.** [cross] traverser. **-2.** [idea, message] passer.

◆ **get over with** *vt insep* [finish with] en finir avec; let's ~ it over (with) finissons-en.

◆ **get round** ◇ *vt insep* = **get around**. ◇ *vt sep* = **get around**. ◇ *vi insep* = **get about**.

◆ **get round to** = **get around to**.

◆ **get through** ◇ *vi insep* **-1.** [reach destination] parvenir; the letter got through to her la lettre lui est parvenue; the message didn't ~ through le message n'est pas arrivé; despite the crowds, I managed to ~ through malgré la foule, j'ai réussi à passer. **-2.** [candidate, student – succeed] réussir; [– in exam] être reçu, réussir; the team got through to the final l'équipe s'est classée pour la finale. **-3.** [bill, motion] passer, être adopté OR voté. **-4.** [make oneself understood] faire comprendre. **-5.** [contact] contacter; TELEC obtenir la communication; I can't ~ through to his office je n'arrive pas à avoir son bureau. **-6.** *Am inf* finir, terminer.

◇ *vt insep* **-1.** [come through – hole, window] passer par; [– crowd] se frayer un chemin à travers OR dans; [– military lines] percer, franchir. **-2.** [survive – storm, winter] survivre à; [– difficulty] se sortir de, se tirer de; he got through it alive il

s'en est sorti (vivant). **-3.** [complete, finish – book] finir, terminer; [– job, project] achever, venir à bout de. **-4.** [consume, use up] consommer, utiliser; they got through their monthly salary in one week en une semaine ils avaient dépensé tout leur salaire du mois. **-5.** [endure, pass – time] faire passer; how will I ~ through this without you? comment pourrai-je vivre cette épreuve sans toi? **-6.** [exam] réussir, être reçu à. **-7.** [subj: bill, motion] passer; the bill got through both Houses le projet de loi a été adopté par les deux Chambres.

◇ *vt sep* **-1.** [transmit – message] faire passer, transmettre, faire parvenir. **-2.** [make understood]: when will you ~ it through your thick head that I don't want to go? *inf* quand est-ce que tu vas enfin comprendre que je ne veux pas y aller? **-3.** [bill, motion] faire adopter, faire passer.

◆ **get through with** *vt insep* terminer, finir.

◆ **get together** ◇ *vi insep* **-1.** [meet] se réunir, se rassembler; can we ~ together after the meeting? on peut se retrouver après la réunion? **-2.** [reach an agreement] se mettre d'accord. ◇ *vt sep* [people] réunir, rassembler; [things] rassembler, ramasser; [thoughts] rassembler; to ~ one's act together *inf* se secouer.

◆ **get to** ◇ *vt insep* **-1.** [reach] arriver à; where have you got to in the book? où en es-tu dans le livre?; it got to the point where he couldn't walk another step il en est arrivé au point de ne plus pouvoir faire un pas. **-2.** [deal with] s'occuper de; I'll ~ to you in a minute je suis à toi je m'occupe de toi dans quelques secondes. **-3.** *inf* [have an effect on]: that music really ~s to me [moves me] cette musique me touche vraiment; [annoys me] cette musique me tape sur le système; don't let it ~ to you! ne t'énerve pas pour ça! **-4.** *Am inf*: they got to the witness [bribed] ils ont acheté le témoin; [killed] ils ont descendu le témoin.

◆ **get up** ◇ *vi insep* **-1.** [arise from bed] se lever; ~ up! sors du lit!, debout!, lève-toi! **-2.** [rise to one's feet] se lever, se mettre debout; to ~ up from the table se lever OR sortir de table; ~ up off the floor! relève-toi!; please don't bother getting up restez assis, je vous prie. **-3.** [climb up] monter. **-4.** [subj: wind] se lever. ◇ *vt insep* [stairs] monter; [ladder, tree] monter à; [hill] gravir. ◇ *vt sep* **-1.** [cause to rise to feet] faire lever; [awaken] réveiller. **-2.** [generate, work up]: to ~ up speed gagner de la vitesse; to ~ one's courage up rassembler son courage; I can't ~ up any enthusiasm for the job je n'arrive pas à éprouver aucun enthousiasme pour ce travail. **-3.** *inf* [organize – entertainment, party] organiser, monter; [– petition] organiser; [– play] monter; [– excuse, story] fabriquer, forger. **-4.** [dress up] habiller; [in costume] déguiser. **-5.** *inf* [study – subject] travailler, bûcher; [– notes, speech] préparer.

◆ **get up to** *vt insep* faire; he ~s up to all kinds of mischief il fait des tas de bêtises.

**getaway** ['getəweɪ] ◇ *n* **-1.** [escape] fuite *f*; to make one's ~ s'enfuir, filer; they made a quick ~ ils ont vite filé. **-2.** AUT [start] démarrage *m*; [in racing] départ *m*. ◇ *adj*: a ~ car/vehicle une voiture/un véhicule de fuyard.

**Gethsemane** [geθ'semənɪ] *pr n* Gethsémani.

**get-rich-quick** *adj inf*: a ~ scheme un projet pour faire fortune rapidement.

**get-together** *n* [meeting] (petite) réunion *f*; [party] (petite) fête *f*.

**Gettysburg Address** ['getɪzbɜ:g] *pr n*: the ~ discours prononcé par Abraham Lincoln pendant la guerre de Sécession.

**getup** ['getʌp] *n inf* **-1.** [outfit] accoutrement *m*; [disguise] déguisement *m*. **-2.** [of book, product] présentation *f*.

**get-up-and-go** *n inf* allant *m*, dynamisme *m*.

**get-well card** *n* carte de vœux pour un bon rétablissement.

**geyser** [Br 'gi:zər, Am 'gaɪzər] *n* **-1.** GEOL geyser *m*. **-2.** *Br* [domestic] chauffe-eau *m inv* (à gaz).

**Ghana** ['gɑːnə] *pr n* Ghana *m*; in ~ au Ghana.

**Ghanaian** [gɑː'neɪən], **Ghanian** ['gɑːnɪən] ◇ *n* Ghanéen *m*, -enne *f*. ◇ *adj* ghanéen.

**ghastly** ['gɑːstlɪ] *(compar* **ghastlier**, *superl* **ghastliest)** *adj* **-1.** *inf* [very bad] affreux, épouvantable, atroce; there's been a ~ mistake une terrible erreur a été commise; you look ~! vous avez l'air d'un déterré! **-2.** [frightening, unnatural] horrible, effrayant.

**Ghent** [gent] *pr n* Gand.

**gherkin** ['gɜːkɪn] *n* cornichon *m*.
**ghetto** ['getəʊ] (*pl* **ghettos** OR **ghettoes**) *n* ghetto *m*.
**ghetto blaster** [-ˌblɑːstəʳ] *n inf* grand radiocassette portatif.
**ghost** [gəʊst] ◇ *n* **-1.** [phantom] revenant *m*, fantôme *m*, spectre *m*; **you look as if you've just seen a ~!** on dirait que vous venez de voir un fantôme!**-2.** [shadow] ombre *f*; **you don't have the ~ of a chance** vous n'avez pas la moindre chance OR l'ombre d'une chance. **-3.** TV image *f* secondaire OR résiduelle. **-4.** *phr*: **to give up the ~** rendre l'âme. **-5.** [writer] nègre *m*. ◇ *vt*: **to ~ a book for an author** servir de nègre à l'auteur d'un livre. ◇ *adj* [story, film] de revenants, de fantômes; **a ~ ship/train** un vaisseau/un train fantôme.
**ghostly** ['gəʊstlɪ] (*compar* **ghostlier**, *superl* **ghostliest**) *adj* spectral, fantomatique; **a ~ figure** une véritable apparition; **a ~ silence** un silence de mort.
**ghost town** *n* ville *f* fantôme.
**ghostwrite** ['gəʊstraɪt] (*pt* **ghostwrote** [-rəʊt], *pp* **ghostwritten** [-ˌrɪtn]) ◇ *vt* écrire OR rédiger (comme nègre). ◇ *vi*: **to ~ for sb** servir de nègre à qqn.
**ghostwriter** ['gəʊstˌraɪtəʳ] *n* nègre *m*.
**ghoul** [guːl] *n* **-1.** [evil spirit] goule *f*.**-2.** [macabre person] amateur *mf* de macabre.
**ghoulish** ['guːlɪʃ] *adj* **-1.** [ghostly] de goule, vampirique. **-2.** [person, humour] morbide, macabre.
**GHQ** (*abbr of* **general headquarters**) *n* GQG *m*.
**GI** (*abbr of* **Government Issue**) ◇ *n* [soldier] GI *m*, soldat *m* américain. ◇ *comp*: **~ bride** épouse *f* (étrangère) d'un GI.
**giant** ['dʒaɪənt] ◇ *n* **-1.** [in size] géant *m*, -e *f*.**-2.** *fig*: **a literary ~** un géant de la littérature; **an industrial ~** un magnat de l'industrie. ◇ *adj* géant, gigantesque; **with ~ footsteps** à pas de géant.
**giantess** ['dʒaɪəntes] *n* géante *f*.
**giantkiller** ['dʒaɪəntˌkɪləʳ] *n* SPORT petite équipe victorieuse d'une équipe plus forte.
**giant panda** *n* panda *m* géant.
**giant sequoia** *n* séquoia *m* géant.
**giant-size(d)** *adj* [pack] géant.
**giant star** *n* étoile *f* géante.
**gibber** ['dʒɪbəʳ] *vi* [person] bredouiller, bafouiller; **to ~ with fear** bafouiller de peur.
**gibbering** ['dʒɪbərɪŋ] *adj*: **I was a ~ wreck**! j'étais dans un de ces états!; **he's a ~ idiot** *inf* c'est un sacré imbécile.
**gibberish** ['dʒɪbərɪʃ] *n* baragouin *m*, charabia *m*; **this instruction leaflet is a load of ~** *inf* ce mode d'emploi, c'est du vrai charabia.
**gibbet** ['dʒɪbɪt] ◇ *n* potence *f*, gibet *m*. ◇ *vt* [hang] pendre.
**gibbon** ['gɪbən] *n* gibbon *m*.
**gibe** [dʒaɪb] ◇ *vt* [taunt] railler, se moquer de. ◇ *vi*: **to ~ at sb** railler qqn, se moquer de qqn. ◇ *n* [remark] raillerie *f*, moquerie *f*.
**giblets** ['dʒɪblɪts] *npl* abats *mpl* de volaille.
**Gibraltar** [dʒɪ'brɔːltəʳ] *pr n* à Gibraltar; **in ~** à Gibraltar; **the Strait of ~** le détroit de Gibraltar.
**giddily** ['gɪdɪlɪ] *adv* **-1.** [dizzily] vertigineusement. **-2.** [frivolously] à la légère, avec insouciance.
**giddiness** ['gɪdɪnɪs] *n* (U) **-1.** [dizziness] vertiges *mpl*, étourdissements *mpl*.**-2.** [frivolousness] légèreté *f*, étourderie *f*.
**giddy** ['gɪdɪ] (*compar* **giddier**, *superl* **giddiest**) *adj* **-1.** [dizzy - person]: **to be** OR **to feel ~** [afraid of height] avoir le vertige, être pris de vertige; [unwell] avoir un étourdissement. **-2.** [lofty] vertigineux, qui donne le vertige; **the ~ heights of success** les hautes cimes de la réussite. **-3.** [frivolous - person, behaviour] frivole, écervelé; **a ~ round of parties and social events** un tourbillon de soirées et de sorties mondaines ❑ **my ~ aunt**! *Br inf* oh la la!
**giddy up** *interj* [to horse]: **~!** hue!
**gift** [gɪft] ◇ *n* **-1.** [present – personal] cadeau *m*; [– official] don *m*; **to make sb a ~ of sthg** offrir qqch à qqn, faire cadeau de qqch à qqn; **is it a ~**? c'est pour offrir?; **he thinks he's God's ~ to mankind** *inf*/**to women** *inf* il se prend pour le Messie/pour Don Juan; **the ~ of friendship/of tears** *lit* le don de l'amitié/des larmes. **-2.** [talent] don *m*; **he has a great ~ for telling jokes** il n'a pas son pareil pour raconter des plaisanteries; **she has a ~ for music** elle a un don OR elle est douée pour la musique ❑ **to have the ~ of the gab** *inf* avoir

la langue bien pendue, avoir du bagou(t). **-3.** *inf* [bargain] affaire *f*; **at £5, it's a ~** 5 livres, c'est donné. **-4.** *inf* [easy thing]: **that exam question was a ~** ce sujet d'examen, c'était du gâteau. **-5.** [donation] don *m*, donation *f*; **as a ~** JUR à titre d'avantage OR gracieux; **the posts abroad are in the ~ of the French department** l'attribution des postes à l'étranger relève du département de français. **-6.** RELIG: **the ~ of faith** la grâce de la foi; **the ~ of tongues** le don des langues. ◇ *vt Am fml* donner, faire don de; **'~ed by Mr Evans'** [on plaque] 'don de M. Evans'.
**GIFT** [gɪft] (*abbr of* **gamete in fallopian transfer**) *n* FIVETE *f*.
**gift certificate** *Am* = **gift token**.
**gift coupon** *n* bon *m* de réduction, point-cadeau *m*.
**gifted** ['gɪftɪd] *adj* [person] doué; [performance] talentueux; **highly ~ children** des enfants surdoués; **she's ~ with a fantastic memory** elle a une mémoire fantastique.
**gift horse** *n phr*: **don't** OR **never look a ~ in the mouth** *prov* à cheval donné on ne regarde pas la bouche *prov*.
**gift shop** *n* boutique *f* de cadeaux.
**gift token** *n* bon *m* d'achat.
**gift voucher** *Br* **-1.** = **gift token**. **-2.** = **gift coupon**.
**gift-wrap** *vt* faire un paquet cadeau de.
**gift wrapping** *n* papier-cadeau *m*.
**gig** [gɪg] *n* **-1.** [carriage] cabriolet *m*.**-2.** [boat] yole *f*, guigue *f*.**-3.** *inf* [concert] concert *m* (de rock, de jazz).
**gigabyte** ['gɪgəbaɪt] *n* gigaoctet *m*.
**gigantic** [dʒaɪ'gæntɪk] *adj* géant, gigantesque.
**giggle** ['gɪgl] ◇ *vi* [stupidly] rire bêtement, ricaner; [nervously] rire nerveusement. ◇ *n* [uncontrollable] fou rire *m*; [nervous] petit rire *m* nerveux; [stupid] ricanement *m*; **to have a fit of the ~s** avoir le fou rire.
**giggling** ['gɪglɪŋ] ◇ *adj* = **giggly**. ◇ *n* (U) fou rire *m*.
**giggly** ['gɪglɪ] *adj* qui rit bêtement.
**GIGO** ['gaɪgəʊ] *n abbr of* **garbage in, garbage out**.
**gigolo** ['ʒɪgələʊ] (*pl* **gigolos**) *n* gigolo *m*.
**gigot** ['dʒɪgət] *n* gigot *m*.
**GI Joe** *n* surnom collectif des soldats américains, notamment pendant la Deuxième Guerre mondiale.
**gild** [gɪld] (*pt* **gilded**, *pp* **gilded** OR **gilt** [gɪlt]) ◇ *n* = **guild**. ◇ *vt* dorer; **it would be ~ing the lily** ce serait du peaufinage.
**gilded** ['gɪldɪd] *adj* doré; **~ youth** *fig* jeunesse *f* dorée.
**gilding** ['gɪldɪŋ] *n* dorure *f*.
**gill¹** [dʒɪl] *n* [measure] quart *m* de pinte.
**gill²** [gɪl] *n* **-1.** [of mushroom] lamelle *f*.**-2.** *Br dial* [ravine] ravin *m*; [stream] ruisseau *m* (de montagne).
◆ **gills** *npl* [of fish] ouïes *fpl*, branchies *fpl*; **to be/to go green around the ~s** [from shock] être/devenir vert (de peur); [from illness] avoir mauvaise mine.
**gilt** [gɪlt] ◇ *pp* → **gild**. ◇ *adj* doré. ◇ *n* **-1.** [gilding] dorure *f*; **to take the ~ off the gingerbread** *Br* gâcher le plaisir. **-2.** [security] valeur *f* de tout repos.
**gilt-edged** [-edʒd] *adj* **-1.** ST. EX [securities] de père de famille, sans risque. **-2.** [page] doré sur tranche.
**gimcrack** ['dʒɪmkræk] *adj* [jewellery] en toc; [ornament, car] de pacotille; [theory, idea] bidon.
**gimlet** ['gɪmlɪt] *n* [tool] vrille *f*.
**gimlet-eyed** *adj* à l'œil perçant, aux yeux perçants.
**gimme** ['gɪmɪ] *inf* = **give me**.
**gimmick** ['gɪmɪk] *n* **-1.** [sales trick] truc *m*, astuce *f*; [in politics] astuce *f*, gadget *m*; **advertising ~** trouvaille *f* publicitaire; **it's just a sales ~** c'est un truc pour faire vendre. **-2.** [gadget, device] gadget *m*.
**gimmickry** ['gɪmɪkrɪ] *n* (U) *inf* truquage *m*, astuces *fpl*.
**gimmicky** ['gɪmɪkɪ] *adj inf* qui relève du procédé.
**gimp** [gɪmp] *n Am inf* **-1.** *pej* [person] gogol *mf*.**-2.** [object] scoubidou *m*.
**gin** [dʒɪn] (*pt & pp* **ginned**, *cont* **ginning**) ◇ *n* **-1.** [drink] gin *m*; **~ and tonic** gin-tonic *m*; **~ and it** *Br* martini-gin *m*.**-2.** [trap] piège *m*.**-3.** INDUST [machine] égreneuse *f* (de coton). ◇ *vt* attraper, piéger.
**ginger** ['dʒɪndʒəʳ] *n* **-1.** [spice] gingembre *m*; **crystallized ~** gingembre confit; **ground ~** gingembre en poudre; **root** OR **fresh ~** gingembre en racine OR frais. **-2.** *inf & fig* entrain *m*, allant *m*, dynamisme *m*.**-3.** [colour] brun roux *m*. ◇ *adj*

[hair] roux (*f* rousse), rouquin; [cat] roux (*f* rousse).
◆ **Ginger** *pr n inf* [nickname] Poil de Carotte.
◆ **ginger up** *vt sep* [activity, group, meeting] animer; [speech, story] relever, pimenter, égayer.

**ginger ale** *n* boisson gazeuse aux extraits de gingembre.

**ginger beer** *n* boisson légèrement alcoolisée obtenue par la fermentation de gingembre.

**gingerbread** ['dʒɪndʒəbred] ◇ *n* pain *m* d'épices; ~ **man** sujet *m* en pain d'épices. ◇ *adj* [ornament, style] tarabiscoté.

**ginger group** *n* dans une organisation politique ou autre, faction dynamique cherchant à faire bouger les choses en incitant à l'action.

**ginger-haired** *adj* roux (*f* rousse).

**gingerly** ['dʒɪndʒəlɪ] ◇ *adv* [cautiously] avec circonspection, précautionneusement; [delicately] délicatement. ◇ *adj* [cautious] circonspect, prudent; [delicate] délicat.

**ginger nut** *n* biscuit *m* au gingembre.

**ginger snap** = **ginger nut**.

**gingery** ['dʒɪndʒərɪ] *adj* **-1.** [taste] de gingembre; [colour] roux (*f* rousse). **-2.** *fig* [full of vigour] animé; [biting] acerbe.

**gingham** ['gɪŋəm] *n* (toile *f* de) vichy *m*.

**gingivitis** [ˌdʒɪndʒɪ'vaɪtɪs] *n* (U) MED gingivite *f*.

**gin mill** *Am* = **gin palace**.

**gin palace** *n Br* tripot *m*.

**gin rummy** *n* gin-rummy *m*, gin-rami *m*.

**ginseng** ['dʒɪnseŋ] *n* ginseng *m*.

**gippy** ['dʒɪpɪ] *adj Br inf*: to have a ~ **tummy** avoir la courante.

**gipsy** ['dʒɪpsɪ] (*pl* **gipsies**) ◇ *n* gitan *m*, -e *f*, bohémien *m*, -enne *f*; *fig* [wanderer] vagabond *m*, -e *f*. ◇ *adj* [camp] de gitans; [dance, music] gitan; ~ **caravan** roulotte *f*.

**gipsy moth** *n* zigzag *m*, bombyx *m* disparate.

**giraffe** [dʒɪ'rɑːf] *n* girafe *f*; a young OR baby ~ un girafeau, un girafon.

**gird** [gɜːd] (*pt & pp* **girded** OR **girt** [gɜːt]) *vt lit* **-1.** [waist] ceindre; to ~ (up) one's loins se préparer à l'action. **-2.** [clothe]: to ~ with revêtir de.

◆ **gird on** *vt sep arch* OR *lit*: to ~ **on** one's sword ceindre l'épée.

**girder** ['gɜːdər] *n* poutre *f* (métallique), fer *m* profilé; [light] poutrelle *f*.

**girdle** ['gɜːdl] ◇ *n* **-1.** [corset] gaine *f*. **-2.** *lit* [belt] ceinture *f*. **-3.** [in tree] incision *f* annulaire. ◇ *vt* **-1.** *lit*: to ~ sthg with sthg ceindre qqch de qqch. **-2.** [tree] baguer.

**girl** [gɜːl] *n* **-1.** [child] (petite) fille *f*; a little ~ une fillette, une petite fille. **-2.** [daughter] fille *f*; the Murphy ~ la fille des Murphy. **-3.** [young woman] (jeune) fille *f*; come in, ~s! entrez, mesdemoiselles!; she's having an evening with the ~s elle passe la soirée dehors avec les filles; he married a French ~ il a épousé une Française. **-4.** *inf* [girlfriend] (petite) amie *f*, copine *f*. **-5.** SCH [pupil] élève *f*. **-6.** [employee] (jeune) employée *f*; [maid] bonne *f*; [in shop] vendeuse *f*; [in factory] ouvrière *f*.

**girl Friday** *n* employée de bureau affectée à des tâches diverses.

**girlfriend** ['gɜːlfrend] *n* [of boy] copine *f*, (petite) amie *f*; *Am* [of girl] copine *f*, amie *f*.

**Girl Guide** *Br*, **Girl Scout** *Am n* éclaireuse *f*.

**girlhood** ['gɜːlhʊd] *n* [as child] enfance *f*; [as adolescent] adolescence *f*.

**girlie** ['gɜːlɪ] *adj inf*: ~ **magazine** magazine *m* masculin, revue *f* érotique.

**girlish** ['gɜːlɪʃ] *adj* [appearance, smile, voice] de fillette, de petite fille; *pej* [boy] efféminé.

**Girl Scout** *Am* = **Girl Guide**.

**giro** ['dʒaɪrəʊ] *n* **-1.** [system] système de virement interbancaire introduit par la Poste britannique; (bank) ~ virement *m* bancaire; ~ **cheque** chèque *m* postal; **National Giro** ≃ Comptes Chèques Postaux. **-2.** *inf* [for unemployed] chèque *m* d'allocation de chômage.

**girt** [gɜːt] *pt & pp* → **gird**.

**girth** [gɜːθ] ◇ *n* **-1.** [circumference] circonférence *f*, tour *m*. **-2.** [stoutness] corpulence *f*, embonpoint *m*. **-3.** [of saddle] sangle *f*. ◇ *vt* [horse] sangler.

**gist** [dʒɪst] *n* essentiel *m*; give me the ~ of the discussion expliquez-moi les grandes lignes du débat.

**git**▽ [gɪt] *n Br* connard *m*, connasse *f*.

**give** [gɪv] (*pt* **gave** [geɪv], *pp* **given** ['gɪvn]) ◇ *vt* **A. -1.** [hand over] donner; [as gift] donner, offrir; I give him the book, I gave the book to him je lui ai donné le livre; the family gave the paintings to the museum la famille a fait don des tableaux au musée; I ~ you the newlyweds! [in toast] je lève mon verre au bonheur des nouveaux mariés!; I gave him my coat to hold je lui ai confié mon manteau; she gave them her trust elle leur a fait confiance, elle leur a donné sa confiance ❑ to ~ as good as one gets rendre coup pour coup; ~ it all you've got! *inf* mets-y le paquet!; I'll ~ you something to cry about! *inf* je vais te donner une bonne raison de pleurer, moi! **-2.** [grant – right, permission, importance etc] donner; ~ the matter your full attention prêtez une attention toute particulière à cette affaire; the court gave her custody of the child JUR la cour lui a accordé la garde de l'enfant; she hasn't given her approval yet elle n'a pas encore donné son consentement. **-3.** [provide with – drink, food] donner, offrir; [– lessons, classes, advice] donner; [– help] prêter; the children can wash up, it will ~ them something to do les enfants peuvent faire la vaisselle, ça les occupera; to ~ sb/sthg one's support soutenir qqn/qqch; do you ~ a discount? faites-vous des tarifs préférentiels?; ~ me time to think donnez-moi OR laissez-moi le temps de réfléchir; just ~ me time! sois patient! ❑ ~ me jazz any day! *inf* à mon avis rien ne vaut le jazz!

**B. -1.** [confer – award] conférer; they gave her an honorary degree ils lui ont conféré un diplôme honorifique. **-2.** [dedicate] donner, consacrer; she gave all she had to the cause elle s'est entièrement consacrée à cette cause; he gave his life to save the child il est mort OR il a donné sa vie pour sauver l'enfant. **-3.** [in exchange] donner; [pay] payer; I gave him my sweater in exchange for his gloves je lui ai échangé mon pull contre ses gants. **-4.** [transmit] donner, passer; I hope I don't ~ you my cold j'espère que je ne vais pas te passer mon rhume.

**C. -1.** [cause] donner, causer; [headache] donner; [pleasure, surprise, shock] faire; the walk gave him an appetite OR lui a ouvert l'appétit. **-2.** [impose – task] imposer; [– punishment] infliger; to ~ sb a black mark infliger un blâme à qqn; he was given (a sentence of) 15 years JUR il a été condamné à 15 ans de prison. **-3.** [announce – verdict, judgment]: the court ~s its decision today la cour prononce OR rend l'arrêt aujourd'hui; the court gave the case against/for the management la cour a décidé contre/en faveur de la direction. **-4.** [communicate – impression, order, signal] donner; [– address, information] donner, fournir; [– news] annoncer; [– decision] annoncer; to ~ sb a message communiquer un message à qqn; she gave her age as 45 elle a déclaré avoir 45 ans; you gave me to believe he was trustworthy vous m'avez laissé entendre qu'on pouvait lui faire confiance; I was given to understand she was ill on m'a donné à croire qu'elle était malade. **-5.** [suggest, propose – explanation, reason] donner, avancer; [– hint] donner; don't ~ me any nonsense about missing your train! ne me raconte pas que tu as raté ton train!; don't ~ me that (rubbish)! *inf* ne me raconte pas d'histoires! **-6.** [admit, concede] reconnaître, accorder; she's certainly intelligent, I'll ~ you that elle est très intelligente, ça, je te l'accorde.

**D. -1.** [utter – sound] rendre, émettre; [– answer] donner, faire; [– cry, sigh] pousser; he gave a laugh il a laissé échapper un rire; ~ us a song chantez-nous quelque chose. **-2.** [make – action, gesture] faire; she gave them an odd look elle leur a jeté un regard curieux; ~ me a kiss [gen] fais-moi la bise; [lover] embrasse-moi; she gave him a slap elle lui a donné une claque; he gave an embarrassed smile il a eu un sourire gêné. **-3.** [perform in public – concert] donner; [– lecture, speech] faire; [– interview] accorder; that evening she gave the performance of a lifetime ce soir-là elle était au sommet de son art. **-4.** [hold – lunch, party, supper] donner, organiser. **-5.** [estimate the duration of – person, estimate]: I ~ him one week at most je lui donne une semaine (au) maximum. **-6.** MATH [produce] donner, faire; 17 minus 4 ~s 13 17 moins 4 font OR égalent 13. **-7.** *phr*: to ~ way [ground] s'affaisser; [bridge, building, ceiling] s'effondrer, s'affaisser; [ladder, rope] céder, (se) casser; **her legs gave way** (beneath her) ses jambes se sont dérobées sous elle; **his health finally gave way** sa santé a fini par se détériorer OR se gâter; **it's easier to ~ way to his demands than to argue** il est plus commode de céder à ses exigences que de lui résister; **I gave way to tears/to anger** je me suis laissé aller à pleurer/emporter par la colère; **he gave way to despair** il s'est abandonné au désespoir; **the fields gave way to factories** les champs ont fait place aux usines; **his joy gave way to sorrow** sa joie a fait place à la peine; '**~ way to pedestrians**' 'priorité aux piétons'; '**~ way**' 'cédez le passage'.

◇ *vi* **-1.** [contribute] donner; **please ~ generously** nous nous en remettons à votre générosité. **-2.** [collapse, yield – ground, wall] s'affaisser; **something's got to ~** quelque chose va lâcher; [– cloth, elastic] se relâcher; [– person] céder. **-3.** *Am inf* [talk]: **now ~!** accouche!, vide ton sac!**-4.** *Am inf*: **what ~s?** qu'est-ce qui se passe?

◇ *n* [of metal, wood] élasticité *f*, souplesse *f*; **there's not enough ~ in this sweater** ce pull n'est pas assez ample.

♦ **give or take** *prep phr* à... près; **~ or take a few days** à quelques jours près.

♦ **give away** *vt sep* **-1.** [hand over] donner; [as gift] donner, faire cadeau de; [– prize] distribuer; **it's so cheap they're practically giving it away** c'est tellement bon marché, c'est comme s'ils en faisaient cadeau. **-2.** [bride] conduire à l'autel. **-3.** [throw away – chance, opportunity] gâcher, gaspiller. **-4.** [reveal – information] révéler; [– secret] révéler, trahir; **he didn't ~ anything away** il n'a rien dit. **-5.** [betray] trahir; **her accent gave her away** son accent l'a trahie.

♦ **give back** *vt sep* **-1.** [return] rendre; [property, stolen object] restituer; **the store gave him his money back** le magasin l'a remboursé. **-2.** [reflect – image, light] refléter, renvoyer; [sound] renvoyer.

♦ **give in** ◇ *vi insep* [relent, yield] céder; **to ~ in to sthg/sb** céder à qqch/qqn. ◇ *vt sep* [hand in – book, exam paper] rendre; [– found object, parcel] remettre; [– application, name] donner.

♦ **give off** *vt sep* **-1.** [emit, produce – gas, smell] émettre. **-2.** BOT [shoots] former.

♦ **give onto** *vt insep* donner sur.

♦ **give out** ◇ *vt sep* **-1.** [hand out] distribuer. **-2.** [emit] émettre, faire entendre. **-3.** [make known] annoncer, faire savoir. ◇ *vi insep* **-1.** [fail – machine] tomber en panne; [– brakes] lâcher; [– heart] flancher. **-2.** [run out] s'épuiser, manquer; **her strength was giving out** elle était à bout de forces, elle n'en pouvait plus; **his mother's patience gave out** sa mère a perdu patience; **my luck gave out** la chance m'a abandonné.

♦ **give over** ◇ *vt sep* **-1.** [entrust] donner, confier. **-2.** [set aside for] donner, consacrer; ADMIN affecter. ◇ *vt insep Br inf* cesser de, arrêter de. ◇ *vi insep Br inf* cesser, arrêter; **~ over!** assez!, arrête!

♦ **give up** ◇ *vt sep* **-1.** [renounce – habit] renoncer à, abandonner; [– friend] abandonner, délaisser; [– chair, place] céder; [– activity] cesser; **she'll never ~ him up** elle ne le renoncera jamais à lui; **he's given up smoking** il a arrêté de fumer, il a renoncé au tabac; **I haven't given up the idea of going to China** je n'ai pas renoncé à l'idée d'aller en Chine; **don't ~ up hope** ne perdez pas espoir; **he was ready to ~ up his life for his country** il était prêt à mourir pour la patrie; **we gave her brother up for dead** nous avons conclu que son frère était mort; **to ~ up the throne** renoncer au trône. **-2.** [resign from – job] quitter; [– position] démissionner de; **they gave up the restaurant business** ils se sont retirés de la restauration. **-3.** [hand over – keys] rendre, remettre; [– prisoner] livrer; [– responsibility] se démettre de; **the murderer gave himself up (to the police)** le meurtrier s'est rendu OR livré (à la police). ◇ *vi insep*: **I ~ up** [in game, project] je renonce; [in guessing game] je donne ma langue au chat; **we can't ~ up now!** on ne va pas laisser tomber maintenant!

♦ **give up on** *vt insep*: **to ~ up on sb** [stop waiting for] renoncer à attendre qqn; [stop expecting sthg from] ne plus rien attendre de qqn.

♦ **give up to** *vt sep*: **to ~ o.s. up to sthg** se livrer à qqch; **he gave his life up to caring for the elderly** il a consacré sa vie à soigner les personnes âgées.

**give-and-take** *n* **-1.** [compromise] concessions *fpl* (mutuelles); **in a relationship there has to be some ~** pour fonder

une relation, il faut que chacun fasse des concessions OR que chacun y mette du sien. **-2.** [in conversation] échange.

**giveaway** ['gɪvə,weɪ] ◇ *n* **-1.** [free gift] cadeau *m*; COMM prime *f*, cadeau *m* publicitaire. **-2.** *Am* RADIO & TV jeu *m* (doté de prix). **-3.** [revelation] révélation *f* (involontaire); **her guilty expression was a dead ~** son air coupable l'a trahie; **the fact that he knew her name was a ~** le fait qu'il sache son nom était révélateur OR en disait long. ◇ *adj* **-1.** [free] gratuit; [price] dérisoire. **-2.** *Am*: **~ program** RADIO jeu *m* radiophonique; TV jeu *m* télévisé. **-3.** *inf* [revealing] révélateur.

**given** ['gɪvn] ◇ *pp* → **give**. ◇ *adj* **-1.** [specified] donné; [precise] déterminé; **at a ~ moment** à un moment donné. **-2.** [prone]: **to be ~ to sthg** avoir une tendance à qqch; **to be ~ to doing sthg** être enclin à faire qqch; **I'm not ~ to telling lies** je n'ai pas l'habitude de mentir ‖ [on official statement]: **~ in Melbourne on the sixth day of March** fait à Melbourne le six mars. ◇ *prep* **-1.** [considering] étant donné; **~ the rectangle ABCD** MATH soit le rectangle ABCD. **-2.** *phr*: **~ the chance** OR **that** si l'occasion se présentait.

♦ **given that** *conj phr* étant donné que.

**given name** *n Am* prénom *m*.

**giver** ['gɪvər] *n* donateur *m*, -trice *f*.

**gizmo** ['gɪzməʊ] (*pl* **gizmos**) *n Am* gadget *m*, truc *m*.

**gizzard** ['gɪzəd] *n* gésier *m*; **it sticks in my ~** *fig* ça me reste en travers de la gorge.

**glacé** ['glæseɪ] *adj* **-1.** [cherries] glacé, confit; **~ icing** glaçage *m* (*d'un gâteau*). **-2.** [leather, silk] glacé.

**glacial** ['gleɪsjəl] *adj* **-1.** [weather, wind] glacial. **-2.** [politeness, atmosphere] glacial. **-3.** GEOL glaciaire. **-4.** CHEM cristallisé, en cristaux.

**glaciation** [,gleɪsɪ'eɪʃn] *n* glaciation *f*.

**glacier** ['glæsjər] *n* glacier *m*.

**glaciology** [,glæsɪ'ɒlədʒɪ] *n* glaciologie *f*.

**glad** [glæd] ◇ *adj* **-1.** [person] heureux, content; **(I'm) ~ you came** (je suis) heureux OR bien content que tu sois venu; **he's decided not to go — I'm ~ about that** il a décidé de ne pas partir — tant mieux; **I was ~ to hear the news** j'étais ravi d'apprendre la nouvelle; **I'd be only too ~ to help** je ne demanderais pas mieux que d'aider; **could you do me a favour? — ~** avec plaisir OR volontiers; **I was ~ of your help** votre aide a été la bienvenue. **-2.** *lit* [news, occasion] joyeux, heureux; [laughter] de bonheur; [shout] joyeux. **-3.** *phr*: **to give sb the ~ eye** faire les yeux doux à qqn, faire de l'œil à qqn. ◇ *n inf* = **gladiolus**.

**gladden** ['glædn] *vt* [person] rendre heureux, réjouir; [heart] réjouir.

**glade** [gleɪd] *n lit* clairière *f*.

**gladiator** ['glædɪeɪtər] *n* gladiateur *m*.

**gladiatorial** [,glædɪə'tɔːrɪəl] *adj* de gladiateurs.

**gladiolus** [,glædɪ'əʊləs] (*pl* **gladioli** [-laɪ] OR **gladioluses**) *n* glaïeul *m*.

**gladly** ['glædlɪ] *adv* avec plaisir, avec joie, de bon cœur.

**gladness** ['glædnɪs] *n* contentement *m*, joie *f*.

**glad rags** *npl inf* vêtements *mpl* chic.

**gladsome** ['glædsəm] *adj* OR *lit* joyeux, gai.

**Gladstone bag** ['glædstən-] *n* sacoche de voyage en cuir.

**glam** [glæm] (*pt* & *pp* **glammed**, *cont* **glamming**) *Br inf* ◇ *adj* = **glamorous**. ◇ *n* = **glamour**.

♦ **glam up** *vt sep inf* **-1.** [person]: **to get glammed up** [with clothes] mettre ses belles fringues, se saper; [with make-up] se faire une beauté, se faire toute belle. **-2.** [building] retaper; [town] embellir.

**glamor** *Am* = **glamour**.

**glamorize, -ise** ['glæməraɪz] *vt* idéaliser, montrer OR présenter sous un jour séduisant.

**glamorous** ['glæmərəs] *adj* **-1.** [alluring – person] séduisant, éblouissant. **-2.** [exciting – lifestyle] brillant; [– career] brillant, prestigieux; [– show] splendide; [– place] chic.

**glamorously** ['glæmərəslɪ] *adv* brillamment, de manière éblouissante.

**glamour** *Br*, **glamor** *Am* ['glæmər] ◇ *n* **-1.** [allure – of person] charme *m*, fascination *f*; [– of appearance, dress] élégance *f*, chic *m*. **-2.** [excitement – of lifestyle, show] éclat *m*, prestige *m*; **there isn't much ~ in my job** mon travail n'a rien de bien

excitant OR passionnant. ◇ *comp* de charme; ~ **boy** *inf* beau
gosse *m*; ~ **girl** *inf* pin-up *f inv*; [model] mannequin *m*.

**glamourize, -ise** ['glæmərɑɪz] = **glamorize**.

**glamourous** ['glæmərəs] = **glamorous**.

**glance** [glɑːns] ◇ *vi* -**1**. [look]: to ~ at sthg/sb jeter un coup
d'œil (rapide) sur qqch/à qqn. -**2**. [read quickly]: she ~d
through over the letter elle parcourut rapidement la lettre; to ~ through a book feuilleter un livre. -**3**. [look in given
direction]: he ~d back OR behind il a jeté un coup d'œil en
arrière; they ~d towards the door leurs regards se sont
tournés vers la porte. -**4**. [gleam] étinceler. ◇ *n* -**1**. [look]
coup *m* d'œil, regard *m*; to have OR to take a ~ at jeter un
coup d'œil sur; at first ~ au premier coup d'œil, à première
vue; I could tell OR see at a ~ je m'en suis aperçu tout de
suite; she walked away without a backward ~ elle est
partie sans se retourner; to give sb a sidelong ~ lancer un
regard oblique à qqn. -**2**. [gleam] lueur *f*, éclat *m*; [in water]
reflet *m*.

◆ **glance away** *vi insep* détourner les yeux.

◆ **glance off** ◇ *vi insep* [arrow, bullet] ricocher, faire ricochet;
[sword, spear] être dévié, ricocher. ◇ *vt insep*: to ~ off sthg
[subj: arrow, bullet] ricocher sur qqch; [subj: sword, spear] dévier sur qqch.

◆ **glance up** *vi insep* -**1**. [look upwards] regarder en l'air OR
vers le haut. -**2**. [from book] lever les yeux.

**glancing** ['glɑːnsɪŋ] *adj* -**1**. [blow]: he struck me a ~ blow il
m'asséna un coup oblique. -**2**. [gleaming – sunlight] étincel-
lant. -**3**. [indirect – allusion] indirect, fortuit.

**gland** [glænd] *n* -**1**. PHYSIOL glande *f*. -**2**. MECH presse-étoupe
*m inv*.

**glanders** ['glændəz] *n* (U) VETER morve *f*.

**glandular** ['glændjʊlər] *adj* glandulaire, glanduleux.

**glandular fever** *n* (U) mononucléose *f* (infectieuse).

**glans** [glæns] (*pl* **glandes** ['glændiːz]) *n* ANAT gland *m*.

**glare** [gleər] ◇ *vi* -**1**. [sun, light] briller d'un éclat éblouissant;
the sun ~d down on them un soleil de plomb les aveu-
glait. -**2**. [person]: to ~ at sb regarder qqn avec colère; they
~d at each other ils échangèrent un regard menaçant.
◇ *n* -**1**. [light] lumière *f* éblouissante OR aveuglante; [of sun]
éclat *m*. -**2**. [of publicity] feux *mpl*; politicians lead their lives
in the (full) ~ of publicity la vie des hommes politiques est
toujours sous les feux des projecteurs. -**3**. [of anger] regard
*m* furieux; [of contempt] regard *m* méprisant.

**glare ice** *n Am* verglas *m*.

**glaring** ['gleərɪŋ] *adj* -**1**. [dazzling – light] éblouissant, éclat-
tant; [– car headlights] éblouissant; [– sun] aveuglant. -**2**.
[bright – colour] vif; *pej* criard, voyant. -**3**. [angry] furieux. -**4**.
[obvious – error] qui saute aux yeux, qui crève les yeux, patent; [– injustice, lie] flagrant, criant; a ~ abuse of public
funds un détournement manifeste des fonds publics.

**glaringly** ['gleərɪŋlɪ] *adv*: it's ~ obvious ça crève les yeux.

**glasnost** ['glæznɒst] *n* glasnost *f*.

**glass** [glɑːs] ◇ *n* -**1**. [substance] verre *m*; made of ~ en
verre; a pane of ~ un carreau, une vitre; these plants are
grown under ~ ces plantes sont cultivées en serre. -**2**. [ves-
sel, contents] verre *m*; a ~ of champagne une coupe de
champagne; to raise one's ~ to sb [in toast] lever son verre à
qqn; beer ~ verre *m* à bière, bock *m*. -**3**. [in shop, museum] vitrine *f*. -**4**. [glassware] verrerie *f*. -**5**. [telescope] longue-vue
*f*. -**6**. [barometer] baromètre *m*. ◇ *comp* [ornament, bottle] en
verre; [door] vitré; [industry] du verre. ◇ *vt* [bookcase, porch]
vitrer; [photograph] mettre sous verre.

◆ **glasses** *npl* -**1**. [spectacles] lunettes *fpl*; to wear ~es porter des lunettes; ~es case étui *m* à lunettes. -**2**. [binoculars]
jumelles *fpl*.

**glassblowing** ['glɑːsˌbləʊɪŋ] *n* soufflage *m* (du verre).

**glasscutter** ['glɑːsˌkʌtər] *n* -**1**. [person] vitrier *m*. -**2**. [imple-
ment] coupe-verre *m inv*, diamant *m*.

**glass eye** *n* œil *m* de verre.

**glass fibre** ◇ *n* fibre *m* de verre. ◇ *adj* en fibre de verre.

**glassful** ['glɑːsfʊl] *n* (plein) verre *m*.

**glasshouse** ['glɑːshaʊs, *pl* -haʊzɪz] *n* -**1**. *Br* [greenhouse] serre
*f*. -**2**. ▽ *Br mil sl* [prison] prison *f* militaire, trou *m*.

**glassily** ['glɑːsɪlɪ] *adv* d'un œil vitreux OR terne.

**glasspaper** ['glɑːsˌpeɪpər] ◇ *n* papier *m* de verre. ◇ *vt* pon-

cer au papier de verre.

**glassware** ['glɑːsweər] *n* [glass objects] verrerie *f*; [tumblers]
verrerie *f*, gobeleterie *f*.

**glass wool** *n* laine *f* de verre.

**glasswork** ['glɑːswɜːk] *n* [gen] verrerie; [making windows] vitrerie *f*.

**glassworks** ['glɑːswɜːks] (*pl inv*) *n* verrerie *f* (usine).

**glassy** ['glɑːsɪ] (*compar* **glassier**, *superl* **glassiest**) *adj* -**1**. [eye,
expression] vitreux, terne. -**2**. [smooth – surface] uni, lisse; a
~ sea une mer d'huile.

**glassy-eyed** *adj* à l'œil terne OR vitreux; to be ~ avoir le regard vitreux OR terne.

**Glaswegian** [glæz'wiːdʒən] ◇ *n* [inhabitant] habitant *m*, -e *f*
de Glasgow; [by birth] natif *m*, -ive *f* de Glasgow; [dialect] dialecte *m* de Glasgow. ◇ *adj* de Glasgow.

**glaucoma** [glɔː'kəʊmə] *n* (U) glaucome *m*.

**glaze** [gleɪz] ◇ *vt* -**1**. [floor, tiles] vitrifier; [pottery, china] vernisser; [leather, silk] glacer. -**2**. [photo, painting] glacer. -**3**.
CULIN glacer. -**4**. [window] vitrer. ◇ *n* -**1**. [on pottery] vernis *m*;
[on floor, tiles] vernis *m*, enduit *m* vitrifié; [on cotton, silk] glacé
*m*. -**2**. [on painting, on paper, photo] glacé *m*, glacis *m*. -**3**. CULIN
glace *f*. -**4**. *Am* [ice] verglas *m*.

◆ **glaze over** *vi insep*: his eyes ~d over ses yeux sont devenus vitreux.

**glazed** [gleɪzd] *adj* -**1**. [floor, tiles] vitrifié; [pottery] vernissé,
émaillé; [leather, silk] glacé. -**2**. [photo, painting] glacé. -**3**.
CULIN glacé. -**4**. [window] vitré; [picture] sous verre. -**5**. [eyes]
vitreux, terne; there was a ~ look in her eyes elle avait le
regard vitreux OR absent.

**glazier** ['gleɪzjər] *n* vitrier *m*.

**glazing** ['gleɪzɪŋ] *n* -**1**. [of pottery] vernissage *m*; [of floor, tiles]
vitrification *f*; [of leather, silk] glaçage *m*. -**2**. CULIN [process]
glaçage *m*; [substance] glace *f*.

**GLC** (*abbr of* **Greater London Council**) *pr n* ancien organe administratif du grand Londres.

**gleam** [gliːm] ◇ *vi* -**1**. [metal, polished surface] luire, reluire;
[stronger] briller; [cat's eyes] luire; [water] miroiter. -**2**. *fig*:
her eyes ~ed with anticipation/mischief ses yeux
brillaient d'espoir/de malice. ◇ *n* -**1**. [on surface] lueur *f*,
miroitement *m*. -**2**. *fig* lueur *f*.

**gleaming** ['gliːmɪŋ] *adj* [metal] luisant, brillant; [furniture] reluisant; [kitchen] étincelant.

**glean** [gliːn] *vt* -**1**. [collect – information, news] glaner, grappiller. -**2**. AGR glaner.

**gleaner** ['gliːnər] *n* glaneur *m*, -euse *f*.

**gleanings** ['gliːnɪŋz] *npl* -**1**. [information] bribes *fpl* de renseignements (glanées çà et là). -**2**. AGR glanure *f*, glanures *fpl*.

**glee** [gliː] *n* -**1**. [joy] joie *f*, allégresse *f*; to jump up and down
with ~ sauter de joie. -**2**. MUS chant *m* a capella (à plusieurs
voix).

**glee club** *n Am* chorale *f*.

**gleeful** ['gliːfʊl] *adj* joyeux, radieux.

**gleefully** ['gliːfʊlɪ] *adv* joyeusement, avec allégresse OR joie.

**glen** [glen] *n* vallon *m*, vallée *f* étroite et encaissée (*en Écosse ou
en Irlande*).

**glib** [glɪb] *adj* [answer, excuse] (trop) facile, désinvolte; [lie]
éhonté, désinvolte; he's rather too ~ il parle trop facilement, il est trop volubile.

**glibly** ['glɪblɪ] *adv* [talk, argue, reply] avec aisance, facilement;
[lie] avec désinvolture, avec sourciller.

**glide** [glaɪd] *vi* -**1**. [gen] glisser; [person]: to ~ in/out [noise-
lessly] entrer/sortir sans bruit; [gracefully] entrer/sortir
avec grâce; [stealthily] entrer/sortir furtivement; the clouds
~d across the sky les nuages passaient dans le ciel; the
boat ~d silently down the river le bateau glissait sans
bruit sur la rivière OR descendait la rivière sans bruit; the actress ~d majestically into the room la comédienne entra
dans la salle d'un pas majestueux. -**2**. *fig* [time, weeks]: to ~
by s'écouler. -**3**. AERON planer; to go gliding faire du vol à
voile. -**4**. [in skating, skiing] glisser. ◇ *vt* (faire) glisser. ◇ *n*
-**1**. [gen] glissement *m*. -**2**. DANCE glissade *f*. -**3**. MUS port *m* de
voix. -**4**. AERON vol *m* plané. -**5**. LING [in diphthong] glissement
*m*; [between two vowels] semi-voyelle *f* de transition.

**glider** ['glaɪdər] *n* -**1**. AERON planeur *m*. -**2**. *Am* [swing] balançoire *f*.

**gliding** ['glaɪdɪŋ] *n* AERON vol *m* à voile.

**glimmer** ['glɪmə'] ◇ *vi* [moonlight, candle] jeter une faible lueur, luire faiblement. ◇ *n* **-1.** [of light] (faible) lueur *f.*-**2.** *fig*: a ~ of hope/interest une (faible) lueur d'espoir/d'intérêt.

**glimpse** [glɪmps] ◇ *vt* entrevoir, entrapercevoir. ◇ *n*: to catch a ~ of sthg entrevoir OR entrapercevoir qqch.

**glint** [glɪnt] ◇ *vi* **-1.** [knife] étinceler, miroiter; [water] miroiter. **-2.** *fig* [eyes] étinceler. ◇ *n* **-1.** [of light] reflet *m*, miroitement *m.*-**2.** *fig*: there was a strange ~ in his eye il y avait une lueur étrange dans son regard.

**glissade** [glɪ'sɑːd] ◇ *vi* **-1.** [in climbing] glisser, descendre en ramasse. **-2.** DANCE faire une glissade. ◇ *n* glissade *f.*

**glisten** ['glɪsn] *vi* [wet or damp surface] luire, miroiter; his eyes ~ed with tears ses larmes brillaient dans ses yeux.

**glistening** ['glɪsnɪŋ] *adj* luisant.

**glitch** [glɪtʃ] *n inf* [in plan] pépin *m*; [in machine] *signal indiquant une baisse de tension du courant.*

**glitter** ['glɪtə'] ◇ *vi* **-1.** [bright object] étinceler, scintiller, miroiter; [jewel] chatoyer, étinceler; [metal] reluire; all that ~s is not gold *prov* tout ce qui brille n'est pas or *prov*. **-2.** [eyes] briller. ◇ *n* **-1.** [of object] scintillement *m.*-**2.** [of glamour] éclat *m*, splendeur *f.*-**3.** [decoration, make-up] paillettes *fpl*.

**glittering** ['glɪtərɪŋ] *adj* **-1.** [jewels] scintillant, étincelant, brillant. **-2.** [glamorous] éclatant, resplendissant.

**glittery** ['glɪtərɪ] *adj* **-1.** [light] scintillant, brillant. **-2.** *pej* [jewellery] clinquant; [make-up, décor] voyant, tape-à-l'œil.

**glitz** [glɪts] *n inf* tape-à-l'œil *m*, clinquant *m*.

**glitzy** ['glɪtsɪ] (*compar* **glitzier**, *superl* **glitziest**) *adj inf* tape-à-l'œil (*inv*).

**gloat** [gləʊt] ◇ *vi* exulter, se délecter, jubiler; to ~ over sthg se réjouir de qqch. ◇ *n* exultation *f*, jubilation *f*; to have a ~ exulter.

**gloating** ['gləʊtɪŋ] *adj* [smile, look] triomphant.

**global** ['gləʊbl] *adj* **-1.** [world-wide] mondial, planétaire; ~ warming réchauffement *m* de la planète. **-2.** [overall – system, view] global.

**globally** ['gləʊbəlɪ] *adv* **-1.** [world-wide] mondialement, à l'échelle planétaire. **-2.** [generally] globalement.

**globe** [gləʊb] *n* **-1.** GEOG globe *m* (terrestre), terre *f*; all over the ~ [surface] sur toute la surface du globe; [in all parts] dans le monde entier. **-2.** [model] globe *m*, mappemonde *f.*-**3.** [spherical object] globe *m*, sphère *f*; [as lampshade] globe; [as goldfish bowl] bocal *m*; [of eye] globe.

**globetrotter** ['gləʊb,trɒtə'] *n* globe-trotter *m*.

**globetrotting** ['gləʊb,trɒtɪŋ] *n* (*U*) voyages *mpl* aux quatre coins du monde.

**globular** ['glɒbjʊlə'] *adj* globulaire, globuleux.

**globule** ['glɒbjuːl] *n* globule *m*.

**glockenspiel** ['glɒkənʃpiːl] *n* glockenspiel *m*.

**gloom** [gluːm] ◇ *n* (*U*) **-1.** [darkness] obscurité *f*, ténèbres *fpl.*-**2.** [despondency] tristesse *f*, mélancolie *f*; the news filled me with ~ la nouvelle me plongea dans la consternation; the news is all ~ and doom these days les nouvelles sont des plus sombres ces temps-ci. ◇ *vi* [person] être mélancolique, broyer du noir.

**gloomily** ['gluːmɪlɪ] *adv* sombrement, mélancoliquement, tristement.

**gloomy** ['gluːmɪ] (*compar* **gloomier**, *superl* **gloomiest**) *adj* **-1.** [person – depressed] triste, mélancolique; [– morose] sombre, lugubre; to feel ~ broyer du noir, avoir le cafard; don't look so ~ ne prends pas cet air malheureux. **-2.** [pessimistic – outlook] sombre; [– news] triste; she always takes a ~ view of things elle voit toujours tout en noir; the future looks ~ l'avenir se présente sous des couleurs sombres. **-3.** [sky] obscur, sombre; [weather] morne, triste; to become ~ s'assombrir. **-4.** [place, landscape] morne, lugubre.

**glorification** [,glɔːrɪfɪ'keɪʃn] *n* glorification *f.*

**glorified** ['glɔːrɪfaɪd] *adj*: he's called an engineer but he's really just a ~ mechanic on a beau l'appeler ingénieur, il n'est que mécanicien, il n'a d'ingénieur que le nom, en réalité c'est un mécanicien.

**glorify** ['glɔːrɪfaɪ] (*pt & pp* **glorified**) *vt* **-1.** RELIG glorifier, rendre gloire à. **-2.** [praise – hero, writer] exalter; the film glorifies war le film fait l'apologie de OR magnifie la guerre.

**glorious** ['glɔːrɪəs] *adj* **-1.** [illustrious – reign, saint, victory] glorieux; [– hero] glorieux, illustre; [– deed] glorieux, éclatant; the Glorious Twelfth [in Ireland] *célébration de la victoire des Protestants sur les Catholiques (le 12 juillet 1690) en Irlande*; [in UK] *date d'ouverture de la chasse à la grouse (le 12 août)*. **-2.** [wonderful, view, place] merveilleux, splendide; [– weather, day] splendide, superbe, magnifique; [– colours] superbe; [– holiday, party] merveilleux, sensationnel.

**gloriously** ['glɔːrɪəslɪ] *adv* glorieusement.

**glory** ['glɔːrɪ] (*pl* **glories**, *pt & pp* **gloried**) *n* **-1.** [honour, fame] gloire *f*; [magnificence] magnificence *f*, éclat *m*; to be covered in ~ être couvert de gloire; to have one's hour of ~ avoir son heure de gloire. **-2.** [splendour] gloire *f*, splendeur *f*; in all her ~ dans toute sa splendeur OR gloire. **-3.** [masterpiece] gloire *f*, joyau *m.*-**4.** RELIG: to give ~ to God rendre gloire à Dieu; ~ be! *inf* mon Dieu! **-5.** *euph* [death]: to go to ~ passer de vie à trépas. **-6.** *Am*: Old Glory *le drapeau américain*.

◆ **glory in** *vt insep*: to ~ in (doing) sthg se glorifier de OR s'enorgueillir de (faire) qqch; she was ~ing in her new-found freedom elle jouissait de OR elle savourait sa nouvelle liberté; he glories in the title of King of Hollywood il se donne le titre ronflant de roi d'Hollywood.

**glory hole** *n* **-1.** *Br inf* [cupboard] débarras *m*; [untidy place] capharnaüm *m.*-**2.** NAUT [locker] petit placard *m*; [storeroom] soute *f*.

**Glos** *written abbr of* **Gloucestershire**.

**gloss** [glɒs] ◇ *n* **-1.** [sheen] lustre *m*, brillant *m*, éclat *m*; [on paper, photo] glacé *m*, brillant *m*; [on furniture] vernis *m.*-**2.** [appearance] apparence *f*, vernis *m*; a ~ of politeness/respectability un vernis de politesse/de respectabilité. **-3.** [charm] charme *m*, attrait *m*; to take the ~ off sthg gâcher OR gâter qqch. **-4.** [annotation, paraphrase] glose *f*, commentaire *m.*-**5.** = **gloss paint**. ◇ *vt* **-1.** [paper] satiner, glacer; [metal] faire briller, lustrer. **-2.** [explain, paraphrase] gloser.

◆ **gloss over** *vt insep* **-1.** [minimize – failure, fault, mistake] glisser sur, passer sur, atténuer. **-2.** [hide – truth, facts] dissimuler, passer sous silence.

**glossary** ['glɒsərɪ] (*pl* **glossaries**) *n* glossaire *m*.

**gloss paint** *n* peinture *f* brillante.

**glossy** ['glɒsɪ] (*compar* **glossier**, *superl* **glossiest**, *pl* **glossies**) ◇ *adj* **-1.** [shiny – fur] lustré, luisant; [– hair] brillant; [– leather, satin] lustré, luisant, glacé; [– leaves] luisant; [surface – polished] brillant, poli; [– painted] brillant, laqué. **-2.** *fig* [display, presentation, spectacle] brillant, scintillant, clinquant *pej.* **-3.** [photo] glacé, sur papier glacé; [paper] glacé. ◇ *n inf* = **glossy magazine**.

**glossy magazine** *n* magazine *m* (*sur papier glacé*).

**glottal** ['glɒtl] *adj* **-1.** ANAT glottique. **-2.** LING glottal; ~ stop coup *m* de glotte.

**glottis** ['glɒtɪs] *n* glotte *f*.

**glove** [glʌv] *n* gant *m*; it fits like a ~ ça me/te/lui *etc* va comme un gant; once the campaign started the ~s were off! une fois la campagne partie, plus question de prendre des gants OR tous les coups étaient permis! ◇ *comp* à gants, de gants; ~ factory ganterie *f* (*usine*); ~ maker gantier *m*, -ère *f*; ~ shop ganterie *f* (*magasin*).

**glove compartment** *n* AUT boîte *f* à gants.

**gloved** [glʌvd] *adj* ganté.

**glove puppet** *n* marionnette *f* (*à gaine*).

**glover** ['glʌvə'] *n* gantier *m*, -ère *f*.

**glow** [gləʊ] ◇ *vi* **-1.** [embers, heated metal] rougeoyer; [sky, sunset] s'embraser, flamboyer; [jewel] briller, rutiler. **-2.** [person] rayonner; [eyes] briller, flamboyer; to ~ with pleasure rayonner de plaisir. ◇ *n* **-1.** [of fire, embers] rougeoiement *m*; [of heated metal] lueur *f*; [of sky, sunset] embrasement *m*, flamboiement *m*; [of sun] feux *mpl*; [of colours, jewel] éclat *m*; it gives off a blue ~ cela émet une lumière bleue. **-2.** [of health, beauty] éclat *m*; the compliments brought a ~ to her cheeks les compliments la faisaient rougir de plaisir. **-3.** [pleasure] plaisir *m*.

**glower** ['glaʊə'] *vi* avoir l'air furieux, lancer des regards furieux; to ~ at sb [angrily] lancer à qqn un regard noir; [threateningly] jeter à qqn un regard menaçant.

**glowering** ['glaʊərɪŋ] *adj* [expression] mauvais, méchant, hostile; [person] à l'air mauvais OR méchant.

**glowing** ['gləʊɪŋ] *adj* **-1.** [fire, embers] rougeoyant; [heated metal] incandescent; [sky, sunset] radieux, flamboyant; [jewel] brillant. **-2.** [complexion] éclatant; [eyes] brillant, flamboyant; ~ **with health** rayonnant OR florissant (de santé). **-3.** [laudatory] élogieux, dithyrambique; **he spoke of you in** ~ **terms** il a chanté tes louanges; **to paint sthg in** ~ **colours** présenter qqch sous un jour favorable.

**glowingly** ['gləʊɪŋlɪ] *adv*: **to speak** ~ **of sb/sthg** parler de qqn/qqch en termes enthousiastes OR chaleureux.

**glow-worm** *n* ver luisant.

**glucose** ['glu:kəʊs] *n* glucose *m*.

**glue** [glu:] ◇ *vt* **-1.** [stick] coller; **to** ~ **sthg to/onto sthg** coller qqch à/sur qqch; **you'll have to** ~ **it (back) together again** il faudra le recoller; **can't you** ~ **it down?** vous ne pouvez pas le faire tenir avec de la colle? **-2.** *fig* coller; **to be** ~**d to the spot** être OR rester cloué sur place; **he kept his eyes** ~**d on the ball** il garda les yeux rivés sur la balle; **they're always** ~**d to the TV screen** ils sont en permanence plantés devant la télé. ◇ *n* colle *f*.

**glue-sniffer** [-,snɪfər] *n*: **to be a** ~ inhaler OR sniffer (de la colle).

**glue-sniffing** [-,snɪfɪŋ] *n* inhalation *f* de colle.

**gluey** ['glu:ɪ] *adj* collant, gluant.

**glum** [glʌm] *adj* triste, morose; **to be** OR **to feel** ~ avoir le cafard, broyer du noir; **don't look so** ~! ne fais pas cette tête-là!, ne sois pas si triste!

**glumly** ['glʌmlɪ] *adv* tristement, avec morosité.

**glut** [glʌt] (*pt & pp* **glutted**, *cont* **glutting**) ◇ *vt* **-1.** [with food]: **to** ~ **o.s. with** OR **on sthg** se gorger OR se gaver de qqch; **to be glutted with television** *fig* être saturé de télévision. **-2.** [saturate – market] saturer, inonder, surcharger; **the growers glutted the market with tomatoes** les producteurs de tomates ont saturé le marché. ◇ *n* excès *m*, surabondance *f*, surplus *m*; **there's a** ~ **of fruit on the market** il y a surabondance de fruits sur le marché.

**glutamate** ['glu:təmeɪt] *n* glutamate *m*.

**glutamine** ['glu:təmi:n] *n* glutamine *f*.

**gluten** ['glu:tən] *n* gluten *m*.

**gluten-free** *adj* sans gluten.

**glutinous** ['glu:tɪnəs] *adj* glutineux.

**glutton** ['glʌtn] *n* glouton *m*, -onne *f*, goulu *m*, -e *f*; **to be a** ~ **for punishment** *fig* être un peu masochiste.

**gluttonous** ['glʌtənəs] *adj* glouton, goulu.

**gluttony** ['glʌtənɪ] *n* gloutonnerie *f*, goinfrerie *f*.

**glycerin** ['glɪsərɪn], **glycerine** ['glɪsəri:n] *n* glycérine *f*.

**glycerol** ['glɪsərɒl] *n* glycérol *m*.

**gm** (*written abbr of* **gram**) g.

**GMB** (*abbr of* **General, Municipal, Boilermakers and Allied Trades Union**) *pr n* important syndicat britannique.

**GMT** (*abbr of* **Greenwich Mean Time**) *n* GMT *m*.

**gnarl** [nɑ:l] *n* BOT nœud *m*.

**gnarled** [nɑ:ld] *adj* **-1.** [tree, fingers] noueux. **-2.** [character] grincheux, hargneux.

**gnash** [næʃ] ◇ *vt*: **to** ~ **one's teeth** grincer des dents; **there was much wailing and** ~**ing of teeth** il y a eu des pleurs et des grincements de dents. ◇ *n* grincement *m* (de dents).

**gnat** [næt] *n* moustique *m*.

**gnaw** [nɔ:] ◇ *vt* [bone] ronger; **to** ~ **one's fingernails** se ronger les ongles; **the rats have** ~**ed their way into the cupboard** les rats ont fini par percer un trou dans le placard. ◇ *vi*: **to** ~ **(away) at sthg** ronger qqch; **to** ~ **through sthg** ronger qqch jusqu'à le percer; **guilt and sorrow** ~**ed at his heart** *fig* la culpabilité et le chagrin lui rongeaient le cœur; **hunger** ~**ed at him** *fig* il était tenaillé par la faim.
◆ **gnaw off** *vt sep*: **to** ~ **sthg off** ronger qqch jusqu'à le détacher.

**gnawing** ['nɔ:ɪŋ] *adj* **-1.** [pain] lancinant, tenaillant; [hunger] tenaillant. **-2.** [anxiety, doubt] tenaillant, torturant.

**gnome** [nəʊm] *n* **-1.** MYTH gnome *m*; **the** ~**s of Zurich** *pej* les grands banquiers OR financiers suisses. **-2.** [aphorism] aphorisme *m*.

**gnostic, Gnostic** ['nɒstɪk] ◇ *adj* gnostique. ◇ *n* gnostique *mf*.

**GNP** (*abbr of* **gross national product**) *n* PNB *m*.

**gnu** [nu:] *n* gnou *m*.

**go¹** [gəʊ] *n* [game] go *m*.

**go²** [gəʊ] (*3rd pres sing* **goes** [gəʊz], *pt* **went** [went], *pp* **gone** [gɒn], *pl* **goes** [gəʊz]) ◇ *vi* **A.** **-1.** [move, travel – person] aller; [– vehicle] aller, rouler; **I want to go home** je veux rentrer; **there goes the train!** voilà le train (qui passe)!; **the bus goes by way of** OR **through Dover** le bus passe par Douvres; **the truck was going at 150 kilometres an hour** le camion roulait à OR faisait 150 kilomètres par heure; **where do we go from here?** *literal* où va-t-on maintenant?; *fig* qu'est-ce qu'on fait maintenant?; **to go to the doctor** aller voir OR aller chez le médecin; **he went straight to the director** il est allé directement voir OR trouver le directeur; **to go to sb for advice** aller demander conseil à qqn; **let the children go first** laissez les enfants passer devant, laissez passer les enfants d'abord; **I'll go next** c'est à moi après; **here we go again!** ça y est, ça recommence!; **there he goes!** le voilà!; **there he goes again!** [there he is again] le revoilà!; [he's doing it again] ça y est, il est reparti! **-2.** [engage in a specified activity] aller; **to go shopping** aller faire des courses; **let's go for a walk/bike ride/swim** allons nous promener/faire un tour à vélo/nous baigner; **go and buy the paper** *Br*, **go buy the paper** *Am* va acheter le journal; **don't go and tell him!**, **don't go telling him!** ne va pas le lui dire!, ne le lui dis pas!; **he's gone and locked us out!** il nous a enfermés dehors! **-3.** [proceed to specified limit] aller; **he'll go as high as £300** il ira jusqu'à 300 livres; **the temperature went as high as 36°C** la température est montée jusqu'à 36°C; **now you've gone too far!** là tu as dépassé les bornes!; **her attitude went beyond mere impertinence** son comportement était plus qu'impertinence. **-4.** [depart, leave] s'en aller, partir; **I must be going** il faut que je m'en aille OR que je parte; **get going!** *inf* vas-y!, file!; **either he goes or I go** l'un de nous deux doit partir. **-5.** [indicating regular attendance] aller, assister; **to go to church/school** aller à l'église/à l'école; **to go to work** [to one's place of work] aller au travail. **-6.** [indicating direction or route] aller, mener; **that road goes to the market square** cette route va à la place du marché.
**B.** **-1.** [be or remain in specified state] être; **to go barefoot/naked** se promener pieds nus/tout nu; **to go armed** porter une arme; **the job went unfilled** le poste est resté vacant; **to go unnoticed** passer inaperçu. **-2.** [become] devenir; **my father is going grey** mon père grisonne; **she went white with rage** elle a blêmi de colère; **have you gone mad?** tu es devenu fou? **-3.** [stop working – engine] tomber en panne; [– fuse] sauter; [– bulb, lamp] sauter, griller; **the battery's going** la pile commence à être usée. **-4.** [wear out] s'user; [split] craquer. **-5.** [deteriorate – health] se détériorer; [– hearing, sight] baisser; **all his strength went and he fell to the floor** il a perdu toutes ses forces et il est tombé par terre; **his voice is going** il devient aphone; **her mind has started to go** elle n'a plus toute sa tête OR toutes ses facultés.
**C.** **-1.** [begin an activity] commencer; **what are we waiting for? let's go!** qu'est-ce qu'on attend? allons-y!; **here goes!** *inf*, **here we go!** allez! on y va!; **go!** partez!; **it won't be so hard once you get going** ça ne sera pas si difficile une fois que tu seras lancé; **go to it!** *inf* [get to work] au boulot!; [in encouragement] allez-y! **-2.** [expressing intention]: **to be going to do sthg** [be about to] aller faire qqch, être sur le point de faire qqch; [intend to] avoir l'intention de faire qqch. **-3.** [expressing future]: **are you going to be at home tonight?** est-ce que vous serez chez vous ce soir?; **she's going to be a doctor** elle va être médecin. **-4.** [function – clock, machine] marcher, fonctionner; [start functioning] démarrer; **the car won't go** la voiture ne veut pas démarrer; **he had the television and the radio going** il avait mis la télévision et la radio en marche; **the washing machine is still going** la machine à laver tourne encore, la lessive n'est pas terminée; **to get sthg going** [car, machine] mettre qqch en marche; [business, project] lancer qqch; **her daughter kept the business going** sa fille a continué à faire marcher l'affaire; **to keep a conversation/fire going** entretenir une conversation/un feu. **-5.** [sound – alarm clock, bell] sonner; [– alarm, siren] retentir. **-6.** [make movement]: **she went like this with her eyebrows** elle a fait comme ça avec ses sourcils. **-7.** [appear]: **to go on radio/television** passer à la radio/à la télévision.
**D.** **-1.** [disappear] disparaître; **all the sugar's gone** il n'y a plus de sucre; **all our money has gone** [spent] nous avons dépensé tout notre argent; [lost] nous avons perdu tout no-

tre argent; [stolen] on a volé tout notre argent; **I don't know where the money goes these days** l'argent disparaît à une vitesse incroyable ces temps-ci; **gone are the days when he took her dancing** elle est bien loin, l'époque où il l'emmenait danser. **-2.** [be eliminated]: **the last paragraph must go** il faut supprimer le dernier paragraphe; **I've decided that car has to go** j'ai décidé de me débarrasser de cette voiture. **-3.** *euph* [die] disparaître, s'éteindre; **after I go...** quand je ne serai plus là...
**E. -1.** [extend, reach] aller, s'étendre; **the path goes right down to the beach** le chemin descend jusqu'à la mer ‖ *fig*: **money doesn't go very far these days** l'argent part vite à notre époque; **their difference of opinion goes deeper than I thought** leur différend est plus profond que je ne pensais. **-2.** [belong] aller, se mettre, se ranger; **where do the towels go?** où est-ce qu'on met les serviettes? **-3.** [be contained in, fit] aller; **the piano barely goes through the door** le piano entre OR passe de justesse par la porte; **this belt just goes round my waist** cette ceinture est juste assez longue pour faire le tour de ma taille; **the lid goes on easily enough** le couvercle se met assez facilement. **-4.** [develop, turn out] se passer; **I'll see how things go** je vais voir comment ça se passe; **the negotiations are going well** les négociations sont en bonne voie; **the vote went against them/in their favour** le vote leur a été défavorable/favorable; **there's no doubt as to which way the decision will go** on ne sait ce qui sera décidé; **everything went wrong** ça a mal tourné; **how's it going?** *inf,* **how are things going?** (comment) ça va? ❑ **the way things are going, we might both be out of a job soon** au train où vont OR vu comment vont les choses, nous allons bientôt nous retrouver tous les deux au chômage. **-5.** [time – elapse] s'écouler, passer; [– last] durer; **the journey went quickly** je n'ai pas vu le temps passer pendant le voyage; **how's the time going?** combien de temps reste-t-il?
**F. -1.** [be accepted]: **whatever the boss says goes** c'est le patron qui fait la loi. **-2.** [be valid, hold true] s'appliquer; **that goes for us too** [that applies to us] ça s'applique à nous aussi; [we agree with that] nous sommes aussi de cet avis. **-3.** [be expressed, run – report, story]: **the story** OR **rumour goes that she left** le bruit court qu'elle l'a quitté; **so the story goes** du moins c'est ce que l'on dit OR d'après les on-dit; **how does the story go?** comment c'est cette histoire?; **I forget how the poem goes now** j'ai oublié le poème maintenant; **her theory goes something like this** sa théorie est plus ou moins la suivante. **-4.** [be identified as]: **to go by** OR **under the name of** répondre au nom de. **-5.** [be sold] se vendre; **the necklace went for £350** le collier s'est vendu 350 livres; **going, going, gone!** une fois, deux fois, adjugé!
**G. -1.** [be given – award, prize] aller, être donné; [– inheritance, property] passer; **credit should go to the teachers** le mérite en revient aux enseignants. **-2.** [be spent]: **a small portion of the budget went on education** une petite part du budget a été consacrée OR allée à l'éducation; **all his money goes on drink** tout son argent part dans la boisson. **-3.** [contribute] contribuer, servir; **all that just goes to prove my point** tout ça confirme bien ce que j'ai dit; **it has all the qualities that go to make a good film** ça a toutes les qualités d'un bon film. **-4.** [have recourse] avoir recours, recourir; **to go to arbitration** recourir à l'arbitrage.
**H. -1.** [be compatible – colours, flavours] aller ensemble. **-2.** [be available]: **let me know if you hear of any jobs going** faites-moi savoir si vous entendez parler d'un emploi; **are there any flats going for rent in this building?** y a-t-il des appartements à louer dans cet immeuble? **-3.** [endure] supporter, tenir le coup; **we can't go much longer without water** nous ne pourrons pas tenir beaucoup plus longtemps si nous n'avons pas d'eau. **-4.** *euph* [go to the toilet]: **we'll only stop if you're really desperate to go** on ne s'arrête que si vraiment tu ne tiens plus. **-5.** MATH: **5 into 60 goes 12** 60 divisé par 5 égale 12; **6 into 5 won't go** 5 n'est pas divisible par 6. **-6.** *phr*: **she isn't bad, as teachers go** elle n'est pas mal comme enseignante; **as houses go, it's pretty cheap** ce n'est pas cher pour une maison; **there goes my chance of winning a prize** je peux abandonner tout espoir de gagner un prix; **there you go again, always blaming other people** ça y est, toujours à rejeter la responsabilité sur les autres!; **there you go!** [here you are] tiens!; [I told you so] voilà!

◇ *vt* **-1.** [follow, proceed along] aller, suivre; **if we go this way, we'll get there much more quickly** si nous passons par là, nous arriverons bien plus vite. **-2.** [travel] faire, voyager; **we've only gone 5 kilometres** nous n'avons fait que 5 kilomètres. **-3.** [say] faire; [make specified noise] faire; **then he goes "hand it over"** *inf* puis il fait «donne-le-moi».
◇ *n* **-1.** *Br* [attempt, try] coup *m*, essai *m*; **to have a go at sthg/doing sthg** essayer qqch/de faire qqch; **he had another go** il a fait une nouvelle tentative, il a ressayé; **let's have a go!** essayons!; **have another go!** encore un coup!; **she passed her exams first go** elle a eu ses examens du premier coup. **-2.** *Br* GAMES [turn] tour *m*; **it's your go** c'est ton tour OR c'est à toi (de jouer). **-3.** *inf* [energy, vitality] dynamisme *m*, entrain *m*; **to be full of go** avoir plein d'énergie, être très dynamique. **-4.** *inf* [success] succès *m*, réussite *f*; **he's made a go of the business** il a réussi à faire marcher l'affaire ❑ **I tried to persuade her but it was no go** j'ai essayé de la convaincre mais il n'y avait rien à faire. **-5.** *inf phr*: **to have a go at sb** [physically] rentrer dans qqn; [verbally] passer un savon à qqn; **they had a real go at one another!** qu'est-ce qu'ils se sont mis!; **to have a go** [tackle a criminal]: **police have warned the public not to have a go, the fugitive may be armed** la police a prévenu la population de ne pas s'en prendre au fugitif car il pourrait être armé; **it's all go** ça n'arrête pas!; **all systems go!** c'est parti!

◆ **going on** *adv phr*: **he must be going on fifty** il doit approcher la OR aller sur la cinquantaine; **it was going on (for) midnight by the time we finished** quand on a terminé il était près de minuit.
◆ **on the go** *adj inf phr* **-1.** [busy]: **I've been on the go all day** je n'ai pas arrêté de toute la journée. **-2.** [in hand]: **I have several projects on the go at present** j'ai plusieurs projets en route en ce moment.
◆ **to go** ◇ *adv phr* à faire; **there are only three weeks/five miles to go** il ne reste plus que trois semaines/cinq miles. ◇ *adj phr esp Am*: **two hamburgers to go** deux hamburgers à emporter!
◆ **go about** *vt insep* **-1.** [get on with] s'occuper de; **to go about one's business** vaquer à ses occupations. **-2.** [set about] se mettre à; **she showed me how to go about it** elle m'a montré comment faire OR comment m'y prendre.
◆ **go about with** ◇ *vt insep* [frequent]: **her son goes about with an older crowd** son fils fréquente des gens plus âgés que lui; **he's going about with Mary these days** il sort avec Mary en ce moment.
◆ **go across** ◇ *vt insep* traverser. ◇ *vi insep* traverser; **your brother has just gone across to the shop** ton frère est allé faire un saut au magasin en face.
◆ **go after** *vt insep* **-1.** [follow] suivre. **-2.** [pursue, seek – criminal] poursuivre; [– prey] chasser; [– job, prize] essayer d'obtenir; **he goes after all the women** il court après toutes les femmes.
◆ **go against** *vt insep* **-1.** [disregard] aller contre, aller à l'encontre de; **she went against my advice** elle n'a pas suivi mon conseil. **-2.** [conflict with] contredire; **the decision went against public opinion** la décision est allée à l'encontre de OR a heurté l'opinion publique; **it goes against my principles** c'est contre mes principes. **-3.** [be unfavourable to – subj: luck, situation] être contraire à; [– subj: opinion] être défavorable à; [– subj: behaviour, evidence] nuire à, être préjudiciable à; **the verdict went against the defendant** le verdict a été défavorable à l'accusé OR a été prononcé contre l'accusé; **if luck should go against him** si la chance lui était contraire.
◆ **go ahead** *vi insep* **-1.** [precede] passer devant; **he went (on) ahead of us** il est parti avant nous. **-2.** [proceed] aller de l'avant; **go ahead! tell me!** vas-y! dis-le-moi!; **the mayor allowed the demonstrations to go ahead** le maire a permis aux manifestations d'avoir lieu. **-3.** [advance, progress] progresser, faire des progrès.
◆ **go along** *vi insep* **-1.** [move from one place to another] aller, avancer; **we can talk it over as we go along** nous pouvons en discuter en chemin OR en cours de route ❑ **I just make it up as I go along** j'invente au fur et à mesure. **-2.** [progress] se dérouler, se passer.
◆ **go along with** *vt insep* [decision, order] accepter, s'incliner devant; [rule] observer, respecter; **I can't go along with you on that** je ne suis pas d'accord avec vous là-dessus; **he went along with his father's wishes** il s'est conformé aux OR a

respecté les désirs de son père.
◆ **go around** *vi insep* **-1.** [habitually] passer son temps à; he goes around in black leather il se promène toujours en OR il est toujours habillé en cuir noir. **-2.** [document, illness] circuler; [gossip, rumour] courir, circuler. **-3.** [be long enough for]: will that belt go around your waist? est-ce que cette ceinture sera assez grande pour toi?
◆ **go around with** = **go about with**.
◆ **go at** *vt insep* [attack – food] attaquer, se jeter sur; [– job, task] s'attaquer à; they were still going at it the next day ils y étaient encore le lendemain.
◆ **go away** *vi insep* partir, s'en aller; go away! va-t-en!
◆ **go back** *vi insep* **-1.** [return] revenir, retourner; she went back to bed elle est retournée au lit, elle s'est recouchée; to go back to sleep se rendormir; they went back home ils sont rentrés (chez eux OR à la maison); to go back to work [continue task] se remettre au travail; [return to place of work] retourner travailler; [return to employment] reprendre le travail; to go back on one's steps rebrousser chemin, revenir sur ses pas; we went back to the beginning nous avons recommencé; the clocks go back one hour today on retarde les pendules d'une heure aujourd'hui. **-2.** [retreat] reculer. **-3.** [revert] revenir; we went back to the old system nous sommes revenus à l'ancien système; he went back to his old habits il a repris ses anciennes habitudes; men are going back to wearing their hair long les hommes reviennent aux cheveux longs OR se laissent à nouveau pousser les cheveux. **-4.** [in time] remonter; our records go back to 1850 nos archives remontent à 1850; we go back a long way, Sam and me *inf* ça remonte à loin, Sam et moi. **-5.** [extend, reach] s'étendre; the garden goes back 150 metres le jardin s'étend sur 150 mètres.
◆ **go back on** *vt insep* [fail to keep – agreement] rompre, violer; [– promise] manquer à, revenir sur.
◆ **go before** ◇ *vi insep* [precede] passer devant; [happen before] précéder; the election was like nothing that had gone before l'élection ne ressemblait en rien aux précédentes. ◇ *vt insep* **-1.** [precede] précéder. **-2.** [appear before]: your suggestion will go before the committee votre suggestion sera soumise au comité; to go before a judge/jury passer devant un juge/un jury; the matter went before the court l'affaire est allée devant les tribunaux.
◆ **go by** ◇ *vi insep* [pass – car, person] passer; [– time] s'écouler; the years go by avec les années, à mesure que les années passent; in days OR in times OR in years gone by autrefois, jadis. ◇ *vt insep* **-1.** [act in accordance with, be guided by] suivre, se baser sur; don't go by the map ne vous fiez pas à la carte; he goes by the rules il suit le règlement. **-2.** [judge by] juger d'après.
◆ **go down** ◇ *vi insep* **-1.** [descend, move to lower level] descendre; [from a vertical position]: he went down on all fours OR on his hands and knees il s'est mis à quatre pattes. **-2.** [proceed, travel] aller. **-3.** [set – moon, sun] se coucher, tomber. **-4.** [sink – ship] couler, sombrer; [– person] couler, disparaître (sous l'eau). **-5.** [decrease, decline – level, price, quality] baisser; [– amount, numbers] diminuer; [– rate, temperature] baisser, s'abaisser; [– fever] baisser, tomber; [– tide] descendre; the dollar is going down in value le dollar perd de sa valeur, le dollar baisse; eggs are going down (in price) le prix des œufs baisse; he's gone down in my estimation il a baissé dans mon estime; the neighbourhood's really gone down since then le quartier ne s'est vraiment pas arrangé depuis. **-6.** [become less swollen – swelling] désenfler, dégonfler; [– balloon, tyre] se dégonfler. **-7.** [food, medicine] descendre; this wine goes down very smoothly ce vin se laisse boire (comme du petit lait). **-8.** [produce specified reaction] être reçu; a cup of coffee would go down nicely une tasse de café serait la bienvenue; his speech went down badly/well son discours a été mal/bien reçu; how will the proposal go down with the students? comment les étudiants vont-ils prendre la proposition?; that kind of talk doesn't go down well with me je n'apprécie pas du tout ce genre de propos. **-9.** [lose] être battu; Madrid went down to Milan by three points Milan a battu Madrid de trois points. **-10.** [be relegated] descendre; our team has gone down to the second division notre équipe est descendue en deuxième division. **-11.** [be noted, recorded] être noté; [in writing] être pris OR couché par écrit; this day will go down in history ce jour restera date historique; she will go

down in history as a woman of great courage elle entrera dans l'histoire grâce à son grand courage. **-12.** [reach as far as] descendre, s'étendre; this path goes down to the beach ce sentier va OR descend à la plage. **-13.** [continue as far as] aller, continuer; go down to the end of the street allez OR continuez jusqu'en bas de la rue. **-14.** *Br* UNIV entrer dans la période des vacances. **-15.** [in bridge] chuter. **-16.** COMPUT tomber en panne. **-17.** MUS [lower pitch] descendre. **-18.** ▽ *Br* [be sent to prison]: he went down for three years il a écopé de trois ans. **-19.** *inf* [happen] se passer. ◇ *vt insep* descendre de; my food went down the wrong way j'ai avalé de travers; to go down a class *Br* SCH descendre d'une classe.
◆ **go down on** ▼ *vt insep* sucer.
◆ **go down with** *vt insep* tomber malade de; he went down with pneumonia il a attrapé une pneumonie.
◆ **go for** *vt insep* **-1.** [fetch] aller chercher. **-2.** [try to obtain] essayer d'obtenir, viser; go for it! *inf* vas-y!; I'd go for it if I were you! à ta place, je n'hésiterais pas!. **-3.** [attack – physically] tomber sur, s'élancer sur; [– verbally] s'en prendre à; dogs usually go for the throat en général, les chiens attaquent à la gorge; they went for each other [physically] ils se sont jetés l'un sur l'autre; [verbally] ils s'en sont pris l'un à l'autre. **-4.** *inf* [like] aimer, adorer. **-5.** [choose, prefer] choisir, préférer. **-6.** [apply to, concern] concerner, s'appliquer à; pollution is a real problem in Paris — that goes for Rome too la pollution pose un énorme problème à Paris — c'est la même chose à Rome; and the same goes for me et moi aussi. **-7.** [have as result] servir à; his twenty years of service went for nothing ses vingt ans de service n'ont servi à rien. **-8.** [be to the advantage of]: she has a lot going for her elle a beaucoup d'atouts; that idea hasn't got much going for it frankly cette idée n'est franchement pas très convaincante.
◆ **go forth** *vi insep* arch OR lit [leave] sortir; the army went forth into battle l'armée s'est mise en route pour la bataille; go forth and multiply BIBLE croissez et multipliez-vous.
◆ **go in** *vi insep* **-1.** [enter] entrer, rentrer. **-2.** [disappear – moon, sun] se cacher.
◆ **go in for** *vt insep* **-1.** [engage in – activity, hobby, sport] pratiquer, faire; [– occupation] se consacrer à; [– politics] s'occuper de, faire; she went in for company law elle s'est lancée dans le droit commercial; he thought about going in for teaching il a pensé devenir enseignant. **-2.** *inf* [be interested in] s'intéresser à; [like] aimer; I don't go in much for opera je n'aime pas trop l'opéra, l'opéra ne me dit rien. **-3.** [take part in – competition, race] prendre part à; [– examination] se présenter à. **-4.** [apply for – job, position] poser sa candidature à, postuler.
◆ **go into** *vt insep* **-1.** [enter – building, house] entrer dans; [– activity, profession] entrer à OR dans; [– politics, business] se lancer dans; to go into the army [as profession] devenir militaire de carrière; [as conscript] partir au service; he went into medicine il a choisi la médecine. **-2.** [be invested – subj: effort, money, time]: a lot of care had gone into making her feel at home on s'était donné beaucoup de peine pour la mettre à l'aise; two months of research went into our report nous avons mis OR investi deux mois de recherche dans notre rapport. **-3.** [embark on – action] commencer à; [– explanation, speech] se lancer OR s'embarquer dans, (se mettre à) raconter; [– problem] aborder; the car went into a skid la voiture a commencé à déraper. **-4.** [examine, investigate] examiner, étudier. **-5.** [explain in depth] entrer dans; I won't go into details je ne vais pas entrer dans les détails; let's not go into that ne parlons pas de ça. **-6.** [begin to wear] se mettre à porter; to go into mourning prendre le deuil. **-7.** [hit, run into] entrer dans; a car went into him une voiture lui est rentrée dedans.
◆ **go off** ◇ *vi insep* **-1.** [leave] partir, s'en aller; she went off to work elle est partie travailler. **-2.** [stop operating – light, radio] s'éteindre; [– heating] s'éteindre, s'arrêter; [– pain] partir, s'arrêter. **-3.** [become activated – bomb] exploser; [– gun] partir; [– alarm] sonner; to go off into fits of laughter *fig* être pris d'un fou rire. **-4.** [have specified outcome] se passer. **-5.** [fall asleep] s'endormir. **-6.** *Br* [deteriorate – food] se gâter; [– milk] tourner; [– butter] rancir. ◇ *vt insep* *Br inf* [stop liking] perdre le goût de; he's gone off jazz/smoking il n'aime plus le jazz/fumer, le jazz/fumer ne l'intéresse plus.
◆ **go off with** *vt insep* **-1.** [leave with] partir avec. **-2.** [make off

with] partir avec; **someone has gone off with his keys** quelqu'un est parti avec ses clefs.

◆ **go on** ◇ *vi insep* **-1.** [move, proceed] aller; [without stopping] poursuivre son chemin; [after stopping] repartir, se remettre en route; **you go on, I'll catch up** allez-y, je vous rattraperai (en chemin); **they went on without us** ils sont partis sans nous. **-2.** [continue action] continuer; **she went on (with her) reading** elle a continué à OR de lire; **you can't go on being a student for ever!** tu ne peux pas être étudiant toute ta vie!; **go on, ask her** vas-y, demande-lui; **their affair has been going on for years** leur liaison dure depuis des années; **the party went on into the small hours** la soirée s'est prolongée jusqu'à très tôt le matin ❑ **go on (with you)!** *Br inf* allons, arrête de me faire marcher!; **they have enough (work) to be going on with** ils ont du pain sur la planche OR de quoi faire pour le moment; **here's £25 to be going on with** voilà 25 livres pour te dépanner. **-3.** [proceed to another action]: **he went on to explain why** il a ensuite expliqué pourquoi; **she went on to become a doctor** elle est ensuite devenue médecin. **-4.** [be placed, fit] aller; **the lid goes on this way** le couvercle se met comme ça. **-5.** [happen, take place] se passer; **what's going on here?** qu'est-ce qui se passe ici?; **a lot of cheating goes on during the exams** on triche beaucoup pendant les examens; **several conversations were going on at once** il y avait plusieurs conversations à la fois; **while the war was going on** pendant la guerre. **-6.** [elapse] passer, s'écouler; **as time goes on** avec le temps, à mesure que le temps passe. **-7.** *inf* [chatter, talk] parler, jacasser; **she does go on!** elle n'arrête pas de parler!, c'est un vrai moulin à paroles!; **to go on about sthg: he goes on and on about our politics** il parle politique sans cesse; **don't go on about it!** ça va, on a compris!; **I don't want to go on about it, but ...** je ne voudrais pas avoir l'air d'insister, mais ... **-8.** *inf* [act, behave] se conduire, se comporter; **what a way to go on!** en voilà des manières!**-9.** [start operating – light, radio, television] s'allumer; [– heating, motor, power] s'allumer, se mettre en marche. **-10.** SPORT [player] prendre sa place, entrer en jeu. **-11.** THEAT [actor] entrer en scène.
◇ *vt insep* **-1.** [be guided by] se laisser guider par, se fonder OR se baser sur; **the detective didn't have much to go on** le détective n'avait pas grand-chose sur quoi s'appuyer OR qui puisse le guider. **-2.** *Br inf (usu neg)* [appreciate, like] aimer.

◆ **go on at** *vt insep inf* [criticize] critiquer; [nag] s'en prendre à; **he's always going on at his wife about money** il est toujours sur le dos de sa femme avec les questions d'argent; **I went on at my mother to go and see the doctor** j'ai embêté ma mère pour qu'elle aille voir le médecin; **don't go on at me!** laisse-moi tranquille!

◆ **go out** *vi insep* **-1.** [leave] sortir; **to go out to dinner** sortir dîner; **she goes out to work** elle travaille en dehors de la maison OR hors de chez elle; **he went out of her life** il est sorti de sa vie. **-2.** [travel] partir; [emigrate] émigrer; **they went out to Africa** [travelled] ils sont partis en Afrique; [emigrated] ils sont partis vivre OR ils ont émigré en Afrique. **-3.** [date] sortir; **to go out with sb** sortir avec qqn. **-4.** [fire, light] s'éteindre. **-5.** [disappear] disparaître; **the spring went out of his step** il a perdu sa démarche légère. **-6.** [cease to be fashionable] passer de mode, se démoder; **to go out of style/fashion** ne plus être le bon style/à la mode. **-7.** [tide] descendre, se retirer. **-8.** *fig* [set out]: **we have to go out and do something about this** il faut que nous prenions des mesures OR que nous fassions quelque chose. **-9.** [be published – brochure, pamphlet] être distribué; [be broadcast – radio or television programme] être diffusé. **-10.** [feelings, sympathies] aller; **our thoughts go out to all those who suffer** nos pensées vont vers tous ceux qui souffrent; **my heart goes out to her** je suis de tout cœur avec elle dans son chagrin. **-11.** *phr*: **to go all out** *inf*: **she went all out to help us** elle a fait tout son possible pour nous aider.

◆ **go over** ◇ *vi insep* **-1.** [move overhead] passer. **-2.** [move in particular direction] aller; [cross] traverser; **I went over to see her** je suis allé la voir ‖ [capsize – boat] chavirer, capoter. **-3.** [change, switch] changer; **I've gone over to another brand of washing powder** je viens de changer de marque de lessive; **when will we go over to the metric system?** quand est-ce qu'on va passer au système métrique? **-4.** [change allegiance] passer, se joindre; **he's gone over to the Socialists** il est passé dans le camp des socialistes. **-5.** [be received]

passer; **the speech went over badly/well** le discours a mal/bien passé.
◇ *vt insep* **-1.** [move, travel over] passer par-dessus; **we went over a bump** on a pris une bosse. **-2.** [examine – argument, problem] examiner, considérer; [– accounts, report] examiner, vérifier. **-3.** [repeat] répéter; [review – notes, speech] réviser, revoir; [– facts] récapituler, revoir; SCH réviser; **she went over the interview in her mind** elle a repassé l'entretien dans son esprit; **let's go over it again** reprenons, récapitulons. **-4.** TV & RADIO: **let's go over now to our Birmingham studios** passons l'antenne à notre studio de Birmingham; **we're going over live now to Paris** nous allons maintenant à Paris où nous sommes en direct.

◆ **go past** *vt insep* [move in front of] passer devant; [move beyond] dépasser.

◆ **go round** *vi insep* **-1.** [be enough]: **is there enough cake to go round?** est-ce qu'il y a assez de gâteau pour tout le monde?**-2.** [visit] aller. **-3.** [be continuously present – idea, tune]: **that song keeps going round in my head** j'ai cette chanson dans la tête. **-4.** [spin – wheel] tourner; **my head's going round** *fig* j'ai la tête qui tourne.

◆ **go through** ◇ *vt insep* **-1.** [crowd, tunnel] traverser; **a shiver went through her** *fig* un frisson l'a parcourue OR traversée. **-2.** [endure, experience] subir, souffrir; **he's going through hell** c'est l'enfer pour lui; **we all have to go through it sometime** on doit tous y passer un jour ou l'autre; **we've gone through a lot together** nous avons vécu beaucoup de choses ensemble. **-3.** [consume, use up – supplies] épuiser; [– money] dépenser; [wear out] user; **how many assistants has he gone through now?** *hum* combien d'assistants a-t-il déjà eus? **-4.** [examine – accounts, document] examiner, vérifier; [– list, proposal] éplucher; [– mail] dépouiller; [– drawer, pockets] fouiller (dans); [– files] chercher dans; [– sort] trier. **-5.** [subj: bill, law] être voté; **the bill went through Parliament last week** le projet de loi a été voté la semaine dernière au Parlement. **-6.** [carry out, perform – movement, work] faire; [– formalities] remplir, accomplir; **we had to go through the whole business of applying for a visa** nous avons dû nous farcir toutes les démarches pour obtenir un visa. **-7.** [participate in – course of study] étudier; [– ceremony] participer à. **-8.** [practise – lesson, poem] réciter; THEAT [– role, scene] répéter.
◇ *vi insep* [offer, proposal] être accepté; [business deal] être conclu, se faire; [bill, law] passer, être voté.

◆ **go through with** *vt insep*: **to go through with sthg** aller jusqu'au bout de qqch, exécuter qqch; **they went through with their threat** ils ont exécuté leur menace.

◆ **go together** *vi insep* **-1.** [colours, flavours] aller bien ensemble; [characteristics, ideas] aller de pair. **-2.** *Am* [people] sortir ensemble.

◆ **go towards** *vt insep* **-1.** [move towards] aller vers. **-2.** [effort, money] être consacré à.

◆ **go under** ◇ *vi insep* **-1.** [go down – ship] couler, sombrer; [– person] couler, disparaître (sous l'eau). **-2.** *fig* [fail – business] couler, faire faillite; [– project] couler, échouer; [– person] échouer, sombrer. ◇ *vt insep* passer par-dessous.

◆ **go up** ◇ *vi insep* **-1.** [ascend, climb – person] monter, aller en haut; [– lift] monter; **I'm going up to bed** je monte me coucher; **have you ever gone up in an aeroplane?** êtesvous déjà monté en avion?**-2.** [reach as far as] aller, s'étendre; **the road goes up to the house** la route mène OR va à la maison. **-3.** [increase – amount, numbers] augmenter, croître; [– price] monter, augmenter; [– temperature] monter, s'élever; **rents are going up** les loyers sont en hausse. **-4.** [sudden noise] s'élever. **-5.** [appear – notices, posters] apparaître; [be built] être construit. **-6.** [explode, be destroyed] sauter, exploser. **-7.** MUS [raise pitch] monter. **-8.** THEAT [curtain] se lever. **-9.** ▽ *Am* [be sent to prison]: **he went up for murder** il a fait de la taule pour meurtre. **-10.** SPORT [be promoted]: **they look set to go up to the First Division** ils ont l'air prêts à entrer en première division. ◇ *vt insep* monter; **to go up a hill/ladder** monter une colline/sur une échelle; **to go up a class** *Br* SCH monter d'une classe.

◆ **go with** *vt insep* **-1.** [accompany, escort] accompagner, aller avec; *fig*: **to go with the crowd** suivre la foule OR le mouvement; **you have to go with the times** il faut vivre avec son temps. **-2.** [be compatible – colours, flavours] aller avec. **-3.** [be part of] aller avec; **the sense of satisfaction that goes with having done a good job** le sentiment de satisfaction qu'apporte le travail bien fait. **-4.** *inf* [spend time with] sortir avec; *euph* [have sex with]: **he's been going out with other women** il a été avec d'autres femmes.

◆ **go without** ◇ *vt insep* se passer de, se priver de. ◇ *vi insep* s'en passer.

**goad** [gəʊd] ◇ *n* aiguillon *m*. ◇ *vt* **-1.** [cattle] aiguillonner, piquer. **-2.** [person] harceler, provoquer; **stop ~ing the poor child!** cesse de houspiller ce petit!; **to ~ sb into doing sthg** pousser qqn à faire qqch, harceler qqn jusqu'à ce qu'il fasse qqch.

◆ **goad on** *vt sep* aiguillonner; **she was ~ed on by the prospect of wealth and power** elle était stimulée par la perspective des richesses et du pouvoir.

**go-ahead** ◇ *n* feu *m* vert; **to give sb the ~ to do sthg** donner le feu vert à qqn pour (faire) qqch. ◇ *adj* [dynamic – person] dynamique, entreprenant, qui va de l'avant; [– attitude, business] dynamique.

**goal** [gəʊl] ◇ *n* **-1.** [aim] but *m*, objectif *m*; **what's your ~ in life?** quel est ton but OR quelle est ton ambition dans la vie?; **to achieve OR attain one's ~** atteindre OR réaliser son but. **-2.** SPORT but *m*; **to score a ~** marquer un but; **who plays in OR keeps ~ for Liverpool?** qui est gardien de but dans l'équipe de Liverpool?; **~! but!** ◇ *comp* de but.

**goal average** *n* goal-average *m*.

**goal difference** *n* différence *f* de buts.

**goalie** ['gəʊlɪ] *n inf* SPORT goal *m*, gardien *m* (de but).

**goalkeeper** ['gəʊl,kiːpər] *n* gardien *m* (de but), goal *m*.

**goalkeeping** ['gəʊl,kiːpɪŋ] *n* jeu *m* du gardien de but; **we saw some great ~ on both sides** les deux gardiens de but ont très bien joué.

**goal kick** *n* coup *m* de pied de but, dégagement *m* aux six mètres.

**goalless** ['gəʊllɪs] *adj*: **a ~ draw** un match sans but marqué OR zéro à zéro.

**goal line** *n* ligne *f* de but.

**goalminder** ['gəʊl,maɪndər] *n* gardien *m* (de but).

**goalmouth** ['gəʊl,maʊθ, *pl* -maʊðz] *n*: **in the ~** directement devant le but.

**goalpost** ['gəʊlpəʊst] *n* poteau *m* (de but); **to move the ~s** *fig* changer les règles du jeu.

**goalscorer** ['gəʊl,skɔːrər] *n* buteur *m*.

**goat** [gəʊt] *n* **-1.** ZOOL chèvre *f*. **-2.** *inf* [lecher]: **old ~** vieux satyre *m*. **-3.** *inf* & *dated* [foolish person] andouille *f*. **-4.** *phr*: **to get sb's ~** *inf* taper sur les nerfs OR le système à qqn; **it gets my ~** ça me tape sur les nerfs.

**goatee** [gəʊ'tiː] *n* barbiche *f*, bouc *m*.

**goatherd** ['gəʊthɜːd] *n* chevrier *m*, -ère *f*.

**goatskin** ['gəʊtskɪn] *n* **-1.** [hide] peau *f* de chèvre. **-2.** [container] outre *f* (en peau de chèvre).

**gob** [gɒb] (*pt* & *pp* **gobbed**, *cont* **gobbing**) ◇ *n* **-1.** ▽ *Br* [mouth] gueule *f*. **-2.** *inf* [lump – of mud, clay] motte *f*; [– of spittle] crachat *m*, mollard *m*. ◇ *vi* ▽ [spit] mollarder.

**gobble** ['gɒbl] ◇ *vi* [turkey] glouglouter. ◇ *vt* [eat greedily] enfourner, engloutir; **he ~d (down OR up) his lunch** il a englouti son déjeuner à toute vitesse; **don't ~ your food!** ne mange pas si vite! ◇ *n* glouglou *m*.

**gobbledegook, gobbledygook** ['gɒbldɪguːk] *n inf* charabia *m*.

**gobbler** ['gɒblər] *n inf* [male turkey] dindon *m*.

**go-between** *n* intermédiaire *mf*.

**Gobi** ['gəʊbɪ] *prn*: **the ~ Desert** le désert de Gobi.

**goblet** ['gɒblɪt] *n* coupe *f*, verre *m* à pied; HIST gobelet *m*.

**goblin** ['gɒblɪn] *n* esprit *m* maléfique, lutin *m*.

**gobsmacked** ['gɒbsmækt] *adj inf*: **I was ~** j'en suis resté baba.

**gobstopper** ['gɒb,stɒpər] *n Br* gros bonbon rond qui change de couleur à mesure qu'on le suce.

**goby** ['gəʊbɪ] (*pl* **gobies**) *n* gobie *m*.

**go-cart** *n* **-1.** = go-kart. **-2.** *Am* [toy wagon] chariot *m*.

**god** [gɒd] *n* dieu *m*; **the ~ of War** le dieu de la Guerre.

◆ **God** *n* **-1.** RELIG Dieu *m*; **God the Father, the Son and the Holy Ghost** Dieu le Père, le Fils, le Saint-Esprit. **-2.** [in interjections and expressions]: **God bless you!** Dieu vous bénisse!; **thank God!** *inf* heureusement!; *lit* grâce à Dieu!,

**Dieu soit loué!; thank God you didn't tell him** *inf* heureusement que tu ne lui as rien dit; **(my OR by) God!** *inf* mon Dieu!; **for God's sake, don't tell him!** *inf* surtout ne lui dis rien; **God knows why/how** Dieu sait pourquoi/comment; **God (only) knows** Dieu seul le sait; **God willing** s'il plaît à Dieu.

◆ **gods** *npl Br inf* THEAT: **the ~s** le poulailler.

**god-awful** ▽ *adj* atroce, affreux.

**godchild** ['gɒdtʃaɪld] (*pl* **godchildren** [-,tʃɪldrən]) *n* filleul *m*, -e *f*.

**goddam(n)** ▽ ['gɒdæm] *Am* ◇ *interj*: **~!** zut! ◇ *n*: **he doesn't care OR give a ~** il s'en fout. ◇ *adj* sacré, fichu; **you ~ fool!** pauvre imbécile! ◇ *adv* vachement.

**goddamned** ▽ ['gɒdæmd] = **goddam(n)** *adj* & *adv*.

**goddaughter** ['gɒd,dɔːtər] *n* filleule *f*.

**goddess** ['gɒdɪs] *n* déesse *f*.

**godfather** ['gɒd,fɑːðər] *n* parrain *m*.

**god-fearing** *adj* croyant, pieux.

**godforsaken** ['gɒdfə,seɪkn] *adj* paumé.

**godhead** ['gɒdhed] *n* divinité *f*; **the ~** Dieu.

**godless** ['gɒdlɪs] *adj* irréligieux, impie.

**godlike** ['gɒdlaɪk] *adj* divin, céleste.

**godliness** ['gɒdlɪnɪs] *n* sainteté *f* (de l'âme), dévotion *f*.

**godly** ['gɒdlɪ] *adj* **-1.** [pious] pieux. **-2.** [divine] divin.

**godmother** ['gɒd,mʌðər] *n* marraine *f*.

**godparent** ['gɒd,peərənt] *n* parrain *m*, marraine *f*.

**godsend** ['gɒdsend] *n* aubaine *f*, bénédiction *f*.

**godson** ['gɒdsʌn] *n* filleul *m*.

**godsquad** ['gɒdskwɒd] *n inf* & *pej*: **the ~** les soldats de Dieu.

**goer** [gəʊər] *n Br inf* **-1.** [fast person, vehicle, animal] fonceur *m*, -euse *f*. **-2.** [sexually active person]: **he's/she's a real ~** il/ elle n'y va pas par quatre chemins (*pour séduire qqn*).

**goes** [gəʊz] → **go** *vb*.

**gofer** ['gəʊfər] *n esp Am inf* [office employee] personne qui fait les menues tâches dans un bureau.

**go-getter** [-'getər] *n inf* fonceur *m*, -euse *f*, battant *m*, -e *f*.

**goggle** ['gɒgl] ◇ *vi* ouvrir de grands yeux OR des yeux ronds; **to ~ at sb/sthg** regarder qqn/qqch avec des yeux ronds. ◇ *adj*: **to have ~ eyes** avoir les yeux saillants OR exorbités OR globuleux.

◆ **goggles** *npl* **-1.** [protective] lunettes *fpl* (de protection); [for motorcyclist] lunettes *fpl* (de motocycliste); [for diver] lunettes *fpl* de plongée; [for swimmer] lunettes *fpl*. **-2.** *inf* [glasses] bésicles *fpl*.

**goggle box** *n Br inf* & *hum* télé *f*.

**goggle-eyed** *adj* les yeux saillants OR exorbités OR globuleux; **to stare ~** regarder en écarquillant les yeux.

**goggly** ['gɒglɪ] = **goggle** *adj*.

**go-go dancer** *n* danseur *m* de go-go.

**going** ['gəʊɪŋ] ◇ *n* **-1.** [leaving] départ *m*. **-2.** [progress] progrès *m*; **we made good ~ on the return journey** on est allés vite pour le retour; **that's pretty good ~!** c'est plutôt rapide!; **it was slow ~, but we got the work done** il nous a fallu du temps, mais on a réussi à finir le travail. **-3.** [condition of ground] état *m* du terrain; **it's rough OR heavy ~ on these mountain roads** c'est dur de rouler sur ces routes de montagne; **this novel is heavy ~** *fig* ce roman ne se lit pas facilement; **he left while the ~ was good** *fig* il est parti au bon moment. ◇ *adj* **-1.** [profitable]: **her company is a ~ concern** son entreprise est en pleine activité. **-2.** [current] actuel; **she's getting the ~ rate for the job** elle touche le tarif en vigueur OR normal pour ce genre de travail; **the best computer/novelist ~** le meilleur ordinateur/romancier du moment.

**going-over** (*pl* **goings-over**) *n inf* **-1.** [checkup] révision *f*, vérification *f*; [cleanup] nettoyage *m*; **the house needs a good ~** il faudrait nettoyer la maison à fond. **-2.** *fig*: **to give sb a (good) ~** [scolding] passer un savon à qqn; [beating] passer qqn à tabac.

**goings-on** *npl inf* **-1.** *pej* [behaviour] conduite *f*, activités *fpl*; **there are some funny ~ in that house** il s'en passe de drôles dans cette maison. **-2.** [events] événements *mpl*.

**goitre** *Br*, **goiter** *Am* ['gɔɪtər] *n* goitre *m*.

**go-kart** *n* kart *m*.

**Golan Heights** ['gəʊ,læn-] *pl pr n*: the ~ le plateau du Golan.

**gold** [gəʊld] ◇ *n* **-1.** [metal, colour] or *m*; 1,000 French francs in ~ 1 000 francs français en or ❏ to be as good as ~ être sage comme une image; he has a heart of ~ il a un cœur d'or; to be worth its weight in ~ valoir son pesant d'or. **-2.** [gold medal] médaille *f* d'or; to go for ~ viser la médaille d'or. ◇ *adj* **-1.** [made of gold – coin, ingot, medal] d'or; [– tooth, watch] en or; ~ lettering lettres *fpl* d'or. **-2.** [gold-coloured] or (*inv*), doré.

**gold braid** *n* galon *m* d'or.

**gold bullion** *n* or *m* en barre OR en lingots; ~ standard étalon-or-lingot *m*.

**gold-digger** *n* chercheur *m* d'or; *fig* aventurier *m*, -ère *f*.

**gold dust** *n* poudre *f* d'or; jobs are like ~ around here *fig* le travail est rare OR ne court pas les rues par ici.

**golden** ['gəʊldən] *adj* **-1.** *literal & fig* [made of gold] en or, d'or; [opinion] favorable; a ~ opportunity une occasion en or. **-2.** [colour] doré, (couleur) d'or. **-3.** *inf* [very successful]: ~ boy/girl enfant *mf* prodige.

**Golden Age** *n*: the ~ l'âge *m* d'or.

**golden calf** *n* veau *m* d'or.

**Golden Delicious** (*pl inv*) *n* golden *f*.

**golden eagle** *n* aigle *m* royal.

**Golden Fleece** *n*: the ~ la Toison d'or.

**golden handcuffs** *npl inf* primes *fpl* (*versées à un cadre à intervalles réguliers pour le dissuader de partir*).

**golden handshake** *n inf* gratification *f* de fin de service.

**golden jubilee** *n* (fête *f* du) cinquantième anniversaire *m*.

**golden mean** *n*: the ~ le juste milieu.

**golden oldie** *n inf* vieux tube *m*.

**golden retriever** *n* golden retriever *m*.

**golden rule** *n* règle *f* d'or.

**golden section** *n* section *f* d'or OR dorée.

**golden share** *n* participation *f* majoritaire (*souvent détenue par le gouvernement britannique dans les entreprises privatisées*).

**golden syrup** *n Br* mélasse *f* raffinée.

**golden wedding** *n* noces *fpl* d'or.

**gold fever** *n* fièvre *f* de l'or.

**goldfield** ['gəʊldfi:ld] *n* terrain *m* aurifère.

**goldfinch** ['gəʊldfɪntʃ] *n* chardonneret *m*.

**goldfish** ['gəʊldfɪʃ] *n* **-1.** [as pet] poisson *m* rouge. **-2.** ZOOL cyprin *m* doré.

**goldfish bowl** *n* bocal *m* (à poissons rouges); it's like living in a ~ *fig* on se croirait dans un aquarium.

**gold leaf** *n* feuille *f* d'or.

**gold medal** *n* médaille *f* d'or.

**goldmine** ['gəʊldmaɪn] *n literal & fig* mine *f* d'or.

**gold plate** *n* **-1.** [utensils] orfèvrerie *f*, vaisselle *f* d'or. **-2.** [plating] plaque *f* d'or.

**gold-plated** *adj* plaqué or.

**gold-rimmed** *adj*: ~ spectacles lunettes *fpl* à montures en or.

**gold rush** *n* ruée *f* vers l'or; the Gold Rush *Am* HIST la ruée vers l'or.

**goldsmith** ['gəʊldsmɪθ] *n* orfèvre *m*.

**gold standard** *n* étalon-or *m*.

**golf** [gɒlf] ◇ *n* golf *m*. ◇ *comp*: ~ bag sac *m* de golf; ~ cart caddie *m* (de golf). ◇ *vi* jouer au golf.

**golf ball** *n* **-1.** SPORT balle *f* de golf. **-2.** [for typewriter] boule *f*.

**golf club** *n* **-1.** [stick] club *m* OR crosse *f* OR canne *f* de golf. **-2.** [building, association] club *m* de golf.

**golf course** *n* (terrain *m* de) golf *m*.

**golfer** ['gɒlfər] *n* joueur *m*, -euse *f* de golf, golfeur *m*, -euse *f*.

**golfing** ['gɒlfɪŋ] *n* golf *m* (activité).

**golliwog** ['gɒlɪwɒg] *n* poupée de chiffon, au visage noir et aux cheveux hérissés.

**golly** ['gɒlɪ] (*pl* gollies) *inf* ◇ *n Br* = golliwog. ◇ *interj dated*: (good) ~! ciel!, mince (alors)!, flûte!

**gollywog** ['gɒlɪwɒg] = golliwog.

**goloshes** [gə'lɒʃɪz] = galoshes.

**gonad** ['gəʊnæd] *n* gonade *f*.

**gondola** ['gɒndələ] *n* **-1.** [boat] gondole *f*. **-2.** [on airship or balloon, for window cleaner] nacelle *f*. **-3.** [in supermarket] gondole *f*. **-4.** [ski lift] cabine *f* (de téléphérique).

**gondolier** [,gɒndə'lɪər] *n* gondolier *m*.

**gone** [gɒn] ◇ *pp* → go. ◇ *adj* **-1.** [past] passé, révolu; those days are ~ now c'est bien fini tout ça; ~ is the time when... le temps n'est plus où... **-2.** [away]: be ~ with you! disparaissez de ma vue! ❏ 'Gone with the Wind' *Mitchell* 'Autant en emporte le vent'. **-3.** *inf* [high, drunk] parti. **-4.** *inf* [pregnant]: she is 4 months ~ elle est enceinte de 4 mois. **-5.** *inf* [infatuated]: to be ~ on sb/sthg être (complètement) toqué de qqn/qqch. **-6.** *euph* [dead] mort. **-7.** *phr*: to be far ~ [weak] il est bien faible; [drunk] il est bien parti. ◇ *prep Br*: it's ~ 11 il est 11 h passées OR plus de 11 h.

**goner** ['gɒnər] *n inf*: to be a ~ être fichu OR cuit.

**gong** [gɒŋ] *n* **-1.** [instrument] gong *m*. **-2.** *Br inf & hum* [medal] médaille *f*.

**gonna** ['gɒnə] *esp Am inf* = going to.

**gonorrhoea** *Br*, **gonorrhea** *Am* [,gɒnə'rɪə] *n* blennorragie *f*.

**gonzo** ['gɒnzəʊ] *adj Am inf* subjectif, partial.

**goo** [gu:] *n inf* **-1.** [sticky stuff] matière *f* poisseuse. **-2.** *fig & pej* sentimentalisme *m*.

**good** [gʊd] (*compar* better ['betər], *superl* best [best]) ◇ *adj* **A.** **-1.** [enjoyable, pleasant – book, feeling, holiday] bon, agréable; [– weather] beau, *before vowel or silent 'h'* bel (*f* belle); we're ~ friends nous sommes très amis; we're just ~ friends on est des amis, c'est tout; they had a ~ time ils se sont bien amusés; ~ to eat/to hear bon à manger/à entendre; it's ~ to be home ça fait du bien OR ça fait plaisir de rentrer chez soi; it's ~ to be alive il fait bon vivre ‖ [agreeable] bon; wait until he's in a ~ mood attendez qu'il soit de bonne humeur; to feel ~ être en forme; he doesn't feel ~ about leaving her alone [worried] ça le gêne de la laisser seule; [ashamed] il a honte de la laisser seule ❏ it's too ~ to be true c'est trop beau pour être vrai OR pour y croire; the ~ life la belle vie; she's never had it so ~! elle n'a jamais eu la vie si belle!; have a ~ day! bonne journée!; you can have too much of a ~ thing on se lasse de tout, même du meilleur. **-2.** [high quality – clothing, dishes] bon, de bonne qualité; [– painting, film] bon; [– food] bon; he speaks ~ English il parle bien anglais; she put her ~ shoes on elle a mis ses belles chaussures; this house is ~ enough for me cette maison me suffit; this isn't ~ enough ça ne va pas; nothing is too ~ for her family rien n'est trop beau pour sa famille. **-3.** [competent, skilful] bon, compétent; she's a ~ listener c'est quelqu'un qui sait écouter; to be ~ at sthg être doué pour OR bon en qqch; he's ~ with children il sait s'y prendre avec les enfants; to be ~ with one's hands être habile OR adroit de ses mains; they're not ~ enough to direct the others ils ne sont pas à la hauteur pour diriger les autres; you're as ~ as he is tu le vaux bien, tu vaux autant que lui; the ~ gardening guide le guide du bon jardinier. **-4.** [useful] bon; to be ~ for nothing être bon à rien; this product is also ~ for cleaning windows ce produit est bien aussi pour nettoyer les vitres.

**B.** **-1.** [kind] bon, gentil; [loyal, true] bon, véritable; [moral, virtuous] bon; she's a ~ person c'est quelqu'un de bien; he's a ~ sort c'est un brave type; you're too ~ for him tu mérites mieux que lui; to lead a ~ life [comfortable] avoir une belle vie; [moral] mener une vie vertueuse OR exemplaire; they've always been ~ to me ils ont toujours été gentils avec moi; it's ~ of you to come c'est aimable OR gentil à vous d'être venu; would you be ~ enough to reply by return of post? voudriez-vous avoir l'obligeance de répondre par retour du courrier? **-2.** [well-behaved] sage; be ~! sois sage!; be a ~ boy and fetch Mummy's bag sois mignon, va chercher le sac de maman; ~ dog! t'es un gentil chien, toi!

**C.** **-1.** [desirable, positive] bon, souhaitable; [cause] bon; she had the ~ fortune to arrive just then elle a eu la chance d'arriver juste à ce moment-là; it's a ~ job OR ~ thing he decided not to go c'est une chance qu'il ait décidé de OR heureusement qu'il a décidé de ne pas y aller; all ~ wishes for the New Year tous nos meilleurs vœux pour le nouvel an. **-2.** [favourable – contract, deal] avantageux, favorable; [– opportunity, sign] bon, favorable; to buy sthg at a ~ price acheter qqch bon marché OR à un prix avantageux; she's in a ~ position to help us elle est bien placée pour nous aider;

he put in a ~ word for me with the boss il a glissé un mot en ma faveur au patron. **-3.** [convenient, suitable – place, time] bon, propice; [– choice] bon, convenable; **this is as ~ a time as any** autant le faire maintenant; **it's as ~ a way as any to do it** c'est une façon comme une autre de le faire. **-4.** [beneficial] bon, bienfaisant; **whisky is ~ for a cold** le whisky est bon pour les rhumes; **it's ~ for him to spend time outdoors** ça lui fait du bien OR c'est bon pour lui de passer du temps dehors; **he works more than is ~ for him** il travaille plus qu'il ne faudrait OR devrait; **if you know what's ~ for you, you'll listen** fig si tu as le moindre bon sens, tu m'écouteras.
**D. -1.** [sound, strong] bon, valide; **my eyesight/hearing is ~** j'ai une bonne vue/l'ouïe fine. **-2.** [attractive – appearance] bon, beau, before vowel or silent 'h' bel (f belle); [– features, legs] beau, before vowel or silent 'h' bel (f belle), joli; **you're looking ~!** [healthy] tu as bonne mine!; [well-dressed] tu es très bien!; **that colour looks ~ on him** cette couleur lui va bien; **he has a ~ figure** il est bien fait. **-3.** [valid, well-founded] bon, valable; **she had a ~ excuse/reason for not going** elle avait une bonne excuse/une bonne raison de ne pas y aller. **-4.** [reliable, trustworthy – brand, car] bon, sûr; COMM & FIN [– cheque] bon; [– investment, securities] sûr; [– debt] bon, certain; **this coat is ~ for another year** ce manteau fera encore un an; **he's always ~ for a laugh** inf il sait toujours faire rire; **they are** OR **their credit is ~ for £500** on peut leur faire crédit jusqu'à 500 livres. **-5.** [honourable, reputable] bon, estimé; **to protect their ~ name** pour défendre leur réputation; **she's from a ~ family** elle est de bonne famille.
**E. -1.** [ample, considerable] bon, considérable; **a ~ amount** OR **deal of money** beaucoup d'argent; **a ~-sized room** une assez grande pièce; **take ~ care of your mother** prends bien soin de ta mère; **to make ~ money** bien gagner sa vie; **a ~ thirty years ago** il y a bien trente ans; **the trip will take you a ~ two hours** il vous faudra deux bonnes heures pour faire le voyage; **there's a ~ risk of it happening** il y a de grands risques que ça arrive. **-2.** [proper, thorough] bon, grand; **I gave the house a ~ cleaning** j'ai fait le ménage à fond; **have a ~ cry** pleure un bon coup; **we had a ~ laugh** on a bien ri; **I managed to get a ~ look at his face** j'ai pu bien regarder son visage; **take a ~ look at her** regarde-la bien □ – **and** inf: **we were ~ and mad** on était carrément furax; **she'll call when she's ~ and ready** elle appellera quand elle le voudra bien. **-3.** [acceptable] bon, convenable; **we made the trip in ~ time** le voyage n'a pas été trop long; **that's all very ~ or all well and ~ but...** c'est bien joli OR bien beau tout ça mais... **-4.** [indicating approval] bon, très bien; **she left him – ~!** elle l'a quitté – tant mieux!; **~, that's settled** bon OR bien, voilà une affaire réglée □ **that's a ~ one!** inf [joke] elle est (bien) bonne, celle-là!; iron [far-fetched story] à d'autres!; **~ on you!** inf OR for you bravo!, très bien!
◇ adv **-1.** [as intensifier] bien, bon; **a ~ hard bed** un lit bien dur; **the two friends had a ~ long chat** les deux amis ont longuement bavardé; **we took a ~ long walk** nous avons fait une bonne OR une grande promenade. **-2.** (nonstandard) inf [well] bien; **their team beat us ~ and proper** leur équipe nous a battus à plate couture OR à plates coutures. **-3.** phr: **to make ~** [succeed] réussir; [reform] changer de conduite, se refaire une vie; **the prisoner made ~ his escape** le prisonnier est parvenu à s'échapper OR a réussi son évasion; **they made ~ their promise** ils ont tenu parole OR ont respecté leur promesse; **to make sthg ~** [mistake] remédier à qqch; [damages, injustice] réparer qqch; [losses] compenser qqch; [deficit] combler qqch; [wall, surface] apporter des finitions à qqch; **we'll make ~ any expenses you incur** nous vous rembourserons toute dépense; **to make ~ on sthg** Am honorer qqch.
◇ n **-1.** [morality, virtue] bien m; **that organization is a power for ~** cet organisme exerce une influence salutaire; **she recognized the ~ in him** elle a vu ce qu'il y avait de bon en lui; **to be up to no ~** préparer un mauvais coup; **their daughter came to no ~** leur fille a mal tourné. **-2.** [use]: **this book isn't much ~** ce livre ne me sert pas à grand-chose; **if it's any ~ to him** si ça peut lui être utile OR lui rendre service; **I was never any ~ at mathematics** je n'ai jamais été doué pour les maths, je n'ai jamais été bon en maths; **he'd be no ~ as a teacher** il ne ferait pas un bon professeur; **what's the ~?** à quoi bon?; **what ~ would**

it do to leave now? à quoi bon partir maintenant?; **a fat lot of ~ that did you!** inf te voilà bien avancé maintenant!; **it's no ~, I give up** ça ne sert à rien, j'abandonne; **it's no ~ worrying about it** ça ne sert à rien de OR ce n'est pas la peine de OR inutile de vous inquiéter; **I might as well talk to the wall for all the ~ it does** je ferais aussi bien de parler au mur, pour tout l'effet que ça fait. **-3.** [benefit, welfare] bien m; **a holiday will do her ~** des vacances lui feront du bien; **she resigned for the ~ of her health** elle a démissionné pour des raisons de santé; **it does my heart ~ to see you so happy** ça me réchauffe le cœur de vous voir si heureux; **the common ~** l'intérêt m commun.
◇ npl [people]: **the ~** les bons mpl, les gens mpl de bien; **only the ~ die young** ce sont toujours les meilleurs qui partent les premiers □ **'the Good, the Bad and the Ugly'** Leone 'le Bon, la bête et le truand'.
♦ **as good as** adv phr pour ainsi dire, à peu de choses près; **he's as ~ as dead** c'est comme s'il était mort; **it's as ~ as new** c'est comme neuf; **they as ~ as called us cowards** ils n'ont pas dit qu'on était des lâches mais c'était tout comme.
♦ **for good** adv phr pour de bon; **they finally settled down for ~** ils se sont enfin fixés définitivement; **for ~ and all** une (bonne) fois pour toutes, pour de bon.
♦ **to the good** adv phr: **that's all to the ~** tant mieux; **he finished up the card game £15 to the ~** il a fait 15 livres de bénéfice OR il a gagné 15 livres aux cartes.
**Good Book** n: **the ~** la Bible.

**goodbye** [,gʊd'baɪ] ◇ interj: **~!** au revoir!; **~ for now** à bientôt, à la prochaine. ◇ n adieu m, au revoir m; **I hate ~s** j'ai horreur des adieux; **to say ~ to sb** dire au revoir OR faire ses adieux à qqn, prendre congé de qqn; **if you fail these exams, you can say ~ to a career as a doctor** fig si tu rates ces examens, tu peux dire adieu à la carrière de médecin; **'Goodbye to Berlin'** Isherwood 'Adieux à Berlin'; see USAGE overleaf.
**good day** interj **-1.** Br dated OR Am [greeting] bonjour. **-2.** Br dated [goodbye] adieu.
**good evening** interj: **~!** [greeting or saying goodbye] bonsoir!
**good-for-nothing** ◇ adj bon OR propre à rien. ◇ n vaurien m, -enne f, propre-à-rien mf.
**Good Friday** n le Vendredi saint.
**good-hearted** adj [person] bon, généreux; [action] fait avec les meilleures intentions.
**good-humoured** adj [person] qui a un bon caractère; [generally] bon enfant (inv); [on one occasion] de bonne humeur; [discussion] amical; [joke, remark] sans malice.
**goodie** ['gʊdɪ] inf = **goody**.
**good-looker** n inf [man] bel homme m; [younger] beau garçon m; [woman] belle femme f; [younger] belle fille f.
**good-looking** adj [person] beau, before vowel or silent 'h' bel (f belle).
**good looks** npl [attractive appearance] beauté f.
**goodly** ['gʊdlɪ] adj **-1.** arch [amount, size] considérable, important. **-2.** arch OR lit [attractive] charmant, gracieux.
**good morning** interj: **~!** [greeting] bonjour!; [goodbye] au revoir!, bonne journée!
**good-natured** adj [person] facile à vivre, qui a un bon naturel; [face, smile] bon enfant (inv); [remark] sans malice.
**goodness** ['gʊdnɪs] n **-1.** [of person] bonté f, bienveillance f, bienfaisance f; [of thing] (bonne) qualité f, excellence f, perfection f. **-2.** [nourishment] valeur f nutritive; **there's a lot of ~ in fresh vegetables** les légumes frais sont pleins de bonnes choses. **-3.** inf [in interjections]: **(my) ~!** mon Dieu!; **for ~' sake** pour l'amour de Dieu, par pitié!; **~ knows!** Dieu seul le sait!; **I wish to ~ he would shut up!** si seulement il pouvait se taire!
**good night** ◇ interj: **~!** [when leaving] bonsoir!; [when going to bed] bonne nuit! ◇ n: **they said ~ and left** ils ont dit bonsoir et sont partis. ◇ comp: **give your mother a ~ kiss** embrasse ta mère (pour lui dire bonsoir).
**goods** [gʊdz] npl **-1.** [possessions] biens mpl; **~ and chattels** biens et effets mpl. **-2.** COMM marchandises fpl, articles mpl; **leather ~** articles de cuir, maroquinerie f □ **to come up with** OR **deliver the ~** inf tenir parole; **have you got the ~?**

*inf* vous avez ce qu'il faut?**-3.** *Am inf* [information] renseignements *mpl*.

**good Samaritan** *n* bon Samaritain *m*, bonne Samaritaine *f*; the ~ laws *Am* JUR lois qui protègent un sauveteur de toutes poursuites éventuelles engagées par le blessé.
◆ **Good Samaritan** *n* BIBLE: the Good Samaritan le bon Samaritain.

**Good Shepherd** *n*: the ~ le bon Pasteur.

**goods train** *n* train *m* de marchandises.

**goods wagon** *n* wagon *m* de marchandises.

**goods yard** *n* dépôt *m* de marchandises.

**good-tempered** *adj* [person] qui a bon caractère, d'humeur égale.

**good-time girl** *n inf & pej* fille *f* qui ne pense qu'à se donner du bon temps, noceuse *f*.

**goodwill** [,gʊd'wɪl] ◇ *n* **-1.** [benevolence] bienveillance *f*; to show ~ towards sb faire preuve de bienveillance à l'égard de qqn. **-2.** [willingness] bonne volonté *f*; there needs to be ~ on both sides il faut que chacun fasse preuve de bonne volonté OR y mette du sien. **-3.** COMM clientèle *f*, (biens *mpl*) incorporels *mpl*. ◇ *comp* d'amitié, de bienveillance; a ~ mission OR visit une visite d'amitié.

**goody** ['gʊdɪ] (*pl* **goodies**) *inf* ◇ *interj*: ~! génial!, chouette!, chic! ◇ *n* (*usu pl*) **-1.** [good thing] bonne chose *f*; [sweet] bonbon *m*, friandise *f*; her latest film's a ~ son dernier film est un régal. **-2.** [good person] bon *m*.

**goody-goody** (*pl* **goody-goodies**) *inf & pej* ◇ *adj*: he's too ~ il est trop parfait. ◇ *n* âme *f* charitable *hum*, modèle *m* de vertu *hum*.

**gooey** ['guːɪ] *adj inf* **-1.** [substance] gluant, visqueux, poisseux; [sweets] qui colle aux dents. **-2.** [sentimental] sentimental; she goes all ~ over babies elle devient gâteuse quand elle voit un bébé.

**goof** [guːf] *inf* ◇ *n* **-1.** [fool] imbécile *mf*, andouille *f*.**-2.** [blunder] gaffe *f*. ◇ *vi* [blunder] faire une gaffe.
◆ **goof off** *vi insep Am inf* [waste time] flemmarder; [malinger] tirer au flanc.
◆ **goof up** *vt sep inf* bousiller, saloper.

**goofy** ['guːfɪ] (*compar* **goofier**, *superl* **goofiest**) *adj inf* [stupid] dingo.

**googly** ['guːglɪ] *n* [in cricket] balle *f* déviée.

**goolies**▽ ['guːlɪ] *npl* roupettes *fpl*.

**goon** [guːn] *n inf* **-1.** [fool] abruti *m*, -e *f*.**-2.** *Am* [hired thug] casseur *m* (au service de quelqu'un); ~ squad [strike-breakers] milice *f* patronale.

**goose** [guːs] (*pl* **geese** [giːs]) ◇ *n* **-1.** [bird] oie *f*; ~ egg *Am* zéro *m*; to kill the ~ that lays the golden egg tuer la poule aux œufs d'or. **-2.** *inf* [fool]: don't be such a ~! ne sois pas si bête! ◇ *vt Am inf* [prod]: to ~ sb donner un petit coup sur les fesses de quelqu'un pour le faire sursauter.

**gooseberry** ['gʊzbərɪ] *n* **-1.** BOT groseille *f* à maquereau. **-2.** [unwanted person]: to be OR to play ~ tenir la chandelle.

**gooseberry bush** *n* groseillier *m*.

**goose bumps** *esp Am inf* = goose pimples.

**goose fat** *n* graisse *f* d'oie.

**gooseflesh** ['guːsfleʃ] *n* (*U*) = goose pimples.

**goose pimples** *npl Br* la chair de poule; to get OR to come out in ~ avoir la chair de poule.

**goosestep** ['guːs,step] (*pt & pp* **gooseppèd**, *cont* **goose-stepping**) ◇ *n* pas *m* de l'oie. ◇ *vi* faire le pas de l'oie.

**GOP** (*abbr of* Grand Old Party) *pr n* le parti républicain aux États-Unis.

**gopher** ['gəʊfər] *n* **-1.** [pocket gopher] gaufre *m*, gauphre *m*.**-2.** [ground squirrel] spermophile *m*.**-3.** [tortoise] espèce de tortues qui s'enfouissent dans le sol. **-4.** *inf* = gofer.

**gorblimey** [gɔːˈblaɪmɪ] *interj Br inf*: ~! mon Dieu!, mince!

**Gordian knot** ['gɔːdjən-] *n* nœud *m* gordien; to cut the ~ couper OR trancher le nœud gordien.

**gore** [gɔːr] ◇ *n* **-1.** [blood] sang *m* (coagulé); his films are always full of blood and ~ il y a beaucoup de sang dans ses films. **-2.** SEW godet *m*; NAUT pointe *f* (de voile); [land] langue *f* de terre. ◇ *vt* **-1.** [wound] blesser à coups de cornes, encorner; he was ~d to death il a été tué d'un coup de corne. **-2.** NAUT [sail] mettre une pointe à.

**gored** [gɔːd] *adj* [skirt] à godets.

**gorge** [gɔːdʒ] ◇ *n* GEOG défilé *m*, gorge *f*. ◇ *vt*: to ~ o.s. (on sthg) se gaver OR se gorger OR se bourrer (de qqch).

**gorgeous** ['gɔːdʒəs] *adj* **-1.** *inf* [wonderful – person, weather] magnifique, splendide, superbe; [– flat, clothing] magnifique, très beau; [– food, meal] délicieux. **-2.** [magnificent – fabric, clothing] somptueux.

**Gorgon** ['gɔːgən] *pr n* MYTH: the ~s les Gorgones *fpl*.

**gorilla** [gəˈrɪlə] *n* **-1.** ZOOL gorille *m*.**-2.** *inf* [thug] voyou *m*; [bodyguard] gorille *m*.

**Gorky** ['gɔːkɪ] *pr n*: Maxim ~ Maxime Gorki.

**gormless** ['gɔːmlɪs] *adj Br inf* [person, expression] stupide, abruti.

**gorse** [gɔːs] *n* (*U*) ajoncs *mpl*; a ~ bush un ajonc.

**gory** ['gɔːrɪ] (*compar* **gorier**, *superl* **goriest**) *adj* [battle, scene, sight, death] sanglant; spare me all the ~ details *hum* épargne-moi les détails.

**gosh** [gɒʃ] *interj inf*: ~! ça alors!, hé ben!

**goshawk** ['gɒshɔːk] *n* autour *m*.

**gosling** ['gɒzlɪŋ] *n* oison *m*.

**go-slow** *n Br* grève *f* du zèle, grève *f* perlée.

**gospel** ['gɒspl] ◇ *n* **-1.** *fig*: to take sthg as ~ prendre qqch pour parole d'évangile. **-2.** MUS gospel *m*. ◇ *comp* **-1.** *fig*: the ~ truth la vérité vraie. **-2.** MUS: ~ music gospel *m*.
◆ **Gospel** ◇ *n* BIBLE: the Gospel l'Évangile *m*; the Gospel ac-

---

**USAGE ▶ Goodbyes**

**Saying goodbye**

▷ *when no future meeting has been planned:*

Au revoir (, Madame/Juliette).
Au revoir, et revenez bientôt!
Au revoir, et merci encore!
Au revoir, et passez de bonnes vacances.
Au revoir, et bon courage pour le déménagement.
Téléphonez quand vous passerez dans le coin. [informal]
Bonne continuation! [informal]
Salut! [informal]
Ciao! [informal]

▷ *when a meeting has been planned:*

À bientôt.
À plus tard.
On se voit en juin, alors?
À la prochaine! [informal]
À tout à l'heure.
Au revoir, et n'oublie pas qu'on a rendez-vous demain.

**Replies**

▷ *when no future meeting has been planned:*

Au revoir.
Au revoir.
De rien, tout le plaisir a été pour nous. [formal]
Vous aussi, au revoir.
Merci, au revoir.
D'accord, comptez sur nous.
Merci, toi aussi!
Salut! [informal]
Ciao! [informal]

▷ *when a meeting has been planned:*

(Oui,) à bientôt.
À plus tard.
D'accord, au revoir.
OK, à la prochaine! [informal]
D'accord, à tout à l'heure.
À demain, alors.

cording to St Mark l'Évangile selon saint Marc. ◇ *comp*: Gospel book évangéliaire *m*.

**gospeller** *Br*, **gospeler** *Am* ['gɒspələ<sup>r</sup>] *n* évangéliste *m*.

**gossamer** ['gɒsəmə<sup>r</sup>] ◇ *n* (U) [cobweb] fils *mpl* de la vierge, filandres *fpl*; [gauze] gaze *f*; [light cloth] étoffe *f* transparente. ◇ *comp* arachnéen, très léger, très fin.

**gossip** ['gɒsɪp] ◇ *n* -**1.** (U) [casual chat] bavardage *m*, papotage *m*; *pej* [rumour] commérage *m*, ragots *mpl*, racontars *mpl*; [in newspaper] potins *mpl*; **to have a good ~** bien papoter; **have you heard the latest (bit of) ~?** vous connaissez la dernière (nouvelle)? -**2.** *pej* [person] bavard *m*, -e *f*, pie *f*, commère *f*. ◇ *vi* bavarder, papoter; [maliciously] faire des commérages, dire du mal des gens.

**gossip column** *n* échos *mpl*.

**gossip columnist** *n* échotier *m*, -ère *f*.

**gossiping** ['gɒsɪpɪŋ] ◇ *adj* bavard; *pej* cancanier. ◇ *n* (U) bavardage *m*, papotage *m*; *pej* commérage *m*.

**gossip writer** = **gossip columnist**.

**gossipy** ['gɒsɪpɪ] *adj inf* [person] bavard; [letter] plein de bavardages; *pej* cancanier; [style] anecdotique.

**got** [gɒt] *pt* & *pp* → **get**.

**gotcha** ['gɒtʃə] *interj inf* -**1.** [I understand]: ~! pigé! -**2.** [cry of success]: ~! ça y est (je l'ai)!; [cry when catching sb] je te tiens!

**Goth** [gɒθ] *n*: **the ~s** les Goths *mpl*.

**Gothic** ['gɒθɪk] ◇ *adj* [gen, ARCHIT & PRINT] gothique. ◇ *n* [ARCHIT & gen] gothique *m*; LING gotique *m*, gothique *m*.

**gotta** ['gɒtə] *Am inf* = **have got a**, **have got to**.

**gotten** ['gɒtn] *Am* & *SCOT pp* → **get**.

**gouache** [gʊˈɑ:ʃ] *n* gouache *f*.

**gouge** [gaʊdʒ] ◇ *n* gouge *f*. ◇ *vt* [with gouge] gouger; **to ~ a hole** [intentionally] creuser un trou; [accidentally] faire un trou.

◆ **gouge out** *vt sep* [with gouge] gouger, creuser (à la gouge); [with thumb] évider, creuser; **to ~ sb's eyes out** crever les yeux à qqn.

**goulash** ['gu:læʃ] *n* goulache *m*, goulasch *m*.

**gourd** [gʊəd] *n* [plant] gourde *f*, cucurbitacée *f*; [fruit] gourde *f*, calebasse *f*; [container] gourde *f*, calebasse *f*.

**gourmand** ['gʊəmənd] *n* [glutton] gourmand *m*, -e *f*; [gourmet] gourmet *m*.

**gourmet** ['gʊəmeɪ] ◇ *n* gourmet *m*, gastronome *mf*. ◇ *comp* [meal, restaurant] gastronomique.

**gout** [gaʊt] *n* (U) MED goutte *f*.

**gov** [gʌv] *inf abbr of* **governor 2**.

**govern** ['gʌvən] ◇ *vt* -**1.** [country] gouverner, régner sur; [city, region, bank etc] gouverner; [affairs] administrer, gérer; [company, organization] diriger, gérer. -**2.** [determine – behaviour, choice, events, speed] déterminer. -**3.** [restrain – passions] maîtriser, dominer. -**4.** GRAMM [case, mood] gouverner, régir. -**5.** TECH régler. ◇ *vi* COMM & POL gouverner, commander, diriger.

**governess** ['gʌvənɪs] *n* gouvernante *f*.

**governing** ['gʌvənɪŋ] *adj* -**1.** COMM & POL gouvernant, dirigeant; **the ~ party** le parti au pouvoir; **~ body** conseil *m* d'administration. -**2.** [factor] dominant; **the ~ principle** le principe directeur.

**government** ['gʌvnmənt] ◇ *n* -**1.** [process of governing – country] gouvernement *m*, direction *f*; [– company] administration *f*, gestion *f*; [– affairs] conduite *f*. -**2.** POL [governing authority] gouvernement *m*; [type of authority] gouvernement *m*, régime *m*; [the State] gouvernement *m*, État *m*; **to form a ~** constituer OR former un gouvernement; **the socialists have joined the coalition ~** les socialistes sont entrés dans le gouvernement de coalition; **democratic ~** la démocratie. ◇ *comp* [measure, policy] gouvernemental, du gouvernement; [borrowing, expenditure] de l'État, public; [minister, department] du gouvernement; **a ~-funded project** un projet subventionné par l'État ❑ **~ bonds** obligations *fpl* d'État, bons *mpl* du Trésor; **~ health warning** avertissement officiel contre les dangers du tabac figurant sur les paquets de cigarettes et dans les publicités pour le tabac; '**The Government Inspector**' *Gogol* 'le Revizor'.

**governmental** [,gʌvn'mentl] *adj* gouvernemental, du gouvernement.

**Government House** *n Br* palais *m* du gouverneur.

**government issue** *n* émission *f* d'État OR par le gouverne-

ment; **~ uniform** uniforme *m* fourni par l'État.

**governor** ['gʌvənə<sup>r</sup>] *n* -**1.** [of bank, country] gouverneur *m*; *Br* [of prison] directeur *m*, -trice *f*; *Br* [of school] membre *m* du conseil d'établissement; **State ~** *Am* gouverneur *m* d'État. -**2.** *Br inf* [employer] patron *m*, boss *m*. -**3.** TECH régulateur *m*.

**governor-general**, **Governor-General** (*pl* **governor-generals**) *n* gouverneur *m* général.

**governor-generalship** *n* poste *m* de gouverneur général.

**governorship** ['gʌvənəʃɪp] *n* fonctions *fpl* de gouverneur.

**govt** (*written abbr of* **government**) gvt.

**gown** [gaʊn] *n* -**1.** [gen] robe *f*. -**2.** SCH & UNIV toge *f*.

**goy** [gɔɪ] (*pl* **goys** OR **goyim** ['gɔɪɪm]) *n* goy *mf*, goï *mf*.

**GP** (*abbr of* **general practitioner**) *n* (médecin *m*) généraliste *m*.

**GPMU** (*abbr of* **Graphical, Paper and Media Union**) *pr n* syndicat britannique des ouvriers du livre.

**GPO** (*abbr of* **General Post Office**) *pr n* -**1.** [in Britain]: **the ~** titre officiel de la Poste britannique avant 1969. -**2.** [in US]: **the ~** les services postaux américains.

**gr.** *written abbr of* **gross**.

**grab** [græb] (*pt* & *pp* **grabbed**, *cont* **grabbing**) ◇ *vt* -**1.** [object] saisir, s'emparer de; [person] attraper; **he grabbed the book out of my hand** il m'a arraché le livre des mains; **she grabbed my arm** elle m'a attrapé le bras. -**2.** *fig* [opportunity] saisir; [attention] retenir; [power] prendre; [land] s'emparer de; [quick meal] avaler; [taxi] prendre. -**3.** *inf phr*: **how does that ~ you?** qu'est-ce que tu en dis?; **the film didn't really ~ me** le film ne m'a pas vraiment emballé. ◇ *vi*: **to ~ at sb/sthg** essayer d'agripper qqn/qqch. ◇ *n* -**1.** [movement] mouvement *m* vif; [sudden theft] vol *m* (à l'arraché); **to make a ~ at** OR **for sthg** essayer de saisir OR faire un mouvement vif pour saisir qqch ❑ **to be up for ~s** *inf* être disponible. -**2.** *Br* TECH benne *f* preneuse.

**grabby** ['græbɪ] *adj inf* & *pej* radin, pingre.

**grace** [greɪs] ◇ *n* -**1.** [physical] grâce *f*; [decency, politeness, tact] tact *m*; **social ~s** bonnes manières *fpl*; **to do sthg with good/bad ~** faire qqch de bonne/mauvaise grâce; **at least he had the (good) ~ to apologize** il a au moins eu la décence de s'excuser. -**2.** RELIG grâce *f*; **to fall from ~** RELIG perdre la grâce; *fig* tomber en disgrâce; **there but for the ~ of God (go I)** ça aurait très bien pu m'arriver aussi. -**3.** [amnesty] grâce *f*; [respite] grâce *f*, répit *m*; **we have two days' ~** nous disposons de deux jours de répit; **days of ~** COMM jours *mpl* de grâce. -**4.** [prayer]: **to say ~** [before meals] dire le bénédicité; [after meals] dire les grâces. -**5.** *fig*: **to be in sb's good/bad ~s** être bien/mal vu par qqn. ◇ *vt* -**1.** [honour] honorer; **she ~d us with her presence** *hum* elle nous a honorés de sa présence. -**2.** *fml* OR *lit* [adorn] orner, embellir.

◆ **Grace** *n* [term of address]: **Your Grace** [to Archbishop] Monseigneur OR (Votre) Excellence (l'Archevêque); [to Duke] Monsieur le duc; [to Duchess] Madame la duchesse.

◆ **Graces** *npl* MYTH: **the three Graces** les trois Grâces *fpl*.

**grace-and-favour** *adj Br*: **~ residence** logement appartenant à la Couronne et prêté à une personne que le souverain souhaite honorer.

**graceful** ['greɪsfʊl] *adj* [person, movement] gracieux; [language, style, apology] élégant.

**gracefully** ['greɪsfʊlɪ] *adv* [dance, move] avec grâce, gracieusement; [apologize] avec élégance.

**graceless** ['greɪslɪs] *adj* [behaviour, person, movement] gauche.

**grace note** *n* note *f* d'agrément, ornement *m*.

**gracious** ['greɪʃəs] ◇ *adj* -**1.** [generous, kind – gesture, smile] gracieux, bienveillant; [– action] généreux; **to be ~ to** OR **towards sb** faire preuve de bienveillance envers qqn; **Your Gracious Majesty** Votre gracieuse Majesté. -**2.** [luxurious]: **~ living** la vie facile. ◇ *interj*: **(good) ~ (me)!** mon Dieu!

**graciously** ['greɪʃəslɪ] *adv* [smile] gracieusement; [accept, agree, allow] avec bonne grâce; *fml* gracieusement; RELIG miséricordieusement.

**graciousness** ['greɪʃəsnɪs] *n* [of person] bienveillance *f*, générosité *f*, gentillesse *f*; [of action] grâce *f*, élégance *f*; [of lifestyle, surroundings] élégance *f*, raffinement *m*; RELIG miséricorde *f*, clémence *f*.

**grad** [græd] *n inf abbr of* **graduate**.

**gradable** ['greɪdəbl] *adj* -**1.** [capable of being graded] qui peut être classé. **-2.** LING comparatif.

**gradate** [grə'deɪt] ◇ *vt* graduer. ◇ *vi* être gradué.

**gradation** [grə'deɪʃn] *n* gradation *f*, progression *f*, échelonnement *m*; [stage] gradation *f*, degré *m*, palier *m*; LING alternance *f* (vocalique), apophonie *f*.

**grade** [greɪd] ◇ *n* **-1.** [level] degré *m*, niveau *m*; [on scale] échelon *m*, grade *m*; [on salary scale] indice *m*.**-2.** MIL grade *m*, rang *m*, échelon *m*; [in hierarchy] échelon *m*, catégorie *f*.**-3.** [quality – of product] qualité *f*, catégorie *f*; [– of petrol] grade *m*; [size of products] calibre *m*; **grade A potatoes** pommes de terre de qualité A. **-4.** *Am* SCH [mark] note *f*; [year] année *f*, classe *f*; **a ~ A student** un excellent élève; **he's in fifth ~** ≃ il est en CM2. **-5.** *Am* = **grade school. -6.** MATH grade *m*.**-7.** *Am* [gradient] déclivité *f*, pente *f*; RAIL rampe *f*.**-8.** *phr*: to **make the ~** être à la hauteur. ◇ *vt* **-1.** [classify – by quality] classer; [– by size] calibrer; [arrange in order] classer; to **~ food/questions** classer de la nourriture/des questions. **-2.** SCH [mark] noter. **-3.** [cross – livestock] améliorer par sélection. **-4.** [level] niveler; to **~ the ground** niveler le terrain.

**grade crossing** *n Am* RAIL passage *m* à niveau.

**grader** ['greɪdər] *n* **-1.** *Am* SCH [marker of exams] correcteur *m*, -trice *f*; [member of a grade]: **fourth ~** élève *mf* de 4e année (*CM1*). **-2.** TECH grader *m*, niveleuse *f*.

**grade school** *n Am* école *f* primaire.

**gradient** ['greɪdjənt] *n* **-1.** *Br* [road] déclivité *f*, pente *f*, inclinaison *f*; RAIL rampe *f*, pente *f*, inclinaison *f*; **a steep ~** une ligne à forte pente; **a ~ of three in ten** OR **30%** une pente de 30%. **-2.** METEOR & PHYS gradient *m*.

**gradient post** *n* RAIL indicateur *m* de pente.

**grading** ['greɪdɪŋ] *n* [classification] classification *f*; [by size] calibration *f*; SCH notation *f*.

**gradual** ['grædʒʊəl] ◇ *adj* [change, improvement] graduel, progressif; [slope] doux (*f* douce). ◇ *n* RELIG graduel *m*.

**gradually** ['grædʒʊlɪ] *adv* progressivement, petit à petit, peu à peu.

**gradualness** ['grædʒʊəlnɪs] *n* progressivité *f*.

**graduand** ['grædʒʊənd] *n Br* UNIV candidat *m*, -e *f*, postulant *m*, -e *f*, prétendant *m*, -e *f*.

**graduate** [*n* 'grædʒʊət, *vb* 'grædʒʊeɪt] ◇ *n* **-1.** UNIV licencié *m*, -e *f*, diplômé *m*, -e *f*; *Am* SCH bachelier *m*, -ère *f*; **she's an Oxford ~** OR **a ~ of Oxford** elle a fait ses études à Oxford. **-2.** *Am* [container] récipient *m* gradué. ◇ *adj* UNIV diplômé, licencié; **~ school** *Am* école où l'on poursuit ses études après la licence; **~ student** étudiant de deuxième/troisième cycle. ◇ *vi* **-1.** UNIV ≃ obtenir son diplôme/sa licence; *Am* SCH ≃ obtenir le OR être reçu au baccalauréat; **she ~d from the Sorbonne** elle a un diplôme de la Sorbonne; **he ~d in linguistics** il a une licence de linguistique. **-2.** [gain promotion] être promu, passer; **I've ~d from cheap plonk to good wines** *inf & fig* je suis passé du gros rouge aux bons vins. ◇ *vt* **-1.** [calibrate] graduer. **-2.** [change, improvement] graduer. **-3.** *Am* SCH & UNIV conférer OR accorder un diplôme à.

**graduated** ['grædʒʊeɪtɪd] *adj* [tax] progressif; [measuring container, exercise, thermometer] gradué; [colours] dégradé.

**graduation** [,grædʒʊ'eɪʃn] ◇ *n* **-1.** [gen] graduation *f*.**-2.** UNIV & *Am* SCH [ceremony] (cérémonie *f* de) remise *f* des diplômes. ◇ *comp*: **~ day** jour *m* de la remise des diplômes.

**Graeco-** [,gri:kəʊ] *in cpds* gréco-.

**graffiti** [grə'fi:tɪ] *n (U)* graffiti *mpl*.

**graft** [grɑːft] ◇ *n* **-1.** HORT greffe *f*, greffon *m*; MED greffe *f*.**-2.** *(U)* [corruption] magouilles *fpl*.**-3.** *(U) Br inf* [hard work] travail *m* pénible. ◇ *vt* **-1.** HORT & MED greffer; **they ~ed a piece of skin onto his face** ils lui ont greffé un bout de peau sur le visage. **-2.** [obtain by corruption] obtenir par la corruption. ◇ *vi* **-1.** [be involved in bribery] donner OR recevoir des pots-de-vin. **-2.** HORT & MED: **pears ~ fairly easily** les poires se greffent assez facilement. **-3.** *Br inf* [work hard] bosser dur.

**grafter** ['grɑːftər] *n* **-1.** BOT [instrument] greffoir *m*.**-2.** *inf* [hard worker] bourreau *m* de travail. **-3.** *inf* [corrupt person] corrupteur *m*, escroc *m*; [corrupt official] fonctionnaire *m* corrompu, concussionnaire *m*.

**graham flour** ['greɪəm-] *n Am* farine *f* brute.

**grail** [greɪl] → **Holy Grail.**

**grain** [greɪn] ◇ *n* **-1.** *(U)* [seeds of rice, wheat] grain *m*; [cereal] céréales *fpl*; *Am* blé *m*.**-2.** [single] grain *m*; [particle] grain

*m*.**-3.** *fig* [of madness, sense, truth etc] grain *m*, brin *m*. **-4.** [in leather, stone, wood etc] grain *m*; PHOT grain *m*; **I'll help you, but it goes against the ~** je vous aiderai, mais ce n'est pas de bon cœur. **-5.** *Br* [weight] ≃ grain *m (poids)*. ◇ *vt* **-1.** [salt] cristalliser. **-2.** [leather, paper] greneler; [to paint to imitate wood] veiner. ◇ *vi* se cristalliser.

**grain alcohol** *n* alcool *m* de grains.

**grain elevator** *n* silo *m* à céréales.

**grainy** ['greɪnɪ] (*compar* **grainier**, *superl* **grainiest**) *adj* [surface, texture – of wood] veineux; [– of stone] grenu, granuleux; [– of leather, paper] grenu, grené; PHOT qui a du grain.

**gram** [græm] *n* **-1.** [metric unit] gramme *m*.**-2.** BOT [plant] pois *m*; [seed] pois *m*, graine *f* de pois.

**grammar** ['græmər] *n* **-1.** LING grammaire *f*. **-2.** [book] grammaire *f*.

**grammarian** [grə'meərɪən] *n* grammairien *m*, -enne *f*.

**grammar school** *n* [in UK] *type d'école secondaire*; [in US] *école primaire.*

**grammatical** [grə'mætɪkl] *adj* grammatical.

**grammaticality** [grə,mætɪ'kælətɪ] *n* grammaticalité *f*.

**grammatically** [grə'mætɪklɪ] *adv* grammaticalement, du point de vue grammatical.

**gramme** [græm] = **gram 1.**

**Grammy** ['græmɪ] *n*: **~ (award)** *distinction récompensant les meilleures œuvres musicales américaines de l'année (classique exclu).*

**gramophone** ['græməfəʊn] *Br dated* ◇ *n* gramophone *m*, phonographe *m*. ◇ *comp*: **~ needle** aiguille *f* de phonographe OR de gramophone.

**gramps** [græmps] *n inf* papy *m*, pépé *m*.

**grampus** ['græmpəs] *n* épaulard *m*, orque *f*.

**gran** [græn] *n Br inf* mamie *f*, mémé *f*.

**Granada** [grə'nɑːdə] *pr n* Grenade.

**granary** ['grænərɪ] *n* grenier *m* à blé, silo *m* (à céréales).

**grand** [grænd] ◇ *adj* **-1.** [impressive – house] magnifique; [– style] grand, noble; [– music, occasion] grand; [pretentious, self-important] suffisant, prétentieux; [dignified, majestic] majestueux, digne; **to do sthg in ~ style** faire qqch en grande pompe; **he likes to do things on a ~ scale** elle aime faire les choses en grand. **-2.** *Br dated* OR *dial* [wonderful] super. **-3.** *phr*: that comes to a **~ total** of £536 ça fait en tout 536 livres. ◇ *n Br inf* mille livres *fpl*; *Am* mille dollars *mpl*.

**grandad** ['grændæd] *n inf* pépé *m*, papy *m*.

**grandaddy** ['grændædɪ] *n inf* **-1.** = **grandad. -2.** [most ancient] ancêtre *m*.

**Grand Canyon** *pr n*: the **~** le Grand Canyon.

**grandchild** ['græntʃaɪld] (*pl* **grandchildren** [-,tʃɪldrən]) *n* petit-fils *m*, petite-fille *f*; **she has six grandchildren** elle a six petits-enfants.

**granddad** ['grændæd] *inf* = **grandad.**

**granddaddy** ['grændædɪ] *inf* = **grandaddy.**

**granddaughter** ['græn,dɔːtər] *n* petite-fille *f*.

**grand duchess** *n* grande-duchesse *f*.

**grand duchy** *n* grand-duché *m*.

**grand duke** *n* grand-duc *m*.

**grandee** [græn'diː] *n* grand *m* d'Espagne.

**grandeur** ['grændʒər] *n* [of person] grandeur *f*, noblesse *f*; [of building, scenery] splendeur *f*, magnificence *f*.

**grandfather** ['grænd,fɑːðər] *n* grand-père *m*.

**grandfather clock** *n* horloge *f* (de parquet).

**grand finale** *n* apothéose *f*.

**grandiloquence** [græn'dɪləkwəns] *n fml* grandiloquence *f*.

**grandiloquent** [græn'dɪləkwənt] *adj fml* grandiloquent.

**grandiose** ['grændɪəʊz] *adj pej* [building, style, plan] grandiose.

**grand jury** *n* [in US] jury *m* d'accusation.

**grand larceny** *n Am* vol *m* qualifié.

**grandly** ['grændlɪ] *adv* [behave, say] avec grandeur; [live] avec faste; [dress] avec panache.

**grandma** ['grænmɑː] *n inf* grand-mère *f*, mémé *f*, mamie *f*.

**grandmama** ['grænmə,mɑː] *n inf* grand-mère *f*.

**grandmaster** ['grænd,mɑːstər] *n* [of chess] grand maître *m*.

**Grand Master** *n* [of masonic lodge] Grand Maître *m*.

**grandmother** ['græn,mʌðəʳ] *n* grand-mère *f*.

**Grand National** *pr n*: the ~ *la plus importante course d'obstacles de Grande-Bretagne, qui se déroule à Aintree, dans la banlieue de Liverpool.*

**grandnephew** ['græn,nefjuː] *n* petit-neveu *m*.

**grandness** ['grændnɪs] *n* [of behaviour] grandeur *f*; [of lifestyle] faste *m*; [of appearance] panache *m*.

**grandniece** ['grænniːs] *n* petite-nièce *f*.

**grand opera** *n* grand opéra *m*.

**grandpa** ['grænpɑː] *inf* = **grandad**.

**grandpapa** ['grænpə,pɑː] *n inf* grand-père *m*.

**grandparent** ['græn,peərənt] *n*: my ~s mes grands-parents *mpl*.

**grand piano** *n* piano *m* à queue.

**grand prix** [,grɒn'priː] (*pl* **grands prix** [,grɒn'priː]) ◇ *n* grand prix *m*. ◇ *comp*: ~ **racing** course *f* de grand prix.

**grand slam** *n* grand chelem *m*.

**grandson** ['grænsʌn] *n* petit-fils *m*.

**grandstand** ['grændstænd] ◇ *n* tribune *f*. ◇ *vi Am* faire l'intéressant.

**grandstand view** *n*: to have a ~ (of sthg) être aux premières loges (pour voir qqch).

**grand tour** *n*: she did OR went on a ~ of Italy elle a visité toute l'Italie ❑ **the Grand Tour** le tour d'Europe.

**grange** [greɪndʒ] *n* **-1.** *Br* [country house] manoir *m*; [farmhouse] ferme *f*.**-2.** *Am* [farm] ferme *f*.**-3.** *arch* [granary] grenier *m* à blé, grange *f*.

**granite** ['grænɪt] ◇ *n* granit *m*, granite *m*. ◇ *comp* de granit OR granite.

**granny, grannie** ['grænɪ] *n inf* mamie *f*, mémé *f*.

**granny bond** *n Br type d'obligation visant le marché des retraités.*

**granny dumping** *n abandon d'une personne âgée qu'on a à charge.*

**granny flat** *n Br* appartement *m* indépendant (*dans une maison*).

**granny knot** *n* nœud *m* de vache.

**Granny Smith** *n* granny-smith *f inv*.

**granola** [grə'nəʊlə] *n Am* muesli *m*.

**grant** [grɑːnt] ◇ *vt* **-1.** [permission, wish] accorder; [request] accorder, accéder à; [goal, point] SPORT accorder; [credit, loan, pension] accorder; [charter, favour, privilege, right] accorder, octroyer, concéder; [property] céder; **to ~ sb permission to do sthg** accorder à qqn l'autorisation de faire qqch; **to ~ sb their request** accéder à la requête de qqn. **-2.** [accept as true] accorder, admettre, concéder; **I'll ~ you that point** je vous concède ce point; **~ed, he's not very intelligent, but...** d'accord, il n'est pas très intelligent, mais...; **~ed!** d'accord!, soit!.**-3.** *phr*: **to take sthg for ~ed** considérer que qqch va de soi, tenir qqch pour certain OR établi; **to take sb for ~ed** ne plus faire cas de qqn; **he takes her for ~ed** il la traite comme si elle n'existait pas; **you take me too much for ~ed** vous ne vous rendez pas compte de tout ce que je fais pour vous. ◇ *n* **-1.** [money given] subvention *f*, allocation *f*; [to student] bourse *f*.**-2.** [transfer – of property] cession *f*; [– of land] concession *f*; [permission] octroi *m*; ~ **of probate** validation *f* OR homologation *f* d'un testament.

**grant-maintained** *adj* subventionné (*par l'État*); ~ **school** école privée *f* subventionnée (*acceptant en échange un droit de regard de l'État sur la gestion de ses affaires*).

**grantor** [grɑːn'tɔːʳ] *n* cédant *m*, -e *f*, donateur *m*, -trice *f*.

**granular** ['grænjʊləʳ] *adj* [surface] granuleux, granulaire; [structure] grenu.

**granulate** ['grænjʊleɪt] *vt* [lead, powder, tin] granuler; [salt, sugar] grener, grainer; [surface] grener, greneler, rendre grenu.

**granulated sugar** ['grænjʊleɪtɪd-] *n* sucre *m* semoule.

**granule** ['grænjuːl] *n* granule *m*.

**grape** [greɪp] *n* **-1.** [fruit] grain *m* de raisin; black/white ~s du raisin noir/blanc ❑ ~ **harvest** OR **picking** vendanges *fpl*; ~ **juice** jus *m* de raisin; 'The Grapes of Wrath' *Steinbeck* 'les Raisins de la colère'. **-2.** (*U*) = **grapeshot**.

**grapefruit** ['greɪpfruːt] *n* pamplemousse *m* or *f*.

**grape hyacinth** *n* muscari *m*.

**grapeshot** ['greɪpʃɒt] *n* mitraille *f*.

**grapevine** ['greɪpvaɪn] *n* vigne *f*; **to hear sthg through** OR **on the ~** entendre dire qqch.

**graph** [grɑːf] ◇ *n* **-1.** [diagram] graphique *m*, courbe *f*.**-2.** LING graphie *f*. ◇ *vt* mettre en graphique, tracer.

**grapheme** ['græfiːm] *n* LING graphème *m*.

**graphic** ['græfɪk] *adj* **-1.** MATH graphique. **-2.** [vivid] imagé.

◆ **graphics** ◇ *n* (*U*) [drawing] art *m* graphique. ◇ *npl* MATH (utilisation *f* des) graphiques *mpl*; [drawings] représentations *fpl* graphiques; COMPUT infographie *f*.

**graphically** ['græfɪklɪ] *adv* **-1.** MATH graphiquement. **-2.** [vividly] de façon très imagée.

**graphic arts** *npl* arts *mpl* graphiques.

**graphic design** *n* conception *f* graphique.

**graphic designer** *n* graphiste *mf*, maquettiste *mf*.

**graphic equalizer** *n* égaliseur *m* graphique.

**graphics card** ['græfɪks-] *n* COMPUT carte *f* graphique.

**graphite** ['græfaɪt] *n* graphite *m*, mine *f* de plomb.

**graphologist** [græ'fɒlədʒɪst] *n* graphologue *mf*.

**graphology** [græ'fɒlədʒɪ] *n* graphologie *f*.

**graph paper** *n* papier *m* quadrillé; [in millimetres] papier *m* millimétré.

**grapnel** ['græpnl] *n* grappin *m*.

**grapple** ['græpl] ◇ *n* TECH grappin *m*. ◇ *vt* **-1.** TECH saisir avec un grappin. **-2.** *Am* [person]: to ~ sb saisir qqn contre soi. ◇ *vi* **-1.** [physically]: to ~ **with sb** en venir aux mains avec qqn. **-2.** *fig*: to ~ **with a problem** être aux prises avec un problème.

**grappling iron** ['græplɪŋ-] = **grapnel**.

**grasp** [grɑːsp] ◇ *vt* **-1.** [physically] saisir; [opportunity] saisir; [power] se saisir de, s'emparer de. **-2.** [understand] saisir, comprendre. ◇ *n* **-1.** [grip] (forte) poigne *f*; [action of holding] prise *f*, étreinte *f*; **to have sb in one's ~** *fig* avoir OR tenir qqn en son pouvoir; **to have sthg in one's ~** avoir prise sur qqch. **-2.** *fig* [reach] portée *f*; **within/beyond sb's ~** à la portée/hors de (la) portée de qqn. **-3.** [understanding] compréhension *f*; **she has a thorough ~ of the subject** elle a une connaissance approfondie de la question. **-4.** [handle] poignée *f*.

◆ **grasp at** *vt insep* [attempt to seize] chercher à saisir, essayer de saisir; [accept eagerly] saisir; **to ~ at an opportunity** sauter sur OR saisir l'occasion.

**grasping** ['grɑːspɪŋ] *adj* avare, avide.

**grass** [grɑːs] ◇ *n* **-1.** [gen] herbe *f*; [lawn] pelouse *f*, gazon *m*; 'keep off the ~' 'défense de marcher sur la pelouse', 'pelouse interdite'; **to put out to ~**: **to put cattle/sheep out to ~** mettre le bétail/les moutons au pré; **to put sb out to ~** mettre qqn au repos; **he doesn't let the ~ grow under his feet** il ne perd pas de temps; **the ~ is always greener (on the other side of the fence)** *prov* on n'est jamais content de son sort, on jalouse toujours le sort du voisin. **-2.** BOT: ~es graminées *fpl*.**-3.** ▽ [marijuana] herbe *f*.**-4.** ▽ *Br* [informer] mouchard *m*, indic *m*. ◇ *vt* **-1.** **to ~ (over)** [field] enherber, mettre en pré; [garden] gazonner, engazonner. **-2.** *Am* [animals] mettre au vert. **-3.** TEX herber, blanchir au pré. ◇ *vi* ▽ *Br* cafarder; **to ~ on sb** donner or vendre qqn.

**grass court** *n* court *m* (en gazon).

**grasshopper** ['grɑːs,hɒpəʳ] *n* sauterelle *f*, grillon *m*.

**grassland** ['grɑːslænd] *n* prairie *f*, pré *m*.

**grass roots** POL ◇ *npl*: the ~ la base. ◇ *comp*: **at (the) ~** level au niveau de la base; ~ **opposition/support** résistance *f*/soutien *m* de la base.

**grass skirt** *n* pagne *m* (*de feuilles*).

**grass snake** *n* couleuvre *f*.

**grassy** ['grɑːsɪ] *adj* herbu, herbeux.

**grate** [greɪt] ◇ *n* [fireplace] foyer *m*, âtre *m*; [for holding coal] grille *f* de foyer. ◇ *vt* **-1.** CULIN râper. **-2.** [chalk, metal] faire grincer. ◇ *vi* **-1.** [machine, metal] grincer; **to ~ on the ears** écorcher les oreilles. **-2.** *fig*: **the baby's crying began to ~ (on him)** les pleurs du bébé ont commencé à l'agacer.

**grateful** ['greɪtfʊl] *adj* reconnaissant; **to be ~ towards** OR **to sb for sthg** être reconnaissant envers qqn de qqch; **I would be most** OR **very ~ if you would help me** je vous serais très reconnaissant de m'aider; **with ~ thanks** avec toute ma reconnaissance, avec mes sincères remerciements; **be ~ for what you've got** estime-toi heureux avec ce que tu as.

**gratefully** ['greɪtfʊlɪ] *adv* avec reconnaissance OR gratitude.

**grater** ['greɪtəʳ] *n* râpe *f*; cheese ~ râpe *f* à fromage.

**gratification** [ˌgrætɪfɪ'keɪʃn] *n* [state or action] satisfaction *f*, plaisir *m*; PSYCH gratification *f*.

**gratify** ['grætɪfaɪ] *vt* -**1.** [person] faire plaisir à, être agréable à; I was gratified with OR at the result j'ai été très content OR satisfait du résultat. -**2.** [whim, wish] satisfaire.

**gratifying** ['grætɪfaɪɪŋ] *adj* agréable, plaisant; PSYCH gratifiant; it's ~ to know that... c'est agréable OR ça fait plaisir de savoir que...

**grating** ['greɪtɪŋ] ◇ *n* grille *f*, grillage *m*. ◇ *adj* [irritating] agaçant, irritant, énervant; [sound] grinçant, discordant; [voice] discordant.

**gratis** ['grætɪs] ◇ *adj* gratuit. ◇ *adv* gratuitement.

**gratitude** ['grætɪtuːd] *n* gratitude *f*, reconnaissance *f*; to show/to express one's ~ towards sb for sthg témoigner/exprimer sa gratitude envers qqn pour qqch.

**gratuitous** [grə'tjuːɪtəs] *adj* [unjustified] gratuit, sans motif, injustifié; ~ violence violence *f* gratuite.

**gratuitously** [grə'tjuːɪtəslɪ] *adv* [without good reason] gratuitement, sans motif.

**gratuity** [grə'tjuːətɪ] *n* -**1.** *fml* [tip] gratification *f*, pourboire *m*.-**2.** *Br* [payment to employee] prime *f*; MIL peine *f* de démobilisation.

**grave¹** [greɪv] ◇ *n* [hole] fosse *f*; [burial place] tombe *f*; from beyond the ~ d'outre-tombe □ mass ~ fosse *f* commune; to turn in one's ~ se retourner dans sa tombe; somebody has just walked over my ~ j'ai le frisson. ◇ *adj* grave, sérieux.

**grave²** [grɑːv] LING ◇ *n*: ~ (accent) accent *m* grave. ◇ *adj* grave.

**gravedigger** ['greɪvˌdɪgəʳ] *n* fossoyeur *m*.

**gravel** ['grævl] (*Br pt & pp* **gravelled**, *cont* **gravelling**, *Am pt & pp* **graveled**, *cont* **graveling**) ◇ *n* gravier *m*; [finer] gravillon *m*; MED gravelle *f*. ◇ *comp*: ~ path chemin *m* de gravier; ~ pit gravière *f*, carrière *f* de gravier. ◇ *vt* gravillonner, répandre du gravier sur.

**gravelly** ['grævəlɪ] *adj* -**1.** [like or containing gravel] graveleux; [road] de gravier; [riverbed] caillouteux. -**2.** [voice] rauque, râpeux.

**gravely** ['greɪvlɪ] *adv* -**1.** [speak] gravement, sérieusement. -**2.** [as intensifier – ill]: gravement; [– wounded] grièvement.

**graven** ['greɪvn] *adj arch* OR *lit*: ~ on my memory gravé dans ma mémoire.

**graven image** *n* RELIG idole *f*, image *f*.

**grave robber** [greɪv-] *n* voleur *m* de cadavres (*qui les déterre et les vend pour dissection*).

**graveside** ['greɪvsaɪd] *n*: at sb's ~ sur la tombe de qqn.

**gravestone** ['greɪvstəʊn] *n* pierre *f* tombale.

**graveyard** ['greɪvjɑːd] *n literal & fig* cimetière *m*.

**graving dock** ['greɪvɪŋ-] *n* NAUT bassin *m* de radoub.

**gravitate** ['grævɪteɪt] *vi* graviter; many young people ~ to the big cities beaucoup de jeunes sont attirés par les grandes villes.

**gravitation** [ˌgrævɪ'teɪʃn] *n* gravitation *f*.

**gravitational** [ˌgrævɪ'teɪʃənl] *adj* gravitationnel, de gravitation.

**gravitational field** *n* champ *m* de gravitation.

**gravitational force** *n* force *f* de gravitation OR gravitationnelle.

**gravity** ['grævətɪ] *n* -**1.** [seriousness] gravité *f*.-**2.** PHYS [force] pesanteur *f*; [phenomenon] gravitation *f*; the law of ~ la loi de la pesanteur.

**gravity feed** *n* alimentation *f* par gravité.

**gravy** ['greɪvɪ] *n* -**1.** CULIN sauce *f* (*au jus de viande*). -**2.** ▽ *Am* [easy money] bénef *m*; it's ~ [easy] c'est du gâteau.

**gravy boat** *n* saucière *f*.

**gravy train** *n inf* assiette *f* au beurre; to get on the ~ être à la recherche d'un bon filon.

**gray** *etc Am* = **grey**.

**grayling** ['greɪlɪŋ] *n* [fish] ombre *m*.

**graze** [greɪz] ◇ *vi* [animals] brouter, paître, pâturer. ◇ *vt* -**1.** [touch lightly] frôler, effleurer, raser. -**2.** [skin] érafler, écorcher; she ~d her elbow on the wall elle s'est écorché le

coude sur le mur. -**3.** [animals] faire paître; [grass] brouter, paître; [field] pâturer. ◇ *n* écorchure *f*, éraflure *f*; it's just a ~ c'est juste un peu écorché.

**grazing** ['greɪzɪŋ] *n* [grass for animals] pâturage *m*; [land] pâture *f*, pâturage *m*.

**grease** [griːs] ◇ *n* [gen] graisse *f*; [lubricant] AUT graisse *f*, lubrifiant *m*; [used lubricant] cambouis *m*; [dirt] crasse *f*.
◇ *vt* [gen] graisser; AUT graisser, lubrifier.

**grease gun** *n* (pistolet *m*) graisseur *m*, pompe *f* à graisse.

**grease monkey** *n inf* mécano *m*.

**grease nipple** *n* graisseur *m*.

**greasepaint** ['griːspeɪnt] *n* THEAT fard *m* (gras).

**greaseproof** ['griːspruːf] *adj Br* imperméable à la graisse; ~ paper CULIN papier *m* sulfurisé.

**greaser** ['griːsəʳ] *n inf* -**1.** [mechanic] graisseur *m*, mécano *m*.-**2.** *Br* [rocker] rocker *m*.-**3.** ▼ *Am* terme injurieux désignant une personne d'origine latino-américaine.

**greasy** ['griːzɪ] *adj* -**1.** [food, substance] graisseux, gras (*f* grasse); [tools] graisseux; [cosmetics, hair, hands] gras (*f* grasse); the ~ pole SPORT & *fig* le mât de cocagne. -**2.** [pavement, road] gras (*f* glissant). -**3.** [clothes – dirty] crasseux, poisseux; [– covered in grease marks] taché de graisse, plein de graisse. -**4.** [obsequious] obséquieux.

**great** [greɪt] (*compar* **greater**, *superl* **greatest**) ◇ *adj* -**1.** [in size, scale] grand; the ~ fire of London le grand incendie de Londres; he made a ~ effort to be nice il a fait un gros effort pour être agréable. -**2.** [in degree]: a ~ friend un grand ami; there's ~ ignorance about the problem les gens ne sont pas conscients du problème; she's got ~ willpower elle est très volontaire; to my ~ satisfaction à ma grande satisfaction; with ~ pleasure avec grand plaisir; to be in ~ pain souffrir (beaucoup). -**3.** [in quantity]: a ~ number of un grand nombre de; a ~ crowd une grande OR grosse foule, une foule nombreuse. -**4.** [important – person, event]: grand; Alfred the Great Alfred le Grand; the Great War la Grande Guerre; a ~ occasion une grande occasion. -**5.** [main]: the ~ hall la grande salle, la salle principale; France's ~est footballer le plus grand footballeur français. -**6.** *inf* [term of approval]: she has a ~ voice elle a une voix magnifique; she's ~! [nice person] elle est super!, je l'adore!; what's that film like? — ~! [nice person] elle est super!, je l'adore!; what's that film like? — ~! comment est ce film? — génial!; it would be ~ to have lots of money ce serait super d'avoir beaucoup d'argent; you look ~ tonight! [appearance] tu es magnifique ce soir!-**7.** [keen]: she's a ~ reader elle adore lire, elle lit beaucoup; she's a ~ one for television elle adore la télévision. -**8.** *inf* [good at or expert on]: he's ~ at languages il est très doué pour les langues; she's ~ on sculpture elle s'y connaît vraiment en sculpture. -**9.** [in exclamations]: Great Scott! grands dieux!-**10.** ZOOL: the ~ apes les grands singes.
◇ *n*: it's one of the all-time ~s c'est un des plus grands classiques; she's one of the all-time ~s c'est une des plus grandes stars.
◇ *adv* [as intensifier]: a ~ big fish un énorme poisson; an enormous ~ house une maison immense.

**great auk** *n* grand pingouin *m*.

**great-aunt** *n* grand-tante *f*.

**Great Barrier Reef** *pr n*: the ~ la Grande Barrière.

**Great Bear** *pr n*: the ~ la Grande Ourse.

**Great Bear Lake** *pr n* le grand lac de l'Ours.

**Great Britain** *pr n* Grande-Bretagne *f*; in ~ en Grande-Bretagne.

**greatcoat** ['greɪtkəʊt] *n* pardessus *m*, manteau *m*; MIL manteau *m*, capote *f*.

**Great Dane** *n* danois *m*.

**Great Divide** *pr n* GEOG: the Great Divide ligne de partage des montagnes Rocheuses.

**greater** ['greɪtəʳ] *compar* → **great**.

**Greater London** *pr n* le Grand Londres.

**greatest** ['greɪtɪst] *superl* → **great**.

**great-grandchild** *n* arrière-petit-fils *m*, arrière-petite-fille *f*; great-grandchildren arrière-petits-enfants *mpl*.

**great-granddaughter** *n* arrière-petite-fille *f*.

**great-grandfather** *n* arrière-grand-père *m*.

**great-grandmother** *n* arrière-grand-mère *f*.

**great-grandparents** *npl* arrière-grands-parents *mpl*.

**great-grandson** *n* arrière-petit-fils *m*.

**great-great-granddaughter** *n* arrière-arrière-petite-fille *f*.

**great-great-grandfather** *n* arrière-arrière-grand-père *m*.

**great-great-grandmother** *n* arrière-arrière-grand-mère *f*.

**great-great-grandparents** *npl* arrière-arrière-grands-parents *mpl*.

**great-great-grandson** *n* arrière-arrière-petit-fils *m*.

**Great Lakes** *pl pr n*: the ~ les Grands Lacs *mpl*.

**greatly** ['greɪtlɪ] *adv* très, beaucoup, fortement; I was ~ impressed by her work j'ai été très impressionné par son travail, son travail m'a beaucoup impressionné; ~ improved beaucoup amélioré; you'll be ~ missed vous nous manquerez beaucoup.

**great-nephew** *n* petit-neveu *m*.

**greatness** ['greɪtnɪs] *n* **-1.** [size] grandeur *f*, énormité *f*, immensité *f*; [intensity] intensité *f*.**-2.** [eminence] grandeur *f*, importance *f*.

**great-niece** *n* petite-nièce *f*.

**Great Plains** *pl pr n*: the ~ les Grandes Plaines *fpl*.

**great power** *n* grande puissance *f*; the Great Powers les grandes puissances.

**great tit** *n* mésange *f* charbonnière.

**great-uncle** *n* grand-oncle *m*.

**Great Wall of China** *pr n*: the ~ la Grande Muraille (de Chine).

**Great War** *n*: the ~ la Grande Guerre, la guerre de 14 or de 14-18.

**grebe** [griːb] *n* grèbe *m*.

**Grecian** ['griːʃn] ◇ *adj* grec (*f* grecque). ◇ *n* Grec *m*, Grecque *f*.

**Greco** ['grekəʊ] *pr n*: El ~ le Greco.

**Greco-** [ˌgriːkəʊ] = **Graeco-**.

**Greece** [griːs] *pr n* Grèce *f*; in ~ en Grèce.

**greed** [griːd] *n* [for fame, power, wealth] avidité *f*; [for food] gloutonnerie *f*.

**greedily** ['griːdɪlɪ] *adv* [gen] avidement; [consume food] gloutonnement, voracement.

**greediness** ['griːdɪnɪs] *n* = **greed**.

**greedy** ['griːdɪ] *adj* [for food] glouton, gourmand; [for fame, power, wealth] avide; ~ for money avide d'argent.

**greedy-guts** *n inf* glouton *m*, -onne *f*, goinfre *mf*.

**Greek** [griːk] ◇ *n* **-1.** [person] Grec *m*, Grecque *f*; 'Zorba the ~' Kazantzakis 'Alexis Zorba'. **-2.** LING grec *m*; ancient ~ grec ancien; modern ~ grec moderne ❏ it's all ~ to me *inf* tout ça, c'est du chinois or de l'hébreu pour moi. ◇ *adj* grec (*f* grecque); the ~ Islands les îles *fpl* grecques.

**Greek Orthodox** ◇ *n* orthodoxe grec *m*, orthodoxe grecque *f*. ◇ *comp*: the ~ Church l'Église *f* orthodoxe grecque.

**green** [griːn] ◇ *adj* **-1.** [colour] vert; [field, valley] vert, verdoyant; to go or to turn ~ [tree] devenir vert, verdir; [traffic light] passer au vert; [person] devenir blême, blêmir; to be or to go ~ with envy être vert de jalousie ❏ as ~ as grass vert cru; ~ wellies *Br inf* bottes de caoutchouc vertes (*le terme évoque les classes bourgeoises ou aristocratiques habitant à la campagne*). **-2.** [unripe fruit] vert, pas mûr; [undried timber] vert; [meat] frais (*f* fraîche); [bacon] non fumé. **-3.** [naive] naïf; [inexperienced] inexpérimenté. **-4.** [ecological] écologique, vert; to go ~ virer écolo. **-5.** *lit* [alive] vivant, vivace. ◇ *n* **-1.** [colour] vert *m*; ~ suits you le vert te va bien; the girl in ~ la fille en vert; dressed in ~ habillé de or en vert. **-2.** [grassy patch] pelouse *f*, gazon *m*; village ~ ≃ place *f* du village, ≃ terrain *m* communal. **-3.** GOLF green *m*. ◆ **Green** *adj Br* ECON & POL vert; the Green party le parti écologiste, les Verts *mpl*; Green politics la politique des Verts. ◆ **greens** *npl* **-1.** [vegetables] légumes *mpl* verts. **-2.** *Am* [foliage] feuillage *m* (*dans un bouquet*). ◆ **Greens** *npl Br* POL: the Greens les Verts *mpl*, les écologistes *mpl*.

**greenback** ['griːnbæk] *n Am inf* dollar *m*.

**green bean** *n* haricot *m* vert.

**green belt** *n* ceinture *f* verte.

**Green Beret** *n* marine *m*; the ~s les bérets *mpl* verts.

**green card** *n* **-1.** [insurance] carte *f* verte (*prouvant qu'un véhicule est assuré pour un voyage à l'étranger*). **-2.** [work permit] carte *f* de séjour (*temporaire, aux États-Unis*).

**green cross code** *n Br*: the ~ le code de sécurité routière (*pour apprendre aux piétons à traverser la route avec moins de risques d'accident*).

**greenery** ['griːnərɪ] *n* verdure *f*.

**green-eyed** *adj* aux yeux verts; [jealous] jaloux.

**greenfield** ['griːnfiːld] *comp*: ~ site terrain non construit à l'extérieur d'une ville.

**greenfinch** ['griːnfɪntʃ] *n* verdier *m*.

**green-fingered** [-'fɪŋgəd] *adj Br* qui a la main verte.

**green fingers** *npl Br*: to have ~ avoir le pouce vert, avoir la main verte.

**greenfly** ['griːnflaɪ] (*pl inv* OR **greenflies**) *n* puceron *m* (vert).

**greengage** ['griːngeɪdʒ] *n* reine-claude *f*.

**greengrocer** ['griːnˌgrəʊsər] *n Br* marchand *m* de fruits et légumes; to go to the ~'s aller chez le marchand de fruits et légumes.

**Greenham Common** ['griːnəm-] *pr n* village en Angleterre où ont eu lieu de nombreuses manifestations hostiles à l'armement nucléaire.

**greenhorn** ['griːnhɔːn] *n inf* blanc-bec *m*.

**greenhouse** ['griːnhaʊs, *pl* -haʊzɪz] ◇ *n* serre *f*. ◇ *comp*: ~ plants plantes *fpl* de serre; ~ gases gaz *mpl* à effet de serre.

**greenhouse effect** *n*: the ~ l'effet *m* de serre.

**greenkeeper** ['griːnˌkiːpər] *n* personne qui entretient les pelouses des terrains de sport.

**Greenland** ['griːnlənd] *pr n* Groenland *m*; in ~ au Groenland.

**Greenlander** ['griːnləndər] *n* Groenlandais *m*, -e *f*.

**green light** *n literal & fig* feu *m* vert; to give the ~ to sb/sthg donner le feu vert à qqn/pour qqch; to get the ~ from sb obtenir le feu vert de qqn.

**greenness** ['griːnnɪs] *n* **-1.** [colour] couleur *f* verte, vert *m*; [of field, valley] verdure *f*; [of fruit] verdeur *f*.**-2.** [of person – inexperience] inexpérience *f*, manque *m* d'expérience; [– naivety] naïveté *f*.

**green onion** *n Am* ciboule *f*, cive *f*.

**green paper** *n* POL. document formulant des propositions destinées à orienter la politique gouvernementale.

**green peas** *npl* petits pois *mpl*.

**green pepper** *n* poivron *m* vert.

**greenroom** ['griːnrʊm] *n* THEAT foyer *m* des artistes.

**green salad** *n* salade *f* (verte).

**greenstick fracture** *n* MED fracture *f* incomplète.

**greenstuff** ['griːnstʌf] *n* **-1.** (*U*) [vegetables] légumes *mpl* verts. **-2.** *Am inf* [money] fric.

**green tea** *n* thé *m* vert.

**green thumb** *Am* = **green fingers**.

**green-thumbed** [-'θʌmd] *Am* = **green-fingered**.

**green vegetables** *npl* légumes *mpl* verts.

**Greenwich Mean Time** ['grenɪdʒ-] *n* heure *f* (du méridien) de Greenwich.

**greet** [griːt] *vt* [meet, welcome] saluer, accueillir; to ~ sb/sthg with open arms accueillir qqn/qqch les bras ouverts; the news was ~ed with a sigh of relief les nouvelles furent accueillies avec un soupir de soulagement; a strange sound ~ed our ears un son étrange est parvenu à nos oreilles; the sight that ~ed her (eyes) défied description la scène qui s'offrit à ses regards défiait toute description.

**greeting** ['griːtɪŋ] *n* salut *m*, salutation *f*; [welcome] accueil *m*. ◆ **greetings** *npl* [good wishes] compliments *mpl*, salutations *fpl*; birthday ~s vœux *mpl* d'anniversaire.

**greetings card** *Br*, **greeting card** *Am n* carte *f* de vœux.

**gregarious** [grɪ'geərɪəs] *adj* [animal, bird] grégaire; [person] sociable.

**gregariousness** [grɪ'geərɪəsnɪs] *n* [of animal, bird] grégarisme *m*; [of person] sociabilité *f*.

**Gregorian** [grɪ'gɔːrɪən] *adj* grégorien.

**Gregorian calendar** *n*: the ~ le calendrier grégorien.

**Gregorian chant** *n* chant *m* grégorien.

**gremlin** ['gremlɪn] *n inf* & *hum diablotin malfaisant que l'on dit responsable de défauts mécaniques ou d'erreurs typographiques.*

**Grenada** [grə'neɪdə] *pr n* Grenade *f*; in ~ à la Grenade.

**grenade** [grə'neɪd] *n* MIL grenade *f*.

**Grenadian** [grə'neɪdɪən] ◇ *n* Grenadin *m*, -e *f*. ◇ *adj* grenadin.

**grenadier** [ˌgrenə'dɪəʳ] *n* [soldier] grenadier *m*.

**Grenadier Guards** *pl pr n*: the ~ régiment d'infanterie de la Garde Royale britannique.

**grenadine** ['grenədiːn] *n* grenadine *f*.

**Gretna Green** ['gretnə-] *pr n* village en Écosse où autrefois on pouvait se marier sans formalités administratives.

**grew** [gruː] *pt* → **grow**.

**grey** *Br*, **gray** *Am* [greɪ] ◇ *adj* -1. [colour, weather] gris; ~ skies ciel gris OR couvert; a cold ~ day un jour de froid et de grisaille. -2. [hair] gris, grisonnant; to go ~ grisonner; it's enough to make your hair go OR turn ~ il y a de quoi se faire des cheveux blancs. -3. [complexion] gris, blême. -4. [life, situation] morne. ◇ *n* -1. [colour] gris *m*.-2. [horse] (cheval *m*) gris *m*. ◇ *vi* [hair] grisonner, devenir gris.

**grey area** *n* zone *f* d'incertitude OR de flou.

**greybeard** *Br*, **graybeard** *Am* ['greɪˌbɪəd] *n lit* vieil homme *m*.

**Grey Friar** *n* franciscain *m*.

**grey-haired** *adj* aux cheveux gris, grisonnant.

**greyhound** ['greɪhaʊnd] *n* lévrier *m*, levrette *f*; ~ racing course *f* de lévriers; a ~ (racing) track un cynodrome.

**Greyhound®** *pr n*: ~ buses réseau d'autocars couvrant tous les États-Unis.

**greying** *Br*, **graying** *Am* ['greɪɪŋ] *adj* grisonnant.

**greylag** ['greɪlæg] *n*: ~ (goose) oie *f* cendrée.

**grey matter** *n* matière *f* grise.

**grey mullet** *n* muge *m*.

**greyscale** *Br*, **grayscale** *Am* ['greɪskeɪl] *n* COMPUT échelle *f* de gris.

**grey seal** *n* phoque *m* gris.

**grey squirrel** *n* écureuil *m* gris, petit-gris *m*.

**grey whale** *n* baleine *f* grise.

**grey wolf** *n* loup *m* (gris).

**grid** [grɪd] ◇ *n* -1. [grating] grille *f*, grillage *m*.-2. [electrode] grille *f*; *Br* ELEC réseau *m*.-3. [on chart, map] grille *f*; [lines on map] quadrillage *m*.-4. [in nuclear reactor] grille *f*.-5. THEAT gril *m*.-6. CULIN gril *m*.-7. *Am* AUT zone quadrillée. -8. *Am* SPORT = **gridiron**. ◇ *comp*: the city was built on a ~ pattern la ville était construite en quadrillé.

**griddle** ['grɪdl] ◇ *n* [iron plate] plaque *f* en fonte; [on top of stove] plaque *f* chauffante. ◇ *vt* cuire sur une plaque (à galette).

**gridiron** ['grɪdˌaɪən] *n* -1. CULIN gril *m*.-2. THEAT gril *m*.-3. *Am* [game] football *m* américain; [pitch] terrain *m* de football.

**gridlock** ['grɪdlɒk] *n Am* [traffic jam] embouteillage *m*; *fig* blocage *m*.

**grid reference** *n* coordonnées *fpl* de la grille.

**grief** [griːf] *n* -1. [sorrow] chagrin *m*, peine *f*, (grande) tristesse *f*; he was driven almost mad with ~ son chagrin l'a presque rendu fou. -2. *phr*: to come to ~ [person] avoir de graves ennuis; [project, venture] échouer, tomber à l'eau. -3. [as interjection]: good ~! mon Dieu!, ciel!

**grief-stricken** *adj* accablé de chagrin OR de douleur, affligé.

**grievance** ['griːvns] *n* -1. [cause for complaint] grief *m*, sujet *m* de plainte; [complaint] réclamation *f*, revendication *f*; ~ procedure procédure permettant aux salariés de faire part de leurs revendications. -2. [grudge]: to nurse a ~ entretenir OR nourrir une rancune OR un ressentiment. -3. [injustice] injustice *f*, tort *m*.-4. [discontent] mécontentement *m*.

**grieve** [griːv] ◇ *vt* peiner, chagriner; it ~d me to see him so ill/unhappy ça m'a fait de la peine de le voir si malade/si malheureux. ◇ *vi* [feel grief] avoir de la peine OR du chagrin, être peiné; to ~ at OR over OR about sthg avoir de la peine à cause de qqch ∥ [express grief] pleurer; to ~ for the dead pleurer les morts.

**grieving** ['griːvɪŋ] ◇ *adj* [person] en deuil; the ~ process le

(processus de) deuil. ◇ *n* deuil *m*.

**grievous** ['griːvəs] *adj* -1. *fml* [causing pain] affreux, cruel, atroce. -2. *lit* [grave, serious] grave, sérieux. -3. JUR: ~ bodily harm coups *mpl* et blessures *fpl*.

**grievously** ['griːvəslɪ] *adv fml* gravement, sérieusement; ~ mistaken tout à fait dans l'erreur; ~ wounded grièvement blessé.

**griffin** ['grɪfɪn] *n* MYTH griffon *m*.

**griffon** ['grɪfn] *n* MYTH & ZOOL griffon *m*.

**grifter**ᵛ ['grɪftəʳ] *n Am* arnaqueur *m*, -euse *f*, escroc *m*. ·

**grill** [grɪl] ◇ *vt* -1. CULIN (faire) griller. -2. *inf* [interrogate] cuisiner. ◇ *vi* CULIN griller. ◇ *n* -1. CULIN [device] gril *m*; [dish] grillade *f*; to cook sthg under the ~ faire cuire qqch au gril. -2. [grating] grille *f*, grillage *m*.-3. AUT = **grille**.

**grille** [grɪl] *n* -1. [grating] grille *f*. -2. AUT calandre *f*.

**grillroom** ['grɪlrʊm] *n* grill *m* (restaurant).

**grilse** [grɪls] *n* grilse *m*.

**grim** [grɪm] *adj* -1. [hard, stern] sévère; [reality, necessity, truth] dur; to look ~ avoir l'air sévère; with ~ determination avec une volonté inflexible. -2. [gloomy] sinistre, lugubre; ~ prospects de sombres perspectives; the economic situation is looking pretty ~ la situation économique n'est pas très encourageante. -3. [unpleasant]: his new film is pretty ~ son nouveau film n'est pas terrible ∥ [unwell] patraque; [depressed] déprimé, abattu.

**grimace** [grɪ'meɪs] ◇ *n* grimace *f*.
◇ *vi* [in disgust, pain] grimacer, faire la grimace; [to amuse] faire des grimaces.

**grime** [graɪm] *n* (U) crasse *f*, saleté *f*.

**grimly** ['grɪmlɪ] *adv* -1. [threateningly] d'un air menaçant; [unhappily] d'un air mécontent. -2. [defend, struggle] avec acharnement; [hold on] inflexiblement, fermement; [with determination] d'un air résolu, fermement.

**grimness** ['grɪmnɪs] *n* -1. [sternness] sévérité *f*, gravité *f*.-2. [of story] côté *m* sinistre OR macabre; [of prospects, situation] côté *m* difficile.

**grimy** ['graɪmɪ] *adj* sale, crasseux.

**grin** [grɪn] ◇ *n* grand sourire *m*; a broad ~ un large sourire. ◇ *vi* sourire; what are you grinning at? qu'est-ce que tu as à sourire comme ça? ❑ we'll just have to ~ and bear it il faudra le prendre avec le sourire.

**grind** [graɪnd] (*pt* & *pp* **ground** [graʊnd]) ◇ *n* -1. [monotonous work] corvée *f*; the daily ~ le train-train quotidien. -2. *Am inf* [hard worker] bûcheur *m*, -euse *f*, bosseur *m*, -euse *f*. ◇ *vt* -1. [coffee, corn, pepper] moudre; [stones] concasser; *Am* [meat] hacher; [into powder] pulvériser, réduire en poudre; [crush] broyer, écraser. -2. [rub together] écraser l'un contre l'autre; to ~ one's teeth grincer des dents; to ~ the gears AUT faire grincer les vitesses. -3. [polish – lenses] polir; [– stones] polir, égriser; [sharpen – knife] aiguiser OR affûter (à la meule). -4. [turn handle] tourner.
◇ *vi* -1. [crush]: this pepper mill doesn't ~ very well ce moulin à poivre ne moud pas très bien. -2. [noisily] grincer; to ~ to a halt/to a standstill [machine, vehicle] s'arrêter/s'immobiliser en grinçant; [company, economy, production] s'immobiliser peu à peu, s'arrêter progressivement. -3. *Am inf* [work hard] bûcher OR bosser (dur).
◆ **grind away** *vi insep inf*: I've been ~ing away at this essay all weekend j'ai bûché sur cette dissertation tout le week-end.
◆ **grind down** *vt sep* -1. *literal* pulvériser, réduire en poudre; [lens] meuler. -2. *fig* [oppress] opprimer, écraser; don't let your job ~ you down ne te laisse pas abattre par ton boulot.
◆ **grind out** *vt sep* -1. [extinguish by grinding]: she ground out her cigarette in the ashtray elle a écrasé sa cigarette dans le cendrier. -2. *fig* [produce slowly]: he was ~ing out a tune on the barrel-organ il jouait un air sur l'orgue de Barbarie; she's just ground out another blockbuster elle vient de pondre un nouveau best-seller.
◆ **grind up** *vt sep* pulvériser.

**grinder** ['graɪndəʳ] *n* -1. [tooth] molaire *f*.-2. [person – of minerals] broyeur *m*, -euse *f*; [– of knives, blades etc] rémouleur *m*. -3. [machine – for crushing] moulin *m*, broyeur *m*; [– for sharpening] affûteuse *f*, machine *f* à aiguiser.

**grinding** ['graɪndɪŋ] ◇ *n* [sound] grincement *m*. ◇ *adj* -1.

[sound]: a ~ **noise** un bruit grinçant. **-2.** [oppressive]: ~ **poverty** misère *f* écrasante.

**grindstone** ['graɪndstəʊn] *n* meule *f*.

**gringo**▽ ['grɪŋgəʊ] (*pl* **gringos**) *n offensive* gringo *m*.

**grinning** ['grɪnɪŋ] *adj* [face, person] souriant.

**grip** [grɪp] (*pt* & *pp* **gripped**, *cont* **gripping**) ◇ *n* **-1.** [strong hold] prise *f*, étreinte *f*; [on racket] tenue *f*; [of tyres on road] adhérence *f*; **to lose one's** ~ lâcher prise; **he tightened his** ~ **on the rope** il a serré la corde plus fort; **to get a** ~ **of sthg/sb** empoigner qqch/qqn. **-2.** [handclasp] poigne *f*; **she held his hand in a vice-like** ~ elle lui serrait la main comme un étau OR tenait la main d'une poigne d'acier. **-3.** *inf* [self-control]: **he's losing his** ~ il perd les pédales; **get a** ~ **(of** OR **on yourself)!** secoue-toi un peu! **-4.** [understanding]: **he has a good** ~ **of the subject** il connaît OR domine bien son sujet. **-5.** [handle] poignée *f*. **-6.** CIN & THEAT machiniste *mf*. **-7.** *dated* [bag] sac *m* de voyage. **-8.** *phr*: **to come** OR **to get to** ~**s with a problem** s'attaquer à un problème; **to come** OR **to get to** ~**s with the enemy** être confronté à l'ennemi, être aux prises avec l'ennemi. ◇ *vt* **-1.** [grasp – rope, rail] empoigner, saisir; **he gripped my arm** il m'a saisi le bras. **-2.** [hold tightly] serrer, tenir serré; **he gripped my hand** il m'a serré la main très fort. **-3.** [subj: tyres] adhérer; **to** ~ **the road** [car] coller à la route. **-4.** [hold interest] passionner. ◇ *vi* [tyres] adhérer.

**gripe** [graɪp] ◇ *n* **-1.** *inf* [complaint] ronchonnements *mpl*. **-2.** MED = **gripes**. ◇ *vi inf* [complain] ronchonner, rouspéter.

◆ **gripes** *npl* MED coliques *fpl*.

**griping** ['graɪpɪŋ] *n (U) inf* ronchonnements *mpl*, rouspétance *f*.

**gripping** ['grɪpɪŋ] *adj* [story, play] captivant, passionnant, palpitant.

**grisly** ['grɪzlɪ] *adj* épouvantable, macabre, sinistre.

**grist** [grɪst] *n* blé *m* (à moudre); **it's all** ~ **to the mill** c'est toujours ça de pris.

**gristle** ['grɪsl] *n (U)* [cartilage] cartilage *m*, tendons *mpl*; [in meat] nerfs *mpl*.

**gristly** ['grɪslɪ] *adj pej* nerveux, tendineux.

**grit** [grɪt] (*pt* & *pp* **gritted**, *cont* **gritting**) ◇ *n* **-1.** [gravel] gravillon *m*. **-2.** [sand] sable *m*. **-3.** [for fowl] gravier *m*. **-4.** [dust] poussière *f*. **-5.** *inf* [courage] cran *m*. ◇ *vt* **-1.** [road, steps] gravillonner, répandre du gravillon sur. **-2.** *phr*: **to** ~ **one's teeth** serrer les dents.

**gritter** ['grɪtə'] *n* camion *m* de sablage.

**gritting** ['grɪtɪŋ] *n* [of roads] sablage *m*; ~ **lorry** camion *m* de sablage.

**gritty** ['grɪtɪ] (*compar* **grittier**, *superl* **grittiest**) *adj* **-1.** [road] couvert de gravier. **-2.** *inf* [person] qui a du cran.

**grizzled** ['grɪzld] *adj* [person, beard] grisonnant.

**grizzly** ['grɪzlɪ] (*compar* **grizzlier**, *superl* **grizzliest**) ◇ *adj* [greyish] grisâtre; [hair] grisonnant. ◇ *n* = **grizzly bear**.

**grizzly bear** *n* grizzli *m*, grizzly *m*, ours *m* brun (*des montagnes Rocheuses*).

**groan** [grəʊn] ◇ *n* **-1.** [of pain] gémissement *m*, plainte *f*. **-2.** [of disapproval] grognement *m*; **he gave a** ~ **of annoyance** il a poussé un grognement d'exaspération. **-3.** [complaint] ronchonnement *m*. ◇ *vi* **-1.** [in pain] gémir. **-2.** [in disapproval] grogner; **everybody** ~**ed at his corny jokes** tout le monde levait les yeux au ciel quand il sortait ses plaisanteries éculées. **-3.** [be weighed down by] gémir; **the table** ~**ed under the weight of the food** la table ployait sous le poids de la nourriture. **-4.** [complaint] ronchonner.

**grocer** ['grəʊsə'] *n* épicier *m*; **at the** ~**'s (shop)** à l'épicerie, chez l'épicier.

**grocery** ['grəʊsərɪ] (*pl* **groceries**) *n* [shop] épicerie *f*.

◆ **groceries** *npl* [provisions] épicerie *f* (*U*), provisions *fpl*.

**grog** [grɒg] *n* grog *m*.

**groggily** ['grɒgɪlɪ] *adv* **-1.** [weakly] faiblement. **-2.** [unsteadily – from exhaustion, from blows] de manière chancelante OR groggy.

**groggy** ['grɒgɪ] (*compar* **groggier**, *superl* **groggiest**) *adj inf* **-1.** [weak] faible, affaibli. **-2.** [unsteady – from exhaustion] groggy (*inv*), vacillant, chancelant; [– from blows] groggy (*inv*), sonné.

**groin** [grɔɪn] *n* **-1.** ANAT aine *f*. **-2.** *Br euph* [testicles] bourses *fpl*. **-3.** ARCHIT arête *f*. **-4.** *Am* = **groyne**.

**grommet** ['grɒmɪt] *n* **-1.** [metal eyelet] œillet *m*. **-2.** MECH virole *f*, rondelle *f*.

**groom** [gru:m] ◇ *n* **-1.** [for horses] palefrenier *m*, -ère *f*, valet *m* d'écurie. **-2.** = **bridegroom**. ◇ *vt* **-1.** [clean – horse] panser; [– dog] toiletter; [– subj: monkeys, cats]: **cats** ~ **themselves** les chats font leur toilette. **-2.** [prepare – candidate] préparer, former.

**groomed** [gru:md] *adj* soigné; **to be well-**~ être soigné (de sa personne).

**grooming** ['gru:mɪŋ] *n* **-1.** [of person] toilette *f*; [neat appearance] présentation *f*. **-2.** [of horse] pansage *m*; [of dog] toilettage *m*.

**groove** [gru:v] *n* **-1.** [for pulley, in column] cannelure *f*, gorge *f*; [in folding knife] onglet *m*. **-2.** [in piston] gorge *f*. **-3.** [for sliding door] rainure *f*. **-4.** [on record] sillon *m*. **-5.** [notch] encoche *f*. **-6.** [of sword] gouttière *f*. **-7.** *inf* [rut]: **to get into** OR **to be stuck in a** ~ s'encroûter, être pris dans la routine. ◇ *vt* [make a groove] canneler, rainurer, rainer.

**groovy** ['gru:vɪ] (*compar* **groovier**, *superl* **grooviest**) *adj inf* & *dated* **-1.** [excellent] sensationnel, sensass, super. **-2.** [trendy] dans le vent.

**grope** [grəʊp] ◇ *vi* [seek – by touch] tâtonner, aller à l'aveuglette; [for answer] chercher; **to** ~ **(about** OR **around) for sthg** chercher qqch à tâtons OR à l'aveuglette. ◇ *vt* **-1.** **to** ~ **one's way in the dark** avancer à tâtons dans l'obscurité. **-2.** *inf* [sexually] tripoter, peloter.

**grosgrain** ['grəʊgreɪn] *n* gros-grain *m*.

**gross** [grəʊs] (*pl sense 1* **grosses**, *pl sense 2 inv*) ◇ *adj* **-1.** [vulgar, loutish – person] grossier, fruste; [– joke] cru, grossier. **-2.** [flagrant – inefficiency] flagrant; ~ **injustice** injustice *f* flagrante; ~ **ignorance** ignorance *f* crasse. **-3.** [fat] obèse, énorme. **-4.** [overall total] brut; ~ **profits** bénéfices *mpl* bruts. **-5.** *inf* [disgusting] dégueulasse. ◇ *n* **-1.** [whole amount]: **the** ~ **le gros. -2.** [twelve dozen] grosse *f*, douze douzaines *fpl*. ◇ *vt* COMM faire OR obtenir une recette brute de.

◆ **gross out** *vt sep Am inf* dégoûter, débecter.

**gross domestic product** *n* produit *m* intérieur brut.

**grossly** ['grəʊslɪ] *adv* **-1.** [coarsely] grossièrement. **-2.** [as intensifier] outre mesure, excessivement; ~ **unfair** extrêmement injuste.

**gross national product** *n* produit *m* national brut.

**grotesque** [grəʊ'tesk] ◇ *adj* grotesque. ◇ *n* grotesque *m*.

**grotto** ['grɒtəʊ] (*pl* **grottos** OR **grottoes**) *n* grotte *f*.

**grotty** ['grɒtɪ] (*compar* **grottier**, *superl* **grottiest**) *adj Br inf* **-1.** [unattractive] moche; [unsatisfactory] nul. **-2.** [unwell]: **to feel** ~ ne pas se sentir bien, être mal fichu.

**grouch** [graʊtʃ] *inf* ◇ *vi* rouspéter, ronchonner, grogner; **to** ~ **about sthg** rouspéter OR ronchonner après qqch, grogner contre qqch. ◇ *n* rouspéteur *m*, -euse *f*.

**grouchy** ['graʊtʃɪ] (*compar* **grouchier**, *superl* **grouchiest**) *adj inf* grincheux, ronchon, grognon.

**ground** [graʊnd] ◇ *pt* & *pp* → **grind**. ◇ *n* **-1.** [earth] terre *f*; [surface] sol *m*; **at** ~ **level** au niveau du sol; **the children sat on the** ~ les enfants se sont assis par terre; **drive the stakes firmly into the** ~ enfoncez solidement les pieux dans le sol; **above** ~ en surface; **below** ~ sous terre; **to burn sthg to the** ~ réduire qqch en cendres; **to fall to the** ~ tomber par OR à terre ❏; **to go to** ~ se terrer; **to be on firm** ~ être sûr de son fait; **to get off the** ~ *literal* [aeroplane] décoller; *fig* [project] démarrer; **it suits him down to the** ~ ça lui va à merveille, ça lui convient parfaitement; **to run a car into the** ~ utiliser une voiture jusqu'à ce qu'elle rende l'âme; **to run a company into the** ~ faire couler une entreprise. **-2.** *(U)* [land] terrain *m*; [region] région *f*, coin *m*. **-3.** *Br* [piece of land] terrain *m*; [stadium] stade *m*. **-4.** [area used for specific purpose]: **fishing** ~**s** zones *fpl* réservées à la pêche; **training** ~ terrain *m* d'entraînement OR d'exercice. **-5.** MIL terrain *m*; **to give/to lose** ~ céder/perdre du terrain; **to stand** OR **to hold one's** ~ tenir bon ❏; **to gain** ~ [in battle] gagner du terrain; [idea, concept] faire son chemin, progresser; [news] se répandre. **-6.** *(U)* [area of reference] domaine *m*, champ *m*; **his article covers a lot of** ~ dans son article, il aborde beaucoup de domaines. **-7.** [subject] terrain *m*, sujet *m*; **you're on dangerous** ~ vous êtes sur un terrain glissant. **-8.** [background] fond *m*. **-9.** [of sea] fond *m*. **-10.** *Am* ELEC terre *f*, masse *f*. **-11.** MUS: ~ **(bass)** basse *f* contrainte.

◇ *comp* au sol; ~ **crew** personnel *m* navigant OR au sol; ~ **fire** *feu m* de broussailles; ~ **frost** gelée *f* blanche; ~ **staff** *personnel qui s'occupe de l'entretien d'un terrain de sport.*

◇ *vt* **-1.** [base] fonder, baser; **my fears proved well** ~ed mes craintes se sont révélées fondées, il s'est avéré que mes craintes étaient fondées. **-2.** [train] former; **the students are well** ~ed **in computer sciences** les étudiants ont une bonne formation OR de bonnes bases en informatique. **-3.** [plane, pilot]: **to be** ~ed être interdit de vol. **-4.** [ship] échouer. **-5.** *Am* ELEC mettre à la terre OR à la masse. **-6.** *inf* [child] priver de sortie.

◇ *vi* [ship] échouer.

◇ *adj* [wheat, coffee] moulu; [pepper] concassé; [steel] meulé; [meat] haché.

◆ **grounds** *npl* **-1.** [around house] parc *m*, domaine *m*; [around block of flats, hospital] terrain *m*; [more extensive] parc *m*. **-2.** [reason] motif *m*, raison *f*; [cause] cause *f*, raison *f*; [basis] base *f*, raison *f*; [pretext] raison *f*, prétexte *m*; **there are** ~s **for suspecting arson** il y a lieu de penser qu'il s'agit d'un incendie criminel; **he was excused on the** ~s **of poor health** il a été exempté en raison de sa mauvaise santé; **on medical/moral** ~s pour (des) raisons médicales/morales ‖ JUR: ~s **for appeal** voies *fpl* de recours; ~s **for complaint** grief *m*; ~s **for divorce** motifs *mpl* de divorce. **-3.** [of coffee] marc *m*.

**ground control** *n* AERON contrôle *m* au sol.

**ground cover** *n* végétation *f* basse; ~ **plant** (plante *f*) couvre-sol *m inv*.

**ground floor** *n* rez-de-chaussée *m*.

**ground glass** *n* **-1.** [glass] verre *m* dépoli. **-2.** [as abrasive] verre *m* pilé.

**ground hog** *n* marmotte *f* d'Amérique; **Ground Hog Day** *Am le 2 février, jour où les marmottes sont censées avoir fini leur hibernation.*

**ground-in** *adj* [dirt] incrusté.

**grounding** ['graʊndɪŋ] *n* **-1.** [training] formation *f*; [knowledge] connaissances *fpl*, bases *fpl*. **-2.** [of argument] assise *f*. **-3.** *Am* ELEC mise *f* à la terre OR à la masse. **-4.** NAUT échouage *m*. **-5.** [of balloon] atterrissage *m*. **-6.** [of plane] interdiction *f* de vol.

**groundless** ['graʊndlɪs] *adj* sans fondement, sans motif.

**ground level** *n* **-1.** [ground floor] rez-de-chaussée *m*. **-2.** [lowest level in organization] base *f*.

**groundnut** ['graʊndnʌt] = **peanut**.

**ground plan** *n* **-1.** [plan of ground floor] plan *m* au sol. **-2.** [plan of action] plan *m* d'action.

**ground rent** *n* redevance *f* foncière.

**ground rule** *n* procédure *f*, règle *f*.

**groundsel** ['graʊnsl] *n* séneçon *m*.

**groundsheet** ['graʊndʃiːt] *n* tapis *m* de sol.

**groundsman** ['graʊndzmən] (*pl* **groundsmen** [-mən]) *n* gardien *m* de stade.

**groundswell** ['graʊndswel] *n* lame *f* de fond; **there was a** ~ **of public opinion in favour of the president** *fig* l'opinion publique a basculé massivement en faveur du président.

**groundwork** ['graʊndwɜːk] *n* (*U*) travail *m* préparatoire, canevas *m*.

**group** [gruːp] ◇ *n* **-1.** [of people] groupe *m*; POL [party] groupement *m*; [literary] groupe *m*, cercle *m*. **-2.** [of objects] groupe *m*, ensemble *m*; [of mountains] massif *m*. **-3.** [in business] groupe *m*. **-4.** [blood] groupe *m*. **-5.** MUS groupe *m*; **a pop/ rock** ~ un groupe pop/rock. **-6.** LING groupe *m*, syntagme *m*. **-7.** MIL groupe *m*. ◇ *comp* [work] de groupe; [action, decision] collectif. ◇ *vt* **-1.** [bring together] grouper, réunir; [put in groups] disposer en groupes. **-2.** [combine] combiner. ◇ *vi* se grouper, se regrouper.

**group captain** *n* colonel *m* de l'armée de l'air; **Group Captain Ross** le colonel Ross.

**groupie** ['gruːpɪ] *n* groupie *f*.

**grouping** ['gruːpɪŋ] *n* groupement *m*.

**group practice** *n* MED cabinet *m* médical.

**group therapy** *n* thérapie *f* de groupe.

**grouse** [graʊs] ◇ *n* **-1.** [bird] grouse *f*, lagopède *m* d'Écosse. **-2.** *inf* [grumble] rouspétance *f*; [complaint] grief *m*; **to have a** ~ **about sthg** rouspéter contre qqch. ◇ *comp*: ~ **moor**

chasse *f* réservée (à la chasse à la grouse); ~ **shooting** chasse *f* à la grouse. ◇ *vi inf* rouspéter, râler.

**grout** [graʊt] ◇ *n* coulis *m* au ciment. ◇ *vt* jointoyer.

**grouting** ['graʊtɪŋ] *n* jointoiement *m*.

**grove** [grəʊv] *n* bosquet *m*.

**grovel** ['grɒvl] (*Br pt* & *pp* **grovelled**, *cont* **grovelling**, *Am pt* & *pp* **groveled**, *cont* **groveling**) *vi* **-1.** [act humbly] ramper, s'aplatir; **to** ~ **to sb** (for sthg) s'aplatir devant qqn (pour obtenir qqch). **-2.** [crawl on floor] se vautrer par terre.

**groveller** *Br*, **groveler** *Am* ['grɒvlə<sup>r</sup>] *n* flagorneur *m*, -euse *f fml*, lèche-bottes *mf inv*.

**grovelling** *Br*, **groveling** *Am* ['grɒvlɪŋ] ◇ *adj* rampant, servile; **a** ~ **letter** une lettre obséquieuse; **a** ~ **apology** de viles excuses. ◇ *n* (*U*) flagornerie *f*.

**grow** [grəʊ] (*pt* **grew** [gruː], *pp* **grown** [grəʊn]) ◇ *vi* **-1.** [plants] croître, pousser; [hair] pousser; [seeds] germer. **-2.** [person – in age, height] grandir; [develop]: **to** ~ **in wisdom/ understanding** devenir plus sage/compréhensif. **-3.** [originate]: **this custom grew from** OR **out of a pagan ceremony** cette coutume est née d'une OR a pour origine une cérémonie païenne. **-4.** [increase] s'accroître, augmenter; **our love/friendship grew over the years** notre amour/amitié a grandi au fil des ans; **he has grown in my** estimation *OR* **est monté dans mon estime; the town grew in importance** la ville a gagné en importance. **-5.** [become] devenir; **to** ~ **bigger** grandir, s'agrandir; **to** ~ **old** devenir vieux, vieillir. **-6.** *(with infinitive)* [come gradually]: **I've grown to respect him** j'ai appris à le respecter; **to** ~ **to like/to dislike** finir par aimer/détester. ◇ *vt* **-1.** [crops, plants] cultiver. **-2.** [beard, hair] laisser pousser; **he's trying to** ~ **a beard** il essaie de se laisser pousser la barbe.

◆ **grow apart** *vi insep* [couple] s'éloigner l'un de l'autre.

◆ **grow away** *vi insep*: **they began to** ~ **away from each other** ils ont commencé à s'éloigner l'un de l'autre *fig*.

◆ **grow back** *vi insep* [hair, nail] repousser.

◆ **grow into** *vt insep* **-1.** [become] devenir (en grandissant). **-2.** [clothes]: **he'll soon** ~ **into these shoes** il pourra bientôt mettre ces chaussures, bientôt ces chaussures lui iront. **-3.** [become used to]: **to** ~ **into a job** s'habituer à OR s'adapter à un travail.

◆ **grow on** *vt insep* plaire de plus en plus à; **it** ~s **on you** on s'y fait.

◆ **grow out of** *vt insep* **-1.** [clothes]: **he's grown out of most of his clothes** il ne rentre plus dans la plupart de ses vêtements. **-2.** [habit] perdre (avec le temps).

◆ **grow up** *vi insep* **-1.** [person] grandir, devenir adulte; **what do you want to be when you** ~ **up?** que veux-tu faire quand tu seras grand?; **I hope he won't** ~ **up to be a liar/thief** j'espère qu'il ne sera pas un menteur/voleur plus tard; ~ **up!** sois un peu adulte!; **when are you going to** ~ **up?** quand est-ce que tu seras un peu raisonnable? **-2.** [emotions, friendship] naître, se développer.

**grow bag** *n sac plastique rempli d'engrais dans lequel on fait pousser une plante.*

**grower** ['grəʊə<sup>r</sup>] *n* **-1.** [producer] producteur *m*, -trice *f*; [professional] cultivateur *m*, -trice *f*; [amateur gardener] amateur *m* de jardinage; **vegetable** ~ maraîcher *m*, -ère *f*; **rose** ~ [professional] rosiériste *mf*; [amateur]: **he's a keen** ~ **of roses** il se passionne pour la culture des roses. **-2.** [plant, tree]: **a slow** ~ une plante qui pousse lentement.

**growing** ['grəʊɪŋ] ◇ *adj* **-1.** [plant] croissant, qui pousse; [child] grandissant, en cours de croissance. **-2.** [increasing – debt] qui augmente; [– amount, number] grandissant, qui augmente; [– friendship, impatience] grandissant; ~ **numbers of people are out of work** de plus en plus de gens sont OR un nombre croissant de gens au chômage; **a** ~ **population** une population qui s'accroît; **there are** ~ **fears of a nuclear war** on craint de plus en plus une guerre nucléaire. ◇ *comp*: **wine** ~ **region** région vinicole; **wheat/potato** ~ **region** région qui produit du blé/de la pomme de terre, région à blé/ pommes de terre. ◇ *n* [of agricultural products] culture *f*.

**growing pains** *npl* **-1.** [of children] douleurs *fpl* de croissance. **-2.** [of business, project] difficultés *fpl* de croissance, problèmes *mpl* de départ.

**growing season** *n* saison *f* nouvelle.

**growl** [graʊl] ◇ *vi* [animal] grogner, gronder; [person] grogner, grommeler; [thunder] tonner, gronder; **to** ~ **at sb** grogner contre qqn. ◇ *vt* [answer, instructions] grommeler, grogner. ◇ *n* grognement *m*, grondement *m*.

**grown** [grəʊn] ◇ *pp* → **grow.** ◇ *adj* [person] adulte; **you don't expect ~ adults to behave so stupidly** on ne s'attend pas à ce que des adultes se comportent de manière si stupide; **he's a ~ man** il est adulte; **the children are fully ~ now** les enfants sont grands maintenant.

**grown-up** ◇ *n* adulte *mf*, grande personne *f*. ◇ *adj* adulte; **our children are ~ now** nos enfants sont grands maintenant.

**growth** [grəʊθ] *n* **-1.** *(U)* [development – of child, plant] croissance *f*; [– of friendship] développement *m*, croissance *f*; [– of organization] développement *m*; **intellectual/spiritual ~** développement intellectuel/spirituel. **-2.** *(U)* [increase – in numbers, amount] augmentation *f*, croissance *f*; [– of market, industry] croissance *f*, expansion *f*; [– of influence, knowledge] développement *m*, croissance *f*; **economic ~** développement *m* OR croissance *f* économique; **population ~** croissance *f* de la population. **-3.** [of beard, hair, weeds] pousse *f*; **two days' ~ of beard** une barbe de deux jours. **-4.** MED excroissance *f*, tumeur *f*, grosseur *f*.

**growth hormone** *n* hormone *f* de croissance.

**growth industry** *n* industrie *f* en plein essor OR de pointe.

**growth rate** *n* taux *m* de croissance.

**growth shares** *npl*, **growth stock** *n* ST. EX valeurs *fpl* de croissance.

**groyne** *Br*, **groin** *Am* [grɔɪn] *n* brise-lames *m inv*.

**GRSM** *(abbr of* **Graduate of the Royal Schools of Music)** *n* diplômé du conservatoire de musique britannique.

**grub** [grʌb] ◇ *vi* **-1.** [animal] fouir. **-2.** [rummage] fouiller; **he grubbed around for clues** *fig* il fouinait à la recherche d'indices. ◇ *n* **-1.** [insect] asticot *m*. **-2.** *inf* [food] bouffe *f*.
◆ **grub up** *vt sep* [bone] déterrer; [root] extirper; [plant] déraciner; [insects] déloger.

**grubby** ['grʌbɪ] *adj* sale, crasseux, malpropre.

**grub-kick** *n* [in rugby] coup *m* qui reste au sol.

**grub screw** *n* vis *f* noyée, vis *f* sans tête.

**grudge** [grʌdʒ] ◇ *n* rancune *f*; **to bear** OR **to hold a ~ against sb** en vouloir à qqn, avoir de la rancune contre qqn. ◇ *vt* = **begrudge.**

**grudging** ['grʌdʒɪŋ] *adj* [compliment, praise] fait OR donné à contrecœur; [agreement] réticent.

**grudgingly** ['grʌdʒɪŋlɪ] *adv* à contrecœur, avec réticence.

**gruel** [grʊəl] *n* bouillie *f* d'avoine.

**gruelling** *Br*, **grueling** *Am* ['grʊəlɪŋ] *adj* [race] épuisant; [punishment] sévère; [experience] très difficile, très dur.

**gruesome** ['gru:səm] *adj* [sight] horrible; [discovery] macabre.

**gruff** [grʌf] *adj* **-1.** [of manner] brusque. **-2.** [of speech, voice] bourru.

**gruffly** ['grʌflɪ] *adv* **-1.** [of manner] avec brusquerie. **-2.** [of speech, voice]: **to speak ~** parler d'un ton bourru.

**gruffness** ['grʌfnɪs] *n* **-1.** [of manner] brusquerie *f*. **-2.** [of speech, voice] ton *m* bourru.

**grumble** ['grʌmbl] ◇ *vi* **-1.** [complain] grogner, grommeler; **he's always grumbling about something** il rouspète constamment contre quelque chose; **how are you? - oh, mustn't ~!** ça va? - on fait aller! **-2.** [thunder, artillery] gronder; **my stomach kept grumbling loudly** mon estomac n'arrêtait pas de gargouiller bruyamment. ◇ *n* **-1.** [complaint] ronchonnement *m*, sujet *m* de plainte. **-2.** [of thunder, artillery] grondement *m*.

**grumbler** ['grʌmblər] *n* grincheux *m*, -euse *f*.

**grumbling** ['grʌmblɪŋ] ◇ *adj* grincheux, grognon; **a ~ stomach** un estomac qui gargouille; **~ appendix** MED appendicite *f* chronique. ◇ *n* *(U)* plaintes *fpl*, protestations *fpl*.

**grump** [grʌmp] *n inf* bougon *m*, -onne *f*, ronchon *m*, -onne *f*; **to have the ~s** être de mauvais poil.

**grumpily** ['grʌmpɪlɪ] *adv inf* en ronchonnant, d'un ton OR air ronchon.

**grumpiness** ['grʌmpɪnɪs] *n inf* mauvaise humeur *f*, maussaderie *f*, caractère *m* désagréable.

**grumpy** ['grʌmpɪ] *adj inf* ronchon, bougon.

**grunge** [grʌndʒ] *n Am inf* crasse *f*; **~ fashion** la mode grunge.

**grungy** ['grʌndʒɪ] *adj Am inf* crasseux.

**grunt** [grʌnt] ◇ *vi* grogner, pousser un grognement. ◇ *vt* [reply] grommeler, grogner. ◇ *n* [sound] grognement *m*; **to give a ~** pousser un grognement.

**G-string** *n* **-1.** MUS (corde *f* de) sol *m*. **-2.** [item of clothing] cache-sexe *m*, string *m*.

**guacamole** [ˌgwɑːkəˈməʊlɪ] *n (U)* guacamole *m*, purée *f* d'avocat.

**Guadeloupe** [ˌgwɑːdəˈluːp] *pr n* Guadeloupe *f*; **in ~** à la OR en Guadeloupe.

**guarantee** [ˌgærənˈtiː] ◇ *n* **-1.** COMM garantie *f*; **money-back ~** remboursement *m* garanti; **to be under ~** être sous garantie; **this cooker has a five-year ~** cette cuisinière est garantie cinq ans. **-2.** JUR [pledge] caution *f*, garantie *f*, gage *m*. **-3.** [person] garant *m*, -e *f*; **to act as ~** se porter garant. **-4.** [firm promise] garantie *f*; **what ~ do I have that you'll bring it back?** comment puis-je être sûr que vous le rapporterez?; **there's no ~ it will arrive today** il n'est pas garanti OR dit que ça arrivera aujourd'hui. ◇ *comp*: **~ agreement** garantie *f*; **~ form** formulaire *m* OR fiche *f* de garantie. ◇ *vt* **-1.** [goods] garantir; **the car is ~d against rust for ten years** la voiture est garantie contre la rouille pendant dix ans. **-2.** [loan, cheque] garantir, cautionner; **to ~ sb against loss** garantir des pertes de qqn. **-3.** [assure] certifier, assurer; **I can't ~ that everything will go to plan** je ne peux pas vous certifier OR garantir que tout se passera comme prévu; **our success is ~d** notre succès est garanti.

**guarantor** [ˌgærənˈtɔːr] *n* garant *m*, -e *f*, caution *f*; **to stand ~ for sb** se porter garant pour qqn.

**guaranty** ['gærəntɪ] *n* **-1.** [security] caution *f*, garantie *f*. **-2.** [guarantor] garant *m*, -e *f*. **-3.** [written guarantee] garantie *f*.

**guard** [gɑːd] ◇ *n* **-1.** [person] gardien *m*, garde *m*; [group] garde *f*; **prison ~** gardien de prison; **~ of honour** garde *f* d'honneur. **-2.** [watch] garde *f*; **to be on ~ (duty)** être de garde; **to mount (a) ~** monter la garde; **to mount ~ on** OR **over** veiller sur; **the military kept ~ over the town** les militaires gardaient la ville; **to stand ~** monter la garde; **the changing of the ~** la relève de la garde. **-3.** [supervision] garde *f*, surveillance *f*; **to keep a prisoner under ~** garder un prisonnier sous surveillance; **to put a ~ on sb/sthg** faire surveiller qqn/qqch; **the prisoners were taken under ~ to the courthouse** les prisonniers furent emmenés sous escorte au palais de justice. **-4.** [attention] garde *f*; **on ~!** [in fencing] en garde!; **to be on one's ~** être sur ses gardes; **to catch sb off ~** prendre qqn au dépourvu; **to drop** OR **to lower one's ~** relâcher sa surveillance. **-5.** *Br* RAIL chef *m* de train. **-6.** [protective device – on machine] dispositif *m* de sûreté OR de protection; [– personal] protection *f*.
◇ *vt* **-1.** [watch over – prisoner] garder. **-2.** [defend – fort, town] garder, défendre; **the house was heavily ~ed** la maison était étroitement surveillée. **-3.** [protect – life, reputation] protéger; **to ~ sb against danger** protéger qqn d'un danger; **~ the letter with your life** veille bien sur cette lettre. **-4.** GAMES garder.
◆ **Guards** *npl* MIL [regiment] Garde *f* royale *(britannique)*.
◆ **guard against** *vt insep* se protéger contre OR de, se prémunir contre; **to ~ against doing sthg** se garder de faire qqch; **how can we ~ against such accidents (happening)?** comment éviter OR empêcher (que) de tels accidents (arrivent)?

**guard dog** *n* chien *m* de garde.

**guard duty** *n*: **to be on ~** être de garde OR de faction.

**guarded** ['gɑːdɪd] *adj* prudent, circonspect, réservé; **to give a ~ reply** répondre avec réserve.

**guardedly** ['gɑːdɪdlɪ] *adv* avec réserve, prudemment.

**guardhouse** ['gɑːdhaʊs, *pl* -haʊzɪz] *n* MIL [for guards] corps *m* de garde; [for prisoners] salle *f* de garde.

**guardian** ['gɑːdjən] *n* **-1.** [gen] gardien *m*, -enne *f*; [of museum] conservateur *m*, -trice *f*; **the Guardian** PRESS *quotidien britannique de qualité, plutôt de gauche*. **-2.** JUR [of minor] tuteur *m*, -trice *f*.

**guardian angel** *n* ange *m* gardien.

**guardianship** ['gɑːdjənʃɪp] *n* **-1.** [gen] garde *f*. **-2.** JUR tutelle *f*.

**guardrail** ['gɑːdreɪl] *n* **-1.** [on ship] bastingage *m*, garde-corps *m inv*. **-2.** RAIL contre-rail *m*. **-3.** *Am* [on road] barrière *f* de sécurité.

**guardroom** ['gɑːdrʊm] n -1. MIL [for guards] corps m de garde. -2. [for prisoners] salle f de garde.

**guardsman** ['gɑːdzmən, pl -mən] n MIL Br soldat m de la garde royale; Am soldat m de la garde nationale.

**guard's van** n Br fourgon m du chef de train.

**Guatemala** [ˌgwɑːtəˈmɑːlə] pr n Guatemala m; **in ~** au Guatemala.

**Guatemalan** [ˌgwɑːtəˈmɑːlən] ◇ n Guatémaltèque mf. ◇ adj guatémaltèque.

**guava** ['gwɑːvə] n [tree] goyavier m; [fruit] goyave f.

**gubernatorial** [ˌguːbənəˈtɔːrɪəl] adj Am de OR du gouverneur.

**guer(r)illa** [gəˈrɪlə] ◇ n guérillero m. ◇ comp: **~ strike** grève f sauvage; **~ warfare** guérilla f (combat).

**Guernsey** ['gɜːnzɪ] ◇ pr n [island] Guernesey; **in ~** à Guernesey. ◇ n -1. [cow] vache f de Guernesey. -2. [sweater] jersey m, tricot m.

**guess** [ges] ◇ n -1. [at facts, figures]: **to have** Br OR **to take** Am **a ~ at sthg** (essayer de) deviner qqch; **at a** (rough) **~, I'd say 200** à vue de nez, je dirais 200; **he made a good/a wild ~** il a deviné juste/à tout hasard; **I'll give you three ~es** devine un peu. -2. [hypothesis] supposition f, conjecture f; **it's anybody's ~** Dieu seul le sait, impossible de prévoir; **my ~ is that he won't come** à mon avis il ne viendra pas, je pense qu'il ne viendra pas; **your ~ is as good as mine** tu en sais autant que moi, je n'en sais pas plus que toi. ◇ vt -1. [attempt to answer] deviner; **~ what!** devine un peu!; **~ who!** devine qui c'est!; **~ who I saw in town** devine (un peu) qui j'ai vu en ville; **I ~ed as much** je m'en doutais, c'est bien ce que je pensais. -2. [imagine] croire, penser, supposer; **I ~ you're right** je suppose que vous avez raison; **I ~ so** je pense que oui; **I ~ not** non, effectivement. ◇ vi deviner; **to ~ at sthg** deviner qqch; **(try to) ~!** devine un peu!; **the police ~ed right** la police a deviné OR vu juste; **we ~ed wrong** nous nous sommes trompés; **to keep sb ~ing** laisser qqn dans le doute.

**guesstimate** ['gestɪmət] n inf calcul m au pifomètre.

**guesswork** ['gesuwɜːk] n (U) conjecture f, hypothèse f; **to do sthg by ~** faire qqch au hasard; **it's pure** OR **sheer ~** c'est une simple hypothèse OR supposition.

**guest** [gest] n -1. [visitor – at home] invité m, -e f, hôte mf; [at table] invité m, -e f, convive mf; **~ of honour** invité d'honneur, invitée d'honneur; **be my ~!** fais donc!, je t'en prie!. -2. [in hotel] client m, -e f; [in boarding-house] pensionnaire mf.

**guest book** n livre m d'or.

**guesthouse** ['gesthaʊs, pl -haʊzɪz] n pension f de famille.

**guest list** n liste f des invités.

**guestroom** ['gestrʊm] n chambre f d'amis.

**guest speaker** n conférencier m, -ère f (invité à parler par une organisation, une association).

**guest star** n invité-vedette m, invitée-vedette f; **'~ Rock Hudson'** 'avec la participation de Rock Hudson'.

**guest worker** n travailleur immigré m, travailleuse immigrée f.

**guffaw** [gʌˈfɔː] ◇ n gros éclat m de rire. ◇ vi rire bruyamment, s'esclaffer. ◇ vt: **"of course!", he ~ed** «bien sûr!», s'esclaffa-t-il.

**Guiana** [gaɪˈænə] pr n Guyane f; **the ~s** les Guyanes; **in ~** en Guyane ❑ **French ~** Guyane française; **Dutch ~** Guyane hollandaise.

**Guianan** [gaɪˈɑːnən], **Guianese** [ˌgaɪəˈniːz] ◇ n Guyanais m, -e f. ◇ adj guyanais.

**guidance** ['gaɪdəns] n -1. [advice] conseils mpl; **she needs ~ concerning her education** elle a besoin de conseils pour son éducation. -2. [instruction] direction f, conduite f; [supervision] direction f, supervision f. -3. [information] information f; **diagrams are given for your ~** les schémas sont donnés à titre d'information OR à titre indicatif. -4. AERON guidage m.

**guide** [gaɪd] ◇ n -1. [for tourists] guide mf; **Gino was our ~ during our tour of Rome** Gino nous servait de guide pendant notre visite de Rome. -2. [influence, direction] guide m, indication f; **let your conscience be your ~** laissez-vous guider par votre conscience; **to take sthg as a ~** prendre qqch comme règle de conduite. -3. [indication] indication f,

idée f; **as a rough ~** en gros, approximativement; **are these tests a good ~ to intelligence?** ces tests fournissent-ils une bonne indication de l'intelligence?; **conversions are given as a ~** les conversions sont données à titre indicatif. -4. [manual] guide m, manuel m pratique; **a ~ to better French** un guide pour améliorer votre français; **a ~ to France** un guide de la France. -5. Br [girl scout]: **(Girl) Guide** éclaireuse f. -6. [machine part] guide m. ◇ vt -1. [show the way] guider, conduire; **to ~ sb in/out** conduire qqn jusqu'à l'entrée/la sortie. -2. [instruct] diriger, conduire. -3. [advise] conseiller, guider, orienter; **he ~d the country through some difficult times** il a su conduire le pays durant des périodes difficiles. -4. AERON guider.

**guidebook** ['gaɪdbʊk] n guide m touristique (manuel).

**guided missile** n missile m téléguidé.

**guide dog** n chien m d'aveugle.

**guided tour** n visite f guidée.

**guideline** ['gaɪdlaɪn] n -1. [for writing] ligne f. -2. [hint, principle] ligne f directrice, directives fpl.

**guiding** ['gaɪdɪŋ] ◇ adj [principle] directeur; **she gave me a ~ hand** fig elle m'a donné un coup de main; **he's been a ~ light in my career** il m'a toujours guidé dans ma carrière ❑ **~ star** guide m. ◇ n guidage m, conduite f.

**guild** [gɪld] n -1. [professional] guilde f, corporation f. -2. [association] confrérie f, association f, club m; **women's/church ~** cercle m féminin/paroissial.

**guilder** ['gɪldər] n florin m (hollandais).

**guildhall** ['gɪldhɔːl] n palais m des corporations; **The Guildhall** l'hôtel de ville de la City de Londres.

**guile** [gaɪl] n (U) fml [trickery] fourberie f, tromperie f; [cunning] ruse f, astuce f.

**guileless** ['gaɪllɪs] adj fml candide, ingénu.

**guillemot** ['gɪlɪmɒt] (pl inv OR **guillemots**) n guillemot m.

**guillotine** ['gɪləˌtiːn] ◇ n -1. [for executions] guillotine f. -2. [for paper] massicot m. -3. POL procédure parlementaire consistant à fixer des délais stricts pour l'examen de chaque partie d'un projet de loi. ◇ vt -1. [person] guillotiner. -2. [paper] massicoter. -3. [discussion] clôturer.

**guilt** [gɪlt] n -1. culpabilité f; **~ drove him to suicide** un sentiment de culpabilité l'a poussé au suicide.

**guilt complex** n complexe m de culpabilité.

**guiltily** ['gɪltɪlɪ] adv d'un air coupable.

**guiltless** ['gɪltlɪs] adj innocent.

**guilty** ['gɪltɪ] (compar **guiltier**, superl **guiltiest**) adj coupable; **~ of murder** coupable de meurtre; **to plead ~/not ~** plaider coupable/non coupable; **the judge found her ~** le juge l'a déclarée coupable; **they're ~ of a terrible lack of sensitivity** ils font preuve d'un manque terrible de sensibilité; **to have a ~ conscience** avoir mauvaise conscience; **there's no need to feel ~** il n'y a pas de raison de culpabiliser.

**guinea** ['gɪnɪ] n [money] guinée f (ancienne monnaie britannique).

**Guinea** ['gɪnɪ] pr n Guinée f; **in ~** en Guinée.

**guinea fowl** (pl **guinea fowl**) n pintade f.

**guinea hen** n pintade f (femelle).

**Guinean** ['gɪnɪən] ◇ n Guinéen m, -enne f. ◇ adj guinéen.

**guinea pig** n cochon m d'Inde, cobaye m; [used in experiments] cobaye m; **to use sb as a ~** se servir de qqn comme d'un cobaye, prendre qqn comme cobaye.

**guise** [gaɪz] n -1. [appearance] apparence f, aspect m; **the same old policies in a new ~** la même politique sous des dehors différents; **under** OR **in the ~** of sous l'apparence de. -2. arch [costume] costume m.

**guitar** [gɪˈtɑːr] n guitare f.

**guitarist** [gɪˈtɑːrɪst] n guitariste mf.

**Gujarati** [ˌguːdʒəˈrɑːtɪ] n gujarati m.

**gulag** ['guːlæg] n goulag m; **'The Gulag Archipelago'** Solzhenitzyn 'l'Archipel du goulag'.

**gulch** [gʌltʃ] n Am ravin m.

**gulf** [gʌlf] n -1. [bay] golfe m; **the Gulf of Aden** le golfe d'Aden; **the Gulf of Bothnia** le golfe de Botnie; **the Gulf of California** le golfe de Californie; **the Gulf of Mexico** le golfe du Mexique; **the Gulf of Siam** le golfe de Thaïlande. -2. [chasm] gouffre m, abîme m; **a huge ~ has opened up**

between the two parties *fig* il y a désormais un énorme fossé entre les deux partis. **-3.** GEOG: **the Gulf** le golfe Persique. ◇ *comp* [country, oil] du Golfe; **the Gulf War** la guerre du Golfe.

**Gulf States** *pl pr n*: **the ~** [in US] les États du golfe du Mexique; [round Persian Gulf] les États du Golfe.

**gull** [gʌl] *n* [bird] mouette *f*, goéland *m*.

**gullet** [ˈgʌlɪt] *n* [œsophagus] œsophage *m*; [throat] gosier *m*.

**gulley** [ˈgʌlɪ] (*pl* **gulleys**) = **gully**.

**gullibility** [ˌgʌləˈbɪlətɪ] *n* crédulité *f*, naïveté *f*.

**gullible** [ˈgʌləbl] *adj* crédule, naïf.

**gull-wing** *adj* AUT: **~ door** portière *f* en papillon.

**gully** [ˈgʌlɪ] (*pl* **gullies**) *n* **-1.** [valley] ravin *m*. **-2.** [drain] caniveau *m*, rigole *f*.

**gulp** [gʌlp] ◇ *vt*: **to ~ (down)** [food] engloutir; [drink] avaler à pleine gorge; [air] avaler. ◇ *vi* [with emotion] avoir un serrement de gorge; **he ~ed in surprise** la surprise lui a serré la gorge. ◇ *n* [act of gulping]: **she swallowed it in one ~** elle l'a avalé d'un seul coup ‖ [with emotion] serrement *m* de gorge.
◆ **gulp back** *vt sep* avaler; **she ~ed back her tears** elle a ravalé OR refoulé ses larmes.

**gum** [gʌm] (*pt* & *pp* **gummed**, *cont* **gumming**) ◇ *n* **-1.** ANAT gencive *f*. **-2.** [chewing gum] chewing-gum *m*; **to chew ~** mâcher du chewing-gum. **-3.** [adhesive] gomme *f*, colle *f*. **-4.** BOT [substance] gomme *f*. **-5.** *Br* = **gumdrop**. ◇ *vt* **-1.** [cover with gum] gommer; **gummed paper** papier gommé. **-2.** [stick] coller. ◇ *vi* BOT exsuder de la gomme. ◇ *interj Br inf* & *dated*: **by ~!** nom d'un chien!, mince alors!
◆ **gum up** *vt sep inf* [mechanism] bousiller; [plan] ficher en l'air.

**gumbo** [ˈgʌmbəʊ] (*pl* **gumbos**) *n* **-1.** [dish] *soupe épaisse aux fruits de mer*. **-2.** *Am* [okra] gombo *m*.

**gumboil** [ˈgʌmbɔɪl] *n* parulie *f*, abcès *m* gingival.

**gumboot** [ˈgʌmbuːt] *n Br* botte *f* de caoutchouc.

**gumdrop** [ˈgʌmdrɒp] *n* boule *f* de gomme.

**gumption** [ˈgʌmpʃn] *n* (*U*) *inf* **-1.** *Br* [common sense] jugeote *f*. **-2.** [initiative] initiative *f*.

**gumshield** [ˈgʌmʃiːld] *n* protège-dents *m inv*.

**gum tree** *n* gommier *m*; **to be up a ~** *inf* être dans le pétrin.

**gun** [gʌn] (*pt* & *pp* **gunned**, *cont* **gunning**) ◇ *n* **-1.** arme *f* à feu; [pistol] pistolet *m*; [revolver] revolver *m*; [rifle] fusil *m*; [cannon] canon *m*; **the burglar had a ~** le cambrioleur était armé; **to draw a ~ on sb** braquer une arme sur qqn; **a 21-~ salute** une salve de 21 coups de canon; **the ~s** MIL l'artillerie *f* ❏ **to spike sb's guns** *Br* mettre des bâtons dans les roues à qqn; **to be going great ~s** *inf* [enterprise] marcher à merveille; **she's going great ~s** ça boume pour elle; **the big ~s** *inf* les huiles *fpl*; **to bring out one's big ~s** *inf* mettre le paquet; **to jump the ~** brûler le feu; **to stick to one's ~s** tenir bon. **-2.** [hunter] fusil *m*. **-3.** *inf* [gunman] gangster *m*. **-4.** [dispenser] pistolet *m*; **paint ~** pistolet *m* à peinture. **-5.** ELECTRON canon *m*. ◇ *vt* AUT: **to ~ the engine** accélérer.
◆ **gun down** *vt sep* abattre.
◆ **gun for** *vt insep* **-1.** [look for] chercher. **-2.** [try hard to] faire des pieds et des mains pour obtenir.

**gunboat** [ˈgʌnbəʊt] *n* cannonière *f*.

**gunboat diplomacy** *n* diplomatie *f* imposée par la force, politique *f* de la cannonière.

**gun carriage** *n* affût *m* de canon.

**gun crew** *n* servants *mpl* de pièce.

**gundog** [ˈgʌndɒg] *n* chien *m* de chasse.

**gunfight** [ˈgʌnfaɪt] *n* fusillade *f*.

**gunfire** [ˈgʌnfaɪəʳ] *n* (*U*) coups *mpl* de feu, fusillade *f*; [of cannon] tir *m* d'artillerie.

**gunge** [gʌndʒ] *n* (*U*) *inf* substance *f* collante, amas *m* visqueux.

**gung-ho** [ˌgʌŋˈhəʊ] *adj* tout feu tout flamme, enthousiaste.

**gunk** [gʌŋk] *n* (*U*) *inf* substance *f* visqueuse, amas *m* répugnant.

**gun licence** *n* permis *m* de port d'armes.

**gunman** [ˈgʌnmən] (*pl* **gunmen** [-mən]) *n* gangster *m* (armé); [terrorist] terroriste *m* (armé).

**gunner** [ˈgʌnəʳ] *n* artilleur *m*, canonnier *m*.

**gunnery** [ˈgʌnərɪ] *n* (*U*) artillerie *f*.

**gunnery officer** *n* officier *m* d'artillerie.

**gunny** [ˈgʌnɪ] *n* toile *f* de jute (grossière).

**gunplay** [ˈgʌnpleɪ] *n Am* échange *m* de coups de feu.

**gunpoint** [ˈgʌnpɔɪnt] *n*: **to have** OR **to hold sb at ~** menacer qqn d'un pistolet OR d'un revolver OR d'un fusil; **a confession obtained at ~** une confession obtenue sous la menace d'un revolver.

**gunpowder** [ˈgʌnˌpaʊdəʳ] *n* poudre *f* à canon.

**Gunpowder Plot** *n*: **the~** *Br* HIST la conspiration des poudres.

**gun room** *n* [in house] armurerie *f*; [on warship] poste *m* des aspirants.

**gunrunner** [ˈgʌnˌrʌnəʳ] *n* trafiquant *m*, -e *f* d'armes.

**gunrunning** [ˈgʌnˌrʌnɪŋ] *n* (*U*) trafic *m* d'armes.

**gunship** [ˈgʌnʃɪp] *n* [helicopter] hélicoptère *m* armé.

**gunshot** [ˈgʌnʃɒt] *n* **-1.** [shot] coup *m* de feu; **a ~ wound** une blessure de OR par balle. **-2.** [range]: **to be out of/within ~** être hors de portée de/à portée de fusil.

**gunslinger** [ˈgʌnˌslɪŋəʳ] *n inf* bandit *m* armé.

**gunsmith** [ˈgʌnsmɪθ] *n* armurier *m*.

**gun turret** *n* tourelle *f*.

**gunwale** [ˈgʌnl] *n* NAUT plat-bord *m*.

**guppy** [ˈgʌpɪ] (*pl* **guppies**) *n* guppy *m*.

**gurgle** [ˈgɜːgl] ◇ *vi* [liquid] glouglouter, gargouiller; [stream] murmurer; [baby] gazouiller. ◇ *n* [of liquid] glouglou *m*, gargouillis *m*; [of stream] murmure *m*, gazouillement *m*; [of baby] gazouillis.

**Gurkha** [ˈgɜːkə] *n* Gurkha *m*.

**guru** [ˈguruː] *n* gourou *m*.

**gush** [gʌʃ] ◇ *vi* **-1.** [flow] jaillir; **water ~ed forth** OR **out** l'eau jaillissait. **-2.** [talk effusively] parler avec animation. ◇ *n* **-1.** [of liquid, gas] jet *m*, flot *m*; **a ~ of words** *fig* un flot de paroles. **-2.** [of emotion] vague *f*, effusion *f*.

**gushing** [ˈgʌʃɪŋ] *adj* **-1.** [liquid] jaillissant, bouillonnant. **-2.** [person] trop exubérant; **~ compliments/praise** compliments/éloges sans fin.

**gushy** [ˈgʌʃɪ] (*compar* **gushier**, *superl* **gushiest**) *adj inf* & *pej* [person] exubérant.

**gusset** [ˈgʌsɪt] *n* **-1.** SEW soufflet *m*. **-2.** CONSTR gousset *m*.

**gust** [gʌst] ◇ *n*: **a ~ (of wind)** un coup de vent, une rafale. ◇ *vi* [wind] souffler en bourrasques; [rain] faire des bourrasques.

**gusto** [ˈgʌstəʊ] *n* délectation *f*, enthousiasme *m*.

**gusty** [ˈgʌstɪ] (*compar* **gustier**, *super* **gustiest**) *adj*: **a ~ wind** un vent qui souffle en rafales, des rafales de vent.

**gut** [gʌt] ◇ *n* **-1.** (*usu pl*) ANAT boyau *m*, intestin *m*; **~s** intestins *mpl*, boyaux *mpl*, entrailles *fpl* ❏ **~ feeling** pressentiment *m*; **~ reaction** réaction *f* instinctive OR viscérale. **-2.** (*usu pl*) *inf* [of machine] intérieur *m*. **-3.** (*U*) [thread – for violins] corde *f* de boyau; [– for rackets] boyau *m*. ◇ *vt* **-1.** [fish, poultry etc] étriper, vider. **-2.** [building] ne laisser que les quatre murs de. **-3.** [book] résumer, extraire l'essentiel de.
◆ **guts** *inf* ◇ *n* [glutton] morfal *m*, -e *f*; **don't be such a (greedy) ~s** ne sois pas si morfal. ◇ *npl phr*: **to have ~s** avoir du cran OR du cœur au ventre; **he has no ~** s'il n'a rien dans le ventre; **to work** OR **to sweat one's ~s out** se casser les reins, se tuer au travail; **to hate sb's ~s** ne pas pouvoir blairer qqn; **I'll have your ~s for garters** je vais faire de toi de la chair à pâté.

**gutless** [ˈgʌtlɪs] *adj inf* [cowardly] trouillard, dégonflé.

**gutsy** [ˈgʌtsɪ] (*compar* **gutsier**, *superl* **gutsiest**) *adj inf* **-1.** [courageous] qui a du cran. **-2.** [powerful – film, language, novel] qui a du punch, musclé.

**gutted**▽ [ˈgʌtɪd] *adj Br*: **to be** OR **to feel ~** en être malade.

**gutter** [ˈgʌtəʳ] *n* **-1.** [on roof] gouttière *f*; [in street] caniveau *m*, ruisseau *m*; *fig*: **to rescue sb from** OR **to drag sb out of the ~** tirer qqn du ruisseau. **-2.** [ditch] rigole *f*, sillon *m* (*creusé par la pluie*); [in bookbinding] petits fonds *mpl*. ◇ *vi* [candle flame] vaciller, trembler.

**guttering** [ˈgʌtərɪŋ] *n* (*U*) [of roof] gouttières *fpl*.

**gutter press** *n pej* presse *f* de bas étage, presse *f* à scandale.

**guttersnipe** [ˈgʌtəsnaɪp] *n pej* gosse *mf* des rues.

**guttural** [ˈgʌtərəl] ◇ *adj* guttural. ◇ *n* LING gutturale *f*.

**guv** [gʌv], **guvnor** [ˈgʌvnəʳ] *n Br inf*: **the ~** [boss] le chef, le boss; *dated* [my father] le pater, le paternel.

**guy** [gaɪ] *n* **-1.** *inf* [man] gars *m*, type *m*; a good ~ un mec OR un type bien; ok ~s, let's go allez les gars, on y va; *Am* [to both men and women] allez les copains, on y va. **-2.** *Br* [for bonfire] *effigie de Guy Fawkes.* **-3.** [for tent] corde *f* de tente.

**Guyana** [gaɪ'ænə] *prn* Guyana *m*; in ~ au Guyana.

**Guyanese** [ˌgaɪə'niːz] *adj* guyanais.

**Guy Fawkes' Night** [-'fɔːks-] *prn* fête célébrée le 5 novembre en commémoration de la Conspiration des poudres.

**guy rope** = guy 3.

**guzzle** ['gʌzl] *inf* ◇ *vt* [food] bouffer, bâfrer; [drink] siffler. ◇ *vi* [eat] s'empiffrer, se goinfrer; [drink] boire trop vite.

**guzzler** ['gʌzlə*r*] *n inf* [person] goinfre *mf*; [car] → gas guzzler.

**gym** [dʒɪm] *n* [hall, building] gymnase *m*; [activity] gymnastique *f*, gym *f*.

**gymkhana** [dʒɪm'kɑːnə] *n* gymkhana *m*.

**gymnasium** [dʒɪm'neɪzjəm] (*pl* **gymnasiums** OR **gymnasia** [-zɪə]) *n* gymnase *m*.

**gymnast** ['dʒɪmnæst] *n* gymnaste *mf*.

**gymnastic** [dʒɪm'næstɪk] *adj* [exercises] de gymnastique; [ability] de gymnaste.

**gymnastics** [dʒɪm'næstɪks] *n* (*U*) gymnastique *f*; mental ~ gymnastique cérébrale.

**gym shoe** *n* chaussure *f* de gymnastique OR gym.

**gymslip** ['dʒɪm,slɪp], **gym tunic** *n* [part of uniform] blouse *f* d'écolière.

**gynaecology** *etc* [ˌgaɪnə'kɒlədʒɪ] *Br* = gynecology.

**gynecological** [ˌgaɪnəkə'lɒdʒɪkl] *adj* gynécologique.

**gynecologist** [ˌgaɪnə'kɒlədʒɪst] *n* gynécologue *mf*.

**gynecology** [ˌgaɪnə'kɒlədʒɪ] *n* gynécologie *f*.

**gypsum** ['dʒɪpsəm] *n* gypse *m*.

**gypsy** ['dʒɪpsɪ] (*pl* **gypsies**)= gipsy.

**gyrate** [dʒaɪ'reɪt] *vi* tournoyer.

**gyration** [dʒaɪ'reɪʃn] *n* giration *f*.

**gyratory** ['dʒaɪrətrɪ] *adj* giratoire.

**gyroscope** ['dʒaɪrəskəʊp] *n* gyroscope *m*.

# H

**h** (*pl* **h's** OR **hs**), **H** (*pl* **H's** OR **Hs**) [eɪtʃ] *n* [letter] h *m*, H *m*; to drop one's h's avaler ses h (*et révéler par là ses origines populaires*).

**ha** [hɑː] *interj* [in triumph] ha!, ah!; [in contempt] peuh!

**habeas corpus** [ˌheɪbjəs'kɔːpəs] *n* JUR habeas corpus *m*; to issue a writ of ~ délivrer un (acte d') habeas corpus.

**haberdasher** ['hæbədæʃə*r*] *n* **-1.** *Br* [draper] mercier *m*, -ère *f*. **-2.** *Am* [shirtmaker] chemisier *m*, -ère *f*.

**haberdashery** ['hæbədæʃərɪ] *n* **-1.** *Br* [draper's] mercerie *f*. **-2.** *Am* [shirtmaker's] marchand *m*, -e *f* de vêtements d'hommes (*en particulier de gants et de chapeaux*).

**habit** ['hæbɪt] *n* **-1.** [custom] habitude *f*; to be in/to get into the ~ of doing sthg avoir/prendre l'habitude de faire qqch; to get sb into the ~ of doing sthg prendre OR donner à qqn l'habitude de faire qqch, habituer qqn à faire qqch; to make a ~ of sthg/of doing sthg prendre l'habitude de qqch/de faire qqch; don't worry, I'm not going to make a ~ of it ne t'en fais pas, cela ne deviendra pas une habitude; just don't make a ~ of it! ne recommence pas!, que cela ne se reproduise pas!; to get out of a ~ perdre une habitude; he has a very strange ~ of pulling his ear when he talks il a un tic très étrange consistant à se tirer l'oreille quand il parle; from force of ~ par habitude. **-2.** *inf* [drug dependency]: to have a ~ être accro; to kick the ~ [drugs, tobacco] décrocher. **-3.** [dress – of monk, nun] habit *m*; [– for riding] tenue *f* de cheval.

**habitable** ['hæbɪtəbl] *adj* habitable.

**habitat** ['hæbɪtæt] *n* habitat *m*.

**habitation** [ˌhæbɪ'teɪʃn] *n* **-1.** [occupation] habitation *f*; there were signs of recent ~ l'endroit semblait avoir été habité dans un passé récent; fit/unfit for ~ habitable/ inhabitable; [from sanitary point of view] salubre/insalubre. **-2.** [place] habitation *f*, résidence *f*, demeure *f*.

**habit-forming** [-ˌfɔːmɪŋ] *adj* [drug] qui crée une accoutumance OR une dépendance.

**habitual** [hə'bɪtʃʊəl] *adj* [customary – generosity, lateness, good humour] habituel, accoutumé; [– liar, drinker] invétéré;

~ offender JUR récidiviste *mf*.

**habitually** [hə'bɪtʃʊəlɪ] *adv* habituellement, ordinairement.

**habituate** [hə'bɪtʃʊeɪt] *vt fml*: to ~ o.s./sb to sthg s'habituer/habituer qqn à qqch.

**hack** [hæk] ◇ *n* **-1.** [sharp blow] coup *m* violent; [kick] coup *m* de pied. **-2.** [cut] entaille *f*. **-3.** *pej* [writer] écrivaillon *m*; [politician] politicard *m*. **-4.** [horse for riding] cheval *m* de selle; [horse for hire] cheval *m* de louage; [old horse, nag] rosse *f*, carne *f*. **-5.** [ride]: to go for a ~ aller faire une promenade à cheval. **-6.** [cough] toux *f* sèche.
◇ *comp*: ~ writer écrivaillon *m*, écrivain *m* médiocre; ~ writing travail *m* d'écrivaillon.
◇ *vt* **-1.** [cut] taillader, tailler; to ~ sb/sthg to pieces tailler qqn/qqch en pièces; *fig* [opponent, manuscript] mettre OR tailler qqn/qqch en pièces; to ~ sb to death tuer qqn à coups de couteau OR de hache; he ~ed his way through the jungle il s'est taillé un passage à travers la jungle à coups de machette. **-2.** [kick – ball] donner un coup de pied sec dans; to ~ sb on the shins donner un coup de pied dans les tibias à qqn. **-3.** COMPUT: to ~ one's way into a system entrer dans un système par effraction. **-4.** *inf phr*: I can't ~ it [can't cope] je n'en peux plus, je craque.
◇ *vi* **-1.** [cut] donner des coups de couteau (*de hache etc*); to ~ (away) at sthg taillader qqch. **-2.** [kick]: to ~ at sb's shins donner des coups de pied dans les tibias à qqn. **-3.** COMPUT: to ~ into a system entrer dans un système par effraction. **-4.** [on horseback] aller à cheval; to go ~ing aller faire une promenade à cheval.
◆ **hack down** *vt sep* [tree] abattre à coups de hache; [person] massacrer à coups de couteau (*de hache etc*).
◆ **hack off** *vt sep* [branch, sb's head] couper.
◆ **hack up** *vt sep* [meat, wood] tailler OR couper en menus morceaux; [body, victim] mettre en pièces, découper en morceaux.

**hacker** ['hækə*r*] *n* COMPUT pirate *m* informatique.

**hackie** ['hækɪ] *n Am inf* chauffeur *m* de taxi.

**hacking** ['hækɪŋ] ◇ *n* (*U*) **-1.** [in football, rugby etc] coups *mpl*

de pied dans les tibias. **-2.** [coughing] toux *f* sèche. **-3.**
COMPUT piratage *m* (*informatique*). ◇ *adj*: ~ **cough** toux *f* sèche.

**hacking jacket** *n* veste *f* de cheval.

**hackle** ['hækl] *n* [of bird] plume *f* du cou.

**hackles** ['hæklz] *npl* [of dog] poils *mpl* du cou; **when a dog has its** ~ **up** quand un chien a le poil hérissé ‖ *fig*: **it gets my** ~ **up, it makes my** ~ **rise** ça me hérisse.

**hackney carriage** ['hæknɪ-] *n* **-1.** [horse-drawn] fiacre *m*.**-2.** *fml* [taxi] taxi officiellement agréé.

**hackneyed** ['hæknɪd] *adj* [subject] réchauffé, rebattu; [turn of phrase] banal, commun; ~ **expression** cliché *m*, lieu *m* commun.

**hacksaw** ['hæksɔ:] *n* scie *f* à métaux.

**had** [*weak form* həd, *strong form* hæd] *pt* & *pp* → **have**.

**haddock** ['hædək] *n* aiglefin *m*, églefin *m*; [smoked] haddock *m*.

**Hades** ['heɪdi:z] *prn* Hadès.

**hadn't** ['hædnt] = **had not**.

**Hadrian** ['heɪdrɪən] *pr n* Hadrien; ~**'s Wall** le Mur d'Hadrien.

**haematology** *Br*, **hematology** *Am* [,hi:mə'tɒlədʒɪ] *n* hématologie *f*.

**haematoma** *Br*, **hematoma** *Am* [,hi:mə'təumə] *n* hématome *m*.

**haemoglobin** *Br*, **hemoglobin** *Am* [,hi:mə'gləubɪn] *n* hémoglobine *f*.

**haemophilia** *Br*, **hemophilia** *Am* [,hi:mə'fɪlɪə] *n* hémophilie *f*.

**haemophiliac** *Br*, **hemophiliac** *Am* [,hi:mə'fɪlɪæk] *n* hémophile *mf*.

**haemorrhage** *Br*, **hemorrhage** *Am* ['hemərɪdʒ] ◇ *n* hémorragie *f*. ◇ *vi* faire une hémorragie.

**haemorrhaging** *Br*, **hemorrhaging** *Am* ['heməri,dʒɪŋ] *n* (*U*) hémorragie; **there's still some haemorrhaging** l'hémorragie n'est pas encore arrêtée.

**haemorrhoids** *Br*, **hemorrhoids** *Am* ['heməroɪdz] *npl* hémorroïdes *fpl*.

**haft** [hæft] *n* [of knife] manche *m*; [of sword] poignée *f*.

**hag** [hæg] *n* [witch] sorcière *f*; *pej* [old woman] vieille sorcière *f*, vieille chouette *f*; [unpleasant woman] harpie *f*.

**haggard** ['hægəd] *adj* [tired, worried] hâve.

**haggis** ['hægɪs] *n* plat typique écossais fait d'une panse de brebis farcie.

**haggle** ['hægl] ◇ *vi* **-1.** [bargain] marchander; **to** ~ **over the price** marchander sur le prix. **-2.** [argue over details] chicaner, chipoter; **to** ~ **over** OR **about sthg** chicaner OR chipoter sur qqch. ◇ *n*: **after a long** ~ **over the price** après un long marchandage sur le prix.

**haggler** ['hæglər] *n* **-1.** [over price] marchandeur *m*, -euse *f*. **-2.** [over details, wording] chicaneur *m*, -euse *f*, chipoteur *m*, -euse *f*.

**haggling** ['hæglɪŋ] *n* (*U*) **-1.** [over price] marchandage *m*. **-2.** [about details, wording] chicanerie *f*, chipotage *m*.

**hagiography** [,hægɪ'ɒgrəfɪ] *n* hagiographie *f*.

**Hague** [heɪg] *pr n*: **The** ~ La Haye.

**hah** [ha:] = **ha**.

**ha-ha** ◇ *interj* [mock amusement] ha ha; [representing laughter: in comic, novel] ha ha ha, hi hi hi. ◇ *n* [wall, fence] *mur ou clôture installé dans un fossé*.

**hail** [heɪl] ◇ *n* METEOR grêle *f*; *fig* [of stones] grêle *f*, pluie *f*; [of abuse] avalanche *f*, déluge *m*; [of blows] grêle. ◇ *vi* METEOR grêler. ◇ *vt* **-1.** [call to - taxi, ship, person] héler; **within** ~**ing distance** à portée de voix. **-2.** [greet - person] acclamer, saluer. **-3.** [acclaim - person, new product, invention etc] acclamer, saluer; **to** ~ **sb emperor** proclamer qqn empereur. **-4.** *phr*: **to** ~ **blows on sb** faire pleuvoir les coups sur qqn. ◇ *interj arch* salut à vous OR toi.

◆ **hail down** ◇ *vi insep* [blows, stones etc] pleuvoir. ◇ *vt sep*: **to** ~ **down curses on sb** *lit* déverser un déluge de malédictions sur qqn.

◆ **hail from** *vt insep* [ship] être en provenance de; [person] venir de, être originaire de.

**hail-fellow-well-met** *adj dated* & *pej*: **he's always very** ~

il fait toujours montre d'une familiarité joviale.

**Hail Mary** *n* RELIG [prayer] Je vous salue Marie *m inv*, Ave (Maria) *m inv*.

**hailstone** ['heɪlstəun] *n* grêlon *m*.

**hailstorm** ['heɪlstɔ:m] *n* averse *f* de grêle.

**hair** [heər] ◇ *n* **-1.** (*U*) [on person's head] cheveux *mpl*; **to have long/short** ~ avoir les cheveux longs/courts; **to get** OR **to have one's** ~ **cut** se faire couper les cheveux; **to get one's** ~ **done** se faire coiffer; **who does your** ~? qui vous coiffe?; **I like the way you've done your** ~ j'aime bien la façon dont tu t'es coiffé; **to wash one's** ~ se laver les cheveux OR la tête; **to brush one's** ~ se brosser (les cheveux); **she put her** ~ **up** elle a relevé ses cheveux; **your** ~ **looks nice** tu es bien coiffé; **my** ~**'s a mess** je suis vraiment mal coiffé. **-2.** [single hair – on person's head] cheveu *m*; [– on person's or animal's face or body] poil *m*; **move it a** ~ **over to the right** *Am inf* déplace-le un chouia vers la droite. **-3.** (*U*) [on body, face] poils *mpl*; [on animal] poils *mpl*. **-4.** *phr*: **it makes your** ~ **stand on end** [is frightening] c'est à vous faire dresser les cheveux sur la tête; **it would make your** ~ **curl** *inf* [ride, journey] c'est à vous faire dresser les cheveux sur la tête; [prices, bad language] c'est à vous faire tomber à la renverse; [drink] ça arrache; **keep your** ~ **on!** *Br inf* ne t'excite pas!; **to let one's** ~ **down** se laisser aller, se défouler; **to get in sb's** ~ *inf* taper sur les nerfs de qqn; **keep him out of my** ~ *inf* fais en sorte que je ne l'aie pas dans les jambes; **to have a** ~ **of the dog (that bit you)** *hum* reprendre un verre (pour faire passer sa gueule de bois); **to split** ~**s** couper les cheveux en quatre, chercher la petite bête; **she never has a** ~ **out of place** [is immaculate] elle n'a jamais un cheveu de travers; **to win by a** ~ gagner d'un cheveu OR d'un quart de poil; **she didn't turn a** ~ elle n'a pas cillé; **this will put** ~**s on your chest** *inf* & *hum* [strong drink, good steak etc] ça va te redonner du poil de la bête.
◇ *comp* **-1.** [cream, conditioner, lotion] capillaire, pour les cheveux; ~ **appointment** rendez-vous *m* chez le coiffeur; ~ **lacquer** laque *f* (pour les cheveux); ~ **straightener** produit *m* défrisant. **-2.** [colour] de cheveux. **-3.** [mattress] de crin.

**hairband** ['heəbænd] *n* bandeau *m*.

**hairbrush** ['heəbrʌʃ] *n* brosse *f* à cheveux.

**hairclip** ['heəklɪp] *n* barrette *f*.

**hair clippers** *npl* tondeuse *f*; **a pair of** ~ une tondeuse.

**haircut** ['heəkʌt] *n* coupe *f* (de cheveux); **I need a** ~ j'ai besoin de me faire couper les cheveux; **to have a** ~ se faire couper les cheveux; **to give sb a** ~ couper les cheveux à qqn.

**hairdo** ['heədu:] *n inf* coiffure *f*.

**hairdresser** ['heə,dresər] *n* [shop] salon *m* de coiffure; **to go to the** ~'s aller chez le coiffeur.

**hairdressing** ['heə,dresɪŋ] *n* [skill] coiffure *f*; ~ **salon** salon *m* de coiffure.

**hair drier, hair dryer** *n* [hand-held] sèche-cheveux *m inv*, séchoir *m*; [over the head] casque *m*.

**-haired** [heəd] *in cpds*: **long/short**~ [person] aux cheveux longs/courts; [animal] à poil(s) long(s)/court(s); **wire**~ [dog] à poil(s) dur(s).

**hair follicle** *n* follicule *m* pileux.

**hair gel** *n* gel *m* pour les cheveux.

**hairgrip** ['heəgrɪp] *n Br* pince *f* à cheveux.

**hairless** ['heəlɪs] *adj* [head] chauve, sans cheveux; [face] glabre; [body] peu poilu; [animal] sans poils; [leaf] glabre.

**hairline** ['heəlaɪn] ◇ *n* **-1.** [of the hair] naissance *f* des cheveux; **to have a receding** ~ [above forehead] avoir le front qui se dégarnit; [at temples] avoir les tempes qui se dégarnissent. **-2.** [in telescope, gun sight] fil *m*. ◇ *comp*: ~ **crack** fêlure *f*; ~ **fracture** MED fêlure *f*.

**hairnet** ['heənet] *n* résille *f*, filet *m* à cheveux.

**hairpiece** ['heəpi:s] *n* [toupee] perruque *f* (pour hommes); [extra hair] postiche *m*.

**hairpin** ['heəpɪn] *n* **-1.** [for hair] épingle *f* à cheveux. **-2.** ~ (**bend**) virage *m* en épingle à cheveux.

**hair-raising** [-,reɪzɪŋ] *adj* [adventure, experience, story, account] à faire dresser les cheveux sur la tête, effrayant; [prices, expenses] affolant, exorbitant.

**hair remover** *n* crème *f* dépilatoire.

**hair restorer** *n* produit *m* pour la repousse des cheveux.

**hair's breadth** *n*: the truck missed us by a ~ le camion nous a manqués d'un cheveu OR de justesse.

**hair shirt** *n* haire *f*, cilice *m*.

**hair slide** *n* barrette *f*.

**hairsplitting** ['heə,splɪtɪŋ] ◇ *adj*: that's a ~ argument OR distinction c'est de la chicanerie, c'est couper les cheveux en quatre. ◇ *n (U)* chicanerie *f*; that's just ~ tu es vraiment en train de couper les cheveux en quatre.

**hair spray** *n* laque *f* OR spray *m* (pour les cheveux).

**hairspring** ['heəsprɪŋ] *n* [in clock] spiral *m* (*de montre*).

**hairstyle** ['heəstaɪl] *n* coiffure *f*.

**hairstylist** ['heə,staɪlɪst] *n* styliste *mf* en coiffure.

**hair trigger** *n* [in firearm] détente *f* OR gâchette *f* sensible.

♦ **hair-trigger** *adj fig*: to have a hair-trigger temper [lose one's temper easily] s'emporter facilement.

**hairy** ['heərɪ] (*compar* **hairier**, *superl* **hairiest**) *adj* -1. [arms, chest] poilu, velu; [person, animal] poilu; [stalk of plant] velu. -2. *inf* [frightening] à faire dresser les cheveux sur la tête; [difficult, daunting] qui craint; there were a few ~ moments when the brakes seemed to be failing il y a eu des moments craignos où les freins semblaient lâcher; things are getting a bit ~ at the office [because of workload] ça devient un peu la folie au bureau; [because of personal or financial tension] ça commence à craindre au bureau.

**Haiti** ['heɪtɪ] *pr n* Haïti; in ~ à Haïti.

**Haitian** ['heɪʃn] ◇ *adj* haïtien. ◇ *n* Haïtien *m*, -enne *f*.

**hake** [heɪk] *n* merlu *m*, colin *m*.

**halal** [hə'lɑːl] ◇ *n* [meat] viande *f* halal. ◇ *adj* halal.

**halcyon** ['hælsɪən] *adj*: those ~ days *lit* ces temps heureux.

**hale** [heɪl] *adj*: ~ and hearty en pleine santé.

**half** [*Br* hɑːf, *Am* hæf] (*pl* **halves** [*Br* hɑːvz, *Am* hævz]) ◇ *n* -1. moitié *f*; [of standard measured amount] demi *m*, -e *f*; [of ticket, coupon] souche *f*; to cut/to break sthg in ~ couper/casser qqch en deux; what's ~ of 13.72? quelle est la moitié de 13,72?; two and two halves, please [on bus, train etc] deux billets tarif normal et deux billets demi-tarif, s'il vous plaît; it cuts the journey time in ~ cela diminue la durée du voyage de moitié; three and a ~ pieces/years trois morceaux/ans et demi; bigger by ~ *Br* plus grand de moitié; two halves make a whole deux moitiés OR demis font un tout; to go halves with sb partager avec qqn; they don't do things by halves ils ne font pas les choses à moitié □ he always was too clever by ~ *Br* il a toujours été un peu trop malin; that was a walk and a ~! *inf* c'était une sacrée promenade!; and that's not the ~ of it *inf* ce n'est que le début; my better OR other ~ *hum* ma (chère) moitié; to see how the other ~ lives *hum* voir comment on vit de l'autre côté de la barrière, voir comment vivent les autres. -2. [period of sports match] mi-temps *f inv.*-3. [area of football or rugby pitch] camp *m*.-4. [rugby or football player] demi *m*.-5. *Br* [half pint of beer] demi *m* (de bière).

◇ *pron*: leave ~ of it for me laisse-m'en la moitié; ~ of us were students la moitié d'entre nous étaient des étudiants.

◇ *adj*: a ~ chicken un demi-poulet; at ~ speed au ralenti; to travel ~ fare voyager à demi-tarif.

◇ *predet*: ~ the time he seems to be asleep on a l'impression qu'il est endormi la moitié du temps; he's ~ a year older than me il a six mois de plus que moi; ~ a minute! *inf* une (petite) minute!; I'll be down in ~ a second *inf* je suis en bas dans une seconde; I'll be there in ~ an hour j'y serai dans une demi-heure; just ~ a cup for me juste une demi-tasse pour moi □ he's not ~ the man he used to be il n'est plus que l'ombre de lui-même; to have ~ a mind to do sthg *inf* avoir bien envie de faire qqch.

◇ *adv* -1. [finished, asleep, dressed] à moitié; [full, empty, blind] à moitié, à demi; to be ~ full of sthg être à moitié rempli de qqch; a strange colour, ~ green, ~ blue une couleur bizarre, entre le vert et le bleu; to be ~ English and ~ French être moitié anglais moitié français; I ~ think that... je suis tenté de penser que... -2. *Br inf* [as intensifier]: they're not ~ fit ils sont en super-forme; did you complain? — I didn't ~! OR not ~! est-ce que vous vous êtes plaint? — et comment! OR pas qu'un peu. -3. [time]: it's ~ past two *Br*, it's ~ two il est deux heures et demie; ~ after six *Am* six heures et demie. -4. *phr*: to be ~ as big/fast as sb/sthg être

moitié moins grand/rapide que qqn/qqch; to earn ~ as much as sb gagner moitié moins que qqn; to be ~ as big again (as sb/sthg) être moitié plus grand (que qqn/qqch).

**half-a-crown** *n Br* demi-couronne *f*.

**half-and-half** ◇ *n Br* [beer] *mélange de deux bières*; *Am* [for coffee] *mélange de crème et de lait*. ◇ *adv* moitié-moitié; it's ~ c'est moitié-moitié.

**halfback** ['hɑːfbæk] *n* SPORT demi *m*.

**half-baked** [-'beɪkt] *adj inf* & *fig* [scheme, proposal] qui ne tient pas debout; [person] niais.

**half-blood** *n dated* & *offensive* métis *m*, -isse *f*.

**half board** *Br* ◇ *n* demi-pension *f*. ◇ *adv* en demi-pension.

**half-breed** ◇ *n* -1. [animal] hybride *m*; [horse] cheval *m* demi-sang. -2. *dated* & *offensive* [person] métis *m*, -isse *f*. ◇ *adj* -1. [animal] hybride; [horse] demi-sang. -2. *dated* & *offensive* [person] métis.

**half-brother** *n* demi-frère *m*.

**half-caste** *dated* & *offensive* ◇ *n* [person] métis *m*, -isse *f*. ◇ *adj* métis.

**half-circle** *n* demi-cercle *m*.

**half cock** *n*: to go off at ~ [plan] avorter.

**half-crazy** *adj* à moitié fou.

**half-cup** *adj*: ~ bra soutien-gorge *m* à balconnet.

**half-day** ◇ *n* [at school, work] demi-journée *f*; tomorrow is my ~ [work] demain c'est ma demi-journée de congé; to work ~s faire des demi-journées. ◇ *adj*: a ~ holiday une demi-journée de congé.

**half-dollar** *n* pièce *f* de 50 cents.

**half-dozen** *n* demi-douzaine *f*; a ~ eggs une demi-douzaine d'œufs.

**half-drowned** [-'draund] *adj* à moitié OR à demi noyé.

**half-eaten** *adj* à moitié mangé.

**half-fill** *vt* [glass] remplir à moitié OR à demi.

**half-full** *adj* à moitié OR à demi plein.

**half-hardy** *adj* BOT semi-rustique.

**half-hearted** *adj* [attempt, attitude] qui manque d'enthousiasme OR de conviction, timide, hésitant; [acceptance] tiède, qui manque d'enthousiasme; he was very ~ about it il était vraiment peu enthousiaste à ce propos.

**half-heartedly** [-'hɑːtɪdlɪ] *adv* [accept, agree, say] sans enthousiasme OR conviction, du bout des lèvres.

**half-hitch** *n* demi-clef *f*.

**half-holiday** *n* demi-journée *f* de congé.

**half-hour** ◇ *n* [period] demi-heure *f*; I'll wait a ~ *Am* j'attendrai une demi-heure; on the ~ à la demie. ◇ *comp*: at ~ intervals toutes les demi-heures.

**half-hourly** *adj* & *adv* toutes les demi-heures.

**half-joking** *adj* mi-figue, mi-raisin.

**half-landing** *n* [on staircase] palier *m* (*entre deux étages*).

**half-length** *adj* [portrait] en buste.

**half-life** *n* PHYS demi-vie *f*, période *f*.

**half-light** *n* demi-jour *m*.

**half-marathon** *n* semi-marathon *m*.

**half-mast** *n*: at ~ [flag] en berne.

**half measure** *n* demi-mesure *f*.

**half-miler** *n* [runner] coureur *m*, -euse *f* de demi-mile.

**half-moon** *n* demi-lune *f*; [on fingernail] lunule *f*.

**half-naked** *adj* à moitié nu.

**half-nelson** *n* clef *f* du cou.

**half-note** *n Am* [minim] blanche *f*.

**half-open** ◇ *adj* [eyes, door, window] entrouvert. ◇ *vt* [eyes, door, window] entrouvrir.

**half-pay** *n* demi-salaire *m*; [in civil service] demi-traitement *m*; MIL demi-solde *f*.

**halfpenny** ['heɪpnɪ] (*pl* **halfpennies**) *Br dated* ◇ *n* demi-penny *m*. ◇ *comp* d'un demi-penny.

**half-pint** ◇ *n* -1. [measurement] ≈ quart *m* de litre; I'll just have a ~ [of beer] je prendrai juste un demi. -2. *inf* [small person] demi-portion *f*. ◇ *comp*: a ~ glass ≈ un verre de 25 cl.

**half-price** ◇ *n* demi-tarif *m*; reduced to ~ réduit de moitié; these goods are going at ~ ces produits sont vendus à moitié prix. ◇ *adj* [goods] à moitié prix; [ticket] (à) demi-tarif. ◇ *adv*: children get in ~ les enfants payent demi-tarif; **I got it** ~ [purchase] je l'ai eu à moitié prix.

**half rest** n Am MUS demi-pause f.

**half-shut** adj [eyes, door, window] mi-clos, à moitié fermé.

**half-sister** n demi-sœur f.

**half-size** ◇ adj [model] réduit de moitié. ◇ n [in shoes] demi-pointure f; [in clothing] demi-taille f.

**half-staff** Am = **half-mast**.

**half-starved** adj à moitié mort de faim, affamé.

**half step** n Am MUS demi-ton m.

**half term** n Br SCH congé scolaire en milieu de trimestre.
◆ **half-term** adj: half-term holiday petites vacances fpl.

**half-timbered** [-'tɪmbəd] adj [house] à colombages, à pans de bois.

**half-time** ◇ n -1. SPORT mi-temps f inv; **at** ~ à la mi-temps; **that's the whistle for** ~ on siffle la mi-temps. -2. [in work] mi-temps m. ◇ comp SPORT [whistle] de la mi-temps; [score] à la mi-temps.

**half-title** n faux-titre m.

**halftone** ['hɑ:ftəʊn] n -1. ART & PHOT similigravure f.-2. Am MUS demi-ton m.

**half-track** n [vehicle] half-track m.

**half-truth** n demi-vérité f.

**half-volley** ◇ n [in tennis] demi-volée f. ◇ vt [in tennis]: he ~ed the ball to the baseline d'une demi-volée, il a envoyé la balle sur la ligne de fond.

**halfway** [hɑ:f'weɪ] ◇ adv -1. [between two places] à mi-chemin; **it's** ~ **between Rennes and Cherbourg** c'est à mi-chemin entre Rennes et Cherbourg; **we had got** ~ **to Manchester** nous étions arrivés à mi-chemin de Manchester; **we had climbed** ~ **up the mountain** nous avions escaladé la moitié de la montagne; **the path stops** ~ **up** le chemin s'arrête à mi-côte; **the ivy reaches** ~ **up the wall** le lierre monte jusqu'à la moitié du mur; ~ **through the programme/film** à la moitié de l'émission/du film; **to meet sb** ~ retrouver qqn à mi-chemin; fig couper la poire en deux, faire un compromis; **we're almost** ~ **there** [in travelling, walking etc] nous sommes presque à mi-chemin, nous avons fait presque la moitié du chemin; [in work, negotiations] nous sommes presque à mi-chemin; **this will go** ~ **towards covering the costs** cela couvrira la moitié des dépenses. -2. inf [more or less]: **a** ~ **decent salary** un salaire à peu près décent. ◇ comp: **work has reached the** ~ **stage** le travail est à mi-chemin; **at the** ~ **point of his career** au milieu de sa carrière; **they're at the** ~ **mark** [in race] ils sont à mi-course; ~ **line** SPORT ligne f médiane.

**halfway house** n -1. [on journey] (auberge f) relais m.-2. [for rehabilitation] centre m de réadaptation (pour anciens détenus, malades mentaux, drogués etc) (stade m de) transition f; [compromise] compromis m.

**half-wit** n inf imbécile mf.

**half-witted** adj inf [person] faible OR simple d'esprit; [idea, suggestion, behaviour] idiot.

**half-yearly** ◇ adj semestriel. ◇ adv tous les six mois.

**halibut** ['hælɪbət] n flétan m.

**halitosis** [,hælɪ'təʊsɪs] n (U) mauvaise haleine f; MED halitose f.

**hall** [hɔ:l] n -1. [of house] entrée f, vestibule m; [of hotel, very large house] hall m; [corridor] couloir m.-2. [large room] salle f; **dining** ~ SCH & UNIV réfectoire m; [of stately home] salle f à manger; **to eat in** ~ Br UNIV manger à la cantine ou au restaurant universitaire. -3. [building]: ~ **of residence** Br UNIV résidence f universitaire; **I'm living in** ~ Br UNIV je loge à l'université; ~ **of fame** fig panthéon m.-4. [mansion, large country house] château m, manoir m.

**halleluja(h)** [,hælɪ'lu:jə] ◇ interj alléluia. ◇ n alléluia m; **the Hallelujah Chorus** MUS l'Alléluia.

**hallmark** ['hɔ:lmɑ:k] ◇ n -1. literal poinçon m.-2. fig marque f; **to have the** ~ **of genius** porter la marque OR le sceau du génie; **the** ~ **of any good author** ce qui caractérise tout bon auteur. ◇ vt [precious metals] poinçonner.

**hallo** [hə'ləʊ] interj = **hello**.

**halloo** [hə'lu:] (pl halloos, pt & pp hallooed, cont hallooing) HUNT ◇ interj taïaut, tayaut. ◇ vi crier taïaut OR tayaut. ◇ n taïaut m, tayaut m.

**hallow** ['hæləʊ] vt fml sanctifier, consacrer; ~ed be Thy

name que Ton nom soit sanctifié.

**hallowed** ['hæləʊd] adj saint, béni; ~ **ground** RELIG terre f sainte OR bénie; fig lieu m de culte.

**Hallowe'en** [,hæləʊ'i:n] pr n veille de la Toussaint, où les enfants se déguisent en fantômes et en sorcières.

**hall porter** n [in hotel] portier m.

**hallstand** ['hɔ:lstænd] n portemanteau m.

**hallucinate** [hə'lu:sɪneɪt] vi avoir des hallucinations.

**hallucination** [,həlu:sɪ'neɪʃn] n hallucination f.

**hallucinatory** [hə'lu:sɪnətrɪ] adj hallucinatoire.

**hallucinogen** [hə'lu:sɪnə,dʒen] n hallucinogène m.

**hallucinogenic** [hə,lu:sɪnə'dʒenɪk] adj hallucinogène.

**hallway** ['hɔ:lweɪ] n [of house] vestibule m, entrée f; [corridor] couloir m.

**halo** ['heɪləʊ] (pl halos OR haloes) n [of saint] auréole f, nimbe m; ASTRON halo m; fig auréole f.

**halogen** ['hælədʒen] n CHEM halogène m; ~ **headlights/lamps** phares mpl/lampes fpl à halogène.

**halt** [hɔ:lt] ◇ n -1. [stop] halte f; **to bring to a** ~ [vehicle] arrêter, immobiliser; [horse] arrêter; [production, project] interrompre; **to call a** ~ **to sthg** mettre fin à qqch; **let's call a** ~ **for today** arrêtons-nous pour aujourd'hui; **to come to a** ~ [vehicle, horse] s'arrêter, s'immobiliser; **until the aircraft comes to a complete** ~ jusqu'à l'arrêt complet de l'appareil. -2. Br [small railway station] halte f. ◇ vi -1. [stop] s'arrêter; ~**!** (, who goes there?) MIL halte! (, qui va là?). ◇ vt arrêter; [troops] faire faire halte à, stopper; [production - temporarily] interrompre, arrêter; [- for good] arrêter définitivement.

**halter** ['hɔ:ltər] n -1. [for horse] licou m, collier m.-2. [on women's clothing] = **halter neck**.

**halter neck** n: a dress with a ~ une robe dos nu OR bain de soleil.
◆ **halter-neck** comp [dress] dos nu, bain de soleil!

**halter top** n bain m de soleil.

**halting** ['hɔ:ltɪŋ] adj [verse, style] boiteux, heurté; [voice, step, progress] hésitant; [growth] discontinu.

**haltingly** ['hɔ:tɪŋlɪ] adv [say, speak] de façon hésitante.

**halve** [Br hɑ:v, Am hæv] vt -1. [separate in two] couper OR diviser OR partager en deux. -2. [reduce by half] réduire OR diminuer de moitié.

**halves** [Br hɑ:vz, Am hævz] pl → **half**.

**ham** [hæm] (pt & pp hammed, cont hamming) ◇ n -1. [meat] jambon m; **a** ~ un jambon; ~ **and eggs** œufs mpl au jambon; ~ **sandwich** sandwich m au jambon. -2. [radio operator] radioamateur m; ~ **licence** permis m de radioamateur. -3. [actor] cabot m, cabotin m, -e f.-4. [of leg] cuisse f. ◇ comp: ~ **acting** cabotinage m. ◇ vi = **ham up**.
◆ **ham up** vt sep: **to** ~ **it up** inf en faire trop.

**Hamburg** ['hæmbɜ:g] pr n Hambourg.

**hamburger** ['hæmbɜ:gər] n -1. [beefburger] hamburger m.-2. Am [minced beef] viande f hachée.

**ham-fisted** [-'fɪstɪd], **ham-handed** [-'hændɪd] adj [person] empoté, maladroit; [behaviour] maladroit.

**hamlet** ['hæmlɪt] n [small village] hameau m; **'Hamlet'** Shakespeare 'Hamlet'.

**hammer** ['hæmər] ◇ n -1. [tool] marteau m ❑ **the** ~ **and sickle** [flag] la faucille et le marteau; **to come** OR **to go under the** ~ être vendu aux enchères; **to be** OR **to go at it** ~ **and tongs** [argue] se disputer comme des chiffonniers; [in work, match] y aller à fond OR de bon cœur, mettre le paquet. -2. [of piano] marteau m; [of firearm] chien m.-3. [in ear] marteau m. ◇ vt -1. [nail, spike etc] enfoncer au marteau; [metal] marteler; **to** ~ **a nail into sthg** enfoncer un clou dans qqch; **to** ~ **sthg flat/straight** aplatir/redresser qqch à coups de marteau; **to** ~ **home** [nail] enfoncer à fond au marteau; fig [point of view] insister lourdement sur; **they're always** ~**ing it into us that...** ils nous rabâchent sans arrêt que... -2. inf [defeat] battre à plate couture; [criticize] descendre en flammes. ◇ vi frapper OR taper au marteau; fig [heart] battre fort; **to** ~ **on the table** [with fist] taper du poing sur la table; **to** ~ **at the door** tambouriner à la porte.
◆ **hammer away** vi insep [with hammer] donner des coups de marteau; **to** ~ **away at sthg** taper sur qqch avec un marteau, donner des coups de marteau sur qqch; fig [at agree-

ment, contract] travailler avec acharnement à la mise au point de qqch; [problem] travailler avec acharnement à la solution de qqch; he ~ed away at the door [with fists] il a tambouriné à la porte; to ~ away at the piano/on the typewriter marteler le piano/la machine à écrire.
◆ **hammer down** vt sep [nail, spike] enfoncer (au marteau); [door] défoncer.
◆ **hammer in** vt sep [nail, spike] enfoncer (au marteau); it's no good telling him just once, you'll have to ~ it in fig le lui dire une bonne fois ne suffira pas, il faudra le lui répéter sans cesse.
◆ **hammer out** vt sep [dent] aplatir au marteau; fig [solution, agreement] mettre au point, élaborer; [tune, rhythm] marteler.

**hammer drill** n perceuse f à percussion.

**hammerhead** ['hæməhed] n [shark] requin-marteau m.

**hammering** ['hæmərɪŋ] n -1. [noise] martèlement m; fig [of heart] battement m; [of rain] tambourinement m.-2. inf & fig [defeat] raclée f, pâtée f; to give sb a ~ battre qqn à plate couture, mettre une raclée OR une pâtée à qqn.

**hammock** ['hæmək] n hamac m.

**hamper** ['hæmpər] ◇ vt [impede – work, movements, person] gêner; [– project] gêner la réalisation de, entraver. ◇ n [for picnic] panier m; [for laundry] panier m à linge sale; a Christmas ~ un panier de friandises de Noël.

**hamster** ['hæmstər] n hamster m.

**hamstring** ['hæmstrɪŋ] (pt & pp **hamstrung** [-strʌŋ]) ◇ n tendon m; to pull a ~ se claquer un tendon. ◇ vt [cripple – animal, person] couper les tendons à; fig handicaper.

**hand** [hænd] ◇ n -1. [of person] main f; to hold sb's ~ tenir la main de qqn; she's asked me to go along and hold her ~ fig elle m'a demandé de l'accompagner pour lui donner du courage; to hold ~s se tenir par la main; to take sb's ~, to take sb by the ~ prendre qqn par la main, prendre la main de qqn; to put one's ~s over one's eyes se couvrir les yeux de ses mains; to be on one's ~s and knees être à quatre pattes; to go down on one's ~s and knees fig se mettre à genoux OR à plat ventre; to be good with one's ~s être adroit de ses mains; my ~s are full j'ai les mains occupées OR prises; to have one's ~s full fig avoir beaucoup à faire, avoir du pain sur la planche; to get OR to lay one's ~s on sthg [obtain] dénicher qqch; just wait till I get OR lay my ~s on her! fig attends un peu que je l'attrape!; to lift OR to raise a ~ to sb lever la main sur qqn; ~s off! bas les pattes!, pas touche!; ~s off the unions/education system! pas touche aux syndicats/au système éducatif!; he can't keep his ~s to himself il a la main baladeuse; take your ~s off me! ne me touche pas!; (put your) ~s up! les mains en l'air!, haut les mains!; ~s up anyone who knows the answer SCH que ceux qui connaissent la réponse lèvent le doigt OR la main; to tie sb's ~s attacher les mains de qqn; they tied my ~s behind my back ils m'ont/lié OR attaché les mains dans le dos; my ~s are tied fig j'ai les mains liées; to sit on one's ~s [applaud half-heartedly] applaudir sans enthousiasme; [do nothing] ne rien faire; to ask for sb's ~ in marriage demander la main de qqn, demander qqn en mariage; at ~, near OR close at ~ [about to happen] proche; [nearby] à proximité; to suffer at the ~s of sb souffrir aux mains OR dans les mains de qqn; to pass sthg from ~ to ~ faire passer qqch de mains en mains; ~ in ~ la main dans la main; to go ~ in ~ (with sthg) fig aller de pair (avec qqch) ❑ to be ~ in glove with sb travailler en étroite collaboration avec qqn; to make money ~ over fist gagner de l'argent par millions; my ~s are tied j'ai les mains liées; to live from ~ to mouth arriver tout juste à joindre les deux bouts; I could do it with one ~ tied behind my back je pourrais le faire sans aucun effort OR les doigts dans le nez; many ~s make light work prov à beaucoup d'ouvriers la tâche devient aisée; on the one ~... but on the other ~... [used in the same sentence] d'un côté... mais de l'autre...; on the other ~ [when beginning new sentence] d'un autre côté. -2. [assistance]: to give sb a ~ (with sthg) donner un coup de main à qqn; do you need a ~ (with that)? as-tu besoin d'un coup de main?-3. [control, management]: to need a firm ~ avoir besoin d'être sérieusement pris en main; to rule with a firm ~ diriger avec de la poigne; to take sb/sthg in ~ prendre qqn/qqch en main; to get out of ~ [dog, child] devenir indocile; [meet-

ing, situation] échapper à tout contrôle; the garden is getting out of ~ le jardin à l'air d'une vraie jungle; to change ~s [company, restaurant etc] changer de propriétaire; it's out of my ~s cela ne m'appartient plus, ce n'est plus ma responsabilité OR de mon ressort; I have put the matter in the ~s of a lawyer j'ai mis l'affaire entre les mains d'un avocat; to have sthg/sb on one's ~s avoir qqch/qqn sur les bras; now that that's off my ~s à présent que je suis débarrassé de cela; to fall into the wrong ~s [information, secret etc] tomber en de mauvaises mains; in the right ~s en de bonnes mains; to be in good ~s être en de bonnes mains; can I leave this in your ~s? puis-je te demander de t'en occuper?; it leaves too much power in the ~s of the police cela laisse trop de pouvoir à la police ❑ to give sb a free ~ donner carte blanche à qqn; to take matters into one's own ~s prendre les choses en main. -4. [applause]: to give sb a (big) ~ applaudir qqn (bien fort). -5. [influence, involvement]: to have a ~ in sthg avoir quelque chose à voir dans qqch; I had no ~ in it je n'avais rien à voir là-dedans, je n'y étais pour rien; I see OR detect your ~ in this j'y vois ta marque. -6. [skill, ability]: to have a light ~ with pastry réussir una pâte légère ❑ she can turn her ~ to anything elle peut tout faire; to keep one's ~ in garder la main; to try one's ~ at sthg s'essayer à qqch. -7. [in cards – cards held] main f, jeu m; [– round, game] partie f; to show OR to reveal one's ~ fig dévoiler son jeu; to throw in one's ~ fig jeter l'éponge. -8. [of clock] aiguille f.-9. [handwriting] écriture f.-10. [measurement of horse] paume f.-11. [worker] ouvrier m, -ère f; [on ship] homme m, membre m de l'équipage; she was lost with all ~s [ship] il a coulé avec tous les hommes à bord OR tout l'équipage; to be an old ~ at sthg avoir une vaste expérience de qqch ❑ all ~s to the pump literal & fig tout le monde à la rescousse. -12. CULIN [of bananas] régime m.
◇ vt passer, donner; to ~ sthg to sb passer OR donner qqch à qqn; you have to ~ it to her, she IS a good mother fig c'est une bonne mère, il faut lui accorder cela.
◆ **by hand** adv phr [written] à la main; [made, knitted, sewn] (à la) main; to wash sthg by ~ laver qqch à la main; to send sthg by ~ faire porter qqch; to rear an animal by ~ élever un animal au biberon.
◆ **in hand** adv phr -1. [available money] disponible; [– time] devant soi. -2. [being dealt with] en cours; the matter is in ~ on s'occupe de l'affaire; I have the situation well in ~ j'ai la situation bien en main.
◆ **on hand** adj phr [person] disponible.
◆ **out of hand** adv phr [immediately] sur-le-champ.
◆ **to hand** adv phr [letter, information etc] sous la main; he took the first one that came to ~ il a pris le premier qui lui est tombé sous la main.
◆ **hand back** vt sep [return] rapporter, rendre; I now ~ you back to the studio/John Smith RAD & TV je rends maintenant l'antenne au studio/John Smith.
◆ **hand down** vt sep -1. [pass, give from high place] passer, donner. -2. [heirloom, story] transmettre. -3. JUR [decision, sentence] annoncer; [judgment] rendre; to ~ down the budget Am annoncer le budget.
◆ **hand in** vt sep [return, surrender – book] rendre; [– ticket] remettre; [– exam paper] rendre, remettre; [something found – to authorities, police etc] déposer, remettre; to ~ in one's resignation remettre sa démission.
◆ **hand on** vt sep -1. [give to someone else] passer; to ~ sthg on to sb passer qqch à qqn. -2. = **hand down** 2.
◆ **hand out** vt sep [distribute] distribuer.
◆ **hand over** ◇ vt sep -1. [pass, give – object] passer, donner; we now ~ you over to the weather man/Bill Smith in Moscow RAD & TV nous passons maintenant l'antenne à notre météorologue/Bill Smith à Moscou. -2. [surrender – weapons, hostage] remettre; [– criminal] livrer; [– power, authority] transmettre; he was ~ed over to the French police il a été livré à la OR aux mains de la police française; ~ it over! donne! ◇ vi insep: to ~ over to [government minister, chairman etc] passer le pouvoir à; [in meeting] passer la parole à || TELEC passer OR donner le combiné à.
◆ **hand round** vt sep [distribute] distribuer.

**handbag** ['hændbæg] n sac à main.

**handball** [sense 1 'hændbɔːl, sense 2 hænd'bɔːl] n -1. [game] handball m.-2. FTBL main f.

**handbasin** ['hændbeɪsn] n lavabo m.

**handbill** ['hændbɪl] n Br prospectus m.

**handbook** ['hændbʊk] n [for car, machine] guide m, manuel m; [for tourist's use] guide m.

**handbrake** ['hændbreɪk] n Br frein m à main.

**handclap** ['hændklæp] n: to give sb the slow ~ Br siffler qqn.

**handcrafted** ['hænd,krɑːftɪd] adj fabriqué OR fait à la main.

**hand cream** n crème f pour les mains.

**handcuff** ['hændkʌf] vt passer des menottes à; to ~ sb to sthg attacher qqn à qqch avec des menottes; he was ~ed il avait les menottes aux poignets.

**handcuffs** ['hændkʌfs] npl menottes fpl; to be in ~ avoir les menottes (aux mains).

**hand-drier** n sèche-mains m inv.

**hand-drill** n perceuse f à main.

**Handel** ['hændl] pr n Haendel.

**-hander** ['hændər] in cpds: two-/three-~ [play] pièce f pour deux/trois personnes.

**handfeed** [hænd'fiːd] (pt & pp **handfed** [-'fed]) vt nourrir à la main.

**handful** ['hændfʊl] n **-1.** [amount] poignée f; a ~ of fig [a few] quelques; how many people were there? — only a ~ combien de personnes y avait-il? — seulement quelques-unes. **-2.** inf [uncontrollable person]: to be a ~ être difficile.

**hand grenade** n grenade f à main.

**handgrip** ['hændgrɪp] n **-1.** [on racket] grip m; [on bicycle] poignée f. **-2.** [handshake] poignée f de main. **-3.** [holdall] fourre-tout m inv.

**handgun** ['hændgʌn] n Am revolver m, pistolet m.

**hand-held** adj [appliance] à main; [camera] portatif.

**handicap** ['hændɪkæp] (pt & pp **handicapped**) ◇ n **-1.** [physical, mental] handicap m; fig [disadvantage] handicap m, désavantage m; people with a (physical/mental) ~ les gens qui souffrent d'un handicap (physique/mental). **-2.** SPORT handicap m. ◇ vt **-1.** fig handicaper, désavantager. **-2.** SPORT handicaper.

**handicapped** ['hændɪkæpt] ◇ adj handicapé; to be mentally/physically ~ être handicapé mental/physique. ◇ npl: the ~ les handicapés mpl.

**handicraft** ['hændɪkrɑːft] n **-1.** [items] objets mpl artisanaux, artisanat m. **-2.** [skill] artisanat m.

**handily** ['hændɪlɪ] adv **-1.** [conveniently] de façon commode OR pratique. **-2.** Am [easily]: to win ~ gagner haut la main.

**handiwork** ['hændɪwɜːk] n (U) [work] travail m manuel; [result] œuvre f; this is YOUR ~, is it? c'est toi qui as fait ça?

**handkerchief** ['hæŋkətʃɪf] (pl inv OR **handkerchieves** [-tʃiːvz]) n mouchoir m.

**hand-knitted** adj tricoté main, tricoté à la main.

**handle** ['hændl] ◇ n **-1.** [of broom, knife, screwdriver] manche m; [of suitcase, box, drawer, door] poignée f; [of cup] anse f; [of saucepan] queue f; [of stretcher] bras m; to fly off the ~ (at sb) Br inf piquer une colère (contre qqn). **-2.** inf [name - of citizen's band user] nom m de code; [- which sounds impressive] titre m de noblesse. **-3.** inf phr: to get a ~ on sthg piger qqch; I'll get back to you once I've got a ~ on the situation je vous recontacterai quand j'aurai la situation en main. ◇ vt **-1.** [touch] toucher à, manipuler; '~ with care!' 'manipuler avec précaution'; to ~ the ball [in football] faire une main. **-2.** [operate - ship] manœuvrer, gouverner; [- car] conduire; [- gun] se servir de, manier; [- words, numbers] manier; have you any experience of handling horses? **-3.** [cope with - crisis, problem] traiter; [- situation] faire face à; [- crowd, traffic, death] supporter; you ~d that very well tu as très bien réglé les choses; I couldn't have ~d it better myself je n'aurais pas mieux fait; he's good at handling people il sait s'y prendre avec les gens; leave this to me, I'LL ~ him laisse-moi m'en occuper, je me charge de lui; do you think you can ~ the job? penses-tu être capable de faire le travail?; how is she handling it? comment s'en sort-elle?; it's nothing I can't ~ je me débrouille. **-4.** [manage, process] s'occuper de; [address - topic, subject] aborder, traiter; we're too small to ~ an order of that size notre entreprise est trop petite pour traiter une commande de cette importance; the airport ~s

two hundred planes a day chaque jour deux cents avions passent par l'aéroport; to ~ stolen goods receler des objets volés.

◇ vi [car, ship] répondre.

**handlebar** ['hændlbɑːr] comp: ~ moustache moustache f en guidon de vélo; ~ tape Guidoline® f.

◆ **handlebars** npl guidon m.

**-handled** ['hændld] in cpds [broom, screwdriver, knife] à manche de; [suitcase, box, drawer, door] à poignée de; a short~ screwdriver un tournevis à manche court.

**handler** ['hændlər] n [of dogs] maître-chien m; [of baggage] bagagiste m.

**handling** ['hændlɪŋ] ◇ n **-1.** [of pesticides, chemicals] manipulation f; ~ of stolen goods recel m d'objets volés. **-2.** [of tool, weapon] maniement m. **-3.** [of situation, operation]: my ~ of the problem la façon dont j'ai traité le problème. **-4.** [of order, contract] traitement m, exécution f; [of goods, baggage] manutention f. ◇ comp: ~ charges frais mpl de traitement; [for physically shifting goods] frais mpl de manutention.

**hand lotion** n lotion f pour les mains.

**hand luggage** n (U) bagages mpl à main.

**handmade** [,hænd'meɪd] adj fabriqué OR fait (à la) main.

**hand-me-down** inf ◇ n vêtement m de seconde main; this suit is a ~ from my father ce costume appartenait à mon père. ◇ adj [clothes] de seconde main; fig [ideas] reçu.

**handout** ['hændaʊt] n **-1.** [donation] aide f, don m; to live off ~s vivre de dons; government ~s subventions fpl gouvernementales. **-2.** [printed sheet or sheets] polycopié m; press ~ communiqué m pour la presse. **-3.** [leaflet] prospectus m.

**handover** ['hændəʊvər] n [of power] passation f, transmission f, transfert m; [of territory] transfert m; [of hostage, prisoner] remise f; [of baton] transmission f, passage m.

**handpick** [hænd'pɪk] vt **-1.** [fruit, vegetables] cueillir à la main. **-2.** fig [people] sélectionner avec soin, trier sur le volet.

**handpicked** [,hænd'pɪkt] adj [people] trié sur le volet.

**handrail** ['hændreɪl] n [on bridge] rambarde f, garde-fou m; NAUT rambarde f; [of stairway - gen] rampe f; [- against wall] main f courante.

**handsaw** ['hændsɔː] n scie f à main; [small] (scie f) égoïne f.

**handset** ['hændset] n TELEC combiné m.

**handsewn** [,hænd'səʊn] adj cousu main, cousu à la main.

**handshake** ['hændʃeɪk] n **-1.** poignée f de main. **-2.** COMPUT établissement m de liaison, poignée f de main.

**hand signal** n signal m de la main.

**hands-off** [hændz'ɒf] adj [policy] non interventionniste, de non-intervention; [manager] non interventionniste.

**handsome** ['hænsəm] adj **-1.** [good-looking - person, face, room] beau, before vowel or silent 'h' bel (f belle); [- building, furniture] élégant; a ~ man un bel homme. **-2.** [generous - reward, compliment] beau, before vowel or silent 'h' bel (f belle); [- conduct, treatment] généreux; [- apology] sincère. **-3.** [substantial - profit, price] bon; [- fortune] joli.

**handsomely** ['hænsəmlɪ] adv **-1.** [beautifully] avec élégance, élégamment. **-2.** [generously] généreusement, avec générosité; [sincerely] sincèrement. **-3.** [substantially]: to win ~ gagner haut la main.

**hands-on** [hændz'ɒn] adj [training, experience] pratique; [exhibition] où le public peut toucher les objets exposés.

**handstand** ['hændstænd] n appui m renversé, équilibre m sur les mains.

**handstitched** [hænd'stɪtʃt] adj cousu main.

**hand-to-hand** adj & adv au corps à corps.

**hand-to-mouth** ◇ adj: to lead OR to have a ~ existence tirer le diable par la queue. ◇ adv: to live ~ tirer le diable par la queue.

**hand towel** n serviette f, essuie-mains m inv.

**handwash** ['hændwɒʃ] ◇ vt laver à la main. ◇ n: to do a ~ faire une lessive à la main.

**handwriting** ['hænd,raɪtɪŋ] n écriture f; ~ expert graphologue mf.

**handwritten** ['hænd,rɪtn] adj manuscrit, écrit à la main.

**handy** ['hændɪ] (compar **handier**, superl **handiest**) adj inf **-1.** [near at hand] proche; I always keep my glasses ~ je range toujours mes lunettes à portée de main; **have you got a pen and paper** ~? as-tu un stylo et du papier sous la main?-**2.** [person – good with one's hands] adroit de ses mains; **he's** ~ **about the house** il est bricoleur; **she's** ~ **with a drill** elle sait se servir d'une perceuse. -**3.** [convenient, useful] commode, pratique; **living in the centre is** ~ **for work** pour le travail c'est pratique d'habiter en ville; **he's a** ~ **guy to have around** il peut rendre des tas de services; **a** ~ **piece of advice** un conseil utile; **to come in** ~ être utile.

**handyman** ['hændɪmæn] (*pl* **handymen** [-men]) *n* [employee] homme *m* à tout faire; [odd job expert] bricoleur *m*.

**hang** [hæŋ] (*pt & pp* vt *senses 1, 2 & 4, &* vi *senses 1 & 2* **hung** [hʌŋ], *pt & pp* vi & vt *sense 3* **hanged**) ◇ vt -**1.** [suspend – curtains, coat, decoration, picture] accrocher, suspendre; [– door] fixer, monter; [– art exhibition] mettre en place; [– wallpaper] coller, poser; CULIN [– game, meat] faisander; **to** ~ **sthg from** OR **on sthg** accrocher qqch à qqch; **to** ~ **one's head (in shame)** baisser la tête (de honte) ❑ **to** ~ **one on sb** *Am inf* [punch] balancer un coup de poing à qqn; **to** ~ **fire** [project] être en suspens; [person] mettre les choses en suspens. -**2.** (*usu passive*) [adorn] décorer; **a tree hung with lights** un arbre décoré OR orné de lumières. -**3.** [criminal] pendre; **to** ~ **o.s.** se pendre; **~ed** OR **hung, drawn and quartered** pendu, éviscéré et écartelé ❑ **I'll be ~ed if I know** *Br inf* je veux bien être pendu si je le sais; **I'll be ~ed if I'm going out in that weather** *Br inf* il n'y a pas de danger que je sorte par ce temps; ~ **it (all)!** *Br inf* ras le bol!; **(you) might as well be ~ed for a sheep as a lamb** *Br* quitte à être puni, autant l'être pour quelque chose qui en vaille la peine. -**4.** *Am* [turn]: **to** ~ **a left** prendre à gauche.

◇ vi -**1.** [be suspended – rope, painting, light] être accroché, être suspendu; [– clothes on clothes line] être étendu, pendre; **to** ~ **from sthg** être accroché OR suspendu à qqch; **to** ~ **on sb's arm** être accroché au bras de qqn; **her pictures are now** ~**ing in several art galleries** ses tableaux sont maintenant exposés dans plusieurs galeries d'art; **his suit** ~**s well** son costume tombe bien; **time** ~**s heavy (on my/his hands)** le temps me/lui semble long. -**2.** [float – mist, smoke etc] flotter, être suspendu. -**3.** [criminal] être pendu; **she can go** ~ *Br inf* elle peut aller se faire voir. ◇ *n inf* -**1.** [knack, idea]: **to get the** ~ **of doing sthg** prendre le coup pour faire qqch; **are you getting the** ~ **of your new job?** est-ce que tu te fais à ton nouveau travail?; **you'll soon get the** ~ **of it** tu vas bientôt t'y faire. -**2.** *phr*: **he doesn't give a** ~ *Br* [couldn't care less] il n'en a rien à taper OR à cirer.

◆ **hang about** *Br*, **hang around** *inf* ◇ vi insep -**1.** [wait] attendre; **I've been** ~**ing about** OR **around, waiting for her to come** je tourne en rond à l'attendre; ~ **about, that's not what I mean!** attends or doucement, ce n'est pas ce que je veux dire!-**2.** [be idle, waste time] traîner (à ne rien faire); **we can't afford to** ~ **about if we want that contract** nous ne pouvons pas nous permettre de traîner si nous voulons obtenir ce contrat; **she doesn't** ~ **about** OR **around** [soon gets what she wants] elle ne perd pas de temps. -**3.** [be an unwanted presence]: **Mum doesn't want me** ~**ing around when the guests arrive** Maman ne veut pas que je sois là quand les invités arriveront; **that kid's been** ~**ing around for the past hour** ça fait une heure que ce gamin traîne dans les parages. ◇ vt insep: **to** ~ **about** OR **around a place** traîner dans un endroit.

◆ **hang about with** vt insep *Br inf* traîner avec.

◆ **hang back** vi insep [wait behind] rester un peu plus longtemps; [not go forward] se tenir OR rester en arrière; **he hung back from saying what he really thought** *Br fig* il s'est retenu de dire ce qu'il pensait vraiment.

◆ **hang down** vi insep [light] pendre; [hair] descendre, tomber.

◆ **hang in** vi insep inf: ~ **in there!** tiens bon!, accroche-toi!

◆ **hang on** ◇ vi insep -**1.** [hold tight] tenir s'accrocher; ~ **on tight** tiens-toi OR accroche-toi bien. -**2.** inf [wait] attendre; ~ **on!** [wait] attends!; [indicating astonishment, disagreement etc] une minute!; ~ **on and I'll get him for you** [on phone] ne quitte pas, je te le passe. -**3.** [hold out, survive] résister, tenir (bon); ~ **on in there!** inf [don't give up] tiens bon!, tiens le coup! ◇ vt insep -**1.** [listen to]: **she hung on his every word** elle buvait ses paroles, elle était suspendue à ses lèvres. -**2.** [depend on] dépendre de.

◆ **hang onto** vt insep -**1.** [cling to] s'accrocher à. -**2.** inf [keep]

garder, conserver.

◆ **hang out** ◇ vi insep -**1.** [protrude] pendre; **his shirt tails were** ~**ing out** sa chemise pendait; **to** ~ **out of the window** [flags] être déployé à la fenêtre; [person] se pencher par la fenêtre ❑ **to let it all** ~ **out** inf [person] se relâcher complètement, se laisser aller; [speak without restraint] se défouler. -**2.** inf [frequent] traîner; **where does she** ~ **out?** quels sont les endroits qu'elle fréquente?-**3.** [survive, not give in] résister, tenir bon; **they're** ~**ing out for 10%** ils insistent pour obtenir 10 %. ◇ vt sep [washing] étendre; [flags] déployer.

◆ **hang out with** vt insep inf fréquenter.

◆ **hang over** vt insep être suspendu au-dessus de, planer sur; **a question mark** ~**s over his future** un point d'interrogation plane sur son avenir; **I can't go out with exams** ~**ing over me** avec les examens qui approchent, je ne peux pas sortir.

◆ **hang together** vi insep -**1.** [be united – people] se serrer les coudes. -**2.** [be consistent – alibi, argument, plot etc] (se) tenir; [– different alibis, statements] concorder.

◆ **hang up** ◇ vt sep [coat, hat etc] accrocher; TELEC [receiver] raccrocher; **to** ~ **up one's dancing shoes** [retire] raccrocher ses chaussons de danse. ◇ vi insep -**1.** TELEC raccrocher; **to** ~ **up on sb** raccrocher au nez de qqn. -**2.** COMPUT [cease functioning] s'arrêter.

**hangar** ['hæŋəʳ] *n* AERON hangar *m*.

**hangdog** ['hæŋdɒg] *adj*: **to have a** ~ **look** OR **expression** avoir un air penaud OR de chien battu.

**hanger** ['hæŋəʳ] *n* [hook] portemanteau *m*; [coat hanger] portemanteau *m*, cintre *m*; [loop on garment] cordon *m* OR ganse *f* d'accrochage (à l'intérieur d'un vêtement).

**hanger-on** (*pl* **hangers-on**) *n pej* parasite *m*.

**hang-glide** vi faire du deltaplane.

**hang-glider** *n* [aircraft] deltaplane *m*; [person] libériste *mf*, adepte *mf* du deltaplane.

**hang-gliding** *n* deltaplane *m*.

**hanging** ['hæŋɪŋ] ◇ *adj* -**1.** [suspended] suspendu. -**2.** JUR: ~ **judge** juge *m* à la main lourde; ~ **offence** crime *m* passible de pendaison; **it's not a** ~ **offence** *fig* ce n'est pas une affaire d'État. ◇ *n* -**1.** [death penalty] pendaison *f*.-**2.** [of wallpaper] pose *f*; [of decorations, pictures] accrochage *m*, mise *f* en place. -**3.** [tapestry]: **wall** ~**s** tentures *fpl* (murales).

**hangman** ['hæŋmən] (*pl* **hangmen** [-mən]) *n* [executioner] bourreau *m*; **to play** ~ [word game] jouer au pendu.

**hang-out** *n* inf: **this is one of his** ~**s** c'est l'un des endroits où on le trouve le plus souvent.

**hangover** ['hæŋ,əʊvəʳ] *n* -**1.** [from alcohol] gueule *f* de bois; **to have a** ~ avoir la gueule de bois. -**2.** [relic] reste *m*, vestige *m*, survivance *f*.

**hang-up** *n* -**1.** inf [complex] complexe *m*, blocage *m*; **she has a** ~ **about flying** elle a peur de prendre l'avion. -**2.** COMPUT blocage *m*, interruption *f*.

**hank** [hæŋk] *n* pelote *f*.

**hanker** ['hæŋkəʳ] vi: **to** ~ **after** OR **for sthg** rêver de qqch, avoir énormément envie de qqch.

**hankering** ['hæŋkərɪŋ] *n* rêve *m*, envie *f*; **to have a** ~ **after** OR **for sthg** rêver de qqch, avoir énormément envie de qqch.

**hankie, hanky** ['hæŋkɪ] (*pl* **hankies**) *n* inf abbr of **hand-kerchief**.

**hanky-panky** [-'pæŋkɪ] *n* (*U*) inf -**1.** [sexual activity] galipettes *fpl*.-**2.** [mischief] entourloupettes *fpl*, blagues *fpl*.

**Hanover** ['hænəvəʳ] prn Hanovre.

**Hansard** ['hænsɑːd] prn *Br* POL compte rendu quotidien des débats de la Chambre des communes.

**hansom (cab)** ['hænsəm-] *n* fiacre *m*.

**Hants** written abbr of **Hampshire**.

**ha'penny** ['heɪpnɪ] (*pl* **ha'pence** [-pəns]) *Br* = **halfpenny**.

**haphazard** [,hæp'hæzəd] *adj* mal organisé; **it was done in a** ~ **fashion** ça a été fait un peu n'importe comment; **the whole thing was a bit** ~ c'était un peu n'importe quoi; **the city grew in a** ~ **fashion** la ville s'est agrandie au gré des circonstances.

**haphazardly** [,hæp'hæzədlɪ] *adv* sans organisation, n'importe comment; **there were objects lying** ~ **on the table** des choses traînaient sur la table; **to choose** ~ choisir au petit bonheur la chance, choisir au hasard.

**hapless** ['hæplɪs] *adj lit* malchanceux.

**happen** ['hæpən] ◊ *vi* **-1.** [occur] arriver, se passer, se produire; **what's ~ed?** qu'est-il arrivé?, que s'est-il passé?; **where did the accident ~?** où l'accident s'est-il produit OR est-il arrivé OR a-t-il eu lieu?; **don't let it ~ again** faites en sorte que cela ne se reproduise pas; **as if nothing had ~ed** comme si de rien n'était; **whatever ~s** quoi qu'il arrive OR advienne; **as (so) often ~s** comme c'est bien souvent le cas; **it all ~ed so quickly** tout s'est passé si vite; **these things ~** ce sont des choses qui arrivent; **to find out what ~s next...** RADIO & TV pour connaître la suite...; **it's all ~ing here** ça bouge ici; **I wonder what has ~ed to her** [what has befallen her] je me demande ce qui a bien pu lui arriver; [what she is doing now] je me demande ce qu'elle est devenue; **if anything ~s** OR **should ~ to me** s'il m'arrivait quelque chose; **it couldn't ~ to a nicer person** elle le mérite bien; **a funny thing ~ed to me last night** il m'est arrivé une drôle d'aventure hier soir; **what's ~ed to my coat?** [cannot be found] où est passé mon manteau? **-2.** [chance]: **do you ~ to have his address?** auriez-vous son adresse, par hasard?; **it just so ~s that I do** eh bien justement, oui; **you wouldn't ~ to know where I could find him, would you?** vous ne sauriez pas où je pourrais le trouver?; **as it ~s** justement; **the man you're talking about ~s to be my father** il se trouve que l'homme dont vous parlez est mon père; **if you ~ to see him** si jamais tu le vois. ◊ *adv Br inf & dial* [maybe] peut-être.
♦ **happen along**, **happen by** *vi insep Am inf* passer par hasard.

**happening** ['hæpənɪŋ] ◊ *n* [occurrence] événement *m*; THEAT happening *m*. ◊ *adj* ⱽ: **this is a ~ kind of place** il se passe toujours des tas de trucs ici.

**happenstance** ['hæpənstæns] *n Am* hasard *m*.

**happily** ['hæpɪlɪ] *adv* **-1.** [contentedly – say, smile] d'un air heureux; [– play, chat] tranquillement; **I could live here very ~** je serais très heureux ici; **they lived ~ ever after** ≃ ils vécurent heureux et eurent beaucoup d'enfants; **to be ~ married** [man] être un mari comblé; [woman] être une épouse comblée. **-2.** [gladly] volontiers; **I could quite ~ live here** je me verrais très bien vivre ici; **I could quite ~ strangle him** j'ai bien envie de l'étrangler. **-3.** [luckily] heureusement; **~, no-one was hurt** heureusement, il n'y a pas eu de blessés. **-4.** [appropriately] heureusement, avec bonheur.

**happiness** ['hæpɪnɪs] *n* bonheur *m*; **money can't buy you ~** l'argent ne fait pas le bonheur *prov*.

**happy** ['hæpɪ] (*compar* **happier**, *superl* **happiest**) *adj* **-1.** [content] heureux; **to make sb ~** rendre qqn heureux; **I want you to be ~** je veux que tu sois heureux, je veux ton bonheur; **I hope you'll both be very ~** je vous souhaite beaucoup de bonheur OR d'être très heureux; **if you're ~, I'm ~** si tu es satisfait, moi aussi; **in happier circumstances** dans des circonstances plus heureuses; **those were ~ days** c'était le bon temps; **I'm not at all ~ about your decision** je ne suis pas du tout content de votre décision; **I'm still not ~ about it** je n'en suis toujours pas content; **that should keep the kids ~** cela devrait occuper les enfants; **~ ending** [in book, film] fin *f* heureuse, dénouement *m* heureux; **to have a ~ ending** [book, film] bien finir; **~ birthday** OR **anniversary!** joyeux anniversaire!; **Happy Christmas!** Joyeux Noël!; **Happy New Year!** Bonne Année! ❑ **~ families** [card game] jeu *m* des sept familles; **to be as ~ as a lark** OR **a sandboy** *Br* être heureux comme tout. **-2.** [willing]: **I'm only too ~ to help** je suis ravi de rendre service; **I would be ~ to do it** je le ferais volontiers; **we'd be ~ to put you up** nous serions heureux de vous loger, nous vous logerions volontiers; **I'd be ~ to live here/move to Scotland** j'aimerais bien habiter ici/aller habiter en Écosse. **-3.** [lucky, fortunate – coincidence] heureux; **the ~ few** les privilégiés *mpl*. **-4.** [apt, appropriate – turn of phrase, choice of words] heureux. **-5.** *inf* [drunk] gris, pompette.

**happy event** *n* [birth] heureux événement *m*.

**happy-go-lucky** *adj* décontracté; *pej* insouciant.

**happy hour** *n* [in pub, bar] *heure, généralement en début de soirée, pendant laquelle les boissons sont moins chères*.

**happy medium** *n* équilibre *m*, juste milieu *m*; **to strike a ~** trouver un équilibre OR un juste milieu.

**harangue** [hə'ræŋ] ◊ *vt* [person, crowd etc] haranguer; **to ~**

**sb about sthg** haranguer qqn au sujet de qqch. ◊ *n* harangue *f*.

**Harare** [hə'rɑːrɪ] *pr n* Harare.

**harass** ['hærəs] *vt* [torment] tourmenter; [with questions, demands] harceler; MIL harceler; **to sexually ~ an employee** harceler un employé sexuellement.

**harassed** ['hærəst] *adj* stressé; **to be sexually ~** être victime de harcèlement sexuel.

**harassment** ['hærəsmənt] *n* [tormenting] tracasserie *f*; [with questions, demands] harcèlement *m*; [stress] stress *m*; MIL harcèlement *m*; **police/sexual ~** harcèlement policier/sexuel.

**harbinger** ['hɑːbɪndʒəʳ] *n lit* signe *m* avant-coureur; **a ~ of doom** [event, incident etc] un mauvais présage; [person] un oiseau de malheur.

**harbour** *Br*, **harbor** *Am* ['hɑːbəʳ] ◊ *n* [for boats] port *m*; *fig* havre *m*. ◊ *comp*: **~ master** capitaine *m* de port. ◊ *vt* **-1.** [person] abriter, héberger; [criminal] donner asile à, receler. **-2.** [grudge, suspicion] nourrir, entretenir en soi; **to ~ a grudge against sb** garder rancune à qqn, nourrir de la rancune envers qqn. **-3.** [conceal – dirt, germs] receler.

**hard** [hɑːd] ◊ *adj* **-1.** [not soft – substance, light, colour] dur; LING [consonant] dur; **to get OR to become ~** durcir ❑ **~ drug** drogue *f* dure; **~ water** eau *f* calcaire OR dure; **a glass of wine, or would you prefer a drop of the ~ stuff?** un verre de vin, ou bien préféreriez-vous une goutte de quelque chose de plus fort?; **she is (as) ~ as nails** [emotionally] elle est dure, elle n'a pas de cœur; [physically] c'est une dure à cuire; **rock ~, (as) ~ as rock** dur comme la pierre. **-2.** [concrete – facts] concret (*f* -ète), tangible; [– evidence] tangible; **the ~ fact is that...** le fait est que...; **~ news** PRESS nouvelles *fpl* sûres OR vérifiées. **-3.** [difficult – question, problem etc] difficile, dur; **I find it ~ to understand/believe that...** je n'arrive pas à comprendre/croire que...; **it's ~ to say** c'est difficile à dire; **he's ~ to get on with** il n'est pas facile à vivre; **she is ~ to please** [never satisfied] elle est difficile; [difficult to buy gifts for etc] c'est difficile de lui faire plaisir; **it's ~ to beat** [value for money] pour le prix, c'est imbattable; **it's ~ to beat a good Bordeaux** il n'y a rien de meilleur qu'un bon bordeaux; **life is ~** c'est dur, la vie; **to fall on ~ times** [financially] connaître des temps difficiles OR une période de vaches maigres; [have difficult times] connaître des temps difficiles, en voir de dures ❑ **to give sb a ~ time** en faire voir de dures à qqn; **you'll have a ~ time (of it) persuading him to do that** tu vas avoir du mal à le convaincre de faire cela; **she had a ~ time of it** [in childbirth, operation] elle a souffert; **to learn sthg the ~ way** [involving personal loss, suffering etc] apprendre qqch à ses dépens; [in a difficult way] faire le rude apprentissage de qqch; **I learnt skiing the ~ way** j'ai appris à skier à la dure; **some people always have to do things the ~ way** il y a des gens qui choisissent toujours la difficulté; **to play ~ to get** [flirt] jouer les insaisissables; '**Hard Times**' Dickens 'les Temps difficiles'. **-4.** [severe – voice, face, eyes] dur, froid; [– climate, winter] rigoureux, rude; [– frost] fort, rude; **to be ~ on sb** être dur avec qqn; **it was ~ on the others** ça a été dur pour les autres; **it will be ~ luck if he doesn't get the job** ça ne sera pas de veine OR de bol s'il n'obtient pas le travail; **he gave me some ~ luck story about having lost his investments** il a essayé de m'apitoyer en me racontant qu'il avait perdu l'argent qu'il avait investi; **to be a ~ taskmaster** être dur à la tâche; **to take a long ~ look at sthg** examiner qqch de près; **the ~ left/right** POL l'extrême gauche/droite ❑ **~ cheese!** *Br inf*, **~ lines!** *Br inf*, **~ luck!** pas de chance!, pas de veine!, pas de bol! **-5.** [strenuous]: **it's ~ work** c'est dur; **it's been a long ~ day** la journée a été longue; **she's ~ work** [difficult to get on with] elle n'est pas facile à vivre; [difficult to make conversation with] elle n'est pas causante; **she's not afraid of ~ work** le travail ne lui fait pas peur; **she's a ~ worker** c'est un bourreau de travail; **he's a ~ drinker** c'est un gros buveur, il boit beaucoup; **it's ~ going making conversation with him** c'est difficile de discuter avec lui; **give it a good ~ shove** pousse-le un bon coup, pousse-le fort. **-6.** TYPO [hyphen, return] imposé.
◊ *adv* **-1.** [strenuously – pull, push, hit, breathe] fort; [– work] dur; [– run] à toutes jambes; [– listen] attentivement; **to work ~ at sthg** beaucoup travailler qqch; **to work ~ at improving one's service/French** beaucoup travailler pour améliorer son service/français; **to work sb ~** faire travailler qqn

dur; work ~, play ~, that's what I say! beaucoup travailler pour beaucoup s'amuser, telle est ma devise!; you'll have to try ~er il faudra que tu fasses plus d'efforts; to try ~ to do sthg essayer de son mieux de faire qqch; to think ~ beaucoup réfléchir; to look ~ at sb regarder qqn bien en face; to look ~ at sthg examiner qqch; as ~ as possible, as ~ as one can [work, try] le plus qu'on peut; [push, hit, squeeze] de toutes ses forces; ~ astern! NAUT arrière, toute! ❑ to play ~ to get se faire désirer; they're ~ at it Br [working] ils sont plongés dans leur travail; inf [engaged in sex] ils s'en donnent à cœur joie. **-2.** [with difficulty] difficilement; to be ~ put (to it) to do sthg avoir du mal à faire qqch; old habits die ~ les vieilles habitudes ont la vie dure. **-3.** [harshly, severely – treat sb] durement, sévèrement; he's feeling ~ done by il a l'impression d'avoir été injustement traité ‖ [heavily, strongly – rain] à verse; [– freeze, snow] fort; to be ~ hit by sthg être durement touché par qqch; she took the news/his death pretty ~ la nouvelle/sa mort l'a beaucoup éprouvée; it'll go ~ with him if he keeps telling lies ça va aller mal pour lui s'il continue à raconter des mensonges. **-4.** [solid]: the ground was frozen ~ le gel avait complètement durci la terre. **-5.** [close]: to follow ~ on the heels of sb être sur les talons de qqn; to follow OR to come ~ on the heels of sthg suivre qqch de très près.
◇ *n phr*: to try one's ~est faire de son mieux.
◆ **hard by** *prep phr* près de.

**hard-and-fast** *adj* [rule] strict, absolu; [information] correct, vrai.

**hardback** ['hɑːbæk] ◇ *n* [book] livre *m* cartonné; **available in ~** disponible en version cartonnée. ◇ *adj* cartonné.

**hardboard** ['hɑːbɔːd] *n* panneau *m* de fibres.

**hard-boiled** [-'bɔɪld] *adj* **-1.** [egg] dur. **-2.** *inf* [person] dur.

**hard cash** *n* (argent *m*) liquide *m*.

**hard cider** *n Am* cidre *m*.

**hard copy** *n* COMPUT copie *f* papier.

**hardcore** ['hɑːdkɔːʳ] *n* [for roads, buildings] blocaille *f*.

**hard core** *n* **-1.** [nucleus] noyau *m* dur. **-2.** MUS hard rock *m*, hard *m*. **-3.** [pornography] porno *m* hard.
◆ **hard-core** *adj* [belief in political system] dur; [believer] endurci; [support] ferme; [pornography, rock music] hard.

**hard court** *n Br* [for tennis] court *m* en ciment.

**hardcover** ['hɑːd,kʌvəʳ] = **hardback**.

**hard currency** *n* monnaie *f* OR devise *f* forte.

**hard disk** *n* COMPUT disque *m* dur.

**hard-earned** [-'ɜːnt] *adj* [money] durement gagné; [victory] durement OR difficilement remporté; [reputation] durement acquis; [holiday, reward] bien mérité.

**harden** ['hɑːdn] ◇ *vt* [person – physically, emotionally] endurcir; [steel] tremper; LING [consonant] durcir; MED [arteries] durcir, scléroser; **to ~ o.s. to sthg** s'endurcir à qqch; **she ~ed her heart against him** elle lui a fermé son cœur. ◇ *vi* **-1.** [snow, skin, steel] durcir; [concrete, mortar] prendre; MED [arteries] durcir, se scléroser; [person – emotionally] s'endurcir, se durcir; [– physically] s'endurcir; [attitude] se durcir. **-2.** FIN [prices, market] s'affermir.

**hardened** ['hɑːdnd] *adj* [snow, skin] durci; [steel] trempé, durci; [arteries] sclérosé; **a ~ criminal** un criminel endurci OR invétéré; **to become ~ to sthg** se blinder contre qqch.

**hardening** ['hɑːdnɪŋ] *n* [of snow, skin, attitudes] durcissement *m*; [of steel] trempe *f*; [of person – physical] endurcissement *m*; [– emotional] durcissement *m*; FIN [of prices] affermissement *m*; **~ of the arteries** MED durcissement OR sclérose *f* des artères.

**hard-faced** [-'feɪst] *adj* au visage dur.

**hard-fought** [-'fɔːt] *adj* [game, battle] rudement disputé.

**hard hat** *n* **-1.** *inf* [of construction worker] casque *m*. **-2.** *Am inf* [construction worker] ouvrier *m* du bâtiment.
◆ **hard-hat** *adj* *Am* caractéristique des attitudes conservatrices des ouvriers du bâtiment.

**hard-headed** [-'hedɪd] *adj* **-1.** [tough, shrewd – person] à la tête froide; [– realism] froid, brut; [– bargaining] dur; [– decision] froid. **-2.** *Am* [stubborn – person] qui a la tête dure; [– attitude] entêté.

**hard-hearted** *adj* [person] insensible, dur, au cœur de pierre; [attitude] dur.

**hard-hitting** [-'hɪtɪŋ] *adj* **-1.** [verbal attack] rude; [speech, report] implacable, sans indulgence. **-2.** [boxer] qui frappe dur.

**hardiness** ['hɑːdɪnɪs] *n* [of person] résistance *f*, robustesse *f*; [of plant, tree] résistance *f*.

**hard labour** *n (U)* travaux *mpl* forcés.

**hard line** *n* ligne *f* de conduite dure; **to take a ~ on sb/sthg** adopter une ligne de conduite dure avec qqn/sur qqch.
◆ **hard-line** *adj* [policy, doctrine] dur; [politician] intraitable.

**hardliner** [,hɑːd'laɪnəʳ] *n* partisan *m*, -e *f* de la manière forte.

**hardly** ['hɑːdlɪ] *adv* **-1.** [barely] à peine, ne... guère; **he can ~ read** il sait à peine OR tout juste lire; **you can ~ move in here for furniture** c'est à peine si on peut bouger ici tellement il y a de meubles; **I have ~ started** je viens à peine OR tout juste de commencer; **I can ~ believe it** j'ai du mal à le croire; **~ anyone** presque personne; **I ~ ever see you these days** je ne te vois presque jamais ces temps-ci; **you've ~ touched your food** tu n'as presque rien mangé; **I can ~ wait to see her** je suis très impatient de la voir; **~ a week goes by without a telephone call from her** il se passe rarement une semaine sans qu'elle téléphone; **I need ~ say that...** ai-je besoin de vous dire que...?, je n'ai pas besoin de vous dire que... **-2.** [expressing negative opinion]: **it's ~ MY fault!** ce n'est quand même pas de ma faute!; **it's ~ any of your business** cela ne te regarde absolument pas; **this is ~ the time to be selling your house** ce n'est vraiment pas le moment de vendre votre maison; **it's ~ surprising, is it?** ça n'a rien de surprenant, ce n'est guère surprenant; **~!** [not in the slightest] bien au contraire!, loin de là!; **she's ~ likely to agree** elle ne risque pas d'accepter; **he'd ~ have said that** cela m'étonnerait qu'il ait dit cela.

**hardness** ['hɑːdnɪs] *n* **-1.** [of snow, skin, water] dureté *f*; [of steel] trempe *f*, dureté *f*. **-2.** [difficulty] difficulté *f*; **~ of hearing** MED surdité *f* partielle. **-3.** [severeness – of personality] dureté *f*; [– of heart] dureté *f*, froideur *f*. **-4.** [strenuousness] difficulté *f*. **-5.** FIN affermissement *m*.

**hard-nosed** *inf* [-'nəʊzd] = **hard-headed**.

**hard of hearing** ◇ *npl*: **the ~** les malentendants *mpl*. ◇ *adj*: **to be ~** être dur d'oreille.

**hard-on▾** *n*: **to have** OR **to get a ~** bander.

**hard-packed** [-'pækt] *adj* [snow, soil] tassé.

**hard palate** *n* voûte *f* du palais, palais *m* dur.

**hard-pressed** [-'prest], **hard-pushed** [-'pʊʃt] *adj*: **to be ~ for money/ideas/suggestions** être à court d'argent/d'idées/de suggestions; **to be ~ for time** manquer de temps; **to be ~ to do sthg** avoir du mal à faire qqch.

**hard rock** *n* hard rock *m*, hard *m*.

**hard sell** *n* vente *f* agressive; **the salesman gave us the ~** le vendeur a essayé de nous forcer la main. ◇ *comp*: **~ approach** OR **tactics** méthode *f* de vente agressive.

**hardship** ['hɑːdʃɪp] ◇ *n* épreuves *fpl*; **to suffer great ~** OR **~s** subir OR traverser de rudes épreuves. ◇ *comp*: **~ allowance** [for student] aide accordée à un étudiant en cas de graves problèmes financiers.

**hard shoulder** *n* AUT bande *f* d'arrêt d'urgence.

**hardtop** ['hɑːdtɒp] *n* AUT [of car] hard-top *m*; [car] voiture *f* à hard-top.

**hard up** *adj inf* [short of money] fauché, à sec; **to be ~ for ideas** manquer d'idées, être à court d'idées; **you must be ~ if you're going out with him!** *fig* il faut vraiment que tu n'aies rien à te mettre sous la dent pour sortir avec lui!

**hardware** ['hɑːdweəʳ] ◇ *n (U)* **-1.** COMM quincaillerie *f*. **-2.** COMPUT matériel *m*, hardware *m*. **-3.** MIL matériel *m* de guerre, armement *m*. **-4.** *inf* [guns] armes *fpl*. ◇ *comp* COMPUT [company, manufacturer] de matériel informatique; [problem] de matériel OR hardware.

**hardware shop, hardware store** *n* quincaillerie *f*.

**hardwearing** [,hɑːd'weərɪŋ] *adj* robuste, résistant.

**hard-wired** [-'waɪəd] *adj* COMPUT câblé.

**hard-won** [-'wʌn] *adj* [victory, trophy, independence] durement gagné; [reputation] durement acquis.

**hardwood** ['hɑːdwʊd] ◇ *n* [wood] bois *m* dur; [tree] arbre *m* à feuilles caduques. ◇ *comp* [floor] en bois dur.

**hardworking** [,hɑːd'wɜːkɪŋ] *adj* travailleur; [engine, machine, printer] robuste.

**hardy** ['hɑːdɪ] (*comp* **hardier,** *superl* **hardiest**) *adj* **-1.** [strong – person, animal] robuste, résistant; [– plant] résistant; ~ annual BOT plante *f* annuelle; ~ **perennial** BOT plante *f* vivace; *fig* serpent *m* de mer. **-2.** [intrepid – explorer, pioneer] intrépide, courageux.

**hare** [heəʳ] (*pl inv* OR **hares**) ◇ *n* **-1.** CULIN & ZOOL lièvre *m*; to raise OR to start a ~ *Br* mettre une question sur le tapis. **-2.** SPORT [at dog race] lièvre *m*. **-3.** *Br* GAMES: ~ **and hounds** jeu *m* de piste. ◇ *vi inf*: to ~ **across/down/out** traverser/descendre/sortir à toutes jambes.

**harebrained** ['heəˌbreɪnd] *adj* [reckless, mad – person] écervelé; [– scheme] insensé, fou, *before vowel or silent 'h'* fol (*f* folle).

**harelip** [ˌheə'lɪp] *n* bec-de-lièvre *m*.

**harem** [*Br* hɑː'riːm, *Am* 'hærəm] *n literal & fig* harem *m*.

**hark** [hɑːk] *vi lit* prêter l'oreille, ouïr; just ~ at him! *Br inf* écoutez-le donc!

◆ **hark back to** *vt insep* [recall] revenir à; to ~ **back to sthg** revenir (tout le temps) à qqch.

**harken** ['hɑːkn] *vi lit* prêter l'oreille.

**Harlequin** ['hɑːlɪkwɪn] *pr n* Arlequin.

◆ **harlequin** *adj* [costume] bigarré; [dog's coat] tacheté.

**Harley Street** ['hɑːlɪ-] *pr n* rue *f* du centre de Londres célèbre pour ses spécialistes en médecine.

**harlot** ['hɑːlət] *n arch* prostituée *f*.

**harm** [hɑːm] ◇ *n* (U) [physical] mal *m*; [psychological] tort *m*, mal *m*; to do sb ~ faire du mal à qqn; I hope Ed won't come to (any) ~ j'espère qu'il n'arrivera rien à Ed; she has done you no ~ elle ne vous a fait aucun mal; they didn't mean any ~ ils ne voulaient pas (faire) de mal; Ted means no ~ Ted n'est pas méchant; the incident did a great deal of ~ to his reputation cet incident a beaucoup nui à sa réputation; no ~ done il n'y a pas de mal; there's no ~ in trying il n'y a pas de mal à essayer, on ne perd rien à essayer; I see no ~ in their going je ne vois pas d'inconvénient à ce qu'ils y aillent; what ~ is there in it? qu'est-ce qu'il y a de mal (à cela)?; to do more ~ than good faire plus de mal que de bien ❑ out of ~'s way [person] en sûreté, en lieu sûr; [things] en lieu sûr. ◇ *vt* **-1.** [person – physically] faire du mal à; [– psychologically] faire du tort à, nuire à. **-2.** [surface] abîmer, endommager; [crops] endommager. **-3.** [cause, interests] causer du tort à, être préjudiciable à; [reputation] salir.

**harmful** ['hɑːmful] *adj* **-1.** [person, influence] nuisible, malfaisant. **-2.** [chemicals] nocif; [effects] nuisible; ~ **to plants** nuisible pour les plantes.

**harmless** ['hɑːmlɪs] *adj* **-1.** [person] inoffensif, qui n'est pas méchant; [animal] inoffensif. **-2.** [joke] sans malice, anodin; [pastime] innocent.

**harmlessly** ['hɑːmlɪslɪ] *adv* sans faire de mal, sans dommage OR dommages.

**harmonic** [hɑː'mɒnɪk] ◇ *n* MATH & MUS harmonique *m*. ◇ *adj* [gen, MATH & MUS] harmonique.

**harmonica** [hɑː'mɒnɪkə] *n* harmonica *m*.

**harmonics** [hɑː'mɒnɪks] *n* (U) harmoniques *mpl*.

**harmonious** [hɑː'məʊnjəs] *adj* harmonieux.

**harmoniously** [hɑː'məʊnjəslɪ] *adv* harmonieusement.

**harmonist** ['hɑːmənɪst] *n* harmoniste *mf*.

**harmonium** [hɑː'məʊnjəm] *n* harmonium *m*.

**harmonization** [ˌhɑːmənaɪ'zeɪʃn] *n* harmonisation *f*.

**harmonize, -ise** ['hɑːmənaɪz] ◇ *vt* **-1.** MUS [instrument, melody] harmoniser. **-2.** [colours] harmoniser, assortir. **-3.** [views, statements] harmoniser, faire concorder; [people] concilier, amener à un accord. ◇ *vi* **-1.** MUS [sing in harmony] chanter en harmonie; [be harmonious] être harmonieux OR en harmonie; [write harmony] harmoniser, faire des harmonies. **-2.** [colours] aller (bien) ensemble, se marier (bien).

**harmony** ['hɑːmənɪ] (*pl* **harmonies**) *n* **-1.** MUS harmonie *f*; to sing in ~ chanter une harmonie. **-2.** [agreement – of colours] harmonie *f*; [– of temperaments] harmonie *f*, accord *m*; to live in ~ with sb vivre en harmonie avec qqn.

**harness** ['hɑːnɪs] ◇ *n* **-1.** [for horse, oxen] harnais *m*, harnachement *m*; [for parachute, car seat] harnais *m*; [for child] harnais *m*. **-2.** *phr*: to get OR to be back in ~ reprendre le collier. ◇ *vt* **-1.** [horse] harnacher, mettre le harnais à; [oxen, dogs] atteler. **-2.** *fig* [resources] exploiter, maîtriser.

**harp** [hɑːp] MUS ◇ *n* harpe *f*. ◇ *vi* jouer de la harpe.

◆ **harp on** *inf vi insep* chanter (toujours) le même refrain OR la même rengaine; to ~ **on about sthg** rabâcher qqch, revenir sans cesse sur qqch. ◇ *vt insep*: to ~ **on sthg** revenir sur qqch, rabâcher qqch.

**harpist** ['hɑːpɪst] *n* harpiste *mf*.

**harpoon** [hɑː'puːn] ◇ *n* harpon *m*. ◇ *vt* harponner.

**harpsichord** ['hɑːpsɪkɔːd] *n* clavecin *m*.

**harpsichordist** ['hɑːpsɪˌkɔːdɪst] *n* claveciniste *mf*.

**harpy** ['hɑːpɪ] (*pl* **harpies**) *n fig* harpie *f*, mégère *f*.

**harridan** ['hærɪdn] *n* harpie *f*, vieille sorcière *f*.

**harried** ['hærɪd] *adj* [person] tracassé, harcelé; [expression, look] tourmenté.

**harrier** ['hærɪəʳ] *n* **-1.** [dog] harrier *m*. **-2.** SPORT [runner] coureur *m* (de cross). **-3.** ORNITH busard *m*.

**Harris tweed®** ['hærɪs-] *n* tweed *m* (des Hébrides).

**harrow** ['hærəʊ] ◇ *n* herse *f*. ◇ *vt* **-1.** AGR labourer à la herse. **-2.** *fig* torturer, déchirer le cœur à.

◆ **Harrow** *pr n* prestigieuse «*public school*» dans la banlieue de Londres.

**harrowing** ['hærəʊɪŋ] ◇ *adj* [story] poignant, navrant, angoissant; [cry] déchirant; [experience] pénible, angoissant. ◇ *n* hersage *m*.

**harry** ['hærɪ] (*pt & pp* **harried**) *vt* **-1.** [harass – person] harceler, tourmenter. **-2.** [pillage – village] dévaster, mettre à sac. **-3.** MIL [enemy, troops] harceler.

**harsh** [hɑːʃ] *adj* **-1.** [cruel, severe – person] dur, sévère, cruel; [– punishment, treatment] dur, sévère; [– fate] cruel; [– criticism, judgment, words] dur, sévère; to be ~ **with sb** être dur envers OR avec qqn. **-2.** [conditions, weather] rude, rigoureux. **-3.** [bitter – struggle] âpre, acharné. **-4.** [cry, voice] criard, strident; [tone] dur. **-5.** [colour, contrast] choquant; [light] cru. **-6.** [bleak – landscape, desert] dur, austère.

**harshly** ['hɑːʃlɪ] *adv* **-1.** [treat, punish] sévèrement, avec rigueur. **-2.** [answer, speak] avec rudesse OR dureté; [judge] sévèrement, durement. **-3.** [cry, shout] d'un ton strident.

**harshness** ['hɑːʃnɪs] *n* **-1.** [of person] dureté *f*, sévérité *f*; [of punishment, treatment] sévérité *f*; [of judgement] dureté *f*, sévérité *f*; [of statement, words, tone] dureté *f*. **-2.** [of climate] rigueur *f*, rudesse *f*. **-3.** [of cry, voice] discordance *f*. **-4.** [of light, contrast] dureté *f*.

**hart** [hɑːt] (*pl inv* OR **harts**) *n* cerf *m*.

**harum-scarum** [ˌheərəm'skeərəm] *adj inf* [wild, reckless] casse-cou (*inv*).

**harvest** ['hɑːvɪst] ◇ *n* **-1.** [gathering – of cereal, crops] moisson *f*; [– of fruit, mushrooms] récolte *f*, cueillette *f*; [– of grapes] vendange *f*, vendanges *fpl*. **-2.** [yield] récolte *f*. **-3.** *fig* [from experience, research] moisson *f*. ◇ *vt* **-1.** AGR [cereal, crops] moissonner; [fruit, mushrooms] cueillir, récolter; [grapes] vendanger. **-2.** *fig* [benefits] moissonner; [consequences] récolter. ◇ *vi* [for cereal, crops] moissonner, faire la moisson; [for fruit] faire les récoltes; [for grapes] vendanger.

**harvester** ['hɑːvɪstəʳ] *n* **-1.** [machine] moissonneuse *f*. **-2.** [person] moissonneur *m*, -euse *f*.

**harvest festival** *n* fête *f* des moissons.

**harvest home** *n* **-1.** *Br* [supper] fête *f* de la moisson. **-2.** [harvesting] moisson *f*.

**harvest moon** *n* pleine lune *f* (de l'équinoxe d'automne).

**harvest mouse** *n* rat *m* des moissons.

**harvest supper** *n* en Grande-Bretagne, dîner réunissant une communauté villageoise à la fin de la moisson.

**harvest time** *n* période *f* de la moisson; at ~ à la moisson.

**has** [*weak form* həz, *strong form* hæz] → **have**.

**has-been** ['hæzbiːn] *n inf* has been *m inv*.

**hash** [hæʃ] ◇ *n* **-1.** *Br inf* [muddle, mix-up] pagaille *f*, embrouillamini *m*; [mess, botch] gâchis *m*; to make a ~ of sthg bousiller qqch. **-2.** CULIN hachis *m*. **-3.** *inf* [marijuana] hasch *m*. **-4.** *inf phr*: to fix OR to settle sb's ~ *Br* [in revenge, punishment] régler son compte à qqn; [reduce to silence] clouer le bec à qqn. ◇ *vt* CULIN hacher.

**hash browns** *npl* sorte de croquettes de pommes de terre.

**hashish** ['hæʃiːʃ] *n* haschisch *m*.

**hash-up** *n Br inf* [mess] gâchis *m*.

**hasn't** ['hæznt] = has not.

**hasp** [hɑːsp] ◇ *n* [for door] loquet *m*, loqueteau *m*, moraillon *m*; [for jewellery, lid, clothing] fermoir *m*. ◇ *vt* [door] fermer au loquet; [lid] fermer; [with padlock] cadenasser.

**hassle** ['hæsl] *inf* ◇ *n* **-1.** [difficulty, irritation] embêtement *m*, emmerdement *m*; **I don't want any** ~ je ne veux pas d'embêtements; **it's too much** ~ c'est trop compliqué; **finding their house was quite a** ~ trouver leur maison n'a pas été de la tarte. **-2.** [quarrel] dispute *f*, chamaillerie *f*. ◇ *vt* [annoy, nag] embêter, harceler. ◇ *vi* [argue] se quereller, se chamailler.

**hassock** ['hæsək] *n* **-1.** RELIG coussin *m* d'agenouilloir. **-2.** [of grass] touffe *f* d'herbe. **-3.** *Am* [pouffe] pouf *m*.

**hast** [weak form həst, strong form hæst] *arch* OR BIBLE 2nd pers sing → **have**.

**haste** [heɪst] *n* [speed] hâte *f*; [rush] précipitation *f*; **to do sthg in** ~ faire qqch à la hâte, se dépêcher de faire qqch; **to make** ~ se hâter, se dépêcher; **in my** ~, **I forgot my hat** dans ma hâte, j'ai oublié mon chapeau; **more** ~ **less speed** *prov* hâtez-vous lentement.

**hasten** ['heɪsn] ◇ *vt* **-1.** [speed up – event, decline] précipiter, hâter; **stress can** ~ **the ageing process** le stress peut accélérer le vieillissement. **-2.** [urge on – person] presser; **we were** ~**ed along a corridor** on nous a entraînés précipitamment dans un couloir. **-3.** [say quickly]: **it wasn't me, I** ~**ed to add** ce n'était pas moi, m'empressai-je d'ajouter. ◇ *vi lit* [verb of movement]: **to** ~ **away** partir à la hâte, se hâter de partir.

**hastily** ['heɪstɪlɪ] *adv* **-1.** [hurriedly] précipitamment, avec précipitation, à la hâte. **-2.** [impetuously, rashly] hâtivement, sans réfléchir.

**hasty** ['heɪstɪ] *adj* **-1.** [quick, hurried] précipité, à la hâte; **they made a** ~ **departure** ils sont partis à la hâte OR précipitamment; **she beat a** ~ **retreat** elle a rapidement battu en retraite. **-2.** [rash] irréfléchi, hâtif; **a** ~ **decision** une décision prise à la hâte OR à la légère; **let's not jump to any** ~ **conclusions** ne concluons pas à la légère OR hâtivement.

**hat** [hæt] *n* **-1.** [chapeau *m*; **he always wears a** ~ il porte toujours le OR un chapeau ❏ **keep this under your** ~ *inf* gardez ceci pour vous, n'en soufflez mot à personne; **to pass the** ~ **round** faire la quête; **to throw one's** ~ **into the ring** POL se mettre sur les rangs; **that's old** ~ *inf* c'est dépassé; **I take my** ~ **off to him!** chapeau! **-2.** *fig* [role] rôle *m*, casquette *f*.

**hatband** ['hæt,bænd] *n* ruban *m* de chapeau.

**hatbox** ['hæt,bɒks] *n* boîte *f* à chapeau.

**hatch** [hætʃ] ◇ *vt* **-1.** ZOOL [eggs] faire éclore. **-2.** *fig* [plan, plot] tramer, manigancer. **-3.** ART hachurer. ◇ *vi* [eggs] éclore; [chicks] sortir de l'œuf. ◇ *n* **-1.** [hatching of egg] éclosion *f*. **-2.** [brood] couvée *f*. **-3.** NAUT écoutille *f*; **to batten down the** ~**es** *literal* fermer les descentes; *fig* se préparer (*pour affronter une crise*); **down the** ~! *inf* à la vôtre! **-4.** [trapdoor] trappe *f*; [for inspection, access] trappe, panneau *m*; [in aircraft, spaceship] sas *m*; [in dam, dike] vanne *f* (*d'écluse*). **-5.** [hatchway – for service] passe-plat *m*.

**hatchback** ['hætʃ,bæk] *n* **-1.** [door] hayon *m*. **-2.** [model] voiture *f* à hayon, cinq portes *f*.

**hatchery** ['hætʃərɪ] (*pl* **hatcheries**) *n* **-1.** [for chickens, turkeys] couvoir *m*. **-2.** [for fish] station *f* d'alevinage.

**hatchet** ['hætʃɪt] *n* hachette *f*, hache *f* (à main).

**hatchet job** *n inf*: **to do a** ~ **on sb/sthg** démolir qqn/qqch.

**hatchet man** *n inf* **-1.** [killer] tueur *m* à gages. **-2.** INDUST & POL homme *m* de main.

**hatching** ['hætʃɪŋ] *n* **-1.** [of eggs] éclosion *f*. **-2.** [brood] couvée *f*. **-3.** (*U*) ART hachures *fpl*.

**hatchway** ['hætʃ,weɪ] *n* NAUT écoutille *f*; [gen] trappe *f*.

**hate** [heɪt] ◇ *vt* (*no cont*) [gen] détester, avoir horreur de; [intensely] haïr, abhorrer; **she** ~**s having to wear school uniform** elle a horreur d'avoir à porter un uniforme scolaire; **I** ~ **her for what she has done** je lui en veux vraiment pour ce qu'elle a fait; **I** ~ **myself for letting them down** je m'en veux beaucoup de les avoir laissés tomber || [polite use]: **I would** ~ **you to think I was avoiding you** je ne voudrais surtout pas vous donner l'impression que je cherchais à vous éviter; **I** ~ **to mention it, but you still owe me £5** je suis désolé d'avoir à vous le faire remarquer, mais vous me devez toujours 5 livres. ◇ *n* **-1.** [emotion] haine *f*. **-2.** [person hated] personne *f* que l'on déteste; [thing hated] chose *f* que

l'on déteste; ~ **mail** lettres *fpl* d'injures.

**hated** ['heɪtɪd] *adj* détesté.

**hateful** ['heɪtful] *adj* odieux, détestable, abominable.

**Hatfields and McCoys** ['hætfiːldz-] *pl pr n Am*: **the** ~ noms fictifs représentant des familles rivales.

**hath** [hæθ] *arch* OR BIBLE = **has**.

**hatmaker** ['hæt,meɪkəʳ] *n* [for men] chapelier *m*, -ère *f*; [for women] modiste *mf*.

**hatpin** ['hæt,pɪn] *n* épingle *f* à chapeau.

**hatred** ['heɪtrɪd] *n* haine *f*; **to feel** ~ **for sb** avoir de la haine pour qqn, haïr qqn; **he had an intense** ~ **of the police** il avait une haine profonde de la police.

**hat stand** *n* portemanteau *m*.

**hatter** ['hætəʳ] *n* chapelier *m*, -ère *f*.

**hat trick** *n Br* [three goals] hat-trick *m*; [three wins] trois victoires *fpl* consécutives.

**haughtily** ['hɔːtɪlɪ] *adv* avec arrogance, de manière hautaine.

**haughtiness** ['hɔːtɪnɪs] *n* arrogance *f*, caractère *m* hautain.

**haughty** ['hɔːtɪ] (*compar* **haughtier**, *superl* **haughtiest**) *adj* hautain, arrogant.

**haul** [hɔːl] ◇ *vt* **-1.** [pull] tirer, traîner; [tow] tirer, remorquer; **they** ~**ed the boat out of the water** ils ont tiré le bateau hors de l'eau; **they were** ~**ed in front of a judge** on les traîna devant un tribunal ❏ **to** ~ **sb over the coals** passer un savon à qqn. **-2.** [transport] transporter; [by truck] camionner, transporter. **-3.** [move with effort] hisser; **he** ~**ed himself out of bed** il s'est péniblement sorti du lit. ◇ *vi* **-1.** [pull] tirer. **-2.** NAUT [boat] lofer. ◇ *n* **-1.** [catch, takings – of fisherman, customs] prise *f*, coup *m* de filet; [– of robbers] butin *m*. **-2.** [pull]: **to give a** ~ **on a rope/fishing net** tirer sur une corde/un filet de pêche. **-3.** [distance] parcours *m*, trajet *m*; **it was a long** ~ **from Madrid to Paris** la route fut longue de Madrid à Paris; **long-/short-** ~ **flights** vols *mpl* long courrier/moyen courrier. **-4.** [in time]: **training to be a doctor is a long** ~ les études de médecine sont très longues.

◆ **haul in** *vt sep* [catch, net, rope] tirer, amener; **Tom was** ~**ed in on a drink-driving charge** Tom a été épinglé pour conduite en état d'ivresse.

◆ **haul off** ◇ *vt sep* [take away] conduire, amener; **he was** ~**ed off to prison** on l'a flanqué en prison. ◇ *vi insep Am inf* lever le bras OR la poing.

◆ **haul up** *vt sep* [pull up] tirer, hisser; **to** ~ **sb up before a judge** traîner qqn devant le tribunal OR le juge.

**haulage** ['hɔːlɪdʒ] ◇ *n* (*U*) **-1.** [as business] transports *mpl*, transport *m* (routier). **-2.** [act] transport *m*. **-3.** [cost] (frais *mpl* de) transport *m*. ◇ *comp* [company] de transport routier, de transports routiers; ~ **contractor** entrepreneur *m* de transports routiers.

**haulier** ['hɔːljəʳ] *Br*, **hauler** ['hɔːləʳ] *Am n* **-1.** [business] entreprise *f* de transports routiers. **-2.** [owner] entrepreneur *m* de transports routiers. **-3.** [driver] routier *m*, camionneur *m*.

**haunch** [hɔːntʃ] *n* **-1.** CULIN [of venison] cuissot *m*; [of beef] quartier *m*. **-2.** [of human] hanche *f*; **to squat down on one's** ~**es** s'accroupir. **-3.** [of animal] ~**es** arrière-train *m*, derrière *m*.

**haunt** [hɔːnt] ◇ *vt* **-1.** [subj: ghost, spirit] hanter. **-2.** [subj: problems] hanter, tourmenter; **she is** ~**ed by her unhappy childhood** elle est hantée OR tourmentée par son enfance malheureuse; **his past continues to** ~ **him** son passé ne cesse de le poursuivre OR hanter. **-3.** *inf* [frequent – bar] hanter, fréquenter; [– streets] hanter, traîner dans. ◇ *n* **-1.** [place] lieu *m* que l'on fréquente beaucoup, lieu *m* de prédilection; **it's one of his favourite** ~**s** c'est un des endroits qu'il préfère. **-2.** [refuge – for animals, criminals] repaire *m*.

**haunted** ['hɔːntɪd] *adj* **-1.** [house, castle] hanté. **-2.** [look] hagard, égaré.

**haunting** ['hɔːntɪŋ] *adj* [memory, sound] obsédant; [tune] qui vous trotte dans la tête.

**Havana** [hə'vænə] ◇ *pr n* [city] la Havane. ◇ *n* [cigar, tobacco] havane *m*. ◇ *comp* [tobacco, cigar] de Havane.

**have** [hæv] (*3rd pers sing pres* **has** [hæz], *pt* & *pp* **had** [hæd]) ◇ *aux vb* **-1.** [used to form perfect tenses] avoir, être; **to** ~ **finished** avoir fini; **to** ~ **left** être parti; **to** ~ **sat down** s'être assis; **has she slept?** a-t-elle dormi?; ~ **they arrived?** sont-ils arrivés?; **the children will** ~ **gone to bed by the time**

we arrive les enfants seront couchés quand nous arrive-rons; you were silly not to ~ accepted tu es bête de ne pas avoir accepté; after OR when you ~ finished, you may leave quand vous aurez fini, vous pourrez partir; she was ashamed of having lied elle avait honte d'avoir menti; she felt she couldn't change her mind, having already agreed to go elle sentait qu'elle ne pouvait pas changer d'avis, étant donné qu'elle avait dit être d'accord pour y aller; I ~ been thinking j'ai réfléchi; I ~ known her for three years/ since childhood je la connais depuis trois ans/depuis mon enfance; she claimed she hadn't heard the news elle a pré-tendu ne pas avoir entendu la nouvelle; we had gone to bed early nous nous étions couchés de bonne heure; when he had given his speech, I left une fois qu'il eut terminé son discours, je partis; had I known, I wouldn't ~ insisted si j'avais su, je n'aurais pas insisté; if I had known, I wouldn't ~ said anything si j'avais su, je n'aurais rien dit; they would ~ been happy if it hadn't been for the war ils auraient vécu heureux si la guerre n'était pas survenue; why don't you just leave him and ~ done with it? pour-quoi donc est-ce que vous ne le quittez pas, pour en finir? ❑ I'd as soon not j'aimerais mieux pas; he'd rather OR sooner stay at home than go out dancing il aimerait mieux rester OR il préférerait rester à la maison qu'aller danser; he's had it *inf* [is in trouble] il est fichu OR foutu; [is worn out] il est à bout; I've had it with all your complaining! *inf* j'en ai jusque-là de tes jérémiades!; this plant has had it *inf* cette plante est fichue. **-2.** [elliptical uses]: ~ you ever had the measles? — yes, I ~/no, I haven't avez-vous eu la rougeole? — oui/ non; she hasn't finished — yes, she has! elle n'a pas fini — (mais) si!; you've forgotten his birthday — no, I haven't! tu as oublié son anniversaire — mais non! **-3.** [in tag ques-tions]: you've read 'Hamlet', haven't you? vous avez lu «Hamlet», n'est-ce pas?; he hasn't arrived, has he? il n'est pas arrivé, si?; so she's got a new job, has she? elle a changé de travail alors?

◇ *vt* **A. -1.** [be in possession of, own] avoir, posséder; do you ~ OR ~ you got a car? avez-vous une voiture?; he has (got) £10 left il lui reste 10 livres; do you ~ any children? if you ~... avez-vous des enfants? si vous en avez OR si oui...; do we ~ any milk in the house? est-ce qu'on a du lait OR est-ce qu'il y a du lait à la maison?; she has a baker's shop/ bookshop elle tient une boulangerie ❑ give it all you ~ OR all you've got! *inf* mets-y le paquet!; I've got it! ça y est, j'ai trouvé OR j'y suis!; paper, envelopes and what ~ you du papier, des enveloppes et je ne sais quoi encore. **-2.** [enjoy the use of] avoir, disposer de; we had a couple of hours to do our errands nous disposions de OR nous avions quelques heures pour faire nos courses; I don't ~ time OR I haven't got time to stop for lunch je n'ai pas le temps de m'arrêter pour déjeuner; he hasn't (got) long to live il ne lui reste pas longtemps à vivre; do you ~ OR ~ you (got) a minute (to spare)? tu as une minute?; such questions ~ an important place in our lives ce genre de questions occupe une place importante dans notre vie. **-3.** [possess as quality or attribute] avoir; she has (got) red hair elle a les cheveux roux, elle est rousse; the ticket has a number on it il y a un nom sur le billet; she has what it takes OR she has it in her to succeed elle a ce qu'il faut pour réussir; you've never had it so good! vous n'avez jamais eu la vie si belle!**-4.** [possess knowledge or understanding of]: do you ~ any exper-ience of teaching? avez-vous déjà enseigné?; she has a clear sense of what matters elle sait très bien ce qui est im-portant; he has some Greek and Latin il connaît un peu de grec et le latin.

**B. -1.** [indicating experience of a specified situation]: to ~ a dream/nightmare faire un rêve/cauchemar; I'll ~ my appendix taken out je me suis fait opérer de l'appendicite; he had all his money stolen il s'est fait voler OR on lui a volé tout son argent; I love having my back rubbed j'adore qu'on me frotte le dos; they had some strange things hap-pen to them il leur est arrivé de drôles de choses. **-2.** [be infected with, suffer from] avoir; do you ~ OR ~ you got a headache? avez-vous mal à la tête?**-3.** *(delexicalized use)* [per-form, take part in – bath, lesson] prendre; [– meeting] avoir; we had our first argument last night nous nous sommes disputés hier soir pour la première fois; to ~ a stroll se promener, faire un tour; I want to ~ a think about it je veux y réfléchir; to ~ a party [organize] organiser une fête;

[celebrate] faire la fête; I'll ~ no part in it je refuse de m'en mêler. **-4.** [pass, spend] passer, avoir; I had a horrible day at work j'ai passé une journée atroce au travail; ~ a nice day! bonne journée!; to ~ a good time s'amuser. **-5.** [exhi-bit, show] avoir, montrer; he had the nerve to refuse il a eu le culot de refuser; he didn't even ~ the decency to apolo-gize il n'a même pas eu la décence de s'excuser. **-6.** [feel ob-ligation or necessity in regard to]: I ~ (got) a lot of work to finish j'ai beaucoup de travail à finir; he has (got) nothing to do/to read il n'a rien à faire/à lire.

**C. -1.** [obtain, receive] avoir, recevoir; I'd like him to ~ this picture j'aimerais lui donner cette photo; we had a phone call from the mayor nous avons reçu OR eu un coup de fil du maire; they've still had no news of the lost plane ils n'ont toujours pas de nouvelles de l'avion (qui a) disparu; I ~ it on good authority je le tiens de bonne source; I must ~ your answer by tomorrow il me faut votre réponse pour demain; she let them ~ the wardrobe for £300 elle leur a laissé OR cédé l'armoire pour 300 livres; there are plenty of nice flats to be had il y a plein de jolis appartements; stamps can be had at any newsagent's on peut acheter des timbres chez le marchand de journaux ❑ I let him ~ it *inf* [attacked him] je lui ai réglé son compte; [told him off] je lui ai passé un savon; you had it coming! *inf* tu ne l'as pas volé!**-2.** [invite] recevoir, avoir; she's having some people (over) for OR to dinner elle reçoit OR elle a du monde à dîner; let's ~ him round for a drink et si on l'invitait à prendre un pot?**-3.** [accept, take] vouloir; he'd like to marry but no-body will ~ him! il aimerait se marier mais personne ne veut de lui!; do what you want, I'm having nothing more to do with your schemes fais ce que tu veux, je ne veux plus être mêlé à tes combines.

**D. -1.** [clutch] tenir; he had (got) his assailant by the throat il tenait son agresseur à la gorge. **-2.** *fig* [gain control or advantage over]: you ~ me there! là vous me tenez!; I ~ (got) you where I want you now! je vous tiens! ❑ the Celtics ~ it! SPORT les Celtics ont gagné!**-3.** [bewilder, per-plex]: who won? — you've got me there qui a gagné? — là, tu me poses une colle.

**E. -1.** [cause to be]: the news had me worried la nouvelle m'a inquiété; I'll ~ this light fixed in a minute j'en ai pour une minute à réparer cette lampe; we'll ~ everything ready tout sera prêt. **-2.** *(with past participle)* [cause to be done]: to ~ sthg done faire faire qqch; I had my hair cut je me suis fait couper les cheveux; we must ~ the curtains cleaned nous devons faire nettoyer les rideaux OR donner les ri-deaux à nettoyer. **-3.** *(with infinitive)* [cause to do]: to ~ sb do sthg faire faire qqch à qqn; she had him invite all the neighbours round elle lui a fait inviter tous les voisins; he soon had them all laughing il eut tôt fait de les faire tous rire; as he would ~ us believe comme il voudrait nous le faire croire.

**F. -1.** [consume – food, meal] avoir, prendre; we're having dinner out tonight nous sortons dîner ce soir; to ~ break-fast in bed prendre le petit déjeuner au lit; would you like to ~ coffee? voulez-vous (prendre) un café?; I had tea with her j'ai pris le thé avec elle; we stopped and had a drink nous nous sommes arrêtés pour boire quelque chose; what will you ~? — I'll ~ the lamb [in restaurant] qu'est-ce que vous prenez? — je vais prendre de l'agneau; will you ~ a cigarette? voulez-vous une cigarette?**-2.** [indicating location, position] placer, mettre; we'll ~ the wardrobe here and the table in there nous mettrons l'armoire ici et la table par là; I had my back to the window je tournais le dos à la fenêtre; he had his head down il avait la tête baissée. **-3.** [be ac-companied by]: she had her mother with her sa mère était avec elle; I can't talk right now, I ~ someone with me je ne peux pas parler, je ne suis pas seul OR je suis avec quel-qu'un. **-4.** [give birth to]: she's had a baby elle a eu un bébé; our dog has just had puppies notre chien vient d'avoir des petits. **-5.** [assert, claim] soutenir, maintenir; rumour has it that they're married le bruit court qu'ils sont mariés; as the government would ~ it comme dirait le gouvernement. **-6.** *(with 'will' or 'would')* [wish for] vouloir; what would you ~ me do? que voudriez-vous que je fasse?; I'll ~ you know I ~ a degree in French je vous fais remarquer que j'ai une li-cence de français. **-7.** *(in negative)* [allow, permit]: I will not ~ him in my house! il ne mettra pas les pieds chez moi!; I won't ~ it! ça ne va pas se passer comme ça!; we can't ~

you sleeping on the floor nous ne pouvons pas vous laisser dormir par terre. **-8.** *(in passive) inf* [cheat, outwit] avoir; you've been had! tu t'es fait avoir!**-9.** <sup>▽</sup> [sleep with] avoir.
**G.** WITH INFINITIVE **-1.** [indicating obligation]: to ~ (got) to do sthg devoir faire qqch, être obligé de faire qqch; don't you ~ to OR haven't you got to phone the office? est-ce que tu ne dois pas appeler le bureau?; you don't ~ to OR you haven't got to go tu n'es pas obligé d'y aller; I hate having to get up early j'ai horreur de devoir me lever tôt; I won't apologize — you ~ to je ne m'excuserai pas — il le faut ‖ [expressing disbelief, dismay etc]: you've got to be joking! vous plaisantez!, c'est une plaisanterie!; you didn't ~ to tell your father what happened! tu n'avais pas besoin d'aller dire à ton père ce qui s'est passé!; the train would ~ to be late today of all days! il fallait que le train soit en retard aujourd'hui!**-2.** [indicating necessity] devoir; you ~ (got) to get some rest il faut que vous vous reposiez, vous devez vous reposer; I'll ~ to think about it il va falloir que j'y réfléchisse; some problems still ~ to be worked out il reste encore des problèmes à résoudre; the plumbing has to be redone la plomberie a besoin d'être refaite; you'd ~ to be deaf not to hear that noise il faudrait être sourd pour ne pas entendre ce bruit; do you ~ to turn the music up so loud? vous ne pourriez pas baisser un peu la musique?**-3.** *phr*: the book has to do with archaeology ce livre traite de l'archéologie; their argument has to do with money ils se disputaient à propos d'argent; I'll ~ nothing more to do with her je ne veux plus avoir affaire à elle; they had nothing to do with her being fired ils n'avaient rien à voir avec son licenciement.
◆ **haves** *npl*: the ~s les riches *mpl*, les nantis *mpl*; the ~s and the ~-nots les riches et les pauvres, les nantis et les démunis.
◆ **have away** *vt sep Br phr*: to ~ it away with sb<sup>▽</sup> coucher avec qqn.
◆ **have in** *vt sep* **-1.** [cause to enter] faire entrer; she had him in for a chat elle l'a fait entrer pour discuter. **-2.** [invite]: to ~ friends in for a drink inviter des amis à prendre un pot. **-3.** [doctor, plumber] faire venir; they've got workmen in at the moment ils ont des ouvriers en ce moment. **-4.** *phr*: to ~ it in for sb *inf* avoir une dent contre qqn.
◆ **have off** *vt sep Br phr*: to ~ it off with sb<sup>▽</sup> coucher avec qqn.
◆ **have on** *vt sep* **-1.** [wear] porter; what does she ~ on? qu'est-ce qu'elle porte? **-2.** [radio, television]: he has the radio/television on all night sa radio/sa télévision est allumée toute la nuit. **-3.** [commitment, engagement]: we ~ a lot on today nous avons beaucoup à faire aujourd'hui. **-4.** *Br inf* [tease, trick] faire marcher. **-5.** *phr*: they ~ nothing on me ils n'ont aucune preuve contre moi; she must ~ something on the boss elle doit savoir quelque chose de compromettant sur le patron.
◆ **have out** *vt sep* **-1.** [tooth] se faire arracher. **-2.** [settle]: to ~ it out with sb s'expliquer avec qqn.
◆ **have over** *vt sep* **-1.** [invite] inviter. **-2.** *phr*: to ~ one over on sb avoir le dessus sur qqn.
◆ **have up** *vt sep inf* [bring before the authorities]: they were had up by the police for vandalism ils ont été arrêtés pour vandalisme.
**haven** ['heɪvn] *n* [refuge] abri *m*, refuge *m*; a safe ~ un abri sûr; the garden is a ~ of peace and tranquillity *lit* le jardin est un havre de paix et de tranquillité.
**have-nots** *npl*: the ~ les démunis *mpl*, les défavorisés *mpl*.
**haven't** ['hævnt] = have not.
**haversack** ['hævəsæk] *n* havresac *m*.
**havoc** ['hævək] *n* (U) ravages *mpl*, chaos *m*; to wreak ~ on sthg ravager qqch; the strike played ~ with our plans la grève a mis nos projets par terre.
**haw** [hɔː] *n* BOT [berry] baie *f* d'aubépine, cenelle *f*; [shrub] aubépine *f*.
**Hawaii** [hə'waɪɪ] *pr n* Hawaii; in ~ à Hawaii.
**Hawaiian** [hə'waɪɪən] ◇ *n* **-1.** [person] Hawaïen *m*, -enne *f*.**-2.** LING hawaïen *m*. ◇ *adj* hawaïen.
**Hawaiian Standard Time** *n* heure *f* de Hawaii.
**hawk** [hɔːk] ◇ *n* **-1.** [bird] faucon *m*; to watch sb/sthg like a ~ regarder qqn/qqch d'un œil perçant. **-2.** POL faucon *m*.**-3.** CONSTR taloche *f.* ◇ *vi* **-1.** HUNT chasser au faucon. **-2.** [clear

throat] se racler la gorge. ◇ *vt* **-1.** [sell – from door to door] colporter; [– in market, street] vendre à la criée. **-2.** *fig* [news, gossip] colporter. **-3.** [cough up] cracher.
**hawker** ['hɔːkər] *n* [street vendor] marchand *m* ambulant; [door-to-door] démarcheur *m*, colporteur *m*.
**hawk-eyed** *adj* **-1.** [keen-sighted] au regard d'aigle. **-2.** *fig* [vigilant] qui a l'œil partout.
**hawkish** ['hɔːkɪʃ] *adj* POL dur.
**hawkmoth** ['hɔːk,mɒθ] *n* sphinx *m* ENTOM.
**hawse** [hɔːz] *n* NAUT écubier *m*.
**hawser** ['hɔːzər] *n* NAUT grelin *m*, aussière *f.*
**hawthorn** ['hɔːθɔːn] ◇ *n* aubépine *f.* ◇ *comp* [hedge, berry] d'aubépine.
**hay** [heɪ] *n* foin *m*; to make ~ AGR faire les foins ❑ to make ~ while the sun shines *prov* battre le fer pendant qu'il est chaud *prov*.
**Haydn** ['haɪdn] *pr n* Haydn.
**hay fever** *n* rhume *m* des foins; to suffer from/to have ~ souffrir du/avoir le rhume des foins.
**hayloft** ['heɪ,lɒft] *n* grenier *m* à foin.
**haymaker** ['heɪ,meɪkər] *n* AGR [worker] faneur *m*, -euse *f*; [machine] faneuse *f.*
**hayrack** ['heɪ,ræk] *n* [in barn] râtelier *m*; [on cart] ridelle *f.*
**hayrick** ['heɪ,rɪk] *n* meule *f* de foin.
**haystack** ['heɪ,stæk] *n* meule *f* de foin.
**haywire** ['heɪ,waɪər] *adj inf* [system, person] détraqué; to go ~ [machine] débloquer, se détraquer; [plans] mal tourner.
**hazard** ['hæzəd] ◇ *n* **-1.** [danger, risk] risque *m*, danger *m*; the ~s of smoking les dangers du tabac; a health/fire ~ un risque pour la santé/d'incendie. **-2.** [in golf] obstacle *m.* ◇ *vt* **-1.** [risk – life] risquer, hasarder; [– reputation] risquer. **-2.** [venture – statement, advice, suggestion] hasarder, se risquer à faire; to ~ a guess: would you care to ~ a guess as to the weight? voulez-vous essayer de deviner combien ça pèse?**-3.** [stake, bet – fortune] risquer, miser.
◆ **hazards** *npl* AUT feux *mpl* de détresse.
**hazardous** ['hæzədəs] *adj* **-1.** [dangerous] dangereux, risqué. **-2.** [uncertain] hasardeux, incertain.
**hazard warning** AUT ◇ *n* signal *m* de danger. ◇ *comp*: ~ triangle triangle *m* de présignalisation; ~ lights feux *mpl* de détresse.
**haze** [heɪz] ◇ *n* **-1.** METEOR brume *f*; a heat ~ une brume de chaleur. **-2.** (U) [steam] vapeur *f*, vapeurs *fpl*; [smoke] nuage *m.***-3.** [confusion] brouillard *m*; to be in a ~ être dans le brouillard. ◇ *vt Am* **-1.** [harass] harceler. **-2.** MIL faire subir des brimades à; SCH bizuter.
**hazel** ['heɪzl] ◇ *n* noisetier *m.* ◇ *adj* [colour] noisette *(inv)*.
**hazelnut** ['heɪzl,nʌt] ◇ *n* [nut] noisette *f*; [tree] noisetier *m.* ◇ *comp* [flavour] de noisette; [ice cream, yoghurt] à la noisette.
**haziness** ['heɪzɪnɪs] *n* **-1.** [of sky, weather] état *m* brumeux. **-2.** [of memory, thinking] flou *m*, imprécision *f.***-3.** PHOT flou *m.*
**hazy** ['heɪzɪ] *(compar* hazier, *superl* haziest*) adj* **-1.** [weather, sky] brumeux. **-2.** [memory] flou, vague; [thinking, ideas] flou, embrouillé; she's rather ~ about the details of what happened elle n'a qu'un vague souvenir de ce qui s'est passé. **-3.** PHOT flou. **-4.** [colour] pâle.
**H-bomb** *(abbr of* **hydrogen bomb***) n* bombe *f* H.
**h & c** *written abbr of* **hot and cold (water)**.
**he** [hiː] ◇ *pron* il; he works in London il travaille à Londres; he and I lui et moi; there he is! le voilà!; she is older than he is *fml* elle est plus âgée que lui; that's what HE thinks! c'est ce qu'il croit! ◇ *n* [animal] mâle *m*; [boy] garçon *m.*
**HE -1.** *written abbr of* **high explosive. -2.** *(written abbr of* **His/ Her Excellency)** S Exc, SE.
**head** [hed] *(pl sense 12 inv, pl other senses* **heads***)* ◇ *n* **-1.** [of human, animal] tête *f*; she has a lovely ~ of hair elle a de très beaux cheveux OR une très belle chevelure; he's already a ~ taller than his mother il dépasse déjà sa mère d'une tête; Sea Biscuit won by a ~ [in horseracing] Sea Biscuit a gagné d'une tête; from ~ to toe OR foot de la tête aux pieds; she was dressed in black from ~ to foot elle était tout en noir OR entièrement vêtue de noir; to fall ~ over heels tomber la tête la première; to fall ~ over heels in love with sb tomber éperdument amoureux de qqn; to have one's ~ in the clouds avoir la tête dans les nuages; to give a horse its ~ lâ-

cher la bride à un cheval; **wine always goes to my** ~ le vin me monte toujours à la tête; **all this praise has gone to his** ~ toutes ces louanges lui ont tourné la tête ❑ **give him his** ~ **and put him in charge** lâchez-lui la bride et laissez-le prendre des responsabilités; **I could do it standing on my** ~ c'est simple comme bonjour; **she's got her** ~ **screwed on (the right way)** elle a la tête sur les épaules; **she's** ~ **and shoulders above the rest** les autres ne lui arrivent pas à la cheville; **to keep one's** ~ **above water** s'en sortir; **to laugh one's** ~ **off** rire à gorge déployée; **to shout** OR **to scream one's** ~ **off** crier à tue-tête; ~**s will roll** des têtes tomberont. **-2.** [mind, thoughts] tête *f*; **to take it into one's** ~ **to do sthg** se mettre en tête de faire qqch; **the idea never entered my** ~ ça ne m'est jamais venu à l'esprit; **don't put silly ideas into his** ~ ne lui mettez pas des idées stupides en tête; **I can't get these dates into my** ~ je n'arrive pas à retenir ces dates; **the answer has gone right out of my** ~ j'ai complètement oublié la réponse; **use your** ~! fais travailler tes méninges! ❑ **it's doing my** ~ **in!** *inf* ça me tape sur le système!; **I just can't get my** ~ **round the idea that she's gone** *inf* je n'arrive vraiment pas à me faire à l'idée qu'elle est partie. **-3.** [aptitude]: **in my job, you need a good** ~ **for figures** dans mon métier, il faut savoir manier les chiffres; **I've no** ~ **for heights** j'ai le vertige. **-4.** [clear thinking, common sense]: **keep your** ~! gardez votre calme!, ne perdez pas la tête!; **to keep a cool** ~ garder la tête froide; **you'll need a clear** ~ **in the morning** vous aurez besoin d'avoir l'esprit clair demain matin ❑ **he's off his** ~ *Br inf* il est malade, il est pas net. **-5.** [intelligence, ability] tête *f*; **we'll have to put our** ~**s together and find a solution** nous devrons nous y mettre ensemble pour trouver une solution ❑ **off the top of my** ~: **off the top of my** ~, **I'd say it would cost about £1,500** à vue de nez, je dirais que ça coûte dans les 1 500 livres; **I don't know off the top of my** ~ je ne sais pas, il faudrait que je vérifie; **her lecture was completely over my** ~ sa conférence m'a complètement dépassé; **to talk over sb's** ~ s'exprimer de manière trop compliquée pour qqn; **two** ~**s are better than one** *prov* deux avis valent mieux qu'un. **-6.** *inf* [headache] mal *m* de tête. **-7.** [chief, boss – of police, government] chef *m*; [– of school, of company] directeur *m*, -trice *f*; **the crowned** ~**s of Europe** les têtes couronnées de l'Europe. **-8.** [authority, responsibility]: **she went over my** ~ **to the president** elle est allée voir le président sans me consulter; **they were promoted over my** ~ ils ont été promus avant moi ❑ **on your (own)** ~ **be it!** à tes risques et périls!-**9.** [top, upper end, extremity – of racquet, pin, hammer] tête *f*; [– of staircase] haut *m*, tête *f*; [– of bed] chevet *m*, tête *f*; [– of arrow] pointe *f*; [– of page] tête *f*; [– of letter] en-tête *m*; [– of valley] tête *f*; [– of river] source *f*; **at the** ~ **of the procession/queue** en tête de (la) procession/de (la) queue; **sitting at the** ~ **of the table** assis au bout de la OR en tête de table. **-10.** BOT & CULIN [of corn] épi *m*; [of garlic] tête *f*, gousse *f*; [of celery] pied *m*; [of asparagus] pointe *f*.-**11.** [of coin] côté *m* pile; ~**s or tails?** pile ou face? ❑ **I can't make** ~ **nor tail of this** pour moi ça n'a ni queue ni tête. **-12.** [of livestock] tête *f*.-**13.** [in prices, donations]: **tickets cost £50 a** ~ les billets valent 50 livres par personne. **-14.** ELECTRON [of tape recorder, VCR] tête *f*.-**15.** [title – of chapter] tête *f*.-**16.** [on beer] mousse *f*.-**17.** [of pressure] pression *f*; **to get up** OR **to work up a** ~ **of steam** *fig* s'énerver. **-18.** [of drum] peau *f*.-**19.** [of ship] proue *f*.-**20.** GRAMM tête *f*.-**21.** MED [of abscess, spot] tête *f*; **to come to a** ~ [abscess, spot] mûrir; *fig* [problem] arriver au point critique; **his resignation brought things to a** ~ sa démission a précipité les choses.

◇ *comp* chef ~; ~ **porter** chef-portier *m*.

◇ *vt* **-1.** [command – group, organization] être à la tête de; [– project, revolt] diriger, être à la tête de; [chair – discussion] mener; [– commission] présider. **-2.** [be first] être OR venir en tête de; **Madrid** ~**s the list of Europe's most interesting cities** Madrid vient OR s'inscrit en tête des villes les plus intéressantes d'Europe. **-3.** [steer – vehicle] diriger; [– person] guider, diriger. **-4.** [provide title for] intituler; [be title of] être en tête de; **the essay is** ~**ed 'Democracy'** l'essai s'intitule OR est intitulé «Démocratie». **-5.** FTBL: **he** ~**ed the ball into the goal** il a marqué de la tête. **-6.** [plant] écimer, étêter.

◇ *vi* [car, crowd, person] aller, se diriger; NAUT mettre le cap sur; **we** ~**ed back to the office** nous sommes retournés au bureau.

◇ *adj* **-1.** [main – person] principal; [– office] central, princi-

pal; **the** ~ **cook/gardener** le cuisinier/jardinier en chef; **send it to** ~ **office** *Br* OR **the** ~ **office** *Am* envoyez-le au siège social OR au bureau central. **-2.** [first in series] premier.

◆ **head for** *vt insep* [car, person] se diriger vers; NAUT mettre le cap sur; **she** ~**ed for home** elle rentra (à la maison); **he's** ~**ing for trouble** il va (tout droit) à la catastrophe; **to be** ~**ing for a fall** *fig* courir à l'échec ❑ **to** ~ **for the hills** *inf* filer.

◆ **head off** ◇ *vt sep* **-1.** [divert – animal, vehicle, person] détourner de son chemin; [– enemy] forcer à reculer; **she** ~**ed off all questions about her private life** *fig* elle a éludé toute question sur sa vie privée. **-2.** [crisis, disaster] prévenir, éviter; [rebellion, revolt, unrest] éviter. ◇ *vi insep* partir.

**headache** ['hedeɪk] *n* **-1.** [pain] mal *m*; [migraine] migraine *f*; **to have a** ~ [gen] avoir mal à la tête, avoir la migraine; **white wine gives me a** ~ le vin blanc me donne mal à la tête. **-2.** *fig* [problem] problème *m*; **the trip was one big** ~ le voyage a été un casse-tête du début à la fin.

**headband** ['hedbænd] *n* bandeau *m*.

**headboard** ['hedbɔːd] *n* tête *f* de lit.

**head boy** *n Br* élève *chargé d'un certain nombre de responsabilités et qui représente son école aux cérémonies publiques.*

**headbutt** ['hedbʌt] ◇ *n* coup *m* de tête, coup *m* de boule. ◇ *vt* donner un coup de tête OR de boule à.

**head case** *n inf* dingue *mf*.

**headcheese** ['hed,tʃiːz] *n Am* fromage *m* de tête.

**head cold** *n* rhume *m* de cerveau.

**head count** *n* vérification *f* du nombre de personnes présentes; **the teacher did a** ~ la maîtresse a compté les élèves.

**headdress** ['hed,dres] *n* [gen] coiffure *f*; [belonging to regional costume] coiffe *f*.

**-headed** ['hedɪd] *in cpds* à tête...; **a silver**~ **cane** une canne à pommeau d'argent; **a three**~ **dragon** un dragon à trois têtes.

**headed notepaper** ['hedɪd-] *n Br* papier *m* à en-tête.

**header** ['hedər] *n* **-1.** [fall] chute *f* (la tête la première); [dive] plongeon *m* (la tête la première); **he took a** ~ **into the ditch** il est tombé la tête la première dans le fossé. **-2.** FTBL (coup *m* de) tête *f*. **-3.** COMPUT en-tête *m*; ~ **block** en-tête; ~ **card** carte *f* en-tête. **-4.** *Br* AUT: ~ **(tank)** collecteur *m* de tête. **-5.** CONSTR (pierre *f* en) boutisse *f*.

**headfirst** [,hed'fɜːst] *adv* **-1.** [dive, fall, jump] la tête la première; **he dived** ~ **into the pool** il a piqué une tête dans la piscine. **-2.** [rashly] sans réfléchir, imprudemment; **to jump** ~ **into sthg** se jeter tête baissée dans qqch.

**headgear** ['hed,gɪər] *n (U)* coiffure *f*.

**head girl** *n Br* élève *chargée d'un certain nombre de responsabilités et qui représente son école aux cérémonies publiques.*

**headhunt** ['hedhʌnt] ◇ *vi* recruter des cadres (pour une entreprise). ◇ *vt*: **to be** ~**ed** être recruté par un chasseur de têtes.

**headhunter** ['hed,hʌntər] *n* ANTHR & *fig* chasseur *m* de têtes.

**headiness** ['hedɪnɪs] *n* **-1.** [of wine] bouquet *m* capiteux; **the** ~ **of sudden success** la griserie OR l'ivresse qu'apporte un succès imprévu. **-2.** [excitement] exaltation *f*, excitation *f*.

**heading** ['hedɪŋ] *n* **-1.** [title – of article, book] titre *m*; [– of chapter] titre *m*, intitulé *m*; **page** ~ tête *f* de page. **-2.** [subject] rubrique *f*; **their latest record comes under the** ~ **of jazz** leur dernier disque se trouve sous la rubrique jazz. **-3.** [letterhead] en-tête *m*.-**4.** AERON & NAUT [direction] cap *m*.-**5.** MIN [tunnel] galerie *f* d'avancement.

**headlamp** ['hedlæmp] *n* **-1.** *Br* = **headlight**. **-2.** MIN lampe-chapeau *f*.

**headland** ['hedlənd] *n* promontoire *m*, cap *m*.

**headless** ['hedlɪs] *adj* **-1.** [arrow, body, screw] sans tête. **-2.** [company, commission] sans chef.

**headlight** ['hedlaɪt] *n* [on car] phare *m*; [on train] fanal *m*, feu *m* avant.

**headline** ['hedlaɪn] ◇ *n* **-1.** [in newspaper] (gros) titre *m*, manchette *f*; **the hijacking made the** ~**s** le détournement a fait la une des journaux; **to hit the** ~**s** faire les gros titres. **-2.** RADIO & TV [news summary] grand titre *m*; **here are today's news** ~**s** voici les principaux titres de l'actualité. ◇ *vt* **-1.** PRESS mettre en manchette. **-2.** [provide heading for] intituler. **-3.** *Am* [have top billing in] avoir le rôle principal dans. ◇ *vi Am* [have top billing] avoir le rôle principal.

**headliner** ['hedlaɪnəʳ] *n Am* vedette *f*.

**headlock** ['hedlɒk] *n* cravate *f*.

**headlong** ['hedlɒŋ] ◇ *adv* **-1.** [dive, fall] la tête la première. **-2.** [rush – head down] tête baissée; [– at great speed] à toute allure OR vitesse. **-3.** [rashly] sans réfléchir, imprudemment. ◇ *adj* **-1.** [dive, fall] la tête la première. **-2.** [impetuous – action] impétueux, impétueux.

**headman** ['hedmæn] (*pl* **headmen** [-men]) *n* chef *m*.

**headmaster** [,hed'mɑːstəʳ] *n* SCH proviseur *m*, directeur *m*, chef *m* d'établissement.

**headmistress** [,hed'mɪstrɪs] *n* SCH directrice *f*, chef *m* d'établissement.

**head office** *n* siège *m* social, bureau *m* central.

**head-on** ◇ *adv* **-1.** [collide, hit] de front, de plein fouet. **-2.** [confront, meet] de front; management confronted the union ~ la direction a affronté le syndicat. ◇ *adj* **-1.** [collision – of car, plane] de front, de plein fouet; [– of ships] par l'avant. **-2.** [confrontation, disagreement] violent.

**headphones** ['hedfəʊnz] *npl* casque *m* (*à écouteurs*).

**headpiece** ['hedpiːs] *n* **-1.** [helmet] casque *m*. **-2.** TYPO vignette *f*, en-tête *m*.

**headquarters** [,hed'kwɔːtəz] *npl* **-1.** [of bank, office] siège *m* social, bureau *m* central; [of army, police] quartier *m* général. **-2.** MIL [commanding officers] quartier *m* général.

**headrest** ['hedrest] *n* appuie-tête *m*, repose-tête *m*.

**head restraint** *n Br* appuie-tête *m*, repose-tête *m*.

**headroom** ['hedrʊm] *n* place *f*, hauteur *f*; there's not much ~ in the attic le plafond du grenier n'est pas très haut; 'max ~ 10 metres' 'hauteur limite 10 mètres'.

**headscarf** ['hedskɑːf] (*pl* **headscarves** [-skɑːvz]) *n* foulard *m*.

**headset** ['hedset] *n* [with microphone] casque *m* (*à écouteurs et à micro*); *Am* [headphones] casque *m* (*à écouteurs*).

**headshrinker** ['hed,ʃrɪŋkəʳ] *n inf* [psychiatrist] psy *mf*.

**headsquare** ['hedskweəʳ] *n* foulard *m*, carré *m*.

**headstand** ['hedstænd] *n*: to do a ~ faire le poirier.

**head start** *n* **-1.** [lead] avance *f*; I got a ~ j'ai pris de l'avance sur les autres; go on, I'll give you a ~ allez, vas-y, je te donne un peu d'avance. **-2.** [advantage] avantage *m*; being bilingual gives her a ~ over the others étant bilingue, elle est avantagée par rapport aux autres.

**headstone** ['hedstəʊn] *n* **-1.** [of grave] pierre *f* tombale. **-2.** ARCHIT [keystone] clef *f* de voûte.

**headstrong** ['hedstrɒŋ] *adj* **-1.** [wilful] têtu, entêté. **-2.** [rash] impétueux, imprudent.

**head teacher** *n* [man] proviseur *m*, directeur *m*, chef *m* d'établissement; [woman] directrice *f*, chef *m* d'établissement.

**head-up** *adj* [in aeroplane, car]: ~ display affichage *m* tête-haute.

**head waiter** *n* maître *m* d'hôtel.

**headwaters** ['hed,wɔːtəz] *npl* sources *fpl* (d'un fleuve).

**headway** ['hedweɪ] *n* **-1.** [progress]: to make ~ [gen] avancer, faire des progrès; NAUT faire route; they're making some/no ~ in their plans leurs projets avancent/ n'avancent pas. **-2.** [headroom] place *f*, hauteur *f*. **-3.** [between buses, trains]: there is a ten-minute ~ between buses il y a dix minutes d'attente entre les bus.

**headwind** ['hedwɪnd] *n* [gen & AERON] vent *m* contraire; NAUT vent *m* debout.

**headword** ['hedwɜːd] *n* entrée *f*, adresse *f*.

**heady** ['hedɪ] (*compar* **headier**, *superl* **headiest**) *adj* **-1.** [intoxicating – wine] capiteux, qui monte à la tête; [– perfume] capiteux. **-2.** [exciting – experience, time] excitant, passionnant; [– atmosphere] excitant, enivrant.

**heal** [hiːl] ◇ *vt* **-1.** [make healthy – person] guérir; [– wound] guérir, cicatriser. **-2.** [damage, division] remédier à, réparer; [disagreement] régler; I'd do anything to ~ the breach between them je ferais n'importe quoi pour les réconcilier OR pour les raccommoder. ◇ *vi* [person] guérir; [wound] se cicatriser, se refermer; [fracture] se consolider.

◆ **heal up** *vi insep* [wound] se cicatriser, guérir; [burn] guérir; [fracture] se consolider.

**healer** ['hiːləʳ] *n* guérisseur *m*, -euse *f*.

**healing** ['hiːlɪŋ] ◇ *n* [of person] guérison *f*; [of wound] cicatri-

sation *f*, guérison *f*; [of fracture] consolidation *f*. ◇ *adj* **-1.** [remedy, treatment] curatif; [ointment] cicatrisant; ~ hands mains *fpl* de guérisseur. **-2.** [soothing – influence] apaisant.

**health** [helθ] *n* **-1.** [general condition] santé *f*; to be in good/ poor ~ être en bonne/mauvaise santé; smoking is bad for your ~ le tabac est mauvais pour OR nuisible à la santé; the economic ~ of the nation *fig* la (bonne) santé économique de la nation ❑ Health and Safety Executive ≃ inspection *f* du travail; Department of Health ≃ ministère de la Santé. **-2.** [good condition] (bonne) santé *f*; she's the picture of ~ elle respire la santé. **-3.** [in toast]: (to your) good ~! à votre santé!; we drank (to) the ~ of the bride and groom nous avons porté un toast en l'honneur des mariés.

**health centre** *n* centre *m* médico-social.

**health farm** *n* centre *m* de remise en forme.

**health food** *n* aliments *mpl* diététiques OR biologiques; ~ shop magasin *m* de produits diététiques.

**health hazard** *n* risque *m* pour la santé.

**healthily** ['helθɪlɪ] *adv* [eat, live] sainement.

**health insurance** *n* assurance *f* maladie.

**health risk** *n* risque *m* pour la santé.

**health service** *n* **-1.** [of firm, school] infirmerie *f*. **-2.** = national health service.

**health services** *npl* services *mpl* de santé.

**health visitor** *n Br* infirmière visiteuse qui s'occupe surtout des enfants en bas âge, des personnes âgées etc.

**healthy** ['helθɪ] (*compar* **healthier**, *superl* **healthiest**) *adj* **-1.** [in good health – person] sain, en bonne santé; [– animal, plant] en bonne santé; he's very ~ il se porte très bien, il est bien portant. **-2.** [showing good health – colour, skin] sain; [appetite] robuste, bon. **-3.** [beneficial – air, climate] salubre; [– diet, food] sain; [– exercise] bon pour la santé, salutaire. **-4.** [thriving – economy] sain; [– business] prospère, bien assis. **-5.** [substantial – profits] considérable; [– sum] considérable, important; [– difference] appréciable. **-6.** [sensible – attitude] sain; [– respect] salutaire.

**heap** [hiːp] ◇ *n* **-1.** [pile] tas *m*, amas *m*; her things were piled in a ~ ses affaires étaient (mises) en tas; he collapsed in a ~ on the floor il s'écroula OR tomba par terre comme une masse. **-2.** *inf* [large quantity] tas *m*, masse *f*; you've got ~s of time tu as largement le temps OR tout ton temps. **-3.** *inf* [old car] vieux clou *m*. ◇ *vt* **-1.** [collect into a pile] entasser, empiler; she ~ed roast beef onto his plate elle l'a généreusement servi en (tranches de) rosbif. **-2.** *fig* [lavish]: to ~ sthg on sb couvrir qqn de qqch; to ~ praise on OR upon sb couvrir OR combler qqn d'éloges OR de compliments.

◆ **heap up** *vt sep* [pile – books, furniture] entasser, empiler; [– money, riches] amasser.

**heaped** [hiːpt] *Br*, **heaping** ['hiːpɪŋ] *Am adj* gros (*f* grosse); a ~ teaspoonful une cuiller à café bombée OR pleine.

**heaps** [hiːps] *adv inf* drôlement; it's ~ faster to go by train ça va drôlement plus vite en train.

**hear** [hɪəʳ] (*pt* & *pp* **heard** [hɜːd]) ◇ *vt* **-1.** [perceive with sense of hearing] entendre; can you ~ me? m'entendez-vous (bien)?; we can't ~ you nous ne vous entendons pas, nous n'entendons pas ce que vous dites; he could ~ someone crying il entendait (quelqu'un) pleurer; a shout was heard un cri se fit entendre; he was heard to make a remark that he was against censorship *fml* on l'a entendu dire qu'il était opposé à la censure; I've heard it said that... j'ai entendu dire que...; I couldn't make myself heard above the noise je n'arrivais pas à me faire entendre dans le bruit; to ~ my sister talk you'd think we were poor à entendre ma sœur, vous pourriez croire que nous sommes pauvres; don't believe everything you ~ n'écoutez pas tous les bruits qui courent, ne croyez pas tout ce qu'on raconte; you're ~ing things tu t'imagines des choses; I can hardly ~ myself think je n'arrive pas à me concentrer (tant il y a de bruit) ❑ let's ~ it for the Johnson sisters! un grand bravo pour les sœurs Johnson! **-2.** [listen to – music, person] écouter; [– concert, lecture, mass] assister à, écouter; be quiet, d'you ~! taisez-vous, vous entendez!; let's ~ what you think dites-moi ce que vous pensez; so let's ~ it! allez, dis ce que tu as à dire!; the Lord heard our prayers le Seigneur a écouté OR exaucé nos prières. **-3.** [subj: authority, official]: the priest ~s confession on Saturdays le prêtre confesse le samedi; the case will be heard in March l'affaire se plaidera au mois de mars. **-4.** [understand, be told] entendre, apprendre; I ~ you're leaving j'ai appris OR j'ai entendu (dire) que tu partais; I ~ you've lived in Thailand il paraît que tu as vécu en Thaïlande; have you heard the latest? connaissez-vous la dernière?; have you heard anything more about the accident? avez-vous eu d'autres nouvelles de l'accident? ❑ have you heard the one about the Scotsman and the Irishman? connaissez-vous l'histoire de l'Écossais et de l'Irlandais?; she's heard it all before elle connaît la musique; I've heard good things about that school j'ai eu des échos favorables de cette école; you haven't heard the last of this! [gen] vous n'avez pas fini d'en entendre parler!; [threat] vous aurez de mes nouvelles! ◇ *vi* **-1.** [able to perceive sound] entendre. **-2.** [be aware of] être au courant; haven't you heard? he's dead vous n'êtes pas au courant? il est mort. **-3.** *phr*: ~, ~! bravo!

◆ **hear about** *vt insep* **-1.** [learn] entendre; have you heard about the accident? êtes-vous au courant pour OR de l'accident?; yes, I heard about that oui, je suis au courant; have you heard about the time she met Churchill? connaissez-vous l'histoire de sa rencontre avec Churchill?; I've heard so much about you j'ai tellement entendu parler de vous. **-2.** [have news of] avoir OR recevoir des nouvelles de; I ~ about her through her sister j'ai de ses nouvelles par sa sœur.

◆ **hear from** *vt insep* **-1.** [receive news of] avoir OR recevoir des nouvelles de; they'd be delighted to ~ from you ils seraient ravis d'avoir de tes nouvelles; he never heard from her again il n'a plus jamais eu de ses nouvelles; you'll be ~ing from me [gen] je vous donnerai de mes nouvelles; [threat] vous allez avoir de mes nouvelles; (I am) looking forward to ~ing from you [in letters] dans l'attente de vous lire. **-2.** [listen to] écouter; we ~ first from one of the survivors nous allons d'abord écouter OR entendre l'un des survivants.

◆ **hear of** *vt insep* **-1.** [know of] entendre parler de, connaître; I've never heard of her je ne la connais pas. **-2.** [receive news of] entendre parler de; the whole town had heard of his success la ville entière était au courant de son succès OR sa réussite; the missing boy was never heard of again on n'a jamais retrouvé la trace du garçon qui avait disparu; who ever heard of eating pizza for breakfast! quelle (drôle d') idée de manger de la pizza au petit déjeuner!**-3.** *(usu neg)* [accept, allow]: her father won't ~ of it son père ne veut pas en entendre parler OR ne veut rien savoir; may I pay for dinner? — I wouldn't ~ of it! puis-je payer OR vous offrir le dîner? — (il n'en est) pas question!

◆ **hear out** *vt sep* écouter jusqu'au bout.

**heard** [hɜːd] *pt & pp*→ **hear**.

**hearer** ['hɪərəʳ] *n* auditeur *m*, -trice *f*.

**hearing** ['hɪərɪŋ] *n* **-1.** [sense of] ouïe *f*; to have good/bad ~ entendre bien/mal; a keen sense of ~ l'oreille *f* OR l'ouïe fine; his ~ gradually deteriorated petit à petit il est devenu dur d'oreille; cats have better ~ than humans les chats entendent mieux OR ont l'ouïe plus fine que les humains. **-2.** [earshot]: within ~ à portée de voix; you shouldn't have said that in OR within ~ of his mother tu n'aurais pas dû le dire devant OR en présence de sa mère. **-3.** [act of listening] audition *f*; I didn't enjoy the symphony at (the) first ~ je n'ai pas aimé la symphonie à la première audition OR la première fois que je l'ai écoutée. **-4.** [chance to be heard] audition *f*; to give sb a fair ~ laisser parler qqn, écouter ce que qqn a à dire. **-5.** JUR audition *f*; the ~ of a trial l'audience *f*; the case will come up for ~ in March l'affaire sera entendue OR plaidée en mars. **-6.** [official meeting] séance *f*.

**hearing aid** *n* appareil *m* acoustique, audiophone *m*.

**hearken** ['hɑːkn] *vi arch lit*: to ~ to sthg écouter qqch.

**hearsay** ['hɪəseɪ] *n* ouï-dire *m inv*, rumeur *f*; it's only ~ ce ne sont que des rumeurs.

**hearse** [hɜːs] *n* corbillard *m*, fourgon *m* mortuaire.

**heart** [hɑːt] ◇ *n* **-1.** ANAT [organ] cœur *m*; he has a weak ~ il est cardiaque, il a le cœur malade ‖ *fig*: her ~ leapt son cœur bondit; her ~ sank elle eut un serrement de cœur ❑ he sat there, his ~ in his boots *Br* il était là, la mort dans l'âme; she waited, her ~ in her mouth elle attendait, son cœur battant la chamade. **-2.** [bosom] poitrine *f*; she clutched

him to her ~ elle l'a serré contre sa poitrine OR sur son cœur. **-3.** [seat of feelings, love] cœur *m*; he has a ~ of gold/of stone il a un cœur d'or/de pierre; to lose one's ~ to sb donner son cœur à qqn, tomber amoureux de qqn; the letter was written straight from the ~ la lettre était écrite du fond du cœur; to have one's ~ set on sthg s'être mis qqch dans la tête; he has his ~ set on winning il veut à tout prix gagner; they have your welfare at ~ ils ne pensent qu'à ton bien they have everything their ~s could desire ils ont tout ce qu'ils peuvent désirer; my ~'s desire is to see Rome again *lit* mon plus cher désir est OR ce que je désire le plus au monde c'est de revoir Rome; she hardened OR steeled her ~ against him elle s'est endurcie contre lui; dear ~ *arch* OR *hum* mon cœur, mon chéri ❑ to wear one's ~ on one's sleeve montrer OR laisser paraître ses sentiments. **-4.** [innermost thoughts] fond *m*; in his ~ of ~s au fond de lui-même OR de son cœur, en son for intérieur; there's a woman/a man after my own ~ voilà une femme/un homme selon mon cœur; I thank you from the bottom of my ~ with all my ~ je vous remercie du fond du cœur OR de tout mon cœur; to take sthg to ~ prendre qqch à cœur; she opened OR poured out her ~ to me elle m'a dévoilé son cœur. **-5.** [disposition, humour]: to have a change of ~ changer d'avis. **-6.** [interest, enthusiasm]: I worked hard but my ~ wasn't in it j'ai beaucoup travaillé mais je n'avais pas le cœur à l'ouvrage OR le cœur n'y était pas; she read to her ~'s content elle a lu tout son soûl; a subject close to one's ~ un sujet qui tient à cœur; she puts her ~ OR she throws herself ~ and soul into her work elle se donne à son travail corps et âme. **-7.** [courage]: to lose ~ perdre courage, se décourager; take ~! courage!; she took ~ from the fact that others shared her experience elle était encouragée par le fait que d'autres partageaient son expérience; to be in good ~ [person] avoir bon moral; *Br* [land] être fécond OR productif. **-8.** [compassion] cœur *m*; he has no ~ il n'a pas de cœur, il manque de cœur; she didn't have the ~ to refuse, she couldn't find it in her ~ to refuse elle n'a pas eu le courage OR le cœur de refuser; can you find it in your ~ to forgive me? est-ce que vous pourrez jamais me pardonner? ‖ her ~'s in the right place elle a bon cœur; have a ~! pitié!**-9.** [core, vital part – of matter, topic] fond *m*, vif *m*; [– of city, place] centre *m*, cœur *m*; the ~ of the matter le fond du problème; the speaker went straight to the ~ of the matter le conférencier est allé droit au cœur du sujet OR du problème; the law strikes at the ~ of the democratic system la loi porte atteinte aux fondements du régime démocratique ❑ 'Heart of Darkness' *Conrad* 'Au cœur des ténèbres'; 'The Heart of the Matter' *Greene* 'le Fond du problème'. **-10.** [of cabbage, celery, lettuce] cœur *m*; [of artichoke] cœur *m*, fond *m*.**-11.** CARDS cœur *m*; game of ~s *jeu de cartes dont l'objet est de faire des plis ne comprenant ni des cœurs ni la dame de pique*. **-12.** [shape] cœur *m*.

◇ *comp*: ~ disease maladie *f* de cœur, maladie *f* cardiaque; ~ disease is on the increase les maladies de cœur OR cardiaques sont en augmentation; ~ patient cardiaque *mf*; ~ surgeon chirurgien *m* cardiologue; ~ surgery chirurgie *f* du cœur; ~ trouble (U) maladie *f* du cœur, troubles *mpl* cardiaques; to have OR to suffer from ~ trouble souffrir du cœur, être cardiaque.

◆ **at heart** *adv phr* au fond; at ~ she was a good person elle avait un bon fond; my sister's a gypsy at ~ ma sœur est une bohémienne dans l'âme; to feel sad at ~ avoir le cœur triste; to be sick at ~ avoir la mort dans l'âme.

◆ **by heart** *adv phr* par cœur; to learn/to know sthg by ~ apprendre/savoir qqch par cœur.

**heartache** ['hɑːteɪk] *n* chagrin *m*, peine *f*.

**heart attack** *n* MED crise *f* cardiaque; to have a ~ avoir une crise cardiaque, faire un infarctus.

**heartbeat** ['hɑːtbiːt] *n* battement *m* de cœur, pulsation *f*; an irregular ~ un battement arythmique OR irrégulier; to be a ~ away from sthg être à deux doigts de qqch.

**heartbreak** ['hɑːtbreɪk] *n* [grief – gen] (immense) chagrin *m*, déchirement *m*; [– in love] chagrin *m* d'amour.

**heartbreaker** ['hɑːt,breɪkəʳ] *n* bourreau *m* des cœurs.

**heartbreaking** ['hɑːt,breɪkɪŋ] *adj* déchirant, navrant.

**heartbroken** ['hɑːt,brəʊkn] *adj* [person – gen] qui a un immense chagrin; [– stronger] qui a le cœur brisé; she's ~ over losing the job elle n'arrive pas à se consoler OR à se remettre d'avoir perdu ce travail; **the child was ~** l'enfant avait un gros chagrin.

**heartburn** ['hɑːtbɜːn] *n (U)* brûlures *fpl* d'estomac.

**heart condition** *n*: **to have a ~** souffrir du cœur, être cardiaque.

**hearten** ['hɑːtn] *vt* encourager, donner du courage à; **we were ~ed to learn of the drop in interest rates** nous avons été contents d'apprendre que les taux d'intérêt avaient baissé.

**heartening** ['hɑːtnɪŋ] *adj* encourageant, réconfortant; **I found the news ~** la nouvelle m'a donné du courage OR m'a encouragé.

**heart failure** *n* [condition] défaillance *f* cardiaque; [cessation of heartbeat] arrêt *m* du cœur.

**heartfelt** ['hɑːtfelt] *adj* [apology, thanks, wish] sincère.

**hearth** [hɑːθ] *n* **-1.** [of fireplace] foyer *m*, âtre *m*; **a fire was burning in the ~** il y avait du feu dans la cheminée. **-2.** [home] foyer *m*.

**hearthrug** ['hɑːθrʌg] *n* devant *m* de foyer.

**hearthstone** ['hɑːθstəʊn] *n* foyer *m*, âtre *m*.

**heartily** ['hɑːtɪlɪ] *adv* **-1.** [enthusiastically – joke, laugh] de tout son cœur; [– say, thank, welcome] chaleureusement, de tout cœur; [– eat] de bon appétit. **-2.** [thoroughly]: **I ~ recommend it** je vous le conseille vivement; **to be ~ disgusted with sthg** être on ne peut plus dégoûté de qqch.

**heartiness** ['hɑːtɪnɪs] *n* **-1.** [of thanks, welcome] cordialité *f*, chaleur *f*; [of agreement] sincérité *f*; [of appetite] vigueur *f*; [of dislike] ardeur *f*. **-2.** [enthusiasm] zèle *m*, empressement *m*.

**heartland** ['hɑːtlænd] *n* cœur *m*, centre *m*; **the ~ of France** la France profonde; **the industrial ~ of Europe** le principal centre industriel de l'Europe; **the Socialist ~** le fief des socialistes.

**heartless** ['hɑːtlɪs] *adj* [person] sans cœur, impitoyable; [laughter, treatment] cruel.

**heart murmur** *n* souffle *m* au cœur.

**heartrending** ['hɑːt,rendɪŋ] *adj* déchirant, qui fend le cœur.

**heart-searching** [-,sɜːtʃɪŋ] *n* examen *m* de conscience; **after much ~ she decided to leave** après s'être longuement interrogée OR tâtée, elle décida de partir.

**heart-shaped** *adj* en forme de cœur.

**heartsick** ['hɑːtsɪk] *adj* découragé, démoralisé; **to be ~** avoir la mort dans l'âme.

**heart-stopping** *adj* terrifiant.

**heartstrings** ['hɑːtstrɪŋz] *npl*: **to play on** OR **to pull on** OR **to tug at sb's ~** faire vibrer OR toucher la corde sensible de qqn.

**heartthrob** ['hɑːtθrɒb] *n* coqueluche *f*, idole *f*.

**heart-to-heart** ◇ *adj & adv* à cœur ouvert *fig*. ◇ *n* conversation *f* intime OR à cœur ouvert; **it's time we had a ~** il est temps qu'on se parle (à cœur ouvert).

**heartwarming** ['hɑːt,wɔːmɪŋ] *adj* réconfortant, qui réchauffe le cœur.

**hearty** ['hɑːtɪ] (*pl* **hearties**, *compar* **heartier**, *superl* **heartiest**) ◇ *adj* **-1.** [congratulations, welcome] cordial, chaleureux; [thanks] sincère; [approval, endorsement] sans réserves; [laugh] gros (*f* grosse), franc (*f* franche); [knock, slap] vigoureux; **they're ~ eaters** ils ont un bon coup de fourchette, ce sont de gros mangeurs. **-2.** [person – robust] vigoureux, robuste, solide; [– cheerful] jovial; **they're a bit too ~ for my liking** ils sont un peu trop bruyants OR tapageurs à mon goût. **-3.** [meal] copieux, abondant. **-4.** [thorough] absolu; **I have a ~ dislike of hypocrisy** j'ai horreur de l'hypocrisie. ◇ *n arch* OR *hum*: **my hearties! les gars!**

**heat** [hiːt] ◇ *n* **-1.** [gen & PHYSIOL] chaleur *f*; [of fire, sun] ardeur *f*, chaleur *f*; **you should avoid excessive ~ and cold** il faudrait que vous évitiez les trop grosses chaleurs et les trop grands froids; **the radiator gives off a lot of ~** le radiateur chauffe bien; **you shouldn't go out in this ~** tu ne devrais pas sortir par cette chaleur; **the ~ of summer** le plus fort de l'été; **in the ~ of the day** au (moment le) plus chaud de la journée; **I couldn't take the ~ of the tropics** je ne pourrais pas supporter la chaleur des tropiques ❑ **if you can't stand OR take the ~, get out of the kitchen** que ceux qui ne sont pas contents s'en aillent. **-2.** [temperature] température *f*, chaleur *f*; **~ loss** perte *f* OR déperdition *f* de chaleur; **body ~**

chaleur *f* animale ‖ CULIN: **turn up the ~** mettre le feu plus fort; **reduce the ~** réduire le feu OR la chaleur; **cook at a high/low ~** faire cuire à feu vif/doux. **-3.** [heating] chauffage *m*; **the building was without ~ all week** l'immeuble est resté toute la semaine sans chauffage. **-4.** [intensity of feeling, fervour] feu *m*, passion *f*. **-5.** [high point of activity] fièvre *f*, feu *m*; **in the ~ of argument** dans le feu de la discussion; **in the ~ of the moment** dans l'excitation du moment; **in the ~ of battle** dans le feu OR l'ardeur du combat. **-6.** *inf* [coercion, pressure]: **the mafia turned the ~ on the mayor** la mafia a fait pression sur le maire; **I'm lying low until the ~ is off** je me tiens à carreau jusqu'à ce que les choses se calment. **-7.** SPORT [round of contest] manche *f*; [preliminary round] (épreuve *f*) éliminatoire *f*. **-8.** ZOOL chaleur *f*, rut *m*; **on ~** *Br*, **in ~** *Am* en chaleur, en rut.
◇ *vi* [food, liquid] chauffer; [air, house, room] se réchauffer.
◇ *vt* [gen & PHYSIOL] chauffer; [overheat] échauffer; **wine ~s the blood** le vin échauffe le sang.
◆ **heat up** ◇ *vt sep* réchauffer. ◇ *vi insep* [food, liquid] chauffer; [air, house, room] se réchauffer.

**heated** ['hiːtɪd] *adj* **-1.** [room, swimming pool] chauffé. **-2.** [argument, discussion] passionné; [words] vif; [person] échauffé; **the discussion became ~** le ton de la conversation a monté; **there were a few ~ exchanges** ils échangèrent quelques propos vifs.

**heatedly** ['hiːtɪdlɪ] *adv* [debate, talk] avec passion; [argue, deny, refuse] avec passion OR emportement, farouchement.

**heater** ['hiːtər] *n* [for room] appareil *m* de chauffage; [for water] chauffe-eau *m inv*; [for car] (appareil de) chauffage *m*.

**heat exhaustion** *n* épuisement *m* dû à la chaleur.

**heath** [hiːθ] *n* **-1.** [moor] lande *f*. **-2.** [plant] bruyère *f*.

**heat haze** *n* brume *f* de chaleur.

**heathen** ['hiːðn] (*pl inv* OR **heathens**) ◇ *n* [pagan] païen *m*, -enne *f*; [barbaric person] barbare *mf*. ◇ *adj* [pagan] païen; [barbaric] barbare.

**heather** ['heðər] *n* bruyère *f*.

**heating** ['hiːtɪŋ] ◇ *n* chauffage *m*. ◇ *comp* [apparatus, appliance, system] de chauffage.

**heating engineer** *n* chauffagiste *m*.

**heatproof** ['hiːtpruːf] *adj* [gen] résistant à la chaleur; [dish] qui va au four.

**heat rash** *n* irritation *f* OR inflammation *f* due à la chaleur.

**heat-resistant** *adj* [gen] résistant à la chaleur, thermorésistant *spec*; [dish] qui va au four.

**heat-seeking** [-,siːkɪŋ] *adj* [missile] autoguidé par infrarouge.

**heatstroke** ['hiːtstrəʊk] *n (U)* coup *m* de chaleur.

**heat treatment** *n* traitement *m* par la chaleur, thermothérapie *f spec*.

**heat wave** *n* vague *f* de chaleur, canicule *f*.

**heave** [hiːv] (*pt & pp vt all senses & vi senses 1-3* **heaved**, *pt & pp vi sense 4* **hove** [həʊv], *cont* **heaving**) ◇ *vt* **-1.** [lift] lever OR soulever avec effort; [pull] tirer fort; [drag] traîner avec effort; **I ~d myself out of the chair** je me suis arraché OR extirpé de ma chaise. **-2.** [throw] jeter, lancer. **-3.** *fig*: **to ~ a sigh of relief** pousser un soupir de soulagement. ◇ *vi* **-1.** [rise and fall – sea, waves, chest] se soulever; [– ship] tanguer; **his shoulders ~d with suppressed laughter** il était secoué par un rire étouffé. **-2.** [lift] lever, soulever; [pull] tirer; **~! ho! hisse!** **-3.** [retch] avoir des haut-le-cœur; [vomit] vomir; **the sight made my stomach ~** le spectacle m'a soulevé le cœur OR m'a donné des nausées. **-4.** NAUT aller, se déplacer; **to ~ into sight** OR **into view** NAUT & *fig* paraître OR poindre *lit* à l'horizon. ◇ *n* **-1.** [attempt to move]: **one more ~ and we're there** encore un coup OR un petit effort et ça y est ❑ **to give sb the ~** OR **-ho** *inf* [subj: employer] virer qqn; [boyfriend, girlfriend] plaquer qqn. **-2.** [retching] haut-le-cœur *m inv*, nausée *f*; [vomiting] vomissement *m*.
◆ **heaves** *npl* VETER pousse *f*.
◆ **heave to** ◇ *vi insep* se mettre en panne. ◇ *vt sep* mettre en panne.

**heaven** ['hevn] *n* **-1.** RELIG ciel *m*, paradis *m*; **to go to ~** aller au ciel, aller au OR en paradis; **in ~** au ciel, au OR en paradis; **Our Father, who art in Heaven** notre Père qui es aux cieux. **-2.** *fig*: **the Caribbean was like ~ on earth** les Caraïbes étaient un véritable paradis sur terre; **this is sheer ~!** c'est

divin OR merveilleux!, c'est le paradis! ‖ [emphatic uses]: ~ forbid! pourvu que non!, j'espère bien que non!; ~ help us if they catch us que le ciel nous vienne en aide s'ils nous attrapent; ~ knows I've tried! Dieu sait si j'ai essayé!; she bought books, magazines and ~ knows what (else) elle a acheté des livres, des revues et je ne sais OR Dieu sait quoi encore; what in ~'s name is that? au nom du ciel, qu'est-ce que c'est que ça?; good ~s! ciel!, mon dieu!; for ~'s sake! [in annoyance] mince!; [in pleading] pour l'amour du ciel! ❑ it smells OR stinks to high ~ in here! qu'est-ce que ça peut puer ici!; she's in ~ when she's with him elle est au septième ciel OR aux anges quand elle est avec lui; to move ~ and earth to do sthg remuer ciel et terre pour faire qqch.
◆ **heavens** npl [sky]: the ~s lit le ciel, le firmament lit; the ~s opened il s'est mis à pleuvoir à torrents.

**heavenly** ['hevnlı] adj **-1.** [of space] céleste, du ciel; [holy] divin; Heavenly Father Père m céleste. **-2.** [wonderful] divin, merveilleux.

**heavenly body** n corps m céleste.

**heaven-sent** adj providentiel.

**heavenward** ['hevnwəd] ◇ adv [ascend, point] vers le ciel; [glance] au ciel. ◇ adj vers le ciel.

**heavenwards** ['hevnwədz] Br = heavenward adv.

**heavily** ['hevılı] adv **-1.** [fall, land] lourdement, pesamment; [walk] d'un pas lourd OR pesant, lourdement; she leaned ~ on my arm elle s'appuya de tout son poids sur mon bras ‖ fig: time hangs ~ on her elle trouve le temps long, le temps lui pèse; it weighed ~ on my conscience cela me pesait sur la conscience. **-2.** [laboriously – move] avec difficulté, péniblement; [– breathe] péniblement, bruyamment. **-3.** [deeply – sleep] profondément; she left the room, sighing ~ en poussant un énorme OR gros soupir, elle a quitté la pièce. **-4.** [as intensifier – bet, drink, smoke] beaucoup; [– fine, load, tax] lourdement; [– stress] fortement, lourdement; it was raining ~ il pleuvait des cordes; it was snowing ~ il neigeait très fort OR dru OR à gros flocons; they lost ~ [team] ils se sont fait écraser; [gamblers] ils ont perdu gros; they're ~ into yoga inf ils donnent à fond dans le yoga; they're ~ dependent on foreign trade ils sont fortement tributaires du commerce extérieur; ~ populated très peuplé.

**heavily-built** adj solidement bâti; a ~ man un homme costaud OR bien charpenté.

**heaviness** ['hevınıs] n **-1.** [weight – of object, physique] lourdeur f, pesanteur f, poids m; [– of movement, step] lourdeur, pesanteur. **-2.** [depression] abattement m, découragement m; [sadness] tristesse f; ~ of heart tristesse f. **-3.** [of weather] lourdeur f. **-4.** [of humour] manque m de subtilité; [of style] lourdeur f. **-5.** [of food] caractère m indigeste.

**heavy** ['hevı] (compar **heavier**, superl **heaviest**, pl **heavies**) ◇ adj **-1.** [in weight] lourd; [box, parcel] lourd, pesant; how ~ is he? combien pèse-t-il?; it's too ~ for me to lift je ne peux pas le soulever, c'est OR ça pèse trop lourd; ~ machinery matériel m lourd ❑ ~ goods vehicle Br poids m lourd. **-2.** [burdened, laden] chargé, lourd; the branches were ~ with fruit les branches étaient chargées OR lourdes de fruits; her eyes were ~ with sleep elle avait les yeux lourds de sommeil; she was ~ with child arch OR lit elle était enceinte; ~ with young ZOOL gravide, grosse. **-3.** [in quantity – expenses, payments] important, considérable; [– fine, losses] gros (f grosse), lourd; [– taxes] lourd; [– casualties, damages] énorme, important; [– crop] abondant, gros (f grosse); [– dew] abondant; she has a ~ cold elle a un gros rhume, elle est fortement enrhumée; her students make ~ demands on her ses étudiants sont très exigeants avec elle OR exigent beaucoup d'elle; ~ rain forte pluie; ~ seas grosse mer; ~ showers grosses OR fortes averses; ~ snow neige abondante, fortes chutes de neige; to be a ~ sleeper avoir le sommeil profond OR lourd; ~ traffic circulation dense, grosse circulation. **-4.** [using large quantities]: he's a ~ drinker/smoker il boit/fume beaucoup, c'est un grand buveur/fumeur; you've been a bit ~ on the pepper inf tu as eu la main un peu lourde avec le poivre. **-5.** [ponderous – movement] lourd; [– step] pesant, lourd; [– sigh] gros (f grosse), profond; [– thud] gros (f grosse); he was dealt a ~ blow [hit] il a reçu un coup violent; [from fate] ça a été un rude coup OR un gros choc pour lui; ~ breathing [from effort, illness] respiration f pénible; [from excitement] respiration f

haletante; ~ fighting is reported in the Gulf on signale des combats acharnés dans le Golfe ❑ ~ breather auteur m de coups de téléphone obscènes. **-6.** [thick – coat, sweater] gros (f grosse); [– soil] lourd, gras (f grasse); ~ cream Am CULIN crème f fraîche épaisse. **-7.** [person – fat] gros (f grosse), corpulent; [– solid] costaud, fortement charpenté; a man of ~ build un homme solidement bâti. **-8.** [coarse, solid – line, lips] gros (f grosse), épais (f -aisse); [thick – beard] gros (f grosse), fort; ~ features gros traits, traits épais OR lourds; ~ type TYPO caractères gras. **-9.** [grave, serious – news] grave; [– responsibility] lourd; [– defeat] lourd, grave; things got a bit ~ inf les choses ont mal tourné. **-10.** [depressed – mood, spirits] abattu, déprimé; with a ~ heart, ~ at heart le cœur gros. **-11.** [tiring – task] lourd, pénible; [– work] pénible; [– day, schedule, week] chargé, difficile; ~ going [in horseracing] terrain lourd; fig: they found it ~ going ils ont trouvé cela pénible OR difficile; I found his last novel very ~ going j'ai trouvé son dernier roman très indigeste. **-12.** [difficult to understand – not superficial] profond, compliqué, sérieux; [– tedious] indigeste; the report makes for ~ reading le rapport n'est pas d'une lecture facile OR est ardu. **-13.** [clumsy – humour, irony] peu subtil, lourd; [– style] lourd. **-14.** [food, meal] lourd, indigeste; [wine] corsé, lourd. **-15.** [ominous, oppressive – air, cloud, weather] lourd; [– sky] couvert, chargé, lourd; [– silence] lourd, pesant, profond; [– smell, perfume] lourd, fort; to make ~ weather of sthg se compliquer l'existence. **-16.** [important] important. **-17.** [stress] accentué; [rhythm] aux accents marqués. **-18.** MIL: ~ artillery artillerie f lourde OR de gros calibre. **-19.** THEAT [part – difficult] lourd, difficile; [– dramatic] tragique.
◇ adv **-1.** [lie, weigh] lourd, lourdement; the lie weighed ~ on her conscience le mensonge pesait lourd sur sa conscience. **-2.** [harshly]: to come on ~ with sb être dur avec qqn.
◇ n **-1.** THEAT [serious part] rôle m tragique; [part of villain] rôle du traître. **-2.** inf [tough guy] dur m. **-3.** inf [boxer, wrestler] (poids m) lourd m. **-4.** MIL gros calibre m.

**heavy-duty** adj **-1.** [clothing, furniture] résistant; [cleanser, equipment] à usage industriel. **-2.** inf [serious] sérieux.

**heavy-handed** adj **-1.** [clumsy – person] maladroit; [– style, writing] lourd. **-2.** [tactless – remark] qui manque de tact; [– joke] lourd, qui manque de subtilité; [– compliment] lourd, (trop) appuyé. **-3.** [harsh – person] dur, sévère; [– action, policy] arbitraire.

**heavyhearted** [,hevı'hɑ:tıd] adj abattu, découragé.

**heavy industry** n industrie f lourde.

**heavy-laden** adj [physically] très chargé; [emotionally] accablé.

**heavy metal -1.** PHYS métal m lourd. **-2.** MUS heavy metal m.

**heavy mob** n inf: the ~ les casseurs mpl, les durs mpl.

**heavy petting** [-'petıŋ] n (U) caresses fpl très poussées.

**heavy-set** adj [solidly built – woman] fort; [– man] bien charpenté, costaud; [fat] gros (f grosse), corpulent.

**heavyweight** ['hevıweıt] ◇ n **-1.** [large person, thing] colosse m; inf & fig [important person] personne f de poids OR d'envergure, ponte m; a literary ~ un écrivain profond OR sérieux, un grand écrivain. ◇ adj **-1.** [cloth, wool] lourd; [coat, sweater] gros (f grosse). **-2.** inf & fig [important] important. **-3.** SPORT [championship, fight] poids lourd; the ~ title le titre (des) poids lourds.

**Hebraic** [hi:'breıık] adj hébraïque.

**Hebrew** ['hi:bru:] ◇ n **-1.** [person] Hébreu m, Israélite mf; the ~s les Hébreux mpl. **-2.** LING Hébreu m. ◇ adj hébreu m only, hébraïque f.

**Hebrides** ['hebrıdi:z] pl pr n: the ~ les (îles fpl) Hébrides; in the ~ aux Hébrides.

**heck** [hek] inf ◇ n: that's a ~ of a lot of money! c'est une sacrée somme d'argent!; I went just for the ~ of it j'y suis allé, histoire de rire OR de rigoler; oh, what the ~! et puis flûte! ◇ interj zut, flûte.

**heckle** ['hekl] ◇ vt [interrupt] interrompre bruyamment; [shout at] interpeller, harceler. ◇ vi crier (pour gêner un orateur).

**heckler** ['heklər] n chahuteur m, -euse f.

**heckling** ['heklıŋ] ◇ n (U) harcèlement m, interpellations fpl. ◇ adj qui fait du harcèlement, qui interpelle.

**hectare** ['hekteə'] *n* hectare *m*.

**hectic** ['hektɪk] *adj* **-1.** [turbulent] agité, bousculé; [eventful] mouvementé; **we spent three ~ weeks preparing the play** ç'a été la course folle pendant les trois semaines où on préparait la pièce; **they lead a ~ life** [busy] ils mènent une vie trépidante; [eventful] ils mènent une vie très mouvementée. **-2.** [flushed] fiévreux; MED [fever, flush] hectique.

**hectolitre** *Br*, **hectoliter** *Am* ['hektə,liːtə'] *n* hectolitre *m*.

**hector** ['hektə'] ◇ *vt* harceler, tyranniser. ◇ *vi* être tyrannique, être une brute.

◆ **Hector** *pr n* Hector.

**hectoring** ['hektərɪŋ] ◇ *n* (U) harcèlement *m*, torture *f*. ◇ *adj* [behaviour] tyrannique; [tone, voice] impérieux, autoritaire.

**he'd** [hiːd] = **he had, he would**.

**hedge** [hedʒ] ◇ *n* **-1.** [shrubs] haie *f*. **-2.** *fig* [protection] sauvegarde *f*. **-3.** [statement] déclaration *f* évasive. ◇ *comp* [clippers, saw] à haie. ◇ *vt* **-1.** [enclose] entourer d'une haie, enclore. **-2.** [guard against losing] couvrir; **to ~ one's bets** se couvrir. ◇ *vi* **-1.** [plant] planter une haie; [trim] tailler une haie. **-2.** [in action] essayer de gagner du temps, atermoyer; **they are hedging slightly on the trade agreement** ils essaient de gagner du temps avant de conclure l'accord commercial ‖ [in answering] éviter de répondre, répondre à côté; [in explaining] expliquer avec des détours. **-3.** [protect] se protéger.

◆ **hedge about** *Br*, **hedge around** *vt sep* entourer; **the offer was ~d about with conditions** *fig* l'offre était assortie de conditions.

◆ **hedge in** *vt sep* entourer d'une haie, enclore; **~d in by restrictions** *fig* assorti de restrictions.

**hedgehog** ['hedʒhɒg] *n* hérisson *m*.

**hedgehop** ['hedʒhɒp] (*pt* & *pp* **hedgehopped**, *cont* **hedgehopping**) *vi* voler en rase-mottes, faire du rase-mottes.

**hedgerow** ['hedʒrəʊ] *n* haies *fpl*.

**hedonism** ['hiːdənɪzm] *n* hédonisme *m*.

**hedonist** ['hiːdənɪst] *n* hédoniste *mf*.

**hedonistic** [,hiːdə'nɪstɪk] *adj* hédoniste.

**heebie-jeebies** [,hiːbɪ'dʒiːbɪz] *npl inf*: **to have the ~** avoir la frousse OR les chocottes.

**heed** [hiːd] ◇ *n*: **to take ~ of sthg, to pay** OR **to give ~ to sthg** tenir bien compte de qqch; **he pays little ~ to criticism** il ne se soucie guère OR il ne fait pas grand cas des critiques; **I took no ~ of her advice** je n'ai tenu aucun compte de ses conseils. ◇ *vt* **-1.** [warning, words] faire bien attention à, tenir compte de, prendre garde à. **-2.** [person – listen to] bien écouter; [– obey] obéir à.

**heedful** ['hiːdfʊl] *adj* attentif; **she's ~ of the importance of secrecy** elle est consciente qu'il est important de garder le secret.

**heedless** ['hiːdlɪs] *adj*: **~ of**: **~ of the danger** sans se soucier du danger; **~ of my warning** sans tenir compte de mon avertissement.

**heedlessly** ['hiːdlɪslɪ] *adv* **-1.** [without thinking] sans faire attention, à la légère. **-2.** [inconsiderately] avec insouciance, négligemment.

**hee-haw** [,hiː'hɔː] ◇ *n* hi-han *m*. ◇ *vi* braire, faire hi-han. ◇ *interj* hi-han.

**heel** [hiːl] ◇ *n* **-1.** ANAT talon *m*; **she spun** OR **turned on her ~ and walked away** elle a tourné les talons; **under the ~ of fascism** *fig* sous le joug OR la botte du fascisme ❏ **we followed hard on her ~s** [walked] nous lui emboîtâmes le pas; [tracked] nous étions sur ses talons; **famine followed hard on the ~s of drought** la sécheresse fut suivie de près par la famine; **he brought the dog to ~** il a fait venir le chien à ses pieds; **to bring sb to ~** mettre qqn au pas; **to take to one's ~s, to show a clean pair of ~s** se sauver à toutes jambes. **-2.** [of shoe] talon *m*. **-3.** [of glove, golf club, hand, knife, sock, tool] talon *m*. **-4.** [of bread] talon *m*, croûton *m*; [of cheese] talon *m*, croûte *f*. **-5.** ▽ *dated* [contemptible man] salaud *m*. **-6.** NAUT [of keel] talon *m*; [of mast] caisse *f*. **-7.** [incline – of ship] bande *f*; [– of vehicle, tower] inclinaison *f*. ◇ *vt* **-1.** [boot, shoe] refaire le talon de. **-2.** SPORT [ball] talonner. ◇ *vi* **-1.** [to dog]: **~!** au pied! **-2.** [ship] gîter, donner de la bande; [vehicle, tower] s'incliner, se pencher.

◆ **heel over** *vi insep* [ship] gîter, donner de la bande; [vehicle, tower] s'incliner, se pencher; [cyclist] se pencher.

**heel bar** *n* talon-minute *m*, réparations-minute *fpl*.

**heels** [hiːlz] = **high heels**.

**hefty** ['heftɪ] (*compar* **heftier**, *superl* **heftiest**) *adj inf* **-1.** [package – heavy] lourd; [– bulky] encombrant, volumineux; [book] épais (*f* -aisse), gros (*f* grosse); [person] costaud. **-2.** [part, profit] gros (*f* grosse). **-3.** [blow, slap] puissant.

**Hegelian** [heɪ'giːljən] *adj* hégélien.

**hegemony** [hɪ'gemənɪ] *n* hégémonie *f*.

**heifer** ['hefə'] *n* génisse *f*.

**height** [haɪt] *n* **-1.** [tallness – of person] taille *f*, grandeur *f*; [– of building, tree] hauteur *f*; **what ~ are you?** combien mesurez-vous?; **I'm of average ~** je suis de taille moyenne; **redwoods grow to a ~ of 100 metres** les séquoias peuvent atteindre 100 mètres (de haut). **-2.** [distance above ground – of mountain, plane] altitude *f*; [– of ceiling, river, stars] hauteur *f*; **to be at a ~ of three metres above the ground** être à trois mètres au-dessus du sol ❏ **~ of land** *Am* ligne *f* de partage des eaux. **-3.** [high position] hauteur *f*; **to fall from a great ~** tomber de haut; **the ~s** GEOG les hauteurs; **I'm afraid of ~s** j'ai le vertige; **to reach new ~s** *fig* augmenter encore ❏ '**Wuthering Heights**' *Emily Brontë* 'les Hauts de Hurlevent'. **-4.** *fig* [peak – of career, success] point *m* culminant; [– of fortune, fame] apogée *m*; [– of arrogance, stupidity] comble *m*; **at the ~ of her powers** en pleine possession de ses moyens; **at its ~ the group had 300 members** à son apogée, le groupe comprenait 300 membres; **the tourist season is at its ~** la saison touristique bat son plein; **at the ~ of summer** au plus chaud de l'été; **at the ~ of the battle/storm** au plus fort de la bataille/de l'orage; **it's the ~ of fashion** c'est le dernier cri.

**heighten** ['haɪtn] ◇ *vt* **-1.** [make higher – building, ceiling, shelf] relever, rehausser. **-2.** [increase – effect, fear, pleasure] augmenter, intensifier; [– flavour] relever; MED [fever] faire monter, aggraver; **the incident has ~ed public awareness of environmental problems** l'incident a sensibilisé encore plus le public aux problèmes de l'environnement. ◇ *vi* [fear, pleasure] augmenter, monter.

**heightened** ['haɪtnd] *adj* **-1.** [building, ceiling, shelf] relevé, rehaussé. **-2.** [fear, pleasure] intensifié; [colour] plus vif.

**heinous** ['heɪnəs] *adj lit* & *fml* odieux, atroce.

**heir** [eə'] *n* [gen] héritier *m*; JUR héritier *m*, légataire *mf*; **he is ~ to a vast fortune** il est l'héritier d'une immense fortune; **the ~ to the throne** l'héritier du trône OR de la couronne ❏ **~ apparent** JUR héritier *m* présomptif; **~ at law, rightful ~** JUR héritier légitime OR naturel; **~ presumptive** JUR héritier présomptif (*sauf naissance d'un héritier en ligne directe*).

**heiress** ['eərɪs] *n* héritière *f*.

**heirloom** ['eəluːm] *n* **-1.** [family property] (**family**) **~** objet *m* de famille. **-2.** JUR [legacy] legs *m*.

**heist** [haɪst] *Am inf* ◇ *n* [robbery] vol *m*; [in bank] braquage *m*; [stolen objects] butin *m*. ◇ *vt* [steal] voler; [commit armed robbery] braquer.

**held** [held] *pt* & *pp* → **hold**.

**helical** ['helɪkl] *adj* hélicoïdal.

**helices** ['helɪsiːz] *pl* → **helix**.

**helicoid(al)** ['helɪkɔɪd(l)] ◇ *adj* [gen] hélicoïdal; GEOM hélicoïde. ◇ *n* hélicoïde *m*.

**helicopter** ['helɪkɒptə'] ◇ *n* hélicoptère *m*; **the wounded were transported by ~** les blessés ont été héliportés. ◇ *comp* [patrol, rescue] en hélicoptère; [pilot] d'hélicoptère; **~ transfer** OR **transport** héliportage *m*. ◇ *vt* transporter en hélicoptère.

**Helios** ['hiːlɒs] *pr n* Hélios.

**heliotrope** ['heljətrəʊp] ◇ *n* **-1.** BOT héliotrope *m*. **-2.** [colour] violet *m* clair. ◇ *adj* violet clair.

**helipad** ['helɪpæd] *n* héliport *m*.

**heliport** ['helɪpɔːt] *n* héliport *m*.

**helium** ['hiːljəm] *n* hélium *m*.

**helix** ['hiːlɪks] (*pl* **helices** ['helɪsiːz] OR **helixes**) *n* **-1.** ARCHIT & GEOM [spiral] hélice *f*. **-2.** ANAT & ZOOL hélix *m*.

**hell** [hel] *n* **-1.** RELIG enfer *m*; MYTH [underworld] les enfers; **to go to ~** [Christianity] aller en enfer; MYTH descendre aux enfers ❏ **go to ~!** *inf* va te faire voir!; **to ~ with society!** *inf* au diable la société!; **come ~ or high water** *inf* contre vents et marées, envers et contre tout; **when ~ freezes over** à la

saint-glinglin; it'll be a cold day in ~ before I apologize je m'excuserai quand les poules auront des dents; it was a journey from ~! *inf* ce voyage, c'était l'horreur!; all ~ broke loose *inf* ça a bardé; to give sb ~ *inf* passer un savon OR faire sa fête à qqn; the damp weather plays ~ with my arthritis *inf* ce temps humide me fait démarrer la voiture; to run/to shout like ~ courir/crier comme un fou; I'm leaving ~ there was ~ on earth c'était l'enfer de travailler là-bas; he made her life ~ il lui a fait mener une vie infernale. **-3.** *inf* [used as emphasis]: he's as happy/tired as ~ il est vachement heureux/fatigué; in a ~ of a mess dans un sacré pétrin; a ~ of a lot of books tout un tas OR un paquet de livres; we had a ~ of a good time nous nous sommes amusés comme des fous; they had a ~ of a time getting the car started ils en ont bavé pour faire démarrer la voiture; to run/to shout like ~ courir/crier comme un fou; I'm leaving — like ~ you are! je pars — n'y compte pas!; I just hope to ~ he leaves j'espère de tout mon cœur qu'il partira; get the ~ out of here! fous-moi le camp!; what the ~ are you doing? qu'est-ce que tu fous?; who the ~ do you think you are? mais tu te prends pour qui?; oh well, what the ~! oh qu'est-ce que ça peut bien faire?; did you agree? — ~, no! as-tu accepté? — tu plaisantes!-**4.** *Am inf* [high spirits]: full of ~ plein d'entrain OR de vivacité.
◆ **Hell** = hell 1.

**he'll** [hi:l] = he will.

**hell-bent** *adj inf* acharné; **society seems ~ on self-destruction** la société semble décidée à aller tout droit à sa propre destruction.

**Hellenic** [he'li:nɪk] *adj* hellène, hellénique.

**hellfire** ['helfaɪəʳ] ◇ *n literal* feu *m* de l'enfer; *fig* [punishment] châtiment *m* divin. ◇ *comp*: ~ **preacher** prédicateur *m*. ◇ *interj inf*: ~! bon sang!, sacré nom de Dieu!

**hellhole** ['helhəʊl] *n* inf bouge *m*.

**hellion** ['heljən] *n Am inf* [child] galopin *m*, polisson *m*, -onne *f*; [adult] chahuteur *m*, trublion *m*.

**hellish** ['helɪʃ] ◇ *adj* **-1.** [cruel – action, person] diabolique. **-2.** *inf* [dreadful] infernal. ◇ *adv inf* = **hellishly.**

**hellishly** ['helɪʃlɪ] *adv Br inf* atrocement, épouvantablement.

**hello** [hə'ləʊ] (*pl* **hellos**) ◇ *interj* **-1.** [greeting] bonjour, salut; [in the evening] bonsoir; [on answering telephone] allô. **-2.** [to attract attention] hé, ohé. **-3.** [in surprise] tiens. ◇ *n* [greeting] bonjour *m*, salutation *f*; **he asked me to say ~ to you** il m'a demandé de vous donner le bonjour.

**Hell's Angels** *pl pr n* nom d'un groupe de motards au comportement violent.

**helluva** ['heləvə] *adj inf*: **he's a ~ guy** c'est un type vachement bien; **I had a ~ time** [awful] je me suis emmerdé; [wonderful] je me suis vachement marré.

**helm** [helm] ◇ *n* **-1.** NAUT barre *f*, gouvernail *m*; **to be at the ~** *literal* tenir la barre OR le gouvernail; *fig* tenir la barre OR les rênes; **to take the ~** *literal & fig* prendre la barre, prendre la direction des opérations; **he's at the ~ of the company now** c'est lui qui dirige la société maintenant. **-2.** *arch* [helmet] casque *m*. ◇ *vt* NAUT gouverner, barrer; *fig* diriger.

**helmet** ['helmɪt] *n* [gen] casque *m*; [medieval] heaume *m*.

**helmsman** ['helmzmən] (*pl* **helmsmen** [-mən]) *n* timonier *m*, homme *m* de barre.

**help** [help] ◇ *vt* **-1.** [assist, aid – gen] aider, venir en aide à; [– elderly, poor, wounded] secourir, venir en aide à; **can I ~ you with the dishes?** puis-je t'aider à faire la vaisselle?; **they ~ one another take care of the children** ils s'entraident pour s'occuper des enfants; **we want to ~ poorer countries to ~ themselves** nous voulons aider les pays sous-développés à devenir autonomes OR à se prendre en main; **he ~ed me on/off with my coat** il m'a aidé à mettre/enlever mon manteau; **she ~ed the old man to his feet/across the street** elle a aidé le vieux monsieur à se lever/à traverser la rue; **it might ~ if you took more exercise** ça irait peut-être mieux si tu faisais un peu plus d'exercice; **can I ~ you?** [in shop] vous désirez?; **yes, how may I ~ you?** [on telephone] oui, que puis-je faire à votre service? ❏ **so ~ me God!** je le jure devant Dieu!; **I'll get you**

for this, so ~ me *inf* j'aurai ta peau, je le jure!-**2.** [contribute to] contribuer à; [encourage] encourager, favoriser; **the rain ~ed firefighters to bring the flames under control** la pluie a permis aux pompiers de maîtriser l'incendie. **-3.** [remedy – situation] améliorer; [– pain] soulager; **it ~ed to ease my headache** cela a soulagé mon mal de tête; **crying won't ~ anyone** cela ne sert à rien OR n'arrange rien de pleurer. **-4.** [serve] servir; **I ~ed myself to the cheese** je me suis servi en fromage; ~ **yourself!** servez-vous!; **he ~ed himself to the petty cash** *euph* il a pioché OR il s'est servi dans la caisse. **-5.** *(with 'can', usu negative)* [avoid, refrain from]: **I can't ~ thinking that we could have done more** je ne peux pas m'empêcher de penser qu'on aurait pu faire plus; **we couldn't ~ laughing** OR **but laugh** nous ne pouvions pas nous empêcher de rire; **I tried not to laugh but I couldn't ~ myself** j'essayais de ne pas rire mais c'était plus fort que moi; **she never writes any more than she can ~** elle ne se foule pas pour écrire, elle écrit un minimum de lettres OR le moins possible. **-6.** *(with 'can', usu negative)* [control]: **he can't ~ it if she doesn't like it** il n'y est pour rien OR ce n'est pas de sa faute si cela ne lui plaît pas; **she can't ~ her temper** elle ne peut rien à ses colères; **I can't ~ it** je n'y peux rien, ce n'est pas de ma faute; **it can't be ~ed** tant pis! on n'y peut rien OR on ne peut pas faire autrement; **are they coming?** — **not if I can ~ it!** est-ce qu'ils viennent? — pas si j'ai mon mot à dire!
◇ *vi* être utile; **she ~s a lot around the house** elle se rend très utile à la maison, elle rend souvent service à la maison; **is there anything I can do to ~?** puis-je être utile?; **losing your temper isn't going to ~** ça ne sert à rien de perdre ton calme; **every little bit ~s** les petits ruisseaux font les grandes rivières *prov*.
◇ *n* **-1.** [gen] aide *f*, assistance *f*; [to drowning or wounded person] secours *m*, assistance *f*; **can I be of any ~?** puis-je faire quelque chose pour vous?, puis-je vous rendre service?; **he went to get ~** il est allé chercher du secours; **we yelled for ~** nous avons crié au secours; **with the ~ of a neighbour** avec l'aide d'un voisin; **he opened the window with the ~ of a crowbar** il a ouvert la fenêtre à l'aide d'un levier; **she did it without any ~** elle l'a fait toute seule; **she needs ~ going upstairs** il faut qu'elle se fasse aider pour OR elle a besoin qu'on l'aide à monter l'escalier; **the situation is now beyond ~** la situation est désespérée OR irrémédiable maintenant. **-2.** [something that assists] aide *f*, secours *m*; **you've been a great ~** vous m'avez été d'un grand secours, vous m'avez beaucoup aidé. **-3.** *(U) Am* [employees] personnel *m*, employés *mpl*; **'~ wanted'** 'cherchons employés'. **-4.** [domestic aid] femme *f* de ménage.
◇ *interj*: ~! [in distress] au secours!, à l'aide!; [in dismay] zut!, mince!

◆ **help along** *vt sep* [person] aider à marcher OR avancer; [plan, project] faire avancer.

◆ **help out** *vt sep* [gen] aider, venir en aide à; [with supplies, money] dépanner; **she ~s us out in the shop from time to time** elle vient nous donner un coup de main à notre magasin de temps en temps; **they ~ each other out** ils s'entraident; **she ~s him out with his homework** elle l'aide à faire ses devoirs. ◇ *vi insep* aider, donner un coup de main.

**helper** ['helpəʳ] *n* **-1.** [gen] aide *mf*, assistant *m*, -e *f*; [professional] auxiliaire *mf*.**-2.** *Am* [home help] femme *f* de ménage.

**helpful** ['helpfʊl] *adj* **-1.** [person] obligeant, serviable. **-2.** [advice, suggestion] utile; [gadget, information, map] utile; [medication] efficace, salutaire; **this book isn't very ~** ce livre ne sert pas à grand-chose.

**helpfully** ['helpfʊlɪ] *adv* avec obligeance, obligeamment.

**helpfulness** ['helpfʊlnɪs] *n* **-1.** [of person] obligeance *f*, serviabilité *f*.**-2.** [of gadget, map etc] utilité *f*.

**helping** ['helpɪŋ] *n* portion *f*; **to ask for a second ~** demander à en reprendre.

**helping hand** *n* main *f* secourable; **to give** OR **lend (sb) a ~** donner un coup de main OR prêter main-forte (à qqn).

**helpless** ['helplɪs] *adj* **-1.** [vulnerable] désarmé, sans défense. **-2.** [physically] faible, impotent; [mentally] impuissant. **-3.** [powerless – person] impuissant, sans ressource; [– anger, feeling] impuissant; [– situation] sans recours, désespéré; **he was ~ to stop her leaving** il était incapable de l'empêcher de partir; **I feel so ~** je ne sais vraiment pas quoi faire, je me sens vraiment désarmé; **they were ~ with laughter** ils n'en pouvaient plus de rire.

**helplessly** ['helplɪslɪ] adv **-1.** [without protection] sans défense, sans ressource. **-2.** [unable to react] sans pouvoir réagir; [argue, struggle, try] en vain; he looked on ~ il a regardé sans pouvoir intervenir; she smiled ~ elle a eu un sourire où se lisait son impuissance; they giggled ~ ils n'ont pas pu s'empêcher de glousser.

**helplessness** ['helplɪsnɪs] n **-1.** [defencelessness] incapacité f de se défendre, vulnérabilité f.**-2.** [physical] incapacité f, impotence f; [mental] incapacité f.**-3.** [powerlessness – of person] impuissance f, manque m de moyens; [– of anger, feeling] impuissance f.

**helpline** ['helplaɪn] n ~ service m d'assistance téléphonique.

**helpmate** ['helpmeɪt] n [companion] compagnon m, compagne f; [helper] aide mf, assistant m, -e f; [spouse] époux m, épouse f.

**helter-skelter** [,heltə'skeltəʳ] ◇ adv [run, rush] en désordre, à la débandade; [organize, throw] pêle-mêle, en vrac. ◇ adj [rush] à la débandade; [account, story] désordonné. ◇ n Br [ride in fairground] toboggan m.

**Helvetia** [hel'vi:ʃjə] prn Suisse f, Helvétie f.

**Helvetian** [hel'vi:ʃjən] ◇ n Suisse m, Suissesse f. ◇ adj suisse, helvétique; HIST helvète.

**hem** [hem] (pt & pp **hemmed**, cont **hemming**) ◇ n **-1.** [of trousers, skirt] ourlet m; [of handkerchief, sheet] bord m, ourlet m; she let the ~ down on her skirt elle a défait l'ourlet pour rallonger sa jupe. **-2.** [hemline] (bas m de l') ourlet m.**-3.** METALL ourlet m. ◇ vt ourler, faire l'ourlet de. ◇ interj: ~! [to call attention] hem!; [to indicate hesitation, pause] euh! ◇ vi faire hem; to ~ and haw bafouiller.

◆ **hem in** vt sep [house, people] entourer, encercler; [enemy] cerner; he felt hemmed in [in room] il faisait de la claustrophobie, il se sentait oppressé; [in relationship] il se sentait prisonnier OR pris au piège; hemmed in by rules fig entravé par des règles OR règlements.

**he-man** ['hi:mæn] n inf homme m viril.

**hematology** etc Am = **haematology**.

**hemidemisemiquaver** ['hemɪ,demɪ'semɪ,kweɪvəʳ] n Br quadruple croche f.

**hemiplegia** [,hemɪ'pli:dʒɪə] n hémiplégie f.

**hemisphere** ['hemɪ,sfɪəʳ] n hémisphère m.

**hemline** ['hemlaɪn] n (bas m de l') ourlet m; ~s are going up les jupes vont raccourcir.

**hemlock** ['hemlɒk] n [poison & BOT] ciguë f.

**hemoglobin** Am = **haemoglobin**.

**hemophilia** Am = **haemophilia**.

**hemorrhage** Am = **haemorrhage**.

**hemorrhoids** Am = **haemorrhoids**.

**hemp** [hemp] n **-1.** [fibre, plant] chanvre m.**-2.** [marijuana] marijuana f; [hash] haschisch m, hachisch m.

**hemstitch** ['hemstɪtʃ] ◇ n [stitch] jour m. ◇ vt ourler à jour.

**hen** [hen] n **-1.** [chicken] poule f.**-2.** [female] femelle f; ~ bird oiseau m femelle; ~ pheasant poule f faisane. **-3.** inf [woman] mémère f.

**henbane** ['henbeɪn] n jusquiame f (noire), herbe f à poules.

**hence** [hens] adv **-1.** [therefore] donc, d'où; they are cheaper and ~ more popular ils sont moins chers et donc plus demandés. **-2.** fml [from this time] d'ici. **-3.** fml [from here] d'ici.

**henceforward** [,hens'fɔ:wəd], **henceforth** [,hens'fɔ:θ] adv dorénavant, désormais.

**henchman** ['hentʃmən] (pl **henchmen** [-mən]) n **-1.** [follower] partisan m, adepte m pej; [right-hand man] homme m de main, suppôt m pej. **-2.** [squire, page] écuyer m.

**hen coop** n mue f, cage f à poules.

**hen house** n poulailler m.

**Henley** ['henlɪ] prn ville dans le Oxfordshire; ~ Regatta importante épreuve internationale d'aviron.

**henna** ['henə] ◇ n henné m. ◇ vt teindre au henné.

**hen night**, **hen party** n inf [gen] soirée entre copines; [before wedding]: she's having her ~ elle enterre sa vie de célibataire.

**henpecked** ['henpekt] adj dominé; a ~ husband un mari dominé par sa femme.

**Henry** ['henrɪ] prn Henri.

**hepatitis** [,hepə'taɪtɪs] n (U) hépatite f; infectious ~ hépatite A OR infectieuse; serum ~ hépatite B OR sérique.

**heptagon** ['heptəgən] n heptagone m.

**heptagonal** [hep'tægənl] adj heptagonal.

**heptameter** [hep'tæmɪtəʳ] n heptamètre m.

**heptathlon** [hep'tæθlɒn] n heptathlon m.

**her** [hɜːʳ] ◇ det son m, sa f, ses mfpl; ~ book son livre; ~ glasses ses lunettes; ~ university son université; she has broken ~ arm elle s'est cassé le bras. ◇ pron **-1.** [direct object – unstressed] la, l' (before vowel or silent 'h'); [– stressed] elle; I recognize ~ je la reconnais; why did you have to choose HER? pourquoi l'as-tu choisie elle?**-2.** [indirect object – unstressed] lui; [– stressed] à elle; give ~ the money donne-lui l'argent; he only told ~, no-one else il ne l'a dit qu'à elle, c'est tout. **-3.** [after preposition] elle; I was in front of ~ j'étais devant elle. **-4.** [with 'to be']: it's ~ c'est elle. **-5.** fml [with relative pronoun] celle.

**Heracles** ['herəkli:z] prn Héraclès.

**Heraclitus** [,herə'klaɪtəs] prn Héraclite.

**herald** ['herəld] ◇ vt **-1.** [announce] annoncer, proclamer. **-2.** [hail] acclamer. ◇ n **-1.** [medieval messenger] héraut m.**-2.** [forerunner] héraut m, avant-coureur m.

**heraldic** [he'rældɪk] adj héraldique.

**heraldry** ['herəldrɪ] n **-1.** [system, study] héraldique f.**-2.** [coat of arms] blason m.**-3.** [pageantry] faste m, pompe f (héraldique).

**herb** [hɜːb, Am ɜːrb] n **-1.** BOT & CULIN herbe f; ~s CULIN fines herbes, herbes aromatiques. **-2.** inf [marijuana] herbe f.

**herbaceous** [hɜː'beɪʃəs, Am ɜːr'beɪʃəs] adj [plant, stem] herbacé.

**herbaceous border** n bordure f de plantes herbacées.

**herbal** ['hɜːbl, Am 'ɜːrbl] ◇ adj aux herbes; ~ tea tisane f; ~ medicine [practice] phytothérapie f; [medication] médicament m à base de plantes. ◇ n traité m sur les plantes, herbier m arab.

**herbalist** ['hɜːbəlɪst, Am 'ɜːrbəlɪst] n herboriste mf.

**herb garden** n jardin m d'herbes aromatiques.

**herbicide** ['hɜːbɪsaɪd, Am 'ɜːrbɪsaɪd] n herbicide m.

**herbivore** ['hɜːbɪvɔːʳ, Am 'ɜːrbɪvɔːr] n herbivore m.

**herbivorous** [hɜː'bɪvərəs, Am ɜːr'bɪvərəs] adj herbivore.

**herculean, Herculean** [,hɜːkjʊ'li:ən] adj herculéen.

**Hercules** ['hɜːkjʊliːz] prn Hercule; fig hercule.

**herd** [hɜːd] ◇ n **-1.** [of cattle, goats, sheep] troupeau m; [of wild animals] troupe f; [of horses] troupe f, bande f; [of deer] harde f.**-2.** inf [of people] troupeau m pej, foule f. ◇ vt **-1.** [bring together] rassembler (en troupeau); [look after] garder. **-2.** [drive] mener, conduire.

◆ **herd together** ◇ vi insep s'assembler en troupeau, s'attrouper. ◇ vt sep rassembler en troupeau.

**herdsman** ['hɜːdzmən] (pl **herdsmen** [-mən]) n [gen] gardien m de troupeau; [of cattle] vacher m, bouvier m; [of sheep] berger m.

**here** [hɪəʳ] ◇ adv **-1.** [at, in this place]: she left ~ yesterday elle est partie d'ici hier; is Susan ~? est-ce que Susan est là?; he won't be ~ next week il ne sera pas là la semaine prochaine; they're ~ [I've found them] ils sont ici; [they've arrived] ils sont arrivés; winter is ~ c'est l'hiver, l'hiver est arrivé; the miniskirt is ~ to stay la minijupe n'est pas près de disparaître; it is a question ~ of finances il s'agit ici d'argent; '~ lies Tom Smith' 'ci-gît Tom Smith' || (after preposition): around ~ par ici; I'm in ~ je suis là OR ici; where are you? — over ~! où êtes-vous? — (par) ici! ❏ I've had it up to ~ j'en ai jusque là; ~ today, gone tomorrow tout passe. **-2.** [drawing attention to sthg] voici, voilà; ~'s the key! voici OR voici la clef!; ~ they come! les voilà! OR voici!; ~'s a man who knows what he wants voilà un homme qui sait ce qu'il veut ❏ ~ goes inf, ~ goes nothing Am inf allons-y!; ~ we go! [excitedly] c'est parti!; [wearily] et voilà, c'est reparti!; ~ we go again! ça y est, c'est reparti pour un tour!**-3.** [emphasizing specified object, person etc]: ask the lady ~ demandez à cette dame ici; it's this one ~ that I want c'est celui-ci que je veux; my friend ~ saw it mon ami (que voici) l'a vu; this ~ book you've all been talking about inf ce bouquin dont vous n'arrêtez pas de parler tous. **-4.** [at this point] maintenant; [at that point] alors, à ce moment-là. **-5.** *phr:* ~'s to [in toasts] à; ~'s to us! à nous!, à nos amours! ◇ *interj* **-1.** [present]: Alex Perrin? — ~! Alex Perrin? — présent!**-2.** [giving, taking etc]: ~! tiens!, tenez!**-3.** [protesting]: ~! what do you think you're doing? hé! qu'est-ce que tu fais?

◆ **here and now** *adv phr* sur-le-champ; *(as noun):* the ~ and now le présent.

◆ **here and there** *adv phr* ça et là; the paintwork needs retouching ~ and there la peinture a besoin d'être refaite par endroits.

◆ **here, there and everywhere** *adv phr hum* un peu partout.

**hereabouts** ['hɪərə,baʊts] *Br*, **hereabout** ['hɪərə,baʊt] *Am adv* par ici, près d'ici, dans les environs.

**hereafter** [,hɪər'ɑːftə<sup>r</sup>] ◇ *n* **-1.** [life after death] au-delà *m inv*.**-2.** *lit* [future] avenir *m*, futur *m*. ◇ *adv* **-1.** *fml* & JUR [in document] ci-après. **-2.** *lit* [after death] dans l'au-delà. **-3.** *lit* [in the future] désormais, dorénavant.

**hereby** [,hɪə'baɪ] *adv fml* & JUR [in statement] par la présente (déclaration); [in document] par le présent (document); [in letter] par la présente; [in act] par le présent acte, par ce geste; [in will] par le présent testament.

**hereditament** [,herɪ'dɪtəmənt] *n* tout bien qui peut être transmis par héritage.

**hereditary** [hɪ'redɪtrɪ] *adj* héréditaire.

**heredity** [hɪ'redətɪ] *n* hérédité *f*.

**herein** [,hɪər'ɪn] *adv fml* **-1.** [in this respect] en ceci, en cela. **-2.** JUR [in this document] ci-inclus.

**heresy** ['herəsɪ] *(pl* **heresies)** *n* hérésie *f*.

**heretic** ['herətɪk] *n* hérétique *mf*.

**hereto** [,hɪə'tuː] *adv fml* à ceci, à cela; JUR aux présentes.

**herewith** [,hɪə'wɪð] *adv fml* **-1.** [enclosed] ci-joint, ci-inclus. **-2.** = hereby.

**heritage** ['herɪtɪdʒ] *n* héritage *m*, patrimoine *m*; the national ~ le patrimoine national.

**heritage centre** *n* site *m* touristique *(faisant partie du patrimoine historique national).*

**hermaphrodite** [hɜː'mæfrədaɪt] ◇ *adj* hermaphrodite. ◇ *n* hermaphrodite *m*.

**hermeneutic(al)** [,hɜːmə'njuːtɪk(l)] *adj* herméneutique.

**Hermes** ['hɜːmiːz] *prn* Hermès.

**hermetic** [hɜː'metɪk] *adj* hermétique.

**hermetically** [hɜː'metɪklɪ] *adv* hermétiquement.

**hermit** ['hɜːmɪt] *n* [gen] ermite *m*, solitaire *m*; RELIG ermite *m*.

**hermitage** ['hɜːmɪtɪdʒ] *n* ermitage *m*.

**hernia** ['hɜːnɪə] *(pl* **hernias** OR **herniae** [-niː]) *n* hernie *f*.

**hero** ['hɪərəʊ] *(pl* **heroes)** *n* **-1.** [person] héros *m*.**-2.** *Am* [sandwich] sorte de gros sandwich.

◆ **Hero** *prn* Héro.

**Herod** ['herəd] *prn* Hérode.

**Herodias** [he'rəʊdɪæs] *prn* Hérodiade.

**heroic** [hɪ'rəʊɪk] *adj* **-1.** [act, behaviour, person] héroïque. **-2.** *lit* épique, héroïque.

**heroically** [hɪ'rəʊɪklɪ] *adv* héroïquement.

**heroics** [hɪ'rəʊɪks] *npl* [language] emphase *f*, déclamation *f*; [behaviour] affectation *f*, emphase *f*.

**heroin** ['herəʊɪn] ◇ *n* héroïne *f*. ◇ *comp:* ~ addict OR user héroïnomane *mf*.

**heroine** ['herəʊɪn] *n* héroïne *f (femme).*

**heroism** ['herəʊɪzm] *n* héroïsme *m*.

**heron** ['herən] *(pl inv* OR **herons)** *n* héron *m*.

**hero worship** *n* [admiration] adulation *f*, culte *m* (du héros); ANTIQ culte *m* des héros.

◆ **hero-worship** *vt* aduler, idolâtrer.

**herpes** ['hɜːpiːz] *n (U)* herpès *m*.

**herring** ['herɪŋ] *(pl inv* OR **herrings)** ◇ *n* hareng *m*. ◇ *comp:* ~ boat harenguier *m*.

**herringbone** ['herɪŋbəʊn] ◇ *n* **-1.** [bone] arête *f* de hareng. **-2.** TEX [pattern] [dessin *m* à] chevrons *mpl*; [fabric] tissu *m* à chevrons. **-3.** CONSTR appareil *m* en épi. **-4.** [in skiing] montée *f* en ciseaux OR en pas de canard. ◇ *comp:* ~ tweed tweed *m* à chevrons.

**herring gull** *n* goéland *m* argenté.

**hers** [hɜːz] *pron* **-1.** [gen] le sien *m*, la sienne *f*, les siens *mpl*, les siennes *fpl*; this car is ~ cette voiture lui appartient OR

est à elle; ~ was the best photograph sa photographie était la meilleure; ~ is not an easy task elle n'a pas la tâche facile. **-2.** [after preposition]: she took his hand in ~ elle a pris sa main dans la sienne; he's an old friend of ~ c'est un vieil ami à elle, c'est un de ses vieux amis; no suggestion of ~ could possibly interest him aucune suggestion venant d'elle ne risquait de l'intéresser; I can't stand that boyfriend/dog of ~ je ne supporte pas son copain/chien. **-3.** [indicating authorship] d'elle.

**herself** [hɜː'self] *pron* **-1.** [reflexive form] se, s' *(before vowel or silent 'h');* she bought ~ a car elle s'est acheté une voiture; she considers ~ lucky elle considère qu'elle a de la chance. **-2.** [emphatic form] elle-même; she built the shelves ~ elle a monté les étagères elle-même; I spoke with the teacher ~ j'ai parlé au professeur en personne. **-3.** [with preposition] elle; the old woman was talking to ~ la vieille femme parlait toute seule; she did it all by ~ elle l'a fait toute seule. **-4.** [her usual self]: she isn't quite ~ elle n'est pas dans son état habituel; she's feeling more ~ now elle va mieux maintenant.

**Herts** *written abbr of* **Hertfordshire**.

**hertz** [hɜːts] *(pl inv) n* hertz *m*.

**he's** [hiːz] = **he is**, **he has**.

**hesitancy** ['hezɪtənsɪ], **hesitancy** ['hezɪtənsɪ] *n* hésitation *f*, indécision *f*.

**hesitant** ['hezɪtənt] *adj* **-1.** [person – uncertain] hésitant, indécis; [- cautious] réticent; I'm ~ about sending her to a new school j'hésite à l'envoyer dans une nouvelle école. **-2.** [attempt, speech, voice] hésitant.

**hesitantly** ['hezɪtəntlɪ] *adv* [act, try] avec hésitation, timidement; [answer, speak] d'une voix hésitante.

**hesitate** ['hezɪteɪt] *vi* hésiter; don't ~ to call me n'hésitez pas à m'appeler ❑ he who ~s is lost *prov* un moment d'hésitation peut coûter cher.

**hesitation** [,hezɪ'teɪʃn] *n* hésitation *f*; she answered with some ~ elle a répondu d'une voix hésitante; I would have no ~ in recommending him je n'hésiterais pas à le recommander; without a moment's ~ sans la moindre hésitation.

**Hesperides** [he'sperɪdiːz] *pl prn:* the ~ les Hespérides.

**hessian** ['hesɪən] ◇ *n* (toile *f* de) jute *m*. ◇ *comp* [fabric, sack] de jute.

**hetero** ['hetərəʊ] *(pl* **heteros)** *inf* ◇ *adj* hétéro. ◇ *n* hétéro *mf*.

**heterodox** ['hetərədɒks] *adj* hétérodoxe.

**heterogeneous** [,hetərə'dʒiːnjəs] *adj* hétérogène.

**heterosexual** [,hetərə'sekʃʊəl] ◇ *adj* hétérosexuel. ◇ *n* hétérosexuel *m*, -elle *f*.

**het up** *adj inf* [angry] énervé; [excited] excité, agité; to get all ~ (about sthg) se mettre dans tous ses états OR s'énerver (pour qqch).

**heuristic** [hjʊə'rɪstɪk] *adj* heuristique.

**hew** [hjuː] *(pt* **hewed**, *pp* **hewed** OR **hewn** [hjuːn]) *vt* [wood] couper; [stone] tailler; [coal] abattre; to ~ away OR off a branch élaguer une branche; he ~ed a statue out of the marble il a taillé une statue dans le marbre.

**hex** [heks] *Am* ◇ *n* **-1.** [spell] sort *m*, sortilège *m*.**-2.** [witch] sorcière *f*. ◇ *vt* jeter un sort à.

**hexagon** ['heksəgən] *n* hexagone *m*.

**hexagonal** [hek'sægənl] *adj* hexagonal.

**hey** [heɪ] *interj:* ~! [to draw attention] hé!, ohé!; [to show surprise] tiens!; ~ presto! [magician] passez muscade!, et hop!

**heyday** ['heɪdeɪ] *n* [of cinema, movement] âge *m* d'or, beaux jours *mpl*; [of nation, organization] zénith *m*, apogée *m*; in her ~ [youth] quand elle était dans la force de l'âge; [success] à l'apogée de sa gloire, au temps de sa splendeur.

**HF** *(abbr of* **high frequency)** HF.

**HGV** *(abbr of* **heavy goods vehicle)** *n Br* PL *m*.

**hi** [haɪ] *interj inf* **-1.** [hello] salut. **-2.** [hey] hé, ohé.

**HI** *written abbr of* **Hawaii**.

**hiatus** [haɪ'eɪtəs] *(pl inv* OR **hiatuses)** *n* ANAT, LING & LITERAT hiatus *m*; [in manuscript] lacune *f*; [break, interruption] pause *f*, interruption *f*.

**hiatus hernia** *n* hernie *f* hiatale.

**hibernate** ['haɪbəneɪt] *vi* hiberner.

**hibernation** [ˌhaɪbəˈneɪʃn] *n* hibernation *f*.

**Hibernian** [haɪˈbɜːnjən] ◇ *adj* irlandais. ◇ *n* Irlandais *m*, -e *f*.

**hibiscus** [hɪˈbɪskəs] *n* hibiscus *m*.

**hiccough** [ˈhɪkʌp], **hiccup** [ˈhɪkʌp] ◇ *n* -1. [sound] hoquet *m*; to have (the) ~s avoir le hoquet; it gave me the ~s cela m'a donné le hoquet. -2. [problem] contretemps *m*. ◇ *vi* hoqueter.

**hick** [hɪk] *Am inf* ◇ *n* péquenaud *m*, -e *f*, plouc *mf*. ◇ *adj* de péquenaud.

**hickey** [ˈhɪkɪ] *n Am* -1. [gadget] bidule *m*. -2. [lovebite] suçon *m*.

**hickory** [ˈhɪkərɪ] (*pl* **hickories**) ◇ *n* [tree] hickory *m*, noyer *m* blanc d'Amérique; [wood] (bois *m* de) hickory *m*. ◇ *comp* en (bois de) hickory; ~ nut fruit *m* du hickory, noix *f* d'Amérique.

**hid** [hɪd] *pt* → hide.

**hidden** [ˈhɪdn] ◇ *pp* → hide. ◇ *adj* caché; ~ from sight à l'abri des regards indiscrets, caché; a village ~ away in the mountains un village caché OR niché dans les montagnes; a ~ agenda un plan secret ❏ ~ tax impôt *m* indirect OR déguisé.

**hide** [haɪd] (*pt* hid [hɪd], *pp* hidden [ˈhɪdn]) ◇ *vt* -1. [conceal - person, thing] cacher; [- disappointment, dismay, fright] dissimuler; to ~ sthg from sb [ball, letter] cacher qqch à qqn; [emotion] dissimuler qqch à qqn; the boy hid himself behind the door le garçon s'est caché derrière la porte; she hid her face elle s'est caché le visage; he hid it from sight il l'a dissimulé OR l'a dérobé aux regards ❏ to ~ one's light under a bushel cacher ses talents. -2. [keep secret] taire, dissimuler; to ~ the truth (from sb) taire OR dissimuler la vérité (à qqn). ◇ *vi* se cacher; to ~ from sb se cacher de qqn; the ambassador hid behind his diplomatic immunity *fig* l'ambassadeur s'est réfugié derrière son immunité diplomatique. ◇ *n* -1. *Br* cachette *f*; [in hunting] affût *m*. -2. [animal skin - raw] peau *f*; [- tanned] cuir *m*. -3. *inf* & *fig* [of person] peau *f*; I'll have your ~ for that tu vas me le payer cher ❏ I haven't seen ~ nor hair of them je n'ai eu aucune nouvelle d'eux. ◇ *adj* de OR en cuir.

♦ **hide away** ◇ *vi insep* se cacher; to ~ away (from sb/sthg) se cacher (de qqn/qqch). ◇ *vt sep* cacher.

♦ **hide out** *vi insep* se tenir caché; he's hiding out from the police il se cache de la police.

**hide-and-seek** *n* cache-cache *m*; to play (at) ~ jouer à cache-cache.

**hideaway** [ˈhaɪdəweɪ] *n* cachette *f*.

**hidebound** [ˈhaɪdbaʊnd] *adj* [person] obtus, borné; [attitude, view] borné, rigide.

**hideous** [ˈhɪdɪəs] *adj* -1. [physically ugly] hideux, affreux. -2. [ghastly - conditions, situation] atroce, abominable.

**hideously** [ˈhɪdɪəslɪ] *adv* -1. [deformed, wounded] hideusement, atrocement, affreusement. -2. *fig* [as intensifier] terriblement, horriblement.

**hideout** [ˈhaɪdaʊt] *n* cachette *f*.

**hidey-hole** [ˈhaɪdɪhəʊl] *n inf* planque *f*.

**hiding** [ˈhaɪdɪŋ] *n* -1. [concealment]: to be in ~ se tenir caché; to go into ~ [criminal] se cacher, se planquer; [spy, terrorist] entrer dans la clandestinité. -2. *inf* [thrashing] rossée *f*. -3. [defeat] raclée *f*, dérouillée *f*. -4. *Br phr*: to be on a ~ to nothing être voué à l'échec.

**hiding place** *n* cachette *f*.

**hierarchic** [ˌhaɪəˈrɑːkɪk] *adj* hiérarchique.

**hierarchy** [ˈhaɪərɑːkɪ] (*pl* **hierarchies**) *n* -1. [organization into grades] hiérarchie *f*; [of animals, plants] classification *f*, classement *m*. -2. [upper levels of authority] dirigeants *mpl*, autorités *fpl*.

**hieroglyphic** [ˌhaɪərəˈglɪfɪk] ◇ *adj* hiéroglyphique. ◇ *n* hiéroglyphe *m*.

**hieroglyphics** [ˌhaɪərəˈglɪfɪks] *npl* écriture *f* hiéroglyphique.

**hi-fi** [ˈhaɪfaɪ] (*abbr of* **high fidelity**) *inf* ◇ *n* -1. (U) hi-fi *f inv*. -2. [stereo system] chaîne *f* (hi-fi); [radio] radio *f* (hi-fi). ◇ *comp* [equipment, recording, system] hi-fi (*inv*); a ~ set OR system une chaîne (hi-fi).

**higgledy-piggledy** [ˌhɪgldɪˈpɪgldɪ] *inf* ◇ *adv* pêle-mêle, en désordre. ◇ *adj* en désordre, pêle-mêle.

**high** [haɪ] ◇ *adj* -1. [tall] haut; how ~ is that building? quelle est la hauteur de ce bâtiment?; the walls are three metres ~ les murs OR font trois mètres de haut, les murs sont hauts de trois mètres; the building is eight storeys ~ c'est un immeuble de OR à huit étages; when I was only so ~ quand je n'étais pas plus grand que ça. -2. [above ground level - river, tide] haut; [- altitude, shelf] haut, élevé; the sun was ~ in the sky le soleil était haut. -3. [above average - number] grand, élevé; [- speed, value] grand; [- cost, price, rate] élevé; [- salary] élevé, gros; [- pressure] élevé, haut; [- polish] brillant; she suffers from ~ blood pressure elle a de la tension; built to withstand ~ temperatures conçu pour résister à des températures élevées; he has a ~ temperature il a beaucoup de température OR fièvre; areas of ~ unemployment des régions à fort taux de chômage; milk is ~ in calcium le lait contient beaucoup de calcium; ~ winds des vents violents; the ~est common factor MATH le plus grand facteur commun. -4. [better than average - quality] grand, haut; [- standard] haut, élevé; [- mark, score] élevé, bon; [- reputation] bon; ~-quality goods articles de qualité supérieure OR de première qualité; to have a ~ opinion of sb avoir une bonne OR haute opinion de qqn; she speaks of you in the ~est terms elle dit le plus grand bien de vous; one of the ~est honours in the arts l'un des plus grands honneurs dans le monde des arts. -5. [honourable - ideal, thought] noble, élevé; [- character] noble. -6. [of great importance or rank] haut, important; we have it on the ~est authority nous le tenons de la source la plus sûre; to have friends in ~ places avoir des relations haut placées, avoir le bras long. -7. [sound, voice] aigu (*f* -uë); MUS [note] haut. -8. [at peak]: it was ~ summer c'était au cœur de l'été; it's ~ time we were leaving il est grand temps qu'on parte ❏ the High Middle Ages le Haut Moyen Âge. -9. [intensely emotional]: moments of ~ drama des moments extrêmement dramatiques; ~ tragedy THEAT grande tragédie. -10. *Br* [complexion] rougeaud, rubicond; to have a ~ colour être haut en couleur. -11. [elaborate, formal - language, style] élevé, soutenu. -12. [prominent - cheekbones] saillant. -13. CARDS haut; the ~est card la carte maîtresse. -14. *Br* [meat] avancé, faisandé; [butter, cheese] rance. -15. [remote] haut; High Antiquity Haute Antiquité. -16. GEOG [latitude] haut. -17. [conservative]: a ~ Tory un tory ultra-conservateur; a ~ Anglican un anglican de tendance conservatrice. -18. LING [vowel] fermé. -19. [excited] excité; [cheerful] plein d'entrain; spirits are ~ amongst the staff la bonne humeur règne parmi le personnel. -20. *inf* [drunk] parti, éméché; they were feeling (as) ~ as kites [drunk] ils étaient bien partis; [drugged] ils planaient; [happy] ils avaient la pêche. ◇ *adv* -1. [at, to a height] haut, en haut; [at a great altitude] à haute altitude, à une altitude élevée; up ~ en haut; ~er up plus haut; ~er and ~er de plus en plus haut; she threw the ball ~ into the air elle a lancé le ballon très haut; the geese flew ~ over the fields les oies volaient très haut au-dessus des champs; the shelf was ~ above her head l'étagère était bien au-dessus de sa tête || *fig*: we looked ~ and low for him nous l'avons cherché partout; to set one's sights ~, to aim ~ viser haut; they're flying ~ ils visent haut, ils voient grand ❏ to hold one's head ~ *literal* & *fig* porter la tête haute; to leave sb ~ and dry laisser qqn en plan. -2. [at, to a greater degree than normal] haut; they set the price/standards too ~ ils ont fixé un prix/niveau trop élevé; I turned the heating up ~ j'ai mis le chauffage à fond; salaries can go as ~ as £30,000 les salaires peuvent monter jusqu'à OR atteindre 30 000 livres; to run ~ [river] être en crue; [sea] être houleuse OR grosse; feelings were running ~ les esprits se sont échauffés. -3. *Am inf phr*: to live ~ off OR on the hog vivre comme un roi OR nabab. ◇ *n* -1. [height] haut *m*; on ~ [at a height] en haut; *fig* [in heaven] au ciel; the decision came from on ~ *hum* la décision fut prononcée en haut lieu. -2. [great degree or level] haut *m*; to reach a new ~ atteindre un nouveau record; prices are at an all-time ~ les prix ont atteint leur maximum. -3. [setting - on iron, stove]: I put the oven on ~ j'ai mis le four sur très chaud. -4. AUT [fourth gear] quatrième *f*; [fifth gear] cinquième *f*. -5. METEOR [anticyclone] anticyclone *m*. -6. *inf* [state of excitement]: she's been on a permanent ~ since he came back elle voit tout en rose depuis son retour; to be on a ~ [drunk] être parti; [on drugs] planer.

♦ **High** *n* RELIG: the Most High le Très-Haut.

**-high** *in cpds* à la hauteur de...; **shoulder~** à la hauteur de l'épaule.

**high altar** *n* maître-autel *m*.

**high-and-mighty** *adj* arrogant, impérieux.

**highball** ['haɪ,bɔːl] *Am n* boisson à base d'un alcool avec de l'eau et des glaçons.

**high board** *n* plongeoir *m* le plus haut.

**highboy** ['haɪbɔɪ] *n Am* commode *f* (haute).

**highbrow** ['haɪbraʊ] ◇ *adj* [literature, film] pour intellectuels; [taste] intellectuel. ◇ *n* intellectuel *m*, -elle *f*, grosse tête *f*.

**high chair** *n* chaise *f* haute (pour enfants).

**High Church** ◇ *n* fraction de l'Église d'Angleterre accordant une grande importance à l'autorité du prêtre, au rituel etc. ◇ *adj* de tendance conservatrice dans l'Église anglicane.

**high-class** *adj* [person] de la haute société, du grand monde; [flat, neighbourhood] de grand standing; [job, service] de premier ordre; [car, hotel, restaurant] de luxe.

**high-coloured** *adj* rougeaud, rubicond.

**high comedy** *n* THEAT comédie *f* au dialogue brillant; the debate ended in scenes of ~ le débat se termina par des scènes du plus haut comique.

**high command** *n* haut commandement *m*.

**high commissioner** *n* [gen & ADMIN] haut commissaire *m*.

**High Court** ◇ *n*: the ~ (of Justice) ≃ le tribunal de grande instance (*principal tribunal civil en Angleterre et au pays de Galles*). ◇ *comp*: ~ **judge** ≃ juge *m* du tribunal de grande instance.

**high-density** *adj* -**1.** [housing] à grande densité de population. -**2.** COMPUT haute densité.

**higher** ['haɪə'] ◇ *adj* -**1.** [at greater height] plus haut. -**2.** [advanced] supérieur; a sum ~ than 50 une somme supérieure à 50; people in the ~ income brackets les gens appartenant aux tranches de revenus supérieurs. ◇ *adv* plus haut. ◇ *n Scot* = **Higher Grade**.

**higher degree** *n* diplôme *m* d'études supérieures.

**higher education** *n* enseignement *m* supérieur; to go on to ~ faire des études supérieures.

**Higher Grade** *n Scot* diplôme *m* de fin d'études secondaires, ≃ baccalauréat *m*.

**higher mathematics** *n (U)* mathématiques *fpl* supérieures.

**Higher National Certificate** *n* brevet de technicien en Grande-Bretagne, ≃ BTS *m*.

**Higher National Diploma** *n* brevet de technicien supérieur en Grande-Bretagne, ≃ DUT *m*.

**higher-up** *n inf* supérieur *m*, -e *f*.

**high explosive** *n* explosif *m* puissant.

**highfalutin** [,haɪfə'luːtɪn] *adj inf* affecté, prétentieux.

**high fashion** *n* haute couture *f*.

**high fidelity** *n* haute-fidélité *f*.
◆ **high-fidelity** *adj* haute-fidélité.

**high finance** *n* haute finance *f*.

**high-flier** *n* [ambitious person] ambitieux *m*, -euse *f*, jeune loup *m*; [talented person] cerveau *m*.

**high-flown** *adj* -**1.** [ideas, plans] extravagant. -**2.** [language] ampoulé, boursouflé; [style] ampoulé.

**high-flyer** *n* = **high-flier**.

**high-flying** *adj* -**1.** [aircraft] qui vole à haute altitude; [bird] qui vole haut. -**2.** [person] ambitieux; [behaviour, goal] extravagant.

**high frequency** *n* haute fréquence *f*.
◆ **high-frequency** *adj* à OR de haute fréquence.

**high gear** *n* AUT [fourth] quatrième *f* (vitesse *f*); [fifth] cinquième *f* (vitesse *f*).

**High German** *n* haut allemand *m*.

**high-grade** *adj* de haute qualité, de premier ordre; ~ **minerals** minéraux *mpl* à haute teneur.

**high-handed** *adj* [overbearing] autoritaire, despotique; [inconsiderate] cavalier.

**high-heeled** [-'hiːld] *adj* à talons hauts, à hauts talons.

**high heels** *npl* hauts talons *mpl*.

**high jinks** *npl inf* chahut *m*.

**high jump** *n* SPORT saut *m* en hauteur; you're for the ~ when he finds out! *Br inf & fig* qu'est-ce que tu vas prendre

quand il l'apprendra!

**high jumper** *n* sauteur *m* (*qui fait du saut en hauteur*).

**highland** ['haɪlənd] ◇ *n* région *f* montagneuse. ◇ *adj* des montagnes.
◆ **Highland** *adj* [air, scenery] des Highlands; [holiday] dans les Highlands.
◆ **Highlands** *npl* GEOG: the Highlands [of Scotland] les Highlands *fpl*.

**highlander** ['haɪləndə'] *n* [mountain dweller] montagnard *m*, -e *f*.
◆ **Highlander** *n* habitant *m*, -e *f* des Highlands, Highlander *m*.

**Highland fling** *n* danse des Highlands traditionnellement exécutée en solo.

**Highland games** *npl* jeux *mpl* écossais.

**high-level** *adj* -**1.** [discussion, meeting] à un haut niveau; [diplomat, official] de haut niveau, de rang élevé; ~ **officers** [of company] cadres supérieurs; MIL officiers supérieurs. -**2.** COMPUT: ~ **language** langage *m* évolué OR de haut niveau.

**high life** *n*: the ~ la grande vie.

**highlight** ['haɪlaɪt] ◇ *vt* -**1.** [emphasize] souligner, mettre en relief. -**2.** [with pen] surligner. -**3.** ART & PHOT rehausser. -**4.** [hair] faire des mèches dans. ◇ *n* -**1.** [major event - of news] événement *m* le plus marquant; [- of evening, holiday] point *m* culminant, grand moment *m*. -**2.** [in hair - natural] reflet *m*; [- bleached] mèche *f*. -**3.** ART & PHOT rehaut *m*.

**highlighter (pen)** ['haɪlaɪtə'] *n* surligneur *m*.

**highly** ['haɪlɪ] *adv* -**1.** [very] très, extrêmement; it's ~ improbable c'est fort peu probable. -**2.** [very well] très bien; very ~ paid très bien payé. -**3.** [favourably]: to speak/think ~ of sb dire/penser beaucoup de bien de qqn; I ~ recommend it je vous le conseille vivement OR chaudement. -**4.** [at an important level] haut; a ~ placed source une source haut placée; a ~ placed official [gen] un officiel de haut rang; ADMIN un haut fonctionnaire.

**highly-strung** *adj* nerveux, tendu.

**high mass, High Mass** *n* grand-messe *f*.

**high-minded** *adj* de caractère noble, qui a des principes (élevés).

**high-necked** [-nekt] *adj* à col haut OR montant.

**highness** ['haɪnɪs] *n* [of building, wall] hauteur *f*.
◆ **Highness** *n* [title]: His/Her Highness son Altesse *f*.

**high noon** *n* plein midi *m*; at ~ à midi pile; 'High Noon' *Zinnemann* 'le Train sifflera trois fois'.

**high-octane** *adj* à haut degré d'octane.

**high-performance** *adj* performant.

**high-pitched** *adj* -**1.** [sound, voice] aigu (*f* -uë); MUS [note] haut. -**2.** [argument, discussion] passionné; [style] ampoulé; [excitement] intense. -**3.** [roof] à forte pente.

**high point** *n* [major event - of news] événement *m* le plus marquant; [- of evening, holiday] point *m* culminant, grand moment *m*; [- of film, novel] point *m* culminant.

**high-powered** [-'paʊəd] *adj* -**1.** [engine, rifle] puissant, de forte puissance; [microscope] à fort grossissement. -**2.** [dynamic - person] dynamique, entreprenant; [- advertising, course, method] dynamique. -**3.** [important] très important.

**high-pressure** ◇ *adj* -**1.** [cylinder, gas] à haute pression; ~ **area** METEOR anticyclone *m*, zone *f* de hautes pressions (atmosphériques). -**2.** *fig* [methods, selling] agressif; [job, profession] stressant. ◇ *vt Am inf* forcer la main à.

**high priest** *n* grand prêtre *m*; the ~s of fashion *fig* les gourous de la mode.

**high priestess** *n* grande prêtresse *f*.

**high profile** *n*: to have a ~ être très en vue.
◆ **high-profile** *adj* [job, position] qui est très en vue; [campaign] qui fait beaucoup de bruit.

**high-ranking** *adj* de haut rang, de rang élevé; a ~ official ADMIN un haut fonctionnaire.

**high-resolution** *adj* à haute résolution.

**high-rise** *adj* [flat] qui est dans une tour; [skyline] composé de tours.
◆ **high rise** *n* tour *f* (*immeuble*).

**high-risk** *adj* à haut risque, à hauts risques.

**high road** *n* -**1.** [main road] route *f* principale, grand-route *f*. -**2.** *fig* [most direct route] bonne voie *f*; he's on the ~ to success il est en bonne voie de réussir.

**high school** ◇ *n* [in UK] lycée *m*; [in US] établissement *m* d'enseignement secondaire. ◇ *comp* [diploma] de fin d'études secondaires.

**high seas** *npl*: on the ~ en haute OR pleine mer.

**high season** *n* haute OR pleine saison *f*; during the ~ en haute OR pleine saison.

◆ **high-season** *comp* [prices] de haute saison.

**high sign** *n Am* signe *m*.

**high society** *n* haute société *f*, grand monde *m*.

**high-sounding** *adj* [ideas] grandiloquent, extravagant; [language, title] grandiloquent, ronflant *pej*.

**high-speed** *adj* ultra-rapide; ~ train train *m* à grande vitesse, TGV *m*.

**high-spirited** *adj* **-1.** [person] plein d'entrain OR de vivacité; [activity, fun] plein d'entrain. **-2.** [horse] fougueux, nerveux.

**high spirits** *npl* pétulance *f*, vitalité *f*, entrain *m*; to be in ~ avoir de l'entrain, être plein d'entrain.

**high spot** *n* **-1.** = high point. **-2.** *Am* [place] endroit *m* intéressant; we hit all the ~s [tourists] nous avons vu toutes les attractions touristiques.

**high street** *n Br*: the ~ la grand-rue, la rue principale; the ~ has been badly hit by the recession les commerçants ont été durement touchés par la récession.

◆ **high-street** *comp Br*: the high-street banks les grandes banques (*britanniques*); high-street shops le petit commerce; high-street fashion prêt-à-porter *m*.

**high table** *n Br* [for guests of honour] table *f* d'honneur; SCH & UNIV table *f* des professeurs.

**hightail** ['haɪteɪl] *vt esp Am inf* filer.

**high tea** *n* repas léger pris en début de soirée et accompagné de thé.

**high tech** *n* **-1.** [technology] technologie *f* avancée OR de pointe. **-2.** [style] hi-tech *m*.

◆ **high-tech** *comp* **-1.** [industry, sector] de pointe; [equipment] de haute technicité. **-2.** [furniture, style] hi-tech (*inv*).

**high-tension** *adj* à haute tension.

**high tide** *n* **-1.** [of ocean, sea] marée *f* haute; at ~ à marée haute. **-2.** *fig* [of success] point *m* culminant.

**high treason** *n* haute trahison *f*.

**high-up** *inf* ◇ *n* [important person] gros bonnet *m*, huile *f*; [hierarchical superior] supérieur *m*, -e *f*. ◇ *adj* haut placé.

**high water** *n* [of ocean, sea] marée *f* haute; [of river] crue *f*; the river is at ~ le fleuve est en crue.

**highway** ['haɪweɪ] *n* [road] route *f*; *Am* [main road] grande route, route nationale; [public road] voie *f* publique; [interstate] autoroute *f*; all the ~s and byways tous les chemins.

**Highway Code** *n Br*: the ~ le code de la route.

**highwayman** ['haɪweɪmən] (*pl* highwaymen [-mən]) *n* bandit *m* de grand chemin.

**highway robbery** *n* banditisme *m* de grand chemin; that's ~! *inf & fig* c'est du vol!

**high wire** *n* corde *f* raide OR de funambule; to walk the ~ marcher sur la corde raide.

**hijack** ['haɪdʒæk] ◇ *vt* **-1.** [plane] détourner; [car, train] s'emparer de, détourner. **-2.** [rob] voler. ◇ *n* détournement *m*.

**hijacker** ['haɪdʒækər] *n* **-1.** [of plane] pirate *m* (de l'air); [of car, train] gangster *m*. **-2.** [robber] voleur *m*.

**hijacking** ['haɪdʒækɪŋ] *n* **-1.** [of car, plane, train] détournement *m*. **-2.** [robbery] vol *m*.

**hike** [haɪk] ◇ *vi* faire de la marche à pied; we went hiking in the mountains nous avons fait des excursions OR des randonnées à pied dans les montagnes. ◇ *n* **-1.** [walk] faire à pied, marcher. **-2.** [price] augmenter (brusquement). ◇ *n* **-1.** [gen & MIL] marche *f* à pied; [long walk] randonnée *f* à pied, marche *f* à pied; [short walk] promenade *f*. **-2.** [increase] hausse *f*, augmentation *f*.

◆ **hike up** *vt sep* **-1.** [hitch up – skirt] relever; [– trousers] remonter. **-2.** [price, rent] augmenter (brusquement).

**hiker** ['haɪkər] *n* [gen & MIL] marcheur *m*, -euse *f*; [in mountains, woods] randonneur *m*, -euse *f*, promeneur *m*, -euse *f*.

**hiking** ['haɪkɪŋ] *n* (U) [gen & MIL] marche *f* à pied; [in mountains, woods] randonnée *f*, trekking *m*.

**hilarious** [hɪ'leərɪəs] *adj* [funny – person, joke, story] hilarant.

**hilariously** [hɪ'leərɪəslɪ] *adv* joyeusement, gaiement; the film's ~ funny le film est à se tordre de rire.

**hilarity** [hɪ'lærətɪ] *n* hilarité *f*.

**Hilary term** ['hɪlərɪ-] *n Br* UNIV trimestre *m* de printemps (*à Oxford*).

**hill** [hɪl] *n* **-1.** colline *f*, coteau *m*; we walked up the ~ nous avons gravi la colline ❑ up ~ and down dale, over ~ and dale par monts et par vaux; as old as the ~s vieux comme le monde OR Mathusalem; to be over the ~ *inf* commencer à se faire vieux. **-2.** [slope] côte *f*, pente *f*. **-3.** [mound – of earth] levée *f* de terre, remblai *m*; [– of things] tas *m*, monceau *m*; that car isn't worth a ~ of beans *Am inf* cette voiture ne vaut pas un clou; on the Hill *Am* au parlement (*par allusion à Capitol Hill, siège du Congrès*).

**hillbilly** ['hɪlˌbɪlɪ] (*pl* hillbillies) *Am* ◇ *n* montagnard *m*, -e *f* des Appalaches; *pej* péquenaud *m*, -e *f*, plouc *mf*. ◇ *adj* des Appalaches.

**hill farmer** *n* éleveur *m* de moutons dans les alpages.

**hillock** ['hɪlək] *n* [small hill] mamelon *m*, butte *f*; [artificial hill] monticule *m*, amoncellement *m*.

**hillside** ['hɪlˌsaɪd] *n* (flanc *m* de) coteau *m*; vines grew on the ~ des vignes poussaient à flanc de coteau.

**hill start** *n* démarrage *m* en côte.

**hilltop** ['hɪlˌtɒp] ◇ *n* sommet *m* de la colline; on the ~ au sommet OR en haut de la colline. ◇ *adj* [village] au sommet OR en haut de la colline.

**hilly** ['hɪlɪ] (*compar* hillier, *superl* hilliest) *adj* [country, land] vallonné; [road] accidenté, à fortes côtes.

**hilt** [hɪlt] *n* [of dagger, knife] manche *m*; [of sword] poignée *f*, garde *f*; [of gun] crosse *f*; (up) to the ~ au maximum; to back sb up to the ~ soutenir qqn à fond.

**him** [hɪm] *pron* **-1.** [direct object – unstressed] le, l' (*before vowel or silent 'h'*); [– stressed] lui; I recognize ~ je le reconnais; why did you have to choose HIM? pourquoi l'as-tu choisi lui? **-2.** [indirect object – unstressed] lui; [– stressed] à lui; give ~ the money donne-lui l'argent; only told ~, no one else elle ne l'a dit qu'à lui, c'est tout. **-3.** [after preposition] lui; I was in front of ~ j'étais devant lui. **-4.** [with 'to be']: it's ~ c'est lui; if I were ~ si j'étais lui, si j'étais à sa place. **-5.** *fml* [with relative pronoun] celui.

**Himalayan** [ˌhɪmə'leɪən] *adj* himalayen.

**Himalayas** [ˌhɪmə'leɪəz] *pl pr n*: the ~ l'Himalaya *m*; in the ~ dans l'Himalaya.

**himself** [hɪm'self] *pron* **-1.** [reflexive form] se, s' (*before vowel or silent 'h'*); he bought ~ a car il s'est acheté une voiture; he considers ~ lucky il considère qu'il a de la chance. **-2.** [emphatic form] lui-même; he built the shelves ~ il a monté les étagères lui-même; I spoke with the teacher ~ j'ai parlé au professeur en personne. **-3.** [with preposition] lui; the old man was talking to ~ le vieil homme parlait tout seul; he did it all by ~ il l'a fait tout seul. **-4.** [his usual self]: he isn't quite ~ il n'est pas dans son état habituel.

**hind** [haɪnd] ◇ *n* [deer] biche *f*. ◇ *adj* de derrière; ~ leg patte *f* de derrière; he could talk the ~ legs off a donkey *hum* il est bavard comme une pie; to get up on one's ~ legs *hum* se mettre debout.

**hinder** ['hɪndər] *vt* [person] gêner; [progress] entraver, gêner; to ~ sb in his/her work gêner qqn dans son travail; to ~ sb from doing sthg empêcher qqn de faire qqch.

**Hindi** ['hɪndɪ] *n* LING hindi *m*. ◇ *adj* hindi.

**hindmost** ['haɪndməʊst] *adj* dernier, du bout.

**hindquarters** ['haɪndkwɔːtəz] *npl* arrière-train *m*.

**hindrance** ['hɪndrəns] *n* **-1.** [person, thing] obstacle *m*, entrave *f*; you'll be more of a ~ than a help tu vas gêner plus qu'autre chose. **-2.** (U) [action]: without any ~ from the authorities [referring to person] sans être gêné par les autorités; [referring to project] sans être entravé par les autorités.

**hindsight** ['haɪndsaɪt] *n* sagesse *f* acquise après coup; with the benefit OR wisdom of ~ avec du recul, après coup.

**Hindu** ['hɪnduː] ◇ *n* Hindou *m*, -e *f*. ◇ *adj* hindou.

**Hinduism** ['hɪnduːˌɪzm] *n* hindouisme *m*.

**hinge** [hɪndʒ] *n* [door] gond *m*, charnière *f*; [of box] charnière *f*; the door has come off its ~s la porte est sortie de ses gonds. ◇ *vt* [door] munir de gonds OR charnières; [box]

munir de charnières.

◆ **hinge on, hinge upon** *vt insep* dépendre de.

**hinged** [hɪndʒd] *adj* à charnière OR charnières; ~ flap [of counter] abattant *m*.

**hint** [hɪnt] ◇ *n* -1. [indirect suggestion] allusion *f*; [clue] indice *m*; to drop a ~ (about sthg) faire une allusion (à qqch); you could try dropping a ~ that if his work doesn't improve... tu pourrais essayer de lui faire comprendre que si son travail ne s'améliore pas...; he can't take a ~ il ne comprend pas les allusions; OK, I can take a ~ oh ça va, j'ai compris ❑ I just love plain chocolate, ~, ~ j'adore le chocolat noir, si tu vois où je veux en venir. -2. [helpful suggestion, tip] conseil *m*, truc *m*. -3. [small amount, trace – of emotion] note *f*; [– of colour] touche *f*; [– of flavouring] soupçon *m*; there's a ~ of spring in the air ça sent le printemps, il y a du printemps. ◇ *vi* insinuer. ◇ *vi*: to ~ at sthg faire allusion à qqch; what are you ~ing at? qu'est-ce que tu insinues?; [in neutral sense] à quoi fais-tu allusion?; the speech seemed to ~ at the possibility of agreement being reached soon le discours semblait laisser entendre qu'un accord pourrait être conclu prochainement.

**hinterland** ['hɪntəlænd] *n* arrière-pays *m*.

**hip** [hɪp] ◇ *n* -1. [part of body] hanche *f*; with one's hands on one's ~s les mains sur les hanches; to be big/small around the ~s avoir les hanches larges/étroites; to break one's ~ se casser le col du fémur. -2. [berry] fruit *m* de l'églantier/du rosier, cynorhodon *m*, gratte-cul *m*. ◇ *comp*: ~ measurement OR size tour *m* de hanches. ◇ *interj*: ~ ~, hooray! hip hip hip, hourra! ◇ *adj inf* [fashionable] branché.

**hip bath** *n* bain *m* de siège.

**hip flask** *n* flasque *f*.

**hip-hop** *n* [music] hip-hop *m*.

**hip joint** *n* articulation *f* de la hanche.

**hippie** ['hɪpɪ] ◇ *n* hippie *mf*, hippy *mf*. ◇ *adj* hippie, hippy.

**hippo** ['hɪpəʊ] *n inf* hippopotame *m*.

**Hippocrates** [hɪ'pɒkrətiːz] *pr n* Hippocrate.

**Hippocratic** [,hɪpə'krætɪk] *adj*: the ~ oath le serment d'Hippocrate.

**hippopotamus** [,hɪpə'pɒtəməs] (*pl* **hippopotamuses** OR **hippopotami** [-maɪ]) *n* hippopotame *m*.

**hippy** ['hɪpɪ] (*pl* **hippies**)= **hippie**.

**hip replacement** *n* [operation] remplacement *m* de la hanche par une prothèse; [prosthesis] prothèse *f* de la hanche.

**hipsters** ['hɪpstəz] *npl Br* pantalon *m* à taille basse.

**hire** ['haɪər] ◇ *n* -1. *Br* [of car, room, suit etc] location *f*; 'for ~' 'à louer'; [taxi] 'libre'; it's out on ~ il a été loué. -2. [cost – of car, boat etc] (prix *m* de) location *f*; [– of worker] paye *f*. ◇ *comp*: ~ charges (frais *mpl* OR prix *m* de) location *f*. ◇ *vt* -1. *Br* [car, room, suit etc] louer; to ~ sthg from sb louer qqch à qqn. -2. [staff] engager; [labourer] embaucher, engager; ~d killer OR assassin tueur *m* à gages.

◆ **hire out** *vt sep Br* [car, room, suit etc] louer; to ~ out one's services offrir OR proposer ses services; to ~ o.s. out se faire engager; [labourer] se faire engager OR embaucher.

**hire car** *n Br* voiture *f* de location.

**hireling** ['haɪəlɪŋ] *n pej* [menial] larbin *m*; [illegal or immoral] mercenaire *mf*.

**hire purchase** *n Br* location-vente *f*, vente *f* à tempérament; to buy OR to get sthg on ~ acheter qqch en location-vente; ~ agreement contrat *m* de location; ~ goods biens achetés en location-vente OR à tempérament.

**hiring** ['haɪərɪŋ] *n* -1. [of car] location *f*. -2. [of employee] embauche *f*.

**hirsute** ['hɜːsjuːt] *adj fml* poilu, velu.

**his** [hɪz] ◇ *det* son *m*, sa *f*, ses *mfpl*; ~ table sa table; ~ glasses ses lunettes; ~ university son université; it's HIS fault not mine c'est de sa faute à lui, pas de la mienne; he has broken ~ arm il s'est cassé le bras; with ~ hands in ~ pockets les mains dans les poches; one has ~ pride *Am* on a sa fierté. ◇ *pron* -1. [gen] le sien *m*, la sienne *f*, les siens *mpl*, les siennes *fpl*; it's ~ c'est à lui, c'est le sien; the responsibility is ~ c'est lui qui est responsable, la responsabilité lui revient; whose fault is it? — ~! qui est le responsable? — lui! -2. [after preposition]: a friend of ~ un de ses amis; that dog of ~ is a nuisance son sacré chien est vraiment embê-

tant; everyone wants what is ~ *fml* chacun veut ce qui lui revient.

**Hispanic** [hɪ'spænɪk] ◇ *n* Hispano-Américain *m*, -e *f*. ◇ *adj* hispanique.

**Hispano-American** [hɪ'spænəʊ-] ◇ *n* Hispano-Américain *m*, -e *f*. ◇ *adj* hispano-américain.

**hiss** [hɪs] ◇ *n* [of gas, steam] sifflement *m*, chuintement *m*; [of person, snake] sifflement *m*; [of cat] crachement *m*; he was greeted with ~es il est arrivé sous les sifflets (du public). ◇ *vt* [say quietly] souffler; [bad performer, speaker etc] siffler; the speaker was ~ed off the platform l'orateur quitta la tribune sous les sifflets (du public). ◇ *vi* [gas, steam] siffler, chuinter; [snake] siffler; [cat] cracher; [person – speak quietly] souffler; [– in disapproval, anger] siffler.

**histamine** ['hɪstəmiːn] *n* histamine *f*.

**histology** [hɪ'stɒlədʒɪ] *n* histologie *f*.

**historian** [hɪ'stɔːrɪən] *n* historien *m*, -enne *f*.

**historic** [hɪ'stɒrɪk] *adj* -1. [memorable – day, occasion, meeting etc] historique. -2. [of time past] révolu, passé; [fear] ancestral; in ~ times en des temps révolus; ~ building monument *m* historique.

**historical** [hɪ'stɒrɪkəl] *adj* historique; to be of ~ interest présenter un intérêt historique ❑ ~ linguistics linguistique *f* diachronique; ~ present GRAMM présent *m* historique.

**historically** [hɪ'stɒrɪklɪ] *adv* historiquement; [traditionally] traditionnellement.

**historiographer** [,hɪstɔːrɪ'ɒgrəfər] *n* historiographe *mf*.

**history** ['hɪstərɪ] (*pl* **histories**) ◇ *n* -1. (U) [the past] histoire *f*; ancient/modern ~ histoire ancienne/moderne; the ~ of France, French ~ l'histoire de France; to study ~ étudier l'histoire; a character in ~ un personnage historique OR de l'histoire; throughout ~ tout au long de l'histoire; the ~ plays of Shakespeare les pièces historiques de Shakespeare; tell me news, not ~! tu n'aurais pas de nouvelles un peu plus fraîches?; to make ~ entrer dans l'histoire; a day that has gone down in ~ une journée qui est entrée dans l'histoire ❑ that's ancient ~ [forgotten, in the past] c'est de l'histoire ancienne; [everyone knows that] c'est bien connu; the rest is ~ tout le monde connaît la suite. -2. (U) [development, lifespan] histoire *f*; the worst disaster in aviation ~ OR in the ~ of aviation le plus grand désastre de l'histoire de l'aviation. -3. [account] histoire *f*; Shakespeare's histories les pièces historiques de Shakespeare. -4. (U) [record]: employment ~ expérience *f* professionnelle; medical ~ antécédents *mpl* médicaux; there is a ~ of heart disease in my family il y a des antécédents de maladie cardiaque dans ma famille. ◇ *comp* [book, teacher, lesson] d'histoire.

**histrionic** [,hɪstrɪ'ɒnɪk] *adj pej* théâtral.

**histrionics** [,hɪstrɪ'ɒnɪks] *npl pej* comédie *f*, simagrées *fpl*.

**hit** [hɪt] (*pt* & *pp* **hit**, *cont* **hitting**) ◇ *n* -1. [blow] coup *m*; that was a ~ at me *fig* ça m'était destiné, c'est moi qui étais visé. -2. SPORT [in ball game] coup *m*; [in shooting] tir *m* réussi; [in fencing] touche *f*; to score a ~ [in shooting] faire mouche, toucher la cible; [in fencing] faire OR marquer une touche; that was a ~ [in fencing] il y a eu touche; we sent the mailshot to fifty companies and got thirteen ~s *fig* nous avons contacté cinquante entreprises par publipostage et avons eu treize réponses favorables. -3. [success – record, play, book] succès *m*; [– song] succès *m*, hit *m*, tube *m*; a ~ with the public/the critics un succès auprès du public/des critiques; to make a ~ with sb [person] conquérir qqn; she's a ~ with everyone elle a conquis tout le monde. -4. ▽ [murder] meurtre *m*, liquidation *f*.

◇ *comp*: ~ record (disque *m* à) succès *m*; ~ single OR song succès, hit *m*, tube *m*.

◇ *vt* -1. [strike with hand, fist, stick etc – person] frapper; [– ball] frapper OR taper dans; [– nail] taper sur; to ~ sb in the face/ on the head frapper qqn au visage/sur la tête; they ~ him over the head with a baseball bat ils lui ont donné un coup de batte de baseball sur la tête; to ~ a ball over the net envoyer un ballon par-dessus le filet; to ~ sb where it hurts most *fig* toucher qqn là où ça fait mal □; to ~ a man when he's down *literal & fig* frapper un homme quand il est à terre; to ~ the nail on the head mettre le doigt dessus. -2. [come or bring forcefully into contact with – subj: ball, stone] heurter; [– subj: bullet, arrow] atteindre, toucher; the bullet ~ him in the shoulder la balle l'a atteint OR touché à l'épaule; the

windscreen was ~ by a stone une pierre a heurté le pare-brise; he was ~ by a stone il a reçu une pierre; the car ~ a tree la voiture a heurté OR est rentrée dans un arbre; to ~ one's head/knee (against sthg) se cogner la tête/le genou (contre qqch); to ~ sb's head against sthg frapper OR cogner la tête de qqn contre qqch; it suddenly ~ me that... *fig* il m'est soudain venu à l'esprit que... **-3.** [attack – enemy] attaquer. **-4.** [affect] toucher; the region worst ~ by the earthquake la région la plus sévèrement touchée par le tremblement de terre; the child's death has ~ them all very hard la mort de l'enfant les a tous durement touchés OR frappés; it ~s everyone in the pocket *inf* tout le monde en subit financièrement les conséquences, tout le monde le sent passer. **-5.** *inf* [reach] arriver à; the new model can ~ 130 mph on the straight le nouveau modèle peut atteindre les 210 (km/h) en ligne droite; to ~ a problem se heurter à un problème OR une difficulté; to ~ a note MUS [singer] chanter une note; [instrumentalist] jouer une note; we'll stop for dinner when we ~ town *Am* nous nous arrêterons pour dîner quand nous arriverons dans la ville; when it ~s the shops [product] quand il sera mis en vente; you'll ~ the rush hour traffic tu vas te retrouver en plein dans la circulation de l'heure de pointe. **-6.** SPORT [score – runs] marquer; [in fencing] toucher. **-7.** ▽ [kill] descendre, liquider. **-8.** *Am inf* [borrow money from] taper; to ~ sb for $10 taper qqn de 10 dollars. **-9.** *phr:* to ~ the books *Am inf* se mettre à étudier; to ~ the bottle *inf* [drink] picoler; [start to drink] se mettre à picoler; to ~ the ceiling OR roof *inf* sortir de ses gonds, piquer une colère folle; to ~ the deck [lie down] *inf* se mettre à terre; ~ the deck! tout le monde à terre!; [get out of bed] debout là-dedans!; to ~ the gas *Am inf* appuyer sur le champignon; to ~ the hay OR the sack *inf* aller se mettre au pieu; to ~ home [remark, criticism] faire mouche; to ~ the jackpot gagner le gros lot; to ~ the road se mettre en route; that really ~s the spot [food, drink] c'est juste ce dont j'avais besoin. ◇ *vi* **-1.** frapper, taper; the two cars didn't actually ~ en fait les deux voitures ne se sont pas heurtées; the atoms ~ against each other les atomes se heurtent.
◆ **hit back** ◇ *vi insep* [reply forcefully, retaliate] riposter, rendre la pareille; he ~ back with accusations that they were giving bribes il a riposté en les accusant de verser des pots-de-vin; to ~ back at sb/sthg [in speech] répondre à qqn/qqch; our army ~ back with a missile attack notre armée a riposté en envoyant des missiles. ◇ *vt sep:* to ~ the ball back renvoyer le ballon; he ~ me back il m'a rendu mon coup.
◆ **hit off** *vt sep* **-1.** [in words] décrire OR dépeindre à la perfection; [in paint] représenter de manière très ressemblante; [in mimicry] imiter à la perfection. **-2.** *phr:* to ~ it off [get on well] bien s'entendre; to ~ it off with sb bien s'entendre avec qqn.
◆ **hit on** *vt insep* **-1.** [find – solution, plan etc] trouver. **-2.** *Am inf* [try to pick up] draguer.
◆ **hit out** *vi insep* **-1.** [physically – once] envoyer un coup; [– repeatedly] envoyer des coups; he started hitting out at me il s'est mis à envoyer des coups dans ma direction. **-2.** [in speech, writing]: to ~ out at OR against s'en prendre à, attaquer.
◆ **hit upon** *vt insep* = **hit on** 1.
**hit-and-miss** = **hit-or-miss**.
**hit-and-run** *n* accident *m* avec délit de fuite; a child died in a ~ (accident) yesterday un enfant est mort hier dans un accident causé par un chauffard qui a pris la fuite; ~ driver conducteur *m*, -trice *f* coupable de délit de fuite; ~ attack MIL attaque *f* éclair.
**hitch** [hɪtʃ] ◇ *vt* **-1.** *inf:* to ~ a lift [gen] se faire emmener en voiture; [hitchhiker] se faire prendre en stop; can I ~ a lift, Dad? tu m'emmènes, papa?; she has ~ed her way round Europe elle a fait toute l'Europe en stop OR auto-stop. **-2.** [railway carriage] attacher, atteler; [horse – to fence] attacher; [– to carriage] atteler; [rope] attacher, nouer. **-3.** *inf phr:* to get ~ed [one person] se caser; [couple] passer devant Monsieur le Maire. ◇ *vi* = **hitchhike**. ◇ *n* **-1.** [difficulty] problème *m*, anicroche *f*; without a ~ or any ~es sans anicroche. **-2.** *Am inf* MIL: he's doing a five year ~ in the navy il s'est engagé pour cinq ans dans la marine. **-3.** [knot] nœud *m*. **-4.** [pull]: to give sthg a ~ (up) remonter OR retrousser qqch.
◆ **hitch up** *vt sep* **-1.** [trousers, skirt etc] remonter, retrousser. **-2.** [horse, oxen etc] atteler.

**hitcher** ['hɪtʃəʳ] *inf* = **hitchhiker**.
**hitchhike** ['hɪtʃhaɪk] ◇ *vi* faire du stop OR de l'auto-stop; to ~ to London aller à Londres en stop; I spent the summer hitchhiking in the South of France j'ai passé l'été à voyager dans le sud de la France en auto-stop. ◇ *vt:* to ~ one's way round Europe faire l'Europe en auto-stop.
**hitchhiker** ['hɪtʃhaɪkəʳ] *n* auto-stoppeur *m*, -euse *f*, stoppeur *m*, -euse *f*.
**hitchhiking** ['hɪtʃhaɪkɪŋ] *n* auto-stop *m*, stop *m*.
**hi-tech, hitech** ['haɪ,tek] ◇ *n* **-1.** [in industry] technologie *f* de pointe. **-2.** [style of interior design] high-tech *m*. ◇ *adj* **-1.** [equipment, industry] de pointe. **-2.** [design, furniture] high-tech.
**hither** ['hɪðəʳ] *adv arch* ici.
**hitherto** [,hɪðə'tuː] *adv fml* jusqu'ici, jusqu'à présent; a ~ incurable disease une maladie jusqu'ici OR jusqu'à présent incurable.
**hit list** *n inf* liste *f* noire.
**hit man** *n inf* tueur *m* à gages.
**hit-or-miss** *adj inf* [method, approach] basé sur le hasard; [work] fait n'importe comment OR à la va comme je te pousse.
**hit parade** *n dated* hit-parade *m*.
**hit squad** *n inf* commando *m* de tueurs.
**HIV** (*abbr of* **human immunodeficiency virus**) *n* VIH *m*, HIV *m*; to be ~ positive être séropositif.
**hive** [haɪv] ◇ *n* **-1.** [for bees] ruche *f*; [group of bees] essaim *m*; a ~ of industry OR activity *fig* une vraie OR véritable ruche. ◇ *vt* mettre en ruche. ◇ *vi* entrer dans une ruche.
◆ **hive off** *vt sep* transférer. ◇ *vi insep inf* [go away, slip off] se tirer, se casser.
**hives** [haɪvz] *n* (*U*) MED urticaire *f*.
**HM** (*abbr of* **His/Her Majesty**) SM.
**HMG** (*abbr of* **His/Her Majesty's Government**) *n* expression utilisée sur des documents officiels en Grande-Bretagne.
**HMI** (*abbr of* **His/Her Majesty's Inspector**) *n* inspecteur de l'éducation nationale en Grande-Bretagne.
**HMO** (*abbr of* **Health Maintenance Organization**) *n* aux États-Unis, clinique de médecine préventive où l'on peut aller lorsqu'on a certains contrats d'assurance.
**HMS** (*abbr of* **His/Her Majesty's Ship**) dénomination officielle précédant le nom de tous les bâtiments de guerre de la marine britannique.
**HMSO** (*abbr of* **His/Her Majesty's Stationery Office**) *pr n* maison d'édition publiant les ouvrages ou documents approuvés par le Parlement, les ministères et autres organismes officiels, ≃ l'Imprimerie nationale.
**HNC** *n abbr of* **Higher National Certificate**.
**HND** *n abbr of* **Higher National Diploma**.
**ho** [həʊ] *interj* **-1.** [attracting attention] hé ho. **-2.** [imitating laughter]: ~ ~! ha ha ha!
**hoard** [hɔːd] ◇ *n* [of goods] réserve *f*, provisions *fpl*; [of money] trésor *m*, magot *m*. ◇ *vt* [goods] faire provision OR des réserves de, stocker; [money] accumuler, thésauriser. ◇ *vi* faire des réserves, stocker.
**hoarder** ['hɔːdə] *n* [gen] personne ou animal qui fait des réserves; [of money] thésauriseur *m*, -euse *f*.
**hoarding** ['hɔːdɪŋ] *n* **-1.** (*U*) [of goods] mise *f* en réserve OR en stock; [of money] thésaurisation *f*, accumulation *f*. **-2.** *Br* [fence] palissade *f*. **-3.** *Br* [billboard] panneau *m* publicitaire OR d'affichage.
**hoarfrost** ['hɔː,frɒst] *n* givre *m*.
**hoarse** [hɔːs] *adj* [person] enroué; [voice] rauque, enroué; to shout o.s. ~ s'enrouer à force de crier.
**hoarsely** ['hɔːslɪ] *adv* d'une voix rauque OR enrouée.
**hoary** ['hɔːrɪ] (*compar* **hoarier**, *superl* **hoariest**) *adj* **-1.** [greyish white – hair] blanc (*f* blanche); [– person] aux cheveux blancs, chenu. **-2.** [old – problem, story] vieux, *before vowel or silent 'h'* vieil (*f* vieille).
**hoax** [həʊks] ◇ *n* canular *m*; to play a ~ on sb jouer un tour à qqn, monter un canular à qqn; (bomb) ~ fausse alerte *f* à la bombe. ◇ *comp:* ~ (telephone) call canular *m* téléphonique. ◇ *vt* jouer un tour à, monter un canular à.
**hoaxer** ['həʊksəʳ] *n* mauvais plaisant *m*.

**hob** [hɒb] *n* [on stove top] plaque *f* (chauffante); [by open fire] plaque *f*.

**hobble** ['hɒbl] ◇ *vi* boitiller; she ~d across the street elle a traversé la rue en boitillant. ◇ *vt* [horse] entraver. ◇ *n* -1. [limp] boitillement *m*.-2. [for horse] entrave *f*. ◇ *comp*: ~ skirt jupe *f* entravée.

**hobby** ['hɒbɪ] (*pl* hobbies) *n* passe-temps *m*, hobby *m*.

**hobbyhorse** ['hɒbɪhɔːs] *n* -1. [toy] cheval *m* de bois (*composé d'une tête sur un manche*). -2. [favourite topic] sujet *m* favori, dada *m*.

**hobgoblin** [hɒb'gɒblɪn] *n* diablotin *m*.

**hobnail** ['hɒbneɪl] *n* clou *m* à grosse tête, caboche *f*; ~ boots chaussures *fpl* ferrées.

**hobnob** ['hɒbnɒb] (*pt* & *pp* hobnobbed, *cont* hobnobbing) *vi*: to ~ with sb frayer avec qqn, fréquenter qqn.

**hobo** ['həubəu] (*pl* hobos OR hoboes) *n* Am *inf* -1. [tramp] clochard *m*, -e *f*, vagabond *m*, -e *f*. -2. [itinerant labourer] saisonnier *m*, -ère *f*.

**Hobson's choice** ['hɒbsnz-] *n*: it's (a case of) ~ il n'y a pas vraiment le choix.

**hock** [hɒk] ◇ *n* -1. [joint] jarret *m*. -2. [wine] vin *m* du Rhin. -3. *inf phr*: in ~ [in pawn] au clou; [in debt] endetté. ◇ *vt* [pawn] mettre au clou.

**hockey** ['hɒkɪ] ◇ *n* -1. *Br* hockey *m* sur gazon. -2. *Am* hockey *m* sur glace. ◇ *comp Br* [ball, match, pitch, team] de hockey; *Am* de hockey sur glace; ~ player *Br* joueur *m*, -euse *f* de hockey, hockeyeur *m*, -euse *f*; *Am* joueur *m*, -euse *f* de hockey sur glace; ~ stick *Br* crosse *f* de hockey; *Am* crosse de hockey sur glace.

**hocus-pocus** [,həukəs'pəukəs] *n* -1. [of magician] tours *mpl* de passe-passe. -2. [trickery] tricherie *f*, supercherie *f*; [deceptive talk] paroles *fpl* trompeuses; [deceptive action] trucage *m*, supercherie *f*.

**hod** [hɒd] ◇ *n* [for bricks] *ustensile utilisé par les maçons pour porter les briques*; [for mortar] auge *f*, oiseau *m*; [for coal] seau *m* à charbon. ◇ *comp*: ~ carrier apprenti *m* OR aide *m* maçon.

**hodgepodge** ['hɒdʒpɒdʒ] *Am* = **hotchpotch**.

**hoe** [həu] ◇ *n* houe *f*, binette *f*. ◇ *vt* biner, sarcler.

**hoedown** ['həudaun] *n* Am bal *m* populaire.

**hog** [hɒg] (*pt* & *pp* hogged, *cont* hogging) ◇ *n* [castrated pig] cochon *m* OR porc *m* châtré; *Am* [pig] cochon *m*, porc *m*; *fig* [greedy person] goinfre *mf*; [dirty person] porc *m*; to go the whole ~ *inf* ne pas faire les choses à moitié; to live high on OR off the ~ *Am inf* mener la grande vie. ◇ *vt inf* monopoliser; to ~ the limelight accaparer OR monopoliser l'attention, se mettre en vedette; to ~ the middle of the road prendre toute la route.

**Hogmanay** ['hɒgməneɪ] *n Scot les fêtes de la Saint-Sylvestre en Écosse.*

**hogtie** ['hɒgtaɪ] *vt Am*: to be ~d être pieds et poings liés.

**hogwash** ['hɒgwɒʃ] *n* (*U*) -1. *inf* [nonsense] bêtises *fpl*, imbécillités *fpl*. -2. [pigswill] eaux *fpl* grasses.

**hogweed** ['hɒgwiːd] *n* berce *f*.

**hoick** [hɔɪk] *vt inf* soulever; to ~ o.s. up onto a wall se hisser sur un mur.

**hoi polloi** [,hɔɪpə'lɔɪ] *npl pej*: the ~ la populace.

**hoist** [hɔɪst] ◇ *vt* [sails, flag] hisser; [load, person] lever, hisser; to be ~ with one's own petard être pris à son propre piège. ◇ *n* -1. [elevator] monte-charge *m*; [block and tackle] palan *m*. -2. [upward push, pull]: to give sb a ~ up [lift] soulever qqn; [pull] tirer qqn.

**hoity-toity** [,hɔɪtɪ'tɔɪtɪ] *adj inf* & *pej* prétentieux, péteux; she's very ~ c'est une vraie bêcheuse.

**hokey** ['həukɪ] *adj Am* à l'eau de rose.

**hold** [həuld] (*pt* & *pp* held [held]) ◇ *vt* **A.** -1. [clasp, grasp] tenir; to ~ sthg in one's hand [book, clothing, guitar] avoir qqch à la main; [key, money] tenir qqch dans la main; to ~ sthg with both hands tenir qqch à deux mains; to ~ sb's hand *literal* & *fig* tenir la main à qqn; to ~ hands se donner la main, se tenir (par) la main; ~ my hand while we cross the street donne-moi la main pour traverser la rue; to ~ sb in one's arms tenir qqn dans ses bras; to ~ sb close OR tight serrer qqn contre soi; to ~ one's nose se boucher le nez. -2. [keep, sustain]: to ~ sb's attention retenir l'attention de qqn; to ~ an audience tenir un auditoire; to ~ one's serve

◇ *vi* -1. [cling – person] se tenir, s'accrocher; ~ fast!, ~ tight! accrochez-vous bien!; their resolve held fast OR firm

[in tennis] défendre son service; to ~ a seat POL [to be an MP] occuper un siège de député; [to be re-elected] être réélu ❑ to ~ one's own tenir bon OR ferme; she is well able to ~ her own elle sait se défendre; to ~ the floor garder la parole. -3. [have, possess – degree, permit, ticket] avoir, posséder; [– job, position] avoir, occuper; to ~ office [chairperson, deputy] être en fonction, remplir sa fonction; [minister] détenir OR avoir un portefeuille; [political party, president] être au pouvoir OR au gouvernement; to ~ stock FIN détenir OR avoir des actions; to ~ a record *literal* & *fig* détenir un record. -4. [keep control or authority over]: the guerrillas held the bridge for several hours MIL les guérilleros ont tenu le pont plusieurs heures durant ❑ to ~ centre stage *fig* & THEAT occuper le centre de la scène; ~ it!, ~ everything! [stop and wait] attendez!; [stay still] arrêtez!, ne bougez plus!; ~ your horses! *inf* pas si vite!-5. [reserve, set aside] retenir, réserver; will the restaurant ~ the table for us? est-ce que le restaurant va nous garder la table?-6. [contain] contenir, tenir; the hall ~s a maximum of 250 people la salle peut accueillir OR recevoir 250 personnes au maximum, il y a de la place pour 250 personnes au maximum dans cette salle; to ~ one's drink bien supporter l'alcool. -7. [have, exercise] exercer; the subject ~s a huge fascination for some people le sujet exerce une énorme fascination sur certaines personnes. -8. [have in store] réserver. -9. [conserve, store] conserver, détenir; COMPUT stocker; the commands are held in the memory/in a temporary buffer les instructions sont gardées en mémoire/sont enregistrées dans une mémoire intermédiaire; this photo ~s fond memories for me cette photo me rappelle de bons souvenirs. -10. AUT: the new car ~s the road well la nouvelle voiture tient bien la route.
**B.** -1. [maintain in position] tenir, maintenir; her hair was held in place with hairpins (à cheveux) retenaient OR maintenaient ses cheveux; ~ the picture a bit higher tenez le tableau un peu plus haut. -2. [carry] tenir; to ~ o.s. upright OR erect se tenir droit.
**C.** -1. [confine, detain] détenir; the police are ~ing him for questioning la police l'a gardé à vue pour l'interroger; they're ~ing him for murder ils l'ont arrêté pour meurtre. -2. [keep back, retain] retenir; to ~ sthg in trust for sb tenir qqch par fidéicommis pour qqn; the post office will ~ my mail for me while I'm away la poste gardera mon courrier pendant mon absence; once she starts talking politics there's no ~ing her! *fig* dès qu'elle commence à parler politique, rien ne peut l'arrêter!-3. [delay]: they held the plane another thirty minutes ils ont retenu l'avion au sol pendant encore trente minutes; ~ all decisions on the project until I get back attendez mon retour pour prendre des décisions concernant le projet. -4. [keep in check]: we have held costs to a minimum nous avons limité nos frais au minimum; inflation has been held at the same level for several months le taux d'inflation est maintenu au même niveau depuis plusieurs mois; they held their opponents to a goalless draw ils ont réussi à imposer le match nul.
**D.** -1. [assert, claim] maintenir, soutenir; [believe] croire, considérer; the Constitution ~s that all men are free la Constitution stipule que tous les hommes sont libres; he ~s strong beliefs on the subject of abortion il a de solides convictions en ce qui concerne l'avortement; she ~s strong views on the subject elle a une opinion bien arrêtée sur le sujet. -2. [consider, regard] tenir, considérer; to ~ sb responsible for sthg tenir qqn pour responsable de qqch; the president is to be held accountable for his actions le président doit être responsable de ses actes; to ~ sb in contempt mépriser OR avoir du mépris pour qqn; to ~ sb in high esteem avoir beaucoup d'estime pour qqn, tenir qqn en haute estime. -3. JUR [judge] juger.
**E.** -1. [carry on, engage in – conversation, meeting] tenir; [– party] donner; [organize] organiser; to ~ an election/elections procéder à une élection/à des élections; the book fair is held in Frankfurt la foire du livre se tient OR a lieu à Francfort; to ~ talks être en pourparlers. -2. [continue without deviation] continuer; we held our southerly course nous avons maintenu le cap au sud, nous avons continué notre route vers le sud; to ~ a note MUS tenir une note. -3. TELEC: will you ~ (the line)? voulez-vous patienter?; ~ the line! ne quittez pas!

in the face of fierce opposition *fig* ils ont tenu bon face à une opposition acharnée ‖ [remain in place – nail, fastening] tenir bon. **-2.** [last – luck] durer; [– weather] durer, se maintenir; **prices held at the same level as last year** les prix se sont maintenus au même niveau que l'année dernière. **-3.** [remain valid – invitation, offer] tenir; [– argument, theory] valoir, être valable; **to ~ good** [invitation, offer] tenir; [promises] tenir, valoir; [argument, theory] rester valable; **the same ~s for Spain** il en est de même pour l'Espagne. **-4.** [stay, remain]: **~ still!** *inf* ne bougez pas!

◇ *n* **-1.** [grasp, grip] prise *f*; [in wrestling] prise *f*; **to catch** OR **to grab** OR **to seize** OR **to take ~ of sthg** se saisir de OR saisir qqch; **grab (a) ~ of that towel** tiens! prends cette serviette; **there was nothing for me to grab ~ of** il n'y avait rien à quoi m'accrocher OR me cramponner; **get a good** OR **take a firm ~ on** OR **of the railing** tenez-vous bien à la balustrade; **I still had ~ of his hand** je le tenais toujours par la main; **to get ~ of sthg** [find] se procurer OR trouver qqch; **where did you get ~ of that idea?** où est-ce que tu es allé chercher cette idée?; **to get ~ of sb** trouver qqn; **I've been trying to get ~ of you all week!** je t'ai cherché toute la semaine!; **just wait till the newspapers get ~ of the story** attendez un peu que les journaux s'emparent de la nouvelle; **you'd better keep ~ of the tickets** tu ferais bien de garder les billets; **get a ~ on yourself** ressaisis-toi, ne te laisse pas aller; **to take ~** [fire] prendre; [idea] se répandre ❑ **no ~s barred** SPORT & *fig* tous les coups sont permis. **-2.** [controlling force or influence] prise *f*, influence *f*; **to have a ~ over sb** avoir de l'influence sur qqn. **-3.** [in climbing] prise *f*. **-4.** [delay, pause] pause *f*, arrêt *m*; **the company has put a ~ on all new orders** l'entreprise a suspendu OR gelé toutes les nouvelles commandes. **-5.** *Am* [order to reserve] réservation *f*; **the association put a ~ on all the hotel rooms** l'association a réservé toutes les chambres de l'hôtel. **-6.** [prison] prison *f*; [cell] cellule *f*; [fortress] place *f* forte. **-7.** [store – in plane] soute *f*; [– in ship] cale *f*. **-8.** MUS point *m* d'orgue.

◆ **on hold** *adv phr* [gen & TELEC] en attente.

◆ **hold against** *vt sep*: **to ~ sthg against sb** en vouloir à qqn de qqch; **his collaboration with the enemy will be held against him** sa collaboration avec l'ennemi lui sera préjudiciable.

◆ **hold back** ◇ *vt sep* **-1.** [control, restrain – animal, person] retenir, tenir; [– crowd, enemy forces] contenir; [– anger, laughter, tears] retenir, réprimer; [– inflation] contenir. **-2.** [keep – money, supplies] retenir; *fig* [– information, truth] cacher, taire. **-3.** *Am* SCH: **they held her back a year** ils lui ont fait redoubler une classe, ils l'ont fait redoubler. **-4.** [prevent progress of] empêcher de progresser. ◇ *vi insep literal* [stay back] rester en arrière; *fig* [refrain] se retenir; **he has held back from making a commitment** il s'est abstenu de s'engager; **the president held back before sending in the army** le président a hésité avant d'envoyer les troupes; **don't ~ back,** tell me everything vas-y, dis-moi tout.

◆ **hold down** *vt sep* **-1.** [keep in place – paper, carpet] maintenir en place; [– person] forcer à rester par terre, maintenir au sol. **-2.** [keep to limit] restreindre, limiter; **they're ~ing unemployment down to 4%** ils maintiennent le taux de chômage à 4 %; **to ~ prices down** empêcher la montée des prix. **-3.** [employee]: **to ~ down a job** garder un emploi.

◆ **hold forth** *vi insep* pérorer, disserter.

◆ **hold in** *vt sep* **-1.** [stomach] rentrer. **-2.** [emotion] retenir; [anger] contenir.

◆ **hold off** ◇ *vt sep* **-1.** [keep at distance] tenir à distance OR éloigné; **they managed to ~ off the attack** ils ont réussi à repousser l'attaque; **I can't ~ the reporters off any longer** je ne peux plus faire attendre OR patienter les journalistes. **-2.** [delay, put off] remettre à plus tard; **he held off going to see the doctor until May** il a attendu le mois de mai pour aller voir le médecin. ◇ *vi insep* **-1.** [rain]: **at least the rain held off** au moins il n'a pas plu. **-2.** [abstain] s'abstenir.

◆ **hold on** ◇ *vi insep* **-1.** [grasp, grip] tenir bien, s'accrocher; **to ~ on to sthg** bien tenir qqch, s'accrocher à qqch, se cramponner à qqch. **-2.** [keep possession of] garder; **~ on to this contract for me** [keep it] garde-moi ce contrat; **all politicians try to ~ on to power** tous les hommes politiques essaient de rester au pouvoir. **-3.** [continue, persevere] tenir, tenir le coup. **-4.** [wait] attendre; [stop] arrêter; TELEC: **~ on please!** ne quittez pas!; **I had to ~ on for several minutes** j'ai dû patienter plusieurs minutes. ◇ *vt sep* [maintain

place] tenir OR maintenir en place.

◆ **hold out** ◇ *vi insep* **-1.** [last – supplies, stocks] durer; **will the car ~ out till we get home?** la voiture tiendra-t-elle (le coup) jusqu'à ce qu'on rentre? **-2.** [refuse to yield] tenir bon, tenir le coup; **the management held out against any suggested changes** la direction a refusé tous les changements proposés. ◇ *vt sep* [extend] tendre; **to ~ out one's hand to sb** *literal* & *fig* tendre la main à qqn. ◇ *vt insep* [offer] offrir; **I can't ~ out any promise of improvement** je ne peux promettre aucune amélioration; **the doctors ~ out little hope for him** les médecins ont peu d'espoir pour lui.

◆ **hold out for** *vt insep* exiger; **the workers held out for a shorter working week** les ouvriers réclamaient une semaine de travail plus courte.

◆ **hold out on** *vt insep inf*: **you're ~ing out on me!** tu me caches quelque chose!

◆ **hold over** *vt sep* **-1.** [position] tenir au-dessus de; **they ~ the threat of redundancy over their workers** *fig* ils maintiennent la menace de licenciement sur leurs ouvriers. **-2.** [postpone] remettre, reporter; **we'll ~ these items over until the next meeting** on va remettre ces questions à la prochaine réunion. **-3.** [retain] retenir, garder; **they're ~ing the show over for another month** ils vont laisser le spectacle à l'affiche encore un mois.

◆ **hold to** ◇ *vt insep* [promise, tradition] s'en tenir à, rester fidèle à; [decision] maintenir, s'en tenir à. ◇ *vt sep*: **we held him to his promise** nous lui avons fait tenir parole; **if I win, I'll buy you lunch — I'll ~ you to that!** si je gagne, je t'invite à déjeuner — je te prends au mot!

◆ **hold together** *vt sep* [book, car] maintenir; [community, family] maintenir l'union de.

◆ **hold up** ◇ *vt sep* **-1.** [lift, raise] lever, élever; **I held up my hand** j'ai levé la main; **~ the picture up to the light** tenez la photo à contre-jour; **she felt she would never be able to ~ her head up again** *fig* elle pensait qu'elle ne pourrait plus jamais marcher la tête haute. **-2.** [support] soutenir; **my trousers were held up with safety pins** mon pantalon était maintenu par des épingles de sûreté. **-3.** [present as example]: **they were held up as an example of efficient local government** on les présentaient comme un exemple de gouvernement local compétent; **to ~ sb up to ridicule** tourner qqn en ridicule. **-4.** [delay] retarder; [stop] arrêter; **the accident held up traffic for an hour** l'accident a bloqué la circulation pendant une heure; **I was held up** j'ai été retenu; **the project was held up for lack of funds** [before it started] le projet a été mis en attente faute de financement; [after it started] le projet a été interrompu faute de financement. **-5.** [rob] faire une attaque à main armée; **to ~ up a bank** faire un hold-up dans une banque. ◇ *vi insep* [clothing, equipment] tenir; [supplies] tenir, durer; [weather] se maintenir; **the car held up well during the trip** la voiture a bien tenu le coup pendant le voyage.

◆ **hold with** *vt insep Br* [agree with] être d'accord avec; [approve of] approuver.

**holdall** ['həʊldɔːl] *n Br* (sac *m*) fourre-tout *m inv*.

**holder** ['həʊldə<sup>r</sup>] *n* **-1.** [for lamp, plastic cup etc] support *m*. **-2.** [person – of ticket] détenteur *m*, -trice *f*; [– of passport, post, diploma] titulaire *m* & *f*; SPORT [– of record, cup] détenteur *m*, -trice *f*; [– of title] détenteur *m*, -trice *f*, tenant *m*, -e *f*; FIN [– of stock] porteur *m*, -euse *f*, détenteur *m*, -trice *f*.

**holding** ['həʊldɪŋ] ◇ *n* **-1.** [of meeting] tenue *f*. **-2.** [in boxing]: **~ is against the rules** il est contraire au règlement de tenir son adversaire. **-3.** [land] propriété *f*. **-4.** FIN participation *f*; **~s** [lands] propriétés *fpl*, terres *fpl*; [stocks] participation *f*, portefeuille *m*. ◇ *comp*: **~ company** FIN (société *f* en) holding *m*; **~ operation** opération *f* de maintien; **we were in a ~ pattern over Heathrow for two hours** AERON nous avons eu une attente de deux heures au-dessus de Heathrow.

**hold-up** *n* **-1.** [robbery] hold-up *m*, vol *m* à main armée. **-2.** [delay – on road, railway track etc] ralentissement *m*; [– in production, departure etc] retard *m*.

◆ **hold-ups** *npl* [stockings] bas *mpl* autofixants.

**hole** [həʊl] *n* **-1.** [in ground] trou *m*; [in wall, roof etc] trou *m*; [in clouds] éclaircie *f*; **his socks were full of** OR **in ~s** ses chaussettes étaient pleines de trous; **to wear a ~ in sthg** faire un trou à qqch; **to make a ~ in one's savings/a bottle of whisky** *fig* bien entamer ses économies/une bouteille de whisky; **money burns a ~ in my pocket** l'argent me file en-

tre les doigts; **to pick** ~**s in an argument** trouver des failles
à une argumentation ❑ a ~ **in the wall** un café OR restaurant minuscule; [cash dispenser] un distributeur de billets; **I
need that like a ~ in the head** *inf* c'est vraiment la dernière
chose dont j'aie besoin; **you're talking through a ~ in your
head** *inf* tu racontes n'importe quoi; **that's filled a ~!** *inf* ça
m'a bien calé!-**2.** *inf* & *pej* [boring place] trou *m*. -**3.** *inf* [tricky
situation] pétrin *m*; **to be in a ~** être dans le pétrin. -**4.** SPORT
[in golf] trou *m*; **to get a ~ in one** faire un trou en un; **an 18-~**
(golf) course un parcours de 18 trous. ◇ *vt* -**1.** [make hole in]
trouer. -**2.** [in golf]: **to ~ the ball** faire le trou. ◇ *vi* -**1.** [sock,
stocking] se trouer. -**2.** [in golf] faire le trou.
◆ **hole up** ◇ *vi insep* -**1.** [animal] se terrer. -**2.** *inf* [hide] se
planquer. ◇ *vt sep* (*usu passive*): **they're ~d up in a hotel** ils
se planquent OR ils sont planqués dans un hôtel.
**hole-and-corner** *adj inf* [meeting, love affair etc] clandestin,
secret (*f* -ète).
**hole in the heart** *n* malformation *f* du cœur; **a baby born
with a ~** un enfant bleu.
◆ **hole-in-the-heart** *adj* [baby] bleu; **a hole-in-the-heart
operation** une opération d'une malformation du cœur.
**holey** ['həʊlɪ] *adj* troué, plein de trous.
**holiday** ['hɒlɪdeɪ] ◇ *n* -**1.** *Br* [period without work] vacances
*fpl*; **Christmas ~** vacances de Noël; **everyone is getting
ready for the Christmas ~s** tout le monde prépare les fêtes; **summer ~** OR ~**s** vacances d'été; SCH grandes vacances;
**on ~** en vacances; **to go on ~** aller OR partir en vacances; **to
go on a camping ~** aller passer ses vacances en camping;
**we went to Greece for our ~s last year** nous sommes allés
passer nos vacances en Grèce l'année dernière; **to take a
~/two months' ~** prendre des vacances/deux mois de vacances; **how much** OR **how long a ~ do you get?** combien
de vacances as-tu?; ~ **with pay, paid ~s** congés *mpl* payés;
**I need** OR **could do with a ~** j'ai besoin de vacances; **take a
~ from the housework** oublie un peu les travaux ménagers. -**2.** [day off] jour *m* de congé; **tomorrow is a ~** demain
c'est férié. ◇ *comp* [mood, feeling, destination] de vacances;
[pay] versé pendant les vacances; **the ~ traffic** la circulation
des départs en vacances; **the ~ rush has started** la folie OR
cohue des départs en vacances a commencé. ◇ *vi Br* passer
les vacances.
**holiday camp** *n Br* centre de vacances familial (*avec anima-
tions et activités diverses*).
**holiday home** *n Br* maison *f* de vacances, résidence *f* secondaire.
**holidaymaker** ['hɒlɪdeɪˌmeɪkə'] *n Br* vacancier *m*, -ère *f*.
**holiday resort** *n Br* lieu *m* de vacances OR de séjour.
**holiday season** *n Br* saison *f* des vacances.
**holier-than-thou** ['həʊlɪəðən'ðaʊ] *adj pej* [attitude, tone, per-
son] moralisateur.
**holiness** ['həʊlɪnɪs] *n* sainteté *f*; **His/Your Holiness** Sa/
Votre Sainteté.
**holistic** [həʊ'lɪstɪk] *adj* MED & PHILOS holistique.
**Holland** ['hɒlənd] *pr n* [country] Hollande *f*, Pays-Bas *mpl*; **in
~** en Hollande, aux Pays-Bas.
**hollandaise sauce** [ˌhɒlən'deɪz-] *n* sauce *f* hollandaise.
**holler** ['hɒlə'] *inf* ◇ *vi* brailler, beugler. ◇ *vt* brailler. ◇ *n*
braillement *m*; **to give** OR **to let out a ~** brailler.
◆ **holler out** *vi insep* & *vt sep inf* = **holler.**
**hollow** ['hɒləʊ] ◇ *adj* -**1.** [not solid – tree, container] creux; **to
have a ~ feeling in one's stomach** avoir une sensation de
vide dans l'estomac ❑ **to feel ~** [hungry] avoir le ventre OR
l'estomac creux; **you must have ~ legs!** *inf* [able to eat a lot]
tu dois avoir le ver solitaire!; [able to drink a lot] qu'est-ce que
tu peux boire! -**2.** [sunken – eyes, cheeks] creux, cave. -**3.**
[empty – sound] creux, caverneux; [– laugh, laughter] faux
(*f* fausse), forcé; **in a ~ voice** d'une voix éteinte. -**4.** [worth-
less – promise, words] vain; **it was a ~ victory for her** cette
victoire lui semblait dérisoire. ◇ *adv*: **to sound ~** [tree, wall]
sonner creux; [laughter, excuse, promise] sonner faux. ◇ *n* -**1.**
[in tree] creux *m*, cavité *f*. -**2.** [in ground] enfoncement *m*, dénivellation *f*. -**3.** [in hand, back] creux *m*. ◇ *vt* creuser.
◆ **hollow out** *vt sep* creuser.
**hollow-eyed** *adj* aux yeux caves OR enfoncés.
**hollowness** ['hɒləʊnɪs] *n* -**1.** [of tree] creux *m*, cavité *f*. -**2.** [of
features]: **the ~ of his eyes** ses yeux enfoncés; **the ~ of his**

**cheeks** ses joues creuses. -**3.** [of sound] timbre *m* caverneux;
[of laughter] fausseté *f*. -**4.** [of promise, excuse] fausseté *f*,
manque *m* de sincérité.
**holly** ['hɒlɪ] ◇ *n* [tree, leaves] houx *m*. ◇ *comp*: ~ **berry** baie *f*
de houx, cenelle *f*; ~ **tree** houx *m*.
**hollyhock** ['hɒlɪhɒk] *n* rose *f* trémière.
**holocaust** ['hɒləkɔːst] *n* holocauste *m*; **the Holocaust**
l'Holocauste.
**hologram** ['hɒləgræm] *n* hologramme *m*.
**holograph** ['hɒləgrɑːf] ◇ *n* document *m* olographe OR holographe. ◇ *adj* olographe, holographe.
**holography** [hɒ'lɒgrəfɪ] *n* holographie *f*.
**hols** [hɒlz] *npl Br inf* SCH vacances *fpl*.
**Holstein** ['hɒlstaɪn] *n Am* [cow] frisonne *f*.
**holster** ['həʊlstə'] *n* [for gun – on waist, shoulder] étui *m* de revolver; [– on saddle] fonte *f*; [for piece of equipment] étui *m*.
**holy** ['həʊlɪ] (*compar* **holier,** *superl* **holiest**) ◇ *adj* -**1.** [sacred –
bread, water] bénit; [– place, ground, day] saint; **to swear by
all that is ~** jurer par tous les saints. -**2.** [devout] saint. -**3.**
*inf* [as intensifier]: **that child is a ~ terror** [mischievous] cet enfant est un vrai démon; **to have a ~ fear of sthg** avoir une
sainte peur de qqch ❑ ~ **smoke!, ~ mackerel!, ~ cow!**
mince alors!, ça alors!, Seigneur! ◇ *n*: **the Holy of Holies**
RELIG le saint des saints; *hum* & *fig* [inner sanctum] sanc-
tuaire *m*, antre *m* sacré; [special place] lieu *m* saint.
**Holy Bible** *n*: **the ~** la Sainte Bible.
**Holy City** *n*: **the ~** la Ville sainte.
**Holy Communion** *n* la Sainte Communion; **to take ~**
communier, recevoir la Sainte Communion.
**Holy Family** *n*: **the ~** la Sainte Famille.
**Holy Father** *n*: **the ~** le Saint-Père.
**Holy Ghost** *n*: **the ~** le Saint-Esprit, l'Esprit saint.
**Holy Grail** *n*: **the ~** le (Saint) Graal.
**Holy Joe** *n inf* bigot *m*.
**Holy Land** *n*: **the ~** la Terre sainte.
**holy matrimony** *n* les liens sacrés du mariage.
**holy orders** *npl* ordres *mpl*; **to take ~** entrer dans les or-
dres.
**Holy Roman Empire** *n*: **the ~** le Saint-Empire romain.
**Holy Rood** *n*: **the ~** la Sainte Croix.
**Holy Scripture** *n* l'Écriture sainte, les Saintes Écritures.
**Holy See** *n*: **the ~** le Saint-Siège.
**Holy Sepulchre** *n*: **the ~** le Saint-Sépulcre.
**Holy Spirit** = **Holy Ghost.**
**Holy Synod** *n*: **the ~** le saint-synode.
**Holy Trinity** *n*: **the ~** la Sainte Trinité.
**holy war** *n* guerre *f* sainte.
**Holy Week** *n* la Semaine sainte.
**Holy Writ** *n* l'Écriture sainte, les Saintes Écritures.
**homage** ['hɒmɪdʒ] *n* hommage *m*; **to pay** OR **to do ~ to sb,
to do sb ~** rendre hommage à qqn.
**homburg** ['hɒmbɜːg] *n* chapeau *m* mou, feutre *m* souple.
**home** [həʊm] ◇ *n* -**1.** [one's house] maison *f*; [more subject-
ively] chez-soi *m inv*; **a ~ from ~** un second chez-soi; **I left ~
at 16** j'ai quitté la maison à 16 ans; **to have a ~ of one's
own** avoir un foyer OR un chez-soi; **his ~ is in Nice** il habite
Nice; **New York will always be ~ for me!** c'est toujours à
New York que je me sentirai chez moi!; **emigrants came to
make their ~s in Canada** des émigrés sont venus s'installer
au Canada; **to give sb a ~** recueillir qqn chez soi; **they have
a lovely ~!** c'est très agréable chez eux! ❑ **at ~** chez soi, à
la maison; **make yourself at ~** faites comme chez vous; **he
made himself at ~ in the chair** il s'est mis à l'aise dans le
fauteuil; **to be** OR **to feel at ~ with** se sentir à l'aise avec; **I
work out of** OR **at ~** je travaille à domicile OR chez moi;
**there's no place like ~** *prov* on n'est vraiment bien que chez
soi; ~ **is where the heart is** *prov* où le cœur aime, là est le
foyer. -**2.** [family unit] foyer *m*; ADMIN habitation *f*, logement
*m*; **the father left ~** le père a abandonné le foyer; **are you
having problems at ~?** est-ce que tu as des problèmes chez
toi?; **he comes from a good ~** il vient d'une famille comme
il faut. -**3.** [native land] patrie *f*, pays *m* natal; **it's the same at
~** c'est la même chose chez nous OR dans notre pays ‖ *fig*:
**this discussion is getting a bit close to ~!** on aborde un su-

jet dangereux!; let's look at a situation closer to OR nearer ~ examinons une situation qui nous concerne plus directement; Kentucky, the ~ of bourbon Kentucky, le pays du bourbon; the ~ of jazz le berceau du jazz. **-4.** BOT & ZOOL habitat *m*.**-5.** [mental hospital] maison *f* de repos; [old people's home] maison *f* de retraite; [children's home] foyer *m* pour enfants. **-6.** GAMES & SPORT [finishing line] arrivée *f*; [on board game] case *f* départ; [goal] but *m*; they play better at ~ ils jouent mieux sur leur terrain; to be at ~ to recevoir; the Rams meet the Braves at ~ les Rams jouent à domicile contre les Braves.
◇ *adv* **-1.** [to or at one's house] chez soi, à la maison; to go OR to get ~ rentrer (chez soi OR à la maison); to see sb ~ raccompagner qqn jusque chez lui/elle ❏ it's nothing to write ~ about *inf* il n'y a pas de quoi en faire un plat; ~ and dry *Br*, ~ free *Am inf* sauvé. **-2.** [from abroad] au pays natal, au pays; to send sb ~ rapatrier qqn. **-3.** [all the way] à fond; to drive a nail ~ enfoncer un clou jusqu'au bout; the remark really went ~ le commentaire a fait mouche; to bring sthg ~ to sb faire comprendre OR voir qqch à qqn.
◇ *adj* **-1.** [concerning family, household – life] de famille, familial; [– for family consumption] familial, à usage familial; ~ comforts confort *m* du foyer. **-2.** [to, for house] à OR pour la maison; ~ visit/delivery visite *f*/livraison *f* à domicile; ~ banking la banque à domicile; ~ decorating décoration *f* intérieure; ~ cleaning products produits *mpl* ménagers. **-3.** [national – gen] national, du pays; [– market, policy, sales] intérieur. **-4.** SPORT [team – national] national; [– local] local; the ~ team today is... l'équipe qui reçoit aujourd'hui est...; ~ game match *m* à domicile.
◇ *vi* [person, animal] revenir OR rentrer chez soi; [pigeon] revenir au colombier.
◆ **home in on** *vt insep* **-1.** [subj: missile] se diriger (automatiquement) sur OR vers; [proceed towards – goal] se diriger vers; *fig* mettre le cap sur. **-2.** [direct attention to – problem, solution] mettre l'accent sur; [– difficulty, question] viser, cerner.
◆ **home on to** = **home in on**.
**home address** *n* [on form] domicile *m* (permanent); [not business address] adresse *f* personnelle.
**home automation** *n* domotique *f*.
**homebound** ['həombaond] *adj* **-1.** [going home] sur le chemin du retour. **-2.** [confined to home] obligé de rester à la maison; [of sick people] qui garde la chambre.
**home brew** *n* [beer] bière *f* faite à la maison; [wine] vin *m* fait à la maison.
**homecoming** ['həom,kʌmɪŋ] *n* [to family] retour *m* au foyer OR à la maison; [to country] retour *m* au pays; 'The Homecoming' *Pinter* 'le Retour'.
◆ **Homecoming** *n Am* SCH & UNIV *fête donnée en l'honneur de l'équipe de football d'une université ou d'une école et à laquelle sont invités les anciens élèves.*
**home computer** *n* ordinateur *m* personnel, micro-ordinateur *m*.
**home cooking** *n* cuisine *f* familiale.
**Home Counties** *pl pr n*: the ~ *l'ensemble des comtés limitrophes de Londres.*
**home country** *n* pays *m* natal; the ~ le pays.
**home economics** *n* (U) économie *f* domestique.
**home front** *n* **-1.** [during war] arrière *m*; on the ~ à l'arrière. **-2.** [in the home country]: what's the news on the ~? quelles sont les nouvelles du pays?**-3.** [at home]: how are things on the ~? comment ça va à la maison?
**home ground** *n* **-1.** to be on ~ [near home] être en pays de connaissance; *fig* [familiar subject] être sur son terrain. **-2.** SPORT: our ~ notre terrain, the ~ where they play at their ~ quand ils jouent sur leur terrain, quand ils reçoivent.
**homegrown** [,həom'grəon] *adj* [not foreign] du pays; [from own garden] du jardin.
**Home Guard** *n*: the ~ *les volontaires pour la défense du territoire en Grande-Bretagne en 1940-45, 1951-57.*
**home help** *n Br* aide *f* ménagère.
**homeland** ['həomlænd] *n* **-1.** [native country] patrie *f*.**-2.** [South African political territory] homeland *m*.
**homeless** ['həomlıs] ◇ *adj* sans foyer; [pet] abandonné, sans foyer. ◇ *npl*: the ~ les sans-abri *mpl*.
**homelessness** ['həomlısnəs] *n*: the problem of ~ le pro-

blème des sans-abri.
**home life** *n* vie *f* de famille.
**home loan** *n* prêt *m* immobilier.
**home-loving** *adj* casanier.
**homely** ['həomlı] (*compar* **homelier**, *superl* **homeliest**) *adj* **-1.** [unpretentious] simple, modeste. **-2.** [kind] aimable, plein de bonté. **-3.** *Am* [ugly – person] laid.
**homemade** [,həom'meɪd] *adj* **-1.** [made at home] fait à la maison *(inv)*; a ~ bomb une bombe de fabrication artisanale. **-2.** [made on premises] maison *(inv)*, fait maison.
**homemaker** ['həom,meɪkə] *n* femme *f* au foyer.
**home movie** *n* film *m* d'amateur.
**Home Office** *n*: the ~ *le ministère britannique de l'Intérieur.*
**homeopath** ['həomɪəopæθ] *n* homéopathe *mf*.
**homeopathic** [,həomɪəo'pæθɪk] *adj* homéopathique; a ~ doctor un (médecin) homéopathe.
**homeopathy** [,həomɪ'ɒpəθɪ] *n* homéopathie *f*.
**homeowner** ['həom,əonə] *n* propriétaire *mf*.
**Homer** ['həomə] *pr n* Homère.
**Homeric** [həo'merɪk] *adj* homérique.
**homeroom** ['həom,roːm] *n Am* **-1.** [place] *salle où l'on fait l'appel.* **-2.** [group] *élèves rassemblés pour l'appel.*
**Home Rule** *pr n* [in Ireland] *gouvernement autonome de l'Irlande.*
**home run** *n* **-1.** [in baseball] *coup de batte qui permet au batteur de marquer un point en faisant un tour complet en une seule fois.* **-2.** [last leg of trip] dernière étape *f* du circuit.
**Home Secretary** *n* ministre *m* de l'Intérieur en Grande-Bretagne.
**homesick** ['həomsɪk] *adj* nostalgique; to be ~ avoir le mal du pays; to be ~ for sb s'ennuyer de qqn; to be ~ for sthg avoir la nostalgie de qqch.
**homesickness** ['həom,sɪknɪs] *n* mal *m* du pays.
**homespun** ['həomspʌn] ◇ *adj* **-1.** [wool] filé à la maison, de fabrication domestique; [cloth] de homespun. **-2.** [simple] simple, sans recherche. ◇ *n* homespun *m*.
**homestead** ['həomsted] ◇ *n* **-1.** *Am* HIST *terre dont la propriété est attribuée à un colon sous réserve qu'il y réside et l'exploite.* **-2.** [buildings and land] propriété *f*; [farm] ferme *f*. **-3.** *Am* [birthplace]: he's returning to the ~ il rentre au pays. ◇ *vt Am* [acquire] acquérir; [settle] s'installer à, coloniser.
**home straight, home stretch** *n* SPORT & *fig* dernière ligne *f* droite; they're on OR in the ~ ils sont dans la dernière ligne droite.
**home town** *n* **-1.** [of birth] ville *f* natale. **-2.** [of upbringing]: his ~ la ville où il a grandi.
**home truth** *n* vérité *f* désagréable; to tell sb a few ~s dire ses (quatre) vérités à qqn.
**homeward** ['həomwəd] ◇ *adj* du retour; the ~ trip le (voyage de) retour. ◇ *adv* = **homewards**.
**homeward-bound** *adj* [commuters] qui rentre chez soi; [ship] sur le chemin du retour; to be homeward bound être sur le chemin du retour.
**homewards** ['həomwədz] *adv* **-1.** [to house] vers la maison. **-2.** [to homeland] vers la patrie; to be ~ bound prendre le chemin du retour; the plane flew ~ l'avion faisait route vers sa base.
**home waters** *npl* [territorial] eaux *fpl* territoriales; [near home port] eaux *fpl* voisines du port d'attache.
**homework** ['həomwɜːk] ◇ *n* (U) SCH devoirs *mpl* (à la maison); [research] travail *m* préparatoire. ◇ *comp*: a ~ exercise un devoir (à la maison).
**homeworker** ['həom,wɜːkə] *n* travailleur *m*, -euse *f* à domicile.
**homicidal** ['hɒmɪsaɪdl] *adj* JUR homicide; a ~ maniac un maniaque à tendances homicides OR meurtrières.
**homicide** ['hɒmɪsaɪd] *n* JUR **-1.** [act] homicide *m*; accidental ~ homicide par imprudence; justifiable ~ homicide par légitime défense. **-2.** [person] homicide *mf*.
**homily** ['hɒmɪlɪ] (*pl* **homilies**) *n* **-1.** RELIG homélie *f*.**-2.** *pej* sermon *m*, homélie *f*; to read sb a ~ sermonner qqn.
**homing** ['həomɪŋ] *adj* [pre-programmed] autoguidé; [heat-seeking] à tête chercheuse; ~ device mécanisme *m* d'autoguidage; ~ guidance systems systèmes *mpl*

d'autoguidage; ~ **missile** missile *m* à tête chercheuse.

**homing pigeon** *n* pigeon *m* voyageur.

**homo**^▽ ['həʊməʊ] *pej* ◇ *n* pédé *m*, homo *mf*. ◇ *adj* pédé, homo.

**homoeopath** *etc* ['həʊmɪəʊpæθ] = **homeopath.**

**homogeneous** [ˌhɒmə'dʒiːnjəs] *adj* homogène.

**homogenize, -ise** [hə'mɒdʒənaɪz] *vt* homogénéiser, homogénéifier; ~**d milk** lait *m* homogénéisé.

**homogenous** [hə'mɒdʒənɪs] = **homogeneous.**

**homogeny** [hə'mɒdʒənɪ] *n* ressemblance due à un ancêtre génétique commun.

**homograph** ['hɒməgrɑːf] *n* LING homographe *m*.

**homologue** ['hɒmələg] *n* BIOL & CHEM homologue *m*.

**homonym** ['hɒmənɪm] *n* homonyme *m*.

**homonymy** [hɒ'mɒnɪmɪ] *n* homonymie *f*.

**homophobe** ['həʊməʊˌfəʊb] *n* homophobe *mf*.

**homophobia** [ˌhəʊməʊ'fəʊbjə] *n* intolérance vis-à-vis des homosexuels.

**homophobic** [ˌhəʊməʊ'fəʊbɪk] *adj* intolérant vis-à-vis des homosexuels.

**homophone** ['hɒməfəʊn] *n* LING homophone *m*.

**homophony** [hɒ'mɒfənɪ] (*pl* **homophonies**) *n* MUS homophonie *f*.

**homosexual** [ˌhɒmə'sekʃʊəl] ◇ *n* homosexuel *m*, -elle *f*. ◇ *adj* homosexuel.

**homosexuality** [ˌhɒmə,sekʃʊ'ælətɪ] *n* homosexualité *f*.

**hon** [hʌn] *n Am inf* chéri *m*, -e *f*.

**hon.** *written abbr of* **honorary.**

**Hon.** *written abbr of* **honourable.**

**Honduran** [hɒn'djʊərən] ◇ *n* Hondurien *m*, -enne *f*. ◇ *adj* hondurien.

**Honduras** [hɒn'djʊərəs] *pr n* Honduras *m*.

**hone** [həʊn] ◇ *vt* **-1.** [sharpen] aiguiser, affûter, affiler; [resharpen] repasser. **-2.** [refine – analysis, thought] affiner; finely ~**d arguments** arguments *mpl* d'une grande finesse. ◇ *n* pierre *f* à aiguiser.

◆ **hone down** *vt sep* [reduce] tailler; [make slim] faire maigrir.

**honest** ['ɒnɪst] ◇ *adj* **-1.** [not deceitful] honnête, probe; [trustworthy] intègre; **the** ~ **truth** la pure vérité; **they are** ~ **workers** ce sont des ouvriers consciencieux ❏ **he's (as)** ~ **as the day is long** il n'y a pas plus honnête que lui. **-2.** [decent, upright] droit; [virtuous] honnête; **he's decided to make an** ~ **woman of her** *hum* il a décidé de régulariser sa situation. **-3.** [not fraudulent] honnête; **an** ~ **day's work** une bonne journée de travail; **they just want to make an** ~ **profit** ils ne veulent qu'un profit légitime; **to earn an** ~ **living** gagner honnêtement sa vie. **-4.** [frank – face] franc (*f* franche), sincère; **to be** ~**, I don't think it will work** à vrai dire, je ne crois pas que ça marchera; **give me your** ~ **opinion** dites-moi sincèrement ce que vous en pensez. ◇ *adv inf*: **I didn't mean it,** ~! je plaisantais, je te le jure!; ~ **to goodness** OR **to God!** parole d'honneur!

**honestly** ['ɒnɪstlɪ] *adv* honnêtement; **quite** ~**, I don't see the problem** très franchement, je ne vois pas le problème; **it's not my fault,** ~! ce n'est pas ma faute, je te le jure!; ~**, the way some people behave!** franchement OR vraiment, il y en a qui exagèrent!

**honest-to-goodness** *adj*: **a cup of** ~ **English tea** une tasse de bon thé anglais.

**honesty** ['ɒnɪstɪ] *n* **-1.** [truthfulness – of person] honnêteté *f*; [– of text, words] véracité *f*, exactitude *f*; ~ **is the best policy** *prov* l'honnêteté paie toujours. **-2.** [incorruptibility] intégrité *f*; **we have never doubted his** ~ nous n'avons jamais douté de son intégrité. **-3.** [upright conduct] droiture *f*. **-4.** [sincerity] sincérité *f*, franchise *f*. **-5.** BOT monnaie-du-pape *f*.

◆ **in all honesty** *adv phr* en toute sincérité.

**honey** ['hʌnɪ] (*pl* **honies**) ◇ *n* **-1.** miel *m*; **clear/wildflower** ~ miel liquide/de fleurs sauvages ‖ *fig* miel *m*, douceur *f*. **-2.** *Am inf* [sweetheart] chou *m*; [addressing man] mon chéri; [addressing woman] ma chérie; **a** ~ **of a dress** une super robe. ◇ *adj* couleur de miel.

**honeybee** ['hʌnɪbiː] *n* abeille *f*.

**honeycomb** ['hʌnɪkəʊm] ◇ *n* **-1.** [in wax] rayon *m* OR gâteau *m* de miel. **-2.** [material] structure *f* alvéolaire. **-3.** [pattern]

nid *m* d'abeille; TEX nid *m* d'abeille. **-4.** METALL soufflure *f*. ◇ *vt* **-1.** [surface] cribler. **-2.** [interior] miner; **the hills are** ~**ed with secret tunnels** les collines sont truffées de passages secrets.

**honeydew melon** *n* melon *m* d'hiver OR d'Espagne.

**honeyed** ['hʌnɪd] *adj fig* mielleux.

**honeymoon** ['hʌnɪmuːn] ◇ *n* **-1.** [period] lune *f* de miel; [trip] voyage *m* de noces; **they're on** ~ ils sont en voyage de noces. **-2.** *fig* état *m* de grâce. ◇ *comp* [couple, suite] en voyage de noces; **a** ~ **period** *fig* une lune de miel, un état de grâce. ◇ *vi* passer sa lune de miel.

**honeymooner** ['hʌnɪmuːnər] *n* nouveau OR jeune marié *m*, nouvelle OR jeune mariée *f*.

**honeypot** ['hʌnɪpɒt] *n* [container] pot *m* à miel; **to have one's fingers in the** ~ *inf* se sucrer.

**honeysuckle** ['hʌnɪˌsʌkl] *n* chèvrefeuille *m*.

**Hong Kong** [ˌhɒŋ'kɒŋ] *pr n* Hong Kong, Hongkong; **in** ~ à Hongkong.

**honk** [hɒŋk] ◇ *vi* **-1.** [car] klaxonner. **-2.** [goose] cacarder. ◇ *vt*: **to** ~ **one's horn** donner un coup de Klaxon. ◇ *n* **-1.** [of car horn] coup *m* de Klaxon; ~, ~! tut-tut! **-2.** [of geese] cri *m*; ~, ~! couin-couin!

**honky-tonk** ['hɒŋkɪ,tɒŋk] ◇ *n* **-1.** MUS musique *f* de bastringue. **-2.** *Am inf* [brothel] maison *f* close; *dated* [nightclub] beuglant *m*; [bar] bouge *m*; [gambling den] tripot *m*. ◇ *adj* **-1.** MUS de bastringue. **-2.** *Am* [unsavoury] louche.

**honor** *etc Am* = **honour.**

**honorary** [*Br* 'ɒnərərɪ, *Am* ɒnə'reərɪ] *adj* [titular position] honoraire; [in name only] à titre honorifique, honoraire; [unpaid position] à titre gracieux; ~ **degree** grade honoris causa; ~ **secretary** secrétaire honoraire.

**honorific** [ˌɒnə'rɪfɪk] ◇ *adj* honorifique. ◇ *n* [general] témoignage *m* d'honneur; [title] titre *m* d'honneur.

**honor roll** *n Am* tableau *m* d'honneur.

**honour** *Br*, **honor** *Am* ['ɒnər] ◇ *n* **-1.** [personal integrity] honneur *m*; **on my** ~! parole d'honneur!; **he's on his** ~ **to behave himself** il s'est engagé sur l'honneur OR sur son honneur à bien se tenir; **it's a point of** ~ **(with me) to pay my debts on time** je me fais un point d'honneur de OR je mets un OR mon point d'honneur à rembourser mes dettes ❏ **(there is)** ~ **amongst thieves** *prov* les loups ne se mangent pas entre eux *prov*. **-2.** [public, social regard] honneur *m*; *fml* [pleasure]: **it is a great** ~ **to introduce Mr Reed** c'est un grand honneur pour moi de vous présenter Monsieur Reed; **may I have the** ~ **of your company/the next dance?** pouvez-vous me faire l'honneur de votre compagnie/de la prochaine danse? ❏ **to do the** ~**s** [serve drinks, food] faire le service; [make introductions] faire les présentations (entre invités). **-4.** [credit] honneur *m*, crédit *m*; **she's an** ~ **to her profession** elle fait honneur à sa profession. **-5.** [mark of respect] honneur *m*; **to receive sb with full** ~**s** recevoir qqn avec tous les honneurs; **Your Honour** Votre Honneur; JUR ≃ Monsieur le Juge, ≃ Monsieur le Président. **-6.** GAMES [face card] honneur *m*.

◇ *vt* **-1.** [person] honorer, faire honneur à; **she** ~**ed him with her friendship** elle l'a honoré de son amitié; **my** ~**ed colleague** mon cher collègue; **I'm most** ~**ed to be here tonight** *fml* je suis très honoré d'être parmi vous ce soir. **-2.** [fulfil the terms of] honorer; [observe – boycott, rule] respecter. **-3.** [pay – debt] honorer. **-4.** [dance partner] saluer.

◆ **honours** *npl Br* UNIV [degree] ≃ licence *f*; **to take** ~**s in History** ≃ faire une licence d'histoire; **he has an** ~**s in university/in high school** *Am* ≃ il a toujours eu mention très bien/le tableau d'honneur; **she got first-/second-class** ~**s** elle a eu sa licence avec mention très bien/mention bien.

◆ **in honour of** *prep phr* en honneur de.

**honourable** *Br*, **honorable** *Am* ['ɒnrəbl] *adj* **-1.** honorable; **he got an** ~ **discharge** il a été rendu à la vie civile. **-2.** [title]: **the (Right) Honourable** le (très) honorable; **my** ~ **friend the member for Calderdale** mon collègue l'honorable député du Calderdale.

**honourably** *Br*, **honorably** *Am* ['ɒnrəblɪ] *adv* honorablement.

**honour bound** *adj*: **to be** ~ **(to)** être tenu par l'honneur (à).

**honours degree** *n* diplôme universitaire obtenu avec mention.
**honours list** *n Br* liste de distinctions honorifiques conférées par le monarque deux fois par an.

**Hons.** *written abbr of* **honours degree**.

**Hon. Sec.** *written abbr of* **honorary secretary**.

**hood** [hʊd] ◇ *n* **-1.** [garment] capuchon *m*; [with collar] capuche *f*; [with eye-holes] cagoule *f*; UNIV épitoge *f*; a rain ~ une capuche ❑ Little Red Riding Hood le Petit Chaperon rouge. **-2.** *Br* AUT [cover] capote *f*; *Am* AUT capot *m*; [of pram] capote *f*; [for fumes, smoke] hotte *f*.**-3.** [of animals, plants] capuchon *m*; [for falcons] chaperon *m*, capuchon *m*.**-4.** *inf* = **hoodlum**. ◇ *vt* mettre le capuchon; [falcon] chaperonner, encapuchonner.

**hooded** ['hʊdɪd] *adj* [clothing] à capuchon; [person] encapuchonné; ~ eyes *fig* yeux *mpl* tombants.

**hooded crow** *n* corneille *f* mantelée.

**hoodlum** ['hu:dləm] *n inf* voyou *m*.

**hoodoo** ['hu:du:] ◇ *n Am inf* porte-malheur *mf inv*. ◇ *vt* porter la poisse OR la guigne à.

**hoodwink** ['hʊdwɪŋk] *vt* tromper, avoir; he ~ed me into coming par un tour de passe-passe il m'a fait venir.

**hooey** ['hu:ɪ] *n inf* foutaise *f*.

**hoof** [hu:f, hʊf] (*pl* **hoofs** OR **hooves** [hu:vz]) ◇ *n* sabot *m* (*d'animal*); on the ~ [alive] sur pied. ◇ *vt phr*: to ~ it *inf* [go on foot] aller à pinces; [flee] se cavaler; [dance] guincher.

**hoo-ha** ['hu:,ha:] *n inf* **-1.** [noise] boucan *m*, potin *m*; [chaos] pagaille *f*, tohu-bohu *m*; [fuss] bruit *m*, histoires *fpl*.**-2.** *Am* [party] fête *f* charivarique.

**hook** [hʊk] ◇ *n* **-1.** [gen] crochet *m*; [for coats] patère *f*; [on clothes] agrafe *f*; NAUT gaffe *f*; ~s and eyes agrafes (et œillets); the phone is off the ~ le téléphone est décroché ❑ by ~ or by crook coûte que coûte. **-2.** [fishing] hameçon *m*; he swallowed the story, ~, line and sinker *inf* il a gobé tout le paquet. **-3.** [in advertising] accroche *f*.**-4.** *inf phr*: to get sb off the ~ tirer qqn d'affaire; to let OR to get sb off the ~ [obligation] libérer qqn de sa responsabilité; I'll let you off the ~ this time je laisse passer cette fois-ci. **-5.** [in golf] hook *m*; [in cricket] coup *m* tourné; a right/left ~ [in boxing] un crochet (du) droit/gauche.
◇ *vt* **-1.** [snag] accrocher; [seize – person, prey] attraper; [– floating object] gaffer, crocher. **-2.** [loop]: ~ the rope around the tree passez la corde autour de l'arbre; she ~ed one leg round the leg of the chair elle passa OR enroula une jambe autour du pied de la chaise. **-3.** FISHING [fish] prendre; TECH hameçonner. **-4.** [in golf] hooker; [in boxing] donner un crochet à; [in rugby] talonner (*le ballon*); [in cricket] renvoyer d'un coup tourné. **-5.** *inf* [steal] piquer. **-6.** *inf & hum* [marry] passer la corde au cou à. **-7.** SEW [rug] fabriquer en nouant au crochet.
◇ *vi* **-1.** [fasten] s'agrafer. **-2.** GOLF hooker.
◆ **hook on** ◇ *vi insep* s'accrocher. ◇ *vt sep* accrocher.
◆ **hook up** ◇ *vt sep* **-1.** [trailer] accrocher; [dress] agrafer; [boat] amarrer. **-2.** *inf* [install] installer; [plug in] brancher. **-3.** RADIO & TV faire un duplex entre. ◇ *vi insep* **-1.** [dress] s'agrafer. **-2.** *Am inf* [meet] se rencontrer; [work together] faire équipe. **-3.** *Am inf* [be in relationship]: to ~ up with sb sortir avec qqn. **-4.** RADIO & TV: to ~ up with faire une émission en duplex avec.

**hookah** ['hʊkə] *n* narguilé *m*, houka *m*.

**hooked** [hʊkt] *adj* **-1.** [hook-shaped] recourbé; a ~ nose un nez crochu. **-2.** [having hooks] muni de crochets; [fishing line] muni d'un hameçon. **-3.** *inf & fig* [addicted]: he got ~ on hard drugs il est devenu accro aux drogues dures; she's really ~ on TV soaps c'est une mordue des feuilletons télévisés; to get ~ on chess devenir fana d'échecs.

**hooker** ['hʊkər] *n* **-1.** RUGBY talonneur *m*.**-2.** ∇ *Am* [prostitute] pute *f*.

**hookey, hooky** ['hʊkɪ] *n Am, Austr & NZ inf*: to play ~ sécher les cours, faire l'école buissonnière.

**hook-nosed** *adj* au nez recourbé OR crochu.

**hookup** ['hʊkʌp] *n inf* RADIO & TV relais *m* temporaire.

**hookworm** ['hʊkwɜ:m] *n* ankylostome *m*.

**hooligan** ['hu:lɪgən] *n* hooligan *m*, vandale *m*.

**hooliganism** ['hu:lɪgənɪzm] *n* vandalisme *m*.

**hoop** [hu:p] *n* cerceau *m*; I had to jump through ~s to get the job j'ai dû faire des pieds et des mains pour obtenir

ce travail; to put sb through the ~s [interrogate] mettre qqn sur la sellette; [test] mettre qqn à l'épreuve. ◇ *comp*: ~ earrings (anneaux *mpl*) créoles *fpl*.

**hoopla** ['hu:plɑ:] *n* **-1.** *Br* [funfair game] jeu *m* d'anneaux (*dans les foires*). **-2.** *Am inf* = **hoo-ha 1**. **-3.** *Am inf* [advertising] publicité *f* tapageuse.

**hooray** [hʊ'reɪ] *interj* hourra, hurrah.

**Hooray Henry** *n Br* BCBG bruyant et malappris.

**hoot** [hu:t] ◇ *n* **-1.** [shout – of delight, pain] cri *m*; [jeer] huée *f*; ~s of laughter éclats *mpl* de rire. **-2.** [of owl] hululement *m*.**-3.** AUT coup *m* de klaxon; [of train] sifflement *m*; [of siren] mugissement *m*.**-4.** *inf* [least bit]: I don't give OR care a ~ OR two ~s je m'en fiche, mais alors complètement, je m'en contrefiche. **-5.** *inf* [amusing event] bonne partie *f* de rigolade; he's a real ~! c'est un sacré rigolo!, il est tordant! ◇ *vi* **-1.** *inf* [person]: to ~ with laughter s'esclaffer. **-2.** [owl] hululer. **-3.** AUT klaxonner; [train] siffler; [siren] mugir.
◆ **hoot down** *vt sep inf* [person, show] huer, conspuer.

**hooter** ['hu:tər] *n esp Br* **-1.** [car horn] klaxon *m*; [in factory, ship] sirène *f*.**-2.** [party toy] mirliton *m*.**-3.** *inf* [nose] pif *m*.

**Hoover®** ['hu:vər] *n* aspirateur *m*.
◆ **hoover** *vt Br*: to ~ a carpet passer l'aspirateur sur un tapis.

**hoovering** ['hu:vrɪŋ] *n Br*: to do the ~ passer l'aspirateur.

**hooves** [hu:vz] *pl* → **hoof**.

**hop** [hɒp] (*pt & pp* **hopped**, *cont* **hopping**) ◇ *n* **-1.** [jump] saut *m* à cloche-pied; [in rapid series] sautillement *m*; the ~, skip OR step and jump SPORT le triple saut; to catch sb on the ~ *Br* prendre qqn au dépourvu. **-2.** AERON étape *f*. **-3.** BOT houblon *m*. ◇ *vt inf* **-1.** *phr*: ~ it! allez, dégage!. **-2.** *Am* [bus, subway etc – legally] sauter dans; [– illegally] prendre en resquillant. ◇ *vi* **-1.** [jump] sauter; [in rapid series] sautiller; to ~ on/off the bus *inf* sauter dans le/du bus. **-2.** [jump on one leg] sauter à cloche-pied. **-3.** *inf* [travel by plane]: we hopped across to Paris for the weekend nous sommes allés à Paris en avion pour le week-end.
◆ **hop off** *vi insep inf* [leave] décamper.

**hope** [həʊp] ◇ *n* **-1.** [desire, expectation] espoir *m*; *fml* espérance *f*; his ~ is that... ce qu'il espère OR son espoir c'est que...; in the ~ of a reward/of leaving early dans l'espoir d'une récompense/de partir tôt; I have every ~ (that) he'll come j'ai bon espoir qu'il viendra; there's ~ for him yet il reste de l'espoir en ce qui le concerne; don't get your ~s up ne comptez pas là-dessus; to give up ~ (of) perdre l'espoir (de); the situation is past OR beyond ~ la situation est sans espoir; she is past OR beyond all ~ *euph* [of dying person] il n'y a plus aucun espoir; to raise sb's ~s [for first time] susciter OR faire naître l'espoir de qqn chez qqn; [anew] faire renaître l'espoir de qqn; [increase] renforcer l'espoir de qqn; don't raise his ~s too much ne lui donne pas trop d'espoir; with high ~s avec un grand espoir ❑ the Cape of Good Hope le cap de Bonne Espérance; some ~! *inf & iron* tu parles!.**-2.** [chance] espoir *m*, chance *f*; he's got little ~ of winning il a peu de chances OR d'espoir de gagner. **-3.** RELIG espérance *f*.
◇ *vi* espérer; to ~ for sthg espérer qqch; to ~ against ~ espérer contre toute attente; we just have to ~ for the best espérons que tout finira se se passera bien; you shouldn't ~ for a high return vous ne devez pas vous attendre à un rendement élevé.
◇ *vt* espérer; hoping OR I ~ to hear from you soon j'espère avoir de tes nouvelles bientôt; I really ~ so! je l'espère bien!; I ~ not j'espère que non.

**hopeful** ['həʊpfʊl] ◇ *adj* **-1.** [full of hope] plein d'espoir; we're ~ that we'll reach an agreement nous avons bon espoir d'aboutir à un accord; he says he'll come, but I'm not that ~ il dit qu'il viendra mais je n'y compte pas trop; I am ~ about the outcome je suis optimiste quant au résultat. **-2.** [inspiring hope] encourageant, prometteur; the situation looks ~ la situation s'annonce meilleure. ◇ *n* aspirant *m*, candidat *m*; a young ~ un jeune loup.

**hopefully** ['həʊpfəlɪ] *adv* **-1.** [smile, speak, work] avec espoir, avec optimisme. **-2.** [with luck] on espère que...; will you get it finished today? — ~! est-ce que tu l'auras terminé pour aujourd'hui? — je l'espère! OR oui, avec un peu de chance!

**hopeless** ['həʊplɪs] *adj* **-1.** [desperate – person] désespéré; [– situation] désespéré, sans espoir; it's ~! c'est impossible

OR désespérant!-**2.** [incurable – addiction, ill person] incurable; a ~ case un cas désespéré. -**3.** [inveterate – drunk, liar] invétéré, incorrigible. -**4.** *inf* [incompetent – person] nul; [– at job] incompétent; he's a ~ dancer il est nul comme danseur; she's ~! c'est un cas désespéré!; a ~ case un bon à rien. -**5.** [pointless]: it's ~ trying to explain to him il est inutile d'essayer de lui expliquer.

**hopelessly** ['həʊplɪslɪ] *adv* -**1.** [speak] avec désespoir. -**2.** [irremediably]: they are ~ in debt/in love ils sont complètement endettés/éperdument amoureux; by this time we were ~ late/lost nous étions maintenant vraiment en retard/complètement perdus.

**hopelessness** ['həʊplɪsnɪs] *n* -**1.** [despair] désespoir *m*.-**2.** [of position, situation] caractère *m* désespéré. -**3.** [pointlessness] inutilité *f*.

**hopfield** ['hɒpfiːld] *n* houblonnière *f*.

**hopper** ['hɒpər] *n* -**1.** [jumper] sauteur *m*, -euse *f*; *Austr inf* kangourou *m*.-**2.** [feeder bin] trémie *f*; ~ car RAIL wagon-trémie *m*.

**hopping** ['hɒpɪŋ] *adv inf* [as intensifier]: he was ~ mad il était fou furieux.

**-hopping** *in cpds*: to go island~ aller d'île en île, faire le tour des îles.

**hopscotch** ['hɒpskɒtʃ] *n* marelle *f*.

**Horace** ['hɒrɪs] *pr n* Horace.

**horde** [hɔːd] *n* -**1.** [nomadic] horde *f*.-**2.** *fig* [crowd] essaim *m*; horde *f*; [of agitators] horde *f*; the ~ *pej* la horde, la foule.

**horizon** [hə'raɪzn] *n* horizon *m*; we saw a boat on the ~ nous vîmes un bateau à l'horizon; a new star on the political ~ *fig* une nouvelle vedette à OR sur l'horizon politique.

◆ **horizons** *npl* [perspectives] horizons *mpl*; to broaden one's ~s élargir ses horizons.

**horizontal** [,hɒrɪ'zɒntl] ◇ *adj* -**1.** horizontal; turn the lever to the ~ position mettez le levier à l'horizontale. -**2.** ADMIN & COMM [communication, integration] horizontal; he asked for a ~ move il a demandé une mutation. ◇ *n* horizontale *f*.

**horizontal bar** *n* SPORT barre *f* fixe.

**horizontally** [,hɒrɪ'zɒntəlɪ] *adv* horizontalement; extend your arms ~ tendez vos bras à l'horizontale; to move sb ~ (to) ADMIN & COMM muter qqn (à).

**hormonal** [hɔː'məʊnl] *adj* hormonal.

**hormone** ['hɔːməʊn] *n* hormone *f*; ~ replacement therapy traitement *m* hormonal substitutif.

**Hormuz** [hɔː'muːz] *pr n* the Strait of ~ le détroit d'Hormuz OR d'Ormuz.

**horn** [hɔːn] ◇ *n* -**1.** [gen] corne *f*; [pommel] pommeau *m*; the ~ of plenty la corne d'abondance; the Horn of Africa la Corne de l'Afrique, la péninsule des Somalis; Cape Horn cap *m* Horn; to draw OR to pull in one's ~s *Br* [back off] se calmer; [spend less] restreindre son train de vie; to be on the ~s of a dilemma *Br* être pris dans un dilemme. -**2.** MUS cor *m*; ~ section les cors *mpl*.-**3.** AUT klaxon *m*; [manual] corne *f*; to sound OR to blow the ~ klaxonner, corner. -**4.** NAUT sirène *f*. -**5.** HUNT corne *f*, cor *m*, trompe *f*.-**6.** *Br* CULIN cornet *m*; a cream ~ pâtisserie *en forme de cornet remplie de crème*. ◇ *adj* [handle, object] en corne.

◆ **horn in** *vi insep inf* [on conversation] mettre son grain de sel; [on a deal] s'immiscer.

**horned** ['hɔːnd] *adj* cornu; a two-~ rhinoceros un rhinocéros (d'Afrique) à deux cornes.

**horned owl** *n* duc *m*.

**hornet** ['hɔːnɪt] *n* frelon *m*; to stir up a ~'s nest *fig* mettre le feu aux poudres.

**hornless** ['hɔːnlɪs] *adj* sans cornes.

**hornpipe** ['hɔːnpaɪp] *n* matelote *f* (*danse*).

**horn-rimmed** *adj* à monture d'écaille.

**horny** ['hɔːnɪ] *adj* -**1.** [calloused – nail, skin] calleux; VETER encorné. -**2.** ▽ [randy] excité (sexuellement). -**3.** ▽ [having sex appeal] sexy.

**horology** [hɒ'rɒlədʒɪ] *n* horlogerie *f*.

**horoscope** ['hɒrəskəʊp] *n* horoscope *m*.

**horrendous** [hɒ'rendəs] *adj* -**1.** *literal* terrible. -**2.** *fig* [very bad] affreux, horrible.

**horrendously** [hɒ'rendəslɪ] *adv* horriblement.

**horrible** ['hɒrəbl] *adj* -**1.** [horrific] horrible, affreux; [morally repulsive] abominable. -**2.** [dismaying] horrible, effroyable; in a ~ mess dans une effroyable OR horrible confusion; I've a ~ feeling that things are going to go wrong j'ai l'horrible pressentiment que les choses vont mal se passer. -**3.** [very unpleasant] horrible, atroce; [food] infect.

**horribly** ['hɒrəblɪ] *adv* -**1.** [nastily] horriblement, atrocement, affreusement. -**2.** [as intensifier] affreusement; it's ~ extravagant but... c'est de la folie douce mais...

**horrid** ['hɒrɪd] *adj* -**1.** [unkind] méchant; [ugly] vilain; he was ~ to me il a été méchant avec moi. -**2.** = **horrible 3.**

**horridly** ['hɒrɪdlɪ] *adv* [as intensifier] atrocement, affreusement.

**horrific** [hɒ'rɪfɪk] *adj* -**1.** *literal* horrible, terrifiant; *lit* horrifique. -**2.** *fig* [very unpleasant] horrible.

**horrifically** [hɒ'rɪfɪklɪ] *adv* -**1.** [gruesomely] atrocement. -**2.** [as intensifier]: ~ expensive affreusement cher.

**horrify** ['hɒrɪfaɪ] (*pt* & *pp* **horrified**) *vt* -**1.** [terrify] horrifier. -**2.** [weaker use] horrifier, scandaliser.

**horrifying** ['hɒrɪfaɪɪŋ] *adj* -**1.** [terrifying] horrifiant, terrifiant. -**2.** [weaker use] scandaleux.

**horror** ['hɒrər] *n* -**1.** [feeling] horreur *f*; he has a ~ of snakes il a horreur des serpents ‖ [weaker use]: to my ~, I discovered... c'est avec horreur que j'ai découvert... ❏ he OR it gives me the ~s! *Br inf* OR ça me donne le frisson!; ~ story *literal* histoire *f* d'horreur; they told some real ~ stories about their holiday *inf* & *fig* ils ont raconté quelques histoires effrayantes sur leurs vacances. -**2.** [unpleasantness] horreur *f*. -**3.** *inf* [person, thing] horreur *f*; ~ of ~s! l'horreur!; oh, ~s! *Br* quelle horreur!

**horror film, horror movie** *n* film *m* d'épouvante.

**horror-stricken, horror-struck** *adj* glacé OR frappé d'horreur.

**hors d'œuvre** [ɔː'dɜːvr] *n* hors-d'œuvre *m* *inv*; [cocktail snack] amuse-gueule *m*; for OR as an ~, a salad en hors-d'œuvre, une salade.

**horse** [hɔːs] ◇ *n* -**1.** [animal] cheval *m*; to ride a ~ monter à cheval; he fell off his ~ il a fait une chute de cheval; to play the ~s jouer aux courses ❏ to back the wrong ~ *fig* & *literal* miser sur le mauvais cheval; I could eat a ~! *inf* j'ai une faim de loup!; to eat like a ~ manger comme quatre; (straight) from the ~'s mouth de source sûre; to get on one's high ~ monter sur ses grands chevaux; wild ~s couldn't drag it out of me je serai muet comme une tombe. -**2.** [trestle] tréteau *m*; GYMNASTICS cheval *m* d'arçons. ◇ *comp*: ~ manure crottin *m* de cheval; [as fertilizer] fumier *m* de cheval. ◇ *npl* MIL cavalière *f*.

◆ **horse about** *Br*, **horse around** *vi insep inf* [noisily] chahuter.

**horseback** ['hɔːsbæk] *n*: on ~ à cheval.

**horseback riding** *n Am* équitation *f*.

**horsebox** ['hɔːsbɒks] *n Br* [trailer] van *m*; [stall] box *m*.

**horse brass** *n* médaillon *m* de bronze (*fixé à une martingale*).

**horse butcher** *n* boucher *m* hippophagique.

**horse chestnut** *n* [tree] marronnier *m* (d'Inde); [nut] marron *m* (d'Inde).

**horse-drawn** *adj* tiré par des chevaux, à chevaux.

**horseflesh** ['hɔːsfleʃ] *n* (U) *inf* -**1.** [horses] chevaux *mpl*.-**2.** = **horsemeat.**

**horsefly** ['hɔːsflaɪ] (*pl* **horseflies**) *n* taon *m*.

**horsehair** ['hɔːsheər] ◇ *n* crin *m* (de cheval). ◇ *adj* de crin (de cheval).

**horseman** ['hɔːsmən] (*pl* **horsemen** [-mən]) *n* -**1.** [rider] cavalier *m*, écuyer *m*.-**2.** [breeder] éleveur *m* de chevaux.

**horsemanship** ['hɔːsmənʃɪp] *n* -**1.** [activity] équitation *f*.-**2.** [skill] talent *m* de cavalier.

**horsemeat** ['hɔːsmiːt] *n* viande *f* de cheval.

**horseplay** ['hɔːspleɪ] *n* (U) chahut *m* brutal, jeux *mpl* tapageurs OR brutaux.

**horsepower** ['hɔːs,paʊər] *n* [unit] cheval-vapeur *m*, cheval *m*; a 10-~ motor un moteur de 10 chevaux; it's a 4-~ car c'est une 4 chevaux.

**horse race** *n* course *f* de chevaux.

**horse racing** *n* (U) courses *fpl* (de chevaux).

**horseradish** ['hɔːs,rædɪʃ] ◇ *n* BOT raifort *m*, radis *m* noir. ◇ *comp*: ~ sauce sauce *f* au raifort.

**horse riding** n équitation f.

**horse sense** n inf (gros) bon sens m.

**horseshoe** ['hɔːsʃuː] n fer m à cheval.

**horse show** = horse trials.

**horse trials** npl concours m hippique.

**horse-trading** n Br inf négociation f dure; pej maquignonnage m.

**horsewhip** ['hɔːswɪp] (pt & pp **horsewhipped**, cont **horsewhipping**) ◇ n cravache f. ◇ vt cravacher; I'll have him horsewhipped je le ferai fouetter.

**horsewoman** ['hɔːsˌwʊmən] (pl **horsewomen** [-ˌwɪmɪn]) n cavalière f, écuyère f; [sidesaddled] amazone f.

**horsey, horsy** ['hɔːsɪ] adj inf **-1.** [horse-like] chevalin. **-2.** [fond of horses] féru de cheval.

**horticultural** [ˌhɔːtɪ'kʌltʃərəl] adj horticole; ~ show exposition f horticole OR d'horticulture.

**horticulturalist** = horticulturist.

**horticulture** ['hɔːtɪkʌltʃəʳ] n horticulture f.

**horticulturist** [ˌhɔːtɪ'kʌltʃərɪst] n horticulteur m, -trice f.

**hosanna** [həʊ'zænə] ◇ n hosanna m. ◇ interj: ~! hosanna!

**hose** [həʊz] ◇ n **-1.** [tube] tuyau m; AUT Durit® f; turn off the ~ arrêtez le jet; TECH manche f à incendie; garden ~ tuyau d'arrosage. **-2.** (U) [stockings] bas mpl; [tights] collant m, collants mpl; COMM articles mpl chaussants (de bonneterie); HIST chausses fpl; [knee breeches] haut-de-chausse m, haut-de-chausses m, culotte f courte. ◇ vt [lawn] arroser au jet; [fire] arroser à la lance.
◆ **hose down** vt sep **-1.** [wash] laver au jet. **-2.** [with fire hose] arroser à la lance.

**hosepipe** ['həʊzpaɪp] ◇ n tuyau m. ◇ comp: a ~ ban une interdiction d'arroser.

**hosier** ['həʊzɪəʳ] n bonnetier m, -ère f.

**hosiery** ['həʊzɪərɪ] n (U) **-1.** [trade] bonneterie f. **-2.** [stockings] bas mpl; [socks] chaussettes fpl; COMM articles mpl chaussants (de bonneterie).

**hospice** ['hɒspɪs] n **-1.** [for travellers] hospice m. **-2.** [for the terminally ill] hôpital pour grands malades en phase terminale.

**hospitable** [hɒ'spɪtəbl] adj hospitalier.

**hospitably** [hɒ'spɪtəblɪ] adv avec hospitalité.

**hospital** ['hɒspɪtl] ◇ n hôpital m; in ~ à l'hôpital; to ~ Br, to the ~ Am à l'hôpital; to go into ~ aller à l'hôpital; a children's ~ un hôpital pour enfants. ◇ comp [centre, service, staff, treatment] hospitalier; [bed, ward] d'hôpital; ~ care soins mpl hospitaliers; a ~ case un patient hospitalisé; ~ doctor médecin hospitalier; junior ~ doctor Br ≃ interne mf; ~ nurse infirmier m, -ère f (d'hôpital); ~ train train m sanitaire.

**hospitality** [ˌhɒspɪ'tælətɪ] ◇ n hospitalité f. ◇ comp: ~ room OR suite salon m de réception (où sont offerts des rafraîchissements lors d'une conférence, d'un événement sportif etc).

**hospitalization** [ˌhɒspɪtə'laɪzeɪʃn] n hospitalisation f.

**hospitalize, -ise** ['hɒspɪtəlaɪz] vt hospitaliser.

**hospital ship** n navire-hôpital m.

**host** [həʊst] ◇ n **-1.** [person] hôte m (qui reçoit); TV animateur m, -trice f; [innkeeper] aubergiste mf; Japan will be the next ~ for the conference c'est le Japon qui accueillera la prochaine conférence. **-2.** BIOL & ZOOL hôte m. **-3.** [large number] foule f; a ~ of complaints toute une série de plaintes. **-4.** lit RELIG armée f. **-5.** lit [denizen] hôte m. ◇ adj [cell, country] hôte; [team] qui reçoit; the ~ city for the Olympic Games la ville organisatrice des jeux Olympiques; ~ computer ordinateur m principal; [in network] serveur m. ◇ vt [TV show] animer; [event] organiser.
◆ **Host** n RELIG: the Host l'hostie f.

**hostage** ['hɒstɪdʒ] n otage m; a ~ to fortune fig le jouet du hasard.

**hostel** ['hɒstl] n **-1.** [residence] foyer m. **-2.** arch auberge f.

**hosteller** Br, **hosteler** Am ['hɒstələʳ] n [youth] ≃ ajiste mf.

**hostelling** ['hɒstəlɪŋ] n Br: ~ is popular with students les étudiants aiment séjourner dans les auberges de jeunesse au cours de leurs voyages.

**hostelry** ['hɒstəlrɪ] n hôtellerie f; arch hostellerie f.

**hostess** ['həʊstes] n **-1.** [at home] hôtesse f. **-2.** [in nightclub] entraîneuse f; a ~ agency une agence d'hôtesses. **-3.** [innkeeper] hôtelière f, aubergiste f. **-4.** = airhostess.

**hostile** [Br 'hɒstaɪl, Am 'hɒstl] ◇ adj hostile; to be ~ to sthg être hostile à qqch; people who are ~ to change les gens qui n'aiment pas le changement. ◇ n Am ennemi m.

**hostility** [hɒ'stɪlətɪ] (pl **hostilities**) n hostilité f; to show ~ to OR towards sb manifester de l'hostilité OR faire preuve d'hostilité envers qqn.

**hostler** ['ɒsləʳ] = ostler.

**hot** [hɒt] (compar **hotter**, superl **hottest**, pt & pp **hotted**, cont **hotting**) ◇ adj **-1.** [high in temperature] chaud; to be ~ avoir (très OR trop) chaud; I'm getting ~ je commence à avoir chaud; the water is getting ~ l'eau devient chaude; how ~ should the oven be? le four doit être à quelle température?; it was ~ work le travail donnait chaud; there's ~ and cold running water il y a l'eau courante chaude et froide; we sat in the ~ sun nous étions assis sous un soleil brûlant; keep the meat ~ tenez la viande au chaud; serve the soup while it's ~ servez la soupe bien chaude; '~ food always available' 'plats chauds à toute heure'; you're getting ~! fig [in guessing game] tu brûles! ❑ to be OR to get (all) ~ and bothered about sthg inf être dans tous ses états OR se faire du mauvais sang au sujet de qqch; to be OR to get ~ under the collar (about sthg) inf être en colère OR en rogne au sujet de qqch; too ~ to handle literal trop chaud pour le prendre OR saisir avec les mains; fig brûlant; the books were selling like ~ cakes les livres se vendaient comme des petits pains. **-2.** METEOR: it's ~ il fait très chaud; it's getting hotter il commence à faire très chaud; one ~ afternoon in August (par) une chaude après-midi d'août; we had a ~ spell last week c'était la canicule la semaine dernière. **-3.** [clothing] qui tient chaud. **-4.** [colour] chaud, vif. **-5.** [pungent, spicy – food] épicé, piquant, relevé; [– spice] fort. **-6.** [fresh, recent] tout frais (f toute fraîche); the news is ~ off the presses ce sont des informations de toute dernière minute; this book is ~ off the press ce livre vient juste de paraître. **-7.** [close, following closely]: to be ~ on the trail être sur la bonne piste; the police were ~ on their heels OR on their trail la police les talonnait OR était à leurs trousses; he fled with the police in ~ pursuit il s'est enfui avec la police à ses trousses. **-8.** [fiery, vehement] violent; she has a ~ temper elle s'emporte facilement, elle est très soupe au lait. **-9.** [intense – anger, shame] intense, profond. **-10.** [keen] enthousiaste, passionné; he's ~ on my sister Am inf il en pince pour ma sœur. **-11.** inf [exciting] chaud; this book is ~ stuff c'est un livre très audacieux. **-12.** inf [difficult, unpleasant] chaud, difficile. **-13.** Br inf [severe, stringent] sévère, dur; the police are really ~ on drunk driving la police ne badine vraiment pas avec la conduite en état d'ivresse. **-14.** inf [very good] génial, terrible; [skilful] fort, calé; I don't feel so ~ je ne suis pas dans mon assiette; I'm not so ~ at maths je ne suis pas très calé en maths; a ~ tip un tuyau sûr OR increvable; a ~ favourite SPORT un grand favori. **-15.** inf [in demand, popular] très recherché. **-16.** inf MUS: ~ jazz (jazz m) hot m. **-17.** inf [sexually attractive]: to be ~ (stuff) être sexy (inv); he's ~ [sexually aroused] il a le feu au derrière. **-18.** inf [stolen] volé. **-19.** Br inf [sought by police] recherché par la police. **-20.** ELEC [wire] sous tension. **-21.** METALL: ~ drawing/rolling tirage m/laminage m à chaud. **-22.** NUCL [atom] chaud; inf [radioactive] chaud, radioactif.
◇ adv: to go ~ and cold at the thought of sthg avoir des sueurs froides à l'idée de qqch.
◆ **hots** npl inf: to have the ~s for sb craquer pour qqn.
◆ **hot up** Br inf ◇ vt sep **-1.** [intensify – argument, contest] échauffer; [– bombing, fighting] intensifier; [– party] mettre de l'animation dans; [– music] faire balancer, faire chauffer. **-2.** AUT: to ~ up a car gonfler le moteur d'une voiture. ◇ vi insep [intensify – discussion] s'échauffer; [– fighting, situation] chauffer, s'intensifier.

**hot air** n inf: he's full of ~ c'est une grande gueule; all her promises are just a lot of ~ toutes ses promesses ne sont que des paroles en l'air.

**hot-air balloon** n montgolfière f.

**hotbed** ['hɒtbed] n HORT couche f chaude, forcerie f; fig pépinière f, foyer m.

**hot-blooded** adj **-1.** [person – passionate] fougueux, au sang chaud. **-2.** [horse – thoroughbred] de sang pur.

**hotcake** ['hɒtkeɪk] *n Am* crêpe *f*.

**hotchpotch** ['hɒtʃpɒtʃ] *n Br* **-1.** [jumble] fatras *m*, salmigondis *m*.**-2.** CULIN ≃ hochepot *m*, ≃ salmigondis *m*.

**hot-cross bun** *n petit pain brioché aux raisins secs et marqué d'une croix que l'on vend traditionnellement à Pâques.*

**hot dog** *n* **-1.** [sausage] hot-dog *m*, frankfurter *m*.**-2.** [in skiing] ski *m* acrobatique; [in surfing] surf *m* acrobatique. **-3.** *Am inf* [show-off] m'as-tu-vu *mf inv*. ◇ *vi* **-1.** [in skiing] faire du ski acrobatique; [in surfing] faire du surf acrobatique. **-2.** *Am inf* [show off] crâner, poser (pour la galerie). ◇ *interj Am inf*: ~! génial!, super!

**hotel** [həʊ'tel] ◇ *n* hôtel *m*; a luxury ~ un hôtel de luxe. ◇ *comp* [prices, reservation, room] d'hôtel; ~ accommodation hébergement *m* en hôtel; ~ accommodation not included frais d'hôtel non inclus; the ~ business l'hôtellerie *f*; ~ desk réception *f* (*d'un hôtel*); the ~ industry OR trade l'industrie *f* hôtelière.

**hotelier** [həʊ'telɪəʳ] *n* hôtelier *m*, -ère *f*.

**hotelkeeper** [həʊ'tel,kiːpəʳ] *n* hôtelier *m*, -ère *f*.

**hotel management** *n* **-1.** [training] gestion *f* hôtelière. **-2.** [people] direction *f* (*de l'hôtel*).

**hotel manager** *n* gérant *m*, -e *f* d'hôtel, directeur *m*, -trice *f* d'hôtel.

**hot flush** *Br*, **hot flash** *Am n* bouffée *f* de chaleur.

**hotfoot** ['hɒt,fʊt] *inf* ◇ *adv* à toute vitesse. ◇ *vt phr*: to ~ it galoper à toute vitesse.

**hot gospeller** *n prêcheur évangéliste qui harangue les foules.*

**hothead** ['hɒthed] *n* tête *f* brûlée, exalté *m*, -e *f*.

**hotheaded** [,hɒt'hedɪd] *adj* [person] impétueux, exalté; [attitude] impétueux.

**hothouse** ['hɒthaʊs, *pl* -haʊzɪz] ◇ *n* **-1.** HORT serre *f* (chaude). **-2.** *fig* [hotbed] foyer *m*. ◇ *adj* de serre (chaude); a ~ plant *literal* & *fig* une plante de serre (chaude).

**hot line** *n* TELEC ligne directe ouverte vingt-quatre heures sur vingt-quatre; POL téléphone *m* rouge; he has a ~ to the president il a une ligne directe avec le président.

**hotly** ['hɒtlɪ] *adv* [dispute] vivement; [pursue] avec acharnement; [say] avec flamme; it was a ~ debated issue c'était une question très controversée.

**hot money** *n* (*U*) *inf* [stolen] argent *m* volé; FIN capitaux *mpl* flottants OR fébriles.

**hot pants** *npl* mini-short *m* (*très court et moulant*).

**hotplate** ['hɒtpleɪt] *n* [on stove] plaque *f* chauffante; [portable] chauffe-plats *m inv*.

**hotpot** ['hɒtpɒt] *n Br ragoût de viande et de pommes de terre.*

**hot potato** *n literal* pomme de terre *f* chaude; *inf* & *fig* sujet *m* brûlant et délicat.

**hot rod** *n inf* AUT voiture *f* gonflée.

**hot seat** *n inf* **-1.** [difficult situation]: to be in the ~ être sur la sellette. **-2.** *Am* [electric chair] chaise *f* électrique.

**hotshot** ['hɒtʃɒt] *inf* ◇ *n* [expert] as *m*, crack *m*; [VIP] gros bonnet *m*. ◇ *adj* super.

**hot spot** *n* **-1.** [dangerous area] point *m* chaud OR névralgique. **-2.** *inf* [night club] boîte *f* de nuit. **-3.** TECH point *m* chaud.

**hot spring** *n* source *f* chaude.

**hot-tempered** *adj* colérique, emporté.

**Hottentot** ['hɒtntɒt] ◇ *n* [person] Hottentot *m*, -e *f*. ◇ *adj* hottentot.

**hot water** *n literal* eau *f* chaude; *fig*: their latest prank got them into OR landed them in ~ leur dernière farce leur a attiré des ennuis.

**hot-water bottle** *n* bouillotte *f*.

**houmous, houmus** ['huməs] = **hummus**.

**hound** [haʊnd] ◇ *n* **-1.** [dog - gen] chien *m*; [- for hunting] chien *m* courant, chien *m* de meute; the ~s, a pack of ~s HUNT la meute; to ride to OR to follow the ~s HUNT chasser à courre. ◇ *vt* **-1.** [give chase] traquer, pourchasser. **-2.** [harass] s'acharner sur, harceler.

◆ **hound down** *vt sep* prendre dans les rets, coincer; HUNT forcer.

◆ **hound out** *vt sep* chasser de.

**houndstooth, hound's-tooth** ['haʊndztuːθ] *n* TEX pied-de-poule *m*.

**hour** ['aʊəʳ] *n* **-1.** [unit of time] heure *f*; a quarter of an ~ un quart d'heure; half an ~, a half ~ une demi-heure; an ~ and three-quarters une heure trois quarts; at 60 km an OR per ~ à 60 km à l'heure; it's a two-~ drive/walk from here c'est à deux heures de voiture/de marche d'ici; he gets £10 an ~ il touche 10 livres (de) l'heure; are you paid by the ~? êtes-vous payé à l'heure?; a 35-~ week une semaine de 35 heures; the shop is open 24 ~s a day le magasin est ouvert 24 heures sur 24; we arrived with ~s to spare nous sommes arrivés avec plusieurs heures devant nous OR en avance de plusieurs heures; the situation is deteriorating by the ~ la situation s'aggrave d'heure en heure; it will save you ~s cela te fera gagner des heures; we waited for ~s and ~s on a attendu des heures; output per ~ TECH puissance *f* horaire. **-2.** [time of day] heure *f*; it chimes on the ~ ça sonne à l'heure juste; every ~ on the ~ toutes les heures justes; in the early OR small ~s (of the morning) au petit matin, au petit jour; at this late ~ vu l'heure avancée. **-3.** *fig* [specific moment] heure *f*, moment *m*; in one's ~ of need quand on est dans le besoin; the burning questions of the ~ l'actualité brûlante.

◆ **hours** *npl* heures *fpl*; flexible working ~s INDUST des horaires mobiles OR souples; opening ~s heures d'ouverture; you'll have to make up the ~s next week il faudra que vous rattrapiez la semaine prochaine; do you work long ~s? as-tu de longues journées de travail?; he keeps late ~s c'est un couche-tard, il veille tard; to keep regular ~s avoir une vie réglée ❏ he was out until all ~s il est rentré à une heure indue.

**hourglass** ['aʊəglɑːs] ◇ *n* sablier *m*. ◇ *adj* en forme d'amphore; an ~ figure une taille de guêpe.

**hour hand** *n* petite aiguille *f*.

**hour-long** *adj* d'une heure.

**hourly** ['aʊəlɪ] ◇ *adj* **-1.** [each hour - flights, trains]: ~ departures départs toutes les heures [| COMM & TECH horaire. **-2.** [continual - anticipation] constant, perpétuel. ◇ *adv* **-1.** [each hour] une fois par heure, chaque heure, toutes les heures; to be paid ~ être payé à l'heure. **-2.** [repeatedly] sans cesse; [at any time] à OR d'une minute à l'autre.

**house** [*n* haʊs, *vb* haʊz] (*pl* houses ['haʊzɪz]) ◇ *n* **-1.** maison *f*; at OR to his ~ chez lui; '~ for sale' 'propriété à vendre'; a ~ of cards un château de cartes; to clean the ~ faire le ménage; to keep ~ (for sb) tenir la maison OR le ménage (de qqn); to move ~ *Br* déménager; to set up ~ monter son ménage, s'installer; they set up ~ together ils se sont mis en ménage ❏ we got on OR along like a ~ on fire nous nous entendions à merveille OR comme larrons en foire; to set OR to put one's ~ in order mettre de l'ordre dans ses affaires. **-2.** COMM [establishment] maison *f* (*de commerce*), compagnie *f*; RELIG maison *f* religieuse; *Br* SCH maison *f*; a bottle of ~ red (wine) une bouteille de (vin) rouge de la maison OR de l'établissement; drinks are on the ~! la tournée est aux frais de la maison!**-3.** [family line] maison *f*; the House of York la maison de York. **-4.** THEAT salle *f*, auditoire *m*; is there a good ~ tonight? est-ce que la salle est pleine ce soir?; to have a full ~ jouer à guichets fermés OR à bureaux fermés; '~ full' 'complet'; the second ~ *Br* la deuxième séance ❏ to bring the ~ down faire crouler la salle sous les applaudissements; *fig* casser la baraque. **-5.** the House *Br* POL la Chambre; *Am* POL la Chambre des représentants; ST. EX la Bourse. **-6.** [in debate]: this ~ believes... la motion à débattre est la suivante..

◇ *vt* [accommodate - subj: organization, person] héberger, loger; [- subj: building] recevoir; this wing ~s a laboratory/five families cette aile abrite un laboratoire/cinq familles; the archives are ~d in the basement on garde les archives dans les caves.

◇ *interj* [in bingo]: ~! ≃ carton!

**house arrest** *n* assignation *f* à domicile OR à résidence; to put sb under ~ assigner qqn à domicile OR à résidence.

**houseboat** ['haʊsbəʊt] *n* house-boat *m*, péniche *f* (aménagée).

**housebound** ['haʊsbaʊnd] *adj* qui ne peut quitter la maison.

**housebreaker** ['haʊs,breɪkəʳ] *n* cambrioleur *m*, -euse *f*.

**housebreaking** ['haʊs,breɪkɪŋ] *n* cambriolage *m*.

**housebroken** ['haʊs,brəʊkn] *adj Am* [pet] propre.

**housecoat** ['haʊskəʊt] *n* robe *f* d'intérieur.

**house detective** *n* responsable *m* de la sécurité, détective *m* de l'hôtel.

**housefather** ['haʊs,fɑːðəʳ] *n* responsable *m* (de groupe) *(dans un foyer)*.

**housefly** ['haʊsflaɪ] (*pl* **houseflies**) *n* mouche *f* (commune OR domestique).

**houseful** ['haʊsfʊl] *n*: we've got a real ~ this weekend la maison est vraiment pleine (de monde) ce week-end.

**houseguest** ['haʊsgest] *n* invité *m*, -e *f*.

**household** ['haʊshəʊld] ◇ *n* ménage *m*, (gens *mpl* de la) maison *f*, maisonnée *f*; ADMIN & ECON ménage; **the head of the** ~ le chef de famille. ◇ *adj* [products, expenses] de ménage; ADMIN & ECON des ménages; 'for ~ use only' 'à usage domestique seulement'; ~ **appliance** appareil *m* ménager.

**householder** ['haʊs,həʊldəʳ] *n* [occupant] occupant *m*, -e *f*; [owner] propriétaire *mf*; [tenant] locataire *mf*.

**household gods** *npl* HIST dieux *mpl* du foyer.

**household name** *n*: she's a ~ tout le monde la connaît OR sait qui elle est.

**household troops** *npl* garde *f* personnelle; HIST garde *f* du palais; [in UK] Garde *f* Royale.

**household word** = **household name**.

**house-hunt** *vi* chercher un OR être à la recherche d'un logement.

**househunting** ['haʊs,hʌntɪŋ] *n* recherche *f* d'un logement; I spent two months ~ing j'ai passé deux mois à chercher un logement OR à la recherche d'un logement.

**house husband** *n* père *m* au foyer.

**housekeeper** ['haʊs,kiːpəʳ] *n* [institutional] économe *f*, intendante *f*; [private] gouvernante *f*; **she's a good/bad** ~ c'est une/une bonne mauvaise maitresse de maison.

**housekeeping** ['haʊs,kiːpɪŋ] *n* (U). [of household – skill] économie *f* domestique; [– work] ménage *m*; ~ **(money)** argent *m* du ménage. **-2.** [of organization] services *mpl* généraux. **-3.** COMPUT opérations *fpl* de nettoyage et d'entretien.

**house lights** *npl* THEAT lumières *fpl* OR éclairage *m* de la salle.

**housemaid** ['haʊsmeɪd] *n* bonne *f*, femme *f* de chambre.

**housemaid's knee** *n* MED inflammation *f* du genou.

**houseman** ['haʊsmən] (*pl* **housemen** [-mən]) *n* Br MED ≃ interne *m*.

**house manager** *n* THEAT directeur *m*, -trice *f* de théâtre.

**house martin** *n* hirondelle *f* de fenêtre.

**housemaster** ['haʊs,mɑːstəʳ] *n* Br SCH professeur responsable d'une «house».

**housemen** ['haʊsmən] *pl* → **houseman**.

**housemistress** ['haʊs,mɪstrɪs] *n* Br SCH professeur responsable d'une «house».

**housemother** ['haʊs,mʌðəʳ] *n* responsable *f* (de groupe) *(dans un foyer)*.

**house music** *n* house *f* (music).

**House of Commons** *pr n*: **the** ~ la Chambre des communes.

**House of Lords** *pr n*: **the** ~ la Chambre des lords.

**House of Representatives** *pr n*: **the** ~ la Chambre des représentants *(aux États-Unis)*.

**house-owner** *n* propriétaire *mf*.

**house painter** *n* peintre *m* en bâtiment.

**house party** *n* **-1.** [social occasion] fête *f* de plusieurs jours *(dans une maison de campagne)*. **-2.** [guests] invités *mpl*.

**house physician** *n* [in hospital] Br ≃ interne *m* (en médecine); [in hotel] médecin *m* *(attaché à un hôtel)*.

**houseplant** ['haʊsplɑːnt] *n* plante *f* d'intérieur.

**house-proud** *adj*: he's very ~ il attache beaucoup d'importance à l'aspect intérieur de sa maison, tout est toujours impeccable chez lui.

**house-sit** *vi*: **to** ~ **for sb** s'occuper de la maison de qqn pendant son absence.

**Houses of Parliament** *pl pr n*: **the** ~ le Parlement *m* (britannique).

**house sparrow** *n* moineau *m* domestique.

**house surgeon** *n* Br ≃ interne *m* (en chirurgie).

**house-to-house** *adj* [enquiry] de porte en porte; **to make a** ~ **search for sb/sthg** aller de porte en porte à la recherche

de qqn/qqch.

**housetop** ['haʊstɒp] *n* toit *m*; **to shout** OR **to proclaim sthg from the** ~s crier qqch sur les toits.

**house trailer** *n* Am caravane *f*.

**house-train** *vt* dresser à la propreté; **has the dog been** ~**ed?** est-ce que le chien est propre?

**housewarming** ['haʊs,wɔːmɪŋ] *n* pendaison *f* de crémaillère; **to give** OR **to have a** ~ **(party)** pendre la crémaillère.

**housewife** ['haʊswaɪf] (*pl* **housewives** [-waɪvz]) *n* ménagère *f*; [not career woman] femme *f* au foyer.

**housewifely** ['haʊs,waɪflɪ] *adj* de ménagère.

**house wine** *n* vin *m* de la maison.

**housewives** ['haʊswaɪvz] *pl* → **housewife**.

**housework** ['haʊswɜːk] *n* (travaux *mpl* de) ménage *m*; **to do the** ~ faire le ménage.

**housing** ['haʊzɪŋ] ◇ *n* **-1.** [accommodation] logement *m*; **the government has promised to provide more low-cost** ~ le gouvernement a promis de fournir plus de logements à loyer modéré. **-2.** TECH [of mechanism] carter *m*; PHOT boîtier *m*; [wheel] ~ boîte *f* de roue; watch ~ boîtier de montre. **-3.** CONSTR encastrement *m*. ◇ *comp*: ~ **shortage** crise *f* du logement; **the local** ~ **department** ≃ l'antenne logement (de la commune).

**housing association** *n* association britannique à but non lucratif qui construit ou rénove des logements pour les louer à ses membres.

**housing benefit** *n* Br allocation de logement versée par l'État aux individus justifiant de revenus faibles.

**housing development** *n* **-1.** [estate] lotissement *m*.**-2.** [activity] construction *f* de logements.

**housing estate** *n* Br [of houses] lotissement *m*; [of flats] cité *f*.

**housing list** *n* Br liste d'attente pour bénéficier d'un logement social.

**housing project** *n* **-1.** Am = **housing estate**. **-2.** [plan] plan *m* d'aménagement immobilier.

**housing scheme** *n* **-1.** [plan] programme *m* municipal de logement. **-2.** [houses] = **housing estate**.

**hove** [həʊv] *pt* & *pp* → **heave**.

**hovel** ['hɒvl] *n* taudis *m*, masure *f*.

**hover** ['hɒvəʳ] *vi* **-1.** [in air – smoke] stagner; [– balloon, scent] flotter; [– insects] voltiger; [– helicopter, hummingbird] faire du surplace. **-2.** [linger – person] rôder; [– smile] flotter; [– danger] planer; **the waitress** ~**ed over/round him** la serveuse rôdait/tournait autour de lui; **she was** ~**ing between life and death** elle restait suspendue entre la vie et la mort. **-3.** [hesitate] hésiter; **his finger** ~**ed over the button** son doigt hésita à appuyer sur le bouton.

**hovercraft** ['hɒvəkrɑːft] *n* aéroglisseur *m*.

**hoverport** ['hɒvəpɔːt] *n* hoverport *m*.

**hovertrain** ['hɒvətreɪn] *n* train *m* à coussin d'air.

**how** [haʊ] ◇ *adv* **-1.** [in what way] comment; ~ **could you be so careless?** comment as-tu pu être aussi étourdi? ❑ ~ **is it that...?** comment se fait-il que...?; ~ **so?**, ~ **can that be?** comment cela se fait-il)?; ~**'s that (again)?** comment? **-2.** [in greetings, friendly enquiries etc] comment; ~ **are you?** comment allez-vous?; ~ **are things?** ça marche?; ~ **did you like** OR ~ **was the film?** comment as-tu trouvé le film?; ~ **was your trip?** avez-vous fait bon voyage?; ~**'s the water?** l'eau est bonne? ❑ ~ **do you do?** bonjour! **-3.** [in exclamations] que, comme; ~ **sad she is!** qu'elle est triste!, comme elle est triste!; ~ **incredible!** c'est incroyable!; ~ **I wish I could!** si seulement je pouvais!; ~ **stupid can you get!** *inf* est-il possible d'être bête à ce point-là!**-4.** *(with adj, adv)* [referring to measurement, rate, degree]: ~ **wide is the room?** quelle est la largeur de la pièce?; ~ **tall are you?** combien mesures-tu?; ~ **old is she?** quel âge a-t-elle?; ~ **well can you see it?** est-ce que tu le vois bien?; ~ **angry is he?** il est vraiment fâché?; ~ **fast/slowly was he walking?** à quelle vitesse marchait-il? ‖ [referring to time, distance, quantity]: ~ **far is it from here to the sea?** combien y a-t-il d'ici à la mer?; ~ **much does this bag cost?** combien coûte ce sac?; ~ **often did he write?** est-ce qu'il écrivait souvent?; ~ **long has he been here?** depuis quand OR depuis combien de temps est-il ici?; ~ **soon can you deliver it?** à partir de quand pouvez-vous le livrer?; ~ **late will you**

stay? jusqu'à quelle heure resteras-tu?
◇ *conj* **-1.** [in what way] comment; he's learning ~ to read il apprend à lire. **-2.** [the fact that]: I remember ~ he always used to turn up late je me souviens qui'il était toujours en retard. **-3.** *inf* [however] comme; arrange the furniture ~ you like installe les meubles comme tu veux ❏ did you like it? — and ~! ça t'a plu? — et comment! ◇ *n* comment *m inv*.

◆ **how about** *adv phr inf*: ~ about a beer? et si on prenait une bière?; ~ about Friday? vendredi, ça va?; ~ about you? what do you think? et toi, qu'est-ce que tu en penses?

◆ **how come** *adv phr inf*: ~ come? comment ça se fait?; ~ come you left? comment ça se fait que tu sois parti?

**howbeit** [,hau'bi:ɪt] *arch conj* bien que.

**howdy** ['haudɪ] *interj Am inf*: ~! salut!

**however** [hau'evər] ◇ *adv* **-1.** [indicating contrast or contradiction] cependant, pourtant, toutefois; if, ~, you have a better suggestion... si toutefois vous avez une meilleure suggestion (à faire)... **-2.** *(with adj or adv)* [no matter how] si... que, quelque... que; ~ nice he tries to be... si gentil qu'il essaie d'être...; all contributions will be welcome, ~ small si petites soient-elles, toutes les contributions seront les bienvenues; he'll never do it, ~ much OR hard he tries quelque effort qu'il fasse, il n'y arrivera jamais; ~ cold/hot the weather même quand il fait très froid/chaud. **-3.** *(in questions)* [emphatic use] comment. ◇ *conj* [in whatever way] de quelque manière que, comme.

**howitzer** ['hauɪtsər] *n* obusier *m*.

**howl** [haul] ◇ *n* **-1.** [of person, animal] hurlement *m*; [of child] braillement *m*, hurlement *m*; [of wind] mugissement *m*; the speech was greeted with ~s of derision le discours a été accueilli par des huées. **-2.** ELECTRON effet *m* Larsen. ◇ *vi* **-1.** [person, animal] hurler; [child] brailler; [wind] mugir; to ~ with laughter hurler de rire; to ~ in OR with rage hurler de rage. **-2.** *inf* [cry] chialer; [complain] gueuler. ◇ *vt* crier, hurler.

◆ **howl down** *vt sep* [speaker]: they ~ed him down ils l'ont réduit au silence par leurs huées.

**howler** ['haulər] *n inf* [blunder] gaffe *f*, bourde *f*.

**howling** ['haulɪŋ] ◇ *n* [of person, animal] hurlement *m*, hurlements *mpl*; [of child] braillement *m*, braillements *mpl*; [of wind] mugissement *m*, mugissements *mpl*. ◇ *adj inf* [error] énorme; [success] fou.

**howsoever** [,hausəu'evər] = **however** *adv*.

**hoy** [hɔɪ] *interj Br*: ~! [to people] ohé!, hep!; [to animals] hue!

**hp, HP** ◇ *n (abbr of* **hire purchase**): to buy sthg on ~ acheter qqch à crédit. ◇ *(written abbr of* **horsepower**) CV.

**HQ** *(abbr of* **headquarters**) *n* QG *m*.

**hr(s)** *(written abbr of* **hour(s)**) h.

**HRH** *(written abbr of* **His/Her Royal Highness**) SAR.

**HRT** *n abbr of* **hormone replacement therapy**.

**ht** *written abbr of* **height**.

**HT** *(written abbr of* **high tension**) HT.

**hub** [hʌb] *n* [of wheel] moyeu *m*; *fig* centre *m*.

**hubbub** ['hʌbʌb] *n* [of voices] brouhaha *m*; [uproar] vacarme *m*, tapage *m*.

**hubby** ['hʌbɪ] *(pl* **hubbies**) *n inf* bonhomme *m*, petit mari *m*.

**hubcap** ['hʌbkæp] *n* AUT enjoliveur *m* (de roue).

**hubris** ['hju:brɪs] *n* orgueil *m* (démesuré).

**huckleberry** ['hʌklbərɪ] *(pl* **huckleberries**) *n* airelle *f*, myrtille *f*.

**huckster** ['hʌkstər] *n* **-1.** [pedlar] colporteur *m*, -euse *f*. **-2.** *Am pej* [in advertising] publicitaire *m* agressif.

**huddle** ['hʌdl] ◇ *n* **-1.** [of people] petit groupe *m* (serré); [of objects] tas *m*, amas *m*; [of roofs] enchevêtrement *m*; to go into a ~ *inf* se réunir en petit comité. **-2.** *Am* SPORT concentration *f (d'une équipe)*. ◇ *vi* **-1.** [crowd together] se blottir; they ~d round the fire ils se sont blottis autour du feu. **-2.** [crouch] se recroqueviller, se blottir; she was huddling under a blanket elle se blottissait sous une couverture.

◆ **huddle together** *vi insep* se serrer OR se blottir les uns contre les autres; [for talk] se mettre en petit groupe OR cercle serré.

◆ **huddle up** *vt insep* = **huddle** *vi* 2.

**huddled** ['hʌdld] *adj* **-1.** [for shelter] blotti; [curled up] pelotonné; they lay ~ under the blanket ils étaient blottis OR pelotonnés les uns contre les autres sous la couverture. **-2.** [hunched] recroquevillé.

**Hudson Bay** ['hʌdsn-] *pr n* la baie d'Hudson.

**Hudson River** *pr n*: the ~ l'Hudson *m*.

**hue** [hju:] *n* **-1.** [colour] teinte *f*, nuance *f*. **-2.** *phr*: a ~ and cry *Br* une clameur (de haro); to raise a ~ and a cry against sb/sthg crier haro sur qqn/qqch.

**huff** [hʌf] ◇ *vi phr*: to ~ and puff [with exertion] haleter; [with annoyance] maugréer.
◇ *n inf*: to be in a ~ être froissé OR fâché; to take the ~ *Br* prendre la mouche, s'offusquer; he went off in a ~ il est parti froissé OR fâché.

**huffily** ['hʌfɪlɪ] *adv* [reply] d'un ton vexé OR fâché; [behave] avec (mauvaise) humeur.

**huffy** ['hʌfɪ] *adj* [piqued] froissé, vexé; [touchy] susceptible.

**hug** [hʌg] *(pt & pp* **hugged**, *cont* **hugging**) ◇ *vt* **-1.** [in arms] serrer dans ses bras, étreindre; to ~ o.s. with delight (over OR about sthg) *fig* se réjouir vivement (de qqch). **-2.** *fig* [idea] tenir à, chérir. **-3.** [keep close to] serrer; don't ~ the kerb AUT ne serrez pas le trottoir; to ~ the ground AERON suivre le relief du terrain. ◇ *n* étreinte *f*; to give sb a ~ serrer qqn dans ses bras, étreindre qqn.

**huge** [hju:dʒ] *adj* [in size, degree] énorme, immense; [in extent] vaste, immense; [in volume] énorme, gigantesque.

**hugely** ['hju:dʒlɪ] *adv* [increase] énormément; [as intensifier] énormément, extrêmement; the project has been ~ successful/expensive le projet a été un succès complet/a coûté extrêmement cher.

**Huguenot** ['hju:gənəu] ◇ *n* Huguenot *m*, -e *f*. ◇ *adj* huguenot.

**huh** [hʌ] *interj* [surprise]: ~? hein? ‖ [scepticism]: ~! hum!

**hula** ['hu:lə], **hula-hula** *n* danse *f* polynésienne; a ~ skirt une jupe en paille.

**hulk** [hʌlk] *n* **-1.** [ship] épave *f*; *pej* vieux rafiot *m*; [used as prison, storehouse] ponton *m*. **-2.** [person, thing] mastodonte *m*; a great ~ of a man un malabar *m*.

**hulking** ['hʌlkɪŋ] *adj* [person] balourd, massif; [thing] gros (*f* grosse) imposant; [as intensifier]: you ~ great oaf! espèce de malotru!

**hull** [hʌl] ◇ *n* **-1.** [of ship] coque *f*; MIL [of tank] caisse *f*. **-2.** [of peas, beans] cosse *f*, gousse *f*; [of nut] écale *f*; [of strawberry] pédoncule *m*. ◇ *vt* **-1.** [peas] écosser; [nuts] écaler, décortiquer; [grains] décortiquer; [strawberries] équeuter. **-2.** [ship] percer la coque de.

**hullabaloo** [,hʌləbə'lu:] *n inf* raffut *m*, chambard *m*, barouf *m*; the press made a real ~ about it la presse en a fait tout un foin.

**hullo** [hə'ləu] *interj Br* **-1.** ~! [on meeting] salut!; [on phone] allô! **-2.** [for attention]: ~! ohé!, holà!; ~ there! holà, vous! **-3.** [in surprise]: ~! tiens!

**hum** [hʌm] *(pt & pp* **hummed**, *cont* **humming**) ◇ *vi* **-1.** [audience, bee, wires] bourdonner; [person] fredonner, chantonner; [top, fire] ronfler; ELECTRON ronfler; [car] ronronner. **-2.** [be lively] grouiller; the airport/town was humming with activity l'aéroport/la ville bourdonnait d'activité. **-3.** *Br inf* [stink] cocotter. **-4.** *phr*: to ~ and haw *literal* bafouiller; *fig* tergiverser, tourner autour du pot. ◇ *vt* [tune] fredonner, chantonner. ◇ *n* **-1.** [of bees, voices] bourdonnement *m*; [of vehicle] vrombissement *m*; [of fire, top] ronflement *m*; ELECTRON ronflement; [of machine] ronronnement *m*; the distant ~ of traffic le ronronnement lointain de la circulation. **-2.** *Br inf* [stench] puanteur *f*, mauvaise odeur *f*; there's a bit of a ~ in here! ça cocotte là-dedans! ◇ *interj*: ~! hem!, hum!

**human** ['hju:mən] ◇ *adj* humain; the ~ race le genre humain; he's only ~ personne n'est parfait; the accident was caused by ~ error l'accident était dû à une erreur OR défaillance humaine ❏ 'Of Human Bondage' *Maugham* 'Servitude humaine'. ◇ *n* (être *m*) humain *m*.

**human being** *n* être *m* humain.

**humane** [hju:'meɪn] *adj* [compassionate – action, person] humain, plein d'humanité; [–treatment] humain.

**humanely** [hju:'meɪnlɪ] *adv* humainement.

**human engineering** *n* INDUST gestion *f* des relations humaines; [ergonomics] ergonomie *f*.

**human interest** *n* PRESS dimension *f* humaine; a ~ story un reportage à caractère social.

**humanism** ['hju:mənɪ:rm] *n* humanisme *m*.

**humanist** ['hju:mənɪst] ◇ *n* humaniste *m*. ◇ *adj* humaniste.

**humanistic** [,hju:mə'nɪstɪk] *adj* humaniste.

**humanitarian** [hju:,mænɪ'teərɪən] ◇ *n* humanitaire *mf*. ◇ *adj* humanitaire.

**humanity** [hju:'mænətɪ] *n* -1. [mankind] humanité *f*; for the good of ~ pour le bien de l'humanité. -2. [compassion] humanité *f*.

◆ **humanities** *npl* [arts] lettres *fpl*; [classical culture] lettres *fpl* classiques; humanities students étudiants en lettres OR humanités.

**humankind** [,hju:mən'kaɪnd] *n* l'humanité *f*, le genre humain.

**humanly** ['hju:mənlɪ] *adv* humainement.

**human nature** *n* nature *f* humaine; it's only ~ to be jealous c'est normal OR humain d'être jaloux.

**humanoid** ['hju:mənɔɪd] ◇ *n* humanoïde *mf*. ◇ *adj* humanoïde.

**human resources** *npl* ressources *fpl* humaines.

**human rights** *npl* droits *mpl* de l'homme; a ~ organization une organisation pour les droits de l'homme.

**human shield** *n* bouclier *m* humain.

**humble** ['hʌmbl] ◇ *adj* -1. [meek] humble; please accept my ~ apologies veuillez accepter mes humbles excuses; your ~ servant [in letters] veuillez agréer, Monsieur, l'assurance de mes sentiments les plus respectueux ❑ to eat ~ pie faire de plates excuses, faire amende honorable; to force sb to eat ~ pie forcer qqn à se rétracter. -2. [modest] modeste; she has ~ origins elle a des origines modestes. ◇ *vt* humilier, mortifier; to ~ o.s. before sb s'humilier devant qqn; it was a humbling experience c'était une expérience humiliante.

**humbly** ['hʌmblɪ] *adv* -1. [speak, ask] humblement, avec humilité. -2. [live] modestement.

**humbug** ['hʌmbʌg] (*pt* & *pp* humbugged, *cont* humbugging) ◇ *n* -1. [person]: charlatan *m*, fumiste *mf*; (U) [deception] charlatanisme *m*. -2. (U) [nonsense] balivernes *fpl*. -3. *Br* [sweet] berlingot *m*. ◇ *vt* tromper.

**humdinger** [,hʌm'dɪŋəʳ] *n* inf -1. [person]: she's a real ~! elle est vraiment extra OR sensass! -2. [thing]: they had a real ~ of a row! ils se sont engueulés, quelque chose de bien!

**humdrum** ['hʌmdrʌm] ◇ *adj* [person, story] banal; [task, life] monotone, banal, routinier. ◇ *n* monotonie *f*, banalité *f*.

**humerus** ['hju:mərəs] (*pl* humeri [-raɪ]) *n* humérus *m*.

**humid** ['hju:mɪd] *adj* humide.

**humidifier** [hju:'mɪdɪfaɪəʳ] *n* humidificateur *m*.

**humidify** [hju:'mɪdɪfaɪ] (*pt* & *pp* humidified) *vt* humidifier.

**humidity** [hju:'mɪdətɪ] *n* humidité *f*.

**humidor** ['hju:mɪdɔ:ʳ] *n* humidificateur *m*.

**humiliate** [hju:'mɪlɪeɪt] *vt* humilier.

**humiliating** [hju:'mɪlɪeɪtɪŋ] *adj* humiliant.

**humiliatingly** [hju:'mɪlɪeɪtɪŋlɪ] *adv* d'une façon humiliante.

**humiliation** [hju:,mɪlɪ'eɪʃn] *n* humiliation *f*.

**humility** [hju:'mɪlətɪ] *n* humilité *f*.

**humming** ['hʌmɪŋ] *n* [of bees, voices] bourdonnement *m*; [of air conditioner, traffic] ronronnement *m*; [of tune] fredonnement *m*.

**hummingbird** ['hʌmɪŋbɜ:d] *n* oiseau-mouche *m*, colibri *m*.

**hummus** ['hʊmʊs] *n* houmous *m*.

**humor** *etc Am* = **humour**.

**humorist** ['hju:mərɪst] *n* humoriste *mf*.

**humorous** ['hju:mərəs] *adj* [witty – remark] plein d'humour, amusant; [– person] plein d'humour, drôle; he replied in (a) ~ vein il a répondu sur le mode humoristique.

**humorously** ['hju:mərəslɪ] *adv* avec humour.

**humour** *Br*, **humor** *Am* ['hju:məʳ] ◇ *n* -1. [wit, fun] humour *m*; sense of ~ sens *m* de l'humour; he's got no sense of ~ il n'a aucun sens de l'humour. -2. *fml* [mood] humeur *f*, disposition *f*. -3. *arch* & *MED* humeur *f*. ◇ *vt* [person – indulge, gratify] faire plaisir à; [– treat tactfully] ménager; [whim, fantasy] se

prêter à; don't try to ~ me n'essaie pas de m'amadouer.

**humourless** *Br*, **humorless** *Am* ['hju:məlɪs] *adj* [person] qui manque d'humour; [book, situation, speech] sans humour.

**hump** [hʌmp] ◇ *n* -1. [on back of animal or person] bosse *f*; [hillock] bosse *f*, mamelon *m*; [bump] tas *m*; we're over the ~ now on a fait le plus dur OR gros maintenant. -2. *Br inf phr*: to get the ~ avoir le cafard OR le bourdon; he gives me the ~ il me donne le cafard OR le bourdon. ◇ *vt* -1. [back] arrondir, arquer. -2. *Br inf* [carry] trimbaler, trimballer. -3. ▽ [have sex with] baiser. ◇ *vi* ▽ [have sex] baiser.

**humpback** ['hʌmpbæk] *n* -1. = **hunchback**. -2. = **humpback whale**.

**humpback(ed) bridge** *n* pont *m* en dos d'âne.

**humpbacked** ['hʌmpbækt] = **hunchbacked**.

**humpback whale** *n* baleine *f* à bosse.

**humph** [mm, hʌmf] *interj*: ~! hum!

**humus** ['hju:məs] *n* humus *m*.

**Hun** [hʌn] (*pl inv* OR **Huns**) *n* -1. ANTIQ Hun *m*. -2. ▽ *dated* & *offensive* Boche *m*.

**hunch** [hʌntʃ] ◇ *n* [inkling] pressentiment *m*, intuition *f*; I have a ~ we'll meet again j'ai comme un pressentiment que nous nous reverrons; to act on a ~ suivre son instinct; it's only a ~ c'est une idée que j'ai. ◇ *vt* [back] arrondir; [shoulders] voûter.

**hunchback** ['hʌntʃbæk] *n* -1. [person] bossu *m*, -e *f*. -2. ANAT bosse *f*.

**hunchbacked** ['hʌntʃbækt] *adj* bossu.

**hunched** [hʌntʃt] *adj* voûté; he sat ~ed in a corner il était assis recroquevillé dans un coin; she was sitting ~ed (up) over her papers elle était assise penchée sur ses papiers.

**hundred** ['hʌndrəd] ◇ *det* cent; a ~ guests cent invités; six ~ pages six cents pages; about a ~ metres une centaine de mètres; one OR a ~ per cent cent pour cent; I'm a ~ per cent sure j'en suis absolument certain; to be a ~ per cent behind sb soutenir qqn à fond; to give a OR one ~ per cent se donner à fond; if I've told you once, I've told you a ~ times! je te l'ai dit cent fois! ◇ *n* cent *m*; he has a ~ (of them) il en a cent; one ~ and one cent un; two ~ deux cents; two ~ and one deux cent un; about a ~, a ~ odd une centaine; in nineteen ~ en dix-neuf cents; in nineteen ~ and ten en dix-neuf cent dix; I'll never forget him (even) if I live to be a ~ même si je deviens centenaire, je ne l'oublierai jamais; the theatre seats five ~ la salle contient cinq cents places (assises); give me $500 in ~s donnez-moi 500 dollars en billets de cent; in the seventeen ~s au dix-septième siècle; ~s of des centaines de; I've asked you ~s of times! je te l'ai demandé cent fois!; ~s and thousands of people des milliers de gens; they were dying in their ~s OR by the ~ ils mouraient par centaines.

**hundredfold** ['hʌndrədfəʊld] ◇ *adj* centuple. ◇ *n*: he has increased his initial investment (by) a ~ il a multiplié par cent son investissement initial.

**hundreds and thousands** *npl* paillettes de sucre colorées servant à décorer les gâteaux.

**hundredth** ['hʌndrətθ] *n* centième *mf*; [fraction] centième *m*.

**hundredweight** ['hʌndrədweɪt] *n Br* (poids *m* de) cent douze livres (50,8 kg); *Am* (poids *m* de) cent livres (45,4 kg).

**hundred-year-old** *adj* centenaire.

**Hundred Years' War** *n*: the ~ la guerre de Cent Ans.

**hung** [hʌŋ] ◇ *pt* & *pp* → **hang**. ◇ *adj* [situation] bloqué; a ~ parliament/jury un parlement/un jury sans majorité.

**Hungarian** [hʌŋ'geərɪən] ◇ *n* -1. [person] Hongrois *m*, -e *f*. -2. LING hongrois *m*. ◇ *adj* hongrois.

**Hungary** ['hʌŋgərɪ] *pr n* Hongrie *f*; in ~ en Hongrie.

**hunger** ['hʌŋgəʳ] ◇ *n* faim *f*; a conference on world ~ une conférence sur la faim dans le monde; to satisfy one's ~ (for sthg) satisfaire sa faim (de qqch); he was driven by a ~ for truth/knowledge *fig* il était poussé par une soif de vérité/de savoir. ◇ *vi fig*: to ~ after OR for sthg avoir faim OR soif de qqch.

**hunger march** *n* marche *f* de la faim.

**hunger strike** *n* grève *f* de la faim; to go on (a) ~ faire la grève de la faim.

**hunger striker** *n* gréviste *mf* de la faim.

**hung over** *adj inf*: to be ~ avoir OR la gueule de bois.

**hungrily** ['hʌŋgrəlɪ] *adv* [eat] voracement, avidement; *fig* [read, listen] avidement.

**hungry** ['hʌŋgrɪ] (*compar* **hungrier**, *superl* **hungriest**) *adj* **-1.** [for food]: to be ~ avoir faim; he still felt ~ il avait encore faim; she looked tired and ~ elle avait l'air fatiguée et affamée; are you getting ~? est-ce que tu commences à avoir faim?; to go ~ souffrir de la faim; he'd rather go ~ than cook for himself il se passerait de manger plutôt que de faire la cuisine ❑ this is ~ work! ce travail donne faim!-**2.** *fig* [desirous] avide; ~ for affection avide d'affection.

**hung up** *adj inf* coincé; to be ~ on sb/sthg faire une fixation sur qqn/qqch; to be ~ about sthg [personal problem] être complexé par qqch; [sexual matters] être coincé quand il s'agit de qqch.

**hunk** [hʌŋk] *n* **-1.** [piece] gros morceau *m*.-**2.** *inf* [man] beau mec *m* OR mâle *m*.

**hunky** ['hʌŋkɪ] *adj inf*: he's really ~ c'est un beau mec.

**hunky-dory** [ˌhʌŋkɪ'dɔːrɪ] *adj inf*: everything is just ~! tout baigne (dans l'huile)!

**hunt** [hʌnt] ◇ *vt* **-1.** [for food, sport – subj: person] chasser, faire la chasse à; [– subj: animal] chasser. -**2.** *Br* SPORT [area] chasser dans; he ~s his horse all winter il monte son cheval à la chasse tout l'hiver. -**3.** [pursue] pourchasser, poursuivre; he was being ~ed by the police il était pourchassé OR recherché par la police. -**4.** [search] fouiller. -**5.** [drive out] chasser. -**6.** *phr*: to play ~ the slipper OR thimble ≃ jouer à cache-tampon. ◇ *vi* **-1.** [for food, sport] chasser; they ~ by night/in packs ils chassent la nuit/en bande; to go ~ing aller à la chasse; to ~ for sthg [person] chasser OR faire la chasse à qqch; [animal] chasser qqch. -**2.** [search] chercher (partout); she ~ed (around OR about) in her bag for her keys elle a fouillé dans son sac à la recherche de ses clefs; I've ~ed all over town for a linen jacket j'ai parcouru OR fait toute la ville pour trouver une veste en lin. -**3.** TECH [gauge] osciller; [engine] pomper. ◇ *n* **-1.** SPORT [activity] chasse *f*; [hunters] chasse *f*, chasseurs *mpl*; [area] chasse *f*; [fox-hunt] chasse *f* au renard; a tiger/bear ~ une chasse au tigre/à l'ours; a ~ ball bal réunissant les notables locaux amateurs de chasse. -**2.** [search] chasse *f*, recherche *f*; the ~ is on for the terrorists la chasse aux terroristes est en cours.

◆ **hunt down** *vt sep* [animal] forcer, traquer; [person] traquer; [thing, facts] dénicher; [abuses, errors] faire la chasse à; [truth] débusquer.

◆ **hunt out** *vt sep Br* dénicher, découvrir.

◆ **hunt up** *vt sep Br* [recherché] rechercher.

**hunted** ['hʌntɪd] *adj* traqué; he has a ~ look about him il a un air persécuté OR traqué.

**hunter** ['hʌntəʳ] *n* **-1.** SPORT [person] chasseur *m*; [horse] cheval *m* de chasse, hunter *m*; [dog] chien *m* courant OR de chasse. -**2.** [gen] chasseur *m*; [pursuer] poursuivant *m*. -**3.** [watch] (montre *f* à) savonnette *f*.

**hunter-gatherer** *n* chasseur-cueilleur *m*.

**hunter-killer** *adj* MIL d'attaque.

**hunting** ['hʌntɪŋ] ◇ *n* **-1.** SPORT chasse *f*; *Br* [fox-hunting] chasse *f* au renard; HIST [mounted deer-hunt] chasse *f* à courre; HIST [as an art] vénerie *f*.-**2.** [pursuit] chasse *f*, poursuite *f*; bargain ~ la chasse aux soldes. ◇ *adj* [boots, gun, knife, licence] de chasse.

**hunting ground** *n* SPORT & *fig* terrain *m* de chasse.

**hunting horn** *n* cor *m* OR trompe *f* de chasse.

**hunting lodge** *n* pavillon *m* de chasse.

**hunting season** *n* saison *f* de la chasse.

**huntress** ['hʌntrɪs] *n* chasseuse *f*; Diana the Huntress *lit* Diane chasseresse.

**huntsman** ['hʌntsmən] (*pl* **huntsmen** [-mən]) *n* **-1.** [hunter] chasseur *m*.-**2.** [master of hounds] veneur *m*.

**hurdle** ['hɜːdl] ◇ *n* **-1.** SPORT haie *f*; the 400 metre ~s le 400 mètres haies; she's the British ~s champion elle est la championne britannique de course de haies; to take OR to clear a ~ franchir une haie. -**2.** *fig* obstacle *m*; the next ~ will be getting funding for the project la prochaine difficulté sera d'obtenir des fonds pour le projet. -**3.** [for fences] claie *f*. ◇ *vt* [jump] sauter, franchir; [overcome] franchir. ◇ *vi* SPORT faire de la course de haies.

**hurdler** ['hɜːdləʳ] *n* coureur *m*, -euse *f* (*qui fait des courses de haies*).

**hurdy-gurdy** ['hɜːdɪˌgɜːdɪ] *n* **-1.** [barrel organ] orgue *m* de Barbarie. -**2.** [medieval instrument] vielle *f*.

**hurl** [hɜːl] *vt* **-1.** [throw] lancer, jeter (avec violence); to ~ o.s. at sb/sthg se ruer sur qqn/qqch; he ~ed a vase at him il lui a lancé un vase à la figure; they were ~ed to the ground ils ont été précipités OR jetés à terre; she ~ed herself off the top of the tower elle s'est précipitée OR jetée (du haut) de la tour; the boat was ~ed onto the rocks le bateau a été projeté sur les rochers. -**2.** [yell] lancer, jeter; to ~ abuse at sb lancer des injures à qqn, accabler qqn d'injures.

**hurling** ['hɜːlɪŋ] *n* SPORT *jeu irlandais voisin du hockey sur gazon*.

**hurly-burly** ['hɜːlɪˌbɜːlɪ] *Br* ◇ *n* tohu-bohu *m*. ◇ *adj* turbulent.

**Huron** ['hjʊərən] *prn*: Lake ~ le lac Huron.

**hurrah** *Br* [hʊ'rɑː], **hurray** [hʊ'reɪ] ◇ *n* hourra *m*. ◇ *interj*: ~! hourra!

**hurricane** ['hʌrɪkən] *n* ouragan *m*; [in Caribbean] hurricane *m*.

**hurricane force** *n* force *f* douze (sur l'échelle Beaufort).

◆ **hurricane-force** *comp*: hurricane-force winds TECH des vents de force douze.

**hurricane lamp** *n* lampe-tempête *f*.

**hurried** ['hʌrɪd] *adj* [meeting, reply, gesture, trip] rapide; [departure, steps] précipité; [judgment, decision] hâtif; [work] fait à la hâte; to have a ~ meal manger à la hâte; I wrote a ~ note to reassure her j'ai écrit un mot à la hâte OR un mot bref pour la rassurer.

**hurriedly** ['hʌrɪdlɪ] *adv* [examine] à la hâte; [leave] précipitamment; she passed ~ over the unpleasant details elle passa en vitesse sur les détails désagréables; he ~ excused himself il s'est empressé de s'excuser.

**hurry** ['hʌrɪ] (*pl* **hurries**, *pt* & *pp* **hurried**) ◇ *n* **-1.** [rush] hâte *f*, précipitation *f*; to be in a ~ to do sthg avoir hâte de faire qqch; not now, I'm in (too much of) a ~ pas maintenant, je suis (trop) pressé; he needs it in a ~ il en a besoin tout de suite; there's no big OR great ~ rien ne presse; there's no ~ for it cela ne presse pas; what's the OR your ~? qu'est-ce qui (vous) presse?; it was obviously written in a ~ de toute évidence, cela a été écrit à la hâte; he won't try that again in a ~! *Br inf* il ne ressaiera pas de sitôt!, il n'est pas près de ressayer!-**2.** [eagerness] empressement *m*; he's in no ~ to see her again il n'est pas pressé OR il n'a aucune hâte de la revoir.

◇ *vi* se dépêcher, se presser, se hâter; I must OR I'd better ~ il faut que je me dépêche; you don't have to ~ over that report vous pouvez prendre votre temps pour faire ce rapport; he hurried into/out of the room il est entré dans/sorti de la pièce en toute hâte OR précipitamment; ~! it's already started dépêche-toi! c'est déjà commencé.

◇ *vt* **-1.** [chivvy along] faire se dépêcher, presser, bousculer; don't ~ him ne le bouscule pas; she won't be hurried, you can't ~ her vous ne la ferez pas se dépêcher; they hurried him through customs ils lui ont fait passer la douane à la hâte. -**2.** [preparations, work] activer, presser, hâter; this decision can't be hurried cette décision exige d'être prise sans hâte. -**3.** [transport hastily] emmener d'urgence; aid was hurried to the stricken town des secours ont été envoyés d'urgence à la ville sinistrée.

◆ **hurry along** ◇ *vi insep* marcher d'un pas pressé; ~ along now! pressons, pressons! ◇ *vt sep* [person] faire presser le pas à, faire se dépêcher OR s'activer; [work] activer, accélérer.

◆ **hurry on** *vi insep* se dépêcher, continuer à la hâte OR en hâte; he hurried on to the next shelter il s'est pressé de gagner l'abri suivant.

◆ **hurry up** ◇ *vi insep* se dépêcher, se presser; ~ up! dépêchez-vous! ◇ *vt sep* [person] faire se dépêcher; [production, work] activer, pousser.

**hurt** [hɜːt] (*pt* & *pp* **hurt**) ◇ *vt* **-1.** [cause physical pain to] faire mal à; to ~ o.s. se faire mal; I ~ my elbow on the door je me suis fait mal au coude contre la porte; is your back ~ing you today? est-ce que tu as mal au dos aujourd'hui?; where does it ~ you? où est-ce que vous avez mal?, où cela vous fait-il mal? -**2.** [injure] blesser; two people were ~ in the crash deux personnes ont été blessées dans la collision. -**3.** [upset] blesser, faire de la peine à; he was very ~ by your criticism il a été très blessé par vos critiques; to ~ sb's feelings blesser OR froisser qqn. **-4.** [disadvantage] nuire à; the new tax will ~ the middle classes most ce sont les classes moyennes qui seront les plus touchées par le nouvel impôt; a bit of fresh air won't ~ you un peu d'air frais OR de grand air ne te fera pas de mal. **-5.** [damage – crops, machine] abîmer, endommager; [– eyesight] abîmer.

◇ *vi* faire mal; my head ~s ma tête me fait mal; where does it ~? où est-ce que vous avez mal?; he's ~ ing Am il a mal.

◇ *n* **-1.** [physical pain] mal *m*; [wound] blessure *f*.**-2.** [mental pain] peine *f*.**-3.** [damage] tort *m*.

◇ *adj* **-1.** [physically] blessé; he's more frightened than ~ il a eu plus de peur que de mal. **-2.** [offended] froissé, blessé; a ~ expression un regard meurtri OR blessé; don't feel ~ ne le prends pas mal. **-3.** Am [damaged – books] endommagé.

**hurtful** ['hɜ:tful] *adj* [event] préjudiciable, nuisible; [memory] pénible; [remark] blessant, offensant; what a ~ thing to say! comme c'est méchant OR cruel de dire cela!

**hurtle** ['hɜ:tl] *vi*: to ~ along avancer à toute vitesse OR allure; he went hurtling down the stairs il dévala les escaliers; the motorbike came hurtling towards him la moto fonça sur lui à toute vitesse.

**husband** ['hʌzbənd] ◇ *n* mari *m*, époux *m*; are they ~ and wife? sont-ils mari et femme?; they lived (together) as ~ and wife ils vivaient maritalement OR comme mari et femme. ◇ *vt* [resources, strength] ménager, économiser.

**husbandry** ['hʌzbəndrɪ] *n* **-1.** AGR agriculture *f*; [as science] agronomie *f*.**-2.** *fml* [thrift] économie *f*.

**hush** [hʌʃ] ◇ *n* silence *m*, calme *m*; a ~ fell over the room un silence s'est installé OR s'est fait dans la salle. ◇ *interj*: ~! [gen] silence!; [stop talking] chut! ◇ *vt* **-1.** [silence] faire taire. **-2.** [appease] calmer. ◇ *vi* se taire.

◆ **hush up** *vt sep* **-1.** [affair] étouffer; [witness] faire taire, empêcher de parler. **-2.** [noisy person] faire taire.

**hushed** [hʌʃt] *adj* [whisper, voice] étouffé; [silence] profond, grand; to speak in ~ tones parler à voix basse.

**hush-hush** *adj inf* secret (*f* -ète), archi-secret (*f* -ète).

**hush money** *n* (U) *inf* pot-de-vin *m* (*pour acheter le silence*); to pay sb ~ acheter le silence de qqn.

**husk** [hʌsk] ◇ *n* [of wheat, oats] balle *f*; [of maize, rice] enveloppe *f*; [of nut] écale *f*. ◇ *vt* [oats, barley] monder; [maize] éplucher; [rice] décortiquer; [wheat] vanner; [nuts] écaler.

**huskily** ['hʌskɪlɪ] *adv* [speak] d'une voix rauque; [sing] d'une voix voilée.

**husky** ['hʌskɪ] (*compar* **huskier**, *superl* **huskiest**, *pl* **huskies**) ◇ *adj* **-1.** [of voice – hoarse] rauque, enroué; [– breathy] voilé. **-2.** *inf* [burly] costaud. ◇ *n* [dog] chien *m* esquimau OR de traîneau.

**hussar** [hʊ'zɑ:ʳ] *n* hussard *m*.

**hussy** ['hʌsɪ] (*pl* **hussies**) *n* arch OR *hum* [shameless woman] garce *f*, gourgandine *f* *dated*.

**hustings** ['hʌstɪŋz] *npl* Br **-1.** [campaign] campagne *f* électorale; to go/to be out on the ~ partir/être en campagne électorale. **-2.** [occasion for speeches] ≃ débat *m* public (*pendant la campagne électorale*).

**hustle** ['hʌsl] ◇ *vt* **-1.** [cause to move – quickly] presser; [– roughly] bousculer, pousser; to ~ sb in/out faire entrer/sortir qqn énergiquement; he ~d us into the president's office il nous a pressés d'entrer chez le président; he was ~d away OR off by two men il a été emmené de force par deux hommes. **-2.** *inf* [obtain – resourcefully] faire tout pour avoir; [– underhandedly] magouiller pour avoir. **-3.** Am *inf* [swindle] rouler, arnaquer; [pressure]: to ~ sb into doing sthg forcer la main à qqn pour qu'il fasse qqch. **-4.** Am *inf* [steal] piquer. **-5.** ▽ Am [subj: prostitute] racoler. ◇ *vi* **-1.** Br [shove] bousculer. **-2.** = **hurry. -3.** Am *inf* [work hard] se bagarrer (pour réussir). **-4.** ▽ Am [engage in suspect activity] monter des coups, trafiquer; [politically] magouiller. **-5.** ▽ Am [prostitute] faire le tapin, tapiner. ◇ *n* **-1.** [crush] bousculade *f*.**-2.** [bustle] grande activité *f*; the ~ and bustle of the big city le tourbillon d'activité des grandes villes. **-3.** ▽ Am [swindle] arnaque *f*.

◆ **hustle** Am *inf* ◇ *vt sep* [prepare quickly] préparer en cinq sec. ◇ *vi insep* & *vt sep* = **hurry up.**

**hustler** ['hʌsləʳ] *n* **-1.** *inf* [dynamic person] type *m* dynamique, débrouillard *m*, -e *f*, magouilleur *m*, -euse *f*.**-2.** *inf*

[swindler] arnaqueur *m*, -euse *f*.**-3.** ▽ Am [prostitute] putain *f*.

**hut** [hʌt] *n* [primitive dwelling] hutte *f*; [shed] cabane *f*, baraque *f*; [alpine] refuge *m*, chalet-refuge *m*; MIL baraquement *m*.

**hutch** [hʌtʃ] *n* **-1.** [cage] cage *f*; [for rabbits] clapier *m*.**-2.** [chest] coffre *m*.**-3.** TECH [kneading trough] pétrin *m*, huche *f*.**-4.** MIN [wagon] wagonnet *m*, benne *f* (roulante).

**hyacinth** ['haɪəsɪnθ] *n* **-1.** BOT jacinthe *f*.**-2.** [gem] hyacinthe *f*.**-3.** [colour] bleu jacinthe *inv*, bleu violet *inv*.

**hyaena** [haɪ'i:nə] = **hyena.**

**hybrid** ['haɪbrɪd] ◇ *n* hybride *m*. ◇ *adj* hybride.

**hydra** ['haɪdrə] (*pl* **hydras** OR **hydrae** [-dri:]) *n* *fig* & ZOOL hydre *f*.

◆ **Hydra** *pr n* MYTH Hydre *f* (de Lerne).

**hydrangea** [haɪ'dreɪndʒə] *n* hortensia *m*.

**hydrant** ['haɪdrənt] *n* prise *f* d'eau.

**hydrate** ['haɪdreɪt] ◇ *n* hydrate *m*. ◇ *vt* hydrater. ◇ *vi* s'hydrater.

**hydration** [haɪ'dreɪʃn] *n* hydratation *f*.

**hydraulic** [haɪ'drɔ:lɪk] *adj* hydraulique; ~ engineer ingénieur *m* hydraulicien, hydraulicien *m*, -enne *f*.

**hydraulic brake** *n* frein *m* hydraulique.

**hydraulic press** *n* presse *f* hydraulique.

**hydraulics** [haɪ'drɔ:lɪks] *n* (U) hydraulique *f*.

**hydraulic suspension** *n* suspension *f* hydraulique.

**hydro** ['haɪdrəʊ] *n* Br [spa] établissement *m* thermal (*hôtel*).

**hydrocarbon** [,haɪdrə'kɑ:bən] *n* hydrocarbure *m*.

**hydrocephalic** [,haɪdrəsɪ'fælɪk] *adj* hydrocéphale.

**hydrochloric** [,haɪdrə'klɒrɪk] *adj* chlorhydrique; ~ acid acide *m* chlorhydrique.

**hydroelectric** [,haɪdrəʊɪ'lektrɪk] *adj* hydro-électrique.

**hydroelectricity** [,haɪdrəʊɪlek'trɪsətɪ] *n* hydro-électricité *f*.

**hydrofoil** ['haɪdrəfɔɪl] *n* hydrofoil *m*, hydroptère *m*.

**hydrogen** ['haɪdrədʒən] *n* hydrogène *m*.

**hydrogen bomb** *n* bombe *f* à hydrogène.

**hydrology** [haɪ'drɒlədʒɪ] *n* hydrologie *f*.

**hydrometer** [haɪ'drɒmɪtəʳ] *n* hydromètre *m*.

**hydropathy** [haɪ'drɒpəθɪ] *n* hydropathie *f*.

**hydrophobia** [,haɪdrə'fəʊbjə] *n* hydrophobie *f*.

**hydroplane** ['haɪdrəpleɪn] *n* **-1.** [boat] hydroglisseur *m*.**-2.** [seaplane] hydravion *m*.**-3.** [pontoon] flotteur *m* (*d'un hydravion*). **-4.** [on submarine] stabilisateur *m* d'assiette (*d'un sous-marin*).

**hydrostatics** [,haɪdrə'stætɪks] *n* (U) hydrostatique *f*.

**hydrotherapy** [,haɪdrə'θerəpɪ] *n* hydrothérapie *f*.

**hyena** [haɪ'i:nə] *n* hyène *f*.

**hygiene** ['haɪdʒi:n] *n* hygiène *f*; personal ~ hygiène personnelle OR corporelle.

**hygienic** [haɪ'dʒi:nɪk] *adj* hygiénique.

**hygienically** [haɪ'dʒi:nɪklɪ] *adv* de façon hygiénique.

**hygienist** [haɪ'dʒi:nɪst] *n*: (dental) ~ ≃ assistant *m* OR assistante *f* dentaire. (*qui s'occupe du détartrage etc*).

**hygrometer** [haɪ'grɒmɪtəʳ] *n* hygromètre *m*.

**hymen** ['haɪmen] *n* ANAT hymen *m*.

**hymn** [hɪm] ◇ *n* **-1.** RELIG hymne *f*, cantique *m*.**-2.** [gen – song of praise] hymne *m*. ◇ *vi lit* chanter un hymne à la gloire de.

**hymnal** ['hɪmnəl] = **hymn book.**

**hymn book** *n* livre *m* de cantiques.

**hype** [haɪp] ◇ *n* (U) *inf* [publicity] battage *m* publicitaire; the film got a lot of ~ il y a eu une publicité monstre autour de ce film; it's all ~ ce n'est que du bla-bla. ◇ *vt inf* **-1.** [falsify] baratiner. **-2.** [publicize] monter un gros coup de pub autour de; her latest novel has been heavily ~d son dernier roman a été lancé à grand renfort de publicité.

**hyped up** [haɪpt-] *adj inf* speed (*inv*), speedé.

**hyper** ['haɪpəʳ] *adj inf* **-1.** = **hyperactive. -2.** [angry] furax (*inv*).

**hyperactive** [,haɪpər'æktɪv] *adj* hyperactif.

**hyperactivity** [,haɪpəræk'tɪvətɪ] *n* hyperactivité *f*.

**hyperbola** [haɪ'pɜ:bələ] *n* MATH hyperbole *f*.

**hyperbole** [haɪ'pɜ:bəlɪ] *n* hyperbole *f*.

**hyperbolic(al)** [,haɪpə'bɒlɪk(l)] *adj* hyperbolique.

**hypercritical** [,haɪpə'krɪtɪkl] *adj* hypercritique.
**hyperglycaemia** *Br*, **hyperglycemia** *Am* [,haɪpəglaɪ'siːmɪə] *n* hyperglycémie *f*.
**hyperinflation** [,haɪpərɪn'fleɪʃn] *n* hyperinflation *f*.
**Hyperion** [haɪ'pɪərɪən] *pr n* Hypérion.
**hypermarket** [,haɪpə'mɑːkɪt] *n Br* hypermarché *m*.
**hyperrealism** [,haɪpə'rɪəlɪzm] *n* hyperréalisme *m*.
**hypersensitive** [,haɪpə'sensɪtɪv] *adj* hypersensible.
**hypersensitivity** ['haɪpə,sensɪ'tɪvətɪ] *n* hypersensibilité *f*.
**hypersonic** [,haɪpə'sɒnɪk] *adj* hypersonique.
**hypertension** [,haɪpə'tenʃn] *n* hypertension *f*.
**hypertext** ['haɪpətekst] *n* COMPUT hypertexte *m*.
**hyperventilate** [,haɪpə'ventɪleɪt] *vi* faire de l'hyperventilation OR de l'hyperpnée.
**hyperventilation** ['haɪpə,ventɪ'leɪʃn] *n* hyperventilation *f*, hyperpnée *f*.
**hyphen** ['haɪfn] ◇ *n* trait *m* d'union. ◇ *vt* = **hyphenate**.
**hyphenate** ['haɪfəneɪt] *vt* mettre un trait d'union à; a ~ed word un mot à trait d'union.
**hypnosis** [hɪp'nəusɪs] *n* hypnose *f*; to be under ~ être en état hypnotique OR d'hypnose.
**hypnotherapy** [,hɪpnəʊ'θerəpɪ] *n* hypnothérapie *f*.
**hypnotic** [hɪp'nɒtɪk] ◇ *adj* hypnotique. ◇ *n* [drug] hypnotique *m*; [person] hypnotisé *mf*.
**hypnotism** ['hɪpnətɪzm] *n* hypnotisme *m*.
**hypnotist** ['hɪpnətɪst] *n* hypnotiseur *m*, -euse *f*.
**hypnotize, -ise** ['hɪpnətaɪz] *vt* hypnotiser.
**hypoallergenic** ['haɪpəʊ,ælə'dʒenɪk] *adj* hypoallergique.
**hypocentre** *Br*, **hypocenter** *Am* ['haɪpəʊ,sentəʳ] *n* -**1.** [of earthquake] hypocentre *m*.-**2.** NUCL point *m* zéro.
**hypochondria** [,haɪpə'kɒndrɪə] *n* hypocondrie *f*.
**hypochondriac** [,haɪpə'kɒndrɪæk] ◇ *adj* hypocondriaque. ◇ *n* hypocondriaque *mf*, malade *mf* imaginaire.
**hypocoristic** [,haɪpəkə:'rɪstɪk] *adj* LING hypocoristique.
**hypocrisy** [hɪ'pɒkrəsɪ] (*pl* **hypocrisies**) *n* hypocrisie *f*.
**hypocrite** ['hɪpəkrɪt] *n* hypocrite *mf*.
**hypocritical** [,hɪpə'krɪtɪkl] *adj* hypocrite; it would be ~ of me to get married in church ce serait hypocrite de ma part de me marier à l'église.
**hypodermic** [,haɪpə'dɜːmɪk] ◇ *adj* hypodermique; ~ needle aiguille *f* hypodermique. ◇ *n* -**1.** [syringe] seringue *f* hypodermique. -**2.** [injection] injection *f* hypodermique.
**hypoglycaemia** *Br*, **hypoglycemia** *Am* [,haɪpəʊglaɪ'siːmɪə] *n* hypoglycémie *f*.
**hypoglycaemic** *Br*, **hypoglycemic** *Am* [,haɪpəʊglaɪ'siːmɪk] *adj* hypoglycémiant.
**hypotenuse** [haɪ'pɒtənjuːz] *n* hypoténuse *f*.
**hypothermia** [,haɪpəʊ'θɜːmɪə] *n* hypothermie *f*.
**hypothesis** [haɪ'pɒθɪsɪs] (*pl* **hypotheses** [-siːz]) *n* hypothèse *f*; to put forward OR to advance a ~ émettre OR énoncer une hypothèse; this confirms my ~ that... cela confirme mon hypothèse selon OR d'après laquelle...
**hypothesize, -ise** [haɪ'pɒθɪsaɪz] ◇ *vt* supposer; he ~d that she was not in fact the killer il a formulé l'hypothèse selon laquelle ce ne serait pas elle l'assassin. ◇ *vi* faire des hypothèses OR des suppositions.
**hypothetical** [,haɪpə'θetɪkl] *adj* hypothétique; it's purely ~ c'est purement hypothétique.
**hypothetically** [,haɪpə'θetɪklɪ] *adv* hypothétiquement.
**hysterectomy** [,hɪstə'rektəmɪ] (*pl* **hysterectomies**) *n* hystérectomie *f*.
**hysteria** [hɪs'tɪərɪə] *n* -**1.** PSYCH hystérie *f*.-**2.** [hysterical behaviour] crise *f* de nerfs; his voice betrayed his mounting ~ sa voix trahissait la montée d'une crise de nerfs; the crowd was on the edge OR verge of ~ *fig* la foule était au bord de l'hystérie.
**hysteric** [hɪs'terɪk] *n* PSYCH hystérique *mf*.
**hysterical** [hɪs'terɪkl] *adj* -**1.** PSYCH hystérique. -**2.** [sobs, voice] hystérique; [laugh] hystérique, nerveux; he was ~ with grief il était fou de chagrin. -**3.** [overexcited]: it's nothing to get ~ about! ce n'est pas la peine de faire une crise (de nerfs)!-**4.** *inf* [very funny] tordant, hilarant.
**hysterically** [hɪs'terɪklɪ] *adv* hystériquement; it was ~ funny! c'était super drôle!
**hysterics** [hɪs'terɪks] *npl* -**1.** = **hysteria 1**. -**2.** [fit] (violente) crise *f* de nerfs; to go into OR to have ~ avoir une (violente) crise de nerfs. -**3.** *inf* [laughter] crise *f* de rire; to go into OR to have ~ attraper un OR avoir le fou rire; he had me in ~ il m'a fait mourir de rire.
**Hz** (*written abbr of* **hertz**) Hz.

---

**USAGE ▶ Hypothetical situations**

**Spoken style**

Si tu pars tout de suite, tu y seras peut-être ce soir.
Nous partirons demain, à moins qu'il ne se mette à pleuvoir.
S'ils ne m'augmentent pas, je démissionne!
Tant que vous ne vous écartez pas de la nationale, vous ne risquez pas de vous perdre.
À supposer qu'il l'ait posté hier, nous recevrons le paquet demain.

▷ *more formal:*

Sa sélection en équipe de France dépendra de sa prestation d'aujourd'hui.

**Written style**

Vous pouvez bénéficier de tarifs préférentiels à condition d'avoir moins de 25 ans.
Si vous désirez vous abonner, retournez-nous dès aujourd'hui le bulletin ci-contre.

# I

**i** (*pl* **i's** OR **is**), **I** (*pl* **I's** OR **Is**) [aɪ] *n* [letter] i *m*, I *m*; I as in Ivor ≃ I comme Irma.

**I** [aɪ] *pron* [gen] je, j' (*before vowel or silent 'h'*); [emphatic] moi; I like skiing j'aime skier; Ann and I have known each other for years Ann et moi nous connaissons depuis des années; I found it, not you c'est moi qui l'ai trouvé, pas vous.

**IA** *written abbr of* **Iowa**.

**IAEA** (*abbr of* **International Atomic Energy Agency**) *pr n* AIEA *f*.

**iambic** [aɪˈæmbɪk] *adj* iambique; ~ **pentameter** pentamètre *m* iambique.

**IBA** (*abbr of* **Independent Broadcasting Authority**) *pr n organisme d'agrément et de coordination des stations de radio et chaînes de télévision du secteur privé en Grande-Bretagne*.

**Iberia** [aɪˈbɪərɪə] *pr n* Ibérie *f*; in ~ en Ibérie.

**Iberian** [aɪˈbɪərɪən] ◇ *n* **-1.** [person] Ibère *mf*.**-2.** LING ibère *m*. ◇ *adj* ibérique.

**Iberian Peninsula** *pr n*: the ~ la péninsule Ibérique.

**ibex** [ˈaɪbeks] (*pl inv* OR **ibexes**) *n* bouquetin *m*.

**ibid** (*written abbr of* **ibidem**) ibid.

**ibis** [ˈaɪbɪs] (*pl inv* OR **ibises**) *n* ibis *m*.

**Ibiza** [ɪˈbiːθə] *pr n* Ibiza; in ~ à Ibiza.

**i/c** *written abbr of* **in charge**.

**Icarus** [ˈɪkərəs] *pr n* Icare.

**ICBM** (*abbr of* **intercontinental ballistic missile**) *n* ICBM *m*.

**ice** [aɪs] ◇ *n* **-1.** (U) [frozen water] glace *f*; [ice cube] glaçon *m*, glaçons *mpl*; her feet were like ~ elle avait les pieds gelés ❑ to put sthg on ~: the reforms have been put on ~ les réformes ont été gelées; to walk OR to be on thin ~ avancer en terrain miné. **-2.** [on road] verglas *m*.**-3.** [in ice rink] glace *f*.**-4.** [ice-cream] glace *f*.**-5.** ▽ (U) *Am* [diamonds] diams *mpl*, cailloux *mpl*. ◇ *vt* **-1.** [chill – drink] rafraîchir; [– with ice cubes] mettre des glaçons dans. **-2.** [cake] glacer. ◇ *vi* (se) givrer.

◆ **ice over** ◇ *vi insep* [lake, river etc] geler; [window, propellers] (se) givrer. ◇ *vt sep*: to be ~d over [lake, river etc] être gelé; [window, propellers] être givré.

◆ **ice up** ◇ *vi insep* **-1.** [lock, windscreen, propellers] (se) givrer, se couvrir de givre. **-2.** [road] se couvrir de verglas. ◇ *vt sep*: to be ~d up [lock, windscreen, propellers] être givré; [road] être verglacé.

**ice age** *n* période *f* glaciaire.

◆ **ice-age** *adj* (datant) de la période glaciaire.

**ice axe** *n* piolet *m*.

**iceberg** [ˈaɪsbɜːg] *n* **-1.** iceberg *m*.**-2.** *inf* [cold person] glaçon *m*.

**iceberg lettuce** *n* salade aux feuilles serrées et croquantes.

**ice blue** ◇ *n* bleu métallique *m*. ◇ *adj* bleu métallique (*inv*).

**icebound** [ˈaɪsbaʊnd] *adj* bloqué par les glaces.

**icebox** [ˈaɪsbɒks] *n* **-1.** *Br* [freezer compartment] freezer *m*.**-2.** [coolbox] glacière *f*.**-3.** *fig* glacière *f*.

**icebreaker** [ˈaɪsˌbreɪkəʳ] *n* **-1.** [vessel] brise-glace *m inv*.**-2.** [at party] façon *f* de briser la glace.

**ice bucket** *n* seau *m* à glace.

**ice cap** *n* calotte *f* glacière.

**ice-cold** *adj* [hands, drink] glacé; [house, manners] glacial.

**ice cream** *n* glace *f*; chocolate/strawberry ~ glace au chocolat/à la fraise.

**ice-cream cone**, **ice-cream cornet** *n* cornet *m* de glace.

**ice-cream parlour** *n* salon *m* de dégustation de glaces.

**ice-cream soda** *n* soda *m* avec de la glace.

**ice-cream van** *n* camionnette *f* de vendeur de glaces.

**ice cube** *n* glaçon *m*.

**iced** [aɪst] *adj* **-1.** [chilled – drink] glacé. **-2.** [decorated – cake, biscuit] glacé.

**ice dancing** *n* danse *f* sur glace.

**icefield** [ˈaɪsfiːld] *n* champ *m* de glace, ice-field *m*.

**ice floe** *n* glace *f* flottante.

**ice hockey** *n* hockey *m* sur glace.

**Iceland** [ˈaɪslənd] *pr n* Islande *f*; in ~ en Islande.

**Icelander** [ˈaɪsləndəʳ] *n* Islandais *m*, -e *f*.

**Icelandic** [aɪsˈlændɪk] ◇ *n* islandais *m*. ◇ *adj* islandais.

**ice lolly** (*pl* **ice lollies**) *n Br* ≃ sucette *f* glacée.

**ice pack** *n* **-1.** [pack ice] banquise *f*.**-2.** [ice bag] sac *m* à glaçons; MED poche *f* à glace.

**ice pick** *n* pic *m* à glace.

**ice rink** *n* patinoire *f*.

**ice show** *n* spectacle *m* sur glace.

**ice skate** *n* patin *m* (à glace).

◆ **ice-skate** *vi* patiner; [professionally] faire du patinage (sur glace); [for pleasure] faire du patin (à glace).

**ice-skater** *n* patineur *m*, -euse *f*.

**ice-skating** *n* patinage *m* (sur glace); to go ~ faire du patin (à glace).

**ice water** *n Am* eau *f* glacée.

**icicle** [ˈaɪsɪkl] *n* glaçon *m* (*qui pend d'une gouttière etc*).

**icily** [ˈaɪsɪlɪ] *adv* d'une manière glaciale.

**icing** [ˈaɪsɪŋ] *n* **-1.** CULIN glaçage *m*; it's the ~ on the cake *fig* c'est la cerise sur le gâteau. **-2.** [on aeroplane – process] givrage *m*; [– ice] givre *m*.

**icing sugar** *n Br* sucre *m* glace.

**ICJ** (*abbr of* **International Court of Justice**) *pr n* CIJ *f*.

**icon** [ˈaɪkɒn] *n* icône *f*.

**iconoclast** [aɪˈkɒnəklæst] *n* iconoclaste *mf*.

**iconoclastic** [aɪˌkɒnəˈklæstɪk] *adj* iconoclaste.

**ICR** (*abbr of* **Institute for Cancer Research**) *pr n* institut américain de recherche sur le cancer.

**ICU** *n abbr of* **intensive care unit**.

**icy** [ˈaɪsɪ] (*compar* **icier**, *superl* **iciest**) *adj* **-1.** [weather] glacial; [hands] glacé; [ground] gelé. **-2.** [covered in ice – road] verglacé; [– window, propeller] givré, couvert de givre. **-3.** *fig* [reception, stare] glacial.

**id** [ɪd] *n* PSYCH ça *m*.

**I'd** [aɪd] = **I had**, **I would**.

**ID** ◇ *n* (U) (*abbr of* **identification**) papiers *mpl*; do you have any ~? vous avez une pièce d'identité? ◇ *written abbr of* **Idaho**.

**Idaho** [ˈaɪdəhəʊ] *pr n* Idaho *m*; in ~ dans l'Idaho.

**ID card** *n* carte *f* d'identité.

**IDD** (*abbr of* **international direct dialling**) *n* indicatif *m* du pays.

**idea** [aɪˈdɪə] *n* **-1.** [plan, suggestion, inspiration] idée *f*; what a good ~! quelle bonne idée!; I've had an ~ j'ai une idée; it wasn't MY ~! l'idée n'était pas de moi! ❑ that's an ~! ça, c'est une bonne idée!; that's the ~! c'est ça!; what's the ~? [showing disapproval] qu'est-ce que ça veut dire OR signifie?; the very ~! en voilà une idée!**-2.** [notion] idée *f*; our ~s about the universe notre conception de l'univers; sorry, but this is not my ~ of fun désolé, mais je ne trouve pas ça drôle or ça ne m'amuse pas; **don't put** ~s into his head ne va pas lui fourrer or lui mettre des idées dans la tête; **she hasn't an** ~ **in her head** elle n'a pas un grain de jugeote; **it was a nice** ~ **to phone** c'est gentil d'avoir pensé à téléphoner; **you've no** ~ **of the conditions in which they lived** tu ne peux pas t'imaginer les conditions dans lesquelles ils vivaient; **has anyone any** ~ **how the accident occurred?** est-ce qu'on a une idée de la façon dont l'accident est arrivé?; **I have a rough** ~ **of what happened** je m'imagine assez bien ce qui est arrivé; **no** ~! aucune idée!; **I haven't the slightest** ~ je n'en ai pas la moindre idée; **I've no** ~ **where it came from** je ne sais vraiment pas d'où ça vient; **what gave him the** ~ **that it would be easy?** qu'est-ce qui lui a laissé croire que ce serait facile?**-3.** [estimate] indication *f*, idée *f*; **can you give me an** ~ **of how much it will cost?** est-ce que vous pouvez m'indiquer à peu près combien ça va coûter?**-4.** [suspicion] soupçon *m*, idée *f*; **she had an** ~ **that something was going to happen** elle se doutait que quelque chose allait arriver; **I've an** ~ **that he'll succeed** j'ai dans l'idée qu'il finira par réussir. **-5.** [objective, intention] but *m*; **the** ~ **is to provide help for people in need** il s'agit d'aider ceux qui sont dans le besoin.

**ideal** [aɪ'dɪəl] ◇ *adj* idéal; **that's** ~! c'est parfait! ❑ **the Ideal Home Exhibition** ≃ le salon de l'habitat. ◇ *n* idéal *m*.

**idealism** [aɪ'dɪəlɪzm] *n* idéalisme *m*.

**idealist** [aɪ'dɪəlɪst] ◇ *n* idéaliste *mf*. ◇ *adj* idéaliste.

**idealistic** [aɪ,dɪə'lɪstɪk] *adj* idéaliste.

**idealize, -ise** [aɪ'dɪəlaɪz] *vt* idéaliser.

**ideally** [aɪ'dɪəlɪ] *adv* **-1.** [perfectly] parfaitement; **the shop is** ~ **situated** l'emplacement du magasin est idéal. **-2.** [in a perfect world] dans l'idéal; ~, **this wine should be served at room temperature** normalement or pour bien faire, ce vin doit être servi chambré; ~, **I would like to work in advertising** mon rêve ce serait de travailler dans la publicité.

**identical** [aɪ'dentɪkl] *adj* identique; ~ **to** or **with** identique à; **they were wearing** ~ **dresses** elles portaient la même robe.

**identically** [aɪ'dentɪklɪ] *adv* identiquement; **to be** ~ **dressed** être habillé exactement de la même façon.

**identical twins** *npl* vrais jumeaux *mpl*, vraies jumelles *fpl*.

**identifiable** [aɪ'dentɪfaɪəbl] *adj* identifiable.

**identification** [aɪ,dentɪfɪ'keɪʃn] *n* **-1.** [gen] identification *f*. **-2.** *(U)* [identity papers] papiers *mpl*.

**identification card** *n* carte *f* d'identité.

**identification papers** *npl* papiers *mpl* d'identité.

**identification parade** *n* Br séance *f* d'identification (*au cours de laquelle on demande à un témoin de reconnaître une personne*).

**identifier** [aɪ'dentɪfaɪər] *n* COMPUT identificateur *m*, identifieur *m*.

**identify** [aɪ'dentɪfaɪ] (*pt* & *pp* **identified**) ◇ *vt* **-1.** [recognize, name] identifier; **the winner has asked not to be identified** le gagnant a tenu à garder l'anonymat. **-2.** [distinguish – subj: physical feature, badge etc]: **she wore a red rose to** ~ **herself** elle portait une rose rouge pour se faire reconnaître or pour qu'on la reconnaisse; **his accent immediately identified him to the others** les autres l'ont immédiatement reconnu à son accent. **-3.** [acknowledge – difficulty, issue etc] définir. **-4.** [associate – people, ideas etc]: **he has long been identified with right-wing groups** il y a longtemps qu'il est assimilé or identifié aux groupuscules de droite; **to** ~ **o.s. with** s'identifier à. ◇ *vi*: **to** ~ **with** s'identifier à or avec.

**Identikit®** [aɪ'dentɪkɪt] *n*: ~ **(picture)** portrait-robot *m*.

**identity** [aɪ'dentətɪ] (*pl* **identities**) ◇ *n* **-1.** [name, set of characteristics] identité *f*; **it was a case of mistaken** ~ il y a eu erreur sur la personne. **-2.** [sense of belonging] identité *f*. ◇ *comp* [bracelet, papers] d'identité.

**identity card** *n* carte *f* d'identité.

**identity crisis** *n* crise *f* d'identité.

**identity parade** = **identification parade**.

**ideogram** ['ɪdɪəʊgræm], **ideograph** ['ɪdɪəʊgrɑːf] *n* idéogramme *m*.

**ideographic** [,ɪdɪəʊ'græfɪk] *adj* idéographique.

**ideological** [,aɪdɪə'lɒdʒɪkl] *adj* idéologique.

**ideologically** [,aɪdɪə'lɒdʒɪklɪ] *adv* du point de vue idéolo-

gique, idéologiquement; ~ **sound** [idea] défendable sur le plan idéologique; ~ [person] dont les idées sont défendables sur le plan idéologique.

**ideologue** ['aɪdɪəlɒg] *n* idéologue *mf*.

**ideology** [,aɪdɪ'ɒlədʒɪ] (*pl* **ideologies**) *n* idéologie *f*.

**ides** [aɪdz] *n* ides *fpl*.

**idiocy** ['ɪdɪəsɪ] *n* [stupidity] stupidité *f*, idiotie *f*.

**idiolect** ['ɪdɪəlekt] *n* idiolecte *m*.

**idiom** ['ɪdɪəm] *n* **-1.** [language] idiome *m*. **-2.** [style – of music, writing etc] style *m*.

**idiomatic** [,ɪdɪə'mætɪk] *adj* idiomatique.

**idiomatically** [,ɪdɪə'mætɪklɪ] *adv* de manière idiomatique.

**idiosyncrasy** [,ɪdɪə'sɪŋkrəsɪ] (*pl* **idiosyncrasies**) *n* [peculiarity] particularité *f*; [foible] manie *f*.

**idiosyncratic** [,ɪdɪəsɪŋ'krætɪk] *adj* [style, behaviour] caractéristique.

**idiot** ['ɪdɪət] *n* **-1.** [fool] idiot *m*, -e *f*, imbécile *mf*; **(you) stupid** ~! espèce d'idiot!; **don't be an** ~! ne sois pas idiot!; **that** ~ **Harry** cet imbécile de Harry. **-2.** PSYCH & *arch* idiot *m*, -e *f*.

**idiot board** *n inf* prompteur *m*, télésouffleur *m*.

**idiotic** [,ɪdɪ'ɒtɪk] *adj* idiot.

**idiotically** [,ɪdɪ'ɒtɪklɪ] *adv* stupidement, bêtement; **he behaved** ~ il s'est comporté comme un imbécile.

**idiot-proof** *inf* ◇ *adj* COMPUT à l'épreuve de toute fausse manœuvre. ◇ *vt* rendre infaillible.

**idle** ['aɪdl] ◇ *adj* **-1.** [person – inactive] inoccupé, désœuvré; [– lazy] oisif, paresseux; **in her** ~ **moments** à ses moments perdus; **he's an** ~ **good-for-nothing** c'est un fainéant et un bon à rien; **the** ~ **rich** les riches désœuvrés or oisifs. **-2.** [not in use – factory, equipment] arrêté, à l'arrêt; **to stand** ~ [machine] être arrêté or au repos; **to lie** ~ [factory] chômer; [money] dormir, être improductif. **-3.** [empty – threat, promise etc] vain, en l'air; [– rumour] sans fondement; **it would be** ~ **to speculate** on ne servirait à rien de se livrer à de vaines conjectures ‖ [casual]: ~ **gossip** ragots *mpl*; **out of** ~ **curiosity** par pure curiosité.
◇ *vi* [engine] tourner au ralenti. ◇ *vt Am* [make unemployed – permanently] mettre au chômage; [– temporarily] mettre en chômage technique.

◆ **idle away** *vt sep*: **to** ~ **away one's time** tuer le temps.

**idleness** ['aɪdlnɪs] *n* **-1.** [laziness] oisiveté *f*, paresse *f*; [inactivity] désœuvrement *m*. **-2.** [futility] futilité *f*.

**idler** ['aɪdlər] *n* [lazy person] paresseux *m*, -euse *f*, fainéant *m*, -e *f*.

**idling speed** ['aɪdlɪŋ-] *n* ralenti *m*.

**idly** ['aɪdlɪ] *adv* **-1.** [lazily] paresseusement. **-2.** [casually] négligemment. **-3.** [unresponsively] sans réagir; **we will not stand** ~ **by** nous n'allons pas rester sans réagir or sans rien faire.

**idol** ['aɪdl] *n* idole *f*.

**idolatrous** [aɪ'dɒlətrəs] *adj* idolâtre.

**idolatry** [aɪ'dɒlətrɪ] *n* idolâtrie *f*.

**idolize, -ise** ['aɪdəlaɪz] *vt* idolâtrer.

**idyll** ['ɪdɪl] *n* idylle *f*.

**idyllic** [ɪ'dɪlɪk] *adj* idyllique.

**i.e.** *adv* c'est-à-dire, à savoir.

**if** [ɪf] ◇ *conj* **-1.** [supposing that] si; **if he comes, we'll ask him** s'il vient, on lui demandera; **if possible** si (c'est) possible; **if so** si c'est le cas; **if she hadn't introduced herself, I would never have recognized her** si elle ne s'était pas présentée, je ne l'aurais pas reconnue; **if I was older, I'd leave home** si j'étais plus âgé, je quitterais la maison; **if I were a millionaire, I'd buy a yacht** si j'étais millionnaire, j'achèterais un yacht; **would you mind if I invited Angie too?** ça te dérangerait si j'invitais aussi Angie?**-2.** [whenever] si; **if you ever come** or **if you ever go to London, do visit us** si jamais tu passes à Londres, viens nous voir. **-3.** [given that] si; **if Paul was the brains in the family, then Anne was the organizer** si Paul était le cerveau de la famille, alors Anne en était l'esprit organisateur. **-4.** [whether]: **to ask/to know/to wonder if** demander/savoir/ se demander si; **it doesn't matter if he comes or not** peu importe qu'il vienne ou (qu'il ne vienne) pas. **-5.** [with verbs or adjectives expressing emotion]: **I'm sorry if I upset you** je suis désolé si je t'ai fait de la peine. **-6.** [used to qualify a statement]: few, if any, readers will have heard of him peu de lecteurs auront entendu parler de lui, ou même aucun; he was intelligent if a little arrogant il était intelligent, mais quelque peu arrogant. **-7.** [introducing comments or opinions]: if I could just come in here... si je puis me permettre d'intervenir...; it's rather good, if I say so myself c'est assez bon, sans fausse modestie; I'll leave it there, if I may, and go on to my next point j'en resterai là, si vous voulez et passerai au point suivant; well, if you want my opinion OR if you ask me, I thought it was dreadful eh bien, si vous voulez mon avis, c'était affreux. **-8.** [in polite requests] si; if you could all just wait in the hall, I'll be back in a second si vous pouviez tous attendre dans l'entrée, je reviens tout de suite; would you like me to wrap it for you? — if you would, please vous voulez que je vous l'emballe? — oui, s'il vous plaît. **-9.** [expressing surprise, indignation] tiens, ça alors; well, if it isn't my old mate Jim! tiens OR ça alors, c'est ce vieux Jim! ◇ *n* si *m*; if you get the job - and it's a big if - you'll have to move to London tu obtiens cet emploi, et rien n'est moins sûr, tu devras aller t'installer à Londres; no ifs and buts, we're going il n'y a pas de «mais» qui tienne OR pas de discussions, on y va.

◆ **if and when** *conj phr* au cas où.

◆ **if anything** *adv phr* plutôt; he doesn't look any slimmer, if anything, he's put on weight il n'a pas l'air plus mince, il a même plutôt grossi; I am, if anything, even keener to be involved j'ai peut-être encore plus envie d'y participer.

◆ **if ever** *conj phr*: there's a hopeless case if ever I saw one! voilà un cas désespéré s'il en est!; if ever I saw a man driven by ambition, it's him si quelqu'un est poussé par l'ambition, c'est bien lui.

◆ **if I were you** *adv phr* à ta place.

◆ **if not** *conj phr*: did you finish on time? and if not, why not? avez-vous terminé à temps? sinon, pourquoi? hundreds, if not thousands des centaines, voire des milliers.

◆ **if only** *conj phr* **-1.** [providing a reason] au moins; I think I should come along too, if only to make sure you don't get into mischief je crois que je devrais venir aussi, au moins pour m'assurer que vous ne faites pas de bêtises. **-2.** [expressing a wish] si seulement; if only I could drive si seulement je savais conduire.

**iffy** ['ɪfɪ] (*compar* **iffier,** *superl* **iffiest**) *adj inf* [situation] incertain; [result] tangent; it all seems a bit ~ to me ça ne me semble pas très clair, tout ça.

**igloo** ['ɪgluː] *n* igloo *m*, iglou *m*.

**igneous** ['ɪgnɪəs] *adj* igné.

**ignite** [ɪg'naɪt] ◇ *vt* [set fire to] mettre le feu à, enflammer; [light] allumer. ◇ *vi* [catch fire] prendre feu, s'enflammer; [be lit] s'allumer.

**ignition** [ɪg'nɪʃn] *n* **-1.** AUT allumage *m*; to turn on/off the ~ mettre/couper le contact. **-2.** PHYS & CHEM ignition *f*.

**ignition key** *n* clef *f* de contact.

**ignition switch** *n* contact *m*.

**ignoble** [ɪg'nəʊbl] *adj* infâme.

**ignominious** [ˌɪgnə'mɪnɪəs] *adj* ignominieux.

**ignominy** ['ɪgnəmɪnɪ] *n* ignominie *f*.

**ignoramus** [ˌɪgnə'reɪməs] (*pl* **ignoramuses**) *n* ignare *mf*.

**ignorance** ['ɪgnərəns] *n* **-1.** [lack of knowledge, awareness] ignorance *f*; out of OR through sheer ~ par pure ignorance; they kept him in ~ of his sister's existence ils lui ont caché l'existence de sa sœur; ~ of the law is no excuse nul n'est censé ignorer la loi. **-2.** *pej* [bad manners] grossièreté *f*.

**ignorant** ['ɪgnərənt] *adj* **-1.** [uneducated] ignorant; I'm really ~ about classical music/politics je ne connais absolument rien à la musique classique/la politique. **-2.** [unaware] ignorant; he was ~ of the facts il ignorait les faits. **-3.** *pej* [bad-mannered] mal élevé.

**ignore** [ɪg'nɔːr] *vt* **-1.** [pay no attention to – person, remark] ne pas prêter attention à, ignorer; she completely ~d me elle a fait semblant de ne pas me voir; ~ him and he'll go away fais comme s'il n'était pas là et il le laissera tranquille. **-2.** [take no account of – warning, request etc] ne pas tenir compte de; he ~d the doctor's advice and continued smoking il n'a pas suivi les conseils de son médecin et a continué de fumer. **-3.** [overlook]: they can no longer ~ what is going on here il ne leur est plus possible d'ignorer OR de fermer les

yeux sur ce qui se passe ici; the report ~s certain crucial facts le rapport passe sous silence des faits cruciaux.

**iguana** [ɪ'gwɑːnə] *n* iguane *m*.

**ikon** ['aɪkɒn] = **icon**.

**IL** *written abbr of* **Illinois**.

**ileum** ['ɪlɪəm] *n* iléon *m*.

**Iliad** ['ɪlɪəd] *pr n*: 'The ~' Homer l'Iliade'.

**ilk** [ɪlk] *n* [type]: people of that ~ ce genre de personnes.

**ill** [ɪl] ◇ *adj* **-1.** [sick, unwell] malade; to fall OR to be taken ~ tomber malade; the smell makes me ~ l'odeur me rend malade. **-2.** *Br* [injured]: he is critically ~ with stab wounds il est dans un état critique après avoir reçu de nombreux coups de couteau. **-3.** *lit* [bad] mauvais, néfaste; ~ fortune malheur *m*, malchance *f*; ~ deeds méfaits *mpl*; a house of ~ repute une maison mal famée ❑ it's an ~ wind that blows nobody any good *prov* à quelque chose malheur est bon *prov*. ◇ *n* **-1.** *lit* [evil] mal *m*; to think/speak ~ of sb penser/dire du mal de qqn; for good or ~ [whatever happens] quoi qu'il arrive. **-2.** [difficulty, trouble] malheur *m*. ◇ *adv* **-1.** [hardly] à peine, difficilement; we can ~ afford these luxuries ce sont des luxes que nous pouvons difficilement nous permettre. **-2.** *fml* [badly] mal; it ~ becomes OR befits you to criticize il vous sied mal de critiquer; to augur OR to bode ~ être de mauvais augure.

**ill.** (*written abbr of* **illustration**) ill.

**I'll** [aɪl] = **I shall, I will**.

**ill-advised** *adj* [remark, comment] peu judicieux, hors de propos, déplacé; [action] peu judicieux, déplacé; he was ~ to go away il a eu tort OR il a été mal avisé de partir.

**ill-assorted** *adj* mal assorti, disparate.

**ill-at-ease** *adj* gêné, mal à l'aise.

**illative** [ɪ'leɪtɪv] ◇ *adj* illatif. ◇ *n* illatif *m*.

**ill-bred** *adj* mal élevé.

**ill-conceived** [-kən'siːvd] *adj* mal pensé.

**ill-considered** *adj* [hasty] hâtif; [thoughtless] irréfléchi.

**ill-defined** [-dɪ'faɪnd] *adj* mal défini.

**ill-disposed** [-dɪs'pəʊzd] *adj* mal disposé; to be ~ towards sb être mal disposé envers qqn; to be ~ to do sthg être peu enclin à faire qqch.

**illegal** [ɪ'liːgl] *adj* **-1.** JUR illégal; ~ entry violation *f* de domicile; ~ immigrant immigré *m*, -e *f*, clandestin *m*, -e *f*. **-2.** COMPUT [character] interdit; [instruction] erroné.

**illegality** [ˌɪlɪ'gæbtɪ] (*pl* **illegalities**) *n* illégalité *f*.

**illegally** [ɪ'liːgəlɪ] *adv* illégalement, d'une manière illégale; to be ~ parked être en stationnement interdit.

**illegible** [ɪ'ledʒəbl] *adj* illisible.

**illegitimacy** [ˌɪlɪ'dʒɪtɪməsɪ] *n* illégitimité *f*.

**illegitimate** [ˌɪlɪ'dʒɪtɪmət] ◇ *adj* **-1.** [child] naturel, illégitime JUR. **-2.** [activity] illégitime, interdit. **-3.** [argument] illogique. ◇ *n* enfant naturel *m*, enfant naturelle *f*.

**illegitimately** [ˌɪlɪ'dʒɪtɪmətlɪ] *adv* **-1.** [outside marriage] hors du mariage. **-2.** [illegally] illégitimement.

**ill-equipped** *adj* **-1.** [lacking equipment] mal équipé, mal préparé. **-2.** [lacking qualities – for job, situation]: to be ~ (for) ne pas être à la hauteur (de), être mal armé (pour).

**ill-fated** *adj* [action] malheureux, funeste; [person] qui joue de malheur, malheureux; [day] néfaste, de malchance; [journey] funeste, fatal.

**ill feeling** *n* ressentiment *m*, animosité *f*.

**ill-founded** [-'faʊndɪd] *adj* [hopes, confidence] mal fondé; [suspicions] sans fondement.

**ill-gotten** *adj*: ~ gains biens *mpl* mal acquis.

**ill health** *n* mauvaise santé *f*; to suffer from ~ avoir des problèmes de santé; because of ~ pour des raisons de santé.

**illiberal** [ɪ'lɪbərəl] *adj* **-1.** [bigoted, intolerant] intolérant; POL [regime] arbitraire, oppressif; [legislation] restrictif. **-2.** [mean] avare.

**illicit** [ɪ'lɪsɪt] *adj* illicite.

**illicitly** [ɪ'lɪsɪtlɪ] *adv* illicitement.

**ill-informed** *adj* [person] mal renseigné; [remark] inexact, faux (*f* fausse).

**Illinois** [ˌɪlɪ'nɔɪ] *pr n* Illinois *m*; in ~ dans l'Illinois.

**illiteracy** [ɪ'lɪtərəsɪ] *n* illettrisme *m*, analphabétisme *m*.

**illiterate** [ɪ'lɪtərət] ◇ *adj* **-1.** [unable to read] analphabète, il-lettré. **-2.** [uneducated] ignorant, sans éducation.
◇ *n* analphabète *mf*.

**ill-judged** [-dʒʌdʒd] *adj* [remark, attempt] peu judicieux.

**ill-mannered** *adj* [person] mal élevé, impoli; [behaviour] grossier, impoli.

**ill-natured** [-neɪtʃəd] *adj* qui a mauvais caractère.

**illness** ['ɪlnɪs] *n* maladie *f*.

**illocution** [ˌɪlə'kju:ʃn] *n* illocution *f*, acte *m* illocutoire.

**illocutionary** [ˌɪlə'kju:ʃnrɪ] *adj* illocutoire, illocutionnaire.

**illogical** [ɪ'lɒdʒɪkl] *adj* illogique; that's ~ ce n'est pas lo-gique.

**illogicality** [ˌɪlɒdʒɪ'kælətɪ] (*pl* **illogicalities**) *n* illogisme *m*.

**illogically** [ɪ'lɒdʒɪklɪ] *adv* d'une manière illogique.

**ill-starred** [-stɑ:d] *adj lit* [person] né sous une mauvaise étoile; [day] néfaste, funeste.

**ill-suited** *adj* mal assorti; to be ~ for sthg être inapte à qqch.

**ill-tempered** *adj* [by nature] grincheux, qui a mauvais ca-ractère; [temporarily] de mauvaise humeur; [remark, outburst etc] plein de mauvaise humeur.

**ill-timed** [-'taɪmd] *adj* [arrival, visit] inopportun, intempestif, qui tombe mal; [remark, question] déplacé, mal à propos *(inv)*.

**ill-treat** *vt* maltraiter.

**ill-treatment** *n* mauvais traitement *m*.

**illuminate** [ɪ'lu:mɪneɪt] ◇ *vt* **-1.** [light up] illuminer, éclairer. **-2.** [make clearer] éclairer. **-3.** [manuscript] enluminer. ◇ *vi* s'illuminer.

**illuminated** [ɪ'lu:mɪneɪtɪd] *adj* **-1.** [lit up – sign, notice] lumi-neux. **-2.** [decorated – manuscript] enluminé.

**illuminating** [ɪ'lu:mɪneɪtɪŋ] *adj* [book, speech] éclairant.

**illumination** [ɪ,lu:mɪ'neɪʃn] *n* **-1.** [light] éclairage *m*; [of build-ing] illumination *f*. **-2.** [of manuscript] enluminure *f*.
◆ **illuminations** *npl* [coloured lights] illuminations *fpl*.

**ill-use** [*vb* ,ɪl'ju:z, *n* ,ɪl'ju:s] *lit* ◇ *vt* [ill-treat] maltraiter. ◇ *n* [cruel treatment] mauvais traitement *m*.

**illusion** [ɪ'lu:ʒn] *n* **-1.** [false impression] illusion *f*; mirrors give an ~ of space les miroirs donnent une illusion d'espace. **-2.** [false belief] illusion *f*; to be under an ~ se faire une illusion; she has no ~s about her chances of success elle ne se fait aucune illusion sur ses chances de succès OR de réussir. **-3.** [magic trick] illusion *f*.

**illusionist** [ɪ'lu:ʒənɪst] *n* [conjurer, magician] illusionniste *mf*.

**illusory** [ɪ'lu:sərɪ] *adj* illusoire.

**illustrate** ['ɪləstreɪt] *vt* **-1.** [with pictures] illustrer. **-2.** [dem-onstrate] illustrer; it clearly ~s the need for improvement cela montre bien que des améliorations sont nécessaires.

**illustration** [ˌɪlə'streɪʃn] *n* **-1.** [picture] illustration *f*. **-2.** [demonstration] illustration *f*; it's a clear ~ of a lack of gov-ernment interest cela illustre bien un manque d'intérêt de la part du gouvernement; by way of ~ à titre d'exemple.

**illustrative** ['ɪləstrətɪv] *adj* [picture, diagram] qui illustre, ex-plicatif; [action, event, fact] qui démontre, qui illustre; the demonstrations are ~ of the need for reform les manifes-tations montrent que des réformes sont nécessaires; ~ ex-amples des exemples illustratifs.

**illustrator** ['ɪləstreɪtər] *n* illustrateur *m*, -trice *f*.

**illustrious** [ɪ'lʌstrɪəs] *adj* illustre.

**ill will** *n* malveillance *f*; I bear them no ~ je ne leur garde pas rancune, je ne leur en veux pas.

**ILO** (*abbr of* **International Labour Organization**) *pr n* OIT *f*.

**ILWU** (*abbr of* **International Longshoremen's and Ware-housemen's Union**) *pr n* syndicat international de dockers et de magasiniers.

**I'm** [aɪm] = **I am**.

**image** ['ɪmɪdʒ] *n* **-1.** [mental picture] image *f*; I still have an ~ of her as a child je la vois encore enfant; many people have the wrong ~ of her/of life in New York beaucoup de gens se font une fausse idée d'elle/de la vie à New York. **-2.** [public appearance]: (public) ~ image *f* de marque. **-3.** [like-ness] image *f*; man was made in God's ~ l'homme a été créé à l'image de Dieu ❑ you are the (very OR living) ~ of your mother tu es tout le portrait OR le portrait craché de ta mère. **-4.** [in art] image *f*. **-5.** OPT & PHOT image *f*.

**image processing** *n* COMPUT traitement *m* des images.

**imagery** ['ɪmɪdʒrɪ] *n* (*U*) **-1.** [in literature] images *fpl*. **-2.** [visual images] imagerie *f*.

**imaginable** [ɪ'mædʒɪnəbl] *adj* imaginable; the worst thing ~ happened ce qu'on pouvait imaginer de pire est arrivé.

**imaginary** [ɪ'mædʒɪnrɪ] *adj* **-1.** [in one's imagination – sick-ness, danger] imaginaire. **-2.** [fictional – character] fictif.

**imagination** [ɪ,mædʒɪ'neɪʃn] *n* [creativity] imagination *f*; [mind]: she tends to let her ~ run away with her elle a ten-dance à se laisser emporter par son imagination; it's all in her ~ elle se fait des idées; it was only my ~ c'est mon imagination qui me jouait des tours.

**imaginative** [ɪ'mædʒɪnətɪv] *adj* [person] imaginatif; [writing, idea, plan] original.

**imaginatively** [ɪ'mædʒɪnətɪvlɪ] *adv* avec imagination.

**imagine** [ɪ'mædʒɪn] *vt* **-1.** [picture – scene, person] imaginer, s'imaginer, se représenter; I'd ~d him to be a much smal-ler man je l'imaginais plus petit; I can't ~ (myself) getting the job je n'arrive pas à imaginer que je puisse être embau-ché; ~ yourself in his situation imaginez-vous dans sa si-tuation, mettez-vous à sa place; you can't ~ how awful it was vous ne pouvez pas (vous) imaginer OR vous figurer combien c'était horrible; (you can) ~ his delight! vous pensez s'il était ravi!; just ~! tu t'imagines!; you're imagin-ing things tu te fais des idées. **-2.** [suppose, think] supposer, imaginer; ~ (that) you're on a beach imagine-toi sur une plage; ~ (that) you've won imagine que tu as gagné, sup-pose que tu aies gagné; don't ~ I'll help you again ne t'imagine pas que je t'aiderai encore.

**imaginings** [ɪ'mædʒɪnɪŋz] *npl* [fears, dreams]: never in my worst ~ did I think it would come to this je n'aurais ja-mais pensé que les choses en arriveraient là.

**imbalance** [ˌɪm'bæləns] ◇ *n* déséquilibre *m*. ◇ *vt* déséquili-brer.

**imbecile** ['ɪmbɪsi:l] ◇ *n* **-1.** [idiot] imbécile *mf*, idiot *m*, -e *f*; to act the ~ faire l'imbécile; you ~! espèce d'imbécile OR d'idiot! **-2.** PSYCH imbécile *mf*. ◇ *adj* imbécile, idiot.

**imbibe** [ɪm'baɪb] *vt* **-1.** *fml* OR *hum* [drink] absorber. **-2.** *lit* [knowledge] assimiler. **-3.** PHYS absorber.

**imbue** [ɪm'bju:] *vt*: her parents had ~d her with high ideals ses parents lui avaient inculqué de nobles idéaux; his words were ~d with resentment ses paroles étaient plei-nes de ressentiment.

**IMF** (*abbr of* **International Monetary Fund**) *pr n* FMI *m*.

**imitate** ['ɪmɪteɪt] *vt* imiter.

**imitation** [ˌɪmɪ'teɪʃn] ◇ *n* **-1.** [copy] imitation *f*; it's a cheap ~ c'est du toc; 'beware of ~s' 'méfiez-vous des contrefa-çons'. **-2.** [act of imitating] imitation *f*; he does everything in ~ of his brother il imite OR copie son frère en tout. ◇ *comp* faux (*f* fausse); an ~ diamond necklace un collier en faux diamants; ~ fur fourrure *f* synthétique; ~ jewellery bijoux *mpl* (de) fantaisie; ~ leather imitation *f* cuir, similicuir *m*.

**imitative** ['ɪmɪtətɪv] *adj* [behaviour, sound] imitatif; [person, style] imitateur.

**imitator** ['ɪmɪteɪtər] *n* imitateur *m*, -trice *f*.

**immaculate** [ɪ'mækjʊlət] *adj* **-1.** [clean – house, clothes] im-peccable, d'une propreté irréprochable. **-2.** [faultless – work, behaviour etc] parfait, impeccable. **-3.** [morally pure] irrépro-chable.

**Immaculate Conception** *n*: the ~ l'Immaculée Concep-tion *f*.

**immaculately** [ɪ'mækjʊlətlɪ] *adv* **-1.** [spotlessly – clean, tidy] impeccablement; ~ dressed tiré à quatre épingles. **-2.** [faultlessly – behave, perform etc] d'une manière irrépro-chable, impeccablement.

**immanent** ['ɪmənənt] *adj* immanent.

**immaterial** [ˌɪmə'tɪərɪəl] *adj* **-1.** [unimportant] sans impor-tance; that point is ~ to what we are discussing cela n'a rien à voir avec ce dont nous sommes en train de parler. **-2.** PHILOS immatériel.

**immature** [ˌɪmə'tjʊər] *adj* **-1.** [childish] immature; she's very ~ elle manque vraiment de maturité. **-2.** BOT & ZOOL imma-ture, jeune.

**immaturity** [ˌɪmə'tjʊərətɪ] *n* **-1.** [of person] manque *m* de maturité, immaturité *f*. **-2.** PSYCH, BOT & ZOOL immaturité *f*.

**immeasurable** [ɪˈmeʒrəbl] *adj* incommensurable.

**immeasurably** [ɪˈmeʒrəblɪ] *adv* **-1.** [long, high] incommensurablement. **-2.** [as intensifier] infiniment.

**immediacy** [ɪˈmiːdjəsɪ] *n* impact *m* immédiat; the ~ of the crisis les effets immédiats de la crise.

**immediate** [ɪˈmiːdjət] *adj* **-1.** [instant] immédiat, urgent; the problem needs ~ attention il est urgent de régler le problème; this pill gives ~ relief ce cachet soulage instantanément, l'effet de ce cachet est instantané ‖ [close in time] immédiat; in the ~ future dans les heures OR les jours qui viennent. **-2.** [nearest] immédiat, proche; my ~ relatives mes parents les plus proches ❑ ~ constituent LING constituant *m* immédiat. **-3.** [direct – cause, influence] immédiat, direct.

**immediately** [ɪˈmiːdjətlɪ] ◇ *adv* **-1.** [at once] tout de suite, immédiatement; I left ~ after je suis parti tout de suite après. **-2.** [directly] directement. **-3.** [just] juste; ~ above the window juste au-dessus de la fenêtre. ◇ *conj Br* dès que; let me know ~ he arrives dès qu'il sera là, prévenez-moi.

**immemorial** [ˌɪmɪˈmɔːrɪəl] *adj* immémorial; since OR from time ~ de temps immémorial.

**immense** [ɪˈmens] *adj* immense, considérable.

**immensely** [ɪˈmenslɪ] *adv* immensément, extrêmement.

**immensity** [ɪˈmensətɪ] *n* immensité *f*.

**immerse** [ɪˈmɜːs] *vt* **-1.** [in liquid] immerger, plonger. **-2.** *fig*: I ~d myself in my work je me suis plongé dans mon travail; they were ~d in a game of chess ils étaient plongés dans une partie d'échecs. **-3.** RELIG baptiser par immersion.

**immersion** [ɪˈmɜːʃn] *n* **-1.** [in liquid] immersion *f*. **-2.** *fig* [in reading, work] absorption *f*; ~ course stage *m* intensif. **-3.** ASTRON & RELIG immersion *f*.

**immersion heater** *n* chauffe-eau *m inv* électrique.

**immigrant** [ˈɪmɪgrənt] ◇ *n* immigré *m*, -e *f*. ◇ *adj* immigré; ~ children enfants d'immigrés ❑ ~ worker travailleur *m* immigré.

**immigrate** [ˈɪmɪgreɪt] *vi* immigrer.

**immigration** [ˌɪmɪˈgreɪʃn] ◇ *n* **-1.** [act of immigrating] immigration *f*; the Immigration Control Act *loi de 1986 permettant aux immigrés illégaux résidant aux États-Unis depuis 1982 de recevoir un visa*. **-2.** [control section]: ~ (control) services *mpl* de l'immigration; to go through ~ (control) passer l'immigration. ◇ *comp* de l'immigration; ~ authorities services *mpl* de l'immigration; ~ regulations réglementation *f* relative à l'immigration.

**imminence** [ˈɪmɪnəns] *n* imminence *f*.

**imminent** [ˈɪmɪnənt] *adj* imminent.

**immobile** [ɪˈməʊbaɪl] *adj* immobile.

**immobility** [ˌɪməˈbɪlətɪ] *n* immobilité *f*.

**immobilization** [ɪˌməʊbɪlaɪˈzeɪʃn] *n* [gen & FIN] immobilisation *f*.

**immobilize, -ise** [ɪˈməʊbɪlaɪz] *vt* [gen & FIN] immobiliser.

**immoderate** [ɪˈmɒdərət] *adj* immodéré, excessif.

**immodest** [ɪˈmɒdɪst] *adj* **-1.** [indecent] impudique. **-2.** [vain] prétentieux.

**immodestly** [ɪˈmɒdɪstlɪ] *adv* **-1.** [indecently] impudiquement, de façon indécente. **-2.** [vainly] sans modestie.

**immolate** [ˈɪməleɪt] *vt lit* immoler.

**immoral** [ɪˈmɒrəl] *adj* immoral.

**immorality** [ˌɪməˈrælətɪ] *n* immoralité *f*.

**immortal** [ɪˈmɔːtl] ◇ *adj* immortel. ◇ *n* immortel *m*, -elle *f*.

**immortality** [ˌɪmɔːˈtælətɪ] *n* immortalité *f*.

**immortalize, -ise** [ɪˈmɔːtəlaɪz] *vt* immortaliser.

**immov(e)able** [ɪˈmuːvəbl] *adj* **-1.** [fixed] fixe; [impossible to move] impossible à déplacer; ~ feast RELIG fête *f* fixe. **-2.** [determined – person] inébranlable. **-3.** JUR: ~ property biens *mpl* immeubles OR immobiliers.

◆ **immovables** *npl* JUR biens *mpl* immobiliers.

**immune** [ɪˈmjuːn] *adj* **-1.** MED immunisé; ~ to measles immunisé contre la rougeole ❑ ~ serum immun-sérum *m*, antisérum *m*. *fig*: ~ to [unaffected by] à l'abri de, immunisé contre ‖ [exempt]: ~ from exempt de, exonéré de.

**immune system** *n* système *m* immunitaire.

**immunity** [ɪˈmjuːnətɪ] *n* **-1.** MED immunité *f*, résistance *f*; ~ to OR against measles immunité contre la rougeole. **-2.**

[exemption]: ~ from exonération *f* de, exemption *f* de. **-3.** [diplomatic, parliamentary] immunité *f*; ~ from prosecution immunité, inviolabilité *f*.

**immunization** [ˌɪmjuːnaɪˈzeɪʃn] *n* immunisation *f*.

**immunize, -ise** [ˈɪmjuːnaɪz] *vt* immuniser, vacciner.

**immunodeficiency** [ˌɪmjuːnəʊdɪˈfɪʃənsɪ] *n* immunodéficience *f*.

**immunology** [ˌɪmjuːˈnɒlədʒɪ] *n* immunologie *f*.

**immunotherapy** [ˌɪmjuːnəʊˈθerəpɪ] *n* immunothérapie *f*.

**immure** [ɪˈmjʊər] *vt* emmurer; to ~ o.s. in silence *fig* se murer OR s'enfermer dans le silence.

**immutability** [ɪˌmjuːtəˈbɪlətɪ] *n* immuabilité *f*.

**immutable** [ɪˈmjuːtəbl] *adj* immuable.

**imp** [ɪmp] *n* [devil] lutin *m*; [child] coquin *m*, -e *f*.

**impact** [*n* ˈɪmpækt, *vb* ɪmˈpækt] ◇ *n* **-1.** *literal* impact *m*; on ~ au moment de l'impact. **-2.** *fig* impact *m*, impression *f*; the scandal had little ~ on the election results le scandale a eu peu de répercussions OR d'incidence sur les résultats de l'élection; you made OR had quite an ~ on him vous avez fait une forte impression sur lui. ◇ *vt* **-1.** [collide with] entrer en collision avec. **-2.** [influence] avoir un impact sur. ◇ *vi* **-1.** [affect]: to ~ on produire un effet sur. **-2.** COMPUT frapper.

**impacted** [ɪmˈpæktɪd] *adj* [tooth] inclus; [fracture] avec impaction.

**impact printer** *n* COMPUT imprimante *f* à impact.

**impair** [ɪmˈpeər] *vt* **-1.** [weaken] diminuer, affaiblir. **-2.** [damage] détériorer, endommager.

**impaired** [ɪmˈpeəd] *adj* **-1.** [weakened] affaibli, diminué. **-2.** [damaged] détérioré, endommagé; ~ hearing/vision ouïe *f*/vue *f* affaiblie.

**impairment** [ɪmˈpeəmənt] *n* **-1.** [weakening] affaiblissement *m*, diminution *f*. **-2.** [damage] détérioration *f*.

**impala** [ɪmˈpɑːlə] *n* impala *m*.

**impale** [ɪmˈpeɪl] *vt* empaler; to ~ o.s. on sthg s'empaler sur qqch.

**impalpable** [ɪmˈpælpəbl] *adj* impalpable.

**impanel** [ɪmˈpænl] *Am* = **empanel**.

**impart** [ɪmˈpɑːt] *vt* **-1.** [communicate – news, truth] apprendre. **-2.** [transmit – knowledge, wisdom] transmettre. **-3.** [give – quality, flavour] donner.

**impartial** [ɪmˈpɑːʃl] *adj* impartial.

**impartiality** [ɪmˌpɑːʃɪˈælətɪ] *n* impartialité *f*.

**impartially** [ɪmˈpɑːʃəlɪ] *adv* impartialement.

**impassable** [ɪmˈpɑːsəbl] *adj* [road] impraticable; [stream, frontier] infranchissable.

**impasse** [æmˈpɑːs] *n* impasse *f*.

**impassioned** [ɪmˈpæʃnd] *adj* passionné; [plea] fervent.

**impassive** [ɪmˈpæsɪv] *adj* impassible.

**impatience** [ɪmˈpeɪʃns] *n* **-1.** [lack of patience] impatience *f*. **-2.** [irritation] irritation *f*; I fully understand your ~ at the delay je comprends parfaitement que ce retard vous irrite. **-3.** [intolerance] intolérance *f*.

**impatient** [ɪmˈpeɪʃnt] *adj* **-1.** [eager, anxious] impatient; I'm ~ to see her again je suis impatient de la revoir; they were ~ for the results ils attendaient les résultats avec impatience. **-2.** [easily irritated]: she's ~ with her children elle n'a aucune patience avec ses enfants; I'm getting ~ je commence à m'impatienter à OR à perdre patience. **-3.** [intolerant] intolérant; he's ~ with people who always ask the same questions il ne supporte pas les gens qui lui posent toujours les mêmes questions.

**impatiently** [ɪmˈpeɪʃntlɪ] *adv* impatiemment, avec impatience.

**impeach** [ɪmˈpiːtʃ] *vt* **-1.** [accuse] accuser, inculper. **-2.** ADMIN & POL [in US] entamer une procédure d'impeachment contre. **-3.** *Br fml* [doubt – motives, honesty] mettre en doute; [– character] attaquer. **-4.** JUR: to ~ a witness récuser un témoin.

**impeachment** [ɪmˈpiːtʃmənt] *n* JUR [accusation] mise *f* en accusation; [in US] *mise en accusation d'un élu devant le Congrès*.

**impeccable** [ɪmˈpekəbl] *adj* impeccable, irréprochable.

**impeccably** [ɪmˈpekəblɪ] *adv* impeccablement; ~ dressed tiré à quatre épingles.

**impecunious** [ˌɪmpɪˈkjuːnjəs] *adj fml* nécessiteux.

**impede** [ɪmˈpiːd] *vt* **-1.** [obstruct – traffic, player] gêner. **-2.** [hinder – progress] ralentir; [– plan] faire obstacle à; [– person] gêner.

**impediment** [ɪmˈpedɪmənt] *n* **-1.** [obstacle] obstacle *m*.**-2.** [handicap] défaut *m* (physique). **-3.** JUR empêchement *m*.

**impel** [ɪmˈpel] (*pt* & *pp* **impelled**, *cont* **impelling**) *vt* **-1.** [urge, incite] inciter; [compel] obliger, contraindre; I felt impelled to intervene je me sentais obligé d'intervenir. **-2.** [propel] pousser.

**impending** [ɪmˈpendɪŋ] *adj* (*before n*) imminent; the ~ arrival of all my relations l'arrivée prochaine de ma famille au grand complet; there was an atmosphere of ~ doom il planait une atmosphère de désastre imminent.

**impenetrable** [ɪmˈpenɪtrəbl] *adj* **-1.** [wall, forest, fog] impénétrable; *fig* [mystery] insondable, impénétrable. **-2.** [incomprehensible – jargon, system etc] incompréhensible.

**impenitent** [ɪmˈpenɪtənt] *adj* impénitent.

**imperative** [ɪmˈperətɪv] ◇ *adj* **-1.** [essential] (absolument) essentiel, impératif; it's ~ that you reply immediately il faut absolument que vous répondiez tout de suite. **-2.** [categorical – orders, voice] impérieux, impératif. **-3.** GRAMM impératif. ◇ *n* impératif *m*; in the ~ à l'impératif.

**imperatively** [ɪmˈperətɪvlɪ] *adv* **-1.** [absolutely] impérativement. **-2.** [imperiously] impérieusement, impérativement.

**imperceptible** [ˌɪmpəˈseptəbl] *adj* imperceptible; ~ to the human eye/ear invisible/inaudible (pour l'homme).

**imperceptibly** [ˌɪmpəˈseptəblɪ] *adv* imperceptiblement.

**imperfect** [ɪmˈpɜːfɪkt] ◇ *adj* **-1.** [flawed – work, argument] imparfait; [faulty – machine] défectueux; [– goods] de second choix. **-2.** [incomplete] incomplet (*f* -ète), inachevé. **-3.** GRAMM imparfait. **-4.** JUR inapplicable (pour vice de forme). ◇ *n* GRAMM imparfait *m*; in the ~ à l'imparfait.

**imperfection** [ˌɪmpəˈfekʃn] *n* [imperfect state] imperfection *f*; [fault] imperfection *f*, défaut *m*.

**imperfective** [ˌɪmpəˈfektɪv] ◇ *adj* imperfectif. ◇ *n* imperfectif *m*.

**imperfectly** [ɪmˈpɜːfɪktlɪ] *adv* imparfaitement.

**imperial** [ɪmˈpɪərɪəl] *adj* **-1.** [in titles] impérial; His Imperial Majesty Sa Majesté Impériale. **-2.** [majestic] majestueux, auguste. **-3.** [imperious] impérieux. **-4.** [size – of clothes] grande taille (*inv*); [– of paper] grand format (*inv*) (*Br* = 762 *mm* x 559 *mm*, *Am* = 787 *mm* x 584 *mm*). **-5.** *Br* [measure]: ~ pint pinte *f* (britannique).

**imperialism** [ɪmˈpɪərɪəlɪzm] *n* impérialisme *m*.

**imperialist** [ɪmˈpɪərɪəlɪst] ◇ *adj* impérialiste. ◇ *n* impérialiste *mf*.

**imperialistic** [ɪmˌpɪərɪəlˈɪstɪk] *adj* impérialiste.

**imperil** [ɪmˈperɪl] (*Br pt* & *pp* **imperilled**, *cont* **imperilling**, *Am pt* & *pp* **imperiled**, *cont* **imperiling**) *vt* mettre en péril.

**imperious** [ɪmˈpɪərɪəs] *adj* [authoritative] impérieux, autoritaire.

**imperishable** [ɪmˈperɪʃəbl] *adj* [quality, truth] impérissable; [goods] non périssable.

**impermanence** [ɪmˈpɜːmənəns] *n* fugacité *f*.

**impermanent** [ɪmˈpɜːmənənt] *adj* fugace.

**impermeable** [ɪmˈpɜːmɪəbl] *adj* [soil, cell, wall] imperméable; [container] étanche.

**impersonal** [ɪmˈpɜːsnl] *adj* **-1.** [objective] objectif. **-2.** [cold] froid, impersonnel. **-3.** GRAMM impersonnel.

**impersonally** [ɪmˈpɜːsnəlɪ] *adv* de façon impersonnelle.

**impersonate** [ɪmˈpɜːsəneɪt] *vt* **-1.** [imitate] imiter. **-2.** [pretend to be] se faire passer pour.

**impersonation** [ɪmˌpɜːsəˈneɪʃn] *n* **-1.** [imitation] imitation *f*.**-2.** [pretence of being] imposture *f*.

**impersonator** [ɪmˈpɜːsəneɪtə*r*] *n* **-1.** [mimic] imitateur *m*, -trice *f*.**-2.** [impostor] imposteur *m*.

**impertinence** [ɪmˈpɜːtɪnəns] *n* impertinence *f*.

**impertinent** [ɪmˈpɜːtɪnənt] *adj* **-1.** [rude] impertinent, insolent; to be ~ to sb être impertinent envers qqn. **-2.** [irrelevant] hors de propos, non pertinent.

**impertinently** [ɪmˈpɜːtɪnəntlɪ] *adv* avec impertinence.

**imperturbable** [ˌɪmpəˈtɜːbəbl] *adj* imperturbable.

**impervious** [ɪmˈpɜːvjəs] *adj* **-1.** [unreceptive, untouched –

person] imperméable, fermé; ~ to criticism imperméable à la critique; he remained ~ to our suggestions il est resté sourd à nos propositions. **-2.** [resistant – material]: ~ to heat résistant à la chaleur; ~ to water imperméable.

**impetigo** [ˌɪmpɪˈtaɪgəʊ] *n (U)* impétigo *m*.

**impetuosity** [ɪmˌpetjuˈɒsətɪ] *n* impétuosité *f*.

**impetuous** [ɪmˈpetʃʊəs] *adj* impétueux.

**impetus** [ˈɪmpɪtəs] *n* **-1.** [force] force *f* d'impulsion; [speed] élan *m*; [weight] poids *m*; to be carried by OR under one's own ~ être entraîné par son propre élan OR par son propre poids. **-2.** *fig* [incentive, drive] impulsion *f*, élan *m*; to give new ~ to sthg donner un nouvel élan à qqch.

**impiety** [ɪmˈpaɪətɪ] (*pl* **impieties**) *n* **-1.** RELIG impiété *f*.**-2.** [disrespect] irrévérence *f*.

**impinge** [ɪmˈpɪndʒ] *vi* **-1.** [affect]: to ~ on OR upon affecter. **-2.** [encroach]: to ~ on OR upon empiéter sur.

**impious** [ˈɪmpɪəs] *adj lit* impie.

**impish** [ˈɪmpɪʃ] *adj* espiègle, taquin, malicieux.

**implacable** [ɪmˈplækəbl] *adj* implacable.

**implacably** [ɪmˈplækəblɪ] *adv* implacablement.

**implant** [*vb* ɪmˈplɑːnt, *n* ˈɪmplɑːnt] ◇ *vt* **-1.** [instil – idea, feeling] inculquer; he tried to ~ his own beliefs in his children's minds il a essayé d'inculquer ses propres convictions à ses enfants. **-2.** MED [graft] greffer; [place under skin] implanter. ◇ *n* [under skin] implant *m*; [graft] greffe *f*.

**implausible** [ɪmˈplɔːzəbl] *adj* invraisemblable.

**implement** [*n* ˈɪmplɪmənt, *vb* ˈɪmplɪment] ◇ *n* **-1.** [tool] outil *m*; agricultural ~s matériel *m* agricole; kitchen ~s ustensiles *mpl* de cuisine. **-2.** *fig* [means] instrument *m*. ◇ *vt* [plan, orders] exécuter; [ideas, policies] mettre en œuvre.

**implementation** [ˌɪmplɪmenˈteɪʃn] *n* [of ideas, policies] mise *f* en œuvre; [of plan, orders] exécution *f*.

**implicate** [ˈɪmplɪkeɪt] *vt* impliquer; to be ~d in sthg être impliqué dans qqch.

**implication** [ˌɪmplɪˈkeɪʃn] *n* **-1.** [possible repercussion] implication *f*; I don't think you understand the ~s of what you are saying je ne suis pas sûr que vous mesuriez la portée de vos propos; the full ~s of the report are not yet clear il est encore trop tôt pour mesurer pleinement les implications de ce rapport. **-2.** [suggestion] suggestion *f*; [insinuation] insinuation *f*; [hidden meaning] sous-entendu *m*; by ~ par voie de conséquence; the ~ was that we would be punished tout portait à croire que nous serions punis. **-3.** [involvement] implication *f*.

**implicit** [ɪmˈplɪsɪt] *adj* **-1.** [implied] implicite; his feelings were ~ in his words ses paroles laissaient deviner ses sentiments. **-2.** [total – confidence, obedience] total, absolu.

**implicitly** [ɪmˈplɪsɪtlɪ] *adv* **-1.** [by implication] implicitement. **-2.** [totally] absolument.

**implied** [ɪmˈplaɪd] *adj* implicite, sous-entendu.

**implode** [ɪmˈpləʊd] ◇ *vi* imploser. ◇ *vt* LING: ~d consonant consonne *f* implosive.

**implore** [ɪmˈplɔː*r*] *vt* supplier; I ~ you! je vous en supplie!

**imploring** [ɪmˈplɔːrɪŋ] *adj* suppliant.

**imploringly** [ɪmˈplɔːrɪŋlɪ] *adv*: he looked at me ~ il me suppliait du regard.

**implosion** [ɪmˈpləʊʒn] *n* implosion *f*.

**implosive** [ɪmˈpləʊsɪv] ◇ *adj* implosif. ◇ *n* implosive *f*.

**imply** [ɪmˈplaɪ] (*pt* & *pp* **implied**) *vt* **-1.** [insinuate] insinuer; [give impression] laisser entendre OR supposer; are you ~ing that I'm mistaken? voulez-vous insinuer que je me trompe?**-2.** [presuppose] impliquer; [involve] comporter.

**impolite** [ˌɪmpəˈlaɪt] *adj* impoli; to be ~ to sb être OR se montrer impoli envers qqn.

**impolitely** [ˌɪmpəˈlaɪtlɪ] *adv* impoliment.

**imponderable** [ɪmˈpɒndrəbl] ◇ *adj* impondérable. ◇ *n* impondérable *m*.

**import** [*n* ˈɪmpɔːt, *vb* ɪmˈpɔːt] ◇ *n* **-1.** COMM importation *f*. **-2.** [imported article] importation *f*, article *m* importé. **-3.** *fml* [meaning] signification *f*; [content] teneur *f*.**-4.** *fml* [importance] importance *f*. ◇ *comp* [licence, surcharge] d'importation; [duty] de douane, sur les importations; [trade] des importations. ◇ *vt* COMM importer; lamb ~ed from New Zealand into Britain agneau de Nouvelle-Zélande importé en Grande-Bretagne. **-2.** [imply] signifier.

**importance** [ɪm'pɔ:tns] *n* importance *f*; to be of ~ avoir de l'importance; it's of no ~ whatsoever cela n'a aucune espèce d' importance; to give ~ to sthg attacher de l'importance à qqch; a position of ~ un poste important.

**important** [ɪm'pɔ:tnt] *adj* **-1.** [essential] important; it's not ~ ça n'a pas d'importance; it is ~ that you (should) get the job il est important que vous obteniez cet emploi; it is ~ for her to know the truth il est important pour elle de connaître OR il est important qu'elle connaisse la vérité; my job is ~ to me mon travail compte beaucoup pour moi. **-2.** [influential]: an ~ book/writer un livre-clef/grand écrivain.

**importantly** [ɪm'pɔ:tntlɪ] *adv* d'un air important; and, more ~... et, ce qui est plus important...

**importation** [,ɪmpɔ:'teɪʃn] *n* importation *f*.

**importer** [ɪm'pɔ:tər] *n* **-1.** [person] importateur *m*, -trice *f*. **-2.** [country] pays *m* importateur.

**import-export** *n* import-export *m*.

**importune** [ɪm'pɔ:tju:n] *fml vt* [gen] importuner, harceler; to ~ sb with questions harceler OR presser qqn de questions.

**importunity** [,ɪmpɔ:'tju:nətɪ] *n* [harassment] sollicitation *f*.

**impose** [ɪm'pəuz] ◇ *vt* [price, tax, attitude, belief] imposer; [fine, penalty] infliger; to ~ o.s. on sb imposer sa présence à qqn. ◇ *vi* s'imposer; I'm sorry to ~ je suis désolé de vous déranger; to ~ on sb abuser de la gentillesse de qqn.

**imposing** [ɪm'pəuzɪŋ] *adj* [person, building] impressionnant.

**imposingly** [ɪm'pəuzɪŋlɪ] *adv* d'une manière imposante.

**imposition** [,ɪmpə'zɪʃn] *n* **-1.** [of tax, sanction] imposition *f*. **-2.** [burden] charge *f*, fardeau *m*; I don't want to be an ~ (on you) je ne veux pas abuser de votre gentillesse OR de votre bonté. **-3.** TYPO imposition *f*.

**impossibility** [ɪm,pɒsə'bɪlətɪ] (*pl* **impossibilities**) *n* impossibilité *f*; it's a physical ~ for us to arrive on time nous sommes dans l'impossibilité d'arriver à l'heure.

**impossible** [ɪm'pɒsəbl] ◇ *adj* **-1.** [not possible] impossible; it's ~ for me to leave work before 6 p.m. il m'est impossible de quitter mon travail avant 18 h; you make it ~ for me to be civil to you tu me mets dans l'impossibilité d'être poli envers toi; I'm afraid that's quite ~ je regrette, mais ça n'est vraiment pas possible. **-2.** [difficult to believe] impossible, invraisemblable; it is ~ that he should be lying il est impossible qu'il mente. **-3.** [unbearable] impossible, insupportable; he made their lives ~ il leur a rendu la vie insupportable OR impossible. ◇ *n* impossible *m*; to attempt/to ask the ~ tenter/demander l'impossible.

**impossibly** [ɪm'pɒsəblɪ] *adv* **-1.** [extremely] extrêmement; the film is ~ long le film n'en finit pas. **-2.** [unbearably] insupportablement; they behave ~ ils sont totalement insupportables.

**impostor, imposter** [ɪm'pɒstər] *n* imposteur *m*.

**imposture** [ɪm'pɒstʃər] *n fml* imposture *f*.

**impotence** ['ɪmpətəns] *n* [gen & MED] impuissance *f*.

**impotent** ['ɪmpətənt] *adj* **-1.** [powerless] faible. **-2.** [sexually] impuissant.

**impound** [ɪm'paund] *vt* [gen] saisir; [car] mettre en fourrière.

**impoverish** [ɪm'pɒvərɪʃ] *vt* appauvrir.

**impoverished** [ɪm'pɒvərɪʃt] *adj* appauvri, très pauvre.

**impoverishment** [ɪm'pɒvərɪʃmənt] *n* appauvrissement *m*.

**impracticable** [ɪm'præktɪkəbl] *adj* [not feasible] irréalisable, impraticable.

**impractical** [ɪm'præktɪkl] *adj* [plan] irréaliste; [person] qui manque d'esprit pratique.

**imprecation** [,ɪmprɪ'keɪʃn] *n fml* imprécation *f*.

**imprecise** [,ɪmprɪ'saɪs] *adj* imprécis.

**imprecision** [,ɪmprɪ'sɪʒn] *n* imprécision *f*.

**impregnable** [ɪm'pregnəbl] *adj* **-1.** [fortress] imprenable. **-2.** *fig* [argument] irréfutable; his position is ~ sa position est inattaquable.

**impregnate** ['ɪmpregneɪt] *vt* [fill] imprégner; ~d with imprégné de.

**impresario** [,ɪmprɪ'sɑ:rɪəu] (*pl* **impresarios**) *n* impresario *m*.

**impress** [*vb* ɪm'pres, *n* 'ɪmpres] ◇ *vt* **-1.** [influence, affect – mind, person] faire impression sur, impressionner; I was favourably ~ed by her appearance son apparence m'a fait bonne impression. **-2.** to ~ sthg on sb [make understand] faire comprendre qqch à qqn. **-3.** [print] imprimer, marquer; the clay was ~ed with a design, a design was ~ed onto the clay un motif était imprimé dans l'argile; her words are ~ed on my memory *fig* ses paroles sont gravées dans ma mémoire. ◇ *n* empreinte *f*.

**impression** [ɪm'preʃn] *n* **-1.** [impact – on person, mind, feelings] impression *f*; he made a strong ~ on them il leur a fait une forte impression; he always tries to make an ~ il essaie toujours d'impressionner les gens; my words made no ~ on him whatsoever mes paroles n'ont eu absolument aucun effet sur lui; they got a good ~ of my brother mon frère leur a fait bonne impression. **-2.** [idea, thought] impression *f*; it's my ~ OR I have the ~ that she's rather annoyed with us j'ai l'impression qu'elle est en colère contre nous; I was under the ~ that you were unable to come j'étais persuadé que vous ne pouviez pas venir. **-3.** [mark, imprint] marque *f*, empreinte *f*. **-4.** [printing] impression *f*; [edition] tirage *m*. **-5.** [impersonation] imitation *f*; she does a very good ~ of the Queen elle imite très bien la reine.

**impressionable** [ɪm'preʃnəbl] *adj* impressionnable; he is at a very ~ age il est à l'âge où on se laisse facilement impressionner.

**Impressionism** [ɪm'preʃənɪzm] *n* ART & LITERAT impressionnisme *m*.

**impressionist** [ɪm'preʃənɪst] *n* [entertainer] imitateur *m*, -trice *f*; ART & LITERAT impressionniste.

◆ **Impressionist** ◇ *n* impressionniste *mf*. ◇ *adj* impressionniste.

**impressionistic** [ɪm,preʃə'nɪstɪk] *adj* [vague] vague, imprécis.

**impressive** [ɪm'presɪv] *adj* impressionnant.

**impressively** [ɪm'presɪvlɪ] *adv* remarquablement.

**imprint** [*n* 'ɪmprɪnt, *vb* ɪm'prɪnt] ◇ *n* **-1.** [mark] empreinte *f*, marque *f*; the war had left its ~ on all of us la guerre nous avait tous marqués. **-2.** TYPO [name]: published under the Larousse ~ édité chez Larousse. **-3.** [design] logo *m*. ◇ *vt* **-1.** [print] imprimer. **-2.** [in sand, clay, mud] imprimer. **-3.** *fig* [fix] implanter, graver; her face was ~ed on my mind son visage est resté gravé dans mon esprit.

**imprison** [ɪm'prɪzn] *vt* **-1.** [put in prison] mettre en prison, incarcérer; he has been ~ed several times il a fait plusieurs séjours en prison. **-2.** [sentence] condamner; she was ~ed for 15 years elle a été condamnée à 15 ans de prison.

**imprisonment** [ɪm'prɪznmənt] *n* emprisonnement *m*; to be sentenced to six months' ~ être condamné à six mois de prison.

**improbability** [ɪm,prɒbə'bɪlətɪ] (*pl* **improbabilities**) *n* **-1.** [of event] improbabilité *f*. **-2.** [of story] invraisemblance *f*.

**improbable** [ɪm'prɒbəbl] *adj* **-1.** [unlikely] improbable; I think it highly ~ that he ever came here il me paraît fort peu probable qu'il soit jamais venu ici. **-2.** [hard to believe] invraisemblable.

**improbably** [ɪm'prɒbəblɪ] *adv* invraisemblablement.

**impromptu** [ɪm'prɒmptju:] ◇ *adj* impromptu, improvisé. ◇ *adv* impromptu. ◇ *n* impromptu *m*.

**improper** [ɪm'prɒpər] *adj* **-1.** [rude, shocking – words, action] déplacé; to make ~ suggestions (to sb) faire des propositions malhonnêtes (à qqn). **-2.** [unsuitable] peu convenable. **-3.** [dishonest] malhonnête. **-4.** [incorrect – method, equipment] mauvais, inadéquat.

**improperly** [ɪm'prɒpəlɪ] *adv* **-1.** [indecently] de manière déplacée. **-2.** [unsuitably]: he was ~ dressed il n'était pas habillé comme il faut. **-3.** [dishonestly] malhonnêtement. **-4.** [incorrectly] incorrectement, de manière incorrecte.

**impropriety** [,ɪmprə'praɪətɪ] (*pl* **improprieties**) *n* **-1.** [of behaviour] inconvenance *f*; to commit an ~ commettre une indélicatesse. **-2.** [of language] impropriété *f*.

**improvable** [ɪm'pru:vəbl] *adj* perfectible.

**improve** [ɪm'pru:v] ◇ *vt* **-1.** [make better – work, facilities, result] améliorer; to ~ one's chances augmenter ses chances. **-2.** [increase – knowledge, productivity] accroître, augmenter. **-3.** [cultivate]: to ~ one's mind se cultiver l'esprit; reading ~s the mind on se cultive en lisant. ◇ *vi* [get better] s'améliorer; [increase] augmenter; [make progress] s'améliorer, faire des progrès; business is improving les affaires reprennent; your maths has ~d vous avez fait des progrès en maths; **to** ~ **with age/use** s'améliorer en vieillissant/à l'usage; **he** ~**s on acquaintance** il gagne à être connu.

◆ **improve on, improve upon** *vt insep* **-1.** [result, work] améliorer. **-2.** [offer]: **to** ~ **on sb's offer** enchérir sur qqn.

**improved** [ɪmˈpruːvd] *adj* [gen] amélioré; [services] amélioré, meilleur; [offer, performance] meilleur.

**improvement** [ɪmˈpruːvmənt] *n* **-1.** amélioration *f*; [in person's work, performance] progrès *m*; **what an** ~! c'est nettement mieux!; **this is a great** ~ **on her previous work** c'est bien mieux que ce qu'elle faisait jusqu'à présent; **there has been a slight** ~ **in his work** son travail s'est légèrement amélioré; **there is no** ~ **in the weather** le temps ne s'est pas arrangé; **to show some** ~ [in condition] aller un peu mieux; [in work] faire quelques progrès; **there's room for** ~ ça pourrait être mieux. **-2.** [in building, road etc] rénovation *f*, aménagement *m*; (home) ~**s** travaux *mpl* de rénovation.

**improvidence** [ɪmˈprɒvɪdəns] *n fml* imprévoyance *f*.

**improvident** [ɪmˈprɒvɪdənt] *adj fml* [thriftless] dépensier; [heedless – person] imprévoyant; [– life] insouciant.

**improvisation** [ˌɪmprəvaɪˈzeɪʃn] *n* improvisation *f*.

**improvise** [ˈɪmprəvaɪz] *vt & vi* improviser.

**imprudence** [ɪmˈpruːdəns] *n* imprudence *f*.

**imprudent** [ɪmˈpruːdənt] *adj* imprudent.

**impudence** [ˈɪmpjʊdəns] *n* effronterie *f*, impudence *f*.

**impudent** [ˈɪmpjʊdənt] *adj* effronté, impudent.

**impudently** [ˈɪmpjʊdəntlɪ] *adv* effrontément, impudemment.

**impugn** [ɪmˈpjuːn] *vt fml* contester.

**impulse** [ˈɪmpʌls] *n* **-1.** [desire, instinct] impulsion *f*, besoin *m*, envie *f*; **to act on** ~ agir par impulsion; **I bought it on** ~ je l'ai acheté sur un coup de tête; **on a sudden** ~, **he kissed her** pris d'une envie irrésistible, il l'a embrassée. **-2.** *fml* [impetus] impulsion *f*, poussée *f*; **government grants have given an** ~ **to trade** les subventions gouvernementales ont relancé les affaires. **-3.** ELEC & PHYSIOL impulsion *f*.

**impulse buy** *n* achat *m* d'impulsion.

**impulse buying** *n* (U) achats *mpl* d'impulsion.

**impulsive** [ɪmˈpʌlsɪv] *adj* **-1.** [instinctive, spontaneous] impulsif; [thoughtless] irréfléchi. **-2.** [force] impulsif.

**impulsively** [ɪmˈpʌlsɪvlɪ] *adv* par OR sur impulsion, impulsivement.

**impunity** [ɪmˈpjuːnətɪ] *n fml* impunité *f*; **to act with** ~ agir en toute impunité OR impunément.

**impure** [ɪmˈpjʊər] *adj* **-1.** [unclean – air, milk] impur. **-2.** *lit* [sinful – thought] impur, mauvais; [– love] bas.

**impurity** [ɪmˈpjʊərətɪ] (*pl* **impurities**) *n* impureté *f*.

**imputation** [ˌɪmpjuːˈteɪʃn] *n fml* **-1.** [attribution] attribution *f*. **-2.** [accusation] imputation *f*.

**impute** [ɪmˈpjuːt] *vt fml* [attribute] imputer, attribuer.

**IMRO** [ˈɪmrəʊ] (*abbr of* **Investment Management Regulatory Organization**) *pr n* organisme britannique contrôlant les activités de banques d'affaires et de gestionnaires de fonds de retraite.

**in** [ɪn] ◇ *prep* **A.** **-1.** [within a defined area or space] dans; **in a box** dans une boîte; **in the house** dans la maison; **in Catherine's house** chez Catherine; **he's still in bed/in the bath** il est encore au lit/dans son bain; **the light's gone in the fridge** la lumière du réfrigérateur ne marche plus. **-2.** [within an undefined area or space] dans; **she trailed her hand in the water** elle laissait traîner sa main dans l'eau; **there's a smell of spring in the air** ça sent le printemps. **-3.** [indicating movement] dans; **throw the letter in the bin** jette la lettre à la poubelle; **we headed in the direction of the port** nous nous sommes dirigés vers le port. **-4.** [contained by a part of the body] dans; **he had a knife in his hand** il avait un couteau dans OR à la main; **with tears in his eyes** les larmes aux yeux. **-5.** [on or behind a surface] dans; **there were deep cuts in the surface** la surface était marquée de profondes entailles; **who's that man in the photo?** qui est cet homme sur la photo? **-6.** [in a specified institution]: **she's in hospital/in prison** elle est à l'hôpital/en prison; **he teaches in a language school** il enseigne dans une école de langues. **-7.** [with geographical names]: **in Paris** à Paris; **in France** en France; **in the States** aux États-Unis; **in Portugal** au Portugal; **in the Third**

World dans les pays du tiers-monde. **-8.** [wearing] en; **he was in a suit** il était en costume; **who's that woman in the hat?** qui est la femme avec OR au chapeau? **-9.** [covered by]: **sardines in tomato sauce** des sardines à la sauce tomate; **we were up to our waists in mud** nous étions dans la boue jusqu'à la taille.

**B.** **-1.** [during a specified period of time] en; **in 1992** en 1992; **in March** en mars, au mois de mars; **in (the) summer/autumn/winter** en été/automne/hiver; **in (the) spring** au printemps; **he doesn't work in the afternoon/morning** il ne travaille pas l'après-midi/le matin; **at 5 o'clock in the afternoon/morning** à 5 h de l'après-midi/du matin; **in the future** un jour; **in the past** autrefois. **-2.** [within a specified period of time] en; **he cooked the meal in ten minutes** il prépara le repas en dix minutes. **-3.** [after a specified period of time] dans; **I'll be back in five minutes** je reviens dans cinq minutes, j'en ai pour cinq minutes. **-4.** [indicating a long period of time]: **we haven't had a proper talk in ages** nous n'avons pas eu de véritable conversation depuis très longtemps; **I hadn't seen her in years** ça faisait des années que je ne l'avais pas vue. **-5.** [during a specified temporary situation]: **in my absence** en OR pendant mon absence; **in the ensuing chaos** OR **confusion** dans la confusion qui s'ensuivit.

**C.** **-1.** [indicating arrangement, shape] en; **stand in a ring** mettez-vous en cercle; **she had her hair up in a ponytail** ses cheveux étaient relevés en queue de cheval. **-2.** [indicating form, method]: **in cash** en liquide; **in English/French** en anglais/français; **written in ink** écrit à l'encre. **-3.** [indicating state of mind]: **she's in a bit of a state** elle est dans tous ses états; **to be in love** être amoureux; **don't keep us in suspense** ne nous tiens pas en haleine plus longtemps. **-4.** [indicating state, situation] dans, en; **in the present circumstances** dans les circonstances actuelles; **in this weather** par OR avec ce temps; **in the rain/snow** sous la pluie/neige; **in danger/silence** en danger/silence; **in my presence** en ma présence. **-5.** [referring to plants and animals]: **in blossom** en fleur OR fleurs; **in pup/calf/cub** plein. **-6.** [among] chez; **a disease common in five-year-olds** une maladie très répandue chez les enfants de cinq ans.

**D.** **-1.** [forming part of] dans; **in chapter six** dans le chapitre six; **we were standing in a queue** nous faisions la queue; **service is included in the charge** le service est inclus dans le prix. **-2.** [indicating a personality trait]: **she hasn't got it in her to be nasty** elle est bien incapable de méchanceté; **it's the Irish in me** c'est mon côté irlandais. **-3.** [indicating feelings about a person or thing]: **she has no confidence in him** elle n'a aucune confiance en lui; **they showed no interest in my work** mon travail n'a pas eu l'air de les intéresser le moins du monde. **-4.** [according to]: **in my opinion** OR **view** à mon avis.

**E.** **-1.** [indicating purpose, cause]: **he charged the door in an effort to get free** dans un effort pour se libérer, il donna un grand coup dans la porte; **in reply** OR **response to your letter...** en réponse à votre lettre...; **there's no point in complaining** il est inutile OR ça ne sert à rien de se plaindre. **-2.** [as a result of] en; **in doing so, you only encourage him** en faisant cela, vous ne faites que l'encourager. **-3.** [as regards]: **the town has grown considerably in size** la ville s'est beaucoup agrandie; **a change in direction** un changement de direction; **he's behind in maths** il ne suit pas en maths; **we've found the ideal candidate in Richard** nous avons trouvé en Richard le candidat idéal. **-4.** [indicating source of discomfort]: **I've got a pain in my arm** j'ai une douleur au OR dans le bras.

**F.** **-1.** [indicating specified field, sphere of activity] dans; **to be in the army/navy** être dans l'armée/la marine; **he's in business with his sister** il dirige une entreprise avec sa sœur; **a degree in Italian** un diplôme d'italien. **-2.** [indicating activity engaged in]: **our days were spent in swimming and sailing** nous passions nos journées à nager et à faire de la voile; **they spent hours (engaged) in complex negotiations** ils ont passé des heures en négociations difficiles; **you took your time in getting here!** tu en as mis du temps à venir!

**G.** **-1.** [indicating approximate number, amount]: **they came in their thousands** ils sont venus par milliers; **he's in his forties** il a la quarantaine. **-2.** [in ratios] sur; **one child in three** un enfant sur trois; **a one-in-five hill** une pente de 20 %.

◇ *adv* **A.** **-1.** [into an enclosed space] à l'intérieur, dedans;

he jumped in il sauta dedans. **-2.** [indicating movement from outside to inside]: we can't take in any more refugees nous ne pouvons pas accueillir plus de réfugiés; she's been in and out of mental hospitals all her life elle a passé presque toute sa vie dans des hôpitaux psychiatriques. **-3.** [at home or place of work]: is your wife/the boss in? est-ce que votre femme/le patron est là?; it's nice to spend an evening in c'est agréable de passer une soirée chez soi.
**B. -1.** [indicating entry]: to go in entrer; come in! entrez!; in we go! on y va!**-2.** [indicating arrival]: what time does your train get in? quand est-ce que votre train arrive?**-3.** [towards the centre]: the walls fell in les murs se sont écroulés. **-4.** [towards the shore]: the tide is in la marée est haute.
**C. -1.** [indicating transmission]: entries must be in by May 1st les bulletins doivent nous parvenir avant le 1er mai. **-2.** [indicating participation, addition]: we asked if we could join in nous avons demandé si nous pouvions participer; stir in the chopped onions ajouter les oignons en lamelles.
**D. -1.** SPORT [within area of court]: the umpire said that the ball was in l'arbitre a dit que la balle était bonne. **-2.** [in cricket] à l'attaque.
**E. -1.** POL [elected]: he failed to get in at the last election il n'a pas été élu aux dernières élections. **-2.** [in fashion] à la mode.
**F.** *phr*: to be in for sthg: he's in for a surprise/shock il va avoir une surprise/un choc; now he's really in for it *inf* cette fois-ci, il va y avoir droit; to be in on sthg: he's in on the secret *inf* il est dans le secret; he's in on it *inf* il est dans le coup; to be in with sb *inf* être en bons termes avec qqn. ◇ *adj inf* **-1.** [fashionable] à la mode, branché; to be the in thing être à la mode. **-2.** [for a select few]: it's an in joke c'est une plaisanterie entre nous/elles *etc*. ◆ **ins** *npl*: the ins and outs (of a situation) les tenants et les aboutissants (d'une situation). ◆ **in all** *adv phr* en tout. ◆ **in between** ◇ *adv phr* **-1.** [in intermediate position]: a row of bushes with little clumps of flowers in between une rangée d'arbustes séparés par des petites touffes de fleurs; she either plays very well or very badly, never in between elle joue très bien ou très mal, jamais entre les deux. **-2.** [in time] entretemps, dans l'intervalle. ◇ *prep phr* entre. ◆ **in itself** *adv phr* en soi. ◆ **in that** *conj phr* puisque; I'm not badly off in that I have a job and a flat but... je ne peux pas me plaindre puisque j'ai un emploi et un appartement mais...; we are lucky in that there are only a few of us nous avons de la chance d'être si peu nombreux.
**in.** *written abbr of* **inch(es)**.
**IN** *written abbr of* **Indiana**.
**inability** [,ɪnə'bɪlətɪ] *n* incapacité *f*; our ~ to help them notre incapacité à les aider.
**in absentia** [,ɪnæb'sentɪə] *adv* in absentia; JUR par contumace.
**inaccessibility** ['ɪnak,sesɪ'bɪlətɪ] *n* inaccessibilité *f*.
**inaccessible** [,ɪnək'sesəbl] *adj* **-1.** [impossible to reach] inaccessible; the village is ~ by car le village n'est pas accessible en voiture. **-2.** [unavailable – person] inaccessible, inabordable; [– information] inaccessible. **-3.** [obscure – film, book, music] inaccessible, incompréhensible.
**inaccuracy** [ɪn'ækjurəsɪ] (*pl* **inaccuracies**) *n* [of translation, calculation, information] inexactitude *f*; [of word, expression] inexactitude *f*, impropriété *f*.
**inaccurate** [ɪn'ækjurət] *adj* [incorrect – figures] inexact; [– term] impropre; [– result] erroné; [– description] inexact.
**inaccurately** [ɪn'ækjurətlɪ] *adv* inexactement; the events have been ~ reported les événements ont été présentés de façon inexacte.
**inaction** [ɪn'ækʃn] *n* inaction *f*.
**inactivate** [ɪn'æktɪveɪt] *vt* rendre inactif, désactiver.
**inactive** [ɪn'æktɪv] *adj* **-1.** [person, animal – resting] inactif, peu actif; [– not working] inactif. **-2.** [lazy] paresseux, oisif. **-3.** [inoperative – machine] au repos, à l'arrêt. **-4.** [dormant – volcano] qui n'est pas en activité; [– disease, virus] inactif. **-5.** CHEM & PHYS inerte.
**inactivity** [,ɪnæk'tɪvətɪ] *n* inactivité *f*, inaction *f*.
**inadequacy** [ɪn'ædɪkwəsɪ] (*pl* **inadequacies**) *n* **-1.** [insufficiency – of resources, facilities] insuffisance *f*. **-2.** [social] inca-

pacité *f*, inadaptation *f*; [sexual] impuissance *f*, incapacité *f*; feelings of ~ un sentiment d'impuissance. **-3.** [failing] défaut *m*, faiblesse *f*.
**inadequate** [ɪn'ædɪkwət] *adj* **-1.** [insufficient] insuffisant; our resources are ~ to meet our needs nos ressources ne correspondent pas à nos besoins. **-2.** [unsatisfactory] médiocre; their response to the problem was ~ ils n'ont pas su trouver de réponse satisfaisante au problème. **-3.** [unsuitable – equipment] inadéquat; our machinery is ~ for this type of work notre outillage n'est pas adapté à ce genre de travail. **-4.** [incapable] incapable; [sexually] impuissant; he's socially ~ c'est un inadapté.
**inadequately** [ɪn'ædɪkwətlɪ] *adv* de manière inadéquate; [fund, invest] insuffisamment.
**inadmissible** [,ɪnəd'mɪsəbl] *adj* inacceptable; ~ evidence JUR témoignage *m* irrecevable.
**inadvertent** [,ɪnəd'vɜːtnt] *adj* **-1.** [not deliberate] accidentel, involontaire. **-2.** [careless]: an ~ error une erreur commise par inadvertance.
**inadvertently** [,ɪnəd'vɜːtntlɪ] *adv* par mégarde OR inadvertance.
**inadvisability** ['ɪnəd,vaɪzə'bɪlətɪ] *n* inopportunité *f*.
**inadvisable** [,ɪnəd'vaɪzəbl] *adj* déconseillé; this plan is ~ ce projet est à déconseiller; it's ~ to invest all your money in one place il est déconseillé d'investir tout son argent dans une seule entreprise.
**inalienable** [ɪn'eɪljənəbl] *adj* inaliénable.
**inane** [ɪ'neɪn] *adj* [person] idiot, imbécile; [behaviour] stupide, inepte; [remark] idiot, stupide, inepte.
**inanely** [ɪ'neɪnlɪ] *adv* de façon idiote OR stupide OR inepte.
**inanimate** [ɪn'ænɪmət] *adj* inanimé.
**inanition** [,ɪnə'nɪʃn] *n* **-1.** [debility] inanition *f*. **-2.** [lethargy] léthargie *f*, torpeur *f*.
**inanity** [ɪ'nænətɪ] (*pl* **inanities**) *n* **-1.** [stupidity] stupidité *f*. **-2.** [stupid remark] ineptie *f*, bêtise *f*.
**inapplicable** [,ɪnə'plɪkəbl] *adj* inapplicable; the rule is ~ to this case dans ce cas, la règle ne s'applique pas.
**inappropriate** [,ɪnə'prəʊprɪət] *adj* [unsuitable – action, remark] inopportun, mal à propos; [– time, moment] inopportun; [– clothing, equipment] peu approprié, inadéquat; [– name] mal choisi.
**inappropriately** [,ɪnə'prəʊprɪətlɪ] *adv* de manière peu convenable OR appropriée; she was ~ dressed elle n'était pas vêtue pour la circonstance.
**inarticulate** [,ɪnɑː'tɪkjʊlət] *adj* **-1.** [person] qui bredouille; an ~ old man un vieil homme qui a du mal à s'exprimer; to be ~ with fear/rage bégayer de peur/de rage; his ~ suffering la souffrance qu'il ne pouvait exprimer. **-2.** [words, sounds] indistinct. **-3.** ANAT & BIOL inarticulé.
**inartistic** [,ɪnɑː'tɪstɪk] *adj* **-1.** [painting, drawing etc] dénué de toute valeur artistique. **-2.** [person – lacking artistic taste] sans goût artistique; [– unskilled] sans talent.
**inasmuch as** [,ɪnəz'mʌtʃ-] *conj fml* [given that] étant donné que, vu que; [insofar as] dans la mesure où.
**inattention** [,ɪnə'tenʃn] *n* manque *m* d'attention, inattention *f*; your essay shows ~ to detail il y a beaucoup d'erreurs de détail dans votre travail.
**inattentive** [,ɪnə'tentɪv] *adj* **-1.** [paying no attention] inattentif. **-2.** [neglectful] peu attentionné, négligent.
**inaudible** [ɪ'nɔːdɪbl] *adj* inaudible; she spoke in an almost ~ whisper elle s'exprimait de façon presque inaudible.
**inaudibly** [ɪ'nɔːdɪblɪ] *adv* indistinctement.
**inaugural** [ɪ'nɔːgjʊrəl] ◇ *adj* inaugural, d'inauguration. ◇ *n* Am discours *m* inaugural (*d'un président des États-Unis*).
**inaugurate** [ɪ'nɔːgjʊreɪt] *vt* **-1.** [open ceremonially] inaugurer. **-2.** [commence formally] inaugurer. **-3.** [herald – era] inaugurer. **-4.** [instate – official] installer (dans ses fonctions), investir; [– king, bishop] introniser.
**inauguration** [ɪ,nɔːgjʊ'reɪʃn] *n* **-1.** [of building] inauguration *f*, cérémonie *f* d'ouverture; [of policy, era etc] inauguration *f*. **-2.** [of official] investiture *f*.
**Inauguration Day** *n* jour de l'investiture du président des États-Unis (*le 20 janvier*).
**inauspicious** [,ɪnɔː'spɪʃəs] *adj* défavorable, peu propice.
**in-between** *adj* intermédiaire.

**inboard** ['ɪnbɔːd] *adj* NAUT: ~ **motor** en-bord *m inv*.

**inborn** [,ɪn'bɔːn] *adj* [characteristic, quality] inné; MED congénital, héréditaire.

**inbound** ['ɪnbaʊnd] *adj* [flight, passenger etc] à l'arrivée.

**inbred** [,ɪn'bred] *adj* **-1.** [characteristic, quality] inné. **-2.** BIOL [trait] acquis par sélection génétique; [strain] produit par le croisement d'individus consanguins; [person] de parents consanguins; [family, group] consanguin.

**inbreeding** [,ɪn'briːdɪŋ] *n* [of animals] croisement *m*; [of people]: **generations of** ~ des générations d'alliances consanguines.

**inbuilt** ['ɪnbɪlt] *adj* **-1.** [device] incorporé, intégré. **-2.** [quality, defect] inhérent.

**inc.** (*written abbr of* **inclusive**): 12-15 April ~ du 12 au 15 avril inclus.

**Inc.** (*written abbr of* **incorporated**) *Am* ≃ SARL.

**Inca** ['ɪŋkə] (*pl inv* OR **Incas**) *n* Inca *mf*.

**incalculable** [ɪn'kælkjʊləbl] *adj* incalculable.

**in camera** [,ɪn'kæmərə] *adj* & *adv fml* à huis clos.

**incandescent** [,ɪnkæn'desnt] *adj* incandescent.

**incantation** [,ɪnkæn'teɪʃn] *n* incantation *f*.

**incapable** [ɪn'keɪpəbl] *adj* **-1.** [unable] incapable; **to be** ~ **of doing sthg** être incapable de faire qqch; **she's** ~ **of such an act** elle est incapable de faire une chose pareille; **he's** ~ **of speech** il ne peut pas parler. **-2.** [incompetent] incapable.

**incapacitate** [,ɪnkə'pæsɪteɪt] *vt* **-1.** [cripple] rendre infirme OR invalide; **he was temporarily** ~**d by the accident** à la suite de l'accident, il a été temporairement immobilisé. **-2.** JUR frapper d'incapacité légale.

**incapacity** [,ɪnkə'pæsətɪ] (*pl* **incapacities**) *n* [gen & JUR] incapacité *f*; **his** ~ **for work** son incapacité à travailler; **her** ~ **to adapt** son incapacité à s'adapter.

**in-car** *adj* AUT: ~ **stereo** autoradio *f* (à cassette).

**incarcerate** [ɪn'kɑːsəreɪt] *vt* incarcérer.

**incarceration** [ɪn,kɑːsə'reɪʃn] *n* incarcération *f*.

**incarnate** [ɪn'kɑːneɪt] *lit* ◇ *adj* **-1.** incarné. **-2.** [colour] incarnat. ◇ *vt* incarner.

**incarnation** [,ɪnkɑː'neɪʃn] *n* incarnation *f*.
◆ **Incarnation** *n*: **the Incarnation** l'Incarnation *f*.

**incautious** [ɪn'kɔːʃəs] *adj* imprudent.

**incendiary** [ɪn'sendjərɪ] (*pl* **incendiaries**) ◇ *n* **-1.** [arsonist] incendiaire *mf*. **-2.** [bomb] bombe *f* incendiaire. **-3.** *fig* [agitator] fauteur *m* de troubles. ◇ *adj* **-1.** [causing fires] incendiaire; ~ **bomb/device** bombe *f*/dispositif *m* incendiaire. **-2.** [combustible] inflammable. **-3.** *fig* [speech, statement] incendiaire, séditieux.

**incense** [*n* 'ɪnsens, *vb* ɪn'sens] ◇ *n* encens *m*. ◇ *vt* **-1.** [anger] rendre furieux, excéder; **he was** ~**d by** OR **at her indifference** son indifférence l'a rendu furieux. **-2.** [perfume] encenser.

**incentive** [ɪn'sentɪv] ◇ *n* **-1.** [motivation] motivation *f*; **they have lost their** ~ ils ne sont plus très motivés; **he has no** ~ **to work harder** rien ne le motive à travailler plus dur; **to give sb the** ~ **to do sthg** motiver qqn à faire qqch. **-2.** FIN & INDUST incitation *f*, encouragement *m*; **tax** ~**s** avantages *mpl* fiscaux. ◇ *comp* incitateur, incitatif; ~ **bonus** *Br* prime *f* de rendement.

**inception** [ɪn'sepʃn] *n* création *f*.

**inceptive** [ɪn'septɪv] *adj* **-1.** [beginning] initial. **-2.** LING inchoatif.

**incessant** [ɪn'sesnt] *adj* incessant.

**incessantly** [ɪn'sesntlɪ] *adv* continuellement, sans cesse.

**incest** ['ɪnsest] *n* inceste *m*.

**incestuous** [ɪn'sestjʊəs] *adj* incestueux.

**inch** [ɪntʃ] ◇ *n* pouce *m*; **it's about 6** ~**es wide** cela fait à peu près 15 centimètres de large; **the car missed me by** ~**es** la voiture m'a manqué de peu; **every** ~ **of the wall was covered with posters** il n'y avait pas un centimètre carré du mur qui ne fût couvert d'affiches ❑ **give him an** ~ **and he'll take a yard** OR **a mile** on lui donne le doigt et il vous prend le bras; ~ **by** ~ petit à petit, peu à peu; **we'll have to fight every** ~ **of the way** *fig* nous ne sommes pas au bout de nos peines; **he's every** ~ **a Frenchman** il est français jus-

qu'au bout des ongles; **the unions won't budge** OR **give an** ~ les syndicats ne céderont pas d'un pouce; **to be within an** ~ **of doing sthg** être à deux doigts de faire qqch. ◇ *vt*: **to** ~ **one's way in/out** entrer/sortir petit à petit. ◇ *vi*: **to** ~ **in/out** entrer/sortir petit à petit.

**-inch** *in cpds*: **a five**~ **floppy disk** une disquette cinq pouces.

**inchoate** [ɪn'kəʊeɪt] *adj fml* [incipient] naissant; [unfinished] inachevé.

**inchoative** ['ɪnkəʊeɪtɪv] *adj* **-1.** LING inchoatif. **-2.** *fml* [incipient] naissant.

**inchworm** ['ɪntʃwɜːm] *n* arpenteuse *f*.

**incidence** ['ɪnsɪdəns] *n* **-1.** [rate] taux *m*; **there is a higher/lower** ~ **of crime** le taux de criminalité est plus élevé/plus faible; **the** ~ **of the disease in adults** la fréquence de la maladie chez les adultes. **-2.** GEOM & PHYS incidence *f*; **angle/point of** ~ angle *m*/point *m* d'incidence.

**incident** ['ɪnsɪdənt] ◇ *n* incident *m*; **the match was full of** ~ de nombreux incidents ont eu lieu pendant le match ❑ **border** OR **frontier** ~ incident de frontière. ◇ *adj* **-1.** *fml* lié, attaché; ~ **to** lié à. **-2.** PHYS incident.

**incidental** [,ɪnsɪ'dentl] ◇ *adj* **-1.** [minor] secondaire, accessoire; [additional] accessoire; ~ **expenses** faux frais *mpl*. **-2.** [related]: ~ **to** en rapport avec, occasionné par. ◇ *n* [chance happening] événement *m* fortuit; [minor detail] détail *m* secondaire.
◆ **incidentals** *npl* [expenses] faux frais *mpl*.

**incidentally** [,ɪnsɪ'dentəlɪ] *adv* **-1.** [by chance] incidemment, accessoirement. **-2.** [by the way] à propos. **-3.** [additionally] accessoirement.

**incidental music** *n* musique *f* d'accompagnement.

**incident room** *n Br* [in police station] salle *f* des opérations.

**incinerate** [ɪn'sɪnəreɪt] *vt* incinérer.

**incineration** [ɪn,sɪnə'reɪʃn] *n* incinération *f*.

**incinerator** [ɪn'sɪnəreɪtə'] *n* incinérateur *m*.

**incipient** [ɪn'sɪpɪənt] *adj* naissant.

**incised** [ɪn'saɪzd] *adj* **-1.** ART gravé. **-2.** MED incisé. **-3.** BOT découpé, incisé.

**incision** [ɪn'sɪʒn] *n* incision *f*.

**incisive** [ɪn'saɪsɪv] *adj* [mind] perspicace, pénétrant; [wit, remark] incisif.

**incisor** [ɪn'saɪzə'] *n* incisive *f*.

**incite** [ɪn'saɪt] *vt*: **to** ~ **sb to do sthg** inciter qqn à faire qqch; **to** ~ **sb to violence** inciter qqn à la violence.

**incitement** [ɪn'saɪtmənt] *n* incitation *f*; ~ **to riot/violence** incitation à la révolte/à la violence.

**incl.** (*written abbr of* **including**): ~ VAT TTC.

**inclement** [ɪn'klemənt] *adj lit* [weather] inclément *lit*.

**inclination** [,ɪnklɪ'neɪʃn] *n* **-1.** [tendency] disposition *f*, prédisposition *f*, tendance *f*; **a decided** ~ **towards laziness** une nette prédisposition à la paresse. **-2.** [liking] penchant *m*, inclination *f*; **I do it from necessity, not from** ~ je le fais par nécessité, pas par inclination OR par goût. **-3.** [slant, lean] inclinaison *f*; [of body] inclination *f*. **-4.** [hill] pente *f*, inclinaison *f*. **-5.** ASTRON & MATH inclinaison *f*.

**incline** [*vb* ɪn'klaɪn, *n* 'ɪnklaɪn] ◇ *vt* **-1.** [dispose] disposer, pousser; **his unhappy childhood** ~**d him towards cynicism** OR **to be cynical** c'est à cause de son enfance malheureuse qu'il a tendance à être cynique. **-2.** [lean, bend] incliner. ◇ *vi* **-1.** [tend] tendre, avoir tendance; **he** ~**s towards exaggeration** il a tendance à exagérer. **-2.** [lean, bend] s'incliner. ◇ *n* inclinaison *f*; [slope] pente *f*, déclivité *f*; RAIL rampe *f*.

**inclined** [ɪn'klaɪnd] *adj* **-1.** [tending, disposed]: **avoir tendance à**; **I'm** ~ **to agree** j'aurais tendance à être d'accord; **he's** ~ **to exaggeration** il a tendance à exagérer, il exagère facilement; **to be well** ~ **towards sb** être bien disposé envers qqn; **if you are so** ~ si ça vous dit, si le cœur vous en dit; **I'm not that way** ~ je ne suis pas comme ça. **-2.** [slanting, leaning] incliné.

**inclose** [ɪn'kləʊz] = **enclose**.

**inclosure** [ɪn'kləʊʒə'] = **enclosure**.

**include** [ɪn'kluːd] *vt* comprendre, inclure; **the price** ~**s VAT** la TVA est comprise (dans le prix); **everyone was in favour, myself** ~**d** tout le monde était pour, moi y compris;

don't forget to ~ the cheque n'oubliez pas de joindre le chèque; 'batteries not ~d' 'piles non fournies'; my duties ~ sorting the mail trier le courrier fait partie de mon travail; the children refused to ~ him in their games les enfants ont refusé de l'inclure dans leurs jeux.
◆ **include in** *vt sep Br inf*: ~ me in! comptez-moi aussi!
◆ **include out** *vt sep Br inf*: you can ~ me out ne comptez pas sur moi.

**included** [ɪn'kluːdɪd] *adj*: myself ~ y compris moi; 'service not ~' 'service non compris'.

**including** [ɪn'kluːdɪŋ] *prep* (y) compris; 14 guests ~ the children 14 invités y compris les enfants; 14 guests not ~ the children 14 invités sans compter les enfants; up to and ~ page 40 jusqu'à la page 40 incluse; five books, ~ one I hadn't read cinq livres, dont un que je n'avais pas lu.

**inclusion** [ɪn'kluːʒn] *n* [gen, GEOL & MATH] inclusion *f*.

**inclusive** [ɪn'kluːsɪv] *adj* -1. inclus, compris; ~ of tax taxes *fpl* comprises; from July to September ~ de juillet à septembre inclus; ~ prices prix *mpl* nets; all-~ holidays voyages *mpl* organisés (*où tout est compris*). -2. [list] exhaustif; [survey] complet (*f* -ète), poussé.

**inclusively** [ɪn'kluːsɪvlɪ] *adv* inclusivement.

**incognito** [,ɪnkɒg'niːtəʊ] (*pl* **incognitos**) ◇ *adv* incognito; to remain ~ [witness] garder l'anonymat; [star, politician] garder l'incognito. ◇ *n* incognito *m*.

**incoherence** [,ɪnkəʊ'hɪərəns] *n* incohérence *f*.

**incoherent** [,ɪnkəʊ'hɪərənt] *adj* [person, argument] incohérent; [thought] incohérent, décousu.

**incoherently** [,ɪnkəʊ'hɪərəntlɪ] *adv* de manière incohérente; to mutter ~ marmonner des paroles incohérentes.

**income** ['ɪŋkʌm] *n* revenu *m*; the ~ from her shares les revenus de ses actions.

**income bracket, income group** *n* tranche *f* de revenus; most people in this area belong to the lower/higher ~ la plupart des habitants de ce quartier sont des économiquement faibles/ont des revenus élevés.

**incomer** ['ɪn,kʌməʳ] *n* nouveau venu *m*, nouvelle venue *f*.

**incomes policy** *n Br* politique *f* des revenus.

**income support** *n prestation complémentaire en faveur des personnes justifiant de faibles revenus*.

**income tax** *n* impôt *m* sur le revenu (des personnes physiques); ~ inspector inspecteur *m* des contributions directes OR des impôts; ~ return déclaration *f* de revenus, feuille *f* d'impôts.

**incoming** ['ɪn,kʌmɪŋ] *adj* -1. [in direction]: ~ train/flight train *m*/vol *m* à l'arrivée; ~ passengers passagers *mpl* à l'arrivée; ~ mail courrier *m* (du jour); ~ calls appels *mpl* téléphoniques (reçus); the ~ tide la marée montante. -2. [cash, interest] qui rentre. -3. [official, administration, tenant] nouveau, *before vowel or silent 'h'* nouvel (*f* nouvelle).
◆ **incomings** *npl* [revenue] rentrées *fpl*, recettes *fpl*.

**incommensurable** [,ɪnkə'menʃərəbl] *adj* [gen & MATH] incommensurable.

**incommensurate** [,ɪnkə'menʃərət] *adj fml* -1. [disproportionate] disproportionné; it is ~ with our needs cela ne correspond pas à nos besoins. -2. = incommensurable.

**incommode** [,ɪnkə'məʊd] *vt fml* incommoder, indisposer.

**incommunicado** [,ɪnkəmjuːnɪ'kɑːdəʊ] *adj & adv* sans communication avec le monde extérieur; the prisoners are being kept OR held ~ les prisonniers sont (gardés) au secret.

**incomparable** [ɪn'kɒmpərəbl] *adj* incomparable.

**incomparably** [ɪn'kɒmpərəblɪ] *adv* incomparablement, infiniment.

**incompatibility** ['ɪnkəm,pætə'bɪlətɪ] *n* incompatibilité *f*; [grounds for divorce] incompatibilité *f* d'humeur.

**incompatible** [,ɪnkəm'pætɪbl] *adj* incompatible.

**incompetence** [ɪn'kɒmpɪtəns], **incompetency** [ɪn'kɒmpɪtənsɪ] *n* incompétence *f*.

**incompetent** [ɪn'kɒmpɪtənt] ◇ *adj* incompétent. ◇ *n* incompétent *m*, -e *f*, incapable *mf*.

**incomplete** [,ɪnkəm'pliːt] *adj* -1. [unfinished] inachevé. -2. [lacking something] incomplet (*f* -ète).

**incompletely** [,ɪnkəm'pliːtlɪ] *adv* incomplètement.

**incompleteness** [,ɪnkəm'pliːtnɪs] *n* -1. caractère *m* incomplet. -2. LOGIC incomplétude *f*.

**incomprehensible** [,ɪnkɒmprɪ'hensəbl] *adj* incompréhensible.

**incomprehension** [,ɪnkɒmprɪ'henʃn] *n* incompréhension *f*.

**inconceivable** [,ɪnkən'siːvəbl] *adj* inconcevable, inimaginable.

**inconceivably** [,ɪnkən'siːvəblɪ] *adv* incroyablement.

**inconclusive** [,ɪnkən'kluːsɪv] *adj* peu concluant; ~ data données *fpl* peu probantes; the talks have been ~ les pourparlers n'ont pas abouti.

**inconclusively** [,ɪnkən'kluːsɪvlɪ] *adv* de manière peu concluante; the meeting ended ~ la réunion n'a abouti à aucune conclusion.

**incongruity** [,ɪnkɒŋ'gruːətɪ] (*pl* **incongruities**) *n* -1. [strangeness, discordancy] incongruité *f*. -2. [disparity] disparité *f*.

**incongruous** [ɪn'kɒŋgruəs] *adj* [strange, discordant] incongru; [disparate] incohérent; he was an ~ figure among the factory workers on le remarquait tout de suite au milieu des ouvriers de l'usine.

**inconsequential** [ɪnkɒnsɪ'kwenʃl] *adj* sans importance.

**inconsiderable** [,ɪnkən'sɪdərəbl] *adj* insignifiant, négligeable; a not ~ amount of money une somme d'argent non négligeable.

**inconsiderate** [,ɪnkən'sɪdərət] *adj* [person] qui manque de prévenance; [action, remark] irréfléchi; he's ~ of other people's feelings peu lui importe ce que pensent les autres; that was very ~ of you vous avez agi sans aucun égard pour les autres.

**inconsistency** [,ɪnkən'sɪstənsɪ] (*pl* **inconsistencies**) *n* -1. [incoherence] manque *m* de cohérence, incohérence *f*. -2. [contradiction] contradiction *f*.

**inconsistent** [,ɪnkən'sɪstənt] *adj* -1. [person] incohérent (*dans ses comportements*). -2. [performance] inégal. -3. [reasoning] incohérent. -4. [incompatible] incompatible; ~ with incompatible avec.

**inconsolable** [,ɪnkən'səʊləbl] *adj* inconsolable.

**inconsolably** [,ɪnkən'səʊləblɪ] *adv* de façon inconsolable.

**inconspicuous** [,ɪnkən'spɪkjuəs] *adj* [difficult to see] à peine visible, qui passe inaperçu; [discreet] peu voyant, discret (*f* -ète).

**inconspicuously** [,ɪnkən'spɪkjuəslɪ] *adv* discrètement.

**inconstancy** [ɪn'kɒnstənsɪ] *n* -1. [of phenomenon] variabilité *f*, instabilité *f*. -2. [of person] versatilité *f*, inconstance *f*.

**inconstant** [ɪn'kɒnstənt] *adj* -1. [weather] variable. -2. [person] inconstant, volage.

**incontestable** [,ɪnkən'testəbl] *adj* incontestable.

**incontinence** [ɪn'kɒntɪnəns] *n* incontinence *f*.

**incontinent** [ɪn'kɒntɪnənt] *adj* incontinent.

**incontrovertible** [,ɪnkɒntrə'vɜːtəbl] *adj* indiscutable; ~ evidence une preuve irréfutable.

**inconvenience** [,ɪnkən'viːnjəns] ◇ *n* -1. [disadvantage] inconvénient *m*. -2. [trouble]: to cause ~ déranger, gêner ‖ [disadvantages] incommodité *f*, inconvénients *mpl*; the ~ of a small flat les désagréments d'un petit appartement. ◇ *vt* déranger, incommoder.

**inconvenient** [,ɪnkən'viːnjənt] *adj* -1. [inopportune, awkward] inopportun; if it's not ~ si cela ne vous dérange pas; he has chosen to ignore any ~ facts il a choisi d'ignorer tout ce qui pouvait poser problème. -2. [impractical - tool, kitchen] peu pratique.

**inconveniently** [,ɪnkən'viːnjəntlɪ] *adv* -1. [happen, arrive] au mauvais moment, inopportunément. -2. [be situated] de façon malcommode, mal.

**incorporate** [ɪn'kɔːpəreɪt] ◇ *vt* incorporer; she ~d many folk tunes into her performance son programme comprenait de nombreux airs folkloriques; the territory was ~d into Poland le territoire fut incorporé OR annexé à la Pologne; to ~ amendments into a text apporter des modifications à un texte. ◇ *vi* COMM [form a corporation] se constituer en société commerciale; [merge] fusionner.

**incorporated** [ɪn'kɔːpəreɪtɪd] *adj* constitué en société commerciale; Bradley & Jones Incorporated ≃ Bradley & Jones SARL.

**incorporation** [ɪn,kɔːpə'reɪʃn] *n* -1. [gen] incorporation *f*, intégration *f*. -2. COMM constitution *f* en société commerciale.

**incorporeal** [ˌɪnkɔːˈpɔːrɪəl] *adj lit* incorporel.

**incorrect** [ˌɪnkəˈrekt] *adj* **-1.** [wrong – answer, result] erroné, faux (*f* fausse); [– sum, statement] incorrect, inexact; ~ use of a word usage *m* impropre d'un mot. **-2.** [improper] incorrect.

**incorrectly** [ˌɪnkəˈrektlɪ] *adv* **-1.** [wrongly]: I was ~ quoted j'ai été cité de façon incorrecte; the illness was ~ diagnosed il y a eu erreur de diagnostic. **-2.** [improperly] incorrectement.

**incorrigible** [ɪnˈkɒrɪdʒəbl] *adj* incorrigible.

**incorruptible** [ˌɪnkəˈrʌptəbl] *adj* incorruptible.

**increase** [*vb* ɪnˈkriːs, *n* ˈɪnkriːs] ◇ *vi* augmenter, croître; to ~ by 10% augmenter de 10 %; the attacks have ~d in frequency la fréquence des attaques a augmenté; to ~ in size grandir; to ~ in intensity s'intensifier. ◇ *vt* augmenter; to ~ output to 500 units a week augmenter OR faire passer la production à 500 unités par semaine; recent events have ~d speculation des événements récents ont renforcé les rumeurs. ◇ *n* augmentation *f*; the ~ in productivity/in the cost of living l'augmentation de la productivité/du coût de la vie; a 10% pay ~ une augmentation de salaire de 10%; an ~ in population un accroissement de la population.
♦ **on the increase** *adj phr*: crime is on the ~ la criminalité est en hausse; shoplifting is on the ~ les vols à l'étalage sont de plus en plus nombreux.

**increased** [ɪnˈkriːst] *adj* accru; ~ investment leads to ~ productivity l'accroissement des investissements entraînera un accroissement OR une augmentation de la productivité.

**increasing** [ɪnˈkriːsɪŋ] *adj* croissant, grandissant; there have been an ~ number of complaints les réclamations sont de plus en plus nombreuses; they make ~ use of computer technology ils ont de plus en plus souvent recours à l'informatique.

**increasingly** [ɪnˈkriːsɪŋlɪ] *adv* de plus en plus.

**incredible** [ɪnˈkredəbl] *adj* **-1.** [unbelievable] incroyable, invraisemblable. **-2.** *inf* [fantastic, amazing] fantastique, incroyable.

**incredibly** [ɪnˈkredəblɪ] *adv* **-1.** [amazingly]: ~, we were on time aussi incroyable que cela puisse paraître, nous étions à l'heure. **-2.** [extremely] incroyablement.

**incredulity** [ˌɪnkrɪˈdjuːlətɪ] *n* incrédulité *f*.

**incredulous** [ɪnˈkredjʊləs] *adj* incrédule.

**incredulously** [ɪnˈkredjʊləslɪ] *adv* avec incrédulité.

**increment** [ˈɪnkrɪmənt] ◇ *n* **-1.** [increase] augmentation *f*. **-2.** COMPUT incrément *m*. **-3.** MATH accroissement *m*. ◇ *vt* COMPUT incrémenter.

**incremental** [ˌɪnkrɪˈmentl] *adj* **-1.** [increasing] croissant; ~ increases augmentations *fpl* régulières. **-2.** COMPUT incrémentiel, incrémental.

**incriminate** [ɪnˈkrɪmɪneɪt] *vt* incriminer, mettre en cause; to ~ o.s. se compromettre.

**incriminating** [ɪnˈkrɪmɪneɪtɪŋ] *adj* accusateur, compromettant; ~ evidence pièce *f* OR pièces *fpl* à conviction.

**incriminatory** [ɪnˈkrɪmɪnətrɪ] = **incriminating**.

**in-crowd** *n inf* coterie *f*; to be in with the ~ être branché.

**incrust** [ɪnˈkrʌst] = **encrust**.

**incubate** [ˈɪnkjʊbeɪt] ◇ *vt* **-1.** BIOL [eggs – subj: bird] couver; [– subj: fish] incuber; [– in incubator] incuber. **-2.** *fig* [plot, idea] couver. ◇ *vi* **-1.** BIOL [egg] être en incubation. **-2.** MED [virus] incuber. **-3.** *fig* [plan, idea] couver.

**incubation** [ˌɪnkjʊˈbeɪʃn] *n* [of egg, virus, disease] incubation *f*; ~ period (période *f* d') incubation.

**incubator** [ˈɪnkjʊbeɪtər] *n* [for premature baby] couveuse *f*, incubateur *m*; [for eggs, bacteria] incubateur *m*.

**incubus** [ˈɪnkjʊbəs] (*pl* **incubuses** OR **incubi** [-baɪ]) *n* **-1.** [demon] incube *m*. **-2.** *lit* [nightmare] cauchemar *m*.

**inculcate** [ˈɪnkʌlkeɪt] *vt* inculquer; to ~ sb with an idea, to ~ an idea in sb inculquer une idée à qqn.

**incumbency** [ɪnˈkʌmbənsɪ] (*pl* **incumbencies**) *n* [office] office *m*, fonction *f*.

**incumbent** [ɪnˈkʌmbənt] ◇ *adj fml* **-1.** [obligatory]: it is ~ on OR upon the manager to check the takings il incombe OR il appartient au directeur de vérifier la recette. **-2.** [in office] en fonction, en exercice. ◇ *n* [office holder] titulaire *mf*.

**incur** [ɪnˈkɜːr] (*pt & pp* **incurred**, *cont* **incurring**) *vt* [blame, loss, penalty] s'exposer à, encourir; [debt] contracter; [losses] subir; the expenses incurred les dépenses encourues; to ~ sb's wrath s'attirer les foudres de qqn.

**incurable** [ɪnˈkjʊərəbl] *adj* [illness] incurable, inguérissable; *fig* [optimist] inguérissable, infatigable.

**incurably** [ɪnˈkjʊərəblɪ] *adv*: to be ~ ill avoir une maladie incurable; to be ~ lazy *fig* être irrémédiablement paresseux.

**incurious** [ɪnˈkjʊərɪəs] *adj lit* incurieux *lit*, sans curiosité.

**incursion** [ɪnˈkɜːʃn, *Am* ɪnˈkɜːʒn] *n* incursion *f*; an ~ into enemy territory une incursion en territoire ennemi.

**indebted** [ɪnˈdetɪd] *adj* **-1.** [for help] redevable; to be ~ to sb for sthg: I am greatly ~ to you for doing me this favour je vous suis extrêmement reconnaissant de m'avoir rendu ce service. **-2.** [owing money] endetté.

**indebtedness** [ɪnˈdetɪdnɪs] *n* **-1.** [for help] dette *f*; my ~ to her ma dette envers elle. **-2.** [financial] endettement *m*.

**indecency** [ɪnˈdiːsnsɪ] (*pl* **indecencies**) *n* indécence *f*; an act of gross ~ JUR un grave outrage à la pudeur.

**indecent** [ɪnˈdiːsnt] *adj* **-1.** [obscene] indécent. **-2.** [unseemly] indécent, inconvenant, déplacé; with ~ haste avec une précipitation déplacée.

**indecent assault** *n* attentat *m* à la pudeur.

**indecent exposure** *n* outrage *m* public à la pudeur.

**indecently** [ɪnˈdiːsntlɪ] *adv* indécemment.

**indecipherable** [ˌɪndɪˈsaɪfərəbl] *adj* indéchiffrable.

**indecision** [ˌɪndɪˈsɪʒn] *n* indécision *f*.

**indecisive** [ˌɪndɪˈsaɪsɪv] *adj* **-1.** [hesitating – person] indécis, irrésolu. **-2.** [inconclusive] peu concluant.

**indecisively** [ˌɪndɪˈsaɪsɪvlɪ] *adv* **-1.** [hesitatingly] de manière indécise, avec hésitation. **-2.** [inconclusively] de manière peu convaincante OR concluante.

**indecisiveness** [ˌɪndɪˈsaɪsɪvnɪs] = **indecision**.

**indeclinable** [ˌɪndɪˈklaɪnəbl] *adj* indéclinable.

**indecorous** [ɪnˈdekərəs] *adj* inconvenant, malséant.

**indeed** [ɪnˈdiːd] *adv* **-1.** [used to confirm] effectivement, en effet; we are aware of the problem; ~, we are already investigating it nous sommes conscients du problème; en fait, nous sommes déjà en train de l'étudier. **-2.** [used to qualify]: the problem, if ~ there is one, is theirs c'est leur problème, si problème il y a; it is difficult, ~ virtually impossible, to get in il est difficile, pour ne pas dire impossible OR voire impossible, d'entrer. **-3.** [used as intensifier] vraiment; thank you very much ~ merci beaucoup; that's praise ~! ça, c'est un compliment! ‖ [in replies] en effet; I believe you support their policy — I do ~ je crois que vous soutenez leur politique — en effet. **-4.** [as surprised, ironic response]: he asked us for a pay rise — ~! il nous a demandé une augmentation — eh bien! OR vraiment?

**indefatigable** [ˌɪndɪˈfætɪɡəbl] *adj* infatigable.

**indefensible** [ˌɪndɪˈfensəbl] *adj* **-1.** [conduct] injustifiable, inexcusable; [argument] insoutenable, indéfendable. **-2.** MIL indéfendable.

**indefinable** [ˌɪndɪˈfaɪnəbl] *adj* indéfinissable.

**indefinite** [ɪnˈdefɪnɪt] *adj* [indeterminate] indéterminé, illimité; for an ~ period pour une période indéterminée ‖ [vague, imprecise] flou, peu précis.

**indefinite article** *n* article *m* indéfini.

**indefinitely** [ɪnˈdefɪnətlɪ] *adv* **-1.** [without limit] indéfiniment. **-2.** [imprecisely] vaguement.

**indefinite pronoun** *n* pronom *m* indéfini.

**indelible** [ɪnˈdeləbl] *adj* [ink, stain] indélébile; [memory] impérissable; ~ marker *Br* marqueur *m* indélébile.

**indelibly** [ɪnˈdeləblɪ] *adv* de manière indélébile.

**indelicacy** [ɪnˈdelɪkəsɪ] (*pl* **indelicacies**) *n* **-1.** [of behaviour, remark] indélicatesse *f*. **-2.** [tactless remark, action] manque *m* de tact.

**indelicate** [ɪnˈdelɪkət] *adj* [action] déplacé, indélicat; [person, remark] indélicat, qui manque de tact.

**indemnification** [ɪnˌdemnɪfɪˈkeɪʃn] *n* **-1.** [act of compensation] indemnisation *f*, dédommagement *m*. **-2.** [sum reimbursed] indemnité *f*.

**indemnify** [ɪnˈdemnɪfaɪ] (*pt & pp* **indemnified**) *vt* **-1.** [compensate] indemniser, dédommager; to be indemnified for sthg être indemnisé OR dédommagé de qqch. **-2.** [insure] assurer, garantir; **to be indemnified for** OR **against sthg** être assuré contre qqch.

**indemnity** [ɪn'demnətɪ] (*pl* **indemnities**) *n* **-1.** [compensation] indemnité *f*, dédommagement *m*. **-2.** [insurance] assurance *f*. **-3.** [exemption – from prosecution] immunité *f*.

**indent** [*vb* ɪn'dent, *n* 'ɪndent] ◇ *vt* **-1.** [line of text] mettre en retrait; ~ **the first line** commencez la première ligne en retrait OR au alinéa. **-2.** [edge] denteler, découper; [more deeply] échancrer. **-3.** [surface] marquer, faire une empreinte dans. **-4.** *Br* COMM [goods] commander. **-5.** = **indenture**. ◇ *vi* **-1.** [at start of paragraph] faire un alinéa. **-2.** *Br* COMM passer commande; **to** ~ **on sb for sthg** commander qqch à qqn. ◇ *n* **-1.** *Br* COMM [order] commande *f*; [order form] bordereau *m* de commande. **-2.** = **indentation 1**.

**indentation** [ˌɪnden'teɪʃn] *n* **-1.** [in line of text] renfoncement *m*. **-2.** [in edge] denteluree *f*; [deeper] échancrure *f*; [in coastline] découpure *f*. **-3.** [on surface] empreinte *f*. **-4.** = **indenture**.

**indented** [ɪn'dentɪd] *adj* [edge] découpé, dentelé; [coastline] découpé.

**indenture** [ɪn'dentʃəʳ] ◇ *n* (*often pl*) contrat *m*; [of apprentice] contrat *m* d'apprentissage. ◇ *vt* engager par contrat; [apprentice] mettre OR placer comme apprenti; **he was** ~**d to a carpenter** on le mit en apprentissage chez un menuisier.

**independence** [ˌɪndɪ'pendəns] *n* [gen & POL] indépendance *f*; **the country has recently gained its** ~ le pays vient d'accéder à l'indépendance; **the (American) War of Independence** la guerre d'Indépendance (américaine).

**Independence Day** *n* fête *f* nationale de l'Indépendance (*aux États-Unis*).

**independency** [ˌɪndɪ'pendənsɪ] (*pl* **independencies**) *n* **-1.** [country] État *m* indépendant. **-2.** = **independence**.

**independent** [ˌɪndɪ'pendənt] ◇ *adj* **-1.** indépendant; **to become** ~ [country] accéder à l'indépendance; **she is** ~ **of her parents** elle ne dépend plus de ses parents; **he is incapable of** ~ **thought** il est incapable de penser par lui-même ❑ ~ **income** revenus *mpl* indépendants, rentes *fpl*; **a man of** ~ **means** un rentier. **-2.** GRAMM, PHILOS & MATH indépendant. ◇ *n* **-1.** [gen] indépendant *m*, -e *f*; **The Independent** PRESS quotidien britannique de qualité sans affiliation politique particulière. **-2.** POL indépendant *m*, -e *f*, non-inscrit *m*, -e *f*.

**independently** [ˌɪndɪ'pendəntlɪ] *adv* de manière indépendante, de manière autonome; ~ **of** indépendamment de.

**independent school** *n Br* école *f* privée.

**in-depth** *adj* en profondeur.

**indescribable** [ˌɪndɪ'skraɪbəbl] *adj* indescriptible.

**indescribably** [ˌɪndɪ'skraɪbəblɪ] *adv* incroyablement.

**indestructible** [ˌɪndɪ'strʌktəbl] *adj* indestructible.

**indeterminable** [ˌɪndɪ'tɜːmɪnəbl] *adj* **-1.** [fact, amount, distance] indéterminable. **-2.** [controversy, problem] insoluble.

**indeterminate** [ˌɪndɪ'tɜːmɪnət] *adj* **-1.** [undetermined, indefinite] indéterminé; ~ **sentence** peine *f* (de prison) de durée indéterminée. **-2.** [vague, imprecise] flou, vague. **-3.** LING, MATH & PHILOS indéterminé.

**index** ['ɪndeks] (*pl senses 1-3 & 7* **indexes**, *pl senses 4-6* **indices** [-dɪsiːz]) ◇ *n* **-1.** [in book, database] index *m*; **name/subject** ~ index des noms propres/matières. **-2.** [in library] catalogue *m*, répertoire *m*; [on index cards] fichier *m*. **-3.** [finger] index *m*. **-4.** ECON & PHYS indice *m*. **-5.** [pointer on scale] aiguille *f*, indicateur *m*; *fig* [sign] indice *m*, indicateur *m*. **-6.** MATH [subscript] indice *m*; [superscript] exposant *m*. **-7.** TYPO [pointing fist] renvoi *m*. **-8.** RELIG: **Index** Index *m*. ◇ *vt* **-1.** [word, book, database] indexer; **you'll find it** ~**ed under 'science'** vous le trouverez ça indexé à «science» OR dans l'index sous (l'entrée) «science». **-2.** ECON indexer; ~**ed to** indexé sur. **-3.** MECH indexer.

**indexation** [ˌɪndek'seɪʃn] *n* indexation *f*.

**index card** *n* fiche *f*.

**index finger** *n* index *m*.

**index-linked** *adj Br* indexé.

**India** ['ɪndjə] *pr n* Inde *f*; **in** ~ en Inde.

**India ink** *Am* = **Indian ink**.

**Indian** ['ɪndjən] ◇ *n* **-1.** [person – in America, Asia] Indien *m*, -enne *f*. **-2.** LING [in America] langue *f* amérindienne. ◇ *adj* [American or Asian] indien.

**Indiana** [ˌɪndɪ'ænə] *pr n* Indiana *m*; **in** ~ dans l'Indiana.

**Indian elephant** *n* éléphant *m* d'Asie.

**Indian file** *n*: **in** ~ en file *f* indienne.

**Indian ink** *n Br* encre *f* de Chine.

**Indian Ocean** *pr n*: **the** ~ l'océan *m* Indien.

**Indian summer** *n* été *m* de la Saint-Martin, été *m* indien; *fig* vieillesse *f* heureuse.

**India paper** *n* papier *m* bible.

**India rubber** *n Br* [substance] caoutchouc *m*; [eraser] gomme *f*.

**indicate** ['ɪndɪkeɪt] ◇ *vt* **-1.** [show, point to] indiquer. **-2.** [make clear] signaler, indiquer; **as I have already** ~**d** comme je l'ai déjà signalé OR fait remarquer; **he** ~**d his willingness to help** il nous a fait savoir qu'il était prêt à nous aider. **-3.** *Br* AUT: **to** ~ (**that one is turning**) left/right mettre son clignotant à gauche/à droite (pour tourner). **-4.** [recommend, require] indiquer. ◇ *vi Br* AUT mettre son clignotant.

**indication** [ˌɪndɪ'keɪʃn] *n* **-1.** [sign] indication *f*; **she gave no** ~ **that she had seen me** rien ne pouvait laisser supposer qu'elle m'avait vu; **he gave us a clear** ~ **of his intentions** il nous a clairement fait comprendre OR clairement indiqué ses intentions; **all the** ~**s are that...**, **there is every** ~ **that...** tout porte à croire que... **-2.** [act of indicating] indication *f*.

**indicative** [ɪn'dɪkətɪv] ◇ *adj* **-1.** [symptomatic] indicatif; ~ **of**: **his handwriting is** ~ **of his mental state** son écriture est révélatrice de son état mental; **it is** ~ **of a strong personality** cela témoigne d'une forte personnalité. **-2.** GRAMM indicatif; **the** ~ **mood** le mode indicatif, l'indicatif *m*. ◇ *n* GRAMM indicatif *m*; **in the** ~ à l'indicatif.

**indicator** ['ɪndɪkeɪtəʳ] *n* **-1.** [instrument] indicateur *m*; [warning lamp] voyant *m*. **-2.** AUT clignotant *m*. **-3.** [at station, in airport]: **arrivals/departures** ~ panneau *m* des arrivées/des départs. **-4.** *fig* indicateur *m*. **-5.** CHEM indicateur *m*. **-6.** LING indicateur *m*.

**indices** ['ɪndɪsiːz] *pl* → **index**.

**indict** [ɪn'daɪt] *vt* JUR inculper, mettre en examen *spec*.

**indictable** [ɪn'daɪtəbl] *adj* JUR **-1.** [person] passible de poursuites. **-2.** [crime] passible des tribunaux.

**indictment** [ɪn'daɪtmənt] *n* **-1.** JUR inculpation *f*, mise *f* en examen *spec*; ~ **for fraud** inculpation pour fraude. **-2.** *fig*: **a damning** ~ **of government policy** un témoignage accablant contre la politique gouvernementale.

**indie** ['ɪndɪ] *adj inf* [band, charts] indépendant (*dont les disques sont produits par des maisons indépendantes*).

**indifference** [ɪn'dɪfrəns] *n* **-1.** [unconcern] indifférence *f*; **with total** ~ avec une indifférence totale; ~ **towards** manque *m* d'intérêt pour. **-2.** [mediocrity] médiocrité *f*. **-3.** [unimportance] insignifiance *f*. **-4.** PHILOS indifférence *f*.

**indifferent** [ɪn'dɪfrənt] *adj* **-1.** [unconcerned, cold] indifférent; **she was** ~ **to the beauty of the landscape** elle était indifférente à la beauté du paysage; ~ **to the danger** insouciant du danger. **-2.** [unimportant] indifférent; **it's** ~ **to me whether they go or stay** qu'ils partent ou qu'ils restent, cela m'est égal. **-3.** [mediocre] médiocre, quelconque.

**indifferently** [ɪn'dɪfrəntlɪ] *adv* **-1.** [unconcernedly] indifféremment, avec indifférence. **-2.** [not well] médiocrement.

**indigenous** [ɪn'dɪdʒɪnəs] *adj* **-1.** [animal, plant, custom] indigène; [population] autochtone; **rabbits are not** ~ **to Australia** à l'origine, il n'y avait pas de lapins en Australie. **-2.** [innate] inné, natif *lit*.

**indigestible** [ˌɪndɪ'dʒestəbl] *adj* indigeste.

**indigestion** [ˌɪndɪ'dʒestʃn] *n* (*U*) indigestion *f*; **to have** ~ avoir une indigestion.

**indignant** [ɪn'dɪgnənt] *adj* indigné, outré; **he was** ~ **at her attitude** il était indigné par son attitude.

**indignantly** [ɪn'dɪgnəntlɪ] *adv* avec indignation.

**indignation** [ˌɪndɪg'neɪʃn] *n* indignation *f*.

**indignity** [ɪn'dɪgnətɪ] (*pl* **indignities**) *n* indignité *f*; **he suffered the** ~ **of having to ask for a loan** il a dû s'abaisser à solliciter un prêt.

**indigo** ['ɪndɪgəʊ] (*pl* **indigos** OR **indigoes**) ◇ *n* **-1.** [dye, colour] indigo *m*. **-2.** [plant] indigotier *m*. ◇ *adj* indigo (*inv*).

**indigo blue** = **indigo 1**.

**indirect** [ˌɪndɪ'rekt] *adj* indirect; **an** ~ **reference** une allusion voilée; ~ **free kick** FTBL coup *m* franc indirect.

**indirect costs** *npl* frais *mpl* généraux.

**indirect lighting** *n* éclairage *m* indirect.

**indirectly** [ˌɪndɪˈrektlɪ] *adv* indirectement; I heard about it ~ je l'ai appris indirectement OR par personnes interposées.

**indirect object** *n* objet *m* indirect.

**indirect question** *n* question *f* indirecte.

**indirect speech** *n* discours *m* indirect.

**indirect tax** *n* impôts *mpl* indirects.

**indirect taxation** *n* fiscalité *f* indirecte.

**indiscipline** [ɪnˈdɪsɪplɪn] *n* indiscipline *f*.

**indiscreet** [ˌɪndɪˈskriːt] *adj* indiscret (*f*-ète).

**indiscreetly** [ˌɪndɪˈskriːtlɪ] *adv* indiscrètement.

**indiscretion** [ˌɪndɪˈskreʃn] *n* indiscrétion *f*.

**indiscriminate** [ˌɪndɪˈskrɪmɪnət] *adj*: it was ~ slaughter ce fut un massacre aveugle; to distribute ~ punishment/praise distribuer des punitions/des éloges à tort et à travers; children are ~ in their television viewing les enfants regardent la télévision sans discernement; ~ admiration admiration inconditionnelle.

**indiscriminately** [ˌɪndɪˈskrɪmɪnətlɪ] *adv*: he reads ~ il lit tout ce qui lui tombe sous la main; I use the two terms ~ j'utilise indifféremment les deux termes.

**indispensable** [ˌɪndɪˈspensəbl] *adj* indispensable; ~ to indispensable à OR pour; to make o.s. ~ to sb se rendre indispensable à qqn.

**indisposed** [ˌɪndɪˈspəʊzd] *adj* *fml* **-1.** *euph* [sick] indisposé, souffrant. **-2.** [unwilling] peu enclin, peu disposé; to be ~ to do sthg être peu enclin OR peu disposé à faire qqch.

**indisputable** [ˌɪndɪˈspjuːtəbl] *adj* incontestable, indiscutable.

**indissoluble** [ˌɪndɪˈsɒljʊbl] *adj* indissoluble.

**indissolubly** [ˌɪndɪˈsɒljʊblɪ] *adv* indissolublement.

**indistinct** [ˌɪndɪˈstɪŋkt] *adj* indistinct.

**indistinctly** [ˌɪndɪˈstɪŋktlɪ] *adv* indistinctement.

**indistinguishable** [ˌɪndɪˈstɪŋgwɪʃəbl] *adj* **-1.** [alike] impossible à distinguer; his handwriting is ~ from his brother's son écriture est impossible à distinguer de celle de son frère. **-2.** [imperceptible] imperceptible.

**individual** [ˌɪndɪˈvɪdʒʊəl] ◇ *adj* **-1.** [for one person] individuel; she has ~ tuition elle prend des cours particuliers. **-2.** [single, separate] particulier; it's impossible to investigate each ~ complaint il est impossible d'étudier séparément chaque réclamation. **-3.** [distinctive] personnel, particulier. ◇ *n* [gen, BIOL & LOGIC] individu *m*.

**individualism** [ˌɪndɪˈvɪdʒʊəlɪzm] *n* [gen, PHILOS & POL] individualisme *m*.

**individualist** [ˌɪndɪˈvɪdʒʊəlɪst] *n* individualiste *mf*.

**individualistic** [ˈɪndɪˌvɪdʒʊəˈlɪstɪk] *adj* individualiste.

**individuality** [ˈɪndɪˌvɪdʒʊˈælətɪ] (*pl* **individualities**) *n* individualité *f*.

**individualize, -ise** [ˌɪndɪˈvɪdʒʊəlaɪz] *vt* individualiser.

**individually** [ˌɪndɪˈvɪdʒʊəlɪ] *adv* **-1.** [separately] individuellement. **-2.** [distinctively] de façon distinctive.

**individuate** [ˌɪndɪˈvɪdʒʊeɪt] *vt* différencier.

**indivisible** [ˌɪndɪˈvɪzəbl] *adj* indivisible.

**Indochina** [ˌɪndəʊˈtʃaɪnə] *pr n* Indochine *f*; in ~ en Indochine.

**Indochinese** [ˌɪndəʊtʃaɪˈniːz] ◇ *n* Indochinois *m*, -e *f*. ◇ *adj*

indochinois.

**indoctrinate** [ɪnˈdɒktrɪneɪt] *vt* endoctriner; they were ~d with revolutionary ideas on leur a inculqué des idées révolutionnaires.

**indoctrination** [ɪnˌdɒktrɪˈneɪʃn] *n* endoctrinement *m*.

**Indo-European** [ˈɪndəʊˌjʊərəˈpiːən] ◇ *n* indo-européen *m*. ◇ *adj* indo-européen.

**indolence** [ˈɪndələns] *n* **-1.** [laziness] paresse *f*, indolence *f*. **-2.** MED indolence *f*.

**indolent** [ˈɪndələnt] *adj* **-1.** [lazy] paresseux, indolent. **-2.** MED indolent.

**indomitable** [ɪnˈdɒmɪtəbl] *adj* indomptable, irréductible.

**Indonesia** [ˌɪndəˈniːzjə] *pr n* Indonésie *f*; in ~ en Indonésie.

**Indonesian** [ˌɪndəˈniːzjən] ◇ *n* **-1.** [person] Indonésien *m*, -enne *f*. **-2.** LING indonésien *m*. ◇ *adj* indonésien.

**indoor** [ˈɪndɔːr] *adj* [toilet] à l'intérieur; [clothing] d'intérieur; [swimming pool, tennis court] couvert; ~ games [sports] jeux *mpl* pratiqués en salle; [board-games, charades etc] jeux *mpl* d'intérieur; ~ plants plantes *fpl* d'intérieur OR d'appartement.

**indoors** [ˌɪnˈdɔːz] *adv* à l'intérieur; I don't like being ~ all day je n'aime pas rester enfermée toute la journée.

**indorse** [ɪnˈdɔːs] = **endorse**.

**indrawn** [ˌɪnˈdrɔːn] *adj* [air]: ~ breath aspiration *f*, inspiration *f*.

**indubitable** [ɪnˈdjuːbɪtəbl] *adj* indubitable.

**indubitably** [ɪnˈdjuːbɪtəblɪ] *adv* assurément, indubitablement.

**induce** [ɪnˈdjuːs] *vt* **-1.** [cause] entraîner, provoquer. **-2.** [persuade] persuader, décider; nothing will ~ me to change my mind rien ne me décidera à OR ne me fera changer d'avis. **-3.** MED [labour] déclencher (artificiellement). **-4.** PHILOS [infer] induire. **-5.** ELEC induire.

**-induced** [ɪnˈdjuːst] *in cpds*: work~ injury accident *m* du travail; drug~ sleep sommeil *m* provoqué par des médicaments.

**inducement** [ɪnˈdjuːsmənt] *n* **-1.** [encouragement] persuasion *f*. **-2.** [reward] incitation *f*, récompense *f*; [bribe] pot-de-vin *m*.

**induct** [ɪnˈdʌkt] *vt* **-1.** [into office, post] installer. **-2.** [into mystery, unknown field] initier. **-3.** *Am* MIL appeler (sous les drapeaux). **-4.** ELEC = **induce 5**.

**inductance** [ɪnˈdʌktəns] *n* ELEC **-1.** [property] inductance *f*. **-2.** [component] inducteur *m*.

**induction** [ɪnˈdʌkʃn] *n* **-1.** [into office, post] installation *f*; [into mystery, new field] initiation *f*. **-2.** [causing] provocation *f*, déclenchement *m*. **-3.** MED [of labour] déclenchement *m* (artificiel). **-4.** PHILOS induction *f*. **-5.** *Am* MIL conscription *f*, appel *m* sous les drapeaux. **-6.** BIOL, ELEC & TECH induction *f*.

**induction coil** *n* bobine *f* d'inductance.

**induction course** *n* stage *m* préparatoire OR de formation.

**inductive** [ɪnˈdʌktɪv] *adj* inductif.

**inductor** [ɪnˈdʌktər] *n* inducteur *m*.

**indulge** [ɪnˈdʌldʒ] ◇ *vi*: to ~ in se livrer à; I occasionally ~ in a cigar je me permets un cigare de temps en temps. ◇ *vt* **-1.** [person] gâter; she ~s her children elle gâte ses enfants; to ~ o.s. se faire plaisir. **-2.** [desire, vice] assouvir; he ~s her every whim il se prête à OR il lui passe tous ses caprices. **-3.** COMM [debtor] accorder un délai de paiement à.

---

USAGE ▶ **Indignation**

**Expressing indignation about something**

(Mais) c'est scandaleux!
On aura tout vu!
Je n'ai jamais vu ça!
C'est une plaisanterie!
Non mais, tu te rends compte!
Regardez-moi ça! [informal]
Non mais je rêve! [informal]
Elle est bien bonne, celle-là! [informal]

**Feeling indignant towards someone**

Ça ne se passera pas comme ça, c'est moi qui vous le dis!
Vous vous moquez de moi!
Comment pouvez-vous dire/faire une chose pareille?
Vous voulez répéter!
Pardon!
Non mais, vous vous prenez pour qui?
Comment osez-vous? [formal]
Ça va pas, non? [informal]

**indulgence** [ɪn'dʌldʒəns] n **-1.** [tolerance, kindness] indulgence f. **-2.** [gratification] assouvissement m. **-3.** [privilege] privilège m; [treat] gâterie f; smoking is my only ~ mon seul vice, c'est le tabac. **-4.** RELIG indulgence f.

**indulgent** [ɪn'dʌldʒənt] adj [liberal, kind] indulgent, complaisant; you shouldn't be so ~ with your children vous ne devriez pas vous montrer aussi indulgent envers vos enfants.

**indulgently** [ɪn'dʌldʒəntlɪ] adv avec indulgence.

**industrial** [ɪn'dʌstrɪəl] adj [gen] industriel; [unrest] social; ~ accident accident m du travail; ~ diamond diamant m industriel OR de nature; ~ dispute conflit m social; ~ espionage espionnage m industriel; the Industrial Revolution la révolution industrielle; ~ school Am école f technique; ~ workers travailleurs mpl de l'industrie.

**industrial action** n (U) Br grève f, grèves fpl; they threatened (to take) ~ ils ont menacé de faire grève.

**industrial estate** n Br zone f industrielle.

**industrialist** [ɪn'dʌstrɪəlɪst] n industriel m.

**industrialization** [ɪn,dʌstrɪəlaɪ'zeɪʃn] n industrialisation f.

**industrialized** [ɪn'dʌstrɪəlaɪzd] adj industrialisé.

**industrial park** Am = **industrial estate**.

**industrial relations** npl relations fpl entre le patronat et les travailleurs.

**industrial tribunal** n ≃ conseil m de prud'hommes.

**industrious** [ɪn'dʌstrɪəs] adj travailleur.

**industry** ['ɪndʌstrɪ] (pl **industries**) n **-1.** [business] industrie f; both sides of ~ syndicats mpl et patronat m, les partenaires mpl sociaux; the oil/film ~ l'industrie pétrolière/cinématographique. **-2.** application f, diligence f.

**inebriate** [vb ɪ'niːbrɪeɪt, adj & n ɪ'niːbrɪət] fml ◇ vt enivrer, griser. ◇ adj ivre. ◇ n ivrogne mf, alcoolique mf.

**inebriated** [ɪ'niːbrɪeɪtɪd] adj fml ivre; ~ by his success fig grisé par son succès.

**inebriation** [ɪ,niːbrɪ'eɪʃn] n fml enivrement m; [habitual] ivrognerie f, alcoolisme m.

**inedible** [ɪn'edɪbl] adj **-1.** [unsafe to eat] non comestible. **-2.** [unpleasant to eat] immangeable.

**ineffable** [ɪn'efəbl] adj lit ineffable, indicible.

**ineffective** [,ɪnɪ'fektɪv] adj **-1.** [person] inefficace, incapable, incompétent. **-2.** [action] inefficace, sans effet.

**ineffectively** [,ɪnɪ'fektɪvlɪ] adv sans résultat.

**ineffectual** [,ɪnɪ'fektʃʊəl] adj incompétent.

**inefficiency** [,ɪnɪ'fɪʃnsɪ] (pl **inefficiencies**) n inefficacité f, manque m d'efficacité.

**inefficient** [,ɪnɪ'fɪʃnt] adj inefficace; an ~ use of resources une mauvaise utilisation des ressources.

**inefficiently** [,ɪnɪ'fɪʃntlɪ] adv inefficacement.

**inelegant** [ɪn'elɪgənt] adj inélégant.

**inelegantly** [ɪn'elɪgəntlɪ] adv de façon peu élégante.

**ineligibility** [ɪn,elɪdʒə'bɪlətɪ] n **-1.** [gen]: his ~ for unemployment benefit le fait qu'il n'ait pas droit aux allocations de chômage; the ~ of most of the applications l'irrecevabilité f de la plupart des demandes. **-2.** [for election] inéligibilité f.

**ineligible** [ɪn'elɪdʒəbl] adj **-1.** [unqualified] non qualifié; to be ~ for military service être inapte au service militaire; they are ~ to vote ils n'ont pas le droit de voter. **-2.** [for election] inéligible.

**ineluctable** [,ɪnɪ'lʌktəbl] adj fml inéluctable.

**inept** [ɪ'nept] adj inepte.

**ineptitude** [ɪ'neptɪtjuːd] n ineptie f.

**ineptly** [ɪ'neptlɪ] adv absurdement, stupidement.

**inequality** [,ɪnɪ'kwɒlətɪ] (pl **inequalities**) n inégalité f.

**inequitable** [ɪn'ekwɪtəbl] adj inéquitable.

**ineradicable** [,ɪnɪ'rædɪkəbl] adj indéracinable.

**inert** [ɪ'nɜːt] adj inerte.

**inert gas** n gaz m inerte.

**inertia** [ɪ'nɜːʃə] n inertie f.

**inertia-reel seat belt** n ceinture f de sécurité à enrouleur.

**inertia selling** n (U) Br vente f forcée.

**inescapable** [,ɪnɪ'skeɪpəbl] adj [outcome] inévitable, inéluctable; [fact] indéniable.

**inescapably** [,ɪnɪ'skeɪpəblɪ] adv inévitablement, indéniablement.

**inessential** [,ɪnɪ'senʃl] adj non essentiel.

**inestimable** [ɪn'estɪməbl] adj inestimable, incalculable.

**inevitability** [ɪn,evɪtə'bɪlətɪ] n inévitabilité f.

**inevitable** [ɪn'evɪtəbl] ◇ adj [outcome, consequence] inévitable, inéluctable; [end] inévitable, fatal; it's ~ that someone will feel left out il est inévitable OR on ne pourra empêcher que quelqu'un se sente exclu; the ~ cigarette in his mouth l'éternelle OR l'inévitable cigarette au coin des lèvres. ◇ n inévitable m.

**inevitably** [ɪn'evɪtəblɪ] adv inévitablement, fatalement.

**inexact** [,ɪnɪg'zækt] adj [imprecise] imprécis; [wrong] inexact, erroné.

**inexactitude** [,ɪnɪg'zæktɪtjuːd] n **-1.** [imprecision] imprécision f; [incorrectness] inexactitude f. **-2.** [mistake] inexactitude f.

**inexcusable** [,ɪnɪk'skjuːzəbl] adj inexcusable, impardonnable.

**inexcusably** [,ɪnɪk'skjuːzəblɪ] adv: ~ rude d'une grossièreté impardonnable; he behaved quite ~ at the party la façon dont il s'est comporté à la soirée est inexcusable.

**inexhaustible** [,ɪnɪg'zɔːstəbl] adj **-1.** [source, energy, patience] inépuisable, illimité. **-2.** [person] infatigable.

**inexorable** [ɪn'eksərəbl] adj inexorable.

**inexorably** [ɪn'eksərəblɪ] adv inexorablement.

**inexpensive** [,ɪnɪk'spensɪv] adj bon marché (inv), peu cher.

**inexpensively** [,ɪnɪk'spensɪvlɪ] adv [sell] (à) bon marché, à bas prix; [live] à peu de frais.

**inexperience** [,ɪnɪk'spɪərɪəns] n inexpérience f, manque m d'expérience.

**inexperienced** [,ɪnɪk'spɪərɪənst] adj inexpérimenté.

**inexpert** [ɪn'ekspɜːt] adj inexpérimenté, inexpert lit.

**inexplicable** [,ɪnɪk'splɪkəbl] adj inexplicable.

**inexplicably** [,ɪnɪk'splɪkəblɪ] adv inexplicablement.

**inexpressible** [,ɪnɪk'spresəbl] adj inexprimable, indicible.

**inextinguishable** [,ɪnɪk'stɪŋgwɪʃəbl] adj [fire] impossible à éteindre; [thirst] inextinguible; [passion] irrépressible, incontrôlable.

**in extremis** [ɪnɪk'striːmɪs] adv in extremis, de justesse.

**inextricable** [,ɪnɪk'strɪkəbl] adj inextricable.

**inextricably** [,ɪnɪk'strɪkəblɪ] adv inextricablement.

**infallibility** [ɪn,fælə'bɪlətɪ] n infaillibilité f.

**infallible** [ɪn'fæləbl] adj infaillible.

**infamous** ['ɪnfəməs] adj **-1.** [notorious] tristement célèbre, notoire. **-2.** [shocking – conduct] déshonorant, infamant.

**infamy** ['ɪnfəmɪ] (pl **infamies**) n **-1.** [notoriety] triste notoriété f. **-2.** [notorious act, event] infamie f.

**infancy** ['ɪnfənsɪ] (pl **infancies**) n **-1.** [early childhood] petite enfance f; a child in its ~ un enfant en bas âge. **-2.** fig débuts mpl, enfance f. **-3.** JUR minorité f (légale).

**infant** ['ɪnfənt] ◇ n **-1.** [young child] petit enfant m, petite enfant f; an ~ in arms mf en bas âge; [baby] bébé m; [new-born] nouveau-né m. **-2.** Br SCH élève dans les premières années d'école primaire. **-3.** JUR mineur m, -e f. ◇ comp **-1.** [food] pour bébés; [disease, mortality] infantile. **-2.** Br [teacher, teaching] des premières années d'école primaire. ◇ adj [organization] naissant.

**infanticide** [ɪn'fæntɪsaɪd] n **-1.** [act] infanticide m. **-2.** [person] infanticide mf.

**infantile** ['ɪnfəntaɪl] adj **-1.** pej [childish] infantile, puéril. **-2.** [of, for infants] infantile.

**infantry** ['ɪnfəntrɪ] ◇ n infanterie f. ◇ adj de l'infanterie.

**infantryman** ['ɪnfəntrɪmən] (pl **infantrymen** [-mən]) n soldat m d'infanterie, fantassin m.

**infant school** n Br école f maternelle (5-7 ans).

**infatuate** [ɪn'fætjʊeɪt] vt: he was ~d with her il s'était entiché d'elle.

**infatuation** [ɪn,fætjʊ'eɪʃn] n engouement m; his ~ for OR with her son engouement pour elle.

**infect** [ɪn'fekt] vt **-1.** MED [wound, organ, person, animal] infecter; I hope that cut won't get ~ed j'espère que cette coupure ne s'infectera pas; to ~ sb with sthg transmettre qqch à qqn. **-2.** [food, water] contaminer. **-3.** fig [subj: vice] corrompre, contaminer; [subj: emotion] se communiquer à.

**infected** [ɪnˈfektɪd] adj [wound] infecté; [area] contaminé.

**infection** [ɪnˈfekʃn] n **-1.** MED infection f; a throat ~ une infection de la gorge, une angine. **-2.** fig contagion f, contamination f.

**infectious** [ɪnˈfekʃəs] adj **-1.** MED [disease] infectieux; [person] contagieux. **-2.** fig contagieux, communicatif.

**infectious hepatitis** n (U) hépatite f infectieuse, hépatite f virale A.

**infectious mononucleosis** n (U) mononucléose f infectieuse.

**infelicitous** [ˌɪnfɪˈlɪsɪtəs] adj lit malheureux, malchanceux.

**infer** [ɪnˈfɜːr] (pt & pp **inferred**, cont **inferring**) vt **-1.** [deduce] conclure, inférer, déduire; what are we to ~ from their absence? que devons-nous conclure de leur absence? **-2.** [imply] suggérer, laisser supposer; what are you inferring by that? qu'insinuez-vous par là?

**inference** [ˈɪnfrəns] n déduction f; LOGIC inférence f; what ~s can we draw from it? que pouvons-nous en déduire?

**inferior** [ɪnˈfɪərɪər] ◇ adj **-1.** [quality, worth, social status] inférieur; he always felt ~ to his brother il a toujours éprouvé un sentiment d'infériorité par rapport à son frère; to make sb feel ~ donner un sentiment d'infériorité à qqn. **-2.** [in rank] subalterne. **-3.** ANAT & SCI [in space, position] inférieur. **-4.** TYPO: ~ character (caractère m en) indice m. **-5.** BOT: ~ ovary ovaire m infère OR adhérent. ◇ n [in social status] inférieur m, -e f; [in rank, hierarchy] subalterne mf, subordonné m, -e f.

**inferiority** [ɪnˌfɪərɪˈɒrətɪ] (pl **inferiorities**) n infériorité f.

**inferiority complex** n complexe m d'infériorité.

**infernal** [ɪnˈfɜːnl] adj **-1.** inf [awful] infernal. **-2.** [of hell] infernal; [diabolical] infernal, diabolique.

**inferno** [ɪnˈfɜːnəʊ] (pl **infernos**) n **-1.** [fire] brasier m; the hotel was a blazing ~ l'hôtel n'était qu'un gigantesque brasier. **-2.** [hell] enfer m.

**infertile** [ɪnˈfɜːtaɪl] adj [person, animal] stérile; [land, soil] stérile, infertile lit.

**infertility** [ˌɪnfəˈtɪlətɪ] n stérilité f, infertilité f lit.

**infest** [ɪnˈfest] vt infester; ~ed with infesté de; shark-~ed waters eaux infestées de requins.

**infestation** [ˌɪnfeˈsteɪʃn] n infestation f.

**infibulation** [ɪnˌfɪbjʊˈleɪʃn] n infibulation f.

**infidel** [ˈɪnfɪdəl] ◇ n infidèle mf. ◇ adj infidèle, incroyant.

**infidelity** [ˌɪnfɪˈdelətɪ] (pl **infidelities**) n **-1.** [betrayal] infidélité f. **-2.** [lack of faith] incroyance f, irréligion f.

**infighting** [ˈɪnˌfaɪtɪŋ] n (U) **-1.** Br [within group] conflits mpl internes, luttes fpl intestines. **-2.** [in boxing] corps à corps m.

**infill** [ˈɪnfɪl] ◇ vt remplir, combler. ◇ n matériau m de remplissage.

**infiltrate** [ˈɪnfɪltreɪt] ◇ vt **-1.** [organization] infiltrer, noyauter; they ~d spies into the organization ils ont envoyé des espions pour infiltrer l'organisation. **-2.** [subj: liquid] s'infiltrer dans. ◇ vi s'infiltrer.

**infiltration** [ˌɪnfɪlˈtreɪʃn] n **-1.** [of group] infiltration f, noyautage m. **-2.** [by liquid] infiltration f.

**infiltrator** [ˈɪnfɪltreɪtər] n agent m infiltré.

**infinite** [ˈɪnfɪnət] ◇ adj **-1.** [not finite] infini. **-2.** fig [very great] infini, incalculable; he showed ~ patience il a fait preuve d'une patience infinie; the government, in its ~ wisdom, has decided to close the factory iron le gouvernement, dans son infinie sagesse, a décidé de fermer l'usine. ◇ n infini m.

**infinitely** [ˈɪnfɪnətlɪ] adv infiniment.

**infinitesimal** [ˌɪnfɪnɪˈtesɪml] adj **-1.** MATH infinitésimal. **-2.** [tiny] infinitésimal, infime.

**infinitival** [ɪnˌfɪnɪˈtaɪvl] adj infinitif; ~ clause proposition f infinitive.

**infinitive** [ɪnˈfɪnɪtɪv] ◇ n infinitif m. ◇ adj infinitif.

**infinity** [ɪnˈfɪnətɪ] (pl **infinities**) n **-1.** infinité f, infini m; it stretches to ~ cela s'étend jusqu'à l'infini. **-2.** MATH & PHOT infini m.

**infirm** [ɪnˈfɜːm] ◇ adj **-1.** [in health, body] invalide, infirme. **-2.** lit [in moral resolution] indécis, irrésolu. **-3.** JUR invalide. ◇ npl: the ~ les infirmes mpl.

**infirmary** [ɪnˈfɜːmərɪ] (pl **infirmaries**) n [hospital] hôpital m,

dispensaire m; [sickroom] infirmerie f.

**infirmity** [ɪnˈfɜːmətɪ] (pl **infirmities**) n **-1.** [physical] infirmité f. **-2.** [moral] défaut m, faiblesse f.

**infix** [vb ɪnˈfɪks, n ˈɪnfɪks] ◇ vt **-1.** [instil] instiller, implanter. **-2.** LING insérer (comme infixe). ◇ n LING infixe m.

**inflame** [ɪnˈfleɪm] ◇ vt **-1.** [rouse – crowd] exciter, enflammer; [anger, hatred, passion] attiser, exacerber; she was ~d with anger/passion elle brûlait de colère/de passion. **-2.** MED [wound, infection] enflammer; [organ, tissue] irriter, infecter. ◇ vi **-1.** [person, heart, passion] s'enflammer. **-2.** MED [wound, infection] s'enflammer; [organ, tissue] s'irriter, s'infecter.

**inflamed** [ɪnˈfleɪmd] adj **-1.** MED [eyes, throat, tendon] enflammé, irrité. **-2.** fig [passions, hatred] enflammé, ardent.

**inflammable** [ɪnˈflæməbl] ◇ adj inflammable; an ~ situation fig une situation explosive. ◇ n matière f inflammable.

**inflammation** [ˌɪnfləˈmeɪʃn] n inflammation f.

**inflammatory** [ɪnˈflæmətrɪ] adj **-1.** [speech, propaganda] incendiaire. **-2.** MED inflammatoire.

**inflatable** [ɪnˈfleɪtəbl] ◇ adj [toy] gonflable; [mattress, boat] pneumatique. ◇ n structure f gonflable.

**inflate** [ɪnˈfleɪt] ◇ vt **-1.** [tyre, balloon, boat] gonfler; [lungs] emplir d'air; [chest] gonfler, bomber. **-2.** [opinion, importance] gonfler, exagérer. **-3.** ECON [prices] faire monter, augmenter; [economy] provoquer l'inflation de; to ~ the currency provoquer une inflation monétaire. ◇ vi **-1.** [tyre] se gonfler; [lungs] s'emplir d'air; [chest] se gonfler, se bomber. **-2.** ECON [prices, money] subir une inflation.

**inflated** [ɪnˈfleɪtɪd] adj **-1.** [tyre] gonflé. **-2.** [opinion, importance] exagéré; [style] emphatique, pompier; he has an ~ sense of his own importance il se fait une idée exagérée de sa propre importance. **-3.** [price] exagéré.

**inflation** [ɪnˈfleɪʃn] n **-1.** ECON inflation f. **-2.** [of tyre, balloon, boat] gonflement m; [of idea, importance] grossissement m, exagération f.

**inflationary** [ɪnˈfleɪʃnrɪ] adj inflationniste.

**inflationist** [ɪnˈfleɪʃənɪst] adj inflationniste.

**inflation-proof** adj protégé contre les effets de l'inflation.

**inflect** [ɪnˈflekt] ◇ vt **-1.** LING [verb] conjuguer; [noun, pronoun, adjective] décliner; ~ed form forme f fléchie. **-2.** [tone, voice] moduler. **-3.** [curve] infléchir. ◇ vi LING: adjectives do not ~ in English les adjectifs ne prennent pas de désinence en anglais.

**inflection** [ɪnˈflekʃn] n **-1.** [of tone, voice] inflexion f, modulation f. **-2.** LING désinence f, flexion f. **-3.** [curve] flexion f, inflexion f, courbure f. **-4.** MATH inflexion f.

**inflexibility** [ɪnˌfleksəˈbɪlətɪ] n inflexibilité f, rigidité f.

**inflexible** [ɪnˈfleksəbl] adj inflexible, rigide.

**inflexion** etc [ɪnˈflekʃn] Br = **inflection**.

**inflict** [ɪnˈflɪkt] vt infliger; to ~ pain/suffering on sb faire mal à/faire souffrir qqn; to ~ defeat on sb infliger une défaite à qqn; I don't want to ~ myself OR my company on you je ne veux pas vous infliger ma compagnie.

**in-flight** adj en vol; ~ meals repas mpl servis à bord; ~ video vidéo f projetée en vol; ~ refuelling ravitaillement m en vol.

**inflow** [ˈɪnfləʊ] n [of water, gas] arrivée f, afflux m; the ~ of capital l'afflux de capitaux; cash ~ rentrées fpl d'argent.

**influence** [ˈɪnfluəns] ◇ n influence f; to have ~ avoir de l'influence; to bring one's ~ to bear on sthg exercer son influence sur qqch; he is a man of ~ c'est un homme influent; I have no ~ over them je n'ai aucune influence sur eux; he is a bad ~ on them il a une mauvaise influence sur eux; she is a disruptive ~ c'est un élément perturbateur; his music has a strong reggae ~ sa musique est fortement influencée par le reggae; she was under the ~ of drink/drugs elle était sous l'emprise de l'alcool/de la drogue; driving under the ~ of alcohol conduite en état d'ivresse. ◇ vt influencer, influer sur; ~d by cubism influencé par le cubisme; to ~ sb to the good exercer une bonne influence sur qqn; he is easily ~d il se laisse facilement influencer, il est très influençable.

**influential** [ˌɪnfluˈenʃl] adj influent, puissant; [newspaper, TV programme] influent, qui a de l'influence.

**influenza** [ˌɪnfluˈenzə] n (U) fml grippe f; to have ~ avoir la grippe.

**influx** ['ɪnflʌks] *n* -**1.** [inflow] afflux *m*.-**2.** [of river] embouchure *f*.

**info** ['ɪnfəʊ] *n (U) inf* tuyaux *mpl*.

**infomercial** [ˌɪnfəʊ'mɜːʃl] *n Am* publicité télévisée sous forme de débat sur l'annonceur et son produit.

**inform** [ɪn'fɔːm] ◇ *vt* informer; will you ~ him of your decision? allez-vous l'informer de votre décision?; I'll keep you ~ed je vous tiendrai au courant. ◇ *vi*: to ~ on OR against sb dénoncer qqn.

**informal** [ɪn'fɔːml] *adj* -**1.** [discussion, meeting] informel; [dinner] décontracté. -**2.** [clothes]: his dress was ~ il était habillé simplement. -**3.** [unofficial – arrangement, agreement] officieux; [– visit, talks] non officiel. -**4.** [colloquial] familier.

**informality** [ˌɪnfɔː'mælətɪ] (*pl* **informalities**) *n* -**1.** [of gathering, meal] simplicité *f*; [of discussion, interview] absence *f* de formalité; [of manners] naturel *m*.-**2.** [of expression, language] familiarité *f*, liberté *f*.

**informally** [ɪn'fɔːməlɪ] *adv* -**1.** [casually – entertain, discuss] sans cérémonie; [– behave] simplement, avec naturel; [– dress] simplement. -**2.** [unofficially] officieusement. -**3.** [colloquially] familièrement, avec familiarité.

**informant** [ɪn'fɔːmənt] *n* [gen, SOCIOL & LING] informateur *m*, -trice *f*.

**information** [ˌɪnfə'meɪʃn] *n* -**1.** *(U)* [facts] renseignements *mpl*, information *fpl*; a piece OR bit of ~ un renseignement, une information; do you have any ~ on OR about the new model? avez-vous des renseignements concernant OR sur le nouveau modèle? -**2.** [communication] information *f*.-**3.** *(U)* [knowledge] connaissances *fpl*; for your ~, please find enclosed... ADMIN à titre d'information, vous trouverez ci-joint...; for your ~, it happened in 1938 je vous signale que cela s'est passé en 1938. -**4.** COMPUT & SCI information *f*.-**5.** *(U)* [service, department] (service *m* des) renseignements *mpl*; ask at the ~ desk adressez-vous aux renseignements; to call ~ *Am* appeler les renseignements. -**6.** *Br* JUR acte *m* d'accusation; to lay an ~ against sb porter une accusation contre qqn.

**information bureau** *Br*, **information office** *n* bureau *m* OR service *m* des renseignements.

**information processing** *n* -**1.** [action] traitement *m* de l'information. -**2.** [domain] informatique *f*; ~ error erreur *f* dans le traitement de l'information.

**information retrieval** *n* recherche *f* documentaire; COMPUT recherche *f* d'information.

**information science** *n* science *f* de l'information.

**information technology** *n* technologie *f* de l'information, informatique *f*.

**informative** [ɪn'fɔːmətɪv] *adj* [lecture, book, TV programme] instructif; [person]: he wasn't very ~ about his future plans il ne nous a pas dit grand-chose de ses projets.

**informed** [ɪn'fɔːmd] *adj* -**1.** [having information] informé, renseigné; according to ~ sources selon des sources bien informées. -**2.** [based on information]: an ~ choice un choix fait en toute connaissance de cause; he made an ~ guess il a essayé de deviner en s'aidant de ce qu'il sait. -**3.** [learned, cultured] cultivé.

**informer** [ɪn'fɔːmər] *n* -**1.** [denouncer] informateur *m*; police ~ indicateur (de police). -**2.** [information source] informateur *m*, -trice *f*.

**infra dig** [ˌɪnfrə'dɪg] *adj Br inf* dégradant.

**infrared** [ˌɪnfrə'red] ◇ *adj* infrarouge. ◇ *n* infrarouge *m*.

**infrastructure** ['ɪnfrəˌstrʌktʃər] *n* infrastructure *f*.

**infrequent** [ɪn'friːkwənt] *adj* [event] peu fréquent, rare; [visitor] épisodique.

**infrequently** [ɪn'friːkwəntlɪ] *adv* rarement, peu souvent.

**infringe** [ɪn'frɪndʒ] ◇ *vt* [agreement, rights] violer, enfreindre; [law] enfreindre, contrevenir à; [patent] contrefaire; to ~ copyright enfreindre les lois de copyright. ◇ *vi*: to ~ on OR upon empiéter sur.

**infringement** [ɪn'frɪndʒmənt] *n* [violation] infraction *f*, atteinte *f*; [encroachment] empiètement *m*; an ~ on freedom of speech une atteinte à la liberté d'expression; that's an ~ of my rights c'est une atteinte à mes droits.

**infuriate** [ɪn'fjʊərɪeɪt] *vt* [enrage] rendre furieux; [exasperate] exaspérer.

**infuriated** [ɪn'fjʊərɪeɪtɪd] *adj* furieux.

**infuriating** [ɪn'fjʊərɪeɪtɪŋ] *adj* agaçant, exaspérant.

**infuriatingly** [ɪn'fjʊərɪeɪtɪŋlɪ] *adv*: ~ stubborn d'un entêtement exaspérant.

**infuse** [ɪn'fjuːz] ◇ *vt* -**1.** [inspire] inspirer, insuffler, infuser *lit*; to ~ sb with sthg, to ~ sthg into sb inspirer OR insuffler qqch à qqn. -**2.** CULIN (faire) infuser. ◇ *vi* CULIN infuser.

**infuser** [ɪn'fjuːzər] *n*: tea ~ boule *f* à thé.

**infusion** [ɪn'fjuːʒn] *n* infusion *f*.

**ingenious** [ɪn'dʒiːnjəs] *adj* [person, idea, device] ingénieux, astucieux.

**ingeniously** [ɪn'dʒiːnjəslɪ] *adv* ingénieusement.

**ingenuity** [ˌɪndʒɪ'njuːətɪ] (*pl* **ingenuities**) *n* ingéniosité *f*.

**ingenuous** [ɪn'dʒenjʊəs] *adj* [naive] ingénu; [frank] candide.

**ingenuously** [ɪn'dʒenjʊəslɪ] *adv* [naively] ingénument; [frankly] franchement.

**ingest** [ɪn'dʒest] *vt* [food, liquid] ingérer.

**ingestion** [ɪn'dʒestʃn] *n* ingestion *f*.

**inglenook** ['ɪŋglnʊk] *n* coin *m* du feu; ~ fireplace vaste cheminée *f* à l'ancienne.

**inglorious** [ɪn'glɔːrɪəs] *adj* [shameful] déshonorant.

**ingoing** ['ɪnˌgəʊɪŋ] *adj* [tenant, president] nouveau, *before vowel or silent 'h'* nouvel (*f* nouvelle).

**ingot** ['ɪŋgət] *n* lingot *m*; gold/cast-iron ~ lingot d'or/de fonte.

**ingrained** [ˌɪn'greɪnd] *adj* [attitude, fear, prejudice] enraciné, inébranlable; [habit] invétéré, tenace; [belief] inébranlable; ~ dirt crasse *f*.

**ingratiate** [ɪn'greɪʃɪeɪt] *vt*: to ~ o.s. with sb s'insinuer dans les bonnes grâces de qqn.

**ingratiating** [ɪn'greɪʃɪeɪtɪŋ] *adj* [manners, person] insinuant; [smile] mielleux.

**ingratitude** [ɪn'grætɪtjuːd] *n* ingratitude *f*.

**ingredient** [ɪn'griːdjənt] *n* -**1.** CULIN ingrédient *m*.-**2.** [element] élément *m*, ingrédient *m lit*.

**in-group** *n* groupe *m* d'initiés.

**ingrowing toenail** ['ɪnˌgrəʊɪŋ-] *n Br* ongle *m* incarné.

**ingrown** ['ɪnˌgrəʊn] *adj* -**1.** [toenail] incarné. -**2.** [ingrained – habit] enraciné, tenace.

**inhabit** [ɪn'hæbɪt] *vt* habiter; the island is no longer ~ed l'île n'est plus habitée OR est maintenant inhabitée.

**inhabitable** [ɪn'hæbɪtəbl] *adj* habitable.

**inhabitant** [ɪn'hæbɪtənt] *n* habitant *m*, -e *f*.

**inhalation** [ˌɪnhə'leɪʃn] *n* -**1.** [of air] inspiration *f*.-**2.** [of gas, glue] inhalation *f*.

**inhalator** ['ɪnhəleɪtər] *n* inhalateur *m*.

**inhale** [ɪn'heɪl] ◇ *vt* [fumes, gas] inhaler; [fresh air, scent] respirer; [smoke] avaler. ◇ *vi* [smoker] avaler la fumée; [breathe in] aspirer.

**inhaler** [ɪn'heɪlər] = **inhalator**.

**inherent** [ɪn'hɪərənt, ɪn'herənt] *adj* inhérent; ~ in OR to inhérent à.

**inherently** [ɪn'hɪərəntlɪ, ɪn'herəntlɪ] *adv* intrinsèquement, par nature.

**inherit** [ɪn'herɪt] ◇ *vt* -**1.** [property, right] hériter (de); [title, peerage] accéder à; she ~ed a million dollars elle a hérité d'un million de dollars. -**2.** [situation, tradition, attitude] hériter; the problems ~ed from the previous government les problèmes hérités du gouvernement précédent ‖ [characteristic, feature] hériter (de); she ~ed her father's intelligence elle a hérité (de) l'intelligence de son père. ◇ *vi* hériter.

**inheritance** [ɪn'herɪtəns] *n* -**1.** [legacy] héritage *m*; to come into an ~ faire OR toucher un héritage. -**2.** [succession] succession *f*; to claim sthg by right of ~ revendiquer qqch en faisant valoir son droit à la succession. -**3.** SCI hérédité *f*. -**4.** [heritage] héritage *m*, patrimoine *m*.

**inheritance tax** *n* droits *mpl* de succession.

**inheritor** [ɪn'herɪtər] *n* héritier *m*, -ère *f*.

**inhibit** [ɪn'hɪbɪt] *vt* -**1.** [hinder – person, freedom] gêner, entraver; were you ~ed by him being there? est-ce que sa présence vous a gêné?; a law which ~s free speech une loi qui constitue une entrave à la liberté d'expression. -**2.** [check – growth, development] freiner, entraver; to ~ progress entraver la marche du progrès. -**3.** [suppress – desires, emotions] inhiber, refouler; PSYCH inhiber. **-4.** [forbid] interdire. **-5.** CHEM inhiber.

**inhibited** [ɪnˈhɪbɪtɪd] *adj* inhibé.

**inhibiting** [ɪnˈhɪbɪtɪŋ] *adj* inhibant.

**inhibition** [ˌɪnhɪˈbɪʃn] *n* [gen] inhibition *f*.

**inhibitor, inhibiter** [ɪnˈhɪbɪtəʳ] *n* inhibiteur *m*.

**inhospitable** [ˌɪnhɒˈspɪtəbl] *adj* **-1.** [person] peu accueillant. **-2.** [weather] rude, rigoureux.

**in-house** ◇ *adj* interne (*à une entreprise*); [training] maison (*inv*); a very small ~ staff un personnel permanent très peu nombreux. ◇ *adv* sur place.

**inhuman** [ɪnˈhjuːmən] *adj* [behaviour] inhumain, barbare; [person, place, process] inhumain.

**inhumane** [ˌɪnhjuːˈmeɪn] *adj* cruel.

**inhumanity** [ˌɪnhjuːˈmænətɪ] (*pl* **inhumanities**) *n* **-1.** [quality] inhumanité *f*, barbarie *f*, cruauté *f*. **-2.** [act] atrocité *f*, brutalité *f*.

**inhumation** [ˌɪnhjuːˈmeɪʃn] *n fml* inhumation *f*.

**inhume** [ɪnˈhjuːm] *vt fml* inhumer.

**inimical** [ɪˈnɪmɪkl] *adj* **-1.** [unfavourable] hostile; ~ to peu favorable à. **-2.** [unfriendly] inamical.

**inimitable** [ɪˈnɪmɪtəbl] *adj* inimitable.

**iniquitous** [ɪˈnɪkwɪtəs] *adj* inique.

**iniquity** [ɪˈnɪkwətɪ] *n* iniquité *f*.

**initial** [ɪˈnɪʃl] (*Br pt & pp* **initialled**, *cont* **initialling**, *Am pt & pp* **initialed**, *cont* **initialing**) ◇ *adj* initial; my ~ reaction ma première réaction; the project is still in its ~ stages le projet en est encore à ses débuts ❑ ~ letter initiale *f*. ◇ *n* **-1.** [letter] initiale *f*; it's got his ~s on it il y a ses initiales dessus. **-2.** TYPO [of chapter] lettrine *f*. ◇ *vt* [memo, page] parapher, parafer, signer de ses initiales.

**initialize, -ise** [ɪˈnɪʃəlaɪz] *vt* COMPUT initialiser.

**initially** [ɪˈnɪʃəlɪ] *adv* initialement, à l'origine.

**initiate** [*vb* ɪˈnɪʃɪeɪt, *n* ɪˈnɪʃɪət] ◇ *vt* **-1.** [talks, debate] amorcer, engager; [policy] lancer; [quarrel, reaction] provoquer, déclencher. **-2.** [person] initier; to ~ sb into sthg initier qqn à qqch. ◇ *n* initié *m*, -e *f*.

**initiation** [ɪˌnɪʃɪˈeɪʃn] *n* **-1.** [start] commencement *m*, début *m*; he fought for the ~ of new policies il s'est battu pour la mise en œuvre de politiques différentes. **-2.** [of person] initiation *f*; her ~ into politics son initiation à la politique. ◇ *comp*: ~ ceremony cérémonie *f* d'initiation.

**initiative** [ɪˈnɪʃətɪv] ◇ *n* **-1.** [drive] initiative *f*; to act on one's own ~ agir de sa propre initiative; you'll have to use your ~ vous devrez prendre des initiatives ❑ citizen's ~ *Am* POL initiative *f* populaire. **-2.** [first step] initiative *f*; to take the ~ prendre l'initiative. **-3.** [lead] initiative *f*; to have the ~ avoir l'initiative. ◇ *adj* **-1.** [preliminary] préliminaire. **-2.** [ritual] initiatique.

**initiator** [ɪˈnɪʃɪeɪtəʳ] *n* initiateur *m*, -trice *f*, instigateur *m*, -trice *f*.

**inject** [ɪnˈdʒekt] *vt* **-1.** MED injecter; to ~ sb with penicillin faire une piqûre de pénicilline à qqn; have you been ~ed against tetanus? êtes-vous vacciné contre le tétanos? **-2.** *fig* injecter; they've ~ed billions of dollars into the economy ils ont injecté des milliards de dollars dans l'économie; he tried to ~ some humour into the situation *fig* il a tenté d'introduire un peu d'humour dans la situation.

**injection** [ɪnˈdʒekʃn] *n* MED & *fig* injection *f*; to give sb an ~ MED faire une injection OR une piqûre à qqn ❑ ~ moulding moulage *m* par injection.

**injector** [ɪnˈdʒektəʳ] *n* injecteur *m*.

**injudicious** [ˌɪndʒuːˈdɪʃəs] *adj* peu judicieux, imprudent.

**injunction** [ɪnˈdʒʌŋkʃn] *n* **-1.** JUR ordonnance *f*; to take out an ~ against sb mettre qqn en demeure. **-2.** [warning] injonction *f*, recommandation *f* formelle.

**injure** [ˈɪndʒəʳ] *vt* **-1.** [physically] blesser; he ~d his knee skiing il s'est blessé au genou en faisant du ski; ten people were ~d in the accident l'accident a fait dix blessés. **-2.** [damage – relationship, interests] nuire à. **-3.** [offend] blesser, offenser. **-4.** [wrong] faire du tort à.

**injured** [ˈɪndʒəd] ◇ *adj* **-1.** [physically] blessé; her head is badly ~ elle est grièvement blessée à la tête. **-2.** [offended – person] offensé; it's just his ~ pride il est blessé dans son amour-propre, c'est tout. ◇ *npl*: the ~ les blessés *mpl*.

**injurious** [ɪnˈdʒʊərɪəs] *adj fml* **-1.** [detrimental] nuisible, préjudiciable; ~ to préjudiciable à. **-2.** [insulting] offensant, injurieux.

**injury** [ˈɪndʒərɪ] (*pl* **injuries**) *n* **-1.** [physical] blessure *f*; the explosion caused serious injuries l'explosion a fait des blessés graves; the team has had very few injuries this season SPORT il n'y a eu que très peu de blessés dans l'équipe cette saison; be careful, you'll do yourself an ~! *Br* fais attention, tu vas te blesser! **-2.** *fml* OR *lit* [wrong] tort *m*, préjudice *m*. **-3.** [offence] offense *f*. **-4.** JUR préjudice *m*.

**injury time** *n* (U) SPORT arrêts *mpl* de jeu.

**injustice** [ɪnˈdʒʌstɪs] *n* injustice *f*; to do sb an ~ être injuste envers qqn.

**ink** [ɪŋk] ◇ *n* **-1.** encre *f*; in ~ à l'encre ❑ ~ drawing dessin *m* à l'encre. **-2.** [of squid, octopus etc] encre *f*, noir *m*. ◇ *vt* encrer.

◆ **ink in** *vt sep* [drawing] repasser à l'encre.

**inkblot** [ˈɪŋkblɒt] *n* tache *f* d'encre, pâté *m*; ~ test test *m* de Rorschach OR des taches d'encre.

**inkjet printer** [ˈɪŋkdʒet-] *n* TECH imprimante *f* à jet d'encre.

**inkling** [ˈɪŋklɪŋ] *n* vague OR petite idée *f*; I had some ~ of the OR as to the real reason j'avais une petite idée de la véritable raison.

**inkpad** [ˈɪŋkpæd] *n* tampon *m* (encreur).

**ink pen** *n* stylo *m* à encre.

**inkpot** [ˈɪŋkpɒt] *n* encrier *m*.

**inkstand** [ˈɪŋkstænd] *n* encrier *m*.

**inkwell** [ˈɪŋkwel] *n* encrier *m* (encastré).

**inky** [ˈɪŋkɪ] (*compar* **inkier**, *superl* **inkiest**) *adj* **-1.** [inkstained] taché d'encre. **-2.** [dark] noir comme l'encre.

**inlaid** [ˌɪnˈleɪd] ◇ *pt & pp→* **inlay**. ◇ *adj* incrusté; [wood] marqueté, incrusté; an ~ table une table en marqueterie.

**inland** [*adj* ˈɪnlənd, *adv* ɪnˈlænd] ◇ *adj* **-1.** [not coastal – town, sea] intérieur; ~ waterways voies *fpl* navigables; ~ navigation navigation *f* fluviale. **-2.** *Br* [not foreign] intérieur; ~ mail courrier *m* intérieur. ◇ *adv* [travelling] vers l'intérieur; [located] à l'intérieur.

**Inland Revenue** *n Br*: the ~ ≈ le fisc.

**in-laws** *npl inf* [gen] belle-famille *f*; [parents-in-law] beaux-parents *mpl*.

**inlay** [*vb* ˈɪnleɪ, *n* ˌɪnˈleɪ] (*pt & pp* **inlaid**) ◇ *n* **-1.** [gen] incrustation *f*; [in woodwork] marqueterie *f*; [in metalwork] damasquinage *m*. **-2.** MED incrustation *f*. ◇ *vt* incruster; inlaid with incrusté de.

**inlet** [ˈɪnlet] *n* **-1.** [in coastline] anse *f*, crique *f*; [between offshore islands] bras *m* de mer. **-2.** TECH [inlet pipe] arrivée *f*, admission *f*; [opening] (orifice *m* d') entrée *f*; [for air] prise *f* (d'air). ◇ *comp* d'arrivée; ~ pipe tuyau *m* d'arrivée; ~ valve soupape *f* d'admission.

**in loco parentis** [ɪn,ləʊkəʊpəˈrentɪs] *adv*: to act ~ agir en lieu et place des parents.

**inmate** [ˈɪnmeɪt] *n* [of prison] détenu *m*, -e *f*; [of mental institution] interné *m*, -e *f*; [of hospital] malade *mf*; [of house] occupant *m*, -e *f*, résident *m*, -e *f*.

**in memoriam** [ˌɪnmɪˈmɔːrɪəm] *prep* à la mémoire de; [on gravestone] in memoriam.

**inmost** [ˈɪnməʊst] = **innermost**.

**inn** [ɪn] *n* **-1.** [pub, small hotel] auberge *f*. **-2.** *Br* JUR: the Inns of Court associations auxquelles appartiennent les avocats et les juges et dont le siège se trouve dans le quartier historique du même nom à Londres.

**innards** [ˈɪnədz] *npl inf* entrailles *fpl*.

**innate** [ɪˈneɪt] *adj* [inborn] inné, naturel.

**innately** [ɪˈneɪtlɪ] *adv* naturellement.

**inner** [ˈɪnəʳ] ◇ *adj* **-1.** [interior – courtyard, pocket, walls, lane] intérieur; [– structure, workings] interne; Inner London *partie centrale de l'agglomération londonienne*. **-2.** [inward – feeling, conviction] intime; [– life, voice, struggle, warmth] intérieur. **-3.** [privileged]: her ~ circle of advisers/friends le cercle de ses conseillers/amis les plus proches. ◇ *n* [in archery, darts] *zone rouge entourant le centre de la cible*.

**inner city** (*pl* **inner cities**) *n* quartier défavorisé à l'intérieur d'une grande ville.

**inner ear** *n* oreille *f* interne.

**innermost** ['ɪnəməʊst] *adj* **-1.** [feeling, belief] intime; my ~ thoughts mes pensées les plus secrètes; in her ~ being au plus profond d'elle-même. **-2.** [central – place, room] le plus au centre.

**inner tube** *n* [of tyre] chambre *f* à air.

**innings** ['ɪnɪŋz] (*pl inv*) ◇ *n* [in cricket] tour *m* de batte; he's had a good ~ *Br* fig il a bien profité de la vie. ◇ *npl* [reclaimed land] polders *mpl*.

**innkeeper** ['ɪn,kiːpər] *n* aubergiste *mf*.

**innocence** ['ɪnəsəns] *n* innocence *f*.

**innocent** ['ɪnəsənt] ◇ *adj* **-1.** [not guilty] innocent; to be ~ of a crime être innocent d'un crime; to be proven ~ of sthg être reconnu innocent de qqch. **-2.** [naïve] innocent, naïf. **-3.** *fml* [devoid]: ~ of dépourvu de, sans. ◇ *n* innocent *m*, -e *f*; 'The Innocents Abroad' *Twain* 'le Voyage des innocents'.

**innocently** ['ɪnəsəntlɪ] *adv* innocemment.

**innocuous** [ɪ'nɒkjʊəs] *adj* inoffensif.

**innovate** ['ɪnəveɪt] *vi & vt* innover.

**innovation** [,ɪnə'veɪʃn] *n* innovation *f*; ~s in management techniques des innovations en matière de gestion.

**innovative** ['ɪnəvətɪv] *adj* innovateur, novateur.

**innovator** ['ɪnəveɪtər] *n* innovateur *m*, -trice *f*, novateur *m*, -trice *f*.

**innuendo** [,ɪnjuː'endəʊ] (*pl* **innuendos** OR **innuendoes**) *n* [insinuation] insinuation *f*, sous-entendu *m*; sexual ~(es) insinuations d'ordre sexuel.

**innumerable** [ɪ'njuːmərəbl] *adj* innombrable; ~ times un nombre incalculable de fois.

**innumerate** [ɪ'njuːmərət] *adj* qui ne sait pas compter.

**inoculate** [ɪ'nɒkjʊleɪt] *vt* MED [person, animal] vacciner; to ~ sb against sthg vacciner qqn contre qqch; they ~d guinea pigs with the virus ils ont inoculé le virus à des cobayes.

**inoculation** [ɪ,nɒkjʊ'leɪʃn] *n* inoculation *f*.

**inoffensive** [,ɪnə'fensɪv] *adj* inoffensif.

**inoperable** [ɪn'ɒprəbl] *adj* **-1.** MED inopérable. **-2.** [unworkable] impraticable.

**inoperative** [ɪn'ɒprətɪv] *adj* inopérant.

**inopportune** [ɪn'ɒpətjuːn] *adj* [remark] déplacé, mal à propos; [time] mal choisi, inopportun; [behaviour] inconvenant, déplacé.

**inordinate** [ɪn'ɔːdɪnət] *adj* [immense – size] démesuré; [– pleasure, relief] incroyable; [– amount of money] exorbitant.

**inordinately** [ɪn'ɔːdɪnətlɪ] *adv* démesurément, excessivement.

**inorganic** [,ɪnɔː'gænɪk] *adj* inorganique.

**in-patient** *n* hospitalisé *m*, -e *f*, malade *mf*.

**input** ['ɪnpʊt] (*pt & pp* input, *cont* inputting) ◇ *n* (U) **-1.** [during meeting, discussion] contribution *f*; we'd like some ~ from marketing before committing ourselves nous aimerions consulter le service marketing avant de nous engager plus avant. **-2.** COMPUT [data] données *fpl* (en entrée); [entering] entrée *f* (de données). **-3.** ELEC énergie *f*, puissance *f*. **-4.** ECON input *m*, intrant *m*. ◇ *comp* [device, file, program] d'entrée. ◇ *vt* [gen] (faire) entrer, introduire; COMPUT saisir.

**input/output** *n* COMPUT entrée-sortie *f*; ~ device périphérique d'entrée-sortie.

**inquest** ['ɪnkwest] *n* JUR enquête *f*; [into death] *enquête menée pour établir les causes des morts violentes, non naturelles ou mystérieuses.*

**inquire** [ɪn'kwaɪər] ◇ *vt* [ask] demander; may I ~ what brings you here? puis-je vous demander l'objet de votre visite? ◇ *vi* [seek information] se renseigner, demander; '~ within' 'se renseigner à l'intérieur'; to ~ about sthg demander des renseignements OR se renseigner sur qqch.

◆ **inquire after** *vt insep Br* demander des nouvelles de.

◆ **inquire into** *vt insep* se renseigner sur; [investigate] faire des recherches sur; ADMIN & JUR enquêter sur; they should ~ into how the money was spent ils devraient enquêter sur la façon dont l'argent a été dépensé.

**inquirer** [ɪn'kwaɪərər] *n* investigateur *m*, -trice *f*.

**inquiring** [ɪn'kwaɪərɪŋ] *adj* [voice, look] interrogateur; [mind] curieux.

**inquiringly** [ɪn'kwaɪərɪŋlɪ] *adv* d'un air interrogateur.

**inquiry** [*Br* ɪn'kwaɪərɪ, *Am* 'ɪnkwərɪ] (*pl* **inquiries**) *n* **-1.** [request for information] demande *f* (de renseignements). **-2.** [investigation] enquête *f*; to hold OR to conduct an ~ into sthg the police are making inquiries la police enquête; he is helping police with their inquiries la police est en train de l'interroger; upon further ~ après vérification ❑ commission OR court of ~ commission *f* d'enquête. **-3.** [questioning]: a look/tone of ~ un regard/ton interrogateur.

**inquisition** [,ɪnkwɪ'zɪʃn] *n* **-1.** [gen & *pej*] inquisition *f*. **-2.** HIST: the Inquisition l'Inquisition *f*. **-3.** JUR enquête *f*.

**inquisitive** [ɪn'kwɪzətɪv] *adj* [curious] curieux; *pej* [nosy] indiscret (*f* -ète).

**inquisitively** [ɪn'kwɪzətɪvlɪ] *adv* [curiously] avec curiosité; *pej* [nosily] de manière indiscrète.

**inquisitor** [ɪn'kwɪzɪtər] *n* **-1.** [investigator] enquêteur *m*, -euse *f*; [interrogator] interrogateur *m*, -trice *f*. **-2.** HIST inquisiteur *m*.

**inroad** ['ɪnrəʊd] *n* [raid] incursion *f*; [advance] avance *f*.

◆ **inroads** *npl* **-1.** MIL: to make ~s into enemy territory avancer en territoire ennemi. **-2.** *fig*: to make ~s in OR into OR on [supplies, funds] entamer; [spare time, sb's rights] empiéter sur; they've made great ~s on the work ils ont bien avancé le travail.

**inrush** ['ɪnrʌʃ] *n* afflux *m*.

**insalubrious** [,ɪnsə'luːbrɪəs] *adj fml* [district, climate] insalubre, malsain.

**insane** [ɪn'seɪn] ◇ *adj* **-1.** [mentally disordered] fou, *before vowel or silent 'h'* fol (*f* folle); to go ~ perdre la raison. **-2.** *fig* [person] fou, *before vowel or silent 'h'* fol (*f* folle); it's driving me ~! ça me rend fou! ‖ [scheme, price] démentiel. ◇ *npl*: the ~ les malades *mpl* mentaux.

**insanely** [ɪn'seɪnlɪ] *adv* **-1.** [crazily – laugh, behave, talk] comme un fou. **-2.** [as intensifier – funny, rich] follement; he was ~ jealous il était fou de jalousie.

**insanitary** [ɪn'sænɪtrɪ] *adj* insalubre, malsain.

**insanity** [ɪn'sænətɪ] *n* folie *f*, démence *f*.

**insatiable** [ɪn'seɪʃəbl] *adj* insatiable.

**inscribe** [ɪn'skraɪb] *vt* **-1.** [on list] inscrire; [on plaque, tomb etc] graver, inscrire; his cigar case was ~d with his name son étui à cigares était gravé à son nom; it's ~d on my memory *fig* c'est inscrit OR gravé dans ma mémoire. **-2.** [dedicate] dédicacer; an ~d copy of the book un exemplaire dédicacé du livre. **-3.** GEOM inscrire. **-4.** FIN: ~d securities titres *mpl* nominatifs.

**inscription** [ɪn'skrɪpʃn] *n* [on plaque, tomb] inscription *f*; [in book] dédicace *f*.

**inscrutable** [ɪn'skruːtəbl] *adj* [person] énigmatique, impénétrable; [remark] énigmatique.

**insect** ['ɪnsekt] *n* insecte *m*; ~ bite piqûre *f* d'insecte; ~ repellent produit *m* insectifuge.

**insecticide** [ɪn'sektɪsaɪd] *n* insecticide *m*.

**insectivore** [ɪn'sektɪvɔːr] *n* insectivore *m*.

**insecure** [,ɪnsɪ'kjʊər] *adj* **-1.** [person – temporarily] inquiet (*f* -ète); [– generally] pas sûr de soi, qui manque d'assurance. **-2.** [chair, nail, scaffolding etc] peu solide. **-3.** [place] peu sûr. **-4.** [future, market] incertain; [peace, job, relationship] précaire.

**insecurity** [,ɪnsɪ'kjʊərətɪ] (*pl* **insecurities**) *n* **-1.** [lack of confidence] manque *m* d'assurance; [uncertainty] incertitude *f*; job ~ précarité *f* de l'emploi. **-2.** [lack of safety] insécurité *f*.

**inseminate** [ɪn'semɪneɪt] *vt* inséminer.

**insemination** [ɪn,semɪ'neɪʃn] *n* insémination *f*.

**insensible** [ɪn'sensəbl] *adj fml* **-1.** [unconscious] inconscient, sans connaissance; [numb] insensible; her body was ~ to any pain son corps était insensible à toute douleur. **-2.** [cold, indifferent]: ~ to the suffering of others insensible OR indifférent à la souffrance d'autrui. **-3.** [unaware] inconscient *fig*; ~ of the risks inconscient des risques. **-4.** [imperceptible] insensible, imperceptible.

**insensitive** [ɪn'sensətɪv] *adj* **-1.** [cold-hearted] insensible, dur. **-2.** [unaware] insensible. **-3.** [physically] insensible; ~ to pain insensible à la douleur.

**insensitivity** [ɪn,sensə'tɪvətɪ], **insensitiveness** [ɪn'sensətɪvnɪs] *n* insensibilité *f*.

**inseparable** [ɪn'seprəbl] *adj* inséparable.

**inseparably** [ɪn'seprəblɪ] *adv* inséparablement.

**insert** [vb ɪn'sɜːt, n 'ɪnsɜːt] ◇ vt introduire, insérer; she ~ed a small ad in the local paper elle a mis une petite annonce dans le journal local; before ~ing your contact lenses avant de mettre vos verres de contact. ◇ n -1. [gen] insertion f; [extra text] encart m.-2. SEW pièce f rapportée; [decorative] incrustation f.

**insertion** [ɪn'sɜːʃn] n -1. [act] insertion f.-2. [thing inserted] = insert. -3. ANAT & BOT insertion f.

**in-service** adj: ~ training formation f permanente OR continue.

**inset** ['ɪnset] (pt & pp inset, cont insetting) ◇ vt -1. [detail, map, diagram] insérer en encadré; town plans are ~ in the main map des plans de ville figurent en encadrés sur la carte principale. -2. SEW [extra material] rapporter. -3. TYPO rentrer. -4. [jewel] incruster; ~ with incrusté de. ◇ n -1. [in map, text] encadré m; [on video, TV screen] incrustation f.-2. [in newspaper, magazine – extra pages] encart m.-3. SEW panneau m rapporté.

**inshore** [adj 'ɪnʃɔːr, adv ɪn'ʃɔːr] ◇ adj -1. [near shore] côtier. -2. [towards shore]: ~ wind vent m de mer. ◇ adv [near shore] près de la côte; [towards shore] vers la côte.

**inside** [ɪn'saɪd] ◇ adv -1. [within enclosed space] dedans, à l'intérieur; it's hollow ~ c'est creux à l'intérieur, l'intérieur est creux. -2. [indoors] à l'intérieur; bring the chairs ~ rentre les chaises; she opened the door and went ~ elle ouvrit la porte et entra ‖ Br [in bus]: plenty of room ~! il y a plein de place à l'intérieur! -3. inf [in prison] en taule.
◇ prep -1. [within] à l'intérieur de, dans; ~ the house à l'intérieur de la maison ‖ fig: what goes on ~ his head? qu'est-ce qui se passe dans sa tête?; it's just ~ the limit c'est juste (dans) la limite; someone ~ the company must have told them quelqu'un de l'entreprise a dû le leur dire. -2. [in less than] en moins de.
◇ n -1. [inner part] intérieur m; she has a scar on the ~ of her wrist elle a une cicatrice à l'intérieur du poignet. -2. [of pavement, road]: walk on the ~ marchez loin du bord; to overtake on the ~ AUT [driving on left] doubler à gauche; [driving on right] doubler à droite; coming up on the ~ is Golden Boy Golden Boy remonte à la corde. -3. fig: on the ~: only someone on the ~ would know that seul quelqu'un de la maison saurait ça.
◇ adj -1. [door, wall] intérieur; ~ leg measurement hauteur f de l'entrejambe; the ~ pages [of newspaper] les pages intérieures; the ~ lane [in athletics] la corde; [driving on left] la voie de gauche; [driving on right] la voie de droite; to be on the ~ track [in horse-racing] tenir la corde; fig être bien placé. -2. fig: he has ~ information il a quelqu'un dans la place; it looks like an ~ job on dirait que c'est quelqu'un de la maison qui a fait le coup. -3. FTBL: ~ left/right inter m gauche/droit. -4. AUT: the ~ wheel/door la roue/portière côté trottoir.
♦ **insides** npl inf [stomach] estomac m; [intestines] intestins mpl, tripes fpl.
♦ **inside of** prep phr inf -1. [in less than] en moins de. -2. Am [within] à l'intérieur de, dans.
♦ **inside out** adv phr -1. [with inner part outwards]: your socks are on ~ out tu as mis tes chaussettes à l'envers; he turned his pockets ~ out il a retourné ses poches; they turned the room ~ out fig ils ont mis la pièce sens dessus dessous. -2. [thoroughly]: she knows her job ~ out elle connaît parfaitement son travail.

**insider** [ˌɪn'saɪdər] n initié m, -e f; according to an ~ selon une source bien informée; I got a hot tip from an ~ quelqu'un dans la place m'a donné un bon tuyau.

**insider dealing, insider trading** n ST. EX délit m d'initiés.

**insidious** [ɪn'sɪdɪəs] adj insidieux.

**insight** ['ɪnsaɪt] n -1. [perspicacity] perspicacité f; she has great ~ elle est très fine; his book shows remarkable ~ into the problem son livre témoigne d'une compréhension très fine du problème. -2. [idea, glimpse] aperçu m, idée f; I managed to get OR gain an ~ into her real character j'ai pu me faire une idée de sa véritable personnalité; his book offers us new ~s into human behaviour son livre nous propose un nouveau regard sur le comportement humain.

**insignia** [ɪn'sɪgnɪə] (pl inv OR **insignias**) n insigne m, insignes mpl.

**insignificance** [ˌɪnsɪg'nɪfɪkəns] n insignifiance f.

**insignificant** [ˌɪnsɪg'nɪfɪkənt] adj -1. [unimportant] insignifiant, sans importance. -2. [negligible] insignifiant, négligeable.

**insincere** [ˌɪnsɪn'sɪər] adj peu sincère; his grief turned out to be ~ il s'avéra que son chagrin n'était que feint.

**insincerely** [ˌɪnsɪn'sɪəlɪ] adv sans sincérité, de manière hypocrite.

**insincerity** [ˌɪnsɪn'serətɪ] n manque m de sincérité.

**insinuate** [ɪn'sɪnjʊeɪt] vt -1. [imply] insinuer, laisser entendre. -2. [introduce] insinuer; he ~d himself into their favour il s'est insinué dans leurs bonnes grâces.

**insinuation** [ɪnˌsɪnjʊ'eɪʃn] n -1. [hint] insinuation f, allusion f.-2. [act, practice] insinuation f.

**insipid** [ɪn'sɪpɪd] adj insipide, fade.

**insist** [ɪn'sɪst] ◇ vi -1. [demand] insister; to ~ on sthg/doing sthg: he ~ed on a new contract il a exigé un nouveau contrat; she ~s on doing it her way elle tient à le faire à sa façon; he ~ed on my taking the money il a insisté pour que je prenne l'argent. -2. [maintain]: to ~ on maintenir; she ~s on her innocence elle maintient qu'elle est innocente. -3. [stress]: to ~ on insister sur. ◇ vt -1. [demand] insister; I ~ that you tell no-one j'insiste pour que vous ne le disiez à personne; you should ~ that you be paid vous devriez exiger qu'on vous paye. -2. [maintain] maintenir, soutenir; she ~s that she locked the door elle maintient qu'elle a fermé la porte à clef.

**insistence** [ɪn'sɪstəns] n: their ~ on secrecy has hindered negotiations en exigeant le secret, ils ont entravé les négociations; his ~ on his rights la revendication répétée de ses droits; at OR on my ~ sur mon insistance.

**insistent** [ɪn'sɪstənt] adj [person] insistant; [demand] pressant; [denial, refusal] obstiné; she was most ~ elle a beaucoup insisté.

**insistently** [ɪn'sɪstəntlɪ] adv [stare, knock] avec insistance; [ask, urge] avec insistance, instamment.

**in situ** [ˌɪn'sɪtjuː] adv phr sur place, in situ MÉD & BOT.

**insofar as** [ˌɪnsəʊ'fɑːr-] conj phr dans la mesure où; ~ it's possible dans la limite OR mesure du possible.

**insole** ['ɪnsəʊl] n semelle f intérieure.

**insolence** ['ɪnsələns] n insolence f.

**insolent** ['ɪnsələnt] adj insolent; he's ~ to his teachers il est insolent OR il fait preuve d'insolence envers ses professeurs.

**insolently** ['ɪnsələntlɪ] adv insolemment, avec insolence.

**insolubility** [ɪnˌsɒljʊ'bɪlətɪ] n insolubilité f.

**insoluble** [ɪn'sɒljʊbl] adj [problem, substance] insoluble.

**insolvency** [ɪn'sɒlvənsɪ] n insolvabilité f.

**insolvent** [ɪn'sɒlvənt] adj insolvable.

**insomnia** [ɪn'sɒmnɪə] n (U) insomnie f.

**insomniac** [ɪn'sɒmnɪæk] ◇ adj insomniaque. ◇ n insomniaque mf.

**insomuch as** [ˌɪnsəʊ'mʌtʃ-] = inasmuch as.

**inspect** [ɪn'spekt] ◇ vt -1. [scrutinize] examiner, inspecter; she ~ed her body for bruises elle examina son corps à la recherche de bleus. -2. [check officially – school, product, prison] inspecter; [– ticket] contrôler; [– accounts] contrôler. -3. MIL [troops] passer en revue. ◇ vi faire une inspection.

**inspection** [ɪn'spekʃn] n -1. [act] examen m (minutieux); [of place] inspection f; on closer ~ en regardant de plus près. -2. [official check] inspection f; [of ticket, passport] contrôle m; [of school, prison] (visite f d') inspection f.-3. MIL [of troops] revue f.

**inspector** [ɪn'spektər] n -1. [gen] inspecteur m, -trice f; [on public transport] contrôleur m, -euse f; ~ of taxes Br ≈ inspecteur m, -trice f des impôts; tax ~ Br [sent to firms] polyvalent m.-2. Br SCH inspecteur m, -trice f.-3. [in police force]: (police) ~ ≈ inspecteur m (de police).

**inspectorate** [ɪn'spektərət] n [body of inspectors] inspection f; [duties, term of office] inspectorat m, inspectorat m.

**inspector general** (pl **inspectors general**) n -1. [gen] inspecteur m général. -2. MIL ≈ général m inspecteur.

**inspiration** [ˌɪnspə'reɪʃn] n -1. [source of ideas] inspiration f; to draw one's ~ from s'inspirer de; to be an ~ to sb être une source d'inspiration pour qqn; the ~ for her screenplay l'idée f de son scénario. -2. [bright idea] inspiration f.

**inspirational** [ˌɪnspə'reɪʃənl] adj -1. [inspiring] inspirant. -2.

[inspired] inspiré.

**inspire** [ɪnˈspaɪəʳ] *vt* inspirer; Moore's sculptures ~d her early work les sculptures de Moore lui ont inspiré ses œuvres de jeunesse; to ~ sb to do sthg inciter OR pousser qqn à faire qqch; he ~d her to become a doctor il suscita en elle une vocation de médecin; the decision was ~d by the urgent need for funds la décision a dû être prise pour répondre à un besoin urgent de fonds; to ~ confidence/respect inspirer (la) confiance/le respect; to ~ courage in sb insuffler du courage à qqn.

**inspired** [ɪnˈspaɪəd] *adj* [artist, poem] inspiré; [moment] d'inspiration; [performance] extraordinaire; [choice, decision] bien inspiré, heureux; to make an ~ guess deviner OR tomber juste.

**inspiring** [ɪnˈspaɪərɪŋ] *adj* [speech, book] stimulant; [music] exaltant.

**inst.** *(written abbr of* **instant**) COMM courant; of the 9th ~ du 9 courant OR de ce mois.

**instability** [ˌɪnstəˈbɪlətɪ] *(pl* **instabilities***)* n instabilité *f.*

**instal** *Am* = **install.**

**install** [ɪnˈstɔːl] *vt* **-1.** [machinery, equipment] installer. **-2.** [settle – person] installer; she ~ed herself in an armchair elle s'installa dans un fauteuil. **-3.** [appoint – manager, president] nommer.

**installation** [ˌɪnstəˈleɪʃn] *n* [gen, MIL, ART etc] installation *f.*

**installment plan** *n Am* système de paiement à tempérament.

**instalment** *Br,* **installment** *Am* [ɪnˈstɔːlmənt] *n* **-1.** [payment] acompte *m,* versement *m* partiel; monthly ~s mensualités *fpl;* to pay in OR by ~s payer par versements échelonnés; to pay off a loan in OR by ~s rembourser un prêt en plusieurs versements OR tranches. **-2.** [of serial, story] épisode *m;* [of book] fascicule *m;* [of TV documentary] volet *m,* partie *f;* published in ~s publié par fascicules. **-3.** = **installation.**

**instance** [ˈɪnstəns] ◊ *n* **-1.** [example] exemple *m;* as an ~ of comme exemple de ‖ [case] occasion *f,* circonstance *f;* he agrees with me in most ~s la plupart du temps OR dans la plupart des cas il est d'accord avec moi; our policy, in that ~, was to raise interest rates notre politique en la circonstance a consisté à augmenter les taux d'intérêt. **-2.** [stage]: in the first/second ~ en premier/second lieu. **-3.** *fml* [request]: at the ~ of à la demande de. ◊ *vt* donner OR citer en exemple.
◆ **for instance** *adv phr* par exemple.

**instant** [ˈɪnstənt] ◊ *adj* **-1.** [immediate] immédiat; for ~ weight loss pour perdre du poids rapidement; give yourself an ~ new look changez de look en un clin d'œil ❑ ~ replay TV ralenti *m.***-2.** CULIN [coffee] instantané, soluble; [soup, sauce] instantané, en sachet; [milk] en poudre; [mashed potato] en flocons; [dessert] à préparation rapide. ◊ *n* instant *m,* moment *m;* do it this ~ fais-le tout de suite OR immédiatement OR à l'instant; she read it in an ~ elle l'a lu en un rien de temps; I'll be with you in an ~ je serai à vous dans un instant; call me the ~ you arrive appelle-moi dès que OR aussitôt que tu seras arrivé; I didn't believe it for one ~ je ne l'ai pas cru un seul instant.

**instantaneous** [ˌɪnstənˈteɪnjəs] *adj* instantané.

**instantaneously** [ˌɪnstənˈteɪnjəslɪ] *adv* instantanément.

**instantly** [ˈɪnstəntlɪ] *adv* [immediately] immédiatement, instantanément; he was killed ~ il a été tué sur le coup.

**instead** [ɪnˈsted] *adv:* he didn't go to the office, he went home ~ au lieu d'aller au bureau, il est rentré chez lui; I don't like sweet things, I'll have cheese ~ je n'aime pas les sucreries, je prendrai plutôt du fromage; since I'll be away, why not send Mary ~? puisque je ne serai pas là, pourquoi ne pas envoyer Mary à ma place?
◆ **instead of** *prep phr* au lieu de, à la place de; ~ of reading a book au lieu de lire un livre; her son came ~ of her son fils est venu à sa place; I had an apple ~ of lunch j'ai pris une pomme en guise de déjeuner.

**instep** [ˈɪnstep] *n* **-1.** ANAT cou-de-pied *m.***-2.** [of shoe] cambrure *f.*

**instigate** [ˈɪnstɪɡeɪt] *vt* **-1.** [initiate – gen] être à l'origine de; [– project] promouvoir; [– strike, revolt] provoquer. **-2.** [urge] inciter, pousser; to ~ sb to do sthg pousser OR inciter qqn à faire qqch.

**instigation** [ˌɪnstɪˈɡeɪʃn] *n* [urging] instigation *f,* incitation *f;* at her ~ à son instigation.

**instigator** [ˈɪnstɪɡeɪtəʳ] *n* instigateur *m,* -trice *f.*

**instil** *Br,* **instill** *Am* [ɪnˈstɪl] *vt* [principles, ideals] inculquer; [loyalty, courage, fear] insuffler; [idea] faire comprendre.

**instinct** [ˈɪnstɪŋkt] *n* instinct *m;* by ~ d'instinct; she has an ~ for business elle a le sens des affaires; her first ~ was to run away sa première réaction a été de s'enfuir.

**instinctive** [ɪnˈstɪŋktɪv] *adj* instinctif.

**instinctively** [ɪnˈstɪŋktɪvlɪ] *adv* instinctivement.

**institute** [ˈɪnstɪtjuːt] ◊ *vt* **-1.** [establish – system, guidelines] instituer, établir; [– change] introduire, apporter; [– committee] créer, constituer; [– award, organization] fonder, créer. **-2.** [take up – proceedings] engager, entamer; [– inquiry] ouvrir. **-3.** [induct] installer; RELIG instituer. ◊ *n* institut *m.*

**institution** [ˌɪnstɪˈtjuːʃn] *n* **-1.** [of rules] institution *f,* établissement *m;* [of committee] création *f,* constitution *f;* [of change] introduction *f;* JUR [of action] début *m;* [of official] installation *f.***-2.** [organization] organisme *m,* établissement *m;* [governmental] institution *f;* [educational, penal, religious] établissement *m;* [private school] institution *f;* [hospital] hôpital *m,* établissement *m* hospitalier; *euph* [mental hospital] établissement *m* psychiatrique. **-3.** [custom, political or social structure] institution *f.***-4.** *hum* [person] institution *f.*

**institutional** [ˌɪnstɪˈtjuːʃənl] *adj* **-1.** [hospital, prison, school etc] institutionnel; ~ care soins *mpl* hospitaliers; he'd be better off in ~ care il serait mieux dans un établissement OR centre spécialisé; after years of ~ life après des années d'internement. **-2.** [belief, values] séculaire. **-3.** COMM institutionnel.

**institutionalize, -ise** [ˌɪnstɪˈtjuːʃənˌlaɪz] *vt* **-1.** [establish] institutionnaliser; to become ~d s'institutionnaliser. **-2.** [place in a hospital, home] placer dans un établissement (*médical ou médico-social*); to be ~d être interné; to become ~d ne plus être capable de se prendre en charge (*après des années passées dans des établissements spécialisés*).

**instruct** [ɪnˈstrʌkt] *vt* **-1.** [command, direct] charger; we have been ~ed to accompany you nous sommes chargés de OR nous avons mission de vous accompagner. **-2.** [teach] former; to ~ sb in sthg enseigner OR apprendre qqch à qqn. **-3.** [inform] informer. **-4.** JUR [jury, solicitor] donner des instructions à.

**instruction** [ɪnˈstrʌkʃn] *n* **-1.** [order] instruction *f;* they were given ~s not to let him out of their sight ils avaient reçu l'ordre de ne pas le perdre de vue ❑ ~s (for use) mode *m* d'emploi. **-2.** (U) [teaching] instruction *f,* leçons *fpl;* MIL instruction *f.*

**instruction manual** *n* COMM & TECH manuel *m* (d'utilisation et d'entretien).

**instructive** [ɪnˈstrʌktɪv] *adj* instructif.

**instructor** [ɪnˈstrʌktəʳ] *n* **-1.** [gen] professeur *m;* MIL instructeur *m;* swimming ~ maître-nageur *m.***-2.** *Am* UNIV ≃ assistant *m,* -e *f.*

**instructress** [ɪnˈstrʌktrɪs] *n* instructrice *f,* monitrice *f.*

**instrument** [ˈɪnstrʊmənt] ◊ *n* **-1.** MED, MUS & TECH instrument *m;* to fly by OR on ~s naviguer à l'aide d'instruments ❑ ~ error erreur due aux instruments; precision ~ instrument de précision. **-2.** *fig* [means] instrument *m,* outil *m.***-3.** *fml* effet *m,* titre *m;* JUR instrument *m,* acte *m* juridique. ◊ *comp* AERON [flying, landing] aux instruments (de bord). ◊ *vt* **-1.** MUS orchestrer. **-2.** TECH munir OR équiper d'instruments.

**instrumental** [ˌɪnstrʊˈmentl] ◊ *adj* **-1.** [significant]: her work was ~ in bringing about the reforms elle a largement contribué à faire passer les réformes; an ~ role un rôle déterminant. **-2.** MUS instrumental. **-3.** TECH d'instruments; ~ check [of devices] vérification des instruments; [by devices] vérification par instruments. **-4.** LING: ~ case (cas *m*) instrumental *m.* ◊ *n* **-1.** MUS morceau *m* instrumental. **-2.** LING instrumental *m.*

**instrumentalist** [ˌɪnstrʊˈmentəlɪst] *n* MUS instrumentiste *mf.*

**instrumentation** [ˌɪnstrʊmənˈteɪʃn] *n* **-1.** [musical arrangement] orchestration *f,* instrumentation *f;* [musical instruments] instruments *mpl.***-2.** TECH instrumentation *f.*

**instrument panel, instrument board** *n* AERON & AUT tableau *m* de bord; TECH tableau *m* de contrôle.

**insubordinate** [ˌɪnsəˈbɔːdɪnət] *adj* insubordonné.

**insubordination** [ˌɪnsəˌbɔːdɪˈneɪʃn] *n* insubordination *f*.

**insubstantial** [ˌɪnsəbˈstænʃl] *adj* **-1.** [structure] peu solide; [book] facile, peu substantiel; [garment, snack, mist] léger; [claim] sans fondement; [reasoning] faible, sans substance. **-2.** [imaginary] imaginaire, chimérique.

**insufferable** [ɪnˈsʌfərəbl] *adj* insupportable, intolérable.

**insufficiency** [ˌɪnsəˈfɪʃnsɪ] (*pl* **insufficiencies**) *n* insuffisance *f*.

**insufficient** [ˌɪnsəˈfɪʃnt] *adj* insuffisant; **there is ~ evidence** les preuves sont insuffisantes.

**insufficiently** [ˌɪnsəˈfɪʃntlɪ] *adv* insuffisamment.

**insular** [ˈɪnsjʊləʳ] *adj* **-1.** [island – tradition, authorities] insulaire; [isolated] isolé. **-2.** *fig & pej* [mentality] limité, borné.

**insulate** [ˈɪnsjʊleɪt] *vt* **-1.** [against cold, heat, radiation] isoler; [hot water pipes, tank] calorifuger; [soundproof] insonoriser; **~d sleeping bag** sac de couchage isolant. **-2.** ELEC isoler. **-3.** *fig* [protect] protéger; **they are no longer ~d from the effects of inflation** ils ne sont plus à l'abri des effets de l'inflation.

**insulating tape** [ˈɪnsjʊleɪtɪŋ-] *n* chatterton *m*.

**insulation** [ˌɪnsjʊˈleɪʃn] *n* **-1.** [against cold] isolation *f* (calorifuge), calorifugeage *m*; [sound-proofing] insonorisation *f*, isolation *f*; **loft ~** isolation thermique du toit. **-2.** ELEC isolation *f*. **-3.** [feathers, foam etc] isolant *m*. **-4.** *fig* [protection] protection *f*.

**insulator** [ˈɪnsjʊleɪtəʳ] *n* [material] isolant *m*; [device] isolateur *m*.

**insulin** [ˈɪnsjʊlɪn] *n* insuline *f*; **~ reaction** OR **shock** choc *m* insulinique.

**insult** [*vb* ɪnˈsʌlt, *n* ˈɪnsʌlt] ◇ *vt* [abuse] insulter, injurier; [offend] faire (un) affront à, offenser. ◇ *n* insulte *f*, injure *f*, affront *m*; **his remarks were an ~ to their intelligence** ses commentaires étaient une insulte à leur intelligence; **their ads are an ~ to women** leurs pubs sont insultantes OR une insulte pour les femmes ❑ **to add ~ to injury** pour couronner le tout.

**insulting** [ɪnˈsʌltɪŋ] *adj* [language] insultant, injurieux; [attitude] insultant, offensant; [behaviour] grossier.

**insultingly** [ɪnˈsʌltɪŋlɪ] *adv* [speak] d'un ton insultant OR injurieux; [act] d'une manière insultante.

**insuperable** [ɪnˈsuːprəbl] *adj* insurmontable.

**insupportable** [ˌɪnsəˈpɔːtəbl] *adj* **-1.** [unbearable] insupportable, intolérable. **-2.** [indefensible] insoutenable.

**insurable** [ɪnˈʃɔːrəbl] *adj* assurable.

**insurance** [ɪnˈʃɔːrəns] ◇ *n* **-1.** (*U*) [against fire, theft, accident] assurance *f*; [cover] garantie *f* (d'assurance), couverture *f*; [premium] prime *f* (d'assurance); **to take out ~** (**against sthg**) prendre OR contracter une assurance, s'assurer (contre qqch); **she got £2,000 in ~** elle a reçu 2 000 livres de l'assurance; **how much do you pay in ~?** combien payez-vous (de prime) d'assurance?. **-2.** *fig* [means of protection] garantie *f*, moyen *m* de protection; **take Sam with you, just as an ~** emmenez Sam avec vous, on ne sait jamais OR au cas où. ◇ *comp* [premium, scheme] d'assurance; [company] d'assurances.

**insurance broker** *n* courtier *m* d'assurance OR d'assurances.

**insurance claim** *n* demande *f* d'indemnité.

**insurance policy** *n* police *f* d'assurance, contrat *m* d'assurance.

**insure** [ɪnˈʃɔːʳ] *vt* **-1.** [car, building, person] assurer; **he ~d himself** OR **his life** il a pris OR contracté une assurance-vie; **~d against** assuré contre. **-2.** *fig* [protect]: **to ~ one's future** assurer son avenir.

**insured** [ɪnˈʃɔːd] (*pl inv*) ◇ *adj* assuré; **~ risk** risque *m* couvert. ◇ *n* assuré *m*, -e *f*.

**insurer** [ɪnˈʃɔːrəʳ] *n* assureur *m*.

**insurgency** [ɪnˈsɜːdʒənsɪ] *n* insurrection *f*.

**insurgent** [ɪnˈsɜːdʒənt] ◇ *n* insurgé *m*, -e *f*. ◇ *adj* insurgé.

**insurmountable** [ˌɪnsəˈmaʊntəbl] *adj* insurmontable.

**insurrection** [ˌɪnsəˈrekʃn] *n* insurrection *f*.

**intact** [ɪnˈtækt] *adj* intact.

**intake** [ˈɪnteɪk] *n* **-1.** SCH & UNIV admission *f*, inscription *f*; MIL recrutement *m*; **the ~ of refugees** l'accueil des réfugiés;

they've increased their **~ of medical students** ils ont décidé d'admettre davantage d'étudiants en médecine ❑ **~ class** *Br* cours *m* préparatoire. **-2.** TECH [of water] prise *f*, arrivée *f*; [of gas, steam] admission *f* ❑ **air ~** admission d'air; **~ valve** soupape *f* d'admission. **-3.** [of food] consommation *f*; **a daily ~ of 2,000 calories** une ration quotidienne de 2 000 calories; **there was a sharp ~ of breath** tout le monde/il/elle *etc* retint son souffle ❑ **oxygen ~** absorption *f* d'oxygène.

**intangible** [ɪnˈtændʒəbl] ◇ *adj* [quality, reality] intangible, impalpable; [idea, difficulty] indéfinissable, difficile à cerner; **~ assets** COMM immobilisations *fpl* incorporelles; **~ property** JUR biens *mpl* incorporels. ◇ *n* impondérable *m*.

**integer** [ˈɪntɪdʒəʳ] *n* MATH (nombre *m*) entier *m*; [whole unit] entier.

**integral** [ˈɪntɪgrəl] ◇ *adj* **-1.** [essential – part, element] intégrant, constitutif; **it's an ~ part of your job** cela fait partie intégrante de votre travail. **-2.** [entire] intégral, complet (*f* -ète). **-3.** MATH intégral. ◇ *n* MATH intégrale *f*.

**integral calculus** *n* calcul *m* intégral.

**integrate** [ˈɪntɪgreɪt] ◇ *vt* **-1.** [combine]: **the two systems have been ~d** on a combiné les deux systèmes. **-2.** [include in a larger unit] intégrer; **to ~ sb in a group** intégrer qqn dans un groupe. **-3.** [end segregation of]: **the law was intended to ~ racial minorities** cette loi visait à l'intégration des minorités raciales; **to ~ a school** mettre fin à la ségrégation raciale dans une école. **-4.** MATH intégrer. ◇ *vi* **-1.** [fit in] s'intégrer; **to ~ into** s'intégrer dans. **-2.** [desegregate] ne plus pratiquer la ségrégation raciale.

**integrated** [ˈɪntɪgreɪtɪd] *adj* [gen] intégré; **~ studies** SCH études *fpl* interdisciplinaires; **~ neighborhood** *Am* quartier *m* multiracial; **~ school** *Am* école où se pratique l'intégration (*raciale*).

**integration** [ˌɪntɪˈgreɪʃn] *n* intégration *f*; **racial ~** déségrégation *f*; **school ~** *Am* déségrégation des établissements scolaires; **vertical/horizontal ~** ECON intégration verticale/horizontale.

**integrity** [ɪnˈtegrətɪ] *n* **-1.** [uprightness] intégrité *f*, probité *f*. **-2.** [wholeness] totalité *f*; **cultural ~** identité *f* culturelle.

**intellect** [ˈɪntəlekt] *n* **-1.** [intelligence] intelligence *f*. **-2.** [mind, person] esprit *m*.

**intellectual** [ˌɪntəˈlektjʊəl] ◇ *adj* [mental] intellectuel; [attitude, image] d'intellectuel. ◇ *n* intellectuel *m*, -elle *f*.

**intellectually** [ˌɪntəˈlektjʊəlɪ] *adv* intellectuellement.

**intelligence** [ɪnˈtelɪdʒəns] *n* (*U*) **-1.** [mental ability] intelligence *f*; **to have the ~ to do sthg** avoir l'intelligence de faire qqch. **-2.** [information] renseignements *mpl*, information *f*, informations *fpl*; **~ is** OR **are working on it** les services de renseignements y travaillent ❑ **army ~** service *m* de renseignements de l'armée. **-3.** [intelligent being] intelligence *f*.

**intelligence officer** *n* officier *m* de renseignements.

**intelligence quotient** *n* quotient *m* intellectuel.

**intelligence service** *n* POL service *m* de renseignements.

**intelligence test** *n* test *m* d'aptitude intellectuelle.

**intelligent** [ɪnˈtelɪdʒənt] *adj* intelligent.

**intelligently** [ɪnˈtelɪdʒəntlɪ] *adv* intelligemment.

**intelligentsia** [ɪnˌtelɪˈdʒentsɪə] *n* intelligentsia *f*.

**intelligible** [ɪnˈtelɪdʒəbl] *adj* intelligible.

**intelligibly** [ɪnˈtelɪdʒəblɪ] *adv* intelligiblement.

**intemperate** [ɪnˈtempərət] *adj fml* **-1.** [overindulgent] intempérant. **-2.** [uncontrolled – behaviour, remark] excessif, outrancier. **-3.** [harsh – climate] rigoureux, rude.

**intend** [ɪnˈtend] *vt* **-1.** [plan, have in mind]: **to ~ to do sthg**, **to ~ doing** OR *Am* **on doing sthg** avoir l'intention de OR projeter de faire qqch; **how do you ~ to do it?** comment avez-vous l'intention de vous y prendre?; **we arrived later than (we had) ~ed** nous sommes arrivés plus tard que prévu; **his statement was ~ed to mislead** la déclaration visait à induire en erreur; **we ~ to increase our sales** nous entendons développer nos ventes; **the board ~s her to become managing director** le conseil d'administration souhaite qu'elle soit nommée P-DG; **to ~ marriage** *lit* avoir l'intention de se marier; **I'm sorry, no criticism/insult was ~ed** je suis désolé, je ne voulais pas vous critiquer/offenser;

no pun ~ed! sans jeu de mots!-**2.** [destine] destiner; a book ~ed for the general public un livre destiné OR qui s'adresse au grand public; the reform is ~ed to limit the dumping of toxic waste cette réforme vise à limiter le déversement de déchets toxiques.

**intended** [ɪn'tendɪd] ◇ adj -**1.** [planned – event, trip] prévu; [– result, reaction] voulu; [– market, public] visé. -**2.** [deliberate] intentionnel, délibéré. ◇ n arch OR hum: his ~ sa future, sa promise arch; her ~ son futur, son promis arch.

**intense** [ɪn'tens] adj -**1.** [gen] intense; [battle, debate] acharné; [hatred] violent, profond; [pleasure] vif; to my ~ satisfaction/annoyance à ma très grande satisfaction/mon grand déplaisir. -**2.** [person]: he's so ~ [serious] il prend tout très au sérieux; [emotional] il prend tout très à cœur.

**intensely** [ɪn'tenslɪ] adv -**1.** [with intensity – work, stare] intensément, avec intensité; [– love] profondément, passionnément. -**2.** [extremely – hot, painful, curious] extrêmement; [– moving] profondément.

**intensification** [ɪn,tensɪfɪ'keɪʃn] n intensification f.

**intensifier** [ɪn'tensɪfaɪər] n -**1.** LING intensif m.-**2.** PHOT renforçateur m.

**intensify** [ɪn'tensɪfaɪ] (pt & pp **intensified**) ◇ vt [feeling, impression, colour] renforcer; [sound] intensifier; the police have intensified their search for the child la police redouble d'efforts pour retrouver l'enfant. ◇ vi s'intensifier, devenir plus intense.

**intensity** [ɪn'tensətɪ] (pl **intensities**) n intensité f; the emotional ~ of his paintings la force des sentiments exprimés dans ses tableaux; the ~ of the debate la véhémence du débat.

**intensive** [ɪn'tensɪv] ◇ adj intensif; ~ farming culture f intensive; ~ security prison Am prison f où la surveillance est renforcée. ◇ n LING intensif m.

**-intensive** in cpds qui utilise beaucoup de...; labour~ qui nécessitent une main-d'œuvre importante; energy~ [appliance, industry] grand consommateur d'énergie.

**intensive care** n (U) MED soins mpl intensifs; in ~ en réanimation.

**intensive care unit** n unité f de soins intensifs.

**intensively** [ɪn'tensɪvlɪ] adv intensivement.

**intent** [ɪn'tent] ◇ n intention f, but m; with good/evil ~ dans une bonne/mauvaise intention; with criminal ~ JUR dans un but délictueux. ◇ adj -**1.** [concentrated] attentif, absorbé; he was silent, ~ on the meal il était silencieux, tout à son repas. -**2.** [determined] résolu, déterminé; to be ~ on doing sthg être déterminé OR résolu à faire qqch.

♦ **to all intents and purposes** adv phr en fait.

**intention** [ɪn'tenʃn] n intention f; despite my ~ to say OR of saying nothing malgré mon intention de ne rien dire; he went to Australia with the ~ of making his fortune il est parti en Australie dans l'intention de OR dans le but de faire fortune; it was with this ~ that I wrote to him c'est dans cette intention OR à cette fin que je lui ai écrit.

**intentional** [ɪn'tenʃənl] adj intentionnel, voulu.

**intentionally** [ɪn'tenʃənəlɪ] adv intentionnellement.

**intently** [ɪn'tentlɪ] adv [alertly – listen, watch] attentivement; [thoroughly – question, examine] minutieusement.

**inter** [ɪn'tɜːr] (pt & pp **interred**, cont **interring**) vt fml enterrer, inhumer.

**interact** [,ɪntər'ækt] vi -**1.** [person]: they ~ very well together le courant passe bien (entre eux), ils s'entendent très bien. -**2.** [forces] interagir; [substances] avoir une action réciproque. -**3.** COMPUT dialoguer.

**interaction** [,ɪntər'ækʃn] n interaction f.

**interactive** [,ɪntər'æktɪv] adj interactif; ~ mode COMPUT mode conversationnel OR interactif.

**inter alia** [,ɪntər'eɪlɪə] adv phr fml notamment.

**interbreed** [,ɪntə'briːd] (pt & pp **interbred** [-bred]) ◇ vt [crossbreed – animals] croiser; [– races] métisser. ◇ vi -**1.** [crossbreed – animals] se croiser; [– races] se métisser. -**2.** [within family, community] contracter des mariages consanguins.

**intercede** [,ɪntə'siːd] vi intercéder.

**intercept** [vb ,ɪntə'sept, n 'ɪntəsept] vt intercepter; to ~ a blow parer un coup. ◇ n interception f.

**intercepter** [,ɪntə'septər] = interceptor.

**interception** [,ɪntə'sepʃn] n interception f.

**interceptor** [,ɪntə'septər] n [plane] intercepteur m.

**intercession** [,ɪntə'seʃn] n intercession f.

**interchange** [vb ,ɪntə'tʃeɪndʒ, n 'ɪntətʃeɪndʒ] ◇ vt -**1.** [exchange – opinions, information] échanger. -**2.** [switch round] intervertir, permuter; these tyres can be ~d ces pneus sont interchangeables. ◇ n -**1.** [exchange] échange m.-**2.** [road junction] échangeur m.

**interchangeable** [,ɪntə'tʃeɪndʒəbl] adj interchangeable.

**intercity** [,ɪntə'sɪtɪ] (pl **intercities**) adj [travel] d'une ville à l'autre, interurbain; ~ train Br (train m) rapide m.

**intercollegiate** [,ɪntəkə'liːdʒɪət] adj entre collèges; Am [between universities] interuniversitaire.

**intercom** ['ɪntəkɒm] n Interphone® m.

**intercommunicate** [,ɪntəkə'mjuːnɪkeɪt] vi communiquer.

**interconnect** [,ɪntəkə'nekt] ◇ vt [gen] connecter; ~ed corridors couloirs mpl communicants; ~ed ideas fig idées étroitement reliées. ◇ vi [rooms, buildings] communiquer; [circuits] être connecté.

**interconnecting** [,ɪntəkə'nektɪŋ] adj [wall, room] mitoyen.

**intercontinental** ['ɪntə,kɒntɪ'nentl] adj intercontinental.

**intercontinental ballistic missile** n missile m balistique intercontinental.

**intercourse** ['ɪntəkɔːs] n -**1.** [sexual intercourse] rapports mpl (sexuels); to have ~ (with sb) avoir des rapports sexuels (avec qqn). -**2.** fml [communication] relations fpl, rapports mpl; social ~ communication f.

**interdenominational** ['ɪntədɪ,nɒmɪ'neɪʃənl] adj interconfessionnel.

**interdependence** [,ɪntədɪ'pendəns] n interdépendance f.

**interdependent** [,ɪntədɪ'pendənt] adj interdépendant.

**interdict** [n 'ɪntədɪkt, vb ,ɪntə'dɪkt] ◇ vt -**1.** JUR interdire. -**2.** RELIG jeter l'interdit sur. ◇ n -**1.** JUR interdiction f.-**2.** RELIG interdit m.

**interdiction** [,ɪntə'dɪkʃn] n JUR & RELIG interdiction f.

**interest** ['ɪntrəst] ◇ n -**1.** [curiosity, attention] intérêt m; she takes a great/an active ~ in politics elle s'intéresse beaucoup/activement à la politique; he has OR takes no ~ whatsoever in music il ne s'intéresse absolument pas à la musique; to show (an) ~ in sthg manifester de l'intérêt pour qqch; he lost all ~ in his work il a perdu tout intérêt pour son travail; to hold sb's ~ retenir l'attention de qqn; the book created OR aroused a great deal of ~ le livre a suscité, un intérêt considérable. -**2.** [appeal] intérêt m; of no ~ sans intérêt; politics has OR holds no ~ for me la politique ne présente aucun intérêt pour moi; to be of ~ to sb intéresser qqn. -**3.** [pursuit, hobby] centre d'intérêt m; we share the same ~s nous avons les mêmes centres d'intérêt; his only ~s are television and comic books la télévision et les bandes dessinées sont les seules choses qui l'intéressent. -**4.** [advantage, benefit] intérêt m; it's in your own ~ OR ~s c'est dans votre propre intérêt; it's in all our ~s to cut costs nous avons tout intérêt à OR il est dans notre intérêt de réduire les coûts; I have your ~s at heart tes intérêts me tiennent à cœur; of public ~ d'intérêt public; in the ~s of hygiene par mesure d'hygiène. -**5.** [group with common aim] intérêt m; big business ~s de gros intérêts commerciaux. -**6.** [share, stake] intérêts mpl; he has an ~ in a sawmill il a des intérêts dans une scierie. -**7.** FIN intérêts mpl; to pay ~ on a loan payer des intérêts sur un prêt; the investment will bear 6% ~ le placement rapportera 6 %; he'll get it back with ~! fig il va le payer cher! ◇ vt intéresser; can I ~ you in our new model? puis-je attirer votre attention sur notre nouveau modèle?;

**interest-bearing** adj productif d'intérêts.

**interested** ['ɪntrestɪd] adj -**1.** [showing interest] intéressé; to be ~ in sthg s'intéresser à qqch; would you be ~ in meeting him? ça t'intéresserait de le rencontrer?; I'm ~ to see how they do it je suis curieux de voir comment c'est fait; she seems ~ in the offer elle semble intéressée par la proposition; a group of ~ passers-by un groupe de passants curieux. -**2.** [involved, concerned] intéressé; ~ party partie f intéressée.

**interest-free** adj FIN sans intérêt.

**interesting** ['ɪntrəstɪŋ] adj intéressant.

**interestingly** ['ɪntrəstɪŋlɪ] *adv* de façon intéressante; ~ enough, they were out chose intéressante, ils étaient sortis.

**interest rate** *n* taux *m* d'intérêt.

**interface** [*n* 'ɪntəfeɪs, *vb* ˌɪntə'feɪs] ◊ *n* [gen & COMPUT] interface *f*. ◊ *vt* **-1.** [connect] connecter. **-2.** SEW entoiler.

**interfacing** [ˌɪntə'feɪsɪŋ] *n* SEW entoilage *m*.

**interfere** [ˌɪntə'fɪə'] *vi* **-1.** [intrude] s'immiscer, s'ingérer; to ~ in sb's life s'immiscer OR s'ingérer dans la vie de qqn; I warned him not to ~ je l'ai prévenu de ne pas s'en mêler OR de rester à l'écart; I hate the way he always ~s je déteste sa façon de se mêler de tout. **-2.** [clash, conflict]: to ~ with entraver; to ~ with the course of justice entraver le cours de la justice; it ~s with my work cela me gêne dans mon travail; he lets his pride ~ with his judgment il laisse son orgueil troubler son jugement. **-3.** [meddle]: to ~ with toucher (à); don't ~ with those wires! laisse ces fils tranquilles!; to ~ with a child *euph* se livrer à des attouchements sur un enfant. **-4.** PHYS interférer. **-5.** RADIO: local radio sometimes ~s with police transmissions la radio locale brouille OR perturbe parfois les transmissions de la police.

**interference** [ˌɪntə'fɪərəns] *n* **-1.** [gen] ingérence *f*, intervention *f*; she won't tolerate ~ in our life elle ne supportera pas qu'on s'immisce dans ses projets. **-2.** PHYS interférence *f*. **-3.** (U) RADIO parasites *mpl*, interférence *f*. **-4.** LING interférence *f*.

**interfering** [ˌɪntə'fɪərɪŋ] *adj* [person] importun.

**intergalactic** [ˌɪntəgə'læktɪk] *adj* intergalactique.

**interim** ['ɪntərɪm] ◊ *n* intérim *m*. ◊ *adj* [government, measure, report] provisoire; [post, function] intérimaire; ~ payment versement *m* provisionnel.

♦ **in the interim** *adv phr* entretemps.

**interior** [ɪn'tɪərɪə'] ◊ *adj* intérieur; ~ monologue monologue *m* intérieur; ~ angle MATH angle *m* interne. ◊ *n* **-1.** [gen] intérieur *m*; the French Minister of the Interior le ministre français de l'Intérieur; Secretary/Department of the Interior *ministre/ministère chargé de l'administration des domaines et des parcs nationaux aux États-Unis.* **-2.** ART [tableau *m* d') intérieur *m*.

**interior decoration** *n* décoration *f* (d'intérieurs).

**interior decorator** *n* décorateur *m*, -trice *f* (d'intérieurs).

**interior design** *n* architecture *f* d'intérieurs.

**interior designer** *n* architecte *mf* d'intérieurs.

**interiorize, -ise** [ɪn'tɪərɪəraɪz] *vt* intérioriser.

**interject** [ˌɪntə'dʒekt] *vt* [question, comment] placer; 'not like that', he ~ed «pas comme ça», coupa-t-il.

**interjection** [ˌɪntə'dʒekʃn] *n* **-1.** LING interjection *f*. **-2.** [interruption] interruption *f*.

**interlace** [ˌɪntə'leɪs] ◊ *vt* **-1.** [entwine] entrelacer. **-2.** [intersperse] entremêler. ◊ *vi* s'entrelacer, s'entrecroiser.

**interlanguage** ['ɪntəˌlæŋgwɪdʒ] *n* LING interlangue *f*.

**interleaf** ['ɪntəliːf] (*pl* **interleaves** [-liːvz]) *n* feuillet *m* intercalé.

**interleave** [ˌɪntə'liːv] *vt* [book] interfolier; [sheet] intercaler.

**interlock** [*vb* ˌɪntə'lɒk, *n* 'ɪntəlɒk] ◊ *vt* **-1.** TECH enclencher. **-2.** [entwine] entrelacer. ◊ *vi* **-1.** TECH [mechanism] s'enclencher; [cogwheels] s'engrener; ~ing chairs chaises qui s'accrochent les unes aux autres. **-2.** [groups, issues] s'imbriquer. ◊ *n* **-1.** TECH enclenchement *m*. **-2.** TEX interlock *m*.

**interlocutor** [ˌɪntə'lɒkjʊtə'] *n* interlocuteur *m*, -trice *f*.

**interloper** ['ɪntələʊpə'] *n* intrus *m*, -e *f*.

**interlude** ['ɪntəluːd] *n* **-1.** [period of time] intervalle *m*. **-2.** THEAT intermède *m*; MUS & TV interlude *m*.

**intermarriage** [ˌɪntə'mærɪdʒ] *n* **-1.** [within family, clan] endogamie *f*. **-2.** [between different groups] mariage *m* mixte.

**intermarry** [ˌɪntə'mærɪ] (*pt* & *pp* **intermarried**) *vi* **-1.** [within family, clan] pratiquer l'endogamie. **-2.** [between different groups]: members of different religions intermarried freely les mariages mixtes se pratiquaient librement.

**intermediary** [ˌɪntə'miːdjərɪ] (*pl* **intermediaries**) ◊ *adj* intermédiaire. ◊ *n* intermédiaire *mf*.

**intermediate** [ˌɪntə'miːdjət] ◊ *adj* **-1.** [gen] intermédiaire. **-2.** SCH [class] moyen; ~ students étudiants *mpl* de niveau moyen OR intermédiaire; an ~ English course un cours d'anglais de niveau moyen OR intermédiaire. ◊ *n* **-1.** Am

[car] voiture *f* de taille moyenne. **-2.** CHEM produit *m* intermédiaire.

**interment** [ɪn'tɜːmənt] *n* enterrement *m*, inhumation *f*.

**interminable** [ɪn'tɜːmɪnəbl] *adj* interminable.

**interminably** [ɪn'tɜːmɪnəblɪ] *adv* interminablement; the play seemed ~ long la pièce semblait interminable; the discussions dragged on ~ les discussions s'éternisaient.

**intermingle** [ˌɪntə'mɪŋgl] *vi* se mêler.

**intermission** [ˌɪntə'mɪʃn] *n* **-1.** [break] pause *f*, trève *f*; [in illness, fever] intermission *f*; without ~ sans relâche. **-2.** CIN & THEAT entracte *m*.

**intermittent** [ˌɪntə'mɪtənt] *adj* intermittent; ~ rain pluies *fpl* intermittentes, averses *fpl*.

**intermittently** [ˌɪntə'mɪtntlɪ] *adv* par intervalles, par intermittence; the journal has been published only ~ la revue n'a connu qu'une parution irrégulière.

**intern** [*vb* ɪn'tɜːn, *n* 'ɪntɜːn] ◊ *vt* POL interner. ◊ *vi* Am MED faire son internat; SCH faire son stage pédagogique; [with firm] faire un stage en entreprise. ◊ *n* **-1.** MED interne *mf*; Am SCH (professeur *m*) stagiaire *mf*; Am [in firm] stagiaire *mf*. **-2.** [internee] interné *m*, -e *f* (politique).

**internal** [ɪn'tɜːnl] ◊ *adj* **-1.** [gen] interne, intérieur; ~ bleeding hémorragie *f* interne; ~ examination MED examen *m* interne; ~ injuries lésions *fpl* internes; ~ rhyme rime *f* intérieure. **-2.** [inside country] intérieur. **-3.** [inside organization, institution] interne; ~ memo note *f* à circulation interne; ~ disputes are crippling the party des luttes intestines paralysent le parti; ~ examiner SCH examinateur *m*, -trice *f* d'un établissement scolaire. ◊ *n* MED examen *m* gynécologique.

**internal-combustion engine** *n* moteur *m* à explosion OR à combustion interne.

**internalize, -ise** [ɪn'tɜːnəlaɪz] *vt* **-1.** [values, behaviour] intérioriser. **-2.** INDUST & FIN internaliser.

**internally** [ɪn'tɜːnəlɪ] *adv* intérieurement; 'not to be taken ~' PHARM 'à usage externe', 'ne pas avaler'.

**Internal Revenue Service** *prn* Am fisc *m*.

**international** [ˌɪntə'næʃənl] ◊ *adj* international; ~ law droit *m* international; ~ relations relations *fpl* internationales; ~ waters eaux *fpl* internationales. ◊ *n* **-1.** SPORT [match] match *m* international; [player] international *m*, -e *f*. **-2.** POL: the International l'Internationale *f*.

**International Court of Justice** *prn* Cour *f* internationale de justice.

**International Date Line** *pr n* ligne *f* de changement de date.

**Internationale** [ˌɪntənæʃə'nɑːl] *n*: the ~ l'Internationale *f*.

**internationalist** [ˌɪntə'næʃnəlɪst] ◊ *adj* internationaliste. ◊ *n* internationaliste *mf*.

**internationalize, -ise** [ˌɪntə'næʃnəlaɪz] *vt* internationaliser.

**International Labour Organization** *pr n* Bureau *m* international du travail.

**internationally** [ˌɪntə'næʃnəlɪ] *adv* internationalement; ~ famous de renommée internationale; ~ (speaking), the situation is improving sur le OR au plan international, la situation s'améliore.

**International Monetary Fund** *pr n* Fonds *m* monétaire international.

**internecine** [Br ˌɪntə'niːsaɪn, Am ˌɪntər'niːsn] *adj* **-1.** *fml* [within a group] intestin; ~ struggles luttes *fpl* intestines. **-2.** [mutually destructive]: ~ warfare guerre *f* qui ravage les deux camps.

**internee** [ˌɪntɜː'niː] *n* interné *m*, -e *f* (politique).

**internist** [ɪn'tɜːnɪst] *n* Am MED interniste *mf*, spécialiste *mf* de médecine interne.

**internment** [ɪn'tɜːnmənt] *n* **-1.** [gen] internement *m* (politique); ~ camp camp *m* d'internement. **-2.** [in Ireland] *système de détention des personnes suspectées de terrorisme en Irlande du Nord.*

**internship** ['ɪntɜːnʃɪp] *n* Am MED internat *m*; [with firm] stage *m* en entreprise.

**interpenetrate** [ˌɪntə'penɪtreɪt] *vt* [permeate] imprégner, pénétrer.

**interpersonal** [ˌɪntə'pɜːsənl] *adj* interpersonnel; ~ skills qualités *fpl* relationnelles.

**interplay** ['ɪntəpleɪ] *n* [between forces, events, people] interaction *f*.

**Interpol** ['ɪntəpɒl] *pr n* Interpol.

**interpolate** [ɪn'tɜːpəleɪt] *vt* **-1.** *fml* [passage of text] interpoler. **-2.** *fml* [interrupt] interrompre. **-3.** MATH interpoler.

**interpolation** [ɪn,tɜːpə'leɪʃn] *n* **-1.** *fml* [gen] interpolation *f*. **-2.** MATH interpolation *f*.

**interpose** [,ɪntə'pəuz] ◇ *vt* **-1.** [between objects] interposer, intercaler. **-2.** [interject] lancer. ◇ *vi* intervenir, s'interposer; 'that simply isn't true!' he ~d «c'est tout simplement faux!» lança-t-il.

**interpret** [ɪn'tɜːprɪt] ◇ *vt* interpréter. ◇ *vi* servir d'interprète, interpréter.

**interpretation** [ɪn,tɜːprɪ'teɪʃn] *n* interprétation *f*; she puts quite a different ~ on the facts l'interprétation qu'elle donne des faits est assez différente; to be open to ~ donner lieu à interprétation.

**interpreter** [ɪn'tɜːprɪtər] *n* **-1.** [person] interprète *mf*. **-2.** COMPUT interpréteur *m*.

**interpreting** [ɪn'tɜːprɪtɪŋ] *n* [occupation] interprétariat *m*.

**interracial** [,ɪntə'reɪʃl] *adj* [relations] interracial.

**interrelate** [,ɪntəri'leɪt] ◇ *vt* mettre en corrélation; ~d questions questions interdépendantes OR intimement liées. ◇ *vi* être interdépendant, interagir.

**interrelation** [,ɪntəri'leɪʃn], **interrelationship** [,ɪntəri'leɪʃnʃɪp] *n* corrélation *f*.

**interrogate** [ɪn'terəgeɪt] *vt* [gen & COMPUT] interroger.

**interrogation** [ɪn,terə'geɪʃn] *n* [gen, LING & COMPUT] interrogation *f*; [by police] interrogatoire *m*; she's been under ~ elle a subi un interrogatoire.

**interrogation mark** *n* point *m* d'interrogation.

**interrogative** [,ɪntə'rɒgətɪv] ◇ *adj* **-1.** [inquiring] interrogateur. **-2.** LING interrogatif. ◇ *n* [word] interrogatif *m*; [grammatical form] interrogative *f*; in the ~ à la forme interrogative.

**interrogator** [ɪn'terəgeɪtər] *n* interrogateur *m*, -trice *f*.

**interrogatory** [,ɪntə'rɒgətrɪ] *adj* interrogateur.

**interrupt** [,ɪntə'rʌpt] ◇ *vt* **-1.** [person, lecture, conversation] interrompre. **-2.** [process, activity] interrompre. **-3.** [uniformity] rompre. ◇ *vi* interrompre; he tried to explain but you kept ~ing il a essayé de s'expliquer mais vous n'avez cessé de l'interrompre OR de lui couper la parole. ◇ *n* COMPUT interruption *f*.

**interruption** [,ɪntə'rʌpʃn] *n* interruption *f*; without ~ sans interruption, sans arrêt.

**intersect** [,ɪntə'sekt] ◇ *vi* se couper, se croiser; ~ing lines MATH lignes intersectées. ◇ *vt* couper, croiser.

**intersection** [,ɪntə'sekʃn] *n* **-1.** [road junction] carrefour *m*, croisement *m*. **-2.** MATH intersection *f*.

**intersperse** [,ɪntə'spɜːs] *vt* parsemer, semer; our conversation was ~d with long silences notre conversation était ponctuée de longs silences.

**interstate** [ˈɪntəsteɪt] ◇ *adj* [commerce, highway] entre États. ◇ *n Am* autoroute *f*.

**interstice** [ɪn'tɜːstɪs] *n* interstice *m*.

**intertwine** [,ɪntə'twaɪn] ◇ *vt* entrelacer. ◇ *vi* s'entrelacer.

**interval** ['ɪntəvl] *n* **-1.** [period of time] intervalle *m*; at ~s par intervalles, de temps en temps; at regular ~s à intervalles réguliers; at short ~s à intervalles rapprochés; at weekly ~s toutes les semaines, chaque semaine. **-2.** [interlude] pause *f*; *Br* THEAT entracte *m*; SPORT mi-temps *f*. **-3.** [distance] intervalle *m*, distance *f*. **-4.** METEOR sunny ~s éclaircies *fpl*. **-5.** MATH & MUS intervalle *m*.

**interval ownership** *n Am* multipropriété *f*.

**intervene** [,ɪntə'viːn] *vi* **-1.** [person, government] intervenir; they were unwilling to ~ in the conflict ils ne souhaitaient pas intervenir dans le conflit; I warned him not to ~ [in fight] je lui avais bien dit de ne pas intervenir OR s'interposer; [in argument] je lui avais bien dit de ne pas s'en mêler. **-2.** [event] survenir; he was about to go to college when war ~d il allait partir à l'université lorsque la guerre a éclaté. **-3.** [time] s'écouler. **-4.** [interrupt] intervenir.

**intervening** [,ɪntə'viːnɪŋ] *adj* [period of time] intermédiaire; during the ~ period dans l'intervalle, entre-temps.

**intervention** [,ɪntə'venʃn] *n* intervention *f*.

**interventionism** [,ɪntə'venʃənɪzm] *n* interventionnisme *m*.

**interventionist** [,ɪntə'venʃənɪst] ◇ *adj* interventionniste. ◇ *n* interventionniste *mf*.

**interview** ['ɪntəvjuː] ◇ *n* **-1.** [for job, university place etc] entrevue *f*, entretien *m*; ~s will be held at our London offices les entretiens se dérouleront dans nos bureaux de Londres; to invite OR to call sb for ~ convoquer qqn pour une entrevue. **-2.** PRESS, RADIO & TV interview *f*; she gave him an exclusive ~ elle lui a accordé une interview en exclusivité. ◇ *vt* **-1.** [for university place, job etc] avoir une entrevue OR un entretien avec; shortlisted applicants will be ~ed in March les candidats sélectionnés seront convoqués pour un entretien en mars; we have ~ed ten people for the post nous avons déjà vu dix personnes pour ce poste || [for opinion poll] interroger, sonder. **-2.** PRESS, RADIO & TV interviewer. **-3.** [subj: police] interroger, questionner; he is being ~ed in connection with a series of thefts on l'interroge pour une série de vols. ◇ *vi* [interviewer] faire passer un entretien; [candidate] he ~s well/badly il s'en sort/ne s'en sort pas bien aux entretiens.

**interviewee** [,ɪntəvjuː'iː] *n* interviewé *m*, -e *f*.

**interviewer** ['ɪntəvjuːər] *n* **-1.** [for media] interviewer *m*, intervieweur *m*, -euse *f*; [for opinion poll] enquêteur *m*, -euse OR -trice *f*. **-2.** [for job]: the ~ asked me what my present salary was la personne qui m'a fait passer l'entretien OR l'entrevue m'a demandé quel était mon salaire actuel.

**interwar** [,ɪntə'wɔːr] *adj*: the ~ period OR years l'entre-deux-guerres *m*.

**interweave** [,ɪntə'wiːv] (*pt* **interwove** [-'wəuv] OR **interweaved**, *pp* **interwoven** [-'wəuvn] OR **interwove** OR **interweaved**) ◇ *vt* entrelacer; **interwoven with** entrelacé de. ◇ *vi* s'entrelacer, s'entremêler.

**intestate** [ɪn'testeɪt] ◇ *adj* intestat *(inv)*; to die ~ décéder intestat. ◇ *n* intestat *mf*.

**intestinal** [ɪn'testɪnl] *adj* intestinal.

**intestine** [ɪn'testɪn] *n* (*usu pl*) intestin *m*; large ~ gros intestin; small ~ intestin grêle.

**intimacy** ['ɪntɪməsɪ] (*pl* **intimacies**) *n* **-1.** [closeness, warmth] intimité *f*. **-2.** [privacy] intimité *f*. **-3.** (U) *euph & fml* [sexual relations] relations *fpl* sexuelles, rapports *mpl*. ♦ **intimacies** *npl* [familiarities] familiarités *fpl*; they never really exchanged intimacies ils ont toujours gardé une certaine réserve l'un envers l'autre.

**intimate** [*adj* & *n* 'ɪntɪmət, *vb* 'ɪntɪmeɪt] ◇ *adj* **-1.** [friend, relationship] intime; we were never very ~ nous n'avons jamais été (des amis) intimes; we're on ~ terms with them nous sommes très amis, ils font partie de nos amis intimes. **-2.** [small and cosy] intime; an ~ (little) dinner party un dîner en tête-à-tête, un petit dîner à deux. **-3.** *euph & fml* [sexually]: they were ~ on more than one occasion ils ont eu des rapports (intimes) à plusieurs reprises. **-4.** [personal, private] intime. **-5.** [thorough] profond, approfondi; she has an ~ knowledge of the field elle connaît le sujet à fond. **-6.** [close, direct] étroit. ◇ *n* intime *mf*. ◇ *vt* [hint, imply] laisser entendre, insinuer.

**intimately** ['ɪntɪmətlɪ] *adv* **-1.** [talk, behave – in a friendly way] intimement. **-2.** [know – thoroughly] à fond; [– closely, directly] étroitement.

**intimation** [,ɪntɪ'meɪʃn] *n fml* [suggestion] suggestion *f*; [sign] indice *m*, indication *f*; [premonition] pressentiment *m*.

**intimidate** [ɪn'tɪmɪdeɪt] *vt* intimider; don't let him ~ you ne le laisse pas t'intimider, ne te laisse pas intimider par lui.

**intimidating** [ɪn'tɪmɪdeɪtɪŋ] *adj* intimidant.

**intimidation** [ɪn,tɪmɪ'deɪʃn] *n* (U) intimidation *f*, menaces *fpl*.

**into** ['ɪntʊ] *prep* **-1.** [indicating direction, movement etc] dans; come ~ my office venez dans mon bureau; planes take off ~ the wind les avions décollent face au vent. **-2.** [indicating collision] dans; the truck ran OR crashed ~ the wall le camion est rentré dans OR s'est écrasé contre le mur. **-3.** [indicating transformation] en; mix the ingredients ~ a paste mélangez les ingrédients jusqu'à ce qu'ils forment une pâte. **-4.** [indicating result]: to frighten sb ~ confessing faire avouer qqn en lui faisant peur; they were shocked ~ silence le choc leur a fait perdre la parole. **-5.** [indicating division] en; cut it ~ three coupe-le en trois; 6 ~ 10 won't go on ne peut pas diviser 10 par 6. **-6.** [indicating elapsed time]: we worked well ~ the night nous avons travaillé (jusque) tard dans la nuit; he must be well ~ his forties il doit avoir la quarantaine bien passée OR sonnée; a week ~ her holiday and she's bored already il y a à peine une semaine qu'elle est en vacances et elle s'ennuie déjà. **-7.** *inf* [fond of]: to be ~ sthg être passionné par qqch; is he ~ drugs? est-ce qu'il se drogue?**-8.** [curious about]: the baby's ~ everything le bébé est curieux de tout.

**intolerable** [ɪnˈtɒlrəbl] *adj* intolérable, insupportable.

**intolerably** [ɪnˈtɒlrəblɪ] *adv* intolérablement, insupportablement.

**intolerance** [ɪnˈtɒlərəns] *n* [gen & MED] intolérance *f*.

**intolerant** [ɪnˈtɒlərənt] *adj* intolérant; she is very ~ of fools elle ne supporte absolument pas les imbéciles.

**intolerantly** [ɪnˈtɒlərəntlɪ] *adv* avec intolérance.

**intonation** [ˌɪntəˈneɪʃn] *n* intonation *f*; ~ pattern LING intonation.

**intone** [ɪnˈtəʊn] *vt* entonner.

**intoxicate** [ɪnˈtɒksɪkeɪt] *vt* **-1.** *literal* & *fig* enivrer, griser. **-2.** MED [poison] intoxiquer.

**intoxicated** [ɪnˈtɒksɪkeɪtɪd] *adj* **-1.** [drunk] ivre, en état d'ébriété *fml*. **-2.** *fig* ivre; she was ~ by success son succès l'avait grisée OR lui avait fait tourner la tête.

**intoxicating** [ɪnˈtɒksɪkeɪtɪŋ] *adj literal* enivrant; *fig* grisant, enivrant, excitant; ~ liquor boisson *f* alcoolisée.

**intoxication** [ɪnˌtɒksɪˈkeɪʃn] *n* **-1.** *literal* & *fig* ivresse *f*.**-2.** MED [poisoning] intoxication *f*.

**intractable** [ɪnˈtræktəbl] *adj* **-1.** [person] intraitable, intransigeant. **-2.** [problem] insoluble; [situation] inextricable, sans issue.

**intramural** [ˌɪntrəˈmjʊərəl] *adj* SCH & UNIV [courses, sports] interne (à l'établissement).

**intransigence** [ɪnˈtrænzɪdʒəns] *n* intransigeance *f*.

**intransigent** [ɪnˈtrænzɪdʒənt] ◇ *adj* intransigeant. ◇ *n* intransigeant *m*, -e *f*.

**intransitive** [ɪnˈtrænzətɪv] ◇ *adj* intransitif. ◇ *n* intransitif *m*.

**intrastate** [ˌɪntrəˈsteɪt] *adj* à l'intérieur d'un même État.

**intrauterine device** *n* stérilet *m*.

**intravenous** [ˌɪntrəˈviːnəs] *adj* intraveineux; ~ drugs user toxicomane *mf* qui s'injecte sa drogue; ~ injection (injection *f*) intraveineuse *f*.

**intravenously** [ˌɪntrəˈviːnəslɪ] *adv* par voie intraveineuse; he's being fed ~ on l'alimente par perfusion.

**in-tray** *n* corbeille *f* de courrier à traiter OR «arrivée».

**intrepid** [ɪnˈtrepɪd] *adj* intrépide.

**intricacy** [ˈɪntrɪkəsɪ] (*pl* **intricacies**) *n* **-1.** [complicated detail] complexité *f*. **-2.** [complexity] complexité *f*.

**intricate** [ˈɪntrɪkət] *adj* complexe, compliqué.

**intricately** [ˈɪntrɪkətlɪ] *adv* de façon complexe OR compliquée.

**intrigue** [ɪnˈtriːg] ◇ *n* **-1.** [plotting] intrigue *f*; the boardroom was rife with ~ la salle du conseil d'administration sentait l'intrigue. **-2.** [plot, treason] complot *m*. **-3.** [love affair] intrigue *f*. ◇ *vt* intriguer; I'd be ~d to know where they met je serais curieux de savoir où ils se sont rencontrés. ◇ *vi* intriguer, comploter.

**intriguing** [ɪnˈtriːgɪŋ] *adj* bizarre, curieux; it's an ~ idea! c'est une idée bizarre!

**intriguingly** [ɪnˈtriːgɪŋlɪ] *adv* bizarrement, curieusement.

**intrinsic** [ɪnˈtrɪnsɪk] *adj* intrinsèque; the picture has little ~ value ce tableau a peu de valeur en soi; such ideas are ~ to my argument de telles idées sont essentielles OR inhérentes à mon raisonnement.

**intrinsically** [ɪnˈtrɪnsɪklɪ] *adv* intrinsèquement.

**intro** [ˈɪntrəʊ] (*pl* **intros**) *n inf* introduction *f*, intro *f*.

**introduce** [ˌɪntrəˈdjuːs] *vt* **-1.** [present – one person to another] présenter; may I ~ my sister elle m'a présenté à sa sœur; may I ~ you? permettez-moi de OR laissez-moi vous présenter; let me ~ myself, I'm John je me présente? John; has everyone been ~d? les présentations ont été faites?; I don't know we've been ~d, have we? nous n'avons pas été présentés? je crois?-**2.** [radio or TV programme] présenter. **-3.** [bring in] introduire; her arrival ~d a note of sadness into the festivities son entrée mit une note de tristesse dans la fête. **-4.** [laws, legislation] déposer, présenter; [reform] introduire. **-5.** [initiate] initier; to ~ sb to sthg initier qqn à qqch, faire découvrir qqch à qqn. **-6.** [start] ouvrir, donner le départ. **-7.** *fml* [insert, put in] introduire.

**introduction** [ˌɪntrəˈdʌkʃn] *n* **-1.** [of one person to another] présentation *f*; would you make OR do *inf* the ~s? peux-tu faire les présentations?; our next guest needs no ~ inutile de vous présenter l'invité suivant. **-2.** [first part – of book, speech, piece of music] introduction *f*.**-3.** [basic textbook, course] introduction *f*, initiation *f*; an ~ to his more difficult work une introduction aux parties difficiles de son œuvre. **-4.** [bringing in] introduction *f*; the ~ of computer technology into schools l'introduction de l'informatique à l'école. **-5.** [of bill, law] introduction *f*, présentation *f*.**-6.** [insertion] introduction *f*.

**introductory** [ˌɪntrəˈdʌktrɪ] *adj* [remarks] préliminaire; [chapter, course] d'introduction; ~ offer COMM offre *f* de lancement.

**introspection** [ˌɪntrəˈspekʃn] *n* introspection *f*.

**introspective** [ˌɪntrəˈspektɪv] *adj* introspectif.

**introversion** [ˌɪntrəˈvɜːʃn] *n* introversion *f*.

**introvert** [ˈɪntrəvɜːt] ◇ *n* PSYCH introverti *m*, -e *f*. ◇ *vt* introvertir.

**introverted** [ˈɪntrəvɜːtɪd] *adj* PSYCH introverti.

**intrude** [ɪnˈtruːd] *vi* **-1.** [disturb] déranger, s'imposer; I hope I'm not intruding j'espère que je ne vous dérange pas. **-2.** [interfere with]: I don't let my work ~ on my private life je ne laisse pas mon travail empiéter sur ma vie privée; I felt I was intruding on their grief j'ai eu l'impression de les dé-

---

### Introducing oneself

Puis-je me présenter? Mon nom est Paul Darmont. [formal]
Je ne crois pas que nous nous connaissions, je suis Paul Darmont.
Je crois vous avoir déjà rencontré OR Nous nous sommes déjà rencontrés, je crois, mon nom est Paul Darmont.
Moi c'est Michèle. [informal]

### Introducing others

▷ *in a formal situation:*

Je vais faire les présentations:...
Puis-je vous présenter Madame Darmont?
J'aimerais vous présenter un très vieil ami.

▷ *to people you know:*

Claude, je crois que tu ne connais pas Monsieur Darmont.
Claude, je te présente Monsieur Darmont.

Voici Marc, mon ami/avec qui je travaille depuis dix ans.

▷ *more informally:*

Tout le monde se connaît?
Vous connaissez tout le monde, je crois?
Marc, tu connais Claude?
Marc, voici Claude; Claude, voici Marc.

### Responding to introductions

Ravi de faire votre connaissance. [formal]
Enchanté (de vous connaître).
Bonjour.
J'ai beaucoup entendu parler de vous.
Votre nom/visage me dit quelque chose, nous avons déjà dû nous rencontrer. Je me trompe?
Excusez-moi, je n'ai pas bien saisi votre nom.

ranger dans leur chagrin.

**intruder** [ɪn'truːdər] *n* [criminal] cambrioleur *m*; [outsider] intrus *m*, -e *f*, importun *m*, -e *f*.

**intrusion** [ɪn'truːʒn] *n* **-1.** [gen] intrusion *f*, ingérence *f*; it's an ~ into our privacy c'est une intrusion dans notre vie privée. **-2.** GEOL intrusion *f*.

**intrusive** [ɪn'truːsɪv] *adj* **-1.** [person] importun. **-2.** GEOL intrusif. **-3.** LING: ~ consonant consonne *f* d'appui.

**intuition** [ˌɪntjuː'ɪʃn] *n* intuition *f*; I had an ~ something was wrong j'avais le sentiment que quelque chose n'allait pas.

**intuitive** [ɪn'tjuːɪtɪv] *adj* intuitif.

**intuitively** [ɪn'tjuːɪtɪvlɪ] *adv* intuitivement.

**Inuit** ['ɪnʊɪt] (*pl inv* OR **Inuits**) ◇ *n* Inuit *mf*. ◇ *adj* inuit.

**inundate** ['ɪnʌndeɪt] *vt literal & fig* inonder; we've been ~d with phone calls/letters nous avons été submergés de coups de fil/courrier; I'm ~d with work just now pour l'instant je suis débordé (de travail) OR je croule sous le travail.

**inundation** [ˌɪnʌn'deɪʃn] *n* inondation *f*.

**inure** [ɪ'njʊər] ◇ *vt* aguerrir; to became ~d to s'habituer à. ◇ *vi* [law] entrer en vigueur.

**invade** [ɪn'veɪd] *vt* **-1.** MIL envahir. **-2.** *fig* envahir; to ~ sb's privacy s'immiscer dans la vie privée de qqn.

**invader** [ɪn'veɪdər] *n* envahisseur *m*, -euse *f*.

**invading** [ɪn'veɪdɪŋ] *adj* **-1.** [army] d'invasion. **-2.** [plants, insects] envahissant.

**invalid¹** [*n & adj* 'ɪnvəlɪd, *vb* ɪn'vælɪːd] ◇ *n* [disabled person] infirme *mf*, invalide *mf*; [ill person] malade *mf*. ◇ *adj* [disabled] infirme, invalide; [ill] malade; ~ chair fauteuil *m* roulant. ◇ *vt* **-1.** [disable] rendre infirme. **-2.** *Br* MIL: he was ~ed home il a été rapatrié pour raisons médicales.

**invalid²** [ɪn'vælɪd] *adj* **-1.** [passport, ticket] non valide, non valable. **-2.** [law, marriage, election] nul. **-3.** [argument] non valable.

**invalidate** [ɪn'vælɪdeɪt] *vt* **-1.** [contract, agreement etc] invalider, annuler. **-2.** [argument] infirmer.

**invalid car, invalid carriage** *n Br* voiture *f* d'infirme.

**invalidity** [ˌɪnvə'lɪdətɪ] *n* **-1.** MED invalidité *f*. **-2.** [of contract, agreement etc] manque *m* de validité, nullité *f*. **-3.** [of argument] manque *m* de fondement.

**invalidity benefit** *n Br* prestation *f* d'invalidité (*aujourd'hui remplacée par l'«incapacity benefit»*).

**invaluable** [ɪn'væljʊəbl] *adj* inestimable, très précieux; your help has been ~ (to me) votre aide m'a été très précieuse.

**invariable** [ɪn'veərɪəbl] ◇ *adj* invariable. ◇ *n* MATH constante *f*.

**invariably** [ɪn'veərɪəblɪ] *adv* invariablement; she was almost ~ dressed in black elle était presque toujours habillée en noir.

**invariant** [ɪn'veərɪənt] ◇ *adj* invariant. ◇ *n* invariant *m*.

**invasion** [ɪn'veɪʒn] *n* **-1.** MIL invasion *f*, envahissement *m*; the Roman ~ of England l'invasion de l'Angleterre par les Romains. **-2.** *fig* invasion *f*, intrusion *f*; he considered it an ~ of privacy il l'a ressenti comme une intrusion dans sa vie privée.

**invective** [ɪn'vektɪv] *n* (U) invective *f*, invectives *fpl*; a stream of ~ un torrent d'invectives.

**inveigh** [ɪn'veɪ] *vi fml*: to ~ against sb/sthg invectiver qqn/qqch, pester contre qqn/qqch.

**inveigle** [ɪn'veɪgl] *vt* manipuler.

**invent** [ɪn'vent] *vt* **-1.** [new machine, process] inventer. **-2.** [lie, excuse] inventer.

**invention** [ɪn'venʃn] *n* **-1.** [discovery, creation] invention *f*. **-2.** [untruth] invention *f*, fabrication *f*; it was pure ~ ce n'était que pure invention, c'était complètement faux.

**inventive** [ɪn'ventɪv] *adj* [person, mind] inventif; [plan, solution] ingénieux.

**inventiveness** [ɪn'ventɪvnɪs] *n* esprit *m* d'invention, inventivité *f*.

**inventor** [ɪn'ventər] *n* inventeur *m*, -trice *f*.

**inventory** ['ɪnvəntrɪ] (*pl* **inventories**, *pt & pp* **inventoried**) ◇ *n* **-1.** [list] inventaire *m*; to take the ~ faire l'inventaire. **-2.** (U) *Am* [stock] stock *m*, stocks *mpl*; ~ control OR manage-

ment gestion *f* des stocks. ◇ *vt* inventorier.

**inverse** [ɪn'vɜːs] ◇ *adj* inverse; to be in ~ proportion to être inversement proportionnel à; in ~ video COMPUT en vidéo inverse. ◇ *n* inverse *m*, contraire *m*; MATH inverse *m*.

**inversion** [ɪn'vɜːʃn] *n* **-1.** [gen] inversion *f*; [of roles, relations] renversement *m*. **-2.** MUS [of chord] renversement *m*; [in counterpoint] inversion *f*. **-3.** ANAT, ELEC & MATH inversion *f*.

**invert** [*vb* ɪn'vɜːt, *n* 'ɪnvɜːt] ◇ *vt* **-1.** [turn upside down or inside out] inverser, retourner; [switch around] intervertir; [swap – roles] intervertir, renverser. **-2.** MUS [chord] renverser; [interval] inverser. **-3.** CHEM [sugar] invertir. ◇ *n* PSYCH inverti *m*, -e *f*.

**invertebrate** [ɪn'vɜːtɪbreɪt] ◇ *adj* invertébré. ◇ *n* invertébré *m*.

**inverted commas** [ɪn'vɜːtɪd-] *npl Br* guillemets *mpl*; in ~ entre guillemets.

**inverted snob** *n Br* personne d'origine modeste qui affiche du mépris pour les valeurs bourgeoises.

**inverter, invertor** [ɪn'vɜːtər] *n* **-1.** ELEC onduleur *m* (de courant). **-2.** COMPUT inverseur *m*.

**invest** [ɪn'vest] ◇ *vi* investir; to ~ in shares/in the oil industry/on the stock market investir en actions/dans l'industrie pétrolière/en Bourse; you ought to ~ in a new coat *inf* tu devrais t'offrir OR te payer un nouveau manteau. ◇ *vt* **-1.** [money] investir, placer; they ~ed five million dollars in new machinery ils ont investi cinq millions de dollars dans de nouveaux équipements. **-2.** [time, effort] investir; we've ~ed a lot of time and energy in this project nous avons investi beaucoup de temps et d'énergie dans ce projet. **-3.** *fml* [confer on] investir; ~ed with the highest authority investi de la plus haute autorité. **-4.** MIL [besiege, surround] investir.

**investigate** [ɪn'vestɪgeɪt] ◇ *vt* [allegation, crime, accident] enquêter sur; [problem, situation] examiner, étudier. ◇ *vi* enquêter, mener une enquête.

**investigation** [ɪnˌvestɪ'geɪʃn] *n* [into crime, accident] enquête *f*; [of problem, situation] examen *m*, étude *f*; his activities are under ~ une enquête a été ouverte sur ses activités; your case is currently under ~ nous étudions actuellement votre cas.

**investigative** [ɪn'vestɪgətɪv] *adj* PRESS, RADIO & TV d'investigation.

**investigator** [ɪn'vestɪgeɪtər] *n* enquêteur *m*, -euse OR -trice *f*.

**investigatory** [ɪn'vestɪgətərɪ] *adj* d'investigation.

**investiture** [ɪn'vestɪtʃər] *n* investiture *f*.

**investment** [ɪn'vestmənt] *n* **-1.** [of money, capital] investissement *m*, placement *m*; the company has ~s all over the world la société a des capitaux investis dans le monde entier. **-2.** [of time, effort] investissement *m*. **-3.** = **investiture**.

**investment analyst** *n* analyste *mf* en placements.

**investment bank** *n* ≃ banque *f* d'affaires.

**investment trust** *n* société *f* de placement.

**investor** [ɪn'vestər] *n* investisseur *m*; [shareholder] actionnaire *mf*.

**inveterate** [ɪn'vetərət] *adj* **-1.** [habit, dislike] invétéré; [hatred] tenace. **-2.** [drinker, gambler] invétéré; [bachelor, liar, smoker] impénitent.

**invidious** [ɪn'vɪdɪəs] *adj* [unfair] injuste; [unpleasant] ingrat, pénible.

**invigilate** [ɪn'vɪdʒɪleɪt] *vi & vt Br* SCH & UNIV surveiller (*pendant un examen*).

**invigilator** [ɪn'vɪdʒɪleɪtər] *n Br* SCH & UNIV surveillant *m*, -e *f* (*d'un examen*).

**invigorate** [ɪn'vɪgəreɪt] *vt* revigorer, vivifier; she felt ~d by the cold wind le vent frais la revigorait.

**invigorating** [ɪn'vɪgəreɪtɪŋ] *adj* [air, climate] tonique, tonifiant, vivifiant; [walk] revigorant [bath] **tonifiant**; [discussion] enrichissante.

**invincibility** [ɪnˌvɪnsɪ'bɪlətɪ] *n* invincibilité *f*.

**invincible** [ɪn'vɪnsɪbl] *adj* [army, troops] invincible; [belief] inébranlable.

**inviolable** [ɪn'vaɪələbl] *adj* inviolable.

**inviolate** [ɪn'vaɪələt] *adj lit* inviolé.

**invisibility** [ɪnˌvɪzɪ'bɪlətɪ] *n* invisibilité *f*.

**invisible** [ɪn'vɪzɪbl] *adj* **-1.** invisible; ~ **mending** stoppage *m.***-2.** COMM [unrecorded]: ~ **assets** biens *mpl* incorporels; ~ **balance** balance *f* des invisibles; ~ **earnings** revenus *mpl* invisibles; ~ **imports** importations *fpl* invisibles.

**invitation** [ˌɪnvɪ'teɪʃn] *n* invitation *f*; **have you sent out the wedding** ~**s?** as-tu envoyé les invitations au mariage?; **she's here at my** ~ c'est moi qui l'ai invitée; **at the** ~ **of** à l'invitation de; **by** ~ **only** sur invitation seulement; **a standing** ~ une invitation permanente; **prison conditions are an (open)** ~ **to violence** *fig* les conditions de détention sont une véritable incitation à la violence.

**invite** [*vb* ɪn'vaɪt, *n* 'ɪnvaɪt] ◇ *vt* **-1.** [ask to come] inviter; **to** ~ **sb for lunch** inviter qqn à déjeuner; **I** ~**d him up for a coffee** je l'ai invité à monter prendre un café. **-2.** [ask to do sthg] demander, solliciter; **I've been** ~**d for interview** j'ai été convoqué à un entretien. **-3.** [solicit]: **he** ~**d comment on his book** il a demandé aux gens leur avis sur son livre; **we** ~ **applications from all qualified candidates** nous invitons tous les candidats ayant le profil requis à postuler; **we** ~ **suggestions from readers** toute suggestion de la part de nos lecteurs est la bienvenue. **-4.** [trouble, defeat, disaster] aller au devant de; [doubt, sympathy] appeler, attirer. ◇ *n inf* invitation *f*.

◆ **invite out** *vt sep* inviter (à sortir).

**inviting** [ɪn'vaɪtɪŋ] *adj* [gesture] d'invitation; [eyes, smile] engageant; [display] attirant, attrayant; [idea] tentant, séduisant; [place, fire] accueillant.

**in vitro** [ˌɪn'viːtrəʊ] ◇ *adj* in vitro; ~ **fertilization** fécondation *f* in vitro. ◇ *adv* in vitro.

**invoice** ['ɪnvɔɪs] ◇ *n* COMM facture *f*; **to make out an** ~ établir une facture. ◇ *vt* [goods] facturer; **to** ~ **sb for sthg** facturer qqch à qqn.

**invoice clerk** *n* facturier *m*, -ère *f*.

**invoke** [ɪn'vəʊk] *vt* **-1.** [cite] invoquer. **-2.** [call upon] en appeler à, faire appel à. **-3.** [conjure up] invoquer; **to** ~ **evil spirits** invoquer les mauvais esprits.

**involuntarily** [ɪn'vɒləntrəlɪ] *adv* involontairement.

**involuntary** [ɪn'vɒləntrɪ] *adj* involontaire.

**involve** [ɪn'vɒlv] *vt* **-1.** [entail] impliquer, comporter; **it** ~**s a lot of work** cela implique OR nécessite OR veut dire beaucoup de travail; **what does the job** ~**?** en quoi consiste le travail?; **a job which** ~**s meeting people** un travail où l'on

est amené à rencontrer beaucoup de gens; **it won't** ~ **you in much expense** cela ne t'entraînera pas dans de grosses dépenses. **-2.** [concern, affect] concerner, toucher; **there are too many accidents involving children** il y a trop d'accidents dont les enfants sont les victimes. **-3.** [bring in, implicate] impliquer; **it was a huge operation involving thousands of helpers** c'était une opération gigantesque qui a nécessité l'aide de milliers de gens; **several vehicles were** ~**d in the accident** plusieurs véhicules étaient impliqués dans cet accident; **we try to** ~ **the parents in the running of the school** nous essayons de faire participer les parents à la vie de l'école; **I'm not going to** ~ **myself in their private affairs** je ne vais pas me mêler de leur vie privée OR de leurs affaires. **-4.** [absorb, engage] absorber.

**involved** [ɪn'vɒlvd] *adj* **-1.** [complicated] compliqué, complexe. **-2.** [implicated] impliqué; **I don't want to get** ~ je ne veux pas être impliqué, je ne veux rien avoir à faire avec cela; **they became** ~ **in a long war** ils se sont trouvés entraînés dans une longue guerre; **the amount of work** ~ **is** enormous la quantité de travail à fournir est énorme; **he had no idea of the problems** ~ il n'avait aucune idée des problèmes en jeu OR en cause; **over 100 companies are** ~ **in the scheme** plus de 100 sociétés sont associées à OR parties prenantes dans ce projet; **I think he's** ~ **in advertising** je crois qu'il est dans la publicité; **to be** ~ **in politics** prendre part à la vie politique. **-3.** [absorbed] absorbé; **she's too** ~ **in her work** to notice elle est bien trop absorbée par son travail pour remarquer quoi que ce soit. **-4.** [emotionally]: **to be** ~ **with sb** avoir une liaison avec qqn; **he doesn't want to get** ~ il ne veut pas s'engager.

**involvement** [ɪn'vɒlvmənt] *n* **-1.** [participation] participation *f*; **they were against American** ~ **in the war** ils étaient opposés à toute participation américaine au conflit. **-2.** [commitment] investissement *m*, engagement *m*. **-3.** [relationship] liaison *f*. **-4.** [complexity] complexité *f*, complication *f*.

**invulnerable** [ɪn'vʌlnərəbl] *adj* invulnérable; ~ **to attack** invulnérable à toute attaque, inattaquable.

**inward** ['ɪnwəd] ◇ *adj* **-1.** [thoughts, satisfaction] intime, secret (*f* -ète). **-2.** [movement] vers l'intérieur. ◇ *adv* Am = **inwards**.

**inward-looking** *adj* [person] introverti, replié sur soi; [group] replié sur soi, fermé; [philosophy] introspectif; *pej*

---

## USAGE ▶   Invitations

### Written

▷ *invitations:*

Monsieur et Madame Desjean et Monsieur et Madame Hébert ont le plaisir de vous faire part du mariage de leurs enfants, Isabelle et Pierre, et vous prient de leur faire l'honneur d'assister à la cérémonie religieuse, qui se tiendra le samedi 20 septembre à 15 heures en l'église Saint Jacques de Mulhouse, ainsi qu'au dîner organisé à partir de 20 heures à l'hôtel Tourneteuille. RSVP.

Nous organisons un dîner le dimanche 3 mai à 20 heures et comptons sur votre présence parmi nous. Faites-nous connaître votre réponse dès que possible.

Vous êtes cordialement invités à venir assister à la soutenance de thèse de M. Duval le samedi 15 avril à partir de 14 heures à l'amphithéâtre Jean-Paul Sartre, Université de Paris IV.

Aimerais-tu venir passer un week-end à la campagne? Choisis la date qui te convient le mieux, nous serons à La Bergerie tout le mois de juillet.

▷ *replies:*

Nous vous remercions vivement de votre invitation au mariage d'Isabelle et Pierre et nous nous ferons un plaisir d'assister à la cérémonie religieuse. Nous regrettons toutefois de ne pouvoir être présents au dîner, ayant pris antérieurement d'autres engagements.

Merci beaucoup pour votre invitation. Je serai ravi de vous retrouver à cette occasion.

Je vous remercie de votre invitation; je serai là en milieu d'après-midi.

Votre invitation m'a fait vraiment très plaisir et j'ai pensé que le week-end du 12 serait parfait, si cela ne pose pas de problème de votre côté.

### Spoken

▷ *invitations:*

Êtes-vous libre à déjeuner un jour de la semaine prochaine?

Viens donc faire du bateau avec nous ce week-end!

Ça vous dirait OR [informal] brancherait, Jacques et toi, de partir une semaine en Tunisie avec nous?

▷ *replies:*

Mais oui, mardi m'irait très bien./Je ne sais pas trop si je vais pouvoir, je vous appellerai.

D'accord, c'est une très bonne idée./C'est très gentil, mais j'ai une répétition samedi.

Bien sûr, super! [informal] /C'est gentil de penser à nous, on va y réfléchir.

nombriliste.

**inwardly** ['ɪnwədlɪ] *adv* [pleased, disgusted] secrètement; he smiled ~ il sourit intérieurement; ~ I was still convinced that I was right en mon for intérieur, j'étais toujours convaincu d'avoir raison.

**inwards** ['ɪnwədz] *adv* **-1.** [turn, face] vers l'intérieur. **-2.** [into one's own heart, soul etc]: my thoughts turned ~ je me suis replié sur moi-même.

**I/O** (*written abbr of* **input/output**) E/S.

**IOC** (*abbr of* **International Olympic Committee**) *pr n* CIO *m*.

**iodine** [*Br* 'aɪədiːn, *Am* 'aɪədaɪn] *n* iode *m*; PHARM teinture *f* d'iode.

**IOM** *written abbr of* **Isle of Man**.

**ion** ['aɪən] *n* ion *m*.

**Ionian** [aɪ'əʊnjən] ◇ *n* **-1.** [person] Ionien *m*, -enne *f*.**-2.** LING ionien *m*. ◇ *adj* ionien.

**Ionic** [aɪ'ɒnɪk] *adj* ARCHIT ionique.

**ionosphere** [aɪ'ɒnə,sfɪər] *n* ionosphère *f*.

**iota** [aɪ'əʊtə] *n* **-1.** [Greek letter] iota *m*.**-2.** [tiny bit] brin *m*, grain *m*, iota *m*; there's not one ~ of truth in the letter il n'y a pas un mot de vrai dans cette lettre.

**IOU** (*abbr of* **I owe you**) *n* reconnaissance de dette.

**IOW** *written abbr of* **Isle of Wight**.

**Iowa** ['aɪəʊə] *pr n* Iowa *m*; in ~ dans l'Iowa.

**IPA** (*abbr of* **International Phonetic Alphabet**) *n* API *m*.

**IQ** (*abbr of* **intelligence quotient**) *n* QI *m*.

**IRA** ◇ *pr n* (*abbr of* **Irish Republican Army**) IRA *f*. ◇ *n Am* (*abbr of* **individual retirement account**) *compte d'épargne retraite (à avantages fiscaux)*.

**Iran** [ɪ'rɑːn] *pr n* Iran *m*; in ~ en Iran.

**Irangate** [ɪ'rɑːngeɪt] *pr n*: the ~ scandal *scandale politique sous le mandat Reagan: le Président aurait autorisé la vente d'armes à l'Iran contre la mise en liberté d'otages américains, et versé une partie des revenus de ces opérations aux contras du Nicaragua.*

**Iranian** [ɪ'reɪnjən] ◇ *n* **-1.** [person] Iranien *m*, -enne *f*.**-2.** LING iranien *m*. ◇ *adj* iranien.

**Iraq** [ɪ'rɑːk] *pr n* Iraq *m*, Irak *m*; in ~ en Iraq.

**Iraqi** [ɪ'rɑːkɪ] ◇ *n* Irakien *m*, -enne *f*, Iraquien *m*, -enne *f*. ◇ *adj* irakien.

**irascible** [ɪ'ræsəbl] *adj* irascible, coléreux.

**irate** [aɪ'reɪt] *adj* furieux; she got most ~ about it cela l'a rendue furieuse; an ~ letter une lettre courroucée.

**Ireland** ['aɪələnd] *pr n* Irlande *f*; in ~ en Irlande.

**iridescence** [,ɪrɪ'desəns] *n* irisation *f*.

**iridescent** [,ɪrɪ'desənt] *adj* irisé, iridescent *lit*.

**iris** ['aɪərɪs] (*pl sense 1* **irises** OR **irides** [-rɪdiːz], *pl sense 2* **irises**) *n* **-1.** ANAT iris *m*.**-2.** BOT iris *m*.

**Irish** ['aɪrɪʃ] ◇ *npl*: the ~ les Irlandais. ◇ *n* LING irlandais *m*. ◇ *adj* irlandais.

**Irish coffee** *n* irish-coffee *m*.

**Irishman** ['aɪrɪʃmən] (*pl* **Irishmen** [-mən]) *n* Irlandais *m*.

**Irish Sea** *pr n*: the ~ la mer d'Irlande.

**Irish wolfhound** *n* lévrier *m* irlandais.

**Irishwoman** ['aɪrɪʃ,wʊmən] (*pl* **Irishwomen** [-,wɪmɪn]) *n* Irlandaise *f*.

**irk** [ɜːk] *vt* irriter, agacer.

**irksome** ['ɜːksəm] *adj* irritant, agaçant.

**iron** ['aɪən] ◇ *adj* **-1.** [made of, containing iron] de fer, en fer; spinach has a high ~ content les épinards contiennent beaucoup de fer; ~ **deficiency** MED carence *f* en fer. **-2.** *fig* [strong] de fer, d'acier; the Iron Lady *Br* POL la Dame de Fer; the ~ hand OR fist in a velvet glove une main de fer dans un gant de velours. ◇ *vt* [laundry] repasser. ◇ *vi* [laundry] se repasser. ◇ *n* **-1.** [mineral] fer *m*; made of ~ de OR en fer; she has a will of ~ elle a une volonté de fer ☐ (as) hard as ~ dur comme OR aussi dur que le fer. **-2.** [for laundry] fer *m* (à repasser); [action]: your shirt needs an ~ ta chemise a besoin d'un coup de fer OR d'être repassée. **-3.** [tool, appliance] fer *m*; to have many ~s in the fire avoir plusieurs fers au feu, jouer sur plusieurs tableaux. **-4.** [golf club] fer *m*.

◆ **irons** *npl* [chains] fers *mpl*.

◆ **iron out** *vt sep* **-1.** [crease] repasser. **-2.** *fig* [problem, difficulty] aplanir; [differences] faire disparaître.

**Iron Age** *n*: the ~ l'âge *m* du fer.

**Iron Curtain** ◇ *n*: the ~ le rideau *m* de fer. ◇ *adj*: the ~ countries les pays *mpl* de l'Est.

**iron foundry** *n* fonderie *f* (*de fonte*).

**iron-grey** *adj* gris acier.

**ironic(al)** [aɪ'rɒnɪk(l)] *adj* ironique.

**ironically** [aɪ'rɒnɪklɪ] *adv* **-1.** [smile, laugh] ironiquement. **-2.** [paradoxically]: ~ enough, he was the only one to remember paradoxalement, il était le seul à s'en souvenir.

**ironing** ['aɪənɪŋ] *n* repassage *m*; to do the ~ faire le repassage.

**ironing board** *n* planche *f* OR table *f* à repasser.

**iron lung** *n* MED poumon *m* d'acier.

**ironmonger** ['aɪən,mʌŋgər] *n Br* quincailler *m*.

**ironmongery** ['aɪən,mʌŋgərɪ] *n Br* quincaillerie *f*.

**iron ore** *n* minerai *m* de fer.

**iron tablet** *n* MED comprimé *m* de fer.

**ironwork** ['aɪənwɜːk] *n* ferronnerie *f*.

**ironworks** ['aɪənwɜːks] (*pl inv*) *n* usine *f* sidérurgique.

**irony** ['aɪrənɪ] (*pl* **ironies**) *n* [gen & LITERAT] ironie *f*; the ~ is that it might be true ce qui est ironique OR ce qu'il y a d'ironique, c'est que cela pourrait être vrai.

**irradiate** [ɪ'reɪdɪeɪt] *vt* **-1.** MED & PHYS [expose to radiation] irradier; [food] irradier. **-2.** [light up] illuminer, éclairer.

**irradiation** [ɪ,reɪdɪ'eɪʃn] *n* MED & PHYS [exposure to radiation] irradiation *f*; [X-ray therapy] radiothérapie *f*; [of food] irradiation *f*.**-2.** OPTICS irradiation *f*.

**irrational** [ɪ'ræʃənl] *adj* **-1.** [person, behaviour, feeling] irrationnel; [fear] irraisonné; [creature, being] incapable de raisonner. **-2.** MATH irrationnel.

**irrationality** [ɪ,ræʃə'nælətɪ] *n* irrationalité *f*.

**irrationally** [ɪ'ræʃnəlɪ] *adv* irrationnellement.

**irreconcilable** [ɪ'rekənsaɪləbl] *adj* **-1.** [aims, views, beliefs] inconciliable, incompatible. **-2.** [conflict, disagreement] insoluble; to be ~ enemies être ennemis jurés.

**irredeemable** [,ɪrɪ'diːməbl] *adj* **-1.** [share, bond] non remboursable; [paper money] non convertible. **-2.** [person] incorrigible, impénitent. **-3.** [loss, damage, wrong] irréparable.

**irredeemably** [,ɪrɪ'diːməblɪ] *adv* irrémédiablement.

**irreducible** [,ɪrɪ'djuːsəbl] *adj* irréductible.

**irrefutable** [,ɪrɪ'fjuːtəbl] *adj* [argument, proof] irréfutable; [fact] certain, indéniable.

**irregular** [ɪ'regjʊlər] ◇ *adj* **-1.** [object, shape etc] irrégulier; [surface] inégal. **-2.** [intermittent, spasmodic] irrégulier; ~ breathing respiration irrégulière OR saccadée. **-3.** *fml* [unorthodox] irrégulier. **-4.** LING irrégulier. ◇ *n* **-1.** MIL irrégulier *m*.**-2.** *Am* COMM article *m* de second choix.

**irregularity** [ɪ,regjʊ'lærətɪ] (*pl* **irregularities**) *n* [of surface, work, breathing] irrégularité *f*.

◆ **irregularities** *npl* JUR irrégularités *fpl*.

**irregularly** [ɪ'regjʊləlɪ] *adv* **-1.** [spasmodically] irrégulièrement. **-2.** [unevenly] inégalement.

**irrelevance** [ɪ'reləvəns] *n* **-1.** [of fact, comment] manque *m* de rapport, non-pertinence *f*. **-2.** [pointless fact or matter] inutilité *f*; don't waste your time on ~s ne perdez pas votre temps avec des choses sans importance.

**irrelevancy** [ɪ'reləvənsɪ] (*pl* **irrelevancies**) = **irrelevance**.

**irrelevant** [ɪ'reləvənt] *adj* sans rapport, hors de propos; your question is totally ~ to the subject in hand votre question n'a aucun rapport OR n'a rien à voir avec le sujet qui nous intéresse; ~ information information non pertinente; age is ~ l'âge est sans importance OR n'est pas un critère.

**irreligious** [,ɪrɪ'lɪdʒəs] *adj* irréligieux.

**irremediable** [,ɪrɪ'miːdjəbl] *adj* irrémédiable.

**irreparable** [ɪ'repərəbl] *adj* irréparable.

**irreplaceable** [,ɪrɪ'pleɪsəbl] *adj* irremplaçable.

**irrepressible** [,ɪrɪ'presəbl] *adj* **-1.** [need, desire] irrépressible; [good humour] à toute épreuve. **-2.** [person] jovial.

**irreproachable** [,ɪrɪ'prəʊtʃəbl] *adj* irréprochable.

**irresistible** [,ɪrɪ'zɪstəbl] *adj* irrésistible.

**irresistibly** [,ɪrɪ'zɪstəblɪ] *adv* irrésistiblement.

**irresolute** [ɪ'rezəluːt] *adj* irrésolu, indécis.

**irrespective** [,ɪrɪ'spektɪv]

◆ **irrespective of** *prep phr* sans tenir compte de; ~ of race or religion sans discrimination de race ou de religion.

**irresponsibility** [ˌɪrɪˌspɒnsə'bɪlətɪ] *n* irresponsabilité *f*.

**irresponsible** [ˌɪrɪ'spɒnsəbl] *adj* [person] irresponsable; [act] irréfléchi.

**irretrievable** [ˌɪrɪ'triːvəbl] *adj* [object] introuvable; [loss, harm, damage] irréparable.

**irretrievably** [ˌɪrɪ'triːvəblɪ] *adv* irréparablement, irrémédiablement; ~ lost perdu pour toujours OR à tout jamais.

**irreverence** [ɪ'revərəns] *n* irrévérence *f*.

**irreverent** [ɪ'revərənt] *adj* irrévérencieux.

**irreversible** [ˌɪrɪ'vɜːsəbl] *adj* irréversible.

**irrevocable** [ɪ'revəkəbl] *adj* irrévocable.

**irrevocably** [ɪ'revəkəblɪ] *adv* irrévocablement.

**irrigate** ['ɪrɪgeɪt] *vt* [gen & MED] irriguer.

**irrigation** [ˌɪrɪ'geɪʃn] *n* [gen & MED] irrigation *f*.

**irritability** [ˌɪrɪtə'bɪlətɪ] *n* irritabilité *f*.

**irritable** ['ɪrɪtəbl] *adj* [gen & MED] irritable.

**irritable bowel syndrome** *n* syndrome *m* du côlon irritable.

**irritably** ['ɪrɪtəblɪ] *adv* avec irritation.

**irritant** ['ɪrɪtənt] ◇ *adj* irritant. ◇ *n* irritant *m*.

**irritate** ['ɪrɪteɪt] *vt* -1. [annoy] irriter, contrarier, énerver. -2. MED irriter.

**irritated** ['ɪrɪteɪtɪd] *adj* -1. [annoyed] irrité, agacé; don't get ~! ne t'énerve pas! -2. MED [eyes, skin] irrité.

**irritating** ['ɪrɪteɪtɪŋ] *adj* -1. [annoying] irritant, contrariant, énervant. -2. MED irritant, irritatif.

**irritatingly** ['ɪrɪteɪtɪŋlɪ] *adv* de façon agaçante OR irritante.

**irritation** [ˌɪrɪ'teɪʃn] *n* -1. [annoyance] irritation *f*, agacement *m*. -2. MED irritation *f*.

**IRS** (*abbr of* **Internal Revenue Service**) *pr n*: the ~ le fisc américain.

**is** [ɪz] → **be**.

**Isaiah** [aɪ'zaɪə] *pr n* Isaïe.

**ISBN** (*abbr of* **International Standard Book Number**) *n* ISBN *m*.

**ISDN** (*abbr of* **integrated services data network**) *n* RNIS *m*.

**Isis** ['aɪsɪs] *pr n* Isis.

**Islam** ['ɪzlɑːm] *n* Islam *m*.

**Islamic** [ɪz'læmɪk] *adj* islamique.

**island** ['aɪlənd] ◇ *n* GEOG île *f*; they are an ~ race c'est une race insulaire; an ~ of peace *fig* une oasis de tranquillité. ◇ *vt* [isolate] isoler.

**islander** ['aɪləndə'] *n* insulaire *mf*.

**isle** [aɪl] *n* île *f*.

**Isle of Man** *pr n*: the ~ l'île *f* de Man; in OR on the ~ à l'île de Man.

**Isle of Wight** [-waɪt] *pr n*: the ~ l'île *f* de Wight; in OR on the ~ à l'île de Wight.

**islet** ['aɪlɪt] *n* îlot *m*.

**isn't** ['ɪznt] = **is not**.

**isobar** ['aɪsəbɑː'] *n* isobare *f*.

**isolate** ['aɪsəleɪt] *vt* [gen & MED] isoler.

**isolated** ['aɪsəleɪtɪd] *adj* -1. [alone, remote] isolé. -2. [single] unique, isolé; an ~ incident un incident isolé.

**isolation** [aɪsə'leɪʃn] *n* isolement *m*; in ~ en soi, isolément.

**isolation hospital** *n* hôpital *m* d'isolement.

**isolationism** [ˌaɪsə'leɪʃənɪzm] *n* isolationnisme *m*.

**isolationist** [ˌaɪsə'leɪʃənɪst] *adj* isolationniste.

**isolation ward** *n* service *m* des contagieux.

**isometric** [ˌaɪsəu'metrɪk] *adj* isométrique.

**isosceles** [aɪ'sɒsɪliːz] *adj* isocèle; an ~ triangle un triangle isocèle.

**isotope** ['aɪsətəup] *n* isotope *m*.

**I-spy** *n* jeu d'enfant où l'un des joueurs donne la première lettre d'un objet qu'il voit et les autres doivent deviner de quoi il s'agit.

**Israel** ['ɪzreɪəl] *pr n* Israël; in ~ en Israël.

**Israeli** [ɪz'reɪlɪ] (*pl inv* OR **Israelis**) ◇ *n* Israélien *m*, -enne *f*. ◇ *adj* israélien.

**Israelite** ['ɪzrəlaɪt] *n* Israélite *mf*.

**issue** ['ɪʃuː] ◇ *n* -1. [matter, topic] question *f*, problème *m*;

where do you stand on the abortion ~? quel est votre point de vue sur (la question de) l'avortement?; that's not the ~ il ne s'agit pas de ça; it's become an international ~ le problème a pris une dimension internationale; the important ~s of the day les grands problèmes du moment; at ~ en question; her competence is not at ~ sa compétence n'est pas en cause; to cloud OR confuse the ~ brouiller les cartes; to avoid OR duck OR evade the ~ esquiver la question; to force the ~ forcer la décision. -2. [cause of disagreement] différend *m*; the subject has now become a real ~ between us ce sujet est maintenant source de désaccord entre nous; to be at ~ with sb over sthg être en désaccord avec qqn au sujet de qqch; to make an ~ of sthg monter qqch en épingle; to take ~ with sb/sthg être en désaccord avec qqn/qqch. -3. [edition – of newspaper, magazine etc] numéro *m*; the latest ~ of the magazine le dernier numéro du magazine. -4. [distribution – of supplies] distribution *f*; [– of tickets, official document] délivrance *f*; [– of shares, money, stamps] émission *f*; date of ~ date *f* de délivrance ❑ standard ~ modèle *m* standard; army ~ modèle *m* de l'armée. -5. *fml* [result, outcome] issue *f*, résultat *m*. -6. *arch* OR JUR [progeny] descendance *f*, progéniture *f* lit.
◇ *vt* -1. [book, newspaper] publier, sortir; [record] sortir; the magazine is ~d on Wednesdays le magazine sort OR paraît le mercredi ‖ [official document, passport] délivrer; JUR [warrant, writ] lancer; [statement, proclamation] publier; [shares, money, stamps] émettre. -2. [distribute – supplies, tickets etc] distribuer; we were all ~d with rations on nous a distribué à tous des rations.
◇ *vi fml* -1. [come or go out] sortir. -2. [result, originate]: to ~ from provenir de.

**issuing** ['ɪʃuɪŋ] *adj* FIN [company] émetteur; ~ bank *Br* banque *f* d'émission OR émettrice.

**ISTC** (*abbr of* **Iron and Steels Confederation**) *pr n* syndicat britannique des ouvriers de la sidérurgie.

**isthmus** ['ɪsməs] (*pl* **isthmuses** OR **isthmi** [-maɪ]) *n* isthme *m*.

**it** [ɪt] ◇ *pron* -1. [referring to specific thing, animal etc – as subject] il, elle; [– as direct object] le, la, l' (*before vowel or silent 'h'*); [– as indirect object] lui; is it a boy or a girl? c'est un garçon ou une fille?; I'd lend you my typewriter but it's broken je te prêterais bien ma machine à écrire mais elle est cassée; give it a tap with a hammer donnez un coup de marteau dessus. -2. [after preposition]: he told me all about it il m'a tout raconté; there was nothing inside it il n'y avait rien dedans OR à l'intérieur; I left the bag under it j'ai laissé le sac dessous. -3. [impersonal uses]: it's me! c'est moi!; it's raining/snowing il pleut/neige; it's 500 miles from here to Vancouver Vancouver est à 800 kilomètres d'ici; I like it here je me plais beaucoup ici; I couldn't bear it if she left je ne supporterais pas qu'elle parte; it might look rude if I don't go si je n'y vais pas cela pourrait être considéré comme une impolitesse; it's the Johnny Carson Show! voici le Johnny Carson Show!; it's a goal! but!; it's his constant complaining I can't stand ce que je ne supporte pas c'est sa façon de se plaindre constamment.
◇ *n inf* -1. [in games]: you're it! c'est toi le chat!, c'est toi qui y es! -2. [most important person]: he thinks he's it il s'y croit.

**IT** *n abbr of* **information technology**.

**Italian** [ɪ'tæljən] ◇ *n* -1. [person] Italien *m*, -enne *f*. -2. LING italien *m*. ◇ *adj* italien; the ~ embassy l'ambassade *f* d'Italie.

**Italianate** [ɪ'tæljəneɪt] *adj* italianisant.

**italic** [ɪ'tælɪk] ◇ *adj* italique. ◇ *n* italique *m*; in ~s en italique.

**italicize, -ise** [ɪ'tælɪsaɪz] *vt* mettre en italique; the ~d words les mots en italique.

**Italy** ['ɪtəlɪ] *pr n* Italie *f*; in ~ en Italie.

**itch** [ɪtʃ] ◇ *n* -1. *literal* démangeaison *f*; I've got an ~ ça me démange OR me gratte. -2. *inf & fig* [desire] envie *f*. ◇ *vi* -1. [physically] avoir des démangeaisons; [insect bite, part of body]: does it ~? est-ce que cela me démange?; my back ~es mon dos me démange OR me gratte; that sweater ~es ce pull me gratte. -2. *inf & fig* [desire]: to be ~ing to do sthg: I was ~ing to tell her ça me démangeait de lui dire.

**itching** ['ɪtʃɪŋ] *n* démangeaison *f*.

**itching powder** *n* poil *m* à gratter.

**itchy** ['ɪtʃɪ] (compar **itchier,** superl **itchiest**) adj qui gratte, qui démange; I've got an ~ leg ma jambe me démange ❏ to have ~ feet inf avoir la bougeotte.

**it'd** ['ɪtəd] **-1.** = **it would. -2.** = **it had.**

**item** ['aɪtəm] n **-1.** [object] article m; an ~ of clothing un vêtement. **-2.** [point, issue] point m, question f; I've several ~s of business to attend to j'ai plusieurs affaires à régler. **-3.** [in newspaper] article m; [on T.V. or radio] point m OR sujet m d'actualité; **and here are today's main news** ~s et voici les principaux points de l'actualité. **-4.** COMPUT article m.**-5.** LING item m.**-6.** [in book-keeping] écriture f.

**itemize, -ise** ['aɪtəmaɪz] vt détailler; an ~d list/bill une liste/une facture détaillée.

**itinerant** [ɪ'tɪnərənt] ◇ adj itinérant; [actors] ambulant, itinérant; ~ **teacher** Am professeur m remplaçant. ◇ n nomade mf.

**itinerary** [aɪ'tɪnərərɪ] (pl **itineraries**) n itinéraire m.

**it'll** [ɪtl] = **it will.**

**ITN** (abbr of **Independent Television News**) pr n service d'actualités télévisées pour les chaînes relevant de l'IBA.

**its** [ɪts] det son m, sa f, ses mfpl; **the committee has** ~ **first meeting on Friday** le comité se réunit pour la première fois vendredi; **the dog wagged** ~ **tail** le chien a remué la queue; **the jug's lost** ~ **handle** le pichet n'a plus de poignée.

**it's** [ɪts] **-1.** = **it is. -2.** = **it has.**

**itself** [ɪt'self] pron **-1.** [reflexive use] se, s' (before vowel or silent 'h'); **the cat was licking** ~ **clean** le chat faisait sa toilette. **-2.** [emphatic use] lui-même m, elle-même f; **she's kindness** ~ c'est la gentillesse même. **-3.** [after preposition]: **it switches**

off by ~ ça s'éteint tout seul; **it's not dangerous in** ~ ce n'est pas dangereux en soi; **working with her was in** ~ fascinating le seul fait de travailler avec elle était fascinant.

**itsy-bitsy** [,ɪtsɪ'bɪtsɪ], **itty-bitty** [,ɪtɪ'bɪtɪ] adj inf tout petit, minuscule.

**ITV** (abbr of **Independent Television**) pr n sigle désignant les programmes diffusés par les chaînes relevant de l'IBA.

**IUCD** (abbr of **intrauterine contraceptive device**) n stérilet m.

**IUD** (abbr of **intrauterine device**) n stérilet m.

**I've** [aɪv] = **I have.**

**IVF** (abbr of **in vitro fertilization**) n FIV f.

**Ivorian** [aɪ'vɔːrɪən] ◇ n Ivoirien m, -enne f. ◇ adj ivoirien.

**ivory** ['aɪvərɪ] (pl **ivories**) ◇ adj **-1.** [made of ivory] d'ivoire, en ivoire. **-2.** [ivory-coloured] (couleur) ivoire (inv). ◇ n **-1.** [substance] ivoire m.**-2.** [object] ivoire m.

◆ **ivories** npl inf [piano keys] touches fpl; **to tickle the ivories** hum toucher du piano.

**Ivory Coast** pr n: **the** ~ la Côte-d'Ivoire; **in the** ~ en Côte-d'Ivoire.

**ivory tower** n tour f d'ivoire.

**ivy** ['aɪvɪ] (pl **ivies**) n lierre m.

**Ivy League** n groupe des huit universités les plus prestigieuses du nord-est des États-Unis.

◆ **Ivy-League** adj: **he had an Ivy-League education** il a fait ses études dans une grande université; **her boyfriend's very Ivy-League** inf son petit ami est très BCBG.

# J

**j** (pl **j's** OR **js**), **J** (pl **J's** OR **Js**) [dʒeɪ] n j m, J m.

**J/A** written abbr of **joint account.**

**jab** [dʒæb] (pt & pp **jabbed**, cont **jabbing**) ◇ vt [pierce] piquer; he jabbed my arm with a needle, he jabbed a needle into my arm il m'a piqué le bras avec une aiguille, il m'a enfoncé une aiguille dans le bras || [poke]: **you almost jabbed me in the eye with that knife!** tu as failli m'éborgner avec ce couteau!; **he jabbed her in the ribs** il lui a enfoncé les doigts dans les côtes || [brandish] pointer, brandir (d'une façon menaçante); **she kept jabbing her finger at the defendant** elle ne cessait de pointer le doigt vers l'accusé OR de désigner l'accusé du doigt. ◇ vi **-1.** [stick] s'enfoncer; **something jabbed into my ribs** j'ai reçu un coup sec dans les côtes. **-2.** [gesture]: **he jabbed at me with his umbrella** il essaya de me donner un coup de parapluie; **she jabbed wildly at the buttons** elle appuyait frénétiquement sur les boutons. **-3.** [in boxing]: **he's jabbing with (his) right and left** il lui envoie un direct du droit et du gauche. ◇ n **-1.** [poke] coup m (donné avec un objet pointu); [in boxing] (coup m) droit m OR direct m.**-2.** inf MED piqûre f; **I've got to get a tetanus** ~ je dois me faire vacciner contre le tétanos.

**jabber** ['dʒæbər] inf ◇ vi [idly] jacasser, caqueter pej; [inarticulately] bredouiller, bafouiller; [in foreign tongue] baragouiner. ◇ vt: **to** ~ **(out)** bredouiller, bafouiller.

**jabbering** ['dʒæbərɪŋ] n inf [idle chatter] bavardage m, papotage m; [in foreign tongue] baragouin m.

**jack** [dʒæk] ◇ vt MECH soulever avec un vérin; AUT mettre sur cric. ◇ n **-1.** [tool] MECH & MIN vérin m; AUT cric m.**-2.** [playing card] valet m.**-3.** [in bowls] cochonnet m.**-4.** ELEC [male]= **jack plug**; [female]= **jack socket. -5.** phr: **every man** ~ **(of them)** Br inf tous autant qu'ils sont.

◆ **Jack** pr n: **Jack the Ripper** Jack l'Éventreur; **I'm all right Jack** Br inf moi ça va; **hey, Jack!** Am [to call stranger] hé, vous

là-bas!

◆ **jack in** vt sep Br inf plaquer; **oh,** ~ **it in, will you!** oh, ferme-la, tu veux!

◆ **jack up** vt sep **-1.** [car] lever avec un cric. **-2.** inf [price, wage] augmenter, monter.

**jackal** ['dʒækəl] n literal & fig chacal m.

**jackass** ['dʒækæs] n **-1.** [donkey] âne m, baudet m.**-2.** inf [imbecile] imbécile mf.

**jackboot** ['dʒækbuːt] n botte f (de militaire); ~ **tactics** des tactiques dictatoriales.

**jackdaw** ['dʒækdɔː] n choucas m.

**jacket** ['dʒækɪt] n **-1.** [for men] veste f; [for women] veste f, jaquette f; **leather** ~ blouson m de cuir. **-2.** [of book] jaquette f; Am [of record] pochette f.**-3.** CULIN: ~ **potato, potato (cooked) in its** ~ pomme de terre f en robe des champs OR en robe de chambre. **-4.** TECH [of boiler] chemise f.

**Jack Frost** n inf personnage imaginaire symbolisant l'hiver.

**jackfruit** ['dʒækfruːt] n jaque m.

**jackhammer** ['dʒæk,hæmər] n marteau-piqueur m.

**jack-in-the-box** n diable m (à ressort).

**jackknife** ['dʒæknaɪf] (pl **jackknives** [-naɪvz]) ◇ n couteau m de poche. ◇ vi: **the truck** ~d le camion s'est mis en travers de la route.

**jack-of-all-trades** n pej homme m à tout faire; ~ **and master of none** prov propre à tout et bon à rien.

**jack plug** n jack m (mâle), fiche f jack.

**jackpot** ['dʒækpɒt] n gros lot m; [in cards] pot m; **you hit the** ~! tu as décroché le gros lot!

**Jack Robinson** n Br inf: **before you could say** ~ avant d'avoir pu dire «ouf».

**Jack Russell** [-'rʌsl] n Jack Russell (terrier) m.

**jack socket** n jack m (femelle), prise f jack.

**Jack-the-Lad** n inf jeune frimeur m.

**Jacobean** [,dʒækə'bɪən] adj jacobéen m, -enne f, de l'époque de Jacques Iᵉʳ (d'Angleterre).

**Jacobin** ['dʒækəbɪn] ◊ n Jacobin m, -e f. ◊ adj jacobin.

**Jacobite** ['dʒækəbaɪt] ◊ adj jacobite. ◊ n Jacobite mf.

**Jacuzzi®** [dʒə'kuːzɪ] (pl **Jacuzzis**) n Jacuzzi® m, bain m à remous.

**jade** [dʒeɪd] ◊ n -1. [stone] jade m.-2. [colour] vert jade m inv. ◊ adj -1. [made of jade] de OR en jade. -2. [colour] vert jade (inv).

**jaded** ['dʒeɪdɪd] adj [person] désabusé, blasé, éreinté; [appetite] écœuré, saturé.

**jag** [dʒæg] (pt & pp **jagged**, cont **jagging**) ◊ vt déchiqueter; [fabric] tailauder. ◊ n -1. pointe f, aspérité f; [of saw] dent f.-2. Am inf [party] orgie f.

**jagged** ['dʒægɪd] adj [edge, coastline] déchiqueté; [tear] irrégulier; [rock] râpeux, rugueux.

**jaguar** ['dʒægjʊəʳ] n jaguar m.

**jail** [dʒeɪl] ◊ n prison f; to be in ~ être en prison; to be sent to ~ été incarcéré OR emprisonné; **sentenced to 15 years in ~** condamné à 15 ans de prison. ◊ vt emprisonner, mettre en prison, incarcérer; **to be ~ed for life** être condamné à perpétuité OR à vie.

**jailbird** ['dʒeɪlbɜːd] n inf récidiviste mf.

**jailbreak** ['dʒeɪlbreɪk] n évasión f.

**jailer** ['dʒeɪləʳ] n geôlier m, -ère f.

**Jain** [dʒaɪn] ◊ n jaïn m, -e f. ◊ adj jaïn.

**Jakarta** [dʒə'kɑːtə] prn Djakarta, Jakarta.

**jalopy** [dʒə'lɒpɪ] (pl **jalopies**) n inf tacot m, guimbarde f.

**jam** [dʒæm] (pt & pp **jammed**, cont **jamming**) ◊ n -1. [preserve] confiture f; strawberry ~ confiture de fraises; it's a case of ~ tomorrow Br inf ce sont des promesses en l'air. -2. [congestion] encombrement m. -3. inf [predicament] pétrin m; **I'm in a bit of a ~** je suis plutôt dans le pétrin. ◊ comp [tart, pudding, sandwich] à la confiture. ◊ vt -1. [crowd, cram] entasser, tasser; **we were jammed in like sardines** on était entassés OR serrés comme des sardines; **I was jammed (up) against the wall** j'étais coincé contre le mur ‖ [push roughly, ram] fourrer; **she jammed her hat on** elle enfonça OR vissa son chapeau sur sa tête. -2. [make stick] coincer, bloquer. -3. [congest] encombrer, bloquer, boucher; **the streets were jammed with cars** les rues étaient emboutteillées. -4. RADIO brouiller. ◊ vi -1. [crowd] se tasser, s'entasser. -2. [become stuck – gen] se coincer, se bloquer; [– gun] s'enrayer; [– brakes] se bloquer. -3. inf [play in a jam session] faire un bœuf.

◆ **jam on** vt sep inf: **to ~ on the brakes** piler.

**Jamaica** [dʒə'meɪkə] prn Jamaïque f; **in ~** à la Jamaïque.

**Jamaican** [dʒə'meɪkn] ◊ n Jamaïcain m, -e f, Jamaïquain m, -e f. ◊ adj jamaïcain, jamaïquain.

**jamb** [dʒæm] n montant m.

**jambalaya** [,dʒæmbə'laɪə] n plat cajun à base de fruits de mer et de poulet.

**jamboree** [,dʒæmbə'riː] n -1. [gathering] grande fête f.-2. [scout rally] jamboree m.

**James** [dʒeɪmz] prn Jacques; **Saint ~** saint Jacques.

**jam-full** adj inf bourré, archiplein.

**jamjar** ['dʒæmdʒɑːʳ] n pot m à confiture.

**jamming** ['dʒæmɪŋ] n -1. coincement m; [of brakes] blocage m.-2. RADIO brouillage m.

**jammy** ['dʒæmɪ] (compar **jammier**, superl **jammiest**) adj Br inf -1. [sticky with jam] poisseux; ~ **fingers** des doigts poisseux de confiture. -2. [lucky] chanceux; **you ~ beggar!** espèce de veinard!

**jam-packed** = jam-full.

**jampot** ['dʒæmpɒt] = jamjar.

**jam session** n inf bœuf m, jam-session f.

**Jan.** (written abbr of **January**) janv.

**jangle** ['dʒæŋgl] ◊ vi retentir (avec un bruit métallique OR avec fracas); [more quietly] cliqueter. ◊ vt faire retentir; [more quietly] faire cliqueter; **my nerves are all ~d** fig j'ai les nerfs en boule OR en pelote. ◊ n: [of bells] tintamarre m; [of money] bruit m, cliquetis m.

**jangling** ['dʒæŋglɪŋ] ◊ adj [bells] retentissant; [keys] qui tintent; a ~ **noise** un bruit métallique. ◊ n vacarme m, tintamarre m; [quieter] bruit m; a ~ **of keys** un bruit de clés.

**janitor** ['dʒænɪtəʳ] n [caretaker] Am & Scot gardien m, concierge m; [doorkeeper] dated portier m.

**Jansenism** ['dʒænsənɪzm] n jansénisme m.

**January** ['dʒænjʊərɪ] n janvier m; see also **February**.

**Jap** [dʒæp] n inf & offensive Jap m.

**japan** [dʒə'pæn] ◊ n ART laque f. ◊ vt laquer.

**Japan** [dʒə'pæn] prn Japon m; **in ~** au Japon.

**Japanese** [,dʒæpə'niːz] (pl inv) ◊ n -1. [person] Japonais m, -e f.-2. LING japonais m. ◊ adj japonais; **the ~ embassy** l'ambassade f du Japon.

**jape** [dʒeɪp] n inf & dated farce f, blague f.

**japonica** [dʒə'pɒnɪkə] n cognassier m du Japon.

**jar** [dʒɑːʳ] (pt & pp **jarred**, cont **jarring**) ◊ n -1. [container – glass] bocal m; [– for jam] pot m; [– earthenware] pot m, jarre f.-2. Br inf [drink] pot m. -3. [jolt] secousse f, choc m. ◊ vi -1. [make harsh noise] grincer, crisser; **there's something about her voice which really** ~s sa voix a quelque chose qui vous écorche les oreilles. -2. [clash – note] détonner; [– colour] jurer; **his constant complaining** ~s **on my nerves** ses lamentations continuelles me hérissent. ◊ vt [shake – structure] secouer, ébranler.

**jargon** ['dʒɑːgən] n jargon m.

**jarring** ['dʒɑːrɪŋ] adj [sound] discordant; [colour] criard.

**Jarrow Marches** ['dʒærəʊ'mɑːtʃɪz] pl pr n: **the** ~ «marches de la faim», du nord-est de l'Angleterre à Londres, organisées par les chômeurs pour protester contre leur condition, au milieu des années trente.

**jasmine** ['dʒæzmɪn] n jasmin m.

**jaundice** ['dʒɔːndɪs] n -1. (U) MED jaunisse f.-2. fig [bitterness] amertume f.

**jaundiced** ['dʒɔːndɪst] adj [bitter] aigri, cynique; [disapproving] désapprobateur; **she has a very ~ view of English society** elle a une vision très négative de la société anglaise.

**jaunt** [dʒɔːnt] ◊ n balade f. ◊ vi: **she's always ~ing off to Paris** elle est toujours en balade entre ici et Paris.

**jauntily** ['dʒɔːntɪlɪ] adv [cheerfully] joyeusement, jovialement; [in a sprightly way] lestement.

**jaunty** ['dʒɔːntɪ] (compar **jauntier**, superl **jauntiest**) adj [cheerful] joyeux, enjoué, jovial; [sprightly] leste, allègre.

**Java** ['dʒɑːvə] prn Java; **in ~** à Java.

**Javanese** [dʒɑːvə'niːz] (pl inv) ◊ n -1. [person] Javanais m, -e f.-2. LING javanais m. ◊ adj javanais.

**javelin** ['dʒævlɪn] n [weapon] javelot m, javeline f; SPORT javelot m; ~ **thrower** lanceur m, -euse f de javelot.

**jaw** [dʒɔː] ◊ n -1. ANAT mâchoire f; **his ~ dropped in astonishment** il en est resté bouche bée; **snatched from the ~s of death** fig arraché aux griffes de la mort; **upper/lower ~** mâchoire supérieure/inférieure f. -2. [of tool] mâchoire f.-3. inf [chat]: **to have a good old ~** tailler une petite bavette. -4. inf [moralizing speech] sermon m. ◊ vi inf [chat] papoter, tailler une bavette. ◊ vt inf [remonstrate with] sermonner.

**jawbone** ['dʒɔːbəʊn] n maxillaire m.

**jawline** ['dʒɔːlaɪn] n menton m; **a strong ~** un menton saillant.

**jay** [dʒeɪ] n ORNITH geai m.

**jaywalker** ['dʒeɪwɔːkəʳ] n Am piéton qui traverse en dehors des passages pour piétons.

**jaywalking** ['dʒeɪwɔːkɪŋ] n Am délit mineur qui consiste à traverser une rue en dehors des clous ou au feu vert.

**jazz** [dʒæz] ◊ n -1. MUS jazz m; **the Jazz Age** l'âge d'or du jazz américain. -2. inf [rigmarole] baratin m, blabla m; **and all that** ~ et tout le bataclan. ◊ comp [club, record, singer] de jazz; ~ **band** jazz-band m.

◆ **jazz up** vt sep -1. MUS: **to ~ up a song** mettre une chanson sur un rythme (de) jazz. -2. inf [enliven] égayer; **they've ~ed the hotel up** ils ont refait la déco de l'hôtel.

**jazzman** ['dʒæzmæn] (pl **jazzmen** [-men]) n musicien m de jazz.

**jazzy** ['dʒæzɪ] (compar **jazzier**, superl **jazziest**) adj -1. [music] (de) jazz (inv), sur un rythme de jazz. -2. inf [gaudy] tapageur, voyant; [smart, snazzy] chic (inv).

**JCB**® *n* tractopelle *f.*

**JCR** (*abbr of* **junior common room**) *n Br* UNIV ≃ foyer *m* des étudiants.

**JD** *pr n abbr of* **Justice Department.**

**jealous** ['dʒeləs] *adj* **-1.** [envious] jaloux; **he gets terribly ~ il a des crises de jalousie terribles; to be ~ of sb** être jaloux de qqn. **-2.** [possessive] jaloux, possessif; **to be ~ of one's reputation** être jaloux de OR veiller à sa réputation.

**jealously** ['dʒeləslɪ] *adv* jalousement.

**jealousy** ['dʒeləsɪ] (*pl* **jealousies**) *n* jalousie *f.*

**jeans** [dʒiːnz] *npl* jean *m*, blue-jean *m*; **a pair of ~** un jean.

**Jeep**® [dʒiːp] *n* Jeep® *f.*

**jeepers** ['dʒiːpəz] *interj Am inf:* **~ (creepers)!** oh la la!

**jeer** [dʒɪəʳ] ◇ *vi* [scoff] railler, se moquer; [boo, hiss] pousser des cris hostiles OR de dérision; **everybody ~ed at me** ils se sont tous moqués de moi. ◇ *vt* huer, conspuer. ◇ *n* [scoffing] raillerie *f*; [boo, hiss] huée *f.*

**jeering** ['dʒɪərɪŋ] ◇ *adj* railleur, moqueur. ◇ *n* (*U*) [scoffing] railleries *fpl*; [boos, hisses] huées *fpl.*

**Jehovah** [dʒɪ'həʊvə] *pr n* Jéhovah; **~'s Witness** témoin de Jéhovah.

**jejune** [dʒɪ'dʒuːn] *adj lit* **-1.** [puerile] naïf, puéril. **-2.** [dull] ennuyeux, morne; [unrewarding] ingrat.

**Jekyll and Hyde** [,dʒekɪlənd'haɪd] *n:* **he's a real ~** c'est un véritable docteur Jekyll.

**jell** [dʒel] ◇ *vi* = **gel.** ◇ *n Am inf* = **jelly.**

**jellied** ['dʒelɪd] *adj* CULIN en gelée.

**Jell-o**® ['dʒeləʊ] *n Am* = **jelly 2.**

**jelly** ['dʒelɪ] (*pl* **jellies**) ◇ *n* **-1.** [gen] gelée *f*; **my legs feel like ~** j'ai les jambes en coton OR comme du coton; **my legs just turned to ~** j'en ai eu les jambes coupées, je n'avais plus de jambes. **-2.** *Br* CULIN [dessert] ≃ gelée *f.* **-3.** *Am* CULIN [jam] confiture *f.* ◇ *vt* gélifier.

**jelly baby** (*pl* **jelly babies**) *n Br* bonbon *m* gélifié (*en forme de bébé*).

**jelly bean** *n* dragée *f* à la gelée de sucre.

**jellyfish** ['dʒelɪfɪʃ] (*pl inv* OR **jellyfishes**) *n* méduse *f.*

**jemmy** ['dʒemɪ] (*pl* **jemmies**, *pt & pp* **jemmied**) *Br inf* ◇ *n* pince-monseigneur *f.* ◇ *vt:* **to ~ a door** (**open**) ouvrir une porte avec une pince-monseigneur.

**jenny** ['dʒenɪ] (*pl* **jennies**) *n* **-1.** [female of bird or animal]: **~ wren** roitelet *m* femelle; **~ (ass)** ânesse *f.*

**jeopardize, -ise** ['dʒepədaɪz] *vt* compromettre, mettre en péril.

**jeopardy** ['dʒepədɪ] *n* danger *m*, péril *m*; **our future is in ~** notre avenir est en péril OR menacé OR compromis.

**Jerba** ['dʒɜːbə] = **Djerba.**

**Jeremiah** [,dʒerɪ'maɪə] ◇ *pr n* BIBLE Jérémie. ◇ *n fig* prophète *m* de malheur.

**jerk** [dʒɜːk] ◇ *vt* **-1.** [pull] tirer d'un coup sec, tirer brusquement. **-2.** [shake] secouer. ◇ *vi* **-1.** [jolt] cahoter, tressauter; **to ~ to a halt** s'arrêter en cahotant. **-2.** [person – jump] sursauter; [person, muscle – twitch] se contracter. ◇ *n* **-1.** [bump] secousse *f*, saccade *f*; **the train came to a halt with a ~** le train s'arrêta brutalement. **-2.** [wrench] coup *m* sec. **-3.** [brusque movement] mouvement *m* brusque; **with a ~ of his head he indicated that I should leave** d'un brusque signe de la tête, il me fit comprendre qu'il me fallait partir; **to wake up with a ~** se réveiller en sursaut. **-4.** ▽ [person] con *m*. **-5.** = **jerky.**

♦ **jerk off** *vi insep* se branler.

**jerkily** ['dʒɜːkɪlɪ] *adv* par à-coups.

**jerkin** ['dʒɜːkɪn] *n* blouson *m*; HIST pourpoint *m.*

**jerky** ['dʒɜːkɪ] (*compar* **jerkier**; *superl* **jerkiest**) ◇ *n* viande *f* séchée; **beef ~** bœuf *m* séché. ◇ *adj* [bumpy] saccadé; **a ~ ride** un trajet cahotant.

**jeroboam** [,dʒerə'bəʊəm] *n* jéroboam *m.*

**jerry** ['dʒerɪ] (*pl* **jerries**) *n Br inf* pot *m* de chambre.

**Jerry**▽ ['dʒerɪ] (*pl* **Jerries**) *n dated & offensive* [German] Fritz *m*, Boche *m.*

**jerry-built** *adj pej* [house, building] construit en carton-pâte.

**jerry can** *n* jerrican *m.*

**jersey** ['dʒɜːzɪ] *n* **-1.** [pullover] pull-over *m*, tricot *m*; SPORT maillot *m.* **-2.** [fabric] jersey *m.*

**Jersey** ['dʒɜːzɪ] ◇ *pr n* Jersey; **in ~** à Jersey. ◇ *n* = **Jersey cow.**

**Jersey cow** *n* vache *f* jersiaise.

**Jerusalem** [dʒə'ruːsələm] *pr n* Jérusalem.

**Jerusalem artichoke** *n* topinambour *m.*

**jest** [dʒest] ◇ *n* plaisanterie *f*; **to say sthg in ~** dire qqch pour rire OR pour plaisanter ❑ **there's many a true word spoken in ~** *prov* il n'y a pas de meilleures vérités que celles dites en riant. ◇ *vi* plaisanter.

**jester** ['dʒestəʳ] *n* bouffon *m*, fou *m* (du roi).

**Jesuit** ['dʒezjʊɪt] ◇ *n* jésuite *m.* ◇ *adj* jésuite.

**jesuitical** [,dʒezjʊ'ɪtɪkl] *adj* jésuitique.

**Jesus** ['dʒiːzəs] ◇ *pr n* Jésus; **~ Christ** Jésus-Christ. ◇ *interj:* **~ (Christ)!**, **~ wept!**▽ nom de Dieu!

**jet** [dʒet] (*pt & pp* **jetted**, *cont* **jetting**) ◇ *n* **-1.** [aircraft] avion *m* à réaction, jet *m.* **-2.** [stream – of liquid] jet *m*, giclée *f*; [– of gas, steam] jet *m.* **-3.** [nozzle, outlet] gicleur *m*; [on gas cooker] brûleur *m.* **-4.** [gem] jais *m.* ◇ *comp* **-1.** [fighter, bomber] à réaction; [transport, travel] en avion (à réaction); **~ fuel** kérosène *m.* **-2.** [made of jet – earrings, necklace] en jais. ◇ *vi* **-1.** *inf* [travel by jet] voyager en avion (à réaction); **they jetted (over) to Paris for the weekend** ils ont pris l'avion pour passer le week-end à Paris. **-2.** [issue forth – liquid] gicler, jaillir. ◇ *vt* **-1.** [transport by jet] transporter par avion (à réaction). **-2.** [direct – liquid] faire gicler.

**jet-black** *adj* jais (*inv*), noir de jais.

**jet engine** *n* moteur *m* à réaction.

**jetfoil** ['dʒetfɔɪl] *n* hydroglisseur *m.*

**jetlag** ['dʒetlæg] *n* fatigue *f* due au décalage horaire; **I'm still suffering from ~** je suis encore sous le coup du décalage horaire.

**jet-lagged** [-lægd] *adj* fatigué par le décalage horaire; **I'm still a bit ~** je ne suis pas complètement remis du décalage horaire.

**jet plane** *n* avion *m* à réaction.

**jet-propelled** *adj* à réaction.

**jetsam** ['dʒetsəm] *n* (*U*) jet *m* à la mer.

**jet set** *n inf* jet-set *m.*

**jet-setter** *n inf* membre *m* du jet-set.

**jet stream** *n* jet-stream *m*, courant-jet *m.*

**jettison** ['dʒetɪsən] *vt* **-1.** NAUT jeter à la mer, jeter par-dessus bord; AERON [bombs, cargo] larguer. **-2.** *fig* [unwanted possession] se débarrasser de; [theory, hope] abandonner.

**jetty** ['dʒetɪ] (*pl* **jetties**) *n* [landing stage] embarcadère *m*, débarcadère *m*; [breakwater] jetée *f*, môle *m.*

**Jew** [dʒuː] *n* Juif *m*, -ive *f.*

**jewel** ['dʒuːəl] *n* **-1.** [precious stone] bijou *m*, joyau *m*, pierre *f* précieuse; [in clockmaking] rubis *m*; **a three-~ wristwatch** une montre trois rubis. **-2.** *fig* [person, thing] bijou *m*, perle *f.*

**jeweled** *Am* = **jewelled.**

**jeweler** *Am* = **jeweller.**

**jewelled** *Br*, **jeweled** *Am* ['dʒuːəld] *adj* orné de bijoux; [watch] à rubis.

**jeweller** *Br*, **jeweler** *Am* ['dʒuːələʳ] *n* bijoutier *m*, -ère *f*, joaillier *m*, -ère *f*; **~'s (shop)** bijouterie *f.*

**jewellery** *Br*, **jewelry** *Am* ['dʒuːəlrɪ] *n* (*U*) bijoux *mpl*; **a piece of ~** un bijou.

**Jewess** ['dʒuːɪs] *n* Juive *f.*

**Jewish** ['dʒuːɪʃ] *adj* juif.

**Jewry** ['dʒʊərɪ] *n* [Jews collectively] la communauté juive.

**jew's-harp** *n* guimbarde *f.*

**Jezebel** ['dʒezə,bl] ◇ *pr n* BIBLE Jézabel. ◇ *n lit* OR *hum* dévergondée *f.*

**JFK** (*abbr of* **John Fitzgerald Kennedy International Airport**) *pr n* aéroport de New York.

**jib** [dʒɪb] (*pt & pp* **jibbed**, *cont* **jibbing**) ◇ *n* **-1.** NAUT foc *m*; **I don't like the cut of his ~** [look] je n'aime pas son allure; [manner, behaviour] je n'aime pas ses façons de faire. **-2.** [of crane] flèche *f*, bras *m.* ◇ *vi Br* [horse] regimber; [person]: **to ~ (at sthg)** regimber OR rechigner (à qqch).

**jibe** [dʒaɪb] ◇ *vi* **-1.** *Am inf* [agree] s'accorder, coller. **-2.** = **gibe.** ◇ *n* = **gibe.**

**Jibouti** [dʒɪ'buːtɪ] = **Djibouti.**

**jiffy** ['dʒɪfɪ] (pl **jiffies**), **jiff** [dʒɪf] n inf: to do sthg in a ~ faire qqch en un rien de temps OR en moins de deux; **I'll be back in a ~** je serai de retour dans une minute.

**Jiffy bag®** n enveloppe f matelassée.

**jig** [dʒɪg] (pt & pp **jigged**, cont **jigging**) ◇ n **-1.** [dance] gigue f.**-2.** TECH gabarit m.**-3.** FISHING leurre m. ◇ vi **-1.** [dance] danser allègrement. **-2.** Br: **to ~ (around** OR **about)** sautiller, se trémousser. ◇ vt [shake] secouer (légèrement).

**jigger** ['dʒɪgə‿] n **-1.** [spirits measure] mesure f (42 ml). **-2.** [golf club] fer m quatre. **-3.** [in billiards] chevalet m, appuie-queue m inv.**-4.** NAUT tapecul m.**-5.** Am inf [thing] machin m, truc m.**-6.** Br [flea] chique f, puce-chique f.

**jiggery-pokery** [,dʒɪgərɪ'pəʊkərɪ] n (U) Br inf micmacs mpl; **there's some ~ going on** il se passe des choses pas très catholiques.

**jiggle** ['dʒɪgl] ◇ vt secouer (légèrement). ◇ vi: **to ~ (about** OR **around)** se trémousser. ◇ n secousse f; **give it a ~** secoue-le un peu.

**jigsaw** ['dʒɪgsɔː] n **-1.** [game]: **the pieces of the ~ were beginning to fall into place** fig peu à peu tout devenait clair ❏ **~ (puzzle)** puzzle m.**-2.** [tool] scie f sauteuse.

**jihad** [dʒɪ'hɑːd] n djihad m.

**jilt** [dʒɪlt] vt quitter.

**jimjams** ['dʒɪmdʒæmz] npl Br **-1.** ▽ [excitement] agitation f; [nervousness] frousse f; **to have the ~** [excited] être excité comme une puce; [nervous] avoir la frousse OR les foies. **-2.** inf [pyjamas] baby talk pyjama m.

**jimmy** ['dʒɪmɪ] (pl **jimmies**, pt & pp **jimmied**) Am = **jemmy**.

**jingle** ['dʒɪŋgl] ◇ n **-1.** [sound] tintement m.**-2.** RADIO & TV jingle m. ◇ vi tinter. ◇ vt faire tinter.

**jingo** ['dʒɪŋgəʊ] n inf & dated: **by ~!** crénom de nom!

**jingoism** ['dʒɪŋgəʊɪzm] n pej chauvinisme m.

**jingoistic** [,dʒɪŋgəʊ'ɪstɪk] adj pej chauvin, cocardier.

**jink** [dʒɪŋk] ◇ n [movement] esquive f. ◇ vi zigzaguer, se faufiler.

**jinx** [dʒɪŋks] inf ◇ n malchance f, sort m; **there's a ~ on this car** cette voiture porte malheur OR la guigne; **to put a ~ on sb** jeter un sort à qqn. ◇ vt porter malheur à, jeter un sort à; **to be ~ed** être poursuivi par le mauvais sort.

**jitterbug** ['dʒɪtəbʌg] ◇ n **-1.** [dance] jitterbug m.**-2.** inf [nervous person] nerveux m, -euse f. ◇ vi [dance] danser le jitterbug.

**jitters** ['dʒɪtəz] npl inf frousse f; **to give sb the ~** flanquer la frousse à qqn.

**jittery** ['dʒɪtərɪ] adj inf [person] nerveux; [situation] tendu, délicat; **he's always ~ before exams** il a toujours le trac avant un examen.

**jiu-jitsu** [dʒuː'dʒɪtsuː] = **ju-jitsu**.

**jive** [dʒaɪv] ◇ n **-1.** [dance] swing m.**-2.** [slang]: **~ (talk)** argot m (employé par les Noirs américains, surtout les musiciens de jazz). **-3.** ▽ Am [lies, nonsense] baratin m, blabla m. ◇ vt ▽ Am [deceive, mislead] baratiner, charrier. ◇ vi **-1.** [dance] danser

le swing. ◇ adj ▽ Am [phoney, insincere] bidon (inv).

**Jnr** (written abbr of **Junior**): **Michael Roberts ~** Michael Roberts fils.

**Joan of Arc** [,dʒəʊnəv'ɑːk] prn Jeanne d'Arc.

**job** [dʒɒb] (pt & pp **jobbed**, cont **jobbing**) ◇ n **-1.** [occupation, employment] emploi m, travail m; **to find a ~** trouver du travail OR un emploi; **to look for a ~** chercher un emploi OR du travail; **to be out of a ~** être sans emploi OR au chômage; **a Saturday/summer ~** un boulot OR un job pour le samedi/l'été; **she's got a very good ~** elle a une très bonne situation OR place; **he took a ~ as a rep** il a pris un emploi de représentant; **hundreds of ~s have been lost** des centaines d'emplois ont été supprimés, des centaines de personnes ont été licenciées; **he was sleeping on the ~** il dormait pendant le travail OR à son poste; **it's more than my ~'s worth** je risquerais ma place (si je faisais ça) ❏ **~s for the boys** Br copinage m.**-2.** [piece of work, task] travail m, tâche f; **to do a good ~** faire du bon travail OR du bon boulot; **try to do a better ~ next time** essayez de faire mieux la prochaine fois; **she made a good ~ of fixing the car** elle s'en est bien sortie pour réparer la voiture; **we need to concentrate on the ~ in hand** il faut se concentrer sur ce que nous sommes en train de faire; **it's not perfect but it does the ~** fig ce n'est pas parfait mais ça fera l'affaire ❏ **on the ~** [working] pendant le travail; **to be on the ~** ▽ Br [having sex] être en pleine action. **-3.** [role, responsibility] travail m; **it's not my ~** ce n'est pas mon travail; **she had the ~ of breaking the bad news** c'est elle qui était chargée d'annoncer les mauvaises nouvelles. **-4.** [difficult time]: **to have a ~ doing sthg** avoir du mal à faire qqch; **you've got quite a ~ ahead of you** tu as du travail en perspective OR de quoi faire. **-5.** [state of affairs]: **it's a good ~ they were home** heureusement qu'ils étaient à la maison; **thanks for the map, it's just the ~** merci pour la carte, c'est exactement ce qu'il me fallait; **to give sb/sthg up as a bad ~** laisser tomber qqn/qqch qui n'en vaut pas la peine; **we decided to make the best of a bad ~** nous avons décidé de faire avec ce que nous avions. **-6.** inf [crime] coup m; **to pull a ~** faire un casse. **-7.** inf [item, specimen]: **he drives a flashy Italian ~** il conduit un petit bolide italien. **-8.** COMPUT tâche f. ◇ vi **-1.** [do piecework] travailler à la pièce; [work irregularly] faire des petits travaux OR boulots. **-2.** Br COMM: **he ~s in used cars** il revend des voitures d'occasion. ◇ vt Br ST.EX négocier.

**Job** [dʒəʊb] prn BIBLE Job; **she has the patience of ~** elle a une patience à toute épreuve ❏ **he's a real ~'s comforter** pour remonter le moral, tu peux lui faire confiance iron; **as poor as ~** pauvre comme Job.

**jobber** ['dʒɒbə‿] n Br **-1.** ST.EX courtier m, -ère f (en Bourse). **-2.** [pieceworker] ouvrier m, -ère f à la pièce; [casual worker] journalier m, -ère f.**-3.** COMM [wholesaler] grossiste mf.

**jobbing** ['dʒɒbɪŋ] adj Br: **~ gardener** jardinier m à la journée; **~ workman** ouvrier m à la tâche.

**Jobcentre** ['dʒɒb,sentə‿] n Br agence locale pour l'emploi,

---

**USAGE ▶   Job applications**

**Opening formulas**

Monsieur (le Directeur du Personnel),
Madame (la Directrice du Personnel),

**Starting the letter**

En réponse à votre annonce parue dans Le Monde du..., je souhaiterais/je me permets de présenter ma candidature pour le poste de... proposé par votre société.
Votre annonce pour un poste de... parue dans Le Monde du... a retenu toute mon attention. En effet...

**The main body of the letter**

Je parle couramment le russe et maîtrise divers traitements de textes.
J'aimerais mettre au service de votre entreprise l'expérience acquise au cours des trois dernières années dans la société X/le domaine de...

Je pense pouvoir apporter à votre société des qualités d'organisation et de précision.
Je suis actuellement traductrice dans une agence à Lyon.
Je suis disponible à partir du 15 septembre.
Vous trouverez ci-joint un CV détaillé.

**Finishing the letter**

Je reste à votre entière disposition pour un entretien/un éventuel test.
J'aimerais vous rencontrer pour en discuter plus longuement/vous donner davantage de détails.

**Closing formulas**

En espérant que ma candidature retiendra votre attention OR que vous pourrez donner une suite favorable à ma candidature, je vous prie d'agréer, Madame/Monsieur, l'assurance de mes sentiments distingués.

≃ ANPE *f*.

**job creation** *n* création *f* d'emplois.

**job description** *n* description *f* de poste.

**jobholder** ['dʒɒb,həʊldə'] *n* salarié *m*, -e *f*.

**job hunting** *n* recherche *f* d'un emploi; **to go/to be ~** aller/être à la recherche d'un emploi.

**jobless** ['dʒɒblɪs] ◇ *adj* au chômage, sans emploi. ◇ *npl*: **the ~** les chômeurs *mpl*, les demandeurs *mpl* d'emploi.

**job lot** *n Br* COMM lot *m*; **they sold off the surplus as a ~** ils ont vendu tout l'excédent en un seul lot.

**job satisfaction** *n* satisfaction *f* professionnelle.

**job security** *n* sécurité *f* de l'emploi.

**jobseeker** ['dʒɒbsiːkə'] *n Br* demandeur *m* d'emploi; **~'s allowance** *allocation destinée à remplacer, en 1996, l'actuel «unemployment benefit»*.

**jobsharing** ['dʒɒbʃeərɪŋ] *n* partage *m* du travail.

**job title** *n* titre *m* (de fonction).

**Jocasta** [dʒə'kæstə] *prn* Jocaste.

**jock** [dʒɒk] *n inf* **-1.** *Am* [sporty type] sportif *m*.**-2.** [jockey] jockey *m*.**-3.** [disc jockey] disc-jockey *m*.

**Jock** [dʒɒk] *n inf* **-1.** *Scot* [term of address]: hello, **~!** salut, vieux!**-2.** [Scotsman] *terme injurieux ou humoristique désignant un Écossais*.**-3.** [Scottish soldier] soldat *m* écossais.

**jockey** ['dʒɒkɪ] ◇ *n* **-1.** SPORT jockey *m*.**-2.** *Am inf* [driver] conducteur *m*, -trice *f*; [operator] opérateur *m*, -trice *f*; **truck ~** routier *m*. ◇ *vt* **-1.** [horse] monter. **-2.** [trick] manipuler, manœuvrer; **they ~ed him into lending them money** ils l'ont adroitement amené à leur prêter de l'argent. ◇ *vi*: **to ~** OR **position** *literal & fig* essayer de se placer avantageusement.

**Jockey shorts®** *npl* slip *m* kangourou.

**jockstrap** ['dʒɒkstræp] *n* suspensoir *m*.

**jocose** [dʒə'kəʊs] *lit* = **jocular 1**.

**jocular** ['dʒɒkjʊlə'] *adj* **-1.** [jovial] gai, jovial, enjoué. **-2.** [facetious] facétieux, badin.

**jocularly** ['dʒɒkjʊləlɪ] *adv* jovialement.

**jocund** ['dʒɒkənd] *adj lit* gai, jovial.

**jodhpurs** ['dʒɒdpəz] *npl* jodhpurs *mpl*.

**Joe** [dʒəʊ] *n Am inf* **-1.** [man] type *m*, gars *m*.**-2.** [GI] soldat *m*, GI *m*.

**Joe Bloggs** [-blɒgz] *Br*, **Joe Blow** *Am & Austr n inf* Monsieur Tout le Monde.

**Joe Public** *n inf* Monsieur Tout le Monde.

**Joe Six-pack** *n Am inf* l'Américain *m* moyen.

**joey** ['dʒəʊɪ] *n Austr inf* **-1.** [kangaroo] jeune kangourou *m*.**-2.** [child] môme *mf*, marmot *m*.

**jog** [dʒɒg] (*pt & pp* **jogged**, *cont* **jogging**) ◇ *n* **-1.** [slow run] jogging *m*; EQUIT petit trot *m*; **to go for a ~** aller faire un jogging. **-2.** [push] légère poussée *f*; [nudge] coup *m* de coude. ◇ *vi* **-1.** [run] courir à petites foulées; [for fitness] faire du jogging; **she ~s to work every morning** tous les matins, elle va travailler en joggant. **-2.** [bump] se balancer. ◇ *vt* [nudge] donner un léger coup à; **to ~ sb's memory** *fig* rafraîchir la mémoire de qqn.

♦ **jog along** *vi insep* **-1.** EQUIT trottiner, aller au petit trot. **-2.** *fig* suivre son cours.

**jogger** ['dʒɒgə'] *n* jogger *mf*, joggeur *m*, -euse *f*.

**jogging** ['dʒɒgɪŋ] *n* jogging *m*; **to go ~** faire du jogging ❑ **~ suit** jogging *m*.

**joggle** ['dʒɒgl] ◇ *vt* **-1.** [shake] secouer (légèrement). **-2.** CONSTR fixer, assembler (*au moyen d'une cheville ou d'un goujon*). ◇ *vi* cahoter, ballotter. ◇ *n* **-1.** [shake, jolt] secousse *f*.**-2.** CONSTR cheville *f*, goujon *m*.

**jog trot** *n* petit trot *m*.

♦ **jog-trot** *vi* trottiner, aller au petit trot.

**john** [dʒɒn] *n Am* **-1.** *inf* [lavatory] waters *mpl*, W-C *mpl*.**-2.** ▽ [prostitute's client] micheton *m*.

**John** [dʒɒn] *prn* **-1.** Saint **~** saint Jean; (Saint) **~ the Baptist** (saint) Jean-Baptiste.

**John Birch Society** [-bɜːtʃ-] *pr n* organisation conservatrice américaine, particulièrement hostile au communisme, influente dans les années 50-60.

**John Doe** [-dəʊ] *pr n Am* l'Américain *m* moyen.

**johnny** ['dʒɒnɪ] (*pl* **johnnies**) *n Br* **-1.** *inf & dated* [man] type

*m*, gars *m*.**-2.** ▽ *Br* [condom]: (rubber) **~** capote *f* anglaise.

**Johnny-come-lately** *n inf* [newcomer] nouveau venu *m*; *pej* [upstart] parvenu *m*.

**John o'Groats** [-ə'grəʊts] *pr n* village d' Écosse qui marque le point le plus septentrional de la Grande-Bretagne continentale.

**join** [dʒɔɪn] ◇ *vt* **-1.** [political party, club etc] adhérer à; **so you've been burgled too? ~ the club!** alors, toi aussi tu as été cambriolé? bienvenue au club! ‖ [armed forces] s'engager dans. **-2.** [join company with, meet] rejoindre; **she ~ed the procession** she se joignit au cortège; **I ~ed the queue at the ticket office** j'ai fait la queue au guichet; **they ~ed us for lunch** ils nous ont retrouvés pour déjeuner; **will you ~ me for** OR **in a drink?** vous prendrez bien un verre avec moi? ‖ [in activity or common purpose] se joindre à. **-3.** [attach, fasten] joindre, raccorder; **the workmen ~ed the pipes (together)** les ouvriers ont raccordé les tuyaux. **-4.** [unite] relier, unir; **to be ~ed in marriage** OR **matrimony** être uni par les liens du mariage; **to ~ hands** [in prayer] joindre les mains; [link hands] se donner la main; **we must ~ forces (against the enemy)** nous devons unir nos forces (contre l'ennemi); **she ~ed forces with her brother** elle s'est alliée à son frère; **to ~ battle (with)** entrer en lutte (avec), engager le combat (avec). **-5.** [intersect with] rejoindre. ◇ *vi* **-1.** [become a member] devenir membre. **-2.** [meet, come together] se rejoindre. **-3.** [form an alliance] s'unir, se joindre; **we all ~ with you in your sorrow** [sympathize] nous nous associons tous à votre douleur. ◇ *n* [in broken china, wallpaper] (ligne *f* de) raccord *m*; SEW couture *f*.

♦ **join in** ◇ *vi insep*: **she started singing and the others ~ed in** elle a commencé à chanter et les autres se sont mis à chanter avec elle. ◇ *vt insep* participer à; **he ~ed in the protest** il s'associa aux protestations; **all ~ in the chorus!** reprenez tous le refrain en chœur!

♦ **join on** ◇ *vi insep* s'attacher. ◇ *vt sep* attacher, ajouter.

♦ **join up** ◇ *vi insep* MIL s'engager. ◇ *vt sep* = **join** *vt* **3**.

**joiner** ['dʒɔɪnə'] *n* [carpenter] menuisier *m*.

**joinery** ['dʒɔɪnərɪ] *n* menuiserie *f*.

**joint** [dʒɔɪnt] ◇ *n* **-1.** [gen & CONSTR] assemblage *m*; MECH joint *m*.**-2.** ANAT articulation *f*, jointure *f*; **to put one's shoulder out of ~** se démettre OR se déboîter l'épaule. **-3.** *Br* CULIN rôti *m*.**-4.** *inf* [night club] boîte *f*; [bar] troquet *m*, boui-boui *m*; [gambling house] tripot *m pej*. **-5.** *inf* [house] baraque *f*.**-6.** ▽ *drugs sl* joint *m*. ◇ *adj* **-1.** [united, combined] conjugué, commun; **to take ~ action** mener une action commune. **-2.** [shared, collective] joint, commun; **~ account** BANK compte *m* joint; **~ custody** JUR garde *f* conjointe; **~ ownership** copropriété *f*; **~ property** biens *mpl* communs; **~ responsibility** OR **liability** responsabilité *f* conjointe; **the project is their ~ responsibility** le projet relève de leur responsabilité à tous les deux; **~ tenancy** location *f* commune; **~ venture** entreprise *f* commune, joint-venture *m*.**-3.** [associate]: **~ author** coauteur *m*; **~ heir** cohéritier *m*; **~ owner** copropriétaire *mf*. ◇ *vt* **-1.** MECH assembler, emboîter. **-2.** *Br* CULIN découper.

**Joint Chiefs of Staff** *pl pr n*: **the ~** organe consultatif du ministère américain de la Défense, composé des chefs d'état-major des trois armes.

**jointed** ['dʒɔɪntɪd] *adj* articulé.

**join-the-dots** *n* (*U*) *Br* jeu qui consiste à relier des points numérotés pour découvrir un dessin.

**jointly** ['dʒɔɪntlɪ] *adv* conjointement; **the house is ~ owned** la maison est en copropriété; **~ liable** JUR coresponsable, conjointement responsable.

**joint-stock company** *n Br* société *f* par actions.

**joist** [dʒɔɪst] *n* solive *f*.

**joke** [dʒəʊk] ◇ *n* **-1.** [verbal] plaisanterie *f*; **to tell a ~** raconter une plaisanterie; **to make a ~ of** OR **about sthg** plaisanter sur à propos de qqch; **we did it for a ~** nous l'avons fait pour rire OR pour rigoler; **I don't get** OR **see the ~** je ne comprends pas l'astuce; **he can't take a ~** il n'a pas le sens de l'humour; **it's gone beyond a ~** la plaisanterie a assez duré; **it's a private ~** c'est une plaisanterie entre nous/eux; **it was no ~ climbing that cliff!** escalader cette falaise, ce n'était pas de la tarte OR de la rigolade! **-2.** [prank] plaisanterie *f*, farce *f*; **to play a ~ on sb** jouer un tour à qqn, faire une farce à qqn; **the ~ is on you** la plaisanterie s'est retournée contre toi. **-3.** [laughing stock] risée *f*. ◇ *vi* plaisanter; I was only joking je ne faisais que plaisanter; you must be joking, you have (got) to be joking! vous plaisantez!, vous n'êtes pas sérieux!; Tom's passed his driving test — you're joking! Tom a eu son permis de conduire — sans blague! OR tu veux rire?; to ~ about sthg se moquer de qqch.

**joker** ['dʒəʊkə'] *n* **-1.** [funny person] farceur *m*, -euse *f*; *pej* [frivolous person] plaisantin *m*.**-2.** [in cards] joker *m*.**-3.** ∇ [man] type *m*, mec *m*.**-4.** [clause] clause *f* contradictoire.

**jokey** ['dʒəʊkɪ] (*compar* **jokier**, *superl* **jokiest**) *adj inf* comique.

**joking** ['dʒəʊkɪŋ] ◇ *adj* badin. ◇ *n* (U) plaisanterie *f*, plaisanteries *fpl*; ~ apart OR aside plaisanterie mise à part, blague à part.

**jokingly** ['dʒəʊkɪŋlɪ] *adv* en plaisantant, pour plaisanter.

**joky** ['dʒəʊkɪ] *inf* = **jokey**.

**jollity** ['dʒɒlətɪ] (*pl* **jollities**) *n* entrain *m*, gaieté *f*.

**jolly** ['dʒɒlɪ] (*compar* **jollier**, *superl* **jolliest**, *pt* & *pp* **jollied**) ◇ *adj* **-1.** [person] gai, joyeux, jovial. **-2.** *Br* [enjoyable] agréable, plaisant; we had a very ~ time nous nous sommes bien amusés. ◇ *adv Br* rudement, drôlement; you'll ~ well do what you're told! tu feras ce qu'on te dit de faire, un point c'est tout!; it ~ well serves them right! c'est vraiment bien fait pour eux! ◇ *vt Br* [coax] enjôler, entortiller; he'll come if you ~ him along a bit il viendra si tu le pousses un peu.

**jolly boat** *n* chaloupe *f*, canot *m*.

**Jolly Roger** [-'rɒdʒə'] *n* pavillon *m* noir, drapeau *m* de pirate.

**jolt** [dʒəʊlt] ◇ *vt* **-1.** [physically] secouer. **-2.** [mentally] secouer, choquer; to ~ sb into action pousser qqn à agir. ◇ *vi* cahoter; the jeep ~ed along the track la jeep avançait en cahotant sur la piste. ◇ *n* **-1.** [jar] secousse *f*, coup *m*. **-2.** [start] sursaut *m*, choc *m*; to wake up with a ~ se réveiller en sursaut.

**Jonah** ['dʒəʊnə] *prn* Jonas.

**Joneses** ['dʒəʊnzɪz] *npl*: to keep up with the ~ *inf* vouloir faire aussi bien que le voisin, ne pas vouloir être en reste.

**Jordan** ['dʒɔːdn] *prn* Jordanie *f*; in ~ en Jordanie; the (River) ~ le Jourdain.

**Jordanian** [dʒɔː'deɪnjən] ◇ *n* Jordanien *m*, -enne *f*. ◇ *adj* jordanien.

**Josephine** ['dʒəʊzəfiːn] *prn*: the Empress ~ l'impératrice *f* Joséphine.

**Joshua** ['dʒɒʃʊə] *prn* Josué.

**joss stick** [dʒɒs-] *n* bâtonnet *m* d'encens.

**jostle** ['dʒɒsl] ◇ *vi* se bousculer; they were jostling for seats ils se bousculaient pour avoir des places. ◇ *vt* bousculer, heurter. ◇ *n* bousculade *f*.

**jot** [dʒɒt] (*pt* & *pp* **jotted**, *cont* **jotting**) *n*: it won't change his mind one ~ ça ne le fera absolument pas changer d'avis; there isn't a ~ of truth in what he says il n'y a pas un brin de vérité dans ce qu'il raconte.

♦ **jot down** *vt sep* noter, prendre note de.

**jotter** ['dʒɒtə'] *n Br* [exercise book] cahier *m*, carnet *m*; [pad] bloc-notes *m*.

**jottings** ['dʒɒtɪŋz] *npl* notes *fpl*.

**joule** [dʒuːl] *n* joule *m*.

**journal** ['dʒɜːnl] *n* **-1.** [publication] revue *f*.**-2.** [diary] journal *m* intime. **-3.** NAUT [logbook] journal *m* de bord. **-4.** JUR procès-verbal *m*.**-5.** MECH tourillon *m*; ~ bearing palier *m* (de tourillon).

**journalese** [,dʒɜːnə'liːz] *n pej* jargon *m* journalistique.

**journalism** ['dʒɜːnəlɪzm] *n* journalisme *m*.

**journalist** ['dʒɜːnəlɪst] *n* journaliste *mf*.

**journalistic** [dʒɜːnə'lɪstɪk] *adj* journalistique.

**journey** ['dʒɜːnɪ] *n* **-1.** [gen] voyage *m*; to set out on a ~ partir en voyage; she went on a ~ to Europe elle a fait un voyage en Europe; the ~ back OR home le (voyage du) retour; to break one's ~ [in plane, bus] faire escale; [in car] faire une halte, s'arrêter. **-2.** [shorter distance] trajet *m*; the ~ to work takes me ten minutes je mets dix minutes pour aller à mon travail. ◇ *vi fml* voyager.

**journeyman** ['dʒɜːnɪmən] (*pl* **journeymen** [-mən]) *n* [qualified apprentice] compagnon *m*.

**joust** [dʒaʊst] ◇ *n* joute *f*. ◇ *vi* jouter.

**Jove** [dʒəʊv] *prn* Jupiter; by ~! *Br inf* & *dated* par Jupiter!

**jovial** ['dʒəʊvjəl] *adj* jovial, enjoué.

**jowls** [dʒaʊlz] *npl* bajoues *fpl*.

**joy** [dʒɔɪ] *n* **-1.** [pleasure] joie *f*, plaisir *m*; to shout with OR for ~ crier de joie; her grandchildren are a great ~ to her ses petits-enfants sont la joie de sa vie; the ~s of gardening les plaisirs OR les charmes du jardinage. **-2.** *inf* [satisfaction]: they had no ~ at the casino ils n'ont pas eu de chance au casino; any ~ at the job centre? tu as trouvé quelque chose à l'agence pour l'emploi?; you'll get no ~ out of her tu n'as pas grand-chose à attendre d'elle.

**Joycean** ['dʒɔɪsɪən] *adj* de (James) Joyce.

**joyful** ['dʒɔɪfʊl] *adj* joyeux, enjoué.

**joyfully** ['dʒɔɪfʊlɪ] *adv* joyeusement.

**joyless** ['dʒɔɪlɪs] *adj* [unhappy] triste, sans joie; [dull] morne, maussade.

**joyous** ['dʒɔɪəs] *adj lit* joyeux.

**joyride** ['dʒɔɪraɪd] (*pt* **joyrode** [-rəʊd], *pp* **joyridden** [-rɪdn]) ◇ *n*: they went for a ~ ils ont volé une voiture pour aller faire un tour. ◇ *vi*: to go joyriding faire une virée dans une voiture volée.

**joyrider** ['dʒɔɪraɪdə'] *n* personne qui vole une voiture pour faire un tour.

**joyrode** ['dʒɔɪrəʊd] *pt* → **joyride**.

**joystick** ['dʒɔɪstɪk] *n* **-1.** AERON manche *m* à balai. **-2.** COMPUT manette *f* (de jeux).

**JP** (*abbr of* **Justice of the Peace**) *n Br* ≃ juge d'instance.

**Jr.** (*written abbr of* **Junior**) junior, fils.

**jubilant** ['dʒuːbɪlənt] *adj* débordant de joie, radieux; the Prime Minister was ~ at the election results le Premier ministre fut transporté de joie à la vue des résultats du scrutin; he gave a ~ shout il poussa un cri de joie.

**jubilation** [,dʒuːbɪ'leɪʃn] *n* (U) [rejoicing] joie *f*, jubilation *f*; [celebration] réjouissances *fpl*.

**jubilee** ['dʒuːbɪliː] *n* jubilé *m*.

**Judaea** [dʒuː'dɪə] *prn* Judée *f*; in ~ en Judée.

**Judaeo-Christian** [dʒuː'diːəʊ-] *adj* judéo-chrétien.

**Judah** ['dʒuːdə] *prn* Juda.

**Judaic** [dʒuː'deɪɪk] *adj* judaïque.

**Judaism** ['dʒuːdeɪ,ɪzm] *n* judaïsme *m*.

**judas** ['dʒuːdəs] *n* [peephole] judas.

**Judas** ['dʒuːdəs] ◇ *prn* BIBLE Judas; ~ Iscariot Judas Iscariote. ◇ *n* [traitor] judas *m*.

**judder** ['dʒʌdə'] ◇ *vi Br* [gen] vibrer; [brakes, clutch] brouter; the bus ~ed to a halt le bus s'est arrêté en cahotant. ◇ *n* trépidation *f*; [of vehicle, machine] broutement *m*.

**Judea** [dʒuː'dɪə] = **Judaea**.

**Judeo-Christian** [dʒuː'diːəʊ-] = **Judaeo-Christian**.

**judge** [dʒʌdʒ] ◇ *n* **-1.** JUR juge *m*; presiding ~ président *m* du tribunal. **-2.** [in a competition] membre *m* du jury; SPORT juge *m*. **-3.** *fig* juge *m*; I'll let you be the ~ of that je vous laisse juge; he's a bad ~ of character il manque de psychologie. ◇ *vt* **-1.** [pass judgment on, adjudicate] juger. **-2.** [consider] juger, considérer; [estimate] juger de, estimer; can you ~ the distance? peux-tu évaluer la distance? ◇ *vi* juger; as far as I can ~ pour autant que je puisse en juger; judging from OR by what he said si j'en juge par ce qu'il a dit.

♦ **Judges** *n*: (the book of) Judges BIBLE (le livre des) Juges.

**judge advocate** (*pl* **judge advocates**) *n* MIL assesseur *m* (d'un tribunal militaire).

**judgement** *etc* ['dʒʌdʒmənt] = **judgment**.

**judgment** ['dʒʌdʒmənt] *n* **-1.** JUR & RELIG jugement *m*; to pass ~ on sb/sthg porter un jugement sur qqn/qqch; to sit in ~ on juger. **-2.** [opinion] jugement *m*, opinion *f*, avis *m*; to reserve ~ on sthg réserver son jugement OR opinion sur qqch; against my better ~ we decided to go malgré mon avis, nous avons décidé d'y aller. **-3.** [discernment] jugement *m*, discernement *m*.

**judgmental** [dʒʌdʒ'mentl] *adj* [person – by nature] enclin à juger OR à critiquer; I'm not being ~ ce n'est pas une critique que je vous fais.

**Judgment Day** *n* (jour *m* du) Jugement *m* dernier.

**judicature** ['dʒuːdɪkətʃə'] *n* JUR **-1.** [judge's authority] justice *f*.**-2.** [court's jurisdiction] juridiction *f*; court of ~ cour *f* de justice. **-3.** [judges collectively] magistrature *f*.

**judicial** [dʒuː'dɪʃl] *adj* **-1.** JUR judiciaire; **to take** OR **to bring ~ proceedings against sb** attaquer qqn en justice ❏ **~ inquiry** enquête *f* judiciaire; **~ review** *Am* [of ruling] examen *m* d'une décision de justice (*par une juridiction supérieure*); [of law] examen de la constitutionnalité d'une loi; **~ separation** séparation *f* de corps. **-2.** [impartial] impartial, critique.

**judicially** [dʒuː'dɪʃəlɪ] *adv* judiciairement.

**judiciary** [dʒuː'dɪʃərɪ] ❖ *adj* judiciaire. ❖ *n* **-1.** [judicial authority] pouvoir *m* judiciaire. **-2.** [judges collectively] magistrature *f*.

**judicious** [dʒuː'dɪʃəs] *adj* judicieux.

**judiciously** [dʒuː'dɪʃəslɪ] *adv* judicieusement.

**judo** ['dʒuːdəʊ] *n* judo *m*.

**jug** [dʒʌg] (*pt* & *pp* **jugged**, *cont* **jugging**) ❖ *n* **-1.** *Br* [small – for milk] pot *m*; [– for water] carafe *f*; [– for wine] pichet *m*, carafe *f*; [large – earthenware] cruche *f*; [– metal, plastic] broc *m*; **a ~ of** wine une carafe de vin **-2.** ▽ *Br* [jail] tôle *f*, taule *f*, cabane *f*. **-3.** *Am* [narrow-necked] bonbonne *f*. ❖ *vt* CULIN cuire à l'étouffée OR à l'étuvée.

**jugful** ['dʒʌgfʊl] *n* (contenu *m* d'un) pot *m*, (contenu *m* d'une) carafe *f*.

**jugged hare** [dʒʌgd-] *n* lièvre *m* à l'étouffée.

**juggernaut** ['dʒʌgənɔːt] *n* **-1.** *Br* [large lorry] gros poids lourd *m*. **-2.** [force] force *f* fatale.

**juggle** ['dʒʌgl] ❖ *vi* [as entertainment] jongler; **to ~ with** [figures, dates] jongler avec. ❖ *vt literal* & *fig* jongler avec. ❖ *n* jonglerie *f*.

**juggler** ['dʒʌglə'] *n* **-1.** [entertainer] jongleur *m*, -euse *f*. **-2.** [deceitful person] tricheur *m*, -euse *f*.

**juggling** ['dʒʌglɪŋ], **jugglery** ['dʒʌglərɪ] *n literal* & *fig* jonglerie *f*.

**Jugoslavia** *etc* [ˌjuːgəʊ'slɑːvjə] = **Yugoslavia**.

**jugular** ['dʒʌgjʊlə'] ❖ *adj* jugulaire; **~ vein** jugulaire *f*. ❖ *n* jugulaire *f*; **to go for the ~** *inf* attaquer qqn sur ses points faibles.

**juice** [dʒuːs] ❖ *n* **-1.** CULIN jus *m*; **apple ~** jus de pomme. **-2.** BIOL suc *m*; **gastric ~** suc gastrique. **-3.** *inf* [electricity] jus *m*; [petrol] essence *f*. **-4.** *Am inf* [spirits] tord-boyaux *m*; [wine] pinard *m*. ❖ *vt* [fruit] presser.

**juicer** ['dʒuːsə'] *n* presse-fruits *m inv*.

**juicy** ['dʒuːsɪ] (*compar* **juicier**, *superl* **juiciest**) *adj* **-1.** [fruit] juteux. **-2.** *inf* [profitable] juteux. **-3.** *inf* [racy] savoureux; **a ~ story** une histoire osée OR piquante; **let's hear all the ~ details** raconte-nous les détails croustillants.

**ju-jitsu** [dʒuː'dʒɪtsuː] *n* jiu-jitsu *m inv*.

**jukebox** ['dʒuːkbɒks] *n* juke-box *m*.

**Jul.** (*written abbr of* **July**) juill.

**Julian calendar** *n* calendrier *m* julien.

**Julius Caesar** [ˌdʒuːljəs'siːzə'] *prn* Jules César.

**July** [dʒuː'laɪ] *n* juillet *m*; *see also* **February**.

**jumble** ['dʒʌmbl] ❖ *n* **-1.** [confusion, disorder] fouillis *m*, désordre *m*; **my things are all in a ~** mes affaires sont tout en désordre. **-2.** *Br* [articles for jumble sale] bric-à-brac *m*. ❖ *vt* **-1.** [objects, belongings] mélanger; **her clothes were all ~d (up** OR **together) in** a suitcase ses vêtements étaient fourrés pêle-mêle dans une valise. **-2.** [thoughts, ideas] embrouiller; **his essay was just a collection of ~d ideas** sa dissertation n'était qu'un fourre-tout d'idées confuses.

**jumble sale** *n Br* vente de charité où sont vendus des articles *d'occasion et des produits faits maison*.

**jumbo** ['dʒʌmbəʊ] (*pl* **jumbos**) *inf* ❖ *n* **-1.** [elephant] éléphant *m*, pachyderme *m*. **-2.** = **jumbo jet**. ❖ *adj* énorme, géant.

**jumbo jet** *n* (avion *m*) gros-porteur *m*, jumbo *m*, jumbojet *m*.

**jumbo-size(d)** *adj* énorme, géant; **a ~ packet of** washing powder un paquet de lessive familial.

**jump** [dʒʌmp] ❖ *vi* **-1.** [leap] sauter, bondir; **they ~ed across the crevasse** ils ont traversé la crevasse d'un bond; **to ~ back** faire un bond en arrière; **she ~ed into/out of her car** elle a sauté dans/hors de sa voiture; **he ~ed (down) off the train** il a sauté du train; **he ~ed off the bridge** il s'est jeté du haut du pont; **he ~ed up, he ~ed to his feet** il se leva d'un bond; **why did he ~ out of the window?** pour-

quoi a-t-il sauté par la fenêtre? ‖ *fig*: **this record ~s** ce disque saute; **he ~ed from one topic to another** il passait rapidement d'un sujet à un autre; **to ~ for joy** sauter de joie; **to ~ to conclusions** tirer des conclusions hâtives ❏ **~ to it!** *inf* grouille!; **to ~ down sb's throat** *inf* houspiller OR enguirlander qqn. **-2.** [start] sursauter, tressauter; **when the phone rang his heart ~ed** il tressaillit en entendant la sonnerie du téléphone. **-3.** [rise sharply] grimper OR monter en flèche. **-4.** *Am inf* [be lively] être très animé.
❖ *vt* **-1.** [leap over] sauter; **to ~ a fence** sauter OR franchir un obstacle. **-2.** [horse] faire sauter. **-3.** [omit, skip] sauter. **-4.** *inf* [attack] sauter sur, agresser. **-5.** *inf* [leave, abscond from]: **to ~ ship** abandonner son navire; **to ~ bail** ne pas comparaître au tribunal (*après avoir été libéré sous caution*). **-6.** [not wait one's turn at]: **to ~ the queue** ne pas attendre son tour, resquiller; **she ~ed the lights** elle a grillé OR brûlé le feu (rouge). **-7.** *inf* [not pay for, take illegally]: **to ~ a train** *esp Am* voyager sans billet.
❖ *n* **-1.** [leap, bound] saut *m*, bond *m*; **we need to keep one ~ ahead of the competition** *fig* nous devons garder une longueur d'avance sur nos concurrents. **-2.** [sharp rise] bond *m*, hausse *f*. **-3.** EQUIT [fence, obstacle] obstacle *m*. **-4.** COMPUT saut *m*. **-5.** GAMES prise *f* (de pion).
◆ **jump about** *Br*, **jump around** *vi insep* sautiller.
◆ **jump at** *vt insep* sauter sur, saisir.
◆ **jump in** *vi insep* **-1.** *literal* [into vehicle] monter; [into water, hole] sauter. **-2.** *inf* & *fig* [intervene] intervenir.
◆ **jump on** *vt insep* **-1.** *literal* [bicycle, horse] sauter sur; [bus, train] sauter dans; [person] sauter sur. **-2.** *fig* [mistake] repérer.

**jumped-up** ['dʒʌmpt-] *adj Br inf* parvenu; **she's just a ~ shop assistant** ce n'est qu'une petite vendeuse qui se donne de grands airs OR qui se prend au sérieux.

**jumper** ['dʒʌmpə'] *n* **-1.** *Br* [sweater] pull-over *m*. **-2.** *Am* [dress] robe-chasuble *f*. **-3.** [person] sauteur *m*, -euse *f*.

**jumper cables** *Am* = **jump leads**.

**jumping** ['dʒʌmpɪŋ] *n* EQUIT jumping *m*.

**jumping-off point**, **jumping-off place** *n* point *m* de départ, tremplin *m*.

**jump jet** *n Br* avion *m* à décollage vertical.

**jump leads** *npl Br* câbles *mpl* de démarrage.

**jump-off** *n* EQUIT barrage *m*.

**jump rope** *n Am* corde *f* à sauter.

**jump seat** *n Br* strapontin *m*.

**jump-start** *vt*: **to ~ a car** [by pushing or rolling] faire démarrer une voiture en la poussant OR en la mettant dans une pente; [with jump leads] faire démarrer une voiture avec des câbles (*branchés sur la batterie d'une autre voiture*).

**jumpsuit** ['dʒʌmpsuːt] *n* combinaison-pantalon *f*.

**jumpy** ['dʒʌmpɪ] (*compar* **jumpier**, *superl* **jumpiest**) *adj* **-1.** *inf* [edgy] nerveux. **-2.** ST.EX instable, fluctuant.

**Jun. -1.** *written abbr of* **June**. **-2.** (*written abbr of* **Junior**) junior, fils.

**junction** ['dʒʌŋkʃn] *n* **-1.** [of roads] carrefour *m*, croisement *m*; [of railway lines, traffic lanes] embranchement *m*; [of rivers, canals] confluent *m*. **-2.** ELEC [of wires] jonction *f*, raccordement *m*.

**junction box** *n Br* boîte *f* de dérivation.

**juncture** ['dʒʌŋktʃə'] *n* **-1.** *fml* [moment] conjoncture *f*; **at this ~** dans la conjoncture actuelle, dans les circonstances actuelles. **-2.** LING jonction *f*, jointure *f*, frontière *f*. **-3.** TECH jointure *f*.

**June** [dʒuːn] *n* juin *m*; *see also* **February**.

**June beetle**, **June bug** *n* hanneton *m*.

**jungle** ['dʒʌŋgl] ❖ *n* **-1.** [tropical forest] jungle *f*; 'The Jungle Book' *Kipling* 'le Livre de la jungle'. **-2.** *fig* jungle *f*; **it's a ~ out there** c'est la jungle là-bas. ❖ *comp* [animal] de la jungle.

**jungle fever** *n (U)* paludisme *m*.

**jungle gym** *n Am* cage *f* d'écureuil.

**junior** ['dʒuːnjə'] ❖ *n* **-1.** [younger person] cadet *m*, -ette *f*; **he is five years my ~** il est de cinq ans son cadet, il a cinq ans de moins qu'elle. **-2.** [subordinate] subordonné *m*, -e *f*, subalterne *mf*. **-3.** *Br* [pupil] écolier *m*, -ère *f* (*entre 7 et 11 ans*). **-4.** *Am* SCH élève *mf* de troisième année; *Am* UNIV étudiant *m*, -e *f* de troisième année. **-5.** *Am inf* [term of address] fiston *m*. ❖ *comp Br* [teaching, teacher] dans le primaire. ❖ *adj* **-1.** [younger] cadet, plus jeune. **-2.** [lower in rank] subordonné, subalterne; he's ~ to her in the department il est son subalterne dans le service ❏ ~ **doctor** interne *mf*; ~ **executive** cadre *m* débutant, jeune cadre; the ~ **faculty** *Am* UNIV les enseignants non titulaires; ~ **minister** sous-secrétaire *m* d'État; ~ **partner** associé *m* adjoint. **-3.** [juvenile] jeune.

◆ **Junior** = Jnr.

**Junior College** *n* [in US] *établissement d'enseignement supérieur où l'on obtient un diplôme en deux ans.*

**junior common room** *n Br* UNIV salle *f* des étudiants.

**junior high school** *n Am* ≃ collège *m* d'enseignement secondaire.

**Junior League** *pr n* association américaine de jeunes femmes de droite.

**junior school** *n Br* école *f* élémentaire (*pour les enfants de 7 à 11 ans*).

**juniper** ['dʒuːnɪpəʳ] *n* genévrier *m*; ~ **berry** baie *f* de genièvre.

**junk** [dʒʌŋk] ◇ *n* **-1.** (U) *inf* [anything poor-quality or worthless] pacotille *f*, camelote *f*. **-2.** (U) [second-hand, inexpensive goods] bric-à-brac *m*. **-3.** (U) *inf* [stuff] trucs *mpl*, machins *mpl*; what's all that ~ in the hall? qu'est-ce que c'est que ce bric-à-brac OR ce bazar dans l'entrée? **-4.** [boat] jonque *f*. ◇ *vt inf* jeter (à la poubelle), balancer.

**junk bond** *n* junk bond *m*.

**junket** ['dʒʌŋkɪt] ◇ *n* **-1.** *inf & pej* [official journey] voyage *m* aux frais de la princesse. **-2.** *inf* [festive occasion] banquet *m*, festin *m*. **-3.** CULIN ≃ fromage *m* frais (sucré et parfumé). ◇ *vi* voyager aux frais de la princesse.

**junk food** *n inf* nourriture *f* de mauvaise qualité; their kids eat nothing but ~ leurs gosses ne mangent que des cochonneries.

**junkie** ['dʒʌŋkɪ] *n inf* **-1.** [drug addict] drogué *m*, -e *f*, junkie *mf*. **-2.** *fig* dingue *mf*, accro *mf*.

**junk jewellery** *n* (U) bijoux *mpl* fantaisie.

**junk mail** *n* publicité *f* (reçue par courrier).

**junk shop** *n* magasin *m* de brocante; at the ~ chez le brocanteur.

**junky** ['dʒʌŋkɪ] = **junkie.**

**junkyard** ['dʒʌŋkjɑːd] *n* **-1.** [for scrap metal] entrepôt *m* de ferraille; at the ~ chez le ferrailleur. **-2.** [for discarded objects] dépotoir *m*.

**Juno** ['dʒuːnəʊ] *pr n* Junon.

**junoesque** [,dʒuːnəʊ'esk] *adj* [woman] imposant.

**Junr** = Jnr.

**junta** [*Br* 'dʒʌntə, *Am* 'hʊntə] *n* junte *f*.

**Jupiter** ['dʒuːpɪtəʳ] *pr n* **-1.** ASTRON Jupiter *f*. **-2.** MYTH Jupiter.

**Jurassic** [dʒuˈræsɪk] ◇ *adj* jurassique. ◇ *n* jurassique *m*.

**juridical** [dʒʊəˈrɪdɪkl] *adj* juridique.

**jurisdiction** [,dʒʊərɪsˈdɪkʃn] *n* JUR & ADMIN juridiction *f*; the federal government has no ~ over such cases de tels cas ne relèvent pas de la compétence OR des attributions du gouvernement fédéral; to come OR to fall within the ~ of relever de la juridiction de; this territory is within the ~ of the United States ce territoire est soumis à l'autorité judiciaire des États-Unis.

**jurisprudence** [,dʒʊərɪsˈpruːdəns] *n* jurisprudence *f*.

**jurist** ['dʒʊərɪst] *n* juriste *mf*.

**juror** ['dʒʊərəʳ] *n* juré *m*.

**jury** ['dʒʊərɪ] (*pl* **juries**) ◇ *n* **-1.** JUR jury *m*; to serve on a ~ faire partie d'un jury; Ladies and Gentlemen of the ~ Mesdames et Messieurs les jurés ❏ the ~ is still out on that one ça reste à voir. **-2.** [in contest] jury *m*. ◇ *adj* NAUT de fortune, improvisé.

**jury box** *n* sièges *mpl* des jurés.

**juryman** ['dʒʊərɪmən] (*pl* **jurymen** [-mən]) *n* juré *m*.

**jury service** *n* participation *f* à un jury.

**jurywoman** ['dʒʊərɪ,wʊmən] (*pl* **jurywomen** [-,wɪmɪn]) *n* jurée *f*.

**just¹** [dʒʌst] *adv* **-1.** [indicating immediate past] juste; ~ last week pas plus tard que la semaine dernière; they had (only) ~ arrived ils venaient (tout) juste d'arriver; she's ~ this moment OR minute left the office elle vient de sortir du bureau à l'instant; he's ~ been to Mexico il revient OR ren-

tre du Mexique. **-2.** [indicating present or immediate future] juste; I was ~ going to phone you j'allais juste OR justement te téléphoner, j'étais sur le point de te téléphoner; I'm ~ off *inf* je m'en vais; ~ coming! *inf* j'arrive tout de suite!; I'm ~ making tea, do you want some? je suis en train de faire du thé, tu en veux? **-3.** [only, merely] juste, seulement; ~ a little juste un peu; ~ a minute OR a moment OR a second, please une (petite) minute OR un (petit) instant, s'il vous plaît; it was ~ a dream ce n'était qu'un rêve; he's ~ a clerk ce n'est qu'un simple employé; we're ~ friends nous sommes amis, c'est tout; he was ~ trying to help il voulait juste OR simplement rendre service; if he could ~ work a little harder! si seulement il pouvait travailler un peu plus!; don't argue, ~ do it! ne discute pas, fais-le, c'est tout!; you can't ask ~ anybody to present the prizes tu ne peux pas demander au premier venu de remettre les prix; this is not ~ any horse race, this is the Derby! ça n'est pas n'importe quelle course de chevaux, c'est le Derby! **-4.** [exactly, precisely] exactement, juste; ~ at that moment juste à ce moment-là; that's ~ what I needed c'est exactement OR juste ce qu'il me fallait; *iron* il ne me manquait plus que ça; ~ what are you getting at? où veux-tu en venir exactement?; he's ~ like his father c'est son père tout craché; oh, I can ~ picture it! oh, je vois tout à fait!; you speak French ~ as well as I do ton français est tout aussi bon que le mien; I'd ~ as soon go tomorrow j'aimerais autant y aller demain; (it's) ~ my luck! *iron* c'est bien ma chance!; don't come in ~ yet n'entre pas tout de suite. **-5.** [barely] (tout) juste, à peine; I could ~ make out what they were saying je parvenais tout juste à entendre ce qu'ils disaient; I ~ missed a lorry j'ai failli heurter un camion ‖ [a little]: it's ~ after/before two o'clock il est un peu plus/moins de deux heures; ~ afterwards juste après. **-6.** [possibly]: I may OR might ~ be able to do it il n'est pas impossible que je puisse le faire. **-7.** [emphatic use]: ~ think what might have happened! imagine un peu ce qui aurait pu arriver!; it ~ isn't good enough c'est loin d'être satisfaisant, c'est tout; he looks terrible in that suit — doesn't he ~! ce costume ne lui va pas du tout — je ne te le fais pas dire!; don't you ~ love that hat? adorable, ce chapeau, non? ‖ [with adjective]: the meal was ~ delicious le repas était tout simplement OR vraiment délicieux; everything is ~ fine tout est parfait.

◆ **just about** *adv phr* **-1.** [very nearly] presque, quasiment; I've ~ about had enough of your sarcasm! j'en ai franchement assez de tes sarcasmes! **-2.** [barely] (tout) juste; his handwriting is ~ about legible son écriture est tout juste OR à peine lisible. **-3.** [approximately]: their plane should be taking off ~ about now leur avion devrait être sur le point de décoller.

◆ **just as** *conj phr* **-1.** [at the same time as] juste au moment où. **-2.** [exactly as]: ~ as I thought/predicted comme je le pensais/prévoyais.

◆ **just in case** ◇ *conj phr* juste au cas où; ~ in case we don't see each other juste au cas où nous ne nous verrions pas. ◇ *adv phr* au cas où; take a coat, ~ in case prends un manteau, on ne sait jamais OR au cas où.

◆ **just like that** *adv phr inf* comme ça; he told me to clear off, ~ like that! il m'a dit de me tirer, carrément!

◆ **just now** *adv phr* **-1.** [at this moment]: I'm busy ~ now je suis occupé pour le moment. **-2.** [a short time ago]: I heard a noise ~ now je viens juste d'entendre un bruit; when did this happen? — ~ now quand cela s'est-il passé? — à l'instant.

◆ **just on** *adv phr Br* exactement.

◆ **just so** ◇ *adv phr fml* [expressing agreement] c'est exact. ◇ *adj phr Br* [properly arranged] parfait.

◆ **just then** *adv phr* à ce moment-là.

◆ **just the same** *adv phr* [nonetheless] quand même.

**just²** [dʒʌst] ◇ *adj* **-1.** [fair, impartial] juste, équitable; [reasonable, moral] juste, légitime; a ~ cause une juste cause; he has ~ cause for complaint il a de bonnes raisons pour se plaindre. **-2.** [deserved] juste, mérité; he got his ~ deserts il n'a eu que ce qu'il méritait, ce n'est que justice. **-3.** [accurate] juste, exact. **-4.** RELIG [righteous] juste. ◇ *npl*: the ~ les justes *mpl*; to sleep the sleep of the ~ dormir du sommeil du juste.

**justice** ['dʒʌstɪs] *n* **-1.** JUR justice *f*; a court of ~ une cour de justice; to dispense ~ rendre la justice; to bring sb to ~

traduire qqn en justice ❏ the Justice Department, the Department of Justice *Am*≃ le ministère de la Justice. **-2.** [fairness] justice *f*, équité *f*; there's no ~ in their claim leur demande est dénuée de fondement; to do sb/sthg ~ [represent fairly] rendre justice à qqn/qqch; to do him ~, he wasn't informed of the decision il faut lui rendre cette justice que OR il faut reconnaître que l'on ne l'avait pas mis au courant de la décision. **-3.** [punishment, vengeance] justice *f*. **-4.** [judge] juge *m*; Justice of the Peace→ **JP**.

**justifiable** ['dʒʌstɪˌfaɪəbl] *adj* justifiable; JUR légitime.

**justifiable homicide** *n* **-1.** [killing in self-defence] légitime défence *f*. **-2.** [state execution] application *f* de la peine de mort.

**justifiably** ['dʒʌstɪˌfaɪəblɪ] *adv* légitimement, à juste titre.

**justification** [ˌdʒʌstɪfɪ'keɪʃn] *n* **-1.** [gen] justification *f*; what ~ do you have for such a statement? comment justifiez-vous une telle affirmation?; he spoke out in ~ of his actions il a parlé pour justifier ses actes. **-2.** COMPUT & TYPO justification *f*; left/right ~ justification à gauche/à droite.

**justified** ['dʒʌstɪfaɪd] *adj* **-1.** [right, fair – action] justifié, légitime; [– person]: to be ~ in doing sthg avoir raison de faire qqch. **-2.** COMPUT & TYPO [aligned] justifié.

**justify** ['dʒʌstɪfaɪ] (*pt* & *pp* **justified**) *vt* **-1.** [gen] justifier; she tried to ~ her behaviour to her parents elle a essayé de justifier son comportement aux yeux de ses parents. **-2.**

COMPUT & TYPO justifier. **-3.** JUR: to ~ a lawsuit justifier une action en justice.

**justly** ['dʒʌstlɪ] *adv* **-1.** [fairly] justement, avec justice. **-2.** [accurately, deservedly] à juste titre.

**justness** ['dʒʌstnɪs] *n* [of claim, demand] bien-fondé *m*, légitimité *f*; [of idea, reasoning] justesse *f*.

**jut** [dʒʌt] (*pt* & *pp* **jutted**, *cont* **jutting**) *vi*: to ~ out dépasser, faire saillie; a rocky peninsula ~s (out) into the sea une péninsule rocheuse avance dans la mer.

**jute** [dʒuːt] *n* [textile] jute *m*.

**Jute** [dʒuːt] *n* Jute *mf*.

**Jutland** ['dʒʌtlənd] *prn* Jütland *m*, Jylland *m*.

**juvenile** ['dʒuːvənaɪl] ◇ *adj* **-1.** [young, for young people] jeune, juvénile *fml*; ~ lead jeune premier *m*; ~ literature livres *mpl* pour enfants OR pour la jeunesse. **-2.** [immature] puéril, enfantin. ◇ *n* **-1.** *fml* mineur *m*, -e *f*.**-2.** THEAT jeune acteur *m*, -trice *f*.

**juvenile court** *n* tribunal *m* pour enfants (*10-16 ans*).

**juvenile delinquency** *n* délinquance *f* juvénile.

**juvenile delinquent** *n* jeune délinquant *m*, -e *f*, mineur *m* délinquant, mineure *f* délinquante.

**juxtapose** [ˌdʒʌkstə'pəʊz] *vt* juxtaposer.

**juxtaposition** [ˌdʒʌkstəpə'zɪʃn] *n* juxtaposition *f*.

# K

**k** (*pl* **k's** OR **ks**), **K** (*pl* **K's** OR **Ks**) [keɪ] *n* [letter] k *m*, K *m*.

**K** ◇ **-1.** (*written abbr of* **kilobyte**) K, Ko. **-2.** *written abbr of* **Knight**. ◇ *n* (*abbr of* **thousand**) K.

**Kabul** ['kɑːbl] *prn* Kaboul, Kabul.

**Kafkaesque** [ˌkæfkə'esk] *adj* kafkaïen.

**kaftan** ['kæftæn] *n* caftan *m*, cafetan *m*.

**Kaiser** ['kaɪzəʳ] *n* Kaiser *m*.

**Kalahari Desert** [ˌkælə'hɑːrɪ-] *prn*: the ~ le (désert du) Kalahari.

**kale** [keɪl] *n* chou *m* frisé.

**kaleidoscope** [kə'laɪdəskəʊp] *n literal & fig* kaléidoscope *m*.

**kamikaze** [ˌkæmɪ'kɑːzɪ] ◇ *n* kamikaze *m*. ◇ *adj* **-1.** *literal*: ~ pilot kamikaze *m*; ~ plane kamikaze *m*, avion-suicide *m*.**-2.** *fig* suicidaire.

**Kampala** [kæm'pɑːlə] *prn* Kampala.

**Kampuchea** [ˌkæmpu:'tʃɪə] *prn* Kampuchéa *m*; in ~ au Kampuchéa.

**Kampuchean** [ˌkæmpu:'tʃɪən] ◇ *n* Cambodgien *m*, -enne *f*. ◇ *adj* cambodgien.

**kangaroo** [ˌkæŋgə'ruː] *n* kangourou *m*.

**kangaroo court** *n* tribunal *m* illégal; [held by strikers, prisoners etc] ≃ tribunal *m* populaire.

**Kansas** ['kænzəs] *prn* Kansas *m*; in ~ dans le Kansas.

**kaolin** ['keɪəlɪn] *n* kaolin *m*.

**kapok** ['keɪpɒk] ◇ *n* kapok *m*. ◇ *comp* de kapok.

**kaput** [kə'pʊt] *adj inf* fichu, foutu.

**karat** *Am* = **carat**.

**karate** [kə'rɑːtɪ] *n* karaté *m*; ~ chop coup *m* de karaté (*donné avec le tranchant de la main*).

**karma** ['kɑːmə] *n* karma *m*, karman *m*.

**kart** [kɑːt] ◇ *n* kart *m*. ◇ *vi*: to go ~ing faire du karting.

**Kashmir** [kæʃ'mɪəʳ] *n* GEOG Cachemire *m*, Kashmir *m*.

**Katmandu** [ˌkætmæn'duː] *prn* Katmandou, Katmandu.

**katydid** ['keɪtɪdɪd] *n* sauterelle *f* (d'Amérique du Nord).

**kayak** ['kaɪæk] *n* kayak *m*.

**Kazakh** [kæ'zæk] ◇ *n* Kasakh *m*, -e *f*. ◇ *adj* kasakh.

**Kazakhstan** [ˌkæzæk'stɑːn] *prn* Kazakhstan *m*; in ~ au Kazakhstan.

**kazoo** [kə'zuː] *n* mirliton *m*.

**KB** (*abbr of* **Kilobyte**) *n* COMPUT ko *m*, Ko *m*.

**KC** (*abbr of* **King's Counsel**) *n* Br avocat de la Couronne.

**kebab** [kɪ'bæb] *n* chiche-kebab *m*; ~ house restaurant grec ou turc.

**kedgeree** ['kedʒərɪ] *n* Br plat à base de riz, de poisson et d'œufs.

**keel** [kiːl] *n* **-1.** NAUT quille *f*; on an even ~ *literal* à tirant d'eau égal; *fig* en équilibre. **-2.** *lit* [ship] navire *m*. ◇ *vi* chavirer. ◇ *vt* faire chavirer, cabaner.

◆ **keel over** ◇ *vi insep* **-1.** NAUT chavirer. **-2.** [fall] s'effondrer; [faint] s'évanouir. ◇ *vt sep* NAUT faire chavirer, cabaner.

**keelhaul** ['kiːlhɔːl] *vt* NAUT faire passer sous la quille.

**keen** [kiːn] ◇ *adj* **-1.** Br [eager, enthusiastic] passionné, enthousiaste; she's a ~ gardener c'est une passionnée de jardinage; he was ~ to talk to her il tenait à OR voulait absolument lui parler; I'm not so ~ on the idea l'idée ne m'enchante OR ne m'emballe pas vraiment; Susan is really ~ on Tom Susan a vraiment le béguin pour Tom ❏ to be as ~ as mustard *inf* [enthusiastic] être très enthousiaste; [clever] avoir l'esprit vif. **-2.** [senses, mind, wit] fin, vif; to have a ~ sense of smell avoir un odorat subtil; to have a ~ eye avoir le coup d'œil. **-3.** [fierce – competition, rivalry] acharné. **-4.** Br [cold – wind] glacial. **-5.** Br [sharp – blade, knife] affilé. **-6.** [intense] intense, profond. **-7.** Br [very competitive]: ~ prices des prix *mpl* imbattables. ◇ *vi & vt* [mourn] pleurer. ◇ *n* [dirge] mélopée *f* funèbre.

**keenly** ['kiːnlɪ] *adv* Br. **-1.** [deeply, intensely] vivement, profondément; [fiercely] âprement; a ~ contested game un match âprement disputé. **-2.** [eagerly] ardemment, avec enthousiasme; [attentively] attentivement.

**keenness** ['ki:nnɪs] n **-1.** Br [enthusiasm] enthousiasme m, empressement m, ardeur f.**-2.** [sharpness – of blade, senses] acuité f, finesse f; ~ of mind perspicacité f, finesse f.**-3.** [intensity, fierceness] intensité f, âpreté f.

**keep** [ki:p] (pt & pp **kept** [kept]) ◇ vt **A. -1.** [retain – receipt, change] garder; **please** ~ **your seats** veuillez rester assis; **to** ~ **sthg to o.s.** garder qqch pour soi ❑ **they** ~ **themselves very much to themselves** ce sont des gens plutôt discrets; **if that's your idea of a holiday, you can** ~ **it!** inf si c'est ça ton idée des vacances, tu peux te la garder!**-2.** [save] garder; **we've kept some cake for you** on t'a gardé du gâteau. **-3.** [store, put] mettre, garder; **she** ~**s her money in the bank** elle met son argent à la banque; **how long can you** ~ **fish in the freezer?** combien de temps peut-on garder OR conserver du poisson au congélateur?; **where do you** ~ **the playing cards?** où est-ce que vous rangez les cartes à jouer?
**B. -1.** (with adj complement) [maintain in the specified state or place]: **to** ~ **sb quiet** faire taire tenir qqn tranquille; **to** ~ **sthg warm** garder qqch au chaud; **the doors are kept locked** les portes sont toujours fermées à clef; **to** ~ **sthg up to date** tenir qqch à jour || (with adv complement): **a well-/badly-kept office** un bureau bien/mal tenu; **the weather kept us indoors** le temps nous a empêchés de sortir; **he kept his hands in his pockets** il a gardé les mains dans les poches; ~ **your eyes on the red dot** ne quittez pas le point rouge des yeux; ~ **the noise to a minimum** essayez de ne pas faire trop de bruit || (with present participle): **to** ~ **sb waiting** faire attendre qqn; ~ **the engine running** n'arrêtez pas le moteur; **to** ~ **sthg going** [organization, business] faire marcher qqch; [music, conversation] ne pas laisser qqch s'arrêter; **alcohol is the only thing that** ~**s me going** l'alcool est la seule chose qui me permette de tenir. **-2.** [delay] retenir; **what kept you?** qu'est-ce qui t'a retenu? || [distract]: **I don't want to** ~ **you from your work** je ne veux pas vous empêcher de travailler. **-3.** [not allow to leave] garder.
**C. -1.** [support]: **he hardly earns enough to** ~ **himself** il gagne à peine de quoi vivre; **she has a husband and six children to** ~ elle a un mari et six enfants à nourrir; **it** ~**s me in cigarette money** ça paie mes cigarettes. **-2.** [have as dependant or employee] avoir. **-3.** [run – shop, business] tenir; **to** ~ **house for sb** tenir la maison de qqn. **-4.** COMM [have in stock] vendre. **-5.** [farm animals] élever. **-6.** [diary, list etc] tenir; **my secretary** ~**s my accounts** ma secrétaire tient OR s'occupe de ma comptabilité.
**D. -1.** [fulfil – a promise, one's word] tenir. **-2.** [observe – silence] observer; [– the Sabbath] respecter; [– law] respecter. **-3.** [uphold, maintain] maintenir; **to** ~ **order/the peace** maintenir l'ordre/la paix. **-4.** [guard] garder; **to** ~ **goal** être gardien de but.
**E. -1.** [prevent]: **to** ~ **sb from doing sthg** empêcher qqn de faire qqch. **-2.** [withhold]: **to** ~ **sthg from sb** cacher qqch à qqn; **to** ~ **information from sb** dissimuler des informations à qqn.
◇ vi **-1.** (with present participle) [continue] continuer; **letters** ~ **pouring in** les lettres continuent d'affluer; **don't** ~ **apologizing** arrête de t'excuser; **she had several failures but kept trying** elle a essuyé plusieurs échecs mais elle a persévéré; **to** ~ **going** [not give up] continuer; ~ **going till you get to the crossroads** allez jusqu'au croisement; **with so few customers, it's a wonder the shop** ~**s going** avec si peu de clients, c'est un miracle que le magasin ne ferme pas. **-2.** [stay, remain] rester, se tenir; ~ **calm!** restez calmes!, du calme!; **she kept warm by jumping up and down** elle se tenait chaud en sautillant sur place; ~ **to the path** ne vous écartez pas du chemin; **to** ~ **in touch with sb** rester en contact avec qqn; **to** ~ **to o.s.** se tenir à l'écart. **-3.** [last, stay fresh] se conserver, se garder; **it will** ~ **for a week in the refrigerator** vous pouvez le garder OR conserver au réfrigérateur pendant une semaine; **the news will** ~ **(until to-morrow)** fig la nouvelle peut attendre (jusqu'à demain). **-4.** [in health] aller; **I'm** ~**ing well** je vais bien, ça va (bien).
◇ n **-1.** [board and lodging]: **he gives his mother £50 a week for his** ~ il donne 50 livres par semaine à sa mère pour sa pension; **to earn one's** ~ payer ou travailler pour être nourri et logé. **-2.** [in castle] donjon m.**-3.** phr: **for** ~**s** inf pour de bon.
◆ **keep at** ◇ vt insep **-1.** [pester] harceler. **-2.** phr: **to** ~ **at it** persévérer. ◇ vt sep: **to** ~ **sb at it:** **the sergeant kept us hard at it all morning** le sergent nous a fait travailler toute la ma-

tinée.
◆ **keep away** ◇ vt sep tenir éloigné, empêcher d'approcher; **spectators were kept away by the fear of violence** la peur de la violence tenait les spectateurs à distance. ◇ vi insep ne pas s'approcher; ~ **away from those people** évitez ces gens-là.
◆ **keep back** ◇ vt sep **-1.** [keep at a distance – crowd, spectators] tenir éloigné, empêcher de s'approcher. **-2.** [not reveal – names, facts] cacher. **-3.** [retain] retenir. **-4.** [detain] retenir; **to be kept back after school** être en retenue. **-5.** [restrain] retenir. ◇ vi insep rester en arrière, ne pas s'approcher.
◆ **keep behind** vt sep [after meeting, class] retenir.
◆ **keep down** ◇ vt sep **-1.** [not raise] ne pas lever; ~ **your head down!** ne lève pas la tête!, garde la tête baissée!; ~ **your voices down!** parlez doucement!**-2.** [prevent from increasing] limiter; **our aim is to** ~ **prices down** notre but est d'empêcher les prix d'augmenter. **-3.** [repress] réprimer; [control – vermin, weeds] empêcher de proliférer; **you can't** ~ **a good man down** rien n'arrêtera un homme de mérite. **-4.** [food] garder; **she can't** ~ **solid foods down** son estomac ne garde aucun aliment solide. **-5.** SCH faire redoubler. ◇ vi insep ne pas se lever.
◆ **keep from** vt insep s'empêcher de, se retenir de.
◆ **keep in** vt sep [not allow out] empêcher de sortir; SCH donner une consigne à, garder en retenue.
◆ **keep in with** vt insep: **to** ~ **in with sb** rester en bons termes avec qqn.
◆ **keep off** ◇ vt sep **-1.** [dogs, birds, trespassers] éloigner; [rain, sun] protéger de; **this cream will** ~ **the mosquitoes off** cette crème vous/le/te protégera contre les moustiques; ~ **your hands off!** pas touche!, bas les pattes!**-2.** [coat, hat] ne pas remettre. ◇ vt insep **-1.** [avoid] éviter. **-2.** [keep at a distance from] ne pas s'approcher de; **'** ~ **off the grass'** 'pelouse interdite'. ◇ vi insep **-1.** [keep at a distance] ne pas s'approcher. **-2.** [weather]: **the rain/snow kept off** il n'a pas plu/neigé.
◆ **keep on** ◇ vt sep **-1.** [coat, hat] garder. **-2.** [employee] garder. ◇ vi insep **-1.** [continue] continuer; **they kept on talking** ils ont continué à parler; **I** ~ **on making the same mistakes** je fais toujours les mêmes erreurs. **-2.** inf [talk constantly] parler sans cesse; **he** ~**s on about his kids** il n'arrête pas de parler de ses gosses; **don't** ~ **on about it!** ça suffit, j'ai compris!
◆ **keep on at** vt insep [pester] harceler.
◆ **keep out** ◇ vt sep empêcher d'entrer; **a guard dog to** ~ **intruders out** un chien de garde pour décourager les intrus; **a scarf to** ~ **the cold out** une écharpe pour vous protéger du froid. ◇ vi insep ne pas entrer; **'** ~ **out'** 'défense d'entrer', **'entrée interdite'; to** ~ **out of an argument** ne pas intervenir dans une discussion.
◆ **keep to** vt insep **-1.** [observe, respect] respecter. **-2.** [not deviate from] ne pas s'écarter de. **-3.** [stay in] garder; **to** ~ **to one's room/bed** garder la chambre/le lit.
◆ **keep together** ◇ vt sep ne pas séparer. ◇ vi insep rester ensemble.
◆ **keep up** ◇ vt sep **-1.** [prevent from falling – shelf, roof] maintenir; **I need a belt to** ~ **my trousers up** j'ai besoin d'une ceinture pour empêcher mon pantalon de tomber || fig: **it will** ~ **prices up** ça empêchera les prix de baisser; **it's to** ~ **the troops' morale up** c'est pour maintenir le moral des troupes. **-2.** [maintain – attack, bombardment] poursuivre; [– correspondence, contacts, conversation] entretenir; **you have to** ~ **up the payments** on ne peut pas interrompre les versements; **she kept up a constant flow of questions** elle ne cessait de poser des questions ❑ ~ **up the good work!** c'est du bon travail, continuez!; **you're doing well,** ~ **it up!** c'est bien, continuez! **-3.** [prevent from going to bed] empêcher de dormir. **-4.** [not allow to deteriorate – house, garden] entretenir.
◇ vi insep **-1.** [continue] continuer. **-2.** [not fall] se maintenir. **-3.** [not fall behind] suivre; **he's finding it hard to** ~ **up in his new class** il a du mal à suivre dans sa nouvelle classe.
◆ **keep up with** vt insep **-1.** [stay abreast of]: **to** ~ **up with the news** se tenir au courant de l'actualité. **-2.** [keep in touch with] rester en contact avec.

**keeper** ['ki:pəʳ] n **-1.** [gen] gardien m, -enne f; [in museum] conservateur m, -trice f; am **I my brother's** ~? BIBLE suis-je le gardien de mon frère?**-2.** [goalkeeper] goal m, gardien m de but. **-3.** TECH [safety catch] cran *m* de sûreté.

**keep-fit** *n* culture *f* physique, gymnastique *f* (d'entretien); she goes to ~ (classes) every week toutes les semaines elle va à son cours de gymnastique.

**keeping** ['kiːpɪŋ] *n* **-1.** [care, charge] garde *f*; he left the manuscript in his wife's ~ il a confié le manuscrit à son épouse; in safe ~ en sécurité, sous bonne garde. **-2.** [observing – of rule, custom etc] observation *f*, observance *f*.

◆ **in keeping** *adj phr* conforme à; their dress was not at all in ~ with the seriousness of the occasion leur tenue ne convenait pas du tout à la gravité de la circonstance.

◆ **in keeping with** *prep phr* conformément à.

◆ **out of keeping** *adj phr*: to be out of ~ with être en désaccord avec.

**keepsake** ['kiːpseɪk] *n* souvenir *m*.

**keg** [keg] *n* **-1.** [barrel] tonnelet *m*, baril *m*; [of fish] baril; [of beer] tonnelet; [of herring] caque *f*.**-2.** [beer] bière *f* (à la) pression.

**kelly-green** ['kelɪ-] *adj Am* vert-pomme.

**kelp** [kelp] *n* varech *m*.

**kelvin** ['kelvɪn] *n* kelvin *m*.

**ken** [ken] (*pt & pp* **kenned**, *cont* **kenning**) ◇ *n dated* OR *hum*: it is beyond my ~ cela dépasse mon entendement. ◇ *vi & vt Scot* connaître, savoir.

**kennel** ['kenl] (*Br pt & pp* **kennelled**, *Am pt & pp* **kenneled**) ◇ *n* **-1.** *Br* [doghouse] niche *f*.**-2.** *Am* [for boarding or breeding] chenil *m*. ◇ *vt* mettre dans un chenil.

◆ **kennels** *n Br* [for boarding or breeding] chenil *m*.

**Kentucky** [ken'tʌkɪ] *pr n* Kentucky *m*; in ~ dans le Kentucky.

**Kenya** ['kenjə] *pr n* Kenya *m*; in ~ au Kenya.

**Kenyan** ['kenjən] ◇ *n* Kenyan *m*, -e *f*. ◇ *adj* kenyan.

**kept** [kept] ◇ *pt & pp* → **keep**. ◇ *adj hum* OR *pej*: a ~ man un homme entretenu; a ~ woman une femme entretenue.

**keratin** ['kerətɪn] *n* kératine *f*.

**kerb** *Br*, **curb** *Am* [kɜːb] *n* bord *m* du trottoir; he stepped off the ~ il est descendu du trottoir.

**kerb crawling** *n* recherche d'une prostituée en voiture.

**kerb market** *n* ST. EX marché *m* officieux (*où les valeurs sont échangées en dehors des heures d'ouverture de la Bourse*).

**kerbstone** *Br*, **curbstone** *Am* ['kɜːbstəʊn] *n* bordure *f* de trottoir.

**kerb weight** *n* poids *m* à vide.

**kerchief** ['kɜːtʃɪf] *n dated* foulard *m*, fichu *m*.

**kerfuffle** [kə'fʌfl] *n Br inf* [disorder] désordre *m*, chahut *m*; [fight] bagarre *f*.

**kernel** ['kɜːnl] *n* **-1.** [of nut, fruit stone] amande *f*; [of cereal] graine *f*.**-2.** *fig* [heart, core] cœur *m*, noyau *m*.

**kerosene, kerosine** ['kerəsiːn] ◇ *n Am* [for aircraft] kérosène *m*; [for lamps, stoves] pétrole *m*. ◇ *comp* [lamp, stove] à pétrole.

**kestrel** ['kestrəl] *n* crécerelle *f*.

**ketch** [ketʃ] *n* ketch *m*.

**ketchup** ['ketʃəp] *n* ketchup *m*.

**kettle** ['ketl] *n* **-1.** [for water] bouilloire *f*; to put the ~ on mettre de l'eau à chauffer; the ~'s boiling l'eau bout. **-2.** [for fish] poissonnière *f*; that's another OR a different ~ of fish *inf* c'est une autre paire de manches; this is a fine OR pretty ~ of fish *Br inf* quelle salade!, quel sac de nœuds!

**kettledrum** ['ketldrʌm] *n* timbale *f*.

**key** [kiː] ◇ *n* **-1.** [for lock] clé *f*, clef *f*; [for clock, mechanism etc] clé *f*, remontoir *m*; the ~ to the drawer la clé du tiroir; where are the car ~s? où sont les clés de la voiture? ❑ to get the ~ of the door atteindre sa majorité. **-2.** *fig* [means] clé *f*, clef *f*; the ~ to happiness la clé du bonheur. **-3.** [on typewriter, computer, piano, organ] touche *f*; [on wind instrument] clé *f*, clef *f*.**-4.** MUS ton *m*; in the ~ of B minor en si mineur; to play in/off ~ jouer dans le ton/dans le mauvais ton; to sing in/off ~ chanter juste/faux. **-5.** [on map, diagram] légende *f*.**-6.** [answers] corrigé *m*, réponses *fpl*.**-7.** TECH clé *f* OR clef *f* (de serrage). **-8.** [island] îlot *m*; [reef] (petit) récif *m* (*au large de la Floride*). ◇ *adj* clé, clef; ~ industries industries clés, industries-clés; a ~ factor un élément décisif; one of the ~ issues in the election un des enjeux fondamentaux de ces élections. ◇ *vt* **-1.** [data, text] saisir, entrer. **-2.** [adjust, adapt] adapter.

◆ **key in** *vt sep* COMPUT [word, number] entrer; [data, text] saisir.

**key bar** *n* [in shop] stand *m* de clef-minute.

**keyboard** ['kiːbɔːd] ◇ *n* [of instrument, typewriter, computer] clavier *m*; who's on ~s? qui est aux claviers? ❑ ~ instrument instrument *m* à clavier; ~ operator claviste *mf*. ◇ *vt* saisir.

**keyboarder** ['kiːbɔːdər] *n* TYPO claviste *mf*.

**keyed up** [kiːd-] *adj* surexcité; the fans were all ~ for the match les supporters attendaient le match dans un état de surexcitation.

**keyhole** ['kiːhəʊl] *n* trou *m* de serrure; he looked through the ~ il regarda par le trou de la serrure.

**keying** ['kiːɪŋ] *n* saisie *f*.

**key money** *n* pas *m* de porte.

**Keynesian** ['keɪnzɪən] *adj* keynésien.

**keynote** ['kiːnəʊt] ◇ *n* **-1.** [main point] point *m* capital. **-2.** MUS tonique *f*. ◇ *adj* [address] introductif; [speaker] principal; ~ speech discours *m* introductif OR liminaire. ◇ *vt* insister sur, mettre en relief.

**keypad** ['kiːpæd] *n* pavé *m* numérique.

**keypunch** ['kiːpʌntʃ] *n* perforatrice *f* à clavier.

**key ring** *n* porte-clés *m inv*.

**key signature** *n* MUS armature *f*, armure *f*.

**keystone** ['kiːstəʊn] *n* CONSTR & *fig* clé *f* OR clef *f* de voûte.

**keystroke** ['kiːstrəʊk] *n* frappe *f* (d'une touche).

**key word** *n* mot-clef *m*.

**kg** (*written abbr of* **kilogram**) kg.

**KGB** *pr n* KGB *m*.

**khaki** ['kɑːkɪ] ◇ *adj* kaki (*inv*). ◇ *n* [colour] kaki *m*; [material] treillis *m*.

**Khmer** [kmeər] ◇ *n* **-1.** [person] Khmer *m*, -ère *f*; ~ Rouge Khmer rouge. **-2.** LING khmer *m*. ◇ *adj* khmer.

**kibbutz** [kɪ'bʊts] (*pl* **kibbutzes** OR **kibbutzim** [kɪbʊt'sɪm]) *n* kibboutz *m*.

**kibosh** ['kaɪbɒʃ] *n inf*: to put the ~ on sthg ficher qqch en l'air.

**kick** [kɪk] ◇ *vt* **-1.** donner un coup de pied à OR dans; she ~ed the ball over the wall elle a envoyé la balle par-dessus le mur (d'un coup de pied); I ~ed the door open j'ai ouvert la porte d'un coup de pied; he had been ~ed to death il avait été tué à coups de pieds; the dancers ~ed their legs in the air les danseurs lançaient les jambes en l'air; to ~ a penalty [in rugby] marquer OR réussir une pénalité ❑ to ~ the bucket *inf* passer l'arme à gauche, casser sa pipe; you shouldn't ~ a man when he's down il ne faut pas s'attaquer à quelqu'un sans défense; I could have ~ed myself! je me serais donné des gifles!; to ~ one's heels *inf* faire le pied de grue, poireauter. **-2.** *phr*: I used to smoke but I've managed to ~ the habit *inf* je fumais, mais j'ai réussi à m'arrêter. ◇ *vi* **-1.** donner OR lancer un coup de pied; they dragged him away ~ing and screaming il se débattait comme un beau diable quand ils l'ont emmené ‖ [in rugby]: to ~ for touch chercher une touche. **-2.** [in dance] lancer les jambes en l'air. **-3.** [gun] reculer.

◇ *n* **-1.** coup *m* de pied; to aim a ~ at sb/sthg lancer OR donner un coup de pied en direction de qqn/qqch ❑ it was a real ~ in the teeth for him *inf* ça lui a fait un sacré coup. **-2.** *inf* [thrill] plaisir *m*; to get a ~ from OR out of doing sthg prendre son pied à faire qqch; to do sthg for ~s faire qqch pour rigoler OR pour s'amuser. **-3.** *inf* [strength – of drink]: his cocktail had quite a ~ son cocktail était costaud. **-4.** *inf* [vitality, force] entrain *m*, allant *m*. **-5.** *inf* [fad] engouement *m*; she's on a yoga ~ at the moment elle est emballée OR elle ne jure que par le yoga en ce moment. **-6.** [recoil – of gun] recul *m*.

◆ **kick about** ◇ *vi insep Br inf* traîner. ◇ *vt sep* = **kick around**.

◆ **kick about with** = **kick around with**.

◆ **kick against** *vt insep inf* regimber contre; to ~ against the pricks se rebeller en pure perte.

◆ **kick around** ◇ *vt sep* **-1.** *literal*: to ~ a ball around jouer au ballon; they were ~ing a tin can around ils jouaient au foot avec une boîte de conserves. **-2.** *inf & fig* [idea] débattre; we ~ed a few ideas around on a discuté à bâtons rompus. **-3.** *inf & fig* [mistreat] malmener, maltraiter. ◇ *vi insep* *inf* traîner; **I know my old overalls are ~ing around here somewhere** je suis sûr que mon vieux bleu de travail traîne quelque part par là.

◆ **kick around with** *vt insep inf* traîner avec.

◆ **kick at** *vt insep inf* regimber contre.

◆ **kick back** *vt sep* **-1.** [ball] renvoyer du pied. **-2.** *Am* [money] verser.

◆ **kick down** *vt sep* [person] abattre OR faire tomber à coups de pied; [door] défoncer à coups de pied.

◆ **kick in** ◇ *vt sep* défoncer à coups de pied; **I'll ~ his teeth in!** *inf* je vais lui casser la figure! ◇ *vi insep inf* entrer en action.

◆ **kick off** ◇ *vt sep* **-1.** [shoes] enlever d'un coup de pied. **-2.** *inf* & *fig* [start] démarrer. **-3.** SPORT donner le coup d'envoi à. ◇ *vi insep* **-1.** SPORT donner le coup d'envoi; **they ~ed off an hour late** le match a commencé avec une heure de retard. **-2.** *inf* & *fig* [start] démarrer, commencer.

◆ **kick out** ◇ *vt sep inf* [person] *literal* chasser à coups de pied; *fig* foutre dehors. ◇ *vi insep* [person] lancer des coups de pieds; [horse, donkey] ruer.

◆ **kick over** *vt sep* renverser du pied OR d'un coup de pied.

◆ **kick up** *vt sep* **-1.** [dust, sand] faire voler (du pied). **-2.** *inf* & *fig:* **to ~ up a fuss** OR **a row (about sthg)** faire toute une histoire OR tout un plat (au sujet de qqch); **to ~ up a din** OR **a racket** faire un boucan d'enfer.

**kickback** ['kɪkbæk] *n* **-1.** *inf* [bribe] dessous-de-table *m inv*, pot-de-vin *m*. **-2.** TECH recul *m*. **-3.** [backlash] contrecoup *m*.

**kickoff** ['kɪkɒf] *n* **-1.** SPORT coup *m* d'envoi. **-2.** *Br inf* & *fig:* **for a ~** pour commencer.

**kick-start** ◇ *n* = **kick-starter**. ◇ *vt* démarrer (au kick); **measures to ~ the economy** *fig* des mesures pour faire repartir l'économie.

**kick-starter** *n* kick *m*.

**kick turn** *n* [in skiing] conversion *f*.

**kid** [kɪd] (*pt* & *pp* **kidded**, *cont* **kidding**) ◇ *n* **-1.** *inf* [child, young person] gosse *mf*, môme *mf*, gamin *m*, -e *f*; **listen to me, ~!** écoute-moi bien, petit!; **that's ~'s stuff** c'est pour les bébés. **-2.** [young goat] chevreau *m*, chevrette *f*. **-3.** [hide] chevreau *m*. ◇ *adj* **-1.** *inf* [young]: **~ brother** petit frère *m*, frérot *m*; **~ sister** petite sœur *f*, sœurette *f*. **-2.** [coat, jacket] en chevreau. ◇ *vi inf* [joke] blaguer; **I won it in a raffle — no kidding!** OR **you're kidding!** je l'ai gagné dans une tombola — sans blague! OR **tu rigoles!**; **don't get upset, I was just kidding** ne te fâche pas, je plaisantais OR c'était une blague. ◇ *vt inf* **-1.** [tease] taquiner, se moquer de. **-2.** [deceive, mislead] charrier, faire marcher; **don't ~ yourself!** il ne faut pas te leurrer OR te faire d'illusions!; **who do you think you're kidding?** tu te fous de moi?; **you're not kidding!** je ne te le fais pas dire!

◆ **kid around** *vi insep inf* raconter des blagues, rigoler.

**kiddie** ['kɪdɪ] *inf* = **kiddy**.

**kidding** ['kɪdɪŋ] *n* (*U*) *inf* plaisanterie *f*, plaisanteries *fpl*, blague *f*, blagues *fpl*.

**kiddy** ['kɪdɪ] (*pl* **kiddies**) *n inf* gosse *mf*, gamin *m*, -e *f*.

**kid gloves** *npl* gants *mpl* de chevreau; **to handle** OR **to treat sb with ~** prendre des gants avec qqn.

**kidnap** ['kɪdnæp] (*Br pt* & *pp* **kidnapped**, *cont* **kidnapping**, *Am pt* & *pp* **kidnaped**, *cont* **kidnaping**) ◇ *vt* enlever, kidnapper; **'Kidnapped'** *Stevenson* 'Enlevé'. ◇ *n* enlèvement *m*, rapt *m*, kidnapping *m*.

**kidnaping** ['kɪdnæpɪŋ] *Am* = **kidnapping**.

**kidnapper** *Br*, **kidnaper** *Am* ['kɪdnæpər] *n* ravisseur *m*, -euse *f*, kidnappeur *m*, -euse *f*.

**kidnapping** *Br*, **kidnaping** *Am* ['kɪdnæpɪŋ] *n* enlèvement *m*, rapt *m*, kidnapping *m*.

**kidney** ['kɪdnɪ] ◇ *n* **-1.** ANAT rein *m*. **-2.** CULIN rognon *m*. **-3.** *Br lit* [temperament] nature *f*, caractère *f*. ◇ *comp* ANAT [ailment, trouble] des reins, rénal; **~ specialist** néphrologue *mf*.

**kidney bean** *n* haricot *m* rouge OR de Soissons.

**kidney machine** *n* rein *m* artificiel; **he's on a ~** il est sous rein artificiel OR en dialyse OR en hémodialyse.

**Kilimanjaro** [ˌkɪlɪmən'dʒɑːrəʊ] *pr n:* (**Mount**) **~** le Kilimandjaro.

**kill** [kɪl] ◇ *vt* **-1.** [person, animal] tuer; **to ~ o.s.** se tuer, se donner la mort *fml* ‖ *fig* tuer; **I'll finish it even if it ~s me** j'en viendrai à bout même si je dois me tuer à la tâche; **if you tell them, I'll ~ you!** si tu leur dis, je te tue!; **they were ~ing themselves laughing** OR **with laughter** ils étaient morts de rire ❏ **to ~ two birds with one stone** *prov* faire d'une pierre deux coups; **to ~ time** tuer le temps. **-2.** *inf* & *fig* [cause pain to] faire très mal à; **these shoes are ~ing me** ces chaussures me font souffrir le martyre; **my back's ~ing me** j'ai très OR horriblement mal au dos. **-3.** [put an end to] tuer, mettre fin à. **-4.** [alleviate, deaden] atténuer, soulager. **-5.** *inf* POL [defeat] rejeter, faire échouer. **-6.** *inf* [cancel, remove] supprimer, enlever; [computer file] effacer. **-7.** *inf* [switch off] arrêter, couper; **to ~ the lights** éteindre les lumières. ◇ *vi* tuer; **to shoot to ~** tirer dans l'intention de tuer; **thou shalt not ~** BIBLE tu ne tueras point ❏ **it's a case of ~ or cure** c'est un remède de cheval. ◇ *n* **-1.** mise *f* à mort; **to be in at the ~** assister au coup de grâce; **to move in for the ~** donner OR porter le coup de grâce. **-2.** [prey – killed by animal] proie *f*; [– killed by hunter] chasse *f*.

◆ **kill off** *vt sep* tuer, exterminer; **high prices could ~ off the tourist trade** *fig* des prix élevés pourraient porter un coup fatal au tourisme.

**killer** ['kɪlər] ◇ *n* **-1.** *literal* tueur *m*, -euse *f*; **a convicted ~** une personne reconnue coupable d'homicide; **tuberculosis was once a major ~** jadis, la tuberculose faisait de nombreuses victimes OR des ravages. **-2.** *phr:* **a real ~** *inf:* **the exam was a real ~** l'examen était d'une difficulté incroyable; **this joke is a real ~** cette histoire est à mourir de rire. ◇ *comp* [disease] meurtrier; **a ~ shark** un requin tueur.

**killer instinct** *n fig:* **he's got the ~** c'est un battant; **he lacks the ~** il manque d'agressivité OR de combativité, il a trop de scrupules.

**killer whale** *n* épaulard *m*, orque *m*.

**killing** ['kɪlɪŋ] ◇ *n* **-1.** [of person] assassinat *m*, meurtre *m*; **the ~ of endangered species is forbidden** il est interdit de tuer un animal appartenant à une espèce en voie de disparition. **-2.** *inf* [profit]: **to make a ~** se remplir les poches, s'en mettre plein les poches. ◇ *adj Br inf* **-1.** [tiring] crevant, tuant. **-2.** *dated* [hilarious] tordant, bidonnant.

**killjoy** ['kɪldʒɔɪ] *n* trouble-fête *mf inv*.

**kiln** [kɪln] *n* four *m* (à céramique, à briques etc).

**kilo** ['kiːləʊ] (*pl* **kilos**) (*abbr of* **kilogram**) *n* kilo *m*.

**kilobyte** ['kɪləbaɪt] *n* kilobyte *m*, kilo-octet *m*.

**kilocalorie** ['kɪlə,kælərɪ] *n* kilocalorie *f*, grande calorie *f*.

**kilocycle** ['kɪlə,saɪkəl] *n* kilocycle *m*, kilohertz *m*.

**kilogram(me)** *Br*, **kilogram** *Am* ['kɪlə,græm] *n* kilogramme *m*.

**kilohertz** ['kɪlə,hɜːts] *n* kilohertz *m*.

**kilojoule** ['kɪlə,dʒuːl] *n* kilojoule *m*.

**kilolitre** *Br*, **kiloliter** *Am* ['kɪlə,liːtər] *n* kilolitre *m*.

**kilometre** *Br*, **kilometer** *Am* ['kɪlə,miːtər, kɪ'lɒmɪtər] *n* kilomètre *m*.

**kilovolt** ['kɪlə,vəʊlt] *n* kilovolt *m*.

**kilowatt** ['kɪlə,wɒt] *n* kilowatt *m*.

**kilowatt-hour** *n* kilowatt-heure *m*.

**kilt** [kɪlt] *n* kilt *m*.

**kilter** ['kɪltər]

◆ **out of kilter** *adj phr* en dérangement, en panne.

**kimono** [kɪ'məʊnəʊ] (*pl* **kimonos**) *n* kimono *m*.

**kin** [kɪn] *npl* parents *mpl*, famille *f*.

**kind¹** [kaɪnd] ◇ *n* **-1.** [sort, type] sorte *f*, type *m*, genre *m*; **hundreds of different ~s of books** des centaines de livres de toutes sortes; **have you got any other ~?** en avez-vous d'autres?; **all ~s of people** toutes sortes de gens; **what ~ of people go there? — oh, all ~s** quel type de gens y va? — oh, des gens très différents; **it's a different ~ of problem** c'est un tout autre problème, c'est un problème d'un autre ordre; **I think he's some ~ of specialist** OR **a specialist of some ~** je crois que c'est un genre de spécialiste; **what ~ of computer have you got?** qu'est-ce que vous avez comme (marque d') ordinateur?; **what ~ of person do you think I am?** pour qui me prenez-vous?; **it's all right, if you like that ~ of thing** c'est bien si vous aimez ce genre de choses; **they're not our ~ of people** [not the sort we mix with] nous ne sommes pas du même monde; **Las Vegas is my ~ of town** Las Vegas est le genre de ville que j'aime; **she's not the**

marrying ~ elle n'est pas du genre à se marier ❑ I said nothing of the ~! je n'ai rien dit de pareil OR de tel!; you were drunk last night — I was nothing of the ~! tu étais ivre hier soir — absolument pas OR mais pas du tout! **-2.** [class of person, thing]: it's one of the finest of its ~ [animal] c'est l'un des plus beaux spécimens de son espèce; [object] c'est l'un des plus beaux dans son genre. **-3.** *phr:* a ~ of une sorte de, une espèce de; I had a ~ of (a) feeling you'd come j'avais comme l'impression que tu viendrais; ~ of *inf* plutôt; it's ~ of big and round c'est plutôt OR dans le genre grand et rond; he ~ of insulted me, didn't he? il m'a insulté, dans un sens, non?; ~ of sad about it ça me rend un peu triste; did you hit him? — well, ~ of tu l'as frappé? — oui, si on veut; of a ~: they're two of a ~ ils sont de la même espèce; it's work of a ~, but only as a stopgap c'est un emploi, d'accord, mais pas pour très longtemps.
◆ **in kind** *adv phr* **-1.** [with goods, services] en nature. **-2.** [in similar fashion] de même; he insulted me, and I replied in ~ il m'a insulté, et je lui ai rendu la monnaie de sa pièce.

**kind²** [kaɪnd] *adj* **-1.** [good-natured, considerate] gentil, aimable; to be ~ to sb être gentil avec qqn; it's very ~ of you to take an interest c'est très gentil à vous de vous y intéresser; she was ~ enough to say nothing elle a eu la gentillesse de ne rien dire; would you be so ~ as to post this for me? auriez-vous l'amabilité de mettre ceci à la poste pour moi?; ‖ [favourable] favorable; most of the reviews were ~ to the actors la plupart des critiques étaient favorables aux acteurs. **-2.** [delicate, not harmful] doux, douce; a detergent that is ~ to your hands une lessive qui n'abîme pas les mains.

**kinda**▽ ['kaɪndə] *Am* = **kind of.**

**kindergarten** ['kɪndə,gɑːtn] *n* jardin *m* d'enfants, (école *f*) maternelle *f*.

**kind-hearted** *adj* bon, généreux.

**kindle** ['kɪndl] ◇ *vt* **-1.** [wood] allumer, faire brûler. **-2.** *fig* [interest] susciter; [passion] embraser, enflammer; [hatred, jealousy] attiser, susciter. ◇ *vi* **-1.** [wood] s'enflammer, brûler. **-2.** *fig* [passion, desire] s'embraser, s'enflammer; [interest] s'éveiller.

**kindling** ['kɪndlɪŋ] *n* petit bois *m*, bois *m* d'allumage.

**kindly** ['kaɪndlɪ] (*compar* **kindlier,** *superl* **kindliest**) ◇ *adv* **-1.** [affably, warmly] chaleureusement, affablement; he has always treated me ~ il a toujours été gentil avec moi. **-2.** [obligingly] gentiment, obligeamment. **-3.** [favourably]: to look ~ on sthg voir qqch d'un bon œil; they don't take ~ to people arriving late ils n'apprécient pas beaucoup OR tellement qu'on arrive en retard; I have always thought ~ of him j'ai toujours eu une bonne opinion de lui. **-4.** [in polite requests]: would OR will you ~ pass the salt? auriez-vous la gentillesse OR l'amabilité de me passer le sel?; ~ refrain from smoking prière de ne pas fumer ‖ [in anger or annoyance]: will you ~ sit down! asseyez-vous, je vous prie! ◇ *adj* [person, attitude] gentil; [smile] bienveillant.

**kindness** ['kaɪndnɪs] *n* **-1.** [thoughtfulness] bonté *f*, gentillesse *f*; she did it out of the ~ of her heart elle l'a fait par bonté d'âme. **-2.** *Br* [considerate act] service *m*; to do sb a ~ rendre service à qqn; please do me the ~ of replying *fml* pourriez-vous être assez gentil pour OR pourriez-vous avoir l'amabilité de me donner une réponse?

**kindred** ['kɪndrɪd] ◇ *n arch* OR *lit* [relationship] parenté *f*; [family] famille *f*, parents *mpl*. ◇ *adj* [related] apparenté; [similar] similaire, analogue; ~ spirits âmes *fpl* sœurs.

**kinetic** [kɪ'netɪk] *adj* cinétique.

**kinetic art** *n* art *m* cinétique.

**kinetic energy** *n* énergie *f* cinétique.

**kinfolk** ['kɪnfəʊk] *Am* = **kinsfolk.**

**king** [kɪŋ] *n* **-1.** roi *m*; King Henry the Eighth le roi Henri VIII; the King of Spain/Belgium le roi d'Espagne/des Belges; the Three Kings les trois Mages, les Rois mages; the ~ of (the) beasts *fig* le roi des animaux; the fast-food ~ *fig* le roi OR magnat de la restauration rapide ❑ to live like a ~ vivre en grand seigneur; to pay a ~'s ransom (for sthg) payer une fortune OR un prix fou (pour qqch); 'King Lear' *Shakespeare* 'le Roi Lear'. **-2.** [in cards & chess] roi *m*; [in draughts] dame *f*.
◆ **Kings** *n*: (the book of) Kings BIBLE (le livre des) Rois.

**King Charles spaniel** *n* king-charles *m inv.*

**king cobra** *n* cobra *m* royal, hamadryade *f*.

**kingcup** ['kɪŋkʌp] *n Br* populage *m*, souci *m* d'eau.

**kingdom** ['kɪŋdəm] *n* **-1.** [realm] royaume *m*; the ~ of God/Heaven BIBLE le royaume de Dieu/des cieux ❑ till ~ come jusqu'à la fin des temps; they were blown to ~ come ils ont été expédiés dans l'autre monde OR dans l'au-delà. **-2.** [division] règne *m*; the animal/vegetable/mineral ~ le règne animal/végétal/minéral.

**kingfisher** ['kɪŋfɪʃə'] *n* martin-pêcheur *m*.

**kingmaker** ['kɪŋ,meɪkə'] *n* HIST faiseur *m* de rois; *fig* & POL personne qui fait ou défait les candidats politiques.

**king penguin** *n* manchot *m* royal.

**kingpin** ['kɪŋpɪn] *n* **-1.** TECH pivot *m*. **-2.** *fig* pivot *m*, cheville *f* ouvrière.

**king prawn** *n* (grosse) crevette *f*.

**King's English** *n Br*: the ~ le bon anglais.

**King's evidence** *n Br*: to turn ~ témoigner contre ses complices.

**kingship** ['kɪŋʃɪp] *n* royauté *f*.

**king-size(d)** *adj* [bed, mattress] (très) grand; [cigarette] long (*f* longue); [packet, container] géant.

**kink** [kɪŋk] ◇ *n* **-1.** [in rope, wire] nœud *m*; [in hair] boucle *f*, frisette *f*. **-2.** *inf* & *fig* [sexual deviation] perversion *f*, aberration *f*; [quirk] bizarrerie *f*, excentricité *f*. **-3.** *Am inf* [flaw] problème *m*. ◇ *vt* [rope, cable] entortiller, emmêler. ◇ *vi* [rope, cable] s'entortiller, s'emmêler.

**kinky** ['kɪŋkɪ] (*compar* **kinkier,** *superl* **kinkiest**) *adj* **-1.** *inf* [behaviour] farfelu; [sexually] vicieux, pervers; he likes ~ sex il a des goûts sexuels un peu spéciaux. **-2.** [rope, cable] entortillé, emmêlé; [hair] crépu, frisé.

**kinsfolk** ['kɪnzfəʊk] *npl* parents *mpl*, famille *f*.

**kinship** ['kɪnʃɪp] *n* [relationship] parenté *f*; *fig* [closeness] intimité *f*.

**kiosk** ['kiːɒsk] *n* [for newspapers, magazines] kiosque *m*; *Am* [for advertisements] ~ colonne *f* Morris.

**kip** [kɪp] (*pt* & *pp* **kipped,** *cont* **kipping**) *Br inf* ◇ *n* [sleep] roupillon *m*. ◇ *vi* roupiller.
◆ **kip down** *vi insep inf* se pieuter.

**kipper** ['kɪpə'] ◇ *n* hareng *m* fumé, kipper *m*. ◇ *vt* [fish] fumer.

**kipper tie** *n* large cravate *f*.

**KIPS** [kɪps] (*abbr of* **kilo instructions per second**) *n* COMPUT millier d'instructions par seconde.

**Kirgizia** [kɜː'gɪzɪə] *prn* Kirghizie *f*; in ~ en Khirgizie.

**kirsch** [kɪəʃ] *n* Kirsch *m*.

**kiss** [kɪs] ◇ *n* **-1.** baiser *m*; they gave her a ~ ils l'ont embrassée; give us a ~! fais-moi un (gros) bisou!; she gave him a goodnight ~ elle lui a souhaité une bonne nuit en l'embrassant, elle l'a embrassé pour lui souhaiter (une) bonne nuit ❑ to give sb the ~ of life faire du bouche-à-bouche à qqn; it could be the ~ of life for the building trade cela pourrait permettre à l'industrie du bâtiment de retrouver un OR son second souffle; ~ of death coup fatal; the new supermarket was the ~ of death for local shopkeepers l'ouverture du supermarché a entraîné la ruine des petits commerçants. ◇ *vt* **-1.** [with lips] embrasser; he ~ed her on the lips/forehead il l'embrassa sur la bouche/sur le front; he ~ed her hand il lui a baisé la main; I ~ed her goodnight je l'ai embrassée OR je lui ai fait une bise pour lui souhaiter (une) bonne nuit ❑ you can ~ your money goodbye! *inf* tu peux faire ton deuil de OR tu peux faire une croix sur ton fric!. **-2.** *lit* [touch lightly] caresser. ◇ *vi* s'embrasser; to ~ and make up s'embrasser et faire la paix.
◆ **kiss away** *vt sep*: she ~ed away my tears ses baisers ont séché mes larmes.

**kissagram** ['kɪsəgræm] *n* baiser *m* par porteur spécial (*service utilisé à l'occasion d'un anniversaire etc*).

**kiss curl** *n Br* accroche-cœur *m*.

**kisser** ['kɪsə'] *n* **-1.** [person]: is he a good ~? est-ce qu'il embrasse bien?. **-2.** *inf* [face, mouth] tronche *f*.

**kit** [kɪt] (*pt* & *pp* **kitted,** *cont* **kitting**) *n* **-1.** [set] trousse *f*; tool/sewing ~ trousse à outils/à couture. **-2.** [equipment] affaires *fpl*, matériel *m*; have you got your squash ~? as-tu tes affaires de squash?; get your ~ off! *inf*▽ *hum* à poil! ❑ the whole ~ and caboodle *inf* tout le bazar OR bataclan. **-3.**

[soldier's gear] fourniment *m*; **in full battle** ~ en tenue de combat; ~ **inspection** revue *f* de détail. **-4.** [parts to be assembled] kit *m*; **it's sold in** ~ form c'est vendu en kit; **model aircraft** ~ maquette *f* d'avion.
◆ **kit out**, **kit up** *vt sep Br inf* équiper; **we kitted ourselves out for a long trip** nous nous sommes équipés pour un long voyage; **he was kitted out for golf** il était en tenue de golf.

**kit bag** *n Br* musette *f*, sac *m* de toile.

**kitchen** ['kɪtʃɪn] ◇ *n* cuisine *f*. ◇ *comp* [salt, scissors, table] de cuisine.

**kitchen cabinet** *n* **-1.** [furniture] buffet *m* (de cuisine). **-2.** *Br* POL cabinet *m* restreint (*conseillers proches du chef du gouvernement*).

**kitchenette** [,kɪtʃɪ'net] *n* kitchenette *f*, cuisinette *f offic*.

**kitchen foil** *n* aluminium *m* ménager, papier *m* d'aluminium OR d'alu.

**kitchen sink** *n* évier *m*; **everything but the** ~ *fig & hum* tout sauf les murs; ~ **drama** *théâtre et cinéma réalistes des années 50-60 dépeignant l'ennui et la misère des gens ordinaires.*

**kitchen unit** *n* élément *m* (de cuisine).

**kitchenware** ['kɪtʃɪnweəʳ] *n* vaisselle *f* et ustensiles *mpl* de cuisine.

**kite** [kaɪt] *n* **-1.** [toy] cerf-volant *m*; **to fly a** ~ *literal* faire voler un cerf-volant; *fig* lancer un ballon d'essai. **-2.** ORNITH milan *m*.

**Kite mark** *n* label représentant un petit cerf-volant apposé sur les produits conformes aux normes officielles britanniques.

**kith** [kɪθ] *npl*: ~ **and kin** amis *mpl* et parents *mpl*.

**kitsch** [kɪtʃ] ◇ *adj* kitsch. ◇ *n* kitsch *m*.

**kitschy** ['kɪtʃɪ] (*compar* **kitschier**, *superl* **kitschiest**) = kitsch *adj*.

**kitten** ['kɪtn] *n* chaton *m*; **our cat has had** ~s notre chatte a eu des petits ❑ **he was having** ~s *Br inf* il était dans tous ses états OR aux cent coups.

**kitty** ['kɪtɪ] (*pl* **kitties**) *n* **-1.** *inf* [kitten] chaton *m*; **here,** ~ ~ viens, mon minou OR minet. **-2.** [funds held in common] cagnotte *f*, caisse *f* (commune); [in gambling] cagnotte *f*.

**kiwi** ['kiːwiː] *n* **-1.** ORNITH kiwi *m*, aptéryx *m*. **-2.** [fruit] kiwi *m*.
◆ **Kiwi** *n inf* [New Zealander] Néo-Zélandais *m*, -e *f*; **the Kiwis** [rugby team] les Kiwis.

**kiwi fruit** *n* kiwi *m*.

**KKK** *pr n abbr of* **Ku Klux Klan**.

**Kleenex®** ['kliːneks] *n* Kleenex® *m inv*, mouchoir *m* en papier.

**kleptomania** [,kleptə'meɪnɪə] *n* kleptomanie *f*, cleptomanie *f*.

**kleptomaniac** [,kleptə'meɪnɪæk] ◇ *adj* kleptomane, cleptomane. ◇ *n* kleptomane *mf*, cleptomane *mf*.

**klieg light** [kliːg-] *n Am* lampe *f* à arc.

**Klondike** ['klɒndaɪk] *pr n*: **the** ~ (River) le Klondike; **the** ~ **gold rush** *la ruée vers l'or, aux États-Unis.*

**km** (*written abbr of* **kilometre**) km.

**km/h** (*written abbr of* **kilometres per hour**) km/h.

**knack** [næk] *n* tour *m* de main, truc *m*; **it's easy, once you get the** ~ (of it) c'est facile, une fois qu'on a compris le truc; **she's got a** ~ **of finding the right word** elle sait toujours trouver le mot juste; **he's got a** ~ **of turning up at mealtimes** *hum* il a le chic pour arriver aux heures des repas.

**knacker** ['nækəʳ] *Br* ◇ *vt* ▽ crever. ◇ *n* **-1.** [slaughterer] équarrisseur *m*; ~**'s yard** équarrissage *m*, abattoir *m*. **-2.** [in real estate] démolisseur *m*.

**knackered**▽ ['nækəd] *adj* [tired] crevé; [engine] mort.

**knapsack** ['næpsæk] *n* havresac *m*, sac *m* à dos.

**knave** [neɪv] *n* **-1.** *arch* [rogue] canaille *f*. **-2.** CARDS valet *m*.

**knead** [niːd] *vt* [dough, clay] pétrir, malaxer; [massage – body] pétrir, malaxer.

**knee** [niː] ◇ *n* **-1.** ANAT genou *m*; **the snow was up to our** ~s, **we were up to our** ~s **in snow** on avait de la neige jusqu'aux genoux; **to go down on one's** ~s, **to fall to one's** ~s se mettre à genoux ❑ **to be on one's** ~s *literal & fig* être à genoux; **to bring sb to his/her** ~s faire capituler qqn; **the war nearly brought the country to its** ~s la guerre a failli entraîner la ruine du pays. **-2.** [of trousers] genou *m*; **worn at the** ~s usé aux genoux. **-3.** [lap] genoux *mpl*; **come and sit**

on my ~ viens t'asseoir sur mes genoux; **to put sb over one's** ~ donner la fessée à OR corriger qqn ❑ **I learnt it at my mother's** ~ c'est ma mère qui me l'a appris lorsque je n'étais qu'un enfant; **to go down on bended** ~ se mettre à genoux. ◇ *vt* donner un coup de genou à.

**kneecap** ['niːkæp] (*pt & pp* **kneecapped**, *cont* **kneecapping**) ◇ *n* ANAT rotule *f*. ◇ *vt*: **he was kneecapped** on lui a brisé les rotules.

**knee-deep** *adj*: **we were** ~ **in water** l'eau nous arrivait OR nous étions dans l'eau jusqu'aux genoux; **he was** ~ **in trouble** *fig* il était dans les ennuis jusqu'au cou.

**knee-high** *adj* [grass] à hauteur de genou; ~ **socks** chaussettes *fpl* montantes; **the grass was** ~ l'herbe nous arrivait (jusqu') aux genoux ❑ ~ **to a grasshopper** *inf & hum* haut comme trois pommes.

**knee jerk** *n* réflexe *m* rotulien.
◆ **knee-jerk** *adj* automatique.

**knee joint** *n* articulation *f* du genou.

**kneel** [niːl] (*pt & pp* **knelt** [nelt] OR **kneeled**) *vi* s'agenouiller, se mettre à genoux; **to** ~ **in prayer** s'agenouiller pour prier.
◆ **kneel down** *vi insep* se mettre à genoux, s'agenouiller.

**knee-length** *adj*: **a** ~ **skirt** une jupe qui descend jusqu'au genou.

**knee level** *n*: **at** ~ à hauteur du genou.

**kneeling** ['niːlɪŋ] *adj* agenouillé, à genoux.

**knee pad** *n* genouillère *f*.

**knees-up** *n Br inf* [dance] danse *f* (agitée); [party] fête *f*.

**knell** [nel] *n* lit glas *m*.

**knelt** [nelt] *pt & pp* → **kneel**.

**knew** [njuː] *pt* → **know**.

**knickerbocker glory** ['nɪkəbɒkəʳ-] *n* coupe de glace avec fruits et crème Chantilly.

**knickerbockers** ['nɪkəbɒkəz] *npl* knickers *mpl*; [for golf] culotte *f* de golf.

**knickers** ['nɪkəz] ◇ *npl Br* [underwear] culotte *f*, slip *m* (de femme); **don't get your** ~ **in a twist!** *inf* [don't panic] ne t'affole pas!; [don't get angry] du calme!, calme-toi! ◇ *interj Br inf & dated*: ~! mon œil!

**knick-knack** ['nɪknæk] *n* [trinket] bibelot *m*; [brooch] colifichet *m*.

**knife** [naɪf] (*pl* **knives** [naɪvz]) ◇ *n* **-1.** [for eating] couteau *m*; **fish** ~ couteau *m* à poisson; **like a** ~ **through butter** comme dans du beurre; **to be** OR **to go under the** ~ *inf* passer sur le billard. **-2.** [as a weapon] couteau *m*; **the knives are out** ils sont à couteaux tirés OR en guerre ouverte; **you really stuck the** ~ **in!** *inf* tu ne l'as pas loupé!; **to turn** OR **to twist the** ~ (in the wound) retourner le couteau dans la plaie. ◇ *comp*: **a** ~ **wound/attack** une blessure/une attaque à coups de couteau. ◇ *vt* donner un coup de couteau à; **to** ~ **sb to death** tuer qqn à coups de couteau; **he was** ~**d in the back** *literal* il a reçu un coup de couteau OR on lui a planté un couteau dans le dos; *fig* on lui a tiré dans le dos OR dans les pattes.

**knife-edge** *n* **-1.** [blade] fil *m* d'un couteau; **we were on a** ~ *fig* on était sur des charbons ardents; **his decision was** (balanced) on a ~ sa décision ne tenait qu'à un fil. **-2.** [of scales] couteau *m*.

**knife-grinder** *n* rémouleur *m*.

**knife-point** *n*: **at** ~ sous la menace du couteau.

**knife-rest** *n* porte-couteau *m*.

**knifing** ['naɪfɪŋ] *n* agression *f* à coups de couteau.

**knight** [naɪt] ◇ *n* **-1.** HIST chevalier *m*; **a** ~ **in shining armour** [romantic hero] un prince charmant; [saviour] un sauveur, un redresseur de torts. **-2.** *Br* [honorary title] chevalier *m*. **-3.** [chess piece] cavalier *m*. ◇ *vt* faire chevalier.

**knighthood** ['naɪthʊd] *n* **-1.** *Br* [title] titre *m* de chevalier; **to receive a** ~ être fait chevalier, être anobli. **-2.** HIST chevalerie *f*.

**knit** [nɪt] (*pt & pp* **knit** OR **knitted**, *cont* **knitting**) ◇ *vt* **-1.** tricoter; **he knitted himself a scarf** il s'est tricoté une écharpe. **-2.** [in instructions]: ~ **2 purl 2** (tricoter) 2 mailles à l'endroit, 2 mailles à l'envers. **-3.** [unite] unir. **-4.** *phr*: **to** ~ **one's brows** froncer les sourcils. ◇ *vi* tricoter.
◆ **knit together** ◇ *vi insep* [heal – bones] se souder. ◇ *vt sep* [unite] unir; MED [bones] souder.

◆ **knit up** ◇ *vi insep* [yarn]: this wool ~s up easily cette laine se tricote facilement. ◇ *vt sep* [garment] tricoter.

**knitted** ['nɪtɪd] *adj* tricoté, en tricot.

**knitting** ['nɪtɪŋ] ◇ *n* -**1.** [garment] tricot *m*.-**2.** [activity] tricot *m*; [on industrial scale] tricotage *m*; to do some ~ faire du tricot ❑ **machine** ~ tricots faits à la machine. ◇ *comp* [wool] à tricoter; [pattern] de tricot; [factory] de tricotage.

**knitting machine** *n* machine *f* à tricoter.

**knitting needle, knitting pin** *n* aiguille *f* à tricoter.

**knitwear** ['nɪtweəʳ] *n* [garments] tricots *mpl*, pulls *mpl*; [in department store] rayon *m* pulls.

**knives** [naɪvz] *pl* → **knife**.

**knob** [nɒb] *n* -**1.** [handle – of door, drawer] poignée *f*, bouton *m*; the same to you with ~s on! *Br* toi-même!-**2.** [control – on appliance] bouton *m*.-**3.** [ball-shaped end – of walking stick] pommeau *m*; [– on furniture] bouton *m*.-**4.** [of butter] noix *f*.-**5.** [hillock] monticule *m*.-**6.** ▼ *Br* [penis] queue *f*, bite *f*.

**knobbly** *Br* ['nɒblɪ], **knobby** *Am* ['nɒbɪ] (*Br compar* **knobblier**, *superl* **knobbliest**, *Am compar* **knobbier**, *superl* **knobbiest**) *adj* noueux; ~ knees genoux couverts de bosses.

**knock** [nɒk] ◇ *vt* -**1.** [hit]: to ~ a nail in enfoncer un clou; she ~ed a nail into/she ~ed a hole in the wall elle a planté un clou/elle a fait un trou dans le mur; the force of the explosion ~ed us to the floor la force de l'explosion nous a projetés à terre; to ~ sb unconscious OR cold *inf* assommer qqn. ‖ [bump] heurter, cogner; I ~ed my head on OR against the low ceiling je me suis cogné la tête contre le or au plafond. -**2.** *fig*: to ~ holes in a plan/an argument démolir un projet/un argument; maybe it will ~ some sense into him cela lui mettra peut-être du plomb dans la cervelle, cela le ramènera peut-être à la raison; he ~ed all our hopes on the head *Br* il a réduit nos espoirs à néant; he can ~ spots off me at chess/tennis *Br* il me bat à plate couture aux échecs/au tennis. -**3.** *inf* [criticize – author, film] éreinter; [– driving, cooking] critiquer; ~ing your colleagues isn't going to help ce n'est pas en débinant vos collègues OR en cassant du sucre sur le dos de vos collègues que vous changerez quoi que ce soit. -**4.** ▽ *Br* [have sex with] se faire, se taper.
◇ *vi* -**1.** [hit] frapper; to ~ on OR at the door frapper (à la porte); they ~ on the wall when we're too noisy ils tapent OR cognent contre le mur quand on fait trop de bruit. -**2.** [bump]: to ~ against OR into heurter, cogner; she ~ed into the desk elle s'est heurtée OR cognée contre le bureau. -**3.** [make symptomatic sound] cogner; my heart was ~ing je sentais mon cœur cogner dans ma poitrine, j'avais le cœur qui cognait; the car engine is ~ing le moteur cogne; his knees were ~ing *hum* ses genoux jouaient des castagnettes.
◇ *n* -**1.** [blow] coup *m*; give it a ~ with a hammer donne un coup de marteau dessus; there was a ~ at the door/window on a frappé à la porte/fenêtre; no one answered my ~ personne n'a répondu quand j'ai frappé; ~! ~! toc! toc!; ‖ [bump] coup *m*; I got a nasty ~ on the elbow [in fight, accident] j'ai reçu un sacré coup au coude; [by one's own clumsiness] je me suis bien cogné le coude; the car's had a few ~s, but nothing serious la voiture est un peu cabossée mais rien de grave. -**2.** [setback] coup *m*; his reputation has taken a hard ~ sa réputation en a pris un sérieux coup; I've taken a few ~s in my time j'ai encaissé des coups moi aussi. -**3.** *inf* [criticism] critique *f*; she's taken a few ~s from the press la presse n'a pas toujours été très tendre avec elle. -**4.** AUT [in engine] cognement *m*.

◆ **knock about** *Br*, **knock around** ◇ *vi insep inf* [loiter] traîner; I ~ed about in Australia for a while j'ai bourlingué OR roulé ma bosse en Australie pendant quelque temps. ◇ *vt insep inf* traîner dans; these clothes are OK for ~ing about the house in ces vêtements, ça va pour traîner à la maison.
◇ *vt sep* -**1.** [beat] battre; [ill-treat] malmener; the old car's been ~ed about a bit la vieille voiture a pris quelques coups ici et là. -**2.** [jolt, shake] balloter. -**3.** *inf* [discuss] débattre; we ~ed the idea about for a while nous en avons vaguement discuté pendant un certain temps.

◆ **knock about with** *Br*, **knock around with** *vt insep inf* fréquenter.

◆ **knock back** *vt sep inf* -**1.** [drink] descendre. -**2.** [cost] coûter.

◆ **knock down** *vt sep* -**1.** [person] renverser; [in fight] envoyer par terre, étendre; she was ~ed down by a bus elle a

été renversée par un bus. -**2.** [hurdle, vase, pile of books] faire tomber, renverser. -**3.** [demolish – building] démolir; [– wall] démolir, abattre. -**4.** [price] baisser; [salesman] faire baisser; I managed to ~ him down to $500 j'ai réussi à le faire baisser jusqu'à 500 dollars. -**5.** *Br* [at auction] adjuger.

◆ **knock off** ◇ *vt sep* -**1.** [from shelf, wall etc] faire tomber; he was ~ed off his bicycle le choc l'a fait tomber de sa bicyclette ❑ to ~ sb's block off *inf* casser la figure à qqn. -**2.** [reduce by] faire une réduction de; the salesman ~ed 10% off (for us) le vendeur nous a fait un rabais OR une remise de 10 %. -**3.** *inf* [write rapidly] torcher. -**4.** ▽ [kill] descendre, buter. -**5.** ▽ *Br* [steal] piquer, faucher; [rob] braquer. -**6.** *inf phr*: ~ it off! [stop] arrête ton char!-**7.** ▼ *Br* [have sex with] baiser.
◇ *vi insep inf* [stop work] cesser le travail.

◆ **knock on** ◇ *vi insep* -**1.** RUGBY faire un en-avant. -**2.** *Br inf* [age]: my dad's ~ing on a bit now mon père commence à prendre de la bouteille. ◇ *vt sep* RUGBY: to ~ the ball on faire un en-avant. ◇ *vt insep Br inf*: he's ~ing on 60 il va sur la soixantaine.

◆ **knock out** *vt sep* -**1.** [nail] faire sortir; [wall] abattre; one of his teeth was ~ed out il a perdu une dent. -**2.** [make unconscious] assommer; [in boxing] mettre K-O; *inf* [subj: drug, pill] assommer, mettre K.O. -**3.** *inf* [astound] épater. -**4.** [eliminate] éliminer. -**5.** [put out of action] mettre hors service. -**6.** *inf* [exhaust] crever. -**7.** [pipe]: he ~ed out his pipe il a débourré sa pipe.

◆ **knock over** *vt sep* renverser, faire tomber.

◆ **knock together** ◇ *vt sep* [hit together] cogner l'un contre l'autre. ◇ *vi insep* s'entrechoquer.

◆ **knock up** ◇ *vt sep* -**1.** *inf* [make quickly] faire à la hâte; he ~ed up a delicious meal in no time en un rien de temps, il a réussi à nous préparer quelque chose de délicieux. -**2.** *Br* [waken] réveiller (en frappant à la porte). -**3.** *Br inf* [make ill] rendre malade; he's ~ed up with the flu il a chopé la grippe. -**4.** ▽ [make pregnant] mettre en cloque. -**5.** [in cricket] marquer. ◇ *vi insep Br* [in ball games] faire des balles.

**knockabout** ['nɒkəbaʊt] *adj* turbulent, violent; a ~ comedy OR farce une grosse farce; a ~ comedian un clown.

**knockdown** ['nɒk,daʊn] *adj* -**1.** [forceful]: a ~ blow un coup à assommer un bœuf; a ~ argument un argument massue. -**2.** *Br* [reduced]: for sale at ~ prices en vente à des prix imbattables OR défiant toute concurrence. -**3.** [easy to dismantle] démontable. ◇ *n* [in boxing] knock-down *m*.

**knocker** ['nɒkəʳ] *n* -**1.** [on door] heurtoir *m*, marteau *m* (de porte). -**2.** *inf* [critic] débineur *m*, -euse *f*.
◆ **knockers** ▽ *npl* [breasts] nichons *mpl*.

**knock-for-knock** *adj* [in insurance]: ~ agreement *accord à l'amiable selon lequel, lors d'un accident, chaque compagnie d'assurance paie les dégâts de son propre assuré.*

**knocking** ['nɒkɪŋ] *n* -**1.** [noise] bruit *m* de coups, cognement *m*; AUT cognement *m*, cliquetis *m*.-**2.** *Br inf* [injury, defeat]: to take a ~ [in fight] se faire rouer de coups; [in match] se faire battre à plate couture OR plates coutures; their prestige took a ~ leur prestige en a pris un coup.

**knocking-off time** *n Br inf*: it's ~ c'est l'heure de se tirer.

**knocking shop** ▽ *n Br* bordel *m*.

**knock-kneed** [-'niːd] *adj* cagneux.

**knock-knees** *npl*: to have ~ avoir les genoux cagneux.

**knock-on** *n* RUGBY en-avant *m inv*. ◇ *adj*: ~ effect répercussion *f*; to have a ~ effect déclencher une réaction en chaîne.

**knockout** ['nɒkaʊt] ◇ *n* -**1.** [in boxing] knock-out *m*, K-O *m*; to win by a ~ gagner par K-O. -**2.** *inf* [sensation]: to be a ~ être sensationnel OR génial. -**3.** SPORT tournoi *m* (par élimination directe). ◇ *adj* -**1.** ~ blow coup *m* qui met K-O; ~ drops *inf* soporifique *m*, somnifère *m*.-**2.** SPORT: ~ competition tournoi *m* par élimination.

**knock-up** *n Br* SPORT [in ball games] échauffement *m*; to have a ~ faire des balles.

**knoll** [nəʊl] *n* monticule *m*, tertre *m*.

**knot** [nɒt] (*pt & pp* **knotted**, *cont* **knotting**) ◇ *n* -**1.** [fastening] nœud *m*; *fig* [bond] lien *m*; to tie sthg in a ~, to tie a ~ in sthg nouer qqch, faire un nœud à qqch; to tie/to untie a ~ faire/défaire un nœud ❑ to tie the (marriage) ~ se marier; tie a ~ in it! *Br inf* ferme-la!-**2.** [tangle] nœud *m*; the wool is full of ~s la laine est toute emmêlée; my stomach was in

~s *fig* j'avais l'estomac noué; **to get tied up in** ~s *inf*, to tie o.s. (up) in ~s *inf* s'emmêler les pinceaux. **-3.** [in wood] nœud *m*.**-4.** ANAT & MED nœud *m*, nodule *m*.**-5.** [cluster of people] petit groupe *m*.**-6.** NAUT nœud *m*; **at a rate of** ~s à toute allure, à un train d'enfer. ◇ *vt* [string] nouer, faire un nœud dans; [tie] nouer. ◇ *vi* [stomach] se nouer; [muscles] se contracter, se raidir.

**knothole** ['nɒthəʊl] *n* trou *m* (*laissé par un nœud dans du bois*).

**knotted** ['nɒtɪd] *adj* noué; **get** ~!▽ va te faire voir!

**knotty** ['nɒtɪ] (*compar* **knottier**, *superl* **knottiest**) *adj* [wood] noueux; [wool, hair] plein de nœuds; [problem] épineux.

**know** [nəʊ] (*pt* **knew** [njuː], *pp* **known** [nəʊn]) ◇ *vt* **-1.** [person] connaître; **to** ~ **sb by sight/by reputation** connaître qqn de vue/de réputation; **I don't** ~ **him to speak to** je ne le connais pas assez pour lui parler; ~**ing him, he'll still be in bed** tel que je le connais, il sera encore au lit; **you'll like her once you get to** ~ **her better** elle vous plaira une fois que vous la connaîtrez mieux. **-2.** [place] connaître. **-3.** [fact, information]: **do you** ~ **her phone number?** vous connaissez son numéro de téléphone?; **civilization as we** ~ **it** la civilisation telle que nous la connaissons; **I** ~ **for a fact that he's lying** je sais pertinemment qu'il ment; **I don't** ~ **that it's the best solution** je ne sais pas certain OR sûr que ce soit la meilleure solution; **I** ~ **what I'm talking about** je sais de quoi je parle; **I'll let you** ~ **how it turns out** je te dirai comment ça s'est passé; **any problems, let me** ~ au moindre problème, n'hésitez pas; **she** ~**s a lot about politics** elle s'y connaît en politique; **she** ~**s her own mind** elle sait ce qu'elle veut ❏ **it's not an easy job — don't I** ~ **it!** *inf* ce n'est pas un travail facile — à qui le dis-tu!; **you** ~ **what I mean** tu vois ce que je veux dire; **well, what do you** ~**!** *inf* ça alors!, ça par exemple!; **there's no** ~**ing how he'll react** on ne peut pas savoir comment il réagira; **God** OR **Heaven** ~**s why!** *inf* Dieu sait pourquoi!**-4.** [language, skill]: **he** ~**s French** il comprend le français; **I** ~ **a few words of Welsh** je connais quelques mots de gallois; **she really** ~**s her job/subject** elle connaît son boulot/sujet; **to** ~ **how to do sthg** savoir faire qqch; **they knew how to make cars in those days!** en ce temps-là, les voitures, c'était du solide!**-5.** [recognize] reconnaître; **she** ~**s a bargain when she sees one** elle sait reconnaître une bonne affaire. **-6.** [distinguish] distinguer, discerner; **she doesn't** ~ **right from wrong** elle ne sait pas discerner le bien du mal OR faire la différence entre le bien et le mal. **-7.** [experience]: **I've never known him to be wrong** je ne l'ai jamais vu se tromper. **-8.** [nickname, call]: **Ian White, known as "Chalky"** Ian White, connu sous le nom de «Chalky»; **they're known as June bugs in America** on les appelle des «June bugs» en Amérique. **-9.** [regard] considérer.
◇ *vi* savoir; **not that I** ~ (**of**) pas que je sache; **you never** ~ on ne sait jamais; **he might** OR **should have known better ce n'était pas très sage de sa part; **to** ~ **about sthg** être au courant de qqch; **he** ~**s about cars** il s'y connaît en voitures; **I don't** ~ **about you, but I'm exhausted** toi, je ne sais pas, mais moi, je suis épuisé; **do you** ~ **of a good bookshop?** vous connaissez une bonne librairie?.
◇ *n inf*: **to be in the** ~ *inf* être au courant.
◆ **as far as I know** *adv phr* (pour) autant que je sache; **not as far as I** ~ pas que je sache.
◆ **you know** *adv phr* **-1.** [for emphasis]: **I was right, you** ~ j'avais raison, tu sais. **-2.** [indicating hesitancy]: **he was just, you** ~, **a bit boring** il était juste un peu ennuyeux, si tu vois ce que je veux dire. **-3.** [to add information]: **it was that blonde woman, you** ~, **the one with the dog** c'était la femme blonde, tu sais, celle qui avait un chien. **-4.** [to introduce a statement]: **you** ~, **sometimes I wonder why I do this** tu sais, parfois je me demande pourquoi je fais ça.

**know-all** *Br*, **know-it-all** *Am n inf & péj* je-sais-tout *mf*, monsieur *m* OR madame *f* OR mademoiselle *f* je-sais-tout.

**know-how** *n* savoir-faire *m*, know-how *m*.

**knowing** ['nəʊɪŋ] *adj* [look, laugh] entendu, complice; **she gave him a** ~ **look** elle l'a regardé d'un air entendu.

**knowingly** ['nəʊɪŋlɪ] *adv* **-1.** [act] sciemment, consciemment. **-2.** [smile, laugh] d'un air entendu.

**know-it-all** *Am inf* = **know-all**.

**knowledgable** ['nɒlɪdʒəbl] = **knowledgeable**.

**knowledge** ['nɒlɪdʒ] *n* **-1.** [learning] connaissance *f*, savoir *m*; [total learning] connaissances *fpl*; **she has a good** ~ **of English** elle a une bonne connaissance de l'anglais; **he has a basic** ~ **of computing** il a un minimum de connaissances en informatique; **to have a thorough** ~ **of sthg** connaître qqch à fond. **-2.** [awareness] connaissance *f*; **it has come to my** ~ **that...** j'ai appris que...; **to (the best of) my** ~ (pour) autant que je sache, à ma connaissance; **not to my** ~ pas que je sache; **without my** ~ à mon insu, sans que je le sache; **it's (a matter of) common** ~ c'est de notoriété publique, personne ne l'ignore.

**knowledgeable** ['nɒlɪdʒəbl] *adj* **-1.** [well researched] bien documenté. **-2.** [expert] bien informé; **he's very** ~ **about computing** il connaît bien l'informatique, il s'y connaît en informatique.

**knowledgeably** ['nɒlɪdʒəblɪ] *adv* en connaisseur; **he speaks very** ~ **about art** il parle d'art en connaisseur.

**known** [nəʊn] ◇ *pp* → **know**. ◇ *adj* [notorious] connu, notoire; [recognized] reconnu; **it's a** ~ **fact** c'est un fait établi; **to make o.s.** ~ se faire connaître; **to let it be** ~ faire savoir.

**knuckle** ['nʌkl] *n* **-1.** [of human] articulation *f* OR jointure *f* (du doigt); [of animal] première phalange *f*; **I grazed my** ~**s on the wall** je me suis écorché les doigts contre le mur ❏ **near the** ~ [joke, remark] osé. **-2.** [joint of meat] jarret *m*.
◆ **knuckles** *npl Am* = **knuckle-duster**.
◆ **knuckle down** *vi insep Br* s'y mettre; **we'd better** ~ **down to some work** il vaudrait mieux se mettre OR s'atteler au travail.
◆ **knuckle under** *vi insep* céder, se soumettre.

**knuckle-duster** *n* coup-de-poing *m* américain.

**knucklehead** ['nʌklhed] *n inf* andouille *f*.

**knurl** [nɜːl] ◇ *n* **-1.** [in wood] nœud *m*.**-2.** [on screw] moletage *m*. ◇ *vt* TECH moleter.

**KO** (*pl* **KO's**, *pt* & *pp* **KO'd**, *cont* **KO'ing**) (*abbr of* **knockout**) ◇ *vt* mettre K-O; [in boxing] battre par K-O. ◇ *n* K-O *m*.

**koala** [kəʊ'ɑːlə] *n*: ~ (**bear**) koala *m*.

**kohlrabi** [kəʊl'rɑːbɪ] *n* chou-rave *m*.

**kookie**, **kooky** ['kuːkɪ] (*compar* **kookier**, *superl* **kookiest**) *adj Am inf* fêlé, malade.

**Koran** [kɒ'rɑːn] *n*: **the** ~ le Coran.

**Korea** [kə'rɪə] *pr n* Corée *f*; **in** ~ en Corée; **the Democratic People's Republic of** ~ la République démocratique populaire de Corée.

**Korean** [kə'rɪən] ◇ *n* **-1.** [person] Coréen *m*, -enne *f*.**-2.** LING coréen *m*. ◇ *adj* coréen; **the** ~ **War** la guerre de Corée.

**kosher** ['kəʊʃər] ◇ *adj* **-1.** RELIG kasher, cacher (*inv*). **-2.** *inf* [honest] honnête, régulier. ◇ *n* nourriture *f* kasher.

**kowtow** [,kaʊ'taʊ] *vi*: **to** ~ **to sb** faire des courbettes à qqn.

**kph** (*written abbr of* **kilometres per hour**) km/h.

**Kraut**▽ [kraʊt] *offensive* ◇ *n* Boche *mf*. ◇ *adj* boche.

**Kremlin** ['kremlɪn] *pr n* Kremlin *m*.

**krona** ['krəʊnə] *n* couronne *f* suédoise.

**krone** ['krəʊnə] *n* [in Norway] couronne *f* norvégienne; [in Denmark] couronne *f* danoise.

**Krugerrand** ['kruːgərænd] *n* Krugerrand *m*.

**Krushchev** ['krʊstʃɒf] *pr n*: **Nikita** ~ Nikita Khrouchtchev.

**krypton** ['krɪptɒn] *n* krypton *m*.

**KS** *written abbr of* **Kansas**.

**kudos** ['kjuːdɒs] *n* gloire *f*, prestige *m*.

**kudzu vine** ['kudzuː-] *n* plante fourragère très envahissante qui pousse dans le sud des États-Unis.

**kumquat** ['kʌmkwɒt] *n* kumquat *m*.

**kung fu** [,kʌŋ'fuː] *n* kung-fu *m*.

**Kurd** [kɜːd] *n* Kurde *m*.

**Kurdish** ['kɜːdɪʃ] ◇ *n* LING kurde *m*. ◇ *adj* kurde.

**Kurdistan** [,kɜːdɪ'stɑːn] *pr n* Kurdistan *m*; **in** ~ au Kurdistan.

**Kuwait** [kʊ'weɪt] *pr n* **-1.** [country] Koweït *m*; **in** ~ au Koweït. **-2.** [town] Koweït City.

**Kuwaiti** [kʊ'weɪtɪ] ◇ *n* Koweïtien *m*, -enne *f*. ◇ *adj* koweïtien.

**kW** (*written abbr of* **kilowatt**) kW.

**kwashiorkor** [,kwɒʃɪ'ɔːkɔːr] *n* kwashiorkor *m*.

**KY** *written abbr of* **Kentucky**.

**Kyrgyzstan** [,kɪəgɪ'stɑːn] *pr n*: **the Republic of** ~ la république du Kyrghyzstan.

# L

**l** (*pl* **l's** OR **ls**), **L** (*pl* **L's** OR **Ls**) [el] *n* [letter] l *m*, L *m*.
**l** (*written abbr of* **litre**) l.
**L -1.** *written abbr of* **lake**. **-2.** *written abbr of* **large**. **-3.** (*written abbr of* **left**) g. **-4.** (*written abbr of* **learner**) *lettre apposée sur une voiture et signalant un apprenti conducteur (en Grande-Bretagne).*
**la** [lɑː] *n* MUS la *m*.
**LA** ◇ *pr n abbr of* **Los Angeles**. ◇ *written abbr of* **Louisiana**.
**lab** [læb] *inf* ◇ *n* (*abbr of* **laboratory**) labo *m*. ◇ *comp* [book, coat] de laboratoire.
**Lab** [læb] *written abbr of* **Labour/Labour Party**.
**label** ['leɪbl] (*Br pt* & *pp* **labelled**, *cont* **labelling**, *Am pt* & *pp* **labeled**, *cont* **labeling**) ◇ *n literal* & *fig* étiquette *f*; they brought out the record on the Mega ∼ ils ont sorti le disque chez Mega ❑ designer ∼ marque *f*, griffe *f*. ◇ *vt* **-1.** [suitcase, jar] étiqueter; you must ∼ your clothes clearly tous vos vêtements doivent être clairement marqués à votre nom; the bottle was labelled 'shake before use' la bouteille portait l'étiquette «agiter avant de s'en servir». **-2.** *fig* [person] étiqueter, cataloguer; he's been labelled (as) a troublemaker on l'a étiqueté OR catalogué comme fauteur de troubles.
**labelling** *Br*, **labeling** *Am* ['leɪblɪŋ] *n* étiquetage *m*.
**labia** ['leɪbɪə] *npl* ANAT lèvres *fpl*; ∼ minora/majora petites/grandes lèvres.
**labial** ['leɪbjəl] LING ◇ *adj* labial. ◇ *n* labiale *f*.
**labiodental** [ˌleɪbɪəʊ'dentl] LING ◇ *adj* labiodental. ◇ *n* labiodentale *f*.
**labor** *etc Am* = **labour**.
**laboratory** [*Br* lə'bɒrətrɪ, *Am* 'læbrə,tɔːrɪ] (*pl* **laboratories**) ◇ *n* laboratoire *m*. ◇ *comp* [assistant, equipment] de laboratoire.
**Labor Code** *n* code *m* du travail (*aux États-Unis*).
**Labor Day** *n* fête *f* du travail (*aux États-Unis, célébrée le premier lundi de Septembre*).
**laborious** [lə'bɔːrɪəs] *adj* laborieux.
**laboriously** [lə'bɔːrɪəslɪ] *adv* laborieusement.
**labor union** *n Am* syndicat *m*.
**labour** *Br*, **labor** *Am* ['leɪbər] ◇ *n* **-1.** [work] travail *m*; [hard effort] labeur *m*; a ∼ of love un travail fait pour le plaisir. **-2.** INDUST [manpower] main-d'œuvre *f*; [workers] ouvriers *mpl*, travailleurs *mpl*. **-3.** POL: Labour le parti travailliste britannique; to vote Labour voter travailliste. **-4.** MED travail *m*; to be in ∼ être en travail; to go into ∼ commencer le travail ❑ ∼ pains douleurs *fpl* de l'accouchement; ∼ ward salle *f* d'accouchement. ◇ *comp* **-1.** [dispute, movement] social; [market] du travail; [shortage] de main-d'œuvre; ∼ costs coûts *mpl* de la main d'œuvre. **-2.** POL [government, victory] travailliste. ◇ *vi* **-1.** [work] travailler dur. **-2.** [struggle – person]: he ∼ed up the stairs il monta péniblement l'escalier; to ∼ under a misapprehension OR a delusion *fig* se méprendre, être dans l'erreur ‖ [move with difficulty – vehicle] peiner. ◇ *vt* [stress] insister sur; there's no need to ∼ the point ce n'est pas la peine de s'étendre OR d'insister là-dessus.
**labour camp** *n* camp *m* de travail.
**laboured** *Br*, **labored** *Am* ['leɪbəd] *adj* **-1.** [breathing] pénible, difficile. **-2.** [clumsy] lourd, laborieux.
**labourer** *Br*, **laborer** *Am* ['leɪbərər] *n* [gen] ouvrier *m*, -ère *f*; [on building site] manœuvre *m*.
**labour exchange** *n Br dated* agence *f* pour l'emploi.

**labour force** *n* [in country] population *f* active; [in firm] main-d'œuvre *f*.

**labour-intensive** *adj*: a ∼ industry une industrie à forte main-d'œuvre.
**Labour Party** *n* parti *m* travailliste.
**labour relations** *npl* relations *fpl* sociales.
**laboursaving** *Br*, **laborsaving** *Am* ['leɪbə,seɪvɪŋ] *adj*: ∼ device [in home] appareil *m* ménager; [at work] appareil permettant un gain de temps.
**Labrador** ['læbrədɔːr] *pr n* GEOG Labrador *m*; in ∼ au Labrador.
◆ **labrador** *n* [dog] labrador *m*.
**laburnum** [lə'bɜːnəm] *n*: ∼ (tree) cytise *m*, faux ébénier *m*.
**labyrinth** ['læbərɪnθ] *n* labyrinthe *m*, dédale *m*.
**labyrinthine** [ˌlæbə'rɪnθaɪn] *adj* labyrinthique.
**lace** [leɪs] ◇ *n* **-1.** TEX dentelle *f*. **-2.** [in shoe, corset] lacet *m*. ◇ *comp* [handkerchief, tablecloth etc] en dentelle. ◇ *vt* **-1.** [tie] lacer; [put laces in] mettre des lacets à. **-2.** [add alcohol to]: he ∼d my orange juice with gin il a mis du gin dans mon jus d'orange.
◆ **lace up** *vt sep Br* [shoes] lacer.
**lacemaking** ['leɪs,meɪkɪŋ] *n* industrie *f* dentellière.
**lacerate** ['læsəreɪt] ◇ *vt* lacérer; his hands were ∼d by the broken glass il avait les mains lacérées par le verre brisé. ◇ *adj* BOT: ∼ leaves feuilles *fpl* dentées OR dentelées.
**laceration** [ˌlæsə'reɪʃn] *n* **-1.** [action] lacération *f*. **-2.** MED [gash]: he had deep ∼s on his back il avait le dos profondément lacéré OR entaillé.
**lace-up** *adj* [shoe, boot] à lacets.
◆ **lace-ups** *npl Br* chaussures *fpl* à lacets.
**lachrymal** ['lækrɪml] *adj* lacrymal.
**lachrymose** ['lækrɪməʊs] *adj lit* larmoyant.
**lacing** ['leɪsɪŋ] *n* [on shoe, garment] laçage *m*.
**lack** [læk] ◇ *n* manque *m*; through OR for ∼ of par manque de, faute de; there's no ∼ of volunteers ce ne sont pas les volontaires qui manquent. ◇ *vt* manquer de; they certainly don't ∼ confidence ils ne manquent certes pas de confiance en eux; we ∼ the necessary resources nous n'avons pas les ressources nécessaires.
◆ **lack for** *vt insep* manquer de.
**lackadaisical** [ˌlækə'deɪzɪkl] *adj* [person – apathetic] apathique; [– lazy] indolent; [work] tranquille.
**lackey** ['lækɪ] *n* laquais *m*; *pej* larbin *m*.
**lacking** ['lækɪŋ] *adj* **-1.** [wanting] qui manque de; ∼ in confidence qui manque de confiance en soi. **-2.** *inf* & *euph* [stupid] demeuré, simple d'esprit.
**lacklustre** *Br*, **lackluster** *Am* ['læk,lʌstər] *adj* terne.
**laconic** [lə'kɒnɪk] *adj* laconique.
**lacquer** ['lækər] ◇ *n* **-1.** [varnish, hairspray] laque *f*. **-2.** [varnished object] laque *m*. ◇ *vt* [wood] laquer; [hair] mettre de la laque sur.
**lacquered** ['lækəd] *adj* laqué.
**lacquerware** ['lækəweər] *n* (U) laques *mpl*.
**lacrosse** [lə'krɒs] ◇ *n* lacrosse *f*, crosse *f*; ∼ stick crosse. ◇ *comp* [player] de crosse.
**lactate** [*n* 'lækteɪt, *vb* læk'teɪt] ◇ *n* CHEM lactate *m*. ◇ *vi* sécréter du lait.
**lactation** [ˌlæk'teɪʃn] *n* lactation *f*.
**lactic acid** ['læktɪk-] *n* CHEM acide *m* lactique.
**lactose** ['læktəʊs] *n* lactose *m*.
**lacuna** [lə'kjuːnə] (*pl* **lacunas** OR **lacunae** [-niː]) *n* lacune *f*.
**lacy** ['leɪsɪ] (*compar* **lacier**, *superl* **laciest**) *adj* [lace-like] sem-

blable à de la dentelle; [made of lace] en dentelle.

**lad** [læd] *n* **-1.** [young boy] garçon *m*; [son] fils *m*; when I was a ~ quand j'étais jeune. **-2.** *Br inf* [friend] copain *m*; [colleague] collègue *m*, gars *m*. **-3.** *Br inf* [rake] noceur *m*.

**ladder** ['lædəʳ] ◇ *n* **-1.** literal & *fig* échelle *f*; to be at the top of the ~ literal & *fig* être arrivé au sommet OR en haut de l'échelle. **-2.** *Br* [in stocking] maille *f* filée; you've got a ~ in your stocking tu as filé ton bas. ◇ *vi* & *vt Br* filer.

**ladderproof** ['lædəpruːf] *adj Br* indémaillable.

**laden** ['leɪdn] *adj* chargé; ~ with chargé de; apple-~ trees arbres couverts de pommes; a heavily ~ ship un navire à forte charge.

**la-di-da** [ˌlɑːdɪˈdɑː] *adj inf* & *pej* [manner] snob, prétentieux; [voice] maniéré.

**ladies** ['leɪdɪz] *n Br* toilettes *fpl* pour dames.

**ladies' man** *n* don Juan *m*, homme *m* à femmes.

**ladies room** *Am* = **ladies**.

**ladle** ['leɪdl] ◇ *n* louche *f*. ◇ *vt* servir (à la louche).

◆ **ladle out** *vt sep Br* **-1.** [soup] servir (à la louche). **-2.** *inf* & *fig* [money, advice] distribuer à droite et à gauche.

**lady** ['leɪdɪ] (*pl* **ladies**) ◇ *n* **-1.** [woman] dame *f*; Ladies and Gentlemen Mesdames et Messieurs; the ~ of the house la maîtresse de maison; young ~ [girl] jeune fille; [young woman] jeune femme; ask the young ~ over there [in shop] demandez à la demoiselle que vous voyez là-bas; well, young ~, what have you got to say for yourself? eh bien, ma fille, qu'avez-vous à répondre?; his young ~ dated sa petite amie || [by birth or upbringing] dame *f*; she's no ~ elle n'a aucune classe || [term of address]: my Lady Madame || [as title]: **Lady Patricia** Lady Patricia ❑ 'Lady Chatterley's Lover' *Lawrence* 'l'Amant de Lady Chatterley'; 'Lady Windermere's Fan' *Wilde* 'l'Éventail de Lady Windermere'; 'The Lady Vanishes' *Hitchcock* 'Une femme disparaît'. **-2.** *Am inf* [term of address] madame *f*. **-3.** RELIG: Our Lady Notre-Dame *f*. ◇ *comp* femme; a ~ doctor une femme médecin.

**ladybird** ['leɪdɪbɜːd] *n Br* coccinelle *f*.

**ladybug** ['leɪdɪbʌg] *n Am* coccinelle *f*.

**Lady Day** *n* (fête *f* de) l'Annonciation *f*.

**ladyfriend** ['leɪdɪfrend] *n dated* petite amie *f*.

**lady-in-waiting** *n* dame *f* d'honneur.

**ladykiller** ['leɪdɪˌkɪləʳ] *n* bourreau *m* des cœurs.

**ladylike** ['leɪdɪlaɪk] *adj* [person] distingué, bien élevé; [manners] raffiné, élégant; it's not very ~ to smoke in the street! une fille comme il faut ne fume pas dans la rue!

**ladylove** ['leɪdɪlʌv] *n lit*: his ~ sa bien-aimée.

**Lady Mayoress** *n Br* femme *f* du maire.

**ladyship** ['leɪdɪʃɪp] *n*: Your OR Her Ladyship literal Madame (la baronne/la vicomtesse/la comtesse); *fig* OR *hum* la maîtresse de ces lieux.

**lady's maid** *n* femme *f* de chambre.

**lag** [læg] (*pt* & *pp* **lagged**, *cont* **lagging**) ◇ *n* **-1.** [gap] décalage *m*. **-2.** ▽ *Br* [convict]: an old ~ un cheval de retour. ◇ *vi* rester en arrière, traîner. ◇ *vt* [pipe] calorifuger.

◆ **lag behind** ◇ *vi insep* [dawdle] traîner, lambiner; [be at the back] rester derrière; [be outdistanced] se laisser distancer; our country is lagging behind in medical research notre pays a du retard en matière de recherche médicale. ◇ *vt insep* [competitor] traîner derrière, avoir du retard sur.

**lager** ['lɑːgəʳ] *n Br* bière *f* blonde; ~ lout *jeune qui, sous l'influence de l'alcool, cherche la bagarre ou commet des actes de vandalisme.*

**lagging** ['lægɪŋ] *n* isolant *m*, calorifuge *m*.

**lagoon** [ləˈguːn] *n* [gen] lagune *f*; [in coral reef] lagon *m*.

**lah** [lɑː] = **la**.

**lah-di-dah** [ˌlɑːdɪˈdɑː] = **la-di-da**.

**laid** [leɪd] *pt* & *pp* → **lay**.

**laid-back** *adj inf* décontracté, cool.

**lain** [leɪn] *pp* → **lie**.

**lair** [leəʳ] *n* [for animals] tanière *f*; *fig* repaire *m*, tanière *f*.

**laird** [leəd] *n* laird *m*, propriétaire *m* foncier (*en Écosse*).

**laisser-faire**, **laissez-faire** [ˌleseɪˈfeə] ◇ *n* non-interventionnisme *m*. ◇ *comp*: ~ economy économie *f* basée sur le non-interventionnisme; ~ policy politique *f* du laisser-faire.

**laity** ['leɪətɪ] *n* (*U*) **-1.** RELIG laïcs *mpl*. **-2.** [non-specialists] profanes *mpl*.

**lake** [leɪk] *n* **-1.** GEOG lac *m*; a wine ~ *fig* des excédents *mpl* de vin ❑ go jump in a ~! *inf* va te faire cuire un œuf!**-2.** [pigment] laque *f*.

◆ **Lakes** *pl prn*: the Lakes *Br* la région des lacs.

**Lake District** *prn*: the ~ le Lake District, la région des lacs (*dans le nord-ouest de l'Angleterre*).

**lake dwelling** *n* habitation *f* lacustre.

**Lakeland** ['leɪklənd] *adj* [of or in Lake District] de la région des lacs.

**lakeside** ['leɪksaɪd] ◇ *n* rive *f* OR bord *m* d'un lac. ◇ *comp* [hotel] (situé) au bord d'un lac.

**lam** [læm] (*pt* & *pp* **lammed**, *cont* **lamming**) ◇ *vt inf* [beat] rosser. ◇ *n* ▽ *Am* [escape] cavale *f*.

◆ **lam into** *vt insep Br inf* **-1.** [physically] rentrer dans. **-2.** [verbally] enguirlander, sonner les cloches à.

**lama** ['lɑːmə] *n* RELIG lama *m*.

**lamb** [læm] ◇ *n* **-1.** ZOOL agneau *m*; like ~s to the slaughter comme des veaux à l'abattoir. **-2.** [meat] agneau *m*.**-3.** *fig* [innocent person] agneau *m*; [lovable person]: be a ~ and fetch my glasses sois un ange OR sois gentil, va me chercher mes lunettes. **-4.** RELIG: the Lamb of God l'Agneau de Dieu. ◇ *comp* [chop, cutlet] d'agneau. ◇ *vi* agneler, mettre bas.

**lambast** [læmˈbæst], **lambaste** [læmˈbeɪst] *vt* [scold] réprimander; [thrash] battre, rosser.

**Lambeth Palace** ['læmbəθ-] *pr n* résidence londonienne de l'archevêque de Cantorbéry.

**lambing** ['læmɪŋ] *n* agnelage *m*.

**lambskin** ['læmskɪn] ◇ *n* (peau *f* d')agneau *m*. ◇ *comp* [coat, gloves] en agneau.

**lambswool** ['læmzwʊl] *comp* [scarf, sweater etc] en laine d'agneau, en lambswool.

**lame** [leɪm] ◇ *adj* **-1.** [person, horse] boiteux; to be ~ boiter; to go ~ se mettre à boiter; his left leg is ~, he's ~ in his left leg il boite de la jambe gauche. **-2.** [weak – excuse] piètre, bancal; [– argument, reasoning] boiteux; [– plot] boiteux, bancal. **-3.** *Am inf* [conventional] vieux jeu (*inv*). ◇ *vt* estropier. ◇ *npl*: the ~ les boiteux *mpl*.

**lamé** ['lɑːmeɪ] *n* lamé *m*.

**lame duck** *n fig* **-1.** [gen & INDUST] canard *m* boiteux. **-2.** *Am* POL candidat sortant non réélu qui attend l'arrivée de son successeur.

◆ **lame-duck** *comp*: a lame-duck president *un président sortant non réélu.*

**lamely** ['leɪmlɪ] *adv* de façon peu convaincante, maladroitement.

**lament** [ləˈment] ◇ *vt* [feel sorrow for] regretter, pleurer; [complain about] se lamenter sur, se plaindre de. ◇ *vi* se lamenter. ◇ *n* **-1.** [lamentation, complaint] lamentation *f*.**-2.** [poem] élégie *f*; [song] complainte *f*.

**lamentable** ['læməntəbl] *adj* [regrettable] regrettable; [poor] lamentable.

**lamentation** [ˌlæmenˈteɪʃn] *n* lamentation *f*; the Lamentations (of Jeremiah) les Lamentations (de Jérémie).

**laminate** ['læmɪneɪt] ◇ *vt* TECH [bond in layers] laminer; [veneer] plaquer. ◇ *n* stratifié *m*.

**laminated** ['læmɪneɪtɪd] *adj* [wood] stratifié; [glass] feuilleté.

**lamp** [læmp] *n* **-1.** [gen] lampe *f*; [street-lamp] réverbère *m*; [on car, train] lumière *f*, feu *m*.**-2.** MED lampe *f*; infrared ~ lampe à infrarouges.

**lamplight** ['læmplaɪt] *n*: her hair shone in the ~ la lumière de la lampe faisait briller ses cheveux; to read by ~ lire à la lumière d'une OR de la lampe.

**lampoon** [læmˈpuːn] ◇ *n* [satire] satire *f*; [written] pamphlet *m*. ◇ *vt* ridiculiser, tourner en dérision.

**lampoonist** [læmˈpuːnɪst] *n* [satirist] satiriste *mf*; [in writings] pamphlétaire *mf*.

**lamppost** ['læmppəʊst] *n* réverbère *m*.

**lamprey** ['læmprɪ] *n* lamproie *f*.

**lampshade** ['læmpʃeɪd] *n* abat-jour *m inv*.

**lampstand** ['læmpstænd] *n* pied *m* de lampe.

**Lancaster** ['læŋkəstəʳ] *pr n* **-1.** GEOG Lancaster *m*.**-2.** HIST Lancastre *f*.

**Lancastrian** [læŋ'kæstrɪən] n **-1.** GEOG habitant m, -e f de Lancaster. **-2.** HIST lancastrien m, -enne f.

**lance** [lɑːns] ◇ n **-1.** [weapon] lance f. **-2.** MED lancette f, bistouri m. ◇ vt MED percer, inciser.

**lance corporal** n caporal m (dans l'armée britannique).

**lancer** ['lɑːnsəʳ] n HIST & MIL lancier m.

**lancet** ['lɑːnsɪt] n MED lancette f, bistouri m.

**Lancs** written abbr of **Lancashire**.

**land** [lænd] ◇ vi **-1.** AERON & ASTRONAUT atterrir; to ~ on the moon atterrir sur la Lune, alunir; to ~ in the sea amerrir; to ~ on an aircraft carrier apponter (sur un porte-avions). **-2.** NAUT [boat] arriver à quai; [passengers] débarquer. **-3.** [ball, high jumper] tomber, retomber; [falling object, bomb, parachutist] tomber; [bird] se poser; an apple ~ed on her head elle a reçu une pomme sur la tête. **-4.** inf [finish up] finir, atterrir; the car ~ed (up) in the ditch la voiture a terminé sa course dans le fossé; you'll ~ up in jail! tu finiras en prison! ◇ vt **-1.** [plane] poser; [cargo, passengers] débarquer. **-2.** [fish – onto bank] hisser sur la rive; [– onto boat] hisser dans le bateau. **-3.** inf [job, contract] décrocher. **-4.** inf [put, place] ficher; this could ~ us in real trouble ça pourrait nous attirer de gros ennuis OR nous mettre dans le pétrin. **-5.** [blow] flanquer; I ~ed him a blow OR ~ed him one on the nose je lui ai flanqué OR collé mon poing dans la figure. **-6.** inf [encumber]: to get ~ed with sthg I got ~ed with the job of organizing the party c'est moi qui me suis retrouvé avec la fête à organiser, c'est moi qui me suis tapé l'organisation de la fête.
◇ n **-1.** [for farming, building etc] terre f; he works on the ~ il travaille la terre; this is good farming ~ c'est de la bonne terre; building ~ terrain constructible; a piece of ~ [for farming] un lopin de terre; [for building] un terrain (à bâtir); to live off the ~ vivre des ressources naturelles de la terre ❑ to see how the ~ lies, to find out the lie OR lay of the ~ tâter le terrain. **-2.** [property] terre f, terres fpl. **-3.** [area, region] région f. **-4.** [not sea] terre f; we travelled by ~ to Cairo nous sommes allés au Caire par la route; over ~ and sea sur terre et sur mer. **-5.** [nation, country] pays m. **-6.** fig [realm] royaume m, pays m; he is no longer in the ~ of the living il n'est plus de ce monde.
◇ comp [prices – in town] du terrain; [– in country] de la terre; [reform] agraire; [tax, ownership] foncier; Br HIST [army] de terre; [worker] agricole.
◆ **lands** npl = land n **2**, **3**.
◆ **land up** vi insep = land vi **4**.

**land agent** n **-1.** [administrator] régisseur m, intendant m, -e f. **-2.** Br [estate agent] agent m immobilier.

**land-based** adj **-1.** ECON basé sur la propriété terrienne. **-2.** MIL: ~ forces forces fpl terrestres, armée f de terre; ~ missile missile m terrestre.

**land breeze** n brise f de terre.

**landed** ['lændɪd] adj Br foncier; the ~ gentry la noblesse terrienne.

**landfall** ['lændfɔːl] n NAUT: to make ~ apercevoir la terre, arriver en vue d'une côte.

**landfill** ['lændfɪl] n ensevelissement m de déchets.

**landing** ['lændɪŋ] n **-1.** [of plane, spacecraft] atterrissage m; [on moon] alunissage m; [of passengers, foods] débarquement m; SPORT [of skier, high jumper] réception f; he made a bad ~ il s'est mal reçu ❑ the Normandy ~s HIST le Débarquement (de Normandie). **-2.** [in staircase] palier m; [floor] étage m. **-3.** [jetty] débarcadère m, embarcadère m.

**landing beacon** n AERON balise f d'atterrissage.

**landing card** n carte f de débarquement.

**landing craft** n navire m de débarquement.

**landing field** = landing strip.

**landing gear** n AERON train m d'atterrissage.

**landing lights** npl [on plane] phares mpl d'atterrissage; [at airport] balises fpl d'atterrissage).

**landing stage** n débarcadère m.

**landing strip** n piste f d'atterrissage.

**landlady** ['lænd,leɪdɪ] (pl **landladies**) n [owner] propriétaire f; [in lodgings] logeuse f; [in pub, guesthouse] patronne f.

**landlocked** ['lændlɒkt] adj [country] enclavé, sans accès à la mer; [sea] intérieur.

**landlord** ['lændlɔːd] n [owner] propriétaire m; [in lodgings] logeur m; [in pub, guesthouse] patron m.

**landlubber** ['lænd,lʌbəʳ] n inf & hum marin m d'eau douce.

**landmark** ['lændmɑːk] ◇ n **-1.** literal point m de repère; major Paris ~s les principaux monuments de Paris. **-2.** fig étape f décisive, jalon m; the trial was a ~ in legal history fig le procès a fait date dans les annales juridiques. ◇ comp [decision] qui fait date.

**landmass** ['lændmæs] n zone f terrestre; the American ~ le continent américain.

**landmine** ['lændmaɪn] n mine f (terrestre).

**landowner** ['lænd,əʊnəʳ] n propriétaire m foncier, propriétaire f foncière.

**land reform** n réforme f agraire.

**land registry** n cadastre m.

**Land Rover**® n Land-Rover® f.

**landscape** ['lændskeɪp] ◇ n **-1.** [gen] paysage m. **-2.** PRINT: to print in ~ imprimer à l'italienne. ◇ adj **-1.** ART: ~ painter (peintre m) paysagiste m; ~ painting le paysage. **-2.** HORT: ~ architect architecte mf paysagiste; ~ gardener jardinier m paysagiste, jardinière f paysagiste; ~ gardening paysagisme m. **-3.** PRINT à l'italienne. ◇ vt [garden] dessiner; [waste land] aménager.

**landscaping** ['lænd,skeɪpɪŋ] n aménagement m paysager.

**Land's End** pr n pointe en Cornouailles qui marque l'extrémité sud-ouest de la Grande-Bretagne.

**landslide** ['lændslaɪd] ◇ n glissement m de terrain. ◇ comp [election victory] écrasant.

**landslip** ['lændslɪp] n éboulement m.

**land tax** n impôt m foncier.

**landward** ['lændwəd] ◇ adj du côté de la terre; ~ breeze vent m marin OR qui souffle de la mer. ◇ adv = **landwards**.

**landwards** ['lændwədz] adv NAUT en direction de la terre; [on land] vers l'intérieur (des terres).

**lane** [leɪn] n **-1.** [road – in country] chemin m; [– in street names] rue f, allée f. **-2.** [for traffic] voie f; [line of vehicles] file f; [for shipping, aircraft] couloir m; [in athletics, swimming] couloir m; get into the right-hand ~ mettez-vous dans la file OR sur la voie de droite; 'keep in ~' ne changez pas de file.

**lane closure** n fermeture f de voies.

**lang** SCH & UNIV written abbr of **language**.

**language** ['læŋgwɪdʒ] ◇ n **-1.** langage m; I prefer ~ to literature je préfère l'étude des langues à celle de la littérature. **-2.** [specific tongue] langue f; SCH & UNIV [area of study] langue f; the French ~ la langue française; to study ~s faire des études de langue; to speak the same ~ parler le même langage. **-3.** [code] langage m; a computer ~ un langage machine. **-4.** [terminology] langue f, langage m; medical/legal ~ langage médical/juridique ‖ [manner of expression] expression f, langue f; I find his ~ very pompous je trouve qu'il s'exprime avec emphase OR de façon très pompeuse ‖ [rude words] gros mots mpl, grossièretés fpl; mind your ~! surveille ton langage! ◇ comp [acquisition] du langage; [course] de langues; [barrier] linguistique; [student] en langues.

**language laboratory**, **language lab** n laboratoire m de langues.

**languid** ['læŋgwɪd] adj langoureux, alangui.

**languidly** ['læŋgwɪdlɪ] adv langoureusement.

**languish** ['læŋgwɪʃ] vi **-1.** [suffer] languir; to ~ in prison croupir en prison. **-2.** [become weak] dépérir; to ~ in the heat [plant] dépérir à la chaleur; [person] souffrir de la chaleur; the project was ~ing for lack of funds le projet traînait, faute d'argent. **-3.** lit [pine] languir.

**languishing** ['læŋgwɪʃɪŋ] = **languid**.

**languor** ['læŋgəʳ] n langueur f.

**languorous** ['læŋgərəs] adj langoureux.

**lank** [læŋk] adj [hair] terne, mou, before vowel or silent 'h' mol (molle); [plant] étiolé, grêle.

**lanky** ['læŋkɪ] (compar **lankier**, superl **lankiest**) adj dégingandé.

**lanolin** ['lænəlɪn] n lanoline f.

**lantern** ['læntən] n lanterne f.

**lantern fish** n poisson-lanterne m.

**lantern-jawed** [-dʒɔːd] *adj* aux joues creuses.

**lanyard** ['lænjəd] *n* corde *f*, cordon *m*; NAUT ride *f*.

**Lao** [laʊ] = **Laotian**.

**Laos** ['laʊs] *pr n* Laos *m*; **in ~** au Laos.

**Laotian** ['laʊʃn] ◇ *n* [person] Laotien *m*, -enne *f*. ◇ *adj* laotien.

**lap** [læp] (*pt* & *pp* **lapped**, *cont* **lapping**) ◇ *n* **-1.** [knees] genoux *mpl*; **come and sit on my ~** viens t'asseoir sur mes genoux ❑ **don't think it's just going to fall into your ~!** *inf* ne t'imagine pas que ça va te tomber tout cuit dans le bec!; **it's in the ~ of the gods** c'est entre les mains des dieux; **the ~ of luxury** le grand luxe. **-2.** SPORT tour *m* de piste; **we ran 2 ~s** nous avons fait 2 tours de piste. **-3.** [of journey] étape *f*; **to be on the last ~:** **we're on the last ~** *literal* c'est le dernier tour; *fig* on arrive au bout de nos peines. ◇ *vt* **-1.** SPORT [competitor, car] dépasser, prendre un tour d'avance sur; [time] chronométrer. **-2.** [milk] laper. **-3.** [subj: waves] clapoter contre. ◇ *vi* **-1.** SPORT tourner, faire un tour de circuit. **-2.** [waves] clapoter; **the waves lapped against the boat** les vagues clapotaient contre le bateau.

◆ **lap over** ◇ *vt insep* [tiles] chevaucher sur. ◇ *vi insep* se chevaucher.

◆ **lap up** *vt sep* **-1.** [milk] laper. **-2.** *inf* & *fig* [praise] boire; [information] avaler, gober; **to ~ it up: they were all paying her compliments and she was just lapping it up** tous lui faisaient des compliments et elle s'en délectait.

**lapdog** ['læpdɒg] *n* **-1.** *literal* petit chien *m* d'appartement. **-2.** *pej* toutou *m*, caniche *m*.

**lapel** [lə'pel] *n* revers *m*.

**lap-held** *adj* [typewriter, computer] portatif (*que l'on peut poser sur ses genoux*).

**lapis lazuli** [,læpɪs'læzjʊlaɪ] *n* lapis *m*, lapis-lazuli *m inv*.

**Lapland** ['læplænd] *pr n* Laponie *f*; **in ~** en Laponie.

**Laplander** ['læplændər] *n* Lapon *m*, -one *f*.

**lap of honour** *n* SPORT tour *m* d'honneur.

**Lapp** [læp] ◇ *n* **-1.** [person] Lapon *m*, -one *f*. **-2.** LING lapon *m*. ◇ *adj* lapon *m*.

**lapping** ['læpɪŋ] *n* [of waves] clapotis *m*.

**lap robe** *n Am* plaid *m*.

**lapse** [læps] ◇ *n* **-1.** [failure]: **~ of memory** trou *m* de mémoire; **~ in concentration** moment *m* d'inattention. **-2.** [in behaviour] écart *m* (de conduite); **she has occasional ~s** elle fait des bêtises de temps en temps; **a ~ from virtue** un manquement à la vertu. **-3.** [interval] laps *m* de temps, intervalle *m*; **after a ~ of six months** au bout de six mois. **-4.** [of contract] expiration *f*; [of custom] disparition *f*; [of legal right] déchéance *f*. ◇ *vi* **-1.** [decline] baisser, chuter; **to ~ from grace** RELIG pécher. **-2.** [drift] tomber; **to ~ into bad habits** prendre de mauvaises habitudes; **to ~ into silence** garder le silence, s'enfermer dans le silence; **she kept lapsing into Russian** elle se remettait sans cesse à parler russe. **-3.** [pass – time] passer. **-4.** [law, custom] tomber en désuétude; [licence, passport] se périmer; [subscription] prendre fin, expirer. **-5.** RELIG [lose faith] abandonner OR perdre la foi.

**lapsed** [læpst] *adj* [law] caduc; [passport] périmé; **a ~ Catholic** un catholique qui ne pratique plus.

**laptop** ['læptɒp] *n*: **~ (computer)** portable *m*.

**lapwing** ['læpwɪŋ] *n* vanneau *m*.

**larceny** ['lɑːsənɪ] (*pl* **larcenies**) *n* JUR vol *m* simple.

**larch** [lɑːtʃ] *n* mélèze *m*.

**lard** [lɑːd] ◇ *n* saindoux *m*. ◇ *vt* larder; **an essay ~ed with quotations** *fig* une rédaction truffée de citations.

**larder** ['lɑːdər] *n* [room] cellier *m*; [cupboard] garde-manger *m inv*; **to raid the ~** *inf* faire une razzia dans le garde-manger.

**large** [lɑːdʒ] ◇ *adj* **-1.** [in size] grand; [family] grand, nombreux; [person] gros (*f* grosse), grand; [organization] gros (*f* grosse), grand; **a ~ coat** un grand manteau; **on a ~ scale** à grande échelle; **to a ~ extent** dans une large mesure; **she's a ~ woman** c'est une femme plutôt grosse OR forte || [in number, amount] grand, important; **she wrote him a ~ cheque** elle lui a fait un chèque pour une somme importante OR une grosse somme; **a ~ helping of potatoes/apple pie** une grosse portion de pommes de terre/part de tarte aux pommes; **a ~ number of** beaucoup de ❑ **he was standing there as ~ as life** il était là, en chair et en os; **larger than life** exa-

géré, outrancier. **-2.** [extensive – changes] considérable, important. **-3.** [liberal – views, ideas] libéral, large; [generous – heart] grand, généreux. ◇ *adv*: **to loom ~** menacer, sembler imminent; **to be writ ~** être évident.

◆ **at large** ◇ *adj phr* [at liberty] en liberté; [prisoner] en fuite. ◇ *adv phr* [as a whole] dans son ensemble.

◆ **by and large** *adv phr* de manière générale.

**largely** ['lɑːdʒlɪ] *adv* [mainly] en grande partie, pour la plupart; [in general] en général, en gros.

**large-scale** *adj* à grande échelle.

**large-size(d)** *adj* [clothes] grande taille; [product] grand modèle; [envelope] grand format.

**largesse** [lɑː'dʒes] *n* (*U*) largesse *f*, largesses *fpl*.

**largo** ['lɑːgəʊ] ◇ *n* largo *m*. ◇ *adj* & *adv* largo.

**lark** [lɑːk] *n* **-1.** ZOOL alouette *f*; **to rise** OR **to be up with the ~** se lever avec les poules OR au chant du coq. **-2.** *inf* [joke] rigolade *f*; [prank] blague *f*, farce *f*; **for a ~** pour blaguer, pour rigoler. **-3.** *inf* [rigmarole, business] histoire *f*; **I don't like the sound of this fancy dress ~** je n'aime pas beaucoup cette histoire de déguisement, cette idée de déguisement ne me dit rien qui vaille.

◆ **lark about**, **lark around** *vi insep Br inf* faire le fou.

**larkspur** ['lɑːkspɜːr] *n* pied-d'alouette *m*, delphinium *m*.

**larva** ['lɑːvə] (*pl* **larvae** [-viː]) *n* larve *f*.

**larval** ['lɑːvl] *adj* larvaire.

**laryngal** [lə'rɪŋgl], **laryngeal** [,lærɪn'dʒiːəl] *adj* MED laryngé, laryngien; LING laryngal, glottal.

**laryngitis** [,lærɪn'dʒaɪtɪs] *n* (*U*) laryngite *f*; **to have ~** avoir une laryngite.

**larynx** ['lærɪŋks] *n* larynx *m*.

**lasagne** [lə'zænjə] *n* (*U*) lasagnes *fpl*.

**lascivious** [lə'sɪvɪəs] *adj* lascif, lubrique.

**lasciviously** [lə'sɪvɪəslɪ] *adv* lascivement.

**laser** ['leɪzər] *n* laser *m*; **~ surgery** chirurgie *f* (au) laser.

**laser beam** *n* rayon *m* OR faisceau *m* laser.

**laser card** *n* carte *f* à puce.

**laser printer** *n* imprimante *f* (à) laser.

**laser show** *n* spectacle *m* laser.

**lash** [læʃ] ◇ *n* **-1.** [whip] lanière *f*; [blow from whip] coup *m* de fouet. **-2.** *fig* [of scorn, criticism]: **he'd often felt the ~ of her tongue** il avait souvent été la cible de ses propos virulents. **-3.** [of rain, waves]: **the ~ of the rain on the windows** le bruit de la pluie qui fouette les vitres; **the ~ of the waves against the shore** le déferlement des vagues sur la grève. **-4.** [eyelash] cil *m*. ◇ *vt* **-1.** [with whip] fouetter. **-2.** [subj: rain, waves] battre, fouetter. **-3.** [move]: **the tiger ~ed its tail** le tigre fouettait l'air de sa queue. **-4.** [tie] attacher. ◇ *vi*: **its tail ~ed wildly** il fouettait l'air furieusement de sa queue; **the hail ~ed against the window** la grêle cinglait la vitre.

◆ **lash down** ◇ *vt sep* [cargo] arrimer, fixer. ◇ *vi insep* [rain, hail] s'abattre, tomber avec violence.

◆ **lash out** *vi insep* **-1.** [struggle – with fists] donner des coups de poing; [– with feet] donner des coups de pied; **she ~ed out in all directions** elle se débattit de toutes ses forces. **-2.** *fig* [verbally]: **he ~ed out at his critics** il a fustigé ses détracteurs. **-3.** *Br inf* [spend]: **to ~ out (on sthg)** dépenser un fric monstre (pour qqch).

**lashing** ['læʃɪŋ] *n* **-1.** [with whip] flagellation *f*, fouet *m*. **-2.** *fig* [scolding] réprimandes *fpl*, correction *f*. **-3.** [rope] corde *f*; NAUT amarre *f*.

◆ **lashings** *npl Br* [in amount] des montagnes; **with ~s of chocolate sauce** couvert de sauce au chocolat.

**lass** [læs] *n Scot* [girl] fille *f*.

**Lassa fever** ['læsə-] *n* fièvre *f* de Lhassa.

**lassie** ['læsɪ] *n Scot* & *Ir* fillette *f*, gamine *f*.

**lassitude** ['læsɪtjuːd] *n* lassitude *f*.

**lasso**, **lassoo** [læ'suː] ◇ *n* lasso *m*. ◇ *vt* prendre au lasso.

**last¹** [lɑːst] ◇ *adj* **-1.** [with dates, times of day] dernier; **~ Monday** lundi dernier; **~ week/year** la semaine/l'année dernière; **~ July** en juillet dernier, l'année dernière au mois de juillet; **~ night** [at night] cette nuit; [in the evening] hier soir. **-2.** [final] dernier; **that was the ~ time I saw him** c'était la dernière fois que je le voyais; **at the ~ minute** OR **moment** à la dernière minute; **I'm down to my ~ cigarette** il ne me reste plus qu'une seule cigarette; **I'll sack every ~**

one of them! je vais les virer tous!; she used up every ~ ounce of energy elle a utilisé tout ce qui lui restait d'énergie; to the ~ detail dans les moindres détails ❑ she was on her ~ legs elle était au bout du rouleau; your car is on its ~ legs votre voiture ne va pas tarder à vous lâcher; I'll get my money back if it's the ~ thing I do je récupérerai mon argent coûte que coûte; I always clean my teeth ~ thing at night je me brosse toujours les dents juste avant de me coucher. **-3.** [most recent]: you said that ~ time c'est ce que tu as dis la dernière fois; I've been here for the ~ five years je suis ici depuis cinq ans, cela fait cinq ans que je suis ici; I didn't like her ~ film je n'ai pas aimé son dernier film. **-4.** [least likely]: he's the ~ person I expected to see c'est bien la dernière personne que je m'attendais à voir; that's the ~ thing I wanted je n'avais vraiment pas besoin de ça. ◇ *adv* **-1.** [finally]: she arrived ~ elle est arrivée la dernière OR when did you ~ see him? quand l'avez-vous vu pour la dernière fois?; they ~ came to see us in 1989 leur dernière visite remonte à 1989. **-3.** = **lastly.**

◇ *n & pron* **-1.** [final one] dernier *m*, -ère *f*; she was the ~ to arrive elle est arrivée la dernière; the next to ~, the ~ but one l'avant-dernier. **-2.** [previous one]: each more handsome than the ~ tous plus beaux les uns que les autres; the day before ~ avant-hier; the night before ~ [at night] la nuit d'avant-hier; [in the evening] avant-hier soir; the winter before ~ l'hiver d'il y a deux ans; the Prime Minister before ~ l'avant-dernier Premier ministre. **-3.** [end]: that was the ~ I saw of her c'était la dernière fois que je la voyais; I hope that's the ~ we see of them j'espère qu'on ne les reverra plus; I'll never see the ~ of this! je n'en verrai jamais la fin!, je n'en viendrai jamais à bout!; you haven't heard the ~ of this! vous aurez de mes nouvelles! ❑ till ~: leave the pans till ~ gardez les casseroles pour la fin, lavez les casseroles en dernier. **-4.** [remainder] reste *m*; we drank the ~ of the wine on a bu ce qui restait de vin.

◆ **at last** *adv phr* enfin; free at ~ enfin libre; at long ~ enfin.

◆ **at the last** *adv phr fml*: she was there at the ~ elle est restée jusqu'au bout.

◆ **to the last** *adv phr* jusqu'au bout.

**last²** [lɑːst] ◇ *vi* **-1.** [continue to exist or function] durer; it ~ed (for) ten days cela a duré dix jours; how long can we ~ without water? combien de temps tiendrons-nous sans eau?; he won't ~ long [in job] il ne tiendra pas longtemps; [will soon die] il n'en a plus pour longtemps; built/made to ~ construit/fait pour durer. **-2.** [be enough]: we've got enough food to ~ another week nous avons assez à manger pour une semaine encore. **-3.** [keep fresh – food] se conserver; these flowers don't ~ (long) ces fleurs ne tiennent OR ne durent pas (longtemps). ◇ *vt*: have we got enough to ~ us until tomorrow? en avons-nous assez pour tenir OR aller jusqu'à demain?; that fountain pen will ~ you a lifetime vous pourrez garder ce stylo-plume toute votre vie. ◇ *n* [for shoes] forme *f*.

◆ **last out** ◇ *vi insep* **-1.** [survive] tenir. **-2.** [be enough] suffire. ◇ *vt sep*: he didn't ~ the night out il n'a pas passé la nuit, il est mort pendant la nuit; will the play ~ out the month? est-ce que la pièce tiendra le mois?

**last-ditch** *adj* [ultimate] ultime; [desperate] désespéré; a ~ attempt OR effort un ultime effort.

**lasting** [ˈlɑːstɪŋ] *adj* durable; to their ~ regret/shame à leur plus grand regret/plus grande honte.

**Last Judgment** *n*: the ~ le Jugement dernier.

**lastly** [ˈlɑːstlɪ] *adv* enfin, en dernier lieu.

**last-minute** *adj* de dernière minute.

**last name** *n* nom *m* de famille.

**last post** *n Br* MIL [at night] extinction *f* des feux; [at funeral] sonnerie *f* aux morts.

**last rites** *npl* derniers sacrements *mpl*.

**Last Supper** *n*: the ~ la (sainte) Cène.

**last word** *n* **-1.** [final decision] dernier mot *m*; the Treasury has the ~ on defence spending le ministère des Finances a le dernier mot en matière de dépenses militaires. **-2.** [latest style] dernier cri *m*.

**latch** [lætʃ] ◇ *n* loquet *m*; leave the door on the ~ ne fermez pas la porte à clé; the door was on the ~ la porte

n'était pas fermée à clé. ◇ *vt* fermer au loquet. ◇ *vi* se fermer.

◆ **latch on** *vi insep inf* piger.

◆ **latch onto** *vt insep inf* **-1.** [attach o.s. to] s'accrocher à. **-2.** *Br* [understand] piger. **-3.** *Am* [obtain] se procurer, obtenir.

**latchkey child** *n* enfant dont les parents travaillent et ne sont pas là quand il rentre de l'école.

**late** [leɪt] ◇ *adj* **-1.** [behind schedule] en retard; to be ~ être en retard; to be 10 minutes ~ avoir 10 minutes de retard; to make sb ~ retarder qqn, mettre qqn en retard; we apologize for the ~ arrival of flight 906 nous vous prions d'excuser le retard du vol 906. **-2.** [in time] tardif; to keep ~ hours veiller, se coucher tard; in the ~ afternoon tard dans l'après-midi; she's in her ~ fifties elle approche la soixantaine; in the ~ seventies à la fin des années soixante-dix; in ~ 1970 fin 1970; at this ~ stage à ce stade avancé; to have a ~ lunch déjeuner tard; he was a ~ developer [physically] il a eu une croissance tardive; [intellectually] son développement intellectuel fut un peu tardif ‖ [news, edition] dernier; there have been some ~ developments in the talks il y a du nouveau dans les discussions ❑ ~ booking réservation *f* de dernière minute. **-3.** [former] ancien, précédent; [deceased]: the ~ lamented president le regretté président; the ~ Mr Fox le défunt M. Fox, feu M. Fox *fml*; her ~ husband son défunt mari, feu son mari *fml*. **-4.** [recent] récent, dernier.

◇ *adv* **-1.** [in time] tard; to arrive/to go to bed ~ arriver/se coucher tard; to arrive 10 minutes ~ arriver avec 10 minutes de retard; it's getting ~ il se fait tard; ~ in the afternoon tard dans l'après-midi; she came to poetry ~ in life elle est venue à la poésie sur le tard ❑ ~ in the day *literal* vers la fin de la journée; it's rather ~ in the day to be thinking about that *fig* c'est un peu tard pour penser à ça. **-2.** [recently] récemment; even as ~ as last year he was still painting pas plus tard que l'année dernière, il peignait encore. **-3.** *fml* [formerly] autrefois, anciennement.

◆ **of late** *adv phr* récemment.

**latecomer** [ˈleɪtˌkʌmə*r*] *n* retardataire *mf*; '~s will not be admitted' ≃ 'le placement n'est plus assuré après le début de la représentation'; he was a ~ to football il est venu au football sur le tard.

**lately** [ˈleɪtlɪ] *adv* récemment, ces derniers temps, dernièrement.

**latency** [ˈleɪtənsɪ] *n* latence *f*.

**late-night** *adj* [play, show, film] ≃ de minuit; ~ opening COMM nocturne *f*; ~ shopping courses *fpl* en nocturne.

**latent** [ˈleɪtənt] *adj* latent.

**latent period** *n* MED incubation *f*.

**later** [ˈleɪtə*r*] ◇ *adj* (*compar of* **late**) ◇ *adj* ultérieur; we can always catch a ~ train on peut toujours prendre un autre train, plus tard; a collection of her ~ poems un recueil de ses derniers poèmes; at a ~ date à une date ultérieure; at a ~ stage à un stade plus avancé; in ~ life plus tard dans la vie. ◇ *adv* plus tard; ~ that day plus tard dans la journée; ~ on plus tard; see you ~! à plus tard!; no ~ than tomorrow demain dernier délai, demain au plus tard.

**lateral** [ˈlætərəl] ◇ *adj* latéral. ◇ *n* LING (consonne *f*) latérale *f*.

**lateral thinking** *n* approche *f* originale.

**latest** [ˈleɪtɪst] ◇ *adj* (*superl of* **late**) dernier; the ~ date/time la date/l'heure limite; the ~ news les dernières nouvelles. ◇ *n* **-1.** [most recent - news]: have you heard the ~? vous connaissez la dernière?; what's the ~ on the trial? qu'y a-t-il de nouveau sur le procès?; tune in at 7 p.m. for the ~ on the elections soyez à l'écoute à 19 h pour les dernières informations sur les élections; have you met his/her ~? [boyfriend, girlfriend] avez-vous fait la connaissance de sa dernière conquête? **-2.** [in time]: at the ~ au plus tard; when is the ~ you can come? jusqu'à quelle heure pouvez-vous venir?

**latex** [ˈleɪteks] *n* latex *m*.

**lath** [lɑːθ] *n* [wooden] latte *f*; [in venetian blind] lame *f*.

**lathe** [leɪð] ◇ *n* tour *m* (*à bois ou à métal*); ~ operator tourneur *m*. ◇ *vt* tourner.

**lather** [ˈlɑːðə*r*] ◇ *n* **-1.** [from soap] mousse *f*. **-2.** [foam - on horse, seawater] écume *f*; to get into a ~ about OR over sthg

*Br* s'énerver OR se mettre dans tous ses états à propos de qqch. ◇ *vt* [clean] savonner. ◇ *vi* **-1.** [soap] mousser. **-2.** [horse] écumer.

**Latin** ['lætɪn] ◇ *n* **-1.** [person] Latin *m*, -e *f*; the ~s [in Europe] les Latins; [in US] les Latino-américains *mpl*.**-2.** LING latin *m*. ◇ *adj* latin; [alphabet] latin; the ~ **Quarter** le Quartier latin.

**Latin America** *pr n* Amérique *f* latine; in ~ en Amérique latine.

**Latin American** ◇ *n* Latino-américain *m*, -e *f*. ◇ *adj* latino-américain.

**Latinate** ['lætɪneɪt] *adj* [vocabulary] d'origine latine; [style] empreint de latinismes.

**Latino** [læ'tiːnəʊ] (*pl* **Latinos**) *n Am* Latino *mf*.

**latitude** ['lætɪtjuːd] *n* **-1.** ASTRON & GEOG latitude *f*; at a ~ of 50° south à 50° de latitude sud; few animals live in these ~s rares sont les animaux qui vivent sous ces latitudes. **-2.** [freedom] latitude *f*; they don't allow OR give the children much ~ for creativity ils n'encouragent guère les enfants à être créatifs.

**latrines** [lə'triːnz] *npl* latrines *fpl*.

**latter** ['lætə'] ◇ *adj* **-1.** [in relation to former] dernier, second. **-2.** [later] dernier, second; in the ~ years of her life au cours des dernières années de sa vie. ◇ *n*: the former... the ~ le premier... le second, celui-là... celui-ci; of tigers and cheetahs, the ~ are by far the faster runners des tigres et des guépards, ces derniers sont de loin les plus rapides.

**latter-day** *adj* d'aujourd'hui; a ~ St Francis un saint François moderne; **Church of the ~ Saints** Église *f* de Jésus-Christ des saints des derniers jours.

**latterly** ['lætəlɪ] *adv* [recently] récemment, dernièrement; [towards the end] vers la fin.

**lattice** ['lætɪs] *n* [fence, frame] treillage *m*; [design] treillis *m*.

**lattice window** *n* fenêtre *f* à croisillons.

**latticework** ['lætɪswɜːk] *n* (*U*) treillis *m*.

**Latvia** ['lætvɪə] *pr n* Lettonie *f*; in ~ en Lettonie.

**Latvian** ['lætvɪən] ◇ *n* **-1.** [person] Letton *m*, -onne *f*.**-2.** LING letton *m*. ◇ *adj* letton.

**laud** [lɔːd] *vt fml* OR *lit* louer, chanter les louanges de, glorifier.

**laudable** ['lɔːdəbl] *adj* louable, digne de louanges.

**laudanum** ['lɔːdənəm] *n* laudanum *m*.

**laudatory** ['lɔːdətrɪ] *adj fml* laudatif, élogieux.

**laugh** [lɑːf] ◇ *vi* **-1.** [in amusement] rire; she was ~ing about his gaffe all day sa gaffe l'a fait rire toute la journée; you have to ~ mieux vaut en rire; to burst out ~ing éclater de rire; we ~ed until we cried on a ri aux larmes, on a pleuré de rire; we ~ed about it afterwards après coup, cela nous a fait bien rire, on en a ri après coup; it's easy for you to ~! vous pouvez rire!; to ~ aloud OR out loud rire aux éclats; he was ~ing to himself il riait dans sa barbe; they didn't know whether to ~ or cry ils ne savaient pas s'ils devaient en rire ou en pleurer ❑ to ~ up one's sleeve *Br* rire sous cape; I'll make him ~ on the other side of his face *Br* je lui ferai passer l'envie de rire, moi; he who ~s last ~s longest *Br* OR best *Am prov* rira bien qui rira le dernier *prov*. **-2.** [in contempt, ridicule] rire; they ~ed in my face ils m'ont ri au nez; he ~ed about his mistakes il a ri de ses erreurs. **-3.** *fig* [be confident]: once we get the contract, we're ~ing une fois qu'on aura empoché le contrat, on sera tranquilles; she's ~ing all the way to the bank elle s'en met plein les poches. ◇ *vt* **-1.** [in amusement]: to ~ o.s. silly se tordre de rire, être plié en deux de rire. **-2.** [in ridicule]: he was ~ed off the stage/out of the room il a quitté la scène/la pièce sous les rires moqueurs; they ~ed him to scorn ils se sont moqués de lui ❑ to ~ sthg out of court tourner qqch en dérision. **-3.** [express]: she ~ed her scorn elle eut un petit rire méprisant. ◇ *n* **-1.** [of amusement] rire *m*; [burst of laughter] éclat *m* de rire; to give a ~ rire; we had a good ~ about it ça nous a bien fait rire; she left the room with a ~ elle sortit en riant OR dans un éclat de rire ‖ [of contempt] rire *m*; we all had a good ~ at his expense nous nous sommes bien moqués de lui ❑ to have the last ~ avoir le dernier mot. **-2.** *Br inf* [fun] rigolade *f*; to have (a bit of) a ~ rigoler OR se marrer un peu; he's always good for a ~ avec lui, on se marre bien; he's a ~ a minute il est très marrant. **-3.** *inf* [joke]: we did it for a

~ OR just for ~s on l'a fait pour rigoler; what a ~! qu'est-ce qu'on s'est marré!; home-made cakes? — that's a ~! *iron* gâteaux faits maison? — c'est une blague OR ils plaisantent!

◆ **laugh at** *vt insep* **-1.** [in amusement]: we all ~ed at the joke/the film la blague/le film nous a tous fait rire. **-2.** [mock] se moquer de, rire de; to ~ at someone else's misfortunes se moquer des malheurs des autres. **-3.** [disregard] rire de, rester indifférent à.

◆ **laugh off** *vt sep* [difficulty] rire de, se moquer de; [difficult situation] désamorcer; how can they just ~ it off like that? comment osent-ils prendre ça à la légère?; he tried to ~ off the defeat il s'efforça de ne pas prendre sa défaite trop au sérieux.

**laughable** ['lɑːfəbl] *adj* ridicule, dérisoire.

**laughing** ['lɑːfɪŋ] *adj* [eyes] riant, rieur; this is no ~ matter il n'y a pas de quoi rire.

**laughing gas** *n* gaz *m* hilarant.

**laughing hyena** *n* hyène *f* tachetée.

**laughingly** ['lɑːfɪŋlɪ] *adv* **-1.** [cheerfully] en riant. **-2.** [inappropriately]: this noise is ~ called folk music c'est ce bruit qu'on appelle le plus sérieusement du monde de la musique folk.

**laughing stock** *n*: they were the ~ of the whole neighbourhood ils étaient la risée de tout le quartier; they made ~s of themselves ils se sont couverts de ridicule.

**laughter** ['lɑːftə'] *n* (*U*) rire *m*, rires *mpl*; a burst of ~ un éclat de rire; she continued to speak amid loud ~ elle a continué à parler au milieu des éclats de rire.

**launch** [lɔːntʃ] ◇ *n* **-1.** [boat] vedette *f*; [long boat] chaloupe *f*; (pleasure) ~ bateau *m* de plaisance. **-2.** [of ship, spacecraft, new product] lancement *m*; a book ~ le lancement d'un livre. ◇ *vt* **-1.** [boat – from ship] mettre à la mer; [– from harbour] faire sortir; [– for first time] lancer. **-2.** COMM lancer; FIN [shares] émettre; our firm has ~ed a new perfume on OR onto the market notre société a lancé un nouveau parfum. **-3.** [start]: that was the audition that ~ed me on my career cette audition a donné le coup d'envoi de ma carrière; to ~ a military offensive déclencher OR lancer une attaque.

◆ **launch into** *vt insep* [start] se lancer dans.

◆ **launch out** *vi insep* se lancer; she's just ~ed out on her own elle vient de se mettre à son compte.

**launch complex** *n* ASTRONAUT base *f* OR station *f* de lancement.

**launcher** ['lɔːntʃə'] *n* ASTRONAUT & MIL lanceur *m*.

**launching** ['lɔːntʃɪŋ] *n* **-1.** [of ship, spacecraft] lancement *m*; [of lifeboat – from ship] mise *f* à la mer; [– from shore] sortie *f*.**-2.** [of new product] lancement *m*.

**launching ceremony** *n* cérémonie *f* de lancement.

**launching pad** = **launch pad**.

**launching vehicle** = **launch vehicle**.

**launch pad** *n* rampe *f* de lancement.

**launch vehicle** *n* fusée *f* de lancement.

**launder** ['lɔːndə'] *vt* **-1.** [clothes] laver; [at laundry] blanchir. **-2.** *fig* [money] blanchir.

**Launderette®** [,lɔːndə'ret] = **laundrette**.

**laundress** ['lɔːndrɪs] *n* blanchisseuse *f*.

**laundrette** [lɔːn'dret] *n Br* laverie *f* automatique.

**Laundromat®** ['lɔːndrəmæt] *n Am* laverie *f* automatique.

**laundry** ['lɔːndrɪ] (*pl* **laundries**) *n* **-1.** [shop] blanchisserie *f*; [in house] buanderie *f*.**-2.** [washing] linge *m*; to do the ~ faire la lessive.

**laundry basket** *n* panier *m* à linge.

**laundryman** ['lɔːndrɪmən] (*pl* **laundrymen** [-mən]) *n* **-1.** [van-driver] livreur *m* de blanchisserie. **-2.** [worker in laundry] blanchisseur *m*.

**laureate** ['lɔːrɪət] *n* **-1.** [prize winner] lauréat *m*; a Nobel ~ un prix Nobel. **-2.** [poet] poète *m* lauréat.

**laurel** ['lɔːrəl] ◇ *n* [tree] laurier *m*. ◇ *comp* [crown, wreath] de lauriers.

◆ **laurels** *npl* [honours] lauriers *mpl*; to look to one's ~s ne pas s'endormir sur ses lauriers; to rest on one's ~s se reposer sur ses lauriers.

**Lautro** ['lautrəʊ] (*abbr of* **Life Assurance and Unit Trust Regulatory Organization**) *pr n organisme britannique contrôlant les activités de compagnies d'assurance-vie et de SICAV.*

**lav** [læv] *n Br inf* cabinets *mpl*, W-C *mpl*.

**lava** ['lɑːvə] *n* lave *f*.

**lavatorial** [,lævə'tɔːrɪəl] *adj* [style, humour] scatologique.

**lavatory** ['lævətrɪ] (*pl* **lavatories**) ◇ *n Br* toilettes *fpl*, cabinets *mpl*; [bowl] cuvette *f*; to go to the ~ aller aux toilettes. ◇ *adj* des W-C; [humour] scatologique.

**lavender** ['lævəndər] ◇ *n* lavande *f*. ◇ *adj* [colour] lavande.

**lavender blue** ◇ *n* bleu lavande *m inv*. ◇ *adj* bleu lavande *(inv)*.

**lavish** ['lævɪʃ] ◇ *adj* **-1.** [abundant] copieux, abondant; [luxurious] somptueux, luxueux. **-2.** [generous] généreux, magnanime; he was ~ in his praise il ne tarissait pas d'éloges. ◇ *vt* prodiguer; they ~ all their attention on their son ils sont aux petits soins pour leur fils; he ~ed praise on the book il ne tarissait pas d'éloges sur le livre.

**lavishly** ['lævɪʃlɪ] *adv* **-1.** [generously, extravagantly] généreusement, sans compter. **-2.** [luxuriously] luxueusement, somptueusement.

**law** [lɔː] ◇ *n* **-1.** [legal provision] loi *f*; a ~ against gambling une loi qui interdit les jeux d'argent; there's no ~ against it! il n'y a pas de mal à cela! ❑ **Law Lords** *Br* membres de la chambre des Lords siégeant en tant que cour d'appel de dernière instance; the **Law Society** *Br* conseil de l'ordre des avocats chargé de faire respecter la déontologie; to be a ~ unto o.s. ne connaître ni foi ni loi. **-2.** [legislation] loi *f*; it's against the ~ to sell alcohol la vente d'alcool est illégale; by ~ selon la loi; in *or* under **British** ~ selon la loi britannique; to break/to uphold the ~ enfreindre/respecter la loi; the bill became ~ le projet de loi a été voté *or* adopté; the ~ of the land la loi, les lois; the ~ of the jungle la loi de la jungle; to lay down the ~ *fig* imposer sa loi, faire la loi; her word is ~ *fig* ses décisions sont sans appel. **-3.** [legal system] droit *m*. **-4.** [justice] justice *f*, système *m* juridique; to go to ~ *Br* aller en justice; to take a case to ~ *Br* porter une affaire en justice *or* devant les tribunaux; to take the ~ into one's own hands (se) faire justice soi-même ‖ [police]: the ~ les flics *mpl*; I'll have the ~ on you! je vais appeler les flics!**-5.** [rule – of club, sport] règle *f*.**-6.** SCI [principle] loi *f*; the ~ of supply and demand ECON la loi de l'offre et de la demande. ◇ *comp* [faculty, school] de droit; he's a ~ student il est étudiant en droit.

**law-abiding** *adj* respectueux de la loi; a ~ citizen un honnête citoyen.

**law and order** *n* l'ordre public *m*; law-and-order issues questions *fpl* d'ordre public.

**law-breaker** *n* personne *f* qui transgresse la loi.

**law court** *n* tribunal *m*, cour *f* de justice.

**law-enforcement** *adj Am* chargé de faire respecter la loi; ~ officer représentant d'un service chargé de faire respecter la loi.

**lawful** ['lɔːful] *adj* [legal] légal; [legitimate] légitime; [valid] valide; by all ~ means par tous les moyens légaux; my ~ wedded wife mon épouse légitime.

**lawfully** ['lɔːfulɪ] *adv* légalement, de manière légale.

**lawgiver** ['lɔː,gɪvər] *n* législateur *m*, -trice *f*.

**lawless** ['lɔːlɪs] *adj* [person] sans foi ni loi; [activity] illégal; [country] livré à l'anarchie.

**lawlessness** ['lɔːlɪsnɪs] *n* non-respect *m* de la loi; [anarchy] anarchie *f*; [illegality] illégalité *f*.

**lawmaker** ['lɔː,meɪkər] *n* législateur *m*, -trice *f*.

**lawman** ['lɔːmæn] (*pl* **lawmen** [-men]) *n Am* [policeman] policier *m*; [sheriff] shérif *m*.

**lawn** [lɔːn] *n* **-1.** [grass] pelouse *f*, gazon *m*.**-2.** TEX linon *m*.

**lawn chair** *n Am* chaise *f* de jardin.

**lawnmower** ['lɔːn,məʊər] *n* tondeuse *f* (*à gazon*).

**lawn party** *n Am* garden party *f*.

**lawn tennis** ◇ *n* tennis *m* sur gazon. ◇ *comp* [club] de tennis.

**Lawrence** ['lɒrəns] *prn*: ~ of Arabia Lawrence d'Arabie.

**Lawrentian** [lə'renʃən] *adj* lawrencien.

**lawsuit** ['lɔːsuːt] *n* action *f* en justice; to bring a ~ against sb intenter une action (en justice) contre qqn.

**lawyer** ['lɔːjər] *n* **-1.** [barrister] avocat *m*, homme *m* de loi. **-2.** [solicitor – for wills, conveyancing etc] notaire *m*.**-3.** [legal expert] juriste *mf*; [adviser] conseil *m* juridique.

**lax** [læks] *adj* **-1.** [person] négligent; [behaviour, discipline] relâché; [justice] laxiste; to be ~ about sthg négliger qqch. **-2.** [not tense – string] lâche, relâché; LING [phoneme] lâche, relâché; MED [bowels] relâché. **-3.** [imprecise – definition] imprécis, vague.

**laxative** ['læksətɪv] ◇ *adj* laxatif. ◇ *n* laxatif *m*.

**laxity** ['læksɪtɪ], **laxness** ['læksnɪs] *n* [slackness] relâchement *m*; [negligence] négligence *f*.

**lay** [leɪ] (*pt & pp* **laid** [leɪd]) ◇ *pt → lie*. ◇ *vt* **-1.** [in specified position] poser, mettre; he laid the baby on the bed il a couché l'enfant sur le lit; she laid her head on my shoulder elle a posé sa tête sur mon épaule; to ~ sb to rest *euph* enterrer qqn ‖ [spread out] étendre; she laid the blanket on the ground elle a étendu la couverture par terre ❑ to ~ it on the line ne pas y aller par quatre chemins. **-2.** [tiles, bricks, pipes, cable, carpet, foundations] poser; [foundations] poser; [wreath] déposer; [mine] poser, mouiller; the plan ~s the basis *or* the foundation for economic development *fig* le projet jette les bases du développement économique. **-3.** [set – table] mettre. **-4.** [prepare, arrange – fire] préparer; to ~ a trail tracer un chemin; they laid a trap for him ils lui ont tendu un piège. **-5.** [egg] pondre. **-6.** [impose – burden, duty] imposer; to ~ emphasis *or* stress on sthg mettre l'accent sur qqch. **-7.** JUR [lodge] porter; to ~ an accusation against sb porter une accusation contre qqn; charges have been laid against five men cinq hommes ont été inculpés. **-8.** [present, put forward]: she laid the scheme before him elle lui soumit le projet. **-9.** [allay – fears] dissiper; [exorcize – ghost] exorciser; [refute – rumour] démentir. **-10.** [bet] parier; I'll ~ you ten to one that she won't come je te parie à dix contre un qu'elle ne viendra pas. **-11.** ▼ [have sex with] baiser; to get laid baiser. **-12.** *lit* [strike]: to ~ a whip across sb's back fouetter qqn. **-13.** [with adjective complements]: to ~ o.s. open to criticism s'exposer à la critique.
◇ *vi* **-1.** [bird, fish etc] pondre. **-2.** = *lie vi 2*.
◇ *adj* **-1.** [non-clerical] laïque. **-2.** [not professional] profane, non-spécialiste; ~ people les profanes *mpl*.
◇ *n* **-1.** ▼ [person]: he's/she's a good ~ c'est un bon coup. **-2.** [poem, song] lai *m*.
◆ **lay about** *vt insep lit* attaquer, taper sur.
◆ **lay aside** *vt sep* **-1.** [put down] mettre de côté; you should ~ aside any personal opinions you might have *fig* vous devez faire abstraction de toute opinion personnelle. **-2.** [save] mettre de côté; we have some money laid aside nous avons de l'argent de côté.
◆ **lay down** *vt sep* **-1.** [put down] poser; to ~ down one's arms déposer les armes. **-2.** [renounce, relinquish] renoncer à; to ~ down one's life se sacrifier. **-3.** [formulate, set out – plan, rule] formuler, établir; [– condition] imposer; as laid down in the contract, the buyer keeps exclusive rights il est stipulé *or* il est bien précisé dans le contrat que l'acheteur garde l'exclusivité. **-4.** [store – wine] mettre en cave.
◆ **lay in** *vt sep* [stores] faire provision de.
◆ **lay into** *vt insep* [attack – physically] tomber (à bras raccourcis) sur; [– verbally] prendre à partie, passer un savon à.
◆ **lay off** ◇ *vt sep* **-1.** [employees] licencier. **-2.** [in gambling – bet] couvrir. ◇ *vt insep* laisser tomber; ~ off it, will you! laisse tomber, tu veux!; I told her to ~ off my husband je lui ai dit de laisser mon mari tranquille. ◇ *vi insep* laisser tomber.
◆ **lay on** *vt sep* **-1.** [provide] fournir; the meal was laid on by our hosts le repas nous fut offert par nos hôtes; they had transport laid on for us ils s'étaient occupés de nous procurer un moyen de transport. **-2.** *Br* [install] installer, mettre; the caravan has electricity laid on la caravane a l'électricité. **-3.** [spread – paint, plaster] étaler; to ~ it on thick *inf & fig* en rajouter. **-4.** ▽ *Am*: to ~ sthg on sb [give] filer qqch à qqn; [tell] raconter qqch à qqn; ~ for: if you're not careful, I'll ~ one on you!▽ [hit] fais gaffe ou je t'en mets une!
◆ **lay out** *vt sep* **-1.** [arrange, spread out] étaler. **-2.** [present, put forward] exposer, présenter. **-3.** [design] concevoir; the house is badly laid out la maison est mal conçue. **-4.** [corpse] faire la toilette de. **-5.** [spend] mettre; we've already laid out a fortune on the project nous avons déjà mis une fortune dans ce projet. **-6.** [knock out] assommer, mettre K-O. **-7.** TYPO faire la maquette de, monter.

◆ **lay over** *vi insep Am* [stop off] faire une halte, faire escale.

◆ **lay up** *vt sep Br* **-1.** [store, save] mettre de côté; **you're just ~ing up trouble for yourself** *fig* tu te prépares des ennuis. **-2.** [confine to bed] aliter; **she's laid up with mumps** elle est au lit avec les oreillons. **-3.** [ship] désarmer; [car] mettre au garage.

**layabout** ['leɪəbaʊt] *n Br inf* paresseux *m*, -euse *f*, fainéant *m*, -e *f*.

**lay-by** (*pl* **lay-bys**) *n* **-1.** *Br* AUT aire *f* de stationnement. **-2.** RAIL voie *f* de garage.

**lay days** *npl* starie *f*, jours *mpl* de planche.

**layer** ['leɪəʳ] ◇ *n* **-1.** [of skin, paint, wood] couche *f*; [of fabric, clothes] épaisseur *f*; **the poem has many ~s of meaning** *fig* le poème peut étire lu de différentes façons. **-2.** GEOL strate *f*, couche *f*.**-3.** HORT marcotte *f*.**-4.** [hen] pondeuse *f*. ◇ *vt* [hair] couper en dégradé; HORT marcotter.

**layer cake** *n* génoise *f*.

**layered** ['leɪəd] *adj* SEW: **a ~ skirt** une jupe à volants.

**layette** [leɪ'et] *n* layette *f*.

**laying** ['leɪɪŋ] ◇ *n* **-1.** [of egg] ponte *f*.**-2.** [of cables, carpets] pose *f*; [of mine] pose *f*, mouillage *m*; [of wreath] dépôt *m*; **~ on of hands** RELIG imposition *f* des mains. ◇ *adj*: **~ hen** poule *f* pondeuse.

**layman** ['leɪmən] (*pl* **laymen** [-mən]) *n* **-1.** [non-specialist] profane *mf*, non-initié *m*, -e *f*; **a ~'s guide to the stock market** un manuel d'initiation au système boursier. **-2.** [non-clerical] laïc *m*, laïque *f*.

**lay-off** *n* **-1.** [sacking] licenciement *m*.**-2.** [inactivity] chômage *m* technique.

**layout** ['leɪaʊt] *n* **-1.** [gen] disposition *f*; [of building, park] disposition *f*, agencement *m*; [of essay] plan *m*; **you've got quite a ~ here!** *inf* c'est pas mal chez vous!**-2.** TYPO maquette *f*; **~ artist** maquettiste *mf*.**-3.** [diagram] schéma *m*.

**layover** ['leɪəʊvəʳ] *n Am* escale *f*, halte *f*.

**lay preacher** *n* prédicateur *m* laïque.

**lay reader** *n* prédicateur *m* laïque.

**Lazarus** ['læzərəs] *pr n* Lazare.

**laze** [leɪz] ◇ *vi* [relax] se reposer; [idle] paresser; **to ~ in bed** traîner au lit. ◇ *n* farniente *m*; **to have a ~ in bed** traîner au lit.

◆ **laze about** *Br*, **laze around** *vi insep* paresser, fainéaner.

**laziness** ['leɪzɪnɪs] *n* paresse *f*, fainéantise *f*.

**lazy** ['leɪzɪ] (*compar* **lazier,** *superl* **laziest**) *adj* **-1.** [idle] paresseux, fainéant; [relaxed] indolent, nonchalant; **we spent a ~ afternoon on the beach** on a passé l'après-midi à paresser sur la plage. **-2.** [movement] paresseux, lent.

**lazybones** ['leɪzɪbəʊnz] *n inf* fainéant *m*, -e *f*.

**lazy eye** *n* amblyopie *f*; **to have a ~** être amblyope.

**lb** (*written abbr of* **pound**): **3 ~** or **~s 3** livres.

**lbw** (*abbr of* **leg before wicket**) *n* au cricket, faute d'un joueur qui met une jambe devant le guichet.

**lc** (*written abbr of* **lower case**) bdc.

**L/C** (*written abbr of* **letter of credit**).

**LCD** (*abbr of* **liquid crystal display**) *n* LCD *m*.

**L-driver** (*abbr of* **learner-driver**) *n Br* personne qui apprend à conduire.

**lea** [li:] *n lit* pré *m*.

**LEA** *n abbr of* **local education authority**.

**leach** [li:tʃ] *vt* **-1.** TECH lessiver, extraire par lessivage. **-2.** CHEM & PHARM lixivier.

**lead¹** [li:d] (*pt & pp* **led** [led]) ◇ *vt* **-1.** [take, guide] mener, emmener, conduire; **to ~ sb somewhere** mener OR conduire qqn quelque part; **she led him down the stairs** elle lui fit descendre l'escalier; **to ~ an army into battle** mener une armée au combat; **the captain led the team onto the field** le capitaine a conduit son équipe sur le terrain; **he led her to the altar** *lit* il la prit pour épouse; **to ~ the way** montrer le chemin; **police motorcyclists led the way** des motards de la police ouvraient la route ❑ **to ~ sb up the garden path** mener qqn en bateau. **-2.** [be leader of] être à la tête de, diriger; SPORT [be in front of] mener; **to ~ the prayers/singing** diriger la prière/les chants; **Stardust is ~ing Black Beauty by 10 lengths** Stardust a pris 10 longueurs d'avance sur Black Beauty. **-3.** [induce] amener; **to ~ sb to do sthg** amener qqn

à faire qqch; **despair led him to commit suicide** le désespoir l'a poussé au suicide; **he led me to believe (that) he was innocent** il m'a amené à croire qu'il était innocent; **everything ~s us to believe (that) she is still alive** tout porte à croire OR nous avons toutes les raisons de croire qu'elle est encore en vie; **he is easily led** il se laisse facilement influencer ‖ *fig*: **subsequent·events led the country into war** des événements ultérieurs ont entraîné le pays dans la guerre; **this ~s me to my second point** ceci m'amène à ma seconde remarque. **-4.** [life] mener. **-5.** [in cards] demander, jouer. **-6.** JUR [witness] influencer.

◇ *vi* **-1.** [go] mener; **where does this door ~ to?** sur quoi ouvre cette porte?; **the stairs lead to the cellar** l'escalier mène OR conduit à la cave; **take the street that ~s away from the station** prenez la rue qui part de la gare; **that road ~s nowhere** cette route ne mène nulle part; **this is ~ing nowhere!** *fig* cela ne rime à rien!**-2.** SPORT mener, être en tête; **to ~ by 2 metres** avoir 2 mètres d'avance; **to ~ by 3 points to 1** mener par 3 points à 1 ‖ [in cards]: **hearts led** cœur (a été) demandé; **Peter to ~** c'est à Peter de jouer. **-3.** [go in front] aller devant; **if you ~, I'll follow** allez-y, je vous suis. **-4.** PRESS: **to ~ with sthg** mettre qqch à la une; **the 'Times' led with news of the plane hijack** le détournement d'avion faisait la une OR était en première page du «Times». **-5.** [in boxing]: **he ~s with his right** il attaque toujours du droit OR de la droite. **-6.** [in dancing] conduire.

◇ *n* **-1.** SPORT tête *f*; **to be in the ~** être en tête, mener; **to go into** OR **to take the ~** [in race] prendre la tête; [in match] mener; **to have a 10-point/10-length ~** avoir 10 points/10 longueurs d'avance. **-2.** [initiative] initiative *f*; **take your ~ from me** prenez exemple sur moi; **to follow sb's ~** suivre l'exemple de qqn; **it's up to the government to give a ~ on housing policy** c'est au gouvernement (qu'il revient) de donner l'exemple en matière de politique du logement. **-3.** [indication, clue] indice *m*, piste *f*; **the police have several ~s** la police tient plusieurs pistes. **-4.** *Br* PRESS gros titre *m*; **the news made the ~ in all the papers** la nouvelle était à la une de tous les journaux. **-5.** CIN & THEAT [role] rôle *m* principal; [actor] premier rôle *m* masculin; [actress] premier rôle *m* féminin. **-6.** [in cards]: **whose ~ is it?** c'est à qui de jouer?**-7.** [for dog] laisse *f*; **'dogs must be kept on a ~'** 'les chiens doivent être tenus en laisse'. **-8.** ELEC fil *m*.

◇ *adj* [actor, singer] principal, premier; PRESS [article] de tête.

◆ **lead away** *vt sep* emmener; **he led her away from the scene of the accident** il l'éloigna du lieu de l'accident.

◆ **lead back** *vt sep* ramener, reconduire. ◇ *vi insep*: **this path ~s back to the beach** ce chemin ramène à la plage.

◆ **lead off** ◇ *vi insep* [in conversation] commencer, débuter; [at dance] ouvrir le bal. ◇ *vt insep* **-1.** [begin] commencer, entamer. **-2.** [go from] partir de; **several avenues ~ off the square** plusieurs avenues partent de la place. ◇ *vt sep* conduire; **they were led off to jail** ils ont été conduits OR emmenés en prison.

◆ **lead on** ◇ *vi insep* aller OR marcher devant; **~ on!** allez-y! ◇ *vt sep* **-1.** [trick]: **to ~ sb on** faire marcher qqn. **-2.** [bring on] faire entrer. **-3.** [in progression] amener; **this ~s me on to my second point** ceci m'amène à mon deuxième point.

◆ **lead to** *vt insep* [result in, have as consequence] mener OR aboutir à; **the decision led to panic on Wall Street** la décision a semé la panique à Wall Street; **one thing led to another** une chose en amenait une autre; **a course ~ing to a degree** un cursus qui débouche sur un diplôme; **several factors led to his decision to leave** plusieurs facteurs le poussèrent OR l'amenèrent à décider de partir; **this could ~ to some confusion** ça pourrait provoquer une certaine confusion.

◆ **lead up to** *vt insep* **-1.** [path, road] conduire à, mener à; **a narrow path led up to the house** un étroit sentier menait jusqu'à la maison. **-2.** [in reasoning]: **what are you ~ing up to?** où voulez-vous en venir? **-3.** [precede, cause]: **the events ~ing up to the war** les événements qui devaient déclencher la guerre; **in the months ~ing up to her death** pendant les mois qui précédèrent sa mort.

**lead²** [led] ◇ *n* **-1.** [metal] plomb *m*; **it's made of ~** c'est en plomb; **~ oxide** oxyde *m* de plomb. **-2.** *inf* [bullets] plomb *m*.**-3.** [in pencil] mine *f*.**-4.** [piece of lead – for sounding] plomb *m* (de sonde); [– on car wheel, fishing line] plomb *m*; TYPO interligne *m*. ◇ *vt* **-1.** [seal] plomber. **-2.** TYPO interligner. ◇ *adj* [made of lead] de OR en plomb; [containing lead] plombifère; ~ **pipe/shot** tuyau *m*/grenaille *f* de plomb; **red ~ paint** minium *m*.

**leaded** ['ledɪd] *adj* **-1.** [door, box, billiard cue] plombé; ~ **window** fenêtre *f* avec verre cathédrale. **-2.** [petrol] au plomb. **-3.** TYPO interligné.

**leaden** ['ledn] *adj* **-1.** [made of lead] de OR en plomb. **-2.** [dull – sky] de plomb, plombé; [heavy – sleep] de plomb; [– heart] lourd ‖ [oppressive – atmosphere] lourd, pesant; [– silence] de mort.

**leader** ['liːdər] *n* **-1.** [head] chef *m*; POL chef *m*, leader *m*, dirigeant *m*, -e *f*; [of association] dirigeant *m*, -e *f*; [of strike, protest] meneur *m*, -euse *f*; **the ~s of the march were arrested** les organisateurs de la manifestation ont été arrêtés ❑ **the Leader of the House** [in the Commons] *parlementaire de la majorité chargé de certaines fonctions dans la mise en place du programme gouvernemental*; [in the Lords] *porte-parole du gouvernement*; **the Leader of the Opposition** le chef de l'opposition. **-2.** SPORT [horse] cheval *m* de tête; [athlete] coureur *m* de tête; [in championship] leader *m*; **she was up with the ~s** elle était parmi les premiers OR dans le peloton de tête ‖ [main body or driving force]: **the institute is a world ~ in cancer research** l'institut occupe une des premières places mondiales en matière de recherche contre le cancer. **-3.** MUS: ~ **of the orchestra** *Br* premier violon *m*; *Am* chef *m* d'orchestre. **-4.** [in newspapers – editorial] éditorial *m*. **-5.** COMM produit *m* d'appel. **-6.** [for film, tape] amorce *f*. **-7.** [in climbing] premier *m* de cordée.

**leaderless** ['liːdəlɪs] *adj* sans chef, dépourvu de chef.

**leadership** ['liːdəʃɪp] *n* **-1.** [direction] direction *f*; **during** OR **under her ~** sous sa direction; **he has great ~ qualities** c'est un excellent meneur d'hommes. **-2.** [leaders] direction *f*, dirigeants *mpl*.

**leader writer** *n Br* éditorialiste *mf*.

**lead-free** [led-] *adj* [paint, petrol] sans plomb; [toy] (garanti) sans plomb.

**lead glass** [led-] *n* verre *m* de OR au plomb.

**lead-in** [liːd-] *n Br* **-1.** [introductory remarks] introduction *f*, remarques *fpl* préliminaires. **-2.** [wire] descente *f* d'antenne.

**leading**[1] ['liːdɪŋ] *adj* **-1.** [prominent] premier, de premier plan; [major] majeur, principal; ~ **figure** figure *f* de premier plan; **they played a ~ part in the discussions** ils ont joué un rôle prépondérant dans le débat; **to play the ~ role in a film** être la vedette d'un film; ~ **technology** technologie *f* de pointe. **-2.** SPORT [in race] de tête; [in championship] premier; **to be in the ~ position** être en tête. **-3.** MATH [coefficient] premier.

**leading**[2] ['ledɪŋ] *n* TYPO [process] interlignage *m*; [space] interligne *m*.

**leading article** ['liːdɪŋ-] *n Br* éditorial *m*; *Am* article *m* leader OR de tête.

**leading edge** ['liːdɪŋ-] *n* **-1.** AERON bord *m* d'attaque. **-2.** *fig*: **they are on** OR **at the ~ of technology** ils sont à la pointe de la technologie.

◆ **leading-edge** *comp* de pointe.

**leading lady** ['liːdɪŋ-] *n* CIN & THEAT premier rôle *m* (féminin); **Vivian Leigh was the ~** Vivian Leigh tenait le premier rôle féminin.

**leading light** ['liːdɪŋ-] *n* personnage *m* (de marque).

**leading man** ['liːdɪŋ-] *n* CIN & THEAT premier rôle *m* (masculin).

**leading question** ['liːdɪŋ-] *n* question *f* orientée.

**leading reins** ['liːdɪŋ-] *npl Br* harnais *m* (*pour enfant*).

**lead pencil** [led-] *n* crayon *m* noir OR à papier OR à mine de plomb.

**lead poisoning** [led-] *n* MED intoxication *f* par le plomb, saturnisme *m*.

**lead time** [liːd-] *n* INDUST délai *m* de préparation; COMM délai *m* de livraison.

**leaf** [liːf] (*pl* **leaves** [liːvz]) *n* **-1.** [on plant, tree] feuille *f*; **to come into ~** se couvrir de feuilles; **the trees are in ~** les arbres sont en feuilles. **-2.** [page] feuillet *m*, page *f*; **to take a ~ out of sb's book** prendre exemple OR modèle sur qqn. **-3.** [on table – dropleaf] abattant *m*; [– inserted board] allonge *f*, rallonge *f*. **-4.** [of metal] feuille *f*.

◆ **leaf through** *vt insep* [book, magazine] feuilleter, parcourir.

**leaflet** ['liːflɪt] *n* **-1.** [brochure] prospectus *m*, dépliant *m*; [political] tract *m*; ~ **drop** largage *m* de prospectus OR de tracts (*par avion*). **-2.** [instruction sheet] notice *f* (explicative), mode *m* d'emploi. **-3.** BOT foliole *f*. ◇ *vt* distribuer des prospectus OR des tracts à.

**leaf spring** *n* ressort *m* à lames.

**leafy** ['liːfɪ] (*compar* **leafier**, *superl* **leafiest**) *adj* [tree] feuillu; [woodland] boisé, vert; **a ~ avenue** une avenue bordée d'arbres.

**league** [liːg] ◇ *n* **-1.** [alliance] ligue *f*; **to be in ~ (with sb)** être de mèche (avec qqn); **they're all in ~ against me** ils se sont tous ligués contre moi ❑ **the League of Nations** HIST la Société des Nations. **-2.** SPORT [competition] championnat *m*; **United are ~ leaders at the moment** United est en tête du championnat en ce moment ‖ [division] division *f*. **-3.** *fig* [class] classe *f*; **he's not in the same ~ as his father** il n'a pas la classe de son père; **to be in the top ~** être parmi les meilleurs. **-4.** *arch* [distance] lieue *f*.

**league champion** *n* champion *m*; **to become ~s** remporter le championnat.

**league championship** *n* championnat *m*.

**league table** *n* (classement *m* du) championnat *m*.

**leak** [liːk] ◇ *n* **-1.** [in pipe, tank] fuite *f*; [in boat] voie *f* d'eau. **-2.** [disclosure – of information, secret] fuite *f*. **-3.** *phr*: **to go for** OR **to take a ~**[▽] [urinate] pisser un coup. ◇ *vi* [pen, pipe] fuir; [boat, shoe] prendre l'eau; **the roof ~s** il y a une fuite dans le toit ‖ [gas, liquid] fuir, s'échapper; **the rain ~s through the ceiling** la pluie s'infiltre par le plafond. ◇ *vt* **-1.** [liquid] répandre, faire couler; **the can ~ed oil onto my trousers de l'huile du bidon s'est répandue sur mon pantalon. **-2.** [information] divulguer; **the budget details were ~ed** il y a eu des fuites sur le budget; **the documents had been ~ed to a local councillor** quelqu'un avait communiqué OR avait fait parvenir les documents à un conseiller municipal.

◆ **leak in** *vi insep* s'infiltrer.

◆ **leak out** *vi insep* **-1.** [liquid, gas] fuir, s'échapper. **-2.** [news, secret] filtrer, transpirer; **the truth finally ~ed out** la vérité a fini par se savoir.

**leakage** ['liːkɪdʒ] *n* (U) fuite *f*.

**leaky** ['liːkɪ] (*compar* **leakier**, *superl* **leakiest**) *adj* [boat, shoes] qui prend l'eau; [pen, roof, bucket] qui fuit.

**lean** [liːn] (*Br pt* & *pp* **leaned** OR **leant** [lent], *Am pt* & *pp* **leaned**) ◇ *vi* [be on incline] pencher, s'incliner; **she/a ladder was ~ing (up) against the wall** elle/une échelle était appuyée contre le mur; ~ **on my arm** appuyez-vous OR prenez appui sur mon bras; **she was ~ing with her elbows on the window sill** elle était accoudée à la fenêtre. ◇ *vt* **-1.** [prop – ladder, bicycle] appuyer; **he leant the ladder/bike (up) against the tree** il appuya l'échelle/le vélo contre un arbre. **-2.** [rest – head, elbows] appuyer; **she leant her head on his shoulder** elle posa sa tête sur son épaule. **-3.** [incline] pencher; **to ~ one's head to one side** pencher OR incliner la tête. ◇ *adj* **-1.** [animal, meat] maigre; [person – thin] maigre; [– slim] mince. **-2.** [poor – harvest] maigre, pauvre; [– period of time] difficile. **-3.** [deficient – ore, mixture] pauvre. ◇ *n* **-1.** [slope] inclinaison *f*. **-2.** [meat] maigre *m*.

◆ **lean back** ◇ *vi insep* **-1.** [person] se pencher en arrière; **he ~ed back against the wall** il s'est adossé au mur; **don't ~ back on your chair!** ne te balance pas sur ta chaise!; **he ~ed back in his armchair** il s'est renversé dans son fauteuil. **-2.** [chair] basculer; **this chair ~s back if you pull that lever on** peut incliner OR faire basculer le siège en poussant ce levier. ◇ *vt sep* pencher en arrière; **to ~ one's head back** pencher OR renverser la tête en arrière.

◆ **lean forward** ◇ *vi insep* se pencher en avant. ◇ *vt sep* pencher en avant.

◆ **lean on**, **lean upon** *vt insep* **-1.** [depend] s'appuyer sur; **to ~ on sb's advice** compter sur les conseils de qqn; **she ~s heavily on her family for financial support** financièrement, elle dépend beaucoup de sa famille. **-2.** *Br inf* [pressurize] faire pression sur.

◆ **lean out** ◇ *vi insep* se pencher au dehors; **don't ~ out of the window!** ne te penche pas par la fenêtre!. ◇ *vt sep* pencher au dehors; **he ~ed his head out of the window** il a passé la tête par la fenêtre.

◆ **lean over** *vi insep* [person] se pencher en avant; [tree, wall] pencher, être penché; **he ~ed over to speak to me** il s'est penché vers moi pour me parler ❑ to ~ over backwards *literal* se pencher en arrière; *fig* remuer ciel et terre, se mettre en quatre.

◆ **lean towards** *vt insep* [tend] pencher pour; I rather ~ towards the view that we should sell je pencherais plutôt pour la vente.

**lean-burn** *adj* [engine] fonctionnant avec un mélange pauvre.

**leaning** ['li:nıŋ] ◇ *n (usu pl)* tendance *f*, penchant *m*; she has communist/literary ~s elle a des penchants communistes/aimerait être écrivain. ◇ *adj* [tree, wall] penché; the Leaning Tower of Pisa la tour de Pise.

**leant** [lent] *Br pt & pp* → **lean**.

**lean-to** *n Br:* a ~ (shed) un appentis.

**leap** [li:p] (*Br pt & pp* **leaped** OR **leapt** [lept], *Am pt & pp* **leaped**) ◇ *vi* **-1.** [person, animal] bondir, sauter; [flame] jaillir; to ~ to one's feet se lever d'un bond; to ~ for joy [person] sauter de joie; [heart] faire un bond; to ~ into the air sauter en l'air; the cat leapt off the chair onto the table le chat sauta de la chaise sur la table. **-2.** *fig* faire un bond; the price of petrol leapt by 10% le prix du pétrole a fait un bond de 10 %; the answer almost leapt off the page at me la réponse m'a pour ainsi dire sauté aux yeux; she leapt to the wrong conclusion elle a conclu trop hâtivement. ◇ *vt* **-1.** [fence, stream] sauter (par-dessus), franchir d'un bond. **-2.** [horse] faire sauter. ◇ *n* **-1.** [jump] saut *m*, bond *m*; to take a ~ forward *literal & fig* faire un bond en avant, sauter en avant; it's a great ~ forward in medical research c'est un grand bond en avant pour la recherche médicale ❑ by ~s and bounds à pas de géant; a ~ in the dark un saut dans l'inconnu. **-2.** [in prices] bond *m*.

◆ **leap about** *Br,* **leap around** ◇ *vt insep* gambader dans. ◇ *vi insep* gambader.

◆ **leap at** *vt insep* **-1.** [in attack] sauter sur. **-2.** *fig:* she leapt at the chance elle a sauté sur l'occasion.

◆ **leap out** *vi insep* bondir; to ~ out at sb bondir sur qqn; they leapt out from behind the bushes ils ont surgi de derrière les buissons ‖ *fig:* he almost leapt out of his skin il a failli tomber à la renverse.

◆ **leap up** *vi insep* [into the air] sauter (en l'air); [to one's feet] se lever d'un bond; to ~ up in surprise sauter au plafond, sursauter; the dog leapt up at him le chien lui a sauté dessus.

**leapfrog** ['li:pfrɒg] (*pt & pp* **leapfrogged,** *cont* **leapfrogging**) ◇ *n* saute-mouton *m*; to play ~ jouer à saute-mouton. ◇ *vi Br:* to ~ over sb sauter par-dessus qqn; to ~ into the computer age *fig* se trouver propulsé à l'ère de l'informatique. ◇ *vt Br fig* dépasser.

**leapt** [lept] *Br pt & pp* → **leap**.

**leap year** *n* année *f* bissextile.

**learn** [lɜːn] (*Br pt & pp* **learned** OR **learnt** [lɜːnt], *Am pt & pp* **learned**) ◇ *vt* **-1.** [by instruction] apprendre; to ~ (how) to do sthg apprendre à faire qqch; to ~ sthg by heart apprendre qqch par cœur; he's learnt his lesson now *fig* cela lui a servi de leçon. **-2.** [discover, hear] apprendre. **-3.** *hum* [teach] apprendre; that'll ~ you! ça t'apprendra! ◇ *vi* **-1.** [by instruction, experience] apprendre; to ~ about sthg apprendre qqch; to ~ by OR from one's mistakes tirer la leçon de ses erreurs; they learnt the hard way ils ont été à dure école. **-2.** [be informed]: to ~ of sthg apprendre qqch.

◆ **learn up** *vt sep Br inf* bûcher, potasser.

**learned** [senses *1* and *2* 'lɜːnıd, sense *3* lɜːnd] *adj* **-1.** [erudite – person] savant, érudit; [– subject, book, society] savant. **-2.** JUR [lawyer]: my ~ friend mon éminent confrère. **-3.** PSYCH [behaviour] acquis.

**learner** ['lɜːnə<sup>r</sup>] *n* apprenti *m*, -e *f*, débutant *m*, -e *f*; to be a quick ~ apprendre vite ❑ ~ (driver) *Br* conducteur *m* débutant, conductrice *f* débutante.

**learning** ['lɜːnıŋ] *n* **-1.** [erudition] érudition *f*, savoir *m*; a man of great ~ [in sciences] un grand savant; [in arts] un homme d'une grande érudition OR culture. **-2.** [acquisition of knowledge] étude *f*; language ~ l'étude OR l'apprentissage *m* des langues ❑ adults/children with ~ difficulties adultes *mpl*/enfants *mpl* inadaptés (à la vie en société).

**learning curve** *n* courbe *f* d'assimilation.

**learnt** [lɜːnt] *Br* ◇ *pt & pp* → **learn**. ◇ *adj* PSYCH acquis.

**lease** [li:s] ◇ *n* **-1.** JUR bail *m*; to take (out) a ~ on a house, to take a house on ~ prendre une maison à bail. **-2.** *phr:*

the trip has given her a new ~ of *Br* OR on *Am* life le voyage l'a remise en forme OR lui a redonné du tonus; to take on a new ~ of life retrouver une nouvelle jeunesse. ◇ *vt* [house] louer à bail; [car, sailboard] louer.

**leaseback** ['li:sbæk] *n* cession-bail *f*.

**leasehold** ['li:shəʊld] ◇ *n* [lease] bail *m*; [property] location *f* à bail. ◇ *adj* loué à bail.

**leaseholder** ['li:s,həʊldə<sup>r</sup>] *n* [tenant] locataire *mf*.

**leash** [li:ʃ] *n* [for dog] laisse *f*.

**leasing** ['li:sıŋ] *n* crédit-bail *m*, leasing *m*.

**least** [li:st] ◇ *det & pron (superl of* **little***)* **-1.** [in quantity, size]: he's the one who drank the ~ (wine) c'est lui qui a bu le moins (de vin); he's got the ~ c'est lui qui en a le moins. **-2.** [slightest]: the ~ thing upsets her un rien la contrarie; I'm not the ~ bit interested cela ne m'intéresse pas le moins du monde; it was the ~ we could do c'était la moindre des choses ❑ that's the ~ of our worries c'est le moindre OR c'est le cadet de nos soucis. ◇ *adv* (le) moins; the ~ interesting film I've ever seen le film le moins intéressant que j'aie jamais vu; it's what we ~ expected c'est ce à quoi nous nous attendions le moins.

◆ **at least** *adv phr* **-1.** [not less than] au moins; at ~ $500 au moins 500 dollars. **-2.** [as a minimum]: at the very ~ he might have phoned us la moindre des choses aurait été de nous téléphoner. **-3.** [indicating an advantage] au moins, du moins; at ~ we've got an umbrella au moins OR du moins on a un parapluie. **-4.** [used to qualify] du moins; I didn't like him, at ~ not at first il ne m'a pas plu, en tout cas OR du moins pas au début.

◆ **in the least** *adv phr (with negative):* not in the ~ pas du tout, pas le moins du monde; she didn't seem to mind in the ~ ça ne semblait pas la déranger le moins du monde.

◆ **least of all** *adv phr* surtout pas; nobody could understand it, Jim ~ of all OR ~ of all Jim personne ne comprenait, surtout pas Jim OR Jim encore moins que les autres.

◆ **not least** *adv phr:* many politicians, not ~ the Foreign Secretary, are in favour de nombreux hommes politiques y sont favorables, notamment le ministre des Affaires étrangères.

**leastways** ['li:stweız] *adv inf* du moins.

**leastwise** ['li:stwaız] *Am inf* = **leastways**.

**leather** ['leðə<sup>r</sup>] ◇ *n* **-1.** [material] cuir *m*; real ~ cuir véritable; made of ~ de OR en cuir. **-2.** [for polishing]: (wash OR window) ~ peau *f* de chamois. **-3.** *inf* [sexual fetish]: he's into ~ c'est un fétichiste du cuir. ◇ *comp* **-1.** [jacket, shoes, sofa, bag] de OR en cuir; ~ goods [ordinary] articles *mpl* en cuir; [finer] maroquinerie *f.* **-2.** [bar, club] cuir *(inv).* ◇ *vt* [punish] tanner le cuir à.

**leatherbound** ['leðəbaʊnd] *adj* relié (en) cuir.

**leatherette** [,leðə'ret] ◇ *n* similicuir *m*. ◇ *adj* en similicuir.

**leathering** ['leðərıŋ] *n Br inf* raclée *f.*

**leathery** ['leðərı] *adj* [meat] coriace; [skin] parcheminé, tanné.

**leave**[1] [li:v] (*pt & pp* **left** [left]) ◇ *vi* **-1.** [depart] partir; when did you ~? quand est-ce que vous êtes partis?; we're leaving for Mexico tomorrow nous partons pour le Mexique demain; he's just left for lunch il vient de partir déjeuner; if you'd rather I left... si vous voulez que je vous laisse... **-2.** [quit] partir; fewer schoolchildren are now leaving at 16 les élèves sont aujourd'hui moins nombreux à quitter l'école à 16 ans. **-3.** [end relationship]: Charles, I'm leaving! Charles, je te quitte!

◇ *vt* **-1.** [depart from – place] quitter; she left London yesterday elle est partie de OR a quitté Londres hier; he left the room il est sorti de OR il a quitté la pièce; to ~ the table se lever de table. **-2.** [quit – job, institution] quitter; I left home at 18 je suis parti de chez moi OR de chez mes parents à 18 ans; to ~ school quitter l'école. **-3.** [in specified place or state] laisser; he left her asleep on the sofa elle était endormie sur le canapé lorsqu'il la quitta; I left him to his reading je l'ai laissé à sa lecture; I left him to himself je l'ai laissé seul; just ~ me alone! laissez-moi tranquille! **-4.** [abandon – person] quitter; she left him for another man elle l'a quitté pour un autre; the prisoners were left to die les prisonniers furent abandonnés à la mort ‖ *fml* [take leave of – person] laisser; it's getting late, I must ~ you now il se fait tard, je dois vous laisser; you may ~ us now vous pouvez disposer

maintenant. **-5.** [deposit, set down] laisser; it's no trouble to ~ you at the station ça ne me dérange pas de vous laisser OR déposer à la gare. **-6.** [for sb's use, information etc] laisser; I've left your dinner in the oven for you je t'ai laissé de quoi dîner dans le four; he's out, do you want to ~ a message? il n'est pas là, voulez-vous laisser un message?; she left word for you to call her back elle a demandé que vous la rappeliez. **-7.** [forget] laisser, oublier; I must have left my gloves at the café j'ai dû oublier mes gants au café. **-8.** [allow or cause to remain] laisser; if you don't like your dinner, then ~ it si tu n'aimes pas ton dîner, laisse-le; ~ yourself an hour to get to the airport prévoyez une heure pour aller à l'aéroport; don't ~ things to the last minute n'attendez pas la dernière minute (pour faire ce que vous avez à faire); he left his work unfinished il n'a pas terminé son travail; their behaviour ~s a lot to be desired leur conduite laisse beaucoup à désirer; the decision ~s me in a bit of a quandary cette décision me place devant un dilemme; I want to be left on/off the list je veux que mon nom reste/je ne veux pas que mon nom figure sur la liste; I was left with the bill c'est moi qui ai dû payer l'addition ‖ *(passive use):* to be left rester; we finished what was left of the cake on a fini ce qui restait du gâteau; there's nothing left il ne reste (plus) rien; I've got £10/10 minutes left il me reste 10 livres/10 minutes ‖ [mark, trace] laisser; the wine left a stain le vin a fait une tache. **-9.** [allow: can I ~ you to deal with it, then? vous vous en chargez, alors?; she ~s me to get on with things elle me laisse faire; right then, I'll ~ you to it bon, eh bien, je te laisse. **-10.** [entrust] laisser; can I ~ my suitcase with you for a few minutes? puis-je vous confier ma valise quelques instants?; you should ~ such tasks to a specialist vous devriez laisser OR confier ce genre de travail à un spécialiste; ~ it to me! je m'en occupe!, je m'en charge!; ~ it with me laissez-moi faire, je m'en charge. **-11.** *Br* MATH: 9 from 16 ~s 7 16 moins 9 égale 7. **-12.** [bequeath] léguer. **-13.** [be survived by]: he ~s a wife and two children il laisse une femme et deux enfants.
◇ *n* **-1.** [from work] congé *m*; MIL permission *f*; to be/to go on ~ [gen] être/partir en congé; MIL être/partir en permission ❏ ~ of absence congé (exceptionnel); [without pay] congé sans solde. **-2.** [permission] permission *f*, autorisation *f*; by OR with your ~ avec votre permission. **-3.** [farewell] congé *m*; to take one's ~ (of sb) prendre congé (de qqn); to take ~ of one's senses *fig* perdre la tête OR la raison.
◆ **leave about** *Br*, **leave around** *vt sep* laisser traîner.
◆ **leave aside** *vt sep* laisser de côté; leaving aside the question of cost for the moment si on laisse de côté pour le moment la question du coût.
◆ **leave behind** *vt sep* **-1.** [not take] laisser; [forget] laisser, oublier. **-2.** [leave as trace] laisser; the cyclone left behind a trail of destruction le cyclone a tout détruit sur son passage. **-3.** [outstrip] distancer, devancer; she soon left the other runners behind elle a vite distancé tous les autres coureurs; if you don't work harder you'll soon get left behind si tu ne travailles pas plus, tu vas vite te retrouver loin derrière les autres.
◆ **leave in** *vt sep* [word, paragraph] garder, laisser.
◆ **leave off** ◇ *vi insep* [stop] s'arrêter; ~ off, will you! *Br inf* arrête, tu veux! ◇ *vt insep Br inf* [stop]: to ~ off doing sthg s'arrêter de faire qqch. ◇ *vt sep* **-1.** [not put on] ne pas remettre; who left the top of the toothpaste off? qui a laissé le tube de dentifrice débouché? **-2.** [not switch or turn on – tap, gas] laisser fermé; [– light] laisser éteint; [not plug in – appliance] laisser débranché.
◆ **leave on** *vt sep* **-1.** [not take off – garment] garder; [–top, cover] laisser. **-2.** [not switch or turn off – tap, gas] laisser ouvert; [– light] laisser allumé; [not unplug – appliance] laisser branché.
◆ **leave out** *vt sep* **-1.** [omit] omettre; ~ out any reference to her husband in your article dans votre article, évitez toute allusion à son mari. **-2.** [exclude] exclure; I felt completely left out at the party j'ai eu le sentiment d'être totalement tenu à l'écart OR exclu de leur petite fête. **-3.** [not put away – by accident] ne pas ranger; [– on purpose] laisser sorti, ne pas ranger; [leave outdoors] laisser dehors. **-4.** *phr*: ~ it out! ▽ *Br* lâche-moi!
◆ **leave over** *vt sep* [allow or cause to remain] laisser; to be left over rester; there are still one or two left over il en reste encore un ou deux.

**leave²** [liːv] *(pt & pp* **leaved,** *cont* **leaving)** *vi* BOT [produce leaves] feuiller.
**leaven** ['levn] ◇ *n* [yeast] levain *m*. ◇ *vt* **-1.** CULIN faire lever. **-2.** *fig* [occasion] égayer.
**leavening** ['levnɪŋ] *n literal & fig* levain *m*.
**leaves** [liːvz] *pl* → **leaf.**
**leave-taking** *n (U)* adieux *mpl.*
**leaving** ['liːvɪŋ] *n* départ *m.*
**Lebanese** [,lebə'niːz] *(pl inv)* ◇ *n* Libanais *m*, -e *f.* ◇ *adj* libanais.
**Lebanon** ['lebənən] *pr n* Liban *m*; in (the) ~ au Liban.
**lech** [letʃ] *vi inf:* he's always ~ing after my secretary il n'arrête pas de reluquer ma secrétaire.
**lecher** ['letʃər] *n* débauché *m*, obsédé *m* (sexuel).
**lecherous** ['letʃərəs] *adj* lubrique.
**lechery** ['letʃərɪ] *n* lubricité *f.*
**lectern** ['lektən] *n* lutrin *m.*
**lector** ['lektər] *n* RELIG & UNIV lecteur *m*, -trice *f.*
**lecture** ['lektʃər] ◇ *n* **-1.** [talk] conférence *f*, exposé *m*; UNIV [as part of course] cours *m* (magistral); she gave a very good ~ on Yeats elle a fait un très bon cours sur Yeats; have you been to his linguistics ~s? avez-vous suivi ses cours de linguistique?**-2.** *fig* [sermon] sermon *m*, discours *m*; to give sb a ~ sermonner qqn, faire des remontrances à qqn. ◇ *comp* [notes] de cours; ~ hall OR theatre salle *f* de cours, amphithéâtre *m.* ◇ *vi* [talk] faire OR donner une conférence; [teach] faire (un) cours; she ~s in linguistics elle enseigne la OR donne des cours de linguistique; she ~s on Dante elle donne des cours sur Dante. ◇ *vt* [reprimand] réprimander, sermonner; he's always lecturing his children about their manners il est toujours à sermonner OR réprimander ses enfants sur leurs manières.
**lecturer** ['lektʃərər] *n* [speaker] conférencier *m*, -ère *f*; UNIV [teacher] assistant *m*, -e *f*; she's a ~ in English at the University of Dublin elle est professeur d'anglais à l'université de Dublin ❏ assistant ~ ≃ maître-assistant *m*; senior ~ ≃ maître *m* de conférences.
**lecture room** *n* salle *f* de cours OR de conférences.
**lectureship** ['lektʃəʃɪp] *n* UNIV poste *m* d'assistant; he got a ~ at the University of Oxford il a été nommé assistant à l'université d'Oxford ❏ senior ~ ≃ poste de maître de conférences.
**led** [led] *pt & pp* → **lead** *(guide).*
**LED** *(abbr of* **light-emitting diode)** *n* LED *f*; ~ display affichage *m* (par) LED.
**ledge** [ledʒ] *n* **-1.** [shelf] rebord *m.***-2.** GEOG [on mountain] saillie *f*; [on rock or cliff face] corniche *f*; [on seabed] haut-fond *m.***-3.** GEOL [vein] filon *m.*
**ledger** ['ledʒər] *n* **-1.** COMM & FIN grand livre *m.***-2.** TECH longrine *f.*
**lee** [liː] *n* **-1.** NAUT bord *m* sous le vent. **-2.** [shelter] abri *m.* ◇ *adj* sous le vent.
**leech** [liːtʃ] *n literal & fig* sangsue *f*; to cling to sb like a ~ s'accrocher OR coller à qqn comme une sangsue. ◇ *vt* MED saigner (avec des sangsues).
**leek** [liːk] *n* poireau *m.*
**leer** [lɪər] ◇ *n* [malevolent] regard *m* méchant; [lecherous] regard *m* concupiscent OR lubrique. ◇ *vi*: to ~ at sb lorgner qqn.
**lees** [liːz] *npl* [sediment] lie *f*; to drink OR to drain sthg to the ~ *fig* boire qqch jusqu'à la lie.
**leeward** ['liːwəd] ◇ *adj* sous le vent. ◇ *n* bord *m* sous le vent; to ~ NAUT sous le vent.
**leeway** ['liːweɪ] *n (U)* **-1.** [margin] marge *f* (de manœuvre); it doesn't give us much ~ cela ne nous laisse pas une grande marge de manœuvre; a quarter of an hour should be enough ~ une marge de sécurité d'un quart d'heure devrait suffire. **-2.** [lost time] retard *m.***-3.** AERON & NAUT [drift] dérive *f.*
**left¹** [left] *pt & pp* → **leave.**
**left²** [left] ◇ *adj* [foot, eye] gauche; on the ~ side sur la gauche, du côté gauche; ~ hand down a bit! AUT braquez un peu à gauche!; to make a ~ turn tourner à gauche; take the ~ fork prenez à gauche à l'embranchement ❏ back/half SPORT arrière *m*/demi *m* gauche. ◇ *adv* **-1.** [gen] à gauche; turn ~ at the junction tournez OR prenez à gauche au croi-

sement. **-2.** POL à gauche. ◇ *n* **-1.** [gen] gauche *f*; on the ~ sur la gauche, à gauche; **to drive on the** ~ rouler à gauche; **it's to** OR **on the** ~ **of the picture** [in the picture] c'est sur la gauche du tableau; [next to the picture] c'est à gauche du tableau; **move a bit to the** ~ déplacez-vous un peu vers la gauche; **he doesn't know his** ~ **from his right** il ne reconnaît pas sa droite de sa gauche. **-2.** POL gauche *f*. **-3.** [in boxing] gauche *m*.

**left-footed** [-'fʊtɪd] *adj* gaucher (du pied).

**left-hand** *adj* gauche; **on the** ~ **side** à gauche, sur la gauche; **on my** ~ **side, the Grand Palace** à OR sur ma gauche, le Grand Palais; **a** ~ **bend** un virage à gauche; ~ **drive** conduite *f* à gauche.

**left-handed** [-'hændɪd] ◇ *adj* **-1.** [person] gaucher. **-2.** [scissors, instrument, golf club] pour gauchers. **-3.** *Am*: **a** ~ **compliment** un faux compliment. ◇ *adv* de la main gauche.

**left-hander** [-'hændə<sup>r</sup>] *n* [person] gaucher *m*, -ère *f*; [blow] coup *m* (donné de la main gauche).

**leftie** ['leftɪ] *inf* = **lefty**.

**leftism** ['leftɪzm] *n* [gen] idées *fpl* de gauche; [extreme left] gauchisme *m*.

**leftist** ['leftɪst] ◇ *n* [gen] homme *m* de gauche, femme *f* de gauche; [extreme left-wing] gauchiste *mf*. ◇ *adj* [gen] de gauche; [extremely left-wing] gauchiste.

**left luggage** *n* (U) *Br* [cases] bagages *mpl* en consigne; [office] consigne *f*; **the** ~ **lockers** la consigne automatique.

**left-luggage office** *n Br* consigne *f*.

**left-of-centre** *adj* POL de centre-gauche.

**leftover** ['leftəʊvə<sup>r</sup>] ◇ *adj* [food, material] qui reste; [stock] en surplus. ◇ *n* [throwback, vestige] vestige *m*.

**leftovers** ['leftəʊvəz] *npl* [food] restes *mpl*.

**leftward** ['leftwəd] ◇ *adj* de gauche. ◇ *adv Am* → **leftwards**.

**leftwards** ['leftwədz] *adv* à gauche.

**left wing** *n* **-1.** POL gauche *f*; **the** ~ **of the party** l'aile *f* gauche du parti. **-2.** SPORT [position] aile *f* gauche; [player] ailier *m* gauche.

◆ **left-wing** *adj* POL de gauche; **she's very left-wing** elle est très à gauche.

**left-winger** *n* **-1.** POL homme *m* de gauche, femme *f* de gauche. **-2.** SPORT ailier *m* gauche.

**lefty** ['leftɪ] (*pl* **lefties**) *n inf* **-1.** *pej* homme *m* de gauche, femme *f* de gauche. **-2.** *Am* [left-handed person] gaucher *m*, -ère *f*.

**leg** [leg] (*pt* & *pp* **legged**, *cont* **legging**) ◇ *n* **-1.** ANAT [of human, horse] jambe *f*; [of smaller animals and birds] patte *f*; **his** ~**s went from under him** ses jambes se sont dérobées sous lui ❑ **he hasn't got a** ~ **to stand on** sa position est indéfendable; **to get one's** ~ **over**<sup>▽</sup> se faire quelqu'un; **to pull sb's** ~ faire marcher qqn. **-2.** CULIN [of lamb] gigot *m*; [of pork, beef] rôti *m*; [of chicken] cuisse *f*; **frog's** ~**s** cuisses de grenouille. **-3.** [of chair, table] pied *m*. **-4.** [of trousers, pyjamas] jambe *f*. **-5.** [stage - of journey] étape *f*; [- of competition] manche *f*; **they won the first/second** ~ SPORT ils ont gagné le match aller/retour. ◇ *vi*: **to** ~ **it** *inf* [run] courir; [walk] aller à pied; [flee] se sauver, se tirer.

**legacy** ['legəsɪ] (*pl* **legacies**) *n* **-1.** JUR legs *m*; **to leave sb a** ~ faire un legs OR laisser un héritage à qqn; **the money is a** ~ **from my aunt** j'ai hérité cet argent de ma tante, ma tante m'a légué cet argent. **-2.** *fig* héritage *m*.

**legal** ['li:gl] *adj* **-1.** [lawful] légal; [legitimate] légal, légitime; **they're below the** ~ **age** ils n'ont pas atteint l'âge légal; **to be above the** ~ **limit** [for drinking] dépasser le taux légal (d'alcoolémie); **to make sthg** ~ légaliser qqch. **-2.** [judicial - mind, matter, question] juridique; [- power, investigation, error] judiciaire; **to take** ~ **action** engager des poursuites judiciaires, intenter un procès; **to take** ~ **advice** consulter un juriste OR un avocat; **he's a member of the** ~ **profession** c'est un homme de loi; ~ **system** système *m* juridique.

**legal adviser** *n* conseil *m* juridique.

**legal aid** *n* assistance *f* judiciaire.

**legal department** *n* [in bank, company] (service *m* du) contentieux *m*.

**legal holiday** *n Am* jour *m* férié, fête *f* légale.

**legalistic** [,li:gə'lɪstɪk] *adj* légaliste, formaliste.

**legality** [li:'gælətɪ] *n* légalité *f*.

**legalization** [,li:gəlaɪ'zeɪʃn] *n* légalisation *f*.

**legalize, -ise** ['li:gəlaɪz] *vt* légaliser, rendre légal.

**legally** ['li:gəlɪ] *adv* légalement; **to be** ~ **binding** avoir force de loi, être juridiquement contraignant; **to be held** ~ **responsible for sthg** être tenu légalement OR juridiquement responsable de qqch.

**legal separation** *n* JUR séparation *f* de corps.

**legal tender** *n* monnaie *f* légale; **these coins are no longer** ~ ces pièces n'ont plus cours OR ont été démonétisées.

**legate** ['legɪt] *n* RELIG légat *m*; [gen] messager *m*, -ère *f*.

**legation** [lɪ'geɪʃn] *n* légation *f*.

**legend** ['ledʒənd] *n* **-1.** [myth] légende *f*; **she became a** ~ **in her own lifetime** elle est entrée dans la légende de son vivant. **-2.** [inscription] légende *f*.

**legendary** ['ledʒəndrɪ] *adj* légendaire.

**leggings** ['legɪŋz] *npl* caleçon *m* (*porté comme pantalon*).

**leggy** ['legɪ] (*compar* **leggier**, *superl* **leggiest**) *adj* [person] tout en jambes; [colt, young animal] haut sur pattes.

**Leghorn** [,leg'hɔ:n] *pr n* Livourne.

**legibility** [,ledʒɪ'bɪlətɪ] *n* lisibilité *f*.

**legible** ['ledʒəbl] *adj* lisible.

**legibly** ['ledʒəblɪ] *adv* lisiblement.

**legion** ['li:dʒən] ◇ *n* MIL & *fig* légion *f*. ◇ *adj fml* légion (*inv*).

**legionary** ['li:dʒənərɪ] (*pl* **legionaries**) ◇ *n* légionnaire *m*. ◇ *adj* de la légion.

**legionnaire** [,li:dʒə'neə<sup>r</sup>] *n* légionnaire *m*.

**legionnaire's disease** *n* maladie *f* du légionnaire.

**leg iron** *n* MED appareil *m* orthopédique.

**legislate** ['ledʒɪsleɪt] *vi* légiférer; **you can't** ~ **for everything** *fig* on ne peut pas tout prévoir.

**legislation** [,ledʒɪs'leɪʃn] *n* législation *f*; **a piece of** ~ une loi; **to bring in** ~ **in favour of/against sthg** légiférer en faveur de/contre qqch.

**legislative** ['ledʒɪslətɪv] *adj* législatif; ~ **assembly** assemblée *f* législative.

**legislator** ['ledʒɪsleɪtə<sup>r</sup>] *n* législateur *m*, -trice *f*.

**legislature** ['ledʒɪsleɪtʃə<sup>r</sup>] *n* (corps *m*) législatif *m*.

**legit** [lə'dʒɪt] *adj inf* réglo.

**legitimacy** [lɪ'dʒɪtɪməsɪ] *n* légitimité *f*.

**legitimate** [*adj* lɪ'dʒɪtɪmət, *vb* lɪ'dʒɪtɪmeɪt] ◇ *adj* **-1.** [legal, lawful] légitime. **-2.** [valid] légitime, valable; **it would be perfectly** ~ **to ask them to pay** on serait tout à fait en droit d'exiger qu'ils paient. **-3.** [theatre] sérieux. ◇ *vt* légitimer.

**legitimately** [lɪ'dʒɪtɪmətlɪ] *adv* **-1.** [legally, lawfully] légitimement. **-2.** [justifiably] légitimement, avec raison.

**legitimize, -ise** [lɪ'dʒɪtɪmaɪz] *vt* légitimer.

**legless** ['leglɪs] *adj* **-1.** [without legs] cul-de-jatte. **-2.** *Br inf* [drunk] bourré, soûl.

**leg-pull** *n inf* canular *m*, farce *f*.

**legroom** ['legrʊm] *n* place *f* pour les jambes.

**leg-up** *n*: **to give sb a** ~ *literal* faire la courte échelle à qqn; *fig* donner un coup de main OR de pouce à qqn.

**legwarmers** ['leg,wɔ:məz] *npl* jambières *fpl*.

**legwork** ['legwɜ:k] *n inf*: **who's going to do the** ~? qui va se taper la marche?

**Leicester Square** ['lestə<sup>r</sup>-] *pr n* place populaire de Londres connue pour ses grands cinémas.

**Leics** *written abbr of* Leicestershire.

**leisure** [*Br* 'leʒə<sup>r</sup>, *Am* 'li:ʒər] ◇ *n* (U) **-1.** [spare time] loisir *m*, loisirs *mpl*, temps *m* libre; **to be at** ~ **to do sthg** avoir (tout) le loisir de faire qqch; **I'll read it at (my)** ~ je le lirai à tête reposée. **-2.** [relaxation] loisir *m*; **to lead a life of** ~ mener une vie oisive; **he's a man of** ~ il mène une vie de rentier. ◇ *comp* [activity, clothes] de loisir OR loisirs; ~ **industry** industrie *f* des loisirs.

**leisure centre** *n* centre *m* de loisirs.

**leisured** [*Br* 'leʒəd, *Am* 'li:ʒərd] *adj* oisif, qui mène une vie oisive.

**leisurely** [*Br* 'leʒəlɪ, *Am* 'li:ʒərlɪ] ◇ *adj* [gesture] mesuré, nonchalant; [lifestyle] paisible, indolent; **we went for a** ~ **stroll through the park** nous sommes allés faire une petite balade dans le parc; at a ~ pace sans se presser; he spoke in a ~ way il parlait en prenant son temps. ◇ *adv* [calmly] paisiblement, tranquillement; [unhurriedly] sans se presser.

**leitmotiv, leitmotif** ['laɪtməʊ,tiːf] *n* [gen & MUS] leitmotiv *m*.

**lemming** ['lemɪŋ] *n* lemming *m*.

**lemon** ['lemən] ◇ *n* **-1.** [fruit] citron *m*; [tree] citronnier *m*; ~ juice jus *m* de citron; [lemon squash] citronnade *f*; [freshly squeezed] citron pressé; ~ squash citronnade *f*, sirop *m* de citron; ~ tea thé *m* au citron. **-2.** [colour] jaune citron *m inv*.-**3.** *Br inf* [awkward person] idiot *m*, -e *f*. ◇ *adj* [colour] (jaune) citron *(inv)*; [flavour] citron *(inv)*.

**lemonade** [,lemə'neɪd] *n* [in UK] limonade *f*; [in US] citron *m* pressé.

**lemon balm** *n* mélisse *f*, citronnelle *f*.

**lemon cheese, lemon curd** *n* lemon curd *m*, crème *f* au citron.

**lemon sole** *n* limande-sole *f*.

**lemon squeezer** *n* presse-citron *m inv*.

**lemur** ['liːmər] *n* lémur *m*, maki *m*.

**lend** [lend] (*pt* & *pp* **lent** [lent]) *vt* **-1.** [money, book] prêter; to ~ sthg to sb, to ~ sb sthg prêter qqch à qqn. **-2.** [contribute] apporter, conférer; her presence lent the occasion sa présence a conféré un certain éclat à l'événement. **-3.** [give – support] apporter; [– name] prêter; to ~ sb a hand donner un coup de main à qqn; you can't expect me to ~ my name to such an enterprise ne comptez pas sur moi pour prêter mon nom à OR cautionner cette affaire; to ~ an ear *fig* prêter l'oreille. **-4.** [adapt – to circumstances, interpretation]: the novel doesn't ~ itself to being filmed le roman ne se prête pas à une adaptation cinématographique.

**lender** ['lendər] *n* prêteur *m*, -euse *f*.

**lending** ['lendɪŋ] *n* prêt *m*.

**lending library** *n* bibliothèque *f* de prêt.

**lending rate** *n* taux *m* (d'un prêt).

**length** [leŋθ] *n* **-1.** [measurement, distance] longueur *f*; what ~ is the room? quelle est la longueur de la pièce?; the room is 20 metres in ~ la pièce fait 20 mètres de long OR de longueur; a river 200 kilometres in ~ un fleuve long de 200 kilomètres; we walked the ~ of the garden nous sommes allés jusqu'au bout du jardin; flower beds ran the ~ of the street il y avait des massifs de fleurs tout le long de la rue; throughout the ~ and breadth of the continent partout sur le continent. **-2.** [effort]: to go to considerable OR great ~s to do sthg se donner beaucoup de mal pour faire qqch. **-3.** [duration] durée *f*, longueur *f*; the ~ of time required to do sthg le temps qu'il faut pour faire qqch; bonuses are given for ~ of service les primes sont accordées selon l'ancienneté. **-4.** [of text] longueur *f*; articles must be less than 5,000 words in ~ les articles doivent faire moins de 5 000 mots. **-5.** SPORT [in racing, rowing] longueur *f*; to win by a ~ gagner d'une longueur || [in swimming] longueur *f* (de bassin); I swam ten ~s j'ai fait dix longueurs. **-6.** [piece – of string, tubing] morceau *m*, bout *m*; [– of wallpaper] lé *m*; [– of fabric] pièce *f*.-**7.** LING [of syllable, vowel] longueur *f*.

◆ **at length** *adv phr* [finally] finalement, enfin; [in detail, for a long time] longuement.

**-length** *in cpds* à hauteur de; knee~ socks chaussettes *fpl* (montantes), mi-bas *mpl*.

**lengthen** ['leŋθən] ◇ *vi* [shadow] s'allonger; [day] rallonger; [holiday, visit] se prolonger. ◇ *vt* [garment] allonger, rallonger; [holiday, visit] prolonger; LING [vowel] allonger.

**lengthily** ['leŋθɪlɪ] *adv* longuement.

**lengthways** ['leŋθweɪz], **lengthwise** ['leŋθwaɪz] ◇ *adv* dans le sens de la longueur, longitudinalement. ◇ *adj* en longueur, longitudinal.

**lengthy** ['leŋθɪ] (*compar* **lengthier**, *superl* **lengthiest**) *adj* (très) long; after a ~ wait après avoir attendu très longtemps, après une attente interminable.

**leniency** ['liːnjənsɪ] *n* clémence *f*, indulgence *f*.

**lenient** ['liːnjənt] *adj* [jury, sentence] clément; [attitude, parent] indulgent.

**leniently** ['liːnjəntlɪ] *adv* avec clémence OR indulgence; the magistrate had treated him ~ le magistrat s'était montré indulgent OR avait fait preuve d'indulgence à son égard.

**Lenin** ['lenɪn] *pr n* Lénine.

**Leninist** ['lenɪnɪst] ◇ *adj* léniniste. ◇ *n* léniniste *mf*.

**lens** [lenz] *n* **-1.** OPT [in microscope, telescope] lentille *f*; [in spectacles] verre *m*; [in camera] objectif *m*; [contact lens] lentille *f* OR verre *m* (de contact). **-2.** ANAT [in eye] cristallin *m*.

**lens cap** *n* bouchon *m* d'objectif.

**lens hood** *n* pare-soleil *m inv*.

**lent** [lent] *pt* & *pp* → **lend**.

**Lent** [lent] *n* RELIG le carême; I've given up sugar for ~ j'ai renoncé au sucre pour le carême.

**lentil** ['lentɪl] *n* BOT & CULIN lentille *f*.

**Leo** ['liːəʊ] ◇ *pr n* ASTROL & ASTRON Lion *m*. ◇ *n*: he's a ~ il est (du signe du) Lion.

**leopard** ['lepəd] *n* léopard *m*; a ~ cannot change its spots *prov* chassez le naturel, il revient au galop *prov*.

**leopardess** ['lepədɪs] *n* léopard *m* femelle.

**leopard skin** ◇ *n* peau *f* de léopard. ◇ *adj* [coat, rug] en (peau de) léopard.

**leotard** ['liːətɑːd] *n* body *m* (*pour le sport*).

**leper** ['lepər] *n* lépreux *m*, -euse *f*; *fig* pestiféré *m*, -e *f*; ~ colony léproserie *f*.

**lepidopterist** [,lepɪ'dɒptərɪst] *n* lépidoptériste *mf*.

**leprechaun** ['leprəkɔːn] *n* lutin *m*.

**leprosy** ['leprəsɪ] *n* lèpre *f*.

**lesbian** ['lezbɪən] ◇ *adj* lesbien. ◇ *n* lesbienne *f*.

**lesbianism** ['lezbɪənɪzm] *n* lesbianisme *m*.

**lese majesty** [,liːz'mædʒɪstɪ] *n* (crime *m* de) lèse-majesté *f inv*.

**lesion** ['liːʒn] *n* lésion *f*.

**Lesotho** [lə'suːtuː] *pr n* Lesotho *m*; in ~ au Lesotho.

**less** [les] ◇ *det* (*compar of* **little**) moins de; ~ money/time/ bread moins d'argent/de temps/de pain; of ~ importance/value de moindre importance/valeur; I seem to have ~ and ~ energy on dirait que j'ai de moins en moins d'énergie.

◇ *pron* (*compar of* **little**) moins; there was ~ than I expected il y en avait moins que je m'y attendais; we found we had ~ and ~ to say to each other nous nous sommes rendu compte que nous avions de moins en moins de choses à nous dire ❑ ~ of: the evening was ~ of a success than she had hoped la soirée était moins réussie qu'elle ne l'avait espéré; let's hope we see ~ of them in future espérons que nous les verrons moins souvent à l'avenir; ~ of your noise! faites moins de bruit!; ~ than: it took me ~ than five minutes ça m'a pris moins de cinq minutes; you won't get another one like it for ~ than \$1,000 vous n'en retrouverez pas un comme ça à moins de 1 000 dollars; nothing ~ than a four-star hotel is good enough for them il leur faut au moins un quatre étoiles; in ~ than no time en un rien de temps; it would have been ~ than fair to have kept it from her ça aurait été vraiment injuste de le lui cacher.

◇ *adv* moins; the blue dress costs ~ la robe bleue coûte moins cher; ~ and ~ interesting de moins en moins intéressant ❑ I don't think any (the) ~ of her OR I think no ~ of her because of what happened ce qui s'est passé ne l'a pas fait baisser dans mon estime; we don't like her any the ~ for all her faults nous ne l'aimons pas moins à cause de ses défauts.

◇ *prep*: that's £300 ~ tax ça fait 300 livres moins les impôts.

◆ **much less** *conj phr* encore moins.

◆ **no less** *adv phr* pas moins de; he won the Booker prize, no ~! il a obtenu le Booker prize, rien de moins que ça!; she married a duke, no ~! elle a épousé un duc, ni plus ni moins!; she had invited no ~ a person than the President himself elle avait invité rien moins que le président lui-même.

◆ **no less than** *adv phr* pas moins de; taxes rose by no ~ than 15% les impôts ont augmenté de 15 %, ni plus ni moins.

◆ **still less** = **much less**.

**lessee** [le'siː] *n* preneur *m*, -euse *f* (à bail).

**lessen** ['lesn] ◇ *vt* [cost, importance] diminuer, réduire; [impact, effect] atténuer, amoindrir; [shock] amortir. ◇ *vi* s'atténuer, s'amoindrir.

**lessening** ['lesənɪŋ] *n* (U) [of cost, importance] diminution *f*;

[of value, rate] réduction *f*, diminution *f*, baisse *f*; [of powers] réduction *f*, baisse *f*; [of impact, effect] amoindrissement *m*; [of shock] amortissement *m*.

**lesser** ['lesə<sup>r</sup>] *adj* **-1.** [gen] moindre; to a ~ extent dans une moindre mesure; ~ **mortals** like me *hum* les simples mortels comme moi. **-2.** BOT, GEOG & ZOOL petit.

**lesser-known** *adj* moins connu.

**lesson** ['lesn] *n* **-1.** [gen] leçon *f*; SCH leçon *f*, cours *m*; an English ~ une leçon OR un cours d'anglais; a dancing/driving ~ une leçon de danse/de conduite; to give a ~ donner un cours OR une leçon; private ~s cours *mpl* particuliers. **-2.** [example] leçon *f*; her downfall was a ~ to us all sa chute nous a servi de leçon à tous; to teach sb a ~ donner une (bonne) leçon à qqn. **-3.** RELIG leçon *f*, lecture *f*.

**lessor** [le'sɔ:<sup>r</sup>] *n* bailleur *m*, -eresse *f*.

**lest** [lest] *conj lit* de peur que, de crainte que; they whispered ~ the children should hear ils parlèrent à voix basse de peur OR de crainte que les enfants ne les entendent.

**let¹** [let] (*pt & pp* **let**, *cont* **letting**) ◇ *vt* **-1.** [rent] louer; 'to ~' 'à louer'. **-2.** *arch* OR *lit* MED: to ~ (sb's) blood faire une saignée (à qqn). ◇ *n* **-1.** [rental] location *f*; she took a six-month ~ on a house elle a loué une maison pour six mois. **-2.** SPORT [in tennis, squash]: ~ (ball) let *m*; the ball was a ~ la balle était let. **-3.** *fml* [hindrance]: without ~ or hindrance librement, sans entrave.

**let²** [let] (*pt & pp* **let**, *cont* **letting**) *vt* **-1.** [permit] laisser, permettre; she ~ them watch the programme elle les a laissés regarder l'émission; I couldn't come because my parents wouldn't ~ me je ne suis pas venu parce que mes parents ne me l'ont pas permis ‖ [allow] laisser; I ~ the cakes burn j'ai laissé brûler les gâteaux; ~ me buy you all a drink laissez-moi vous offrir un verre; don't ~ me stop you going je ne veux pas t'empêcher d'y aller; to ~ sb past laisser passer qqn; they don't ~ anyone near the reactor ils ne laissent personne approcher du réacteur; to ~ sb have sthg donner qqch à qqn; don't be selfish, ~ him have a cake! ne sois pas égoïste, donne-lui un gâteau!; she ~ him know what she thought of him elle lui a fait savoir ce qu'elle pensait de lui; please ~ me know if there's any change veuillez me prévenir s'il y a du changement; please God don't ~ anything happen to her! faites qu'il ne lui arrive rien! ❑ to ~ sb have it *inf* [physically] casser la figure à qqn; [verbally] dire ses quatre vérités à qqn. **-2.** [followed by 'go']: to ~ sb go [allow to leave] laisser partir qqn; [release] relâcher qqn; *euph* [dismiss, fire] licencier qqn; to ~ sb/sthg go [allow to escape] laisser échapper qqn/qqch; to ~ sb/sthg go, to ~ go of sb/sthg [stop holding] lâcher qqn/qqch; ~ me go!, ~ go of me! lâchez-moi!; to ~ o.s. go [neglect o.s., relax] se laisser aller; he's really ~ the garden go il a vraiment négligé le jardin; that remark was uncalled-for but ~ it go cette réflexion était déplacée mais restons-en là; give me £5 and we'll ~ it go at that donne-moi 5 livres et on n'en parle plus. **-3.** [in making suggestions]: ~'s go! allons-y!; don't ~'s go out OR ~'s not go out tonight ne sortons pas ce soir; shall we have a picnic? — yes, ~'s! si on faisait un pique-nique? — d'accord!-**4.** [to focus attention]: ~ me start by saying how pleased I am to be here laissez-moi d'abord vous dire combien je suis ravi d'être ici; ~ me try and explain attendez que je vous explique. **-5.** [in hesitation]: ~ me think attends, voyons voir; ~ me see, ~'s see voyons. **-6.** [to express criticism or defiance]: if she doesn't want my help, ~ her do it herself! si elle ne veut pas de mon aide, qu'elle le fasse toute seule!; ~ them talk! laisse-les dire!-**7.** [in threats]: don't ~ me catch you at it again! que je ne t'y reprenne plus!-**8.** [in commands]: ~ the festivities begin! que la fête commence!; ~ them be! laisse-les tranquiles!, fiche-leur la paix!-**9.** [in making assumptions]: ~ us suppose that... supposons que...; ~ x equal 17 MATH soit x égal à 17.

◆ **let alone** *conj phr*: I wouldn't go out with him, ~ alone marry him je ne sortirais même pas avec lui, alors pour ce qui est de l'épouser...

◆ **let down** *vt sep* **-1.** [disappoint] décevoir; I felt really ~ down j'étais vraiment déçu; our old car has never ~ us down notre vieille voiture ne nous a jamais laissés tomber; she ~ us down badly elle nous a proprement laissés tomber. **-2.** [lower, let fall – object] baisser, (faire) descendre; [– hair] dénouer; to ~ sb down gently *fig* traiter qqn avec ménagement. **-3.** SEW rallonger. **-4.** [deflate] dégonfler.

◆ **let in** *vt sep* **-1.** [person, animal] laisser entrer; to ~ sb in ouvrir (la porte) à qqn, faire entrer qqn; here's the key to ~ yourself in voici la clé pour entrer. **-2.** [air, water] laisser passer; the roof ~s the rain in le toit laisse entrer OR passer la pluie. **-3.** AUT: to ~ in the clutch embrayer.

◆ **let in for** *vt sep*: he didn't realize what he was letting himself in for il ne savait pas à quoi il s'engageait.

◆ **let in on** *vt sep*: to ~ sb in on sthg mettre qqn au courant de qqch; have you ~ him in on the secret? lui avez-vous confié le secret?

◆ **let into** *vt sep* **-1.** [allow to enter] laisser entrer. **-2.** [allow to know]: I'll ~ you into a secret je vais te confier un secret. **-3.** [insert] encastrer; the pipes are ~ into the wall les tuyaux sont encastrés dans le mur.

◆ **let off** ◇ *vt sep* **-1.** [excuse] dispenser; to ~ sb off doing sthg dispenser qqn de faire qqch. **-2.** [allow to leave] laisser partir; [allow to disembark] laisser descendre; we were ~ off an hour early on nous a laissés partir une heure plus tôt. **-3.** [criminal, pupil, child] ne pas punir; the judge ~ him off lightly le juge a fait preuve d'indulgence à son égard; she was ~ off with a fine elle s'en est tirée avec une amende. **-4.** [bomb, explosive] faire exploser; [firework] faire partir; [gun] [rent] louer. ◇ *vi insep inf* [break wind] péter.

◆ **let on** ◇ *vi insep inf*: she never ~ on elle ne l'a jamais dit. ◇ *vt sep* [allow to embark] laisser monter.

◆ **let out** *vt sep* **-1.** [allow to leave] laisser sortir; the teacher ~ us early le professeur nous a laissés sortir plus tôt; my secretary will ~ you out ma secrétaire va vous reconduire; don't get up, I'll ~ myself out ne vous levez pas, je connais le chemin. **-2.** [water, air] laisser échapper. **-3.** [shout, oath, whistle] laisser échapper. **-4.** [secret] révéler. **-5.** SEW [dress, trousers] élargir. **-6.** AUT: to ~ out the clutch débrayer. **-7.** [rent] louer.

◆ **let up** *vi insep* **-1.** [stop] arrêter; [diminish] diminuer; the rain didn't ~ up all day il n'a pas cessé OR arrêté de pleuvoir de toute la journée. **-2.** [relax]: he never ~s up il ne s'accorde aucun répit.

◆ **let up on** *vt insep inf*: to ~ up on sb lâcher la bride à qqn.

**letdown** ['letdaʊn] *n inf* déception *f*.

**lethal** ['li:θl] *adj* fatal, mortel; MED létal; a ~ weapon une arme meurtrière; in the hands of a child, a plastic bag can be ~ dans les mains d'un enfant, un sac en plastique peut être dangereux; this substance is ~ to rats c'est une substance mortelle pour les rats ❑ ~ dose dose *f* mortelle OR létale; ~ gene gène *m* létal.

**lethally** ['li:θəlɪ] *adv* mortellement.

**lethargic** [lə'θɑ:dʒɪk] *adj* [person, sleep] léthargique; [atmosphere] soporifique.

**lethargy** ['leθədʒɪ] *n* léthargie *f*.

**let-out** *n Br* [excuse] prétexte *m*; [way out] échappatoire *f*.

**Letraset®** ['letrəset] *n* Letraset®.

**let's** [lets] = let us.

**Lett** [let] *n* Letton *m*, -on(n)e *f*.

**letter** ['letə<sup>r</sup>] ◇ *n* **-1.** [of alphabet] lettre *f*; the ~ B la lettre B; a six-~ word un mot de six lettres; he's got a lot of ~s after his name il est bardé de diplômes. **-2.** *fig* [exact meaning] lettre *f*; the ~ of the law la lettre de la loi; she obeyed the instructions to the ~ elle a suivi les instructions à la lettre OR au pied de la lettre. **-3.** [communication] lettre *f*; [mail] courrier *m*; by ~ par lettre OR courrier; he's a good ~ writer il écrit régulièrement; a ~ of introduction une lettre de recommandation; ~s to the editor [in newspapers, magazines] courrier des lecteurs; the ~s of D. H. Lawrence la correspondance de D. H. Lawrence ❑ ~ of credit COMM lettre de crédit; ~s of credence ADMIN lettres de créance. ◇ *vt* [write] inscrire des lettres sur; [engrave] graver (des lettres sur); [manuscript] enluminer; the title was ~ed in gilt le titre était inscrit en lettres dorées; the rooms are ~ed from A to K les salles portent des lettres de A à K; *see* USAGE *overleaf*.

◆ **letters** *npl fml* [learning] belles-lettres *fpl*; a man of ~s [scholar] un lettré; [writer] un homme de lettres; English ~s *Br* littérature *f* anglaise.

**letter bomb** *n* lettre *f* piégée.

**letterbox** ['letəbɒks] *n Br* boîte *f* à OR aux lettres.

**letter card** *n* carte-lettre *f*.

**letterhead** ['letəhed] *n* en-tête *m inv* (*de lettre*).

**lettering** ['letərɪŋ] *n (U)* [inscription] inscription *f*; [characters] caractères *mpl*.

**letter opener** *n* coupe-papier *m inv*.

**letter-perfect** *adj Am* [person] qui connait son texte parfaitement; [text] parfait.

**letter quality** *n* COMPUT qualité *f* courrier; **near ~** qualité quasi-courrier (*pour une imprimante*). ◆ **letter-quality** *adj* qualité courrier *(inv)*.

**letters patent** *npl* patente *f*.

**letting** ['letɪŋ] *n* [of house, property] location *f*.

**lettuce** ['letɪs] *n* [gen & CULIN] salade *f*; BOT laitue *f*.

**letup** ['letʌp] *n* [stop] arrêt *m*, pause *f*; [abatement] répit *m*; it's been raining for days without a ~ ça fait des jours qu'il n'arrête pas de pleuvoir OR qu'il pleut sans arrêt.

**leukaemia** *Br*, **leukemia** *Am* [luː'kiːmɪə] *n (U)* leucémie *f*; he has ~ il a une leucémie.

**levee** ['levɪ] *n* -1. *Am* [embankment] levée *f*; [surrounding field] digue *f*. -2. *Am* [landing place] quai *m*. -3. HIST [in royal chamber] lever *m* (du roi); *Br* [at court] réception *f* à la cour.

**level** ['levl] (*Br pt & pp* **levelled**, *cont* **levelling**, *Am pt & pp* **leveled**, *cont* **leveling**) ◇ *n* -1. [height – in a horizontal plane] niveau *m*; [– in a vertical plane] hauteur *f*; at ground ~ au niveau du sol; water seeks its own ~ c'est le principe des vases communicants; the sink is on a ~ with the work surface l'évier est au niveau du OR de niveau avec le plan de travail; on the same ~ au même niveau. -2. [amount] niveau *m*; [percentage] taux *m*; noise ~s are far too high le niveau sonore est bien trop élevé; a low ~ of sugar in the bloodstream un faible taux de sucre dans le sang; inflation has reached new ~s l'inflation a atteint de nouveaux sommets; check the oil ~ [in car] vérifiez le niveau d'huile. -3. [rank] niveau *m*, échelon *m*; at cabinet/national ~ à l'échelon ministériel/national; at a regional ~ au niveau régional. -4. [standard] niveau *m*; her ~ of English is poor elle n'a pas un très bon niveau en anglais; students at beginners'~ étudiants *mpl* au niveau débutant; she's on a different ~ from the others elle n'est pas au même niveau que les autres; to come down to sb's ~ se mettre au niveau de qqn; don't descend OR sink to their ~ ne t'abaisse pas à leur niveau. -5. [point of view]: on a personal ~, I really like him sur le plan personnel, je l'aime beaucoup; on a practical ~ du point de vue pratique. -6. [storey] niveau *m*, étage *m*; the library is on ~ three la bibliothèque est au niveau

trois OR au troisième étage. -7. [flat land] plat *m*; 100 km/h on the ~ 100 km/h sur le plat. -8. [for woodwork, building etc]: (spirit) ~ niveau *m* (à bulle). -9. *inf phr*: on the ~ [honest] honnête, réglo.

◇ *adj* -1. [flat] plat; a ~ spoonful une cuillerée rase; to make sthg ~ aplanir qqch. -2. [at the same height] au même niveau, à la même hauteur; [at the same standard] au même niveau; the terrace is ~ with the pool la terrasse est au même niveau que OR de plain-pied avec la piscine; his head is just ~ with my shoulder sa tête m'arrive exactement à l'épaule. -3. [in horizontal position]: hold the tray ~ tenez le plateau à l'horizontale OR bien à plat; to fly ~ AERON voler en palier. -4. [equal] à égalité; the leading cars are almost ~ les voitures de tête sont presque à la même hauteur; to draw ~ se trouver à égalité; the other runners drew ~ with me les autres coureurs m'ont rattrapé. -5. [calm, steady] calme, mesuré; to keep a ~ head garder la tête froide. -6. *inf* [honest] honnête, réglo. -7. *inf phr*: to do one's ~ best faire de son mieux; ~ pegging *Br* à égalité.

◇ *vt* -1. [flatten] aplanir, niveler. -2. [aim]: to ~ a gun at sb braquer une arme sur qqn; a lot of criticism has been levelled at me on m'a beaucoup critiqué.

◇ *vi*: to ~ with sb *inf* être franc avec qqn.

◆ **level down** *vt sep* [surface] aplanir, niveler; [standard] niveler par le bas.

◆ **level off** ◇ *vi insep* -1. [production, rise, development] s'équilibrer, se stabiliser. -2. AERON amorcer un palier. ◇ *vt sep* [flatten] aplatir, niveler.

◆ **level out** ◇ *vi insep* -1. [road, surface] s'aplanir. -2. [stabilize] se stabiliser. ◇ *vt sep* niveler.

◆ **level up** *vt sep* niveler (par le haut).

**level crossing** *n Br* passage *m* à niveau.

**leveler** *Am* = leveller.

**level-headed** [-'hedɪd] *adj* équilibré, pondéré, réfléchi.

**leveling** *Am* = levelling.

**leveller** *Br*, **leveler** *Am* ['levələr] *n* POL égalitariste *mf*, niveleur *m*, -euse *f*. ◆ **the Levellers** *npl* HIST les niveleurs *mpl*.

**levelling** *Br*, **leveling** *Am* ['levəlɪŋ] ◇ *n* nivellement *m*, aplanissement *m*; a ~ up/down of salaries is desirable un nivellement des salaires par le haut/par le bas est souhaitable; a ~ off of prices une stabilisation des prix. ◇ *adj* de nivellement.

**lever** [*Br* 'liːvər, *Am* 'levər] ◇ *n literal & fig* levier *m*; [smaller]

---

### USAGE ▶ Letter writing

**Opening formulas**

▷ *polite:*

Chère Madame,
Cher ami/confrère,

▷ *friendly:*

Chère Nicole/Maman,
Ma chère Nicole,

▷ *commercial:*

Madame (la Directrice),
Monsieur (le Directeur),
Messieurs, [if you are writing to a company]

**Starting a letter**

▷ *polite:*

Veuillez m'excuser d'avoir tant tardé à vous répondre, mais...
Votre lettre m'a beaucoup touché/m'a fait un grand plaisir.

▷ *friendly:*

Désolé de te répondre si tard, mais...
Quelques lignes/Un petit mot pour te dire que tout va bien.
Un grand merci pour ta carte postale.

▷ *commercial:*

Suite à votre lettre/notre conversation du 8 courant,...

Nous avons bien reçu votre lettre du 3 janvier dernier/du 8 courant.

**Finishing a letter**

▷ *polite:*

J'attends avec impatience de vous lire. Amitiés OR Avec mes meilleurs sentiments OR Bien à vous.

▷ *friendly:*

Réponds-moi vite. À bientôt.
Je t'embrasse bien fort/Je vous embrasse tous les trois/ Embrasse Paul et Pierre de ma part.
Grosses bises. [informal] /Gros bisous. [informal]

▷ *commercial:*

Veuillez trouver ci-joint un chèque correspondant au montant de...
Si vous désirez de plus amples renseignements, n'hésitez pas à nous contacter.
Je me tiens à votre disposition pour tout renseignement.
Veuillez agréer, Madame, l'expression de mes sentiments distingués.
(Dans l'attente de votre réponse,) je vous prie d'accepter OR d'agréer, Monsieur, l'expression de mes sentiments respectueux. [to a superior]
Recevez l'assurance des mes sentiments les meilleurs. [to a subordinate]

manette *f*. ◊ *vt* manœuvrer à l'aide d'un levier; they ~ed the engine into position ils installèrent le moteur à l'aide d'un levier.

◆ **lever out** *vt sep* extraire OR extirper (à l'aide d'un levier); *fig*: he ~ed himself out of bed il s'extirpa du lit; they ~ed the president out of office ils ont délogé le président de son poste.

◆ **lever up** *vt sep* soulever (au moyen d'un levier); she ~ed herself up onto the rock *fig* elle se hissa sur le rocher.

**leverage** [*Br* 'liːvərɪdʒ, *Am* 'levərɪdʒ] *n* **-1.** MECH force *f* (de levier); I can't get enough ~ je n'ai pas assez de prise. **-2.** [influence]: the committee's findings give us considerable (political) ~ les conclusions de la commission constituent pour nous des moyens de pression considérables (sur le plan politique). **-3.** *Am* ECON effet *m* de levier.

**leveret** ['levərɪt] *n* levraut *m*.

**leviathan** [lɪ'vaɪəθn] *n* [ship] navire *m* géant; [institution, organization] institution *f* OR organisation *f* géante.

◆ **Leviathan** *pr n* Léviathan.

**levitate** ['levɪteɪt] ◊ *vi* léviter. ◊ *vt* faire léviter, soulever par lévitation.

**levitation** [ˌlevɪ'teɪʃn] *n* lévitation *f*.

**Levite** ['liːvaɪt] *n* lévite *m*.

**Leviticus** [lɪ'vɪtɪkəs] *pr n* le Lévitique.

**levity** ['levətɪ] (*pl* **levities**) *n* légèreté *f*, manque *m* de sérieux.

**levy** ['levɪ] (*pl* **levies**, *pt* & *pp* **levied**) ◊ *n* **-1.** [levying] prélèvement *m*; a capital ~ of 10% un prélèvement de 10 % sur le capital. **-2.** [tax, duty] impôt *m*, taxe *f*; to impose a ~ on sugar imports taxer les importations de sucre. **-3.** MIL levée *f*. ◊ *vt* **-1.** [impose – tax] prélever; [– fine] imposer, infliger. **-2.** [collect – taxes, fine] lever, percevoir. **-3.** MIL [troops] lever. **-4.** [wage]: to ~ war on small states faire la guerre à de petits États.

**lewd** [ljuːd] *adj* [behaviour] lubrique; [speech] obscène.

**lexeme** ['leksiːm] *n* lexème *m*.

**lexical** ['leksɪkl] *adj* lexical.

**lexicalize, -ise** ['leksɪkəlaɪz] *vt* lexicaliser.

**lexicographer** [ˌleksɪ'kɒɡrəfər] *n* lexicographe *mf*.

**lexicography** [ˌleksɪ'kɒɡrəfɪ] *n* lexicographie *f*.

**lexicologist** [ˌleksɪ'kɒlədʒɪst] *n* lexicologue *mf*.

**lexicology** [ˌleksɪ'kɒlədʒɪ] *n* lexicologie *f*.

**lexicon** ['leksɪkən] *n* lexique *m*.

**lexis** ['leksɪs] *n* lexique *m*.

**Lhasa** ['lɑːsə] *pr n* Lhassa.

**LI** *written abbr of* **Long Island**.

**liability** [ˌlaɪə'bɪlətɪ] (*pl* **liabilities**) *n* **-1.** (U) JUR [responsibility] responsabilité *f* (légale); he refused to admit ~ for the damage il refusa d'endosser la responsabilité des dégâts. **-2.** (U) [eligibility] assujettissement *m*; ~ for tax assujettissement à l'impôt; ~ for military service obligations *fpl* militaires. **-3.** [hindrance] gêne *f*, handicap *m*; the house he had inherited was a real ~ la maison dont il avait hérité lui coûtait une petite fortune OR lui revenait cher; that man is a (total) ~ ce type est un vrai poids mort OR un véritable boulet.

◆ **liabilities** *npl* FIN [debts] passif *m*, engagements *mpl* financiers; to meet one's liabilities faire face à ses engagements; liabilities on an estate passif d'une succession.

**liability suit** *n Am* JUR procès *m* en responsabilité civile.

**liable** ['laɪəbl] *adj* **-1.** [legally responsible] responsable; to be held ~ for sthg être tenu (pour) responsable de qqch; to be ~ for sb's debts répondre des dettes de qqn; you'll be ~ for damages on sera en droit de vous demander OR réclamer des dommages et intérêts. **-2.** [likely]: ~ to: the programme is ~ to change le programme est susceptible d'être modifié, il se peut que le programme subisse des modifications; he's ~ to arrive at any moment il peut arriver d'une minute à l'autre; if you don't remind him, he's ~ to forget si on ne lui rappelle pas, il risque d'oublier; ~ to headaches sujet aux maux de tête. **-3.** ADMIN [person]: ~ for tax [person] être assujetti à OR redevable de l'impôt; [goods] être assujetti à une taxe; offenders are ~ to a fine les contrevenants sont passibles d'une amende; he is ~ to be prosecuted il s'expose à des poursuites judiciaires ‖ MIL: to be ~ for military service être astreint au service militaire.

**liaise** [lɪ'eɪz] *vi*: to ~ with sb assurer la liaison avec qqn.

**liaison** [lɪ'eɪzɒn] *n* liaison *f*.

**liana** [lɪ'ɑːnə] *n* liane *f*.

**liar** ['laɪər] *n* menteur *m*, -euse *f*.

**lib** [lɪb] (*abbr of* **liberation**) *n inf*: women's ~ le mouvement de libération des femmes, ≃ le MLF; gay ~ le mouvement de libération gay OR des homosexuels.

**Lib** [lɪb] *abbr of* **Liberal**.

**libation** [laɪ'beɪʃn] *n lit* [offering] libation *f*; *hum* [drink] libations *fpl*.

**libel** ['laɪbl] (*Br pt* & *pp* **libelled**, *cont* **libelling**, *Am pt* & *pp* **libeled**, *cont* **libeling**) ◊ *n* JUR [act of publishing] diffamation *f*; [publication] écrit *m* diffamatoire; *fig* [calumny] calomnie *f*, mensonge *m*; the ~ laws la législation en matière de diffamation; ~ suit procès *m* en diffamation. ◊ *vt* JUR diffamer; *fig* calomnier.

**libellous** *Br*, **libelous** *Am* ['laɪbələs] *adj* diffamatoire.

**liberal** ['lɪbərəl] ◊ *adj* **-1.** [tolerant – person] libéral, large d'esprit; [– ideas, mind] libéral, large; [– education] libéral ❑ ~ studies ≃ programme *m* de culture générale. **-2.** [generous] libéral, généreux; [copious – helping, portion] abondant, copieux; the cook was a bit too ~ with the salt le cuisinier a eu la main un peu lourde avec le sel. ◊ *n* [moderate]: she's a ~ elle est de centre-gauche.

◆ **Liberal** ◊ *adj* POL [19th century] libéral; [today] de centre-gauche; the Liberal Party le parti Libéral; the Liberal Democrats *parti centriste britannique*; the Liberal-SDP Alliance *alliance entre le parti Libéral et le SDP (en 1987) qui a donné lieu à la création du SLD*. ◊ *n* [party member] libéral *m*, -e *f*.

**liberal arts** *npl*: the ~ les sciences humaines.

**liberalism** ['lɪbərəlɪzm] *n* libéralisme *m*.

**liberalize, -ise** ['lɪbərəlaɪz] *vt* libéraliser.

**liberally** ['lɪbərəlɪ] *adv* libéralement; a ~ spiced dish un plat généreusement épicé.

**liberal-minded** [-maɪndɪd] *adj* large d'esprit.

**liberate** ['lɪbəreɪt] *vt* [gen] libérer; CHEM libérer, dégager.

**liberated** ['lɪbəreɪtɪd] *adj* libéré.

**liberation** [ˌlɪbə'reɪʃn] *n* libération *f*.

**liberation movement** *n* mouvement *m* de libération.

**liberation theology** *n* théologie *f* de la libération.

**liberator** ['lɪbəreɪtər] *n* libérateur *m*, -trice *f*.

**Liberia** [laɪ'bɪərɪə] *pr n* Liberia *m*; in ~ au Liberia.

**Liberian** [laɪ'bɪərɪən] ◊ *n* Libérien *m*, -enne *f*. ◊ *adj* libérien.

**libertarian** [ˌlɪbə'teərɪən] ◊ *n* libertaire *mf*. ◊ *adj* libertaire *mf*.

**libertarianism** [ˌlɪbə'teərɪənɪzm] *n* [doctrine] doctrine *f* libertaire; [political ideas] convictions *fpl* libertaires.

**libertine** ['lɪbətiːn] ◊ *adj* libertin. ◊ *n* libertin *m*, -e *f*.

**liberty** ['lɪbətɪ] (*pl* **liberties**) *n* [in behaviour] liberté *f*; to take liberties with sb prendre OR se permettre des libertés avec qqn; to take liberties with the truth prendre des libertés avec la vérité; I took the ~ of inviting them j'ai pris la liberté OR je me suis permis de les inviter ‖ [cheek]: what a ~! quel toupet!

◆ **at liberty** *adj phr*: the criminals are still at ~ les criminels sont toujours en liberté OR courent toujours; I'm not at ~ to say il ne m'est pas possible OR permis de le dire.

**liberty cap** *n* bonnet *m* phrygien OR d'affranchi.

**libido** [lɪ'biːdəʊ] (*pl* **libidos**) *n* libido *f*.

**Libra** ['liːbrə] ◊ *pr n* ASTROL & ASTRON Balance *f*. ◊ *n*: he's a ~ il est (du signe de la) Balance.

**librarian** [laɪ'breərɪən] *n* bibliothécaire *mf*.

**library** ['laɪbrərɪ] (*pl* **libraries**) *n* **-1.** [gen] bibliothèque *f*; the Library of Congress la bibliothèque du Congrès (*équivalent américain de la Bibliothèque Nationale*). **-2.** [published series] bibliothèque *f*, collection *f*. **-3.** COMPUT bibliothèque *f*. ◊ *comp* [book, card] de bibliothèque.

**library edition** *n* édition *f* de luxe.

**librettist** [lɪ'bretɪst] *n* librettiste *mf*.

**libretto** [lɪ'bretəʊ] (*pl* **librettos** OR **libretti** [-tɪ]) *n* MUS livret *m*, libretto *m*.

**Libya** ['lɪbɪə] *pr n* Libye *f*; in ~ en Libye.

**Libyan** ['lɪbɪən] ◊ *n* Libyen *m*, -enne *f*. ◊ *adj* libyen; the ~ Desert le désert de Libye.

**lice** [laɪs] *pl* → **louse**.

**licence** _Br_, **license** _Am_ ['laɪsəns] _n_ **-1.** [permit] permis _m_; [for marriage] certificat _m_ de publication des bans; [for trade, bar] licence _f_; [for TV, radio] redevance _f_; [for pilot] brevet _m_; [for driver] permis _m_ (de conduire); a ~ to sell alcoholic drinks une licence de débit de boissons. **-2.** ADMIN & COMM [permission] licence _f_, autorisation _f_; to marry by special ~ ≃ se marier sans publication de bans; a ~ to print money _fig_: that job's a ~ to print money! ce travail est une sinécure! **-3.** [liberty] licence _f_, liberté _f_; artistic ~ licence artistique. **-4.** [immoral behaviour] licence _f_, débordements _mpl_.

**licence number** _n_ [on vehicle] numéro _m_ d'immatriculation; [on driving licence] numéro _m_ de permis de conduire.

**license** ['laɪsəns] ◇ _n Am_ = **licence**. ◇ _vt_ **-1.** ADMIN & COMM [premises, trader] accorder une licence OR une autorisation à; ~d to practise medicine habilité à exercer la médecine; to ~ a car immatriculer une voiture. **-2.** [allow]: to ~ sb to do sthg autoriser qqn à faire qqch.

**licensed** ['laɪsənst] _adj_ **-1.** COMM fabriqué sous licence; [for alcohol]: these premises are ~ to sell alcoholic drinks cet établissement est autorisé à vendre des boissons alcoolisées ❑ ~ premises [bar, pub] débit _m_ de boissons; [restaurant, cafeteria] établissement _m_ autorisé à vendre des boissons alcoolisées. **-2.** [pilot] breveté; [driver] qui a son permis (de conduire).

**licensed practical nurse** _n Am_ infirmier _m_, -ère _f_.

**licensee** [,laɪsən'siː] _n_ [gen] titulaire _mf_ d'une licence OR d'un permis; [pub-owner, landlord] débitant _m_, -e _f_ (de boissons).

**license plate** _n Am_ plaque _f_ minéralogique OR d'immatriculation.

**licensing** ['laɪsənsɪŋ] _n_ [of car] immatriculation _f_; [of activity] autorisation _f_; ~ authority organisme chargé de la délivrance des licences.

**licensing hours** _npl_ [in UK] heures d'ouverture des pubs.

**licensing laws** _npl_ [in UK] lois réglementant la vente d'alcools.

**licentiate** [laɪ'senʃɪət] _n_ diplômé _m_, -e _f_.

**licentious** [laɪ'senʃəs] _adj_ licencieux.

**lichee** [,laɪ'tʃiː] = **lychee**.

**lichen** ['laɪkən] _n_ lichen _m_.

**lich-gate** ['lɪtʃ-] = **lych-gate**.

**licit** ['lɪsɪt] _adj_ licite.

**lick** [lɪk] ◇ _vt_ **-1.** [ice-cream] lécher; [stamp] humecter; the dog ~ed her hand le chien lui a léché la main; he ~ed the jam off the bread il lécha la confiture de la tartine; to ~ one's chops _inf_ se lécher les babines; the flames ~ed the walls of the house _fig_ les flammes léchaient les murs de la maison ❑ to ~ sb's boots lécher les bottes à qqn; to ~ one's lips _literal_ se lécher les lèvres; _fig_ [with satisfaction, lust] se frotter les mains; [with eager anticipation] se lécher les babines; to ~ one's wounds panser ses blessures. **-2.** _inf_ [defeat] battre à plate couture; [in fight] donner une raclée à; this crossword has got me ~ed ces mots croisés sont trop forts pour moi. ◇ _n_ **-1.** [with tongue] coup _m_ de langue; to give sthg a ~ lécher qqch; a ~ of paint un (petit) coup de peinture ❑ to give o.s. a ~ and a promise faire un brin de toilette. **-2.** _Br inf_ [speed]: at a tremendous ~ à fond la caisse OR de train. **-3.** AGR pierre _f_ à lécher.

**licking** ['lɪkɪŋ] _n inf_ [thrashing] raclée _f_, dégelée _f_; [defeat] déculottée _f_.

**lickspittle** ['lɪk,spɪtl] _n inf_ lèche-bottes _mf inv_.

**licorice** _Am_ = **liquorice**.

**lid** [lɪd] _n_ **-1.** [gen] couvercle _m_. **-2.** _inf phr_: the scandal put the ~ on the Chicago operation le scandale mit fin à l'opération de Chicago; that puts the (tin) ~ on it! _Br_ ça, c'est le bouquet!; to take OR lift the ~ off sthg percer OR mettre qqch à jour. **-3.** ANAT [eyelid] paupière _f_. **-4.** _inf_ [hat] galure _m_, galurin _m_; [helmet] casque _m_.

**lidded** ['lɪdɪd] _adj_: heavy ~ eyes des yeux aux paupières lourdes.

**lidless** ['lɪdlɪs] _adj_ [container] sans couvercle; [eyes] sans paupières.

**lido** ['liːdəʊ] (_pl_ **lidos**) _n_ [pool] piscine _f_ découverte; [resort] station _f_ balnéaire.

**lie** [laɪ] (_cont_ **lying**, _pt_ & _pp sense 1_ **lied**, _pt senses 2-10_ **lay** [leɪ], _pp senses 2-10_ **lain** [leɪn]) ◇ _vi_ **-1.** [tell untruth] mentir; he ~d

about his age il a menti sur son âge. **-2.** [person, animal – recline] se coucher, s'allonger, s'étendre; she lay on the beach all day elle est restée allongée sur la plage toute la journée; she was lying on the couch elle était couchée OR allongée sur le divan; ~ on your back couchez-vous sur le dos; ~ still! ne bouge pas!; I like lying in bed on Sunday mornings j'aime rester au lit OR faire la grasse matinée le dimanche matin; she lay awake for hours elle resta plusieurs heures sans pouvoir s'endormir ❑ 'As I Lay Dying' _Faulkner_ 'Tandis que j'agonise'. **-3.** [corpse] reposer; he will ~ in state at Westminster Abbey son corps sera exposé solennellement à l'abbaye de Westminster; 'here ~s John Smith' 'ci-gît John Smith'. **-4.** [team, competitor – rank] être classé, se classer; she was lying fourth [in race] elle était en quatrième position. **-5.** [thing – be, be placed]: a folder lay open on the desk before her un dossier était ouvert devant elle sur le bureau; snow lay (thick) on the ground il y avait une (épaisse) couche de neige; the castle now ~s in ruins le château est aujourd'hui en ruines; all her hopes and dreams lay in ruins _fig_ tous ses espoirs et ses rêves étaient anéantis OR réduits à néant. **-6.** [thing – remain, stay] rester; our machines are lying idle nos machines sont arrêtées OR ne tournent pas. **-7.** [place – be situated] se trouver, être; [land – stretch, extend] s'étendre; a vast desert lay before us un immense désert s'étendait devant nous. **-8.** [future event]: they didn't know what lay ahead of them ils ne savaient pas ce qui les attendait; who knows what may ~ in store for us qui sait ce qui nous attend. **-9.** [answer, explanation, duty etc]: the problem ~s in getting them motivated le problème, c'est de réussir à les motiver; where do our real interests ~? qu'est-ce qui compte vraiment pour nous?; responsibility for the strike ~s with the management la responsabilité de la grève incombe à la direction. **-10.** JUR [appeal, claim] être recevable.
◇ _n_ **-1.** [untruth] mensonge _m_; to tell ~s dire des mensonges, mentir; to give the ~ to sthg _lit_ démentir qqch; it was in June, no, I tell a ~, in July c'était en juin, non, c'est faux, en juillet. **-2.** [of land] configuration _f_, disposition _f_. **-3.** SPORT [of golf ball] position _f_.

◆ **lie about** _Br_, **lie around** _vi insep_ **-1.** [person] traîner. **-2.** [thing] traîner; don't leave your things lying about ne laisse pas traîner tes affaires.

◆ **lie back** _vi insep_: he lay back in his armchair il s'est renversé dans son fauteuil; just ~ back and take it easy! _fig_ repose-toi un peu!

◆ **lie behind** _vt insep_ se cacher derrière; deep insecurity lay behind his apparently successful life sa vie, en apparence réussie, cachait une profonde insécurité.

◆ **lie down** _vi insep_ se coucher, s'allonger, s'étendre; to take sthg lying down accepter qqch sans réagir OR sans broncher.

◆ **lie in** _vi insep_ **-1.** [sleep in] faire la grasse matinée. **-2.** _arch_ & MED être en couches.

◆ **lie off** _vi insep_ NAUT rester au large.

◆ **lie to** _vi insep_ NAUT se tenir OR (se) mettre à la cape.

◆ **lie up** _vi insep_ [person] rester au lit, garder le lit; [machine] ne pas tourner, être arrêté; [car] rester au garage.

**Liechtenstein** ['lɪktənstaɪn] _pr n_ Liechtenstein _m_; in ~ au Liechtenstein.

**lie detector** _n_ détecteur _m_ de mensonges.

**lie-down** _n Br inf_: to have a ~ se coucher, s'allonger.

**liege** [liːdʒ] _arch_ ◇ _adj_ **-1.** ~ lord seigneur _m_, suzerain _m_. **-2.** [vassal, homage] lige; ~ man homme _m_ lige. ◇ _n_ seigneur _m_, suzerain _m_.

**lie-in** _n Br inf_: to have a ~ faire la grasse matinée.

**lieu** [ljuː, luː]
◆ **in lieu** _adv phr_: take Monday off in ~ prends ton lundi pour compenser.
◆ **in lieu of** _prep phr_ au lieu de, à la place de.

**Lieut.** (_written abbr of_ **lieutenant**) lieut.

**lieutenant** [_Br_ lef'tenənt, _Am_ luː'tenənt] _n_ **-1.** MIL [in army] lieutenant _m_; [in navy] lieutenant _m_ de vaisseau. **-2.** [in US police] inspecteur _m_ (de police). **-3.** _fig_ lieutenant _m_, second _m_. **-4.** _Br_ HIST lieutenant _m_.

**lieutenant colonel** _n_ lieutenant-colonel _m_.

**lieutenant commander** _n_ capitaine _m_ de corvette.

**lieutenant general** _n_ [in army] général _m_ de corps d'armée;

[in US airforce] général *m* de corps aérien.

**lieutenant governor** *n* **-1.** [in Canada] lieutenant *m* gouverneur. **-2.** [in US] gouverneur *m* adjoint.

**life** [laɪf] (*pl* **lives** [laɪvz]) ◇ *n* **-1.** [existence] vie *f*; it's a matter of ~ and death c'est une question de vie ou de mort; I've worked hard all my ~ j'ai travaillé dur toute ma vie; ~ is hard la vie est dure; there have been several attempts on her ~ elle a été victime de plusieurs attentats; he's in hospital fighting for his ~ il lutte contre la mort à l'hôpital; I began ~ as a labourer j'ai débuté dans la vie comme ouvrier; just relax and enjoy ~! profite donc un peu de la vie!; I want to live my own ~ je veux vivre ma vie; is ~ worth living? la vie vaut-elle la peine d'être vécue?; to live ~ to the full *Br* OR fullest *Am* croquer la vie à belles dents; hundreds lost their lives des centaines de personnes ont trouvé la mort; he emigrated in order to make a new ~ for himself il a émigré pour commencer une nouvelle vie OR pour repartir à zéro; we don't want to spend the rest of our lives here on ne veut pas finir nos jours ici; to save sb's ~ sauver la vie à qqn; to risk one's ~ (to do sthg) risquer sa vie (à faire qqch); to take sb's ~ tuer qqn; she took her own ~ elle s'est donné la mort; I've never eaten snails in my ~ je n'ai jamais mangé d'escargots de ma vie; she's the only woman in his ~ c'est la seule femme dans sa vie; I ran the race of my ~! j'ai fait la course de ma vie!; it gave me the fright of my ~ je n'ai jamais eu aussi peur de ma vie ❑ my/her *etc* ~'s work *f* de toute ma/sa *etc* vie; to run for one's ~ OR for dear ~ s'enfuir à toutes jambes; for the ~ of me I can't remember where we met rien à faire, je n'arrive pas à me rappeler où nous nous sommes rencontrés; he can't sing to save his ~ *inf* il chante comme un pied; not on your ~! jamais de la vie!; to risk ~ and limb risquer sa peau; to have nine lives avoir l'âme chevillée au corps; that's ~! c'est la vie!; this is the ~! (ça, c'est) la belle vie!; I had the time of my ~ je ne me suis jamais autant amusé; get a ~! il faut sortir un peu. **-2.** [mode of existence] vie *f*; they lead a strange ~ ils mènent une drôle de vie; she's not used to city ~ elle n'a pas l'habitude de vivre en ville; married ~ la vie conjugale. **-3.** [living things collectively] vie *f*; is there ~ on Mars? y a-t-il de la vie sur Mars? **-4.** (*U*) [physical feeling] sensation *f*. **-5.** [liveliness]: there's a lot more ~ in Sydney than in Wellington Sydney est nettement plus animé que Wellington; to come to ~ s'animer; his arrival put new ~ into the firm son arrivée a donné un coup de fouet à l'entreprise ❑ she was the ~ and soul of the party c'est elle qui a mis de l'ambiance dans la soirée. **-6.** [living person] vie *f*; 200 lives were lost in the disaster 200 personnes ont perdu la vie dans la catastrophe, la catastrophe a fait 200 morts. **-7.** [durability] (durée de) vie *f*; double the ~ of your batteries multipliez par deux la durée de vos piles; during the ~ of the previous government sous le gouvernement précédent. **-8.** [biography] vie *f*; she's writing a ~ of James Joyce elle écrit une biographie de James Joyce. **-9.** ART nature *f*; to draw from ~ dessiner d'après nature ‖ LITERAT réalité *f*; his novels are very true to ~ ses romans sont très réalistes. **-10.** GAMES vie *f*. **-11.** *inf* [imprisonment] prison *f* à vie.
◇ *comp* [post, member, president] à vie.
◆ **for life** *adv phr*: he was crippled for ~ il a été estropié à vie; sent to prison for ~ condamné à perpétuité; a job for ~ un emploi à vie.

**life-and-death** *adj*: a ~ struggle un combat à mort, une lutte désespérée.

**life assurance** *Br* = life insurance.

**life belt** *n* bouée *f* de sauvetage.

**lifeblood** ['laɪfblʌd] *n* élément *m* vital.

**lifeboat** ['laɪfbəʊt] *n* [shore-based] canot *m* de sauvetage; [on ship] chaloupe *f* de sauvetage.

**lifeboatman** ['laɪfbəʊtmən] (*pl* **lifeboatmen** [-mən]) *n* sauveteur *m* (en mer).

**life buoy** *n* bouée *f* de sauvetage.

**life class** *n* cours *m* de dessin d'après nature.

**life cycle** *n* cycle *m* de vie.

**life drawing** *n* dessin *m* d'après nature.

**life expectancy** *n* [of human, animal] espérance *f* de vie; [of machine] durée *f* de vie probable.

**life-form** *n* forme *f* de vie.

**life-giving** *adj* qui insuffle la vie, vivifiant.

**lifeguard** ['laɪfgɑːd] *n* maître *m* nageur.

**life history** *n* vie *f*; she told me her whole ~ elle m'a raconté l'histoire de sa vie.

**life imprisonment** *n* prison *f* à vie.

**life insurance** *n* assurance-vie *f*; to take out ~ contracter une assurance-vie.

**life jacket** *n* gilet *m* de sauvetage.

**lifeless** ['laɪflɪs] *adj* **-1.** [dead body] sans vie. **-2.** [where no life exists] sans vie. **-3.** [dull – eyes] éteint; [– hair] terne; [– town] mort; [– style] sans énergie.

**lifelike** ['laɪflaɪk] *adj* **-1.** [portrait] ressemblant. **-2.** [seeming alive]: the new robots are extremely ~ ces nouveaux robots ont l'air OR paraissent vraiment vivants.

**lifeline** ['laɪflaɪn] *n* **-1.** NAUT [thrown to boat] remorque *f*; [stretched across deck] sauvegarde *f*, filière *f* de mauvais temps OR de sécurité; they threw the drowning man a ~ ils ont lancé un filin à l'homme qui se noyait. **-2.** [for diver] corde *f* de sécurité. **-3.** *fig* lien *m* vital; it's his ~ to the outside world c'est son lien avec le monde extérieur; to cut off sb's ~ couper les vivres à qqn.

**lifelong** ['laɪflɒŋ] *adj* de toute une vie; it's been my ~ ambition to meet her toute ma vie, j'ai espéré la rencontrer.

**life-or-death** = life-and-death.

**life peer** *n* membre de la Chambre des lords dont le titre n'est pas héréditaire.

**life preserver** *n Am* [life belt] bouée *f* de sauvetage; [life jacket] gilet *m* de sauvetage.

**lifer** ['laɪfə*r*] *n inf* condamné *m*, -e *f* à perpète.

**life raft** *n* radeau *m* de sauvetage.

**lifesaver** ['laɪf,seɪvə*r*] *n* **-1.** [lifeguard] maître nageur *m*. **-2.** *inf* & *fig*: that money was a ~ cet argent m'a sauvé la vie.

**life science** *n*: the ~s les sciences de la vie.

**life sentence** *n* condamnation *f* à vie OR à perpétuité.

**life-size(d)** *adj* grandeur nature (*inv*).

**life span** *n* durée *f* de vie.

**life story** *n* biographie *f*.

**lifestyle** ['laɪfstaɪl] *n* style *m* OR mode *m* de vie.

**life-support system** *n* MED respirateur *m* artificiel; AERON & ASTRON équipement *m* de vie.

**life-threatening** *adj* [illness] qui peut être mortel.

**lifetime** ['laɪftaɪm] *n* vie *f*; it won't happen during our ~ nous ne serons pas là pour voir ça; win the holiday of a ~! gagnez les vacances de votre vie!; a once-in-a-~ experience une expérience unique OR qui ne se renouvellera pas.

**life vest** = life jacket.

**lift** [lɪft] ◇ *vt* **-1.** [object] soulever, lever; I ~ed the books out of the crate j'ai sorti les livres de la caisse; she ~ed the suitcase down from the top of the wardrobe elle a descendu la valise de dessus l'armoire; I feel as if a burden has been ~ed from my shoulders j'ai l'impression qu'on m'a enlevé un poids des épaules ‖ [part of body] lever; she ~ed her eyes from her magazine elle leva les yeux de sa revue ‖ *fml* [voice] élever. **-2.** [spirits, heart] remonter. **-3.** [end – blockade, embargo *etc*] lever; [– control, restriction] supprimer. **-4.** *inf* [steal] piquer, faucher; [plagiarize] plagier, piquer. **-5.** AGR [bulbs, potatoes, turnips] arracher. **-6.** *Am* [debt] rembourser. **-7.** [face]: she's had her face ~ed elle s'est fait faire un lifting.
◇ *vi* **-1.** [rise] se lever, se soulever. **-2.** [fog, mist] se lever, se dissiper.
◇ *n* **-1.** [act of lifting]: to give sthg a ~ soulever qqch. **-2.** [in morale, energy]: to give sb a ~ remonter le moral à qqn; glucose tablets are good if you need a quick ~ les comprimés de glucose sont bons si vous avez besoin d'un coup de fouet. **-3.** *Br* [elevator] ascenseur *m*; goods ~ monte-charge *m inv*. **-4.** [free ride]: can I give you a ~ home? est-ce que je peux te raccompagner chez toi (en voiture)?; I got a ~ in a lorry j'ai été pris (en auto-stop) par un camion.
◆ **lift off** ◇ *vi insep* [plane, rocket] décoller. ◇ *vt sep* [hat, lid] enlever, ôter.
◆ **lift up** *vt sep* soulever, lever; [part of body] lever; to ~ up one's head lever la tête ‖ *fml* [voice] élever; *fml* [heart] élever.

**lifting** ['lɪftɪŋ] *n* **-1.** [of weight] levage *m*; ~ gear appareil *m* de levage; ~ jack cric *m* (de levage). **-2.** [of blockade, embargo etc] levée *f*; [of control, restriction] suppression *f*.**-3.** AGR arrachage *m*, récolte *f*.

**lift-off** *n* décollage *m*; we have ~! décollage!

**lift shaft** *n* Br cage *f* d'ascenseur.

**ligament** ['lɪgəmənt] *n* ligament *m*.

**ligature** ['lɪgətʃər] ◇ *n* **-1.** [gen, MED & TYPO] ligature *f*.**-2.** MUS liaison *f*. ◇ *vt* ligaturer.

**light** [laɪt] (*pt* & *pp* **lit** [lɪt] OR *lit* **lighted**) ◇ *n* **-1.** [luminosity, brightness] lumière *f*; it looks brown in this ~ on dirait que c'est marron avec cette lumière; by the ~ of our flashlamps à la lumière de nos lampes de poche; the ~ was beginning to fail le jour commençait à baisser; in the cold ~ of the morning dans la lueur pâle du matin ‖ *fig*: to bring to ~ mettre en lumière; to be brought OR to come to ~ être découvert OR révélé; to throw OR to cast ~ on sthg: the trial will throw OR cast ~ on their real motives le procès permettra d'en savoir plus sur OR de percer à jour leurs véritables mobiles; can you throw any ~ on this problem? peux-tu apporter tes lumières sur ce problème?, peux-tu éclaircir cette question? ❑ the ~ at the end of the tunnel le bout du tunnel; to see the ~ [understand] comprendre; [be converted] trouver le chemin de la vérité; to see the ~ of day voir le jour. **-2.** [light source] lumière *f*; [lamp] lampe *f*; turn the ~ on/off allume/éteins (la lumière); during the storm the ~s went out il y a eu une panne d'électricité OR de lumière pendant l'orage ❑ to go out like a ~ [fall asleep] s'endormir tout de suite; [faint] tomber dans les pommes. **-3.** *fig* [in sb's eyes] lueur *f*.**-4.** AUT [gen] feu *m*; [headlamp] phare *m*; parking/reversing ~s feux de stationnement/de recul. **-5.** [traffic light] feu *m* (rouge); the ~s were (on) amber le feu était à l'orange. **-6.** [aspect, viewpoint] jour *m*; in a good/bad/new ~ sous un jour favorable/défavorable/ nouveau. **-7.** [flame] feu *m*; could you give me a ~? pouvez-vous me donner du feu?; to set ~ to sthg mettre le feu à qqch. **-8.** [window] fenêtre *f*, jour *m*.
◇ *adj* **-1.** [bright, well-lit] clair; it isn't ~ enough to read il n'y a pas assez de lumière pour lire; it's getting ~ already il commence déjà à faire jour; it stays ~ until 10 il fait jour jusqu'à 10 h du soir. ~ **2.** [pale] clair; she has ~ hair elle a des cheveux clairs. **-3.** LING [in phonetics] atone. **-4.** [in weight] léger; ~ clothes vêtements *mpl* légers ❑ a ~ aircraft un avion de tourisme; ~ cream *Am* crème *f* liquide; ~ weapons armes *fpl* légères; to be ~ on one's feet être leste. **-5.** [comedy, music etc] léger, facile; take some ~ reading prends quelque chose de facile à lire; to trip the ~ fantastic *arch* OR *hum* danser. **-6.** [not intense, strong etc] léger; there was a ~ tap at the door on frappa tout doucement à la porte; the traffic was ~ la circulation était fluide; I had a ~ lunch j'ai mangé légèrement à midi, j'ai déjeuné léger; a ~ rain was falling il tombait une pluie fine; I'm a ~ sleeper j'ai le sommeil léger; he can only do ~ work il ne peut faire que des travaux peu fatigants ❑ ~ industry industrie *f* légère; to make ~ of sthg prendre qqch à la légère.
◇ *adv*: to travel ~ voyager avec peu de bagages.
◇ *vt* **-1.** [illuminate] éclairer; I'll ~ the way for you je vais t'éclairer le chemin. **-2.** [lamp, candle, cigarette] allumer; [match] craquer; to ~ a fire allumer un feu, faire du feu.
◇ *vi* **-1.** [lamp] s'allumer; [match] s'enflammer; [fire, coal] prendre. **-2.** *lit* [alight] se poser.
◆ **lights** *npl* [lungs] mou *m*.
◆ **in (the) light of** *prep phr*: in the ~ of these new facts à la lumière de ces faits nouveaux.
◆ **light on, light upon** *vt insep* tomber (par hasard) sur, trouver par hasard.
◆ **light out** *vi insep* *Am inf* se tirer.
◆ **light up** ◇ *vt sep* éclairer; joy lit up her face son visage rayonnait de bonheur. ◇ *vi insep* **-1.** [lamp] s'allumer. **-2.** [face, eyes] s'éclairer, s'illuminer. **-3.** *inf* [have a cigarette] allumer une cigarette.

**light ale** *n* Br bière brune légère.

**light bulb** *n* ampoule *f* (électrique).

**light-coloured** *adj* clair, de couleur claire.

**lighted** ['laɪtɪd] *adj* [room] éclairé; [candle] allumé.

**lighten** ['laɪtn] ◇ *vt* **-1.** [make brighter] éclairer, illuminer. **-2.** [make paler] éclaircir. **-3.** [make less heavy] alléger; having an assistant will ~ my workload avec un assistant ma charge

de travail sera moins lourde. ◇ *vi* **-1.** [become light] s'éclairer, s'éclaircir; her mood ~ed sa mauvaise humeur se dissipa. **-2.** [load, burden] s'alléger.
◆ **lighten up** *vi insep* *inf* se remettre; oh come on, ~ up! allez, remets-toi OR ne fais pas cette tête!

**lighter** ['laɪtər] ◇ *n* **-1.** [for cigarettes] briquet *m*; [for gas] allume-gaz *m inv*.**-2.** [barge] allège *f*, chaland *m*.**-3.** → **firelighter**. ◇ *comp* [flint, fuel] à briquet.

**light-fingered** [-'fɪŋgəd] *adj* chapardeur.

**light fitting** *n* applique *f* (électrique).

**light-footed** [-'fʊtɪd] *adj* au pied léger, à la démarche légère.

**light-headed** *adj* [dizzy] étourdi; [tipsy] ivre, énivré; to feel ~ avoir des vertiges OR la tête qui tourne; the wine had made me ~ le vin m'était monté à la tête.

**light-hearted** *adj* [person, atmosphere] enjoué, gai; [poem, irony] léger; a ~ remark une remarque bon enfant; this programme takes a ~ look at politics cette émission pose un regard amusé sur la politique.

**light heavyweight** ◇ *n* (poids *m*) mi-lourd *m*. ◇ *adj* mi-lourd.

**lighthouse** ['laɪthaʊs, *pl* -haʊzɪz] *n* phare *m*; ~ keeper gardien *m* de phare.

**lighting** ['laɪtɪŋ] *n* **-1.** [gen] éclairage *m*; artificial/neon ~ éclairage *m* artificiel/au néon. **-2.** (U) THEAT éclairages *mpl*; ~ effects effets *mpl* d'éclairage OR de lumière; ~ engineer éclairagiste *m*.

**lighting-up time** *n* Br heure où les automobilistes doivent obligatoirement allumer leurs phares.

**lightly** ['laɪtlɪ] *adv* **-1.** [not heavily] légèrement; she stepped ~ onto the dance floor elle entra sur la piste de danse d'un pas léger. **-2.** [casually] légèrement, à la légère; to take sthg ~ prendre qqch à la légère. **-3.** *phr*: to get off ~ s'en tirer à bon compte.

**light meter** *n* posemètre *m*.

**lightness** ['laɪtnɪs] *n* **-1.** [brightness, light] clarté *f*.**-2.** [of object, tone, step etc] légèreté *f*.

**lightning** ['laɪtnɪŋ] ◇ *n* (U) éclairs *mpl*, foudre *f*; a flash of ~ un éclair; to be struck by ~ être frappé par la foudre OR foudroyé ❑ to go like (greased) ~ partir sur les chapeaux de roue. ◇ *adj* [raid, visit] éclair *(inv)*; with OR at ~ speed à la vitesse de l'éclair, en un éclair.

**lightning arrester** *n* parafoudre *m* (de surtension).

**lightning conductor**, **lightning rod** *n* paratonnerre *m*.

**lightning strike** *n* grève *f* surprise *(inv)*.

**light opera** *n* opéra *m* comique, opérette *f*.

**light pen** *n* crayon *m* optique.

**lightship** ['laɪtʃɪp] *n* bateau-feu *m*, bateau-phare *m*.

**light show** *n* spectacle *m* de lumière.

**lights-out** *n* extinction *f* des feux.

**lightweight** ['laɪtweɪt] ◇ *n* **-1.** [in boxing] poids *m* léger. **-2.** [insignificant person] personne *f* sans envergure. ◇ *adj* **-1.** [clothes, equipment] léger. **-2.** [in boxing] poids léger *(inv)*.

**light-year** *n* année-lumière *f*; it seems ~s away ça paraît si loin.

**ligneous** ['lɪgnɪəs] *adj* ligneux.

**likable** ['laɪkəbl] = likeable.

**like[1]** [laɪk] *vt* **-1.** [find pleasant] aimer (bien); I ~ her, but I don't love her je l'aime bien, mais je ne suis pas amoureux d'elle; I don't ~ him je ne l'aime pas beaucoup, il ne me plaît pas; what do you ~ about him? qu'est-ce qui te plaît chez lui? **-2.** [enjoy – activity]: to ~ doing OR to do sthg aimer faire qqch; I don't ~ being talked at je n'aime pas qu'on me fasse des discours; how would HE ~ being kept waiting in the rain? ça lui plairait, à lui, qu'on le fasse attendre sous la pluie? **-3.** [approve of] aimer; I ~ people to be frank with me j'aime qu'on soit franc avec moi; I don't ~ you swearing, I don't ~ it when you swear je n'aime pas que tu dises des gros mots; whether you ~ it or not! que ça te plaise ou non!; well, I ~ that! *iron* ça, c'est le bouquet!; I ~ the way you say 'don't worry' une manière bien «ne t'inquiète pas», c'est facile à dire. **-4.** [want, wish] aimer, vouloir; do what you ~ fais ce que tu veux OR ce qui te plaît; I didn't ~ to say anything, but... je ne voulais rien dire mais...; I'd ~ your opinion on this wine j'aimerais savoir ce que tu penses de ce vin ‖ [in polite offers, requests]: would you ~ to go out tonight? ça te dirait de OR tu as envie de sortir ce soir?; would you ~ tea or coffee? voulez-vous du thé ou du café?; would you ~ me to do it for you? veux-tu que je le fasse à ta place?; I'd ~ to speak to Mr Smith, please je voudrais parler à M. Smith, s'il vous plaît. **-5.** [asking opinion]: how do you ~ my jacket? comment trouves-tu ma veste?; how would you ~ a trip to Paris? ça te dirait d'aller à Paris?**-6.** [asking preference]: how do you ~ your coffee, black or white? vous prenez votre café noir ou avec du lait?**-7.** [in generalizations]: I ~ to be in bed by 10 p.m. j'aime être couché pour 10 h; one doesn't ~ to interrupt c'est toujours délicat d'interrompre quelqu'un.

**like²** [laɪk] ◇ *prep* **-1.** [similar to] comme; there's a car ~ ours voilà une voiture comme la nôtre; there's no place ~ home rien ne vaut son chez-soi; she's nothing ~ her sister elle ne ressemble pas du tout à sa sœur; it's shaped ~ an egg ça a la forme d'un œuf; it seemed ~ hours c'était comme si des heures entières s'étaient écoulées; it looks ~ rain on dirait qu'il va pleuvoir. **-2.** [asking opinion or description]: what's your new boss ~? comment est ton nouveau patron?; what's the weather ~? quel temps fait-il?; what does it taste ~? quel goût ça a?**-3.** [such as] comme; I'm useless at things ~ sewing je ne suis bon à rien quand il s'agit de couture et de choses comme ça. **-4.** [indicating typical behaviour]: kids are ~ that, what do you expect? les gosses sont comme ça, qu'est-ce que tu veux!; it's not ~ him to be rude ça ne lui ressemble pas OR ce n'est pas son genre d'être impoli; it's just ~ him not to show up! c'est bien son style OR c'est bien de lui de ne pas venir! **-5.** [in the same manner as] comme; do it ~ this/that voici/voilà comment il faut faire; ~ so comme ça; sorry to interrupt you ~ this, but... désolé de vous interrompre ainsi, mais...; don't talk to me ~ that! ne me parle pas sur ce ton!**-6.** [in approximations]: it cost something ~ £200 ça a coûté dans les 200 livres; it was more ~ midnight when we got home il était plus près de minuit quand nous sommes arrivés à la maison ❏ that's more ~ it! voilà qui est mieux!; he ran ~ anything OR ~ hell OR ~ blazes *inf* il a couru comme un dératé OR comme s'il avait le feu aux fesses.

◇ *adj*: we were treated in ~ manner on nous a traités de la même façon.

◇ *conj inf* **-1.** [as] comme; ~ I was saying comme je disais; they don't make them ~ they used to! ils/elles ne sont plus ce qu'ils/elles étaient! **-2.** [as if] comme si; she felt ~ she wanted to cry elle avait l'impression qu'elle allait pleurer.

◇ *adv* ▽*Br*: I was hungry, ~, so I went into this café j'avais faim, tu vois, alors je suis entré dans un café.

◇ *n*: you can only compare ~ with ~ on ne peut comparer que ce qui est comparable; she goes in for macramé, yoga and the ~ elle fait du macramé, du yoga et d'autres choses comme ça; I've never seen the ~ of it! je n'ai jamais rien vu de pareil!; he was a president the ~ OR ~s of which we will probably never see again *lit* c'était un président comme on n'en verra probablement plus jamais.

◆ **likes** *npl* **-1.** [preferences] goûts *mpl*; try to discover their ~s and dislikes esssayez de découvrir ce qu'ils aiment et ce qu'ils n'aiment pas. **-2.** *phr*: the ~s of us/them *etc inf* les gens comme nous/eux *etc*.

◆ **(as) like as not** = like enough.

◆ **if you like** *adv phr* **-1.** [expressing willingness] si tu veux. **-2.** [as it were] si tu veux.

◆ **like enough** *adv phr inf* probablement.

◆ **like it or not** *adv phr*: ~ it or not, we're heading for a confrontation qu'on le veuille ou non, nous ne pouvons éviter une confrontation.

**likeable** ['laɪkəbl] *adj* sympathique, agréable.

**likelihood** ['laɪklɪhʊd] *n* probabilité *f*; there is little ~ of us still being here in August il y a peu de chances (pour) que nous soyons encore là en août; there is every ~ of an agreement tout porte à croire qu'un accord sera conclu.

◆ **in all likelihood** *adv phr* vraisemblablement, selon toute vraisemblance.

**likely** ['laɪklɪ] (*compar* **likelier**, *superl* **likeliest**) ◇ *adj* **-1.** [probable] probable; it's more than ~ that it will snow il y a de grandes chances pour qu'il neige; it's not OR hardly ~ to happen il est peu probable OR il y a peu de chances que cela se produise; rain is ~ in the east il risque de pleuvoir dans l'est; a ~ story! *iron* mon œil!, elle est bien bonne!**-2.** [promising] prometteur; we found a ~ OR ~-looking spot for a picnic on a trouvé un endroit qui a l'air idéal pour pique-niquer. ◇ *adv* probablement, sans doute; they'll very ~ OR most ~ forget ils vont très probablement oublier; as ~ as not she's already home elle est sûrement déjà rentrée ❏ would you do it again? — not ~! *inf* tu recommencerais? — ça risque pas OR y a pas de risque!

**like-minded** [-'maɪndɪd] *adj*: ~ people des gens ayant la même vision des choses.

**liken** ['laɪkn] *vt* comparer.

**likeness** ['laɪknɪs] *n* **-1.** [resemblance] ressemblance *f*; a family ~ un air de famille; she bears a strong ~ to her mother elle ressemble beaucoup à sa mère. **-2.** [portrait] portrait *m*; to paint sb's ~ faire le portrait de qqn; it's a very good ~ of him c'est tout à fait lui; it isn't a very good ~ of him ça ne lui ressemble pas beaucoup.

**likewise** ['laɪkwaɪz] *adv* **-1.** [similarly] de même; he worked hard and expected his daughters to do ~ il travaillait beaucoup et attendait de ses filles qu'elles fassent de même; pleased to meet you — ~ ravi de vous rencontrer — moi de même. **-2.** [by the same token] de même, de plus, en outre.

**liking** ['laɪkɪŋ] *n* **-1.** [affection] sympathie *f*, affection *f*; to take a ~ to sb se prendre d'amitié pour qqn; I took an instant ~ to Rome j'ai tout de suite aimé Rome. **-2.** [taste] goût *m*, penchant *m*; is everything to your ~? est-ce que tout est à votre convenance?; it's too small for my ~ c'est trop petit à mon goût.

---

USAGE ▶ Likes

**How to express a liking for something**

▷ *strong:*

J'adore l'opéra.
J'aime vraiment (beaucoup) l'opéra.
Le jazz? J'adore!
L'actualité me passionne.
Je suis un inconditionnel d'Elvis Presley.
Le jazz, c'est vraiment mon truc! [informal]

▷ *less strong:*

Je m'intéresse beaucoup à l'actualité.
Rien de tel qu'un bon bain chaud.
Je dois avouer que j'ai un faible pour les romans d'amour.
Les éclairs au café, c'est mon péché mignon.
Les vieux polars, ça me fait craquer. [informal]
Le jazz, ça m'éclate. [informal]

▷ *weak:*

J'aime bien les westerns.
J'aime assez son look.

**How to express a liking for people**

▷ *strong:*

C'est quelqu'un de remarquable.
Je l'apprécie beaucoup.
Il me plaît énormément.
Je la trouve super. [informal]
Elle est géniale. [informal]

▷ *less strong:*

C'est une fille bien.
Je l'aime bien.
J'ai un faible pour elle.

**lilac** ['laɪlək] ◇ *n* [colour, flower] lilas *m*. ◇ *adj* [colour] lilas *(inv)*.

**Lilliputian** [ˌlɪlɪ'pjuːʃn] ◇ *n* lilliputien *m*, -enne *f*. ◇ *adj* lilliputien.

**Lilo®** ['laɪləʊ] *(pl* **Lilos***) n* matelas *m* pneumatique.

**lilt** [lɪlt] *n* **-1.** [in voice] modulation *f*; her voice has a ~ to it sa voix a des inflexions mélodieuses. **-2.** [in music] rythme *m*, cadence *f*. **-3.** [in movement] balancement *m* harmonieux.

**lilting** ['lɪltɪŋ] *adj* **-1.** [voice, accent] mélodieux. **-2.** [music, tune] chantant, mélodieux. **-3.** [movement] souple, harmonieux.

**lily** ['lɪlɪ] *(pl* **lilies***) n* lis *m*, lys *m*; ~ of the valley muguet *m*.

**lily-livered** [-'lɪvəd] *adj* froussard.

**lily pad** *n* feuille *f* de nénuphar.

**lily-white** *adj* d'une blancheur de lis, d'un blanc immaculé.

**limb** [lɪm] *n* **-1.** ANAT membre *m*; I'll tear him ~ from ~! je le taillerai en pièces!**-2.** [of tree] (grosse) branche *f*; to be out on a ~ *inf* [alone] se trouver tout seul; [without support] être très exposé.

**limbo** ['lɪmbəʊ] *(pl sense 3* **limbos***) n* **-1.** *(U)* RELIG limbes *mpl*.**-2.** COMPUT: ~ **file** fichier *m* temporaire. **-3.** DANCE limbo *m*.**-4.** *fig*: to be in (a state of) ~ être dans l'incertitude.

**lime** [laɪm] ◇ *n* **-1.** AGR & CHEM chaux *f*; **burnt** ~ chaux vive. **-2.** [fruit] citron *m* vert, lime *f*, limette *f*; ~ **cordial/juice** sirop *m*/jus *m* de citron vert; **lager** and ~ bière *f* blonde au sirop de citron vert. **-3.** [citrus tree] limettier *m*.**-4.** [linden] ~ **(tree)** tilleul *m*. ◇ *vt* **-1.** AGR [soil] chauler. **-2.** [with birdlime – branch, bird] engluer.

**limeade** [laɪ'meɪd] *n* boisson *f* au citron vert.

**lime green** *n* vert *m* citron.

◆ **lime-green** *adj* vert citron *(inv)*.

**limelight** ['laɪmlaɪt] *n (U)* THEAT feux *mpl* de la rampe; **to be in the** ~ être sous les feux de la rampe, occuper le devant de la scène.

**limerick** ['lɪmərɪk] *n* limerick *m* *(poème absurde ou indécent en cinq vers, dont les rimes doivent suivre un ordre précis)*.

**limestone** ['laɪmstəʊn] *n* calcaire *m*, roche *f* calcaire.

**limey** ['laɪmɪ] *Am inf & pej* ◇ *n* **-1.** [English person] ≈ Angliche *mf*.**-2.** [English sailor] matelot *m* anglais. ◇ *adj* ≈ angliche.

**limit** ['lɪmɪt] ◇ *n* **-1.** [boundary, greatest extent, maximum] limite *f*; I **know my** ~s je connais mes limites, je sais ce dont je suis capable; **there is no** ~ **to his powers** ses pouvoirs sont illimités; **our resources are stretched to the** ~ nous sommes au bout de nos ressources; **within the** ~s **of the present regulations** dans le cadre délimité par le présent règlement; I **agree with you, within** ~s je suis d'accord avec toi, jusqu'à un certain point ❏ **off** ~s interdit d'accès; the **bar's off** ~s **to servicemen** le bar est interdit aux militaires; **that's the (absolute)** ~! c'est le comble!; **she really is the** ~! elle dépasse vraiment les bornes!**-2.** [restriction] limitation *f*; **to put** OR **to set a** ~ **on sthg** limiter qqch; **weight** ~ limitation de poids; **to be over the** ~ [driver] dépasser le taux d'alcoolémie autorisé. ◇ *vt* limiter; **they are** ~**ing their research to one kind of virus** ils limitent leurs recherches à un seul type de virus; **she** ~**s herself to one visit a week** elle se contente d'une visite par semaine.

**limitation** [ˌlɪmɪ'teɪʃn] *n* **-1.** [restriction, control] limitation *f*, restriction *f*; **we will accept no** ~ **on our freedom** nous n'accepterons aucune entrave à notre liberté ❏ **arms** ~ **talks** négociations *fpl* sur la limitation des armements. **-2.** [shortcoming] limite *f*; **to know one's** ~s connaître ses limites. **-3.** JUR prescription *f*.

**limited** ['lɪmɪtɪd] *adj* [restricted] limité, restreint; the **play met with only** ~ **success** la pièce n'a connu qu'un succès relatif; **to a** ~ **extent** jusqu'à un certain point.

**limited company** *n* société *f* à responsabilité limitée, SARL *f*.

**limited edition** *n* édition *f* à tirage limité.

**limited liability** *n* responsabilité *f* limitée.

**limited liability company** = **limited company**.

**limiting** ['lɪmɪtɪŋ] *adj* contraignant.

**limitless** ['lɪmɪtlɪs] *adj* illimité; ~ **resources** des ressources illimitées OR inépuisables.

**limo** ['lɪməʊ] *(pl* **limos***) inf* = **limousine**.

**limousine** ['lɪməziːn] *n* limousine *f*.

**limp** [lɪmp] ◇ *vi* boiter; [slightly] clopiner; she was ~ing **badly** elle boitait beaucoup. ◇ *n*: **to walk with a** ~ boiter; **the accident left him with a** ~. depuis son accident il boite. ◇ *adj* **-1.** [cloth, lettuce, handshake] mou, *before vowel or silent 'h'* mol *(f* molle); [skin] flasque; **his body went completely** ~ il s'affaissa. **-2.** [book – cover, binding] souple.

**limpet** ['lɪmpɪt] *n* ZOOL patelle *f*, bernique *f*, chapeau *m* chinois; **to hold on to sthg** OR **to cling to sthg like a** ~ se cramponner à qqch de toutes ses forces.

**limpet mine** *n* mine-ventouse *f*.

**limpid** ['lɪmpɪd] *adj* limpide.

**limply** ['lɪmplɪ] *adv* mollement.

**limp-wristed** [-'rɪstɪd] *adj pej* efféminé.

**linchpin** ['lɪntʃpɪn] *n* **-1.** TECH esse *f* (d'essieu). **-2.** *fig* [person] pivot *m*; **it's the** ~ **of government policy** c'est l'axe central de la politique du gouvernement.

**Lincs** *written abbr of* **Lincolnshire**.

**linctus** ['lɪŋktəs] *n* sirop *m* (pour la toux).

**line** [laɪn] ◇ *n* **-1.** [mark, stroke] ligne *f*, trait *m*; [wrinkle] ride *f*; MATH, SPORT & TV ligne *f*; **to draw a** ~ tracer OR tirer une ligne; **straight** ~ MATH droite *f*; [gen] ligne *f* droite. **-2.** [path] ligne *f*; **light travels in a straight** ~ la lumière se propage en ligne droite; **the two grooves must be exactly in** ~ les deux rainures doivent être parfaitement alignées ❏ I **don't follow your** ~ **of thinking** je ne suis pas ton raisonnement; **to be in the** ~ **of fire** être dans la ligne de tir; ~ **of sight** OR **of vision** ligne de visée; **let's try a different** ~ **of attack** essayons une approche différente; **it's all in the** ~ **of duty** cela fait partie de mes fonctions; **to take the** ~ **of least resistance** *Br* choisir la solution de facilité; **there's been a terrible mistake somewhere along the** ~ il s'est produit une erreur grave quelque part; I'**ll support them all along** OR **right down the** ~ je les soutiendrai jusqu'au bout OR sur toute la ligne; **the population is split along religious** ~s la population est divisée selon des critères religieux; **he reorganized the company along more rational** ~s il a réorganisé l'entreprise sur une base plus rationnelle; **another idea along the same** ~s une autre idée dans le même genre; **we seem to be thinking along the same** ~s il semble que nous voyions les choses de la même façon; **to be on the right** ~s être sur la bonne voie. **-3.** [row – side by side] ligne *f*, rang *m*, rangée *f*; [– one behind another] rang *m*, file *f*; **stand in** ~, **children** mettez-vous en rang, les enfants; **to step into** ~ se mettre en rang ‖ *Am* [queue] file *f* (d'attente), queue *f*; *fig*: **he's in** ~ **for promotion** il est sur les rangs pour une promotion; **he's next in** ~ **for promotion** la prochaine promotion sera pour lui; **he's first in** ~ **for the throne** c'est l'héritier du trône. **-4.** *fig* [conformity]: **it's in/out of** ~ **with company policy** c'est conforme/ce n'est pas conforme à la politique de la société; **it's more or less in** ~ **with what we'd expected** cela correspond plus ou moins à nos prévisions; **to bring wages into** ~ **with inflation** actualiser les salaires en fonction de l'inflation; **the rebels have been brought into** ~ les rebelles ont été mis au pas; **to fall into** ~ **with government policy** accepter la politique gouvernementale; **to step out of** ~ s'écarter du droit chemin. **-5.** [of writing, text] ligne *f*; **she gave me 100** ~s SCH elle m'a donné 100 lignes (à faire) ‖ [of poem, song] vers *m*; THEAT réplique *f*; **he forgot his** ~s il a oublié son texte; **he gave me the usual** ~ **about his wife not understanding him** il m'a fait son numéro habituel comme quoi sa femme ne le comprend pas. **-6.** *inf* [letter] mot *m*; [message]: **to drop sb a** ~ envoyer un mot à qqn. **-7.** [rope] corde *f*; NAUT bout *m*; FISHING ligne *f*; **to hang the washing on the** ~ mettre le linge à sécher, étendre le linge. **-8.** [pipe] tuyau *m*; [pipeline] pipeline *m*.**-9.** *Br* RAIL [track] voie *f*; [single rail] rail *m*.**-10.** [travel route] ligne *f*; **there's a new coach** ~ **to London** il y a un nouveau service d'autocars pour Londres; **to keep the** ~s **of communication open** maintenir ouvertes les lignes de communication ‖ [transport company] compagnie *f*; **shipping** ~ compagnie de navigation. **-11.** ELEC ligne *f*; **the power station comes on** ~ **in June** la centrale entre en service en juin. **-12.** TELEC ligne *f*; **the** ~ **went dead** la communication a été coupée; I **was on the** ~ **to Paris** je téléphonais à Paris; **then a voice came on the other end of the** ~ alors une voix a répondu à l'autre bout du fil ❏ **hold the** ~ ne quittez pas; **on** ~ COMPUT en ligne. **-13.** [outline] ligne *f*; **can you explain the main** OR **broad** ~s of the

**project to me?** pouvez-vous m'expliquer les grandes lignes du projet?**-14.** [policy] ligne *f*; they took a hard OR tough ~ on terrorism ils ont adopté une politique de fermeté envers le terrorisme; to follow OR to toe the party ~ suivre la ligne du parti. **-15.** MIL ligne *f*; battle ~s lignes de bataille. **-16.** [boundary] frontière *f*, limite *f*; the distant ~ of the horizon la ligne lointaine de l'horizon ❑ the (dividing) ~ between frankness and rudeness la limite entre la franchise et l'impolitesse; the poverty ~ le seuil de pauvreté; they crossed the state ~ into Nevada ils ont franchi la frontière du Nevada; to cross the Line [equator] traverser l'équateur. **-17.** [field of activity] branche *f*; [job] métier *m*; she's in the same ~ (of work) as you elle travaille dans la même branche que toi; what ~ (of business) are you in?, what's your ~ (of business)? qu'est-ce que vous faites dans la vie?; if you need anything doing in the plumbing ~ si vous avez besoin de faire faire des travaux de plomberie ∥ [field of interest] domaine *m*; that's more in Katy's ~ c'est plus du domaine de Katy; opera isn't really my ~ l'opéra n'est pas vraiment mon genre. **-18.** [range – of products] ligne *f*; product ~ gamme *f* OR ligne de produits. **-19.** [production line] chaîne *f*; the new model will be coming off the ~ in May le nouveau modèle sortira de l'usine en mai. **-20.** [lineage, ancestry] lignée *f*; the title is transmitted by the male ~ le titre se transmet par les hommes; he comes from a long ~ of doctors il est issu d'une longue lignée de médecins. **-21.** *inf* [information]: I'll try and get a ~ on what actually happened j'essaierai d'avoir des tuyaux sur ce qui s'est réellement passé; the police have got a ~ on him la police sait des choses sur lui.
◇ *vt* **-1.** [road, river] border; the avenue is ~d with trees l'avenue est bordée d'arbres; crowds ~d the streets la foule était OR s'était massée sur les trottoirs. **-2.** [paper] régler, ligner. **-3.** [clothes, curtains] doubler; [container, drawer, cupboard] tapisser, garnir; [brakes] garnir; ~d with silk doublé de soie; the tissue that ~s the digestive tract la paroi interne de l'appareil digestif; the tubes are ~d with plastic l'intérieur des tubes est revêtu d'une couche de plastique; walls ~d with books des murs tapissés de livres ❑ to ~ one's pockets *infs*'en mettre plein les poches.
◆ **line up** ◇ *vt sep* **-1.** [put in line – objects] aligner, mettre en ligne; [– people] faire aligner. **-2.** [bring into alignment] aligner. **-3.** *inf* [prepare, arrange] préparer, prévoir. ◇ *vi insep* [stand in line] s'aligner, se mettre en ligne; *Am* [queue up] faire la queue.
**lineage** ['lɪnɪɪdʒ] *n* [ancestry] ascendance *f*, famille *f*; [descendants] lignée *f*, descendance *f*; of noble ~ de famille OR d'ascendance noble.
**lineal** ['lɪnɪəl] *adj* en ligne directe.
**linear** ['lɪnɪəʳ] *adj* linéaire.
**linear measure** *n* mesure *f* linéaire, mesure *f* de longueur.
**lined** [laɪnd] *adj* **-1.** [paper] réglé. **-2.** [face, skin] ridé. **-3.** [jacket] doublé; [box] tapissé.
**line drawing** *n* dessin *m* au trait.
**line feed** *n* saut *m* de ligne.
**line judge** *n* SPORT juge *m* de ligne.
**lineman** ['laɪnmən] (*pl* **linemen** [-mən]) *n Am* ELEC & TELEC monteur *m* OR ouvrier *m* de ligne.
**linen** ['lɪnɪn] ◇ *n* **-1.** [fabric] (toile *f* de) lin *m*.**-2.** [sheets, tablecloths, towels etc] linge *m* (de maison); [underclothes] linge *m* (de corps); dirty ~ linge sale; to wash one's dirty ~ in public *Br fig* laver son linge sale en public; table ~ linge de table. ◇ *comp* de fil, de lin; ~ sheets draps *mpl* de fil; ~ thread fil *m* de lin.
**linen basket** *n* corbeille *f* à linge.
**linen cupboard** *n* armoire *f* OR placard *m* à linge.
**line-out** *n* SPORT touche *f*, remise *f* en jeu.
**line printer** *n* imprimante *f* ligne à ligne.
**liner** ['laɪnəʳ] *n* **-1.** [ship] paquebot *m* (de grande ligne). **-2.** [eyeliner] eye-liner *m*.**-3.** [for clothing] doublure *f*.**-4.** TECH chemise *f*.
**linesman** ['laɪnzmən] (*pl* **linesmen** [-mən]) *n* **-1.** SPORT [in rugby, football] juge *m* OR arbitre *m* de touche; [in tennis] juge *m* de ligne. **-2.** *Br* ELEC & TELEC monteur *m* OR ouvrier *m* de ligne.
**lineup** ['laɪnʌp] *n* **-1.** [identity parade] séance *f* d'identification; [line of suspects] rangée *f* de suspects. **-2.**

[composition]: the England ~ for tonight's match la composition de l'équipe anglaise pour le match de ce soir; we have an all-star ~ for tonight's programme nous avons un plateau de vedettes pour l'émission de ce soir.
**linger** ['lɪŋgəʳ] *vi* **-1.** [persist] persister, subsister; a doubt ~ed (on) in my mind il subsistait un doute dans mon esprit. **-2.** [tarry] s'attarder, traîner; we ~ed over lunch nous nous sommes attardés à table.
**lingerie** ['lænʒərɪ] *n* lingerie *f*.
**lingering** ['lɪŋgrɪŋ] *adj* [long] long (*f* longue); he gave her a long ~ look il lui lança un long regard langoureux ∥ [persistent] persistant; a ~ feeling of dissatisfaction un irréductible sentiment d'insatisfaction ∥ [slow] lent.
**lingo** ['lɪŋgəʊ] (*pl* **lingoes**) *n inf*: I don't speak the ~ je ne parle pas la langue du pays.
**lingua franca** [ˌlɪŋgwə'fræŋkə] (*pl* **lingua francas** OR **linguae francae** [ˌlɪŋgwi:'fræŋki:]) *n* lingua franca *f*, langue *f* véhiculaire.
**linguist** ['lɪŋgwɪst] *n* **-1.** [in foreign languages – student] étudiant *m*, -e *f* en langues étrangères; [– specialist] spécialiste *mf* en langues étrangères; to be a good ~ être doué pour les langues. **-2.** [in linguistics] linguiste *mf*.
**linguistic** [lɪŋ'gwɪstɪk] *adj* linguistique.
**linguistics** [lɪŋ'gwɪstɪks] *n* (U) linguistique *f*.
**liniment** ['lɪnɪmənt] *n* pommade *f*.
**lining** ['laɪnɪŋ] *n* **-1.** [of clothes, curtains] doublure *f*.**-2.** [of container, bearing] revêtement *m*; [of brake, clutch] garniture *f*.**-3.** ANAT paroi *f* interne.
**link** [lɪŋk] ◇ *n* **-1.** [of chain] chaînon *m*, maillon *m*.**-2.** [bond, relationship] lien *m*; she's severed all ~s with her family elle a coupé les ponts avec sa famille; Britain's trade ~s with Spain les relations commerciales entre la Grande-Bretagne et l'Espagne; the ~ between inflation and unemployment le lien OR rapport entre l'inflation et le chômage. **-3.** [physical connection] liaison *f*; a road/rail/radio ~ une liaison routière/ferroviaire/radio. ◇ *vt* **-1.** [relate] lier; how would you ~ these two theories? quel rapport voyez-vous entre ces deux théories?**-2.** [connect physically] relier; it can be ~ed (up) to a computer on peut le relier OR connecter à un ordinateur; they ~ed arms ils se prirent le bras.
◆ **link up** ◇ *vi insep* **-1.** [meet – persons] se rejoindre; [– troops] effectuer une jonction; [– spacecraft] s'arrimer. **-2.** [form a partnership] s'associer. **-3.** [be connected] se relier. ◇ *vt sep* relier.
**linkage** ['lɪŋkɪdʒ] *n* lien *m*, rapport *m*.
**linkman** ['lɪŋkmən] (*pl* **linkmen** [-mən]) *n* RADIO & TV journaliste *m* (*qui annonce les reportages des envoyés spéciaux*).
**link road** *n* route *f* de jonction.
**links** [lɪŋks] *npl* (terrain *m* OR parcours *m* de) golf *m*, links *mpl*.
**linkup** ['lɪŋkʌp] *n* **-1.** [physical connection] liaison *f*; a telephone/satellite ~ une liaison téléphonique/par satellite. **-2.** [of spacecraft, troops] jonction *f*.
**linkwoman** ['lɪŋkˌwʊmən] (*pl* **linkwomen** [-ˌwɪmɪn]) *n* journaliste *f* (*qui annonce les reportages des envoyés spéciaux*).
**linnet** ['lɪnɪt] *n* linotte *f*.
**lino** ['laɪnəʊ] *n Br* lino *m*.
**linoleum** [lɪ'nəʊljəm] *n* linoléum *m*.
**linseed** ['lɪnsi:d] *n* graine *f* de lin.
**linseed oil** *n* huile *f* de lin.
**lint** [lɪnt] *n* (U) **-1.** [fabric] tissu *m* gratté; ~ bandage charpie *f*.**-2.** [fluff] peluches *fpl*.
**lintel** ['lɪntl] *n* linteau *m*.
**lion** ['laɪən] *n* **-1.** ZOOL lion *m*; the ~'s den l'antre *m* du lion; to fight like a ~ se battre comme un lion; the ~'s share la part du lion. **-2.** *fig* [courageous person] lion *m*, lionne *f*; [celebrity] célébrité *f*.
**lion cub** *n* lionceau *m*.
**lioness** ['laɪənes] *n* lionne *f*.
**lionhearted** ['laɪənˌhɑːtɪd] *adj* courageux comme un lion.
**lion-tamer** *n* dompteur *m*, -euse *f* (de lions).
**lip** [lɪp] *n* **-1.** [human] lèvre *f*; [animal] lèvre *f*, babine *f*; my ~s are sealed je ne dirai rien; her name is on everyone's ~s son nom est sur toutes les lèvres; they only pay ~ service to the ideal of equality ils ne souscrivent qu'en paroles à l'idéal d'égalité. **-2.** [of jug] bec *m*; [of cup, bowl] rebord *m*; [of

**wound**) lèvre *f*, bord *m*; [of crater] bord *m*. **-3.** *inf* [impertinence] culot *m*; **enough of your ~!** ne sois pas insolent!

**lip gloss** *n* brillant *m* à lèvres.

**liposuction** ['lɪpəʊˌsʌkʃn] *n* liposuccion *f*.

**-lipped** [lɪpt] *in cpds*: **thin~** aux lèvres minces.

**lip pencil** *n* crayon *m* à lèvres.

**lip-read** ['lɪpriːd] (*pt* & *pp* **lip-read** [-red]) ◇ *vi* lire sur les lèvres. ◇ *vt* lire sur les lèvres de.

**lip-reading** *n* lecture *f* sur les lèvres.

**lip salve** *n* pommade *f* OR baume *m* pour les lèvres.

**lipstick** ['lɪpstɪk] *n* **-1.** [substance] rouge *m* à lèvres. **-2.** [stick] (tube *m* de) rouge *m* à lèvres.

**liquefy** ['lɪkwɪfaɪ] (*pt* & *pp* **liquefied**) ◇ *vt* liquéfier. ◇ *vi* se liquéfier.

**liqueur** [lɪ'kjʊər] *n* liqueur *f*.

**liqueur glass** *n* verre *m* à liqueur.

**liquidate** ['lɪkwɪdeɪt] ◇ *vt* **-1.** *euph* [kill, eliminate] liquider, éliminer. **-2.** FIN & JUR [debt, company, estate] liquider; [capital] mobiliser. ◇ *vi* FIN & JUR entrer en liquidation, déposer son bilan.

**liquidation** [ˌlɪkwɪ'deɪʃn] *n* **-1.** *euph* [killing, elimination] liquidation *f*. **-2.** FIN & JUR [of debt, company, estate] liquidation *f*; [of capital] mobilisation *f*; **to go into ~** entrer en liquidation, déposer son bilan.

**liquidator** ['lɪkwɪdeɪtər] *n* liquidateur *m*, -trice *f*.

**liquid crystal display** *n* affichage *m* à cristaux liquides.

**liquidize, -ise** ['lɪkwɪdaɪz] *vt* **-1.** CULIN passer au mixeur. **-2.** PHYS liquéfier.

**liquidizer** ['lɪkwɪdaɪzər] *n* Br mixer *m*, mixeur *m*.

**liquid paraffin** *n* huile *f* de paraffine.

**liquor** ['lɪkər] *n* **-1.** Am [alcohol] alcool *m*, boissons *fpl* alcoolisées; **to be the worse for ~** être ivre. **-2.** CULIN jus *m*, bouillon *m*. **-3.** PHARM solution *f* aqueuse.

**liquorice** Br, **licorice** Am ['lɪkərɪs] *n* [plant, root] réglisse *f*; [sweet] réglisse *f*.

**liquor store** *n* Am magasin *m* de vins et spiritueux.

**lira** ['lɪərə] (*pl* **lire** [-rɪ] OR **liras**) *n* lire *f*.

**Lisbon** ['lɪzbən] *prn* Lisbonne.

**lisp** [lɪsp] ◇ *vi* parler avec un cheveu sur la langue, zézayer. ◇ *vt* dire en zézayant. ◇ *n*: **to speak with** OR **to have a ~** avoir un cheveu sur la langue, zézayer.

**lissom(e)** ['lɪsəm] *adj lit* souple, agile.

**list** [lɪst] *n* **-1.** [record] liste *f*; **to make** OR **to write a ~** faire OR dresser une liste. **-2.** [lean] inclinaison *f*; NAUT gîte *f*, bande *f*. ◇ *vt* **-1.** [make list of] dresser la liste de; [enumerate] énumérer; [enter in a list] inscrire (sur une liste); **my name isn't ~ed** mon nom ne figure pas sur la liste. **-2.** [classify] classer. **-3.** COMPUT lister. **-4.** ST. EX [shares] coter. ◇ *vi* [lean] pencher, être incliné; NAUT [ship] gîter, donner de la bande.

**listed building** ['lɪstɪd-] *n* Br monument *m* classé.

**listed company** ['lɪstɪd-] *n* Br société *f* cotée en Bourse.

**listen** ['lɪsn] *vi* **-1.** [to sound] écouter; **~ carefully** écoutez bien; **to ~ to sb/sthg** écouter qqn/qqch. **-2.** [take notice - of advice] écouter; **if only I'd ~ed to my mother!** si seulement j'avais écouté ma mère OR suivi les conseils de ma mère!; **I told him that he wouldn't ~** je le lui ai dit, mais il ne voulait rien entendre. ◇ *n inf*: **have a ~ to their latest record** écoute un peu leur dernier disque.

♦ **listen (out) for** *vt insep* guetter, être à l'affût de.

♦ **listen in** *vi insep* **-1.** [to radio] écouter, être à l'écoute. **-2.** [eavesdrop] écouter.

**listener** ['lɪsnər] *n* **-1.** personne *f* qui écoute; **he's a good/bad ~** il sait/il ne sait pas écouter (les autres). **-2.** RADIO auditeur *m*, -trice *f*.

**listening post** ['lɪsnɪŋ-] *n* poste *m* d'écoute.

**listing** ['lɪstɪŋ] *n* **-1.** [gen – list] liste *f*; [– entry] entrée *f*; **I found no ~ for the company in the directory** je n'ai pas trouvé la société dans l'annuaire. **-2.** COMPUT listing *m*, listage *m*.

♦ **listings** *npl*: **cinéma/TV ~s** programme *m* des films/émissions de la semaine.

**listless** ['lɪstlɪs] *adj* [torpid, unenergetic] apathique, endormi, avachi; [weak] mou, *before vowel or silent 'h'* mol (*f* molle), inerte; [bored] indolent, alangui; [indifferent] indifférent, insensible.

**listlessly** ['lɪstlɪslɪ] *adv* [without energy] sans énergie OR vigueur, avec apathie; [weakly] mollement; [without interest] d'un air absent.

**list price** *n* prix *m* du catalogue; **I can get 20% off (the) ~** je peux avoir un rabais de 20 % sur le prix de vente.

**lists** [lɪsts] *npl* lice *f*; **to enter the ~** literal & *fig* entrer en lice.

**lit** [lɪt] ◇ *pt* & *pp* → **light**. ◇ *adj* éclairé. ◇ *n inf* (*abbr of* **literature**): **she teaches English ~** elle enseigne la littérature anglaise.

**litany** ['lɪtənɪ] (*pl* **litanies**) *n literal* & *fig* litanie *f*.

**liter** Am = **litre**.

**literacy** ['lɪtərəsɪ] *n* [of individual] capacité *f* de lire et d'écrire; [of population] alphabétisation *f*; **adult ~** l'alphabétisation des adultes; **computer ~** connaissances *fpl* en informatique.

**literal** ['lɪtərəl] *adj* [meaning] propre, littéral; [translation] littéral.

**literally** ['lɪtərəlɪ] *adv* **-1.** [not figuratively] littéralement, au sens propre; [word for word] littéralement; **to take sthg ~** prendre qqch au pied de la lettre OR à la lettre; **to translate ~** faire une traduction littérale. **-2.** [in exaggeration] littéralement.

**literal-minded** *adj* sans imagination, terre à terre.

**literary** ['lɪtərərɪ] *adj* **-1.** [style, work etc] littéraire; **a ~ man** un homme de lettres; **~ criticism** critique *f* littéraire. **-2.** [formal, written – language] littéraire.

**literary agent** *n* agent *m* littéraire.

**literate** ['lɪtərət] *adj* **-1.** [able to read and write] capable de lire et d'écrire. **-2.** [educated] instruit, cultivé.

**-literate** *in cpds*: **to be computer~** avoir des connaissances en informatique.

**literati** [ˌlɪtə'rɑːtɪ] *npl fml* gens *mpl* de lettres, lettrés *mpl*.

**literature** ['lɪtrətʃər] *n* (*U*) **-1.** [creative writing] littérature *f*. **-2.** [printed material] documentation *f*; **sales ~** documentation *f*, brochures *fpl* de vente.

**lithe** [laɪð] *adj* [movement, person] agile; [body] souple.

**lithium** ['lɪθɪəm] *n* lithium *m*.

**lithograph** ['lɪθəgrɑːf] ◇ *n* lithographie *f* (*estampe*). ◇ *vt* lithographier.

**lithography** [lɪ'θɒgrəfɪ] *n* lithographie *f* (*procédé*).

**Lithuania** [ˌlɪθjʊ'eɪnjə] *prn* Lituanie *f*; **in ~** en Lituanie.

**Lithuanian** [ˌlɪθjʊ'eɪnjən] ◇ *n* **-1.** [person] Lituanien *m*, -enne *f*. **-2.** LING lituanien *m*. ◇ *adj* lituanien.

**litigant** ['lɪtɪgənt] JUR ◇ *n* plaideur *m*, -euse *f*, partie *f*. ◇ *adj* en litige.

**litigate** ['lɪtɪgeɪt] JUR ◇ *vt* contester (en justice). ◇ *vi* plaider, intenter une action en justice.

**litigation** [ˌlɪtɪ'geɪʃn] *n* JUR litige *m*; **the case went to ~** le cas est passé en justice; **they are in ~** ils sont en procès; **the issue is still in ~** l'affaire est toujours devant OR entre les mains de la justice.

**litmus** ['lɪtməs] *n* tournesol *m*.

**litmus paper** *n* papier *m* de tournesol.

**litmus test** *n* CHEM réaction *f* au tournesol; *fig* épreuve *f* de vérité.

**litotes** ['laɪtəʊtiːz] (*pl inv*) *n* litote *f*.

**litre** Br, **liter** Am ['liːtər] *n* litre *m*.

**litter** ['lɪtər] ◇ *n* **-1.** (*U*) [rubbish] détritus *mpl*, ordures *fpl*; [dropped in street] papiers *mpl* (gras); **'no ~'** 'respectez la propreté des lieux'. **-2.** [clutter] fouillis *m*. **-3.** ZOOL portée *f*. **-4.** [material – to bed animals] litière *f*; [– to protect plants] paille *f*, paillis *m*; **~ tray** caisse *f* (pour litière). ◇ *vt* **-1.** [make untidy – public place] laisser des détritus dans; [– house, room] mettre du désordre dans; [– desk] encombrer. **-2.** (*usu passive*) [cover, strew] joncher, couvrir; *fig* parsemer. ◇ *vi* **-1.** ZOOL mettre bas. **-2.** Am [with rubbish]: **'no littering'** 'respectez la propreté des lieux'.

**litter bin** *n* Br poubelle *f*.

**litter lout** Br, **litterbug** ['lɪtəbʌg] Am *n inf* personne qui jette des papiers ou des détritus par terre.

**little¹** ['lɪtl] *adj* **-1.** [in size, quantity] petit; **would you like a ~ drop of gin?** tu veux un peu de gin?; **would you like a ~ something to eat?** voudriez-vous manger un petit quelque chose? ❑ **the ~ hand** [of clock] la petite aiguille. **-2.** [young –

child, animal] petit; **when I was** ~ quand j'étais petit ∥ [younger] petit; **my** ~ **sister** ma petite sœur. **-3.** [short – time, distance]: **we spent a** ~ **time in France** nous avons passé quelque temps en France; **a** ~ **while ago** [moments ago] il y a quelques instants; [days, months ago] il y a quelque temps; **she only stayed (for) a** ~ **while** elle n'est pas restée très longtemps; **the shop is a** ~ **way along the street** le magasin se trouve un peu plus loin dans la rue. **-4.** [unimportant] petit; **they had a** ~ **argument** ils se sont un peu disputés. **-5.** [expressing affection, pleasure, irritation] petit; **what a nice** ~ **garden!** quel joli petit jardin!; **a** ~ **old lady** une petite vieille; **poor** ~ **thing!** pauvre petit!

**little²** ['lɪtl] (*compar* **less** [les], *superl* **least** [liːst]) ◇ *det* [opposite of 'much'] peu de; **very** ~ **time/money** très peu de temps/d'argent; **I watch very** ~ **television** je regarde très peu la télévision; **I'm afraid there's** ~ **hope left** je crains qu'il n'y ait plus beaucoup d'espoir; **with no** ~ **difficulty** *fml* non sans peine.
◇ *pron* **-1.** [small amount] pas grand-chose; **there's** ~ **one can say** il n'y a pas grand-chose à dire; **I see very** ~ **of him now** je ne le vois plus que très rarement; **very** ~ **is known about his childhood** on ne sait pas grand-chose OR on ne sait que très peu de choses sur son enfance; **I gave her as** ~ **as possible** je lui ai donné le minimum; **you may be paid as** ~ **as £3** an hour tu ne seras peut-être payé que 3 livres de l'heure; **so** ~ si peu; **to make** ~ **of** [fail to understand] ne pas comprendre grand-chose à; [not emphasize] minimiser; [scorn] faire peu de cas de. **-2.** [certain amount]: **a** ~ **of everything** un peu de tout; **the** ~ **I saw looked excellent** le peu que j'en ai vu paraissait excellent.
◇ *adv* **-1.** [to a limited extent]: **it's** ~ **short of madness** ça frise la folie; **he's** ~ **more than a waiter** il n'est rien de plus qu'un simple serveur. **-2.** [rarely] peu; **we go there as** ~ **as possible** nous y allons le moins possible; **we talk very** ~ **now** nous ne nous parlons presque plus. **-3.** *fml* [never]: **I** ~ **thought** OR ~ **did I think we would be friends one day** jamais je n'aurais cru que nous serions amis un jour.
♦ **a little** ◇ *det phr* un peu de; **I speak a** ~ **French** je parle quelques mots de français ❏ **a** ~ **learning is a dangerous thing** *prov* il est plus dangereux de ne rien savoir que d'en savoir trop peu. ◇ *pron phr* un peu. ◇ *adv phr* **-1.** [slightly] un peu; **I'm a** ~ **tired** je suis un peu fatigué; **not even a** ~ **interested** pas le moins du monde intéressé. **-2.** [for a short time or distance] un peu; **I walked on a** ~ j'ai marché encore un peu.
♦ **a little bit** *adv phr inf* = **a little**.
♦ **little by little** *adv phr* peu à peu, petit à petit.

**little-** *in cpds*: **a** ~**understood phenomenon** un phénomène (encore) mal compris; **a** ~**explored area** une zone presque inexplorée OR (encore) peu explorée.

**Little Bighorn** ['lɪtl̩,bɪg,hɔːn] *pr n*: **the battle of the** ~ la bataille de Little Bighorn.

**little Englander** *n* Anglais borné.

**little finger** *n* auriculaire *m*, petit doigt *m*; **to twist sb round one's** ~ faire ce qu'on veut de qqn.

**little-known** *adj* peu connu.

**little toe** *n* petit orteil *m*.

**liturgy** ['lɪtədʒɪ] (*pl* **liturgies**) *n* liturgie *f*.

**livable** ['lɪvəbl] *adj inf* **-1.** [inhabitable] habitable. **-2.** [bearable] supportable.

**live¹** [lɪv] ◇ *vi* **-1.** [be or stay alive] vivre; **as long as I** ~ tant que je vivrai, de mon vivant; **was she still living when her grandson was born?** est-ce qu'elle était encore en vie quand son petit-fils est né?; **she didn't** ~ **long after her son died** elle n'a pas survécu longtemps à son fils; **you'll** ~! *iron* tu n'en mourras pas!; **I won't** ~ **to see them grow up** je ne vivrai pas assez vieux pour les voir grandir; **to** ~ **on borrowed time** être en sursis *fig*; **to** ~ **to a ripe old age** vivre vieux OR jusqu'à un âge avancé ∥ *fig*: **the dialogue is what makes the characters** ~ ce sont les dialogues qui donnent de la vie aux personnages. **-2.** [have a specified way of life] vivre; **to** ~ **dangerously** vivre dangereusement; **they** ~**d happily ever after** ils vécurent heureux jusqu'à la fin de leurs jours; **she** ~**s for her children/for skiing** elle ne vit que pour ses enfants/que pour le ski; **to** ~ **in poverty/luxury** vivre dans la pauvreté/le luxe; **we** ~ **in uncertain times** nous vivons une époque incertaine ❏ ~ **and let** ~!

*prov* laisse faire!; **well, you** ~ **and learn!** on en apprend tous les jours!**-3.** [reside] habiter; **they have nowhere to** ~ ils sont à la rue; **the giant tortoise** ~**s mainly in the Galapagos** la tortue géante vit surtout aux Galapagos; **they** ~ **in Rome** ils habitent (à) Rome, ils vivent à Rome; **to** ~ **in a flat/a castle** habiter (dans) un appartement/un château; **I** ~ **in** OR **on Bank Street** j'habite Bank Street; **he practically** ~**s in** OR **at the library** il passe sa vie à la bibliothèque; **do you** ~ **with your parents?** habitez-vous chez vos parents?; **to** ~ **in sin (with sb)** *dated* OR *hum* vivre dans le péché (avec qqn). **-4.** [support o.s.] vivre; **they don't earn enough to** ~ ils ne gagnent pas de quoi vivre; **he** ~**s by teaching** il gagne sa vie en enseignant; **how does she** ~ **on that salary?** comment s'en sort-elle avec ce salaire? **-5.** [obtain food] se nourrir; **we've been living out of cans** OR **tins lately** on se nourrit de conserves depuis quelque temps; **he was reduced to living out of rubbish bins** il en était réduit à fouiller les poubelles pour se nourrir. **-6.** [exist fully, intensely] vivre; **she really knows how to** ~ elle sait vraiment profiter de la vie; **let's** ~ **for the moment** OR **for today!** vivons l'instant présent!; **if you haven't been to New York, you haven't** ~**d!** si tu n'es jamais allé à New York, tu n'as rien vu!
◇ *vt* vivre; **to** ~ **a life of poverty** vivre dans la pauvreté; **to** ~ **a solitary life** mener une vie solitaire; **to** ~ **a lie** être dans une situation fausse; **she** ~**d the life of a film star for six years** elle a vécu comme une star de cinéma pendant six ans ❏ **to** ~ **it up** *inf* faire la fête; **my father** ~**s and breathes golf** mon père ne vit que pour le golf.

♦ **live down** *vt sep* [recover from – error, disgrace]: **they'll never let him** ~ **that down** ils ne lui passeront OR pardonneront jamais cela; **you'll never** ~ **this down!** [ridicule] tu n'as pas fini d'en entendre parler!

♦ **live in** *vi insep* **-1.** [domestic] être logé et nourri; [worker, nurse] être logé OR habiter sur place. **-2.** [pupil] être interne.

♦ **live off** *vt insep* **-1.** [sponge off] vivre aux crochets de. **-2.** [savings] vivre de; [nuts, berries] se nourrir de; **to** ~ **off the land** vivre de la terre.

♦ **live on** ◇ *vi insep* [person] continuer à vivre; [custom, ideal] persister; **his memory** ~**s on** son souvenir est encore vivant. ◇ *vt insep* **-1.** [food] vivre de, se nourrir de. **-2.** [salary] vivre de; **his pension is all they have to** ~ **on** ils n'ont que sa retraite pour vivre; **to** ~ **on $800 a month** vivre avec 800 dollars par mois.

♦ **live out** ◇ *vt sep* **-1.** [spend] passer; **she** ~**d out the rest of her life in Spain** elle a passé le reste de sa vie en Espagne. **-2.** [fulfil] vivre; **he** ~**d out his destiny** il a suivi son destin; **to** ~ **out one's fantasies** réaliser ses rêves. ◇ *vi insep*: **the maid** ~**s out** la bonne ne loge pas sur place; **he studies here but** ~**s out** il est étudiant ici mais il n'habite pas sur le campus.

♦ **live through** *vt insep* connaître.

♦ **live together** *vi insep* [as a couple] vivre ensemble, cohabiter.

♦ **live up to** *vt insep* [name, reputation] se montrer à la hauteur de; [expectation] être OR se montrer à la hauteur de, répondre à; **we have a reputation to** ~ **up to!** nous avons une réputation à défendre!

♦ **live with** *vt insep* **-1.** [cohabit with] vivre avec. **-2.** [put up with]: **she's not easy to** ~ **with** elle n'est pas facile à vivre; **I don't like the situation, but I have to** ~ **with it** cette situation ne me plaît pas, mais je n'ai pas le choix; **I couldn't** ~ **with myself if I didn't tell him the truth** je ne supporterais pas de ne pas lui dire la vérité.

**live²** [laɪv] ◇ *adj* **-1.** [alive – animal, person] vivant; **a real** ~ **cowboy** *inf* un cowboy, un vrai de vrai ❏ ~ **births** naissances *fpl* viables; ~ **yoghurt** yaourt *m* actif. **-2.** MUS, RADIO & TV [programme, interview, concert] en direct; **Sinatra** ~ **at the Palladium** Sinatra en concert au Palladium; **recorded before a** ~ **audience** enregistré en public ❏ ~ **music** musique *f* live; ~ **recording** enregistrement *m* live OR public. **-3.** ELEC [connected] sous tension; ~ **circuit** circuit *m* alimenté OR sous tension. **-4.** [unexploded] non explosé; ~ **ammunition** balles *fpl* réelles. **-5.** [still burning – coals, embers] ardent. **-6.** [not extinct – volcano] actif. **-7.** [controversial] controversé.
◇ *adv* en direct; **the match can be seen/is going out** ~ **at 3.30 pm** on peut suivre le match/le match est diffusé en direct à 15 h 30.

**liveable** ['lɪvəbl] = **livable**.

**lived-in** ['lɪvdɪn] *adj* [comfortable] confortable; [occupied] habité; the room had a nice ~ feel on sentait que la pièce était habitée.

**live-in** ['lɪv-] *adj* [maid] logé et nourri; [nurse, governess] à demeure; his ~ **girlfriend** sa compagne, la femme avec qui il vit; she has a ~ **lover** son ami habite chez elle.

**livelihood** ['laɪvlɪhʊd] *n (U)* moyens *mpl* d'existence, gagne-pain *m inv*.

**liveliness** ['laɪvlɪnɪs] *n* [of person] vivacité *f*; [of conversation, party] animation *f*; [of debate, style] vigueur *f*; [of music, dance] gaieté *f*, allégresse *f*; [of colours] éclat *m*, gaieté *f*.

**lively** ['laɪvlɪ] (*compar* **livelier**, *superl* **liveliest**) *adj* **-1.** [full of life – person] vif, plein d'entrain; [– kitten, puppy] plein de vie, espiègle; [– horse] fringant; [– music] gai, entraînant. **-2.** [keen – mind, curiosity, imagination] vif; to take a ~ interest in sthg s'intéresser vivement à qqch. **-3.** [exciting – place, event, discussion] animé; the town gets a bit livelier in summer la ville s'anime un peu en été; a ~ **performance** une interprétation très enlevée. **-4.** [eventful – day, time] mouvementé, agité; look ~! *Br inf* grouille-toi!-**5.** [brisk – pace] vif. **-6.** [vivid – colour] vif, éclatant.

**liver** ['lɪvə'] *n* **-1.** ANAT foie *m.*-**2.** CULIN foie *m.*-**3.** [colour] rouge brun *m inv*, brun roux *m inv.*-**4.** [person]: **fast** OR **high** ~ fêtard *m*, -e *f*, noceur *m*, -euse *f*.

**liveried** ['lɪvərɪd] *adj* en livrée.

**liverish** ['lɪvərɪʃ] *adj* **-1.** *inf* [ill]: to be OR to feel ~ avoir mal au foie. **-2.** [peevish] irritable, bilieux.

**Liverpudlian** [,lɪvə'pʌdlɪən] ◇ *n* habitant de Liverpool. ◇ *adj* de Liverpool.

**liver salts** *npl* lithiné *m*.

**liver sausage** *n* pâté *m* de foie.

**liver spot** *n* tache *f* de vieillesse.

**liverwort** ['lɪvəwɜːt] *n* BOT hépatique *f*.

**liverwurst** ['lɪvəwɜːst] *Am* = **liver sausage**.

**livery** ['lɪvərɪ] (*pl* **liveries**) *n* **-1.** [uniform] livrée *f*.-**2.** [of company] couleurs *fpl*.

**livery stable** *n* [for boarding] écurie *f* prenant des chevaux en pension; [for hiring] écurie *f* de chevaux de louage.

**lives** [laɪvz] *pl* → **life**.

**livestock** ['laɪvstɒk] *n (U)* bétail *m*, cheptel *m*.

**live wire** *n* **-1.** ELEC fil *m* sous tension. **-2.** *inf & fig*: she's a real ~ elle déborde d'énergie.

**livid** ['lɪvɪd] *adj* **-1.** [blue-grey] livide; a ~ **sky** un ciel de plomb. **-2.** *inf* [angry] furax.

**living** ['lɪvɪŋ] ◇ *n* **-1.** [livelihood] vie *f*; I have to work for a ~ je suis obligé de travailler pour vivre; what do you do for a ~? qu'est-ce que vous faites dans la vie?; you can't make a decent ~ in this business on gagne mal sa vie OR on a du mal à gagner sa vie dans ce métier. **-2.** [life, lifestyle] vie *f*. -**3.** *Br* RELIG bénéfice *m*. ◇ *adj* **-1.** [alive] vivant; he has no ~ relatives il n'a plus de famille ❑ it was the worst storm in ~ memory de mémoire d'homme on n'avait jamais vu une tempête aussi violente; I didn't see a ~ **soul** je n'ai pas vu âme qui vive; she's ~ **proof** that the treatment works elle est la preuve vivante que le traitement est efficace; they made her life a ~ **hell** ils lui ont rendu la vie infernale; the ~ **dead** les morts vivants *mpl*; ~ **death** vie *f* de souffrances. -**2.** GEOL: the ~ **rock** la roche non exploitée. ◇ *npl*: the ~ les vivants *mpl*. ◇ *comp* **-1.** [conditions] de vie; ~ **expenses** frais *mpl* de subsistance; ~ **standards** niveau *m* de vie. -**2.** [place]: the ~ **area** is separated from the bedrooms la partie séjour est séparée des chambres; ~ **quarters** [for servants] logements *mpl*; [on ship] partie *f* habitée; these are the crew's ~ **quarters** ce sont les quartiers de l'équipage.

**living room** *n* (salle *f* de) séjour *m*.

**living wage** *n*: a ~ le minimum vital.

**Livy** ['lɪvɪ] *pr n* Tite-Live.

**lizard** ['lɪzəd] ◇ *n* lézard *m*. ◇ *comp* [belt, shoes] en lézard.

**llama** ['lɑːmə] *n* ZOOL lama *m*.

**LLB** (*abbr of* **Bachelor of Laws**) *n* (titulaire d'une) licence de droit.

**LLD** (*abbr of* **Doctor of Laws**) *n* docteur en droit.

**lo** [ləʊ] *interj phr*: and ~ and behold there he was! et voilà, il était là!

**load** [ləʊd] ◇ *vt* **-1.** [person, animal, vehicle] charger; to ~ sthg with sthg charger qqch sur qqch; ~ the bags into the car chargez OR mettez les sacs dans la voiture; the ship is ~ing **grain** on est en train de charger le navire de céréales. -**2.** [camera, gun, machine] charger; to ~ a film/tape mettre une pellicule/une cassette; ~ the cassette into the recorder introduisez la cassette dans le magnétophone; to ~ a program (into memory) COMPUT charger un programme (en mémoire). -**3.** [insurance premium] majorer, augmenter. -**4.** *phr*: to ~ the **dice** piper les dés; to ~ the **dice against sb** *fig* défavoriser qqn; the dice are ~ed **against us** nous n'aurons pas la partie facile.

◇ *vi* **-1.** [receive freight] charger; the ship is ~ing le navire est en cours de chargement. -**2.** [camera, gun] se recharger; [computer program] se charger.

◇ *n* **-1.** [cargo] charge *f*, chargement *m*; [carrying capacity] charge *f*; we moved all the stuff in ten ~s nous avons tout transporté en dix voyages. -**2.** *fig* [burden] fardeau *m*, charge *f*; the reforms should lighten the ~ of classroom teachers les réformes devraient faciliter la tâche des enseignants; hire somebody to share the ~ embauchez quelqu'un pour vous faciliter la tâche ❑ that's a ~ **off my mind!** me voilà soulagé d'un poids!-**3.** [batch of laundry] machine *f*.-**4.** ELEC, CONSTR & TECH charge *f*.-**5.** *phr*: get a ~ of **this** *inf* [look] vise un peu ça; [listen] écoute-moi ça; to shoot one's ~▼ [ejaculate] décharger.

◇ *comp* COMPUT [program] de chargement; [module] chargeable; ~ **mode** mode *m* chargement.

◆ **a load of** *det phr*: what a ~ of rubbish! *Br inf* c'est vraiment n'importe quoi!

◆ **loads** *adv inf* beaucoup.

◆ **loads of** *det phr inf* des tas OR des masses de; it'll be ~s of fun ça va être super marrant; she's got ~s of money elle est bourrée de fric, elle a un fric monstre.

◆ **load down** *vt sep* charger (lourdement); he was ~ed down with packages il avait des paquets plein les bras; I'm ~ed down with work je suis surchargé de travail.

**load-bearing** *adj* [wall] porteur.

**loaded** ['ləʊdɪd] *adj* **-1.** [laden] chargé. **-2.** *fig*: to be ~ with être chargé de OR plein de. -**3.** [gun, camera] chargé. -**4.** [dice] pipé. -**5.** [statement, comment] insidieux; ~ **question** question *f* piège. -**6.** *inf* [rich] plein aux as. -**7.** ▼ [drunk] plein, bourré; [high on drugs] défoncé, cassé.

**loader** ['ləʊdə'] *n* **-1.** [person] chargeur *m*, -euse *f*.-**2.** ELEC, MIL & PHOT [device] chargeur *m*.-**3.** CONSTR [machine] chargeuse *f*, loader *m*.-**4.** COMPUT (programme *m*) chargeur *m*.

**loading** ['ləʊdɪŋ] *n* [of vehicle, machine, gun, computer program] chargement *m*.

**loading bay** *n* aire *f* de chargement.

**loads** [ləʊdz] *adv inf* vachement; it'll cost ~ ça va coûter un max OR vachement cher.

**loaf** [ləʊf] (*pl* **loaves** [ləʊvz]) ◇ *n* **-1.** [of bread] pain *m*; [large round loaf] miche *f*. -**2.** *phr*: use your ~! *Br inf* fais travailler tes méninges! ◇ *vi inf* fainéanter, traîner.

**loafer** ['ləʊfə'] *n* **-1.** *inf* [person] fainéant *m*, -e *f*. -**2.** [shoe] mocassin *m*.

**loam** [ləʊm] *n* **-1.** AGR & HORT terreau *m*.-**2.** CONSTR pisé *m*.

**loan** [ləʊn] ◇ *n* **-1.** [money lent] prêt *m*; [money borrowed] emprunt *m*; he asked me for a ~ il m'a demandé de lui prêter de l'argent; student ~s prêts *mpl* étudiants. -**2.** [act of lending]: may I have the ~ of your typewriter? *Br* peux-tu me prêter ta machine à écrire?; I have three books on ~ from the library j'ai emprunté trois livres à la bibliothèque; the book you want is out on ~ le livre que vous voulez est sorti; the picture is on ~ to an American museum le tableau a été prêté à un musée américain; she's on ~ from head office le siège l'a envoyée chez nous pour un temps. -**3.** = **loanword**. ◇ *vt* prêter; to ~ sb sthg, to ~ sthg to sb prêter qqch à qqn.

**loan account** *n* compte *m* de prêt.

**loan capital** *n* capital *m* d'emprunt.

**loan shark** *n pej* usurier *m*, -ère *f*.

**loan translation** *n* LING calque *m*.

**loanword** ['ləʊnwɜːd] *n* LING (mot *m* d') emprunt *m*.

**loath** [ləʊθ] *adj*: to be ~ to do sthg ne pas être disposé à faire qqch; I'm very ~ to admit it j'ai beaucoup de mal à l'admettre; I am somewhat ~ to contradict you, but... je n'aime pas vous contredire, mais...; **nothing** ~ avec plaisir, très volontiers.

**loathe** [ləʊð] *vt* détester.

**loathing** ['ləʊðɪŋ] *n* aversion *f*, répugnance *f*; I have an absolute ~ for people like them j'ai horreur des gens comme eux; it fills me with ~ ça me révolte.

**loathsome** ['ləʊðsəm] *adj* [behaviour] abominable; [person] détestable.

**loaves** [ləʊvz] *pl* → **loaf**.

**lob** [lɒb] (*pt* & *pp* **lobbed**, *cont* **lobbing**) ◊ *n* SPORT lob *m*. ◊ *vt* **-1.** [throw] lancer; he lobbed the stone into the air il envoya la pierre en l'air. **-2.** SPORT [ball] envoyer haut; [opponent] lober. ◊ *vi* SPORT [player] faire un lob.

**lobby** ['lɒbɪ] (*pl* **lobbies**, *pt* & *pp* **lobbied**) ◊ *n* **-1.** [in hotel] hall *m*; THEAT foyer *m*; [in large house, apartment block] entrée *f*. **-2.** POL [pressure group] groupe *m* de pression, lobby *m*; [action] pression *f*; yesterday's ~ of parliament la pression exercée hier sur le parlement. **-3.** *Br* POL [hall] salle *f* des pas perdus. ◊ *vi*: ecologists are ~ing for the closure of the plant les écologistes font pression pour obtenir la fermeture de la centrale. ◊ *vt* [person, parliament] exercer une pression sur; a group of teachers came to ~ the minister un groupe d'enseignants est venu faire pression sur le ministre.

**lobby correspondent** *n* *Br* POL journaliste *mf* parlementaire.

**lobbying** ['lɒbɪɪŋ] *n* (*U*) POL pressions *fpl*; there has been intense ~ against the bill il y a eu de fortes pressions pour que le projet de loi soit retiré.

**lobbyist** ['lɒbɪɪst] *n* lobbyiste *mf*, membre *m* d'un groupe de pression.

**lobe** [ləʊb] *n* ANAT, BOT & RADIO lobe *m*.

**lobectomy** [ləʊ'bektəmɪ] (*pl* **lobectomies**) *n* lobectomie *f*.

**lobelia** [lə'biːljə] *n* BOT lobélie *f*.

**lobotomy** [lə'bɒtəmɪ] (*pl* **lobotomies**) *n* lobotomie *f*, leucotomie *f*.

**lobster** ['lɒbstər] (*pl inv* OR **lobsters**) *n* homard *m*.

**lobsterpot** ['lɒbstəpɒt] *n* casier *m* à homards OR à langoustes.

**local** ['ləʊkl] ◊ *adj* **-1.** [of the immediate area – tradition, phone call] local; [– hospital, shop] du quartier; [– inhabitants] du quartier, du coin; ~ traders les commerces *mpl* de proximité. **-2.** ADMIN & POL [services, council] local, communal, municipal; ~ authority administration *f* locale; [in town] municipalité *f*. **-3.** MED [infection, pain] localisé. ◊ *n* **-1.** [person] habitant *m*, -e *f* (du lieu); the ~s les gens *m* du pays OR du coin; ask one of the ~s demande à quelqu'un du coin. **-2.** *Br* inf [pub] troquet *m* du coin. **-3.** *Am* [train] omnibus *m*; [bus] bus *m* local. **-4.** *Am* [union branch] section *f* syndicale. **-5.** inf MED anesthésie *f* locale. **-6.** *Am* PRESS [item] nouvelle *f* locale.

**local anaesthetic** *n* anesthésie *f* locale.

**local area network** *n* COMPUT réseau *m* local.

**local colour** *n* couleur *f* locale.

**local education authority** *n* direction *f* régionale de l'enseignement (*en Angleterre et au pays de Galles*).

**local government** *n* administration *f* municipale; ~ elections élections *fpl* municipales; ~ official fonctionnaire *mf* de l'administration municipale.

**locality** [lə'kælətɪ] (*pl* **localities**) *n* **-1.** [neighbourhood] voisinage *m*, environs *mpl*; [general area] région *f*. **-2.** [location – of building, place] lieu *m*, site *m*; [– of species] localité *f*.

**localize, -ise** ['ləʊkəlaɪz] *vt* **-1.** [pinpoint, locate] localiser, situer. **-2.** [confine] localiser, limiter. **-3.** [concentrate – power, money] concentrer.

**localized** ['ləʊkəlaɪzd] *adj* localisé.

**locally** ['ləʊkəlɪ] *adv* localement; he lives ~ il vit par ici; we shop ~ nous faisons nos courses dans le quartier; many issues have to be decided ~, not nationally de nombreux problèmes doivent être résolus au niveau local, et non au niveau national; '~ grown potatoes/carrots' 'pommes de terre/carottes du pays'; ~ manufactured goods articles *mpl* de fabrication locale.

**local time** *n* heure *f* locale.

**locate** [*Br* ləʊ'keɪt, *Am* 'ləʊkeɪt] ◊ *vt* **-1.** [find] repérer, trouver, localiser; the police are trying to ~ possible witnesses la

police recherche des témoins éventuels; we are trying to ~ his sister nous essayons de savoir où se trouve sa sœur. **-2.** (*usu passive*) [situate] situer; the house is conveniently ~d for shops and public transport la maison est située à proximité des magasins et des transports en commun. ◊ *vi* **-1.** COMM [company, factory] s'établir, s'implanter. **-2.** *Am* [settle] s'installer, s'établir.

**location** [ləʊ'keɪʃn] *n* **-1.** [place, site] emplacement *m*, site *m*; the firm has moved to a new ~ la société a déménagé ‖ [whereabouts]: what is your present ~? où te trouves-tu en ce moment? **-2.** CIN extérieurs *mpl*; shot on ~ tourné en extérieur. **-3.** [finding, discovery] repérage *m*, localisation *f*. **-4.** COMPUT position *f*; memory ~ position (en) mémoire.

**locative** ['lɒkətɪv] LING ◊ *adj* locatif. ◊ *n* locatif *m*.

**loc. cit.** (*written abbr of* **loco citato**) loc. cit.

**loch** [lɒk, lɒx] *n* Scot loch *m*, lac *m*.

**loci** ['ləʊsaɪ, 'ləʊkaɪ] *pl* → **locus**.

**lock** [lɒk] ◊ *vt* **-1.** [door, drawer, car etc] fermer à clef. **-2.** [valuables, person] enfermer. **-3.** [hold tightly] serrer; they were ~ed in a passionate embrace ils étaient unis OR enlacés dans une étreinte passionnée; the unions were ~ed in a dispute with the management les syndicats étaient aux prises avec la direction; to be ~ed in combat être engagé dans un combat; fig être aux prises ❏ to ~ horns [stags] s'entremêler les bois; fig être aux prises. **-4.** [device, wheels, brakes] bloquer. **-5.** COMPUT [file] verrouiller.
◊ *vi* **-1.** [door, drawer, car etc] (se) fermer à clef. **-2.** [engage] se joindre; push the lever back until it ~s into place pousse le levier jusqu'à ce qu'il s'enclenche. **-3.** [wheels, brakes, nut] se bloquer.
◊ *n* **-1.** [on door, drawer etc] serrure *f*; under ~ and key [object] sous clef; the whole gang is now safely under ~ and key toute la bande est désormais sous les verrous. **-2.** [on canal] écluse *f*. **-3.** [grip – gen] prise *f*; [in wrestling] clef *f*, prise *f*. **-4.** *Br* AUT [rayon *m* de] braquage *m*; on full ~ braqué à fond. **-5.** TECH [device – gen] verrou *m*; [– on gun] percuteur *m*; [– on keyboard]: shift OR caps ~ touche *f* de verrouillage majuscule. **-6.** COMPUT verrouillage *m*. **-7.** RUGBY: ~ (forward) deuxième ligne *m*. **-8.** [curl] boucle *f*; [stray strand] mèche *f*. **-9.** phr: ~, stock and barrel en entier; she bought the company ~, stock and barrel elle a acheté la société en bloc; the family has moved ~, stock and barrel to Canada la famille est partie avec armes et bagages s'installer au Canada.
◆ **locks** *npl* lit chevelure *f*.
◆ **lock away** *vt sep* [valuables] mettre sous clef; [criminal] incarcérer, mettre sous les verrous.
◆ **lock in** *vt sep* enfermer; he ~ed himself in il s'est enfermé (à l'intérieur).
◆ **lock onto** *vt insep* [subj: radar] capter; [subj: homing device] se caler sur; [subj: missile] se fixer OR se verrouiller sur.
◆ **lock out** *vt sep* **-1.** [accidentally] enfermer dehors; [deliberately] laisser dehors. **-2.** INDUST [workers] lock-outer.
◆ **lock up** ◊ *vt sep* **-1.** [house, shop] fermer à clef. **-2.** [valuables, criminal] = **lock away**. **-3.** [capital] immobiliser. ◊ *vi insep* fermer à clef.

**lockable** ['lɒkəbl] *adj* qu'on peut fermer à clef.

**locker** ['lɒkər] *n* **-1.** [for clothes, valuables etc] casier *m*, petit placard *m*; where are the left-luggage ~s? où se trouve la consigne automatique? **-2.** *Am* [freezer] congélateur *m*.

**locker room** *n* *Am* vestiaire *m* (*avec casiers*).
◆ **locker-room** *adj* [humour, joke] corsé, salé.

**locket** ['lɒkɪt] *n* pendentif *m*.

**lock gate** *n* porte *f* d'écluse.

**locking** ['lɒkɪŋ] *adj* [door, briefcase] à serrure, qui ferme à clef; ~ mechanism mécanisme *m* de verrouillage.

**lockjaw** ['lɒkdʒɔː] *n* tétanos *m*.

**lock keeper** *n* éclusier *m*, -ère *f*.

**lockout** ['lɒkaʊt] *n* [of workers] lock-out *m inv*.

**locksmith** ['lɒksmɪθ] *n* serrurier *m*.

**lockup** ['lɒkʌp] *n* **-1.** *Am* [jail] prison *f*; [cell] cellule *f*. **-2.** *Br* [garage] garage *m*. **-3.** [act of locking up] fermeture *f*.

**lock-up garage** *n* *Br* garage *m*.

**loco** ['ləʊkəʊ] (*pl* **locos**) ◊ *adj* ▽ *Am* dingue. ◊ *n* RAIL loco *f*.

**locomotion** [ˌləʊkə'məʊʃn] *n* locomotion *f*.

**locomotive** [ˌləʊkə'məʊtɪv] ◊ *n* locomotive *f*. ◊ *adj* automobile; ANAT locomoteur.

**locomotor** [ˌləʊkə'məʊtər] adj locomoteur.

**locum** ['ləʊkəm] n Br remplaçant m, -e f (de prêtre, de médecin).

**locus** ['ləʊkəs] (pl **loci** [-saɪ, -kaɪ]) n -1. fml [place] lieu m; JUR lieux mpl.-2. MATH lieu m (géométrique). -3. BIOL [of gene] locus m.

**locust** ['ləʊkəst] ◇ n -1. [insect] locuste f, criquet m migrateur. -2. = **locust tree**. ◇ comp: ~ **bean** caroube f.

**locust tree** n -1. [false acacia] robinier m. -2. [carob tree] caroubier m.

**locution** [lə'kju:ʃn] n fml -1. [phrase] locution f.-2. [style] style m, phraséologie f; [manner of speech] élocution f.

**lode** [ləʊd] n [vein – of metallic ore] veine f; [– of gold, copper, silver] filon m.

**lodestar** ['ləʊdstɑːr] n (étoile f) Polaire f; fig guide m, point m de repère.

**lodestone** ['ləʊdstəʊn] n MINER pierre f à aimant, magnétite f; fig aimant m.

**lodge** [lɒdʒ] ◇ vt -1. [house] héberger, loger. -2. [stick, embed] loger. -3. [make, file – claim] déposer; **to ~ a complaint** porter plainte; **she ~d a formal complaint with the authorities** elle a déposé une plainte officielle auprès de l'administration; **to ~ an accusation against sb** JUR porter plainte contre qqn. -4. [deposit for safekeeping] déposer, mettre en sûreté. -5. [invest – power, authority etc] investir. ◇ vi -1. [stay] loger, être logé; **he is lodging at Mrs Smith's** OR **with Mrs Smith** il loge chez Mme Smith; [with board] il est en pension chez Mme Smith. -2. [stick, become embedded] se loger. ◇ n -1. [cabin – for hunters] pavillon m; [– for skiers] chalet m.-2. Br [on country estate] maison f du gardien; [of porter] loge f.-3. Am [in park, resort] bâtiment m central. -4. [Masonic] loge f.-5. [hotel] hôtel m, relais m.-6. [beavers'] hutte f.

**lodger** ['lɒdʒər] n locataire mf; [with board] pensionnaire mf.

**lodging** ['lɒdʒɪŋ] n hébergement m.
◆ **lodgings** npl Br chambre f meublée OR chambres fpl meublées (chez un particulier).

**lodging house** n meublé m.

**loft** [lɒft] ◇ n -1. [attic] grenier m; ~ **conversion** combles mpl aménagés. -2. [elevated space – in church] tribune f, galerie f.-3. Am [warehouse space] loft m. ◇ vt SPORT [hit] lancer très haut.

**lofty** ['lɒftɪ] (compar **loftier**, superl **loftiest**) adj -1. [high – summit, building etc] haut, élevé. -2. [supercilious – manner] hautain, dédaigneux, méprisant. -3. [exalted – in spirit] noble, élevé; [– in rank, position] éminent. -4. [elevated – style, prose] élevé, noble.

**log** [lɒg] (pt & pp **logged**, cont **logging**) ◇ n -1. [of wood] rondin m; [for firewood] bûche f.-2. [record] journal m, registre m; NAUT journal m OR livre m de bord; AERON carnet m de vol; [lorry driver's] carnet m de route; **keep a ~ of all the phone calls** notez tous les appels téléphoniques. -3. (abbr of **logarithm**) log m.-4. [cake]: **Yuletide** OR **Christmas ~** bûche f de Noël. ◇ comp: ~ **cabin** cabane f en rondins; ~ **fire** feu m de bois. ◇ vt -1. [information – on paper] consigner, inscrire; [– in computer memory] entrer. -2. [speed, distance, time]: **he has logged 2,000 hours flying time** il a à 2 000 heures de vol à son actif, il totalise 2 000 heures de vol. -3. [tree] tronçonner; [forest] mettre en coupe. ◇ vi Am [company] exploiter une forêt; [person] travailler comme bûcheron.
◆ **log in** vi insep COMPUT entrer dans le système, ouvrir une session. ◇ vt sep [user name, password] entrer, introduire.
◆ **log off** = **log out**.
◆ **log on** = **log in**.
◆ **log out** vi insep COMPUT sortir du système, fermer une session.
◆ **log up** vt sep Br [do, achieve] avoir à son actif; **they managed to ~ up 80 miles a day** ils ont réussi à faire 130 km par jour.

**loganberry** ['ləʊgənbərɪ] (pl **loganberries**) n [plant] framboisier m (hybride); [fruit] mûre-framboise f.

**logarithm** ['lɒgərɪðm] n logarithme m.

**logarithmic** [ˌlɒgə'rɪðmɪk] adj logarithmique; ~ **function** fonction f logarithmique.

**logbook** ['lɒgbʊk] n -1. [record] journal m; NAUT journal m OR livre m de bord; AERON carnet m de vol. -2. Br AUT ≃ carte f

grise.

**logger** ['lɒgər] n -1. Am [lumberjack] bûcheron m.-2. Br [tractor] tracteur m forestier.

**loggerheads** ['lɒgəhedz] npl: **to be at ~ (with sb)**: **he's at ~ with the management over the issue** il est en complet désaccord avec la direction sur cette question.

**logging** ['lɒgɪŋ] n exploitation f forestière.

**logic** ['lɒdʒɪk] n [gen & COMPUT] logique f; [reasoning] raisonnement m; **if you follow my ~** si tu suis mon raisonnement.

**logical** ['lɒdʒɪkl] adj logique; **it's a ~ impossibility** c'est logiquement impossible; **he is incapable of ~ argument** il est incapable d'avoir un raisonnement logique.

**logically** ['lɒdʒɪklɪ] adv logiquement; **if you think about it ~** si on y réfléchit bien; **~, he should win** logiquement OR normalement, il devrait gagner.

**logician** [lə'dʒɪʃn] n logicien m, -enne f.

**logistical** [lə'dʒɪstɪkl] adj logistique.

**logistically** [lə'dʒɪstɪklɪ] adv sur le plan logistique.

**logistics** [lə'dʒɪstɪks] npl logistique f.

**logjam** ['lɒgdʒæm] n -1. [in river] bouchon m de bois flottés. -2. fig [deadlock] impasse f.

**logo** ['ləʊgəʊ] (pl **logos**) n logo m.

**log tables** npl tables fpl de logarithmes.

**logy** ['ləʊgɪ] (compar **logier**, superl **logiest**) adj Am inf patraque.

**loin** [lɔɪn] n CULIN [of pork] longe f, échine f, filet m; [of beef] aloyau m; [of veal] longe f; [of lamb] carré m.
◆ **loins** npl ANAT reins mpl; euph [genitals] parties fpl.

**loincloth** ['lɔɪnklɒθ] n pagne m.

**loiter** ['lɔɪtər] vi -1. [hang about] traîner; [lurk] rôder; **'no ~ing'** zone sous surveillance (où il est interdit de s'attarder); **~ing with intent** JUR délit m d'intention. -2. [dawdle] traîner; [lag behind] traîner (en route).

**loll** [lɒl] vi [lounge] se prélasser; **he was ~ing against the wall** il était nonchalamment appuyé contre le mur.
◆ **loll about** Br, **loll around** vi insep [in grass, armchair etc] se prélasser.
◆ **loll out** vi insep [tongue] pendre (mollement).

**lollipop** ['lɒlɪpɒp] n -1. [sweet] sucette f.-2. Br [ice lolly] esquimau m, sucette f glacée.

**lollipop lady, lollipop man** n inf en Grande-Bretagne, personne chargée d'aider les enfants à traverser une rue en arrêtant la circulation à l'aide d'un panneau en forme de sucette.

**lollop** ['lɒləp] vi [person] marcher lourdement; [animal] galoper.

**lolly** ['lɒlɪ] (pl **lollies**) n -1. Br inf = **lollipop**. -2. ▽ Br [money] fric m, pognon m.

**lollypop** ['lɒlɪpɒp] = **lollipop**.

**Lombard** ['lɒmbəd] ◇ n Lombard m, -e f. ◇ adj Lombard.

**Lombardy** ['lɒmbədɪ] prn Lombardie f.

**London** ['lʌndən] ◇ prn Londres. ◇ comp [museums, shops, traffic] londonien; [life] à Londres; ~ **(Regional) Transport** régie des transports publics londoniens.

**Londoner** ['lʌndənər] n Londonien m, -enne f, habitant m, -e f de Londres.

**lone** [ləʊn] adj [unaccompanied – rider, stag] solitaire; [isolated – house] isolé; [single, unique] unique, seul; ~ **parent** parent m unique.

**loneliness** ['ləʊnlɪnɪs] n [of person] solitude f, isolement m; [of place] isolement m.

**lonely** ['ləʊnlɪ] (compar **lonelier**, superl **loneliest**) adj -1. [sad – person] seul; [– life] solitaire; **to be** OR **to feel ~** se sentir seul; **the house seems ~ without you** la maison paraît vide sans toi. -2. [unfrequented – spot] isolé; [– street] peu fréquenté, vide.

**lonely hearts** adj: ~ **club** club m de rencontres; ~ **column** rubrique f rencontres (des petites annonces).

**loner** ['ləʊnər] n inf [person] solitaire mf.

**lonesome** ['ləʊnsəm] ◇ adj Am = **lonely**. ◇ n : **on one's ~** tout seul.

**lone wolf** = **loner**.

**long** [lɒŋ] (compar **longer** ['lɒŋgər], superl **longest** ['lɒŋgɪst]) ◇ adj -1. [in space – road, garment, letter] long (f longue); **how ~ is the pool?** quelle est la longueur de la piscine?, la piscine fait combien de long?; **the pool's 33 metres** ~ la piscine fait 33 mètres de long; **the article is 80 pages** ~ l'article fait 80 pages; **is it a** ~ **way (away)** est-ce loin (d'ici)?; **it's a** ~ **way to the beach** la plage est loin; **she can throw a** ~ **way** elle lance loin; **to take the** ~ **way round** prendre le chemin le plus long; **to get** OR **grow** ~**er** [shadows] s'allonger; [hair, beard] pousser ❏ ~ **trousers** OR Am **pants** pantalon m long; ~ **dress** [for evening wear] robe f longue; **why the** ~ **face?** pourquoi est-ce que tu fais cette tête de six pieds de long?**-2.** [in time – pause, speech, separation] long (f longue); **how** ~ **will the flight be/was the meeting?** combien de temps durera le vol/a duré la réunion?; **her five-year-**~ **battle with the authorities** sa lutte de cinq années contre les autorités; **to have a** ~ **memory** avoir une bonne mémoire OR une mémoire d'éléphant; **to get** ~**er** [days, intervals] devenir plus long; **they took a** ~ **look at the view** ils restèrent longtemps à regarder la vue qui s'offrait à eux; **it was a** ~ **two months** ces deux mois ont été longs; **I've had a** ~ **day** j'ai eu une journée bien remplie; **I've known her (for) a** ~ **time** OR **while** je la connais depuis longtemps, cela fait longtemps que je la connais ❏ **at** ~ **last!** enfin!**-3.** GRAMM [vowel, syllable] long (f longue). **-4.** inf SPORT [in tennis]: **long** (f longue). **-5.** phr: **his speeches are** ~ **on rhetoric but short on substance** ce n'est pas la rhétorique qui manque dans ses discours, c'est la substance. ◇ ~ **-1.** phr: **and the short of it is that I got fired** inf enfin bref, j'ai été viré. **-2.** GRAMM [vowel, syllable] **longue** f. ◇ adv **-1.** [a long time] longtemps; **they live** ~**er than humans** ils vivent plus longtemps que les êtres humains; **I haven't been here** ~ je viens d'arriver, j'arrive juste; **how** ~ **will he be/was he in jail?** (pendant) combien de temps restera-t-il/est-il resté en prison?; **how** ~ **has he been in jail?** ça fait combien de temps qu'il est en prison?, depuis combien de temps est-il en prison?; **how** ~ **is it since we last visited them?** quand sommes-nous allés les voir pour la dernière fois?; **as** ~ **ago as 1937** déjà en 1937; ~ **before you were born** bien avant que tu sois né; **the decision had been taken** ~ **before** la décision avait été prise depuis longtemps; **colleagues** ~ **since promoted** des collègues promus depuis longtemps; **we talked** ~ **into the night** nous avons parlé jusque tard dans la nuit ‖ [with 'be', 'take']: **will you be** ~? tu en as pour longtemps?; **please wait, she won't be** ~ attendez, s'il vous plaît, elle ne va pas tarder; **don't be** OR **take too** ~ fais vite; **he took** OR **it took him so** ~ **to make up his mind...** il a mis si longtemps à se décider..., il lui a fallu tellement de temps pour se décider...; **how** ~ **does it take to get there?** combien de temps faut-il pour y aller?; **this won't take** ~ ça va être vite fait [in wishes, toasts etc]: ~ **may our partnership continue!** à notre collaboration!; ~ **live the Queen!** vive la reine!**-2.** [for a long time] depuis longtemps; **it has** ~ **been known that...** on sait depuis longtemps que...; **the** ~**est-running TV series** le plus long feuilleton télévisé. **-3.** [throughout]: **all day/week** ~ toute la journée/la semaine. **-4.** phr: **so** ~! inf salut!, à bientôt! ◇ vi: **to** ~ **for sb/sthg**: **she was** ~**ing for a letter from you** elle attendait impatiemment que vous lui écriviez; **we were** ~**ing for a cup of tea** nous avions très envie d'une tasse de thé; **to** ~ OR **to be** ~**ing to do sthg** être impatient OR avoir hâte de faire qqch; **I was** ~**ing to tell her the truth** je mourais d'envie de lui dire la vérité.

◆ **as long as** conj phr **-1.** [during the time that] aussi longtemps que, tant que. **-2.** [providing] à condition que, pourvu que; **you can have it as** ~ **as you give me it back** vous pouvez le prendre à condition que OR pourvu que vous me le rendiez; **I'll do it as** ~ **as I get paid for it** je le ferai à condition d'être payé. **-3.** Am inf [seeing that] puisque.

◆ **before long** adv phr [soon] dans peu de temps, sous peu; [soon afterwards] peu (de temps) après.

◆ **for long** adv phr longtemps; **he's still in charge here, but not for** ~ c'est encore lui qui s'en occupe, mais plus pour longtemps.

◆ **no longer** adv phr ne... plus; **not any** ~**er** plus maintenant; **I can't wait any** ~**er** je ne peux pas attendre plus longtemps, je ne peux plus attendre.

◆ **so long as** = **as long as**.

**long.** (written abbr of **longitude**) long.

**long-awaited** [-ə'weɪtɪd] adj très attendu.

**longboat** ['lɒŋbəʊt] n chaloupe f.

**longbow** ['lɒŋbəʊ] n arc m.

**long-distance** ◇ adj **-1.** [phone call] interurbain. **-2.** [runner, race] de fond; [pilot, lorry driver] au long cours; [journey] vers un pays lointain. **-3.** [device] (à) longue portée; [aircraft] long-courrier. ◇ adv: **to call** OR **phone** ~ appeler OR téléphoner par l'interurbain.

**long division** n MATH division f posée; **to do** ~/**a** ~ faire des divisions/une division (à la main).

**long-drawn-out** adj interminable, qui n'en finit pas.

**long drink** n long drink m; [non-alcoholic] grand verre de jus de fruit, de limonade etc.

**long-eared** adj aux grandes oreilles.

**longed-for** ['lɒŋd-] adj très attendu.

**long-established** adj [tradition] qui existe depuis longtemps.

**longevity** [lɒn'dʒevətɪ] n longévité f.

**long-forgotten** adj oublié depuis longtemps; **a** ~ tradition une tradition tombée en désuétude.

**longhand** ['lɒŋhænd] n écriture f courante; **he writes everything out in** ~ [not on a typewriter] il écrit tout à la main; [not in shorthand] il écrit tout en entier.

**long-haul** adj [aircraft] long-courrier.

**longhorn** ['lɒŋhɔːn] n AGR longhorn m.

**longing** ['lɒŋɪŋ] ◇ n envie f, désir m; **I had a** ~ **to see the sea** j'avais très envie de voir la mer; **the sight of her filled him with** ~ en la voyant le désir s'empara de lui. ◇ adj d'envie, de désir.

**longingly** ['lɒŋɪŋlɪ] adv [with desire] avec désir OR envie; [with regret] avec regret.

**Long Island** pr n Long Island; **on** ~ à Long Island.

**longitude** ['lɒndʒɪtjuːd] n longitude f; **at a** ~ **of 60° east** par 60° de longitude est.

**long johns** npl inf caleçon m long, caleçons mpl longs.

**long jump** n Br SPORT saut m en longueur.

**long jumper** n Br sauteur m (qui fait du saut en longueur).

**long-lasting** adj durable, qui dure longtemps.

**long-legged** adj [person] aux jambes longues; [animal] aux pattes longues.

**long-life** adj [milk] longue conservation (inv); [lightbulb, battery] longue durée (inv).

**long-lived** [-lɪvd] adj [family, species] d'une grande longévité; [friendship] durable; [prejudice] tenace, qui a la vie dure.

**long-lost** adj [friend, cousin] perdu de vue depuis longtemps; [object] perdu depuis longtemps.

**long-playing record** n 33 tours m inv, microsillon m.

**long-range** adj **-1.** [weapon] à longue portée; [vehicle, aircraft] à long rayon d'action. **-2.** [forecast, plan] à long terme.

**long-running** adj qui tient l'affiche.

**longship** ['lɒŋʃɪp] n drakkar m.

**longshoreman** ['lɒŋʃɔːmən] (pl **longshoremen** [-mən]) n Am docker m.

**long shot** n **-1.** [in race – runner, horse] concurrent qui ne figure pas parmi les favoris. **-2.** [bet] pari m risqué. **-3.** CIN plan m éloigné. **-4.** fig entreprise f hasardeuse; **I haven't finished by a** ~ je n'ai pas fini, loin de là; **it's a bit of a** ~ il y a peu de chances pour que cela réussisse.

**longsighted** [,lɒŋ'saɪtɪd] adj **-1.** MED hypermétrope, presbyte. **-2.** fig [well-judged] prévoyant.

**long-sleeved** adj à manches longues.

**long-standing** adj de longue date.

**long-suffering** adj (extrêmement) patient, d'une patience à toute épreuve; [resigned] résigné.

**long term**

◆ **long-term** adj à long terme; [situation] prolongé; [unemployment] longue durée; **long-term car park** Br parking m longue durée; **long-term memory** mémoire f à long terme.

◆ **in the long term** adv phr à long terme.

**long-time** adj [friend, acquaintance] de longue date; [interest, affiliation] ancien, qui dure depuis longtemps.

**long ton** n TECH ton f anglaise.

**long vacation** n UNIV grandes vacances fpl, vacances fpl d'été.

**long view** *n* prévisions *fpl* à long terme.

**long wave** *n* RADIO grandes ondes *fpl*; on (the) ~ sur les grandes ondes.

◆ **long-wave** *adj*: long-wave broadcasts émissions *fpl* sur grandes ondes. 

**longways** ['lɒŋweɪz] *adv* longitudinalement, dans le sens de la longueur.

**longwearing** [,lɒŋ'weərɪŋ] *adj Am* solide, résistant.

**long weekend** *n* week-end *m* prolongé.

**long-winded** *adj* [person] prolixe, bavard; [article, essay, lecture] interminable; [style] verbeux, diffus.

**longwise** ['lɒŋwaɪz] = longways.

**Lonsdale Belt** ['lɒnzdeɪl-] *n la plus haute distinction pour les boxeurs professionnels en Grande-Bretagne.*

**loo** [luː] *n Br inf* cabinets *mpl*, petit coin *m*; ~ roll rouleau *m* de papier hygiénique.

**loofa(h)** ['luːfə] *n* luffa *m*, loofa *m*.

**look** [lʊk] ◇ *vi* -1. [gen] regarder; ~, there's Brian! regarde, voilà Brian!; what's happening outside? let me ~ qu'est-ce qui se passe dehors? laissez-moi voir; they crept up on me while I wasn't ~ing ils se sont approchés de moi pendant que j'avais le dos tourné; I'm just ~ing [in shop] je jette un coup d'œil; ~ and see if there's anyone there regarde voir s'il y a quelqu'un; she ~ed along the row/down the list a parcouru la rangée/la liste du regard; he was ~ing out of the window/over the wall/up the chimney il regardait par la fenêtre/par-dessus le mur/dans la cheminée ❑ to ~ over sb's shoulder *literal* regarder par-dessus l'épaule de qqn; *fig* surveiller ce que fait qqn; ~ before you leap *prov* il faut réfléchir deux fois avant d'agir. -2. [search] chercher; you can't have ~ed hard enough tu n'as pas dû beaucoup chercher. -3. [in imperative – listen, pay attention] écouter; ~, I can't pay you back just yet écoute, je ne peux pas te rembourser tout de suite; ~ here! dites donc!-4. [seem, appear] avoir l'air; you ~ OR are ~ing better today tu as l'air (d'aller) mieux aujourd'hui; how do I ~? comment tu me trouves?; it makes him ~ ten years older/younger ça le vieillit/rajeunit de dix ans; he's 70, but he doesn't ~ it il a 70 ans mais il n'en a pas l'air OR mais il ne les fait pas; I can't hang the picture there, it just doesn't ~ right je ne peux pas mettre le tableau là, ça ne va pas; it ~s all right to me moi, je trouve ça bien; how does the situation ~ to you? que pensez-vous de la situation?; that's not how it ~s to the man in the street ce n'est pas comme ça que l'homme de la rue voit les choses; things will ~ very different when you leave school les choses te sembleront très différentes quand tu quitteras l'école; it'll ~ bad if I don't contribute ça fera mauvaise impression si je ne contribue pas; things are ~ing black for the economy les perspectives économiques sont assez sombres; I must have ~ed a fool j'ai dû passer pour un imbécile; to make sb ~ a fool OR an idiot tourner qqn en ridicule; to ~ like sb/sthg [resemble] ressembler à qqn/qqch; what does she ~ like? [describe her] comment est-elle?; [she looks a mess] non mais, à quoi elle ressemble! ❑ it ~s like rain on dirait qu'il va pleuvoir; it ~s (to me) like he was lying j'ai l'impression qu'il mentait; is this our room? — it ~s like it c'est notre chambre? — ça m'en a tout l'air; the meeting ~ed like going on all day la réunion avait l'air d'être partie pour durer toute la journée; you ~ as if you've seen a ghost on dirait que tu as vu un revenant; it doesn't ~ as if they're coming on dirait qu'ils ne vont pas venir; to ~ good: you're ~ing good tu as l'air en forme; he ~s good in jeans les jeans lui vont bien; it'll ~ good on your CV ça fera bien sur ton curriculum; things are ~ing pretty good here les choses ont l'air de se présenter plutôt bien ici. -5. [face – house, window]: to ~ (out) onto a park donner sur un parc; to ~ north/west être exposé au nord/à l'ouest. -6. [intend]: to be ~ing to do sthg chercher à faire qqch.

◇ *vt* -1. *phr*: to ~ one's last on sthg jeter un dernier regard à qqch; to ~ sb up and down regarder qqn de haut en bas, toiser qqn du regard. -2. [in imperative]: ~ who's coming! regarde qui arrive!; ~ who's talking! tu peux parler, toi!; ~ what you're doing/where you're going! regarde un peu ce que tu fais/où tu vas!

◇ *n* -1. [gen] coup *m* d'œil; to have OR to take a ~ (at sthg) jeter un coup d'œil (sur OR à qqch), regarder (qqch); would

you like a ~ through my binoculars? voulez-vous regarder avec mes jumelles?; one ~ at him is enough to know he's a crook on voit au premier coup d'œil que c'est un escroc; it's worth a quick ~ ça vaut le coup d'œil; we need to take a long hard ~ at our image abroad il est temps que nous examinions de près notre image de marque à l'étranger; and now a ~ ahead to next week's programmes et maintenant, un aperçu des programmes de la semaine prochaine; do you mind if I take a ~ around? ça vous gêne si je jette un coup d'œil?. -2. [search]: to have a ~ for sthg chercher qqch; have another ~ cherche encore. -3. [glance] regard *m*; she gave me a dirty ~ elle m'a jeté un regard mauvais; you should have seen the ~s we got from passers-by! si tu avais vu la façon dont les passants nous regardaient! ❑ he didn't say anything, but if ~s could kill! il n'a pas dit un mot, mais il y a des regards qui tuent!-4. [appearance, air] air *m*; [expression]: he had a strange ~ in his eyes il avait un drôle de regard; the old house has a neglected ~ la vieille maison a l'air négligé; by the ~ OR ~s of her, I'd say she failed the exam à la voir OR rien qu'en la voyant, je dirais qu'elle a raté son examen; there's trouble brewing by the ~ of it OR things on dirait que quelque chose se trame; I quite like the ~ of the next candidate j'aime assez le profil du prochain candidat; I don't like the ~ of it ça ne me dit rien de bon OR rien qui vaille; I didn't like the ~ of her at all son allure ne m'a pas du tout plu. -5. [fashion] mode *f*, look *m*.

◆ **looks** *npl* [beauty]: she's got everything, ~s, intelligence, youth... elle a tout pour elle, elle est belle, intelligente, jeune.....

◆ **look after** *vt insep* -1. [take care of] s'occuper de; she has a sick mother to ~ after elle a une mère malade à charge; you should ~ after your clothes more carefully tu devrais prendre plus grand soin de tes vêtements ‖ *fig*: ~ after yourself! fais bien attention à toi!; don't worry, he can ~ after himself ne t'inquiète pas, il est capable de se débrouiller tout seul. -2. [be responsible for] s'occuper de. -3. [take charge of – person, animal] garder; [– object] surveiller.

◆ **look ahead** *vi insep* regarder vers l'avenir; ~ing ahead three or four years dans trois ou quatre ans; let's ~ ahead to the next century/to next month's meeting pensons au siècle prochain/à la réunion du mois prochain.

◆ **look around** = **look round**.

◆ **look at** *vt insep* -1. *literal* regarder; she ~ed at herself in the mirror elle se regarda dans la glace; they ~ed at each other ils ont échangé un regard; it's not much to ~ at ça ne paie pas de mine; you wouldn't think, to ~ at him, that he's a multi-millionaire à le voir on ne croirait pas avoir affaire à un multi-millionnaire. -2. [consider] considérer; that's not the way I ~ at it ce n'est pas comme ça que je vois les choses; if you don't have money, he won't even ~ at you si vous n'avez pas l'argent, il ne vous regardera même pas; my brother can't ~ at an egg *inf* mon frère ne supporte pas OR déteste les œufs. -3. [check] vérifier, regarder; to have one's teeth ~ed at se faire examiner les dents.

◆ **look away** *vi insep* détourner les yeux.

◆ **look back** *vi insep* -1. [in space] regarder derrière soi; she walked away without ~ing back elle est partie sans se retourner. -2. [in time] regarder en arrière; the author ~s back on the war years l'auteur revient sur les années de guerre; it seems funny now we ~ back on it ça semble drôle quand on y pense aujourd'hui; we can ~ back on some happy times nous avons connu de bons moments; after she got her first job she never ~ed back *fig* à partir du moment où elle a trouvé son premier emploi, tout lui a réussi.

◆ **look down** *vi insep* regarder en bas; [in embarrassment] baisser les yeux; we ~ed down on OR at the valley nous regardions la vallée en-dessous.

◆ **look down on** *vt insep* [despise] mépriser.

◆ **look for** *vt insep* -1. [seek] chercher; are you ~ing for a fight? tu cherches la bagarre?-2. [expect] attendre.

◆ **look forward to** *vt insep* attendre avec impatience; to ~ forward to doing sthg être impatient de faire qqch; I ~ forward to hearing from you soon [in letter] dans l'attente de votre réponse; I'm not ~ing forward to the operation la perspective de cette opération ne m'enchante guère.

◆ **look in** *vi insep* -1. [inside] regarder à l'intérieur. -2. [pay a visit] passer; to ~ in on sb rendre visite à OR passer voir qqn. -3. [watch TV] regarder la télévision.

◆ **look into** *vt insep* examiner, étudier.

◆ **look on** ◇ *vi insep* regarder. ◇ *vt insep* considérer; I ~ on him as my brother je le considère comme mon frère; to ~ on sb/sthg with favour/disfavour voir qqn/qqch d'un œil favorable/défavorable.

◆ **look out** ◇ *vi insep* -1. [person] regarder dehors. -2. [room, window]: the bedroom ~s out on OR over the garden la chambre donne sur le jardin. -3. [be careful] faire attention; ~ out, it's hot! attention, c'est chaud! ◇ *vt sep Br*: I'll ~/I've ~ed that book out for you je te chercherai/je t'ai trouvé ce livre.

◆ **look out for** *vt insep* -1. [be on watch for] guetter; she's always ~ing out for bargains elle est toujours à la recherche OR à l'affût d'une bonne affaire; you have to ~ out for snakes il faut faire attention OR se méfier, il y a des serpents. -2. *inf phr*: to ~ out for o.s. penser à soi.

◆ **look over** *vt insep* [glance over] jeter un coup d'œil sur; [examine] examiner, étudier.

◆ **look round** ◇ *vi insep* -1. [look at surroundings] regarder (autour de soi); I'm just ~ing round je ne fais que jeter un coup d'œil, je jette simplement un coup d'œil; I'd rather ~ round on my own than take the guided tour je préférerais faire le tour moi-même plutôt que de suivre la visite guidée; I ~ed round for an exit j'ai cherché une sortie. -2. [look back] regarder derrière soi, se retourner. ◇ *vt insep* [museum, cathedral, factory] visiter; [shop, room] jeter un coup d'œil dans.

◆ **look through** *vt insep* -1. [window, screen] regarder à travers. -2. [book, report] jeter un coup d'œil sur OR à, regarder. -3. *fig* [person]: he ~ed straight through me il m'a regardé comme si je n'étais pas là.

◆ **look to** *vt insep* -1. [turn to] se tourner vers; it's best to ~ to an expert il est préférable de consulter un expert OR de demander l'avis d'un expert; don't ~ to her for help ne compte pas sur elle pour t'aider. -2. *fml* [attend to] veiller à; ~ to it that discipline is properly maintained veillez à ce que la discipline soit bien maintenue.

◆ **look up** ◇ *vi insep* -1. [raise one's eyes] lever les yeux. -2. [improve] s'améliorer. ◇ *vt sep* -1. [in reference work, directory etc] chercher. -2. [visit] passer voir, rendre visite à.

◆ **look upon** = look on *vt insep*.

◆ **look up to** *vt insep* respecter, avoir du respect pour.

**lookalike** ['lʊkə,laɪk] *n* [double] sosie *m*; a John Major ~ un sosie de John Major.

**looker** ['lʊkər] *n inf* canon *m*.

**look-in** *n Br inf* [chance]: she talked so much that I didn't get a ~ elle ne m'a pas laissé le temps de placer un mot OR d'en placer une; the other people applying for the job don't have a ~ les autres candidats n'ont aucune chance.

**-looking** ['lʊkɪŋ] *in cpds*: kind~ qui a l'air gentille; filthy~ (d'aspect) très sale OR répugnant.

**looking glass** *n dated* miroir *m*, glace *f*; a looking-glass world *fig* un monde à l'envers.

**lookout** ['lʊkaʊt] *n* -1. [watcher – gen] guetteur *m*; MIL guetteur *m*, sentinelle *f*; NAUT vigie *f*. -2. [watch] guet *m*; to keep (a) ~ faire le guet; to keep a ~ OR to be on the ~ for sthg guetter qqch, être à l'affût de qqch; I'm on the ~ for a better job je suis à la recherche d'un meilleur emploi; ~ post/tower poste *m*/tour *f* de guet. -3. [observation post] MIL poste *m* de guet; NAUT poste *m* de vigie. -4. *Br inf* [prospect]: it's a poor ~ when even doctors are on the dole il y a de quoi s'inquiéter quand même les médecins sont au chômage ☐ that's your/his ~! c'est ton/son problème!

**look-over** *n inf* coup *m* d'œil; I've given the report a ~ j'ai jeté un coup d'œil sur le rapport.

**look-up** *n* COMPUT recherche *f*, consultation *f*; ~ table table *f* de recherche.

**loom** [luːm] ◇ *vi* -1. [appear] surgir; a figure ~ed in the doorway une silhouette est apparue dans l'encadrement de la porte. -2. [approach] être imminent; a sinister-looking character was ~ing up towards them un personnage à l'air sinistre s'avançait vers eux de façon menaçante. -3. *fig*: to ~ large [threaten] menacer; the idea of eviction ~ed large in their minds l'idée d'être expulsés ne les quittait pas. ◇ *n* TEX métier *m* à tisser; hand/power ~ métier manuel/mécanique.

◆ **loom up** *vi insep* apparaître indistinctement, surgir.

**loon** [luːn] *n* -1. *inf* [lunatic] dingue *mf*; [simpleton] idiot *m*, -e *f*. -2. *Am* ORNITH plongeon *m*.

**looney** ['luːnɪ] *inf* = loony.

**loony** ['luːnɪ] (*compar* loonier, *superl* looniest, *pl* loonies) *inf* ◇ *adj* dingue, loufoque. ◇ *n* dingue *mf*, malade *mf*.

**loony bin** *n inf & hum* asile *m*.

**loop** [luːp] ◇ *n* -1. [in string, rope] boucle *f*; [in river] méandre *m*; [in drainpipe] siphon *m*; the film/the tape runs in a ~ le film/la bande défile en continu; the Loop quartier des affaires de Chicago (délimité par une ligne de métro faisant une boucle). -2. COMPUT boucle *f*. -3. ELEC [closed circuit] circuit *m* fermé. -4. [contraceptive device] stérilet *m*. ◇ *vt* -1. [in string, rope etc] faire une boucle à; ~ the rope around your waist/through the ring passez la corde autour de votre taille/dans l'anneau; streamers were ~ed across the room la pièce était tendue de guirlandes. -2. AÉRON: to ~ the ~ faire un looping. ◇ *vi* [road] zigzaguer; [river] faire des méandres OR des boucles.

**loop aerial** *n* RADIO cadre *m*.

**loopey** ['luːpɪ] = loopy.

**loophole** ['luːphəʊl] *n* -1. [gap, defect] lacune *f*, faille *f*; a ~ in the law un vide législatif. -2. ARCHIT meurtrière *f*.

**loopy** ['luːpɪ] (*compar* loopier, *superl* loopiest) *adj inf* [crazy] dingue, cinglé.

**loose** [luːs] ◇ *adj* -1. [not tightly fixed – nail] mal enfoncé; [– screw, bolt] desserré; [– button] qui pend, mal cousu; [– knot] qui se défait; [– floor tile] décollé; [– floorboard] disjoint; [– slate] mal fixé; [– shelf] mal fixé; [– handle, brick] branlant; [– tooth] qui bouge; he prised a brick ~ il a réussi à faire bouger une brique; remove all the ~ plaster enlève tout le plâtre qui se détache; the steering seems ~ il y a du jeu dans la direction; to work ~ [nail] sortir; [screw, bolt] se desserrer; [knot] se défaire; [tooth, slate] bouger; [button] se détacher; the wind blew some slates ~ le vent a déplacé quelques ardoises; to have a ~ cough *Br* avoir une toux grasse; ~ connection ELEC mauvais contact *m*. -2. [free, unattached] libre; she picked up all the ~ newspapers elle a ramassé tous les journaux qui traînaient; a ~ sheet of paper une feuille volante; the cutlery was ~ in the drawer les couverts étaient en vrac dans le tiroir; her hair hung ~ about her shoulders ses cheveux flottaient librement sur ses épaules; several pages have come ~ plusieurs pages se sont détachées; I got one hand ~ j'ai réussi à dégager une de mes mains; he decided to cut ~ from his family il a décidé de couper les ponts avec sa famille; all the cows were ~ in the village toutes les vaches se promenaient OR étaient en liberté dans les rues du village; a lion got ~ from the zoo un lion s'est échappé du zoo; he set OR let OR turned a mouse ~ in the kitchen il a lâché une souris dans la cuisine; he let ~ a torrent of abuse *fig* il a lâché un torrent d'injures ‖ COMM [not packaged] en vrac; ~ coal charbon *m* en vrac; I always buy vegetables ~ je n'achète jamais de légumes préemballés. -3. [slack – grip, hold] mou, *before vowel or silent 'h'* mol (*f* molle); [– skin, flesh] flasque; [– bowstring, rope] lâche; she tied the ribbon in a ~ bow elle noua le ruban sans le serrer; his arms hung ~ at his sides il avait les bras ballants ‖ *fig* [discipline] relâché; to have a ~ tongue ne pas savoir tenir sa langue; ~ talk des propos lestes. -4. [not tight-fitting – dress, jacket] ample, flottant. -5. [weak – connection, link] vague; they have ~ ties with other political groups ils sont vaguement liés à d'autres groupes politiques ‖ [informal – organization] peu structuré; [– agreement] officieux. -6. [imprecise, broad – thinking, application] peu rigoureux; [– translation, terminology] approximatif. -7. *pej* [woman] facile; [morals] léger; ~ living débauche *f*, vie *f* dissolue. -8. [not dense or compact – earth] meuble; [– knit, weave] lâche. -9. [relaxed – muscles] détendu, relâché, au repos; to have ~ bowels avoir la diarrhée. -10. FIN disponible; ~ money argent *m* disponible, liquidités *fpl*. ◇ *n* [in rugby]: in the ~ dans la mêlée ouverte.

◇ *vt lit* -1. [unleash – dogs] lâcher; [– panic, chaos] semer; she ~d her tongue OR fury upon me elle s'est déchaînée contre moi ‖ [let fly – bullet] tirer; [– arrow] décocher; he ~d a volley of threats/abuse at her *fig* il s'est répandu en menaces/invectives contre elle. -2. [undo – knot] défaire; [– hair] détacher; [unfasten – boat, raft] démarrer, détacher.

◆ **on the loose** *adj phr*: to be on the ~ [gen] être en liberté;

[on the run] être en fuite.

◆ **loose off** ◇ *vt sep* [bullet] tirer; [arrow] décocher; [gun] décharger; [curses] lâcher. ◇ *vi insep* [with gun] tirer; *Am fig* [with insults, criticism etc]: to ~ off at sb se déchaîner contre qqn, s'en prendre violemment à qqn.

**loosebox** ['luːsbɒks] *n Br* EQUIT box *m*.

**loose change** *n* petite monnaie *f*.

**loose cover** *n Br* [for armchair, sofa] housse *f*.

**loose end** *n*: I have a few ~s to tie up j'ai encore quelques petits détails à régler ❑ to be at a ~ *Br* OR at ~s *Am* être dans un moment creux.

**loose-fitting** *adj* [garment] ample, large, flottant.

**loose-leaf(ed)** *adj* à feuilles mobiles OR volantes; ~ binder classeur *m* (à feuilles mobiles); ~ paper feuillets *mpl* mobiles.

**loose-limbed** *adj* souple, agile.

**loosely** ['luːslɪ] *adv* -**1.** [not firmly – pack, fit, hold, wrap] sans serrer; [not closely – knit, weave] lâchement; the dress was ~ gathered at the waist la robe était peu ajustée à la taille. -**2.** [apply, interpret] mollement; ~ translated [freely] traduit librement; [inaccurately] mal traduit; ~ speaking, I'd say... en gros, je dirais... -**3.** [vaguely – connect, relate] vaguement; the book is only ~ based on my research le livre n'a qu'un rapport lointain avec mes recherches.

**loosen** ['luːsn] ◇ *vt* -**1.** [make less tight – knot, screw, lid] desserrer; [– rope, cable] détendre; [– grip, reins] relâcher; I ~ed my belt a notch j'ai desserré ma ceinture d'un cran; the punch had ~ed several of his teeth le coup lui a déchaussé plusieurs dents; ~ the cake from the sides of the tin détachez le gâteau des bords du moule; it ~s the bowels c'est un laxatif; ~ the soil with a hoe ameublissez le sol avec une binette; the wine soon ~ed his tongue le vin eut vite fait de lui délier la langue ‖ [weaken] affaiblir; they have ~ed their ties with Moscow leurs liens avec Moscou se sont relâchés. -**2.** [liberalize – rules, restrictions] assouplir. ◇ *vi* [become less tight – knot, screw] se desserrer; [– grip] se relâcher, se desserrer.

◆ **loosen up** ◇ *vi insep* -**1.** [get less severe] se montrer moins sévère; to ~ up on discipline relâcher la discipline. -**2.** [relax socially] se détendre. -**3.** [limber up – athlete, musician] s'échauffer. ◇ *vt sep* [muscles] échauffer.

**looseness** ['luːsnɪs] *n* -**1.** [of screw, nail, lever] jeu *m*; [of rope] relâchement *m*, mou *m*. -**2.** [of clothing] ampleur *f*. -**3.** [of thinking, interpretation] manque *m* de rigueur; [of translation, terminology] manque *m* de précision.

**loose-tongued** *adj* bavard.

**loose-weave** *adj* [fabric] lâche, à mailles lâches.

**loot** [luːt] ◇ *vt* [town, goods, tomb] piller. ◇ *vi* piller, se livrer au pillage. ◇ *n* -**1.** [stolen goods] butin *m*. -**2.** ▽ [money] pognon *m*, fric *m*.

**looter** ['luːtər] *n* [in war, riot] pillard *m*, -e *f*; [of tombs, churches] pilleur *m*, -euse *f*.

**looting** ['luːtɪŋ] *n* pillage *m*.

**lop** [lɒp] (*pt & pp* **lopped**, *cont* **lopping**) *vt* -**1.** [tree] élaguer, tailler; [branch] couper; farmers have to ~ and top all trees and hedges les agriculteurs doivent tailler tous les arbres et toutes les haies. -**2.** *fig* [budget] élaguer, faire des coupes sombres dans; [sum of money, item of expenditure] retrancher, supprimer.

◆ **lop off** *vt sep* -**1.** [branch] couper, tailler. -**2.** *fig* [price, time] réduire.

**lope** [ləʊp] ◇ *vi* [runner] courir à grandes foulées; [animal] courir en bondissant. ◇ *n* [of runner] pas *m* de course (*rapide et souple*); [of animal] course *f* (*avec des bonds*).

**lop-eared** *adj Br* aux oreilles tombantes.

**lop-sided** *adj* -**1.** [crooked – nose, grin] de travers; [out of line – wall, roof, building] de travers; [asymmetric] asymétrique; [of uneven proportions] disproportionné; her handwriting is all ~ son écriture part dans tous les sens. -**2.** [unevenly weighted] mal équilibré; [unequal – debate, contest] inégal, déséquilibré.

**loquacious** [lə'kweɪʃəs] *adj fml* loquace, volubile.

**lord** [lɔːd] *n* [master] seigneur *m*; [nobleman] noble *m*; the ~s of industry les barons de l'industrie; to live like a ~ mener grand train, vivre en grand seigneur.

◆ **Lord** ◇ *n Br* [title] lord *m*; Lord (Peter) Snow lord (Peter) Snow ‖ [term of address]: my Lord [to noble] Monsieur le Marquis, Monsieur le Baron; [to judge] Monsieur le juge; [to bishop] Monseigneur, Excellence ❑ 'The Lord of the Flies' Golding 'Sa Majesté des Mouches'; 'The Lord of the Rings' Tolkien 'le Seigneur des anneaux'. ◇ *pr n* RELIG: the Lord le Seigneur; Our Lord Jesus Christ Notre Seigneur Jésus-Christ; in the year of our Lord 1897 en l'an de grâce 1897; the Lord's Supper l'eucharistie *f* ‖ [in interjections and expressions]: Good Lord! *inf* Seigneur!; oh Lord! *inf* mon Dieu!; Lord (only) knows! Dieu seul le sait! ◇ *vt*: to ~ it over sb *Br* prendre des airs supérieurs avec qqn.

**Lord Advocate** *n* ≃ procureur *m* de la République, ≃ procureur *m* général (*en Écosse*).

**Lord Chancellor** *n* lord *m* Chancelier, ≃ ministre *m* de la Justice (*en Grande-Bretagne*).

**Lord Chief Justice** (*pl* **Lords Chief Justice**) *n* ≃ président *m* de la Haute Cour (*en Grande-Bretagne*).

**Lord High Chancellor** = Lord Chancellor.

**Lord Lieutenant** (*pl* **Lords Lieutenant** OR **Lord Lieutenants**) *n* lord-lieutenant *m* (*en Grande-Bretagne*).

**lordly** ['lɔːdlɪ] *adj* -**1.** [arrogant] arrogant, hautain. -**2.** [noble – gesture] noble, auguste; [splendid – feast, occasion, life style] somptueux.

**Lord Mayor** *n* lord-maire *m*, maire *m*.

**Lord Privy Seal** (*pl* **Lords Privy Seal**) *n*: the ~ titre du doyen du gouvernement britannique.

**Lord's** [lɔːdz] *pr n* célèbre terrain de cricket londonien.

**lordship** ['lɔːdʃɪp] *n* -**1.** [form of address]: Your/His Lordship [to noble] Monsieur le Marquis, Monsieur le Baron; [to judge] Monsieur le juge; [to bishop] Excellence/Son Excellence. -**2.** [lands, rights] seigneurie *f*; [power] autorité *f*.

**Lord's Prayer** *n*: the ~ le Notre Père.

**Lords Spiritual** *pl pr n* membres ecclésiastiques de la Chambre des lords.

**Lords Temporal** *pl pr n* membres laïques de la Chambre des lords.

**lore** [lɔːr] *n* -**1.** [folk legend] tradition *f*, traditions *fpl*, coutume *f*, coutumes *fpl*. -**2.** [traditional knowledge] science *f*, savoir *m*.

**lorgnette** [lɔː'njet] *n* -**1.** [spectacles] lorgnon *m*, face-à-main *m*. -**2.** [opera glasses] jumelles *fpl* de théâtre, lorgnette *f*.

**Lorraine** [lɒ'reɪn] *pr n* Lorraine *f*; in ~ en Lorraine.

**lorry** ['lɒrɪ] (*pl* **lorries**) *n Br* camion *m*, poids lourd *m*; ~ park aire *f* de stationnement pour poids lourds; it fell off the back of a ~ *inf* c'est de la marchandise volée.

**lorry driver** *n Br* chauffeur *m* de camion, routier *m*.

**lorry-load** *n Br* chargement *m*.

**Los Angeles** [lɒs'ændʒɪliːz] *pr n* Los Angeles.

**lose** [luːz] (*pt & pp* **lost** [lɒst]) ◇ *vt* -**1.** [gen – limb, job, money, patience etc] perdre; to ~ one's way se perdre, s'égarer; what have you got to ~? qu'est-ce que tu as à perdre?; you've got nothing to ~ tu n'as rien à perdre; we haven't got a moment to ~ il n'y a pas une seconde à perdre; they are losing their markets to the Koreans ils sont en train de perdre leurs marchés au profit des Coréens; there's no time in telling her she was wrong il ne s'est pas gêné pour lui dire qu'elle avait tort; don't talk so fast, you've lost me ne parle pas si vite, je n'arrive pas à te suivre; the hint/the suggestion was not lost on him l'allusion/la suggestion ne lui a pas échappé; your compliment was lost on her elle ne s'est pas rendu compte que tu lui faisais un compliment; at what age did he ~ his mother? à quel âge a-t-il perdu sa mère?; 30 lives were lost in the fire 30 personnes ont péri dans l'incendie, l'incendie a fait 30 morts; to ~ one's voice avoir une extinction de voix; to ~ one's appetite perdre l'appétit; the plane is losing altitude OR height l'avion perd de l'altitude; to ~ one's balance perdre l'équilibre; to ~ consciousness perdre connaissance; to ~ face perdre la face; to ~ ground perdre du terrain; to ~ one's head perdre la tête. -**2.** [not win] perdre; he lost four games to Karpov il a perdu quatre parties contre Karpov. -**3.** [shed, get rid of] perdre; to ~ weight perdre du poids; [elude, shake off] semer. -**4.** [cause to lose] coûter, faire perdre; it lost him his job ça lui a fait perdre son emploi. -**5.** [subj: clock, watch]: my watch ~s five minutes a day ma montre prend cinq minutes de retard par jour.

◇ *vi* **-1.** perdre; they lost by one goal ils ont perdu d'un but; either way, I can't ~ je suis gagnant à tous les coups; the dollar is losing in value (against the deutschmark) le dollar baisse (par rapport au Deutsche Mark); his work ~s a lot in translation son œuvre se prête très mal à la traduction; if you sell the house now you'll ~ on it si tu vends la maison maintenant tu vas perdre de l'argent; I lost on the deal j'ai été perdant dans l'affaire. **-2.** [clock, watch] retarder.

◆ **lose out** *vi insep* perdre, être perdant; to ~ out on a deal être perdant dans une affaire; will the Americans ~ out to the Japanese in computers? les Américains vont-ils perdre le marché de l'informatique au profit des Japonais?

**loser** ['luːzər] *n* **-1.** [gen & SPORT] perdant *m*, -e *f*; he's not a very good ~ il est mauvais perdant OR joueur; they're the ~s by it Br fig ce sont eux les perdants dans cette affaire. **-2.** *inf* [failure – person] raté *m*, -e *f*.

**losing** ['luːzɪŋ] *adj* **-1.** [gen & SPORT] perdant; to fight a ~ battle engager une bataille perdue d'avance. **-2.** [unprofitable]: the business was a ~ concern cette entreprise n'était pas viable; it's a ~ proposition ce n'est pas rentable.

**loss** [lɒs] *n* **-1.** [gen] perte *f*; it's your gain and their ~ c'est vous qui y gagnez et eux qui y perdent; it's your ~! tant pis pour vous!; it can cause temporary ~ of vision cela peut provoquer OR entraîner une perte momentanée de la vue; the ~ of a close relative la perte OR la mort d'un parent proche; the party suffered heavy ~es in the last elections le parti a subi de lourdes pertes OR a perdu de nombreux sièges lors des dernières élections; the company announced ~es of OR a ~ of a million pounds la société a annoncé un déficit d'un million de livres; we made a ~ of 10% on the deal nous avons perdu 10 % dans l'affaire; to sell at a ~ vendre à perte; the closure will cause the ~ of hundreds of jobs la fermeture provoquera la disparition de centaines d'emplois; there was terrible ~ of life in the last war la dernière guerre a coûté beaucoup de vies humaines; they inflicted heavy ~es on the enemy ils infligèrent de lourdes pertes à l'ennemi; heat ~ perte OR déperdition *f* de chaleur. **-2.** [feeling of pain, unhappiness] malheur *m*, chagrin *m*; a tremendous feeling of ~ overcame him il réalisa avec angoisse ce qu'il avait perdu. **-3.** [in insurance] sinistre *m*. **-4.** *phr*: to be at a ~ ne pas savoir quoi faire, être déconcerté OR dérouté; he's never at a ~ il ne se laisse jamais déconcerter; I was at a ~ for words je ne savais pas quoi dire, les mots me manquaient; I'm at a ~ as to how to tell him the truth je ne sais pas comment m'y prendre pour lui dire la vérité.

**loss adjuster** *n* [for insurance] expert *m*; NAUT dispatcheur *m*.

**loss leader** *n* COMM article vendu à perte dans le but d'attirer la clientèle.

**lossmaker** ['lɒsmeɪkər] *n* gouffre *m* financier.

**lost** [lɒst] ◇ *pt & pp* → **lose.** ◇ *adj* **-1.** [keys, money etc] perdu; all is not yet ~ tout n'est pas perdu; they have discovered a ~ masterpiece ils ont découvert un chef-d'œuvre disparu; the ~ city of Atlantis Atlantide, la ville engloutie. **-2.** [person – in direction] perdu, égaré; can you help me, I'm ~ pouvez-vous m'aider, je me suis perdu or égaré; to get ~ se perdre; ~ in action MIL mort au combat; a ~ sheep *literal & fig* une brebis égarée; a ~ soul une âme en peine ❏ get ~! *inf* va te faire voir! **-3.** *fig* [engrossed] perdu, plongé, absorbé; ~ in thought perdu dans ses pensées. **-4.** [wasted – time] perdu; [– opportunity] perdu, manqué; [– youth] gâché; the allusion was ~ on me je n'ai pas compris OR saisi l'allusion; your advice would be ~ on them leur donner un conseil serait peine perdue. **-5.** [confused, bewildered] perdu; [disconcerted] désorienté; I'm ~ for words je ne sais quoi dire. **-6.** [oblivious] insensible; he was ~ to the world il avait l'esprit ailleurs.

**lost-and-found** *n*: ~ (office) *Am* bureau *m* des objets trouvés; I put an advert in the ~ column j'ai mis une annonce dans la rubrique des objets trouvés.

**lost cause** *n* cause *f* perdue.

**lost property** *n* objets *mpl* trouvés.

**lost property office** *n* Br bureau *m* des objets trouvés.

**lot** [lɒt] *n* **-1.** [group of people]: this ~ are leaving today and another ~ are arriving tomorrow ce groupe part aujourd'hui et un autre (groupe) arrive demain; I don't want you getting mixed up with that ~ je ne veux pas que tu

traînes avec cette bande; come here, you ~! venez ici, vous autres! ❏ he's a bad ~ c'est un sale type. **-2.** [group of things]: most of the last ~ of fans we had in were defective presque tous les ventilateurs du dernier lot étaient défectueux; take all this ~ and dump it in my office prends tout ça et mets-le dans mon bureau; I've just been given another ~ of letters to sign on vient de me donner un autre paquet de lettres à signer. **-3.** [item in auction, in lottery] lot *m*. **-4.** [destiny, fortune] sort *m*, destin *m*; to be content with one's ~ être content de son sort; it was his ~ in life to be the underdog il était destiné à rester un sous-fifre ❏ it fell to my ~ to be the first to try le sort a voulu que je sois le premier à essayer; to throw in one's ~ with sb se mettre du côté de qqn. **-5.** [random choice]: the winners are chosen by ~ les gagnants sont choisis par tirage au sort; to draw OR cast ~s tirer au sort. **-6.** *Am* [plot of land] terrain *m*; a used car ~ un parking de voitures d'occasion. **-7.** *Am* CIN studio *m* (de cinéma).

◆ **lots** *inf* ◇ *pron* beaucoup; do you need any paper/ envelopes? I've got ~s est-ce que tu as besoin de papier/ d'enveloppes? j'en ai plein; there are ~s to choose from il y a du choix. ◇ *adv* beaucoup.

◆ **a lot** ◇ *pron* beaucoup; there's a ~ still to be done il y a encore beaucoup à faire; there's not a ~ you can do about it tu n'y peux pas grand-chose; what a ~ of people! quelle foule!, que de monde!; there's an awful ~ of work still to be done il reste encore beaucoup de travail à faire; she takes a ~ of care over her appearance elle fait très attention à son apparence; we see a ~ of them nous les voyons beaucoup OR souvent; a (fat) ~ of help you were! *iron*, you were a (fat) ~ of help! *iron* ça, pour être utile, tu as été utile! *iron*. ◇ *adv phr* beaucoup; a ~ better/more beaucoup mieux/plus; thanks a ~! merci beaucoup!; a (fat) ~ she cares! *iron* elle s'en fiche pas mal!

◆ **lots of** *det phr inf* beaucoup de; we had ~s of fun on s'est bien marrés; I've been there ~s of times j'y suis allé plein de fois; ~s of love [at end of letter] = je t'embrasse, grosses bises.

◆ **the lot** *pron phr* le tout; there isn't much, take the ~ il n'y en a pas beaucoup, prenez tout; there aren't many, take the ~ il n'y en a pas beaucoup, prenez-les tous; she ate the (whole) ~ elle a tout mangé; the (whole) ~ of them came ils sont tous venus; that's the ~ tout est là; that's the OR your ~ for tonight *inf* c'est tout pour ce soir.

**Lot** [lɒt] *prn* BIBLE Lot, Loth.

**loth** [ləʊθ] = **loath.**

**Lothario** [lə'θɑːrɪəʊ] (*pl* **Lotharios**) *n* don Juan *m*, libertin *m*.

**Lothian Region** ['ləʊðjən-] *prn* la région du Lothian (*Écosse*).

**lotion** ['ləʊʃn] *n* lotion *f*; hand/suntan ~ crème *f* pour les mains/bronzante.

**lottery** ['lɒtərɪ] *n* **-1.** loterie *f*; ~ ticket billet *m* de loterie. **-2.** *fig* [matter of luck] loterie *f*.

**lotto** ['lɒtəʊ] *n* loto *m* (*jeu de société*).

**lotus** ['ləʊtəs] *n* lotus *m*.

**lotus-eater** *n* MYTH lotophage *m*; *fig* doux rêveur *m*.

**lotus position** *n* position *f* du lotus.

**loud** [laʊd] ◇ *adj* **-1.** [noise, shout] grand, puissant; [voice, music] fort; [explosion] fort, violent; the television is too ~ la télévision est trop forte, le son de la télévision est trop fort; the door slammed with a ~ bang la porte a claqué très fort; a ~ argument was going on in the next room on se disputait bruyamment dans la pièce voisine ‖ [vigorous – protest, applause] vif; they were ~ in their support/ condemnation of the project ils ont vigoureusement soutenu/condamné le projet ‖ *pej* [loudmouthed, brash] bruyant, tapageur; he's a bit ~, isn't he? ce n'est pas le genre discret! **-2.** [garish – colour] criard, voyant; [– pattern] voyant. ◇ *adv* fort; can you speak a little ~er? pouvez-vous parler un peu plus fort?; the music was turned up ~ on avait mis la musique à fond; to read out ~ lire à haute voix; I was thinking out ~ je pensais tout haut; receiving you ~ and clear je vous reçois cinq sur cinq.

**loudhailer** [,laʊd'heɪlər] *n Br* porte-voix *m inv*, mégaphone *m*.

**loudly** ['laʊdlɪ] *adv* **-1.** [noisily – speak] d'une voix forte; [– laugh] bruyamment; our neighbour banged ~ on the wall notre voisin a donné de grands coups contre le mur; the supporters cheered ~ les supporters ont applaudi bruyamment ‖ [vigorously] avec force OR vigueur; **we pro-tested** ~ nous avons protesté vigoureusement. **-2.** [garish-ly] de façon tapageuse OR voyante.

**loudmouth** [ˈlaʊdmaʊθ, pl -maʊðz] n inf **-1.** [noisy person] braillard m, -e f, gueulard m, -e f. **-2.** [boaster] crâneur m, -euse f, frimeur m, -euse f. **-3.** [gossip] commère f.

**loudmouthed** [ˈlaʊdmaʊðd] adj inf **-1.** [noisy] fort en gueule. **-2.** [boastful] crâneur; [gossipy] bavard, frimeur.

**loudness** [ˈlaʊdnɪs] n **-1.** [of sound] intensité f, force f; [of voice] intensité f; [of cheers] vigueur f. **-2.** [on hi-fi system]: ~ **control** bouton m de compensation physiologique.

**loud pedal** n MUS pédale f forte.

**loudspeaker** [ˌlaʊdˈspiːkəʳ] n haut-parleur m; [on stereo] en-ceinte f, baffle m.

**Louisiana** [luːˌiːziˈænə] prn Louisiane f; **in** ~ en Louisiane.

**Louisiana Purchase** prn: **the** ~ l'achat m de la Louisiane.

**lounge** [laʊndʒ] ◇ n **-1.** [room – in private house, on ship, in ho-tel] salon m; [– at airport] salle f d'attente; [bar] (salle f de) bar m; Br [– in pub] = **lounge bar**. **-2.** [rest]: **to have a** ~ **in the sun** paresser OR se prélasser au soleil. ◇ vi **-1.** [recline] s'allonger, se prélasser; [sprawl] être allongé; **he** ~**d against the counter** il était appuyé nonchalamment contre le comptoir. **-2.** [laze] paresser; [hang about] traîner; [stroll] flâ-ner.

◆ **lounge about** Br, **lounge around** = **lounge** vi 2.

**lounge bar** n Br salon dans un pub (plus confortable et plus cher que le «public bar»).

**lounger** [ˈlaʊndʒəʳ] n **-1.** [sunbed] lit m de plage. **-2.** [person] paresseux m, -euse f.

**lounge suit** n Br costume m de ville; [on invitation] tenue f de ville.

**lour** [ˈlaʊəʳ] = **lower** (sky, weather).

**louse** [laʊs] (pl sense 1 **lice** [laɪs], pl sense 2 **louses**) ◇ n **-1.** [in-sect] pou m. **-2.** ∇ [person] salaud m, chienne f. ◇ vt [remove lice from] épouiller.

**lousy** [ˈlaʊzɪ] (compar **lousier**, superl **lousiest**) adj **-1.** inf [ap-palling – film, singer] nul; [– weather] pourri; **we had a** ~ **holi-day!** bonjour les vacances!; **I feel** ~ **this morning** je suis mal fichu ce matin; **I'm** ~ **at tennis, I'm a** ~ **tennis player** je suis nul au tennis, je joue au tennis comme un pied; **you're a** ~ **liar** [lie badly] tu ne sais pas mentir; [as intensifier] tu n'es qu'un sale menteur ‖ [annoying] fichu, sacré. **-2.** inf [mean] vache; **that was a** ~ **trick!** tu parles d'une vacherie!; **I feel** ~ **about what happened** ça m'embête, ce qui est ar-rivé. **-3.** inf [full]: **the town was** ~ **with police** la ville grouil-lait de flics. **-4.** [lice-infested] pouilleux.

**lout** [laʊt] n [bumpkin] rustre m; [hooligan] voyou m.

**loutish** [ˈlaʊtɪʃ] adj [behaviour] grossier; [manners] de rustre, mal dégrossi.

**louvre** Br, **louver** Am [ˈluːvəʳ] n [slat] lamelle f; [window] ja-lousie f, volet m à claire-voie, persienne f.

**louvred** Br, **louvered** Am [ˈluːvəd] adj à claire-voie.

**lovable** [ˈlʌvəbl] adj charmant, sympathique, attachant.

**lovat** [ˈlʌvət] n couleur bleu-vert ou jaune-vert qu'on trouve en particulier dans les lainages et dans les tweeds.

**love** [lʌv] ◇ vt **-1.** [sweetheart] aimer; [friends, relatives] aimer beaucoup OR bien; **I like you but I don't** ~ **you** je t'aime bien mais je ne suis pas amoureux de toi ❑ **I'll have to** ~ **you and leave you** inf ce n'est pas tout mais il faut que j'y aille. **-2.** [enjoy] aimer, adorer; **don't you just** ~ **that little dress?** cette petite robe est vraiment adorable, tu ne trou-ves pas?; **I love lying** OR **to lie in bed on Sunday mornings** j'adore faire la grasse matinée le dimanche; **I'd** ~ **to come** j'aimerais beaucoup venir; **I'd** ~ **you to come** j'aimerais beaucoup que OR cela me ferait très plaisir que tu viennes; **would you like to come too?** — **I'd** ~ **to** voudriez-vous ve-nir aussi? — avec grand plaisir. **-3.** [prize – one's country, freedom etc] aimer.

◇ n **-1.** [for person] amour m; **we didn't marry for** ~ nous n'avons pas fait un mariage d'amour; **he did it out of** ~ **for her** il l'a fait par amour pour elle; **it was** ~ **at first sight ce** fut le coup de foudre; **to be in** ~ **(with sb)** être amoureux (de qqn); **they were deeply in** ~ ils s'aimaient profondé-ment; **to fall in** ~ **(with sb)** tomber amoureux (de qqn); **to make** ~ faire l'amour; **to make** ~ **to sb** [have sex with] faire l'amour à qqn; arch [court] faire la cour à qqn; **for the** ~ **of**

**God** OR Br **Mike!** inf pour l'amour du ciel!; **Harry sends** OR **gives you his** ~ Harry t'embrasse; **give my** ~ **to Harry** em-brasse Harry de ma part OR pour moi; **(lots of)** ~ **from Jane, all my** ~, **Jane** [in letter] affectueusement, Jane ❑ **I wouldn't do it for** ~ **nor money** inf je ne le ferais pas pour tout l'or du monde, je ne le ferais pour rien au monde; **there's no** ~ **lost between them** ils se détestent cordialement; **'All For Love'** Dryden 'Tout pour l'amour'; **'Love's Labour's Lost'** Shake-speare 'Peines d'amour perdues'. **-2.** [for jazz, one's country etc] amour m; **his** ~ **of good food** sa passion pour la bonne chère; **she fell in** ~ **with the house immediately** elle a eu le coup de foudre pour la maison; **I don't do this job for the** ~ **of it** je ne fais pas ce travail pour le OR par plaisir. **-3.** [belov-ed person] amour m; **she's the** ~ **of his life** c'est la femme de sa vie; **isn't he a** ~! Br inf ce qu'il est mignon OR chou! ‖ [fa-vourite activity] passion f. **-4.** [term of address]: **thank you, (my)** ~ inf merci, mon chou ‖ [to stranger]: **wait a minute,** ~! Br inf [to child] attends une minute, mon petit!; [to adult] at-tendez une minute. **-5.** SPORT zéro m.

**loveable** [ˈlʌvəbl] = **lovable**.

**love affair** n liaison f (amoureuse); fig passion f; **his** ~ **with Paris** sa passion pour Paris.

**lovebird** [ˈlʌvbɜːd] n **-1.** ORNITH perruche f; ~**s** inséparables mpl. **-2.** hum [lover] amoureux m, -euse f.

**lovebite** [ˈlʌvbaɪt] n Br suçon m.

**love child** n enfant m/f de l'amour.

**loveless** [ˈlʌvlɪs] adj [marriage] sans amour; [person – unloved] mal aimé; [– unloving] sans cœur, incapable d'aimer.

**love letter** n lettre f d'amour, billet m doux.

**love life** n vie f sentimentale.

**loveliness** [ˈlʌvlɪnɪs] n charme m, beauté f.

**lovelorn** [ˈlʌvlɔːn] adj malheureux en amour.

**lovely** [ˈlʌvlɪ] (compar **lovelier**, superl **loveliest**) ◇ adj **-1.** [in appearance – person] beau, before vowel or silent 'h' bel (f belle), très joli; [– child] joli, mignon; [home, scenery] joli. **-2.** [view, evening, weather] beau, before vowel or silent 'h' bel (f belle); [holi-day] (très) agréable; [dress] joli; [meal] excellent; **it's a** ~ **idea** c'est une très bonne idée; **it's** ~ **to see you** je suis enchanté OR ravi de vous voir; **it's** ~ **and warm by the fire** Br il fait bon près de la cheminée; **it sounds** ~ cela a l'air très bien; **would you like to come to dinner next week?** — **that'd be** ~ tu veux venir dîner la semaine prochaine? — ça serait vraiment bien OR avec plaisir. **-3.** [in character] charmant, très aimable. ◇ n inf mignonne f.

**lovemaking** [ˈlʌvˌmeɪkɪŋ] n **-1.** [sexual intercourse] ébats mpl (amoureux). **-2.** arch [courtship] cour f.

**love match** n mariage m d'amour.

**love nest** n nid m d'amour.

**love potion** n philtre m.

**lover** [ˈlʌvəʳ] n **-1.** [sexual partner] amant m, -e f. **-2.** dated [suitor] amoureux m, soupirant m. **-3.** [enthusiast] amateur m, -trice f; **he's a real music** ~ c'est un mélomane; **I'm not a dog** ~ myself moi-même je n'aime pas beaucoup les chiens.

**lover-boy** n inf & hum [womanizer] don Juan m, tombeur m, séducteur m.

**love scene** n scène f d'amour.

**lovesick** [ˈlʌvsɪk] adj: **to be** ~ se languir d'amour.

**love song** n chanson f d'amour.

**love story** n histoire f d'amour.

**love token** n gage m d'amour.

**lovey-dovey** [ˈlʌvɪdʌvɪ] adj inf & pej doucereux.

**loving** [ˈlʌvɪŋ] adj [affectionate] affectueux; [tender] tendre; ~ **kindness** bonté f.

**loving cup** n coupe f de l'amitié.

**lovingly** [ˈlʌvɪŋlɪ] adv [affectionately] affectueusement; [ten-derly] tendrement; [passionately] avec amour, amoureuse-ment; [with great care] soigneusement, avec soin.

**low** [ləʊ] ◇ adj **-1.** [in height] bas; **this room has a** ~ **ceiling** cette pièce est basse de plafond; **~ hills** collines peu éle-vées; **a** ~ **neckline** un décolleté; **'~ bridge'** AUT 'hauteur li-mitée'. **-2.** [in scale – temperature] bas; [– level] faible; **the temperature is in the** ~ **twenties** il fait un peu plus de vingt degrés; **old people are given very** ~ **priority** les per-sonnes âgées ne sont absolument pas considérées comme prioritaires; **I've reached a ~ point in my career** j'ai atteint un creux dans ma carrière; **their relationship is at a ~ ebb** leurs relations sont au plus bas; **a ~ blood count** une numération globulaire basse; **~ gear** *Am* première (vitesse) *f*; **'engage ~ gear'** AUT 'utilisez le frein moteur ' ‖ [in degree, intensity – probability, visibility] faible; [– fire] bas; [– lighting] faible, tamisé; **cook on a ~ heat** faire cuire à feu doux; **a ~ pressure area** METEOR une zone de basse pression ‖ [in value, amount – figure, price] bas, faible; [– profit] faible, maigre; **attendance was ~** il y avait peu de monde; **we're only playing for ~ stakes** nous ne jouons que de petites mises, nous ne jouons pas de grosses sommes; **we're rather ~ on whisky** on n'a plus beaucoup de whisky; **~ in calories** pauvre en calories; **the soil is very ~ in nitrogen** la terre est très pauvre en azote; **to play a ~ trump** CARDS jouer un petit atout ❑ **~ tar cigarettes** cigarettes *fpl* à faible teneur en goudron. **-3.** [poor – intelligence, standard] faible; [– opinion] faible, piètre; [– in health] mauvais, médiocre; [– in quality] mauvais; **he's very ~ at the moment** il est bien bas OR bien affaibli en ce moment; **I'm in rather ~ spirits, I feel rather ~** je n'ai pas le moral, je suis assez déprimé. **-4.** [in rank] bas, inférieur; **to be of ~ birth** être de basse extraction OR d'origine modeste; **~ ranking officials** petits fonctionnaires *mpl*, fonctionnaires *mpl* subalternes. **-5.** [vulgar – behaviour] grossier; [– tastes] vulgaire; **to keep ~ company** fréquenter des gens peu recommandables; **that was a ~ trick** c'était un sale tour ❑ **~ comedy** farce *f* THÉÂT. **-6.** [primitive]: **~ forms of life** des formes de vie inférieures OR peu évoluées. **-7.** [soft – voice, music] bas, faible; [– light] faible; **keep your voice ~** ne parlez pas trop fort; **turn the radio down ~** mettez la radio moins fort; **turn the lights down ~** baissez les lumières; **we heard a ~ moan** nous avons entendu une plainte étouffée. **-8.** [deep – note, voice] bas. ◇ *adv* **-1.** [in height] bas; **~er down** plus bas; **a helicopter flew ~ over the town** un hélicoptère a survolé la ville à basse altitude; **she was sitting very ~ in her chair** elle était avachie sur sa chaise; **he bowed ~** il s'inclina profondément; **to lie ~** [hide] se cacher; [keep low profile] adopter un profil bas; **to be laid ~** [ill] être immobilisé. **-2.** [in intensity] bas; **stocks are running ~** les réserves baissent; **the batteries are running ~** les piles sont usées. **-3.** [in price]: **to buy ~** acheter à bas prix; ST. EX acheter quand les cours sont bas. **-4.** [morally]: **I wouldn't stoop** OR **sink so ~ as to tell lies** je ne m'abaisserais pas à mentir. ◇ *n* **-1.** [in height] bas *m*; [in intensity] minimum *m*; **the heating is on ~** le chauffage est au minimum. **-2.** [low point] niveau *m* bas, point *m* bas; **the dollar has reached a record ~** le dollar a atteint son niveau le plus bas; **relations between them are at an all-time ~** leurs relations n'ont jamais été si mauvaises. **-3.** METEOR dépression *f*. **-4.** *Am* AUT: **in ~** en première OR seconde. **-5.** *lit* [of cattle] meuglement *m*, beuglement *m*. ◇ *vi* meugler, beugler.

**low-alcohol** *adj* à faible teneur en alcool.

**lowboy** ['ləʊbɔɪ] *n* commode *f* (basse).

**lowbrow** ['ləʊbraʊ] ◇ *n pej* personne *f* sans prétentions intellectuelles OR terre à terre. ◇ *adj* [person] peu intellectuel, terre à terre; [book, film] sans prétentions intellectuelles.

**low-budget** *adj* économique.

**low-calorie** *adj* (à) basses calories.

**Low Church** *adj* à tendance évangélique (*dans l'Église anglicane*).

**low-cost** *adj* (à) bon marché.

**Low Countries** *pl pr n*: **the ~** les Pays-Bas *mpl*.

**low-cut** *adj* décolleté.

**lowdown** ['ləʊdaʊn] *n* (U) *inf* renseignements *mpl*.

◆ **low-down** *adj* **-1.** [shameful] honteux, bas; [mean] mesquin; **that was a dirty low-down trick** c'était un sale tour. **-2.** *Am* [depressed] cafardeux.

**lower¹** ['ləʊə'] ◇ *adj* (*compar of* **low**) inférieur, plus bas; **the ~ deck** [of ship] le pont inférieur; **the ~ classes** les classes inférieures; **the ~ middle class** la petite bourgeoisie; **~ vertebrates** vertébrés inférieurs; **'The Lower Depths'** *Gorky, Renoir* 'les Bas-Fonds'. ◇ *adv* (*compar of* **low**): **the ~ paid** la tranche inférieure du salariat. ◇ *vt* **-1.** [blind] baisser; [eyes] baisser; [sails] abaisser, amener; [lifeboat] mettre à la mer; **~ your aim a bit** visez un peu plus bas; **supplies**

were **~ed down to us on a rope** on nous a descendu des provisions au bout d'une corde; **she ~ed herself into the water** elle se laissa glisser dans l'eau ❑ **~ed control button** *Am* dans un ascenseur, bouton accessible aux personnes en fauteuil roulant; **to ~ one's guard** [in boxing] baisser sa garde; *fig* prêter le flanc. **-2.** [reduce– price, pressure, standard] baisser, diminuer; **~ your voice** parlez moins fort, baissez la voix. **-3.** [morally]: **she wouldn't ~ herself to talk to them** elle ne s'abaisserait pas au point de leur adresser la parole. ◇ *vi* [diminish – pressure] diminuer; [– price] baisser.

**lower²** ['laʊə'] *vi* **-1.** [sky, weather] se couvrir; **a ~ing sky** un ciel menaçant OR couvert. **-2.** [person] regarder d'un air menaçant.

**lower-case** ['ləʊə'-] ◇ *adj* TYPO en bas de casse. ◇ *n* bas *m* de casse.

**lower-class** ['ləʊə'-] *adj* populaire.

**lowering¹** ['ləʊərɪŋ] ◇ *n* **-1.** [of flag] abaissement *m*; [of boat] mise *f* à la mer. **-2.** [reduction – of temperature, standards, prices] baisse *f*. ◇ *adj* humiliant.

**lowering²** ['laʊərɪŋ] *adj* [sky] sombre, couvert; [clouds] menaçant.

**lowermost** ['ləʊəməʊst] *adj fml* le plus bas.

**lowest** ['ləʊɪst] *adj* (*superl of* **low**) le plus bas; **the ~ of the low** le dernier des derniers; **the newspaper panders to the views of the ~ in society** *fig* ce journal flatte les instincts les plus bas de la société ❑ **the ~ common multiple** le plus petit commun multiple; **the ~ common denominator** le plus petit dénominateur commun.

**low-fat** *adj* [yoghurt, crisps] allégé; [milk] demi-écrémé.

**low-flying** *adj* volant à basse altitude.

**low-frequency** *adj* (à) basse fréquence.

**Low German** *n* bas allemand *m*.

**low-grade** *adj* [in quality] de qualité inférieure; [in rank] (de rang) inférieur, subalterne.

**low-heeled** *adj* à talons plats.

**lowing** ['ləʊɪŋ] *n* (U) *lit* meuglement *m*, beuglement *m*, mugissement *m*.

**low-key** *adj* [style] discret (*f* -ète); [person] réservé; **the meeting was a very ~ affair** la réunion s'est tenue dans la plus grande discrétion.

**lowland** ['ləʊlənd] *n* plaine *f*, basse terre *f*; **the Lowlands** les Basses Terres.

**low-level** *adj* [talks] à bas niveau; [operation] de faible envergure; **~ flying** AERON vol *m* à basse altitude; **~ language** COMPUT langage *m* non évolué OR de bas niveau; **~ radiation** NUCL irradiation *f* de faible intensité.

**low life** *n* pègre *f*.

**low-loader** *n* RAIL wagon *m* à plate-forme surbaissée; AUT camion *m* à plate-forme surbaissée.

**lowly** ['ləʊlɪ] (*compar* **lowlier**, *superl* **lowliest**) *adj* [modest] modeste; [meek] humble; [simple] sans prétention OR prétentions.

**low-lying** *adj* [land – gen] bas; [– below sea level] au-dessous du niveau de la mer; [cloud] bas.

**Low Mass** *n* RELIG messe *f* basse.

**low-minded** *adj* vulgaire, grossier.

**low-necked** *adj* décolleté.

**low-paid** ◇ *adj* mal payé. ◇ *npl*: **the ~** les petits salaires *mpl*.

**low-pressure** *adj* **-1.** [gas] sous faible pression, de basse pression; [tyre] à basse pression. **-2.** [job] peu stressant.

**low-price(d)** *adj* bon marché, peu cher.

**low profile** *n*: **to keep a ~** garder un profil bas.

◆ **low-profile** *adj* **-1.** = **low-key**. **-2.** AUT: **low-profile tyre** pneu *m* à profil bas.

**low-rise** *adj* [buildings] de faible hauteur, bas.

**low season** *n*: **the ~** la basse saison; **~ holidays** vacances *fpl* hors saison.

**low-tech** *adj* rudimentaire.

**low tide** *n* marée *f* basse; **at ~** à marée basse.

**low water** *n* (U) basses eaux *fpl*.

**loyal** ['lɔɪəl] *adj* loyal, fidèle; **to be ~ to sb** être loyal envers qqn, faire preuve de loyauté envers qqn.

**loyalism** ['lɔɪəlɪzm] *n* loyalisme *m*.

**loyalist** ['lɔɪəlɪst] ◇ n loyaliste mf. ◇ adj loyaliste.
◆ **Loyalist** n loyaliste mf.

**loyalty** ['lɔɪəltɪ] (pl **loyalties**) n **-1.** [faithfulness] loyauté f, fidélité f; she's always shown great ~ elle a toujours fait preuve d'une grande loyauté; the party demands ~ to the principles of democracy le parti exige le respect des principes de la démocratie; her ~ to the cause is not in doubt son dévouement à la cause n'est pas mis en doute. **-2.** [tie]: tribal loyalties liens mpl tribaux; my loyalties are divided je suis déchiré (entre les deux).

**lozenge** ['lɒzɪndʒ] n **-1.** [sweet] pastille f; throat ~ pastille pour la gorge. **-2.** [rhombus] losange m.

**LP** (abbr of **long-player**) n: an ~ un 33 tours.

**L-plate** n Br plaque f apposée sur la voiture d'un conducteur qui n'a pas encore son permis (L signifie «learner», apprenti).

**LPN** (abbr of **licensed practical nurse**) n aide infirmière diplômée.

**LSD**[1] (abbr of **lysergic acid diethylamide**) n LSD m.

**LSD**[2], **lsd** (abbr of **librae, solidi, denarii**) n symboles représentant les pounds, les shillings et les pence de l'ancienne monnaie britannique avant l'adoption du système décimal en 1971.

**LSE** (abbr of **London School of Economics**) pr n grande école de sciences économiques et politiques à Londres.

**LSO** (abbr of **London Symphony Orchestra**) pr n orchestre symphonique de Londres.

**Lt.** (written abbr of **lieutenant**) Lieut.

**LT** (written abbr of **low tension**) BT.

**Ltd, ltd** (written abbr of **limited**) ≃ SARL.

**lubricant** ['lu:brɪkənt] ◇ adj lubrifiant. ◇ n lubrifiant m.

**lubricate** ['lu:brɪkeɪt] vt [gen] lubrifier; [mechanism] lubrifier, graisser, huiler.

**lubricated** ['lu:brɪkeɪtɪd] adj inf & hum [drunk] beurré.

**lubrication** [,lu:brɪ'keɪʃn] n [gen] lubrification f; [of mechanism] lubrification f, graissage m, huilage m.

**lubricious** [lu:'brɪʃəs] adj lit lubrique.

**lucid** ['lu:sɪd] adj **-1.** [clear-headed] lucide; he has his ~ moments il a des moments de lucidité. **-2.** [clear] clair, limpide; she gave a ~ account of events elle donna un compte rendu net et précis des événements.

**lucidity** [lu:'sɪdətɪ] n **-1.** [of mind] lucidité f. **-2.** [of style, account] clarté f, limpidité f.

**lucidly** ['lu:sɪdlɪ] adv lucidement, avec lucidité.

**Lucifer** ['lu:sɪfər] pr n Lucifer.

**luck** [lʌk] n **-1.** [fortune] chance f; to have good ~ avoir de la chance; good ~! bonne chance!; good ~ in your new job! bonne chance pour ton nouveau travail! ‖ [good fortune]: that's a bit of ~! c'est de la chance!; ~ was with us OR on our side la chance était avec nous; you're in ~, your ~'s in vous avez de la chance; we're out of ~ on n'a pas de chance; better ~ next time vous aurez plus de chance la prochaine fois; any ~? alors, ça a marché?; some people have all the ~! il y en a qui ont vraiment de la chance!; it would be just my ~ to bump into my boss iron ce serait bien ma veine de tomber sur mon patron ‖ [bad fortune]: we had a bit of bad ~ with the car on a eu un pépin avec la voiture; you've brought me nothing but bad ~ tu ne m'as causé que des malheurs; it's bad ~ to spill salt renverser du sel porte malheur; bad OR hard OR tough ~! pas de chance!; we thought the exam was cancelled — no such ~ nous croyions que l'examen était annulé — ç'aurait été trop beau; to be down on one's ~ avoir la poisse OR la guigne; to push one's ~ jouer avec le feu; with (any) ~ avec un peu de chance; worse ~ tant pis. **-2.** [chance, opportunity] hasard m; it's the ~ of the draw c'est une question de chance; to try one's ~ tenter sa chance; as ~ would have it I'd forgotten my keys et comme par hasard, j'avais oublié mes clés.
◆ **luck out** vi insep Am inf **-1.** [succeed] avoir de la veine. **-2.** [fail] avoir la poisse.

**luckily** ['lʌkɪlɪ] adv heureusement, par chance.

**luckless** ['lʌklɪs] adj [person] malchanceux; [escapade, attempt] malheureux.

**lucky** ['lʌkɪ] (compar **luckier**, superl **luckiest**) adj **-1.** [fortunate – person] chanceux; [– encounter, winner] heureux; to be ~ avoir de la chance; to get ~ inf avoir un coup de bol; what a ~ escape! on l'a échappé belle!; it was ~ for them that we

were there heureusement pour eux que nous étions là ❑ a ~ break inf un coup de pot OR de bol; it's my ~ day c'est mon jour de chance; I'd like a pay rise — you'll be ~ OR you should be so ~! j'aimerais une augmentation — tu peux toujours courir!; ~ you! vous en avez de la chance!; 'Lucky Jim' Amis 'Jim-la-Chance'. **-2.** [token, number] porte-bonheur (inv). **-3.** [guess] heureux.

**lucky dip** n Br jeu d'enfant consistant à chercher des cadeaux enfouis dans une caisse remplie de sciure.

**lucrative** ['lu:krətɪv] adj [job] bien rémunéré, lucratif; [activity, deal] lucratif, rentable.

**lucre** ['lu:kər] n hum & pej: (filthy) ~ lucre m.

**Lucretia Borgia** [lu:'kri:ʃə'bɔ:dʒə] pr n Lucrèce Borgia.

**Lucretius** [lu:'kri:ʃəs] pr n Lucrèce.

**Luddite** ['lʌdaɪt] ◇ n luddite m. ◇ adj luddite.

**ludicrous** ['lu:dɪkrəs] adj ridicule, absurde.

**ludicrously** ['lu:dɪkrəslɪ] adv ridiculement.

**ludo** ['lu:dəʊ] n≃ (jeu m des) petits chevaux mpl.

**Ludwig** ['lʊdvɪg] pr n: ~ of Bavaria Louis de Bavière.

**lug** [lʌg] (pt & pp **lugged**, cont **lugging**) ◇ vt inf [carry, pull] trimbaler. ◇ n **-1.** [for fixing] ergot m, (petite) patte f; [handle] anse f, poignée f. **-2.** ▽ Br = **lughole**.
◆ **lug about** Br, **lug around** vt sep inf trimbaler.

**luggage** ['lʌgɪdʒ] n (U) bagages mpl; ~ trolley chariot m à bagages.

**luggage handler** n Br bagagiste mf.

**luggage rack** n Br RAIL [shelf] porte-bagages m inv; [net] filet m (à bagages); AUT galerie f (de toit).

**luggage van** n Br RAIL fourgon m (à bagages).

**lughole** ▽ ['lʌghəʊl] n Br [ear] esgourde f.

**lugubrious** [lu:'gu:brɪəs] adj lugubre.

**Luke** [lu:k] pr n Luc; Saint ~ saint Luc.

**lukewarm** ['lu:kwɔ:m] adj [water, soup] tiède; a ~ reception fig [of person] un accueil peu chaleureux; [of book, film] un accueil mitigé.

**lull** [lʌl] ◇ n [in weather] accalmie f; [in fighting] accalmie f, pause f; [in conversation] pause f; the ~ before the storm le calme avant la tempête. ◇ vt [calm – anxiety, person] calmer, apaiser; she ~ed the child to sleep elle berça l'enfant jusqu'à ce qu'il s'endorme; they were ~ed into a false sense of security ils ont fait l'erreur de se laisser rassurer par des propos lénifiants.

**lullaby** ['lʌləbaɪ] (pl **lullabies**) n berceuse f.

**lumbago** [lʌm'beɪgəʊ] n (U) lumbago m, lombalgie f.

**lumbar puncture** n ponction f lombaire, rachicentèse f.

**lumber** ['lʌmbər] ◇ n **-1.** Am [cut wood] bois m (d'œuvre); [ready for use] bois m de construction OR de charpente. **-2.** Br [junk] bric-à-brac m inv. ◇ vt Am [logs] débiter; [tree] abattre, couper. ◇ vi **-1.** [large person, animal] marcher pesamment; [heavy vehicle]: the tanks ~ed into the centre of the town la lourde colonne de chars avançait vers le centre de la ville. **-2.** Am [fell trees] abattre des arbres (pour le bois).
◆ **lumber with** vt sep (usu passive) inf [encumber]: to ~ sb with sthg refiler qqch à qqn.

**lumbering** ['lʌmbərɪŋ] ◇ n Am exploitation f forestière. ◇ adj [heavy – step] pesant, lourd; [– person] lourd, maladroit.

**lumberjack** ['lʌmbədʒæk] n bûcheron m, -onne f.

**lumber-jacket** n grosse veste f de bûcheron.

**lumberman** ['lʌmbəmən] (pl **lumbermen** [-mən]) Am = **lumberjack**.

**lumbermill** ['lʌmbə,mɪl] n Am scierie f.

**lumber room** n Br débarras m.

**lumberyard** ['lʌmbəjɑːd] n Am dépôt m de bois.

**luminary** ['lu:mɪnərɪ] (pl **luminaries**) n **-1.** [celebrity] lumière f, sommité f. **-2.** lit [heavenly body] astre m.

**luminosity** [,lu:mɪ'nɒsətɪ] n luminosité f.

**luminous** ['lu:mɪnəs] adj [paint, colour, sky] lumineux; fig [explanation, argument] lumineux, limpide.

**lump** [lʌmp] ◇ n **-1.** [of sugar] morceau m; one ~ or two? un ou deux sucres?. **-2.** [of solid matter – small] morceau m; [– large] masse f; [in food] grumeau m; [of marble] bloc m; to have a ~ in one's throat avoir une boule dans la gorge, avoir la gorge serrée. **-3.** [bump] bosse f. **-4.** MED [swelling]

**grosseur** f, protubérance f; **she has a ~ in her breast** elle a une grosseur au sein. **-5.** [of money]: **you don't have to pay it all in one ~** vous n'êtes pas obligé de tout payer en une seule fois. **-6.** inf & pej [clumsy person] empoté m, -e f. **-7.** Br CONSTR: **~ labour** main-d'œuvre f non déclarée. ◇ vt inf [put up with]: **if you don't like it you can ~ it!** si ça ne te plaît pas, tant pis pour toi!

◆ **lump together** vt sep **-1.** [gather together] réunir, rassembler. **-2.** [consider the same] mettre dans la même catégorie.

**lumpectomy** [ˌlʌm'pektəmɪ] n ablation f d'une tumeur au sein.

**lumpfish** ['lʌmpfɪʃ] (pl inv OR **lumpfishes**) n lump m, lompe m.

**lumpish** ['lʌmpɪʃ] adj [clumsy] maladroit; [dull-witted] idiot, abruti.

**lump sugar** n sucre m en morceaux.

**lump sum** n somme f forfaitaire; **they pay me a ~** je touche une somme forfaitaire; **to be paid in a ~** être payé en une seule fois.

**lumpy** ['lʌmpɪ] (compar **lumpier**, superl **lumpiest**) adj [sauce] plein de grumeaux; [mattress] plein de bosses, défoncé.

**lunacy** ['lu:nəsɪ] (pl **lunacies**) n **-1.** [madness] démence f, folie f. **-2.** [folly] folie f.

**lunar** ['lu:nəʳ] adj [rock, month, cycle] lunaire; [eclipse] de la Lune; **~ landing** alunissage m; **~ module** module m lunaire.

**lunatic** ['lu:nətɪk] ◇ n **-1.** [madman] aliéné m, -e f, dément m, -e f. **-2.** inf [fool] cinglé m, -e f. ◇ adj **-1.** [insane] fou, before vowel or silent 'h' fol (f folle), dément. **-2.** inf [crazy – person] cinglé, dingue; [– idea] dément, démentiel.

**lunatic asylum** n asile m d'aliénés.

**lunatic fringe** n pej extrémistes mpl fanatiques.

**lunch** [lʌntʃ] ◇ n déjeuner m; **to have ~** déjeuner; **she's gone out for ~** elle est partie déjeuner; **I have a ~ date** je déjeune avec quelqu'un, je suis pris pour le déjeuner; [for business] j'ai un déjeuner d'affaires; **what did you have for ~?** qu'est-ce que tu as mangé à midi? ❑ **he's out to ~** ▽ il débloque. ◇ vi déjeuner.

**lunchbox** ['lʌntʃbɒks] n boîte dans laquelle on transporte son déjeuner.

**luncheon** ['lʌntʃən] n fml déjeuner m.

**luncheonette** [ˌlʌntʃə'net] n Am snack m, snack-bar m.

**luncheon meat** n bloc de viande de porc en conserve.

**luncheon voucher** n Br Ticket-Restaurant® m.

**lunch hour** n heure f du déjeuner.

**lunchpail** ['lʌntʃpeɪl] Am = **lunchbox**.

**lunchtime** ['lʌntʃtaɪm] n heure f du déjeuner.

**lung** [lʌŋ] ◇ n poumon m; **he filled his ~s with air** il inspira profondément. ◇ comp [artery, congestion, disease] pulmonaire; [transplant] du poumon; **~ cancer** cancer m du poumon; **~ specialist** pneumologue mf.

**lunge** [lʌndʒ] ◇ n **-1.** [sudden movement]: **to make a ~ for** sthg se précipiter vers qqch. **-2.** FENCING fente f (avant). **-3.** EQUIT longe f. ◇ vi [move suddenly] faire un mouvement brusque en avant; **she ~d at him with a knife** elle se précipita sur lui avec un couteau. ◇ vt [horse] mener à la longe.

**lungful** ['lʌŋfʊl] n: **take a ~ of air** inspirez à fond.

**lupin** ['lu:pɪn] n lupin m.

**lupine** ['lu:paɪn] ◇ n Am = **lupin**. ◇ adj de loup.

**lurch** [lɜːtʃ] ◇ n **-1.** [person] tituber, chanceler; [car – swerve] faire une embardée; [– jerk forwards] avancer par à-coups; [ship] tanguer; **the car ~ed out of control** la voiture livrée à elle-même fit une embardée. ◇ vt: **the car gave a sudden ~ and left the road** la voiture fit une embardée et quitta la route ❑ **to leave sb in the ~** laisser qqn en plan.

**lure** [ljʊəʳ] ◇ n **-1.** [attraction] attrait m; [charm] charme m; [temptation] tentation f. **-2.** FISHING & HUNT leurre m. ◇ vt [person] attirer (sous un faux prétexte); **he ~d them into a trap** il les a attirés dans un piège.

◆ **lure away** vt sep: **she invited me over in order to ~ me away from the office** elle m'a invité chez elle pour m'éloigner du bureau.

**Lurex**® ['lʊəreks] n [thread] Lurex® m; [cloth] tissu m en Lurex®.

**lurgy** ['lɜːgɪ] n Br inf & hum: **I've got the dreaded ~** j'ai attrapé quelque chose.

**lurid** ['ljʊərɪd] adj **-1.** [sensational – account, story] macabre, atroce, horrible; [salacious] salace, malsain. **-2.** [glaring – sky, sunset] sanglant, rougeoyant; [– wallpaper, shirt] criard, voyant; **a ~ green dress** une robe d'un vert criard.

**lurk** [lɜːk] vi [person, animal] se tapir; [danger] se cacher, menacer; [doubt, worry] persister.

**lurking** ['lɜːkɪŋ] adj [suspicion] vague; [danger] menaçant.

**luscious** ['lʌʃəs] adj **-1.** [fruit] succulent; [colour] riche. **-2.** [woman] séduisant; [lips] pulpeux.

**lush** [lʌʃ] ◇ adj **-1.** [vegetation] riche, luxuriant; [fruit] succulent; fig [description] riche. **-2.** [luxurious] luxueux. ◇ n ▽ poivrot m, -e f.

**lust** [lʌst] n **-1.** [sexual desire] désir m sexuel, concupiscence f; [as sin] luxure f. **-2.** [greed] soif f, convoitise f; **~ for power** soif de pouvoir.

◆ **lust after** vt insep [person] désirer, avoir envie de, convoiter; [money, property] convoiter.

◆ **lust for** vt insep [money] convoiter; [revenge, power] avoir soif de.

**luster** Am = **lustre**.

**lustful** ['lʌstfʊl] adj **-1.** [lecherous] concupiscent, lascif. **-2.** [greedy] avide.

**lustily** ['lʌstɪlɪ] adv [sing, shout] à pleine gorge, à pleins poumons.

**lustre** Br, **luster** Am ['lʌstəʳ] n **-1.** [sheen] lustre m, brillant m. **-2.** fig [glory] éclat m.

**lustrous** ['lʌstrəs] adj **-1.** [shiny – pearls, stones] lustré, chatoyant; [eyes] brillant; [cloth] lustré; **~ black hair** cheveux d'un noir de jais. **-2.** lit [illustrious – career] illustre; [name] glorieux.

**lusty** ['lʌstɪ] (compar **lustier**, superl **lustiest**) adj [strong – person, baby] vigoureux, robuste; [– voice, manner] vigoureux.

**lute** [lu:t] n MUS luth m.

**Lutetia** [lu:'ti:ʃə] pr n Lutèce.

**Lutheran** ['lu:θərən] ◇ n Luthérien m, -enne f. ◇ adj luthérien.

**Lutheranism** ['lu:θərənɪzm] n luthéranisme m.

**luv** [lʌv] n & vt Br inf = **love**.

**Luxembourg** ['lʌksəmbɜːg] pr n **-1.** [country] Luxembourg m; **in ~** au Luxembourg. **-2.** [town] Luxembourg.

**Luxemburger** ['lʌksəmbɜːgəʳ] n Luxembourgeois m, -e f.

**luxuriance** [lʌg'ʒʊərɪəns] n **-1.** [luxury] luxe m, somptuosité f. **-2.** [of vegetation] luxuriance f, richesse f; [of plants] exubérance f, abondance f; [of hair] abondance f.

**luxuriant** [lʌg'ʒʊərɪənt] adj **-1.** [luxurious – surroundings] luxueux, somptueux. **-2.** [vegetation] luxuriant; [crops, undergrowth] abondant, riche; [countryside] couvert de végétation, luxuriant; fig [style] luxuriant, riche. **-3.** [flowing – hair, beard] abondant.

**luxuriate** [lʌg'ʒʊərɪeɪt] vi **-1.** [take pleasure]: **to ~ in** sthg se délecter de qqch; **to ~ in the sun/in a hot bath** se prélasser au soleil/dans un bain chaud. **-2.** lit [proliferate, flourish] proliférer.

**luxurious** [lʌg'ʒʊərɪəs] adj **-1.** [opulent – house, decor, clothes] luxueux, somptueux; [– car] luxueux. **-2.** [voluptuous] voluptueux.

**luxuriously** [lʌg'ʒʊərɪəslɪ] adv **-1.** [with, in luxury] luxueusement; **to live ~** vivre dans le luxe OR dans l'opulence. **-2.** [voluptuously] voluptueusement.

**luxury** ['lʌkʃərɪ] (pl **luxuries**) ◇ n **-1.** [comfort] luxe m; **to live in ~, to lead a life of ~** vivre dans le luxe. **-2.** [treat] luxe m; **one of life's little luxuries** un des petits plaisirs de la vie. ◇ comp [car, restaurant, kitchen] de luxe; [apartment] de luxe, de standing.

**luxury goods** npl articles mpl de luxe.

**LW** (written abbr of **long wave**) GO.

**LWT** (abbr of **London Weekend Television**) pr n chaîne de télévision relevant de l'IBA.

**lyceum** [laɪ'sɪəm] n [in names of public buildings] théâtre m.

**lychee** [ˌlaɪ'tʃiː] n litchi m, lychee m.

**lych-gate** ['lɪtʃ-] n porche m de cimetière.

**Lycra**® ['laɪkrə] n Lycra® m.

**lying** ['laɪɪŋ] ◇ cont → **lie**. ◇ adj **-1.** [reclining] couché, étendu, allongé. **-2.** [dishonest – person] menteur; [– story] men-

**songer**, faux (*f* fausse). ◇ *n* -1. [corpse]: ~ in state exposition *f* du corps. -2. *(U)* [dishonesty] mensonges *mpl*.
**lying-in** *n* MED couches *fpl*.
**lymph** [lɪmf] *n* lymphe *f*.
**lymphatic** [lɪm'fætɪk] *adj* lymphatique; ~ drainage drainage *m* lymphatique.
**lymph gland, lymph node** *n* ganglion *m* lymphatique.
**lynch** [lɪntʃ] *vt* lyncher.
**lynching** ['lɪntʃɪŋ] *n* lynchage *m*.
**lynchpin** ['lɪntʃpɪn] = linchpin.
**lynx** [lɪŋks] (*pl inv* OR **lynxes**) *n* lynx *m inv*.
**Lyon** [li:ɔ̃], **Lyons** ['laɪənz] *pr n* Lyon.

**lyre** ['laɪər] *n* lyre *f*.
**lyrebird** ['laɪəbɜːd] *n* oiseau-lyre *m*.
**lyric** ['lɪrɪk] ◇ *adj* lyrique. ◇ *n* [poem] poème *m* lyrique.
◆ **lyrics** *npl* [of song] paroles *fpl*.
**lyrical** ['lɪrɪkl] *adj* -1. *literal* lyrique. -2. *fig* passionné.
**lyrically** ['lɪrɪklɪ] *adv* [poetically] avec lyrisme; [enthusiastically] avec enthousiasme.
**lyricism** ['lɪrɪsɪzm] *n* lyrisme *m*.
**lyricist** ['lɪrɪsɪst] *n* [of poems] poète *m* lyrique; [of song, opera] parolier *m*, -ère *f*.
**Lysander** [laɪ'sændər] *pr n* Lysandre.
**lysergic** [laɪ'sɜːdʒɪk] *adj* lysergique.

**m** (*pl* **m's** OR **ms**), **M** (*pl* **M's** OR **Ms**) [em] *n* [letter] m *m*, M *m*.
**m** -1. (*written abbr of* **metre**) m. -2. (*written abbr of* **million**) M.
-3. *written abbr of* **mile**.
**M** ◇ *Br* (*abbr of* **motorway**): the M5 l'autoroute M5.
◇ (*written abbr of* **medium**) M.
**ma** [mɑː] *n* maman *f*.
**MA** ◇ *n* -1. (*abbr of* **Master of Arts**) [in England, Wales and US] (*titulaire d'une*) *maîtrise de lettres*; [in Scotland] *premier examen universitaire, équivalent de la licence*. -2. *abbr of* **military academy**. ◇ *written abbr of* **Massachusetts**.
**ma'am** [mæm] *n* madame *f*.
**mac** [mæk] *inf* -1. *Br* (*abbr of* **macintosh**) imper *m*. -2. *Am* & *Scot*: come here ~! amène-toi, mec!
**macabre** [mə'kɑːbrə] *adj* macabre.
**macadam** [mə'kædəm] ◇ *n* macadam *m*. ◇ *comp* [road] macadamisé, en macadam.
**macaroni** [,mækə'rəʊnɪ] *n* (U) macaronis *mpl*; ~ cheese gratin *m* de macaronis.
**macaroon** [,mækə'ruːn] *n* CULIN macaron *m*.
**macaw** [mə'kɔː] *n* ara *m*.
**mace** [meɪs] *n* -1. [spice] macis *m*. -2. [club] massue *f*, masse *f* d'armes; [ceremonial] masse *f*; ~ bearer massier *m*.
**Mace**® [meɪs] ◇ *n* [spray] gaz *m* lacrymogène. ◇ *vt Am inf* bombarder au gaz lacrymogène.
**Macedonia** [,mæsɪ'dəʊnjə] *pr n* Macédoine *f*; in ~ en Macédoine.
**Macedonian** [,mæsɪ'dəʊnjən] ◇ *n* -1. [person] Macédonien *m*, -enne *f*. -2. LING macédonien *m*. ◇ *adj* macédonien.
**Mach** [mæk] *n* Mach; to fly at ~ 3 voler à Mach 3.
**machete** [mə'ʃetɪ] *n* machette *f*.
**Machiavelli** [,mækɪə'velɪ] *pr n* Machiavel.
**Machiavellian** [,mækɪə'velɪən] *adj* machiavélique.
**machinations** [,mækɪ'neɪʃnz] *npl* machinations *fpl*.
**machine** [mə'ʃiːn] ◇ *n* -1. [mechanical device] machine *f*; to do sthg by ~ OR on a ~ faire qqch à la machine ‖ *fig & pej* [person] machine *f*, automate *m*. -2. [organization] machine *f*, appareil *m*; the party ~ l'appareil du parti. -3. [car, motorbike] machine *f*; [plane] appareil *m*. ◇ *comp*: the ~ age l'ère *f* de la machine. ◇ *vt* SEW coudre à la machine; INDUST [manufacture] fabriquer à la machine; [work on machine] usiner.
**machine code** *n* code *m* machine.
**machine-finished** *adj* [paper] apprêté, calandré; [clothes] fini à la machine.
**machine gun** *n* mitrailleuse *f*.
◆ **machine-gun** *vt* mitrailler.
**machine-gunner** *n* mitrailleur *m*.
**machine intelligence** *n* intelligence *f* artificielle.

**machine language** *n* langage *m* machine.
**machine-made** *adj* fait OR fabriqué à la machine.
**machine operator** *n* opérateur *m*, -trice *f* (sur machine).
**machine pistol** *n* mitraillette *f*, pistolet *m* mitrailleur.
**machine-readable** *adj* COMPUT exploitable par machine.
**machinery** [mə'ʃiːnərɪ] (*pl* **machineries**) *n* -1. (U) [machines] machines *fpl*, machinerie *f*; [mechanism] mécanisme *m*. -2. *fig* rouages *mpl*.
**machine shop** *n* atelier *m* d'usinage.
**machine-stitch** ◇ *n* point *m* (de piqûre) à la machine. ◇ *vt* piquer (à la machine).
**machine tool** *n* machine-outil *f*.
**machine translation** *n* traduction *f* automatique.
**machine washable** *adj* lavable à la OR en machine.
**machinist** [mə'ʃiːnɪst] *n* INDUST opérateur *m*, -trice *f* (sur machine); SEW mécanicien *m*, -enne *f*.
**machismo** [mə'tʃɪzməʊ, mə'kɪzməʊ] *n* machisme *m*.
**Mach number** *n* nombre *m* de Mach.
**macho** ['mætʃəʊ] ◇ *adj* macho. ◇ *n* macho *m*.
**mack** [mæk] = mac 1.
**mackerel** ['mækrəl] (*pl inv* OR **mackerels**) *n* maquereau *m*.
**mackintosh** ['mækɪntɒʃ] *n Br* imperméable *m*.
**macramé** [mə'krɑːmɪ] *n* macramé *m*.
**macro** ['mækrəʊ] (*pl* **macros**) *n* macroinstruction *f*.
**macrobiotic** [,mækrəʊbaɪ'ɒtɪk] *adj* macrobiotique.
◆ **macrobiotics** *n* (U) macrobiotique *f*.
**macroclimate** ['mækrəʊ,klaɪmət] *n* macroclimat *m*.
**macrocosm** ['mækrəʊkɒzm] *n* macrocosme *m*.
**macrocosmic** [,mækrəʊ'kɒzmɪk] *adj* macrocosmique.
**macroeconomics** ['mækrəʊ,iːkə'nɒmɪks] *n* (U) macroéconomie *f*.
**macron** ['mækrɒn] *n* TYPO macron *m*.
**macroscopic** [,mækrəʊ'skɒpɪk] *adj* macroscopique.
**macrostructure** ['mækrəʊ,strʌktʃər] *n* macrostructure *f*.
**mad** [mæd] ◇ *adj* -1. *esp Br* [crazy] fou, folle (*before vowel or mute 'h'* fol (*f* folle)); to go ~ devenir fou; to be ~ with joy/grief être fou de joie/douleur; it's a case of patriotism gone ~ c'est du patriotisme poussé à l'extrême OR qui frise la folie; to drive sb ~ rendre qqn fou ❑ to be as ~ as a hatter OR a March hare être fou à lier; MAD (magazine) PRESS *magazine satirique américain très populaire*. -2. [absurd – ambition, plan] fou, *before vowel or silent 'h'* fol (*f* folle), insensé. -3. [angry] en colère, furieux; he went ~ when he saw them il s'est mis dans une colère noire en les voyant; to be ~ at OR with sb être en colère OR fâché contre qqn; she makes me ~ elle m'énerve; don't get ~ ne vous fâchez pas. -4. [frantic]: there was a ~ rush for the door tous les gens se sont rués

vers la porte comme des fous; I'm in a ~ rush *inf* je suis très pressé, je suis à la bourre; don't go ~ and try to do it all yourself *fig* tu ne vas pas te tuer à essayer de tout faire toi-même? ❑ like ~ *inf*: to run like ~ courir comme un fou OR un dératé; they were arguing like ~ ils discutaient comme des perdus. **-5.** *esp Br inf* [enthusiastic, keen] fou, *before vowel or silent 'h'* fol (*f* folle); to be ~ about OR on sthg être fou de qqch; she's ~ about cats elle adore les chats; he's ~ about her il est fou d'elle. **-6.** [dog] enragé; [bull] furieux.
◇ *n Am* accès *m* de colère.
◇ *adv Br*: to be ~ keen on OR about sthg *inf* être dingue OR être un mordu de qqch.

**MAD** [mæd] (*abbr of* **mutual assured destruction**) *n* équilibre *de la terreur*.

**Madagascan** [,mædə'gæskn] ◇ *n* Malgache *mf*. ◇ *adj* malgache.

**Madagascar** [,mædə'gæskəʳ] *pr n* Madagascar; in ~ à Madagascar.

**madam** ['mædəm] *n* **-1.** *fml* madame *f*; Dear Madam (Chère) Madame; ~ Chairman Madame la Présidente. **-2.** *pej*: she's a little ~ c'est une petite effrontée. **-3.** [in brothel] tenancière *f*.

**madcap** ['mædkæp] ◇ *adj* fou, *before vowel or silent 'h'* fol (*f* folle), insensé. ◇ *n* fou *m*, folle *f*, hurluberlu *m*, -e *f*.

**madden** ['mædn] *vt* [drive insane] rendre fou; [exasperate] exaspérer, rendre fou.

**maddening** ['mædnɪŋ] *adj* exaspérant; a ~ noise un bruit à vous rendre fou.

**maddeningly** ['mædnɪŋlɪ] *adv* de façon exaspérante; ~ slow d'une lenteur exaspérante.

**madder** ['mædəʳ] *n* BOT & TEX garance *f*.

**made** [meɪd] *pt & pp* → **make**.

**-made** *in cpds*: factory~ industriel; British~ fabriqué au Royaume-Uni.

**Madeira** [mə'dɪərə] ◇ *pr n* [island] Madère; in ~ à Madère. ◇ *n* [wine] madère *m*.

**Madeira cake** *n* ≃ quatre-quarts *m inv*.

**made-to-measure** *adj* (fait) sur mesure.

**made-to-order** *adj* (fait) sur commande.

**made-up** *adj* **-1.** [wearing make-up] maquillé. **-2.** [invented – story] fabriqué; [– evidence] faux (*f* fausse).

**madhouse** ['mædhaʊs, *pl* -haʊzɪz] *n inf* asile *m* d'aliénés, maison *f* de fous; *fig* maison de fous.

**Madison Avenue** ['mædɪsn-] *pr n* rue de New York dont le nom évoque le milieu de la publicité.

**madly** ['mædlɪ] *adv* **-1.** [passionately] follement; ~ in love éperdument OR follement amoureux; ~ jealous fou de jalousie. **-2.** [frantically] comme un fou, frénétiquement; [wildly] comme un fou, follement; [desperately] désespérément.

**madman** ['mædmən] (*pl* **madmen** [-mən]) *n* fou *m*, aliéné *m*.

**madness** ['mædnɪs] *n* **-1.** [insanity] folie *f*, démence *f*. **-2.** [folly] folie *f*; it's ~ even to think of going away now il faut être fou pour songer à partir maintenant.

**Madonna** [mə'dɒnə] *n* **-1.** RELIG Madone *f*; [image] madone *f*; '~ and Child' 'Vierge à l'enfant'.

**madrigal** ['mædrɪgl] *n* MUS madrigal *m*.

**madwoman** ['mæd,wʊmən] (*pl* **madwomen** [-,wɪmɪn]) *n* folle *f*, aliénée *f*.

**Maecenas** [miː'siːnæs] *pr n* Mécène.

**maelstrom** ['meɪlstrɒm] *n* maelström *m*.

**maestro** ['maɪstrəʊ] (*pl* **maestros**) *n* maestro *m*.

**mafia** ['mæfɪə] *n literal & fig* mafia *f*, maffia *f*.

**mafioso** [,mæfɪ'əʊsəʊ] (*pl* **mafiosi** [-siː]) *n* mafioso *m*, maffioso *m*.

**mag** [mæg] *n inf abbr of* **magazine**.

**magazine** [,mægə'ziːn] *n* **-1.** [publication] magazine *m*, revue *f*; TV magazine *m*. **-2.** [in gun] magasin *m*; [cartridges] chargeur *m*. **-3.** MIL [store] magasin *m*; [for weapons] dépôt *m* d'armes; [munitions] munitions *fpl*. **-4.** PHOT magasin *m*; [for slides] panier *m*, magasin *m*.

**Magellan** [mə'gelən] *pr n* Magellan; the Strait of ~ le détroit de Magellan.

**magenta** [mə'dʒentə] ◇ *n* magenta *m*. ◇ *adj* magenta (*inv*).

**Maggiore** [,mædʒɪ'ɔːrɪ] *pr n*: Lake ~ le lac Majeur.

**maggot** ['mægət] *n* asticot *m*.

**Maghreb** ['mɑːgrəb] *pr n*: the ~ le Maghreb; in the ~ au Maghreb.

**Magi** ['meɪdʒaɪ] *pl pr n*: the ~ les Rois *mpl* mages.

**magic** ['mædʒɪk] ◇ *n* **-1.** [enchantment] magie *f*; like OR as if by ~ *fig* comme par enchantement OR magie; the medicine worked like ~ le remède a fait merveille ‖ [conjuring] magie *f*, prestidigitation *f*. **-2.** [special quality] magie *f*; discover the ~ of Greece découvrez les merveilles de la Grèce. ◇ *adj* **-1.** [supernatural] magique; a ~ spell un sortilège; just say the ~ words il suffit de dire la formule magique ❑ ~ number/square nombre *m*/carré *m* magique; 'The Magic Flute' Mozart 'la Flûte enchantée'. **-2.** [spécial – formula, moment] magique. **-3.** *inf* [marvellous] génial.
◆ **magic away** *vt sep* faire disparaître comme par enchantement.

**magical** ['mædʒɪkl] *adj* magique.

**magic carpet** *n* tapis *m* volant.

**magic eye** *n* œil *m* cathodique OR magique.

**magician** [mə'dʒɪʃn] *n* magicien *m*, -enne *f*.

**magic lantern** *n* lanterne *f* magique.

**magic mushroom** *n inf* champignon *m* hallucinogène.

**magic wand** *n* baguette *f* magique.

**magisterial** [,mædʒɪ'stɪərɪəl] *adj* JUR de magistrat; *fig* magistral.

**magistral** [mə'dʒɪstrəl] *adj* magistral.

**magistrate** ['mædʒɪstreɪt] *n* magistrat *m*.

**magistrates' court** *n* tribunal *m* de première instance.

**magma** ['mægmə] *n* magma *m*.

**Magna Carta**, **Magna Charta** ['mægnə'kɑːtə] *pr n Br* HIST la Grande Charte.

**magna cum laude** [,mægnəkʊm'laʊdeɪ] *adv* UNIV avec mention très bien.

**magnanimity** [,mægnə'nɪmətɪ] *n* magnanimité *f*.

**magnanimous** [mæg'nænɪməs] *adj* magnanime.

**magnate** ['mægneɪt] *n* magnat *m*.

**magnesia** [mæg'niːʃə] *n* magnésie *f*.

**magnesium** [mæg'niːzɪəm] *n* magnésium *m*; ~ oxide magnésie *f*, oxyde *m* de magnésium.

**magnet** ['mægnɪt] *n* aimant *m*.

**magnetic** [mæg'netɪk] *adj* magnétique; a ~ personality *fig* une personnalité fascinante OR charismatique.

**magnetic disk** *n* disque *m* magnétique.

**magnetic field** *n* champ *m* magnétique.

**magnetic needle** *n* aiguille *f* aimantée.

**magnetic north** *n* nord *m* magnétique.

**magnetic storm** *n* orage *m* magnétique.

**magnetic tape** *n* bande *f* magnétique.

**magnetism** ['mægnɪtɪzm] *n* magnétisme *m*.

**magnetize**, **-ise** ['mægnɪtaɪz] *vt* aimanter, magnétiser; *fig* [charm] magnétiser.

**magnification** [,mægnɪfɪ'keɪʃn] *n* **-1.** OPT grossissement *m*; ACOUST amplification *f*. **-2.** RELIG glorification *f*.

**magnificence** [mæg'nɪfɪsəns] *n* magnificence *f*, splendeur *f*.

**magnificent** [mæg'nɪfɪsənt] *adj* magnifique, splendide; 'The Magnificent Seven' *Sturges* 'les Sept Mercenaires'.

**magnify** ['mægnɪfaɪ] (*pt & pp* **magnified**) *vt* **-1.** OPT grossir; ACOUST amplifier. **-2.** [exaggerate] exagérer, grossir. **-3.** *lit* [exalt] exalter, magnifier; RELIG glorifier.

**magnifying glass** ['mægnɪfaɪɪŋ-] *n* loupe *f*.

**magnitude** ['mægnɪtjuːd] *n* [scale] ampleur *f*, étendue *f*; ASTRON & GEOL magnitude *f*; [of problem – importance] importance *f*; [– size] ampleur *f*.

**magnolia** [mæg'nəʊljə] ◇ *n* magnolia *m*. ◇ *adj* couleur magnolia (*inv*), blanc rosé (*inv*).

**magnum** ['mægnəm] *n* [wine bottle, gun] magnum *m*.

**magpie** ['mægpaɪ] *n* **-1.** ORNITH pie *f*. **-2.** *inf & fig* [chatterbox] pie *f*, moulin *m* à paroles; *Br* [hoarder] chiffonnier *m*, -ère *f* fig.

**Magyar** ['mægjɑː] ◇ *n* [person] Magyar *m*, -e *f*. ◇ *adj* magyar.

**maharaja(h)** [,mɑːhə'rɑːdʒə] *n* maharaja *m*, maharadjah *m*.

**maharani** [,mɑːhə'rɑːniː] *n* maharani *f*.

**maharishi** [,mɑːhə'riːʃɪ] *n* maharishi *m*.

**mahatma** [mə'hɑːtmə] *n* mahatma *m*.

**mahogany** [mə'hɒɡənɪ] (*pl* **mahoganies**) ◇ *n* acajou *m*; ~ tree acajou *m*. ◇ *adj* **-1.** ~ (coloured) acajou *(inv)*. **-2.** [furniture] en acajou.

**Mahomet** [mə'hɒmɪt] = **Mohammed**.

**Mahometan** [mə'hɒmɪtn] *dated* ◇ *adj* mahométan. ◇ *n* Mahométan *m*, -e *f*.

**maid** [meɪd] *n* **-1.** [servant] bonne *f*, domestique *f*; [in hotel] femme *f* de chambre; ~ of honour demoiselle *f* d'honneur. **-2.** *lit* jeune fille *f*, demoiselle *f*; the Maid of Orleans la pucelle *f* d'Orléans. **-3.** *pej*: old ~ vieille fille *f*.

**maiden** ['meɪdn] *n* [young girl] jeune fille *f*; [virgin] vierge *f*.

**maiden aunt** *n* tante *f* célibataire.

**maidenhair** ['meɪdnheəʳ] *n*: ~ (fern) capillaire *m*, cheveu-de-Vénus *m*.

**maidenhead** ['meɪdnhed] *n lit* [hymen] hymen *m*; [virginity] virginité *f*.

**maidenhood** ['meɪdnhʊd] *n* virginité *f*.

**maiden name** *n* nom *m* de jeune fille.

**maiden over** *n* au cricket, série de balles où aucun point n'a été marqué.

**maiden speech** *n Br* premier discours prononcé par un parlementaire nouvellement élu.

**maiden voyage** *n* voyage *m* inaugural.

**maid-in-waiting** (*pl* **maids-in-waiting**) *n* dame *f* d'honneur.

**maidservant** ['meɪd,sɜːvənt] *n* servante *f*.

**mail** [meɪl] ◇ *n* **-1.** [postal service] poste *f*; the parcel got lost in the ~ le colis a été égaré par la poste; your cheque is in the ~ votre chèque a été posté. **-2.** [letters] courrier *m*; the ~ is only collected twice a week il n'y a que deux levées par semaine. **-3.** *(U)* [armour] mailles *fpl*. ◇ *vt Am* [parcel, goods, cheque] envoyer OR expédier par la poste; [letter] poster.

◆ **Mail** *pr n*: the Mail PRESS *nom abrégé du Daily Mail*.

**mailbag** ['meɪlbæɡ] *n* sac *m* postal.

**mail bomb** *n Am* [letter] lettre *f* piégée; [parcel] colis *m* piégé.

**mailbox** ['meɪlbɒks] *n* **-1.** *esp Am* [postbox] boîte *f* à lettres. **-2.** *Am* [letterbox] boîte *f* aux lettres.

**mail clerk** *n Am* employé *m*, -e *f* responsable du courrier.

**mailcoach** ['meɪlkəʊtʃ] *n* RAIL voiture-poste *f*; [horse-drawn] malle-poste *f*.

**mail drop** *n* boîte *f* à OR aux lettres.

**mailing** ['meɪlɪŋ] *n* **-1.** [posting] expédition *f*, envoi *m* par la poste. **-2.** COMM & COMPUT mailing *m*, publipostage *m*.

**mailing list** *n* fichier *m* d'adresses.

**mailman** ['meɪlmən] (*pl* **mailmen** [-mən]) *n Am* facteur *m*.

**mail order** *n* vente *f* par correspondance; to buy sthg by ~ acheter qqch par correspondance OR sur catalogue.

◆ **mail-order** *adj*: mail-order catalogue catalogue *m* de vente par correspondance; mail-order firm maison *f* de vente par correspondance; mail-order goods marchandises *fpl* vendues OR achetées par correspondance.

**mailshot** ['meɪlʃɒt] *n* mailing *m*, publipostage *m*.

**mail train** *n* train *m* postal.

**mail truck** *n Am* camionnette *f* OR fourgonnette *f* des postes.

**mail van** *n Br* AUT camionnette *f* OR fourgonnette *f* des postes; RAIL voiture-poste *f*.

**maim** [meɪm] *vt* [disable] mutiler, estropier; [injure] blesser; [psychologically] marquer, perturber.

**main** [meɪn] ◇ *adj* **-1.** [principal] principal; [largest] principal, plus important; [essential – idea, theme, reason] principal, essentiel; the ~ points les points principaux; the ~ thing we have to consider is his age la première chose à prendre en compte, c'est son âge; you're safe, that's the ~ thing tu es sain et sauf, c'est le principal ❑ he always has an eye to the ~ chance *inf* il ne perd jamais de vue ses propres intérêts; ~ course plat *m* de résistance; [on menu] plat *m*; ~ office [gen] bureau *m* principal; [headquarters] siège *m*. **-2.** *lit* [sheer]: to do sthg by ~ force employer la force pour faire qqch. ◇ *n* **-1.** [for gas, water – public] canalisation *f* principale; [– domestic]: gas ~ conduite *f* de gaz; water ~ conduite *f* d'eau ‖ [for electricity] conducteur *m* principal. **-2.** NAUT grand mât *m*.

◆ **in the main** *adv phr* en gros, dans l'ensemble.

**main beam** *n* **-1.** AUT feux *mpl* de route. **-2.** CONSTR poutre *f* maîtresse.

**main bearing** *n* palier *m* (*dans un moteur*).

**mainbrace** ['meɪnbreɪs] *n* grand bras *m* de vergue.

**main clause** *n* GRAMM proposition *f* principale.

**main deck** *n* NAUT pont *m* principal.

**Maine** [meɪn] *pr n* le Maine; in ~ dans le Maine.

**mainframe** ['meɪnfreɪm] *n*: ~ (computer) gros ordinateur *m*, processeur *m* central.

**mainland** ['meɪnlənd] ◇ *n* continent *m*; the Danish ~ le Danemark continental. ◇ *adj* continental; in ~ Britain en Grande-Bretagne proprement dite (*par opposition aux îles qui l'entourent*).

**mainlander** ['meɪnləndəʳ] *n* habitant *m*, -e *f* du continent, continental *m*, -e *f*.

**mainline**▽ ['meɪnlaɪn] *drugs sl* ◇ *vi* se piquer, se shooter. ◇ *vt*: to ~ heroin se shooter à l'héroïne.

**main line** *n* RAIL grande ligne *f*; *Am* [road] grande route *f*.

◆ **main-line** *adj* [train, station] de grande ligne.

**mainly** ['meɪnlɪ] *adv* [chiefly] principalement, surtout; [in the majority] pour la plupart, dans l'ensemble.

**main road** *n* grande route *f*, route à grande circulation, ≃ nationale *f*.

**mains** [meɪnz] ◇ *n* (*with sg or pl verb*) **-1.** [main supply] réseau *m*; where's the ~? où est la conduite principale?; did you turn the electricity/gas off at the ~? as-tu fermé l'arrivée de gaz/d'électricité?-**2.** ELEC secteur *m*; my shaver works on battery or ~ mon rasoir marche sur piles ou sur (le) secteur. ◇ *comp*: the village doesn't have ~ electricity le village n'est pas raccordé au réseau électrique; ~ gas gaz *m* de ville; ~ supply réseau *m* de distribution de gaz/d'eau/ d'électricité; ~ water eau *f* courante.

**mainsail** ['meɪnseɪl, 'meɪnsl] *n* NAUT grand-voile *f*.

**mainsheet** ['meɪnʃiːt] *n* écoute *f* de (la) grand-voile.

**mains-operated** *adj* fonctionnant sur secteur.

**mainspring** ['meɪnsprɪŋ] *n* **-1.** TECH ressort *m* moteur. **-2.** *fig* moteur *m*.

**mainstay** ['meɪnsteɪ] *n* **-1.** NAUT étai *m* (de grand mât). **-2.** *fig* soutien *m*, point *m* d'appui; maize is the ~ of their diet le maïs constitue la base de leur alimentation.

**mainstream** ['meɪnstriːm] ◇ *adj*: ~ French politics le courant dominant de la politique française; ~ America la majorité des américains; their music is hardly what you'd call ~! leur musique se démarque de ce qu'on entend habituellement! ◇ *n* courant *m*; the ~ of modern European literature la tendance qui prédomine dans la littérature européenne moderne; to live outside the ~ of society vivre en marge de la société.

**main street** *n* **-1.** *literal* rue *f* principale. **-2.** *Am fig*: Main Street *les petits commerçants*.

**maintain** [meɪn'teɪn] ◇ *vt* **-1.** [retain – institution, tradition] conserver, préserver; [preserve – peace, standard] maintenir; to ~ law and order maintenir l'ordre; to ~ a position MIL & *fig* tenir une position ‖ [look after – roads, machinery] entretenir. **-2.** [uphold, keep – correspondence, friendship] entretenir; [– silence, advantage, composure] garder; [– reputation] défendre. **-3.** [financially – dependents] entretenir; they have two children at university to ~ ils ont deux enfants à charge à l'université. **-4.** [assert – opinion] soutenir, défendre; [– innocence] affirmer. ◇ *vi Am*: I'm ~ing! [I'm fine] ça va!

**maintainable** [meɪn'teɪnəbl] *adj* [attitude, opinion, position] soutenable, défendable.

**maintenance** ['meɪntənəns] *n* **-1.** [of roads, building] entretien *m*; [of machinery, computer] maintenance *f*.-**2.** [financial support] entretien *m*.-**3.** JUR [alimony] pension *f* alimentaire. **-4.** [of order] maintien *m*; [of regulations] application *f*; [of situation] maintien *m*. ◇ *comp* [costs, crew] d'entretien; ~ man ouvrier *m* chargé de l'entretien OR de la maintenance.

**maintenance allowance** *n* [to student] bourse *f* d'études; [to businessman] indemnité *f* pour frais de déplacement.

**maintenance-free** *adj* sans entretien, sans maintenance.

**maintenance grant** = **maintenance allowance**.

**maintenance order** *n* obligation *f* alimentaire.

**Mainz** [maɪnts] *pr n* Mayence.

**maisonette** [ˌmeɪzə'net] *n* Br [small house] maisonnette *f*; [flat] duplex *m*.

**maître d'** [ˌmetrə'diː] *n* maître *m* d'hôtel.

**maître d'hôtel** [ˌmetrədəu'tel] *n* maître *m* d'hôtel.

**maize** [meɪz] *n* maïs *m*.

**Maj.** (*written abbr of* **Major**) ≃ Cdt.

**majestic** [mə'dʒestɪk] *adj* majestueux.

**majesty** ['mædʒəstɪ] (*pl* **majesties**) *n* majesté *f*; His Majesty the King Sa Majesté le Roi; Her Majesty the Queen Sa Majesté la Reine.

**major** ['meɪdʒəʳ] ◇ *adj* **-1.** [main]: the ~ part of our research l'essentiel de nos recherches; the ~ portion of my time is devoted to politics la majeure partie OR la plus grande partie de mon temps est consacrée à la politique ❑; ~ road route *f* principale OR à grande circulation; ≈ nationale *f*. **-2.** [significant – decision, change, factor, event] majeur; don't worry, it's not a ~ problem ne t'inquiète pas, ce n'est pas très grave; of ~ importance d'une grande importance, d'une importance capitale; a ~ role [in play, film] un grand rôle; [in negotiations, reform] un rôle capital OR essentiel. **-3.** [serious – obstacle, difficulty] majeur; she underwent ~ surgery elle a subi une grosse opération. **-4.** MUS majeur; in a ~ key en (mode) majeur. **-5.** Br SCH [elder]: Smith ~ Smith aîné. **-6.** CARDS majeur; ~ suit majeure *f*.
◇ *n* **-1.** MIL [in air force] commandant *m*; [in infantry] chef *m* de bataillon; [in cavalry] chef *m* d'escadron. **-2.** *fml* [person over 18] personne *f* majeure. **-3.** Am UNIV [subject] matière *f* principale; Tina is a physics ~ Tina fait des études de physique. **-4.** MUS (mode *m*) majeur *m*. **-5.** Am [big company]: the oil ~s les grandes compagnies pétrolières; the Majors [film companies] *les cinq compagnies de production les plus importantes à Hollywood.*
◇ *vi* Am UNIV [specialize] se spécialiser; [be a student]: she ~ed in sociology elle a fait des études de sociologie.

**Majorca** [mə'dʒɔːkə, mə'jɔːkə] *pr n* Majorque; in ~ à Majorque.

**Majorcan** [mə'dʒɔːkn, mə'jɔːkn] ◇ *n* Majorquin *m*, -ine *f*.
◇ *adj* majorquin.

**majorette** [ˌmeɪdʒə'ret] *n* majorette *f*.

**major general** *n* général *m* de division.

**majority** [mə'dʒɒrətɪ] (*pl* **majorities**) ◇ *n* **-1.** [of a group] majorité *f*, plupart *f*; the ~ of people la plupart des gens; the ~ was OR were in favour la majorité OR la plupart d'entre eux était pour; the vast ~ of the tourists were Japanese les touristes, dans leur très grande majorité, étaient des Japonais ‖ [in voting, opinions] majorité *f*; to be in a ~ être majoritaire; the proposition had an overwhelming ~ la proposition a recueilli une écrasante majorité; she was elected by a ~ of 6 elle a été élue avec une majorité de 6 voix OR par 6 voix de majorité. **-2.** JUR [voting age] majorité *f*. ◇ *comp* majoritaire.

**major league** *n* Am **-1.** [in baseball] *une des deux principales divisions de baseball professionnel aux États-Unis.* **-2.** [gen] première division *f*; ~ team grande équipe (*sportive*).

**make** [meɪk] (*pt & pp* **made** [meɪd]) ◇ *vt* **A. -1.** [construct, create, manufacture] faire, fabriquer; to ~ one's own clothes faire ses vêtements soi-même; to ~ a meal préparer un repas; 'made in Japan' 'fabriqué au Japon'; a vase made of OR from clay un vase en OR de terre cuite; what's it made of? en quoi est-ce que c'est fait?; what do you ~ aluminium from? à partir de quoi est-ce qu'on fabrique l'aluminium? ❑ they're made for each other ils sont faits l'un pour l'autre; we're not made of money! on n'a pas d'argent à jeter par les fenêtres!; I'll show them what I'm made of! je leur montrerai de quel bois je me chauffe OR qui je suis! **-2.** [cause to appear or happen – hole, tear, mess, mistake, noise] faire; it made a dent in the bumper ça a cabossé le pare-chocs; he's always making trouble il faut toujours qu'il fasse des histoires. **-3.** [establish – law, rule] établir, faire; I don't ~ the rules ce n'est pas moi qui fais les règlements. **-4.** [form – circle, line] former. **-5.** CIN & TV [direct] faire; [act in] faire. **-6.** (*delexical use*) [indicating action performed]: the police are making inquiries la police procède à une enquête; I have no further comments to ~ je n'ai rien à ajouter. **-7.** [tidy]: to ~ one's bed faire son lit.
**B. -1.** (*with adj or pp complement*) [cause to be] rendre; to ~ sb happy/mad rendre qqn heureux/fou; this will ~ things

easier cela facilitera les choses; it ~s her tired ça me fatigue; what ~s the sky blue? qu'est-ce qui fait que le ciel est bleu?; I'd like to ~ it clear that it wasn't my fault je voudrais qu'on comprenne bien que je n'y suis pour rien; it was hard to ~ myself heard/understood j'ai eu du mal à me faire entendre/comprendre. **-2.** (*with noun complement or with 'into'*) [change into] faire; the film made her (into) a star le film a fait d'elle une vedette; he was made president for life il a été nommé président à vie; they made Bonn the capital ils ont choisi Bonn pour capitale; he ~s a joke of everything il tourne tout en plaisanterie; the building has been made into offices l'immeuble a été réaménagé OR converti en bureaux; I can't come in the morning, shall we ~ it 2 pm? je ne peux pas venir le matin, est-ce que 14 h vous conviendrait? **-3.** (*with verb complement*) [cause] faire; what ~s you think they're wrong? qu'est-ce qui te fait penser qu'ils ont tort?; you ~ it look easy à vous voir, on croirait que c'est facile; the hat/photo ~s you look ridiculous tu as l'air ridicule avec ce chapeau/sur cette photo. **-4.** [force, oblige]: to ~ sb do sthg faire faire qqch à qqn; [stronger] forcer OR obliger OR contraindre qqn à faire qqch; they made me wait ils m'ont fait attendre; she made herself keep running elle s'est forcée à continuer à courir.
**C. -1.** [attain, achieve – goal] atteindre; their first record made the top ten leur premier disque est rentré au top ten; you won't ~ the team if you don't train tu n'entreras jamais dans l'équipe si tu ne t'entraînes pas; the story made the front page l'histoire a fait la une des journaux. **-2.** [arrive at, get to – place] atteindre; we should ~ Houston/port by evening nous devrions arriver à Houston/atteindre le port d'ici ce soir; did you ~ your train? as-tu réussi à avoir ton train? **-3.** [be available for]: I won't be able to ~ lunch je ne pourrai pas déjeuner avec toi-elle/vous *etc*; can you ~ Friday afternoon? vendredi après-midi, ça vous convient? **-4.** [earn, win] faire, gagner; how much do you ~ a month? combien gagnes-tu par mois?; what do they ~ out of the deal? qu'est-ce qu'ils gagnent dans l'affaire?, qu'est-ce que l'affaire leur rapporte?
**D. -1.** [amount to, add up to] faire; 17 and 19 ~ OR ~s 36 17 plus 19 font OR égalent 36; how old does that ~ him? quel âge ça lui fait? **-2.** [reckon to be]: I ~ the answer 257 d'après moi, ça fait 257; what time do you ~ it? quelle heure as-tu? **-3.** (*with noun complement*) [fulfil specified role, function etc] faire; he'll ~ somebody a good husband ce sera un excellent mari; they ~ a handsome couple ils forment un beau couple; her reminiscences ~ interesting reading ses souvenirs sont intéressants à lire. **-4.** [score] marquer.
**E. -1.** [make successful] faire le succès de; if this deal comes off we're made! si ça marche, on touche le gros lot! ❑ you've got it made! tu n'as plus de souci à te faire!; what happens today will ~ or break us notre avenir dépend entièrement de ce qui va se passer aujourd'hui. **-2.**▽ [seduce] draguer; [have sex with] se faire. **-3.** Am [in directions]: to ~ a right/left tournez à droite/à gauche. **-4.** *phr*: to ~ it [arrive] arriver; [be successful] réussir; [be able to attend] être là; I'll never ~ it for 10 o'clock je ne pourrai jamais y être pour 10 h; I hope she ~s it through the winter j'espère qu'elle passera l'hiver; I can't ~ it for supper tomorrow je ne peux pas dîner avec eux/toi *etc* demain ❑ to ~ it with sb▽ se faire qqn.
◇ *vi* [act]: to ~ (as if) to faire mine de; I walked in trying to ~ like a businessman je suis entré en essayant d'avoir l'air d'un homme d'affaires; ~ like you're asleep! *inf* fais semblant de dormir! ❑ to ~ believe imaginer; to ~ do (with) [manage] se débrouiller (avec); [be satisfied] se contenter (de).
◇ *n* **-1.** [brand] marque *f*. **-2.** *phr*: to be on the ~ *inf* [financially] chercher à se faire du fric.

◆ **make away with** = make off with.

◆ **make for** *vt insep* **-1.** [head towards] se diriger vers; [hastily] se précipiter vers; he made for his gun il fit un geste pour saisir son pistolet. **-2.** [contribute to] mener à; the treaty should ~ for a more lasting peace le traité devrait mener OR aboutir à une paix plus durable; this typeface ~s for easier reading cette police permet une lecture plus facile; a good diet ~s for healthier babies un bon régime alimentaire donne des bébés en meilleure santé.

◆ **make of** ◇ *vt sep* **-1.** [understand] comprendre à. **-2.** [give importance to]: I think you're making too much of a very minor problem je pense que tu exagères l'importance de ce petit problème; do you want to ~ something of it, then? *inf* [threat] tu cherches des histoires ou quoi? ◇ *vt insep* [think of] penser de.

◆ **make off** *vi insep* partir.

◆ **make off with** *vt insep* partir avec.

◆ **make out** ◇ *vt sep* **-1.** [see] distinguer; [hear] entendre, comprendre; [read] déchiffrer. **-2.** [understand] comprendre; I can't ~ her out at all je ne la comprends pas du tout. **-3.** [claim] prétendre; she made out that she was busy elle a fait semblant d'être occupée; don't ~ yourself out to be something you're not ne prétends pas être ce que tu n'es pas. **-4.** [fill out – form, cheque] remplir; who shall I ~ the cheque out to? je fais le chèque à quel ordre? **-5.** [draw up – list] dresser, faire; [– will, contract] faire, rédiger, établir; [receipt] faire. ◇ *vi insep* **-1.** *inf* [manage] se débrouiller; how did you ~ out at work today? comment ça s'est passé au boulot aujourd'hui? **-2.** ▽ [neck, pet] se peloter; to ~ out with sb [have sex] s'envoyer qqn.

◆ **make over** *vt sep* **-1.** [transfer] transférer, céder. **-2.** *Am* [convert – room, house] réaménager.

◆ **make up** ◇ *vi insep* **-1.** [put on make-up] se maquiller. **-2.** [become reconciled] se réconcilier.
◇ *vt sep* **-1.** [put make-up on] maquiller; to ~ o.s. up se maquiller. **-2.** [prepare] faire, préparer; the chemist made up the prescription le pharmacien a préparé l'ordonnance; the fire needs making up il faut remettre du charbon/du bois sur le feu. **-3.** [invent] inventer. **-4.** *phr*: to ~ it up with sb se réconcilier avec qqn.
◇ *vt insep* **-1.** [constitute] composer, constituer; the different ethnic groups that ~ up our organization les différents groupes ethniques qui constituent notre organisation; the cabinet is made up of 11 ministers le cabinet est composé de 11 ministres; it is made up of a mixture of different types of tobacco c'est un mélange de plusieurs tabacs différents. **-2.** [compensate for – losses] compenser; to ~ up lost ground regagner le terrain perdu; he's making up time il rattrape son retard. **-3.** [complete]: this cheque will help you ~ up the required sum ce chèque vous aidera à atteindre le montant requis; we need two more players to ~ up the team nous avons besoin de deux joueurs de plus pour que l'équipe soit au complet; I'll ~ up the difference je mettrai la différence.

◆ **make up for** *vt insep* compenser; how can I ~ up for all the trouble I've caused you? que puis-je faire pour me faire pardonner tous les ennuis que je vous ai causés?; she's making up for lost time now! *literal & fig* elle est en train de rattraper le temps perdu!

◆ **make up to** ◇ *vt insep*: to ~ up to sb [try to win favour] essayer de se faire bien voir par qqn; [make advances] faire du plat à qqn. ◇ *vt sep phr*: I promise I'll ~ it up to you someday tu peux être sûr que je te revaudrai ça (un jour).

◆ **make with** *vt insep Am inf*: ~ with the drinks! à boire!; ~ with the music! musique!

**make-believe** ◇ *n*: it's only ~ ce n'est qu'illusion; a world of ~ un monde d'illusions. ◇ *adj* imaginaire; they turned the bed into a ~ raft ils imaginèrent que le lit était un radeau.

**makeover** ['meɪkəʊvər] *n* changement *m* de look.

**maker** ['meɪkər] *n* **-1.** [craftsman] fabricant *m*, -e *f*. **-2.** RELIG: Maker Créateur *m*.

**-maker** *in cpds* **-1.** [manufacturer] fabricant *m*; dress~ couturière *f*. **-2.** [machine]: electric coffee~ cafetière *f* électrique.

**makeshift** ['meɪkʃɪft] ◇ *adj* de fortune; the accommodation was very ~ le logement était plutôt improvisé. ◇ *n* expédient *m*.

**make-up** *n* **-1.** [cosmetics] maquillage *m*, fard *m*; she had a lot of ~ on elle était très maquillée; eye ~ fard pour les yeux ❑; ~ artist maquilleur *m*, -euse *f*; ~ bag trousse *f* de maquillage; ~ remover démaquillant *m*. **-2.** [constitution] constitution *f*. **-3.** [nature, character] nature *f*, caractère *m*. **-4.** TYPO mise *f* en pages. **-5.** *Am* [test, exam]: ~ (test) examen *m* de rattrapage.

**makeweight** ['meɪkweɪt] *n* [on scales] complément *m* de poids; I'm only here as a ~ *fig* je ne suis là que pour faire nombre.

**making** ['meɪkɪŋ] *n* **-1.** [manufacture, creation] fabrication *f*; the situation is entirely of his own ~ il est entièrement responsable de la situation dans laquelle il se trouve; the incident was to be the ~ of his career as a politician l'incident devait être à l'origine de sa carrière d'homme politique. **-2.** [preparation – of cake] confection *f*, préparation *f*; [– of film] tournage *m*.

◆ **in the making** *adj phr* [idea] en gestation; [plan] à l'étude; [building] en construction; it's history in the ~ c'est une page d'histoire qui s'écrit sous nos yeux.

◆ **makings** *npl* [essential elements] ingrédients *mpl*; his war stories have the ~s of a good film il y a de quoi faire un bon film avec ses récits de guerre ‖ [potential]: that child has the ~s of a genius cet enfant présente toutes les caractéristiques du génie.

**malachite** ['mæləkaɪt] *n* malachite *f*.

**maladapted** [,mælə'dæptɪd] *adj* inadapté.

**maladjusted** [,mælə'dʒʌstɪd] *adj* **-1.** PSYCH [child] inadapté. **-2.** [engine, TV picture] mal réglé; [mechanism] mal ajusté.

**maladjustment** [,mælə'dʒʌstmənt] *n* **-1.** [psychological or social] inadaptation *f*; [emotional] déséquilibre *m*. **-2.** [of engine, TV] mauvais réglage *m*; [of mechanism] mauvais réglage *m*, mauvais ajustement *m*.

**maladroit** [,mælə'drɔɪt] *adj* maladroit, gauche, malhabile.

**malady** ['mælədɪ] (*pl* **maladies**) *n lit* maladie *f*, affection *f*, mal *m*.

**Malagasy** [,mælə'gæsɪ] ◇ *n* [person] Malgache *mf*. ◇ *adj* malgache.

**malaise** [mæ'leɪz] *n* malaise *m*.

**malapropism** ['mæləprɒpɪzm] *n* lapsus *m*.

**malaria** [mə'leərɪə] *n* malaria *f*, paludisme *m*.

**malarkey** [mə'lɑːkɪ] *n* (*U*) bêtises *fpl*, sottises *fpl*.

**Malawi** [mə'lɑːwɪ] *pr n* Malawi *m*; in ~ au Malawi.

**Malawian** [mə'lɑːwɪən] ◇ *n* Malawite *mf*. ◇ *adj* malawite.

**Malay** [mə'leɪ] ◇ *n* [person] Malais *m*, -e *f*. ◇ *adj* malais.

**Malaya** [mə'leɪə] *pr n* Malaisie *f*, Malaysia *f* Occidentale; in ~ en Malaisie.

**Malayan** [mə'leɪən] ◇ *n* Malais *m*, -e *f*. ◇ *adj* malais.

**Malay Peninsula** *pr n*: the ~ (la presqu'île de) Malacca, la presqu'île Malaise.

**Malaysia** [mə'leɪzɪə] *pr n* Malaysia *f*; in ~ en Malaysia.

**Malaysian** [mə'leɪzɪən] ◇ *n* Malais *m*, -e *f*. ◇ *adj* malais.

**malcontent** ['mælkən,tent] *n fml* mécontent *m*, -e *f*.

**Maldives** ['mɔːldaɪvz] *pl pr n*: the ~ les (îles *fpl*) Maldives *fpl*; in the ~ aux Maldives.

**Maldivian** [mɔːl'dɪvɪən] ◇ *n habitant ou natif des Maldives*. ◇ *adj des Maldives*.

**male** [meɪl] ◇ *adj* **-1.** ZOOL & BOT mâle; ~ attitudes l'attitude des hommes; when I phoned her, a ~ voice answered quand je l'ai appelée, c'est une voix d'homme qui a répondu; the ~ sex le sexe masculin ❑ ~ voice choir chœur *m* d'hommes. **-2.** [virile] mâle, viril. **-3.** TECH [plug] mâle. ◇ *n* ZOOL & BOT mâle *m*; [gen – man] homme *m*.

**male chauvinism** *n* phallocratie *f*.

**male chauvinist** *n* phallocrate *m*; ~ pig! sale phallocrate!

**malefactor** ['mælɪfæktər] *n fml* malfaiteur *m*.

**maleficent** [mə'lefɪsnt] *adj lit* maléfique.

**malevolence** [mə'levələns] *n* malveillance *f*.

**malevolent** [mə'levələnt] *adj* malveillant.

**malfeasance** [mæl'fiːzns] *n* JUR méfait *m*, malversation *f*.

**malformation** [,mælfɔː'meɪʃn] *n* malformation *f*.

**malformed** [mæl'fɔːmd] *adj* difforme.

**malfunction** [mæl'fʌŋkʃn] ◇ *n* [fault] fonctionnement *m* défectueux; [breakdown] panne *f*, défaillance *f*. ◇ *vi* [go wrong] mal fonctionner; [break down] tomber en panne.

**malfunction routine** *n* COMPUT programme *m* de diagnostic.

**Mali** ['mɑːlɪ] *pr n* Mali *m*; in ~ au Mali.

**Malian** ['mɑːlɪən] ◇ *n* Malien *m*, -enne *f*. ◇ *adj* malien.

**malice** ['mælɪs] *n* méchanceté *f*, malveillance *f*; I don't bear any ~ towards them, I don't bear them any ~ je ne leur en veux pas, je ne leur veux aucun mal; out of OR through ~ par méchanceté, par malveillance ❑ with ~ aforethought JUR avec préméditation.

**malicious** [mə'lɪʃəs] *adj* **-1.** [gen] méchant, malveillant; ~ **gossip** médisances *fpl*.**-2.** JUR criminel; ~ **damage** *Br*, ~ **mischief** *Am* ≃ dommage *m* causé avec intention de nuire.

**malign** [mə'laɪn] ◇ *vt* [slander] calomnier; [criticize] critiquer, dire du mal de; **the much-~ed government** le gouvernement, dont on dit beaucoup de mal OR que l'on a souvent critiqué. ◇ *adj* **-1.** [evil] pernicieux, nocif. **-2.** MED malin, (*f*-igne).

**malignancy** [mə'lɪgnənsɪ] (*pl* **malignancies**) *n* **-1.** [ill will] malignité *f*, malveillance *f*, méchanceté *f*.**-2.** MED malignité *f*.

**malignant** [mə'lɪgnənt] *adj* **-1.** [person, behaviour, intentions] malveillant, malfaisant, méchant. **-2.** MED malin (*f*-igne); ~ **tumour** tumeur *f* maligne.

**malignity** [mə'lɪgnətɪ] = **malignancy**.

**malinger** [mə'lɪŋgəʳ] *vi* simuler la maladie, faire semblant d'être malade.

**malingerer** [mə'lɪŋgərəʳ] *n* faux malade *m*, personne *f* qui fait semblant d'être malade.

**mall** [mɔːl] *n* **-1.** [avenue] mail *m*, avenue *f*.**-2.** = **shopping mall**.

**mallard** ['mælɑːd] *n*: ~ **(duck)** colvert *m*.

**malleable** ['mælɪəbl] *adj* [substance] malléable; [person] influençable, malléable.

**mallet** ['mælɪt] *n* maillet *m*.

**mallow** ['mæləʊ] *n* BOT mauve *f*.

**malnourished** [,mæl'nʌrɪʃt] *adj* sous-alimenté.

**malnutrition** [,mælnjuː'trɪʃn] *n* malnutrition *f*.

**malpractice** [,mæl'præktɪs] *n* (U) [professional] faute *f* professionnelle; [financial] malversation *f*, malversations *fpl*; [political] fraude *f*.

**malpractice suit** *n* Am JUR procès pour faute ou négligence professionnelle.

**malt** [mɔːlt] ◇ *n* **-1.** [substance] malt *m*.**-2.** = **malt whisky**. **-3.** Am [milk shake] milk-shake *m* au malt. ◇ *comp* [extract, sugar, vinegar] de malt. ◇ *vt* malter.

**Malta** ['mɔːltə] *prn* Malte; **in** ~ à Malte.

**malted** ['mɔːltɪd] *n*: ~ **(milk)** lait *m* malté.

**Maltese** [,mɔːl'tiːz] ◇ *n* **-1.** [person] Maltais *m*, -e *f*.**-2.** LING maltais *m*. ◇ *adj* maltais; **the** ~ **Cross** la croix de Malte.

**maltreat** [,mæl'triːt] *vt* maltraiter.

**maltreatment** [,mæl'triːtmənt] *n* (U) mauvais traitement *m* OR traitements *mpl*, sévices *mpl*.

**malt whisky** *n* whisky *m* au malt.

**malty** ['mɔːltɪ] (*compar* **maltier**, *superl* **maltiest**) *adj* [in smell] qui sent le malt; [in taste] qui a un goût de malt.

**mam** [mæm] *n inf* & *dial* maman *f*.

**mama**[1] [mə'mɑː] *n Br dated* maman *f*.

**mama**[2] ['mɒmə] *n Am* maman *f*.

**mama's boy** *n Am inf* fils *m* à sa maman.

**mamba** ['mæmbə] *n* mamba *m*.

**mambo** ['mæmbəʊ] (*pl* **mambos**) *n* mambo *m*.

**mamma** ['mæmə] *n esp Am* **-1.** inf [mother] maman *f*.**-2.** ᵛ [woman] môme *f*, nana *f*.

**mammal** ['mæml] *n* mammifère *m*.

**mammary** ['mæmərɪ] *adj* mammaire; ~ **gland** glande *f* mammaire.

**Mammon** ['mæmən] *prn* Mammon *m*.

**mammoth** ['mæməθ] ◇ *n* mammouth *m*. ◇ *adj* immense, colossal, gigantesque; **a** ~ **task** un travail de Titan.

**mammy** ['mæmɪ] (*pl* **mammies**) *n inf* **-1.** [mother] maman. **-2.** *pej* & *dated* [black nanny] bonne d'enfants noire.

**man** [mæn] (*pl* **men** [men], *pt* & *pp* **manned**, *cont* **manning**) ◇ *n* **-1.** [adult male] homme *m*; **a young** ~ un jeune homme; **an old** ~ un vieillard; **he seems a nice** ~ il a l'air gentil; **a blind** ~ un aveugle ❑ **he's a ~'s** ~ il aime bien être avec ses copains; **he's a** ~ **of the world** c'est un homme d'expérience; **the** ~ **in the moon** le visage de la lune. **-2.** [type] homme *m*; **he's not a betting/drinking** ~ ce n'est pas un homme qui parie/boit; **he's not a** ~ **to make a mistake** il n'est pas homme à se tromper. **-3.** [appropriate person] homme *m*; **I'm your** ~ je suis votre homme; **he's not the** ~ **for that kind of work** il n'est pas fait pour ce genre de travail. **-4.** [professional]: **a medical** ~ un médecin; **a** ~ **of learning** un savant; **a** ~ **of letters** un homme de lettres. **-5.**

[with manly qualities] homme *m*; **he took the news like a** ~ il a pris la nouvelle avec courage; **he's not** ~ **enough to own up** il n'aura pas le courage d'avouer; **a holiday will make a new** ~ **of me** des vacances me feront le plus grand bien; **this will separate** OR **sort the men from the boys** c'est là qu'on verra les vrais hommes. **-6.** [person, individual] homme *m*, individu *m*; **what more can a** ~ **do?** qu'est-ce qu'on peut faire de plus?; **any** ~ **would have reacted in the same way** n'importe qui aurait réagi de la même façon; **all men are born equal** tous les hommes naissent égaux ❑ **to be one's own** ~ être indépendant OR son propre maître; **to the last** ~ [without exception] sans exception; [until defeat] jusqu'au dernier; **it's every** ~ **for himself** c'est chacun pour soi; **one ~'s meat is another ~'s poison** *prov* le malheur des uns fait le bonheur des autres *prov*. **-7.** [as husband, father] homme *m*; ~ **and wife** mari et femme; **to live as** ~ **and wife** vivre maritalement OR en concubinage; **he's a real family** ~ c'est un vrai père de famille; **my old** ~ *inf* [husband] mon homme; [father] mon vieux. **-8.** [boyfriend, lover] homme *m*; **have you met her young** ~? [boyfriend] avez-vous rencontré son petit ami?; [fiancé] avez-vous rencontré son fiancé?**-9.** [inhabitant, native]: **I'm a Dublin** ~ je suis de Dublin; **he's a local** ~ c'est un homme du pays. **-10.** [student]: **he's a Harvard** ~ [at present] il fait ses études à Harvard; [in the past] il a fait ses études à Harvard. **-11.** [servant] valet *m*, domestique *m*.**-12.** [employee – in industry, on farm] ouvrier *m*; [– in business, shop] employé *m*; **a TV repair** ~ un réparateur télé; **we'll send a** ~ **round to look at it** nous vous envoyons quelqu'un pour voir; **our** ~ **in Paris** [representative] notre représentant à Paris; [journalist] notre correspondant à Paris; [diplomat] notre envoyé diplomatique à Paris. **-13.** [in armed forces – soldier] soldat *m*, homme *m* (de troupe); [– sailor] matelot *m*, homme *m* (d'équipage). **-14.** [player] joueur *m*, équipier *m*; **a 3-~ team** une équipe de 3 joueurs; **twelfth** ~ [in cricket] remplaçant *m*.**-15.** [mankind] homme *m*; **primitive/modern** ~ l'homme primitif/moderne. **-16.** [as term of address]: **hey,** ~, **how are you doing?**ᵛ salut, mon pote, comment tu vas?; **my good** ~ *dated* mon cher monsieur; **good ~!** c'est bien! **-17.** [in chess] pièce *f*; [in draughts] pion *m*.

◇ *vt* **-1.** MIL [ship] armer, équiper; [pumps] armer; [cannon] servir; **the tanker was manned by Greek seamen** le pétrolier avait un équipage grec; ~ **the lifeboats!** mettez les canots à la mer!; **manned space-flight** vol *m* spatial habité; **the fort was manned by 20 soldiers** le fort était tenu par une garnison de 20 soldats; **can you** ~ **the fort while I'm at lunch?** *hum* pouvez-vous prendre la relève OR me remplacer pendant que je vais déjeuner?**-2.** [staff – machine] faire tourner, s'occuper de; [– switchboard] assurer le service OR la permanence de; **who's manning the telephone?** qui assure la permanence téléphonique?; **the office is manned by a skeleton staff** le bureau tourne à effectif réduit.

◇ *interj Am inf*: ~, **was it big!** bon sang, qu'est-ce que c'était grand!

♦ **as one man** *adv phr* comme un seul homme.

♦ **to a man** *adv phr* sans exception; **they agreed to a** ~ ils ont accepté à l'unanimité.

**man-about-town** (*pl* **men-about-town**) *n Br* homme *m* du monde, mondain *m*.

**manacle** ['mænəkl] *vt* [shackle] enchaîner; [handcuff] mettre OR passer les menottes à.

♦ **manacles** *npl* [shackles] fers *mpl*, chaînes *fpl*; [handcuffs] menottes *fpl*.

**manage** ['mænɪdʒ] ◇ *vt* **-1.** [business, hotel, shop] gérer, diriger; [property, estate] gérer; [team] être le manager de, diriger; [finances, resources] s'occuper de; **I'm very bad at managing money** je suis incapable de gérer un budget ‖ [crisis, illness] gérer. **-2.** [accomplish] réussir; **you'll** ~ **it** ça ira; **she ~d a smile** elle trouva la force de sourire; **to** ~ **to do sthg** réussir OR parvenir OR arriver à faire qqch; **he ~d to keep a straight face** il est parvenu à garder son sérieux; **he always ~s to arrive at meal times** il se débrouille toujours pour arriver OR il trouve toujours le moyen d'arriver à l'heure des repas. **-3.** [handle – person, animal] savoir s'y prendre avec; **she's a difficult child to** ~ c'est une enfant difficile, c'est une enfant dont on ne fait pas ce qu'on veut ‖ [manipulate – machine, tool] manier, se servir de. **-4.** [be available for]: **can you** ~ **9 o'clock/next Saturday?** pouvez-vous venir à 9 h/samedi

prochain? **-5.** [cope with]: I can't ~ all this extra work je ne peux pas faire face à ce surcroît de travail; can you ~ that rucksack? pouvez-vous porter ce sac à dos?; he can't ~ the stairs any more il n'arrive plus à monter l'escalier ‖ [eat or drink]: I think I could ~ another slice j'en reprendrais volontiers une tranche; I couldn't ~ another thing je ne peux plus rien avaler ‖ [financially]: can you ~ £10? pouvez-vous aller jusqu'à 10 livres?
◇ *vi* [cope] se débrouiller, y arriver; can you ~? ça ira?; give me a fork, I can't ~ with chopsticks donne-moi une fourchette, je ne m'en sors pas avec des baguettes; we had to ~ without heating nous avons dû nous passer de chauffage ‖ [financially] se débrouiller, s'en sortir.

**manageable** ['mænɪdʒəbl] *adj* [size, amount] raisonnable; [tool, car, boat] maniable; [hair] facile à coiffer.

**management** ['mænɪdʒmənt] *n* **-1.** [control – of firm, finances, property] gestion *f*, direction *f*; under Gordon's ~ sales have increased significantly depuis que c'est Gordon qui s'en occupe, les ventes ont considérablement augmenté; who looks after the ~ of the farm? qui s'occupe de l'exploitation de la ferme? ‖ [handling]: she was praised for her ~ of the situation on a applaudi la façon dont elle s'est comportée dans cette situation ‖ [of crisis, illness etc] gestion *f*; man ~ *Br* gestion des ressources humaines. **-2.** [of shop, hotel etc] direction *f*; 'the ~ cannot accept responsibility for any loss or damage' 'la direction décline toute responsabilité en cas de perte ou de dommage'; 'under new ~' 'changement de direction OR de propriétaire' ‖ INDUST patronat *m*.

**management buyout** *n Br* rachat *m* d'une entreprise par les salariés.

**management consultant** *n* conseiller *m*, -ère *f* en OR de gestion (d'entreprise).

**management studies** *n (U)* études *fpl* de gestion.

**manager** ['mænɪdʒəʳ] *n* **-1.** [of firm, bank] directeur *m*, -trice *f*; [of shop] directeur *m*, -trice *f*, gérant *m*; [of restaurant] gérant *m*, -e *f*; [of pop star, football team] manager *m*; FIN directeur *m*, -trice *f*; fund ~ directeur financier; he's been made ~ il est passé cadre. **-2.** [organizer]: she's a good home ~ elle sait tenir une maison.

**manageress** [ˌmænɪdʒə'res] *n* [of shop] directrice *f*, gérante *f*; [of restaurant] gérante *f*; [of bank] directrice *f*.

**managerial** [ˌmænɪ'dʒɪərɪəl] *adj* directeur; ~ staff cadres *mpl*, encadrement *m*; ~ skills qualités *fpl* de gestionnaire.

**managing director** ['mænɪdʒɪŋ-] *n* directeur *m* général, directrice *f* générale, P-DG *m*.

**managing editor** *n* rédacteur *m*, -trice *f* en chef.

**manatee** [ˌmænə'tiː] *n* lamantin *m*.

**Manchurian** [mæn'tʃʊərɪən] ◇ *n* [person] Mandchou *m*, -e *f*.
◇ *adj* mandchou.

**Mancunian** [mæŋ'kjuːnjən] ◇ *n* [inhabitant] habitant *m*, -e *f* de Manchester; [native] natif *m*, -ive *f* de Manchester. ◇ *adj* de Manchester.

**mandarin** ['mændərɪn] *n* **-1.** HIST & *fig* mandarin *m*. **-2.** BOT [tree] mandarinier *m*. **-3.** [fruit]: ~ (orange) mandarine *f*.
◆ **Mandarin** *n* LING: Mandarin (Chinese) mandarin *m*.

**mandate** [*n* 'mændeɪt, *vt* ˌmæn'deɪt] ◇ *n* **-1.** POL mandat *m*; the government has no ~ to introduce the new tax le gouvernement n'a pas été mandaté pour mettre en place ce nouvel impôt. **-2.** [country] (territoire *m* sous) mandat *m*. **-3.** [task] tâche *f*, mission *f*. ◇ *vt* **-1.** [give authority] mandater; to ~ sb to do sthg donner mandat à qqn de faire qqch. **-2.** [country] mettre sous mandat, administrer par mandat.

**mandatory** ['mændətrɪ] (*pl* **mandatories**) ◇ *adj* **-1.** [obligatory] obligatoire. **-2.** [of a mandate] découlant d'un mandat; ~ powers pouvoirs *mpl* donnés par mandat. ◇ *n* mandataire *mf*.

**man-day** *n Br* jour-homme *m*; 30 ~s 30 journées *fpl* de travail.

**mandible** ['mændɪbl] *n* mandibule *f*.

**mandolin** ['mændəlɪn] *n* mandoline *f*.

**mandrake** ['mændreɪk] *n* mandragore *f*.

**mandrill** ['mændrɪl] *n*: ~ (ape) mandrill *m*.

**mane** [meɪn] *n* [of horse, lion] crinière *f*; a ~ of golden hair une crinière blonde.

**man-eater** *n* [animal] anthropophage *m*; [cannibal] cannibale *m*, anthropophage *m*; *hum* [woman] dévoreuse *f* d'hommes, mante *f* religieuse.

**man-eating** *adj* [animal] mangeur d'hommes, anthropophage; [people] cannibale, anthropophage.

**maneuver** *etc Am* = **manoeuvre**.

**man Friday** *n* [servant] fidèle serviteur *m*.
◆ **Man Friday** *pr n* Vendredi.

**manful** ['mænful] *adj* [courageous] vaillant, ardent.

**manfully** ['mænfulɪ] *adv* [courageously] vaillamment, courageusement.

**manganese** ['mæŋgəniːz] *n* manganèse *m*.

**mange** [meɪndʒ] *n* gale *f*.

**mangel-wurzel** ['mæŋgl,wɜːzl] *n* betterave *f* fourragère.

**manger** ['meɪndʒəʳ] *n* [trough] mangeoire *f*; RELIG crèche *f*.

**mangetout** [ˌmɑːʒ'tuː] *n* mange-tout *m*.

**mangey** ['meɪndʒɪ] = **mangy**.

**mangle** ['mæŋgl] ◇ *vt* **-1.** [body] mutiler, déchiqueter; [vehicle] rendre méconnaissable; [quotation, text] estropier, mutiler; the ~d wreckage of the two cars les carcasses déchiquetées des deux voitures. **-2.** [laundry, linen] essorer.
◇ *n* essoreuse *f* (à rouleaux).

**mango** ['mæŋgəʊ] (*pl* **mangos** OR **mangoes**) *n* **-1.** [fruit] mangue *f*. **-2.** [tree] manguier *m*.

**mangold(-wurzel)** ['mæŋgəld(ˌwɜːzl)] = **mangel-wurzel**.

**mangrove** ['mæŋgrəʊv] *n* manglier *m*, palétuvier *m*; ~ swamp mangrove *f*.

**mangy** ['meɪndʒɪ] (*compar* **mangier**, *superl* **mangiest**) *adj* **-1.** [having mange – animal] galeux. **-2.** [shabby – coat, carpet] miteux, pelé.

**manhandle** ['mæn,hændl] *vt* **-1.** [treat roughly] maltraiter, malmener. **-2.** [move] porter OR transporter (à bras d'homme).

**Manhattan** [mæn'hætn] ◇ *pr n* GEOG Manhattan. ◇ *n* [cocktail] manhattan *m*.

**manhole** ['mænhəʊl] *n* regard *m*; [into sewer] bouche *f* d'égout; ~ cover plaque *f* d'égout.

**manhood** ['mænhʊd] *n* **-1.** [age] âge *m* d'homme. **-2.** [virility] virilité *f*. **-3.** [men collectively] hommes *mpl*, population *f* masculine.

**man-hour** *n Br* heure-homme *f*; 300 ~s 300 heures *fpl* de travail.

**manhunt** ['mænhʌnt] *n* chasse *f* à l'homme.

**mania** ['meɪnjə] *n* **-1.** PSYCH manie *f*; [obsession] obsession *f*. **-2.** [zeal] manie *f pej*, passion *f*; he has a ~ for collecting old photographs il a la manie de collectionner les vieilles photos.

**maniac** ['meɪnɪæk] ◇ *n* **-1.** [dangerous person] fou *m*, folle *f*; [sexual] obsédé *m*, -e *f*. **-2.** [fan] fou *m*, folle *f*; he's a football ~ c'est un fan OR un mordu de football. **-3.** PSYCH maniaque *mf*. ◇ *adj* **-1.** [gen] fou, *before vowel or silent 'h'* fol (*f* folle). **-2.** PSYCH maniaque.

**maniacal** [mə'naɪəkl] *adj* **-1.** [crazy] fou, *before vowel or silent 'h'* fol (*f* folle). **-2.** PSYCH maniaque.

**manic** ['mænɪk] *adj* **-1.** [crazy] fou, *before vowel or silent 'h'* fol (*f* folle). **-2.** PSYCH maniaque. ◇ *n* maniaque *mf*.

**manic-depressive** ◇ *adj* maniaco-dépressif. ◇ *n* maniaco-dépressif *m*, -ive *f*.

**manicure** ['mænɪ,kjʊəʳ] ◇ *n* soins *mpl* des mains; to give sb a ~ faire les mains de qqn, manucurer qqn. ◇ *comp* [case, scissors] de manucure, à ongles. ◇ *vt* faire les mains à, manucurer; she was manicuring her nails elle était en train de se faire les ongles; a ~d lawn une pelouse impeccable.

**manicurist** ['mænɪ,kjʊərɪst] *n* manucure *mf*.

**manifest** ['mænɪfest] ◇ *adj fml* manifeste, évident. ◇ *vt* manifester. ◇ *vi* [ghost, spirit] se manifester. ◇ *n* [of ship, plane] manifeste *m*.

**manifestation** [ˌmænɪfes'teɪʃn] *n* manifestation *f*.

**manifestly** ['mænɪfestlɪ] *adv* manifestement, à l'évidence.

**manifesto** [ˌmænɪ'festəʊ] (*pl* **manifestos** OR **manifestoes**) *n* manifeste *m*.

**manifold** ['mænɪfəʊld] ◇ *adj fml* [numerous] multiple, nombreux; [varied] varié, divers. ◇ *n* AUT: inlet ~ tubulure *f* d'admission; exhaust ~ collecteur *m* d'échappement.

**manikin** ['mænɪkɪn] = **mannikin**.

**manil(l)a** [mə'nɪlə] *adj* en chanvre de Manille.

**manioc** ['mænɪɒk] *n* manioc *m*.

**manipulate** [mə'nɪpjʊleɪt] *vt* **-1.** [equipment] manœuvrer, manipuler; [tool] manier; [vehicle] manœuvrer. **-2.** *pej* [person] manipuler, manœuvrer; [facts, figures] manipuler. **-3.** MED: to ~ bones pratiquer des manipulations.

**manipulation** [mə,nɪpjʊ'leɪʃn] *n* [of equipment] manœuvre *f*, manipulation *f*; *pej* [of people, facts, situation] manipulation *f*; MED manipulation *f*.

**manipulative** [mə'nɪpjʊlətɪv] *adj pej*: he can be very ~ il n'hésite pas à manipuler les gens.

**manipulator** [mə'nɪpjʊleɪtər] *n* manipulateur *m*, -trice *f*.

**Manitoba** [,mænɪ'təʊbə] *pr n* Manitoba *m*.

**man jack** *n Br inf*: every ~ of them chacun d'eux sans exception.

**mankind** [mæn'kaɪnd] *n* **-1.** [species] humanité *f*, espèce *f* humaine. **-2.** [men in general] hommes *mpl*.

**manky**▽ ['mæŋkɪ] (*compar* **mankier**, *superl* **mankiest**) *adj Br* [worthless] nul; [dirty] miteux, pourri.

**manlike** ['mænlaɪk] *adj* **-1.** [virile] viril, masculin. **-2.** [woman] masculin.

**manliness** ['mænlɪnɪs] *n* virilité *f*.

**manly** ['mænlɪ] (*compar* **manlier**, *superl* **manliest**) *adj* viril, mâle.

**man-made** *adj* [fibre] synthétique; [construction, lake] artificiel; [landscape] modelé OR façonné par l'homme.

**manna** ['mænə] *n* manne *f*; ~ from heaven *fig* manne céleste.

**manned** [mænd] *adj* [ship, machine] ayant un équipage; ~ spacecraft vaisseau *m* spatial habité.

**mannequin** ['mænɪkɪn] *n* mannequin *m*.

**manner** ['mænər] *n* **-1.** [way] manière *f*, façon *f*; in the same ~ de la même manière OR façon; it's just a ~ of speaking c'est juste une façon de parler; she dealt with them in a very gentle ~ elle a été d'une grande douceur avec eux. **-2.** [attitude] attitude *f*, manière *f*; [behaviour] comportement *m*, manière *f* de se conduire; to have a pleasant ~ avoir des manières agréables; I don't like his ~ je n'aime pas ses façons; he has a good telephone ~ il fait bonne impression au téléphone ❏ in a ~ of speaking pour ainsi dire, dans un certain sens; by all ~ of means [of course] bien entendu; not by any ~ of means en aucune manière, aucunement; to the ~ born vraiment fait pour ça. **-3.** [style] manière *f*; in the ~ of Rembrandt dans le style OR à la manière de Rembrandt. **-4.** [kind] sorte *f*, genre *m*; all ~ of rare books toutes sortes de livres rares.

◆ **manners** *npl* **-1.** [social etiquette] manières *fpl*; to have good table ~s savoir se tenir à table; it's bad ~s to talk with your mouth full c'est mal élevé OR ce n'est pas poli de parler la bouche pleine; she has no ~s elle n'a aucune éducation, elle est mal élevée; where are your ~s? [say thank you] qu'est-ce qu'on dit quand on est bien élevé?; [behave properly] est-ce que c'est une façon de se tenir?**-2.** *lit* [social customs] mœurs *fpl*, usages *mpl*.

**mannered** ['mænəd] *adj* maniéré, affecté, précieux.

**mannerism** ['mænərɪzm] *n* tic *m*, manie *f*.

◆ **Mannerism** *n* ART maniérisme *m*.

**mannerly** ['mænəlɪ] *adj* bien élevé, courtois, poli.

**mannikin** ['mænɪkɪn] *n* **-1.** [dwarf] nain *m*.**-2.** = **mannequin**.

**mannish** ['mænɪʃ] *adj* [woman] masculin.

**manoeuvrability** *Br*, **maneuverability** *Am* [mə,nu:vrə'bɪlətɪ] *n* manœuvrabilité *f*, maniabilité *f*.

**manoeuvrable** *Br*, **maneuverable** *Am* [mə'nu:vrəbl] *adj* manœuvrable, maniable.

**manoeuvre** *Br*, **maneuver** *Am* [mə'nu:və] ◇ *n* manœuvre *f*; to be on ~s MIL être en manœuvres; it was only a ~ to get him to resign ce n'était qu'une manœuvre pour l'amener à démissionner; room for ~ marge *f* de manœuvre. ◇ *vt* **-1.** [physically] manœuvrer; they ~d the animal into the pen ils ont fait entrer l'animal dans l'enclos. **-2.** [by influence, strategy] manœuvrer; she ~d her way to the top elle a réussi à se hisser jusqu'au sommet. ◇ *vi* manœuvrer; to ~ for position manœuvrer pour se placer avantageusement.

**man-of-war** [,mænə'wɔːr] (*pl* **men-of-war** [,men-]) *n* bâtiment *f* de guerre.

**manor** ['mænər] *n* **-1.** [house]: ~ (**house**) manoir *m*, château *m*.**-2.** HIST seigneurie *f*, domaine *m* seigneurial; lord of the ~ châtelain *m*; lady of the ~ châtelaine *f*.

**manorial** [mə'nɔːrɪəl] *adj* seigneurial.

**man-o'-war** [,mænə'wɔːr] = **man-of-war**.

**manpower** ['mæn,paʊə] *n* (*U*) [personnel] main-d'œuvre *f*; MIL effectifs *mpl*; we don't have the necessary ~ nous ne disposons pas des effectifs nécessaires.

**Manpower Services Commission** *n* agence britannique pour l'emploi, aujourd'hui remplacée par la Training Agency, ≃ ANPE *f*.

**manse** [mæns] *n* presbytère *m*.

**manservant** ['mænsɜːvənt] *n* [gen] domestique *m*; [valet] valet *m* (de chambre).

**mansion** ['mænʃn] *n* [in town] hôtel *m* particulier; [in country] château *m*, manoir *m*; ~ block résidence *f* de standing.

**man-size(d)** *adj* [job, task] ardu, difficile; [meal] copieux; ~ tissues grands mouchoirs *mpl* (en papier).

**manslaughter** ['mæn,slɔːtər] *n* homicide *m* involontaire.

**mantel** ['mæntl] *n* [shelf] (tablette *f* de) cheminée *f*; [frame] manteau *m*.

**mantelpiece** ['mæntlpiːs] *n* **-1.** [surround] (manteau *m* de) cheminée *f*.**-2.** [shelf] (tablette *f* de) cheminée *f*.

**mantelshelf** ['mæntlʃelf] (*pl* **mantelshelves** [-ʃelvz]) = **mantelpiece 2**.

**mantilla** [mæn'tɪlə] *n* mantille *f*.

**mantis** ['mæntɪs] *n* mante *f*.

**mantle** ['mæntl] *n* **-1.** [cloak] cape *f*; *fig* manteau *m*; to take on OR to assume the ~ of *fig* assumer le rôle de. **-2.** ZOOL & GEOL manteau *m*.**-3.** [of gas-lamp] manchon *m*.**-4.** = **mantel**.

**man-to-man** ◇ *adj* [discussion] entre hommes, d'homme à homme. ◇ *adv* entre hommes, d'homme à homme.

**mantra** ['mæntrə] *n* mantra *m inv*.

**mantrap** ['mæntræp] *n* piège *m* à hommes.

**manual** ['mænjʊəl] ◇ *adj* manuel; ~ worker travailleur *m* manuel; ~ labour travail *m* manuel. ◇ *n* **-1.** [handbook] manuel *m*.**-2.** [of organ] clavier *m*.

**manually** ['mænjʊəlɪ] *adv* manuellement, à la main.

**manufacture** [,mænjʊ'fæktʃər] ◇ *n* **-1.** [making] fabrication *f*; [of clothes] confection *f*.**-2.** TECH [product] produit *m* manufacturé. ◇ *vt* **-1.** [produce] fabriquer, produire; [clothes] confectionner; ~d goods produits *mpl* manufacturés. **-2.** [invent – news, story] inventer; [– evidence] fabriquer.

**manufacturer** [,mænjʊ'fæktʃərər] *n* fabricant *m*, -e *f*.

**manufacturing** [,mænjʊ'fæktʃərɪŋ] ◇ *adj* [city, area] industriel; ~ industry les industries *fpl* manufacturières OR de transformation. ◇ *n* fabrication *f*.

**manure** [mə'njʊər] ◇ *n* [farmyard] fumier *m*; [fertilizer] engrais *m*; liquid ~ purin *m*, lisier *m*. ◇ *vt* [with dung] fumer; [with fertilizer] répandre de l'engrais sur.

**manuscript** ['mænjʊskrɪpt] ◇ *n* manuscrit *m*; [for music]: ~ (**paper**) papier *m* à musique. ◇ *adj* manuscrit, (écrit) à la main.

**Manx** [mæŋks] ◇ *npl*: the ~ les Manxois *mpl*. ◇ *n* LING manx *m*. ◇ *adj* manxois.

**Manx cat** *n* chat *m* (sans queue) de l'île de Man.

**Manxman** ['mæŋksmən] (*pl* **Manxmen** [-mən]) *n* Manxois *m*.

**Manxwoman** ['mæŋks,wʊmən] (*pl* **Manxwomen** [-,wɪmɪn]) *n* Manxoise *f*.

**many** ['menɪ] (*compar* **more** [mɔː], *superl* **most** [məʊst]) ◇ *det* & *pron* beaucoup de, de nombreux; ~ people beaucoup de OR bien des gens; she had cards from all her ~ admirers elle a reçu des cartes de ses nombreux admirateurs; ~ of them beaucoup d'entre eux; ~'s the time bien des fois; they admitted as ~ (people) as they could ils ont laissé entrer autant de gens que possible; as ~ again encore autant; twice/three times as ~ deux/trois fois plus; we visited six cities in as ~ days nous avons visité six villes en autant de jours; as ~ as 8,000 students enrolled jusqu'à OR près de 8 000 étudiants se sont inscrits; how ~? combien?; so ~ people tant de gens; we can only fit in so ~ nous n'avons de place que pour un certain nombre de personnes; too ~ people trop de gens; don't give me too ~ ne m'en donne pas trop; a good ~ un bon nombre; we met a good ~ times on s'est vus bien des fois; a great ~ un grand nombre. ◇ *predet*: ~ a time bien des fois; ~ a child would be glad of it bien des enfants s'en contenteraient. ◇ *npl* [masses]: the ~ la majorité; the ~ who loved her tous ceux qui l'aimaient.

**Maoism** ['maʊɪzm] *n* maoïsme *m*.

**Maoist** ['maʊɪst] ◇ *adj* maoïste. ◇ *n* maoïste *mf*.

**Maori** ['maʊrɪ] (*pl inv* OR **Maoris**) ◇ *n* **-1.** [person] Maori *m*, -e *f*.**-2.** LING maori *m*. ◇ *adj* maori.

**Mao Tse-Tung**, **Mao Zedong** ['maʊtse'tʊŋ] *pr n* Mao Tsé-toung, Mao Zedong.

**map** [mæp] (*pt* & *pp* **mapped**, *cont* **mapping**) ◇ *n* **-1.** [of country] carte *f*; [of town, network] plan *m*; to read a ~ lire une carte; the city was wiped off the ~ *fig* la ville a été rayée de la carte ❑ to put sthg on the ~ faire connaître qqch; the election results put them firmly on the political ~ le résultat des élections leur assure une place sur l'échiquier politique. **-2.** MATH fonction *f*, application *f*. ◇ *vt* **-1.** [country, region] faire OR dresser la carte de; [town] faire OR dresser le plan de. **-2.** MATH: to ~ sthg onto sthg représenter qqch sur qqch.
◆ **map out** *vt sep* [itinerary] tracer; [essay] faire le plan de; [plan] établir les grandes lignes de; [career, future] organiser, prévoir.

**MAP** (*abbr of* **Modified American Plan**) *n dans un hôtel américain, séjour en demi-pension*.

**maple** ['meɪpl] *n* érable *m*.

**maple leaf** *n* feuille *f* d'érable.

**maple syrup** *n* sirop *m* d'érable.

**mapmaker** ['mæp,meɪkə'] *n* cartographe *mf*.

**mapmaking** ['mæp,meɪkɪŋ] *n* cartographie *f*.

**map reading** *n* lecture *f* de carte.

**mar** [mɑː'] (*pt* & *pp* **marred**, *cont* **marring**) *vt* gâter, gâcher; today will make or ~ their future c'est aujourd'hui que se décide OR se joue leur avenir.

**Mar.** *written abbr of* **March**.

**maraca** [mə'rækə] *n* maraca *f*.

**maraschino** [,mærə'skiːnəʊ] (*pl* **maraschinos**) *n* marasquin *m*; ~ cherry cerise *f* au marasquin.

**marathon** ['mærəθn] ◇ *n* SPORT marathon *m*; dance ~ *fig* marathon de danse. ◇ *comp*: ~ runner coureur *m*, -euse *f* de marathon, marathonien *m*, -enne *f*. ◇ *adj* marathon (*inv*); a ~ exam un examen-marathon.

**marauder** [mə'rɔːdə'] *n* [person] maraudeur *m*, -euse *f*; [animal, bird] maraudeur *m*, prédateur *m*.

**marauding** [mə'rɔːdɪŋ] *adj* maraudeur, en maraude.

**marble** ['mɑːbl] ◇ *n* **-1.** [stone, sculpture] marbre *m*.**-2.** [for game] bille *f*; to play ~s jouer aux billes ❑ to lose one's ~s *inf* perdre la boule. ◇ *comp* [fireplace, staircase, statue] de OR en marbre; [industry] marbrier; ~ quarry marbrière *f*, carrière *f* de marbre. ◇ *vt* marbrer.

**marble cake** *n* gâteau *m* marbré.

**marbled** ['mɑːbld] *adj* marbré.

**marbling** ['mɑːblɪŋ] *n* [gen] marbrure *f*; [in meat] marbré *m*.

**march** [mɑːtʃ] ◇ *n* **-1.** MIL marche *f*; troops on the ~ des troupes en marche; the ~ of time/events *fig* la marche du temps/des événements ❑ quick ~! en avant, marche!**-2.** [demonstration] manifestation *f*, marche *f*; to go on a ~ manifester, descendre dans la rue; peace ~ marche pour la paix. **-3.** [music] marche *f*.**-4.** (*usu pl*) [frontier] frontière *f*; the Welsh Marches les marches *fpl* galloises.
◇ *vi* **-1.** MIL marcher (au pas); to ~ against the enemy marcher contre l'ennemi; to ~ off to war/into battle partir à la guerre/au combat; to ~ on a city marcher sur une ville ‖ [at a ceremony, on parade] défiler; *fig* [time, seasons] avancer, s'écouler; time ~es on le temps s'écoule inexorablement. **-2.** [walk briskly] avancer d'un pas ferme OR résolu; they ~ed off in a huff ils partirent furieux; he ~ed upstairs il monta l'escalier d'un air décidé. **-3.** [in demonstration] manifester.
◇ *vt* **-1.** MIL faire marcher au pas; the troops were ~ed out of the citadel on fit sortir les troupes de la citadelle. **-2.** [lead forcibly]: the prisoner was ~ed away/back to his cell on conduisit/ramena le prisonnier dans sa cellule; the children were ~ed off to bed les enfants ont été expédiés au lit (au pas de gymnastique).

**March** [mɑːtʃ] *n* (mois *m* de) mars *m*; ~ hare lièvre *m* en rut; *see also* **February**.

**marcher** ['mɑːtʃə'] *n* [in demonstration] manifestant *m*, -e *f*.

**marching** ['mɑːtʃɪŋ] ◇ *n* [gen & MIL] marche *f*. ◇ *adj* cadencé.

**marching orders** *npl* **-1.** MIL ordre *m* de route. **-2.** *Br inf* & *fig*: to give sb his/her ~ flanquer qqn à la porte.

**marchioness** ['mɑːʃənes] *n* [aristocrat] marquise *f*.

**march-past** *n* défilé *m* (militaire).

**Mardi Gras** [,mɑːdɪ'grɑː] *n* mardi *m* gras, carnaval *m*.

**mare** [meə'] *n* jument *f*.

**mare's nest** *n* [illusion] illusion *f*; [disappointment] déception *f*.

**margarine** [,mɑːdʒə'riːn, ,mɑːgə'riːn] *n* margarine *f*.

**margarita** [,mɑːgə'riːtə] *n* margarita *f*.

**marge** [mɑːdʒ] *Br inf* = **margarine**.

**margin** ['mɑːdʒɪn] *n* **-1.** [on page] marge *f*; written in the ~ écrit dans la OR en marge. **-2.** [leeway] marge *f*; ~ of error marge *f* d'erreur ‖ [distance, gap] marge *f*; they won by a narrow/wide ~ ils ont gagné de justesse/avec une marge confortable. **-3.** [periphery – of field, lake] bord *m*; [– of wood] lisière *f*, orée *f*; [– of society] marge *f*.

**marginal** ['mɑːdʒɪnl] ◇ *adj* **-1.** [slight – improvement] léger; [– effect] minime, insignifiant; [– importance] mineur, secondaire; [case] limite; [problem] d'ordre secondaire; ~ land AGR terre *f* de faible rendement. **-2.** COMM [business, profit] marginal. **-3.** [in margin – notes] marginal, en marge. ◇ *n* POL= **marginal seat**.

**marginalize**, **-ise** ['mɑːdʒɪnəlaɪz] *vt* marginaliser.

**marginally** ['mɑːdʒɪnəlɪ] *adv* à peine, légèrement.

**marginal seat** *n* POL *En Grande-Bretagne, circonscription dont le député ne dispose que d'une majorité très faible.*

**margin release** *n* déclenche-marge *m inv*.

**Maria** [mə'rɪə] → **Black Maria**.

**Marie-Antoinette** ['mærɪ,æntwə'net] *pr n* Marie-Antoinette.

**marigold** ['mærɪgəʊld] *n* [African] rose *f* d'Inde; [French] œillet *m* d'Inde; (pot) ~ souci *m* (des jardins).

**marihuana**, **marijuana** [,mærɪ'wɑːnə] *n* marihuana *f*, marijuana *f*.

**marina** [mə'riːnə] *n* marina *f*.

**marinade** [,mærɪ'neɪd] ◇ *n* CULIN marinade *f*. ◇ *vt* mariner.

**marinate** ['mærɪneɪt] *vt* & *vi* CULIN mariner.

**marine** [mə'riːn] ◇ *adj* **-1.** [underwater] marin; ~ biology biologie *f* marine. **-2.** [naval] maritime; ~ engineering mécanique *f* navale; ~ insurance assurance *f* maritime. ◇ *n* **-1.** [ships collectively] marine *f*.**-2.** [soldier] fusilier *m* marin; [British or American] marine *m*; go tell it to the ~s! *inf* mon œil!, à d'autres!

**Marine Corps** *pr n Am* MIL Marines *mpl*.

**mariner** ['mærɪnə'] *n fml* OR *lit* marin *m*.

**marionette** [,mærɪə'net] *n* marionnette *f*.

**marital** ['mærɪtl] *adj* [vows, relations, duty] conjugal; [problem] conjugal, matrimonial; ~ status situation *f* de famille.

**maritime** ['mærɪtaɪm] *adj* maritime.

**Maritime Provinces**, **Maritimes** *pl pr n*: the ~ les Provinces *fpl* Maritimes.

**marjoram** ['mɑːdʒərəm] *n* marjolaine *f*, origan *m*.

**mark** [mɑːk] ◇ *n* **-1.** [symbol, sign] marque *f*, signe *m*; to make a ~ on sthg faire une marque sur qqch, marquer qqch ‖ [on scale, in number, level] marque *f*, niveau *m*; sales topped the 5 million ~ les ventes ont dépassé la barre des 5 millions; to reach the half-way ~ arriver à mi-course; don't go beyond the 50-metre ~ ne dépassez pas les 50 mètres; gas ~ 6 *Br* CULIN thermostat 6 ‖ [model]: ~ 3 COMM modèle *m* OR série *f* 3 ‖ [feature] marque *f*; [token] marque *f*, signe *m*; a ~ of affection une marque d'affection; as a ~ of my esteem/friendship en témoignage de mon estime/de mon amitié; as a ~ of respect en signe de respect. **-2.** [trace] trace *f*, marque *f*; the years she spent in prison have left their ~ ses années en prison l'ont marquée ‖ [stain, blemish] tache *f*, marque *f*; [wound] trace *f* de coups. **-3.** SCH [grade] note *f*; the ~ is out of 100 la note est sur 100; to get full ~s obtenir la meilleure note (possible) ‖ [point] point *m*; *fig*: it

will be a black ~ against his name ça va jouer contre lui, ça ne va pas jouer en sa faveur; she deserves full ~s for imagination il faut saluer son imagination; no ~s for guessing the answer! il ne faut pas être sorcier pour deviner la réponse!-**4.** [impact] empreinte *f*, impression *f*; to make one's ~ s'imposer, se faire un nom; they left their ~ on 20th-century history ils ont profondément marqué l'histoire du XXᵉ siècle ‖ [distinction] marque *f*; to be of little ~ *Br* avoir peu d'importance. -**5.** *Br* [standard]: to be up to the ~ [be capable] être à la hauteur; [meet expectations] être satisfaisant ‖ [in health]: I still don't feel quite up to the ~ je ne suis pas encore en pleine forme. -**6.** *Br* [target] but *m*, cible *f*; to hit/to miss the ~ atteindre/manquer la cible. -**7.** SPORT: on your ~s, (get) set, go! à vos marques, prêts, partez! ‖ *Br fig*: she is quick/slow off the ~ [clever] elle a/n'a pas l'esprit très vif; [in reactions] elle est/ n'est pas très rapide; he's sometimes a bit too quick off the ~ in his criticism il lui arrive d'avoir la critique un peu trop facile. -**8.** RUGBY arrêt *m* de volée. -**9.** [currency] mark *m*.
◇ *vt* -**1.** [label] marquer; the towels were ~ed with his name les serviettes étaient à son nom, son nom était marqué sur les serviettes; ~ the text with your initials inscrivez vos initiales sur ce texte; shall I ~ her absent? est-ce que je la marque absente?; the table was ~ed 'sold' la table portait l'étiquette «vendue». -**2.** [stain] tacher, marquer; [face, hands] marquer; the scandal ~ed him for life [mentally] le scandale l'a marqué pour la vie ‖ ZOOL tacheter. -**3.** [indicate] indiquer, marquer; X ~s the spot l'endroit est marqué d'un X. -**4.** [celebrate – anniversary, event] célébrer, marquer. -**5.** [distinguish] marquer; he has all the qualities that ~ a good golfer il possède toutes les qualités d'un bon golfeur. -**6.** SCH [essay, homework] corriger; [student] noter; the exam was ~ed out of 100 l'examen a été noté sur 100; to ~ sthg wrong/right marquer qqch comme étant faux/ juste. -**7.** [pay attention to]: (you) ~ my words! souvenez-vous de ce que je vous dis!; ~ how he does it *Br* observez bien la façon dont il s'y prend; ~ you, I didn't believe him *Br* remarquez, je ne l'ai pas cru. -**8.** SPORT [opponent] marquer. -**9.** *phr*: to ~ time MIL marquer le pas; *fig* attendre son heure OR le moment propice.
◇ *vi* [garment] être salissant, se tacher facilement.
◆ **mark down** *vt sep* -**1.** [write] noter, prendre note de, inscrire. -**2.** [reduce – price] baisser; [– article] baisser le prix de; ~ed down shirts chemises démarquées OR soldées; prices were ~ed down in early trading ST. EX les valeurs étaient en baisse OR ont reculé en début de séance ‖ SCH [essay, student] baisser la note de. -**3.** [single out] désigner; I ~ed him down as a troublemaker j'avais remarqué qu'il n'était bon qu'à créer des ennuis.
◆ **mark off** *vt sep* -**1.** [divide, isolate – area, period of time] délimiter. -**2.** [measure – distance] mesurer. -**3.** *Br* [distinguish] distinguer. -**4.** [on list] cocher.
◆ **mark out** *vt sep* -**1.** [with chalk, paint – court, pitch] tracer les lignes de; [with stakes] jalonner; [with lights, flags] baliser; his path in life is clearly ~ed out *fig* son avenir est tout tracé. -**2.** [designate] désigner; Brian was ~ed out for promotion Brian était désigné pour obtenir une promotion; they were ~ed out for special treatment ils ont bénéficié d'un régime particulier. -**3.** *Br* [distinguish] distinguer.
◆ **mark up** *vt sep* -**1.** [on notice] marquer. -**2.** [increase – price] augmenter, majorer; [– goods] augmenter le prix de, majorer; prices at last began to be ~ed up ST. EX les cours sont enfin à la hausse. -**3.** [annotate] annoter.
**Mark** [mɑːk] *pr n* Marc; ~ Antony Marc Antoine; Saint ~ saint Marc.
**markdown** ['mɑːkdaʊn] *n* démarque *f*.
**marked** [mɑːkt] *adj* -**1.** [noticeable] accentué, marqué, sensible; [accent] prononcé. -**2.** [bearing a mark] marqué; he's a ~ man c'est l'homme à abattre. -**3.** LING marqué.
**markedly** ['mɑːkɪdlɪ] *adv* d'une façon marquée, sensiblement, ostensiblement.
**marker** ['mɑːkəʳ] ◇ *n* -**1.** [pen] feutre *m*, marqueur *m*. -**2.** [indicator, landmark] jalon *m*, balise *f*. -**3.** [scorekeeper] marqueur *m*, -euse *f*. -**4.** SCH correcteur *m*, -trice *f*; to be a hard ~ noter sévèrement. -**5.** [page marker] marque-page *m*, signet *m*. -**6.** SPORT marqueur *m*. -**7.** LING marque *f*. ◇ *comp* [pen, buoy]: ~ pen marqueur *m*; ~ buoy bouée *f* de balisage.
**market** ['mɑːkɪt] ◇ *n* -**1.** [gen] marché *m*; to go to (the) ~

aller au marché, aller faire son marché; ~ square place *f* du marché; ~ day jour *m* de marché. -**2.** ECON marché *m*; the job ~ le marché de l'emploi; the property ~ le marché immobilier; to put sthg on the ~ mettre qqch en vente OR sur le marché; new products are always coming onto the ~ de nouveaux produits apparaissent constamment sur le marché; to be on the open ~ être sur le marché libre; she's in the ~ for Persian rugs elle cherche à acheter des tapis persans, elle est acheteuse de tapis persans ‖ [demand] demande *f*, marché *m*; [outlet] débouché *m*, marché *m*; he's unable to find a ~ for his products il ne trouve pas de débouchés pour ses produits ‖ [clientele] marché *m*, clientèle *f*; this ad should appeal to the teenage ~ cette pub devrait séduire les jeunes. -**3.** ST. EX marché *m*; [index] indice *m*; [prices] cours *mpl*; the ~ has risen 10 points l'indice est en hausse de 10 points; to play the ~ jouer en bourse, spéculer.
◇ *vt* [sell] vendre, commercialiser; [launch] lancer OR mettre sur le marché.
◇ *vi Am* [go shopping] faire le marché; to go ~ing aller faire ses courses.
**marketable** ['mɑːkɪtəbl] *adj* vendable, commercialisable; ST. EX négociable.
**market analysis** *n* analyse *f* de marché.
**market economy** *n* économie *f* de marché OR libérale.
**marketeer** [,mɑːkɪ'tɪəʳ] *n* -**1.** black ~ trafiquant *m*, -e *f* (au marché noir). -**2.** *Br* POL: pro-~ partisan *m*, -e *f* du Marché commun; anti-~ adversaire *mf* du Marché commun.
**market forces** *npl* les forces *fpl* du marché.
**market garden** *n Br* jardin *m* maraîcher.
**marketing** ['mɑːkɪtɪŋ] *n* [selling] commercialisation *f*, distribution *f*; [promotion, research] marketing *m*.
**market leader** *n* [product] premier produit *m* sur le marché; [firm] leader *m* du marché.
**market maker** *n* FIN teneur *m* de marché.
**marketplace** ['mɑːkɪtpleɪs] *n* -**1.** [in town] place *f* du marché. -**2.** COMM marché *m*.
**market price** *n* COMM prix *m* courant; ST. EX cours *m* de (la) Bourse.
**market research** *n* étude *f* OR études *fpl* de marché; he works in ~ il travaille dans le marketing.
**market share** *n* part *f* de marché.
**market town** *n* bourg *m*.
**market value** *n* COMM valeur *f* marchande; ST. EX valeur *f* boursière OR en bourse.
**marking** ['mɑːkɪŋ] *n* -**1.** ZOOL tache *f*, marque *f*. -**2.** SCH correction *f*. -**3.** SPORT marquage *m*.
**marksman** ['mɑːksmən] (*pl* **marksmen** [-mən]) *n* tireur *m* d'élite.
**marksmanship** ['mɑːksmənʃɪp] *n* habileté *f* au tir.
**markswoman** ['mɑːks,wʊmən] (*pl* **markswomen** [-,wɪmɪn]) *n* tireuse *f* d'élite.
**markup** ['mɑːkʌp] *n* majoration *f*, augmentation *f* (de prix).
**marmalade** ['mɑːməleɪd] ◇ *n* [gen] confiture *f* d'agrumes; [orange] marmelade *f* d'orange; ~ orange orange *f* amère, bigarade *f*. ◇ *adj* [cat] roux (*f* rousse).
**marmoset** ['mɑːməzet] *n* ouistiti *m*.
**marmot** ['mɑːmət] *n* marmotte *f*.
**maroon** [mə'ruːn] ◇ *vt* [abandon] abandonner (*sur une île ou une côte déserte*); to be ~ed [shipwrecked] faire naufrage. ◇ *adj* [colour] bordeaux (*inv*). ◇ *n* -**1.** [colour] bordeaux *m*. -**2.** [rocket] fusée *f* de détresse.
**marque** [mɑːk] *n* [brand] marque *f*.
**marquee** [mɑː'kiː] *n* -**1.** *Br* [tent] grande tente *f*; [for circus] chapiteau *m*. -**2.** *Am* [canopy at hotel, theatre] marquise *f*.
**Marquesas Islands** [mɑː'keɪsæs] *pl pr n*: the ~ les îles *fpl* Marquises; in the ~ aux îles Marquises.
**marquess** ['mɑːkwɪs] *n* marquis *m*.
**marquetry** ['mɑːkɪtrɪ] ◇ *n* marqueterie *f*. ◇ *adj* [table] en marqueterie.
**marquis** ['mɑːkwɪs] = **marquess**.
**marriage** ['mærɪdʒ] ◇ *n* -**1.** mariage *m*; [ceremony] mariage *m*, noces *fpl*; to give sb in ~ donner qqn en mariage; to take sb in ~ prendre qqn pour époux/épouse, épouser qqn; he's

my uncle by ~ c'est mon oncle par alliance ❑ 'The Marriage of Figaro' *Beaumarchais* 'le Mariage de Figaro'; *Mozart* 'les Noces de Figaro'. **-2.** *fig* [union] mariage *m*, alliance *f*. ◇ *comp* conjugal, matrimonial; ~ **ceremony** cérémonie *f* de mariage; ~ **vows** vœux *mpl* de mariage.

**marriageable** ['mærɪdʒəbl] *adj* mariable; **to be of ~ age** être en âge de se marier.

**marriage bureau** *n* agence *f* matrimoniale.

**marriage certificate** *n* extrait *m* d'acte de mariage.

**marriage guidance** *n* conseil *m* conjugal; ~ **counsellor** conseiller *m* conjugal, conseillère *f* conjugale.

**marriage licence** *n* ≃ certificat *m* de non-opposition au mariage.

**marriage of convenience** *n* mariage *m* de raison.

**married** ['mærɪd] *adj* [man, woman] marié, mariée; [life] conjugal; '**just ~**' 'jeunes mariés'; **he's ~ to his work** *fig* il passe son temps à travailler ❑ ~ **couple** couple *m* marié; ~ **name** nom *m* d'épouse.

**marrow** ['mærəʊ] *n* **-1.** BIOL & *fig* moelle *f*; **frozen** OR **chilled to the ~** gelé jusqu'à la moelle des os. **-2.** [vegetable] courge *f*.

**marrowbone** ['mærəʊbəʊn] *n* os *f* à moelle.

**marry** ['mærɪ] (*pt* & *pp* **married**) ◇ *vt* **-1.** [subj: fiancé] épouser, se marier avec; **to get married** se marier; **to be married (to sb)** être marié (avec qqn); **will you ~ me?** veux-tu m'épouser? **-2.** [subj: priest] marier. **-3.** *fig* [styles] marier, allier. ◇ *vi* se marier; **he's not the ~ing type** ce n'est pas le genre à se marier; **she married beneath herself/above herself** elle s'est mésalliée/a fait un beau mariage; **to ~ for money** faire un mariage d'argent.

◆ **marry off** *vt sep* marier.

◆ **marry up** ◇ *vt sep* [join together] marier. ◇ *vi insep* s'associer.

**Mars** [mɑːz] *pr n* ASTRON & MYTH Mars.

**Marseille, Marseilles** [mɑːˈseɪ] *pr n* Marseille.

**marsh** [mɑːʃ] *n* marais *m*, marécage *m*.

**marshal** ['mɑːʃl] (*Br pt* & *pp* **marshalled**, *cont* **marshalling**, *Am pt* & *pp* **marshaled**, *cont* **marshaling**) ◇ *n* **-1.** MIL maréchal *m*. **-2.** [at public event] membre *m* du service d'ordre; [in law court] huissier *m*; [at race-track] commissaire *m*. **-3.** *Am* [police chief] commissaire *m* de police; [fire chief] capitaine *m* des pompiers; [district police officer] commissaire *m*. ◇ *vt* **-1.** MIL [troops] masser, rassembler; [people, group] canaliser, diriger. **-2.** [organize – arguments, thoughts] rassembler; **he's trying to ~ support for his project** il essaie d'obtenir du soutien pour son projet.

**Marshall Plan** ['mɑːʃl-] *pr n*: **the ~** le Plan Marshall.

**marsh gas** *n* gaz *m* des marais, méthane *m*.

**marshland** ['mɑːʃlænd] *n* marais *m*, terrain *m* marécageux.

**marshmallow** [*Br* mɑːʃˈmæləʊ, *Am* ˈmɑːrʃˌmeləʊ] *n* BOT guimauve *f*; CULIN [sweet] guimauve *f*.

**marsh marigold** *n* souci *m* d'eau, populage *m*.

**marshy** ['mɑːʃɪ] (*compar* **marshier**, *superl* **marshiest**) *adj* marécageux.

**marsupial** [mɑːˈsuːpjəl] ◇ *adj* marsupial. ◇ *n* marsupial *m*.

**mart** [mɑːt] *n* **-1.** [market] marché *m*; **second-hand car ~** magasin *m* de voitures d'occasion. **-2.** [auction room] salle *f* des ventes.

**marten** ['mɑːtɪn] *n* marte *f*, martre *f*.

**Martha** ['mɑːθə] *pr n* Marthe.

**martial** ['mɑːʃl] *adj* [military] martial; [warlike] martial, guerrier.

**martial art** *n* art *m* martial.

**martial law** *n* loi *f* martiale.

**Martian** ['mɑːʃn] ◇ *n* Martien *m*, -enne *f*. ◇ *adj* martien.

**martin** ['mɑːtɪn] *n* martinet *m*.

**martinet** [ˌmɑːtɪˈnet] *n* tyran *m*.

**Martini**® [mɑːˈtiːnɪ] *n* Martini *m*.

**Martinique** [ˌmɑːtɪˈniːk] *pr n* Martinique *f*; **in ~** à la OR en Martinique.

**martyr** ['mɑːtər] ◇ *n* martyr *m*, -e *f*; **to die a ~** mourir en martyr ‖ *fig*: **she's always making a ~ of herself** elle joue toujours les martyres; **he's a ~ to rheumatism** ses rhumatismes lui font souffrir le martyre. ◇ *vt* martyriser.

**martyrdom** ['mɑːtədəm] *n* RELIG martyre *m*; *fig* martyre *m*, calvaire *m*.

**martyred** ['mɑːtəd] *adj* de martyr; **to put on a ~ look** prendre des airs de martyr.

**marvel** ['mɑːvl] (*Br pt* & *pp* **marvelled**, *cont* **marvelling**, *Am pt* & *pp* **marveled**, *cont* **marveling**) ◇ *n* **-1.** [miracle] merveille *f*, miracle *m*, prodige *m*; **to do** OR **to work ~s** faire des merveilles. **-2.** [marvellous person]: **you're a ~!** tu es une vraie petite merveille! ◇ *vi*: **to ~ at sthg** s'émerveiller de qqch. ◇ *vt*: **he marvelled that she had kept so calm** il n'en revenait pas qu'elle ait pu rester si calme.

**marvellous** *Br*, **marvelous** *Am* ['mɑːvələs] *adj* [amazing] merveilleux, extraordinaire; [miraculous] miraculeux.

**marvellously** *Br*, **marvelously** *Am* ['mɑːvələslɪ] *adv* merveilleusement, à merveille.

**Marxism** ['mɑːksɪzm] *n* marxisme *m*.

**Marxist** ['mɑːksɪst] ◇ *adj* marxiste. ◇ *n* marxiste *mf*.

**Mary** ['meərɪ] *pr n* Marie; ~ **Magdalene** Marie Madeleine; **the Virgin ~** la Vierge Marie.

**Maryland** ['meərɪlənd] *pr n* Maryland *m*; **in ~** dans le Maryland.

**marzipan** ['mɑːzɪpæn] ◇ *n* pâte *f* d'amandes. ◇ *comp* [cake, sweet etc] à la pâte d'amandes.

**mascara** [mæsˈkɑːrə] *n* mascara *m*.

**mascot** ['mæskət] *n* mascotte *f*.

**masculine** ['mæskjʊlɪn] ◇ *adj* masculin. ◇ *n* GRAMM masculin *m*.

**masculinity** [ˌmæskjʊˈlɪnətɪ] *n* masculinité *f*.

**mash** [mæʃ] ◇ *n* **-1.** *Br inf* & CULIN purée *f* (de pommes de terre). **-2.** [for horses] mash *m*. **-3.** [in brewing] moût *m*. **-4.** *inf* [pulp] pulpe *f*, bouillie *f*. ◇ *vt* **-1.** [crush] écraser, broyer. **-2.** CULIN faire une purée de; **~ed potato** OR **potatoes** purée *f* (de pommes de terre). **-3.** [in brewing] brasser.

**MASH** [mæʃ] (*abbr of* **mobile army surgical hospital**) *n* hôpital militaire de campagne.

**masher** ['mæʃər] *n* broyeur *m*; [for potatoes] presse-purée *m* inv.

**mask** [mɑːsk] ◇ *n* **-1.** literal & *fig* masque *m*; PHOT cache *m*. **-2.** COMPUT masque *m*. ◇ *vt* **-1.** [face] masquer. **-2.** [truth, feelings] masquer, cacher, dissimuler. **-3.** [house] masquer, cacher; [view] boucher, masquer; [flavour, smell] masquer, recouvrir. **-4.** [in painting, photography] masquer, cacher.

◆ **mask out** *vt sep* PHOT masquer, cacher.

**masked** [mɑːskt] *adj* [face, man] masqué.

**masked ball** *n* bal *m* masqué.

**masking tape** ['mɑːskɪŋ-] *n* papier *m* à maroufler.

**masochism** ['mæsəkɪzm] *n* masochisme *m*.

**masochist** ['mæsəkɪst] ◇ *adj* masochiste. ◇ *n* masochiste *mf*.

**masochistic** [ˌmæsəˈkɪstɪk] *adj* masochiste.

**mason** ['meɪsn] *n* [stoneworker] maçon *m*.

◆ **Mason** *n* [Freemason] Maçon *m*, franc-maçon *m*.

**Masonic** [məˈsɒnɪk] *adj* maçonnique, franc-maçonnique.

**masonry** ['meɪsnrɪ] *n* [stonework, skill] maçonnerie *f*; **a large piece of ~** un gros bloc de pierre.

◆ **Masonry** *n* [Freemasonry] Maçonnerie *f*, franc-maçonnerie *f*.

**masque** [mɑːsk] *n* THEAT masque *m*.

**masquerade** [ˌmæskəˈreɪd] ◇ *n* literal & *fig* mascarade *f*. ◇ *vi*: **to ~ as** [pretend to be] se faire passer pour; [disguise o.s. as] se déguiser en.

**mass** [mæs] ◇ *n* **-1.** PHYS masse *f*. **-2.** [large quantity or amount] masse *f*, quantité *f*; **the streets were a solid ~ of people/traffic** les rues regorgeaient de monde/de voitures ‖ [bulk] masse *f*. **-3.** [majority] majorité *f*, plupart *f*; **in the ~** dans l'ensemble. **-4.** GEOG: **land ~** masse *f* continentale. ◇ *adj* [for all – communication, education] de masse; [large-scale – starvation, unemployment] à OR sur une grande échelle; [involving many – resignation] massif, en masse; [collective – funeral] collectif; **this product will appeal to a ~ audience** ce produit plaira à un large public; ~ **consumption/culture** consommation *f*/culture *f* de masse; ~ **demonstration** grande manifestation *f*; ~ **execution** exécution *f* en masse; ~ **grave** charnier *m*; ~ **meeting** grand rassemblement *m*; ~ **hypnosis/hysteria** hypnose *f*/hystérie *f* collective; ~ **sui-**

**cide suicide** *m* collectif; ~ **murder** tuerie *f*; ~ **murderer** tueur *m* fou. ◇ *vi* [people] se masser; [clouds] s'amonceler. ◇ *vt* [troops] masser.

**Mass** [mæs] *n* RELIG **-1.** [music] messe *f*.**-2.** [ceremony] messe *f*; **to go to** ~ aller à la messe; **to say** ~ dire la messe.

**Mass.** *written abbr of* **Massachusetts.**

**Massachusetts** [ˌmæsə'tʃuːsɪts] *pr n* Massachusetts *m*; **in** ~ dans le Massachusetts.

**massacre** ['mæsəkəʳ] ◇ *vt* **-1.** [kill] massacrer. **-2.** SPORT écraser. ◇ *n* massacre *m*.

**massage** [*Br* 'mæsɑːʒ, *Am* mə'sɑːʒ] ◇ *n* massage *m*. ◇ *vt literal* masser; *fig* [statistics, facts] manipuler.

**massage parlour** *n* salon *m* de massage.

**massed** [mæst] *adj* **-1.** [crowds, soldiers] massé, regroupé; ~ **bands** *Br* ensemble *m* de fanfares. **-2.** [collective] de masse; **the** ~ **weight of public opinion** le poids de l'opinion publique.

**masses** ['mæsɪz] *npl* **-1. the** ~ les masses *fpl*; **culture for the** ~ la culture à la portée de tous. **-2.** *inf* [large amount]: ~ **of** des masses de, plein de.

**masseur** [*Br* mæ'sɜːr, *Am* mæ'suər] *n* masseur *m*.

**masseuse** [*Br* mæ'sɜːz, *Am* mæ'suːz] *n* masseuse *f*.

**massive** ['mæsɪv] *adj* [in size] massif, énorme; [dose, increase] massif; [majority] écrasant; [change, explosion] énorme; [sound] retentissant.

**massively** ['mæsɪvlɪ] *adv* massivement.

**mass-market** *adj* grand public *inv*.

**mass media** *n* & *npl* mass media *mpl*.

**mass noun** *n* nom *m* non comptable.

**mass number** *n* nombre *m* de masse.

**mass-produce** *vt* fabriquer en série.

**mass production** *n* fabrication *f* OR production *f* en série.

**mast** [mɑːst] *n* **-1.** [on ship, for flag] mât *m*; [for radio or TV aerial] pylône *m*.**-2.** [animal food] faine *f* (*destinée à l'alimentation animale*).

**mastectomy** [mæs'tektəmɪ] (*pl* **mastectomies**) *n* mastectomie *f*, mammectomie *f*.

**master** ['mɑːstəʳ] ◇ *n* **-1.** [of household, dog, servant, situation] maître *m*; **to be** ~ **in one's own house** être maître chez soi; **to be one's own** ~ être son propre maître; **to be (the)** ~ **of one's fate** être maître de son destin ❑ ~ **of ceremonies** [at reception] maître des cérémonies; [on TV show] présentateur *m*; ~ **of hounds** OR **foxhounds** maître d'équipage; **Master of the Rolls** ≃ président *m* de la cour d'appel (*en Grande-Bretagne*). **-2.** [expert] maître *m*; **chess** ~ maître. **-3.** SCH [in primary school] instituteur *m*, maître *m* d'école; [in secondary school] professeur *m*; [private tutor] maître *m*.**-4.** UNIV: **Master of Arts/Science** [diploma] ≃ maîtrise *f* ès lettres/ès sciences; [person] ≃ titulaire *mf* d'une maîtrise de lettres/de sciences; **she's doing a** ~**'s (degree) in philosophy** elle prépare une maîtrise de philosophie. **-5.** *dated* & *fml* [boy's title] monsieur *m*.**-6.** ART maître *m*.**-7.** NAUT [of ship] capitaine *m*; [of fishing boat] patron *m*.**-8.** UNIV [head of college] principal *m*.**-9.** [original copy] original *m*; [standard] étalon *m*.

◇ *vt* **-1.** [person, animal] maîtriser, dompter; [problem, difficulty] surmonter, venir à bout de; [emotions] maîtriser, surmonter; [situation] maîtriser, se rendre maître de; **to** ~ **o.s.** se maîtriser, se dominer. **-2.** [subject, technique] maîtriser.

◇ *adj* **-1.** [overall] directeur, maître; ~ **plan** stratégie *f* globale. **-2.** [in trade] maître; ~ **chef/craftsman** maître chef *m/* artisan *m*; **a** ~ **thief/spy** un voleur/un espion de génie. **-3.** [controlling] principal; ~ **switch** interrupteur *m* général. **-4.** [original] original; ~ **copy** original *m*.

**master bedroom** *n* chambre *f* principale.

**master builder** *n* maître *m* bâtisseur.

**master class** *n* cours *m* de maître; MUS master class *m*.

**master (disk)** *n* COMPUT disque *m* d'exploitation.

**master file** *n* COMPUT fichier *m* principal OR maître.

**masterful** ['mɑːstəful] *adj* **-1.** [dominating] autoritaire. **-2.** = **masterly.**

**master key** *n* passe-partout *m inv*.

**masterly** ['mɑːstəlɪ] *adj* magistral; **in a** ~ **fashion** magistralement, avec maestria.

**master mariner** *n* capitaine *m*.

**mastermind** ['mɑːstəmaɪnd] ◇ *n* [genius] cerveau *m*, génie *m*; [of crime, operation] cerveau *m*. ◇ *vt* diriger, organiser; **she** ~**ed the whole operation** c'est elle qui a dirigé toute l'opération, c'est elle le cerveau de toute l'opération.

◆ **Mastermind** *pr n* jeu télévisé britannique portant sur des questions de culture générale.

**masterpiece** ['mɑːstəpiːs] *n literal* & *fig* chef-d'œuvre *m*.

**master race** *n* race *f* supérieure.

**masterstroke** ['mɑːstəstrəʊk] *n* coup *m* de maître.

**masterwork** ['mɑːstəwɜːk] *n* chef-d'œuvre *m*.

**mastery** ['mɑːstərɪ] (*pl* **masteries**) *n* **-1.** [domination, control] maîtrise *f*, domination *f*; ~ **of** OR **over a situation** maîtrise d'une situation; ~ **of an opponent** supériorité *f* sur un adversaire. **-2.** [of art, subject, language] maîtrise *f*, connaissance *f*.**-3.** [masterly skill] maestria *f*, brio *m*.

**masthead** ['mɑːsthed] *n* **-1.** NAUT tête *f* de mât. **-2.** PRESS titre *m*.

**mastic** ['mæstɪk] *n* [resin] mastic *m* de Chio; [filler, seal] mastic *m*.

**masticate** ['mæstɪkeɪt] *vi* & *vt* mastiquer, mâcher.

**mastiff** ['mæstɪf] *n* mastiff *m*.

**mastoiditis** [ˌmæstɔɪ'daɪtɪs] *n (U)* mastoïdite *f*.

**masturbate** ['mæstəbeɪt] ◇ *vi* se masturber. ◇ *vt* masturber.

**masturbation** [ˌmæstə'beɪʃn] *n* masturbation *f*.

**mat** [mæt] (*pt* & *pp* **matted**, *cont* **matting**) ◇ *adj* = **matt.** ◇ *n* **-1.** [floor covering] (petit) tapis *m*, carpette *f*; [doormat] paillasson *m*; [in gym] tapis *m*; **to be on the** ~ *inf* être sur la sellette; **to have sb on the** ~ *inf* faire passer un mauvais quart d'heure à qqn. **-2.** [for sleeping on] natte *f*.**-3.** [on table] set *m* de table; [for hot dishes] dessous-de-plat *m inv*. ◇ *vi* **-1.** [hair] s'emmêler. **-2.** [material] (se) feutrer.

**matador** ['mætədɔːr] *n* matador *m*.

**match** [mætʃ] ◇ *n* **-1.** SPORT match *m*, rencontre *f*; **a rugby/boxing** ~ un match de rugby/de boxe; **to play a** ~ jouer un match. **-2.** [equal] égal *m*, -e *f*; **he's found** OR **met his** ~ (**in Pauline**) il a trouvé à qui parler (avec Pauline); **he's a** ~ **for her any day** il est de taille à lui faire face; **Dave is no** ~ **for Rob** Dave ne fait pas le poids contre Rob. **-3.** [couple] couple *m*; [marriage] mariage *m*; **they are** OR **make a good** ~ ils vont bien ensemble; **to find a (good)** ~ **for sb** trouver un (beau) parti à qqn. **-4.** [combination]: **these colours are a good** ~ ces couleurs se marient bien OR vont bien ensemble; **the new paint's not quite a perfect** ~ la nouvelle peinture n'est pas exactement de la même couleur que la précédente. **-5.** [for lighting] allumette *f*; **to put** OR **to set a** ~ **to sthg** mettre le feu à qqch; **a box/book of** ~**es** une boîte/une pochette d'allumettes. **-6.** [fuse] mèche *f*.

◇ *vt* **-1.** [be equal to] être l'égal de, égaler; **his arrogance is** ~**ed only by that of his father** son arrogance n'a d'égale que celle de son père. **-2.** [go with – subj: clothes, colour] s'assortir à, aller (bien) avec, se marier (harmonieusement) avec; **the gloves** ~ **the scarf** les gants sont assortis à l'écharpe. **-3.** [coordinate]: **I'm trying to** ~ **this paint** je cherche une peinture identique à celle-ci; **can you** ~ **the names with the photographs?** pouvez-vous attribuer à chaque photo le nom qui lui correspond?; **he and his wife are well** ~**ed** lui et sa femme vont bien ensemble. **-4.** [oppose]: **to** ~ **sb against sb** opposer qqn à qqn; **he** ~**ed his skill against the champion's** il mesura son habileté à celle du champion; **the two teams are well** ~**ed** les deux équipes sont de force égale. **-5.** [find equal to] égaler; **this restaurant can't be** ~**ed for quality** ce restaurant n'a pas son pareil pour ce qui est de la qualité. ◇ *vi* aller (bien) ensemble, être bien assorti; **a red scarf with a bonnet to** ~ un foulard rouge avec un bonnet assorti; **I can't find two socks that** ~ je ne parviens pas à trouver deux chaussettes identiques; **none of the glasses** ~**ed** les verres étaient tous dépareillés.

◆ **match up** ◇ *vt sep* = **match** *vt* **3.** ◇ *vi insep* [dates, figures] correspondre; [clothes, colours] aller (bien) ensemble, être bien assorti.

◆ **match up to** *vt insep* valoir; **his jokes don't** ~ **(up to) Mark's** ses plaisanteries ne valent pas celles de Mark; **the hotel didn't** ~ **(up to) our expectations** l'hôtel nous a déçus OR ne répondait pas à notre attente.

**matchbook** ['mætʃbʊk] *n* pochette *f* d'allumettes.

**matchbox** ['mætʃbɒks] *n* boîte *f* d'allumettes.

**match-fit** *adj Br*: they only have ten ~ players ils n'ont que dix joueurs en état de jouer.

**matching** ['mætʃɪŋ] *adj* assorti.

**matchless** ['mætʃlɪs] *adj lit* sans égal, sans pareil.

**matchmaker** ['mætʃˌmeɪkə'] *n* **-1.** [gen] entremetteur *m*, -euse *f*; [for marriage] marieur *m*, -euse *f*. **-2.** [manufacturer] fabricant *m* d'allumettes.

**match play** *n* GOLF match-play *m*.

♦ **match-play** *adj* match-play tournament match-play *m*.

**match point** *n* TENNIS balle *f* de match.

**matchstick** ['mætʃstɪk] *n Br* allumette *f*; ~ men personnages *mpl* stylisés (*dessinés de simples traits*).

**match-winner** *n* atout *m* pour gagner, joker *m*.

**matchwood** ['mætʃwʊd] *n* bois *m* d'allumettes; smashed OR reduced to ~ *Br* réduit en miettes.

**mate¹** [meɪt] ◇ *n* **-1.** *Br & Austr inf* [friend] pote *m*, copain *m*; [term of address]: **listen, ~!** écoute, mon vieux! **-2.** [colleague] camarade *mf* (de travail). **-3.** [workman's helper] aide *mf*; **plumber's ~** aide-plombier *m*. **-4.** NAUT [in navy] second maître *m*; [on merchant vessel] ~ second *m*. **-5.** ZOOL mâle *m*, femelle *f*; *hum* [husband] époux *m*; [wife] épouse *f*; [lover] partenaire *mf*. **-6.** [in chess] mat *m*. ◇ *vt* **-1.** ZOOL accoupler; **to ~ a cow with a bull** accoupler une vache à un taureau. **-2.** [in chess] mettre échec et mat, mater. ◇ *vi* s'accoupler.

**mate², maté** ['mæteɪ] *n* **-1.** [tree] (variété *f* de) houx *m*. **-2.** [drink] maté *m*.

**mater** ['meɪtə'] *n Br dated & hum* mère *f*, maman *f*.

**material** [mə'tɪərɪəl] ◇ *n* **-1.** [wood, plastic, stone etc] matière *f*, substance *f*; [as constituent] matériau *m*; **building ~s** matériaux de construction. **-2.** [cloth] tissu *m*, étoffe *f*. **-3.** (*U*) [ideas, data] matériaux *mpl*, documentation *f*; **background ~** documentation de base. **-4.** [finished work]: **a comic who writes his own ~** un comique qui écrit ses propres textes OR sketches. **-5.** [necessary equipment] matériel *m*; **writing ~** matériel pour écrire; **teaching ~s** SCH supports *mpl* pédagogiques; **reference ~s** documents *mpl* de référence. **-6.** [suitable person or persons]: **is he officer/university ~?** a-t-il l'étoffe d'un officier/universitaire? ◇ *adj* **-1.** [concrete] matériel; **~ comforts** confort *m* matériel; **of ~ benefit** d'un apport capital. **-2.** *fml* [relevant] pertinent; **the facts ~ to the investigation** les faits qui présentent un intérêt pour l'enquête ❏ **~ evidence** JUR preuve *f* matérielle OR tangible.

**materialism** [mə'tɪərɪəlɪzm] *n* matérialisme *m*.

**materialist** [mə'tɪərɪəlɪst] ◇ *adj* matérialiste. ◇ *n* matérialiste *mf*.

**materialistic** [mə,tɪərɪə'lɪstɪk] *adj* matérialiste.

**materialize, -ise** [mə'tɪərɪəlaɪz] ◇ *vi* **-1.** [become fact] se matérialiser, se réaliser; [take shape] prendre forme; **the promised pay rise never ~d** l'augmentation promise ne s'est jamais concrétisée. **-2.** *inf* [arrive]: **he eventually ~d around ten** il a fini par se pointer vers dix heures. **-3.** [ghost, apparition] se matérialiser. ◇ *vt* matérialiser.

**materially** [mə'tɪərɪəlɪ] *adv* matériellement.

**maternal** [mə'tɜːnl] *adj* maternel; **~ grandfather** grand-père *m* maternel.

**maternity** [mə'tɜːnətɪ] ◇ *n* maternité *f*. ◇ *comp* [dress] de grossesse; [ward] de maternité; **~ home** OR **hospital** maternité *f*.

**maternity allowance** *n* allocation de maternité versée par l'État à une femme n'ayant pas droit à la «maternity pay».

**maternity benefit** *n* ≃ allocations *fpl* de maternité.

**maternity leave** *n* congé *m* (de) maternité.

**maternity pay** *n* allocation de maternité versée par l'employeur.

**matey** ['meɪtɪ] *inf* ◇ *n Br* pote *m*; [term of address]: **all right, ~?** ça va, mon vieux? ◇ *adj* [pally] copain; **he's very ~ with me** il est très copain avec moi.

**math** [mæθ] *Am* = **maths**.

**mathematical** [,mæθə'mætɪkl] *adj* mathématique.

**mathematically** [,mæθə'mætɪklɪ] *adv* mathématiquement.

**mathematician** [,mæθəmə'tɪʃn] *n* mathématicien *m*, -enne *f*.

**mathematics** [,mæθə'mætɪks] ◇ *n* (*U*) [science, subject] mathématiques *fpl*. ◇ *npl* [calculations involved]: **can you explain the ~ of it to me?** pouvez-vous m'expliquer comment on parvient à ce résultat?

**maths** [mæθs] (*abbr of* **mathematics**) *n* (*U*) *Br* maths *fpl*.

**maths coprocessor** [-,kəʊ'prəʊsesə'] *n* COMPUT coprocesseur *m* mathématique.

**matinee, matinée** ['mætɪneɪ] *n* CIN & THEAT matinée *f*.

**matinee coat** *n Br* veste *f* de bébé.

**matinee idol** *n dated* OR *hum* idole *f* (romantique).

**matinee jacket** *Br* = **matinee coat**.

**mating** ['meɪtɪŋ] ◇ *n* accouplement *m*. ◇ *comp*: **~ call** appel *m* du mâle OR de la femelle; **~ instinct** instinct *m* sexuel; **~ season** saison *f* des amours.

**matins** ['mætɪnz] = **mattins**.

**matriarch** ['meɪtrɪɑːk] *n* [ruler, head of family] chef *m* de famille (*dans un système matriarcal*); [old woman] matrone *f*.

**matriarchal** [,meɪtrɪ'ɑːkl] *adj* matriarcal.

**matriarchy** ['meɪtrɪɑːkɪ] (*pl* **matriarchies**) *n* matriarcat *m*.

**matrices** ['meɪtrɪsiːz] *pl* → **matrix**.

**matricide** ['mætrɪsaɪd] *n* **-1.** [act] matricide *m*. **-2.** [person] matricide *mf*.

**matriculate** [mə'trɪkjʊleɪt] *vi* **-1.** [register] s'inscrire, se faire immatriculer; [at university] s'inscrire. **-2.** *Br* SCH ≃ obtenir son baccalauréat.

**matriculation** [mə,trɪkjʊ'leɪʃn] *n* **-1.** [registration] inscription *f*, immatriculation *f*; [at university] inscription *f*; **~ fees** droits *mpl* d'inscription. **-2.** *Br* SCH ancien examen équivalent au baccalauréat.

**matrimonial** [,mætrɪ'məʊnjəl] *adj* matrimonial, conjugal.

**matrimony** ['mætrɪmənɪ, *Am* 'mætrɪməʊnɪ] (*pl* **matrimonies**) *n fml* mariage *m*.

**matrix** ['meɪtrɪks] (*pl* **matrixes** OR **matrices** [-trɪsiːz]) *n* matrice *f*.

**matron** ['meɪtrən] *n* **-1.** *Br* [in hospital] infirmière *f* en chef; [in school] infirmière *f*. **-2.** *lit* [married woman] matrone *f*, mère *f* de famille. **-3.** [in retirement home] surveillante *f*. **-4.** *Am* [in prison] gardienne *f*, surveillante *f*.

**matronly** ['meɪtrənlɪ] *adj*: **she looks very ~** elle a tout de la matrone.

**matron of honour** (*pl* **matrons of honour**) *n* dame *f* d'honneur.

**matt** [mæt] *adj* mat; **~ paint** peinture *f* mate.

**matte** [mæt] ◇ *adj* = **matt**. ◇ *n* METALL matte *f*, maton *m*.

**matted** ['mætɪd] *adj* [material] feutré; [hair] emmêlé; [vegetation, roots] enchevêtré.

**matter** ['mætə'] ◇ *n* **-1.** [affair] affaire *f*; [subject] sujet *m*; **money ~s** questions *fpl* d'argent; **this is no laughing ~** il n'y a pas de quoi rire; **it is no easy ~** c'est une question difficile OR un sujet délicat; **I will give the ~ my immediate attention** j'accorderai toute mon attention à ce problème; **you're not going out, and that's the end of** OR **there's an end to the ~!** tu ne sortiras pas, un point c'est tout! **-2.** [question] question *f*; **there's the small ~ of the £100 you owe me** il y a ce petit problème des 100 livres que tu me dois; **a ~ of life and death** une question de vie ou de mort; **that's quite another ~, that's a different ~** altogether ça c'est une (tout) autre affaire; **that's a ~ of opinion** ça c'est une question d'opinion; **as a ~ of course** tout naturellement; **as a ~ of urgency** d'urgence; **she'll do it in a ~ of minutes** cela ne lui prendra que quelques minutes; **it's only** OR **just a ~ of time** ce n'est qu'une question de temps; **it's only** OR **just a ~ of filling in a few forms** il ne s'agit que de remplir quelques formulaires. **-3.** [physical substance] matière *f*. **-4.** [written material]: **printed ~** texte *m* imprimé; [sent by post] imprimés *mpl*. **-5.** MED [pus] pus *m*. **-6.** *phr*: **what's the ~?** qu'est-ce qu'il y a?; **what's the ~ with you?** qu'est-ce que qui ne va pas?; **what's the ~ with Jim?** qu'est-ce qu'il a, Jim?; **what's the ~ with your eyes?** qu'est-ce que vous avez aux yeux?; **what's the ~ with the way I dress?** qu'est-ce que vous reprochez à ma façon de m'habiller?; **what's the ~ with telling him the truth?** quel mal y a-t-il à lui dire la vérité?; **there's something the ~ with my leg** j'ai quelque chose à la jambe; **is there something the ~?** il y a un problème?; **there's something OR there's anything the ~?** il y a quelque chose qui ne va pas?, il y a un problème?; **nothing's the** OR **there's nothing the ~** il n'y a rien, tout va bien; **nothing's the ~**

**with me** je vais parfaitement bien; **there's nothing the** ~ **with the engine** le moteur est en parfait état de marche; **no** ~**!** peu importe!; **no** ~ **what I do** quoi que je fasse; **no** ~ **what the boss thinks** peu importe ce qu'un pense le patron; **don't go back, no** ~ **how much he begs you** même s'il te le demande à genoux, n'y retourne pas; **no** ~ **what quoi qu'il arrive; **no** ~ **how hard I try** quels que soient les efforts que je fais; **no** ~ **where I am** où que je sois.
◇ *vi* importer, avoir de l'importance; **what does it** ~? quelle importance est-ce que ça a?, qu'importe?; **it** ~**s a lot** cela a beaucoup d'importance, c'est très important; **it doesn't** ~ cela n'a pas d'importance, ça ne fait rien; **it doesn't** ~ **to me what you do with your money** ce que tu fais de ton argent m'est égal; **money is all that** ~**s to him** il n'y a que l'argent qui l'intéresse; **she** ~**s a lot to him** il tient beaucoup à elle, elle compte beaucoup pour lui; **she knows all the people who** ~ elle connaît tous les gens qui comptent.
♦ **matters** *npl:* **as** ~**s stand** les choses étant ce qu'elles sont; **getting angry won't help** ~**s at all** se mettre en colère n'arrangera pas les choses.
♦ **as a matter of fact** *adv phr* en fait, à vrai dire, en réalité.
♦ **for that matter** *adv phr* d'ailleurs.
**Matterhorn** ['mætəhɔːn] *prn:* **the** ~ le mont Cervin.
**matter-of-fact** *adj* [down-to-earth] terre-à-terre *(inv)*; [prosaic] prosaïque; [unemotional] neutre; **Frank has a very** ~ **approach** Frank a une vision très pratique des choses; **he has a very** ~ **way of speaking** il dit les choses comme elles sont.
**Matthew** ['mæθjuː] *prn* Matthieu.
**matting** ['mætɪŋ] *n (U)* [used as mat] natte *f*, tapis *m*.
**mattins** ['mætɪnz] *n (U)* RELIG matines *fpl*.
**mattock** ['mætək] *n* pioche *f*.
**mattress** ['mætrɪs] *n* matelas *m*.
**maturation** [ˌmætjʊ'reɪʃn] *n* BOT & BIOL maturation *f*; *fig* mûrissement *m*.
**mature** [mə'tjʊəʳ] ◇ *adj* -**1.** [person – physically] mûr; [– mentally] mûr, mature; **a man of** ~ **years** un homme d'âge mûr. -**2.** [cheese] fait; [wine, spirits] arrivé à maturité. -**3.** FIN échu.
◇ *vi* -**1.** [person, attitude] mûrir; **he has** ~**d into a very sensible young man** c'est maintenant un jeune homme plein de bon sens. -**2.** [wine] arriver à maturité; [cheese] se faire. -**3.** FIN arriver à échéance, échoir. ◇ *vt* [cheese] faire mûrir, affiner; [wine, spirits] faire vieillir.
**mature student** *n* UNIV adulte qui fait des études.
**maturity** [mə'tjʊərətɪ] *n* -**1.** [gen] maturité *f*; **to reach** ~ [person] devenir majeur. -**2.** FIN: ~ **(date)** échéance *f*.
**matzo** ['mætsəʊ] *(pl* **matzos)** *n* pain *m* azyme.
**maudlin** ['mɔːdlɪn] *adj* larmoyant, sentimental.
**maul** [mɔːl] ◇ *vt* -**1.** [attack – subj: animal] mutiler; [– subj: person, crowd] malmener. -**2.** *inf* [handle clumsily] tripoter. -**3.** [criticize] démolir, mettre en pièces. ◇ *vi* RUGBY faire un maul. ◇ *n* RUGBY maul *m*.
**Maundy money** ['mɔːndɪ-] *n (U)* pièces de monnaie spéciales offertes par le souverain britannique à certaines personnes âgées le jour du jeudi saint.
**Maundy Thursday** ['mɔːndɪ-] *n* RELIG jeudi *m* saint.
**Mauritania** [ˌmɒrɪ'teɪnjə] *prn* Mauritanie *f*; **in** ~ en Mauritanie.
**Mauritanian** [ˌmɒrɪ'teɪnjən] ◇ *n* Mauritanien *m*, -enne *f*.
◇ *adj* mauritanien.
**Mauritian** [mə'rɪʃn] ◇ *n* Mauricien *m*, -enne *f*. ◇ *adj* mauricien.
**Mauritius** [mə'rɪʃəs] *prn* l'île *f* Maurice; **in** ~ à l'île Maurice.
**mausoleum** [ˌmɔːsə'lɪəm] *n* mausolée *m*.
**mauve** [məʊv] ◇ *adj* mauve. ◇ *n* mauve *m*.
**maverick** ['mævərɪk] ◇ *n* -**1.** [person] franc-tireur *m*, indépendant *m*, -e *f*. -**2.** [calf] veau *m* non marqué. ◇ *adj* non-conformiste, indépendant.
**maw** [mɔː] *n* ZOOL [of cow] caillette *f*; [of bird] jabot *m*; *fig* gouffre *m*.
**mawkish** ['mɔːkɪʃ] *adj* [sentimental] mièvre; [nauseating] écœurant.
**max.** *(written abbr of* **maximum)** max.
**maxi** ['mæksɪ] ◇ *adj* [skirt, dress etc] maxi. ◇ *n* maxi *m*.
**maxilla** [mæk'sɪlə] *(pl* **maxillae** [-liː]) *n* ANAT maxillaire *m*.

**maxim** ['mæksɪm] *n* maxime *f*.
**maxima** ['mæksɪmə] *pl* → **maximum**.
**maximal** ['mæksɪml] *adj* maximal.
**maximize, -ise** ['mæksɪmaɪz] *vt* maximiser, maximaliser.
**maximum** ['mæksɪməm] *(pl* **maximums** OR **maxima** [-mə])
◇ *n* maximum *m*; **to the** ~ au maximum. ◇ *adj* maximum, maximal; ~ **load** charge *f* maximale OR limite ❑ ~ **security prison** prison *f* de haute sécurité. ◇ *adv* au maximum.
**may**[1] [meɪ] *modal vb* -**1.** [expressing possibility]: **this** ~ **take some time** ça prendra peut-être OR il se peut que ça prenne du temps; **symptoms** ~ **disappear after a few days** les symptômes peuvent disparaître après quelques jours; **you** ~ **well be right** il est fort possible OR il se peut bien que vous ayez raison; **she** ~ **not have arrived yet** il se peut OR il se pourrait qu'elle ne soit pas encore arrivée; **he** ~ **have been right** il avait peut-être raison. -**2.** [expressing permission]: **you** ~ **sit down** vous pouvez vous asseoir; **I will go home now, if I** ~ je vais rentrer chez moi, si vous me le permettez; **if I** ~ **say so** si je peux OR puis me permettre cette remarque; **you** ~ **well ask!** bonne question!**-3.** [in polite questions, suggestions]: ~ **I interrupt?** puis-je vous interrompre?, vous permettez que je vous interrompe?; ~ **I?** vous permettez?; ~ **I come too?** — yes, you ~ oui, ~ **I say how pleased we are that you could come** permettez-moi de vous dire à quel point nous sommes ravis que vous ayez pu venir. -**4.** [contradicting a point of view]: **you** ~ **think I'm imagining things, but I think I'm being followed** tu vas croire que je divague mais je crois que je suis suivi; **such facts** ~ **seem insignificant, but they could prove vital** de telles choses peuvent paraître insignifiantes mais elles pourraient se révéler vitales; **he** ~ **not be very bright, but he's got a heart of gold** il n'est peut-être pas très brillant mais il a un cœur d'❑ **that's so** ~ **be c'est** possible. -**5.** [giving additional information]: **this, it** ~ **be said,** is yet another example of government interference c'est là, on peut le dire, un autre exemple de l'interventionnisme de l'État. -**6.** *fml* [expressing purpose]: **they work hard so that their children** ~ **have a better life** ils travaillent dur pour que leurs enfants aient une vie meilleure. -**7.** [expressing wishes, hopes]: ~ **she rest in peace** qu'elle repose en paix. -**8.** *phr:* ~ **as well: can I go home now?** — **you** ~ **as well** est-ce que je peux rentrer chez moi maintenant? — tu ferais aussi bien; **we** ~ **as well have another drink** tant qu'à faire, autant prendre un autre verre.
**may**[2] [meɪ] *n* [hawthorn] aubépine *f*, épine *f* de mai.
**May** [meɪ] *n* mai *m*; *see also* **February**.
**Maya** ['maɪə] *(pl sense 1 inv* OR **Mayas)** *n* -**1.** [person] Indien *m*, -enne *f* maya; **the** ~**(s)** les Mayas *mpl*. -**2.** LING maya *m*.
**Mayan** ['maɪən] ◇ *n* -**1.** [person] Indien *m*, -enne *f* maya. -**2.** LING maya *m*. ◇ *adj* maya.
**May ball** *n* bal qui se tient au mois de juin à l'université de Cambridge.
**maybe** ['meɪbiː] *adv* peut-être; ~ **she'll come tomorrow** elle viendra peut-être demain; ~ **so** peut-être bien que oui; ~ **not** peut-être bien que non.
**May bug** *n* hanneton *m*.
**Mayday** ['meɪdeɪ] *n* [SOS] SOS *m*; **to send out a** ~ **signal** envoyer un signal de détresse OR un SOS.
**May Day** *n* le Premier Mai.
**mayflower** ['meɪflaʊəʳ] *n* [gen] fleur *f* printanière; *Br* [marsh marigold] souci *m* d'eau; *Br* [hawthorn] aubépine *f*.
♦ **Mayflower** *prn:* **the Mayflower** *Am* HIST le Mayflower.
**mayfly** ['meɪflaɪ] *(pl* **mayflies)** *n* éphémère *m*.
**mayhem** ['meɪhem] *n* -**1.** [disorder] désordre *m*; **to create** OR **to cause** ~ semer la panique. -**2.** JUR mutilation *f* du corps humain.
**mayn't** [meɪnt] *Br* = **may not**.
**mayonnaise** [ˌmeɪə'neɪz] *n* mayonnaise *f*.
**mayor** [meəʳ] *n* maire *m*, mairesse *f*.
**mayoress** ['meərɪs] *n* femme *f* du maire.
**maypole** ['meɪpəʊl] *n* ≈ arbre *m* de mai *(mât autour duquel on danse le Premier Mai).*
**May queen** *n* reine *f* du Premier mai.
**may've** ['meɪəv] *inf* = **may have**.
**May week** *n* semaine du mois de juin pendant laquelle se

*tiennent les «May balls».*

**maze** [meɪz] *n literal & fig* labyrinthe *m*, dédale *m*.

**mazurka** [mə'zɜːkə] *n* mazurka *f*.

**MB** *(written abbr of* **megabyte**) Mo.

**MBA** *(abbr of* **Master of Business Administration**) *n (titulaire d'une)* maîtrise de gestion.

**MBBS** *(abbr of* **Bachelor of Medicine and Surgery**) *n (titulaire d'une)* licence de médecine et de chirurgie.

**MBE** *(abbr of* **Member of the Order of the British Empire**) *n (membre de)* l'ordre de l'Empire britannique *(titre honorifique)*.

**MBO** *(abbr of* **management buyout**) *n Br* RES *m*.

**MC** *n* **-1.** *abbr of* **master of ceremonies**. **-2.** *Am abbr of* **Member of Congress**.

**MCAT** *(abbr of* **Medical College Admissions Test**) *n* test d'admission aux études de médecine.

**MCC** *(abbr of* **Marylebone Cricket Club**) *pr n* célèbre club de cricket de Londres.

**McCarthyism** [mə'kɑːθɪɪzm] *n* POL maccartisme *m*, maccarthysme *m*.

**McCoy** [mə'kɔɪ] *n inf phr*: **it's the real ~** c'est du vrai de vrai, c'est de l'authentique.

**MCP** *(abbr of* **male chauvinist pig**) *n inf* phallo *m*.

**MD** ◇ *n* **-1.** *abbr of* **Doctor of Medicine**. **-2.** *abbr of* **managing director**. ◇ *written abbr of* **Maryland**.

**MDT** *n abbr of* **Mountain Daylight Time**.

**me¹** [miː] ◇ *pron* **-1.** [direct or indirect object – unstressed] me, m' *(before vowel or silent 'h')*; [– stressed] moi; **do you love me?** tu m'aimes?; **give me a light** donne-moi du feu; **what, me, tell a lie?** moi, mentir?; **-2.** [after preposition] moi; **they're talking about me** ils parlent de moi. **-3.** [used instead of 'I'] moi; **it's me** c'est moi; **she's bigger than me** elle est plus grande que moi; **this hairstyle isn't really me** *fig* cette coiffure, ce n'est pas vraiment mon style. **-4.** [in interjections]: **poor me!** pauvre de moi!; **silly me!** que je suis bête! ◇ *n* moi *m*. ◇ *det inf =* **my**.

**me²** [miː] MUS = **mi**.

**ME** ◇ *n* (U) *(abbr of* **myalgic encephalomyelitis**) myélo-encéphalite *f*. ◇ *written abbr of* **Maine**.

**mead** [miːd] *n* [drink] hydromel *m*.

**meadow** ['medəʊ] *n* pré *m*, prairie *f*.

**meadowland** ['medəʊlænd] *n* prairie *f*, pâturages *mpl*.

**meagre** *Br*, **meager** *Am* ['miːgər] *adj* maigre.

**meal** [miːl] *n* **-1.** repas *m*; **have a nice ~!, enjoy your ~!** bon appétit!; **they've invited us round for a ~** ils nous ont invités à manger ❑ **evening ~** dîner *m*; **to make a ~ of sthg** *inf* faire tout un plat de qqch. **-2.** [flour] farine *f*. **-3.** (U) *Scot* [oatmeal] flocons *mpl* d'avoine.

**meals on wheels** *n* service de repas à domicile à l'intention des invalides et des personnes âgées.

**meal ticket** *n* **-1.** *Am* ticket *m* restaurant. **-2.** *inf* [source of income] gagne-pain *m inv*.

**mealtime** ['miːltaɪm] *n* [lunch] heure *f* du déjeuner; [dinner] heure *f* du dîner; **at ~s** aux heures des repas.

**mealy** ['miːlɪ] *(compar* **mealier**, *superl* **mealiest**) *adj* **-1.** [floury] farineux. **-2.** [pale] pâle.

**mealy-mouthed** [-'maʊðd] *adj* doucereux, patelin.

**mean** [miːn] *(pt & pp* **meant** [ment]) ◇ *adj* **-1.** [miserly] avare, radin, pingre; **they're very ~ about pay rises** ils accordent les augmentations de salaire au compte-gouttes. **-2.** [nasty, unkind] méchant, vache; **don't be ~ to your sister!** ne sois pas méchant avec ta sœur!; **to play a ~ trick on sb** jouer un sale tour à qqn; **I feel ~ about not inviting her** j'ai un peu honte de ne pas l'avoir invitée; **he gets ~ after a few drinks** *Am inf* il devient mauvais OR méchant après quelques verres; **~ weather** *Am inf* sale temps. **-3.** [inferior]: **the meanest intelligence** l'esprit le plus borné; **he's no ~ architect/guitarist** c'est un architecte/guitariste de talent; **it was no ~ feat** ce n'était pas un mince exploit. **-4.** [average] moyen; **~ deviation** écart *m* moyen. **-5.** ▽ [excellent] terrible, super; **she plays a ~ guitar** comme guitariste, elle est super. **-6.** [shabby] miteux, misérable; **~ slums** taudis misérables. **-7.** *lit* [of lower rank or class]: **of ~ birth** de basse extraction. ◇ *n* **-1.** [middle point] milieu *m*, moyen terme *m*; **the golden** OR **happy ~** le juste milieu. **-2.** MATH moyenne *f*. ◇ *vt* **-1.** [signify – subj: word, gesture] vouloir dire, signifier;

[– subj: person] vouloir dire; **what do you ~?** qu'est-ce que tu veux dire?; **what do you ~ by "wrong"?** qu'entendez-vous par «faux»?; **what do you ~ you don't like the cinema?** comment ça, vous n'aimez pas le cinéma?; **how do you ~?** qu'entendez-vous par là?; **does the name Heathcliff ~ anything to you?** est-ce que le nom de Heathcliff vous dit quelque chose?; **that was when the word "friendship" still meant something** c'était à l'époque où le mot «amitié» avait encore un sens; **that doesn't ~ a thing!** ça ne veut (strictement) rien dire! || [requesting or giving clarification]: **do you ~ it?** tu es sérieux?; **she always says what she ~s** elle dit toujours ce qu'elle pense ❑ **I ~** [that's to say] je veux dire; **why diet? I ~, you're not exactly fat** pourquoi te mettre au régime? on ne peut pas dire que tu sois grosse; **I ~ to say** ce que je veux dire c'est... **-2.** [imply, entail – subj: event, change] signifier; **going to see a film ~s driving into town** pour voir un film, nous sommes obligés de prendre la voiture et d'aller en ville; **she's never known what it ~s to be loved** elle n'a jamais su ce que c'est que d'être aimée. **-3.** [matter, be of value] compter; **this watch ~s a lot to me** je suis très attaché à cette montre; **your friendship ~s a lot to her** votre amitié compte beaucoup pour elle; **he ~s nothing to me** il n'est rien pour moi; **I can't tell you what this ~s to me** je ne peux pas te dire ce que ça représente pour moi; **$20 ~s a lot to me** 20 dollars, c'est une grosse somme OR c'est beaucoup d'argent pour moi. **-4.** [refer to]: **do you ~ us?** tu veux dire nous?; **it was you she meant** when she said that c'était à vous qu'elle pensait OR qu'elle faisait allusion quand elle a dit ça. **-5.** [intend] avoir l'intention de, vouloir, compter; **we ~ to win** nous avons (bien) l'intention de gagner, nous comptons (bien) gagner; **I ~ to see him now — and I ~ now!** j'ai l'intention de le voir tout de suite, et quand je dis tout de suite, c'est tout de suite!; **I didn't ~ it!** [action] je ne l'ai pas fait exprès!; [words] je n'étais pas sérieux!; **I meant it as a joke** c'était une plaisanterie; **that remark was meant for you** cette remarque s'adressait à vous; **the present was meant for your brother** le cadeau était destiné à ton frère; **they're meant for each other** ils sont faits l'un pour l'autre; **it's meant to be a horse** c'est censé représenter un cheval; **perhaps I was meant to be a doctor** peut-être que j'étais fait pour être médecin; **it was meant to be** c'était écrit; **he ~s well** il a de bonnes intentions. **-6.** [consider, believe]: **it's meant to be good for arthritis** il paraît que c'est bon pour l'arthrite. **-7.** [suppose]: **that box isn't meant to be in here** cette boîte n'est pas censée se trouver ici.

**meander** [mɪ'ændər] ◇ *vi* **-1.** [river] serpenter, faire des méandres. **-2.** [person] errer (sans but), se promener au hasard. ◇ *n* méandre *m*.

**meaning** ['miːnɪŋ] ◇ *n* sens *m*, signification *f*; **I don't know the ~ of this word** je ne connais pas le sens de ce mot, je ne sais pas ce que veut dire ce mot; **he doesn't know the ~ of hard work** il ne sait pas ce que c'est que de travailler dur; **they're just good friends, if you get my ~** ils sont seulement bons amis, si vous voyez ce que je veux dire; **the ~ of life** le sens de la vie; **our success gives ~ to what we're doing** notre réussite donne un sens à ce que nous faisons. ◇ *adj* [look, smile] significatif, éloquent.

**meaningful** ['miːnɪŋfʊl] *adj* **-1.** [expressive – gesture] significatif, éloquent; **she gave him a ~ look** elle lui adressa un regard qui en disait long. **-2.** [comprehensible – explanation] compréhensible; [significant] significatif. **-3.** [profound – experience, relationship] profond.

**meaningfully** ['miːnɪŋfʊlɪ] *adv* de façon significative.

**meaningless** ['miːnɪŋlɪs] *adj* **-1.** [devoid of sense] dénué de sens, sans signification; **the lyrics of this song are completely ~** les paroles de cette chanson n'ont absolument aucun sens. **-2.** [futile] futile, vain; **~ violence** de la violence gratuite.

**meanness** ['miːnnɪs] *n* **-1.** [stinginess] avarice *f*. **-2.** *Am* [nastiness, spitefulness] méchanceté *f*, mesquinerie *f*. **-3.** *lit* [poverty] pauvreté *f*.

**means** [miːnz] *(pl inv)* ◇ *n* **-1.** [way, method] moyen *m*; **a ~ of doing sthg** un moyen de faire qqch; **is there no ~ of doing it any faster?** n'y a-t-il pas moyen de le faire plus vite?; **he has no ~ of support** il est sans ressources; **it's just a ~ to an end** ce n'est qu'un moyen d'arriver au but; **the end justifies the ~** *prov* la fin justifie les moyens; **by ~ of a screwdriver** à l'aide d'un tournevis; **they communicate by ~ of signs** ils communiquent par signes; **by some ~ or other** OR **another** d'une façon ou d'une autre ❏ **~ of transport** moyen de transport; **~ of production** moyens de production. **-2.** *phr*: **may I leave? — by all ~!** puis-je partir? — je vous en prie OR mais bien sûr!; **by no (manner of) ~** pas du tout; **it's by no ~ easy** c'est loin d'être facile; **she's not his friend by any (manner of) ~** elle est loin d'être son amie. ◇ *npl* [money, resources] moyens *mpl*, ressources *fpl*; **to live within one's ~** vivre selon ses moyens; **to live beyond one's ~** vivre au-dessus de ses moyens; **her family obviously has ~** il est évident qu'elle vient d'une famille aisée.

**means test** *n* enquête *f* sur les revenus (*d'une personne désirant bénéficier d'une allocation d'État*); **the grant is subject to a ~** cette allocation est assujettie à des conditions de ressources.

◆ **means-test** *vt*: **is unemployment benefit means-tested?** les allocations de chômage sont-elles attribuées en fonction des ressources OR des revenus du bénéficiaire?; **all applicants are means-tested** tous les candidats font l'objet d'une enquête sur leurs revenus.

**meant** [ment] *pt & pp→* **mean**.

**meantime** ['mi:n,taɪm] *adv* pendant ce temps.

◆ **in the meantime** *adv phr* entre-temps.

◆ **for the meantime** *adv phr* pour l'instant.

**meanwhile** ['mi:n,waɪl] *adv* entre-temps, pendant ce temps; **I, ~, was stuck in the lift** pendant ce temps, moi, j'étais coincé dans l'ascenseur.

**measles** ['mi:zlz] *n* rougeole *f*.

**measly** ['mi:zlɪ] (*compar* **measlier**, *superl* **measliest**) *adj inf* minable, misérable.

**measurable** ['meʒərəbl] *adj* **-1.** [rate, change, amount] mesurable. **-2.** [noticeable, significant] sensible, perceptible.

**measurably** ['meʒərəblɪ] *adv* [noticeably, significantly] sensiblement, notablement.

**measure** ['meʒəʳ] ◇ *n* **-1.** [measurement] mesure *f*; **weights and ~s** les poids *mpl* et mesures; **linear/square/cubic ~** mesure de longueur/de superficie/de volume; **to give good** OR **full ~** [in length, quantity] faire bonne mesure; [in weight] faire bon poids; **to give short ~** [in quantity] tricher sur la quantité; [in weight] tricher sur le poids; **for good ~** *fig* pendant qu'il/elle y est; **then he painted the door, just for good ~** et puis, pendant qu'il y était, il a peint la porte; **to take** OR **to get the ~ of sb** *fig* jauger qqn, se faire une opinion de qqn; **this award is a ~ of their success** ce prix ne fait que refléter leur succès; **her joy was beyond ~** sa joie était incommensurable. **-2.** [degree] mesure *f*; **in some ~** dans une certaine mesure, jusqu'à un certain point; **in large ~** dans une large mesure, en grande partie. **-3.** [device – ruler] mètre *m*, règle *f*; [– container] mesure *f*; **a pint ~** une mesure d'une pinte. **-4.** [portion] portion *f*, dose *f*.**-5.** [step, legislation] mesure *f*; **as a precautionary ~** par mesure de précaution. **-6.** MUS & LITERAT mesure *f*.

◇ *vt* **-1.** [take measurement of] mesurer; **he ~d me for a suit** il a pris mes mesures pour me faire un costume ❏ **to ~ one's length** s'étaler de tout son long. **-2.** [judge] jauger, mesurer, évaluer; **to ~ oneself** OR **one's strength against sb** se mesurer à qqn.

◇ *vi* mesurer; **the room ~s 18 feet by 12** la pièce mesure 18 pieds sur 12.

◆ **measure off** *vt sep* mesurer.

◆ **measure out** *vt sep* mesurer; **he ~d out a double gin** il versa un double gin.

◆ **measure up** ◇ *vt sep* mesurer; **to ~ sb up** *fig* jauger qqn, prendre la mesure de qqn. ◇ *vi insep* être OR se montrer à la hauteur; **to ~ up to sb's expectations** répondre aux espérances de qqn.

**measured** ['meʒəd] *adj* **-1.** [distance, length etc] mesuré. **-2.** [careful, deliberate] mesuré.

**measurement** ['meʒəmənt] *n* **-1.** [dimension] mesure *f*; **to take (down) the ~s of a piece of furniture** prendre les dimensions d'un meuble; **waist/hip ~** tour *m* de taille/de hanches. **-2.** [act] mesurage *m*.

**measuring** ['meʒərɪŋ] *n* mesurage *m*.

**measuring jug** *n* verre *m* gradué, doseur *m*.

**measuring tape** *n* mètre *m* à ruban.

**meat** [mi:t] *n* **-1.** viande *f*; **cooked** OR **cold ~s** viande froide.

**-2.** *lit* [food] nourriture *f*; **one man's ~ is another man's poison** *prov* ce qui est bon pour les uns ne l'est pas forcément pour les autres. **-3.** [substance, core] substance *f*; **there's not much ~ in his report** il n'y a pas grand-chose dans son rapport.

**meatball** ['mi:tbɔ:l] *n* CULIN boulette *f* (de viande).

**meat-eater** *n* carnivore *mf*; **we aren't big ~s** nous ne sommes pas de gros mangeurs de viande.

**meat-eating** *adj* carnivore.

**meat hook** *n* crochet *m* de boucherie.

**meat loaf** (*pl* **meat loaves**) *n* pain *m* de viande.

**meatus** [mɪ'eɪtəs] *n* ANAT conduit *m*, méat *m*.

**meaty** ['mi:tɪ] (*compar* **meatier**, *superl* **meatiest**) *adj* **-1.** [taste] de viande; **a good, ~ meal** [full of meat] un bon repas riche en viande. **-2.** [rich in ideas] substantiel, étoffé.

**Mecca** ['mekə] *pr n* la Mecque.

◆ **mecca** *n fig*: **it's a ~ for book lovers** c'est la Mecque des bibliophiles.

**mechanic** [mɪ'kænɪk] *n* mécanicien *m*.

**mechanical** [mɪ'kænɪkl] *adj* **-1.** [device, process] mécanique; **~ shovel** pelle *f* mécanique, pelleteuse *f*.**-2.** [machine-like] machinal, mécanique; **a ~ gesture** un geste machinal.

**mechanical drawing** *n* dessin *m* aux instruments.

**mechanical engineer** *n* ingénieur *m* mécanicien.

**mechanical engineering** *n* [study] mécanique *f*; [industry] construction *f* mécanique.

**mechanically** [mɪ'kænɪklɪ] *adv* mécaniquement; *fig* machinalement, mécaniquement.

**mechanics** [mɪ'kænɪks] ◇ *n (U)* [study] mécanique *f*. ◇ *npl* [functioning] mécanisme *m*; **the ~ of government** les mécanismes gouvernementaux, les rouages du gouvernement.

**mechanism** ['mekənɪzm] *n* mécanisme *m*.

**mechanistic** [,mekə'nɪstɪk] *adj* mécaniste.

**mechanization** [,mekənaɪ'zeɪʃn] *n* mécanisation *f*.

**mechanize, -ise** ['mekənaɪz] *vt* **-1.** [equip with machinery] mécaniser; **a highly ~d industry** une industrie fortement mécanisée. **-2.** MIL [motorize] motoriser.

**MEd** [,em'ed] (*abbr of* **Master of Education**) *n (titulaire d'une) maîtrise en sciences de l'éducation*.

**medal** ['medl] *n* médaille *f*; **gold ~** médaille d'or.

**medalist** *Am* = **medallist**.

**medallion** [mɪ'dæljən] *n* médaillon *m*.

**medallist** *Br*, **medalist** *Am* ['medəlɪst] *n* [winner of medal] médaillé *m*, -e *f*; **the bronze ~** le détenteur de la médaille de bronze.

**meddle** ['medl] *vi* **-1.** [interfere]: **to ~ in sthg** se mêler de qqch; **he can't resist the temptation to ~** il ne peut pas s'empêcher de se mêler de tout OR de ce qui ne le regarde pas. **-2.** [tamper]: **to ~ with sthg** toucher à qqch, tripoter qqch.

**meddler** ['medləʳ] *n* **-1.** [busybody]: **she's such a ~** il faut toujours qu'elle fourre son nez partout. **-2.** [tamperer] touche-à-tout *mf inv*.

**meddlesome** ['medlsəm] *adj* indiscret (*f* -ète), qui se mêle de tout.

**media** ['mi:djə] ◇ *npl* **-1.** (*often sg*): **the ~** les médias *mpl*; **the news ~** la presse; **he knows how to handle the ~** il sait s'y prendre avec les journalistes. **-2.** → **medium**. ◇ *comp* des médias; [interest, coverage] médiatique; **~ person** homme *m* de communication, femme *f* de communication.

**mediaeval** *etc* [,medɪ'i:vl] = **medieval**.

**media event** *n* événement *m* médiatique.

**medial** ['mi:djəl] ◇ *adj* **-1.** [average] moyen. **-2.** [middle] médian. **-3.** LING médial, médian. ◇ *n* LING médiale *f*.

**median** ['mi:djən] ◇ *adj* médian. ◇ *n* **-1.** MATH médiane *f*.**-2.** *Am* AUT = **median strip**.

**median strip** *n Am* bande *f* médiane (*qui sépare les deux côtés d'une grande route*).

**mediate** ['mi:dɪeɪt] ◇ *vi* [act as a peacemaker] servir de médiateur; **to ~ in a dispute** servir de médiateur dans un conflit; **to ~ between** servir d'intermédiaire entre. ◇ *vt* **-1.** [agreement, peace] obtenir par médiation; [dispute] servir de médiateur dans, se faire le médiateur de; **to ~ a dispute ser-**

vir de médiateur dans un conflit. **-2.** [moderate] modérer.

**mediation** [,miːdɪ'eɪʃn] *n* médiation *f*.

**mediator** ['miːdɪeɪtəʳ] *n* médiateur *m*, -trice *f*.

**medic** ['medɪk] *n inf* **-1.** [doctor] toubib *m*. **-2.** *Br* [medical student] étudiant *m* en médecine.

**Medicaid** ['medɪkeɪd] *prn Am* assistance *f* médicale.

**medical** ['medɪkl] ◇ *adj* médical; the ~ profession le corps médical; ~ board commission *f* médicale; MIL conseil *m* de révision; ~ student étudiant *m*, -e *f* en médecine; ~ insurance assurance *f* maladie; ~ officer INDUST médecin *m* du travail; MIL médecin *m* militaire; **Medical Officer of Health** directeur *m*, -trice *f* de la santé publique; ~ practitioner (médecin *m*) généraliste *mf*; ~ school faculté *f* de médecine. ◇ *n* visite *f* médicale; to have a ~ passer une visite médicale; to pass/fail a ~ être déclaré apte/inapte à un travail après un bilan de santé.

**medical certificate** *n* certificat *m* médical.

**medical examination** *n* visite *f* médicale.

**medically** ['medɪklɪ] *adv* médicalement; ~ approved approuvé par les autorités médicales.

**medicament** [mɪ'dɪkəmənt] *n* médicament *m*.

**Medicare** ['medɪkeəʳ] *prn Am aux États-Unis, programme fédéral d'assistance médicale pour personnes âgées qui a largement contribué à réhabiliter socialement le 3ème âge*.

**medicated** ['medɪkeɪtɪd] *adj* traitant.

**medication** [,medɪ'keɪʃn] *n* médication *f*; to be on ~ être sous médicaments.

**medicinal** [me'dɪsɪnl] *adj* médicinal.

**medicine** ['medsɪn] *n* **-1.** [art] médecine *f*; to practise ~ exercer la médecine; he studies ~ il est étudiant en médecine. **-2.** [substance] médicament *m*, remède *m*; don't forget to take your ~ n'oublie pas de prendre tes médicaments ❑ to take one's ~ *Br* avaler la pilule.

**medicine ball** *n* medicine-ball *m*, médecine-ball *m*.

**medicine cabinet, medicine chest** *n* (armoire *f* à) pharmacie *f*.

**medicine man** *n* sorcier *m*, medicine-man *m*.

**medieval** [,medɪ'iːvl] *adj* médiéval.

**medievalist** [,medɪ'iːvəlɪst] *n* médiéviste *mf*.

**mediocre** [,miːdɪ'əʊkəʳ] *adj* médiocre.

**mediocrity** [,miːdɪ'ɒkrətɪ] (*pl* **mediocrities**) *n* **-1.** [gen] médiocrité *f*. **-2.** [mediocre person] médiocre *mf*, incapable *mf*.

**meditate** ['medɪteɪt] *vi* **-1.** [practise meditation] méditer. **-2.** [reflect, ponder] réfléchir, songer; to ~ on OR upon sthg réfléchir OR songer à qqch.

**meditation** [,medɪ'teɪʃn] *n* méditation *f*, réflexion *f*.

**meditative** ['medɪtətɪv] *adj* méditatif.

**Mediterranean** [,medɪtə'reɪnjən] ◇ *prn* n: the ~ (Sea) la (mer) Méditerranée. ◇ *adj* méditerranéen.

**medium** ['miːdjəm] (*pl sense 1* **media** [-djə], *pl senses 2 and 3* **media** [-djə] OR **mediums**, *pl senses 4, 5 and 6* **mediums**) ◇ *n* **-1.** [means of communication] moyen *m* (de communication); television is a powerful ~ in education la télévision est un très bon instrument éducatif; his favourite ~ is watercolour son moyen d'expression favori est l'aquarelle. **-2.** PHYS [means of transmission] véhicule *m*, milieu *m*. **-3.** BIOL [environment] milieu *m*. **-4.** [spiritualist] médium *m*. **-5.** [middle course] milieu *m*; the happy ~ le juste milieu. **-6.** [size] taille *f* moyenne. ◇ *adj* **-1.** [gen] moyen; in the ~ term à moyen

terme; ~ brown châtain. **-2.** CULIN [meat] à point.

**medium-dry** *adj* [wine] demi-sec.

**medium-range** *adj*: ~ missile missile *m* à moyenne portée.

**medium-rare** *adj* CULIN [meat] entre saignant et à point.

**medium-sized** *adj* moyen, de taille moyenne.

**medium-term** *adj* à moyen terme.

**medium wave** *n* (U) RADIO ondes *fpl* moyennes; on ~ sur (les) ondes moyennes. ◆ **medium-wave** *adj* [broadcast] sur ondes moyennes; [station, transmitter] émettant sur ondes moyennes.

**medley** ['medlɪ] *n* **-1.** [mixture] mélange *m*. **-2.** MUS pot-pourri *m*. **-3.** [in swimming] quatre nages *m inv*.

**Medusa** [mɪ'djuːzə] *prn* Méduse.

**meek** [miːk] *adj* doux (*f* douce), docile; ~ and mild doux comme un agneau.

**meekly** ['miːklɪ] *adv* doucement, docilement.

**meerschaum** ['mɪəʃəm] *n* **-1.** [pipe] pipe *f* en écume. **-2.** [mineral] écume *f* de mer, magnésite *f*.

**meet** [miːt] (*pt & pp* **met** [met]) ◇ *vt* **-1.** [by chance] rencontrer; to ~ sb on the stairs croiser qqn dans l'escalier ‖ [by arrangement] rejoindre, retrouver; I'll ~ you on the platform in 20 minutes je te retrouve sur le quai dans 20 minutes; I'm ~ing Gregory this afternoon j'ai rendez-vous avec Gregory cet après-midi; the train ~s the ferry at Dover le train assure la correspondance avec le ferry à Douvres. **-2.** [wait for, collect] attendre, aller OR venir chercher; nobody was at the station to ~ me personne ne m'attendait à la gare; I'll be there to ~ the bus je serai là à l'arrivée du car; he'll ~ us at the station il viendra nous chercher à la gare; I'll send a car to ~ you j'enverrai une voiture vous chercher OR vous prendre. **-3.** [greet] she came to ~ us elle est venue à notre rencontre. **-4.** [make acquaintance of] rencontrer, faire la connaissance de; I met him last year je l'ai rencontré OR j'ai fait sa connaissance l'année dernière; I'd like you to ~ Mr Jones j'aimerais vous présenter M. Jones; ~ Mrs Dickens je vous présente Mme Dickens; (I'm very) glad OR pleased to ~ you enchanté (de faire votre connaissance). **-5.** [satisfy] satisfaire, répondre à; supply isn't ~ing demand l'offre est inférieure à la demande; to ~ sb halfway *fig* trouver un compromis avec qqn ‖ [settle] régler; I couldn't ~ the payments je n'ai pas pu régler OR payer les échéances. **-6.** [face] rencontrer, affronter; to ~ the enemy affronter l'ennemi; how are we going to ~ the challenge? comment allons-nous relever le défi?; to ~ one's death trouver la mort. **-7.** [come in contact with] rencontrer; it's the first case of this sort I've met c'est la première fois que je vois un cas semblable; his hand met hers leurs mains se rencontrèrent; my eyes met his nos regards se croisèrent OR se rencontrèrent. **-8.** [treat] accueillir; his suggestion was met with howls of laughter sa proposition a été accueillie par des éclats de rire; we shall ~ violence with violence à la violence, nous répondrons par la violence. ◇ *vi* **-1.** [by chance] se rencontrer; we met on the stairs nous nous sommes croisés dans l'escalier ‖ [by arrangement] se retrouver, se rejoindre, se donner rendez-vous; shall we ~ at the station? on se retrouve on on se donne rendez-vous à la gare?; they weren't to ~ again for a long time ils ne devaient pas se revoir avant longtemps; until we ~ again! à la prochaine! **-2.** [become acquainted] se rencontrer, faire connaissance; we first met in 1989 nous nous

USAGE ► Arranging to meet someone

**Suggesting a meeting**

J'aimerais bien te voir un de ces jours.
On pourrait se voir/se retrouver quelque part la semaine prochaine (, qu'est-ce que tu en dis?)
Pourrais-je vous rencontrer la semaine prochaine? [formal]

**Arranging a time and place**

Mardi, ça vous irait?/ça te va?
Tu es libre demain à déjeuner?

Pourquoi pas mardi?
Disons demain, 20 h 30, devant le cinéma.
On se retrouve à l'entrée du parc, d'accord OR OK?
Est-ce que 18 h vous conviendrait? [formal]

**Concluding**

À mardi (, alors)!
Mardi me convient tout à fait.
Au revoir, et n'oubliez pas notre rendez-vous.

sommes rencontrés pour la première fois en 1989; **have you two met?** est-ce que vous vous connaissez déjà?, vous vous êtes déjà rencontrés?**-3.** [assemble] se réunir; **the committee** ~**s once a month** le comité se réunit une fois par mois. **-4.** [join – lines, wires] se rencontrer, se joindre; **the cross stands where four roads** ~ la croix se trouve à la jonction de quatre routes; **their eyes met** leurs regards se rencontrèrent OR se croisèrent. **-5.** [teams, opponents] se rencontrer, s'affronter; [armies] s'affronter, se heurter. ◇ n **-1.** Br [in hunting] rendez-vous m (de chasse). **-2.** Am SPORT rencontre f.
◇ adj arch OR fml [suitable] séant, convenable; [right] juste.
◆ **meet up** vi insep [by chance] se rencontrer; [by arrangement] se retrouver, se donner rendez-vous; **to** ~ **up with sb** retrouver qqn.
◆ **meet with** vt insep **-1.** [encounter] rencontrer; **they met with considerable difficulties** ils ont rencontré d'énormes difficultés; **the agreement met with general approval** l'accord a reçu l'approbation générale; **to** ~ **with a refusal** se heurter à OR essuyer un refus; **the play met with great success** la pièce a eu beaucoup de succès; **I'm afraid your dog has met with an accident** j'ai bien peur que votre chien n'ait eu un (petit) accident. **-2.** Am = **meet** vt 1, 2.

**meeting** ['miːtɪŋ] n **-1.** [assembly] réunion f; POL assemblée f, meeting m; [of committee] réunion f, meeting m; **to hold a** ~ tenir une réunion; **to call a** ~ **of the committee/the workforce** convoquer les membres du comité/le personnel; **the (general)** ~ **of shareholders** l'assemblée (générale) des actionnaires ❑ **athletics** ~ rencontre f OR meeting m d'athlétisme; **committee** ~ réunion du comité. **-2.** [encounter] rencontre f.**-3.** [arranged] rendez-vous m; **I have a** ~ **with the boss this morning** j'ai rendez-vous avec le patron ce matin; **the Governor had a** ~ **with Church dignitaries** le Gouverneur s'est entretenu avec OR a rencontré les dignitaires de l'Eglise. **-4.** [junction – of roads] jonction f, rencontre f; [– of rivers] confluent m.**-5.** RELIG [Quakers'] culte m; **to go to** ~ aller au culte.

**meetinghouse** ['miːtɪŋhaʊs, pl -haʊzɪz] n RELIG temple m.
**mega-** ['megə-] in cpds inf super, méga-.
**megabit** ['megəbɪt] n COMPUT méga-bit m.
**megabuck** ['megəbʌk] n Am inf million m de dollars.
**megabyte** ['megəbaɪt] n mégaoctet m.
**megadeath** ['megədeθ] n million m de morts.
**megahertz** ['megəhɜːts] (pl inv) n mégahertz m.
**megalith** ['megəlɪθ] n mégalithe m.
**megalithic** [ˌmegə'lɪθɪk] adj mégalithique.
**megalomania** [ˌmegələ'meɪnjə] n mégalomanie f.
**megalomaniac** [ˌmegələ'meɪnɪæk] ◇ adj mégalomane. ◇ n mégalomane mf.
**megaphone** ['megəfəʊn] n porte-voix m inv, mégaphone m.
**megaton** ['megətʌn] n mégatonne f.
**megawatt** ['megəwɒt] n mégawatt m.
**meiosis** [maɪ'əʊsɪs] (pl **meioses** [-siːz]) n **-1.** BIOL méiose f.**-2.** [in rhetoric] litote f.
**melamine** ['meləmiːn] n mélamine f.
**melancholia** [ˌmelən'kəʊljə] n mélancolie f PSYCH.
**melancholic** [ˌmelən'kɒlɪk] ◇ adj mélancolique. ◇ n mélancolique mf.
**melancholy** ['melənkəlɪ] ◇ n lit mélancolie f. ◇ adj [person, mood] mélancolique; [news, sight, thought] sombre, triste.
**Melanesia** [ˌmelə'niːzjə] pr n Mélanésie f; **in** ~ en Mélanésie.
**Melanesian** [ˌmelə'niːzjən] ◇ n **-1.** [person] Mélanésien m, -enne f.**-2.** LING mélanésien m. ◇ adj mélanésien.
**melanin** ['melənɪn] n mélanine f.
**melanoma** [ˌmelə'nəʊmə] n mélanome m.
**Melba toast** n tartine de pain grillé très fine.
**Melchior** ['melkɪˌɔːr] pr n Melchior.
**meld** [meld] ◇ n CARDS pose f. ◇ vt Am [merge] fusionner, amalgamer.
**melee, mêlée** ['meleɪ] n mêlée f.
**mellifluous** [me'lɪfluəs], **mellifluent** [me'lɪfluənt] adj lit mélodieux, doux (f douce).
**mellow** ['meləʊ] ◇ adj **-1.** [fruit] mûr; [wine] velouté. **-2.** [bricks] patiné; [light] doux (f douce), tamisé; [colour] doux (f

douce); [voice, music] doux (f douce), mélodieux. **-3.** [person, mood] serein, tranquille; **to become** OR **to grow** ~ s'adoucir; [with age] mûrir. **-4.** Am inf [relaxed] cool, relax, relaxe. **-5.** inf [tipsy] éméché, gai. ◇ vt [subj: age, experience] adoucir, faire mûrir; [subj: food, alcohol] détendre, décontracter. ◇ vi **-1.** [fruit] mûrir; [wine] devenir moelleux, se velouter. **-2.** [light, colour] s'adoucir; [stone, brick, building] se patiner; [sound, music] s'adoucir, devenir plus mélodieux. **-3.** [person – with age] mûrir; [with food, alcohol] se décontracter.
**mellowing** ['meləʊɪŋ] ◇ n **-1.** [of fruit, wine] maturation f.**-2.** [of person, mood, light] adoucissement m; [of stone] patine f. ◇ adj adoucissant.
**melodic** [mɪ'lɒdɪk] adj mélodique.
**melodious** [mɪ'ləʊdjəs] adj mélodieux.
**melodrama** ['melədrɑːmə] n mélodrame m.
**melodramatic** [ˌmelədrə'mætɪk] adj mélodramatique.
**melodramatically** [ˌmelədrə'mætɪklɪ] adv de façon mélodramatique.
**melody** ['melədɪ] (pl **melodies**) n mélodie f.
**melon** ['melən] n melon m.
**melt** [melt] ◇ vi **-1.** [become liquid] fondre; **that chocolate** ~**s in your mouth** ce chocolat fond dans la bouche; **his heart** ~**ed** ça l'a attendri. **-2.** [disappear]: **to** ~ **(away)** disparaître, s'évaporer; **her anger** ~**ed away** sa colère s'est évanouie; **the crowd** ~**ed (away)** la foule s'est dispersée. **-3.** [blend] se fondre; **he tried to** ~ **into the crowd** il a essayé de se fondre OR de disparaître dans la foule. ◇ vt [gen] (faire) fondre; [metal] fondre; **to** ~ **sb's heart** attendrir (le cœur de) qqn.
◆ **melt down** vt sep & vi insep fondre.
**meltdown** ['meltdaʊn] n NUCL fusion f (du cœur).
**melting** ['meltɪŋ] ◇ adj **-1.** literal fondant; ~ **ice/snow** de la glace/neige qui fond. **-2.** fig attendrissant. ◇ n [of ice, snow] fonte f; [of metal] fusion f, fonte f.
**melting point** n point m de fusion.
**melting pot** n creuset m; **a** ~ **of several cultures** fig un mélange de plusieurs cultures.
**member** ['membər] ◇ n **-1.** [of club, union, political party etc] membre m, adhérent m, -e f; **to become a** ~ **of a club/society** devenir membre d'un club/d'une association; **he became a** ~ **of the party in 1985** il a adhéré au parti en 1985. **-2.** [of group, family, class] membre m; **you're practically a** ~ **of the family now** tu fais presque partie de la famille maintenant; **a** ~ **of the opposite sex** un représentant du sexe opposé; **a** ~ **of the audience** un spectateur. **-3.** ANAT, ARCHIT & MATH membre m; (male) – ANAT membre (viril). ◇ comp: ~ **country/state** pays m/Etat m membre.
◆ **Member** n [of legislative body]: **Member of Parliament** membre m de la Chambre des communes, ≃ député m; **the Member (of Parliament) for Leicester** le député m de Leicester; **Member of Congress** membre m du Congrès; **Member of the House of Representatives** membre m de la Chambre des représentants.
**membership** ['membəʃɪp] n **-1.** [condition] adhésion f; **to apply for** ~ faire une demande d'adhésion; **they have applied for** ~ **to the EC** ils ont demandé à entrer dans OR à faire partie de la CEE; **to take up party** ~ prendre sa carte du OR adhérer au parti ❑ ~ **card** carte f d'adhérent OR de membre; ~ **fee** cotisation f.**-2.** [body of members]: **our club has a large** ~ notre club compte de nombreux adhérents OR membres; **we have a** ~ **of about 20** nous avons environ 20 adhérents.
**membrane** ['membreɪn] n membrane f.
**memento** [mɪ'mentəʊ] (pl **mementos** OR **mementoes**) n souvenir m.
**memo** ['meməʊ] (pl **memos**) n note f.
**memoir** ['memwɑːr] n **-1.** [biography] biographie f.**-2.** [essay, monograph] mémoire m.
◆ **memoirs** npl [autobiography] mémoires mpl.
**memo pad** n bloc-notes m.
**memorabilia** [ˌmemərə'bɪlɪə] npl souvenirs mpl.
**memorable** ['memərəbl] adj mémorable, inoubliable.
**memorably** ['memərəblɪ] adv: **a** ~ **hot summer** un été torride dont on se souvient encore.

**memorandum** [ˌmeməˈrændəm] (*pl* **memoranda** [-də]) *n* **-1.** COMM note *f*.-**2.** JUR sommaire *m*.-**3.** [diplomatic communication] mémorandum *m*.

**memorial** [mɪˈmɔːrɪəl] ◇ *n* **-1.** [monument] monument *m* (commémoratif), mémorial *m*.-**2.** [diplomatic memorandum] mémorandum *m*; [petition] pétition *f*; [official request] requête *f*, mémoire *m*. ◇ *adj* **-1.** [commemorative] commémoratif; the Marcel Proust ~ prize le prix Marcel Proust; ~ service commémoration *f*.-**2.** [of memory] mémoriel.

**Memorial Day** *n* Am dernier lundi du mois de mai (férié aux États-Unis en l'honneur des soldats américains morts pour la patrie).

**memorize, -ise** ['meməraɪz] *vt* mémoriser.

**memory** ['memərɪ] (*pl* **memories**) *n* **-1.** [capacity to remember] mémoire *f*; to have a good/bad ~ avoir (une) bonne/mauvaise mémoire; to have a short ~ avoir la mémoire courte; I've got a very good/bad ~ for names j'ai/je n'ai pas une très bonne mémoire des noms; to quote a figure from ~ citer un chiffre de mémoire or de tête; to lose one's ~ perdre la mémoire; if (my) ~ serves me well OR right, to the best of my ~ si j'ai bonne mémoire, autant que je m'en souvienne; within living ~ de mémoire d'homme. -**2.** [recollection] souvenir *m*; childhood memories des souvenirs d'enfance; to have good/bad memories of sthg garder un bon/mauvais souvenir de qqch; to the ~ of à la mémoire de; to keep the ~ of sthg/sb alive OR green garder vivant OR entretenir le souvenir de qqch/qqn ❑ to take a trip down ~ lane faire un voyage en arrière. -**3.** COMPUT mémoire *f*; data is stored in the ~ les données sont (entrées) en mémoire.
◆ **in memory of** *prep phr* en souvenir de.

**memory bank** *n* bloc *m* de mémoire.

**memory card** *n* COMPUT carte *f* d'extension mémoire.

**memory span** *n* empan *m* mnémonique *spec*, capacité *f* de mémorisation (de courte durée).

**men** [men] *pl*→ **man**.

**menace** ['menəs] ◇ *n* **-1.** [source of danger] danger *m*; some drivers are a public ~ certains conducteurs constituent un véritable danger public OR sont de véritables dangers publics. -**2.** [threat] menace *f*. -**3.** *inf* [annoying person or thing] plaie *f*. ◇ *vt* menacer.

**menacing** ['menəsɪŋ] *adj* menaçant.

**menacingly** ['menəsɪŋlɪ] *adv* [speak, act] de manière menaçante; [look] d'un air menaçant.

**menagerie** [mɪˈnædʒərɪ] *n* ménagerie *f*.

**Mencap** ['menkæp] *pr n* association britannique pour les enfants et les adultes handicapés mentaux.

**mend** [mend] ◇ *vt* **-1.** [repair – machine, television, broken vase] réparer; [– clothes] raccommoder; [– hem] recoudre; [darn – socks] repriser, ravauder; to get ~ OR have sthg ~ed faire réparer qqch. -**2.** [rectify] rectifier, réparer; to ~ matters arranger les choses; to ~ one's ways s'amender. ◇ *vi* [improve – patient] se remettre, être en voie de guérison; [– weather] s'améliorer. ◇ *n* **-1.** [darn] reprise *f*; [patch] pièce *f*.-**2.** *phr*: to be on the ~ *inf* s'améliorer; [patient] se remettre, être en voie de guérison.

**mendacious** [menˈdeɪʃəs] *adj* *fml* [statement, remark] mensonger, fallacieux; [person] menteur.

**mendacity** [menˈdæsətɪ] (*pl* **mendacities**) *n* *fml* (U) mensonge *m*, mensonges *mpl*.

**mendicant** ['mendɪkənt] ◇ *n* mendiant *m*, -e *f*. ◇ *adj* mendiant; ~ order RELIG ordre *m* mendiant.

**mending** ['mendɪŋ] *n* raccommodage *m*.

**menfolk** ['menfəʊk] *npl* hommes *mpl*.

**menhir** ['men,hɪər] *n* menhir *m*.

**menial** ['miːnjəl] ◇ *adj*: ~ tasks tâches *fpl* ingrates OR sans intérêt. ◇ *n* [subordinate] subalterne *mf*; [servant] domestique *mf*, laquais *m* *pej*.

**meningitis** [ˌmenɪnˈdʒaɪtɪs] *n* méningite *f*.

**meniscus** [məˈnɪskəs] (*pl* **meniscuses** OR **menisci** [-ˈnɪsaɪ]) *n* ménisque *m*.

**menopausal** [ˌmenəˈpɔːzl] *adj* ménopausique.

**menopause** ['menəpɔːz] *n* ménopause *f*; the male ~ l'andropause *f*.

**Mensa** ['mensə] *pr n* association de personnes ayant un QI particulièrement élevé.

**menservants** ['mensɜːvənts] *pl*→ **manservant**.

**men's room** *n* Am toilettes *fpl* (pour hommes).

**menstrual** ['menstruəl] *adj* menstruel; ~ cycle cycle *m* menstruel.

**menstruate** ['menstrueɪt] *vi* avoir ses règles.

**menstruation** [ˌmenstruˈeɪʃn] *n* menstruation *f*, règles *fpl*.

**mensurable** ['menʃərəbl] *adj* mesurable.

**mensuration** [ˌmenʃəˈreɪʃn] *n* mesurage *m*, mensuration *f*.

**menswear** ['menzweər] *n* (U) vêtements *mpl* pour hommes.

**mental** ['mentl] *adj* **-1.** [intellectual] mental; he has a ~ age of seven il a un âge mental de sept ans. -**2.** [in the mind] mental; to make a ~ note of sthg prendre note de qqch; she made a ~ note to speak to him about the matter elle se promit de lui en parler. -**3.** [psychiatric] mental; it can cause great ~ strain cela peut provoquer une grande tension nerveuse; he had a ~ breakdown il a fait une dépression nerveuse; ~ illness maladie *f* mentale. -**4.** ▽ [crazy] malade, timbré.

**mental arithmetic** *n* calcul *m* mental.

**mental cruelty** *n* cruauté *f* mentale.

**mental health** *n* santé *f* mentale.

**mental home, mental hospital** *n* hôpital *m* psychiatrique.

**mentality** [menˈtælɪtɪ] (*pl* **mentalities**) *n* mentalité *f*.

**mentally** ['mentəlɪ] *adv* mentalement; the ~ disabled OR handicapped les handicapés mentaux; ~ ill malade (*mentalement*); ~ defective (mentalement) déficient; ~ disturbed déséquilibré (mental); ~ retarded (mentalement) arriéré.

**menthol** ['menθɒl] *n* menthol *m*; ~ cigarette cigarette *f* au menthol OR mentholée.

**mentholated** ['menθəleɪtɪd] *adj* au menthol, mentholé.

**mention** ['menʃn] ◇ *vt* [talk about] mentionner, faire mention de, parler de; the newspapers didn't ~ it les journaux n'en ont pas fait mention or n'en ont pas parlé; thank you very much — don't ~ it! merci beaucoup — il n'y a pas de quoi or je vous en prie!; it's not worth ~ing ça ne vaut pas la peine d'en parler ‖ [remark, point out] signaler; I should ~ that it was dark at the time il faut signaler or je tiens à faire remarquer qu'il faisait nuit; she did ~ a couple of good restaurants to me elle m'a bien donné l'adresse de or elle m'a bien signalé quelques bons restaurants ‖ [name, cite] mentionner, citer, nommer; someone, without ~ing any names, has broken my hairdryer je ne citerai personne, mais quelqu'un a cassé mon séchoir à cheveux; just ~ my name to her dites-lui que c'est de ma part; to ~ sb in one's will coucher qqn sur son testament. ◇ *n* mention *f*; it got a ~ in the local paper le journal local en a parlé or y a fait allusion; special ~ should be made of all the people behind the scenes n'oublions pas tous ceux qui ont travaillé dans l'ombre or en coulisse ❑ honourable ~ mention *f*.
◆ **not to mention** *prep phr* sans parler de.

**mentor** ['mentɔːr] *n* mentor *m*.

**menu** ['menjuː] *n* **-1.** [in restaurant] menu *m*, carte *f*; on the ~ au menu. -**2.** COMPUT menu *m*.

**menu-driven** *adj* COMPUT piloté par menus.

**meow** [miːˈaʊ] = **miaow**.

**MEP** (*abbr of* **Member of the European Parliament**) *n* député *m* à l'Assemblée européenne, membre *m* du Parlement européen.

**mephistophelean, mephistophelian** [ˌmefɪstəˈfiːljən] *adj* méphistophélique.

**Mephistopheles** [ˌmefɪˈstɒfɪliːz] *pr n* Méphistophélès.

**mercantile** ['mɜːkəntaɪl] *adj* ECON [concerning mercantilism] mercantiliste.

**mercantilism** ['mɜːkəntɪlɪzm] *n* mercantilisme *m*.

**mercenary** ['mɜːsɪnrɪ] (*pl* **mercenaries**) ◇ *n* mercenaire *m*. ◇ *adj* **-1.** *pej* intéressé. -**2.** MIL mercenaire.

**merchandise** ['mɜːtʃəndaɪz] ◇ *n* (U) marchandises *fpl*. ◇ *vt* commercialiser.

**merchandising** ['mɜːtʃəndaɪzɪŋ] *n* merchandising *m*, marchandisage *m*.

**merchant** ['mɜːtʃənt] ◇ *n* **-1.** [trader] négociant *m*, -e *f*; [shopkeeper] marchand *m*, -e *f*; wool ~ lainier *m*, négociant en laines; wine ~ marchand de vin. -**2.** *fig*: ~ of death marchand de mort; a doom ~ un prophète de malheur. ◇ *adj* marchand.

**merchant bank** *n* banque *f* d'affaires.

**merchant banker** *n* banquier *m* d'affaires.

**merchantman** ['mɜːtʃəntmən] (*pl* **merchantmen** [-mən])= merchant ship.

**merchant marine** *n Am* marine *f* marchande.

**merchant navy** *n Br* marine *f* marchande.

**merchant seaman** *n* marin *m* de la marine marchande.

**merchant ship** *n* navire *m* de commerce.

**merciful** ['mɜːsɪfʊl] *adj* clément, miséricordieux; to be ~ to OR towards sb faire preuve de clémence OR de miséricorde envers qqn; her death was a ~ release sa mort a été une délivrance.

**mercifully** ['mɜːsɪfʊlɪ] *adv* **-1.** [luckily] heureusement, par bonheur. **-2.** [with clemency] avec clémence.

**merciless** ['mɜːsɪlɪs] *adj* impitoyable, implacable.

**mercilessly** ['mɜːsɪlɪslɪ] *adv* sans merci, impitoyablement, implacablement.

**mercurial** [mɜːˈkjʊərɪəl] *adj* **-1.** [changeable] versatile, d'humeur inégale, changeant. **-2.** [lively] vif, plein de vie, gai. **-3.** CHEM mercuriel.

**mercury** ['mɜːkjʊrɪ] *n* **-1.** CHEM mercure *m*.**-2.** BOT mercuriale *f*.

◆ **Mercury** *pr n* ASTRON & MYTH Mercure.

**mercy** ['mɜːsɪ] (*pl* **mercies**) ◇ *n* **-1.** [clemency] clémence *f*, pitié *f*, indulgence *f*; she had OR showed no ~ elle n'a eu aucune pitié, elle a été sans pitié; to have ~ on sb avoir pitié de qqn; (have) ~! (ayez) pitié! ‖ RELIG miséricorde *f*. **-2.** [blessing] chance *f*, bonheur *m*; it's a ~ that he doesn't know heureusement qu'il ne sait pas, c'est une chance qu'il ne sache pas; we must be thankful for small mercies il faut savoir apprécier les moindres bienfaits. **-3.** [power] merci *f*; to be at sb's/sthg's ~ être à la merci de qqn/qqch; to leave sb to the tender mercies of sb *iron* abandonner qqn aux bons soins de qqn. ◇ *comp* humanitaire, de secours; on a ~ mission en mission humanitaire; ~ dash course *f* contre la mort.

**mercy killing** *n* euthanasie *f*.

**mere** [mɪəʳ] *adj* seul, simple, pur; I'm a ~ beginner je ne suis qu'un débutant; it's a ~ formality ce n'est qu'une simple formalité; the ~ thought of it disgusts her rien que d'y penser ça lui répugne; the ~ sight of fish makes me queasy la seule vue du poisson me donne la nausée; his eyes light up at the merest mention of money son regard s'allume dès qu'on commence à parler d'argent. ◇ *n* (petit) lac *m*, étang *m*.

**merely** ['mɪəlɪ] *adv* seulement, (tout) simplement; I was ~ wondering if this is the best solution je me demandais seulement OR simplement si c'était la meilleure solution; she ~ glanced at it elle n'a fait qu'y jeter un coup d'œil.

**meretricious** [ˌmerɪˈtrɪʃəs] *adj fml* [glamour, excitement] factice; [impression] faux (f fausse); [ornamentation, design] clinquant, tape-à-l'œil; [style] ampoulé, pompier.

**merge** [mɜːdʒ] ◇ *vi* **-1.** [join – rivers] se rejoindre, confluer; [– roads] se rejoindre; [– colours, voices] se confondre; [– cultures] se mélanger; POL s'unir. **-2.** [vanish] se perdre; the thief ~d into the crowd le voleur s'est fondu dans la foule. **-3.** COMM fusionner. ◇ *vt* joindre, fusionner; COMM & COMPUT fusionner; POL unifier.

**merger** ['mɜːdʒəʳ] *n* COMM fusion *f*.

**meridian** [məˈrɪdɪən] ◇ *n* **-1.** ASTRON, GEOG & MED méridien *m*; the Greenwich ~ le méridien de Greenwich. **-2.** MATH méridienne *f*.**-3.** *fig* [zenith] zénith *m*, sommet *m*, apogée *m*. ◇ *adj* méridien.

**meringue** [məˈræŋ] *n* meringue *f*.

**merino** [məˈriːnəʊ] (*pl* **merinos**) ◇ *n* [sheep, wool] mérinos *m*. ◇ *adj* en mérinos.

**merit** ['merɪt] ◇ *n* mérite *m*; its great ~ is its simplicity ça a le grand mérite d'être simple; promotion is on ~ alone l'avancement se fait uniquement au mérite; I don't see much ~ in the idea cette idée ne me paraît pas particulièrement intéressante; a work of great ~ une œuvre remarquable; the relative ~s of theatre and cinema les avantages respectifs du théâtre et du cinéma. ◇ *vt* mériter; the case ~s closer examination le cas mérite d'être examiné de plus près.

**meritocracy** [ˌmerɪˈtɒkrəsɪ] (*pl* **meritocracies**) *n* méritocratie *f*.

**meritorious** [ˌmerɪˈtɔːrɪəs] *adj* [person] méritant; [act] méritoire, louable.

**merlin** ['mɜːlɪn] *n* émerillon *m*.

**Merlin** ['mɜːlɪn] *pr n* Merlin.

**mermaid** ['mɜːmeɪd] *n* sirène *f* MYTH.

**merman** ['mɜːmæn] (*pl* **mermen** [-men]) *n* triton *m* MYTH.

**Merovingian** [ˌmerəˈvɪndʒɪən] ◇ *n* Mérovingien *m*, -enne *f*. ◇ *adj* mérovingien.

**merrily** ['merɪlɪ] *adv* joyeusement, gaiement.

**merriment** ['merɪmənt] *n* [joy] joie *f*, gaieté *f*; [laughter] rire *m*, rires *mpl*, hilarité *f*.

**merry** ['merɪ] (*compar* **merrier**, *superl* **merriest**) *adj* **-1.** [happy] joyeux, gai; Merry Christmas! Joyeux Noël!; the more the merrier *prov* plus on est de fous, plus on rit *prov*. **-2.** *inf* [tipsy] éméché, pompette. **-3.** [good]: the ~ month of May le joli mois de mai; the Minister and his ~ men *hum* le ministre et son état-major ❑ Merry England la bonne vieille Angleterre.

**merry-go-round** *n* manège *m*; *fig* [whirl] tourbillon *m*.

**merrymaking** ['merɪˌmeɪkɪŋ] *n* (*U*) réjouissances *fpl*.

**mescal** ['meskæl] *n* **-1.** BOT peyotl *m*.**-2.** [alcohol] mescal *m*, mezcal *m*.

**mescaline** ['meskəliːn], **mescalin** ['meskəlɪn] *n* mescaline *f*.

**mesh** [meʃ] ◇ *n* **-1.** [of net] mailles *fpl*; [of sieve] grille *f*; fine-~ stockings des bas à mailles fines; a ~ shopping bag un filet à provisions. **-2.** [fabric] tissu *m* à mailles; nylon ~ tulle *m* de nylon. **-3.** *fig* [trap] rets *mpl*, piège *m*; caught in a ~ of lies enfermé dans OR prisonnier de ses propres mensonges ‖ [network] réseau *m*.**-4.** MECH [of gears] engrenage *m*; in ~ en prise. ◇ *vi* **-1.** [be in harmony] s'harmoniser, s'accorder. **-2.** [tally, coincide] cadrer, concorder; to ~ with cadrer OR concorder avec. **-3.** MECH [gears] s'engrener.

**mesmerism** ['mezmərɪzm] *n* **-1.** [hypnotism] hypnotisme *m*.**-2.** [Mesmer's doctrine] mesmérisme *m*.

**mesmerize, -ise** ['mezməraɪz] *vt* **-1.** [hypnotise] hypnotiser. **-2.** [entrance] ensorceler, envoûter.

**Mesolithic** [ˌmesəˈlɪθɪk] ◇ *adj* mésolithique. ◇ *n* mésolithique *m*.

**meson** ['miːzɒn] *n* méson *m*.

**Mesopotamia** [ˌmesəpəˈteɪmjə] *pr n* Mésopotamie *f*; in ~ en Mésopotamie.

**Mesopotamian** [ˌmesəpəˈteɪmjən] *adj* mésopotamien.

**Mesozoic** [ˌmesəˈzəʊɪk] *adj* mésozoïque.

**mess** [mes] *n* **-1.** [untidiness] désordre *m*, fouillis *m*; Tom's room is (in) a real ~! il y a une de ces pagailles OR un de ces fouillis dans la chambre de Tom!; my papers are in a ~ mes papiers sont en désordre; clear up this ~! mets un peu d'ordre là-dedans!; my hair's a ~! je suis coiffé comme l'as de pique!; I feel a ~ je suis dans un état lamentable ‖ [dirtiness] saleté *f*, saletés *fpl*; the cooker is (in) a horrible ~ la cuisinière est vraiment sale OR dégoûtante; the dog has made a ~ on the carpet le chien a fait des saletés sur le tapis. **-2.** [muddle] gâchis *m*; to make a ~ of a job gâcher un travail; to make a ~ of one's life gâcher sa vie; this country is in a ~! la situation dans ce pays n'est pas vraiment réjouissante!**-3.** *inf* [predicament] pétrin *m*; thanks for getting me out of that ~ merci de m'avoir tiré de ce pétrin. **-4.** MIL [canteen] mess *m*.**-5.** MIL [food] ordinaire *m*, gamelle *f*. ◇ *vi* **-1.** [dirty] salir, souiller. ◇ *vi* **-1.** *inf* [meddle]: to ~ with sb embêter qqn; it's true, no ~ing! c'est vrai, je ne blague pas!**-2.** MIL manger au mess OR prendre ses repas au mess.

◆ **mess about, mess around** *inf* ◇ *vi insep Br* **-1.** [waste time] perdre son temps; [dawdle, hang around] traîner; [potter] bricoler; he likes ~ing around in the garden il aime s'occuper dans le jardin ‖ [play the fool] faire l'imbécile. **-2.** [meddle, fiddle] tripoter, tripatouiller; don't ~ about with my computer ne tripote pas mon ordinateur ‖ *fig*: to ~ about with sb [annoy] embêter qqn; [have an affair] coucher avec qqn. ◇ *vt sep* [person] embêter; I'm fed up with being ~ed about by men j'en ai marre des hommes qui se moquent de moi.

◆ **mess up** *vt sep* **-1.** [make disorderly – room, papers] mettre en désordre; stop it, you'll ~ my hair up! arrête, tu vas me décoiffer!**-2.** *inf* [spoil] ficher en l'air. **-3.** [dirty] salir, souiller.

**message** ['mesɪdʒ] *n* **-1.** [communication] message *m*, commission *f*; [written] message *m*, mot *m*; to take/to leave a ~ prendre/laisser un message; can you give her a ~? pouvez-vous lui transmettre un message? **-2.** [theme – of book, advert] message *m*; [teaching – of prophet] message *m*, enseignement *m*; to get one's ~ across se faire comprendre; (do you) get the ~? *inf* tu piges? **-3.** *Scot* commission *f*, course *f*. **-4.** LING message *m*.

**message switching** [-'swɪtʃɪŋ] *n* COMPUT commutation *f* de messages.

**messenger** ['mesɪndʒə'] *n* [gen] messager *m*, -ère *f*; [errand boy – in office] coursier *m*; [in hotel] chasseur *m*, coursier *m*; [in post office] télégraphiste *mf* ❑ ~ boy coursier *m*, garçon *m* de courses; ~ service messagerie *f*.

**messiah** [mɪ'saɪə] *n* messie *m*.
◆ **Messiah** *n* Messie *m*.

**messianic** [,mesɪ'ænɪk] *adj* messianique.

**messily** ['mesɪlɪ] *adv* **-1.** [untidily] mal, de façon peu soignée; [in a disorganized way] n'importe comment; the affair ended ~ *fig* l'affaire s'est mal terminée. **-2.** [dirtily] comme un cochon.

**mess jacket** *n* MIL veston *m* de tenue de soirée; [civilian] veste *f* courte.

**messmate** ['mesmeɪt] *n* commensal *m*, -e *f*.

**mess-room** *n* NAUT carré *m*.

**Messrs, Messrs.** ['mesəz] *abbr* MM, Messieurs.

**mess tin** *n* gamelle *f*.

**mess-up** *n* *inf* confusion *f*.

**messy** ['mesɪ] (*compar* **messier**, *superl* **messiest**) *adj* **-1.** [dirty – hands, clothes] sale, malpropre; [– job] salissant; don't get all ~ ne te salis pas. **-2.** [untidy – place] en désordre, désordonné, mal tenu; [– person] peu soigné, négligé, débraillé; [– hair] ébouriffé, en désordre, en bataille. **-3.** [badly done] bâclé; a ~ piece of homework un devoir bâclé. **-4.** *fig* compliqué, embrouillé, délicat; a ~ divorce un divorce difficile OR compliqué.

**met** [met] *pt* & *pp* → **meet**.

**Met** [met] *pn* *inf* **-1.** *Am abbr of* **Metropolitan Opera. -2.** *Am abbr of* **Metropolitan Museum. -3.** *Br abbr of* **Metropolitan Police.**

**metabolic** [,metə'bɒlɪk] *adj* métabolique.

**metabolism** [mɪ'tæbəlɪzm] *n* métabolisme *m*.

**metabolize, -ise** [mɪ'tæbəlaɪz] *vt* métaboliser.

**metacarpus** [,metə'kɑːpəs] (*pl* **metacarpi** [-paɪ]) *n* métacarpe *m*.

**metal** ['metl] (*Br pt* & *pp* **metalled**, *cont* **metalling**, *Am pt* & *pp* **metaled**, *cont* **metaling**) ◇ *n* **-1.** [gen & CHEM] métal *m*; made of ~ en métal. **-2.** TYPO plomb *m*. **-3.** [for road – building] cailloutis *m*, empierrement *m*. **-4.** [glass] pâte *f* de verre. ◇ *adj* en métal, métallique. ◇ *vt* **-1.** [cover with metal] couvrir de métal. **-2.** [road] empierrer.
◆ **metals** *npl Br* RAIL voie *f* ferrée, rails *mpl*.

**metalanguage** ['metə,læŋgwɪdʒ] *n* métalangue *f*, métalangage *m*.

**metal detector** *n* détecteur *m* de métaux.

**metaled** *Am* = metalled.

**metalled** *Br*, **metaled** *Am* ['metld] *adj* [road] revêtu (*de macadam, de pierres etc*).

**metallic** [mɪ'tælɪk] *adj* **-1.** CHEM métallique. **-2.** [colour]: ~ blue/grey bleu/gris métallisé. **-3.** [voice] métallique; [sound] métallique, grinçant.

**metallurgist** [me'tælədʒɪst] *n* métallurgiste *m*, ingénieur *m* en métallurgie.

**metallurgy** [me'tælədʒɪ] *n* métallurgie *f*.

**metalware** ['metəlweə'] *n* ustensiles *mpl* (domestiques) en métal.

**metalwork** ['metəlwɜːk] *n* **-1.** [objects] ferronnerie *f*. **-2.** [activity] travail *m* des métaux. **-3.** [metal framework] tôle *f*, métal *m*; [of crashed car, plane] carcasse *f*.

**metalworker** ['metəl,wɜːkə'] *n* **-1.** [in factory] métallurgiste *m*, métallo *m*. **-2.** [craftsman] ferronnier *m*.

**metamorphose** [,metə'mɔːfəʊz] ◇ *vi* se métamorphoser; to ~ into sthg se métamorphoser en qqch. ◇ *vt* métamorphoser.

**metamorphosis** [,metə'mɔːfəsɪs, ,metəmɔː'fəʊsɪs] (*pl* **metamorphoses** [-siːz]) *n* métamorphose *f*.

**metaphor** ['metəfə'] *n* métaphore *f*; it's a ~ for loneliness c'est une métaphore de la solitude.

**metaphorical** [,metə'fɒrɪkl] *adj* métaphorique.

**metaphysical** [,metə'fɪzɪkl] *adj* LITERAT OR PHILOS métaphysique; *fig* [abstract] métaphysique, abstrait.

**metaphysically** [,metə'fɪzɪklɪ] *adv* métaphysiquement.

**metaphysician** [,metəfɪ'zɪʃn] *n* métaphysicien *m*, -enne *f*.

**metaphysics** [,metə'fɪzɪks] *n* (*U*) métaphysique *f*.

**metastasis** [me'tæstəsɪs] (*pl* **metastases** [-siːz]) *n* métastase *f*.

**metatarsus** [,metə'tɑːsəs] (*pl* **metatarsi** [-saɪ]) *n* métatarse *m*.

**mete** [miːt]
◆ **mete out** *vt sep* [punishment] infliger; [judgment, justice] rendre.

**meteor** ['miːtɪə'] *n* météore *m*; ~ shower pluie *f* d'étoiles filantes, averse *f* météorique.

**meteoric** [miːtɪ'ɒrɪk] *adj* **-1.** ASTRON météorique. **-2.** *fig* fulgurant, très rapide.

**meteorite** ['miːtjəraɪt] *n* météorite *f*.

**meteoroid** ['miːtjərɔɪd] *n* météoroide *m*.

**meteorological** [,miːtjərə'lɒdʒɪkl] *adj* météorologique.

**meteorologist** [,miːtjə'rɒlədʒɪst] *n* météorologue *mf*, météorologiste *mf*.

**meteorology** [,miːtjə'rɒlədʒɪ] *n* météorologie *f*.

**meter** ['miːtə'] ◇ *n* **-1.** [for water, gas, electricity] compteur *m*; to read the ~ relever le compteur; to feed the ~ mettre des pièces dans le compteur ❑ (parking) ~ parcmètre *m*, parcomètre *m*; (taxi) ~ taximètre *m*, compteur *m*. **-2.** *Am* = **metre.** ◇ *vt* **-1.** [electricity, water, gas] mesurer à l'aide d'un compteur. **-2.** [mail] affranchir (*avec une machine*).

**meter maid** *n* *inf* contractuelle *f*, aubergine *f*.

**methadone** ['meθədəʊn] *n* méthadone *f*.

**methane** ['miːθeɪn] *n* méthane *m*.

**methanol** ['meθənɒl] *n* méthanol *m*.

**methinks** [mɪ'θɪŋks] (*pt* **methought** [-'θɔːt]) *vb arch* OR *hum* ce me semble.

**method** ['meθəd] *n* **-1.** [means] méthode *f*, moyen *m*; [manner] manière *f*; [instruction] méthode *f*, mode *m* d'emploi; ~ of doing sthg manière de faire qqch, méthode (employée) pour faire qqch. **-2.** [procedure] méthode *f*, procédé *m*; their ~s of investigation have come under fire la façon dont ils mènent leurs enquêtes a été critiquée, on a critiqué leur façon d'enquêter ‖ [theory] théorie *f*, méthode *f*; the Montessori ~ la méthode Montessori. **-3.** [organization] méthode *f*, organisation *f*; there's ~ in her madness elle n'est pas aussi folle qu'elle en a l'air.
◆ **Method** *n*: Method acting la méthode Stanislavski.

**methodical** [mɪ'θɒdɪkl] *adj* méthodique.

**methodically** [mɪ'θɒdɪklɪ] *adv* méthodiquement, de façon méthodique, avec méthode.

**Methodism** ['meθədɪzm] *n* méthodisme *m*.

**Methodist** ['meθədɪst] ◇ *adj* méthodiste. ◇ *n* méthodiste *mf*.

**methodological** [,meθədə'lɒdʒɪkl] *adj* méthodologique.

**methodology** [,meθə'dɒlədʒɪ] (*pl* **methodologies**) *n* méthodologie *f*.

**meths** [meθs] (*abbr of* **methylated spirits**) *n Br inf* alcool *m* à brûler.

**Methuselah** [,mɪ'θjuːzələ] ◇ *pr n* BIBLE Mathusalem; as old as ~ vieux comme Mathusalem. ◇ *n* [bottle] mathusalem *m*.

**methyl** ['meθɪl] *n* méthyle *m*.

**methyl acetate** *n* acétate *m* de méthyle.

**methyl alcohol** *n* méthanol *m*, alcool *m* méthylique.

**methylated spirits** ['meθɪleɪtɪd] *n* alcool *m* à brûler.

**meticulous** [mɪ'tɪkjʊləs] *adj* méticuleux.

**meticulously** [mɪ'tɪkjʊləslɪ] *adv* méticuleusement; ~ honest d'une honnêteté scrupuleuse.

**Met Office** [met-] (*abbr of* **Meteorological Office**) *pr n* les services météorologiques britanniques.

**metonym** ['metənɪm] *n* métonymie *f*.

**metonymy** [mɪ'tɒnɪmɪ] *n* métonymie *f*.

**metre** *Br*, **meter** *Am* ['miːtər] *n* **-1.** [measurement] mètre *m*.**-2.** LITERAT mètre *m*; in iambic ~ en vers *mpl* iambiques. **-3.** MUS mesure *f*.

**metric** ['metrɪk] *adj* MATH métrique; to go ~ adopter le système métrique; ~ hundredweight 50 kilogrammes *mpl*; ~ ton tonne *f*.

**metrical** ['metrɪkl] *adj* métrique LITERAT.

**metrically** ['metrɪklɪ] *adv* **-1.** LITERAT en vers. **-2.** MATH selon le système métrique.

**metrication** [,metrɪ'keɪʃn] *n* conversion *f* au système métrique, métrisation *f*.

**metro** ['metrəʊ] (*pl* **metros**) *n* métro *m*.

**metrology** [me'trɒlədʒɪ] *n* métrologie *f*.

**metronome** ['metrənəʊm] *n* métronome *m*.

**metropolis** [mɪ'trɒpəlɪs] (*pl* **metropolises** [-iːz]) *n* métropole *f*, grande ville *f*, grand centre *m* urbain.

**metropolitan** [,metrə'pɒlɪtn] ◇ *adj* **-1.** GEOG métropolitain. **-2.** RELIG métropolitain; ~ bishop métropolitain *m*. ◇ *n* RELIG métropolitain *m*; [in orthodox church] métropolite *m*.

**Metropolitan Police** *n Br* police *f* londonienne.

**Mets** [mets] *pl pr n*: the (New York) ~ l'une des équipes de base-ball de New York.

**mettle** ['metl] *n* courage *m*; to show OR to prove one's ~ montrer ce dont on est capable; this new challenge has really put him on his ~ ce nouveau défi l'a vraiment forcé à donner le meilleur de lui-même.

**mettlesome** ['metəlsəm] *adj lit* courageux.

**mew** [mjuː] ◇ *vi* [cat] miauler; [gull] crier. ◇ *n* **-1.** [of cat] miaulement *m*; [of gull] cri *m*.**-2.** [gull] mouette *f*.

**mews** [mjuːz] *n Br* **-1.** [flat] appartement chic aménagé dans une écurie rénovée. **-2.** [street] ruelle *f*.

**Mexican** ['meksɪkn] ◇ *n* Mexicain *m*, -aine *f*. ◇ *adj* mexicain; the ~ War la guerre du Mexique.

**Mexico** ['meksɪkəʊ] *pr n* Mexique *m*; in ~ au Mexique; the Gulf of ~ le golfe du Mexique.

**Mexico City** *pr n* Mexico.

**mezzanine** ['metsəniːn] *n* **-1.** mezzanine *f*.**-2.** *Am* [in theatre] corbeille *f*.

**mezzo-soprano** (*pl* **mezzo-sopranos**) *n* **-1.** [singer] mezzo-soprano *f*.**-2.** [voice] mezzo-soprano *m*.

**mezzotint** ['medzəʊtɪnt] *n* mezzotinto *m inv*.

**MFA** (*abbr of* **Master of Fine Arts**) *n* (titulaire d'une) maîtrise en beaux-arts.

**mfr** *written abbr of* **manufacturer**.

**mg** (*written abbr of* **milligram**) mg.

**Mgr -1.** (*written abbr of* **Monseigneur, Monsignor**) Mgr. **-2.** *written abbr of* **manager**.

**MHR** *n abbr of* **Member of the House of Representatives**.

**MHz** (*written abbr of* **megahertz**) MHz.

**mi** [miː] *n* MUS mi *m inv*.

**MI** *written abbr of* **Michigan**.

**MI5** (*abbr of* **Military Intelligence 5**) *pr n* service de contre-espionnage britannique.

**MI6** (*abbr of* **Military Intelligence 6**) *pr n* service de renseignements britannique.

**MIA** (*abbr of* **missing in action**) *adj* expression indiquant qu'une personne a disparu lors d'un combat.

**miaow** [miː'aʊ] *Br* ◇ *vi* miauler. ◇ *n* miaulement *m*. ◇ *interj* miaou.

**miasma** [mɪ'æzmə] *n lit* **-1.** [vapour] miasme *m*; [of smoke] bouffée *f*.**-2.** [evil influence] emprise *f*, empire *m*.

**mica** ['maɪkə] *n* mica *m*.

**Micah** ['maɪkə] *pr n* Michée.

**mice** [maɪs] *pl → mouse*.

**Mich.** *written abbr of* **Michigan**.

**Michael** ['maɪkl] *pr n*: Saint ~ saint Michel; are you taking the ~? *Br inf & hum* tu me fais marcher ou quoi?

**Michaelmas** ['mɪkəlməs] *n* RELIG Saint-Michel *f*.

**Michaelmas daisy** *n* aster *m* (d'automne).

**Michelangelo** [,maɪkl'ændʒɪləʊ] *pr n* Michel-Ange.

**Michigan** ['mɪʃɪgən] *pr n* Michigan *m*; in ~ dans le Michigan; Lake ~ le Lac Michigan.

**Mick**▽ [mɪk] *n* terme injurieux désignant un Irlandais.

**mickey** ['mɪkɪ] *n Br*: to take the ~ out of sb *inf* se payer la tête de qqn.

**Mickey Mouse** ◇ *pr n* Mickey. ◇ *adj inf* [trivial] de pacotille.

**MICR** (*abbr of* **magnetic ink character recognition**) *n* reconnaissance magnétique de caractères.

**micro** ['maɪkrəʊ] (*pl* **micros**) ◇ *adj* très petit, microscopique. ◇ *n* [microcomputer] micro-ordinateur *m*, micro *m*.

**microbe** ['maɪkrəʊb] *n* microbe *m*.

**microbiologist** [,maɪkrəʊbaɪ'ɒlədʒɪst] *n* microbiologiste *mf*.

**microbiology** [,maɪkrəʊbaɪ'ɒlədʒɪ] *n* microbiologie *f*.

**microchip** ['maɪkrəʊtʃɪp] *n* microprocesseur *m*.

**microcircuit** ['maɪkrəʊ,sɜːkɪt] *n* microcircuit *m*.

**microcomputer** [,maɪkrəʊkəm'pjuːtər] *n* micro-ordinateur *m*.

**microcomputing** [,maɪkrəʊkəm'pjuːtɪŋ] *n* micro-informatique *f*.

**microcosm** ['maɪkrəʊ,kɒzm] *n* microcosme *m*.

**microdot** ['maɪkrəʊdɒt] *n* micropoint *m*, micro-image *f*.

**microeconomics** ['maɪkrəʊ,iːkə'nɒmɪks] *n* (*U*) micro-économie *f*.

**microelectronics** ['maɪkrəʊɪ,lek'trɒnɪks] *n* microélectronique *f*.

**microfiche** ['maɪkrəʊfiːʃ] *n* microfiche *f*.

**microfilm** ['maɪkrəʊfɪlm] ◇ *n* microfilm *m*. ◇ *vt* microfilmer, mettre sur microfilm.

**microlight** ['maɪkrəlaɪt] *n* AERON ultra-léger motorisé *m*, ULM *m*.

**micromesh** ['maɪkrəʊmeʃ] *adj* [tights] surfin.

**micrometer** [maɪ'krɒmɪtər] *n* [device] micromètre *m* (*appareil*); ~ screw vis *f* micrométrique.

**micrometre** *Br*, **micrometer** *Am* ['maɪkrəʊ,miːtər] *n* micromètre *m* (*mesure*).

**micrometry** [maɪ'krɒmətrɪ] *n* micrométrie *f*.

**micron** ['maɪkrɒn] (*pl* **microns** OR **micra** [-krə]) *n* micron *m*.

**Micronesia** [,maɪkrə'niːzjə] *pr n* Micronésie *f*.

**Micronesian** [,maɪkrə'niːzjən] ◇ *n* [person] Micronésien *m*, -enne *f*. ◇ *adj* micronésien.

**microorganism** [,maɪkrəʊ'ɔːgənɪzm] *n* micro-organisme *m*.

**microphone** ['maɪkrəfəʊn] *n* microphone *m*; to talk into a ~ parler dans un micro.

**microprocessor** [,maɪkrəʊ'prəʊsesər] *n* microprocesseur *m*.

**microprogram** ['maɪkrəʊ,prəʊgræm] *n* microprogramme *m*.

**microscope** ['maɪkrəskəʊp] *n* microscope *m*; to look at sthg under the ~ *literal* observer OR examiner qqch au microscope; *fig* examiner qqch de très près.

**microscopic** [,maɪkrə'skɒpɪk] *adj* **-1.** [tiny] microscopique. **-2.** [using a microscope] au microscope, microscopique.

**microscopically** [,maɪkrə'skɒpɪklɪ] *adv* [examine] au microscope; ~ small invisible à l'œil nu.

**microsecond** ['maɪkrəʊ,sekənd] *n* microseconde *f*.

**microsurgery** [,maɪkrəʊ'sɜːdʒərɪ] *n* microchirurgie *f*.

**microwave** ['maɪkrəweɪv] ◇ *n* **-1.** PHYS micro-onde *f*.**-2.** = **microwave oven**. ◇ *vt* faire cuire au micro-ondes.

**microwave oven** *n* four *m* à micro-ondes.

**microwriter** ['maɪkrəʊ,raɪtər] *n* COMPUT micro-ordinateur *m* de traitement de texte.

**micturate** ['mɪktjʊəreɪt] *vi fml* uriner.

**mid** [mɪd] ◇ *adj* **-1.** [middle]: in ~ October à la mi-octobre, au milieu du mois d'octobre; he's in his ~ fifties il a environ 55 ans; she stopped in ~ sentence elle s'est arrêtée au milieu de sa phrase, sa phrase est restée en suspens. **-2.** [half]: ~ green vert ni clair ni foncé. **-3.** [central] central, du milieu; ~ Wales le centre OR la région centrale du pays de Galles. ◇ *prep* = **amid**.

**'mid** [mɪd] = **amid**.

**midair** [mɪd'eər] ◇ *adj* en plein ciel. ◇ *n*: in ~ en plein ciel.

**Midas** ['maɪdəs] *pr n* Midas; to have the ~ touch avoir le sens des affaires.

**mid-Atlantic** ◇ *adj* [accent] américanisé. ◇ *n*: in (the) ~ au milieu de l'Atlantique.

**midbrain** ['mɪdbreɪn] *n* ANAT mésencéphale *m*.

**midcourse** ['mɪdkɔːs] ◇ *n*: in ~ à mi-course. ◇ *adj* ASTRON:

~ corrections corrections *fpl* de trajectoire.

**midday** ['mɪddeɪ] *n* midi *m*; at ~ à midi; ~ **meal** repas *m* de midi.

**midden** ['mɪdn] *n* **-1.** *dial* [dung heap] (tas *m* de) fumier *m*.**-2.** ARCHEOL ordures *fpl* ménagères, rejets *mpl* domestiques.

**middle** ['mɪdl] ◇ *n* **-1.** [in space] milieu *m*, centre *m*; in the ~ (of) au milieu (de), au centre (de); two seats in the ~ of the row deux places en milieu de rangée; in the ~ of London en plein Londres; right in the ~ of the target au beau milieu OR en plein centre de la cible ❑ we broke down in the ~ of nowhere on est tombés en panne dans un endroit perdu. **-2.** [in time] milieu *m*; in the ~ of the week au milieu de la semaine; in the ~ of October à la mi-octobre, au milieu (du mois) d'octobre; in the ~ of the night en pleine nuit, en plein milieu de la nuit; in the ~ of winter en plein hiver ‖ [in activity]: to be in the ~ of (doing) sthg être en train de faire qqch. **-3.** [stomach] ventre *m*; [waist] taille *f*. ◇ *adj* **-1.** [in the centre] du milieu; to take the ~ **course** OR **way** *fig* trouver le juste milieu; the ~ **path** *literal* le chemin du milieu; *fig* la voie de la modération; ~ **C** do *m* du milieu du clavier. **-2.** [average] moyen; [intermediate] moyen, intermédiaire; this car is in the ~ price range cette voiture se situe dans un ordre de prix moyen. ◇ *vt* **-1.** NAUT [sail] plier en deux. **-2.** FTBL centrer.

◆ **Middle** *adj* LING: Middle Irish/French moyen gaélique/français.

**middle age** *n* la cinquantaine; to reach ~ avoir un certain âge.

◆ **middle-age** *comp*: he's got middle-age spread il prend de l'embonpoint.

**middle-aged** *adj* d'une cinquantaine d'années; a ~ businessman un homme d'affaires d'un certain âge.

**Middle Ages** *npl* Moyen Âge *m*; in the ~ au Moyen Âge.

**Middle America** *pr n* **-1.** GEOG Amérique *f* centrale. **-2.** SOCIOL l'Amérique *f* moyenne; *pej* l'Amérique *f* bien pensante.

**Middle American** ◇ *n* **-1.** GEOG Américain *m*, -aine *f* du Middle-West. **-2.** *fig* Américain *m* moyen, Américaine *f* moyenne. ◇ *adj* **-1.** GEOG du Middle-West. **-2.** *fig* de l'américain moyen.

**middlebrow** ['mɪdlbraʊ] ◇ *n pej* [reader] lecteur *m* moyen, lectrice *f* moyenne; [audience] spectateur *m* moyen, spectatrice *f* moyenne. ◇ *adj* [reader, audience] moyen; ~ **programmes** programmes s'adressant à un public moyen.

**middle class** *n*: the ~, the ~es les classes *fpl* moyennes; *pej* la bourgeoisie *f*.

◆ **middle-class** *adj* des classes moyennes; *pej* bourgeois.

**middle distance** *n*: in the ~ à mi-distance; [in picture] au second plan.

◆ **middle-distance** *adj* SPORT: middle-distance runner/race coureur *m*, -euse *f*/course *f* de demi-fond.

**middle ear** *n* ANAT oreille *f* moyenne.

**Middle East** *pr n*: the ~ le Moyen-Orient; in the ~ au Moyen-Orient.

**Middle Eastern** *adj* moyen-oriental.

**Middle English** *n* LING moyen anglais *m*.

**middle finger** *n* majeur *m*.

**middle ground** *n* **-1.** [in picture] second plan *m*.**-2.** *fig* terrain *m* neutre.

**Middle High German** *n* le moyen haut-allemand.

**middleman** ['mɪdlmæn] (*pl* **middlemen** [-men]) *n* intermédiaire *mf*.

**middle management** *n* (*U*) cadres *mpl* moyens.

**middle name** *n* deuxième prénom *m*; honesty is her ~ c'est l'honnêteté même.

**middle-of-the-road** *adj* [opinions, policies] modéré; *pej* timide, circonspect; ~ **music** variétés *fpl* OR musique *f* passepartout *pej*.

**middle school** *n* Br école pour enfants de 8 à 13 ans; Am école pour enfants de 10 à 13 ans; ≈ collège.

**middleweight** ['mɪdlweɪt] ◇ *n* poids *m* moyen. ◇ *adj* [championship] de poids moyen.

**Middle West** = Midwest.

**middling** ['mɪdlɪŋ] *adj inf* [average] moyen; [mediocre] médiocre; [in health]: how are you? — fair to ~ ça va? — on fait aller.

**Middx** *written abbr of* **Middlesex**.

**Mideast** [,mɪd'iːst] *Am* = **Middle East**.

**midfield** [,mɪd'fiːld] *n* SPORT milieu *m* du terrain; ~ **player** (joueur *m* du) milieu *m* de terrain.

**midge** [mɪdʒ] *n* moucheron *m*.

**midget** ['mɪdʒɪt] ◇ *n* [dwarf] nain *m*, naine *f*. ◇ *adj* nain, minuscule.

**midi** ['mɪdɪ] *n* [coat] manteau *m* à mi-mollet; [skirt] jupe *f* à mi-mollet.

**midi system** *n* mini-chaîne *f*.

**midland** ['mɪdlənd] *adj* au centre du pays.

**Midlands** ['mɪdləndz] *pl pr n*: the ~ les Midlands (*comtés du centre de l'Angleterre*).

**midlife** ['mɪdlaɪf] *n* la cinquantaine.

**midlife crisis** *n*: he's having OR going through a ~ il a du mal à passer le cap de la cinquantaine.

**midmorning** [,mɪd'mɔːnɪŋ] *n* milieu *m* de la matinée.

**midnight** ['mɪdnaɪt] ◇ *n* minuit *m*; at ~ à minuit ❑ 'Midnight's Children' *Rushdie* 'les Enfants de minuit'. ◇ *adj* [mass, swim] de minuit; ~ **feast** petit repas pris en cachette la nuit; to burn the ~ oil travailler tard dans la nuit; the land of the ~ sun les pays du soleil de minuit (*au nord du cercle polaire arctique*).

**midpoint** ['mɪdpɔɪnt] *n* [in space, time] milieu *m*.

**midrib** ['mɪdrɪb] *n* nervure *f* centrale.

**midriff** ['mɪdrɪf] *n* **-1.** [stomach] ventre *m*. **-2.** ANAT diaphragme *m*.

**midshipman** ['mɪdʃɪpmən] (*pl* **midshipmen** [-mən]) *n* NAUT aspirant *m*, enseigne *m* de vaisseau (deuxième classe).

**midst** [mɪdst] *n* **-1.** [in space] milieu *m*, cœur *m*; in the ~ of au milieu ou au cœur de; there's a spy in our ~ il y a un espion parmi nous. **-2.** [in time]: in the ~ of the crisis en pleine crise.

**midstream** [mɪd'striːm] *n*: in ~ *literal* au milieu du courant; he stopped talking in ~ *fig* il s'arrêta au beau milieu d'une phrase; to change horses in ~ se raviser en cours de route.

**midsummer** ['mɪd,sʌmər] *n*: in ~ au milieu de l'été, en été ❑ ~ **madness** folie *f* estivale; 'A Midsummer Night's Dream' *Shakespeare* 'le Songe d'une nuit d'été'.

**Midsummer Day**, **Midsummer's Day** *n* le solstice d'été.

**midterm** [mɪd'tɜːm] *n* **-1.** SCH & UNIV milieu *m* du trimestre. **-2.** MED [of pregnancy] milieu *m*.**-3.** POL: ~ **elections** *aux États-Unis, élections législatives qui ont lieu au milieu du mandat présidentiel.*

**midway** [adv ,mɪd'weɪ, adj 'mɪdweɪ] ◇ *adv* à mi-chemin; she was ~ through writing the first chapter elle avait déjà écrit la moitié du premier chapitre; ~ **between** à mi-chemin entre. ◇ *adj*: ~ **point** [in time, space] milieu *m*; we've reached a ~ point in the negotiations nous avons parcouru la moitié du chemin dans les négociations.

**midweek** [adv mɪd'wiːk, adj 'mɪdwiːk] ◇ *adv* [travel, arrive, meet] au milieu de la semaine; RAIL ≃ en période bleue. ◇ *adj* [travel, prices, performance] au milieu de la semaine; RAIL ≃ (en) période bleue.

**Midwest** [,mɪd'west] *pr n*: the ~ le Midwest; in the ~ dans le Midwest.

**Midwestern** [,mɪd'westən] *adj* du Midwest.

**midwife** ['mɪdwaɪf] (*pl* **midwives** [-waɪvz]) *n* sage-femme *f*.

**midwifery** ['mɪd,wɪfərɪ] *n* obstétrique *f*.

**midwinter** [,mɪd'wɪntər] *n* [solstice] solstice *m* d'hiver; in ~ au milieu de l'hiver.

**midyear** [,mɪd'jɪər] ◇ *n* milieu *m* de l'année. ◇ *adj* du milieu de l'année.

◆ **midyears** *npl Am* UNIV ≃ partiels *mpl* du deuxième trimestre.

**miffed** [mɪft] *adj inf* [person] piqué, fâché; [expression] froissé, fâché.

**might¹** [maɪt] *modal vb* **-1.** [expressing possibility]: I ~ be home late tonight je rentrerai peut-être tard ce soir; why not come with us? — I ~ pourquoi ne viens-tu pas avec nous? — peut-être; don't eat it, it ~ be poisonous n'en mange pas, tu pourrais t'empoisonner; she ~ well have decided to turn back il se pourrait or il se fasse qu'elle ait décidé de rentrer. **-2.** [past form of 'may']: I never considered that she ~ want to come je n'avais jamais pensé qu'elle pouvait avoir envie de venir; **we feared you ~ be dead** nous avons eu peur que vous ne soyez mort. **-3.** [in polite questions or suggestions]: **~ I interrupt?** puis-je me permettre de vous interrompre?; **you ~ try using a different approach altogether** vous pourriez adopter une approche entièrement différente. **-4.** [commenting on a statement made]: **that, I ~ add, was not my idea** cela n'était pas mon idée, soit dit en passant; **this, as one ~ expect, did not go down well with the government** le gouvernement, est-il nécessaire de le préciser, n'a guère apprécié. **-5.** [ought to]: **you ~ at least tidy up your room!** tu pourrais au moins ranger ta chambre!; **I ~ have known he'd be the last (to arrive)** j'aurais dû savoir qu'il serait le dernier (à arriver); **you ~ have warned me!** tu aurais pu me prévenir!**-6.** [used to contradict or challenge]: **they ~ say they support women, but they do nothing practical to help them** ils disent peut-être qu'ils soutiennent les femmes mais ils ne font rien pour les aider sur le plan concret. **-7.** *fml* OR *hum* [in questions]: **and who ~ you be?** et qui êtes-vous donc?**-8.** *phr*: **we ~ as well go home (as stay here)** nous ferions aussi bien de rentrer chez nous (plutôt que de rester ici); **he's regretting it now, as well he ~!** il le regrette maintenant, et pour cause!

**might²** [maɪt] *n* **-1.** [power – of nation] pouvoir *m*, puissance *f*; [– of army] puissance *f*.**-2.** [physical strength] force *f*; **with all one's ~** il se mit à crier à tue-tête ❑ **with ~ and main** de toutes ses forces; **~ is right** *prov* force fait loi *prov*.

**mightily** [ˈmaɪtɪlɪ] *adv* **-1.** [with vigour] avec vigueur, vigoureusement. **-2.** [extremely] extrêmement.

**mightn't** [ˈmaɪtənt] = **might not**.

**might've** [ˈmaɪtəv] = **might have**.

**mighty** [ˈmaɪtɪ] (*compar* **mightier**, *superl* **mightiest**) ◇ *adj* **-1.** [powerful] puissant. **-2.** [impressive] imposant; [enormous] énorme. ◇ *adv Am inf* rudement.

**migraine** [ˈmiːɡreɪn, ˈmaɪɡreɪn] *n* migraine *f*; **to suffer from ~** avoir des migraines; **I've got a ~** j'ai la migraine.

**migrant** [ˈmaɪɡrənt] ◇ *n* **-1.** [bird, animal] migrateur *m*.**-2.** [worker – in agriculture] (travailleur *m*) saisonnier *m*; [– foreign] travailleur *m* immigré. ◇ *adj* **-1.** [bird, animal] migrateur. **-2.** [person]: **~ worker** [seasonal] (travailleur *m*) saisonnier *m*; [foreign] travailleur *m* immigré.

**migrate** [*Br* maɪˈɡreɪt, *Am* ˈmaɪɡreɪt] *vi* **-1.** [bird, animal] migrer. **-2.** [person, family] migrer, se déplacer, émigrer.

**migration** [maɪˈɡreɪʃn] *n* migration *f*.

**migratory** [ˈmaɪɡrətrɪ] *adj* **-1.** [bird, fish] migrateur. **-2.** [habit, movement] migratoire.

**mike** [maɪk] (*abbr of* **microphone**) *n inf* micro *m*.

**mil** [mɪl] *n* **-1.** [unit of length] millième *m* de pouce. **-2.** [thousand] mille *m inv*.

**milady** [mɪˈleɪdɪ] (*pl* **miladies**) *n arch* madame *f*.

**Milanese** [ˌmɪləˈniːz] ◇ *n* Milanais *m*, -e *f*. ◇ *adj* milanais.

**milch cow** [ˈmɪltʃ-] *n* vache *f* laitière; *fig* vache *f* à lait.

**mild** [maɪld] ◇ *adj* **-1.** [person, manner, voice] doux (*f* douce). **-2.** [in taste – cheese] doux (*f* douce); [– curry] pas très fort OR épicé; [soap, shampoo] doux (*f* douce); [in strength – sedative, cigarette] léger. **-3.** [clement – winter] doux (*f* douce); **the weather's ~ for the time of year** il fait (un temps) doux pour la saison. **-4.** [punishment] léger; [criticism] clément. ◇ *n Br* bière *f* moins riche en houblon et plus foncée que la «bitter».

**mildew** [ˈmɪldjuː] ◇ *n* **-1.** [on cereals, flowers] rouille *f*; [on vines, potatoes, tomatoes] mildiou *m*.**-2.** [on paper, leather, food] moisissure *f*. ◇ *vi* **-1.** [cereals, flowers] se rouiller; [vines, potatoes, tomatoes] être atteint par le mildiou. **-2.** [paper, leather, food] moisir.

**mildewed** [ˈmɪldjuːd] *adj* [cereals, flowers] rouillé; [vines, potatoes, tomatoes] mildiousé; [paper, leather, food] moisi.

**mildly** [ˈmaɪldlɪ] *adv* **-1.** [in manner, voice] doucement, avec douceur. **-2.** [slightly] modérément, légèrement; **that's putting it ~!** c'est le moins qu'on puisse dire!

**mild-mannered** *adj* doux (*f* douce).

**mile** [maɪl] *n* **-1.** [measurement] mille *m* (*1 609,33 m*); [in athletics] mile *m*; **she lives 30 ~s from Birmingham** elle habite à une cinquantaine de kilomètres de Birmingham; **a 100-~ journey** un voyage de 160 kilomètres. **-2.** [long distance]: **you can see it a ~ off** ça se voit de loin; **they live ~s apart** ils habitent à des kilomètres l'un de l'autre; **the best doctor**

for **~s around** le meilleur médecin à des kilomètres à la ronde; **we're ~s from the nearest town** on est à des kilomètres de la ville la plus proche; **it's ~s from anywhere** c'est un endroit complètement isolé; **you can see for ~s and ~s** on voit à des kilomètres à la ronde; **we walked (for) ~s and ~s** on a fait des kilomètres (à pied). **-3.** *fig*: **they're ~s ahead of their competitors** ils ont une avance considérable sur leurs concurrents; **the two judges are ~s apart on capital punishment** les deux juges ont des points de vue OR des avis radicalement opposés sur la peine de mort ❑ **he was ~s away** il était dans la lune; **you could see what was going to happen a ~ off** on voyait d'ici ce qui allait arriver; **your calculations are ~s out** vous vous êtes complètement trompé dans vos calculs; **not a million ~s from here** tout près d'ici, parmi nous; **it's not a million ~s from what we tried to do** cela ressemble assez à ce que nous avons essayé de faire. **-4.** (*adverbial use*) *inf* [much]: **she's ~s better than me at languages** elle est bien plus forte que moi en langues.

**mileage** [ˈmaɪlɪdʒ] *n* **-1.** AUT [distance] ≃ kilométrage *m*; **the car's got a very high ~** la voiture a beaucoup roulé OR a un kilométrage élevé; **the papers got tremendous ~ out of the scandal** *fig* les journaux ont exploité le scandale au maximum. **-2.** [consumption] consommation *f* (d'essence).

**mileage allowance** *n* indemnité *f* kilométrique.

**mileometer** [maɪˈlɒmɪtər] *n* compteur *m* (kilométrique).

**milepost** [ˈmaɪlpəʊst] *n* ≃ borne *f* (kilométrique).

**miler** [ˈmaɪlər] *n* coureur *m*, -euse *f* du mile.

**milestone** [ˈmaɪlstəʊn] *n* **-1.** *literal* ≃ borne *f* (kilométrique). **-2.** *fig* [important event] jalon *m*, étape *f* importante.

**milieu** [*Br* ˈmiːljɜː, *Am* miːˈljuː] *n* environnement *m* (social).

**militancy** [ˈmɪlɪtənsɪ] *n* militantisme *m*.

**militant** [ˈmɪlɪtənt] ◇ *adj* militant. ◇ *n* **-1.** [gen] militant *m*, -e *f*.**-2.** *Br* = **Militant (Tendency)**.

◆ **Militant (Tendency)** *pr n* POL tendance d'extrême gauche à l'intérieur du parti travailliste britannique.

**militarism** [ˈmɪlɪtərɪzm] *n* militarisme *m*.

**militarist** [ˈmɪlɪtərɪst] *n* militariste *mf*.

**militaristic** [ˌmɪlɪtəˈrɪstɪk] *adj* militariste.

**militarize, -ise** [ˈmɪlɪtəraɪz] *vt* militariser.

**militarized zone** [ˈmɪlɪtəraɪzd-] *n* zone *f* militarisée.

**military** [ˈmɪlɪtrɪ] ◇ *adj* militaire; **he's a ~ man** c'est un militaire (de carrière) ❑ **~ academy** école *f* militaire; **~ band** fanfare *f* militaire; **~ service** service *m* militaire. ◇ *n*: **the ~** l'armée *f*.

**military police** *n* police *f* militaire.

**military policeman** *n* membre de la police militaire.

**militate** [ˈmɪlɪteɪt]
◆ **militate against** *vt insep* [facts, actions] militer contre.

**militia** [mɪˈlɪʃə] *n* **-1.** [body of citizens] milice *f*.**-2.** *Am* [reserve army] réserve *f*.

**militiaman** [mɪˈlɪʃəmən] (*pl* **militiamen** [-mən]) *n* milicien *m*.

**milk** [mɪlk] ◇ *n* lait *m*; **cow's ~** lait de vache; **Milk of Magnesia®** lait de magnésie; **a land flowing with ~ and honey** un pays de cocagne; **the ~ of human kindness** *fig* le lait de la tendresse humaine. ◇ *comp* [bottle, churn, jug etc – empty] à lait; [– full] de lait; **~ can** *Am* bidon *m* de lait. ◇ *vt* **-1.** [cow, goat] traire. **-2.** [snake] extraire le venin de. **-3.** *fig*: **to ~ a country of its resources** dépouiller un pays de ses ressources; **he really ~s his clients** il plume ses clients; **she ~ed the subject dry** elle a épuisé le sujet. ◇ *vi*: **the cow ~s well** la vache donne beaucoup de lait.

**milk bar** *n* milk-bar *m*.

**milk chocolate** *n* chocolat *m* au lait.

**milker** [ˈmɪlkər] *n* **-1.** [cow] vache *f* laitière; **a good ~** une bonne laitière. **-2.** [dairy hand] trayeur *m*, -euse *f*. **-3.** [machine] trayeuse *f*.

**milk float** *n Br* camionnette *f* du laitier.

**milk gland** *n* glande *f* lactéale OR galactophore.

**milking** [ˈmɪlkɪŋ] *n* traite *f*; **to do the ~** traire les vaches.

**milking machine** *n* machine *f* à traire, trayeuse *f*.

**milking stool** *n* tabouret *m* à traire.

**milk loaf** *n* pain *m* brioché.

**milkmaid** [ˈmɪlkmeɪd] *n* vachère *f*, trayeuse *f*.

**milkman** [ˈmɪlkmən] (*pl* **milkmen** [-mən]) *n* [who delivers milk] laitier *m*; *Br* [who milks] vacher *m*, trayeur *m*.

**milk powder** *n* lait *m* en poudre.

**milk pudding** *n Br* entremets *m* au lait.

**milk round** *n Br* **-1.** [for milk delivery] tournée *f* du laitier. **-2.** UNIV tournée des universités par les employeurs pour recruter des étudiants en fin d'études.

**milk run** *n inf* **-1.** AERON vol *m* sans histoire, partie *f* de rigolade. **-2.** [regular journey] trajet *m* habituel, tournée *f* habituelle.

**milk shake** *n* milk-shake *m*.

**milksop** ['mɪlksɒp] *n* chiffe *f* molle.

**milk tooth** *n* dent *f* de lait.

**milk train** *n* premier train *m*.

**milk truck** *Am* = **milk float**.

**milky** ['mɪlkɪ] (*compar* **milkier**, *superl* **milkiest**) *adj* **-1.** [taste] laiteux, de lait; [dessert] lacté, à base de lait; [tea, coffee] avec du lait. **-2.** [colour] laiteux; [skin] d'un blanc laiteux. **-3.** [cloudy – liquid] laiteux, lactescent.

**Milky Way** *pr n:* the ~ la Voie lactée.

**mill** [mɪl] ◇ *n* **-1.** [for flour] moulin *m*; [on industrial scale] meunerie *f*, minoterie *f*; she's been through the ~ elle a souffert; she put him through the ~ elle lui en a fait voir; 'The Mill on the Floss' *Eliot* 'le Moulin sur la Floss'. **-2.** [factory] usine *f*; steel ~ aciérie *f*; cotton ~ filature *f*. **-3.** [domestic – for coffee, pepper] moulin *m*. **-4.** TECH [for coins] machine *f* à créneler; [for metal] fraiseuse *f*. ◇ *vt* **-1.** [grain] moudre; [ore] broyer. **-2.** [mark – coin] créneler; [– screw] moleter; [– surface] strier, rainer.

◆ **mill about** *Br*, **mill around** *vi insep* [crowd, people] grouiller.

**millenarian** [,mɪlɪˈneərɪən] ◇ *adj* millénariste. ◇ *n* millénariste *mf*.

**millennial** [mɪˈlenɪəl] *adj* du millenium.

**millennium** [mɪˈlenɪəm] (*pl* **millenniums** OR **millennia** [-nɪə]) *n* **-1.** [thousand years] millénaire *m*. **-2.** RELIG *fig:* the ~ le millénium.

**millepede** ['mɪlɪpiːd] = **millipede**.

**miller** ['mɪləʳ] *n* meunier *m*, -ère *f*.

**millet** ['mɪlɪt] *n* millet *m*.

**millibar** ['mɪlɪbɑːʳ] *n* millibar *m*.

**milligram(me)** ['mɪlɪɡræm] *n* milligramme *m*.

**millilitre** *Br*, **milliliter** *Am* ['mɪlɪ,liːtəʳ] *n* millilitre *m*.

**millimetre** *Br*, **millimeter** *Am* ['mɪlɪ,miːtəʳ] *n* millimètre *m*.

**milliner** ['mɪlɪnəʳ] *n* modiste *mf*.

**millinery** ['mɪlɪnrɪ] *n* [manufacture] fabrication *f* de chapeaux de femmes; [sale] vente *f* de chapeaux de femmes.

**milling** ['mɪlɪŋ] *n* crénelage *m*.

**milling machine** *n* fraiseuse *f*.

**million** ['mɪljən] *n* **-1.** *literal* million *m*; two ~ dollars deux millions de dollars; ~s of pounds des millions de livres; the chance of that happening is one in a ~ il y a une chance sur un million que ça arrive; his secretary is one in a ~ sa secrétaire est une perle rare; that man is worth several ~ cet homme est plusieurs fois milliardaire. **-2.** [enormous number]: there were simply ~s of people at the concert! il y avait un monde fou au concert!; I've told you a ~ times not to do that je t'ai dit cent fois de ne pas faire ça.

◆ **millions** *npl* [masses] masses *fpl*.

**millionaire** [,mɪljəˈneəʳ] *n* ≈ milliardaire *mf*.

**millionairess** [,mɪljəˈneərɪs] *n* ≈ milliardaire *f*.

**millionth** ['mɪljənθ] ◇ *det* millionième. ◇ *n* **-1.** [ordinal] millionième *mf*. **-2.** [fraction] millionième *m*.

**millipede** ['mɪlɪpiːd] *n* mille-pattes *m inv*.

**millisecond** ['mɪlɪ,sekənd] *n* milliseconde *f*, millième *m* de seconde.

**millpond** ['mɪlpɒnd] *n* retenue *f* de moulin; the sea was like a ~ *fig* la mer était d'huile.

**millrace** ['mɪlreɪs] *n* bief *m*.

**Mills and Boon®** ['mɪlzn,buːn] *pr n* maison d'édition publiant des romans sentimentaux.

**millstone** ['mɪlstəʊn] *n* **-1.** *literal* meule *f*. **-2.** *fig* fardeau *m*; another ~ round the taxpayer's neck une charge supplémentaire pour le contribuable.

**millstream** ['mɪlstriːm] *n* courant *m* du bief.

**millwheel** ['mɪlwiːl] *n* roue *f* (d'un moulin).

**milometer** [maɪˈlɒmɪtəʳ] = **mileometer**.

**milt** [mɪlt] *n* [of fish – fluid] laitance *f*; [– organ] testicule *m*.

**mime** [maɪm] ◇ *n* [actor, play] mime *m*. ◇ *vi* **-1.** THEAT faire du mime. **-2.** [pop singer] chanter en playback. ◇ *vt* mimer; [derisively] singer.

**mimesis** [mɪˈmiːsɪs] *n* BIOL mimétisme *m*.

**mimic** ['mɪmɪk] (*pt & pp* **mimicked**, *cont* **mimicking**) ◇ *vt* **-1.** [gestures] mimer; [satirically] parodier, singer. **-2.** BIOL imiter (par mimétisme). ◇ *n* imitateur *m*, -trice *f*. ◇ *adj* **-1.** [mock – battle, warfare] simulé; ~ colouring mimétisme *m* des couleurs. **-2.** THEAT mimique.

**mimicry** ['mɪmɪkrɪ] *n* **-1.** [imitation] imitation *f*. **-2.** BIOL mimétisme *m*.

**mimosa** [mɪˈməʊzə] *n* mimosa *m*.

**min.** **-1.** (*written abbr of* **minute**) mn, min. **-2.** (*written abbr of* **minimum**) min.

**Min.** *written abbr of* **ministry**.

**minaret** [mɪnəˈret] *n* minaret *m*.

**minatory** ['mɪnətrɪ] *adj fml* comminatoire.

**mince** [mɪns] ◇ *vt* **-1.** CULIN hacher. **-2.** *phr:* he doesn't ~ his words il ne mâche pas ses mots. ◇ *vi* **-1.** [speak] parler avec affectation. **-2.** [move] marcher en se trémoussant. ◇ *n* **-1.** *Br* [meat]. viande *f* hachée, haché *m*. **-2.** *Am* = **mincemeat 2.**

**mincemeat** ['mɪnsmiːt] *n* **-1.** [meat] viande *f* hachée. **-2.** [sweet filling] mélange de fruits secs et d'épices qui sert de garniture à des tartelettes. **-3.** *phr:* to make ~ of sb *inf* réduire qqn en bouillie OR en chair à pâté.

**mince pie** *n* tartelette fourrée avec un mélange de fruits secs et d'épices que l'on sert à Noël en Grande-Bretagne.

**mincer** ['mɪnsəʳ] *n* hachoir *m*, hache-viande *m inv*.

**mincing** ['mɪnsɪŋ] *adj* affecté, maniéré.

**mind** [maɪnd] ◇ *n* **-1.** [reason] esprit *m*; the power of ~ over matter le pouvoir de l'esprit sur la matière; to be of sound ~ être sain d'esprit ❑ to be/to go out of one's ~ être/ devenir fou; he was out of his ~ with worry il était fou d'inquiétude; he isn't in his right ~ il n'a pas tous ses esprits; no-one in their right ~ would do such a thing aucune personne sensée n'agirait ainsi. **-2.** [thoughts]: there's something on her ~ il y a quelque chose qui la tracasse; I have a lot on my ~ j'ai beaucoup de soucis; what's going on in her ~? qu'est-ce qui se passe dans son esprit OR sa tête?; at the back of one's ~ au fond de soi-même; to put sthg to the back of one's ~ chasser qqch de son esprit; I just can't get him out of my ~ je n'arrive absolument pas à l'oublier; to have sb/sthg in ~ penser à qqn/qqch de précis; what kind of holiday did you have in ~? qu'est-ce que tu voulais OR voudrais faire pour les vacances?; you must put the idea out of your ~ tu dois te sortir cette idée de la tête; to set one's ~ on doing sthg se mettre en tête de faire qqch; to have one's ~ set on sthg vouloir qqch à tout prix; a drink will take your ~ off the accident bois un verre, ça te fera oublier l'accident; to see things in one's ~'s eye bien se représenter qqch. **-3.** [attention]: I can't seem to apply my ~ to the problem je n'arrive pas à me concentrer sur le problème; keep your ~ on the job ne vous laissez pas distraire. **-4.** [memory]: my ~ has gone blank j'ai un trou de mémoire; it brings to ~ the time we were in Spain cela me rappelle l'époque où nous étions en Espagne; Churchill's words come to ~ on pense aux paroles de Churchill; it went clean OR right out of my ~ cela m'est complètement sorti de l'esprit OR de la tête; it puts me in ~ of Japan cela me fait penser au Japon, cela me rappelle le Japon; it must have slipped my ~ j'ai dû oublier ❑ time out of ~ I've warned him not to go there *Br* cela fait une éternité que je lui dis de ne pas y aller. **-5.** [intellect] esprit *m*; she has an outstanding ~ elle est d'une très grande intelligence ‖ [intelligent person, thinker] esprit *m*, cerveau *m*. **-6.** [way of thinking]: the Western ~ les modes de pensée occidentaux; he has a suspicious ~ il est soupçonneux de nature. **-7.** [opinion]: to be of the same OR like OR of one ~ être du même avis ❑ to my ~, ... à mon avis, ..., selon moi, ...; I'm in two ~s about where to go for my holidays je ne sais pas très bien où aller passer mes vacances; to make up one's ~ se décider, prendre une décision; my ~ is made up ma décision est prise; to make up one's ~ about sthg décider qqch; to make up one's ~ to do sthg se décider à faire qqch. **-8.** [desire]: I've half a ~ to give up j'ai à moitié envie de renoncer; I've a good ~ to tell him what I think j'ai bien envie de lui dire ce que je pense ‖ [intention]: nothing was further from my ~ je n'en avais nullement l'intention; I've had it in ~ for some time now j'y songe depuis un moment. ◇ *vt* **-1.** [look after – children] garder; [– bags, possessions] garder, surveiller; [– shop, business] garder, tenir; [– plants, garden] s'occuper de, prendre soin de. **-2.** [pay attention to] faire attention à; ~ your own business! occupe-toi de ce qui te regarde!, mêle-toi de tes oignons!; ~ your language! surveille ton langage!; to ~ one's manners se surveiller; '~ the step' 'attention à la marche'; ~ the cat! attention au chat! **-3.** *(with verb phrase)* [be sure of] faire attention à; ~ you don't break it fais bien attention de ne pas le casser; ~ what you say [pay attention] réfléchissez à OR faites attention à ce que vous dites; [don't be rude] mesurez vos paroles; ~ what you're doing! regarde ce que tu fais! ‖ [remember]: ~ you post my letter n'oubliez surtout pas de poster ma lettre. **-4.** [bother about] faire attention à, s'inquiéter de OR pour; I really don't ~ what he says/thinks je me fiche de ce qu'il peut dire/penser. **-5.** [object to]: I don't ~ him il ne me dérange pas; do you ~ me smoking? cela ne vous ennuie OR dérange pas que je fume?; would you ~ turning out the light, please? [politely] pourriez-vous éteindre la lumière, s'il vous plaît?; [aggressively] est-ce que cela vous dérangerait beaucoup d'éteindre la lumière?; I wouldn't ~ a cup of tea je prendrais bien OR volontiers une tasse de thé. **-6.** *phr*: ~ (you), I'm not surprised remarque ou tu sais, cela ne m'étonne pas; ~ you, he's a bit young ceci dit, il est un peu jeune; never ~ that now [leave it] ne vous occupez pas de cela tout de suite; [forget it] ce n'est plus la peine de s'en occuper; never ~ the consequences ne vous préoccupez pas des conséquences, peu importent les conséquences; never ~ his feelings, I've got a business to run! je n'ai que faire de ses états d'âme, j'ai une affaire à diriger! ◇ *vi* **-1.** [object – esp in requests]: do you ~ if I open the window? cela vous dérange si j'ouvre la fenêtre?; would you ~ if I opened the window? est-ce que cela vous ennuierait si j'ouvrais la fenêtre?; I don't ~ in the least cela ne me dérange pas le moins du monde; if you don't ~ si vous voulez bien, si vous n'y voyez pas d'inconvénient; I don't ~ if I do [in reply to offer] volontiers, je ne dis pas non, ce n'est pas de refus. **-2.** [care, worry]: I don't ~ if people laugh at me — but you should ~! je ne me soucie guère que les gens se moquent de moi — mais vous devriez!; if you don't ~, I haven't finished ici cela ne vous fait rien, je n'ai pas terminé; do you ~! *iron* [politely] vous permettez?; [indignantly] non mais!; never ~ [it doesn't matter] cela ne fait rien, tant pis; [don't worry] ne vous en faites pas; never you ~! [don't worry] ne vous en faîtes pas!; [mind your own business] ce n'est pas votre affaire!; never ~ about the money now ne t'en fais pas pour l'argent, on verra plus tard. **-3.** *Br* [be careful] faire attention; ~! attention!

♦ **mind out** *vi insep Br* faire attention; ~ out! attention!

**mind-bending** [-bendɪŋ] *adj inf* **-1.** [complicated] compliqué. **-2.** [drugs] hallucinogène, psychédélique.

**mind-blowing** *adj inf* [amazing] époustouflant.

**mind-boggling** *adj* extraordinaire, stupéfiant.

**-minded** [-,maɪndɪd] *in cpds* **-1.** *(with adj)*: simple~ simple d'esprit. **-2.** *(with adv)*: to be politically~ s'intéresser beaucoup à la politique; many young people are scientifically~ beaucoup de jeunes ont l'esprit scientifique. **-3.** *(with n)*: my parents are very money~ mes parents ont un faible pour l'argent OR sont très portés sur l'argent.

**minder** ['maɪndə'] *n* **-1.** *Br inf* [bodyguard] gorille *m*. **-2.** [gen] gardien *m*, -enne *f*, surveillant *m*, -e *f*.

**mindful** ['maɪndfʊl] *adj fml*: ~ of her feelings on the subject, he fell silent attentif à ce qu'elle ressentait à ce sujet, il se tut; he was always ~ of his children's future il a toujours été soucieux OR il s'est toujours préoccupé de l'avenir de ses enfants.

**mindless** ['maɪndlɪs] *adj* **-1.** [stupid – film, book] idiot, stupide; [senseless – cruelty, violence] insensé, sans nom. **-2.** [boring] bête, ennuyeux. **-3.** [heedless]: ~ of the danger, he dived into the river insouciant du danger, il plongea dans la rivière.

**mind reader** *n*: he must be a ~ il lit dans les pensées comme dans un livre; I'm not a ~ je ne suis pas devin.

**mindset** ['maɪndset] *n* façon *f* de voir les choses.

**mine¹** [maɪn] ◇ *pron* le mien *m*, la mienne *f*, les miens *mpl*, les miennes *fpl*; is this pen ~? — no, it's ~! il est à moi ce stylo? — non, c'est le mien!; he's an old friend of ~ c'est un vieil ami à moi; where did that brother of ~ get to? mais où est-ce que mon frère est encore passé?; ~ is an exceptional situation je me trouve dans une situation exceptionnelle. ◇ *det arch* mon *m*, ma *f*, mes *pl*.

**mine²** [maɪn] ◇ *n* **-1.** [for coal, gold, salt etc] mine *f*; he went down the ~ OR mines at 16 il est descendu à la mine à 16 ans. **-2.** *fig* [valuable source] mine *f*; she's a ~ of information c'est une véritable mine de renseignements. **-3.** [explosive] mine *f*. ◇ *vt* **-1.** GEOL [coal, gold etc] extraire; they ~ coal in the area il y a des mines de charbon dans la région. **-2.** MIL [road, sea] miner; [destroy]: their jeep was ~d leur jeep a sauté sur une mine. **-3.** [undermine – fortification] saper. ◇ *vi* exploiter une mine; to ~ for uranium [prospect] chercher de l'uranium, prospecter pour trouver de l'uranium; [extract] exploiter une mine d'uranium.

**mine detector** *n* détecteur *m* de mines.

**minefield** ['maɪnfiːld] *n* **-1.** *literal* champ *m* de mines. **-2.** *fig*: the ~ of high-level diplomacy les chausse-trappes de la haute diplomatie; a political ~ une situation épineuse du point de vue politique.

**minehunter** ['maɪn,hʌntə'] *n* NAUT chasseur *m* de mines.

**minelayer** ['maɪn,leɪə'] *n* mouilleur *m* de mines.

**miner** ['maɪnə'] *n* mineur *m* MIN.

**mineral** ['mɪnərəl] ◇ *n* **-1.** GEOL minéral *m*. **-2.** *Br* [soft drink] boisson *f* gazeuse (non alcoolique), soda *m*. ◇ *adj* minéral.

**mineralogical** [,mɪnərə'lɒdʒɪkl] *adj* minéralogique.

**mineralogist** [,mɪnə'rælədʒɪst] *n* minéralogiste *mf*.

**mineralogy** [,mɪnə'rælədʒɪ] *n* minéralogie *f*.

**mineral ore** *n* minerai *m*.

**mineral water** *n* eau *f* minérale.

**Minerva** [mɪ'nɜːvə] *prn* Minerve.

**mineshaft** ['maɪnʃɑːft] *n* puits *m* de mine.

**minestrone (soup)** [,mɪnɪ'strəʊnɪ-] *n* minestrone *m*.

**minesweeper** ['maɪn,swiːpə'] *n* dragueur *m* de mines.

**mineworker** ['maɪn,wɜːkə'] *n* ouvrier *m*, -ère *f* de la mine, mineur *m*.

**mingle** ['mɪŋgl] ◇ *vt* mélanger, mêler; he ~d truth with lies il mélangeait le vrai et le faux. ◇ *vi* se mêler (aux autres); [at party]: excuse me, I must ~ excusez-moi, il faut que je salue d'autres invités.

**mingy** ['mɪndʒɪ] *(compar* **mingier***, superl* **mingiest***) adj Br inf* [mean – person] radin, pingre; [– portion, quantity] chiche, misérable, maigre.

**mini** ['mɪnɪ] ◇ *n inf* **-1.** [skirt] minijupe *f*. **-2.** *inf* COMPUT miniordinateur *m*, mini *m*. ◇ *adj* mini *(inv)*.

♦ **Mini®** *n* [car] mini *m* (Austin).

**miniature** ['mɪnətʃə'] ◇ *adj* [in miniature] en miniature; [model] miniature; [tiny] minuscule; ~ golf golf *m* miniature; ~ poodle caniche *m* nain. ◇ *n* [gen & ART] miniature *f*; in ~ en miniature.

**miniaturist** ['mɪnətʃərɪst] *n* miniaturiste *mf*.

**miniaturized** ['mɪnətʃəraɪzd] *adj* miniaturisé.

**minibus** ['mɪnɪbʌs] *(pl* **minibuses***) n* minibus *m*.

**minicab** ['mɪnɪkæb] *n Br* voiture *f* de série convertie en taxi.

**minicomputer** [,mɪnɪkəm'pjuːtə'] *n* mini-ordinateur *m*.

**minidress** ['mɪnɪdres] *n* mini-robe *f*.

**minim** ['mɪnɪm] *n* **-1.** *Br* MUS blanche *f*. **-2.** [measure] ≈ goutte *f* (0,5 ml).

**minima** ['mɪnɪmə] *pl* → **minimum**.

**minimal** ['mɪnɪml] *adj* minimal; ~ art art *m* minimal; ~ pair LING paire *f* minimale.

**minimalism** ['mɪnɪməlɪzm] *n* minimalisme *m*.

**minimalist** ['mɪnɪməlɪst] *n* minimaliste *mf*.

**minimalize, -ise** ['mɪnɪməlaɪz] *vt* minimaliser.

**minimally** ['mɪnɪmlɪ] *adv* à peine.

**minimarket** ['mɪnɪ,mɑːkɪt], **minimart** ['mɪnɪmɑːt] *n* supérette *f*, petit supermarché *m*.

**minim rest** *n Br* MUS demi-pause *m*.

**minimize, -ise** ['mɪnɪ,maɪz] *vt* **-1.** [reduce – size, amount] réduire au minimum, diminuer le plus possible. **-2.** [diminish – importance, achievement] minimiser.

**minimum** ['mɪnɪməm] (*pl* **minimums** OR **minima** [-mə]) ◊ *n* minimum *m*; costs were reduced to the OR a ~ les coûts furent réduits au minimum; there was only the ~ of damage il n'y a eu que des dégâts minimes; keep expenses to a ~ limitez au minimum les dépenses, dépensez le moins possible; at the (very) ~ it will cost £2,000 (en mettant les choses) au mieux, cela coûtera 2 000 livres; we will need £50 each ~ OR a ~ of £50 each il nous faudra 50 livres chacun (au) minimum. ◊ *adj* minimum, minimal.

**minimum lending rate** *n* Br taux *m* d'escompte OR de base.

**minimum wage** *n* salaire *m* minimum (*légal*), ≈ SMIC *m*.

**mining** ['maɪnɪŋ] ◊ *n* **-1.** MIN exploitation *f* minière, extraction *f*. **-2.** MIL [on land] pose *f* de mines; [at sea] mouillage *m* de mines. ◊ *adj* [town, company] minier; [family] de mineurs.

**mining engineer** *n* ingénieur *m* des mines.

**mining engineering** *n* ingénierie *f* des mines.

**minion** ['mɪnjən] *n pej* laquais *m*.

**minipill** ['mɪnɪpɪl] *n* minipilule *f*.

**miniscule** ['mɪnɪskjuːl] *adj* minuscule.

**mini-series** *n* TV mini-feuilleton *m*.

**miniskirt** ['mɪnɪskɜːt] *n* minijupe *f*.

**minister** ['mɪnɪstər] ◊ *n* **-1.** POL ministre *m*; the Minister of Education/Defence le ministre de l'Éducation/de la Défense; ~ of state secrétaire *mf* d'État. **-2.** [diplomat] ministre *m*. **-3.** RELIG pasteur *m*, ministre *m*; ~ of God ministre du culte. ◊ *vi* **-1.** [provide care]: to ~ to sb secourir qqn, donner des soins à qqn; to ~ to sb's needs pourvoir aux besoins de qqn. **-2.** RELIG: he ~ed to St. Luke's for 20 years il a été le pasteur de l'église St-Luc pendant 20 ans.

**ministerial** [,mɪnɪ'stɪərɪəl] *adj* **-1.** POL [project, crisis] ministériel; [post] de ministre; ~ benches banc *m* des ministres; to hold ~ office être ministre. **-2.** RELIG pastoral, sacerdotal.

**ministering angel** ['mɪnɪstrɪŋ-] *n fig* ange *m* de bonté.

**ministration** [,mɪnɪ'streɪʃn] *n* RELIG ministère *m*.

◆ **ministrations** *npl fml* soins *mpl*.

**ministry** ['mɪnɪstrɪ] (*pl* **ministries**) *n* **-1.** POL [department] ministère *m*; [government] gouvernement *m*; the Ministry of Defence le ministère de la Défense. **-2.** RELIG [collective body] sacerdoce *m*, saint ministère *m*; to join the ~ [Roman Catholic] se faire ordonner prêtre; [Protestant] devenir pasteur ‖ [period of office] ministère *m*.

**mink** [mɪŋk] ◊ *n* [animal, fur] vison *m*. ◊ *comp* [coat, stole] de OR en vison.

**Minnesota** [,mɪnɪ'səʊtə] *pr n* Minnesota *m*; in ~ dans le Minnesota.

**minnow** ['mɪnəʊ] (*pl inv* OR **minnows**) *n* **-1.** [specific fish] vairon *m*; [any small fish] fretin *m* (U). **-2.** Br fig [insignificant person] (menu) fretin *m*.

**minor** ['maɪnər] ◊ *adj* **-1.** [secondary – road, role, position] secondaire; [– writer] mineur; [– importance, interest] secondaire, mineur; [– share] petit, mineur; ~ orders ordres *mpl* mineurs. **-2.** [unimportant – problem, worry] mineur, peu important. **-3.** [small – alteration, disagreement] mineur, petit; [– detail, expense] mineur, petit, menu. **-4.** [not serious – accident] mineur, petit; [– illness, injury] bénin (*f* -igne); ~ offence JUR délit *m* mineur; to have a ~ operation MED subir une petite intervention chirurgicale OR une intervention chirurgicale bénigne. **-5.** MUS mineur; in A ~ en la mineur ❑ in a ~ key en mode mineur; ~ third tierce *f* mineure. **-6.** Am UNIV [subject] facultatif. ◊ *n* **-1.** [in age] mineur *m*, -e *f*. **-2.** Am UNIV matière *f* secondaire. ◊ *vi Am* UNIV: she ~ed in French elle a pris le français comme matière secondaire.

**Minorca** [mɪ'nɔːkə] *pr n* Minorque; in ~ à Minorque.

**Minorcan** [mɪ'nɔːkn] ◊ *n* Minorquin *m*, -e *f*. ◊ *adj* minorquin.

**minority** [maɪ'nɒrətɪ] (*pl* **minorities**) ◊ *n* **-1.** [small group] minorité *f*; to be in a OR the ~ être dans la minorité; the vocal ~ la minorité qui se fait entendre. **-2.** JUR [age] minorité *f*. ◊ *comp* [government, movement, tastes] minoritaire; ~ group minorité *f*; ~ verdict JUR verdict *m* de la minorité.

**minor league** ◊ *n Am* SPORT ≈ division *f* d'honneur. ◊ *adj*

*fig* secondaire, de peu d'importance.

**Minotaur** ['maɪnətɔːr] *n*: the ~ le Minotaure.

**minster** ['mɪnstər] *n* [abbey church] (église *f*) abbatiale *f*; [cathedral] cathédrale *f*.

**minstrel** ['mɪnstrəl] *n* ménestrel *m*, troubadour *m*.

**minstrel gallery** *n* tribune *f* des musiciens.

**mint** [mɪnt] ◊ *n* **-1.** BOT menthe *f*. **-2.** [sweet] bonbon *m* à la menthe. **-3.** [for coins]: the Mint l'Hôtel *m* de la Monnaie, la Monnaie. **-4.** *inf* [fortune] fortune *f*; to make a ~ faire fortune. ◊ *comp* [chocolate, sauce, tea] à la menthe. ◊ *adj* [stamps, coins] (tout) neuf; in ~ condition *fig* en parfait état, à l'état neuf. ◊ *vt* **-1.** [coins] fabriquer, frapper, battre. **-2.** [invent – word] inventer, créer; [– expression] forger.

**minuet** [,mɪnju'et] *n* menuet *m*.

**minus** ['maɪnəs] (*pl* **minuses** OR **minusses**) ◊ *prep* **-1.** MATH moins. **-2.** [in temperature]: it's ~ 5° outside il fait moins 5° dehors. **-3.** *inf* [without]: he came home ~ his shopping il est rentré sans ses achats; that chair is ~ a leg cette chaise a un pied en moins. ◊ *n* **-1.** [sign] moins *m*. **-2.** [drawback] inconvénient *m*. ◊ *adj* **-1.** [number] moins; ~ sign signe *m* moins. **-2.** *fig* négatif.

**minuscule** ['mɪnəskjuːl] ◊ *adj* **-1.** [tiny] minuscule. **-2.** [lower-case] en (lettres) minuscules. ◊ *n* minuscule *f*.

**minute**[1] ['mɪnɪt] ◊ *n* **-1.** [period of 60 seconds] minute *f*; [in telling the time]: two ~s past/to ten dix heures deux/moins deux. **-2.** [moment] instant *m*, minute *f*; it only took him a ~ il en a eu pour une minute; wait a ~, please attendez un instant, s'il vous plaît; just a ~! un instant!; [aggressively] une minute!; come here this ~! viens ici tout de suite!; I think of you every ~ of the day je pense à vous à chaque instant de la journée; I'll talk to him the ~ he arrives je lui parlerai dès qu'il arrivera; any ~ now d'un instant à l'autre; right up till the last ~ jusqu'à la toute dernière minute; the flight took two hours to the ~ le vol a duré deux heures à la minute près OR exactement. **-3.** GEOM [of degree] minute *f*. ◊ *vt* **-1.** [take down – fact, remark] inscrire au procès-verbal. **-2.** [time] minuter, chronométrer.

◆ **minutes** *npl* **-1.** [of meeting] procès-verbal *m*, compte rendu *m*. **-2.** [report] note *f*.

**minute**[2] [maɪ'njuːt] *adj* **-1.** [tiny] minuscule, infime; [very slight – difference, improvement] infime, minime. **-2.** [precise] minutieux, détaillé; with ~ care avec un soin minutieux; in ~ detail par le menu; in the minutest detail dans les moindres détails.

**minute hand** ['mɪnɪt-] *n* aiguille *f* des minutes.

**minutely** [maɪ'njuːtlɪ] *adv* **-1.** [carefully] minutieusement, avec un soin minutieux; [in detail] en détail, par le menu. **-2.** [fold] tout petit; [move] imperceptiblement, très légèrement.

**Minuteman** ['mɪnɪtmæn] (*pl* **Minutemen** [-men]) *n* **-1.** [soldier] homme-minute *m* (*soldat volontaire de la guerre d'indépendance américaine*). **-2.** [missile] Minuteman *m* (*missile balistique*).

**minute steak** ['mɪnɪt-] *n* entrecôte *f* minute.

**minutiae** [maɪ'njuːʃɪaɪ] *npl* menus détails *mpl*, petits détails *mpl*; *pej* [trivialities] vétilles *fpl*, riens *mpl*.

**miracle** ['mɪrəkl] ◊ *n* **-1.** RELIG & *fig* miracle *m*; to work ~s faire OR accomplir des miracles; by a ~, disaster was averted la catastrophe a été évitée par miracle [achievement]: economic ~ miracle *m* économique; a ~ of modern science un prodige OR miracle de la science moderne. **-2.** = **miracle play.** ◊ *comp* [drug] miracle; [cure] miraculeux; ~ worker faiseur *m*, -euse *f* de miracles.

**miracle play** *n* miracle *m* (*drame*).

**miraculous** [mɪ'rækjʊləs] *adj* miraculeux; they had a ~ escape c'est un miracle qu'ils s'en soient tirés (vivants).

**miraculously** [mɪ'rækjʊləslɪ] *adv* **-1.** [by a miracle] miraculeusement, par miracle. **-2.** [extremely] merveilleusement, prodigieusement.

**mirage** [mɪ'rɑːʒ] *n* mirage *m*.

**Miranda rights** [mə'rændə-] *npl Am droit accordé à tout prévenu d'être défendu par un avocat et de garder le silence.*

**MIRAS** ['maɪ,ræs] (*abbr of* **mortgage interest relief at source**) *n Br système d'exonération fiscale sur les intérêts des emprunts immobiliers.*

**mire** [maɪər] *lit* ◊ *n* boue *f*; [deep] bourbier *m*. ◊ *vt (usu pas-*

sive) **-1.** *lit* [in debt, difficulty] empêtrer. **-2.** [in mud] embourber.

**mirror** ['mɪrəʳ] ◇ *n* **-1.** [looking glass] miroir *m*, glace *f*; AUT rétroviseur *m*; **to hold up a ~ to sthg** *fig* refléter qqch; **the tabloid press is not necessarily a ~ of national opinion** la presse à sensation ne reflète pas nécessairement l'opinion du pays. **-2.** PRESS: **the Mirror** *nom abrégé du Daily Mirror*. ◇ *vt* **-1.** [reflect] réfléchir, refléter; **-2.** [imitate] imiter; **her career exactly ~ed her brother's** sa carrière fut calquée exactement sur celle de son frère.

**mirror image** *n* image *f* en miroir, image *f* spéculaire; *fig* copie *f* conforme.

**mirth** [mɜːθ] *n (U)* rires *mpl*, hilarité *f*.

**mirthful** ['mɜːθfʊl] *adj lit* rieur, joyeux.

**mirthless** ['mɜːθlɪs] *adj lit* triste, sombre, morne; [laugh] faux (*f* fausse), forcé.

**misadventure** [,mɪsəd'ventʃəʳ] *n* [accident] mésaventure *f*; [misfortune] malheur *m*.

**misaligned** [,mɪsə'laɪnd] *adj* mal aligné.

**misalliance** [,mɪsə'laɪəns] *n* mésalliance *f*.

**misanthropic** [,mɪsən'θrɒpɪk] *adj* [person] misanthrope; [thoughts] misanthropique.

**misanthropist** [mɪ'sænθrəpɪst] *n* misanthrope *mf*.

**misanthropy** [mɪ'sænθrəpɪ] *n* misanthropie *f*.

**misapplication** ['mɪs,æplɪ'keɪʃn] *n* mauvaise utilisation *f*, mauvaise application *f*; [of law] mauvaise application *f*; [of money] détournement *m*.

**misapply** [,mɪsə'plaɪ] (*pt* & *pp* **misapplied**) *vt* [learning] mal utiliser, mal exploiter; [law] mal appliquer, appliquer à tort; [money] détourner.

**misapprehend** ['mɪs,æprɪ'hend] *vt fml* se méprendre sur.

**misapprehension** ['mɪs,æprɪ'henʃn] *n fml* malentendu *m*; **I'm afraid you are under a** OR **some ~** je crains que vous ne vous mépreniez.

**misappropriate** [,mɪsə'prəʊprɪeɪt] *vt fml* [money, funds] détourner; [property] voler.

**misappropriation** ['mɪsə,prəʊprɪ'eɪʃn] *n fml* détournement *m*.

**misbegotten** [,mɪsbɪ'gɒtn] *adj fml* **-1.** [plan] mal conçu, bâtard; [child] bâtard, illégitime. **-2.** [illegally obtained] d'origine douteuse.

**misbehave** [,mɪsbɪ'heɪv] *vi*: **to ~ (o.s.)** se conduire mal; **stop misbehaving!** sois sage!; **he's misbehaving again!** il fait encore des siennes!

**misbehaviour** *Br*, **misbehavior** *Am* [,mɪsbɪ'heɪvjəʳ] *n* mauvaise conduite *f*.

**misc** *written abbr of* **miscellaneous**.

**miscalculate** [,mɪs'kælkjʊleɪt] ◇ *vt* [amount, distance] mal calculer; *fig* mal évaluer. ◇ *vi* MATH se tromper dans ses calculs; *fig* [judge wrongly] se tromper.

**miscalculation** [,mɪskælkjʊ'leɪʃn] *n* MATH erreur *f* de calcul; *fig* mauvais calcul *m*.

**miscarriage** [,mɪs'kærɪdʒ] *n* **-1.** MED fausse couche *f*; **to have a ~** faire une fausse couche. **-2.** [failure] échec *m*; **~ of justice** erreur *f* judiciaire. **-3.** *Br* [loss – of mail, cargo] perte *f*.

**miscarry** [,mɪs'kærɪ] (*pt* & *pp* **miscarried**) *vi* **-1.** MED faire une fausse couche. **-2.** [fail – plan, hopes] échouer, avorter, mal tourner. **-3.** *Br* [mail, cargo] s'égarer, se perdre.

**miscast** [,mɪs'kɑːst] (*pt* & *pp* **miscast**) *vt* CIN & THEAT [play] se tromper dans la distribution de; [actor] mal choisir le rôle de.

**miscellaneous** [,mɪsə'leɪnɪəs] *adj* [assorted] divers, varié; [jumbled] hétérogène, hétéroclite, disparate; **~ expenses** frais *mpl* divers.

**miscellany** [*Br* mɪ'selənɪ, *Am* 'mɪsəleɪnɪ] (*pl* **miscellanies**) *n* **-1.** [mixture, assortment] amalgame *m*, mélange *m*. **-2.** [anthology] recueil *m*, anthologie *f*.

**mischance** [,mɪs'tʃɑːns] *n fml* malheur *m*, malchance *f*.

**mischief** ['mɪstʃɪf] *n* **-1.** (U) [naughtiness] espièglerie *f*, malice *f*; **to get up to ~** faire des bêtises OR sottises; **to keep sb out of ~** occuper qqn; **to do sthg out of sheer ~** faire qqch par pure espièglerie OR par pure malice. **-2.** (U) [trouble]: **to make ~** semer la zizanie. **-3.** (U) *fml* [damage] dommages *mpl*, dégâts *mpl*. **-4.** *Br* [injury]: **to do o.s. a ~** se blesser, se faire mal. **-5.** *inf* & *hum* [child] polisson *m*, -onne *f*, (petite)

**canaille** *f*.

**mischief-maker** *n* faiseur *m* d'histoires OR d'embarras.

**mischievous** ['mɪstʃɪvəs] *adj* **-1.** [child, trick] espiègle, malicieux; [look] taquin, narquois; [thought] malicieux. **-2.** [harmful] méchant, malveillant.

**mischievously** ['mɪstʃɪvəslɪ] *adv* [naughtily, teasingly] malicieusement; [nastily] méchamment, avec malveillance.

**misconceived** [,mɪskən'siːvd] *adj* [plan] mal conçu; [idea] faux (*f* fausse), erroné.

**misconception** [,mɪskən'sepʃn] *n* [poor understanding] mauvaise compréhension *f*; [complete misunderstanding] idée fausse *f*, méprise *f*.

**misconduct** [*n* ,mɪs'kɒndʌkt, *vb* ,mɪskən'dʌkt] ◇ *n* **-1.** [bad behaviour] mauvaise conduite *f*; [immoral behaviour] inconduite *f*; [adultery] adultère *m*; **(professional) ~** faute *f* professionnelle. **-2.** [bad management] mauvaise gestion *f*. ◇ *vt* [mismanage – business] mal gérer; [– affair] mal conduire.

**misconstruction** [,mɪskən'strʌkʃn] *n* **-1.** [gen] fausse interprétation *f*; **the law is open to ~** la loi peut prêter à des interprétations erronées. **-2.** GRAMM mauvaise construction *f*.

**misconstrue** [,mɪskən'struː] *vt* mal interpréter.

**miscount** [*vb* ,mɪs'kaʊnt, *n* 'mɪskaʊnt] ◇ *vt* mal compter, faire une erreur en comptant. ◇ *vi* se tromper dans le compte. ◇ *n* mécompte *m*; **there was a ~** POL une erreur s'est produite dans le décompte des voix.

**miscreant** ['mɪskrɪənt] *n lit* [villain] scélérat *m*, -e *f*, vaurien *m*, -enne *f*.

**misdate** [,mɪs'deɪt] *vt* mal dater.

**misdeal** [,mɪs'diːl] (*pt* & *pp* **misdealt** [-'delt]) ◇ *vi*: **to ~ the cards** faire (une) maldonne. ◇ *vi* faire (une) maldonne. ◇ *n* maldonne *f*.

**misdeed** [,mɪs'diːd] *n fml* méfait *m*; JUR délit *m*.

**misdemeanour** *Br*, **misdemeanor** *Am* [,mɪsdɪ'miːnəʳ] *n* méfait *m*; JUR délit *m*, infraction *f*.

**misdirect** [,mɪsdɪ'rekt] *vt* **-1.** [to destination – traveller] mal orienter, mal renseigner; [– letter] mal adresser. **-2.** [misuse – efforts, talents] mal employer, mal orienter; **~ed energy** énergie mal utilisée. **-3.** JUR [jury] mal renseigner.

**misdirection** [,mɪsdɪ'rekʃn] *n* **-1.** [of traveller] mauvaise orientation *f*. **-2.** [of efforts, talents] mauvais emploi *m*, mauvais usage *m*.

**misdoing** [,mɪs'duːɪŋ] *n* méfait *m*.

**miser** ['maɪzəʳ] *n* **-1.** [person] avare *mf*; 'The Miser' Molière 'l'Avare'. **-2.** [tool] tarière *f* à gravier.

**miserable** ['mɪzrəbl] *adj* **-1.** [unhappy] malheureux, triste; **I feel really ~ today** je n'ai vraiment pas le moral aujourd'hui; **don't be so ~!** allez! ne fais pas cette tête; **they make her life ~** ils lui rendent OR mènent la vie dure. **-2.** [unpleasant – evening, sight] pénible; [– weather, summer] épouvantable, pourri; [– conditions, holiday] déplorable, lamentable; **I've got a ~ cold** j'ai un sale rhume; **to have a ~ time** passer un mauvais moment. **-3.** [poor – hotel] miteux; [– tenement] misérable; [– meal] maigre; **all their efforts were a ~ failure** tous leurs efforts ont échoué lamentablement. **-4.** [mean – reward] minable, misérable; [– salary] de misère; [– donation, amount] dérisoire; **they only gave us five ~ dollars** ils ne nous ont donné que cinq malheureux OR misérables dollars. **-5.** *Br inf* [gloomy person] rabat-joie *m inv*, grincheux *m*, -euse *f*.

**miserably** ['mɪzrəblɪ] *adv* **-1.** [extremely – unhappy, cold] extrêmement; [very badly – play] de façon lamentable OR déplorable; [– fail] lamentablement; [– pay] très mal. **-2.** [unhappily] malheureusement, d'un air malheureux. **-3.** [in poverty] misérablement, dans la misère.

**miserly** ['maɪzəlɪ] *adj* avare.

**misery** ['mɪzərɪ] (*pl* **miseries**) *n* **-1.** [unhappiness] malheur *m*, tristesse *f*; **to make sb's life a ~** rendre la vie insupportable à qqn. **-2.** [suffering]: **she begged to be put out of her ~** elle suppliait qu'on mît fin à ses souffrances; **go on, put me out of my ~ and tell me the worst** continue, mets fin à mon supplice, dis-moi tout; **to put a sick animal out of its ~** *euph* achever un animal malade. **-3.** [misfortune] malheur *m*, misère *f*. **-4.** [poverty] misère *f*. **-5.** *Br inf* [gloomy person] rabat-joie *m inv*, grincheux *m*, -euse *f*.

**misfire** [*vb* ,mɪs'faɪəʳ, *n* 'mɪsfaɪəʳ] ◇ *vi* **-1.** [gun] faire long feu; *fig* [plan, joke] rater, échouer. **-2.** [engine] avoir des problèmes d'allumage OR des ratés. ◊ *n* MIL & AUT raté *m*.

**misfit** ['mɪsfɪt] *n* inadapté *m*, -e *f*, marginal *m*, -e *f*.

**misfortune** [mɪs'fɔːtʃuːn] *n* **-1.** [bad luck] malchance *f*, infortune *f*; I had the ~ to meet him in Paris j'ai eu la malchance de le rencontrer à Paris. **-2.** [unfortunate event] malheur *m*; to be plagued by ~s jouer de malchance.

**misgiving** [mɪs'ɡɪvɪŋ] *n* doute *m*, appréhension *f*; to have ~s about avoir des doutes quant à, douter de; the whole idea fills me with ~ l'idée même me remplit d'appréhension.

**misgovern** [,mɪs'ɡʌvən] *vi* & *vt* mal gouverner.

**misgovernment** [,mɪs'ɡʌvənmənt] *n* [of country] mauvais gouvernement *m*; [of affairs] mauvaise gestion *f*.

**misguidance** [,mɪs'ɡaɪdəns] *n* mauvaise influence *f*.

**misguided** [,mɪs'ɡaɪdɪd] *adj* [attempt] malencontreux; [decision] peu judicieux; [attack] malavisé, maladroit; [idealist] égaré; [nationalism] dévoyé; it was very ~ of him to try to intervene il a commis une grosse bévue en essayant d'intervenir.

**mishandle** [,mɪs'hændl] *vt* **-1.** [equipment] mal utiliser, mal se servir de; [resources, information] mal exploiter; [affair] mal gérer; the case was ~d from the outset l'affaire a été mal menée depuis le début. **-2.** [treat insensitively – customer] malmener, traiter avec rudesse.

**mishap** ['mɪshæp] *n* [misadventure] mésaventure *f*, accident *m*; he arrived without ~ il est arrivé sans encombre.

**mishear** [,mɪs'hɪəʳ] (*pt* & *pp* **misheard** [-'hɜːd]) *vt* mal entendre, mal comprendre.

**mishit** [*vb* ,mɪs'hɪt, *n* 'mɪshɪt] (*pt* & *pp* **mishit**) ◊ *vt* SPORT [ball] mal frapper. ◊ *vi* mal frapper la balle. ◊ *n* mauvais coup *m*, coup *m* manqué.

**mishmash** ['mɪʃmæʃ] *n inf* méli-mélo *m*, mic-mac *m*.

**misinform** [,mɪsɪn'fɔːm] *vt* [unintentionally] mal renseigner; [intentionally] donner de faux renseignements à, tromper.

**misinformation** [,mɪsɪnfə'meɪʃn] *n* (U) fausse information *f*.

**misinterpret** [,mɪsɪn'tɜːprɪt] *vt* mal comprendre, mal interpréter; now don't ~ what I'm saying surtout, ne vous méprenez pas sur le sens de mes propos; she ~ed his silence as contempt elle a pris à tort son silence pour du mépris.

**misinterpretation** ['mɪsɪn,tɜːprɪ'teɪʃn] *n* erreur *f* d'interprétation; the rules are open to ~ l'interprétation du règlement prête à confusion.

**misjudge** [,mɪs'dʒʌdʒ] *vt* [distance, reaction] mal juger, mal évaluer; [person] mal juger.

**misjudg(e)ment** [,mɪs'dʒʌdʒmənt] *n* erreur de jugement.

**miskick** [*vb* ,mɪs'kɪk, *n* 'mɪskɪk] ◊ *vt* SPORT: he ~ed the ball il a raté son coup de pied. ◊ *vi* rater le ballon. ◊ *n* coup *m* de pied raté.

**mislay** [,mɪs'leɪ] (*pt* & *pp* **mislaid** [-'leɪd]) *vt* égarer.

**mislead** [,mɪs'liːd] (*pt* & *pp* **misled** [-'led]) *vt* tromper, induire en erreur; we were misled into believing he was dead on nous a fait croire qu'il était mort.

**misleading** [,mɪs'liːdɪŋ] *adj* [false] trompeur, fallacieux; [confusing] équivoque; ~ advertising publicité *f* mensongère; the map is very ~ cette carte n'est pas claire du tout.

**misled** [,mɪs'led] *pt* & *pp* → **mislead**.

**mismanage** [,mɪs'mænɪdʒ] *vt* mal gérer.

**mismanagement** [,mɪs'mænɪdʒmənt] *n* mauvaise gestion *f*.

**mismatch** [*vb* ,mɪs'mætʃ, *n* 'mɪsmætʃ] ◊ *vt* **-1.** [colours, clothes] mal assortir. **-2.** [in marriage]: they were totally ~ed [socially] ils étaient vraiment mal assortis; [by temperament] ils n'étaient absolument pas faits pour s'entendre. ◊ *n* **-1.** [clash] the colours are a ~ ces couleurs ne vont vraiment pas ensemble OR sont vraiment mal assorties. **-2.** [in marriage] mésalliance *f*. **-3.** SPORT match *m* inégal. **-4.** COMPUT incohérence *f*.

**misname** [,mɪs'neɪm] *vt* mal nommer.

**misnomer** [,mɪs'nəʊməʳ] *n* nom *m* inapproprié.

**misogynist** [mɪ'sɒdʒɪnɪst] *n* misogyne *mf*.

**misogyny** [mɪ'sɒdʒɪnɪ] *n* misogynie *f*.

**misplace** [,mɪs'pleɪs] *vt* **-1.** [put in wrong place] mal placer. **-2.** [mislay] égarer. **-3.** [trust, confidence] mal placer.

**misplaced** [,mɪs'pleɪst] *adj* [trust, confidence] mal placé.

**misprint** [*n* 'mɪsprɪnt, *vb* ,mɪs'prɪnt] ◊ *n* faute *f* d'impression,

coquille *f*. ◊ *vt*: my name was ~ed in the newspaper il y a une coquille dans mon nom sur le journal.

**mispronounce** [,mɪsprə'naʊns] *vt* [word] mal prononcer, prononcer incorrectement; [name] estropier, écorcher.

**mispronunciation** ['mɪsprə,nʌnsɪ'eɪʃn] *n* faute *f* de prononciation.

**misquotation** [,mɪskwəʊ'teɪʃn] *n* citation *f* inexacte.

**misquote** [*vb* ,mɪs'kwəʊt, *n* 'mɪskwəʊt] ◊ *vt* [author, text] citer inexactement; [speaker] déformer les propos de. ◊ *n inf* = **misquotation**.

**misread** [*vb* ,mɪs'riːd, *n* 'mɪsriːd] (*pt* & *pp* **misread** [-'red]) ◊ *vt* [word, text] mal lire; *fig* [actions, motives] mal interpréter, mal comprendre. ◊ *n* COMPUT erreur *f* de lecture.

**misrepresent** ['mɪs,reprɪ'zent] *vt* [facts, events] déformer; [person] donner une image fausse de.

**misrepresentation** ['mɪs,reprɪzen'teɪʃn] *n* [of truth] déformation *f*; what they say is a complete ~ of the facts ils déforment complètement la réalité.

**misrule** [,mɪs'ruːl] ◊ *vt* mal gouverner. ◊ *n* **-1.** [misgovernment] mauvais gouvernement *m*. **-2.** [anarchy] désordre *m*, anarchie *f*.

**miss** [mɪs] ◊ *vt* **-1.** [bus, film, target] manquer, rater; [opportunity, turn] manquer, laisser passer; you didn't ~ much vous n'avez pas manqué grand-chose; it's too good an opportunity to ~ c'est une occasion trop belle pour qu'on la manque ❏ to ~ the boat rater une occasion, manquer le coche; to ~ one's cue THEAT manquer sa réplique; *fig* rater l'occasion. **-2.** [fail to do, find, see etc] manquer; to ~ school manquer l'école; I'm sorry, I ~ed you in the crowd désolé, je ne vous ai pas vu OR remarqué OR aperçu dans la foule; I ~ed seeing them in Australia [for lack of time] je n'ai pas eu le temps de les voir en Australie; [for lack of opportunity] je n'ai pas eu l'occasion OR la possibilité de les voir en Australie; I ~ed the beginning of your question je n'ai pas entendu le début de votre question; they've ~ed my name off the list ils ont oublié mon nom sur la liste; you ~ed OR you're ~ing the point! vous n'avez rien compris!; she ~ed her footing OR step *Br* elle a glissé OR trébuché ❏ they never OR don't ~ a trick *Br* rien ne leur échappe. **-3.** [escape, manage to avoid]: I narrowly OR just ~ed being killed j'ai bien failli me faire tuer. **-4.** [regret the absence of]: I ~ her elle me manque; you'll be ~ed when you retire on vous regrettera OR vous nous manquerez quand vous serez à la retraite. **-5.** [be short of, lack] manquer de; I'm ~ing two books from my collection il me manque deux livres dans ma collection, deux livres de ma collection ont disparu. **-6.** [notice disappearance of]: when did you first ~ your passport? quand est-ce que vous vous êtes aperçu pour la première fois de la perte de OR que vous aviez perdu votre passeport?; he's got so many records he won't ~ one il a tellement de disques qu'il ne s'apercevra pas qu'il lui en manque un.
◊ *vi* **-1.** [fail to hit target] manquer OR rater son coup; ~ed! raté! **-2.** [engine] avoir des ratés. *phr*: to be ~ing manquer; there's one ~ing, one is ~ing il en manque un.
◊ *n* **-1.** [gen & SPORT] coup *m* raté OR manqué; a ~ is as good as a mile *Br prov* rater de peu ou de beaucoup, c'est toujours rater. **-2.** *inf* [girl] jeune fille *f*; impudent little ~! petite effrontée! **-3.** TEX [size] junior. **-4.** *phr*: to give sthg a ~ *Br* [do without] se passer de qqch; [avoid] éviter qqch; I gave lessons a ~ last week je n'ai pas assisté aux cours la semaine dernière.
◆ **Miss** *n* [term of address] mademoiselle *f*; Dear Miss Brett Chère Mademoiselle Brett, Chère Mlle Brett; Miss West Indies Miss Antilles; please Miss! *Br* SCH Madame!
◆ **miss out** ◊ *vt sep* [omit] omettre, sauter; [forget] oublier; [in distribution] oublier, sauter. ◊ *vi insep*: he ~ed out because he couldn't afford to go to college il a été désavantagé parce qu'il n'avait pas les moyens de poursuivre ses études.
◆ **miss out on** *vt insep* [advantage, opportunity] manquer, rater; you're ~ing out on all the fun tu rates une occasion de bien t'amuser; we ~ed out on the deal l'affaire nous est passée sous le nez OR nous a échappé.

**missal** ['mɪsl] *n* missel *m*.

**misshapen** [,mɪs'ʃeɪpn] *adj* difforme, tordu, déformé.

**missile** [*Br* 'mɪsaɪl, *Am* 'mɪsəl] *n* **-1.** MIL missile *m*. **-2.** [object thrown] projectile *m*.

**missile carrier** *n* porte-missiles *m inv*.

**missile launcher** *n* lance-missiles *m inv*.

**missing** ['mɪsɪŋ] *adj* **-1.** [lacking] manquant; the table had one leg ~ il manquait un pied à la table. **-2.** [lost – person] disparu; [– object] manquant, égaré, perdu; to go ~ disparaître; [in war] être porté disparu; the ~ climbers are safe les alpinistes dont on était sans nouvelles sont sains et saufs ❏ ~ **person** personne *f* disparue; MIL & POL disparu *m*.

**missing link** *n* chaînon *m* manquant.

**mission** ['mɪʃn] *n* **-1.** [delegation] mission *f*; ~ **of inquiry** mission d'enquête; he was sent on a rescue ~ il fut envoyé en mission de sauvetage; a Chinese trade ~ une mission commerciale chinoise. **-2.** [job, vocation] mission *f*; she saw it as her ~ in life to provide for the homeless elle s'est donné pour mission d'aider les sans-abris. **-3.** [organization, charity] mission *f*.**-4.** RELIG [campaign, building] mission *f*.**-5.** MIL, COMM & ASTRONAUT mission *f*; ~ **accomplished** mission accomplie.

**missionary** ['mɪʃənrɪ] (*pl* **missionaries**) ◇ *n* missionnaire *mf*. ◇ *adj* [work] missionnaire; [zeal] de missionnaire; ~ **society** société *f* de missionnaires.

**missionary position** *n* position *f* du missionnaire.

**mission control** *n* centre *m* de contrôle.

**mission controller** *n* chef *m* du centre de contrôle.

**missis** ['mɪsɪz] = **missus**.

**Mississippi** [,mɪsɪ'sɪpɪ] *pr n* **-1.** [river]: the ~ (River) le Mississippi. **-2.** [state] Mississippi *m*; in ~ dans le Mississippi.

**missive** ['mɪsɪv] *n fml* missive *f*.

**Missouri** [mɪ'zʊərɪ] *pr n* **-1.** [river]: the ~ (river) le Missouri. **-2.** [state] Missouri *m*; in ~ dans le Missouri.

**misspell** [,mɪs'spel] (*pt* & *pp* **misspelt** [-'spelt] OR **misspelled**) *vt* [in writing] mal écrire, mal orthographier; [in speaking] mal épeler.

**misspelling** [,mɪs'spelɪŋ] *n* faute *f* d'orthographe.

**misspelt** [,mɪs'spelt] *pt* & *pp* → **misspell**.

**misspend** [,mɪs'spend] (*pt* & *pp* **misspent** [-'spent]) *vt* [money, talents] gaspiller, gâcher; **my misspent youth** mes folles années de jeunesse.

**misstate** [,mɪs'steɪt] *vt* [case, argument] rapporter OR exposer incorrectement; [truth] déformer.

**misstatement** [,mɪs'steɪtmənt] *n* [report] rapport *m* inexact; [mistake] inexactitude *f*.

**missus** ['mɪsɪz] *n Br inf* **-1.** [wife] bourgeoise *f*.**-2.** [woman]: eh, ~! dites, m'dame OR ma p'tite dame!

**mist** [mɪst] ◇ *n* **-1.** [fog] brume *f*; the morning ~ will clear by noon les brumes matinales se dissiperont avant midi; the ~s of time *fig* la nuit des temps. **-2.** [vapour – on window, glasses] buée *f*; [– from spray] brouillard *m*, nuage *m*. ◇ *vt*: to ~ (over OR up) embuer. ◇ *vi*: to ~ (over OR up) [window, glasses, eyes] s'embuer.

**mistake** [mɪ'steɪk] (*pt* **mistook** [-'stʊk], *pp* **mistaken** [-'steɪkn]) ◇ *n* **-1.** [error] erreur *f*; [in grammar, spelling] faute *f*; to make a ~ faire une erreur OR une faute; I made the ~ of losing my temper j'ai commis l'erreur de OR j'ai eu le tort de me fâcher; anybody can make a ~ tout le monde peut se tromper; you're making a big ~ vous faites une grave erreur; make no ~ (about it) ne vous y trompez pas; there must be some ~ il doit y avoir erreur OR un malentendu; she knew it was a ~ ever to have married him elle savait bien qu'elle n'aurait pas dû commettre l'erreur de l'épouser; sorry, my ~ [my fault] excusez-moi, c'est (de) ma faute; [I got it wrong] excusez-moi, c'est moi qui me trompe. **-2.** [inadvertence]: by OR *Br* in ~ par mégarde OR erreur; I went into the wrong room by ~ je suis entré par erreur dans la mauvaise pièce; I took her scarf in ~ for mine je pris par erreur mon écharpe, j'ai pris la sienne. **-3.** *phr*: he's a big man and no ~! *Br* pour être costaud, il est costaud! ◇ *vt* **-1.** [misunderstand – meaning, intention] mal comprendre, se tromper sur. **-2.** [fail to distinguish] se tromper sur; you can't ~ our house, it has green shutters vous ne pouvez pas vous tromper OR il n'y a pas de confusion possible, notre maison a des volets verts; there's no mistaking the influence of Brahms on his music l'influence de Brahms sur sa musique est indéniable. **-3.** [date, route] se tromper de; [person]: I'm often mistaken for my sister on me prend souvent pour ma sœur; I mistook his shyness for arrogance j'ai pris sa timidité pour de l'arrogance.

**mistaken** [mɪ'steɪkn] ◇ *pp* → **mistake**. ◇ *adj* [wrong – idea, conclusion] erroné, faux (*f* fausse); to be ~ se tromper, être dans l'erreur; if I'm not ~ si je ne me trompe, si je ne m'abuse ❏ it was a case of ~ identity il y avait erreur sur la personne.

**mistakenly** [mɪ'steɪknlɪ] *adv* [in error] par erreur; [wrongly] à tort.

**mister** ['mɪstər] *n inf* monsieur *m*; ~ **knowall** *Br*, ~ **know-it-all** *Am* monsieur je-sais-tout.

**mistime** [,mɪs'taɪm] *vt* mal calculer (le moment de).

**mistle thrush** ['mɪsl-] *n* draine *f*.

**mistletoe** ['mɪsltəʊ] *n* gui *m*.

**mistook** [mɪ'stʊk] *pt* → **mistake**.

**mistranslate** [,mɪstræns'leɪt] ◇ *vt* mal traduire. ◇ *vi* faire des contresens.

**mistranslation** [,mɪstræns'leɪʃn] *n* **-1.** [mistake] contresens *m*, faute *f* OR erreur *f* de traduction. **-2.** [faulty text] traduction *f* inexacte, mauvaise traduction *f*.

**mistreat** [,mɪs'triːt] *vt* maltraiter.

**mistreatment** [,mɪs'triːtmənt] *n* mauvais traitement *m*.

**mistress** ['mɪstrɪs] *n* **-1.** [woman in control] maîtresse *f*; she was ~ of the situation elle était maîtresse de la situation, elle maîtrisait la situation; the ~ of the house la maîtresse de maison. **-2.** [lover] maîtresse *f*.**-3.** *Br* SCH [in primary school] maîtresse *f*; [in secondary school] professeur *m* (*femme*). **-4.** *Br* [of servants] maîtresse *f*.**-5.** *arch*: [title] **Mistress Bacon** Madame OR Mme Bacon. **-6.** [of pet] maîtresse *f*.

**mistrial** ['mɪstraɪəl] *n* erreur *f* judiciaire; *Am* [with hung jury] procès annulé par manque d'unanimité parmi les jurés.

**mistrust** [,mɪs'trʌst] ◇ *n* méfiance *f*, défiance *f*. ◇ *vt* [be suspicious, wary of] se méfier de; [doubt] douter de, ne pas avoir confiance en.

**mistrustful** [,mɪs'trʌstfʊl] *adj* méfiant; to be ~ of sb se méfier de qqn.

**misty** ['mɪstɪ] (*compar* **mistier**, *superl* **mistiest**) *adj* **-1.** [weather, morning] brumeux. **-2.** [window, eyes] embué; [horizon, mountain] embrumé. **-3.** [vague – idea, memory] flou, nébuleux. **-4.** [like mist] vaporeux; ~ **blue** bleu pâle.

**mistype** [,mɪs'taɪp] *vt* faire une faute de frappe dans. ◇ *n* faute *f* de frappe.

**misunderstand** [,mɪsʌndə'stænd] (*pt* & *pp* **misunderstood** [-'stʊd]) *vt* **-1.** [misinterpret] mal comprendre, comprendre de travers; I misunderstood the message j'ai mal compris le message; don't ~ me comprenez-moi bien. **-2.** (*usu passive*) [misjudge, underrate] méconnaître; a misunderstood artist un artiste méconnu; he feels misunderstood il se sent incompris.

**misunderstanding** [,mɪsʌndə'stændɪŋ] *n* **-1.** [misapprehension] méprise *f*, quiproquo *m*, malentendu *m*; there seems to have been some ~ il semble qu'il y ait eu méprise OR une erreur; his statement is open to ~ sa déclaration prête à confusion; to clear up a ~ dissiper un malentendu. **-2.** *euph* [quarrel] mésentente *f*, brouille *f*; we've had a ~ with the neighbours nous nous sommes brouillés avec les voisins.

**misunderstood** [,mɪsʌndə'stʊd] *pt* & *pp* → **misunderstand**.

**misuse** [*vb* ,mɪs'juːz, *n* ,mɪs'juːs] ◇ *vt* **-1.** [privilege, position etc] abuser de; [word, phrase] employer abusivement; [equipment, gun] mal employer, mal utiliser; [money, time] mal employer. **-2.** [funds] détourner. **-3.** [ill-treat] maltraiter, malmener. ◇ *n* **-1.** [of privilege, one's position] abus *m*; [of word, phrase] emploi *m* abusif; [of equipment, gun] mauvais usage *m*, mauvaise utilisation *f*; [of money, time] mauvais emploi *m*.**-2.** [of funds] détournement *m*.

**MIT** (*abbr of* **Massachusetts Institute of Technology**) *pr n* l'Institut de Technologie du Massachusetts.

**mite** [maɪt] *n* **-1.** [insect] mite *f*.**-2.** [little bit] grain *m*, brin *m*, tantinet *m*.**-3.** *inf* [child] mioche *mf*; poor little ~! pauvre petit!**-4.** [coin] denier *m*; [donation] obole *f*.

**miter** *Am* = **mitre**.

**mitigate** ['mɪtɪgeɪt] *vt* [anger, grief, pain] adoucir, apaiser, alléger; [conditions, consequences, harm] atténuer.

**mitigating** ['mɪtɪgeɪtɪŋ] *adj*: ~ **circumstances** JUR circonstances *fpl* atténuantes.

**mitigation** [,mɪtɪ'geɪʃn] *n fml* [of anger, grief, pain] adoucissement *m*, allègement *m*; [of conditions, consequences, harm] atténuation f.

**mitre** Br, **miter** Am ['maɪtəʳ] ◇ n -1. RELIG mitre f. -2. [in carpentry] onglet m. ◇ vt [in carpentry – cut] tailler en onglet; [join] assembler en onglet.

**mitre block**, **mitre box** n boîte f à onglet.

**mitre joint** n (assemblage m à OR en) onglet m.

**mitt** [mɪt] n -1. = **mitten**. -2. [glove] gant m; [boxing glove] gant m (de boxe). -3. inf [hand] paluche f.

**mitten** ['mɪtn] n [with fingers joined] moufle f; [with cut-off fingers] mitaine f; [boxing glove] gant m (de boxe), mitaine f.

**mix** [mɪks] ◇ vt -1. [combine, blend] mélanger; ~ the sugar into the batter incorporez le sucre à la pâte; the screws and nails were all ~ed together les vis et les clous étaient tous mélangés; never ~ your drinks ne faites jamais de mélanges de boissons; to ~ metaphors faire des amalgames de métaphores ❑ to ~ it Br inf [fight] chercher la bagarre, être bagarreur. -2. [prepare – cocktail, medicine] préparer; [– cement, plaster] malaxer. -3. [stir – salad] tourner. -4. CIN, ELECTRON & MUS mixer. ◇ vi -1. [combine, blend] se mélanger. -2. [go together] aller ensemble, faire bon ménage. -3. [socialize]: she ~es well elle est très sociable; he ~es with a strange crowd il fréquente de drôles de gens; my friends and his just don't ~ mes amis et les siens ne sympathisent pas. ◇ n -1. [combination, blend] mélange m. -2. Br [act of mixing]: give the paint a (good) ~ mélangez (bien) la peinture. -3. CULIN [in package] préparation f; [batter] pâte f. -4. CIN, ELECTRON & MUS mixage m.

◆ **mix in** vt sep mélanger.

◆ **mix up** vt sep -1. [mistake] confondre; I always ~ her up with her sister je la confonds toujours avec sa sœur || [baffle, confuse] embrouiller; I'm ~ed up about how I feel about him mes sentiments pour lui sont très confus || [scramble]: you've got the story completely ~ed up tu t'es complètement embrouillé dans cette histoire. -2. (usu passive) [involve] impliquer; he was ~ed up in a burglary il a été impliqué OR mêlé à une affaire de cambriolage; she got ~ed up with some awful people elle s'est mise à fréquenter des gens épouvantables; I got ~ed up in their quarrel je me suis trouvé mêlé à leur querelle. -3. [disorder] mélanger. -4. [combine, blend] mélanger.

**mixed** [mɪkst] adj -1. [assorted] mélangé; there was a very ~ crowd at the party il y avait toutes sortes de gens à la fête; we had rather ~ weather nous avons eu un temps assez variable ❑ ~ economy économie f mixte; ~ grill assortiment m de grillades, mixed grill m; ~ metaphor mélange m de métaphores; ~ vegetables jardinière f de légumes. -2. [not wholly positive] mitigé; to meet with a ~ reception recevoir un accueil mitigé; I have ~ feelings about it je ne sais pas très bien ce que j'en pense, je suis partagé à ce sujet ❑ it's a bit of a ~ bag inf il y a un peu de tout; it's a ~ blessing il y a du pour et du contre. -3. [sexually, racially] mixte; it's not a proper topic for ~ company ce n'est pas un sujet à aborder devant les dames; man of ~ race métis m; woman of ~ race métisse f ❑ ~ school/doubles école f/double m mixte; ~ marriage mariage m mixte. -4. MATH: ~ number nombre m mixte (fractionnaire).

**mixed-ability** adj [class, teaching] sans niveaux.

**mixed-media** adj multimédia.

**mixed-up** adj [confused] désorienté, déboussolé.

**mixer** ['mɪksəʳ] n -1. [device – gen] mélangeur m; CULIN [mechanical] batteur m; [electric] mixeur m, mixer m; CIN, ELECTRON & MUS mixeur m, mélangeur m de signaux. -2. [sociable person]: to be a good/poor ~ être sociable/peu sociable. -3. inf [troublemaker] provocateur m, -trice f. -4. [soft drink] boisson f gazeuse (servant à la préparation des cocktails).

**mixer tap** n (robinet m) mélangeur m.

**mixing** ['mɪksɪŋ] n -1. [gen] mélange m. -2. CIN, ELECTRON & MUS mixage m; ~ desk table f de mixage.

**mixing bowl** n [big] saladier m; [smaller] bol m.

**mixture** ['mɪkstʃəʳ] n -1. [gen] mélange m. -2. MED mixture f.

**mix-up** n confusion f; there was a ~ over the bookings il y a eu confusion dans les réservations.

**mizen, mizzen** ['mɪzn] n artimon m.

**mk, MK** written abbr of **mark**.

**mkt** written abbr of **market**.

**ml** (written abbr of **millilitre**) ml.

---

**MLitt** [em'lɪt] (abbr of **Master of Literature, Master of Letters**) n (titulaire d'une) maîtrise de lettres.

**MLR** n abbr of **minimum lending rate**.

**mm** (written abbr of **millimetre**) mm.

**MMC** pr n abbr of **Monopolies and Mergers Commission**.

**MN** ◇ n abbr of **Merchant Navy**. ◇ written abbr of **Minnesota**.

**mnemonic** [nɪ'mɒnɪk] ◇ adj -1. [aiding memory] mnémonique, mnémotechnique. -2. [relating to memory] mnémonique. ◇ n formule f mnémotechnique, aide f à la mémoire; COMPUT mnémonique m.

**mo, mo'** [məʊ] n inf moment m, instant m; (I) won't be a ~ j'en ai pour une minute.

**MO** ◇ n -1. abbr of **medical officer**. -2. abbr of **modus operandi**. ◇ written abbr of **Missouri**.

**m.o.** written abbr of **money order**.

**moan** [məʊn] ◇ vi -1. [in pain, sadness] gémir. -2. [grumble] ronchonner, grogner; what are you ~ing about now? de quoi te plains-tu encore? ◇ vt maugréer. ◇ n [in pain, sadness] gémissement m; [of complaint] plainte f; she gave a ~ elle poussa un gémissement.

**moaner** ['məʊnəʳ] n inf grognon m, -onne f, râleur m, -euse f.

**moaning** ['məʊnɪŋ] ◇ n (U) -1. [in pain, sadness] gémissement m, gémissements mpl. -2. [complaining] plaintes fpl, jérémiades fpl; stop your ~! arrête de ronchonner! ◇ adj -1. [groaning] gémissant; a ~ sound un gémissement. -2. [complaining] grognon, râleur.

**moat** [məʊt] n douves fpl, fossé m, fossés mpl.

**mob** [mɒb] (pt & pp **mobbed**) ◇ n -1. [crowd] foule f, cohue f; ~ hysteria hystérie f collective. -2. pej [common people]: the ~ la populace. -3. [of criminals] gang m; the Mob la Mafia. -4. inf [bunch, clique] bande f, clique f pej. ◇ vt [person] attaquer, agresser; [place] assiéger.

**mob cap** n charlotte f (bonnet).

**mobile** ['məʊbaɪl] ◇ adj -1. mobile; she's no longer ~ elle ne peut plus se déplacer seule ❑ ~ library bibliobus m. -2. [features, face] mobile, expressif. -3. [socially]: the middle classes tend to be particularly ~ les classes moyennes se déplacent plus facilement que les autres. -4. inf [having transport]: are you ~? tu es motorisé? ◇ n -1. ART mobile m. -2. inf = **mobile phone**.

**mobile home** n caravane f.

**mobile phone** n téléphone m portable.

**mobile shop** n marchand m ambulant.

**mobility** [mə'bɪlətɪ] n mobilité f; ~ allowance indemnité f de déplacement (versée aux personnes handicapées).

**mobilization** [,məʊbɪlaɪ'zeɪʃn] n mobilisation f.

**mobilize, -ise** ['məʊbɪlaɪz] vi & vt mobiliser.

**mob rule** n loi f de la rue.

**mobster** ['mɒbstəʳ] n inf gangster m.

**moccasin** ['mɒkəsɪn] n mocassin m.

**mocha** ['mɒkə] n moka m.

**mock** [mɒk] ◇ vt -1. [deride] se moquer de, tourner en dérision; don't ~ the afflicted! ne te moque pas des malheureux! -2. [imitate] singer, parodier. -3. lit [thwart] déjouer. ◇ vi se moquer. ◇ adj -1. [imitation] faux (f fausse), factice. -2. [feigned] feint. -3. [as practice]: ~ examination examen m blanc. ◇ n -1. phr: to make a ~ of sb/sthg lit tourner qqn/qqch en dérision. -2. Br inf [examination] examen m blanc.

◆ **mock up** vt sep Br faire une maquette de.

**mocker** ['mɒkəʳ] n moqueur m, -euse f.

**mockers** ['mɒkəz] npl Br inf: to put the ~ on sthg ficher qqch en l'air, bousiller qqch.

**mockery** ['mɒkərɪ] (pl **mockeries**) n -1. [derision] moquerie f, raillerie f. -2. [travesty] parodie f; a ~ of justice une parodie de justice; to make a ~ of sthg rendre qqch ridicule, enlever toute crédibilité à qqch.

**mock-heroic** adj burlesque.

**mocking** ['mɒkɪŋ] ◇ n moquerie f, raillerie f. ◇ adj moqueur, railleur.

**mockingbird** ['mɒkɪŋbɜːd] n moqueur m ORNITH.

**mock turtleneck** n Am pull m à col cheminée.

**mock-up** n maquette f.

**mod** [mɒd] ◇ adj inf & dated [fashionable] à la mode. ◇ n -1. en Angleterre, membre d'un groupe de jeunes des années 60 qui *s'opposaient aux rockers.* **-2.** [festival] *festival de littérature et de musique gaélique en Écosse.*

**MoD, MOD** *prn Br abbr of* **Ministry of Defence**.

**modal** ['məʊdl] *adj* GRAMM, PHILOS & MATH modal; ~ **auxiliary** OR **verb** auxiliaire *m* modal.

**modality** [mə'dælətɪ] (*pl* **modalities**) *n* modalité *f*.

**mod cons** [-kɒnz] (*abbr of* **modern conveniences**) *npl inf*: all ~ tout confort, tt. conf.

**mode** [məʊd] *n* **-1.** [manner] mode *m*, manière *f*; ~s of transport moyens de transport. **-2.** GRAMM, PHILOS & MATH mode *m.* **-3.** COMPUT mode *m*; access/control ~ mode d'accès/de contrôle. **-4.** [prevailing fashion] mode *f*.

**model** ['mɒdl] (*Br pt* & *pp* **modelled**, *cont* **modelling**, *Am pt* & *pp* **modeled**, *cont* **modeling**) ◇ *n* **-1.** [copy, representation] modèle *m*, maquette *f*; [theoretical pattern] modèle *m*; a computer ~ of the US economy un modèle informatique de l'économie américaine ❑ scale ~ modèle réduit. **-2.** [perfect example] modèle *m*. **-3.** ART & PHOT [sitter] modèle *m.* **-4.** [in fashion show] mannequin *m*; male ~ mannequin (homme). **-5.** COMM modèle *m*; demonstration ~ modèle de démonstration. **-6.** *Am* [showhouse] résidence *f* témoin. ◇ *vt* **-1.** [shape] modeler; to ~ o.s. on sb prendre modèle sur qqn. **-2.** [in fashion show]: she ~s clothes elle est mannequin; she ~s hats elle présente des chapeaux dans des défilés de mode. ◇ *vi* [for artist, photographer] poser; [in fashion show] être mannequin. ◇ *adj* **-1.** [miniature] (en) miniature; ~ aeroplane maquette *f* d'avion; ~ car [toy] petite voiture *f*; [for collectors] modèle *m* réduit. **-2.** [exemplary] modèle; he's a ~ pupil/husband c'est un élève/mari modèle.

**modelling** *Br*, **modeling** *Am* ['mɒdəlɪŋ] *n* **-1.** [building models] modelage *m*; [as a hobby] construction *f* de maquettes. **-2.** [in fashion shows]: ~ is extremely well-paid le travail de mannequin est très bien payé, les mannequins sont très bien payés; to make a career in ~ faire une carrière de mannequin. **-3.** MATH modélisation *f*.

**modem** ['məʊdem] *n* modem *m*.

**moderate** [*adj* & *n* 'mɒdərət, *vb* 'mɒdəreɪt] ◇ *adj* **-1.** [restrained, modest] modéré. **-2.** [average] moyen; pupils of ~ ability élèves moyens. **-3.** METEOR tempéré. ◇ *n* POL modéré *m*, -e *f*. ◇ *vt* **-1.** [make less extreme] modérer. **-2.** [preside over – meeting, group, debate] présider. **-3.** NUCL [slow down – neutrons] modérer, ralentir. ◇ *vi* **-1.** [lessen] se modérer. **-2.** [preside] présider, être président.

**moderately** ['mɒdərətlɪ] *adv* [with moderation] modérément, avec modération; ~ priced d'un prix raisonnable ‖ [slightly] moyennement.

**moderation** [,mɒdə'reɪʃn] *n* modération *f*; a slight ~ of temperature un léger changement de température; to drink in OR with ~ boire avec modération.

**moderator** ['mɒdəreɪtə*r*] *n* **-1.** [president] président *m*, -e *f*; [mediator] médiateur *m*, -trice *f*; RELIG modérateur *m.* **-2.** NUCL modérateur *m*, ralentisseur *m*.

**modern** ['mɒdən] ◇ *adj* moderne; ~ English/French/Greek anglais *m*/français *m*/grec *m* moderne; ~ face TYPO didot *m*; ~ languages langues *fpl* vivantes. ◇ *n* **-1.** [person] moderne *mf.* **-2.** TYPO didot *m*.

**modern-day** *adj* d'aujourd'hui.

**modernism** ['mɒdənɪzm] *n* **-1.** modernisme *m.* **-2.** [expression, word] néologisme *m*.

**modernist** ['mɒdənɪst] ◇ *adj* moderniste. ◇ *n* moderniste *mf*.

**modernistic** [,mɒdə'nɪstɪk] *adj* moderniste.

**modernity** [mɒ'dɜːnətɪ] *n* modernité *f*.

**modernization** [,mɒdənaɪ'zeɪʃn] *n* modernisation *f*.

**modernize, -ise** ['mɒdənaɪz] ◇ *vt* moderniser. ◇ *vi* se moderniser.

**modest** ['mɒdɪst] *adj* **-1.** [unassuming] modeste; she's very ~ about her success son succès ne lui est pas monté à la tête. **-2.** [small, moderate, simple] modeste; [meagre] modique; we are very ~ in our needs nous avons besoin de très peu. **-3.** [decorous] pudique.

**modestly** ['mɒdɪstlɪ] *adv* **-1.** [unassumingly] modestement, avec modestie. **-2.** [simply] modestement, simplement. **-3.** [with decorum] avec pudeur, pudiquement.

**modesty** ['mɒdɪstɪ] *n* **-1.** [lack of conceit] modestie *f*; in all ~

en toute modestie; false ~ fausse modestie. **-2.** [moderation] modestie *f*; [meagreness] modicité *f.* **-3.** [decorum] pudeur *f*; she lowered her gaze out of ~ la pudeur lui a fait baisser les yeux.

**modicum** ['mɒdɪkəm] *n* minimum *m*; she showed a ~ of common sense elle a fait preuve d'un minimum de bon sens.

**modifiable** ['mɒdɪfaɪəbl] *adj* modifiable.

**modification** [,mɒdɪfɪ'keɪʃn] *n* modification *f*; he made several ~s in OR to the text il apporta plusieurs modifications au texte; the rules need some ~ il faut modifier les règles.

**modifier** ['mɒdɪfaɪə*r*] *n* GRAMM modificateur *m*.

**modify** ['mɒdɪfaɪ] (*pt* & *pp* **modified**) *vt* **-1.** [alter] modifier. **-2.** [moderate] modérer. **-3.** GRAMM modifier.

**modish** ['məʊdɪʃ] *adj* à la mode.

**modular** ['mɒdjʊlə*r*] *adj* modulaire; ~ **degree** ≃ licence *f* à UV; ~ **furniture** mobilier *m* modulaire OR à éléments.

**modulate** ['mɒdjʊleɪt] *vt* **-1.** ELECTRON & MUS moduler; [voice] moduler. **-2.** [moderate, tone down] adapter, ajuster.

**modulated** ['mɒdjʊleɪtd] *adj* modulé.

**modulation** [,mɒdjʊ'leɪʃn] *n* modulation *f*.

**modulator** ['mɒdjʊleɪtə*r*] *n* ELECTRON modulateur *m*.

**module** ['mɒdjuːl] *n* **-1.** [gen] module *m.* **-2.** UNIV ≃ unité *f* de valeur, ≃ UV *f*.

**modus operandi** ['məʊdəs,ɒpə'rændiː] *n fml* OR *lit* méthode *f* (de travail), procédé *m*.

**modus vivendi** ['məʊdəsvɪ'vendiː] *n fml* OR *lit* modus vivendi *m*.

**moggie, moggy** ['mɒgɪ] (*pl* **moggies**) *n Br inf* minou *m*.

**mogul** ['məʊgl] *n* **-1.** [magnate] magnat *m.* **-2.** [on ski slope] bosse *f*.

◆ **Mogul** ◇ *n* Moghol *m*. ◇ *adj* moghol.

**mohair** ['məʊheə*r*] ◇ *n* mohair *m*. ◇ *adj* en OR de mohair.

**Mohammed** [mə'hæmɪd] *prn* Mahommed.

**Mohammedan** [mə'hæmɪdn] ◇ *n* musulman *m*, -e *f*. ◇ *adj* musulman.

**Mohawk** ['məʊhɔːk] (*pl inv* OR **Mohawks**) *n* Mohawk *m*.

**Mohican** [məʊ'hiːkən, 'məʊɪkən] (*pl inv* OR **Mohicans**) ◇ *n* [person] Mohican *m*, -e *f*. ◇ *adj* mohican.

◆ **mohican** *n* [hairstyle] coupe *f* à l'iroquoise.

**moist** [mɔɪst] *adj* [skin, air, heat] moite; [climate, soil, surface] humide; [cake] moelleux.

**moisten** ['mɔɪsn] ◇ *vt* humecter, mouiller; she ~ed her lips elle s'humecta les lèvres. ◇ *vi* [eyes] se mouiller; [palms] devenir moite.

**moisture** ['mɔɪstʃə*r*] *n* humidité *f*; [on mirror, window etc] buée *f*; ~ content teneur *f* en humidité OR en eau.

**moistureproof** ['mɔɪstʃəpruːf] *adj* [clothing, shoes] imperméable; [watch, container] étanche; [finish, sealant] hydrofuge.

**moisturize, -ise** ['mɔɪstʃəraɪz] *vt* [skin] hydrater; [air] humidifier.

**moisturizer** ['mɔɪstʃəraɪzə*r*] *n* crème *f* hydratante.

**molar** ['məʊlə*r*] ◇ *adj* [quantity, solution] molaire. ◇ *n* [tooth] molaire *f*.

**molasses** [mə'læsɪz] *n* (U) mélasse *f*.

**mold** *etc Am* = **mould**.

**Moldavia** [mɒl'deɪvjə] *prn* Moldavie *f*; in ~ en Moldavie.

**Moldavian** [mɒl'deɪvjən] ◇ *n* Moldave *mf*. ◇ *adj* moldave.

**Moldova** [mɒl'dəʊvə] *prn*: the Republic of ~ la république de Moldova.

**mole** [məʊl] *n* **-1.** [on skin] grain *m* de beauté. **-2.** ZOOL taupe *f.* **-3.** *fig* [spy] taupe *f.* **-4.** [breakwater] môle *m*, digue *f.* **-5.** [unit of substance] mole *f*.

**molecular** [mə'lekjʊlə*r*] *adj* moléculaire.

**molecule** ['mɒlɪkjuːl] *n* molécule *f*.

**molehill** ['məʊlhɪl] *n* taupinière *f*.

**moleskin** ['məʊlskɪn] *n* **-1.** [fur] (peau *f* de) taupe *f.* **-2.** [cotton] coton *m* sergé.

**molest** [mə'lest] *vt* [bother] importuner, tracasser; [more violently] molester, malmener; [sexually] agresser (sexuellement).

**molester** [mə'lestə*r*] *n* agresseur *m*; child ~ pédophile *mf*.

**moll**▽ [mɒl] n poule f, nana f.

**mollify** ['mɒlɪfaɪ] (pt & pp **mollified**) vt apaiser, amadouer.

**mollusc** Br, **mollusk** Am ['mɒləsk] n mollusque m.

**mollycoddle** ['mɒlɪˌkɒdl] vt Br inf & pej dorloter, materner.

**Molotov cocktail** ['mɒlətɒf-] n cocktail m Molotov.

**molt** Am = **moult**.

**molten** ['məʊltn] adj [metal, lava] en fusion.

**mom** [mɒm] n Am inf maman f.

**moment** ['məʊmənt] n **-1.** [period of time] moment m, instant m; at the ~ en ce moment; at that ~ à ce moment-là; at this (very) ~ en ce moment même; at this ~ in time à l'heure qu'il est; she's the idol of the ~ c'est elle l'idole du moment; for the ~ pour le moment; let me think (for) a ~ laissez-moi réfléchir un moment OR une seconde; I'll do it in a ~ je le ferai dans un instant; I didn't believe them for a OR one ~ je ne les ai pas crus un seul instant; one ~, please un instant, s'il vous plaît; [on telephone] ne quittez pas; just a ~, you haven't paid yet un instant, vous n'avez pas encore payé; she's just this ~ gone out elle vient de sortir; don't wait until the last ~ n'attendez pas la dernière minute; without a ~'s hesitation sans la moindre hésitation; he fell in love with her the ~ he saw her il est tombé amoureux d'elle à l'instant même où il l'a vue; the ~ of truth l'heure de vérité; in the heat of the ~ dans le feu de l'action; the film has its ~s le film est parfois intéressant OR a de bons passages. **-2.** fml [import, consequence] importance f, signification f, porté f. **-3.** PHYS moment m.

**momentarily** [Br 'məʊməntərɪlɪ, Am ˌməʊmen'terɪlɪ] adv **-1.** [briefly, temporarily] momentanément. **-2.** Am [immediately] immédiatement, tout de suite.

**momentary** ['məʊməntrɪ] adj **-1.** [brief, temporary] momentané. **-2.** lit [continual] constant, continuel.

**momentous** [mə'mentəs] adj capital, d'une importance capitale; on this ~ occasion en cette occasion mémorable.

**momentum** [mə'mentəm] n **-1.** [impetus] vitesse f, élan m; to gain ~ atteindre sa vitesse de croisière; to lose ~ [vehicle] perdre de la vitesse; [campaign] s'essouffler. **-2.** MECH & PHYS moment m.

**mommy** ['mɒmɪ] Am inf = **mummy 2**.

**Mon.** (written abbr of **Monday**) lun.

**Monacan** ['mɒnəkən] = **Monegasque**.

**Monaco** ['mɒnəkəʊ] pr n Monaco.

**Mona Lisa** [ˌməʊnə'liːzə] pr n: 'The ~' Leonardo da Vinci 'la Joconde'.

**monarch** ['mɒnək] n [gen & ENTOM] monarque m.

**monarchical** [mə'nɑːkɪkl] adj monarchique.

**monarchist** ['mɒnəkɪst] ◇ adj monarchiste. ◇ n monarchiste mf.

**monarchy** ['mɒnəkɪ] (pl **monarchies**) n monarchie f.

**monastery** ['mɒnəstrɪ] (pl **monasteries**) n monastère m.

**monastic** [mə'næstɪk] adj monastique.

**monasticism** [mə'næstɪsɪzm] n monachisme m.

**Monday** ['mʌndɪ] n lundi m; see also **Friday**.

**Monegasque** [ˌmɒnɪ'gæsk] ◇ n Monégasque mf. ◇ adj monégasque.

**monetarism** ['mʌnɪtərɪzm] n monétarisme m.

**monetarist** ['mʌnɪtərɪst] ◇ adj monétariste. ◇ n monétariste mf.

**monetary** ['mʌnɪtrɪ] adj monétaire.

**money** ['mʌnɪ] (pl **moneys** OR **monies**) ◇ n **-1.** [gen] argent m; have you got any ~ on you? est-ce que tu as de l'argent OR du liquide sur toi?; your ~ or your life! la bourse ou la vie!; to get one's ~'s worth en avoir pour son argent; to put ~ into sthg investir dans qqch; it's ~ well spent c'est une bonne affaire; the best dictionary ~ can buy le meilleur dictionnaire qui existe OR qui soit; to make ~ [person] gagner de l'argent; [business, investment] rapporter; ~ is no object peu importe le prix, l'argent n'entre pas en ligne de compte; I'm no good with ~ je n'ai pas la notion de l'argent; there's no ~ in translating la traduction ne rapporte pas OR ne paie pas; toys cost ~, you know les jouets, ce n'est pas gratuit, tu sais; we paid good ~ for it cela nous a coûté cher; I'm not made of ~, you know tu as l'air de croire que je roule sur l'or; to put ~ on a horse miser sur un cheval ❑ to be in the ~ inf être plein aux as; put your ~

where your mouth is il est temps de joindre le geste à la parole; to have ~ to burn avoir de l'argent à jeter par les fenêtres; it's ~ for old rope Br inf c'est de l'argent vite gagné OR du fric vite fait; for my ~, he's the best candidate à mon avis, c'est le meilleur candidat; ~ talks l'argent peut tout; ~ is the root of all evil prov l'argent est la source de tous les maux. **-2.** FIN [currency] monnaie f; to coin OR to mint ~ battre OR frapper de la monnaie; counterfeit ~ fausse monnaie.
◇ comp [problems, matters] d'argent, financier.
◆ **moneys**, **monies** npl JUR [sums] sommes fpl (d'argent); public ~ deniers mpl publics.

**moneybags** ['mʌnɪbægz] (pl inv) n inf richard m, -e f, rupin m, -e f.

**money belt** n ceinture f portefeuille.

**moneybox** ['mʌnɪbɒks] n tirelire f.

**money changer** n **-1.** [person] cambiste mf. **-2.** Am [machine] changeur m de monnaie.

**moneyed** ['mʌnɪd] adj riche, nanti.

**money-grubbing** [-ˌgrʌbɪŋ] inf ◇ n radinerie f. ◇ adj radin.

**moneylender** ['mʌnɪˌlendəʳ] n FIN prêteur m, -euse f; [usurer] usurier m, -ère f; [pawnbroker] prêteur m, -euse f sur gages.

**moneymaker** ['mʌnɪˌmeɪkəʳ] n affaire f qui rapporte, mine f d'or fig.

**money market** n marché m monétaire.

**money order** n mandat m.

**money spider** n araignée f porte-bonheur.

**money-spinner** Br inf = **moneymaker**.

**money supply** n masse f monétaire.

**mongol** ['mɒŋgəl] dated & offensive MED ◇ n mongolien m, -enne f. ◇ adj mongolien.

**Mongol** ['mɒŋgəl] ◇ n **-1.** [person] Mongol m, -e f. **-2.** LING mongol m. ◇ adj mongol.

**Mongolia** [mɒŋ'gəʊlɪə] pr n Mongolie f; in ~ en Mongolie; Inner/Outer ~ Mongolie-Intérieure/Extérieure.

**Mongolian** [mɒŋ'gəʊlɪən] = **Mongol**.

**mongolism** ['mɒŋgəlɪzm] n dated & offensive MED mongolisme m, trisomie f.

**mongoloid** ['mɒŋgəlɔɪd] dated & offensive MED ◇ adj mongoloïde. ◇ n mongoloïde mf.

**Mongoloid** ['mɒŋgəlɔɪd] ◇ adj mongol, mongolique. ◇ n mongol m, -e f, mongolique mf.

**mongoose** ['mɒŋguːs] n mangouste f.

**mongrel** ['mʌŋgrəl] ◇ adj [dog] bâtard; [other animal] hybride. ◇ n [dog] bâtard; [other animal] hybride m.

**monicker**▽ ['mɒnɪkəʳ] = **moniker**.

**monied** ['mʌnɪd] = **moneyed**.

**moniker**▽ ['mɒnɪkəʳ] n [name] nom m; [nickname] surnom m.

**monitor** ['mɒnɪtəʳ] ◇ n **-1.** MED & TECH [checking device] moniteur m. **-2.** COMPUT & TV [screen] moniteur m. **-3.** SCH ≃ chef m de classe. **-4.** RADIO employé m, -e f d'un service d'écoute.
◇ vt **-1.** [check] suivre, surveiller; their progress is carefully ~ed leurs progrès sont suivis de près. **-2.** [listen in to – broadcasts] écouter; ~ing station station f d'écoute.

**monk** [mʌŋk] n moine m, religieux m.

**monkey** ['mʌŋkɪ] n **-1.** [animal] singe m; female ~ guenon f ❑ to make a ~ out of sb inf se payer la tête de qqn. **-2.** inf [scamp] polisson m, -onne f, galopin m.
◆ **monkey about** Br, **monkey around** vi insep inf **-1.** [play the fool] faire l'imbécile. **-2.** [tamper]: to ~ about OR around with sthg tripoter qqch.

**monkey business** n (U) inf [suspect activity] combines fpl; [mischief] bêtises fpl; they're up to some ~ ils sont en train de combiner quelque chose.

**monkey jacket** n veste f courte.

**monkey nut** n Br cacahouète f, cacahuète f.

**monkey-puzzle** n: ~ (tree) araucaria m, désespoir m des singes.

**monkey suit** n inf tenue f de soirée, habit m.

**monkey wrench** n clef f anglaise OR à molette.

**monkfish** ['mʌŋkfɪʃ] (pl inv OR **monkfishes**) n [angler fish] baudroie f, lotte f; [angel shark] ange m de mer.

**monkhood** ['mʌŋkhʊd] n **-1.** [institution] monachisme m; [way of life] vie f monastique. **-2.** [monks collectively]: the ~

les moines *mpl.*

**mono** ['mɒnəʊ] (*pl* **monos**) ◇ *adj* (*abbr of* **monophonic**) mono *(inv)*, monophonique. ◇ *n* **-1.** AUDIO monophonie *f*; in ~ en monophonie. **-2.** *Am inf* & MED mononucléose *f* (infectieuse).

**monochrome** ['mɒnəkrəʊm] ◇ *adj* [photograph] en noir et blanc; [television set] en noir et blanc *(inv)*; [computer screen] monochrome; [painting] en camaïeu. ◇ *n* **-1.** [technique] monochromie *f*; PHOT & TV noir et blanc *m*; ART camaïeu *m*.**-2.** [photograph] photographie *f* en noir et blanc; [painting] camaïeu *m*; [in modern art] monochrome *m*.

**monocle** ['mɒnəkl] *n* monocle *m*.

**monocled** ['mɒnəkld] *adj* qui porte un monocle.

**monocoque** ['mɒnəkɒk] *n* AERON construction *f* monocoque; AUT monocoque *f*.

**monogamist** [mɒ'nɒgəmɪst] *n* monogame *mf*.

**monogamous** [mɒ'nɒgəməs] *adj* monogame.

**monogamy** [mɒ'nɒgəmɪ] *n* monogamie *f*.

**monogram** ['mɒnəgræm] (*pt* & *pp* **monogrammed**, *cont* **monogramming**) ◇ *n* monogramme *m*. ◇ *vt* marquer d'un monogramme; **monogrammed handkerchiefs** mouchoirs avec un monogramme brodé.

**monograph** ['mɒnəgrɑːf] *n* monographie *f*.

**monolingual** [,mɒnə'lɪŋgwəl] *adj* monolingue.

**monolith** ['mɒnəlɪθ] *n* monolithe *m*.

**monolithic** [,mɒnə'lɪθɪk] *adj* monolithique.

**monologue** *Br,* **monolog** *Am* ['mɒnəlɒg] ◇ *n* monologue *m*. ◇ *vi* monologuer.

**monomania** [,mɒnə'meɪnjə] *n* monomanie *f*.

**monomaniac** [,mɒnə'meɪnɪæk] ◇ *adj* monomaniaque, monomane. ◇ *n* monomaniaque *mf*, monomane *mf*.

**mononucleosis** ['mɒnəʊ,njuːklɪ'əʊsɪs] *n (U)* mononucléose *f* (infectieuse).

**monoplane** ['mɒnəpleɪn] *n* monoplan *m*.

**monopolist** [mə'nɒpəlɪst] *n* monopoliste *mf*, monopoleur *m*, -euse *f*.

**monopolistic** [mə,nɒpə'lɪstɪk] *adj* monopoliste, monopolistique.

**monopolization** [mə,nɒpəlaɪ'zeɪʃn] *n* monopolisation *f*.

**monopolize, -ise** [mə'nɒpəlaɪz] *vt* monopoliser.

**monopoly** [mə'nɒpəlɪ] (*pl* **monopolies**) *n* monopole *m*; to have a ~ of OR in OR on sthg avoir le monopole de qqch ❑ state ~ monopole d'État; the Monopolies and Mergers Commission *commission veillant au respect de la législation antitrust en Grande-Bretagne.*

◆ **Monopoly®** *n* [game] Monopoly® *m*; ~ **money** *fig* billets *mpl* de Monopoly.

**monorail** ['mɒnəreɪl] *n* monorail *m*.

**monosemic** [,mɒnəʊ'siːmɪk] *adj* monosémique.

**monosodium glutamate** [,mɒnə'səʊdjəm'gluːtəmeɪt] *n* CULIN glutamate *m* (de sodium).

**monosyllabic** [,mɒnəsɪ'læbɪk] *adj* **-1.** LING monosyllabe, monosyllabique. **-2.** [person] qui s'exprime par monosyllabes.

**monosyllable** ['mɒnə,sɪləbl] *n* monosyllabe *m*; to speak in ~s parler par monosyllabes.

**monotheism** ['mɒnəʊθi:,ɪzm] *n* monothéisme *m*.

**monotheist** ['mɒnəθi:,ɪst] ◇ *adj* monothéiste. ◇ *n* monothéiste *mf*.

**monotone** ['mɒnətəʊn] ◇ *n* ton *m* monocorde; to speak in a ~ parler d'un ton monocorde. ◇ *adj* monocorde.

**monotonous** [mə'nɒtənəs] *adj* monotone.

**monotony** [mə'nɒtənɪ] (*pl* **monotonies**) *n* monotonie *f*; her visits broke the ~ of his life les visites qu'elle lui rendait rompaient la monotonie de son existence.

**monotype** ['mɒnətaɪp] *n* ART & BIOL monotype *m*.

**monoxide** [mɒ'nɒksaɪd] *n* monoxyde *m*.

**monsignor** [,mɒnsi:'njɔ:ʳ] (*pl* **monsignors** OR **monsignori** [-si:'njɔ:rɪ]) *n* monseigneur *m*.

**monsoon** [mɒn'su:n] *n* mousson *f*; the ~ **season** la mousson.

**monster** ['mɒnstəʳ] ◇ *n* monstre *m*. ◇ *adj* colossal, monstre.

**monstrosity** [mɒn'strɒsətɪ] (*pl* **monstrosities**) *n* **-1.** [monstrous nature] monstruosité *f*.**-2.** [ugly person, thing] horreur *f*.

**monstrous** ['mɒnstrəs] *adj* **-1.** [appalling] monstrueux, atroce. **-2.** [enormous] colossal, énorme. **-3.** [abnormal] monstrueux.

**monstrously** ['mɒnstrəslɪ] *adv* affreusement.

**montage** ['mɒntɑːʒ] *n* ART, CIN & PHOT montage *m*.

**Montana** [mɒn'tænə] *pr n* Montana *m*; **in** ~ dans le Montana.

**Mont Blanc** [,mɔ̃'blɑ̃] *pr n* mont Blanc *m*.

**Monte Carlo** [,mɒntɪ'kɑːləʊ] *pr n* Monte-Carlo.

**Montenegro** [,mɒntɪ'niːgrəʊ] *pr n* Monténégro *m*.

**month** [mʌnθ] *n* mois *m*; **how much does she earn a** ~? combien gagne-t-elle par mois?; **every** ~ tous les mois; **in a** ~'s **time** dans un mois; **by the** ~ au mois ❑ **she hasn't heard from him in a** ~ **of Sundays** *inf* ça fait des siècles OR un bail qu'elle n'a pas de nouvelles de lui; **never in a** ~ **of Sundays** à la saint-glinglin.

**monthly** ['mʌnθlɪ] (*pl* **monthlies**) ◇ *adj* mensuel; ~ **instalment** OR **payment** mensualité *f*. ◇ *n* [periodical] mensuel *m*. ◇ *adv* [meet, occur] tous les mois; [pay] mensuellement.

**Montreal** [,mɒntrɪ'ɔːl] *pr n* Montréal.

**monument** ['mɒnjumənt] *n* **-1.** [memorial] monument *m*. **-2.** [historic building] monument *m* historique.

**monumental** [,mɒnju'mentl] *adj* monumental.

**monumentally** [,mɒnju'mentəlɪ] *adv* **-1.** [build] de façon monumentale. **-2.** [extremely] extrêmement.

**moo** [mu:] ◇ *n* **-1.** [sound] meuglement *m*, beuglement *m*, mugissement *m*.**-2.** *Br inf* [stupid woman] bécasse *f*. ◇ *vi* meugler, beugler, mugir. ◇ *onomat* meuh.

**mooch** [mu:tʃ] *inf* ◇ *vi Br* [wander aimlessly] traîner; **he** ~**ed down the street** il descendit la rue en flânant. ◇ *vt Am* **-1.** [cadge] taper; **to** ~ **$10 off** OR **from sb** taper qqn de 10 dollars. **-2.** [steal] chiper, piquer.

◆ **mooch about, mooch around** *vi insep Br inf* [loaf] traîner.

**mood** [mu:d] *n* **-1.** [humour] humeur *f*, disposition *f*; **to be in a good/bad** ~ être de bonne/mauvaise humeur; **she can be quite funny when the** ~ **takes her** elle peut être plutôt drôle quand l'envie lui en prend; **are you in the** ~ **for a hamburger?** un hamburger, ça te dit?; **I'm not in the** ~ OR **I'm in no** ~ **to hear his life story** je ne suis pas d'humeur à l'écouter raconter (l'histoire de) sa vie. **-2.** [bad temper, sulk] mauvaise humeur *f*, bouderie *f*; **to be in a** ~ être de mauvaise humeur. **-3.** [atmosphere] ambiance *f*, atmosphère *f*; **the** ~ **is one of cautious optimism** l'ambiance est à l'optimisme prudent ❑ ~ **music** musique *f* relaxante. **-4.** GRAMM mode *m*; **imperative** ~ impératif *m*.

**moodily** ['muːdɪlɪ] *adv* [behave] maussadement, d'un air morose; [talk, reply] d'un ton maussade.

**moody** ['muːdɪ] (*compar* **moodier**, *superl* **moodiest**) *adj* **-1.** [sullen] de mauvaise humeur, maussade, grincheux. **-2.** [temperamental] versatile, d'humeur changeante.

**moon** [muːn] ◇ *n* **-1.** lune *f*; **there's a** ~ **tonight** on voit la lune ce soir; **by the light of the** ~ au clair de (la) lune ❑ **to be over the** ~ *inf* être aux anges; **he promised her the** ~ **(and the stars)** il lui promit la lune OR monts et merveilles; **once in a blue** ~ tous les trente-six du mois. **-2.** *Am inf* [bare backside] lune *f*. ◇ *comp* [base, flight, rocket] lunaire. ◇ *vi inf* [show one's buttocks] montrer son derrière OR ses fesses.

◆ **moon about** *Br,* **moon around** *vi insep inf* [idly] paresser, traîner, flemmarder; [dreamily] rêvasser; [gloomily] se morfondre.

◆ **moon over** *vt insep inf* soupirer après.

**moonbeam** ['muːnbiːm] *n* rayon *m* de lune.

**moonboots** ['muːnbuːts] *npl* après-skis *mpl*.

**moon buggy** (*pl* **moon buggies**) *n* Jeep® *f* lunaire.

**moon-faced** *adj* joufflu, aux joues rebondies.

**moon landing** *n* atterrissage *m* sur la lune, alunissage *m*.

**moonless** ['muːnlɪs] *adj* sans lune.

**moonlight** ['muːnlaɪt] ◇ *n* clair *m* de lune; **they took a walk by** ~ ils se sont promenés au clair de (la) lune ❑ 'The Moonlight Sonata' *Beethoven* 'la Sonate au clair de lune'. ◇ *adj* [walk] au clair de (la) lune. ◇ *vi inf* [have second job] avoir un deuxième emploi; [illegally] travailler au noir.

**moonlighter** ['muːnlaɪtəʳ] *n* travailleur *m* non déclaré, travailleuse *f* non déclarée.

**moonlight flit** *n* Br inf: to do a ~ déménager à la cloche de bois.

**moonlighting** ['muːnlaɪtɪŋ] *n* [illegal work] travail *m* au noir.

**moonlit** ['muːnlɪt] *adj* éclairé par la lune; a ~ **night** une nuit de lune.

**moonscape** ['muːnskeɪp] *n* paysage *m* lunaire.

**moonshine** ['muːnʃaɪn] *n* (U) **-1.** = **moonlight** *n*. **-2.** *inf* [foolishness] sornettes *fpl*, sottises *fpl*, bêtises *fpl*. **-3.** *Am* [illegally made spirits] alcool *m* de contrebande.

**moonshining** ['muːnʃaɪnɪŋ] *n* Am fabrication clandestine d'alcool en milieu rural.

**moon shot** *n* lancement *m* d'un vaisseau lunaire.

**moonstone** ['muːnstəʊn] *n* pierre *f* de lune, adulaire *f*.

**moonstruck** ['muːnstrʌk] *adj* [dreamy] dans la lune; [mad] fou, *before vowel or silent 'h'* fol (*f* folle), détraqué.

**moon walk** *n* marche *f* sur la lune.

**moony** ['muːnɪ] (*compar* **moonier**, *superl* **mooniest**) *adj inf* **-1.** [dreamy] rêveur, dans la lune. **-2.** Br [crazy] dingue, timbré.

**moor** [mɔːʳ] ◇ *vt* [boat] amarrer; [buoy] mouiller. ◇ *vi* mouiller. ◇ *n* lande *f*.

**Moor** [mɔːʳ] *n* Maure *m*, Mauresque *f*.

**moorhen** ['mɔːhen] *n* **-1.** [waterfowl] poule *f* d'eau. **-2.** [female grouse] grouse *f* d'Écosse.

**mooring** ['mɔːrɪŋ] *n* **-1.** [act] amarrage *m*, mouillage *m*. **-2.** [place] mouillage *m*.

◆ **moorings** *npl* [cables, ropes etc] amarres *fpl*; the boat was (riding) at her ~s le bateau tirait sur ses amarres.

**Moorish** ['mɔːrɪʃ] *adj* maure.

**moorland** ['mɔːlənd] *n* lande *f*.

**moose** [muːs] (*pl inv*) *n* orignal *m*.

**moot** [muːt] ◇ *vt* [question, topic] soulever; a change in the rules has been ~ed il a été question de modifier le règlement. ◇ *n* **-1.** HIST assemblée *f*. **-2.** UNIV [in law faculties] tribunal *m* fictif.

**moot point** *n*: that's a ~ c'est discutable OR ce n'est pas sûr.

**mop** [mɒp] (*pt* & *pp* **mopped**, *cont* **mopping**) ◇ *n* **-1.** [for cleaning floor – string, cloth] lave-pont *m*, balai *m* (à franges); [– sponge] balai-éponge *m*; NAUT vadrouille *f*; [for dishes] lavette *f* (à vaisselle). **-2.** [of hair] tignasse *f*; a ~ of blond hair une tignasse blonde. ◇ *vt* [floor] laver; [table, face, spilt liquid] essuyer, éponger; he mopped the sweat from his brow il s'épongea le front.

◆ **mop up** *vt sep* **-1.** [floor, table, spilt liquid] essuyer, éponger; have some bread to ~ up the sauce prenez un morceau de pain pour saucer votre assiette. **-2.** *inf* [win, make off with] rafler. **-3.** MIL [resistance] liquider.

**mope** [məʊp] *vi* broyer du noir; there's no use moping about OR over it ça ne sert à rien de passer ton temps à ressasser ce qui s'est passé.

**moped** ['məʊped] *n* Br Mobylette® *f*, cyclomoteur *m*, vélomoteur *m*.

**mopping-up operation** ['mɒpɪŋ-] *n* opération *f* de nettoyage.

**moquette** [mɒ'ket] *n* moquette *f* (*étoffe*).

**moraine** [mɒ'reɪn] *n* moraine *f*.

**moral** ['mɒrəl] ◇ *adj* moral; to give sb ~ support soutenir qqn moralement; ~ philosophy morale *f*, éthique *f*; ~ victory victoire *f* morale. ◇ *n* [lesson] morale *f*.

◆ **morals** *npl* [standards] sens *m* moral, moralité *f*.

**morale** [mɒ'rɑːl] *n* moral *m*; ~ is high/low among the troops les troupes ont bon/mauvais moral, les troupes ont/n'ont pas le moral; she tried to raise their ~ elle a essayé de leur remonter le moral OR de leur redonner (du) courage.

**morale-booster** *n* it was a ~ ça nous/leur *etc* a remonté le moral.

**moralist** ['mɒrəlɪst] *n* moraliste *mf*.

**moralistic** [,mɒrə'lɪstɪk] *adj* moraliste.

**morality** [mə'rælətɪ] (*pl* **moralities**) *n* **-1.** moralité *f*. **-2.** ~ (play) THEAT moralité *f*.

**moralize, -ise** ['mɒrəlaɪz] ◇ *vi* moraliser; to ~ about sthg moraliser sur qqch. ◇ *vt* moraliser.

**moralizing** ['mɒrəlaɪzɪŋ] ◇ *adj* moralisateur, moralisant. ◇ *n* (U) leçons *fpl* de morale, prêches *mpl* péj.

**morally** ['mɒrəlɪ] *adv* moralement; ~ **wrong** contraire à la morale.

**moral majority** *n*: the ~ les néo-conservateurs *mpl* (*surtout aux États-Unis*).

**morass** [mə'ræs] *n* **-1.** [disordered situation] bourbier *m*; [of paperwork, information] fouillis *m*, fatras *m*. **-2.** [marsh] marais *m*, bourbier *m*.

**moratorium** [,mɒrə'tɔːrɪəm] (*pl* **moratoriums** OR **moratoria** [-rɪə]) *n* **-1.** [suspension of activity] moratoire *m*; they are calling for a ~ on arms sales ils appellent à un moratoire sur les ventes d'armes. **-2.** ECON & JUR moratoire *m*; [of debt] moratoire, suspension *f*.

**Moravia** [mə'reɪvjə] *pr n* Moravie *f*; in ~ en Moravie.

**Moravian** [mə'reɪvjən] ◇ *n* Morave *mf*. ◇ *adj* morave.

**moray** ['mɒreɪ] *n*: ~ (eel) murène *f*.

**morbid** ['mɔːbɪd] *adj* **-1.** [gen] morbide; [curiosity] malsain. **-2.** MED [state, growth] morbide; ~ **anatomy** anatomie *f* pathologique.

**morbidity** [mɔː'bɪdətɪ] *n* **-1.** [gen] morbidité *f*. **-2.** ~ (rate) MED morbidité *f* (relative).

**mordant** ['mɔːdənt] *adj* mordant, caustique.

**more** [mɔːʳ] ◇ *det* **-1.** (*compar of* **many** & **much**) [greater in number, amount] plus de, davantage de; there were ~ boys than girls il y avait plus de garçons que de filles. **-2.** [further, additional]: I need ~ time j'ai besoin de plus de temps; three ~ people arrived trois autres personnes sont arrivées; do you have any ~ stamps? est-ce qu'il vous reste des timbres?; just wait a few ~ minutes patiente encore quelques instants; there are no ~ OR there aren't any ~ green lampshades il n'y a plus d'abat-jour verts; there'll be no ~ skiing this winter le ski est fini pour cet hiver; would you like some ~ soup? voulez-vous un peu plus de soupe?

◇ *pron* **-1.** (*compar of* **many** & **much**) [greater amount] plus, davantage; [greater number] plus; he earns ~ than I do OR than me il gagne plus que moi; I wish I could do ~ for her j'aimerais pouvoir l'aider plus OR davantage; there are ~ of them than there are of us ils sont plus nombreux que nous; ~ of: he's even ~ of a coward than I thought il est encore plus lâche que je ne pensais; it's ~ of a problem now than it used to be ça pose plus de problèmes maintenant qu'avant; she's ~ of a singer than a dancer c'est une chanteuse plus qu'une danseuse. **-2.** [additional amount] plus, encore; there's ~ if you want it il y en a encore si tu veux; he asked for ~ il en redemanda; I couldn't eat any ~, thanks je ne pourrais plus rien avaler, merci; she just can't take any ~ elle n'en peut vraiment plus; please can I have some ~? [food] puis-je en reprendre, s'il vous plaît?; there are some ~ here that you haven't washed il en reste ici que tu n'as pas lavés; something/nothing ~ quelque chose/rien de plus; what ~ do you want? que voulez-vous de plus?; what ~ could you ask for! *hum* que demande le peuple!; but ~ of that later... mais nous reparlerons de ça plus tard...; that's ~ like it! voilà, c'est mieux! □ ~ of the same la même chose; there's plenty ~ where that came from si vous en revoulez, il n'y a qu'à demander; need I say ~? si tu vois ce que je veux dire. **-3.** *hum* [additional people]: any ~ for the ferry? qui d'autre prend le ferry?

◇ *adv* **-1.** [forming comparatives] plus; ~ intelligent plus intelligent. **-2.** [to a greater extent, degree] plus, davantage; you should read ~ tu devrais lire plus OR davantage; I like wine ~ than beer je préfère le vin à la bière, j'aime mieux le vin que la bière; I'll give you £20, not a penny ~ je te donnerai 20 livres, pas un sou de plus ‖ [rather] plutôt; she was ~ disappointed than angry elle était plus déçue que fâchée. **-3.** [again]: once/twice ~ encore une/deux fois.

◆ **more and more** ◇ *det phr* de plus en plus. ◇ *adv phr* de plus en plus.

◆ **more or less** *adv phr* **-1.** [roughly] plus ou moins. **-2.** [almost] presque.

◆ **more than** ◇ *prep phr* [with numbers, measurements etc] plus de; for little ~ than £500 pour à peine plus de 500 livres; I won't be ~ than two hours je n'en ai pas pour plus de deux heures, j'en ai pour deux heures au maximum. ◇ *adv phr* plus que; I'd be ~ than happy to do it je serais ravi de le faire; this ~ than makes up for his previous mis-

takes voilà qui rachète largement ses anciennes erreurs.
◆ **more than a little** *adv phr* vraiment.
◆ **no more** *adv phr* **-1.** [neither] non plus. **-2.** [as little] pas plus; she's no ~ a spy than I am! elle n'est pas plus espionne que moi!. **-3.** *lit* [no longer]: the Empire is no ~ l'Empire n'est plus.
◆ **not... any more** *adv phr*: we don't go there any ~ nous n'y allons plus; he still works here, doesn't he? — not any ~ (he doesn't) il travaille encore ici, n'est-ce pas? — non, plus maintenant.
◆ **the more** *adv phr fml* d'autant plus; the ~ so because... d'autant plus que...
◆ **the more... the more** *conj phr* plus... plus.
◆ **what is more, what's more** *adv phr* qui plus est.
**moreish** ['mɔːrɪʃ] *adj Br inf* appétissant.
**morello** [məˈreləʊ] (*pl* **morellos**) *n*: ~ (cherry) griotte *f*.
**moreover** [mɔːˈrəʊvər] *adv* de plus.
**mores** ['mɔːreɪz] *npl fml* mœurs *fpl*.
**morganatic** [ˌmɔːgəˈnætɪk] *adj* morganatique.
**morgue** [mɔːg] *n* **-1.** [mortuary] morgue *f*. **-2.** *inf* PRESS archives *fpl*.
**MORI** ['mɒrɪ] (*abbr of* **Market & Opinion Research Institute**) *pr n* institut de sondage.
**moribund** ['mɒrɪbʌnd] *adj* moribond.
**morish** ['mɔːrɪʃ] *inf* = **moreish**.
**Mormon** ['mɔːmən] ◇ *n* mormon *m*, -e *f*. ◇ *adj* mormon.
**Mormonism** ['mɔːmənɪzm] *n* mormonisme *m*.
**morn** [mɔːn] *n* **-1.** *lit* [morning] matin *m*. **-2.** *Scot*: the ~ [tomorrow] demain.
**morning** ['mɔːnɪŋ] ◇ *n* **-1.** matin *m*, matinée *f*; at three/ten o'clock in the ~ à trois/dix heures du matin; I worked all ~ j'ai travaillé toute la matinée; when I awoke it was ~ quand je me suis réveillé il faisait jour; every Saturday/Sunday ~ tous les samedis/dimanches matin; from ~ till night du matin jusqu'au soir; it's open in the ~ OR ~s c'est ouvert le matin; see you in the ~! à demain matin!; in the early/late ~ en début/fin de matinée; I'll be back on Monday ~ je serai de retour lundi matin; the cleaning lady comes on Monday ~s la femme de ménage vient le lundi matin; could I have the ~ off? puis-je avoir la matinée de libre?; (good) ~! [hello] bonjour!; [goodbye] au revoir!; this ~ ce matin; that ~ ce matin-là; the previous ~, the ~ before la veille au matin; the next ~, the ~ after le lendemain matin. **-2.** *lit* [beginning] matin *m*, aube *f*. ◇ *comp* [dew, sun, bath] matinal, du matin; [newspaper, broadcast] du matin; we have ~ coffee around 11 nous faisons une pause-café vers 11 h du matin.
**morning-after pill** *n* pilule *f* du lendemain.
**morning coat** *n* queue-de-pie *f*.
**morning dress** *n* **-1.** (U) *Br* [suit] habit porté lors des occasions importantes et comportant queue-de-pie, pantalon gris et haut-de-forme gris. **-2.** *Am* [dress] robe *f* d'intérieur.
**morning glory** *n* ipomée *f*, volubilis *m*.
**Morning Prayer** *n* office *m* du matin (*Église anglicane*).
**morning room** *n* petit salon *m*.
**mornings** ['mɔːnɪŋz] *adv esp Am* le matin.
**morning sickness** *n* nausées *fpl* matinales OR du matin.
**morning star** *n* étoile *f* du matin.
**Moroccan** [məˈrɒkən] ◇ *n* Marocain *m*, -e *f*. ◇ *adj* marocain.
**Morocco** [məˈrɒkəʊ] *pr n* Maroc *m*; in ~ au Maroc.
◆ **morocco** *n*: morocco (leather) maroquin *m*.
**moron** ['mɔːrɒn] *n* **-1.** ▽ [stupid person] imbécile *mf*, crétin *m*, -e *f*. **-2.** *dated* [mentally retarded person] débile *m* léger, débile *f* légère.
**moronic** [məˈrɒnɪk] *adj* imbécile, stupide.
**morose** [məˈrəʊs] *adj* morose.
**morpheme** ['mɔːfiːm] *n* morphème *m*.
**morphemics** [mɔːˈfiːmɪks] *n (U)* morphématique *f*.
**Morpheus** ['mɔːfjuːs] *pr n* Morphée.
**morphine** ['mɔːfiːn], **morphia** ['mɔːfjə] *n* morphine *f*; ~ addict morphinomane *mf*.
**morphological** [ˌmɔːfəˈlɒdʒɪkl] *adj* BIOL & LING morphologique.

**morphology** [ˌmɔːˈfɒlədʒɪ] *n* BIOL & LING morphologie *f*.
**morris** ['mɒrɪs] *n*: ~ dance danse folklorique anglaise; ~ dancer, ~ man danseur folklorique anglais; ~ dancing danses folkloriques anglaises.
**morrow** ['mɒrəʊ] *n* **-1.** *lit* [next day] lendemain *m*; on the ~ le lendemain. **-2.** *arch* OR *lit* [morning] matin *m*.
**Morse** [mɔːs] *n*: ~ (code) morse *m*; ~ signals signaux *mpl* en morse.
**morsel** ['mɔːsl] *n* [gen] morceau *m*; [mouthful] bouchée *f*.
**mortal** ['mɔːtl] ◇ *adj* **-1.** [not immortal] mortel; ~ remains *euph* dépouille *f* mortelle. **-2.** [fatal – blow, disease, injury] mortel, fatal; [deadly – enemy, danger] mortel; they were locked in ~ combat ils étaient engagés dans un combat mortel. **-3.** *inf & dated* [blessed, damned] sacré, satané. **-4.** [very great]: he lived in ~ fear of being found out il vivait dans une peur mortelle d'être découvert. ◇ *n* mortel *m*, -elle *f*.
**mortality** [mɔːˈtælətɪ] (*pl* **mortalities**) *n* **-1.** [loss of life] mortalité *f*. **-2.** [mortal] mortalité *f*.
**mortally** ['mɔːtəlɪ] *adv* mortellement; ~ offended mortellement offensé; ~ wounded blessé à mort; to be ~ afraid être mort de peur *fig*.
**mortal sin** *n* péché *m* mortel.
**mortar** ['mɔːtər] ◇ *n* CONSTR, MIL & PHARM mortier *m*. ◇ *vt* CONSTR cimenter.
**mortarboard** ['mɔːtəbɔːd] *n* **-1.** SCH & UNIV ≃ mortier *m* (*couvre-chef de professeur, d'universitaire*). **-2.** CONSTR taloche *f*.
**mortgage** ['mɔːgɪdʒ] ◇ *n* **-1.** [to buy house] prêt *m* (immobilier); a 25-year ~ at 13% un emprunt sur 25 ans à 13 % ❑ we can't meet our ~ repayments nous ne pouvons pas payer les mensualités de notre emprunt; second ~ hypothèque *f*. **-2.** [surety] hypothèque *f*. ◇ *vt literal & fig* hypothéquer, prendre une hypothèque sur; to be ~d to the hilt [person] crouler sous les remboursements.
**mortgagee** [ˌmɔːgɪˈdʒiː] *n* créancier *m*, -ère *f* hypothécaire, prêteur *m*, -euse *f* (sur une hypothèque).
**mortgage rate** *n* taux *m* de crédit immobilier.
**mortgagor** [ˌmɔːgɪˈdʒɔːr] *n* débiteur *m*, -trice *f* hypothécaire, emprunteur *m*, -euse *f* (sur une hypothèque).
**mortice** ['mɔːtɪs] = **mortise**.
**mortician** [mɔːˈtɪʃn] *n Am* entrepreneur *m* de pompes funèbres.
**mortification** [ˌmɔːtɪfɪˈkeɪʃn] *n* [gen, MED & RELIG] mortification *f*.
**mortified** ['mɔːtɪfaɪd] *adj* mortifié, gêné.
**mortify** ['mɔːtɪfaɪ] (*pt & pp* **mortified**) ◇ *vt* mortifier. ◇ *vi* MED [become gangrenous] se gangrener; [undergo tissue death] se nécroser, se mortifier.
**mortise** ['mɔːtɪs] ◇ *n* mortaise *f*. ◇ *vt* mortaiser.
**mortise lock** *n* serrure *f* encastrée.
**mortuary** ['mɔːtʃʊərɪ] (*pl* **mortuaries**) ◇ *n* morgue *f*. ◇ *adj* mortuaire.
**mosaic** [məˈzeɪɪk] ◇ *n* mosaïque *f*. ◇ *adj* en mosaïque.
**Mosaic** [məʊˈzeɪɪk] *adj* BIBLE mosaïque, de Moïse.
**Moscow** ['mɒskəʊ] *pr n* Moscou.
**Moselle** [məʊˈzel] *n* **-1.** [region] Moselle *f*; in ~ en Moselle. **-2.** [wine] (vin *m* de) Moselle *m*.
**Moses** ['məʊzɪz] *pr n* Moïse.
**Moses basket** *n* couffin *m*.
**mosey** ['məʊzɪ] *vi Am inf* [amble] marcher d'un pas tranquille.
**Moslem** ['mɒzləm] ◇ *n* musulman *m*, -e *f*. ◇ *adj* musulman.
**mosque** [mɒsk] *n* mosquée *f*.
**mosquito** [məˈskiːtəʊ] (*pl* **mosquitos** OR **mosquitoes**) *n* moustique *m*.
**mosquito net** *n* moustiquaire *f*.
**moss** [mɒs] *n* mousse *f* BOT.
**moss rose** *n* rose *f* mousse OR mousseuse.
**moss stitch** *n* point *m* de riz.
**mossy** ['mɒsɪ] (*compar* **mossier**, *superl* **mossiest**) *adj* moussu, couvert de mousse.
**most** [məʊst] ◇ *det* (*superl of* **many** & **much**) **-1.** [greatest in number, degree etc]: the candidate who gets (the) ~ votes le candidat qui obtient le plus de voix OR le plus grand nom-

bre de voix; which of your inventions gave you ~ satisfaction? laquelle de vos inventions vous a procuré la plus grande satisfaction?-**2.** [the majority of] la plupart de, la majorité de; I like ~ kinds of fruit j'aime presque tous les fruits; I don't like ~ modern art en général, je n'aime pas l'art moderne.

◇ *pron* (*superl of* **many** & **much**) -**1.** [the greatest amount]: which of the three applicants has (the) ~ to offer? lequel des trois candidats a le plus à offrir?; that is the ~ one can say in his defence c'est tout ce qu'on peut dire en sa faveur; to make the ~ of [advantage, chance, good weather] profiter de; [bad situation, ill-luck] tirer le meilleur parti de; [resources, skills] employer OR utiliser au mieux; he knows how to make the ~ of himself il sait se mettre en valeur. -**2.** [the greater part] la plus grande OR la majeure partie; [the greater number] la plupart OR majorité; ~ of the snow has melted presque toute la neige a fondu; ~ of us/them la plupart d'entre nous/eux.

◇ *adv* -**1.** [forming superlatives]: it's the ~ beautiful house I've ever seen c'est la plus belle maison que j'aie jamais vue; she was the one who explained things ~ clearly c'est elle qui expliquait les choses le plus clairement. -**2.** [to the greatest extent, degree]: (the) ~ le plus; what worries you ~?, what ~ worries you? qu'est-ce qui vous inquiète le plus? -**3.** [as intensifier] bien, fort; we had the ~ awful weather nous avons eu un temps détestable; ~ certainly you may! mais bien entendu!-**4.** *Am inf* [almost] presque.

◆ **at (the) most** *adv phr* au plus, au maximum; at the very ~ tout au plus, au grand maximum.

**most-favoured nation** *n* nation *f* la plus favorisée; this country has ~ status ce pays bénéficie de la clause de la nation la plus favorisée.

**mostly** ['məʊstlɪ] *adv* -**1.** [mainly] principalement, surtout; it's ~ sugar c'est surtout du sucre. -**2.** [usually] le plus souvent, la plupart du temps.

**MOT** (*pt* & *pp* **MOT'd** [,eməʊ'tiːd], *cont* **MOT'ing** [,eməʊ'tiːɪŋ]) (*abbr of* **Ministry of Transport**) *Br* ◇ *n* -**1.** *dated* [ministry] ministère *m* des Transports. -**2.** AUT: ~ (certificate) *contrôle technique annuel obligatoire pour les véhicules de plus de trois ans*; that old car of yours will never pass its ~ ta vieille voiture n'obtiendra jamais son certificat de contrôle technique. ◇ *vt*: to have one's car ~'d soumettre sa voiture au contrôle technique.

**mote** [məʊt] *n lit* atome *m*, grain *m*, particule *f*.

**motel** [məʊ'tel] *n* motel *m*.

**motet** [məʊ'tet] *n* motet *m*.

**moth** [mɒθ] *n* -**1.** ENTOM papillon *m* (nocturne). -**2.** [in clothes] mite *f*.

**mothball** ['mɒθbɔːl] ◇ *n* boule *f* de naphtaline. ◇ *vt* [project] mettre en suspens.

**moth-eaten** *adj* -**1.** *literal* [clothing] mité. -**2.** *inf* & *fig* [shabby] miteux.

**mother** ['mʌðəʳ] ◇ *n* -**1.** [parent] mère *f*; she's a ~ of three elle est mère de trois enfants; ~, this is John maman, je te présente John ❏ Mother Earth la Terre; ~'s milk lait *m* maternel. -**2.** RELIG [woman in authority] mère *f*; ~ superior Mère *f* supérieure ‖ [Virgin Mary]: Mother of God Mère *f* de Dieu. -**3.** [original cause, source] mère *f*; necessity is the ~ of invention *prov* nécessité est mère d'industrie OR d'invention. -**4.** ▽ *Am* [character] type *m*.-**5.** ▽ *Am* = **motherfucker**. ◇ *adj* -**1.** [motherly] maternel. -**2.** [as parent]: the ~ bird feeds her young l'oiseau (femelle) nourrit ses petits ❏ ~ hen mère *f* poule. ◇ *vt* -**1.** [give birth to] donner naissance à. -**2.** [take care of] servir de mère à; [coddle] dorloter, materner.

**motherboard** ['mʌðəbɔːd] *n* COMPUT carte *f* mère.

**mother country** *n* (mère) patrie *f*.

**mother figure** *n* figure *f* maternelle.

**motherfucker**▼ ['mʌðə,fʌkəʳ] *n Am* [person] enculé *m*, -e *f*; [thing] saloperie *f*.

**motherhood** ['mʌðəhʊd] *n* maternité *f*.

**Mothering Sunday** ['mʌðərɪŋ-] *n Br* la fête des Mères.

**mother-in-law** (*pl* **mothers-in-law**) *n* belle-mère *f*.

**motherland** ['mʌðəlænd] *n* (mère) patrie *f*, pays *m* natal.

**motherless** ['mʌðəlɪs] *adj* sans mère.

**motherly** ['mʌðəlɪ] *adj* maternel.

**Mother Nature** *n* la Nature.

**mother-of-pearl** *n* nacre *f*; ~ buttons boutons *mpl* en OR de nacre.

**mother's boy** *Br*, **mamma's boy** *Am n* fils *m* à sa maman, poule *f* mouillée.

**Mother's Day** *n* la fête des Mères.

**mother-to-be** (*pl* **mothers-to-be**) *n* future mère *f*.

**mother tongue** *n* langue *f* maternelle.

**mother wit** *n* bon sens *m*.

**mothproof** ['mɒθpruːf] ◇ *adj* traité à l'antimite. ◇ *vt* traiter à l'antimite.

**motif** [məʊ'tiːf] *n* ART, LITERAT & MUS motif *m*.

**motion** ['məʊʃn] ◇ *n* -**1.** [movement] mouvement *m*.-**2.** [gesture] geste *m*, mouvement *m* ❏ to go through the ~s (of doing sthg) faire qqch machinalement. -**3.** [proposal] motion *f*, résolution *f*; to propose OR to bring a ~ présenter une motion, soumettre une proposition; to table a ~ of no confidence déposer une motion de censure. -**4.** JUR [application] requête *f*.-**5.** MED [faeces] selles *fpl*; to have OR to pass a ~ aller à la selle. -**6.** MUS mouvement *m*. ◇ *vi*: to ~ to sb (to do sthg) faire signe à qqn (de faire qqch). ◇ *vt*: to ~ sb in/away/out faire signe à qqn d'entrer/de s'éloigner/de sortir.

◆ **in motion** ◇ *adj* [moving] en mouvement; [working] en marche; do not alight while the train is in ~ il est interdit de descendre du train avant l'arrêt complet. ◇ *adv phr*: he set the machine in ~ il mit la machine en marche; to set the wheels in ~ démarrer.

**motionless** ['məʊʃənlɪs] *adj* immobile.

**motion picture** *n Am* CIN film *m*.

**motion sickness** *n Am* mal *m* des transports.

**motivate** ['məʊtɪveɪt] *vt* motiver; what ~d you to change your mind? qu'est-ce qui vous a poussé à changer d'avis?

**motivated** ['məʊtɪveɪtɪd] *adj* motivé.

**motivation** [,məʊtɪ'veɪʃn] *n* motivation *f*; the pupils lack ~ les élèves sont peu motivés.

**motivational** [,məʊtɪ'veɪʃənl] *adj* motivationnel; ~ research études *fpl* de motivation.

**motive** ['məʊtɪv] ◇ *n* -**1.** [reason] motif *m*, raison *f*; the ~s for her behaviour ce qui explique sa conduite, les raisons de sa conduite; my ~ for asking is simple la raison pour laquelle je pose cette question est simple ‖ JUR mobile *m*. -**2.** = **motif**. ◇ *adj* moteur.

**motiveless** ['məʊtɪvlɪs] *adj* immotivé, injustifié; an apparently ~ murder un meurtre sans mobile apparent.

**motley** ['mɒtlɪ] ◇ *adj* -**1.** [diverse, assorted] hétéroclite, composite, disparate; a ~ crew une foule bigarrée. -**2.** [multicoloured] multicolore, bariolé. ◇ *n* -**1.** [mixture] mélange *m* hétéroclite. -**2.** *arch* [jester's dress] livrée *f* de bouffon.

**motocross** ['məʊtəkrɒs] *n* moto-cross *m*.

**motor** ['məʊtəʳ] ◇ *n* -**1.** [engine] moteur *m*.-**2.** *Br inf* [car] auto *f*, automobile *f*, voiture *f* (automobile). ◇ *adj* -**1.** [equipped with motor] à moteur; ~ coach autocar *m*; ~ launch vedette *f*; ~ vehicle véhicule *m* automobile. -**2.** *Br* [concerning cars] automobile; the ~ industry l'industrie *f* automobile; ~ insurance assurance *f* automobile ❏ the ~ show le salon de l'automobile. -**3.** ANAT [nerve, muscle] moteur. ◇ *vi Br dated* aller en voiture.

**Motorail** ['məʊtəreɪl] *n* train *m* autocouchette OR autoscouchettes.

**motorbike** ['məʊtəbaɪk] *n* moto *f*.

**motorboat** ['məʊtəbəʊt] *n* canot *m* automobile OR à moteur.

**motorcade** ['məʊtəkeɪd] *n* cortège *m* (de voitures).

**motor car** *n fml* automobile *f*, voiture *f*.

**motorcycle** ['məʊtə,saɪkl] ◇ *n* motocyclette *f*, moto *f*; ~ racing motocyclisme *m*; ~ cop *Am inf* motard *m* (*de la police*). ◇ *vi* aller en moto.

**motorcyclist** ['məʊtə,saɪklɪst] *n* motocycliste *mf*.

**motor home** *n Am* camping-car *m*.

**motoring** ['məʊtərɪŋ] *n* l'automobile *f*(U).

**motor inn** *n Am* motel *m*.

**motorist** ['məʊtərɪst] *n* automobiliste *mf*.

**motorize**, **-ise** ['məʊtəraɪz] *vt* motoriser; a ~d wheelchair un fauteuil roulant à moteur.

**motor lodge** *n Am* motel *m*.

**motor mechanic** *n* mécanicien *m*.

**motor neurone disease** *n* atteinte *f* du neurone moteur.

**motor racing** *n* courses *fpl* automobiles.

**motor scooter** *n* scooter *m*.

**motorway** ['məʊtəweɪ] *n Br* autoroute *f*.

**mottled** ['mɒtld] *adj* tacheté, moucheté; [skin] marbré.

**motto** ['mɒtəʊ] (*pl* **mottos** OR **mottoes**) *n* **-1**. [maxim] devise *f*. **-2**. [in Christmas cracker – joke] blague *f*; [– riddle] devinette *f*.

**mould** *Br*, **mold** *Am* [məʊld] ◇ *vt* **-1**. [fashion – statue, vase] façonner, modeler; to ~ sthg in OR from OR out of clay sculpter qqch dans de l'argile; to ~ sb's character *fig* façonner OR former le caractère de qqn. **-2**. ART & METALL [make in a mould] mouler. **-3**. [cling to – body, figure] mouler. ◇ *vi* [become mouldy] moisir. ◇ *n* **-1**. ART & METALL [hollow form] moule *m*; [prototype] modèle *m*, gabarit *m*; cake ~ moule à gâteau ‖ [moulded article] pièce *f* moulée; rice ~ gâteau *m* de riz. **-2**. *fig* [pattern] moule *m*; to break the ~ sortir des sentiers battus; when they made him they broke the ~ il n'y en a pas deux comme lui. **-3**. [mildew] moisissure *f*. **-4**. [soil] humus *m*, terreau *m*.

**moulder** *Br*, **molder** *Am* ['məʊldər] *vi* **-1**. [decay – corpse, compost] se décomposer; [– house, beams] se délabrer; [– bread] moisir. **-2**. [languish – person, article] moisir; [– economy, institution] dépérir.

**moulding** *Br*, **molding** *Am* ['məʊldɪŋ] *n* **-1**. ARCHIT [decorative] moulure *f*; [at join of wall and floor] baguette *f*, plinthe *f*. **-2**. [moulded article] objet *m* moulé, pièce *f* moulée. **-3**. [act of shaping] moulage *m*.

**mouldy** *Br*, **moldy** *Am* (*Br compar* **mouldier**, *superl* **mouldiest**, *Am compar* **moldier**, *superl* **moldiest**) *adj* **-1**. moisi; it smells ~ ça sent le moisi. **-2**. *inf* [measly] minable; [nasty] vache, rosse.

**moult** *Br*, **molt** *Am* [məʊlt] ◇ *vt* ZOOL muer; [cat, dog] perdre ses poils. ◇ *vi* [hair, feathers] perdre. ◇ *n* mue *f*.

**mound** [maʊnd] *n* **-1**. [of earth, stones] monticule *m*; burial ~ tertre funéraire, tumulus *m*. **-2**. [heap] tas *m*.

**mount** [maʊnt] ◇ *vt* **-1**. [climb – slope, steps] monter; [climb onto – horse, bicycle] monter sur, enfourcher; [– stage, throne etc] monter sur. **-2**. [organize, put on – exhibition, campaign etc] monter, organiser. **-3**. [fix, support] monter; to ~ photographs/stamps coller des photos/timbres (dans un album); an old sword ~ed in a glass case une épée de collection exposée dans une vitrine. **-4**. [mate with] monter, saillir, couvrir. ◇ *vi* **-1**. [onto horse] monter (à cheval), se mettre en selle. **-2**. [rise, increase] monter, augmenter, croître; her anger ~ed sa colère montait. ◇ *n* **-1**. [mountain] mont *m*, montagne *f*. **-2**. GEOG: the Mount of Olives le mont des Oliviers; Mount Rushmore le mont Rushmore. **-3**. [horse] monture *f*. **-4**. [support – of photo] carton *m*, support *m*; [– of gem, lens, tool] monture *f*; [– of machine] support *m*; [– for stamp in collection] charnière *f*; [– for object under microscope] lame *f*.

◆ **mount up** *vi insep* **-1**. [increase] monter, augmenter, s'accroître. **-2**. [accumulate] s'accumuler, s'amonceler.

**mountain** ['maʊntɪn] ◇ *n* **-1**. montagne *f*; we spent a week in the ~s on a passé une semaine à la montagne ❑ to make a ~ out of a molehill se faire une montagne d'un rien; to move ~s déplacer des montagnes, faire l'impossible. **-2**. [heap, accumulation] montagne *f*, tas *m*; I've got ~s of work to get through j'ai un travail fou OR monstre à terminer ❑ the butter ~ ECON la montagne de beurre. ◇ *comp* [people] montagnard; [resort, stream, guide] de montagne; [air] de la montagne; [life] en montagne; [flora, fauna] de montagne, des montagnes; a ~ rescue team une équipe de secours en montagne.

**mountain ash** *n* **-1**. [rowan] sorbier *m*. **-2**. [eucalyptus] eucalyptus *m*.

**mountain bike** *n* vélo *m* tout terrain, vélocross *m*.

**mountain cat** *n* [lynx] lynx *m*; [puma] puma *m*, cougouar *m*.

**Mountain Daylight Time** *n* heure *f* d'été des montagnes Rocheuses.

**mountaineer** [,maʊntɪ'nɪər] *n* alpiniste *mf*.

**mountaineering** [,maʊntɪ'nɪərɪŋ] *n* alpinisme *m*.

**mountain goat** *n* chamois *m*.

**mountain lion** *n* puma *m*, cougouar *m*.

**mountainous** ['maʊntɪnəs] *adj* **-1**. [region] montagneux. **-2**. *fig* [huge] énorme, colossal.

**mountain pass** *n* col *m*, défilé *m*.

**mountain range** *n* chaîne *f* de montagnes.

**mountain sheep** (*pl* **mountain sheep**) *n* bighorn *m*.

**mountain sickness** *n* mal *m* des montagnes.

**mountainside** ['maʊntɪnsaɪd] *n* flanc *m* OR versant *m* d'une montagne.

**Mountain (Standard) Time** *n* heure *f* d'hiver des montagnes Rocheuses.

**mountain top** *n* sommet *m*, cime *f*.

**mountebank** ['maʊntɪbæŋk] *n* charlatan *m*.

**mounted** ['maʊntɪd] *adj* [troops] monté, à cheval; the ~ police la police montée; ~ policeman [gen] policier *m* à cheval.

**Mountie, Mounty** ['maʊntɪ] (*pl* **Mounties**) *n inf* membre *m* de la police montée (*au Canada*); the ~s la police montée (*au Canada*).

**mounting** ['maʊntɪŋ] ◇ *n* = **mount 3**. ◇ *adj* [pressure, anxiety] croissant.

**mourn** [mɔːn] ◇ *vi* [feel grief] pleurer; [be in mourning] être en deuil, porter le deuil. ◇ *vt* [person] pleurer, porter le deuil de; [death, loss] pleurer; the whole town ~s the tragedy cette tragédie a plongé la ville entière dans le malheur.

**mourner** ['mɔːnər] *n* [friend, relative] proche *mf* du défunt; the ~s followed the hearse le cortège funèbre suivait le corbillard; the streets were lined with ~s la foule en deuil s'était massée sur les trottoirs.

**mournful** ['mɔːnfʊl] *adj* [person, eyes, mood] triste, mélancolique; [tone, voice] lugubre; [place] lugubre, sinistre.

**mourning** ['mɔːnɪŋ] ◇ *n* (*U*) **-1**. [period] deuil *m*; [clothes] (vêtements *mpl* de) deuil *m*; to be in ~ être en deuil, porter le deuil; to be in ~ for sb porter le deuil de qqn; to go into/come out of ~ prendre/quitter le deuil; a day of ~ was declared une journée de deuil a été décrétée. **-2**. [cries] lamentations *fpl*. ◇ *comp* [dress, suit] de deuil.

**mouse** [maʊs] (*pl* **mice** [maɪs]) ◇ *n* **-1**. souris *f*. **-2**. [shy person] timide *mf*, timoré *m*, -e *f*. **-3**. COMPUT souris *f*. ◇ *vi* [cat] chasser les souris.

**mousehole** ['maʊshəʊl] *n* trou *m* de souris.

**mouser** ['maʊsər] *n* [cat] chasseur *m*, -euse *f* de souris.

**mousetrap** ['maʊstræp] *n* souricière *f*.

**mousey** ['maʊsɪ] = **mousy**.

**moussaka** [muː'sɑːkə] *n* moussaka *f*.

**mousse** [muːs] *n* mousse *f*; chocolate ~ mousse au chocolat.

**moustache** [mə'stɑːʃ] *Br*, **mustache** ['mʌstæʃ] *Am* *n* moustache *f*, moustaches *fpl*; he's growing a ~ il se fait pousser la moustache.

**mousy** ['maʊsɪ] (*compar* **mousier**, *superl* **mousiest**) *adj* **-1**. *pej* [shy] timide, effacé. **-2**. *pej* [in colour – hair] châtain clair.

**mouth** [*n* maʊθ, *vb* maʊð] (*pl* **mouths** [maʊðz]) ◇ *n* **-1**. [of person] bouche *f*; [of animal] gueule *f*; don't talk with your ~ full! ne parle pas la bouche pleine!; breathe through your ~ respirez par la bouche; I have five ~s to feed j'ai cinq bouches à nourrir; he didn't open his ~ once during the meeting il n'a pas ouvert la bouche OR il n'a pas dit un mot pendant toute la réunion; keep your ~ shut n'en parlez à personne, gardez-le pour vous; he's incapable of keeping his ~ shut il ne sait pas tenir sa langue ❑ he's got a big ~ *inf* il ne peut pas s'empêcher de l'ouvrir; me and my big ~! j'ai encore perdu une occasion de me taire! **-2**. [of river] embouchure *f*, bouches *fpl*. **-3**. [opening – gen] ouverture *f*, orifice *m*, bouche *f*; [– of bottle] goulot *m*; [– of cave] entrée *f*. ◇ *vt* **-1**. [silently – insults, obscenities] dire à voix basse, marmonner; don't talk/sing, just ~ the words ne parle/chante pas, fais seulement semblant. **-2**. [pompously] déclamer; [mechanically] débiter; [insincerely – excuses] dire qqch du bout des lèvres; [– regrets] formuler sans conviction.

◆ **mouth off** *vi insep inf* **-1**. [brag] la ramener. **-2**. [be insolent] se montrer insolent.

**mouthful** ['maʊθfʊl] *n* **-1**. [of food] bouchée *f*; [of liquid] gorgée *f*; I couldn't eat another ~! je ne pourrais rien avaler de plus! **-2**. *inf* [word] mot *m* difficile à prononcer; his name's a bit of a ~ il a un nom à coucher dehors. **-3**. *Am* [important remark]: **you said a ~!** ça, tu peux le dire!, là, tu as parlé d'or!

**mouth organ** *n* harmonica *m*.

**mouthpiece** ['mauθpiːs] *n* **-1.** [of musical instrument] bec *m*, embouchure *f*; [of pipe] tuyau *m*; [of telephone] microphone *m*.**-2.** [spokesperson] porte-parole *m inv*; [newspaper, magazine] organe *m*, porte-parole *m inv*.

**mouth-to-mouth** *adj*: **to give sb ~ resuscitation** faire du bouche-à-bouche à qqn.

**mouthwash** ['mauθwɒʃ] *n* [for cleansing] bain *m* de bouche; [for gargling] gargarisme *m*.

**mouth-watering** *adj* appétissant, alléchant.

**movable** ['muːvəbl] ◇ *adj* mobile; **~ property** JUR biens *mpl* meubles; **~ feast** RELIG fête *f* mobile. ◇ *n*: **~s** JUR effets *mpl* mobiliers, biens *mpl* meubles.

**move** [muːv] ◇ *vt* **-1.** [put elsewhere – object] déplacer; [– part of body] bouger, remuer; **~ the lever to the left** poussez le levier vers la gauche; **we ~d all the chairs indoors/ outdoors** nous avons rentré/sorti toutes les chaises; **we've ~d the couch into the spare room** nous avons mis le canapé dans la chambre d'amis; **~ all those papers off the table!** enlève tous ces papiers de la table!, débarrasse la table de tous ces papiers!; **don't ~ anything on my desk** ne touche à rien sur mon bureau; **~ your head to the left** inclinez la tête vers la gauche ‖ GAMES jouer; **she ~d a pawn** elle a joué un pion ❑ **~ it!** *inf* grouille-toi!**-2.** [send elsewhere – prisoner, troops etc] transférer; **~ all these people out of the courtyard** faites sortir tous ces gens de la cour; **she's been ~d to the New York office/to accounts** elle a été mutée au bureau de New York/affectée à la comptabilité; **he asked to be ~d to a room with a sea-view** il a demandé qu'on lui donne une chambre avec vue sur la mer; **troops are being ~d into the area** des troupes sont envoyées dans la région. **-3.** [change time or date of] déplacer; **the meeting has been ~d to Friday** [postponed] la réunion a été remise à vendredi; [brought forward] la réunion a été avancée à vendredi. **-4.** [to new premises, location]: **the company that ~d us** la firme qui s'est chargée de OR qui a effectué notre déménagement. **-5.** [affect, touch] émouvoir. **-6.** [motivate, prompt] pousser, inciter; **to ~ sb to do sthg** pousser OR inciter qqn à faire qqch; **what ~d you to change your mind?** qu'est-ce qui a fait changer d'avis?**-7.** (*usu passive & negative*) [cause to yield]: **we shall not be ~d!** nous ne céderons pas!**-8.** [propose] proposer; **I ~ that we vote on it** je propose que nous procédions au vote. **-9.** COMM [sell] écouler, vendre. **-10.** MED: to **~ one's bowels** aller à la selle.

◇ *vi* **-1.** [shift, change position] bouger; **I was so scared I couldn't ~** j'étais pétrifié (de terreur); **the handle won't ~** la poignée ne bouge pas; **she wouldn't ~ out of my way** elle ne voulait pas s'écarter de mon chemin ‖ [be in motion – vehicle]: **the line of cars was moving slowly down the road** la file de voitures avançait lentement le long de la route; **I jumped off while the train was still moving** j'ai sauté avant l'arrêt du train; **the truck started moving backwards** le camion a commencé à reculer ‖ [travel in specified direction]: **the guests ~d into/out of the dining room** les invités passèrent dans/sortirent de la salle à manger; **the depression is moving westwards** la dépression se déplace vers l'ouest; **the demonstrators were moving towards the embassy** les manifestants se dirigeaient vers l'ambassade; **small clouds ~d across the sky** de petits nuages traversaient le ciel; **the earth ~s round the sun** la Terre tourne autour du Soleil; **public opinion is moving to the left/right** *fig* l'opinion publique évolue vers la gauche/droite ❑ **to ~ in high circles** fréquenter la haute société. **-2.** [leave] partir; **it's getting late, I ought to be** OR **get moving** il se fait tard, il faut que j'y aille OR que je parte. **-3.** GAMES [player] jouer; [piece] se déplacer. **-4.** [to new premises, location] déménager; **when are you moving to your new apartment?** quand est-ce que vous emménagez dans votre nouvel appartement?; **she's moving to San Francisco** elle va habiter (à) San Francisco; **the company has ~d to more modern premises** la société s'est installée dans des locaux plus modernes. **-5.** [change job, profession etc]: **he's ~d to a job in publishing** il travaille maintenant dans l'édition. **-6.** [develop, progress] avancer, progresser; **to get things moving** faire avancer les choses. **-7.** *inf* [travel fast] filer, foncer; **that car can really ~!** cette voiture a quelque chose dans le ventre!**-8.** [take action] agir; **the town council ~d to have**

the school closed down la municipalité a pris des mesures pour faire fermer l'école; **I'll get moving on it first thing tomorrow** je m'en occuperai demain à la première heure. **-9.** COMM [sell] se vendre, s'écouler. **-10.** MED: **have your bowels ~d today?** êtes-vous allé à la selle aujourd'hui?

◇ *n* **-1.** [movement] mouvement *m*; **one ~ out of you and you're dead!** un seul geste et tu es mort!; **he made a ~ to take out his wallet** il s'apprêta à sortir son portefeuille; **she made a ~ to leave** elle se leva pour partir; **it's late, I ought to be making a ~** il se fait tard, il faut que j'y aille ❑ **get a ~ on!** *inf* grouille-toi!, active!**-2.** [change of home, premises] déménagement *m*; **we're considering a ~ to bigger premises** nous envisageons d'emménager dans des locaux plus spacieux. **-3.** [change of job] changement *m* d'emploi. **-4.** [step, measure] pas *m*, démarche *f*; **she made the first ~** elle a fait le premier pas; **she wondered when he would make his ~** elle se demandait quand il allait se décider; **the new management's first ~ was to increase all salaries** la première mesure de la nouvelle direction a été de relever tous les salaires; **what do you think their next ~ will be?** selon vous, que vont-ils faire maintenant?; **they made an unsuccessful ~ to stop the war** ils firent une tentative infructueuse pour arrêter la guerre. **-5.** GAMES [turn to move] tour *m*; **it's my ~** c'est à moi (de jouer) ‖ [act of moving] coup *m*; [way piece moves] marche *f* ❑ **to be on the ~** être en déplacement; **I've been on the ~ all day** je n'ai pas arrêté de la journée.

◆ **move about** *Br* ◇ *vi insep* se déplacer, bouger; **I can hear somebody moving about upstairs** j'entends des bruits de pas là-haut. ◇ *vt sep* déplacer.

◆ **move along** ◇ *vi insep* avancer; **~ along there, please!** circulez, s'il vous plaît! ◇ *vt sep* [bystanders, busker] faire circuler.

◆ **move around** = **move about**.

◆ **move away** ◇ *vi insep* **-1.** [go in opposite direction] s'éloigner, partir; **the train ~d slowly away** le train partit lentement. **-2.** [change address] déménager. ◇ *vt sep* éloigner.

◆ **move back** ◇ *vi insep* **-1.** [back away] reculer. **-2.** [return to original position] retourner; **they've ~d back to the States** ils sont retournés habiter OR ils sont rentrés aux États-Unis. ◇ *vt sep* **-1.** [push back – person, crowd] repousser; [– chair] reculer. **-2.** [return to original position] remettre.

◆ **move down** ◇ *vi insep* **-1.** [from higher level, floor etc] descendre. **-2.** [make room] se pousser. ◇ *vt insep*: **~ down the bus, please** avancez jusqu'au fond de l'autobus, s'il vous plaît. ◇ *vt sep* [from higher level, floor etc] descendre; **he was ~d down a class** SCH on l'a fait passer dans la classe inférieure.

◆ **move forward** ◇ *vi insep* avancer. ◇ *vt sep* avancer.

◆ **move in** ◇ *vi insep* **-1.** [into new home, premises] emménager; **his mother-in-law has ~d in with them** sa belle-mère s'est installée OR est venue habiter chez eux. **-2.** [close in, approach] avancer, s'approcher; **the police began to ~ in on the demonstrators** la police a commencé à avancer OR à se diriger vers les manifestants; **the camera then ~s in on the bed** la caméra s'approche ensuite du lit. **-3.** [take control]: **the unions ~d in and stopped the strike** les syndicats prirent les choses en main et mirent un terme à la grève. ◇ *vt sep* [furniture] installer; **the landlord ~d another family in** le propriétaire a loué à une autre famille.

◆ **move off** *vi insep* s'éloigner, partir; **the train finally ~d off** le train partit OR s'ébranla enfin.

◆ **move on** ◇ *vi insep* **-1.** [proceed on one's way] poursuivre son chemin; **we spent a week in Athens, then we ~d on to Crete** on a passé une semaine à Athènes avant de partir pour la Crète; **a policeman told me to ~ on** un policier m'a dit de circuler. **-2.** [progress – to new job, new subject etc]: **she's ~d on to better things** elle a trouvé une meilleure situation; **can we ~ on to the second point?** pouvons-nous passer au deuxième point? ◇ *vt sep* [bystanders, busker] faire circuler.

◆ **move out** ◇ *vi insep* **-1.** [of home, premises] déménager. **-2.** MIL [troops] se retirer. ◇ *vt sep* MIL [troops] retirer.

◆ **move over** *vi insep* **-1.** [make room] se pousser. **-2.** [change over]: **we're moving over to mass production** nous passons à la fabrication en série.

◆ **move up** ◇ *vi insep* **-1.** [make room] se pousser. **-2.** [in hierarchy] monter; [in company] avoir de l'avancement; **to ~ up a class** SCH passer dans la classe supérieure. **-3.** MIL [troops] avancer; **our battalion's moving up to the front** notre bataillon monte au front. ◊ *vt sep* **-1.** [in order to make room] pousser, écarter. **-2.** [in hierarchy] faire monter; **he's been ~d up a class** SCH on l'a fait passer dans la classe supérieure. **-3.** MIL [troops] faire avancer; **another division has been ~d up** une autre division a été envoyée sur place.

**moveable** ['muːvəbl] = **movable**.

**movement** ['muːvmənt] *n* **-1.** [change of position] mouvement *m*; population/troop ~s mouvements de populations/de troupes; **the ~ of goods** le transport des marchandises; **there was a general ~ towards the bar** tout le monde se dirigea vers le bar; **she heard ~ in the next room** elle a entendu des bruits dans la pièce voisine; **his ~s are being watched** ses déplacements sont surveillés; **I'm not sure what my ~s are going to be over the next few weeks** je ne sais pas exactement ce que je vais faire OR quel sera mon emploi du temps dans les quelques semaines à venir; **freedom of ~** la liberté de circulation.‖ [gesture] mouvement *m*, geste *m*.**-2.** [change, tendency] mouvement *m*, tendance *f*; **his speeches over the last year show a ~ towards the right** les discours qu'il a prononcés depuis un an font apparaître un glissement vers la droite. **-3.** [group] mouvement *m*; **liberation ~** mouvement de libération. **-4.** TECHN [mechanism – of clock etc] mouvement *m*.**-5.** MUS [of symphony, sonata etc] mouvement *m*.**-6.** MED [faeces] selles *fpl*; **to have a (bowel) ~** aller à la selle.

**mover** ['muːvəʳ] *n* **-1.** [physical]: **she's a lovely ~** *inf* elle bouge bien. **-2.** [of a proposal, motion] motionnaire *mf*.

**movie** ['muːvɪ] *esp Am* ◊ *n* film *m*. ◊ *comp* [actor, star] de cinéma; **the ~ industry** l'industrie *f* cinématographique OR du cinéma.

♦ **movies** *npl esp Am*: **to go to the ~s** aller au cinéma; **she's in the ~s** elle travaille dans le cinéma.

**movie camera** *n Am* caméra *f*.

**moviegoer** ['muːvɪ,gəʊəʳ] *n Am* cinéphile *mf*.

**movie house**, **movie theatre** *n Am* (salle *f* de) cinéma *m*.

**moving** ['muːvɪŋ] *adj* **-1.** [in motion] en mouvement; [vehicle] en marche; [target] mouvant; **slow-/fast-~** qui se déplace lentement/rapidement. **-2.** [not fixed] mobile; **~ parts** pièces *fpl* mobiles. **-3.** [touching] émouvant, touchant. **-4.** [motivating]: **she's the ~ force** OR **spirit behind the project** c'est elle l'instigatrice OR le moteur du projet. **-5.** [for moving house] de déménagement; **~ van** *Am* camion *m* de déménageurs.

**moving pavement** *n Br* trottoir *m* roulant.

**moving picture** *n Am dated* film *m*.

**moving staircase** *n* escalier *m* roulant, escalator *m*.

**mow** [məʊ] (*pt* mowed, *pp* mowed OR mown [məʊn]) *vt* [lawn] tondre; [hay] faucher.

♦ **mow down** *vt sep* faucher, abattre.

**mower** ['məʊəʳ] *n* [person] faucheur *m*, -euse *f*; [machine – for lawn] tondeuse *f*; [– of hay] faucheuse *f*.

**mowing** ['məʊɪŋ] *n* AGR fauchage *m*; **~ machine** faucheuse *f*.

**mown** [məʊn] *pp*→ **mow**.

**Mozambican** [,məʊzæm'biːkn] ◊ *n* Mozambicain *m*, -e *f*. ◊ *adj* mozambicain.

**Mozambique** [,məʊzæm'biːk] *pr n* Mozambique *m*; **in ~** au Mozambique.

**Mozart** ['məʊtsɑːt] *pr n* Mozart.

**MP** *n* **-1.** (*abbr of* **Military Police**) PM *f*.**-2.** *Br & Can* (*abbr of* **Member of Parliament**) ≃ député; **the ~ for Finchley** le député de Finchley. **-3.** *Can abbr of* **Mounted Police**.

**mpg** (*abbr of* **miles per gallon**) *n* consommation *f* d'essence; **my old car did 20 ~** mon ancienne voiture faisait OR consommait 3,5 litres au cent.

**mph** (*abbr of* **miles per hour**) *n* miles *mpl* à l'heure.

**MPhil** [,em'fɪl] (*abbr of* **Master of Philosophy**) *n* (titulaire *d'une*) maîtrise de lettres.

**Mr** ['mɪstəʳ] *abbr* M., Monsieur; **~ Brown** M. Brown; **~ President** Monsieur le Président.

**MRC** *pr n* (*abbr of* **Medical Research Council**) institut de recherche médicale situé à Londres.

**MRP** *n abbr of* **manufacturer's recommended price**.

**Mr Right** *n inf* l'homme idéal, le prince charmant; **she's waiting for ~** elle attend le prince charmant OR l'homme de

ses rêves.

**Mrs** ['mɪsɪz] *abbr* Mme, Madame; **~ Brown** Mme Brown.

**Mrs Mop** *n Br inf* [cleaner] femme *f* de ménage.

**ms.** (*pl* **mss.**) (*written abbr of* **manuscript**) ms.

**Ms** [məz] *abbr* titre que les femmes peuvent utiliser au lieu de madame ou mademoiselle pour éviter la distinction entre les femmes mariées et les célibataires.

**MS** ◊ *n* **-1.** (*abbr of* **multiple sclerosis**) SEP *f*.**-2.** *Am* (*abbr of* **Master of Science**) (titulaire d'une) maîtrise de sciences. ◊ **-1.** *written abbr of* **Mississippi**. **-2.** (*written abbr of* **manuscript**) ms.

**MSA** (*abbr of* **Master of Science in Agriculture**) *n* (titulaire d'une) maîtrise en sciences agricoles.

**MSB** (*abbr of* **most significant bit/byte**) *n* bit de poids fort.

**MSc** (*abbr of* **Master of Science**) *n* (titulaire d'une) maîtrise de sciences.

**MSC** *pr n abbr of* **Manpower Services Commission**.

**MSF** (*abbr of* **Manufacturing, Science, Finance**) *pr n* confédération syndicale britannique.

**MSG** *n abbr of* **monosodium glutamate**.

**Mss** *written abbr of* **manuscripts**.

**MSS** *pl*→ **MS, ms**.

**MST** *n abbr of* **Mountain Standard Time**.

**MSW** (*abbr of* **Master of Social Work**) *n* (titulaire d'une) maîtrise en travail social.

**Mt** (*written abbr of* **mount**) Mt.

**much** [mʌtʃ] ◊ *det* beaucoup de; **the tablets didn't do ~ good** les comprimés n'ont pas servi à grand-chose OR n'ont pas fait beaucoup d'effet; **~ good may it do you!** *iron* grand bien vous fasse!

◊ *pron* beaucoup; **is there any left?** – **not ~** est-ce qu'il en reste? – pas beaucoup; **there's still ~ to be decided** il reste encore beaucoup de choses à décider; **there's not ~ anyone can do about it** personne n'y peut grand-chose; **~ of the time** [long period] la majeure partie du temps; [very often] la plupart du temps; **I agreed with ~ of what she said** j'étais d'accord avec presque tout ce qu'elle a dit.‖ [used to intensify]: **I'm not ~ of a hiker** je ne suis pas un très bon marcheur; **it hasn't been ~ of a holiday** ce n'était pas vraiment des vacances ❑ **what he said didn't amount to ~** il n'avait pas grand-chose d'important à dire; **to make ~ of sb/sthg**: **the defence made ~ of the witness's criminal record** la défense a beaucoup insisté sur le casier judiciaire du témoin; **I couldn't make ~ of the figures** je n'ai pas compris grand-chose aux chiffres; **I don't think ~ of him/of his technique** je n'ai pas une très haute opinion de lui/de sa technique; **there's ~ to be said for the old-fashioned method** la vieille méthode a beaucoup d'avantages; **there's ~ to be said for his suggestions** il y a des choses fort intéressantes dans ce qu'il propose; **it's not up to ~** ça ne vaut pas grand-chose; **he's not up to ~** ce n'est pas une lumière; **there's not ~ to choose between them** ils se valent; **there's not ~ in it** il n'y a pas une grande différence; **he doesn't want** OR **ask** OR **expect ~, does he?** *inf & iron* il n'est pas difficile, lui, au moins! *iron*.

◊ *adv* beaucoup; **~ happier/more slowly** beaucoup plus heureux/plus lentement; **~ to my surprise** à mon grand étonnement; **I'm not ~ good at making speeches** je ne suis pas très doué pour faire des discours; **it's ~ the best** c'est de loin le meilleur/le plus rapide de beaucoup ❑ – **the fastest** c'est le meilleur/le plus rapide de beaucoup ❑ – **the same** presque pareil; **she's still ~ the same as yesterday** son état n'a pas changé depuis hier; **I feel ~ the same as you** je pense plutôt comme vous.

♦ **as much** ◊ *pron phr* [that, the same]: **I thought/suspected as ~** c'est bien ce que je pensais/soupçonnais; **I said as ~ to him yesterday** c'est ce que je lui ai dit hier; **would you do as ~ for me?** en ferais-tu autant pour moi? ◊ *adv phr* [with multiples, fractions]: **twice/three times as ~** deux/trois fois plus; **half as ~** la moitié (de ça).

♦ **as much... as** ◊ *det phr* [the same amount as]: **as much... as** autant de... que. ◊ *conj phr* autant que; **he's as ~ to blame as her** elle n'est pas plus responsable que lui, il est responsable autant qu'elle.

♦ **as much as** ◊ *pron phr* **-1.** [the same as]: **it costs as ~ as the Japanese model** ça coûte le même prix que le modèle japonais. **-2.** [all]: **it was as ~ as I could do to keep a straight face** j'ai failli éclater de rire. ◊ *conj phr* autant que; **I** hate it as ~ as you do ça me déplaît autant qu'à vous; I don't dislike them as ~ as all that ils ne me déplaisent pas autant que ça.

◆ **however much** ◇ *det phr*: however ~ money you give him, it won't be enough vous pouvez lui donner autant d'argent que vous voulez, ça ne suffira pas. ◇ *pron phr*: however ~ they offer, take it quelle que soit la somme qu'ils proposent, acceptez-la. ◇ *adv phr*: however ~ you dislike the idea... quelle que soit votre aversion pour cette idée...

◆ **how much** ◇ *det phr* combien de. ◇ *pron phr* combien; how ~ do you want? [gen] combien en voulez-vous?; [money] combien voulez-vous?

◆ **much as** *conj phr*: ~ as I admire him, I have to admit that... malgré toute mon admiration pour lui, je dois admettre que...; ~ as I would like to, I can't come à mon grand regret, il m'est véritablement impossible de venir.

◆ **so much** ◇ *det phr* tant de, tellement de; it's just so ~ nonsense c'est tellement bête. ◇ *pron phr* **-1.** [such a lot] tant; I've learnt so ~ on this course j'ai vraiment appris beaucoup (de choses) en suivant ces cours; there's still so ~ to do il y a encore tant à faire. **-2.** [this amount]: there's only so ~ one can do il y a une limite à ce qu'on peut faire; how ~ water will I put in? — about so ~ combien d'eau est-ce que je dois mettre? — à peu près ça. ◇ *adv phr* tellement; I wouldn't mind so ~, only he promised to do it ça ne me gêne pas tellement, mais il avait promis de le faire; thank you ever so ~ merci infiniment OR mille fois.

◆ **so much as** *adv phr* même; if you so ~ as breathe a word of this... si seulement tu répètes un mot de tout ça...

◆ **so much for** *prep phr*: so ~ for the agenda; now let us consider... voilà pour ce qui est de l'ordre du jour; maintenant, je voudrais que nous nous penchions sur la question de...; so ~ for that idea! on peut oublier cette idée!

◆ **that much** ◇ *det phr*: there was that ~ food, we thought we'd never finish it il y avait tellement à manger qu'on pensait ne jamais arriver à finir. ◇ *pron phr*: was there ~ damage? — not that ~ y a-t-il eu beaucoup de dégâts? — pas tant que ça; did it cost that ~? ça a coûté autant que ça?; how ~ do you want? — about that ~ combien en veux-tu? — à peu près ça. ◇ *adv phr (with compar)* **-1.** [a lot] beaucoup plus; it'll be that ~ easier to organize ce sera d'autant plus facile à organiser; not that ~ better pas beaucoup mieux. **-2.** [this amount]: she's that ~ taller than me elle est plus grande que moi de ça.

◆ **this much** ◇ *det phr*: there was this ~ coffee left il restait ça de café. ◇ *pron phr* **-1.** [this amount]: I had to cut this ~ off the hem of my skirt j'ai dû raccourcir ma jupe de ça. **-2.** [one thing] une chose; I'll say this ~ for her, she's got guts il faut reconnaître une chose, c'est qu'elle a du cran.

◆ **too much** ◇ *det phr* trop de. ◇ *pron phr* trop; don't expect too ~ [be too demanding] ne soyez pas trop exigeant, n'en demandez pas trop; [be too hopeful] ne vous faites pas trop d'illusions. ◇ *adv phr* [work, speak] trop.

**muchness** ['mʌtʃnɪs] *n Br inf phr*: they're all pretty much of a ~ [objects] c'est du pareil au même; [people] ils se valent.

**muck** [mʌk] (U) *inf* ◇ *n* **-1.** [mud] boue *f*, gadoue *f*; [dirt] saletés *fpl*; [manure] fumier *m*; [dung – of horse] crottin *m*; [– of dog] crotte *f*; they think they're Lord and Lady Muck *Br hum* ils ne se prennent pas pour n'importe qui, ils se croient sortis de la cuisse de Jupiter; where there's ~, there's brass *Br prov* c'est peut-être sale, mais ça rapporte! *(fait référence aux travaux salissants mais rentables)*. **-2.** *fig* [inferior literature, films etc] saletés *fpl*; [bad food] cochonneries *fpl*. **-3.** *phr*: to make a ~ of sthg *Br* [bungle] foutre qqch par terre, bousiller qqch. ◇ *vt AGR* fumer.

◆ **muck about, muck around** *Br inf* ◇ *vi insep* **-1.** [waste time] traîner, perdre son temps. **-2.** [be stupid] faire l'imbécile. **-3.** [interfere]: to ~ about with sthg [equipment] toucher à qqch, tripoter qqch; [belongings] déranger qqch, mettre la pagaille dans qqch. ◇ *vt sep* [person – waste time of] faire perdre son temps à; [– be inconsiderate to] malmener; [belongings, papers] déranger, toucher à.

◆ **muck in** *vi insep Br inf* [share task] mettre la main à la pâte, donner un coup de main; [share costs] participer aux frais.

◆ **muck out** *vt sep* [horse, stable] nettoyer, curer.

◆ **muck up** *vt sep inf* **-1.** [dirty] cochonner. **-2.** [ruin] bousiller, foutre en l'air.

**mucker**[V] ['mʌkər] *n Br* [pal] copain *m*, copine *f*, pote *m*.

**muckheap** ['mʌkhi:p] *n Br inf* tas *m* de fumier.

**muckraking** ['mʌkreɪkɪŋ] *n pej*: it's the kind of paper that specializes in ~ c'est le type de journal spécialisé dans les scandales.

**muckspreader** ['mʌkspredər] *n AGR* épandeur *m* (d'engrais).

**muck-up** *n Br inf* pagaille *f*, bordel *m*; to make a ~ of sthg foutre qqch en l'air, bousiller qqch.

**mucky** ['mʌkɪ] (compar **muckier**, superl **muckiest**) *adj inf* **-1.** [dirty, muddy – hands] sale, crasseux; [– shoes] sale, crotté; [– water, road] sale, boueux. **-2.** [obscene – book, film] obscène.

**mucous** ['mju:kəs] *adj* muqueux; ~ membrane muqueuse *f*.

**mucus** ['mju:kəs] *n* mucus *m*, mucosité *f*; [from nose] morve *f*.

**mud** [mʌd] (pt & pp **mudded**, cont **mudding**) ◇ *n* [gen] boue *f*; [in river, lake] vase *f*; here's ~ in your eye! *Am* à la tienne!; to drag sb OR sb's name through the ~ traîner qqn dans la boue; my name is ~ in certain circles *inf* je suis en disgrâce OR persona non grata dans certains milieux; to throw OR to sling ~ at sb couvrir qqn de boue.

**mudbath** ['mʌdbɑ:θ] *n* bain *m* de boue.

**muddle** ['mʌdl] ◇ *n* [confusion] confusion *f*; [mess] désordre *m*, fouillis *m*; all her belongings were in a ~ toutes ses affaires étaient en désordre OR sens dessus dessous; my finances are in an awful ~ ma situation financière n'est pas claire du tout OR est complètement embrouillée; let's try to sort out this ~ essayons de démêler cet écheveau *fig*; there must have been a ~ over the train times quelqu'un a dû se tromper dans les horaires de train. ◇ *vt* **-1.** [mix up – dates] confondre, mélanger; [– facts] embrouiller, mélanger; the dates got ~d il y a eu une confusion dans les dates. **-2.** [confuse – person] embrouiller (l'esprit de OR les idées de); now you've got me ~d maintenant, je ne sais plus où j'en suis.

◆ **muddle along** *vi insep* se débrouiller.

◆ **muddle through** *vi insep* se tirer d'affaire.

◆ **muddle up** *vt sep* = **muddle** *vt*.

**muddleheaded** [ˌmʌdl'hedɪd] *adj* [person] désordonné, brouillon, écervelé; [idea, speech, essay] confus.

**muddler** ['mʌdlər] *n* personne *f* désordonnée.

**muddle-up** *n* **-1.** [misunderstanding] quiproquo *m*, malentendu *m*. **-2.** [situation] embrouillement *m*, imbroglio *m*.

**muddy** ['mʌdɪ] (compar **muddier**, superl **muddiest**) ◇ *adj* **-1.** [hand, car] plein OR couvert de boue; [shoes] plein de boue, crotté; [road, stream] boueux. **-2.** *fig* [complexion] terreux; [colour] terne, sale; [flavour, drink] boueux; [liquid] boueux, trouble. **-3.** [indistinct – thinking, ideas] confus, embrouillé, peu clair; [out of focus – image] brouillé, trouble, flou. ◇ *vt* **-1.** [hands, shoes] salir, couvrir de boue; [road, stream] rendre boueux. **-2.** [situation] compliquer, embrouiller.

**mudflap** ['mʌdflæp] *n* [on car] bavette *f*; [on truck] pare-boue *m inv*.

**mudflat** ['mʌdflæt] *n* laisse *f* OR banc *m* de boue.

**mudguard** ['mʌdgɑ:d] *n* garde-boue *m inv*.

**mud hut** *n* case *f* en pisé OR en terre.

**mudlark** ['mʌdlɑ:k] *n lit* gamin *m*, -e *f* des rues.

**mudpack** ['mʌdpæk] *n* masque *m* à l'argile.

**mud pie** *n* pâté *m* (de sable).

**mudslinging** ['mʌdˌslɪŋɪŋ] *n* calomnie *f*.

**muesli** ['mju:zlɪ] *n* muesli *m*.

**muezzin** [mu:'ezɪn] *n* muezzin *m*.

**muff** [mʌf] ◇ *n* **-1.** [for hands] manchon *m*; [for ears] oreillette *f*. **-2.** *ORNITH* aigrette *f*. **-3.** [bungled attempt] coup *m* manqué. ◇ *vt* [bungle] rater, manquer.

**muffin** ['mʌfɪn] *n* muffin *m*.

**muffle** ['mʌfl] *vt* [quieten – sound] étouffer, assourdir; [– engine] étouffer le bruit de.

**muffled** ['mʌfld] *adj* [sound, voice] sourd, étouffé; [oars] assourdi; [drums] voilé; there was a lot of ~ laughter on entendait de nombreux rires étouffés.

**muffler** ['mʌflər] *n* **-1.** *dated* [scarf] écharpe *f* de laine, cache-nez *m inv*. **-2.** *Am AUT* silencieux *m*.

**mufti** ['mʌftɪ] *n dated* tenue *f* civile; wearing ~, in ~ en civil.

**mug** [mʌg] (pt & pp **mugged**, cont **mugging**) ◇ *n* **-1.** [cup, beer glass] chope *f*. **-2.** [▽] [face] gueule *f*. **-3.** *Br inf* [dupe] poire *f*; [fool] nigaud *m*, -e *f*; it's a ~'s game [foolish] c'est de la connerie; [trap] c'est de l'arnaque. **-4.** *Am inf* [thug] gangster *m*, voyou *m*.-**5.** = **mugshot**. ◇ *vt* agresser.

**mugful** ['mʌgful] *n* [of tea, coffee] tasse *f* (pleine); [of beer] chope *f* (pleine).

**mugger** ['mʌgə*r*] *n* agresseur *m*.

**mugging** ['mʌgɪŋ] *n* agression *f*.

**muggins** ['mʌgɪnz] (*pl inv* OR **mugginses**) *n Br inf* idiot *m*, -e *f*, poire *f*; **I suppose** ~ **will have to go** je suppose que c'est bibi OR ma pomme qui devra y aller.

**muggy** ['mʌgɪ] (*compar* **muggier**, *superl* **muggiest**) *adj* METEOR lourd et humide.

**mugshot** ['mʌgʃɒt]*n inf* photo *f* d'identité judiciaire; *pej* & *hum* photo *f* d'identité.

**Muhammedan**, **Muhammadan** [mə'hæmɪdn] ◇ *n* Mahométan *m*, -e *f*. ◇ *adj* mahométan.

**mujaheddin** [,mu:dʒəhe'di:n] *n* moudjahid *m*.

**mulatto** [mju:'lætəʊ] (*pl* **mulattos** OR **mulattoes**) ◇ *adj* mulâtre. ◇ *n* mulâtre *m*, mulâtresse *f*.

**mulberry** ['mʌlbərɪ] ◇ *n* **-1.** [fruit] mûre *f*; [tree] mûrier *m*.-**2.** [colour] violet *m* foncé. ◇ *adj* violet foncé *(inv)*.

**mulch** [mʌltʃ] HORT ◇ *n* paillis *m*. ◇ *vt* pailler.

**mule** [mju:l] *n* **-1.** [animal – male] mulet *m*; [– female] mule *f*; **(as) stubborn as a** ~ têtu comme un mulet OR une mule. **-2.** TECH mule-jenny *f*.**-3.** [slipper] mule *f*.

**muleteer** [,mju:lɪ'tɪə*r*] *n* muletier *m*, -ère *f*.

**mulish** ['mju:lɪʃ] *adj* têtu, entêté.

**mull** [mʌl] *vt* [wine, beer] chauffer et épicer.

◆ **mull over** *vt sep* réfléchir (longuement) à.

**mullah** ['mʌlə] *n* mollah *m*.

**mulled** [mʌld] *adj*: ~ **wine** vin *m* chaud.

**mullet** ['mʌlɪt] (*pl inv* OR **mullets**) *n* [grey] muge *m*, mulet *m* gris; [red] rouget *m*, mulet *m* rouge.

**mulligatawny** [,mʌlɪgə'tɔ:nɪ] *n Br* mulligatawny *m*, soupe *f* au curry.

**mullion** ['mʌlɪən] *n* meneau *m*; ~ **window** fenêtre *f* à meneaux.

**multiaccess** [,mʌltɪ'ækses] *adj* COMPUT multiaccès *(inv)*.

**multichannel** [,mʌltɪ'tʃænl] *adj* multicanal.

**multicoloured** *Br*, **multicolored** *Am* ['mʌltɪ,kʌləd] *adj* multicolore.

**multicultural** [,mʌltɪ'kʌltʃərəl] *adj* multiculturel.

**multiethnic** [,mʌltɪ'eθnɪk] *adj* pluriethnique.

**multifaceted** [,mʌltɪ'fæsɪtɪd] *adj* présentant de multiples facettes.

**multifarious** [,mʌltɪ'feərɪəs] *adj* [varied] (très) divers OR varié; [numerous] (très) nombreux.

**multilateral** [,mʌltɪ'lætərəl] *adj* multilatéral.

**multilingual** [,mʌltɪ'lɪŋgwəl] *adj* multilingue.

**multimedia** [,mʌltɪ'mi:djə] *adj* multimédia.

**multimillionaire** ['mʌltɪ,mɪljə'neə*r*] *n* multimillionnaire *mf*.

**multinational** [,mʌltɪ'næʃənl] ◇ *adj* multinational. ◇ *n* multinationale *f*.

**multiparty** ['mʌltɪ,pɑ:tɪ] *adj*: **the** ~ **system** le pluripartisme.

**multiple** ['mʌltɪpl] ◇ *n* MATH multiple *m*; **in** ~**s of 100 en** OR **par multiples de 100.** ◇ *adj* **-1.** [gén] multiple; **she suffered** ~ **injuries** elle a été blessée en plusieurs endroits ‖ [ownership] collectif. **-2.** ELEC en parallèle.

**multiple-access** = **multiaccess**.

**multiple-choice** *adj* à choix multiples.

**multiple sclerosis** *n* sclérose *f* en plaques.

**multiple shop**, **multiple store** *n* grand magasin *m* à succursales, chaîne *f* de magasins.

**multiplex** ['mʌltɪpleks] ◇ *n* **-1.** TELEC multiplex. **-2.** CIN complexe *m* multisalles. ◇ *comp* **-1.** TELEC multiplex. **-2.** CIN: ~ **cinema** complexe *m* multisalles. ◇ *vt* TELEC multiplexer.

**multiplexer**, **multiplexor** ['mʌltɪ,pleksə*r*] *n* TELEC multiplexeur *m*.

**multiplicand** [,mʌltɪplɪ'kænd] *n* multiplicande *m*.

**multiplication** [,mʌltɪplɪ'keɪʃn] *n* [gen & MATH] multiplication *f*.

**multiplication sign** *n* signe *m* de multiplication.

**multiplication table** *n* table *f* de multiplication.

**multiplicity** [,mʌltɪ'plɪsətɪ] *n* multiplicité *f*.

**multiplier** ['mʌltɪplaɪə*r*] *n* **-1.** ECON, ELECTRON & MATH multiplicateur *m*.-**2.** COMPUT multiplieur *m*.

**multiply** ['mʌltɪplaɪ] (*pt* & *pp* **multiplied**) ◇ *vt* multiplier; **it will** ~ **costs by eight** ça va multiplier les coûts par huit. ◇ *vi* **-1.** MATH faire des multiplications. **-2.** [reproduce, increase] se multiplier.

**multiprocessor** [,mʌltɪ'prəʊsesə*r*] *n* COMPUT multiprocesseur *m*.

**multiprogramming** [,mʌltɪ'prəʊgræmɪŋ] *n* COMPUT multiprogrammation *f*.

**multipurpose** [,mʌltɪ'pɜ:pəs] *adj* à usages multiples, polyvalent.

**multiracial** [,mʌltɪ'reɪʃl] *adj* multiracial.

**multistage** ['mʌltɪsteɪdʒ] *adj* **-1.** [procedure] à plusieurs étapes. **-2.** [rocket] à plusieurs étages.

**multistorey** [,mʌltɪ'stɔ:rɪ] *Br*, **multistoried** [,mʌltɪ'stɔ:rɪd] *Am adj*: ~ **car park** parking *m* à plusieurs niveaux.

**multitrack** [,mʌltɪ'træk] *adj* multipiste.

**multitude** ['mʌltɪtju:d] *n* **-1.** [large number – of people, animals] multitude *f*; [– of details, reasons] multitude *f*, foule *f*; **it covers a** ~ **of sins** cela peut être interprété de diverses façons. **-2.** [ordinary people]: **the** ~ la multitude, la foule.

**multitudinous** [,mʌltɪ'tju:dɪnəs] *adj* [countless] innombrable.

**multiuser** [,mʌltɪ'ju:zə*r*] *adj* multiutilisateurs *(inv)*.

**multiwindow** [,mʌltɪ'wɪndəʊ] *adj* COMPUT multifenêtre.

**mum** [mʌm] ◇ *adj*: **to keep** ~ garder le silence ❑ ~**'s the word!** *inf* motus et bouche cousue! ◇ *n Br inf* [mother] maman *f*.

**mumble** ['mʌmbl] ◇ *vi* marmonner; **what are you mumbling about?** qu'est-ce que tu as à marmonner comme ça? ◇ *vt* marmonner; **to** ~ **an apology** marmonner des excuses. ◇ *n* paroles *fpl* indistinctes, marmonnement *m*, marmonnages *mpl*; **he replied in a** ~ il marmonna une réponse.

**mumbo jumbo** [,mʌmbəʊ'dʒʌmbəʊ] *n pej* langage *m* incompréhensible, charabia *m*.

**mummer** ['mʌmə*r*] *n* mime *mf*.

**mummify** ['mʌmɪfaɪ] (*pt* & *pp* **mummified**) ◇ *vt* momifier. ◇ *vi* se momifier.

**mummy** ['mʌmɪ] (*pl* **mummies**) *n* **-1.** [body] momie *f*.-**2.** *Br inf* [mother] maman *f*.

**mumps** [mʌmps] *n (U)* oreillons *mpl*.

**munch** [mʌntʃ] ◇ *vt* [crunchy food] croquer; [food in general] mâcher. ◇ *vi*: **to** ~ **on an apple** croquer une pomme; **she was** ~**ing away at some toast** elle mâchonnait un toast.

**munchies** ['mʌntʃɪz] *npl inf*: **to have the** ~ avoir un petit creux.

**mundane** [mʌn'deɪn] *adj* banal, ordinaire.

**mung bean** [mʌŋ-] *n* mungo *m*, ambérique *f*.

**municipal** [mju:'nɪsɪpl] *adj* municipal, de la ville.

**municipality** [mju:,nɪsɪ'pælətɪ] (*pl* **municipalities**) *n* municipalité *f*.

**munificence** [mju:'nɪfɪsəns] *n* munificence *f*.

**munificent** [mju:'nɪfɪsənt] *adj* munificent.

**munitions** [mju:'nɪʃnz] *npl* munitions *fpl*; ~ **dump** dépôt *m* de munitions; ~ **factory** fabrique *f* de munitions.

**mural** ['mjʊərəl] ◇ *n* [painting] mural *m*, peinture *f* murale. ◇ *adj* mural.

**murder** ['mɜ:də*r*] ◇ *n* **-1.** *literal* meurtre *m*, assassinat *m*; **he's up on a** ~ **charge** il est accusé de meurtre; ~ **trial** procès *m* pour meurtre; **the** ~ **weapon** l'arme *f* du crime ❑ **to get away with** ~ faire n'importe quoi impunément; 'Murder on the Orient Express' *Christie, Lumet* 'le Crime de l'Orient-Express'. **-2.** *inf* & *fig* calvaire *m*, enfer *m*; **the traffic is** ~ **on Fridays** il y a une circulation épouvantable le vendredi. ◇ *vt* **-1.** [kill] tuer, assassiner; [slaughter] tuer, massacrer; **I could** ~ **a beer!** je me taperais bien une bière!-**2.** *fig* [language, play] massacrer. ◇ *interj*: ~! à l'assassin!

**murderer** ['mɜ:dərə*r*] *n* meurtrier *m*, -ère *f*, assassin *m*.

**murderess** ['mɜ:dərɪs] *n* meurtrière *f*.

**murderous** ['mɜ:dərəs] *adj* **-1.** [deadly – regime, attack, intention] meurtrier. **-2.** [hateful – look, expression] meurtrier, assassin, de haine. **-3.** [dangerous – road, bend] meurtrier, redoutable. **-4.** *inf* [hellish] infernal, épouvantable.

**murk** [mɜːk] *n (U)* obscurité *f*, ténèbres *fpl*.

**murky** ['mɜːkɪ] *(compar* **murkier**, *superl* **murkiest**) *adj* **-1.** [dark – sky, night] noir, sombre; [muddy – water] boueux, trouble; [dirty – windows, weather] sale. **-2.** *fig* [shameful]: a ~ episode une histoire sombre OR trouble; he's someone from my ~ past *hum* c'est quelqu'un qui appartient à mon passé trouble.

**murmur** ['mɜːmə'] ◇ *vi* murmurer; to ~ at OR against sthg murmurer contre qqch. ◇ *vt* murmurer. ◇ *n* **-1.** [sound] murmure *m*; [of conversation] bruit *m*, bourdonnement *m*; there wasn't a ~ on aurait pu entendre une mouche voler; without a ~ sans broncher. **-2.** MED [of heart] souffle *m*.

**Murphy bed** ['mɜːfɪ-] *n Am* lit *m* escamotable.

**Murphy's law** ['mɜːfɪz-] *n* loi *f* de l'emmerdement maximum.

**Mururoa Atoll** ['mʊrʊˌrəʊə'ætɒl] *pr n* Mururoa; on ~ à Mururoa.

**MusB** [ˌmʌzbiː], **MusBac** ['mʌzbæk] *(abbr of* **Bachelor of Music**) *n* (titulaire d'une) licence de musique.

**muscatel** [ˌmʌskə'tel] *n* muscat *m*.

**muscle** ['mʌsl] ◇ *n* **-1.** ANAT & ZOOL muscle *m*; [strength] muscle *m*, force *f*; she didn't move a ~ elle est restée parfaitement immobile. **-2.** [influence, power] puissance *f*, poids *m*. ◇ *vt* muscler.

◆ **muscle in** *vi insep inf* intervenir; to ~ in on sthg intervenir autoritairement dans qqch.

**muscle-bound** *adj* **-1.** [muscular] extrêmement musclé. **-2.** [rigid] inflexible, rigide.

**muscleman** ['mʌslmæn] *(pl* **musclemen** [-men]) *n* [strongman] hercule *m*; [bodyguard] homme *m* de main.

**muscle relaxant** *n* myorelaxant *m*, décontracturant *m*.

**muscly** ['mʌslɪ] *adj* musclé, plein de muscles.

**Muscovite** ['mʌskəvaɪt] ◇ *n* Moscovite *mf*. ◇ *adj* moscovite.

**muscular** ['mʌskjʊlə'] *adj* **-1.** [body] musclé. **-2.** [pain, tissue] musculaire.

**muscular dystrophy** *n (U)* myopathie *f*.

**musculature** ['mʌskjʊlətʃə'] *n* musculature *f*.

**MusD** ['mʌzdiː], **MusDoc** ['mʌzdɒk] *(abbr of* **Doctor of Music**) *n* (titulaire d'un) doctorat en musique.

**muse** [mjuːz] ◇ *n* muse *f*; the Muses les Muses. ◇ *vi* rêvasser, songer; to ~ on OR upon OR over sthg songer à qqch. ◇ *vt*: "I wonder what happened to him", she ~d «je me demande bien ce qu'il est devenu», dit-elle d'un air songeur.

**museum** [mjuː'ziːəm] *n* musée *m*.

**museum piece** *n literal & fig* pièce *f* de musée.

**mush¹** [mʌʃ] *n* **-1.** [food] bouillie *f*; *Am* [porridge] bouillie *f* de maïs. **-2.** *inf & fig* [sentimentality] mièvrerie *f*.

**mush²**▽ [mʊʃ] *n Br* **-1.** [face] poire *f*, trombine *f*. **-2.** [term of address]: oi, ~!▽ eh, machin!

**mushroom** ['mʌʃrʊm] ◇ *n* BOT & NUCL champignon *m*. ◇ *comp* **-1.** [soup, omelette] aux champignons. **-2.** [in colour] beige. ◇ *fig*: ~ growth poussée *f* OR croissance *f* rapide; ~ town ville *f* champignon. ◇ *vi* **-1.** [gather mushrooms]: to go ~ing aller aux champignons. **-2.** [spring up] pousser comme des champignons. **-3.** [grow quickly] s'étendre, prendre de l'ampleur; the conflict ~ed into full-scale war le conflit a vite dégénéré en véritable guerre.

**mushroom cloud** *n* champignon *m* atomique.

**mushrooming** ['mʌʃruːmɪŋ] *n* **-1.** [mushroom picking] cueillette *f* des champignons. **-2.** [sudden growth] croissance *f* exponentielle.

**mushy** ['mʌʃɪ] *(compar* **mushier**, *superl* **mushiest**) *adj* **-1.** [vegetables] ramolli; [fruit] trop mûr, blet; [ground] détrempé; ~ peas purée *f* de petits pois. **-2.** *inf & fig* [sentimental] à l'eau de rose, mièvre.

**music** ['mjuːzɪk] ◇ *n* musique *f*; to set to ~ mettre en musique; [[score] partition *f*, musique *f*; to read ~ lire une partition □ the news was ~ to my ears la nouvelle m'a fait très plaisir OR m'a ravi. ◇ *comp* [teacher, lesson, festival] de musique.

**musical** ['mjuːzɪkl] ◇ *adj* **-1.** [evening, taste, composition] musical. **-2.** [person] musicien; I'm not very ~ je n'ai pas telle-

ment l'oreille musicale. **-3.** [pleasant – voice, chimes] musical. ◇ *n* = **musical comedy**.

**musical box** *Br* = **music box**.

**musical chairs** *n* **-1.** [game] jeu *m* des chaises musicales. **-2.** *fig* va-et-vient *m inv*, remue-ménage *m inv*; POL remaniements *mpl*.

**musical comedy** *n* comédie *f* musicale, musical *m*.

**musical instrument** *n* instrument *m* de musique.

**musically** ['mjuːzɪklɪ] *adv* [in a musical way] musicalement; [from a musical viewpoint] musicalement, d'un point de vue musical.

**music box** *n* boîte *f* à musique.

**music case** *n* porte-musique *m inv*.

**music centre** *n* chaîne *f* (midi).

**music hall** *n* **-1.** [theatre] théâtre *m* de variétés. **-2.** [entertainment] music-hall. ◇ *comp* [song, artist] de music-hall.

**musician** [mjuː'zɪʃn] *n* musicien *m*, -enne *f*.

**music-lover** *n* mélomane *mf*.

**musicology** [ˌmjuːzɪ'kɒlədʒɪ] *n* musicologie *f*.

**music paper** *n* papier *m* à musique.

**music stand** *n* pupitre *m* (à musique).

**musing** ['mjuːzɪŋ] ◇ *n (U)* songes *mpl*, rêverie *f*. ◇ *adj* songeur, rêveur.

**musk** [mʌsk] *n* musc *m*.

**musk deer** *n* porte-musc *m*.

**musket** ['mʌskɪt] *n* mousquet *m*.

**musketeer** [ˌmʌskɪ'tɪə'] *n* mousquetaire *m*.

**muskrat** ['mʌskræt] *(pl inv* OR **muskrats**) *n* **-1.** ZOOL rat *m* musqué, ondatra *m*. **-2.** [fur] rat *m* d'Amérique, loutre *f* d'Hudson.

**musk rose** *n* rosier *m* musqué.

**musky** ['mʌskɪ] *(compar* **muskier**, *superl* **muskiest**) *adj* musqué.

**Muslim** ['mʊzlɪm] ◇ *adj* musulman. ◇ *n* musulman *m*, -e *f*.

**muslin** ['mʌzlɪn] ◇ *n* mousseline *f* TEXT. ◇ *comp* de OR en mousseline.

**musquash** ['mʌskwɒʃ] = **muskrat**.

**muss** [mʌs] *vt inf* [rumple] friper, froisser; [dirty] salir.

**mussel** ['mʌsl] ◇ *n* moule *f*. ◇ *comp*: ~ farm moulière *f*; ~ bed parc *m* à moules.

**must¹** [weak form məs, məst, *strong form* mʌst] ◇ *modal vb* **-1.** [expressing necessity, obligation] devoir; you ~ lock the door vous devez fermer OR il faut que vous fermiez la porte à clé; I ~ go now il faut que je parte (maintenant); I ~ admit the idea intrigues me je dois avouer que l'idée m'intrigue; if I/you *etc* ~ s'il le faut; if you ~ know, he's asked me out to dinner si tu veux tout savoir, il m'a invitée à dîner; ~ you be so rude? es-tu obligé d'être aussi grossier?; you mustn't smoke it est interdit de fumer; I mustn't say any more je n'ai pas le droit d'en dire plus; they told us we mustn't come before 10 o'clock ils nous ont dit de ne pas arriver avant 10 h. **-2.** [suggesting, inviting]: you ~ meet my wife il faut que vous rencontriez OR fassiez la connaissance de ma femme. **-3.** [expressing likelihood] devoir; you ~ be Alison vous devez être Alison; you ~ be joking! tu plaisantes!**-4.** *(with 'have'* + *past participle)* [making assumptions]: she ~ have forgotten elle a dû oublier, elle a sans doute oublié; has she forgotten? — she ~ have elle a oublié? — sans doute OR certainement; you ~ have known! vous le saviez sûrement! ‖ [stating requirements]: before applying candidates ~ have successfully completed all their exams les candidats doivent avoir obtenu tous leurs examens avant de se présenter.

◇ *n inf*: this film/his new album is a ~ il faut absolument avoir vu ce film/acheter son dernier album.

**must²** [mʌst] *n* **-1.** [mould] moisissure *f*. **-2.** [for wine] moût *m*.

**mustache** *Am* ['mʌstæʃ] = **moustache**.

**mustachio** [mə'stɑːʃɪəʊ] *(pl* **mustachios**) *n* (longue) moustache *f*.

**mustachioed** [mə'stɑːʃɪəʊd] *adj* moustachu.

**mustang** ['mʌstæŋ] *n* mustang *m*.

**mustard** ['mʌstəd] *n* moutarde *f*; ~ seed graine *f* de moutarde; ~ and cress *mélange de cresson alénois et de pousses de moutarde blanche utilisé en salade*; French ~ ≈ moutarde *f* de Dijon. ◇ *adj* [colour] moutarde *(inv)*.

**mustard gas** *n* gaz *m* moutarde, ypérite *f*.

**muster** ['mʌstər] ◇ *vt* **-1.** [gather – troops] rassembler, réunir; [– courage, energy] rassembler; [– finance, cash] réunir; they were unable to ~ enough support ils n'ont pas pu trouver suffisamment de gens pour soutenir leur initiative. **-2.** [take roll-call] faire l'appel de. ◇ *vi* se rassembler. ◇ *n* **-1.** MIL revue *f*, inspection *f*; to pass ~ *Br fig* [in dress, appearance] être présentable; [in content] être acceptable. **-2.** [assembly] rassemblement *m*.

◆ **muster up** *vt insep* [courage] rassembler; to ~ up support chercher à obtenir un soutien OR un appui.

**mustn't** [mʌsnt] = **must not**.

**must've** ['mʌstəv] = **must have**.

**musty** ['mʌstɪ] *(compar* **mustier,** *superl* **mustiest)** *adj* **-1.** [smell] de moisi; [room] qui sent le renfermé. **-2.** *fig* [old-fashioned] suranné, vieux jeu *(inv)*.

**mutable** ['mjuːtəbl] *adj* [gen] mutable; ASTROL mutable, commun.

**mutant** ['mjuːtənt] ◇ *adj* mutant. ◇ *n* mutant *m*, -e *f*.

**mutate** [mjuːˈteɪt] *vi & vt* muter.

**mutation** [mjuːˈteɪʃn] *n* mutation *f*.

**mute** [mjuːt] ◇ *adj* **-1.** MED muet. **-2.** LING [vowel, letter] muet. **-3.** [silent – person] muet, silencieux; [unspoken – feeling] muet. ◇ *vt* [sound] amortir, atténuer; [feelings, colour] atténuer. ◇ *n* **-1.** MED muet *m*, -ette *f*.-2. MUS sourdine *f*.

**muted** ['mjuːtɪd] *adj* **-1.** [sound] assourdi, amorti, atténué; [voice] feutré, sourd; [colour] doux (*f* douce), pâle; [criticism, protest] voilé; [applause] faible. **-2.** MUS en sourdine.

**mute swan** *n* cygne *m* muet OR tuberculé OR domestique.

**mutilate** ['mjuːtɪleɪt] *vt* **-1.** [maim – body] mutiler; [– face] défigurer. **-2.** [damage – property, thing] mutiler, dégrader, détériorer. **-3.** [adulterate – text] mutiler.

**mutilation** [,mjuːtɪˈleɪʃn] *n* **-1.** [of body] mutilation *f*.-2. [of property] détérioration *f*, dégradation *f*.-3. [of text] mutilation *f*, altération *f*.

**mutineer** [,mjuːtɪˈnɪər] *n* mutin *m*, mutiné *m*, -e *f*.

**mutinous** ['mjuːtɪnəs] *adj* **-1.** [rebellious – crew, soldiers] mutiné, rebelle. **-2.** [unruly – child] indiscipliné, rebelle.

**mutiny** ['mjuːtɪnɪ] *(pl* **mutinies)** ◇ *n* [on ship] mutinerie *f*; [in prison, barracks] rébellion *f*, mutinerie *f*; [in city] soulèvement *m*, révolte *f*; 'Mutiny on the Bounty' *Nordhoff, Hall* 'les Révoltés du Bounty'. ◇ *vi* se mutiner, se rebeller.

**mutt** [mʌt] *n inf* **-1.** [dog] clébard *m*.-2. [fool] crétin *m*, -e *f*.

**mutter** ['mʌtər] ◇ *vt* [mumble] marmonner, grommeler. ◇ *vi* **-1.** [mumble] marmonner, parler dans sa barbe OR entre ses dents; what are you ~ing about? qu'est-ce que tu as à marmonner?; to ~ to o.s. marmonner tout seul. **-2.** [grumble] grommeler, grogner. ◇ *n* murmure *m*, murmures *mpl*, marmonnement *m*.

**muttering** ['mʌtərɪŋ] *n* marmottement *m*.

**mutton** ['mʌtn] ◇ *n* CULIN mouton *m*; she's ~ dressed as lamb elle joue les jeunesses. ◇ *comp* [chop, stew] de mouton.

**muttonchops** [,mʌtnˈtʃɒps], **muttonchop whiskers** *npl* favoris *mpl* *(bien fournis)*.

**mutual** ['mjuːtʃʊəl] *adj* [reciprocal – admiration, help] mutuel, réciproque; [shared – friend, interest] commun; by ~ consent à l'amiable, par consentement mutuel; the feeling is ~ c'est réciproque.

**mutual fund** *n Am* [unit trust] fonds *m* commun de placement.

**mutually** ['mjuːtʃʊəlɪ] *adv* mutuellement, réciproquement; ~ exclusive OR contradictory qui s'excluent l'un l'autre, contradictoires.

**Muzak**® *n* musique *f* de fond, fond *m* sonore.

**muzzle** ['mʌzl] ◇ *n* **-1.** [for dog, horse] muselière *f*.-2. *fig* [censorship] bâillon *m*, censure *f*.-3. [of gun] canon *m*.-4. [mouth of animal] gueule *f*. ◇ *vt* **-1.** [dog, horse] museler, mettre une muselière à. **-2.** *fig* [speaker] museler, empêcher de s'exprimer librement; [press] bâillonner, museler.

**muzzle-loader** *n* arme à feu dont le chargement s'opère par la bouche.

**muzzle velocity** *n* vitesse *f* initiale.

**muzzy** ['mʌzɪ] *(compar* **muzzier,** *superl* **muzziest)** *adj Br* **-1.** [person] aux idées embrouillées; [mind, head] confus; [ideas] embrouillé, flou. **-2.** [picture] flou, indistinct.

**MW** *(written abbr of* **medium wave)** PO.

**my** [maɪ] ◇ *det* **-1.** [belonging to me] mon *m*, ma *f*, mes *pl*; my dog/car/ear mon chien/ma voiture/mon oreille; I never use my own car je n'utilise jamais ma voiture (personnelle); I have a car of my own j'ai une voiture (à moi); this is MY chair cette chaise est à moi; I've broken my arm je me suis cassé le bras; she looked into my eyes elle m'a regardé dans les yeux. **-2.** [in terms of affection]: my dear OR darling [to man] mon chéri; [to woman] ma chérie. **-3.** [in titles]: my Lord [to judge] Monsieur le juge; [to nobleman] Monsieur le Comte/le Duc; [to bishop] Monseigneur. **-4.** [in exclamations]: oh, my God! oh! mon Dieu! ◇ *interj* eh bien.

**myalgic encephalomyelitis** [maɪˈældʒɪk en,sefələʊ,maɪˈlaɪtɪs] → **ME**.

**Myanmar** [,maɪænˈmɑːr] *pr n* Myanmar *m*; in ~ au Myanmar.

**myelitis** [,maɪəˈlaɪtɪs] *n* myélite *f*.

**myeloma** [,maɪəˈləʊmə] *n* myélome *m*.

**myna(h)** ['maɪnə] *n*: ~ (bird) mainate *m*.

**myocardial** [,maɪəʊˈkɑːdɪəl] *adj*: ~ infarction infarctus *m* du myocarde.

**myopic** [maɪˈɒpɪk] *adj* myope.

**myriad** ['mɪrɪəd] ◇ *adj lit* innombrable. ◇ *n* myriade *f*.

**myrrh** [mɜːr] *n* myrrhe *f*.

**myrtle** ['mɜːtl] *n* myrte *m*.

**myself** [maɪˈself] *pron* **-1.** [reflexive use]: may I help ~? puis-je me servir?; I knitted ~ a cardigan je me suis tricoté un gilet; it doesn't taste bad, though I say so OR it ~ *hum* sans fausse modestie, ça n'est pas mauvais; I can't see ~ going on holiday this year je ne crois pas que je pourrai partir en vacances cette année. **-2.** [replacing 'me']: the group included ~ and Jim Jim et moi faisions partie du groupe ❑ I'm not (feeling) ~ today je ne me sens pas très bien OR je ne suis pas dans mon assiette aujourd'hui. **-3.** [emphatic use]: I'm not a great fan of opera ~ personnellement, je ne suis pas un passionné d'opéra; I'm a stranger here ~ je ne suis pas d'ici non plus; I ~ OR ~, I don't believe him pour ma part, je ne le crois pas; I was left all by ~ on m'a laissé tout seul. **-4.** [unaided, alone] moi-même; I can do it ~ je peux le faire moi-même OR tout seul.

**mysterious** [mɪˈstɪərɪəs] *adj* mystérieux.

**mysteriously** [mɪˈstɪərɪəslɪ] *adv* mystérieusement.

**mystery** ['mɪstərɪ] *(pl* **mysteries)** ◇ *n* **-1.** [strange or unexplained event] mystère *m*; it's a ~ to me why she came la raison de sa venue est un mystère pour moi; his past is a ~ son passé est bien mystérieux. **-2.** [strangeness] mystère *m*; she has a certain ~ about her il se dégage de sa personne une impression de mystère. **-3.** THEAT & RELIG mystère *m*. ◇ *comp* [man, voice] mystérieux.

**mystery play** *n* mystère *m* THEAT.

**mystery story** *n* histoire *f* à suspense, intrigue *f* policière.

**mystery tour** *n* excursion dont la destination est inconnue des participants.

**mystic** ['mɪstɪk] ◇ *adj* mystique. ◇ *n* mystique *mf*.

**mystical** ['mɪstɪkl] *adj* **-1.** PHILOS & RELIG mystique. **-2.** [occult] occulte.

**mysticism** ['mɪstɪsɪzm] *n* mysticisme *m*.

**mystification** [,mɪstɪfɪˈkeɪʃn] *n* mystification *f*.

**mystified** ['mɪstɪfaɪd] *adj* perplexe.

**mystify** ['mɪstɪfaɪ] *(pt & pp* **mystified)** *vt* [puzzle] déconcerter, laisser OR rendre perplexe; [deceive] mystifier.

**mystifying** ['mɪstɪfaɪɪŋ] *adj* inexplicable, déconcertant.

**mystique** [mɪˈstiːk] *n* mystique *f*, côté *m* mystique.

**myth** [mɪθ] *n* mythe *m*.

**mythical** ['mɪθɪkl] *adj* mythique.

**mythological** [,mɪθəˈlɒdʒɪkl] *adj* mythologique.

**mythology** [mɪˈθɒlədʒɪ] *(pl* **mythologies)** *n* mythologie *f*.

**mythomania** [,mɪθəˈmeɪnjə] *n* mythomanie *f*.

**myxomatosis** [,mɪksəməˈtəʊsɪs] *n* myxomatose *f*.

# N

**n** (*pl* **n's** OR **ns**), **N** (*pl* **N's** OR **Ns**) [en] *n* [letter] n *m*, N *m*.

**n** *n* MATH n *m*; there are ~ possible solutions il y a 36 solutions possibles.

**N** (*written abbr of* **North**) N.

**n/a, N/A** (*written abbr of* **not applicable**) s.o.

**Naafi** *n* ['næfɪ] (*abbr of* **Navy, Army, and Air Force Institutes**) *pr n organisme approvisionnant les forces armées britanniques en biens de consommation.*

**nab** [næb] (*pt* & *pp* **nabbed**, *cont* **nabbing**) *vt inf* **-1.** [catch in wrongdoing] pincer, choper. **-2.** [catch – to speak to] coincer, agrafer. **-3.** [steal, take] chiper, faucher; [occupy – seat] prendre, accaparer; [– parking place] piquer.

**nabob** ['neɪbɒb] *n* nabab *m*.

**nachos** ['nɑːtʃəʊz] *npl chips de maïs servis avec du fromage fondu.*

**nacre** ['neɪkəʳ] *n* nacre *f*.

**nadir** ['neɪˌdɪəʳ] *n* **-1.** ASTRON nadir *m*.**-2.** *fig* [lowest point] point *m* le plus bas OR profond.

**naff** [næf] *adj Br inf* nul, bidon.
◆ **naff off** *vi insep Br inf*: ~ off! [go away] tire-toi!

**NAFTA** ['næftə] (*abbr of* **North American Free Trade Agreement**) *n* ALENA *m*.

**nag** [næg] (*pt* & *pp* **nagged**, *cont* **nagging**) ◇ *vt* **-1.** [pester] houspiller, harceler; **he nagged me into buying him a hi-fi** il m'a harcelé jusqu'à ce que je lui achète une chaîne stéréo. **-2.** [subj: pain, sorrow] ronger, travailler; [subj: doubt] tourmenter, ronger. ◇ *vi* trouver à redire, maugréer; **to** ~ **at sb** harceler qqn. ◇ *n* **-1.** *inf* [person] rouspéteur *m*, -euse *f*, râleur *m*, -euse *f*; **his wife's a real** ~ sa femme est toujours sur son dos. **-2.** [horse] rosse *f*.

**nagging** ['nægɪŋ] ◇ *adj* **-1.** [wife, husband] grincheux, acariâtre. **-2.** [doubt, feeling] tenace, harcelant; [pain] tenace. ◇ *n* (*U*) plaintes *fpl* continuelles.

**naiad** ['naɪæd] *n* naïade *f*.

**nail** [neɪl] ◇ *n* **-1.** [pin] clou *m*; **it's another** ~ **in his coffin** [ruin] pour lui, c'est un pas de plus vers la ruine; [death] pour lui, c'est un pas de plus vers la tombe. ◇ *vt* **-1.** [attach] clouer; ~ **the planks together** clouez les planches l'une à l'autre; ~**ed to the door** cloué sur la porte; **the windows are** ~**ed shut** les fenêtres ont été clouées OR sont condamnées ❏ **to** ~ **one's colours to the mast** exprimer clairement son opinion. **-2.** *inf* [catch, trap – person] pincer, coincer. **-3.** *inf* [expose – rumour] dénoncer; [– lie] dénoncer, révéler.

◆ **nail down** *vt sep* **-1.** [fasten] clouer, fixer avec des clous. **-2.** [make definite – details, date] fixer (définitivement); [– agreement] parvenir à, arriver à; [– person] amener à se décider; **try to** ~ **her down to a definite date** essayez de faire en sorte qu'elle vous fixe une date précise; **he's difficult to** ~ **down** il est difficile d'obtenir une réponse précise de sa part.

◆ **nail up** *vt sep* **-1.** [shut – door, window] condamner (*en fixant avec des clous*); [– box] clouer; [– items in box]: **the pictures were** ~**ed up in a crate** les tableaux étaient placés dans une caisse fermée par des clous. **-2.** [fix to wall, door – picture, photo etc] fixer (avec un clou); [– notice] clouer, afficher.

**nail-biting** ◇ *n* [habit] manie *f* de se ronger les ongles; *fig* nervosité *f*, inquiétude *f*. ◇ *adj* [situation] angoissant, stressant; [finish] haletant.

**nailbrush** ['neɪlbrʌʃ] *n* brosse *f* à ongles.

**nail clippers** *npl* coupe-ongles *m inv*, pince *f* à ongles.

**nail file** *n* lime *f* à ongles.

**nail polish** *n* vernis *m* à ongles.

**nail scissors** *npl* ciseaux *mpl* à ongles.

**nail varnish** *n Br* vernis *m* à ongles; ~ **remover** dissolvant *m* (pour vernis à ongles).

**naive, naïve** [naɪˈiːv] *adj* naïf.

**naively, naïvely** [naɪˈiːvlɪ] *adv* naïvement, avec naïveté.

**naivety** [naɪˈiːvtɪ] *n* naïveté *f*.

**naked** ['neɪkɪd] *adj* **-1.** [unclothed – body, leg] nu; **the** ~ **ape** *fig* l'homme *m*, l'espèce *f* humaine || [bare – tree] nu, dénudé, sans feuilles; [– landscape] nu, dénudé; [– wall, room] nu; [unprotected – flame, light, sword] nu, dénudé; [– wire] nu, dénudé. **-2.** [undisguised – reality, truth] tout nu, tout cru; [– fear] pur et simple; [– aggression] délibéré. **-3.** [eye] nu; **visible with** OR **to the** ~ **eye** visible à l'œil nu. **-4.** BOT & ZOOL nu.

**nakedness** ['neɪkɪdnɪs] *n* nudité *f*.

**NALGO** ['nælgəʊ] (*abbr of* **National and Local Government Officers' Association**) *pr n ancien syndicat de la fonction publique en Grande-Bretagne.*

**Nam** [næm] *pr n Am inf* Vietnam *m*.

**namby-pamby** [ˌnæmbɪˈpæmbɪ] *inf* ◇ *adj* [person] gnangnan (*inv*), cucul (*inv*); [style] à l'eau de rose, fadasse. ◇ *n* lavette *f*, gnangnan *mf*.

**name** [neɪm] ◇ *n* **-1.** nom *m*; **what's your** ~? quel est votre nom?, comment vous appelez-vous?; **my** ~**'s Richard** je m'appelle Richard; **the house is in his wife's** ~ la maison est au nom de sa femme; **she knows all the children by** ~ elle connaît le nom de tous les enfants; **he is known** OR **he goes by the** ~ **of Penn** il est connu sous le nom de Penn, il se fait appeler Penn; **someone by** OR **of the** ~ **of Penn** quelqu'un du nom de OR qui s'appelle Penn; **a guy** ~ **of Jones** *Am inf* un type du nom de Jones; **I know it by** OR **under a different** ~ je le connais sous un autre nom; **he writes novels under the** ~ **of A.B. Alderman** il écrit des romans sous le pseudonyme de A.B. Alderman; **have you put your** ~ **down for evening classes?** est-ce que vous vous êtes inscrit aux cours du soir?; **she was his wife in all but** ~ ils n'étaient pas mariés, mais c'était tout comme; **he had his** ~ **taken** FTBL il a eu un carton jaune; **he is president in** ~ **only** il n'a de président que le nom, c'est un président sans pouvoir; **what's in a** ~? on n'a pas toujours le nom que l'on mérite ❏ **to call sb** ~**s** injurier OR insulter qqn; **money is the** ~ **of the game** c'est une affaire d'argent; ah well, that's the ~ **of the game** c'est comme ça!, c'est la vie! **-2.** [sake] nom *m*; **in the** ~ **of freedom** au nom de la liberté; **in God's** ~!, **in the** ~ **of God!** pour l'amour de Dieu! || [authority] nom; **in the** ~ **of the law** au nom de la loi. **-3.** [reputation – professional or business] nom *m*, réputation *f*; **to make** OR **to win a** ~ **for o.s.** se faire un nom OR une réputation; **we have the company's (good)** ~ **to think of** il faut penser au renom de la société; **to have a bad** ~ avoir (une) mauvaise réputation. **-4.** [famous person] nom *m*, personnage *m*; **he's a big** ~ **in the art world** c'est une figure de proue du monde des arts.

◇ *comp* COMM [product] de marque.

◇ *vt* **-1.** [give name to – person, animal] nommer, appeler, donner un nom à; [– ship, discovery] baptiser; **they** ~**d the baby Felix** ils ont appelé OR prénommé le bébé Felix; **she wanted to** ~ **her son after the President** elle voulait donner à son fils le prénom du Président, elle voulait que son fils porte le prénom du Président; **the building is** ~**d for Abraham Lincoln** *Am* on a donné au bâtiment le nom d'Abraham Lincoln; **the fellow** ~**d Chip** le dénommé Chip. **-2.** [give name of] désigner, nommer; **the journalist refused to** ~ **his source** le journaliste a refusé de révéler OR de donner le nom de son informateur; **whatever you need, just** ~ **it** vos moindres désirs seront exaucés; **you** ~ **it, we've got it** demandez-nous n'importe quoi, nous l'avons!; ~ **the books of the Old Testament** citez les livres de l'Ancien Testament; **to** ~ **names** donner des noms ‖ [cite] citer, mentionner; **he is** ~**d as one of the consultants** son nom est cité OR mentionné en tant que consultant. **-3.** [appoint] nommer, désigner; **she has been** ~**d as president** elle a été nommée présidente; ~ **your price** votre prix sera le mien, dites votre prix ❑ **they've finally** ~**d the day** ils ont enfin fixé la date de leur mariage. **-4.** Br POL: **to** ~ **an MP** ≃ suspendre un député.

◆ **Name** n membre syndicative dont la fortune, investie chez la compagnie d'assurances Lloyd's, est utilisée pour le remboursement des sinistres.

**name-calling** n (U) insultes fpl, injures fpl.

**name day** n fête f.

**name-dropping** n allusion fréquente à des personnes connues dans le but d'impressionner.

**nameless** ['neɪmlɪs] adj **-1.** [anonymous, unmentioned] sans nom, anonyme; [unknown – grave, writer] anonyme, inconnu; **a person who shall be** ~ une personne que je ne nommerai pas. **-2.** [indefinable – fear, regret] indéfinissable, indicible. **-3.** [atrocious – crime] innommable, sans nom, inouï.

**namely** ['neɪmlɪ] adv c'est-à-dire, à savoir.

**nameplate** ['neɪmpleɪt] n plaque f.

**namesake** ['neɪmseɪk] n homonyme m; **she's my** ~ nous portons toutes les deux le même nom.

**nametape** ['neɪmteɪp] n marque f (sur des vêtements), griffe f.

**Namibia** [nə'mɪbɪə] prn Namibie f; **in** ~ en Namibie.

**Namibian** [nə'mɪbɪən] ◇ n Namibien m, -enne f. ◇ adj namibien.

**naming** ['neɪmɪŋ] n **-1.** [gen] attribution f d'un nom; [of ship] baptême m. **-2.** [citing] mention f, citation f. **-3.** [appointment] nomination f.

**nan** [næn] n Br inf [grandmother] mémé f.

**nana** ['nænə] inf = **nan**.

**nan bread** [nɑ:n-] n pain plat indien.

**nancy**▽ ['nænsɪ] ◇ n: ~ **(boy)** pédale f, tapette f.

**nanna** ['nænə] Br = **nan**.

**nanny** ['nænɪ] (pl **nannies**) n **-1.** [nurse] nurse f, bonne f d'enfants; **the** ~ **state** l'État m paternaliste. **-2.** Br inf [grandma] mémé f, mamie f.

**nanny goat** n chèvre f.

**nanosecond** ['nænəʊ,sekənd] n nanoseconde f.

**nap** [næp] (pt & pp **napped**, cont **napping**) ◇ n **-1.** [sleep] somme m; **to take** OR **to have a** ~ faire un (petit) somme; **to take an afternoon** ~ faire la sieste. **-2.** TEX poil m. **-3.** [card game] jeu de cartes ressemblant au whist. ◇ vi [sleep – gen] faire un (petit) somme; [– in afternoon] faire la sieste. ◇ vt **-1.** TEX [cloth] lainer, gratter; [velvet] brosser. **-2.** [in horse-racing] désigner comme favori, donner gagnant.

**napalm** ['neɪpɑ:m] ◇ n napalm m; ~ **bomb** bombe f au napalm. ◇ vt bombarder au napalm.

**nape** [neɪp] n: **the** ~ **of the neck** la nuque.

**napkin** ['næpkɪn] n **-1.** [on table] serviette f (de table). **-2.** Br [for baby] couche f.

**napkin ring** n rond m de serviette.

**napoleon** [nə'pəʊljən] n **-1.** [coin] napoléon m. **-2.** Am CULIN mille-feuille m.

**Napoleon** [nə'pəʊljən] prn Napoléon; ~ **Bonaparte** Napoléon Bonaparte.

**Napoleonic** [nə,pəʊlɪ'ɒnɪk] adj napoléonien.

**nappy** ['næpɪ] (pl **nappies**) n Br couche f (pour bébé).

**nappy liner** n Br change m (jetable).

**nappy rash** n Br érythème m fessier; **babies often get** ~ les bébés ont souvent les fesses rouges et irritées.

**narcissi** [nɑ:'sɪsaɪ] pl → **narcissus**.

**narcissism** ['nɑ:sɪsɪzm] n narcissisme m.

**narcissistic** [,nɑ:sɪ'sɪstɪk] adj narcissique.

**narcissus** [nɑ:'sɪsəs] (pl inv OR **narcissuses** OR **narcissi**

[-'sɪsaɪ]) n narcisse m.

**Narcissus** [nɑ:'sɪsəs] prn Narcisse.

**narcosis** [nɑ:'kəʊsɪs] n narcose f.

**narcotic** [nɑ:'kɒtɪk] ◇ adj narcotique. ◇ n **-1.** PHARM narcotique m. **-2.** Am [illegal drug] stupéfiant m.

**nark** [nɑ:k] vt inf [annoy] mettre en boule OR en rogne.

**narked** [nɑ:kt] adj Br inf furibard, furax.

**narrate** [Br nə'reɪt, Am 'næreɪt] vt **-1.** [relate – story] raconter, narrer lit; [– event] faire le récit de, relater. **-2.** [read commentary for]: **the film was** ~**d by an American actor** le commentaire du film a été dit OR lu par un acteur américain.

**narration** [Br nə'reɪʃn, Am næ'reɪʃn] n **-1.** [narrative] narration f. **-2.** [commentary] commentaire m.

**narrative** ['nærətɪv] ◇ adj narratif. ◇ n **-1.** LITERAT narration f. **-2.** [story] histoire f, récit m.

**narrator** [Br nə'reɪtər, Am 'næreɪtər] n narrateur m, -trice f.

**narrow** ['nærəʊ] ◇ adj **-1.** [not wide – street, passage, valley] étroit; [tight – skirt, shoe] étroit, serré; [long – nose] mince; [– face] allongé; **to grow** OR **to become** ~ se rétrécir; **to have** ~ **shoulders** être petit de carrure, ne pas être large d'épaules. **-2.** [scant, small – advantage, budget, majority] petit, faible; [close – result] serré; **it was another** ~ **victory/defeat for the French side** l'équipe française s'a encore emporté de justesse/a encore perdu de peu; **we had a** ~ **escape** on l'a échappé belle. **-3.** [restricted – scope, field, research] restreint, limité; [strict – sense, interpretation] restreint, strict. **-4.** [bigoted, illiberal – mind, attitude] borné, étroit; [– person] borné. **-5.** fml [detailed – search] minutieux, détaillé. **-6.** LING [vowel] tendu; [in phonetics]: ~ **transcription** transcription f étroite. ◇ vt **-1.** [make narrow – road] rétrécir; **to** ~ **one's eyes** plisser les yeux. **-2.** [reduce – difference, gap] réduire, restreindre; [limit – search] limiter, restreindre. ◇ vi **-1.** [become narrow – road, space] se rétrécir, se resserrer. **-2.** [be reduced – difference, choice] se réduire, se limiter; [number, majority] s'amenuiser, se réduire. ◇ n (usu pl) [gen] passage m étroit; [pass] col m; [strait] détroit m.

◆ **narrow down** ◇ vt sep [limit – choice, search] limiter, restreindre; [reduce – majority, difference] réduire. ◇ vi insep [search] se limiter, se restreindre.

**narrow-band** adj à bande étroite.

**narrow boat** n péniche f (étroite).

**narrow gauge** n voie f étroite.

◆ **narrow-gauge** adj [track, line] à voie étroite.

**narrowly** ['nærəʊlɪ] adv **-1.** [barely] de justesse, de peu; **he** ~ **avoided capture** il s'en est fallu de peu qu'il (ne) soit capturé. **-2.** [closely] de près, étroitement. **-3.** fml [strictly] de manière stricte, rigoureusement.

**narrow-minded** adj [person] étroit d'esprit, borné; [attitude, opinions] borné.

**narrowness** ['nærəʊnɪs] n étroitesse f.

**narwal, narwhal** ['nɑ:wəl] n narval m.

**NASA** (abbr of National Aeronautics and Space Administration) ['næsə] prn NASA f.

**nasal** ['neɪzl] ◇ adj **-1.** ANAT & LING nasal. **-2.** [voice, sound] nasillard. ◇ n LING nasale f.

**nasalize, -ise** ['neɪzəlaɪz] vt nasaliser.

**nascent** ['neɪsənt] adj **-1.** [in early stages] naissant. **-2.** CHEM naissant.

**nastily** ['nɑ:stɪlɪ] adv [unpleasantly – answer, remark] méchamment, avec méchanceté.

**nastiness** ['nɑ:stɪnɪs] n **-1.** [of character] méchanceté f. **-2.** [of injury] gravité f. **-3.** [unpleasantness – of smell, taste] caractère m très désagréable.

**nasturtium** [nəs'tɜ:ʃəm] n capucine f.

**nasty** ['nɑ:stɪ] (compar **nastier**, superl **nastiest**, pl **nasties**) ◇ adj **-1.** [mean, spiteful – person] mauvais, méchant; [– remark, rumour] désagréable, désobligeant; **to be** ~ **to sb** être méchant avec qqn. **-2.** [unpleasant – smell, taste] mauvais, désagréable; [– impression, surprise] désagréable, déplaisant; [– weather, job] sale; **things started to turn** ~ la situation a pris une vilaine tournure ‖ [in child language – dragon, giant, wolf] vilain, méchant. **-3.** [ugly, in bad taste] vilain, laid; **everything they sell is cheap and** ~ ils ne vendent que de la pacotille. **-4.** [serious – sprain, burn, disease] grave. **-5.** [dangerous – bend, junction] dangereux. **-6.** [difficult – problem, question] difficile, épineux. **-7.** [book, film, scene – violent] violent, dur [– obscene] obscène, indécent. ◇ *n inf* [obscene film] film *m* pornographique; [violent film] film *m* violent.

**NAS/UWT** (*abbr of* **National Association of Schoolmasters/Union of Women Teachers**) *pr n* syndicat d'enseignants et de chefs d'établissement en Grande-Bretagne.

**natal** ['neɪtl] *adj* natal.

**nation** ['neɪʃn] *n* **-1.** [country] pays *m*, nation *f*; the British ~ la nation britannique; a ~ of shopkeepers un pays de petits commerçants. **-2.** [people] nation *f*.

**national** ['næʃənl] ◇ *adj* national; the ~ newspapers la presse nationale; the killings caused a ~ outcry les assassinats ont scandalisé le pays; it's not in the ~ interest ce n'est pas dans l'intérêt du pays ❑ the National Council for Civil Liberties en Grande-Bretagne, ligue de défense des droits du citoyen luttant contre toute forme de discrimination; National Heritage Minister ≃ ministre *m* de la Culture. ◇ *n* **-1.** [person] ressortissant *m*, -e *f*; all EC ~s tous les ressortissants des pays de la CEE. **-2.** [newspaper] journal *m* national.

**national anthem** *n* hymne *m* national.

**National Convention** *n* Am POL grande réunion du parti démocrate ou républicain pour choisir le «ticket» (candidats à la présidence et à la vice-présidence).

**National Curriculum** *n*: the ~ programme introduit en 1988 définissant au niveau national (Angleterre et pays de Galles) le contenu de l'enseignement primaire et secondaire.

**national debt** *n*: the ~ la dette publique.

**national dress** *n* costume *m* national.

**National Front** *pr n* Front *m* national.

**national government** *n* gouvernement *m* de coalition.

**national grid** *n* **-1.** Br ELEC réseau *m* national d'électricité. **-2.** GEOG réseau *m*.

**National Guard** *pr n* [in the US] Garde *f* nationale (armée nationale américaine composée de volontaires).

**National Guardsman** *n* membre *m* de la Garde nationale.

**National Health Service, National Health** *pr n* système créé en 1946 en Grande-Bretagne et financé par l'État, assurant la gratuité des soins et des services médicaux, ≃ Sécurité *f* sociale.

**national hunt** *n*: ~ (racing) courses *fpl* d'obstacles.

**national income** *n* revenu *m* national.

**national insurance** *n* Br système britannique de sécurité sociale (maladie, retraite) et d'assurance chômage; ~ contributions cotisations *fpl* à la Sécurité sociale.

**nationalism** ['næʃnəlɪzm] *n* nationalisme *m*.

**nationalist** ['næʃnəlɪst] ◇ *adj* nationaliste. ◇ *n* nationaliste *mf*.

**nationalistic** [,næʃnə'lɪstɪk] *adj* nationaliste.

**nationality** [,næʃə'næləti] (*pl* **nationalities**) *n* nationalité *f*.

**nationalization** [,næʃnəlaɪ'zeɪʃn] *n* nationalisation *f*.

**nationalize, -ise** ['næʃnəlaɪz] *vt* nationaliser.

**nationalized** ['næʃnəlaɪzd] *adj* nationalisé.

**National League** *pr n* l'une des deux ligues professionnelles de base-ball aux États-Unis.

**nationally** ['næʃnəlɪ] *adv* nationalement.

**national park** *n* parc *m* national.

**National Power** *pr n* entreprise privée de production d'électricité en Angleterre et au Pays de Galles.

**national service** *n* Br service *m* militaire.

**national socialism** *n* national-socialisme *m*.

**national socialist** ◇ *adj* national-socialiste. ◇ *n* national-socialiste *mf*.

**National Trust** *pr n*: the ~ organisme non gouvernemental britannique assurant la conservation de certains paysages et monuments historiques.

**nationhood** ['neɪʃənhʊd] *n* statut *m* de nation.

**nation-state** *n* État-nation *m*.

**nationwide** ['neɪʃənwaɪd] ◇ *adj* national, à travers tout le pays. ◇ *adv* à l'échelle nationale, dans tout le pays.

**native** ['neɪtɪv] ◇ *n* **-1.** [of country] natif *m*, -ive *f*, autochtone *mf*; [of town] natif *m*, -ive *f*; I'm a ~ of Portland je suis originaire de Portland, je suis né à Portland; she's a ~ of Belgi-

um elle est belge de naissance, elle est née en Belgique; she speaks English like a ~ elle parle anglais comme si c'était sa langue maternelle OR comme les Anglais. **-2.** *pej* [primitive] indigène *m*. **-3.** BOT [plant] plante *f* indigène; ZOOL [animal] animal *m* indigène; [species] espèce *f* indigène. ◇ *adj* **-1.** [by birth] natif; ~ Indians Indiens *mpl* de naissance OR de souche; Portland honours its ~ sons Portland rend hommage à ses enfants ‖ [of birth – country] natal; [– language] maternel. **-2.** [indigenous – resources] du pays; [~ tribe, customs] indigène; to go ~ adopter les us et coutumes locaux. **-3.** [innate – ability, attraction] inné, naturel. **-4.** BOT & ZOOL indigène, originaire; ~ to India originaire de l'Inde. **-5.** MINER [ore, silver] natif.

**Native American** *n* Indien *m*, -enne *f* d'Amérique, Amérindien *m*, -enne *f*.

**native speaker** *n* LING locuteur *m* natif, locutrice *f* native; a ~ of French/German, a French/German ~ un francophone/germanophone, une personne de langue maternelle française/allemande.

**nativity** [nə'tɪvəti] (*pl* **nativities**) *n* **-1.** RELIG: the Nativity la Nativité. **-2.** [birth] horoscope *m*.

**Nativity play** *n* pièce jouée par des enfants et représentant l'histoire de la Nativité.

**NATO** ['neɪtəʊ] (*abbr of* **North Atlantic Treaty Organization**) *pr n* l'OTAN *f*.

**natter** ['nætə[r]] *inf* ◇ *vi* Br papoter. ◇ *n* papotage *m*; to have a ~ tailler une bavette.

**natty** ['nætɪ] (*compar* **nattier**, *superl* **nattiest**) *adj inf* **-1.** [smart, neat – person] bien sapé; [– dress] chic, qui a de l'allure. **-2.** [clever – device] astucieux.

**natural** ['nætʃrəl] ◇ *adj* **-1.** [created by nature – scenery, resources] naturel; [wild – prairie, woodland] à l'état naturel, sauvage. **-2.** [not artificial – wood, finish] naturel. **-3.** [normal – explanation, reaction, wish] naturel, normal; it's only ~ for her to be worried OR that she should be worried il est tout à fait normal OR il est tout naturel qu'elle se fasse du souci; death from ~ causes mort *f* naturelle. **-4.** [unaffected – person, manner] naturel, simple. **-5.** [innate – talent] inné, naturel; she's a ~ organizer c'est une organisatrice née, elle a un sens inné de l'organisation. **-6.** [free of additives] naturel; ~ yoghurt yaourt *m* nature. **-7.** [child] naturel. **-8.** [real – parents] naturel. **-9.** MUS naturel; [after accidental] bécarre (*inv*). **-10.** MATH naturel. **-11.** INDUST: ~ wastage départs *mpl* naturels. ◇ *adv inf*: try to act ~! soyez naturel! ◇ *n* **-1.** *inf* [gifted person]: she's a ~ elle a ça dans le sang. **-2.** MUS bécarre *m*.

**natural childbirth** *n* accouchement *m* naturel.

**natural gas** *n* gaz *m* naturel.

**natural history** *n* histoire *f* naturelle.

**naturalism** ['nætʃrəlɪzm] *n* naturalisme *m*.

**naturalist** ['nætʃrəlɪst] *n* naturaliste *mf*.

**naturalistic** [,nætʃrə'lɪstɪk] *adj* naturaliste.

**naturalize, -ise** ['nætʃrəlaɪz] ◇ *vt* [person, expression, custom] naturaliser; [plant, animal] acclimater. ◇ *vi* BIOL s'acclimater.

**natural justice** *n* droits *mpl* naturels.

**natural language** *n* langage *m* naturel, langue *f* naturelle.

**natural law** *n* loi *f* naturelle.

**naturally** ['nætʃrəlɪ] *adv* **-1.** [of course] naturellement, bien sûr, bien entendu; I was ~ surprised évidemment, cela m'a surpris. **-2.** [by nature – lazy] de nature, par tempérament; [– difficult] naturellement, par sa nature; skiing comes ~ to her on dirait qu'elle a fait du ski toute sa vie. **-3.** [unaffectedly] naturellement, de manière naturelle. **-4.** [in natural state – occur] naturellement, à l'état naturel.

**naturalness** ['nætʃrəlnəs] *n* **-1.** [unaffectedness] naturel *m*, simplicité *f*. **-2.** [natural appearance] naturel *m*.

**natural number** *n* nombre *m* naturel.

**natural science** *n* **-1.** (*U*) sciences *fpl* naturelles. **-2.** (*C*) botany is a ~ la botanique fait partie des sciences naturelles.

**natural selection** *n* sélection *f* naturelle.

**nature** ['neɪtʃə[r]] *n* **-1.** nature *f*; Nature can be cruel la nature peut être cruelle; to go back OR to return to ~ retourner à la nature; the ~-nurture debate le débat sur l'inné et l'acquis; to let ~ take its course laisser faire la nature. **-2.**

[character] nature *f*, caractère *m*; he has such a kind ~ il a une si bonne nature OR un si bon caractère; it's not in her ~ to struggle ce n'est pas dans sa nature de lutter; lazy by ~ paresseux de nature; to appeal to sb's better ~ faire appel aux bons sentiments de qqn; human beings are by ~ gregarious l'homme est, par nature, un être grégaire; by its very ~ destructive la guerre est destructrice par nature; in the ~ of things dans la nature des choses. **-3.** [type] nature *f*, type *m*, genre *m*; books of a serious ~ des livres sérieux.
♦ **in the nature of** *prep phr* en guise de, à titre de.

**nature cure** *n* naturopathie *f*, naturothérapie *f*.

**-natured** ['neɪtʃəd] *in cpds* d'une nature..., d'un caractère...; she's good/ill~ elle a bon/mauvais caractère.

**nature lover** *n* amoureux *m*, -euse *f* de la nature.

**nature reserve** *n* réserve *f* naturelle.

**nature study** *n* SCH sciences *fpl* naturelles, histoire *f* naturelle.

**nature trail** *n* sentier *m* (de découverte de la) nature.

**naturism** ['neɪtʃərɪzm] *n* naturisme *m*.

**naturist** ['neɪtʃərɪst] ◇ *adj* naturiste. ◇ *n* naturiste *mf*.

**naught** [nɔːt] ◇ *n* **-1.** = **nought 1. -2.** *arch* OR *lit* [nothing]: their plans came to ~ leurs projets ont échoué OR n'ont pas abouti; they set my ideas at ~ ils ne font aucun cas OR ils ne tiennent aucun compte de mes idées. ◇ *adv arch* OR *lit* nullement.

**naughtily** ['nɔːtɪlɪ] *adv* **-1.** [mischievously] avec malice, malicieusement. **-2.** [suggestively] avec grivoiserie.

**naughtiness** ['nɔːtɪnɪs] *n* **-1.** [disobedience] désobéissance *f*; [mischievousness] malice *f*. **-2.** [indecency] grivoiserie *f*, gaillardise *f*.

**naughty** ['nɔːtɪ] (*compar* **naughtier**, *superl* **naughtiest**) *adj* **-1.** [badly behaved – child] méchant; [– child]: that was very ~ of you ce que tu as fait était très vilain; you ~ boy! petit vilain! ‖ [mischievous] coquin, malicieux. **-2.** [indecent – joke, story, postcard] paillard, osé; [– word] vilain, gros (*f* grosse). **-3.** [sexy] sexy (*inv*); ~ underwear dessous *mpl* sexy.

**nausea** ['nɔːsjə] *n* nausée *f*.

**nauseate** ['nɔːsɪeɪt] *vt literal & fig* donner la nausée à, écœurer.

**nauseating** ['nɔːsɪeɪtɪŋ] *adj* [food, sight, idea] écœurant, qui donne la nausée; [smell] écœurant, nauséabond; [person, behaviour] écœurant, dégoûtant, répugnant.

**nauseatingly** ['nɔːsɪeɪtɪŋlɪ] *adv* à vous donner la nausée, à vous écœurer.

**nauseous** [Br 'nɔːsjəs, Am 'nɔːʃəs] *adj* **-1.** [revolting – smell] nauséabond, qui donne la nausée, écœurant. **-2.** [unwell – person] écœuré; it made me feel ~ cela m'a levé OR soulevé le cœur. **-3.** *Am inf* [disgusting] dégueulasse.

**nautical** ['nɔːtɪkl] *adj* nautique.

**nautical mile** *n* mille *m* marin.

**Navajo** ['nævəhəʊ] (*pl inv* OR **Navajos** OR **Navajoes**) ◇ *n* [person] Navajo *mf*; the ~ les Navajos. ◇ *adj* navajo.

**naval** ['neɪvl] *adj* [gen] naval; [power] maritime; ~ base base *f* navale; ~ officer officier *m* de marine.

**naval architect** *n* architecte *m* naval, architecte *f* navale; [for warships] ingénieur *m* du génie maritime OR en construction navale.

**naval architecture** *n* construction *f* navale.

**nave** [neɪv] *n* **-1.** [of church] nef *f*. **-2.** [hub] moyeu *m*.

**navel** ['neɪvl] *n* nombril *m*.

**navigable** ['nævɪgəbl] *adj* [water] navigable; [craft] dirigeable.

**navigate** ['nævɪgeɪt] ◇ *vt* **-1.** [chart course of – ship] calculer le parcours de; [– car, aircraft] être le navigateur de; she ~d us successfully through Bombay elle nous a fait traverser Bombay sans problèmes; [– the plane to the nearest airport il dirigea l'avion sur l'aéroport le plus proche. **-2.** [sail]: to ~ the Atlantic traverser l'Atlantique (en bateau); they ~d the seven seas ils naviguaient sur or parcouraient toutes les mers du globe. **-3.** *fig*: the stairs are difficult to ~ in the dark cet escalier est difficile à monter/descendre dans l'obscurité. ◇ *vi* naviguer; to ~ by the stars naviguer aux étoiles ‖ [in car]: can you ~ for me? peux-tu m'indiquer la route OR me piloter?

**navigation** [,nævɪ'geɪʃn] *n* **-1.** [act, skill of navigating] naviga-

tion *f*. **-2.** *Am* [shipping] navigation *f*, trafic *m* (maritime).

**navigational** [,nævɪ'geɪʃnl] *adj* de (la) navigation.

**navigation lights** *npl* AERON feux *mpl* de position; NAUT fanaux *mpl*, feux *mpl* de bord OR de route.

**navigator** ['nævɪgeɪtə'] *n* navigateur *m*, -trice *f*.

**navvy** ['nævɪ] (*pl* **navvies**) *n Br inf* terrassier *m*.

**navy** ['neɪvɪ] (*pl* **navies**) ◇ *n* **-1.** [service] marine *f* (nationale). **-2.** [warships collectively] marine *f* de guerre; [fleet] flotte *f*. **-3.** = **navy blue**. ◇ *adj* **-1.** de la marine. **-2.** = **navy-blue**.

**navy blue** *n* bleu *m* marine.
♦ **navy-blue** *adj* bleu marine (*inv*).

**navy yard** *n* arsenal *m* maritime.

**nay** [neɪ] ◇ *adv arch* OR *hum* voire, que dis-je. ◇ *n* vote *m* négatif; the ~s have it les non l'emportent.

**Nazareth** ['næzərəθ] *pr n* Nazareth.

**Nazi** ['nɑːtsɪ] ◇ *adj* nazi. ◇ *n* nazi *m*, -e *f*.

**Nazism** ['nɑːtsɪzm], **Naziism** ['nɑːtsɪ,ɪzm] *n* nazisme *m*.

**NB -1.** (*written abbr of* nota bene) NB. **-2.** *written abbr of* **New Brunswick**.

**NBC** ◇ *pr n* (*abbr of* **National Broadcasting Company**) chaîne de télévision américaine. ◇ *adj* (*abbr of* **nuclear, biological and chemical**) NBC.

**NC -1.** *written abbr of* **no charge**. **-2.** *written abbr of* **North Carolina**.

**NCC** (*abbr of* **Nature Conservancy Council**) *pr n* organisme britannique de protection de la nature.

**NCCL** *pr n abbr of* **National Council for Civil Liberties**.

**NCO** (*abbr of* **non-commissioned officer**) *n* sous-officier *m*.

**NCU** (*abbr of* **National Communications Union**) *pr n* syndicat des salariés qui travaillent dans les télécommunications.

**ND** *written abbr of* **North Dakota**.

**NE -1.** *written abbr of* **Nebraska**. **-2.** *written abbr of* **New England**. **-3.** (*written abbr of* **north-east**) N. E.

**Neanderthal, neanderthal** [nɪ'ændətɑːl] ◇ *adj* **-1.** ANTHR néandertalien, de Neandertal. **-2.** [uncivilized] fruste, inculte, primitif. **-3.** *inf* POL réac. ◇ *n* néandertalien *m*.

**Neanderthal man** *n* l'homme *m* de Neandertal.

**neap** [niːp] ◇ *adj* faible. ◇ *n* = **neap tide**.

**Neapolitan** [,nɪə'pɒlɪtn] ◇ *n* Napolitain *m*, -e *f*. ◇ *adj* napolitain; ~ ice cream tranche *f* napolitaine.

**neap tide** *n* (marée *f* de) morte-eau *f*.

**near** [nɪə'] (*compar* **nearer**, *superl* **nearest**) ◇ *prep* **-1.** [in space] près de; don't go ~ the fire ne t'approche pas du feu; ~ the end of the book vers la fin du livre; I haven't been ~ a horse since the accident je n'ai pas approché un cheval depuis l'accident; you can't trust him ~ a gun il est dangereux avec une arme à feu; she wouldn't let anyone ~ her [physically] elle ne voulait pas qu'on l'approche; [emotionally] elle ne voulait être proche de personne. **-2.** [in time] proche, près de; it's getting ~ Christmas c'est bientôt Noël; ask me ~er the time repose-moi la question quand l'heure viendra; ~ the end of the film vers la fin du film. **-3.** [similar to] près de; that would be ~er the truth ce serait plus près de la vérité. **-4.** [in amount or number]: profits were ~ the 30% mark les bénéfices approchaient la barre des 30 %; it took us ~ three hours to finish en fait, nous avons mis presque trois heures à finir; it will cost ~er £5,000 ça coûtera plutôt dans les 5 000 livres. **-5.** [on the point of] près de, au bord de; it's ~ freezing il ne fait pas loin de zéro.
◇ *adv* **-1.** [in space] près, à côté, à proximité; to draw ~ s'approcher; the heat was too great for us to get ~ la chaleur était trop intense pour que l'on puisse s'approcher ❑ so ~ and yet so far! c'est dommage, si près du but! **-2.** [in time] proche, près; as the time grew OR drew ~ à mesure que le moment approchait. **-3.** [with adjective] quasi; a ~ impossible task une tâche quasi ou quasiment ou pratiquement impossible. **-4.** *phr*: as ~ as makes no difference à peu de chose près, à quelque chose près; £50 or as ~ as dammit *inf* 50 livres à peu de chose près; it's ~ enough ça va comme ça; it's nowhere ~ good enough c'est loin d'être suffisant; there weren't anywhere ~ enough people il y avait bien trop peu de gens.
◇ *adj* **-1.** [in space] proche; the ~ edge le bord le plus proche; I knew you were ~ je savais que vous étiez dans les

environs OR parages; the ~ front wheel [driving on left] la roue avant gauche; [driving on right] la roue avant droite. **-2.** [in time] proche; when the time is ~ quand le moment approchera; in the ~ future dans un proche avenir. **-3.** [virtual]: it was a ~ disaster on a frôlé la catastrophe; he found himself in ~ darkness il s'est retrouvé dans une obscurité quasi totale ❏ it was a ~ thing on l'a échappé belle, il était moins une; I caught the train, but it was a ~ thing j'ai eu mon train de justesse; I missed the train, but it was a ~ thing j'ai manqué mon train de peu; he's the ~est thing we have to a national hero il est ce que nous avons de mieux en matière de héros national. **-4.** [in amount, number]: to the ~est £10 à 10 livres près. **-5.** [closely related] proche; your ~est and dearest *hum* vos proches.
◇ *vt* [approach – place, date, event] approcher de; [– state] être au bord de; he was ~ing 70 when he got married il allait sur ses 70 ans quand il s'est marié; the book is ~ing completion le livre est sur le point d'être terminé.
◇ *vi* [subj: date, place] approcher.
◆ **near to** *prep phr* **-1.** [in space] près de; [emotionally] proche de. **-2.** [in time] près de, proche de; it's getting ~ to Christmas Noël approche. **-3.** [in similarity] près de. **-4.** [on the point of] près de, au bord de; to be ~ to tears être au bord des larmes; I came ~ to leaving several times j'ai failli partir plusieurs fois.

**near-** *in cpds*: ~perfect pratiquement OR quasi parfait; ~complete pratiquement OR quasi complet.

**nearby** [*adv* ,nɪə'baɪ, *adj* 'nɪəbaɪ] ◇ *adv* [near here] près d'ici; [near there] près de là. ◇ *adj*: we stopped at a ~ post office nous nous sommes arrêtés dans un bureau de poste situé non loin de là.

**Near East** *pr n*: the ~ le Proche-Orient.

**nearly** ['nɪəlɪ] *adv* **-1.** [almost] presque, à peu près; we're ~ there on y est presque; he's ~ 80 il a presque 80 ans; I ~ fell j'ai failli tomber; I very ~ didn't come j'ai bien failli ne pas venir; he was ~ crying OR in tears il était au bord des larmes. **-2.** [with negative]: I didn't buy ~ enough food for everyone je suis loin d'avoir acheté assez de provisions pour tout le monde; it's not ~ as difficult as I thought c'est bien moins difficile que je ne l'imaginais.

**near miss** *n* **-1.** [gen & SPORT] coup *m* qui a raté de peu; it was a ~ FTBL on a failli marquer un but; [answer] la réponse était presque bonne; [accident] on a frôlé l'accident; that was a ~! [escape] on l'a échappé belle! **-2.** [between planes, vehicles etc] quasi-collision *f*.

**nearness** ['nɪənɪs] *n* proximité *f*.

**nearside** ['nɪəsaɪd] *Br* ◇ *adj* AUT [when driving on right] (du côté) droit, du côté trottoir; [when driving on left] (du côté) gauche, du côté trottoir. ◇ *n* [when driving on right] côté *m* droit; [when driving on left] côté *m* gauche; get out on the ~ descendez côté trottoir.

**nearsighted** [,nɪə'saɪtd] *adj Am* myope.

**neat** [niːt] *adj* **-1.** [tidy – in dress] net, soigné; [– desk, room] net, bien rangé; [– garden] bien tenu OR entretenu, soigné; [careful – work, handwriting] soigné. **-2.** [smart, pretty] joli; a ~ little house une gentille petite maison. **-3.** [effective – organization] net, efficace; [– system, plan] bien conçu; [– solution] élégant. **-4.** *Am inf* [great] chouette. **-5.** [undiluted – spirits] sec (*f* sèche), sans eau. **-6.** [tax-free]: we made a ~ £100 on a fait 100 livres net.

**neaten** ['niːtn] *vt* [room, house] remettre en ordre, ranger; [clothing] arranger, ajuster; [hair] arranger, mettre en ordre; you ought to ~ (up) the place before they arrive tu devrais mettre un peu d'ordre dans la maison avant qu'ils arrivent.

**'neath, neath** [niːθ] *lit* = beneath.

**neatly** ['niːtlɪ] *adv* **-1.** [tidily] avec soin OR ordre; [carefully – write, work] avec soin, soigneusement; put the papers ~ on the desk posez les papiers soigneusement sur le bureau. **-2.** [skilfully] habilement, adroitement; you got out of the situation very ~ vous vous en êtes magnifiquement tiré.

**neatness** ['niːtnɪs] *n* **-1.** [tidiness – of dress] soin *m*, netteté *f*; [– of room] ordre *m*; [carefulness – of work] soin *m*. **-2.** [skilfulness – of phrase, solution] élégance *f*; [– of scheme] habileté *f*.

**Nebraska** [nɪ'bræskə] *pr n* Nebraska *m*; in ~ dans le Nebraska.

**Nebuchadnezar** [,nebjukəd'nezər] ◇ *n* [bottle] nabuchodonosor *m*. ◇ *pr n* Nabuchodonosor.

**nebula** ['nebjulə] (*pl* **nebulas** OR **nebulae** [-liː]) *n* **-1.** ASTRON nébuleuse *f*. **-2.** MED [of cornea] nébulosité *f*; [of urine] aspect *m* trouble.

**nebular** ['nebjulər] *adj* **-1.** ASTRON nébulaire. **-2.** MED [cornea] nébuleux; [urine] trouble.

**nebulous** ['nebjuləs] *adj* **-1.** [vague] vague, flou, nébuleux. **-2.** ASTRON nébulaire. **-3.** MED [of cornea] nébuleux. **-4.** *lit* [misty] brumeux.

**NEC** (*abbr of* **National Exhibition Centre**) *pr n* parc d'expositions près de Birmingham en Angleterre.

**necessarily** [,nesə'serɪlɪ] *adv* nécessairement, forcément; we don't ~ have to go rien ne nous oblige à partir; not ~ pas forcément.

**necessary** ['nesəsrɪ] (*pl* **necessaries**) ◇ *adj* **-1.** [essential] nécessaire, essentiel; [indispensable] indispensable; [compulsory] obligatoire; water is ~ to OR for life l'eau est indispensable à la vie; it is ~ for him to come il est nécessaire qu'il vienne, il faut qu'il vienne; circumstances made it ~ to delay our departure les circonstances nous ont obligés à retarder notre départ; he did no more than was ~ il n'a fait que le strict nécessaire; if ~ [if forced] s'il le faut; [if need arises] le cas échéant, si besoin est; a ~ condition [gen] une condition nécessaire OR sine qua non; PHILOS une condition nécessaire; he took the ~ measures il a pris les mesures nécessaires OR qui s'imposaient. **-2.** [inevitable] nécessaire, inéluctable; a ~ evil un mal nécessaire. ◇ *n* **-1.** *Br inf*: to do the ~ faire le nécessaire. **-2.** *Br inf* [cash]: have you got the ~? tu as de quoi payer?

**necessitate** [nɪ'sesɪteɪt] *vt* nécessiter, rendre nécessaire.

**necessitous** [nɪ'sesɪtəs] *adj fml* nécessiteux, démuni, pauvre.

**necessity** [nɪ'sesətɪ] (*pl* **necessities**) *n* **-1.** [need] nécessité *f*, besoin *m*; there is no ~ for drastic measures il n'y a pas lieu de prendre des mesures draconiennes; there's no real ~ for us to go nous n'avons pas vraiment besoin d'y aller, il n'est pas indispensable que nous y allions; the ~ for OR of keeping careful records la nécessité de prendre des notes détaillées; in case of absolute ~ en cas de force majeure; out of OR by OR through ~ par nécessité, par la force des choses ❏ ~ is the mother of invention *prov* nécessité est mère d'industrie. **-2.** *fml* [poverty] besoin *m*, nécessité *f*. **-3.** [essential] chose *f* nécessaire OR essentielle; the basic OR bare necessities of life les choses qui sont absolument essentielles OR indispensables à la vie. **-4.** PHILOS nécessité *f*.
◆ **of necessity** *adv phr* nécessairement.

**neck** [nek] ◇ *n* **-1.** ANAT cou *m*; he threw his arms round her ~ il s'est jeté à son cou; the cat had a collar round its ~ le chat avait un collier au cou; to get a stiff ~ attraper le torticolis ∥ *fig*: he's always breathing down my ~ il est tout le temps sur mon dos; they were up to their ~s in debt ils étaient endettés jusqu'au cou; I'm up to my ~ in trouble j'ai des ennuis par-dessus la tête; to risk one's ~ risquer sa peau ❏ she'll get it in the ~ *Br inf* ça va chauffer pour son matricule; he was thrown out ~ and crop OR on his ~ *Br* il a été mis à la porte avec pertes et fracas; it's ~ or nothing *Br inf* ça passe ou ça casse; to stick one's ~ out prendre des risques. **-2.** CULIN [of lamb] collet *m*; [of beef] collier *m*. **-3.** SPORT: to win by a ~ gagner d'une encolure ❏ to be ~ and ~ être à égalité. **-4.** [narrow part or extremity – of bottle, flask] goulot *m*, col *m*; [– of pipe] tuyau *m*; [– of womb, femur] col *m*; [– of violin] manche *m*; [– of bolt, tooth] collet *m*. **-5.** GEOG [peninsula] péninsule *f*, presqu'île *f*; [strait] détroit *m*; a ~ of land une langue de terre ❏ in our ~ of the woods par chez nous. **-6.** [of dress, pullover] col *m*, encolure *f*; a dress with a low ~ une robe décolletée; what ~ size OR what size ~ do you take? combien faites-vous de tour de cou? **-7.** *Br inf* [cheek] toupet *m*, culot *m*. ◇ *vi inf* se bécoter, se peloter.

**neckband** ['nekbænd] *n* bande *f* d'encolure.

**-necked** [nekt] *in cpds* à col...; swan~ en col de cygne; a V/round~ pullover un pull en V/ras du cou.

**neckerchief** ['nekətʃɪf] *n* foulard *m*.

**necking** ['nekɪŋ] *n inf* pelotage *m*.

**necklace** ['neklɪs] *n* collier *m*.

**neckline** ['neklaɪn] *n* col *m*, encolure *f*; her dress had a low/plunging ~ elle avait une robe décolletée/très décolletée.

**necktie** ['nektaɪ] n Am cravate f; ~ **party** inf lynchage m.

**necrology** [neˈkrɒlədʒɪ] n nécrologie f.

**necromancy** ['nekrəmænsɪ] n nécromancie f.

**necrophilia** [ˌnekrəˈfɪlɪə] n nécrophilie f.

**necropolis** [neˈkrɒpəlɪs] n nécropole f.

**nectar** ['nektər] n BOT & fig nectar m.

**nectarine** ['nektərɪn] n nectarine f.

**neddy** ['nedɪ] (pl **neddies**) n inf Br [donkey] baudet m.

**née, nee** [neɪ] adj fml: Sarah James, ~ White Sarah James née White.

**need** [niːd] ◇ vt -1. [as basic requirement] avoir besoin de; have you got everything you ~? est-ce que tu as tout ce qu'il te faut?; he likes to feel ~ed il aime se sentir indispensable; a lot of money is ~ed if we are to save the company il va falloir beaucoup d'argent pour empêcher l'entreprise de couler; you only ~ to ask vous n'avez qu'à demander; you don't ~ me to tell you that vous devez le savoir mieux que moi; the carpet ~s cleaning la moquette a besoin d'être nettoyée. -2. [would benefit from]: I ~ a drink/a shower j'ai besoin de boire quelque chose/de prendre une douche; it's just what I ~ c'est exactement ce qu'il me faut; that's all we ~! iron il ne nous manquait plus que ça!; who ~s money anyway? de toute façon, l'argent n'a aucune importance; liquid nitrogen ~s careful handling OR to be handled with care l'azote liquide demande à être manié avec précaution; there are still a few points that ~ to be made il reste encore quelques questions à soulever. -3. [expressing obligation]: to ~ to do sthg devoir OR être obligé de faire qqch; I ~ to be home by ten il faut que je sois rentré OR je dois être rentré pour 10 h; you ~ to try harder tu vas devoir faire OR il va falloir que tu fasses un effort supplémentaire; I'll help you — you don't ~ to je vais t'aider — tu n'es pas obligé.

◇ modal vb: you needn't come if you don't want to vous n'avez pas besoin de OR vous n'êtes pas obligé de venir si vous n'en avez pas envie; I needn't tell you how important it is je n'ai pas besoin de vous dire OR vous savez à quel point c'est important; I needn't have bothered je me suis donné bien du mal pour rien, ce n'était pas la peine que je me donne autant de mal; the accident ~ never have happened cet accident aurait pu être évité; no-one else ~ ever know ça reste entre nous; ~ I say more? ai-je besoin d'en dire davantage OR plus?; ~ that be the case? est-ce nécessairement OR forcément le cas?

◇ n -1. [necessity] besoin m; I have no ~ of your sympathy je n'ai que faire de votre sympathie; phone me if you feel the ~ for a chat appelle-moi si tu as besoin de parler; there's no ~ to adopt that tone inutile d'employer ce ton; there's no ~ to panic OR for any panic inutile de paniquer; I'll help with the dishes — no ~, I've done them already je vais vous aider à faire la vaisselle — inutile, c'est terminé; to be in ~ of sthg avoir besoin de qqch; should the ~ arise si cela s'avérait nécessaire, si le besoin s'en faisait sentir; your ~ is greater than mine hum vous en avez plus besoin que moi. -2. [requirement] besoin m; he saw to her every ~ il subvenait à ses moindres besoins; the grant is ~s-based le montant de la bourse est établi selon les besoins du demandeur. -3. [poverty] besoin m, nécessité f; [adversity] adversité f, besoin m; to be in ~ être dans le besoin.

◆ **if need(s) be** adv phr si besoin est, le cas échéant.

**needful** ['niːdful] ◇ adj fml nécessaire, requis. ◇ n Br inf -1. phr: to do the ~ faire le nécessaire. -2. [money]: to find the ~ trouver le fric.

**needle** ['niːdl] ◇ n -1. MED & SEW aiguille f; [for record player] pointe f de lecture, saphir m; [of pine-tree] aiguille f; [spine - of hedgehog] piquant m; it's like looking for a ~ in a haystack c'est comme si l'on cherchait une aiguille dans une botte de foin. -2. [as indicator - in compass, on dial] aiguille f. -3. GEOL [rocky outcrop] aiguille f, pic m. -4. [monument] aiguille f, flèche f. -5. Br inf: to get the ~ prendre la mouche; to give sb the ~ [tease] chambrer qqn; [annoy] taper sur les nerfs de qqn. ◇ vt -1. inf [annoy] asticoter; [tease] chambrer. -2. Am [drink] corser. -3. SEW coudre.

**needlecord** ['niːdlkɔːd] n velours m côtelé.

**needlecraft** ['niːdlkrɑːft] n travaux mpl d'aiguille.

**needlepoint** ['niːdlpɔɪnt] ◇ n [embroidery] broderie f, tapisserie f; [lace] dentelle f à l'aiguille. ◇ comp: ~ lace dentelle f

brodée.

**needle-sharp** adj [point] acéré; [eyes] de lynx; [mind] fin, perspicace. ·

**needless** ['niːdlɪs] adj [unnecessary - expense, effort, fuss] superflu, inutile; [- remark] inopportun, déplacé; ~ to say I won't go il va sans dire que je n'irai pas.

**needlessly** ['niːdlɪslɪ] adv inutilement.

**needlewoman** ['niːdlˌwʊmən] (pl **needlewomen** [-ˌwɪmɪn]) n couturière f.

**needlework** ['niːdlwɜːk] n (U) travaux mpl d'aiguille, couture f.

**needling** ['niːdlɪŋ] n (U) taquineries fpl.

**needn't** ['niːdnt] = need not.

**needs** [niːdz] adv arch OR hum: if ~ must, I shall go s'il le faut absolument OR si c'est indispensable, j'irai.

**needy** ['niːdɪ] (compar **needier**, superl **neediest**) ◇ adj [financially] nécessiteux, dans le besoin; [emotionally] en manque d'affection. ◇ npl: the ~ les nécessiteux mpl.

**ne'er** [neər] lit = never adv.

**ne'er-do-well** n bon m à rien, bonne f à rien.

**nefarious** [nɪˈfeərɪəs] adj infâme, vil.

**Nefertiti** [ˌnefəˈtiːtɪ] pr n Néfertiti.

**negate** [nɪˈgeɪt] vt -1. [nullify - law] abroger; [- order] annuler; [- efforts] réduire à néant; [- argument, theory] invalider, rendre invalide. -2. [deny] réfuter, nier.

**negation** [nɪˈgeɪʃn] n négation f.

**negative** ['negətɪv] ◇ adj négatif; she's always so ~ about my plans elle trouve toujours quelque chose à redire à mes projets ❏ ~ earth ELEC négatif m, terre f reliée au moins. ◇ n -1. GRAMM négation f; in the ~ à la forme négative. -2. [answer] réponse f négative, non m; to reply in the ~ répondre négativement OR par la négative. -3. PHOT négatif m. -4. ELEC & PHYS [pôle m] négatif m. ◇ vt -1. [cancel - instruction] annuler; [nullify - effect] neutraliser, réduire à néant. -2. [reject - proposition, evidence] rejeter, repousser. -3. [deny] nier, réfuter.

**negative equity** n (U) situation où l'acquéreur d'un bien immobilier reste redevable de l'emprunt contracté alors que son logement enregistre une moins-value.

**negatively** ['negətɪvlɪ] adv négativement.

**negative sign** n signe m moins OR négatif.

**negativism** ['negətɪvɪzm] n négativisme m.

**neglect** [nɪˈglekt] ◇ n -1. [lack of attention, care - of building, garden] abandon m, manque m de soins OR d'entretien; [- of child, invalid] manque m de soins OR d'attention; [- of people's demands, needs] manque m d'égards; **through** ~ par négligence f; to suffer from ~ [person] souffrir d'un manque de soins; [building, garden] être laissé à l'abandon; his ~ of his appearance le peu d'intérêt qu'il accorde à son apparence || [bad condition - of building, garden] délabrement m; to be in a state of ~ être à l'abandon; the buildings fell into ~ les bâtiments sont tombés en ruine. -2. [disregard - of duty, promise, rules] manquement m; he was reprimanded for ~ of duty il a été réprimandé pour avoir manqué à ses devoirs.

◇ vt -1. [fail to attend to, to care for - building, garden] négliger, laisser à l'abandon; [- work] négliger; [- child, invalid, friend] délaisser, négliger; he ~s himself OR his appearance il se néglige OR se laisse aller; you shouldn't ~ your health vous devriez vous soucier un peu plus de votre santé; the house has been ~ed for years la maison est à l'abandon depuis des années; he ~ed his wife all evening il n'a pas prêté la moindre attention à sa femme de toute la soirée; governments have ~ed the needs of the disabled for long enough il est temps que les gouvernements cessent d'ignorer les besoins des invalides. -2. [disregard - duty, promise] manquer à; [- advice] ignorer; [omit, overlook] omettre, oublier; to ~ to do sthg oublier OR omettre de faire qqch.

**neglected** [nɪˈglektɪd] adj -1. [uncared for - garden] (laissé) à l'abandon, mal entretenu; [- building] (laissé) à l'abandon, délabré; [- appearance] négligé, peu soigné. -2. [emotionally - child, wife] délaissé, abandonné; to feel ~ se sentir abandonné, avoir l'impression d'être délaissé.

**neglectful** [nɪˈglektful] adj [person, attitude] négligent; to be ~ of one's duty négliger ses devoirs.

**neglectfully** [nɪˈglektfulɪ] adv [behave] négligemment, avec négligence.

**negligee, negligée, negligé** ['neglɪʒeɪ] n négligé m, déshabillé m.

**negligence** ['neglɪdʒəns] n [inattention] négligence f; due to OR **through** ~ par négligence ‖ [of duties, rules] négligence f, manquement m.

**negligent** ['neglɪdʒənt] adj -**1.** [neglectful] négligent; to be ~ of one's duties manquer à OR négliger ses devoirs. -**2.** [nonchalant – attitude, manner] nonchalant, négligent.

**negligently** ['neglɪdʒəntlɪ] adv -**1.** [carelessly] négligemment; he acted ~ il a fait preuve de légèreté. -**2.** [nonchalantly] négligemment, nonchalamment; she leaned ~ against the car elle s'appuya avec nonchalance contre la voiture.

**negligible** ['neglɪdʒəbl] adj négligeable, insignifiant.

**negotiable** [nɪ'gəʊʃjəbl] adj -**1.** FIN [bonds] négociable; [price, salary] négociable, à débattre. -**2.** [road] praticable; [river – navigable] navigable; [– crossable] franchissable.

**negotiate** [nɪ'gəʊʃɪeɪt] ◇ vt -**1.** [gen & FIN] négocier. -**2.** [manoeuvre round – bend] négocier; [– rapids, obstacle] franchir; fig [– difficulty] franchir, surmonter. ◇ vi négocier; the unions will have to ~ with the management for higher pay il faudra que les syndicats négocient une augmentation de salaire auprès de la direction.

**negotiating table** [nɪ'gəʊʃɪeɪtɪŋ-] n table f des négociations.

**negotiation** [nɪ,gəʊʃɪ'eɪʃn] n -**1.** [discussion] négociation f, pourparlers mpl; to **enter into** ~ OR ~s **with sb** entamer des négociations avec qqn; the project is under ~ le projet est en négociation. -**2.** [of bend, obstacle] franchissement m.

**negotiator** [nɪ'gəʊʃɪeɪtəʳ] n négociateur m, -trice f.

**Negress** ['niːgrɪs] n négresse f (attention: le terme «Negress», comme son équivalent français, est considéré comme raciste).

**Negro** ['niːgrəʊ] (pl **Negroes**) ◇ n nègre m (attention: le terme «Negro» est considéré comme raciste, sauf dans le domaine de l'anthropologie). ◇ adj nègre.

**negroid** ['niːgrɔɪd] ◇ adj négroïde. ◇ n négroïde mf.

**Negro spiritual** n (negro) spiritual m.

**Nehemiah** [,niːɪ'maɪə] pr n Néhémie.

**neigh** [neɪ] ◇ vi hennir. ◇ n hennissement m.

**neighbor** etc Am = neighbour.

**neighbour** Br, **neighbor** Am ['neɪbəʳ] ◇ n -**1.** voisin m, -e f. -**2.** [fellow man] prochain m, -e f. ◇ comp: ~ **states** pays mpl voisins.

♦ **neighbour on** vt insep [adjoin] avoisiner, être contigu à.

**neighbourhood** Br, **neighborhood** Am ['neɪbəhʊd] ◇ n -**1.** [district] voisinage m, quartier m; in the ~ of the station près de la gare. -**2.** fig: it'll cost you in the ~ of $1,000 cela vous coûtera dans les OR environ 1 000 dollars. ◇ comp [police, shop, school] du quartier.

**Neighbourhood Watch** n système par lequel les habitants d'un quartier s'entraident pour en assurer la surveillance et la sécurité.

**neighbouring** Br, **neighboring** Am ['neɪbərɪŋ] adj avoisinant, voisin.

**neighbourliness** Br, **neighborliness** Am ['neɪbəlɪnɪs] n (bons) rapports mpl de voisinage, sociabilité f, amabilité f.

**neighbourly** Br, **neighborly** Am ['neɪbəlɪ] adj [person] amical; relations, visit] de bon voisinage.

**neither** [Br 'naɪðəʳ, esp Am 'niːðəʳ] ◇ pron: ~ **of us** aucun de nous (deux); **which do you prefer?** — ~! lequel des deux préfères-tu? — ni l'un ni l'autre! ◇ conj: ~ ... **nor** ... ni... ni... ni...; I like ~ tea nor coffee je n'aime ni le thé ni le café ❏ that's ~ **here nor there** [unimportant] c'est sans importance; [irrelevant] là n'est pas la question; I ~ **know nor care** c'est vraiment le cadet de mes soucis. ◇ adv non plus; ~ **did/do/were we** (et) nous non plus; **me** ~! inf moi non plus! ◇ det aucun (des deux), ni l'un ni l'autre; ~ **one of them has accepted** ni l'un ni l'autre n'a accepté.

**nelly** ['nelɪ] n Br phr: **not on your** ~! inf tu peux courir!

**nelson** ['nelsn] n [in wrestling] double clé f.

**nem con** [,nem'kɒn] adv unanimement, à l'unanimité.

**nemesis** ['nemɪsɪs] n lit -**1.** [retribution]: **it's** ~ c'est un juste retour des choses. -**2.** [agency of retribution]: **she saw the British press as her** ~ elle vit dans la presse britannique l'instrument de sa vengeance.

**neoclassical** [,niːəʊ'klæsɪkl] adj néoclassique.

**neoclassicism** [,niːəʊ'klæsɪsɪzm] n néoclassicisme m.

**neocolonial** [,niːəʊkə'ləʊnɪəl] adj néocolonial.

**neofascism** [,niːəʊ'fæʃɪzm] n néofascisme m.

**neofascist** [,niːəʊ'fæʃɪst] ◇ adj néofasciste. ◇ n néofasciste mf.

**neolithic, Neolithic** [,niːə'lɪθɪk] ◇ adj néolithique. ◇ n néolithique m.

**neologism** [niː'ɒlədʒɪzm] n néologisme m.

**neon** ['niːɒn] ◇ n néon m. ◇ comp [lamp, light] au néon; ~ **sign** enseigne f lumineuse (au néon).

**neonatal** [,niːəʊ'neɪtl] adj néonatal.

**neo-Nazi** [,niːəʊ'nɑːtsɪ] ◇ n néonazi m, -e f. ◇ adj néonazi.

**neorealism** [,niːəʊ'riːəlɪzm] n CIN néoréalisme m.

**Nepal** [nɪ'pɔːl] pr n Népal m; **in** ~ au Népal.

**Nepalese** [,nepə'liːz] (pl inv) ◇ n Népalais m, -e f. ◇ adj népalais.

**Nepali** [nɪ'pɔːlɪ] (pl inv OR **Nepalis**) ◇ n [person] Népalais m, -e f. ◇ adj népalais.

**nephew** ['nefjuː] n neveu m.

**nepotism** ['nepətɪzm] n népotisme m.

**Neptune** ['neptjuːn] pr n ASTRON & MYTH Neptune.

**nerd** [nɜːd] n inf crétin m.

**Nero** ['nɪərəʊ] pr n Néron.

**nerve** [nɜːv] ◇ n -**1.** ANAT nerf m; **to touch a raw** ~ fig toucher une corde sensible. -**2.** [courage] courage m; [boldness] audace f; [self-control] assurance f, sang-froid m; **his** ~ **failed him, he lost his** ~ [backed down] le courage lui a manqué; [panicked] il a perdu son sang-froid. -**3.** [cheek, audacity] culot m; **he had the** ~ **to refuse** il a eu le culot de refuser; **what a** ~! inf quel culot OR toupet!-**4.** [vein – in leaf, marble] veine f, nervure f. ◇ vt fml: **to** ~ **sb to do sthg** encourager OR inciter qqn à faire qqch.

♦ **nerves** npl -**1.** [agitated state] nerfs mpl; [anxiety] nervosité f; [before concert, exam, interview] trac m; **to be in a state of** ~**s** être sur les nerfs; **I'm a bundle of** ~**s** je suis un paquet de nerfs; **I need a drink to steady my** ~**s** il faut que je boive un verre pour me calmer. -**2.** [self-control] nerfs mpl; **to have strong** ~**s/**~**s of steel** avoir les nerfs solides/des nerfs d'acier ❏ **he gets on my** ~**s** inf il me tape sur les nerfs OR sur le système.

**nerve cell** n cellule f nerveuse.

**nerve centre** n -**1.** ANAT centre m nerveux. -**2.** fig [headquarters] quartier m général, poste m de commandement.

**nerve ending** n terminaison f nerveuse.

**nerve gas** n gaz m neurotoxique.

**nerveless** ['nɜːvlɪs] adj -**1.** [numb] engourdi, inerte. -**2.** [weak] sans force, mou, before vowel or silent 'h' mol (f molle). -**3.** [calm] impassible, imperturbable; [fearless] intrépide.

**nerve-racking, nerve-wracking** [-,rækɪŋ] adj inf angoissant, stressant.

**nervous** ['nɜːvəs] adj -**1.** [anxious, worried] anxieux, appréhensif; [shy] timide, intimidé; [uneasy] mal à l'aise; [agitated] agité, tendu; [tense] tendu; **don't be** ~ détendez-vous, n'ayez pas peur; **you're making me** ~ vous m'intimidez, vous me faites perdre mes moyens; **he is** ~ **of Alsatians** les bergers allemands lui font peur; **I'm** ~ **about speaking in public** j'ai peur OR j'appréhende de parler en public; **I'm always** ~ **before exams** j'ai toujours le trac avant un examen; **he's a** ~ **wreck** inf il est à bout de nerfs, il est à cran. -**2.** ANAT [strain, illness] nerveux; **the** ~ **system** le système nerveux.

**nervous breakdown** n dépression f nerveuse; **to have a** ~ avoir OR faire une dépression nerveuse.

**nervously** ['nɜːvəslɪ] adv [anxiously] anxieusement, avec inquiétude; [tensely] nerveusement.

**nervy** ['nɜːvɪ] (compar **nervier**, superl **nerviest**) adj inf -**1.** Br [tense] énervé, excité. -**2.** Am [cheeky] culotté.

**Ness** [nes] pr n: **Loch** ~ le Loch Ness; **the Loch** ~ **monster** le monstre du Loch Ness.

**nest** [nest] ◇ n -**1.** [for birds, wasps, snakes etc] nid m; [occupants – esp birds] nichée f; fig [den – of brigands] nid m, repaire m; [for machine guns] nid m. -**2.** [set]: ~ **of tables/boxes** (série f OR ensemble m de) tables fpl/boîtes fpl gigognes. ◇ vi -**1.** [bird] (se) nicher, faire son nid. -**2.** [person]: **to go** ~**ing** [find nests] aller chercher des nids; [steal young] aller dénicher des oisillons; [steal eggs] aller dénicher des œufs. **-3.** [fit together] s'emboîter. ◇ *vt* **-1.** [animal, bird] servir de nid à. **-2.** [tables, boxes] emboîter.

**nest box** *n* [in henhouse] pondoir *m*; [in birdhouse] nichoir *m*.

**nest egg** *n* économies *fpl*, bas *m* de laine, pécule *m*.

**nesting** ['nestɪŋ] ◇ *n* nidification *f*. ◇ *comp* [bird] nicheur; [time, instinct] de (la) nidification.

**nesting box** = **nest box.**

**nestle** ['nesl] *vi* **-1.** [against person] se blottir; she ~d (up) against me elle s'est blottie contre moi ‖ [in comfortable place] se pelotonner; to ~ down in bed se pelotonner dans son lit. **-2.** [land, house] être niché OR blotti; their house ~s among the pines leur maison est tapie OR blottie au milieu des sapins. ◇ *vt* blottir.

**nestling** ['neslɪŋ] *n* oisillon *m*.

**net** [net] (*pt & pp* **netted**, *cont* **netting**) ◇ *n* **-1.** [gen, for fishing, butterflies etc] filet *m*; *fig* [trap] filet *m*, piège *m*; to slip through the ~ glisser OR passer à travers les mailles du filet. **-2.** SPORT filet *m*. **-3.** [for hair] filet *m* à cheveux, résille *f*. **-4.** TEX tulle *m*, filet *m*. **-5.** [network] réseau *m*. **-6.** [income, profit, weight] net *m*. ◇ *vt* **-1.** [catch – fish, butterfly] prendre OR attraper (au filet); [– terrorist, criminal] arrêter. **-2.** [acquire – prize] ramasser, gagner; [– fortune] amasser. **-3.** SPORT: to ~ the ball [in tennis] envoyer la balle dans le filet; to ~ a goal FTBL marquer un but. **-4.** [fruit tree] recouvrir de filets OR d'un filet. **-5.** [income, salary] toucher OR gagner net; [profit] rapporter net. ◇ *adj* **-1.** [income, price, weight] net; we made a ~ loss/ profit of £500 nous avons enregistré une perte sèche/réalisé un bénéfice net de 500 livres. **-2.** [result] final.

**netball** ['netbɔːl] *n* net-ball *m* (*sport féminin proche du basketball*).

**net curtain** *n* rideau *m* (de tulle OR en filet), voilage *m*.

**net domestic product** *n* produit *m* intérieur net.

**nether** ['neðə'] *adj arch OR lit* bas, inférieur; [lip] inférieur; the ~ regions OR world *fig* l'enfer *m*; the ball hit him in the ~ regions *hum* le ballon l'a atteint dans les parties basses.

**Netherlander** ['neðələndə'] *n* Néerlandais *m*, -e *f*.

**Netherlands** ['neðələndz] *pl pr n*: the ~ les Pays-Bas *mpl*; in the ~ aux Pays-Bas.

**nethermost** ['neðəməʊst] *adj lit* le plus bas OR profond.

**nett** [net] = **net** *n* **6**, *vt* **5**, *adj* **1**.

**netting** ['netɪŋ] *n* (U) **-1.** [for strawberries, trees] filet *m*, filets *mpl*; [fencing] treillis *m* (métallique), grillage *m*. **-2.** TEX [for curtains] tulle *m*, filet *m*. **-3.** [of fish, butterfly] prise *f* au filet.

**nettle** ['netl] ◇ *n* ortie *f*; to grasp the ~ *Br* prendre le taureau par les cornes. ◇ *vt Br* agacer, énerver.

**nettled** ['netld] *adj* agacé.

**nettle rash** *n* urticaire *f*.

**network** ['netwɜːk] ◇ *n* **-1.** [gen, ELEC & RAIL] réseau *m*; [of shops, hotels] réseau *m*, chaîne *f*; [of streets] lacis *m*; road ~ réseau routier. **-2.** TV [national] réseau *m*; [channel] chaîne *f*. **-3.** COMPUT réseau *m*. ◇ *vt* TV diffuser sur l'ensemble du réseau OR sur tout le territoire. ◇ *vi* **-1.** COMPUT faire partie du OR d'un réseau, être raccordé au OR à un réseau. **-2.** [make contacts] tenter d'établir un réseau de contacts professionnels.

**networking** ['netwɜːkɪŋ] *n* **-1.** COMPUT interconnexion *f* de réseaux. **-2.** [gen & COMM] établissement *m* d'un réseau de liens OR de contacts.

**network TV** *n* réseau *m* (de télévision) national.

**neural** ['njʊərəl] *adj* neural.

**neuralgia** [njʊəˈrældʒə] *n* (U) névralgie *f*.

**neuritis** [ˌnjʊəˈraɪtɪs] *n* (U) névrite *f*.

**neurological** [ˌnjʊərəˈlɒdʒɪkl] *adj* neurologique.

**neurologist** [ˌnjʊəˈrɒlədʒɪst] *n* neurologue *mf*.

**neurology** [ˌnjʊəˈrɒlədʒɪ] *n* neurologie *f*.

**neuron** ['njʊərɒn], **neurone** ['njʊərəʊn] *n* neurone *m*.

**neurosis** [ˌnjʊəˈrəʊsɪs] (*pl* **neuroses** [-siːz]) *n* névrose *f*.

**neurosurgeon** ['njʊərəʊˌsɜːdʒən] *n* neurochirurgien *m*, -enne *f*.

**neurosurgery** [ˌnjʊərəʊˈsɜːdʒərɪ] *n* neurochirurgie *f*.

**neurotic** [ˌnjʊəˈrɒtɪk] ◇ *n* névrosé *m*, -e *f*. ◇ *adj* [person] névrosé; [disease] névrotique; he's really ~ about his weight

*fig* il est littéralement obsédé par son poids.

**neuroticism** [ˌnjʊəˈrɒtɪsɪzm] *n* neurasthénie *f fig*.

**neuter** ['njuːtə'] ◇ *adj* neutre. ◇ *n* **-1.** GRAMM neutre *m*. **-2.** [animal – asexual] animal *m* asexué; [– castrated] animal *m* châtré; [insect, plant] neutre *m*. ◇ *vt* châtrer.

**neutral** ['njuːtrəl] ◇ *adj* neutre; [policy] de neutralité. ◇ *n* **-1.** AUT point *m* mort; in ~ au point mort. **-2.** POL [person] habitant *m*, -e *f* d'un pays neutre; [state] pays *m* neutre.

**neutrality** [njuːˈtrælətɪ] *n* neutralité *f*.

**neutralization** [ˌnjuːtrəlaɪˈzeɪʃn] *n* neutralisation *f*.

**neutralize, -ise** ['njuːtrəlaɪz] *vt* neutraliser.

**neutron** ['njuːtrɒn] *n* neutron *m*.

**neutron bomb** *n* bombe *f* à neutrons.

**Nevada** [nɪˈvɑːdə] *pr n* Nevada *m*; in ~ dans le Nevada.

**never** ['nevə'] ◇ *adv* **-1.** [not ever] jamais; I ~ saw her again je ne l'ai plus jamais OR jamais plus revue; you ~ know on ne sait jamais; ~ before [until that moment] jamais auparavant OR avant OR jusque-là; [until now] jamais jusqu'ici OR jusqu'à présent; I'll ~ ever speak to him again plus jamais de ma vie je ne lui adresserai la parole; ~ again! plus jamais ça!. **-2.** [used instead of 'did not']: she ~ turned up elle n'est pas venue; I ~ knew you cared je ne savais pas que tu m'aimais ‖ [as intensifier]: I ~ even asked if you wanted something to drink je ne vous ai même pas offert (quelque chose) à boire; ~ fear ne craignez rien, n'ayez crainte ❑ that will ~ do! [it is unacceptable] c'est inadmissible!; [it is insufficient] ça ne va pas!. **-3.** [in surprise, disbelief]: you ~ did! vous n'avez pas fait ça!; you've ~ lost your purse again! ne me dis pas que tu as encore perdu ton porte-monnaie! ❑ well I ~ (did)! ça alors!, par exemple! ◇ *interj*: ~! (ce n'est) pas possible!

**never-ending** *adj* interminable, qui n'en finit pas.

**nevermore** [ˌnevəˈmɔː'] *adv lit* jamais plus, plus jamais.

**never-never** *inf* ◇ *n Br*: to buy sthg on the ~ acheter qqch à crédit OR à tempérament. ◇ *adj* imaginaire, chimérique; ~ land pays *m* de cocagne.

**nevertheless** [ˌnevəðəˈles] *adv* néanmoins; she'd not skied before but she insisted on coming with us ~ elle n'avait jamais fait de ski mais elle a quand même tenu à nous accompagner ‖ [at start of clause or sentence] cependant.

**new** [njuː] (*compar* **newer**, *superl* **newest**) ◇ *adj* **-1.** [gen] nouveau, *before vowel or silent 'h'* nouvel (*f* nouvelle); [different] nouveau, *before vowel or silent 'h'* nouvel (*f* nouvelle), autre; [unused] neuf, nouveau, *before vowel or silent 'h'* nouvel (*f* nouvelle); a ~ tablecloth [brand new] une nouvelle nappe, une nappe neuve; [fresh] une nouvelle nappe, une nappe propre; she needs a ~ sheet of paper il lui faut une autre feuille de papier; there are ~ people in the flat next door il y a de nouveaux occupants dans l'appartement d'à côté; 'under ~ management' 'changement de propriétaire' ❑ as OR like ~ comme neuf; [in advert] 'état neuf'; as good as ~ (again) [clothing, carpet] (à nouveau) comme neuf; [watch, electrical appliance] (à nouveau) en parfait état de marche; to feel like a ~ woman/man se sentir revivre. **-2.** [latest, recent – issue, recording, baby] nouveau, *before vowel or silent 'h'* nouvel (*f* nouvelle); the ~est fashions la dernière mode; is there anything ~ on the catastrophe? est-ce qu'il y a du nouveau sur la catastrophe? ‖ [modern] nouveau, *before vowel or silent 'h'* nouvel (*f* nouvelle), moderne; ~ maths les maths modernes; her husband is a New Man son mari est le type même de l'homme moderne ❑ what's ~? quoi de neuf?; (so) what's ~!, what else is ~! [dismissive] quelle surprise!. **-3.** [unfamiliar – experience, environment] nouveau, *before vowel or silent 'h'* nouvel (*f* nouvelle); to be ~ to sb: everything's still very ~ to me here tout est encore tout nouveau pour moi ici ❑ that's a ~ one on me! *inf* [joke] celle-là, on ne me l'avait jamais faite!; [news] première nouvelle!; [experience] on en apprend tous les jours!. **-4.** [recently arrived] nouveau, *before vowel or silent 'h'* nouvel (*f* nouvelle); [novice] novice; you're ~ here, aren't you? vous êtes nouveau ici, n'est-ce pas?; she's ~ to the job elle débute dans le métier; we're ~ to this area nous venons d'arriver dans la région. **-5.** CULIN [wine] nouveau, *before vowel or silent 'h'* nouvel (*f* nouvelle); [potatoes, carrots] nouveau, *before vowel or silent 'h'* nouvel (*f* nouvelle). ◇ *n* nouveau *m*.

**new-** *in cpds*: ~won freedom une liberté toute neuve;

**~built** nouvellement construit.

**New Age** *adj* New Age *inv*.

**new blood** *n inf* sang *m* neuf.

**newborn** ['nju:bɔːn] ◇ *adj* nouveau-né; a ~ baby girl une (petite fille) nouveau-née. ◇ *npl*: the ~ les nouveaux-nés *mpl*.

**new boy** *n* SCH nouveau *m*, nouvel élève *m*; [in office, team etc] nouveau *m*.

**new broom** *n* réformateur *m*, -trice *f*; a ~ sweeps clean *prov* tout nouveau tout beau *prov*.

**New Brunswick** *pr n* Nouveau-Brunswick *m*; in ~ dans le Nouveau-Brunswick.

**New Caledonia** *pr n* Nouvelle-Calédonie *f*; in ~ en Nouvelle-Calédonie.

**New Caledonian** ◇ *n* Néo-Calédonien *m*, -enne *f*. ◇ *adj* néo-calédonien.

**newcomer** ['nju:ˌkʌmə<sup>r</sup>] *n* **-1.** [new arrival] nouveau venu *m*, nouvelle venue *f*; she's a ~ to the town elle vient d'arriver dans la ville. **-2.** [beginner] novice *mf*; I'm a ~ to all this tout cela est nouveau pour moi.

**New Delhi** *pr n* New Delhi.

**New England** *pr n* Nouvelle-Angleterre *f*; in ~ en Nouvelle-Angleterre.

**New Englander** *n* habitant *m*, -e *f* de la Nouvelle-Angleterre.

**newfangled** [ˌnju:'fæŋgld] *adj pej* [idea, device] nouveau, *before vowel or silent 'h'* nouvel (*f* nouvelle), dernier cri (*inv*).

**new-found** *adj* nouveau, *before vowel or silent 'h'* nouvel (*f* nouvelle), récent.

**Newfoundland** ['nju:fəndlənd] *pr n* **-1.** GEOG Terre-Neuve; in ~ à Terre-Neuve. **-2.** [dog] terre-neuve *m inv*.

**Newfoundlander** ['nju:fəndləndə<sup>r</sup>] *pr n* Terre-Neuvien *m*, -enne *f*.

**new girl** *n* SCH nouvelle (élève) *f*; [in office, team] nouvelle *f*.

**New Guinea** *pr n* Nouvelle-Guinée *f*; in ~ en Nouvelle-Guinée.

**New Hampshire** [-'hæmpʃə<sup>r</sup>] *pr n* New Hampshire *m*; in ~ dans le New Hampshire.

**New Jersey** *pr n* le New Jersey; in ~ dans le New Jersey.

**new-laid** *adj Br*: a ~ egg un œuf extra-frais.

**newly** ['nju:lɪ] *adv* nouvellement, récemment; the gate has been ~ painted la barrière vient d'être peinte; ~ elected nouvellement élu; their ~ won independence leur indépendance récemment conquise.

**newlyweds** ['nju:lɪwedz] *npl* jeunes mariés *mpl*.

**New Mexico** *pr n* Nouveau-Mexique *m*; in ~ au Nouveau-Mexique.

**new moon** *n* nouvelle lune *f*.

**new-mown** *adj Br* [grass] fraîchement coupé; [lawn] fraîchement tondu; [hay] fraîchement fauché.

**New Orleans** [-'ɔːlɪənz] *pr n* La Nouvelle-Orléans.

**New Quebec** *pr n* Nouveau-Québec *m*; in ~ au Nouveau-Québec.

**new rich** *npl* nouveaux riches *mpl*.

**news** [nju:z] ◇ *n* (U) **-1.** [information] nouvelles *fpl*, informations *fpl*; a piece of ~ une nouvelle, une information; is there any more ~ about OR on the explosion? est-ce qu'on a plus d'informations sur l'explosion?; that's good/bad ~ c'est une bonne/mauvaise nouvelle; to have ~ of sb avoir des nouvelles de qqn ❑ have I got ~ for you! j'ai du nouveau (à vous annoncer)!; it's ~ to me! première nouvelle!, je l'ignorais!; famine isn't ~ any more la famine ne fait plus la une (des journaux); to be in the ~, to make ~ défrayer la chronique, faire parler de soi; to break the ~ (of sthg) to sb annoncer la nouvelle (de qqch) à qqn; he's bad ~ *inf* on a toujours des ennuis avec lui; no ~ is good ~ *prov* pas de nouvelles, bonnes nouvelles *prov*. **-2.** RADIO & TV actualités *fpl*, informations *fpl*; [bulletin] chronique *f*, journal *m*, page *f*; the 9 o'clock ~ TV le journal (télévisé) OR les informations de 21 h; RADIO le journal (parlé) OR les informations de 21 h; the sports/financial ~ la page sportive/financière. ◇ *comp*: ~ desk (salle *f* de) rédaction *f*; ~ editor rédacteur *m*, -trice *f*; ~ item information *f*; ~ value intérêt *m* médiatique.

**news agency** *n* agence *f* de presse.

**newsagent** *Br* ['nju:z,eɪdʒənt], **news dealer** *Am n* marchand *m*, -e *f* de journaux.

**news analyst** *n Am* RADIO & TV commentateur *m*.

**newsboy** ['nju:zbɔɪ] *n* [in street] crieur *m* de journaux; [delivery boy] livreur *m* de journaux.

**news bulletin** *n* bulletin *m* d'informations.

**newscast** ['nju:zkɑːst] *n* bulletin *m* d'informations; TV journal *m* télévisé, informations *fpl*.

**newscaster** ['nju:zkɑːstə<sup>r</sup>] *n* présentateur *m*, -trice *f* du journal.

**news conference** *n* conférence *f* de presse.

**newsflash** ['nju:zflæʃ] *n* flash *m* d'informations.

**news headlines** *npl* titres *mpl* de l'actualité.

**newshound** ['nju:zhaʊnd] *n inf* reporter *m*, journaliste *mf*.

**newsletter** ['nju:z,letə<sup>r</sup>] *n* lettre *f*, bulletin *m*.

**newsocracy** [ˌnju:z'ɒkrəsɪ] *n* aux États-Unis, ensemble de la presse et du réseau télévisé à audience nationale.

**New South Wales** *pr n* Nouvelle-Galles du Sud *f*; in ~ en Nouvelle-Galles du Sud.

**newspaper** ['nju:z,peɪpə<sup>r</sup>] ◇ *n* **-1.** [publication] journal *m*; in the ~ dans le journal; an evening ~ un journal du soir; a daily ~ un quotidien. **-2.** [paper] wrapped in ~ enveloppé dans du papier journal. ◇ *comp* [article, report] de journal; ~ reporter reporter *m* (de la presse écrite).

**newspaper clipping, newspaper cutting** *n* coupure *f* de presse.

**newspaperman** ['nju:z,peɪpəmæn] (*pl* **newspapermen** [-men]) *n* journaliste *m* (de la presse écrite).

**newspaper rack** *n* porte-journaux *m*.

**newspeak** ['nju:spi:k] *n* jargon *m* bureaucratique, ≈ langue *f* de bois.

**newsprint** ['nju:zprɪnt] *n* papier *m* journal.

**newsreader** ['nju:z,riːdə<sup>r</sup>] = **newscaster**.

**newsreel** ['nju:zriːl] *n* film *m* d'actualités.

**news report** *n* bulletin *m* d'informations.

**newsroom** ['nju:zruːm] *n* **-1.** PRESS salle *f* de rédaction. **-2.** RADIO & TV studio *m*.

**newssheet** ['nju:zʃiːt] = **newsletter**.

**newsstand** ['nju:zstænd] *n* kiosque *m* (à journaux).

**newsvendor** ['nju:z,vendə<sup>r</sup>] *n* [gen] marchand *m*, -e *f* de journaux; [in street] crieur *m*, -euse *f* de journaux.

**newsworthy** ['nju:z,wɜːðɪ] *adj*: it's not ~ cela n'a aucun intérêt médiatique.

**newt** [nju:t] *n* triton *m* ZOOL.

**new technology** *n* nouvelle technologie *f*, technologie *f* de pointe.

**New Testament** *pr n* Nouveau Testament *m*.

**Newtonian** [nju:'təʊnjən] *adj* newtonien.

**new wave** *n* [in cinema] nouvelle vague *f*; [in pop music] new wave *f*.

◆ **new-wave** *adj* [cinema] nouvelle vague (*inv*); [pop music] new-wave (*inv*).

**New World** *pr n*: the ~ le Nouveau Monde ❑ 'The New World Symphony' *Dvořák* 'Symphonie du nouveau monde'.

**New Year** *n* Nouvel An *m*; happy ~! bonne année!; to see the ~ in réveillonner (*le 31 décembre*); ~'s resolutions résolutions *fpl* du nouvel an; the ~'s Honours List *titres et distinctions honorifiques décernés par la Reine à l'occasion de la nouvelle année et dont la liste est établie officieusement par le Premier ministre*.

**New Year's** *n Am* **-1.** [day] le premier de l'an. **-2.** [eve] le soir du réveillon OR du 31 décembre.

**New Year's Day** *n* jour *m* de l'an.

**New Year's Eve** *n* Saint-Sylvestre *f*.

**New York** *pr n* **-1.** [city]: ~ (City) New York; the ~ subway le métro new-yorkais. **-2.** [state]: ~ (State) l'État *m* de New York; in (the State of) ~, in ~ (State) dans l'État de New York.

**New Yorker** [-'jɔːkə<sup>r</sup>] *n* New-Yorkais *m*, -e *f*.

**New Zealand** [-'ziːlənd] *pr n* Nouvelle-Zélande *f*; in ~ en Nouvelle-Zélande; ~ butter beurre néo-zélandais.

**New Zealander** [-'ziːləndər] *n* Néo-Zélandais *m*, -e *f*.

**next** [nekst] ◇ *adj* **-1.** [in time – coming] prochain; [– already past] suivant; **keep quiet about it for the** ~ **few days** n'en parlez pas pendant les quelques jours qui viennent; **I had to stay in bed for the** ~ **ten days** j'ai dû garder le lit pendant les dix jours qui ont suivi; **(the)** ~ **day** le lendemain; **(the)** ~ **morning/evening** le lendemain matin/soir; ~ **Sunday, Sunday** ~ dimanche prochain; **the** ~ **Sunday** le dimanche suivant; **(the)** ~ **minute/moment:** ~ **minute she was dashing off out again** *inf* une minute après, elle repartait; **the situation's changing from one moment to the** ~ la situation change sans arrêt; ~ **time: (the)** ~ **time I see him** la prochaine fois que je le vois OR verrai; **(the)** ~ **time I saw him** quand je l'ai revu. **-2.** [in series – in future] prochain; [– in past] suivant; **translate the** ~ **sentence** traduisez la phrase suivante; **their** ~ **child was a girl** ensuite, ils eurent une fille; **they want their** ~ **child to be a girl** ils veulent que leur prochain enfant soit une fille; **the** ~ **10 pages** les 10 pages suivantes; **the** ~ **before last** l'avant-dernier; **ask the** ~ **person you meet** demandez à la première personne que vous rencontrez; **the** ~ **world** l'au-delà *m*; **this life and the** ~ ce monde et l'autre ‖ [in space – house, street] prochain, suivant; **take the** ~ **street on the left** prenez la prochaine à gauche ‖ [in queue, line]: **I'm** ~ c'est (à) mon tour, c'est à moi; **who's** ~? à qui le tour?; **I'm** ~ **after you** je suis (juste) après vous; **Helen is** ~ **in line for promotion** Helen est la suivante sur la liste des promotions ❑ **I can take a joke as well as the** ~ **person, but...** j'aime plaisanter comme tout le monde, mais...; **(the)** ~ **thing** ensuite; **and (the)** ~ **thing I knew, I woke up in hospital** et l'instant d'après je me suis réveillé à l'hôpital. ◇ *adv* **-1.** [afterwards] ensuite, après; **what did you do with it** ~? et ensuite, qu'en avez-vous fait?; ~ **on the agenda is the question of finance** la question suivante à l'ordre du jour est celle des finances; **what will they think of** ~? *hum* qu'est-ce qu'ils vont bien pouvoir inventer maintenant?; **what** OR **whatever** ~? [indignantly or in mock indignation] et puis quoi encore? **-2.** [next time – in future] la prochaine fois; [– in past] la fois suivante OR d'après. **-3.** [with superlative adj]: **the** ~ **youngest/oldest child** l'enfant le plus jeune/le plus âgé ensuite; **the** ~ **largest size** la taille juste au-dessus; **watching the match on TV was the** ~ **best thing to actually being there** l'idéal aurait été de pouvoir assister au match, mais ce n'était déjà pas mal de le voir à la télé. ◇ *n* [next train, person, child] prochain *m*, -e *f*; ~ **please!** au suivant, s'il vous plaît!; ~ **of kin** plus proche parent *m*. ◇ *prep* Am = **next to**.

◆ **next to** *prep* **-1.** [near] à côté de; **come and sit** ~ **to me** venez vous asseoir à côté de OR près de moi; **I love the feel of silk** ~ **to my skin** j'adore le contact de la soie sur ma peau ‖ [in series]: **the** ~ **to last** avant-dernier; **the** ~ **to bottom shelf** la deuxième étagère en partant du bas. **-2.** [in comparisons] après. **-3.** [almost] presque; ~ **to impossible** presque OR quasiment impossible.

**next door** ◇ *adv*: **they live** ~ **to us** ils habitent à côté de chez nous, ce sont nos voisins; **the girl/boy** ~ la fille/le garçon d'à côté. ◇ *n* la maison d'à côté; ~**'s children** les enfants qui habitent à côté OR des voisins; **it's the man from** ~ c'est le voisin.

◆ **next-door** *adj*: **next-door neighbour** [in private house] voisin *m*, -e *f* (de la maison d'à côté); [in apartment building] voisin *m*, -e *f* de palier.

**nexus** ['neksəs] (*pl inv* OR **nexuses**) *n* lien *m*, liaison *f*.

**NF** ◇ *pr n abbr of* **National Front.** ◇ *written abbr of* **Newfoundland.**

**NGO** (*abbr of* **non-governmental organization**) *n* ONG *f*.

**NH** *written abbr of* **New Hampshire.**

**NHS** *pr n Br abbr of* **National Health Service.**

**NI** ◇ *n Br abbr of* **national insurance.** ◇ *written abbr of* **Northern Ireland.**

**Niagara** [naɪ'ægərə] *pr n*: ~ **Falls** les chutes *fpl* du Niagara.

**nib** [nɪb] *n* [of fountain pen] plume *f*; [of ballpoint, tool] pointe *f*.

**-nibbed** [nɪbd] *in cpds*: **gold**~ avec une plume en or; **fine**~ [fountain pen] à plume fine; [ballpoint] à pointe fine.

**nibble** ['nɪbl] ◇ *vt* **-1.** [subj: person, caterpillar] grignoter; [subj: rodent] grignoter, ronger; [subj: goat, sheep] brouter; **the fish** ~**d the bait** le poisson a mordu à l'hameçon. **-2.**

[playfully – ear] mordiller. ◇ *vi* **-1.** [eat]: **to** ~ **at** OR **on sthg** grignoter qqch. **-2.** [bite]: **to** ~ **at sthg** mordiller qqch ❑ **to** ~ **at the bait** *literal & fig* mordre à l'hameçon. **-3.** *fig* [show interest]: **to** ~ **at an offer** être tenté par une offre. ◇ *n* **-1.** FISH-ING touche *f*. **-2.** [snack]: **to have a** ~ grignoter quelque chose.

**nibs** [nɪbz] *n Br inf & hum*: **his** ~ sa Majesté, son Altesse *hum*.

**Nicaragua** [ˌnɪkə'ræɡjʊə] *pr n* Nicaragua *m*; **in** ~ au Nicaragua.

**Nicaraguan** [ˌnɪkə'ræɡjʊən] ◇ *n* Nicaraguayen *m*, -enne *f*. ◇ *adj* nicaraguayen.

**nice** [naɪs] ◇ *adj* **-1.** [expressing approval – good] bien, chouette; [– attractive] beau, *before vowel or silent 'h'* bel (*f* belle); [– pretty] joli; [– car, picture] beau, *before vowel or silent 'h'* bel (*f* belle); [– food] bon; [– idea] bon; [– weather] beau, *before vowel or silent 'h'* bel (*f* belle); **to taste** ~ avoir bon goût; **to smell** ~ sentir bon; **she was wearing a very** ~ **hat** elle portait un très joli chapeau; **she always looks** ~ elle est toujours bien habillée OR mise; **we had a** ~ **meal** on a bien mangé; ~ **work!** beau travail!; ~ **work if you can get it** *hum* c'est un travail agréable, encore faut-il le décrocher ‖ [pleasant – gen] agréable, bien; [– person] bien, sympathique; **have a** ~ **time** amusez-vous bien; **it's** ~ **to be back again** cela fait plaisir d'être de retour; **(it was)** ~ **meeting you** (j'ai été) ravi de faire votre connaissance ❑ ~ **one!** bravo!, chapeau! **-2.** [kind] gentil, aimable; **to be** ~ **to sb** être gentil avec qqn; **that's** ~ **of her** c'est gentil OR aimable de sa part; **it's** ~ **of you to say so** vous êtes bien aimable de le dire; **he was** ~ **enough to carry my case** il a eu la gentillesse OR l'obligeance de porter ma valise. **-3.** [respectable] bien (élevé), convenable; ~ **people don't blow their noses at table** les gens bien élevés ne se mouchent pas à table. **-4.** [ironic use]: **he made a** ~ **mess of the job** il a fait un travail de cochon; **you're a** ~ **one to talk!** toi, tu peux parler!; **that's a** ~ **way to talk!** en voilà une façon de parler! ❑ ~ **one!** *Br* bravo! **-5.** [subtle – distinction, point] subtil, délicat. ◇ *adv* [as intensifier]: ~ **long holidays** des vacances longues et agréables; **a** ~ **cold drink** une boisson bien fraîche; **to have a** ~ **long nap** faire une bonne sieste ‖ [with 'and']: **take it** ~ **and easy** allez-y doucement; **it's** ~ **and warm in here** il fait bon ici.

**nice-looking** *adj* joli, beau, *before vowel or silent 'h'* bel (*f* belle).

**nicely** ['naɪslɪ] *adv* **-1.** [well] bien; **it's coming along** ~ ça progresse bien; ~ **put!** bien dit!; **this bag will do** ~ ce sac fera très bien l'affaire; **he's doing** ~ [at school] il travaille bien; [after illness] il se remet bien; [financially] il s'en sort bien, il n'est pas à plaindre ‖ [pleasantly] gentiment, agréablement; **she smiled at me** ~ elle me sourit gentiment. **-2.** [politely – behave, eat] bien, comme il faut; **ask** ~ demandez gentiment. **-3.** [exactly] exactement, avec précision; [subtly] avec précision.

**Nicene** [naɪ'siːn] *adj*: **the** ~ **Creed** le symbole de Nicée.

**nicety** ['naɪsətɪ] (*pl* **niceties**) *n* **-1.** [precision] justesse *f*, précision *f*; **to a** ~ exactement, à la perfection. **-2.** (*usu pl*) [subtlety] subtilité *f*, finesse *f*; **the niceties of chess** les subtilités des échecs.

**niche** [niːʃ] *n* **-1.** [recess – in church, cliff] niche *f*; **to find one's** ~ *fig* trouver sa voie. **-2.** COMM créneau *m*.

**Nicholas** ['nɪkələs] *pr n*: **Saint** ~ saint Nicolas; **Saint** ~**' Day** la Saint-Nicolas.

**nick** [nɪk] ◇ *n* **-1.** [notch] encoche *f*; [chip – in crockery] ébréchure *f*; [cut – on skin] (petite) coupure *f*. **-2.** ▽ *Br* [police station] poste *m* (de police); [prison] taule *f*. **-3.** *Br inf* [condition] état *m*; **in good** ~ en bon état. **-4.** *phr*: **in the** ~ **of time** à point nommé. ◇ *vt* **-1.** [cut – deliberately] faire une entaille OR une encoche sur; [accidentally – crockery] ébrécher; [– metal, paint] faire des entailles dans; [– skin, face] entailler, couper (légèrement); **he** ~**ed his chin shaving** il s'est légèrement coupé le menton en se rasant. **-2.** ▽ *Br* [arrest] épingler. **-3.** *Br inf* [steal] faucher, chiper.

**Nick** [nɪk] *pr n*: **Old** ~ le diable.

**nickel** ['nɪkl] (*Br pt & pp* **nickelled**, *cont* **nickelling**, *Am pt & pp* **nickeled**, *cont* **nickeling**) ◇ *n* **-1.** [metal] nickel *m*. **-2.** *Am* [coin] pièce *f* de 5 cents. ◇ *vt* nickeler.

**nickel-and-dime store** *n Am* magasin à prix unique.

**nickel-plated** *adj* nickelé.

**nickel-plating** n nickelage m.

**nickel silver** n argentan m, maillechort m.

**nick-nack** ['nɪknæk] = **knick-knack**.

**nickname** ['nɪkneɪm] ◇ n [gen] surnom m, sobriquet m; [short form] diminutif m. ◇ vt surnommer.

**nicotine** ['nɪkəti:n] n nicotine f; ~ addiction tabagisme m.

**niece** [ni:s] n nièce f.

**Nietzschean** ['ni:tʃɪən] adj nietzschéen.

**niff**[V] [nɪf] ◇ n Br mauvaise odeur f, puanteur f. ◇ vi schlinguer.

**niffy**[V] ['nɪfɪ] (compar **niffier**, superl **niffiest**) adj Br puant.

**nifty** ['nɪftɪ] (compar **niftier**, superl **niftiest**) adj inf **-1.** [stylish] chouette, classe f inf. **-2.** [clever – solution] génial. **-3.** [quick] rapide; [agile] agile.

**Niger** [sense 1 ni:'ʒeə[r], sense 2 'naɪdʒə[r]] pr n -1. [country] Niger m; in ~ au Niger. **-2.** [river]: **the (River)** ~ le Niger.

**Nigeria** [naɪ'dʒɪərɪə] pr n Nigeria m; in ~ au Nigeria.

**Nigerian** [naɪ'dʒɪərɪən] ◇ n Nigérian m, -e f. ◇ adj nigérian.

**Nigerien** [ni:'ʒeərɪən] ◇ n Nigérien m, -enne f. ◇ adj nigérien.

**niggard** ['nɪgəd] n avare m.

**niggardly** ['nɪgədlɪ] adj [person] avare, pingre, ladre; [quantity] parcimonieux, chiche.

**nigger**[V] ['nɪgə[r]] n terme raciste désignant un Noir, ≈ nègre m, négresse f; there's a ~ in the woodpile Br [problem] il y a un hic; [person] il y a un empêcheur de tourner en rond; [secret] il y a anguille sous roche.

**niggle** ['nɪgl] ◇ vi -1. [fuss over details] ergoter; to ~ over OR about sthg ergoter sur qqch. **-2.** [nag] trouver à redire. ◇ vt **-1.** [worry – subj: conscience] harceler, travailler. **-2.** [nag] harceler. ◇ n **-1.** [small criticism] objection f mineure. **-2.** [small worry, doubt] léger doute m.

**niggling** ['nɪglɪŋ] ◇ adj -1. [petty – person] tatillon; [– details] insignifiant. **-2.** [fastidious – job] fastidieux. **-3.** [nagging – pain, doubt] tenace. ◇ n chicanerie f, pinaillerie f.

**niggly** ['nɪglɪ] (compar **nigglier**, superl **niggliest**) adj inf pinailleur.

**nigh** [naɪ] lit ◇ adv: well ~ impossible presque impossible. ◇ adj proche. ◇ prep près de, proche de.

♦ **nigh on** adv phr presque.

**night** [naɪt] ◇ n -1. [late] nuit f; [evening] soir m, soirée f; at ~ [evening] le soir; [late] la nuit; **ten o'clock at** ~ dix heures du soir; **all** ~ **(long)** toute la nuit; **by** ~ de nuit; **during** OR **in the** ~ pendant la nuit; **(on) Tuesday** ~ [evening] mardi soir; [during night] dans la nuit de mardi à mercredi; **last** ~ [evening] hier soir; [during night] cette nuit; **the** ~ **before** [evening] la veille au soir; [late] la nuit précédente; **far** OR **late into the** ~ jusqu'à une heure avancée de la nuit; **it's weeks since we had a** ~ **out** ça fait des semaines que nous ne sommes pas sortis le soir; **Tuesday's our poker** ~ le mardi, c'est notre soirée poker, le mardi soir, nous faisons un poker; **to have a late** ~ se coucher tard; **this has been going on** ~ **after** ~ cela s'est prolongé des nuits durant; **I had a bad** ~ j'ai passé une mauvaise nuit, j'ai mal dormi; **let's make a** ~ **of it!** [have fun] faisons la fête toute la nuit! ❑ **the** ~ **of the long knives** la nuit des longs conteaux; **the** ~ **is young** literal la nuit n'est pas très avancée; hum on a toute la nuit devant nous. **-2.** [darkness] obscurité f; fig ténèbres fpl. **-3.** THEAT soirée f; gala ~ soirée de gala. ◇ comp [duty, flight, sky] de nuit.

♦ **nights** adv de nuit; to work ~s travailler de nuit; to lie awake ~s Am ne pas dormir la nuit.

**night bird** n ORNITH oiseau m nocturne OR de nuit; fig noctambule mf, oiseau m de nuit.

**night blindness** n (U) héméralopie f.

**nightcap** ['naɪtkæp] n -1. [drink – gen] boisson f (que l'on prend avant d'aller se coucher); [– alcoholic] dernier verre m (avant d'aller se coucher). **-2.** [headgear] bonnet m de nuit.

**nightclothes** ['naɪtkləʊðz] npl [pyjamas] pyjama m; [nightdress] chemise f de nuit.

**nightclub** ['naɪtklʌb] n night-club m, boîte f de nuit.

**nightclubbing** ['naɪtklʌbɪŋ] n: to go ~ sortir en boîte.

**nightdress** ['naɪtdres] n chemise f de nuit.

**night editor** n rédacteur m, -trice f de nuit (dans un journal).

**nightfall** ['naɪtfɔ:l] n tombée f de la nuit OR du jour.

**night fighter** n chasseur m de nuit.

**nightgown** ['naɪtgaʊn] = **nightdress**.

**nightie** ['naɪtɪ] n inf chemise f de nuit.

**nightingale** ['naɪtɪŋgeɪl] n rossignol m.

**nightjar** ['naɪtdʒɑ:[r]] n engoulevent m (d'Europe).

**nightlife** ['naɪtlaɪf] n vie f nocturne.

**nightlight** ['naɪtlaɪt] n veilleuse f.

**nightlong** ['naɪtlɒŋ] ◇ adj qui dure toute la nuit; a ~ vigil une nuit de veille. ◇ adv pendant toute la nuit, la nuit durant.

**nightly** ['naɪtlɪ] ◇ adj [happening every night] de tous les soirs, de chaque nuit. ◇ adv tous les soirs, chaque soir.

**nightmare** ['naɪtmeə[r]] ◇ n literal & fig cauchemar m; **I had a** ~ j'ai fait un cauchemar. ◇ comp [vision, experience] cauchemardesque, de cauchemar.

**nightmarish** ['naɪtmeərɪʃ] adj cauchemardesque, de cauchemar.

**night-night** interj inf: ~! bonne nuit!

**night nurse** n infirmier m, -ère f de nuit.

**night owl** n inf couche-tard mf inv.

**night porter** n portier m de nuit.

**night safe** n coffre m de nuit.

**night school** n cours mpl du soir; **to go to** ~ suivre des cours du soir; **in** Am OR **at** Br ~ aux cours du soir.

**nightshade** ['naɪtʃeɪd] n morelle f.

**night shift** n [work force] équipe f de nuit; [period of duty] poste m de nuit; **to be on the** ~ être de nuit.

**nightshirt** ['naɪtʃɜ:t] n chemise f de nuit.

**night soil** n fumier m (d'excréments humains).

**nightspot** ['naɪtspɒt] n inf boîte f (de nuit).

**nightstick** ['naɪtstɪk] n Am matraque f (de policier).

**night storage heater** n radiateur m à accumulation.

**night-time** n nuit f; at ~ la nuit.

**night vision** n vision f nocturne.

**night watchman** n veilleur m de nuit.

**nightwear** ['naɪtweə[r]] n (U) = **nightclothes**.

**nighty** ['naɪtɪ] (pl **nighties**) inf = **nightie**.

**nighty-night** inf = **night-night**.

**nihilism** ['naɪɪlɪzm] n nihilisme m.

**nihilist** ['naɪɪlɪst] ◇ adj nihiliste. ◇ n nihiliste mf.

**nihilistic** [ˌnaɪɪ'lɪstɪk] adj nihiliste.

**Nike** ['naɪki:] pr n MYTH Nikê.

**nil** [nɪl] ◇ n [gen & SPORT] zéro m; [on written form] néant m. ◇ adj nul, zéro (inv).

**Nile** [naɪl] pr n: **the (River)** ~ Br, **the** ~ **River** Am le Nil.

**nimbi** ['nɪmbaɪ] pl → **nimbus**.

**nimble** ['nɪmbl] adj -1. [agile – body, movements] agile; [– fingers] adroit, habile; [skilful] habile. **-2.** [quick – thought, mind] vif, prompt.

**nimbly** ['nɪmblɪ] adv agilement, lestement, prestement.

**nimbus** ['nɪmbəs] (pl **nimbi** [-baɪ] OR **nimbuses**) n -1. METEOR nimbus m. **-2.** [halo] nimbe m, auréole f.

**nincompoop** ['nɪŋkəmpu:p] n inf cruche f.

**nine** [naɪn] ◇ det neuf (inv); a ~-hole golf course un (parcours de) neuf trous; ~ times out of ten neuf fois sur dix ❑ a ~ days' wonder Br un feu de paille. ◇ n -1. neuf m inv; he was dressed up to the ~s il s'était mis son trente et un. **-2.** Am SPORT équipe f (de base-ball). ◇ pron neuf; see also five.

**ninefold** ['naɪnfəʊld] ◇ adj neuf fois supérieur. ◇ adv neuf fois; to increase ~ (se) multiplier par neuf.

**ninepin** ['naɪnpɪn] n [skittle] quille f; to go down like ~s Br tomber comme des mouches.

♦ **ninepins** n [game] quilles fpl.

**nineteen** [ˌnaɪn'ti:n] ◇ det dix-neuf. ◇ n dix-neuf m; they were talking ~ to the dozen Br ils étaient intarissables, il n'y avait pas moyen de les faire taire. ◇ pron dix-neuf; see also five.

**nineteenth** [ˌnaɪn'ti:nθ] ◇ det dix-neuvième; **the** ~ **hole** hum [in golf] le bar (du club). ◇ n -1. [ordinal] dix-neuvième mf. **-2.** [fraction] dix-neuvième m; see also fifth.

**ninetieth** ['naɪntɪəθ] ◇ det quatre-vingt-dixième. ◇ n -1. [ordinal] quatre-vingt-dixième mf. **-2.** [fraction] quatre-vingt-dixième *m*; *see also* **fifth**.

**nine-to-five** ◇ *adv* de neuf heures du matin à cinq heures du soir; to work ~ avoir des horaires de bureau. ◇ *adj* **-1.** [job] routinier. **-2.** [mentality, attitude] de gratte-papier.

**ninety** ['naıntı] (*pl* **nineties**) ◇ *det* quatre-vingt-dix. ◇ *n* quatre-vingt-dix *m*; ~-one quatre-vingt-onze; ~-two quatre-vingt-douze; ~-nine quatre-vingt-dix-neuf; he's in his nineties il est nonagénaire, il a quatre-vingt-dix ans passés; in the nineties dans les années quatre-vingt-dix; ◇ *pron* quatre-vingt-dix; *see also* **fifty**.

**ninny** ['nını] (*pl* **ninnies**) *n inf* empoté *m*, -e *f*, nigaud *m*, -e *f*, bêta *m*, -asse *f*.

**ninth** [naınθ] ◇ *adj* neuvième. ◇ *n* **-1.** [ordinal] neuvième *mf*. **-2.** [fraction] neuvième *m*. ◇ *adv* [in contest] en neuvième position, à la neuvième place; *see also* **fifth**.

**nip** [nıp] (*pt* & *pp* **nipped**, *cont* **nipping**) ◇ *n* **-1.** [pinch] pincement *m*; [bite] morsure *f*. **-2.** [cold] froid *m* piquant; there's a ~ in the air ça pince. **-3.** [in taste] goût *m* piquant. **-4.** [of alcohol] goutte *f*. **-5.** *phr*: to be ~ and tuck être au coude à coude. ◇ *vt* **-1.** [pinch] pincer; [bite] mordre (légèrement), mordiller; she nipped her finger in the door elle s'est pincé le doigt dans la porte; the puppy nipped my leg le chiot m'a mordillé la jambe. **-2.** HORT [plant, shoot] pincer; to ~ sthg in the bud *fig* tuer OR écraser OR étouffer qqch dans l'œuf. **-3.** [numb, freeze] geler, piquer; the vines were nipped by the frost les vignes ont été grillées par le gel. **-4.** *Am inf* [steal] piquer, faucher. ◇ *vi* **-1.** [try to bite]: the dog nipped at my ankles le chien m'a mordillé les chevilles. **-2.** *Br inf* [go] faire un saut; to ~ (across OR along OR over) to the butcher's faire un saut chez le boucher.

◆ **nip off** ◇ *vt sep* [cut off] couper; HORT pincer. ◇ *vi insep Br inf* filer.

**Nip**▾ [nıp] *n terme injurieux désignant un Japonais*, ≈ Jap *mf*.

**nipper** ['nıpə*r*] *n inf* **-1.** [of crab, lobster] pince *f*. **-2.** *Br inf* [child] gosse *mf*, môme *mf*.

◆ **nippers** *npl* [tool] pince *f*; a pair of ~s une pince.

**nipple** ['nıpl] *n* **-1.** [on breast] mamelon *m*; [on animal] tétine *f*, mamelle *f*. **-2.** [teat - on feeding bottle] tétine *f*. **-3.** *Am* [baby's dummy] tétine *f*. **-4.** TECH [of pump] embout *m*; [for greasing] graisseur *m*; [connector] raccord *m*.

**nippy** ['nıpı] (*compar* **nippier**, *superl* **nippiest**) *adj* **-1.** [weather] frisquet; [cold] piquant. **-2.** *Br inf* [quick] vif, rapide.

**nirvana** [,nıə'vɑːnə] *n* nirvana *m*.

**nisi** ['naısaı] → **decree nisi**.

**Nissen hut** ['nısn-] *n Br* MIL abri *m* (en tôle ondulée).

**nit** [nıt] *n* **-1.** ENTOM lente *f*; [in hair] pou *m*. **-2.** *Br inf* [idiot] andouille *f*.

**nitpick** ['nıtpık] *vi inf* couper les cheveux en quatre, chercher la petite bête, pinailler.

**nitpicking** ['nıtpıkıŋ] *inf* ◇ *n* chicanerie *f*, pinaillage *m*. ◇ *adj* chicanier.

**nitrate** ['naıtreıt] *n* nitrate *m*, azotate *m*.

**nitric acid** ['naıtrık-] *n* acide *m* nitrique.

**nitrogen** ['naıtrədʒən] *n* azote *m*.

**nitroglycerine** [,naıtrəʊ'glısəriːn] *n* nitroglycérine *f*.

**nitty-gritty** [,nıtı'grıtı] *n inf* essentiel *m*; let's get down to the ~ venons-en au cœur du problème.

**nitwit** ['nıtwıt] *n inf* andouille *f*.

**nix** [nıks] *Am inf* ◇ *interj* **-1.** [no] non. **-2.** [watch out] attention. ◇ *n* rien *m*. ◇ *vt* [refuse] rejeter, refuser; [veto] opposer un veto à.

**NJ** *written abbr of* **New Jersey**.

**NLQ** (*abbr of* **near letter quality**) *n* qualité *f* quasi-courrier.

**NM** *written abbr of* **New Mexico**.

**no** [nəʊ] (*pl* **noes** OR **nos**) ◇ *adv* **-1.** [expressing refusal, disagreement] non; do you like spinach? — no, I don't aimez-vous les épinards? — non; oh no you don't! [forbidding, stopping] oh que non! ❑ they won't take no for an answer ils n'accepteront aucun refus. **-2.** [with comparative adj or adv]: I can go no further je ne peux pas aller plus loin; we'll go no further than three million on n'ira pas au-delà de OR nous ne dépasserons pas les trois millions; you're no better than he is vous ne valez pas mieux que lui; call me, if you're (feeling) no better in the morning appelez-moi si vous ne vous sentez pas mieux demain matin. **-3.** *lit* [not]:

whether you wish it or no que vous le vouliez ou non.

◇ *det* **-1.** [not any, not one]: I have no family je n'ai pas de famille; she has no intention of leaving elle n'a aucune intention de partir; no sensible person would dispute this quelqu'un de raisonnable ne discuterait pas; no one company can handle all the orders une seule entreprise ne pourra jamais s'occuper de toutes les commandes; no two experts ever come up with the same answer il n'y a pas deux experts qui soient d'accord; there's no telling nul ne peut le dire. **-2.** [not a]: I'm no expert, I'm afraid malheureusement, je ne suis pas un expert; it will be no easy task persuading them ce ne sera pas une tâche facile que de les persuader. **-3.** [introducing a prohibition]: 'no smoking' 'défense de fumer'; 'no swimming' 'baignade interdite'.

◇ *n* non *m inv*.

◇ *interj* non.

**No., no.** (*written abbr of* **number**) No, no.

**no-account** *Am inf* ◇ *n* bon *m* à rien, bonne *f* à rien. ◇ *adj* bon à rien.

**Noah** ['nəʊə] *prn* Noé; ~'s Ark l'arche de Noé.

**nob** [nɒb] *n inf* **-1.** *Br* [wealthy person] richard *m*, -e *f*. **-2.** [head] caboche *f*.

**no-ball** *n* SPORT balle *f* nulle.

**nobble** ['nɒbl] *vt Br inf* **-1.** [jury, witness - bribe] graisser la patte à; [- threaten] manipuler (avec des menaces). **-2.** [racehorse] mettre hors d'état de courir; [with drugs] droguer. **-3.** [grab, catch - person] accrocher (au passage), agrafer. **-4.** [steal] faucher, barboter.

**Nobel** [nəʊ'bel] *comp*: ~ prize prix *m* Nobel; ~ prizewinner lauréat *m*, -e *f* du prix Nobel.

**nobility** [nə'bılətı] (*pl* **nobilities**) *n* **-1.** [aristocracy] noblesse *f*, aristocratie *f*. **-2.** [loftiness] noblesse *f*, majesté *f*, grandeur *f*.

**noble** ['nəʊbl] ◇ *adj* **-1.** [aristocratic] noble; of ~ birth de haute naissance, de naissance noble. **-2.** [fine, distinguished - aspiration, purpose] noble, élevé; [- bearing, manner] noble, gracieux, majestueux; [- person] noble, supérieur; [- animal] noble; [- wine] grand. **-3.** [generous - gesture] généreux, magnanime. **-4.** [brave - deed, feat] noble, héroïque; the ~ art OR science la boxe. **-5.** [impressive - monument] noble, majestueux. **-6.** CHEM [gas, metal] noble. ◇ *n* noble *mf*, aristocrate *mf*.

**nobleman** ['nəʊblmən] (*pl* **noblemen** [-mən]) *n* noble *m*, aristocrate *m*.

**noble-minded** *adj* magnanime, généreux.

**noblewoman** ['nəʊbl,wʊmən] (*pl* **noblewomen** [-,wımın]) *n* noble *f*, aristocrate *f*.

**nobly** ['nəʊblı] *adv* **-1.** [by birth] noblement; ~ born de haute naissance. **-2.** [majestically, superbly] majestueusement, superbement. **-3.** [generously] généreusement, magnanimement. **-4.** [bravely] noblement, courageusement.

**nobody** ['nəʊbədı] (*pl* **nobodies**) ◇ *pron* personne; ~ came personne n'est venu; ~ else personne d'autre; who was at the party? — ~ you know qui était à la fête? — personne que tu connais; ~ famous personne de célèbre ❑ she's ~'s fool elle n'est pas née d'hier OR tombée de la dernière pluie. ◇ *n* [insignificant person] moins que rien *mf*.

**no-claim(s) bonus** *n Br* [in insurance] bonus *m*.

**nocturnal** [nɒk'tɜːnl] *adj* nocturne.

**nocturne** ['nɒktɜːn] *n* nocturne *m*.

**nod** [nɒd] (*pt* & *pp* **nodded**, *cont* **nodding**) ◇ *vt*: to ~ one's head [as signal] faire un signe de (la) tête; [in assent] faire oui de la tête, faire un signe de tête affirmatif; [in greeting] saluer d'un signe de tête; [with fatigue] dodeliner de la tête; she nodded her head in approval OR nodded her approval elle manifesta son approbation d'un signe de tête. ◇ *vi* **-1.** [as signal] faire un signe de (la) tête; [in assent, approval] faire un signe de tête affirmatif, faire oui de la tête; [in greeting] saluer d'un signe de tête. **-2.** [doze] somnoler. **-3.** *fig* [flowers] danser, se balancer; [crops, trees] se balancer, onduler. ◇ *n* **-1.** [sign] signe *m* de (la) tête; to give sb a ~ [as signal] faire un signe de tête à qqn; [in assent] faire un signe de tête affirmatif à qqn; [in greeting] saluer qqn d'un signe de tête ❑ a ~ is as good as a wink (to a blind man) inutile d'en dire plus; to get the ~ *Br* OR a ~ *Am* [gen] obtenir le feu vert; [in boxing] gagner aux points; on the ~ *Br* [without formality]: to approve sthg on the ~ approuver qqch d'un commun accord. **-2.**

[sleep]: the land of Nod le pays des rêves.
◆ **nod off** *vi insep inf* s'endormir, s'assoupir.

**nodal** ['nəʊdl] *adj* nodal.

**nodding** ['nɒdɪŋ] *adj Br*: to have a ~ acquaintance with sb connaître qqn de vue OR vaguement; a ~ acquaintance with marketing techniques *fig* quelques notions des techniques de marketing.

**noddle** ['nɒdl] *n inf* caboche *f*.

**noddy** ['nɒdɪ] (*pl* **noddies**) *Br inf adj*: he's got a ~ job il fait un boulot peinard.

**node** [nəʊd] *n* ASTRON, BOT, LING & MATH nœud *m*; ANAT nodosité *f*, nodule *m*.

**nodule** ['nɒdjuːl] *n* nodule *m*.

**Noel, Noël** [nəʊ'el] *n lit* [Christmas] Noël *m*.

**no-frills** *adj* sans fioritures, (tout) simple, sommaire.

**noggin** ['nɒgɪn] *n* **-1.** [measure] quart *m* de pinte. **-2.** *inf* [drink] pot *m*. **-3.** [head] caboche *f*.

**no-go area** *n* zone *f* interdite.

**no-good** *inf* ◇ *adj* propre à rien. ◇ *n* bon *m* à rien, bonne *f* à rien.

**no-hoper** [-'həʊpər] *n inf* raté *m*, -e *f*, minable *mf*.

**nohow** ['nəʊhaʊ] *adv inf* aucunement.

**noise** [nɔɪz] ◇ *n* **-1.** [sound] bruit *m*, son *m*; the clock is making a funny ~ la pendule fait un drôle de bruit; I thought I heard a ~ downstairs j'ai cru entendre du bruit en bas; the humming ~ of the engine le ronronnement du moteur ❏ ~s off THEAT bruitage *m*. **-2.** [din] bruit *m*, tapage *m*, tintamarre *m*; [very loud] vacarme *m*; to make a ~ faire du bruit; shut your ~! *Br inf* ferme-la! ❏ ~ abatement lutte *f* contre le bruit; ~ pollution nuisances *fpl* sonores, pollution *f* sonore. **-3.** ELEC & TELEC parasites *mpl*; [on line] friture *f*, sifflement *m*. **-4.** *inf phr*: to make a ~ about sthg faire du tapage OR beaucoup de bruit autour de qqch. ◇ *vt*: to ~ sthg about OR abroad ébruiter qqch.
◆ **noises** *npl inf* [indications of intentions]: she made vague ~s about emigrating elle a vaguement parlé d'émigrer; they made all the right ~s, but... ils ont fait semblant de marcher à fond OR d'être tout à fait d'accord, mais...

**noiseless** ['nɔɪzlɪs] *adj* silencieux.

**noiselessly** ['nɔɪzlɪslɪ] *adv* silencieusement, sans faire de bruit.

**noisily** ['nɔɪzɪlɪ] *adv* bruyamment.

**noisome** ['nɔɪsəm] *adj lit* [repellent] répugnant, repoussant; [smelly] puant, méphitique *lit*; [noxious] nocif, nuisible.

**noisy** ['nɔɪzɪ] (*compar* **noisier**, *superl* **noisiest**) *adj* **-1.** [machine, engine, person] bruyant; my typewriter is very ~ ma machine à écrire est très bruyante OR fait beaucoup de bruit. **-2.** [colour] criard.

**nomad** ['nəʊmæd] *n* nomade *mf*.

**nomadic** [nəʊ'mædɪk] *adj* nomade.

**no-man's-land** *n literal & fig* no man's land *m inv*.

**nom de plume** [,nɒmdə'pluːm] *n* pseudonyme *m*, nom *m* de plume.

**nomenclature** [*Br* nəʊ'menklətʃər, *Am* 'nəʊmənkleɪtʃər] *n* nomenclature *f*.

**nominal** ['nɒmɪnl] ◇ *adj* **-1.** [in name only – owner, leader] de nom (seulement), nominal; [– ownership, leadership] nominal. **-2.** [negligible] insignifiant; [token] symbolique. **-3.** GRAMM nominal. ◇ *n* GRAMM élément *m* nominal; [noun phrase] groupe *m* nominal; [pronoun] nominal *m*.

**nominalization** [,nɒmɪnəlaɪ'zeɪʃn] *n* nominalisation *f*.

**nominally** ['nɒmɪnəlɪ] *adv* **-1.** [in name only] nominalement. **-2.** [as token] pour la forme. **-3.** [theoretically] théoriquement.

**nominal value** *n* valeur *f* nominale.

**nominate** ['nɒmɪneɪt] *vt* **-1.** [propose] proposer (la candidature de); to ~ sb for a post proposer la candidature de qqn à un poste ‖ [for award] sélectionner, nominer; the film was ~d for an Oscar le film a été sélectionné OR nominé pour un Oscar. **-2.** [appoint] nommer, désigner; he was ~d chairman OR to the chairmanship il fut nommé président.

**nomination** [,nɒmɪ'neɪʃn] *n* **-1.** [proposal] proposition *f*; who will get the Democratic ~ (for president)? qui obtiendra l'investiture démocrate (à l'élection présidentielle)? ‖ [for award] nomination *f*; the film got three Oscar ~s le

film a obtenu trois nominations aux Oscars. **-2.** [appointment] nomination *f*.

**nominative** ['nɒmɪnətɪv] ◇ *n* GRAMM nominatif *m*; in the ~ au nominatif. ◇ *adj* GRAMM nominatif; the ~ case le nominatif.

**nominator** ['nɒmɪneɪtər] *n* présentateur *m*, -trice *f* (*d'un candidat*).

**nominee** [,nɒmɪ'niː] *n* **-1.** [proposed] candidat *m*, -e *f*. **-2.** [appointed] personne *f* désignée OR nommée.

**non-** [nɒn] *in cpds* **-1.** [not] non-; all ~French nationals tous les ressortissants de nationalité autre que française. **-2.** [against] anti-.

**nonacademic** [,nɒnækə'demɪk] *adj* **-1.** [activity] SCH extrascolaire; UNIV extra-universitaire. **-2.** SCH & UNIV [staff] non enseignant. **-3.** [course] pratique, technique.

**nonacceptance** [,nɒnək'septəns] *n* non-acceptation *f*.

**nonachiever** [,nɒnə'tʃiːvər] *n* élève *mf* qui ne réussit pas.

**nonaddictive** [,nɒnə'dɪktɪv] *adj* qui ne crée pas de phénomène d'accoutumance.

**nonadmission** [,nɒnəd'mɪʃn] *n* non-admission *f*.

**nonaffiliated** [,nɒnə'fɪlieɪtɪd] *adj* non affilié, indépendant.

**nonagenarian** [,nəʊnədʒɪ'neərɪən] ◇ *adj* nonagénaire. ◇ *n* nonagénaire *mf*.

**nonaggression** [,nɒnə'greʃn] *n* non-agression *f*; ~ pact pacte *m* de non-agression.

**nonalcoholic** [,nɒnælkə'hɒlɪk] *adj* non alcoolisé, sans alcool.

**nonaligned** [,nɒnə'laɪnd] *adj* non-aligné.

**nonalignment** [,nɒnə'laɪnmənt] *n* non-alignement *m*.

**nonappearance** [,nɒnə'pɪərəns] *n* JUR non-comparution *f*.

**nonarrival** [,nɒnə'raɪvl] *n* non-arrivée *f*.

**nonattendance** [,nɒnə'tendəns] *n* absence *f*.

**nonavailability** ['nɒnə,veɪlə'bɪlətɪ] *n* non-disponibilité *f*.

**nonbeliever** [,nɒnbɪ'liːvər] *n* non-croyant *m*, -e *f*, incroyant *m*, -e *f*.

**nonbinding** [,nɒn'baɪndɪŋ] *adj* sans obligation, non contraignant.

**nonce** [nɒns] *n lit* OR *hum*: for the ~ pour l'instant.

**nonce word** *n* mot *m* créé pour l'occasion.

**nonchalance** [*Br* 'nɒnʃələns, *Am* ,nɒnʃə'lɑːns] *n* nonchalance *f*.

**nonchalant** [*Br* 'nɒnʃələnt, *Am* ,nɒnʃə'lɑːnt] *adj* nonchalant.

**nonchalantly** [*Br* 'nɒnʃələntlɪ, *Am* ,nɒnʃə'lɑːntlɪ] *adv* nonchalamment, avec nonchalance.

**noncom** ['nɒnkɒm] *n inf* sous-off *m*.

**noncombatant** [*Br* ,nɒn'kɒmbətənt, *Am* ,nɒnkəm'bætənt] ◇ *n* non-combattant *m*, -e *f*. ◇ *adj* non-combattant.

**noncombustible** [,nɒnkəm'bʌstəbl] *adj* incombustible.

**noncommissioned officer** [,nɒnkə'mɪʃnd-] *n* sous-officier *m*.

**noncommittal** [,nɒnkə'mɪtl] *adj* [statement] évasif, qui n'engage à rien; [attitude, person] réservé; [gesture] peu révélateur; he was very ~ about his plans il s'est montré très réservé quant à ses projets.

**noncompetitive** [,nɒnkəm'petɪtɪv] *adj* qui n'est pas basé sur la compétition.

**noncompliance** [,nɒnkəm'plaɪəns] *n* non-respect *m*, non-observation *f*; ~ with the treaty le non-respect du traité.

**non compos mentis** ['nɒn,kɒmpɒs'mentɪs] *adj* fou, *before vowel or silent 'h'* fol (*f* folle), dément, irresponsable.

**nonconductor** [,nɒnkən'dʌktər] *n* non-conducteur *m*.

**nonconformism** [,nɒnkən'fɔːmɪzm] *n* (gen) non-conformisme *m*.
◆ **Nonconformism** *n* RELIG non-conformisme *m*.

**nonconformist** [,nɒnkən'fɔːmɪst] ◇ *n* (gen) non-conformiste *mf*. ◇ *adj* [gen] non-conformiste.
◆ **Nonconformist** RELIG ◇ *n* non-conformiste *mf*. ◇ *adj* non-conformiste.

**nonconformity** [,nɒnkən'fɔːmətɪ] *n* (gen) non-conformité *f*.
◆ **Nonconformity** RELIG = **Nonconformism**.

**noncontributory** [,nɒnkən'trɪbjʊtərɪ] *adj Br*: a ~ pension scheme un régime de retraite sans retenues OR cotisations.

**noncooperation** ['nɒnkəʊ,ɒpə'reɪʃn] *n* refus *m* de coopérer.

**non-dairy** *adj* qui ne contient aucun produit laitier; ~ cream *Am* crème liquide d'origine végétale.

**non-dazzle** *adj* anti-éblouissement *(inv)*.

**nondeductible** [,nɒndɪ'dʌktəbl] *adj* non déductible.

**nondelivery** [,nɒndɪ'lɪvərɪ] *n*: in the event of ~ dans l'éventualité où les marchandises ne seraient pas livrées.

**nondescript** [*Br* 'nɒndɪskrɪpt, *Am* ,nɒndɪ'skrɪpt] *adj* quelconque.

**nondrinker** [,nɒn'drɪŋkəʳ] *n* abstinent *m*, -e *f*.

**nondrip** [,nɒn'drɪp] *adj* anti-goutte *(inv)*.

**nondriver** [,nɒn'draɪvəʳ] *n*: I'm a ~ [never learnt] je n'ai pas mon permis; [out of choice] je ne conduis pas.

**none** [nʌn] *pron* **-1.** [with countable nouns] aucun *m*, -e *f*; ~ of the photos is OR are for sale aucune des photos n'est à vendre; there are ~ left il n'en reste plus; how many cigarettes have you got? — ~ at all combien de cigarettes as-tu? — aucune OR pas une seule ‖ [with uncountable nouns]: ~ of the mail is for you il n'y a rien pour vous au courrier; I've done a lot of work but you've done ~ j'ai beaucoup travaillé, mais toi tu n'as rien fait; she displayed ~ of her usual good humour elle était loin d'afficher sa bonne humeur habituelle; more soup anyone? — ~ for me, thanks encore un peu de soupe? — pas pour moi, merci ❑ (I'll have) ~ of your cheek! je ne tolérerai pas vos insolences!; ~ of that! [stop it] pas de ça!; she would have ~ of it elle ne voulait rien savoir. **-2.** [not one person] aucun *m*, -e *f*; ~ of us understood his explanation aucun de nous n'a compris son explication; there was ~ braver than her *lit* nul n'était plus courageux qu'elle.

◆ **none but** *adv phr fml* OR *lit*: we use ~ but the finest ingredients nous n'utilisons que les meilleurs ingrédients.

◆ **none other than** *prep phr* personne d'autre que; he received a letter from ~ other than the Prime Minister himself il reçut une lettre dont l'auteur n'était autre que le Premier ministre en personne.

◆ **none the** *adv phr (with comparative adj)*: I feel ~ the better/ worse for it je ne me sens pas mieux/plus mal pour autant; she's ~ the worse for her adventure son aventure ne lui a pas fait de mal.

◆ **none too** *adv phr*: he's ~ too bright il est loin d'être brillant; and ~ too soon! ce n'est pas trop tôt!

**nonentity** [nɒn'entətɪ] *(pl* **nonentities)** *n* **-1.** [insignificant person] personne *f* insignifiante, nullité *f*. **-2.** [insignificance] inexistence *f*.

**nonetheless** [,nʌnðə'les] = **nevertheless**.

**non-event** *n* non-événement *m*.

**nonexistent** [,nɒnɪg'zɪstənt] *adj* non-existant, inexistant; his help has been almost ~ *inf* il ne s'est pas beaucoup foulé pour nous aider.

**nonfat** ['nɒnfæt] *adj* sans matière grasse OR matières grasses.

**nonfattening** [,nɒn'fætnɪŋ] *adj* qui ne fait pas grossir.

**nonfiction** [,nɒn'fɪkʃn] ◇ *n (U)* ouvrages *mpl* non romanesques. ◇ *comp*: ~ section [of bookshop] rayon *m* des ouvrages généraux.

**nonfigurative** [,nɒn'fɪgjʊrətɪv] *adj* non-figuratif.

**nonflammable** [,nɒn'flæməbl] *adj* ininflammable.

**non-habit-forming** [-,fɔːmɪŋ] *adj* qui ne crée pas de phénomène d'accoutumance.

**noninfectious** [,nɒnɪn'fekʃəs] *adj* qui n'est pas infectieux.

**noninflammable** [,nɒnɪn'flæməbl] = **nonflammable**.

**noninterference** [,nɒnɪntə'fɪərəns], **nonintervention** [,nɒnɪntə'venʃn] *n* non-intervention *f*, non-ingérence *f*.

**noninterventionist** [,nɒnɪntə'venʃənɪst] *adj* [policy] non interventionniste, de non-intervention.

**non-iron** *adj* qui ne nécessite aucun repassage.

**nonjudg(e)mental** [,nɒndʒʌdʒ'mentl] *adj* neutre, impartial.

**nonmalignant** [,nɒnmə'lɪgnənt] *adj* bénin *(f* -igne).

**nonmember** ['nɒn,membəʳ] *n* non-membre *m*; [of a club] personne f étrangère (au club); open to ~s ouvert au public.

**nonmetallic** [,nɒnmɪ'tælɪk] *adj* non-métallique.

**non-negotiable** *adj* non négociable.

**no-no** *n inf* interdit *m*.

**nonobservance** [,nɒnəb'zɜːvəns] *n* [of rules] non observation *f*; [of treaty] non-respect *m*.

**no-nonsense** *adj* [efficient] pratique; she's got a very ~ approach elle va droit au but.

**nonoperational** [,nɒnɒpə'reɪʃənl] *adj* non-opérationnel.

**nonparticipant** [,nɒnpɑː'tɪsɪpənt] *n* non participant *m*, -e *f*.

**nonparticipation** [,nɒnpɑːtɪsə'peɪʃn] *n* non-participation *f*.

**nonpartisan** ['nɒn,pɑːtɪ'zæn] *adj* impartial, sans parti pris.

**nonparty** [,nɒn'pɑːtɪ] *adj* indépendant.

**nonpayment** [,nɒn'peɪmənt] *n* non-paiement *m*, défaut *m* de paiement.

**nonperson** [,nɒn'pɜːsən] *n* **-1.** [stateless person] personne mise au ban de la société. **-2.** [insignificant person] personne f insignifiante, nullité f.

**nonplussed** [,nɒn'plʌst] *adj* dérouté, perplexe.

**nonpractising** [,nɒn'præktɪsɪŋ] *adj* non pratiquant.

**nonproductive** [,nɒnprə'dʌktɪv] *adj* ECON improductif.

**nonprofit** [,nɒn'prɒfɪt] *Am* = **non-profitmaking**.

**non-profitmaking** *adj Br* à but non lucratif.

**nonproliferation** ['nɒnprə,lɪfə'reɪʃn] *n* non-prolifération *f*.

**nonrenewable** [,nɒn'njuːəbl] *adj* [resources] non renouvelable.

**nonresident** [,nɒn'rezɪdənt] ◇ *n* **-1.** [of country] non-résident *m*, -e *f*. **-2.** [of hotel]: the dining room is open/ closed to ~s le restaurant est ouvert au public/réservé aux clients. ◇ *adj* non résidant.

**nonresistance** [,nɒnrɪ'zɪstəns] *n* [nonviolence] non-violence f.

**nonresistant** [,nɒnrɪ'zɪstənt] *adj* non résistant.

**nonreturnable** [,nɒnrɪ'tɜːnəbl] *adj* [bottle, container] non consigné; sales goods are ~ les articles en solde ne sont pas repris.

**nonsense** ['nɒnsəns] ◇ *n (U)* **-1.** [rubbish, absurdity] absurdités *fpl*, non-sens *m inv*, sottises *fpl*; you're talking ~! tu dis des bêtises!, tu racontes n'importe quoi!; his accusations are utter ~ ses accusations n'ont aucun sens; it's ~ to say that things will never improve il est absurde de dire que les choses n'iront jamais mieux; to make a ~ of sthg saboter qqch. **-2.** [foolishness] sottises *fpl*, enfantillages *mpl*; stop this OR no more of this ~! arrêtez de vous conduire comme des imbéciles!; she took no ~ from her subordinates elle ne tolérait aucun manquement de la part de ses subordonnés; the maths teacher doesn't stand for any ~ le prof de maths ne se laisse pas marcher sur les pieds. ◇ *interj* taratata. ◇ *adj* dénué de sens; a ~ word un mot qui ne veut rien dire, un mot inventé.

**nonsense verse** *n* vers *mpl* amphigouriques.

**nonsensical** [nɒn'sensɪkl] *adj* [talk, idea, action] absurde, qui n'a pas de sens, inepte.

**non sequitur** [,nɒn'sekwɪtəʳ] *n* illogisme *m*.

**nonsexist** [,nɒn'seksɪst] ◇ *adj* non-sexiste. ◇ *n* non-sexiste *mf*.

**nonshrink** [,nɒn'ʃrɪŋk] *adj* irrétrécissable.

**nonskid** [,nɒn'skɪd] *adj* antidérapant.

**nonslip** [,nɒn'slɪp] *adj* antidérapant.

**nonsmoker** [,nɒn'sməʊkəʳ] *n* **-1.** [person] non-fumeur *m*, -euse f. **-2.** RAIL compartiment *m* non-fumeurs.

**nonsmoking** [,nɒn'sməʊkɪŋ] *adj* [area] (pour les) non-fumeurs.

**nonspecific urethritis** [,nɒnspɪ,sɪfɪk-] *n (U)* urétrite f non spécifique OR non gonococcique.

**nonstandard** [,nɒn'stændəd] *adj* **-1.** LING [use of word] critiqué; ~ English [colloquial] en anglais familier OR populaire; [dialectal] en anglais dialectal. **-2.** [product, size, shape etc] non-standard.

**nonstarter** [,nɒn'stɑːtəʳ] *n* **-1.** [horse] non-partant *m*. **-2.** *inf & fig*: this project is a ~ ce projet n'est pas viable OR est voué à l'échec OR est condamné d'avance.

**nonstick** [,nɒn'stɪk] *adj* [coating] anti-adhérent, anti-adhésif; [pan] qui n'attache pas.

**nonstop** [,nɒn'stɒp] ◇ *adj* [journey] sans arrêt; [flight] direct, sans escale, non-stop; [train] direct; [radio programme] non-stop, sans interruption. ◇ *adv* sans arrêt; to fly ~ from Rome to Montreal faire Rome-Montréal sans escale.

**nontaxable** [ˌnɒnˈtæksəbl] *adj* non imposable.

**nontoxic** [ˌnɒnˈtɒksɪk] *adj* non-toxique.

**nontransferable** [ˌnɒntrænsˈfɜːrəbl] *adj* nominatif.

**nonunion** [ˌnɒnˈjuːnjən] *adj* [worker, labour] non syndiqué; [firm] qui n'emploie pas de personnel syndiqué.

**nonviolence** [ˌnɒnˈvaɪələns] *n* non-violence *f*.

**nonviolent** [ˌnɒnˈvaɪələnt] *adj* non-violent.

**nonvoter** [ˌnɒnˈvəʊtəʳ] *n* **-1.** [person not eligible to vote] personne *f* qui n'a pas le droit de vote. **-2.** [person not exercising the right to vote] abstentionniste *mf*.

**nonvoting** [ˌnɒnˈvəʊtɪŋ] *adj* **-1.** [person – not eligible to vote] qui n'a pas le droit de vote; [– not exercising the right to vote] abstentionniste. **-2.** FIN [shares] sans droit de vote.

**nonwhite** [ˌnɒnˈwaɪt] ◇ *n* personne *f* de couleur. ◇ *adj* de couleur; a ~ **neighbourhood** un quartier où vivent des gens de couleur (et très peu de blancs).

**noodle** [ˈnuːdl] *n* **-1.** CULIN: chicken ~ **soup** soupe *f* de poulet aux vermicelles. **-2.** *inf* [fool] andouille *f*, nouille *f*. **-3.** *Am inf* [head] tronche *f*.

♦ **noodles** *npl* nouilles *fpl*.

**nook** [nʊk] *n* **-1.** [corner] coin *m*, recoin *m*; in **every** ~ **and cranny** dans le moindre recoin. **-2.** *lit* [secluded spot] retraite *f*.

**nookie, nooky** [ˈnʊkɪ] *n inf & hum*: a bit of ~ une partie de jambes en l'air.

**noon** [nuːn] *n* **-1.** [midday] midi *m*; **come at** ~ venez à midi. **-2.** *lit* [peak] zénith *m*. ◇ *comp* [break, heat, sun] de midi; ~ **hour** *Am* heure *f* du déjeuner.

**noonday** [ˈnuːndeɪ] ◇ *n* midi *m*. ◇ *comp* [heat, sun] de midi.

**no one, no-one** = **nobody**.

**noose** [nuːs] ◇ *n* [gen] nœud *m* coulant; [snare] collet *m*; [lasso] lasso *m*; **to put one's head in the** ~, **to put a** ~ **around one's neck** creuser sa (propre) tombe. ◇ *vt* **-1.** [rope] faire un nœud coulant à. **-2.** [snare] prendre au collet; [lasso] attraper OR prendre au lasso.

**nope** [nəʊp] *adv inf* non.

**no-place** *Am* = **nowhere**.

**nor** [nɔːʳ] ◇ *conj* [following 'neither', 'not'] ni; **neither he** ~ **his wife has ever spoken to me** ni lui ni sa femme ne m'ont jamais adressé la parole; **she neither drinks** ~ **smokes** elle ne boit ni ne fume. ◇ *adv*: **I don't believe him,** ~ **do I trust him** je ne le crois pas, et je n'ai pas confiance en lui non plus; **it's not the first time,** ~ **will it be the last** ce n'est ni la première ni la dernière fois; **I don't like fish** — ~ **do I** je n'aime pas le poisson — moi non plus; **she won't do it and** ~ **will he** elle ne le fera pas et lui non plus.

**Nordic** [ˈnɔːdɪk] ◇ *n* Nordique *mf*. ◇ *adj* nordique.

**norm** [nɔːm] *n* norme *f*; **unemployment has become the** ~ **in certain areas** dans certaines régions, le chômage est devenu la règle.

**normal** [ˈnɔːml] ◇ *adj* **-1.** [common, typical, standard] normal; **it's** ~ **for it to rain in April** il est normal OR naturel qu'il pleuve en avril; [habitual] habituel, normal; **at the** ~ **time** à l'heure habituelle. **-2.** MATH [in statistics, geometry] normal. **-3.** CHEM normal. ◇ *n* **-1.** [gen] normale *f*, état *m* normal; **temperatures above** ~ des températures au-dessus de la normale; **the situation has returned to** ~ la situation est redevenue normale. **-2.** GEOM normale *f*.

**normality** [nɔːˈmælətɪ] *Br*, **normalcy** [ˈnɔːməlsɪ] *Am n* normalité *f*; **everything returned to** ~ tout est revenu à la normale.

**normalization** [ˌnɔːməlaɪˈzeɪʃn] *n* normalisation *f*.

**normalize, -ise** [ˈnɔːməlaɪz] *vt* normaliser.

**normally** [ˈnɔːməlɪ] *adv* **-1.** [in a normal manner] normalement. **-2.** [ordinarily] en temps normal, d'ordinaire.

**Norman** [ˈnɔːmən] ◇ *n* **-1.** [person] Normand *m*, -e *f*. **-2.** LING normand *m*. ◇ *adj* GEOG & HIST normand; **the** ~ **Conquest** la conquête normande (*de l'Angleterre*) ‖ ARCHIT roman, anglo-normand.

**Normandy** [ˈnɔːməndɪ] *pr n* Normandie *f*; **in** ~ en Normandie.

**normative** [ˈnɔːmətɪv] *adj* normatif.

**Norse** [nɔːs] ◇ *npl* HIST: **the** ~ [Norwegians] les Norvégiens *mpl*; [Vikings] les Vikings *mpl*. ◇ *n* LING norrois *m*, nordique *m*; **Old** ~ vieux norrois *m*. ◇ *adj* [Scandinavian] scandinave,

nordique; [Norwegian] norvégien; ~ **legends** légendes *fpl* scandinaves.

**Norseman** [ˈnɔːsmən] (*pl* **Norsemen** [-mən]) *n* Viking *m*.

**north** [nɔːθ] ◇ *n* GEOG nord *m*; **the region to the** ~ **of Sydney** la région au nord de Sydney; **I was born in the North** je suis né dans le Nord; **in the** ~ **of India** dans le nord de l'Inde; **the wind is in the** ~ le vent est au nord ❏ **the** ~-**south divide** ligne fictive de démarcation, en termes de richesse, entre le nord de l'Angleterre et le sud; **the far** ~ le Grand Nord; **'North by Northwest'** Hitchcock 'la Mort aux trousses'. ◇ *adj* **-1.** GEOG nord (*inv*), du nord; **the** ~ **coast** la côte nord; **in North London** dans le nord de Londres; **the North Atlantic/Pacific** l'Atlantique/le Pacifique Nord. **-2.** [wind] du nord. ◇ *adv* au nord, vers le nord; **the ranch lies** ~ **of the town** le ranch est situé au nord de la ville; **this room faces** ~ cette pièce est exposée au nord; **I drove** ~ **for two hours** j'ai roulé pendant deux heures en direction du nord; **they live up** ~ ils habitent dans le nord.

**North Africa** *pr n* Afrique *f* du Nord; **in** ~ en Afrique du Nord.

**North African** ◇ *n* Nord-Africain *m*, -e *f*. ◇ *adj* nord-africain, d'Afrique du Nord.

**North America** *pr n* Amérique *f* du Nord.

**North American** ◇ *n* Nord-Américain *m*, -e *f*. ◇ *adj* nord-américain, d'Amérique du Nord; **the** ~ **Indians** les Indiens *mpl* d'Amérique du Nord.

**Northants** written abbr of **Northamptonshire**.

**northbound** [ˈnɔːθbaʊnd] *adj* en direction du nord.

**North Carolina** *pr n* Caroline *f* du Nord; **in** ~ en Caroline du Nord.

**north-countryman** (*pl* **north-countrymen**) *n* Anglais *m* du nord.

**Northd** written abbr of **Northumberland**.

**North Dakota** *pr n* Dakota *m* du Nord; **in** ~ dans le Dakota du Nord.

**northeast** [ˌnɔːθˈiːst] ◇ *n* GEOG nord-est *m*. ◇ *adj* **-1.** GEOL nord-est (*inv*), du nord-est; **in** ~ **Scotland** dans le nord-est de l'Écosse. **-2.** [wind] de nord-est. ◇ *adv* au nord-est, vers le nord-est.

**northeasterly** [ˌnɔːθˈiːstəlɪ] (*pl* **northeasterlies**) ◇ *adj* **-1.** GEOG nord-est (*inv*), du nord-est; **in a** ~ **direction** vers le nord-est. **-2.** [wind] de nord-est. ◇ *adv* au nord-est, vers le nord-est.

**northeastern** [ˌnɔːθˈiːstən] *adj* nord-est (*inv*), du nord-est.

**northeastwards** [ˌnɔːθˈiːstwədz] *adv* vers le nord-est, en direction du nord-est.

**northerly** [ˈnɔːðəlɪ] (*pl* **northerlies**) ◇ *adj* **-1.** GEOG nord (*inv*), du nord; **in these** ~ **latitudes** sous ces latitudes boréales; **in a** ~ **direction** vers le nord; **a room with a** ~ **aspect** une pièce exposée au nord. **-2.** [wind] du nord. ◇ *adv* vers le nord. ◇ *n* vent *m* du nord.

**northern** [ˈnɔːðən] *adj* **-1.** GEOG nord (*inv*), du nord; **she has a** ~ **accent** elle a un accent du nord; **in** ~ **Mexico** dans le nord du Mexique. **-2.** [wind] du nord.

**Northerner** [ˈnɔːðənəʳ] *n* **-1.** [gen] homme *m*/femme *f* du nord; **she is a** ~ elle vient du nord; **I find that** ~**s are more friendly** je trouve que les gens du Nord sont plus accueillants. **-2.** *Am* HIST nordiste *mf*.

**northern hemisphere** *n* hémisphère *m* nord OR boréal.

**Northern Ireland** *pr n* Irlande *f* du Nord; **in** ~ en Irlande du Nord.

**northern lights** *npl* aurore *f* boréale.

**northernmost** [ˈnɔːðənməʊst] *adj* le plus au nord.

**north-facing** *adj* [wall, building] (exposé) au nord.

**North Korea** *pr n* Corée *f* du Nord.

**North Korean** ◇ *n* Nord-Coréen *m*, -enne *f*. ◇ *adj* nord-coréen.

**north-northeast** ◇ *n* nord-nord-est *m*. ◇ *adj* nord-nord-est (*inv*), du nord-nord-est. ◇ *adv* au nord-nord-est, vers le nord-nord-est.

**north-northwest** ◇ *n* nord-nord-ouest *m*. ◇ *adj* nord-nord-ouest (*inv*), du nord-nord-ouest. ◇ *adv* au nord-nord-ouest, vers le nord-nord-ouest.

**North Pole** *pr n*: **the** ~ le pôle Nord.

**North Rhine-Westphalia** *pr n* Rhénanie-du-Nord-

Westphalie f; in ~ en Rhénanie-du-Nord-Westphalie.
**North Sea** ◇ *pr n*: the ~ la mer du Nord. ◇ *comp* [oil, gas] de la mer du Nord.
**North Star** *pr n*: the ~ l'étoile f Polaire.
**Northumbrian** [nɔː'θʌmbrɪən] *adj* GEOG du Northumberland; HIST northumbrien, de la Northumbrie.
**North Vietnam** *pr n* Nord Viêt-nam m; in ~ au Nord Viêt-nam.
**North Vietnamese** ◇ *n* Nord-Vietnamien m, -enne f. ◇ *adj* nord-vietnamien.
**northward** ['nɔːθwəd] ◇ *adj* au nord. ◇ *adv* = **northwards**.
**northwards** ['nɔːθwədz] *adv* vers le nord, en direction du nord.
**northwest** [,nɔːθ'west] ◇ *n* nord-ouest m. ◇ *adj* **-1.** GEOG nord-ouest *(inv)*, du nord-ouest; in ~ Canada dans le nord-ouest du Canada. **-2.** [wind] de nord-ouest. ◇ *adv* au nord-ouest, vers le nord-ouest.
**northwesterly** [,nɔːθ'westəlɪ] *(pl* **northwesterlies)** *adj* **-1.** GEOG nord-ouest *(inv)*, du nord-ouest; in a ~ direction vers le nord-ouest. **-2.** [wind] du nord-ouest. ◇ *adv* au nord-ouest, vers le nord-ouest.
**northwestern** [,nɔːθ'westən] *adj* nord-ouest *(inv)*, du nord-ouest.
**Northwest Passage** *pr n* passage m du Nord-Ouest.
**Northwest Territories** *pl pr n* Territoires *mpl* du Nord-Ouest.
**northwestwards** [,nɔːθ'westwədz] *adv* vers le nord-ouest, en direction du nord-ouest.
**North Yemen** *pr n* Yemen m du Nord; in ~ au Yemen du Nord.
**Norway** ['nɔːweɪ] *pr n* Norvège f; in ~ en Norvège.
**Norwegian** [nɔː'wiːdʒən] ◇ *n* **-1.** [person] Norvégien m, -enne f. **-2.** LING norvégien m. ◇ *adj* norvégien.
**Nos., nos.** *(written abbr of* **numbers)** no.
**nose** [nəʊz] ◇ *n* **-1.** ANAT nez m; to hold one's ~ se pincer le nez; the dog has a wet ~ le chien a le nez OR la truffe humide; your ~ is bleeding tu saignes du nez; your ~ is running tu as le nez qui coule; to speak through one's ~ parler du nez; I punched him on OR in the ~ je lui ai donné un coup de poing en pleine figure; she's always got her ~ in a book elle a toujours le nez dans un livre; the favourite won by a ~ [in horseracing] le favori a gagné d'une demi-tête; it was (right) under my ~ all the time c'était en plein sous mon nez; they stole it from under the ~ of the police *fig* ils l'ont volé au nez et à la barbe de la police ❏ he can see no further than (the end of) his ~ il ne voit pas plus loin que le bout de son nez; he really gets OR he gets right up my ~! *inf* il me pompe l'air!; you've got OR hit it right on the ~ *inf* tu as mis en plein dans le mille!; to keep one's ~ clean *inf* se tenir à carreau; keep your (big) ~ out of my business! *inf* mêle-toi de ce qui te regarde!; to keep OR to have one's ~ to the grindstone bosser (dur); to lead sb by the ~ mener qqn par le bout du nez; to look down one's ~ at sb/sthg traiter qqn/qqch avec condescendance; to pay through the ~ (for sthg) payer (qqch) la peau des fesses; to put sb's ~ out of joint *Br inf* contrarier OR dépiter qqn; he's always sticking OR poking his ~ in *inf* il faut qu'il fourre son nez partout; to turn up one's ~ at sthg faire la fine bouche devant qqch; he's always walking around with his ~ in the air il prend toujours un air hautain OR méprisant. **-2.** [sense of smell] odorat m, nez m; these dogs have an excellent ~ ces chiens ont un excellent flair OR le nez fin *spec*; she's got a (good) ~ for a bargain *fig* elle a le nez creux OR du nez pour dénicher les bonnes affaires. **-3.** [aroma - of wine] arôme m, bouquet m, nez m. **-4.** [forward part - of aircraft, ship] nez m; [- of car] avant m; [- of bullet, missile, tool] pointe f; [- of gun] canon m; the traffic was ~ to tail all the way to London *Br* les voitures étaient pare-chocs contre pare-chocs jusqu'à Londres.
◇ *vt* **-1.** [smell] flairer, renifler. **-2.** [push with nose] pousser du nez.
◇ *vi* **-1.** [advance with care] avancer précautionneusement; the car ~d out into the traffic la voiture se frayait un chemin au milieu des embouteillages. **-2.** *inf* [snoop] fouiner.
◆ **nose about** *Br,* **nose around** *vi insep inf* [snoop] fureter, fouiner.

◆ **nose out** *vt sep* **-1.** [discover - by smell] flairer; [- by cunning, intuition] dénicher, débusquer. **-2.** *inf* [beat narrowly] battre d'une courte tête.
**nosebag** ['nəʊzbæg] *n Br* musette f, mangeoire f portative.
**noseband** ['nəʊzbænd] *n* muserolle f.
**nosebleed** ['nəʊzbliːd] *n* saignement m de nez, épistaxis f *spec*; I've got a ~ je saigne du nez.
**nose cone** *n* [of missile] ogive f; [of aircraft] nez m.
**-nosed** [nəʊzd] *in cpds* au nez...; red~ au nez rouge.
**nosedive** ['nəʊzdaɪv] ◇ *n* **-1.** [of plane, bird] piqué m; I did a ~ onto the concrete je suis tombé la tête la première sur le béton. **-2.** *inf & fig* [sharp drop] chute f, dégringolade f. ◇ *vi* **-1.** [plane] piquer, descendre en piqué. **-2.** *fig* [popularity, prices] être en chute libre, chuter; his popularity has taken a ~ sa cote de popularité s'est littéralement effondrée.
**nose drops** *npl* gouttes *fpl* nasales OR pour le nez.
**nosegay** ['nəʊzgeɪ] *n lit* (petit) bouquet m.
**nose job** *n inf* intervention f de chirurgie esthétique sur le nez.
**nose ring** *n* anneau de nez.
**nosey** ['nəʊzɪ] *inf* = **nosy**.
**nosh** [nɒʃ] *inf & dated* ◇ *n* bouffe f. ◇ *vi* bouffer.
**no-show** *n* [for flight, voyage] *passager qui ne se présente pas à l'embarquement;* [for show] *spectateur qui a réservé sa place et qui n'assiste pas au spectacle.*
**nosh-up** *n Br inf* gueuleton m.
**nostalgia** [nɒ'stældʒə] *n* nostalgie f.
**nostalgic** [nɒ'stældʒɪk] *adj* nostalgique.
**nostril** ['nɒstrɪl] *n* [gen] narine f; [of horse, cow etc] naseau m.
**nosy** ['nəʊzɪ] *(compar* **nosier,** *superl* **nosiest)** *adj inf* curieux; don't be so ~! occupe-toi donc de tes affaires OR de tes oignons!; he's very ~ il fourre son nez partout; I didn't mean to be ~ je ne voulais pas être indiscret.
**nosy parker** *n Br inf & pej* curieux m, -euse f.
**not** [nɒt] *adv* **-1.** [after verb or auxiliary] ne... pas; we are ~ OR aren't sure nous ne sommes pas sûrs; do ~ OR don't believe her ne la croyez pas; you've been there already, haven't you OR *fml* have you ~? vous y êtes déjà allé, non OR n'est-ce pas? ‖ [with infinitive] ne pas; I'll try ~ to cry j'essaierai de ne pas pleurer. **-2.** [as phrase or clause substitute] non, pas; we hope ~ nous espérons que non; will it rain? — I think ~ *fml* est-ce qu'il va pleuvoir? — je crois que non OR je ne crois pas. **-3.** [with adj, adv, noun etc] pas; it's Thomas, ~ Jake c'est Thomas, pas Jake; ~ all her books are good ses livres ne sont pas tous bons, tous ses livres ne sont pas bons; ~ I *fml* pas moi. **-4.** [in double negatives]: ~ without some difficulty non sans quelque difficulté; it's ~ unusual for him to be late il n'est pas rare qu'il soit en retard; the two events are ~ unconnected les deux événements ne sont pas tout à fait indépendants l'un de l'autre. **-5.** [less than] moins de; ~ five minutes later the phone rang moins de cinq minutes plus tard, le téléphone a sonné; ~ ten metres away à moins de dix mètres.
**notable** ['nəʊtəbl] ◇ *adj* [thing] notable, remarquable; [person] notable, éminent; the film was ~ for its lack of violence le film se distinguait par l'absence de scènes de violence. ◇ *n* notable m.
**notably** ['nəʊtəblɪ] *adv* **-1.** [particularly] notamment, en particulier. **-2.** [markedly] manifestement, de toute évidence.
**notarize, -ise** ['nəʊtəraɪz] *vt* certifier, authentifier; ~d deed acte m notarié; a ~d copy ≃ une copie certifiée conforme *(par un notaire).*
**notary** ['nəʊtərɪ] *(pl* **notaries)** *n*: ~ (public) notaire m; signed in the presence of a ~ signé par-devant notaire.
**notation** [nəʊ'teɪʃn] *n* **-1.** [sign system] notation f; musical ~ notation musicale; mathematical ~ symboles *mpl* mathématiques; in binary ~ en numération binaire, en base 2. **-2.** *Am* [jotting] notation f, note f.
**notch** [nɒtʃ] ◇ *n* **-1.** [cut - in stick] entaille f, encoche f; [hole - in belt] cran m; he let out his belt a ~ il a desserré sa ceinture d'un cran. **-2.** [degree] cran m; turn the heating up a ~ monte un peu le chauffage. **-3.** *Am* [gorge] défilé m. ◇ *vt* **-1.** [make cut in - stick] entailler, encocher; [- gear wheel] cranter, denteler; [damage - blade] ébrécher. **-2.** *fig* = **notch up**.
◆ **notch up** *vt sep* [achieve] accomplir; they've ~ed up six

wins in a row ils ont six victoires consécutives à leur palmarès.

**note** [nəut] ◇ *n* **-1.** [record, reminder] note *f*; **to take** OR **to make** ~s prendre des notes; **she spoke from/without** ~s elle a parlé en s'aidant/sans s'aider de notes; **make a** ~ **of everything you spend** notez toutes vos dépenses; **I must make a** ~ **to myself to ask her about it** *fig* il faut que je pense à le lui demander; **he made a mental** ~ **to look for it later** il se promit de le chercher plus tard; **to compare** ~s *fig* échanger ses impressions. **-2.** [short letter] mot *m*. **-3.** [formal communication] note *f*; **a doctor's** OR **sick** ~ un certificat OR une attestation du médecin (traitant); SCH un certificat (médical). **-4.** [annotation, commentary] note *f*, annotation *f*; **editor's** ~ note de la rédaction ❏ **programme** ~s notes sur le programme. **-5.** *Br* [banknote] billet *m* (de banque); **tenpound** ~ billet de dix livres. **-6.** [sound, tone] ton *m*, note *f*; **there was a** ~ **of contempt in her voice** il y avait du mépris dans sa voix ‖ *fig* [feeling, quality] note *f*; **the meeting began on a promising** ~ la réunion débuta sur une note optimiste; **on a more serious/a happier** ~ pour parler de choses plus sérieuses/plus gaies; **her speech struck a warning** ~ son discours était un signal d'alarme ❏ **to strike the right/a false** ~ [speech] sonner juste/faux; [behaviour] être/ne pas être dans le ton. **-7.** MUS note *f*; **to hit a high** ~ sortir un aigu ‖ *Br* [piano key] touche *f*. **-8.** [notice, attention]: **to take** ~ **of sthg** prendre (bonne) note de qqch. **-9.** COMM: **(promissory)** ~, ~ **of hand** billet *m* à ordre.

◇ *vt* **-1.** [observe, notice] remarquer, noter; ~ **that she didn't actually refuse** notez (bien) qu'elle n'a pas vraiment refusé; **please** ~ **that payment is now due** veuillez effectuer le règlement dans les plus brefs délais. **-2.** [write down] noter, écrire; **I** ~**d (down) her address** j'ai noté son adresse; **all sales are** ~**d in this book** toutes les ventes sont enregistrées OR consignées dans ce carnet. **-3.** [mention] (faire) remarquer OR observer.

◆ **of note** *adj phr*: **a musician of** ~ un musicien éminent OR renommé; **a musician of some** ~ un musicien d'une certaine renommée; **everyone of** ~ **was there** tous les gens importants OR qui comptent étaient là; **nothing of** ~ **has happened** il ne s'est rien passé d'important, aucun événement majeur ne s'est produit.

◆ **note down** *vt sep* = **note** *vt* **2.**

**notebook** ['nəutbuk] *n* carnet *m*, calepin *m*; SCH cahier *m*, carnet *m*; ~ **computer** (petit) ordinateur *m* portable, notebook *m*.

**noted** ['nəutɪd] *adj* [person] éminent, célèbre; [place, object] réputé, célèbre; [fact, idea] reconnu; **to be** ~ **for one's integrity** être connu pour son intégrité; **he's not** ~ **for his flexibility** il ne passe pas pour quelqu'un de particulièrement accommodant; **a region** ~ **for its parks** une région réputée OR connue pour ses parcs.

**notelet** ['nəutlɪt] *n Br* carte-lettre *f*.

**notepad** ['nəutpæd] *n* [for notes] bloc-notes *m*; [for letters] bloc *m* de papier à lettres.

**notepaper** ['nəutpeɪpər] *n* papier *m* à lettres.

**noteworthy** ['nəut,wɜːðɪ] *adj* notable, remarquable.

**nothing** ['nʌθɪŋ] ◇ *pron* ne... rien; **she forgets** ~ elle n'oublie rien; ~ **has been decided** rien n'a été décidé; ~ **serious** rien de grave; **they're always fighting over** ~ ils passent leur temps à se disputer pour des broutilles OR des riens; **reduced to** ~ réduit à néant; **there's** ~ **for it but to start again** il n'y a plus qu'à recommencer; **there's** ~ **in** OR **to these rumours** ces rumeurs sont dénuées de tout fondement; **there's** ~ **to it!** [it's easy] c'est simple (comme bonjour)!; **she says he's** ~ OR **he means** ~ **to her** elle dit qu'il n'est rien pour elle; **I'll take what's due to me,** ~ **more,** ~ **less** je prendrai mon dû, ni plus ni moins ❏ **what a physique! Charles Atlas has got** ~ **on you!** *inf* quel physique! tu n'as rien à envier à Charles Atlas OR Charles Atlas peut aller se rhabiller!; **our sacrifices were as** ~ **compared to his** *lit* nos sacrifices ne furent rien auprès des siens. ◇ *n* **-1.** [trifle] rien *m*, vétille *f*; **$500 may be a mere** ~ **to you** 500 dollars ne représentent peut-être pas grand-chose pour vous. **-2.** *inf* [person] nullité *f*, zéro *m*. **-3.** MATH zéro *m*. ◇ *adj inf* [worthless] nul.

◆ **for nothing** *adv phr* **-1.** [gratis] pour rien. **-2.** [for no purpose] pour rien. **-3.** [for no good reason] pour rien; **they don't**

**call him Einstein for** ~ ce n'est pas pour rien qu'on le surnomme Einstein.

◆ **nothing but** *adv phr*: **that car's been** ~ **but trouble** cette voiture ne m'a attiré que des ennuis; ~ **but a miracle can save us** seul un miracle pourrait nous sauver; **they do** ~ **but sleep** ils ne font que dormir.

◆ **nothing if not** *adv phr* rien de moins que; **she's** ~ **if not honest** elle n'est rien de moins qu'honnête.

◆ **nothing less than** *adv phr* **-1.** [undoubtedly] rien de moins que, tout bonnement; **it was** ~ **less than miraculous/a miracle** c'était tout simplement miraculeux/un miracle. **-2.** [only] seul.

◆ **nothing like** ◇ *prep phr* **-1.** [completely unlike]: **she's** ~ **like her mother** elle ne ressemble en rien à sa mère. **-2.** [nothing as good as]: **there's** ~ **like a nice cup of tea!** rien de tel qu'une bonne tasse de thé! ◇ *adv phr inf* [nowhere near]: **this box is** ~ **like big enough** cette boîte est beaucoup trop OR bien trop petite.

◆ **nothing more than** *adv phr*: **I want** ~ **more than a word of thanks from time to time** tout ce que je demande, c'est un petit mot de remerciement de temps à autre; **he's** ~ **more than a petty crook** il n'est rien d'autre qu'un vulgaire escroc.

**nothingness** ['nʌθɪŋnɪs] *n* néant *m*.

**notice** ['nəutɪs] ◇ *n* **-1.** [written announcement] annonce *f*; [sign] écriteau *m*, pancarte *f*; [poster] affiche *f*; [in newspaper – article] entrefilet *m*; [– advertisement] annonce *f*; **a** ~ **was pinned to the door** il y avait une notice sur la porte. **-2.** [attention] attention *f*; **to take** ~ **of** faire OR prêter attention à; **take no** ~ **(of him)!** ne faites pas attention (à lui)!; **she considers it beneath her** ~ *fml* elle considère que ça ne vaut pas la peine qu'elle s'y arrête; **to bring sthg to sb's** ~ faire remarquer qqch à qqn, attirer l'attention de qqn sur qqch; **her book attracted a great deal of/little** ~ son livre a suscité beaucoup/peu d'intérêt; **my mistake did not escape his** ~ mon erreur ne lui a pas échappé; **has it escaped their** ~ **that something is seriously wrong?** ne se sont-ils pas aperçu qu'il y a quelque chose qui ne va pas du tout? **-3.** [notification, warning] avis *m*, notification *f*; [advance notification] préavis *m*; **please give us** ~ **of your intentions** veuillez nous faire part préalablement de vos intentions; **he was given** ~ OR ~ **was served on him** *fml* [to quit] on lui a fait savoir qu'il devait partir; **give me more** ~ **next time you come up** préviens-moi plus tôt la prochaine fois que tu viens; **legally, they must give you a month's** ~ d'après la loi, ils doivent vous donner un mois de préavis OR un préavis d'un mois; **give me a few days'** ~ prévenez-moi quelques jours à l'avance; **without previous** OR **prior** ~ sans préavis; **he turned up without any** ~ il est arrivé à l'improviste; **at a moment's** ~ sur-le-champ, immédiatement; **at short** ~ très rapidement; **it's impossible to do the work at such short** ~ c'est un travail impossible à faire dans un délai aussi court; **until further** ~ jusqu'à nouvel ordre OR avis. **-4.** [notifying document] avis *m*, notification *f*; [warning document] avertissement *m*; ~ **of receipt** COMM accusé *m* de réception. **-5.** [intent to terminate contract – by employer, landlord, tenant] congé *m*; [– by employee] démission *f*; **fifty people have been given their** ~ cinquante personnes ont été licenciées; **to give in** OR **to hand in one's** ~ remettre sa démission; **we are under** ~ **to quit** nous avons reçu notre congé. **-6.** [review] critique *f*.

◇ *vt* **-1.** [spot, observe] remarquer, s'apercevoir de; **he** ~**d a scratch on the table** il remarqua que la table était rayée; **hello, Sam, I didn't** ~ **you in the corner** bonjour, Sam, je ne t'avais pas vu dans le coin; **so I've** ~**d!** c'est ce que j'ai remarqué! **-2.** [take notice of] faire attention à.

**noticeable** ['nəutɪsəbl] *adj* [mark, defect] visible; [affect, change, improvement] sensible.

**noticeably** ['nəutɪsəblɪ] *adv* sensiblement.

**noticeboard** ['nəutɪsbɔːd] *n* panneau *m* d'affichage.

**notifiable** ['nəutɪfaɪəbl] *adj* [disease] à déclaration obligatoire.

**notification** [,nəutɪfɪ'keɪʃn] *n* notification *f*, avis *m*; **you will receive** ~ **by mail** vous serez averti par courrier.

**notify** ['nəutɪfaɪ] (*pt* & *pp* **notified**) *vt* notifier, avertir; **to** ~ **sb of sthg** avertir qqn de qqch, notifier qqch à qqn; **have you notified the authorities?** avez-vous averti OR prévenu les autorités?; winners will be notified within ten days les gagnants seront avisés dans les dix jours.

**notion** ['nəʊʃn] n **-1.** [concept] notion f, concept m; I lost all ~ of time j'ai perdu la notion du temps. **-2.** [opinion] idée f, opinion f; where did she get the ~ whatever gave her the ~ that we don't like her? où est-elle allée chercher que nous ne l'aimions pas?**-3.** [vague idea] notion f, idée f.**-4.** [thought, whim] idée f; [urge] envie f, désir m.
◆ **notions** npl Am [haberdashery] mercerie f.

**notional** ['nəʊʃənl] adj **-1.** Br [hypothetical] théorique, notionnel; let's put a ~ price of $2 a kilo on it pour avoir un ordre d'idées, fixons-en le prix à 2 dollars le kilo. **-2.** [imaginary] imaginaire. **-3.** LING [word] sémantique, plein; ~ grammar grammaire f notionnelle.

**notoriety** [,nəʊtə'raɪətɪ] (pl **notorieties**) n [ill fame] triste notoriété f; [fame] notoriété f; these measures brought him ~ ces mesures l'ont rendu tristement célèbre.

**notorious** [nəʊ'tɔːrɪəs] adj pej [ill-famed – person] tristement célèbre; [– crime] célèbre; [– drug] mal famé; a ~ miser/spy un avare/espion notoire ‖ [well-known] connu; she's ~ for being late elle est connue pour ne jamais être à l'heure; the junction is a ~ accident spot ce croisement est réputé pour être très dangereux.

**notoriously** [nəʊ'tɔːrɪəslɪ] adv notoirement; the trains here are ~ unreliable tout le monde sait qu'on ne peut pas se fier aux horaires des trains ici.

**Notts** written abbr of **Nottinghamshire.**

**notwithstanding** [,nɒtwɪθ'stændɪŋ] fml ◇ prep en dépit de. ◇ adv malgré tout, néanmoins.

**nougat** ['nuːgɑː] n nougat m.

**nought** [nɔːt] n Br [zero] zéro m.

**noughts and crosses** n Br (U) ≃ morpion m (jeu).

**noun** [naʊn] n nom m, substantif m; common/proper ~ nom commun/propre; ~ phrase groupe m OR syntagme m nominal; ~ clause proposition f.

**nourish** ['nʌrɪʃ] vt **-1.** [feed] nourrir. **-2.** [entertain, foster] nourrir, entretenir.

**nourishing** ['nʌrɪʃɪŋ] adj nourrissant, nutritif.

**nourishment** ['nʌrɪʃmənt] n (U) **-1.** [food] nourriture f, aliments mpl; the patient has taken no ~ le malade ne s'est pas alimenté; brown rice is full of ~ le riz complet est très nourrissant. **-2.** [act of nourishing] alimentation f.

**nous** [naʊs] n **-1.** Br inf bon sens m, jugeote f.**-2.** PHILOS esprit m, intellect m.

**Nov.** (written abbr of **November**) nov.

**Nova Scotia** [,nəʊvə'skəʊʃə] pr n Nouvelle-Écosse f; in ~ en Nouvelle-Écosse.

**Nova Scotian** [,nəʊvə'skəʊʃn] ◇ n Néo-Écossais m, -e f. ◇ adj néo-écossais.

**novel** ['nɒvl] ◇ n roman m. ◇ adj nouveau, before vowel or silent 'h' nouvel (f nouvelle), original; what a ~ idea! quelle idée originale!

**novelette** [,nɒvə'let] n **-1.** [short novel] nouvelle f.**-2.** pej [easy reading] roman m de hall de gare; [love story] roman m à l'eau de rose.

**novelist** ['nɒvəlɪst] n romancier m, -ère f.

**novella** [nə'velə] (pl **novellas** OR **novelle** [-leɪ]) n ≈ nouvelle f (texte plus court qu'un roman et plus long qu'une nouvelle).

**novelty** ['nɒvltɪ] (pl **novelties**) n **-1.** [newness] nouveauté f, originalité f; the ~ soon wore off l'attrait de la nouveauté n'a pas duré ❑ ~ value attrait m de la nouveauté. **-2.** [thing, idea] innovation f, nouveauté f; it was a real ~ c'était une nouveauté, c'était tout nouveau. **-3.** [trinket] nouveauté f, article m fantaisie; [gadget] gadget m.

**November** [nə'vembər] n novembre m; see also **February.**

**novice** ['nɒvɪs] n **-1.** [beginner] débutant m, -e f, novice mf. **-2.** RELIG novice mf.

**novitiate, noviciate** [nə'vɪʃɪət] n RELIG **-1.** [period] noviciat m; fig noviciat m, apprentissage m.**-2.** [place] noviciat m.

**Novocaine**® ['nəʊvəkeɪn] n Novocaïne® f, procaïne f.

**now** [naʊ] ◇ adv **-1.** [at this time] maintenant; she'll be here any moment OR any time ~ elle va arriver d'un moment OR instant à l'autre; we are ~ entering enemy territory nous sommes désormais en territoire ennemi; ~ she tells me! hum c'est maintenant qu'elle me le dit!; (and) ~ for something completely different (et) voici à présent quelque chose de tout à fait différent; as of ~ désormais; I'd never met them before ~ je ne les avais jamais rencontrés auparavant; between ~ and next August/next year d'ici le mois d'août prochain/l'année prochaine; they must have got the letter by ~ ils ont dû recevoir la lettre à l'heure qu'il est; that's all for ~ c'est tout pour le moment; in a few years from ~ d'ici quelques années; from ~ on désormais, dorénavant, à partir de maintenant; we've had no problems till ~ OR until ~ OR up to ~ nous n'avons eu aucun problème jusqu'ici. **-2.** [nowadays] maintenant, aujourd'hui, actuellement. **-3.** [marking a specific point in the past] maintenant, alors, à ce moment-là; by ~ we were all exhausted nous étions alors tous épuisés. **-4.** [introducing information] or. **-5.** [to show enthusiasm]: ~ that's what I call a car! voilà ce que j'appelle une voiture! ‖ [to show surprise]: well ~! ça alors! ‖ [to mark a pause]: ~, what was I saying? voyons, où en étais-je?; ~ let me see voyons voir ‖ [to comfort]: there ~ OR ~, ~, you mustn't cry allons, allons, il ne faut pas pleurer ‖ [to cajole, warn]: ~ then, it's time to get up! allons, il est l'heure de se lever!; you be careful ~! fais bien attention, hein! ‖ [to scold]: ~ that's just silly! arrête tes bêtises!
◇ conj maintenant que, à présent que; ~ you come to mention it maintenant que tu le dis.
◇ adj inf **-1.** [current] actuel. **-2.** [fashionable] branché.
◆ **now and again, now and then** adv phr de temps en temps, de temps à autre.
◆ **now... now** conj phr tantôt... tantôt.

**nowadays** ['naʊədeɪz] adv aujourd'hui, de nos jours.

**nowhere** ['nəʊweər] adv **-1.** [no place] nulle part; there's ~ to hide il n'y a pas d'endroit où se cacher; ~ else nulle part ailleurs; my watch is ~ to be found impossible de retrouver ma montre; she/the book was ~ to be seen elle/le livre avait disparu ‖ fig: he appeared from ~ OR out of ~ il est apparu comme par enchantement; the horse I backed came ~ le cheval sur lequel j'ai parié est arrivé bon dernier OR loin derrière; lying will get you ~ mentir ne vous servira à OR ne mènera à rien; I got ~ trying to convince him mes tentatives pour le convaincre sont restées vaines OR se sont soldées par un échec; we're getting ~ fast inf on pédale dans la choucroute OR la semoule; he's going ~ fast il n'ira pas loin. **-2.** phr: ~ near: I've ~ near enough time je suis loin d'avoir assez de temps.

**no-win situation** n situation f sans issue.

**nowt** [naʊt] Br inf & dial = **nothing** pron.

**noxious** ['nɒkʃəs] adj [gas, substance] nocif; [influence] néfaste.

**nozzle** ['nɒzl] n [gen] bec m, embout m; [for hose, paint gun] jet m, buse f; [in carburettor] gicleur m; [in turbine] tuyère f.

**nr** written abbr of **near.**

**NS** written abbr of **Nova Scotia.**

**NSC** (abbr of **National Security Council**) pr n organisme chargé de superviser la politique militaire de défense du gouvernement des États-Unis.

**NSPCC** (abbr of **National Society for the Prevention of Cruelty to Children**) pr n association britannique de protection de l'enfance.

**NSU** n abbr of **nonspecific urethritis.**

**NT** ◇ n (abbr of **New Testament**) NT. ◇ pr n **-1.** abbr of **National Trust. -2.** (abbr of (**Royal**) **National Theatre**) grand théâtre londonien subventionné par l'État.

**nth** [enθ] adj **-1.** MATH: to the ~ power à la puissance n. **-2.** inf [umpteenth] énième; to the ~ degree au énième degré.

**NUAAW** (abbr of **National Union of Agricultural and Allied Workers**) pr n syndicat britannique des employés du secteur agricole.

**nuance** [nju:'ɑːns] n nuance f.

**nub** [nʌb] n **-1.** [crux] essentiel m, cœur m; the ~ of the problem le cœur OR le nœud du problème; the ~ of the matter le vif du sujet. **-2.** [small piece] petit morceau m, (petit) bout m; [small bump] petite bosse f.

**Nubia** ['nju:bjə] pr n Nubie f.

**nubile** [Br 'njubaɪl, Am 'nu:bəl] adj nubile.

**nuclear** ['nju:klɪər] adj **-1.** PHYS nucléaire; ~ power station centrale f nucléaire OR atomique. **-2.** MIL nucléaire; ~ bomb bombe *f* nucléaire; ~ **war** guerre *f* atomique; **France's** ~ **deterrent** la force de dissuasion nucléaire française; ~ **testing** essais *mpl* nucléaires; ~ **disarmament** désarmement *m* nucléaire; ~ **weapons** armes *fpl* nucléaires. **-3.** BIOL nucléaire.

**nuclear energy** *n* énergie *f* nucléaire.

**nuclear family** *n* SOCIOL famille *f* nucléaire.

**nuclear fission** *n* fission *f* nucléaire.

**nuclear-free zone** *n* périmètre dans lequel une collectivité locale interdit l'utilisation, le stockage ou le transport des matières radioactives.

**nuclear fusion** *n* fusion *f* nucléaire.

**nuclear physics** *n (U)* physique *f* nucléaire.

**nuclear power** *n* nucléaire *m*, énergie *f* nucléaire.

**nuclear-powered** *adj* à propulsion nucléaire; ~ **submarine** sous-marin *m* nucléaire.

**nuclear reactor** *n* réacteur *m* nucléaire.

**nuclear winter** *n* hiver *m* nucléaire.

**nuclei** ['nju:klɪaɪ] *pl*→ **nucleus**.

**nucleic acid** [nju:'klɪɪk-] *n* acide *m* nucléique.

**nucleus** ['nju:klɪəs] (*pl* **nucleuses** OR **nuclei** [-klɪaɪ]) *n* **-1.** BIOL & PHYS noyau *m*. **-2.** *fig* [kernel] noyau *m*, cœur *m*.

**NUCPS** (*abbr of* **National Union of Civil and Public Servants**) *pr n* syndicat britannique des employés de la fonction publique.

**nude** [nju:d] ◇ *adj* [naked] nu; ~ **photos** nus *mpl*; [soft pornography] photos *fpl* érotiques; **is** ~ **sunbathing common here?** est-ce qu'il y a beaucoup de nudistes par ici? ◇ *n* **-1.** ART nu *m*. **-2.** [being nude]: **I was in the** ~ j'étais (tout) nu; **to pose in the** ~ poser nu.

**nudge** [nʌdʒ] ◇ *vt* **-1.** [with elbow] pousser du coude; **he didn't come home last night,** ~ ~, **wink wink** *hum Br* il n'est pas rentré hier soir, si tu vois ce que je veux dire. **-2.** [push] pousser; **the truck** ~**d its way through the crowd** le camion se fraya un passage à travers la foule. **-3.** [encourage] encourager, pousser; **to** ~ **sb's memory** *Br* rafraîchir la mémoire de qqn. **-4.** [approach] approcher (de). ◇ *n* **-1.** [with elbow] coup *m* de coude; [with foot, stick etc] petit coup *m* (de pied, de bâton etc); **to give sb a** ~ pousser qqn du coude. **-2.** [encouragement]: **he needs a** ~ **in the right direction** il a besoin qu'on le pousse dans la bonne direction.

**nudism** ['nju:dɪzm] *n* nudisme *m*, naturisme *m*.

**nudist** ['nju:dɪst] ◇ *adj* nudiste, naturiste; ~ **colony/beach** camp *m*/plage *f* de nudistes. ◇ *n* nudiste *mf*, naturiste *mf*.

**nudity** ['nju:dətɪ] *n* nudité *f*.

**nugget** ['nʌgɪt] *n* **-1.** [piece] pépite *f*; **gold** ~ pépite d'or. **-2.** *fig*: ~**s of wisdom** des trésors de sagesse; **an interesting** ~ **of information** un (petit) renseignement intéressant.

**nuisance** ['nju:sns] *n* **-1.** [annoying thing, situation]: **it's (such) a** ~ **having to attend all these meetings** c'est (vraiment) pénible de devoir assister à toutes ces réunions; **what a** ~**!** c'est énervant! ❑ **they are most politically important but they have a certain** ~ **value** ils n'ont pas un grand poids politique, mais ils ont le mérite de déranger. **-2.** [annoying person] empoisonneur *m*, -euse *f*; **to make a** ~ **of o.s.** embêter OR empoisonner le monde; **stop being a** ~ arrête de nous embêter. **-3.** [hazard] nuisance *f*; **that rubbish dump is a public** ~ cette décharge est une calamité.

**NUJ** (*abbr of* **National Union of Journalists**) *pr n* syndicat britannique des journalistes.

**nuke** [nju:k] *inf* ◇ *vt* lâcher une bombe atomique sur. ◇ *n* **-1.** [weapon] arme *f* nucléaire. **-2.** *Am* [power plant] centrale *f* nucléaire.

**null** [nʌl] *adj* **-1.** JUR [invalid] nul; [lapsed] caduc; ~ **and void** nul et non avenu; **the contract was rendered** ~ **(and void)** le contrat a été annulé OR invalidé. **-2.** [insignificant] insignifiant, sans valeur; [amounting to nothing] nul. **-3.** MATH nul; ~ **set** ensemble *m* vide.

**nullify** ['nʌlɪfaɪ] (*pt & pp* **nullified**) *vt* **-1.** JUR [claim, contract, election] annuler, invalider. **-2.** [advantage] neutraliser.

**nullity** ['nʌlətɪ] (*pl* **nullities**) *n* **-1.** JUR nullité *f*; ~ **suit** demande *f* en nullité de mariage. **-2.** [person] nullité *f*.

**NUM** (*abbr of* **National Union of Mineworkers**) *pr n* syndicat britannique des mineurs.

**numb** [nʌm] ◇ *adj* engourdi; **we were** ~ **with cold** nous étions transis de froid; **my arm has gone** ~ mon bras est engourdi; **is your jaw still** ~**?** [anaesthetized] ta mâchoire est-elle encore anesthésiée?; **he was** ~ **with shock** *fig* il était sous le choc. ◇ *vt* [person, limbs, senses] engourdir; [pain] atténuer, apaiser; ~**ed by grief** *fig* prostré de douleur.

**number** ['nʌmbə] ◇ *n* **-1.** [gen & MATH] nombre *m*; [figure, numeral] chiffre *m*; **a six-figure** ~ un nombre de six chiffres; **in round** ~**s** en chiffres ronds; **to do sthg by** ~**s** faire qqch en suivant des instructions précises ❑ **even/odd/rational/whole** ~ nombre pair/impair/rationnel/entier. **-2.** [as identifier] numéro *m*; **have you got my work** ~**?** avez-vous mon numéro (de téléphone) au travail?; **the winning** ~ le numéro gagnant; **we live at** ~ **80** nous habitons au (numéro) 80; **he's the President's** ~ **two** il est le bras droit du président; **name, rank and** ~**!** MIL nom, grade et matricule!; **did you get the car's (registration)** ~**?** tu as relevé le numéro d'immatriculation de la voiture?; **I've got your** ~**!** *inf* toi, je te vois venir!; **his** ~**'s up** *inf* son compte est bon. **-3.** [quantity] nombre *m*; **any** ~ **can participate** le nombre de participants est illimité; **they were eight in** ~ ils étaient (au nombre de) huit; **in equal** ~**s** en nombre égal; **to be equal in** ~ être à nombre égal; **a (certain)** ~ **of you** un certain nombre d'entre vous; **a large** ~ **of people** un grand nombre de gens, de nombreuses personnes; **in a good** OR **fair** ~ **of cases** dans bon nombre de cas; **times without** ~ à maintes (et maintes) reprises; **they defeated us by force of** OR **by sheer weight of** ~**s** ils l'ont emporté sur nous parce qu'ils étaient plus nombreux. **-4.** [group]: **one of their/our** ~ un des leurs/des nôtres; **she was not of our** ~ elle n'était pas des nôtres OR avec nous. **-5.** [issue – of magazine, paper] numéro *m*. **-6.** *inf* [job] boulot *m*; **a cushy** ~ une planque. **-7.** [song, dance, act] numéro *m*; **a dance** ~ un numéro de danse; **they sang some new** ~**s** ils ont chanté de nouvelles chansons. **-8.** *inf* [thing, person]: **this** ~ **is a hot seller** ce modèle se vend comme des petits pains; **she was wearing a little black** ~ elle portait une petite robe noire; **he was driving a little Italian** ~ il était au volant d'un de ces petits bolides italiens; **who's that blonde** ~**?** qui est cette belle blonde? ❑ **to do** OR **to pull a** ~ **on sb** rouler qqn. **-9.** GRAMM nombre *m*. ◇ *vt* **-1.** [assign number to] numéroter. **-2.** [include] compter. **-3.** [total] compter; **each team** ~**s six players** chaque équipe est composée de OR compte six joueurs. **-4.** [count] compter; **his days are** ~**ed** ses jours sont comptés. ◇ *vi*: **she** ~**s among the great writers of the century** elle compte parmi les grands écrivains de ce siècle; **did he** ~ **among the ringleaders?** faisait-il partie des meneurs?

♦ **any number of** *adj phr*: **there were any** ~ **of different dishes to choose from** un très grand nombre de plats différents nous furent présentés.

♦ **numbers** *n Am* = **numbers game**.

♦ **number off** *vi insep* se numéroter.

**number-crunching** [-krʌntʃɪŋ] *n inf* COMPUT traitement *m* en masse des chiffres.

**numbering** ['nʌmbərɪŋ] *n* numérotation *f*, numérotage *m*.

**numberless** ['nʌmbəlɪs] *adj* **-1.** *fml* [countless] innombrable, sans nombre. **-2.** [without a number] sans numéro, qui ne porte pas de numéro, non numéroté.

**number one** ◇ *adj* premier; **it's our** ~ **priority** c'est la première de nos priorités; **my** ~ **choice** mon tout premier choix; **the** ~ **in the charts** le numéro un au hit-parade. ◇ *n* **-1.** *inf* [boss] boss *m*, patron *m*, -onne *f*. **-2.** *inf* [oneself]: **to look out for** OR **to take care of** ~ penser à soi. **-3.** [in hit parade]: **her record got to** ~ son disque a été classé numéro un au hit-parade. **-4.** *baby talk*: **to do a** ~ faire pipi.

**numberplate** ['nʌmbəpleɪt] *n Br* AUT plaque *f* minéralogique OR d'immatriculation; **the lorry had a foreign** ~ le camion était immatriculé à l'étranger.

**Numbers** ['nʌmbəz] *n* BIBLE Nombres *mpl*; **the book of** ~ le livre des Nombres.

**numbers game** *n Am* loterie *f* clandestine.

**Number Ten** *pr n*: ~ **(Downing Street)** résidence officielle du Premier ministre britannique.

**numbhead** ['nʌmhed] *Am inf* = **numskull**.

**numbskull** ['nʌmskʌl] = **numskull**.

**numeracy** ['nju:mərəsɪ] *n (U) Br* notions *fpl* d'arithmétique.

**numeral** ['nju:mərəl] *n* chiffre *m*, nombre *m*.

**numerate** ['nju:mərət] *adj Br* [skilled] bon en mathématiques; [having basics] sachant compter.

**numerator** ['njuːməreɪtəʳ] *n* MATH numérateur *m*.

**numerical** [njuːˈmerɪkl] *adj* numérique; **in ~ order** par ordre numérique.

**numerical control** *n* contrôle *m* numérique.

**numerically** [njuːˈmerɪklɪ] *adv* numériquement.

**numeric keypad** *n* COMPUT pavé *m* numérique.

**numerous** ['njuːmərəs] *adj* nombreux; **for ~ reasons** pour de nombreuses raisons.

**numinous** ['njuːmɪnəs] *adj* [awe-inspiring] terrifiant.

**numismatics** [ˌnjuːmɪzˈmætɪks] *n (U)* numismatique *f*.

**numskull** ['nʌmskʌl] *n inf* andouille *f*.

**nun** [nʌn] *n* religieuse *f*; **to become a ~** prendre le voile.

**nuncio** ['nʌnsɪəʊ] *(pl* **nuncios)** *n* nonce *m*.

**nunnery** ['nʌnərɪ] *(pl* **nunneries)** *n* couvent *m* OR monastère *m* (de femmes).

**NUPE** ['njuːpɪ] *(abbr of* **National Union of Public Employees)** *pr n* ancien syndicat britannique des employés de la fonction publique.

**nuptial** ['nʌpʃl] *adj* nuptial; **~ vows** vœux *mpl* du mariage.
◆ **nuptials** *npl lit* noce *f*, noces *fpl*.

**nurd** [nɜːd] *inf* = **nerd**.

**NURMTW** *(abbr of* **National Union of Rail, Maritime and Transport Workers)** *pr n* syndicat britannique des cheminots, gens de mer et routiers.

**nurse** [nɜːs] ◇ *n* **-1.** MED [in hospital] infirmier *m*, -ère *f*; [at home] infirmier *m*, -ère *f*, garde-malade *mf*; **male ~** infirmier *m*; **student ~** élève *m* infirmier, élève *f* infirmière. **-2.** *Br* [nanny] gouvernante *f*, nurse *f*. **-3.** [wet nurse] nourrice *f*. ◇ *vt* **-1.** MED soigner; **he ~d her through the worst of it** il l'a soignée pendant qu'elle était au plus mal; **she ~d me back to health** elle m'a guérie ‖ *fig:* **he was nursing a bad hangover** il essayait de faire passer sa gueule de bois; **to ~ one's pride** panser ses blessures (d'amour-propre). **-2.** [harbour, foster – grudge, hope, desire] entretenir; [– scheme] mijoter, couver. **-3.** [breast-feed] allaiter. **-4.** [hold] bercer (dans ses bras); he

**sat nursing his fourth whisky** il sirotait son quatrième whisky. ◇ *vi* **-1.** MED être infirmier/infirmière. **-2.** [infant] téter.

**nurseling** ['nɜːslɪŋ] = **nursling**.

**nursemaid** ['nɜːsmeɪd] *n* gouvernante *f*, nurse *f*; **to play ~ to sb** *fig* tenir qqn par la main.

**nursery** ['nɜːsərɪ] *(pl* **nurseries)** *n* **-1.** [room] nursery *f*, chambre *f* d'enfants. **-2.** [day-care centre] crèche *f*, garderie *f*. **-3.** [school] école *f* maternelle; **~ teacher** instituteur *m*, -trice *f* de maternelle. **-4.** [for plants, trees] pépinière *f*.

**nurserymaid** ['nɜːsrɪmeɪd] = **nursemaid**.

**nursery nurse** *n* puéricultrice *f*.

**nursery rhyme** *n* comptine *f*.

**nursery school** *n* école *f* maternelle; **~ teacher** instituteur *m*, -trice *f* de maternelle.

**nursery slopes** *npl Br* pistes *fpl* pour débutants.

**nursing** ['nɜːsɪŋ] *n* **-1.** [profession] profession *f* d'infirmier. **-2.** [care] soins *mpl*. **-3.** [breast-feeding] allaitement *m*. ◇ *adj* **-1.** MED d'infirmier; **the ~ staff** le personnel soignant. **-2.** [suckling] allaitant.

**nursing home** *n* **-1.** [for aged] maison *f* de retraite; [for convalescents] maison *f* de repos; [for mentally ill] maison *f* de santé. **-2.** *Br* [private clinic] hôpital *m* privé, clinique *f* privée.

**nursing mother** *n* mère *f* qui allaite.

**nursing officer** *n Br* infirmier *m*, -ère *f* en chef.

**nursling** ['nɜːslɪŋ] *n* nourrisson *m*.

**nurture** ['nɜːtʃəʳ] ◇ *vt* **-1.** [bring up] élever, éduquer; [nourish] nourrir. **-2.** [foster – hope, desire] entretenir; [– plan, scheme] mijoter, couver. ◇ *n* **-1.** [upbringing] éducation *f*. **-2.** [food] nourriture *f*.

**nut** [nʌt] *(pt & pp* **nutted,** *cont* **nutting)** ◇ *n* **-1.** BOT & CULIN *terme générique pour les amandes, noisettes, noix etc*; **she's a hard** OR **tough ~** *on n'en fait pas ce qu'on veut*; **it's a hard** OR **tough nut to crack** c'est difficile à résoudre; **the American market will be a hard** OR **tough ~ to crack** *inf* ça ne sera pas facile de pénétrer le marché américain. **-2.** TECH écrou *m*; **to learn the ~s and bolts of a department/**

---

## USAGE ▶ Numbers

### Multiples/fractions/decimals

| | |
|---|---|
| 3,2 | trois virgule deux [NB: in French, the decimal point is represented by a comma] |
| 1.729 | mille sept cent vingt-neuf [NB: in French, the thousands column is separated |
| 1 729 | from the hundreds column by a full stop or a space] |
| 3×145 | trois fois cent quarante-cinq, trois multiplié par cent quarante-cinq |
| $\frac{2}{3}$ | deux tiers |
| $\frac{1}{4}$ | un quart |
| $3\frac{1}{2}$ | trois et demi |

### Percentages

| | |
|---|---|
| 5 % | cinq pour cent |
| 5,2 % | cinq virgule deux pour cent |

### Measurements

| | |
|---|---|
| 1,40 m | un mètre quarante |
| 1,4 m | un mètre quarante |
| 1,4 kg | un kilo quatre cents |
| 1,5 kg | un kilo cinq cents, un kilo et demi |
| 1,5 l | un litre cinq, un litre et demi |
| 100 m² | cent mètres carrés |
| 20,3 m³ | vingt virgule trois mètres cubes |

### Prices

| | |
|---|---|
| 25,60 F | vingt-cinq francs soixante |

### Dates

| | |
|---|---|
| 1995 | mille neuf cent quatre-vingt quinze, dix neuf cent quatre-vingt quinze |
| 10.02.64 | dix février mille OR dix neuf cent soixante-quatre [but, when stating your date of birth, say '(né |
| 10/02/64 | le) dix deux soixante quatre'] |

### Telephone numbers

| | |
|---|---|
| 91 81 31 81 | quatre-vingt onze – quatre-vingt un – trente et un – quatre-vingt un |

business apprendre à connaître le fonctionnement d'un service/d'une entreprise. **-3.** *inf* [crazy person] dingue *mf*; timbré *m*, -e *f*, taré *m*, -e *f*; what a ~! il est complètement dingue! ‖ [enthusiast] fana; she's a golf ~ c'est une fana de golf. **-4.** *inf* [head] caboche *f*; you must be off your ~! tu es complètement cinglé!; to do one's ~ piquer sa crise; she really did her ~ elle a piqué une de ces crises. **-5.** [small lump of coal] noix *f*, tête-de-moineau *f*. ◇ *vt inf* donner un coup de boule à.

**NUT** (*abbr of* **National Union of Teachers**) *pr n* syndicat britannique d'enseignants.

**nut-brown** *adj* brun.

**nutcase** ['nʌtkeɪs] *n inf* dingue *mf*, taré *m*, -e *f*.

**nutcracker** ['nʌt,krækə'] *n*, **nutcrackers** ['nʌt,krækəz] *npl* casse-noix *m inv*, casse-noisettes *m inv*.

**nuthouse** ['nʌthaʊs, *pl* -haʊzɪz] *n inf* maison *f* de fous.

**nutmeg** ['nʌtmeg] *n* [nut] (noix *f* de) muscade *f*; [tree] muscadier *m*.

**nutrient** ['nju:trɪənt] ◇ *n* substance *f* nutritive. ◇ *adj* nutritif.

**nutriment** ['nju:trɪmənt] *n* [food] nourriture *f*.

**nutrition** [nju:'trɪʃn] *n* nutrition *f*; cereals have a high ~ content les céréales sont très nourrissantes OR nutritives.

**nutritional** [nju:'trɪʃənl] *adj* [disorder, process, value] nutritif; [science, research] nutritionnel.

**nutritionist** [nju:'trɪʃənɪst] *n* nutritionniste *mf*.

**nutritious** [nju:'trɪʃəs] *adj* nutritif, nourrissant.

**nuts** [nʌts] ◇ *adj inf* dingue, timbré, fêlé; that noise is driving me ~ ce bruit me rend dingue; to go ~ [crazy, angry] piquer une crise; to be ~ about OR on être fou OR dingue de. ◇ *npl*▽ [testicles] couilles *fpl*. ◇ *interj*▽: ~! des clous!

**nutshell** ['nʌtʃel] *n* coquille *f* de noix (*de noisette etc*); in a ~ en un mot; to put it in a ~ pour résumer l'histoire (en un mot).

**nutter** ['nʌtə'] *n Br inf* malade *mf*, timbré *m*, -e *f*, taré *m*, -e *f*.

**nutty** ['nʌtɪ] (*compar* **nuttier**, *superl* **nuttiest**) *adj* **-1.** [tasting of or containing nuts] aux noix (*aux amandes, aux noisettes etc*); a ~ flavour un goût de noix (*de noisette etc*). **-2.** *inf* [crazy] dingue, timbré; as ~ as a fruitcake complètement dingue.

**nuzzle** ['nʌzl] ◇ *vt* [push with nose] pousser du nez; [sniff at] renifler; [animal] pousser du museau. ◇ *vi* **-1.** to ~ up against, to ~ at = **nuzzle** *vt*. **-2.** [nestle] se blottir.

**NV** *written abbr of* **Nevada**.

**NW** (*written abbr of* **north-west**) N-O.

**NWT** *written abbr of* **Northwest Territories**.

**NY** *written abbr of* **New York**.

**NYC** *written abbr of* **New York City**.

**nylon** ['naɪlɒn] ◇ *n* nylon *m*. ◇ *comp* [thread, shirt, stockings] de OR en nylon.

◆ **nylons** *npl* [stockings] bas *mpl* (de) nylon.

**nymph** [nɪmf] *n* MYTH & ZOOL nymphe *f*.

**nymphet** ['nɪmfət] *n* nymphette *f*.

**nympho** ['nɪmfəʊ] (*pl* **nymphos**) *n inf* nympho *f*.

**nymphomania** [,nɪmfə'meɪnɪə] *n* nymphomanie *f*.

**nymphomaniac** [,nɪmfə'meɪnɪæk] ◇ *adj* nymphomane. ◇ *n* nymphomane *f*.

**NYSE** *pr n abbr of* **New York Stock Exchange**.

**NZ** *written abbr of* **New Zealand**.

**o** (*pl* **o's** OR **os**), **O** (*pl* **O's** OR **Os**) [əʊ] *n* [letter] o *m*, O *m*; O positive/negative MED O positif/négatif.

**o** *interj* **-1.** *lit* [as vocative] ô. **-2.** [as exclamation] = **oh**.

**o'** [ə] *prep* [of] de.

**O** *n* [zero] zéro *m*.

**oaf** [əʊf] *n* [dull, clumsy man] lourdaud *m*; [uncouth man] rustre *m*, goujat *m*.

**oafish** ['əʊfɪʃ] *adj* [dull, clumsy] lourdaud, balourd; [uncouth] rustre.

**oak** [əʊk] ◇ *n* chêne *m*. ◇ *comp* [furniture, door, panelling] de OR en chêne; ~ forest forêt *f* de chênes; ~ tree chêne *m*.

**oak apple** *n* noix *f* de galle.

**oakum** ['əʊkəm] *n* étoupe *f*, filasse *f*.

**OAP** (*abbr of* **old age pensioner**) *n Br* retraité *m*, -e *f*; 'students and ~s half price' ≃ 'étudiants et carte vermeille demi-tarif'.

**oar** [ɔ:'] ◇ *n* **-1.** [instrument] rame *f*, aviron *m*; to stick OR to put one's ~ in *Br inf* mettre son grain de sel. **-2.** [person] rameur *m*, -euse *f*. ◇ *vi & vt lit* ramer.

**oarlock** ['ɔ:lɒk] *n Am* [concave] dame *f* (de nage); [pin] tolet *m*.

**oarsman** ['ɔ:zmən] (*pl* **oarsmen** [-mən]) *n* rameur *m*.

**oarsmanship** ['ɔ:zmənʃɪp] *n* (U) compétences *fpl* de rameur.

**oarswoman** ['ɔ:z,wʊmən] (*pl* **oarswomen** [-,wɪmɪn]) *n* rameuse *f*.

**oasis** [əʊ'eɪsɪs] (*pl* **oases** [-si:z]) *n literal & fig* oasis *f*.

**oat** [əʊt] *n* [plant] avoine *f*.

◆ **oats** *npl* avoine *f*; is he getting his ~s? *inf* est-ce qu'il a ce qu'il lui faut au lit?

**oatcake** ['əʊtkeɪk] *n* gâteau *m* sec (d'avoine).

**oatflakes** ['əʊtfleɪks] *npl* flocons *mpl* d'avoine.

**oath** [əʊθ, *pl* əʊðz] *n* **-1.** [vow] serment *m*; he took OR swore an ~ never to return il fit le serment OR il jura de ne jamais revenir; it's true, on my ~! c'est vrai, je vous le jure!; to be on OR under ~ JUR être sous serment, être assermenté; to put sb on OR under ~ JUR faire prêter serment à qqn. **-2.** [swearword] juron *m*.

**oatmeal** ['əʊtmi:l] ◇ *n* (U) [flakes] flocons *mpl* d'avoine; [flour] farine *f* d'avoine. ◇ *adj* [colour] grège.

**OAU** (*abbr of* **Organization of African Unity**) *pr n* OUA *f*.

**Obadiah** [,əʊbə'daɪə] *pr n* Abdias.

**obduracy** ['ɒbdjʊrəsɪ] *n fml* **-1.** [hardheartedness] dureté *f* (de cœur), insensibilité *f*. **-2.** [obstinacy] obstination *f*, entêtement *m*; [inflexibility] inflexibilité *f*, intransigeance *f*.

**obdurate** ['ɒbdjʊrət] *adj fml* **-1.** [hardhearted] insensible, dur. **-2.** [obstinate] obstiné, entêté; [unyielding] inflexible.

**OBE** (*abbr of* **Officer of the Order of the British Empire**) *n* distinction honorifique britannique.

**obedience** [ə'bi:djəns] *n* **-1.** obéissance *f*; to show ~ to sb obéir à qqn; in ~ to her wishes conformément à ses vœux; to command ~ savoir se faire obéir. **-2.** RELIG obédience *f*.

**obedient** [ə'bi:djənt] *adj* obéissant, docile; to be ~ to sb obéir à qqn.

**obediently** [ə'bi:djəntlɪ] *adv* docilement; they followed him ~ ils le suivirent sans discuter.

**obeisance** [əʊ'beɪsns] *n lit* **-1.** [homage] hommage *m*; to make OR to pay ~ to sb rendre hommage à qqn. **-2.** [bow] révérence *f*; [sign] geste *m* de respect.

**obelisk** ['ɒbəlɪsk] *n* **-1.** [column] obélisque *m*. **-2.** TYPO croix *f* (d'évêque), obel *m*.

**obese** [əʊ'bi:s] *adj* obèse.

**obesity** [əʊ'biːsətɪ], **obeseness** [əʊ'biːsnɪs] *n* obésité *f*.

**obey** [ə'beɪ] ◇ *vt* obéir à; he always ~ed his mother/his intuition/the law il a toujours obéi à sa mère/à son intuition/aux lois. ◇ *vi* obéir, obtempérer.

**obfuscate** ['ɒbfʌskeɪt] *vt fml* [obscure – issue] obscurcir, embrouiller; [– mind] embrouiller; [perplex – person] embrouiller, dérouter.

**obituary** [ə'bɪtʃʊərɪ] (*pl* **obituaries**) ◇ *n* nécrologie *f*, notice *f* nécrologique; the ~ column, the obituaries la rubrique nécrologique. ◇ *adj* nécrologique.

**object¹** ['ɒbdʒɪkt] *n* **-1.** [thing] objet *m*, chose *f*. **-2.** [aim] objet *m*, but *m*, fin *f*; with this ~ in mind dans ce but, à cette fin; that's the (whole) ~ of the exercise c'est (justement là) le but de l'opération ❏ money is no ~ peu importe le prix, le prix est sans importance; money is no ~ to them ils n'ont pas de problèmes d'argent. **-3.** [focus] objet *m*; an ~ of ridicule/interest un objet de ridicule/d'intérêt. **-4.** GRAMM [of verb] complément *m* d'objet; [of preposition] objet *m*.

**object²** [əb'dʒekt] ◇ *vi* élever une objection; [stronger] protester; to ~ to sthg protester contre qqch; they ~ to working overtime ils ne sont pas d'accord pour faire des heures supplémentaires; if you don't ~ si vous n'y voyez pas d'inconvénient; you know how your father ~s to it! tu sais combien ton père y est opposé!; I ~! je proteste!; I ~ strongly to your attitude je trouve votre attitude proprement inadmissible; I wouldn't ~ to a cup of tea je ne dirais pas non à OR je prendrais volontiers une tasse de thé; he ~s to her smoking il désapprouve qu'elle fume; why do you ~ to all my friends? pourquoi cette hostilité à l'égard de tous mes amis?; it's not her I ~ to but her husband ce n'est pas elle qui me déplaît, c'est son mari; to ~ to a witness JUR récuser un témoin. ◇ *vt* objecter.

**objection** [əb'dʒekʃn] *n* **-1.** [argument against] objection *f*; to make OR to raise an ~ faire OR soulever une objection; I have no ~ to his coming je ne vois pas d'objection à ce qu'il vienne; I have no ~ to his friends je n'ai rien contre ses amis; if you have no ~ si vous n'y voyez pas d'inconvénient; ~! JUR objection!; ~ overruled! JUR objection rejetée!**-2.** [opposition] opposition *f*.

**objectionable** [əb'dʒekʃnəbl] *adj* [unpleasant] désagréable; [blameworthy] répréhensible; to use ~ language parler vulgairement; I find his views ~ je n'aime pas sa façon de penser; what is so ~ about her behaviour? qu'est-ce qu'on peut lui reprocher?

**objective** [əb'dʒektɪv] ◇ *adj* **-1.** [unbiased] objectif, impartial. **-2.** [real, observable] objectif; ~ symptoms MED signes *mpl*.**-3.** GRAMM objectif. ◇ *n* **-1.** [aim] objectif *m*, but *m*; to achieve OR to reach one's ~ atteindre son but. **-2.** GRAMM accusatif *m*, cas *m* objectif. **-3.** PHOT objectif *m*.

**objectively** [əb'dʒektɪvlɪ] *adv* **-1.** [unbiasedly] objectivement, impartialement. **-2.** [really, externally] objectivement.

**objectivism** [əb'dʒektɪvɪzm] *n* objectivisme *m*.

**objectivity** [ˌɒbdʒek'tɪvətɪ] *n* objectivité *f*.

**object lesson** *n* **-1.** [example] demonstration *f*, illustration *f* (*d'un principe*); it was an ~ in persistence ce fut un parfait exemple de persévérance. **-2.** SCH leçon *f* de choses.

**objector** [əb'dʒektə*r*] *n* opposant *m*, -e *f*.

**oblate** ['ɒbleɪt] ◇ *adj* GEOM aplati (aux pôles). ◇ *n* RELIG oblat *m*, -e *f*.

**oblation** [ə'bleɪʃn] *n* RELIG [ceremony] oblation *f*; [thing offered] oblation *f*, oblats *mpl*.

**obligate** ['ɒblɪgeɪt] *vt* **-1.** *Br fml* OR *Am* [compel] obliger, contraindre; to be/to feel ~d to do sthg être/se sentir obligé de faire qqch. **-2.** *Am* FIN [funds, credits] affecter.

**obligation** [ˌɒblɪ'geɪʃn] *n* obligation *f*; to be under an ~ to do sthg être dans l'obligation de faire qqch; you are under no ~ to reply vous n'êtes pas tenu de répondre; I am under an ~ to her j'ai une dette envers elle; to put OR to place sb under an ~ to do sthg mettre qqn dans l'obligation de faire qqch; to meet one's ~s satisfaire à ses obligations, assumer ses engagements.

**obligatory** [ə'blɪgətrɪ] *adj* obligatoire.

**oblige** [ə'blaɪdʒ] ◇ *vt* **-1.** [constrain] obliger; to ~ sb to do sthg obliger qqn à faire qqch; you're not ~d to come tu n'es pas obligé de venir. **-2.** [do a favour to] rendre service à, obliger; I would be ~d if you would refrain from smoking *fml* vous m'obligeriez beaucoup en ne fumant pas; could you ~ me with a match? *fml* auriez-vous l'amabilité OR l'obligeance de me donner une allumette?; much ~d! merci beaucoup!; to be ~d to sb for sthg savoir gré à qqn de qqch; she ~d the guests with a song elle a consenti à chanter pour les invités. ◇ *vi*: always ready to ~! toujours prêt à rendre service!

**obliging** [ə'blaɪdʒɪŋ] *adj* serviable, obligeant; it was very ~ of him c'était très aimable à lui OR de sa part.

**obligingly** [ə'blaɪdʒɪŋlɪ] *adv* aimablement, obligeamment; the letter you ~ sent me la lettre que vous avez eu l'obligeance de m'envoyer.

**oblique** [ə'bliːk] ◇ *adj* **-1.** GEOM [slanted] oblique. **-2.** [indirect] indirect. **-3.** BOT oblique. **-4.** GRAMM oblique. ◇ *n* **-1.** GEOM oblique *f*; [small angle] ANAT oblique *m*. **-2.** TYPO barre *f* oblique.

**obliquely** [ə'bliːklɪ] *adv* **-1.** obliquement, en biais. **-2.** [indirectly] indirectement.

**obliterate** [ə'blɪtəreɪt] *vt* [destroy, erase] effacer; [cancel – stamp] oblitérer; the town was ~d la ville a été effacée de la carte.

**obliteration** [əˌblɪtə'reɪʃn] *n* [destruction, erasure] effacement *m*; [of stamp] oblitération *f*.

**oblivion** [ə'blɪvɪən] *n* **-1.** [being forgotten] oubli *m*; to fall OR to sink into ~ tomber dans l'oubli; to save sb/sthg from ~ tirer qqn/qqch de l'oubli, sauver qqn/qqch de l'oubli. **-2.** [unconsciousness] inconscience *f*, oubli *m*; he had drunk himself into ~ il était abruti par l'alcool.

**oblivious** [ə'blɪvɪəs] *adj* inconscient; she was ~ of OR to what was happening elle n'avait pas conscience de OR n'était pas consciente de ce qui se passait; he remained ~ to our comments il est resté sourd à nos remarques.

**oblong** ['ɒblɒŋ] ◇ *adj* [rectangular] rectangulaire; [elongated] allongé, oblong (*f* -ongue). ◇ *n* [rectangle] rectangle *m*.

**obloquy** ['ɒbləkwɪ] (*pl* **obloquies**) *n* (*U*) *fml* **-1.** [abuse] insultes *fpl*, injures *fpl*; [defamation] diffamation *f*. **-2.** [disgrace] opprobre *m*.

**obnoxious** [əb'nɒkʃəs] *adj* [person] odieux, ignoble; [behaviour] odieux; [smell] ignoble, infect.

**oboe** ['əʊbəʊ] *n* hautbois *m*.

**oboist** ['əʊbəʊɪst] *n* hautbois *m* (*musicien*), hautboïste *mf*.

**obscene** [əb'siːn] *adj* obscène; an ~ publication une publication obscène; it's ~ to earn so much money *fig* c'est indécent de gagner autant d'argent.

**obscenely** [əb'siːnlɪ] *adv* d'une manière obscène; he's ~ rich *fig* il est tellement riche que ç'en est dégoûtant.

**obscenity** [əb'senətɪ] (*pl* **obscenities**) *n* **-1.** (*U*) [obscene lan-

---

| USAGE ▶ | Obligation |
|---|---|

**Asking if you have to do something**

Faut-il prendre rendez-vous?
Est-ce que je dois vraiment y aller?
Est-ce qu'on est obligé OR forcé de porter une cravate?

**Saying that somebody has to do something**

Il faut que tu y sois à 8 heures.
Tu dois absolument en parler à ton père.
Il lui faudra d'abord repasser chez lui.

Il faut y aller, tu ne peux pas faire autrement OR [informal] tu ne pourras pas y couper.
Votre présence est indispensable.
'Tenue de soirée exigée'. [on a formal invitation]

**Saying that somebody does not have to do something**

Tu n'as pas à faire la vaisselle.
Personne ne t'oblige à y aller.
Tu es libre de rester ou de partir.
Vous n'êtes pas tenu d'accepter. [formal]

guage] obscénité *f*, obscénités *fpl*.-**2.** [obscene word] obscénité *f*, grossièreté *f*; to shout obscenities crier des obscénités. -**3.** *fig*: war is an ~ la guerre est une chose obscène.

**obscurantist** [ˌɒbskjʊəˈræntɪst] *fml* ◊ *adj* obscurantiste. ◊ *n* obscurantiste *mf*.

**obscure** [əbˈskjʊəʳ] ◊ *adj* -**1.** [not clear] obscur; the meaning is rather ~ le sens n'est pas très clair ‖ [little-known] perdu. -**2.** [dark] obscur, sombre. ◊ *vt* -**1.** [hide] cacher; [confuse] obscurcir, embrouiller. -**2.** [darken] obscurcir, assombrir.

**obscurely** [əbˈskjʊəlɪ] *adv* obscurément.

**obscurity** [əbˈskjʊərətɪ] (*pl* **obscurities**) *n* -**1.** [insignificance] obscurité *f*; to fall into ~ sombrer dans l'oubli. -**2.** [difficulty] obscurité *f*.-**3.** [darkness] obscurité *f*, ténèbres *fpl*.

**obsequies** [ˈɒbsɪkwɪz] *npl fml* obsèques *fpl*.

**obsequious** [əbˈsiːkwɪəs] *adj fml* obséquieux.

**observable** [əbˈzɜːvəbl] *adj* [visible] observable, visible; [discernible] perceptible, appréciable; **behaviour** ~ **in humans** un comportement observable OR que l'on peut observer chez les humains.

**observance** [əbˈzɜːvəns] *n* -**1.** [recognition – of custom, law etc] observation *f*, observance *f*; [– of anniversary] célébration *f*.-**2.** RELIG [rite, ceremony] observance *f*.

**observant** [əbˈzɜːvnt] *adj* [alert] observateur.

**observation** [ˌɒbzəˈveɪʃn] *n* -**1.** [study] observation *f*, surveillance *f*; to be under ~ [patient] être en observation; [by police] être surveillé par la police OR sous surveillance policière. -**2.** [comment] observation *f*, remarque *f*.-**3.** [perception] observation *f*; to have great powers of ~ avoir de grandes facultés d'observation. -**4.** NAUT relèvement *m*.

**observational** [ˌɒbzəˈveɪʃənl] *adj* [faculties, powers] d'observation; [technique, research] observationnel.

**observation car** *n* RAIL voiture *f* panoramique.

**observation post** *n* MIL poste *m* d'observation.

**observatory** [əbˈzɜːvətrɪ] (*pl* **observatories**) *n* observatoire *m*.

**observe** [əbˈzɜːv] *vt* -**1.** [see, notice] observer, remarquer. -**2.** [study, pay attention to] observer; the police are observing his movements la police surveille ses allées et venues. -**3.** [comment, remark] (faire) remarquer, (faire) observer. -**4.** [abide by, keep] observer, respecter; to ~ a minute's silence observer une minute de silence.

**observer** [əbˈzɜːvəʳ] *n* -**1.** [watcher] observateur *m*, -trice *f*; to the casual ~ pour un non-initié. -**2.** [at official ceremony, election] observateur *m*, -trice *f*.-**3.** [commentator] spécialiste *mf*, expert *m*; **The Observer** PRESS *journal de qualité politiquement indépendant, paraissant le dimanche et comprenant un supplément magazine*.

**obsess** [əbˈses] *vt* obséder; he's ~ed with punctuality c'est un maniaque de la ponctualité; she's ~ed with the idea of becoming an actress elle n'a qu'une idée, devenir actrice.

**obsession** [əbˈseʃn] *n* [fixed idea] obsession *f*, idée *f* fixe; it's becoming an ~ with him ça devient une idée fixe OR une obsession chez lui; she has an ~ about punctuality c'est une maniaque de la ponctualité ‖ [obsessive fear] hantise *f*; his ~ with death sa hantise de la mort.

**obsessional** [əbˈseʃənl] *adj* obsessionnel.

**obsessive** [əbˈsesɪv] ◊ *adj* -**1.** [person] obsédé, obsessionnel MED & PSYCH; [behaviour] obsessionnel. -**2.** [thought, image] obsédant. ◊ *n* obsessionnel *m*, -elle *f*.

**obsessively** [əbˈsesɪvlɪ] *adv* d'une manière obsessionnelle; he's ~ cautious il est d'une prudence obsessionnelle.

**obsolescence** [ˌɒbsəˈlesns] *n* [of equipment, consumer goods] obsolescence *f*; planned OR built-in ~ COMM obsolescence planifiée, désuétude *f* calculée.

**obsolescent** [ˌɒbsəˈlesnt] *adj* qui tombe en désuétude; [equipment, consumer goods] obsolescent.

**obsolete** [ˈɒbsəliːt] *adj* -**1.** [outmoded] démodé, désuet (*f* -ète); [antiquated] archaïque; [machinery] dépassé. -**2.** LING obsolète.-**3.** BIOL atrophié.

**obstacle** [ˈɒbstəkl] *n* obstacle *m*; what are the ~s to free trade? qu'est-ce qui fait obstacle au libre-échange?; to put ~s in sb's way mettre des bâtons dans les roues à qqn.

**obstacle course**, **obstacle race** *n* course *f* d'obstacles.

**obstetric** [ɒbˈstetrɪk] *adj* obstétrical; [nurses] en obstétrique.

**obstetrician** [ˌɒbstəˈtrɪʃn] *n* obstétricien *m*, -enne *f*.

**obstetrics** [ɒbˈstetrɪks] *n (U)* obstétrique *f*.

**obstinacy** [ˈɒbstɪnəsɪ] *n* -**1.** [stubbornness] obstination *f*, entêtement *m*; [tenacity] opiniâtreté *f*, ténacité *f*.-**2.** [persistence] persistance *f*.

**obstinate** [ˈɒbstɪnət] *adj* -**1.** [stubborn] obstiné, entêté, têtu; [tenacious] obstiné, tenace, acharné. -**2.** [persistent] persistant, tenace.

**obstinately** [ˈɒbstɪnətlɪ] *adv* [stubbornly] obstinément, avec acharnement.

**obstreperous** [əbˈstrepərəs] *adj fml* OR *hum* [noisy] bruyant; [disorderly] turbulent; [recalcitrant] récalcitrant.

**obstruct** [əbˈstrʌkt] *vt* -**1.** [block – passage, road, traffic] bloquer, obstruer; [– pipe] boucher; [– vein, artery] obstruer, boucher; her hat ~ed my view son chapeau m'empêchait de voir. -**2.** [impede – progress, measures] faire obstruction OR obstacle à, entraver; to ~ progress/justice entraver la marche du progrès/le cours de la justice; he was arrested for ~ing a policeman in the course of his duty on l'a arrêté pour avoir entravé un agent dans l'exercice de ses fonctions. -**3.** SPORT [opponent] faire obstruction à.

**obstruction** [əbˈstrʌkʃn] *n* -**1.** [impeding – of progress, measures] obstruction *f*.-**2.** [blockage, obstacle – gen] obstacle *m*; [– in vein, artery] obstruction *f*; [– in pipe] bouchon *m*; the accident caused an ~ in the road l'accident a bloqué la route. -**3.** SPORT obstruction *f*.-**4.** JUR obstruction *f* de la voie publique.

**obstructive** [əbˈstrʌktɪv] *adj*: they are being very ~ ils nous mettent constamment des bâtons dans les roues; to use ~ tactics POL user de tactiques obstructionnistes.

**obtain** [əbˈteɪn] ◊ *vt* obtenir; [for oneself] se procurer; to ~ sthg for sb obtenir qqch pour qqn, procurer qqch à qqn; to ~ sthg from sb obtenir qqch de qqn; the book may be ~ed from the publisher on peut se procurer le livre chez l'éditeur. ◊ *vi fml* [prevail] avoir cours, être en vigueur; the situation ~ing in Somalia la situation en Somalie.

**obtainable** [əbˈteɪnəbl] *adj*: where is this drug ~? où peut-on se procurer ce médicament?; the catalogue is ~ in our branches le catalogue est disponible dans nos agences; ~ from your local supermarket en vente dans votre supermarché; this result is easily ~ ce résultat est facile à obtenir.

**obtrusive** [əbˈtruːsɪv] *adj* [intrusive – decor, advertising, hoarding, architecture] trop voyant; [– smell] tenace, envahissant, pénétrant; [– person, behaviour] envahissant, importun, indiscret (*f* -ète).

**obtrusively** [əbˈtruːsɪvlɪ] *adv* importunément.

**obtuse** [əbˈtjuːs] *adj* -**1.** *fml* [slow-witted] obtus; stop being so ~! ne sois pas si borné!-**2.** GEOM [angle] obtus; [triangle] obtusangle. -**3.** [indistinct] vague, sourd.

**obverse** [ˈɒbvɜːs] ◊ *n* -**1.** [of coin] avers *m*, face *f*.-**2.** [of opinion, argument etc] contraire *m*, opposé *m*. ◊ *adj* the ~ side [of coin] le côté face OR l'avers d'une pièce; *fig* [of opinion, argument etc] le contraire.

**obviate** [ˈɒbvɪeɪt] *vt fml* [difficulty, need] obvier à.

**obvious** [ˈɒbvɪəs] ◊ *adj* -**1.** [evident] évident; it's ~ that he's wrong il est évident OR clair qu'il a tort; her ~ innocence son innocence manifeste; the ~ thing to do is to leave la seule chose à faire, c'est de partir. -**2.** [predictable] prévisible. ◊ *n*: to state the ~ enfoncer une porte ouverte; it would be stating the ~ to say that cela va sans dire.

**obviously** [ˈɒbvɪəslɪ] *adv* -**1.** [of course] évidemment, de toute évidence; she's ~ not lying il est clair OR évident qu'elle ne ment pas; ~ not! il semble que non! -**2.** [plainly, visibly] manifestement.

**ocarina** [ˌɒkəˈriːnə] *n* ocarina *m*.

**OCAS** (*abbr of* **Organization of Central American States**) *pr n* ODEAC *f*.

**occasion** [əˈkeɪʒn] ◊ *n* -**1.** [circumstance, time] occasion *f*; he was perfectly charming on the ~ cette fois-là, il fut tout à fait charmant; on the ~ of her wedding à l'occasion de son mariage; I have been there on quite a few ~s j'y suis allé à plusieurs occasions OR à plusieurs reprises; if the ~ arises, should the ~ arise si l'occasion se présente, le cas échéant ❏ to rise to the ~ se montrer à la hauteur (de la situation). -**2.** [special event] événement *m*; to have a sense of ~ savoir

marquer le coup. **-3.** [reason, cause] motif *m*, raison *f*, occasion *f*; there is no ~ for worry il n'y a pas lieu de s'inquiéter. ◇ *vt* occasionner, provoquer.
◆ **on occasion(s)** *adv phr* de temps en temps, de temps à autre.

**occasional** [ə'keɪʒənl] *adj* **-1.** occasionnel, épisodique; he's an ~ visitor/golfer il vient/joue au golf de temps en temps; during his ~ visits to her lorsqu'il allait la voir OR lui rendait visite; I like an OR the ~ cigar j'aime (fumer) un cigare à l'occasion OR de temps en temps; there will be ~ showers il y aura quelques averses OR pluies intermittentes. **-2.** [music, play etc] de circonstance.

**occasionally** [ə'keɪʒnəlɪ] *adv* de temps en temps, quelquefois, occasionnellement.

**occasional table** *n Br* table *f* volante.

**occident** ['ɒksɪdənt] *n lit* occident *m*, couchant *m*.
◆ **Occident** *n*: the Occident l'Occident *m*.

**occidental** [ˌɒksɪ'dentl] *adj lit* occidental.
◆ **Occidental** ◇ *adj* occidental. ◇ *n* Occidental *m*, -e *f*.

**occipital** [ɒk'sɪpɪtl] *adj* occipital.

**occiput** ['ɒksɪpʌt] (*pl* **occiputs** OR **occipita** [ɒk'sɪpɪtə]) *n* occiput *m*.

**occlude** [ɒ'kluːd] *vt* occlure.

**occluded front** [ɒ'kluːdɪd-] *n* METEOR front *m* occlus.

**occlusion** [ɒ'kluːʒn] *n* occlusion *f*.

**occlusive** [ɒ'kluːsɪv] ◇ *adj* occlusif. ◇ *n* LING (consonne *f*) occlusive *f*.

**occult** [ɒ'kʌlt] ◇ *adj* occulte. ◇ *n*: the ~ [supernatural] le surnaturel; [mystical skills] les sciences *fpl* occultes.

**occupancy** ['ɒkjʊpənsɪ] (*pl* **occupancies**) *n* occupation *f* (*d'un appartement etc*).

**occupant** ['ɒkjʊpənt] *n* [gen] occupant *m*, -e *f*; [tenant] locataire *mf*; [of vehicle] passager *m*, -ère *f*; [of job] titulaire *mf*.

**occupation** [ˌɒkjʊ'peɪʃn] *n* **-1.** [employment] emploi *m*, travail *m*; what's his ~? qu'est-ce qu'il fait comme travail OR dans la vie?; please state your name and ~ veuillez indiquer votre nom et votre profession; I'm not an actor by ~ je ne suis pas acteur de métier. **-2.** [activity, hobby] occupation *f*; his favourite ~ is listening to music ce qu'il aime faire par-dessus tout, c'est écouter de la musique. **-3.** [of building, offices etc] occupation *f*; the offices are ready for ~ les bureaux sont prêts à être occupés. **-4.** MIL & POL occupation *f*; army of ~ armée *f* d'occupation; under French ~ sous occupation française; the Occupation HIST l'Occupation.

**occupational** [ˌɒkjʊ'peɪʃənl] *adj* professionnel; ~ disease maladie *f* professionnelle; ~ hazard risque *m* professionnel OR du métier.

**occupational pension** *n Br* retraite *f* complémentaire; ~ scheme caisse *f* de retraite complémentaire.

**occupational therapist** *n* ergothérapeute *mf*.

**occupational therapy** *n* ergothérapie *f*.

**occupied** ['ɒkjʊpaɪd] *adj* [country, town] occupé; in ~ France dans la France occupée.

**occupier** ['ɒkjʊpaɪər] *n* [gen] occupant *m*, -e *f*; [tenant] locataire *mf*.

**occupy** ['ɒkjʊpaɪ] (*pt* & *pp* **occupied**) *vt* **-1.** [house, room etc] occuper; is this seat occupied? est-ce que cette place est prise? **-2.** [keep busy - person, mind] occuper; she occupies herself by doing crosswords elle s'occupe en faisant des mots croisés; to be occupied in OR with (doing) sthg être occupé à (faire) qqch; try to keep them occupied for a few minutes essaie de les occuper quelques minutes; I like to keep my mind occupied j'aime bien m'occuper l'esprit. **-3.** [fill, take up - time, space] occuper. **-4.** MIL & POL occuper; ~ing army armée *f* d'occupation. **-5.** [hold - office, role, rank] occuper.

**occur** [ə'kɜːr] (*pt* & *pp* **occurred**, *cont* **occurring**) *vi* **-1.** [happen] arriver, avoir lieu, se produire; misunderstandings often ~ over the phone il y a souvent des malentendus au téléphone; many changes have occurred since then beaucoup de choses ont changé depuis ce temps-là; if a difficulty/the opportunity ~s une difficulté/l'occasion se présente. **-2.** [exist, be found] se trouver, se rencontrer; such phenomena often ~ in nature on rencontre souvent

de tels phénomènes dans la nature. **-3.** [come to mind]: to ~ to sb venir à l'esprit de qqn; it occurred to me later that he was lying j'ai réalisé plus tard qu'il mentait; didn't it ~ to you to call me? ça ne t'est pas venu à l'idée de m'appeler?; it would never ~ to me to use violence il ne me viendrait jamais à l'idée d'avoir recours à la violence.

**occurrence** [ə'kʌrəns] *n* **-1.** [incident] événement *m*; it's an everyday ~ ça arrive OR ça se produit tous les jours. **-2.** [fact or instance of occurring]: the increasing ~ of racial attacks le nombre croissant d'agressions racistes; the ~ of the disease in adults is more serious lorsqu'elle se déclare chez l'adulte, la maladie est plus grave; of rare ~ qui arrive OR se produit rarement. **-3.** LING occurrence *f*.

**ocean** ['əʊʃn] *n* **-1.** GEOG océan *m*; the ~ *Am* la mer. **-2.** *fig*: ~s of beaucoup de.

**ocean bed, ocean floor** *n* fond *m* océanique.

**oceanfront** ['əʊʃnfrʌnt] *n Am* bord *m* de mer.

**oceangoing** ['əʊʃnˌgəʊɪŋ] *adj* de haute mer.

**Oceania** [ˌəʊʃɪ'ɑːnɪə] *pr n* Océanie *f*; in ~ en Océanie.

**oceanic** [ˌəʊʃɪ'ænɪk] *adj* **-1.** [marine] océanique. **-2.** *fig* [huge] immense.

**oceanography** [ˌəʊʃə'nɒgrəfɪ] *n* océanographie *f*.

**och** [ɒx] *interj Scot & Ir* oh; ~ aye! eh oui! (*parfois employé pour parodier les Écossais*).

**ochre, ocher** *Am* ['əʊkər] ◇ *n* [ore] ocre *f*; [colour] ocre *m*. ◇ *adj* ocre (*inv*). ◇ *vt* ocrer.

**o'clock** [ə'klɒk] *adv* **-1.** [time]: it's one/two ~ il est une heure/deux heures; at precisely 9 ~ à 9 h précises; the 8 ~ bus le bus de 8 h; at 12 ~ [midday] à midi; [midnight] à minuit. **-2.** [position]: enemy fighter at 7 ~ chasseur ennemi à 7 h.

**OCR** *n* **-1.** *abbr of* **optical character reader. -2.** (*abbr of* **optical character recognition**) ROC *f*.

**Oct.** (*written abbr of* **October**) oct.

**octagon** ['ɒktəgən] *n* octogone *m*.

**octagonal** [ɒk'tægənl] *adj* octogonal.

**octal** ['ɒktl] ◇ *adj* octal. ◇ *n* octal *m*.

**octameter** [ɒk'tæmɪtər] *n* LITERAT vers *m* de huit pieds, octosyllabe *m*.

**octane** ['ɒkteɪn] *n* octane *m*; high-~ petrol *Br* OR gas *Am* super *m*, supercarburant *m*; low-~ petrol *Br* OR gas *Am* ordinaire *m*, essence *f* ordinaire.

**octane number, octane rating** *n* indice *m* d'octane.

**octave** ['ɒktɪv] *n* FENCING, MUS & RELIG octave *f*; LITERAT huitain *m*.

**Octavian** [ɒk'teɪvjən] *pr n* Octave.

**octavo** [ɒk'teɪvəʊ] (*pl* **octavos**) *n* in-octavo *m inv*.

**octet** [ɒk'tet] *n* **-1.** [group] octuor *m*. **-2.** MUS octuor *m*. **-3.** LITERAT huitain *m*. **-4.** CHEM octet *m*.

**October** [ɒk'təʊbər] *n* octobre *m*; *see also* **February**.

**October Revolution** *n*: the ~ la révolution d'octobre.

**octogenarian** [ˌɒktəʊdʒɪ'neərɪən] ◇ *adj* octogénaire. ◇ *n* octogénaire *mf*.

**octopus** ['ɒktəpəs] (*pl* **octopuses** OR **octopi** [-paɪ]) *n* **-1.** ZOOL pieuvre *f*, poulpe *m*; CULIN poulpe *m*. **-2.** *fig* pieuvre *f*.

**octosyllabic** [ˌɒktəʊsɪ'læbɪk] *adj* octosyllabique, octosyllabe.

**ocular** ['ɒkjʊlər] ◇ *adj* oculaire. ◇ *n* oculaire *m*.

**oculist** ['ɒkjʊlɪst] *n* oculiste *mf*.

**OD** (*pt* & *pp* **OD'd**) ◇ *n inf* (*abbr of* **overdose**) overdose *f*. ◇ *vi inf* être victime d'une overdose; we rather ~'d on TV last night *hum* on a un peu forcé sur la télé hier soir. ◇ *written abbr of* **overdrawn.**

**odalisk, odalisque** ['əʊdəlɪsk] *n* odalisque *f*.

**odd** [ɒd] *adj* **-1.** [weird] bizarre, étrange; he's an ~ character c'est un drôle d'individu; the ~ thing is that the room was empty ce qui est bizarre, c'est que la pièce était vide; it felt ~ seeing her again ça m'a fait (tout) drôle de la revoir. **-2.** [occasional, incidental]: at ~ moments de temps en temps; I smoke the ~ cigarette il m'arrive de fumer une cigarette de temps en temps; we took the ~ photo nous avons pris deux ou trois photos ❑ ~ jobs petits boulots *mpl*. **-3.** [not matching] dépareillé. **-4.** [not divisible by two] impair; the ~ pages of a book les pages impaires d'un livre ❑

~ **number** nombre *m* impair. **-5.** *(in combinations)* inf [or so]: twenty ~ vingt et quelques; thirty-~ **pounds** trente livres et quelques, trente et quelques livres; he must be forty-~ il doit avoir la quarantaine or dans les quarante ans. **-6.** *phr*: the ~ one or man or woman out l'exception *f*; which of these drawings is the ~ one out? parmi ces dessins, lequel est l'intrus?; they all knew each other so well that I felt the ~ one out ils se connaissaient tous si bien que j'avais l'impression d'être la cinquième roue du carrosse or de la charrette.

**oddball** ['ɒdbɔːl] *inf* ◇ *n* excentrique *mf*, original *m*, -e *f*. ◇ *adj* excentrique, original.

**odd bod** *Br inf* = **oddball** *n*.

**odd-even** *adj* COMPUT: ~ **check** contrôle *m* de parité.

**oddity** ['ɒdɪtɪ] *(pl* **oddities)** *n* **-1.** [strange person] excentrique *mf*, original *m*, -e *f*; [strange thing] curiosité *f*; being the only woman there makes her something of an ~ on la remarque du simple fait qu'elle est la seule femme. **-2.** [strangeness] étrangeté *f*, bizarrerie *f*.

**odd-job man** *n* homme *m* à tout faire, factotum *m*.

**odd lot** *n* COMM lot *m* dépareillé; ST. EX lot *m* fractionné.

**oddly** ['ɒdlɪ] *adv* bizarrement, curieusement; ~ **shaped** d'une forme bizarre; ~ **enough,** he didn't recognize me chose curieuse, il ne m'a pas reconnu.

**oddment** ['ɒdmənt] *n* COMM [of matched set] article *m* dépareillé; [of lot, line] fin *f* de série; [of fabric] coupon *m*.

**odds** [ɒdz] *npl* **-1.** [in betting] cote *f*; the ~ **are ten to one** against la cote est de dix contre un; the ~ **are ten to one on** la cote est d'un contre dix; they're offering long/short ~ **against** Jackson Jackson a une bonne/faible cote; I'll lay or give you ~ **of twenty to one** that she'll leave him je te parie à vingt contre un qu'elle le quittera ❑ I ended up paying over the ~ *Br* en fin de compte, je l'ai payé plus cher qu'il ne valait or que sa valeur. **-2.** [chances] chances *fpl*; the ~ **are** she's been lying to us all along il y a de fortes chances qu'elle nous ait menti depuis le début; the ~ **are on/** against her accepting il y a de fortes chances/il y a peu de chances (pour) qu'elle accepte. **-3.** [great difficulties]: against all the ~ contre toute attente; they won against overwhelming ~ ils ont gagné alors que tout était contre eux. **-4.** [difference]: it makes no ~ ça ne change rien. **-5.** *phr*: ~ **and sods** *Br inf*, ~ **and ends** [miscellaneous objects] objets *mpl* divers, bric-à-brac; [leftovers] restes *mpl*.
◆ **at odds** *adj phr* en conflit; **at** ~ **with** en conflit avec; the way she was dressed was completely at ~ **with her personality** ce qu'elle portait ne correspondait pas du tout à sa personnalité.

**odds-on** *adj Br*: it's ~ **that he'll win** il y a tout à parier qu'il gagnera ❑ ~ **favourite** grand favori *m*.

**ode** [əʊd] *n* ode *f*; 'Ode to Joy' *Beethoven* 'Hymne à la joie'.

**odious** ['əʊdjəs] *adj fml* odieux.

**odium** ['əʊdjəm] *n fml* [condemnation] réprobation *f*; [hatred] haine *f*.

**odometer** [əʊ'dɒmɪtə'] *n Am* AUT compteur *m* kilométrique.

**odontology** [ˌɒdɒn'tɒlədʒɪ] *n* odontologie *f*.

**odor** *etc Am* = **odour.**

**odorous** ['əʊdərəs] *adj* [fragrant] odorant; [malodorous] malodorant.

**odour** *Br*, **odor** *Am* ['əʊdə'] *n* **-1.** [smell] odeur *f*; guaranteed to get rid of unpleasant ~s! fini les mauvaises odeurs!- **2.** [pervasive quality] odeur *f*, parfum *m*, arôme *m*.- **3.** *Br phr*: to be in good/bad ~ **with sb** *fml* être bien/mal vu de qqn.

**odourless** *Br*, **odorless** *Am* ['əʊdəlɪs] *adj* inodore.

**Odysseus** [ə'diːsɪəs] *pr n* Ulysse.

**odyssey** ['ɒdɪsɪ] *n* odyssée *f*.

**OECD** *(abbr of* **Organization for Economic Cooperation and Development)** *pr n* OCDE *f*.

**oecumenical** *etc* [ˌiːkjuː'menɪkl] = **ecumenical.**

**Oedipal** ['iːdɪpl] *adj* œdipien.

**Oedipus** ['iːdɪpəs] *pr n* Œdipe; 'Oedipus Rex' *Sophocles* 'Œdipe roi'.

**Oedipus complex** *n* complexe *m* d'Œdipe.

**oenology** [iː'nɒlədʒɪ] *n* œnologie *f*.

**o'er** ['əʊə'] *lit* = **over** *adv & prep*.

**oesophagus** *Br*, **esophagus** *Am* [ɪ'sɒfəgəs] *(Br pl* **oesopha-**

**guses** or **oesophagi** [-gaɪ], *Am pl* **esophaguses** or **esophagi** [-gaɪ]) *n* œsophage *m*.

**oestrogen** *Br*, **estrogen** *Am* ['iːstrədʒən] *n* œstrogène *m*.

**oestrous** *Br*, **estrus** ['iːstrəs] *adj* œstral; ~ **cycle** cycle *m* œstral.

**oestrus** *Br*, **estrus** *Am* ['iːstrəs] *n* œstrus *m*.

**of** [*weak form* əv, *strong form* ɒv] *prep* **-1.** [after nouns expressing quantity, number, amount] de; **a loaf of bread** un pain; **a piece of cake** un morceau de gâteau; **a pair of trousers** un pantalon; **there are six of us** nous sommes six; **some/many/few of us were present** quelques-uns/beaucoup/peu d'entre nous étaient présents. **-2.** [indicating age] de; **a boy/a girl of three** un garçon/une fille de trois ans; **at the age of nineteen** à dix-neuf ans, à l'âge de dix-neuf ans. **-3.** [indicating composition, content] de; **a map of Spain** une carte d'Espagne. **-4.** [created by] de; **the poems of Byron** les poèmes de Byron. **-5.** [with words expressing attitude or emotion] de; **I'm proud of it** j'en suis fier; **I'm afraid of the dark** j'ai peur du noir. **-6.** [indicating possession, relationship] de; **he's a friend of mine** c'est un ami à moi; **a friend of mine saw me** un.de mes amis m'a vu; **the rights of man** les droits de l'homme; **she's head of department** elle est chef de service. **-7.** [indicating subject of action]: **it was kind/mean of him** c'était gentil/méchant de sa part. **-8.** [with names of places] de; **the city of New York** la ville de New York. **-9.** [after nouns derived from verbs] de; **the arrival/departure of Flight 556** l'arrivée/le départ du vol 556. **-10.** [describing a particular feeling or quality] de; **she has the gift of mimicry** elle a un talent d'imitatrice ‖ *fml*: **to be of sound mind** être sain d'esprit; **to be of a nervous disposition** avoir une prédisposition à la nervosité. **-11.** [made from]: **a ring of solid gold** une bague en or massif; **a heart of stone** un cœur de pierre. **-12.** [after nouns of size, measurement etc] de; **they reach a height of ten feet** ils atteignent une hauteur de dix pieds. **-13.** [indicating cause, origin, source] de; **to die of cancer** mourir du or d'un cancer; **of which/whom** dont. **-14.** [indicating likeness, similarity] de; **the colour of blood/of grass** la couleur du sang/de l'herbe; **it smells of coffee** ça sent le café; **a giant of a man** un homme très grand. **-15.** [indicating specific point in time or space] de; **the 3rd of May** le 3 mai; **in the middle of August** à la mi-août; **the crash of 1929** le krach de 1929; **a quarter of nine** *Am* neuf heures moins le quart; **in the middle of the road** au milieu de la chaussée. **-16.** [indicating deprivation or absence]: **a lack of food** un manque de nourriture; **to rob sb of sthg** voler qqch à qqn. **-17.** [indicating information received or passed on]: **I've never heard of him** je n'ai jamais entendu parler de lui; **to learn of sthg** apprendre qqch; **her knowledge of French** sa connaissance du français. **-18.** [as intensifier]: **the best/the worst of all** le meilleur/le pire de tout; **today of all days!** il fallait que ça arrive aujourd'hui!- **19.** *dated* or *dial*: **I like to listen to the radio of a morning/an evening** j'aime écouter la radio le matin/le soir.

**off** [ɒf] ◇ *adv* **-1.** [indicating removal]: **to take sthg** ~ enlever or ôter qqch; **to come** ~ [sticker, handle] se détacher; [lipstick, paint] partir; **peel** ~ **the wallpaper** décollez le papier peint; **she cut** ~ **her hair** elle s'est coupé les cheveux. **-2.** [indicating departure]: **when are you** ~ **to Dublin?** quand partez-vous pour Dublin?; **they're** ~**!** SPORT ils sont partis!; **I'm** ~**!** *inf* j'y vais!; ~ **we go!** c'est parti!; ~ **to bed with you!** au lit!; **oh no, he's** ~ **again!** *hum* ça y est, ça le reprend!- **3.** [indicating movement away from a surface]: **the ball hit the wall and bounced** ~ la balle a heurté le mur et a rebondi; **I knocked the glass** ~ **with my elbow** j'ai fait tomber le verre d'un coup de coude. **-4.** [indicating location]: **it's** ~ **to the right** c'est sur la droite; **she's** ~ **playing tennis** elle est partie jouer au tennis. **-5.** [indicating disembarkation, dismounting etc]: **to get** ~ descendre; **to jump** ~ sauter. **-6.** [indicating absence, inactivity]: **to take a week** ~ prendre une semaine de congé. **-7.** [indicating distance in time or space]: **Paris/Christmas is still a long way** ~ Paris/Noël est encore loin; **it's a few miles** ~ c'est à quelques kilomètres d'ici. **-8.** [indicating disconnection]: **to put** or **switch** or **turn the light** ~ éteindre la lumière; **to turn the tap** ~ fermer le robinet. **-9.** [indicating separation, partition]: **to fence** ~ **land** clôturer un terrain; **the police have cordoned** ~ **the area** la police a bouclé le quartier. **-10.** [indicating price reduction]: **'special offer: £5** ~' 'offre spéciale: 5 livres de réduction'; **the sales-**

man gave me $20/20% ~ le vendeur m'a fait une remise de 20 dollars/20 %. **-11.** [indicating relief from discomfort]: to sleep/to walk sthg ~ faire passer qqch en dormant/marchant.

◇ *prep* **-1.** [indicating movement away from] de; she knocked the vase ~ the table elle a fait tomber le vase de la table. **-2.** [indicating removal] de; take the top ~ the bottle enlève le bouchon de la bouteille. **-3.** [from]: to buy sthg ~ sb acheter qqch à qqn; can I borrow £5 ~ you? je peux t'emprunter 5 livres?**-4.** [from the direction of] de. **-5.** [indicating location]: we ate in a small restaurant ~ the main road nous avons mangé dans un petit restaurant à l'écart de la grand-route; an alley ~ Oxford Street une ruelle qui part d'Oxford Street; just ~ Oxford Street there's a pretty little square à deux pas d'Oxford Street il y a une petite place ravissante. **-6.** [absent from]: Mr Dale is ~ work today M. Dale est absent aujourd'hui; Wayne's ~ school with the flu Wayne est à la maison avec la grippe. **-7.** [by means of]: it runs ~ gas/electricity/solar power ça marche au gaz/à l'électricité/à l'énergie solaire. **-8.** [indicating source of nourishment] de; to live ~ vegetables vivre de légumes. **-9.** [reduced from]: they'll knock *inf* OR take something ~ it if you pay cash ils vous feront une remise si vous payez en liquide. **-10.** *inf* [no longer wanting or needing]: to be ~ one's food ne pas avoir faim; I'm ~ whisky je n'aime plus le whisky; I'm ~ him at the moment j'en ai marre de lui en ce moment; she's ~ antibiotics now elle ne prend plus d'antibiotiques maintenant.

◇ *adj* **-1.** [not working – electricity, light, radio, TV] éteint; [– tap] fermé; [– engine, machine] arrêté, à l'arrêt; [– handbrake] desserré; the gas is ~ [at mains] le gaz est fermé; [under saucepan] le gaz est éteint; [for safety reasons] le gaz est coupé; 'off' 'arrêt'; make sure the switches are in the ~ position vérifiez que les interrupteurs sont sur (la position) arrêt. **-2.** [bad, tainted] mauvais, avarié; the milk is ~ le lait a tourné; it smells/tastes ~ on dirait que ce n'est plus bon. **-3.** [cancelled] annulé; if that's your attitude, the deal's ~! si c'est comme ça que vous le prenez, ma proposition ne tient plus!**-4.** *Br* [not available]: I'm afraid salmon's ~ je regrette, mais il n'y a plus de saumon. **-5.** [unwell]: I felt decidedly ~ the next morning le lendemain matin, je ne me sentais vraiment pas bien; everyone has their ~ days on a tous nos mauvais jours. **-6.** *inf* [unacceptable]: I say, that's a bit ~! dites donc, vous y allez un peu fort!; I thought it was a bit ~ the way she just ignored me je n'ai pas apprécié qu'elle m'ignore comme ça. **-7.** *Br* AUT [when driving on right] (du côté) gauche; [when driving on left] (du côté) droit. **-8.** [having a certain amount of]: how are we ~ for milk? combien de lait nous reste-t-il?

◇ *n inf* [start] départ *m*; they're ready for the ~ ils sont prêts à partir. ◇ *vt* ▽ [kill] *Am* buter.

◆ **off and on** *adv phr* par intervalles; we lived together ~ and on for three years on a plus ou moins vécu ensemble pendant trois ans.

**offal** ['ɒfl] *n (U)* **-1.** *Br* CULIN abats *mpl*.**-2.** [refuse] ordures *fpl*, déchets *mpl*.**-3.** [carrion] charogne *f*.

**off-balance** ◇ *adj* déséquilibré. ◇ *adv*: to throw OR to knock sb ~ *literal* faire perdre l'équilibre à qqn; *fig* couper le souffle à OR désarçonner qqn.

**offbeat** ◇ *adj* [unconventional] original, excentrique. ◇ *n* MUS temps *m* faible.

**off-centre** *Br*, **off-center** *Am* ◇ *adj* **-1.** [painting on wall] décentré; [rotation] désaxé; [gun sights] désaligné; the title is ~ le titre n'est pas centré. **-2.** *fig* [unconventional] original. ◇ *adv* de côté.

**off chance**
◆ **on the off chance** *adv phr* au cas où; I phoned on the ~ of catching him at home j'ai appelé en espérant qu'il serait chez lui; she kept it on the ~ (that) it might prove useful elle l'a gardé pour le cas où cela pourrait servir.

**off-colour** *adj* **-1.** *Br* [ill] mal-fichu; she's looking a little ~ elle n'est pas très bien, elle est mal fichue. **-2.** [indelicate – film, story] de mauvais goût, d'un goût douteux.

**offcut** ['ɒfkʌt] *n* [of cloth, wood, paper] chute *f*; [of meat] reste *m*.

**off-day** *n*: he was having an ~ il n'était pas en forme; everyone has their ~s on a tous nos mauvais jours.

**off-duty** *adj* [policeman, soldier, nurse] qui n'est pas de service; I'm off duty at 6 je finis mon service à 6 h.

**offence** *Br*, **offense** *Am* [ə'fens] *n* **-1.** JUR délit *m*; it's his first ~ c'est la première fois qu'il commet un délit; arrested for drug ~s [dealing] arrêté pour trafic de drogue; [use] arrêté pour consommation de drogue ❑ motoring OR driving ~ infraction *f* au Code de la route; sex ~ = attentat *m* à la pudeur. **-2.** [displeasure, hurt]: to give OR to cause ~ to sb blesser OR offenser qqn; to take ~ at sthg s'offenser OR s'offusquer de qqch; he's very quick to take ~ il se vexe pour un rien; I meant no ~ je ne voulais pas vous blesser; no ~ meant — none taken! je n'avais pas l'intention de te vexer — il n'y a pas de mal! **-3.** MIL [attack] attaque *f*, offensive *f*.**-4.** SPORT [attackers] attaque *f*.

**offend** [ə'fend] ◇ *vt* [person] offenser, blesser; she's easily ~ed elle est susceptible, elle se vexe pour un rien; the film contains scenes which could ~ some viewers le film contient des scènes pouvant choquer certains spectateurs || [eyes, senses, reason] choquer. ◇ *vi* JUR violer la loi, commettre un délit.

◆ **offend against** *vt insep* [law, regulation] enfreindre, violer; [custom] aller à l'encontre de; [good manners, good taste] être un outrage à.

**offended** [ə'fendɪd] *adj* offensé, blessé; don't be ~ if I leave early ne le prends pas mal si je pars de bonne heure.

**offender** [ə'fendər] *n* **-1.** JUR délinquant *m*, -e *f*. **-2.** [gen – culprit] coupable *mf*; the chemical industry is the worst ~ l'industrie chimique est la première responsable.

**offending** [ə'fendɪŋ] *adj* blessant; the ~ word was omitted le mot choquant a été enlevé; the ~ object/article l'objet/l'article incriminé.

**offense** *Am* = offence.

**offensive** [ə'fensɪv] ◇ *adj* **-1.** [causing indignation, anger] offensant, choquant; to find sthg ~ être choqué par qqch; to be ~ to sb [person] injurier OR insulter qqn; this advertisement is ~ to Muslims/women cette publicité porte atteinte à la religion musulmane/à la dignité de la femme. **-2.** [disgusting – smell] repoussant. **-3.** [aggressive] offensif; ~ weapon arme *f* offensive. ◇ *n* offensive *f*; to go over to OR to go on OR to take the ~ passer à OR prendre l'offensive.

**offensively** [ə'fensɪvlɪ] *adv* **-1.** [behave, speak] d'une manière offensante OR blessante. **-2.** MIL & SPORT offensivement.

**offer** ['ɒfər] ◇ *vt* **-1.** [present] offrir; to ~ sthg to sb, to ~ sb sthg offrir qqch à qqn; she ~ed me £800 for my car elle m'a proposé 800 livres pour ma voiture; he ~ed her a chair/his arm il lui offrit une chaise/son bras; to have a lot to ~ [town, person] avoir beaucoup à offrir; candidates may ~ one of the following foreign languages les candidats peuvent présenter une des langues étrangères suivantes. **-2.** [propose] proposer; to ~ to do sthg s'offrir pour faire qqch, proposer de faire qqch; I ~ed to help them je leur ai proposé mon aide; it was kind of you to ~ c'est gentil de me l'avoir proposé; to ~ sb advice donner des conseils à qqn. ◇ *n* offre *f*; ~s are pouring in les offres d'achat affluent; I'll make you a final ~ je vous ferai une dernière offre; she wants £500, but she's open to ~s elle veut 500 livres, mais elle est prête à négocier; I made him an ~ he couldn't refuse je lui ai fait une offre qu'il ne pouvait pas refuser; special ~ offre spéciale; the house is under ~ on a a reçu une offre pour la maison; *see* USAGE *overleaf*.

◆ **on offer** *adv phr*: these goods are on ~ this week ces articles sont en promotion cette semaine; there aren't many jobs on ~ les offres d'emploi sont peu nombreuses.

◆ **offer up** *vt sep* [hymn, sacrifice] offrir.

**offering** ['ɒfərɪŋ] *n* **-1.** [action] offre *f*.**-2.** [thing offered] offre *f*, don *m*; his latest ~ is a novel set in Ireland *fig* le dernier roman qu'il nous propose se déroule en Irlande. **-3.** RELIG offrande *f*.

**offer price** *n* ST. EX cours *m* vendeur OR offert.

**offertory** ['ɒfətrɪ] (*pl* offertories) *n* **-1.** [prayers, ritual] offertoire *m*.**-2.** [collection] quête *f*.

**off-guard** *adj* [moment]: in an ~ moment dans un moment d'inattention.

◆ **off guard** *adv phr*: to catch OR to take sb off guard prendre qqn au dépourvu.

**offhand** [,ɒf'hænd] ◇ *adj* **-1.** [nonchalant] désinvolte, cavalier. **-2.** [abrupt] brusque. ◊ *adv* spontanément, au pied levé; ~ I'd say it'll take a week à première vue, je dirais que cela prendra une semaine; I can't give you the figures ~ je ne peux pas vous citer les chiffres de mémoire OR de tête.

**offhanded** [,ɒf'hændɪd] *adj* = **offhand** *adj*.

**offhandedly** [,ɒf'hændɪdlɪ] *adv* [nonchalantly] de façon désinvolte OR cavalière, avec désinvolture; [with abruptness] brusquement, sans ménagement.

**office** ['ɒfɪs] ◊ *n* **-1.** [of firm] bureau *m*; ~ space is cheaper in the suburbs les bureaux sont moins chers en banlieue ❏ doctor's ~ *Am* cabinet *m* médical; lawyer's ~ cabinet *m* d'avocat; ~ party *réception organisée dans un bureau à l'occasion des fêtes de fin d'année.* **-2.** [government department] bureau *m*, département *m*; the Office of Fair Trading *service britannique de la concurrence et des prix.* **-3.** [distribution point] bureau *m*, guichet *m.***-4.** [position, power] fonction *f*; to be in OR to hold ~ [political party] être au pouvoir; [mayor, minister, official] être en fonctions; to be out of ~ avoir quitté ses fonctions; to take ~ [political party] arriver au pouvoir; [mayor, minister, official] entrer en fonctions; to resign/to leave ~ se démettre de/quitter ses fonctions; to run for OR to seek ~ se présenter aux élections; elected to the ~ of president élu à la présidence. **-5.** RELIG office *m*. ◊ *comp* [furniture, job, staff] de bureau; during ~ hours pendant les heures de bureau; ~ work travail *m* de bureau; ~ worker employé *m* de bureau.
◆ **offices** *npl* **-1.** [help, actions]: I got the job through the (good) ~s of Mrs Katz j'ai obtenu ce travail grâce aux bons offices de Mme Katz. **-2.** *Br* [of large house, estate] office *m*.

**office automation** *n* bureautique *f*.

**office block** *n Br* immeuble *m* de bureaux.

**office boy** *n dated* garçon *m* de bureau.

**officeholder** ['ɒfɪs,həʊldəʳ] *n* **-1.** POL titulaire *mf* d'une fonction. **-2.** *Am* = **office bearer**.

**office junior** *n* stagiaire *mf* (*en secrétariat*).

**officer** ['ɒfɪsəʳ] ◊ *n* **-1.** MIL officier *m.***-2.** [policeman] agent *m* de police; [as form of address – to policeman] Monsieur l'agent; [– to policewoman] Madame l'agent. **-3.** [official – in local government] fonctionnaire *mf*; [– of trade union] représentant *m* permanent; [– of company] membre *m* de la direction; [– of association, institution] membre *m* du bureau; prison ~ gardien *m*, -enne *f* de prison. ◊ *vt* MIL encadrer.

**official** [ə'fɪʃl] ◊ *adj* **-1.** [formal] officiel; she's here on ~ business elle est ici en visite officielle; his appointment will be made ~ tomorrow sa nomination sera (rendue) officielle demain; we decided to make it ~ (and get married) nous avons décidé de rendre notre liaison officielle (en nous mariant); to go through the ~ channels suivre la filière (habituelle) ❏ ~ strike *grève soutenue par la direction du syndicat*; the Official Secrets Act *loi britannique sur le secret Défense.* **-2.** [alleged] officiel; the ~ reason for his visit is to discuss trade officiellement, il est là pour des discussions ayant trait au commerce. ◊ *n* [representative] officiel

*m*; [civil servant] fonctionnaire *mf*; [subordinate employee] employé *m*, -e *f*; SPORT [referee] arbitre *m*; a bank/club/union ~ un représentant de la banque/du club/du syndicat; a government ~ un haut fonctionnaire.

**officialdom** [ə'fɪʃəldəm] *n pej* bureaucratie *f*.

**officialese** [ə,fɪʃə'liːz] *n pej* jargon *m* administratif.

**officially** [ə'fɪʃəlɪ] *adv* **-1.** [formally] officiellement; he's now been ~ appointed sa nomination est désormais officielle. **-2.** [allegedly] théoriquement, en principe.

**Official Receiver** *n Br* ADMIN administrateur *m*, -trice *f* judiciaire; the ~ has been called in on a fait appel à l'administration judiciaire.

**officiate** [ə'fɪʃɪeɪt] *vi* **-1.** [gen]: she ~d at the ceremony elle a présidé la cérémonie; the mayor will ~ at the opening of the stadium le maire inaugurera le stade. **-2.** RELIG officier.

**officious** [ə'fɪʃəs] *adj* **-1.** [overbearing] impérieux, autoritaire; [interfering] importun; [zealous] zélé, empressé. **-2.** [in diplomacy – unofficial] officieux.

**offing** ['ɒfɪŋ] *n* **-1.** NAUT large *m.***-2.** *phr*: to be in the ~ être imminent, être dans l'air.

**off-key** ◊ *adj* **-1.** MUS faux (*f* fausse). **-2.** *fig* [remark] hors de propos, sans rapport. ◊ *adv* faux.

**off-licence** *n Br* **-1.** [shop] *magasin autorisé à vendre des boissons alcoolisées à emporter*; at the ~ chez le marchand de vins. **-2.** [licence] licence *f* (*autorisant la vente de boissons alcoolisées à emporter*).

**off-limits** ◊ *adj* interdit. ◊ *adv* en dehors des limites autorisées; to go ~ sortir des limites autorisées.

**off-line** *adj* **-1.** COMPUT [storage, processing] autonome; [equipment] hors-circuit. **-2.** INDUST [production] hors ligne.

**offload** [ɒf'ləʊd] *vt* **-1.** [unload – passengers] débarquer; [– cargo] décharger. **-2.** [dump – work, blame]: she tends to ~ responsibility onto other people elle a tendance à se décharger de ses responsabilités sur les autres.

**off-peak** *adj* [consumption, rate, train] aux heures creuses, en dehors des périodes d'affluence OR de pointe; ~ hours OR times heures *fpl* creuses.

**off-piste** *adj & adv* SPORT hors-piste.

**offprint** ['ɒfprɪnt] ◊ *n* tiré *m* à part. ◊ *vt*: to ~ an article faire un tiré à part.

**off-putting** [-pʊtɪŋ] *adj Br* [smell] repoussant; [manner] rébarbatif; [person, description] peu engageant; the idea of a five-hour stopover is very ~ l'idée d'une escale de cinq heures n'a rien d'enthousiasmant OR de rejouissant.

**off sales** *npl Br* vente à emporter de boissons alcoolisées.

**offscreen** [*adj* 'ɒfskriːn, *adv* ɒf'skriːn] CIN & TV ◊ *adj* [out of sight] hors champ, off. ◊ *adv* **-1.** CIN & TV hors champ, off. **-2.** [in private life] dans le privé; he's less handsome ~ il est moins séduisant dans la réalité.

**off-season** ◊ *n* morte-saison *f*. ◊ *adj* hors saison (*inv*).

**offset** ['ɒfset] (*pt & pp* offset, *cont* offsetting) ◊ *vt* **-1.** [make up for] contrebalancer, compenser; we'll have to ~ our re-

---

**USAGE ▶ Offers**

| Making an offer | Accepting an offer | Declining an offer |
|---|---|---|
| Est-ce que je peux vous aider à porter vos valises? | Si ça ne vous dérange pas, je veux bien, merci. | Non, merci, ce n'est pas la peine OR je vais y arriver tout seul. |
| Est-ce que je peux me rendre utile (d'une façon ou d'une autre)? | Eh bien, si vous voulez, vous pouvez finir de classer les rapports. | Merci mais il n'y a rien à faire./Eh bien non, je crois que tout est terminé. |
| Et si on s'en occupait, tes parents et moi? | D'accord, ça m'arrangerait./Formidable, ça m'arrange vraiment! | Non, non, ne vous inquiétez pas, je vais le faire moi-même. |
| Tu veux que je te donne un coup de main? [informal] | Ah oui, super, sinon je ne m'en sortirai jamais. [informal] | Tu plaisantes! C'est l'affaire de cinq minutes. [informal] |
| Ça vous dirait de venir prendre un verre avec nous? | Avec plaisir./Oui, pourquoi pas?/Oui, je veux bien. | Désolé, je ne peux pas ce soir./Ce serait avec plaisir, mais je suis pris. |
| Voulez-vous une autre bouteille de vin?/Est-ce que j'ouvre une autre bouteille de vin? | Excellente idée!/Ce n'est pas de refus./Oui, volontiers./Oui, mais seulement si vous m'accompagnez. | Non, merci, c'est très bien comme ça./Non merci, sans façon./Merci bien, mais je n'ai pas fini mon verre. |
| Tu peux t'installer à la maison pour quelque temps, si tu veux. | C'est vrai? Ça, c'est vraiment sympa! [informal] | C'est très gentil, mais je me suis arrangé autrement. |

search investment against long-term returns nous devons amortir notre investissement dans la recherche en faisant des bénéfices à long terme. **-2.** PRINT imprimer en offset. ◇ *n* **-1.** [counterbalance] contrepoids *m*; [compensation] compensation *f*.**-2.** PRINT offset *m*.**-3.** BOT [shoot] rejeton *m*.**-4.** CONSTR ressaut *m*.

**offshoot** ['ɒfʃuːt] *n* **-1.** [of organization, movement] ramification *f*; [spin-off] application *f* secondaire; *fig* [consequence] retombée *f*. **-2.** BOT rejeton *m*.

**offshore** ['ɒfʃɔːʳ] *adj* **-1.** [in or on sea] marin; [near shore – shipping, fishing, waters] côtier; [– island] près de la côte; PETR offshore *(inv)*, marin. **-2.** [towards open sea – current, direction] vers le large; [– wind] de terre. **-3.** FIN: ~ **fund** placement *m* dans un paradis fiscal.

**offside** [*adj* & *adv* ,ɒf'said, *n* 'ɒfsaid] ◇ *adj* & *adv* SPORT hors jeu *(inv)*; **to play the** ~ **trap** jouer le hors-jeu. ◇ *n Br* AUT [when driving on right] côté *m* gauche, côté *m* rue; [when driving on left] côté *m* droit, côté *m* rue.

**offspring** ['ɒfsprɪŋ] *(pl inv)* ◇ *n* **-1.** *arch* OR *hum* [son or daughter] rejeton *m*.**-2.** *fig* retombée *f*, conséquence *f*. ◇ *npl* [descendants] progéniture *f*.

**offstage** [*adv* ,ɒf'steidʒ, *adj* 'ɒf,steidʒ] ◇ *adv* **-1.** THEAT dans les coulisses; **she ran** ~ elle quitta la scène en courant. **-2.** [in private life] en privé. ◇ *adj* dans les coulisses.

**off-street** *adj*: ~ **parking place** *f* de parking *(située ailleurs que dans la rue)*.

**off-the-cuff** ◇ *adj* impromptu, improvisé. ◇ *adv* au pied levé, à l'improviste.

**off-the-peg** *adj* prêt à porter; ~ **clothes** prêt-à-porter *m*.
◆ **off the peg** *adv* en confection, en prêt-à-porter.

**off-the-wall** *adj inf* [crazy] loufoque, dingue; [unexpected] original, excentrique.

**off-white** ◇ *adj* blanc cassé *(inv)*. ◇ *n* blanc *m* cassé.

**Ofgas** ['ɒfgæs] *(abbr of* **Office of Gas Supply)** *pr n* organisme britannique chargé de contrôler les activités des compagnies régionales de distribution de gaz.

**Ofsted** ['ɒfsted] *(abbr of* **Office for Standards in Education)** *pr n* organisme britannique chargé de contrôler le système d'éducation nationale.

**oft** [ɒft] *adv lit* maintes fois, souvent.

**oft-** *in cpds*: ~quoted souvent cité.

**Oftel** ['ɒftel] *(abbr of* **Office of Telecommunications)** *pr n* organisme britannique chargé de contrôler les activités des sociétés de télécommunications.

**often** ['ɒfn, 'ɒftn] *adv* souvent; **how** ~ **do I have to tell you?** combien de fois faudra-t-il que je te le répète?; **how** ~ **does he write to you?** est-ce qu'il t'écrit souvent?; **she's said that once too** ~ elle l'a dit une fois de trop.
◆ **as often as not** *adv phr* la plupart du temps.
◆ **every so often** *adv phr* de temps en temps, de temps à autre.
◆ **more often than not** *adv phr* la plupart du temps.

**oftentimes** ['ɒfəntaimz], **ofttimes** ['ɒftaimz] *adv arch* souventes fois.

**Ofwat** ['ɒfwɒt] *(abbr of* **Office of Water Supply)** *pr n* organisme britannique chargé de contrôler les activités des compagnies régionales de distribution des eaux.

**ogive** ['əʊdʒaiv] *n* ARCHIT & MATH ogive *f*.

**ogle** ['əʊgl] *vt* lorgner.

**ogre** ['əʊgəʳ] *n* ogre *m*.

**oh** [əʊ] *interj* oh, ah; ~ **really?** vraiment?, ah bon?

**OH** *written abbr of* **Ohio.**

**Ohio** [əʊ'haiəʊ] *pr n* Ohio *m*; **in** ~ dans l'Ohio.

**ohm** [əʊm] *n* ohm *m*.

**OHMS** *(written abbr of* **On His/Her Majesty's Service)** tampon apposé sur le courrier administratif britannique.

**oho** [ə'həʊ] *interj* oh, ah.

**oil** [ɔil] ◇ *n* **-1.** [petroleum] pétrole *m*.**-2.** [in food, as lubricant] huile *f*; [as fuel] mazout *m*, fuel *m* OR fioul *m* domestique; **sardines in** ~ sardines *fpl* à l'huile; **to change the** ~ AUT faire la vidange □ ~ **of lavender/turpentine** essence *f* de lavande/de térébenthine; **to pour** ~ **on troubled waters** ramener le calme; **suntan** ~ huile *f* solaire. **-3.** ART [paint] peinture *f* à l') huile *f*; [picture] huile *f*; **she works in** ~s elle travaille avec de la peinture à l'huile. ◇ *comp* **-1.** [industry, production, cor-

poration] pétrolier; [drum, deposit, reserves] de pétrole; [magnate, sheikh] du pétrole. **-2.** [level, pressure] d'huile; [filter] à huile; [heating, burner] à mazout. ◇ *vt* [machine, engine] lubrifier, graisser; [hinge, wood] huiler; [skin] graisser, huiler.
◆ **oils** *npl* ST. EX (valeurs *fpl*) pétrolières *fpl*.

**oilcan** ['ɔilkæn] *n* [drum] bidon *m* d'huile; [oiler] burette *f* (à huile).

**oil change** *n* vidange *f*.

**oilcloth** ['ɔilklɒθ] *n* toile *f* cirée.

**oiled** [ɔild] *adj* **-1.** [machine] lubrifié, graissé; [hinge, silk] huilé. **-2.** *inf* [drunk]: **to be well** ~ être complètement bourré.

**oiler** ['ɔiləʳ] *n* **-1.** [person] graisseur *m*, -euse *f*.**-2.** [tanker] pétrolier *m*.**-3.** [can] burette *f* (à huile). **-4.** [well] puits *m* de pétrole.

**oilfield** ['ɔilfiːld] *n* gisement *m* de pétrole OR pétrolier.

**oil-fired** [-,faiəd] *adj* à mazout.

**oil gauge** *n* [for measuring level] jauge *f* OR indicateur *m* de niveau d'huile; [for measuring pressure] indicateur *m* de pression d'huile.

**oil lamp** *n* [burning oil] lampe *f* à huile; [burning paraffin] lampe *f* à pétrole.

**oilman** ['ɔilmən] *(pl* **oilmen** [-mən]) *n* pétrolier *m (personne)*.

**oil paint** *n* peinture *f* à l'huile *(substance)*.

**oil painting** *n* peinture *f* à l'huile.

**oil-producing** *adj* producteur de pétrole.

**oil refinery** *n* raffinerie *f* de pétrole.

**oil rig** *n* [onshore] derrick *m*; [offshore] plate-forme *f* pétrolière.

**oilskin** ['ɔilskin] ◇ *n* **-1.** [cloth] toile *f* cirée. **-2.** [garment] ciré *m*. ◇ *comp* en toile cirée.

**oil slick** *n* [on sea] nappe *f* de pétrole; [on beach] marée *f* noire.

**oil spill** *n* **-1.** [event] marée *f* noire. **-2.** = **oil slick**.

**oil stove** *n Br* [using fuel oil] poêle *m* à mazout; [using paraffin, kerosene] réchaud *m* à pétrole.

**oil tanker** *n* [ship] pétrolier *m*, tanker *m*; [lorry] camion-citerne *m (pour le pétrole)*.

**oil terminal** *n* terminal *m* (pétrolier).

**oil well** *n* puits *m* de pétrole.

**oily** ['ɔili] *(compar* **oilier,** *superl* **oiliest)** *adj* **-1.** [substance] huileux; [rag, fingers] graisseux; [cooking, hair, skin] gras *(f* grasse); **an** ~ **stain** une tache de graisse. **-2.** *pej* [smile, person] mielleux, doucereux.

**oink** [ɔiŋk] ◇ *n* grognement *m*. ◇ *onomat* krouik-krouik.

**ointment** ['ɔintmənt] *n* pommade *f*, onguent *m*.

**OK** [,əʊ'kei] *(pt* & *pp* **OKed,** [,əʊ'keid], *cont* **OKing** [,əʊ'keiiŋ]) ◇ *interj inf* OK, d'accord, d'ac; **well** ~, **I'm not a specialist, but... bon, d'accord, je ne suis pas spécialiste, mais...; in five minutes,** ~? dans cinq minutes, ça va? ◇ *adj inf*: **you look very pale, are you** ~? tu es très pâle, tu te sens bien?; **that idea sounds** ~ **to me** ça me semble être une bonne idée; **it's** ~ **but it could be better** ce n'est pas mal, mais ça pourrait être mieux; **I'll bring my husband if that's** ~ **with** OR **by you** je viendrai avec mon mari, si ça ne vous gêne pas; **thanks for your help — that's** ~! merci de votre aide — de rien! OR il n'y a pas de quoi!; **he's** ~, **he's an** ~ **guy** c'est un type sympa. ◇ *adv inf* bien; **is the engine working** ~? le moteur, ça va?; **everything is going** ~ tout marche bien OR va bien; **you're doing** ~! tu t'en tires bien! ◇ *vt inf* [approve] approuver; [initial] parafer, parapher. ◇ *n inf* [agreement] accord *m*; [approval] approbation *f*; **I gave him the** ~ je lui ai donné le feu vert. ◇ *written abbr of* **Oklahoma**.

**okapi** [əʊ'kɑːpi] *(pl inv* OR **okapis)** *n* okapi *m*.

**okay** [,əʊ'kei] = **OK**.

**okeydoke(y)** [,əʊki'dəʊk(i)] *interj inf* d'ac, OK.

**Oklahoma** [,əʊklə'həʊmə] *pr n* Oklahoma *m*; **in** ~ dans l'Oklahoma.

**okra** ['əʊkrə] *n* gombo *m*.

**ol'** [əʊl] *inf* = **old** *adj*.

**old** [əʊld] *(compar* **older,** *superl* **oldest)** ◇ *adj* **-1.** [not new or recent] vieux, *before vowel or silent 'h'* vieil (*f* vieille); **they're** ~ **friends** ce sont de vieux amis OR des amis de longue date. **-2.** [not young] vieux, *before vowel or silent 'h'* vieil (*f* vieille); **an**

~ man un vieil homme; an ~ woman une vieille femme; ~ people personnes *fpl* âgées; to get OR grow ~ vieillir; who will look after me in my ~ age? qui s'occupera de moi quand je serai vieux?; I've got a little money put aside for my ~ age j'ai quelques économies de côté pour mes vieux jours ❑ ~ people's home maison *f* de retraite. **-3.** [referring to a particular age]: how ~ is she? quel âge a-t-elle?; to be ~ enough to do sthg être en âge de faire qqch; she's ~ enough to know better elle ne devrait plus faire ce genre de chose à son âge; he's ~ enough to look after himself il est (bien) assez grand pour se débrouiller tout seul; he's ~ enough to be my father! il pourrait être mon père!; she's two years ~er than him elle a deux ans de plus que lui; my boy wants to be a soldier when he's ~er mon fils veut être soldat quand il sera grand; the ~er generation la vieille génération; my ~er sister ma sœur aînée; she's 6 months/25 years ~ elle a 6 mois/25 ans, elle est âgée de 6 mois/25 ans; they have a 14-year-~ boy ils ont un garçon de 14 ans. **-4.** [former] ancien; an ~ admirer of hers un de ses anciens admirateurs ❑ in the ~ days autrefois, jadis; the good ~ days le bon vieux temps. **-5.** *inf* [expressing familiarity or affection] vieux, *before vowel or silent 'h'* vieil (*f* vieille), brave. **-6.** *inf* [as intensifier]: it's a funny ~ life! la vie est drôle, quand même!; silly ~ bat espèce de vieille folle!; any ~ bit of wood will do n'importe quel vieux bout de bois fera l'affaire; any ~ how n'importe comment.
◇ *npl*: the ~ les vieux *mpl*.
◆ **of old** *adv phr* **-1.** *lit* [of former times]: in days of ~ autrefois, jadis. **-2.** [for a long time]: I know them of ~ je les connais depuis longtemps.

**old age pension** *n Br* (pension *f* de) retraite *f*.

**old age pensioner** *n Br* retraité *m*, -e *f*.

**Old Bailey** *pr n*: the ~ *la Cour d'assises de Londres*.

**Old Bill**▽ *npl Br*: the ~ les flics *mpl*.

**old boy** *n Br* **-1.** [ex-pupil of school] ancien élève *m*. **-2.** *inf* [old man] vieux *m*. **-3.** *inf & dated* [form of address] mon vieux.

**old boy network** *n Br inf* contacts privilégiés entre anciens élèves d'un même établissement privé.

**olde** [əuld, 'əuldɪ] *adj* [in name of inn, shop] d'antan, d'autrefois.

**olden** ['əuldn] *adj arch* OR *lit* d'autrefois, d'antan; in ~ times OR days autrefois, jadis.

**Old English** *n* vieil anglais *m*.

**Old English sheepdog** *n* bobtail *m*.

**olde-worlde** [,əuldɪ'wɜ:ldɪ] *Br* = **old-world** 1.

**old-fashioned** [-'fæʃnd] ◇ *adj* **-1.** [out-of-date] suranné, désuet (*f* -ète); [idea] périmé, démodé; he's a bit ~ il est un peu vieux jeu. **-2.** [of the past] d'autrefois, ancien; he needs a good ~ kick in the pants *inf & hum* ce qu'il lui faudrait, c'est un bon coup de pied aux fesses. **-3.** [quizzical]: to give sb an ~ look jeter un regard dubitatif à qqn.
◇ *n Am* old-fashioned *m* (*cocktail au whisky*).

**old flame** *n* ancien béguin *m*.

**old girl** *n Br* **-1.** [ex-pupil] ancienne élève *f*. **-2.** *inf* [old woman] vieille *f*. **-3.** *inf & dated* [form of address] ma chère, chère amie.

**Old Glory** *pr n Am* surnom du drapeau américain.

**old guard** *n* vieille garde *f*.

**old hand** *n* vieux routier *m*, vétéran *m*; he's an ~ at flying these planes cela fait des années qu'il pilote ces avions.

**old hat** *adj inf* dépassé, vieux, *before vowel or silent 'h'* vieil (*f* vieille).

**oldie** ['əuldɪ] *n inf* **-1.** [show, song] vieux succès *m*; [pop song] vieux tube *m*. **-2.** [old person] (petit) vieux *m*, (petite) vieille *f*.

**old lady** *inf* = **old woman** 1, 2.

**old maid** *n* vieille fille *f*.

**old man** *n inf* **-1.** [husband] homme *m*. **-2.** [father] vieux *m*. **-3.** *Br dated* [form of address] mon cher, cher ami.

**old master** *n* [painter] grand maître *m* (de la peinture); [painting] tableau *m* de maître.

**Old Nick** *pr n* Satan *m*, Lucifer *m*.

**old school** *n*: of the ~ de la vieille école.

**old school tie** *n Br* **-1.** *literal* cravate *f* aux couleurs de son ancienne école. **-2.** *fig & pej* attitudes et système de valeurs typiques des anciens élèves des écoles privées britanniques.

**old stager** *n* vieux routier *m*, vétéran *m*.

**Old Testament** *n* Ancien Testament *m*.

**old-time** *adj* d'autrefois, ancien.

**old-timer** *n Am inf* [old person] vieillard *m*, ancien *m*, -enne *f*; [veteran] vétéran *m*, vieux *m* de la vieille.

**old wives' tale** *n* conte *m* de bonne femme.

**old woman** *n inf* **-1.** [wife] patronne *f*, bourgeoise *f*. **-2.** [mother] vieille *f*. **-3.** *fig & pej*: he's such an ~ il est comme une petite vieille.

**old-world** *adj* **-1.** [of the past] d'antan, d'autrefois; [quaint] pittoresque. **-2.** [of the Old World] de l'Ancien Monde OR Continent.

**Old World** *pr n*: the ~ l'Ancien Monde.

**ole** [əul] *inf* = **old** *adj*.

**oleander** [,əulɪ'ændə] *n* laurier-rose *m*.

**O level** *n Br* SCH *examen qui sanctionnait autrefois la fin des études au niveau de la seconde*, ≃ BEPC *m*.

**olfactory** [ɒl'fæktərɪ] *adj* olfactif.

**oligarchical** [,ɒlɪ'gɑːkɪkl] *adj* oligarchique.

**oligarchy** ['ɒlɪgɑːkɪ] (*pl* **oligarchies**) *n* oligarchie *f*.

**olive** ['ɒlɪv] ◇ *n* [fruit] olive *f*; [tree] olivier *m*; ~ (wood) (bois *m* d') olivier *m*; ~ grove olivaie *f*, oliveraie *f*. ◇ *adj* [colour] (vert) olive (*inv*); he has an ~ complexion il a le teint olive.

**olive branch** *n* rameau *m* d'olivier; to hold out an ~ to sb proposer à qqn de faire la paix.

**olive drab** *Am* ◇ *adj* gris-vert (olive) (*inv*). ◇ *n* [colour] gris-vert *m* (olive); [cloth] toile *f* gris-vert (olive); [uniform] uniforme *m* gris-vert (*surtout celui de l'armée des États-Unis*).

**olive green** *n* vert *m* olive.

◆ **olive-green** *adj* vert olive (*inv*).

**olive oil** *n* huile *f* d'olive.

**Olympia** [ə'lɪmpɪə] *pr n* Olympie.

**Olympiad** [ə'lɪmpɪæd] *n* olympiade *f*.

**Olympian** [ə'lɪmpɪən] ◇ *n* **-1.** MYTH Olympien *m*, -enne *f*. **-2.** *Am* SPORT athlète *mf* olympique. ◇ *adj* olympien; it was an ~ task *fig* cela représentait un travail phénoménal.

**Olympic** [ə'lɪmpɪk] *adj* olympique; the ~ Games les jeux Olympiques.

◆ **Olympics** *npl*: the ~s les jeux Olympiques.

**Olympus** [ə'lɪmpəs] *pr n*: (Mount) ~ l'Olympe *m*.

**Oman** [əu'mɑːn] *pr n* Oman; in ~ à Oman.

**Omani** [əu'mɑːnɪ] ◇ *n* Omanais *m*, -e *f*. ◇ *adj* omanais.

**ombudsman** ['ɒmbudzmən] (*pl* **ombudsmen** [-mən]) *n* ombudsman *m*, médiateur *m*; [in Quebec] protecteur *m* du citoyen.

**ombudswoman** ['ɒmbudz,wumən] (*pl* **ombudswomen** [-,wɪmɪn]) *n* médiatrice *f*; [in Quebec] protectrice *f* du citoyen.

**omega** ['əumɪgə] *n* oméga *m*.

**omelette** *Br*, **omelet** *Am* ['ɒmlɪt] *n* omelette *f*; plain/mushroom ~ omelette nature/aux champignons ❑ you can't make an ~ without breaking eggs *prov* on ne fait pas d'omelette sans casser d'œufs *prov*.

**omen** ['əumen] *n* augure *m*, présage *m*; a good/bad ~ un bon/mauvais présage; the ~s aren't good cela ne laisse rien présager de bon.

**ominous** ['ɒmɪnəs] *adj* [threatening] menaçant, inquiétant; [boding ill] de mauvais augure, de sinistre présage; an ~ silence un silence lourd de menaces; ~ black clouds des nuages menaçants.

**ominously** ['ɒmɪnəslɪ] *adv* de façon inquiétante OR menaçante; the sea was ~ calm la mer était étrangement calme.

**omission** [ə'mɪʃn] *n* **-1.** [exclusion – accidental] omission *f*, oubli *m*; [– deliberate] exclusion *f*; their mistakes were sins of ~ ils ont péché par omission. **-2.** TYPO bourdon *m*.

**omit** [ə'mɪt] (*pt & pp* **omitted**, *cont* **omitting**) *vt* omettre; a name was omitted from the list un nom a été omis sur la liste; to ~ to do sthg omettre de faire qqch.

**omnibus** ['ɒmnɪbəs] ◇ *n* **-1.** *dated* [bus] omnibus *m*. **-2.** RADIO & TV *rediffusion en continu des épisodes d'un feuilleton*. ◇ *adj Br* [edition] complet (*f* -ète).

**omnipotence** [ɒm'nɪpətəns] *n* omnipotence *f*.

**omnipotent** [ɒm'nɪpətənt] ◇ *adj* omnipotent, tout-puissant. ◇ *n*: the Omnipotent le Tout-Puissant.

**omnipresence** [,ɒmnɪ'prezəns] *n* omniprésence *f*.

**omnipresent** [,ɒmnɪ'prezənt] *adj* omniprésent.

**omniscience** [ɒm'nɪsɪəns] *n* omniscience *f*.

**omniscient** [ɒm'nɪsɪənt] *adj* omniscient.

**omnivorous** [ɒm'nɪvərəs] *adj* ZOOL omnivore; *fig* insatiable, avide.

**Omov, OMOV** ['əʊmɒv] (*abbr of* **one man one vote**) *n* système de scrutin «un homme, une voix».

**on** [ɒn] ◇ *prep* **A. -1.** [specifying position] sur; **on the floor** par terre; **on the ceiling** au plafond; **a coat was hanging on the hook** un manteau était accroché à la patère; **on the left/right** à gauche/droite. **-2.** [indicating writing or painting surface] sur. **-3.** [indicating general location, area]: **he works on a building site** il travaille sur un chantier; **they live on a farm** ils habitent une ferme. **-4.** [indicating part of body touched] sur. **-5.** [close to]: **the village is right on the lake/sea** le village est juste au bord du lac/de la mer. **-6.** [indicating movement, direction]: **the mirror fell on the floor** la glace est tombée par terre; **they marched on the capital** ils marchèrent sur la capitale.
**B. -1.** [indicating thing carried] sur; **I only had £10 on me** je n'avais que 10 livres sur moi; **she's got a gun on her** elle est armée. **-2.** [indicating facial expression]: **he had a scornful smile on his face** il affichait un sourire plein de mépris.
**C. -1.** [indicating purpose of money, time, effort spent] sur; **she spent £1,000 on her new stereo** elle a dépensé 1 000 livres pour acheter sa nouvelle chaîne hi-fi; **what are you working on at the moment?** sur quoi travaillez-vous en ce moment? **-2.** [indicating activity undertaken]: **he's off on a trip to Brazil** il part pour un voyage au Brésil; **she was sent on a course** on l'a envoyée suivre des cours; **he's on lunch** *Am* /**a break** *Am* il est en train de déjeuner/faire la pause. **-3.** [indicating special interest, pursuit]: **he's good on modern history** il excelle en histoire moderne; **she's very big on equal opportunities** l'égalité des chances, c'est son cheval de bataille. **-4.** [indicating scale of activity]: **on a large/small scale** sur une grande/petite échelle. **-5.** [compared with] par rapport à; **it's an improvement on the old system** c'est une amélioration par rapport à l'ancien système.
**D. -1.** [about, on the subject of] sur; **we all agree on that point** nous sommes tous d'accord sur ce point. **-2.** [indicating person, thing affected] sur; **it has no effect on them** cela n'a aucun effet sur eux; **he has survived two attempts on his life** il a échappé à deux tentatives d'assassinat; **it's unfair on women** c'est injuste envers les femmes; **the joke's on you!** c'est toi qui as l'air ridicule! **-3.** [indicating cause of injury]: **I cut my finger on a piece of glass** je me suis coupé le doigt sur un morceau de verre. **-4.** [according to] selon; **everyone will be judged on their merits** chacun sera jugé selon ses mérites. **-5.** [indicating reason, motive for action]: **on impulse** sur un coup de tête; **I shall refuse on principle** je refuserai par principe. **-6.** [included in, forming part of]: **your name isn't on the list** votre nom n'est pas sur la liste; **on the agenda** à l'ordre du jour. **-7.** [indicating method, system]: **they work on a rota system** ils travaillent par roulement; **reorganized on a more rational basis** réorganisé sur une base plus rationnelle. **-8.** [indicating means of transport]: **on foot/horseback** à pied/cheval; **on the bus/train** dans le bus/train; **she arrived on the midday bus/train** elle est arrivée par le bus/train de midi. **-9.** [indicating instrument played]: **who's on guitar/on drums?** qui est à la guitare/à la batterie? **-10.** RADIO, TV & THEAT: **I heard it on the radio/on television** je l'ai entendu à la radio/à la télévision; **what's on the other channel** OR **side?** qu'est-ce qu'il y a sur l'autre chaîne?; **on stage** sur scène. **-11.** [indicating where information is stored]: **on file** sur fichier.
**E.** [indicating date, time etc]: **on the 6th of July** le 6 juillet; **I'll see her on Monday** je la vois lundi; **I don't work on Mondays** je ne travaille pas le lundi; **on time** à l'heure; **it's just on five o'clock** il est cinq heures pile.
**F. -1.** [indicating source of payment]: **have a drink on me** prenez un verre, c'est moi qui offre; **the drinks are on me/the house!** c'est ma tournée/la tournée du patron!; **you can get it on the National Health** ≃ c'est remboursé par la Sécurité sociale. **-2.** [indicating source or amount of income]: **they're on the dole** *inf* OR **on unemployment benefit** ils vivent du chômage OR des allocations de chômage. **-3.** [indicating source of power]: **it works on electricity** ça marche à l'électricité. **-4.** [indicating source of nourishment] de; **we dined on oysters and champagne** nous avons dîné d'huîtres et de champagne. **-5.** [indicating drugs, medicine prescribed]: **is she on the pill?** est-ce qu'elle prend la pilule?; **I'm still on antibiotics** je suis toujours sous antibiotiques; **the doctor put her on tranquillizers** le médecin lui a prescrit des tranquillisants. **-6.** [at the same time as] à; **he'll deal with it on his return** il s'en occupera à son retour; **looters will be shot on sight** les pillards seront abattus sans sommation ‖ [with present participle] en; **on hearing the news** en apprenant la nouvelle.
◇ *adv* **-1.** [in place]: **put the top back on afterwards** remets le capuchon ensuite. **-2.** [referring to clothes]: **why have you got your gloves on?** pourquoi as-tu mis tes gants?; **he's got nothing on** il est nu. **-3.** [indicating continued action]: **to read on** continuer à lire; **the car drove on** la voiture ne s'est pas arrêtée; **earlier/later/further on** plus tôt/tard/loin. **-4.** [indicating activity]: **I've got a lot on this week** je suis très occupé cette semaine; **have you got anything on tonight?** tu fais quelque chose ce soir?; **what's on at the cinema?** qu'est-ce qui passe au cinéma? **-5.** [functioning, running]: **put** OR **turn on switch the television on** allume la télévision; **the car had its headlights on** les phares de la voiture étaient allumés. **-6.** *inf phr*: **to be** OR **go on about sthg** parler de qqch sans arrêt; **he's on about his new car again** le voilà reparti sur sa nouvelle voiture; **what's she on about?** qu'est-ce qu'elle raconte?; **to be** OR **go on at sb (about sthg)**: **my parents are always on at me about my hair** mes parents n'arrêtent pas de m'embêter avec mes cheveux.
◇ *adj* **-1.** [working – electricity, light, radio, TV] allumé; [– gas, tap] ouvert; [– engine, machine] en marche; [– handbrake] serré; **the radio was on very loud** la radio hurlait; **make sure the switches are in the "on" position** vérifiez que les interrupteurs sont sur (la position) «marche»; **the "on" button** le bouton de mise en marche. **-2.** [happening, under way]: **there's a conference on next week** il y a une conférence la semaine prochaine; **the match is still on** [on TV] le match n'est pas terminé; [going ahead] le match n'a pas été annulé; **it's on at the local cinema** ça passe au cinéma du quartier; **your favourite TV programme is on tonight** il y a ton émission préférée à la télé ce soir; **is our deal still on?** est-ce que notre affaire tient toujours?; **the kettle's on for tea** j'ai mis de l'eau à chauffer pour le thé. **-3.** *inf* [acceptable]: **such behaviour just isn't on!** une telle conduite est tout à fait inadmissible! **-4.** *inf* [in agreement]: **are you still on for dinner tonight?** ça marche toujours pour le dîner de ce soir?; **shall we say £10?** — **you're on!** disons 10 livres? — d'accord OR tope là!
◆ **on and off** *adv phr*: **we went out together on and off for a year** on a eu une relation irrégulière pendant un an.
◆ **on and on** *adv phr* sans arrêt; **he goes on and on about his minor ailments** il nous rebat les oreilles avec ses petits problèmes de santé.

**ON** *written abbr of* Ontario.

**onanism** ['əʊnənɪzm] *n* onanisme *m*.

**ONC** (*abbr of* **Ordinary National Certificate**) *n* brevet de technicien en Grande-Bretagne.

**once** [wʌns] ◇ *adv* **-1.** [on a single occasion] une fois; **I've been there** ~ **before** j'y suis déjà allé une fois; ~ **or twice** une ou deux fois; **I see her** ~ **every three months** je la vois tous les trois mois ❏ ~ **in a while** occasionnellement, une fois de temps en temps; ~ **more** OR **again** encore une fois, une fois de plus; **I'll try anything** ~ il faut bien tout essayer. **-2.** [formerly] jadis, autrefois; ~ **upon a time there was...** il était une fois... ◇ *predet*: ~ **a month/year** une fois par mois/an. ◇ *conj* une fois que, dès que; **it'll be easy** ~ **we've started** une fois qu'on aura commencé, ce sera facile; **give me a call** ~ **you get there** passe-moi un coup de fil quand tu arrives. ◇ *n*: (just) **this** ~ (juste) pour cette fois-ci, (juste) pour une fois; **she did it just the** ~ elle ne l'a fait qu'une seule fois.
◆ **at once** *adv phr* **-1.** [at the same time] à la fois, en même temps. **-2.** [immediately] tout de suite.
◆ **once and for all** *adv phr* une fois pour toutes.

**once-over** *n inf* **-1.** [glance] coup *m* d'œil; **I gave the morning paper the** ~ j'ai jeté un coup d'œil sur le journal du matin; **I could see her giving me the** ~ je la voyais des pieds à la tête. **-2.** [clean]: **give the stairs/the**

bookcase a quick ~ passe un coup dans l'escalier/sur la bibliothèque. **-3.** [beating] raclée f.

**oncologist** [ɒŋ'kɒlədʒɪst] n oncologue mf, oncologiste mf.

**oncology** [ɒŋ'kɒlədʒi] n oncologie f.

**oncoming** ['ɒn,kʌmɪŋ] ◇ adj **-1.** [traffic, vehicle] venant en sens inverse. **-2.** [year, season] qui arrive, qui approche. ◇ n approche f.

**OND** (abbr of **Ordinary National Diploma**) n brevet de technicien supérieur en Grande-Bretagne.

**one** [wʌn] ◇ det **-1.** (as numeral) [in expressions of age, date, measurement etc] un m, une f; ~ and a half kilos un kilo et demi; ~ thousand mille; at ~ o'clock à une heure; he'll be ~ (year old) in June il aura un an en juin; on page ~ [of book] (à la) page un; [of newspaper] à la une ❏ ~ or two [a few] un/une ou deux. **-2.** [referring to a single object or person] un m, une f; only ~ answer is correct il n'y a qu'une seule bonne réponse; at any ~ time au même moment; ~ car looks much like another to me pour moi, toutes les voitures se ressemblent. **-3.** [only, single] seul, unique; the ~ woman who knows la seule femme qui soit au courant; no ~ man should have that responsibility c'est trop de responsabilité pour un seul homme. **-4.** [same] même; the two wanted men are in fact ~ and the same person les deux hommes recherchés sont en fait une seule et même personne. **-5.** [instead of 'a']: if there's ~ thing I hate it's rudeness s'il y a une chose que je n'aime pas, c'est la grossièreté; for ~ thing it's too late d'abord, c'est trop tard. **-6.** [a certain]: I was introduced to ~ Ian Bell on m'a présenté un certain Ian Bell. **-7.** [indicating indefinite time]: early ~ morning un matin de bonne heure. **-8.** inf [as intensifier]: the room was ~ big mess il y avait une de ces pagailles dans la pièce!; it's been ~ hell of a day! quelle journée! ◇ pron **A. -1.** [person, thing]: which ~ lequel m, laquelle f; this ~ celui-ci m, celle-ci f; the other ~ l'autre mf; the right ~ le bon, la bonne; the wrong ~ le mauvais, la mauvaise; which dog? — the ~ that's barking quel chien? — celui qui aboie; he's the ~ who did it c'est lui qui l'a fait; ~ of my colleagues is sick (l') un/(l') une de mes collègues est malade; she's ~ of us elle est des nôtres; I've only got ~ je n'en ai qu'un/qu'une; have you seen ~? en avez-vous vu un/une?; ~ or other l'un d'eux, l'une d'elles; ~ after the other l'un/l'une après l'autre; she's eaten all the ripe ~s elle a mangé tous ceux qui étaient mûrs/toutes celles qui étaient mûres; the mother and her little ~s la mère et ses petits ❏ she's a right ~ he is! inf lui alors!; I'm not much of a ~ OR I'm not a great ~ for cheese inf je ne raffole pas du fromage; she's a great ~ for computers c'est une mordue d'informatique; I'm not ~ to gossip but... je ne suis pas du genre commère mais...; ~ and all tous (sans exception); to get ~ over on sb inf avoir l'avantage sur qqn. **-2.** [joke, story, question etc]: have you heard the ~ about the two postmen? tu connais celle des deux facteurs?; that's a good ~! elle est bien bonne celle-là!; that's an easy ~ c'est facile. **-3.** inf [drink]: to have ~ too many boire un verre de trop. **-4.** inf [blow]: to hit OR thump OR belt sb ~ en mettre une à qqn.
**B. -1.** fml [as subject] on; [as object or after preposition] vous; ~ can only do ~'s OR Am his best on fait ce qu'on peut; it certainly makes ~ think ça fait réfléchir, c'est sûr. **-2.** [with infinitive forms]: to wash ~'s hands se laver les mains; to put ~'s hands in ~'s pockets mettre ses OR les mains dans les poches; see also **five**.
◆ **at one** adv phr fml: to be at ~ with sb/sthg être en harmonie avec qqn/qqch.
◆ **for one** adv phr: I for ~ am disappointed pour ma part, je suis déçu; I know that Eric for ~ is against it je sais qu'Éric est contre en tout cas.
◆ **in one** adv phr **-1.** [combined]: all in ~ à la fois; a useful three-in-~ kitchen knife un couteau de cuisine très utile avec ses trois fonctions. **-2.** [at one attempt] du premier coup; he did it in ~ il l'a fait en un seul coup; got it in ~! inf du premier coup!
◆ **in ones and twos** adv phr: they arrived in ~s and twos ils arrivèrent les uns après les autres; people stood around in ~s and twos les gens se tenaient là par petits groupes.
◆ **one another** pron phr l'un l'autre m, l'une l'autre f, les uns les autres mpl, les unes les autres fpl; they didn't dare talk to ~ another ils n'ont pas osé se parler; we love ~ another

nous nous aimons; the group meet in ~ another's homes le groupe se réunit chez l'un ou chez l'autre; they respect ~ another [two people] ils ont du respect l'un pour l'autre; [more than two people] ils se respectent les uns les autres.
◆ **one by one** adv phr un par un, une par une.

**one-act** adj: ~ play pièce f en un (seul) acte.

**one-armed** adj manchot (d'un bras); a ~ man un manchot.

**one-armed bandit** n machine f à sous.

**one-dimensional** adj unidimensionnel.

**one-eyed** adj borgne.

**one-handed** ◇ adj [shot, catch] fait d'une (seule) main; [tool] utilisable d'une seule main. ◇ adv d'une (seule) main.

**one-horse** adj **-1.** [carriage] à un cheval. **-2.** phr: a ~ town inf un (vrai) trou, un bled paumé.

**one-legged** adj unijambiste; a ~ man un unijambiste.

**one-liner** n [quip] bon mot m; there are some great ~s in the film il y a de très bonnes répliques dans ce film.

**one-man** adj [vehicle, canoe] monoplace; [task] pour un seul homme; [expedition] en solitaire; ~ show [by artist] exposition f individuelle; [by performer] spectacle m solo, one-man-show m inv.

**one-man band** n homme-orchestre m; the company is very much a ~ fig c'est une seule personne qui fait marcher cette entreprise.

**oneness** ['wʌnnɪs] n **-1.** [singleness] unité f; [uniqueness] unicité f. **-2.** [agreement] accord m. **-3.** [wholeness] intégrité f. **-4.** [sameness] identité f.

**one-night stand** n **-1.** MUS & THEAT représentation f unique. **-2.** inf [brief affair] aventure f (sans lendemain).

**one-off** ◇ adj unique; he wants a ~ payment il veut être payé en une seule fois; I'll do it if it's a ~ job je veux bien le faire mais seulement à titre exceptionnel. ◇ n [original]: it's a ~ [object] c'est unique; [situation] c'est exceptionnel.

**one-on-one** Am = **one-to-one**.

**one-parent** adj: ~ family famille f monoparentale.

**one-party** adj POL à parti unique.

**one-piece** ◇ adj une pièce (inv). ◇ n vêtement m une pièce.

**one-room** adj à une (seule) pièce.

**onerous** ['ɒnərəs] adj fml lourd, pénible.

**oneself** [wʌn'self] pron **-1.** [reflexive] se, s' (before vowel or silent 'h'); [after preposition] soi, soi-même; [emphatic] soi-même; to wash ~ se laver; to be pleased with ~ être content de soi OR soi-même. **-2.** [one's normal self] soi-même. **-3.** phr: to be (all) by ~ être tout seul.

**one-shot** Am inf = **one-off** adj.

**one-sided** adj **-1.** [unequal] inégal; conversations with him tend to be pretty ~ avec lui, ce n'est pas une conversation, il n'y a que lui qui parle. **-2.** [biased] partial. **-3.** [unilateral] unilatéral.

**one-stop** adj [shop, service] où l'on trouve tout ce dont on a besoin.

**one-time** adj ancien.

**one-to-one** adj **-1.** [discussion, meeting] seul à seul, en tête-à-tête; ~ tuition cours mpl particuliers. **-2.** [comparison, relationship] terme à terme, biunivoque MATH.

**one-track** adj **-1.** RAIL à voie unique. **-2.** phr: he's got a ~ mind inf [thinks only of one thing] c'est une obsession chez lui; [thinks only of sex] il ne pense qu'à ça.

**one-up** (pt & pp one-upped, cont one-upping) ◇ adj: we're ~ on our competitors nous avons pris l'avantage sur nos concurrents. ◇ vt Am inf marquer un point sur.

**one-upmanship** [-'ʌpmənʃɪp] n comportement d'une personne qui ne supporte pas de voir d'autres faire mieux qu'elle; it's pure ~ on her part elle veut uniquement prouver qu'elle est la meilleure.

**one-way** adj **-1.** [street] à sens unique; [traffic] en sens unique; he went the wrong way up a ~ street il a pris un sens interdit. **-2.** [ticket] simple; a ~ ticket to Rome un aller simple pour Rome. **-3.** [mirror] sans tain. **-4.** [reaction, current] irréversible; [decision] unilatéral. **-5.** [relationship, feeling] à sens unique.

**ongoing** ['ɒn,gəʊɪŋ] adj [continuing] continu; [current, in progress] en cours.

**onion** ['ʌnjən] n oignon m; ~ **soup** soupe f à l'oignon.

**onion dome** n ARCHIT bulbe m (byzantin).

**on-line** adj & adv COMPUT en ligne.

**onlooker** ['ɒn,lʊkəʳ] n [during event] spectateur m, -trice f; [after accident] badaud m, -e f, curieux m, -euse f.

**only** ['əʊnlɪ] ⋄ adj seul, unique; he's/she's an ~ child il est fils/elle est fille unique; she was the ~ woman there c'était la seule femme; her ~ answer was to shrug her shoulders pour toute réponse, elle a haussé les épaules; the ~ thing is, I won't be there le seul problème, c'est que je ne serai pas là; her one and ~ friend son seul et unique ami; the one and ~ Billy Shears! le seul, l'unique Billy Shears!
⋄ adv **-1.** [exclusively] seulement; there are ~ two people I trust il n'y a que deux personnes en qui j'aie confiance; 'staff ~' 'réservé au personnel'. **-2.** [just, merely]: he's ~ a child! ce n'est qu'un enfant!; it's ~ me! c'est moi!; go on, ask him, he can ~ say no vas-y, demande-lui, ce qui peut t'arriver de pire c'est qu'il refuse; it's ~ natural she should want to see him c'est tout naturel qu'elle veuille le voir; I ~ hope we're not too late j'espère seulement que nous n'arrivons pas trop tard; you ~ have to look at him to see he's guilty il suffit de le regarder pour voir qu'il est coupable ❑ you're ~ young once il faut profiter de sa jeunesse. **-3.** [to emphasize smallness of amount, number etc] ne... que; it ~ cost me £5 ça ne m'a coûté que 5 livres. **-4.** [to emphasize recentness of event]: it seems like ~ yesterday c'est comme si c'était hier; I ~ found out this morning je ne l'ai appris ça que ce matin. **-5.** [with infinitive]: I awoke ~ to find he was gone à mon réveil, il était parti.
⋄ conj inf **-1.** [but, except] mais. **-2.** [were it not for the fact that] mais, seulement.
◆ **not only** conj phr: not ~... but also non seulement... mais aussi.
◆ **only if, only... if** conj phr seulement si; he'll ~ agree if the money's good enough il n'acceptera que si on lui propose assez d'argent.
◆ **only just** adv phr **-1.** [not long before]: I've ~ just woken up je viens (tout) juste de me réveiller. **-2.** [barely] tout juste; I ~ just finished in time je n'ai fini qu'au dernier moment; did she win? — yes, but ~ just a-t-elle gagné? — oui, mais de justesse; I've ~ just got enough j'en ai tout juste assez.
◆ **only too** adv phr: I was ~ too aware of my own shortcomings je n'étais que trop conscient de mes propres imperfections; I remember her ~ too well je ne risque pas de l'oublier.

**o.n.o.** (abbr of **or near/nearest offer**) adv Br: £100 ~ 100 livres à débattre.

**on-off** adj **-1.** ELEC: ~ **button** bouton m de marche-arrêt. **-2.** [intermittent]: they have a very ~ relationship ils ont une relation très peu suivie.

**onomastics** [,ɒnə'mæstɪks] n (U) onomastique f.

**onomatopoeia** ['ɒnə,mætə'piːə] n onomatopée f.

**onomatopoeic** ['ɒnə,mætə'piːɪk], **onomatopoetic** ['ɒnə,mætəpəʊ'etɪk] adj onomatopéique.

**onrush** ['ɒn,rʌʃ] n [of attackers, army] attaque f, assaut m; [of emotion, tears] crue f; [of anger] accès m.

**on-screen** adj & adv COMPUT à l'écran.

**onset** ['ɒn,set] n **-1.** [assault] attaque f, assaut m. **-2.** [beginning] début m, commencement m.

**onshore** ['ɒn'ʃɔːr] adj **-1.** [on land] sur terre, terrestre; ~ **oil production** production f pétrolière à terre. **-2.** [moving towards land]: ~ **wind** vent m de mer.

**onside** [,ɒn'saɪd] adj & adv SPORT qui n'est pas hors jeu OR en position de hors-jeu.

**on-site** adj sur place.

**onslaught** ['ɒn,slɔːt] n attaque f, assaut m; the opposition's ~ on government policy l'attaque violente de l'opposition contre la politique du gouvernement.

**onstage** ['ɒnsteɪdʒ] adj & adv sur scène.

**Ont.** written abbr of **Ontario**.

**Ontario** [ɒn'teərɪəʊ] pr n Ontario m; in ~ dans l'Ontario; Lake ~ le lac Ontario.

**on-the-job** adj [training] en entreprise; [experience] sur le tas.

**onto** ['ɒntuː] prep **-1.** [gen] sur; let's move ~ the next point passons au point suivant; get ~ the bus montez dans le bus. **-2.** [indicating discovery]: let's just hope the authorities don't get ~ us espérons qu'on ne sera pas découverts par les autorités; we're ~ something big nous sommes sur le point de faire une importante découverte. **-3.** [in contact with]: you should get ~ head office about this vous devriez contacter le siège à ce sujet.

**ontological** [,ɒntə'lɒdʒɪkl] adj ontologique.

**ontology** [ɒn'tɒlədʒɪ] n ontologie f.

**onus** ['əʊnəs] n [responsibility] responsabilité f; [burden] charge f; the ~ is on you to make good the damage c'est à vous qu'il incombe de réparer les dégâts.

**onward** ['ɒnwəd] ⋄ adj: the ~ journey la suite du voyage; there is an ~ flight to Chicago il y a une correspondance pour Chicago. ⋄ adv Am = **onwards**. ⋄ interj en avant.

**onwards** ['ɒnwədz] adv [forwards] en avant; [further on] plus loin; to go ~ avancer; a trip to Europe, and ~ into Asia un voyage en Europe, qui se poursuit en Asie.
◆ **from... onwards** adv phr à partir de; from her childhood ~ dès OR depuis son enfance; from then ~ à partir de ce moment-là.

**onyx** ['ɒnɪks] ⋄ n onyx m. ⋄ comp en onyx, d'onyx.

**oodles** ['uːdlz] npl inf des masses fpl, des tas mpl.

**ooh** [uː] ⋄ interj oh! ⋄ vi: they were all ~ing and aahing over her baby ils poussaient tous des cris d'admiration devant son bébé.

**oompah** ['uːmpɑː] n flonflon m.

**oomph** [ʊmf] n inf **-1.** [energy] punch. **-2.** [sex appeal] sex-appeal m.

**oops** [ʊps, uːps], **oops-a-daisy** [,ʊpsə'deɪzɪ] interj inf oh la la!

**ooze** [uːz] ⋄ vi suinter; blood ~d from the wound du sang coulait de la blessure. ⋄ vt: the walls ~ moisture l'humidité suinte des murs; she ~s good health fig elle respire la bonne santé. ⋄ n boue f, vase f.

**op** [ɒp] ⋄ (abbr of **operation**) n inf MED & MIL opération f.

**op.** (written abbr of **opus**) op.

**opal** ['əʊpl] ⋄ n opale f. ⋄ comp [brooch, ring] en opale.

**opalescence** [,əʊpə'lesns] n opalescence f.

**opalescent** [,əʊpə'lesnt] adj opalescent lit, opalin.

**opaque** [əʊ'peɪk] adj **-1.** literal opaque. **-2.** fig [text] inintelligible, obscur; [person] stupide.

**OPEC** ['əʊpek] (abbr of **Organization of Petroleum Exporting Countries**) pr n OPEP f; the ~ countries les pays membres de l'OPEP.

**open** ['əʊpn] ⋄ adj **-1.** [not shut – window, cupboard, suitcase, jar, box, sore, valve] ouvert; her eyes were slightly ~/wide ~ ses yeux étaient entrouverts/grands ouverts; he kicked the door ~ il a ouvert la porte d'un coup de pied; the panels slide ~ les panneaux s'ouvrent en coulissant; there's a bottle already ~ in the fridge il y a une bouteille entamée dans le frigo. **-2.** [not fastened – coat, fly, packet] ouvert; his shirt was ~ to the waist sa chemise était ouverte OR déboutonnée jusqu'à la ceinture; the wrapping had been torn ~ l'emballage avait été arraché OR déchiré. **-3.** [spread apart, unfolded – arms, book, magazine, umbrella] ouvert; [– newspaper] ouvert, déplié; [– legs, knees] écarté; the book lay ~ at page six le livre était ouvert à la page six; I dropped the coin into his ~ hand OR palm j'ai laissé tomber la pièce de monnaie dans le creux de sa main; he ran into my ~ arms il s'est précipité dans mes bras. **-4.** [for business] ouvert; are you ~ on Saturdays? ouvrez-vous le samedi?; we're ~ for business as usual nous sommes ouverts comme à l'habitude. **-5.** [not covered – carriage, wagon, bus] découvert; [– car] décapoté; [– grave] ouvert; [– boat] ouvert, non ponté; [– courtyard, sewer] à ciel ouvert. **-6.** [not enclosed – hillside, plain]: the shelter was ~ on three sides l'abri était ouvert sur trois côtés; the hill was ~ to the elements la colline était exposée à tous les éléments; our neighbourhood lacks ~ space notre quartier manque d'espaces verts; the wide ~ spaces of Texas les grands espaces du Texas; they were attacked in ~ country ils ont été attaqués en rase campagne; ahead lay a vast stretch of ~ water au loin s'étendait une vaste étendue d'eau; in the ~ air en plein air; he took to the ~ road il a pris la route; the ~ sea la haute mer, le large. **-7.** [unobstructed – road, passage] dégagé; [– mountain pass] ouvert, praticable; [– waterway] ouvert à la navigation; [~view] dégagé; **only one lane on the bridge is** ~ il n'y a qu'une voie ouverte à la circulation sur le pont. **-8.** [unoccupied, available – job] vacant; [~period of time] libre; **I'll keep this Friday** ~ **for you** je vous réserverai ce vendredi; **she likes to keep her weekends** ~ elle préfère ne pas faire de projets pour le week-end; **it's the only course of action** ~ **to us** c'est la seule chose que nous puissions faire; **he wants to keep his options** ~ il ne veut pas s'engager. **-9.** [unrestricted – competition] ouvert (à tous); [~meeting, trial] public; [~society] ouvert, démocratique; **club membership is** ~ **to anyone** aucune condition particulière n'est requise pour devenir membre du club; **there are few positions of responsibility** ~ **to immigrants** les immigrés ont rarement accès aux postes de responsabilité; **the field is wide** ~ **for someone with your talents** pour quelqu'un d'aussi doué que vous, ce domaine offre des possibilités quasi illimitées; **to extend an** ~ **invitation to sb** inviter qqn à venir chez soi quand il le souhaite ❏ ~ **classroom** scol classe *f* primaire à activités libres; **they have an** ~ **marriage** ils forment un couple très libre; ~ **primary** pol *(élection) primaire américaine ouverte aux non-inscrits d'un parti*; ~ **ticket** billet *m* open; ~ **tournament** sport (tournoi *m*) open *m*. **-10.** [unprotected, unguarded – flank, fire] ouvert; [~ wiring] non protégé; ~ **city** mil & pol ville *f* ouverte; **he missed an** ~ **goal** sport il n'y avait pas de défenseurs, et il a raté le but; **to lay o.s.** ~ **to criticism** prêter le flanc à la critique. **-11.** [undecided – question] non résolu, non tranché; **the election is still wide** ~ l'élection n'est pas encore jouée; **I prefer to leave the matter** ~ je préfère laisser cette question en suspens; **he wanted to leave the date** ~ il n'a pas voulu fixer de date. **-12.** [liable]: **his speech is** ~ **to misunderstanding** son discours peut prêter à confusion; **the prices are not** ~ **to negotiation** les prix ne sont pas négociables. **-13.** [receptive]: **to be** ~ **to suggestions** être ouvert aux suggestions; **I don't want to go but I'm** ~ **to persuasion** je ne veux pas y aller mais je pourrais me laisser persuader; **I try to keep an** ~ **mind about such things** j'essaie de ne pas avoir de préjugés sur ces questions. **-14.** [candid – person, smile, countenance] ouvert, franc (*f* franche); [~ discussion] franc (*f* franche). **-15.** [blatant – contempt, criticism] ouvert; [~ attempt] non dissimulé; [~ scandal] public; [~ rivalry] déclaré; **they acted in** ~ **violation of the treaty** ce qu'ils ont fait constitue une violation flagrante du traité; **it's an** ~ **admission of guilt** cela équivaut à un aveu. **-16.** [loose – weave] lâche; ~ **mesh** mailles *fpl* lâches; ~ **pattern** motif *m* aéré. **-17.** ling [vowel, syllable] ouvert. **-18.** elec [circuit] ouvert. **-19.** *Br* fin [cheque] non barré. **-20.** mus [string] à vide. ◇ *vt* **-1.** [window, lock, shop, eyes, border] ouvrir; [wound] rouvrir; [bottle, can] ouvrir, déboucher; [wine] déboucher; **she ~ed her eyes very wide** elle ouvrit grand les yeux, elle écarquilla les yeux ‖ *fig*: **to** ~ **one's heart to sb** se confier à qqn. **-2.** [unfasten – coat, envelope, gift, collar] ouvrir. **-3.** [unfold, spread apart – book, umbrella, penknife, arms, hand] ouvrir; [~ newspaper] ouvrir, déplier; [~ legs, knees] écarter. **-4.** [pierce – hole] percer; [~ breach] ouvrir; [~ way, passage] ouvrir, frayer; **the agreement ~s the way for peace** l'accord va mener à la paix. **-5.** [start – campaign, discussion, account, trial] ouvrir, commencer; [~ negotiations] ouvrir, engager; [~ conversation] engager, entamer; **to** ~ **fire (on** or **at sb)** ouvrir le feu (sur qqn); **to** ~ **the betting** [in poker] lancer les enchères. **-6.** [set up – shop, business] ouvrir; [inaugurate – hospital, airport, library] ouvrir, inaugurer. **-7.** [clear, unblock – road, lane, passage] dégager; [~ mountain pass] ouvrir. ◇ *vi* **-1.** [door, window] (s') ouvrir; [suitcase, valve, padlock, eyes] s'ouvrir; **the window ~s outwards** la fenêtre (s') ouvre vers l'extérieur; ~ **wide!** ouvrez grand!; **to** ~, **press down and twist** pour ouvrir, appuyez et tournez; **both rooms** ~ **onto the corridor** les deux chambres donnent or ouvrent sur le couloir; **the heavens ~ed and we got drenched** *fig* il s'est mis à tomber des trombes d'eau et on s'est fait tremper. **-2.** [unfold, spread apart – book, umbrella, parachute] s'ouvrir; [~ bud, leaf] s'ouvrir, s'épanouir. **-3.** [gape – chasm] s'ouvrir. **-4.** [for business] ouvrir; **what time do you** ~ **on Sundays?** à quelle heure ouvrez-vous le dimanche? **-5.** [start – campaign, meeting, discussion, concert, play, story] commencer; **the hunting season ~s in** September la chasse ouvre en septembre; **she ~ed with a statement of the association's goals** elle commença par une présentation des buts de l'association; **the film ~s next**

week **le film sort la semaine prochaine; when are you ~ing?** theat quand aura lieu la première?; **the Dow Jones ~ed at 2461** le Dow Jones a ouvert à 2461. ◇ *n* **-1.** [outdoors, open air]: **(out) in the** ~ [gen] en plein air, dehors; [in countryside] au grand air; **to sleep in the** ~ dormir à la belle étoile. **-2.** [public eye]: **to bring sthg (out) into the** ~ exposer or étaler qqch au grand jour; **the riot brought the instability of the regime out into the** ~ l'émeute a révélé l'instabilité du régime; **the conflict finally came out into the** ~ le conflit a finalement éclaté au grand jour. **-3.** sport: **the British Open** l'open *m* or le tournoi open de Grande-Bretagne.

◆ **open out** ◇ *vi insep* **-1.** [unfold – bud, petals] s'ouvrir, s'épanouir; [~ parachute] s'ouvrir; [~ sail] se gonfler; **the sofa ~s out into a bed** le canapé est convertible en lit; **the doors** ~ **out onto a terrace** les portes donnent or s'ouvrent sur une terrasse. **-2.** [lie – vista, valley] s'étendre, s'ouvrir; **miles of wheatfields ~ed out before us** des champs de blé s'étendaient devant nous à perte de vue. **-3.** [widen – path, stream] s'élargir; **the trail finally ~s out onto a plateau** la piste débouche sur un plateau. ◇ *vt sep* [unfold – newspaper, deck chair, fan] ouvrir.

◆ **open up** ◇ *vi insep* **-1.** [unlock the door] ouvrir; ~ **up or I'll call the police!** ouvrez, sinon j'appelle la police!; ~ **up in there!** ouvrez, là-dedans! **-2.** [become available – possibility] s'ouvrir; **we may have a position ~ing up in May** il se peut que nous ayons un poste disponible en mai. **-3.** [for business – shop, branch etc] (s') ouvrir. **-4.** [start firing – guns] faire feu, tirer; [~ troops, person] ouvrir le feu, se mettre à tirer. **-5.** [become less reserved – person] s'ouvrir; [~ discussion] s'animer; **he needs to** ~ **up about his feelings** il a besoin de dire ce qu'il a sur le cœur or de s'épancher. **-6.** [become interesting] devenir intéressant; **the game ~ed up in the last half** le match est devenu plus ouvert après la mi-temps. ◇ *vt sep* **-1.** [crate, gift, bag, tomb] ouvrir. **-2.** [for business] ouvrir; **he wants to** ~ **up a travel agency** il veut ouvrir une agence de voyages. **-3.** [for development – isolated region] désenclaver; [~ quarry, oilfield] ouvrir, commencer l'exploitation de; [~ new markets] ouvrir; **a discovery which ~s up new fields of research** une découverte qui crée de nouveaux domaines de recherche; **the policy ~ed up possibilities for closer cooperation** la politique a créé les conditions d'une coopération plus étroite. **-4.** *inf* [accelerate]: **he ~ed it** or **her up** il a accéléré à fond.

**open-air** *adj* [market, concert] en plein air; [sports] de plein air; ~ **swimming pool** piscine *f* découverte; ~ **museum** écomusée *m*.

**open-and-shut** *adj* [choice] simple, évident; **it's an** ~ **case** la solution est évidente or ne fait pas l'ombre d'un doute.

**opencast** ['əʊpnkɑːst] *adj Br* min à ciel ouvert.

**open day** *n Br* journée *f* portes ouvertes.

**open-door** *adj* [policy] de la porte ouverte.

**open-ended** [-'endɪd] *adj* [flexible – offer] flexible; [~ plan] modifiable; [~ question] ouvert; **an** ~ **discussion** une discussion libre; ~ **contract** contrat *m* à durée indéterminée.

**opener** ['əʊpnə<sup>r</sup>] *n* **-1.** [tool] outil *m* or dispositif *m* servant à ouvrir; [for cans] ouvre-boîtes *m inv*. **-2.** [person – in cards, games] ouvreur *m*, -euse *f*. **-3.** [first song, act etc] lever *m* de rideau; **she chose her latest hit single as an** ~ **for the show** elle a choisi son dernier tube pour ouvrir le spectacle. **-4.** *phr*: **for ~s** *Br inf* pour commencer; **I'm sacking the whole staff, and that's just for ~s** je licencie toute l'équipe et ce n'est qu'un début.

**open-faced** *adj Am*: ~ **sandwich** [gen] tartine *f*; [cocktail food] canapé *m*.

**open-handed** *adj* généreux.

**open-hearted** [-'hɑːtɪd] *adj* **-1.** [candid] franc (*f* franche), sincère. **-2.** [kind] bon, qui a bon cœur.

**open-hearth** *adj* metall: ~ **furnace** four *m* Martin; ~ **process** procédé *m* Martin.

**open-heart surgery** *n* chirurgie *f* à cœur ouvert.

**open house** *n* **-1.** *Am* = **open day**. **-2.** *Am* [party] grande fête *f*. **-3.** *phr*: **to keep** ~ *Br* tenir table ouverte.

**opening** ['əʊpnɪŋ] ◇ *adj* [part, chapter] premier; [day, hours] d'ouverture; [ceremony] d'ouverture, d'inauguration; [remark] préliminaire, préalable; **the play's** ~ **scene** le début de la pièce; ~ **prices** st. ex prix *mpl* à l'ouverture ❏ ~ **gambit**

CHESS gambit *m*; *fig* premier pas *m*. ◇ *n* **-1.** [act of opening] ouverture *f*; at the play's New York ~ lors de la première de la pièce à New York. **-2.** [gap, hole, entrance] ouverture *f*; an ~ in the clouds une trouée OR une percée dans les nuages. **-3.** *Am* = **clearing 1. -4.** [start, first part] ouverture *f*, début *m*. **-5.** [opportunity – gen] occasion *f*; [– for employment] débouché *m*; her remarks about the company gave me the ~ I needed ses observations au sujet de l'entreprise m'ont fourni le prétexte dont j'avais besoin; there's an ~ with Smith & Co il y a un poste vacant chez Smith & Co.

**opening night** *n* THEAT première *f*.

**opening time** *n* COMM heure *f* d'ouverture.

**open letter** *n* lettre *f* ouverte.

**openly** ['əupənlı] *adv* visiblement; drugs are on sale ~ la drogue est en vente libre; to weep ~ pleurer sans retenue.

**open market** *n* marché *m* libre.

**open-minded** *adj* [receptive] ouvert (d'esprit); [unprejudiced] sans préjugés; my parents are pretty ~ about mixed marriages mes parents n'ont aucun a priori contre les mariages mixtes.

**open-mouthed** [-'mauðd] ◇ *adj* [person] stupéfait, interdit; he was sitting there in ~ astonishment il était assis là, béant d'étonnement. ◇ *adv*: to watch ~ regarder bouche bée.

**open-neck(ed)** *adj* à col ouvert.

**openness** ['əupənnıs] *n* **-1.** [candidness] franchise *f*; [receptivity] ouverture *f*; I admire her for her ~ ce que j'admire chez elle, c'est qu'elle est très ouverte. **-2.** [spaciousness] largeur *f*.

**open-plan** *adj* ARCHIT [design, house] à plan ouvert, sans cloisons; ~ kitchen cuisine *f* américaine; ~ office bureau *m* paysager.

**open prison** *n* prison *f* ouverte.

**open sandwich** *n* [gen] tartine *f*; [cocktail food] canapé *m*.

**open season** *n* saison *f*; the ~ for hunting la saison de la chasse.

**open secret** *n* Br secret *m* de Polichinelle.

**open sesame** ◇ *interj*: ~! sésame, ouvre-toi! ◇ *n* Br [means to success] sésame *m*; good A level results aren't necessarily an ~ to university de bons résultats aux A levels n'ouvrent pas forcément la porte de l'université.

**open shop** *n* INDUST Br [open to non-union members] *entreprise ne pratiquant pas le monopole d'embauche.*

**Open University** *n* Br ≃ Université *f* ouverte à tous (pratiquant le télé-enseignement).

**open verdict** *n* JUR verdict *m* de décès sans cause déterminée.

**opera** ['ɒpərə] ◇ *fml pl*→ **opus.** ◇ *n* **-1.** [musical play] opéra *m*. **-2.** [art of opera] opéra *m*; ~ singer chanteur *m*, -euse *f* d'opéra. **-3.** [opera house] opéra *m*.

**operable** ['ɒprəbl] *adj* MED opérable.

**opera glasses** *n pl* jumelles *fpl* de théâtre.

**operagoer** ['ɒprə,gəuə*r*] *n* amateur *m* d'opéra.

**opera hat** *n* Br gibus *m*, (chapeau *m*) claque *m*.

**opera house** *n* (théâtre *m* de l') opéra *m*.

**operand** ['ɒpərænd] *n* opérande *m*.

**operate** ['ɒpəreıt] ◇ *vt* **-1.** [machine, device] faire fonctionner, faire marcher; is it possible to ~ the radio off the mains? peut-on brancher cette radio sur le secteur?; this clock is battery-~d cette horloge fonctionne avec des piles; a circuit-breaker ~s the safety mechanism un disjoncteur actionne OR déclenche le système de sécurité. **-2.** [business] gérer, diriger; [mine] exploiter; [drug ring] contrôler; they ~ a system of rent rebates for poorer families ils ont un système de loyers modérés pour les familles les plus démunies. ◇ *vi* **-1.** [machine, device] marcher, fonctionner; [system, process, network] fonctionner; the factory is operating at full capacity l'usine tourne à plein rendement. **-2.** MED opérer; to ~ on sb (for sthg) opérer qqn (de qqch). **-3.** [be active] opérer; the company ~s out of Chicago le siège de la société est à Chicago. **-4.** [produce an effect] opérer, agir; the drug ~s on the nervous system le médicament agit sur le système nerveux; two elements ~ in our favour deux éléments jouent en notre faveur ‖ [be operative] s'appliquer.

**operatic** [,ɒpə'rætık] *adj* d'opéra; ~ repertoire/role répertoire/rôle lyrique.

**operating** ['ɒpəreıtıŋ] *adj* [costs, methods etc] d'exploitation; the factory has reached full ~ capacity l'usine a atteint sa pleine capacité de production ❑ ~ instructions mode *m* d'emploi.

**operating room** *n* Am salle *f* d'opération.

**operating system** *n* COMPUT système *m* d'exploitation.

**operating table** *n* table *f* d'opération.

**operating theatre** *n* Br salle *f* d'opération.

**operation** [,ɒpə'reıʃn] *n* **-1.** [functioning – of machine, device] fonctionnement *m*, marche *f*; [– of process, system] fonctionnement *m*; [– of drug, market force] action *f*; to be in ~ [machine, train service] être en service; [firm, group, criminal] être en activité; [law] être en vigueur; the plant is in ~ round the clock l'usine fonctionne 24 heures sur 24; to put into ~ [machine, train service] mettre en service; [plan] mettre en application OR en œuvre; [law] faire entrer en vigueur; to come into ~ [machine, train service] entrer en service; [law] entrer en vigueur. **-2.** [running, management – of firm] gestion *f*; [– of mine] exploitation *f*; [– of process, system] application *f*; [of machine] fonctionnement *m*. **-3.** [act, activity, deal etc] opération *f*; a police/rescue ~ une opération de police/de sauvetage ‖ MIL opération *f*. **-4.** [company] entreprise *f*, société *f*. **-5.** MED opération *f*, intervention *f*; she had an ~ for cancer elle s'est fait opérer d'un cancer; he had a heart ~ il a subi une opération OR il a été opéré du cœur; to perform an ~ réaliser une intervention. **-6.** COMPUT & MATH opération *f*.

**operational** [,ɒpə'reıʃənl] *adj* **-1.** [MIL & gen] opérationnel; ~ costs frais *mpl* opérationnels; COMM frais *mpl* d'exploitation. **-2.** [equipment, engine, system] opérationnel; as soon as the engine is ~ dès que le moteur sera en état de marche; ~ difficulties difficultés d'ordre pratique; we have an ~ malfunction nous avons un problème de fonctionnement.

**operations room** *n* base *f* d'opérations.

**operative** ['ɒprətıv] ◇ *adj* **-1.** [law] en vigueur; to become ~ entrer en vigueur, prendre effet. **-2.** [operational – system, scheme, skill] opérationnel. **-3.** MED opératoire. **-4.** *phr*: the ~ word le mot qui convient. ◇ *n* **-1.** opérateur *m*, -trice *f*; machine ~ conducteur *m*, -trice *f* de machine; textile ~ ouvrier *m*, -ère *f* du textile. **-2.** *Am* [secret agent] agent *m* secret; [detective] (détective *m*) privé *m*.

**operator** ['ɒpəreıtə*r*] *n* **-1.** [technician] opérateur *m*, -trice *f*; radio ~ radio *mf*. **-2.** TELEC opérateur *m*, -trice *f*. **-3.** COMM OR *pej* [director] directeur *m*, -trice *f*, dirigeant *m*, -e *f*; [organizer] organisateur *m*, -trice *f*; he's a smooth ~ *inf* il sait s'y prendre OR se débrouiller, c'est un petit malin. **-4.** MATH opérateur *m*. **-5.** *Am* [in bus] machiniste *mf*.

**operetta** [,ɒpə'retə] *n* opérette *f*.

**ophthalmic** [ɒf'θælmık] *adj* ANAT [nerve] ophtalmique; MED [surgery] ophtalmologique.

**ophthalmic optician** *n* opticien *m*, -enne *f* (optométriste).

**ophthalmologist** [,ɒfθæl'mɒlədʒıst] *n* oculiste *mf*, ophtalmologiste *mf*, ophtalmologue *mf*.

**ophthalmology** [,ɒfθæl'mɒlədʒı] *n* ophtalmologie *f*.

**ophthalmoscope** [ɒf'θælməskəup] *n* ophtalmoscope *m*.

**opiate** ['əupıət] ◇ *adj* opiacé. ◇ *n* opiacé *m*.

**opine** [əu'paın] *vt fml* OR *lit* (faire) remarquer.

**opinion** [ə'pınjən] *n* **-1.** [estimation] opinion *f*, avis *m*; [viewpoint] point *m* de vue; in my ~ à mon avis; I am of the ~ that we should wait je suis d'avis que l'on attende; what is your ~ on OR about the elections? que pensez-vous des élections?; my personal ~ is that... je suis d'avis que..., pour ma part, je pense que...; to have a good/bad ~ of sthg avoir une bonne/mauvaise opinion de qqch; to have a rather low ~ of him je n'ai pas beaucoup d'estime pour lui; he has too high an ~ of himself il a une trop haute opinion de lui-même. **-2.** [conviction, belief] opinion *f*; world/international ~ l'opinion mondiale/internationale; a matter of ~ une affaire d'opinion ‖ JUR avis *m*; it is the ~ of the court that... la cour est d'avis que... ❑ **public** ~ is against them ils ont l'opinion publique contre eux. **-3.** [advice] opinion *f*, avis *m*; a medical/legal ~ un avis médical/juridique; *see* USAGE *overleaf.*

**opinionated** [ə'pınjəneıtıd] *adj pej* borné, têtu.

**opinion poll** *n* sondage *m* d'opinion.

**opium** ['əʊpjəm] *n* opium *m*; ~ **addict** opiomane *mf*; ~ **addiction** opiomanie *f*.

**opium den** *n* fumerie *f* d'opium.

**opossum** [ə'pɒsəm] (*pl inv* OR **opossums**) *n* opossum *m*.

**opponent** [ə'pəʊnənt] ◇ *n* -**1.** [gen, POL & SPORT] adversaire *mf*; [rival] rival *m*, -e *f*; [competitor] concurrent *m*, -e *f*; [in debate] adversaire *mf*; **political** ~ [democratic] adversaire politique; [of regime] opposant *m*, -e *f* politique; **she has always been an** ~ **of blood sports** elle a toujours été contre les sports sanguinaires. -**2.** ANAT antagoniste *m*. ◇ *adj* ANAT [muscle] antagoniste.

**opportune** ['ɒpətjuːn] *adj fml* -**1.** [coming at the right time] opportun. -**2.** [suitable for a particular purpose] propice; **the** ~ **moment** le moment opportun OR propice; **this seems an** ~ **moment to break for coffee** le moment semble propice pour faire une pause-café.

**opportunism** [,ɒpə'tjuːnɪzm] *n* opportunisme *m*.

**opportunist** [,ɒpə'tjuːnɪst] ◇ *adj* opportuniste. ◇ *n* opportuniste *mf*.

**opportunistic** [,ɒpətjuː'nɪstɪk] *adj* opportuniste.

**opportunity** [,ɒpə'tjuːnətɪ] (*pl* **opportunities**) *n* -**1.** [chance] occasion *f*; **to have an** ~ **to do** OR **of doing sthg** avoir l'occasion de faire qqch; **if ever you get the** ~ si jamais vous en avez l'occasion; **to give sb an** ~ **of doing sthg** OR **the** ~ **to do sthg** donner à qqn l'occasion de faire qqch; **I took every** ~ **of travelling** je n'ai manqué aucune occasion de OR j'ai saisi toutes les occasions de voyager; **you missed a golden** ~ vous avez manqué OR laissé passer une occasion en or; **I'll leave at the first** OR **earliest** ~ je partirai à la première occasion OR dès que l'occasion se présentera; **at every** ~ à la moindre occasion. -**2.** [prospect] perspective *f*; **job opportunities** perspectives d'emploi.

**opportunity cost** *n* ECON coût *m* d'opportunité OR de renoncement.

**opposable** [ə'pəʊzəbl] *adj* opposable.

**oppose** [ə'pəʊz] *vt* -**1.** [decision, plan, bill etc] s'opposer à, être hostile à; [verbally] parler contre. -**2.** [in contest, fight] s'opposer à; [combat] combattre. -**3.** [contrast] opposer.

**opposed** [ə'pəʊzd] *adj* opposé, hostile; **to be** ~ **to sthg** être opposé OR hostile à qqch; **his views are diametrically** ~ **to mine** il a des idées radicalement opposées aux miennes.

♦ **as opposed to** *prep phr* par opposition à, plutôt que.

**opposing** [ə'pəʊzɪŋ] *adj* -**1.** [army, team] adverse; [factions] qui s'opposent; [party, minority] d'opposition; **they're on** ~ **sides** ils sont adversaires, ils ne sont pas du même côté. -**2.** [contrasting – views] opposé, qui s'oppose.

**opposite** ['ɒpəzɪt] ◇ *adj* -**1.** [facing] d'en face, opposé; **the** ~ **side of the road** l'autre côté de la rue; 'see illustration on ~ **page**' 'voir illustration ci-contre'. -**2.** [opposing – direction, position] inverse, opposé; [rival – team] adverse; **the letterbox is at the** ~ **end of the street** la boîte à lettres se trouve à l'autre bout de la rue. -**3.** [conflicting – attitude, character,

opinion] contraire, opposé; **his words had just the** ~ **effect** ses paroles eurent exactement l'effet contraire. -**4.** BOT opposé. -**5.** MATH opposé.

◇ *adv* en face; **the houses** ~ les maisons d'en face; **the lady** ~ la dame qui habite en face.

◇ *prep* -**1.** en face de; **he lives** ~ **us** il habite en face de chez nous; **our houses are** ~ **each other** nos maisons se font face OR sont en face l'une de l'autre; **they sat** ~ **each other** ils étaient assis l'un en face de l'autre. -**2.** CIN & THEAT: **to play** ~ **sb** donner la réplique à qqn; **she played** ~ **Richard Burton in many films** elle fut la partenaire de Richard Burton dans de nombreux films. -**3.** NAUT en face de, à la hauteur de.

◇ *n* opposé *m*, contraire *m*; **she always does the** ~ **of what she's told** elle fait toujours le contraire de ce qu'on lui dit de faire; **Mary is the complete** ~ **of her sister** Mary est tout à fait l'opposé de sa sœur.

**opposite number** *n* homologue *mf*.

**opposite sex** *n* sexe *m* opposé.

**opposition** [,ɒpə'zɪʃn] *n* -**1.** [physical] opposition *f*, résistance *f*; **the army met with fierce** ~ l'armée se heurta à une vive résistance; **the besieged city put up little** ~ la ville assiégea n'opposa guère de résistance ‖ [moral] opposition *f*; **in** ~ **to** en opposition avec; **the plans met with some** ~ les projets suscitèrent une certaine opposition OR hostilité. -**2.** POL: **the** ~ l'opposition *f*; **Labour spent the 1980s in** ~ les travaillistes furent dans l'opposition pendant toutes les années 80 ❑ **the Opposition benches** les bancs *mpl* de l'opposition. -**3.** [rivals] adversaires *mpl*; SPORT adversaires *mpl*; COMM concurrents *mpl*, concurrence *f*. -**4.** [contrast] (mise *f* en) opposition *f*. ◇ *comp* [committee, spokesperson etc] de l'opposition.

**oppress** [ə'pres] *vt* -**1.** [tyrannize] opprimer. -**2.** *lit* [torment – subj: anxiety, atmosphere] accabler, oppresser.

**oppressed** [ə'prest] *npl*: **the** ~ les opprimés *mpl*.

**oppression** [ə'preʃn] *n* -**1.** [persecution] oppression *f*. -**2.** [sadness] angoisse *f*, malaise *m*.

**oppressive** [ə'presɪv] *adj* -**1.** POL [regime, government] oppressif, tyrannique; [law, tax] oppressif. -**2.** [hard to bear – debt, situation] accablant. -**3.** [weather] lourd, étouffant; **the heat was** ~ il faisait une chaleur accablante.

**oppressively** [ə'presɪvlɪ] *adv* d'une manière oppressante OR accablante; **it was** ~ **hot** il faisait une chaleur étouffante OR accablante.

**oppressor** [ə'presər] *n* oppresseur *m*.

**opprobrious** [ə'prəʊbrɪəs] *adj fml* -**1.** [scornful] méprisant. -**2.** [shameful] honteux, scandaleux.

**opprobrium** [ə'prəʊbrɪəm] *n fml* opprobre *m*.

**opt** [ɒpt] *vi*: **to** ~ **for sthg** opter pour qqch, choisir qqch; **she** ~**ed to study maths** elle a choisi d'étudier les maths.

♦ **opt out** *vi insep* -**1.** [gen] se désengager, retirer sa participation; **to** ~ **out of society** rejeter la société; **many** ~**ed out of joining the union** beaucoup ont choisi de ne pas adhérer

---

**USAGE ▶** Opinions

### Giving one's opinion

▷ *written/spoken:*

Selon moi, OR Pour moi, OR À mon avis,...
Personnellement, je pense OR je crois que...
Je suis d'avis qu'il faudrait leur accorder un délai.
En ce qui me concerne, je pense que...
Il me semble que...
J'estime que...
J'ai le sentiment OR l'impression que...

▷ *spoken:*

Si tu veux (vraiment) savoir ce que j'en pense, c'est une escroquerie.
Tu veux (connaître) mon avis? Eh bien, je crois que...
Pour être tout à fait honnête OR franc, je pense que...
Franchement OR Honnêtement, je trouve que...
Moi, je dirais que...
Mon avis vaut ce qu'il vaut, mais...

### Asking for someone's opinion

Qu'en pensez-vous, Sophie?
Et toi, Michel, qu'est-ce que tu en penses?/à ton avis?
J'aimerais connaître ton sentiment sur ce point. [formal]

▷ *in a meeting:*

Quelqu'un souhaite-t-il s'exprimer à ce sujet?
Avez-vous des commentaires ou des remarques à faire?
Rien à ajouter?

### Avoiding giving an opinion

Je préférerais ne pas me prononcer/ne rien dire.
Je ne tiens pas à en parler.
Je n'ai rien à dire à ce sujet.
Je n'y ai jamais vraiment réfléchi.
C'est difficile à dire.
Je ne sais pas trop.
Aucune idée! [informal]

au syndicat. **-2.** POL [school, hospital] *choisir l'autonomie vis-à-vis des pouvoirs publics.*

**optic** ['ɒptɪk] *adj* optique.

**optical** ['ɒptɪkl] *adj* [lens] optique; [instrument] optique.

**optical character reader** *n* lecteur *m* optique de caractères.

**optical character recognition** *n* reconnaissance *f* optique de caractères.

**optical fibre** *n* fibre *f* optique.

**optical illusion** *n* illusion *f* OR effet *m* d'optique.

**optician** [ɒp'tɪʃn] *n* opticien *m*, -enne *f*; at the ~'s chez l'opticien.

**optics** ['ɒptɪks] *n (U)* optique *f*.

**optimal** ['ɒptɪml] *adj* optimal.

**optimism** ['ɒptɪmɪzm] *n* optimisme *m*.

**optimist** ['ɒptɪmɪst] *n* optimiste *mf*.

**optimistic** [,ɒptɪ'mɪstɪk] *adj* [person, outlook] optimiste; [period] d'optimisme.

**optimistically** [,ɒptɪ'mɪstɪklɪ] *adv* avec optimisme, d'une manière optimiste.

**optimize, -ise** ['ɒptɪmaɪz] *vt* optimiser, optimaliser.

**optimum** ['ɒptɪməm] (*pl* **optimums** OR *fml* **optima** [-mə]) ◇ *adj* optimum, optimal. ◇ *n* optimum *m*.

**option** ['ɒpʃn] *n* **-1.** [alternative] choix *m*; he has no ~ il n'a pas le choix; I have no ~ but to refuse je ne peux faire autrement que de refuser; they were given the ~ of adopting a child on leur a proposé d'adopter un enfant; you leave me no ~ vous ne me laissez pas le choix. **-2.** [possible choice] option *f*, possibilité *f*; to keep OR leave one's ~s open ne pas prendre de décision, ne pas s'engager || SCH (matière *f* à) option *f* || [accessory] option *f*; power steering is an ~ la direction assistée est en option. **-3.** COMM & FIN option *f*; to take an ~ on sthg prendre une option sur qqch; Air France have an ~ to buy 15 planes Air France a une option d'achat sur 15 appareils.

**optional** ['ɒpʃənl] *adj* **-1.** facultatif; the tinted lenses are ~ les verres teintés sont en option ❑ ~ extra option *f*; the radio is an ~ extra la radio est en option OR en supplément. **-2.** SCH facultatif, optionnel.

**optionally** ['ɒpʃənəlɪ] *adv* facultativement.

**optometry** [ɒp'tɒmətrɪ] *n* optométrie *f*.

**opulence** ['ɒpjuləns] *n* opulence *f*.

**opulent** ['ɒpjulənt] *adj* [lifestyle, figure] opulent; [abundant] abondant, luxurian; [house, clothes] somptueux.

**opus** ['əupəs] (*pl* **opuses** OR *fml* **opera** ['ɒpərə]) *n* opus *m*.

**or** [ɔːr] *conj* **-1.** [in positive statements] ou; [in negative statements] ni; have you got any brothers or sisters? avez-vous des frères et sœurs?; he never laughs or smiles il ne rit ni ne sourit jamais; or so I thought du moins c'est ce que je pensais; ... or not, as the case may be ... ou non, peut-être. **-2.** [otherwise – in negative statements] ou; [– in positive statements] sinon; she must have some talent or they wouldn't have chosen her elle doit avoir un certain talent sinon ils ne l'auraient pas choisie.

◆ **or else** ◇ *conj phr* **-1.** [otherwise] sinon. **-2.** [offering an alternative] ou bien. ◇ *adv phr inf:* give us the money, or else...! donne-nous l'argent, sinon...!

◆ **or no** *conj phr* ou pas; I'm taking a holiday, work or no work travail ou pas, je prends des vacances.

◆ **or other** *adv phr:* we stayed at San something or other on s'est arrêté à San quelque chose; somehow or other we made it home on a fini par réussir à rentrer, Dieu sait comment; somebody or other said that... quelqu'un, je ne sais plus qui, a dit que...; one or other of us will have to go il faudra bien que l'un de nous s'en aille; some actress or other une actrice (quelconque).

◆ **or so** *adv phr* environ; ten minutes or so environ dix minutes; 50 kilos or so 50 kilos environ, dans les 50 kilos.

◆ **or something** *adv phr inf* ou quelque chose comme ça; are you deaf or something? t'es sourd ou quoi?

◆ **or what** *adv phr inf* ou quoi.

**OR** *written abbr of* **Oregon.**

**oracle** ['ɒrəkl] *n* oracle *m*.

◆ **Oracle®** *pr n* système de télétexte en Grande-Bretagne.

**oracular** [ɒ'rækjulər] *adj literal* prophétique; *fig* sibyllin.

**oral** ['ɔːrəl] ◇ *adj* **-1.** [spoken] oral; ~ exam (examen *m*) oral *m*; ~ literature/tradition littérature *f*/tradition *f* orale. **-2.** ANAT [of mouth] buccal, oral; ~ sex rapports *mpl* bucco-génitaux || PHARM [medicine] à prendre par voie orale; ~ contraceptive contraceptif *m* oral. **-3.** LING [in phonetics] oral. ◇ *n* (examen *m*) oral *m*.

**orally** ['ɔːrəlɪ] *adv* **-1.** [verbally] oralement, de vive voix. **-2.** SCH oralement; MED par voie orale; 'to be taken ~' 'par voie orale'; 'not to be taken ~' 'ne pas avaler'.

**orange** ['ɒrɪndʒ] ◇ *n* **-1.** [fruit] orange *f*. **-2.** [drink] boisson *f* à l'orange; vodka and ~ vodka-orange *f*. **-3.** [colour] orange *m*. ◇ *adj* **-1.** [colour] orange (*inv*), orangé. **-2.** [taste] d'orange; [liqueur, sauce] à l'orange; ~ juice jus *m* d'orange; ~ marmalade marmelade *f* d'orange, confiture *f* d'orange OR d'oranges; ~ peel écorce *f* OR peau *f* d'orange; *fig* [cellulite] peau *f* d'orange; ~ tree oranger *m*.

**orangeade** [,ɒrɪndʒ'eɪd] *n* [still] orangeade *f*; [fizzy] soda *m* à l'orange.

**Orange Lodge** *n* association *f* d'orangistes.

**Orangeman** ['ɒrɪndʒmən] (*pl* **Orangemen** [-mən]) *n* **-1.** Br HIST Orangiste *m* (*partisan de la maison d'Orange*). **-2.** [in Ireland] Orangiste *m* (*Protestant*).

**orangery** ['ɒrɪndʒərɪ] (*pl* **orangeries**) *n* orangerie *f*.

**Orangewoman** ['ɒrɪndʒ,wumən] (*pl* **Orangewomen** [-,wɪmɪn]) *n* orangiste *f*.

**orangewood** ['ɒrɪndʒwud] *n* (bois *m* d') oranger *m*.

**orang(o)utan** [ɔː,ræŋuː'tæn], **orang(o)utang** [ɔː,ræŋuː'tæŋ] *n* orang-outan *m*, orang-outang *m*.

**orate** [ɔː'reɪt] *vi fml* [make speech] prononcer un discours; [pompously] pérorer, discourir.

**oration** [ɔː'reɪʃn] *n* (long) discours *m*, allocution *f*; funeral ~ oraison *f* funèbre.

**orator** ['ɒrətər] *n* orateur *m*, -trice *f*.

**oratorical** [,ɒrə'tɒrɪkl] *adj fml* oratoire.

**oratorio** [,ɒrə'tɔːrɪəʊ] (*pl* **oratorios**) *n* oratorio *m*.

**oratory** ['ɒrətrɪ] *n* **-1.** [eloquence] art *m* oratoire, éloquence *f*; a superb piece of ~ un superbe morceau de rhétorique. **-2.** RELIG oratoire *m*.

**orb** [ɔːb] *n* **-1.** [sphere] globe *m*. **-2.** ASTRON & *lit* orbe *m*.

**orbit** ['ɔːbɪt] ◇ *n* **-1.** ASTRON orbite *f*; to put a satellite into ~ mettre un satellite sur OR en orbite; in ~ en orbite. **-2.** [influence] orbite *f*; the countries within Washington's ~ les pays qui se situent dans la sphère d'influence de Washington; that's not within the ~ of my responsibility cela n'est pas de mon resort, cela ne relève pas de ma responsabilité. **-3.** ANAT & PHYS [of eye, electron] orbite *f*. ◇ *vt* [subj: planet, comet] graviter OR tourner autour de; [subj: astronaut]: the first man to ~ the Earth le premier homme à être placé OR mis en orbite autour de la Terre. ◇ *vi* décrire une orbite.

**orbital** ['ɔːbɪtl] *adj* orbital; ~ motorway *Br* (autoroute *f*) périphérique *m*.

**Orcadian** [ɔː'keɪdjən] ◇ *adj* des Orcades. ◇ *n* habitant *m*, -e *f* des Orcades.

**orchard** ['ɔːtʃəd] *n* verger *m*.

**orchestra** [ɔː'kɪstrə] *n* **-1.** [band] orchestre *m*. **-2.** [in theatre, cinema] fauteuils *mpl* d'orchestre, parterre *m*.

**orchestral** [ɔː'kestrəl] *adj* d'orchestre, orchestral; ~ music musique *f* orchestrale.

**orchestra pit** *n* fosse *f* d'orchestre.

**orchestra stalls** *npl* Am = orchestra 2.

**orchestrate** ['ɔːkɪstreɪt] *vt* MUS & *fig* orchestrer.

**orchestration** [,ɔːke'streɪʃn] *n* MUS & *fig* orchestration *f*.

**orchid** ['ɔːkɪd] *n* orchidée *f*.

**ordain** [ɔː'deɪn] *vt* **-1.** RELIG ordonner; to be ~ed priest être ordonné prêtre. **-2.** [order] ordonner, décréter; [declare] décréter, déclarer; [decide] dicter, décider; fate ~ed that they should meet le destin a voulu qu'ils se rencontrent.

**ordainment** [ɔː'deɪnmənt] *n* ordination *f*.

**ordeal** [ɔː'diːl] *n* **-1.** épreuve *f*, calvaire *m*; to undergo an ~ subir une épreuve; she has been through some terrible ~s elle a traversé des moments très difficiles; I always find family reunions an ~ j'ai toujours considéré les réunions de famille comme un (véritable) calvaire. **-2.** HIST ordalie *f*, épreuve *f* judiciaire; ~ by fire épreuve *f* du feu.

**order** ['ɔːdər] ◇ *n* **-1.** [sequence, arrangement] ordre *m*; in

alphabetical/chronological ~ par ordre alphabétique/ chronologique; let's do things in ~ faisons les choses en ordre; they have two boys and a girl, in that ~ ils ont deux garçons et une fille, dans cet ordre; in ~ of appearance THEAT par ordre d'entrée en scène; CIN & TV par ordre d'apparition à l'écran. **-2.** [organization, tidiness] ordre *m*; to put one's affairs/books in ~ mettre de l'ordre dans ses affaires/livres, ranger ses affaires/livres. **-3.** [command] ordre *m*; [instruction] instruction *f*; to give sb ~s to do sthg ordonner à qqn de faire qqch; we have ~s to wait here on a reçu l'ordre d'attendre ici; I'm just following ~s je ne fais qu'exécuter les ordres; I don't have to take ~s from you je n'ai pas d'ordres à recevoir de vous; ~s are ~s les ordres sont les ordres; on my ~, line up in twos à mon commandement, mettez-vous en rangs par deux; on doctor's ~s sur ordre du médecin ‖ MIL ordre *m*, consigne *f*. **-4.** COMM [request for goods] commande *f*; to place an ~ for sthg passer (une) commande de qqch; the books are on ~ les livres ont été commandés ‖ [goods ordered] marchandises *fpl* commandées; your ~ has now arrived votre commande est arrivée ‖ [in restaurant]: can I take your ~? avez-vous choisi? ‖ *Am* [portion] part *f*; an ~ of French fries une portion de frites. **-5.** FIN: (money) ~ mandat *m*; pay to the ~ of A. Jones payez à l'ordre de A. Jones. **-6.** JUR ordonnance *f*, arrêté *m*. **-7.** [discipline, rule] ordre *m*, discipline *f*; to keep ~ [police] maintenir l'ordre; SCH maintenir la discipline; children need to be kept in ~ les enfants ont besoin de discipline; to restore ~ rétablir l'ordre ‖ [in meeting] ordre *m*; to call sb to ~ rappeler qqn à l'ordre; to be ruled out of ~ être en infraction avec le règlement; ~! de l'ordre!; he's out of ~ ce qu'il a dit/fait était déplacé. **-8.** [system] ordre *m* établi; in the ~ of things dans l'ordre des choses ❑ ~ of the day POL ordre *m* du jour; to be the ~ of the day [common] être à l'ordre du jour; [fashionable] être au goût du jour. **-9.** [functioning state]: in working ~ en état de marche OR de fonctionnement. **-10.** [class] classe *f*, ordre *m*; [rank] ordre *m*; research work of the highest ~ un travail de recherche de tout premier ordre; a crook of the first ~ *Br* un escroc de grande envergure ‖ [kind] espèce *f*, genre *m*. **-11.** [decoration] ordre *m*; the Order of the Garter/of Merit l'ordre de la Jarretière/du Mérite. **-12.** RELIG ordre *m*. **-13.** ARCHIT, BOT & ZOOL ordre *m*.
◇ *vt* **-1.** [command] ordonner; to ~ sb to do sthg ordonner à qqn de faire qqch; the doctor ~ed him to rest for three weeks le médecin lui a prescrit trois semaines de repos; the government ~ed an inquiry into the disaster le gouvernement a ordonné l'ouverture d'une enquête sur la catastrophe; he was ~ed to pay costs JUR il a été condamné aux dépens; we were ~ed out of the room on nous a ordonné de quitter la pièce ‖ MIL: to ~ sb to do sthg donner l'ordre à qqn de faire qqch; the troops were ~ed to the Mediterranean les troupes ont reçu l'ordre de gagner la Méditerranée. **-2.** COMM [meal, goods] commander. **-3.** [organize – society] organiser; [– ideas, thoughts] mettre de l'ordre dans; [– affairs] régler, mettre en ordre; a peaceful, well-~ed existence une existence paisible et bien réglée. **-4.** BOT & ZOOL classer.
◇ *vi* commander, passer une commande; would you like to ~ now? [in restaurant] voulez-vous commander maintenant?
◆ **by order of** *prep phr* par ordre de; by ~ of the Court sur décision du tribunal.
◆ **in order** *adj phr* **-1.** [valid] en règle. **-2.** [acceptable] approprié, admissible; it is quite in ~ for you to leave rien ne s'oppose à ce que vous partiez; I think lunch is in ~ je

pense qu'il est temps de faire une pause pour le déjeuner; an apology is in ~ des excuses s'imposent.
◆ **in order that** *conj phr* afin que.
◆ **in order to** *conj phr* afin de; in ~ not to upset you pour éviter de vous faire de la peine.
◆ **in the order of** *Br*, **of the order of** *Br*, **on the order of** *Am prep phr* de l'ordre de.
◆ **out of order** *adj phr* [machine, TV] en panne; [phone] en dérangement.
◆ **to order** *adv phr* sur commande; he had a suit made to ~ il s'est fait faire un costume sur mesures.
◆ **order about** *Br*, **order around** *vt sep* commander; he likes ~ing people about il adore régenter son monde; I refuse to be ~ed about! je n'ai pas d'ordres à recevoir!

**order book** *n* carnet *m* de commandes.
**order form** *n* bon *m* de commande.
**orderliness** ['ɔːdəlɪnɪs] *n* **-1.** [of room, desk] (bon) ordre *m*. **-2.** [of person, lifestyle, behaviour] méticulosité *f*.
**orderly** ['ɔːdəlɪ] (*pl* **orderlies**) ◇ *adj* **-1.** [tidy – room] ordonné, rangé. **-2.** [organized – person, mind, lifestyle] ordonné, méthodique; try to work in an ~ way essayez de travailler méthodiquement. **-3.** [well-behaved] ordonné, discipliné; in case of fire, leave the building in an ~ fashion en cas d'incendie, quitter les lieux sans précipitation. ◇ *n* **-1.** MIL officier *m* d'ordonnance. **-2.** MED aide-infirmier *m*.
**order number** *n* numéro *m* de commande.
**order paper** *n* POL (feuille *f* de l') ordre *m* du jour.
**ordinal** ['ɔːdɪnl] ◇ *adj* ordinal. ◇ *n* ordinal *m*.
**ordinance** ['ɔːdɪnəns] *n* ordonnance *f*, décret *m*.
**ordinand** ['ɔːdɪnænd] *n* ordinand *m*.
**ordinarily** ['ɔːdənrəlɪ, *Am* 'ɔːrdn'erəlɪ] *adv* **-1.** [in an ordinary way] ordinairement, d'ordinaire; the questions were more than ~ difficult les questions étaient plus difficiles que d'ordinaire OR qu'à l'accoutumée. **-2.** [normally] normalement, en temps normal.
**ordinary** ['ɔːdənrɪ] ◇ *adj* **-1.** [usual] ordinaire, habituel; [normal] normal; the ~ run of things le cours ordinaire OR normal des événements. **-2.** [average] ordinaire, moyen; Paul was just an ~ guy before he got involved in films *inf* Paul était un type comme les autres avant de faire du cinéma; Miss Brodie was no ~ teacher Miss Brodie était un professeur peu banal OR qui sortait de l'ordinaire. **-3.** [commonplace] ordinaire, quelconque *pej*; she's a very ~-looking girl c'est une fille quelconque. ◇ *n* **-1.** RELIG: the Ordinary of the mass l'ordinaire *m* de la messe. **-2.** ADMIN: physician in ~ to the king *Br* médecin *m* (attitré) du roi.
◆ **out of the ordinary** *adj phr*: as a pianist, she's really out of the ~ c'est vraiment une pianiste exceptionnelle OR hors du commun; nothing out of the ~ ever happens here il ne se passe jamais rien de bien extraordinaire ici.
**ordinary degree** *n Br* ≃ licence *f* sans mention OR avec la mention passable.
**Ordinary level** → O level.
**ordinary seaman** *n Br* matelot *m* breveté.
**ordinary share** *n* action *f* ordinaire.
**ordinate** ['ɔːdənət] *n* ordonnée *f*.
**ordination** [ˌɔːdɪ'neɪʃn] *n* ordination *f*.
**ordnance** ['ɔːdnəns] *n* **-1.** [supplies] (service *m* de l') équipement *m* militaire. **-2.** [artillery] artillerie *f*.
**ordnance corps** *n* service *m* du matériel, ≃ train *m*.
**ordnance factory** *n* usine *f* d'artillerie.

---

| USAGE ▶ | Giving orders |
| --- | --- |

**Polite**

Voulez-vous poser les valises ici, s'il vous plaît?
Reculez-vous un peu, s'il vous plaît.
Marianne, pourriez-vous rappeler M. Ponge, s'il vous plaît?

**More direct**

Tu m'appelles dès qu'il arrive, hein?
Ne rentre pas dans la cuisine, je viens de laver le carrelage.

Prenez-en trois fois par jour.
Tournez à gauche au feu rouge.
D'abord tu plies le tissu comme ça, et ensuite tu surfiles.

**Blunt**

Pose ça tout de suite, tu m'entends!
Tu as fini, oui?
Et ne t'avise pas de recommencer!
Et ne remettez plus jamais les pieds ici!

**Ordnance Survey** *pr n Br* service *m* national de cartographie, ≈ IGN *m*; ~ map carte *f* d'état-major.

**ore** [ɔːʳ] *n* minerai *m*; iron ~ minerai de fer.

**oregano** [*Br*ˌɒrɪ'gɑːnəʊ, *Am* ə'regənəʊ] *n* BOT & CULIN origan *m*.

**Oregon** ['ɒrɪgən] *pr n* Oregon *m*; in ~ dans l'Oregon.

**Orestes** [ɒ'restiːz] *pr n* Oreste.

**organ** ['ɔːgən] *n* **-1.** MUS orgue *m*; [large] (grandes) orgues *fpl*.**-2.** ANAT organe *m*; *euph* [penis] membre *m*.**-3.** *fig* [means] organe *m*, instrument *m*; [mouthpiece] organe *m*, porte-parole *m inv*.

**organ grinder** *n* joueur *m*, -euse *f* d'orgue de Barbarie.

**organic** [ɔː'gænɪk] *adj* **-1.** BIOL & CHEM organique; ~ life vie *f* organique. **-2.** [natural – produce] naturel, biologique. **-3.** [structural] organique; [fundamental] organique, fondamental; ~ change changement organique.

**organically** [ɔː'gænɪklɪ] *adv* **-1.** BIOL & CHEM organiquement; ~ grown cultivé sans engrais chimiques, biologique. **-2.** *fig* organiquement.

**organic chemistry** *n* chimie *f* organique.

**organic farming** *n* culture *f* biologique.

**organism** ['ɔːgənɪzm] *n* organisme *m* BIOL.

**organist** ['ɔːgənɪst] *n* organiste *mf*.

**organization** [ˌɔːgənaɪ'zeɪʃn] *n* **-1.** [organizing] organisation *f*; ~ and method INDUST organisation *f* scientifique du travail, OST *f*.**-2.** [association] organisation *f*, association *f*; [official body] organisme *m*, organisation *f*; a charitable ~ une œuvre de bienfaisance. **-3.** ADMIN [personnel] cadres *mpl*.

**organizational** [ˌɔːgənaɪ'zeɪʃnl] *adj* [skills, methods] organisationnel, d'organisation; [expenses] d'organisation; [change] dans l'organisation, structurel; the concert turned out to be an ~ nightmare l'organisation du concert fut un véritable cauchemar.

**organization chart** *n* organigramme *m*.

**organize, -ise** ['ɔːgənaɪz] ◇ *vt* **-1.** [sort out] organiser; to get ~d s'organiser; I've ~d a visit to a dairy for them j'ai organisé la visite d'une laiterie à leur intention; she's good at organizing people elle est douée pour la gestion du personnel; who's organizing the drinks? qui est-ce qui s'occupe des boissons?**-2.** INDUST syndiquer. ◇ *vi* INDUST se syndiquer.

**organized** ['ɔːgənaɪzd] *adj* **-1.** [trip] organisé; we went on an ~ tour of Scottish castles nous avons visité les châteaux écossais en voyage organisé. **-2.** [unionized] syndiqué; ~ labour main-d'œuvre *f* syndiquée. **-3.** [orderly] organisé; [methodical] méthodique.

**organized crime** *n* le crime organisé, le grand banditisme.

**organizer** ['ɔːgənaɪzəʳ] *n* **-1.** [person] organisateur *m*, -trice *f*.**-2.** [diary] agenda *m* modulaire, Filofax® *m*.**-3.** BIOL organisateur *m*.

**organ loft** *n* tribune *f* d'orgue.

**organotherapy** [ˌɔːgənəʊ'θerəpɪ] *n* opothérapie *f*.

**organ stop** *n* jeu *m* d'orgue.

**organza** [ɔː'gænzə] *n* organdi *m*.

**orgasm** ['ɔːgæzm] *n* orgasme *m*.

**orgasmic** [ɔː'gæzmɪk] *adj* orgasmique, orgastique.

**orgiastic** [ˌɔːdʒɪ'æstɪk] *adj* orgiaque.

**orgy** ['ɔːdʒɪ] (*pl* **orgies**) *n* orgie *f*; a drunken ~ une beuverie; an ~ of killing *fig* une orgie de meurtres.

**orient** ['ɔːrɪənt] *vt* orienter; to ~ o.s. s'orienter; our firm is very much ~ed towards the American market notre société est très orientée vers le marché américain.

**Orient** ['ɔːrɪənt] *pr n*: the ~ l'Orient *m*.

**oriental** [ˌɔːrɪ'entl] *adj* oriental; ~ rug tapis *m* d'Orient.

◆ **Oriental** *n* Asiatique *mf* (*attention: le substantif «Oriental» est considéré comme raciste*).

**orientalist** [ˌɔːrɪ'entəlɪst] *n* orientaliste *mf*.

**orientate** ['ɔːrɪenteɪt] *vt Br* orienter; to ~ o.s. s'orienter; the course is very much ~d towards the sciences le cours est très orienté vers OR axé sur les sciences.

**-orientated** ['ɔːrɪenteɪtɪd] *Br* = **-oriented**.

**orientation** [ˌɔːrɪen'teɪʃn] *n* orientation *f*.

**oriented** ['ɔːrɪentɪd] *adj* orienté.

**-oriented** *in cpds* orienté vers..., axé sur...; ours is a money~ society c'est l'argent qui mène notre société; pu-

**pil**~ teaching enseignement adapté aux besoins des élèves.

**orienteer** [ˌɔːrɪen'tɪəʳ] *n* orienteur *m*, -euse *f*.

**orienteering** [ˌɔːrɪen'tɪərɪŋ] *n* course *f* d'orientation.

**orifice** ['ɒrɪfɪs] *n* orifice *m*.

**origami** [ˌɒrɪ'gɑːmɪ] *n* origami *m*.

**origin** ['ɒrɪdʒɪn] *n* **-1.** [source] origine *f*; the ~ of the Nile la source du Nil; country of ~ pays *m* d'origine; of unknown ~ d'origine inconnue; the present troubles have their ~ in the proposed land reform le projet de réforme agraire est à l'origine des troubles actuels; the song is Celtic in ~ la chanson est d'origine celte ❑ 'The Origin of Species' *Darwin* 'De l'origine des espèces'. **-2.** [ancestry] origine *f*; he is of Canadian ~ il est d'origine canadienne; they can trace their ~s back to the time of the Norman conquest ils ont réussi à remonter dans leur arbre généalogique jusqu'à l'époque de la conquête normande.

**original** [ə'rɪdʒɪnl] ◇ *adj* **-1.** [initial] premier, d'origine, initial; the ~ meaning of the word le sens originel du mot; my ~ intention was to drive there ma première intention OR mon intention initiale était d'y aller en voiture; most of the ~ 600 copies have been destroyed la plupart des 600 exemplaires originaux ont été détruits; ~ edition édition originale. **-2.** [unusual] original; he has some ~ ideas il a des idées originales she has an ~ approach to child-rearing sa conception de l'éducation est originale ‖ [strange] singulier. **-3.** [new – play, writing] original, inédit. ◇ *n* **-1.** [painting, book] original *m*; the film was shown in the ~ le film a été projeté en version originale; I prefer to read Proust in the ~ je préfère lire Proust dans le texte. **-2.** [model – of hero, character]: Betty was the ~ of the novel's heroine Betty inspira le personnage de l'héroïne du roman. **-3.** [unusual person] original *m*, -e *f*, excentrique *mf*.

**originality** [əˌrɪdʒɪ'nælətɪ] (*pl* **originalities**) *n* originalité *f*.

**originally** [ə'rɪdʒənəlɪ] *adv* **-1.** [initially] à l'origine, au début, initialement. **-2.** [unusually, inventively] d'une façon OR d'une manière originale, originalement.

**original sin** *n* péché *m* originel.

**originate** [ə'rɪdʒəneɪt] ◇ *vi* [idea, rumour]: to ~ in avoir OR trouver son origine dans; to ~ from tirer son origine de; the conflict ~d in the towns le conflit est né dans les villes; I wonder how that saying ~d je me demande d'où vient ce dicton ‖ [goods] provenir; [person]: he ~s from Sydney il est originaire de Sydney. ◇ *vt* [give rise to] être à l'origine de, donner naissance à; [be author of] être l'auteur de.

**origination** [əˌrɪdʒə'neɪʃn] *n* création *f*.

**originator** [ə'rɪdʒəneɪtəʳ] *n* [of crime] auteur *m*; [of idea] initiateur *m*, -trice *f*, auteur *m*.

**Orinoco** [ˌɒrɪ'nəʊkəʊ] *pr n*: the (River) ~ l'Orénoque *m*.

**oriole** ['ɔːrɪəʊl] *n* loriot *m*.

**Orion** [ə'raɪən] *pr n* Orion.

**Orkney Islands** ['ɔːknɪ-], **Orkneys** ['ɔːknɪz] *pl pr n*: the ~ les Orcades *fpl*; in the ~ dans les Orcades.

**Orlon®** ['ɔːlɒn] ◇ *n* Orlon® *m*. ◇ *comp* en Orlon.

**ormolu** ['ɔːməluː] ◇ *n* chrysocale *m*, bronze *m* doré. ◇ *comp* [clock] en chrysocale, en bronze doré.

**Ormuz** [ɔː'muːz] = **Hormuz**.

**ornament** [*n* 'ɔːnəmənt, *vb* 'ɔːnəment] ◇ *n* **-1.** [decorative object] objet *m* décoratif, bibelot *m*; [jewellery] colifichet *m*.**-2.** [embellishment] ornement *m*; rich in ~ richement orné. **-3.** MUS ornement *m*. ◇ *vt* orner.

**ornamental** [ˌɔːnə'mentl] *adj* [decorative] ornemental, décoratif; [plant] ornemental; [garden] d'agrément.

**ornamentation** [ˌɔːnəmen'teɪʃn] *n* ornementation *f*.

**ornate** [ɔː'neɪt] *adj* [decoration] (très) orné; [style] orné, fleuri; [lettering] orné.

**ornately** [ɔː'neɪtlɪ] *adv* d'une façon très ornée; ~ decorated room pièce richement décorée.

**ornery** ['ɔːnərɪ] *adj Am inf* **-1.** [nasty] méchant; an ~ trick un sale tour. **-2.** [stubborn] obstiné, entêté.

**ornithologist** [ˌɔːnɪ'θɒlədʒɪst] *n* ornithologiste *mf*, ornithologue *mf*.

**ornithology** [ˌɔːnɪ'θɒlədʒɪ] *n* ornithologie *f*.

**orphan** ['ɔːfn] ◇ *n* **-1.** [person] orphelin *m*, -e *f*; to be left an ~ se retrouver OR devenir orphelin. **-2.** TYPO ligne *f* orpheline. ◇ *adj* orphelin. ◇ *vt*: to be ~ed se retrouver OR devenir orphelin.

**orphanage** ['ɔːfənɪdʒ] *n* orphelinat *m*.

**Orpheus** ['ɔːfiəs] *pr n* Orphée; '~ in the Underworld' *Offenbach* 'Orphée aux enfers'.

**orthodontics** [,ɔːθə'dɒntɪks] *n (U)* orthodontie *f*.

**orthodontist** [,ɔːθə'dɒntɪst] *n* orthodontiste *mf*.

**orthodox** ['ɔːθədɒks] *adj* orthodoxe.

**Orthodox Church** *n*: the ~ l'Église *f* orthodoxe.

**orthodoxy** ['ɔːθədɒksɪ] *(pl* **orthodoxies**) *n* orthodoxie *f*.

**orthographic(al)** [,ɔːθə'græfɪk(l)] *adj* orthographique.

**orthography** [ɔː'θɒɡrəfɪ] *n* orthographe *f*.

**orthopaedic** *etc* [,ɔːθə'piːdɪk] *Br* = **orthopedic**.

**orthopedic** [,ɔːθə'piːdɪk] *adj* orthopédique; ~ surgeon (chirurgien *m*, -enne *f*) orthopédiste *mf*.

**orthopedics** [,ɔːθə'piːdɪks] *n (U)* orthopédie *f*.

**orthopedist** [,ɔːθə'piːdɪst] *n* orthopédiste *mf*.

**oryx** ['ɒrɪks] *(pl inv* OR **oryxes**) *n* oryx *m*.

**O/S** *written abbr of* **out of stock**.

**Oscar** ['ɒskər] *n* CIN Oscar *m*.

**oscillate** ['ɒsɪleɪt] ◇ *vi* **-1.** ELEC & PHYS osciller. **-2.** [person] osciller. ◇ *vt* faire osciller.

**oscillation** [,ɒsɪ'leɪʃn] *n* oscillation *f*.

**oscillator** ['ɒsɪleɪtər] *n* oscillateur *m*.

**oscilloscope** [ɒ'sɪləskəʊp] *n* oscilloscope *m*.

**osculate** ['ɒskjʊleɪt] *Br hum* ◇ *vt* donner un baiser à, embrasser. ◇ *vi* s'embrasser.

**osier** ['əʊzɪər] *n* osier *m*.

**osmose** ['ɒzməʊs] *vi* subir une osmose.

**osmosis** [ɒz'məʊsɪs] *n* osmose *f*.

**osprey** ['ɒsprɪ] *n* [bird] balbuzard *m*; [feather] aigrette *f*.

**osseous** ['ɒsɪəs] *adj* osseux.

**ossify** ['ɒsɪfaɪ] *(pt & pp* **ossified**) ◇ *vt* ossifier. ◇ *vi* s'ossifier.

**Ostend** [ɒs'tend] *pr n* Ostende.

**ostensible** [ɒ'stensəbl] *adj* [apparent] apparent; [pretended] prétendu; [so-called] soi-disant *(inv)*; her ~ reason for not coming was illness elle a prétendu être malade pour éviter de venir.

**ostensibly** [ɒ'stensəblɪ] *adv* [apparently] apparemment; [supposedly] prétendument, soi-disant; [on the pretext] he left early, ~ because he was sick il est parti tôt, prétextant une indisposition.

**ostentation** [,ɒsten'teɪʃn] *n* ostentation *f*.

**ostentatious** [,ɒsten'teɪʃəs] *adj* **-1.** [showy – appearance, decor] ostentatoire; [manner, behaviour] prétentieux, ostentatoire. **-2.** [exaggerated] exagéré, surfait.

**ostentatiously** [,ɒsten'teɪʃəslɪ] *adv* avec ostentation.

**osteoarthritis** [,ɒstɪəʊɑː'θraɪtɪs] *n* ostéo-arthrite *f*.

**osteopath** ['ɒstɪəpæθ] *n* ostéopathe *mf*.

**osteopathy** [,ɒstɪ'ɒpəθɪ] *n* ostéopathie *f*.

**osteoporosis** [,ɒstɪəʊpə'rəʊsɪs] *n* ostéoporose *f*.

**ostler** ['ɒslər] *n Br arch* valet *m* d'écurie.

**ostracism** ['ɒstrəsɪzm] *n* ostracisme *m*.

**ostracize, -ise** ['ɒstrəsaɪz] *vt* frapper d'ostracisme, ostraciser; he was ~d by his workmates ses collègues l'ont mis en quarantaine.

**ostrich** ['ɒstrɪtʃ] *n* autruche *f*.

**Othello** [ə'θeləʊ] *pr n* Othello.

**other** ['ʌðər] ◇ *adj* **-1.** [different] autre, différent; it's the same in ~ countries c'est la même chose dans les autres pays; I had no ~ choice je n'avais pas le choix OR pas d'autre solution; he doesn't respect ~ people's property il ne respecte pas le bien d'autrui; it always happens to ~ people cela n'arrive qu'aux autres; can't we discuss it some ~ time? on ne peut pas en parler plus tard?; in ~ times autrefois, à une autre époque. **-2.** [second of two] autre; give me the ~ one donnez-moi l'autre. **-3.** [additional] autre; some ~ people came d'autres personnes sont arrivées. **-4.** [remaining] autre; the ~ three men les trois autres hommes. **-5.** [in expressions of time] autre. **-6.** [opposite]: on the ~ side of the room/of the river de l'autre côté de la pièce/de la rivière. ◇ *pron* **-1.** [additional person, thing] autre; some succeed, ~s fail certains réussissent, d'autres

échouent. **-2.** [opposite, far end] autre. **-3.** [related person] autre. ◇ *n* [person, thing] autre *mf*; politicians, industrialists and ~s les hommes politiques, les industriels et les autres; can you show me some ~s? pouvez-vous m'en montrer d'autres?

◆ **other than** ◇ *conj phr* **-1.** [apart from, except] autrement que; we had no alternative ~ than to accept their offer nous n'avions pas d'autre possibilité que celle d'accepter leur offre. **-2.** [differently from] différemment de; she can't be ~ than she is elle est comme ça, c'est tout. ◇ *prep phr* sauf, à part; ~ than that à part cela.

**otherness** ['ʌðənɪs] *n* [difference] altérité *f*, différence *f*; [strangeness] étrangeté *f*.

**otherwise** ['ʌðəwaɪz] ◇ *adv* **-1.** [differently] autrement; she is ~ engaged elle a d'autres engagements; we'll have to invite everyone, we can hardly do ~ nous devrons inviter tout le monde, il nous serait difficile de faire autrement; except where ~ stated [on form] sauf indication contraire. **-2.** [in other respects] autrement, à part cela; [in other circumstances] sinon, autrement; an ~ excellent performance une interprétation par ailleurs excellente. **-3.** [in other words] autrement; Louis XIV, ~ known as the Sun King Louis XIV, surnommé le Roi-Soleil. **-4.** [in contrast, opposition]: through diplomatic channels or ~ par voie diplomatique ou autre. ◇ *conj* [or else] sinon, autrement. ◇ *adj* autre.

◆ **or otherwise** *adv phr*: it is of no interest, financial or ~ ça ne présente aucun intérêt, que ce soit financier ou autre.

**otherworldly** [,ʌðə'wɜːldlɪ] *adj* **-1.** [unrealistic] peu réaliste. **-2.** [mystical] mystique. **-3.** [ethereal] éthéré.

**otiose** ['əʊtɪəʊs] *adj fml* oiseux, inutile.

**OTT** *(abbr of* **over-the-top**) *adj Br inf*: that's a bit ~! c'est pousser le bouchon un peu loin!, c'est un peu fort!

**otter** ['ɒtər] *n* loutre *f*.

**ottoman** ['ɒtəmən] *n* **-1.** [seat] ottomane *f*. **-2.** [fabric] ottoman *m*.

◆ **Ottoman** *n* Ottoman *m*, -e *f*. ◇ *adj* ottoman.

**ouch** [aʊtʃ] *interj*: ~! aïe!, ouille!, ouïe!

**ought** [ɔːt] *modal vb* **-1.** [indicating morally right action]: you ~ to tell her vous devriez le lui dire; she thought she ~ to tell you elle a pensé qu'il valait mieux te le dire ‖ [indicating sensible or advisable action]: perhaps we ~ to discuss this further peut-être devrions-nous en discuter plus longuement; I really ~ to be going il faut vraiment que je m'en aille; do you think I ~? *fml* pensez-vous que je doive le faire?; that's a nice car — it ~ to be, it cost me a fortune! c'est une belle voiture — j'espère bien, elle m'a coûté une fortune! **-2.** [expressing expectation, likelihood]: they ~ to be home now à l'heure qu'il est, ils devraient être rentrés. **-3.** [followed by 'to have']: you ~ to have told me! vous auriez dû me le dire!; you ~ to have seen her! si vous l'aviez vue!, il fallait la voir!; they ~ not to have been allowed in on n'aurait pas dû les laisser entrer.

**ought²** [ɔːt] = **aught**.

**oughta** ['ɔːtə] *Am inf* = **ought to**.

**oughtn't** [ɔːtnt] = **ought not**.

**Ouija®** ['wiːdʒə] *n*: ~ (board) oui-ja *m inv*.

**ounce** [aʊns] *n* **-1.** [weight] once *f*. **-2.** *fig*: there isn't an ~ of truth in what she says il n'y a pas une once de vérité dans ce qu'elle raconte; you haven't got an ~ of common sense tu n'as pas (pour) deux sous de bon sens; it took every ~ of strength she had cela lui a demandé toutes ses forces. **-3.** ZOOL once *f*.

**our** ['aʊər] *det* notre *(sg)*, nos *(pl)*; this is OUR house cette maison est à nous; we have a car of ~ own nous avons une voiture à nous; have you seen ~ Peter? *inf* avez-vous vu Peter?

**Our Father** *n* [prayer] Notre Père *m*.

**ours** ['aʊəz] *pron* le nôtre *m*, la nôtre *f*, les nôtres *mfpl*; that house is ~ [we live there] cette maison est la nôtre; [we own it] cette maison est à nous OR nous appartient; it's ~ to spend as we like nous pouvons le dépenser comme nous voulons; it's all ~! tout cela nous appartient!; ~ was a curious relationship nous avions des rapports assez bizarres; it must be one of ~ ce doit être un des nôtres; she's a friend of ~ c'est une de nos amies; those damned neighbours of ~ *inf* nos fichus voisins.

**ourself** [aʊə'self] *pron fml* [regal or editorial plural] nous-même.

**ourselves** [aʊə'selvz] *pron* **-1.** [reflexive use] nous; we enjoyed ~ nous nous sommes bien amusés; we built ~ a log cabin nous avons construit une cabane en rondins. **-2.** [emphatic use] nous-mêmes; we ~ have much to learn nous-mêmes avons beaucoup à apprendre; (all) by ~ tout seuls. **-3.** [replacing 'us'] nous-mêmes.

**oust** [aʊst] *vt* **-1.** [opponent, rival] évincer, chasser; the president was ~ed from power le président a été évincé du pouvoir. **-2.** [tenant, squatter] déloger, expulser; [landowner] déposséder.

**ouster** ['aʊstəʳ] *n* **-1.** JUR dépossession *f*, éviction *f* illicite. **-2.** *Am* [from country] expulsion *f*; [from office] renvoi *m*.

**out** [aʊt] ◇ *adv* **A. -1.** [indicating movement from inside to outside] dehors; to go ~ sortir; she ran/limped/strolled ~ elle est sortie en courant/en boîtant/sans se presser; I met her on my way ~ je l'ai rencontrée en sortant; I had my camera ~ ready j'avais sorti mon appareil. **-2.** [away from home, office etc]: Mr Powell's ~, do you want to leave a message? M. Powell est sorti, voulez-vous laisser un message?; a search party is ~ looking for them une équipe de secours est partie à leur recherche; the children are playing ~ in the street les enfants jouent dans la rue. **-3.** [no longer attending hospital, school etc] sorti; what time do you get ~ of school? à quelle heure sors-tu de l'école?**-4.** [indicating view from inside]: I stared ~ of the window je regardais par la fenêtre; the bedroom looks ~ onto open fields la chambre donne sur les champs. **-5.** [in the open air] dehors. **-6.** [indicating distance from land, centre, town etc]: on the trip ~ à l'aller; they live a long way ~ ils habitent loin du centre; she's ~ in Africa elle est en Afrique. **-7.** [indicating extended position]: he lay stretched ~ on the bed il était allongé (de tout son long) sur le lit.
**B. -1.** [indicating distribution]: she handed ~ some photocopies elle a distribué des photocopies. **-2.** [indicating source of light, smell, sound etc]: it gives ~ a lot of heat ça dégage beaucoup de chaleur. **-3.** [loudly, audibly]: read ~ the first paragraph lisez le premier paragraphe à haute voix.
**C. -1.** [indicating exclusion or rejection]: throw him ~! jetez-le dehors!**-2.** [indicating abandonment of activity]: get ~ before it's too late abandonne avant qu'il ne soit trop tard; I want ~! *inf* je veux laisser tomber!**-3.** [extinguished]: put OR turn the lights ~ éteignez les lumières. **-4.** [unconscious]: to knock sb ~ assommer qqn, mettre qqn K-O.**-5.** [indicating disappearance]: the stain will wash ~ la tache partira au lavage.
**D. -1.** [revealed, made public]: the secret is ~ le secret a été éventé; word is ~ that he's going to resign le bruit court qu'il va démissionner; we must stop the news getting ~ nous devons empêcher la nouvelle de s'ébruiter; ~ with it! *inf* alors, t'accouches?**-2.** [published, on sale]: the new model will be OR come ~ next month le nouveau modèle sort le mois prochain. **-3.** *(with superlative) inf* [in existence]: it's the best computer ~ c'est le meilleur ordinateur qui existe; she's the biggest liar ~ c'est la pire menteuse qui soit.
**E. -1.** SPORT: ~ fault!**-2.** [of tide]: the tide's on its way ~ la mer se retire, la marée descend.
◇ *adj* **-1.** [flowering] en fleurs. **-2.** [shining]: the sun is ~ il y a du soleil; the moon is ~ la lune s'est levée; the stars are ~ on voit les étoiles. **-3.** [finished]: before the year is ~ avant la fin de l'année. **-4.** [on strike] en grève. **-5.** GAMES & SPORT: the ball was ~ la balle était dehors OR sortie, la balle était faute; she went ~ in the first round elle a été éliminée au premier tour. **-6.** [tide] bas. **-7.** [wrong]: your calculations are (way) ~, you're (way) ~ in your calculations vous vous êtes (complètement) trompé dans vos calculs; I've checked the figures but I'm still £50 ~ j'ai vérifié les chiffres mais il me manque toujours 50 livres; it's a few inches ~ [too long] c'est trop long de quelques centimètres; [too short] c'est trop court de quelques centimètres; it's only a few inches ~ c'est bon à quelques centimètres près. **-8.** *inf* [impossible]: that plan's ~ because of the weather ce projet est à l'eau à cause du temps. **-9.** *inf* [unfashionable]: long hair's (right) ~ les cheveux longs c'est (carrément) dépassé. **-10.** [indicating aim, intent]: to be ~ to do sthg avoir l'intention de faire qqch; to be ~ for sthg vouloir qqch; he's just ~ for himself il ne s'intéresse qu'à lui-même. **-11.** *inf* [unconscious]: to be ~ être K-O. **-12.** [extinguished] éteint.

◇ *adj inf* [openly gay]: qui ne cache pas son homosexualité.
◇ *n* **-1.** [way of escape] échappatoire *f*.**-2.** → **in**.
◇ *interj* **-1.** [leave]: ~! dehors!**-2.** TELEC: (over and) ~! terminé!
◇ *prep inf* hors de; she went ~ that door elle est sortie par cette porte; look ~ the window regarde par la fenêtre.
◇ *vi lit*: the truth will ~ la vérité se saura.
◇ *vt* [expose] dénoncer.
♦ **out and about** *adv phr*: where have you been? — oh, ~ and about où étais-tu? — oh, je suis allé faire un tour; ~ in Amsterdam dans les rues d'Amsterdam.
♦ **out of** *prep phr* **-1.** [indicating movement from inside to outside] hors de; she came ~ of the office elle est sortie du bureau; he ran/limped/strolled ~ of the office il est sorti du bureau en courant/en boitant/sans se presser. **-2.** [indicating location]: we drank ~ of china cups nous avons bu dans des tasses de porcelaine; he's ~ of town il n'est pas en ville; it's a long way ~ of town c'est loin de la ville. **-3.** [indicating source – of feeling, profit, money etc]: she did well ~ of the deal elle a trouvé son compte dans l'affaire; you won't get anything ~ of him vous ne tirerez rien de lui; she paid for it ~ of company funds/~ of her own pocket elle l'a payé avec l'argent de la société/payé de sa poche. **-4.** [indicating raw material]: it's made ~ of mahogany c'est en acajou; plastic is made ~ of petroleum on obtient le plastique à partir du pétrole. **-5.** [indicating motive] par. **-6.** [indicating previous tendency, habit]: I've got ~ of the habit j'en ai perdu l'habitude; try and stay ~ of trouble essaie d'éviter les ennuis. **-7.** [lacking]: I'm ~ of cigarettes je n'ai plus de cigarettes. **-8.** [in proportions, marks etc] sur; ninety-nine times ~ of a hundred quatre-vingt-dix-neuf fois sur cent; ~ of all the people there, only one spoke German parmi toutes les personnes présentes, une seule parlait allemand. **-9.** [indicating similarity to book, film etc]: it was like something ~ of a Fellini film on se serait cru dans un film de Fellini. **-10.** [indicating exclusion or rejection]: he's ~ of the race il n'est plus dans la course; you keep ~ of this! mêlez-vous de ce qui vous regarde!**-11.** [indicating avoidance]: come in ~ of the rain ne reste pas dehors sous la pluie; stay ~ of the sun ne restez pas au soleil. **-12.** [indicating recently completed activity]: a young girl just ~ of university une jeune fille tout juste sortie de l'université. **-13.** *phr*: to be ~ of it *inf* [unaware of situation] être à côté de la plaque; [drunk] être bourré; I felt really ~ of it [excluded] je me sentais complètement exclu.

**outa** ['aʊtə] *Am inf* = **out of**.

**outage** ['aʊtɪdʒ] *n Am* **-1.** [breakdown] panne *f*; ELEC coupure *f* OR panne *f* de courant. **-2.** [of service] interruption *f*.**-3.** COMM [missing goods] marchandises *fpl* perdues (*pendant le stockage ou le transport*).

**out-and-out** *adj* complet (*f* -ète), total; he's an ~ crook c'est un véritable escroc.

**outasight** ['aʊtəsaɪt] *adj Am inf* & *dated* extra, super, génial.

**outback** ['aʊtbæk] *n Austr* arrière-pays *m inv*, intérieur *m* du pays.

**outbalance** [,aʊt'bæləns] *vt literal* peser plus lourd que; *fig* dépasser.

**outbid** [aʊt'bɪd] (*pt* **outbid**, *pp* **outbid** OR **outbidden** [-'bɪdn], *cont* **outbidding**) *vt* enchérir sur; we were ~ for the Renoir quelqu'un a surenchéri sur le Renoir et nous n'avons pu l'acheter.

**outboard** ['aʊtbɔːd] ◇ *adj* [position, direction] hors-bord; ~ motor moteur *m* hors-bord. ◇ *n* [motor, boat] hors-bord *m inv*.

**outbound** ['aʊtbaʊnd] *adj* qui quitte le centre-ville.

**outbreak** ['aʊtbreɪk] *n* **-1.** [of fire, storm, war] début *m*; [of violence, disease, epidemic] éruption *f*; there have been ~s of violence throughout the country il y a eu des explosions de violence dans tout le pays; doctors fear an ~ of meningitis les médecins redoutent une épidémie de méningite. **-2.** METEOR [sudden shower]: there will be ~s of rain/snow in many places il y aura des chutes de pluie/de neige un peu partout.

**outbuilding** ['aʊt,bɪldɪŋ] *n Br* [bâtiment *m*] annexe *f*; [shed] remise *f*; the ~s [on farm, estate] les dépendances *fpl*.

**outburst** ['aʊtbɜːst] *n* accès *m*, explosion *f*; a sudden ~ of violence [group] une soudaine explosion de violence; [individual] un accès de brutalité; **you must control these ~s** il faut que vous appreniez à garder votre sang-froid.

**outcast** ['aʊtkɑːst] ◇ *n* paria *m*. ◇ *adj* proscrit, banni.

**outclass** [,aʊt'klɑːs] *vt* surclasser, surpasser.

**outcome** ['aʊtkʌm] *n* [of election, competition] résultat *m*; [of sequence of events] conséquence *f*; **the ~ of it all was that they never visited us again** résultat, ils ne sont jamais revenus chez nous.

**outcrop** [*n* 'aʊtkrɒp, *vb* ,aʊt'krɒp] (*pt* & *pp* **outcropped**, *cont* **outcropping**) ◇ *n* GEOL affleurement *m*. ◇ *vi* affleurer.

**outcry** ['aʊtkraɪ] (*pl* **outcries**) *n* tollé *m*; **the government's decision was greeted by public ~** la décision du gouvernement fut accueillie par un tollé général.

**outdated** [,aʊt'deɪtɪd] *adj* [idea, attitude] démodé, dépassé; [clothes] démodé; [expression] désuet (*f* -ète).

**outdid** [,aʊt'dɪd] *pt* → **outdo**.

**outdistance** [,aʊt'dɪstəns] *vt* laisser derrière soi; **she was easily ~d by the Nigerian** elle fut facilement distancée par la Nigérienne.

**outdo** [,aʊt'duː] (*pt* **outdid** [-'dɪd], *pp* **outdone** [-'dʌn]) *vt* surpasser, faire mieux que, l'emporter sur; **Mark, not to be outdone, decided to be ill as well** Mark, pour ne pas être en reste, décida d'être malade lui aussi.

**outdoor** ['aʊtdɔːr] *adj* **-1.** [open-air – games, sports] de plein air; [– work] d'extérieur; [– swimming pool] en plein air, découvert. **-2.** [clothes] **outdoor ~ shoes** [warm] grosses chaussures; [waterproof] chaussures imperméables; [for walking] chaussures de marche. **-3.** [person] qui aime le grand air; **to lead an ~ life** vivre au grand air; **Kate is a real ~ type** Kate aime la vie au grand air.

**outdoors** [aʊt'dɔːz] ◇ *n*: **the great ~** les grands espaces naturels. ◇ *adv* dehors, au dehors; **the scene takes place ~** la scène se déroule à l'extérieur; **to sleep ~** coucher à la belle étoile. ◇ *adj* [activity] en OR de plein air.

**outer** ['aʊtər] *adj* **-1.** [external] extérieur, externe; **~ garments** vêtements *mpl* de dessus. **-2.** [peripheral] périphérique; **~ London** la banlieue londonienne. **-3.** [furthest – limits] externe; [– planets] extérieur.

**outer ear** *n* oreille *f* externe.

**outermost** ['aʊtəməʊst] *adj* [most distant] le plus (à l') extérieur; [most isolated] le plus reculé OR isolé.

**outer space** *n* espace *m* intersidéral, cosmos *m*.

**outfield** ['aʊtfiːld] *n* SPORT **-1.** [part of field] champ *m* OR terrain *m* extérieur. **-2.** [players] joueurs *mpl* de champ.

**outfielder** ['aʊtfiːldər] *n* Am joueur *m* de champ (*au baseball*).

**outfit** ['aʊtfɪt] (*pt* & *pp* **outfitted**, *cont* **outfitting**) ◇ *n* **-1.** [clothes] ensemble *m*, tenue *f*; **riding/travelling ~** tenue d'équitation/de voyage; **you should have seen the ~ he had on!** tu aurais dû voir comment il était attifé OR fagoté! || [child's disguise] panoplie *f*; **cowboy's/nurse's ~** panoplie de cowboy/d'infirmière. **-2.** [equipment, kit – for camping, fishing] matériel *m*, équipement *m*; [tools] outils *mpl*, outillage *m*; [case] trousse *f*. **-3.** *inf* [group] équipe *f*, bande *f*. **-4.** MIL équipe *f*. ◇ *vt* [with equipment] équiper.

**outfitter** ['aʊtfɪtər] *n* Br [shop]: **school ~** OR **~'s** *magasin qui vend des uniformes et autres vêtements scolaires*; **(gentlemen's) ~** OR **~'s** *magasin de vêtements d'homme*.

**outflank** [,aʊt'flæŋk] *vt* MIL déborder; *fig* [rival] déjouer les manœuvres de.

**outflow** ['aʊtfləʊ] *n* **-1.** [of fluid] écoulement *m*; [place of outflow] décharge *f*. **-2.** [of capital] sorties *fpl*, fuite *f*; [of population] exode *m*, sorties *fpl*, fuite *f*.

**outgoing** ['aʊt,gəʊɪŋ] *adj* **-1.** [departing – government, minister, tenant] sortant; [– following resignation] démissionnaire. **-2.** [train, ship] en partance; [letters] à expédier. **-3.** [tide] descendant. **-4.** [extrovert] extraverti, plein d'entrain; **she's a very ~ person** elle a une personnalité très ouverte.

**outgoings** ['aʊt,gəʊɪŋz] *npl* dépenses *fpl*, frais *mpl*.

**outgrow** [,aʊt'grəʊ] (*pt* **outgrew** [-'gruː], *pp* **outgrown** [-'grəʊn]) *vt* **-1.** [grow faster than] grandir plus (vite) que. **-2.** [clothes] devenir trop grand pour; **she has outgrown three pairs of shoes this year** elle a pris quatre pointures cette année. **-3.** [game, habit, hobby] ne plus s'intéresser à (*en grandissant*); [attitude, behaviour, phase] abandonner (en grandissant OR en prenant de l'âge); **Moira has outgrown dolls** Moira

est devenue trop grande pour s'intéresser aux poupées; **he has outgrown his protest phase** il a dépassé le stade de la contestation; **I think I just outgrew our friendship** je crois qu'avec l'âge, notre amitié a tout simplement perdu son intérêt pour moi.

**outgrowth** ['aʊtgrəʊθ] *n literal* excroissance *f*; *fig* [consequence] conséquence *f*.

**outgun** [,aʊt'gʌn] (*pt* & *pp* **outgunned**, *cont* **outgunning**) *vt* MIL avoir une puissance de feu supérieure à; *fig* vaincre, l'emporter sur.

**outhouse** ['aʊthaʊs, *pl* -haʊzɪz] *n* **-1.** Br [outbuilding] remise *f*. **-2.** Am [toilet] toilettes *fpl* extérieures.

**outing** ['aʊtɪŋ] *n* **-1.** [trip] sortie *f*; **to go on an ~** faire une excursion ❑ **school ~** sortie scolaire. **-2.** [of homosexuals] *délation d'homosexuels dans le monde de la politique et du spectacle*.

**outlandish** [aʊt'lændɪʃ] *adj* [eccentric – appearance, behaviour, idea] bizarre, excentrique; *pej* [language, style] barbare.

**outlast** [,aʊt'lɑːst] *vt* [subj: person] survivre à; [subj: machine] durer plus longtemps que.

**outlaw** ['aʊtlɔː] ◇ *n* hors-la-loi *m inv*. ◇ *vt* [person] mettre hors la loi; [behaviour] proscrire, interdire; [organization] interdire.

**outlay** [*n* 'aʊtleɪ, *vb* aʊt'leɪ] (*pt* & *pp* **outlaid** [-'leɪd]) ◇ *n* [expense] dépense *f*; [investment] investissement *m*, mise *f* de fonds. ◇ *vt* [spend] dépenser; [invest] investir.

**outlet** ['aʊtlet] ◇ *n* **-1.** [for liquid, air, smoke] bouche *f*; [in reservoir, lock] déversoir *m*, dégorgeoir *m*; [tap] vanne *f* d'écoulement; **the pipe/channel provides an ~ for excess water** le tuyau/le canal permet l'écoulement du trop-plein d'eau. **-2.** [mouth of river] embouchure *f*. **-3.** [for feelings, energy] exutoire *m*; **children need an ~ for their energies** les enfants ont besoin de se défouler. **-4.** [for talent] débouché *m*; **the programme provides an ~ for young talent** l'émission permet à de jeunes talents de se faire connaître. **-5.** COMM [market] débouché *m*; **there are not many sales ~s in Japan** le Japon offre peu de débouchés commerciaux || [sales point] point *m* de vente; **our North American ~s** notre réseau (de distribution) en Amérique du Nord. **-6.** Am ELEC prise *f* (de courant). ◇ *comp* [for liquid] d'écoulement; [for gas, smoke] d'échappement.

**outline** ['aʊtlaɪn] ◇ *n* **-1.** [contour, shape] silhouette *f*, contour *m*; [of building, of mountains] silhouette *f*; [of face, figure] profil *m*; ART [sketch] esquisse *f*, ébauche *f*; **to draw sthg in ~** faire un croquis de qqch. **-2.** [plan – of project, essay] plan *m* d'ensemble, esquisse *f*; [– of book] canevas *m*; [general idea] idée *f* générale, grandes lignes *fpl*; [overall view] vue *f* d'ensemble; **she gave us an ~ of** OR **she explained to us in ~ what she intended to do** elle nous a expliqué dans les grandes lignes ce qu'elle avait l'intention de faire. ◇ *vt* **-1.** [plan, theory] expliquer dans les grandes lignes; [facts] résumer, passer en revue; **he ~d the situation briefly** il dressa un bref bilan de la situation; **could you ~ your basic reasons for leaving?** pourriez-vous exposer brièvement les principales raisons de votre départ? **-2.** [person, building, mountain]: **the trees were ~d against the blue sky** les arbres se détachaient sur le fond bleu du ciel. **-3.** ART esquisser (les traits de), tracer; **to ~ sthg in pencil** faire le croquis de qqch; **the figures are ~d in charcoal** les personnages sont esquissés au fusain.

**outlive** [,aʊt'lɪv] *vt* survivre à; **she ~d her husband by only six months** elle n'a survécu à son mari que six mois; **he'll ~ us all at this rate** au train où il va, il nous enterrera tous; **the measures have ~d their usefulness** les mesures n'ont plus de raison d'être.

**outlook** ['aʊtlʊk] *n* **-1.** [prospect] perspective *f*; ECON & POL horizon *m*, perspectives *fpl* (d'avenir); **the ~ for the New Year is promising** cette nouvelle année s'annonce prometteuse; **it's a bleak ~ for the unemployed** pour les sans-emploi, les perspectives d'avenir ne sont guère réjouissantes; **the ~ for the future is grim** l'avenir est sombre || METEOR prévision *f*, prévisions *fpl*; **the ~ for March is cold and windy** pour mars, on prévoit un temps froid avec beaucoup de vent. **-2.** [viewpoint] point de vue *m*, conception *f*; **she has a pessimistic ~** elle voit les choses en noir OR de manière pessimiste. **-3.** [view – from window] perspective *f*, vue *f*.

**outlying** ['aʊt,laɪɪŋ] *adj* [remote – area, village] isolé, à l'écart;

[far from centre – urban areas] périphérique; the ~ suburbs la grande banlieue.

**outmanoeuvre** *Br*, **outmaneuver** *Am* [ˌaʊtmə'nuːvəʳ] *vt* MIL se montrer meilleur tacticien que; *fig* déjouer les manœuvres de; we were ~d by the opposition l'opposition nous a pris de vitesse.

**outmoded** [ˌaʊt'məʊdɪd] *adj* démodé, désuet (*f* -ète).

**outnumber** [ˌaʊt'nʌmbəʳ] *vt* être plus nombreux que; they were ~ed by the enemy l'ennemi était supérieur en nombre; women ~ men by two to one il y a deux fois plus de femmes que d'hommes.

**out-of-bounds** *adj* **-1.** [barred] interdit; ~ to civilians interdit aux civils. **-2.** *Am* SPORT hors (du) terrain.

**out-of-date** *adj* **-1.** = outdated. **-2.** [expired] périmé.

**out-of-doors** *Br* ◇ *adv* = outdoors. ◇ *adj* = outdoor.

**out-of-pocket** *adj*: I'm £5 out of pocket j'en suis pour 5 livres de ma poche ❑ ~ expenses frais *mpl*.

**out-of-the-ordinary** *adj* insolite.

**out-of-the-way** *adj* **-1.** [isolated] écarté, isolé; [unknown to most people] peu connu; [not popular] peu fréquenté. **-2.** [uncommon] insolite.

**out-of-work** *adj* au chômage.

**outpace** [ˌaʊt'peɪs] *vt* [run faster than] courir plus vite que; [overtake] dépasser, devancer.

**outpatient** ['aʊtˌpeɪʃnt] *n* malade *mf* en consultation externe; ~s' clinic OR department service *m* de consultations externe.

**outplacement** ['aʊtpleɪsmənt] *n* assistance offerte par certaines entreprises à leurs employés pour leur permettre de retrouver un emploi en cas de licenciement.

**outplay** [ˌaʊt'pleɪ] *vt* jouer mieux que, dominer (au jeu).

**outpost** ['aʊtpəʊst] *n* avant-poste *m*; the last ~s of civilization les derniers bastions de la civilisation.

**outpouring** ['aʊtˌpɔːrɪŋ] *n* épanchement *m*; ~s effusions *fpl*.

**output** ['aʊtpʊt] (*pt* & *pp* output, *cont* outputting) ◇ *n* **-1.** [production] production *f*; [productivity] rendement *m*; [power – of machine] rendement *m*, débit *m*; this machine has an ~ of 6,000 items an hour cette machine débite 6 000 pièces à l'heure. **-2.** ELEC puissance *f*; [of amplifier] puissance *f* (de sortie); COMPUT [device] sortie *f*; [printout] sortie *f* papier, tirage *m*. ◇ *vt* COMPUT [data] sortir. ◇ *vi* COMPUT sortir des données.

**outrage** ['aʊtreɪdʒ] ◇ *n* **-1.** [affront] outrage *m*, affront *m*; it's an ~ against public decency c'est un outrage aux bonnes mœurs; it's an ~ against humanity/society c'est un affront à l'humanité/la société ‖ [scandal] scandale *m*; it's an ~ that no-one came to their aid c'est un scandale OR il est scandaleux que personne ne soit venu à leur secours. **-2.** [indignation] indignation *f*. **-3.** [brutal act] atrocité *f*, acte *m* de brutalité OR de violence. ◇ *vt* [person] outrager; [moral sensibility] outrager, faire outrage à.

**outraged** ['aʊtreɪdʒd] *adj* outré, scandalisé; to be ~ at OR by sthg être outré OR scandalisé par qqch.

**outrageous** [aʊt'reɪdʒəs] *adj* **-1.** [scandalous – behaviour, manners] scandaleux; [atrocious – crime, attack etc] monstrueux, atroce. **-2.** [slightly offensive – humour, style] choquant; [– joke, remark] outrageant. **-3.** [extravagant – person, colour] extravagant. **-4.** [price] exorbitant.

**outrageously** [aʊt'reɪdʒəslɪ] *adv* **-1.** [scandalously] de façon scandaleuse, scandaleusement; [atrociously] atrocement, monstrueusement; we have been treated ~ on nous a traités d'une façon scandaleuse. **-2.** [extravagantly] de façon extravagante; the shop is ~ expensive les prix pratiqués dans ce magasin sont exorbitants.

**outran** [ˌaʊt'ræn] *pt* → outrun.

**outrank** [aʊt'ræŋk] *vt* avoir un rang plus élevé que; MIL avoir un grade supérieur à.

**outreach** [*vb* aʊt'riːtʃ, *n* 'aʊtriːtʃ] ◇ *vt* **-1.** [exceed] dépasser. **-2.** [in arm length] avoir le bras plus long que; [in boxing] avoir l'allonge supérieure à. ◇ *n* ADMIN recherche des personnes qui ne demandent pas l'aide sociale dont elles pourraient bénéficier.

**outrider** ['aʊtˌraɪdəʳ] *n Br* [motorcyclist] motard *m* (d'escorte); [horseman] cavalier *m*.

**outrigger** ['aʊtˌrɪgəʳ] *n* NAUT [gen] balancier *m*; [on racing boat] portant *m*, outrigger *m*.

**outright** [*adj* 'aʊtraɪt, *adv* aʊt'raɪt] ◇ *adj* **-1.** [absolute – dishon-esty, hypocrisy] pur (et simple), absolu; [– liar] fieffé; [– ownership] total, absolu; [frank – denial, refusal] net, catégorique; he's an ~ fascist! c'est un vrai fasciste!; it was ~ blackmail c'était purement et simplement du chantage OR du chantage, ni plus ni moins. **-2.** [clear – win, winner] incontesté. **-3.** COMM [sale – for cash] au comptant; [– total] en bloc. ◇ *adv* **-1.** [frankly – refuse] net, carrément; [– ask] carrément, franchement. **-2.** [totally – oppose] absolument; [– own] totalement. **-3.** [clearly – win] nettement, haut la main. **-4.** COMM [sell – for cash] au comptant; [– totally] en bloc. **-5.** [instantly]: they were killed ~ ils ont été tués sur le coup.

**outrun** [ˌaʊt'rʌn] (*pt* outran [-'ræn], *pp* outrun, *cont* outrunning) *vt* **-1.** [run faster than] courir plus vite que; [pursuer] distancer. **-2.** [ability, energy, resources] excéder, dépasser.

**outsell** [ˌaʊt'sel] (*pt* & *pp* outsold [-'səʊld]) *vt* [subj: article] se vendre mieux que; [subj: company] vendre davantage que.

**outset** ['aʊtset] *n*: at the ~ au début, au départ; from the ~ dès le début, d'emblée.

**outshine** [ˌaʊt'ʃaɪn] (*pt* & *pp* outshone [-'ʃɒn]) *vt* [subj: star] briller plus que; *fig* [rival] éclipser, surpasser.

**outside** [*adv* aʊt'saɪd, *adj* 'aʊtsaɪd, *prep* & *n* aʊt'saɪd, 'aʊtsaɪd] ◇ *adv* **-1.** [outdoors] dehors, à l'extérieur; it's cold ~ il fait froid dehors; to go ~ sortir; seen from ~ vu de l'extérieur; you'll have to park ~ il faudra vous garer dans la rue. **-2.** [on other side of door] dehors. **-3.** [out of prison] dehors. ◇ *prep* **-1.** [on or to the exterior] à l'extérieur de, hors de; nobody is allowed ~ the house personne n'a le droit de quitter la maison; put the eggs ~ the window/door mettez les œufs sur le rebord de la fenêtre/devant la porte; she was wearing her shirt ~ her trousers elle portait sa chemise par-dessus son pantalon; nobody ~ the office must know personne ne doit être mis au courant en dehors du bureau; the troublemakers were people from ~ the group *fig* les fauteurs de troubles ne faisaient pas partie du groupe. **-2.** [away from]: we live some way ~ the town nous habitons assez loin de la ville; I don't think anybody ~ France has heard of him je ne pense pas qu'il soit connu ailleurs qu'en France. **-3.** [in front of] devant. **-4.** [beyond] en dehors de, au-delà de; it's ~ his field ce n'est pas son domaine; it's ~ my experience ça ne m'est jamais arrivé; the matter is ~ our responsibility la question ne relève pas de notre responsabilité; ~ office hours en dehors des heures de bureau. ◇ *adj* **-1.** [exterior] extérieur; the ~ world le monde extérieur; she has few ~ interests elle s'intéresse à peu de choses à part son travail; an ~ toilet les toilettes (situées) à l'extérieur; ~ lane [driving on left] file *f* OR voie *f* de droite; [driving on right] file *f* OR voie *f* de gauche; an ~ line [on telephone] une ligne extérieure. **-2.** [from elsewhere – help, influence] extérieur; to get an ~ opinion demander l'avis d'un tiers. **-3.** [poor – possibility] faible; she has only an ~ chance of winning elle n'a que très peu de chances de gagner. **-4.** [maximum – price] maximum. **-5.** [not belonging to a group] extérieur, indépendant. ◇ *n* **-1.** [exterior – of building, container] extérieur *m*, dehors *m*; the arms were flown in from ~ les armes ont été introduites dans le pays par avion ‖ *fig*: looking at the problem from (the) ~ quand on considère le problème de l'extérieur. **-2.** [out of prison]: I've almost forgotten what life is like on the ~ j'ai presque oublié ce qu'est la vie dehors OR de l'autre côté des barreaux. **-3.** AUT: to overtake on the ~ [driving on left] doubler à droite; [driving on right] doubler à gauche. **-4.** [outer edge] extérieur *m*. ◆ **at the outside** *adv phr* **-1.** [in number] tout au plus, au maximum. **-2.** [in time] au plus tard. ◆ **outside of** *esp Am* **-1.** = outside *prep*. **-2.** [except for] en dehors de. **-3.** [more than] au-delà de; an offer ~ of 10 million une offre de plus de OR supérieure à 10 millions.

**outside broadcast** *n* reportage *m*.

**outside half** *n* SPORT demi *m* d'ouverture.

**outsider** [ˌaʊt'saɪdəʳ] *n* **-1.** [person] étranger *m*, -ère *f*; he's always been a bit of an ~ il a toujours été plutôt marginal; I'd be glad to have an ~'s viewpoint je serais heureux d'avoir un point de vue extérieur. **-2.** [outside competitor] outsider *m*.

**outsize** ['aʊtsaɪz] *Br* ◇ *n* [gen] grande taille *f*, grandes tailles *fpl*; [for men] très grand patron *m*. ◇ *adj* **-1.** [large] énorme, colossal. **-2.** [in clothes sizes] grande taille (*inv*).

**outsized** ['aʊtsaɪzd] *adj* énorme, colossal.

**outskirts** ['aʊtskɜːts] *npl* [of town] banlieue *f*, périphérie *f*; [of forest] orée *f*, lisière *f*; we live on the ~ of Copenhagen nous habitons la banlieue de Copenhague.

**outsmart** [,aʊt'smɑːt] *vt* se montrer plus malin que.

**outspoken** [,aʊt'spəʊkn] *adj* franc (*f* franche); to be ~ parler franchement, avoir son franc-parler; he has always been an ~ critic of the reforms il a toujours ouvertement critiqué les réformes.

**outspread** [,aʊt'spred] *adj* écarté; with ~ arms les bras écartés; with ~ wings les ailes déployées.

**outstanding** [,aʊt'stændɪŋ] *adj* **-1.** [remarkable – ability, performance] exceptionnel, remarquable; [notable – event, feature] marquant, mémorable; a ~ politician un politicien hors pair OR exceptionnel. **-2.** [unresolved – problem] non résolu, en suspens; there is still one ~ matter il reste encore un problème à régler || [unfinished – business, work] inachevé, en cours; ADMIN en souffrance, en attente; there are about 20 pages ~ il reste environ 20 pages à faire || [unpaid – bill] impayé; ~ payment impayé *m*; ~ interest/rent arriérés *mpl* d'intérêt/de loyer. **-3.** ST. EX émis.

**outstandingly** [,aʊt'stændɪŋlɪ] *adv* exceptionnellement, remarquablement.

**outstation** ['aʊtsteɪʃn] *n* **-1.** [in colony, isolated region] avant-poste *m*.**-2.** RADIO station *f* extérieure OR satellite.

**outstay** [,aʊt'steɪ] *vt* **-1.** [subj: guests] rester plus longtemps que; to ~ one's welcome abuser de l'hospitalité de ses hôtes. **-2.** *Br* SPORT [competitor] tenir plus longtemps que.

**outstretched** [,aʊt'stretʃt] *adj* [limbs, body] étendu, allongé; [wings] déployé; with arms ~, with ~ arms les bras écartés; [in welcome] à bras (grand) ouverts.

**outstrip** [,aʊt'strɪp] (*pt & pp* **outstripped**, *cont* **outstripping**) *vt Br* dépasser, surpasser.

**outtake** ['aʊtteɪk] *n* CIN & TV coupure *f*.

**out tray** *n* corbeille *f* sortie.

**outvote** [,aʊt'vəʊt] *vt* [bill, reform] rejeter (à la majorité des voix); [person] mettre en minorité; I wanted to go to the cinema, but I was ~d je voulais aller au cinéma, mais les autres ont voté contre.

**outward** ['aʊtwəd] ◇ *adj* **-1.** [external] extérieur, externe; [apparent] apparent; to (all) ~ appearances, she's very successful selon toute apparence, elle réussit très bien; an ~ show of wealth un étalage de richesses; she showed no ~ signs of fear elle ne montrait aucun signe de peur. **-2.** [in direction] vers l'extérieur; the ~ journey le voyage aller, l'aller *m*. ◇ *adv* vers l'extérieur; ~ bound [ship, train] en partance.

**outward bound course** *n* école *f* d'aventure.

**outwardly** ['aʊtwədlɪ] *adv* en apparence; ~ they seem to get on ils donnent l'impression de bien s'entendre.

**outwards** ['aʊtwədz] *adv* vers l'extérieur; his feet turn ~ il marche les pieds en dehors.

**outweigh** [aʊt'weɪ] *vt* l'emporter sur; the advantages easily ~ the disadvantages les avantages l'emportent largement sur les inconvénients.

**outwit** [,aʊt'wɪt] (*pt & pp* **outwitted**, *cont* **outwitting**) *vt* se montrer plus malin que; we've been outwitted on nous a eus.

**outwork** ['aʊtwɜːk] *n Br* [work] travail *m* fait à l'extérieur.
◆ **outworks** *npl* MIL ouvrage *m* défensif avancé.

**outworker** ['aʊt,wɜːkər] *n Br* travailleur *m* à domicile.

**ouzo** ['uːzəʊ] *n* ouzo *m*.

**ova** ['əʊvə] *pl* → **ovum**.

**oval** ['əʊvl] ◇ *adj* (en) ovale. ◇ *n* ovale *m*.
◆ **Oval** *pr n*: the Oval *célèbre terrain de cricket dans le centre de Londres.*

**Oval Office** *pr n* [office] Bureau *m* ovale; [authority] présidence *f* des États-Unis.

**ovarian** [əʊ'veərɪən] *adj* ovarien.

**ovary** ['əʊvərɪ] (*pl* **ovaries**) *n* ovaire *m*.

**ovate** ['əʊveɪt] *adj* oviforme.

**ovation** [əʊ'veɪʃn] *n* ovation *f*; to give sb an ~ faire une ovation à qqn.

**oven** ['ʌvn] *n* four *m*; to cook sthg in an ~ faire cuire qqch au four; cook in a hot/medium ~ faire cuire à four chaud/à four moyen; Athens is like an ~ in summer *fig* Athènes est une vraie fournaise en été.

**ovenable** ['ʌvnəbl] *adj* allant au four.

**oven glove** *n* gant *m* isolant.

**ovenproof** ['ʌvnpruːf] *adj* allant OR qui va au four.

**oven-ready** *adj* prêt à cuire OR à mettre au four.

**ovenware** ['ʌvnweər] *n* plats *mpl* allant au four.

**over** ['əʊvər] ◇ *prep* **A. -1.** [above] au-dessus de; the plane came down ~ France l'avion s'est écrasé en France. **-2.** [on top of, covering] sur, par-dessus; put a lace cloth ~ the table mets une nappe en dentelle sur la table; she wore a cardigan ~ her dress elle portait un gilet par-dessus sa robe; she wore a black dress with a red cardigan ~ it elle avait une robe noire avec un gilet rouge par-dessus; I put my hand ~ my mouth j'ai mis ma main devant ma bouche. **-3.** [across the top or edge of] par-dessus; he was watching me ~ his newspaper il m'observait par-dessus son journal. **-4.** [across the entire surface of]: to cross ~ the road traverser la rue; they live ~ the road from me ils habitent en face de chez moi; there's a fine view ~ the valley on a une belle vue sur la vallée; he ran his eye ~ the article il a parcouru l'article des yeux; she ran her hand ~ the smooth marble elle passa la main sur le marbre lisse; we travelled for days ~ land and sea nous avons voyagé pendant des jours par terre et par mer; a strange look came ~ her face son visage prit une expression étrange. **-5.** [on the far side of]: the village ~ the hill le village de l'autre côté de la colline; they must be ~ the border by now ils doivent avoir passé la frontière maintenant.

**B. -1.** [indicating position of control]: to rule ~ a country régner sur un pays. **-2.** [indicating position of superiority, importance] sur; a victory ~ the forces of reaction une victoire sur les forces réactionnaires.

**C. -1.** [with specific figure or amount – more than] plus de; I took me well/just ~ an hour j'ai mis bien plus/un peu plus d'une heure; children ~ (the age of) 7 les enfants (âgés) de plus de 7 ans; think of a number ~ 100 pensez à un chiffre supérieur à 100. **-2.** [louder than]: his voice rang out ~ the others sa voix dominait toutes les autres; I couldn't hear what she was saying ~ the music la musique m'empêchait d'entendre ce qu'elle disait. **-3.** MATH [divided by]: eight ~ two huit divisé par deux. **-4.** [during]: I've got a job ~ the long vacation je vais travailler pendant les grandes vacances; what are you doing ~ Easter? qu'est-ce que tu fais pour Pâques?; ~ the next few decades au cours des prochaines décennies; we discussed it ~ a drink/~ a game of golf nous en avons discuté autour d'un verre/en faisant une partie de golf.

**D. -1.** [concerning] au sujet de; a disagreement ~ working conditions un conflit portant sur les conditions de travail; they're always quarrelling ~ money ils se disputent sans cesse pour des questions d'argent. **-2.** [by means of, via]: I heard it ~ the radio je l'ai entendu à la radio. **-3.** [recovered from]: are you ~ your bout of flu? est-ce que tu es guéri OR est-ce que tu t'es remis de ta grippe?; he's ~ the shock now il s'en est remis maintenant; we'll soon be ~ the worst le plus dur sera bientôt passé.

◇ *adv* **A. -1.** [indicating movement or location, across distance or space]: an eagle flew ~ un aigle passa au-dessus de nous; she walked ~ to him and said hello elle s'approcha de lui pour dire bonjour; pass my cup ~, will you tu peux me passer ma tasse?; she glanced ~ at me elle jeta un coup d'œil dans ma direction; ~ there là-bas; come ~ here! viens (par) ici!; has Bill been ~? est-ce que Bill est passé?; she drove ~ to meet us elle est venue nous rejoindre en voiture; let's have OR invite them ~ for dinner si on les invitait à dîner?; we have guests ~ from Morocco nous avons des invités qui viennent du Maroc. **-2.** [everywhere]: she's travelled the whole world ~ elle a voyagé dans le monde entier. **-3.** [indicating movement from a higher to a lower level]: I fell ~ je suis tombé (par terre); she knocked her glass ~ elle a renversé son verre; they rolled ~ and ~ in the grass ils se roulaient dans l'herbe. **-4.** [so as to cover]: the bodies were covered ~ with blankets les corps étaient recouverts avec des couvertures. **-5.** [into the hands of another person, group etc]: they handed him ~ to the authorities ils l'ont remis aux autorités OR entre les mains des autorités || RADIO & TV: and now ~ to David Smith in Paris nous passons maintenant l'antenne à David Smith à Paris || TELEC: ~ (to you)! à vous!; ~ and out! terminé!

**B. -1.** [left, remaining]: there were/I had a few pounds (left) ~ il restait/il me restait quelques livres; **seven into fifty-two makes seven with three** ~ cinquante-deux divisé par sept égale sept, il reste trois. **-2.** [with specific figure or amount – more] plus. **-3.** [through]: read it ~ carefully lisez-le attentivement; **do you want to talk the matter** ~? voulez-vous en discuter? **-4.** [again, more than once] encore; **I had to do the whole thing** ~ Am j'ai dû tout refaire; **she won the tournament five times** ~ elle a gagné le tournoi à cinq reprises.
◇ *adj* fini.
◆ **over and above** *prep phr* en plus de.
◆ **over and over** *adv phr*: I've told you ~ and ~ (again) je te l'ai répété je ne sais combien de fois.
**over-** *in cpds* **-1.** [excessive]: ~activity suractivité *f*; ~cautious trop prudent, d'une prudence excessive. **-2.** [more than]: a club for the ~fifties un club pour les plus de cinquante ans.
**overabundance** [,əʊvərə'bʌndəns] *n* surabondance *f*.
**overabundant** [,əʊvərə'bʌndənt] *adj* surabondant.
**overachieve** [,əʊvərə'tʃiːv] *vi* réussir brillamment.
**overachiever** [,əʊvərə'tʃiːvər] *n* surdoué *m*, -e *f*.
**overact** [,əʊvər'ækt] *vi* forcer la note, avoir un jeu outré.
**overactive** [,əʊvər'æktɪv] *adj*: to have an ~ thyroid faire de l'hyperthyroïdie.
**overage** ['əʊvərɪdʒ] *n Am* [surplus] surplus *m*, excédent *m*.
**over-age** *adj* [too old] trop âgé.
**overall** [*adv* ,əʊvər'ɔːl, *adj* & *n* 'əʊvərɔːl] ◇ *adv* **-1.** [in general – consider, examine] en général, globalement. **-2.** [measure] de bout en bout, d'un bout à l'autre; [cost, amount] en tout. **-3.** [in competition, sport] au classement général. ◇ *adj* **-1.** [general] global, d'ensemble; **my** ~ **impression** mon impression d'ensemble. **-2.** [total – cost, amount] total; [– measurement] total, hors tout. ◇ *n* [protective coat] blouse *f*; Am [boiler suit] bleu *m* de travail.
◆ **overalls** *npl Br* [boiler suit] bleu *m* de travail; Am [dungarees] salopette *f*.
**overambitious** [,əʊvəræm'bɪʃəs] *adj* trop ambitieux.
**overanxious** [,əʊvər'æŋkʃəs] *adj* **-1.** [worried] trop inquiet; **don't be** ~ **about the exam** ne vous inquiétez pas trop au sujet de l'examen. **-2.** [keen] trop soucieux; **he did not seem** ~ **to meet her** il n'avait pas l'air tellement pressé de faire sa connaissance.
**overarm** ['əʊvərɑːm] ◇ *adv*: to throw a ball ~ lancer une balle par-dessus à tête; to swim ~ nager à l'indienne. ◇ *adj*: ~ stroke brasse *f* indienne.
**overate** [,əʊvər'et] *pt* → **overeat**.
**overawe** [,əʊvər'ɔː] *vt* intimider, impressionner.
**overbalance** [,əʊvə'bæləns] ◇ *vi* [person] perdre l'équilibre; [load, pile] basculer, se renverser; [car] capoter; [boat] chavirer. ◇ *vt* [person] faire perdre l'équilibre à; [pile, vehicle] renverser, faire basculer.
**overbearing** [,əʊvə'beərɪŋ] *adj* autoritaire, impérieux.
**overbid** [*vb* ,əʊvə'bɪd, *n* 'əʊvəbɪd] (*pt & pp* **overbid**, *cont* **overbidding**) ◇ *vt* enchérir sur. ◇ *vi* surenchérir. ◇ *n* surenchère *f*.
**overblown** [,əʊvə'bləʊn] *adj* **-1.** [flower, beauty] qui commence à se faner. **-2.** *pej* [prose, style] boursouflé, ampoulé, pompier.
**overboard** ['əʊvəbɔːd] *adv* NAUT par-dessus bord; **to jump** ~ sauter à la mer; **man** ~! un homme à la mer! ❑ **to throw** sthg/sb ~ *literal* jeter qqch/qqn par-dessus bord; *fig* se débarrasser de qqch/qqn; **to throw a project** ~ abandonner un projet; **to go** ~ *inf* dépasser la mesure, exagérer; **he has really gone** ~ **with his latest film** il a vraiment dépassé les bornes avec son dernier film; **the critics went** ~ **about her first novel** les critiques se sont enthousiasmés OR emballés pour son premier roman.
**overbook** [,əʊvə'bʊk] ◇ *vt* [flight, hotel] surréserver. ◇ *vi* [airline, hotel] surréserver.
**overbooking** [,əʊvə'bʊkɪŋ] *n* surréservation *f*, surbooking *m*.
**overburden** [,əʊvə'bɜːdn] *vt* surcharger, accabler; ~ed with debts criblé de dettes.
**overcame** [,əʊvə'keɪm] *pt* → **overcome**.

**overcast** [*vb* ,əʊvə'kɑːst, *adj* & *n* 'əʊvəkɑːst] (*pt & pp* **overcast**) ◇ *vt* SEW surfiler. ◇ *adj* [sky] sombre, couvert; [weather] couvert; **it's getting** ~ le temps se couvre; **the sky became** ~ le ciel s'assombrit.
**overcautious** [,əʊvə'kɔːʃəs] *adj* trop prudent, prudent à l'excès.
**overcharge** [,əʊvə'tʃɑːdʒ] ◇ *vt* **-1.** [customer] faire payer trop cher; **they** ~**d me for the coffee** ils m'ont fait payer le café trop cher. **-2.** ELEC [circuit] surcharger. **-3.** *Br* [description, picture] surcharger. ◇ *vi* faire payer trop cher; **they** ~**d for the tomatoes** ils ont fait payer les tomates trop cher.
**overcloud** [,əʊvə'klaʊd] ◇ *vt*: the sky became ~ed le ciel se couvrit de nuages. ◇ *vi* se couvrir, devenir nuageux.
**overcoat** ['əʊvəkəʊt] *n* manteau *m*, pardessus *m*.
**overcome** [,əʊvə'kʌm] (*pt* **overcame** [-'keɪm], *pp* **overcome**) ◇ *vt* **-1.** [vanquish – enemy, opposition] vaincre, triompher de; [– difficulty, shyness] surmonter; [– fear, repulsion, prejudice] vaincre, surmonter, maîtriser; [master – nerves] maîtriser, contrôler. **-2.** [debilitate, weaken] accabler; **the heat overcame me** la chaleur finit par me terrasser; **she was** ~ **by the fumes** les émanations lui ont fait perdre connaissance. **-3.** (*usu passive*) [overwhelm]: to be ~ **by fear** être paralysé par la peur; to be ~ **with joy** être comblé de joie; to be ~ **with grief** être accablé par la douleur; **I was** ~ **by the news** la nouvelle m'a bouleversé; **in a voice** ~ **with emotion** d'une voix tremblante d'émotion; **how did he take the news?** — **he was quite** ~ comment a-t-il pris la nouvelle? — il est resté muet. ◇ *vi* vaincre.
**overcompensate** [,əʊvə'kɒmpənseɪt] *vt* surcompenser.
**overcomplicated** [,əʊvə'kɒmplɪkeɪtɪd] *adj* trop OR excessivement compliqué.
**overconfidence** [,əʊvə'kɒnfɪdəns] *n* **-1.** [arrogance] suffisance *f*, présomption *f*. **-2.** [trust] confiance *f* aveugle OR excessive.
**overconfident** [,əʊvə'kɒnfɪdənt] *adj* **-1.** [arrogant] suffisant, présomptueux. **-2.** [trusting] trop confiant; **I'm not** ~ **of his chances of recovery** je ne crois pas trop en ses chances de guérison.
**overcook** [,əʊvə'kʊk] ◇ *vt* faire trop cuire; **the vegetables are** ~**ed** les légumes sont trop cuits. ◇ *vi* trop cuire.
**overcrowded** [,əʊvə'kraʊdɪd] *adj* [bus, train, room] bondé, comble; [city, country, prison] surpeuplé; [streets] plein de monde; [class] surchargé; **they live in very** ~ **conditions** ils vivent très à l'étroit.
**overcrowding** [,əʊvə'kraʊdɪŋ] *n* surpeuplement *m*, surpopulation *f*; [in housing] entassement *m*; [in bus, train etc] entassement *m* des voyageurs, affluence *f*; [in schools] effectifs *mpl* surchargés; [in prisons] surpeuplement *m*.
**overdevelop** [,əʊvədɪ'veləp] *vt* [gen & PHOT] surdévelopper; **parts of the coastline have been** ~**ed** par endroits le littoral est trop construit.
**overdeveloped** [,əʊvədɪ'veləpt] *adj* [gen & PHOT] surdéveloppé.
**overdevelopment** [,əʊvədɪ'veləpmənt] *n* surdéveloppement *m*.
**overdo** [,əʊvə'duː] (*pt* **overdid** [-'dɪd], *pp* **overdone** [-'dʌn]) *vt* **-1.** [exaggerate] exagérer, pousser trop loin; **he rather overdoes the penniless student (bit)** il joue un peu trop l'étudiant pauvre; **you've overdone the curry powder** tu as eu la main un peu lourde avec le curry. **-2.** [eat, drink too much of]: don't ~ **the whisky** n'abuse pas du whisky. **-3.** *phr*: to ~ **it, to** ~ **things** se surmener; I've been ~**ing it again** j'ai de nouveau un peu trop forcé. **-4.** CULIN trop cuire.
**overdone** [,əʊvə'dʌn] ◇ *pp* → **overdo**. ◇ *adj* **-1.** [exaggerated] exagéré, excessif. **-2.** CULIN trop cuit.
**overdose** [*n* 'əʊvədəʊs, *vb* ,əʊvə'dəʊs] ◇ *n* [of drugs] dose *f* massive OR excessive **she died from a drugs** ~ elle est morte d'une overdose ‖ *fig* dose *f*. ◇ *vi* prendre une overdose; **he** ~**d on heroin/LSD** il a pris une overdose d'héroïne/de LSD; **I've been overdosing on chocolate recently** *hum* j'ai trop forcé sur le chocolat ces derniers temps. ◇ *vt* [patient] administrer une dose excessive à; [drug] prescrire une dose excessive de.
**overdraft** ['əʊvədrɑːft] *n* découvert *m* (bancaire); **to have an** ~ avoir un découvert; **the bank gave me a £100** ~ la banque m'a accordé un découvert de 100 livres ❑ ~ **facili-**

ties autorisation *f* de découvert.

**overdraw** [,əʊvə'drɔː] (*pt* **overdrew** [-'druː], *pp* **overdrawn** [-'drɔːn]) ◇ *vt* [account] mettre à découvert. ◇ *vi* mettre son compte à découvert.

**overdrawn** [,əʊvə'drɔːn] *adj* à découvert; to be OR to go ~ être OR se mettre à découvert; my account is ~ mon compte est à découvert; I'm ~ by £100 j'ai un découvert de 100 livres.

**overdress** [*vb* ,əʊvə'dres, *n* 'əʊvədres] ◇ *vi pej* s'habiller avec trop de recherche, porter des toilettes trop recherchées. ◇ *n* robe-chasuble *f*.

**overdressed** [,əʊvə'drest] *adj* habillé avec trop de recherche; I felt ~ in my dinner suit j'avais la sensation d'être emprunté dans mon smoking.

**overdrive** ['əʊvədraɪv] *n* AUT (vitesse *f*) surmultipliée *f*, overdrive *m*; to go into ~ *fig* mettre les bouchées doubles.

**overdue** [,əʊvə'djuː] *adj* **-1.** [bus, flight, person] en retard; she is long ~ elle devrait être là depuis longtemps ‖ [payment, rent] en retard, impayé; [library book] non retourné; our repayments are two months ~ nous avons un retard de deux mois dans nos remboursements. **-2.** [apology] tardif; an explanation is ~ le moment semble venu de donner une explication, il est temps de donner une explication ‖ [change, reform] qui tarde, qui se fait attendre; this reform is long ~ cette réforme aurait dû être appliquée il y a longtemps; the car is ~ for a service la voiture a besoin d'être révisée. **-3.** [in pregnancy]: to be ~ être en retard.

**overeager** [,əʊvə'iːgəʳ] *adj* trop empressé; he is ~ to please il est trop soucieux OR désireux de plaire.

**overeat** [,əʊvə'iːt] (*pt* **overate** [-'et], *pp* **overeaten** [-'iːtn]) *vi* [once] trop manger, faire un repas trop copieux; [habitually] se suralimenter.

**overeating** [,əʊvə'iːtɪŋ] *n* [habitual] suralimentation *f*.

**overelaborate** [,əʊvəɪ'læbərɪt] *adj* [dress, style] trop recherché; [ornamentation] tarabiscoté; [explanation, excuse] tiré par les cheveux; [description] alambiqué, contourné.

**overemotional** [,əʊvəɪ'məʊʃənl] *adj* hyperémotif, trop émotif.

**overemphasize**, **-ise** [,əʊvəɪ'emfəsaɪz] *vt* trop mettre l'accent sur, trop insister sur; I cannot ~ the need for discretion je n'insisterai jamais assez sur la nécessité de faire preuve de discrétion.

**overenthusiastic** ['əʊvərɪn,θjuːzɪ'æstɪk] *adj* trop enthousiaste.

**overestimate** [,əʊvər'estɪmeɪt] *vt* surestimer.

**overexaggerate** [,əʊvərɪg'zædʒəreɪt] *vt* exagérer, attacher trop d'importance à.

**overexcite** [,əʊvərɪk'saɪt] *vt* surexciter.

**overexcited** [,əʊvərɪk'saɪtɪd] *adj* surexcité; to become OR to get ~ (trop) s'énerver; don't get ~, they haven't arrived yet ne vous excitez pas, ils ne sont pas encore arrivés.

**overexcitement** [,əʊvərɪk'saɪtmənt] *n* surexcitation *f*.

**overexert** [,əʊvərɪg'zɜːt] *vt* surmener; to ~ o.s. se surmener, s'éreinter.

**overexertion** [,əʊvərɪg'zɜːʃn] *n* surmenage *m*.

**overexpose** [,əʊvərɪk'spəʊz] *vt literal & fig* surexposer.

**overexposure** [,əʊvərɪk'spəʊʒəʳ] *n literal & fig* surexposition *f*.

**overfamiliar** [,əʊvəfə'mɪljəʳ] *adj* **-1.** [too intimate, disrespectful] trop familier. **-2.** [conversant]: I'm not ~ with the system je ne connais pas très bien le système.

**overfamiliarity** ['əʊvəfə,mɪlɪ'ærətɪ] *n* familiarité *f* excessive.

**overfeed** [,əʊvə'fiːd] (*pt & pp* **overfed** [-'fed]) ◇ *vt* suralimenter. ◇ *vi* se suralimenter, trop manger.

**overfill** [,əʊvə'fɪl] *vt* trop remplir.

**overflow** [*vb* ,əʊvə'fləʊ, *n* 'əʊvəfləʊ] ◇ *vi* **-1.** [with liquid – container, bath] déborder; [river] déborder, sortir de son lit; the glass is full to ~ing le verre est plein à ras bord; the river frequently ~s onto the surrounding plain la rivière inonde souvent la plaine environnante ‖ [with people – room, vehicle] déborder, être plein à craquer; the shop was full to ~ing le magasin était plein à craquer ‖ [with objects – box, wastebin] déborder; the contents of the bin ~ed onto the floor le contenu de la poubelle s'est répandu par terre; her desk was ~ing with papers son bureau disparaissait sous

les papiers. **-2.** *fig* [with emotion] déborder; his heart was ~ing with joy son cœur débordait de joie. ◇ *vt* déborder de; the river ~ed its banks la rivière est sortie de son lit OR a débordé. ◇ *n* **-1.** [drain – from sink, cistern] trop-plein *m*; [– large-scale] déversoir *m*. **-2.** [excess – of population, production] excédent *m*, surplus *m*; [– of energy, emotion] trop-plein *m*, débordement *m*. **-3.** [flooding] inondation *f*; [excess] trop-plein *m*. **-4.** COMPUT dépassement *m* de capacité, débordement *m*.

**overflown** [,əʊvə'fləʊn] *pp* → **overfly**.

**overflow pipe** *n* trop-plein *m*, tuyau *m* d'écoulement.

**overfly** [,əʊvə'flaɪ] (*pt* **overflew** [-'fluː], *pp* **overflown** [-'fləʊn]) *vt* survoler.

**overfond** [,əʊvə'fɒnd] *adj*: she's not ~ of children on ne peut pas dire qu'elle ait une passion pour les enfants.

**overfull** [,əʊvə'fʊl] *adj* trop plein, qui déborde.

**overgenerous** [,əʊvə'dʒenərəs] *adj* [person, act] (trop) généreux, prodigue; [portion] trop copieux, excessif.

**overground** ['əʊvəɡraʊnd] ◇ *adj* à la surface du sol, en surface. ◇ *adv* à la surface du sol; the line goes ~ when it reaches the suburbs la ligne fait surface quand elle arrive en banlieue.

**overgrown** [,əʊvə'ɡrəʊn] *adj* [garden, path etc]: ~ with envahi par; the garden has become very ~ le jardin est devenu une vraie jungle; a wall ~ with ivy un mur recouvert de lierre; he's just an ~ schoolboy *fig* c'est un grand enfant.

**overhand** ['əʊvəhænd] = **overarm**.

**overhang** [*vb* ,əʊvə'hæŋ, *n* 'əʊvəhæŋ] (*pt & pp* **overhung** [-'hʌŋ]) ◇ *vt* **-1.** [subj: cliff, ledge, balcony] surplomber, faire saillie au-dessus de; [subj: cloud, mist, smoke] planer sur, flotter au-dessus de. **-2.** *fig* [subj: threat, danger] planer sur, menacer. ◇ *vi* être en surplomb, faire saillie. ◇ *n* surplomb *m*.

**overhanging** [,əʊvə'hæŋɪŋ] *adj* **-1.** [cliff, ledge, balcony] en surplomb, en saillie. **-2.** *fig* [threat] imminent.

**overhaul** [*n* 'əʊvəhɔːl, *vb* ,əʊvə'hɔːl] ◇ *n* [of car, machine] révision *f*; [of institution, system] révision *f*, remaniement *m*. ◇ *vt* **-1.** [car, machine] réviser; [system] revoir, remanier. **-2.** [catch up] rattraper; [overtake] dépasser; NAUT gagner.

**overhead** [*adv* ,əʊvə'hed, *adj & n* 'əʊvəhed] ◇ *adv* au-dessus. ◇ *adj* **-1.** [cable, railway] aérien; [lighting] au plafond; SPORT [racket stroke] smashé; FTBL [kick] repris. **-2.** COMM: ~ costs frais *mpl* généraux. ◇ *n Am* = **overheads**.

◆ **overheads** *npl Br* frais *mpl* généraux.

**overhead camshaft** *n* arbre *m* à cames en tête.

**overhead door** *n* porte *f* basculante.

**overhead projector** *n* rétroprojecteur *m*.

**overhear** [,əʊvə'hɪəʳ] (*pt & pp* **overheard** [-'hɜːd]) *vt* [gen] entendre par hasard; [conversation] surprendre; I couldn't help ~ing what you were saying malgré moi, j'ai entendu votre conversation; she overheard them talking about her elle les a surpris à parler d'elle.

**overheat** [,əʊvə'hiːt] ◇ *vt* surchauffer. ◇ *vi* chauffer.

**overheated** [,əʊvə'hiːtɪd] *adj* **-1.** [too hot – room] surchauffé, trop chauffé; [– engine] qui chauffe. **-2.** *fig* [angry] passionné, violent, exalté.

**overheating** [,əʊvə'hiːtɪŋ] *n* échauffement *m* excessif.

**overhung** [,əʊvə'hʌŋ] *pt & pp* → **overhang**.

**overimpress** [,əʊvərɪm'pres] *vt*: she wasn't ~ed by the film le film ne l'a pas particulièrement impressionnée.

**overindulge** [,əʊvərɪn'dʌldʒ] ◇ *vt* **-1.** [appetite, desire] céder à, succomber à. **-2.** [person] (trop) gâter; he has a tendency to ~ himself il a tendance à faire des excès OR à se laisser aller. ◇ *vi* [overeat] trop manger; [drink] trop boire; you mustn't ~ il ne faut pas abuser des bonnes choses.

**overindulgence** [,əʊvərɪn'dʌldʒəns] *n* **-1.** [in food and drink] excès *m*, abus *m*. **-2.** [towards person] indulgence *f* excessive, complaisance *f*.

**overindulgent** [,əʊvərɪn'dʌldʒənt] *adj* **-1.** [in food and drink] he's ~ c'est un bon vivant; an ~ weekend un week-end de bombance. **-2.** [towards person] trop indulgent, complaisant.

**overjoyed** [,əʊvə'dʒɔɪd] *adj* comblé, transporté, ravi; she was ~ at being home again elle était ravie d'être rentrée; I was ~ at the news cette nouvelle m'a ravi OR transporté.

**overkill** ['əʊvəkɪl] *n* **-1.** MIL surarmement *m*. **-2.** *fig* exagération f, excès m; media ~ médiatisation f excessive.

**overladen** [ˌəʊvə'leɪdn] ◇ pp→ **overload**. ◇ adj surchargé.

**overlaid** [ˌəʊvə'leɪd] pt & pp→ **overlay**.

**overland** ['əʊvəlænd] adj & adv par voie de terre; the ~ route to India le voyage en Inde par la route.

**overlap** [vb ˌəʊvə'læp, n 'əʊvəlæp] (pt & pp **overlapped**, cont **overlapping**) ◇ vi [gen] (se) chevaucher, se recouvrir en partie; our visits overlapped nos visites ont plus ou moins coïncidé; my responsibilities ~ with hers mes responsabilités empiètent sur les siennes. ◇ vt [in space] faire se chevaucher; [in time] empiéter sur. ◇ n -1. [gen] chevauchement m.-2. GEOL nappe f de charriage.

**overlay** [vb ˌəʊvə'leɪ, n 'əʊvəleɪ] (pt & pp **overlaid** [-'leɪd]) ◇ vt recouvrir. ◇ n -1. [covering] revêtement m.-2. COMPUT recouvrement m.

**overleaf** [ˌəʊvə'liːf] adv au dos, au verso; 'see ~' 'voir au verso'; 'continued ~'[in book, magazine] 'suite page suivante'.

**overload** [vb ˌəʊvə'ləʊd, n 'əʊvələʊd] (pp sense 1 **overloaded** OR **overladen** [-'leɪdn], pp sense 2 **overloaded**) ◇ vt -1. [animal, vehicle] surcharger. -2. [electric circuit] surcharger; [engine, machine] surmener; fig [with work] surcharger, écraser. ◇ n surcharge f.

**overlong** [ˌəʊvə'lɒŋ] ◇ adj trop OR excessivement long. ◇ adv trop longtemps.

**overlook** [ˌəʊvə'lʊk] vt -1. [have view of] avoir vue sur, donner sur; 'villa ~ing the sea' 'villa avec vue sur la mer'. -2. [fail to notice – detail, small thing] laisser échapper, oublier; it's easy to ~ the small print on oublie souvent de lire ce qui est en petits caractères ‖ [neglect] négliger, ne pas prendre en compte; he seems to have ~ed the fact that I might have difficulties l'idée que je puisse avoir des difficultés semble lui avoir échappé; his work has been ~ed for centuries cela fait des siècles que ses travaux sont ignorés ‖ [ignore] laisser passer, passer sur; I'll ~ it this time je veux bien fermer les yeux cette fois-ci. -3. [supervise] surveiller.

**overlord** ['əʊvəlɔːd] n -1. HIST suzerain m.-2. fig grand patron m.

**overly** ['əʊvəlɪ] adj trop; she was not ~ friendly elle ne s'est pas montrée particulièrement aimable.

**overmanned** [ˌəʊvə'mænd] adj [factory, production line] en sureffectif.

**overmanning** [ˌəʊvə'mænɪŋ] n (U) sureffectifs mpl.

**overmuch** [ˌəʊvə'mʌtʃ] fml ◇ adj trop de. ◇ adv outre mesure, trop.

**overnice** [ˌəʊvə'naɪs] adj [distinction] trop subtil; [person] trop méticuleux, pointilleux à l'excès.

**overnight** [adv ˌəʊvə'naɪt, adj & vb 'əʊvənaɪt] ◇ adv -1. [during the night] pendant la nuit; to drive/to fly ~ rouler/voler de nuit ‖ [until next day] jusqu'au lendemain; they stopped OR stayed ~ in Birmingham ils ont passé la nuit à Birmingham; the milk won't keep ~ le lait ne se conservera pas jusqu'à demain. -2. fig [suddenly] du jour au lendemain. ◇ adj -1. [stay, guest] d'une nuit; [clothes, journey] de nuit. -2. fig [sudden] soudain, subit. ◇ vi passer la OR une nuit.

**overnight bag** n sac m OR nécessaire m de voyage.

**overpaid** [ˌəʊvə'peɪd] pt & pp→ **overpay**.

**overpass** ['əʊvəpɑːs] n AUT saut-de-mouton m (route).

**overpay** [ˌəʊvə'peɪ] (pt & pp **overpaid** [-'peɪd]) vt [bill, employee] surpayer, trop payer.

**overpayment** [ˌəʊvə'peɪmənt] n trop-perçu m.

**overplay** [ˌəʊvə'pleɪ] ◇ vt [importance] exagérer; to ~ one's hand présumer de ses forces OR de ses capacités. ◇ vi exagérer un rôle.

**overpopulated** [ˌəʊvə'pɒpjʊleɪtɪd] adj surpeuplé.

**overpopulation** ['əʊvəˌpɒpjʊ'leɪʃn] n surpeuplement m, surpopulation f.

**overpower** [ˌəʊvə'paʊə] vt -1. [physically – enemy, opponent] maîtriser, vaincre. -2. [subj: smell] suffoquer; [subj: heat, emotion] accabler.

**overpowering** [ˌəʊvə'paʊərɪŋ] adj -1. [heat, sensation] accablant, écrasant; [smell] suffocant; [perfume] entêtant. -2. [desire, passion] irrésistible; [grief] accablant; an ~ sense of guilt un sentiment irrépressible de culpabilité. -3. [force] irrésistible. -4. [personality, charisma] dominateur, irrésistible.

**overprice** [ˌəʊvə'praɪs] vt vendre trop cher.

**overpriced** [ˌəʊvə'praɪst] adj excessivement cher; those books are really ~ le prix de ces livres est vraiment excessif OR trop élevé.

**overprint** [vb ˌəʊvə'prɪnt, n 'əʊvəprɪnt] ◇ vt imprimer en surcharge. ◇ n surcharge f.

**overproduce** [ˌəʊvəprə'djuːs] vt surproduire.

**overproduction** [ˌəʊvəprə'dʌkʃn] n surproduction f.

**overprotective** [ˌəʊvəprə'tektɪv] adj trop protecteur, protecteur à l'excès; she is ~ of OR towards her son elle couve trop son fils.

**overpublicize, -ise** [ˌəʊvə'pʌblɪsaɪz] vt faire trop de publicité pour, donner trop de publicité à.

**overqualified** [ˌəʊvə'kwɒlɪfaɪd] adj surqualifié.

**overran** [ˌəʊvə'ræn] pt→ **overrun**.

**overrate** [ˌəʊvə'reɪt] vt [person] surestimer; [book, film] surfaire.

**overrated** [ˌəʊvə'reɪtɪd] adj [person]: he is rather ~ as a novelist sa réputation de romancier est assez surfaite; [book, film]: I think champagne is really ~ je pense que le champagne ne mérite pas sa réputation OR que la réputation du champagne est surfaite.

**overreach** [ˌəʊvə'riːtʃ] vt: to ~ o.s. présumer de ses forces, viser trop haut.

**overreact** [ˌəʊvərɪ'ækt] vi [gen] réagir de façon excessive, dramatiser; [panic] s'affoler.

**overreaction** [ˌəʊvərɪ'ækʃn] n réaction f disproportionnée OR excessive; [panic] affolement m.

**overridable** [ˌəʊvə'raɪdəbl] adj COMPUT annulable.

**override** [ˌəʊvə'raɪd] (pt **overrode** [-'rəʊd], pp **overridden** [-'rɪdn]) vt -1. [instruction, desire, authority] passer outre à, outrepasser; [decision] annuler; [rights] fouler aux pieds, bafouer. -2. [fact, factor] l'emporter sur. -3. [controls, mechanism] annuler, neutraliser. -4. [horse] harasser.

**overriding** [ˌəʊvə'raɪdɪŋ] adj -1. [importance] primordial, capital; [belief, consideration, factor] prépondérant, premier, dominant. -2. JUR [clause] dérogatoire.

**overripe** [ˌəʊvə'raɪp] adj [fruit] trop mûr; [cheese] trop fait.

**overrode** [ˌəʊvə'rəʊd] pt→ **override**.

**overrule** [ˌəʊvə'ruːl] vt [decision] annuler; [claim, objection] rejeter; I was ~d mon avis a été rejeté.

**overrun** [vb ˌəʊvə'rʌn, n 'əʊvərʌn] (pt **overran** [-'ræn], pp **overrun**, cont **overrunning**) ◇ vt -1. [invade] envahir; the garden is ~ with weeds le jardin est envahi de mauvaises herbes; the building was ~ by rats l'immeuble était infesté de rats. -2. [exceed – time limit] dépasser; [overshoot] dépasser, aller au-delà de; to ~ a signal RAIL brûler un signal. -3. TYPO [word, sentence – over line] reporter à la ligne suivante; [– over page] reporter à la page suivante. ◇ vi [programme, speech] dépasser le temps alloué OR imparti; [meeting] dépasser l'heure prévue; the speech overran by ten minutes le discours a duré dix minutes de plus que prévu. ◇ n [in time, space] dépassement m.

**oversaw** [ˌəʊvə'sɔː] pt→ **oversee**.

**overscrupulous** [ˌəʊvə'skruːpjʊləs] adj [morally] trop scrupuleux; [in detail] pointilleux.

**overseas** [adv ˌəʊvə'siːz, adj 'əʊvəsiːz] ◇ adv à l'étranger; to go ~ partir à l'étranger. ◇ adj [student, tourist, market] étranger; [travel, posting] à l'étranger; [mail – from overseas] (en provenance) de l'étranger; [– to an overseas country] pour l'étranger; [trade] extérieur; [colony, possession] d'outre-mer; the Ministry of Overseas Development ≃ le ministère de la Coopération et du Développement.

**oversee** [ˌəʊvə'siː] (pt **oversaw** [-'sɔː], pp **overseen** [-'siːn]) vt [watch] surveiller, contrôler; [supervise] superviser.

**overseer** ['əʊvəˌsiːə] n [foreman] contremaître m, chef m d'équipe; [in mine] porion m; [in printing works] prote m; HIST [of slaves] surveillant m, -e f.

**oversell** [vb ˌəʊvə'sel, n 'əʊvəsel] (pt & pp **oversold** [-'səʊld]) ◇ vt -1. [exaggerate – person, quality] mettre trop en valeur, faire trop valoir. -2. COMM: the concert was oversold on a vendu plus de billets pour le concert qu'il n'y avait de places. ◇ n [exaggeration] éloge m excessif, panégyrique m.

**oversensitive** [ˌəʊvə'sensɪtɪv] adj trop sensible OR susceptible, hypersensible.

**oversexed** [,əʊvə'sekst] *adj*: he's ~ il ne pense qu'au sexe.

**overshadow** [,əʊvə'ʃædəʊ] *vt* -**1.** [eclipse – person, event] éclipser. -**2.** [darken] ombrager; their lives had been ~ed by the death of their father *fig* leur vie avait été endeuillée par la mort de leur père.

**overshoe** ['əʊvəʃuː] *n* galoche *f*.

**overshoot** [*vb* ,əʊvə'ʃuːt, *n* 'əʊvəʃuːt] (*pt* & *pp* **overshot** [-'ʃɒt]) ◇ *vt* dépasser, aller au-delà de; to ~ the mark aller trop loin. ◇ *vi* [aircraft] dépasser la piste. ◇ *n* dépassement *m*.

**oversight** ['əʊvəsaɪt] *n* -**1.** [error] omission *f*, oubli *m*; by OR through an ~ par mégarde, par négligence; due to an ~ your tickets have been sent to your old address vos billets ont été envoyés par erreur à votre ancienne adresse. -**2.** [supervision] surveillance *f*, supervision *f*.

**oversimplification** ['əʊvə,sɪmplɪfɪ'keɪʃn] *n* simplification *f* excessive.

**oversimplify** [,əʊvə'sɪmplɪfaɪ] (*pt* & *pp* **oversimplified**) *vt* simplifier à l'excès.

**oversize(d)** [,əʊvə'saɪz(d)] *adj* -**1.** [very big] énorme, démesuré. -**2.** [too big] trop grand.

**oversleep** [,əʊvə'sliːp] (*pt* & *pp* **overslept** [-'slept]) *vi* se réveiller en retard, ne pas se réveiller à temps.

**oversold** [,əʊvə'səʊld] *pt* & *pp* → **oversell**.

**overspend** [*n* 'əʊvəspend, *vb* ,əʊvə'spend] (*pt* & *pp* **overspent** [-'spent]) ◇ *n* FIN dépassement *m* budgétaire OR du budget. ◇ *vi* [gen] trop dépenser; FIN être en dépassement budgétaire; I've overspent by £5 j'ai dépensé 5 livres de trop. ◇ *vt* [allowance] dépasser; to have overspent one's budget FIN être en dépassement budgétaire.

**overspill** [*vb* ,əʊvə'spɪl, *n* 'əʊvəspɪl] ◇ *vi* déborder, se répandre. ◇ *n* excédent *m* de population (urbaine). ◇ *comp*: ~ population excédent *m* de population.

**overstaffed** [,əʊvə'stɑːft] *adj* en sureffectif; the firm is ~ le personnel de la firme est trop nombreux, la firme connaît un problème de sureffectifs.

**overstate** [,əʊvə'steɪt] *vt* exagérer.

**overstatement** [,əʊvə'steɪtmənt] *n* exagération *f*.

**overstay** [,əʊvə'steɪ] *vt*: to ~ one's welcome abuser de l'hospitalité de ses hôtes.

**oversteer** [*n* 'əʊvəstɪər, *vb* ,əʊvə'stɪər] ◇ *n* AUT survirage *m*. ◇ *vi* survirer.

**overstep** [,əʊvə'step] (*pt* & *pp* **overstepped**, *cont* **overstepping**) *vt* dépasser, outrepasser; to ~ the mark OR the limit *fig* dépasser les bornes, aller trop loin.

**overstocked** [,əʊvə'stɒkt] *adj* -**1.** [warehouse] trop approvisionné; [market] encombré, surchargé. -**2.** [farm] qui a un excès de cheptel; [river] trop poissonneux.

**overstrike** [*n* 'əʊvəstraɪk, *vb* ,əʊvə'straɪk] COMPUT ◇ *n* [character] caractère *m* superposé; [action] frappe *f* superposée. ◇ *vt* superposer un caractère à.

**oversubscribe** [,əʊvəsəb'skraɪb] *vt*: to be ~d [concert, play] être en surlocation; the share issue was ~d ST. EX la demande d'achats a dépassé le nombre de titres émis; the school trip is ~d il y a trop d'élèves inscrits à l'excursion organisée par l'école.

**overt** ['əʊvɜːt, əʊ'vɜːt] *adj* manifeste, évident.

**overtake** [,əʊvə'teɪk] (*pt* **overtook** [-'tʊk], *pp* **overtaken** [-'teɪkn]) *vt* -**1.** [pass beyond] dépasser, devancer; *Br* AUT dépasser, doubler; 'no overtaking' 'interdiction de dépasser'. -**2.** [surprise] surprendre; [strike] frapper; ~n by OR with panic pris de panique. -**3.** *lit* [engulf – subj: emotion] s'emparer de.

**overtax** [,əʊvə'tæks] *vt* -**1.** FIN [person] surimposer; [goods] surtaxer. -**2.** [strain – patience, hospitality] abuser de; [– person, heart] surmener.

**over-the-counter** *adj* -**1.** [medicines] vendu sans ordonnance, en vente libre. -**2.** ST. EX: ~ market marché *m* hors-cote.

**overthrow** [*vb* ,əʊvə'θrəʊ, *n* 'əʊvəθrəʊ] (*pt* **overthrew** [-'θruː], *pp* **overthrown** [-'θrəʊn]) ◇ *vt* -**1.** [regime, government] renverser; [rival, enemy army] vaincre; [values, standards] bouleverser; [plans] réduire à néant. -**2.** [ball] envoyer trop loin. ◇ *n* -**1.** [of enemy] défaite *f*; [of regime, government] renversement *m*, chute *f*; [of values, standards] bouleversement *m*.-**2.**

[in cricket – throw] *balle qui dépasse le guichet*; [– run] *point marqué par une balle hors jeu*.

**overtime** ['əʊvətaɪm] *n* (U) -**1.** [work] heures *fpl* supplémentaires; to do OR to work ~ faire des heures supplémentaires; your imagination seems to have been working ~ on dirait que tu as laissé ton imagination s'emballer. -**2.** [overtime pay] rémunération *f* des heures supplémentaires; to be paid ~ être payé en heures supplémentaires. -**3.** *Am* SPORT prolongations *fpl*; the match went into ~ ils ont joué les prolongations.

**overtime pay** = overtime 2.

**overtly** [əʊ'vɜːtlɪ] *adv* franchement, ouvertement.

**overtone** ['əʊvətəʊn] *n* -**1.** [nuance] nuance *f*, accent *m*; there was an ~ of aggression in what she said il y avait une pointe d'agressivité dans ses propos; his speech was full of racist ~s son discours était truffé de sous-entendus racistes. -**2.** MUS harmonique *m*.

**overtook** [,əʊvə'tʊk] *pt* → **overtake**.

**overture** ['əʊvə,tjʊər] *n* -**1.** MUS ouverture *f*.-**2.** *fig* [proposal] ouverture *f*, avance *f*; to make ~s to sb faire des avances à qqn. *fig* [prelude] prélude *m*, début *m*.

**overturn** [,əʊvə'tɜːn] ◇ *vt* -**1.** [lamp, car, furniture] renverser; [ship] faire chavirer. -**2.** [overthrow – regime, government, plans] renverser; JUR [judgment, sentence] casser; the bill was ~ed by the Senate le projet de loi a été rejeté par le Sénat. ◇ *vi* [lamp, furniture] se renverser; [car] se retourner, capoter; [ship] chavirer.

**overuse** [*vb* ,əʊvə'juːz, *n* ,əʊvə'juːs] ◇ *vt* abuser de. ◇ *n* abus *m*, usage *m* excessif.

**overvalue** [,əʊvə'væljuː] *vt* -**1.** [currency] surévaluer; [house, painting] surestimer. -**2.** [overrate] surestimer, faire trop de cas de.

**overview** ['əʊvəvjuː] *n* vue *f* d'ensemble.

**overweening** [,əʊvə'wiːnɪŋ] *adj Br* -**1.** [pride, ambition etc] sans bornes, démesuré. -**2.** [person] outrecuidant, présomptueux.

**overweight** [*adj* & *vb* ,əʊvə'weɪt, *n* 'əʊvəweɪt] ◇ *adj* [person] (trop) gros (*f* (trop) grosse); I'm a few pounds ~ j'ai quelques kilos de trop || [luggage, parcel] trop lourd. ◇ *n* excès *m* de poids. ◇ *vt* -**1.** [overload] surcharger. -**2.** [overemphasize] accorder trop d'importance à, trop privilégié.

**overwhelm** [,əʊvə'welm] *vt* -**1.** [devastate] accabler, terrasser; [astound] bouleverser; ~ed with grief accablé de chagrin. -**2.** *literal* & *fig* [submerge] submerger; our switchboard has been ~ed by the number of calls notre standard a été submergé par les appels. -**3.** [defeat] écraser.

**overwhelming** [,əʊvə'welmɪŋ] *adj* -**1.** [crushing – victory, defeat] écrasant; the ~ majority (of people) oppose these measures la grande majorité des gens est opposée à ces mesures. -**2.** [extreme, overpowering – grief, heat] accablant; [– joy] extrême; [– love] passionnel; [– desire, urge, passion] irrésistible; an ~ sense of frustration un sentiment d'extrême frustration; their friendliness is somewhat ~ leur amabilité a quelque chose d'excessif.

**overwhelmingly** [,əʊvə'welmɪŋlɪ] *adv* -**1.** [crushingly] de manière écrasante. -**2.** [as intensifier] extrêmement; [predominantly] surtout.

**overwind** [,əʊvə'waɪnd] (*pt* & *pp* **overwound** [-'waʊnd]) *vt* [clock, watch] trop remonter.

**overwork** [*vb* ,əʊvə'wɜːk, *n* 'əʊvə,wɜːk] ◇ *vt* -**1.** [person] surmener; to be ~ed and underpaid être surchargé de travail et sous-payé. -**2.** [word] abuser de, utiliser trop souvent. ◇ *vi* se surmener. ◇ *n* surmenage *m*.

**overwrite** [,əʊvə'raɪt] (*pt* **overwrote** [-'rəʊt], *pp* **overwritten** [-'rɪtn]) ◇ *vt* -**1.** [write on top of] écrire sur, repasser sur. -**2.** COMPUT [file] écraser. ◇ *vi* écrire dans un style ampoulé.

**overwrought** [,əʊvə'rɔːt] *adj* sur les nerfs, à bout.

**overzealous** [,əʊvə'zeləs] *adj* trop zélé.

**Ovid** ['ɒvɪd] *prn* Ovide.

**oviduct** ['əʊvɪdʌkt] *n* oviducte *m*.

**oviparous** [əʊ'vɪpərəs] *adj* ovipare.

**ovoid** ['əʊvɔɪd] ◇ *adj* ovoïde, ovoïdal. ◇ *n* figure *f* ovoïde.

**ovulate** ['ɒvjʊleɪt] *vi* ovuler.

**ovulation** [,ɒvjʊ'leɪʃn] *n* ovulation *f*.

**ovule** ['ɒvjuːl] *n* ovule *m*.

**ovum** ['əʊvəm] (pl **ova** [-və]) n BIOL ovule m.

**ow** [aʊ] interj aïe.

**owe** [əʊ] ◊ vt devoir; to ~ sthg to sb, to ~ sb sthg devoir qqch à qqn; how much OR what do I ~ you? combien est-ce que OR qu'est-ce que je vous dois?; how much do we still ~ him for on the car? combien nous reste-t-il à lui payer pour la voiture?; we ~ them an apology nous leur devons des excuses; you ~ it to yourself to try again tu te dois d'essayer encore une fois; to what do we ~ the honour of your visit? qu'est-ce qui nous vaut l'honneur de votre visite?; I ~ it all to my parents je suis redevable de tout cela à mes parents ❑ I ~ you one! à charge de revanche! ◊ vi être endetté.

**owing** ['əʊɪŋ] adj (after n) dû; the sum ~ on the car la somme qui reste due sur le prix de la voiture; to have a lot of money ~[to owe] devoir beaucoup d'argent; [to be owed] avoir beaucoup d'argent à récupérer.
◆ **owing to** prep phr à cause de, en raison de.

**owl** [aʊl] n hibou m, chouette f; he's a wise old ~ c'est la sagesse faite homme, c'est l'image même de la sagesse.

**owlet** ['aʊlɪt] n jeune hibou m, jeune chouette f.

**own** [əʊn] ◊ adj propre; I have my very ~ bedroom j'ai une chambre pour moi tout seul; a flat with its ~ entrance un appartement avec une porte d'entrée indépendante; these are my ~ skis ces skis sont à moi OR m'appartiennent; I'll do it (in) my ~ way je le ferai à ma façon; it's all my ~ work c'est moi qui ai tout fait; it's your ~ fault! tu n'as à t'en prendre qu'à toi-même!; you'll have to make up your ~ mind c'est à toi et à toi seul de décider, personne ne pourra prendre cette décision à ta place.
◊ pron: is that car your ~? est-ce que cette voiture est à vous?; I don't need a pen, I've brought my ~ je n'ai pas besoin de stylo, j'ai apporté le mien; her opinions are identical to my ~ nous partageons exactement les mêmes opinions; a house/a room/a garden of one's (very) ~ une maison/une pièce/un jardin (bien) à soi; their son has a car of his ~ leur fils a sa propre voiture; my time is not my ~ je ne suis pas maître de mon temps; I haven't a single thing I can call my ~ je n'ai rien à moi; you're on your ~ now! à toi de jouer maintenant! ❑ to come into one's ~ [show one's capabilities] montrer de quoi on est capable; [inherit] toucher son héritage; to get one's ~ back (on sb) se venger (de qqn); I'll get my ~ back on him for that je lui revaudrai ça; to look after one's ~ s'occuper des siens; to make sthg one's ~ s'approprier qqch.
◊ vt -1. [possess] posséder; they ~ 51% of the shares ils détiennent 51 % des actions; does she ~ the house? est-elle propriétaire de la maison?; who ~s this car? à qui appartient cette voiture? ❑ they walked in as if they ~ed the place inf ils sont entrés comme (s'ils étaient) chez eux. -2. lit [admit] admettre, reconnaître.
◆ **on one's own** adj phr (tout) seul; I'm trying to get him on his ~ j'essaie de le voir seul à seul; I did it (all) on my ~ je l'ai fait tout seul.
◆ **own to** vt insep lit avouer.
◆ **own up** vi insep avouer, faire des aveux; to ~ up to sthg avouer qqch; he ~ed up to his mistake il a reconnu son erreur.

**own-brand** adj: ~ products produits vendus sous la marque du distributeur.

**owner** ['əʊnər] n propriétaire mf; at the ~'s risk aux risques du propriétaire; who is the ~ of this jacket? à qui appartient cette veste?; they are all car ~s ils possèdent OR ils ont tous une voiture.

**owner-occupied** adj occupé par son propriétaire.

**owner-occupier** n occupant m, -e f propriétaire.

**ownership** ['əʊnəʃɪp] n possession f; we require proof of ~ nous demandons un titre de propriété; the government encourages home ~ le gouvernement encourage l'accession à la propriété; 'under new ~' 'changement de propriétaire'.

**own goal** n FTBL but m marqué contre son camp; to score an ~ marquer contre son camp; fig agir contre ses propres intérêts.

**ownsome** ['əʊnsəm], **owny-o** ['əʊnɪəʊ] n Br inf: (all) on one's ~ tout seul.

**ox** [ɒks] (pl **oxen** ['ɒksn]) n bœuf m.

**oxblood** ['ɒksblʌd] ◊ n [colour] rouge m sang. ◊ adj rouge sang (inv).

**Oxbridge** ['ɒksbrɪdʒ] pr n désignation collective des universités d'Oxford et de Cambridge.

**oxcart** ['ɒkskɑːt] n char m à bœuf OR à bœufs.

**oxen** ['ɒksn] pl → ox.

**Oxfam** ['ɒksfæm] (abbr of **Oxford Committee for Famine Relief**) pr n association caritative britannique.

**Oxford bags** npl [trousers] pantalon m très large.

**Oxford Street** pr n une des grandes artères commerçantes de Londres.

**oxidation** [,ɒksɪ'deɪʃn] n oxydation f.

**oxide** ['ɒksaɪd] n oxyde m.

**oxidize, -ise** ['ɒksɪdaɪz] ◊ vt oxyder. ◊ vi s'oxyder.

**oxidizing agent** ['ɒksɪdaɪzɪŋ-] n oxydant m.

**Oxon** written abbr of **Oxfordshire**.

**Oxon.** (written abbr of **Oxoniensis**) de l'université d'Oxford.

**Oxonian** [ɒk'səʊnjən] ◊ n [student] étudiant m, -e f de l'université d'Oxford; [townsperson] Oxfordien m, -enne f.
◊ adj oxfordien, d'Oxford.

**oxtail** ['ɒksteɪl] n queue f de bœuf; ~ soup soupe f de queue de bœuf.

**ox tongue** n langue f de bœuf.

**oxyacetylene** [,ɒksɪə'setɪliːn] adj oxyacétylénique.

**oxygen** ['ɒksɪdʒən] n oxygène m.

**oxygenation** [,ɒksɪdʒə'neɪʃn] n oxygénation f.

**oxygen mask** n masque m à oxygène.

**oxygen tent** n tente f à oxygène.

**oxymoron** [,ɒksɪ'mɔːrɒn] (pl **oxymora** [-rə]) n oxymoron m.

**oyster** ['ɔɪstər] n huître f; the world is her ~ le monde lui appartient.

**oyster bed** n parc m à huîtres.

**oystercatcher** ['ɔɪstə,kætʃər] n huîtrier m.

**oz.** written abbr of **ounce**.

**ozone** ['əʊzəʊn] n -1. [gas] ozone m; ~ layer OR shield couche f d'ozone. -2. inf [sea air] bon air m marin.

**ozone-friendly** adj qui préserve la couche d'ozone.

# P

**p** (*pl* **p's** OR **ps**), **P** (*pl* **P's** OR **Ps**) [piː] *n* [letter] p *m*, P *m*; **to mind one's p's and q's** *Br* se tenir à carreau.

**p** ◇ (*written abbr of* **page**) p. ◇ *n abbr of* **penny, pence**.

**pa** [pɑː] *n inf* papa *m*.

**p.a.** (*written abbr of* **per annum**) p.a.

**PA** ◇ *n* **-1.** *Br* (*abbr of* **personal assistant**) secrétaire *mf* de direction. **-2.** (*abbr of* **public address system**) système *m* de sonorisation, sono *f*. ◇ *pr n abbr of* **Press Association**. ◇ *written abbr of* **Pennsylvania**.

**PABX** (*abbr of* **private automatic branch exchange**) *n* autocommutateur privé.

**PAC** (*abbr of* **political action committee**) *n* aux États-Unis, comité qui réunit des fonds pour soutenir une cause politique.

**pace¹** [peɪs] ◇ *n* **-1.** [speed] allure *f*, vitesse *f*, train *m*; she quickened her ~ elle pressa le pas; **we set off at a good** OR **brisk** OR **smart ~** nous sommes partis à vive allure; the traffic slowed to (a) walking ~ on roulait au pas; the slower ~ of country life le rythme plus paisible de la vie à la campagne; **don't walk so fast, I can't keep ~ with you** ne marche pas si vite, je n'arrive pas à te suivre; **to keep ~ with new developments** se tenir au courant des derniers développements; **output is keeping ~ with demand** la production se maintient au niveau de OR répond à la demande; **he couldn't stand** OR **take the ~** il n'arrivait pas à suivre le rythme; **do it at your own ~** faites-le à votre propre rythme; **to force the ~** forcer l'allure ❑ **to make** OR **to set the ~** SPORT donner l'allure, mener le train; *fig* donner le ton. **-2.** [step] pas *m*; **to put sb through his/her ~s** *Br* mettre qqn à l'épreuve. ◇ *vi* marcher (à pas mesurés); **he ~d up and down the corridor** il arpentait le couloir.

◇ *vt* **-1.** [corridor, cage, room] arpenter. **-2.** [regulate] régler l'allure de; she ~d the first two laps well elle a trouvé le bon rythme pour les deux premiers tours de piste.

**pace²** [ˈpeɪsɪ] *prep fml* n'en déplaise à.

**pacemaker** [ˈpeɪsˌmeɪkəʳ] *n* **-1.** SPORT meneur *m*, -euse *f* de train; *fig* [leader] leader *m*. **-2.** MED pacemaker *m*, stimulateur *m* cardiaque.

**pacer** [ˈpeɪsəʳ] *n* SPORT meneur *m*, -euse *f* de train.

**pacesetter** [ˈpeɪsˌsetəʳ] = **pacemaker 1**.

**pachyderm** [ˈpækɪdɜːm] *n* pachyderme *m*.

**pacific** [pəˈsɪfɪk] *adj fml* pacifique.

**Pacific** [pəˈsɪfɪk] ◇ *pr n*: **the ~ (Ocean)** le Pacifique, l'océan *m* Pacifique. ◇ *adj* du Pacifique.

**Pacific Daylight Time** *n* heure *f* d'été du Pacifique.

**Pacific Islands** *pl pr n* îles *fpl* du Pacifique; **in the ~** dans les îles du Pacifique.

**Pacific Rim** *pr n*: **the ~** groupe de pays situés au bord du Pacifique, particulièrement les pays industrialisés d'Asie.

**Pacific (Standard) Time** *n* heure *f* d'hiver du Pacifique.

**pacifier** [ˈpæsɪfaɪəʳ] *n* **-1.** [person] pacificateur *m*, -trice *f*. **-2.** *Am* [for baby] tétine *f*, sucette *f*.

**pacifism** [ˈpæsɪfɪzm] *n* pacifisme *m*.

**pacifist** [ˈpæsɪfɪst] ◇ *adj* pacifiste. ◇ *n* pacifiste *mf*.

**pacify** [ˈpæsɪfaɪ] (*pt & pp* **pacified**) *vt* **-1.** [soothe] apaiser, calmer. **-2.** MIL [subdue] pacifier.

**pack** [pæk] ◇ *vt* **-1.** [bags] faire; **to ~ one's case** OR **suitcase** faire sa valise. **-2.** [container, crate] remplir. **-3.** [put in bags – clothes, belongings]: I've already ~ed the towels j'ai déjà mis les serviettes dans la valise; shall I ~ the camera? est-ce que j'emporte OR je prends l'appareil photo? **-4.** [wrap up – goods for transport] emballer. **-5.** [cram tightly – cupboard, container] bourrer; [– belongings, people] entasser; **he ~ed his pockets with sweets, he ~ed sweets into his pockets** il a bourré ses poches de bonbons; **we managed to ~ a lot into a week's holiday** *fig* on a réussi à faire énormément de choses en une semaine de vacances; **she ~s the house every night** THEAT elle fait salle comble chaque soir. **-6.** [crowd into – subj: spectators, passengers] s'entasser dans. **-7.** [compress – soil] tasser. **-8.** [fill with supporters]: **to ~ a jury** se composer un jury favorable. **-9.** [load – horse, donkey] charger.

◇ *vi* **-1.** [for journey] faire sa valise OR ses bagages. **-2.** [fit – into container] rentrer; **the keyboard will ~ easily into a briefcase** on peut facilement faire tenir le clavier dans un attaché-case. **-3.** [crowd together – spectators, passengers] s'entasser; **we all ~ed into her car** nous nous sommes tous entassés dans sa voiture.

◇ *n* **-1.** [for carrying – rucksack] sac *m* à dos; [– bundle] ballot *m*; [– bale] balle *f*; [– on animal] charge *f*. **-2.** [packet] paquet *m*. **-3.** *Br* [deck of cards] jeu *m*. **-4.** [group – of children, wolves] bande *f*; [– of cub scouts] meute *f*; [– of hunting hounds] meute *f*. **-5.** SPORT [in rugby] pack *m*, paquet *m* (d'avant). **-6.** MED compresse *f*. **-7.** *phr*: **that's a ~ of lies!** *Br* c'est un tissu de mensonges!

◆ **pack away** *vt sep* **-1.** [tidy up] ranger. **-2.** = **pack off**.

◆ **pack in** ◇ *vt sep Br* **-1.** [crowd in] entasser; **the play is ~ing them in** la pièce fait salle comble. **-2.** *inf* [task] arrêter; [job, boyfriend, girlfriend] plaquer; **you should ~ in smoking** tu devrais arrêter de fumer; **~ it in!** laisse tomber!, arrête!

◇ *vi insep* **-1.** [crowd in] s'entasser (à l'intérieur). **-2.** *Br inf* [break down – machine, engine] tomber en rade.

◆ **pack off** *vt sep inf* expédier; **I ~ed the kids off to bed/school** j'ai envoyé les gosses au lit/à l'école.

◆ **pack up** ◇ *vi insep* **-1.** [pack one's suitcase] faire sa valise OR ses bagages. **-2.** *Br inf* [break down] tomber en rade. **-3.** *Br inf* [give up] laisser tomber; **I'm ~ing up for today** j'arrête pour aujourd'hui. ◇ *vt sep* **-1.** [suitcase, bags] faire. **-2.** [clothes, belongings, tools] ranger.

**package** [ˈpækɪdʒ] ◇ *n* **-1.** [small parcel] paquet *m*, colis *m*; *Am* [packet] paquet *m*. **-2.** [set of proposals] ensemble *m*; **we offered them a generous ~** nous leur avons proposé un contrat global très avantageux. **-3.** COMPUT: **(software) ~** progiciel *m*. ◇ *vt* **-1.** [wrap] emballer, conditionner. **-2.** [in advertising] fabriquer l'image (de marque) de.

**package deal** *n* transaction *f* globale, accord *m* global.

**package holiday** *n* voyage *m* organisé OR à prix forfaitaire.

**packager** [ˈpækɪdʒəʳ] *n* [in advertising, publishing] packager *m*, packageur *m*.

**package tour** = **package holiday**.

**packaging** [ˈpækɪdʒɪŋ] *n* **-1.** [wrapping materials] emballage *m*, conditionnement *m*. **-2.** [in advertising, publishing] packaging *m*.

**pack animal** *n* bête *f* de somme.

**packed** [pækt] *adj* **-1.** [crowded – train, room] bondé; [– theatre] comble; **the cinema was ~ (out)** *Br* la salle était comble OR pleine à craquer; **the meeting was ~** la réunion a fait salle comble. **-2.** [packaged] emballé, conditionné. **-3.** [jury] favorable.

**packed lunch** *n* panier-repas *m*, casse-croûte *m inv*.

**packer** [ˈpækəʳ] *n* [worker] emballeur *m*, -euse *f*, conditionneur *m*, -euse *f*; [machine] emballeuse *f*, conditionneuse *f*.

**packet** [ˈpækɪt] *n* **-1.** [box] paquet *m*; [bag, envelope] sachet *m*.

**-2.** [parcel] paquet *m*, colis *m*.**-3.** *Br inf* [lot of money] paquet *m*. **-4.** NAUT: ~ (boat OR steamer) paquebot *m*.

**packet switching** [-ˌswɪtʃɪŋ] *n* COMPUT commutation *f* par paquets.

**packhorse** ['pækhɔːs] *n* cheval *m* de bât.

**pack ice** *n* pack *m*, banquise *f*.

**packing** ['pækɪŋ] *n* (U) **-1.** [of personal belongings]: have you done your ~? as-tu fait tes bagages?; the removal men will do the ~ les déménageurs se chargeront de l'emballage. **-2.** [of parcel] emballage *m*; [of commercial goods] emballage *m*, conditionnement *m*; the fish/meat ~ industry les conserveries de poisson/viande. **-3.** [wrapping material] emballage *m*.**-4.** TECH [of piston, joint] garniture *f*.

**packing case** *n* caisse *f* d'emballage.

**pact** [pækt] *n* pacte *m*; to make a ~ with the Devil faire un pacte OR pactiser avec le Diable.

**pad** [pæd] (*pt* & *pp* **padded**, *cont* **padding**) ◇ *n* **-1.** [to cushion shock] coussinet *m*; the skaters wear ~s on their knees and elbows les patineurs portent des genouillères et des protège-coudes; shin-~ protège-tibia *m*.**-2.** [for absorbing liquid, polishing etc] tampon *m*.**-3.** ZOOL [underside of foot] coussinet *m*.**-4.** [of paper] bloc *m*.**-5.** AERON & ASTRONAUT aire *f*. **-6.** *inf* [flat] appart *m*; [room] piaule *f*.**-7.** BOT [leaf] feuille *f*.**-8.** [noise]: the ~ of footsteps behind me des pas feutrés derrière moi. **-9.** *inf* [sanitary towel] serviette *f* hygiénique. ◇ *vt* **-1.** [clothing] matelasser; [shoulder] rembourrer; [door, wall] capitonner. **-2.** = **pad out 2**. ◇ *vi* [walk] avancer à pas feutrés; he padded downstairs in his slippers il descendit l'escalier en pantoufles.

◆ **pad out** *vt sep* **-1.** = **pad** *vt* **1**. **-2.** *fig* [essay, article, speech] délayer; he padded out the talk with anecdotes il a allongé son discours en le truffant d'anecdotes.

**padded** ['pædɪd] *adj* **-1.** [door, bench, steering wheel] capitonné; [garment, envelope, oven glove] matelassé; [sofa] bien rembourré; ~ bra soutien-gorge *m* à bonnets renforcés; ~ cell cellule *f* capitonnée; ~ shoulders épaules *fpl* rembourrées. **-2.** [fat]: he's well ~ il est bien en chair.

**padding** ['pædɪŋ] *n* **-1.** [fabric] ouate *f*, ouatine *f*, garnissage *m*.**-2.** *fig* [in essay, speech] délayage *m*, remplissage *m*.

**paddle** ['pædl] ◇ *n* **-1.** [for boat, canoe] pagaie *f*.**-2.** [of waterwheel] palette *f*, aube *f*.**-3.** *Am* [table tennis bat] raquette *f* (de ping-pong). **-4.** [of turtle, seal] palette *f* natatoire. **-5.** [wade]: to go for OR to have a ~ aller barboter. ◇ *vi* **-1.** [in canoe] pagayer. **-2.** [wade] barboter. ◇ *vt* **-1.** [boat]: to ~ a canoe pagayer. **-2.** *Am inf* [spank] donner une fessée à.

**paddle boat** *n* **-1.** = **paddle steamer**. **-2.** [pedalo] Pédalo® *m*.

**paddle steamer** *n* bateau *m* à roues.

**paddling pool** *n* pataugeoire *f*.

**paddock** ['pædək] *n* [gen] enclos *m*; [at racetrack] paddock *m*.

**paddy** ['pædɪ] (*pl* **paddies**) *n* **-1.** [field] rizière *f*.**-2.** [rice] paddy *m*, riz *m* non décortiqué. **-3.** *Br inf* [fit of temper]: she was in a real ~ elle était furax.

**paddy field** *n* rizière *f*.

**padlock** ['pædlɒk] ◇ *n* [for door, gate] cadenas *m*; [for bicycle] antivol *m*. ◇ *vt* [door, gate] cadenasser; [bicycle] mettre un antivol à.

**padre** ['pɑːdrɪ] *n* **-1.** MIL aumônier *m*.**-2.** [gen – Catholic] prêtre *m*, curé *m*; [ – Protestant] pasteur *m*; [term of address] (mon) Père *m*.

**paederast** *etc* ['pedəræst] *Br* = **pederast**.

**paediatric** *etc* [ˌpiːdɪ'ætrɪk] *Br* = **pediatric**.

**paedology** [piː'dɒlədʒɪ] *Br* = **pedology**.

**paedophile** *etc* ['piːdəʊˌfaɪl] *Br* = **pedophile**.

**paella** [paɪ'elə] *n* paella *f*.

**paeony** ['piːənɪ] *Br* = **peony**.

**pagan** ['peɪgən] ◇ *n* païen *m*, -enne *f*. ◇ *adj* païen.

**paganism** ['peɪgənɪzm] *n* paganisme *m*.

**page** [peɪdʒ] ◇ *n* **-1.** [of book, newspaper etc] page *f*; on ~ two [of book] (à la) page deux; [of newspaper] (en) page deux. **-2.** [at court] page *m*; [in hotel] chasseur *m*, groom *m*; [at wedding] page *m*; [in legislative body] (jeune) huissier *m*. ◇ *vt* **-1.** [paginate] paginer. **-2.** [call] appeler (par haut-parleur); paging Mrs Clark! on demande Mme Clark!

**pageant** ['pædʒənt] *n* [historical parade, show] reconstitution *f*

historique; [grand display] spectacle *m* fastueux.

**pageantry** ['pædʒəntrɪ] *n* apparat *m*, pompe *f*.

**page boy** *n* **-1.** [servant] page *m*; [in hotel] chasseur *m*, groom *m*; [at wedding] page *m*.**-2.** [hairstyle]: ~ (cut) coupe *f* à la Jeanne d'Arc.

**pager** ['peɪdʒəʳ] *n* TÉLÉC récepteur *m* d'appel OR de poche.

**paginate** ['pædʒɪneɪt] *vt* paginer.

**pagination** [ˌpædʒɪ'neɪʃn] *n* pagination *f*.

**pagoda** [pə'gəʊdə] *n* pagode *f*.

**paid** [peɪd] ◇ *pt* & *pp* → **pay**. ◇ *adj* **-1.** payé, rémunéré; ~ holidays *Br* OR vacation *Am* congés *mpl* payés; ~ workers travailleurs *mpl* salariés. **-2.** *phr*: to put ~ to sthg gâcher OR ruiner qqch.

**paid-up** *adj* [member] à jour de ses cotisations; *fig* [committed]: he's a (fully) ~ member of the Communist Party il a sa carte au Parti Communiste.

**pail** [peɪl] *n* [bucket] seau *m*.

**pain** [peɪn] ◇ *vt* [cause distress to] peiner, faire de la peine à; [hurt] faire souffrir. ◇ *n* **-1.** [physical] douleur *f*; he has a ~ in his ear il a mal à l'oreille; are you in ~? avez-vous mal?, est-ce que vous souffrez?; to cause sb ~ faire mal à qqn. **-2.** [emotional] peine *f*, douleur *f*, souffrance *f*; the news will cause her great ~ cette nouvelle lui fera de la peine. **-3.** *inf* [annoying person or thing]: what a ~ he is! qu'est-ce qu'il est enquiquinant!; it's a (real) OR such a ~ trying to cross London during the rush hour traverser Londres aux heures de pointe, c'est la galère ❑ he's a ~ in the arse▽ OR backside *Br inf* OR ass▽ *Am* il est chiant, c'est un emmerdeur; she's a ~ in the neck *inf* elle me casse les pieds. **-4.** JUR: on ~ of death sous peine de mort.

◆ **pains** *npl* [efforts] peine *f*, mal *m*; he went to great ~s to help us il s'est donné beaucoup de mal pour nous aider; he was at OR he took ~s to avoid her il a tout fait pour l'éviter.

**pained** [peɪnd] *adj* peiné, affligé.

**painful** ['peɪnfʊl] *adj* **-1.** [sore] douloureux; these shoes are really ~ ces chaussures me font vraiment mal; is your back still ~? avez-vous toujours mal au dos?.**-2.** [upsetting] pénible. **-3.** [laborious] pénible, difficile, laborieux. **-4.** *inf* [very bad] nul.

**painfully** ['peɪnfʊlɪ] *adv* **-1.** [hit, strike, rub] durement; [move, walk] péniblement. **-2.** [distressingly] douloureusement; [laboriously] laborieusement, avec difficulté. **-3.** [as intensifier] horriblement; it was ~ obvious that he didn't understand il n'était que trop évident qu'il ne comprenait pas; she's ~ shy elle est d'une timidité maladive.

**painkiller** ['peɪnˌkɪləʳ] *n* analgésique *m*, calmant *m*.

**painkilling** ['peɪnˌkɪlɪŋ] *adj* analgésique, calmant; to give sb a ~ injection injecter un analgésique à qqn.

**painless** ['peɪnlɪs] *adj* **-1.** [injection, operation] sans douleur, indolore; [death] sans souffrance. **-2.** [unproblematic] facile.

**painlessly** ['peɪnlɪslɪ] *adv* **-1.** [without hurting] sans douleur. **-2.** [unproblematically] sans peine, sans mal.

**painstaking** ['peɪnzˌteɪkɪŋ] *adj* [research, care] rigoureux, méticuleux; [worker] assidu, soigneux.

**painstakingly** ['peɪnzˌteɪkɪŋlɪ] *adv* soigneusement, méticuleusement.

**paint** [peɪnt] ◇ *n* **-1.** [for a room, furniture, picture] peinture *f*; a set OR box of ~s une boîte de couleurs ❑ oil/acrylic ~ peinture à l'huile/acrylique. **-2.** *pej* [make-up] peinture *f*. ◇ *vt* **-1.** [room, furniture, picture] peindre; to ~ one's nails se vernir les ongles; to ~ one's face se farder; *pej* [with make-up] se peinturlurer ❑ to ~ the town red *inf* faire la noce OR la foire. **-2.** [wound] badigeonner; [apply – varnish, layer] appliquer (au pinceau). **-3.** *fig* [describe] dépeindre, décrire; the author ~s a bleak picture of suburban life l'auteur dresse un sombre portrait OR brosse un sombre tableau de la vie des banlieusards. ◇ *vi* peindre, faire de la peinture; to ~ in oils faire de la peinture à l'huile.

◆ **paint out, paint over** *vt sep* recouvrir (d'une couche) de peinture.

**paintbox** ['peɪntbɒks] *n* boîte *f* de couleurs.

**paintbrush** ['peɪntbrʌʃ] *n* pinceau *m*, brosse *f*.

**painted** ['peɪntɪd] *adj* **-1.** [with paint] peint; ~ blue peint en bleu. **-2.** *pej* [with make-up] maquillé, fardé.

**painter** ['peɪntəʳ] *n* **-1.** [artist, decorator] peintre *m*; ~ and

**decorator** peintre-décorateur. **-2.** NAUT amarre *f*.

**painting** ['peɪntɪŋ] *n* **-1.** [activity] peinture *f*. **-2.** [picture] peinture *f*, tableau *m*.

**paint pot** *n Br* pot *m* de peinture.

**paint stripper** *n* décapant *m*.

**paintwork** ['peɪntwɜːk] *n (U)* peinture *f*; the house with the white ~ la maison avec les peintures blanches.

**pair** [peər] ◇ *n* **-1.** [two related objects or people] paire *f*; a ~ of shoes/gloves une paire de chaussures/de gants; an odd-looking ~ un drôle de tandem; where's the ~ to this sock? où est la chaussette qui va avec celle-ci?; to work in ~s travailler par deux; line up in ~s! mettez-vous en rang (deux) par deux!; I've only got one ~ of hands! je n'ai que deux mains!**-2.** [single object in two parts]: a ~ of trousers/shorts/tights un pantalon/short/collant; a ~ of scissors une paire de ciseaux. **-3.** [husband and wife] couple *m*.**-4.** [of birds, animals] paire *f*.**-5.** MATH paire *f*.**-6.** *Br* POL *deux membres de partis adverses qui se sont entendus pour ne pas participer à un vote ou pour s'abstenir de voter durant une période déterminée.* **-7.** [in cards, dice] paire *f*. ◇ *vt* [socks] assortir; [animal, birds] apparier, accoupler. ◇ *vi* [animals, birds] s'apparier, s'accoupler.

◆ **pair off** *vt sep* [arrange in couples – dancers] répartir en couples; [– team members, children in class] mettre deux par deux; I got ~ed off with Roger on m'a mis avec Roger; our parents are trying to ~ us off nos parents essaient de nous fiancer. ◇ *vi insep* [dancers] former des couples; [team members, children in class] se mettre deux par deux.

◆ **pair up** *vt sep* [socks] assortir. ◇ *vi insep* [people] se mettre par deux; he ~ed up with Bob for the car rally il a choisi Bob comme équipier pour le rallye.

**paisley** ['peɪzlɪ] *n* [pattern] (impression *f*) cachemire *m*; [material] tissu *m* cachemire; a ~ tie une cravate impression cachemire.

**pajama** *Am* = **pyjama**.

**Paki**ᵛ ['pækɪ] *n Br terme raciste désignant un Pakistanais.*

**Pakistan** [*Br* ˌpɑːkɪˈstɑːn, *Am* ˈpækɪstæn] *pr n* Pakistan *m*; in ~ au Pakistan.

**Pakistani** [*Br* ˌpɑːkɪˈstɑːnɪ, *Am* ˌpækɪˈstænɪ] ◇ *n* Pakistanais *m*, -e *f*. ◇ *adj* pakistanais.

**pal** [pæl] (*pt & pp* **palled**, *cont* **palling**) *n inf* **-1.** [friend] copain *m*, copine *f*, pote *m*. **-2.** [term of address]: thanks, ~ merci mon pote.

◆ **pal up** *vi insep Br inf*: he/she palled up with George il est devenu le copain/elle est devenue la copine de George.

**PAL** [pæl] (*abbr of* **phase alternation line**) *n* PAL *f*.

**palace** ['pælɪs] *n* palais *m*; the Palace *Br* [Buckingham Palace] le palais de Buckingham (*et par extension ses habitants*) ❑ the Palace of Westminster le palais de Westminster (*siège du Parlement britannique*).

**palaeo-** *etc Br* = **paleo-**.

**palatable** ['pælətəbl] *adj* **-1.** [food, drink – tasty] savoureux; [– edible] mangeable. **-2.** *fig* [idea] acceptable.

**palatal** ['pælətl] ◇ *adj* **-1.** ANAT palatin. **-2.** LING palatal. ◇ *n* palatale *f*.

**palate** ['pælət] *n* **-1.** ANAT palais *m*.**-2.** [sense of taste] palais *m*; to have a delicate ~ avoir le palais fin.

**palatial** [pəˈleɪʃl] *adj* grandiose, magnifique.

**palatine** ['pælətaɪn] *adj* HIST palatin; the Palatine (Hill) le mont Palatin.

**palaver** [pəˈlɑːvər] *Br inf* ◇ *n (U)* **-1.** [rigmarole, fuss] chichis *mpl*, histoire *f*, histoires *fpl*. **-2.** [discussion] palabre *m or f*; [tedious] palabres *mpl or fpl*. ◇ *vi* palabrer.

**pale** [peɪl] ◇ *adj* **-1.** [face, complexion] pâle; [from fright, shock, sickness] blême, blafard; he turned ~ il a pâli OR blêmi. **-2.** [colour] pâle, clair; [light] pâle, blafard. **-3.** [feeble] pâle; it was a ~ imitation of the real thing c'était une pâle copie de l'original. ◇ *vi* [person, face] pâlir, blêmir; [sky, colour] pâlir; our problems ~ into insignificance beside hers nos problèmes sont insignifiants comparés aux siens OR à côté des siens. ◇ *n* **-1.** [post] pieu *m*.**-2.** [fence] palissade *f*; beyond the ~ *Br*: I find such behaviour beyond the ~ je trouve un tel comportement inadmissible.

**pale ale** *n* pale-ale *f*, bière *f* blonde légère.

**paleface** ['peɪlfeɪs] *n pej* OR *hum* Visage *m* pâle.

**palefaced** ['peɪlfeɪst] *adj* (au teint) pâle.

**paleness** ['peɪlnɪs] *n* pâleur *f*.

**paleo-** ['pælɪəʊ] *in cpds* paléo-.

**paleography** [ˌpælɪˈɒgrəfɪ] *n* paléographie *f*.

**Paleolithic** [ˌpælɪəʊˈlɪθɪk] ◇ *adj* paléolithique. ◇ *n* paléolithique *m*.

**paleontology** [ˌpælɪɒnˈtɒlədʒɪ] *n* paléontologie *f*.

**Palestine** ['pæləˌstaɪn] *pr n* Palestine *f*; in ~ en Palestine.

**Palestine Liberation Organization** *pr n* Organisation *f* de libération de la Palestine.

**Palestinian** [ˌpæləˈstɪnɪən] ◇ *n* Palestinien *m*, -enne *f*. ◇ *adj* palestinien.

**palette** ['pælət] *n* palette *f* BX-ARTS.

**palette knife** *n* ART couteau *m* (à palette); CULIN palette *f*.

**palimony** ['pælɪmənɪ] *n* pension *f* alimentaire (*accordée à un ex-concubin ou une ex-concubine*).

**palindrome** ['pælɪndrəʊm] *n* palindrome *m*.

**paling** ['peɪlɪŋ] *n* [stake] pieu *m*; [fence] palissade *f*.

◆ **palings** *npl* [fence] palissade *f*.

**palisade** [ˌpælɪˈseɪd] *n* [fence] palissade *f*.

◆ **palisades** *npl Am* [cliffs] ligne *f* de falaises.

**pall** [pɔːl] ◇ *n* **-1.** [cloth] drap *m* mortuaire, poêle *m*.**-2.** [cloud – of smoke] voile *m*; *fig* voile *m*, manteau *m*. **-3.** *Am* [coffin] cercueil *m*. ◇ *vi Br* perdre son charme; it began to ~ on me j'ai commencé à m'en lasser.

**pallbearer** ['pɔːlˌbeərər] *n*: the ~s [carrying coffin] les porteurs *mpl* du cercueil; [accompanying coffin] le cortège funèbre.

**pallet** ['pælɪt] *n* **-1.** [bed] grabat *m*; [mattress] paillasse *f*.**-2.** [for loading, transportation] palette *f*.**-3.** [potter's instrument] palette *f*.**-4.** = palette.

**palliative** ['pælɪətɪv] ◇ *adj* palliatif. ◇ *n* palliatif *m*.

**pallid** ['pælɪd] *adj* **-1.** [wan] pâle, blême, blafard. **-2.** [lacking vigour] insipide.

**pallor** ['pælər] *n* pâleur *f*.

**pally** ['pælɪ] (*compar* **pallier**, *superl* **palliest**) *adj inf*: to be ~ with sb être copain/copine avec qqn.

**palm** [pɑːm] ◇ *n* **-1.** [of hand] paume *f*; to have sweaty ~s avoir les mains moites; to read sb's ~ lire les lignes de la main à qqn; he had them in the ~ of his hand il les tenait à sa merci OR sous sa coupe; to grease sb's ~ graisser la patte à qqn. **-2.** [tree] palmier *m*; RELIG rameau *m*; the winner's ~ *Br fig* la palme du vainqueur. ◇ *vt* [coin] cacher dans le creux de la main.

◆ **palm off** *vt sep inf* [unwanted objects] refiler; [inferior goods] fourguer; to ~ sb off with sthg, to ~ sthg off on sb refiler qqch à qqn.

**palmist** ['pɑːmɪst] *n* chiromancien *m*, -enne *f*.

**palmistry** ['pɑːmɪstrɪ] *n* chiromancie *f*.

**Palm Sunday** *n* (le dimanche des) Rameaux *mpl*.

**palm tree** *n* palmier *m*.

**palmy** ['pɑːmɪ] (*compar* **palmier**, *superl* **palmiest**) *adj* **-1.** [pleasant] agréable, doux (*f* douce). **-2.** [beach, coast] bordé de palmiers.

**palomino** [ˌpæləˈmiːnəʊ] (*pl* **palominos**) *n* palomino *m*.

**palpable** ['pælpəbl] *adj* **-1.** [tangible] palpable, tangible. **-2.** [obvious] évident, manifeste, flagrant; a ~ lie un mensonge grossier.

**palpably** ['pælpəblɪ] *adv* **-1.** [tangibly] tangiblement. **-2.** [obviously] manifestement.

**palpate** ['pælpeɪt] *vt* palper.

**palpitate** ['pælpɪteɪt] *vi* palpiter.

**palpitation** [ˌpælpɪˈteɪʃn] *n* palpitation *f*; to have OR to get ~s MED avoir des palpitations.

**palsied** ['pɔːlzɪd] *adj* **-1.** [paralysed] paralysé. **-2.** [shaking, trembling] tremblant, tremblotant.

**palsy** ['pɔːlzɪ] *n* paralysie *f*; shaking ~ maladie *f* de Parkinson.

**paltry** ['pɔːltrɪ] *adj* **-1.** [meagre – wage, sum] misérable, dérisoire. **-2.** [worthless – person, attitude] insignifiant, minable; a ~ excuse une piètre excuse.

**pampas** ['pæmpəz] *npl* pampa *f*.

**pampas grass** *n* herbe *f* de la pampa.

**pamper** ['pæmpər] *vt* choyer, dorloter.

**pamphlet** ['pæmflɪt] *n* [gen] brochure *f*; POL pamphlet *m*.
**pamphleteer** [,pæmflə'tɪər] *n* [gen & POL] pamphlétaire *mf*.
**Pamplona** [pæm'pləʊnə] *pr n* Pampelune.

**pan** [pæn] (*pt* & *pp* **panned**, *cont* **panning**) ◇ *n* **-1.** CULIN casserole *f*; cake ~ *Am* moule *m* à gâteau. **-2.** MIN [for gold] batée *f*.**-3.** [on scales] plateau *m*.**-4.** *Br* [toilet bowl]: (lavatory) ~ cuvette *f* de W-C. **-5.** CIN & TV panoramique *m*.**-6.** *inf* [face] bouille *f*. ◇ *vi* **-1.** [miner]: to ~ for gold chercher de l'or. **-2.** [camera] faire un panoramique. ◇ *vt* **-1.** [camera]: to ~ the camera faire un panoramique, panoramiquer *spéc*. **-2.** *inf* [criticize] descendre.
◆ **pan out** *vi insep Br inf* [work out] se dérouler, marcher; [succeed] réussir.

**panacea** [,pænə'sɪə] *n* panacée *f*.
**panache** [pə'næʃ] *n* panache *m*.
**Pan-African** ◇ *adj* panafricain. ◇ *n* partisan *m*, -e *f* du panafricanisme.
**Panama** ['pænəmɑː] ◇ *pr n* Panama *m*; in ~ au Panama; the Isthmus of ~ l'isthme *m* de Panama. ◇ *n* = **Panama hat**.
**Panama Canal** *pr n*: the ~ le canal de Panama.
**Panama City** *pr n* Panama.
**Panama hat** *n* panama *m*.
**Panamanian** [,pænə'meɪnjən] ◇ *n* Panaméen *m*, -enne *f*. ◇ *adj* panaméen.
**Pan-American** *adj* panaméricain; the ~ Highway la route panaméricaine.
**Pan-Arab** *adj* panarabe.
**panatella** [,pænə'telə] *n* panatela *m*, panatella *m*.
**pancake** ['pænkeɪk] ◇ *n* **-1.** CULIN [in UK] crêpe *f*; [in US] *sorte de petite galette épaisse servie au petit déjeuner*; (as) flat as a ~ plat comme une galette. **-2.** *inf* [make-up] fond *m* de teint épais; ~ make-up tartine *f* de maquillage. **-3.** AERON = **pancake landing**. ◇ *vi* AERON atterrir sur le ventre.
**Pancake Day** *n Br* mardi gras *m*.
**pancake landing** *n* atterrissage *m* sur le ventre.
**pancake roll** *n* rouleau *m* de printemps.
**pancreas** ['pæŋkrɪəs] *n* pancréas *m*.
**panda** ['pændə] *n* panda *m*; ~ (car) *Br* voiture *f* de police.
**pandemic** [pæn'demɪk] ◇ *adj* **-1.** MED pandémique. **-2.** [universal] universel, général. ◇ *n* MED pandémie *f*.
**pandemonium** [,pændɪ'məʊnjəm] *n* (*U*) [chaos] chaos *m*; [uproar] tumulte *m*, tohu-bohu *m*; the whole office is in ~ le bureau est sens dessus dessous.
**pander** ['pændər] *vi*: to ~ to [person, weaknesses] flatter (bassement).
**pandit** ['pændɪt] *n* [wise man] sage *m*; [term of address] *titre donné à certains sages en Inde*.
**Pandora** [pæn'dɔːrə] *pr n* Pandore; ~'s box la boîte de Pandore.
**pane** [peɪn] *n* vitre *f*, carreau *m*; a ~ of glass un carreau; ~ glass window *Am* fenêtre *f* panoramique.
**panegyric** [,pænɪ'dʒɪrɪk] *n fml* panégyrique *m*.
**panel** ['pænl] (*Br pt* & *pp* **panelled**, *cont* **panelling**, *Am pt* & *pp* **paneled**, *cont* **paneling**) ◇ *n* **-1.** [flat section – of wood, glass etc] panneau *m*.**-2.** [group, committee – gen] comité *m*; [– to judge exam, contest] jury *m*; [– in radio or TV quiz] invités *mpl*; [– in public debate] panel *m*; [– in public inquiry] commission *f* (d'enquête). **-3.** [set of controls]: (control) ~ tableau *m* de bord; (instrument) ~ AERON & AUT tableau *m* de bord. **-4.** SEW panneau *m*, lé *m*.**-5.** JUR [selection list] liste *f* de jurés. **-6.** ART [backing] panneau *m*; [picture] (peinture *f* sur) panneau *m*. ◇ *vt* [wall, hall] lambrisser, revêtir de panneaux; a panelled door une porte à panneaux; the room is panelled oak la pièce est lambrissée de chêne.
**panel beater** *n* carrossier *m*, tôlier *m* AUT.
**panel discussion** *n* débat *m*, tribune *f*.
**panel game** *n Br* RADIO jeu *m* radiophonique; TV jeu *m* télévisé.
**panelling** *Br*, **paneling** *Am* ['pænəlɪŋ] *n* (*U*) panneaux *mpl*, lambris *m*.
**panellist** *Br*, **panelist** *Am* ['pænəlɪst] *n* [jury member] juré *m*; [in radio or TV quiz] invité *m*, -e *f*; [in public debate] panéliste *mf*.
**panel pin** *n* pointe *f* à tête d'homme, clou *m* à panneau.
**panel truck** *n Am* camionnette *f*.

**pan-fries** *npl Am* pommes *fpl* (de terre) sautées.
**pan-fry** *vt Am* (faire) sauter; pan-fried eggs œufs sur le plat.
**pang** [pæŋ] *n* **-1.** [of emotion] coup *m* au cœur, pincement *m* de cœur; I felt a ~ of sadness j'ai eu un serrement de cœur; to feel ~s of conscience OR guilt éprouver des remords. **-2.** [of pain] élancement *m*; hunger ~s tiraillements *mpl* d'estomac.
**panhandler** ['pæn,hændlər] *n Am inf* mendiant *m*, -e *f*.
**panic** ['pænɪk] (*pt* & *pp* **panicked**, *cont* **panicking**) ◇ *n* **-1.** [alarm, fear] panique *f*, affolement *m*; it started a ~ on the stock exchange cela a semé la panique à la Bourse; to throw sb into a ~ affoler qqn. **-2.** *inf* [rush] hâte *f*; I was in a mad ~ to get to the airport c'était la panique pour aller à l'aéroport; what's the ~? ne vous affolez pas! **-3.** *Am inf* [sthg funny]: it was a ~! c'était à hurler de rire! ◇ *vi* s'affoler; don't ~! ne vous affolez pas! ◇ *vt* affoler.
**panic button** *n* signal *m* d'alarme; to hit the ~ *inf* perdre les pédales.
**panic buying** *n* (*U*) achats *mpl* en catastrophe OR de dernière minute.
**panicky** ['pænɪkɪ] *adj inf* [person, crowd] paniqué; [voice, message] affolé; [feeling, reaction] de panique.
**panicmonger** ['pænɪk,mʌŋgər] *n* semeur *m*, -euse *f* de panique.
**panic stations** *npl inf*: it was ~! ça a été la panique générale!
**panic-stricken** *adj* affolé, pris de panique.
**pannier** ['pænɪər] *n* **-1.** [bag – on bicycle, motorbike] sacoche *f*; [– on donkey] panier *m* de bât. **-2.** [basket] panier *m*, corbeille *f*.
**panoply** ['pænəplɪ] *n* panoplie *f*.
**panorama** [,pænə'rɑːmə] *n* literal & fig panorama *m*.
**panoramic** [,pænə'ræmɪk] *adj* panoramique; ~ screen CIN écran *m* panoramique.
**panpipes** ['pænpaɪps] *npl* flûte *f* de Pan.
**pansy** ['pænzɪ] (*pl* **pansies**) *n* **-1.** BOT pensée *f*.**-2.** *Br inf & pej* [sissy] poule *f* mouillée, femmelette *f*; [homosexual] tante *f*.
**pant** [pænt] ◇ *vi* [puff] haleter, souffler; he ~ed up the stairs il monta l'escalier en soufflant; to ~ for breath chercher son souffle. ◇ *vt* [say] dire en haletant OR d'une voix haletante. ◇ *n* [breath] halètement *m*.
◆ **pant for** *vt insep* mourir d'envie de.
**pantaloons** [,pæntə'luːnz] *npl* pantalon *m* bouffant.
**pantechnicon** [pæn'teknɪkən] *n Br* **-1.** [van] camion *m* de déménagement. **-2.** [warehouse] garde-meubles *m*.
**pantheist** ['pænθɪɪst] *n* panthéiste *mf*.
**pantheon** ['pænθɪən] *n* panthéon *m*.
**panther** ['pænθər] (*pl inv* OR **panthers**) *n* **-1.** [leopard] panthère *f*.**-2.** *Am* [puma] puma *m*.
**pantie girdle** ['pæntɪ-] = **panty girdle**.
**pantie hose** = **panty hose**.
**panties** ['pæntɪz] *npl* (petite) culotte *f*.
**pantihose** *Am* = **panty hose**.
**panting** ['pæntɪŋ] *adj* [person, dog] haletant.
**panto** ['pæntəʊ] (*pl* **pantos**) *n Br inf* = **pantomime 1**.
**pantomime** ['pæntəmaɪm] *n* **-1.** *Br* [Christmas show] *spectacle de Noël pour enfants*; ~ dame rôle travesti outré et ridicule dans la «pantomime». **-2.** [mime] pantomime *f*.**-3.** *Br inf & fig* comédie *f*, vaudeville *m*.
**pantry** ['pæntrɪ] (*pl* **pantries**) *n* [cupboard] garde-manger *m inv*; [walk-in cupboard] cellier *m*, office *m*.
**pants** [pænts] *npl* **-1.** *Br* [underpants] slip *m*, culotte *f*.**-2.** *esp Am* [trousers] pantalon *m*; a kick in the ~ un coup de pied aux fesses; he's still in short ~ il est encore à l'âge des culottes courtes ❑ to catch sb with his ~ down *inf* surprendre qqn dans une situation embarrassante; he bores the ~ off me *inf* il me rase; she scares the ~ off me *Br inf* elle me fiche la trouille.
**panty girdle** *n* gaine-culotte *f*.
**panty hose** *Br*, **pantihose** *Am* ['pæntɪ,həʊz] *npl* collant *m*, collants *mpl*.
**pap** [pæp] *n* **-1.** [mush] bouillie *f*.**-2.** (*U*) *fig* [drivel] bêtises *fpl*, imbécillités *fpl*.
**papa** [pə'pɑː] *n* papa *m*.

**papacy** ['peɪpəsɪ] (*pl* **papacies**) *n* [system, institution] papauté *f*; [term of office] pontificat *m*.

**papadum** ['pæpədəm] = **popadum**.

**papal** ['peɪpl] *adj* papal.

**paparazzi** [,pæpə'rætsɪ] *npl* paparazzi *mpl*.

**papaw** [pə'pɔː] *n* **-1.** = **papaya**. **-2.** [custard apple] anone *f*, pomme-cannelle *f*.

**papaya** [pə'paɪə] *n* **-1.** [fruit] papaye *f*. **-2.** [tree] papayer *m*.

**paper** ['peɪpəʳ] ◇ *n* **-1.** (U) [material] papier *m*; a piece/sheet of ~ un bout/une feuille de papier; he wants it on ~ il veut que ce soit écrit; don't put anything down on ~! ne mettez rien par écrit!; on ~, they're by far the better side sur le papier OR a priori, c'est de loin la meilleure équipe. **-2.** [newspaper] journal *m*. **-3.** (*usu pl*) [document] papier *m*, document *m*; once you've got the necessary ~s together une fois que vous aurez réuni les pièces nécessaires; Virginia Woolf's private ~s les écrits personnels de Virginia Woolf ❑ (identity) ~s papiers (d'identité); ship's ~s papiers de bord. **-4.** SCH & UNIV [exam paper] devoir *m*, épreuve *f*; [student's answers] copie *f*. **-5.** [academic treatise – published] article *m*; [– oral] communication *f*; to give OR to read a ~ on sthg faire un exposé sur qqch. **-6.** [wallpaper] papier peint *m*. **-7.** POL→ **green paper**, **white paper**.
◇ *adj* **-1.** [cup, napkin, towel] en OR de papier; ~ **currency** billets *mpl* (de banque). **-2.** [theoretical] sur le papier, théorique; ~ **profits** profits *mpl* fictifs; ~ **qualifications** diplômes *mpl*. **-3.** *pej* [worthless] sans valeur. ◇ *vt* [room, walls] tapisser.
◆ **paper over** *vt sep* **-1.** *literal* recouvrir de papier peint. **-2.** *fig* [dispute, facts] dissimuler; they tried to ~ over the cracks ils ont essayé de masquer les désaccords.

**paperback** ['peɪpəbæk] ◇ *n* livre *m* de poche; it's in ~ c'est en (édition de) poche. ◇ *adj* [book, edition] de poche.

**paperbacked** ['peɪpəbækt] *adj* broché.

**paper bag** *n* sac *m* en papier.

**paperboy** ['peɪpəbɔɪ] *n* [delivering papers] livreur *m* de journaux; [selling papers] vendeur *m* OR crieur *m* de journaux.

**paper chase** *n* rallye-papier *m*, ≃ jeu *m* de piste.

**paper clip** *n* trombone *m*.

**paper feed** *n* COMPUT & TYPO alimentation *f* en papier.

**papergirl** ['peɪpəgɜːl] *n* [delivering papers] livreuse *f* de journaux; [selling papers] vendeuse *f* de journaux.

**paper handkerchief** *n* mouchoir *m* en papier.

**paper knife** *n* coupe-papier *m inv*.

**paperless** ['peɪpəlɪs] *adj* [electronic – communication, record-keeping] informatique; the ~ office le bureau entièrement informatisé.

**papermill** ['peɪpəmɪl] *n* papeterie *f*, usine *f* à papier.

**paper money** *n* papier-monnaie *m*.

**paper round** *n*: to do a ~ livrer les journaux à domicile.

**paper shop** *n* marchand *m* de journaux.

**paper shredder** *n* broyeur *m*.

**paper tape** *n* COMPUT bande *f* perforée.

**paper-thin** *adj* extrêmement mince OR fin.

**paper tiger** *n* tigre *m* de papier.

**paper towel** *n* serviette *f* en papier.

**paperweight** ['peɪpəweɪt] *n* presse-papiers *m inv*.

**paperwork** ['peɪpəwɜːk] *n* travail *m* de bureau; *pej* paperasserie *f*.

**papery** ['peɪpərɪ] *adj* [thin and dry – gen] comme du papier; [– skin] parcheminé.

**papier-mâché** [,pæpjeɪ'mæʃeɪ] *n* papier *m* mâché.

**papist** ['peɪpɪst] ◇ *adj pej* papiste. ◇ *n pej* papiste *mf*.

**papoose** [pə'puːs] *n* papoose *m*.

**pappy** ['pæpɪ] (*compar* **pappier**, *superl* **pappiest**) *adj* gluant.

**paprika** ['pæprɪkə] *n* paprika *m*.

**Papua** ['pæpjʊə] *n* Papouasie *f*; in ~ en Papouasie.

**Papuan** ['pæpjʊən] ◇ *n* [person] Papou *m*, -e *f*. ◇ *adj* papou.

**Papua New Guinea** *pr n* Papouasie-Nouvelle-Guinée *f*; in ~ en Papouasie-Nouvelle-Guinée.

**papyrus** [pə'paɪərəs] (*pl* **papyruses** OR **papyri** [-raɪ]) *n* papyrus *m*.

**par** [pɑːʳ] (*pt & pp* **parred**, *cont* **parring**) ◇ *n* **-1.** [equality] égalité *f*; to be on a ~ (with sb/sthg) être au même niveau (que qqn/qqch). **-2.** [normal, average] normale *f*, moyenne *f*; I'm feeling a bit below OR under ~ ces days je ne me sens pas en forme ces jours-ci; your work is below OR not up to ~ votre travail laisse à désirer ❑ that's about ~ for the course c'est normal OR dans les normes. **-3.** SPORT [in golf] par *m*; she was two under/over ~ elle était à deux coups en-dessous/au-dessus du par. ◇ *vt* [in golf – hole] faire le par à.

**para** ['pærə] (*abbr of* **paratrooper**) *n Br inf* para *m*.

**parable** ['pærəbl] *n* parabole *f* RELIG.

**parabola** [pə'ræbələ] *n* parabole *f* MATH.

**parabolic** [,pærə'bɒlɪk] *adj* parabolique.

**paracetamol** [,pærə'siːtəmɒl] *n* paracétamol *m*.

**parachute** ['pærəʃuːt] ◇ *n* parachute *m*. ◇ *comp* [harness] de parachute; [troops, regiment] de parachutistes; ~ **drop** OR **landing** parachutage *m*; ~ **jump** saut *m* en parachute. ◇ *vt* parachuter. ◇ *vi* sauter en parachute; to go **parachuting** SPORT faire du parachutisme.

**parachutist** ['pærəʃuːtɪst] *n* parachutiste *mf*.

**parade** [pə'reɪd] ◇ *n* **-1.** [procession – gen] défilé *m*; MIL défilé *m*, parade *f*; **fashion** ~ défilé de mode; to be on ~ MIL défiler. **-2.** [street – of shops] rangée *f* de magasins; [– public promenade] promenade *f*. **-3.** [show, ostentation] étalage *m*; a ~ of force une démonstration de force. **-4.** FENCING parade *f*. **-5.** = **parade ground**. ◇ *vi* **-1.** [march – gen & MIL] défiler. **-2.** [strut] se pavaner, parader. ◇ *vt* **-1.** [troops, prisoners etc] faire défiler. **-2.** [streets] défiler dans. **-3.** [show off] faire étalage de.

**parade ground** *n* terrain *m* de manœuvres.

**paradigm** ['pærədaɪm] *n* paradigme *m*.

**paradigmatic** [,pærədɪg'mætɪk] *adj* paradigmatique.

**paradise** ['pærədaɪs] *n* **-1.** [heaven] paradis *m*; [Eden] le paradis terrestre; 'Paradise Lost' *Milton* 'Paradis perdu'. **-2.** *fig* paradis *m*; it's ~ (here) on earth c'est le paradis sur terre.

**paradox** ['pærədɒks] *n* paradoxe *m*.

**paradoxical** [,pærə'dɒksɪkl] *adj* paradoxal.

**paradoxically** [,pærə'dɒksɪklɪ] *adv* paradoxalement.

**paraffin** ['pærəfɪn] ◇ *n* **-1.** *Br* [fuel – for lamp] pétrole *m*; [– for stove] mazout *m*; [– for aircraft] kérosène *m*. **-2.** CHEM [alkane] paraffine *f*, alcane *m*. **-3.** = **paraffin wax**. ◇ *comp* [lamp] à pétrole; [heater] à mazout.

**paraffin wax** *n* paraffine *f*.

**paragliding** ['pærə,glaɪdɪŋ] *n* parapente *m*; to go ~ faire du parapente.

**paragon** ['pærəgən] *n* modèle *m*; ~ of virtue modèle OR parangon *m* lit de vertu.

**paragraph** ['pærəgrɑːf] ◇ *n* **-1.** [in writing] paragraphe *m*, alinéa *m*; begin OR start a new ~ (allez) à la ligne. **-2.** [short article] entrefilet *m*. **-3.** TYPO: ~ (mark) pied de mouche *m*, alinéa *m*. ◇ *vt* diviser en paragraphes OR en alinéas.

**Paraguay** ['pærəgwaɪ] *pr n* Paraguay *m*; in ~ au Paraguay.

**Paraguayan** [,pærə'gwaɪən] ◇ *n* Paraguayen *m*, -enne *f*. ◇ *adj* paraguayen.

**parakeet** ['pærəkiːt] *n* perruche *f*.

**paralinguistic** [,pærəlɪŋ'gwɪstɪk] *adj* paralinguistique.

**paralipsis** [,pærə'lɪpsɪs] (*pl* **paralipses** [-siːz]) *n* prétérition *f*.

**parallax** ['pærəlæks] *n* parallaxe *f*.

**parallel** ['pærəlel] ◇ *adj* **-1.** [gen & MATH] parallèle; there is a ditch ~ with OR to the fence il y a un fossé qui longe la clôture; to run ~ to sthg longer qqch. **-2.** [concomitant – change, event] parallèle. **-3.** COMPUT [interface, operation] paral-lèle; ~ **computer** ordinateur *m* à traitement parallèle; ~ **printer** imprimante *f* en parallèle; ~ **processing** traitement *m* en parallèle. **-4.** ELEC: ~ **circuit** circuit *m* en parallèle. ◇ *n* **-1.** [equivalent] équivalent *m*; [similarity] ressemblance *f*, similitude *f*; the two industries have developed in ~ ces deux industries se sont développées en parallèle; the disaster is without ~ une telle catastrophe est sans précédent. **-2.** [comparison] parallèle *m*; to draw a ~ between faire OR établir un parallèle entre. **-3.** MATH [line *f*] parallèle *f*. GEOG parallèle *m*. **-5.** ELEC parallèle *m*; in ~ en parallèle. ◇ *vt* **-1.** [run parallel to] être parallèle à, longer. **-2.** [match, equal] égaler. ◇ *adv*: to ski ~, to ~ ski skier parallèle; to ~ **park** *Am* faire un créneau.

**parallel bars** *npl* barres *fpl* parallèles.

**parallelism** ['pærəlelɪzm] *n* parallélisme *m*.

**parallelogram** [,pærə'leləgræm] *n* parallélogramme *m*.

**parallel turn** *n* [in skiing] virage *m* parallèle.

**paralyse** *Br*, **paralyze** *Am* ['pærəlaɪz] *vt* **-1.** MED paralyser. **-2.** *fig* [city, industry etc] paralyser, immobiliser; [person] paralyser, pétrifier.

**paralysed** *Br*, **paralyzed** *Am* ['pærəlaɪzd] *adj* **-1.** MED paralysé; both his legs are ~, he's ~ in both legs il est paralysé des deux jambes, il a les deux jambes paralysées. **-2.** *fig* [city, industry etc] paralysé, immobilisé; [person] paralysé, pétrifié; ~ with or by shyness paralysé par la timidité.

**paralysis** [pə'rælɪsɪs] *n* **-1.** MED paralysie *f*. **-2.** *fig* [of industry, business] immobilisation *f*; [of government] paralysie *f*.

**paralytic** [,pærə'lɪtɪk] ◇ *adj* **-1.** MED paralytique. **-2.** *Br inf* [drunk] ivre mort. ◇ *n* paralytique *mf*.

**paralyze** *etc Am* = **paralyse**.

**paramedic** [,pærə'medɪk] ◇ *n* aide-soignant *m*, -e *f*, membre du personnel paramédical; 'paramedic' *Am* services *mpl* de secours, ≈ 'SAMU'. ◇ *adj* = **paramedical**.

**paramedical** [,pærə'medɪkl] *adj* paramédical.

**parameter** [pə'ræmɪtər] *n* [gen, LING & MATH] paramètre *m*; according to established ~s of evaluation selon les critères établis.

**paramilitary** [,pærə'mɪlɪtrɪ] (*pl* **paramilitaries**) ◇ *adj* paramilitaire. ◇ *n* [group] formation *f* paramilitaire; [person] membre *m* d'une formation paramilitaire. ◇ *npl*: the ~ la milice.

**paramount** ['pærəmaʊnt] *adj* **-1.** [asset, concern] primordial; the children's interests are ~ l'intérêt des enfants passe avant tout. **-2.** [ruler] suprême.

**paranoia** [,pærə'nɔɪə] *n (U)* paranoïa *f*.

**paranoiac** [,pærə'nɔɪæk], **paranoic** [,pærə'nəʊɪk] ◇ *adj* paranoïaque. ◇ *n* paranoïaque *mf*.

**paranoid** ['pærənɔɪd] ◇ *adj* [disorder] paranoïde; [person] paranoïaque. ◇ *n* paranoïaque *mf*.

**paranormal** [,pærə'nɔːml] ◇ *adj* paranormal. ◇ *n*: the ~ le paranormal.

**parapet** ['pærəpɪt] *n* ARCHIT parapet *m*, garde-fou *m*; MIL parapet *m*.

**paraphernalia** [,pærəfə'neɪljə] *n (U)* **-1.** [equipment] attirail *m*; [belongings] fourbi *m*. **-2.** *inf* [trappings] tralala *m*.

**paraphrase** ['pærəfreɪz] ◇ *n* paraphrase *f*. ◇ *vt* paraphraser.

**paraplegia** [,pærə'pliːdʒə] *n* paraplégie *f*.

**paraplegic** [,pærə'pliːdʒɪk] ◇ *adj* paraplégique. ◇ *n* paraplégique *mf*.

**parapsychology** [,pærəsaɪ'kɒlədʒɪ] *n* parapsychologie *f*.

**parasailing** ['pærə,seɪlɪŋ] *n* parachute *m* ascensionnel (*tracté par bateau*).

**parascending** ['pærə,sendɪŋ] *n* parachute *m* ascensionnel (*tracté par véhicule*).

**parasite** ['pærəsaɪt] *n* BOT & ZOOL parasite *m*; *fig* parasite *m*.

**parasitical** [,pærə'sɪtɪkl] *adj* **-1.** [plant, animal] parasite; *fig* [person] parasite; [existence] de parasite. **-2.** [illness – caused by parasites] parasitaire.

**parasitism** ['pærəsaɪˌtɪzm] *n* parasitisme *m*.

**parasol** ['pærəsɒl] *n* [for woman] ombrelle *f*; [for beach, table] parasol *m*.

**parataxis** [,pærə'tæksɪs] *n* parataxe *f*, juxtaposition *f*.

**paratroop** ['pærətruːp] *comp* de parachutistes; [regiment] parachutiste, de parachutistes; [commander] parachutiste.

◆ **paratroops** *npl* MIL parachutistes *mpl*.

**paratrooper** ['pærətruːpər] *n* MIL parachutiste *m*.

**paratyphoid** [,pærə'taɪfɔɪd] *n* paratyphoïde *f*. ◇ *adj* [bacillus] paratyphique; [fever] paratyphoïde.

**parboil** ['pɑːbɔɪl] *vt* CULIN blanchir.

**parcel** ['pɑːsl] (*Br pt & pp* **parcelled**, *cont* **parcelling**, *Am pt & pp* **parceled**, *cont* **parceling**) ◇ *n* **-1.** [package] colis *m*, paquet *m*; ~ delivery livraison *f* de colis à domicile. **-2.** [portion of land] parcelle *f*. **-3.** [group, quantity – gen] groupe *m*, lot *m*; [– of shares] paquet *m*. ◇ *vt* **-1.** [wrap up] emballer, faire un colis de. **-2.** [divide up] diviser en parcelles.

◆ **parcel out** *vt sep* **-1.** [share out] distribuer, partager. **-2.** [divide up] diviser en parcelles, lotir.

**parcel bomb** *n* colis *m* piégé.

**parcel post** *n*: to send sthg by ~ envoyer qqch par colis postal or en paquet-poste.

**parch** [pɑːtʃ] *vt* **-1.** [scorch] dessécher, brûler. **-2.** (*usu passive*) [make thirsty] assoiffer. **-3.** CULIN griller légèrement.

**parched** [pɑːtʃt] *adj* **-1.** [very dry – grass] desséché; [– throat, lips] sec (*f* sèche). **-2.** *inf* [person]: I'm ~ je crève de soif.

**parchment** ['pɑːtʃmənt] *n* [material, document] parchemin *m*.

**pardon** ['pɑːdn] ◇ *vt* **-1.** [forgive] pardonner; to ~ sb for sthg pardonner qqch à qqn; please ~ my rudeness veuillez excuser mon impolitesse; ~ me for asking, but... excusez-moi de vous poser cette question, mais...; ~ me for breathing! excuse-moi d'avoir osé ouvrir la bouche! ❑ he's a bastard, if you'll ~ the expression or my French ▽ c'est un salaud, si vous voulez bien me passer l'expression. ◇ *n* **-1.** [forgiveness] pardon *m*. **-2.** JUR grâce *f*. **-3.** RELIG indulgence *f*. ◇ *interj*: ~ (me)? [what?] pardon?, comment?; ~ (me)! [sorry] pardon!, excusez-moi!

**pardonable** ['pɑːdnəbl] *adj* pardonnable, excusable.

**pare** [peər] *vt* **-1.** [fruit, vegetable] peler, éplucher; [nails] ronger, couper. **-2.** [reduce – budget] réduire.

◆ **pare down** *vt sep* [expenses, activity] réduire; [text, speech] raccourcir.

**parent** ['peərənt] ◇ *n* **-1.** [mother] mère *f*; [father] père *m*; ~s parents *mpl*; Anne and Bob have become ~s Anne et Bob ont eu un enfant. **-2.** PHYS parent *m*. ◇ *comp* **-1.** [cooperation, participation] des parents, parental. **-2.** [organization] mère. **-3.** [plant] mère. **-4.** [animal] parent; one of the ~ birds/seals un des parents de l'oiseau/du phoque.

**parentage** ['peərəntɪdʒ] *n* origine *f*; a child of unknown ~ un enfant de père et mère inconnus.

**parental** [pə'rentl] *adj* parental, des parents.

**parent company** *n* COMM société *f* or maison *f* mère.

**parenthesis** [pə'renθɪsɪs] (*pl* **parentheses** [-siːz]) *n* parenthèse *f*; in ~ entre parenthèses.

**parenthetic(al)** [,pærən'θetɪk(l)] *adj* entre parenthèses.

**parenthetically** [,pærən'θetɪklɪ] *adv* entre parenthèses.

**parenthood** ['peərənthʊd] *n* [fatherhood] paternité *f*; [motherhood] maternité *f*; the responsibilities of ~ les responsabilités parentales.

**parent-teacher association** *n* association regroupant les parents d'élèves et les enseignants.

**parings** ['peərɪŋz] *npl* [of fruit, vegetables] épluchures *fpl*, pelures *fpl*; [of nails] rognures *fpl*.

**pariah** [pə'raɪə] *n* paria *m*.

**parietal** [pə'raɪtl] *adj* ANAT & BOT pariétal.

**Paris** ['pærɪs] *prn* GEOG Paris.

**parish** ['pærɪʃ] ◇ *n* **-1.** RELIG paroisse *f*. **-2.** POL ≃ commune *f* (*en Angleterre*). ◇ *comp* [hall, funds] RELIG paroissial.

**parish church** *n* église *f* paroissiale.

**parish clerk** *n* bedeau *m*.

**parish council** *n* ≃ conseil *m* municipal (*d'une petite commune en Angleterre*).

**parishioner** [pə'rɪʃənər] *n* paroissien *m*, -enne *f*.

**parish priest** *n* [Catholic] curé *m*; [Protestant] pasteur *m*.

**parish-pump** *adj* *Br pej* [parochial – issue] d'intérêt purement local; [– outlook, mentality, quarrel] de clocher.

**parish register** *n* registre *m* paroissial.

**parish school** *n* école *f* communale.

**Parisian** [pə'rɪzjən] ◇ *n* Parisien *m*, -enne *f*. ◇ *adj* parisien.

**parity** ['pærətɪ] (*pl* **parities**) *n* **-1.** [equality] égalité *f*, parité *f*; women demanded wage ~ with men les femmes ont réclamé l'égalité de salaires avec les hommes. **-2.** ECON & FIN parité *f*; ~ value valeur *f* au pair. **-3.** COMPUT, MATH & PHYS parité *f*.

**parity bit** *n* COMPUT bit *m* de parité.

**park** [pɑːk] ◇ *n* **-1.** [public] parc *m*; [smaller] jardin *m* public; [private estate] parc *m*, domaine *m*. **-2.** AUT [on automatic gearbox] position *f* (de) stationnement. ◇ *vt* **-1.** AUT garer; behind the ~ed coaches derrière les cars en stationnement. **-2.** *inf* [dump – person, box] laisser; he ~ed himself on the sofa il s'installa sur le canapé. ◇ *vi* AUT se garer, stationner; I couldn't find anywhere to ~ je n'ai pas trouvé à me garer.

**parka** ['pɑːkə] *n* parka *m*.

**parking** ['pɑːkɪŋ] ◇ *n* stationnement *m*; 'no ~' 'stationnement interdit', 'défense de stationner'; I'm not very good at ~ je ne suis pas très doué pour les créneaux. ◇ *comp* [area] de stationnement; to look for/to find a ~ place chercher/trouver à se garer.

**parking attendant** *n* [in car park] gardien *m*, -enne *f*; [at hotel] voiturier *m*.

**parking brake** *n* Am frein *m* à main.

**parking garage** *n* Am parking *m* couvert.

**parking light** *n* feu *m* de position.

**parking lot** *n* Am parking *m*, parc *m* de stationnement.

**parking meter** *n* parcmètre *m*, parcomètre *m*.

**parking ticket** *n* contravention *f* (*pour stationnement irrégulier*), P-V *m*.

**Parkinson's disease** ['pɑːkɪnsnz-] *n* maladie *f* de Parkinson.

**Parkinson's law** *n hum* principe *m* de Parkinson; it's a case of ~ plus on a de temps, plus on met de temps.

**park keeper** *n* gardien *m*, -enne *f* de jardin public.

**parkland** ['pɑːklænd] *n* (U) espace *m* vert, espaces *mpl* verts.

**parkway** ['pɑːkweɪ] *n* Am route *f* paysagère (à plusieurs voies).

**parky** ['pɑːkɪ] (*compar* **parkier**, *superl* **parkiest**) *adj Br inf* [cold] frisquet.

**parlance** ['pɑːləns] *n fml* langage *m*, parler *m*.

**parlay** ['pɑːlɪ] *vt Am* **-1.** [winnings] remettre en jeu. **-2.** *fig* [talent, project] mener à bien; [money] faire fructifier.

**parley** ['pɑːlɪ] ◇ *vi* parlementer. ◇ *n* pourparlers *mpl*.

**parliament** ['pɑːləmənt] *n* parlement *m*; she was elected to Parliament in 1988 elle a été élue député en 1988; the French Parliament l'Assemblée nationale (française).

**parliamentarian** [,pɑːləmən'teəriən] ◇ *adj* parlementaire. ◇ *n* parlementaire *mf*.

**parliamentary** [,pɑːlə'mentəri] *adj* [system, debate, democracy] parlementaire; ~ **elections** élections *fpl* législatives; ~ **candidate** candidat *m* aux (élections) législatives.

**parliamentary private secretary** *n en Grande-Bretagne, député qui assure la liaison entre un ministre et la Chambre des communes.*

**parliamentary secretary** *n Br* ≃ sous-secrétaire *m* d'État.

**parlor** *etc Am* = **parlour.**

**parlour** *Br*, **parlor** *Am* ['pɑːlər] *n* **-1.** *dated* [in house] salon *m*. **-2.** *dated* [in hotel, club] salon *m*; [in pub] arrière-salle *f*. **-3.** [in convent] parloir *m*. **-4.** *Am* COMM: **beer ~ bar** *m*.

**parlour game** *n Br* jeu *m* de société.

**parlourmaid** *Br*, **parlormaid** *Am* ['pɑːləmeɪd] *n* femme *f* de chambre.

**parlous** ['pɑːləs] *adj arch* OR *lit* précaire, instable.

**Parma** ['pɑːmə] *pr n* Parme; ~ **ham** jambon *m* de Parme.

**Parmesan (cheese)** [,pɑːmɪ'zæn-] *n* parmesan *m*.

**Parnassus** [pɑːˈnæsəs] *pr n* Parnasse *m*.

**parochial** [pəˈrəʊkjəl] *adj* **-1.** RELIG paroissial. **-2.** *pej* borné.

**parochialism** [pəˈrəʊkjəlɪzm] *n pej* esprit *m* de clocher.

**parodist** ['pærədɪst] *n* parodiste *mf*.

**parody** ['pærədɪ] (*pl* **parodies**, *pt* & *pp* **parodied**) ◇ *n* parodie *f*. ◇ *vt* parodier.

**parole** [pəˈrəʊl] ◇ *n* **-1.** JUR liberté *f* conditionnelle OR sur parole. she was released on ~ elle a été mise en liberté conditionnelle OR libérée sur parole. **-2.** *Am* MIL [password] mot *m* de passe. **-3.** LING parole *f*. ◇ *vt* mettre en liberté conditionnelle, libérer sur parole.

**parole board** *n* ≃ comité *m* de probation et d'assistance aux libérés.

**paroxysm** ['pærəksɪzm] *n* **-1.** [outburst – of rage, despair] accès *m*; [– of tears] crise *f*; his answer sent them into ~s of laughter sa réponse provoqua l'hilarité générale OR déclencha un fou rire général. **-2.** MED paroxysme *m*.

**parquet** ['pɑːkeɪ] ◇ *n* CONSTR: ~ **(floor** OR **flooring)** parquet *m*. ◇ *vt* parqueter.

**parquetry** ['pɑːkɪtrɪ] *n* parquetage *m*.

**parrakeet** ['pærəkiːt] = **parakeet.**

**parricide** ['pærɪsaɪd] *n* **-1.** [act] parricide *m*.**-2.** [killer] parricide *mf*.

**parrot** ['pærət] *n* perroquet *m*.

**parrot fashion** *adv* comme un perroquet.

**parry** ['pærɪ] (*pt* & *pp* **parried**, *pl* **parries**) ◇ *vt* **-1.** [in boxing, fencing etc] parer. **-2.** [problem] tourner, éviter; [question] éluder; [manœuvre] parer à, contrer. ◇ *vi* [in boxing, fencing] parer; he parried with his right il a paré l'attaque OR le coup d'une droite. ◇ *n* parade *f* (*en boxe, en escrime etc*).

**parse** [pɑːz] *vt* faire l'analyse grammaticale de.

**Parsee, Parsi** [,pɑːˈsiː] ◇ *n* Parsi *m*, -e *f*. ◇ *adj* parsi.

**parser** ['pɑːzər] *n* COMPUT analyseur *m* syntaxique.

**parsimonious** [,pɑːsɪˈməʊnjəs] *adj fml* parcimonieux.

**parsimony** ['pɑːsɪmənɪ] *n fml* parcimonie *f*.

**parsing** ['pɑːzɪŋ] *n* analyse *f* grammaticale.

**parsley** ['pɑːslɪ] *n* persil *m*; Chinese ~ coriandre *f*; ~ **sauce** sauce *f* au persil OR persillée.

**parsnip** ['pɑːsnɪp] *n* panais *m*.

**parson** ['pɑːsn] *n* [gen] ecclésiastique *m*; [Protestant] pasteur *m*.

**parsonage** ['pɑːsnɪdʒ] *n* presbytère *m*.

**parson's nose** ['pɑːsnz-] *n* CULIN croupion *m*.

**part** [pɑːt] ◇ *n* **-1.** [gen – portion, subdivision] partie *f*; (a) ~ of the garden is flooded une partie du jardin est inondée; (a) ~ of me strongly agrees with them sur un certain plan, je suis tout à fait d'accord avec eux; it's very much ~ of the game/of the process ça fait partie du jeu/du processus; it's very much ~ of the excitement c'est en partie pour ça que c'est amusant; we've finished the hardest ~ nous avons fait le plus dur; I haven't told you the best ~ yet je ne t'ai pas encore dit le plus beau OR la meilleure; to be (a) ~ of sthg [be involved with] faire partie de qqch; to form ~ of sthg faire partie de qqch ❑ to be ~ and parcel of sthg faire partie (intégrante) de qqch. **-2.** [role] rôle *m*; work plays a large ~ in our lives le travail joue un rôle important dans notre vie; to take ~ (in sthg) prendre part OR participer (à qqch); I had no ~ in that affair je n'ai joué aucun rôle dans cette affaire; he has no ~ in the running of the company il ne participe pas à OR il n'intervient pas dans la gestion de la société; I want no ~ in OR of their schemes je ne veux pas être mêlé à leurs projets ❑ to dress the ~ se mettre en tenue de circonstance; to look the ~ avoir la tenue de circonstance; for my/his ~ pour ma/sa part. **-3.** [component – of machine] pièce *f*. **-4.** [area – of country, town etc]: which ~ of England are you from? vous êtes d'où en Angleterre?, de quelle région de l'Angleterre venez-vous?; in some ~s of Sydney/ Australia dans certains quartiers de Sydney/certaines régions de l'Australie; it's a dangerous ~ of town c'est un quartier dangereux; are you new to these ~s? vous êtes nouveau ici?. **-5.** [instalment – of encyclopedia] fascicule *m*; [– of serial] épisode *m*; don't miss ~ two! [of serial] ne manquez pas le deuxième épisode!; [of programme in two parts] ne manquez pas la deuxième partie!. **-6.** [measure] mesure *f*; one ~ of pastis and four ~s of water une mesure de pastis et quatre mesures d'eau. **-7.** [side] parti *m*, part *f*; he always takes his mother's ~ il prend toujours le parti de sa mère ❑ to take sthg in good ~ bien prendre qqch. **-8.** *Am* [in hair] raie *f*. **-9.** GRAMM partie *f*. **-10.** MUS partie *f*; the vocal/violin ~ la partie vocale/(pour) violon.

◇ *comp* [payment] partiel; ~ **owner** copropriétaire *mf*.

◇ *adv* en partie, partiellement; the jacket is ~ cotton, ~ polyester la veste est un mélange de coton et de polyester OR un mélange coton-polyester.

◇ *vi* **-1.** [move apart – lips, curtains] s'ouvrir; [– branches, legs, crowd] s'écarter; [disengage – fighters] se séparer; the clouds ~ed il y eut une éclaircie. **-2.** [leave one another] se quitter. **-3.** [break – rope] se casser; [tear – fabric] se déchirer.

◇ *vt* **-1.** [move apart, open – lips, curtains] ouvrir; [– branches, legs, crowd] écarter. **-2.** [separate] séparer; the children were ~ed from their parents les enfants ont été séparés de leurs parents. **-3.** [hair] faire une raie à; her hair's ~ed in the middle elle a la raie au milieu.

◆ **parts** *npl* [talents] talents *mpl*; a man/woman of many ~s un homme/une femme de talent.

◆ **for the most part** *adv phr* dans l'ensemble; for the most ~ we get along pretty well dans l'ensemble, nous nous entendons assez bien.

◆ **in part** *adv phr* en partie; **it's true in** ~ c'est en partie vrai.

◆ **in parts** *adv phr* par endroits; **the book is good in** ~s le livre est bon par endroits, certains passages du livre sont bons.

◆ **on the part of** *prep phr* de la part de.

◆ **part with** *vt insep* se séparer de; **he hates** ~ing **with his money** il a horreur de dépenser son argent.

**partake** [pɑːˈteɪk] (*pt* **partook** [-ˈtʊk], *pp* **partaken** [-ˈteɪkn]) *vi arch* OR *fml* **-1.** [eat, drink]: **to** ~ of prendre. **-2.** [participate]: to ~ **in** [event] participer à; [joy, grief] partager. **-3.** [share quality]: **to** ~ of relever de, tenir à.

**part exchange** *n* COMM reprise *f*; **they'll take your old TV set in** ~ ils vous font une reprise sur OR ils reprennent votre ancien téléviseur.

**Parthenon** [ˈpɑːθɪnən] *pr n*: **the** ~ le Parthénon.

**partial** [ˈpɑːʃl] *adj* **-1.** [incomplete] partiel; **the exhibition was only a** ~ **success** l'exposition n'a connu qu'un succès mitigé. **-2.** [biased] partial. **-3.** [fond]: **to be** ~ **to sthg** avoir un penchant OR un faible pour qqch.

**partial eclipse** *n* éclipse *f* partielle.

**partiality** [ˌpɑːʃɪˈælətɪ] (*pl* **partialities**) *n* **-1.** [bias] partialité *f*. **-2.** [fondness] faible *m*, penchant *m*.

**partially** [ˈpɑːʃəlɪ] *adv* **-1.** [partly] en partie, partiellement. **-2.** [in biased way] partialement, avec partialité.

**partially sighted** ◇ *adj* malvoyant. ◇ *npl*: **the** ~ les malvoyants *mpl*.

**participant** [pɑːˈtɪsɪpənt] *n* participant *m*, -e *f*; **the** ~s **in the debate** les participants au débat.

**participate** [pɑːˈtɪsɪpeɪt] *vi* participer, prendre part; **to** ~ **in** [race, discussion] prendre part à, participer à.

**participation** [pɑːˌtɪsɪˈpeɪʃn] *n* participation *f*; **they should encourage greater student** ~ ils devraient encourager les étudiants à participer plus activement.

**participatory** [pɑːˌtɪsɪˈpeɪtərɪ] *adj* participatif.

**participial** [ˌpɑːtɪˈsɪpɪəl] *adj* participial.

**participle** [ˈpɑːtɪsɪpl] *n* participe *m*.

**particle** [ˈpɑːtɪkl] *n* **-1.** [tiny piece] particule *f*, parcelle *f*; [of dust] grain *m*; *fig* [jot] brin *m*, grain *m*. **-2.** LING particule *f*. **-3.** PHYS particule *f*. **-4.** RELIG hostie *f*.

**particle accelerator** *n* accélérateur *m* de particules.

**particle beam** *n* faisceau *m* de particules.

**particle board** *n* panneau *m* de particules.

**particle physics** *n* (*U*) physique *f* des particules.

**parti-coloured** [ˈpɑːtɪˌkʌləd] *adj* bariolé, bigarré.

**particular** [pəˈtɪkjʊləʳ] ◇ *adj* **-1.** [specific, distinct] particulier; **for no** ~ **reason** sans raison particulière; **only that** ~ **colour will do** il n'y a que cette couleur-là qui fasse l'affaire. **-2.** [exceptional, special] particulier, spécial; **it's an issue of** ~ **importance to us** c'est une question qui revêt une importance toute particulière à nos yeux. **-3.** [fussy]: **to be** ~ **about** hygiene/manners attacher beaucoup d'importance à l'hygiène/aux bonnes manières; **to be** ~ **about one's food** être difficile pour la nourriture. **-4.** *fml* [detailed – description, account] détaillé. ◇ *n* **-1.** [specific]: **from the general to the** ~ du général au particulier. **-2.** [facts, details] détails *mpl*, points *mpl*; **correct in all** ~s correct en tout point; **for further** ~s **phone this number** pour de plus amples renseignements, appelez ce numéro.

◆ **in particular** *adv phr* en particulier; **what are you thinking about?** — **nothing in** ~ à quoi penses-tu? — à rien en particulier; **what happened?** — **nothing in** ~ que s'est-il passé? — rien de particulier OR rien de spécial; **no one in** ~ personne en particulier; **where are you going?** — **nowhere in** ~ où vas-tu? — je vais juste faire un tour.

**particularity** [pəˌtɪkjʊˈlærətɪ] (*pl* **particularities**) *n* particularité *f*.

**particularly** [pəˈtɪkjʊləlɪ] *adv* particulièrement; **it was a** ~ **vicious murder** ce fut un meurtre extrêmement OR particulièrement sauvage.

**parting** [ˈpɑːtɪŋ] ◇ *n* **-1.** [leave-taking] séparation *f*; **they had a tearful** ~ **at the station** ils se quittèrent en larmes à la gare ❑ **we came to a** ~ **of the ways** nous sommes arrivées à la croisée des chemins. **-2.** [opening – in clouds] trouée *f*; **the** ~ **of the Red Sea** le partage des eaux de la mer Rouge. **-3.** *Br*

[in hair] raie *f*. ◇ *adj lit* [words, kiss] d'adieu.

**parting shot** *n fig* flèche *f* du Parthe; **that was his** ~ et sur ces mots, il s'en alla.

**partisan** [ˌpɑːtɪˈzæn] ◇ *adj* partisan; ~ **politics** politique *f* partisane. ◇ *n* partisan *m*.

**partisanship** [ˌpɑːtɪˈzænʃɪp] *n* partialité *f*, esprit *m* de parti.

**partition** [pɑːˈtɪʃn] ◇ *n* **-1.** [wall] cloison *f*; [screen] paravent *m*. **-2.** [of country] partition *f*; [of property] division *f*; [of power] répartition *f*, morcellement *m*. ◇ *vt* **-1.** [room] diviser, cloisonner. **-2.** [country] diviser, démembrer.

◆ **partition off** *vt sep* [part of room] cloisonner.

**partition wall** *n* cloison *f*.

**partitive** [ˈpɑːtɪtɪv] ◇ *adj* partitif. ◇ *n* partitif *m*.

**partly** [ˈpɑːtlɪ] *adv* en partie, partiellement.

**partner** [ˈpɑːtnəʳ] ◇ *n* **-1.** [spouse] époux *m*, épouse *f*, conjoint *m*, -e *f*; [lover] ami *m*, -e *f*; **sexual** ~ partenaire *mf* (sexuel). **-2.** [in game, dance] partenaire *mf*. **-3.** [in common undertaking] partenaire *mf*; [in firm, medical practice etc] associé *m*, -e *f*; **our** ~s **in NATO** nos partenaires de l'OTAN; **to be** ~s **in crime** être complices dans le crime. ◇ *vt* **-1.** [be the partner of] être partenaire de. **-2.** [dance with] danser avec; [play with] faire équipe avec, être le partenaire de.

**partnership** [ˈpɑːtnəʃɪp] *n* **-1.** [gen] association *f*; **to work in** ~ **with sb/sthg** travailler en association avec qqn/qqch; **to go into** ~ **with sb** s'associer avec qqn; **they offered him a** ~ ils lui ont proposé de devenir leur associé. **-2.** [firm] ≃ société *f* en nom collectif.

**part of speech** *n* partie *f* du discours.

**partook** [pɑːˈtʊk] *pt* → **partake**.

**part payment** *n* acompte *m*; **I received £500 in** ~ **for the car** j'ai reçu un acompte de 500 livres pour la voiture.

**partridge** [ˈpɑːtrɪdʒ] (*pl inv* OR **partridges**) *n* perdrix *f*; [immature] perdreau *m*.

**part-time** *adj & adv* à temps partiel; **she's got a** ~ **job** elle travaille à temps partiel.

**part-timer** *n* travailleur *m*, -euse *f* à temps partiel.

**partway** [ˈpɑːtweɪ] *adv* en partie, partiellement; **I'm only** ~ **through the book** je n'ai pas fini le livre.

**part work** *n Br*: **they published it as a** ~ ils l'ont publié sous forme de fascicules.

**party** [ˈpɑːtɪ] (*pl* **parties**, *pt & pp* **partied**) ◇ *n* **-1.** [social event] fête *f*; [more formal] soirée *f*, réception *f*; **to give a** ~ [formal] donner une réception OR une soirée; [informal] faire une fête; **to have** OR **to throw a** ~ **for sb** organiser une fête en l'honneur de qqn; **I'm having a little cocktail** ~ **on Friday** je fais un petit cocktail vendredi; **New Year's Eve** ~ réveillon *m* de fin d'année. **-2.** POL parti *m*; **the Conservative/Democratic Party** le parti conservateur/démocrate. **-3.** [group of people] groupe *m*; **a tour** ~ un groupe de touristes; **the funeral** ~ le cortège funèbre; **the wedding** ~ les invités *mpl* (à un mariage). **-4.** *fml* OR JUR [individual, participant] partie *f*; **to be a** ~ **to** [discussion] prendre part à; [crime] être complice de; [conspiracy, enterprise] être mêlé à, tremper dans; **the guilty** ~ le coupable; **the injured** ~ la partie lésée; **(the) interested parties** les intéressés *mpl*. **-5.** [person] individu *m*. ◇ *comp* **-1.** [atmosphere, clothes] de fête; ~ **dress** robe *f* habillée; ~ **invitations** invitations *fpl*; ~ **snacks** amuse-gueule *mpl*. **-2.** POL [leader, leadership, funds] du parti; [system] des partis. ◇ *vi* faire la fête.

**partying** [ˈpɑːtɪɪŋ] *n*: **she's a great one for** ~ *inf* elle adore faire la fête.

**party line** *n* **-1.** POL ligne *f* du parti; **to toe the** ~ suivre la ligne du parti. **-2.** TELEC ligne *f* commune (à plusieurs abonnés).

**party piece** *n inf* chanson *f* OR poème *m* de circonstance (à l'occasion d'une fête).

**party political** *adj* [broadcast] réservé à un parti politique; [issue] de parti politique.

**party politics** *npl* politique *f* de parti; *pej* politique *f* politicienne.

**party pooper** *n inf* rabat-joie *m inv*.

**party wall** *n* mur *m* mitoyen.

**parvenu** [ˈpɑːvənjuː] ◇ *n* parvenu *m*, -e *f*. ◇ *adj* parvenu.

**PASCAL** [pæˈskæl] *n* PASCAL *m*.

**paschal, Paschal** [ˈpæskl] *adj* pascal.

**pass** [pɑːs] ◇ *vi* **-1.** [move in specified direction] passer; the wires ~ under the floorboards les fils passent sous le plancher; his life ~ed before his eyes il a vu sa vie défiler devant ses yeux. **-2.** [move past, go by] passer; the road was too narrow for two cars to ~ la route était trop étroite pour que deux voitures se croisent; I happened to be ~ing, so I thought I'd call in il s'est trouvé que je passais, alors j'ai eu l'idée de venir vous voir. **-3.** [overtake] dépasser, doubler. **-4.** [elapse – months, years] (se) passer, s'écouler; [– holiday] se passer; the weekend ~ed without surprises le week-end s'est passé sans surprises; time ~ed rapidly le temps a passé très rapidement. **-5.** [be transformed] passer, se transformer; the oxygen then ~es to a liquid state ensuite l'oxygène passe à l'état liquide. **-6.** [take place] se passer, avoir lieu; harsh words ~ed between them ils ont eu des mots; the party, if it ever comes to ~, should be quite something la fête, si elle a jamais lieu, sera vraiment un grand moment. **-7.** [end, disappear – pain, crisis, fever] passer; [– anger, desire] disparaître, tomber; [– dream, hope] disparaître. **-8.** [be transferred – power, responsibility] passer; [– inheritance] passer, être transmis; authority ~es to the Vice-President when the President is abroad c'est au vice-président que revient la charge du pouvoir lorsque le président se trouve à l'étranger. **-9.** [get through, be approved – proposal] être approuvé; [– bill, law] être voté; [– motion] être adopté; SCH & UNIV [– student] être reçu OR admis. **-10.** [go unchallenged] passer; the insult ~ed unnoticed personne ne releva l'insulte; he let the remark/mistake ~ il a laissé passer la remarque/l'erreur sans la relever; I don't like it, but I'll let it ~ je n'aime pas ça, mais je préfère ne rien dire OR me taire. **-11.** [be adequate, acceptable – behaviour] convenir, être acceptable; [– repair job] passer; in a grey suit you might just ~ avec ton costume gris, ça peut aller. **-12.** [substitute] don't try to ~ as an expert n'essaie pas de te faire passer pour un expert; you could easily ~ for your sister on pourrait très bien te prendre pour ta sœur. **-13.** SPORT faire une passe. **-14.** GAMES passer.

◇ vt **-1.** [move past, go by – building] passer devant; [– person] croiser; I ~ed her on the stairs je l'ai croisée dans l'escalier; the ships ~ed each other in the fog les navires se sont croisés dans le brouillard. **-2.** [go beyond – finishing line, frontier] passer; [overtake] dépasser, doubler; we've ~ed the right exit nous avons dépassé la sortie que nous aurions dû prendre; contributions have ~ed the $100,000 mark les dons ont franchi la barre des 100 000 dollars. **-3.** [move, run] passer; she ~ed her hand over her hair elle s'est passé la main dans les cheveux. **-4.** [hand] passer; ~ me the sugar, please passez-moi le sucre, s'il vous plaît ‖ [transmit – message] transmettre; can you ~ her the message? pourriez-vous lui transmettre OR faire passer le message? **-5.** [spend – life, time, visit] passer. **-6.** [succeed in – exam, driving test] être reçu à, réussir; he didn't ~ his history exam il a échoué OR il a été recalé à son examen d'histoire. **-7.** [approve – bill, law] voter; [– motion, resolution] adopter; SCH & UNIV [– student] recevoir, admettre; the drug has not been ~ed by the Health Ministry le médicament n'a pas reçu l'autorisation de mise sur le marché du ministère de la Santé. **-8.** [pronounce – judgment, verdict, sentence] prononcer, rendre; [– remark, compliment] faire; he declined to ~ comment il s'est refusé à tout commentaire. **-9.** [counterfeit money, stolen goods] écouler. **-10.** SPORT [ball, puck] passer. **-11.** GAMES: to ~ one's turn passer OR sauter son tour. **-12.** PHYSIOL: to ~ blood avoir du sang dans les urines; to ~ water uriner.

◇ n **-1.** [in mountains] col m, défilé m; the Brenner Pass le col du Brenner. **-2.** [authorization – for worker, visitor] laissez-passer m inv; THEAT invitation f, billet m de faveur; MIL [– for leave of absence] permission f; [– for safe conduct] sauf-conduit m; press ~ carte f de presse; rail/bus ~ carte f d'abonnement (de train/de bus). **-3.** SCH & UNIV [in exam] moyenne f, mention f passable; to get a ~ avoir la moyenne; I got three ~es j'ai été reçu dans trois matières. **-4.** [state of affairs] situation f; things have come to a pretty OR fine OR sorry ~ on est dans une bien mauvaise passe, la situation s'est bien dégradée. **-5.** SPORT [with ball, puck] passe f; [in fencing] botte f; [in bullfighting] passe f; to make a ~ at [in fencing] porter une botte à. **-6.** [by magician] passe f. **-7.** COMPUT passe f. **-8.** AERON [overflight] survol m; [attack] attaque f. **-9.** phr: to make a ~ at sb faire des avances à qqn.

◆ **pass around** vt sep [cake, cigarettes] (faire) passer; [petition] (faire) circuler; [supplies] distribuer.

◆ **pass away** ◇ vi insep **-1.** euph [die] s'éteindre euph, décéder. **-2.** [elapse – time] passer, s'écouler. ◇ vt sep [while away] passer; we read to ~ the time away nous avons lu pour tuer OR passer le temps.

◆ **pass back** vt sep **-1.** [give back] rendre. **-2.** RADIO & TV: I'll now ~ you back to the studio je vais rendre l'antenne au studio. **-3.** SPORT [to team mate] repasser; [backwards] passer en arrière.

◆ **pass by** ◇ vi insep **-1.** [move past, go by]: he ~ed by without a word! il est passé à côté de moi sans dire un mot! **-2.** [visit] passer. ◇ vt sep [disregard] ignorer, négliger; she felt life had ~ed her by elle avait le sentiment d'avoir raté sa vie.

◆ **pass down** vt sep **-1.** [reach down] descendre; he ~ed me down my suitcase il m'a tendu OR passé ma valise. **-2.** [transmit – inheritance, disease, tradition] transmettre, passer.

◆ **pass off** ◇ vi insep **-1.** [take place – conference, attack] se passer, se dérouler. **-2.** [end – fever, fit] passer. ◇ vt sep [represent falsely] faire passer; he ~es himself off as an actor il se fait passer pour un acteur.

◆ **pass on** ◇ vi insep **-1.** euph [die] trépasser, s'éteindre euph. **-2.** [proceed] passer; let's ~ on to the next question passons à la question suivante. ◇ vt sep **-1.** [hand on – book, letter] passer. **-2.** [transmit – disease, tradition] transmettre; they ~ the costs on to their customers ils répercutent les coûts sur leurs clients; we meet at 8, ~ it on nous avons rendez-vous à 8 h, fais passer (la consigne).

◆ **pass out** ◇ vi insep **-1.** [faint] s'évanouir, perdre connaissance; [from drunkenness] tomber ivre mort; [go to sleep] s'endormir. **-2.** MIL [cadet] ≃ finir ses classes. ◇ vt sep [hand out] distribuer.

◆ **pass over** ◇ vt sep [not take – opportunity] négliger, ignorer; [overlook – person]: he was ~ed over for promotion on ne lui a pas accordé la promotion qu'il attendait. ◇ vt insep **-1.** [overlook – fault, mistake] passer sur, ne pas relever. **-2.** [skip – paragraph] sauter.

◆ **pass round** = **pass around**.

◆ **pass through** ◇ vi insep passer; are you in Boston for some time or are you just ~ing through? êtes-vous à Boston pour quelque temps ou êtes-vous juste de passage? ◇ vt insep [difficult period] traverser; [barrier] franchir; you ~ through a small village vous traversez un petit village.

◆ **pass up** vt sep **-1.** [hand up] passer. **-2.** [forego – job, opportunity] manquer, laisser passer; I'll have to ~ up their invitation je vais devoir décliner leur invitation.

**passable** ['pɑːsəbl] adj **-1.** [acceptable] passable, acceptable. **-2.** [road] praticable; [river, canyon] franchissable. **-3.** [currency] ayant cours.

**passably** ['pɑːsəbli] adv passablement, pas trop mal.

**passage** ['pæsɪdʒ] n **-1.** [way through] passage m; they cleared a ~ through the crowd ils ouvrirent un passage à travers la foule. **-2.** [corridor] passage m, couloir m; [alley] ruelle f. **-3.** [book, in music] passage m; selected ~s from Churchill's speeches morceaux choisis des discours de Churchill. **-4.** ANAT & TECH [duct] conduit m. **-5.** [passing – gen] passage m; [of bill] adoption f; their friendship has survived the ~ of time leur amitié a survécu au temps. **-6.** [voyage] voyage m; [crossing] traversée f; she worked her ~ to Rio elle a payé son voyage à Rio en travaillant à bord du navire. **-7.** fml [access] libre passage m; to grant sb safe ~ through a country accorder à qqn le libre passage à travers un pays. **-8.** arch OR fig: ~ of OR at arms passe f d'armes.

**passageway** ['pæsɪdʒweɪ] n [corridor] passage m, couloir m; [alleyway] ruelle f.

**passbook** ['pɑːsbʊk] n **-1.** [bankbook] livret m (d'épargne). **-2.** SAfr laissez-passer m inv.

**pass degree** n en Grande-Bretagne, licence obtenue avec mention passable (par opposition au «honours degree»).

**passé** [Br 'pæseɪ, Am pæ'seɪ] adj pej dépassé, vieillot, désuet (f -ète).

**passenger** ['pæsɪndʒər] n **-1.** [in car, bus, aircraft, ship] passager m, -ère f; [in train] voyageur m, -euse f. **-2.** Br pej [worker, team member] poids m mort.

**passenger coach** Br, **passenger car** Am n RAIL wagon m OR voiture f de voyageurs.

**passenger list** n liste f des passagers.

**passenger seat** n AUT [in front] siège m du passager; [in back]

**siège** *m* arrière.

**passenger train** *n* train *m* de voyageurs.

**passe-partout** [,pæspə'tu:] *n* **-1.** [mounting] passe-partout *m inv*.-**2.** = **passkey**.

**passer-by** [,pɑ:sə'baɪ] (*pl* **passers-by**) *n* passant *m*, -e *f*.

**passim** ['pæsɪm] *adv* passim.

**passing** ['pɑ:sɪŋ] ◇ *adj* **-1.** [going by] qui passe; she watched the ~ crowd elle regardait la foule qui passait; with each ~ day he grew more worried son inquiétude croissait de jour en jour. **-2.** [fleeting] éphémère, passager. **-3.** [cursory, casual] (fait) en passant; he didn't give her absence a ~ thought c'est tout juste s'il a remarqué son absence, il a à peine remarqué son absence; he made only a ~ reference to her absence il a fait mention de son absence en passant. **-4.** AUT: ~ lane voie *f* de dépassement. ◇ *n* **-1.** [of time] passage *m*, fuite *f*; [of youth, traditions, old ways] disparition *f*; she regretted the ~ of her beauty elle regrettait sa beauté envolée; with the ~ of time the pain will ease la douleur s'atténuera avec le temps. **-2.** [of train, crowd] passage *m*.-**3.** *euph* [death] trépas *m*, mort *f*.
◆ **in passing** *adv phr* en passant.

**passing-out parade** *n* MIL défilé *m* de promotion.

**passing place** *n* voie *f* de dépassement, aire *f* de croisement.

**passing shot** *n* [in tennis] passing-shot *m*.

**passion** ['pæʃn] *n* **-1.** [love] passion *f*; to give in to one's ~ s'abandonner à sa passion; crime of ~ crime *m* passionnel; I have a ~ for Chinese food j'adore la cuisine chinoise. **-2.** [emotion, feeling] passion *f*; she sings with great ~ elle chante avec beaucoup de passion. **-3.** *lit* [fit of anger] (accès *m* de) colère *f*.
◆ **Passion** *n* MUS & RELIG: the Passion la Passion; 'the St Matthew Passion' *Bach* 'la Passion selon saint Matthieu'.

**passionate** ['pæʃənət] *adj* passionné.

**passionately** ['pæʃənətlɪ] *adv* passionnément.

**passion fruit** *n* fruit *m* de la Passion.

**passionless** ['pæʃənlɪs] *adj* sans passion.

**Passion play** *n* mystère *m* de la Passion.

**Passion Sunday** *n* le dimanche de la Passion.

**passive** ['pæsɪv] ◇ *adj* **-1.** [gen, CHEM & ELECTRON] passif. **-2.** GRAMM passif. ◇ *n* GRAMM passif *m*; in the ~ au passif.

**passively** ['pæsɪvlɪ] *adv* **-1.** [gen] passivement. **-2.** GRAMM au passif.

**passiveness** ['pæsɪvnɪs], **passivity** [pæ'sɪvətɪ] *n* passivité *f*.

**passive resistance** *n* résistance *f* passive.

**passive smoker** *n* non-fumeur dans un environnement fumeur.

**passive smoking** *n* tabagisme *m* passif.

**passivize, -ise** ['pæsɪvaɪz] *vt* GRAMM passiver.

**passkey** ['pɑ:ski:] *n* passe-partout *m inv*.

**pass mark** *n* SCH moyenne *f*.

**Passover** ['pɑ:s,əuvə'] *n* Pâque *f* (juive), Pesah *m*.

**passport** ['pɑ:spɔ:t] *n* **-1.** passeport *m*; British ~ holders les détenteurs de passeports britanniques; ~ control contrôle *m* des passeports; ~ photo photo *f* d'identité. **-2.** *fig* clé *f*; the ~ to happiness la clé du bonheur.

**pass-the-parcel** *n* *Br* jeu où l'on se passe un colis contenant soit un gage, soit un cadeau.

**password** ['pɑ:swɜ:d] *n* mot *m* de passe.

**past** [pɑ:st] ◇ *n* **-1.** [former time] passé *m*; to live in the ~ vivre dans le passé; the great empires of the ~ les grands empires de l'histoire; he's a man with a ~ il a un passé chargé ❑ politeness seems to have become a thing of the ~ la politesse semble être une chose démodée. **-2.** GRAMM passé *m*; in the ~ au passé.
◇ *adj* **-1.** [gone by – life] antérieur; [– quarrels, differences] vieux, *before vowel or silent 'h'* vieil (*f* vieille), d'autrefois; [– generation, centuries, mistakes, event] passé; in ~ time OR times ~ autrefois, (au temps) jadis ‖ [ended, over]: to be ~ être passé OR terminé. **-2.** [last] dernier; this ~ month has been very busy le mois qui vient de s'achever a été très chargé; I've not been feeling well for the ~ few days ça fait quelques jours que je ne me sens pas très bien; he has spent the ~ five years in China il a passé ces cinq dernières années en Chine. **-3.** [former] ancien. **-4.** GRAMM passé.
◇ *prep* **-1.** [in time] après; it's ten/quarter/half ~ six il est

six heures dix/et quart/et demie; it's quarter ~ the hour il est le OR et quart; it's already ~ midnight il est déjà plus de minuit OR minuit passé; these beans are ~ their best ces haricots ne sont plus très frais ❑ to be ~ *inf* avoir passé l'âge. **-2.** [further than] plus loin que, au-delà de; it's a few miles ~ the lake c'est quelques kilomètres après le lac; I didn't manage to get ~ the first page je n'ai pas réussi à lire plus d'une page. **-3.** [by, in front of] devant. **-4.** [beyond scope of] au-delà de. **-5.** [no longer capable of]: I'm ~ caring ça ne me fait plus ni chaud ni froid ❑ I wouldn't put it ~ him il en est bien capable.
◇ *adv* **-1.** [by]: to go ~ passer; they ran ~ ils passèrent en courant. **-2.** [ago]: one night about three years ~ une nuit il y a environ trois ans.
◆ **in the past** *adv phr* autrefois, dans le temps.

**pasta** ['pæstə] *n* (U) pâtes *fpl* (alimentaires).

**paste** [peɪst] ◇ *n* **-1.** [substance – gen] pâte *f*. **-2.** CULIN [dough] pâte *f*; [mashed meat, fish] pâté *m*; tomato ~ concentré *m* de tomate. **-3.** [glue] colle *f*.-**4.** [for jewellery] strass *m*, stras *m*; ~ necklace/diamonds collier/diamants en stras OR strass. ◇ *vt* **-1.** [stick – stamp] coller; [spread glue on] encoller, enduire de colle. **-2.** [cover – wall] recouvrir.
◆ **paste up** *vt sep* [poster] coller; [list] afficher; [wallpaper] poser.

**pastel** ['pæstl] ◇ *n* pastel *m*; ~ (drawing) (dessin *m* au) pastel; a portrait in ~s un portrait au pastel. ◇ *adj* pastel (*inv*); ~ pink skirts des jupes rose pastel.

**paste-up** *n* TYPO maquette *f*.

**pasteurize, -ise** ['pɑ:stʃəraɪz] *vt* pasteuriser.

**pasteurized** ['pɑ:stʃəraɪzd] *adj* **-1.** [milk, beer] pasteurisé. **-2.** *pej* [version, description] édulcoré, aseptisé.

**pastiche** [pæ'sti:ʃ] *n* pastiche *m*.

**pastille, pastil** ['pæstɪl] *n* pastille *f*; cough ~s pastilles pour OR contre la toux.

**pastime** ['pɑ:staɪm] *n* passe-temps *m*.

**pasting** ['peɪstɪŋ] *n* *inf* [beating, defeat] raclée *f*.

**past master** *n* expert *m*; he's a ~ at doing as little as possible *hum* il est passé maître dans l'art d'en faire le moins possible.

**pastor** ['pɑ:stə'] *n* pasteur *m* RELIG.

**pastoral** ['pɑ:stərəl] *adj* **-1.** [gen, ART & LITERAT] pastoral; ~ land pâturages *mpl*.-**2.** RELIG pastoral; ~ staff crosse *f* (d'évêque). **-3.** SCH: ~ care ≃ tutorat *m*; teachers also have a ~ role les enseignants ont également un rôle de conseillers.

**past participle** *n* participe *m* passé.

**past perfect** *n* plus-que-parfait *m*.

**pastrami** [pə'strɑ:mɪ] *n* pastrami *m*, pastermi *m*.

**pastry** ['peɪstrɪ] (*pl* **pastries**) *n* **-1.** [dough] pâte *f*.-**2.** [cake] pâtisserie *f*, gâteau *m*.

**pastry board** *n* planche *f* à pâtisserie.

**pastry brush** *n* pinceau *m* (à pâtisserie).

**pastry case** *n* croûte *f*.

**pastry cook** *n* pâtissier *m*, -ère *f*.

**pastry shell** *n* fond *m* de tarte.

**past tense** *n* passé *m*.

**pasturage** ['pɑ:stjʊrɪdʒ] *n* pâturage *m*.

**pasture** ['pɑ:stʃə'] ◇ *n* pâture *f*, pré *m*, pâturage *m*; to put out to ~ [animal] mettre au pâturage; *hum* [person] mettre à la retraite; *hum* [car] mettre à la casse; he left for greener ~s il est parti vers des horizons plus favorables. ◇ *vt* [animal] faire paître.

**pastureland** ['pɑ:stʃəlænd] *n* herbages *mpl*, pâturages *mpl*.

**pasty**[1] ['peɪstɪ] (*compar* **pastier**, *superl* **pastiest**) *adj* [texture] pâteux; [sallow] terreux; [whitish] blanchâtre.

**pasty**[2] ['pæstɪ] (*pl* **pasties**) *n* *Br* CULIN ≃ petit pâté *m*.

**pasty-faced** ['peɪstɪ-] *adj* au teint terreux.

**pat** [pæt] (*pt* & *pp* **patted**, *cont* **patting**) ◇ *vt* tapoter; "sit here", she said, patting the place beside her «assieds-toi ici», dit-elle, désignant la place à côté d'elle; ~ your face dry séchez-vous le visage en le tapotant ❑ to ~ sb on the back *literal* tapoter qqn OR donner une petite tape à qqn dans le dos; *fig* féliciter OR complimenter qqn. ◇ *n* **-1.** [tap] (légère) tape *f*; you deserve a ~ on the back *fig* tu mérites un coup de chapeau. **-2.** [lump]: a ~ of butter une noix de beurre. ◇ *adj* **-1.** [glib – remark] tout fait; [– answer] tout prêt; his story is a little too ~ son histoire colle un peu trop bien. **-2.** [in poker]: a ~ hand une main servie. ◇ *adv* **-1.** [exactly] parfaitement, avec facilité; to have sthg off ~ apprendre qqch à la perfection OR par cœur. **-2.** *Am* [unbending]: to stand ~ [on decision] rester intraitable.

**Patagonia** [,pætə'gəʊnjə] *prn* Patagonie *f*; in ~ en Patagonie.

**Patagonian** [,pætə'gəʊnjən] ◇ *n* Patagon *m*, -onne *f*. ◇ *adj* patagon.

**patch** [pætʃ] ◇ *n* **-1.** [of fabric] pièce *f*; [on inner tube] Rustine® *f*; a jacket with suede ~es on the elbows une veste avec des pièces en daim aux coudes ❏ he's not a ~ on you il ne t'arrive pas à la cheville. **-2.** [sticking plaster] pansement *m* (adhésif). **-3.** [over eye] bandeau *m*. **-3.** [beauty spot] mouche *f*.**-5.** MIL [on uniform] insigne *m*.**-6.** [plot of land] parcelle *f*, lopin *m*; cabbage/strawberry ~ carré *m* de choux/de fraises; vegetable ~ potager *m*.**-7.** [small expanse – of light, colour] tache *f*; [– of fog] nappe *f*, poche *f*; snow still lay in ~es on the slopes les pistes étaient encore enneigées par endroits; we crossed a rough ~ of road nous sommes passés sur un tronçon de route défoncé. **-8.** *Br* [period] période *f*, moment *m*; to go through a bad OR sticky OR rough ~ traverser une période difficile OR une mauvaise passe. **-9.** *Br* [district, beat] secteur *m*.**-10.** COMPUT modification *f* (de programme). ◇ *vt* **-1.** [mend – clothes] rapiécer; [– tyre, canoe] réparer. **-2.** COMPUT [program] modifier.

◆ **patch together** *vt sep*: they managed to ~ together a government/story ils sont parvenus à former un gouvernement de fortune/à construire une histoire de toutes pièces.

◆ **patch up** *vt sep* **-1.** [repair – clothes] rapiécer; [– car, boat] réparer; [– in makeshift way] rafistoler. **-2.** [relationship]: they've ~ed up their dispute ils se sont réconciliés.

**patch pocket** *n* poche *f* plaquée.

**patchwork** ['pætʃwɜːk] *n* **-1.** SEW patchwork *m*; *fig* [of colours, fields] mosaïque *f*. **-2.** [collection] collection *f*.

**patchy** ['pætʃɪ] (*compar* **patchier**, *superl* **patchiest**) *adj* **-1.** [not uniform] inégal, irrégulier; ~ fog des nappes de brouillard. **-2.** [incomplete – evidence] incomplet (*f* -ète); [– knowledge] imparfait.

**pate** [peɪt] *n arch* OR *hum* tête *f*.

**pâté** ['pæteɪ] *n* pâté *m*.

**patella** [pə'telə] (*pl* **patellas** OR **patellae** [-liː]) *n* **-1.** ANAT rotule *f*.**-2.** ARCHEOL patelle *f*.

**patent** [*Br* 'peɪtənt, *Am* 'pætənt] ◇ *n* **-1.** [on invention] brevet *m*; to take out a ~ on sthg prendre un brevet sur qqch, faire breveter qqch; '~ pending' demande de brevet déposée. **-2.** = patent leather. **-3.** *Am* [on land] concession *f*. ◇ *adj* **-1.** [product, procedure] breveté. **-2.** [blatant] patent, manifeste. ◇ *vt* faire breveter.

**patented** [*Br* 'peɪtəntɪd, 'pætəntɪd] *adj* [product, procedure] breveté.

**patentee** [*Br* ,peɪtən'tiː, *Am* ,pætən'tiː] *n* détenteur *m*, -trice *f* OR titulaire *mf* d'un brevet (d'invention).

**patent leather** *n* (cuir *m*) vernis *m*; ~ boots bottes *fpl* vernies OR en cuir verni.

**patently** [*Br* 'peɪtəntlɪ, *Am* 'pætəntlɪ] *adv* manifestement, de toute évidence.

**patent medicine** *n* médicament *m* vendu sans ordonnance; *pej* [cure-all] élixir *m* universel, remède *m* de charlatan *pej*.

**Patent Office** *n* ≃ Institut *m* national de la propriété industrielle.

**paternal** [pə'tɜːnl] *adj* paternel.

**paternalism** [pə'tɜːnəlɪzm] *n* paternalisme *m*.

**paternalistic** [pə,tɜːnə'lɪstɪk] *adj* paternaliste.

**paternally** [pə'tɜːnəlɪ] *adv* paternellement.

**paternity** [pə'tɜːnətɪ] *n* paternité *f*.

**paternity leave** *n* congé *m* de paternité.

**paternity suit** *n* action *f* en recherche de paternité.

**paternity test** *n* test *m* de recherche de paternité.

**paternoster** [,pætə'nɒstə'] *n* **-1.** [rosary bead] pater *m*.**-2.** [fishing tackle, lift] pater-noster *m*.

◆ **Paternoster** *n* [prayer] Pater *m*.

**path** [pɑːθ] (*pl* **paths** [pɑːðz]) *n* **-1.** [in garden, park] allée *f*; [in country] chemin *m*, sentier *m*; [along road] trottoir *m*.**-2.** [way

ahead or through] chemin *m*, passage *m*; to cut a ~ through sthg se tailler OR se frayer un chemin à travers qqch; the hurricane destroyed everything in its ~ l'ouragan a tout détruit sur son passage; the ~ to fame *fig* la route OR le chemin qui mène à la gloire. **-3.** [trajectory – of projectile, planet] trajectoire *f*; our ~s first crossed in 1965 nos chemins se sont croisés OR nous nous sommes rencontrés pour la première fois en 1965.

**pathetic** [pə'θetɪk] *adj* **-1.** [pitiable – lament, waif, smile, story] pitoyable. **-2.** *pej* [worthless] minable, lamentable.

**pathetically** [pə'θetɪklɪ] *adv* pitoyablement.

**pathetic fallacy** *n* attribution à la nature de sentiments humains.

**pathological** [,pæθə'lɒdʒɪkl] *adj* pathologique; he's a ~ liar il ne peut pas s'empêcher de mentir.

**pathologist** [pə'θɒlədʒɪst] *n* pathologiste *mf*.

**pathology** [pə'θɒlədʒɪ] (*pl* **pathologies**) *n* pathologie *f*.

**pathos** ['peɪθɒs] *n* pathétique *m*.

**pathway** ['pɑːθweɪ] *n* [in garden] allée *f*; [in country] chemin *m*, sentier *m*; [beside road] trottoir *m*.

**patience** ['peɪʃns] *n* **-1.** patience *f*; to lose ~ (with sb) perdre patience (avec qqn); don't try my ~ any further! ne mets pas davantage ma patience à l'épreuve!, n'abuse pas davantage de ma patience!; my ~ is wearing thin ma patience a des limites, je suis à bout de patience. **-2.** *Br* [card game] réussite *f*.

**patient** ['peɪʃnt] ◇ *adj* patient; be ~! (un peu de) patience!, soyez patient!; with a ~ smile avec un sourire empreint d'une grande patience. ◇ *n* MED malade *mf*, patient *m*, -e *f*.

**patiently** ['peɪʃntlɪ] *adv* patiemment.

**patina** ['pætɪnə] (*pl* **patinas** OR **patinae** [-niː]) *n* patine *f*.

**patio** ['pætɪəʊ] (*pl* **patios**) *n* patio *m*; ~ furniture meubles *mpl* de jardin.

**patio doors** *npl* portes *fpl* vitrées (*donnant sur un patio*).

**Patna rice** ['pætnə-] *n* variété de riz à grains longs.

**patois** ['pætwɑː] (*pl inv* ['pætwɑːz]) *n* patois *m*.

**patriarch** ['peɪtrɪɑːk] *n* patriarche *m*.

**patriarchal** [,peɪtrɪ'ɑːkl] *adj* patriarcal.

**patriarchy** ['peɪtrɪɑːkɪ] (*pl* **patriarchies**) *n* patriarcat *m*.

**patrician** [pə'trɪʃn] *n* patricien *m*, -enne *f*.

**patricide** ['pætrɪsaɪd] *n* **-1.** [killer] parricide *mf*.**-2.** [act] parricide *m*.

**patrimony** [*Br* 'pætrɪmənɪ, *Am* 'pætrɪməʊnɪ] (*pl* **patrimonies**) *n* patrimoine *m*.

**patriot** [*Br* 'pætrɪət, *Am* 'peɪtrɪət] *n* patriote *mf*.

**patriotic** [*Br* ,pætrɪ'ɒtɪk, *Am* ,peɪtrɪ'ɒtɪk] *adj* [person] patriote; [song, action etc] patriotique.

**patriotically** [*Br* ,pætrɪ'ɒtɪklɪ, *Am* ,peɪtrɪ'ɒtɪklɪ] *adv* patriotiquement, en patriote.

**patriotism** [*Br* 'pætrɪətɪzm, *Am* 'peɪtrɪətɪzm] *n* patriotisme *m*.

**patrol** [pə'trəʊl] (*pt* & *pp* **patrolled**, *cont* **patrolling**) ◇ *n* **-1.** [group] patrouille *f*; highway ~ *Am* police *f* des autoroutes. **-2.** [task] patrouille *f*; to be on ~ être de patrouille. ◇ *vi* patrouiller. ◇ *vt* [area, streets] patrouiller dans; the border is patrolled by armed guards des gardes armés patrouillent le long de la frontière.

**patrol boat** *n* NAUT patrouilleur *m*.

**patrol car** *n* voiture *f* de police.

**patrol leader** *n* chef *m* de patrouille.

**patrolman** [pə'trəʊlmən] (*pl* **patrolmen** [-mən]) *n* **-1.** *Am* agent *m* de police (*qui fait sa ronde*). **-2.** *Br* dépanneur employé par une association d'automobilistes.

**patrol wagon** *n* *Am*, *Austr* & *NZ* fourgon *m* cellulaire.

**patrolwoman** [pə'trəʊl,wʊmən] (*pl* **patrolwomen** [-,wɪmɪn]) *n* *Am* femme *f* agent de police (*qui fait sa ronde*).

**patron** ['peɪtrən] *n* **-1.** [sponsor – of the arts] mécène *m*; [– of a festival] parrain *m*, sponsor *m*. **-2.** [customer – of restaurant, hotel, shop] client *m*, -e *f*; [– of library] usager *m*; [– of museum] visiteur *m*, -euse *f*; [– of theatre, cinema] spectateur *m*, -trice *f*; '~s only' 'réservé aux clients'. **-3.** [in ancient Rome] patron *m*.

**patronage** ['peɪtrənɪdʒ] *n* **-1.** [support, sponsorship] patronage *m*, parrainage *m*.**-2.** COMM clientèle *f*; I shall take my ~ elsewhere j'irai me fournir ailleurs. **-3.** POL pouvoir *m* de nomination; *pej* trafic *m* d'influence; he got the promotion through the Minister's ~ il a obtenu de l'avancement grâce à l'influence du ministre. **-4.** [condescension] condescendance *f*.

**patronize, -ise** ['pætrənaɪz] *vt* **-1.** [business] donner sa clientèle à; [cinema] fréquenter. **-2.** [condescend to] traiter avec condescendance; **don't ~ me!** ne prenez pas ce ton condescendant avec moi!**-3.** [sponsor] patronner, parrainer.

**patronizing** ['pætrənaɪzɪŋ] *adj* condescendant.

**patron saint** *n* (saint *m*) patron *m*, (sainte *f*) patronne *f*.

**patronymic** [,pætrə'nɪmɪk] ◇ *n* patronyme *m*. ◇ *adj* patronymique.

**patsy**▽ ['pætsɪ] (*pl* **patsies**) *n Am* [gullible person] pigeon *m*, gogo *m*; [scapegoat] bouc *m* émissaire.

**patten** ['pætn] *n* socque *m* (*pour protéger les chaussures contre la boue*).

**patter** ['pætər] ◇ *n* **-1.** [sound] crépitement *m*, (petit) bruit *m*; **the (pitter) ~ of tiny feet** *hum* un heureux événement. **-2.** *inf* [of salesman] baratin *m*, boniment *m*; [of entertainer] bavardage *m*, baratin *m*.**-3.** *inf* [jargon] jargon *m*. ◇ *vi* **-1.** [raindrops] tambouriner. **-2.** [person, mouse] trottiner. **-3.** *inf* [talk] bavarder, baratiner.

**pattern** ['pætən] ◇ *n* **-1.** [design – decorative] motif *m*; [– natural] dessin *m*; [– on animal] marques *fpl*; **a geometric/herringbone ~** un motif géométrique/à chevrons. **-2.** [physical arrangement] disposition *f*, configuration *f*; **to form a ~** former un motif OR un dessin. **-3.** [abstract arrangement] système *m*, configuration *f*; **behaviour ~s in monkeys** types de comportement chez les singes; **there is a definite ~ to the burglaries** on observe une constante bien précise dans les cambriolages; **voice ~** empreintes *fpl* vocales. **-4.** [diagram, shape which guides] TECH modèle *m*, gabarit *m*; SEW patron *m*; **dress ~** patron de robe. **-5.** *fig* [example] exemple *m*, modèle *m*; **to set a ~ (for)** [subj: company, method, work] servir de modèle (à); [subj: person] instaurer un modèle (pour). ◇ *vt* **-1.** [mark – fabric] décorer d'un motif. **-2.** [copy] modeler; **to ~ o.s. on** OR **after sb** prendre modèle OR exemple sur qqn.

**patterned** ['pætənd] *adj* à motifs.

**pattie, patty** ['pætɪ] (*pl* **patties**) *n* **-1.** *Am*: (hamburger) ~ portion de steak haché. **-2.** [pasty] (petit) pâté *m*.

**paucity** ['pɔːsətɪ] *n fml* pénurie *f*.

**Paul** [pɔːl] *pr n* Saint ~ saint Paul.

**paunch** [pɔːntʃ] *n* **-1.** *pej* OR *hum* [stomach] (gros) ventre *m*, bedaine *f*.**-2.** ZOOL panse *f*.

**paunchy** ['pɔːntʃɪ] (*compar* **paunchier**, *superl* **paunchiest**) *adj pej* OR *hum* ventru, pansu, bedonnant; **he's getting ~** il prend du ventre.

**pauper** ['pɔːpər] *n* pauvre *mf*, pauvresse *f*, indigent *m*, -e *f*.

**pause** [pɔːz] ◇ *n* **-1.** [break] pause *f*, temps *m* d'arrêt; [on tape recorder] 'pause'; **without a ~** sans s'arrêter, sans interruption; **there was a long ~ before she answered** elle garda longtemps le silence avant de répondre; **to give sb ~, to give ~ to sb** *fml* donner à réfléchir à qqn. **-2.** MUS point *m* d'orgue. **-3.** LITERAT césure *f*. ◇ *vi* faire OR marquer une pause; **he ~d in the middle of his explanation** il s'arrêta OR s'interrompit au milieu de son explication; **without pausing for breath** sans même reprendre son souffle; **she ~d on the doorstep** elle hésita sur le pas de la porte.

**pave** [peɪv] *vt* [street, floor – with flagstones, tiles] paver; [– with concrete, asphalt] revêtir; **to ~ the way for sthg** ouvrir la voie à OR préparer le terrain pour qqch.

**paved** [peɪvd] *adj*: **~ in** OR **with** [flagstones, tiles] pavé de; [concrete, asphalt] revêtu de.

**pavement** ['peɪvmənt] *n* **-1.** *Br* [footpath] trottoir *m*; **~ café** café *m*, terrasse *f* d'un café. **-2.** *Am* [roadway] chaussée *f*.**-3.** [surfaced area – of cobbles, stones] pavé *m*; [– of marble, granite] dallage *m*; [– of concrete] (dalle *f* de) béton *m*; [– of mosaic] pavement *m*.

**pavement artist** *n Br* artiste *mf* de trottoir.

**pavilion** [pə'vɪljən] *n* **-1.** [building] pavillon *m*; [at sports ground] vestiaires *mpl*; (cricket) **~** bâtiment abritant les vestiaires et le bar sur un terrain de cricket. **-2.** [tent] tente *f*.

**paving** ['peɪvɪŋ] ◇ *n* [cobbles, flagstones] pavé *m*; [tiles] carrelage *m*; [concrete] dallage *m*, béton *m*. ◇ *adj* [measure, legislation] préparatoire.

**paving stone** *n* pavé *m*.

**pavlova** [pæv'ləʊvə] *n* vacherin *m*.

**Pavlovian** [pæv'ləʊvɪən] *adj* pavlovien.

**paw** [pɔː] ◇ *n* **-1.** [of animal] patte *f*.**-2.** *inf* [hand] pince *f*, patte *f*. ◇ *vt* **-1.** {animal] donner un coup de patte à; **the horse ~ed the ground** le cheval piaffait. **-2.** *inf* [touch, maul] tripoter; [sexually] peloter. ◇ *vi*: **the dog ~ed at the door** le chien grattait à la porte.

**pawn** [pɔːn] ◇ *n* **-1.** [in chess] pion *m*.**-2.** [at pawnbroker's]: **my watch is in ~** ma montre est en gage; **I got my watch out of ~** *Br* j'ai dégagé ma montre. ◇ *vt* mettre OR laisser en gage.

**pawnbroker** ['pɔːn,brəʊkər] *n* prêteur *m* sur gages; **at the ~'s** au mont-de-piété.

**pawnshop** ['pɔːnʃɒp] *n* boutique *f* de prêteur sur gages, mont-de-piété *m*.

**pawn ticket** *n* reconnaissance *f* du mont-de-piété.

**pawpaw** ['pɔːpɔː] *n* papaye *f*.

**pay** [peɪ] (*pt & pp* **paid** [peɪd]) ◇ *vt* **-1.** [person] payer; **she's paid £2,000 a month** elle est payée OR elle touche 2 000 livres par mois. **-2.** [sum of money] payer; **I paid her £20** je lui ai payé 20 livres; **he paid £20 for the watch** il a payé la montre 20 livres. **-3.** [bill, debt] payer, régler; [fine, taxes, fare] payer; **to ~ one's way** payer sa part; **is the business ~ing its way?** cette affaire est-elle rentable?**-4.** *fig* [benefit] rapporter à; **it'll ~ you to start now** vous avez intérêt à commencer tout de suite. **-5.** [with various noun objects]: **~ attention!** faites attention!

◇ *vi* payer; **to ~ by cheque** payer par chèque; **to ~ (by) cash** payer en espèces; **the job ~s very well** le travail est très bien payé; **after two years the business was beginning to ~** après deux ans, l'affaire était devenue rentable; **it ~s to be honest** ça rapporte d'être honnête; **it's a small price to ~ for peace of mind** c'est faire un bien petit sacrifice pour avoir sa tranquillité d'esprit ❏ **to ~ on the nail** payer rubis sur ongle.

◇ *n* paie *f*, paye *f*; **my first month's ~** ma première paie, mon premier salaire; **the ~ is good** c'est bien payé; **he's in the ~ of the enemy** il est à la solde de l'ennemi.

◇ *comp* **-1.** [demand, negotiations] salarial; [increase, cut] de salaire. **-2.** [not free] payant. **-3.** MIN [deposit] exploitable.

◆ **pay back** *vt sep* **-1.** [loan, lender] rembourser; **she paid her father back the sum she had borrowed** elle remboursa à son père la somme qu'elle avait empruntée. **-2.** [retaliate against] rendre la monnaie de sa pièce à; **I'll ~ you back for that!** tu me le paieras!

◆ **pay for** *vt insep* **-1.** [item, task] payer; **to ~ for sthg** payer qqch; **I paid good money for that!** ça m'a coûté cher!; **you get what you ~ for** la qualité est en rapport avec le prix (que vous payez); **the ticket ~s for itself after two trips** le billet est amorti dès le deuxième voyage. **-2.** [crime, mistake] payer; **you'll ~ for this!** tu me le paieras!; **he paid for his mistake with his life** il a payé son erreur de sa vie; **to make sb ~ for sthg** faire payer qqch à qqn.

◆ **pay in** *vt sep Br* [cheque] déposer sur un compte.

◆ **pay into** ◇ *vt sep* [money]: **I'd like to ~ this cheque into my account** j'aimerais déposer ce chèque sur mon compte. ◇ *vt insep*: **to ~ into a pension scheme** cotiser à un plan de retraite.

◆ **pay off** ◇ *vt sep* **-1.** [debt] payer, régler, s'acquitter de; [loan] rembourser. **-2.** [dismiss, lay off] licencier, congédier. **-3.** *inf* [bribe] acheter. ◇ *vi insep* payer, rapporter; **moving the company out of London really paid off** le transfert de la société hors de Londres a été une affaire rentable.

◆ **pay out** *vt sep* **-1.** [money] payer, débourser. **-2.** [rope] laisser filer.

◆ **pay up** *vi insep* payer.

**payable** ['peɪəbl] *adj* payable; **~ in 24 monthly instalments/in advance** payable en 24 mensualités/d'avance; **cheques should be made ~ to Mr Brown** les chèques devraient être libellés OR établis à l'ordre de M. Brown.

**pay-as-you-earn** → PAYE.

**payback** ['peɪbæk] *n* FIN rapport *m* (*d'un investissement*).

**paybed** ['peɪbed] *n Br* lit *m* (d'hôpital) privé.

**pay check** *Am* = pay packet.

**payday** ['peɪdeɪ] *n* jour *m* de paie.

**pay dirt** *n Am inf* **-1.** [earth] gisement *m*.**-2.** [discovery] trouvaille *f*; **to hit ~** trouver un bon filon.

**PAYE** *(abbr of* **pay-as-you-earn)** *n* prélèvement *m* à la source *(des impôts)*.

**payee** [peɪ'iː] *n* bénéficiaire *mf*.

**pay envelope** *Am* = **pay packet**.

**payer** ['peɪə'] *n* **-1.** [gen] payeur *m*, -euse *f*.**-2.** [of cheque] tireur *m*, -euse *f*.

**paying** ['peɪɪŋ] ◇ *n* paiement *m*. ◇ *adj* **-1.** [who pays] payant. **-2.** [profitable] payant, rentable.

**paying guest** *n* hôte *m* payant.

**paying-in book** *n* carnet *m* de versement.

**paying-in slip** *n Br* bordereau *m* de versement.

**payload** ['peɪləʊd] *n* **-1.** [gen] chargement *m*.**-2.** TECH [of vehicle, aircraft, rocket] charge *f* payante; [of missile, warhead] puissance *f*.

**paymaster** ['peɪ,mɑːstə'] *n* [gen] payeur *m*, -euse *f*, intendant *m*, -e *f*; [in school, institution] économe *mf*; [in army] payeur *m*; [in administration] trésorier-payeur *m*.

**Paymaster General** *pr n*: **the ~** le Trésorier-payeur-général britannique.

**payment** ['peɪmənt] *n* **-1.** [sum paid, act of paying] paiement *m*, versement *m*; **on ~ of a deposit** moyennant des arrhes; **in ~ of your invoice** en règlement de votre facture. **-2.** [reward, compensation] récompense *f*.

**payoff** ['peɪɒf] *n* **-1.** [act of paying off] paiement *m*. **-2.** [profit] bénéfice *m*, profit *m*.**-3.** [consequence] conséquence *f*, résultat *m*; [reward] récompense *f*.**-4.** *inf* [climax] dénouement *m*.**-5.** *inf* [bribe] pot-de-vin *m*.

**payola** [peɪ'əʊlə] *n (U) Am inf* pots-de-vin *mpl*, dessous-de-table *mpl*.

**pay packet** *n Br* [envelope] enveloppe *f* contenant le salaire; [money] paie *f*, salaire *m*.

**payphone** ['peɪfəʊn] *n* téléphone *m* à pièces.

**pay rise** *n* augmentation *f* de salaire.

**payroll** ['peɪrəʊl] *n* **-1.** [personnel] personnel *m*; **he's been on our ~ for years** il fait partie du personnel depuis des années; **they've added 500 workers to their ~** ils ont embauché 500 travailleurs supplémentaires. **-2.** [list] registre *m* du personnel.

**payslip** ['peɪslɪp] *n* fiche *f* OR feuille *f* OR bulletin *m* de paie.

**pay station** *Am* = **payphone**.

**pay television** *n* chaîne *f* à péage.

**PBS** *(abbr of* **Public Broadcasting Service)** *pr n* société américaine de production télévisuelle.

**pc** *(written abbr of* **per cent)** p. cent.

**pc, PC** *n* **-1.** *(abbr of* **personal computer)** PC *m*, micro *m*. **-2.** *abbr of* **postcard**.

**PC** ◇ *n* **-1.** *abbr of* **police constable**. **-2.** *abbr of* **privy councillor**. ◇ *adj abbr of* **politically correct**.

**PCB** *n abbr of* **printed circuit board**. ·

**PCV** *(abbr of* **passenger carrying vehicle)** *n Br* véhicule *m* de transport en commun.

**PD** *n Am abbr of* **police department**.

**pdq** *(abbr of* **pretty damn quick)** *adv inf* illico presto.

**PDSA** *(abbr of* **People's Dispensary for Sick Animals)** *pr n* association de soins aux animaux malades.

**PE** *(abbr of* **physical education)** *n* EPS *f*.

**pea** [piː] *n* BOT pois *m*; CULIN (petit) pois *m*; **~ soup** soupe *f* aux pois; **they are as alike as two ~s in a pod** ils se ressemblent comme deux gouttes d'eau.

**peace** [piːs] ◇ *n* **-1.** [not war] paix *f*; **the country is at ~ now** la paix est maintenant rétablie dans le pays; **I come in ~** je viens en ami; **he made (his) ~ with his father** *fig* il a fait la paix or il s'est réconcilié avec son père ‖ [treaty] (traité *m* de) paix *f*.**-2.** [tranquillity] paix *f*, tranquillité *f*; **to be at ~ with oneself/the world** être en paix avec soi-même/le reste du monde; **~ be with you!** que la paix soit avec vous!; **we haven't had a moment's ~ all morning** nous n'avons pas eu un moment de tranquillité de toute la matinée; **all I want is a bit of ~ and quiet** tout ce que je veux, c'est un peu de tranquillité; **to have ~ of mind** avoir l'esprit tranquille; **he'll give you no ~ until you pay him** tant que tu ne l'auras pas payé, il ne te laissera pas tranquille ‖ [silence]: **to** hold OR **to keep one's ~** garder le silence, se taire. **-3.** [law and order] paix *f*, ordre *m* public; **to disturb the ~** troubler l'ordre public; **to keep the ~** [army, police] maintenir l'ordre. ◇ *comp* [treaty, talks] de paix; [rally, movement] pour la paix.

**peaceable** ['piːsəbl] *adj* **-1.** [peace-loving – nation, person] pacifique. **-2.** [calm – atmosphere] paisible, tranquille; [– demonstration, methods] pacifique; [– discussion] calme.

**peaceably** ['piːsəblɪ] *adv* [live] paisiblement, tranquillement; [discuss, listen] calmement, paisiblement; [assemble, disperse] pacifiquement, sans incident.

**Peace Corps** *pr n* organisation américaine de coopération avec les pays en voie de développement.

**peaceful** ['piːsfʊl] *adj* **-1.** [calm, serene] paisible, tranquille. **-2.** [non-violent] pacifique.

**peacefully** ['piːsfʊlɪ] *adv* [live, rest] paisiblement, tranquillement; [protest] pacifiquement; **the rally went off ~** le meeting s'est déroulé dans le calme or sans incident.

**peacefulness** ['piːsfʊlnɪs] *n* paix *f*, calme *m*, tranquillité *f*.

**peacekeeper** ['piːs,kiːpə'] *n* [soldier] soldat *m* de la paix; [of United Nations] casque *m* bleu.

**peacekeeping** ['piːs,kiːpɪŋ] ◇ *n* maintien *m* de la paix. ◇ *adj* de maintien de la paix; **a United Nations ~ force** des forces des Nations unies pour le maintien de la paix.

**peace-loving** *adj* pacifique.

**peacemaker** ['piːs,meɪkə'] *n* pacificateur *m*, -trice *f*, conciliateur *m*, -trice *f*.

**peace offensive** *n* offensive *f* de paix.

**peace offering** *n* offrande *f* de paix.

**peace pipe** *n* calumet *m* (de la paix).

**peacetime** ['piːstaɪm] *n* temps *m* de paix; **in ~** en temps de paix.

**peach** [piːtʃ] ◇ *n* **-1.** [fruit] pêche *f*; [tree] pêcher *m*; **~ blossom** fleurs *mpl* de pêcher; **she has a ~es and cream complexion** elle a un teint de pêche. **-2.** [colour] couleur *f* pêche. **-3.** *inf* [expressing approval]: **he played a ~ of a shot** il a joué un coup superbe. ◇ *adj* [colour] pêche *(inv)*.

**peach melba** *n* pêche *f* melba.

**peachy** ['piːtʃɪ] *(compar* **peachier**, *superl* **peachiest)** *adj* **-1.** [taste, flavour] de pêche. **-2.** *inf* [nice] chouette.

**peacock** ['piːkɒk] *(pl inv* OR **peacocks)** ◇ *n* **-1.** [bird] paon *m*.**-2.** [colour] = **peacock blue**. ◇ *adj* = **peacock blue**.

**peacock blue** *n* bleu *m* paon.

◆ **peacock-blue** *adj* bleu paon *(inv)*.

**pea green** *n* vert *m* pomme.

◆ **pea-green** *adj* vert pomme *(inv)*.

**peahen** ['piːhen] *n* paonne *f*.

**peak** [piːk] ◇ *n* **-1.** [mountain top] pic *m*, sommet *m*; [mountain] pic *m*; **snowy ~s** pics enneigés. **-2.** [pointed part – of roof] faîte *m*. **-3.** [high point – of fame, career] sommet *m*, apogée *m*; [– on graph] sommet *m*; **emigration was at its ~ in the 1890s** l'émigration a atteint son point culminant OR son sommet dans les années 1890; **sales have reached a new ~** les ventes ont atteint un nouveau record. **-4.** [of cap] visière *f*. ◇ *vi* [production, demand] atteindre un maximum; **she ~ed too soon** elle s'est donnée à fond trop tôt. ◇ *adj* maximum; **~ viewing hours** TV heures de grande écoute; **the team is in ~ condition** l'équipe est à son top niveau; **~ hours,** OR **period** OR **time** [of electricity use] période *f* de pointe; [of traffic] heures *fpl* de pointe OR d'affluence; [in restaurant] coup *m* de feu; **~ rate tarif** *m* normal.

**peaked** [piːkt] *adj* [roof] pointu; [cap] à visière.

**peaky** ['piːkɪ] *(compar* **peakier**, *superl* **peakiest)** *adj Br inf* [unwell] (un peu) malade; [tired] fatigué.

**peal** [piːl] ◇ *n* **-1.** [sound]: **the ~ of bells** la sonnerie de cloches, le carillon; **a ~ of thunder** un coup de tonnerre; **~s of laughter came from the living room** des éclats de rire se faisaient entendre du salon. **-2.** [set of bells] carillon *m*. ◇ *vi*: **to ~ (out)** [bells] carillonner; [thunder] gronder. ◇ *vt* [bells] sonner à toute volée.

**peanut** ['piːnʌt] *n* [nut] cacahouète *f*, cacahuète *f*; [plant] arachide *f* ❏ **~s** *inf* [small sum] clopinettes *fpl*; **to work for ~s** travailler pour des clopinettes.

**peanut butter** *n* beurre *m* de cacahuètes.

**pear** [peə'] *n* [fruit] poire *f*; [tree, wood] poirier *m*.

**pearl** [pɜːl] ◇ *n* **-1.** [gem] perle *f*; **to cast ~s before swine**

donner des perles aux cochons OR aux pourceaux. **-2.** [mother-of-pearl] nacre *f*.**-3.** *fig* perle *f*; ~s of wisdom trésors *mpl* de sagesse. ◇ *adj* **-1.** [made of pearls] de perles; a ~ necklace un collier de perles. **-2.** [made of mother-of-pearl] de OR en nacre; ~ buttons boutons en nacre. ◇ *vi* **-1.** [form drops] perler. **-2.** [search for pearls] pêcher des perles.

**pearl barley** *n* orge *m* perlé.

**pearl diver** *n* pêcheur *m*, -euse *f* de perles.

**pearl grey** *n* gris *m* perle.

◆ **pearl-grey** *adj* gris perle *(inv)*.

**Pearl Harbor** [pɜːl-] *pr n* Pearl Harbor.

**Pearly Gates** *pr n inf*: the ~ les portes *fpl* du paradis.

**pear-shaped** *adj* en forme de poire, piriforme *lit*.

**peasant** ['peznt] ◇ *n* **-1.** paysan *m*, -anne *f*; the Peasants' Revolt *Br* HIST la guerre des Gueux. **-2.** *inf* & *pej* [uncouth person] péquenaud *m*, -e *f*, plouc *m*. ◇ *adj* paysan; ~ farmer paysan.

**peasantry** ['pezntrɪ] *n* paysannerie *f*, paysans *mpl*.

**pease pudding** *n* purée de pois au jambon.

**peashooter** ['piː,ʃuːtə<sup>r</sup>] *n* sarbacane *f*.

**pea souper** [-'suːpə<sup>r</sup>] *n* [fog] purée *f* de pois.

**peat** [piːt] *n* tourbe *f*.

**peat bog** *n* tourbière *f*.

**peaty** ['piːtɪ] *(compar* **peatier,** *superl* **peatiest)** *adj* tourbeux.

**pebble** ['pebl] ◇ *n* **-1.** [stone] caillou *m*; [waterworn] galet *m*; a ~ beach une plage de galets. **-2.** OPT [lens] lentille *f* en cristal de roche; ~ glasses *inf* lunettes *fpl* à verres très épais. ◇ *vt* **-1.** [road, path] caillouter; a ~d drive une allée de gravillons. **-2.** [leather] greneler.

**pebbledash** ['pebldæʃ] *Br* ◇ *n* crépi *m* *(incrusté de cailloux).* ◇ *vt* crépir.

**pecan** [*Br* 'piːkən, *Am* pɪ'kæn] ◇ *n* [nut] (noix *f* de) pecan *m*, (noix *f* de) pacane *f*; [tree] pacanier *m*. ◇ *adj* [pie, ice cream] à la noix de pecan.

**peccadillo** [,pekə'dɪləʊ] *(pl* **peccadillos** OR **peccadilloes)** *n* peccadille *f*.

**peck** [pek] ◇ *vt* **-1.** [pick up] picorer, picoter; [strike with beak] donner un coup de bec à. **-2.** [kiss] faire une bise à. ◇ *n* **-1.** [with beak] coup *m* de bec. **-2.** [kiss] bise *f*, (petit) baiser *m*; she gave me a ~ on the forehead elle m'a fait une bise sur le front. **-3.** [measure] ≈ boisseau *m*.

◆ **peck at** *vt insep* **-1.** = peck *vt* 1. **-2.** to ~ at one's food manger du bout des dents.

**pecker** ['pekə<sup>r</sup>] *n* **-1.** *Br* [spirits]: keep your ~ up *inf* il faut garder le moral. **-2.** <sup>▽</sup> *Am* [penis] quéquette *f*.

**pecking order** ['pekɪŋ-] *n* [among birds] ordre *m* hiérarchique; [among people] hiérarchie *f*.

**peckish** ['pekɪʃ] *adj esp Br inf*: to be OR to feel ~ avoir un petit creux.

**pectin** ['pektɪn] *n* pectine *f*.

**pectoral** ['pektərəl] ◇ *adj* MIL & RELIG pectoral. ◇ *n* ANAT, MIL & RELIG pectoral *m*.

**pectoral fin** *n* nageoire *f* pectorale.

**pectoral muscle** *n* muscle *m* pectoral.

**peculiar** [pɪ'kjuːljə<sup>r</sup>] *adj* **-1.** [strange] étrange, bizarre. **-2.** [specific, exclusive] particulier; it has a ~ taste ça a un goût spécial; to be ~ to être spécifique à ‖ [particular] spécial, particulier.

**peculiarity** [pɪ,kjuːlɪ'ærətɪ] *(pl* **peculiarities)** *n* **-1.** [oddness] étrangeté *f*, bizarrerie *f*; we all have our little peculiarities nous avons tous nos petites manies. **-2.** [specific characteristic] particularité *f*; each region has its own peculiarities chaque région a son particularisme OR ses particularités.

**peculiarly** [pɪ'kjuːljəlɪ] *adv* **-1.** [oddly] étrangement, bizarrement. **-2.** [especially] particulièrement, singulièrement.

**pecuniary** [pɪ'kjuːnjərɪ] *adj* pécuniaire.

**pedagogic(al)** [,pedə'gɒdʒɪk(l)] *adj* pédagogique.

**pedagogue** ['pedəgɒg] *n arch* OR *fml* pédagogue.

**pedagogy** ['pedəgɒdʒɪ] *n* pédagogie *f*.

**pedal** ['pedl] *(Br pt* & *pp* **pedalled,** *cont* **pedalling,** *Am pt* & *pp* **pedaled,** *cont* **pedaling)** ◇ *n* **-1.** [on bicycle, piano etc] pédale *f*; clutch/brake ~ pédale d'embrayage/de frein; loud/soft ~ [of piano] pédale droite OR forte/gauche OR douce. **-2.** MUS = **pedal point.** ◇ *vi* pédaler; we pedalled along the

back roads nous roulions (à bicyclette) sur les routes de l'arrière-pays. ◇ *vt* faire avancer en pédalant.

**pedal bin** *n Br* poubelle *f* à pédale.

**pedal boat** *n* pédalo *m*.

**pedal car** *n* voiture *f* à pédales.

**pedalo** ['pedələʊ] *(pl* **pedalos** OR **pedaloes)** *n* pédalo *m*.

**pedal point** *n* MUS pédale *f*.

**pedal pushers** *npl* (pantalon *m*) corsaire *m*.

**pedant** ['pedənt] *n* pédant *m*, -e *f*.

**pedantic** [pɪ'dæntɪk] *adj* pédant.

**pedantry** ['pedəntrɪ] *(pl* **pedantries)** *n* **-1.** [behaviour] pédantisme *m*, pédanterie *f*.**-2.** [remark] pédanterie *f*.

**peddle** ['pedl] ◇ *vt* **-1.** *dated* [wares] colporter. **-2.** [drugs] revendre, faire le trafic de; **drug peddling** trafic *m* de drogue. **-3.** *fig* [promote – idea, opinion] propager; [– gossip, scandal] colporter. ◇ *vi* faire du colportage.

**peddler** ['pedlə<sup>r</sup>] *n* **-1.** [seller] colporteur *m*, -euse *f*.**-2.** [drug pusher] trafiquant *m*, -e *f* (de drogue), revendeur *m*, -euse *f*.**-3.** *pej* [promoter – of ideas, opinions] propagateur *m*, -trice *f*.

**pederast** ['pedəræst] *n* pédéraste *m*.

**pederasty** ['pedəræstɪ] *n* pédérastie *f*.

**pedestal** ['pedɪstl] ◇ *n literal* & *fig* piédestal *m*; to place OR to put sb on a ~ mettre qqn sur un piédestal; that knocked him off his ~ cela l'a fait tomber de son piédestal. ◇ *comp*: ~ basin lavabo *m* à pied; ~ desk bureau *m* ministre; ~ table guéridon *m*.

**pedestrian** [pɪ'destrɪən] ◇ *n* piéton *m*; '~s only' 'réservé aux piétons'. ◇ *comp* [street, area] piéton, piétonnier; ~ overpass passerelle *f*. ◇ *adj* **-1.** [prosaic] prosaïque; [commonplace] banal. **-2.** [done on foot – exercise, outing] pédestre, à pied.

**pedestrian crossing** *n Br* passage *m* clouté OR (pour) piétons.

**pedestrianization** [pə,destrɪənaɪ'zeɪʃn] *n* transformation *f* en zone piétonne OR piétonnière.

**pedestrianize, -ise** [pə'destrɪənaɪz] *vt* transformer en zone piétonne OR piétonnière.

**pedestrian precinct** *Br*, **pedestrian zone** *Am* *n* zone *f* piétonnière.

**pediatric** [,piːdɪ'ætrɪk] *adj* pédiatrique.

**pediatrician** [,piːdɪə'trɪʃn] *n* pédiatre *m*.

**pediatrics** [,piːdɪ'ætrɪks] *n* pédiatrie *f*.

**pedicure** ['pedɪ,kjʊə<sup>r</sup>] *n* [treatment] pédicurie *f*.

**pedigree** ['pedɪgriː] ◇ *n* **-1.** [descent – of animal] pedigree *m*; [– of person] ascendance *f*, lignée *f*; *fig* [background – of person] origine *f*.**-2.** [document for animal] pedigree *m*.**-3.** [genealogical table] arbre *m* généalogique. ◇ *adj* [horse, cat, dog] de race.

**pediment** ['pedɪmənt] *n* **-1.** ARCHIT fronton *m*.**-2.** GEOL pédiment *m*.

**pedlar** ['pedlə<sup>r</sup>] *n* = **peddler.**

**pedology** [pɪ'dɒlədʒɪ] *n* **-1.** MED pédologie *f*.**-2.** GEOL pédologie *f*.

**pedophile** ['piːdəʊ,faɪl] *n* pédophile *m*.

**pedophilia** [,piːdəʊ'fɪlɪə] *n* pédophilie *f*.

**pee** [piː] *inf* ◇ *n* pipi *m*; to have OR to take a ~ faire pipi. ◇ *vi* faire pipi.

**peek** [piːk] ◇ *vi* [glance] jeter un coup d'œil; [look furtively] regarder furtivement; to ~ at sthg jeter un coup d'œil à OR sur qqch; **turn around and no ~ing!** retourne-toi et n'essaie pas de voir ce que je fais! ◇ *n* coup *m* d'œil; to have OR to take a ~ at sthg jeter un coup d'œil à OR sur qqch.

**peel** [piːl] ◇ *n* **-1.** [of banana] peau *f*; [of orange, lemon] écorce *f*; [of apple, onion, potato] pelure *f*.**-2.** *(U)* [peeling] épluchures *fpl*; add a twist of lemon ~ ajouter un zeste de citron. ◇ *vt* [fruit, vegetable] peler, éplucher; [boiled egg] écaler, éplucher; [shrimp] décortiquer; [twig] écorcer; [skin, bark] enlever. ◇ *vi* **-1.** [fruit, vegetable] se peler. **-2.** [plaster on wall, ceiling etc] s'écailler, se craqueler; [paint, varnish] s'écailler; [wallpaper] se décoller. **-3.** [skin on back, face etc] peler; I'm ~ing all over je pèle de partout.

◆ **peel away** *vi insep* = peel *vi* 2. ◇ *vt sep* [label, wallpaper] détacher, décoller; [bandage] enlever, ôter.

◆ **peel back** *vt sep* [label, wallpaper] détacher, décoller.

◆ **peel off** ◇ *vi insep* **-1.** = **peel** *vi* **2. -2.** [turn away] se détacher. ◇ *vt sep* **-1.** = **peel away. -2.** [item of clothing] enlever; to ~ off one's clothes se déshabiller.

**peeler** ['piːlə'] *n* **-1.** [device] éplucheur *m*; [electric] éplucheuse *f*. **-2.** *Br inf & dated* flic *m*.

**peelings** ['piːlɪŋz] *npl* épluchures *fpl*, pelures *fpl*.

**peep** [piːp] ◇ *vi* **-1.** [glance] jeter un coup d'œil; to ~ at/over/under sthg jeter un coup d'œil (furtif) à/par-dessus/sous qqch. **-2.** [emerge] se montrer; the moon ~ed out through the clouds la lune a percé OR est apparue à travers les nuages; her nose ~ed out over her scarf le bout de son nez pointait OR apparaissait par-dessus son écharpe. **-3.** [bird] pépier. ◇ *n* **-1.** [glance] coup *m* d'œil; to have a ~ at sthg jeter un coup d'œil à qqch. **-2.** [of bird] pépiement *m*; *fig*: any news from him? — not a ~! *inf* tu as eu de ses nouvelles? — pas un mot OR que dalle!; one more ~ out of you and you've had it! *inf* encore un mot et ton compte est bon!

**peepbo** ['piːp,bəʊ] *inf* ◇ *interj*: ~! coucou! ◇ *n*: to play ~ jouer à faire coucou.

**peephole** ['piːphəʊl] *n* trou *m*; [in house door, cell] judas *m*.

**peeping Tom** [,piːpɪŋ'tɒm] *n* voyeur *m*.

**peepshow** ['piːpʃəʊ] *n* [device] stéréoscope *m* (*pour images érotiques*); [form of entertainment] peep-show *m*.

**peep-toe(d) shoes** *npl* escarpins *mpl* à bout découpé.

**peer** [pɪə'] ◇ *n* **-1.** [nobleman] pair *m*, noble *mf*; he was made a ~ il a été élevé à la pairie; ~ of the realm pair du royaume. **-2.** [equal] pair *m*; as a negotiator she has no ~ c'est une négociatrice hors pair. ◇ *vi* [look – intently] regarder attentivement; [– with difficulty] s'efforcer de voir; she ~ed out into the darkness elle scruta l'obscurité; he ~ed at the suspects' faces il dévisagea les suspects.

**peerage** ['pɪərɪdʒ] *n* **-1.** [title] pairie *f*; he was given a ~ il a été élevé à la pairie. **-2.** [body of peers] pairs *mpl*, noblesse *f*. **-3.** [book] nobiliaire *m*.

**peeress** ['pɪərɪs] *n* pairesse *f*.

**peer group** *n* SOCIOL pairs *mpl*.

**peerless** ['pɪəlɪs] *adj* sans pareil.

**peer pressure** *n* influence *f* des pairs OR du groupe.

**peeve** [piːv] *vt inf* mettre en rogne.

**peeved** [piːvd] *adj inf* énervé.

**peevish** ['piːvɪʃ] *adj* [person] irritable, grincheux; [report, expression] irrité.

**peewit** ['piːwɪt] *n* vanneau *m*.

**peg** [peg] (*pt & pp* **pegged**, *cont* **pegging**) ◇ *n* **-1.** [for hat, coat] patère *f*; a ~ to hang an argument on *fig* un prétexte de dispute, une excuse pour se disputer. **-2.** *Br* [clothespeg] pince *f* à linge. **-3.** [dowel – wooden] cheville *f*; [– metal] fiche *f*. **-4.** [for tent] piquet *m*. **-5.** [in mountaineering] piton *m*. **-6.** [in croquet] piquet *m*. **-7.** MUS [on string instrument] cheville *f*. **-8.** *fig* [degree, notch] degré *m*, cran *m*; to bring OR to take sb down a ~ or two rabattre le caquet à qqn. ◇ *vt* **-1.** [fasten – gen] attacher; [– with dowels] cheviller; [insert – stake] enfoncer, planter; [in mountaineering] pitonner; he was pegging the washing on the line il étendait le linge. **-2.** [set – price, increase] fixer; export earnings are pegged to the exchange rate le revenu des exportations varie en fonction du taux de change. **-3.** *inf* [throw] lancer. **-4.** *Am inf* [classify] classer; → **off-the-peg.**

◆ **peg away** *vi insep Br inf* travailler sans relâche.

◆ **peg down** *vt sep* [fasten down] fixer OR attacher (avec des piquets).

◆ **peg out** ◇ *vt sep* **-1.** [hang out – washing] étendre. **-2.** [mark out with pegs] piqueter. ◇ *vi insep inf* [die] crever, claquer.

**Pegasus** ['pegəsəs] *prn* Pégase.

**pegboard** ['pegbɔːd] *n* plaquette *f* perforée (*utilisée dans certains jeux*).

**peg leg** *n inf* jambe *f* artificielle.

**pejorative** [pɪ'dʒɒrətɪv] ◇ *adj* péjoratif. ◇ *n* péjoratif *m*.

**peke** [piːk] *n inf* pékinois *m* (*chien*).

**Pekinese** [,piːkə'niːz], **Pekingese** [,piːkɪŋ'iːz] ◇ *n* **-1.** [person] Pékinois *m*, -e *f*. **-2.** LING pékinois *m*. **-3.** [dog] pékinois *m*. ◇ *adj* pékinois.

**Peking** [,piː'kɪŋ] *prn* Pékin.

**pekoe** ['piːkəʊ] *n* pekoe *m*.

**pelican** ['pelɪkən] *n* pélican *m*.

**pelican crossing** *n Br* passage piétons à commande manuelle.

**pellet** ['pelɪt] *n* **-1.** [small ball] boulette *f*; wax/paper ~s boulettes de cire/de papier. **-2.** [for gun] (grain *m* de) plomb *m*. **-3.** [pill] pilule *f*. **-4.** ORNITH pelote *f* de régurgitation.

**pell-mell** [,pel'mel] *adv Br* [pile, throw] pêle-mêle; the crowd ran ~ into the square la foule s'est ruée sur la place dans une cohue indescriptible.

**pellucid** [pe'luːsɪd] *adj* [membrane, zone] pellucide; [water] limpide; *fig* [prose] clair, limpide.

**pelmet** ['pelmɪt] *n* [for curtains] cantonnière *f*; [wood, board] lambrequin *m*.

**pelota** [pə'lɒtə] *n* pelote *f* basque.

**pelt** [pelt] ◇ *vt* [person, target] bombarder; they were ~ing each other with snowballs ils se lançaient des boules de neige. ◇ *vi* *inf* **-1.** [rain]: it was ~ing OR ~ing down with rain il pleuvait à verse, il tombait des cordes; the hail ~ed down la grêle tombait dru. **-2.** [run] courir à fond de train OR à toute allure. ◇ *n* **-1.** [skin] peau *f*; [fur] fourrure *f*. **-2.** *Br phr*: at full ~ à fond de train.

**pelvic** ['pelvɪk] *adj* pelvien.

**pelvic girdle** *n* ceinture *f* pelvienne.

**pelvic inflammatory disease** *n* métrite *f*.

**pelvis** ['pelvɪs] (*pl* **pelvises** OR **pelves** [-viːz]) *n* bassin *m*, pelvis *m*.

**pen** [pen] (*pt & pp* **penned**, *cont* **penning**) ◇ *n* **-1.** [for writing] stylo *m*; another novel from the ~ of Hilary Ratcliff un nouveau roman de la plume de Hilary Ratcliff; to put pen to paper écrire, prendre sa plume ❑ a slip of the ~ un lapsus; the ~ is mightier than the sword *prov* un coup de langue est pire qu'un coup de lance *prov*. **-2.** [of squid] plume *f*. **-3.** [female swan] cygne *m* femelle. **-4.** [for animals] enclos *m*, parc *m*; sheep ~ parc à moutons. **-5.** (submarine) ~ bassin *m* protégé. **-6.** *Am inf* (*abbr of* **penitentiary**) taule *f*, tôle *f*. ◇ *vt* **-1.** [write] écrire. **-2.** [enclose]: to ~ in OR up [livestock] parquer, enfermer dans un enclos; [dog] enfermer; [person] enfermer, cloîtrer, claquemurer.

**penal** ['piːnl] *adj* **-1.** [law] pénal; [establishment] pénitentiaire. **-2.** [severe – taxation, fine] écrasant.

**penal code** *n* code *m* pénal.

**penal colony** *n* colonie *f* pénitentiaire, bagne *m*.

**penalization** [,piːnəlaɪ'zeɪʃn] *n* pénalisation *f*, sanction *f*.

**penalize, -ise** [,piːnəlaɪz] *vt* **-1.** [punish] pénaliser, sanctionner. **-2.** [disadvantage] pénaliser, défavoriser, désavantager.

**penal servitude** *n* travaux *mpl* forcés, bagne *m*.

**penal settlement** = **penal colony.**

**penalty** ['penltɪ] (*pl* **penalties**) *n* **-1.** JUR peine *f*; on ~ of sous peine de; under ~ of death sous peine de mort; the ~ for that offence is six months' imprisonment la peine encourue pour ce délit est de six mois d'emprisonnement; '~ for improper use: £25' 'tout abus est passible d'une amende de 25 livres'. **-2.** ADMIN & COMM [for breaking contract] pénalité *f*, sanction *f*. **-3.** *fig* [unpleasant consequence]: to pay the ~ (for sthg) subir les conséquences (de qqch); that's the ~ for being famous c'est la rançon de la gloire. **-4.** SPORT [gen] pénalisation *f*; [kick – in football] penalty *m*; [– in rugby] pénalité *f*; to score (from) a ~ [in football] marquer sur (un) penalty; a two-minute (time) ~ [in ice hockey] une pénalité de deux minutes.

**penalty area** *n* FTBL surface *f* de réparation.

**penalty box** *n* **-1.** [in football] = **penalty area. -2.** [in ice hockey] banc *m* de pénalité.

**penalty clause** *n* JUR clause *f* pénale.

**penalty goal** *n* [in rugby] but *m* sur pénalité.

**penalty kick** *n* [in football] penalty *m*; [in rugby] (coup *m* de pied de) pénalité *f*.

**penalty points** *npl* [in quiz, game] gage *m*; [for drivers] points *mpl* de pénalité (*dans le système du permis à points*).

**penalty spot** *n* [in football] point *m* de réparation.

**penalty try** *n* [in rugby] essai *m* de pénalité.

**penance** ['penəns] *n* pénitence *f*; to do ~ for one's sins faire pénitence.

**pen-and-ink** *comp* [drawing] à la plume.

**pence** [pens] *n* (*pl of* **penny**) pence *mpl*.

**penchant** [*Br* pãʃã, *Am* 'pentʃənt] *n* penchant *m*, goût *m*; to have a ~ for sthg avoir un faible pour qqch.

**pencil** ['pensl] (*Br pt & pp* **pencilled**, *cont* **pencilling**, *Am & pp* **penciled**, *cont* **penciling**) ◇ *n* **-1.** [for writing, makeup] crayon *m*; the corrections are in ~ les corrections sont (faites) au crayon ❑ ~ **box** plumier *m*; ~ **case** trousse *f*; ~ **sharpener** taille-crayon *m*.**-2.** *fig* [narrow beam]: a ~ of light un pinceau de lumière. ◇ *comp* au crayon. ◇ *vt* écrire au crayon; [hastily] crayonner; **to** ~ **one's eyebrows** se dessiner les sourcils (au crayon).
◆ **pencil in** *vt sep* [date, name, address] noter OR inscrire au crayon; *fig* fixer provisoirement; **I'll** ~ **the meeting/you in for June 6th** retenons provisoirement la date du 6 juin pour la réunion/notre rendez-vous.

**pendant** ['pendənt] ◇ *n* **-1.** [necklace] pendentif *m*. **-2.** [piece of jewellery – on necklace] pendentif *m*; [– on earring] pendeloque *f*; ~ **earrings** pendants *mpl* d'oreille. **-3.** [chandelier] lustre *m*. ◇ *adj* = **pendent**.

**pendent** ['pendənt] *adj fml* **-1.** [hanging] pendant, qui pend. **-2.** [overhanging] en surplomb, en saillie.

**pending** ['pendɪŋ] ◇ *adj* **-1.** [waiting to be settled – gen] en attente; JUR en instance, pendant. **-2.** [imminent] imminent. ◇ *prep* en attendant.

**pending tray** *n Br* corbeille *f* des dossiers en attente.

**pendulous** ['pendjʊləs] *adj lit* **-1.** [sagging – breasts] tombant; [– lips] pendant. **-2.** [swinging] oscillant.

**pendulum** ['pendjʊləm] *n* pendule *m*; [in clock] balancier *m*; a swing of the ~ sent the president's popularity plummeting *fig* un revirement de l'opinion a fait chuter la cote de popularité du président.

**Penelope** [pə'neləpɪ] *pr n* Pénélope.

**peneplain, peneplane** ['piːnɪpleɪn] *n* pénéplaine *f*.

**penetrate** ['penɪtreɪt] ◇ *vt* **-1.** [find way into or through – jungle] pénétrer dans; [– blockade, enemy defences] pénétrer; **they** ~**d unknown territory** ils ont pénétré en territoire inconnu; **it's not easy to** ~ **Parisian society** il n'est pas facile de s'introduire dans la société parisienne. **-2.** [infiltrate – party, movement] s'infiltrer dans, noyauter. **-3.** [pierce – subj: missile] percer, transpercer. **-4.** [pass through – subj: water, light etc] traverser, transpercer; **the cold wind** ~**d her clothing** le vent glacial passait à travers ses vêtements. **-5.** COMM s'introduire sur. **-6.** [see through – darkness, disguise, mystery] percer; **to** ~ **sb's thoughts** lire dans les pensées de qqn. **-7.** [sexually] pénétrer. ◇ *vi* **-1.** [break through] pénétrer; the troops ~**d deep into enemy territory** les troupes ont pénétré très avant en territoire ennemi. **-2.** [sink in]: **I had to explain it to him several times before it finally** ~**d** j'ai dû le lui expliquer plusieurs fois avant qu'il (ne) finisse par comprendre.

**penetrating** ['penɪtreɪtɪŋ] *adj* **-1.** [sound – pleasant] pénétrant; [– unpleasant] perçant. **-2.** [cold] pénétrant, perçant; [rain] pénétrant. **-3.** [look, mind, question] pénétrant.

**penetratingly** ['penɪtreɪtɪŋlɪ] *adv* **-1.** [loudly]: **to scream** ~ pousser un cri perçant. **-2.** *fig* avec perspicacité; **she looked at him** ~ elle lui lança un regard pénétrant OR aigu.

**penetration** [,penɪ'treɪʃn] *n* **-1.** [gen & COMM] pénétration *f*. **-2.** MIL percée *f*. **-3.** PHOT profondeur *f* de champ.

**penetrative** ['penɪtrətɪv] *adj* [force] de pénétration; ~ **sex** pénétration *f*.

**pen friend** *n Br* correspondant *m*, -e *f* (épistolaire).

**penguin** ['peŋgwɪn] *n* manchot *m*.

**penholder** ['pen,həʊldər] *n* porte-plume *m inv*.

**penicillin** [,penɪ'sɪlɪn] *n* pénicilline *f*.

**penile** ['piːnaɪl] *adj* pénien.

**peninsula** [pə'nɪnsjʊlə] *n* [large] péninsule *f*; [small] presqu'île *f*.

**peninsular** [pə'nɪnsjʊlər] *adj* péninsulaire.
◆ **Peninsular** *adj*: the Peninsular War la guerre d'Espagne (1808-1814).

**penis** ['piːnɪs] (*pl* **penises** OR **penes** [-iːz]) *n* pénis *m*.

**penis envy** *n* envie *f* du pénis.

**penitence** ['penɪtəns] *n* pénitence *f*.

**penitent** ['penɪtənt] ◇ *adj* **-1.** [gen] contrit. **-2.** RELIG pénitent. ◇ *n* RELIG pénitent *m*, -e *f*.

**penitential** [,penɪ'tenʃl] ◇ *adj* pénitentiel. ◇ *n* [book] pénitentiel *m*.

**penitentiary** [,penɪ'tenʃərɪ] (*pl* **penitentiaries**) ◇ *n* **-1.** *Am* [prison] prison *f*. **-2.** RELIG [priest] pénitencier *m*. ◇ *adj* **-1.** *Am* [life, conditions] pénitentiaire; [offence] passible d'une peine de prison; ~ **guard** gardien *m*, -enne *f* de prison. **-2.** = **penitential**.
◆ **Penitentiary** *n* RELIG: the Penitentiary [cardinal] le grand pénitencier; [tribunal] la Sacrée Pénitencerie, la Pénitencerie apostolique.

**penitently** ['penɪtəntlɪ] *adv* [say] d'un ton contrit; [submit, kneel] avec contrition.

**penknife** ['pennaɪf] (*pl* **penknives** [-naɪvz]) *n* canif *m*.

**penmanship** ['penmənʃɪp] *n* calligraphie *f*.

**penna** ['penə] (*pl* **pennae** [-niː]) *n* penne *f*.

**pen name** *n* nom *m* de plume, pseudonyme *m*.

**pennant** ['penənt] *n* **-1.** [flag – gen] fanion *m*.**-2.** NAUT [for identification] flamme *f*; [for signalling] pavillon *m*.**-3.** *Am* SPORT *drapeau servant de trophée dans certains championnats*.

**penniless** ['penɪlɪs] *adj* sans le sou; **they're absolutely** ~ ils n'ont pas un sou; **the stock market crash left him** ~ le krach boursier l'a mis sur la paille.

**Pennines** ['penaɪnz] *pl pr n*: the ~ les Pennines *fpl*.

**pennon** ['penən] *n* **-1.** [flag – gen] fanion *m*; [– on lance] pennon *m*.**-2.** NAUT [for identification] flamme *f*; [for signalling] pavillon *m*.

**Pennsylvania** [,pensɪl'veɪnjə] *pr n* Pennsylvanie *f*; **in** ~ en Pennsylvanie.

**Pennsylvania Avenue** *pr n*: 1600 ~ *adresse de la Maison Blanche, utilisée par les médias américains pour faire référence au gouvernement*.

**penny** ['penɪ] (*pl sense 1* **pence** [pens], *pl sense 2* **pennies**) *n* **-1.** [unit of currency – in Britain, Ireland] penny *m*; **it cost me 44 pence** ça m'a coûté 44 pence. **-2.** [coin – in Britain, Ireland] penny *m*, pièce *f* d'un penny; [– in US] cent *m*, pièce *f* d'un cent; **it was expensive, but it was worth every** ~ c'était cher, mais j'en ai vraiment eu pour mon argent; **it won't cost you a** ~ ça ne vous coûtera pas un centime OR un sou; **every** ~ **counts** un sou est un sou ❑ **they haven't got a** ~ **to their name** OR **two pennies to rub together** ils n'ont pas un sou vaillant; **people like him are two** OR **ten a** ~ *Br inf* des gens comme lui, ce n'est pas ça qui manque; **a** ~ **for your thoughts** à quoi penses-tu?; **suddenly the** ~ **dropped** *Br inf* d'un seul coup ça a fait tilt; **he keeps turning up like a bad** ~ *Br inf* c'est un vrai pot de colle; **in for a** ~ **in for a pound** *prov* quand le vin est tiré, il faut le boire *prov*; **take care of the pennies and the pounds will take care of themselves** *prov* les petits ruisseaux font les grandes rivières *prov*.

**penny arcade** *n Am* galerie *f* de jeux.

**Penny Black** *n* premier timbre-poste britannique.

**penny-farthing** *n Br* bicycle *m*, vélocipède *m*.

**penny loafers** *npl Am* mocassins *mpl*.

**penny-pincher** [-,pɪntʃər] *n inf* pingre *mf*, radin *m*, -e *f*.

**penny-pinching** [-,pɪntʃɪŋ] *inf* ◇ *n* économies *fpl* de bouts de chandelle. ◇ *adj* qui fait des économies de bouts de chandelle, pingre, radin.

**pennyweight** ['penɪweɪt] *n Br* ≈ 1,5 grammes.

**penny whistle** *n* pipeau *m*.

**pennyworth** ['penɪwɜːθ, 'penəθ] (*pl inv* OR **pennyworths**) *n* **-1.** *literal & dated*: **she asked for a** ~ **of toffees** elle demanda pour un penny de caramels. **-2.** *Br fig* [small quantity]: **if he had a** ~ **of sense** s'il avait une once de bon sens.

**penology** [piː'nɒlədʒɪ] *n* pénologie *f*.

**pen pal** *n inf* correspondant *m*, -e *f* (épistolaire).

**pen pusher** *n pej* gratte-papier *m inv*.

**pension** ['penʃn, *sense 2 also* 'pɑ̃sjɔ̃] ◇ *n* **-1.** [for retired people] retraite *f*; [for disabled people] pension *f*; **to draw a** ~ [retired person] toucher une retraite; [disabled person] toucher une pension, être pensionné; **to pay sb a** ~ verser une pension à qqn ❑ **disability** ~ pension d'invalidité; **widow's** ~ [before retiring age] allocation *f* de veuvage; [at retiring age] pension de réversion. **-2.** [small hotel] pension *f* de famille. ◇ *vt* [for retirement] verser une pension de retraite à; [for disability] pensionner, verser une pension à.
◆ **pension off** *vt sep Br* **-1.** [person] mettre à la retraite. **-2.** *hum* [old car, machine] mettre au rancart.

**pensionable** ['penʃənəbl] *adj* **-1.** [person – gen] qui a droit à une pension; [– for retirement] qui a atteint l'âge de la retraite. **-2.** [job] qui donne droit à une retraite.

**pension book** *n* ≃ titre *m* de pension (*en Grande-Bretagne, carnet permettant de retirer sa pension de retraite*).

**pensioned** ['penʃənd] *adj* retraité.

**pensioner** ['penʃənəʳ] *n Br*: (old age) ~ retraité *m*, -e *f*; war ~ ancien combattant *m* (*titulaire d'une pension militaire d'invalidité*).

**pension fund** *n* caisse *f* de retraite.

**pension plan, pension scheme** *n* régime *m* de retraite.

**pensive** ['pensɪv] *adj* pensif, méditatif, songeur.

**pensively** ['pensɪvlɪ] *adv* pensivement.

**pentacle** ['pentəkl] *n* pentacle *m*.

**pentagon** ['pentəgən] *n* GEOM pentagone *m*.
♦ **Pentagon** *pr n* POL: the Pentagon le Pentagone.

**pentagonal** [pen'tægənl] *adj* pentagonal.

**pentagram** ['pentəgræm] *n* **-1.** GEOM pentagone *m* étoilé. **-2.** [in occultism] pentagramme *m*.

**pentameter** [pen'tæmɪtəʳ] ◇ *n* pentamètre *m*. ◇ *adj* pentamètre.

**pentangle** ['pentæŋgl] = **pentacle**.

**Pentateuch** ['pentətjuːk] *n*: the ~ le Pentateuque.

**pentathlete** [pen'tæθliːt] *n* pentathlonien *m*, -enne *f*.

**pentathlon** [pen'tæθlɒn] *n* pentathlon *m*.

**Pentecost** ['pentɪkɒst] *n* Pentecôte *f*.

**Pentecostal** [ˌpentɪ'kɒstl] = **pentecostalist**.

**Pentecostalist** [ˌpentɪ'kɒstəlɪst] ◇ *adj* pentecôtiste. ◇ *n* pentecôtiste *mf*.

**penthouse** ['penthaʊs, *pl* -haʊzɪz] *n* **-1.** [flat] *appartement de luxe avec terrasse généralement au dernier étage d'un immeuble*. **-2.** [on roof]: elevator ~ machinerie *f* d'ascenseur (*installée sur un toit*). **-3.** [doorway shelter] auvent *m*; [shed] appentis *m*.

**pent-up** *adj* [emotion] refoulé, réprimé; [force] contenu, réprimé; to get rid of ~ energy se défouler; the children are full of ~ energy les enfants débordent d'énergie.

**penultimate** [pe'nʌltɪmət] ◇ *adj* **-1.** [gen] avant-dernier. **-2.** LING pénultième. ◇ *n* **-1.** [gen] avant-dernier *m*, -ère *f*. **-2.** LING pénultième *f*.

**penumbra** [pɪ'nʌmbrə] (*pl* **penumbras** OR **penumbrae** [-briː]) *n* pénombre *f* ASTRON & PHYS.

**penurious** [pɪ'njʊərɪəs] *adj fml* **-1.** [impoverished] indigent, sans ressources. **-2.** [miserly] parcimonieux, avare.

**penury** ['penjʊrɪ] *n fml* **-1.** [poverty] indigence *f*, dénuement *m*. **-2.** [scarcity] pénurie *f*.

**peon** ['piːɒn] *n* **-1.** AGR [in Latin America] péon *m*. **-2.** MIL [in India, Sri Lanka] fantassin *m*. **-3.** *Am inf* [worker] prolo *mf*.

**peony** ['piːənɪ] (*pl* **peonies**) *n* pivoine *f*.

**people** ['piːpl] ◇ *npl* **-1.** [gen] personnes *fpl*, gens *mpl*; 500 ~ 500 personnes; there were ~ everywhere il y avait des gens OR du monde partout; there were a lot of ~ there il y avait beaucoup de monde; some ~ think it's true certaines personnes OR certains pensent que c'est vrai; many/most ~ disagree beaucoup de gens/la plupart des gens ne sont pas d'accord ❑ really, some ~! il y a des gens, je vous jure!; are you ~ coming or not? et vous (autres), vous venez ou pas?; it's Meg of all ~! ça alors, c'est Meg!; you of all ~ should know that! si quelqu'un doit savoir ça, c'est bien toi!. **-2.** [in indefinite uses] on; ~ won't like it les gens ne vont pas aimer ça; ~ say it's impossible on dit que c'est impossible. **-3.** [with qualifier] gens *mpl*; clever/sensitive ~ les gens intelligents/sensibles; rich/poor/blind ~ les riches/pauvres/aveugles; young ~ les jeunes; old ~ les personnes âgées; city/country ~ les citadins/campagnards; they are theatre/circus ~ ce sont des gens de théâtre/du cirque ‖ [inhabitants, nationals]: Danish ~ les Danois; the ~ of Brazil les Brésiliens; the ~ of Glasgow les habitants de Glasgow; the ~ of Yorkshire les gens du Yorkshire ‖ [employed in a specified job]: I'll call the electricity/gas ~ tomorrow je téléphonerai à la compagnie d'électricité/de gaz demain. **-4.** POL peuple *m*; power to the ~! le pouvoir au peuple!; a ~'s government/democracy un gouvernement/une démocratie populaire. **-5.** *dated* [family] famille *f*, parents *mpl*.
◇ *n* **-1.** [nation] peuple *m*, nation *f*. **-2.** [ethnic group] population *f*.

◇ *vt* **-1.** (*usu passive*) [inhabit] peupler; ~d by peuplé de, habité par. **-2.** *fig*: the monsters that ~ his dreams les monstres qui hantent ses rêves.

**People's Republic of China** *pr n*: the ~ la République populaire de Chine.

**pep** [pep] (*pt* & *pp* **pepped,** *cont* **pepping**) *n inf* punch *m*.
♦ **pep up** *vt sep inf* **-1.** [person – depressed] remonter le moral à; [– ill, tired] requinquer, retaper. **-2.** [business] faire repartir, dynamiser; [party] remettre de l'entrain dans, dynamiser; [conversation] égayer, ranimer, relancer.

**PEP** [pep] (*abbr of* **personal equity plan**) *n* plan d'investissement en actions bénéficiant de conditions fiscales avantageuses.

**pepper** ['pepəʳ] ◇ *n* **-1.** [condiment] poivre *m*; ~ steak *Br* steak *m* au poivre. **-2.** [vegetable – sweet] poivron *m*; [– hot] piment *m*; ~ sauce sauce *f* aux piments. ◇ *vt* **-1.** CULIN poivrer. **-2.** [scatter, sprinkle] émailler, parsemer. **-3.** [pelt]: the walls were ~ed with lead shot les murs étaient criblés d'impacts de balles; they ~ed the houses with machine-gun fire ils ont mitraillé les maisons.

**pepper-and-salt** *adj* **-1.** [hair, beard] poivre et sel (*inv*). **-2.** TEX marengo (*inv*); ~ cloth marengo *m*.

**pepperbox** ['pepəbɒks] *n Am* poivrier *m*.

**peppercorn** ['pepəkɔːn] *n* grain *m* de poivre.

**peppercorn rent** *n Br* loyer *m* modique.

**pepper mill** *n* moulin *m* à poivre.

**peppermint** ['pepəmɪnt] ◇ *n* **-1.** BOT menthe *f* poivrée. **-2.** [sweet] bonbon *m* à la menthe. ◇ *adj* à la menthe; ~ OR ~-flavoured toothpaste dentifrice *m* au menthol.

**pepper pot** *n* poivrier *m* CULIN, poivrière *f* CULIN.

**peppery** ['pepərɪ] *adj* **-1.** CULIN poivré. **-2.** [quick-tempered] coléreux, irascible. **-3.** [incisive] mordant, piquant.

**pep pill** *n inf* stimulant *m*, excitant *m*.

**peppy** ['pepɪ] (*compar* **peppier,** *superl* **peppiest**) *adj inf* [person] qui a du punch.

**pepsin** ['pepsɪn] *n* pepsine *f*.

**pep talk** *n inf* discours *m* d'encouragement; their boss gave them a ~ leur patron leur a dit quelques mots pour leur remonter le moral.

**peptic ulcer** ['peptɪk-] *n* ulcère *m* gastro-duodénal *spec* OR de l'estomac.

**per** [pɜːʳ] *prep* [for each] par; ~ person par personne; ~ day/week/month/year par jour/semaine/mois/an; they are paid £6 ~ hour ils sont payés 6 livres de l'heure; 100 miles ~ hour ≃ 160 kilomètres à l'heure; it costs £8 ~ kilo ça coûte 8 livres le kilo.
♦ **as per** *prep phr* suivant, selon; as ~ specifications [on bill] conformément aux spécifications requises; the work is going ahead as ~ schedule le travail avance selon le calendrier prévu; as ~ normal OR usual *inf* comme d'habitude.

**per annum** [pər'ænəm] *adv* par an, annuellement.

**per capita** [pə'kæpɪtə] *fml* ◇ *adj* par personne; ~ income is higher in the south le revenu par habitant est plus élevé dans le sud. ◇ *adv* par personne.

**perceive** [pə'siːv] *vt* **-1.** [see] distinguer; [hear, smell etc] percevoir; verbs of perceiving LING les verbes de perception. **-2.** [notice] s'apercevoir de, remarquer. **-3.** [conceive, understand] percevoir, comprendre.

**per cent** [pə'sent] (*pl* **per cent**) ◇ *adv* pour cent; prices went up (by) 10 ~ les prix ont augmenté de 10 pour cent; it's 50 ~ cotton il y a 50 pour cent de coton, c'est du coton à 50 pour cent. ◇ *n* [percentage] pourcentage *m*.

**percentage** [pə'sentɪdʒ] *n* **-1.** [proportion] pourcentage *m*; a high ~ of the staff une grande partie du personnel. **-2.** [share of profits, investment] pourcentage *m*; to get a ~ on sthg toucher un pourcentage sur qqch. **-3.** *Br inf* [advantage] avantage *m*, intérêt *m*.

**perceptible** [pə'septəbl] *adj* perceptible.

**perceptibly** [pə'septəblɪ] *adv* [diminish, change] sensiblement; [move] de manière perceptible.

**perception** [pə'sepʃn] *n* **-1.** [faculty] perception *f*. **-2.** [notion, conception] perception *f*, conception *f*; the general public's ~ of the police l'image que le grand public a de la police. **-3.** [insight] perspicacité *f*, intuition *f*; a man of great ~ un homme très perspicace.

**perceptive** [pəˈseptɪv] adj -1. [observant – person] perspicace; [– remark] judicieux. -2. [sensitive] sensible. -3. [organ] sensoriel.

**perceptively** [pəˈseptɪvlɪ] adv avec perspicacité.

**perceptual** [pəˈseptʃʊəl] adj [organ] percepteur.

**perch** [pɜːtʃ] (pl sense 4 inv OR **perches**) ◇ n -1. [for bird – in cage] perchoir m; [– on tree] branche f. -2. inf [for person – seat] perchoir m; to be knocked from OR off one's ~ être détrôné, se faire détrôner. -3. [linear or square measure] ≃ perche f. -4. [fish] perche f. ◇ vi [bird, person] se percher. ◇ vt [person, object] percher, jucher.

**perchance** [pəˈtʃɑːns] adv arch OR lit -1. [perhaps] peut-être. -2. [by accident] par hasard, fortuitement.

**percipient** [pəˈsɪpɪənt] adj -1. fml [person] perspicace. -2. ANAT [organ] sensoriel.

**percolate** [ˈpɜːkəleɪt] ◇ vi -1. [liquid] filtrer, s'infiltrer; [coffee] passer. -2. [ideas, news] se répandre; his ideas ~d through to the rank and file ses idées ont gagné la base. -3. Am inf [be excited] être (tout) excité. ◇ vt [coffee] préparer (avec une cafetière à pression); ~d coffee café fait avec une cafetière à pression.

**percolator** [ˈpɜːkəleɪtəʳ] n cafetière f à pression.

**percussion** [pəˈkʌʃn] n -1. MUS percussion f; Jane Stowell on ~ aux percussions, Jane Stowell; the ~ section les percussions fpl. -2. [collision, shock] percussion f, choc m. -3. MED & MIL percussion f.

**percussion cap** n amorce f fulminante.

**percussion instrument** n MUS instrument m à percussion.

**percussionist** [pəˈkʌʃənɪst] n MUS percussionniste mf.

**percussive** [pəˈkʌsɪv] adj [instrument] à percussion; [force] de percussion.

**perdition** [pəˈdɪʃn] n lit [spiritual ruin] perdition f; [hell] enfer m, damnation f.

**peregrination** [ˌperɪgrɪˈneɪʃn] n, **peregrinations** npl lit OR hum pérégrinations fpl.

**peregrine falcon** [ˈperɪgrɪn-] n faucon m pèlerin.

**peremptorily** [pəˈremptrəlɪ] adv de façon péremptoire, impérieusement.

**peremptory** [pəˈremptərɪ] adj [tone, manner] péremptoire; there was a ~ knock at the door on a frappé à la porte de façon péremptoire.

**perennial** [pəˈrenjəl] ◇ adj -1. BOT vivace. -2. fig [everlasting] éternel; [recurrent, continual] perpétuel, sempiternel. ◇ n BOT plante f vivace.

**perestroika** [ˌperəˈstrɔɪkə] n perestroïka f.

**perfect** [adj & n ˈpɜːfɪkt, vb pəˈfekt] ◇ adj -1. [flawless – person, performance etc] parfait; in ~ health en excellente OR parfaite santé; her hearing is still ~ elle entend encore parfaitement; nobody's ~ personne n'est parfait. -2. [complete – agreement, mastery etc] parfait, complet (f -ète); there was ~ silence il y avait un silence total; you have a ~ right to be here vous avez parfaitement OR tout à fait le droit d'être ici ‖ [as intensifier] véritable, parfait; he's a ~ idiot c'est un parfait imbécile. -3. [fine, lovely – conditions] parfait, idéal; [– weather] idéal, superbe. -4. [fitting, right – gift, example] parfait, approprié; Monday is ~ for me lundi me convient parfaitement. -5. [exemplary – gentleman, host] parfait, exemplaire. -6. GRAMM [participle] passé; ~ participle participe m passé; the ~ tense le parfait. ◇ n GRAMM parfait m; in the ~ au parfait. ◇ vt -1. [improve – knowledge, skill] perfectionner, parfaire. -2. [bring to final form – plans, method] mettre au point. -3. TYPO imprimer en retiration.

**perfect competition** n ECON concurrence f parfaite.

**perfectible** [pəˈfektəbl] adj perfectible.

**perfection** [pəˈfekʃn] n -1. [quality] perfection f; to attain ~ atteindre la perfection; to do sthg to ~ faire qqch à la perfection. -2. [perfecting – of skill, knowledge] perfectionnement m; [– of plans, method] mise f au point.

**perfectionism** [pəˈfekʃənɪzm] n perfectionnisme m.

**perfectionist** [pəˈfekʃənɪst] ◇ adj perfectionniste. ◇ n perfectionniste mf.

**perfective** [pəˈfektɪv] adj GRAMM perfectif.

**perfectly** [ˈpɜːfɪktlɪ] adv -1. [speak, understand] parfaitement; ~ formed d'une forme parfaite. -2. [as intensifier]: you are ~ right vous avez parfaitement OR tout à fait rai-

son; it's a ~ good raincoat cet imperméable est tout à fait mettable.

**perfect number** n MATH nombre m parfait.

**perfect pitch** n MUS: to have ~ avoir l'oreille absolue.

**perfidious** [pəˈfɪdɪəs] adj lit perfide.

**perfidy** [ˈpɜːfɪdɪ] (pl **perfidies**) n lit perfidie f.

**perforate** [ˈpɜːfəreɪt] vt -1. [pierce] perforer, percer. -2. TECH [punch holes in] perforer.

**perforated** [ˈpɜːfəreɪtɪd] adj perforé, percé; to have a ~ eardrum avoir un tympan perforé OR crevé; tear along the ~ line détacher suivant les pointillés.

**perforation** [ˌpɜːfəˈreɪʃn] n perforation f.

**perforce** [pəˈfɔːs] adv lit forcément, nécessairement.

**perform** [pəˈfɔːm] ◇ vt -1. [carry out – manœuvre, task] exécuter, accomplir; [– calculation] effectuer, faire; [– miracle] accomplir; [– wedding, ritual] célébrer; to ~ an operation MED opérer; [fulfil – function, duty] remplir. -2. [stage – play] jouer, donner; [– ballet, opera] interpréter, jouer; [– concert] donner; [– solo] exécuter; to ~ a part THEAT jouer OR interpréter un rôle; DANCE danser un rôle. ◇ vi -1. [actor, comedian, musician] jouer; [dancer] danser; [singer] chanter. -2. [in job, situation] se débrouiller; to ~ well/badly [person] bien/ne pas bien s'en tirer; [company] avoir de bons/mauvais résultats; how does she ~ under pressure? comment réagit-elle lorsqu'elle est sous pression? -3. [function – vehicle, machine] marcher, fonctionner; the car ~s well/badly in wet conditions cette voiture a une bonne/mauvaise tenue de route par temps de pluie.

**performance** [pəˈfɔːməns] n -1. [show] spectacle m, représentation f; CIN séance f; afternoon ~ matinée f. -2. [rendition – by actor, musician, dancer] interprétation f; [showing – by sportsman, politician etc] performance f, prestation f; he gave an excellent ~ in the role of Othello son interprétation du rôle d'Othello fut remarquable; another poor ~ by the French team encore une contre-performance de l'équipe française; the country's poor economic ~ les mauvais résultats économiques du pays; sterling's ~ on the Stock Exchange le comportement en bourse de la livre sterling; sexual ~ prouesses sexuelles. -3. [of machine, computer, car] performance f; ~ car voiture f performante. -4. [carrying out – of task, manœuvre] exécution f; [– of miracle, duties] accomplissement m; [– of ritual] célébration f. -5. inf [rigmarole] histoire f, cirque m. -6. LING performance f.

**performance appraisal** n [system] système m d'évaluation; [individual] évaluation f.

**performance art** n spectacle m total.

**performance test** n PSYCH test m de performance.

**performative** [pəˈfɔːmətɪv] ◇ adj LING & PHILOS performatif. ◇ n LING [verb] performatif m; [utterance] énoncé m performatif.

**performer** [pəˈfɔːməʳ] n [singer, dancer, actor] interprète mf; nightclub ~ artiste mf de cabaret.

**performing** [pəˈfɔːmɪŋ] adj [bear, dog etc] savant.

**performing arts** npl arts mpl du spectacle.

**performing rights** npl THEAT droits mpl de représentation; MUS droits mpl d'exécution.

**perfume** [n ˈpɜːfjuːm, vb pəˈfjuːm] ◇ n -1. [bottled] parfum m; what ~ does she wear OR use? quel parfum met-elle?, quel est son parfum? ❑ ~ spray atomiseur m de parfum. -2. [smell] parfum m. ◇ vt parfumer.

**perfumed** [Br ˈpɜːfjuːmd, Am pərˈfjuːmd] adj parfumé.

**perfumery** [pəˈfjuːmərɪ] (pl **perfumeries**) n parfumerie f.

**perfunctory** [pəˈfʌŋktərɪ] adj [gesture] négligent; [greeting, kiss] détaché; [explanation, apology, letter] sommaire; [effort] de pure forme; [interrogation, search] fait pour la forme.

**pergola** [ˈpɜːgələ] n pergola f.

**perhaps** [pəˈhæps] adv peut-être; ~ they've forgotten ils ont peut-être oublié, peut-être ont-ils oublié; ~ not peut-être que non ‖ [used in polite requests, offers]: ~ you'd be kind enough... peut-être aurais-tu la gentillesse...

**perigee** [ˈperɪdʒiː] n périgée m.

**peril** [ˈperɪl] n péril m, danger m; to be in ~ être en danger; you do it at your ~ Br c'est à vos risques et périls.

**perilous** [ˈperələs] adj périlleux, dangereux.

**perilously** [ˈperələslɪ] adv périlleusement, dangereusement;

he came ~ close to defeat/drowning il s'en est fallu d'un cheveu qu'il ne perde/qu'il ne se noie.

**perimeter** [pə'rɪmɪtəʳ] *n* périmètre *m*.

**perimeter fence** *n* grillage *m*.

**perinatal** [,perɪ'neɪtl] *adj* périnatal.

**perineal** [,perɪ'niːəl] *adj* périnéal.

**perineum** [,perɪ'niːəm] (*pl* **perinea** [-'niːə]) *n* périnée *m*.

**period** ['pɪərɪəd] ◇ *n* **-1.** [length of time] période *f*; [historical epoch] période *f*, époque *f*; **within a ~ of a few months** en l'espace de quelques mois; **at that ~ in her life** à cette époque de sa vie; **there will be a question/discussion ~ after the lecture** un moment sera consacré aux questions/au débat après la conférence. **-2.** GEOL période *f*.**-3.** SCH [lesson] cours *m*; **a free ~** [for pupil] une heure de permanence; [for teacher] une heure de battement. **-4.** [in ice hockey] période *f*.**-5.** ASTRON: **~ of rotation** période *f* de rotation. **-6.** [menstruation] règles *fpl*; **I've got my ~** j'ai mes règles. **-7.** *Am* [full stop] point *m*.**-8.** [sentence] période *f*.**-9.** CHEM [in periodic table] période *f*.**-10.** MUS période *f*.**-11.** COMM: **accounting ~** exercice *m*. ◇ *comp* [furniture, costume] d'époque; [novel] historique. ◇ *adv inf*: **you're not going out alone, ~!** tu ne sortiras pas tout seul, un point c'est tout!

**periodic** [,pɪərɪ'ɒdɪk] *adj* **-1.** [gen] périodique. **-2.** CHEM & MATH périodique.

**periodical** [,pɪərɪ'ɒdɪkl] ◇ *n* [publication] périodique *m*. ◇ *adj* périodique.

**periodically** [,pɪərɪ'ɒdɪklɪ] *adv* périodiquement, de temps en temps.

**periodic table** *n* classification *f* périodique (des éléments), tableau *m* de Mendeleïev.

**periodontics** [,perɪə'dɒntɪks] *n* (U) branche de la stomatologie qui s'occupe du périodonte.

**period pains** *npl* règles *fpl* douloureuses.

**period piece** *n* objet *m* d'époque.

**peripatetic** [,perɪpə'tetɪk] *adj* **-1.** [itinerant] itinérant. **-2.** *Br* SCH: **~ teacher** professeur qui enseigne dans plusieurs établissements scolaires.

**peripheral** [pə'rɪfərəl] ◇ *adj* périphérique; **~ vision** vue *f* périphérique. ◇ *n* COMPUT: **~ (device OR unit)** (unité *f*) périphérique *m*.

**periphery** [pə'rɪfərɪ] (*pl* **peripheries**) *n* **-1.** [of circle, vision, city etc] périphérie *f*; **on the ~** à la périphérie. **-2.** [of group, movement] frange *f*; **on the ~ of society** en marge de la société.

**periphrasis** [pə'rɪfrəsɪs] (*pl* **periphrases** [-siːz]) *n* périphrase *f*, circonlocution *f*.

**periphrastic** [,perɪ'fræstɪk] *adj* périphrastique.

**periscope** ['perɪskəʊp] *n* périscope *m*; **up ~!** sortez le périscope!

**perish** ['perɪʃ] ◇ *vi* **-1.** *Br* [rot – rubber, leather etc] s'abîmer, se détériorer; [– food] se gâter, pourrir. **-2.** *lit* [die] périr; **~ the thought** *hum*: **you're not pregnant, are you?** ~ the thought! tu n'es pas enceinte au moins? tu veux rire OR j'espère bien que non! ◇ *vt* [rubber, leather] abîmer, détériorer; [food] gâter.

**perishable** ['perɪʃəbl] *adj* périssable.
◆ **perishables** *npl* denrées *fpl* périssables.

**perished** ['perɪʃt] *adj Br inf* [cold] frigorifié.

**perisher** ['perɪʃəʳ] *n Br inf* galopin *m*.

**perishing** ['perɪʃɪŋ] *adj Br inf* **-1.** [cold – person, hands] frigorifié; **it's ~ (cold)** il fait un froid de canard OR de loup. **-2.** [as expletive] sacré, fichu, foutu.

**peristalsis** [,perɪ'stælsɪs] (*pl* **peristalses** [-siːz]) *n* péristaltisme *m*.

**peristyle** ['perɪstaɪl] *n* péristyle *m*.

**peritonitis** [,perɪtə'naɪtɪs] *n* (U) péritonite *f*; **to have ~** avoir une péritonite.

**periwinkle** ['perɪ,wɪŋkl] *n* **-1.** BOT pervenche *f*.**-2.** ZOOL bigorneau *m*.

**perjure** ['pɜːdʒəʳ] *vt*: **to ~ o.s.** faire un faux témoignage.

**perjured** ['pɜːdʒəd] *adj*: **~ evidence** faux témoignage *m*.

**perjurer** ['pɜːdʒərəʳ] *n* faux témoin *m*.

**perjury** ['pɜːdʒərɪ] (*pl* **perjuries**) *n*: **to commit ~** faire un faux témoignage.

**perk** [pɜːk] *inf* ◇ *n* [from job] avantage *m* en nature; [advantage – gen] avantage *m*. ◇ *vi* & *vt* [coffee] passer.
◆ **perk up** ◇ *vt sep* [cheer up] remonter, ragaillardir, revigorer; **the news really ~ed me up** la nouvelle m'a vraiment remonté le moral || [liven up] revigorer; **some wine will ~ you up** un peu de vin te remontera. ◇ *vi insep'* **-1.** [cheer up] se ragaillardir, retrouver le moral; **he ~ed up in the afternoon** il a retrouvé son entrain l'après-midi. **-2.** [become interested] dresser l'oreille OR la tête. **-3.** [ears, head] se dresser.

**perky** ['pɜːkɪ] (*compar* **perkier**, *superl* **perkiest**) *adj* gai, vif.

**perm** [pɜːm] ◇ *vt* [hair] permanenter; **her hair is ~ed** elle a les cheveux permanentés; **I've had my hair ~ed** je me suis fait faire une permanente. ◇ *n* **-1.** permanente *f*; **to have a ~** se faire faire une permanente. **-2.** (*abbr of* **permutation**) combinaison jouée dans les paris sur les matches de football en Grande-Bretagne.

**permafrost** ['pɜːməfrɒst] *n* permagel *m*, permafrost *m*, pergélisol *m*.

**permanence** ['pɜːmənəns] *n* permanence *f*, caractère *m* permanent.

**permanent** ['pɜːmənənt] ◇ *adj* permanent; **no ~ damage was caused** aucun dégât irréparable n'a été occasionné; **~ address** domicile *m*; **are you here on a ~ basis?** êtes-vous ici à titre définitif?; **~ staff** [gen] personnel *m* permanent; [in public service] personnel *m* titulaire; **a ~ post** [gen] un emploi permanent; [in public service] un poste de titulaire ❑; **~ ink** encre *f* indélébile; **~ tooth** dent *f* permanente; **Permanent Undersecretary** *Br* ≃ secrétaire général *m*, -e *f* (*dans la fonction publique*). ◇ *n Am* [in hair] permanente *f*.

**permanently** ['pɜːmənəntlɪ] *adv* **-1.** [constantly] en permanence, constamment. **-2.** [definitively] définitivement, à titre définitif.

**permanent-press** *adj*: **~ trousers/skirt** pantalon *m*/jupe *f* à pli permanent.

**permanent wave** *n* permanente *f*.

**permanent way** *n Br* voie *f* ferrée.

**permanganate** [pɜː'mæŋgəneɪt] *n* permanganate *m*.

**permeable** ['pɜːmjəbl] *adj* perméable.

**permeate** ['pɜːmɪeɪt] ◇ *vt* **-1.** [subj: gas, smell] se répandre dans. **-2.** [subj: liquid] s'infiltrer dans. **-3.** *fig* [subj: ideas] se répandre dans, se propager à travers; [subj: feelings] envahir, emplir; **an atmosphere of gloom ~s his novels** ses romans sont empreints d'une mélancolie profonde. ◇ *vi* **-1.** [gas] se répandre, se diffuser; [smell] se répandre. **-2.** [liquid] filtrer. **-3.** *fig* [ideas, feelings] se répandre, se propager.

**permissible** [pə'mɪsəbl] *adj fml* **-1.** [allowed] permis, autorisé. **-2.** [tolerable – behaviour] admissible, acceptable; **degree of ~ error** marge d'erreur admissible OR admise.

**permission** [pə'mɪʃn] *n* permission *f*, autorisation *f*; **to ask for ~ to do sthg** demander la permission OR l'autorisation de faire qqch; **to have ~ to do sthg** avoir la permission OR l'autorisation de faire qqch; **to give sb ~ to do sthg** donner à qqn la permission de faire qqch; **who gave them ~?** qui leur a permis?; **with your ~** avec votre permission, si vous le permettez; **photos published by kind ~ of Larousse** photos publiées avec l'aimable autorisation de Larousse; **you need written ~ to work at home** il faut une autorisation écrite pour travailler chez soi.

**permissive** [pə'mɪsɪv] *adj* [tolerant – behaviour, parent etc] permissif; **the ~ society** la société permissive.

**permissively** [pə'mɪsɪvlɪ] *adv* de manière permissive.

**permissiveness** [pə'mɪsɪvnɪs] *n* [morally] permissivité *f*.

**permit** [*vb* pə'mɪt, *n* 'pɜːmɪt] (*pt* & *pp* **permitted**, *cont* **permitting**) ◇ *vt* **-1.** [allow] permettre, autoriser; **to ~ sb to do sthg** permettre à qqn de faire qqch, autoriser qqn à faire qqch; **~ me to inform you that...** laissez-moi vous apprendre que...; **he won't ~ it** il ne le permettra pas; **smoking is not permitted upstairs** il est interdit de fumer à l'étage || [tolerate] tolérer; **he ~s far too much rudeness from his children** il tolère trop de grossièreté chez ses enfants. **-2.** [enable] permettre; **the statistics ~ the following conclusions** les statistiques permettent (de tirer) les conclusions suivantes. ◇ *vi* permettre; **weather permitting** si le temps le permet; **to ~ of** *fml* permettre; **the text ~s of two readings** le texte se prête à deux interprétations différentes. ◇ *n* [authorization] autorisation *f*, permis *m* ADMIN; [pass] laissez-passer *m inv*; **export/drinks** ~ licence *f* d'exportation/pour la vente de boissons alcoolisées.

**permutation** [,pɜ:mju:'teɪʃn] *n* permutation *f* MATH.

**permute** [pə'mju:t] *vt* permuter.

**pernicious** [pə'nɪʃəs] *adj* **-1.** [harmful] pernicieux. **-2.** [malicious – gossip, lie] malveillant.

**pernicious anaemia** *n (U)* anémie *f* pernicieuse.

**pernickety** [pə'nɪkətɪ] *Br*, **persnickety** [pə'snɪkɪtɪ] *Am adj inf* **-1.** *pej* [person – fussy] tatillon, chipoteur; [– hard to please] difficile. **-2.** [job – fiddly] délicat, minutieux.

**perorate** ['perəreɪt] *vi fml* discourir, pérorer.

**peroration** [,perə'reɪʃn] *n* péroraison *f*.

**peroxide** [pə'rɒksaɪd] ⋄ *n* **-1.** CHEM peroxyde *m*. **-2.** [for hair] eau *f* oxygénée. ⋄ *vt* [bleach – hair] décolorer, oxygéner *spec*.

**peroxide blonde** *n* [woman] blonde *f* décolorée.

**perpendicular** [,pɜ:pən'dɪkjʊləʳ] ⋄ *adj* **-1.** GEOM perpendiculaire; **the line AB is** ~ **to the line CD** la ligne AB est perpendiculaire à la ligne CD. **-2.** [vertical – cliff] escarpé, abrupt, à pic; [– slope] raide, à pic. ⋄ *n* perpendiculaire *f*; **the tower is out of (the)** ~ la tour n'est pas verticale OR est hors d'aplomb *spec*.

♦ **Perpendicular** *adj* ARCHIT perpendiculaire.

**perpetrate** ['pɜ:pɪtreɪt] *vt fml* [commit – crime] commettre, perpétrer *lit*; **to** ~ **a hoax** être l'auteur d'une farce.

**perpetration** [,pɜ:pɪ'treɪʃn] *n fml* perpétration *f*.

**perpetrator** ['pɜ:pɪtreɪtəʳ] *n fml* auteur *m*.

**perpetual** [pə'petʃʊəl] *adj* **-1.** [state, worry] perpétuel; [noise, questions] continuel, incessant; **her** ~ **coughing kept me awake all night** sa toux incessante m'a gardé éveillé toute la nuit; ~ **snows** neiges *fpl* éternelles. **-2.** HORT perpétuel.

**perpetual calendar** *n* calendrier *m* perpétuel.

**perpetually** [pə'petʃʊəlɪ] *adv* perpétuellement, sans cesse.

**perpetual motion** *n* mouvement *m* perpétuel.

**perpetuate** [pə'petʃʊeɪt] *vt* perpétuer.

**perpetuation** [pə,petʃʊ'eɪʃn] *n* perpétuation *f*; **this leads to the** ~ **of this type of situation** c'est ce qui permet à ce type de situation de se perpétuer.

**perpetuity** [,pɜ:pɪ'tju:ətɪ] *(pl* **perpetuities)** *n* **-1.** [eternity] perpétuité *f lit*; **in** OR **for** ~ à perpétuité. **-2.** [annuity] rente *f* perpétuelle.

**perplex** [pə'pleks] *vt* **-1.** [puzzle] rendre OR laisser perplexe. **-2.** [complicate] compliquer.

**perplexed** [pə'plekst] *adj* perplexe; **I'm** ~ **about what to do** je ne sais pas trop quoi faire.

**perplexing** [pə'pleksɪŋ] *adj* inexplicable, incompréhensible; **he asked us some** ~ **questions** il a posé des questions qui nous ont laissés perplexes.

**perplexity** [pə'pleksətɪ] *n* **-1.** [confusion] perplexité *f*. **-2.**

[complexity – of problem] complexité *f*.

**perquisite** ['pɜ:kwɪzɪt] *fml* = **perk** *n*.

**perry** ['perɪ] *(pl* **perries)** *n* poiré *m*.

**per se** [pɜ:'seɪ] *adv* [as such] en tant que tel; [in itself] en soi.

**persecute** ['pɜ:sɪkju:t] *vt* **-1.** [oppress] persécuter; **they were** ~**d for their religious beliefs** ils ont été persécutés à cause de leurs convictions religieuses. **-2.** [pester] persécuter, harceler; **they** ~**d her with questions** ils l'ont harcelée de questions.

**persecution** [,pɜ:sɪ'kju:ʃn] *n* persécution *f*.

**persecution complex** *n* délire *m* de persécution.

**persecutor** ['pɜ:sɪkju:təʳ] *n* persécuteur *m*, -trice *f*.

**Perseus** ['pɜ:sju:s] *pr n* Persée.

**perseverance** [,pɜ:sɪ'vɪərəns] *n* persévérance *f*.

**persevere** [,pɜ:sɪ'vɪəʳ] *vi* persévérer; ~ **in your efforts** persévérez dans vos efforts; **you must** ~ **with your studies** il faut persévérer dans vos études.

**persevering** [,pɜ:sɪ'vɪərɪŋ] *adj* persévérant, obstiné.

**Persia** ['pɜ:ʃə] *pr n* Perse *f*; **in** ~ en Perse.

**Persian** ['pɜ:ʃn] ⋄ *n* **-1.** [person] Persan *m*, -e *f*; ANTIQ Perse *mf*. **-2.** LING [modern] persan *m*; [ancient] perse *m*. ⋄ *adj* persan; ANTIQ perse.

**Persian carpet** *n* tapis *m* persan.

**Persian cat** *n* chat *m* persan.

**Persian Gulf** *pr n*: **the** ~ le golfe Persique.

**persimmon** [pə'sɪmən] *n* [fruit] kaki *m*, plaquemine *f*; [tree] plaqueminier *m*.

**persist** [pə'sɪst] *vi* **-1.** [person] persister; **to** ~ **in doing sthg** persister OR s'obstiner à faire qqch; **he** ~**s in the belief that...** il persiste à croire que... **-2.** [weather, problem etc] persister.

**persistence** [pə'sɪstəns], **persistency** [pə'sɪstənsɪ] *n* **-1.** [perseverance] persistance *f*, persévérance *f*; [insistence] persistance *f*, insistance *f*; [obstinacy] obstination *f*; **his** ~ **in asking awkward questions** son obstination à poser des questions embarrassantes. **-2.** [continuation – of rain, problem etc] persistance *f*.

**persistent** [pə'sɪstənt] *adj* **-1.** [continual – demands, rain etc] continuel, incessant; ~ **offender** récidiviste *mf*. **-2.** [lingering – smell, fever etc] persistant, tenace. **-3.** [persevering] persévérant; **you must be more** ~ **in your efforts** il faut être plus persévérant. **-4.** BOT persistant.

**persistently** [pə'sɪstəntlɪ] *adv* **-1.** [continually] continuellement, sans cesse. **-2.** [perseveringly] avec persévérance OR persistance, obstinément.

**persnickety** *Am inf* = **pernickety**.

**person** ['pɜ:sn] *(pl* **people** ['pi:pl] OR *fml* **persons)** *n* **-1.** personne *f*; **a young** ~ [female] une jeune personne; [male] un jeune homme; **by a** ~ **or** ~**s unknown** JUR par des per-

---

| **Asking permission** | **Giving permission** | **Refusing permission** |
| --- | --- | --- |
| Pourrais-je vous parler une minute, s'il vous plaît? | Oui, bien sûr, quand vous voudrez/je suis à vous. | Je suis désolé, mais je suis très occupé en ce moment; tout à l'heure, peut-être. |
| Est-ce que la place est libre?/Je peux m'asseoir? | Oui, allez-y/Oui, mon ami ne viendra plus, maintenant. | Désolé, c'est occupé/Ah non, j'attends quelqu'un. |
| Je m'absente une demi-heure, d'accord? | OK, vas-y/pas de problème. | Ah non, pas question! |
| Est-ce que je peux me servir de l'ordinateur? | Bien sûr, il est là pour ça/fais comme chez toi. | Écoute, franchement, ça m'ennuie un peu, il n'est pas à moi. |
| On invite Paul? | Excellente idée! | Ah non, pas lui! |
| ▷ *more tentatively:* | ▷ *more tentatively:* | ▷ *more tentatively:* |
| J'aimerais m'absenter une demi-heure, vous pensez que c'est possible? | Aucun problème/Je vous en prie, allez-y. | Écoutez, non, ça tombe mal en ce moment, il y a trop de travail. |
| Et si j'invitais Paul? | Si tu y tiens... | Tu y tiens vraiment? |
| ▷ *in writing:* | ▷ *in writing:* | ▷ *in writing:* |
| Je me permets de solliciter l'autorisation d'utiliser la salle des fêtes le 3 juillet prochain. | Nous sommes heureux de pouvoir répondre favorablement à votre demande. | Nous avons le regret de vous informer que nous ne pouvons répondre favorablement à votre demande. |

sonnes inconnues OR non identifiées; he's not that sort of ~ ce n'est pas du tout son genre; in the ~ of en la personne de. **-2.** *fml* [body] personne *f*; to have sthg on OR about one's ~ avoir qqch sur soi. **-3.** GRAMM personne *f*; in the third ~ plural à la troisième personne du pluriel. **-4.** RELIG personne *f*.
◆ **in person** *adv phr* en personne; this letter must be delivered to him in ~ cette lettre doit lui être remise en mains propres.

**persona** [pə'səʊnə] (*pl* **personas** OR **personae** [-niː]) *n* LITERAT & PSYCH personnage *m*; to take on a new ~ se créer un personnage.

**personable** ['pɜːsnəbl] *adj* plaisant, charmant.

**personage** ['pɜːsənɪdʒ] *n fml* personnage *m* (*individu*).

**personal** ['pɜːsənl] ◇ *adj* **-1.** [individual – experience, belief etc] personnel; my ~ opinion is that he drowned personnellement, je crois qu'il s'est noyé; you get more ~ attention in small shops on s'occupe mieux de vous dans les petits magasins; will you do me a ~ favour? pourriez-vous m'accorder une faveur?. **-2.** [in person] personnel; the boss made a ~ visit to the scene le patron est venu lui-même OR en personne sur les lieux; '~ callers welcome' 'vente en gros et au détail'. **-3.** [private – message, letter] personnel; ~ and private [on letter] strictement confidentiel. **-4.** [for one's own use] personnel; ~ **belongings** objets *mpl* personnels, affaires *fpl*; this is for my ~ use ceci est destiné à mon usage personnel; ~ **estate** OR **property** biens *mpl* mobiliers personnels; ~ **pension plan** retraite *f* personnel. **-5.** [intimate – feelings, reasons, life] personnel; **I'd like to see her on a ~ matter** je voudrais la voir pour des raisons personnelles; **just a few ~ friends** rien que quelques amis intimes. **-6.** [offensive] désobligeant; ~ **remark** remarque *f* désobligeante; **there's no need to be so ~!** ce n'est pas la peine de t'en prendre à moi!; **nothing ~!** ne le prenez pas pour vous!, n'y voyez rien de personnel!; **the discussion was getting rather ~** la discussion prenait un tour un peu trop personnel. **-7.** [bodily – hygiene] corporel. **-8.** GRAMM personnel; ~ **pronoun** pronom *m* personnel.
◇ *n Am* [advert] petite annonce *f* (*pour rencontres*).

**personal account** *n* compte *m* personnel.

**personal allowance** *n* FIN abattement *m* (*sur l'impôt sur le revenu*).

**personal assistant** *n* secrétaire *m* particulier, secrétaire *f* particulière.

**personal call** *n* TELEC appel *m* personnel OR privé.

**personal column** *n* petites annonces *fpl* (personnelles); to put an ad in the ~ passer une petite annonce.

**personal computer** *n* ordinateur *m* individuel OR personnel, PC *m*.

**personality** [,pɜːsə'nælətɪ] (*pl* **personalities**) *n* **-1.** [character] personnalité *f*, caractère *m*; [of thing, animal etc] caractère *m*; **sports ~** vedette *f* du monde du sport. **-2.** [famous person] personnalité *f*; CIN & TV vedette *f*. **-3.** PSYCH personnalité *f*.
◆ **personalities** *npl dated* [offensive remarks] propos *mpl* désobligeants.

**personality cult** *n* culte *m* de la personnalité.

**personality disorder** *n* trouble *m* de la personnalité.

**personality test** *n* test *m* de personnalité, test *m* projectif *spec*.

**personality type** *n* configuration *f* psychologique.

**personalize, -ise** ['pɜːsənəlaɪz] *vt* **-1.** [make personal – gen] personnaliser; [– luggage, clothes] marquer (à son nom). **-2.** [argument, campaign] donner un tour personnel à. **-3.** [personify] personnifier.

**personalized** ['pɜːsənəlaɪzd] *adj* [individually tailored] personnalisé; ~ **stationery** papier *m* à lettres à en-tête.

**personally** ['pɜːsnəlɪ] *adv* **-1.** [speaking for oneself] personnellement, pour ma/sa *etc* part; ~ (**speaking**), **I think it's a silly idea** pour ma part OR en ce qui me concerne, je trouve que c'est une idée stupide. **-2.** [in person, directly] en personne, personnellement; **deliver the letter to the director ~** remettez la lettre en mains propres au directeur. **-3.** [not officially] sur le plan personnel. **-4.** [individually] personnellement; **to take things ~** prendre les choses trop à cœur; **don't take it ~, but...** ne vous sentez pas visé, mais...

**personal organizer** *n* agenda *m* modulaire, Filofax®.

**personal stereo** *n* baladeur *m* offic, Walkman® *m*.

**persona non grata** [pə'səʊnənɒn'grɑːtə] (*pl* **personae non gratae** [pə'səʊniːnɒn'grɑːtiː]) *n*: **to be ~** être persona non grata.

**personification** [pə,sɒnɪfɪ'keɪʃn] *n* personnification *f*; **he is the ~ of evil** c'est le mal personnifié OR en personne.

**personify** [pə'sɒnɪfaɪ] (*pt & pp* **personified**) *vt* personnifier; **he is evil personified** c'est le mal personnifié OR en personne.

**personnel** [,pɜːsə'nel] *n* **-1.** [staff] personnel *m*; ~ **officer** responsable *m* du personnel. **-2.** [department] service *m* du personnel. **-3.** MIL [troops] troupes *fpl*.

**personnel carrier** *n* (véhicule *m* de) transport *m* de troupes.

**person-to-person** ◇ *adv*: **I'd like to speak to her ~** je voudrais lui parler en particulier OR seule à seul. ◇ *adj* **-1.** [conversation] personnel. **-2.** TELEC: ~ **call** communication *f* avec préavis (*se dit d'un appel téléphonique où la communication n'est établie et facturée que lorsque la personne à qui l'on veut parler répond*).

**perspective** [pə'spektɪv] ◇ *n* **-1.** ARCHIT & ART perspective *f*; **to draw sthg in ~** dessiner qqch en perspective; **the houses are out of ~** la perspective des maisons est fausse. **-2.** [opinion, viewpoint] perspective *f*, optique *f*; **it gives you a different ~ on the problem** cela vous permet de voir le problème sous un angle OR un jour différent; **from a psychological ~** d'un point de vue psychologique. **-3.** [proportion]: **we must try to keep our (sense of) ~** OR **to keep things in ~** nous devons nous efforcer de garder notre sens des proportions; **to get things out of ~** perdre le sens des proportions; **it should help us to get** OR **to put the role she played into ~** cela devrait nous aider à mesurer le rôle qu'elle a joué; **the figures must be looked at in (their proper) ~** il faut étudier les chiffres dans leur contexte. **-4.** [view, vista] perspective *f*, panorama *m*, vue *f*. **-5.** [prospect] perspective *f*. ◇ *adj* [drawing] perspective.

**Perspex®** ['pɜːspeks] *n Br* Plexiglas® *m*. ◇ *comp* [window, windscreen etc] en Plexiglas®.

**perspicacious** [,pɜːspɪ'keɪʃəs] *adj fml* [person] perspicace; [remark, judgment] pénétrant, lucide.

**perspicacity** [,pɜːspɪ'kæsəti] *n fml* perspicacité *f*.

**perspicuity** [,pɜːspɪ'kjuːəti] *n fml* clarté *f*, lucidité *f*.

**perspicuous** [pə'spɪkjʊəs] *adj fml* clair, lucide.

**perspiration** [,pɜːspə'reɪʃn] *n* transpiration *f*, sueur *f*.

**perspire** [pə'spaɪə'] *vi* transpirer; **his hands were perspiring** il avait les mains moites.

**persuade** [pə'sweɪd] *vt* persuader, convaincre; **to ~ sb to do sthg** persuader OR convaincre qqn de faire qqch; **to ~ sb not to do sthg** persuader qqn de ne pas faire qqch, dissuader qqn de faire qqch; **I let myself be ~d into coming** je me suis laissé convaincre qu'il fallait venir; **she finally ~d the car to start** *fig* elle a réussi à faire démarrer la voiture; **I was ~d of her innocence** *fml* j'étais convaincu OR persuadé qu'elle était innocente.

**persuasion** [pə'sweɪʒn] *n* **-1.** [act of convincing] persuasion *f*; **the art of gentle ~** l'art de convaincre en douceur; **I used all my powers of ~ on him** j'ai fait tout mon possible OR tout ce qui était en mon pouvoir pour le convaincre; **I wouldn't need much ~ to give it up** il ne faudrait pas insister beaucoup pour que j'abandonne. **-2.** [belief] RELIG confession *f*, religion *f*; POL tendance *f*. **-3.** *fml* [conviction] conviction *f*.

**persuasive** [pə'sweɪsɪv] *adj* [manner, speaker] persuasif, convaincant; [argument] convaincant.

**persuasively** [pə'sweɪsɪvlɪ] *adv* de façon convaincante OR persuasive.

**persuasiveness** [pə'sweɪsɪvnəs] *n* force *f* de persuasion.

**pert** [pɜːt] *adj* [person, reply] effronté; [hat] coquet; [nose] mutin; [bottom] ferme.

**pertain** [pə'teɪn] *vi* **-1.** [apply] s'appliquer. **-2.** **to ~ to** [concern] avoir rapport à, se rapporter à; JUR [subj: land, property] se rattacher à, dépendre de.

**pertinacity** [,pɜːtɪ'næsəti] *n fml* opiniâtreté *f*.

**pertinence** ['pɜːtɪnəns] *n* pertinence *f*.

**pertinent** ['pɜːtɪnənt] *adj* pertinent, à propos.

**perturb** [pə'tɜːb] *vt* **-1.** [worry] inquiéter, troubler; **they were very ~ed by his disappearance** sa disparition les a beaucoup inquiétés. **-2.** ASTRON & ELECTRON perturber.

**perturbation** [,pɜːtə'beɪʃn] *n* **-1.** *fml* [anxiety] trouble *m*, inquiétude *f*.**-2.** ASTRON & ELECTRON perturbation *f*.

**perturbed** [pə'tɜːbd] *adj* troublé, inquiet (*f*-ète); **I was ~ to hear that...** ça m'a troublé OR inquiété d'apprendre que...

**perturbing** [pə'tɜːbɪŋ] *adj* inquiétant, troublant.

**Peru** [pə'ruː] *pr n* Pérou *m*; **in ~** au Pérou.

**Perugino** [peruː'dʒiːnəʊ] *pr n*: **Il ~** le Pérugin.

**perusal** [pə'ruːzl] *n* [thorough reading] lecture *f* approfondie, examen *m*; [quick reading] lecture *f* sommaire, survol *m*.

**peruse** [pə'ruːz] *vt* [read thoroughly] lire attentivement, examiner; [read quickly] parcourir, survoler.

**Peruvian** [pə'ruːvjən] ◇ *n* Péruvien *m*, -enne *f*. ◇ *adj* péruvien.

**perv** [pɜːv] *n Br inf* détraqué *m* (sexuel), détraquée *f* (sexuelle).

**pervade** [pə'veɪd] *vt* **-1.** [subj: gas, smell] se répandre dans. **-2.** [subj: ideas] se répandre dans, se propager à travers; [subj: feelings] envahir; **the fundamental error that ~s their philosophy** l'erreur fondamentale qui imprègne leur philosophie.

**pervasive** [pə'veɪsɪv] *adj* [feeling] envahissant; [influence] omniprésent; [effect] général; [smell] envahissant, omniprésent; **the ~ influence of television** l'omniprésence de la télévision.

**perverse** [pə'vɜːs] *adj* [stubborn – person] têtu, entêté; [– desire] tenace; [contrary, wayward] contrariant; **he felt a ~ urge to refuse** il fut pris d'une envie de refuser simplement pour le plaisir; **she takes a ~ delight in doing this** elle y prend un malin plaisir.

**perversely** [pə'vɜːslɪ] *adv* [stubbornly] obstinément; [unreasonably, contrarily] par esprit de contradiction.

**perverseness** [pə'vɜːsnɪs] *n* [stubbornness] entêtement *m*, obstination *f*; [unreasonableness, contrariness] esprit *m* de contradiction.

**perversion** [*Br* pə'vɜːʃn, *Am* pə'vɜːrʒn] *n* **-1.** [sexual abnormality] perversion *f*.**-2.** [distortion – of truth] déformation *f*.

**perversity** [pə'vɜːsətɪ] (*pl* **perversities**) *n* **-1.** = **perverseness. -2.** [sexual abnormality] perversité *f*.

**pervert** [*vb* pə'vɜːt, *n* 'pɜːvɜːt] ◇ *vt* **-1.** [corrupt morally – person] pervertir, corrompre; PSYCH pervertir. **-2.** [distort – truth] déformer; [– words] dénaturer; **to ~ the course of justice** JUR entraver le cours de la justice. ◇ *n* pervers *m*, -e *f*.

**perverted** [pə'vɜːtɪd] *adj* PSYCH pervers.

**peseta** [pə'seɪtə] *n* peseta *f*.

**pesky** ['peskɪ] (*compar* **peskier**, *superl* **peskiest**) *adj esp Am inf* fichu.

**peso** ['peɪsəʊ] (*pl* **pesos**) *n* peso *m*.

**pessary** ['pesərɪ] (*pl* **pessaries**) *n* MED pessaire *m*.

**pessimism** ['pesɪmɪzm] *n* pessimisme *m*.

**pessimist** ['pesɪmɪst] *n* pessimiste *mf*.

**pessimistic** [,pesɪ'mɪstɪk] *adj* pessimiste; **I feel very ~ about her chances of getting the job** je doute fort qu'elle

obtienne ce poste; **don't be so ~ about your future** ne regarde pas l'avenir d'un œil si sombre.

**pest** [pest] *n* **-1.** [insect] insecte *m* nuisible; [animal] animal *m* nuisible; **~ control** lutte *f* contre les animaux nuisibles; [of insects] lutte *f* contre les insectes nuisibles. **-2.** *inf* [nuisance] plaie *f*, peste *f*.

**pester** ['pestə<sup>r</sup>] *vt* importuner, harceler; **stop ~ing your mother!** laisse ta mère tranquille!; **they're always ~ing me for money** ils sont toujours à me réclamer de l'argent; **he ~ed me into buying him a computer** il m'a harcelé jusqu'à ce que je lui achète un ordinateur.

**pesticide** ['pestɪsaɪd] *n* pesticide *m*.

**pestilence** ['pestɪləns] *n lit* peste *f*, pestilence *f lit*.

**pestilential** [,pestɪ'lenʃl] *adj* **-1.** [annoying] agaçant. **-2.** MED pestilentiel.

**pestle** ['pesl] *n* pilon *m* CULIN.

**pet** [pet] (*pt* & *pp* **petted**, *cont* **petting**) ◇ *n* **-1.** [animal] animal *m* domestique; **we don't keep ~s** nous n'avons pas d'animaux à la maison; **he keeps a snake as a ~** il a un serpent apprivoisé; **~ food** aliments *mpl* pour animaux (domestiques). **-2.** [favourite] favori *m*, -ite *f*, chouchou *m*, -oute *f pej*; **the teacher's ~** le chouchou du prof. **-3.** *inf* [term of endearment]: **how are you, ~?** comment ça va, mon chou?; **she's a real ~** elle est adorable. **-4.** *inf* [temper] crise *f* de colère. ◇ *adj* **-1.** [hawk, snake etc] apprivoisé; **they have a ~ budgerigar/hamster** ils ont une perruche/un hamster chez eux. **-2.** *inf* [favourite – project, theory] favori; **his ~ subject** OR **topic** son dada; **Anne is the teacher's ~ pupil** Anne est la chouchoute du prof; **~ hate** bête *f* noire. ◇ *vt* **-1.** [pamper] chouchouter. **-2.** [stroke – animal] câliner, caresser. **-3.** *inf* [caress sexually] caresser. ◇ *vi inf* [sexually] se caresser.

**petal** ['petl] *n* pétale *m*.

**petard** ['petɑːd] *n* pétard *m*.

**Pete** [piːt] *pr n*: **for ~'s sake!** *inf* mais non mais nom d'un chien OR bon sang!

**peter** ['piːtə<sup>r</sup>] *n* **-1.** *inf* [safe] coffiot *m*.**-2.** ▽ *Am* [penis] queue *f*.

◆ **peter out** *vi insep* **-1.** [run out – supplies, money] s'épuiser; [come to end – path] se perdre; [– stream] tarir; [– line] s'estomper, s'évanouir; [– conversation] tarir. **-2.** [die away – voice] s'éteindre; [– fire] s'éteindre, mourir. **-3.** [come to nothing – plan] tomber à l'eau.

**Peter** ['piːtə<sup>r</sup>] *pr n* Pierre; **~ the Great** Pierre le Grand; **Saint ~** saint Pierre ❑ **'~ and the Wolf'** Prokofiev 'Pierre et le loup'.

**pethidine** ['peθɪdiːn] *n* péthidine *f*.

**petit bourgeois** ['petɪ-] (*pl* **petits bourgeois** ['petɪ-]) = **petty bourgeois.**

**petite** [pə'tiːt] ◇ *adj* menue. ◇ *n* [clothing size] petites tailles *fpl* (*pour adultes*).

**petit four** ['petɪ'fɔː] (*pl* **petits fours** ['petɪ'fɔːz]) *n* petit-four.

**petition** [pɪ'tɪʃn] ◇ *n* **-1.** [with signatures] pétition *f*; **they got up a ~ against the council's plans** ils ont préparé une pétition pour protester contre les projets de la municipalité. **-2.** [request] requête *f*; **the Petition of Right** *Br* HIST la Pétition de droit. **-3.** JUR requête *f*, pétition *f*; **~ for divorce** demande *f*

---

| USAGE ▶ | Persuasion |
| --- | --- |

**Persuading someone to do something**

S'il te plaît, fais un effort, va lui parler.
Allez, sois gentil, prête-moi ta voiture.
Je vous assure/promets que tout va bien se passer.
Tout va bien se passer, tu verras.
Venez donc, je suis sûr que ça vous plaira.
Pourquoi ne voulez-vous pas y aller? Ça devrait être intéressant, pourtant.
Tu es sûr que tu ne veux pas venir? Dommage, tout le monde dit que c'est un excellent film.
Si j'étais toi, je ne manquerais pas une occasion pareille.
Mais puisque je te dis que c'est un restaurant fantastique!
Allez, viens, tu vas t'embêter tout seul. [informal]
Mais si, viens, tu vas adorer! [informal]

**Persuading someone not to do something**

Vous avez bien réfléchi? Vous êtes sûr de vouloir y aller?
Si j'étais vous, je n'irais pas, c'est trop risqué.
N'y allez pas, c'est trop risqué.
Si tu n'y allais pas, personne ne t'en voudrait, tu sais.

**In a shop (persuading someone to buy something)**

Je vous garantis des résultats visibles en une semaine.
Vous pouvez y aller les yeux fermés, c'est un produit d'excellente qualité.
Croyez-moi, vous n'en trouverez pas deux comme ça.
Prenez-le, vous m'en direz des nouvelles.
Voilà, c'est exactement ce qu'il vous faut.
Si je peux me permettre, la bleue vous va mieux.

de divorce; ~ **in bankruptcy** demande *f* de mise en liquidation judiciaire. **-4.** RELIG prière *f*. ◇ *vt* **-1.** [lobby] adresser une pétition à; **we are going to** ~ **to have the wall demolished** nous allons demander que le mur soit démoli. **-2.** [beg]: **they** ~**ed the king to save them** ils ont imploré le roi de les sauver. **-3.** JUR: **to** ~ **the court** déposer une requête auprès du tribunal. ◇ *vi* **-1.** [with signatures] faire signer une pétition; **they** ~**ed for his release** ils ont fait circuler une pétition demandant sa libération. **-2.** [take measures]: **why don't you** ~ **against the plan?** pourquoi n'engagez-vous pas un recours contre le projet?**-3.** JUR: **to** ~ **for divorce** faire une demande de divorce.

**petitioner** [pɪ'tɪʃənə'] *n* **-1.** JUR pétitionnaire *mf*; [in divorce] demandeur *m*, -eresse *f* de divorce. **-2.** [on petition] signataire *mf*.

**pet name** *n* surnom *m*.

**Petrarch** ['petrɑːk] *prn* Pétrarque.

**petrel** ['petrəl] *n* pétrel *m*.

**Petri dish** ['piːtrɪ-] *n* boîte *f* de Petri.

**petrified** ['petrɪfaɪd] *adj* **-1.** [fossilized] pétrifié; ~ **forest** forêt *f* pétrifiée. **-2.** [terrified] paralysé OR pétrifié de peur; [weaker use] terrifié.

**petrify** ['petrɪfaɪ] (*pt* & *pp* **petrified**) *vt* **-1.** [fossilize] pétrifier. **-2.** [terrify] paralyser OR pétrifier de peur; [weaker use] terrifier.

**petrochemical** [,petrəʊ'kemɪkl] *adj* pétrochimique.

**petrodollar** ['petrəʊ,dɒlə'] *n* pétrodollar *m*.

**petrol** ['petrəl] *Br* ◇ *n* essence *f*; **we ran out of** ~ nous sommes tombés en panne d'essence. ◇ *comp* [fumes, rationing, shortage] d'essence.

**petrolatum** [,petrə'leɪtəm] *n Am* vaseline *f*.

**petrol bomb** *n* cocktail *m* Molotov.
♦ **petrol-bomb** *vt* attaquer au cocktail Molotov, lancer un cocktail Molotov contre OR sur.

**petrol can** *n Br* bidon *m* d'essence.

**petrol cap** *n Br* bouchon *m* d'essence.

**petrol-driven** *adj Br* [engine] à essence.

**petrol engine** *n Br* moteur *m* à essence.

**petroleum** [pɪ'trəʊljəm] ◇ *n* pétrole *m*. ◇ *comp* [industry] du pétrole; [imports] de pétrole.

**petroleum jelly** *n Br* vaseline *f*.

**petrol gauge** *n Br* jauge *f* à essence.

**petrol pump** *n Br* [at service station] pompe *f* à essence; **prices at the** ~ **have risen** le prix de l'essence à la pompe a augmenté.

**petrol station** *n Br* station-service *f*.

**petrol tank** *n Br* AUT réservoir *m* (d'essence).

**petrol tanker** *n Br* **-1.** [lorry] camion-citerne *m*.**-2.** [ship] pétrolier *m*, tanker *m*.

**Petrushka** [pə'truːʃkə] *prn* Petrouchka.

**pet shop** *n* magasin *m* d'animaux domestiques.

**petticoat** ['petɪkəʊt] ◇ *n* [waist slip] jupon *m*; [full-length slip] combinaison *f*. ◇ *comp pej* [government, politics] de femmes.

**pettifogger** ['petɪfɒgə'] *n Br* **-1.** [quibbler] chicaneur *m*, -euse *f*, ergoteur *m*, -euse *f*.**-2.** [lawyer] avocat *m* marron.

**pettifogging** ['petɪfɒgɪŋ] *adj* **-1.** [petty – person] chicanier; [– details] insignifiant. **-2.** [dishonest] louche.

**pettiness** ['petɪnɪs] *n* **-1.** [triviality – of details] insignifiance *f*; [– of rules] caractère *m* pointilleux. **-2.** [small-mindedness] mesquinerie *f*, étroitesse *f* d'esprit.

**petting** ['petɪŋ] *n* (*U*) *inf* [sexual] caresses *fpl*.

**petting zoo** *n Am* partie d'un zoo où les enfants peuvent s'approcher des animaux.

**pettish** ['petɪʃ] *adj Br* [person] grincheux, acariâtre; [mood] maussade; [remark] hargneux, désagréable.

**petty** ['petɪ] (*compar* **pettier**, *superl* **pettiest**) *adj* **-1.** [trivial – detail] insignifiant, mineur; [– difficulty] mineur; [– question] tatillon; [– regulation] tracassier; [– ambitions] médiocre. **-2.** *pej* [mean – behaviour, mind, spite] mesquin. **-3.** [minor, small-scale] petit; ~ **acts of vandalism** de petits actes de vandalisme; **a** ~ **offence** une infraction mineure; **a** ~ **thief** un petit délinquant; ~ **expenses** menues dépenses *fpl*.

**petty bourgeois** ◇ *adj* petit-bourgeois. ◇ *n* petit-bourgeois *m*, petite-bourgeoise *f*.

**petty bourgeoisie** *n* petite-bourgeoisie *f*.

**petty cash** *n* petite monnaie *f*; **I took the money out of** ~ j'ai pris l'argent dans la caisse des dépenses courantes.

**petty larceny** *n* larcin *m*.

**petty-minded** *adj* borné, mesquin.

**petty officer** *n Br* ≃ second maître *m*.

**petulance** ['petjʊləns] *n* irritabilité *f*.

**petulant** ['petjʊlənt] *adj* [bad-tempered – person] irritable, acariâtre; [– remark] acerbe, désagréable; [– behaviour] désagréable, agressif; [sulky] maussade; **in a** ~ **mood** de mauvaise humeur.

**petunia** [pə'tjuːnjə] *n* pétunia *m*.

**pew** [pjuː] *n* banc *m* d'église.

**pewter** ['pjuːtə'] ◇ *n* **-1.** [metal] étain *m*.**-2.** (*U*) [ware] étains *mpl*.**-3.** [colour] gris étain *m*. ◇ *comp* [tableware, tankard] en étain.

**peyote** [peɪ'əʊtɪ] *n* peyotl *m*.

**PG** *n* CIN (*abbr of* **parental guidance**) désigne un film dont certaines scènes peuvent choquer, ≃ pour adultes et adolescents.

**p & h** *written abbr of* **postage and handling**.

**pH** *n* pH *m*.

**Phaedra** ['fiːdrə] *prn* Phèdre.

**Phaëthon** ['feɪəθən] *prn* Phaéton.

**phagocyte** ['fægəsaɪt] *n* phagocyte *m*.

**phalange** ['fælændʒ] *n* ANAT phalange *f*.

**Phalangist** [fæ'lændʒɪst] ◇ *adj* phalangiste. ◇ *n* phalangiste *mf*.

**phalanx** ['fælæŋks] (*pl* **phalanxes** OR **phalanges** [-lændʒiːz]) *n* **-1.** ANTIQ & MIL phalange *f*.**-2.** ANAT phalange *f*.**-3.** POL phalange *f*.

**phallic** ['fælɪk] *adj* phallique.

**phallus** ['fæləs] (*pl* **phalluses** OR **phalli** [-laɪ]) *n* phallus *m*.

**phantasm** ['fæntæzm] *n* fantasme *m*.

**phantasmagoria** [,fæntæzmə'gɔːrɪə] *n* fantasmagorie *f*.

**phantasmagoric(al)** [,fæntæzmə'gɒrɪk(l)] *adj* fantasmagorique.

**phantasmal** [fæn'tæzml] *adj* fantomatique.

**phantom** ['fæntəm] *n* **-1.** [ghost] fantôme *m*, spectre *m*.**-2.** [threat, source of dread] spectre *m*.**-3.** *lit* [illusion] illusion *f*. ◇ *adj* **-1.** [gen] imaginaire, fantôme. **-2.** MED: ~ **limb** membre *m* fantôme; ~ **pregnancy** *Br* grossesse *f* nerveuse.

**pharaoh** ['feərəʊ] *n* pharaon *m*.

**Pharisee** ['færɪsiː] *n* Pharisien *m*, -enne *f*.

**pharmaceutical** [,fɑːmə'sjuːtɪkl] ◇ *adj* pharmaceutique. ◇ *n* médicament *m*.

**pharmacist** ['fɑːməsɪst] *n* pharmacien *m*, -enne *f*.

**pharmacological** [,fɑːmkə'lɒdʒɪkl] *adj* pharmacologique.

**pharmacologist** [,fɑːmə'kɒlədʒɪst] *n* pharmacologiste *mf*, pharmacologue *mf*.

**pharmacology** [,fɑːmə'kɒlədʒɪ] ◇ *n* pharmacologie *f*. ◇ *comp* [laboratory, studies] de pharmacologie, pharmacologique.

**pharmacopoeia** *Br*, **pharmacopeia** *Am* [,fɑːməkə'piːə] *n* pharmacopée *f*.

**pharmacy** ['fɑːməsɪ] (*pl* **pharmacies**) *n* **-1.** [science] pharmacie *f*.**-2.** [dispensary, shop] pharmacie *f*.

**pharyngal** [fə'rɪŋgl], **pharyngeal** [,færɪn'dʒiːəl] *adj* **-1.** MED [infection] pharyngé; [organ] pharyngien. **-2.** LING pharyngal.

**pharyngitis** [,færɪn'dʒaɪtɪs] *n* (*U*) pharyngite *f*.

**pharynx** ['færɪnks] (*pl* **pharynxes** OR **pharynges** [fæ'rɪndʒiːz]) *n* pharynx *m*.

**phase** [feɪz] ◇ *n* **-1.** [period – gen] phase *f*, période *f*; [– of illness] phase *f*, stade *m*; [– of career, project] étape *f*; [– of civilization] période *f*; **their daughter's going through a difficult** ~ leur fille traverse une période difficile; **don't worry, it's just a** ~ **she's going through** ne vous inquiétez pas, ça lui passera. **-2.** ASTRON [of moon] phase *f*.**-3.** CHEM, ELEC & PHYS phase *f*; **in the solid** ~ en phase OR à l'état solide; **to be in** ~ *literal* & *fig* être en phase; **to be out of** ~ *literal* & *fig* être déphasé. ◇ *vt* **-1.** [synchronize] synchroniser, faire coïncider. **-2.** *Am* [prearrange – delivery, development] planifier, programmer. **-3.** ELEC & TECH mettre en phase.
♦ **phase in** *vt sep* introduire progressivement OR par étapes;

the increases will be ~d in over five years les augmentations seront échelonnées sur cinq ans.

◆ **phase out** vt sep [stop using – machinery, weapon] cesser progressivement d'utiliser; [stop producing – car, model] abandonner progressivement la production de; [do away with – jobs, tax] supprimer progressivement OR par étapes; [–grant] retirer progressivement.

**phased** [feɪzd] adj [withdrawal, development] progressif, par étapes.

**phase-out** n suppression f progressive.

**phatic** ['fætɪk] adj phatique.

**PhD** (abbr of **Doctor of Philosophy**) n (titulaire d'un) doctorat de 3e cycle; ~ students étudiants mpl inscrits en doctorat.

**pheasant** ['fezənt] (pl inv OR **pheasants**) n faisan m; [hen] (poule f) faisane f.

**phenix** ['fiːnɪks] Am = **phoenix**.

**phenobarbitone** [ˌfiːnəʊˈbɑːbɪtəʊn], **phenobarbital** [ˌfiːnəʊˈbɑːbɪtl] n phénobarbital m.

**phenol** ['fiːnɒl] n phénol m.

**phenomena** [fɪˈnɒmɪnə] pl→ **phenomenon**.

**phenomenal** [fɪˈnɒmɪnl] adj phénoménal.

**phenomenally** [fɪˈnɒmɪnəlɪ] adv phénoménalement.

**phenomenological** [fɪˌnɒmɪnəˈlɒdʒɪkl] adj phénoménologique.

**phenomenology** [fɪˌnɒmɪˈnɒlədʒɪ] n phénoménologie f.

**phenomenon** [fɪˈnɒmɪnən] (pl **phenomena** [-nə]) n phénomène m.

**pheromone** ['ferəməʊn] n phéromone f, phérormone f.

**phew** [fjuː] interj [in relief] ouf; [from heat] pff; [in disgust] berk, beurk.

**phial** ['faɪəl] n fiole f.

**Phi Beta Kappa** ['faɪˌbeɪtəˈkæpə] pr n aux États-Unis, association universitaire à laquelle ne peuvent appartenir que les étudiants émérites.

**Philadelphia** [ˌfɪləˈdelfjə] pr n Philadelphie; in ~ à Philadelphie.

**philander** [fɪˈlændər] vi pej courir le jupon.

**philanderer** [fɪˈlændərər] n pej coureur m (de jupons).

**philandering** [fɪˈlændərɪŋ] n donjuanisme m.

**philanthropic** [ˌfɪlənˈθrɒpɪk] adj philanthropique.

**philanthropist** [fɪˈlænθrəpɪst] n philanthrope mf.

**philanthropy** [fɪˈlænθrəpɪ] n philanthropie f.

**philatelist** [fɪˈlætəlɪst] n philatéliste mf.

**philately** [fɪˈlætəlɪ] n philatélie f.

**philharmonic** [ˌfɪlɑːˈmɒnɪk] ◇ adj philharmonique. ◇ n orchestre m philharmonique.

**Philip** ['fɪlɪp] pr n Philippe; ~ the Fair Philippe le Bel.

**Philippians** [fɪˈlɪpɪənz] pl pr n BIBLE: the ~ les Philippiens.

**Philippines** ['fɪlɪpiːnz] pl pr n: the ~ les Philippines fpl; in the ~ aux Philippines.

**Philistine** [Br 'fɪlɪstaɪn, Am 'fɪlɪstiːn] ◇ n -1. HIST Philistin m.-2. fig philistin m lit, béotien m, -enne f. ◇ adj philistin.

**Philistinism** ['fɪlɪstɪnɪzm] n philistinisme m.

**Phillips**® ['fɪlɪps] comp: ~ screw/screw-driver vis f/tournevis m cruciforme.

**philodendron** [ˌfɪləˈdendrən] (pl **philodendrons** OR **philodendra** [-drə]) n philodendron m.

**philological** [ˌfɪləˈlɒdʒɪkl] adj philologique.

**philologist** [fɪˈlɒlədʒɪst] n philologue mf.

**philology** [fɪˈlɒlədʒɪ] n philologie f.

**philosopher** [fɪˈlɒsəfər] n philosophe mf; the ~'s stone la pierre philosophale.

**philosophic(al)** [ˌfɪləˈsɒfɪk(l)] adj -1. PHILOS philosophique. -2. [calm, resigned] philosophe; I feel quite ~ about the situation j'envisage la situation avec philosophie.

**philosophically** [ˌfɪləˈsɒfɪklɪ] adv -1. PHILOS philosophiquement. -2. [calmly] philosophiquement, avec philosophie.

**philosophize**, **-ise** [fɪˈlɒsəfaɪz] vi philosopher; to ~ about sthg philosopher sur qqch.

**philosophy** [fɪˈlɒsəfɪ] (pl **philosophies**) n philosophie f; she's a ~ student elle est étudiante en philosophie ‖ fig: we share the same ~ of life nous avons la même conception de la vie.

**phlebitis** [flɪˈbaɪtɪs] n (U) phlébite f.

**phlegm** [flem] n -1. MED [in respiratory passages] glaire f.-2. fig [composure] flegme m.-3. arch [bodily humour] flegme m.

**phlegmatic** [flegˈmætɪk] adj flegmatique.

**phlegmatically** [flegˈmætɪklɪ] adv avec flegme, flegmatiquement.

**phobia** ['fəʊbjə] n phobie f; he has a ~ of spiders il a la phobie des araignées.

**phobic** ['fəʊbɪk] ◇ adj phobique. ◇ n phobique mf.

**Phoenicia** [fɪˈnɪʃɪə] pr n Phénicie f.

**Phoenician** [fɪˈnɪʃɪən] ◇ n -1. [person] Phénicien m, -enne f.-2. LING phénicien m. ◇ adj phénicien.

**phoenix** ['fiːnɪks] n phénix m.

**phonate** [fəʊˈneɪt] vi produire des sons.

**phone** [fəʊn] ◇ n -1. [telephone] téléphone m; I answered the ~ j'ai répondu au téléphone; just a minute, I'm on the ~ un instant, je suis au téléphone; we're not on the ~ yet nous n'avons pas encore le téléphone; you're wanted on the ~ on vous demande au téléphone; she told me the news by ~ elle m'a appris la nouvelle par téléphone; I don't wish to discuss it over the ~ je préfère ne pas en parler au téléphone. -2. LING phone m. ◇ comp [bill] de téléphone; [line, message] téléphonique. ◇ vi Br téléphoner; to ~ for a plumber/a taxi appeler un plombier/un taxi (par téléphone). ◇ vt Br téléphoner à; can you ~ me the answer? pouvez-vous me donner la réponse par téléphone?

◆ **phone up** ◇ vi insep téléphoner. ◇ vt sep téléphoner à.

**phone book** n annuaire m (téléphonique).

**phone booth** n cabine f téléphonique.

**phone box** n Br cabine f téléphonique.

**phone call** n coup m de téléphone, appel m (téléphonique).

**phonecard** ['fəʊnkɑːd] n Télécarte® f.

**phone-in** n RADIO & TV: ~ (programme) émission au cours de laquelle les auditeurs ou les téléspectateurs peuvent intervenir par téléphone.

**phoneme** ['fəʊniːm] n phonème m.

**phonemic** [fəˈniːmɪk] adj phonémique, phonématique.

**phonemics** [fəˈniːmɪks] n (U) phonémique f, phonématique f.

**phone number** n numéro m de téléphone.

**phone-tapping** [-ˌtæpɪŋ] n (U) écoute f téléphonique, écoutes fpl téléphoniques.

**phonetic** [fəˈnetɪk] adj phonétique.

**phonetically** [fəˈnetɪklɪ] adv phonétiquement.

**phonetic alphabet** n alphabet m phonétique.

**phonetician** [ˌfəʊnɪˈtɪʃn] n phonéticien m, -enne f.

**phonetics** [fəˈnetɪks] n (U) phonétique f.

**phoney** ['fəʊnɪ] (compar **phonier**, superl **phoniest**, pl **phonies**) inf ◇ adj -1. [false – banknote, jewel, name] faux (f fausse); [– title, company, accent] bidon; [– tears] de crocodile; [– laughter] qui sonne faux; his story sounds ~ son histoire a tout l'air d'être (du) bidon; the ~ war la drôle de guerre. -2. [spurious – person] bidon. ◇ n -1. [impostor] imposteur m; [charlatan] charlatan m.-2. [pretentious person] frimeur m, -euse f, m'as-tu-vu mf inv.

**phonic** ['fəʊnɪk] adj phonique.

**phonograph** ['fəʊnəɡrɑːf] n [early gramophone] phonographe m.

**phonological** [ˌfəʊnəˈlɒdʒɪkl] adj phonologique.

**phonologist** [fəʊˈnɒlədʒɪst] n phonologue mf.

**phonology** [fəʊˈnɒlədʒɪ] (pl **phonologies**) n phonologie f.

**phony** ['fəʊnɪ] = **phoney**.

**phooey** ['fuːɪ] interj inf [as expletive – expressing irritation] zut, flûte; [– expressing disbelief] mon œil.

**phosphate** ['fɒsfeɪt] n AGR & CHEM phosphate m.

**phosphide** ['fɒsfaɪd] n phosphure m.

**phosphor** ['fɒsfər] n luminophore m, phosphore m (substance phosphorescente).

**phosphoresce** [ˌfɒsfəˈres] vi être phosphorescent.

**phosphorescence** [ˌfɒsfəˈresns] n phosphorescence f.

**phosphorescent** [ˌfɒsfəˈresnt] adj phosphorescent.

**phosphoric** [fɒsˈfɒrɪk] adj phosphorique; ~ acid acide m orthophosphorique.

**phosphorism** ['fɒsfərɪzm] *n* phosphorisme *m*.
**phosphorous** ['fɒsfərəs] *adj* phosphorique.
**phosphorus** ['fɒsfərəs] *n* phosphore *m*.
**photo** ['fəʊtəʊ] (*pl* **photos**) (*abbr of* **photograph**) *n* photo *f*.
**photoactive** [ˌfəʊtəʊ'æktɪv] *adj* [organism] sensible à la lumière.
**photo album** *n* album *m* de photos.
**photocall** ['fəʊtəʊkɔːl] *n* séance *f* photo (*avec des photographes de presse*).
**photocell** ['fəʊtəʊsel] *n* cellule *f* photoélectrique.
**photochemical** [ˌfəʊtəʊ'kemɪkl] *adj* photochimique.
**photocompose** [ˌfəʊtəʊkəm'pəʊz] *vt* photocomposer.
**photocomposition** ['fəʊtəʊˌkɒmpə'zɪʃn] *n* photocomposition *f*.
**photocopier** [ˌfəʊtəʊ'kɒpɪəʳ] *n* photocopieur *m*, photocopieuse *f*.
**photocopy** ['fəʊtəʊˌkɒpɪ] (*pl* **photocopies**, *pt & pp* **photocopied**) ◇ *n* photocopie *f*. ◇ *vt* photocopier.
**photocopying** ['fəʊtəʊˌkɒpɪɪŋ] *n* (*U*) reprographie *f*, photocopie *f*; there's some ~ to do il y a des photocopies à faire.
**photodynamics** [ˌfəʊtəʊdaɪ'næmɪks] *n* (*U*) photodynamique *f*.
**photoelectric** [ˌfəʊtəʊɪ'lektrɪk] *adj* photoélectrique; ~ cell cellule *f* photoélectrique.
**photoengraving** [ˌfəʊtəʊɪn'greɪvɪŋ] *n* photogravure *f*.
**photo finish** *n* **-1.** SPORT arrivée *f* groupée; the race was a ~ il a fallu départager les vainqueurs de la course avec la photo-finish. **-2.** *fig* partie *f* serrée.
**Photofit**® ['fəʊtəʊfɪt] *n*: ~ (picture) photo-robot *f*, portrait-robot *m*.
**photogenic** [ˌfəʊtəʊ'dʒenɪk] *adj* photogénique.
**photogram** ['fəʊtəgræm] *n* photogramme *m*.
**photograph** ['fəʊtəgrɑːf] ◇ *n* photographie *f* (*image*), photo *f* (*image*); to take a ~ prendre OR faire une photo; to take a ~ of sb prendre qqn en photo, photographier qqn; to have one's ~ taken se faire photographier; I'm in this ~ je suis sur cette photo; she takes a good ~ [is photogenic] elle est photogénique. ◇ *vt* photographier, prendre en photo. ◇ *vi*: he ~s well [is photogenic] il est photogénique; the trees won't ~ well in this light il n'y a pas assez de lumière pour faire une bonne photo des arbres.
**photograph album** *n* album *m* de photos.
**photographer** [fə'tɒgrəfəʳ] *n* photographe *mf*; I'm not much of a ~ je ne suis pas très doué pour la photographie.
**photographic** [ˌfəʊtə'græfɪk] *adj* photographique; to have a ~ memory avoir une bonne mémoire visuelle; ~ shop magasin *m* de photo; ~ society club *m* d'amateurs de photo; ~ library photothèque *f*.
**photographically** [ˌfəʊtə'græfɪklɪ] *adv* photographiquement.
**photography** [fə'tɒgrəfɪ] *n* photographie *f* (*art*), photo *f* (*art*).
**photogravure** [ˌfəʊtəʊgrə'vjʊəʳ] *n* photogravure *f*.
**photojournalism** [ˌfəʊtəʊ'dʒɜːnəlɪzm] *n* photojournalisme *m*.
**photokinesis** [ˌfəʊtəʊ'kaɪniːsɪs] *n* photocinèse *f*.
**photolithography** [ˌfəʊtəʊlɪ'θɒgrəfɪ] *n* photolithographie *f*.
**photomap** ['fəʊtəʊmæp] (*pt & pp* **photomapped**, *cont* **photomapping**) ◇ *n* photocarte *f*. ◇ *vt* faire une photocarte de.
**photomechanical** [ˌfəʊtəʊmɪ'kænɪkl] *adj* photomécanique.
**photometer** [fəʊ'tɒmɪtəʳ] *n* photomètre *m*.
**photometry** [fəʊ'tɒmɪtrɪ] *n* photométrie *f*.
**photomontage** [ˌfəʊtəʊmɒn'tɑːʒ] *n* photomontage *m*.
**photon** ['fəʊtɒn] *n* photon *m*.
**photonovel** ['fəʊtəˌnɒvl] *n* roman-photo *m*, photo-roman *m*.
**photo-offset** *n* offset *m*.
**photo opportunity** *n* séance *f* photoprotocolaire.
**photorealism** [ˌfəʊtəʊ'rɪəlɪzm] *n* photoréalisme *m*.
**photoreceptor** [ˌfəʊtəʊrɪ'septəʳ] *n* photorécepteur *m*.
**photoreconnaissance** [ˌfəʊtəʊrɪ'kɒnɪsns] *n* reconnaissance *f* photographique.
**photosensitive** [ˌfəʊtəʊ'sensɪtɪv] *adj* photosensible.

**photosensitize**, **-ise** [ˌfəʊtəʊ'sensɪtaɪz] *vt* rendre photosensible.
**photoset** ['fəʊtəʊset] (*pt & pp* **photoset**, *cont* **photosetting**) *vt* photocomposer.
**photostat** ['fəʊtəstæt] (*pt & pp* **photostatted**, *cont* **photostatting**) *vt* photocopier.
◆ **Photostat**® *n* photostat *m*, photocopie *f*; ~ copy photocopie *f*.
**photosynthesis** [ˌfəʊtəʊ'sɪnθəsɪs] *n* photosynthèse *f*.
**photosynthesize**, **-ise** [ˌfəʊtəʊ'sɪnθəsaɪz] *vt* fabriquer par photosynthèse.
**phototransistor** [ˌfəʊtəʊtræn'zɪstəʳ] *n* phototransistor *m*.
**phototype** [ˌfəʊtəʊtaɪp] ◇ *n* **-1.** [process] phototypie *f*. **-2.** [print] phototype *m*. ◇ *vt* faire un phototype de.
**phototypesetting** [ˌfəʊtəʊ'taɪpsetɪŋ] *n* photocomposition *f*.
**phototypography** [ˌfəʊtəʊtaɪ'pɒgrəfɪ] *n* photocomposition *f*.
**photovoltaic** [ˌfəʊtəʊvɒl'teɪɪk] *adj* photovoltaïque.
**phrasal** ['freɪzl] *adj*: ~ conjunction/preposition locution *f* conjonctive/prépositive.
**phrasal verb** *n* verbe *m* à particule.
**phrase** [freɪz] ◇ *n* **-1.** [expression] expression *f*, locution *f*. **-2.** LING syntagme *m*, groupe *m*. **-3.** MUS phrase *f*. ◇ *vt* **-1.** [letter] rédiger, tourner; [idea] exprimer, tourner; how shall I ~ it? comment dire ça ? **-2.** MUS phraser.
**phrasebook** ['freɪzbʊk] *n* guide *m* de conversation.
**phrase marker** *n* LING indicateur *m* syntagmatique.
**phraseology** [ˌfreɪzɪ'ɒlədʒɪ] (*pl* **phraseologies**) *n* phraséologie *f*.
**phrase structure** *n* LING structure *f* syntagmatique; ~ grammar grammaire *f* syntagmatique.
**phrasing** ['freɪzɪŋ] *n* **-1.** [expressing] choix *m* des mots. **-2.** MUS phrasé *m*.
**phrenetic** [frə'netɪk] = **frenetic**.
**phrenology** [frɪ'nɒlədʒɪ] *n* phrénologie *f*.
**phthisis** ['θaɪsɪs] *n* (*U*) *dated* phtisie *f*.
**phut** [fʌt] *inf* ◇ *n*: the engine made a ~ and stopped le moteur eut un hoquet puis s'arrêta. ◇ *adv*: to go ~ *fig* rendre l'âme, lâcher.
**phylactery** [fɪ'læktərɪ] (*pl* **phylacteries**) *n* RELIG phylactère *m*.
**phylogenesis** [ˌfaɪləʊ'dʒenɪsɪs] (*pl* **phylogeneses** [-ˌsiːz]) *n* phylogenèse *f*, phylogénie *f*.
**phylogeny** [faɪ'lɒdʒənɪ] (*pl* **phylogenies**) = **phylogenesis**.
**phylum** ['faɪləm] (*pl* **phyla** [-lə]) *n* phylum *m*.
**physiatrics** [ˌfɪzɪ'ætrɪks] *n* (*U*) *Am* kinésithérapie *f*.
**physiatrist** [ˌfɪzɪ'ætrɪst] *n* *Am* kinésithérapeute *mf*.
**physic** ['fɪzɪk] *n arch* médicament *m*, remède *m*.
**physical** ['fɪzɪkl] ◇ *adj* **-1.** [bodily – fitness, strength, sport] physique; a ~ examination un examen médical, une visite médicale; I don't get enough ~ exercise je ne fais pas assez d'exercice (physique); ~ handicap infirmité *f*. **-2.** [natural, material – forces, property, presence] physique; [– manifestation, universe] physique, matériel; it's a ~ impossibility c'est physiquement OR matériellement impossible. **-3.** CHEM & PHYS physique. **-4.** GEOG physique; the ~ features of the desert la topographie du désert. ◇ *n* visite *f* médicale; to go for a ~ passer une visite médicale.
**physical education** *n* éducation *f* physique.
**physical geography** *n* géographie *f* physique.
**physical jerks** *npl Br inf*: to do ~ faire des mouvements de gym.
**physically** ['fɪzɪklɪ] *adv* physiquement; to be ~ fit être en bonne forme physique; she is ~ handicapped elle a un handicap physique.
**physical sciences** *npl* sciences *fpl* physiques.
**physical therapist** *n* kinésithérapeute *mf*.
**physical therapy** *n* kinésithérapie *f*; [after accident or illness] rééducation *f*.
**physical training** = **physical education**.
**physician** [fɪ'zɪʃn] *n* médecin *m*.
**physicist** ['fɪzɪsɪst] *n* physicien *m*, -enne *f*.
**physics** ['fɪzɪks] *n* (*U*) physique *f*.
**physio** ['fɪzɪəʊ] *n inf* **-1.** (*abbr of* **physiotherapy**) kiné *f*. **-2.**

*(abbr of* **physiotherapist)** kiné *mf.*

**physiognomy** [,fɪzɪ'ɒnəmɪ] *(pl* **physiognomies)** *n* **-1.** [facial features] physionomie *f.* **-2.** GEOG topographie *f*, configuration *f.*

**physiological** [,fɪzɪə'lɒdʒɪkl] *adj* physiologique.

**physiologist** [,fɪzɪ'ɒlədʒɪst] *n* physiologiste *mf.*

**physiology** [,fɪzɪ'ɒlədʒɪ] *n* physiologie *f.*

**physiotherapist** [,fɪzɪəʊ'θerəpɪst] *n* kinésithérapeute *mf.*

**physiotherapy** [,fɪzɪəʊ'θerəpɪ] *n* kinésithérapie *f*; [after accident or illness] rééducation *f*; to go for OR to have ~ faire des séances de kinésithérapie.

**physique** [fɪ'ziːk] *n* constitution *f* physique, physique *m*; to have a fine ~ avoir un beau corps.

**pi** [paɪ] ◇ *n* MATH pi *m.* ◇ *adj Br inf* & *pej* **-1.** [pious] bigot *pej.* **-2.** [self-satisfied] suffisant.

**pianist** ['pɪənɪst] *n* pianiste *mf.*

**piano**[1] [pɪ'ænəʊ] *(pl* **pianos)** ◇ *n* piano *m.* ◇ *comp* [duet, lesson, stool, teacher, tuner] de piano; [music] pour piano; [lid, leg] du piano; ~ **key** touche *f*; the ~ **keys** le clavier (du piano); ~ **organ** piano *m* mécanique; ~ **player** pianiste *mf.*

**piano**[2] ['pjɑːnəʊ] *adj* & *adv* [softly] piano *(inv).*

**piano accordion** [pɪ'ænəʊ-] *n* accordéon *m* (à touches).

**pianoforte** [pɪ,ænəʊ'fɔːtɪ] *n fml* pianoforte *m.*

**Pianola**® [,pɪə'nəʊlə] *n* Pianola® *m.*

**piano roll** [pɪ'ænəʊ-] *n* bande *f* perforée *(pour piano mécanique).*

**piazza** [pɪ'ætsə] *n* **-1.** [square] place *f*, piazza *f.* **-2.** *Br* [gallery] galerie *f.*

**pic** [pɪk] *(pl* **pics** OR **pix** [pɪks]) *n inf* [photograph] photo *f*; [picture] illustration *f.*

**pica** ['paɪkə] *n* **-1.** TYPO [unit] pica *m.* **-2.** [on typewriter] pica *m.* **-3.** MED pica *m.*

**picador** ['pɪkədɔːr] *n* picador *m.*

**picaninny** [,pɪkə'nɪnɪ] *(pl* **picaninnies)** *inf* = piccaninny.

**Picardy** ['pɪkədɪ] *prn* Picardie *f*; in ~ en Picardie.

**picaresque** [,pɪkə'resk] *adj* picaresque.

**picayune** [,pɪkə'juːn] *Am inf* ◇ *adj* [unimportant] insignifiant; [worthless] sans valeur. ◇ *n* pièce *f* de cinq cents; I don't care a ~ je m'en fiche royalement.

**piccalilli** [,pɪkə'lɪlɪ] *n* piccalilli *m (sauce piquante à base de pickles et de moutarde).*

**piccaninny** [,pɪkə'nɪnɪ] *(pl* **piccaninnies)** *n inf* négrillon *m*, -onne *f (attention: le terme «piccaninny», comme son équivalent français, est considéré comme raciste).*

**piccolo** ['pɪkələʊ] *(pl* **piccolos)** *n* piccolo *m*, picolo *m.*

**pick** [pɪk] ◇ *vt* **-1.** [select] choisir; she's been ~ed for the England team elle a été sélectionnée dans l'équipe d'Angleterre; to ~ a **winner** [in racing] choisir un cheval gagnant; **you really** (know how to) ~ them! *iron* tu les choisis bien! ❏ to ~ one's way: they ~ed their way along the narrow ridge ils avancèrent prudemment le long de la crête étroite. **-2.** [gather – fruit, flowers] cueillir; [– mushrooms] ramasser. **-3.** [remove] enlever; he was ~ing a spot/a scab il était en train de gratter un bouton/une croûte ‖ [remove bits of food, debris etc free]: they ~ed the bones clean ils n'ont rien laissé sur les os; to ~ one's nose se mettre les doigts dans le nez; to ~ one's teeth se curer les dents ❏ to ~ sb/sthg to pieces démolir qqn/qqch. **-4.** [provoke]: to ~ a fight chercher la bagarre; to ~ a quarrel with sb chercher noise OR querelle à qqn. **-5.** [lock] crocheter. **-6.** [pluck – guitar string] pincer; [– guitar] pincer les cordes de.
◇ *vi*: to ~ and choose: I like to be able to ~ and choose j'aime bien avoir le choix; he always has to ~ and choose *pej* il faut toujours qu'il fasse le difficile.
◇ *n* **-1.** [choice] choix *m*; take your ~ faites votre choix; you can have your ~ of the more vous pouvez choisir celui qui vous plaît ❏ the ~ of the bunch *inf* le dessus du panier, le gratin. **-2.** [tool] pic *m*, pioche *f.*
◆ **pick at** *vt sep* **-1.** [pull at – loose end] tirer sur; [– flake of paint, scab] gratter. **-2.** [food] manger du bout des dents; he only ~ed at the fish il a à peine touché au poisson. **-3.** [criticize pettily] être sur le dos de.
◆ **pick off** *vt sep* **-1.** [shoot one by one] abattre (un par un). **-2.** [remove – scab, paint] gratter.
◆ **pick on** *vt insep* **-1.** [victimize] harceler, s'en prendre à. **-2.**

[single out] choisir.
◆ **pick out** *vt sep* **-1.** [choose] choisir. **-2.** [spot, identify] repérer, reconnaître. **-3.** [highlight, accentuate] rehausser; the stitching is ~ed in bright green un vert vif fait ressortir les coutures. **-4.** [play – tune] jouer d'une manière hésitante.
◆ **pick up** ◇ *vt sep* **-1.** [lift] ramasser; to ~ up the telephone décrocher le téléphone; to ~ o.s. up se relever ❏ they left me to ~ up the bill *Br* OR the tab *Am* ils m'ont laissé l'addition; to ~ up the pieces recoller les morceaux. **-2.** [give lift to] prendre. **-3.** [collect, fetch]: my father ~ed me up at the station mon père est venu me chercher à la gare; helicopters were sent to ~ up the wounded on a envoyé des hélicoptères pour ramener les blessés; I have to ~ up a parcel at the post office je dois passer prendre un colis à la poste. **-4.** [acquire – skill] apprendre; [win – reputation] gagner, acquérir; [– prize] gagner, remporter. **-5.** [glean – idea, information] glaner. **-6.** *inf* [buy cheaply]: to ~ up a bargain dénicher une bonne affaire; I ~ed it up at the flea market je l'ai trouvé au marché aux puces. **-7.** [catch – illness, infection] attraper. **-8.** *inf* [earn] se faire. **-9.** *inf* [arrest] pincer. **-10.** *inf* [start relationship with] draguer. **-11.** [detect] détecter; the dogs ~ed up the scent again les chiens ont retrouvé la piste. **-12.** RADIO & TV [receive] capter. **-13.** [notice] relever; she didn't ~ up on the criticism elle n'a pas relevé la critique. **-14.** [criticize]: nobody ~ed him up on his sexist comments personne n'a relevé ses remarques sexistes. **-15.** [resume] reprendre. **-16.** [return to] revenir sur, reprendre. **-17.** [gather – speed, momentum] prendre. **-18.** *inf* [revive] remonter, requinquer.
◇ *vi insep* **-1.** [get better – sick person] se rétablir, se sentir mieux. **-2.** [improve – business, weather] s'arranger, s'améliorer; [– trade] reprendre; the market is ~ing up after a slow start COMM après avoir démarré doucement le marché commence à prendre. **-3.** [resume] continuer, reprendre.

**pickaninny** [,pɪkə'nɪnɪ] *(pl* **pickaninnies)** *inf* = piccaninny.

**pickaxe** *Br*, **pickax** *Am* ['pɪkæks] *n* pic *m*, pioche *f.*

**picked** [pɪkt] *adj* [products, items] sélectionné; [people] d'élite, trié sur le volet.

**picker** ['pɪkər] *n* [of fruit, cotton etc] cueilleur *m*, -euse *f*, ramasseur *m*, -euse *f.*

**picket** ['pɪkɪt] ◇ *n* **-1.** INDUST [group] piquet *m* de grève; [individual] gréviste *mf*, piquet *m* de grève. **-2.** [outside embassy, ministry – group] groupe *m* de manifestants; [– individual] manifestant *m*, -e *f.* **-3.** MIL piquet *m.* **-4.** [stake] piquet *m.* ◇ *vt* **-1.** INDUST [workplace, embassy]: the strikers ~ed the factory les grévistes ont mis en place un piquet de grève devant l'usine; demonstrators ~ed the consulate at the weekend des manifestants ont bloqué le consulat ce week-end. **-2.** [fence] palissader. **-3.** [tie up] attacher, mettre au piquet. ◇ *vi* INDUST mettre en place un piquet de grève.

**picket fence** *n* clôture *f* de piquets, palissade *f.*

**picketing** ['pɪkɪtɪŋ] *n (U)* **-1.** [of workplace] piquets *mpl* de grève; there is heavy ~ at the factory gates les piquets de grève sont très nombreux aux portes de l'usine. **-2.** [of ministry, embassy]: there was ~ outside the embassy today aujourd'hui, il y a eu des manifestations devant l'ambassade.

**picket line** *n* piquet *m* de grève; to be OR to stand on a ~ faire partie d'un piquet de grève; to cross a ~ franchir un piquet de grève.

**picking** ['pɪkɪŋ] *n* **-1.** [selection – of object] choix *m*; [– of team] sélection *f.* **-2.** [of fruit, vegetables] cueillette *f*, ramassage *m*; cherry-/strawberry-~ cueillette des cerises/des fraises; mushroom-/potato-~ ramassage des champignons/des pommes de terre. **-3.** [of lock] crochetage *m.*
◆ **pickings** *npl* **-1.** [remains] restes *mpl.* **-2.** *inf* [spoils] grapillage *m*; the pickings are rich OR easy ~s to be had on pourrait se faire pas mal d'argent, ça pourrait rapporter gros.

**pickle** ['pɪkl] ◇ *n* **-1.** *Am* [gherkin] cornichon *m.* **-2.** [vinegar] vinaigre *m*; [brine] saumure *f.* **-3.** *inf* [mess, dilemma] pétrin *m*; to be in a (pretty) ~ être dans le pétrin OR dans de beaux draps. **-4.** *(U) Br* [food] pickles *mpl (petits oignons, cornichons, morceaux de choux-fleurs etc, macérés dans du vinaigre).* ◇ *vt* **-1.** CULIN [in vinegar] conserver dans le vinaigre; [in brine] conserver dans la saumure. **-2.** TECH [metal] nettoyer à l'acide OR dans un bain d'acide.

**pickled** ['pɪkld] *adj* **-1.** CULIN [in vinegar] au vinaigre; [in brine] conservé dans la saumure; ~ **herring** rollmops *m inv*. **-2.** *inf* [drunk] bourré, rond.

**picklock** ['pɪklɒk] *n* **-1.** [instrument] crochet *m*, passe-partout *m inv*.**-2.** [burglar] crocheteur *m* (de serrures).

**pick-me-up** *n inf* remontant *m*.

**pickpocket** ['pɪk,pɒkɪt] *n* pickpocket *m*, voleur *m*, -euse *f* à la tire.

**pick-up** *n* **-1.** AUT [vehicle]: ~ **(truck)** pick-up *m inv*, camionnette *f* (de rencontre). **-2.** *inf* [casual relationship] partenaire *mf* de rencontre. **-3.** [act of collecting]: the truck made several ~s on the way le camion s'est arrêté plusieurs fois en route pour charger des marchandises; ~ **point** [for cargo] aire *f* de chargement; [for passengers] point *m* de ramassage, lieu *m* de rendez-vous. **-4.** [on record player]: ~ **(arm)** pick-up *m inv dated*, lecteur *m*.**-5.** *(U) Am* AUT [acceleration] reprises *fpl*.**-6.** [improvement – of business, economy] reprise *f*; we're hoping for a ~ in sales nous espérons une reprise des ventes. **-7.** *inf* [arrest] arrestation *f*.**-8.** TECH [detector] détecteur *m*, capteur *m*.**-9.** RADIO & TV [reception] réception *f*.

**picky** ['pɪkɪ] *(compar* **pickier,** *superl* **pickiest)** *adj inf* difficile; she's really ~ about her food elle est très difficile pour la nourriture.

**picnic** ['pɪknɪk] *(pt & pp* **picnicked,** *cont* **picnicking)** ◇ *n* **-1.** *literal* pique-nique *m*; to go on one ~ faire un pique-nique; we took a ~ lunch ce midi nous avons pique-niqué. **-2.** *inf & fig* [easy task]: it's no ~ showing tourists around London ce n'est pas une partie de plaisir que de faire visiter Londres aux touristes. ◇ *vi* pique-niquer.

**picnic basket, picnic hamper** *n* panier *m* à pique-nique.

**picnicker** ['pɪknɪkə<sup>r</sup>] *n* pique-niqueur *m*, -euse *f*.

**Pict** [pɪkt] *n* Picte *mf*.

**Pictish** ['pɪktɪʃ] ◇ *n* langue *f* picte. ◇ *adj* picte.

**pictogram** ['pɪktəgræm], **pictograph** ['pɪktəgrɑːf] *n* **-1.** LING [symbol] pictogramme *m*, idéogramme *m*.**-2.** [chart] graphique *m*.

**pictorial** [pɪk'tɔːrɪəl] ◇ *adj* **-1.** [in pictures] en images; [magazine, newspaper] illustré. **-2.** [vivid – style] vivant. **-3.** ART pictural. ◇ *n* illustré *m*.

**picture** ['pɪktʃə<sup>r</sup>] ◇ *n* **-1.** [gen] image *f*; [drawing] dessin *m*; [painting] peinture *f*, tableau *m*; [in book] illustration *f*; to draw/to paint a ~ (of sthg) dessiner/peindre (qqch); to paint a ~ of sb peindre le portrait de qqn ‖ [photograph] photo *f*, photographie *f*; to take a ~ prendre une photo; to take a ~ of sb, to take sb's ~ prendre une photo de qqn, prendre qqn en photo; to have one's ~ taken se faire prendre en photo ‖ [on television] image *f* ❑ 'The Picture of Dorian Gray' *Wilde* 'le Portrait de Dorian Gray'. **-2.** [film] film *m*; to go to the ~s *inf* aller au ciné. **-3.** [description] tableau *m*, portrait *m*; the ~ he painted was a depressing one il a brossé OR fait un tableau déprimant de la situation. **-4.** [idea, image] image *f*; they have a distorted ~ of the truth ils se font une fausse idée de la vérité; he's the ~ of health il respire la santé, il est resplendissant de santé; she was the ~ of despair elle était l'image vivante du désespoir. **-5.** [situation] situation *f*; the economic ~ is bleak la situation économique est inquiétante. **-6.** *phr*: to be in the ~ *inf* être au courant; to put sb in the ~ *inf* mettre qqn au courant; I get the ~! je comprends!, j'y suis!; doesn't she look a ~! n'est-elle pas adorable OR ravissante!; you're no ~ yourself! tu n'es pas une beauté non plus!; her face was a real ~ when she heard the news! il fallait voir sa tête quand elle a appris la nouvelle!; the big ~ [overview] une vue d'ensemble.

◇ *vt* **-1.** [imagine] s'imaginer, se représenter; I can't quite ~ him as a teacher j'ai du mal à me l'imaginer comme enseignant; just ~ the scene imaginez un peu la scène. **-2.** [describe] peindre, représenter. **-3.** [paint, draw etc] représenter; he was ~d with her on the front page of all the papers une photo où il était en sa compagnie s'étalait à la une de tous les journaux.

**picture book** *n* livre *m* d'images.

**picture card** *n* [in card games] figure *f*.

**picture frame** *n* cadre *m* (pour tableaux).

**picture hat** *n* capeline *f*.

**picture house** *n Br dated* cinéma *m*.

**picture library** *n* banque *f* d'images.

**picture palace** = **picture house**.

**picture postcard** *n dated* carte *f* postale (illustrée).

◆ **picture-postcard** *adj* [view] qui ressemble à une OR qui fait carte postale.

**picture rail** *n* cimaise *f*.

**picture research** *n* documentation *f* iconographique.

**picturesque** [,pɪktʃə'resk] *adj* pittoresque.

**picture window** *n* fenêtre *f* OR baie *f* panoramique.

**picture writing** *n* écriture *f* idéographique.

**piddle** ['pɪdl] ◇ *vi* faire pipi. ◇ *n*: to have a ~ faire pipi.

**piddling** ['pɪdlɪŋ] *adj inf* [details] insignifiant; [job, pay] minable.

**pidgin** ['pɪdʒɪn] *n* LING pidgin *m*.

**pidgin English** *n* **-1.** LING pidgin *m*, pidgin english *m*.**-2.** *pej*: to speak ~ parler de façon incorrecte.

**pie** [paɪ] *n* **-1.** CULIN [with fruit] tarte *f*; [with meat, fish etc] tourte *f*; chicken ~ tourte au poulet ❑ it's just ~ in the sky *inf* ce sont des paroles OR promesses en l'air; I want my piece of the ~ je veux ma part du gâteau. **-2.** TYPO pâte *f*.

**piebald** ['paɪbɔːld] ◇ *adj* pie *(inv)*. ◇ *n* cheval *m* pie.

**piece** [piːs] *n* **-1.** [bit – of chocolate, paper, wood] morceau *m*, bout *m*; [– of land] parcelle *f*, lopin *m*; [with uncountable nouns]: a ~ of bread un morceau de pain; a ~ of advice un conseil; that was a real ~ of luck cela a vraiment été un coup de chance; it's a superb ~ of craftsmanship OR workmanship c'est du très beau travail; to be in ~s [in parts] être en pièces détachées; [broken] être en pièces OR en morceaux; to be in one ~ [undamaged] être intact; [uninjured] être indemne; [safe] être sain et sauf; to be all of a ~ [in one piece] être tout d'une pièce OR d'un seul tenant; [consistent] être cohérent; [alike] se ressembler; his actions are of a ~ with his opinions ses actes sont conformes à ses opinions; to break sthg into ~s mettre qqch en morceaux OR en pièces; to pull sthg to ~s *literal* [doll, garment, book] mettre qqch en morceaux; [flower] effeuiller qqch; *fig* [argument, suggestion, idea] démolir qqch; to pull sb to ~s *fig* descendre qqn en flammes; to come to ~s [into separate parts] se démonter; [break] se briser; to fall to ~s partir en morceaux; to go (all) to ~s [of person] s'effondrer, craquer; [team] se désintégrer; [market] s'effondrer; to take to ~s démonter ❑ it's a ~ of cake *inf* c'est du gâteau; he's a nasty ~ of work *Br inf* c'est un sale type; I gave him a ~ of my mind *inf* [spoke frankly] je lui ai dit son fait OR ce que j'avais sur le cœur; [spoke harshly] je lui ai passé un savon; to say OR to speak one's ~ dire ce qu'on a sur le cœur. **-2.** [item] pièce *f*; a ~ of furniture un meuble; to sell sthg by the ~ vendre qqch à la pièce OR au détail ‖ [amount of work]: to be paid by the ~ être payé à la pièce OR à la tâche. **-3.** [part – of mechanism, set] pièce *f*; [– of jigsaw] pièce *f*, morceau *m*; to put sthg together ~ by ~ assembler qqch pièce par pièce OR morceau par morceau; an 18-~ dinner service un service de table de 18 pièces; an 18-~ band un orchestre de 18 musiciens. **-4.** GAMES [in chess] pièce *f*; [in draughts, checkers] pion *m*.**-5.** [performance] morceau *m*; [musical composition] morceau *m*, pièce *f*; [sculpture] pièce *f* (de sculpture); a piano ~ un morceau pour piano. **-6.** [newspaper article] article *m*.**-7.** [coin] pièce *f*; a 50p ~ une pièce de 50 pence. **-8.** *inf* [firearm, cannon] pièce *f*.**-9.** ▽ [girl]: she's a nice OR tasty ~ c'est un beau brin de fille. **-10.** *Am* [time] moment *m*; [distance] bout *m* de chemin.

◆ **piece together** *vt sep* **-1.** [from parts – broken object] recoller; [– jigsaw] assembler. **-2.** [story, facts] reconstituer.

**pièce de résistance** [,pjesdərezɪs'tãːs] *(pl* **pièces de résistance** [,pjesdərezɪs'tãːs]) *n* pièce *f* de résistance.

**piecemeal** ['piːsmiːl] ◇ *adv* [little by little] peu à peu, petit à petit. ◇ *adj* [fragmentary] fragmentaire, parcellaire.

**piece rate** *n* paiement *m* à la pièce; to be on ~ être payé aux pièces.

**piecework** ['piːswɜːk] *n* travail *m* à la pièce; to be on ~ travailler à la pièce.

**pieceworker** ['piːswɜːkə<sup>r</sup>] *n* travailleur *m*, -euse *f* à la pièce.

**pie chart** *n* graphique *m* circulaire, camembert *m*.

**piecrust** ['paɪkrʌst] *n* couche *f* de pâte *(pour recouvrir une tourte).*

**pied** [paɪd] *adj* [gen] bariolé, bigarré; [animal] pie *(inv)*.

**pied-à-terre** [,pjeɪdæ'teə<sup>r</sup>] *(pl* **pieds-à-terre** [,pjeɪdæ'teə<sup>r</sup>]) *n* pied-à-terre *m inv*.

**Piedmont** ['piːdmənt] *pr n* Piémont *m*; **in ~** dans le Piémont.

**Pied Piper (of Hamelin)** [-'hæmlɪn] *pr n*: **the ~** le joueur de flûte de Hamelin.

**pied wagtail** *n* bergeronnette *f* grise de Yarrell.

**pie-eyed** *adj inf* bourré.

**pie plate** *n Am* plat *m* allant au four.

**pier** [pɪəʳ] *n* **-1.** *Br* [at seaside] jetée *f*.**-2.** [jetty] jetée *f*; [landing stage] embarcadère *m*; [breakwater] digue *f*.**-3.** [pillar] pilier *m*, colonne *f*; [of bridge] pile *f*.

**pierce** [pɪəs] *vt* **-1.** [make hole in] percer, transpercer; **the** knife ~d her lung le couteau lui a perforé OR transpercé le poumon; **she had her ears ~d** elle s'est fait percer les oreilles; **his words ~d my heart** ses paroles me fendirent le cœur. **-2.** [subj: sound, scream] percer; [subj: light] percer; [subj: cold]: **we were ~d (through) with cold** nous étions transis OR morts de froid; **the biting wind ~d his clothing** le vent glacial transperçait ses vêtements. **-3.** [penetrate – defence, barrier] percer.

**pierced** [pɪəst] *adj* percé; **~ earring** boucle *f* d'oreilles pour oreilles percées; **to have ~ ears** avoir les oreilles percées.

**piercing** ['pɪəsɪŋ] *adj* [scream, eyes, look] perçant; [question] lancinant; [wind] glacial.

**piercingly** ['pɪəsɪŋlɪ] *adv*: **the wind is ~ cold** il fait un vent glacial; **a ~ loud scream** un cri perçant.

**pierhead** ['pɪəhed] *n* musoir *m*.

**pietism** ['paɪətɪzm] *n* piétisme *m*.

**piety** ['paɪətɪ] (*pl* **pieties**) *n* piété *f*.

**piezoelectric** [,piːzəʊ'lektrɪk] *adj* piézo-électrique.

**piffle** ['pɪfl] *Br inf* ◇ *n* (U) balivernes *fpl*, niaiseries *fpl*. ◇ *interj*: **(absolute) ~!** des sottises tout ça! ◇ *vi* dire des bêtises.

**piffling** ['pɪflɪŋ] *adj Br inf* [excuse, amount] insignifiant.

**pig** [pɪg] (*pt* & *pp* **pigged**, *cont* **pigging**) ◇ *n* **-1.** ZOOL cochon *m*, porc *m*; **~s might fly!** quand les poules auront des dents!; **you make a real ~'s ear of that** ça, vous avez fait du beau!; **to buy a ~ in a poke** acheter chat en poche. **-2.** *inf* [greedy person] goinfre *m*; [dirty eater] cochon *m*, -onne *f*; **to eat like a ~** manger comme un cochon OR un porc; **to make a ~ of o.s.** se goinfrer, s'empiffrer. **-3.** [dirty person] cochon *m*, -onne *f*; **to live like ~s** vivre dans une écurie OR porcherie. **-4.** *inf* [unpleasant person] ordure *f*; **fascist ~!** fasciste! ‖ [unpleasant task]: **it's a real ~ of a job** ce travail est un véritable cauchemar. **-5.** *inf* & *pej* [policeman] flic *m*, poulet *m*. ◇ *vt inf* **-1.** [stuff]: **to ~ o.s.**: **we really pigged ourselves at Christmas** on s'en est mis plein la lampe à Noël. **-2.** *phr*: **to ~ it** vivre comme des cochons. ◇ *vi* [sow] mettre bas.

◆ **pig out** *vi insep inf* se goinfrer, s'empiffrer.

**pigeon** ['pɪdʒɪn] *n* **-1.** ORNITH pigeon *m*; **~ loft** pigeonnier *m*.**-2.** *Br inf* [business]: **it's not my ~** ce n'est pas mon problème. **-3.** *inf* & *fig* [dupe] pigeon *m*.

**pigeon-breasted** [-,brestɪd], **pigeon-chested** [-,tʃestɪd] *adj*: **to be ~** avoir la poitrine bombée.

**pigeonhole** ['pɪdʒɪnhəʊl] ◇ *n* casier *m* (à courrier); **he tends to put people in ~s** *fig* il a tendance à étiqueter les gens OR à mettre des étiquettes aux gens. ◇ *vt* **-1.** [file] classer. **-2.** [postpone] différer, remettre (à plus tard). **-3.** [classify] étiqueter, cataloguer.

**pigeon-toed** *adj*: **to be ~** avoir les pieds tournés en dedans.

**piggery** ['pɪgərɪ] (*pl* **piggeries**) *n* porcherie *f*.

**piggish** ['pɪgɪʃ] *adj pej* **-1.** [dirty] sale, cochon; [greedy] glouton. **-2.** *Br inf* [stubborn] têtu.

**piggy** ['pɪgɪ] (*pl* **piggies**) *inf* ◇ *n baby talk* [pig] (petit) cochon *m*; [toe] doigt *m* de pied; [finger] doigt *m*. ◇ *adj* **-1.** [greedy] glouton, goinfre. **-2.** [features]: **~ eyes** de petits yeux porcins.

**piggyback** ['pɪgɪbæk] ◇ *adv*: **to ride OR to be carried ~** se faire porter sur le dos de qqn. ◇ *n*: **to give sb a ~** porter qqn sur le dos. ◇ *adj* [ride] sur le dos.

**piggybank** ['pɪgɪbæŋk] *n* tirelire *f* (*en forme de petit cochon*).

**pig-headed** [-'hedɪd] *adj* têtu, obstiné.

**pig iron** *n* fonte *f* brute.

**piglet** ['pɪglɪt] *n* cochonnet *m*, porcelet *m*.

**pigment** [*n* 'pɪgmənt, *vb* pɪg'ment] ◇ *n* pigment *m*. ◇ *vt* pigmenter.

**pigmentation** [,pɪgmən'teɪʃn] *n* pigmentation *f*.

**Pigmy** ['pɪgmɪ] = **Pygmy**.

**pigpen** ['pɪgpen] *n Am literal* & *fig* porcherie *f*.

**pigskin** ['pɪgskɪn] ◇ *n* **-1.** [leather] peau *f* de porc. **-2.** *Am* [football] ballon *m* (*de football américain*). ◇ *comp* [bag, watchstrap] en (peau de) porc.

**pigsty** ['pɪgstaɪ] (*pl* **pigsties**) *n literal* & *fig* porcherie *f*.

**pigswill** ['pɪgswɪl] *n* pâtée *f* (pour les cochons).

**pigtail** ['pɪgteɪl] *n* natte *f*.

**pike** [paɪk] (*pl inv* OR **pikes**) *n* **-1.** [fish] brochet *m*.**-2.** [spear] pique *f*.**-3.** *Br dial* [hill] pic *m*.**-4.** = **turnpike**.

**pikestaff** ['paɪkstɑːf] *n* hampe *f* (d'une pique).

**pilaf(f)** ['pɪlæf] = **pilau**.

**pilaster** [pɪ'læstəʳ] *n* pilastre *m*.

**pilau** [pɪ'laʊ] *n* pilaf *m*; **~ rice** riz *m* pilaf.

**pilchard** ['pɪltʃəd] *n* pilchard *m*.

**pile** [paɪl] ◇ *n* **-1.** [stack] pile *f*; [heap] tas *m*; **to put books/ magazines in a ~** empiler des livres/magazines. **-2.** (*usu pl*) *inf* [large quantity] tas *m* or *mpl*, masses *fpl*; **to have ~s of money** avoir plein d'argent, être plein aux as; **I've got ~s of work to do** j'ai un tas de boulot OR un boulot dingue. **-3.** *inf* [fortune]: **to make one's ~** faire fortune. **-4.** [large building] édifice *m*. **-5.** [of pile] pile *f*. **-7.** CONSTR pieu *m*; [for bridge] pile *f*; **built on ~s** sur pilotis. **-8.** (U) TEX fibres *fpl*, poil *m*; **a deep-~ carpet** une moquette épaisse. ◇ *vt* [stack] empiler; **she ~d her clothes into the suitcase** elle a mis tous ses habits pêle-mêle dans la valise; **we ~d the toys into the car** on a entassé les jouets dans la voiture; **the table was ~d high with papers** il y avait une grosse pile de papiers sur la table; **he ~d spaghetti onto his plate** il a rempli son assiette de spaghettis; **she wears her hair ~d high on her head** ses cheveux sont ramenés en chignon au sommet de sa tête. ◇ *vi*: **they all ~d off/onto the bus** ils sont tous descendus du bus/montés dans le bus en se bousculant.

◆ **pile in** *vi insep inf* [enter] entrer en se bousculant; [join fight]: **once the first punch was thrown we all ~d in** après le premier coup de poing, on s'est tous lancés dans la bagarre.

◆ **pile into** *vt insep inf* **-1.** [crash] rentrer dans. **-2.** [attack – physically] rentrer dans, foncer dans; [– verbally] rentrer dans, tomber sur.

◆ **pile off** *vi insep inf* [from bus, train] descendre en se bousculant.

◆ **pile on** *inf* ◇ *vi insep* [onto bus, train] s'entasser, monter en s'entassant. ◇ *vt sep* **-1.** [increase – suspense] faire durer; [– pressure] augmenter; **to ~ on the agony** forcer la dose, dramatiser (à l'excès). **-2.** *phr*: **to ~ it on** [exaggerate] exagérer, en rajouter.

◆ **pile out** *vi insep inf* [off bus, train] descendre en se bousculant; [from cinema, lecture hall] sortir en se bousculant.

◆ **pile up** ◇ *vi insep* **-1.** [crash – car] s'écraser. **-2.** [accumulate – work, debts] s'accumuler, s'entasser; [– washing, clouds] s'amonceler. ◇ *vt sep* **-1.** [stack] empiler. **-2.** [accumulate – evidence, examples] accumuler.

**pile driver** *n* **-1.** CONSTR sonnette *f*.**-2.** *inf* & *fig* [blow] coup *m* violent.

**piles** [paɪlz] *npl* MED hémorroïdes *fpl*.

**pileup** ['paɪlʌp] *n* carambolage *m*; **there was a 50-car ~ in the fog** 50 voitures se sont télescopées OR carambolées dans le brouillard.

**pilfer** ['pɪlfəʳ] *vi* & *vt* voler (*des objets sans valeur*).

**pilgrim** ['pɪlgrɪm] *n* pèlerin *m*.

**pilgrimage** ['pɪlgrɪmɪdʒ] *n* pèlerinage *m*; **to make** OR **to go on a ~** faire un pèlerinage.

**Pilgrim Fathers** *pl pr n*: **the ~** les (Pères) Pèlerins *mpl*.

**pill** [pɪl] *n* **-1.** MED pilule *f*, comprimé *m*; **to sugar** OR **to sweeten the ~ (for sb)** dorer la pilule (à qqn). **-2.** [contraceptive pill]: **the ~** la pilule; **to go on the ~** commencer à prendre la pilule.

◆ **Pill** = **pill 2**.

**pillage** ['pɪlɪdʒ] ◇ *vt* mettre à sac, piller. ◇ *vi* se livrer au pillage. ◇ *n* pillage *m*.

**pillar** ['pɪləʳ] *n* **-1.** [structural support] pilier *m*; [ornamental] colonne *f*; **to go from ~ to post** tourner en rond; **he was sent from ~ to post** on l'a envoyé à droite et à gauche. **-2.** [of smoke] colonne *f*; [of water] trombe *f*; [mainstay] pilier *m*; **a ~**

of society un pilier de la société; you've been a real ~ of strength vous avez été un soutien précieux.

**pillar box** *n Br* boîte *f* à lettres.

**pillar-box red** *adj Br* rouge vif.

**pillared** ['pɪləd] *adj* à piliers, à colonnes.

**pillbox** ['pɪlbɒks] *n* **-1.** MED boîte *f* à pilules. **-2.** MIL blockhaus *m inv*, casemate *f*. **-3.** [hat] toque *f*.

**pillion** ['pɪljən] ◇ *n* **-1.** [on motorbike]: ~ (seat) siège *m* arrière; ~ **passenger** OR rider passager *m*, -ère *f* (*sur une moto*). **-2.** [on horse] selle *f* de derrière. ◇ *adv*: to ride ~ [on motorbike] voyager sur le siège arrière; [on horse] monter en croupe.

**pillock**▽ ['pɪlək] *n Br* con *m*, couillon *m*.

**pillory** ['pɪlərɪ] (*pl* **pillories**, *pt* & *pp* **pilloried**) ◇ *n* pilori *m*. ◇ *vt* HIST & *fig* mettre OR clouer au pilori.

**pillow** ['pɪləʊ] ◇ *n* **-1.** [on bed] oreiller *m*. **-2.** TEX [for lace] carreau *m* (de dentellière). **-3.** *Am* [on chair, sofa] coussin *m*. ◇ *vt* [rest] reposer.

**pillowcase** ['pɪləʊkeɪs] *n* taie *f* d'oreiller.

**pillow fight** *n* bataille *f* de polochons.

**pillowslip** ['pɪləʊslɪp] *Br*, **pillow sham** *Am* = **pillowcase**.

**pillow talk** *n (U)* confidences *fpl* sur l'oreiller.

**pilot** ['paɪlət] ◇ *n* **-1.** AERON & NAUT pilote *m*; *fig* [guide] guide *m*. **-2.** TECH [on tool] guidage *m*. **-3.** = **pilot light**. ◇ *comp* [error] de pilotage. ◇ *vt* **-1.** AERON & NAUT piloter. **-2.** [guide] piloter, guider; he's ~ed the company through several crises il a sorti l'entreprise de la crise OR de ses difficultés à plusieurs reprises; she ~ed the bill through parliament POL elle s'est assurée que le projet de loi serait voté. **-3.** [test] tester, expérimenter. ◇ *adj* [trial – study, programme, scheme] d'essai, pilote, expérimental.

**pilot boat** *n* bateau-pilote *m*.

**pilot burner** = **pilot light**.

**pilot film** *n* épisode *m* pilote.

**pilot fish** *n* (poisson *m*) pilote *m*.

**pilot lamp** *n* veilleuse *f* (électrique).

**pilot light** *n* veilleuse *f*.

**pilot officer** *n* sous-lieutenant *m* AÉRON.

**pilot whale** *n* globicéphale *m*.

**pimento** [pɪ'mentəʊ] (*pl* **pimentos**) *n* piment *m*.

**pimp** [pɪmp] *inf* ◇ *n* maquereau *m*, souteneur *m*. ◇ *vi* faire le maquereau.

**pimpernel** ['pɪmpənel] *n* mouron *m*.

**pimple** ['pɪmpl] *n* bouton *m* MÉD.

**pimply** ['pɪmplɪ] (*compar* **pimplier**, *superl* **pimpliest**) *adj* boutonneux.

**pin** [pɪn] (*pt* & *pp* **pinned**, *cont* **pinning**) ◇ *n* **-1.** [for sewing] épingle *f*; [safety pin] épingle *f*; [drawing pin] punaise *f*; [hairpin] épingle *f*; for two ~s I'd let the whole thing drop il ne faudrait pas beaucoup me pousser pour que je laisse tout tomber; he doesn't care two ~s about it il s'en moque complètement; you could have heard a ~ drop on aurait entendu voler une mouche. **-2.** [brooch] broche *f*; [badge] insigne *m*. **-3.** (*usu pl*) *inf* [leg] quille *f*, guibole *f*, guibolle *f*. **-4.** [peg – in piano, violin] cheville *f*; [– in hinge, pulley] goujon *m*; [– in hand grenade] goupille *f*. **-5.** ELEC [on plug] broche *f*; two-~ plug prise *f* à deux broches. **-6.** MED [for broken bone] broche *f*. **-7.** [in skittles, bowling] quille *f*. **-8.** [in wrestling – gen] prise *f*; [– shoulders on floor] tombé *m*. **-9.** [in chess] clouage *m*. **-10.** [in golf] drapeau *m*.

◇ *vt* **-1.** [attach – with pin or pins] épingler; [– with drawing pin or pins] punaiser; she had a brooch pinned to her jacket elle portait une broche épinglée à sa veste ‖ *fig*: to ~ one's hopes on sb/sthg mettre ses espoirs dans qqn/qqch; to ~ one's faith on sb placer sa foi en qqn; they pinned the blame on the shop assistant ils ont rejeté la responsabilité sur la vendeuse, ils ont mis ça sur le dos de la vendeuse; they can't ~ anything on me ils ne peuvent rien prouver contre moi. **-2.** [immobilize] immobiliser, coincer; they pinned his arms behind his back ils lui ont coincé les bras derrière le dos; to ~ sb to the ground/against a wall clouer qqn au sol/contre un mur. **-3.** [in chess] clouer.

◆ **pin back** *vt sep hum*: ~ back your ears! *inf* ouvrez vos oreilles!, écoutez bien!

◆ **pin down** *vt sep* **-1.** [with pin or pins] fixer avec une épingle OR des épingles; [with drawing pin or pins] fixer avec une pu-

naise OR des punaises. **-2.** [immobilize, trap] immobiliser, coincer. **-3.** [define clearly – difference, meaning] mettre le doigt sur, cerner avec précision. **-4.** [commit] amener à se décider; try to ~ her down to a definite schedule essayez d'obtenir d'elle un planning définitif; he doesn't want to be pinned down il veut avoir les coudées franches, il tient à garder sa liberté de manœuvre.

◆ **pin together** *vt sep* épingler, attacher avec une épingle OR des épingles.

◆ **pin up** *vt sep* **-1.** [poster] punaiser; [results, names] afficher. **-2.** [hem] épingler; [hair] relever (avec des épingles).

**PIN** [pɪn] (*abbr of* **personal identification number**) *n*: ~ (number) code *m* confidentiel.

**pinafore** ['pɪnəfɔːr] *Br n* **-1.** [apron] tablier *m*. **-2.** = **pinafore dress**.

**pinafore dress** *n* robe *f* chasuble.

**pinball** ['pɪnbɔːl] *n* [game] flipper *m*; to play ~ jouer au flipper; ~ **machine** OR **table** flipper.

**pincer** ['pɪnsər] *n* [of crab] pince *f*.

◆ **pincers** *npl* [tool] tenaille *f*, tenailles *fpl*; a pair of ~s une tenaille, des tenailles.

**pincer movement** *n* MIL manœuvre *f* OR mouvement *m* d'encerclement.

**pinch** [pɪntʃ] ◇ *vt* **-1.** [squeeze] pincer; he ~ed her cheek il lui a pincé la joue; I had to ~ myself to make sure I wasn't dreaming je me suis pincé pour voir si je ne rêvais pas; these new shoes ~ my feet ces chaussures neuves me font mal aux pieds. **-2.** *Br inf* [steal] piquer, faucher; to ~ sthg from sb piquer qqch à qqn. **-3.** *inf* [arrest] pincer. ◇ *vi* **-1.** [shoes] serrer, faire mal (aux pieds). **-2.** [economize]: to ~ and scrape économiser sur tout, regarder (de près) à la dépense. ◇ *n* **-1.** [squeeze] pincement *m*; if it comes to the ~ s'il le faut vraiment, en cas de nécessité absolue; we're beginning to feel the ~ nous commençons à devoir nous priver. **-2.** [of salt, snuff] pincée *f*; you must take what he says with a ~ of salt il ne faut pas prendre ce qu'il dit pour argent comptant.

◆ **at a pinch** *Br*, **in a pinch** *Am adv phr* à la rigueur.

**pinched** [pɪntʃt] *adj* **-1.** [features] tiré; ~ with cold transi de froid. **-2.** [lacking]: they're ~ for space in their flat ils sont à l'étroit OR ils n'ont pas beaucoup de place dans leur appartement.

**pinch-hit** *vi Am* **-1.** SPORT remplacer un joueur. **-2.** [gen] effectuer un remplacement.

**pinchpenny** ['pɪntʃpenɪ] (*pl* **pinchpennies**) ◇ *adj* de bout de chandelle. ◇ *n* grippe-sou *m*.

**pincushion** ['pɪnˌkʊʃn] *n* pelote *f* à épingles.

**pine** [paɪn] ◇ *n* BOT [tree, wood] pin *m*. ◇ *comp* [furniture] en pin. ◇ *vi* **-1.** [long]: to ~ for sthg désirer qqch ardemment, soupirer après qqch; he was pining for home il avait le mal du pays. **-2.** [grieve] languir; she was pining for her lover elle se languissait de son amant.

◆ **pine away** *vi insep* dépérir.

**pineal** ['pɪnɪəl] *adj* pinéal, de l'épiphyse.

**pineal gland** *n* épiphyse *f*.

**pineapple** ['paɪnˌæpl] ◇ *n* ananas *m*. ◇ *comp* [juice, chunks] d'ananas; [ice cream] à l'ananas.

**pine cone** *n* pomme de pin *f*.

**pine kernel** *n* pignon *m*, pigne *f* BOT.

**pine marten** *n* martre *f*.

**pine needle** *n* aiguille *f* de pin.

**pine nut** = **pine kernel**.

**pinewood** ['paɪnwʊd] *n* **-1.** [group of trees] pinède *f*. **-2.** [material] bois *m* de pin, pin *m*.

**ping** [pɪŋ] ◇ *n* & *onomat* ding *m*. ◇ *vi* **-1.** faire ding; [timer] sonner. **-2.** *Am* [car engine] cliqueter.

**pinger** ['pɪŋər] *n* minuteur *m* (de cuisine).

**ping-pong, ping pong** ['pɪŋpɒŋ] *n* ping-pong *m*; ~ **ball** balle *f* de ping-pong.

**pinhead** ['pɪnhed] *n* **-1.** literal tête *f* d'épingle. **-2.** *inf* [fool] andouille *f*, crétin *m*.

**pinhole** ['pɪnhəʊl] *n* trou *m* d'épingle.

**pinhole camera** *n* appareil *m* à sténopé.

**pinion** ['pɪnjən] ◇ *n* **-1.** ORNITH [wing] aileron *m*. **-2.** *lit* [wing] aile *f*. **-3.** MECH pignon *m*. ◇ *vt* **-1.** [hold fast] retenir de force;

we were ~ed against the wall by the crowd la foule nous
coinçait contre le mur. **-2.** ORNITH [bird] rogner les ailes à.

**pink** [pɪŋk] ◊ *n* **-1.** [colour] rose *m*.**-2.** *fig*: to be in the ~ (of
health) se porter à merveille. **-3.** [flower] œillet *m*. ◊ *adj* **-1.**
[in colour] rose; **the sky turned** ~ le ciel vira au rose OR rosit;
to go OR to turn ~ with anger/embarrassment rougir de
colère/confusion ❑ to see ~ elephants *hum* voir des éléphants roses. **-2.** *inf* POL [left-wing] de gauche, gauchisant.
◊ *vt* **-1.** [wound – subj: marksman] blesser (légèrement);
[– subj: bullet] érafler. **-2.** SEW cranter. **-3.** [punch holes in] perforer. ◊ *vi Br* [car engine] cliqueter.

**pinkeye** ['pɪŋkaɪ] *n* MED conjonctivite *f* aiguë contagieuse;
VETER ophtalmie *f* périodique.

**pink gin** *n* cocktail *m* de gin et d'angustura.

**pinking** ['pɪŋkɪŋ] *n Br* AUT cliquetis *m*, cliquettement *m*.

**pinking scissors**, **pinking shears** *npl* SEW ciseaux *mpl* à
cranter.

**pin money** *n* argent *m* de poche.

**pinnace** ['pɪnɪs] *n* chaloupe *f*.

**pinnacle** ['pɪnəkl] *n* **-1.** [mountain peak] pic *m*, cime *f*; [rock
formation] piton *m*, gendarme *m*.**-2.** *fig* [of fame, career] apogée *m*, sommet *m*; [of technology] fin *m* du fin. **-3.** ARCHIT pinacle *m*.

**pin number** *n* code *m* confidentiel.

**pinny** ['pɪnɪ] (*pl* **pinnies**) *n inf* tablier *m*.

**Pinocchio** [pɪ'nəʊkɪəʊ] *pr n* Pinocchio.

**pinpoint** ['pɪnpɔɪnt] ◊ *vt* **-1.** [locate – smell, leak] localiser;
[– on map] localiser, repérer. **-2.** [identify – difficulty] mettre le
doigt sur. ◊ *n* pointe *f* d'épingle. ◊ *adj* **-1.** [precise] très
précis; with ~ accuracy avec une précision parfaite. **-2.**
[tiny] minuscule.

**pinprick** ['pɪnprɪk] *n* **-1.** [puncture] piqûre *f* d'épingle. **-2.** [ir-
ritation] agacement *m*, tracasserie *f*.

**pins and needles** *n* (*U*) *inf* fourmillements *mpl*; I've got ~
in my arm j'ai des fourmis dans le bras ❑ to be on ~ *Am* trépigner d'impatience, ronger son frein.

**pinstripe** ['pɪnstraɪp] ◊ *n* TEX rayure *f* (très fine). ◊ *adj* =
pinstriped.

**pinstriped** ['pɪnstraɪpt] *adj* rayé.

**pint** [paɪnt] *n* **-1.** [measure] pinte *f*, ≃ demi-litre *m*.**-2.** *Br inf*
[beer] bière *f*.

**pintail** ['pɪnteɪl] *n* ORNITH pilet *m*.

**pinto** ['pɪntəʊ] (*pl* **pintos** OR **pintoes**) ◊ *n Am* cheval *m* pie.
◊ *adj Am* [gen] tacheté; [horse] pie *(inv)*.

**pinto bean** *n* coco *m* rose.

**pint-sized** *adj inf & pej* tout petit, minuscule.

**pin tuck** *n* SEW nervure *f*.

**pinup** ['pɪnʌp] ◊ *n* pin-up *f inv*. ◊ *adj* [photo] de pin-up; ~
girl pin-up *f*.

**pinwheel** ['pɪnwiːl] *n* **-1.** [firework] soleil *m* *(feu d'artifice)*. **-2.**
[cogwheel] roue *f* dentée. **-3.** *Am* [windmill] moulin *m* à vent
*(jouet)*.

**pinworm** ['pɪnwɜːm] *n* oxyure *m*.

**pion** ['paɪɒn] *n* pion *m* PHYS.

**pioneer** [ˌpaɪə'nɪəʳ] ◊ *n* **-1.** [explorer, settler] pionnier *m*, -ère
*f*.**-2.** [of technique, activity] pionnier *m*, -ère *f*; they were ~s in
the development of heart surgery ils ont ouvert la voie en
matière de chirurgie cardiaque. **-3.** MIL pionnier *m*, sapeur
*m*.**-4.** BOT espèce *f* pionnière. ◊ *comp* [work, research] novateur, original. ◊ *vt*: ~ research in nuclear physics être à
l'avant-garde de la recherche en physique nucléaire; the
town is ~ing a job-creation scheme la municipalité expé-
rimente un nouveau programme de création d'emplois; the
factory ~ed the use of robots l'usine a été la première à
utiliser des robots.

**pioneering** [ˌpaɪə'nɪərɪŋ] *adj* [work, spirit] novateur, original.

**pious** ['paɪəs] *adj* **-1.** [person, act, text] pieux. **-2.** [falsely de-
vout] cagot *lit*, hypocrite. **-3.** [unrealistic] irréel.

**piously** ['paɪəslɪ] *adv* pieusement.

**pip** [pɪp] (*pt & pp* **pipped**, *cont* **pipping**) ◊ *n* **-1.** [in fruit] pépin
*m*. **-2.** *Br* [sound] bip *m*; [during telephone call] tonalité *f* *(indiquant une unité supplémentaire)*; TELEC [time signal]: the ~s le signal sonore, le signal horaire. **-3.** [on playing card, domino]
point *m*.**-4.** [on radar screen] spot *m*.**-5.** *inf phr*: to give sb the

~ *Br dated* courir sur le haricot à qqn. **-6.** VETER pépie *f*. ◊ *vi*
**-1.** [chirrup] pépier. **-2.** [hatch out] éclore. ◊ *vt Br* **-1.** [defeat]
battre, vaincre; to ~ sb at the post coiffer qqn au poteau.
**-2.** *inf* [hit with bullet] atteindre.

**pipe** [paɪp] ◊ *n* **-1.** [for smoking] pipe *f*; he smokes a ~ il
fume la pipe ❑ put that in your ~ and smoke it! *inf* mets ça
dans ta poche et ton mouchoir par-dessus!**-2.** [for gas, liquid
etc] tuyau *m*, conduite *f*; [for stove] tuyau *m*; the ~s have frozen les canalisations ont gelé. **-3.** [boatswain's whistle] sifflet *m*; [boat-
swain's whistle] sifflet *m*; [on organ] tuyau *m*; the ~s [bagpipes]
la cornemuse; a ~ band un orchestre de cornemuses. **-4.**
ANAT & ZOOL tube *m*.**-5.** [birdsong] pépiement *m*, gazouillis
*m*.**-6.** GEOL: volcanic ~ cheminée *f* volcanique.
◊ *comp* [bowl, stem] de pipe; [tobacco] à pipe. ◊ *vt* **-1.**
[convey – liquid] acheminer par tuyau; the irrigation system
will ~ water to the fields le système d'irrigation amènera
l'eau jusqu'aux champs; to ~ coolant through a system
faire circuler un produit refroidissant dans un système. **-2.**
MUS [tune] jouer. **-3.** NAUT [order] siffler; to ~ sb aboard rendre à qqn les honneurs du sifflet *(quand il monte à bord)*. **-4.**
[say] dire d'une voix flûtée. **-5.** SEW passepoiler. **-6.** CULIN: to
~ cream onto a cake décorer un gâteau de crème fouettée
*(à l'aide d'une poche à douille)*.
◊ *vi* MUS [on bagpipes] jouer de la cornemuse; [on simple pipe]
jouer du pipeau.
♦ **pipe down** *vi insep inf* la mettre en sourdine.
♦ **pipe up** *vi insep* **-1.** [person] se faire entendre. **-2.** [band]
se mettre à jouer.

**pipeclay** ['paɪpkleɪ] *n* terre *f* de pipe.

**pipe cleaner** *n* cure-pipe *m*.

**piped music** [paɪpt-] *n* musique *f* d'ambiance.

**pipe dream** *n* chimère *f*.

**pipeline** ['paɪplaɪn] *n* **-1.** [gen] pipeline *m*; [for oil] oléoduc *m*;
[for gas] gazoduc *m*.**-2.** *fig*: he's got another film/project in
the ~ il travaille actuellement sur un autre film/projet;
changes are in the ~ for next year des changements sont
prévus pour l'année prochaine.

**pipe organ** *n* grandes orgues *fpl*.

**piper** ['paɪpəʳ] *n* [gen] joueur *m*, -euse *f* de pipeau; [of bag-
pipes] joueur *m*, -euse *f* de cornemuse, cornemuseur *m*; he
who pays the ~ calls the tune *prov* celui qui paie les pipeaux commande la musique *prov*.

**pipette** *Br*, **pipet** *Am* [pɪ'pet] *n* pipette *f*.

**piping** ['paɪpɪŋ] ◊ *n* **-1.** [system of pipes] tuyauterie *f*, canalisations *fpl*; a piece of copper ~ un tuyau de cuivre. **-2.** SEW
passepoil *m*.**-3.** MUS [gen] son *m* du pipeau OR de la flûte; [of
bagpipes] son de la cornemuse. **-4.** CULIN décoration *f* (appliquée à la douille). ◊ *adv* [as intensifier]: ~ hot très chaud,
brûlant. ◊ *adj* [voice] flûté.

**piping bag** *n* CULIN poche *f* à douille.

**pipit** ['pɪpɪt] *n* pipit *m*.

**pippin** ['pɪpɪn] *n* **-1.** [apple] (pomme *f*) reinette *f*.**-2.** [seed]
pépin *m*.

**pipsqueak** ['pɪpskwiːk] *n inf & pej* demi-portion *f*.

**piquancy** ['piːkənsɪ] *n* **-1.** [interest] piquant *m*, piment *m*.**-2.**
[taste] goût *m* piquant.

**piquant** ['piːkənt] *adj* piquant.

**pique** [piːk] ◊ *n* dépit *m*, ressentiment *m*; he resigned in a
fit of ~ il a démissionné par pur dépit, il était tellement dépité qu'il a démissionné. ◊ *vt* **-1.** [vex] dépiter, irriter, froisser. **-2.** [arouse] piquer, exciter; my curiosity was ~d cela a
piqué ma curiosité. **-3.** [pride]: to ~ o.s. on (doing) sthg se
piquer de (faire) qqch.

**piqued** [piːkt] *adj* [resentful] vexé, froissé.

**piracy** ['paɪrəsɪ] (*pl* **piracies**) *n* **-1.** [of vessel] piraterie *f*; air ~
piraterie aérienne. **-2.** [of software, book, tape etc] piratage *m*;
[of idea] copie *f*, vol *m*.

**Piraeus** [paɪ'riːəs] *pr n* Le Pirée.

**piranha** [pɪ'rɑːnə] (*pl inv* OR **piranhas**) *n* piranha *m*, piraya *m*.

**pirate** ['paɪrət] ◊ *n* **-1.** [person] pirate *m*; [ship] navire *m* de
pirates. **-2.** [of software, book, tape etc] pirate *m*; [of idea]
voleur *m*, -euse *f*. ◊ *comp* [raid, flag] de pirates. ◊ *vt* [software,
book, tape etc] pirater; [idea] s'approprier, voler; ~d edition
édition *f* pirate.

**pirate radio** *n* radio *f* pirate.

**piratical** [paɪˈrætɪkl] *adj* de pirate.
**pirouette** [ˌpɪruˈet] ◇ *n* pirouette *f*. ◇ *vi* pirouetter.
**Pisa** [ˈpiːzə] *pr n* Pise.
**Pisces** [ˈpaɪsiːz] ◇ *pr n* ASTROL & ASTRON Poissons *mpl*. ◇ *n*: she's (a) ~ elle est Poissons.
**piss**▽ [pɪs] *vi* **-1.** [urinate] pisser. **-2.** [rain]: it's ~ing with rain il pleut comme vache qui pisse. ◇ *vt* pisser. ◇ *n* pisse *f*; to have OR to take a ~ pisser (un coup) ❑ to go on the ~ se soûler la gueule; to take the ~ out of sb *Br* [mock] se foutre de la gueule de qqn; *Am* [calm down] calmer qqn; it's a piece of ~ *Br* c'est du gâteau.
◆ **piss about**▽ *Br*, **piss around**▽ ◇ *vi insep* déconner, faire le con. ◇ *vt sep* emmerder.
◆ **piss down**▽ *vi insep* [rain]: it's ~ing (it) down il pleut comme vache qui pisse.
◆ **piss off**▽ ◇ *vi insep* foutre le camp; ~ off! fous OR fous-moi le camp! ◇ *vt sep* faire chier; to be ~ed off [bored] s'emmerder; [angry] être en rogne; to be ~ed off with sb en avoir plein le cul de qqn.
**pissed**▽ [pɪst] *adj* **-1.** [drunk] beurré, schlass; to get ~ se soûler la gueule ❑ to be ~ as a newt OR out of one's head être soûl comme un cochon OR complètement noir. **-2.** *Am* [angry] en rogne; I was pretty ~ about it ça m'a vraiment foutu en rogne.
**pisshead**▽ [ˈpɪshed] *n* **-1.** *Br* [drunkard] poivrot *m*, -e *f*, soûlard *m*, -e *f*. **-2.** *Am* [mean person] salaud *m*, salope *f*; [bore] emmerdeur *m*, -euse *f*.
**piss-take**▽ *n* [mockery] mise *f* en boîte; [of book, film] parodie *f*.
**piss-up**▽ *n Br*: to go on OR to have a ~ se biturer, se soûler la gueule ❑ he couldn't organise a ~ in a brewery il n'est pas foutu d'organiser quoi que ce soit.
**pistachio** [pɪˈstɑːʃɪəʊ] (*pl* **pistachios**) ◇ *n* **-1.** [nut] pistache *f*; [tree] pistachier *m*. **-2.** [colour] (vert de) pistache *m*. ◇ *adj* (vert) pistache (*inv*).
**piste** [piːst] *n* piste *f* (de ski).
**pistil** [ˈpɪstɪl] *n* pistil *m*.
**pistol** [ˈpɪstl] *n* pistolet *m*; he's holding a ~ to her head *fig* il lui met le couteau sur la gorge.
**pistol grip** *n* [of tool, camera] crosse *f*.
**pistol-whip** *vt* frapper (au visage) avec un pistolet.
**piston** [ˈpɪstən] *n* piston *m* MECH.
**piston ring** *n* segment *m* (de piston).
**piston rod** *n* tige *f* de piston, bielle *f*.
**pit** [pɪt] (*pt* & *pp* **pitted**, *cont* **pitting**) ◇ *n* **-1.** [hole in ground] fosse *f*, trou *m*; [pothole in road] nid *m* de poule. **-2.** [shallow mark – in metal] marque *f*, piqûre *f*; [– on skin] cicatrice *f*, marque *f*. **-3.** [mine] mine *f*, puits *m*; [mineshaft] puits *m* de mine; to go down the ~ descendre dans la mine; to work down the ~ travailler à la mine. **-4.** [quarry] carrière *f*. **-5.** *Br* THEAT [for orchestra] fosse *f* (d'orchestre); [seating section] parterre *m*. **-6.** *Am* ST. EX parquet *m* (de la Bourse). **-7.** (*usu pl*) AUT [at race track] stand *m* (de ravitaillement); to make a ~ stop s'arrêter au stand. **-8.** [in cockfighting] arène *f*. **-9.** SPORT [for long jump] fosse *f*. **-10.** ANAT creux *m*; the ~ of the stomach le creux de l'estomac. **-11.** *Am* [in fruit] noyau *m*. **-12.** *lit* [hell]: the ~ l'enfer *m*.
◇ *comp* [closure] de mine; [worker] de fond; [accident] minier; ~ pony cheval *m* de mine; ~ prop poteau *m* OR étau *m* de mine, étançon *m*.
◇ *vt* **-1.** [mark] marquer; his face was pitted with acne son visage était criblé d'acné; a road pitted with potholes une route criblée de nids-de-poule; pitted with rust piqué par la rouille. **-2.** [oppose] opposer, dresser; she was pitted against the champion on l'a opposée à la championne; to ~ one's wits against sb se mesurer à OR avec qqn. **-3.** *Am* [fruit] dénoyauter.
◆ **pits** *npl inf* [awful thing, place]: it's the ~s! c'est l'horreur!
**pit-a-pat** = **pitter-patter**.
**pit bull terrier** *n* pit bull *m*.
**pitch** [pɪtʃ] ◇ *vt* **-1.** [throw] lancer, jeter; she found herself ~ed into the political arena *fig* elle se trouva propulsée dans l'arène politique. **-2.** MUS [note] donner le ton de; [one's voice] poser; the music was ~ed too high/low for her le ton était trop haut/bas pour elle. **-3.** [set level of]: we must ~ the price at the right level il faut fixer le prix

au bon niveau; our prices are ~ed too high nos prix sont trop élevés; he ~ed his speech at the level of the man in the street son discours était à la portée de l'homme de la rue, il avait rendu son discours accessible à l'homme de la rue. **-4.** [set up – camp] établir. **-5.** [in cricket] lancer; [in golf] pitcher. **-6.** *inf* [tell] raconter.
◇ *vi* **-1.** [fall over] tomber; to ~ headlong tomber la tête la première; the passengers ~ed forwards/backwards les passagers ont été projetés en avant/en arrière. **-2.** [bounce – ball] rebondir. **-3.** AERON & NAUT tanguer. **-4.** [in baseball] lancer, être lanceur; to be in there ~ing *Am inf & fig* y mettre du sien. **-5.** [slope – roof] être incliné.
◇ *n* **-1.** [tone] ton *m*. **-2.** [particular level or degree] niveau *m*, degré *m*; [highest point] comble *m*; the suspense was at its highest ~ le suspense était à son comble. **-3.** *Br* [sports field] terrain *m*. **-4.** [act of throwing] lancer *m*, lancement *m*; the ball went full ~ through the window la balle passa à travers la vitre sans rebondir. **-5.** *Br inf* [street vendor's place] place *f*, emplacement *m*. **-6.** *inf* [spiel] boniment *m*. **-7.** [slope – of roof etc] pente *f*, inclinaison *f*. **-8.** [movement – of boat, aircraft] tangage *m*. **-9.** TECH [of screw, cogwheel, rotor] pas *m*. **-10.** [in golf] pitch *m*. **-11.** [natural tar] poix *f*; [distillation residue] brai *m*. **-12.** *Am inf phr*: to make a ~ for sthg jeter son dévolu sur qqch; he made a ~ at her il lui a fait du plat, il a essayé de la draguer.
◆ **pitch in** *vi insep* [start work] s'attaquer au travail; [lend a hand] donner un coup de main.
◆ **pitch into** *vt insep* [attack]: they ~ed into me ils me sont tombés dessus; they ~ed into the meal ils ont attaqué le repas.
◆ **pitch out** *vt sep* [rubbish] jeter; [person] expulser, mettre à la porte.
**pitch-black** *adj* [water] noir comme de l'encre; [hair] noir ébène (*inv*); [night] noir; it's ~ in here il fait noir comme dans un four ici.
**pitch-dark** *adj* [night] noir; it was ~ inside à l'intérieur, il faisait noir comme dans un four.
**pitched** [pɪtʃt] *adj* [roof] en pente.
**pitched battle** *n* MIL & *fig* bataille *f* rangée.
**pitcher** [ˈpɪtʃər] *n* **-1.** [jug – earthenware] cruche *f*; [– metal, plastic] broc *m*; *Am* [smaller – for milk] pot *m*. **-2.** [in baseball] lanceur *m*.
**pitchfork** [ˈpɪtʃfɔːk] ◇ *n* fourche *f* (à foin). ◇ *vt* **-1.** [hay] fourcher. **-2.** *fig* [person] propulser.
**pitch pine** *n* pitchpin *m*.
**pitch pipe** *n* diapason *m* (sifflet).
**piteous** [ˈpɪtɪəs] *adj* pitoyable.
**piteously** [ˈpɪtɪəslɪ] *adv* pitoyablement.
**pitfall** [ˈpɪtfɔːl] *n* **-1.** [hazard] embûche *f*, piège *m*. **-2.** HUNT piège *m*, trappe *f*.
**pith** [pɪθ] *n* **-1.** [in citrus fruit] peau *f* blanche (*sous l'écorce des agrumes*). **-2.** [crux] substance *f*, moelle *f*; [force] vigueur *f*, force *f*. **-3.** [in stem, bone] moelle *f*.
**pithead** [ˈpɪthed] *n* carreau *m* de mine; ~ ballot vote *m* des mineurs.
**pith helmet** *n* casque *m* colonial.
**pithy** [ˈpɪθɪ] (*compar* **pithier**, *superl* **pithiest**) *adj* [comment, writing] concis, lapidaire.
**pitiable** [ˈpɪtɪəbl] *adj* **-1.** [arousing pity] pitoyable. **-2.** [arousing contempt] piteux, lamentable.
**pitiably** [ˈpɪtɪəblɪ] *adv* **-1.** [touchingly] pitoyablement. **-2.** [contemptibly] lamentablement.
**pitiful** [ˈpɪtɪfʊl] *adj* **-1.** [arousing pity] pitoyable; it's ~ to see people living on the street cela fait pitié de voir des gens à la rue. **-2.** [arousing contempt] piteux, lamentable.
**pitifully** [ˈpɪtɪfʊlɪ] *adv* **-1.** [touchingly] pitoyablement; she was ~ thin sa maigreur faisait peine à voir, elle était maigre à faire pitié. **-2.** [contemptibly] lamentablement; a ~ bad performance une prestation lamentable.
**pitiless** [ˈpɪtɪlɪs] *adj* [person] impitoyable, sans pitié; [weather] rude, rigoureux.
**pitilessly** [ˈpɪtɪlɪslɪ] *adv* impitoyablement, sans pitié.
**pitman** [ˈpɪtmən] (*pl* **pitmen** [-mən]) *n dial* mineur *m*.
**piton** [ˈpiːtɒn] *n* piton *m* (d'alpiniste).
**pitta (bread)** [ˈpɪtə-] *n* pita *m*.

**pittance** ['pɪtəns] *n* somme *f* misérable OR dérisoire.

**pitted** ['pɪtɪd] *adj* [olives, cherries] dénoyauté.

**pitter-patter** ['pɪtə‚pætəʳ] ◇ *n* [of rain, hail] crépitement *m*; [of feet] trottinement *m*; [of heart] battement *m*. ◇ *adv*: to go ~ [feet] trottiner; [heart] palpiter.

**pituitary** [pɪ'tjuːtrɪ] ◇ *n*: ~ (gland) glande *f* pituitaire, hypophyse *f*. ◇ *adj* pituitaire.

**pity** ['pɪtɪ] (*pl* pities, *pt* & *pp* pitied) ◇ *n* **-1.** [compassion] pitié *f*, compassion *f*; I feel great ~ for them j'ai beaucoup de pitié pour eux, je les plains énormément; the sight moved her to ~ le spectacle l'a apitoyée OR attendrie; out of ~ par pitié; to take OR to have ~ on sb avoir pitié de qqn. **-2.** [mercy] pitié *f*, miséricorde *f*; have ~ on the children! ayez pitié des enfants!; he showed no ~ to the traitors il s'est montré impitoyable envers les traîtres; for ~'s sake! [entreaty] pitié!; [annoyance] par pitié! **-3.** [misfortune, shame] dommage *m*; what a ~! c'est dommage!; it's a ~ (that) she isn't here quel dommage qu'elle ne soit pas là; it seems a ~ not to finish the bottle ce serait dommage de ne pas finir la bouteille; we're leaving tomorrow, more's the ~ nous partons demain, malheureusement. ◇ *vt* avoir pitié de, s'apitoyer sur; he pities himself il s'apitoie sur son sort; they are greatly to be pitied ils sont bien à plaindre.

**pitying** ['pɪtɪɪŋ] *adj* [look, smile] de pitié, compatissant.

**pityingly** ['pɪtɪɪŋlɪ] *adv* avec compassion, avec pitié.

**Pius** ['paɪəs] *pr n* Pie.

**pivot** ['pɪvət] ◇ *n* MECH, MIL & fig pivot *m*. ◇ *vi* **-1.** *literal* pivoter. **-2.** *fig*: his life ~s around his family toute son existence tourne autour de sa famille. ◇ *vt* faire pivoter.

**◆ pivot on** *vt insep fig* dépendre de.

**pivotal** ['pɪvətl] *adj* [crucial] crucial, central.

**pixel** ['pɪksl] *n* pixel *m*.

**pixie** ['pɪksɪ] *n* fée *f*, lutin *m*; ~ hat bonnet *m* pointu; ~ boots bottines *fpl*.

**pixy** ['pɪksɪ] (*pl* pixies) = pixie.

**pizza** ['piːtsə] *n* pizza *f*.

**pizzazz** [pɪ'zæz] *n inf* [dynamism] tonus *m*, punch *m*; [panache] panache *m*.

**pizzeria** [‚piːtsə'rɪə] *n* pizzeria *f*.

**pizzicato** [‚pɪtsɪ'kɑːtəʊ] *n* pizzicato *m*.

**pl** *written abbr of* **plural**.

**Pl.** *written abbr of* **place**.

**P & L** *written abbr of* **profit and loss**.

**placard** ['plækɑːd] ◇ *n* [on wall] affiche *f*, placard *m*; [handheld] pancarte *f*. ◇ *vt* **-1.** [wall, town] placarder. **-2.** [advertisement] placarder, afficher.

**placate** [plə'keɪt] *vt* apaiser, calmer.

**placating** [plə'keɪtɪŋ] *adj* apaisant, lénifiant.

**placatory** [plə'keɪtərɪ] *adj* apaisant, conciliant.

**place** [pleɪs] ◇ *n* **-1.** [gen – spot, location] endroit *m*, lieu *m*; keep the documents in a safe ~ gardez les documents en lieu sûr; 'store in a cool ~' 'à conserver au frais'; this is neither the time nor the ~ to discuss it ce n'est ni le moment ni le lieu pour en discuter; I had no particular ~ to go je n'avais nulle part où aller; her leg is fractured in two ~s elle a deux fractures à la jambe ❑ to go ~s [travel] aller quelque part; that girl will go ~s! *inf* cette fille ira loin!; ~ of birth lieu de naissance; ~ of safety order *ordonnance autorisant une personne ou un organisme à garder des enfants maltraités en lieu sûr*. -2. *Am* [in adverbial phrases]: no ~ nulle part; some ~ quelque part; I've looked every ~ j'ai cherché partout. **-3.** [locality]: do you know the ~ well? est-ce que tu connais bien le coin?; the whole ~ went up in flames [building] tout l'immeuble s'est embrasé; [house] toute la maison s'est embrasée; how long have you been working in this ~? depuis combien de temps travaillez-vous ici?; ~ of work lieu *m* de travail; we had lunch at a little ~ in the country nous avons déjeuné dans un petit restaurant de campagne ❑ to shout OR to scream the ~ down *inf* hurler comme un forcené. **-4.** [house] maison *f*; [flat] appartement *m*; nice ~ you've got here c'est joli chez vous; your ~ or mine? on va chez toi ou chez moi? **-5.** [proper or assigned position] place *f*; take your ~s! prenez vos places!; suddenly everything fell OR clicked into ~ fig [I saw the light] tout à coup, ça a fait tilt; [everything went well] tout d'un coup, tout

s'est arrangé; I'll soon put him in his ~ j'aurai vite fait de le remettre à sa place; to know one's ~ savoir se tenir à sa place; it's not really my ~ to say ce n'est pas à moi de le dire. **-6.** [role, function] place *f*; what would you do (if you were) in my ~? que feriez-vous (si vous étiez) à ma place?; if she leaves there's nobody to take OR to fill her ~ si elle part, il n'y a personne pour la remplacer. **-7.** [seat – on train, in theatre etc] place *f*; [– on committee] siège *m*; save me a ~ garde-moi une place; to change ~s with sb *literal* échanger sa place contre celle de qqn; *fig* être à la place de qqn; I wouldn't change ~s with her for anything pour rien au monde je n'aimerais être à sa place. **-8.** [table setting] couvert *m*.**-9.** [post, vacancy] place *f*, poste *m*; to get a ~ at university être admis à l'université; there is keen competition for university ~s il y a une forte compétition pour les places en faculté. **-10.** [ranking – in competition, hierarchy etc] place *f*; Brenda took third ~ in the race/exam Brenda a terminé troisième de la course/a été reçue troisième à l'examen; the team is in fifth ~ l'équipe est en cinquième position; for me, work takes second ~ to my family pour moi, la famille passe avant le travail. **-11.** [in book, speech etc]: I've lost my ~ je ne sais plus où j'en étais. **-12.** MATH: to 3 decimal ~s, to 3 ~s of decimals jusqu'à la troisième décimale. **-13.** *phr*: to take ~ avoir lieu.

◇ *vt* **-1.** [put, set] placer, mettre; he ~d an ad in the local paper il a fait passer OR mis une annonce dans le journal local; the proposals have been ~d before the committee les propositions ont été soumises au comité. **-2.** [find work or a home for] placer. **-3.** (*usu passive*) [situate] placer, situer; you are better ~d to judge than I am vous êtes mieux placé que moi pour en juger; how are you ~d for money at the moment? quelle est ta situation financière en ce moment?**-4.** (*usu passive*) [rank – in competition, race etc] placer, classer; the runners ~d in the first five go through to the final les coureurs classés dans les cinq premiers participent à la finale; the horse we bet on wasn't even ~d le cheval sur lequel nous avions parié n'est même pas arrivé placé; I would ~ her amongst the best writers of our time je la classerais parmi les meilleurs écrivains de notre époque. **-5.** [identify] (se) remettre; I can't ~ him je n'arrive pas à (me) le remettre. **-6.** [order] placer, passer; [bet] placer; ~ your bets! [in casino] faites vos jeux!

◇ *vi Am* [in racing] être placé.

**◆ all over the place** *adv phr* [everywhere] partout; [in disorder] en désordre; my hair's all over the ~ je suis complètement décoiffé.

**◆ in place** *adv phr* en place.

**◆ in place of** *prep phr* à la place de.

**◆ in places** *adv phr* par endroits.

**◆ in the first place** *adv phr*: what drew your attention to it in the first ~? qu'est-ce qui a attiré votre attention à l'origine OR en premier lieu?; I didn't want to come in the first ~ d'abord, je ne voulais même pas venir; in the first ~, it's too big, and in the second ~... premièrement, c'est trop grand, et deuxièmement..., primo, c'est trop grand, et secundo...

**◆ out of place** *adj phr*: he felt out of ~ amongst so many young people il ne se sentait pas à sa place parmi tous les jeunes; such remarks are out of ~ at a funeral de telles paroles sont déplacées lors d'un enterrement.

**placebo** [plə'siːbəʊ] (*pl* placebos OR placeboes) *n literal* & fig placebo *m*.

**placebo effect** *n* MED effet *m* placebo.

**place card** *n* carte *f* marquant la place des convives à table.

**place kick** *n* SPORT coup *m* de pied placé.

**place mat** *n* set *m* (de table).

**placement** ['pleɪsmənt] *n* **-1.** [gen – act of putting, sending] placement *m*; [situation, position] situation *f*, localisation *f*.**-2.** [job-seeking] placement *m*; ~ office *Am* UNIV centre *m* d'orientation (professionnelle). **-3.** [work experience] stage *m* en entreprise.

**placenta** [plə'sentə] (*pl* placentas OR placentae [-tiː]) *n* placenta *m*.

**place setting** *n* couvert *m*.

**placid** ['plæsɪd] *adj* [person, attitude] placide; [lake, town] tranquille, calme.

**placidly** ['plæsɪdlɪ] *adv* placidement.

**placing** ['pleɪsɪŋ] *n* [act of putting] placement *m*; [situation, position] situation *f*, localisation *f*; [arrangement] disposition *f*.

**plagiarism** ['pleɪdʒərɪzm] *n* plagiat *m*.

**plagiarist** ['pleɪdʒərɪst] *n* plagiaire *mf*.

**plagiarize, -ise** ['pleɪdʒəraɪz] *vt* plagier.

**plague** [pleɪg] ◊ *n* **-1.** [bubonic]: the ~ la peste; to avoid sb like the ~ fuir qqn comme la peste. **-2.** [epidemic] épidémie *f*; there's been a veritable ~ of burglaries *fig* il y a eu toute une série de cambriolages. **-3.** [scourge] fléau *m*; BIBLE plaie *f*; a ~ of rats une invasion de rats. **-4.** *inf* [annoying person] enquiquineur *m*, -euse *f*. ◊ *vt* **-1.** [afflict] tourmenter; the region is ~d by floods la région est en proie aux inondations; we are ~d with tourists in the summer l'été, nous sommes envahis par les touristes; it's an old injury that still ~s him c'est une vieille blessure dont il souffre encore; the industry has been ~d with strikes this year l'industrie a beaucoup souffert des grèves cette année. **-2.** [pester] harceler; to ~ sb with telephone calls harceler qqn de coups de téléphone.

**plaice** [pleɪs] (*pl inv* OR **plaices**) *n* carrelet *m*, plie *f*.

**plaid** [plæd] ◊ *n* **-1.** [fabric, design] tartan *m*, tissu *m* écossais. **-2.** [worn over shoulder] plaid *m*. ◊ *adj* (en tissu) écossais.

**Plaid Cymru** [,plaɪd'kʌmrɪ] *pr n parti nationaliste gallois*.

**plain** [pleɪn] ◊ *n* **-1.** plaine *f*. **-2.** [in knitting] maille *f* à l'endroit.
◊ *adj* **-1.** [not patterned, unmarked] uni; under ~ cover, in a ~ envelope sous pli discret; ~ paper [unheaded] papier sans en-tête; [unruled] papier non réglé. **-2.** [simple, not fancy] simple; she was just ~ Sarah Ferguson then elle s'appelait tout simplement Sarah Ferguson à l'époque; I like good ~ cooking j'aime la bonne cuisine bourgeoise OR simple || [with nothing added – omelette, rice] nature (*inv*). **-3.** [clear, obvious] clair, évident, manifeste; it soon became ~ that I was lost j'ai vite réalisé OR je me suis vite rendu compte que j'étais égaré; the facts are ~ c'est clair, les choses sont claires; I want to make our position absolutely ~ to you je veux que vous compreniez bien notre position; he made it ~ to us that he wasn't interested il nous a bien fait comprendre que cela ne l'intéressait pas; I thought I'd made myself ~ je croyais avoir été assez clair ❑ it's as ~ as a pikestaff OR as the nose on your face *inf* c'est clair comme de l'eau de roche, ça saute aux yeux. **-4.** [blunt, unambiguous] franc (*f* franche); the ~ truth of the matter is I'm bored la vérité, c'est que je m'ennuie; I want a ~ yes or no answer je veux une réponse claire et nette; the time has come for ~ words OR speaking le moment est venu de parler franchement; I told him in ~ English what I thought je lui ai dit ce que je pensais sans mâcher mes mots. **-5.** [unattractive] pas très beau, quelconque; she's a bit of a ~ Jane ce n'est pas une beauté OR une Vénus. **-6.** [in knitting]: ~ stitch/row maille *f*/rang *m* à l'endroit.
◊ *adv* **-1.** [clearly] franchement, carrément; you couldn't have put it any ~er tu n'aurais pas pu être plus clair. **-2.** *Am inf* [utterly] complètement, carrément.

**plain chocolate** *n* chocolat *m* noir OR à croquer.

**plain clothes** *npl*: to be in OR to wear ~ être en civil.
♦ **plain-clothes** *adj* en civil.

**plain flour** *n* farine *f* (sans levure).

**plainly** ['pleɪnlɪ] *adv* **-1.** [manifestly] clairement, manifestement. **-2.** [distinctly – remember, hear] clairement, distinctement. **-3.** [simply – dress, lunch] simplement. **-4.** [bluntly, unambiguously] franchement, carrément, sans ambages.

**plain sailing** *n*: it's ~ from now on maintenant ça va marcher tout seul OR comme sur des roulettes.

**plainsong** ['pleɪnsɒŋ] *n* plain-chant *m*.

**plain-spoken** [-'spəʊkn] *adj* qui a son franc-parler.

**plaintiff** ['pleɪntɪf] *n* JUR demandeur *m*, -eresse *f*, plaignant *m*, -e *f*.

**plaintive** ['pleɪntɪv] *adj* [voice, sound] plaintif.

**plait** [plæt] ◊ *n* [of hair] natte *f*, tresse *f*; [of straw] tresse *f*. ◊ *vt* [hair, rope, grass] natter, tresser; [garland] tresser.

**plan** [plæn] (*pt* & *pp* **planned**, *cont* **planning**) ◊ *n* **-1.** [strategy] plan *m*, projet *m*; to draw up OR to make a ~ dresser OR établir un plan; what's your ~ of action OR campaign? qu'est-ce que vous comptez faire?; to put a ~ into operation mettre un plan en œuvre; to go according to ~ se dé-

rouler comme prévu OR selon les prévisions; five-year ~ ECON plan quinquennal; flight/career ~ plan de vol/de carrière. **-2.** [intention, idea] projet *m*; we had made ~s to stay at a hotel nous avions prévu de descendre à l'hôtel; what are your ~s for Monday? qu'est-ce que tu as prévu pour lundi?; the ~ is to meet up at John's l'idée, c'est de se retrouver chez John. **-3.** [diagram, map] plan *m*. **-4.** [outline – of book, essay, lesson] plan *m*; rough ~ canevas *m*, esquisse *f*. **-5.** ARCHIT plan *m*.
◊ *vt* **-1.** [organize in advance – project] élaborer; [– concert, conference] organiser, monter; [– crime, holiday, trip, surprise] préparer; ECON planifier; ~ your time carefully organisez votre emploi du temps avec soin; they're planning a new venture ils ont en projet une nouvelle entreprise; the Pope's visit is planned for March la visite du pape doit avoir lieu en mars; an industrial estate is planned for this site il est prévu d'aménager un parc industriel sur ce site; everything went as planned tout s'est déroulé comme prévu. **-2.** [intend] projeter; we're planning to go to the States nous projetons d'aller aux États-Unis; ~ to finish it in about four hours comptez environ quatre heures pour le terminer. **-3.** [design – house, garden, town] concevoir, dresser les plans de. **-4.** [make outline of – book, essay] faire le plan de, esquisser; [– lesson] préparer.
◊ *vi* faire des projets; it is important to ~ ahead il est important de faire des projets pour l'avenir.
♦ **plan for** *vt insep* prévoir.
♦ **plan on** *vt insep* **-1.** [intend] projeter; what are you planning on doing? qu'est-ce que vous projetez de faire OR vous avez l'intention de faire? **-2.** [expect] compter sur; we hadn't planned on it raining nous n'avions pas prévu qu'il pleuvrait.

**plane** [pleɪn] ◊ *n* **-1.** [aeroplane] avion *m*; ~ crash accident d'avion. **-2.** ARCHIT, ART & MATH plan *m*. **-3.** [level, degree] plan *m*; she's on a higher intellectual ~ elle est d'un niveau intellectuel plus élevé. **-4.** [tool] rabot *m*. **-5.** BOT: ~ (tree) platane *m*. ◊ *adj* [flat] plan, plat; MATH plan. ◊ *vi* **-1.** [glide] planer. **-2.** *inf* [travel by plane] voyager par OR en avion. ◊ *vt* [in carpentry]: ~ (down) raboter.

**planet** ['plænɪt] *n* planète *f*.

**planetarium** [,plænɪ'teərɪəm] (*pl* **planetariums** OR **planetaria** [-rɪə]) *n* planétarium *m*.

**planetary** ['plænɪtrɪ] *adj* planétaire.

**plank** [plæŋk] ◊ *n* **-1.** [board] planche *f*; to walk the ~ subir le supplice de la planche. **-2.** POL article *m*; the main ~ of their policy la pièce maîtresse de leur politique. ◊ *vt* [floor, room] planchéier.

**plankton** ['plæŋktən] *n* plancton *m*.

**planned** [plænd] *adj* [trip] projeté; [murder] prémédité; [baby] désiré, voulu; news of the ~ sale was leaked le projet de vente s'est ébruité ❑ ~ economy ECON économie *f* planifiée; ~ obsolescence INDUST obsolescence *f* planifiée, désuétude *f* calculée; ~ parenthood planning *m* familial.

**planner** ['plænər] *n* **-1.** [ECON & gen] planificateur *m*, -trice *f*; (town) ~ urbaniste *mf*. **-2.** [in diary, on wall] planning *m*.

**planning** ['plænɪŋ] *n* **-1.** [of concert, conference] organisation *f*; [of lesson, menu] préparation *f*; [of campaign] organisation *f*, préparation *f*; the new product is still in the ~ stage le nouveau produit n'en est encore qu'au stade de projet. **-2.** [of economy, production] planification *f*; demographic ~ planification des naissances. **-3.** [of town, city] urbanisme *m*.

**planning permission** *n* (U) permis *m* de construire.

**plant** [plɑːnt] ◊ *n* **-1.** BOT plante *f*. **-2.** [factory] usine *f*. **-3.** (U) [industrial equipment] équipement *m*, matériel *m*; [buildings and equipment] bâtiments et matériel. **-4.** *inf* [frame-up] coup *m* monté. **-5.** *inf* [infiltrator] agent *m* infiltré, taupe *f*. ◊ *comp* BOT: ~ food engrais *m* (*pour plantes d'appartement*); ~ life flore *f*. ◊ *vt* **-1.** [flowers, crops, seed] planter; fields ~ed with wheat des champs (plantés) de blé. **-2.** *inf* [firmly place] planter; she ~ed herself in the doorway elle se planta OR se campa dans l'entrée || [offload]: they ~ed their kids on us for the weekend ils nous ont laissé leurs gosses sur les bras pour le week-end. **-3.** *inf* [give – kick, blow] envoyer, donner; [– kiss] planter; he ~ed a punch on his nose il lui a mis un coup de poing sur le nez. **-4.** [in someone's mind] mettre, introduire. **-5.** [hide – bomb] mettre, placer; [– microphone] cacher; [infiltrate – spy] infiltrer; to ~ evidence on sb cacher un

objet compromettant sur qqn pour l'incriminer.
◆ **plant out** *vt sep* [young plants] repiquer.

**plantain** ['plæntɪn] *n* plantain *m*.

**plantation** [plæn'teɪʃn] *n* plantation *f*; **sugar** ~ plantation de canne à sucre.

**planter** ['plɑːntəʳ] *n* **-1.** [person] planteur *m*, -euse *f*.**-2.** [machine] planteuse *f*.**-3.** [flowerpot holder] cache-pot *m inv*.

**plant kingdom** *n*: the ~ le règne végétal.

**plant pot** *n* pot *m* (de fleurs).

**plaque** [plɑːk] *n* **-1.** [on wall, monument] plaque *f*.**-2.** DENT: (dental) ~ plaque *f* dentaire.

**plash** [plæʃ] *lit* ◇ *n* [of waves, oars] clapotement *m*, clapotis *m*; [of stream, fountain] murmure *m*. ◇ *vi* [waves] clapoter; [oars] frapper l'eau avec un bruit sourd; [stream, fountain] murmurer.

**plasma** ['plæzmə] *n* MED & PHYS plasma *m*.

**plaster** ['plɑːstəʳ] ◇ *n* **-1.** [for walls, modelling] plâtre *m*; ~ **of** Paris plâtre de Paris OR à mouler. **-2.** [for broken limbs] plâtre *m*; her arm was in ~ *Br* elle avait le bras dans le plâtre. **-3.** *Br* [for cut]: (sticking) ~ pansement *m* (adhésif). ◇ *comp* [model, statue] de OR en plâtre. ◇ *vt* **-1.** CONSTR & MED plâtrer. **-2.** [smear – ointment, cream] enduire; she had ~ed make-up on her face, her face was ~ed with make-up elle avait une belle couche de maquillage sur la figure; they were ~ed with mud ils étaient couverts de boue. **-3.** [make stick] coller; he tried to ~ his hair down with oil il mit de l'huile sur ses cheveux pour essayer de les plaquer sur sa tête. **-4.** [cover]: to ~ sthg with couvrir qqch de; the town was ~ed with election posters les murs de la ville étaient tapissés OR recouverts d'affiches électorales. **-5.** *inf* [defeat heavily] écraser; [beat up] tabasser, passer à tabac.
◆ **plaster over**, **plaster up** *vt sep* [hole, crack] boucher (avec du plâtre).

**plasterboard** ['plɑːstəbɔːd] *n* Placoplâtre® *m*.

**plaster cast** *n* **-1.** MED plâtre *m*.**-2.** ART moule *m* (en plâtre).

**plastered** ['plɑːstəd] *adj inf* [drunk] bourré; to get ~ se soûler.

**plasterer** ['plɑːstərəʳ] *n* plâtrier *m*.

**plastering** ['plɑːstərɪŋ] *n* CONSTR plâtrage *m*.

**plasterwork** ['plɑːstəwɜːk] *n* (U) CONSTR plâtre *m*, plâtres *mpl*.

**plastic** ['plæstɪk] ◇ *n* **-1.** [material] plastique *m*, matière *f* plastique; the ~s industry l'industrie du plastique. **-2.** (U) *inf* [credit cards] cartes *fpl* de crédit. ◇ *adj* **-1.** [made of plastic] en OR de plastique; ~ **cups** gobelets *mpl* en plastique. **-2.** [malleable] plastique, malléable; [adaptable] influençable. **-3.** ART plastique. **-4.** *inf* & *pej* [artificial] synthétique.

**plastic bullet** *n* balle *f* en plastique.

**plastic explosive** *n* plastic *m*.

**Plasticine®** ['plæstɪsiːn] *n* pâte *f* à modeler.

**plasticity** [plæs'tɪsətɪ] *n* plasticité *f*.

**plasticize, -ise** ['plæstɪsaɪz] *vt* plastifier.

**plastic money** *n* (U) *inf* cartes *fpl* de crédit.

**plastic surgeon** *n* [cosmetic] chirurgien *m*, -enne *f* esthétique; [therapeutic] plasticien *m*, -enne *f*.

**plastic surgery** *n* [cosmetic] chirurgie *f* esthétique; [therapeutic] chirurgie *f* plastique OR réparatrice; she had ~ on her nose elle s'est fait refaire le nez.

**plate** [pleɪt] ◇ *n* **-1.** [for eating] assiette *f*; [for serving] plat *m*; to hand sthg to sb on a ~ donner OR apporter qqch à qqn sur un plateau (d'argent); to have a lot on one's ~ avoir du pain sur la planche. **-2.** [piece of metal, glass etc] plaque *f*; [rolled metal] tôle *f*; microscope ~ lamelle *f*.**-3.** [with inscription] plaque *f*. **-4.** [on cooker] plaque *f* (de cuisson). **-5.** [dishes, cutlery – silver] vaisselle *f* en argent; [– gold] vaisselle *f* en or. **-6.** [coated metal] plaqué *m*; [metal coating] placage *m*; the knives are silver ~ les couteaux sont en plaqué argent. **-7.** TYPO [for printing] cliché *m*; [for engraving] planche *f*; [illustration] planche *f*, hors-texte *m inv*.**-8.** PHOT [plate] (sensible). **-9.** [for church collection] plateau *m* (de quête). **-10.** ANAT & ZOOL plaque *f*.**-11.** [denture] dentier *m*, appareil *m* OR prothèse *f* dentaire; [for straightening teeth] appareil *m* (orthodontique). **-12.** [in earth's crust] plaque *f*.**-13.** [trophy, race] trophée *m*.**-14.** ELEC & ELECTRON plaque *f*. ◇ *vt* **-1.** [coat with metal] plaquer. **-2.** [cover with metal plates] garnir de plaques; [armour plate] blinder. **-3.** TYPO clicher.

**plate armour** *n* armure *f* (en plaques de fer).

**plateau** ['plætəʊ] (*pl* **plateaus** OR **plateaux** [-təʊz]) *n* GEOG & *fig* plateau *m*; **to reach a** ~ [activity, process] atteindre un palier.

**plateful** ['pleɪtfʊl] *n* assiettée *f*, assiette *f*.

**plate glass** *n* verre *m* (à vitres).
◆ **plate-glass** *adj* en verre; ~ **window** vitrine *f*.

**platelet** ['pleɪtlɪt] *n* ANAT plaquette *f* (sanguine).

**platen** ['plætn] *n* **-1.** [on typewriter] rouleau *m*, cylindre *m*.**-2.** [in printing press] platine *f*.**-3.** [oh machine tool] table *f*, plateau *m*.

**plate rack** *n* égouttoir *m*.

**plate tectonics** *n* (U) tectonique *f* des plaques.

**platewarmer** ['pleɪt,wɔːməʳ] *n* chauffe-plats *m inv*.

**platform** ['plætfɔːm] *n* **-1.** [stage] estrade *f*; [for speakers] tribune *f*; *fig* tribune. **-2.** [raised structure] plate-forme *f*; **gun** ~ plate-forme de tir; **loading** ~ quai *m* de chargement. **-3.** [at station] quai *m*.**-4.** POL [programme] plate-forme *f*.**-5.** *Br* [on bus] plate-forme *f*.**-6.** COMPUT plate-forme *f*.

**platform shoes** *npl* chaussures *fpl* à semelles compensées.

**platform soles** *npl* semelles *fpl* compensées.

**platform ticket** *n* ticket *m* de quai.

**plating** ['pleɪtɪŋ] *n* [gen] placage *m*; [in gold] dorage *m*, dorure *f*; [in silver] argentage *m*, argenture *f*; [in nickel] nickelage *m*.

**platinum** ['plætɪnəm] ◇ *n* platine *m*. ◇ *comp* [jewellery, pen] en platine. ◇ *adj* [colour] platine (*inv*).

**platinum blonde** *n* blonde *f* platine.
◆ **platinum-blonde** *adj* (blond) platine (*inv*).

**platitude** ['plætɪtjuːd] *n* **-1.** [trite remark] platitude *f*, lieu *m* commun. **-2.** [triteness] platitude *f*.

**Plato** ['pleɪtəʊ] *pr n* Platon.

**platonic** [plə'tɒnɪk] *adj* [love, relationship] platonique.
◆ **Platonic** *adj* PHILOS platonicien.

**Platonism** ['pleɪtənɪzm] *n* platonisme *m*.

**platoon** [plə'tuːn] *n* MIL section *f*; [of bodyguards, firemen etc] armée *f*.

**platter** ['plætəʳ] *n* **-1.** [for serving] plat *m*; **seafood** ~ plateau *m* de fruits de mer. **-2.** *Am inf* [record] disque *m*.

**platypus** ['plætɪpəs] *n* ornithorynque *m*.

**plaudits** ['plɔːdɪts] *npl fml* **-1.** [applause] applaudissements *mpl*.**-2.** [praise] éloges *mpl*.

**plausibility** [,plɔːzə'bɪlətɪ] *n* plausibilité *f*.

**plausible** ['plɔːzəbl] *adj* [excuse, alibi, theory] plausible; [person] crédible.

**plausibly** ['plɔːzəblɪ] *adv* de façon convaincante.

**Plautus** ['plɔːtəs] *pr n* Plaute.

**play** [pleɪ] ◇ *vt* **-1.** [games, cards] jouer à; to ~ **tennis/poker/dominoes** jouer au tennis/au poker/aux dominos; the children were ~ing dolls/soldiers les enfants jouaient à la poupée/aux soldats; how about ~ing **some golf** after work? si on faisait une partie de golf après le travail?; do you ~ **any sports**? pratiquez-vous un sport?; squash is ~ed indoors le squash se pratique en salle ❏ to ~ the game SPORT jouer selon les règles; *fig* jouer le jeu; I won't ~ his game je ne vais pas entrer dans son jeu; she's ~ing games with you elle te fait marcher; to ~ sb for a fool rouler qqn; the meeting's next week, how shall we ~ it? *inf* la réunion aura lieu la semaine prochaine, quelle va être notre stratégie?; to ~ (it) safe ne pas prendre de risque, jouer la sécurité. **-2.** [opposing player or team] jouer contre, rencontrer; I ~ed him at chess j'ai joué aux échecs avec lui. **-3.** [match] jouer, disputer; to ~ **a match against sb** disputer un match avec OR contre qqn; how many tournaments has he ~ed this year? à combien de tournois a-t-il participé cette année?; the next game will be ~ed on Sunday la prochaine partie aura lieu dimanche. **-4.** [player] faire jouer. **-5.** [card, chess piece] jouer; to ~ **spades/trumps** jouer pique/atout ❏ she ~ed her **literal** elle a joué sa carte maîtresse; he ~s his cards close to his chest il cache son jeu. **-6.** [position] jouer. **-7.** [shot, stroke] jouer; she ~ed a chip shot to the green elle a fait un coup coché jusque sur le green; he ~ed the ball to me il m'a envoyé la balle. **-8.** [gamble on – stock market, slot machine] jouer à; to ~ the horses jouer aux courses; to ~ the **property market** spéculer sur le marché immobilier. **-9.** [joke, trick]: to ~ **a trick/joke on sb** jouer un tour/faire une farce à qqn. **-10.** CIN &

THEAT [act – role, part] jouer, interpréter; who ~ed the god-father in Coppola's film? qui jouait le rôle du parrain dans le film de Coppola? ‖ *fig*: to ~ a part OR role in sthg prendre part OR contribuer à qqch; an affair in which prejudice ~s its part une affaire dans laquelle les préjugés entrent pour beaucoup OR jouent un rôle important. **-11.** CIN & THEAT [perform at – theatre, club]: they ~ed Broadway last year ils ont joué à Broadway l'année dernière; 'Othello' is ~ing the Strand for another week «Othello» est à l'affiche du Strand pendant encore une semaine; he's now ~ing the club circuit il se produit maintenant dans les clubs. **-12.** [act as]: to ~ the fool faire l'idiot OR l'imbécile; some doctors ~ God il y a des médecins qui se prennent pour Dieu sur terre; to ~ host to sb recevoir qqn; to ~ the hero jouer les héros; don't ~ the wise old professor with me! ce n'est pas la peine de jouer les grands savants avec moi!**-13.** [instrument] jouer de; [note, melody, waltz] jouer; to ~ the blues jouer du blues; they're ~ing our song/Strauss ils jouent notre chanson/du Strauss; to ~ scales on the piano faire des gammes au piano. **-14.** [put on – record, tape] passer, mettre; [– radio] mettre, allumer; [– tapedeck, jukebox] faire marcher; don't ~ the stereo so loud ne mets pas la chaîne si fort. **-15.** [direct – beam, nozzle] diriger. **-16.** [fish] fatiguer. ◇ *vi* **-1.** jouer, s'amuser; [frolic – children, animals] folâtrer, s'ébattre; I like to work hard and ~ hard quand je travaille, je travaille, quand je m'amuse, je m'amuse; he didn't mean to hurt you, he was only ~ing il ne voulait pas te faire de mal, c'était juste pour jouer; don't ~ on the street! ne jouez pas dans la rue!; to ~ with dolls/with guns jouer à la poupée/à la guerre. **-2.** GAMES & SPORT jouer; it's her (turn) to ~ c'est à elle de jouer, c'est (à) son tour; to ~ in a tournament participer à un tournoi; try ~ing to his backhand essayez de jouer son revers; to ~ to win jouer pour gagner ❑ to ~ dirty SPORT ne pas jouer franc jeu; *fig* ne pas jouer le jeu; to ~ fair SPORT jouer franc jeu; *fig* jouer le jeu; to ~ into sb's hands faire le jeu de qqn; to ~ for time essayer de gagner du temps. **-3.** [gamble] jouer; to ~ for drinks/for money jouer les consommations/de l'argent. **-4.** MUS [person, band, instrument] jouer; [record] passer; I heard a guitar ~ing j'entendais le son d'une guitare; is that Strauss ~ing? est-ce que c'est du Strauss que l'on entend? ‖ [radio, stereo]: a radio was ~ing upstairs on entendait une radio en haut; the stereo was ~ing full blast on avait mis la chaîne à fond. **-5.** CIN & THEAT [act] jouer. **-6.** CIN & THEAT [show, play, film] se jouer; the film is ~ing to full houses le film fait salle comble; the same show has been ~ing there for five years cela fait cinq ans que le même spectacle est à l'affiche; what's ~ing at the Rex? qu'est-ce qui passe au Rex? ‖ [give performances]: the company will be ~ing in the provinces la compagnie va faire une tournée en province. **-7.** [feign] faire semblant; to ~ dead faire le mort; to ~ dumb *inf* OR *inf* innocent faire l'innocent, jouer les innocents. **-8.** [breeze, sprinkler, light]: to ~ (on) jouer (sur); a smile ~ed on OR about OR over his lips un sourire jouait sur ses lèvres. ◇ *n* **-1.** [fun, recreation] jeu *m*; I like to watch the children at ~ j'aime regarder les enfants jouer ❑ ~ on words jeu *m* de mots, calembour *m*.**-2.** SPORT [course, conduct of game] jeu *m*; ~ was interrupted by a shower le match a été interrompu par une averse; there was some nice ~ from Brooks Brooks a réussi de belles actions OR a bien joué; to keep the ball in ~ garder la balle en jeu; to ~ out OR sorti, hors jeu ‖ *Am* [move, manoeuvre] combinaison *f*; she scored off a passing ~ elle a marqué un but après une combinaison de passes. **-3.** [turn] tour *m*.**-4.** [manoeuvre] stratagème *m*; it was a ~ to get money/their sympathy c'était un stratagème pour obtenir de l'argent/pour s'attirer leur sympathie; he is making a ~ for the presidency il se lance dans la course à la présidence; she made a ~ for my boyfriend elle a fait des avances à mon copain. **-5.** [gambling] jeu *m*.**-6.** [activity, interaction] jeu *m*; to come into ~ entrer en jeu; to bring sthg into ~ mettre qqch en jeu. **-7.** THEAT pièce *f* (de théâtre); to be in a ~ jouer dans une pièce; it's been ages since I've seen OR gone to see a ~ ça fait des années que je ne suis pas allé au théâtre ❑ radio ~ pièce radiophonique; television ~ dramatique *f*.**-8.** TECH [slack, give] jeu *m*; give the rope more ~ donnez plus de mou à la corde; to give OR to allow full ~ to sthg *fig* donner libre cours à qqch. **-9.** [of sun, colours] jeu *m*. **-10.** *inf* [attention, interest] intérêt *m*; the summit meeting is getting a lot of media ~ les médias font beaucoup de ta-

page OR battage autour de ce sommet; they made a lot of ~ OR a big ~ about his war record ils ont fait tout un plat de son passé militaire.

◆ **play about** *vi insep Br* [have fun – children] jouer, s'amuser; [frolic] s'ébattre, folâtrer.

◆ **play about with** *vt insep* **-1.** [fiddle with, tamper with]: to ~ about with sthg jouer avec OR tripoter qqch. **-2.** [juggle – statistics, figures] jouer avec; [consider – possibilities, alternatives] envisager, considérer. **-3.** *inf* [trifle with]: to ~ about with sb faire marcher qqn.

◆ **play along** ◇ *vi insep* [cooperate] coopérer; to ~ along with sb OR with sb's plans entrer dans le jeu de qqn. ◇ *vt sep* [tease, deceive] faire marcher.

◆ **play around** *vi insep* **-1.** = **play about**. **-2.** *inf* [have several lovers] coucher à droite et à gauche.

◆ **play around with** = **play about with**.

◆ **play at** *vt insep* **-1.** [subj: child] jouer à; just what do you think you're ~ing at? *fig* à quoi tu joues exactement?**-2.** [dally in – politics, journalism] faire en dilettante; you're just ~ing at being an artist tu joues les artistes; you can't ~ at being a revolutionary tu ne peux pas t'improviser révolutionnaire.

◆ **play back** *vt sep* [cassette, film] repasser.

◆ **play by** *vt sep Am inf*: ~ it by me again reprenez votre histoire depuis le début.

◆ **play down** *vt sep* [role, difficulty, victory] minimiser.

◆ **play in** *vt sep* **-1.** [in basketball]: to ~ the ball in remettre la balle en jeu. **-2.** *Br fig*: to ~ o.s. in s'habituer, se faire la main.

◆ **play off** *vi insep* [teams, contestants] jouer les barrages.

◆ **play off against** *vt sep*: he ~ed Bill off against his father il a monté Bill contre son père.

◆ **play on** ◇ *vt insep* [weakness, naivety, trust] jouer sur; the waiting began to ~ on my nerves l'attente commençait à me porter sur les nerfs. ◇ *vi insep* continuer à jouer.

◆ **play out** *vt sep* **-1.** [enact – scene] jouer; [– fantasy] satisfaire; the drama was ~ed out between rioters and police les incidents ont eu lieu entre les émeutiers et les forces de police. **-2.** *(usu passive) inf* [exhaust] crever.

◆ **play through** *vi insep* [in golf] dépasser d'autres joueurs.

◆ **play up** ◇ *vt sep* **-1.** [exaggerate – role, importance] exagérer; [stress] souligner, insister sur. **-2.** *Br inf* [bother] tracasser; my back is ~ing me up mon dos me joue encore des tours; don't let the kids ~ you up ne laissez pas les enfants vous marcher sur les pieds. ◇ *vi insep Br inf* [cause problems]: my back is ~ing up mon dos me joue encore des tours; he ~s up when his mother leaves il pique une crise chaque fois que sa mère s'en va; the car is ~ing up at the moment la voiture fait des siennes en ce moment.

◆ **play up to** *vt insep*: to ~ up to sb [flatter] faire de la lèche à qqn.

◆ **play upon** = **play on** *vt insep*.

◆ **play with** *vt insep* **-1.** [toy with – pencil, hair] jouer avec; he only ~ed with his meat il a à peine touché à sa viande ❑ to ~ with fire jouer avec le feu. **-2.** [manipulate – words] jouer sur; [– rhyme, language] manier. **-3.** [consider – idea] caresser; we're ~ing with the idea of buying a house nous pensons à acheter une maison; here are a few suggestions to ~ with voici quelques suggestions que je soumets à votre réflexion. **-4.** [treat casually – someone's affections] traiter à la légère; don't you see he's just ~ing with you? tu ne vois pas qu'il se moque de toi OR qu'il te fait marcher?**-5.** [have available – money, time] disposer de; how much time have we got to ~ with? de combien de temps disposons-nous?**-6.** *inf & euph* [have sex with]: to ~ with o.s. [masturbate] se toucher.

**playable** ['pleɪəbl] *adj* jouable.

**play-act** *vi* **-1.** *fig* [pretend] jouer la comédie. **-2.** [act in plays] faire du théâtre.

**play-acting** *n* **-1.** [pretence] (pure) comédie *f fig*, cinéma *m fig*. **-2.** [acting in plays] théâtre *m*.

**playback** ['pleɪbæk] *n* **-1.** [replay] enregistrement *m*.**-2.** [function] lecture *f*; put it on ~ mettez-le en position lecture ❑ ~ head tête *f* de lecture.

**playbill** ['pleɪbɪl] *n* **-1.** [poster] affiche *f* (de théâtre). **-2.** [programme] programme *m*.

**playboy** ['pleɪbɔɪ] *n* playboy *m*.

**Play-Doh**® ['pleɪˌdəʊ] *n* sorte de pâte à modeler.

**player** ['pleɪəʳ] *n* **-1.** [of game, sport] joueur *m*, -euse *f*; bridge ~ bridgeur *m*, -euse *f*. **-2.** [of musical instrument] joueur *m*, -euse *f*; she's a piano/guitar ~ elle joue du piano/de la guitare.

**playfellow** ['pleɪ,feləʊ] *n Br* camarade *mf* (de jeux).

**playful** ['pleɪfʊl] *adj* [lively - person] gai, espiègle; [- animal] espiègle; [good-natured - nudge, answer] taquin; to be in a ~ mood être d'humeur enjouée.

**playfully** ['pleɪfʊlɪ] *adv* [answer, remark] d'un ton taquin; [act] avec espièglerie.

**playgoer** ['pleɪ,gəʊəʳ] *n* amateur *m* de théâtre.

**playground** ['pleɪgraʊnd] *n* [at school] cour *f* de récréation; [in park] aire *f* de jeu; the islands are a ~ for the rich *fig* les îles sont des lieux de villégiature pour les riches.

**playgroup** ['pleɪgruːp] *n* réunion régulière d'enfants d'âge préscolaire généralement surveillés par une mère.

**playhouse** ['pleɪhaʊs, *pl* -haʊzɪz] *n* **-1.** [theatre] théâtre *m*. **-2.** [children's] maison *f* de poupée.

**playing** ['pleɪɪŋ] *n* MUS: the pianist's ~ was excellent le pianiste jouait merveilleusement bien; guitar ~ is becoming more popular de plus en plus de gens jouent de la guitare.

**playing card** ['pleɪɪŋ-] *n* carte *f* à jouer.

**playing field** *n* terrain *m* de sport; to have a level ~ *fig* être sur un pied d'égalité.

**playlist** ['pleɪlɪst] *n* RADIO playlist *f* (*programme des disques à passer*).

**playmate** ['pleɪmeɪt] *n* camarade *mf* (de jeux).

**play-off** *n* SPORT (match *m* de) barrage *m*.

**playpen** ['pleɪpen] *n* parc *m* (*pour bébés*).

**play-reading** *n* lecture *f* d'une pièce (de théâtre).

**playroom** ['pleɪruːm] *n* [in house] salle *f* de jeux.

**playschool** ['pleɪskuːl] = **playgroup**.

**plaything** ['pleɪθɪŋ] *n literal & fig* jouet *m*.

**playtime** ['pleɪtaɪm] *n* récréation *f*; at ~ pendant la récréation.

**playwright** ['pleɪraɪt] *n* dramaturge *m*, auteur *m* dramatique.

**plaza** ['plɑːzə] *n* **-1.** [open square] place *f*. **-2.** *Am* [shopping centre] centre *m* commercial; toll ~ péage *m* (d'autoroute).

**plc, PLC** (*abbr of* **public limited company**) *n Br* ≃ SARL *f*.

**plea** [pliː] *n* **-1.** [appeal] appel *m*, supplication *f*; she made a ~ to the nation not to forget the needy elle conjura la nation de ne pas oublier les nécessiteux. **-2.** JUR [argument] argument *m*; [defence] défense *f*; what is your ~? plaidez-vous coupable ou non coupable?; to enter a ~ of guilty/not guilty/insanity plaider coupable/non coupable/la démence. **-3.** [excuse, pretext] excuse *f*, prétexte *m*.

**plea bargaining** *n* JUR possibilité pour un inculpé de se voir notifier un chef d'inculpation moins grave s'il accepte de plaider coupable.

**plead** [pliːd] (*Br pt & pp* **pleaded**, *Am pt & pp* **pleaded** OR **pled** [pled]) ◊ *vi* **-1.** [beg] supplier; to ~ for forgiveness implorer le pardon; she ~ed to be given more time elle supplia qu'on lui accorde plus de temps; to ~ with sb supplier OR implorer qqn. **-2.** JUR plaider; to ~ guilty/not guilty plaider coupable/non coupable; how does the accused ~? l'accusé plaide-t-il coupable ou non coupable? ◊ *vt* **-1.** [beg] implorer, supplier; she ~ed that her son be forgiven elle supplia que l'on pardonne à son fils. **-2.** [gen & JUR] plaider; to ~ sb's case défendre qqn; *fig* plaider la cause de qqn; to ~ self-defence plaider la légitime défense. **-3.** [put forward as excuse] invoquer, alléguer; [pretend] prétexter; we could always ~ ignorance nous pourrions toujours prétendre que nous ne savions pas; she ~ed a prior engagement elle a prétendu qu'elle était déjà prise.

**pleading** ['pliːdɪŋ] ◊ *adj* implorant, suppliant. ◊ *n* **-1.** [entreaty] supplication *f*, prière *f*. **-2.** JUR [presentation of case] plaidoyer *m*, plaidoirie *f*.

**pleasant** ['pleznt] *adj* **-1.** [enjoyable, attractive] agréable, plaisant. **-2.** [friendly - person, attitude, smile] aimable, agréable; she was very ~ to us as a rule elle était en général très aimable à notre égard.

**pleasantly** ['plezntlɪ] *adv* **-1.** [attractively] agréablement; the room was ~ arranged la pièce était aménagée de façon agréable. **-2.** [enjoyably] agréablement; ~ surprised agréa-

blement surpris, surpris en bien. **-3.** [kindly – speak, smile] aimablement.

**pleasantry** ['plezntrɪ] (*pl* **pleasantries**) *n* [agreeable remark] propos *m* aimable; to exchange pleasantries échanger des civilités.

**please** [pliːz] ◊ *adv* **-1.** [requesting or accepting] s'il vous/te plaît; could you pass the salt, ~? pouvez-vous me passer le sel, s'il vous plaît?; another cup of tea? — (yes) ~! une autre tasse de thé? — oui, s'il vous plaît! OR volontiers!; may I sit beside you? — ~ do puis-je m'asseoir près de vous? — mais bien sûr; ~, make yourselves at home faites comme chez vous, je vous en prie; '~ ring' 'sonnez SVP', 'veuillez sonner'; 'quiet ~' 'silence'. **-2.** [pleading]: ~ don't hurt him je vous en prie, ne lui faites pas de mal. **-3.** [remonstrating]: Henry, ~, we've got guests! Henry, voyons, nous avons des invités!-**4.** [hoping]: ~ let them arrive safely! faites qu'ils arrivent sains et saufs!
◊ *vt* **-1.** [give enjoyment to] plaire à, faire plaisir à; [satisfy] contenter; you can't ~ everybody on ne peut pas faire plaisir à tout le monde; to be easy/hard to ~ être facile/difficile à satisfaire. **-2.** *phr*: to ~ oneself faire comme on veut; ~ yourself! comme tu veux!
◊ *vi* **-1.** [give pleasure] plaire, faire plaisir; to be eager to ~ chercher à plaire. **-2.** [choose]: she does as OR what she ~s elle fait ce qu'elle veut OR ce qui lui plaît; I'll talk to whoever I ~! je parlerai avec qui je veux! ❑ as you ~! *fml* comme vous voudrez!, comme bon vous semblera!; she told me I was fat, if you ~! figure-toi qu'elle m'a dit que j'étais gros!

**pleased** [pliːzd] *adj* content, heureux; to be ~ with sthg/sb être content de qqch/qqn; you're looking very ~ with yourself! tu as l'air très content de toi!; I'm very ~ to be here this evening je suis très heureux d'être ici ce soir; Mr & Mrs Adams are ~ to announce... *fml* M. et Mme Adams sont heureux de OR ont le plaisir de vous faire part de...; she would be only too ~ to help us elle ne demanderait pas mieux que de nous aider ❑ ~ to meet you! enchanté (de faire votre connaissance)!

**pleasing** ['pliːzɪŋ] *adj* agréable, plaisant.

**pleasingly** ['pliːzɪŋlɪ] *adv* agréablement, plaisamment.

**pleasurable** ['pleʒərəbl] *adj* agréable, plaisant.

**pleasure** ['pleʒəʳ] ◊ *n* **-1.** [enjoyment, delight] plaisir *m*; to write/to paint for ~ écrire/peindre pour le plaisir; to take OR to find ~ in doing sthg prendre plaisir OR éprouver du plaisir à faire qqch; another beer? — with ~! une autre bière? — avec plaisir OR volontiers!; it's one of my few ~s in life c'est une de mes rares plaisirs dans la vie; thank you very much — my ~! OR it's a ~! merci beaucoup — je vous en prie!; it's a great ~ (to meet you) ravi de faire votre connaissance; would you do me the ~ of having lunch with me? *fml* me feriez-vous le plaisir de déjeuner avec moi?; Mr and Mrs Evans request the ~ of your company at their son's wedding *fml* M. et Mme Evans vous prient de leur faire l'honneur d'assister au mariage de leur fils. **-2.** *fml* [desire]: they are appointed at the chairman's ~ ils sont nommés selon le bon vouloir du président; detained at His/Her Majesty's ~ *Br* JUR & *euph* emprisonné aussi longtemps qu'il plaira au roi/à la reine. **-3.** *euph* [sexual gratification] plaisir *m*.
◊ *comp* [yacht] de plaisance; [park] de loisirs; [cruise, tour] d'agrément; ~ boat bateau *m* de plaisance; ~ trip excursion *f*.
◊ *vt arch* OR *lit* plaire à, faire plaisir à.

**pleasure principle** *n*: the ~ le principe de plaisir.

**pleasure-seeker** *n* hédoniste *mf*.

**pleat** [pliːt] ◊ *n* pli *m*. ◊ *vt* plisser.

**pleated** ['pliːtɪd] *adj* plissé; a ~ skirt une jupe plissée.

**pleb** [pleb] *n* **-1.** *pej* [plebeian] plébéien *m*, -enne *f*. **-2.** *Br inf & pej* [vulgar person] plouc *m*. **-3.** ANTIQ: the ~s la plèbe.

**plebeian** [plɪ'biːən] ◊ *n* plébéien *m*, -enne *f*. ◊ *adj* **-1.** *pej* [vulgar] plébéien. **-2.** ANTIQ plébéien.

**plebiscite** ['plebɪsaɪt] *n* plébiscite *m*.

**plectrum** ['plektrəm] (*pl* **plectrums** OR **plectra** [-trə]) *n* médiator *m*, plectre *m*.

**pled** [pled] *Am & pp* → **plead**.

**pledge** [pledʒ] ◊ *vt* **-1.** [promise] promettre; she ~d never to see him again [to herself] elle s'est promis de ne plus jamais le revoir; [to sb else] elle a promis de ne plus jamais le revoir. **-2.** *fml* [commit] engager; I am ~d to secrecy j'ai juré de garder le secret; to ~ one's word donner OR engager sa parole. **-3.** [offer as security] donner en garantie; [pawn] mettre en gage, engager. **-4.** *fml* [toast] porter un toast à, boire à la santé de. ◇ *n* **-1.** [promise] promesse *f*; manifesto ~ promesse électorale; a £10 ~ un gage de 10 livres; thousands of people phoned in with ~s of money ont téléphoné en promettant de donner de l'argent; you have my ~ vous avez ma parole ❏ to sign OR to take the ~ [stop drinking] cesser de boire; Pledge of Allegiance serment de loyauté prononcé à l'occasion du discours d'investiture du président des États-Unis. **-2.** [security, collateral] gage *m*, garantie *f*; in ~ en gage. **-3.** [token, symbol] gage *m*. **-4.** *fml* [toast] toast *m*.

**Pleiades** ['plaɪədiːz] *npl*: the ~ les Pléiades *fpl*.

**plenary** ['pliːnərɪ] ◇ *adj* **-1.** POL: ~ powers pleins pouvoirs *mpl*. **-2.** [meeting] plénier; in ~ session en séance plénière. ◇ *n* [plenary meeting] réunion *f* plénière; [plenary session] séance *f* plénière.

**plenipotentiary** [,plenɪpə'tenʃərɪ] (*pl* **plenipotentiaries**) ◇ *adj* plénipotentiaire; ambassador ~ ministre *m* plénipotentiaire. ◇ *n* plénipotentiaire *mf*.

**plenitude** ['plenɪtjuːd] *n lit* plénitude *f*.

**plentiful** ['plentɪfʊl] *adj* [gen] abondant; [meal] copieux; we have a ~ supply of food nous avons de la nourriture en abondance.

**plentifully** ['plentɪfʊlɪ] *adv* abondamment, copieusement.

**plenty** ['plentɪ] ◇ *pron* **-1.** [enough] (largement) assez, plus qu'assez; no thanks, I've got ~ non merci, j'en ai (largement) assez; £20 should be ~ 20 livres devraient suffire (amplement); we've got ~ of time nous avons largement de quoi vivre; we've got ~ of time nous avons largement le temps. **-2.** [a great deal] beaucoup; there's still ~ to be done il y a encore beaucoup à faire; we see ~ of Ray and Janet on voit beaucoup Ray et Janet. ◇ *n lit* [abundance] abondance *f*. ◇ *adv inf* **-1.** [a lot] beaucoup; there's ~ more food in the fridge il y a encore plein de choses à manger dans le frigo. **-2.** [easily]: the room is ~ big enough for two la pièce est largement assez grande pour deux. ◇ *det Am* OR *dial* [a lot of] plein de.
◆ **in plenty** *adv phr* en abondance.

**pleonasm** ['pliːənæzm] *n* pléonasme *m*.

**plethora** ['pleθərə] *n* pléthore *f*.

**pleurisy** ['plʊərəsɪ] *n (U)* pleurésie *f*.

**Plexiglas**® ['pleksɪglɑːs] *n* Plexiglas® *m*.

**plexus** ['pleksəs] *n* **-1.** ANAT plexus *m*. **-2.** *fml* [intricate network] enchevêtrement *m*, dédale *m*.

**pliability** [,plaɪə'bɪlətɪ] *n* **-1.** [of material] flexibilité *f*. **-2.** [of person] malléabilité *f*, docilité *f*.

**pliable** ['plaɪəbl] *adj* **-1.** [material] flexible, pliable. **-2.** [person] malléable, accommodant, docile.

**pliant** ['plaɪənt] = **pliable**.

**pliers** ['plaɪəz] *npl* pince *f*; a pair of ~ une pince.

**plight** [plaɪt] ◇ *n* [bad situation] situation *f* désespérée; the ~ of the young homeless la situation désespérée dans laquelle se trouvent les jeunes sans-abri; seeing my ~ she stopped to help voyant mon embarras, elle s'est arrêtée pour m'aider. ◇ *vt arch* [pledge] promettre, engager; to ~ one's troth se fiancer.

**plimsoll** ['plɪmsəl] *n Br* tennis *m*.

**Plimsoll line**, **Plimsoll mark** *n* ligne *f* de flottaison.

**plinth** [plɪnθ] *n* [of statue] socle *m*; [of column, pedestal] plinthe *f*.

**Pliny** ['plɪnɪ] *pr n*: ~ the Elder Pline l'Ancien; ~ the Younger Pline le Jeune.

**PLO** (*abbr of* **Palestine Liberation Organization**) *pr n* OLP *f*.

**plod** [plɒd] (*pt & pp* **plodded**, *cont* **plodding**) ◇ *vi* **-1.** [walk] marcher lourdement. **-2.** *inf* [carry on]: he'd been plodding along in the same job for years ça faisait des années qu'il faisait le même boulot; she kept plodding on until it was finished elle s'est acharnée jusqu'à ce que ce soit fini. ◇ *n*: we maintained a steady ~ nous avons gardé un pas régulier.

**plodding** ['plɒdɪŋ] *adj pej* [walk, rhythm, style] lourd, pesant; [worker] lent.

**plonk** [plɒŋk] ◇ *n* **-1.** [heavy sound] bruit *m* sourd. **-2.** *Br inf* [cheap wine] pinard *m*. ◇ *vt inf* [put down] poser bruyamment; she ~ed herself down on the sofa elle s'est affalée sur le canapé. ◇ *vi*: to ~ away on the piano jouer du piano (mal et assez fort).

**plonker**▽ ['plɒŋkər] *n* **-1.** [penis] bite *f*. **-2.** [fool] imbécile *m*, con *m*.

**plop** [plɒp] (*pt & pp* **plopped**, *cont* **plopping**) ◇ *n* plouf *m*, floc *m*. ◇ *vi* [splash] faire plouf OR floc. ◇ *vt* [put] poser, mettre.

**plosion** ['pləʊʒn] *n* occlusion *f* LING.

**plosive** ['pləʊsɪv] ◇ *adj* occlusif. ◇ *n* occlusive *f*.

**plot** [plɒt] (*pt & pp* **plotted**, *cont* **plotting**) ◇ *n* **-1.** [conspiracy] complot *m*, conspiration *f*. **-2.** [story line – of novel, play] intrigue *f*; the ~ thickens l'affaire se corse. **-3.** [piece of land] terrain *m*; the land has been split up into 12 ~s le terrain a été divisé en 12 lotissements; we have a small vegetable ~ nous avons un petit potager OR carré de légumes. **-4.** *Am* [graph] graphique *m*. **-5.** *Am* ARCHIT plan *m*. ◇ *vt* **-1.** [conspire] comploter; they were accused of plotting to overthrow the government ils ont été accusés de complot OR de conspiration contre le gouvernement; I think they're plotting something je crois qu'ils préparent quelque chose. **-2.** [course, position] déterminer; they're trying to ~ the company's development over the next five years *fig* ils essaient de prévoir le développement de la société dans les cinq années à venir. **-3.** [graph] tracer, faire le tracé de; to ~ figures on OR onto a graph reporter les coordonnées sur un graphique. **-4.** [map, plan] lever. ◇ *vi* [conspire] comploter, conspirer; to ~ against conspirer contre.

**plotter** ['plɒtər] *n* **-1.** [conspirator] conspirateur *m*, -trice *f*. **-2.** [device – gen] traceur *m*; COMPUT table *f* traçante, traceur *m* de courbes.

**plotting** ['plɒtɪŋ] *n (U)* **-1.** [conspiring] complots *mpl*, conspirations *fpl*. **-2.** COMPUT & MATH traçage *m*.

**plough** *Br*, **plow** *Am* [plaʊ] ◇ *n* charrue *f*; to put one's hand to the ~ s'atteler à la tâche. ◇ *vt* **-1.** [land] labourer; [furrow] creuser. **-2.** *fig* [invest]: to ~ money into sthg investir de l'argent dans qqch. ◇ *vi* **-1.** AGR labourer. **-2.** [crash] emboutir, percuter; the truck ~ed into the wall le camion percuta le mur.
◆ **plough back** *vt sep* [profits] réinvestir.
◆ **plough in** *vt sep* [earth, crops, stubble] enfouir (en labourant).
◆ **plough through** *vt insep* [documents, papers] éplucher; the ship ~ed through the waves le navire fendait les flots.
◆ **plough under** = **plough in**.
◆ **plough up** *vt sep* **-1.** AGR [field, footpath] labourer. **-2.** [rip up] labourer.

**ploughing** *Br*, **plowing** *Am* ['plaʊɪŋ] *n* labourage *m*.

**ploughman** *Br*, **plowman** *Am* ['plaʊmən] (*Br pl* **ploughmen**, *Am pl* **plowmen** [-mən]) *n* laboureur *m*.

**ploughman's (lunch)** *n* assiette de fromage, de pain et de pickles (généralement servie dans un pub).

**ploughshare** *Br*, **plowshare** *Am* ['plaʊʃeər] *n* soc *m*; to turn swords into ~s faire la paix, se réconcilier.

**plover** ['plʌvər] *n* pluvier *m*.

**plow** *etc Am* = **plough**.

**ploy** [plɔɪ] *n* **-1.** [stratagem, trick] ruse *f*, stratagème *m*. **-2.** *inf & dated* [pastime] passe-temps *m inv*; [job] turbin *m*.

**pluck** [plʌk] ◇ *vt* **-1.** [pick – flower, fruit] cueillir. **-2.** [pull] tirer, retirer; the ten survivors were ~ed from the sea by helicopter les dix survivants ont été récupérés en mer par un hélicoptère. **-3.** [chicken] plumer; [feathers] arracher. **-4.** [instrument] pincer les cordes de; [string] pincer. **-5.** [eyebrow] épiler. ◇ *vi*: he ~ed at my sleeve il m'a tiré par la manche; she was ~ing at (the strings of) her guitar elle pinçait les cordes de sa guitare. ◇ *n* **-1.** [courage] courage *m*. **-2.** [tug] petite secousse *f*. **-3.** CULIN fressure *f*.
◆ **pluck up** *vt sep* **-1.** [uproot] arracher, extirper. **-2.** *fig*: to ~ up (one's) courage prendre son courage à deux mains; to ~ up the courage to do sthg trouver le courage de faire qqch.

**pluckily** ['plʌkɪlɪ] *adv* courageusement.

**plucky** ['plʌkɪ] (*compar* **pluckier**, *superl* **pluckiest**) *adj* courageux.

**plug** [plʌg] (*pt* & *pp* **plugged**, *cont* **plugging**) ◇ *n* **-1.** ELEC [on appliance, cable] fiche *f*, prise *f* (mâle); [socket – in wall] prise *f* (de courant). **-2.** [stopper – gen] bouchon *m*; [– in barrel] bonde *f*; [– for nose]⁺tampon *m*.**-3.** [for sink, bath] bonde *f*; to pull the ~ out retirer la bonde ❏ to pull the ~ on sb/sthg *inf*: this will pull the ~ on our competitors cela va couper l'herbe sous le pied de nos concurrents; this pulls the ~ on the whole operation ça fiche tout par terre. **-4.** AUT: (spark) ~ bougie *f*.**-5.** [for fixing screws] cheville *f*.**-6.** *inf* [advertising] coup *m* de pub; her book got another ~ on TV last night on a encore fait de la pub pour son livre à la télé hier soir. **-7.** [of tobacco] carotte *f*.**-8.** GEOL: (volcanic) ~ culot *m*.**-9.** *Am*: [plug – gen] bouche *f* d'incendie. **-10.** ▽ [blow] beigne *f*, gnon *m*. ◇ *vt* **-1.** [block – hole, gap] boucher; [– leak] colmater. **-2.** [insert] enficher; ~ the cable into the socket branchez le câble sur la prise. **-3.** *inf* [advertise] faire de la pub à. **-4.** ▽ *Am* [shoot] flinguer.
◆ **plug away** *vi insep* travailler dur; he keeps plugging away at his work il s'acharne sur son travail.
◆ **plug in** ◇ *vt sep* brancher. ◇ *vi insep Am*: we try to ~ in to people's needs *fig* nous essayons d'être à l'écoute des besoins de la population.

**plugged** [plʌgd] *adj* [blocked – nose, ear] bouché.

**plughole** ['plʌghəʊl] *n* trou *m* d'écoulement; that's all our work gone down the ~! *Br inf* tout notre travail est fichu!

**plug-in** *adj* [radio] qui se branche sur le secteur; [accessory for computer, stereo etc] qui se branche sur l'appareil.

**plug-ugly** *adj inf* très moche, laid comme un pou.

**plum** [plʌm] ◇ *n* **-1.** [fruit] prune *f*.**-2.** ~ (tree) prunier *m*.**-3.** [colour] couleur *f* lie-de-vin. ◇ *comp* [tart] aux prunes. ◇ *adj* **-1.** [colour] lie-de-vin *(inv)*, prune *(inv)*. **-2.** *inf* [desirable]: it's a ~ job c'est un boulot en or.

**plumage** ['pluːmɪdʒ] *n* plumage *m*.

**plumb** [plʌm] ◇ *n* **-1.** [weight] plomb *m*; ~ bob plomb *m*.**-2.** [verticality] aplomb *m*; the wall is out of ~ le mur n'est pas d'aplomb OR à l'aplomb. ◇ *adj* **-1.** [vertical] vertical, à l'aplomb. **-2.** *Am inf* [utter, complete] complet (*f* -ète), absolu. ◇ *adv* **-1.** [in a vertical position] à l'aplomb, d'aplomb; ~ with d'aplomb avec. **-2.** *inf* [exactly, right] exactement, en plein; ~ in the middle of the first act en plein OR au beau milieu du premier acte. **-3.** *Am inf* [utterly, completely] complètement, tout à fait. ◇ *vt* sonder; to ~ the depths toucher le fond; his films ~ the depths of bad taste ses films sont d'un mauvais goût inimaginable.
◆ **plumb in** *vt sep* effectuer le raccordement de; [washing machine] raccorder.

**plumber** ['plʌmər] *n* **-1.** [workman] plombier *m*.**-2.** *inf* [secret agent] plombier *m*.

**plumber's friend**, **plumber's helper** *n Am* [tool] ventouse *f* (*pour déboucher*).

**plumbing** ['plʌmɪŋ] *n* **-1.** [job] plomberie *f*.**-2.** [pipes] plomberie *f*, tuyauterie *f*.

**plumb line** *n* CONSTR fil *m* à plomb; NAUT sonde *f*.

**plum duff** *Br* = **plum pudding**.

**plume** [pluːm] ◇ *n* **-1.** [feather] plume *f*. **-2.** [on helmet] plumet *m*, panache *m*; [on hat] plume *f*, [on woman's hat] plume *f*.**-3.** [of smoke] volute *f*; [of water] jet *m*. ◇ *vt* [preen] lisser; the swan ~d itself OR its feathers le cygne se lissait les plumes.

**plumed** [pluːmd] *adj* **-1.** [hat, helmet] emplumé, empanaché. **-2.** [bird]: brightly ~ peacocks des paons au plumage éclatant.

**plummet** ['plʌmɪt] ◇ *vi* **-1.** [plunge, dive] tomber, plonger, piquer; the plane ~ed towards the earth l'avion piqua vers le sol. **-2.** [drop, go down – price, rate, amount] chuter, dégringoler; his popularity has ~ed sa cote de popularité a beaucoup baissé; the value of the pound ~ed la livre a chuté. ◇ *n* [weight] plomb *m*; [plumb line] fil *m* à plomb.

**plummy** ['plʌmɪ] (*compar* **plummier**, *superl* **plummiest**) *adj* **-1.** *Br pej* [voice, accent] snob. **-2.** [colour] prune *(inv)*.

**plump** [plʌmp] ◇ *adj* [person] rondelet, dodu; [arms, legs] dodu, potelé; [fowl] dodu, bien gras; [fruit] charnu. ◇ *adv* [heavily] lourdement; [directly] exactement, en plein. ◇ *vt* **-1.** [pillow, cushion] retaper. **-2.** [fowl] engraisser.
◆ **plump down** *vt sep*: she ~ed herself/her bag down next to me elle s'affala/a laissé tomber son sac à côté de moi.

◆ **plump for** *vt insep inf* arrêter son choix sur, opter en faveur de.
◆ **plump out** *vi insep* s'arrondir, engraisser.
◆ **plump up** *vt sep* = **plump** *vt* 1.

**plumpness** ['plʌmpnɪs] *n* rondeur *f*, embonpoint *m*.

**plum pudding** *n* plum-pudding *m*.

**plunder** ['plʌndər] ◇ *vt* piller. ◇ *n* **-1.** [booty] butin *m*.**-2.** [act of pillaging] pillage *m*.

**plunderer** ['plʌndərər] *n* pillard *m*, -e *f*.

**plundering** ['plʌndərɪŋ] ◇ *n* pillage *m*. ◇ *adj* pillard.

**plunge** [plʌndʒ] ◇ *vi* **-1.** [dive] plonger. **-2.** [throw o.s.] se jeter, se précipiter; [fall, drop] tomber, chuter; the helicopter ~d to the ground l'hélicoptère piqua vers le sol; to ~ to one's death plonger dans une chute mortelle. **-3.** *fig*: sales have ~d by 30% les ventes ont chuté de 30 %; he ~d into a long and complicated story il s'est lancé dans une histoire longue et compliquée; the neckline ~s deeply at the front le devant est très décolleté. **-4.** *inf* [gamble] flamber. ◇ *vt* **-1.** [immerse] plonger. **-2.** *fig* plonger; he ~d his hands into his pockets il enfonça les mains dans ses poches; he was ~d into despair by the news la nouvelle l'a plongé dans le désespoir; the office was ~d into darkness le bureau fut plongé dans l'obscurité. ◇ *n* **-1.** [dive] plongeon *m*; to take the ~ se jeter à l'eau. **-2.** [fall, drop] chute *f*; prices have taken a ~ les prix ont chuté OR se sont effondrés.

**plunger** ['plʌndʒər] *n* **-1.** [for sinks, drains] ventouse *f*, déboucheur *m*.**-2.** [piston] piston *m*.**-3.** *Br inf* [gambler] flambeur *m*, -euse *f*.

**plunging** ['plʌndʒɪŋ] *adj* plongeant.

**pluperfect** [,pluː'pɜːfɪkt] ◇ *adj*: the ~ tense le plus-que-parfait. ◇ *n* plus-que-parfait *m*; in the ~ au plus-que-parfait.

**plural** ['plʊərəl] ◇ *adj* **-1.** GRAMM [form, ending] pluriel, du pluriel; [noun] au pluriel. **-2.** [multiple] multiple; [heterogeneous] hétérogène, pluriel; a ~ system of education un système d'éducation diversifié; a ~ society une société plurielle. ◇ *n* GRAMM pluriel *m*; in the ~ au pluriel.

**pluralism** ['plʊərəlɪzm] *n* **-1.** [gen & PHILOS] pluralisme *m*.**-2.** [holding of several offices] cumul *m*.

**pluralist** ['plʊərəlɪst] *n* [gen & PHILOS] pluraliste *mf*.

**pluralistic** [,plʊərə'lɪstɪk] *adj* pluraliste.

**plurality** [plʊə'rælətɪ] (*pl* **pluralities**) *n* **-1.** [multiplicity] pluralité *f*.**-2.** *Am* POL majorité *f* relative. **-3.** = **pluralism** 2.

**pluralize, -ise** ['plʊərəlaɪz] *vi* prendre le pluriel.

**plus** [plʌs] (*pl* **pluses** OR **plusses**) ◇ *prep* **-1.** [indicating addition] plus; two ~ two is OR are OR makes four deux plus deux OR deux et deux font quatre; ~ six plus six. **-2.** [as well as] plus; there were six of us, ~ the children nous étions six, sans compter les enfants; £97 ~ VAT 97 livres plus la TVA. ◇ *adj* **-1.** ELEC & MATH positif. **-2.** [good, positive] positif; on the ~ side, it's near the shops un des avantages, c'est que c'est près des magasins. **-3.** *(after noun)* [over, more than]: children of twelve ~ les enfants de douze ans et plus; B ~ [in school marks] B plus. ◇ *n* **-1.** MATH plus *m*.**-2.** [bonus, advantage] plus *m*, avantage *m*. ◇ *conj inf* (et) en plus.

**plus fours** *npl* pantalon *m* de golf.

**plush** [plʌʃ] ◇ *adj* **-1.** *inf* [luxurious] luxueux. **-2.** [made of plush] en peluche. ◇ *n* peluche *f*.

**plus sign** *n* signe *m* plus.

**Plutarch** ['pluːtɑːk] *pr n* Plutarque.

**Pluto** ['pluːtəʊ] *pr n* Pluton.

**plutocracy** [pluː'tɒkrəsɪ] (*pl* **plutocracies**) *n* ploutocratie *f*.

**plutocrat** ['pluːtəkræt] *n* ploutocrate *mf*.

**plutonium** [pluː'təʊnɪəm] *n* plutonium *m*; ~ radiation radiation *f* de plutonium.

**pluvial** ['pluːvjəl] *adj* pluvial.

**pluviometer** [,pluːvɪ'ɒmɪtər] *n* pluviomètre *m*.

**ply** [plaɪ] (*pl* **plies**, *pt* & *pp* **plied**) ◇ *n* **-1.** [thickness – gen] épaisseur *f*; [layer – of plywood] pli *m*; [strand – of rope, wool] brin *m*.**-2.** *inf* = **plywood**. ◇ *vt* **-1.** [supply insistently]: to ~ sb with sthg: she plied us with food all evening elle nous a gavés toute la soirée; he plied us with drinks il nous versait sans arrêt à boire. **-2.** *lit* [perform, practise] exercer; to ~ one's trade exercer son métier. **-3.** *lit* [use – tool] manier. **-4.** *lit* [travel – river, ocean] naviguer sur. ◇ *vi* **-1.** [seek work]: to ~

for hire [taxi] prendre des clients. **-2.** [travel – ship, boat]: to ~ between faire la navette entre.

**-ply** *in cpds:* five~ wood contreplaqué *m* en cinq épaisseurs; three~ wool laine *f* à trois fils.

**plywood** ['plaɪwʊd] *n* contreplaqué *m.*

**p.m.** (*abbr of* **post meridiem**) *adv:* 3 ~ 3 h de l'après-midi, 15 h; 11~ 11 h du soir, 23 h.

**PM** *n abbr of* **Prime Minister.**

**PMS** (*abbr of* **premenstrual syndrome**) = **PMT.**

**PMT** (*abbr of* **premenstrual tension**) *n* syndrome *m* prémenstruel.

**pneumatic** [njuːˈmætɪk] *adj* pneumatique; ~ **brakes** freins *mpl* à air comprimé.

**pneumatic drill** *n* marteau-piqueur *m.*

**pneumoconiosis** [ˌnjuːməʊkəʊnɪˈəʊsɪs] *n* pneumoconiose *f.*

**pneumonia** [njuːˈməʊnjə] *n (U)* pneumonie *f;* **you'll catch** OR **get ~!** tu vas attraper une pneumonie!

**po** [pəʊ] (*pl* **pos**) *n Br inf* pot *m* (de chambre).

**PO -1.** *written abbr of* **post office. -2.** *written abbr of* **postal order.**

**POA** (*abbr of* **Prison Officers' Association**) *pr n* syndicat des agents pénitentiaires en Grande-Bretagne.

**poach** [pəʊtʃ] ◇ *vt* **-1.** [hunt illegally] prendre en braconnant; **all the game has been** ~ed les braconniers ont tué tout le gibier. **-2.** *fig* [steal – idea] voler; [– employee] débaucher; to ~ **sb's shots** [in tennis] piquer les balles de qqn. **-3.** CULIN pocher; ~ed **egg** œuf *m* poché. ◇ *vi* braconner; to ~ **for hare** chasser le lièvre sur une propriété privée; to ~ **for salmon** prendre du saumon en braconnant.

**poacher** ['pəʊtʃər] *n* **-1.** [person] braconnier *m.* **-2.** CULIN pocheuse *f;* **egg ~** pocheuse.

**poaching** ['pəʊtʃɪŋ] *n* braconnage *m.*

**POB, PO Box** (*abbr of* **post office box**) *n* boîte *f* postale, BP *f.*

**pocked** [pɒkt] = **pockmarked.**

**pocket** ['pɒkɪt] ◇ *n* **-1.** [on clothing] poche *f;* [on car door] compartiment *m;* **it's in your coat** ~ c'est dans la poche de ton manteau; **he tried to pick her** ~ il a essayé de lui faire les poches ❑ **to have sb in one's ~s** avoir qqn dans sa poche; **we had the deal in our** ~ le marché était dans la poche; **they live in each other's** ~s ils vivent entassés les uns sur les autres; **to line one's** ~s se remplir les poches, s'en mettre plein les poches; **to be out of** ~ en être de sa poche. **-2.** *fig* [financial resources] portefeuille *m,* porte-monnaie *m;* **we have prices to suit all** ~s nous avons des prix pour toutes les bourses. **-3.** [small area] poche *f;* ~ **of air** trou *m* d'air. **-4.** [on billiard or pool table] blouse *f.*
◇ *comp* [diary, camera, revolver etc] de poche.
◇ *vt* **-1.** [put in one's pocket] mettre dans sa poche, empocher; *fig:* to ~ **one's pride** mettre son amour-propre dans sa poche; to ~ **an insult** encaisser une insulte sans rien dire. **-2.** [steal]: **somebody must have** ~ed **the money** quelqu'un a dû mettre l'argent dans sa poche. **-3.** [in billiards, pool] mettre dans le trou OR la blouse *spec.* **-4.** SPORT [another runner] bloquer. **-5.** *Am* POL: to ~ **a bill** garder un projet de loi sous le coude pour l'empêcher d'être adopté.

**pocket battleship** *n* cuirassé *m* de poche.

**pocket billiards** *n* billard *m* américain.

**pocketbook** ['pɒkɪtbʊk] *n* **-1.** [notebook] calepin *m,* carnet *m.* **-2.** *Am* [handbag] pochette *f.*

**pocket calculator** *n* calculatrice *f* de poche.

**pocketful** ['pɒkɪtfʊl] *n* poche *f* pleine.

**pocket-handkerchief** *n* mouchoir *m* de poche.

**pocketknife** ['pɒkɪtnaɪf] (*pl* **pocketknives** [-naɪvz]) *n* canif *m.*

**pocket money** *n Br* argent *m* de poche.

**pocket-size(d)** *adj* **-1.** [book, revolver etc] de poche. **-2.** [tiny] tout petit, minuscule.

**pockmark** ['pɒkmɑːk] *n* [on surface] marque *f,* petit trou *m;* [from smallpox] cicatrice *f* de variole; **his face is covered with** ~s il a le visage grêlé OR variolé.

**pockmarked** ['pɒkmɑːkt] *adj* [face] grêlé; [surface] criblé de petits trous; ~ **with rust** piqué par la rouille.

**pod** [pɒd] (*pt* & *pp* **podded,** *cont* **podding**) ◇ *n* **-1.** BOT cosse *f;* **bean** ~ cosse de haricot. **-2.** ENTOM oothèque *f.* **-3.** AERON nacelle *f;* ASTRONAUT capsule *f.* ◇ *vt Br* écosser. ◇ *vi* BOT pro-

duire des cosses.

**podgy** ['pɒdʒɪ] (*compar* **podgier,** *superl* **podgiest**) *adj Br* dodu, replet (*f*-ète).

**podiatrist** [pəˈdaɪətrɪst] *n Am* pédicure *mf.*

**podiatry** [pəˈdaɪətrɪ] *n Am* pédicurie *f.*

**podium** ['pəʊdɪəm] (*pl* **podiums** OR **podia** [-dɪə]) *n* podium *m.*

**poem** ['pəʊɪm] *n* poème *m.*

**poet** ['pəʊɪt] *n* poète *m.*

**poetess** ['pəʊɪtɪs] *n* poétesse *f.*

**poetical** [pəʊˈetɪkl] *adj* poétique.

**poetically** [pəʊˈetɪklɪ] *adv* poétiquement.

**poetic justice** *n* justice *f* immanente; **it's** ~ **that they ended up losing** ce n'est que justice qu'ils aient fini par perdre.

**poetic licence** *n* licence *f* poétique.

**poetics** [pəʊˈetɪks] *n (U)* poétique *f.*

**poet laureate** (*pl* **poets laureate** OR **poet laureates**) *n* poète *m* lauréat.

**poetry** ['pəʊɪtrɪ] *n* poésie *f.*

**po-faced** ['pəʊfeɪst] *adj Br inf* à l'air pincé.

**pogo stick** ['pəʊgəʊ-] *n* bâton *m* sauteur (*jeu*).

**pogrom** ['pɒgrəm] *n* pogrom *m.*

**poignancy** ['pɔɪnjənsɪ] *n* caractère *m* poignant; **a moment of great** ~ un moment d'intense émotion.

**poignant** ['pɔɪnjənt] *adj* poignant.

**poignantly** ['pɔɪnjəntlɪ] *adv* de façon poignante.

**poinsettia** [pɔɪnˈsetɪə] *n* poinsettia *m.*

**point** [pɔɪnt] ◇ *n* **-1.** [tip – of sword, nail, pencil etc] pointe *f;* **trim one end of the stick into a** ~ taillez un des bouts de la branche en pointe; **draw a star with five** ~s dessinez une étoile à cinq branches. **-2.** [small dot] point *m.* **-3.** [specific place] point *m,* endroit *m;* ~ **of intersection,** intersection ~ point d'intersection; 'meeting ~' 'point rencontre'; **the runners have passed the halfway** ~ les coureurs ont dépassé la mi-parcours; **to pass/to reach the** ~ **of no return** passer/atteindre le point de non-retour; **at that** ~ **you'll see a church on the left** à ce moment-là, vous verrez une église sur votre gauche; ~s **south of here** **get little rainfall** les régions situées au sud d'ici n'ont pas une grande pluviosité. **-4.** [particular moment] moment *m;* [particular period] période *f;* **the country is at a critical** ~ **in its development** le pays traverse une période OR phase critique de son développement; **we are at a critical** ~ nous voici à un point critique; **there comes a** ~ **when a decision has to be made** il arrive un moment où il faut prendre une décision; **at one** ~ **in my travels** au cours de mes voyages; **at one** ~, **I thought the roof was going to cave in** à un moment (donné), j'ai cru que le toit allait s'effondrer; **at that** ~, **I was still undecided** à ce moment-là, je n'avais pas encore pris de décision; **by that** ~, **I was too tired to move** j'étais alors tellement fatigué que je ne pouvais plus bouger. **-5.** [stage in development or process] point *m;* **thank God we haven't reached that** ~! Dieu merci, nous n'en sommes pas (encore arrivés) là!; **to be at the** ~ **of death** être sur le point de mourir; **the regime is on the** ~ **of collapse** le régime est au bord de l'effondrement; **she had worked to the** ~ **of exhaustion** elle avait travaillé jusqu'à l'épuisement; **he was jealous to the** ~ **of madness** sa jalousie confinait à la folie. **-6.** [for discussion or debate] point *m;* **are there any** ~s **I haven't covered?** y a-t-il des questions que je n'ai pas abordées?; **to make** OR **to raise a** ~ faire une remarque; **to make the** ~ **that...** faire remarquer que...; **all right, you've made your** ~! d'accord, on a compris!; **let me illustrate my** ~ laissez-moi illustrer mon propos; **to prove his** ~ **he showed us a photo** pour prouver ses affirmations, il nous a montré une photo; **I see** OR **take your** ~ je vois ce que vous voulez dire OR où vous voulez en venir; ~ **taken!** c'est juste!; **he may not be home** — **you've got a** ~ **there!** il est peut-être pas chez lui — ça c'est vrai!; **the fact that he went to the police is a** ~ **in his favour/a** ~ **against him** le fait qu'il soit allé à la police est un bon/mauvais point pour lui ‖ [precise detail]: **she was disqualified on a technical** ~ elle a été disqualifiée pour OR sur une faute technique; **to make a** ~ **of doing sthg** tenir à faire qqch; **kindly make a** ~ **of remembering next time** faites-moi le plaisir de ne pas oublier la prochaine fois. **-7.** [essential part, heart – of argument, explanation] essentiel *m;*

[conclusion – of joke] chute *f*; **I get the** ~ je comprends, je vois; **the** ~ **is** (that) we're overloaded with work le fait est que nous sommes débordés de travail; **we're getting off** OR **away from the** ~ nous nous éloignons OR écartons du sujet; **that's the** (whole) ~! [that's the problem] c'est là (tout) le problème!; [that's the aim] c'est ça, le but! ❑ **to be beside the** ~: **the money is/your feelings are beside the** ~ l'argent n'a/vos sentiments n'ont rien à voir là-dedans; **get** OR **come to the** ~! dites ce que vous avez à dire!, ne tournez pas autour du pot!; **I'll come straight to the** ~ je serai bref; **to keep to the** ~ ne pas s'écarter du sujet. **-8.** [purpose] but *m*; [meaning, use] sens *m*, intérêt *m*; **there's no** ~ **in asking him now** ça ne sert à rien OR ce n'est pas la peine de le lui demander maintenant; **what's the** ~ **of all this?** à quoi ça sert tout ça?**-9.** [feature, characteristic] point *m*; **the boss has his good** ~**s** le patron a ses bons côtés; **it's my weak/strong** ~ c'est mon point faible/fort. **-10.** [unit – in scoring, measuring] point *m*; **to win/to lead on** ~**s** [in boxing] gagner/mener aux points ❑ **game/match** ~ [in tennis] balle *f* de jeu/de match; **merit** ~**s** SCH bons points *mpl*.**-11.** [on compass] point *m*; **our people were scattered to all** ~**s of the compass** *fig* notre peuple s'est retrouvé éparpillé aux quatre coins du monde. **-12.** GEOM point *m*.**-13.** [in decimals] virgule *f*. **-14.** [punctuation mark] point *m*; **three** OR **ellipsis** ~**s** points *mpl* de suspension. **-15.** TYPO point *m*.**-16.** GEOG [promontory] pointe *f*, promontoire *m*.**-17.** AUT vis *f* platinée. **-18.** *Br* ELEC [socket]: (power) ~ prise *f* (de courant). **-19.** HERALD point *m*.
◇ *vi* **-1.** [person] tendre le doigt; **to** ~ **at** OR **to** OR **towards sthg** montrer qqch du doigt; **she** ~**ed left** elle fit un signe vers la gauche; **he** ~**ed at** OR **to me with his pencil** il pointa son crayon vers moi; **it's rude to** ~ ce n'est pas poli de montrer du doigt. **-2.** [roadsign, needle on dial]: **the signpost** ~**s up the hill** le panneau est tourné vers le haut de la colline; **a compass needle always** ~**s north** l'aiguille d'une boussole indique toujours le nord; **when the big hand** ~**s to twelve** quand la grande aiguille est sur le douze. **-3.** [be directed, face – gun, camera] être braqué; [– vehicle] être dirigé, être tourné; **hold the gun with the barrel** ~**ing downwards** tenez le canon de l'arme pointé vers le bas; **insert the disk with the arrow** ~**ing right** insérez la disquette, la flèche pointée OR pointant vers la droite; **he walks with his feet** ~**ing outwards** il marche les pieds en dehors. **-4.** [dog] tomber en arrêt.
◇ *vt* **-1.** [direct, aim – vehicle] diriger; [– flashlight, hose] pointer, braquer; [– finger] pointer, tendre; **to** ~ **one's finger at sb/sthg** montrer qqn/qqch du doigt; **he** ~**ed the rifle/the camera at me** il braqua le fusil/l'appareil photo sur moi; **he** ~**ed the boat out to sea** il a mis le cap vers le large ‖ [send – person]: **if anybody shows up, just** ~ **them in my direction** si quelqu'un arrive, tu n'as qu'à me l'envoyer. **-2.** DANCE: **to** ~ **one's toes** faire les pointes. **-3.** CONSTR [wall, building] jointoyer. **-4.** *lit* [moral, necessity] souligner, faire ressortir. **-5.** [sharpen – stick, pencil] tailler. **-6.** LING mettre des points-voyelles à. **-7.** *phr*: **to** ~ **the way** [subj: arrow, signpost] indiquer la direction OR le chemin; *fig* [subj: person] montrer le chemin; **her research** ~**s the way to a better understanding of the phenomenon** ses recherches vont permettre une meilleure compréhension du phénomène; **they** ~ **the way (in) which reform must go** il indiquent la direction dans laquelle les réformes doivent aller.
♦ **points** *npl* **-1.** *Br* RAIL aiguilles *fpl*.**-2.** DANCE (chaussons *mpl* à) pointes *fpl*; **she's already (dancing) on** ~**s** elle fait déjà des pointes.
♦ **at this point in time** *adv phr* pour l'instant.
♦ **in point of fact** *adv phr* en fait, à vrai dire.
♦ **to the point** *adj phr* pertinent.
♦ **up to a point** *adv phr* jusqu'à un certain point.
♦ **point out** *vt sep* **-1.** [indicate] indiquer, montrer. **-2.** [mention, call attention to] signaler, faire remarquer; **I'd like to** ~ **out that it was my idea in the first place** je vous ferai remarquer que l'idée est de moi.
♦ **point to** *vt insep* **-1.** [signify, denote] signifier, indiquer; [foreshadow] indiquer, annoncer; **the facts** ~ **to only one conclusion** les faits ne permettent qu'une seule conclusion; **all the evidence** ~**s to him** toutes les preuves indiquent que c'est lui. **-2.** [call attention to] attirer l'attention sur; **they proudly** ~ **to the government's record** ils invoquent avec fierté le bilan du gouvernement.
♦ **point up** *vt sep* [subj: person, report] souligner, mettre

l'accent sur; [subj: event] faire ressortir.

**point-blank** ◇ *adj* **-1.** [shot] (tiré) à bout portant; **he was shot at** ~ **range** on lui a tiré dessus à bout portant. **-2.** [refusal, denial] catégorique; [question] (posé) de but en blanc, (posé) à brûle-pourpoint. ◇ *adv* **-1.** [shoot] à bout portant. **-2.** [refuse, deny] catégoriquement; [ask] de but en blanc, à brûle-pourpoint.

**point duty** *n Br*: **to be on** ~ diriger la circulation.

**pointed** ['pɔɪntɪd] *adj* **-1.** [sharp] pointu; ~ **arch** ARCHIT arche *f* en ogive; ~ **style** ARCHIT style *m* gothique. **-2.** [meaningful – look, comment] insistant; [– reference] peu équivoque. **-3.** [marked] ostentatoire.

**pointedly** ['pɔɪntɪdlɪ] *adv* **-1.** [meaningfully – look, comment] de façon insistante. **-2.** [markedly] de façon marquée OR prononcée; **she** ~ **ignored me all evening** elle m'a ostensiblement ignoré pendant toute la soirée.

**pointer** ['pɔɪntər] *n* **-1.** [for pointing – stick] baguette *f*; [– arrow] flèche *f*.**-2.** [on dial] aiguille *f*.**-3.** [indication, sign] indice *m*, signe *m*; **all the** ~**s indicate an impending economic recovery** tout indique que la reprise économique est imminente; **he gave me a few** ~**s on how to use the computer** il m'a donné quelques tuyaux sur la façon d'utiliser l'ordinateur. **-4.** COMPUT pointeur *m*.**-5.** [dog] pointer *m*.

**pointing** ['pɔɪntɪŋ] *n* (*U*) CONSTR [act, job] jointoiement *m*; [cement work] joints *mpl*.

**pointless** ['pɔɪntlɪs] *adj* [gen] inutile, vain; [crime, violence, vandalism] gratuit; **it's** ~ **trying to convince him** ça ne sert à rien OR il est inutile d'essayer de le convaincre.

**pointlessly** ['pɔɪntlɪslɪ] *adv* [gen] inutilement, vainement; [hurt, murder, vandalize] gratuitement.

**point of order** *n* point *m* de procédure.

**point of reference** *n* point *m* de référence.

**point-of-sale** *adj* sur le point OR sur le lieu de vente; ~ **advertising** publicité *f* sur le lieu de vente, PLV *f*.

**point of view** *n* point *m* de vue, opinion *f*; **from my** ~ **it doesn't make much difference** en ce qui me concerne, ça ne change pas grand-chose.

**pointsman** ['pɔɪntsmən] (*pl* **pointsmen** [-mən]) *n Br* RAIL aiguilleur *m*.

**point-to-point** *n Br* rallye hippique pour cavaliers amateurs.

**poise** [pɔɪz] ◇ *n* **-1.** [composure, coolness] calme *m*, aisance *f*, assurance *f*.**-2.** [physical bearing] port *m*, maintien *m*; [gracefulness] grâce *f*. ◇ *vt* [balance] mettre en équilibre; [hold suspended] tenir suspendu.

**poised** [pɔɪzd] *adj* **-1.** [balanced] en équilibre; [suspended] suspendu; **she held her glass** ~ **near her lips** elle tenait son verre près de ses lèvres. **-2.** [ready, prepared] prêt; ~ **for action** prêt à agir. **-3.** [composed, self-assured] calme, assuré.

**poison** ['pɔɪzn] ◇ *n* **-1.** poison *m*; [of reptile] venin *m*.**-2.** *fig* poison *m*, venin *m*; **the** ~ **spreading through our society** le mal qui se propage dans notre société; **they hate each other like** ~ ils se détestent cordialement ❑ **what's your** ~? *hum* qu'est-ce que tu bois?, qu'est-ce que je t'offre? ◇ *comp* **-1.** [snake, substance] venimeux; [gas] toxique; ~ **gland** ZOOL glande *f* à venin. ◇ *vt* **-1.** *literal* empoisonner; **to** ~ **sb with sthg** empoisonner qqn à qqch; **a** ~**ed arrow/drink** une flèche/boisson empoisonnée. **-2.** *fig* envenimer, gâcher; **his arrival** ~**ed the atmosphere** son arrivée rendit l'atmosphère insupportable; **they are** ~**ing his mind** ils sont en train de le corrompre; **he** ~**ed our minds against her** il nous a montés contre elle.

**poisoner** ['pɔɪznər] *n* empoisonneur *m*, -euse *f*.

**poison gas** *n* gaz *m* toxique.

**poisoning** ['pɔɪznɪŋ] *n* empoisonnement *m*; **mercury** ~ empoisonnement au mercure.

**poison ivy** *n* sumac *m* vénéneux.

**poisonous** ['pɔɪznəs] *adj* **-1.** [mushroom, plant] vénéneux; [snake, lizard] venimeux; [gas, chemical] toxique. **-2.** *fig* [person] malveillant, venimeux; [remark, allegation] venimeux; **he's got a** ~ **tongue** il a une langue de vipère.

**poison-pen letter** *n* lettre *f* anonyme.

**poke** [pəʊk] ◇ *vt* **-1.** [push, prod – gen] donner un coup à; [– with elbow] donner un coup de coude à. **-2.** [stick, thrust] enfoncer; **to** ~ **a hole in sthg** faire un trou dans qqch; **she opened the door and** ~**d her head in/out** elle ouvrit la porte et passa sa tête à l'intérieur/à l'extérieur; he's always poking his nose in other people's business il se mêle toujours de ce qui ne le regarde pas. **-3.** [fire] tisonner. **-4.** *inf* [punch] flanquer un coup de poing à. **-5.** ▿ [have sex with] tirer un coup avec. ◇ *n* **-1.** [push, prod] poussée *f*, (petit) coup *m*; he gave me a ~ in the back il m'a donné un (petit) coup dans le dos; give the fire a ~ donne un coup de tisonnier dans le feu. **-2.** *Am inf* [punch] gnon *m*, marron *m*.

◆ **poke about**, **poke around** *vi insep* fouiller, fourrager; she ~d around in her bag for her purse elle a fouillé dans son sac pour trouver son porte-monnaie.

◆ **poke along** *vi insep Am* avancer lentement.

◆ **poke out** ◇ *vi insep* [stick out] dépasser.

◇ *vt sep* [remove] déloger; to ~ sb's eye out crever un œil à qqn.

**poker** ['pəʊkər] *n* **-1.** [card game] poker *m*. **-2.** [for fire] tisonnier *m*.

**poker dice** ◇ *n* [game] poker *m* d'as. ◇ *npl* [set of dice] dés *mpl* pour le poker d'as.

**poker face** *n* visage *m* impassible OR impénétrable; she kept a ~ son visage n'a pas trahi la moindre émotion OR est resté totalement impassible.

**poker-faced** *adj* (au visage) impassible.

**poky** ['pəʊkɪ] (*compar* **pokier**, *superl* **pokiest**) *adj inf* **-1.** *Br* [house, room – cramped] exigu (*f* -ë). **-2.** *Am* [slow] lambin.

**Poland** ['pəʊlənd] *pr n* Pologne *f*; in ~ en Pologne.

**polar** ['pəʊlər] *adj* **-1.** CHEM, ELEC, GEOG & MATH polaire; the ~ lights l'aurore *f* polaire. **-2.** *fig* [totally opposite – opinions, attitudes] diamétralement opposé.

**polar bear** *n* ours *m* polaire OR blanc.

**polarity** [pəʊ'lærətɪ] (*pl* **polarities**) *n* polarité *f*.

**polarization** [,pəʊlərɪ'zeɪʃn] *n* polarisation *f*.

**polarize**, **-ise** ['pəʊləraɪz] ◇ *vt* polariser. ◇ *vi* se polariser.

**Polaroid**® ['pəʊlərɔɪd] ◇ *adj* [camera] Polaroid®; [film] pour Polaroid®; [glasses] à verre polarisé. ◇ *n* [camera] Polaroid®; [photo] photo *f* OR cliché *m* Polaroid®.

◆ **Polaroids**® *npl* [sunglasses] lunettes *fpl* de soleil à verre polarisé.

**pole** [pəʊl] ◇ *n* **-1.** ELEC & GEOG pôle *m*; to travel from ~ to ~ parcourir la terre entière ❑ they are ~s apart ils n'ont absolument rien en commun; their positions on disarmament are ~s apart leurs positions sur le désarmement sont diamétralement opposées. **-2.** [rod] bâton *m*, perche *f*; [for tent] montant *m*; [in fence, construction] poteau *m*, pieu *m*; [for gardening] tuteur *m*; [for climbing plants] rame *f*; [for polevaulting, punting] perche *f*; [for skier] bâton *m*. **-3.** [mast – for phonelines] poteau *m*; [– for flags] mât *m*. **-4.** [for climbing] mât *m*; [in firestation] perche *f*; **you're up the** ~! *Br inf* [mistaken] tu te gourres!; [mad] tu es fou OR cinglé!; **he's driving me up the** ~! *Br* il me rend dingue!-**5.** *Am* [on racecourse] corde *f*.-**6.** [unit of measure] ≃ perche *f*. ◇ *vt* **-1.** [punt] faire avancer (avec une perche). **-2.** [plants] ramer.

**Pole** [pəʊl] *n* Polonais *m*, -e *f*.

**poleaxe** *Br*, **poleax** *Am* ['pəʊlæks] ◇ *n* **-1.** [weapon] hache *f* d'armes. **-2.** [for slaughter] merlin *m*. ◇ *vt literal* abattre; *fig* terrasser.

**poleaxed** ['pəʊlækst] *adj inf* **-1.** [surprised] baba, épaté. **-2.** [drunk] bourré, beurré.

**polecat** ['pəʊlkæt] (*pl inv* OR **polecats**) *n* **-1.** [European, African] putois *m*.-**2.** *Am* [skunk] moufette *f*, mouffette *f*.

**pole jump** = **pole vault**.

**polemic** [pə'lemɪk] ◇ *adj* polémique. ◇ *n* [argument] polémique *f*.

◆ **polemics** *n* (U) [skill, practice] art *m* de la polémique.

**polemical** [pə'lemɪkl] *adj* polémique.

**polemicist** [pə'lemɪsɪst] *n* polémiste *mf*.

**pole position** *n* [in motor racing] pole position *f*; to be in ~ être en pole position.

**Pole Star** *n* [étoile *f*] Polaire *f*.

**pole vault** *n* saut *m* à la perche.

◆ **pole-vault** *vi* [as activity] faire du saut à la perche; [on specific jump] faire un saut à la perche.

**pole-vaulter** [-,vɔːltər] *n* perchiste *mf*.

**police** [pə'liːs] ◇ *npl* police *f*; the ~ are on their way to police arrive, les gendarmes arrivent; a man is helping ~ with

their enquiries un homme est entendu par les policiers dans le cadre de leur enquête; 18 ~ were injured 18 policiers ont été blessés. ◇ *comp* [vehicle, patrol, spy] de police; [protection, work] de la police, policier; [harassment] policier; he was taken into ~ custody il a été emmené en garde à vue; a ~ escort une escorte policière; there was a heavy ~ presence d'importantes forces de police se trouvaient sur place ❑ **Police Complaints Board** ≃ Inspection *f* générale des services; **the Police Federation** *le syndicat de la police britannique*. ◇ *vt* **-1.** [subj: policemen] surveiller, maintenir l'ordre dans; **the streets are being** ~d 24 hours a day les rues sont surveillées par la police 24 heures sur 24; **the match was heavily** ~d d'importantes forces de police étaient présentes lors du match ‖ [subj: guards, vigilantes] surveiller, maintenir l'ordre dans ‖ [subj: army, international organization] surveiller, contrôler. **-2.** [regulate – prices] contrôler; [– agreement] veiller à l'application OR au respect de. **-3.** *Am* [clean – military camp] nettoyer.

**police academy** *n Am* école *f* de police.

**police car** *n* voiture *f* de police.

**police cell** *n* cellule *f* d'un poste de police.

**police chief** *n* ≃ préfet *m* de police.

**police commissioner** *n Am* commissaire *m* de police.

**police constable** *n Br* ≃ gardien *m* de la paix, ≃ agent *m* (de police).

**police court** *n* tribunal *m* de police.

**police department** *n Am* service *m* de police.

**police dog** *n* chien *m* policier.

**police force** *n* police *f*.

**police inspector** *n* inspecteur *m*, -trice *f* de police.

**policeman** [pə'liːsmən] (*pl* **policemen** [-mən]) *n* agent *m* (de police), policier *m*.

**police officer** *n* policier *m*, agent *m* de police.

**police record** *n* casier *m* judiciaire.

**police sergeant** *n* ≃ brigadier *m* (de police).

**police state** *n* État *m* OR régime *m* policier.

**police station** *n* [urban] poste *m* de police, commissariat *m* (de police); [rural] gendarmerie *f*.

**police wagon** *n Am* fourgon *m* cellulaire.

**policewoman** [pə'liːs,wʊmən] (*pl* **policewomen** [-,wɪmɪn]) *n* femme *f* policier.

**policy** ['pɒləsɪ] (*pl* **policies**) ◇ *n* **-1.** POL politique *f*; **the government's economic policies** la politique économique du gouvernement. **-2.** COMM [of company, organization] politique *f*, orientation *f*; **this is in line with company** ~ ça va dans le sens de la politique de l'entreprise; **our** ~ is to hire professionals only nous avons pour politique de n'engager que des professionnels. **-3.** [personal principle, rule of action] principe *m*, règle *f*; **her** ~ has been always to tell the truth elle a toujours eu pour principe de dire la vérité. **-4.** [for insurance] police *f*. ◇ *comp* [decision, statement] de principe; [debate] de politique générale.

**policyholder** ['pɒləsɪ,həʊldər] *n* assuré *m*, -e *f*.

**polio** ['pəʊlɪəʊ] *n* (U) polio *f*.

**poliomyelitis** [,pəʊlɪəʊmaɪə'laɪtɪs] *n* (U) poliomyélite *f*.

**polish** ['pɒlɪʃ] ◇ *vt* **-1.** [furniture] cirer, encaustiquer; [brass, car] astiquer; [mirror] astiquer; [shoes] cirer, brosser; [gemstone] polir. **-2.** *fig* [perfect] polir, perfectionner. **-3.** [person] parfaire l'éducation de; **his manners could do with** ~ing ses manières laissent à désirer. ◇ *n* **-1.** [for wood, furniture] encaustique *f*, cire *f*; [for shoes] cirage *m*; [for brass, car, silverware] *produit d'entretien pour le cuivre, la voiture, l'argenterie etc*; [for fingernails] vernis *m*.**-2.** [act of polishing]: to give sthg a ~ astiquer qqch; **give your shoes a quick** ~ donne un petit coup de brosse à tes chaussures. **-3.** [shine, lustre] brillant *m*, éclat *m*; to put a ~ on sthg faire briller qqch. **-4.** *fig* raffinement *m*, élégance *f*.

◆ **polish off** *vt sep inf* **-1.** [finish – meal] finir, avaler. **-2.** [complete – job] expédier; [– book, essay] en finir avec. **-3.** [defeat] se débarrasser de; écraser; [kill] liquider, descendre.

◆ **polish up** ◇ *vi insep*: brass ~es up well le cuivre est facile à faire briller. ◇ *vt sep* **-1.** [furniture, shoes] faire briller; [diamond] polir. **-2.** *fig* [perfect – maths, language] perfectionner, travailler; [– technique] parfaire, améliorer.

**Polish** ['pəʊlɪʃ] ◇ *n* LING polonais *m*. ◇ *npl* [people]: the ~ les

Polonais. ◇ *adj* polonais.

**polished** ['pɒlɪʃt] *adj* **-1.** [surface] brillant, poli. **-2.** CULIN [rice] décortiqué. **-3.** [person] qui a du savoir-vivre, raffiné; [manners] raffiné. **-4.** [performer] accompli; [performance] parfait, impeccable; [style] raffiné, élégant.

**polisher** ['pɒlɪʃəʳ] *n* [person] cireur *m*, -euse *f*; [machine] polissoir *m*; [for floors] cireuse *f*.

**Politburo** ['pɒlɪt,bjʊərəʊ] (*pl* **Politburos**) *n* Politburo *m*.

**polite** [pə'laɪt] *adj* **-1.** [person] poli, courtois; [remark, conversation] poli, aimable; to be ~ to sb être poli envers OR avec qqn; it is ~ to ask first quand on est poli, on demande d'abord; to make ~ conversation faire la conversation; she was very ~ about my poems elle s'est montrée très diplomate dans ses commentaires sur mes poèmes. **-2.** [refined – manners] raffiné, élégant; ~ society la bonne société, le beau monde.

**politely** [pə'laɪtlɪ] *adv* poliment, de manière courtoise.

**politeness** [pə'laɪtnɪs] *n* politesse *f*, courtoisie *f*; out of ~ par politesse.

**politic** ['pɒlɪtɪk] *adj fml* [shrewd] habile, avisé; [wise] judicieux, sage.

**political** [pə'lɪtɪkl] *adj* **-1.** politique. **-2.** [interested in politics]: he's always been very ~ il s'est toujours intéressé à la politique.

**political geography** *n* géographie *f* politique.

**politically** [pə'lɪtɪklɪ] *adv* politiquement.

**politically correct** *adj* caractéristique d'un mouvement intellectuel américain qui vise à établir une nouvelle éthique, notamment en bannissant certains termes jugés discriminatoires.

**political science** *n (U)* sciences *fpl* politiques.

**politician** [,pɒlɪ'tɪʃn] *n* [gen] homme *m* politique, femme *f* politique.

**politicization** [pə,lɪtɪsaɪ'zeɪʃn] *n* politisation *f*.

**politicize, -ise** [pə'lɪtɪsaɪz] ◇ *vt* politiser; the whole issue has become highly ~d on a beaucoup politisé toute cette question. ◇ *vi* faire de la politique.

**politicking** ['pɒlətɪkɪŋ] *n pej* activité politique visant uniquement à obtenir des suffrages.

**politico** [pə'lɪtɪkəʊ] (*pl* **politicos** OR **politicoes**) *n inf* & *pej* politicard *m*, -e *f*.

**politics** ['pɒlətɪks] ◇ *n (U)* **-1.** [as a profession]: to go into ~ faire de la politique; local ~ politique locale; ~ has never attracted her la politique ne l'a jamais intéressée. **-2.** [art or science] politique *f*; she studied ~ at university elle a étudié les sciences politiques à l'université. **-3.** [activity] politique *f*; I tried not to be drawn into office ~ j'ai essayé de ne pas me laisser entraîner dans les intrigues de bureau ❑ sexual ~ ensemble des idées et des problèmes touchant aux droits des femmes, des homosexuels etc. ◇ *npl* [opinions] idées *fpl* OR opinions *fpl* politiques.

**polity** ['pɒlətɪ] (*pl* **polities**) *n fml* [state] État *m*; [administration] organisation *f* politique OR administrative; [political unit] entité *f* politique.

**polka** ['pɒlkə] ◇ *n* polka *f*. ◇ *vi* danser la polka.

**polka dot** *n* pois *m* TEXT.

◆ **polka-dot** *adj* à pois.

**poll** [pəʊl] ◇ *n* **-1.** POL [elections] élection *f*, élections *fpl*, scrutin *m*; to go to the ~s voter, se rendre aux urnes; the party is likely to be defeated at the ~s le parti sera probablement battu aux élections ‖ [vote] vote *m*; [votes cast] suffrages *mpl* (exprimés), nombre *m* de voix; there was an unexpectedly heavy ~ contrairement aux prévisions, il y a eu un fort taux de participation au scrutin. **-2.** [survey – of opinion, intentions] sondage *m*; to conduct a ~ on OR about sthg faire un sondage d'opinion sur qqch, effectuer un sondage auprès de la population concernant qqch; the latest ~ puts the Socialists in the lead le dernier sondage donne les socialistes en tête. **-3.** [count, census] recensement *m*. **-4.** [list – of taxpayers] rôle *m* nominatif; [– of electors] liste *f* électorale. ◇ *vt* **-1.** POL [votes] recueillir, obtenir. **-2.** [person] sonder, recueillir l'opinion de; most of those ~ed were in favour of the plan la plupart des personnes interrogées OR sondées étaient favorables au projet. **-3.** *Am* [assembly] inscrire le vote de. **-4.** COMPUT [terminal] appeler; [data] recueillir. **-5.** [tree] étêter; [cattle] décorner. ◇ *vi* [voter] voter.

**pollard** ['pɒləd] ◇ *n* **-1.** BOT têtard *m* (*arbre*). **-2.** ZOOL animal *m* sans cornes. ◇ *vt* **-1.** BOT étêter. **-2.** ZOOL décorner.

**pollen** ['pɒlən] *n* pollen *m*; ~ analysis analyse *f* pollinique.

**pollen count** *n* indice *m* pollinique (de l'air).

**pollinate** ['pɒlɪneɪt] *vt* polliniser.

**pollination** [,pɒlɪ'neɪʃn] *n* pollinisation *f*.

**polling** ['pəʊlɪŋ] *n (U)* **-1.** POL [voting] vote *m*, suffrage *m*; [elections] élections *fpl*, scrutin *m*; the first round of ~ le premier tour de scrutin OR des élections; ~ is up on last year la participation a été est plus élevée que l'année dernière. **-2.** [for opinion poll] sondage *m*.

**polling booth** *n* isoloir *m*.

**polling day** *n* jour *m* des élections OR du scrutin.

**polling station** *n* bureau *m* de vote.

**pollster** ['pəʊlstəʳ] *n inf* enquêteur *m*, -euse OR -trice *f*, sondeur *m*, -euse *f*.

**poll tax** *n* **-1.** [in UK] impôt local aboli en 1993, basé sur le nombre d'occupants adultes d'un logement. **-2.** [in US] impôt, aboli en 1964, donnant droit à être inscrit sur les listes électorales. **-3.** HIST capitation *f*.

**pollutant** [pə'lu:tnt] *n* polluant *m*.

**pollute** [pə'lu:t] *vt* polluer; the rivers are ~d with toxic waste ces cours d'eau sont pollués par les déchets toxiques.

**polluter** [pə'lu:təʳ] *n* pollueur *m*, -euse *f*.

**pollution** [pə'lu:ʃn] *n* **-1.** [of environment] pollution *f*. **-2.** *(U)* [pollutants] polluants *mpl*; volunteers are helping to clear the beach of ~ des volontaires participent aux opérations d'assainissement de la plage.

**Pollyanna** [,pɒlɪ'ænə] *n* individu naïvement optimiste.

**polo** ['pəʊləʊ] (*pl* **polos**) ◇ *n* SPORT polo *m*. ◇ *comp* [match, stick] de polo.

**polonaise** [,pɒlə'neɪz] *n* MUS & SEW polonaise *f*.

**polo neck** *n Br* [collar] col *m* roulé; [sweater] (pull *m* à) col *m* roulé.

◆ **polo-neck(ed)** *adj Br* à col roulé.

**polo shirt** *n* polo *m* (*chemise*).

**poltergeist** ['pɒltəgaɪst] *n* esprit *m* frappeur, poltergeist *m*.

**poly** ['pɒlɪ] (*pl* **polys**) *Br inf* = polytechnic.

**polyandry** ['pɒlɪændrɪ] *n* polyandrie *f*.

**polyanthus** [,pɒlɪ'ænθəs] (*pl* **polyanthuses** OR **polyanthi** [-θaɪ]) *n* **-1.** [primrose] primevère *f*. **-2.** [narcissus] narcisse *m* à bouquet.

**poly bag** *n Br inf* sac *m* en plastique.

**polyester** [,pɒlɪ'estəʳ] ◇ *n* polyester *m*. ◇ *adj* (de OR en) polyester.

**polyethylene** [,pɒlɪ'eθɪliːn] = polythene.

**polygamist** [pə'lɪgəmɪst] *n* polygame *m*.

**polygamous** [pə'lɪgəməs] *adj* polygame.

**polygamy** [pə'lɪgəmɪ] *n* polygamie *f*.

**polyglot** ['pɒlɪglɒt] ◇ *adj* [person] polyglotte; [edition] multilingue. ◇ *n* [person] polyglotte *mf*; [book] édition *f* multilingue.

**polygon** ['pɒlɪgɒn] *n* polygone *m*.

**polygonal** [pɒ'lɪgənl] *adj* polygonal.

**polyhedron** [,pɒlɪ'hiːdrən] (*pl* **polyhedrons** OR **polyhedra** [-drə]) *n* polyèdre *m*.

**polymer** ['pɒlɪməʳ] *n* polymère *m*.

**polymorphic** [,pɒlɪ'mɔːfɪk] *adj* polymorphe.

**Polynesia** [,pɒlɪ'niːzjə] *pr n* Polynésie *f*; in ~ en Polynésie; French ~ la Polynésie française.

**Polynesian** [,pɒlɪ'niːzjən] ◇ *n* **-1.** [person] Polynésien *m*, -enne *f*. **-2.** LING polynésien *m*. ◇ *adj* polynésien.

**polynomial** [,pɒlɪ'nəʊmjəl] ◇ *adj* polynomial. ◇ *n* polynôme *m*.

**polyp** ['pɒlɪp] *n* polype *m*.

**polyphony** [pə'lɪfənɪ] *n* polyphonie *f*.

**polypropylene** [,pɒlɪ'prəʊpəliːn] *n* polypropylène *m*.

**polysemous** [pə'lɪsɪməs] *adj* polysémique.

**polysemy** [pə'lɪsɪmɪ] *n* polysémie *f*.

**polystyrene** [,pɒlɪ'staɪriːn] *n* polystyrène *m*; ~ tiles carreaux *mpl* de polystyrène.

**polysyllabic** [,pɒlɪsɪ'læbɪk] *adj* polysyllabe, polysyllabique.

**polytechnic** [,pɒlɪ'teknɪk] *n* en Grande-Bretagne, avant 1993, *établissement d'enseignement supérieur qui appartenait à un système différent de celui des universités. Depuis 1993, les «polytechnics» ont acquis le statut d'universités.*

**polytheism** ['pɒlɪθiːɪzm] *n* polythéisme *m*.

**polythene** ['pɒlɪθiːn] ◊ *n* polyéthylène *m*, Polythène® *m*. ◊ *comp* en plastique, en polyéthylène *spec*, en Polythène® *spec*; ~ bag sac *m* (en) plastique.

**polyunsaturated** [,pɒlɪʌn'sætʃəreɪtɪd] *adj* polyinsaturé.

**polyurethane** [,pɒlɪ'jʊərəθeɪn] *n* polyuréthane *m*, polyuréthanne *m*.

**pom** [pɒm] *Austr & NZ inf* = **pommie**.

**pomade** [pə'meɪd] ◊ *n* pommade *f (pour les cheveux)*. ◊ *vt* pommader.

**pomander** [pə'mændər] *n* [bag] sachet *m* aromatique; [orange stuck with cloves] pomme *f* d'amour.

**pomegranate** ['pɒmɪ,grænɪt] *n* grenade *f (fruit)*; ~ tree grenadier *m*.

**pommel** ['pɒml] *(Br pt & pp* **pommelled**, *cont* **pommelling**, *Am pt & pp* **pommeled**, *cont* **pommeling**) ◊ *n* pommeau *m*. ◊ *vt* = **pummel**.

**pommel horse** *n* cheval-d'arçons *m inv*.

**pommie, pommy** ['pɒmɪ] *(pl* **pommies)** ◊ *n Austr & NZ inf & hum* angliche *mf pej*. ◊ *adj* angliche *pej*.

**pomp** [pɒmp] *n* pompe *f*, faste *m*; **with great** ~ en grande pompe.

**pompadour** ['pɒmpə,dʊər] *n* coiffure *f* style Pompadour.

**Pompeii** [pɒm'peiiː] *pr n* Pompéi.

**Pompeiian** [pɒm'peiən] ◊ *n* Pompéien *m*, -enne *f*. ◊ *adj* pompéien.

**Pompey** ['pɒmpɪ] *pr n* Pompée.

**pompom** ['pɒmpɒm] *n* **-1.** [flower, bobble] pompon *m*.**-2.** *inf* MIL canon *m* mitrailleur.

**pomposity** [pɒm'pɒsətɪ] *(pl* **pomposities)** *n* **-1.** *(U)* [of manner] comportement *m* pompeux, manières *fpl* pompeuses. **-2.** [of ceremony] apparat *m*, pompe *f*; [of style] caractère *m* pompeux.

**pompous** ['pɒmpəs] *adj* [pretentious] pompeux, prétentieux.

**pompously** ['pɒmpəslɪ] *adv* pompeusement.

**ponce** [pɒns] *Br inf* ◊ *n* **-1.** [pimp] maquereau *m*.**-2.** *pej* [effeminate man] homme *m* efféminé. ◊ *vi* **-1.** [pimp] faire le maquereau. **-2.** *pej* [behave effeminately] faire des simagrées, minauder.

◆ **ponce about, ponce around** *vi insep inf* [mess around] traîner.

**poncey, poncy** ['pɒnsɪ] *adj Br inf & pej* efféminé.

**poncho** ['pɒntʃəʊ] *(pl* **ponchos)** *n* poncho *m*.

**pond** [pɒnd] *n* [small] mare *f*; [large] étang *m*; [in garden] bassin *m*; ~ life la faune des étangs.

**ponder** ['pɒndər] ◊ *vi* [think] réfléchir; [meditate] méditer. ◊ *vt* réfléchir à OR sur; **I sat down and** ~**ed what to do** je m'assis et considérai ce que j'allais faire.

**ponderable** ['pɒndərəbl] *adj fml* pondérable.

**ponderous** ['pɒndərəs] *adj* [heavy] pesant, lourd; [slow] lent, laborieux; [dull] lourd; **he has a very** ~ **way of speaking** il s'exprime avec difficulté OR laborieusement.

**pone** [pəʊn] *n Am*: ~ **(bread)** pain *m* de maïs.

**pong** [pɒŋ] *inf* ◊ *n Br* puanteur *f*. ◊ *vi* cocoter.

**pontiff** ['pɒntɪf] *n* souverain pontife *m*, pape *m*.

**pontifical** [pɒn'tɪfɪkl] *adj* **-1.** RELIG pontifical. **-2.** [pompous] pompeux.

**pontificate** [*vb* pɒn'tɪfɪkeɪt, *n* pɒn'tɪfɪkɪt] ◊ *vi* [gen & RELIG] pontifier; **he's always pontificating about** OR **on something or other** *pej* il faut toujours qu'il pontifie. ◊ *n* pontificat *m*.

**Pontius Pilate** ['pɒntjəs-] *pr n* Ponce Pilate.

**pontoon** [pɒn'tuːn] *n* **-1.** [float] ponton *m*; [on seaplane] flotteur *m*.**-2.** [card game] vingt-et-un *m*.

**pontoon bridge** *n* pont *m* flottant.

**pony** ['pəʊnɪ] *(pl* **ponies)** *n* **-1.** ZOOL poney *m*. **-2.** [glass] verre *m* à liqueur. **-3.** *Am inf* SCH [crib] antisèche *f*.

**pony express** *n* service postal américain à cheval mis en place en 1860 et détrôné par l'apparition du télégraphe.

**ponytail** ['pəʊnɪteɪl] *n* queue de cheval *f*.

**pony-trekking** [-,trekɪŋ] *n* randonnée *f* à dos de poney; **to go** ~ faire une randonnée à dos de poney.

**poo** [puː] *n & vi inf* = **pooh**.

**pooch** [puːtʃ] *n Am inf* toutou *m*.

**poodle** ['puːdl] *n* caniche *m*.

**poof** [pʊf] ◊ *n ∇ Br pej* pédé *m*. ◊ *interj*: **and then it was gone,** ~, **just like that** et puis hop! il a disparu d'un coup.

**poofter**∇ ['pʊftər] = **poof** *n*.

**poofy**∇ ['pʊfɪ] *(compar* **poofier**, *superl* **poofiest)** *adj Br pej* efféminé.

**pooh** [puː] *Br inf* ◊ *interj* [with disgust] pouah; [with disdain] peuh. ◊ *n baby talk* caca *m*. ◊ *vi baby talk* faire caca.

**pooh-pooh** *vt Br* rire de, ricaner de.

**pool** [puːl] ◊ *n* **-1.** [pond – small] mare *f*; [– large] étang *m*; [– ornamental] bassin *m*.**-2.** [puddle] flaque *f*; **a** ~ **of light** un rond de lumière. **-3.** [swimming pool] piscine *f*.**-4.** [in harbour] bassin *m*; [in canal, river] plan *m* d'eau. **-5.** [of money] cagnotte *f*; [in card games] cagnotte *f*, poule *f*.**-6.** [of workmen, babysitters] groupe *m*, groupement *m*; [of experts] équipe *f*; [of typists] pool *m*; [of cars – in firm] parc *m*; [of ideas] réserve *f*; [of talent] pépinière *f*, réserve *f*.**-7.** [consortium] cartel *m*, pool *m*; [group of producers] groupement *m* de producteurs. **-8.** FIN [group] groupement *m*; [agreement] entente *f*, accord *m*.**-9.** [American billiards] billard *m* américain; **to shoot** ~ *Am* jouer au billard américain. ◊ *vt* [resources, cars] mettre en commun; [efforts, ideas] unir.

**poolroom** ['puːl,ruːm] *n* salle *f* de billard.

**pools** [puːlz] *npl Br*: **the (football)** ~ les concours de pronostics (au football); **to win the (football)** ~ gagner aux pronostics (au football); ~ **coupon** fiche *f* de pari, grille *f* de pronostics *(au football)*.

**pool table** *n* (table *f* de) billard *m*.

**poop** [puːp] *n*: ~ **(deck)** poupe *f*.

◆ **poop out** *vi insep Am* [drop out] déclarer forfait.

**pooped** [puːpt] *adj Am inf*: ~ **(out)** vanné, HS.

**pooper-scooper** ['puːpə,skuːpər] *n* ≃ motocrotte *f*.

**poor** [pʊər] ◊ *adj* **-1.** [financially – person, area, country] pauvre; **the oil crisis made these countries considerably** ~ er la crise du pétrole a considérablement appauvri ces pays ❑ ~ **as a church mouse** pauvre comme Job. **-2.** [mediocre in quantity – gen] maigre; [– output, sale figures] faible, médiocre; **there was an unusually** ~ **turnout** il est venu beaucoup moins de monde que d'habitude; **his pay is very** ~ il est très mal payé || [mediocre in quality – land, soil] maigre, pauvre; [– effort, excuse] piètre; [– piece of work] médiocre; [– results] médiocre, piètre; [– weather, summer] médiocre; [– quality, condition] mauvais; **the joke was in extremely** ~ **taste** la plaisanterie était du plus mauvais goût; **she has very** ~ **taste in clothes** elle s'habille avec un goût douteux; **the team put in a** ~ **performance** l'équipe n'a pas très bien joué; **our side put up a very** ~ **show** notre équipe a donné un piètre spectacle; **don't be such a** ~ **loser!** [in game] ne sois pas si mauvais perdant!; **I have only a** ~ **understanding of economics** je ne comprends pas grand-chose à l'économie; ~ **work** SCH travail insuffisant; **our chances of success are very** ~ nos chances de réussite sont bien maigres. **-3.** [weak – memory, sight] mauvais; **to be in** ~ **health** être en mauvaise santé; **I have rather** ~ **hearing** j'entends mal. **-4.** [in ability] peu doué; **I'm a** ~ **cook** je ne suis pas doué pour la cuisine; **my spelling/French is** ~ je ne suis pas fort en orthographe/en français; **she's a** ~ **traveller** elle supporte mal les voyages. **-5.** [inadequate] faible; **their food is** ~ **in vitamins** leur alimentation est pauvre en vitamines. **-6.** [pitiful] pauvre; **you** ~ **thing!** mon pauvre!; ~ **me!** pauvre de moi!; ~ **(old) Bill** le pauvre Bill.

◊ *npl*: **the** ~ les pauvres *mpl*.

**poor box** *n* tronc *m* des pauvres.

**poorhouse** ['pʊəhaʊs, *pl* -haʊzɪz] *n dans le passé, hospice pour les indigents*.

**poorly** ['pʊəlɪ] *(compar* **poorlier**, *superl* **poorliest)** ◊ *adj Br* malade, souffrant; **his condition is described as** ~ MED son état est considéré comme sérieux. ◊ *adv* [badly] mal; **I did** ~ **in the maths test** je n'ai pas bien réussi à l'interrogation de maths; **to think** ~ **of sb** avoir une mauvaise opinion de qqn.

**poor relation** *n Br fig* parent *m* pauvre.

**pop** [pɒp] (*pt* & *pp* **popped**, *cont* **popping**) ◇ *onomat* pan; to go ~ [cork] sauter; [balloon] éclater. ◇ *n* **-1.** MUS musique *f* pop. **-2.** [sound] bruit *m* de bouchon qui saute, bruit *m* sec. **-3.** [drink] boisson *f* gazeuse OR pétillante. **-4.** *Am inf* [father] papa *m*.
◇ *comp* [singer, video] pop *(inv)*; ~ **concert** concert *m* rock; ~ **group** groupe *m* pop; ~ **music** musique *f* pop, pop music *f*.
◇ *vi* **-1.** [cork, buttons] sauter; [bulb, balloon] éclater; to make a popping noise faire un bruit de bouchon qui saute; to ~ **open** [box, bag] s'ouvrir tout d'un coup; [buttons] sauter. **-2.** [ears] se déboucher d'un seul coup; [eyes] s'ouvrir tout grand; his eyes almost popped out of his head in surprise de surprise, les yeux lui sont presque sortis de la tête. **-3.** *Br inf* [go] faire un saut; to ~ **into** town faire un saut en ville.
◇ *vt* **-1.** [balloon, bag] crever; [button, cork] faire sauter; [corn] faire éclater. **-2.** *inf* [put] mettre, fourrer; she kept popping tablets into her mouth elle n'arrêtait pas de se fourrer des comprimés dans la bouche; he popped his head over the wall sa tête surgit en haut du mur. **-3.** ▽ *drugs sl*: to ~ **pills** prendre des comprimés *(pour se droguer)*. **-4.** *phr*: he's finally popped the question *inf* il a finalement demandé sa main; to ~ **one's clogs** *Br inf* casser sa pipe.
◇ *written abbr of* **population**.
◆ **pop in** *vi insep Br inf* faire une petite visite; to ~ **in** to see sb passer voir qqn.
◆ **pop off** *vi insep inf* **-1.** [leave] s'en aller, filer. **-2.** [die] casser sa pipe.
◆ **pop out** *vi insep inf* sortir un instant; to ~ **out** to the to-bacconist's faire un saut au bureau de tabac.
◆ **pop over** *vi insep Br inf* passer, faire une petite visite.
◆ **pop up** *vi insep inf* **-1.** [go upstairs] faire un saut en haut OR à l'étage, monter. **-2.** [crop up] surgir; his name seems to ~ up everywhere on ne parle que de lui.

**popadum** ['pɒpədəm] *n galette indienne*.

**pop art** *n* pop art *m*.

**popcorn** ['pɒpkɔːn] *n* pop-corn *m inv*.

**pope** [pəʊp] *n* **-1.** [in Catholic Church] pape *m*. **-2.** [in Eastern Orthodox Church] pope *m*.

**popemobile** ['pəʊpməbiːl] *n inf* papamobile *f*.

**pop-eyed** *adj inf* ébahi, aux yeux écarquillés.

**popgun** ['pɒpɡʌn] *n* pistolet *m* (d'enfant) à bouchon.

**poplar (tree)** ['pɒplər-] *n* peuplier *m*.

**poplin** ['pɒplɪn] ◇ *n* popeline *f*. ◇ *adj* en popeline.

**popover** ['pɒp,əʊvər] *n* **-1.** [garment] débardeur *m*. **-2.** *Am* chausson *m* CULIN.

**poppadom, poppadum** ['pɒpədəm] = **popadum**.

**popper** ['pɒpər] *n Br* [press-stud] bouton-pression *m*, pression *f*.
◆ **poppers** *npl* [drugs] poppers *mpl*.

**poppet** ['pɒpɪt] *n* **-1.** *Br inf* chéri *m*, -e *f*, mignon *m*, -onne *f*. **-2.** [valve] soupape *f* (à champignon).

**poppy** ['pɒpɪ] (*pl* **poppies**) *n* **-1.** [flower] coquelicot *m*; [opium poppy] pavot *m*; [paper flower] coquelicot *m* en papier (*vendu le jour de l'Armistice*); ~ **seed** graine *f* de pavot. **-2.** [colour] rouge *m* coquelicot *(inv)*.

**poppycock** ['pɒpɪkɒk] *n* (U) *Br inf* & *dated* sottises *fpl*, balivernes *fpl*.

**Poppy Day** *pr n* journée de commémoration pendant laquelle on porte un coquelicot en papier en souvenir des soldats britanniques morts lors des guerres mondiales.

**pops** [pɒps] *n Am inf* [term of address – to father] papa *m*; [– to old man] pépé *m*.

**Popsicle®** ['pɒpsɪkl] *n Am* glace *f* en bâtonnet.

**populace** ['pɒpjʊləs] *n* **-1.** [population] population *f*. **-2.** [masses] masses *fpl*, peuple *m*.

**popular** ['pɒpjʊlər] *adj* **-1.** [well-liked – person] populaire; she's very ~ with her pupils elle est très populaire auprès de ses élèves, ses élèves l'aiment beaucoup; I'm not going to be very ~ when they find out it's my fault! je ne vais pas être bien vu quand ils découvriront que c'est de ma faute! **-2.** [appreciated by many – product, colour] populaire; [– restaurant, resort] très couru, très fréquenté; the film was very ~ in Europe le film a été un très grand succès en Europe; the most ~ book of the year le livre le plus vendu OR le best-seller de l'année; videotapes are a ~ present les vidéocassettes sont des cadeaux très appréciés; it's very ~

with the customers les clients l'apprécient beaucoup; a ~ line un article qui se vend bien. **-3.** [common] courant, répandu; a ~ misconception une erreur répandue OR fréquente || [general] populaire; on OR by ~ demand à la demande générale; it's an idea that enjoys great ~ support c'est une idée qui a l'approbation générale OR de tous ❏; ~ front POL front *m* populaire. **-4.** [aimed at ordinary people] populaire; ~ music musique *f* populaire; a book of ~ mechanics un livre de mécanique pour tous OR à la portée de tous; the ~ press la presse à grand tirage et à sensation; quality goods at ~ prices marchandises de qualité à des prix abordables.
◆ **populars** *npl Br inf* presse *f* à grand tirage et à sensation.

**popularity** [,pɒpjʊ'lærətɪ] *n* popularité *f*; they enjoy a certain ~ with young people ils jouissent d'une certaine popularité auprès des jeunes.

**popularization** [,pɒpjʊləraɪ'zeɪʃn] *n* **-1.** [of trend, activity] popularisation *f*; [of science, philosophy] vulgarisation *f*. **-2.** [book] œuvre *f* de vulgarisation.

**popularize, -ise** ['pɒpjʊləraɪz] *vt* **-1.** [make popular] populariser; a sport ~d by television un sport que la télévision a rendu populaire. **-2.** [science, philosophy] vulgariser.

**popularizer** ['pɒpjʊləraɪzər] *n* [of fashion, ideas] promoteur *m*, -trice *f*.

**popularly** ['pɒpjʊləlɪ] *adv* généralement; [commonly] couramment, communément.

**populate** ['pɒpjʊleɪt] *vt* [inhabit] peupler, habiter; [colonize] peupler, coloniser; a town ~d by miners and their families une ville habitée par des mineurs et leurs familles; a densely ~d country un pays fortement peuplé OR à forte densité de population.

**population** [,pɒpjʊ'leɪʃn] ◇ *n* population *f*; the whole ~ is in mourning tous les habitants portent OR toute la population porte le deuil; the prison ~ la population carcérale.
◇ *comp* [control, fall, increase] démographique, de la population; ~ explosion explosion *f* démographique.

**populism** ['pɒpjʊlɪzm] *n* populisme *m*.

**populist** ['pɒpjʊlɪst] *n* populiste *mf*.

**populous** ['pɒpjʊləs] *adj* populeux.

**pop-up** *adj* [book, card] en relief; [toaster] automatique.

**porcelain** ['pɔːsəlɪn] ◇ *n* porcelaine *f*. ◇ *comp* [dish, vase, lamp] en porcelaine.

**porch** [pɔːtʃ] *n* **-1.** [entrance] porche *m*. **-2.** *Am* [veranda] véranda *f*.

**porcine** ['pɔːsaɪn] *adj* porcin.

**porcupine** ['pɔːkjʊpaɪn] *n* porc-épic *m*.

**pore** [pɔːr] ◇ *n* [in skin, plant, fungus, rock] pore *m*. ◇ *vi*: to ~ **over** [book] être plongé dans OR absorbé par; [picture, details] étudier de près.

**pork** [pɔːk] ◇ *n* CULIN porc *m*. ◇ *comp* [chop, sausage] de porc.

**pork barrel** *n Am* POL projet local entrepris par un parlementaire ou un parti à des fins électorales.

**porker** ['pɔːkər] *n* **-1.** *literal* porcelet *m* (*engraissé par la bouchère*). **-2.** *inf* & *hum* petit cochon *m*.

**pork pie** *n* ≃ paté *m* en croûte (*à la viande de porc*).

**pork scratchings** *npl* petits morceaux croustillants de couenne de porc mangés comme amuse-gueule.

**porky** ['pɔːkɪ] (*compar* **porkier**, *superl* **porkiest**) *adj inf* & *pej* [fat] gros (*f* grosse), gras (*f* grasse), adipeux *pej*.

**porn** [pɔːn] *inf* ◇ *n* porno *m*; **hard** ~ hard-core *m*; ~ **shop** sex-shop *m*. ◇ *adj inf* porno.

**porno** ['pɔːnəʊ] *adj inf* porno.

**pornographer** [pɔː'nɒɡrəfər] *n* pornographe *mf*.

**pornographic** [,pɔːnə'ɡræfɪk] *adj* pornographique.

**pornography** [pɔː'nɒɡrəfɪ] *n* pornographie *f*.

**porosity** [pɔː'rɒsɪtɪ] (*pl* **porosities**) *n* porosité *f*.

**porous** ['pɔːrəs] *adj* poreux.

**porpoise** ['pɔːpəs] (*pl inv* OR **porpoises**) *n* marsouin *m*.

**porridge** ['pɒrɪdʒ] *n* **-1.** CULIN porridge *m*. **-2.** *Br prison sl* peine *f* de prison; to do ~ faire de la tôle.

**porridge oats** *npl* flocons *mpl* d'avoine.

**port** [pɔːt] ◇ *n* **-1.** [harbour] port *m*; to come into ~ entrer dans le port; we put into ~ at Naples nous avons relâché dans le port de Naples ❑ ~ of call NAUT escale *f*; her last ~ of call was the bank *fig* elle est passée à la banque en dernier; ~ of entry port de débarquement; any ~ in a storm nécessité fait loi *prov*. -2. [wine] porto *m*.-3. [window – on ship, plane] hublot *m*.-4. [for loading] sabord *m* (de charge). -5. MIL [in wall] meurtrière *f*; [in tank] fente *f* de visée. -6. COMPUT port *m*.-7. TECH [in engine] orifice *m*. -8. NAUT [left side] bâbord *m*.-9. AERON côté *m* gauche, bâbord *m*. ◇ *comp* [authorities, activity, facilities] portuaire; [bow, quarter] de bâbord. ◇ *vt* -1. COMPUT transférer. -2. MIL: ~ arms! présentez armes!-3. NAUT: ~ the helm! barre à bâbord!

**portable** ['pɔːtəbl] ◇ *adj* -1. portatif, portable; ~ pension pension *f* transférable; ~ TV (set) télévision *f* portative. -2. COMPUT [software, program] compatible. ◇ *n* [typewriter] machine *f* portative; [TV] télévision *f* portative; [computer] ordinateur *m* portatif.

**Portacrib**® ['pɔːtə,krɪb] *n Am* moïse *m*, porte-bébé *m*.

**portage** ['pɔːtɪdʒ] *n* -1. [transport] transport *m*; [cost] (frais *mpl* de) port *m*.-2. NAUT portage *m*.

**Portakabin**® ['pɔːtə,kæbɪn] *n* [gen] baraquement *m* préfabriqué.

**portal** ['pɔːtl] *n lit* portail *m*.

**portcullis** [,pɔːt'kʌlɪs] *n* herse *f* (*de château fort*).

**portend** [pɔː'tend] *vt fml* & *lit* (laisser) présager, annoncer.

**portent** ['pɔːtənt] *n fml* & *lit* -1. [omen] présage *m*, augure *m*; [bad omen] mauvais présage *m*.-2. [significance] portée *f*, signification *f*.

**portentous** [pɔː'tentəs] *adj lit* -1. [ominous – sign] de mauvais présage OR augure. -2. [momentous – event] capital, extraordinaire. -3. [serious] grave, solennel. -4. [pompous] pompeux.

**porter** ['pɔːtəʳ] *n* -1. [of luggage] porteur *m*.-2. *Br* [door attendant – in hotel] portier *m*; [– in block of flats] concierge *mf*, gardien *m*, -enne *f*; [– on private estate] gardien *m*, -enne *f*; [– in university, college] appariteur *m*.-3. *Am* RAIL [on train] employé *m*, -e *f* des wagons-lits. -4. [beer] porter *m*, bière *f* brune.

**porterage** ['pɔːtərɪdʒ] *n* [transport] portage *m*, transport *m* (par porteurs); [cost] coût *m* du transport.

**porterhouse (steak)** ['pɔːtəhaʊs-] *n* chateaubriand *m*, châteaubriant *m*.

**portfolio** [,pɔːt'fəʊljəʊ] (*pl* **portfolios**) *n* -1. [briefcase] porte-documents *m inv*.-2. [dossier – of artist] dossier *m*.-3. POL portefeuille *m*.-4. ST. EX portefeuille *m* (financier OR d'investissements).

**porthole** ['pɔːthəʊl] *n* hublot *m*.

**portico** ['pɔːtɪkəʊ] (*pl* **porticos** OR **porticoes**) *n* ARCHIT portique *m*.

**portion** ['pɔːʃn] *n* -1. [part, section] partie *f*.-2. [share] part *f*; [measure] mesure *f*, dose *f*; he cut the cake into five ~s il a coupé le gâteau en cinq (parts). -3. [helping – of food] portion *f*.-4. *lit* [fate] sort *m*, destin *m*.

**portliness** ['pɔːtlɪnɪs] *n* corpulence *f*, embonpoint *m*.

**portly** ['pɔːtlɪ] (*compar* **portlier**, *superl* **portliest**) *adj* corpulent, fort.

**portmanteau** [,pɔːt'mæntəʊ] (*pl* **portmanteaus** OR **portmanteaux** [-təʊz]) ◇ *n* grande valise *f*. ◇ *adj* qui combine plusieurs éléments OR styles.

**portmanteau word** *n* mot-valise *m*.

**portrait** ['pɔːtreɪt] *n* -1. [gen & ART] portrait *m*; he had his ~ painted il a fait faire son portrait ❑ 'A Portrait of the Artist as a Young Man' *Joyce* 'Portrait de l'artiste jeune par lui-même'; 'The Portrait of a Lady' *James* 'Un portrait de femme'. -2. PRINT: to print in ~ imprimer à la française. ◇ *comp*: ~ gallery galerie *f* de portraits; ~ painter portraitiste *mf*; ~ painting le portrait; ~ photograph portrait *m* photographique, photo-portrait *f*; ~ photographer photographe *m* d'art. ◇ *adj* PRINT à la française.

**portraitist** ['pɔːtreɪtɪst] *n* portraitiste *mf*.

**portraiture** ['pɔːtrɪtʃəʳ] *n* art *m* du portrait.

**portray** [pɔː'treɪ] *vt* -1. [represent] représenter; he ~ed John as a scoundrel il a représenté John sous les traits d'un voyou. -2. [act role of] jouer le rôle de. -3. [depict in words] dépeindre. -4. [artist] peindre, faire le portrait de.

**portrayal** [pɔː'treɪəl] *n* -1. [description] portrait *m*, description *f*.-2. ART portrait *m*.-3. THEAT interprétation *f*.

---

**Portugal** ['pɔːtʃʊgl] *pr n* Portugal *m*; in ~ au Portugal.

**Portuguese** [,pɔːtʃʊ'giːz] (*pl inv*) ◇ *n* -1. [person] Portugais *m*, -e *f*.-2. LING portugais *m*. ◇ *adj* portugais.

**Portuguese man-of-war** *n* physalie *f*.

**pose** [pəʊz] ◇ *n* -1. [position – gen, ART & PHOT] pose *f*; to take up OR to strike a ~ prendre une pose. -2. [pretence] façade *f*. ◇ *vi* -1. ART & PHOT poser; to ~ for a photograph/for an artist poser pour une photographie/pour un artiste; to ~ in the nude poser nu; she ~d as a nymph elle a posé en nymphe. -2. [masquerade]: he ~d as a hero il s'est posé en héros, il s'est fait passer pour un héros. ◇ *vt* [constitute – problem] poser, créer; [– threat] constituer; [set – question] poser; [put forward – claim, idea] formuler.

**poser** ['pəʊzəʳ] *n inf* -1. [question – thorny] question *f* épineuse; [– difficult] colle *f*. -2. *pej* [show-off] poseur *m*, -euse *f*.

**poseur** [pəʊ'zɜːʳ] *n pej* poseur *m*, -euse *f*.

**posh** [pɒʃ] *Br inf* ◇ *adj* [clothes] chic; [person] BCBG; [car] chic; [house] de riches; [restaurant] huppé; [area] chic; [accent] snob; he moves in some very ~ circles il fréquente des milieux très huppés OR des gens de la haute. ◇ *adv*: to talk ~ parler avec un accent snob.

**posit** ['pɒzɪt] *vt fml* [idea] avancer; [theory] avancer, postuler.

**position** [pə'zɪʃn] ◇ *n* -1. [place] position *f*, place *f*, emplacement *m*; to change OR to shift ~ changer de place; you've changed the ~ of the lamp vous avez changé la lampe de place; white is now in a strong ~ [in chess] les blancs sont maintenant très bien placés; take up your ~s!, get into ~! [actors, dancers] à vos places!; [soldiers, guards] à vos postes!-2. [pose, angle, setting] position *f*; hold the spray can in an upright ~ tenez le vaporisateur en position verticale; the lever should be in the off ~ le levier devrait être en position arrêt. -3. [circumstances] situation *f*, position *f*; to be in a bad/good ~ être en mauvaise/bonne posture; you're in a bad ~ OR in no ~ to judge vous êtes mal placé pour (en) juger; to be in a ~ to do sthg être en mesure de faire qqch; put yourself in my ~ mettez-vous à ma place; it's an awkward ~ to be in c'est une drôle de situation; our financial ~ is improving notre situation financière s'améliore; the present economic ~ la conjoncture économique actuelle. -4. [rank – in table, scale] place *f*, position *f*; they're in tenth ~ in the championship ils sont à la dixième place OR ils occupent la dixième place du championnat ‖ [in hierarchy] position *f*, situation *f*; a person in my ~ can't afford a scandal une personne de mon rang ne peut se permettre un scandale; what exactly is his ~ in the government? quelles sont exactement ses fonctions au sein du gouvernement? ‖ [social standing] position *f*, place *f*; she is concerned about her social ~ elle est préoccupée par sa position sociale. -5. [standpoint] position *f*, point *m* de vue; could you make your ~ clear on this point? pouvez-vous préciser votre position à ce sujet?; to take up a ~ on sthg adopter une position OR prendre position sur qqch. -6. [job] poste *m*, situation *f*; there were four candidates for the ~ of manager il y avait quatre candidats au poste de directeur; it is a ~ of great responsibility c'est un poste à haute responsabilité. -7. ADMIN [in bank, post office] guichet *m*; '~ closed' 'guichet fermé'. -8. SPORT [in team, on field] position *f*. -9. MIL position *f*; the men took up ~ on the hill les hommes prirent position sur la colline; to jockey OR to jostle OR to manoeuvre for ~ *literal* chercher à occuper le terrain; *fig* chercher à obtenir la meilleure place. ◇ *vt* -1. [put in place – cameras, equipment] mettre en place, placer, disposer; [– precisely] mettre en position; [– guests, officials] placer; he ~ed himself on the roof il a pris position sur le toit. -2. (*usu passive*) [situate – house, building] situer, placer; SPORT placer; the flat is well ~ed l'appartement est bien situé. -3. [post – guards] placer, poster; they have ~ed their ships in the gulf ils ont envoyé leurs navires dans le golfe. -4. COMM [product] positionner.

**positional** [pə'zɪʃənl] *adj* [warfare] de position, de positions; LING [variant] contextuel; ~ notation MATH numération *f* positionnelle.

**positive** ['pɒzətɪv] ◇ *adj* -1. [sure] sûr, certain; are you ~ about that? en êtes-vous sûr?; it's absolutely ~ c'est sûr et certain. -2. [constructive] positif, constructif; haven't you got any ~ suggestions? n'avez-vous rien à proposer qui fasse avancer les choses?; she has a very ~ approach to the

**problem** son approche du problème est très positive OR constructive; ~ thinking idées *fpl* constructives. -**3.** [affirmative – reply, response] positif, affirmatif; [– test, result] positif. -**4.** [definite – fact, progress] réel, certain; [clear – change, advantage] réel, effectif; [precise – instructions] formel, clair; **we have ~ evidence of his involvement** nous avons des preuves irréfutables de son implication; **his intervention was a ~ factor in the release of the hostages** son intervention a efficacement contribué à la libération des otages; **the team needs some ~ support** l'équipe a besoin d'un soutien réel OR effectif ❑ **proof ~** *Br*, **~ proof** preuve *f* formelle. -**5.** [as intensifier – absolute] absolu, véritable, pur; **a ~ pleasure** un véritable plaisir; **it's a ~ lie** c'est un mensonge, ni plus ni moins. -**6.** [assured] assuré, ferme. -**7.** ELEC, MATH & PHOT positif. -**8.** *Am* POL [progressive] progressiste. ◇ *n* -**1.** GRAMM positif *m*; **in the ~** à la forme positive. -**2.** [answer] réponse *f* positive OR affirmative, oui *m*; **to reply in the ~** répondre par l'affirmative OR affirmativement. -**3.** PHOT épreuve *f* positive. -**4.** ELEC borne *f* positive.

**positive discrimination** *n* *(U)* discrimination *f* positive *(mesures favorisant les membres de groupes minoritaires)*; **~ in favour of people with disabilities** mesures en faveur des handicapés.

**positively** ['pɒzətɪvlɪ] *adv* -**1.** [absolutely] absolument, positivement; [definitely] incontestablement, positivement. -**2.** [constructively] positivement; **it's important to act/think ~** il est important d'agir/de penser de façon positive. -**3.** [affirmatively] affirmativement; [with certainty] avec certitude, positivement; **the body has been ~ identified** le cadavre a été formellement identifié. -**4.** ELEC positivement.

**positive vetting** [-'vetɪŋ] *n* contrôle *m* OR enquête *f* de sécurité *(sur un candidat à un poste touchant à la sécurité nationale)*.

**positivism** ['pɒzɪtɪvɪzm] *n* positivisme *m*.

**poss** [pɒs] *adj inf* possible.

**posse** ['pɒsɪ] *n* *Am* autrefois, petit groupe d'hommes rassemblés par le shérif en cas d'urgence; **to get up a ~** réunir un groupe d'hommes.

**possess** [pə'zes] *vt* -**1.** [have possession of – permanently] posséder, avoir; [– temporarily] être en possession de, détenir, avoir; **she ~es a clear understanding of the subject** elle connaît bien son sujet, elle a une bonne connaissance du sujet. -**2.** [obsess] obséder; **he was completely ~ed by the idea of going to India** il était complètement obsédé par l'idée d'aller en Inde; **what on earth ~ed him to do such a thing?** qu'est-ce qui lui a pris de faire une chose pareille? -**3.** *fml & lit:* **to ~ o.s. of sthg** se munir de qqch.

**possessed** [pə'zest] *adj* -**1.** [controlled – by an evil spirit] possédé; **she/her soul is ~ by the devil** elle/son âme est possédée du démon; **he was shouting like one ~** il criait comme un possédé ‖ *lit* [filled]: **~ by curiosity** dévoré de OR en proie à la curiosité ❑ 'The Possessed' *Dostoevsky* 'les Possédés'. -**2.** *fml & lit:* **~ of:** **none of her children was ~ of any great talent** aucun de ses enfants n'était particulièrement doué.

**possession** [pə'zeʃn] *n* -**1.** [gen] possession *f*; **to be in ~ of sthg** être en possession de qqch; **she was charged with ~ of illegal substances** elle a été inculpée pour détention de stupéfiants; **the file is no longer in my ~** le dossier n'est plus en ma possession, je ne suis plus en possession du dossier; **to be in full ~ of one's senses** être en pleine possession de ses moyens; **to be in OR to have ~ (of the ball)** SPORT avoir le ballon; **certain documents have come into my ~** certains documents sont tombés en ma possession; **to take ~ of sthg** [acquire] prendre possession de qqch; [by force] s'emparer de OR s'approprier qqch; [confiscate] confisquer qqch ❑ **~ is nine points** OR **parts** OR **tenths of the law** *Br* possession vaut titre. -**2.** JUR [of property] possession *f*, jouissance *f*; **to take ~** prendre possession ❑ **immediate ~** jouissance *f* immédiate. -**3.** [by evil] possession *f*. ◆ **possessions** *npl* -**1.** [belongings] affaires *fpl*, biens *mpl*. -**2.** [colonies] possessions *fpl*; [land] terres *fpl*.

**possessive** [pə'zesɪv] ◇ *adj* -**1.** [gen] possessif; **he's ~ about his belongings** il a horreur de prêter ses affaires; **she's ~ about her children** c'est une mère possessive. -**2.** GRAMM possessif; **~ adjective/pronoun** adjectif *m*/pronom *m* possessif. ◇ *n* GRAMM [case] (cas *m*) possessif *m*; [word] possessif *m*.

**possessively** [pə'zesɪvlɪ] *adv* de manière possessive; **she**

**clung ~ to her father's hand** elle agrippa jalousement la main de son père.

**possessiveness** [pə'zesɪvnɪs] *n* caractère *m* possessif, possessivité *f*.

**possessor** [pə'zesər] *n* possesseur *m*, propriétaire *mf*.

**possibility** [,pɒsə'bɪlətɪ] *(pl* **possibilities)** *n* -**1.** [chance] possibilité *f*, éventualité *f*; **it's a ~** c'est une possibilité, c'est bien possible; **the ~ of a settlement is fading fast** la perspective d'un règlement est de moins en moins probable; **is there any ~ of you coming up for the weekend?** pourriez-vous venir ce week-end?, y a-t-il des chances que vous veniez ce week-end?; **there's no ~ of that happening** il n'y a aucune chance OR aucun risque que cela se produise; **there's little ~ of any changes being made to the budget** il est peu probable que le budget soit modifié; **there's a strong ~ we'll know the results tomorrow** il est fort possible que nous connaissions les résultats demain; **they hadn't even considered the ~ that he might leave** ils n'avaient même pas envisagé qu'il puisse partir. -**2.** [person – for job] candidat *m*, -e *f* possible; [– as choice] choix *m* possible; **she's still a ~** elle conserve toutes ses chances. ◆ **possibilities** *npl* [potential] possibilités *fpl*; **the job has a lot of possibilities** le poste offre de nombreuses perspectives; **job possibilities** possibilités d'emploi.

**possible** ['pɒsəbl] ◇ *adj* -**1.** [which can be done] possible; **if ~** si possible; **I'll be there, if at all ~** j'y serai, dans la mesure du possible; **that's ~** c'est possible, ça se peut; **it isn't ~ for her to come** il ne lui est pas possible OR il lui est impossible de venir ‖ *(in comparisons):* **as far as ~** [within one's competence] dans la mesure du possible; [at maximum distance] aussi loin que possible; **as long as ~** aussi longtemps que possible; **as much** OR **as many as ~** autant que possible; **as soon as ~** dès que OR le plus tôt possible ‖ *(with superl adj):* **the best/the smallest ~** le meilleur/le plus petit possible; **I mean that in the nicest ~ way** je dis cela sans méchanceté (aucune). -**2.** [conceivable, imaginable] possible, imaginable; **there's no ~ way out** il n'y a absolument aucune issue; **it doesn't seem ~ that anyone could be so stupid** il est difficile d'imaginer que l'on puisse être aussi bête; **the doctors did everything ~ to save her** les médecins ont fait tout leur possible OR tout ce qu'ils ont pu pour la sauver; **what ~ benefit can we get from it?** quel bénéfice peut-on bien en tirer?; **it's ~ (that) he won't come** il se peut qu'il ne vienne pas; **it's just ~ she's forgotten** il n'est pas impossible qu'elle ait oublié; **there is a ~ risk of flooding on low ground** il y a des risques d'inondations en contrebas ‖ [feasible] possible, faisable; **he comes to see me whenever ~** il vient me voir quand il le peut; **the grant made it ~ for me to continue my research** la bourse m'a permis de poursuivre mes recherches. -**3.** [potentiel] éventuel; **~ risks** des risques éventuels; **~ consequences** des conséquences éventuelles. ◇ *n* -**1.** [activity] possible *m*. -**2.** [choice] choix *m* possible; [candidate] candidature *f* susceptible d'être retenue; **we looked at ten houses, of which two were ~s** nous avons visité dix maisons dont deux nous intéressent OR sont à retenir; **she is still a ~ for the prize/job** elle garde toutes ses chances d'avoir le prix/d'obtenir le poste ‖ SPORT [player] joueur *m* susceptible d'être choisi.

**possibly** ['pɒsəblɪ] *adv* -**1.** [perhaps] peut-être; **~ (so)/~ not**, but he had no other choice peut-être (bien)/peut-être pas, mais il n'avait pas le choix; **will you be there tomorrow? — ~** vous serez là demain? — c'est possible; **could you ~ lend me £5?** vous serait-il possible de me prêter 5 livres? -**2.** *(with modal verbs)* [conceivably] **what advantage can we ~ get from it?** quel avantage pouvons-nous espérer en tirer?; **she can't ~ get here on time** elle ne pourra jamais arriver à l'heure; **where can they ~ have got to?** où peuvent-ils bien être passés?; **the doctors did all they ~ could to save her** les médecins ont fait tout ce qu'ils ont pu OR tout leur possible pour la sauver; **I'll come whenever I ~ can** je viendrai chaque fois que cela me sera possible; **I couldn't ~ accept your offer** je ne puis accepter votre proposition; **she might ~ still be here** il se pourrait qu'elle soit encore ici.

**possum** ['pɒsəm] *n* [American] opossum *m*; [Australian] phalanger *m*; **to play ~** *inf* faire le mort.

**post** [pəʊst] ◇ *n* -**1.** *Br* [letters] courrier *m*; [postal service] poste *f*, courrier *m*; has the ~ come? est-ce que le facteur est passé?; did it come through the ~ OR by ~? est-ce que c'est arrivé par la poste?; I sent it by ~ je l'ai envoyé par la poste; can you put the cheque in the ~? pouvez-vous poster le chèque? ‖ [delivery] (distribution *f* du) courrier *m*; a parcel came in this morning's ~ un paquet est arrivé au courrier de ce matin ‖ [collection] levée *f* (du courrier); I don't want to miss the ~ je ne veux pas manquer la levée; will we still catch the ~? pourrons-nous poster le courrier à temps OR avant la levée? ‖ [post office] poste *f*; [letterbox] boîte *f* à lettres; can you take the letters to the ~? [post office] pouvez-vous porter les lettres à la poste?; [post them] pouvez-vous poster les lettres OR mettre les lettres à la boîte?**-2.** [station] relais *m* de poste; [rider] courrier *m*.**-3.** [of sign, street lamp, fence] poteau *m*; [of four-poster bed] colonne *f*; [upright – of door] montant *m*.**-4.** [in racing] poteau *m*.**-5.** FTBL poteau *m*, montant *m*; the near/far ~ le premier/deuxième poteau. **-6.** [job] poste *m*, emploi *m*; a university/diplomatic ~ un poste universitaire/de diplomate; a government ~ un poste au gouvernement. **-7.** [duty station] poste *m*; a sentry ~ un poste de sentinelle. **-8.** *Am* [trading post] comptoir *m*. ◇ *vt* **-1.** [letter – put in box] poster, mettre à la poste; [– send by post] envoyer par la poste; to ~ sthg to sb envoyer qqch à qqn par la poste, poster qqch à qqn ❑ to keep sb ~ed tenir qqn au courant. **-2.** [station] poster. **-3.** *Br* [transfer – employee] muter, affecter. **-4.** [publish – banns, names] publier; [– on bulletin board] afficher; he has been ~ed missing il a été porté disparu; '~ no bills' *Am*'défense d'afficher'. **-5.** BANK & ADMIN inscrire, enregistrer; to ~ an entry passer une écriture; to ~ the ledger tenir le grand-livre à jour. **-6.** *Am* [issue]: to ~ bail déposer une caution.

◆ **post on** *vt sep* [letters] faire suivre.

◆ **post up** *vt sep* **-1.** [notice] afficher. **-2.** [ledger] mettre à jour (*les écritures*).

**postage** ['pəʊstɪdʒ] ◇ *n* (U) [postal charges] tarifs *mpl* postaux OR d'affranchissement; [cost of posting] frais *mpl* d'expédition OR d'envoi OR de port; what's the ~ on this parcel? c'est combien pour envoyer ce paquet? ❑ ~ and packing *Br* OR handling *Am* frais de port et d'emballage. ◇ *adj* [rates] postal.

**postage due stamp** *n* timbre *m* taxe.

**postage stamp** *n* timbre *m*, timbre-poste *m*.

**postal** ['pəʊstl] *adj* [charge, code, district] postal; [administration, service, strike] des postes; [delivery] par la poste; ~ vote *Br* vote *m* par correspondance.

**postal order** *n Br* mandat *m* postal.

**postbag** ['pəʊstbæg] *n Br* **-1.** [sack] sac *m* postal. **-2.** [correspondence] courrier *m*.

**postbox** ['pəʊstbɒks] *n Br* boîte *f* à OR aux lettres.

**postcard** ['pəʊstkɑːd] *n* carte *f* postale.

**post chaise** [-ʃeɪz] *n* chaise *f* de poste.

**postcode** ['pəʊstkəʊd] *n Br* code *m* postal.

**postdate** [,pəʊst'deɪt] *vt* **-1.** [letter, cheque] postdater. **-2.** [event] assigner une date postérieure à.

**postdoctoral** [,pəʊst'dɒktərəl], **postdoctorate** [,pəʊst-'dɒktərət] *adj* UNIV postdoctoral.

**poster** ['pəʊstər] *n* [informative] affiche *f*; [decorative] poster *m*.

**poste restante** [,pəʊst'restɑːnt] *n* poste *f* restante.

**posterior** [pɒ'stɪərɪər] ◇ *adj* **-1.** *fml* [in time] postérieur. **-2.** TECH [rear] arrière. ◇ *n inf & hum* [of a person] postérieur *m*, arrière-train *m*.

**posterity** [pɒ'sterətɪ] *n* postérité *f*; for ~ pour la postérité; to go down to ~ entrer dans la postérité OR l'histoire.

**poster paint** *n* gouache *f*.

**post-free** ◇ *adj* **-1.** *Br* [prepaid] port payé. **-2.** [free of postal charge] dispensé d'affranchissement. ◇ *adv* **-1.** *Br* [prepaid] en port payé. **-2.** [free of postal charge] en franchise postale.

**postgraduate** [,pəʊst'grædʒʊət] ◇ *n* étudiant *m*, -e *f* de troisième cycle. ◇ *adj* [diploma, studies] de troisième cycle.

**posthaste** [,pəʊst'heɪst] *adv lit* à toute vitesse, en toute hâte.

**postholder** ['pəʊst,həʊldər] *n* titulaire *mf*.

**post horn** *n* trompe *f* (de la malle-poste).

**post house** *n* relais *m* de poste.

**posthumous** ['pɒstjʊməs] *adj* posthume.

**posthumously** ['pɒstjʊməslɪ] *adv* après la mort; the prize

was awarded ~ le prix a été décerné à titre posthume.

**postil(l)ion** [pə'stɪljən] *n* postillon *m*.

**postimpressionism** [,pəʊstɪm'preʃnɪzm] *n* postimpressionnisme *m*.

**postimpressionist** [,pəʊstɪm'preʃnɪst] ◇ *n* postimpressionniste *mf*. ◇ *adj* postimpressionniste.

**postindustrial** [,pəʊstɪn'dʌstrɪəl] *adj* postindustriel.

**posting** ['pəʊstɪŋ] *n* **-1.** *Br* [of diplomat] nomination *f*, affectation *f*; [of soldier] affectation *f*; to get an overseas ~ être nommé en poste à l'étranger. **-2.** COMM [in ledger] inscription *f*, enregistrement *m*.**-3.** *Br* [of letter] expédition *f* par la poste.

**postman** ['pəʊstmən] (*pl* **postmen** [-mən]) *n* facteur *m*, préposé *m* ADMIN.

**postman's knock** *n* jeu d'enfant dans lequel un des joueurs fait semblant de distribuer des lettres, en échange desquelles il reçoit un baiser.

**postmark** ['pəʊstmɑːk] ◇ *n* [on letter] cachet *m* de la poste; date as ~ le cachet de la poste faisant foi. ◇ *vt* oblitérer; the letter is ~ed Phoenix la lettre vient de OR a été postée à Phoenix.

**postmaster** ['pəʊst,mɑːstər] *n* receveur *m* des Postes.

**Postmaster General** (*pl* **Postmasters General**) *n* ≃ ministre *m* des Postes et Télécommunications.

**postmistress** ['pəʊst,mɪstrɪs] *n* receveuse *f* des Postes.

**post-modern** *adj* postmoderne.

**post-modernism** *n* postmodernisme *m*.

**post-modernist** ◇ *n* postmoderniste *mf*. ◇ *adj* postmoderniste.

**postmortem** [,pəʊst'mɔːtəm] ◇ *n* **-1.** MED autopsie *f*; to carry out a ~ pratiquer une autopsie. **-2.** *fig* autopsie *f*; they held a ~ on the game ils ont disséqué OR analysé le match après coup. ◇ *adj* après le décès; ~ examination autopsie *f*.

**postnatal** [,pəʊst'neɪtl] *adj* postnatal.

**post office** *n* **-1.** [place] (bureau *m* de) poste *f*; [service] (service *m* des) postes *fpl*, poste *f*; the Post Office la Poste; ~ and general stores petite épicerie de village faisant office de bureau de poste. **-2.** *Am* = **postman's knock.**

**post office box** *n* boîte *f* postale.

**post office savings** *n Br* ≃ Caisse *f* (nationale) d'épargne.

**postoperative** [,pəʊst'ɒpərətɪv] *adj* postopératoire.

**postpaid** [,pəʊst'peɪd] *adj & adv* franco, franc de port.

**postpone** [,pəʊst'pəʊn] *vt* [meeting, holiday] remettre (à plus tard), reporter; [match, game] reporter; [decision] différer; the meeting was ~d for three weeks/until a later date la réunion a été reportée de trois semaines/remise à une date ultérieure.

**postponement** [,pəʊst'pəʊnmənt] *n* [of meeting, match] renvoi *m* (à une date ultérieure), report *m*; [of holiday] report *m*.

**postposition** [,pəʊstpə'zɪʃn] *n* GRAMM postposition *f*.

**postprandial** [,pəʊst'prændɪəl] *adj fml* postprandial.

**postscript** ['pəʊsskrɪpt] *n* post-scriptum *m inv*.

**post-traumatic stress disorder** *n* (U) troubles *mpl* anxieux post-traumatiques.

**postulant** ['pɒstjʊlənt] *n* postulant *m*, -e *f* RELIG.

**postulate** [*vb* 'pɒstjʊleɪt, *n* 'pɒstjʊlət] ◇ *vt fml* ◇ *vt* **-1.** [hypothesize] poser comme hypothèse; to ~ the existence of an underground lake soutenir l'hypothèse d'un lac souterrain. **-2.** [take as granted] postuler, poser comme principe. ◇ *n* postulat *m*.

**posture** ['pɒstʃər] ◇ *n* **-1.** [body position] posture *f*, position *f*; to keep an upright ~ se tenir droit. **-2.** *fig* [attitude] attitude *f*. ◇ *vi* se donner des airs, poser.

**posturing** ['pɒstʃərɪŋ] *n* pose *f*, affectation *f*.

**postviral syndrome** [,pəʊst'vaɪərl-] *n* syndrome *m* de fatigue chronique.

**postwar** [,pəʊst'wɔːr] *adj* d'après-guerre, après la guerre; the ~ period l'après-guerre *m or f*.

**posy** ['pəʊzɪ] (*pl* **posies**) *n* petit bouquet *m* (de fleurs).

**pot** [pɒt] (*pt & pp* **potted**, *cont* **potting**) ◇ *vt* **-1.** [jam] mettre en pot OR pots; [fruit] mettre en conserve. **-2.** [plant] mettre en pot. **-3.** *Br* [in snooker]: to ~ the ball mettre la bille dans la poche OR la blouse. **-4.** *Br* [shoot] tuer. ◇ *vi* **-1.** [do pottery] faire de la poterie. **-2.** *Br* [shoot]: to ~ at sthg tirer sur qqch.

◇ *n* **-1.** [container – for paint, plant, jam etc] pot *m*; [teapot] théière *f*; [coffeepot] cafetière *f*; I'll make another ~ of tea/ coffee je vais refaire du thé/café; a ~ of tea for two du thé pour deux personnes. **-2.** [saucepan] casserole *f*; ~s and pans batterie *f* de cuisine; (cooking) ~ marmite *f*, fait-tout *m inv*; it's a case of the ~ calling the kettle black *Br prov* c'est la Pitié qui se moque de la Charité *prov*. **-3.** [pottery object] poterie *f*, pot *m*; to throw a ~ tourner une poterie. **-4.** *inf* SPORT [trophy] trophée *m*, coupe *f*.**-5.** *Am* [kitty] cagnotte *f*.**-6.** *inf* [belly] bedaine *f*, brioche *f*.**-7.** *Br inf* [shot]: to take a ~ at sthg tirer sur qqch. **-8.** *inf* [marijuana] herbe *f*.**-9.** ELEC potentiomètre *m*.**-10.** *phr*: to go to ~ *inf* [country] aller à la dérive; [morals] dégénérer; [plans] tomber à l'eau; [person] se laisser aller.

◆ **pots** *npl Br inf* [large amount] tas *mpl*, tonnes *fpl*.

**potash** ['pɒtæʃ] *n (U)* potasse *f*.

**potassium** [pə'tæsɪəm] *n (U)* potassium *m*.

**potato** [pə'teɪtəʊ] *(pl* **potatoes)** ◇ *n* pomme *f* de terre. ◇ *comp* [farming, salad] de pommes de terre.

**potato beetle** *n* doryphore *m*.

**potato blight** *n* mildiou *m* de la pomme de terre.

**potato chip** *n* **-1.** *Br* [French fry] (pomme *f*) frite *f*.**-2.** *Am* [crisp] (pomme *f*) chips *f*.

**potato crisp** *n Br* (pomme *f*) chips *f*.

**potato masher** *n* presse-purée *m inv*.

**potato peeler** *n* [tool] éplucheur *m*, épluche-légumes *m*, (couteau *m*) économe *m*; [machine] éplucheuse *f*.

**potato soup** *n* soupe *f* de pommes de terre.

**potbellied** ['pɒt,belɪd] *adj* [person] bedonnant; to be ~ avoir du ventre.

**potbelly** ['pɒt,belɪ] *(pl* **potbellies)** *n* **-1.** [stomach] ventre *m*, bedon *m*; to have a ~ avoir du ventre. **-2.** *Am* [stove] poêle *m*.

**potboiler** ['pɒt,bɔɪlə<sup>r</sup>] *n inf* gagne-pain *m*; he only writes ~s il n'écrit que pour faire bouillir la marmite.

**pot-bound** *adj* [plant] qui a besoin d'être rempoté.

**potency** ['pəʊtənsɪ] *(pl* **potencies)** *n* **-1.** [strength – of spell, in- fluence, argument] force *f*, puissance *f*; [– of medicine] efficacité *f*; [– of drink] (forte) teneur *f* en alcool. **-2.** [virility] puissance *f*, virilité *f*.

**potent** ['pəʊtənt] *adj* **-1.** [spell, influence] fort, puissant; [argu- ment] convaincant; [medicine, poison, antidote] actif; [drink] fort (en alcool). **-2.** [virile] viril.

**potentate** ['pəʊtənteɪt] *n* POL potentat *m*; *fig* magnat *m*.

**potential** [pə'tenʃl] ◇ *adj* **-1.** [possible] possible, potentiel; that boy is a ~ genius ce garçon est un génie en puissance. **-2.** LING potentiel. **-3.** ELEC & PHYS potentiel. ◇ *n* **-1.** *(U)* [of person] promesse *f*, possibilités *fpl* (d'avenir); your son has ~ votre fils a de l'avenir OR un avenir prometteur; she has the ~ to succeed elle a la capacité de réussir; they don't have much intellectual ~ ils n'ont pas de grandes capacités intellectuelles; to fulfil one's ~ donner toute sa mesure; he never achieved his full ~ il n'a jamais exploité pleinement ses capacités ‖ [of concept, discovery, situation] possibilités *fpl*; the idea has ~ l'idée a de l'avenir; the scheme has no ~ le projet n'a aucun avenir; there is little ~ for development in the firm l'entreprise offre peu de possibilités de dévelop- pement; the country's military ~ le potentiel militaire du pays ‖ [of place] possibilités *fpl*; the area/garden has real ~ le quartier/le jardin offre de nombreuses possibilités. **-2.** ELEC & MATH potentiel *m*.

**potentiality** [pə,tenʃɪ'ælətɪ] *(pl* **potentialities)** *n* **-1.** [likeli- hood] potentialité *f*.**-2.** [potential] possibilités *fpl*, perspective *f* (d'avenir).

**potentially** [pə'tenʃəlɪ] *adv* potentiellement; she's a ~ great writer elle pourrait être un grand écrivain; ~ lethal poisons des poisons qui peuvent être mortels.

**potful** ['pɒtfʊl] *n* [volume] (contenu *m* d'un) pot *m*.

**potherb** ['pɒthɜːb] *n* [as seasoning] herbe *f* aromatique; [as vegetable] légume *m* vert.

**pothole** ['pɒthəʊl] *n* **-1.** [in road] fondrière *f*, nid-de-poule *m*.**-2.** [underground] caverne *f*, grotte *f*.

**potholer** ['pɒt,həʊlə<sup>r</sup>] *n Br* spéléologue *mf*.

**potholing** ['pɒt,həʊlɪŋ] *n (U) Br* spéléologie *f*; to go ~ faire de la spéléologie.

**potion** ['pəʊʃn] *n* **-1.** MED potion *f*.**-2.** *fig* potion *f*, breuvage *m*.

**potluck** [,pɒt'lʌk] *n inf*: to take ~ [for meal] manger à la for- tune du pot; [take what one finds] s'en remettre au hasard.

**pot plant** *n Br* plante *f* d'intérieur.

**potpourri** [,pəʊ'pʊərɪ] *n* pot-pourri *m*.

**potroast** ['pɒtrəʊst] *vt* rôtir à la cocotte.

**pot roast** *n* rôti *m* à la cocotte.

**pot shot** *n*: to take a ~ at sthg [fire at] tirer à l'aveuglette sur qqch; [attempt] faire qqch à l'aveuglette.

**pottage** ['pɒtɪdʒ] *n* potage *m* épais.

**potted** ['pɒtɪd] *adj* **-1.** HORT en pot; ~ plant plante *f* verte. **-2.** CULIN [cooked] (cuit) en terrine; [conserved] (conservé) en terrine OR en pot; ~ meat ≃ terrine *f*; ~ shrimps crevettes *fpl* en conserve. **-3.** *inf* [condensed – version] condensé, abrégé; a ~ history of the Second World War un abrégé d'histoire de la Seconde Guerre mondiale.

**potter** ['pɒtə<sup>r</sup>] ◇ *n* potier *m*, -ère *f*; ~'s clay argile *f* de potier, terre *f* glaise; ~'s wheel tour *m* de potier; ~'s field *Am* cime- tière *m* des pauvres. ◇ *vi Br inf* s'occuper de choses et d'autres, bricoler.

◆ **potter about** *Br inf* ◇ *vi insep* s'occuper, bricoler. ◇ *vt insep*: to ~ about the house/garden faire de petits tra- vaux OR bricoler dans la maison/le jardin.

◆ **potter along** *vi insep Br inf* aller son petit bonhomme de chemin.

◆ **potter around** *Br inf* = **potter about.**

**Potteries** ['pɒtərɪz] *npl*: the ~ la région des poteries dans le Staffordshire (en Angleterre).

**pottery** ['pɒtərɪ] *(pl* **potteries)** *n* **-1.** *(U)* [craft] poterie *f*.**-2.** *(U)* [earthenware] poterie *f*, poteries *fpl*; [ceramics] cérami- ques *fpl*; a beautiful piece of ~ une très belle poterie. **-3.** [work-shop] atelier *m* de poterie.

**potting** ['pɒtɪŋ] *n (U)* **-1.** HORT rempotage *m*; ~ compost ter- reau *m*.**-2.** [pottery] poterie *f*.

**potting shed** *n* remise *f* OR resserre *f* (de jardin).

**potty** ['pɒtɪ] *(pl* **potties,** *compar* **pottier,** *superl* **pottiest)** ◇ *n* [for children] pot *m* (de chambre). ◇ *adj Br inf* fou, *before vowel or silent 'h'* fol (folle), cinglé, dingue; to be ~ about sthg être toqué de qqch; he's absolutely ~ about her il est absolu- ment fou d'elle.

**potty-train** *vt*: to ~ a child apprendre à un enfant à aller sur son pot.

**potty-trained** *adj* propre.

**pouch** [paʊtʃ] *n* **-1.** [bag] (petit) sac *m*; [for tobacco] blague *f*; [for money] sac *m*, bourse *f*; [for ammunition] cartouchière *f*, gi- berne *f*; [for gunpowder] sacoche *f*, sac *m*; [for mail] sac *m* (pos- tal). **-2.** ZOOL [of marsupial, in cheeks] poche *f*, abajoue *f*; [pock- et of skin] poche *f*.**-3.** *Am* [for diplomats] valise *f* diplomatique.

**pouf(fe)** [puːf] *n Br* **-1.** [cushion] pouf *m*.**-2.** ▽ *Br* = **poof** *n*.

**poultice** ['pəʊltɪs] ◇ *n* MED cataplasme *m*. ◇ *vt* mettre un ca- taplasme à.

**poultry** ['pəʊltrɪ] ◇ *n (U)* [meat] volaille *f*. ◇ *npl* [birds] vo- laille *f*, volailles *fpl*.

**poultry farm** *n* élevage *m* de volaille OR de volailles.

**poultry farmer** *n* éleveur *m*, -euse *f* de volaille OR de vo- lailles, aviculteur *m*, -trice *f*.

**poultry farming** *n* élevage *m* de volaille OR de volailles, aviculture *f*.

**pounce** [paʊns] ◇ *vi* sauter, bondir; a man ~d (out) from behind the bush un homme a surgi de derrière le buisson. ◇ *n* bond *m*; with a sudden ~ d'un bond.

◆ **pounce on, pounce upon** *vt insep* **-1.** [subj: animal] se je- ter sur, bondir sur; [subj: bird] se jeter sur, fondre sur; [subj: police] saisir, arrêter. **-2.** [in criticism] bondir sur, sauter sur. **-3.** [seize – opportunity] sauter sur, saisir.

**pound** [paʊnd] ◇ *n* **-1.** [weight] livre *f*; to sell goods by the ~ vendre des marchandises à la livre; two dollars a ~ deux dollars la livre ❑ to get one's ~ of flesh obtenir ce que l'on exigeait; he wants his pound of flesh il veut son dû à n'importe quel prix. **-2.** [money] livre *f*; two for a ~ deux pour une livre; the ~ fell yesterday against the deutsch- mark la livre est tombée hier face au Deutsche Mark ❑ ~ coin pièce *f* d'une livre; the ~ sterling la livre sterling. **-3.** [for dogs, cars] fourrière *f*.

◇ *vt* -**1.** [crush, pulverize – grain] broyer, concasser; [– rocks] concasser, écraser. -**2.** [hammer, hit] cogner sur, marteler; the waves ~ed the rocks/boat les vagues battaient les rochers/venaient s'écraser violemment contre le bateau. -**3.** [bombard, shell] bombarder, pilonner; they ~ed the enemy positions with mortar fire ils ont bombardé les positions ennemies au mortier. -**4.** [walk – corridor] faire les cent pas dans, aller et venir dans; to ~ the streets battre le pavé; to ~ the beat faire sa ronde. ◇ *vi* -**1.** [hammer – on table, ceiling] cogner, taper; [– on piano, typewriter] taper; we had to ~ on the door before anyone answered il a fallu frapper à la porte à coups redoublés avant d'obtenir une réponse; the waves ~ed against the rocks les vagues venaient s'écraser sur OR fouettaient les rochers; the rain was ~ing on the roof la pluie tambourinait sur le toit. -**2.** [rhythmically – drums] battre; [– heart] battre fort; [– with fear, excitement] battre la chamade; my head was ~ing from the noise le bruit me martelait la tête. -**3.** [more heavily]: he ~ed down the stairs il descendit l'escalier bruyamment; the elephants ~ed through the jungle les éléphants se déplaçaient lourdement à travers la jungle.

◆ **pound away** *vi insep* -**1.** [at task] travailler avec acharnement. -**2.** [on typewriter, piano, drums] taper. -**3.** [with artillery]: to ~ away at the enemy lines pilonner sans arrêt les lignes ennemies.

◆ **pound down** *vt sep* -**1.** [crush] piler, concasser; ~ the mixture down to a pulp réduisez le mélange en bouillie. -**2.** [flatten – earth] pilonner, tasser.

◆ **pound out** *vt sep Br* -**1.** [rhythm] marteler. -**2.** [letter, document] taper (avec fougue).

**poundage** ['paʊndɪdʒ] *n (U)* -**1.** [on weight] droits *mpl* perçus par livre de poids. -**2.** [on value] droits *mpl* perçus par livre de valeur. -**3.** [weight] poids *m* (en livres).

**pound cake** *n* ≃ quatre-quarts *m inv*.

**-pounder** ['paʊndər] *in cpds*: a fifteen~ [fish] un poisson de 15 livres; a six~ [gun] un canon OR une pièce de six.

**pounding** ['paʊndɪŋ] *n* -**1.** [noise] martèlement *m*. -**2.** *(U)* [beating – of heart] battements *mpl*. -**3.** *inf* [battering] rossée *f*; he took a real ~ in the first five rounds il a pris une bonne volée OR il s'est drôlement fait rosser pendant les cinq premières reprises; the jetty/harbour took a ~ in the storm la jetée/le port en a pris un coup pendant la tempête; the dollar took a severe ~ last week le dollar a été sérieusement malmené la semaine dernière. -**4.** *inf* [severe defeat] déculottée *f*, piquette *f*; the team took a real ~ last week l'équipe a subi une lourde défaite OR s'est fait battre à plate couture la semaine dernière.

**pour** [pɔːr] ◇ *vt* -**1.** [liquid] verser; she ~ed milk into their mugs elle a versé du lait dans leurs tasses; we ~ed the water/wine down the sink nous avons vidé l'eau/jeté le vin dans l'évier; her jeans were so tight she looked as if she'd been ~ed into them son jeans était tellement serré qu'elle semblait avoir été coulée dedans; to ~ scorn on sb *fig* traiter qqn avec mépris ‖ [serve] servir, verser; to ~ a drink for sb verser à boire à qqn; may I ~ you some wine? je vous sers du vin? ❑ to ~ cold water on OR over sb's plans *inf* décourager OR refroidir qqn dans ses projets. -**2.** [invest] investir.

◇ *vi* -**1.** [light, liquid] se déverser, couler à flots; water ~ed from the gutters l'eau débordait des gouttières; tears ~ed down her face elle pleurait à chaudes larmes; blood ~ed from the wound la blessure saignait abondamment; the sweat was ~ing off his back son dos ruisselait de sueur; smoke ~ed out of the blazing building des nuages de fumée s'échappaient de l'immeuble en flammes. -**2.** [rain] pleuvoir à verse; it's ~ing (down), it's ~ing with rain il pleut à verse OR à torrents; the rain ~ed down la pluie tombait à verse. -**3.** [crowd] affluer; spectators ~ed into/out of the cinema une foule de spectateurs entrait dans le cinéma/sortait du cinéma. -**4.** [pan, jug]: to ~ well/badly verser bien/mal.

◆ **pour away** *vt sep* [empty] vider; [throw out] jeter.

◆ **pour down** *vi insep* = pour *vi* 2.

◆ **pour in** *vi insep* -**1.** [rain, light] entrer à flots. -**2.** [cars, refugees, spectators] arriver en masse; [information, reports] affluer, arriver en masse; [offers of help] ~ed in from all sides des offres d'aide ont afflué de toutes parts; money ~ed in for the disaster victims des milliers de dons ont été envoyés pour les victimes de la catastrophe.

◆ **pour off** *vt sep* [liquid, excess] vider.

◆ **pour out** ◇ *vt sep* -**1.** [liquid] verser. -**2.** [information, propaganda] répandre, diffuser; [substances]: the industry ~s out tons of dangerous chemicals l'industrie déverse des tonnes de produits chimiques dangereux. -**3.** [emotions] donner libre cours à; she ~ed out all her troubles to me elle m'a raconté tout ce qu'elle avait sur le cœur; to ~ out one's heart to sb parler à qqn à cœur ouvert. ◇ *vi insep* [water] jaillir, couler à flots; [tears] couler abondamment; [light] jaillir.

**pouring** ['pɔːrɪŋ] *adj* -**1.** [rain] battant, diluvien. -**2.** [cream] liquide.

**pout** [paʊt] *(pl sense 2 inv* OR **pouts)** ◇ *vi* faire la moue. ◇ *vt* dire en faisant la moue. ◇ *n* -**1.** [facial expression] moue *f*; with a ~ en faisant la moue. -**2.** [fish – eelpout] lycode *m*, lotte *f*; [– whiting] tacaud *m*.

**poverty** ['pɒvətɪ] *n* -**1.** [financial] pauvreté *f*, misère *f*; to live in ~ vivre dans le besoin. -**2.** [shortage – of resources] manque *m*; [– of ideas, imagination] pauvreté *f*, manque *m*; [weakness – of style, arguments] pauvreté *f*, faiblesse *f*. -**3.** [of soil] pauvreté *f*, aridité *f*.

**poverty line** *n* seuil *m* de pauvreté; to live on/below the ~ vivre à la limite/en dessous du seuil de pauvreté.

**poverty-stricken** *adj* [person] dans la misère, dans le plus grand dénuement; [areas] misérable, où sévit la misère.

**poverty trap** *n* situation inextricable de ceux qui dépendent de prestations sociales qu'ils perdent pour peu qu'ils trouvent une activité, même peu rémunérée.

**pow** [paʊ] *onomat* [from collision] vlan, v'lan; [from gun] pan.

**POW** *n abbr of* prisoner of war.

**powder** ['paʊdər] ◇ *n* [gen & MIL] poudre *f*; in ~ form en poudre, sous forme de poudre; to grind sthg to a ~ réduire qqch en poudre, pulvériser qqch ❑ to keep one's ~ dry *Br* se tenir prêt, être aux aguets. ◇ *vt* -**1.** [crush, pulverize] pulvériser, réduire en poudre. -**2.** [make up] poudrer; to ~ one's face se poudrer le visage; to ~ one's nose *euph* [go to the toilet] aller se repoudrer le nez. -**3.** [sprinkle] saupoudrer.

**powder blue** *n* bleu *m* pastel.

◆ **powder-blue** *adj* bleu pastel *(inv)*.

**powder compact** *n* poudrier *m*.

**powdered** ['paʊdəd] *adj* -**1.** [milk] en poudre; [coffee] instantané; ~ sugar *Am* sucre *m* glace. -**2.** [hair, face] poudré.

**powder horn** *n* corne *f*, cartouche *f* à poudre.

**powder keg** *n* [of gunpowder] baril *m* de poudre; *fig* poudrière *f*.

**powder puff** *n* houppette *f*.

**powder room** *n euph* toilettes *fpl* (pour dames).

**powdery** ['paʊdərɪ] *adj* -**1.** [covered in powder] couvert de poudre. -**2.** [like powder] poudreux; ~ snow (neige *f*) poudreuse *f*. -**3.** [crumbling] friable.

**power** ['paʊər] ◇ *n* -**1.** [strength, force – gen] puissance *f*, force *f*; we want greater economic and industrial ~ nous voulons renforcer la puissance économique et industrielle ‖ PHYS [of engine, lens, microscope] puissance *f*; at full ~ à plein régime; the vehicle moves under its own ~ le véhicule se déplace par ses propres moyens OR de façon autonome ❑ sea/air ~ puissance *f* maritime/aérienne. -**2.** [influence] pouvoir *m*, puissance *f*; I'll do everything in my ~ to help you je ferai tout mon possible OR tout ce qui est en mon pouvoir pour vous aider; at the height of his ~s à l'apogée de son pouvoir; [control] pouvoir *m*; to have sb in one's ~ avoir qqn en son pouvoir; to fall into sb's ~ tomber au pouvoir de qqn ‖ POL pouvoir *m*; to be in ~ être au pouvoir; to come to/to take ~ arriver au/prendre le pouvoir. -**3.** [authority] autorité *f*, pouvoir *m*; [of assembly] pouvoir *m*; to have the ~ to decide/judge avoir le pouvoir de décider/juger, avoir autorité pour décider/juger; it's beyond OR outside my ~s cela dépasse ma compétence OR ne relève pas de mon autorité; no ~ on earth will persuade me to go rien au monde ne me persuadera d'y aller ‖ [influential group or person] puissance *f*; the President is the real ~ in the land c'est le président qui détient le véritable pouvoir dans le pays ❑ the ~s of darkness les forces OR puissances des ténèbres; the ~ behind the throne [individual] l'éminence *f* grise, celui *m*/celle *f* qui tire les ficelles; [group] ceux qui tirent les ficelles, les véritables acteurs; the ~s that be *fml* OR *hum* les auto-

rités constituées. **-4.** POL [state] puissance *f*. **-5.** [ability, capacity] capacité *f*, pouvoir *m*; he has great ~s as an orator OR great oratorical ~s il a de grands talents oratoires; it's within her ~ to do it c'est en son pouvoir, elle est capable de le faire; to have great ~s of persuasion/suggestion avoir un grand pouvoir OR une grande force de persuasion/ suggestion; the body's ~s of resistance la capacité de résistance du corps; she has great intellectual ~s elle a de grandes capacités intellectuelles ‖ [faculty] faculté *f*, pouvoir *m*; her ~s are failing ses facultés déclinent; the ~ of sight la vue; the ~ of hearing l'ouïe *f*; he lost the ~ of speech il a perdu l'usage de la parole. **-6.** ELEC [current] courant *m*. **-7.** ELEC & PHYS [energy] énergie *f*. **-8.** JUR [proxy] pouvoir *m*. **-9.** MATH puissance *f*; 5 to the ~ (of) 6 5 puissance 6. **-10.** *phr*: a ~ of good *inf*: the holiday did me a ~ of good les vacances m'ont fait énormément de bien.
◇ *comp* [source, consumption] d'énergie; [cable] électrique; [brakes, steering] assisté.
◇ *vt* [give power to] faire fonctionner OR marcher; [propel] propulser; the boat is ~ed by gas turbines le bateau est propulsé par des turbines à gaz; ~ed by solar energy fonctionnant à l'énergie solaire.
◇ *vi* avancer à toute vitesse, foncer; he ~ed into his opponent il fonça sur son adversaire.
◆ **power up** *vt sep* [machine] mettre en marche.
**power-assisted** *adj* assisté.
**power base** *n* assise *f* politique.
**powerboat** ['pauəbəut] *n* [outboard] hors-bord *m inv*; [inboard] vedette *f* (rapide); ~ racing courses *fpl* offshore.
**power broker** *n* décideur *m* politique.
**power cut** *n* coupure *f* de courant.
**power dive** *n* AERON (descente *f* en) piqué *m*.
**power drill** *n* perceuse *f* électrique.
**-powered** ['pauəd] *in cpds*: high/low~ de haute/faible puissance; steam/wind~ mû par la vapeur/le vent.
**power failure** *n* panne *f* de courant.
**powerful** ['pauəful] ◇ *adj* **-1.** [strong – gen] puissant; [– smell] fort; a ~ swimmer un excellent nageur; [– kick] violent; [– imagination] débordant; ~ drugs médication *f* puissante OR active; he has been a ~ influence in her life il a exercé une influence décisive dans sa vie. **-2.** [influential – person] fort, influent; [– country, firm] puissant. ◇ *adv Br inf* vachement.
**powerfully** ['pauəfuli] *adv* puissamment; he's ~ built il est d'une stature imposante.
**power game** *n* lutte *f* d'influence, course *f* au pouvoir.
**PowerGen** ['pauədʒen] *pr n* entreprise privée de production d'électricité en Angleterre et au Pays de Galles.
**powerhouse** ['pauəhaus, *pl* -hauziz] *n* **-1.** ELEC centrale *f* électrique. **-2.** *fig* [person] personne *f* énergique, locomotive *f*; she's a ~ of energy elle déborde d'énergie ‖ [place] pépinière *f*.
**powerless** ['pauəlis] *adj* impuissant, désarmé; they were ~ to prevent the scandal ils n'ont rien pu faire pour éviter le scandale.
**powerlessness** ['pauəlisnis] *n* impuissance *f*.
**power line** *n* ligne *f* à haute tension.
**power of attorney** *n* JUR procuration *f*.
**power pack** *n* ELEC bloc *m* d'alimentation.
**power plant** *n* **-1.** [factory] centrale *f* électrique. **-2.** [generator] groupe *m* électrogène. **-3.** [engine] groupe *m* moteur.
**power point** *n* prise *f* de courant.
**power politics** *n* (U) politique *f* du coup de force.
**power sharing** [-ˌʃeərɪŋ] *n* POL partage *m* du pouvoir.
**power station** *n* centrale *f* (électrique).
**power steering** *n* direction *f* assistée.
**power structure** *n* [system] hiérarchie *f*, répartition *f* des pouvoirs; [people with power] ensemble des personnes qui détiennent le pouvoir.
**power tool** *n* outil *m* électrique.
**power worker** *n* employé *m*, -e *f* de l'électricité.
**powwow** ['pauwau] ◇ *n* **-1.** [of American Indians] assemblée *f*; *fig & hum* [meeting] réunion *f*; [discussion] discussion *f*, pourparlers *mpl*. ◇ *vi inf* discuter.
**pox** [pɒks] *n inf* vérole *f*.

**poxy**^▽ ['pɒksɪ] (*compar* **poxier**, *superl* **poxiest**) *adj* **-1.** MED vérolé. **-2.** *Br* [lousy] merdique.
**pp** (*written abbr of* **per procurationem**) pp.
**p & p** *written abbr of* **postage and packing**.
**PPE** (*abbr of* **philosophy, politics and economics**) *n Br* philosophie, science politique et économique (cours à l'université).
**ppm** (*abbr of* **parts per million**) ppm.
**PPS** ◇ *n Br abbr of* **parliamentary private secretary**. ◇ (*written abbr of* **post postscriptum**) PPS.
**ppsi** (*abbr of* **pounds per square inch**) livres au pouce carré (mesure de pression).
**PQ** *written abbr of* **Province of Quebec**.
**Pr.** (*written abbr of* **prince**) Pce.
**PR** ◇ *n* **-1.** *abbr of* **proportional representation**. **-2.** *abbr of* **public relations**. ◇ *written abbr of* **Puerto Rico**.
**practicability** [ˌpræktɪkə'bɪlətɪ] *n* **-1.** [of plan, action] faisabilité *f*, viabilité *f*. **-2.** [of road] praticabilité *f*.
**practicable** ['præktɪkəbl] *adj* **-1.** [feasible] réalisable, praticable; [possible] possible. **-2.** [road] praticable.
**practical** ['præktɪkl] ◇ *adj* **-1.** [convenient, easy to use] pratique, commode. **-2.** [sensible, commonsense – person] (qui a le sens) pratique, doué de sens pratique; [– mind, suggestion] pratique; now, be ~, we can't afford a new car allons, un peu de bon sens, nous n'avons pas les moyens de nous offrir une nouvelle voiture; is white the most ~ colour? le blanc, c'est ce qu'il y a de plus pratique comme couleur? **-3.** [training, experience, question] pratique, concret (*f* -ète); for all ~ purposes à toutes fins utiles; he has a ~ knowledge of German il connaît l'allemand usuel ❏ ~ nurse *Am* aide-soignant *m*, -e *f*. **-4.** [virtual]: it's a ~ impossibility c'est pratiquement impossible. ◇ *n Br* SCH & UNIV [class] travaux *mpl* pratiques, TP *mpl*; [exam] épreuve *f* pratique.
**practicality** [ˌpræktɪ'kælətɪ] (*pl* **practicalities**) *n* [of person] sens *m* pratique; [of ideas] nature *f* pratique; I'm not too sure about the ~ of his suggestions je doute que ses propositions puissent trouver une application pratique. ◆ **practicalities** *npl* [details] détails *mpl* pratiques.
**practical joke** *n* farce *f*; to play a ~ on sb faire une farce OR jouer un tour à qqn.
**practical joker** *n* farceur *m*, -euse *f*.
**practically** ['præktɪklɪ] *adv* **-1.** [sensibly] de manière pratique; to be ~ dressed être habillé de façon pratique. **-2.** [based on practice] pratiquement; the whole course is very much ~ based le cours est fondé en grande partie sur la pratique. **-3.** [almost] presque, pratiquement. **-4.** [in practice] dans la pratique; ~ speaking en fait.
**practice** ['præktɪs] ◇ *n* **-1.** [habit] pratique *f*, habitude *f*; [custom] pratique *f*, coutume *f*, usage *m*; he makes a ~ of voting against OR he makes it a ~ to vote against the government il se fait une règle de voter contre le gouvernement; it's not company ~ to refund deposits il n'est pas dans les habitudes de la société de rembourser les arrhes; it's normal ~ among most shopkeepers c'est une pratique courante chez les commerçants; it's standard ~ to make a written request la procédure habituelle veut que l'on fasse une demande par écrit. **-2.** [exercise – of profession, witchcraft, archery] pratique *f*. **-3.** [training] entraînement *m*; [rehearsal] répétition *f*; [study – of instrument] étude *f*, travail *m*; I've had a lot of ~ at OR in dealing with difficult negotiations j'ai une grande habitude des négociations difficiles; it's good ~ for your interview c'est un bon entraînement pour votre entrevue; to be in ~ être bien entraîné; to be out of ~ manquer d'entraînement; I'm getting out of ~ [on piano] je commence à avoir les doigts rouillés; [at sport] je commence à manquer d'entraînement; [at skill] je commence à perdre la main; it's time for your piano ~ c'est l'heure de travailler ton piano ❏ ~ fire ~ exercice *m* d'incendie; ~ makes perfect *prov* c'est en forgeant qu'on devient forgeron *prov*. **-4.** [training session] (séance *f* d') entraînement *m*; [rehearsal – of choir] répétition *f*. **-5.** [practical application] pratique *f*; to put sthg in OR into ~ mettre qqch en pratique; in ~ dans la pratique. **-6.** [professional activity] exercice *m*; to be in ~ as a doctor exercer en tant que médecin; to go into OR to set up in ~ as a doctor s'installer comme médecin, ouvrir un cabinet de médecin ❏ medical/legal ~ l'exercice de la médecine/de la

profession d'avocat. **-7.** [office, surgery] cabinet *m*; [clientele] clientèle *f*; he has a country ~ il est médecin de campagne. ◇ *comp* [game, run, session] d'entraînement. ◇ *vt* & vi *Am* = **practise**.

**practiced** *Am* = **practised**.

**practicing** *Am* = **practising**.

**practise** *Br*, **practice** *Am* ['præktɪs] *vt* **-1.** [for improvement – musical instrument] s'exercer à, travailler; [– song] travailler, répéter; [– foreign language] travailler, pratiquer; [– stroke, shot] travailler; to ~ speaking French s'entraîner à parler français. **-2.** [put into practice – principle, virtue] pratiquer, mettre en pratique; you should ~ what you preach vous devriez donner l'exemple. **-3.** [profession] exercer, pratiquer. **-4.** [inflict] infliger; the cruelty they ~d on their victims les cruautés qu'ils infligeaient à OR les sévices qu'ils faisaient subir à leurs victimes. **-5.** [customs, beliefs] observer, pratiquer. **-6.** RELIG pratiquer. **-7.** [magic] pratiquer. ◇ *vi* **-1.** [gen & MUS] s'entraîner, s'exercer; SPORT s'entraîner; to ~ on the guitar faire des exercices à la guitare. **-2.** [professionally] exercer. **-3.** RELIG être pratiquant.

**practised** *Br*, **practiced** *Am* ['præktɪst] *adj* **-1.** [experienced] expérimenté, chevronné; [skilled] habile. **-2.** [expert – aim, movement] expert; [– ear, eye] exercé. **-3.** [artificial – smile, charm] factice, étudié.

**practising** *Br*, **practicing** *Am* ['præktɪsɪŋ] *adj* **-1.** RELIG pratiquant. **-2.** [professionally – doctor] exerçant; [– lawyer, solicitor] en exercice. **-3.** [homosexual] actif.

**practitioner** [præk'tɪʃnəʳ] *n* **-1.** MED: (medical) ~ médecin *m*.**-2.** [gen] praticien *m*, -enne *f*.

**praetorian** [prɪ'tɔ:rɪən] *adj* prétorien.

**pragmatic** [præg'mætɪk] *adj* pragmatique; ~ sanction pragmatique sanction *f*, pragmatique *f*.

**pragmatics** [præg'mætɪks] *n* (*U*) LING pragmatique *f*.

**pragmatism** ['prægmətɪzm] *n* pragmatisme *m*.

**pragmatist** ['prægmətɪst] *n* pragmatiste *mf*.

**prairie** ['preərɪ] *n* plaine *f* (herbeuse).
◆ **Prairie** *pr n*: the Prairie OR Prairies [in US] la Grande Prairie; [in Canada] les Prairies *fpl*.

**prairie dog** *n* chien *m* de prairie.

**prairie oyster** *n* boisson à base d'œuf cru (remède contre les excès d'alcool).

**prairie wolf** *n* coyote *m*.

**praise** [preɪz] ◇ *n* **-1.** [compliments] éloge *m*, louanges *fpl*; she was full of ~ for their kindness elle ne tarissait pas d'éloges sur leur gentillesse; we have nothing but ~ for the way in which he handled the matter nous ne pouvons que le féliciter de la façon OR nous n'avons que des éloges à lui faire pour la façon dont il s'est occupé de l'affaire; her film has received high ~ from the critics son film a été couvert d'éloges par la critique. **-2.** RELIG louange *f*, louanges *fpl*, gloire *f*; to give ~ to the Lord rendre gloire à Dieu; ~ (be to) the Lord! Dieu soit loué!; hymn OR song of ~ cantique *m*. ◇ *vt* **-1.** louer, faire l'éloge de; he ~d her for her patience il la loua de OR pour sa patience; to ~ sb to high heaven OR to the skies couvrir qqn d'éloges, porter qqn aux nues. **-2.** RELIG louer, glorifier, rendre gloire à.
◆ **in praise of** *prep phr*: the director spoke in ~ of his staff le directeur fit l'éloge de son personnel.

**praiseworthy** ['preɪz,wɜ:ðɪ] *adj* [person] digne d'éloges; [action, intention, sentiment] louable, méritoire.

**praline** ['prɑ:li:n] *n* praline *f*.

**pram** [præm] *n* **-1.** *Br* [for baby] voiture *f* d'enfant, landau *m*.**-2.** NAUT prame *f*.

**PRAM** [præm] (*abbr of* **programmable random access memory**) *n* RAM *f* programmable.

**prance** [prɑ:ns] *vi* **-1.** [cavort – horse] caracoler, cabrioler; [– person] caracoler, gambader. **-2.** [strut] se pavaner, se dandiner; he came prancing into the room il entra dans la pièce en se pavanant. ◇ *n* sautillement *m*.

**prang** [præŋ] *inf* ◇ *vt Br* [car] esquinter; [plane] bousiller. ◇ *n*: he had a ~ [in car] il a eu un accident (de voiture) OR un accrochage; [in plane] son avion s'est planté.

**prank** [præŋk] *n* farce *f*, tour *m*; to play a ~ on sb jouer un tour OR faire une farce à qqn; it's only a childish ~ c'est seulement une gaminerie.

**prankster** ['præŋkstəʳ] *n* farceur *m*, -euse *f*.

**prat**ᵛ [præt] *n Br* couillon *m*.

**prate** [preɪt] *vi dated* & *pej* jacasser, bavarder.

**prattle** ['prætl] *Br inf* & *pej* ◇ *vi* [babble] babiller, jacasser; she ~s away OR on about her children for hours elle radote pendant des heures au sujet de ses enfants || [converse] papoter; they're forever prattling on about politics ils sont toujours à discutailler politique. ◇ *n* [babble] babillage *m*; [conversation] papotage *m*, bavardage *m*.

**prawn** [prɔ:n] *n* crevette *f* (rose), bouquet *m*.

**prawn cocktail** *n* cocktail *m* de crevettes.

**prawn cracker** *n* beignet *m* de crevette.

**pray** [preɪ] ◇ *vi* prier; let us ~ to God for guidance prions Dieu de nous guider; to ~ for sb/for sb's soul prier pour qqn/pour l'âme de qqn; she ~ed to God to save her child elle pria Dieu qu'il sauve son enfant; he ~s for release from pain il prie pour que ses souffrances prennent fin; the country is past ~ing for at this stage il n'y a plus d'espoir pour le pays à ce stade; to ~ for rain prier pour qu'il pleuve; let's just ~ for fine weather espérons qu'il fasse beau. ◇ *vt* **-1.** RELIG: we ~ the rain will stop nous prions pour que la pluie cesse; I just ~ he doesn't come back je prie Dieu OR le ciel (pour) qu'il ne revienne pas. **-2.** *arch* OR *fml* [request] prier; I ~ you je vous (en) prie. ◇ *interj arch* OR *fml*: ~ be seated asseyez-vous, je vous en prie.

**prayer** [preəʳ] *n* **-1.** RELIG prière *f*; to be at ~ être en prière, prier; to kneel in ~ prier à genoux, s'agenouiller pour prier; to say a ~ for sb dire une prière pour qqn; to say one's ~s faire sa prière; remember me in your ~s pensez à moi OR ne m'oubliez pas dans vos prières; her ~ was answered sa prière fut exaucée ❑ he doesn't have a ~ *inf* il n'a pas la moindre chance OR l'ombre d'une chance. **-2.** [wish] souhait *m*; it is my earnest ~ that you will succeed j'espère de tout cœur que vous réussirez, je souhaite sincèrement que vous réussissiez.
◆ **prayers** *npl* [at church] office *m* (divin), prière *f*; *Br* SCH prière *f* du matin.

**prayer beads** *n* chapelet *m*.

**prayer book** *n* bréviaire *m*.

**prayer mat** *n* tapis *m* de prière.

**prayer meeting** *n* réunion *f* de prière.

**prayer rug** = **prayer mat**.

**prayer stool** *n* prie-Dieu *m inv*.

**prayer wheel** *n* moulin *m* à prières.

**praying mantis** ['preɪŋ-] *n* mante *f* religieuse.

**preach** [pri:tʃ] ◇ *vi* **-1.** RELIG prêcher; to ~ to sb prêcher qqn; to ~ to the converted prêcher un converti. **-2.** [lecture] prêcher, sermonner; stop ~ing at me! arrête tes sermons OR de me faire la leçon! ◇ *vt* **-1.** RELIG prêcher; to ~ a sermon prêcher, faire un sermon. **-2.** *fig* [recommend] prêcher, prôner.

**preacher** ['pri:tʃəʳ] *n* [gen] prédicateur *m*; *esp Am* [minister] pasteur *m*.

**preaching** ['pri:tʃɪŋ] *n* (*U*) [sermon] prédication *f*; *pej* [moralizing] sermons *mpl*.

**preamble** [pri:'æmbl] *n* préambule *m*; Preamble to the Constitution Préambule *m* de la Constitution des États-Unis.

**prearrange** [,pri:ə'reɪndʒ] *vt* fixer OR régler à l'avance.

**prebend** ['prebənd] *n* prébende *f*.

**prebendary** ['prebəndrɪ] *n* (*pl* **prebendaries**) *n* prébendier *m*.

**precancerous** [,pri:'kænsərəs] *adj* précancéreux.

**precarious** [prɪ'keərɪəs] *adj* précaire.

**precariously** [prɪ'keərɪəslɪ] *adv* précairement; ~ balanced en équilibre précaire.

**precariousness** [prɪ'keərɪəsnɪs] *n* précarité *f*.

**precast** [,pri:'kɑ:st] *adj* [concrete element] préfabriqué.

**precaution** [prɪ'kɔ:ʃn] *n* précaution *f*; as a ~ par précaution; to take ~s prendre des précautions; she took the ~ of informing her solicitor elle prit la précaution d'avertir son avocat; fire ~s mesures *fpl* de prévention contre l'incendie.

**precautionary** [prɪ'kɔ:ʃənərɪ] *adj* de précaution; as a ~ measure par mesure de précaution.

**precede** [prɪ'si:d] *vt* **-1.** [in order, time] précéder. **-2.** [in importance, rank] avoir la préséance sur, prendre le pas sur. **-3.**

[preface] (faire) précéder.

**precedence** ['presɪdəns], **precedency** ['presɪdənsɪ] *n (U)* **-1.** [priority] priorité *f*; to take OR to have ~ over sth avoir la priorité sur qqch; her health must take ~ over all other considerations sa santé doit passer avant toute autre considération. **-2.** [in rank, status] préséance *f*; to have OR to take ~ over sb avoir la préséance OR prendre le pas sur qqn.

**precedent** ['presɪdənt] ◇ *n* **-1.** JUR précédent *m*, jurisprudence *f*; to set a ~ faire jurisprudence. **-2.** [example case] précédent *m*; to create OR to set OR to establish a ~ créer un précédent; without ~ sans précédent. **-3.** [tradition] tradition *f*; to break with ~ rompre avec la tradition. ◇ *adj* précédent.

**preceding** [prɪ'siːdɪŋ] *adj* précédent; the ~ day le jour précédent, la veille.

**precentor** [prɪ'sentəʳ] *n* préchantre *m*.

**precept** ['priːsept] *n* précepte *m*.

**precinct** ['priːsɪŋkt] *n* **-1.** [area – round castle, cathedral] enceinte *f*; [– for pedestrians, shopping] zone *f*, quartier *m*. **-2.** [boundary] pourtour *m*; the question falls within the ~s of philosophy la question est du domaine OR relève de la philosophie. **-3.** *Am* ADMIN arrondissement *m*, circonscription *f* administrative; ~ station commissariat *m* de quartier OR d'arrondissement. **-4.** *Am* POL circonscription *f* électorale. ◆ **precincts** *npl* environs *mpl*, alentours *mpl*.

**precious** ['preʃəs] ◇ *adj* **-1.** [jewel, material, object] précieux, de grande valeur. **-2.** [friend, friendship, moment] précieux; my time is ~ mon temps est précieux. **-3.** [affected – style, person] précieux. *inf* [expressing irritation]: I don't want your ~ advice je ne veux pas de vos fichus conseils. ◇ *adv inf* très; there's ~ little chance of that happening il y a bien peu OR très peu de chances (pour) que cela se produise. ◇ *n*: my ~ mon trésor.

**precious metal** *n* métal *m* précieux.

**precious stone** *n* pierre *f* précieuse.

**precipice** ['presɪpɪs] *n literal* précipice *m*; *fig* catastrophe *f*.

**precipitant** [prɪ'sɪpɪtənt] ◇ *adj* précipité, hâtif. ◇ *n* précipitant *m*.

**precipitate** [*vb* & *n* prɪ'sɪpɪteɪt, *adj* prɪ'sɪpɪtət] ◇ *vt* **-1.** [downfall, ruin, crisis] précipiter, hâter. **-2.** [person, vehicle, object] précipiter. **-3.** CHEM précipiter. ◇ *vi* **-1.** CHEM se précipiter. **-2.** METEOR se condenser. ◇ *n* précipité *m*. ◇ *adj* **-1.** [hasty – action] précipité; [– decision, judgment] hâtif; [– remark] irréfléchi. **-2.** [steep] abrupt, à pic.

**precipitately** [prɪ'sɪpɪtətlɪ] *adv* précipitamment, avec précipitation.

**precipitation** [prɪ,sɪpɪ'teɪʃn] *n (U)* **-1.** [haste] précipitation *f*. **-2.** CHEM précipitation *f*. **-3.** METEOR précipitations *fpl*.

**precipitous** [prɪ'sɪpɪtəs] *adj* **-1.** [steep – cliff] à pic, escarpé; [– road, stairs] raide; [– fall] à pic. **-2.** [hasty] précipité.

**precipitously** [prɪ'sɪpɪtəslɪ] *adv* **-1.** [steeply] à pic, abruptement. **-2.** [hastily] précipitamment.

**précis** [*Br* 'preɪsiː, *Am* 'presiː] (*pl inv* [*Br* -siːz, *Am* pre'siːz]) ◇ *n* précis *m*, résumé *m*. ◇ *vt* faire un résumé de.

**precise** [prɪ'saɪs] *adj* **-1.** [exact – amount, detail] précis; [– location] exact; [– pronunciation] exact, juste; he was very ~ in his description il a donné une description très précise OR détaillée; at that ~ moment à ce moment précis. **-2.** [meticulous – person, manner, mind, movement] précis, méticuleux. **-3.** *pej* [fussy] pointilleux, maniaque.

**precisely** [prɪ'saɪslɪ] ◇ *adv* [exactly – explain] précisément, exactement; [measure] précisément, avec précision; that's ~ the reason (why) I'm not going c'est précisément pourquoi je n'y vais pas; she speaks very ~ elle s'exprime avec beaucoup de précision; at 4 o'clock ~ à 4 h précises. ◇ *interj* précisément, exactement.

**precision** [prɪ'sɪʒn] ◇ *n* précision *f*. ◇ *comp* [instrument, engineering, tool, bombing] de précision.

**preclude** [prɪ'kluːd] *vt* exclure, prévenir; the crisis ~s her (from) going to Moscow la crise rend impossible son départ pour Moscou OR la met dans l'impossibilité de partir pour Moscou.

**precocious** [prɪ'kəʊʃəs] *adj* précoce.

**precognition** [,priːkɒg'nɪʃn] *n* [gift] prescience *f*, don *m* de seconde vue; [knowledge] connaissance *f* préalable.

**preconceived** [,priːkən'siːvd] *adj* préconçu; ~ idea idée *f* préconçue.

**preconception** [,priːkən'sepʃn] *n* préconception *f*, idée *f* préconçue.

**precondition** [,priːkən'dɪʃn] ◇ *n* condition *f* préalable, condition *f* sine qua non. ◇ *vt* conditionner.

**precooked** [priː'kʊkt] *adj* précuit.

**precool** [priː'kuːl] *vt* préréfrigérer.

**precursor** [,priː'kɜːsəʳ] *n* [person] précurseur *m*; [invention, machine] ancêtre *m*; [event] signe *m* avant-coureur OR précurseur.

**precursory** [,priː'kɜːsərɪ] *adj* **-1.** [anticipatory] précurseur, annonciateur. **-2.** [introductory] préliminaire, préalable.

**predate** [priː'deɪt] *vt* **-1.** [give earlier date to – cheque] antidater; [– historical event] attribuer une date antérieure à. **-2.** [precede] être antérieur à.

**predator** ['predətəʳ] *n* **-1.** [animal, bird] prédateur *m*. **-2.** *fig* [person] rapace *m*.

**predatory** ['predətrɪ] *adj* **-1.** [animal, bird] prédateur. **-2.** *fig* [gen – person, instinct] rapace; [– attacker] pillard.

**predecease** [,priːdɪ'siːs] *vt* mourir avant.

**predecessor** ['priːdɪsesəʳ] *n* [person, model] prédécesseur *m*; [event] précédent *m*.

**predestination** [priː,destɪ'neɪʃn] *n* prédestination *f*.

**predestine** [,priː'destɪn] *vt* prédestiner; it was as if they were ~d to lose on aurait dit qu'ils étaient prédestinés à perdre.

**predetermination** ['priːdɪ,tɜːmɪ'neɪʃn] *n* prédétermination *f*.

**predetermine** [,priːdɪ'tɜːmɪn] *vt* prédéterminer.

**predetermined** [,priːdɪ'tɜːmɪnd] *adj* déterminé; at a ~ date à une date déterminée OR arrêtée d'avance.

**predeterminer** [,priːdɪ'tɜːmɪnəʳ] *n* prédéterminant *m*.

**predicable** ['predɪkəbl] ◇ *adj* prédicable. ◇ *n* prédicable *m*.

**predicament** [prɪ'dɪkəmənt] *n* situation *f* difficile OR malencontreuse.

**predicate** [*vb* 'predɪkeɪt, *n* & *adj* 'predɪkət] ◇ *vt fml* **-1.** [state] affirmer. **-2.** [base]: to ~ one's arguments/policy on sth fonder ses arguments/sa politique sur qqch. ◇ *n* prédicat *m*. ◇ *adj* prédicatif.

**predicative** [prɪ'dɪkətɪv] *adj* prédicatif.

**predict** [prɪ'dɪkt] *vt* prédire; the weathermen are ~ing rain les météorologues annoncent de la pluie.

**predictability** [prɪ,dɪktə'bɪlətɪ] *n* prévisibilité *f*.

**predictable** [prɪ'dɪktəbl] *adj* prévisible.

**predictably** [prɪ'dɪktəblɪ] *adv* de manière prévisible; ~, she forgot to tell him comme on pouvait le prévoir OR comme on pouvait s'y attendre, elle a oublié de le lui dire.

**prediction** [prɪ'dɪkʃn] *n* [gen] prévision *f*; [supernatural] prédiction *f*.

**predictor** [prɪ'dɪktəʳ] *n* **-1.** [prophet] prophète *m*. **-2.** [in statistics] variable *f* indépendante.

**predigested** [,priːdaɪ'dʒestɪd] *adj* prédigéré.

**predilection** [,priːdɪ'lekʃn] *n* prédilection *f*; to have a ~ for sth avoir une prédilection OR un faible pour qqch.

**predispose** [,priːdɪs'pəʊz] *vt* prédisposer; to be ~d to do sth être prédisposé à faire qqch; I was not ~d in his favour je n'étais pas prédisposé en sa faveur.

**predisposition** ['priː,dɪspə'zɪʃn] *n* prédisposition *f*; to have a ~ to OR towards sth avoir une prédisposition à qqch.

**predominance** [prɪ'dɒmɪnəns], **predominancy** [prɪ'dɒmɪnənsɪ] *n* prédominance *f*.

**predominant** [prɪ'dɒmɪnənt] *adj* prédominant.

**predominantly** [prɪ'dɒmɪnəntlɪ] *adv* principalement.

**predominate** [prɪ'dɒmɪneɪt] *vi* **-1.** [be greater in number] prédominer; males still ~ over females in industry les hommes continuent à être plus nombreux que les femmes dans l'industrie. **-2.** [prevail] prédominer, prévaloir, l'emporter.

**pre-eminence** [,priː'emɪnəns] *n* prééminence *f*.

**pre-eminent** [,priː'emɪnənt] *adj* prééminent.

**pre-eminently** [,priː'emɪnəntlɪ] *adv* de façon prépondérante, avant tout.

**pre-empt** [,priː'empt] ◇ *vt* **-1.** [plan, decision] anticiper, de-

vancer. **-2.** [land, property] acquérir par (droit de) préemption. ◇ *vi* [in bridge] faire une enchère de barrage.
**pre-emption** [,pri:'empʃn] *n* préemption *f*.
**pre-emptive** [,pri:'emptɪv] *adj* [right] de préemption; [strike] préventif.
**preen** [pri:n] *vt* **-1.** [plumage] lisser; the bird was ~ing its feathers *or* was ~ing itself l'oiseau se lissait les plumes; to ~ o.s. *fig* se faire beau, se pomponner. **-2.** [pride]: to ~ o.s. on sthg s'enorgueillir de qqch.
**preexist** [,pri:ɪg'zɪst] *vt* préexister à.
**prefab** ['pri:fæb] *n inf* (bâtiment *m*) préfabriqué *m*.
**prefabricate** [,pri:'fæbrɪkeɪt] *vt* préfabriquer.
**prefabricated** [,pri:'fæbrɪkeɪtɪd] *adj*: ~ houses maisons *fpl* en préfabriqué.
**preface** ['prefɪs] ◇ *n* **-1.** [to text] préface *f*, avant-propos *m inv*; [to speech] introduction *f*, préambule *m*.**-2.** RELIG préface *f*. ◇ *vt* [book] préfacer; [speech] faire précéder; he usually ~s his speeches with a joke d'habitude, il commence ses discours par une histoire drôle.
**prefaded** [pri:'feɪdɪd] *adj* [fabric] délavé.
**prefatory** ['prefətrɪ] *adj* [remarks] préliminaire, préalable; [note] liminaire; [page] de préface.
**prefect** ['pri:fekt] *n* **-1.** SCH élève chargé de la discipline. **-2.** ADMIN [in France, Italy etc] préfet *m*.
**prefecture** ['pri:fek,tjʊər] *n* préfecture *f*.
**prefer** [prɪ'fɜːr] *vt* **-1.** préférer, aimer mieux; I ~ Paris to London je préfère Paris à Londres, j'aime mieux Paris que Londres; he ~s to walk rather than take the bus il préfère marcher plutôt que prendre le bus; do you mind if I smoke? — I'd ~ (that) you didn't cela vous dérange si je fume? — j'aimerais mieux que vous ne le fassiez pas; I'd ~ you not to go je préférerais que vous n'y alliez pas. **-2.** JUR: to ~ charges against sb [civil action] porter plainte contre qqn; [police action] ≈ déférer qqn au parquet. **-3.** [submit – argument, petition] présenter. **-4.** FIN [creditor] privilégier.
**preferable** ['prefrəbl] *adj* préférable; it is ~ to book seats il est préférable de *or* il vaut mieux retenir des places.
**preferably** ['prefrəblɪ] *adv* de préférence, préférablement.
**preference** ['prefərəns] *n* **-1.** [liking] préférence *f*; to have *or* to show a ~ for sthg avoir une préférence pour qqch; his ~ is for Mozart il préfère Mozart; in order of ~ par ordre de préférence; he chose the first candidate in ~ to the second il a choisi le premier candidat plutôt que le second. **-2.** [priority] préférence *f*, priorité *f*; to have *or* to be given ~ over avoir la priorité sur.
**preference share** *n Br* action *f* privilégiée.
**preferential** [,prefə'renʃl] *adj* préférentiel, privilégié; to get ~ treatment bénéficier d'un traitement de faveur.
**preferment** [prɪ'fɜːmənt] *n* [gen & RELIG] avancement *m*, promotion *f*.
**preferred** [prɪ'fɜːd] *adj* **-1.** [best liked] préféré. **-2.** COMM: ~ creditor créancier *m* prioritaire.
**preferred stock** *n* (U) *Am* actions *fpl* privilégiées.
**prefigure** [pri:'fɪgər] *vt* **-1.** [foreshadow] préfigurer. **-2.** [foresee] se figurer *or* s'imaginer (d'avance).
**prefix** ['pri:fɪks] ◇ *n* préfixe *m*. ◇ *vt* préfixer.
**preflight** ['pri:flaɪt] *adj* préalable au décollage; ~ checks vérifications *fpl* avant décollage.
**preggers** [superscript-V] ['pregəz] *adj*: she's ~ elle est en cloque.

**pregnancy** ['pregnənsɪ] (*pl* **pregnancies**) *n* [of woman] grossesse *f*; [of animal] gestation *f*.
**pregnancy test** *n* test *m* de grossesse.
**pregnant** ['pregnənt] *adj* **-1.** [woman] enceinte; [animal] pleine, grosse; to get *or* to become ~ tomber enceinte; to get a woman ~ faire un enfant à une femme; to be six months ~ être enceinte de six mois; she was ~ with Brian then à cette époque, elle attendait Brian. **-2.** *fig* [silence – with meaning] lourd *or* chargé de sens; [– with tension] tendu.
**preheat** [,pri:'hiːt] *vt* préchauffer.
**preheated** [,pri:'hiːtɪd] *adj* préchauffé.
**prehensile** [prɪ'hensaɪl] *adj* préhensile.
**prehistoric** [,pri:hɪ'stɒrɪk] *adj literal* & *fig* préhistorique.
**prehistory** [,pri:'hɪstərɪ] *n* préhistoire *f*.
**pre-industrial** *adj* préindustriel.
**prejudge** [,pri:'dʒʌdʒ] *vt* [issue, topic] préjuger (de); [person] porter un jugement prématuré sur.
**prejudice** ['predʒʊdɪs] ◇ *n* **-1.** [bias] préjugé *m*; to have a ~ in favour of/against avoir un préjugé en faveur de/contre; he's full of/without ~ il est plein de/sans préjugés; racial ~ préjugés raciaux, racisme *m*. **-2.** [detriment] préjudice *m*, tort *m*; to the ~ of sb's rights au préjudice *or* au détriment des droits de qqn. ◇ *vt* **-1.** [influence] influencer, prévenir; to ~ sb against/in favour of sthg prévenir qqn contre/en faveur de qqch. **-2.** [jeopardize] compromettre, porter préjudice à, nuire à.
**prejudiced** ['predʒʊdɪst] *adj* [person] qui a des préjugés *or* des idées préconçues; to be ~ against sthg avoir des préjugés contre qqch; let's not be ~ about this essayons de ne pas avoir d'idées préconçues là-dessus; he is racially ~ il est raciste ‖ [opinion] partial, préconçu; her politics are ~ ses idées politiques sont fondées sur des préjugés.
**prejudicial** [,predʒʊ'dɪʃl] *adj* préjudiciable, nuisible; this decision is ~ to world peace cette décision risque de compromettre la paix mondiale.
**prelate** ['prelɪt] *n* prélat *m*.
**prelim** ['pri:lɪm] (*abbr of* **preliminary exam**) *n inf* examen *m* préliminaire.
◆ **prelims** *npl* [in book] préliminaires *mpl*.
**preliminary** [prɪ'lɪmɪnərɪ] (*pl* **preliminaries**) ◇ *adj* préliminaire, préalable; the ~ stages of the inquiry les étapes préliminaires *or* les débuts de l'enquête; ~ hearing JUR première audience *f*; ~ investigation JUR instruction *f* (d'une affaire). ◇ *n* **-1.** [gen] préliminaire *m*; as a ~ en guise de préliminaire, au préalable. **-2.** [eliminating contest] épreuve *f* éliminatoire.
**prelude** ['prelju:d] ◇ *n* [gen & MUS] prélude *m*. ◇ *vt* préluder à.
**premarital** [,pri:'mærɪtl] *adj* prénuptial, avant le mariage; ~ sex rapports *mpl* sexuels avant le mariage.
**premature** ['premə,tjʊər] *adj* **-1.** [birth, child] prématuré, avant terme; three months ~ né trois mois avant terme. **-2.** [death, decision, judgment] prématuré.
**prematurely** ['premə,tjʊəlɪ] *adv* prématurément; he was born ~ il est né avant terme; to be ~ bald/grey être chauve/avoir les cheveux gris avant l'âge.
**premed** ['pri:med] *inf* ◇ *adj abbr of* **premedical**. ◇ *n* **-1.** *abbr of* **premedication**. **-2.** [student] ≈ étudiant *m*, -e *f* en première année de médecine. **-3.** [studies] ≈ études *fpl* de première année de médecine.

---

**USAGE ►** **Preferences**

**For things**

J'aime mieux aller au cinéma que regarder la télévision.

Je préfère le cinéma à la télévision, et de loin!
Le cinéma ou la télévision? C'est sans comparaison *or* Ça n'est pas comparable!
Le cinéma ou la télévision? Le cinéma, sans hésitation *or* sans problème! [informal]
Le cinéma, c'est cent fois mieux que la télévision. [informal]

**For people**

À choisir entre Annette et Sylvie, c'est Annette que je préfère, et de loin.

▷ *less strong:*

Je préfère le cinéma à la télévision.

▷ *less strong:*

Des deux, c'est Annette que je préfère.
J'aime bien Roger, mais Annette c'est autre chose, tout de même.

**premedical** [ˌpriːˈmedɪkl] *adj* [studies] ≈ de première année de médecine.

**premedication** [ˌpriːmedɪˈkeɪʃn] *n* prémédication *f*.

**premeditate** [ˌpriːˈmedɪteɪt] *vt* préméditer.

**premeditated** [ˌpriːˈmedɪteɪtɪd] *adj* prémédité.

**premeditation** [priːˌmedɪˈteɪʃn] *n* préméditation *f*; **without ~** sans préméditation.

**premenstrual** [priːˈmenstruəl] *adj* prémenstruel.

**premenstrual tension** *Br*, **premenstrual syndrome** *Am* *n* syndrome *m* prémenstruel.

**premier** [ˈpremjəʳ] ◇ *adj* premier, primordial. ◇ *n* Premier ministre *m*.

**premiere** [ˈpremɪeəʳ] ◇ *n* CIN & THEAT première *f*. ◇ *vt* donner la première de; **the opera was ~d in Paris** la première de l'opéra a eu lieu à Paris.

**Premier League** *pr n* championnat anglais de football disputé par les plus grands clubs professionnels.

**premiership** [ˈpremjəʃɪp] *n* poste *m* de Premier ministre; **during her ~** alors qu'elle était Premier ministre.

**premise** [ˈpremɪs] ◇ *n* [hypothesis] prémisse *f*; **on the ~ that...** en partant du principe que... ◇ *vt fml*: **to ~ that** poser comme hypothèse que; **to be ~d on** être fondé sur.

**premises** [ˈpremɪsɪz] *npl* **-1.** [place] locaux *mpl*, lieux *mpl*; **business ~** locaux commerciaux; **on the ~** sur les lieux, sur place. **-2.** JUR préalable *m*.

**premiss** [ˈpremɪs] = **premise**.

**premium** [ˈpriːmjəm] ◇ *n* **-1.** [insurance payment] prime *f* (d'assurance). **-2.** [bonus, extra cost] prime *f*; **fresh fruit is** (selling) **at a ~** les fruits frais sont très recherchés OR font prime *spec*; **honesty is at a ~** these days l'honnêteté se fait rare OR se perd de nos jours; **to put** OR **to place a** (high) **~ on** sthg attacher beaucoup de valeur à OR faire grand cas de qqch. **-3.** *Am* [fuel] supercarburant *m*. ◇ *comp*: **~ price** prix *m* très réduit; **~ quality** qualité *f* extra.

**premium bond** *n* obligation *f* à prime.

**premonition** [ˌpreməˈnɪʃn] *n* prémonition *f*, pressentiment *m*; **to have a ~ of sthg** pressentir qqch, avoir le pressentiment de qqch; **I had a ~ he wouldn't come** j'avais le pressentiment qu'il ne viendrait pas.

**prenatal** [ˌpriːˈneɪtl] *adj* prénatal.

**prenuptial** [ˌpriːˈnʌpʃl] *adj* prénuptial; **~ agreement** contrat *m* de mariage.

**preoccupation** [priːˌɒkjuˈpeɪʃn] *n* préoccupation *f*; **I don't understand his ~ with physical fitness** je ne comprends pas qu'il soit si préoccupé par sa forme physique.

**preoccupied** [priːˈɒkjupaɪd] *adj* préoccupé; **to be ~ by** OR **with sthg** être préoccupé par OR de *lit* qqch.

**preoccupy** [priːˈɒkjupaɪ] (*pt & pp* **preoccupied**) *vt* préoccuper.

**preop** [ˈpriːɒp] (*abbr of* **preoperative**) *inf* ◇ *adj* préopératoire. ◇ *n*: **she's gone for a ~** elle est allée passer un examen préopératoire.

**preordain** [ˌpriːɔːˈdeɪn] *vt*: **she felt ~ed to be a missionary** elle se sentait prédestinée à devenir missionnaire.

**prep** [prep] *inf* SCH ◇ *n* (*U*) *Br* **-1.** [homework] devoirs *mpl*. **-2.** [study period] étude *f* (*après les cours*). ◇ *vi Am* faire ses études dans un établissement privé.

**prepack** [ˌpriːˈpæk], **prepackage** [ˌpriːˈpækɪdʒ] *vt* préemballer, conditionner; **the fruit is all ~ed** les fruits sont entièrement conditionnés.

**prepaid** [*pt & pp* ˌpriːˈpeɪd, *adj* ˈpriːpeɪd] ◇ *pt & pp* → **prepay**. ◇ *adj* payé (d'avance).

**preparation** [ˌprepəˈreɪʃn] *n* **-1.** (*U*) préparation *f*; **to be in ~** être en préparation; **in ~ for publication** en vue d'une publication; **in ~ for Christmas** pour préparer Noël; **as a ~ for public life** pour préparer à la vie publique. **-2.** (*C*) CHEM & PHARM préparation *f*. **-3.** (*U*) *Br* SCH = **prep**.

♦ **preparations** *npl* [arrangements] préparatifs *mpl*, dispositions *fpl*; **~s for war** préparatifs de guerre.

**preparatory** [prɪˈpærətrɪ] *adj* [work] préparatoire; [measure] préalable, préliminaire; **the report is still at the ~ stage** le rapport en est encore au stade préparatoire OR préalable.

**preparatory school** *n* **-1.** [in UK] école *f* primaire privée (*pour enfants de sept à treize ans, préparant généralement à entrer dans une «public school»*). **-2.** [in US] école privée qui prépare à

l'enseignement supérieur.

**prepare** [prɪˈpeəʳ] ◇ *vt* [plan, food, lesson] préparer; **to ~ a meal for sb** préparer un repas à OR pour qqn; **to ~ a surprise for sb** préparer une surprise à qqn; **to ~ the way/the ground for negotiations** ouvrir la voie à/préparer le terrain pour des négociations; **we are preparing to leave tomorrow** nous nous préparons à partir demain ‖ [person] préparer; **to ~ o.s. for sthg** se préparer à qqch. ◇ *vi*: **to ~ for sthg** faire des préparatifs en vue de OR se préparer à qqch; **to ~ to do sthg** se préparer OR s'apprêter à faire qqch; **to ~ for a meeting/an exam** préparer une réunion/un examen; **~ for the worst!** préparez-vous au pire!

**prepared** [prɪˈpeəd] *adj* [ready – gen] préparé, prêt; [– answer, excuse] tout prêt; **I was ~ to leave** j'étais préparé OR prêt à partir; **he wasn't ~ for what he saw** [hadn't expected] il ne s'attendait pas à ce spectacle; [was shocked] il n'était pas préparé à voir cela; **you must be ~ for anything** il faut s'attendre à tout; **the Minister issued a ~ statement** le ministre fit une déclaration préparée à l'avance ‖ [willing] prêt, disposé; **I am ~ to cooperate** je suis prêt OR disposé à coopérer.

**prepay** [ˌpriːˈpeɪ] (*pt & pp* **prepaid** [-ˈpeɪd]) *vt* payer d'avance.

**preponderance** [prɪˈpɒndərəns] *n* [in importance] prépondérance *f*; [in number] supériorité *f* numérique.

**preponderant** [prɪˈpɒndərənt] *adj* prépondérant.

**preponderantly** [prɪˈpɒndərəntlɪ] *adv* [in importance] de façon prépondérante; [especially] surtout.

**preponderate** [prɪˈpɒndəreɪt] *vi* être prépondérant, prédominer; **to ~ over sthg** l'emporter sur qqch.

**preposition** [ˌprepəˈzɪʃn] *n* préposition *f*.

**prepositional** [ˌprepəˈzɪʃnl] *adj* prépositionnel; **~ phrase** locution *f* prépositive.

**prepositionally** [ˌprepəˈzɪʃnlɪ] *adv* prépositivement.

**prepossessing** [ˌpriːpəˈzesɪŋ] *adj* [person] avenant; [smile, behaviour] avenant, engageant.

**preposterous** [prɪˈpɒstərəs] *adj* absurde, grotesque.

**preposterously** [prɪˈpɒstərəslɪ] *adv* absurdement, ridiculement.

**preppie, preppy** [ˈprepɪ] (*pl* **preppies**, *compar* **preppier**, *superl* **preppiest**) *Am inf* ◇ *n*: **he's a ~** il est BCBG. ◇ *adj* BCBG.

**preprandial** [ˌpriːˈprændɪəl] *adj lit* OR *hum* [drink] avant le repas.

**preprogrammed** [ˌpriːˈprəugræmd] *adj* préprogrammé.

**prep school** *n abbr of* **preparatory school**.

**prepubescent** [ˌpriːpjuːˈbesənt] *adj* prépubère.

**prepuce** [ˈpriːpjuːs] *n* prépuce *m*.

**Pre-Raphaelite** [ˌpriːˈræfəlaɪt] ◇ *adj* préraphaélite. ◇ *n* préraphaélite *mf*.

**prerecord** [ˌpriːrɪˈkɔːd] *vt* préenregistrer.

**prerecorded** [ˌpriːrɪˈkɔːdɪd] *adj* préenregistré; **~ TV debate** débat télévisé préenregistré OR en différé; **~ cassette** cassette *f* enregistrée.

**prerelease** [ˌpriːrɪˈliːs] *n* [of film] avant-première *f*; [of record] sortie *f* précommerciale. ◇ *vt* [film, record] faire sortir en avant-première.

**prerequisite** [ˌpriːˈrekwɪzɪt] ◇ *n* (condition *f*) préalable *m*, condition *f* sine qua non; **to be a ~ for** OR **of sthg** être une condition préalable à qqch. ◇ *adj*: **~ condition** condition *f* préalable.

**prerogative** [prɪˈrɒgətɪv] *n* prérogative *f*, apanage *m*; **to exercise one's ~** exercer ses prérogatives.

**Pres.** *written abbr of* **president**.

**presage** [ˈpresɪdʒ] ◇ *n* présage *m*; **to have a ~ of doom** pressentir un malheur. ◇ *vt* présager, annoncer.

**Presbyterian** [ˌprezbɪˈtɪərɪən] ◇ *adj* presbytérien. ◇ *n* presbytérien *m*, -enne *f*.

**presbytery** [ˈprezbɪtrɪ] *n* **-1.** [house] presbytère *m*. **-2.** [court] presbyterium *m*. **-3.** [part of church] presbyterium *m*.

**preschool** [ˌpriːˈskuːl] ◇ *adj* [playgroup, age] préscolaire; [child] d'âge préscolaire. ◇ *n Am* école *f* maternelle.

**prescient** [ˈpresɪənt] *adj* prescient.

**prescribe** [prɪˈskraɪb] *vt* **-1.** MED prescrire; **to ~ sthg for sb** prescrire qqch à qqn; **what can you ~ for migraine?** que prescrivez-vous contre la migraine?; 'do not exceed the ~d dose' 'ne pas dépasser la dose prescrite'. **-2.** [advocate] préconiser, recommander. **-3.** [set – punishment] infliger; *Br* SCH [– books] inscrire au programme; ~d form/number *Br* formulaire *m*/nombre *m* prescrit. **-4.** JUR prescrire.

**prescription** [prɪ'skrɪpʃn] ◇ *n* **-1.** MED ordonnance *f*; the doctor wrote out a ~ for her le médecin lui a rédigé OR fait une ordonnance; to make up a ~ for sb exécuter OR préparer une ordonnance pour qqn; to get sthg on ~ obtenir qqch sur ordonnance; available OR obtainable only on ~ délivré seulement sur ordonnance. **-2.** [recommendation] prescription *f*; what's your ~ for a happy life? quelle est votre recette du bonheur? ◇ *comp*: a ~ drug un médicament délivré seulement sur ordonnance.

**prescription charge** *n Br* ≃ ticket *m* modérateur.

**prescriptive** [prɪ'skrɪptɪv] *adj* **-1.** LING [grammar, rule] normatif. **-2.** [dogmatic] dogmatique, strict. **-3.** [customary] consacré par l'usage.

**prescriptivism** [prɪ'skrɪptɪvɪzm] *n* normativisme *m*.

**presence** ['prezns] *n* **-1.** présence *f*; in the ~ of sb en présence de qqn; your ~ is requested at Saturday's meeting vous êtes prié d'assister à la réunion de samedi; to show/to have great ~ of mind faire preuve d'une/avoir une grande présence d'esprit. **-2.** [number of people present] présence *f*; there was a large student/police ~ at the demonstration il y avait un nombre important d'étudiants/un important service d'ordre à la manifestation. **-3.** [personality, magnetism] présence *f*; she has great stage ~ elle a beaucoup de présence sur scène. **-4.** [entity] présence *f*; I could sense a ~ in the room je sentais comme une présence dans la pièce.

**present** [*n & adj* 'preznt, *vb* prɪ'zent] ◇ *n* **-1.** [gift] cadeau *m*; to give sb a ~ faire un cadeau à qqn; to make sb a ~ of sthg faire cadeau de qqch à qqn; it's for a ~ [in shop] c'est pour offrir. **-2.** [in time] présent *m*; at ~ actuellement, à présent; up to the ~ jusqu'à présent, jusqu'à maintenant; as things are OR stand at ~ au point où en sont les choses; to live only in OR for the ~ vivre pour l'instant présent OR au présent. **-3.** GRAMM présent *m*; in the ~ au présent. ◇ *vt* **-1.** [gift] donner, offrir; [prize] remettre, décerner; to ~ sthg to sb OR sb with sthg donner OR offrir qqch à qqn; she was ~ed with first prize on lui a décerné le premier prix; the project ~s us with a formidable challenge le projet constitue pour nous un formidable défi; he ~ed us with a fait accompli il nous a mis devant le fait accompli. **-2.** *fml* [introduce] présenter; to ~ sb to sb présenter qqn à qqn; to be ~ed at Court être présenté à la Cour. **-3.** [put on – play, film] donner; [– exhibition] présenter, monter. **-4.** RADIO & TV présenter. **-5.** [offer – entertainment] présenter; we proudly ~ Donna Stewart nous avons le plaisir OR nous sommes heureux de vous présenter Donna Stewart; ~ing Vanessa Brown in the title role avec Vanessa Brown dans le rôle principal. **-6.** [put forward – apology, view, report] présenter; [plan] soumettre; [orally] exposer; I wish to ~ my complaint in person je tiens à déposer plainte moi-même; to ~ a bill in Parliament présenter or introduire un projet de loi au parlement. **-7.** [pose, offer – problem, difficulty] présenter, poser; [– chance, view] offrir; the house ~ed a sorry sight la maison offrait un triste spectacle; if the opportunity ~s itself si l'occasion se présente; the case ~s all the appearances of murder tout semble indiquer qu'il s'agit d'un meurtre. **-8.** [show – passport, ticket] présenter; ~ arms! MIL présentez armes!**-9.** [arrive, go]: to ~ o.s. se présenter. **-10.** MED: the foetus ~ed itself normally la présentation (fœtale) était normale. ◇ *vi* présenter. ◇ *adj* **-1.** [in attendance] présent; to be ~ at a meeting être présent à OR assister à une réunion; ~ company excepted à l'exception des personnes présentes. **-2.** [current – job, government, price] actuel; in the ~ case dans le cas présent; at the ~ time actuellement, à l'époque actuelle; up to the ~ day jusqu'à présent, jusqu'à aujourd'hui; given the ~ circumstances étant donné les circonstances actuelles, dans l'état actuel des choses; in the ~ writer's opinion l'avis de l'auteur de ces lignes. **-3.** GRAMM au présent; indicative ~, ~ indicative présent *m* de l'indicatif.

**presentable** [prɪ'zentəbl] *adj* [person, room] présentable; [clothes] présentable, mettable; make yourself ~ arrange-toi un peu.

**presentation** [,prezn'teɪʃn] *n* **-1.** [showing] présentation *f*; on ~ of this voucher sur présentation de ce bon; cheque payable on ~ chèque payable à vue ‖ [putting forward – of ideas, facts] présentation *f*, exposition *f*; [– of petition] présentation *f*, soumission *f*; he made a very clear ~ of the case il a très clairement présenté l'affaire. **-2.** COMM [of product, policy] présentation *f*.**-3.** [introduction] présentation *f*; can you make the ~s? pouvez-vous faire les présentations?**-4.** [performance – of play, film] présentation *f*. **-5.** [of piece of work] présentation *f*.**-6.** [award – of prize, diploma] remise *f*; to make sb a ~ of sthg remettre qqch à qqn. **-7.** [award ceremony] = **presentation ceremony**. **-8.** MED [of foetus] présentation *f*.

**presentation ceremony** *n* cérémonie *f* de remise (*d'un prix*).

**presentation copy** *n* [specimen] spécimen *m* (gratuit); [from writer] exemplaire *m* gratuit.

**presenter** [prɪ'zentə'] *n* présentateur *m*, -trice *f*.

**presentiment** [prɪ'zentɪmənt] *n* pressentiment *m*.

**presently** ['prezntlɪ] *adv* **-1.** [soon] bientôt, tout à l'heure; ~, she got up and left au bout de quelques minutes elle se leva et s'en alla. **-2.** [now] à présent, actuellement.

**present participle** *n* participe *m* présent.

**present perfect** *n* passé *m* composé; in the ~ au passé composé.

**presents** ['preznts] *npl* JUR: by these ~ par la présente (lettre).

**present tense** *n* présent *m*; in the ~ au présent.

**preservation** [,prezə'veɪʃn] *n* **-1.** [upkeep, maintenance – of tradition] conservation *f*; [– of leather, building, wood] entretien *m*; [– of peace, life] maintien *m*; the mummy was in a good state of ~ la momie était en bon état de conservation OR était bien conservée. **-2.** [of food] conservation *f*.**-3.** [protection] préservation *f*.

**preservation order** *n*: to put a ~ on a building classer un édifice (*monument historique*).

**preservative** [prɪ'zɜːvətɪv] ◇ *n* agent *m* conservateur OR de conservation, conservateur *m*; 'contains no artificial ~s' 'sans conservateurs'. ◇ *adj* conservateur.

**preserve** [prɪ'zɜːv] ◇ *vt* **-1.** [maintain – tradition, building] conserver; [– leather] conserver, entretenir; [– silence] garder, observer; [– peace, life] maintenir; [– dignity] garder, conserver; to be well ~d [building, specimen] être en bon état de conservation; [person] être bien conservé; they tried to ~ some semblance of normality ils essayaient de faire comme si de rien n'était. **-2.** [protect] préserver, protéger. **-3.** CULIN mettre en conserve; ~d fruit fruits *mpl* en conserve. ◇ *n* **-1.** HUNT réserve *f* (de chasse). **-2.** [privilege] privilège *m*, apanage *m*; it's still very much a male ~ c'est encore un domaine essentiellement réservé aux hommes. **-3.** CULIN [fruit] confiture *f*; [vegetable] conserve *f*. ◆ **preserves** *npl* CULIN [jam] confitures *fpl*; [vegetables, fruit] conserves *fpl*; [pickles] pickles *mpl*.

**preserver** [prɪ'zɜːvə'] *n* sauveur *m*.

**preset** [,priː'set] (*pt & pp* **preset**) ◇ *vt* prérégler, régler à l'avance. ◇ *adj* préréglé, réglé d'avance.

**preshrunk** [,priː'ʃrʌŋk] *adj* irrétrécissable.

**preside** [prɪ'zaɪd] *vi* présider; to ~ at a meeting/at table présider une réunion/la table. ◆ **preside over** *vt insep* **-1.** [meeting] présider; [changes] présider à. **-2.** [subj: statue, building] dominer.

**presidency** ['prezɪdənsɪ] (*pl* **presidencies**) *n* présidence *f*.

**president** ['prezɪdənt] *n* **-1.** [of state] président *m*, -e *f*; President Simpson le président Simpson. **-2.** [of organization, club] président *m*, -e *f*.**-3.** *Am* [of company, bank] président-directeur général *m*, P-D G *m*.

**president-elect** *n* titre du président des États-Unis nouvellement élu (de novembre) jusqu'à la cérémonie d'investiture présidentielle (le 20 janvier).

**presidential** [,prezɪ'denʃl] *adj* [elections, candidate] présidentiel; [aeroplane, suite] présidentiel, du président; it's a ~ year c'est l'année des élections présidentielles.

**presiding officer** [prɪ'zaɪdɪŋ-] *n Br* président *m* (de bureau de vote).

**presidium** [prɪ'sɪdɪəm] (*pl* **presidiums** OR **presidia** [-dɪə]) *n* praesidium *m*, présidium *m*.

**press** [pres] ◇ *vt* **-1.** [push – button, bell, trigger, accelerator] appuyer sur; he ~ed the lid shut il a fermé le couvercle (en appuyant dessus); to ~ sthg flat aplatir qqch; to ~ one's way through a crowd/to the front se frayer un chemin à travers une foule/jusqu'au premier rang; he was ~ed (up) against the railings il s'est trouvé coincé contre le grillage; I ~ed myself against the wall je me suis collé contre le mur; she ~ed a note into my hand elle m'a glissé un billet dans la main; he ~ed his hat down on his head il rabattit OR enfonça son chapeau sur sa tête. **-2.** [squeeze – hand, arm] presser, serrer; [– grapes, olives] presser; she ~ed her son to her elle serra son fils contre elle. **-3.** [urge] presser, pousser; to ~ sb for payment/an answer presser qqn de payer/ répondre ‖ [harass] harceler, talonner; his creditors were ~ing him hard ses créanciers le harcelaient OR ne lui laissaient pas le moindre répit. **-4.** [force] forcer, obliger; I was ~ed into signing the contract j'ai été obligé de signer le contrat. **-5.** [impose, push forward – claim, advantage] appuyer, pousser; [– opinions] insister sur; to ~ (home) an advantage profiter d'un avantage; to ~ one's attentions on sb poursuivre qqn de ses assiduités; to ~ charges against sb JUR engager des poursuites contre qqn. **-6.** [iron – shirt, tablecloth] repasser. **-7.** [manufacture in mould – component] mouler; [– record] presser. **-8.** [preserve by pressing – flower] presser, faire sécher (*dans un livre ou un pressoir*). **-9.** [in weightlifting] soulever. **-10.** [enlist by force] recruter OR enrôler de force; to ~ into service *fig* réquisitionner.
◇ *vi* **-1.** [push] appuyer; ~ here appuyez OR pressez ici. **-2.** [be a burden] *literal* faire pression; the rucksack ~ed on his shoulders le sac à dos pesait sur ses épaules ‖ *fig* [troubles] peser; her problems ~ed on her mind ses problèmes lui pesaient. **-3.** [insist, campaign]: he ~ed hard to get the grant il a fait des pieds et des mains pour obtenir la bourse. **-4.** [surge]: the crowd ~ed against the barriers/round the President la foule se pressait contre les barrières/autour du président; they ~ed forward to get a better view ils poussaient pour essayer de mieux voir; to ~ through a crowd se frayer un chemin à travers une foule. **-5.** [iron] se repasser. **-6.** *phr*: time ~es! le temps presse!
◇ *n* **-1.** [newspapers] presse *f*; they advertised in the ~ ils ont fait passer une annonce dans les journaux ❑ the **Press Association** *la principale agence de presse britannique*; the **Press Council** *organisme indépendant veillant au respect de la déontologie dans la presse britannique*. **-2.** [journalists] presse *f*; the ~ were there la presse était là; she's a member of the ~ elle a une carte de presse. **-3.** [report, opinion] presse *f*; to get (a) good/bad ~ avoir bonne/mauvaise presse; to give sb (a) good/bad ~ faire l'éloge/la critique de qqn. **-4.** [printing] presse *f*; to go to ~ [book] être mis sous presse; [newspaper] partir à l'impression; in OR at (the) ~ sous presse. **-5.** [machine]: (printing) ~ presse *f*; to set the ~es rolling *literal* mettre les presses en marche; *fig* mettre la machine en marche. **-6.** [publisher] presses *fpl*. **-7.** [for tennis racket, handicrafts, woodwork, trousers] presse *f*; [for cider, wine] pressoir *m*. **-8.** [push]: the machine presses hot coffee at the ~ of a button il suffit d'appuyer sur un bouton pour que la machine distribue du café chaud. **-9.** [squeeze] serrement *m*; he gave my hand a quick ~ il m'a serré la main rapidement. **-10.** [crowd] foule *f*; [rush] bousculade *f*. **-11.** [ironing] coup *m* de fer. **-12.** [cupboard] placard *m*. **-13.** [in weightlifting] développé *m*. **-14.** INDUST [forming machine] presse *f*. **-15.** MIL recrutement *m* de force. **-16.** NAUT: ~ of sail OR canvas pleine voilure *f*.
◇ *comp* [campaign, card, reporter, photographer] de presse; [advertising, coverage] dans la presse.
◆ **press ahead** = press on.
◆ **press for** *vt insep* [demand] exiger, réclamer.
◆ **press in** *vt sep* enfoncer.
◆ **press on** *vi insep* [on journey] poursuivre OR continuer son chemin; [in enterprise, job] poursuivre, persévérer; we ~ed on regardless nous avons continué malgré tout.
◆ **press on with** *vt insep* [job, negotiations] continuer, poursuivre.

**press agency** *n* agence *f* de presse.

**press agent** *n* attaché *m*, -e *f* de presse.

**press baron** *n* magnat *m* de la presse.

**press box** *n* tribune *f* de (la) presse.

**press button** *n* bouton-poussoir *m*.

◆ **press-button** *adj* TELEC: ~ dialling numérotation *f* à touches.

**press conference** *n* conférence *f* de presse.

**press corps** *n* journalistes *mpl*.

**press cutting** *n* coupure *f* de presse OR de journal.

**pressed** [prest] *adj* **-1.** [flower] pressé, séché. **-2.** [hurried] pressé; [overworked] débordé.

◆ **pressed for** *adj phr* [short of] à court de; we're ~ for space nous manquons de place; we're rather ~ for time le temps est compté.

**press gallery** *n* tribune *f* de (la) presse (*par exemple au parlement*).

**press-gang** ['pres-] ◇ *n* MIL & HIST racoleurs *mpl*, recruteurs *mpl*. ◇ *vt* **-1.** *Br* [force]: to ~ sb into doing sthg obliger qqn à faire qqch (contre son gré). **-2.** MIL & HIST racoler, recruter de force.

**pressing** ['presɪŋ] ◇ *adj* **-1.** [urgent – appointment, business, debt] urgent; the matter is ~ c'est une affaire urgente. **-2.** [insistent – demand, danger, need] pressant; at her ~ invitation, we agreed to go devant son insistance, nous avons accepté d'y aller. **-3.** [imminent – danger] imminent. ◇ *n* **-1.** [of fruit, record] pressage *m*. **-2.** [ironing] repassage *m*.

**pressman** ['presmæn] (*pl* **pressmen** [-men]) *n* **-1.** [journalist] journaliste *m*. **-2.** [printer] typographe *m*.

**press officer** *n* responsable *mf* des relations avec la presse.

**press-on** *adj* adhésif.

**press pack** *n* dossier *m* de presse.

**press release** *n* communiqué *m* de presse.

**press run** *n* tirage *m*.

**press secretary** *n* POL ≃ porte-parole *m inv* du gouvernement.

**press stud** *n Br* bouton-pression *m*, pression *f*.

**press-up** *n Br* SPORT pompe *f*; to do ~s faire des pompes.

**pressure** ['preʃə<sup>r</sup>] ◇ *n* **-1.** METEOR & PHYS pression *f*; [of blood] tension *f*; high/low ~ area [on weather chart] zone *f* de hautes/basses pressions ❑ oil ~ pression d'huile. **-2.** [squeezing] pression *f*. **-3.** *fig* [force, influence]: to bring ~ to bear *fml* OR to put ~ on sb faire pression OR exercer une pression sur qqn; she did it under ~ elle l'a fait contrainte et forcée; she came under ~ from her parents elle s'est vu nue parce que ses parents l'y ont obligée. **-4.** *fig* [strain, stress – of circumstances, events] pression *f*; [– of doubts, worries] poids *m*; the ~s of city life le stress de la vie en ville; I can't stand any more of this ~ je ne peux plus supporter cette tension; to work under ~ travailler sous pression; we're under ~ to finish on time on nous presse de respecter les délais; the ~ of work is too much for me la charge de travail est trop lourde pour moi; there's a lot of ~ on her to succeed on fait beaucoup pression sur elle pour qu'elle réussisse; the ~'s on! il va falloir mettre les bouchées doubles!; she's under a lot of ~ just now elle est vraiment sous pression en ce moment.
◇ *vt* faire pression sur; they ~d him into resigning ils l'ont contraint à démissionner.

**pressure cabin** *n* cabine *f* pressurisée.

**pressure chamber** *n* MECH réservoir *m* d'air comprimé.

**pressure-cook** *vt* faire cuire à la cocotte-minute OR à l'autocuiseur.

**pressure cooker** *n* cocotte-minute *f*, autocuiseur *m*.

**pressure gauge** *n* jauge *f* de pression, manomètre *m*.

**pressure group** *n* groupe *m* de pression.

**pressure point** *n* point *m* de compression (*sur une artère*).

**pressure suit** *n* scaphandre *m* pressurisé.

**pressurization** [,preʃəraɪ'zeɪʃn] *n* pressurisation *f*.

**pressurize, -ise** ['preʃəraɪz] *vt* **-1.** [person, government] faire pression sur; to ~ sb to do sthg OR into doing sthg faire pression sur qqn pour qu'il fasse qqch. **-2.** AERON & ASTRONAUT pressuriser.

**pressurized** ['preʃəraɪzd] *adj* [container] pressurisé; [liquid, gas] sous pression.

**Prestel®** ['prestel] *pr n* service de vidéotexte de la British Telecom.

**prestige** [pre'stiːʒ] ◇ *n* prestige *m*. ◇ *adj* de prestige.

**prestigious** [preˈstɪdʒəs] *adj* prestigieux.

**presto** [ˈprestəʊ] *adv* presto; hey ~! et voilà, le tour est joué!

**prestressed concrete** [ˌpriːˈstrest-] *n* béton *m* précontraint.

**presumably** [prɪˈzjuːməblɪ] *adv* vraisemblablement; ~, he isn't coming apparemment, il ne viendra pas.

**presume** [prɪˈzjuːm] ◇ *vt* -1. [suppose] présumer, supposer; I ~ he isn't coming je présume OR suppose qu'il ne viendra pas; I ~d them to be aware *ou* that they were aware of the difficulties je supposais qu'ils étaient au courant des difficultés; missing, ~d dead MIL manque à l'appel OR porté disparu, présumé mort; every man is ~d innocent until proven guilty JUR tout homme est présumé innocent tant qu'il n'a pas été déclaré coupable; I ~ so je (le) présume OR suppose. **-2.** [take liberty] oser, se permettre. **-3.** [presuppose] présupposer; presuming they agree à supposer qu'ils soient d'accord. ◇ *vi*: I don't want to ~ je ne voudrais pas m'imposer; to ~ on OR upon sb abuser de la gentillesse de qqn.

**presumption** [prɪˈzʌmpʃn] *n* -1. [supposition] présomption *f*, supposition *f*; the ~ is that he was drowned on pense OR suppose qu'il s'est noyé; it's only a ~ ce n'est qu'une hypothèse; to act on a false ~ agir sur une OR à partir d'une fausse supposition; we worked on the ~ that she would agree nous avons agi en supposant qu'elle serait d'accord. **-2.** *(U)* [arrogance] audace *f*, présomption *f*, prétention *f*.

**presumptive** [prɪˈzʌmptɪv] *adj* [heir] présomptif; ~ proof preuve *f* par déduction OR par présomption.

**presumptuous** [prɪˈzʌmptʃʊəs] *adj* présomptueux, arrogant.

**presuppose** [ˌpriːsəˈpəʊz] *vt* présupposer.

**presupposition** [ˌpriːsʌpəˈzɪʃn] *n* présupposition *f*.

**pre-tax** [ˌpriːˈtæks] *adj* brut, avant (le prélèvement des) impôts; ~ profits bénéfices *mpl* bruts OR avant impôts.

**pretence** *Br*, **pretense** *Am* [prɪˈtens] *n* -1. [false display] simulacre *m*; to make a ~ of doing sthg faire semblant OR mine de faire qqch; everyone sees through her ~ of being the devoted wife elle ne trompe personne en jouant les femmes dévouées; at least she made some ~ of sympathy! elle au moins, elle a fait comme si ça la touchait! **-2.** [pretext] prétexte *m*; under OR on the ~ of doing sthg sous prétexte de faire qqch; he criticizes her on the slightest ~ il la critique pour un rien OR à la moindre occasion. **-3.** [claim] prétention *f*; he has OR makes no ~ to musical taste il ne prétend pas OR il n'a pas la prétention de s'y connaître en musique. **-4.** *(U)* [arrogance] prétention *f*.

**pretend** [prɪˈtend] ◇ *vt* -1. [make believe]: to ~ to do sthg faire semblant de faire qqch, feindre de faire qqch; they ~ed not to be interested ils ont fait semblant de ne pas être intéressé, il a joué les indifférents; he ~ed to be OR that he was their uncle il s'est fait passer pour leur oncle; she ~s that everything is all right elle fait comme si tout allait bien; it's no use ~ing things will improve cela ne sert à rien de faire comme si les choses allaient s'améliorer ‖ [in children's play]: let's ~ you're a prince on dirait que tu serais un prince. **-2.** [claim] prétendre; I don't ~ to be an expert je n'ai pas la prétention d'être un expert. **-3.** [feign – indifference, ignorance] feindre, simuler. ◇ *vi* -1. [feign] faire semblant; there's no point in ~ing (to me) inutile de faire semblant (avec moi); I'm only ~ing! c'est juste pour rire! ‖ [in children's play]: to play at let's ~ jouer à faire semblant OR comme si. **-2.** [lay claim] prétendre; to ~ to sthg prétendre à qqch. ◇ *adj inf* [child language – money, fight] pour faire semblant, pour jouer; it was only ~! c'était pour rire OR pour faire semblant!

**pretended** [prɪˈtendɪd] *adj* prétendu, soi-disant.

**pretender** [prɪˈtendər] *n* -1. [to throne, title, right] prétendant *m*, -e *f*; the Young Pretender HIST le Jeune Prétendant. **-2.** [impostor] imposteur *m*.

**pretense** *Am* = pretence.

**pretension** [prɪˈtenʃn] *n* -1. [claim] prétention *f*; to have ~s to sthg avoir des prétentions OR prétendre à qqch; I make no ~s to expert knowledge je n'ai pas la prétention OR je ne me flatte pas d'être expert en la matière; he has literary ~s il se prend pour un écrivain. **-2.** *(U)* [pretentiousness] préten-

tion *f*; he is devoid of ~ il est sans prétention.

**pretentious** [prɪˈtenʃəs] *adj* prétentieux.

**pretentiously** [prɪˈtenʃəslɪ] *adv* prétentieusement.

**pretentiousness** [prɪˈtenʃəsnɪs] *n (U)* prétention *f*.

**preterit** [ˈpretərət] *Am* = preterite.

**preterite** [ˈpretərət] ◇ *adj* [form] du prétérit; the ~ tense le prétérit. ◇ *n* prétérit *m*; in the ~ au prétérit.

**preternatural** [ˌpriːtəˈnætʃrəl] ◇ *adj* surnaturel. ◇ *n* surnaturel *m*.

**pretext** [ˈpriːtekst] *n* prétexte *m*; on OR under the ~ of doing sthg sous prétexte de faire qqch.

**prettify** [ˈprɪtɪfaɪ] (*pt* & *pp* prettified) *vt pej* [room, garden] enjoliver; to ~ o.s. se pomponner.

**prettily** [ˈprɪtɪlɪ] *adv* joliment.

**prettiness** [ˈprɪtɪnɪs] *n* -1. [of appearance] beauté *f*. **-2.** *pej* [of style] mièvrerie *f*.

**pretty** [ˈprɪtɪ] (*compar* **prettier**, *superl* **prettiest**, *pt* & *pp* **prettied**) ◇ *adj* -1. [attractive – clothes, girl, place] joli; it wasn't a ~ sight ce n'était pas beau OR joli à voir ❑ I'm not just a ~ face! ce n'est pas qu'une affaire de physique [person] être joli comme un cœur; [place] être ravissant. **-2.** *iron*: this is a ~ state of affairs! c'est du joli OR du propre!; things have come to a ~ pass! nous voilà bien! **-3.** *pej* [dainty – style, expression] précieux; [effeminate – boy] mignon; it's not enough to make ~ speeches il ne suffit pas de faire de beaux discours. **-4.** *phr*: a ~ penny: it cost a ~ penny ça a coûté une jolie petite somme. ◇ *adv inf* -1. [quite] assez; it's ~ good/important c'est pas mal du tout/assez important. **-2.** [almost] presque, à peu près, pratiquement. **-3.** *phr*: to be sitting ~ avoir la partie belle.

**pretty-pretty** *adj inf* & *pej* [person] gentillet, mignonnet; [dress] cucul la praline *(inv)*; [painting] gentillet; [garden] mignon, gentil.

**pretzel** [ˈpretsl] *n* bretzel *m*.

**prevail** [prɪˈveɪl] *vi* -1. [triumph] l'emporter, prévaloir *lit*; to ~ against sb l'emporter OR prévaloir contre qqn; to ~ over sb l'emporter OR prévaloir sur qqn; luckily, common sense ~ed heureusement, le bon sens a prévalu OR l'a emporté. **-2.** [exist, be widespread – situation, opinion, belief] régner, avoir cours; the rumour which is now ~ing le bruit qui court en ce moment; the conditions ~ing in the Third World les conditions que l'on rencontre le plus souvent dans le tiers monde.

◆ **prevail on, prevail upon** *vt insep fml* persuader; can I ~ on your good nature? puis-je faire appel à votre bonté?

**prevailing** [prɪˈveɪlɪŋ] *adj* -1. [wind] dominant. **-2.** [belief, opinion] courant, répandu; [fashion] en vogue; in the ~ conditions [now] dans les conditions actuelles; [then] à l'époque; the ~ political climate le climat politique actuel; the ~ exchange rate le taux de change actuel.

**prevalence** [ˈprevələns] *n* [widespread existence] prédominance *f*; [of disease] prévalence *f*; [frequency] fréquence *f*.

**prevalent** [ˈprevələnt] *adj* -1. [widespread] courant, répandu; [frequent] fréquent; to become ~ se généraliser. **-2.** [current – today] actuel, d'aujourd'hui; [– in past] de OR à l'époque.

**prevaricate** [prɪˈværɪkeɪt] *vi fml* tergiverser, user de faux-fuyants.

**prevarication** [prɪˌværɪˈkeɪʃn] *n fml* tergiversation *f*, faux-fuyant *m*, faux-fuyants *mpl*.

**prevent** [prɪˈvent] *vt* [accident, catastrophe, scandal] éviter; [illness] prévenir; to ~ sb (from) doing sthg empêcher qqn de faire qqch; I couldn't ~ her je n'ai pas pu l'en empêcher; we were unable to ~ the bomb from exploding nous n'avons rien pu faire pour empêcher la bombe d'exploser.

**preventable** [prɪˈventəbl] *adj* évitable.

**preventative** [prɪˈventətɪv] *adj* préventif.

**preventible** [prɪˈventəbl] = preventable.

**prevention** [prɪˈvenʃn] *n* prévention *f*; the ~ of cruelty to animals la protection des animaux ❑ the Prevention of Terrorism Act *loi sur la prévention du terrorisme permettant notamment la garde à vue de toute personne suspectée*; ~ is better than cure *prov* mieux vaut prévenir que guérir *prov*.

**preventive** [prɪˈventɪv] ◇ *adj* -1. [medicine] préventif, prophylactique; [measure] préventif. **-2.** *Br* JUR: ~ detention *peine de prison allant de 5 à 14 ans*. ◇ *n* **-1.** [measure] mesure *f* préventive; **as a ~** à titre préventif. **-2.** MED médicament *m* préventif OR prophylactique.

**preverbal** [ˌpriːˈvɜːbl] *adj* **-1.** [infant] qui ne parle pas encore; **~ communication** activité *f* préverbale. **-2.** GRAMM avant le verbe.

**preview** [ˈpriːvjuː] ◇ *n* [of film, show, exhibition] avant-première *f*; [of art exhibition] vernissage *m*; **and here is a ~ of tomorrow's programmes** et voici un aperçu des programmes de demain; **can you give us a ~ of what to expect?** pouvez-vous nous donner une idée de ce à quoi il faut s'attendre? ◇ *vt*: **to ~ a film** [put on] donner un film en avant-première; [see] voir un film en avant-première; **to ~ the evening's television viewing** passer en revue les programmes télévisés de la soirée.

**previous** [ˈpriːvjəs] ◇ *adj* **-1.** [prior] précédent; **on a ~ occasion** auparavant; **I have a ~ engagement** j'ai déjà un rendez-vous, je suis déjà pris; **she has had several ~ accidents** elle a déjà eu plusieurs accidents; **do you have any ~ experience of this kind of work?** avez-vous déjà une expérience de ce genre de travail?; **the two months ~ to your arrival** les deux mois précédant votre arrivée ∥ JUR: **he has no ~ convictions** il n'a pas de casier judiciaire, il a un casier judiciaire vierge; **he has had several ~ convictions** il a déjà fait l'objet de plusieurs condamnations. **-2.** [former] antérieur; **in a ~ life** dans une vie antérieure; **his ~ marriages ended in divorce** ses autres mariages se sont soldés par des divorces. **-3.** [with days and dates] précédent; **the ~ Monday** le lundi précédent; **the ~ June** au mois de juin précédent; **the ~ day** le jour précédent, la veille. **-4.** *Br inf* [premature, hasty – decision, judgment] prématuré, hâtif; [– person] expéditif. ◇ *adv* antérieurement; **~ to his death** *fml* avant sa mort, avant qu'il ne meure.

**previously** [ˈpriːvjəslɪ] *adv* **-1.** [in the past] auparavant, précédemment; **six weeks ~** six semaines auparavant OR plus tôt. **-2.** [already] déjà.

**prevocalic** [ˌpriːvəˈkælɪk] *adj* prévocalique.

**prewar** [ˌpriːˈwɔːr] *adj* d'avant-guerre; **the ~ years** l'avant-guerre *m or f*.

**prewash** [ˈpriːwɒʃ] ◇ *n* prélavage *m*. ◇ *vt* faire un prélavage de.

**prey** [preɪ] *n (U) literal & fig* proie *f*; **hens are often (a) ~ to foxes** les poules sont souvent la proie des renards; **the sheep fell (a) ~ to some marauding beast** les moutons ont été attaqués par un animal maraudeur; **to be (a) ~ to doubts/nightmares** être en proie au doute/à des cauchemars.

◆ **prey on, prey upon** *vt insep* **-1.** [subj: predator] faire sa proie de; **he ~ed on her fears** *fig* il profita de ce qu'elle avait peur; **the thieves ~ed upon old women** *fig* les voleurs s'en prenaient aux OR attaquaient les vieilles dames. **-2.** [subj: fear, doubts] ronger; **the thought continued to ~ on his mind** l'idée continuait à lui ronger l'esprit.

**price** [praɪs] ◇ *n* **-1.** [cost] prix *m*; **what is the ~ of petrol?** à quel prix est l'essence?; **petrol has gone down in ~** le prix de l'essence a baissé; **~s are rising/falling** les prix sont en hausse/baisse; **I paid a high ~ for it** je l'ai payé cher; **they pay top ~s for antique china** ils achètent la porcelaine ancienne au prix fort; **if the ~ is right** si le prix est correct; **she got a good ~ for her car** elle a obtenu un bon prix de sa voiture; **I got the chair at a reduced/at half ~** j'ai eu la chaise à prix réduit/à moitié prix; **her jewels fetched huge ~s at auction** ses bijoux ont atteint des sommes folles aux enchères; **that's my ~, take it or leave it** c'est mon dernier prix, à prendre ou à laisser; **name OR state your ~!** votre prix sera le mien!; **every man has his ~** tout homme s'achète. **-2.** [value] prix *m*, valeur *f*; **to argue over the ~ of sthg** débattre le prix de qqch; **to put a ~ on sthg** [definite] fixer le prix OR la valeur de qqch; [estimate] évaluer le prix OR estimer la valeur de qqch; **there's a ~ on his head** sa tête a été mise à prix; **you can't put a ~ on love** l'amour n'a pas de prix; **what ~ all her hopes now?** que valent tous ses espoirs maintenant?; **he puts a high ~ on loyalty** il attache beaucoup d'importance OR il accorde beaucoup de valeur à la loyauté; **without ~** sans prix. **-3.** ST.EX cours *m*, cote *f*; **today's ~s** les cours du jour. **-4.** *fig* [penalty] prix *m*; **it's a small ~ to pay for peace of mind** c'est bien peu de chose pour avoir

l'esprit tranquille; **it's a high ~ to pay for independence** c'est bien cher payer l'indépendance; **that's the ~ of fame** c'est la rançon de la gloire. **-5.** [chance, odds] cote *f*; **what ~ are they giving on Stardust?** quelle est la cote de Stardust?; **what ~ he'll keep his word?** combien pariez-vous qu'il tiendra parole?; **what ~ peace now?** quelles sont les chances de paix maintenant? **-6.** [quotation] devis *m*.

◇ *comp* [bracket, range] de prix; [freeze, drop, rise, level] des prix.

◇ *vt* **-1.** [set cost of] fixer OR établir OR déterminer le prix de; **the book is ~d at £17** le livre coûte 17 livres; **his paintings are rather highly ~d** le prix de ses tableaux est un peu élevé; **a reasonably ~d hotel** un hôtel aux prix raisonnables ∥ [estimate value of]: **how would you ~ that house?** à combien estimeriez-vous cette maison? **-2.** [indicate cost of] marquer le prix de; [with label] étiqueter; **this book isn't ~d** le prix de ce livre n'est pas indiqué. **-3.** [ascertain price of] demander le prix de, s'informer du prix de.

◆ **at any price** *adv phr*: **she wants a husband at any ~** elle veut un mari à tout prix OR coûte que coûte; **he wouldn't do it at any ~!** il ne voulait le faire à aucun prix OR pour rien au monde!

◆ **at a price** *adv phr* en y mettant le prix; **she'll help you, at a ~** elle vous aidera, à condition que vous y mettiez le prix; **you got what you wanted, but at a ~!** vous avez eu ce que vous souhaitiez, mais à quel prix! OR mais vous l'avez payé cher!

◆ **price down** *vt sep Br* baisser le prix de, démarquer.

◆ **price out** *vt sep*: **to ~ o.s. OR one's goods out of the market** perdre sa clientèle OR sa clientèle à cause de ses prix trop élevés; **cheap charter flights have ~d the major airlines out of the market** les vols charters à prix réduit ont fait perdre des parts de marché aux grandes compagnies aériennes; **he ~d himself out of the job** il n'a pas été embauché parce qu'il a demandé un salaire trop élevé.

◆ **price up** *vt sep Br* [raise cost of] augmenter OR majorer le prix de, augment; [on label] indiquer un prix plus élevé sur.

**price control** *n* contrôle *m* des prix.

**price cut** *n* rabais *m*, réduction *f* (de prix).

**price-cutting** *n (U)* réductions *fpl* de prix.

**-priced** [praɪst] *in cpds*: **high~** à prix élevé, (plutôt) cher; **low~** à bas prix, peu cher; **over~** trop cher.

**price-fixing** [-fɪksɪŋ] *n* [control] contrôle *m* des prix; [rigging] entente *f* sur les prix.

**price index** *n* indice *m* des prix.

**priceless** [ˈpraɪslɪs] *adj* **-1.** [precious – jewels, friendship] d'une valeur inestimable. **-2.** *inf* [funny – joke] tordant, bidonnant; [– person] impayable.

**price list** *n* tarif *m*, liste *f* des prix.

**price-rigging** *n* entente *f* sur les prix.

**price tag** *n* **-1.** [label] étiquette *f* de prix. **-2.** [value] prix *m*, valeur *f*.

**price war** *n* guerre *f* des prix.

**pricey** [ˈpraɪsɪ] (*compar* **pricier,** *superl* **priciest**) *adj inf* chérot.

**prick** [prɪk] ◇ *vt* **-1.** [jab, pierce] piquer, percer; **she ~ed her finger/herself with the needle** elle s'est piqué le doigt/elle s'est piquée avec l'aiguille. **-2.** [irritate] piquer, picoter; **the smoke was ~ing my eyes** la fumée me piquait les yeux; **his conscience was ~ing him** *fig* il n'avait pas la conscience tranquille, il avait mauvaise conscience. ◇ *vi* **-1.** [pin, cactus, thorn] piquer. **-2.** [be irritated] picoter; **my eyes are ~ing from the smoke** j'ai les yeux qui me piquent OR brûlent à cause de la fumée; **her conscience was ~ing (at her)** *fig* elle n'avait pas la conscience tranquille, elle avait mauvaise conscience. ◇ *n* **-1.** [from insect, pin, thorn] piqûre *f*; **~s of conscience** *fig* remords *mpl*. **-2.** ▼ [penis] bite *f*. **-3.** ▽ [person] con *m*, connard *m*.

◆ **prick up** *vt insep* [ears] se dresser. ◇ *vt sep* dresser; **she ~ed up her ears at the sound of her name** elle a dressé OR tendu l'oreille en entendant son nom.

**pricking** [ˈprɪkɪŋ] *n* picotement *m*; **the ~s of conscience** les remords *mpl*.

**prickle** [ˈprɪkl] ◇ *n* **-1.** [on rose, cactus] épine *f*, piquant *m*; [on hedgehog, porcupine] piquant *m*. **-2.** [sensation] picotement *m*. ◇ *vt* piquer. ◇ *vi* [skin] picoter, fourmiller; **her skin ~d with excitement** un frisson d'excitation lui parcourut la peau.

**prickly** ['prɪklɪ] (*compar* **pricklier,** *superl* **prickliest**) *adj* **-1.** [cactus, plant] épineux; [hedgehog] couvert de piquants; [beard] piquant; [clothes] qui pique; **his skin felt ~ sa** peau le démangeait; **a ~ sensation** une sensation de picotement. **-2.** *inf* [irritable – person] ombrageux, irritable; [– character] ombrageux. **-3.** [delicate – subject, topic] épineux, délicat.

**prickly heat** *n* (*U*) fièvre *f* miliaire.

**prickly pear** *n* [fruit] figue *f* de Barbarie; [tree] figuier *m* de Barbarie.

**pricy** ['praɪsɪ] *inf* = **pricey.**

**pride** [praɪd] ◇ *n* **-1.** [satisfaction] fierté *f*; **they take ~ in their town** ils sont fiers de leur ville; **to take (a) ~ in one's appearance** prendre soin de sa personne; **he takes no ~ in his work** il ne prend pas du tout son travail à cœur; **to take (a) ~ in doing sthg** mettre de la fierté à faire qqch, s'enorgueillir de faire qqch. **-2.** [self-respect] fierté *f*, amour-propre *m*; **a sense of ~** un sentiment d'amour-propre; **he has no ~** il n'a pas d'amour-propre; **her ~ was hurt** elle était blessée dans son amour-propre. **-3.** *pej* [arrogance] orgueil *m*; **~ comes** OR **goes before a fall** *prov* plus on est fier, plus dure est la chute. **-4.** [most valuable thing] orgueil *m*, fierté *f*; **she is her parents' ~ and joy** elle fait la fierté de ses parents; **this painting is the ~ of the collection** ce tableau est le joyau de la collection ❏ **to have** OR **to take ~ of place** occuper la place d'honneur. **-5.** [of lions] groupe *m*. ◇ *vt*: **to ~ o.s. on** OR **upon sthg** être fier OR s'enorgueillir de qqch.

**prier** ['praɪəʳ] *n pej* fouineur *m*, -euse *f*.

**priest** [priːst] *n* prêtre *m*.

**priestess** ['priːstɪs] *n* prêtresse *f*.

**priesthood** ['priːsthʊd] *n* [as vocation] prêtrise *f*; [clergy] clergé *m*; **to enter the ~** être ordonné prêtre.

**priestly** ['priːstlɪ] (*compar* **priestlier,** *superl* **priestliest**) *adj* sacerdotal, de prêtre.

**prig** [prɪg] *n Br*: **he's such a ~!** il fait toujours son petit saint!

**priggish** ['prɪgɪʃ] *adj Br* pharisaïque.

**prim** [prɪm] (*compar* **primmer,** *superl* **primmest**) *adj pej* **-1.** [affectedly proper – person] collet monté (*inv*); [– attitude, behaviour] guindé, compassé; [– voice] affecté; **she's very ~ and proper** elle est très collet monté. **-2.** [neat – clothes] (très) comme il faut, (très) classique; [– house, hedge, lawn] impeccable.

**prima ballerina** [,priːmə-] *n* danseuse *f* étoile.

**primacy** ['praɪməsɪ] (*pl* **primacies**) *n* **-1.** [preeminence] primauté *f*, prééminence *f*. **-2.** RELIG primatie *f*.

**prima donna** [,priːmə'dɒnə] *n* **-1.** [opera singer] prima donna *f*. **-2.** *pej* diva *f*. **-3.** [star] star *f*.

**primaeval** [praɪ'miːvəl] = **primeval.**

**prima facie** [,praɪmə'feɪʃiː] ◇ *adv* à première vue, de prime abord. ◇ *adj* JUR: **a ~ case** une affaire simple a priori; **it's a ~ case of mistaken identity** a priori, il s'agit d'une erreur sur la personne; **~ evidence** commencement *m* de preuve; **there is no ~ evidence** a priori, il n'y a aucune preuve.

**primal** ['praɪml] *adj* **-1.** [original] primitif, premier; **~ scream** PSYCH cri *m* primal. **-2.** [main] primordial, principal.

**primarily** [*Br* 'praɪmərɪlɪ, *Am* praɪ'merəlɪ] *adv* **-1.** [mainly] principalement, avant tout. **-2.** [originally] primitivement, à l'origine.

**primary** ['praɪmərɪ] (*pl* **primaries**) ◇ *adj* **-1.** [main] principal, premier; [basic] principal, fondamental; **this question is of ~ importance** cette question revêt une importance capitale; **the ~ cause of the accident** la cause principale de l'accident. **-2.** SCI primaire; **~ circuit** ELEC circuit *m* primaire; **~ tooth** ANAT dent *f* de lait. **-3.** SCH primaire. ◇ *n* **-1.** [in US]: **~ (election)** (élection *f*) primaire *f*. **-2.** [school] école *f* primaire. **-3.** [colour] couleur *f* primaire. **-4.** ORNITH rémige *f*. **-5.** ELEC (enroulement *m*) primaire *m*.

**primary accent** *n* accent *m* principal.

**primary colour** *n* couleur *f* primaire.

**primary school** *n* école *f* primaire; **~ teacher** instituteur *m*, -trice *f*.

**primary stress** = **primary accent.**

**primate** ['praɪmeɪt] *n* **-1.** ZOOL primate *m*. **-2.** RELIG primat *m*; **the Primate of All England** *titre officiel de l'archevêque de*

*Cantorbéry.*

**prime** [praɪm] ◇ *adj* **-1.** [foremost] premier, primordial; [principal] premier, principal; [fundamental] fondamental; **our ~ concern is to avoid loss of life** notre préoccupation principale est d'éviter de faire des victimes; **of ~ importance** de la plus haute importance, d'une importance primordiale. **-2.** [perfect] parfait; [excellent] excellent; **in ~ condition** [person] en parfaite santé; [athlete] en parfaite condition; [car] en parfait état; **it's a ~ example of what I mean** c'est un excellent exemple de ce que je veux dire; **~ quality** de première qualité; **~ beef** bœuf *m* de première catégorie. **-3.** MATH [number] premier. ◇ *n* **-1.** [best moment]: **to be in one's ~** OR **in the ~ of life** être dans la fleur de l'âge; **I'm past my ~** je ne suis plus dans la fleur de l'âge; **these roses look a bit past their ~** ces roses sont plutôt défraîchies; **these curtains look a bit past their ~** ces rideaux ont vu de ces jours meilleurs; **when Romantic poetry was in its ~** lorsque la poésie romantique était à son apogée. **-2.** MATH nombre *m* premier. ◇ *vt* **-1.** [gun, machine, pump] amorcer; **to ~ sb with drink** faire boire qqn; **he was well ~d** *inf* il était bien parti. **-2.** [brief – person] mettre au courant, briefer; **to ~ sb for a meeting** préparer qqn à une réunion; **he is well ~d in local politics** il est bien renseigné sur la politique locale. **-3.** [with paint, varnish] apprêter.

**prime cost** *n* prix *m* de revient.

**prime minister** *n* premier ministre *m*.

**prime ministership, prime ministry** *n* fonctions *fpl* de Premier ministre; **during her ~** pendant qu'elle était Premier ministre.

**prime mover** *n* **-1.** PHYS force *f* motrice. **-2.** PHILOS cause *f* première. **-3.** *fig* [person] instigateur *m*, -trice *f*.

**prime number** *n* nombre *m* premier.

**primer** ['praɪməʳ] *n* **-1.** [paint] apprêt *m*. **-2.** [for explosives] amorce *f*. **-3.** [book – elementary] manuel *m* (élémentaire); [– for reading] abécédaire *m*.

**prime time** *n* heure *f* de grande écoute, prime time *m*.

◆ **prime-time** *adj* [TV programme, advertising] diffusé à une heure de grande écoute, de prime time.

**primeval** [praɪ'miːvl] *adj* **-1.** [prehistoric] primitif, des premiers âges OR temps. **-2.** [primordial – fears, emotions] atavique, instinctif.

**priming** ['praɪmɪŋ] *n* (*U*) **-1.** [of pump] amorçage *m*; [of gun] amorce *f*. **-2.** [paint] première couche *f*.

**primitive** ['prɪmɪtɪv] ◇ *adj* primitif. ◇ *n* **-1.** [primitive person] primitif *m*, -ive *f*. **-2.** [artist] primitif *m*. **-3.** COMPUT & MATH primitive *f*.

**primly** ['prɪmlɪ] *adv pej* d'une manière guindée OR collet monté; **she sat ~ in the corner** elle se tenait assise très sagement dans le coin.

**primness** ['prɪmnɪs] *n pej* [of person] air *m* collet monté OR compassé; [of behaviour] caractère *m* maniéré OR compassé; [of dress] aspect *m* collet monté OR très comme il faut; [of voice] caractère *m* affecté.

**primogeniture** [,praɪməʊ'dʒenɪtʃəʳ] *n* primogéniture *f*.

**primordial** [praɪ'mɔːdjəl] *adj* primordial; **~ soup** soupe *f* primitive.

**primp** [prɪmp] ◇ *vi* se faire beau. ◇ *vt*: **to ~ o.s. (up)** se faire beau.

**primrose** ['prɪmrəʊz] ◇ *n* **-1.** BOT primevère *f*. **-2.** [colour] jaune *m* pâle. ◇ *adj* jaune pâle (*inv*).

**primrose path** *n*: **the ~** la voie de la facilité.

**primrose yellow** *adj* jaune pâle (*inv*).

**primula** ['prɪmjʊlə] (*pl* **primulas** OR **primulae** [-liː]) *n* primevère *f*.

**Primus**® ['praɪməs] *n Br*: **~ (stove)** réchaud *m* (de camping).

**prince** [prɪns] *n literal & fig* prince *m*; **Prince Rupert** le prince Rupert; **the Prince of Darkness** le prince des ténèbres; **the Prince of Peace** le prince de la paix; **the Prince of Wales** le prince de Galles; **he is a ~ among men** c'est un prince parmi les hommes; **to live like a ~** vivre comme un prince.

**Prince Charming** *n* le Prince Charmant.

**prince consort** *n* prince *m* consort.

**princedom** ['prɪnsdəm] *n* principauté *f*.

**Prince Edward Island** *pr n* l'île *f* du Prince-Édouard.

**princeling** ['prɪnslɪŋ] n petit prince m.

**princely** ['prɪnslɪ]'adj princier; a ~ sum une somme princière.

**prince regent** n prince m régent.

**princess** [prɪn'ses] n princesse f; Princess Anne la princesse Anne; the Princess of Wales la princesse de Galles; she's like a fairytale ~ c'est une princesse de conte de fées.

**princess royal** n: the ~ la princesse royale.

**principal** ['prɪnsəpl] ◇ adj [gen] principal; MUS [violin, oboe] premier. ◇ n **-1.** [head – of school] directeur m, -trice f; [– of university] doyen m, -enne f.**-2.** JUR [employer of agent] mandant m, commettant m.**-3.** [main character – in play] acteur m principal, actrice f principale; [– in orchestra] chef m de pupitre; [– in crime] auteur m.**-4.** FIN [capital – gen] capital m; [– of debt] principal m.**-5.** CONSTR [rafter] poutre f maîtresse.

**principal boy** n jeune héros d'une pantomime dont le rôle est traditionnellement joué par une femme.

**principal clause** n (proposition f) principale f.

**principality** [ˌprɪnsɪ'pælətɪ] n principauté f; the Principality [Wales] le pays de Galles.

**principally** ['prɪnsəplɪ] adv principalement.

**principal parts** npl temps mpl primitifs GRAMM.

**principle** ['prɪnsəpl] n **-1.** [for behaviour] principe m; she has high ~s elle a des principes; she was a woman of ~ c'était une femme de principes OR qui avait des principes; on ~, as a matter of ~ par principe; it's a matter of ~ c'est une question de principe; it's against my ~s to eat meat j'ai pour principe de ne pas manger de viande; to stick to one's ~s rester fidèle à ses principes. **-2.** [fundamental law] principe m; to go back to first ~s remonter jusqu'au principe. **-3.** [theory] principe m; in ~ en principe; basic ~ principe de base; to be based on false ~s reposer sur de faux principes OR de fausses prémisses; we acted on the ~ that everybody knew nous sommes partis du principe que tout le monde était au courant.

**principled** ['prɪnsəpld] adj: a ~ man un homme de principes OR qui a des principes; to take a ~ stand adopter une position de principe.

**print** [prɪnt] ◇ n **-1.** [of publications]: to appear in ~ être publié OR imprimé; to see o.s./one's name in ~ voir ses écrits imprimés/son nom imprimé; her work will soon be in ~ son œuvre sera bientôt publiée || [of book]: to be in/out of ~ être disponible/épuisé; the newspapers had already gone to ~ before the news broke les journaux étaient déjà sous presse lorsque la nouvelle est tombée. **-2.** (U) [characters] caractères mpl; in large/small ~ en gros/petits caractères; in bold ~ en caractères gras. **-3.** (U) [text] texte m (imprimé); the small OR fine ~ on a contract les lignes en petits caractères en bas d'un contrat. **-4.** PHOT épreuve f, tirage m. **-5.** ART [engraving] gravure f, estampe f; [reproduction] poster m.**-6.** TEX [fabric] imprimé m; [dress] robe f imprimée. **-7.** [mark – from tyre, foot] empreinte f; [fingerprint] empreinte f digitale.
◇ comp **-1.** TYPO: the ~ unions les syndicats mpl des typographes. **-2.** COMPUT: ~ menu menu m d'impression.
◇ adj [dress] en tissu imprimé.
◇ vt **-1.** [book, newspaper, money] imprimer; [publish – story, article] publier; the novel is being ~ed le roman est sous presse OR en cours d'impression; 1,000 copies of the book have already been ~ed on a déjà tiré le livre à 1 000 exemplaires; ~ed in France imprimé en France. **-2.** [write] écrire en caractères d'imprimerie; ~ your name clearly écrivez votre nom lisiblement. **-3.** PHOT tirer. **-4.** TEX imprimer. **-5.** [mark] imprimer; fig [in memory] graver, imprimer.
◇ vi **-1.** imprimer; tomorrow's newspapers haven't started ~ing yet les journaux de demain ne sont pas encore sous presse OR à l'impression; the drawing should ~ well le dessin devrait bien ressortir à l'impression. **-2.** [in handwriting] écrire en caractères d'imprimerie. **-3.** PHOT [negative]: to ~ well sortir bien au tirage.
◆ **print off** vt sep **-1.** TYPO imprimer, tirer. **-2.** PHOT tirer.
◆ **print out** vt sep COMPUT imprimer.

**printable** ['prɪntəbl] adj imprimable, publiable; my opinion on the matter is not ~ mon avis sur la question n'est pas très agréable à entendre.

**printed** ['prɪntɪd] adj **-1.** [gen] imprimé; ~ matter imprimés mpl; the ~ word l'écrit m.**-2.** [notepaper] à en-tête.

**printed circuit** n circuit m imprimé.

**printer** ['prɪntər] n **-1.** [person – gen] imprimeur m; [– typographer] typographe mf; [– compositor] compositeur m, -trice f; it's at the ~'s c'est chez l'imprimeur OR à l'impression ❑ ~'s error coquille f; ~'s ink encre f d'imprimerie; ~'s mark marque f d'imprimeur. **-2.** COMPUT imprimante f.**-3.** PHOT tireuse f.

**printhead** ['prɪnthed] n tête f d'impression.

**printing** ['prɪntɪŋ] n **-1.** [activity] imprimerie f; he works in ~ il travaille dans l'imprimerie. **-2.** [copies printed] impression f, tirage m.**-3.** PHOT tirage m.**-4.** (U) [handwriting] (écriture f en) caractères mpl d'imprimerie.

**printing ink** n encre f d'imprimerie.

**printing press** n presse f (d'imprimerie).

**printout** ['prɪntaut] n [act of printing out] tirage m, sortie f sur imprimante; to do a ~ sortir un document sur imprimante, imprimer (un document) || [printed version] sortie f papier, tirage m; [results of calculation] listing m.

**print shop** n imprimerie f.

**printwheel** ['prɪntwiːl] n marguerite f (d'imprimante).

**prior** ['praɪər] ◇ adj **-1.** [earlier] antérieur, précédent; she had a ~ engagement elle était déjà prise || [preliminary] préalable; without ~ notice sans préavis. **-2.** [more important]: to have a ~ claim to OR on sthg avoir un droit de priorité OR · d'antériorité sur qqch; her son had a ~ claim on her attention son fils passait avant tout. ◇ n RELIG (père m) prieur m.
◆ **prior to** prep phr avant, antérieurement à, préalablement à.

**prioress** ['praɪərɪs] n (mère f) prieure f.

**prioritize, -ise** [praɪ'ɒrɪtaɪz] vt donner OR accorder la priorité à.

**priority** [praɪ'ɒrətɪ] (pl **priorities**) n priorité f; to give ~ to donner OR accorder la priorité à; to have OR to take ~ over avoir la priorité sur; to do sthg as a (matter of) ~ faire qqch en priorité; the matter has top ~ l'affaire a la priorité absolue OR est absolument prioritaire; you should get your priorities right il faudrait que tu apprennes à distinguer ce qui est important de ce qui ne l'est pas; the government has got its priorities all wrong le gouvernement n'accorde pas la priorité aux choses les plus importantes.

**priory** ['praɪərɪ] (pl **priories**) n prieuré m.

**prise** [praɪz] vt Br: to ~ sthg open ouvrir qqch à l'aide d'un levier; we ~d the top off with a spoon on a enlevé le couvercle à l'aide d'une cuillère; we managed to ~ the information out of her fig on a réussi à lui arracher le renseignement.

**prism** ['prɪzm] n prisme m.

**prison** ['prɪzn] ◇ n prison f; to be in ~ être en prison; he's been in ~ il a fait de la prison; to go to ~ aller en prison, être emprisonné; to send sb to ~ envoyer OR mettre qqn en prison; to sentence sb to three years in ~ condamner qqn à trois ans de prison; marriage had become a ~ fig le mariage était devenu une prison. ◇ comp [director, warder, cell] de prison; [food, conditions] en prison, dans les prisons; [system, regulations, administration] pénitentiaire, carcéral; ~ sentence peine f de prison.

**prison camp** n camp m de prisonniers.

**prison colony** n bagne m, colonie f pénitentiaire.

**prisoner** ['prɪznər] n prisonnier m, -ère f, détenu m, -e f; he's a ~ in Wormwood Scrubs il est détenu à la prison de Wormwood Scrubs; to take sb ~ faire qqn prisonnier; to hold sb ~ retenir qqn prisonnier, détenir qqn; to be taken ~ être fait prisonnier; to be held ~ être détenu; she became a ~ of her own fears fig elle devint prisonnière de ses propres peurs ❑ political ~ prisonnier OR détenu politique; ~ of conscience prisonnier m d'opinion; ~ of war prisonnier de guerre.

**prison van** n fourgon m cellulaire.

**prissy** ['prɪsɪ] adj inf prude, bégueule.

**pristine** ['prɪstiːn] adj **-1.** [immaculate] parfait, immaculé; in ~ condition en parfait état. **-2.** [original] primitif, premier.

**privacy** [Br 'prɪvəsɪ, Am 'praɪvəsɪ] n **-1.** [seclusion] solitude f; lack of ~ manque m d'intimité; I have no ~ here je ne peux jamais être seul ici; can I have some ~ for a few hours? pouvez-vous me laisser seul quelques heures? || [private life] vie *f* privée; I value my ~ je tiens à ma vie privée; an intrusion on sb's ~ une ingérence dans la vie privée de qqn; in the ~ of one's own home dans l'intimité de son foyer. **-2.** [secrecy] intimité *f*, secret *m*; to get married in the strictest ~ se marier dans la plus stricte intimité.

**private** ['praɪvɪt] ◇ *adj* **-1.** [not for the public] privé; ~ land terrain *m* privé; ~ fishing pêche *f* gardée; ~ performance OR showing THEAT représentation *f* privée; ~ road voie *f* privée; 'private' 'privé', 'interdit au public'. **-2.** [independent, not run or controlled by the state] privé; they operate a ~ pension scheme ils ont leur propre caisse de retraite. **-3.** [personal] privé, personnel; don't interfere in my ~ affairs OR business ne vous mêlez pas de mes affaires personnelles; ~ agreement accord *m* à l'amiable; I thought we had a ~ agreement about it je croyais que nous avions réglé ce problème entre nous; it's my ~ opinion c'est mon opinion personnelle; it's a ~ joke c'est une blague que vous ne pouvez pas comprendre; my ~ address mon adresse personnelle, mon domicile. **-4.** [confidential] privé, confidentiel, personnel; a ~ conversation une conversation privée OR à caractère privé; we had a ~ meeting nous nous sommes vus en privé; keep it ~ gardez-le pour vous; can I tell him? — no, it's ~ je peux le lui dire? — non c'est personnel; 'private' [on envelope] 'personnel' ❏ ~ hearing JUR audience *f* à huis clos. **-5.** [individual – bank account] particulier; [– bathroom, lessons, tuition] particulier; ~ pupil élève *mf* (à qui l'on donne des cours particuliers); ~ teacher précepteur *m*, -trice *f*; this is a ~ house c'est une maison particulière OR qui appartient à des particuliers; in my ~ capacity à titre personnel; for your ~ use pour votre usage personnel; for your ~ information à titre confidentiel ❏ ~ car voiture *f* personnelle. **-6.** [quiet, intimate] intime, privé; he's a very ~ person c'est quelqu'un de très réservé; they want a ~ wedding ils veulent se marier dans l'intimité; it was a ~ funeral les obsèques ont eu lieu dans la plus stricte intimité; do you have a ~ room where we can talk? avez-vous une pièce où l'on puisse parler tranquillement? ❏ ~ bar salon dans un pub. **-7.** [ordinary]: a ~ citizen un (simple) citoyen, un particulier; ~ soldier (simple) soldat *m*. ◇ *n* MIL (simple) soldat *m*, soldat *m* de deuxième classe; it belongs to Private Hopkins ça appartient au soldat Hopkins.
◆ **privates** *npl inf & euph* parties *fpl* (génitales).
◆ **in private** *adv phr* [confidentially] en privé, en confidence; [in private life] en privé, dans la vie privée; [personally] en privé, personnellement.

**private company** *n* entreprise *f* OR société *f* privée.
**private detective** *n* détective *m* privé.
**private enterprise** *n* libre entreprise *f*.
**privateer** [,praɪvə'tɪər] *n* corsaire *m*.
**private eye** *n inf* privé *m*; Private Eye PRESS magazine satirique britannique.
**private hotel** *n* ≈ pension *f* de famille.
**private income** *n* rentes *fpl*; to live on OR off a ~ vivre de ses rentes.
**private investigator** = private detective.
**private life** *n* vie *f* privée; in (his) ~ dans sa vie privée, en privé.
**privately** ['praɪvɪtlɪ] *adv* **-1.** [not publicly]: a ~ owned company une entreprise privée; she sold her house ~ elle a vendu sa maison de particulier à particulier; they were married ~ leur mariage a eu lieu dans l'intimité; to be ~ educated [at school] faire ses études dans une école privée; [with tutor] avoir un précepteur; the jury's deliberations took place ~ les délibérations du jury se sont déroulées à huis clos. **-2.** [personally] dans mon/son *etc* pour intérieur, en moi-même/soi-même *etc*; ~, he didn't agree dans son for intérieur OR intérieurement, il n'était pas d'accord ‖ [secretly] secrètement; ~, he was plotting to oust his rival il complotait secrètement OR en secret d'évincer son rival. **-3.** [confidentially] en privé; she informed me ~ that... elle m'a informé en toute confidence que...; we met ~ nous avons eu une entrevue privée; can I see you ~? puis-je vous voir en privé OR en tête-à-tête? **-4.** [as a private individual] à titre personnel.
**private means** *npl* rentes *fpl*, fortune *f* personnelle; a man of ~ un rentier.

**private member's bill** *n Br* proposition *f* de loi.
**private parts** *inf* = privates.
**private patient** *n* patient d'un médecin dont les consultations ne sont pas prises en charge par les services de santé.
**private practice** *n* médecine *f* privée OR non conventionnée; she's in ~ elle a un cabinet (médical) privé.
**private property** *n* propriété *f* privée.
**private school** *n* ≈ école *f* libre.
**private secretary** *n* **-1.** COMM secrétaire particulier *m*, secrétaire particulière *f*. **-2.** *Br* POL haut fonctionnaire dont le rôle est d'assister un ministre.
**private sector** *n*: the ~ le secteur privé.
◆ **private-sector** *comp* [business, pay, bosses] privé.
**private view** *n* ART vernissage *m*.
**privation** [praɪ'veɪʃn] *n* privation *f*.
**privative** ['prɪvətɪv] ◇ *adj* privatif. ◇ *n* privatif *m*.
**privatization** [,praɪvətaɪ'zeɪʃn] *n* privatisation *f*.
**privatize, -ise** ['praɪvətaɪz] *vt* privatiser.
**privet** ['prɪvɪt] *n* troène *m*; ~ hedge haie *f* de troènes.
**privilege** ['prɪvɪlɪdʒ] ◇ *n* **-1.** [right, advantage] privilège *m*; to grant sb the ~ of doing sthg accorder à qqn le privilège de faire qqch ‖ (U) [unfair advantage]: a struggle against ~ une lutte contre les privilèges. **-2.** [honour] honneur *m*; it was a ~ to do business with you ce fut un honneur de travailler avec vous; I had the ~ of attending his wedding j'ai eu le bonheur OR la chance d'assister à son mariage. **-3.** POL: parliamentary ~ immunité *f* parlementaire. ◇ *vt* privilégier; I was ~d to meet him after the war j'ai eu le privilège OR la chance de le rencontrer après la guerre.
**privileged** ['prɪvɪlɪdʒd] ◇ *adj* **-1.** [person] privilégié; only a ~ few were invited seuls quelques privilégiés ont été invités; the ~ few la minorité privilégiée. **-2.** JUR [document, information] laissé à la discrétion du témoin. ◇ *npl*: the ~ les privilégiés *mpl*.
**privy** ['prɪvɪ] (*pl* privies) ◇ *adj* **-1.** *fml* [informed]: to be ~ to sthg *fml* être instruit de qqch, être au courant de qqch. **-2.** *arch* [secret] secret (*f* -ète), caché. ◇ *n arch* OR *hum* [toilet] lieux *mpl* d'aisances.
**Privy Council** *n*: the ~ le Conseil privé du souverain en Grande-Bretagne.
**Privy Councillor** *n* membre du Conseil privé.
**Privy Purse** *n* cassette *f* royale.
**Privy Seal** *n*: the ~ le Petit Sceau.
**prize** [praɪz] ◇ *n* **-1.** [for merit] prix *m*; to award a ~ to sb décerner un prix à qqn; to win (the) first ~ in a contest remporter le premier prix d'un concours; she won the ~ for the best pupil elle s'est vu décerner OR elle a reçu le prix d'excellence; no ~s for guessing who won *fig* vous n'aurez aucun mal à deviner le nom du gagnant. **-2.** [in game] lot *m*. **-3.** NAUT prise *f*. ◇ *vt* **-1.** [for value] chérir, attacher une grande valeur à; [for quality] priser; my most ~d possessions mes biens les plus précieux; original editions are highly ~d les éditions originales sont très prisées OR recherchées. **-2.** = prise. ◇ *adj* **-1.** [prizewinning] primé, médaillé. **-2.** [excellent] parfait, typique; a ~ specimen of manhood un superbe mâle ‖ [complete]: a ~ fool *inf* un parfait imbécile. **-3.** [valuable] de valeur; [cherished] prisé.
**prize day** *n Br* SCH (jour *m* de la) distribution *f* des prix.
**prize draw** *n* tombola *f*, loterie *f*.
**prizefight** ['praɪzfaɪt] *n* combat *m* professionnel.
**prizefighter** ['praɪzfaɪtər] *n* boxeur *m* professionnel.
**prizefighting** ['praɪzfaɪtɪŋ] *n* boxe *f* professionnelle.
**prize-giving** *n* distribution *f* OR remise *f* des prix.
**prize money** *n* prix *m* en argent.
**prize ring** *n* ring *m* (pour la boxe professionnelle).
**prizewinner** ['praɪzwɪnər] *n* [of exam, essay contest] lauréat *m*, -e *f*; [of game, lottery] gagnant *m*, -e *f*.
**prizewinning** ['praɪzwɪnɪŋ] *adj* [novel, entry] primé; [ticket, number, contestant] gagnant.
**pro** [prəʊ] (*pl* pros) ◇ *n inf* **-1.** (abbr of **professional**) pro *mf*; to turn ~ passer pro. **-2.** *Br* (abbr of **prostitute**) professionnelle *f*. ◇ *prep* [in favour of] pour; he's very ~ capital punishment c'est un partisan convaincu de la peine capitale.
◆ **pros** *npl*: the ~s and cons le pour et le contre.

**pro-** in cpds [in favour of] pro-; ~**American** proaméricain; **they were** ~ **Stalin** ils étaient pour Staline, c'étaient des partisans de Staline.

**proactive** [prəʊ'æktɪv] adj PSYCH proactif.

**pro-am** ['prəʊ'æm] adj SPORT professionnel et amateur; **a** ~ **golf tournament** un open de golf.

**probability** [ˌprɒbə'bɪlətɪ] (pl **probabilities**) n **-1.** [likelihood] probabilité f; **the** ~ **is that he won't come** il est probable qu'il ne viendra pas, il y a de fortes chances (pour) qu'il ne vienne pas; **there is a strong** ~ **of that happening** il y a de fortes chances que cela se produise; **in all** ~ selon toute probabilité. **-2.** MATH calcul m des probabilités.

**probable** ['prɒbəbl] ◇ adj **-1.** [likely] probable, vraisemblable; **it's highly** ~ **that we won't arrive before 2 o'clock** il est fort probable OR plus que probable que nous n'arriverons pas avant 14 h. **-2.** [plausible] vraisemblable; **it doesn't sound very** ~ **to me** ça ne me paraît pas très vraisemblable. ◇ n: **he's a** ~ **for the team next Saturday** il y a de fortes chances pour qu'il joue dans l'équipe samedi prochain; **the Probables and the Possibles** SPORT la sélection A et la sélection B.

**probably** ['prɒbəblɪ] adv probablement, vraisemblablement, selon toute probabilité; ~ **not** probablement pas; **will you be able to come?** — ~ pourrez-vous venir? — probablement; **will he write to you?** — **very** ~ il t'écrira? — c'est très probable; **she's** ~ **left already** elle est probablement déjà partie, il est probable qu'elle soit déjà partie.

**probate** ['prəʊbeɪt] ◇ n [authentification] homologation f, authentification f, validation f; **to grant/to take out** ~ **of a will** homologuer/faire homologuer un testament; **to value sthg for** ~ évaluer OR expertiser qqch pour l'homologation d'un testament. ◇ vt Am [will] homologuer, faire authentifier.

**probate court** n tribunal m des successions et des tutelles.

**probation** [prə'beɪʃn] n **-1.** JUR probation f, ≈ condamnation f avec sursis et mise à l'épreuve; **to be on** ~ ≈ être en sursis avec mise à l'épreuve; **to put sb on** ~ ≈ condamner qqn avec mise à l'épreuve. **-2.** [trial employment] essai m; **to be on** ~ être en période d'essai. **-3.** RELIG probation f.

**probationary** [prə'beɪʃnrɪ] adj **-1.** [trial] d'essai; ~ **period** période f d'essai; ~ **teacher** professeur m stagiaire; ~ **year** Br SCH année f probatoire. **-2.** JUR de probation. **-3.** RELIG de probation, de noviciat.

**probationer** [prə'beɪʃnəʳ] n **-1.** [employee] employé m, -e f à l'essai OR en période d'essai; Br [teacher] (professeur m) stagiaire mf; [trainee nurse] élève m infirmier, élève f infirmière. **-2.** JUR probationnaire mf. **-3.** RELIG novice mf.

**probation officer** n ≈ agent m de probation.

**probe** [prəʊb] ◇ n **-1.** [investigation] enquête f, investigation f; **there has been a newspaper** ~ **into corruption** la presse a fait une enquête sur la corruption. **-2.** [question] question f, interrogation f. **-3.** ASTRONAUT, ELECTRON & MED sonde f; ZOOL trompe f. ◇ vt **-1.** [investigate] enquêter sur; **police are probing the company's accounts** la police épluche les comptes OR examine la comptabilité de la société. **-2.** [examine, sound out – person, motive, reasons] sonder; **to** ~ **sb about sthg** sonder qqn sur qqch. **-3.** [explore, poke around in] explorer, fouiller, sonder; MED sonder. ◇ vi **-1.** [investigate] enquêter, faire une enquête; **the police are probing for clues** les policiers recherchent des indices; **to** ~ **into sthg** enquêter sur qqch. **-2.** MED faire un sondage.

**probing** ['prəʊbɪŋ] ◇ adj [look] inquisiteur, perçant; [mind] pénétrant, clairvoyant; [remark, question] perspicace. ◇ n (U) **-1.** [investigation] enquête f, investigations fpl; [questioning] questions fpl, interrogatoire m. **-2.** MED sondage m.

**probity** ['prəʊbətɪ] n probité f.

**problem** ['prɒbləm] ◇ n problème m; **to cause** ~**s for sb** causer des ennuis OR poser des problèmes à qqn; **he's got** ~**s with the police** il a des problèmes OR ennuis avec la police; **the oldest one is a real** ~ **to me** l'aîné me pose de réels problèmes; **that's going to be a bit of a** ~ ça va poser un petit problème; **thanks for doing that for me** — **no** ~! inf merci d'avoir fait ça pour moi — pas de problème!; **I don't see what the** ~ **is** je ne vois pas où est le problème; **it's a** ~-**knowing** OR **to know what to get her for Christmas** c'est difficile de savoir quoi lui offrir pour Noël; **what's your** ~? inf c'est quoi ton problème?, qu'est-ce qui ne va pas?; **she**

**has a bit of a weight** ~ elle a des problèmes de poids. ◇ comp [child, family, hair] à problèmes; [play] à thèse.

**problematic(al)** [ˌprɒblə'mætɪk(l)] adj problématique, incertain.

**problem page** n Br courrier m du cœur.

**problem-solving** [-ˌsɒlvɪŋ] n résolution f de problèmes.

**proboscis** [prəʊ'bɒsɪs] (pl **proboscises** [-sɪsiːz] OR **proboscides** [-sɪdiːz]) n ZOOL trompe f; hum [nose] appendice m.

**procedural** [prə'siːdʒərəl] adj de procédure, procédural.

**procedure** [prə'siːdʒəʳ] n **-1.** procédure f; **what's the correct** ~? comment doit-on procéder?, quelle est la marche à suivre? ❑ **criminal/civil (law)** ~ JUR procédure f pénale/civile. **-2.** COMPUT procédure f, sous-programme m.

**proceed** [prə'siːd] ◇ vi **-1.** [continue] continuer, poursuivre; **before** ~**ing any further with our investigations...** avant de poursuivre nos investigations..., avant de pousser plus avant nos investigations...; **before I** ~ avant d'aller plus loin. **-2.** [happen] se passer, se dérouler. **-3.** [move on] passer; **let's** ~ **to item 32** passons à la question 32; **to** ~ **to do sthg** [start] se mettre à faire qqch; [do next] passer à qqch; **he** ~**ed to tear up my report** puis, il a déchiré mon rapport. **-4.** [act] procéder, agir; **I'm not sure how to** ~ je ne vois pas très bien comment faire; ~ **with caution** agissez avec prudence. **-5.** [go, travel] avancer, aller; [car] avancer, rouler; **they are** ~**ing towards Calais** ils se dirigent vers Calais; **I was** ~**ing along Henley Road in a westerly direction** je longeais Henley Road en me dirigeant vers l'ouest. **-6.** JUR: **to** ~ **with charges against sb** poursuivre qqn en justice, intenter un procès contre qqn. **-7.** [originate]: **to** ~ **from** provenir de, découler de.
◆ **proceed against** vt insep JUR engager des poursuites contre.

**proceeding** [prə'siːdɪŋ] n [course of action] manière f de procéder OR d'agir; **questionable financial** ~**s** des pratiques financières douteuses.
◆ **proceedings** npl **-1.** [happening, event] événement m; **we watched the** ~**s on television** nous avons regardé la retransmission télévisée de la cérémonie. **-2.** [meeting] réunion f, séance f. **-3.** [records – of meeting] compte rendu m, procès-verbal m; [– of learned society] actes mpl. **-4.** JUR [legal action] procès m, poursuites fpl; **to take** OR **institute (legal)** ~**s against sb** intenter une action (en justice) contre qqn, engager des poursuites contre qqn ‖ [legal process] procédure f; **legal** ~**s are very slow in this country** la procédure judiciaire est très lente dans ce pays.

**proceeds** ['prəʊsiːdz] npl recette f, somme f recueillie; **all** ~ **will go to charity** tout l'argent recueilli sera versé aux œuvres de charité.

**process** [n & vt 'prəʊses, vi prə'ses] ◇ n **-1.** [series of events, operation] processus m; **the ageing** ~ le processus de vieillissement; **the peace** ~ le processus de paix; **teaching him French is a slow** ~ il en faut du temps pour lui apprendre le français. **-2.** [method] procédé m, méthode f; **a new manufacturing** ~ un nouveau procédé de fabrication; **by a** ~ **of elimination** par élimination; **by a** ~ **of trial and error** en procédant par tâtonnements; **to be in** ~ être en cours. **-3.** JUR [legal action] procès m, action f en justice; [writ, summons] citation f (en justice), assignation f (en justice). **-4.** BIOL [outgrowth] processus m. ◇ vt **-1.** [transform – raw materials] traiter, transformer; [– cheese, meat, milk] traiter; [– nuclear waste] retraiter; COMPUT [– data] traiter; PHOT développer. **-2.** ADMIN & COMM [deal with – order, information, cheque] traiter; **my insurance claim is still being** ~**ed** ma déclaration de sinistre est toujours en cours de règlement. ◇ vi [march] défiler; RELIG défiler en procession.
◆ **in the process** adv phr: **I managed to rescue the cat but I twisted my ankle in the** ~ j'ai réussi à sauver le chat, mais je me suis tordu la cheville (en le faisant).
◆ **in the process of** prep phr en train de; **to be in the** ~ **of doing sthg** être en train de faire qqch.

**processed** ['prəʊsest] adj [food] traité, industriel pej; ~ **cheese** [for spreading] fromage m à tartiner; [in slices] fromage m en tranches.

**process engineer** n ingénieur m en procédés.

**process engineering** n ingénierie f de procédés.

**processing** ['prəʊsesɪŋ] n [gen & COMPUT] traitement m; ~ **plant** [for sewage, nuclear waste etc] usine f de traitement.

**procession** [prə'seʃn] n -**1**. [ceremony] procession f, cortège m; RELIG procession f; funeral ~ cortège m funèbre. -**2**. [demonstration] défilé m, cortège m. -**3**. [continous line] procession f, défilé m; the soldiers marched in ~ through the town les soldats ont défilé à travers la ville.

**processional** [prə'seʃənl] ◇ adj processionnel. ◇ n RELIG [hymn] hymne m processionnel; [book] processional m.

**processor** ['prəʊsesəʳ] n -**1**. COMPUT processeur m. -**2**. CULIN robot m ménager.

**process printing** n impression f en couleurs.

**pro-choice** ['prəʊ'tʃɔɪs] adj pour l'avortement et l'euthanasie.

**proclaim** [prə'kleɪm] vt -**1**. [declare] proclamer, déclarer; to ~ independence proclamer l'indépendance; many ~ed that he was mad OR ~ed him to be mad beaucoup de gens ont déclaré qu'il était fou; he ~ed himself emperor il s'est proclamé empereur; she ~ed her innocence elle a clamé son innocence. -**2**. [reveal] révéler, manifester, trahir; his behaviour ~ed his nervousness son comportement trahissait sa nervosité.

**proclamation** [,prɒklə'meɪʃn] n proclamation f, déclaration f; to issue OR to make a ~ faire une proclamation.

**proclivity** [prə'klɪvətɪ] (pl **proclivities**) n fml propension f, inclination f, tendance f; to have a ~ to OR towards sthg avoir une propension à qqch.

**proconsul** [,prəʊ'kɒnsəl] n proconsul m.

**procrastinate** [prə'kræstɪneɪt] vi tergiverser, atermoyer, temporiser.

**procrastination** [prə,kræstɪ'neɪʃn] n procrastination f lit, tendance f à tout remettre au lendemain; ~ is the thief of time prov il ne faut jamais remettre au lendemain ce que l'on peut faire le jour même prov.

**procreate** ['prəʊkrɪeɪt] fml ◇ vi procréer. ◇ vt engendrer.

**procreation** [,prəʊkrɪ'eɪʃn] n fml procréation f.

**Procrustean** [prəʊ'krʌstɪən] adj de Procruste.

**proctor** ['prɒktəʳ] ◇ n -**1**. JUR [agent] ≈ fondé m de pouvoir. -**2**. UNIV [in UK] représentant m, -e f du conseil de discipline; [in US - invigilator] surveillant m, -e f (à un examen). -**3**. RELIG procureur m. ◇ vi & vt Am surveiller.

**procurator** ['prɒkjʊəreɪtəʳ] n -**1**. JUR fondé m de pouvoir. -**2**. Scot = **procurator fiscal**. -**3**. ANTIQ procurateur m.

**procurator fiscal** n en Écosse, magistrat qui fait office de procureur et qui remplit les fonctions du «coroner» en Angleterre.

**procure** [prə'kjʊəʳ] ◇ vt -**1**. fml [obtain] procurer, obtenir; [buy] (se) procurer, acheter; to ~ sthg (for o.s.) se procurer qqch; to ~ sthg for sb procurer qqch à qqn. -**2**. JUR [prostitutes] procurer, prostituer. -**3**. arch [cause] procurer, causer, provoquer. ◇ vi JUR faire du proxénétisme.

**procurement** [prə'kjʊəmənt] n -**1**. [acquisition] obtention f, acquisition f. -**2**. COMM [buying] achat m, acquisition f; MIL acquisition f de matériel.

**procurer** [prə'kjʊərəʳ] n JUR proxénète m.

**procuress** [prə'kjʊərɪs] n JUR proxénète f.

**procuring** [prə'kjʊərɪŋ] n -**1**. [acquisition] acquisition f, obtention f. -**2**. JUR proxénétisme m.

**prod** [prɒd] (pt & pp **prodded**, cont **prodding**) ◇ n -**1**. [with finger] petit coup m avec le doigt; [with stick] petit coup m de bâton; he gave the sausages a ~ with his fork il a piqué les saucisses avec sa fourchette. -**2**. fig [urging]: he needs a ~ to make him work il faut le pousser pour qu'il travaille. -**3**. [stick] bâton m, pique f. ◇ vt -**1**. [with finger] donner un coup avec le doigt à, pousser du doigt; [with stick] pousser avec la pointe d'un bâton; he prodded me in the back with his pen il m'a donné un (petit) coup dans le dos avec son stylo. -**2**. fig [urge] pousser, inciter; to ~ sb into doing sthg pousser OR inciter qqn à faire qqch.

**prodigal** ['prɒdɪgl] ◇ adj prodigue; the ~ son BIBLE le fils prodigue. ◇ n prodigue m f.

**prodigious** [prə'dɪdʒəs] adj prodigieux.

**prodigy** ['prɒdɪdʒɪ] (pl **prodigies**) n -**1**. [person] prodige m; child OR infant ~ enfant m f prodige. -**2**. [marvel] prodige m.

**produce** [vb prə'djuːs, n 'prɒdjuːs] ◇ vt -**1**. [manufacture, make] produire, fabriquer; Denmark ~s dairy products le Danemark est un pays producteur de produits laitiers; we have ~d three new models this year nous avons sorti trois nouveaux modèles cette année. -**2**. [yield - minerals, crops] produire; [- interest, profit] rapporter; halogen lamps ~ a lot of light les lampes halogènes donnent beaucoup de lumière. -**3**. [bring out - book, record] produire, sortir; [publish] publier, éditer; he hasn't ~d a new painting for over a year now cela fait maintenant plus d'un an qu'il n'a rien peint; the publishers ~d a special edition les éditeurs ont publié OR sorti une édition spéciale. -**4**. BIOL [give birth to - subj: woman] donner naissance à; [- subj: animal] produire, donner naissance à; [secrete - saliva, sweat etc] sécréter. -**5**. [bring about - situation, problem] causer, provoquer, créer; [- illness, death] causer, provoquer; [- anger, pleasure, reaction] susciter, provoquer; [- effect] provoquer, produire; the team has ~d some good results/some surprises this season l'équipe a obtenu quelques bons résultats/provoqué quelques surprises cette saison. -**6**. [present, show - evidence, documents] présenter, produire; he ~d a £5 note from his pocket il a sorti un billet de 5 livres de sa poche; the defendant was unable to ~ any proof l'accusé n'a pu fournir OR apporter aucune preuve; to ~ a witness faire comparaître un témoin; they ~d some excellent arguments ils ont avancé d'excellents arguments; she is continually producing new ideas elle ne cesse d'avoir des idées nouvelles. -**7**. [film] produire; [play - organize, finance] produire; [- direct] réaliser, mettre en scène; [radio or TV programme - organize, finance] produire; [- direct] réaliser, mettre en ondes. -**8**. GEOM [line] prolonger, continuer. -**9**. CHEM, ELEC & PHYS [reaction, spark] produire; [discharge] produire, provoquer; [vacuum] faire, créer. ◇ vi -**1**. [yield - factory, mine] produire, rendre. -**2**. THEAT assurer la mise en scène; CIN [financer] assurer la production; [director] assurer la réalisation. ◇ n (U) produits mpl (alimentaires); agricultural/dairy ~ produits agricoles/laitiers; farm ~ produits du pays; ~ of Spain produit en Espagne.

**producer** [prə'djuːsəʳ] n -**1**. AGR & INDUST producteur m, -trice f. -**2**. [of film] producteur m, -trice f; [of play, of TV or radio programme - organizer, financer] producteur m, -trice f; [- director] réalisateur m, -trice f.

**-producing** [prə,djuːsɪŋ] in cpds producteur de; oil~ producteur de pétrole.

**product** ['prɒdʌkt] n -**1**. AGR, CHEM & INDUST produit m; finished ~ INDUST produit fini; [piece of work] résultat m final; food ~s produits alimentaires, denrées fpl alimentaires; ~ of India produit d'Inde. -**2**. [result] produit m, résultat m; that's the ~ of a lively imagination c'est le produit d'une imagination débordante. -**3**. MATH produit m.

**production** [prə'dʌkʃn] n -**1**. [process of producing - of goods] production f, fabrication f; [- of crops, electricity, heat] production f; the workers have halted ~ les travailleurs ont arrêté la production; the model is now in ~ le modèle est en cours de production; this model went into/out of ~ in 1989 on a commencé la fabrication de ce modèle/ce modèle a été retiré de la production en 1989. -**2**. [amount produced] production f; wine ~ has increased la production viticole a augmenté. -**3**. [of film] production f; [of play, of radio or TV programme - organization, financing] production f; [- artistic direction] réalisation f, mise f en scène. -**4**. [show, work of art] CIN & THEAT spectacle m; RADIO & TV production f; ART & LITERAT œuvre f; there's no need to make such a (big) ~ out of it! inf & fig il n'y a pas de quoi en faire un plat OR toute une histoire! -**5**. [presentation - of document, passport, ticket] présentation f.

**production line** n chaîne f de fabrication; to work on the ~ travailler à la chaîne.

**production manager** n directeur m, -trice f de la production.

**production platform** n plate-forme f de production.

**productive** [prə'dʌktɪv] adj -**1**. [gén & ECON] productif; the ~ forces les forces productives OR de production. -**2**. [fertile - land] fertile; [- imagination] fertile, fécond; [prolific - writer, artist] prolifique. -**3**. [useful] fructueux, utile. -**4**. [of situation, feeling etc]: to be ~ of engendrer, créer. -**5**. LING productif.

**productively** [prə'dʌktɪvlɪ] adv -**1**. ECON d'une manière productive. -**2**. [usefully] utilement; [fruitfully] fructueusement, profitablement, avec profit.

**productivity** [,prɒdʌk'tɪvətɪ] ◇ *n* productivité *f*, rendement *m*. ◇ *comp* [deal, fall, level] de productivité; ~ **bonus** prime *f* de rendement OR de productivité.

**proem** ['prəʊem] *n* préface *f*.

**prof** [prɒf] (*abbr of* **professor**) *n inf* prof *mf*.

**Prof.** (*written abbr of* **professor**) Pr.

**profane** [prə'feɪn] ◇ *adj* **-1.** [irreligious] sacrilège, impie *lit* OR *dated*. **-2.** [secular] profane, laïque. **-3.** [uninitiated] profane. **-4.** [vulgar – language] vulgaire, grossier. ◇ *vt* profaner.

**profanity** [prə'fænətɪ] (*pl* **profanities**) *n* **-1.** [profane nature – of text] nature *f* OR caractère *m* profane; [– of action] impiété *f*. **-2.** [oath] grossièreté *f*, juron *m*; **to utter profanities** proférer des grossièretés.

**profess** [prə'fes] ◇ *vt* **-1.** [declare] professer *lit*, déclarer, proclamer; **to ~ hatred for** OR **of sb** professer sa haine pour qqn; **to ~ ignorance** avouer son ignorance. **-2.** [claim] prétendre, déclarer; **she ~es to speak French** elle prétend parler le français. **-3.** [profession] exercer; **to ~ medicine** exercer la profession de médecin. ◇ *vi* RELIG prononcer ses vœux, faire sa profession.

**professed** [prə'fest] *adj* **-1.** [avowed] déclaré; **that is my ~ aim** c'est mon but avoué. **-2.** [alleged] supposé, prétendu; **she's a ~ expert in the field** elle se dit experte en la matière. **-3.** RELIG profès.

**professedly** [prə'fesɪdlɪ] *adv* **-1.** [avowedly]: **she has ~ killed three people** d'après elle OR d'après ses dires, elle aurait tué trois personnes. **-2.** [allegedly] soi-disant, prétendument; **he came here ~ to help me** à l'en croire, il est venu pour m'aider.

**profession** [prə'feʃn] *n* **-1.** [occupation] profession *f*; **she's a lawyer by ~** elle exerce la profession d'avocat, elle est avocate (de profession); **I'm not an artist by ~** je ne suis pas un artiste professionnel; **the (liberal) ~s** les professions libérales; **learned ~** profession intellectuelle. **-2.** [body] (membres *mpl* d'une) profession *f*, corps *m*; **the teaching ~** le corps enseignant, les enseignants *mpl*. **-3.** [declaration] profession *f*, déclaration *f*; **~ of faith** profession de foi.

**professional** [prə'feʃənl] ◇ *adj* **-1.** [relating to a profession] professionnel; **the surgeon demonstrated his great ~ skill** le chirurgien a montré ses grandes compétences professionnelles; **a club for ~ people** un club réservé aux membres des professions libérales; **it would be against ~ etiquette to tell you** vous le dire serait contraire aux usages OR à la déontologie de la profession; **may I give you some ~ advice?** puis-je vous donner l'avis d'un professionnel?; **to take** OR **to get ~ advice** [gen] consulter un professionnel; [from doctor/lawyer] consulter un médecin/un avocat. **-2.** [as career, full-time] professionnel, de profession; **he's a ~ painter** il vit de sa peinture; **a ~ soldier/diplomat** un militaire/ diplomate de carrière; **a ~ army** une armée de métier; **he's a ~ drunk** *fig* il passe son temps à boire ‖ SPORT professionnel; **to go** OR **to turn ~** passer professionnel. **-3.** [in quality, attitude] professionnel; **a ~ piece of work** un travail de professionnel; **she is very ~ in her approach to the problem** elle aborde le problème de façon très professionnelle; **he works in a very ~ manner** il travaille en professionnel. ◇ *n* professionnel *m*, -elle *f*.

**professional foul** *n* FTBL faute *f* délibérée.

**professionalism** [prə'feʃnəlɪzm] *n* professionnalisme *m*.

**professionally** [prə'feʃnəlɪ] *adv* **-1.** [as profession] professionnellement; **he writes ~** il vit de sa plume; **she's a ~ qualified doctor** elle est médecin diplômé; **he plays ~** SPORT c'est un joueur professionnel; **I've only ever met her ~** mes seuls rapports avec elle ont été d'ordre professionnel on sont été des rapports de travail; **we had the house painted ~** on a fait peindre la maison par un professionnel OR un homme de métier. **-2.** [skilfully, conscientiously] professionnellement, de manière professionnelle; **this work has been done very ~** c'est le travail d'un professionnel.

**professor** [prə'fesər] *n* UNIV [in UK – head of department] titulaire *mf* d'une chaire, professeur *m*; [in US – lecturer] enseignant *m*, -e *f* (de faculté OR d'université); **~ of sociology** Br titulaire de la chaire de sociologie, professeur responsable du département de sociologie; Am professeur de sociologie; **Professor Colin Appleton** le professeur Colin Appleton; **Dear Professor Appleton** Monsieur le Professeur; [less formally] (Cher) Monsieur.

**professorial** [,prɒfɪ'sɔːrɪəl] *adj* professoral.

**professorship** [prə'fesəʃɪp] *n* chaire *f*; **she has a ~ in French at Durham** elle occupe la chaire OR est titulaire de la chaire de français à l'Université de Durham.

**proffer** ['prɒfər] *vt fml* **-1.** [offer, present – drink, present] offrir, tendre; [– resignation] présenter, offrir, remettre; [– advice] donner; [– excuses] présenter, offrir; **to ~ one's hand to sb** tendre la main à qqn. **-2.** [put forward – idea, opinion] émettre; [– remark, suggestion] émettre, faire.

**proficiency** [prə'fɪʃənsɪ] *n* compétence *f*, maîtrise *f*; **she attained a high degree of ~ in French** elle a acquis une grande maîtrise du français.

**proficient** [prə'fɪʃənt] *adj* [worker] compétent, expérimenté; [driver] expérimenté, chevronné; **she's a very ~ pianist** c'est une excellente pianiste; **I used to be quite ~ in French** j'avais un assez bon niveau en français.

**proficiently** [prə'fɪʃəntlɪ] *adv* de façon (très) compétente, avec (beaucoup de) maîtrise; **she speaks French ~** elle parle couramment le français.

**profile** ['prəʊfaɪl] ◇ *n* **-1.** ART & ARCHIT profil *m*; **to look at/to draw sb in ~** regarder/dessiner qqn de profil. **-2.** [description – of person] profil *m*, portrait *m*. **-3.** [of candidate, employee] profil *m*; [level of prominence]: **to keep a high ~** occuper le devant de la scène, faire parler de soi; **to keep a low ~** adopter un profil bas. **-4.** [graph] profil *m*. **-5.** GEOG & GEOL profil *m*; **a soil ~** le profil d'un sol. ◇ *vt* **-1.** [show in profile] profiler; **his shadow was ~d against the wall** son ombre se profilait OR se découpait sur le mur. **-2.** [write profile of – person] établir le profil de, brosser le portrait de.

**profit** ['prɒfɪt] ◇ *n* **-1.** [financial gain] profit *m*, bénéfice *m*; **to make a ~ out of sthg** faire un bénéfice sur qqch; **we made a £200 ~ on the sale** nous avons réalisé un bénéfice de 200 livres sur cette vente; **to be in ~** être bénéficiaire; **to move into ~** devenir bénéficiaire; **to make** OR **turn out a ~** réaliser un bénéfice; **to show a ~** rapporter un bénéfice OR des bénéfices; **to sell sthg at a ~** vendre qqch à profit, faire un profit sur la vente de qqch ❑ **~ and loss account** compte *m* de pertes et profits. **-2.** *fml* [advantage] profit *m*, avantage *m*; **to turn sthg to one's ~**, **to gain ~ from sthg** tirer profit OR avantage de qqch. ◇ *vt fml* OR *arch* profiter à. ◇ *vi* profiter, tirer un profit OR avantage; **to ~ from** OR **by sthg** tirer profit OR avantage de qqch, profiter de qqch.

**profitability** [,prɒfɪtə'bɪlətɪ] *n* FIN rentabilité *f*; [of ideas, action] caractère *m* profitable OR fructueux.

**profitable** ['prɒfɪtəbl] *adj* **-1.** [lucrative] rentable, lucratif; **it wouldn't be very ~ for me to sell** pour moi il ne serait pas très rentable de vendre, cela ne me rapporterait pas grand-chose de vendre. **-2.** [beneficial] profitable, fructueux; **we had a very ~ discussion** nous avons eu une discussion très fructueuse.

**profitably** ['prɒfɪtəblɪ] *adv* **-1.** FIN avec profit, d'une manière rentable; **we sold it very ~** on l'a vendu en faisant un bénéfice confortable. **-2.** [usefully] utilement, avec profit, profitablement; **use your time ~** ne gaspillez pas votre temps.

**profit centre** *n* centre *m* de profit.

**profiteer** [,prɒfɪ'tɪər] ◇ *n* profiteur *m*, -euse *f*. ◇ *vi* faire des bénéfices exorbitants.

**profiteering** [,prɒfɪ'tɪərɪŋ] *n*: **they were accused of ~** on les a accusés de faire des bénéfices excessifs.

**profiterole** [prə'fɪtərəʊl] *n* profiterole *f*.

**profitless** ['prɒfɪtlɪs] *adj* [gen & FIN] sans profit.

**profit-making** *adj* **-1.** [aiming to make profit] à but lucratif; **non ~ organization** association *f* à but non lucratif. **-2.** [profitable] rentable.

**profit margin** *n* marge *f* bénéficiaire.

**profit motive** *n* recherche *f* du profit, appât *m* du gain *pej*.

**profit-sharing** *n* participation *f* OR intéressement *m* aux bénéfices; **we have a ~ agreement/scheme** nous avons un accord/un système de participation (aux bénéfices).

**profit squeeze** *n* compression *f* des bénéfices.

**profligacy** ['prɒflɪɡəsɪ] *n fml* **-1.** [dissoluteness] débauche *f*, licence *f*. **-2.** [extravagance] (extrême) prodigalité *f*.

**profligate** ['prɒflɪɡɪt] *fml* ◇ *adj* **-1.** [dissolute] débauché, dévergondé. **-2.** [extravagant] (très) prodigue, dépensier; [wasteful] (très) gaspilleur. ◇ *n* **-1.** [dissolute person] débauché *m*, -e *f*, libertin *m*, -e *f*. **-2.** [spendthrift] dépensier *m*, -ère *f*.

**pro-form** ['prəʊfɔːm] *n* proforme *f*.
**pro forma** [ˌprəʊ'fɔːmə] ◇ *adj* pro forma *(inv)*. ◇ *adv* pour la forme. ◇ *n* = **pro forma invoice**.
**pro forma invoice** *n* facture *f* pro forma.
**profound** [prə'faʊnd] *adj* profond.
**profoundly** [prə'faʊndlɪ] *adv* profondément; the ~ deaf les sourds profonds.
**profundity** [prə'fʌndətɪ] *(pl* **profundities)** *n* profondeur *f*.
**profuse** [prə'fjuːs] *adj* -1. [abundant, copious] abondant, profus *lit*. -2. [generous – praise, apologies] prodigue, profus; to be ~ in one's apologies se confondre en excuses.
**profusely** [prə'fjuːslɪ] *adv* -1. [abundantly, copiously] abondamment, en abondance, à profusion; to sweat ~ transpirer abondamment. -2. [generously, extravagantly]: they thanked her ~ ils la remercièrent avec effusion; she was ~ apologetic elle s'est confondue en excuses.
**profusion** [prə'fjuːʒn] *n* profusion *f*, abondance *f*; in ~ à profusion, en abondance.
**progenitor** [prəʊ'dʒenɪtər] *n fml* -1. [ancestor] ancêtre *m*.-2. [originator] auteur *m*; [precursor] précurseur *m*.
**progeny** ['prɒdʒənɪ] *n* [offspring] progéniture *f*; [descendants] descendants *mpl*, lignée *f*.
**progesterone** [prə'dʒestərəʊn] *n* progestérone *f*.
**prognosis** [prɒg'nəʊsɪs] *(pl* **prognoses** [-siːz]) *n fml* OR MED pronostic *m*.
**prognostic** [prɒg'nɒstɪk] ◇ *n* -1. MED [symptom] pronostic *m*.-2. *fml* [sign] présage *m*; [forecast] pronostic *m*. ◇ *adj* MED pronostique.
**prognosticate** [prɒg'nɒstɪkeɪt] *vt fml* [foretell] pronostiquer, présager, prédire; [foreshadow] annoncer, présager.
**prognostication** [prɒgˌnɒstɪ'keɪʃn] *n* pronostic *m*.
**program** ['prəʊgræm] *(pt & pp* **programmed** OR **programed,** *cont* **programming** OR **programing)** ◇ *n* -1. *Am* = **programme.** -2. COMPUT programme *m*. ◇ *vt* -1. *Am* = **programme.** -2. COMPUT programmer. ◇ *vi* COMPUT programmer.
**programable** *Am* = **programmable**.
**programer** *Am* = **programmer**.
**programmable** *Br*, **programable** *Am* [prəʊ'græməbl] *adj* programmable; ~ **function key** touche *f* de fonction programmable.
**programme** *Br*, **program** *Am* ['prəʊgræm] ◇ *n* -1. MUS, POL, THEAT programme *m*; the ~ includes three pieces by Debussy il y a trois morceaux de Debussy au programme; an election ~ *esp Am* un programme électoral; a research ~ un programme de recherches; what's (on) the ~ for next week? quel est l'emploi du temps prévu pour la semaine prochaine?-2. [booklet] programme *m*; [syllabus] programme *m*; [timetable] emploi *m* du temps. -3. RADIO & TV [broadcast] émission *f*; there's a good ~ about on opera on TV tonight il y a une bonne émission sur l'opéra à la télévision ce soir ‖ [TV station] chaîne *f*; [radio station] station *f*. ◇ *vt* programmer; the heating is ~d to switch itself off at night le chauffage est programmé pour s'arrêter la nuit; all children are ~d to learn language chez les enfants, la capacité d'apprentissage du langage est innée.
**programmed learning** ['prəʊgræmd-] *n* enseignement *m* programmé.
**programme music** *n* musique *f* à programme.
**programme notes** *npl* THEAT notes *fpl* sur le programme.
**programmer** *Br*, **programer** *Am* ['prəʊgræmər] *n* COMPUT

-1. [person] programmeur *m*, -euse *f*.-2. [device] programmateur *m*.
**programming** ['prəʊgræmɪŋ] *n* programmation *f*; ~ language langage *m* de programmation.
**progress** [*n* 'prəʊgres, *vb* prə'gres] ◇ *n (U)* -1. [headway] progrès *mpl*; they have made fast ~ ils ont avancé OR ils ont progressé rapidement; he is making ~ in English il fait des progrès en anglais; the patient has made excellent ~ l'état du malade s'est nettement amélioré. -2. [evolution] progrès *m*; you can't stop ~ on ne peut arrêter le progrès. -3. [forward movement] progression *f*. -4. *arch* [journey] voyage *m*. ◇ *vi* -1. [make headway – negotiations, research] progresser, avancer; [– situation] progresser, s'améliorer; [– patient] aller mieux; [– student] progresser, faire des progrès; the talks are ~ ing well les pourparlers sont en bonne voie. -2. [move forward] avancer; to ~ towards a place/an objective se rapprocher d'un lieu/d'un objectif.
◆ **in progress** *adj phr*: to be in ~ être en cours; work in ~ travaux *mpl* en cours; while the exam is in ~ pendant l'examen.
**progression** [prə'greʃn] *n* -1. [advance – of disease, army] progression *f*.-2. MATH & MUS progression *f*.-3. [series, sequence] série *f*, suite *f*.
**progressive** [prə'gresɪv] ◇ *adj* -1. [forward-looking – idea, teacher, jazz] progressiste; [– education, method] nouveau, *before vowel or silent 'h'* nouvel (*f* nouvelle), moderne; he has a very ~ outlook sa vision des choses est très moderne. -2. [gradual – change] progressif; ~ income tax impôt *m* progressif; to do sthg in ~ steps OR stages faire qqch par étapes successives ‖ MED [disease] progressif. -3. GRAMM [aspect] progressif. ◇ *n* -1. POL progressiste *mf*.-2. GRAMM forme *f* progressive, progressif *m*; in the ~ à la forme progressive.
**progressively** [prə'gresɪvlɪ] *adv* -1. POL & SCH d'une manière progressiste. -2. [gradually] progressivement, graduellement, petit à petit.
**progress report** *n* [gen] compte-rendu *m*; [on work] rapport *m* sur l'avancement des travaux; [on patient] bulletin *m* de santé; [on pupil] bulletin *m* scolaire.
**prohibit** [prə'hɪbɪt] *vt* -1. [forbid] interdire, défendre, prohiber; to ~ sb from doing sthg interdire OR défendre à qqn de faire qqch; drinking alcohol at work is ~ed il est interdit de boire de l'alcool sur le lieu de travail; smoking is strictly ~ed il est formellement interdit de fumer; 'parking ~ed' 'stationnement interdit'. -2. [prevent] interdire, empêcher; his pacifism ~s him from joining the army son pacifisme lui interdit OR l'empêche de s'engager dans l'armée.
**prohibition** [ˌprəʊɪ'bɪʃn] *n* interdiction *f*, prohibition *f*; the ~ of alcohol la prohibition de l'alcool; there should be a ~ on the sale of such goods il devrait y avoir une loi qui interdise la vente de ce genre de marchandises.
◆ **Prohibition** *n Am* HIST la Prohibition.
**prohibitive** [prə'hɪbətɪv] *adj* prohibitif.
**prohibitively** [prə'hɪbɪtɪvlɪ] *adv*: ~ expensive d'un coût prohibitif.
**project** [*n* 'prɒdʒekt, *vb* prə'dʒekt] ◇ *n* -1. [plan] projet *m*; a fund-raising ~ to save OR for saving the shipyard une collecte de fonds pour sauver le chantier naval; they're working on a new building ~ ils travaillent sur un nouveau projet de construction ‖ [enterprise, undertaking] opération *f*, entreprise *f*; the start of the ~ has been delayed le début de l'opération a été retardé. -2. SCH [class work] travaux *mpl* pratiques; [individual work] dossier *m*; the class has just finished a nature ~ la classe vient de terminer des travaux

---

Je suis désolé mais il ne vous est pas possible d'emprunter plus de trois ouvrages à la fois.
Vous n'êtes pas censés vous trouver dans les locaux au-delà de 20 h.
Tu ne dois pas fouiller dans nos affaires sans permission.
Tu n'as pas le droit de conduire, tu es trop jeune.
Je t'interdis de la revoir, tu m'entends?
Pas question que tu ailles à ce concert!

▷ *more formally:*

Vous ne devez y aller sous aucun prétexte.
Il n'est pas question pour moi de cautionner ce genre de comportement.
Vous n'avez pas à en parler à qui que ce soit.
Il vous est formellement interdit d'utiliser ce document à des fins personnelles.
'Défense d'entrer'.

pratiques de sciences naturelles; Tina's ~ was the best in the whole class le dossier de Tina était le meilleur de toute la classe. **-3.** [study, research] étude *f*.**-4.** *Am*: (housing) ~ cité *f* HLM.
◇ *vt* **-1.** [plan] prévoir; two new airports are ~ed for the next decade il est prévu de construire deux nouveaux aéroports durant la prochaine décennie. **-2.** [foresee, forecast] prévoir. **-3.** [send forth + gen] projeter, envoyer; [– film, slide etc] projeter; to ~ one's voice projeter sa voix; the missile was ~ed into space le missile a été envoyé dans l'espace; try to ~ yourself forward into the 21st century essayez d'imaginer que vous êtes au 21e siècle. **-4.** [present] présenter, projeter; football hooligans ~ a poor image of our country abroad les hooligans donnent une mauvaise image de notre pays à l'étranger; he tries to ~ himself as a great humanist il essaie de se faire passer pour un grand humaniste. **-5.** PSYCH [transfer] projeter; to ~ one's feelings onto sb projeter ses sentiments sur qqn. **-6.** [cause to jut out] faire dépasser. **-7.** GEOM projeter.
◇ *vi* **-1.** [protrude, jut out] faire saillie, dépasser. **-2.** PSYCH se projeter. **-3.** [as personality]: she doesn't ~ well elle présente mal. **-4.** [with voice]: to learn to ~ apprendre à projeter sa voix.

**projected** [prə'dʒektɪd] *adj* **-1.** [planned – undertaking, visit] prévu; they are opposed to the ~ building scheme ils sont contre le projet de construction. **-2.** [forecast – figures, production] prévu.

**projectile** [prə'dʒektaɪl] *n* projectile *m*.

**projecting** [prə'dʒektɪŋ] *adj* [roof, balcony etc] saillant, en saillie, qui fait saillie.

**projection** [prə'dʒekʃn] *n* **-1.** CIN, GEOM & PSYCH projection *f*.**-2.** FIN [estimate] projection *f*, prévision *f*; here are my ~s for the next ten years voici mes prévisions pour les dix années à venir. **-3.** [of missile] lancement *m*, envoi *m*.**-4.** [protrusion] saillie *f*, avancée *f*; [overhang] surplomb *m*.

**projectionist** [prə'dʒekʃənɪst] *n* projectionniste *mf*.

**projection room** *n* cabine *f* de projection.

**projective** [prə'dʒektɪv] *adj* projectif.

**projective geometry** *n* géométrie *f* projective.

**project manager** *n* [gen] chef *m* de projet; CONSTR maître *m* d'œuvre.

**projector** [prə'dʒektər] *n* projecteur *m*.

**prolapse** ['prəʊlæps] ◇ *n* MED prolapsus *m*, ptôse *f*; ~ (of the uterus) prolapsus OR descente *f* de l'utérus. ◇ *vi* descendre, tomber.

**prole** [prəʊl] *inf & pej* ◇ *adj* prolo. ◇ *n* prolo *mf*.

**proletarian** [,prəʊlɪ'teərɪən] ◇ *n* prolétaire *mf*. ◇ *adj* **-1.** ECON, POL & SOCIOL prolétarien. **-2.** *pej* de prolétaire.

**proletariat** [,prəʊlɪ'teərɪət] *n* prolétariat *m*.

**pro-life** ['prəʊ'laɪf] *adj* contre l'avortement et l'euthanasie.

**proliferate** [prə'lɪfəreɪt] *vi* proliférer.

**proliferation** [prə,lɪfə'reɪʃn] *n* **-1.** [rapid increase] prolifération *f*.**-2.** [large amount or number] grande quantité *f*.

**prolific** [prə'lɪfɪk] *adj* prolifique.

**prolix** ['prəʊlɪks] *adj fml* prolixe.

**prolog** ['prəʊlɒg] *Am* = **prologue**.

**prologue** ['prəʊlɒg] *n literal & fig* prologue *m*, prélude *m*; her arrival was the ~ to yet another row son arrivée allait être le prélude d'une OR préluder à une nouvelle querelle.

**prolong** [prə'lɒŋ] *vt* prolonger.

**prolongation** [,prəʊlɒŋ'geɪʃn] *n* [in time] prolongation *f*; [in space] prolongement *m*, extension *f*.

**prolonged** [prə'lɒŋd] *adj* long, longue.

**prom** [prɒm] *n inf* **-1.** *abbr of* **promenade 1, 4. -2.** *Br abbr of* **promenade concert.**
◆ **proms** *npl inf* festival de concerts-promenades.

**promenade** [,prɒmə'nɑːd] ◇ *n* **-1.** *Br* [at seaside] front *m* de mer, promenade *f*.**-2.** *Br* MUS = **promenade concert. -3.** [walk] promenade *f*.**-4.** *Am* [dance] bal *m* (*de lycéens ou d'étudiants*). ◇ *comp* THEAT [performance] *où les auditeurs doivent se déplacer pour suivre l'action de la pièce.* ◇ *vi fml* OR *hum* se promener. ◇ *vt fml* OR *hum* promener.

**promenade concert** *n* concert-promenade *m* (*où certains auditeurs se tiennent debout dans un promenoir*).

**promenade deck** *n* pont *m* promenade.

**promenader** [,prɒmə'nɑːdər] *n* MUS auditeur *m*, -trice *f* d'un concert-promenade.

**Promethean** [prə'miːθjən] *adj* prométhéen.

**Prometheus** [prə'miːθɪəs] *pr n* Prométhée.

**prominence** ['prɒmɪnəns] *n* **-1.** [importance] importance *f*; [fame] célébrité *f*; to rise to ~ se hisser au premier rang; to come into OR to ~ [become important] prendre de l'importance; [become famous] devenir célèbre. **-2.** [protuberance] proéminence *f*.**-3.** ASTRON protubérance *f* solaire.

**prominent** ['prɒmɪnənt] *adj* **-1.** [well-known] célèbre; [eminent] éminent; he has a ~ position in the government il est très haut placé au gouvernement ‖ [important] important; to play a ~ part OR role in sthg jouer un rôle important ou de tout premier plan dans qqch. **-2.** [striking, salient – detail, difference] frappant, remarquable; [– fact, feature] saillant, marquant; put that poster in a ~ position mettez cette affiche (dans un endroit) bien en vue. **-3.** [clearly visible – bones, muscles] saillant; [– land, structure, nose] proéminent; [– teeth] qui avance, proéminent.

**prominently** ['prɒmɪnəntlɪ] *adv* bien en vue; he figures ~ in French politics il occupe une position importante OR de premier plan dans la vie politique française; the medal was ~ displayed la médaille était mise en évidence.

**promiscuity** [,prɒmɪ'skjuːətɪ] *n* promiscuité *f* sexuelle.

**promiscuous** [prɒ'mɪskjʊəs] *adj* **-1.** [sexually – person]: to be ~ avoir des mœurs sexuelles libres; ~ behaviour promiscuité *f* sexuelle; he's very ~ il couche avec n'importe qui. **-2.** *fig* [disorderly] confus.

**promise** ['prɒmɪs] ◇ *n* **-1.** [pledge] promesse *f*; to make OR to give sb a ~ faire une promesse à qqn, donner sa parole à qqn; she always keeps her ~s elle tient toujours ses promesses, elle tient toujours (sa) parole; I kept OR held him to his ~ j'ai fait en sorte qu'il tienne parole; to break one's ~ manquer à sa parole, ne pas tenir ses promesses; a ~ of help une promesse d'assistance; he did it under (the) ~ of a Parliamentary seat il l'a fait parce qu'on lui a promis un siège de député; I'm under a ~ of secrecy j'ai promis de garder le secret OR de ne rien dire ❑ a ~ is a ~ chose promise, chose due *prov*; ~s, ~s! toujours des promesses!-**2.** [hope, potential] promesse *f*; an artist of ~ un artiste qui promet; to hold out the ~ of sthg to sb promettre qqch à qqn, faire espérer OR miroiter qqch à qqn.
◇ *vt* **-1.** [pledge] promettre; to ~ sthg to sb, to ~ sb sthg promettre qqch à qqn; to ~ sb to do sthg promettre à qqn de faire qqch; I can't ~ (you) anything je ne peux rien vous promettre; he ~d himself a good meal il se promit mentalement de faire un bon repas; you'll get into trouble, I ~ you! tu auras des ennuis, je te le promets OR tu verras ce que je te dis! **-2.** [indicate] promettre, annoncer; the sky ~s fine weather this afternoon le ciel laisse présager un temps agréable pour cet après-midi; next week already ~s to be difficult la semaine prochaine promet déjà d'être difficile OR s'annonce déjà difficile. **-3.** [in marriage]: she was ~d to the King's son at birth dès sa naissance, elle fut promise au fils du roi.
◇ *vi* **-1.** promettre; he wanted to come but he couldn't ~ il espérait pouvoir venir mais ne pouvait rien promettre; OK, I – I'll ~ d'accord, c'est promis!-**2.** *fig*: to ~ well [enterprise] promettre, s'annoncer bien; [person] être prometteur OR plein de promesses; [results, harvest, negotiations] s'annoncer bien; his first article ~s well son premier article promet OR est prometteur.

**Promised Land** *n* BIBLE & *fig* Terre *f* promise.

**promising** ['prɒmɪsɪŋ] *adj* **-1.** [full of potential – person] prometteur, qui promet, plein de promesses. **-2.** [encouraging] prometteur, qui promet; she got off to a ~ start elle a fait des débuts prometteurs; the forecast isn't very ~ for tomorrow les prévisions météo n'annoncent rien de bon pour demain.

**promisingly** ['prɒmɪsɪŋlɪ] *adv* d'une façon prometteuse.

**promissory note** ['prɒmɪsərɪ-] *n* billet *m* à ordre.

**promo** ['prəʊməʊ] (*pl* **promos**) (*abbr of* **promotion**) *n inf* clip *m* (promotionnel).

**promontory** ['prɒməntrɪ] (*pl* **promontories**) *n* promontoire *m*.

**promote** [prə'məʊt] *vt* **-1.** [in profession, army] promouvoir; to be OR to get ~d être promu, monter en grade, obtenir de l'avancement; she's been ~d (to) regional manager elle a été promue (au poste de) directrice régionale. **-2.** SPORT: the Rovers were ~d to the second division les Rovers sont montés en deuxième division. **-3.** [foster] promouvoir, favoriser, encourager; cleanliness ~s health la propreté est un facteur de santé; to ~ economic growth promouvoir OR favoriser la croissance économique. **-4.** COMM [advertise, publicize] promouvoir, faire la promotion de.

**promoter** [prə'məʊtə'] n **-1.** COMM promoteur m, -trice f (des ventes). **-2.** [organizer – of match, concert] organisateur m, -trice f; [– of scheme] promoteur m, -trice f, instigateur m, -trice f. **-3.** [of peace] promoteur m, -trice f.

**promotion** [prə'məʊ∫n] n **-1.** [advancement] promotion f, avancement m; there are good prospects of ~ in this company il y a de réelles possibilités de promotion OR d'avancement dans cette société. **-2.** SPORT promotion f; the team won ~ to the first division l'équipe a gagné sa place en première division. **-3.** [encouragement, development] promotion f, développement m. **-4.** COMM promotion f; sales ~ promotion f des ventes; this week's ~ la promotion de la semaine. **-5.** [in chess] promotion f.

**promotional** [prə'məʊ∫ənl] adj [material] promotionnel, publicitaire.

**prompt** [prɒmpt] ◇ adj **-1.** [quick] rapide, prompt; a ~ answer/decision une réponse/décision rapide; to be ~ in paying one's debts être prompt à payer ses dettes; ~ payment COMM paiement m dans les délais. **-2.** [punctual] exact, à l'heure. ◇ adv inf [exactly]: we begin at 9 o'clock ~ nous commençons à 9 h précises. ◇ vt **-1.** [provoke, persuade] pousser, inciter; I felt ~ed to intervene je me suis senti obligé d'intervenir; what ~ed you to suggest such a thing? qu'est-ce qui vous a incité à proposer une chose pareille?; the scandal ~ed his resignation le scandale a provoqué sa démission. **-2.** THEAT souffler. ◇ n **-1.** THEAT: to give an actor a ~ souffler une réplique à un acteur. **-2.** COMPUT message-guide m (au début de la ligne de commande).

**prompter** ['prɒmptə'] n souffleur m, -euse f; TV téléprompteur m.

**prompting** ['prɒmptɪŋ] n **-1.** [persuasion] incitation f; she needed no ~ elle ne s'est pas fait prier, elle l'a fait d'elle-même; at his mother's ~, he wrote a letter of thanks à l'instigation OR sur l'insistance de sa mère, il a écrit une lettre de remerciement. **-2.** THEAT: some actors need frequent ~ certains acteurs ont souvent recours au souffleur.

**promptitude** ['prɒmptɪtjuːd] fml = promptness.

**promptly** ['prɒmptlɪ] adv **-1.** [quickly] promptement, rapidement. **-2.** [punctually] ponctuellement. **-3.** [immediately] aussitôt, tout de suite.

**promptness** ['prɒmptnɪs] n **-1.** [quickness] promptitude f, rapidité f. **-2.** [punctuality] ponctualité f.

**promulgate** ['prɒmlgeɪt] vt fml **-1.** [decree, law] promulguer. **-2.** [belief, idea, opinion] répandre, diffuser.

**promulgation** [,prɒml'geɪ∫n] n fml **-1.** [of decree, law] promulgation f. **-2.** [of belief, idea, opinion] diffusion f, dissémination f.

**prone** [prəʊn] adj **-1.** [inclined] sujet, enclin; to be ~ to do sthg être sujet OR enclin à faire qqch; to be ~ to accidents/illness être sujet aux accidents/à la maladie. **-2.** [prostrate] à plat ventre; in a ~ position couché sur le ventre.

**prong** [prɒŋ] n [of fork] dent f; [of tuning fork] branche f; [of antler] pointe f; [of attack, argument] pointe f.

**pronged** [prɒŋd] adj à dents, à pointes.

**-pronged** in cpds: two~ [fork] à deux dents; MIL [attack] sur deux fronts; [argument] double.

**pronominal** [prə'nɒmɪnl] adj pronominal.

**pronoun** ['prəʊnaʊn] n pronom m.

**pronounce** [prə'naʊns] ◇ vt **-1.** [say] prononcer; how's it ~d? comment est-ce que ça se prononce?; you don't ~ the 'p' in 'psalm' on ne prononce pas le «p» de «psalm», le «p» de «psalm» est muet. **-2.** [declare] déclarer, prononcer; the doctor ~d him dead le médecin l'a déclaré mort; judgment has not yet been ~d le jugement n'est pas encore prononcé OR rendu. ◇ vi **-1.** [articulate] prononcer. **-2.** [declare] se prononcer; to ~ for/against sthg [gen] se prononcer pour/contre qqch; JUR prononcer pour/contre qqch; to ~ on OR upon sthg se prononcer sur qqch.

**pronounced** [prə'naʊnst] adj prononcé, marqué.

**pronouncement** [prə'naʊnsmənt] n déclaration f.

**pronto** ['prɒntəʊ] adv inf illico.

**pronunciation** [prə,nʌnsɪ'eɪ∫n] n prononciation f.

**proof** [pruːf] ◇ n **-1.** (U) [evidence] preuve f; to show OR to give ~ of sthg faire OR donner la preuve de qqch; do you have any ~? vous en avez la preuve OR des preuves?; can you produce any ~ for your accusations? avez-vous des preuves pour justifier vos accusations?; you need ~ of identity vous devez fournir une pièce d'identité; we have written ~ of it nous en avons la preuve écrite OR par écrit; by way of ~ comme OR pour preuve; ~ of purchase reçu m; he gave her a locket as ~ of his love il lui a offert un médaillon comme preuve de son amour pour elle OR en gage d'amour ❏ ~ of the pudding is in the eating prov il faut juger sur pièces. **-2.** PHOT & TYPO épreuve f. **-3.** [of alcohol] teneur f (en alcool); 45% ~ brandy ≃ cognac à 45 degrés. ◇ adj Br: to be ~ against [fire, bullets, acid, rust] être à l'épreuve de; [danger, temptation] être à l'abri de OR insensible à. ◇ vt **-1.** [cloth] imperméabiliser. **-2.** TYPO [proofread] corriger les épreuves de; [produce proof of] préparer les épreuves de.

**-proof** [pruːf] in cpds à l'épreuve de; acid~ à l'épreuve des acides; an idiot~ mechanism un mécanisme (totalement) indéréglable.

**proofread** ['pruːfriːd] (pt & pp proofread [-red]) vt corriger (les épreuves de).

**proofreader** ['pruːf,riːdə'] n correcteur m, -trice f (d'épreuves OR d'imprimerie).

**proofreading** ['pruːf,riːdɪŋ] n correction f (d'épreuves).

**prop** [prɒp] (pt & pp propped, cont propping) ◇ n **-1.** [gen] support m; CONSTR [for tunnel, wall] étai m, étançon m; [in pit] étai m. **-2.** [pole, stick – for plant, flowers] tuteur m; [– for beans, peas] rame f; [– for vines] échalas m; [– for washing line] perche f. **-3.** RUGBY pilier m. **-4.** fig soutien m; whisky is his ~ le whisky est son réconfort. **-5.** (abbr of property) THEAT accessoire m. **-6.** inf abbr of propeller. ◇ vt **-1.** [lean] appuyer; she propped her bike (up) against the wall elle a appuyé son vélo contre le mur; ~ yourself OR your back against these cushions calez-vous contre OR adossez-vous à ces coussins; he was propping his head (up) in his hands il tenait sa tête calée entre ses mains. **-2.** [support] to ~ (up) [wall, tunnel] étayer, étançonner, consolider; [plants] mettre un tuteur à; [peas, beans] ramer; to ~ sthg open: I propped the door open with a chair j'ai maintenu la porte ouverte avec une chaise.

◆ **prop up** vt sep [rigime, family, business] soutenir.

**prop.** written abbr of proprietor.

**propaganda** [,prɒpə'gændə] ◇ n propagande f. ◇ comp [film, machine, material, exercise] de propagande.

**propagandist** [,prɒpə'gændɪst] ◇ adj propagandiste. ◇ n propagandiste mf.

**propagate** ['prɒpəgeɪt] ◇ vt propager. ◇ vi se propager.

**propagation** [,prɒpə'geɪ∫n] n propagation f.

**propagator** ['prɒpəgeɪtə'] n **-1.** [gen] propagateur m, -trice f. **-2.** BOT & HORT germoir m.

**propane** ['prəʊpeɪn] n propane m.

**propel** [prə'pel] (pt & pp propelled, cont propelling) vt **-1.** [machine, vehicle etc] propulser, faire avancer. **-2.** [person] propulser, pousser; he was propelled into the position of manager on l'a bombardé directeur.

**propellant, propellent** [prə'pelənt] ◇ n [for rocket] propergol m; [for gun] poudre f propulsive; [in aerosol] (agent m) propulseur m. ◇ adj propulsif, propulseur.

**propeller** [prə'pelə'] n hélice f.

**propelling pencil** [prə'pelɪŋ-] n Br portemine m.

**propensity** [prə'pensətɪ] (pl propensities) n fml propension f, tendance f, penchant m; he has a ~ for OR towards drink il a tendance à boire (plus que de raison).

**proper** ['prɒpə'] ◇ adj **-1.** [correct] bon, juste, correct; John wasn't waiting at the ~ place John n'attendait pas au bon endroit OR là où il fallait; she didn't come at the ~ time elle s'est trompée d'heure; you're not doing it in the ~ way vous ne vous y prenez pas comme il faut; he did the ~ thing by her dated OR hum [he married her] il a réparé; to think it ~ to do sthg juger bon de faire qqch. **-2.** [appropriate]

convenable, approprié; that wasn't the ~ thing to say/to do ce n'était pas ce qu'il fallait dire/faire; you must go through the ~ channels il faut suivre la filière officielle; he wasn't wearing the ~ clothes il n'était pas vêtu pour la circonstance; evening dress is the ~ thing to wear for a ball porter une tenue de soirée est de circonstance pour aller au bal; I don't have the ~ tools for this engine je n'ai pas les outils appropriés pour ce qui conviennent pour ce moteur. **-3.** [real] vrai, véritable; we must give the President a ~ welcome nous devons réserver au président un accueil digne de ce nom; he's not a ~ doctor ce n'est pas un vrai docteur; putting letters in envelopes isn't a ~ job mettre des lettres dans des enveloppes n'a rien d'un vrai travail. **-4.** Br inf [as intensifier] vrai, véritable, complet (f -ète); her room was in a ~ mess il y avait un vrai bazar dans sa chambre. **-5.** [respectable] correct, convenable, comme il faut; that's not ~ behaviour ce n'est pas convenable, cela ne se fait pas. **-6.** [predicative use - characteristic] proprement dit; he lives outside the city ~ il habite en dehors de la ville même OR proprement dite. **-7.** [characteristic]: ~ to propre à, typique de.
◊ adv ▽ **-1.** Br [correctly] comme il faut. **-2.** Br dial [very] très, vraiment, complètement.
◊ n RELIG propre m.

**proper fraction** n fraction f inférieure à l'unité.

**properly** ['prɒpəlɪ] adv **-1.** [well, correctly] bien, juste, correctement; the lid isn't on ~ le couvercle n'est pas bien mis; the engine isn't working ~ le moteur ne marche pas bien; for once they pronounced my name ~ pour une fois, ils ont prononcé mon nom correctement OR ils ont bien prononcé mon nom; she quite ~ intervened c'est avec raison OR à juste titre qu'elle est intervenue. **-2.** [decently] correctement, convenablement, comme il faut; patrons must be ~ dressed une tenue vestimentaire correcte est exigée de nos clients; I haven't thanked you ~ je ne vous ai pas remercié comme il faut OR comme il convient. **-3.** [strictly] proprement; he isn't ~ speaking an expert il n'est pas à proprement parler un expert. **-4.** Br inf [as intensifier] vraiment, complètement, tout à fait.

**proper name, proper noun** n nom m propre.

**propertied** ['prɒpətɪd] adj fml possédant; a ~ gentleman un homme fortuné.

**property** ['prɒpətɪ] (pl **properties**) ◊ n **-1.** (U) [belongings] propriété f, biens mpl; this book is the ~ of Theresa Lloyd ce livre appartient à Theresa Lloyd; government ~ propriété de l'État ‖ JUR biens mpl; [objects] objets mpl; this is stolen ~ ce sont des objets volés. **-2.** (U) [buildings] propriété f; [real estate] biens mpl immobiliers, immobilier m; [land] terres fpl; they own a lot of ~ in the country [houses] ils ont de nombreuses propriétés à la campagne; [land] ils ont de nombreuses terres à la campagne; private ~ propriété privée. **-3.** [plot of land] terrain m; [house, building] propriété f. **-4.** [quality] propriété f; healing properties vertus fpl thérapeutiques OR curatives. **-5.** THEAT accessoire m. ◊ comp [speculator] immobilier; [owner, tax] foncier; ~ developer promoteur m (immobilier).

**property man** n THEAT accessoiriste m.

**property mistress** n THEAT accessoiriste f.

**prop forward** n RUGBY pilier m.

**prophecy** ['prɒfɪsɪ] (pl **prophecies**) n prophétie f.

**prophesy** ['prɒfɪsaɪ] (pt & pp **prophesied**) ◊ vt prophétiser, prédire; to ~ that sthg will happen prédire que qqch va arriver. ◊ vi faire des prophéties.

**prophet** ['prɒfɪt] n prophète m; a ~ of doom un prophète de malheur.
◆ **Prophets** n BIBLE: (the Book of) Prophets le livre des Prophètes.

**prophetess** ['prɒfɪtɪs] n prophétesse f.

**prophetic** [prə'fetɪk] adj prophétique.

**prophetically** [prə'fetɪklɪ] adv prophétiquement.

**prophylactic** [,prɒfɪ'læktɪk] ◊ adj prophylactique. ◊ n **-1.** [drug] médicament m prophylactique. **-2.** [condom] préservatif m.

**propinquity** [prə'pɪŋkwətɪ] n fml **-1.** [in space, time] proximité f. **-2.** [in kinship] consanguinité f.

**propitiation** [prə,pɪʃɪ'eɪʃn] n fml propitiation f.

**propitious** [prə'pɪʃəs] adj fml propice, favorable; ~ for sthg propice à OR favorable à qqch.

**proponent** [prə'pəunənt] n avocat m, -e f fig, partisan m, -e f.

**proportion** [prə'pɔːʃn] ◊ n **-1.** [gen & MATH - ratio] proportion f, rapport m; the sentence is out of all ~ to the crime la peine est disproportionnée par rapport au OR est sans commune mesure avec le délit; the ~ of income to OR over expenditure le rapport entre les revenus et les dépenses. **-2.** [perspective] proportion f; to have a sense of ~ avoir le sens des proportions; you seem to have got the problem out of (all) ~ vous semblez avoir exagéré OR grossi le problème; the artist has got the tree out of ~ l'artiste n'a pas respecté les proportions de l'arbre. **-3.** [dimension] proportion f, dimension f; the affair has assumed worrying ~s l'affaire a pris des proportions alarmantes. **-4.** [share, part] partie f, part f, pourcentage m; what ~ of your income do you spend on tobacco? quel pourcentage de vos revenus dépensez-vous en tabac? ◊ vt proportionner; to ~ one's expenditure to one's resources proportionner ses dépenses à ses ressources, calculer ses dépenses en fonction de ses ressources.
◆ **in proportion to, in proportion with** prep phr par rapport à; his salary is in ~ to his experience son salaire correspond à son expérience; inflation may increase in ~ with wage rises l'inflation risque d'augmenter proportionnellement aux augmentations de salaire.

**proportional** [prə'pɔːʃənl] adj proportionnel, en proportion; ~ to proportionnel à.

**proportionally** [prə'pɔːʃnəlɪ] adv proportionnellement.

**proportional representation** n représentation f proportionnelle.

**proportionate** [adj prə'pɔːʃnət, vb prə'pɔːʃəneɪt] ◊ adj proportionné. ◊ vt = **proportion**.

**proportionately** [prə'pɔːʃnətlɪ] adv proportionnellement, en proportion.

**proposal** [prə'pəuzl] n **-1.** [offer] proposition f, offre f; to make a ~ faire OR formuler une proposition ‖ [of marriage] demande f en mariage. **-2.** [suggestion] proposition f, suggestion f. **-3.** [plan, scheme] proposition f, projet m, plan m; the ~ for a car park/to build a car park le projet de parking/de construction d'un parking.

**propose** [prə'pəuz] ◊ vt **-1.** [suggest] proposer, suggérer; to ~ sthg to sb proposer qqch à qqn; to ~ doing sthg proposer de faire qqch; I ~ (that) we all go for a drink je propose OR suggère que nous allions tous prendre un verre. **-2.** [present - policy, resolution, scheme] proposer, présenter, soumettre; to ~ sb's health, to ~ a toast to sb porter un toast à (la santé de) qqn; I ~ Jones as OR for treasurer je propose Jones comme trésorier ‖ [in marriage]: to ~ marriage to sb demander qqn en mariage, faire une demande en mariage à qqn. **-3.** [intend] se proposer, avoir l'intention, compter; I ~ taking OR to take a few days off work je me propose de prendre quelques jours de congé. ◊ vi **-1.** [offer marriage] faire une demande en mariage; to ~ to sb demander qqn en mariage. **-2.** phr: man ~s, God disposes l'homme propose, Dieu dispose.

**proposed** [prə'pəuzd] adj projeté; the ~ visit la visite prévue; the building of the ~ car park has been delayed le projet de construction d'un parking a été suspendu.

**proposer** [prə'pəuzə'] n **-1.** [of motion] auteur m (d'une proposition). **-2.** [of candidate] parrain m fig, marraine f fig.

**proposition** [,prɒpə'zɪʃn] ◊ n **-1.** [proposal, statement] proposition f. **-2.** [task] affaire f; that's quite a ~ c'est une tout autre affaire; the boss is a tough ~ inf le patron n'est pas quelqu'un de commode OR facile, le patron est du genre coriace. **-3.** [available choice] solution f; the deal wasn't a paying ~ l'affaire n'était pas rentable. **-4.** [offer of sex] proposition f. **-5.** MATH proposition f. ◊ vt faire des propositions (malhonnêtes) OR des avances à.

**propound** [prə'paund] vt fml [argument, theory] avancer, mettre en avant; [opinion] avancer, émettre; [problem] poser.

**proprietary** [prə'praɪətrɪ] adj **-1.** COMM de marque déposée; ~ brand marque f déposée. **-2.** [attitude, behaviour, function] de propriétaire.

**proprietor** [prə'praɪətə'] n propriétaire mf.

**proprietorship** [prə'praɪətəʃɪp] n propriété f, possession f; JUR (droit m de) propriété f.

**proprietress** [prəˈpraɪətrɪs] *n* propriétaire *f*.

**propriety** [prəˈpraɪəti] (*pl* **proprieties**) *n fml* **-1.** [decorum] bienséance *f*, convenance *f*; contrary to the proprieties contraire aux bienséances OR convenances. **-2.** [suitability – of action, measure] opportunité *f*; [– of word, remark] justesse *f*, propriété *f*.**-3.** [rectitude] rectitude *f*.

**propulsion** [prəˈpʌlʃn] *n* propulsion *f*.

**pro rata** [ˌprəʊˈrɑːtə] *adj & adv* au prorata.

**prorogation** [ˌprɔːrəˈgeɪʃn] *n* prorogation *f*.

**prorogue** [prəˈrəʊg] *vt* proroger.

**prosaic** [prəʊˈzeɪɪk] *adj* prosaïque.

**prosaically** [prəʊˈzeɪɪklɪ] *adv* prosaïquement.

**proscenium** [prəˈsiːnjəm] (*pl* **prosceniums** OR **proscenia** [-njə]) *n* proscenium *m*.

**proscenium arch** *n* THEAT ≃ manteau *m* d'Arlequin.

**proscribe** [prəʊˈskraɪb] *vt* proscrire.

**proscription** [prəʊˈskrɪpʃn] *n* proscription *f*.

**prose** [prəʊz] *n* **-1.** LITERAT prose *f*; to write in ~ écrire en prose, faire de la prose. **-2.** Br SCH thème *m*.

**prosecute** [ˈprɒsɪkjuːt] ◇ *vt* **-1.** JUR poursuivre (en justice), engager des poursuites contre; to ~ sb for sthg poursuivre qqn (en justice) pour qqch. **-2.** *fml* [pursue – war, investigation] poursuivre. ◇ *vi* JUR [lawyer – in civil case] représenter la partie civile; [– in criminal case] représenter le ministère public OR le parquet.

**prosecuting attorney** [ˈprɒsɪkjuːtɪŋ-] *n Am* ≃ procureur *m* (de la République).

**prosecution** [ˌprɒsɪˈkjuːʃn] *n* **-1.** JUR [proceedings] poursuites *fpl* (judiciaires); [indictment] accusation *f*; to be liable to ~ s'exposer à des poursuites (judiciaires); to bring a ~ against sb poursuivre qqn en justice; this is her second ~ c'est la deuxième fois qu'elle est poursuivie. **-2.** JUR [lawyer – in civil case] avocat *m* OR avocats *mpl* représentant les plaignants OR la partie plaignante; [– in criminal case] ministère *m* public, accusation *f*; witness for the ~ témoin *m* à charge. **-3.** *fml* [pursuit] poursuite *f*.

**prosecutor** [ˈprɒsɪkjuːtər] *n* [person bringing case] plaignant *m*, -e *f*; [lawyer]: **(public)** ~ procureur *m*.

**proselyte** [ˈprɒsəlaɪt] ◇ *n* prosélyte *mf*. ◇ *vi & vt esp Am* = **proselytize**.

**proselytize, -ise** [ˈprɒsəlɪtaɪz] ◇ *vi* faire du prosélytisme. ◇ *vt* faire un prosélyte de.

**prose poem** *n* poème *m* en prose.

**prosodic** [prəˈsɒdɪk] *adj* prosodique.

**prosody** [ˈprɒsədɪ] *n* prosodie *f*.

**prospect** [*n* ˈprɒspekt, *vb* prəˈspekt] ◇ *n* **-1.** [possibility] chance *f*, perspective *f*; there's little ~ of their winning the match ils ont peu de chances de remporter OR il y a peu d'espoir (pour) qu'ils remportent le match. **-2.** [impending event, situation] perspective *f*; I don't relish the ~ of working for him la perspective de travailler pour lui ne m'enchante guère; to have sthg in ~ avoir qqch en vue OR en perspective; what are the weather ~s for tomorrow? quelles sont les prévisions météorologiques pour demain?**-3.** (*usu pl*) [chance of success] perspectives *fpl* d'avenir; the ~s are not very good les choses se présentent plutôt mal; the ~(s) for the automobile industry les perspectives d'avenir de l'industrie automobile; her ~s are bleak ses perspectives d'avenir sont sombres; she's a woman with good ~s c'est une femme qui a de l'avenir OR une femme d'avenir; this company has good ~s/no ~s cette entreprise a un bel avenir devant elle/n'a pas d'avenir; good promotion ~s de réelles possibilités d'avancement. **-4.** [person – customer] client *m* potentiel OR éventuel, prospect *m*; [– marriage partner] parti *m dated*; [– candidate] espoir *m*; he's a good ~ for the manager's job c'est un candidat potentiel au poste de directeur. **-5.** [view] perspective *f*, vue *f*. ◇ *vi* prospecter; to ~ for oil chercher du pétrole; to ~ for new customers rechercher OR démarcher de nouveaux clients. ◇ *vt* [area, land] prospecter.

**prospecting** [prəˈspektɪŋ] *n* prospection *f* MIN & PETR.

**prospective** [prəˈspektɪv] *adj* **-1.** [future] futur; he's our ~ parliamentary candidate il est notre futur candidat parlementaire. **-2.** [possible] potentiel, éventuel. **-3.** [intended, expected] en perspective.

**prospector** [prəˈspektər] *n* prospecteur *m*, -trice *f*, chercheur *m*, -euse *f*; gold ~s chercheurs d'or.

**prospectus** [prəˈspektəs] *n* prospectus *m*.

**prosper** [ˈprɒspər] *vt* prospérer.

**prosperity** [prɒˈsperətɪ] *n* prospérité *f*.

**prosperous** [ˈprɒspərəs] *adj* [business, area, family] prospère; [period] prospère, de prospérité.

**prostaglandin** [ˌprɒstəˈglændɪn] *n* prostaglandine *f*.

**prostate (gland)** [ˈprɒsteɪt-] *n* prostate *f*.

**prosthesis** [prɒsˈθiːsɪs] (*pl* **prostheses** [-siːz]) *n* **-1.** MED prothèse *f*.**-2.** LING prosthèse *f*.

**prosthetic** [prɒsˈθetɪk] *adj* **-1.** MED prothétique. **-2.** LING prosthétique.

**prostitute** [ˈprɒstɪtjuːt] ◇ *n* prostituée *f*; male ~ prostitué *m*. ◇ *vt fig & literal* prostituer; to ~ o.s. se prostituer.

**prostitution** [ˌprɒstɪˈtjuːʃn] *n* prostitution *f*.

**prostrate** [*adj* ˈprɒstreɪt, *vb* prɒˈstreɪt] ◇ *adj* **-1.** [lying flat] (couché) à plat ventre; [in submission] prosterné; to lie ~ before sb être prosterné devant qqn. **-2.** [exhausted] épuisé, abattu; [overwhelmed] prostré, accablé, atterré. ◇ *vt* **-1.** [in obedience, respect]: to ~ o.s. before sb se prosterner devant qqn. **-2.** [overwhelm] accabler, abattre; to be ~d by illness être accablé OR abattu par la maladie.

**prostration** [prɒˈstreɪʃn] *n* **-1.** [lying down] prosternement *m*; RELIG prostration *f*.**-2.** [exhaustion] prostration *f*, épuisement *m*.

**prosy** [ˈprəʊzɪ] (*compar* **prosier**, *superl* **prosiest**) *adj* [dull] ennuyeux, prosaïque; [long-winded] verbeux.

**protagonist** [prəˈtægənɪst] *n* protagoniste *mf*.

**protean** [prəʊˈtiːən] *adj lit* changeant.

**protect** [prəˈtekt] *vt* protéger; to ~ sb/sthg from OR against sthg protéger qqn/qqch de OR contre qqch; she ~ed her eyes from the sun elle se protégea les yeux du soleil.

**protected** [prəˈtektɪd] *adj* protégé; ~ species espèce *f* protégée.

**protection** [prəˈtekʃn] *n* **-1.** [safeguard] protection *f*; this drug offers ~ against OR from the virus ce médicament vous protège OR vous immunise contre le virus; cyclists often wear face masks for ~ against car fumes les cyclistes portent souvent des masques pour se protéger des gaz d'échappement des voitures; environmental ~ protection *f* de l'environnement. **-2.** [insurance] protection *f*; ~ against fire and theft protection contre l'incendie et le vol. **-3.** [run by gangsters]: ~ (money) argent *m* versé aux racketteurs; all the shopkeepers have to pay ~ (money) tous les commerçants sont rackettés; ~ racket racket *m*.

**protectionism** [prəˈtekʃənɪzm] *n* protectionnisme *m*.

**protectionist** [prəˈtekʃənɪst] ◇ *adj* protectionniste. ◇ *n* protectionniste *mf*.

**protective** [prəˈtektɪv] *adj* **-1.** [person] protecteur; [behaviour, attitude] protecteur, de protection. **-2.** [material, clothes] de protection; [cover] protecteur, de protection. **-3.** ECON [duty, measure] protecteur.

**protective custody** *n* détention *f* dans l'intérêt de la personne.

**protectively** [prəˈtektɪvlɪ] *adv* [behave, act] de façon protectrice; [speak] d'un ton protecteur, d'une voix protectrice; [look] d'un œil protecteur.

**protectiveness** [prəˈtektɪvnɪs] *n* attitude *f* protectrice.

**protector** [prəˈtektər] *n* **-1.** [person] protecteur *m*, -trice *f*.**-2.** [on machine] dispositif *m* de protection, protecteur *m*.

◆ **Protector** *n Br* HIST: the Protector le Protecteur.

**protectorate** [prəˈtektərət] *n* protectorat *m*.

**protein** [ˈprəʊtiːn] *n* protéine *f*; ~ deficiency carence *f* en protéines.

**pro tem** [ˌprəʊˈtem] *inf*, **pro tempore** [ˈprəʊˈtempərɪ] ◇ *adv* temporairement. ◇ *adj* intérimaire, temporaire.

**protest** [*n & comp* ˈprəʊtest, *vb* prəˈtest] ◇ *n* **-1.** [gen] protestation *f*; to make a ~ against OR about sthg élever une protestation contre qqch, protester contre qqch; to register OR to lodge a ~ with sb protester auprès de qqn; in ~ against OR at sthg en signe de protestation contre qqch; to stage a ~ [complaint] organiser une protestation; [demonstration] organiser une manifestation; to do sthg under ~ faire qqch en protestant. **-2.** COMM & JUR protêt *m*. ◇ *comp* [letter, meeting] de protestation; ~ **demonstration** OR **march** manifestation *f*; ~ **vote** vote *m* de protestation. ◇ *vt* **-1.** [innocence, love etc] protester de; "no one told me", she ~ed «personne ne me l'a dit», protesta-t-elle; she ~ed that it was unfair elle déclara que ce n'était pas juste. **-2.** *Am* [measures, law etc] protester contre. ◇ *vi* protester; **to** ~ **at** OR **against** OR **about** sthg protester contre qqch; **I must** ~ **in the strongest terms at** OR **about** ... je m'élève avec la dernière énergie *sout* OR énergiquement contre ...

**Protestant** ['prɒtɪstənt] ◇ *adj* protestant; **the** ~ **Church** l'Église *f* protestante; **the** ~ **(work) ethic** l'éthique *f* protestante (du travail). ◇ *n* Protestant *m*, -e *f*.

**protestation** [ˌprɒte'steɪʃn] *n* protestation *f*.

**protester, protestor** [prə'testər] *n* [demonstrator] manifestant *m*, -e *f*; [complainer] protestataire *mf*.

**protocol** ['prəʊtəkɒl] *n* [gen & COMPUT] protocole *m*.

**proton** ['prəʊtɒn] *n* proton *m*.

**proton number** *n* numéro *m* atomique.

**protoplasm** ['prəʊtəplæzm] *n* protoplasme *m*, protoplasma *m*.

**prototype** ['prəʊtətaɪp] *n* prototype *m*.

**protozoan** [ˌprəʊtə'zəʊən] (*pl* **protozoans** OR **protozoa** [-'zəʊə]) *n* protozoaire *m*.

**protract** [prə'trækt] *vt* prolonger, faire durer.

**protracted** [prə'træktɪd] *adj* [stay] prolongé; [argument, negotiations] qui dure, (très) long.

**protraction** [prə'trækʃn] *n* prolongation *f*.

**protractor** [prə'træktər] *n* **-1.** GEOM rapporteur *m*.**-2.** ANAT protracteur *m*.

**protrude** [prə'truːd] ◇ *vi* [rock, ledge] faire saillie; [eyes, chin] saillir; [teeth] avancer. ◇ *vt* avancer, pousser en avant.

**protruding** [prə'truːdɪŋ] *adj* [ledge] en saillie; [chin, ribs] saillant; [eyes] globuleux; [teeth] proéminent, protubérant; [belly] protubérant.

**protrusion** [prə'truːʒn] *n* [ledge] saillie *f*; [bump] bosse *f*.

**protuberance** [prə'tjuːbərəns] *n fml* protubérance *f*.

**protuberant** [prə'tjuːbərənt] *adj fml* protubérant.

**proud** [praʊd] ◇ *adj* **-1.** [pleased] fier; **to be** ~ **of sb/sthg** être fier de qqn/qqch; **he was** ~ **to have won** OR **of having won** il était fier d'avoir gagné; **I'm** ~ **(that) you didn't give up** je suis fier que tu n'aies pas abandonné; **it's nothing to be** ~ **of!** il n'y a vraiment pas de quoi être fier!; **they are now the** ~ **parents of a daughter** ils sont désormais les heureux parents d'une petite fille; **we are** ~ **to present this concert** nous sommes heureux de vous présenter ce concert; **it was a** ~ **moment for me** pour moi, ce fut un moment de grande fierté. **-2.** [arrogant] fier, orgueilleux. **-3.** *lit* [stately – tree, mountain] majestueux, altier; [– bearing, stallion, eagle] fier, majestueux. **-4.** *Br* [protruding] qui dépasse; **it's a few millimetres** ~ ça dépasse de quelques millimètres. ◇ *adv inf*: **to do sb** ~ [entertain lavishly] recevoir qqn comme un roi/une reine; [honour] faire honneur à qqn.

**proudly** ['praʊdlɪ] *adv* **-1.** [with pride] fièrement, avec fierté; **we** ~ **present...** nous sommes fiers de présenter... **-2.** [arrogantly] orgueilleusement. **-3.** [majestically] majestueusement.

**Proustian** ['pruːstjən] *adj* proustien.

**provable** ['pruːvəbl] *adj* prouvable, démontrable.

**prove** [pruːv] (*Br pt* & *pp* **proved,** *Am pt* **proved,** *pp* **proved** OR **proven** ['pruːvn]) ◇ *vt* **-1.** [verify, show] prouver; **the facts** ~ **her (to be) guilty** les faits prouvent qu'elle est coupable; **the accused is innocent until** ~d OR **proven guilty** l'accusé est innocent jusqu'à preuve du contraire OR tant que sa culpabilité n'est pas prouvée; **to** ~ **sb right/wrong** donner raison/tort à qqn; **they can't** ~ **anything against us** ils n'ont aucune preuve contre nous; **I think I've** ~d **my point** je crois avoir apporté la preuve de ce que j'avançais; **she quickly** ~d **herself indispensable** elle s'est vite montrée indispensable. **-2.** LOGIC & MATH [proposition, theorem] démontrer. **-3.** [put to the test] mettre à l'épreuve; **the method has not yet been** ~d **la** méthode n'a pas encore fait ses preuves; **to** ~ **o.s.** faire ses preuves. **-4.** JUR [will] homologuer. **-5.** *arch* [experience] éprouver. ◇ *vi* **-1.** [turn out] s'avérer, se révéler; **your suspicions** ~d **(to be) well-** founded vos soupçons se sont avérés fondés; **the arrangement** ~d **(to be) unworkable** cet arrangement s'est révélé impraticable; **it has** ~d **impossible to find him** il a été impossible de le retrouver. **-2.** CULIN [dough] lever.

**proven** ['pruːvn] ◇ *pp* → **prove**. ◇ *adj* **-1.** [tested] éprouvé; **a woman of** ~ **courage** une femme qui a fait preuve de courage; **a** ~ **method** une méthode qui a fait ses preuves. **-2.** JUR: **a verdict of not** ~ ≃ un non-lieu.

**provenance** ['prɒvənəns] *n* provenance *f*.

**Provençal** [ˌprɒvɒn'sɑːl] ◇ *n* **-1.** [person] Provençal *m*, -e *f*.**-2.** LING provençal *m*. ◇ *adj* provençal.

**Provence** [prɒ'vɑːns] *pr n* Provence *f*; **in** ~ en Provence.

**provender** ['prɒvɪndər] *n* **-1.** [fodder] fourrage *m*, provende *f*.**-2.** [food] nourriture *f*.

**proverb** ['prɒvɜːb] *n* proverbe *m*.

◆ **Proverbs** *n* BIBLE: **(the Book of) Proverbs** le Livre des Proverbes.

**proverbial** [prə'vɜːbjəl] *adj* proverbial, légendaire.

**proverbially** [prə'vɜːbjəlɪ] *adv* proverbialement.

**provide** [prə'vaɪd] ◇ *vt* **-1.** [supply] pourvoir, fournir; **to** ~ **sthg for sb, to** ~ **sb with sthg** fournir qqch à qqn; **they** ~ **a car for her use** ils mettent une voiture à sa disposition; **the plane is** ~d **with eight emergency exits** l'avion dispose de huit sorties de secours; **write the answers in the spaces** ~d écrivez les réponses dans les blancs prévus à cet effet. **-2.** [offer, afford] offrir, fournir; **the new plant will** ~ **2,000 jobs** la nouvelle usine créera 2 000 emplois; **I want to** ~ **my children with a good education** je veux pouvoir offrir OR donner une bonne éducation à mes enfants; **the book** ~s **a good introduction to maths** ce livre est une bonne introduction aux maths. **-3.** [stipulate – subj: contract, law] stipuler. ◇ *vi*: **to** ~ **against sthg** se prémunir contre qqch.

◆ **provide for** *vt insep* **-1.** [support]: **to** ~ **for sb** pourvoir OR subvenir aux besoins de qqn; **I have a family to** ~ **for** j'ai une famille à nourrir; **an insurance policy that will** ~ **for your children's future** une assurance qui subviendra aux besoins de vos enfants. **-2.** [prepare]: **to** ~ **for sthg** se préparer à qqch. **-3.** [contract, law]: **to** ~ **for sthg** stipuler OR prévoir qqch.

**provided** [prə'vaɪdɪd] *conj*: ~ **(that)** pourvu que, à condition que; **I'll wait for you** ~ **(that) it doesn't take too long** je t'attendrai à condition que ce ne soit pas trop long.

**providence** ['prɒvɪdəns] *n* **-1.** [fate] providence *f*.**-2.** [foresight] prévoyance *f*; [thrift] économie *f*.

**provident** ['prɒvɪdənt] *adj* [foresighted] prévoyant; [thrifty] économe.

**providential** [ˌprɒvɪ'denʃl] *adj* providentiel.

**providently** ['prɒvɪdəntlɪ] *adv* avec prévoyance, prudemment.

**provident society** *n Br* société *f* de prévoyance.

**provider** [prə'vaɪdər] *n* fournisseur *m*, -euse *f*; **she's the family's sole** ~ elle subvient seule aux besoins de la famille.

**providing** [prə'vaɪdɪŋ] = **provided.**

**province** ['prɒvɪns] *n* **-1.** [region, district] province *f*; **the Maritime/Prairie Provinces** [of Canada] les provinces maritimes/des prairies. **-2.** [field, sphere – of activity] domaine *m*; [– of responsability] compétence *f*; **politics was once the** ~ **of men** autrefois, la politique était un domaine exclusivement masculin; **staff supervision is not within my** ~ la gestion du personnel n'est pas de mon ressort. **-3.** RELIG province *f* ecclésiastique.

◆ **provinces** *npl Br* [not the metropolis]: **the** ~s la province; **in the** ~s en province.

**provincial** [prə'vɪnʃl] ◇ *adj* provincial. ◇ *n* **-1.** [from provinces] provincial *m*, -e *f*.**-2.** RELIG provincial *m*.

**provincialism** [prə'vɪnʃəlɪzm] *n* provincialisme *m*.

**proving ground** ['pruːvɪŋ-] *n* terrain *m* d'essai.

**provision** [prə'vɪʒn] ◇ *vt* approvisionner, ravitailler. ◇ *n* **-1.** [act of supplying] approvisionnement *m*, fourniture *f*, ravitaillement *m*; ~ **of supplies in wartime is a major problem** le ravitaillement en temps de guerre pose de graves problèmes; **one of their functions is the** ~ **of meals for the homeless** une de leurs rôles est de distribuer des repas aux sans-abri. **-2.** [stock, supply] provision *f*, réserve *f*; **to lay in** ~s **for the winter** faire des provisions pour l'hiver; **the US sent medical** ~s les États-Unis envoyèrent des stocks de

médicaments. **-3.** [arrangement] disposition *f*; no ~ had been made for the influx of refugees aucune disposition n'avait été prise pour faire face à l'afflux de réfugiés; to make ~s for one's family pourvoir aux besoins de sa famille; you should think about making ~s for the future vous devriez penser à assurer votre avenir. **-4.** [condition, clause] disposition *f*, clause *f*; under the ~s of the UN charter/his will selon les dispositions de la charte de l'ONU/de son testament; a 4% increase is included in the budget's ~s une augmentation de 4 % est prévue dans le budget.
◆ **provisions** *npl* [food] vivres *mpl*, provisions *fpl*.

**provisional** [prə'vɪʒənl] *adj* provisoire; ~ (driving) licence *Br* permis *m* de conduire provisoire *(autorisation que l'on doit obtenir avant de prendre des leçons)*.
◆ **Provisional** ◇ *adj* POL: the Provisional IRA l'IRA *f* provisoire. ◇ *n* membre *m* de l'IRA provisoire.

**provisionally** [prə'vɪʒnəlɪ] *adv* provisoirement.

**proviso** [prə'vaɪzəʊ] *(pl* provisos OR provisoes) *n* stipulation *f*, condition *f*; with the ~ that the goods be delivered à la condition expresse OR sous réserve que les marchandises soient livrées; they accept, with one ~ ils acceptent, à une condition.

**provisory** [prə'vaɪzərɪ] *adj* **-1.** [conditional] conditionnel. **-2.** = **provisional**.

**provitamin** [prəʊ'vɪtəmɪn, prəʊ'vaɪtəmɪn] *n* provitamine *f*.

**provocation** [ˌprɒvə'keɪʃn] *n* provocation *f*; he loses his temper at OR given the slightest ~ il se met en colère à la moindre provocation; the crime was committed under ~ ce crime a été commis en réponse à une provocation.

**provocative** [prə'vɒkətɪv] *adj* **-1.** [challenging] provocateur, provocant; she doesn't really think that, she was just being ~ elle ne le pense pas vraiment, c'est simplement de la provocation. **-2.** [seductive] provocant. **-3.** [obscene]: a ~ gesture un geste obscène.

**provocatively** [prə'vɒkətɪvlɪ] *adv* [write, act, dress] d'une manière provocante; [say] sur un ton provocateur OR provocant.

**provoke** [prə'vəʊk] *vt* **-1.** [goad] provoquer; to ~ sb into doing sthg pousser qqn à faire qqch; they'll shoot if in any way ~d ils tireront à la moindre provocation ‖ [infuriate] enrager; [vex] exaspérer. **-2.** [cause – accident, quarrel, anger] provoquer; the revelations ~d a public outcry les révélations ont soulevé un tollé général.

**provoking** [prə'vəʊkɪŋ] *adj* [situation] contrariant; [person, behaviour] exaspérant.

**provost** [senses 1, 2 and 3 'prɒvəst, sense 4 prə'vəʊ] *n* **-1.** UNIV *Br* ≃ recteur *m*, ≃ *Am* doyen *m*. **-2.** RELIG doyen *m*. **-3.** *Scot* maire *m*. **-4.** MIL ≃ gendarme *m*.

**prow** [praʊ] *n* proue *f*.

**prowess** ['praʊɪs] *n (U)* **-1.** [skill] (grande) habileté *f*; ~ in negotiating habileté OR savoir-faire en matière de négociations; he showed great ~ on the sports field il s'est révélé d'une adresse remarquable sur le terrain de sport; sexual ~ prouesses *fpl* sexuelles. **-2.** [bravery] vaillance *f*.

**prowl** [praʊl] ◇ *vi* rôder. ◇ *vt* [street, jungle] rôder dans. ◇ *n*: to be on the ~ rôder.
◆ **prowl about** *Br*, **prowl around** ◇ *vi insep* rôder. ◇ *vt insep* = **prowl** *vt*.

**prowl car** *n Am* voiture *f* de police en patrouille.

**prowler** ['praʊlə'] *n* rôdeur *m*, -euse *f*.

**prox** *written abbr of* **proximo**.

**proximity** [prɒk'sɪmətɪ] *n* proximité *f*; in ~ to, in the ~ of à proximité de.

**proxy** ['prɒksɪ] *(pl* proxies) *n* [person] mandataire *mf*, fondé *m*, -e *f* de pouvoir; [authorization] procuration *f*, mandat *m*; to vote by ~ voter par procuration.

**proxy vote** *n* vote *m* par procuration.

**prude** [pruːd] *n* prude *f*; don't be such a ~! ne sois pas si prude!

**prudence** ['pruːdns] *n* prudence *f*, circonspection *f*.

**prudent** ['pruːdnt] *adj* prudent, circonspect.

**prudently** ['pruːdntlɪ] *adv* prudemment.

**prudish** ['pruːdɪʃ] *adj* prude, pudibond.

**prune** [pruːn] ◇ *n* **-1.** [fruit] pruneau *m*. **-2.** *Br inf* [fool] patate

*f*, ballot *m*. ◇ *vt* **-1.** [hedge, tree] tailler; [branch] élaguer. **-2.** *fig* [text, budget] élaguer, faire des coupes sombres dans.

**pruning** ['pruːnɪŋ] *n* [of hedge, tree] taille *f*; [of branches] élagage *m*; *fig* [of budget, staff] élagage *m*.

**pruning hook** *n* ébranchoir *m*.

**pruning knife** *n* serpette *f*.

**prurience** ['prʊərɪəns] *n* lubricité *f*, lascivité *flit*.

**prurient** ['prʊərɪənt] *adj* lubrique, lascif.

**Prussia** ['prʌʃə] *pr n* Prusse *f*; in ~ en Prusse.

**Prussian** ['prʌʃn] ◇ *n* Prussien *m*, -enne *f*. ◇ *adj* prussien.

**prussic acid** ['prʌsɪk-] *n* acide *m* prussique.

**pry** [praɪ] *(pt & pp* pried) ◇ *vt Am* = **prise**. ◇ *vi* fouiller, fureter; I didn't mean to ~ je ne voulais pas être indiscret; I told him not to ~ into my affairs je lui ai dit de ne pas venir mettre le nez dans mes affaires.

**prying** ['praɪɪŋ] *adj* indiscret (*f* -ète); away from ~ eyes à l'abri des regards indiscrets.

**PS** *(abbr of* **postscript**) *n* PS *m*.

**psalm** [sɑːm] *n* psaume *m*; (the Book of) Psalms (le livre des) Psaumes.

**psalmbook** ['sɑːmbʊk] *n* livre *m* de psaumes, psautier *m*.

**PSBR** *n abbr of* **public sector borrowing requirement**.

**psephology** [se'fɒlədʒɪ] *n* étude statistique et sociologique des élections.

**pseud** [sjuːd] *inf* ◇ *n* poseur *m*, -euse *f*, prétentieux *m*, -euse *f*. ◇ *adj* = **pseudo**.

**pseudo** ['sjuːdəʊ] *adj inf* [kindness, interest] prétendu; [person] faux (*f* fausse).

**pseudo-** *in cpds* pseudo-.

**pseudonym** ['sjuːdənɪm] *n* pseudonyme *m*.

**pseudonymous** [sjuː'dɒnɪməs] *adj* pseudonyme.

**psi** *(abbr of* **pounds per square inch**) *n* livres au pouce carré *(mesure de pression)*.

**psoriasis** [sɒ'raɪəsɪs] *n (U)* psoriasis *m*.

**psst** [pst] *interj* psitt, pst.

**PSV** *(abbr of* **public service vehicle**) *n* = **PCV**.

**psych** [saɪk] *vt inf* **-1.** [psychoanalyse] psychanalyser. **-2.** *Am* [excite]: I'm really ~ed about my vacation je suis surexcité à l'idée de partir en vacances.
◆ **psych out** *vt sep inf* **-1.** [sense – sb's motives] deviner; [– situation] comprendre, piger. **-2.** [intimidate]: he soon ~ed out his opponent and the game was his très vite il a décontenancé son adversaire et il a gagné.
◆ **psych up** *vt sep inf* [motivate]: to ~ o.s. up for sthg/to do sthg se préparer psychologiquement à qqch/à faire qqch.

**psyche**[1] ['saɪkɪ] *n* [mind] psyché *f*, psychisme *m*.

**psyche**[2] [saɪk] = **psych**.

**psychedelic** [ˌsaɪkɪ'delɪk] *adj* psychédélique.

**psychiatric** [ˌsaɪkɪ'ætrɪk] *adj* psychiatrique; he needs ~ help il devrait consulter un psychiatre □ ~ nurse infirmier *m*, -ère *f* psychiatrique.

**psychiatrist** [saɪ'kaɪətrɪst] *n* psychiatre *mf*.

**psychiatry** [saɪ'kaɪətrɪ] *n* psychiatrie *f*.

**psychic** ['saɪkɪk] ◇ *adj* **-1.** [supernatural] parapsychique; to be ~, to have ~ powers avoir le don de double vue OR un sixième sens; I'm not ~! *hum* je ne suis pas devin! **-2.** [mental] psychique. ◇ *n* médium *m*.

**psycho** ['saɪkəʊ] *(pl* psychos) *inf* ◇ *n* psychopathe *mf*. ◇ *adj* psychopathe.

**psychoanalyse** *Br*, **-yze** *Am* [ˌsaɪkəʊ'ænəlaɪz] *vt* psychanalyser.

**psychoanalysis** [ˌsaɪkəʊə'næləsɪs] *n* psychanalyse *f*; to undergo ~ suivre une psychanalyse, se faire psychanalyser.

**psychoanalyst** [ˌsaɪkəʊ'ænəlɪst] *n* psychanalyste *mf*.

**psychoanalytic(al)** ['saɪkəʊˌænə'lɪtɪk(l)] *adj* psychanalytique.

**psychodrama** ['saɪkəʊˌdrɑːmə] *n* psychodrame *m*.

**psycholinguistics** [ˌsaɪkəʊlɪŋ'gwɪstɪks] *n (U)* psycholinguistique *f*.

**psychological** [ˌsaɪkə'lɒdʒɪkl] *adj* psychologique.

**psychological block** *n* blocage *m* psychologique.

**psychologically** [ˌsaɪkə'lɒdʒɪklɪ] *adv* psychologiquement.

**psychological warfare** *n* guerre *f* psychologique.

**psychologist** [saɪ'kɒlədʒɪst] *n* psychologue *mf*.

**psychology** [saɪ'kɒlədʒɪ] *n* psychologie *f*; child ~ psychologie infantile OR de l'enfant.

**psychoneurosis** [,saɪkəʊnjʊə'rəʊsɪs] (*pl* **psychoneuroses** [-siːz]) *n* psychonévrose *f*.

**psychopath** ['saɪkəpæθ] *n* psychopathe *mf*.

**psychopathic** [,saɪkə'pæθɪk] *adj* [person] psychopathe; [disorder, personality] psychopathique.

**psychopathology** [,saɪkəʊpə'θɒlədʒɪ] *n* psychopathologie *f*.

**psychosis** [saɪ'kəʊsɪs] (*pl* **psychoses** [-siːz]) *n* psychose *f*.

**psychosomatic** [,saɪkəʊsə'mætɪk] *adj* psychosomatique.

**psychotherapist** [,saɪkəʊ'θerəpɪst] *n* psychothérapeute *mf*.

**psychotherapy** [,saɪkəʊ'θerəpɪ] *n* psychothérapie *f*.

**psychotic** [saɪ'kɒtɪk] ◇ *adj* psychotique. ◇ *n* psychotique *mf*.

**pt -1.** *written abbr of* **pint**. **-2.** *written abbr of* **point**.

**PT** *n* **-1.** (*abbr of* **physical training**) EPS *f*; ~ instructor professeur *m* d'éducation physique. **-2.** *Am abbr of* **physical therapy**.

**PTA** (*abbr of* **parent-teacher association**) *n* association de parents d'élèves et de professeurs.

**ptarmigan** ['taːmɪgən] (*pl inv* OR **ptarmigans**) *n* lagopède *m* des Alpes.

**pterodactyl** [,terə'dæktɪl] *n* ptérodactyle *m*.

**PTO** *Br* (*written abbr of* **please turn over**) TSVP.

**Ptolemy** ['tɒləmɪ] *pr n* Ptolémée.

**ptomaine** ['təʊmeɪn] *n* ptomaïne *f*; ~ poisoning intoxication *f* alimentaire.

**PTV** *n* **-1.** (*abbr of* **pay television**) télévision à péage. **-2.** (*abbr of* **public television**) programmes télévisés éducatifs.

**pub** [pʌb] (*abbr of* **public house**) *n* pub *m*; we had a ~ lunch nous avons déjeuné dans un pub.

**pub.** *written abbr of* **published**.

**pub crawl** *n Br inf*: to go on a ~ ≃ faire la tournée des bars.

**puberty** ['pjuːbətɪ] *n* puberté *f*; to reach ~ atteindre l'âge de la puberté.

**pubes** ['pjuːbiːz] (*pl inv*) *n* [region] pubis *m*, région *f* pubienne; [hair] poils *mpl* pubiens; [bones] (os *m* du) pubis *m*.

**pubescence** [pjuː'besns] *n* **-1.** [puberty] (âge *m* de la) puberté *f*. **-2.** [of plant, animal] pubescence *f*.

**pubescent** [pjuː'besnt] *adj* **-1.** [at puberty] pubère. **-2.** [plant, animal] pubescent.

**pubic** ['pjuːbɪk] *adj* pubien; ~ hair poils *mpl* pubiens OR du pubis.

**pubis** ['pjuːbɪs] (*pl* **pubes** [-biːz]) *n* pubis *m*.

**public** ['pʌblɪk] ◇ *adj* **-1.** [of, by the state – education, debt] public; built at ~ expense construit avec des fonds publics ❑ ~ bill *Br* POL ≃ projet *m* de loi d'intérêt général; ~ housing *Am* logements *mpl* sociaux; ~ HLM *f inv*; ~ housing project *Am* ≃ cité *f* HLM; ~ money deniers *mpl* OR fonds *mpl* publics; to hold ~ office avoir des fonctions officielles; ~ official fonctionnaire *mf*; ~ ownership nationalisation *f*, étatisation *f*; most airports are under ~ ownership la plupart des aéroports appartiennent à l'État; the ~ purse *Br* le Trésor (public); ~ television *Am* (télévision *f* du) service *m* public. **-2.** [open or accessible to all – place, meeting] public; was it a ~ trial? le public pouvait-il assister au procès?; let's talk somewhere less ~ allons discuter dans un endroit plus tranquille; these gardens are ~ property! ces jardins appartiennent à tout le monde! ❑ ~ baths bains *mpl* publics; ~ library bibliothèque *f* municipale. **-3.** [of, by the people] public; in the ~ interest dans l'intérêt général; a ~ outcry un tollé général; to restore ~ confidence regagner la confiance de la population; ~ awareness of the problem has increased le public est plus sensible au problème maintenant; the increase in crime is generating great ~ concern la montée de la criminalité inquiète sérieusement la population; to be in the ~ eye occuper le devant de la scène (publique) ❑ ~ access channel *Am* TV chaîne du réseau câblé à laquelle peuvent avoir accès des particuliers. **-4.** [publicly known, open] public; to make sthg ~ rendre qqch public; a ~ figure une personnalité très connue; she's active in ~ life elle prend une part active aux affaires publiques; it created a ~ scandal ça a provoqué un scandale retentissant; he made a ~ denial of the rumours il a démenti pu-

bliquement les rumeurs, il a apporté un démenti public aux rumeurs ❑ ~ spirit sens *m* civique, civisme *m*. **-5.** ST. EX: to go ~ être coté en Bourse.

◇ *n* public *m*; the ~ is OR are tired of political scandals la population est lasse des scandales politiques; her books reach a wide ~ ses livres touchent un public très large; the film-going ~ les amateurs de OR les gens qui vont au cinéma; the viewing ~ les téléspectateurs.

◆ **in public** *adv phr* en public.

**public-address system** *n* (système *m* de) sonorisation *f*.

**publican** ['pʌblɪkən] *n* **-1.** *Br* [pub owner] patron *m*, -onne *f* de pub; [manager] tenancier *m*, -ère *f* de pub. **-2.** BIBLE [tax collector] publicain *m*.

**publication** [,pʌblɪ'keɪʃn] *n* **-1.** [of book, statistics, banns] publication *f*; [of edict] promulgation *f*; her article has been accepted for ~ son article va être publié. **-2.** [work] publication *f*, ouvrage *m* publié.

**public bar** *n Br* salle *f* de bar (*moins confortable et moins cher que le «lounge bar» ou le «saloon bar»*).

**public company** *n* ≃ société *f* anonyme (*dont les actions sont négociables en Bourse*).

**public convenience** *n Br* toilettes *fpl* publiques.

**public corporation** *n Br & Can* entreprise *f* publique.

**public domain** *n*: to be in the ~ [publication] être dans le domaine public.

**public enemy** *n* ennemi *m* public.

**public footpath** *n Br* sentier *m* public.

**public gallery** *n* tribune *f* réservée au public.

**public health** *n* santé *f* publique; ~ hazard risque *m* pour la santé publique; the ~ authorities administration régionale des services publics de santé; ~ inspector *dated* inspecteur *m* sanitaire.

**public holiday** *n* jour *m* férié, fête *f* légale.

**public house** *n Br* [pub] pub *m*, bar *m*; *Am* [inn] auberge *f*.

**public inquiry** *n* enquête *f* officielle; to hold a ~ faire une enquête officielle.

**publicist** ['pʌblɪsɪst] *n* **-1.** [press agent] (agent *m*) publicitaire *mf*. **-2.** [journalist] journaliste *mf*. **-3.** JUR publiciste *mf*.

**publicity** [pʌb'lɪsɪtɪ] ◇ *n* publicité *f*; she/her film is getting OR attracting a lot of ~ on fait beaucoup de publicité autour d'elle/de son film; the incident will mean bad ~ for us cet incident va être mauvais pour OR va faire du tort à notre image de marque. ◇ *comp* [agent, campaign] publicitaire, de publicité; [manager] de publicité; ~ stunt coup *m* de pub.

**publicize, -ise** ['pʌblɪsaɪz] *vt* **-1.** [make known]: he doesn't like to ~ the fact that he's been in prison il n'aime pas qu'on dise qu'il a fait de la prison; his much ~d blunders don't help his image ses célèbres gaffes ne font rien pour arranger son image de marque; the government's environmental reforms have been well ~d in the press la presse a beaucoup parlé des réformes du gouvernement en matière d'environnement. **-2.** [advertise – product, event] faire de la publicité pour.

**public lavatory** *n Br* toilettes *fpl* publiques.

**public lending right** *n* droits que touche un auteur ou un éditeur pour le prêt de ses livres en bibliothèque.

**public limited company** *n* société *f* à responsabilité limitée.

**publicly** ['pʌblɪklɪ] *adv* publiquement, en public; his ~ declared intentions les intentions qu'il avait affichées; ~ owned ECON nationalisé; the company is 51% ~ controlled la compagnie est contrôlée à 51 % par des capitaux publics.

**public nuisance** *n* **-1.** [act]: the pub's late opening hours were creating a ~ les heures d'ouverture tardives du pub portaient atteinte à la tranquillité générale. **-2.** [person] fléau *m* public, empoisonneur *m*, -euse *f*.

**public opinion** *n* opinion *f* publique; ~ poll sondage *m* (d'opinion).

**public prosecutor** *n* ≃ procureur *m* général, ≃ ministère *m* public.

**public relations** ◇ *n* (U) relations *fpl* publiques. ◇ *adj*: ~ consultant conseil *m* en relations publiques; ~ exercise opération *f* de relations publiques; ~ officer responsable *mf* des relations publiques.

**public school** n -1. [in UK] public school f, école f privée (prestigieuse). -2. [in US] école f publique.

**public schoolboy** n Br élève m d'une «public school».

**public schoolgirl** n Br élève f d'une «public school».

**public sector** n secteur m public; ~ borrowing requirement emprunts mpl d'État.

**public servant** n fonctionnaire mf.

**public service** n -1. Br [civil service] fonction f publique. -2. [amenity] service m public OR d'intérêt général; ADMIN: our organization performs a ~ notre association assure un service d'intérêt général.

◆ **public-service** adj: a public-service message OR announcement RADIO & TV un communiqué (d'un ministère) ·
❑ Public-Service Commission Am commission chargée de la réglementation des sociétés privées assurant des services publics; public-service corporation Am société privée assurant un service public et réglementée par une commission d'État; public-service vehicle Br autobus m.

**public speaker** n orateur m, -trice f.

**public speaking** n art m oratoire.

**public spending** n (U) dépenses fpl publiques OR de l'État.

**public-spirited** adj [gesture] d'esprit civique; [person]: to be ~ faire preuve de civisme.

**public transport** n (U) transports mpl en commun.

**public utility** n Am -1. [company] société privée assurant un service public et réglementée par une commission d'État. -2. [amenity] service m public.

**public works** npl travaux mpl publics.

**publish** ['pʌblɪʃ] ◇ vt -1. [book, journal] publier, éditer; [author] éditer; her latest novel has just been ~ed son dernier roman vient de paraître; he's a ~ed author ses livres sont publiés; it's ~ed by Larousse c'est édité chez Larousse; the magazine is ~ed quarterly la revue paraît tous les trois mois. -2. [subj: author]: he's ~ed poems in several magazines ses poèmes ont été publiés dans plusieurs revues. -3. [make known - statistics, statement, banns] publier. ◇ vi -1. [newspaper] paraître. -2. [author] être publié; she ~es regularly in women's magazines ses articles sont régulièrement publiés dans la presse féminine.

**publishable** ['pʌblɪʃəbl] adj publiable.

**publisher** ['pʌblɪʃər] n [person] éditeur m, -trice f; [company] maison f d'édition.

**publishing** ['pʌblɪʃɪŋ] ◇ n -1. [industry] édition f; she's OR she works in ~ elle travaille dans l'édition. -2. [of book, journal] publication f. ◇ comp: a ~ giant un géant de l'édition; a ~ empire un empire de l'édition; ~ company OR house maison f d'édition.

**puce** [pjuːs] ◇ n couleur f puce. ◇ adj puce (inv).

**puck** [pʌk] n -1. [in ice hockey] palet m. -2. [sprite] lutin m, farfadet m.

**pucker** ['pʌkər] ◇ vi [face, forehead] se plisser; [fabric, collar] goder, godailler. ◇ vt [face, forehead] plisser; [fabric, collar] faire goder, faire godailler; the seam/hem is ~ed la couture/l'ourlet fait des plis. ◇ n [crease] pli m.

◆ **pucker up** ◇ vi insep -1. = pucker vi. -2. inf [for kiss] avancer les lèvres. ◇ vt sep = pucker vt.

**puckish** ['pʌkɪʃ] adj espiègle.

**pudding** ['pudɪŋ] n -1. [sweet dish]: jam ~ pudding m à la confiture; rice/tapioca ~ riz m/tapioca m au lait. -2. Br [part of meal] dessert m. -3. [savoury dish]: steak-and-kidney ~ tourte à la viande et aux rognons cuite à la vapeur. -4. [sausage] boudin m; black ~ boudin m noir. -5. Br inf [podgy person] boudin m.

**pudding basin, pudding bowl** n Br jatte dans laquelle on fait cuire le pudding; ~ haircut coupe f au bol.

**pudding stone** n GEOL poudingue m.

**puddle** ['pʌdl] ◇ n flaque f. ◇ vt [clay] malaxer.

**pudendum** [pjuː'dendəm] n, **pudenda** [pjuː'dendə] npl parties fpl génitales.

**pudgy** ['pʌdʒɪ] (compar pudgier, superl pudgiest) = podgy.

**Pueblo** ['pweblau] (pl inv OR Pueblos) n Pueblo mf.

**puerile** ['pjʊəraɪl] adj puéril.

**puerperal** [pjuː'ɜːpərəl] adj puerpéral.

**Puerto Rican** [,pwɜːtəʊ'riːkən] ◇ pr n Portoricain m, -e f. ◇ adj portoricain.

**Puerto Rico** [,pwɜːtəʊ'riːkəʊ] pr n Porto Rico♂, Puerto Rico; in ~ à Porto Rico, à Puerto Rico.

**puff**[1] [pʌf] ◇ vt -1. [smoke - cigar, pipe] tirer des bouffées de. -2. [emit, expel]: to ~ (out) smoke/steam envoyer des nuages de fumée/des jets de vapeur. -3. [pant]: 'I can't go on', he ~ed «je n'en peux plus», haleta-t-il. -4. [swell - sail, parachute] gonfler. -5. phr: I'm ~ed (out)! inf je n'ai plus de souffle!, je suis complètement essoufflé!
◇ vi -1. [blow - person] souffler; [- wind] souffler en bourrasques. -2. [pant] haleter; [breathe heavily] souffler; he was ~ing and panting il soufflait comme un phoque. -3. [smoke]: to ~ on one's cigar tirer sur son cigare. -4. [issue - smoke, steam] sortir. -5. [train]: the train ~ed into the station le train entra en gare dans un nuage de fumée.
◇ n -1. [gust, whiff] bouffée f; [gasp] souffle m; her breath came in short ~s elle haletait; all our plans went up in a ~ of smoke fig tous nos projets sont partis en fumée OR se sont évanouis. -2. [on cigarette, pipe] bouffée f; to have OR to take a ~ tirer une bouffée. -3. [sound - of train] teuf-teuf m. -4. Br inf [breath] souffle m; to be out of ~ être à bout de souffle OR essoufflé. -5. [fluffy mass]: ~s of cloud in the sky des moutons OR des petits nuages dans le ciel. -6. [for make-up]: (powder) ~ houppe f (à poudrer), houpette f. -7. [pastry] chou m. -8. Am [eiderdown] édredon m.

◆ **puff out** ◇ vt sep -1. [extinguish] souffler, éteindre (en soufflant). -2. [inflate, make rounded - cheeks, sail] gonfler; [- chest] bomber; [- cushion, hair] faire bouffer; the pigeon ~ed out its feathers le pigeon fit gonfler ses plumes. -3. [emit]: to ~ out smoke/steam envoyer des nuages de fumée/de vapeur. ◇ vi insep -1. [parachute, sail] se gonfler. -2. [be emitted - smoke] s'échapper.

◆ **puff up** ◇ vt sep -1. = puff out 2. -2. (usu passive) [swell - lip, ankle etc] enfler; her eyes were ~ed up elle avait les yeux bouffis; to be ~ed up with pride fig être bouffi d'orgueil. ◇ vi insep [lip, ankle etc] enfler, bouffir.

**puff**[2] [pʌf] = poof.

**puff adder** [pʌf-] n vipère f heurtante.

**puffball** ['pʌfbɔːl] n vesse-de-loup f.

**puffed** [pʌft] adj -1. [rice, oats] soufflé; ~ wheat cereal céréale f de blé soufflé. -2. Br inf [out of breath] essoufflé, à bout de souffle.

**puffed sleeves** = puff sleeves.

**puffed-up** adj -1. [swollen] boursouflé, enflé. -2. [conceited] suffisant, content de soi.

**puffer** [pʌfər] n -1. [fish] poisson m armé. -2. Br inf [train] train m.

**puffin** ['pʌfɪn] n macareux m.

**puffiness** ['pʌfɪnɪs] n boursouflure f.

**puff pastry** [pʌf-] Br, **puff paste** [pʌf-] Am n [for pies] pâte f feuilletée; [for puffs] pâte f à choux.

**puff sleeves** [pʌf-] npl manches fpl ballon.

**puffy** ['pʌfɪ] (compar puffier, superl puffiest) adj [lip, cheek] enflé; [eye] bouffi; ~ clouds moutons mpl.

**pug** [pʌg] n [dog] carlin m.

**pugilism** ['pjuːdʒɪlɪzm] n lit pugilat m lit, boxe f lit.

**pugilist** ['pjuːdʒɪlɪst] n lit pugiliste m lit, boxeur m.

**pugnacious** [pʌg'neɪʃəs] adj fml pugnace, agressif.

**pugnacity** [pʌg'næsɪtɪ] n fml pugnacité f.

**pug nose** n nez m camus.

**pug-nosed** [-nəʊzd] adj [face, person] au nez camus; to be ~ avoir le nez camus.

**puke**[▽] [pjuːk] ◇ vt dégueuler, gerber. ◇ n dégueulis m.

**pukka** ['pʌkə] adj Br dated OR hum -1. [genuine] vrai, authentique, véritable. -2. [done well] bien fait, très correct; [excellent] de premier ordre. -3. [socially acceptable] (très) comme il faut.

**pull** [pʊl] ◇ vt -1. [object - yank, tug] tirer; [- drag] traîner; she ~ed my hair elle m'a tiré les cheveux; to ~ the blinds baisser les stores; to ~ the curtains Br OR drapes Am OR fermer les rideaux; he ~ed his chair closer to the fire il approcha sa chaise de la cheminée; she ~ed the hood over her face elle abaissa le capuchon sur son visage; to ~ a drawer open ouvrir un tiroir; she came in and ~ed the door shut behind her elle entra et ferma la porte derrière elle; ~ the rope taut tendez la corde; ~ the knot tight ser-

rez le nœud; ~ the tablecloth straight tendez la nappe ‖ [person] tirer, entraîner; he ~ed himself onto the riverbank il se hissa sur la berge; he was ~ed off the first team *fig* on l'a écarté OR exclu de la première équipe ‖ [remove forcibly] arracher; he ~ed the sheets off the bed il en leva les draps du lit; she ~ed her hand from mine elle retira (brusquement) sa main de la mienne ❏ ~ the other one (it's got bells on)! *Br inf* mon œil!, à d'autres!; to ~ sthg to bits OR pieces *literal* démonter qqch; *fig* démolir qqch. **-2.** [operate – lever, handle] tirer; ~ the trigger appuyez OR pressez sur la détente. **-3.** [tow, draw – load, trailer, carriage, boat] tirer, remorquer; the barges were ~ed along the canals les péniches étaient halées le long des canaux. **-4.** [take out – tooth] arracher, extraire; [– weapon] tirer, sortir; he ~ed a gun on me il a braqué un revolver sur moi. **-5.** [strain – muscle, tendon]: she ~ed a muscle elle s'est déchiré un muscle, elle s'est fait un claquage; my shoulder feels as if I've ~ed something j'ai l'impression que je me suis froissé un muscle de l'épaule. **-6.** *inf* [bring off] réussir; he ~ed a big bank job in Italy il a réussi un hold-up de première dans une banque italienne; to ~ a trick on sb jouer un tour à qqn; don't try and ~ anything! n'essayez pas de jouer au plus malin! ❏ I ~ed an all-nighter *Am* j'ai bossé toute la nuit. **-7.** [hold back]: to ~ a horse [in horseracing] retenir un cheval ❏ to ~ one's punches *literal* & *fig* retenir ses coups, ménager son adversaire; she didn't ~ any punches elle n'y est pas allée de main morte. **-8.** [in golf – ball] puller; to ~ a shot puller. **-9.** [in rowing – boat] faire avancer à la rame. **-10.** TYPO [proof] tirer. **-11.** COMPUT extraire. **-12.** [gut – fowl] vider. **-13.** *inf* [attract – customers, spectators] attirer; how many votes will he ~? combien de voix va-t-il récolter?**-14.** *Br* [serve – draught beer] tirer. **-15.** ∇ *Br* [seduce] lever.
◇ *vi* **-1.** [exert force, tug] tirer; the bandage may ~ when I take it off le pansement risque de vous tirer la peau quand je l'enlèverai; the steering ~s to the right la direction tire à droite. **-2.** [rope, cord] the rope ~ed easily la corde filait librement. **-3.** [go, move – vehicle, driver]: ~ into the space next to the Mercedes mettez-vous OR garez-vous à côté de la Mercedes; he ~ed into the right-hand lane il a pris la file de droite; ~ into the garage entrez dans le garage. **-4.** [strain, labour – vehicle] peiner; [– horse] tirer sur le mors; the overloaded truck ~ed up the slope le camion surchargé montait la côte avec difficulté; the 2-litre model ~s very well AUT le modèle 2 litres a de bonnes reprises. **-5.** *inf* [exert influence, give support]: the head of personnel is ~ing for you on your behalf vous avez le chef du personnel derrière vous. **-6.** [snag – sweater] filer. **-7.** [row] ramer.
◇ *n* **-1.** [tug, act of pulling] coup *m*; to give sthg a ~, to give a ~ on sthg tirer (sur) qqch; we'll need a ~ to get out of the mud nous aurons besoin que quelqu'un nous remorque OR nous prenne en remorque pour nous désembourber; she felt a ~ at OR on her handbag elle a senti qu'on tirait sur son sac à main; I felt a ~ on the fishing line ça mordait. **-2.** [physical force – of machine] traction *f*; [– of sun, moon, magnet] attraction *f*; the gravitational ~ is stronger on Earth la gravitation est plus forte sur Terre; we fought against the ~ of the current nous luttions contre le courant qui nous entraînait. **-3.** [resistance – of bowstring] résistance *f*. **-4.** [psychological, emotional attraction] attrait *m*; he resisted the ~ of family tradition and went his own way il a résisté à l'influence de la tradition familiale pour suivre son propre chemin. **-5.** *inf* [influence, power] influence *f*; his father's ~ got him in son père l'a pistonné. **-6.** [climb] montée *f*; it's going to be a long uphill ~ to make the firm profitable *fig* ça sera difficile de remettre l'entreprise à flot. **-7.** [in rowing – stroke] coup *m* de rame OR d'aviron; it will be a hard ~ upstream il faudra ramer dur pour remonter le courant. **-8.** [at cigar] bouffée *f*; [at drink, bottle] gorgée *f*; [on cigarette, pipe]: to take a ~ at OR on tirer sur. **-9.** *(usu in cpds)* [knob, handle] poignée *f*; [cord] cordon *m*; [strap] sangle *f*. **-10.** [snag – in sweater] accroc *m*.**-11.** TYPO épreuve *f*.**-12.** [in golf] pull *m*.
◆ **pull about** *vt sep* [handle roughly – person] malmener; [– clothes] tirer sur.
◆ **pull ahead** *vi insep* prendre de l'avance; to ~ ahead of sb prendre de l'avance sur qqn.
◆ **pull along** *vt sep* [load, vehicle] tirer; [person] entraîner; she ~ed me along by my arm elle m'entraînait en me tirant par le bras.
◆ **pull apart** ◇ *vt sep* **-1.** [take to pieces – machine, furniture]

démonter. **-2.** [destroy, break] mettre en morceaux OR en pièces; the wreck was ~ed apart by the waves les vagues ont disloqué l'épave; tell me where it's hidden or he'll ~ the place apart dites-lui où c'est (caché) sinon il va tout saccager. **-3.** *fig* [demolish – essay, theory] démolir. **-4.** [separate – fighters, dogs] séparer; [– papers] détacher, séparer. **-5.** [make suffer] déchirer. ◇ *vi insep* [furniture] se démonter, être démontable.
◆ **pull around** *vt sep* **-1.** [cart, toy, suitcase] tirer derrière soi. **-2.** [make turn] tourner, faire pivoter; he ~ed the horse around il fit faire demi-tour à son cheval.
◆ **pull at** *vt insep* **-1.** [strain at, tug at] tirer sur; I ~ed at his sleeve je l'ai tiré par la manche; the wind ~ed at her hair le vent faisait voler ses cheveux. **-2.** [suck – pipe, cigar] tirer sur; [– bottle]: he ~ed at his bottle of beer il a bu une gorgée de bière.
◆ **pull away** ◇ *vi insep* **-1.** [withdraw – person] s'écarter, se détourner; he had me by the arm but I managed to ~ away il me tenait par le bras mais j'ai réussi à me dégager. **-2.** [move off – vehicle, ship] démarrer; [– train, convoy] s'ébranler; the boat ~ed away from the bank le bateau quitta la rive. **-3.** [get ahead – runner, competitor] prendre de l'avance; she's ~ing away from the pack elle prend de l'avance sur le peloton, elle se détache du peloton. ◇ *vt sep* [withdraw – covering, hand] retirer; he ~ed me away from the window m'éloigna de la fenêtre ‖ [grab] arracher; she ~ed the book away from him elle lui arracha le livre.
◆ **pull back** ◇ *vi insep* **-1.** [withdraw – troops, participant] se retirer. **-2.** [step backwards] reculer; to ~ back involuntarily avoir un mouvement de recul involontaire. **-3.** [jib – horse, person] regimber. ◇ *vt sep* **-1.** [draw backwards or towards one] retirer; she ~ed back the curtains elle ouvrit les rideaux; ~ the lever back tirez le levier (vers l'arrière); he ~ed me back from the railing il m'a éloigné de la barrière. **-2.** [withdraw – troops] retirer.
◆ **pull down** ◇ *vt sep* **-1.** [lower – lever, handle] tirer (vers le bas); [– trousers, veil] baisser; [– suitcase, book] descendre; [– blind, window] baisser; with his hat ~ed down over his eyes son chapeau rabattu sur les yeux; she ~ed her skirt down over her knees elle ramena sa jupe sur ses genoux. **-2.** [demolish – house, wall] démolir, abattre; it'll ~ down the government *fig* ça va renverser le gouvernement. **-3.** *inf* [weaken – subj: illness] affaiblir, abattre; [depress] déprimer, abattre. **-4.** *Am inf* [earn] gagner, se faire. ◇ *vi insep* [blind] descendre.
◆ **pull in** ◇ *vi insep* [vehicle, driver – stop] s'arrêter; [– park] se garer; [– move to side of road] se rabattre; [train] entrer en gare; I ~ed in for petrol je me suis arrêté pour prendre de l'essence. ◇ *vt sep* **-1.** [line, fishing net] ramener; to ~ sb in [into building, car] tirer qqn à l'intérieur, faire entrer qqn; [into water] faire tomber qqn à l'eau ‖ [stomach] rentrer. **-2.** [attract – customers, investors, investment] attirer. **-3.** *inf* [earn – subj: person] gagner, se faire; [– subj: business] rapporter. **-4.** *inf* [arrest] arrêter, embarquer.
◆ **pull off** ◇ *vi insep* **-1.** [move off] démarrer; [after halt] redémarrer. **-2.** [leave main road] quitter la route; he ~ed off onto a side road il bifurqua sur une petite route ‖ [stop] s'arrêter. ◇ *vt sep* **-1.** [clothes, boots, ring] enlever, retirer; [cover, bandage, knob] enlever; [page from calendar, sticky backing] détacher; [wrapping, wallpaper] enlever. **-2.** *inf* [accomplish – deal, stratagem, mission, shot] réussir; [– press conference, negotiations] mener à bien; [– plan] réaliser; will she (manage to) ~ it off? est-ce qu'elle va y arriver?
◆ **pull on** *vt sep* [clothes, boots, pillow slip] mettre, enfiler. ◇ *vt insep* **-1.** [tug at – rope, handle etc] tirer sur. **-2.** [draw on – cigarette, pipe] tirer sur.
◆ **pull out** ◇ *vi insep* **-1.** [withdraw – troops, ally, participant] se retirer; she's ~ing out of the election elle retire sa candidature; they've ~ed out of the deal ils se sont retirés de l'affaire. **-2.** [move off – car, ship] démarrer; [– train, convoy] s'ébranler; she was ~ing out of the garage elle sortait du garage ‖ [move towards centre of road]: he ~ed out to overtake il a déb+oité pour doubler; a truck suddenly ~ed out in front of me soudain, un camion m'a coupé la route; to ~ out into traffic s'engager dans la circulation ‖ AERON to ~ out of a dive sortir d'un piqué, se rétablir. **-3.** [economy]: to ~ out of a recession / crisis sortir de la récession/d'une crise. **-4.** [slide out]: the sofa ~s out into a bed le canapé se transforme en lit; the shelves ~ out on peut retirer les éta-

gères; **the table top** ~s out c'est une table à rallonges.
◇ *vt sep* **-1.** [remove – tooth, hair, weeds] arracher; [– splinter, nail] enlever; [– plug, cork] ôter, enlever; [produce – wallet, weapon] sortir, tirer; **he** ~**ed a page out of his notebook** il a déchiré une feuille de son carnet; ~ **the paper gently out of the printer** retirez doucement le papier de l'imprimante; **the tractor** ~**ed us out of the mud/ditch** le tracteur nous a sortis de la boue/du fossé; **to** ~ **the country out of recession** sortir le pays de la récession. **-2.** [draw towards one – drawer] tirer; [unfold] déplier; ~ **the bed out from the wall** écartez le lit du mur; **he** ~**ed a chair out from under the table** il a écarté une chaise de la table. **-3.** [withdraw – troops, contestant] retirer. **-4.** COMPUT [select, produce – data] sortir.
◆ **pull over** ◇ *vt sep* **-1.** [draw into specified position] tirer, traîner; ~ **the chair over to the window** amenez la chaise près de la fenêtre. **-2.** [make fall – pile, person, table] faire tomber, renverser. **-3.** *(usu passive)* [stop – vehicle, driver] arrêter; **I got** ~**ed over for speeding** je me suis fait arrêter pour excès de vitesse. ◇ *vi sep* [vehicle, driver – stop] s'arrêter; [– move to side of road] se ranger, se rabattre.
◆ **pull round** *Br* ◇ *vt sep* **-1.** = **pull around.** **-2.** [revive] ranimer; **a drop of brandy will** ~ **her** un peu de cognac la remettra OR remontera. ◇ *vi insep* [regain consciousness] revenir à soi, reprendre connaissance; [recover] se remettre.
◆ **pull through** ◇ *vi insep* [recover] s'en sortir, s'en tirer. ◇ *vt sep* **-1.** [draw through – rope, thread] faire passer. **-2.** [help survive or surmount] tirer d'affaire.
◆ **pull to** *vt sep* [shut – door, gate] fermer.
◆ **pull together** ◇ *vi insep* [on rope] tirer ensemble; [on oars] ramer à l'unisson; *fig* [combine efforts] concentrer ses efforts, agir de concert. ◇ *vt sep* **-1.** [place together, join] joindre. **-2.** [organize – demonstration, rescue team] organiser; [prepare] préparer. **-3.** *phr*: **to** ~ **o.s. together** se reprendre, se ressaisir.
◆ **pull up** ◇ *vi insep* **-1.** [stop] s'arrêter; **to** ~ **up short** s'arrêter net OR brusquement. **-2.** *inf* [ease up] se détendre, se relâcher. **-3.** [draw even] rattraper; **to** ~ **up with sb** rattraper qqn; **Sun Boy is** ~**ing up on the outside!** Sun Boy remonte à l'extérieur!-**4.** [improve – student, athlete, performance] s'améliorer. ◇ *vt sep* **-1.** [draw upwards – trousers, sleeve, blanket, lever] remonter; [hoist] hisser; **they** ~**ed the boat up onto the beach** ils ont tiré le bateau sur la plage; **she** ~**ed herself up onto the ledge** elle s'est hissée sur le rebord. **-2.** [move closer – chair] approcher; **I** ~**ed a chair up to the desk** j'ai approché une chaise du bureau; **why don't you** ~ **up a chair and join us?** prenez donc une chaise et joignez-vous à nous!-**3.** [uproot – weeds] arracher; [– bush, stump, tree] arracher, déraciner; [rip up – floorboards] arracher. **-4.** [stop – person, vehicle, horse] arrêter; [check – person] retenir; **he was about to tell them everything but I** ~**ed him up (short)** il était sur le point de tout leur dire mais je lui ai coupé la parole. **-5.** *inf* [improve – score, mark] améliorer; [– average] remonter. **-6.** *Br inf* [rebuke] réprimander, enguirlander.

**pulldown** ['pʊldaʊn] *adj* [bench, counter] à abattant; ~ **menu** COMPUT menu *m* déroulant; ~ **seat** strapontin *m*.

**pullet** ['pʊlɪt] *n* poulette *f*.

**pulley** ['pʊlɪ] *n* [wheel, device] poulie *f*; TECH [set of parallel wheels] molette *f*.

**pull-in** *n Br* AUT [café] café *m* au bord de la route, ≈ restaurant *m* routier.

**Pullman** ['pʊlmən] (*pl* **Pullmans**) *n* **-1.** [sleeping car]: ~ **(carriage** OR **car)** (voiture *f*) pullman *m*.-**2.** [train] rapide *m* de nuit.

**pullout** ['pʊlaʊt] ◇ *n* **-1.** [magazine supplement] supplément *m* détachable. **-2.** [fold-out] hors-texte *m inv (qui se déplie)*. **-3.** [withdrawal – gen & MIL] retrait *m*; [– of candidate] désistement *m*; [evacuation] évacuation *f*; **investment** ~ désinvestissement *m*.-**4.** AERON rétablissement *m*. ◇ *adj* [magazine section] détachable; [map, advertising page] hors texte *(inv)*; [legs, shelf] rétractable; ~ **bed** canapé-lit *m*.

**pullover** ['pʊl,əʊvər] *n* pullover *m*, pull *m*.

**pull tab** *n* [on can] anneau *m*, bague *f*.

**pullulate** ['pʌljʊleɪt] *vi* **-1.** [teem, breed] pulluler. **-2.** BOT [germinate] germer.

**pull-up** *n* **-1.** SPORT traction *f (sur une barre ou sur des anneaux)*; **to do** ~**s** faire des tractions. **-2.** *Br* = **pull-in.**

**pulmonary** ['pʌlmənərɪ] *adj* pulmonaire.

**pulp** [pʌlp] ◇ *n* **-1.** [in fruit] pulpe *f*; [for paper] pâte *f* à papier, pulpe *f*; [in tooth] pulpe *f*.-**2.** [mush] bouillie *f*; **to beat** OR **to smash to a** ~ réduire en bouillie OR en marmelade. **-3.** MIN pulpe *f*. ◇ *comp* **-1.** *pej* [novel, fiction] de hall de gare; ~ **magazine** magazine *m* à sensation. **-2.** ANAT [cavity, canal] pulpaire. ◇ *vt* **-1.** [crush – wood] réduire en pâte; [– fruit, vegetables] réduire en pulpe; [– book] mettre au pilon. **-2.** [remove pulp from] ôter la pulpe de.

**pulpit** ['pʊlpɪt] *n* RELIG chaire *f*; *fig* [clergy]: **the** ~ le clergé, les ecclésiastiques *mpl*.

**pulpwood** ['pʌlpwʊd] *n* bois *m* à pâte.

**pulpy** ['pʌlpɪ] (*compar* **pulpier**, *superl* **pulpiest**) *adj* **-1.** [fruit, tissue] pulpeux. **-2.** *inf* & *pej* [novel, magazine] à sensation.

**pulsar** ['pʌlsɑːr] *n* pulsar *m*.

**pulsate** [pʌl'seɪt] *vi* **-1.** [throb – heart] battre fort, pulser MÉD; [– music, room] vibrer; **the pulsating beat of the drums** le rythme lancinant des tambours. **-2.** PHYS subir des pulsations; ASTRON [variable star] pulser.

**pulsation** [pʌl'seɪʃn] *n* [of heart, arteries] battement *m*, pulsation *f*; ASTRON & PHYS pulsation *f*.

**pulse** [pʌls] ◇ *n* **-1.** MED pouls *m*; [single throb] pulsation *f*; **I took my** ~ il a pris mon pouls; **her** ~ **(rate) is a hundred** son pouls est à cent (pulsations par minute). **-2.** ELECTRON & PHYS [series] série *f* d'impulsions; [single] impulsion *f*.-**3.** [vibration] rythme *m* régulier. **-4.** [bustle, life] animation *f*.-**5.** BOT [plant] légumineuse *f*; CULIN: **(dried)** ~**s** légumes *mpl* secs. ◇ *vi* [blood] battre; [music, room] vibrer; **a vein** ~**d in his temple** une veine palpitait sur sa tempe.

**pulverize, -ise** ['pʌlvəraɪz] *vt literal* & *fig* pulvériser.

**puma** ['pjuːmə] (*pl inv* OR **pumas**) *n* puma *m*.

**pumice** ['pʌmɪs] ◇ *n*: ~ **(stone)** (pierre *f*) ponce *f*. ◇ *vt* poncer, passer à la pierre ponce.

**pummel** ['pʌml] (*Br pt* & *pp* **pummelled**, *cont* **pummelling**, *Am pt* & *pp* **pummeled**, *cont* **pummeling**) *vt* **-1.** [punch] donner des coups de poing à, marteler à coups de poing. **-2.** [massage] masser, palper. **-3.** [knead – dough] pétrir.

**pump** [pʌmp] ◇ *n* **-1.** MECH pompe *f*; **bicycle/hand/water** ~ pompe à vélo/à main/à eau; ~ **attendant** pompiste *mf*.-**2.** [shoe – for dancing] ballerine *f*; [– for gym] tennis *m*.-**3.** *Am inf* [heart] cœur *m*, palpitant *m*. ◇ *vt* **-1.** [displace – liquid, gas] pomper; **to** ~ **sth out of sth** pomper OR aspirer qqch de qqch; **the water is** ~**ed into a tank** l'eau est acheminée dans un réservoir au moyen d'une pompe; **the factory** ~**s its waste directly into the river** l'usine déverse ses déchets directement dans la rivière; **to** ~ **gas** *Am* travailler comme pompiste. **-2.** [empty – stomach] vider; **he had to have** OR **to get his stomach** ~**ed** on a dû lui faire un lavage d'estomac. **-3.** [inflate – tyre, ball etc] gonfler. **-4.** [move back and forth – pedal, handle] appuyer sur OR actionner (plusieurs fois); ~ **the brakes or they'll lock** freinez progressivement ou les freins se bloqueront. **-5.** *inf* [shoot]: **to** ~ **sb full of lead** cribler qqn de plomb. **-6.** *inf* [money] investir; **he** ~**ed a fortune into the business** il a investi une fortune dans cette affaire. **-7.** *inf* [interrogate] interroger, tirer les vers du nez à. **-8.** *phr*: **to** ~ **iron** *inf* faire de la gonflette. ◇ *vi* **-1.** [machine, person] pomper; [heart] battre fort. **-2.** [liquid] couler à flots, jaillir.
◆ **pump in** *vt sep* **-1.** [liquid, gas] refouler; **the village** ~**s in water from the river** l'eau du village est amenée de la rivière à l'aide d'un système de pompage. **-2.** *inf* [funds, capital] investir, injecter.
◆ **pump out** ◇ *vt sep* **-1.** [liquid, gas] pomper; [stomach] vider. **-2.** *inf* & *pej* [mass-produce – music, graduates, products] produire; [– books, essays] produire à la chaîne, pondre en série. ◇ *vi* [liquid, blood] couler à flots.
◆ **pump up** *vt sep* **-1.** [liquid, mixture] pomper. **-2.** [inflate] gonfler.

**pumpernickel** ['pʌmpənɪkl] *n* ≈ pain *m* noir, pumpernickel *m*.

**pumping station** *n* [building] station *f* de pompage; [machinery] installation *f* de pompage.

**pumpkin** ['pʌmpkɪn] *n* potiron *m*; [smaller] citrouille *f*; ~ **pie** tarte *f* au potiron.

**pump room** *n* [building] pavillon *m*; [room] buvette *f*.

**pun** [pʌn] (*pt* & *pp* **punned**, *cont* **punning**) ◇ *n* calembour *m*, jeu *m* de mots. ◇ *vi* faire des calembours.

**punch** [pʌntʃ] ◇ *n* **-1.** [blow] coup *m* de poing; he gave him a ~ on the chin/in the stomach il lui a donné un coup de poing dans le menton/dans l'estomac; to have OR to pack a powerful ~ avoir du punch. **-2.** *fig* [effectiveness – of person] punch *m*; [of speech, cartoon, play] mordant *m*; find a slogan with a bit more ~ trouvez un slogan un peu plus accrocheur. **-3.** [for holes – in paper] perforateur *m*; [– in metal] poinçonneuse *f*; [for tickets – by hand] poinçonneuse *f*; [– machine] composteur *m*; [steel nail, die] poinçon *m*.**-4.** [for stamping design] machine *f* à estamper. **-5.** [for nails, bolts] chasse-clou *m*.**-6.** [drink] punch *m*. ◇ *vt* **-1.** [hit – once] donner un coup de poing à; [– repeatedly] marteler à coups de poing. **-2.** [key, button] appuyer sur. **-3.** [pierce – ticket] poinçonner; [– in machine] composter; [– paper, computer card] perforer; [– sheet metal] poinçonner; to ~ a hole in sthg faire un trou dans qqch; to ~ the time clock OR one's time card pointer. **-4.** [stamp] estamper. ◇ *vi* [strike] frapper; no ~ing! pas de coups de poing!

◆ **punch in** ◇ *vt sep* **-1.** [enter – code, number] taper, composer; [– figures, data] introduire. **-2.** [knock in – door] défoncer (à coups de poing); [– nails] enfoncer; I'll ~ your face OR head OR teeth in! *inf* je vais te casser la figure! ◇ *vi insep Am* [on time clock] pointer (en arrivant).

◆ **punch out** ◇ *vt sep* **-1.** [enter – code, number] taper, composer. **-2.** [cut out – form, pattern] découper; the holes are ~ed out by a machine les trous sont faits par une machine. **-3.** [remove – nail, bolt] enlever au chasse-clou. **-4.** [stamp] estamper, emboutir. **-5.** *Am inf* [beat up] tabasser. **-6.** *inf* AERON [subj: pilot] s'éjecter. ◇ *vi insep Am* [on time clock] pointer (en partant).

**Punch** [pʌntʃ] *pr n* ≃ Polichinelle; **~-and-Judy show** ≃ spectacle *m* de) guignol *m*; **as pleased as ~** heureux comme un roi.

**punchbag** [pʌntʃ.bæg] *n Br* **-1.** SPORT sac *m* de sable, punching-bag *m*.**-2.** *fig* [victim] souffre-douleur *m inv.*

**punch ball** *n Br* punching-ball *m*.

**punch bowl** *n* bol *m* à punch.

**punch card** *Am* = **punched card**.

**punch-drunk** *adj* [boxer] groggy; *fig* abruti, sonné.

**punched card** ['pʌntʃt-] *n Br* COMPUT carte *f* perforée.

**Punchinello** [,pʌntʃi'neləʊ] *pr n* Polichinelle.

**punching bag** ['pʌntʃɪŋ-] *Am* = **punch-bag**.

**punch line** *n* fin *f* (*d'une plaisanterie*).

**punch-up** *n inf* bagarre *f*.

**punchy** ['pʌntʃɪ] (*compar* **punchier**, *superl* **punchiest**) *adj inf* **-1.** [stimulating, lively] plein de punch. **-2.** = **punch-drunk**.

**punctilious** [pʌŋk'tɪlɪəs] *adj* pointilleux.

**punctual** ['pʌŋktʃʊəl] *adj* [bus] à l'heure; [person] ponctuel.

**punctuality** [,pʌŋktʃʊ'ælətɪ] *n* ponctualité *f*.

**punctually** ['pʌŋktʃʊəlɪ] *adv* [begin, arrive] à l'heure; [pay] ponctuellement; the flight left ~ at 9/at noon le vol est parti à 9 h pile/à midi juste.

**punctuate** ['pʌŋktʃʊeɪt] *vt* ponctuer.

**punctuation** [,pʌŋktʃʊ'eɪʃn] *n* ponctuation *f*.

**punctuation mark** *n* signe *m* de ponctuation.

**puncture** ['pʌŋktʃəʳ] ◇ *n* **-1.** [in tyre, ball, balloon] crevaison *f*; one of the front tyres had a ~ un des pneus avant était crevé; I had a ~ on the way to work j'ai crevé en allant travailler; ~ repair kit trousse *f* de réparation pour crevaisons. **-2.** [gen – hole] perforation *f*.**-3.** MED ponction *f*. ◇ *vt* **-1.** [gen] perforer; the bullet ~d his lung la balle lui a perforé le poumon. **-2.** [tyre, ball, balloon] crever. **-3.** *fig* [pride, self-esteem] blesser, porter atteinte à. ◇ *vi* crever.

**pundit** ['pʌndɪt] *n* **-1.** [expert] expert *m* (*qui pontifie*). **-2.** [Brahmin] pandit *m*.

**pungency** ['pʌndʒənsɪ] *n* **-1.** [of smell, taste] âcreté *f*; [of food] piquant *m*.**-2.** [of wit, remark] causticité *f*, mordant *m*.

**pungent** ['pʌndʒənt] *adj* **-1.** [smell, taste – sour] âcre; [– spicy] piquant. **-2.** [wit, remark] caustique, mordant.

**Punic** ['pjuːnɪk] *adj* punique; the ~ Wars les guerres *fpl* puniques.

**punish** ['pʌnɪʃ] *vt* **-1.** [person, crime] punir; such offences are ~ed by imprisonment ce genre de délit est passible

d'une peine de prison. **-2.** *inf* [attack relentlessly – opponent, enemy etc] malmener.

**punishable** ['pʌnɪʃəbl] *adj* punissable; a ~ offence un délit; ~ by prison/a £50 fine passible d'emprisonnement/d'une amende de 50 livres.

**punishing** ['pʌnɪʃɪŋ] ◇ *n* **-1.** [punishment] punition *f*.**-2.** *inf* [relentless attack]: to take a ~ [opponent, team] se faire malmener; *hum* [bottle] en prendre un coup. ◇ *adj* [heat, climb, effort] exténuant; [defeat] écrasant.

**punishment** ['pʌnɪʃmənt] *n* **-1.** [act of punishing] punition *f*, châtiment *m*.**-2.** [means of punishment] punition *f*, châtiment *m*, sanction *f*; JUR peine *f*; to make the ~ fit the crime adapter le châtiment au délit. **-3.** *inf* [heavy use]: the landing gear can take a lot of ~ même soumis à rude épreuve, le train d'atterrissage tiendra le coup.

**punitive** ['pjuːnətɪv] *adj* **-1.** [expedition] punitif. **-2.** [measures, tax] écrasant; to take ~ action avoir recours à des sanctions; ~ damages dommages *mpl* et intérêts *mpl* dissuasifs.

**Punjab** [,pʌn'dʒɑːb] *pr n*: the ~ le Pendjab; in the ~ au Pendjab.

**Punjabi** [,pʌn'dʒɑːbɪ] ◇ *n* **-1.** [person] Pendjabi *mf*.**-2.** LING pendjabi *m*. ◇ *adj* pendjabi, du Pendjab.

**punk** [pʌŋk] ◇ *n* **-1.** [music, fashion] punk *m*.**-2.** [punk rocker] punk *mf*.**-3.** ▽ *Am* [worthless person] vaurien *m*, -enne *f*; [hoodlum] voyou *m*. ◇ *adj* **-1.** [music, fashion] punk (*inv*); ~ rock punk *m*; ~ rocker punk *mf*.**-2.** *Am inf* [worthless] nul.

**punnet** ['pʌnɪt] *n Br* barquette *f*.

**punt**[1] [pʌnt] ◇ *n* **-1.** [boat] longue barque à fond plat manœuvrée à la perche. **-2.** SPORT [kick] coup *m* de pied de volée. ◇ *vt* **-1.** [boat] faire avancer à la perche. **-2.** SPORT [kick] envoyer d'un coup de pied de volée. ◇ *vi* **-1.** [in boat]: to go ~ing faire un tour en barque. **-2.** *Br* [gamble] jouer.

**punt**[2] [pʊnt] *n* [currency] livre *f* irlandaise.

**punter** ['pʌntəʳ] *n Br* **-1.** [gambler] parieur *m*, -euse *f*.**-2.** *inf* [customer] client *m*, -e *f*; the ~s le public. **-3.** ▽ [prostitute's client] micheton *m*.

**puny** ['pjuːnɪ] (*compar* **punier**, *superl* **puniest**) *adj* **-1.** [frail – person, animal, plant] malingre, chétif; [– arms, legs] maigre, grêle. **-2.** [feeble – effort] pitoyable.

**pup** [pʌp] (*pt* & *pp* **pupped**, *cont* **pupping**) ◇ *n* **-1.** [young dog] chiot *m*; [young animal] jeune animal *m*; seal ~ jeune OR bébé phoque *m*; to be in ~ [bitch] être pleine. **-2.** *inf* [youth] blanc-bec *m*. ◇ *vi* mettre bas.

**pupa** ['pjuːpə] (*pl* **pupas** OR **pupae** [-piː]) *n* nymphe *f*, chrysalide *f*, pupe *f*.

**pupil** ['pjuːpl] ◇ *n* **-1.** [gen] élève *mf*; [of primary school] écolier *m*, -ère *f*; [of lower secondary school] collégien *m*, -enne *f*; [of upper secondary school] lycéen *m*, -enne *f*; [of painter, musician] élève *mf*.**-2.** JUR [minor ward] pupille *mf*.**-3.** ANAT pupille *f*. ◇ *comp* SCH [participation, power] des élèves.

**puppet** ['pʌpɪt] ◇ *n* **-1.** [gen] marionnette *f*; [string puppet] fantoche *m*, pantin *m*.**-2.** *fig* pantin *m*, fantoche *m*. ◇ *comp* **-1.** [theatre] de marionnettes; ~ show (spectacle *m* de) marionnettes *fpl*.**-2.** POL [government, president] fantoche.

**puppeteer** [,pʌpɪ'tɪəʳ] *n* marionnettiste *mf*.

**puppetry** ['pʌpɪtrɪ] *n* [art – of making] fabrication *f* de marionnettes; [– of manipulating] art *m* du marionnettiste.

**puppy** ['pʌpɪ] (*pl* **puppies**) *n* chiot *m*.

**puppy fat** *n Br* (U) rondeurs *fpl* de l'adolescence.

**puppy love** *n* amourette *f*, amour *m* d'adolescent.

**purchase** ['pɜːtʃəs] ◇ *vt* acheter; to ~ sthg from sb acheter qqch à qqn; to ~ sthg for sb, to ~ sb sthg acheter qqch à OR pour qqn. ◇ *n* **-1.** [buy, buying] achat *m*; to make a ~ faire un achat; date of ~ date *f* d'achat. **-2.** [grip] prise *f*.

**purchase order** *n* bon *m* de commande.

**purchase price** *n* prix *m* d'achat.

**purchaser** ['pɜːtʃəsəʳ] *n* acheteur *m*, -euse *f*.

**purchase tax** *n* taxe *f* à l'achat.

**purchasing power** ['pɜːtʃəsɪŋ-] *n* pouvoir *m* d'achat.

**purdah** ['pɜːdə] *n*: to be in ~ *literal* être reclus; *fig* vivre en reclus.

**pure** [pjʊəʳ] *adj* **-1.** [unadulterated, untainted] pur; a ~ silk tie une cravate (en) pure soie; ~ white blanc *m* immaculé ❑ as ~ as the driven snow blanc comme neige. **-2.** [science, maths, research] pur. **-3.** [as intensifier] pur; by ~ chance par pur hasard; it's the truth, ~ and simple c'est la vérité pure et simple.

**purebred** ['pjʊəbred] *adj* de race (pure).

**puree, purée** ['pjʊəreɪ] (*pt & pp* **pureed** OR **puréed**, *cont* **pureeing** OR **puréeing**) ◇ *n* purée *f*; tomato ~ [gen] purée de tomates; [in tube] concentré *m* de tomates. ◇ *vt* réduire en purée; ~d carrots purée *f* de carottes.

**purely** ['pjʊəlɪ] *adj* purement.

**pureness** ['pjʊənɪs] *n* pureté *f*.

**purgative** ['pɜːɡətɪv] ◇ *n* purgatif *m*. ◇ *adj* purgatif.

**purgatory** ['pɜːɡətrɪ] *n* RELIG purgatoire *m*; *fig* enfer *m*.

**purge** [pɜːdʒ] ◇ *vt* **-1.** POL [party, organization] purger, épurer; [undesirable elements] éliminer. **-2.** [free, rid] débarrasser, délivrer. **-3.** JUR [clear] disculper, innocenter. **-4.** MED OR *dated* [bowels] purger. ◇ *n* **-1.** [gen & POL] purge *f*, épuration *f*. **-2.** MED purge *f*.

**purification** [,pjʊərɪfɪ'keɪʃn] *n* **-1.** [of water, oil] épuration *f*.**-2.** RELIG purification *f*.

**purifier** ['pjʊərɪfaɪəʳ] *n* [device – for water, oil] épurateur *m*; [– for air, atmosphere] purificateur *m*.

**purify** ['pjʊərɪfaɪ] (*pt & pp* **purified**) *vt* [water, oil] épurer; [air, soul] purifier.

**purist** ['pjʊərɪst] ◇ *adj* puriste. ◇ *n* puriste *mf*.

**puritan** ['pjʊərɪtən] ◇ *n* puritain *m*, -e *f*. ◇ *adj* puritain.
◆ **Puritan** RELIG *n* puritain *m*, -e *f*. ◇ *adj* puritain.

**puritanical** [,pjʊərɪ'tænɪkl] *adj* puritain.

**purity** ['pjʊərətɪ] *n* pureté *f*.

**purl** [pɜːl] ◇ *n* [in knitting]: ~ (stitch) maille *f* à l'envers. ◇ *vt* tricoter à l'envers; knit one, ~ one une maille à l'endroit, une maille à l'envers.

**purlieus** ['pɜːljuːz] *npl lit* alentours *mpl*, environs *mpl*.

**purloin** [pɜː'lɔɪn] *vt fml* OR *hum* dérober, voler.

**purple** ['pɜːpl] ◇ *n* **-1.** [colour] violet *m*.**-2.** [dye, cloth] pourpre *f*.**-3.** [high rank]: the ~ la pourpre. ◇ *adj* **-1.** [in colour] violet, pourpre. **-2.** [prose] emphatique, ampoulé.

**purple heart** *n inf* [drug] pilule *f* d'amphétamine.
◆ **Purple Heart** *n Am* médaille *f* décernée aux blessés de guerre.

**purple patch, purple passage** *n* morceau *m* de bravoure.

**purport** [*vb* pə'pɔːt, *n* 'pɜːpɔːt] *fml* ◇ *vt* [claim] prétendre; [subj: film, book] se vouloir; he ~s to be an expert il prétend être un expert, il se fait passer pour un expert. ◇ *n* signification *f*, teneur *f*.

**purportedly** [pə'pɔːtɪdlɪ] *adv fml* prétendument.

**purpose** ['pɜːpəs] ◇ *n* **-1.** [objective, reason] but *m*, objet *m*; he buys real estate for tax ~s il investit dans l'immobilier pour des raisons fiscales; it suits my ~s to stay here j'ai de bonnes raisons de rester ici; to do sthg with a ~ in mind OR for a ~ faire qqch dans un but précis; for this ~ dans ce but, à cet effet; her remarks were to the ~/not to the ~ ses remarques étaient pertinentes/hors de propos. **-2.** [use, function] usage *m*; [end, result] fin *f*; what is the ~ of this room/object? à quoi sert cette pièce/cet objet?; the hangar wasn't built for that ~ le hangar n'était pas destiné à cet usage; for our ~s pour ce que nous voulons faire; for the ~s of this demonstration pour les besoins de cette démonstration; the funds are to be used for humanitarian ~s les fonds seront utilisés à des fins humanitaires; the money will be put OR used to good ~ l'argent sera bien employé; we are arguing to no ~ nous discutons inutilement; my efforts had been to no ~ mes efforts étaient restés vains. **-3.** [determination] résolution *f*, détermination *f*; she has great strength of ~ elle a une volonté de fer, c'est quelqu'un de très déterminé; to have a sense of ~ avoir un but dans la vie. ◇ *vt lit* avoir l'intention de.
◆ **on purpose** *adv phr* exprès; I avoided the subject on ~ j'ai fait exprès d'éviter OR j'ai délibérément évité la question.

**purpose-built** *adj Br* construit OR conçu pour un usage spécifique; ~flat *appartement dans un immeuble (par opposition à un «conversion»)*.

**purposeful** ['pɜːpəsfʊl] *adj* [person] résolu; [look, walk] résolu, décidé; [act] réfléchi.

**purposefully** ['pɜːpəsfʊlɪ] *adv* [for a reason] dans un but précis, délibérément; [determinedly] d'un air résolu.

**purposeless** ['pɜːpəslɪs] *adj* [life] sans but, vide de sens; [act,

violence] gratuit.

**purposely** ['pɜːpəslɪ] *adv* exprès, délibérément.

**purr** [pɜːʳ] ◇ *vi* [cat, engine] ronronner. ◇ *vt* susurrer. ◇ *n* [of cat] ronronnement *m*, ronron *m*; [of engine] ronronnement *m*.

**purse** [pɜːs] ◇ *n* **-1.** *Br* [for coins] porte-monnaie *m inv*.**-2.** *Am* [handbag] sac *m* à main. **-3.** FIN [wealth, resources] bourse *f*; to hold OR to control the ~ strings *fig* tenir les cordons de la bourse. **-4.** SPORT [prize money] bourse *f*. ◇ *vt* [lips] pincer.

**purser** ['pɜːsəʳ] *n* NAUT commissaire *m* du bord.

**purse snatching** *Am n* vol *m* à l'arraché.

**pursuance** [pə'sjuːəns] *n fml* exécution *f*, accomplissement *m*.

**pursuant** [pə'sjuːənt]
◆ **pursuant to** *prep phr fml* [following] à la suite de, suivant; [in accordance with] conformément à.

**pursue** [pə'sjuː] *vt* **-1.** [chase, follow] poursuivre; *fig* suivre, poursuivre; she was ~d by ill health/the maladie ~d by ill fortune/ill health elle était poursuivie par la malchance/la maladie. **-2.** [strive for] poursuivre, rechercher. **-3.** [carry out] exécuter, mettre en œuvre; the policies ~d by the previous government la politique menée par le gouvernement précédent || [practise] exercer; I have no time to ~ any hobbies je n'ai pas de temps à consacrer à des hobbies. **-4.** [take further] poursuivre; to ~ a point insister sur OR revenir sur un point.

**pursuer** [pə'sjuːəʳ] *n* poursuivant *m*, -e *f*.

**pursuit** [pə'sjuːt] *n* **-1.** [chasing] poursuite *f*; they went out in ~ of the vandals ils se sont lancés à la poursuite des vandales; with a pack of dogs in hot ~ avec une meute de chiens à leurs trousses. **-2.** [striving after] poursuite *f*, quête *f*, recherche *f*.**-3.** [pastime] occupation *f*; leisure ~s loisirs *mpl*, passe-temps *m inv*.**-4.** SPORT [cycle race] poursuite *f*.

**purulent** ['pjʊərʊlənt] *adj* purulent.

**purvey** [pə'veɪ] *vt* **-1.** [sell] vendre, fournir; to ~ sthg to sb fournir qqch à qqn, approvisionner qqn en qqch. **-2.** [communicate – information, news] communiquer; [– lies, rumours] colporter.

**purveyance** [pə'veɪəns] *n* fourniture *f*, approvisionnement *m*.

**purveyor** [pə'veɪəʳ] *n fml* **-1.** [supplier] fournisseur *m*, -euse *f*.**-2.** [spreader – of gossip, lies] colporteur *m*, -euse *f*.

**purview** ['pɜːvjuː] *n* **-1.** *fml* [scope] champ *m*, domaine *m*; the matter falls within/outside the ~ of the committee la question relève/ne relève pas de la compétence du comité. **-2.** JUR [body of statute] texte *m*.

**pus** [pʌs] *n* pus *m*.

**push** [pʊʃ] ◇ *vt* **-1.** [shove, propel] pousser; she ~ed the door open/shut elle ouvrit/ferma la porte (en la poussant); he ~ed the branches apart il a écarté les branches ❑ she ~ed her way to the bar elle se fraya un chemin jusqu'au bar. **-2.** [insert] enfoncer, introduire; [thrust] enfoncer; she ~ed the cork into the bottle elle enfonça le bouchon dans la bouteille; ~ all that mess under the bed pousse tout ce bazar sous le lit. **-3.** [press – doorbell, pedal, button] appuyer sur. **-4.** [cause to move in specified direction]: it will ~ inflation upwards cela va relancer l'inflation; the crisis is ~ing the country towards chaos la crise entraîne le pays vers le chaos; he is ~ing the party to the right il fait glisser le parti vers la droite; buying the car will ~ us even further into debt en achetant cette voiture, nous allons nous endetter encore plus. **-5.** [pressurize] pousser; [force] forcer, obliger, contraindre; to ~ sb to do sthg pousser qqn à faire qqch; to ~ sb into doing sthg forcer OR obliger qqn à faire qqch; their coach doesn't ~ them hard enough leur entraîneur ne les pousse pas assez; I like to ~ myself hard j'aime me donner à fond; he ~ed the car to its limits il a poussé la voiture à la limite de ses possibilités; you're still weak, so don't ~ yourself tu es encore faible, vas-y doucement; I won't be ~ed! je ne céderai pas!; when I ~ed her, she admitted it quand j'ai insisté, elle a avoué; he keeps ~ing me for the rent il me relance sans cesse au sujet du loyer. **-6.** [advocate, argue for – idea, method] prôner, préconiser; [promote – product] promouvoir; he's trying to ~ his own point of view il essaie d'imposer son point de vue personnel; the mayor is ~ing his town as the best site for the conference le maire présente sa ville comme le meilleur endroit pour tenir la conférence. **-7.** [stretch, exaggerate – argument, case]

présenter avec insistance, insister sur; **if we ~ the compari-son a little further** si on pousse la comparaison un peu plus loin ❏ **I'll try to arrive by 7 p.m., but it's ~ing it a bit** *inf* je tâcherai d'arriver à 19 h, mais ça va être juste; **that's ~ing it a bit!** *inf* c'est un peu fort!**-8.** *inf* [sell – drugs] revendre. **-9.** *inf* [approach] friser; **to be ~ing thirty** friser la trentaine. ◊ *vi* **-1.** [shove] pousser; **no ~ing please!** ne poussez pas, s'il vous plaît!; '**push'**[on door] 'poussez'; **people were ~ing to get in** les gens se bousculaient pour entrer; **he ~ed through the crowd to the bar** il s'est frayé un chemin jusqu'au bar à travers la foule; **somebody ~ed past me** quelqu'un est passé en me bousculant. **-2.** [press – on button, bell, knob] appuyer. **-3.** [advance] avancer; [progress] évoluer. **-4.** [extend – path, fence] s'étendre; **the road ~ed deep into the hills** la route s'enfonçait dans les collines. ◊ *n* **-1.** [shove] poussée *f*; **to give sb/sthg a ~** pousser qqn/qqch; **would you give me a ~?** AUT pourriez-vous me pousser? ❏ **to give sb the ~** *Br inf* [from job] virer qqn; [in relationship] plaquer qqn; **when it comes to the ~** *inf*, **when ~ comes to shove** *inf* au moment critique OR crucial; **I can lend you the money if it comes to the ~** *inf* au pire, je pourrai vous prêter l'argent; **I can do it at a ~** *inf* je peux le faire si c'est vraiment nécessaire. **-2.** [act of pressing]: **the door opens at the ~ of a button** il suffit d'appuyer sur un bouton pour que la porte s'ouvre; **he expects these things to happen at the ~ of a button** *fig* il s'attend à ce que ça se fasse sur commande. **-3.** *fig* [trend]: **the ~ towards protectionism is gathering strength** la tendance au protectionnisme se renforce. **-4.** [encouragement] mot *m* d'encouragement; **he'll do it, but he needs a ~** il le fera, mais il a besoin qu'on le pousse un peu; **he just needs a ~ in the right direction** il a juste besoin qu'on le mette sur la bonne voie. **-5.** MIL [advance] poussée *f*.**-6.** [campaign] campagne *f*; **a sales ~** une campagne de promotion des ventes. **-7.** [drive, dynamism] dynamisme *m*; **he has a lot of ~** il est très dynamique.
◆ **push about** *vt sep Br* **-1.** [physically] malmener. **-2.** [bully] donner des ordres à; **I won't be ~ed about!** *fig* je ne vais pas me laisser marcher sur les pieds!
◆ **push ahead** *vi insep* [make progress]: **they decided to ~ ahead with the plans to extend the school** ils ont décidé d'activer les projets d'extension de l'école.
◆ **push along** ◊ *vt sep* [trolley, pram] pousser (devant soi). ◊ *vi insep* [leave] filer.
◆ **push around** = **push about**.
◆ **push aside** *vt sep* **-1.** [objects] pousser. **-2.** [reject – proposal] écarter, rejeter; [neglect – problem]: **you can't just ~ aside the problem** like that vous ne pouvez pas faire comme si le problème n'existait pas; **I ~ed my doubts aside** je n'ai pas tenu compte de mes doutes.
◆ **push away** *vt sep* repousser.
◆ **push back** *vt sep* **-1.** [person] repousser (en arrière); [bedclothes] rejeter, repousser; **he ~ed me back from the door** il m'a éloigné de la porte. **-2.** [repulse – troops] repousser. **-3.** [postpone] repousser.
◆ **push down** ◊ *vt sep* **-1.** [lever, handle] abaisser; [pedal] appuyer sur; **she ~ed the clothes down in the bag** elle a tassé les vêtements dans le sac. **-2.** [knock over] renverser, faire tomber. ◊ *vi insep* [on pedal, lever] appuyer (sur la pédale/manette *etc*).
◆ **push for** *vt insep* [argue for] demander; [campaign for] faire campagne pour; [agitate for] militer pour.
◆ **push forward** ◊ *vt sep literal* pousser (en avant); **to ~ o.s. forward** *fig* se mettre en avant, se faire valoir. ◊ *vi insep* **-1.** [advance – person, car] se frayer un chemin; [– crowd, herd] se presser en avant. **-2.** = **push ahead**.
◆ **push in** ◊ *vt sep* **-1.** [drawer] pousser; [electric plug, key] enfoncer, introduire; [disk] insérer; [knife, stake, spade] enfoncer; [button, switch] appuyer sur. **-2.** [person]: **they ~ed me in the water** ils m'ont poussé dans l'eau; **he opened the door and ~ed me in** il ouvrit la porte et me poussa à l'intérieur. **-3.** [break down – panel, cardboard] enfoncer. ◊ *vi insep* [in queue] se faufiler; **no ~ing in!** faites la queue!
◆ **push off** ◊ *vi insep* **-1.** *inf* [go away] filer; **~ off!** de l'air!, dégage!**-2.** [in boat] pousser au large. ◊ *vt sep* **-1.** [knock off] faire tomber; **I ~ed him off the chair** je l'ai fait tomber de sa chaise. **-2.** [boat] déborder.
◆ **push on** ◊ *vi insep* [on journey – set off again] reprendre la route, se remettre en route; [– continue] poursuivre OR continuer son chemin ‖ [keep working] continuer, persévérer;

**they're ~ing on with the reforms** ils poursuivent leurs efforts pour faire passer les réformes. ◊ *vt sep* [urge on]: **to ~ sb on to do sthg** pousser OR inciter qqn à faire qqch.
◆ **push out** ◊ *vt sep* **-1.** [person, object]: **they ~ed the car out of the mud** ils ont désembourbé la voiture en la poussant; **the bed had been ~ed out from the wall** le lit avait été écarté du mur ❏ **to ~ the boat out** *literal* déborder l'embarcation; *fig* faire la fête. **-2.** [stick out – hand, leg] tendre. **-3.** [grow – roots, shoots] faire, produire. **-4.** [oust] évincer; [dismiss from job] mettre à la porte. **-5.** *inf* [churn out – articles, books] produire à la chaîne, pondre en série. ◊ *vi insep* [appear – roots, leaves] pousser; [– snowdrops, tulips] pointer.
◆ **push over** *vt sep* **-1.** [pass – across table, floor] pousser. **-2.** [knock over] faire tomber, renverser; [from ledge, bridge] pousser, faire tomber.
◆ **push through** ◊ *vt sep* **-1.** [project, decision] faire accepter; [deal] conclure; [bill, budget] réussir à faire voter OR passer. **-2.** [thrust – needle] passer; **she eventually managed to ~ her way through (the crowd)** elle réussit finalement à se frayer un chemin (à travers la foule). ◊ *vi insep* [car, person] se frayer un chemin; [troops, army] avancer.
◆ **push to** *vt sep* [door, drawer] fermer.
◆ **push up** *vt sep* **-1.** [push upwards – handle, lever] remonter, relever; [– sleeves] remonter, retrousser; **he's ~ing up (the) daisies** *inf* il mange les pissenlits par la racine. **-2.** [increase – taxes, sales, demand] augmenter; [– prices, costs, statistics] faire monter.

**pushbike** ['puʃbaɪk] *n Br inf* vélo *m*, bécane *f*.
**push button** *n* bouton *m*.
◆ **push-button** *adj* [telephone] à touches; [car window] à commande automatique; **push-button controls** commandes *fpl* automatiques.
**pushcart** ['puʃkɑːt] *n Am* charrette *f* à bras.
**pushchair** ['puʃtʃeəʳ] *n Br* poussette *f*.
**pushed** [puʃt] *adj* **-1.** *inf* [lacking – money, time]: **to be ~ for sthg** manquer de OR être à court de qqch; **we're really ~ for time** nous n'avons que très peu de temps; **I'd like to stay longer, but I'm a bit ~** j'aimerais rester plus longtemps, mais je suis assez pressé. **-2.** [in difficulty]: **to be hard ~ to do sthg** avoir du mal à faire qqch.
**pusher** ['puʃəʳ] *n inf* [drug dealer] trafiquant *m*, -e *f* (de drogue), dealer *m*.
**pushing** ['puʃɪŋ] *n* bousculade *f*.
**Pushkin** ['puʃkɪn] *prn* Pouchkine.
**pushover** ['puʃ,əuvəʳ] *n* **-1.** *inf* [easy thing] jeu *m* d'enfant; **the match will be a ~** *inf* le match, c'est de tout cuit OR ça va être du gâteau. **-2.** *inf* [sucker] pigeon *m*. **-3.** SPORT [in rugby]: **~ try** essai *m* collectif (par les avants).
**pushpin** ['puʃpɪn] *n Am* punaise *f*.
**pushrod** ['puʃrɒd] *n* AUT poussoir *m* de soupape.
**push-start** ◊ *n* AUT: **to give sb a ~** pousser la voiture de qqn pour la faire démarrer. ◊ *vt* faire démarrer en poussant.
**push-up** *n* pompe *f* (exercice physique).
**pushy** ['puʃi] (*compar* **pushier**, *superl* **pushiest**) *adj inf & pej* [ambitious] arriviste; [attention-seeking] qui cherche à se faire valoir OR mousser.
**pusillanimous** [,pjuːsɪˈlænɪməs] *adj fml* pusillanime.
**puss** [pus] *n inf* [cat] minou *m*.
**pussy** ['pusi] (*pl* **pussies**) *n* **-1.** *inf* [cat] minou *m*.**-2.** ▼ [female sex organs] chatte *f*.
**pussycat** ['pusikæt] *n inf* minou *m*.
**pussyfoot** ['pusifut] *vi inf* atermoyer, tergiverser.
**pussy willow** *n* saule *m* blanc.
**pustule** ['pʌstjuːl] *n* pustule *f*.
**put** [put] (*pt & pp* **put**, *cont* **putting**) ◊ *vt* **A. -1.** [into specified place or position] mettre; **~ the chairs nearer the table** approche les chaises de la table; **he ~ his arm around my shoulders** il passa son bras autour de mes épaules; **to ~ one's head round the door** passer la tête par la porte; **~ some more water on to boil** remets de l'eau à chauffer; **she ~ a match to the wood** elle a allumé le bois ‖ [send]: **they want to ~ me in an old folks' home** ils veulent me mettre dans une maison pour les vieux; **to ~ a child to bed** mettre un enfant au lit, coucher un enfant ‖ *fig*: **I didn't know where to ~ myself!** je ne savais plus où me mettre!;

we ~ a lot of emphasis on creativity nous mettons beaucoup l'accent sur la créativité; don't ~ too much trust in what he says ne te fie pas trop à ce qu'il dit. **-2.** [push or send forcefully]: he ~ his fist through the window il a passé son poing à travers la fenêtre; he ~ a bullet through his head il s'est mis une balle dans la tête. **-3.** [impose – responsibility, tax] mettre; it ~s an extra burden on our department c'est un fardeau de plus pour notre service. **-4.** [into specified state] mettre; I hope I've not ~ you to too much trouble j'espère que je ne vous ai pas trop dérangé; music always ~s him in a good mood la musique le met toujours de bonne humeur; the new rules will be ~ into effect next month le nouveau règlement entrera en vigueur le mois prochain; to ~ sb out of a job mettre qqn au chômage; the money will be ~ to good use l'argent sera bien employé. **-5.** [write down] mettre, écrire. **-6.** [bring about]: to ~ an end OR a stop to sthg mettre fin OR un terme à qqch.
**B. -1.** [say, express] dire, exprimer; to ~ one's thoughts into words exprimer sa pensée, s'exprimer; let me ~ it this way laissez-moi l'exprimer ainsi; it was, how shall I ~ it, rather long c'était, comment dirais-je, un peu long; to ~ it briefly OR simply, they refused bref OR en un mot, ils ont refusé. **-2.** [present, submit – suggestion, question] soumettre; [– motion] proposer, présenter; he ~ his case very well il a très bien présenté son cas; I ~ it to you that you are the real culprit je vous accuse d'être le véritable coupable.
**C.** [classify – in hierarchy] placer, mettre; I ~ my family above my job je fais passer ma famille avant mon travail.
**D. -1.** [set to work]: they ~ her on the Jones case ils l'ont mise sur l'affaire Jones. **-2.** [apply, invest – effort] investir, consacrer; to ~ a lot of time/energy into sthg consacrer beaucoup de temps/d'énergie à qqch, investir beaucoup de temps/d'énergie dans qqch; he ~ everything he had into his first service SPORT il a tout mis dans son premier service. **-3.** [invest – money] placer, investir. **-4.** [bet] parier, miser.
**E.** SPORT: to ~ the shot OR the weight lancer le poids.
◇ *vi* NAUT: to ~ to sea lever l'ancre, appareiller; we ~ into port at Bombay nous avons fait escale à Bombay.
◇ *n* **-1.** SPORT lancer *m* (du poids). **-2.** ST.EX option *f* de vente.
◆ **put about** ◇ *vt sep* **-1.** [spread – gossip, story] faire courir. **-2.** *Br inf* [sexually]: to ~ o.s. about coucher à droite et à gauche. ◇ *vi insep* NAUT virer de bord.
◆ **put across** *vt sep* **-1.** [communicate] faire comprendre; to ~ sthg across to sb faire comprendre qqch à qqn; she's good at putting herself across elle sait se mettre en valeur. **-2.** *Br inf phr*: don't try putting anything across on me! ne me prends pas pour un imbécile!
◆ **put aside** *vt sep* **-1.** [stop – activity, work] mettre de côté, poser. **-2.** [disregard, ignore] écarter, laisser de côté. **-3.** [save] mettre de côté; we have a little money ~ aside nous avons un peu d'argent de côté.
◆ **put at** *vt sep* [estimate] estimer.
◆ **put away** *vt sep* **-1.** [tidy] ranger. **-2.** [lock up – in prison] mettre sous les verrous; [– in mental home] enfermer. **-3.** *inf* [eat] enfourner, s'envoyer; [drink] descendre, écluser. **-4.** [save] mettre de côté; I have a few pounds ~ away j'ai un peu d'argent de côté, j'ai quelques économies.
◆ **put back** ◇ *vt sep* **-1.** [replace, return] remettre. **-2.** [postpone] remettre. **-3.** [slow down, delay] retarder. **-4.** [turn back – clock] retarder; we ~ the clocks back next weekend le week-end prochain, on passe à l'heure d'hiver. **-5.** *inf* [drink] descendre, écluser. ◇ *vi insep* NAUT: to ~ back (to port) rentrer au port.
◆ **put by** *vt sep* [save] mettre de côté.
◆ **put down** ◇ *vt sep* **-1.** [on table, floor etc] poser; to ~ the phone down raccrocher; it's one of those books you just can't ~ down c'est un de ces livres que tu ne peux pas poser avant de l'avoir fini. **-2.** [drop off – passenger] déposer, laisser. **-3.** [write down] écrire, inscrire; she ~ us down as Mr and Mrs Smith elle nous a inscrits sous le nom de M. et Mme Smith; it's never been ~ down in writing ça n'a jamais été mis par écrit; I can ~ it down as expenses je peux le faire passer dans mes notes de frais. **-4.** [on agenda] inscrire à l'ordre du jour; to ~ down a motion of no confidence déposer une motion de censure. **-5.** [enrol] inscrire. **-6.** [quell] réprimer, étouffer. **-7.** [belittle] rabaisser, critiquer. **-8.** *Br euph* [kill]: to have a cat/dog ~ down faire piquer un chat/chien. **-9.** [pay as deposit] verser. **-10.** [store – wine] mettre en cave. **-11.** [put to bed – baby] coucher. **-12.**

[land – plane] poser. ◇ *vi insep* [land – plane, pilot] atterrir, se poser.
◆ **put down as** *vt sep* classer parmi.
◆ **put down for** *vt sep* inscrire pour; I'll ~ you down for Thursday at 3 o'clock je vous mets jeudi à 15 h.
◆ **put down to** *vt sep* mettre sur le compte de.
◆ **put forth** *vt insep* **-1.** *lit* [sprout – shoots, leaves] produire. **-2.** *fml* [state] avancer.
◆ **put forward** *vt sep* **-1.** [suggest – proposal, idea, hypothesis] avancer; [– candidate] proposer; she ~ her name forward for the post of treasurer elle a posé sa candidature au poste de trésorière. **-2.** [turn forward – clock, hands of clock] avancer; we ~ the clocks forward next weekend le week-end prochain, on passe à l'heure d'été. **-3.** [bring forward] avancer.
◆ **put in** ◇ *vt sep* **-1.** [place inside bag, container, cupboard] mettre dans; to ~ the ball in RUGBY remettre la balle en jeu. **-2.** [insert, include] insérer, inclure. **-3.** [interject] placer; her name was Alice, the woman ~ in elle s'appelait Alice, ajouta la femme. **-4.** [install] installer. **-5.** [devote – time] passer; I've ~ in a lot of work on that car j'ai beaucoup travaillé sur cette voiture. **-6.** [appoint] nommer. **-7.** [submit – request, demand] déposer, soumettre; to ~ in an application for a job déposer sa candidature pour OR se présenter pour un emploi. ◇ *vi insep* NAUT faire escale.
◆ **put in for** *vt insep*: to ~ in for sthg [post] poser sa candidature pour qqch; [leave, promotion] faire une demande de qqch, demander qqch.
◆ **put off** *vt sep* **-1.** [drop off – passenger] déposer, laisser. **-2.** [postpone] repousser, remettre; the meeting has been ~ off until tomorrow la réunion a été renvoyée OR remise à demain; I kept putting off telling him the truth je continuais à repousser le moment de lui dire la vérité; I can't ~ him off again je ne peux pas encore annuler un rendez-vous avec lui. **-3.** [dissuade]: once he's made up his mind nothing in the world can ~ him off une fois qu'il a pris une décision, rien au monde ne peut le faire changer d'avis. **-4.** [distract] déranger, empêcher de se concentrer. **-5.** [repel] dégoûter, rebuter; don't be ~ off by his odd sense of humour ne te laisse pas rebuter par son humour un peu particulier; it ~ me off skiing for good ça m'a définitivement dégoûté du ski; it ~ me off my dinner ça m'a coupé l'appétit.
◆ **put on** *vt sep* **-1.** [clothes, make-up, ointment] mettre. **-2.** [present, stage – play, opera] monter; [– poetry reading, whist drive, slide show] organiser. **-3.** [lay on, provide]: they ~ on excellent meals on Sundays ils servent d'excellents repas le dimanche; they have ~ on 20 extra trains ils ont ajouté 20 trains. **-4.** [gain – speed, weight] prendre. **-5.** [turn on, cause to function – light, radio, gas] allumer; [– record, tape] mettre; [– handbrake] mettre, serrer; to ~ on the brakes freiner. **-6.** [start cooking] mettre (à cuire); I've ~ the kettle on for tea j'ai mis de l'eau à chauffer pour le thé. **-7.** [bet] parier. **-8.** [assume] prendre; to ~ on airs prendre des airs ❑ don't worry, he's just putting it on ne t'inquiète pas, il fait semblant. **-9.** *inf* [tease] faire marcher. **-10.** [apply – pressure] exercer. **-11.** [add] ajouter; the tax increase will ~ another 10p on a gallon of petrol l'augmentation de la taxe va faire monter le prix du gallon d'essence de 10 pence. **-12.** [impose] imposer. **-13.** [attribute]: it's hard to ~ a price on it c'est difficile d'en évaluer OR estimer le prix.
◆ **put onto** *vt sep* [help find] indiquer à; to ~ the police/taxman onto sb dénoncer qqn à la police/au fisc; what ~ you onto the butler, detective inspector? qu'est-ce qui vous a amené à soupçonner le maître d'hôtel, commissaire?
◆ **put out** ◇ *vt sep* **-1.** [place outside] mettre dehors, sortir; I'll ~ the washing out (to dry) je vais mettre le linge (dehors) à sécher. **-2.** [remove]: to ~ sb's eye out éborgner qqn. **-3.** [issue – apology, announcement] publier; [– story, rumour] faire circuler; [broadcast] émettre; to ~ out an SOS lancer un SOS. **-4.** [extinguish – fire, light, candle] éteindre; [– cigarette] éteindre, écraser. **-5.** [lay out, arrange] sortir. **-6.** [stick out, stretch out – arm, leg] étendre, allonger; [– hand] tendre; [– tongue] tirer. **-7.** [dislocate]: to ~ one's shoulder out se démettre l'épaule; I've ~ my back out je me suis déplacé une vertèbre. **-8.** [annoy, upset]: to be ~ out about sthg être fâché à cause de qqch. **-9.** [inconvenience] déranger; she's always ready to ~ herself out for other people elle est toujours prête à rendre service. **-10.** [sprout – shoots, leaves] produire. **-11.** [make unconscious – with drug, injection] endormir. **-12.** [subcontract] sous-traiter; we ~ most of our work

out nous confions la plus grande partie de notre travail à des sous-traitants. **-13.** HORT [plant out] repiquer.
◇ *vi insep* **-1.** NAUT prendre le large; to ~ out to sea faire appareiller. **-2.** *Am inf* [sexually]: everyone knows she ~s out tout le monde sait qu'elle est prête à coucher.
◆ **put over** = **put across**.
◆ **put over on** *vt sep inf phr*: to ~ one over on sb avoir OR rouler qqn.
◆ **put round** *vt sep* [spread – gossip, story] faire courir.
◆ **put through** *vt sep* **-1.** TELEC [connect] passer la communication à; ~ the call through to my office passez-moi la communication dans mon bureau; I'll ~ you through to Mrs Powell je vous passe Mme Powell. **-2.** [carry through, conclude] conclure; we finally ~ through the necessary reforms nous avons fini par faire passer les réformes nécessaires. **-3.** [subject to] soumettre à; to ~ sb through it *inf* en faire voir de toutes les couleurs à qqn. **-4.** [pay for]: he ~ himself through college il a payé ses études.
◆ **put together** *vt sep* **-1.** *(usu passive)* [combine] mettre ensemble, réunir; he's more trouble than the rest of them ~ together il nous crée plus de problèmes à lui seul que tous les autres réunis. **-2.** [assemble – kit, furniture, engine] monter, assembler; to ~ sthg (back) together again remonter qqch. **-3.** [compile – dossier] réunir; [– proposal, report] préparer; [– story, facts] reconstituer. **-4.** [organize – show, campaign] organiser, monter.
◆ **put under** *vt sep* [with drug, injection] endormir.
◆ **put up** ◇ *vt sep* **-1.** [raise, hoist – hand] lever; [– flag] hisser; [– hood] relever; [– umbrella] ouvrir. **-2.** [erect, build – tent] dresser, monter; [– house, factory] construire; [– monument, statue] ériger; they ~ up a statue to her ils érigèrent une statue en son honneur. **-3.** [install, put in place] mettre; they've already ~ up the Christmas decorations ils ont déjà installé les décorations de Noël; the shopkeeper ~ up the shutters le commerçant a baissé le rideau de fer. **-4.** [send up – rocket, satellite] lancer. **-5.** [display – sign] mettre; [– poster] afficher. **-6.** [show – resistance] offrir, opposer; to ~ up a good show bien se défendre; to ~ up a struggle se défendre, se débattre. **-7.** [present – argument, proposal] présenter. **-8.** [offer for sale]: to ~ sthg up for sale/auction mettre qqch en vente/aux enchères. **-9.** [put forward – candidate] présenter; [– person, name] proposer (comme candidat). **-10.** [provide – capital]: who's putting the money up for the new business? qui finance la nouvelle entreprise? **-11.** [increase] faire monter, augmenter. **-12.** [give hospitality to] loger; to ~ sb up for the night coucher qqn. **-13.** [urge, incite]: to ~ sb up to (doing) sthg pousser qqn à (faire) qqch.
◇ *vi insep* **-1.** *Br* [stay – in hotel] descendre; [– with friends] loger. **-2.** [stand – in election] se présenter, se porter candidat. **-3.** *Am phr*: ~ up or shut up! *inf* assez parlé, agissez!
◆ **put upon** *vt insep (usu passive)* abuser de; you shouldn't let yourself be ~ upon like that! tu ne devrais pas te laisser marcher sur les pieds comme ça!
◆ **put up with** *vt insep* supporter, tolérer.

**putative** ['pju:tətɪv] *adj fml* putatif.

**put-down** *n inf* [snub] rebuffade *f*.

**put-in** *n* RUGBY introduction *f*.

**put-off** *n Am inf* [evasion] faux-fuyant *m*; [excuse] prétexte *m*.

**put-on** ◇ *adj* affecté, simulé. ◇ *n inf* **-1.** [pretence] simulacre *m*. **-2.** [hoax] canular *m*. **-3.** *Am* [charlatan] charlatan *m*.

**putrefaction** [,pju:trɪ'fækʃn] *n* putréfaction *f*.

**putrefy** ['pju:trɪfaɪ] *(pt & pp* **putrefied)** ◇ *vi* se putréfier. ◇ *vt* putréfier.

**putrescent** [pju:'tresnt] *adj fml* putrescent.

**putrid** ['pju:trɪd] *adj* **-1.** [decaying] putride; a ~ smell une odeur nauséabonde. **-2.** *inf* [awful] dégueulasse.

**putsch** [pʊtʃ] *n* putsch *m*, coup *m* d'État.

**putt** [pʌt] ◇ *n* putt *m*. ◇ *vi & vt* putter.

**puttee** ['pʌtɪ] *n* bande *f* molletière.

**putter** ['pʌtər] ◇ *n* SPORT **-1.** [club] putter *m*. **-2.** [person]: he's a good ~ il putte bien. ◇ *vi* **-1.** [vehicle] avancer en faisant teuf-teuf. **-2.** *Am* = **potter**.

**putting** ['pʌtɪŋ] *n* SPORT putting *m*.

**putting green** *n* green *m*.

**putty** ['pʌtɪ] *(pt & pp* **puttied)** ◇ *n* [for cracks, holes] mastic *m*; [for walls] enduit *m*; my legs feel like ~ j'ai les jambes en coton ❑ Max is ~ in her hands elle fait de Max (tout) ce qu'elle veut, Max ne sait pas lui résister. ◇ *vt* mastiquer.

**putty knife** *n* couteau *m* à mastiquer, spatule *f* de vitrier.

**put-up** *adj Br inf*: ~ job coup *m* monté.

**put-upon** *adj Br* exploité.

**put-you-up** *n Br* canapé-lit *m*.

**puzzle** ['pʌzl] ◇ *n* **-1.** [game – gen] jeu *m* de patience; [jigsaw] puzzle *m*; [brainteaser] casse-tête *m inv*; [riddle] devinette *f*. **-2.** [problem] question *f* (difficile); [enigma, mystery] énigme *f*, mystère *m*. **-3.** [perplexity] perplexité *f*; he was in a ~ about what to do il ne savait pas trop quoi faire. ◇ *vt* laisser perplexe; I'm still ~d to know how he got out j'essaie toujours de comprendre comment il s'y est pris pour sortir. ◇ *vi* [wonder] se poser des questions; [ponder] réfléchir.
◆ **puzzle out** *vt sep Br* [meaning, solution, route, way] trouver, découvrir; [code, enigma, handwriting] déchiffrer; [problem] résoudre; [behaviour, intentions] comprendre.
◆ **puzzle over** *vt insep* [answer, explanation] essayer de trouver; [absence, letter, theory] essayer de comprendre; [enigma, crossword] essayer de résoudre; [code, handwriting] essayer de déchiffrer.

**puzzle book** *n* [gen] livre *m* de jeux; [of crosswords] livre *m* de mots croisés.

**puzzled** ['pʌzld] *adj* perplexe.

**puzzlement** ['pʌzlmənt] *n* perplexité *f*.

**puzzler** ['pʌzlər] *n* énigme *f*, casse-tête *m inv*.

**puzzling** ['pʌzlɪŋ] *adj* [behaviour, remark] curieux, qui laisse perplexe; [symbol, machine] incompréhensible; it's ~ that he hasn't sent word c'est curieux qu'il n'ait pas donné signe de vie; it remains a ~ phenomenon c'est un phénomène encore inexpliqué.

**PVC** *(abbr of* **polyvinyl chloride)** *n* PVC *m*.

**pw** *(written abbr of* **per week)** p.sem.

**PWA** *(abbr of* **person with AIDS)** *n* sidéen *m*, -enne *f*.

**Pygmalion** [pɪg'meɪljən] *prn* Pygmalion.

**pygmy** ['pɪgmɪ] *(pl* **pygmies)** ◇ *n* **-1.** ZOOL [small animal] nain *m*, -e *f*. **-2.** *fig & pej* [person] nain *m*. ◇ *adj* pygmée.
◆ **Pygmy** ◇ *n* Pygmée *mf*. ◇ *adj* pygmée.

**pyjama** *Br*, **pajama** *Am* [pə'dʒɑːmə] *comp* [jacket, trousers] de pyjama.
◆ **pyjamas** *Br*, **pajamas** *Am npl* pyjama *m*; a pair of ~s un pyjama; he was in his ~s il était en pyjama.

**pylon** ['paɪlən] *n* [gen & ARCHEOL] pylône *m*.

**pyramid** ['pɪrəmɪd] ◇ *n* pyramide *f*. ◇ *vt* **-1.** [build in pyramid form] ériger en forme de pyramide. **-2.** FIN [companies] structurer en holdings.

**pyramid selling** *n* vente *f* à la boule de neige.

**pyre** ['paɪər] *n*: (funeral) ~ bûcher *m* funéraire.

**Pyrenean** [,pɪrə'ni:ən] *adj* pyrénéen.

**Pyrenees** [,pɪrə'ni:z] *pl prn*: the ~ les Pyrénées *fpl*.

**Pyrex®** ['paɪreks] ◇ *n* Pyrex® *m*. ◇ *comp* [dish] en Pyrex®.

**pyrite** [paɪ'raɪt], **pyrites** [paɪ'raɪti:z] *n* pyrite *f*.

**pyromaniac** [,paɪrəu'meɪnɪæk] *n* pyromane *mf*.

**pyrotechnics** [,paɪrəu'teknɪks] ◇ *n* (U) [process] pyrotechnie *f*. ◇ *npl* **-1.** [display] feu *m* d'artifice. **-2.** *fig* [display of skill] performance *f* éblouissante.

**Pyrrhic victory** ['pɪrɪk-] *n* victoire *f* à la Pyrrhus.

**Pythagoras** [paɪ'θægərəs] *prn* Pythagore.

**Pythagorean** [paɪ,θægə'ri:ən] *adj* [relating to Pythagoras] pythagoricien; [relating to Pythagoras' theorem] pythagorique.

**python** ['paɪθn] *n* python *m*.

# Q

**q** (*pl* **q's** OR **qs**), **Q** (*pl* **Q's** OR **Qs**) [kjuː] *n* [letter] q *m*, Q *m*.

**q** *written abbr of* **quart.**

**QC** (*abbr of* **Queen's Counsel**) *n Br* ≃ bâtonnier *m* de l'ordre.

**QE2** (*abbr of* **Queen Elizabeth II**) *pr n* grand paquebot de luxe.

**QED** (*abbr of* **quod erat demonstrandum**) *adv* CQFD.

**qt** *written abbr of* **quart.**

**qty** (*written abbr of* **quantity**) qté.

**qua** [kweɪ] *prep fml* en tant que.

**quack** [kwæk] ◇ *vi* [duck] cancaner, faire coin-coin. ◇ *n* **-1.** [of duck] cancanement *m*, coin-coin *m inv*.**-2.** [charlatan] charlatan *m*.**-3.** *Br* & *Austr inf* & *hum* [doctor] toubib *m*. ◇ *adj* [medicine, method] de charlatan, charlatanesque; ~ doctor charlatan *m*. ◇ *onomat*: ~ (~)! coin-coin!

**quad** [kwɒd] *n* **-1.** *abbr of* **quadruplet. -2.** *abbr of* **quadrangle. -3.** *abbr of* **quadraphonic. -4.** TYPO cadrat *m*.

**quadrangle** ['kwɒdræŋgl] *n* **-1.** GEOM quadrilatère *m*; complete ~ quadrangle *m*.**-2.** [courtyard] cour *f*.

**quadrangular** [kwɒ'dræŋgjʊlə'] *adj* quadrangulaire.

**quadrant** ['kwɒdrənt] *n* **-1.** GEOM quadrant *m*.**-2.** ASTRON & NAUT quart-de-cercle *m*, quadrant *m*.

**quadraphonic** [ˌkwɒdrə'fɒnɪk] *adj* quadriphonique; in ~ sound en quadriphonie.

**quadratic** [kwɒ'drætɪk] *adj* MATH quadratique.

**quadrature** ['kwɒdrətʃə'] *n* quadrature *f*.

**quadrilateral** [ˌkwɒdrɪ'lætərəl] ◇ *adj* quadrilatère, quadrilatéral. ◇ *n* quadrilatère *m*.

**quadrille** [kwə'drɪl] *n* quadrille *m*.

**quadriplegia** [ˌkwɒdrɪ'pliːdʒə] *n* tétraplégie *f*, quadriplégie *f*.

**quadriplegic** [ˌkwɒdrɪ'pliːdʒɪk] ◇ *adj* tétraplégique. ◇ *n* tétraplégique *mf*.

**quadroon** [kwɒ'druːn] *n* quarteron *m*, -onne *f*.

**quadrophonic** [ˌkwɒdrə'fɒnɪk] ◇ = **quadraphonic.**

**quadruped** ['kwɒdruped] ◇ *adj* quadrupède. ◇ *n* quadrupède *m*.

**quadruple** [kwɒ'druːpl] ◇ *adj* quadruple. ◇ *n* quadruple *m*. ◇ *vi* & *vt* quadrupler.

**quadruplet** ['kwɒdruplɪt] *n* quadruplé *m*, -e *f*.

**quadruplicate** [kwɒ'druːplɪkət] ◇ *adj* quadruple. ◇ *n*: in ~ en quatre exemplaires.

**quads** [kwɒdz] *npl inf* quadruplés *mpl*.

**quaff** [kwɒf] *vt lit* boire.

**quagmire** ['kwægmaɪə'] *n literal* & *fig* bourbier *m*.

**quail** [kweɪl] (*pl inv* OR **quails**) ◇ *n* [bird] caille *f*. ◇ *vi* [feel afraid] trembler; [give way, lose heart] perdre courage; to ~ before sb/sthg trembler devant qqn/qqch.

**quaint** [kweɪnt] *adj* **-1.** [picturesque] pittoresque; [old-fashioned] au charme désuet. **-2.** [odd] bizarre, étrange; what a ~ idea! quelle drôle d'idée!

**quaintly** ['kweɪntlɪ] *adv* **-1.** [picturesquely] de façon pittoresque; [in an old-fashioned way]: they dress very ~ ils s'habillent à l'ancienne (mode). **-2.** [oddly] bizarrement, étrangement.

**quaintness** ['kweɪntnɪs] *n* **-1.** [picturesqueness] pittoresque *m*; [old-fashioned charm] charme *m* vieillot OR désuet. **-2.** [oddness] bizarrerie *f*, étrangeté *f*.

**quake** [kweɪk] ◇ *vi* **-1.** [person] trembler, frémir; to ~ with fear trembler de peur. **-2.** [earth] trembler. ◇ *n inf* tremblement *m* de terre.

**Quaker** ['kweɪkə'] ◇ *n* quaker *m*, -eresse *f*. ◇ *adj* des quakers.

**qualification** [ˌkwɒlɪfɪ'keɪʃn] *n* **-1.** [diploma] diplôme *m*; candidates with formal ~s in translating des candidats possédant un diplôme de traducteur. **-2.** [ability, quality] aptitude *f*, compétence *f*; [for job] qualification *f*. **-3.** [restriction] réserve *f*; they accepted the idea with some/without ~ ils acceptèrent l'idée avec quelques réserves/sans réserve. **-4.** [act of qualifying] qualification *f*.

**qualified** ['kwɒlɪfaɪd] *adj* **-1.** [trained] qualifié, diplômé; our staff are highly ~ notre personnel est hautement qualifié. **-2.** [able, competent] compétent, qualifié; I don't feel ~ to discuss such matters ces questions sont hors de ma compétence. **-3.** [limited, conditional] mitigé, nuancé; ~ acceptance acceptation *f* conditionnelle OR sous condition.

**qualifier** ['kwɒlɪfaɪə'] *n* **-1.** SPORT [person] qualifié *m*, -e *f*; [contest] (épreuve *f*) éliminatoire *f*.**-2.** GRAMM qualificatif *m*.

**qualify** ['kwɒlɪfaɪ] (*pt* & *pp* **qualified**) ◇ *vi* **-1.** [pass exams, complete training] obtenir son diplôme; to ~ as an accountant/a vet obtenir son diplôme de comptable/vétérinaire. **-2.** [be eligible]: to ~ for a pension avoir droit à la retraite; none of the candidates really qualifies for the post aucun candidat ne répond véritablement aux conditions requises pour ce poste; it hardly qualifies as a success *fig* c'est loin d'être une réussite. **-3.** [in competition] se qualifier. ◇ *vt* **-1.** [make able or competent] qualifier, habiliter; her experience qualifies her for the post son expérience lui permet de prétendre à ce poste; what qualifies him to talk about French politics? en quoi est-il qualifié pour parler de la politique française? **-2.** [modify – statement, criticism] mitiger, atténuer; [put conditions on] poser des conditions. **-3.** [describe] qualifier; I wouldn't ~ the play as a masterpiece je n'irai pas jusqu'à qualifier cette pièce de chef-d'œuvre. **-4.** GRAMM qualifier.

**qualifying** ['kwɒlɪfaɪŋ] *adj*: ~ examination [at end of course] examen *m* de fin d'études; [to get onto course] examen *m* d'entrée; ~ heat OR round SPORT (épreuve *f*) éliminatoire *f*; ~ mark *Br* SCH moyenne *f*.

**qualitative** ['kwɒlɪtətɪv] *adj* qualitatif.

**qualitatively** ['kwɒlɪtətɪvlɪ] *adv* qualitativement.

**quality** ['kwɒlətɪ] (*pl* **qualities**) ◇ *n* **-1.** [standard, nature] qualité *f*; the ~ of life la qualité de la vie. **-2.** [high standard, excellence] qualité *f*; we have a reputation for ~ nous sommes réputés pour la qualité de nos produits. **-3.** [feature, attribute] qualité *f*; he has a lot of good qualities il a de nombreuses qualités; I don't doubt her intellectual qualities je ne doute pas de ses capacités intellectuelles. **-4.** *Br* [newspaper]: ~ (**paper**) quotidien ou journal du dimanche de qualité (*par opposition à la presse populaire*). **-5.** *arch* [high social status] qualité *f*.**-6.** [tone] timbre *m*.**-7.** LING [in phonetics] qualité *f*. ◇ *comp* [goods, work, shop] de qualité.

**quality control** *n* contrôle *m* de qualité.

**qualm** [kwɑːm] *n* **-1.** [scruple] scrupule *m*; [misgiving] appréhension *f*, inquiétude *f*; she has no ~s about going out alone elle ne craint pas de sortir seule. **-2.** [pang of nausea] haut-le-cœur *m inv*, nausée *f*.

**quandary** ['kwɒndərɪ] (*pl* **quandaries**) *n* dilemme *m*; I'm in a dreadful ~ je suis confronté à un terrible dilemme; she was in a ~ over OR about whether or not to tell him elle ne parvenait pas à décider si elle devait le dire.

**quango** ['kwæŋgəʊ] (*abbr of* **quasiautonomous nongovernmental organization**) *n Br* organisme semi-public.

**quanta** ['kwɒntə] *pl*→ **quantum**.

**quantifiable** [kwɒntɪ'faɪəbl] *adj* quantifiable.

**quantifier** ['kwɒntɪfaɪəʳ] *n* **-1.** GRAMM quantificateur *m*, quantifieur *m*.**-2.** LOGIC & MATH quantificateur *m*.

**quantify** ['kwɒntɪfaɪ] (*pt* & *pp* **quantified**) *vt* **-1.** [estimate] quantifier, évaluer quantitativement. **-2.** LOGIC quantifier.

**quantitative** ['kwɒntɪtətɪv], **quantitive** ['kwɒntɪtɪv] *adj* quantitatif.

**quantitative analysis** *n* analyse *f* quantitative.

**quantity** ['kwɒntətɪ] (*pl* **quantities**) *n* [gen, LING & MATH] quantité *f*; in ~ en (grande) quantité; **large quantities of** de grandes quantités de.

**quantity surveying** *n* métrage *m*.

**quantity surveyor** *n* métreur *m*.

**quantum** ['kwɒntəm] (*pl* **quanta** [-tə]) *n* quantum *m*.

**quantum jump, quantum leap** *n* progrès *m* énorme, bond *m* en avant.

**quantum mechanics** *n* (*U*) (mécanique *f*) quantique *f*.

**quantum theory** *n* théorie *f* des quanta OR quantique.

**quarantine** ['kwɒrəntiːn] ◇ *n* quarantaine *f* MÉD; **our dog is in** ~ notre chien est en quarantaine. ◇ *vt* mettre en quarantaine.

**quark** [kwɑːk] *n* **-1.** PHYS quark *m*.**-2.** [cheese] fromage *m* blanc.

**quarrel** ['kwɒrəl] (*Br pt* & *pp* **quarrelled**, *cont* **quarrelling**, *Am pt* & *pp* **quarreled**, *cont* **quarreling**) ◇ *n* **-1.** [dispute] querelle *f*, dispute *f*; **they had a** ~ **over money** ils se sont disputés pour des histoires d'argent; **to pick a** ~ **with sb** chercher querelle à qqn. **-2.** [cause for complaint]: **my only** ~ **with the plan is its cost** la seule chose que je reproche à ce projet, c'est son coût; **I have no** ~ **with her proposal** je n'ai rien contre sa proposition. ◇ *vi* **-1.** [argue] se disputer, se quereller; **I don't want to** ~ **with you over** OR **about this** je ne veux pas me disputer avec toi à ce sujet OR à propos de cela. **-2.** [take issue]: **I can't** ~ **with your figures** je ne peux pas contester vos chiffres.

**quarrelling** *Br*, **quarreling** *Am* ['kwɒrəlɪŋ] *n* (*U*) disputes *fpl*, querelles *fpl*.

**quarrelsome** ['kwɒrəlsəm] *adj* querelleur.

**quarry** ['kwɒrɪ] (*pl* **quarries**, *pt* & *pp* **quarried**) ◇ *n* **-1.** [excavation] carrière *f*.**-2.** [prey] proie *f*. ◇ *vt* **-1.** [sand, slate, marble etc] extraire. **-2.** [land, mountain] exploiter; **the hills have been extensively quarried** de nombreuses carrières ont été ouvertes dans les collines. ◇ *vi* exploiter; **they are ~ing for marble** ils exploitent une carrière de marbre.

**quarrying** ['kwɒrɪɪŋ] *n* **-1.** [of sand, slate, marble etc] extraction *f*.**-2.** [of land, mountain] exploitation *f*.

**quarryman** ['kwɒrɪmən] (*pl* **quarrymen** [-mən]) *n* carrier *m*.

**quarry tile** *n* carreau *m*.

**quart** [kwɔːt] *n* ≃ litre *m*; **you can't fit a** ~ **into a pint pot** *Br prov* à l'impossible nul n'est tenu *prov*.

**quarter** ['kwɔːtəʳ] ◇ *adj*: **a** ~ **hour/century/pound** un quart d'heure/de siècle/de livre.
◇ *vt* **-1.** [divide into four] diviser en quatre. **-2.** [divide by four] diviser par quatre. **-3.** [lodge] loger; MIL cantonner. **-4.** [dismember] écarteler. **-5.** [subj: hunting dog]: **to** ~ **the ground** quêter.
◇ *n* **-1.** [one fourth] quart *m*; **a** ~ **of a century/of an hour** un quart de siècle/d'heure; **a ton and a** ~, **one and a** ~ **tons** une tonne un quart; **he ate a** ~/**three** ~**s of the cake** il a mangé le quart/les trois quarts du gâteau; **it's a** ~/**three** ~**s empty** c'est au quart/aux trois quarts vide. **-2.** [in telling time] quart *m*; **(a)** ~ **to six, (a)** ~ **of six** *Am* six heures moins le quart; **(a)** ~ **past six** *Br*, **(a)** ~ **after six** *Am* six heures et quart. **-3.** [3 months] trimestre *m*; **published every** ~ publié tous les trimestres OR tous les trois mois. **-4.** [US and Canadian money] (pièce *f* de) vingt-cinq cents *mpl*.**-5.** [weight – quarter of hundredweight] ≃ 12 kg; [– quarter pound] quart *m* de livre, 113 g. **-6.** [direction] direction *f*, côté *m*; **offers of help poured in from all** ~**s** des offres d'aide affluèrent de tous côtés; **the decision has been criticized in certain** ~**s** la décision a été critiquée dans certains milieux; **the wind is in the port/starboard** ~ NAUT le vent souffle par la hanche de bâbord/tribord. **-7.** [part of town] quartier *m*.**-8.** [phase of moon] quartier *m*. **-9.** SPORT [period of play] quart-temps *m*

*inv.*-**10.** [part of butchered animal] quartier *m*.-**11.** (*usu neg*) *lit* [mercy] quartier *m*; **they gave no** ~ ils ne firent pas de quartier.
◆ **quarters** *npl* [accommodation] domicile *m*, résidence *f*; **the servants'** ~**s** les appartements des domestiques.

**quarterback** ['kwɔːtəbæk] ◇ *n* SPORT quarterback *m*, quart-arrière *m Can*. ◇ *vt Am* **-1.** SPORT [team] jouer quarterback dans. **-2.** *fig* être le stratège de, diriger la stratégie de.

**quarterdeck** ['kwɔːtədek] *n* **-1.** [part of ship] plage *f* arrière NAUT. **-2.** [personnel]: **the** ~ les officiers.

**quarterfinal** [,kwɔːtə'faɪnl] *n* quart *m* de finale; **knocked out in the** ~**s** éliminé en quart de finale.

**quarter-hourly** *adj* & *adv* tous les quarts d'heure.

**quarterlight** ['kwɔːtəlaɪt] *n* [in UK] déflecteur *m* AUT.

**quarterly** ['kwɔːtəlɪ] ◇ *adj* trimestriel. ◇ *n* publication *f* trimestrielle. ◇ *adv* trimestriellement, tous les trois mois.

**quartermaster** ['kwɔːtə,mɑːstəʳ] *n* **-1.** [in army] commissaire *m*; HIST intendant *m*.**-2.** [in navy] officier *m* de manœuvre.

**quarter note** *n Am* noire *f* MUS.

**quarter rest** *n Am* soupir *m* MUS.

**quarter sessions** *npl* **-1.** [in England and Wales] ≃ cour *f* d'assises (*remplacée en 1972 par la Crown Court*). **-2.** [in US] dans certains États, tribunal local à compétence criminelle, pouvant avoir des fonctions administratives.

**quarter tone** *n* MUS quart *m* de ton.

**quartet** [kwɔː'tet] *n* **-1.** [players – classical] quatuor *m*; [– jazz] quartette *m*. **-2.** [piece of music] quatuor *m*. **-3.** [– group of four people] quatuor *m*.

**quartette** [kwɔː'tet] *n* = **quartet 1**.

**quarto** ['kwɔːtəʊ] (*pl* **quartos**) ◇ *n* in-quarto *m inv.* ◇ *adj* in quarto (*inv*).

**quartz** [kwɔːts] ◇ *n* quartz *m*. ◇ *comp* [clock, watch] à quartz.

**quartz crystal** *n* cristal *m* de quartz.

**quasar** ['kweɪzɑːʳ] *n* quasar *m*.

**quash** [kwɒʃ] *vt Br* **-1.** [annul – verdict] casser; [– decision] annuler. **-2.** [suppress – revolt] étouffer, écraser; [– emotion] réprimer, refouler; [– suggestion] rejeter, repousser.

**quasi-** ['kweɪzaɪ] *in cpds* quasi.

**quatercentenary** [,kwætəsən'tiːnərɪ] (*pl* **quatercentenaries**) *n* quatrième centenaire *m*.

**quaternary** [kwə'tɜːnərɪ] ◇ *adj* CHEM & MATH quaternaire. ◇ *n* [set of four] ensemble *m* de quatre (éléments).
◆ **Quaternary** GEOL ◇ *adj* quaternaire. ◇ *n*: **the Quaternary** le quaternaire.

**quatrain** ['kwɒtreɪn] *n* quatrain *m*.

**quaver** ['kweɪvəʳ] ◇ *vi* [voice] trembloter, chevroter; [person] parler d'une voix tremblotante OR chevrotante. ◇ *n* **-1.** [of sound, in voice] chevrotement *m*, tremblement *m*.-**2.** *Br* MUS croche *f*; ~ **rest** demi-soupir *m*.

**quavering** ['kweɪvərɪŋ] ◇ *adj* tremblotant, chevrotant. ◇ *n* tremblement *m*, chevrotement *m*.

**quavery** ['kweɪvərɪ] = **quavering** *adj*.

**quay** [kiː] *n* quai *m*.

**quayside** ['kiːsaɪd] *n* quai *m*; **she was waiting at the** ~ elle attendait sur le quai.

**queasiness** ['kwiːzɪnɪs] *n* (*U*) **-1.** [nausea] nausée *f*.**-2.** [uneasiness] scrupules *mpl*.

**queasy** ['kwiːzɪ] (*compar* **queasier**, *superl* **queasiest**) *adj* **-1.** [nauseous] nauséeux; **I** OR **my stomach felt a little** ~ j'avais un peu mal au cœur. **-2.** [uneasy] mal à l'aise, gêné.

**Quebec** [kwɪ'bek] *pr n* **-1.** [province] Québec *m*; **in** ~ au Québec. **-2.** [city] Québec.

**Quebecker, Quebecer** [kwɪ'bekəʳ] *n* Québécois *m*, -e *f*.

**Quebecois, Québécois** [kebe'kwɑː] (*pl inv*) *n* Québécois *m*, -e *f*.

**queen** [kwiːn] ◇ *n* **-1.** [sovereign, king's wife] reine *f*; **the Queen of England/Spain/Belgium** la reine d'Angleterre/d'Espagne/de Belgique; **Queen Elizabeth II** la reine Élisabeth II. **-2.** [woman considered best] reine *f*. **-3.** [in cards, chess] dame *f*, reine *f*.-**4.** [of bees, ants] reine *f*.-**5.** ▽ *pej* [homosexual] tante *f*, pédale *f*. ◇ *vt* -**1.** *Br phr*: **to** ~ **it** *inf* prendre des airs de (grande) marquise. **-2.** [in chess]: **to** ~ **a pawn** aller à dame.

**queen bee** *n* reine *f* des abeilles; she's the ~ round here *inf* & *fig* c'est elle la patronne ici.

**queen consort** *n* reine *f* (*épouse du roi*).

**queenly** ['kwiːnlɪ] *adj* royal, majestueux.

**queen mother** *n* reine *f* mère.

**queen regent** *n* reine *f* régente.

**Queens** [kwiːnz] *pr n* Queens (*quartier de New York*).

**Queen's Bench (Division)** *n* en Angleterre et au Pays de Galles, l'une des trois divisions de la High Court, ≃ tribunal *m* de grande instance.

**Queen's Counsel** *n* ≃ bâtonnier *m* de l'ordre (*en Angleterre*).

**Queen's English** *n* l'anglais britannique correct.

**Queen's evidence** *n Br*: to turn ~ témoigner contre ses complices.

**Queen's Speech** *n* [in UK]: the ~ *allocution prononcée par la reine (mais préparée par le gouvernement) lors de la rentrée parlementaire et dans laquelle elle définit les grands axes de la politique gouvernementale.*

**queer** [kwɪəʳ] ◇ *adj* **-1.** [strange] étrange, bizarre; he's a ~ fish! c'est un drôle d'individu!**-2.** [suspicious] suspect, louche. **-3.** *inf* [queasy] mal fichu, patraque. **-4.** *inf* [crazy] timbré, cinglé. **-5.** ▽ [homosexual] homo; *pej* pédé *m*.**-6.** *Am inf* [counterfeit]: ~ money fausse monnaie *f*. ◇ *n* ▽ homo *m*; *pej* pédé *m*. ◇ *vt inf* gâter, gâcher; to ~ sb's pitch *Br* couper l'herbe sous les pieds de qqn.

**queer-bashing**▽ [-,bæʃɪŋ] *n Br pej* chasse *f* aux pédés.

**queerly** ['kwɪəlɪ] *adv* étrangement, bizarrement.

**queer street** *n Br*: to be in ~ *inf* & *dated* être dans une mauvaise passe.

**quell** [kwel] *vt* **-1.** [quash – revolt, opposition] réprimer, étouffer. **-2.** [overcome – emotion] dompter, maîtriser. **-3.** [allay – pain] apaiser, soulager; [– doubts, fears] dissiper.

**quench** [kwentʃ] *vt* **-1.** *literal*: to ~ one's thirst étancher sa soif, se désaltérer. **-2.** [fire] éteindre. **-3.** METALL tremper.

**querulous** ['kwerʊləs] *adj* [person] pleurnicheur; [voice, tone] plaintif, gémissant.

**querulously** ['kwerʊləslɪ] *adv* d'un ton plaintif.

**query** ['kwɪərɪ] (*pl* queries, *pt* & *pp* queried) ◇ *n* **-1.** [question] question *f*; [doubt] doute *m*; she accepted my explanation without a ~ elle a accepté mon explication sans poser de questions. **-2.** *Br* [question mark] point *m* d'interrogation. ◇ *vt* **-1.** [express doubt about] mettre en doute. **-2.** [ask] demander. **-3.** *Am* [interrogate] interroger.

**query language** *n* COMPUT langage *m* d'interrogation.

**quest** [kwest] ◇ *n* quête *f*; in ~ of truth en quête de OR à la recherche de la vérité. ◇ *vi lit*: to ~ for OR after sthg se mettre en quête de qqch.

**question** ['kwestʃn] ◇ *n* **-1.** [query] question *f*; to ask sb a ~ poser une question à qqn; I wish to put a ~ to the chairman j'aimerais poser une question au président; they obeyed without ~ ils ont obéi sans poser de questions ❑ (Prime Minister's) Question Time *session bi-hebdomadaire du Parlement britannique réservée aux questions des députés au Premier ministre.* **-2.** [matter, issue] question *f*; [problem] problème *m*; it raises the ~ of how much teachers should be paid cela soulève OR pose le problème du salaire des enseignants; the place/time in ~ le lieu/l'heure en question; the ~ is, will he do it? toute la question est de savoir s'il le fera; that is the ~ voilà la question; but that's not the ~ mais là n'est pas la question; it's only a ~ of money/time c'est seulement une question d'argent/de temps. **-3.** (*U*) [doubt] doute *m*; there's no ~ about it, he was murdered il a été assassiné, cela ne fait aucun doute; his honesty was never in ~ son honnêteté n'a jamais été mise en doute OR remise en question; to bring OR to call sthg into ~ remettre qqch en question; she is without OR beyond ~ the best elle est incontestablement la meilleure; whether they are happier now is open to ~ sont-ils plus heureux maintenant? on peut se le demander. **-4.** [possibility]: there's no ~ of his coming with us, it's out of the ~ that he should come with us il est hors de question qu'il vienne avec nous. ◇ *vt* **-1.** [interrogate] interroger, poser des questions à; [subj: police] interroger; SCH interroger. **-2.** [doubt – motives, honesty, wisdom] mettre en doute, remettre en question; [– statement, claim] mettre en doute, contester; I ~ed whether it was wise to continue je me suis demandé s'il était bien

sage de continuer.

**questionable** ['kwestʃənəbl] *adj* **-1.** [doubtful] contestable, douteux; his involvement in the affair is ~ sa participation dans cette affaire reste à démontrer OR à prouver. **-2.** [suspicious – motives] douteux, louche; [– behaviour] louche. **-3.** [strange – taste, style] douteux.

**questioner** ['kwestʃənəʳ] *n* [gen, in quiz show] animateur *m*, -trice *f*; JUR interrogateur *m*, -trice *f*.

**questioning** ['kwestʃənɪŋ] ◇ *adj* interrogateur. ◇ *n* interrogation *f*; he was taken in for ~ JUR il a été interpellé pour être interrogé.

**questioningly** ['kwestʃənɪŋlɪ] *adv* de manière interrogative.

**question mark** *n* point *m* d'interrogation; *fig*: a ~ hangs over the future of this country il est impossible de prédire quel sort attend ce pays OR sera réservé à ce pays.

**question master** *n* meneur *m* de jeu; RADIO & TV animateur *m*, -trice *f* (*d'un jeu*).

**questionnaire** [,kwestʃə'neəʳ] *n* questionnaire *m*.

**question tag** *n* tournure *f* en fin de phrase changeant celle-ci en question.

**queue** [kjuː] ◇ *n Br* queue *f*, file *f* d'attente; they were standing in a ~ ils faisaient la queue; to form a ~ former une queue; we joined the ~ for foreign exchange nous avons fait la queue devant le bureau de change. ◇ *vi Br* faire la queue; '~ here for tickets' file d'attente pour les billets. ◆ **queue up** *vi insep Br* faire la queue.

**queue-jump** *vi Br* essayer de passer avant son tour, resquiller.

**queue-jumper** *n Br* resquilleur *m*, -euse *f* (*qui n'attend pas son tour*).

**quibble** ['kwɪbl] ◇ *vi* chicaner; to ~ over details chicaner sur des détails. ◇ *n* chicane *f*; I have one small ~ il y a juste une petite chose qui me gêne.

**quibbler** ['kwɪbləʳ] *n* chicaneur *m*, -euse *f*, chicanier *m*, -ère *f*.

**quibbling** ['kwɪblɪŋ] ◇ *adj* chicaneur, chicanier. ◇ *n* chicanerie *f*.

**Quiberon** ['kiːbrɔ̃] *pr n*: the ~ peninsula la presqu'île de Quiberon.

**quiche** [kiːʃ] *n* quiche *f*.

**quick** [kwɪk] ◇ *adj* **-1.** [rapid] rapide; [easy – profits] rapide, facile; he's a ~ worker *literal* il travaille vite; *fig* il ne perd pas de temps; be ~ (about it)! faites vite!, dépêchez-vous!; to have a ~ look jeter un rapide coup d'œil; can I have a ~ word? est-ce que je peux vous parler un instant?; she did the job in double ~ time elle a fait le travail en deux temps, trois mouvements OR en un rien de temps; we had a ~ lunch nous avons déjeuné sur le pouce; let's have a ~ one *inf* OR a ~ drink prenons un verre en vitesse ❑ (as) ~ as lightning OR as a flash rapide OR vif comme l'éclair. **-2.** [sharp] alerte, éveillé, vif; he is ~ to learn il apprend vite; she has a ~ eye for detail aucun détail ne lui échappe; I was ~ to notice the difference j'ai tout de suite remarqué la différence ❑ she's ~ on the uptake elle comprend vite; they were very ~ off the mark *Br* ils n'ont pas perdu de temps. **-3.** [hasty – judgment] hâtif, rapide; he has a ~ temper il s'emporte facilement; he is ~ to take offence il est prompt à s'offenser, il se vexe pour un rien. ◇ *adv* rapidement; come ~! venez vite!

◇ *n Br* [of fingernail] vif *m*; her remark cut him to the ~ sa remarque l'a piqué au vif.

◇ *npl arch* [living]: the ~ and the dead les vivants *mpl* et les morts *mpl*.

**quick-** *in cpds*: ~-dry OR ~-drying paint peinture *f* à séchage rapide; ~-setting cement ciment *m* à prise rapide.

**quick-change artist** *n* spécialiste *mf* des transformations rapides.

**quicken** ['kwɪkn] ◇ *vt* **-1.** [hasten] accélérer, hâter; MUS [tempo] presser; to ~ one's pace OR step hâter OR presser le pas. **-2.** [stir – imagination] stimuler; [– hatred, desire] exciter; [– appetite, interest] stimuler; [– resolve] hâter. ◇ *vi* **-1.** [step, pulse] s'accélérer; my heart OR pulse ~ed mon cœur se mit à battre plus vite. **-2.** [hopes, fire] se ranimer. **-3.** [foetus] commencer à bouger.

**quickening** ['kwɪknɪŋ] *n* accélération *f*.

**quickfire** ['kwɪkfaɪəʳ] *adj*: a series of ~ questions un feu roulant de questions.

**quick-freeze** (*pt* quick-froze, *pp* quick-frozen) *vt* surgeler.

**quickie** ['kwɪkɪ] *n inf* **-1.** [gen] truc *m* vite fait; [question] question *f* rapide. **-2.** [sex] coup *m* en vitesse OR entre deux portes. **-3.** [drink] pot *m* rapide.

**quicklime** ['kwɪklaɪm] *n* chaux *f* vive.

**quickly** ['kwɪklɪ] *adv* rapidement, vite; come as ~ as possible venez aussi vite que possible; he ~ telephoned the doctor il se dépêcha d'appeler le médecin.

**quickness** ['kwɪknɪs] *n* **-1.** [rapidity – of movement, pulse] rapidité *f*; [– of thought, reaction] rapidité, vivacité *f*. **-2.** [acuteness – of sight, wit] vivacité *f*; [– of hearing] finesse *f*. **-3.** [hastiness]: his ~ of temper sa promptitude à s'emporter.

**quicksand** ['kwɪksænd] *n*, **quicksands** ['kwɪksændz] *npl* sables *mpl* mouvants.

**quickset** ['kwɪkset] *adj Br*: ~ hedge haie *f* vive.

**quicksilver** ['kwɪk,sɪlvə'] ◇ *n* vif-argent *m*, mercure *m*. ◇ *adj* [mind] très vif, comme du vif-argent.

**quickstep** ['kwɪkstep] *n* quickstep *m*.

**quick-tempered** *adj*: he is ~ il s'emporte facilement.

**quick-witted** *adj* à l'esprit vif; [in answers] elle a la repartie; [in intelligence] elle a l'esprit vif.

**quid** [kwɪd] (*pl sense 1 inv*) *n* **-1.** *Br inf* [pound] livre *f*. **-2.** [tobacco] chique *f*. **-3.** *phr*: we're ~s in *Br inf* on est peinards.

**quid pro quo** [,kwɪdprəʊ'kwəʊ] (*pl* quid pro quos) *n* contrepartie *f*, récompense *f*.

**quiescent** [kwaɪ'esnt] *adj lit* [passive] passif; [peaceful] tranquille.

**quiet** ['kwaɪət] ◇ *adj* **-1.** [silent – person] tranquille, silencieux; be OR keep ~! taisez-vous!; could you try to keep them ~? pourriez-vous essayer de les faire taire?; ~ please! silence, s'il vous plaît!; keep ~ about what you've seen ne dites rien de ce que vous avez vu ‖ [subdued, soft] tranquille; we were having a ~ conversation nous bavardions tranquillement; can I have a ~ word with you? est-ce que je peux vous dire un mot en particulier?; in a ~ voice d'une voix douce ❏ it was as ~ as the grave il régnait un silence de mort; she was as ~ as a mouse elle ne faisait pas le moindre bruit. **-2.** [calm, tranquil] calme, tranquille, paisible; FIN [market, business] calme; the TV keeps the children ~ pendant qu'ils regardent la télé, les enfants se tiennent tranquilles; to have a ~ drink boire un verre tranquillement ❏ all ~ on the western front *hum* à l'ouest rien de nouveau; anything for a ~ life tout pour avoir la paix. **-3.** [docile – animal] docile; [easy – baby] calme; [uncommunicative] silencieux, peu communicatif. **-4.** [private – wedding] dans l'intimité; [– party] avec quelques intimes, avec peu d'invités; [secret] secret (*f* -ète), dissimulé; keep the news ~ gardez la nouvelle pour vous. **-5.** [subtle, discreet – irony] discret (*f* -ète); [– optimism] tranquille; [– anger] sourd; [– despair, resentment] secret (*f* -ète). **-6.** [muted – colour, style] sobre. ◇ *n* silence *m*; to ask for ~ demander le silence. ◇ *vt* [calm] calmer; [silence] faire taire.

◆ **on the quiet** *adv phr Br* [in secrecy] en douce, en cachette; [discreetly] discrètement, en douceur; [in confidence] en confiance.

◆ **quiet down** *vi insep Am* se calmer.

**quieten** ['kwaɪətn] ◇ *vt Br* [child, audience] calmer, apaiser; [conscience] tranquilliser, apaiser; [doubts] dissiper. ◇ *vi* [child] se calmer; [music] devenir plus doux.

◆ **quieten down** ◇ *vi insep* **-1.** [become quiet – person] se calmer; [– storm, wind] se calmer, s'apaiser. **-2.** [become reasonable] s'assagir. ◇ *vt sep* [calm] calmer, apaiser; [shut up] faire taire.

**quietist** ['kwaɪətɪst] ◇ *adj* quiétiste. ◇ *n* quiétiste *mf*.

**quietly** ['kwaɪətlɪ] *adv* [silently] silencieusement, sans bruit; [gently, softly] doucement, calmement; [peacefully] tranquillement, paisiblement; sit ~ restez assis tranquillement.

**quietness** ['kwaɪətnɪs] *n* [stillness] tranquillité *f*, calme *m*; [silence] silence *m*.

**quietude** ['kwaɪətjuːd] *n lit* quiétude *f*.

**quiff** [kwɪf] *n* [hairstyle] banane *f*.

**quill** [kwɪl] *n* **-1.** [feather] penne *f*; [shaft of feather] hampe *f* creuse; [of hedgehog, porcupine] piquant *m*. **-2.** [pen] plume *f* (d'oie).

**quill pen** *n* plume *f* d'oie.

**quilt** [kwɪlt] *n* [eiderdown] édredon *m*; [bedspread] dessus-de-lit *m inv*; [duvet] couette *f*.

**quilted** ['kwɪltɪd] *adj* matelassé.

**quilting** ['kwɪltɪŋ] *n* **-1.** [fabric] tissu *m* matelassé; [on furniture] capitonnage *m*. **-2.** [of clothing] ouatinage *m*; [of furniture covering] capitonnage *m*. **-3.** [hobby] *réalisation d'ouvrages (vêtements, dessus de lit) en tissu matelassé.*

**quin** [kwɪn] (*abbr of* quintuplet) *n Br* quintuplé *m*, -e *f*.

**quince** [kwɪns] ◇ *n* [fruit] coing *m*; [tree] cognassier *m*. ◇ *comp* [jam, jelly] de coing.

**quincentenary** [,kwɪnsen'tiːnərɪ] *n* cinq-centième anniversaire *m*.

**quincentennial** [,kwɪnsen'tenɪəl] ◇ *n* cinq-centième anniversaire *m*. ◇ *adj* cinq-centième.

**quinine** [kwɪ'niːn] *n* quinine *f*.

**quinquennium** [kwɪŋ'kwenɪəm] (*pl* quinquenniums OR quinquennia [-nɪə]) *n* quinquennat *m*.

**quint** [kwɪnt] (*abbr of* quintuplet) *n Am* quintuplé *m*, -e *f*.

**quintessence** [kwɪn'tesns] *n* quintessence *f*.

**quintessential** [,kwɪntə'senʃl] *adj* typique, type.

**quintet** [kwɪn'tet] *n* quintette *m*.

**quintette** [kwɪn'tet] *n* = quintet 1.

**quintuple** [kwɪn'tjuːpl] ◇ *adj* quintuple. ◇ *n* quintuple *m*. ◇ *vi & vt* quintupler.

**quintuplet** [kwɪn'tjuːplɪt] *n* quintuplé *m*, -e *f*.

**quip** [kwɪp] (*pt & pp* quipped, *cont* quipping) ◇ *n* [remark – witty] bon mot *m*, mot *m* d'esprit; [– sarcastic] sarcasme *m*; [gibe] quolibet *m*; to make a ~ faire un bon mot OR de l'esprit. ◇ *vt*: 'only if I'm asked', he quipped «seulement si on me le demande», lança-t-il d'un air malicieux.

**quire** ['kwaɪə'] *n* [in bookbinding] cahier *m*; [of paper] main *f* (de papier).

**quirk** [kwɜːk] *n* **-1.** [idiosyncrasy] manie *f*, excentricité *f*. **-2.** [accident] bizarrerie *f*, caprice *m*; by a strange ~ of fate we met in Sydney par un caprice du destin, nous nous sommes rencontrés à Sydney. **-3.** [flourish] fioriture *f*.

**quirky** ['kwɜːkɪ] *adj* bizarre, original.

**quisling** ['kwɪzlɪŋ] *n pej* collaborateur *m*, -trice *f*.

**quit** [kwɪt] (*pt & pp* quit OR quitted, *cont* quitting) ◇ *vt* **-1.** [leave] quitter. **-2.** *Am* [give up, stop] quitter, cesser; he ~ his job il a quitté son travail; I've ~ smoking j'ai arrêté OR cessé de fumer. ◇ *vi* **-1.** [give up] renoncer, abandonner; [resign] démissionner; I ~! *inf* j'abandonne!; I want to ~ j'ai envie de tout laisser tomber. **-2.** *Am* [leave] partir. ◇ *adj*: to be ~ of sb/sthg être débarrassé de qqn/qqch.

**quite** [kwaɪt] ◇ *adv & predet* **-1.** [moderately] assez; the film is ~ good le film est assez bon; I'd ~ like to go ça me plairait assez d'y aller; ~ a difficult job un travail assez difficile; ~ a lot of people seem to believe it un bon nombre de gens semblent le croire; there was ~ a crowd il y avait pas mal de monde; I've been here for ~ some time je suis ici depuis un bon moment OR depuis assez longtemps; he was in France for ~ some time il a passé pas mal de temps en France. **-2.** [completely, absolutely] parfaitement, tout à fait; the story isn't ~ true l'histoire n'est pas tout à fait OR entièrement vraie; I ~ understand je comprends tout à fait OR parfaitement; she's ~ brilliant elle est vraiment très brillante; if you've ~ finished si vous avez terminé; that's ~ another matter! ça, c'est autre chose!; not ~ a month ago il y a un peu moins d'un mois; you've had ~ enough vous en avez eu largement assez; that's ~ enough! ça suffit comme ça! **-3.** [exactly] exactement, tout à fait. **-4.** [expressing approval, appreciation]: that was ~ a OR ~ some party! *inf* ça a été une sacrée soirée! ❏ his speech was ~ something son discours était tout à fait remarquable. ◇ *interj*: ~ (so)! tout à fait!, parfaitement!

**Quito** ['kiːtəʊ] *pr n* Quito.

**quits** [kwɪts] *adj* quitte; I'm ~ with her now maintenant, je suis quitte envers elle; let's call it ~ [financially] disons que nous sommes quittes; [in fight, argument] restons-en là.

**quittance** ['kwɪtəns] *n* FIN & JUR quittance *f*.

**quitter** ['kwɪtə'] *n inf* dégonflé *m*, -e *f*.

**quiver** ['kwɪvə'] ◇ *vi* **-1.** [tremble – person] frémir, trembler; [– lips, hands, voice] trembler; to ~ with fear/rage trembler de peur/rage; to ~ with emotion frissonner d'émotion. **-2.**

[flutter – heart] trembler, frémir; [ –leaves] frémir, frissonner; [–flame] trembler, vaciller. ◇ *n* **-1.** [tremble] tremblement *m*; [of violin] trémolo *m*, frémissement *m*; a ~ of fear went down my spine un frisson de peur me parcourut le dos; he had a ~ in his voice sa voix tremblait d'émotion. **-2.** [for arrows] carquois *m*.

**qui vive** [kiːˈviːv] *n Br*: on the ~ sur le qui-vive.

**Quixote** [ˈkwɪksət] *pr n*: Don ~ Don Quichotte.

**quixotic** [kwɪkˈsɒtɪk] *adj* [idealistic] idéaliste, chimérique; [chivalrous] généreux, chevaleresque.

**quiz** [kwɪz] (*pl* **quizzes**, *pt* & *pp* **quizzed**, *cont* **quizzing**) ◇ *n* **-1.** [game – on TV] jeu *m* télévisé; [– on radio] jeu *m* radiophonique; [– in newspaper] questionnaire *m*; ~ **shows** OR **programmes** les jeux télévisés; **general knowledge** ~ **test** *m* de culture générale. **-2.** *Am* SCH [test] interrogation *f*. ◇ *vt* **-1.** [question] interroger, questionner; **to** ~ **sb about sthg** interroger qqn au sujet de qqch. **-2.** *Am* SCH [test] interroger.

**quizmaster** [ˈkwɪzˌmɑːstəʳ] *n* RADIO & TV animateur *m*, -trice *f* (*d'un jeu*).

**quizzical** [ˈkwɪzɪkl] *adj* [questioning] interrogateur; [ironic] ironique, narquois.

**quizzically** [ˈkwɪzɪklɪ] *adv* [questioningly] d'un air interrogateur; [ironically] d'un air ironique OR narquois.

**quoin** [kɔɪn] *n* [cornerstone] pierre *f* d'angle; [keystone] clef *f* de voûte.

**quoit** [kɔɪt] *n* [in game] anneau *m*; **to play** ~**s** jouer aux anneaux.

**Quonset hut**® [ˈkwɒnsɪt-] *n Am* abri *m* préfabriqué (*en tôle ondulée*).

**quorate** [ˈkwɔːreɪt] *adj Br* où le quorum est atteint.

**quorum** [ˈkwɔːrəm] *n* quorum *m*; **we don't have a** ~ le quorum n'est pas atteint.

**quota** [ˈkwəʊtə] *n* **-1.** [limited quantity] quota *m*, contingent *m*. **-2.** [share] part *f*, quota *m*.

**quotable** [ˈkwəʊtəbl] *adj* **-1.** [worth quoting] digne d'être cité. **-2.** [on the record] que l'on peut citer; **what he said is not** ~ ce qu'il a dit ne peut être répété. **-3.** ST. EX cotable.

**quotation** [kwəʊˈteɪʃn] *n* **-1.** [remark, sentence] citation *f*. **-2.** ST. EX cours *m*, cotation *f*. **-3.** COMM [estimate] devis *m*; [for insurance] cotation *f*.

**quotation marks** *npl* guillemets *mpl*.

**quote** [kwəʊt] ◇ *vt* **-1.** [cite – words, example, statistics] citer; **can I** ~ **you on that?** me permettez-vous de citer ce que vous venez de dire?; **don't** ~ **me on that** [don't repeat it] ne le répétez pas; [don't say who told you] ne dites pas que c'est moi qui vous l'ai dit; **their leader was** ~**d as denying the allegation** leur leader aurait rejeté l'accusation. **-2.** ADMIN & COMM: **please** ~ **this reference (number)** prière de mentionner cette référence. **-3.** [specify – price] indiquer; ST. EX coter; **gold prices were** ~**d at £500** l'or a été coté à 500 livres. ◇ *vi* **-1.** [cite] faire des citations; **to** ~ **from Yeats** citer Yeats. **-2.** COMM: **to** ~ **for a job** faire un devis pour un travail. ◇ *n* **-1.** [quotation] citation *f*; [statement] déclaration *f*. **-2.** [estimate] devis *m*. **-3.** [quotation mark] guillemet *m*; **in** ~**s** entre guillemets.

**quoted company** [ˈkwəʊtɪd-] *n Br* société *f* cotée en Bourse.

**quoth** [kwəʊθ] *vt arch*: 'nay', ~ **the King** «non», fit OR dit le roi.

**quotidian** [kwɒˈtɪdɪən] *adj fml* quotidien.

**quotient** [ˈkwəʊʃnt] *n* quotient *m*.

**Qur'an** *etc* [kɒˈrɑːn] = **Koran**.

**qv** (*written abbr of* **quod vide**) *expression renvoyant le lecteur à une autre entrée dans une encyclopédie.*

**qwerty, Qwerty** [ˈkwɜːtɪ] *n*: ~ **keyboard** clavier *m* qwerty.

R

**r** (*pl* **r's** OR **rs**), **R** (*pl* **R's** OR **Rs**) [ɑːʳ] *n* [letter] r *m*, R *m*; **the three Rs** la lecture, l'écriture et l'arithmétique (*qui constituent les fondements de l'enseignement primaire*).

**R** ◇ **-1.** (*written abbr of* **right**) dr. **-2.** *written abbr of* **river**. **-3.** *Am written abbr of* **Republican**. **-4.** *Br* (*written abbr of* **Rex**) *suit le nom d'un roi*. **-5.** *Br* (*written abbr of* **Regina**) *suit le nom d'une reine*. **-6.** *written abbr of* **radius**. **-7.** *written abbr of* **road**. **-8.** *written abbr of* **registered** (**trademark**). ◇ *adj Am* (*abbr of* **restricted**) *indique qu'un film est interdit aux moins de 17 ans.*

**RA** ◇ *n* **-1.** *abbr of* **rear admiral**. **-2.** (*abbr of* **Royal Academician**) *membre de la Royal Academy.* ◇ *pr n abbr of* **Royal Academy**.

**rabbet** [ˈræbɪt] ◇ *n* [groove] feuillure *f*. ◇ *vt* feuiller.

**rabbi** [ˈræbaɪ] *n* rabbin *m*; **chief** ~ grand rabbin.

**rabbinical** [rəˈbɪnɪkl] *adj* rabbinique.

**rabbit** [ˈræbɪt] ◇ *n* [animal] lapin *m*, -e *f*; **doe** ~ lapine *f*; **young** ~ lapereau *m*; **wild** ~ lapin de garenne. ◇ *comp* [coat, stole] en (peau de) lapin. ◇ *vi*: **to go** ~**ing** chasser le lapin.

◆ **rabbit on** *vi insep inf* [talk] jacasser; **he's been** ~**ing on about his money problems** il me rebat les oreilles de ses problèmes d'argent; **what's she** ~**ing on about?** de quoi elle cause?

**rabbit burrow, rabbit hole** *n* terrier *m* (de lapin).

**rabbit hutch** *n* clapier *m*, cage *f* OR cabane *f* à lapins; *fig* [housing] cage *f* à lapins.

**rabbit punch** *n* coup *m* du lapin.

**rabbit warren** *n* **-1.** *literal* garenne *f*. **-2.** *fig* labyrinthe *m*, dédale *m*.

**rabble** [ˈræbl] *n* **-1.** [mob]: **the** ~ *pej* la populace, la racaille. **-2.** TECH [in foundry] râble *m*.

**rabble-rouser** *n* agitateur *m*, -trice *f*, démagogue *mf*.

**rabble-rousing** ◇ *n* démagogie *f*. ◇ *adj* démagogique.

**Rabelaisian** [ˌræbəˈleɪzɪən] *adj* rabelaisien.

**rabid** [ˈræbɪd, ˈreɪbɪd] *adj* **-1.** MED [animal] enragé; [person] atteint de la rage. **-2.** *fig* [extremist, revolutionary] enragé; [hatred] farouche; [anger] féroce.

**rabies** [ˈreɪbiːz] *n* (U) rage *f* MÉD.

**RAC** (*abbr of* **Royal Automobile Club**) *pr n*: **the** ~ *un des deux grands clubs automobiles de Grande-Bretagne.*

**raccoon** [rəˈkuːn] *n* raton *m* laveur. ◇ *comp* [coat] en (fourrure de) raton laveur.

**race** [reɪs] ◇ *n* **-1.** [competition] course *f*; **an 800 metre** ~ une course de OR sur 800 mètres; **to have** OR **to run a** ~ courir, participer à une course; **a** ~ **against time** une course contre la montre; **the** ~ **for the Presidency** la course à la présidence. **-2.** [ethnic group] race *f*; [in anthropology] ethnie *f*. **-3.** *lit* [passing – of sun, moon] course *f*; [– of life] cours *m*. **-4.** [current] fort courant *m*; [in sea channel] raz *m* (de courant). ◇ *comp* [discrimination, hatred, prejudice] racial. ◇ *vi* **-1.** [compete] faire une course; **the cars/drivers were racing against each other** les voitures/conducteurs faisaient la course. **-2.** [go fast, rush] aller à toute allure OR vitesse; **to** ~ **in/out/past** entrer/sortir/passer à toute allure; **she** ~**d downstairs** elle a dévalé l'escalier; **my pulse was racing** mon cœur battait à tout rompre; **a thousand ideas** ~**d through her mind** mille idées lui sont passées par la tête. **-3.** [of engine] s'emballer.

◇ *vt* **-1.** [compete against] faire la course avec; **(I'll)** ~ **you there!** à qui y arrivera le premier!-**2.** [rush]: **the casualties were** ~**d to hospital** les blessés ont été transportés d'urgence à l'hôpital. -**3.** [put into a race]: **to** ~ **a horse** faire courir un cheval; **to** ~ **pigeons** faire des courses de pigeons. -**4.** AUT: **to** ~ **the engine** accélérer; [excessively] faire s'emballer le moteur.

**race card** *n* programme *m* (des courses).

**racecourse** ['reɪskɔːs] *n* **-1.** champ *m* de courses, hippodrome *m*.-**2.** Am [for cars, motorbikes] circuit *m*; [for runners, cycles] piste *f*.

**racegoer** ['reɪs,gəʊəʳ] *n* turfiste *mf*.

**racehorse** ['reɪshɔːs] *n* cheval *m* de course.

**race meeting** *n* courses *fpl*.

**racer** ['reɪsəʳ] *n* [runner] coureur *m*, -euse *f*; [horse] cheval *m* de course; [car] voiture *f* de course; [cycle] vélo *m* de course.

**race relations** *npl* relations *fpl* interraciales; ~ **body** OR **board** organisme *m* luttant contre la discrimination raciale.

**race riot** *n* émeute *f* raciale.

**racetrack** ['reɪstræk] *n* [gen] piste *f*; [for horses] champ *m* de courses, hippodrome *m*.

**raceway** ['reɪsweɪ] *n Am* **-1.** = **racetrack.** -**2.** [millrace] bief *m*.

**Rachel** ['reɪtʃl] *pr n* BIBLE Rachel.

**Rachmaninoff** [ræk'mænɪnɒf] *pr n* Rachmaninov.

**Rachmanism** ['rækmənɪzm] *n* pressions exercées par un propriétaire sur ses locataires pour obtenir leur éviction.

**racial** ['reɪʃl] *adj* **-1.** [concerning a race] racial, ethnique. -**2.** [between races] racial.

**racialism** ['reɪʃəlɪzm] *n* racisme *m*.

**racialist** ['reɪʃəlɪst] ◇ *adj* raciste. ◇ *n* raciste *mf*.

**racially** ['reɪʃəlɪ] *adv* du point de vue racial; a ~ **motivated attack** une agression raciste; ~ **prejudiced** raciste.

**racing** ['reɪsɪŋ] ◇ *n*: (horse) ~ **courses** *fpl* de chevaux. ◇ *comp* [bicycle, yacht] de course.

**racing car** *n* voiture *f* de course.

**racing cyclist** *n* coureur *m*, -euse *f* cycliste.

**racing driver** *n* coureur *m*, -euse *f* automobile, pilote *mf* (de course).

**racing pigeon** *n* pigeon *m* voyageur (de compétition).

**racism** ['reɪsɪzm] *n* racisme *m*.

**racist** ['reɪsɪst] ◇ *adj* raciste. ◇ *n* raciste *mf*.

**rack** [ræk] ◇ *n* **-1.** [shelf] étagère *f*; [for cooling, drying] grille *f*, claie *f*; [for fodder, bicycles, test tubes, pipes] râtelier *m*; [for bottles] casier *m*; (luggage) ~ [in train, bus] filet *m* (à bagages); [on cycle] porte-bagages *m inv*; (stereo) ~ **meuble** *m* pour chaîne hi-fi; (tool) ~ **porte-outils** *m inv* ‖ [in shop] présentoir *m*; (clothes) ~ **triangle** *m* (à vêtements). -**2.** HIST chevalet *m*; **to put sb on the** ~ *literal* faire subir à qqn le supplice du chevalet; *fig* mettre qqn au supplice. -**3.** MECH crémaillère *f*.-**4.** CULIN: ~ **of lamb** carré *m* d'agneau. -**5.** *phr*: **to go to** ~ **and ruin** [house] tomber en ruine; [garden] être à l'abandon; [person] dépérir; [company] péricliter; [country, institution] aller à vau-l'eau. ◇ *vt* **-1.** [torture] faire subir le supplice du chevalet à; *fig* tenailler, ronger; ~**ed by guilt** tenaillé par un sentiment de culpabilité; **to** ~ **one's brains** se creuser la tête. -**2.** [wine] soutirer.

◆ **rack up** *vt sep Am* [points] marquer.

**rack and pinion** *n* crémaillère *f*; ~ **railway** = **rack railway.**

**racket** ['rækɪt] ◇ *n* **-1.** SPORT [bat] raquette *f*. -**2.** [snowshoe] raquette *f*.-**3.** *inf* [din] boucan *m*.-**4.** [extortion] racket *m*; [fraud] escroquerie *f*; [traffic] trafic *m*; **this lottery is such a** ~ cette loterie, c'est de l'arnaque. -**5.** *inf* [job] boulot *m*. ◇ *vi* [be noisy] faire du boucan.

◆ **rackets** *n* (U) [game] racket-ball *m*.

**racketeer** [,rækə'tɪəʳ] *n* racketteur *m*. ◇ *vi* racketter.

**racketeering** [,rækə'tɪərɪŋ] *n* racket *m*.

**racket press** *n* presse-raquette *m*.

**racking** ['rækɪŋ] *adj* [pain] atroce, déchirant.

**rack railway** *n* chemin *m* de fer à crémaillère.

**rack rent** *n Br* loyer *m* exorbitant.

**raconteur** [,rækɒn'tɜːʳ] *n* raconteur *m*, -euse *f*.

**racoon** [rə'kuːn] = **raccoon.**

**racquet** ['rækɪt] = **racket** *n* **1.**

**racquetball** ['rækɪtbɔːl] *n* racquetball *m*.

**racy** ['reɪsɪ] (*compar* **racier,** *superl* **raciest**) *adj* **-1.** [lively] plein de verve OR de brio. -**2.** [suggestive] osé. -**3.** [wine] racé.

**RADA** ['rɑːdə] (*abbr of* **Royal Academy of Dramatic Art**) *pr n* conservatoire britannique d'art dramatique.

**radar** ['reɪdɑːʳ] ◇ *n* radar *m*; **to navigate by** ~ naviguer au radar. ◇ *comp* [image, screen, station] radar; ~ **blip** top *m* d'écho (radar); ~ **operator** radariste *mf*.

**radar beacon** *n* radiophare *m*.

**radar trap** *n* contrôle *m* radar.

**raddled** ['rædld] *adj* ravagé.

**radial** ['reɪdjəl] ◇ *adj* radial; ~ **roads** routes *fpl* en étoile. ◇ *n* **-1.** [tyre] pneu *m* radial OR à carcasse radiale. -**2.** [line] rayon *m*.

**radial engine** *n* moteur *m* en étoile.

**radial-ply** *adj* AUT à carcasse radiale.

**radiance** ['reɪdjəns] *n* **-1.** [of light, sun] éclat *m*, rayonnement *m*; *fig* [beauty, happiness] éclat *m*.-**2.** PHYS exitance *f*.

**radiant** ['reɪdjənt] ◇ *adj* **-1.** *lit* [bright] radieux. -**2.** [happy] radieux, rayonnant; **he was** ~ **with joy** il rayonnait de joie. -**3.** PHYS radiant, rayonnant. -**4.** BOT rayonnant. ◇ *n* **-1.** PHYS point *m* radiant. -**2.** ASTRON radiant *m*.

**radiant heat** *n* chaleur *f* rayonnante.

**radiantly** ['reɪdjəntlɪ] *adv* [shine, glow] avec éclat; [smile] d'un air radieux.

**radiate** ['reɪdɪeɪt] ◇ *vi* **-1.** [emit energy] émettre de l'énergie; [be emitted] rayonner, irradier. -**2.** [spread] rayonner. ◇ *vt* **-1.** [heat] émettre, dégager; [light] émettre. -**2.** *fig*: **the children** ~ **good health/happiness** les enfants respirent la santé/rayonnent de bonheur.

**radiation** [,reɪdɪ'eɪʃn] *n* **-1.** [energy radiated] rayonnement *m*, rayonnements *mpl*; NUCL rayons *mpl*; **atomic** ~ **radiation** *f* OR rayonnement atomique; **low-level** ~ **radiation** de faible intensité; ~ **therapy** radiothérapie *f*.-**2.** [act of radiating] rayonnement *m*, radiation *f*.

**radiation sickness** *n* mal *m* des rayons.

**radiator** ['reɪdɪeɪtəʳ] *n* [gen & AUT] radiateur *m*; ~ **grille** calandre *f*.

**radical** ['rædɪkl] ◇ *adj* radical. ◇ *n* **-1.** POL radical *m*, -e *f*.-**2.** LING, MATH & CHEM radical *m*.

**radicalism** ['rædɪkəlɪzm] *n* radicalisme *m*.

**radically** ['rædɪklɪ] *adv* radicalement.

**radices** ['reɪdɪsiːz] *pl*→ **radix.**

**radii** ['reɪdɪaɪ] *pl*→ **radius.**

**radio** ['reɪdɪəʊ] (*pl* **radios**) ◇ *n* **-1.** [apparatus] radio *f*; **to turn the** ~ **on/off** allumer/éteindre la radio. -**2.** [system] radio *f*; **by** ~ par radio ‖ [industry, activity] radio; **I heard it on the** ~ je l'ai entendu à la radio; **to be on the** ~ passer à la radio. ◇ *comp* [broadcast, play, programme] radiophonique; [contact, link, silence] radio (*inv*); [announcer, technician] à la radio. ◇ *vt* **-1.** [person] appeler OR contacter par radio. -**2.** [message] envoyer par radio; [position, movement] signaler par radio. ◇ *vi* envoyer un message radio; **she** ~**ed for help/instructions** elle demanda de l'aide/des instructions par radio.

**radioactive** [,reɪdɪəʊ'æktɪv] *adj* radioactif; ~ **waste** déchets *mpl* radioactifs OR nucléaires.

**radioactivity** [,reɪdɪəʊæk'tɪvətɪ] *n* radioactivité *f*.

**radio alarm (clock)** *n* radioréveil *m*.

**radio astronomy** *n* radioastronomie *f*.

**radio beacon** *n* radiobalise *f*.

**radio beam** *n* faisceau *m* hertzien.

**radiobiology** [,reɪdɪəʊbaɪ'ɒlədʒɪ] *n* radiobiologie *f*.

**radio car** *n* voiture *f* radio.

**radiocarbon** [,reɪdɪəʊ'kɑːbən] *n* radiocarbone *m*, carbone 14 *m*.

**radio cassette** *n* radiocassette *m*.

**radiocommunication** ['reɪdɪəʊkə,mjuːnɪ'keɪʃn] *n* radiocommunication *f*.

**radio compass** *n* radiocompas *m*.

**radio control** *n* télécommande *f* (par) radio, radiocommande *f*.

**radio-controlled** *adj* radioguidé.

**radio frequency** *n* fréquence *f* radioélectrique, radiofréquence *f*.

**radiogram** ['reɪdɪəʊ,græm] *n* **-1.** dated [radio and record player] radio *f* avec pick-up. **-2.** [message] radiogramme *m*.**-3.** = radiograph.

**radiograph** ['reɪdɪəʊgrɑːf] *n* radiographie *f*.

**radiographer** [,reɪdɪ'ɒgrəfər] *n* radiologue *mf*, radiologiste *mf*.

**radiography** [,reɪdɪ'ɒgrəfɪ] *n* radiographie *f*.

**radio ham** *n* radioamateur *m*.

**radiologist** [,reɪdɪ'ɒlədʒɪst] *n* radiologue *mf*, radiologiste *mf*.

**radiology** [,reɪdɪ'ɒlədʒɪ] *n* radiologie *f*.

**radio microphone** *n* microphone *m* sans fil.

**radiopager** ['reɪdɪəʊ,peɪdʒər] *n* récepteur *m* d'appel OR de poche.

**radiopaging** ['reɪdɪəʊ,peɪdʒɪŋ] *n* système d'appel par récepteur de poche.

**radioscopic** [,reɪdɪəʊ'skɒpɪk] *adj*: ~ image radiophotographie *f*.

**radio station** *n* station *f* de radio.

**radio taxi** *n* radio-taxi *m*.

**radiotelephone** [,reɪdɪəʊ'telɪfəʊn] *n* radiotéléphone *m*.

**radio telescope** *n* radiotélescope *m*.

**radiotherapist** [,reɪdɪəʊ'θerəpɪst] *n* radiothérapeute *mf*.

**radiotherapy** [,reɪdɪəʊ'θerəpɪ] *n* radiothérapie *f*.

**radio wave** *n* onde *f* hertzienne OR radioélectrique.

**radish** ['rædɪʃ] *n* radis *m*.

**radium** ['reɪdɪəm] *n* radium *m*; ~ therapy OR treatment curiethérapie *f*.

**radius** ['reɪdɪəs] (*pl* **radiuses** OR **radii** [-dɪaɪ]) *n* **-1.** [gen & MATH] rayon *m*; within OR in a ~ of 20 km dans un rayon de 20 km. **-2.** ANAT radius *m*.

**radix** ['reɪdɪks] (*pl* **radices** [-dɪsiːz]) *n* **-1.** MATH base *f*.**-2.** LING radical *m*.

**radon (gas)** ['reɪdɒn-] *n* radon *m*.

**RAF** (*abbr of* **Royal Air Force**) *pr n* armée de l'air britannique.

**raffia** ['ræfɪə] *n* raphia *m*.

**raffish** ['ræfɪʃ] *adj* dissolu.

**raffle** ['ræfl] ◇ *n* tombola *f*; ~ ticket billet *m* de tombola. ◇ *vt*: to ~ (off) mettre en tombola.

**raft** [rɑːft] ◇ *n* **-1.** [craft – gen] radeau *m*; [– inflatable] matelas *m* pneumatique; SPORT raft *m*.**-2.** [logs] train *m* de flottage. **-3.** *inf* [large amount] tas *m*, flopée *f*. **-4.** CONSTR radier *m*. ◇ *vt*: they ~ wood down the river ils envoient le bois en aval dans des trains de flottage. ◇ *vi* voyager en radeau; to go ~ing SPORT faire du rafting.

**rafter** ['rɑːftər] *n* CONSTR chevron *m*.

**rag** [ræg] (*pt & pp* **ragged**, *cont* **ragging**) ◇ *n* **-1.** [cloth] chiffon *m*; to chew the ~ *inf* discuter le bout de gras; to lose one's ~ *inf* se mettre en boule; to be a red ~ to a bull: when he said that to her it was like a red ~ to a bull elle a vu rouge après ce qu'il lui a dit. **-2.** [worn-out garment] loque *f*.**-3.** [shred, scrap] lambeau *m*; torn to ~s mis en lambeaux. **-4.** *inf & pej* [newspaper] feuille *f* de chou. **-5.** ▽ *Am* [sanitary towel] serviette *f* hygiénique. **-6.** *Br* UNIV: ~ (week) semaine pendant laquelle les étudiants préparent des divertissements, surtout au profit des œuvres charitables. **-7.** *Br* [joke] farce *f*, canular *m*.**-8.** MUS ragtime *m*. ◇ *vt* [tease] taquiner; **they ragged her about her accent** ils la taquinaient au sujet de son accent.
◆ **rags** *npl* [worn-out clothes] guenilles *fpl*, haillons *mpl*, loques *fpl* ❑ to go from ~s to riches passer de la misère à la richesse; a ~s-to-riches story un véritable conte de fées.

**ragamuffin** ['rægə,mʌfɪn] *n* [vagrant] va-nu-pieds *m inv*, gueux *m*, gueuse *f*; [urchin] galopin *m*, polisson *m*, -onne *f*.

**rag-and-bone man** *n Br* chiffonnier *m*.

**ragbag** ['rægbæg] *n Br fig* ramassis *m*, bric-à-brac *m inv*, fouillis *m*.

**rag doll** *n* poupée *f* de chiffon.

**rage** [reɪdʒ] ◇ *n* **-1.** [anger] rage *f*, fureur *f*; the boss was in a ~ le patron était furieux; to fly into a ~ entrer dans une rage folle; a fit of ~ un accès OR une crise de rage. **-2.** *inf* [fashion] mode *f*; to be all the ~ faire fureur. **-3.** [of sea, elements] furie *f*. ◇ *vi* **-1.** [person] être furieux, s'emporter; he

was raging against the Government il pestait contre le gouvernement. **-2.** [sea] se déchaîner; [storm, war] faire rage; **the argument still** ~s la question est toujours très controversée.

**ragged** ['rægɪd] *adj* **-1.** [tattered – clothes] en lambeaux, en loques, en haillons; [– person] loqueteux, vêtu de loques OR de haillons. **-2.** [uneven] irrégulier. **-3.** [erratic – performance] inégal, décousu. **-4.** *phr*: to run sb ~ *inf* éreinter OR crever qqn.

**raging** ['reɪdʒɪŋ] *adj* **-1.** [intense – pain] insupportable, atroce; [– fever] violent; I had ~ toothache j'avais une rage de dents; I've got a ~ thirst je meurs de soif; ~ anticlericalism un anticléricalisme virulent. **-2.** [storm] déchaîné, violent; [sea] démonté; [torrent] furieux. **-3.** [person] furieux.

**raglan** ['ræglən] ◇ *n* raglan *m*. ◇ *adj* raglan *(inv)*.

**ragout** ['ræguː] *n* ragoût *m*.

**ragtag** ['rægtæg] *Br* ◇ *adj* de bric et de broc. ◇ *n*: the ~ and bobtail la racaille, la populace.

**ragtime** ['rægtaɪm] *n* ragtime *m*.

**rag trade** *n inf* confection *f*; he's in the ~ il est OR travaille dans les fringues.

**rag week** *n* = rag *n* 6.

**raid** [reɪd] ◇ *n* **-1.** MIL raid *m*, incursion *f*; bombing ~ raid aérien. **-2.** [by police] descente *f*, rafle *f*; a drugs ~ une descente de police (pour saisir de la drogue). **-3.** [robbery] hold-up *m*, braquage *m*; a ~ on a bank un hold-up dans une banque. **-4.** ST. EX raid *m*. ◇ *vt* **-1.** MIL [subj: army] faire un raid OR une incursion dans; [subj: airforce] bombarder. **-2.** [subj: police] faire une descente OR une rafle dans. **-3.** [subj: thieves]: to ~ a bank dévaliser une banque; to ~ the fridge *hum* dévaliser le frigo.

**raider** ['reɪdər] *n* **-1.** MIL membre *m* d'un commando; the ~s were repelled le commando a été repoussé. **-2.** [thief] voleur *m*, -euse *f*. ST. EX: (corporate) ~ raider *m*.

**raiding party** ['reɪdɪŋ-] *n* commando *m*.

**rail** [reɪl] ◇ *n* **-1.** [bar – gen] barre *f*; [– in window, on bridge] garde-fou *m*; [– on ship] bastingage *m*; [– on balcony] balustrade *f*; [– on stairway] rampe *f*; [– for carpet] tringle *f*; towel ~ porte-serviettes *m inv*.**-2.** [for train, tram] rail *m*; [mode of transport]: to travel by ~ voyager en train ❑ to go off the ~s [train] dérailler; *fig* [person] perdre la tête OR le nord. **-3.** ORNITH râle *m*. ◇ *comp* [traffic, transport, link, tunnel] ferroviaire; [ticket, fare] de train; [journey, travel] en train; [employee, union] des chemins de fer; [strike] des chemins de fer, des cheminots. ◇ *vt* [enclose] clôturer. ◇ *vi* [complain bitterly]: to ~ against OR at pester contre.
◆ **rails** *npl* [fencing] grille *f*; [in horseracing] corde *f*.
◆ **rail in** *vt sep* clôturer.
◆ **rail off** *vt sep* fermer (au moyen d'une barrière).

**railcar** ['reɪlkɑːr] *n* autorail *m*.

**railcard** ['reɪlkɑːd] *n Br* carte permettant de bénéficier de tarifs avantageux sur les chemins de fer britanniques.

**railing** ['reɪlɪŋ] *n* **-1.** [barrier – gen] barrière *f*; [– on bridge] garde-fou *m*; [– on balcony] balustrade *f*.**-2.** [upright bar] barreau *m*.**-3.** = railings.
◆ **railings** *npl* [fence] grille *f*; she squeezed through the ~s elle se glissa entre les barreaux de la grille.

**raillery** ['reɪlərɪ] *n* raillerie *f*.

**railroad** ['reɪlrəʊd] *Am* = railway.

**railway** ['reɪlweɪ] *Br* ◇ *n* **-1.** [system, organization] chemin *m* de fer; he works on the ~s il est cheminot. **-2.** [track] voie *f* ferrée. ◇ *comp* [bridge, traffic, travel, tunnel] ferroviaire; [company] ferroviaire, de chemin de fer; [journey] en train; [employee, union] des chemins de fer; ~ worker cheminot *m*.

**railway carriage** *n Br* wagon *m*, voiture *f*.

**railway crossing** *n Br* passage *m* à niveau.

**railway embankment** *n Br* remblai *m*.

**railway engine** *n Br* locomotive *f*.

**railway line** *n Br* **-1.** [route] ligne *f* de chemin de fer. **-2.** [track] voie *f* ferrée; [rail] rail *m*.

**railwayman** ['reɪlweɪmən] (*pl* **railwaymen** [-mən]) *n Br* cheminot *m*.

**railway station** *n Br* [gen] gare *f* (de chemin de fer); [in France] gare *f* SNCF.

**railway track** *n Br* voie *f* ferrée.

**railway yard** *n Br* dépôt *m*.

**raiment** ['reɪmənt] *n (U) lit* atours *mpl*.

**rain** [reɪn] ◇ *n* **-1.** *literal* pluie *f*; it was pouring with ~ il pleuvait à verse; the ~ was heavy il pleuvait beaucoup; a light ~ was falling il tombait une pluie fine; come in out of the ~ rentre, ne reste pas sous la pluie; it looks like ~ on dirait qu'il va pleuvoir; Venice in the ~ Venise sous la pluie; the ~s la saison des pluies ❏ come ~ or shine quoi qu'il arrive; don't worry, you'll be as right as ~ in a minute *inf* ne t'inquiète pas, ça va passer. **-2.** *fig* [of projectiles, blows] pluie *f*. ◇ *vi* pleuvoir; it's ~ing il pleut ❏ it's ~ing cats and dogs *inf* il pleut des cordes, il tombe des hallebardes; it never ~s but it pours *Br prov*, when it rains, it pours *Am prov* un malheur n'arrive jamais seul *prov*. ◇ *vt* faire pleuvoir.
♦ **rain down** ◇ *vi insep* [projectiles, blows etc] pleuvoir. ◇ *vt sep* [projectiles, blows etc] faire pleuvoir.
♦ **rain off** *vt sep Br*: the game was ~ed off [cancelled] la partie a été annulée à cause de la pluie; [abandoned] la partie a été abandonnée à cause de la pluie.
♦ **rain out** *vt sep Am* = **rain off**.

**rainbow** ['reɪnbəʊ] ◇ *n* arc-en-ciel *m*; to chase ~s se bercer d'illusions. ◇ *comp*: ~ coalition coalition représentant un large éventail de tendances.

**rainbow trout** *n* truite *f* arc-en-ciel.

**rain check** *n Am* bon pour un autre match (ou spectacle) donné par suite d'une annulation à cause de la pluie; I'll take a ~ on that *inf* & *fig* ça sera pour une autre fois.

**rain cloud** *n* nuage *m* de pluie.

**raincoat** ['reɪnkəʊt] *n* imperméable *m*.

**rain dance** *n* danse *f* de la pluie.

**raindrop** ['reɪndrɒp] *n* goutte *f* de pluie.

**rainfall** ['reɪnfɔːl] *n* [amount of rain] pluviosité *f*.

**rainforest** ['reɪn,fɒrɪst] *n* forêt *f* pluviale.

**rain gauge** *n* pluviomètre *m*.

**rainmaker** ['reɪn,meɪkəʳ] *n* faiseur *m* de pluie.

**rainproof** ['reɪnpruːf] ◇ *adj* imperméable. ◇ *vt* imperméabiliser.

**rainstorm** ['reɪnstɔːm] *n* pluie *f* torrentielle.

**rainwater** ['reɪn,wɔːtəʳ] *n* eau *f* de pluie OR pluviale.

**rainwear** ['reɪnweəʳ] *n (U)* vêtements *mpl* de pluie.

**rainy** ['reɪnɪ] (*compar* **rainier**, *superl* **rainiest**) *adj* pluvieux; the ~ season la saison des pluies; to save sthg for a ~ day garder qqch pour les mauvais jours.

**raise** [reɪz] ◇ *vt* **-1.** [lift, move upwards – gen] lever; [– burden, lid] soulever; to ~ one's head lever la tête; she didn't ~ her eyes from her book elle n'a pas levé les yeux de son livre. **-2.** [increase – offer, price, tax] augmenter; [– interest rates] relever; [– temperature, tension] faire monter; the speed limit has been ~d to 150 km/h la limitation de vitesse est passée à 150 km/h; the age limit has been ~d to 18 la limite d'âge a été repoussée à 18 ans. **-3.** [boost, improve] remonter, élever; to ~ sb's spirits remonter le moral à qqn; to ~ sb's hopes donner des espoirs à qqn. **-4.** [promote] élever, promouvoir. **-5.** [collect together – support] réunir; [– army] lever. **-6.** [obtain – money] trouver, obtenir; [– taxes] lever; to ~ funds collecter des fonds. **-7.** [make, produce]: they ~d a cheer when she came in ils ont poussé des bravos quand elle est entrée; he managed to ~ a smile when he saw us il a réussi à sourire en nous voyant ❏ to ~ hell OR Cain OR the roof *inf* [make a noise] faire un boucan de tous les diables; [cause a fuss] faire un scandale. **-8.** [cause as reaction – laugh, welt, blister] provoquer; his jokes didn't even ~ a smile ses plaisanteries n'ont même pas fait sourire. **-9.** *esp Am* [rear – children, family] élever. **-10.** *esp Am* [breed – livestock] élever; [grow – crops] cultiver. **-11.** [introduce, bring up – point, subject, question] soulever; [– doubts] soulever, susciter. **-12.** [erect] élever, ériger. **-13.** [resuscitate] ressusciter; [evoke – spirit] évoquer; they were making enough noise to ~ the dead ils faisaient un bruit à réveiller les morts. **-14.** [end – ban, siege] lever. **-15.** [contact] contacter. **-16.** [in bridge] monter sur; [in poker] relancer; I'll ~ you 5 pounds je relance de 5 livres. **-17.** CULIN [dough, bread] faire lever. **-18.** MATH élever. **-19.** NAUT: to ~ land arriver en vue de terre.
◇ *vi* [in bridge] monter, enchérir; [in poker] relancer.
◇ *n* **-1.** *Am* [pay increase] augmentation *f* de salaire. **-2.** [in bridge] enchère *f*; [in poker] relance *f*.

**raise up** *vt sep*: to ~ o.s. up se soulever.

**raised** [reɪzd] *adj* **-1.** [ground, platform, jetty etc] surélevé; [pattern] en relief. **-2.** CULIN levé, à la levure. **-3.** LING [vowel] haut. **-4.** TEX cardé, gratté.

**raisin** ['reɪzn] *n* raisin *m* sec.

**raising agent** ['reɪzɪŋ-] *n (C)* levure *f*.

**Raj** [rɑːdʒ] *n*: the ~ l'empire *m* britannique (en Inde).

**rajah** ['rɑːdʒə] *n* raja *m*, rajah *m*, radjah *m*.

**rake** [reɪk] ◇ *n* **-1.** [in garden, casino] râteau *m*. **-2.** [libertine] roué *m*, libertin *m*. **-3.** THEAT pente *f*; NAUT [of mast, funnel] quête *f*. ◇ *vt* **-1.** [soil, lawn, path] ratisser, râteler; she ~d the leaves into a pile elle ratissa les feuilles en tas. **-2.** [search] fouiller (dans). **-3.** [scan] balayer; a searchlight ~d the darkness un projecteur fouilla l'obscurité. **-4.** [strafe] balayer. ◇ *vi* **-1.** [search]: to ~ among OR through fouiller dans. **-2.** [slope] être en pente, être incliné.
♦ **rake in** *vt sep inf* [money] ramasser; to be raking it in toucher un joli paquet.
♦ **rake off** *vt sep inf* [share of profits] empocher, ramasser.
♦ **rake out** *vt sep* **-1.** [fire] enlever les cendres de; [ashes] enlever. **-2.** [search out] dénicher.
♦ **rake over** *vt sep* **-1.** [soil, lawn, path] ratisser. **-2.** *fig* remuer.
♦ **rake up** *vt sep* **-1.** [collect together – leaves, weeds] ratisser; [– people] réunir, rassembler. **-2.** [dredge up] déterrer; to ~ up sb's past fouiller dans le passé de qqn.

**raked** [reɪkt] *adj* [inclined] incliné.

**rake-off** *n inf* petit profit *m*.

**rakish** ['reɪkɪʃ] *adj* **-1.** [jaunty] désinvolte, insouciant. **-2.** [boat] à la forme élancée, allongé.

**rale** [rɑːl] *n* MED râle *m*.

**rally** ['rælɪ] (*pl* **rallies**, *pt* & *pp* **rallied**) ◇ *n* **-1.** [gathering – gen] rassemblement *m*; MIL [during battle] ralliement *m*; POL rassemblement *m*, (grand) meeting *m*. **-2.** [recovery – gen] amélioration *f*; ST. EX reprise *f*. **-3.** AUT rallye *m*; ~ driver pilote *m* de rallye. **-4.** SPORT (long) échange *m*. ◇ *vi* **-1.** [assemble, gather – gen] se rassembler; [– troops, supporters] se rallier; they rallied to the party/to the defence of their leader ils se sont ralliés au parti/pour défendre leur chef. **-2.** [recover – gen] s'améliorer; [– sick person] aller mieux, reprendre des forces; [– currency, share prices] remonter; [– stock market] se reprendre. **-3.** AUT faire des rallyes. ◇ *vt* **-1.** [gather] rallier, rassembler; she's trying to ~ support for her project elle essaie de rallier des gens pour soutenir son projet. **-2.** [summon up] reprendre; to ~ one's spirits reprendre ses esprits ‖ [boost] ranimer; the news rallied their morale la nouvelle leur a remonté le moral. **-3.** *arch* [tease] taquiner.
♦ **rally round** ◇ *vi insep*: all her family rallied round toute sa famille est venue lui apporter son soutien. ◇ *vt insep*: they rallied round her ils lui ont apporté leur soutien.

**rallying** ['rælɪɪŋ] *adj*: ~ cry cri *m* de ralliement.

**ram** [ræm] (*pt* & *pp* **rammed**, *cont* **ramming**) ◇ *n* **-1.** ZOOL bélier *m*. **-2.** HIST: [battering] ~ bélier *m*. **-3.** TECH [piston] piston *m*; [flattening tool] hie *f*, dame *f*; [pile driver] mouton *m*; [lifting pump] bélier *m* hydraulique. ◇ *vt* **-1.** [bang into] percuter; NAUT aborder; [in battle] éperonner. **-2.** [push] pousser (violemment); she rammed the papers into her bag elle fourra les papiers dans son sac; in order to ~ home the point *fig* pour enfoncer le clou. ◇ *vi*: to ~ into sthg entrer dans OR percuter qqch.

**RAM** [ræm] (*abbr of* **random access memory**) *n* RAM *f*.

**Ramadan** [,ræmə'dæn] *n* ramadan *m*.

**ramble** ['ræmbl] ◇ *n* [hike] randonnée *f* (pédestre); [casual walk] promenade *f*. ◇ *vi* **-1.** [hike] faire une randonnée. **-2.** [wander] se balader. **-3.** [talk] divaguer, radoter; he ~d on and on about nothing il n'arrêtait pas de parler pour ne rien dire. **-4.** [plant] pousser à tort et à travers. **-5.** [path, stream] serpenter.

**rambler** ['ræmbləʳ] *n* **-1.** [hiker] randonneur *m*, -euse *f*. **-2.** BOT plante *f* sarmenteuse.

**rambling** ['ræmblɪŋ] ◇ *adj* **-1.** [building] plein de coins et de recoins. **-2.** [conversation, style] décousu; [ideas, book, thoughts] incohérent, sans suite; [person] qui divague, qui radote. **-3.** [plant] sarmenteux; ~ rose rosier *m* sarmenteux. ◇ *n* [hiking] randonnée *f*; to go ~ aller en randonnée.

**ramekin, ramequin** ['ræmɪkɪn] *n* ramequin *m*.

**Rameses** ['ræmsiːz] = **Ramses**.

**ramification** [ˌræmɪfɪ'keɪʃn] *n* -1. [implication] implication *f*. -2. [branching] ramification *f*.

**ramify** ['ræmɪfaɪ] (*pt* & *pp* **ramified**) ◊ *vt* ramifier. ◊ *vi* se ramifier.

**ramp** [ræmp] *n* pente *f*, rampe *f*; [in road works] dénivellation *f*.

**rampage** [ræm'peɪdʒ] ◊ *n* fureur *f*; to be on the ~ être déchaîné; to go on the ~ se livrer à des actes de violence; the headmaster's on the ~! le directeur est déchaîné! ◊ *vi* se déchaîner; they ~d through the town ils ont saccagé la ville.

**rampant** ['ræmpənt] *adj* -1. [unrestrained] déchaîné, effréné; corruption is ~ la corruption sévit; the disease is ~ la maladie fait des ravages. -2. [exuberant – vegetation] exubérant, foisonnant. -3. *(after n)* HERALD rampant.

**rampart** ['ræmpɑːt] ◊ *n* literal & fig rempart *m*. ◊ *vt* fortifier (d'un rempart).

**ramraider** ['ræmˌreɪdər] *n personne qui cambriole les magasins en fracassant les vitrines avec sa voiture*.

**ramrod** ['ræmrod] ◊ *n* baguette *f (d'arme à feu)*; to sit/to stand as stiff as a ~ être assis/se tenir raide comme un piquet. ◊ *adv*: the sentry stood ~ straight la sentinelle se tenait debout, raide comme un piquet.

**Ramses** ['ræmsiːz] *pr n* Ramsès.

**ramshackle** ['ræmˌʃækl] *adj* délabré.

**ran** [ræn] *pt*→ **run**.

**ranch** [rɑːntʃ] ◊ *n* ranch *m*; chicken ~ élevage *m* de poulets. ◊ *comp*: ~ hand ouvrier *m* agricole; ~ house maison basse faisant partie d'un ranch. ◊ *vi* exploiter un ranch. ◊ *vt*: to ~ cattle élever du bétail (sur un ranch).

**rancher** ['rɑːntʃər] *n* [owner] propriétaire *mf* de ranch; [manager] exploitant *m*, -e *f* de ranch; [worker] garçon *m* de ranch, cow-boy *m*.

**ranching** ['rɑːntʃɪŋ] *n* exploitation *f* d'un ranch; **cattle/chicken ~** élevage *m* de bétail/de poulets.

**rancid** ['rænsɪd] *adj* rance; to go OR to turn ~ rancir.

**rancor** *Am* = **rancour**.

**rancour** *Br*, **rancor** *Am* ['ræŋkər] *n* rancœur *f*, rancune *f*.

**rand** [rænd] (*pl inv*) *n* [money] rand *m*.

**R and B** *n abbr of* **rhythm and blues**.

**R and D** *n abbr of* **research and development**.

**random** ['rændəm] *adj* aléatoire, fait OR choisi au hasard; a ~ number un nombre aléatoire; a ~ sample un échantillon pris au hasard; a ~ shot une balle perdue; ~ violence violence *f* aveugle.
◆ **at random** *adv phr* au hasard; to lash out at ~ distribuer des coups à l'aveuglette.

**random access** *n* COMPUT accès *m* aléatoire OR direct.
◆ **random-access** *adj* COMPUT à accès aléatoire OR direct; **random-access memory** mémoire *f* vive.

**randomly** ['rændəmlɪ] *adv* au hasard.

**R and R** *(abbr of* **rest and recreation**) *n* permission *f*.

**randy** ['rændɪ] (*compar* **randier**, *superl* **randiest**) *adj inf* excité; he's a ~ devil c'est un chaud lapin.

**rang** [ræŋ] *pt*→ **ring**.

**range** [reɪndʒ] ◊ *n* -1. [of missile, sound, transmitter etc] portée *f*; [of vehicle, aircraft] autonomie *f*; **at long/short ~** à longue/courte portée; **out of ~** hors de portée; **within ~** in [of guns] à portée de tir; [of voice] à portée de voix **it can kill a man at a ~ of 800 metres** ça peut tuer un homme à une distance de 800 mètres. -2. [bracket] gamme *f*, éventail *m*, fourchette *f*; **children in the same age ~** les enfants dans la même tranche d'âge; **price ~** gamme OR fourchette de prix; **it's within my price ~** c'est dans mes prix. -3. [set, selection] gamme *f*; **we stock a wide ~ of office materials** nous avons en stock une large gamme de matériels de bureaux; **it provoked a wide ~ of reactions** ça a provoqué des réactions très diverses ‖ COMM: **the new autumn ~** [of clothes] la nouvelle collection d'automne; **this car is the top/bottom of the ~** cette voiture est le modèle haut/bas de gamme. -4. *fig* [scope] champ *m*, domaine *m*; **that is beyond the ~ of the present inquiry** cela ne relève pas de cette enquête; **that lies outside the ~ of my responsibility** ça dépasse les

limites de ma responsabilité. -5. [of mountains] chaîne *f*. -6. [prairie] prairie *f*. -7. [practice area] champ *m* de tir. -8. MUS [of instrument] étendue *f*, portée *f*; [of voice] tessiture *f*. -9. [cooker] fourneau *m* (de cuisine). -10. [row, line] rang *m*, rangée *f*. -11. BIOL [habitat] habitat *m*.

◊ *vi* -1. [vary] aller, s'étendre; **their ages ~ from 5 to 12** OR **between 5 and 12** ils ont de 5 à 12 OR entre 5 et 12 ans; **the quality ~s from mediocre to excellent** la qualité varie de médiocre à excellent. -2. [roam]: to ~ over parcourir; **thugs ~ through the city streets** des voyous rôdent dans les rues de la ville. -3. [extend]: **our conversation ~d over a large number of topics** nous avons discuté d'un grand nombre de sujets.

◊ *vt* -1. [roam] parcourir. -2. [arrange] ranger; [put in a row or in rows] mettre OR disposer en rang OR rangs; **the desks are ~d in threes** les pupitres sont en rangées de trois. -3. [join, ally] ranger, rallier. -4. [classify] classer, ranger. -5. [aim – cannon, telescope] braquer. -6. TYPO aligner, justifier.

**rangefinder** ['reɪndʒˌfaɪndər] *n* télémètre *m*.

**ranger** ['reɪndʒər] *n* -1. [in park, forest] garde *m* forestier. -2. *Am* [lawman] ≈ gendarme *m*. -3. *Am* MIL ranger *m*.
◆ **Ranger (Guide)** *n* guide *m*.

**rangy** ['reɪndʒɪ] (*compar* **rangier**, *superl* **rangiest**) *adj* -1. [tall and thin] grand et élancé. -2. [roomy] spacieux.

**rank** [ræŋk] ◊ *n* -1. [grade] rang *m*, grade *m*; **promoted to the ~ of colonel** promu (au rang de OR au grade de) colonel; **the ~ of manager** le titre de directeur ❑; **to pull ~** faire valoir sa supériorité hiérarchique. -2. [quality] rang *m*. -3. [social class] rang *m*, condition *f* (sociale). -4. [row, line] rang *m*, rangée *f*; [on chessboard] rangée *f*; **to break ~s** MIL rompre les rangs; *fig* se désolidariser; **to close ~s** MIL & *fig* serrer les rangs. -5. *Br*: (taxi) ~ **station** *f* (de taxis). -6. MATH [in matrix] rang *m*.

◊ *vt* -1. [rate] classer; **she is ~ed among the best contemporary writers** elle est classée parmi les meilleurs écrivains contemporains; **I ~ this as one of our finest performances** je considère que c'est une de nos meilleures représentations; **he is ~ed number 3** il est classé numéro 3. -2. [arrange] ranger. -3. *Am* [outrank] avoir un grade supérieur à.

◊ *vi* -1. [rate] figurer; **it ~s high/low on our list of priorities** c'est/ce n'est pas une de nos priorités; **he hardly ~s as an expert** on ne peut guère le qualifier d'expert. -2. *Am* MIL être l'officier supérieur.

◊ *adj* -1. [as intensifier] complet, véritable; **he is a ~ outsider in this competition** il fait figure d'outsider dans cette compétition. -2. [foul-smelling] infect, fétide; [rancid] rance; **his shirt was ~ with sweat** sa chemise empestait la sueur. -3. [coarse – person, language] grossier. -4. *lit* [profuse – vegetation] luxuriant; [– weeds] prolifique.

◆ **ranks** *npl* -1. [members] rangs *mpl*; **to join the ~s of the opposition/unemployed** rejoindre les rangs de l'opposition/des chômeurs. -2. MIL [rank and file]: **the ~s, other ~s** les hommes du rang; **to come up through** OR **to rise from the ~s** sortir du rang; **to reduce an officer to the ~s** dégrader un officier.

**-rank** *in cpds*: **top~** grand, majeur; **second~** petit, mineur.

**rank and file** *n*: **the ~** MIL les hommes du rang; POL la base.
◆ **rank-and-file** *adj* de la base.

**ranker** ['ræŋkər] *n* MIL [private] homme *m* du rang; [officer] officier *m* sorti du rang.

**ranking** ['ræŋkɪŋ] ◊ *n* classement *m*. ◊ *adj Am* -1. MIL: ~ officer officier *m* responsable. -2. [prominent] de premier ordre.

**-ranking** *in cpds*: **high~** de haut rang OR grade; **low~** de bas niveau.

**rankle** ['ræŋkl] *vi*: **their decision still ~s with me** leur décision m'est restée en travers de la gorge.

**ransack** ['rænsæk] *vt* -1. [plunder] saccager, mettre à sac. -2. [search] mettre sens dessus dessous.

**ransom** ['rænsəm] ◊ *n* rançon *f*; **they held her to ~** ils l'ont kidnappée pour avoir une rançon; **they're holding the country to ~** *fig* ils tiennent le pays en otage ❑ **a king's ~** une fortune. ◊ *vt* rançonner.

**rant** [rænt] *vi* fulminer; **to ~ at sb** fulminer contre qqn; **to ~ and rave** tempêter, tonitruer.

**ranting** ['ræntɪŋ] ◊ *n (U)* vociférations *fpl*. ◊ *adj* déclamatoire.

**rap** [ræp] (*pt* & *pp* **rapped**, *cont* **rapping**) ◇ *vt* **-1.** [strike] frapper sur, cogner sur; to ~ sb's knuckles, to ~ sb over the knuckles *fig* sermonner qqn. **-2.** [in newspaper headlines] réprimander. ◇ *vi* **-1.** [knock] frapper, cogner. **-2.** *Am inf* [chat] bavarder, discuter le bout de gras. **-3.** MUS jouer du rap. ◇ *n* **-1.** [blow, sound] coup *m* (sec); [rebuke] réprimande *f*; to be given a ~ over OR on the knuckles *fig* se faire taper sur les doigts; to take the ~ for sthg *inf* écoper pour qqch. **-2.** ∇ *Am* [legal charge] accusation *f*; he's up on a murder/drugs ~ il est accusé de meurtre/dans une affaire de drogue. **-3.** *Am inf* [chat]: ~ session bavardage *m*.**-4.** MUS rap *m*.
◆ **rap out** *vt sep* **-1.** [say sharply] lancer, lâcher. **-2.** [tap out –message] taper.
**rapacious** [rə'peɪʃəs] *adj* rapace.
**rapaciousness** [rə'peɪʃəsnɪs], **rapacity** [rə'pæsətɪ] *n* rapacité *f*.
**rape** [reɪp] ◇ *n* **-1.** [sex crime] viol *m*; to commit ~ perpétrer un viol; ~ victim victime *f* d'un viol; the ~ of the countryside *fig* la dévastation de la campagne ❏ ~ crisis centre centre d'accueil pour femmes violées. **-2.** BOT colza *m*.**-3.** [remains of grapes] marc *m* (de raisin). ◇ *vt* violer.
**rape oil** *n* huile *f* de colza.
**rapeseed** ['reɪpsiːd] *n* graine *f* de colza.
**Raphael** ['ræfeɪəl] *prn* Raphaël.
**rapid** ['ræpɪd] *adj* rapide; in ~ succession en une succession rapide.
◆ **rapids** *npl* rapide *m*, rapides *mpl*; to shoot the ~s franchir le rapide OR les rapides.
**rapid eye movement** *n* mouvement des globes oculaires pendant le sommeil paradoxal.
**rapid-fire** *adj* MIL à tir rapide; *fig* [questions, jokes] qui se succèdent à toute allure.
**rapidity** [rə'pɪdətɪ] *n* rapidité *f*.
**rapidly** ['ræpɪdlɪ] *adv* rapidement.
**rapidness** ['ræpɪdnɪs] = **rapidity**.
**rapid transit** *n Am* transport *m* urbain rapide.
**rapier** ['reɪpjə'] ◇ *n* rapière *f*. ◇ *comp*: ~ thrust coup *m* de rapière; her ~ wit son esprit acerbe.
**rapist** ['reɪpɪst] *n* violeur *m*.
**rapper** ['ræpə'] *n* **-1.** [on door] heurtoir *m*.**-2.** MUS musicien *m* rap.
**rapport** [ræ'pɔːr] *n* rapport *m*; I have a good ~ with him j'ai de bons rapports avec lui.
**rapt** [ræpt] *adj* **-1.** [engrossed] absorbé, captivé. **-2.** [delighted] ravi; ~ with joy transporté de joie.
**rapture** ['ræptʃə'] *n* ravissement *m*, extase *f*; to go into ~s over OR about sthg s'extasier sur qqch; they were in ~s about their presents leurs cadeaux les ont ravis.
**rapturous** ['ræptʃərəs] *adj* [feeling] intense, profond; [gaze] ravi, extasié; [praise, applause] enthousiaste.
**rapturously** ['ræptʃərəslɪ] *adv* [watch] d'un air ravi, avec ravissement; [praise, applaud] avec enthousiasme.
**rare** [reə'] *adj* **-1.** [uncommon] rare; it's ~ to see such marital bliss nowadays un tel bonheur conjugal est rare de nos jours; on the ~ occasions when I have him angry les rares fois où je l'ai vu en colère; a ~ opportunity une occasion exceptionnelle ❏ he's a ~ bird c'est un oiseau rare. **-2.** [exceptional] rare, exceptionnel. **-3.** *inf* [extreme] énorme; [excellent] fameux, génial. **-4.** [meat] saignant. **-5.** [rarefied –air, atmosphere] raréfié.
**rarebit** ['reəbɪt] = **Welsh rarebit**.
**rarefied** ['reərɪfaɪd] *adj* **-1.** [air, atmosphere] raréfié. **-2.** [refined] raffiné.
**rarefy** ['reərɪfaɪ] (*pt* & *pp* **rarefied**) ◇ *vt* raréfier. ◇ *vi* se raréfier.
**rarely** ['reəlɪ] *adv* rarement.
**rareness** ['reənɪs] *n* rareté *f*.
**raring** ['reərɪŋ] *adj inf* impatient; to be ~ to go ronger son frein.
**rarity** ['reərətɪ] (*pl* **rarities**) *n* **-1.** [uncommon person, thing] rareté *f*; a foreigner's a ~ in these parts les étrangers sont rares par ici. **-2.** [scarcity] rareté *f*.
**rascal** ['rɑːskl] *n* **-1.** [naughty child] polisson *m*, -onne *f*.**-2.** *lit* [rogue] vaurien *m*, gredin *m*.

**rascally** ['rɑːskəlɪ] *adj lit* [person] coquin; [deed] de coquin.
**rash** [ræʃ] ◇ *n* **-1.** MED rougeur *f*, éruption *f*; to come out in a ~ avoir une éruption; oysters bring me out in a ~ les huîtres me donnent des éruptions. **-2.** [wave, outbreak] vague *f*; last summer's ~ of air disasters la série noire de catastrophes aériennes de l'été dernier. ◇ *adj* imprudent; it was ~ of her to walk out c'était imprudent de sa part de partir comme ça; don't be ~ soyez prudent; ~ words des paroles irréfléchies; I bought it in a ~ moment je l'ai acheté dans un moment de folie OR sur un coup de tête.
**rasher** ['ræʃə'] *n Br* tranche *f* (de bacon).
**rashly** ['ræʃlɪ] *adv* imprudemment; I rather ~ offered to drive her home dans un moment de folie j'ai offert de la reconduire chez elle.
**rasp** [rɑːsp] ◇ *n* **-1.** [file] râpe *f*.**-2.** [sound] bruit *m* de râpe. ◇ *vt* **-1.** [scrape, file] râper. **-2.** [say] dire d'une voix rauque. ◇ *vi* [make rasping noise] grincer, crisser.
**raspberry** ['rɑːzbərɪ] (*pl* **raspberries**) ◇ *n* **-1.** [fruit] framboise *f*.**-2.** *inf* [noise]: to blow a ~ faire pfft (*en signe de dérision*); the announcement was greeted with a chorus of raspberries la nouvelle fut accueillie par des sifflements. ◇ *comp* [jam] de framboises; [tart] aux framboises; ~ bush OR cane framboisier *m* BOT. ◇ *adj* [colour] framboise (*inv*).
**rasping** ['rɑːspɪŋ] ◇ *adj* [noise] grinçant, crissant; [voice] grinçant. ◇ *n* [noise] grincement *m*, crissement *m*.
**Rasputin** [ræ'spjuːtɪn] *prn* Raspoutine.
**Rasta** ['ræstə] ◇ *n* (*abbr of* **Rastafarian**) rasta *mf*. ◇ *adj* rasta (*inv*).
**Rastafarian** [,ræstə'feərɪən] ◇ *n* rastafari *mf*. ◇ *adj* rastafari (*inv*).
**raster** ['ræstə'] *n* PHYS & TV trame *f*.
**rat** [ræt] (*pt* & *pp* **ratted**, *cont* **ratting**) ◇ *n* **-1.** ZOOL rat *m*; female ~, she-~ rate *f*; baby ~ raton *m* ❏ black ~ rat noir; grey OR sewer ~ rat d'égout, surmulot *m*; to look like a drowned ~ avoir l'air d'un chien mouillé. **-2.** *inf* [as insult –gen] ordure *f*. ◇ *vi* **-1.** *literal*: to go ratting faire la chasse aux rats. **-2.** *inf* & *fig* retourner sa veste.
◆ **rat on** *vt insep inf* **-1.** [betray] vendre; [inform on] moucharder. **-2.** [go back on] revenir sur.
**ratable** ['reɪtəbl] = **rateable**.
**ratafia** [,rætə'fiːə] *n* **-1.** [liqueur] ratafia *m*.**-2.** ~ (biscuit) macaron *m*.
**rat-arsed** ∇ ['rætɑːst] *adj Br* bourré.
**rat-a-tat(-tat)** ['rætə,tæt('tæt)] *n* toc-toc *m*.
**ratbag** ['rætbæg] *n Br inf* peau *f* de vache.
**ratcatcher** ['ræt,kætʃə'] *n* [gen] chasseur *m*, -euse *f* de rats; [official] agent *m* de la dératisation.
**ratchet** ['rætʃɪt] *n* rochet *m*.
**rate** [reɪt] ◇ *n* **-1.** [ratio, level] taux *m*; the birth/death/divorce/suicide ~ le taux de natalité/de mortalité/de divorce/de suicide ❏ ~ of return taux de rendement; ~ of taxation taux d'imposition; ~ of exchange taux de change. **-2.** [cost, charge] tarif *m*; his ~s have gone up ses prix ont augmenté; postal OR postage ~ tarifs postaux; standard/reduced ~ tarif normal/réduit. **-3.** [speed] vitesse *f*, train *m*; at the ~ we're going OR at this ~ we'll never get there au rythme où nous allons, nous n'y arriverons jamais. **-4.** *phr*: any ~ *inf* enfin bref. ◇ *vt* **-1.** [reckon, consider] considérer; to ~ sb/sthg highly avoir une haute opinion de qqn/qqch, faire grand cas de qqn/qqch. **-2.** [deserve] mériter. **-3.** *inf* [have high opinion of]: I don't ~ him as an actor à mon avis, ce n'est pas un bon acteur; I don't ~ their chances much je ne pense pas qu'ils aient beaucoup de chance. **-4.** *Br* [fix rateable value of] fixer la valeur locative imposable de. ◇ *vi* [rank high] se classer; he ~s highly in my estimation je le tiens en très haute estime.
◆ **rates** *npl Br dated* impôts *mpl* locaux.
◆ **at any rate** *adv phr* de toute façon, de toute manière, en tout cas.
**-rate** *in cpds*: **first~** de premier ordre; **second~** de deuxième ordre.
**rateable** ['reɪtəbl] *adj*: ~ value *Br* ≃ valeur *f* locative imposable.
**rate-capping** [-,kæpɪŋ] *n* [in UK] plafonnement des impôts locaux par le gouvernement.
**ratepayer** ['reɪt,peɪə'] *n* [in UK] contribuable *mf*.

**rather** ['rɑːðəʳ] ◇ *adv* -**1.** [slightly, a bit] assez, un peu; it's ~ too small for me c'est un peu trop petit pour moi; she cut me a ~ large slice elle m'a coupé une tranche plutôt grande. -**2.** *Br* [as intensifier]: I ~ like this town je trouve cette ville plutôt agréable. -**3.** [expressing preference] plutôt; I'd ~ not do it today je préférerais OR j'aimerais mieux ne pas le faire aujourd'hui; shall we go out tonight? — I'd ~ not si on sortait ce soir? — je n'ai pas très envie ❏ ~ you than me! je n'aimerais pas être à votre place!-**4.** [more exactly] plutôt, plus exactement. ◇ *predet* plutôt; it was ~ a long film le film était plutôt long. ◇ *interj Br dated* et comment.

◆ **rather than** ◇ *prep phr* plutôt que; it's a melodrama ~ than a tragedy c'est un mélodrame plus qu'une tragédie. ◇ *conj phr* plutôt que; ~ than walk I took the bus plutôt que d'y aller à pied, j'ai pris le bus.

**ratification** [,rætɪfɪ'keɪʃn] *n* ratification *f*.

**ratify** ['rætɪfaɪ] (*pt* & *pp* **ratified**) *vt* ratifier.

**rating** ['reɪtɪŋ] *n* -**1.** [ranking] classement *m*; popularity ~ cote *f* de popularité ‖ FIN [of bank, company] notation *f*.-**2.** [appraisal] évaluation *f*, estimation *f*.-**3.** NAUT matelot *m*.

◆ **ratings** *npl* RADIO & TV indice *m* d'écoute; to be high in the ~s avoir un fort indice d'écoute; the ~s battle OR war la course à l'Audimat®.

**ratio** ['reɪʃɪəʊ] (*pl* **ratios**) *n* -**1.** [gen] proportion *f*, rapport *m*; in the ~ of six to one dans la proportion de six contre un; the teacher-student ~ is 1 to 10 le rapport enseignants-étudiants est de 1 pour 10. -**2.** MATH raison *f*, proportion *f*.-**3.** ECON ratio.

**ratiocination** [,rætɪɒsɪ'neɪʃn] *n fml* raisonnement *m*.

**ration** ['ræʃn] ◇ *n literal* & *fig* ration *f*; I've had my ~ of television for today j'ai eu ma dose de télévision pour aujourd'hui. ◇ *comp*: ~ book carnet *m* de tickets de rationnement; ~ card carte *f* de rationnement. ◇ *vt* -**1.** [food] rationner. -**2.** [funds] limiter.

◆ **rations** *npl* [food] vivres *mpl*; to be on double/short ~s toucher une ration double/réduite; half ~s demi-rations *fpl*.

◆ **ration out** *vt sep* rationner.

**rational** ['ræʃənl] ◇ *adj* -**1.** [capable of reason] doué de raison, raisonnable. -**2.** [reasonable, logical – person] raisonnable; [– behaviour, explanation] rationnel; he is incapable of ~ thought il est incapable de raisonner logiquement. -**3.** [of sound mind, sane] lucide. -**4.** MATH rationnel. ◇ *n* rationnel *m*.

**rationale** [,ræʃə'nɑːl] *n* -**1.** [underlying reason] logique *f*; what is the ~ for OR behind their decision? quelle logique sous-tend leur décision?-**2.** [exposition] exposé *m*.

**rationalism** ['ræʃənəlɪzm] *n* rationalisme *m*.

**rationalist** ['ræʃənəlɪst] ◇ *adj* rationaliste. ◇ *n* rationaliste *mf*.

**rationalistic** [,ræʃənə'lɪstɪk] *adj* rationaliste.

**rationality** [,ræʃə'nælətɪ] *n* -**1.** [of belief, system etc] rationalité *f*.-**2.** [faculty] raison *f*.

**rationalization** [,ræʃənəlaɪ'zeɪʃn] *n* rationalisation *f*.

**rationalize, -ise** ['ræʃənəlaɪz] *vt* -**1.** [gen & COMM] rationaliser. -**2.** MATH rendre rationnel.

**rationally** ['ræʃənəlɪ] *adv* rationnellement.

**rationing** ['ræʃənɪŋ] *n* [of food] rationnement *m*.

**rat race** *n* jungle *f fig*; she dropped out of the ~ to live in the country elle quitta la jungle des affaires pour vivre à la campagne.

**rats** [ræts] *interj inf* & *hum* zut.

**rattan** [rə'tæn] ◇ *n* [plant] rotang *m*; [substance] rotin *m*. ◇ *comp* [furniture] en rotin.

**rat-tat** ['ræt,tæt] = **rat-a-tat(-tat)**.

**rattle** ['rætl] ◇ *vi* [gen] faire du bruit; [car, engine] faire un bruit de ferraille; [chain, machine, dice] cliqueter; [gunfire, hailstones] crépiter; [door, window] vibrer; somebody was rattling at the door quelqu'un secouait la porte; an old car came rattling down the hill une vieille voiture descendait la côte dans un bruit de ferraille. ◇ *vt* -**1.** [box] agiter (*en faisant du bruit*); [key] faire cliqueter; [chain, dice] agiter, secouer; [door, window] faire vibrer. -**2.** [disconcert] ébranler, secouer. ◇ *n* -**1.** [noise – of chains] bruit *m*; [– of car, engine] bruit *m* de ferraille; [– of keys] cliquetis *m*; [– of gunfire, hailstones] crépi-

tement *m*; [– of window, door] vibration *f*, vibrations *fpl*.-**2.** [for baby] hochet *m*; [for sports fan] crécelle *f*.-**3.** ZOOL [of rattlesnake] grelot *m*.

◆ **rattle around** *vi insep*: you'll be rattling around in that big old house! tu seras perdu tout seul dans cette grande maison!

◆ **rattle off** *vt sep* [speech, list] débiter, réciter à toute allure; [piece of work] expédier; [letter, essay] écrire en vitesse.

◆ **rattle on** *vi insep* jacasser.

◆ **rattle through** *vt insep* [speech, meeting etc] expédier.

**rattler** ['rætləʳ] *Am inf* = **rattlesnake**.

**rattlesnake** ['rætlsneɪk] *n* serpent *m* à sonnettes, crotale *m*.

**rattling** ['rætlɪŋ] ◇ *n* = **rattle 1**. ◇ *adj* -**1.** [sound]: there was a ~ noise on entendait un cliquetis. -**2.** [fast] rapide; at a ~ pace à vive allure. ◇ *adv inf* & *dated*: this book is a ~ good read ce livre est vraiment formidable.

**rat trap** *n* -**1.** *literal* piège *m* à rats, ratière *f*.-**2.** *Am* [building] taudis *m*.

**ratty** ['rætɪ] (*compar* **rattier**, *superl* **rattiest**) *adj inf* -**1.** [irritable] de mauvais poil. -**2.** *Am* [shabby] miteux.

**raucous** ['rɔːkəs] *adj* -**1.** [noisy] bruyant. -**2.** [hoarse] rauque.

**raucously** ['rɔːkəslɪ] *adv* -**1.** [noisily] bruyamment.-**2.** [hoarsely] d'une voix rauque.

**raunchiness** ['rɔːntʃɪnɪs] *n* sensualité *f*.

**raunchy** ['rɔːntʃɪ] (*compar* **raunchier**, *superl* **raunchiest**) *adj inf* -**1.** [woman] d'une sensualité débordante; [song, film etc] torride. -**2.** *Am* [slovenly] négligé.

**ravage** ['rævɪdʒ] *vt* ravager, dévaster; the city had been ~d by war la ville avait été ravagée par la guerre.

◆ **ravages** *npl*: the ~s of time les ravages du temps.

**ravaged** ['rævɪdʒd] *adj* ravagé.

**rave** [reɪv] ◇ *vi* -**1.** [be delirious] délirer. -**2.** [talk irrationally] divaguer. -**3.** [shout] se déchaîner. -**4.** *inf* [praise] s'extasier; to ~ about sthg/sb s'extasier sur qqch/qqn. -**5.** *Br inf* [at party] faire la bringue OR la fête. ◇ *n inf* -**1.** [praise] critique *f* élogieuse. -**2.** [fashion, craze] mode *f*.-**3.** *Br* [party] rave *f*. ◇ *adj inf* -**1.** [enthusiastic] élogieux; the play got ~ reviews OR notices les critiques de la pièce furent très élogieuses. -**2.** [trendy] branché.

◆ **rave up** *vt sep Br dated*: to ~ it up *inf* faire la bringue OR la fête.

**ravel** ['rævl] (*Br pt* & *pp* **ravelled**, *cont* **ravelling**, *Am pt* & *pp* **raveled**, *cont* **raveling**) ◇ *vt* -**1.** [entangle] emmêler, enchevêtrer. ◇ *vi* [tangle up] s'emmêler, s'enchevêtrer. -**2.** [fray] s'effilocher. -**3.** CONSTR [road surface] se détériorer.

**raven** ['reɪvn] ◇ *n* (grand) corbeau *m*. ◇ *adj lit* noir comme un corbeau OR comme du jais.

**ravenous** ['rævənəs] *adj* -**1.** [hungry] affamé. -**2.** [rapacious] *lit* vorace.

**ravenously** ['rævənəslɪ] *adv* voracement; [as intensifier]: to be ~ hungry avoir une faim de loup.

**raver** ['reɪvəʳ] *n Br inf* [partygoer] fêtard *m*, -e *f*.

**rave-up** *n Br inf* & *dated* fête *f*.

**ravine** [rə'viːn] *n* ravin *m*.

**raving** ['reɪvɪŋ] ◇ *adj* -**1.** [mad] délirant. -**2.** [as intensifier]: she's no ~ beauty elle n'est pas d'une beauté éblouissante; he's a ~ lunatic *inf* c'est un fou furieux, il est fou à lier. ◇ *adv inf*: ~ mad fou à lier.

◆ **ravings** *npl* divagations *fpl*.

**ravioli** [,rævɪ'əʊlɪ] *n* (*U*) ravioli *m*, raviolis *mpl*.

**ravish** ['rævɪʃ] *vt* -**1.** [delight] *lit* ravir, transporter de joie. -**2.** *arch* OR *lit* [rape] violer; [abduct] ravir.

**ravishing** ['rævɪʃɪŋ] *adj* ravissant, éblouissant.

**ravishingly** ['rævɪʃɪŋlɪ] *adv* de façon ravissante; [as intensifier]: ~ beautiful d'une beauté éblouissante.

**raw** [rɔː] ◇ *adj* -**1.** [uncooked] cru. -**2.** [untreated – sugar, latex, leather] brut; [– milk] cru; [– spirits] pur; [– cotton, linen] écru; [– silk] grège, écru; [– sewage] non traité. -**3.** [data, statistics] brut. -**4.** [sore – gen] sensible, irrité; [– wound, blister] à vif; [– nerves] à fleur de peau; the remark touched a ~ nerve (in him) *fig* la remarque l'a touché OR piqué au vif. -**5.** [emotion, power, energy] brut. -**6.** [inexperienced] inexpérimenté; a ~ recruit un bleu. -**7.** [weather] rigoureux, rude; a ~ February night une froide nuit de février. -**8.** [forthright] franc (*f* franche), direct. **-9.** *Am* [rude, coarse] grossier, cru. **-10.** *phr*: to give sb a ~ deal traiter qqn de manière injuste; he got a ~ deal from his last job il n'était pas gâté dans son dernier emploi; the unemployed get a ~ deal les chômeurs n'ont pas la part belle. ◇ *n phr*: in the ~ *inf* à poil; to touch sb on the ~ *Br* toucher OR piquer qqn au vif.

**rawboned** ['rɔːbəʊnd] *adj* décharné.

**rawhide** ['rɔːhaɪd] *n* **-1.** [skin] cuir *m* vert OR brut. **-2.** [whip] fouet *m* (de cuir).

**Rawlplug**® ['rɔːlplʌg] *n* cheville *f*, fiche *f*.

**raw material** *n* (*usu pl*) matière *f* première.

**rawness** ['rɔːnɪs] *n* **-1.** [natural state] nature *f* brute. **-2.** [soreness] irritation *f*. **-3.** [inexperience] inexpérience *f*, manque *m* d'expérience. **-4.** [of weather] rigueur *f*, rudesse *f*. **-5.** [frankness] franchise *f*. **-6.** *Am* [coarseness - of person, language] grossièreté *f*.

**ray** [reɪ] *n* **-1.** [of light] rayon *m*; a ~ of sunlight un rayon de soleil. **-2.** *fig* lueur *f*; a ~ of comfort une petite consolation; a ~ of hope une lueur d'espoir. **-3.** [fish] raie *f*. **-4.** MUS ré *m*.

**ray gun** *n* pistolet *m* à rayons.

**rayon** ['reɪɒn] ◇ *n* rayonne *f*. ◇ *adj* en rayonne.

**raze** [reɪz] *vt* raser; the village was ~d to the ground le village fut entièrement rasé.

**razor** ['reɪzər] ◇ *n* rasoir *m*; electric/safety ~ rasoir *m* électrique/de sûreté; the company is on a OR the ~'s edge l'entreprise est sur le fil du rasoir. ◇ *vt* raser.

**razorback** ['reɪzəbæk] *n* **-1.** [whale] balénoptère *m*, rorqual *m*. **-2.** *Am* [pig] sanglier *m*.

**razorbill** ['reɪzəbɪl] *n* petit pingouin *m*, torda *m*.

**razor blade** *n* lame *f* de rasoir.

**razor cut** *n* [hairstyle] coupe *f* au rasoir.

◆ **razor-cut** *vt* [hair] couper au rasoir.

**razor-sharp** *adj* **-1.** [blade] tranchant comme un rasoir OR comme une lame de rasoir; [nails] acéré. **-2.** [person, mind] vif.

**razor wire** *n* (*U*) barbelés *mpl* tranchants.

**razzle** ▽ ['ræzl] *n Br*: to be OR to go on the ~ faire la bringue OR la nouba.

**razzle-dazzle** *inf* = razzmatazz.

**razzmatazz** ['ræzmə'tæz] *n inf* clinquant *m*; the ~ of Hollywood le côté tape-à-l'œil de Hollywood.

**R & B** (*abbr of* rhythm and blues) *n* R & B *m*.

**RC** *n abbr of* Roman Catholic.

**RCAF** (*abbr of* Royal Canadian Air Force) *pr n* armée de l'air canadienne.

**RCMP** (*abbr of* Royal Canadian Mounted Police) *pr n* police montée canadienne.

**RCN** (*abbr of* Royal Canadian Navy) *pr n* marine de guerre canadienne.

**Rd** *written abbr of* road.

**R & D** (*abbr of* research and development) *n* R-D *f*.

**RDC** *n abbr of* rural district council.

**re**¹ [reɪ] *n* MUS ré *m*.

**re**² [riː] *prep* **-1.** ADMIN & COMM: re your letter of the 6th June en réponse à OR suite à votre lettre du 6 juin ‖ [in letter heading]: Re: job application Objet: demande d'emploi. **-2.** JUR: (in) re en l'affaire de.

**RE** *n abbr of* religious education.

**reach** [riːtʃ] ◇ *vt* **-1.** [arrive at - destination] arriver à; they ~ed port ils arrivèrent au OR gagnèrent le port; the letter hasn't ~ed him yet la lettre ne lui est pas encore parvenue; the sound of laughter ~ed their ears des rires parvenaient à leurs oreilles. **-2.** [extend as far as - stage, point, level] arriver à, atteindre; the water ~ed my knees l'eau m'arrivait aux genoux; to ~ the age of 80 atteindre l'âge de 80 ans. **-3.** [come to - agreement, decision, conclusion] arriver à, parvenir à; [- compromise] arriver à, aboutir à. **-4.** [be able to touch] atteindre; can you ~ the top shelf? est-ce que tu peux atteindre la dernière étagère?; his feet don't ~ the floor ses pieds ne touchent pas par terre. **-5.** [pass, hand] passer. **-6.** [contact] joindre.

◇ *vi* **-1.** [with hand] tendre la main; she ~ed for her glass elle tendit la main pour prendre son verre ❑ ~ for the sky! haut les mains!; to ~ for the stars viser haut. **-2.** [extend]

s'étendre; [carry - voice] porter. **-3.** [be long enough]: it won't ~ ce n'est pas assez long. **-4.** NAUT faire une bordée.

◇ *n* **-1.** [range] portée *f*, atteinte *f*; within ~ à portée de la main; the house is within easy ~ of the shops la maison est à proximité des magasins; within everyone's ~ [affordable by all] à la portée de toutes les bourses; out of ~ hors de portée; out of ~ of hors de (la) portée de; nuclear physics is beyond my ~ la physique nucléaire, ça me dépasse complètement. **-2.** [in boxing] allonge *f*. **-3.** NAUT bordée *f*, bord *m*.

◆ **reaches** *npl* étendue *f*; the upper/the lower ~es of a river l'amont/l'aval d'une rivière; the upper ~es of society *fig* les échelons supérieurs de la société.

◆ **reach back** *vi insep* [in time] remonter.

◆ **reach down** ◇ *vt sep* descendre. ◇ *vi insep* **-1.** [person] se baisser. **-2.** [coat, hair] descendre; her skirt ~ed down to her ankles sa jupe lui descendait jusqu'aux chevilles.

◆ **reach out** ◇ *vt sep* [arm, hand] tendre, étendre. ◇ *vi insep* tendre OR étendre le bras.

◆ **reach up** *vi insep* **-1.** [raise arm] lever le bras. **-2.** [rise]: to ~ up to arriver à; the water ~ed up to my waist l'eau m'arrivait à la taille.

**reachable** ['riːtʃəbl] *adj* **-1.** [town, destination] accessible; is it ~ by boat? peut-on y aller OR accéder par bateau? **-2.** [contactable] joignable; he's ~ at the following number on peut le joindre au numéro suivant.

**reach-me-down** *n Br inf* vieux vêtement *m* (*que les aînés passent aux cadets*).

**react** [rɪˈækt] *vi* réagir; to ~ to sthg réagir à qqch; to ~ against sb/sthg réagir contre qqn/qqch; the acid ~s with the metal l'acide réagit avec le métal.

**reaction** [rɪˈækʃn] *n* **-1.** [gen, CHEM, MED & PHYS] réaction *f*; her work is a ~ against abstract art son œuvre est une réaction par rapport à l'art abstrait; public ~ to the policy has been mixed la réaction du public face à cette mesure a été mitigée. **-2.** [reflex] réflexe *m*; it slows down your ~s cela ralentit vos réflexes. **-3.** POL réaction *f*; the forces of ~ les forces réactionnaires.

**reactionary** [rɪˈækʃənrɪ] ◇ *adj* réactionnaire. ◇ *n* réactionnaire *mf*.

**reactivate** [rɪˈæktɪveɪt] *vt* réactiver.

**reactive** [rɪˈæktɪv] *adj* [gen, CHEM & PHYS] réactif; PSYCH réactionnel.

**reactor** [rɪˈæktər] *n* réacteur *m*.

**read**¹ [riːd] (*pt & pp* read [red]) ◇ *vt* **-1.** [book, magazine etc] lire; I read it in the paper je l'ai lu dans le journal; for "Barry" ~ "Harry" lire «Harry» à la place de «Barry»; can you ~ music/braille/Italian? savez-vous lire la musique/le braille/l'italien? ❑ to ~ sb's lips *literal* lire sur les lèvres de qqn; ~ my lips *fig* écoutez-moi bien; to take sthg as read considérer qqch comme allant de soi. **-2.** [interpret] interpréter, lire. **-3.** [understand - person, mood] comprendre; to ~ sb's thoughts lire dans les pensées de qqn; I can ~ him like a book! je sais comment il fonctionne! **-4.** [via radio] recevoir; ~ing you loud and clear je vous reçois cinq sur cinq. **-5.** [at university] étudier; he read history il a étudié l'histoire, il a fait des études d'histoire. **-6.** [gauge, dial, barometer] lire; to ~ the meter relever le compteur. **-7.** [register - subj: gauge, dial, barometer] indiquer. **-8.** [announce - subj: notice] annoncer. **-9.** [proofs] corriger. **-10.** [data, disk] lire.

◇ *vi* **-1.** [person] lire; to ~ to sb faire la lecture à qqn; to ~ to o.s. lire. **-2.** [text]: her article ~s well/badly son article se lit facilement/ne se lit pas facilement; the book ~s like a translation à la lecture, on sent que ce roman est une traduction; article 22 ~s as follows voici ce que dit l'article 22. **-3.** [gauge, meter etc]: the dials ~ differently les cadrans n'indiquent pas le même chiffre. **-4.** [student]: what's he ~ing? qu'est-ce qu'il fait comme études?

◇ *n* **-1.** [act of reading]: to have a ~ lire; can I have a ~ of your paper? est-ce que je peux jeter un coup d'œil sur ton journal? **-2.** [reading matter]: her books are a good ~ ses livres se lisent bien.

◆ **read back** *vt sep* [dictated letter] relire.

◆ **read into** *vt sep*: you shouldn't ~ too much into their silence vous ne devriez pas accorder trop d'importance à leur

silence.
◆ **read off** *vt sep* **-1.** [rapidly] lire d'un trait; [aloud] lire (à haute voix). **-2.** [figure on dial, scale etc] relever.
◆ **read on** *vi insep* lire la suite.
◆ **read out** *vt sep* **-1.** [aloud] lire (à haute voix). **-2.** [subj: computer] lire. **-3.** *Am* [expel] expulser.
◆ **read over** *vt sep* relire.
◆ **read through** *vt sep* lire (*du début à la fin*).
◆ **read up** *vt sep* étudier.
◆ **read up on** *vt insep* = read up.

**read²** [red] ◇ *pt & pp* → read. ◇ *adj*: he's widely ~ c'est un homme cultivé.

**readability** [,riːdə'bɪlətɪ] *n* lisibilité *f*.

**readable** ['riːdəbl] *adj* **-1.** [handwriting] lisible. **-2.** [book] qui se laisse lire.

**readdress** [,riːə'dres] *vt* [mail] faire suivre.

**reader** ['riːdəʳ] *n* **-1.** [of book] lecteur *m*, -trice *f*; she's an avid ~ c'est une passionnée de lecture; I'm not a fast ~ je ne lis pas vite. **-2.** COMPUT lecteur *m*; optical character ~ lecteur *m* optique de caractères. **-3.** [reading book] livre *m* de lecture; [anthology] recueil *m* de textes. **-4.** *Br* UNIV ≃ maître-assistant *m*, -e *f*. **-5.** *Am* UNIV ≃ assistant *m*, -e *f*.

**readership** ['riːdəʃɪp] *n* **-1.** [of newspaper, magazine] nombre *m* de lecteurs, lectorat *m*; what is their ~ (figure)? combien ont-ils de lecteurs? **-2.** *Br* UNIV ≃ poste *m* de maître-assistant. **-3.** *Am* UNIV ≃ fonction *f* d'assistant.

**readily** ['redɪlɪ] *adv* **-1.** [willingly] volontiers. **-2.** [with ease] facilement, aisément; our products are ~ available nos produits sont en vente partout.

**readiness** ['redɪnɪs] *n* **-1.** [preparedness]: to be in ~ for sthg être préparé à qqch; to be in a state of ~ être fin prêt. **-2.** [willingness] empressement *m*; their ~ to assist us leur empressement à nous aider.

**reading** ['riːdɪŋ] ◇ *n* **-1.** [activity] lecture *f*; ~, writing and arithmetic la lecture, l'écriture et le calcul. **-2.** [reading material] lecture *f*; his autobiography makes fascinating/dull ~ son autobiographie est passionnante/ennuyeuse à lire. **-3.** [recital] lecture *f*. **-4.** [from instrument, gauge] indication *f*; the ~ on the dial was wrong les indications qui apparaissaient sur le cadran étaient fausses; to take a ~ lire les indications données par un compteur. **-5.** POL lecture *f*; to give a bill its first/second ~ examiner un projet de loi en première/deuxième lecture. **-6.** [interpretation] interprétation *f*; a new ~ of Dante une nouvelle lecture de Dante. **-7.** [variant] variante *f*. ◇ *comp*: take some ~ matter emmenez de quoi lire; the ~ public le public des lecteurs.

**reading age** *n Br* niveau *m* de lecture; she has a ~ of 11 elle a le niveau de lecture d'un enfant de 11 ans.

**reading glass** *n* [magnifying glass] loupe *f* (*pour lire*).
◆ **reading glasses** *npl* [spectacles] lunettes *fpl* pour lire.

**reading lamp** *n* lampe *f* de bureau.

**reading light** *n* liseuse *f*.

**reading list** *n* [syllabus] liste *f*; des ouvrages au programme; [for further reading] liste *f* des ouvrages recommandés.

**reading room** *n* salle *f* de lecture.

**readjust** [,riːə'dʒʌst] ◇ *vt* **-1.** [readapt]: to ~ o.s. se réadapter. **-2.** [alter – controls, prices, clothing] rajuster, réajuster. ◇ *vi* se réadapter; to ~ to sthg se réadapter à qqch.

**readjustment** [,riːə'dʒʌstmənt] *n* **-1.** [readaptation] réadaptation *f*. **-2.** [alteration] rajustement *m*, réajustement *m*.

**readmit** [,riːəd'mɪt] *vt*: he was readmitted to the concert on l'a relaissé passer à l'entrée du concert.

**read-only memory** [riːd-] *n* mémoire *f* morte.

**readout** ['riːdaut] *n* COMPUT [gen] lecture *f*; [on screen] affichage *m*; [on paper] sortie *f* papier 'OR sur imprimante, listing *m*.

**read-through** [riːd-] *n*: to have a ~ of sthg lire qqch (*du début à la fin*).

**readvertise** [,riː'ædvətaɪz] ◇ *vt* repasser une annonce de. ◇ *vi* repasser une annonce.

**readvertisement** [,riːəd'vɜːtɪsmənt] *n* deuxième annonce *f*.

**read-write head** [riːd-] *n* tête *f* de lecture-écriture.

**ready** ['redɪ] (*compar* readier, *superl* readiest, *pl* readies, *pt & pp* readied) ◇ *adj* **-1.** [prepared] prêt; he's just getting ~ il est en train de se préparer; to be ~ to do sthg être prêt à faire qqch; to be ~ for anything être prêt à tout; he's not ~ for such responsibility il n'est pas prêt pour affronter une telle responsabilité; to get sthg ~ préparer qqch; to get ~ to do sthg se préparer OR s'apprêter à faire qqch; we're ~ when you are nous n'attendons que toi; dinner's ~! c'est prêt!; are you ~ to order? vous avez choisi?; the tomatoes are ~ for eating les tomates sont bonnes à manger ❏ ~, steady, go! à vos marques, prêts, partez! **-2.** [willing] prêt, disposé; ~ to do sthg prêt à faire qqch; don't be so ~ to believe him ne le crois pas systématiquement; you know me, I'm ~ for anything tu me connais, je suis toujours partant; I'm ~ for bed! j'ai envie d'aller me coucher! **-3.** [quick] prompt; she has a ~ wit elle a l'esprit d'à-propos; she has a ~ tongue elle n'a pas la langue dans sa poche; he had a ~ smile il souriait facilement. **-4.** [likely]: ~ to do sthg sur le point de faire qqch; I'm ~ to collapse! je suis à bout de forces!, je suis épuisé! **-5.** [easily accessible]: a ~ market for our products un marché tout trouvé pour nos produits; ~ to hand [within reach] à portée de main; [available] à disposition; ~ cash OR money (argent *m*) liquide *m*. ◇ *n Br inf* [money]: the ~, the readies le fric, le pognon. ◇ *adv Br*: ~ cut ham jambon *m* prétranché; ~ salted peanuts cacahuètes *fpl* salées. ◇ *vt* préparer; to ~ o.s. for sthg se préparer pour qqch.
◆ **at the ready** *adj phr* (tout) prêt.

**ready-cooked** *adj* précuit.

**ready-made** ◇ *adj* **-1.** [clothes] de prêt-à-porter; [food] précuit. **-2.** [excuse, solution, argument] tout prêt. ◇ *n* [garment] vêtement *m* de prêt-à-porter.

**ready-mix** *n* [cake] fait à partir d'une préparation; [concrete] prémalaxé.

**ready reckoner** *n* barème *m*.

**ready-to-wear** *adj*: ~ clothing prêt-à-porter *m*.

**reaffirm** [,riːə'fɜːm] *vt* réaffirmer.

**reafforest** [,riːə'fɒrɪst] *vt* reboiser.

**reafforestation** [ˈriːəˌfɒrɪˈsteɪʃn] *n* reboisement *m*, reforestation *f*.

**reagent** [riː'eɪdʒənt] *n* réactif *m*.

**real** [rɪəl] ◇ *adj* **-1.** [authentic] vrai, véritable; they're ~ silver ils sont en argent véritable; a ~ man un vrai homme; we'll never know her ~ feelings nous ne saurons jamais quels étaient vraiment ses sentiments; we have no ~ cause for concern nous n'avons aucune raison de nous inquiéter ❏ it's the ~ thing [authentic object] c'est du vrai de vrai; [true love] c'est le grand amour. **-2.** [actually existing] réel; the ~ world le monde réel; in ~ life dans la réalité. **-3.** [net, overall] réel; salaries have fallen in ~ terms les salaires ont baissé en termes réels. **-4.** [as intensifier] vrai, véritable; it was a ~ surprise ce fut une vraie surprise; she's a ~ pain elle est vraiment rasante. **-5.** COMPUT, MATH, PHILOS & PHYS réel. **-6.** *phr*: get ~! ▽ arrête de délirer! ◇ *adv Am inf* vachement. ◇ *n* PHILOS: the ~ le réel.
◆ **for real** *adv & adj phr inf* pour de vrai OR de bon; this time it's for ~ cette fois-ci c'est la bonne; is he for ~? ▽ d'où il sort, celui-là?

**real ale** *n Br* bière *f* artisanale.

**real estate** *n* (*U*) **-1.** *Am* [property] biens *mpl* immobiliers; he works in ~ il travaille dans l'immobilier. **-2.** *Br* JUR biens *mpl* fonciers.
◆ **real-estate** *comp Am* immobilier.

**realign** [,riːə'laɪn] ◇ *vt* aligner (de nouveau); POL regrouper. ◇ *vi* s'aligner (de nouveau); POL se regrouper.

**realignment** [,riːə'laɪnmənt] *n* (nouvel) alignement *m*; POL regroupement *m*.

**realism** ['rɪəlɪzm] *n* réalisme *m*.

**realist** ['rɪəlɪst] ◇ *adj* réaliste. ◇ *n* réaliste *mf*.

**realistic** [,rɪə'lɪstɪk] *adj* **-1.** [reasonable] réaliste. **-2.** [lifelike] ressemblant.

**realistically** [,rɪə'lɪstɪklɪ] *adv* de façon réaliste; they can't ~ expect us to do all this ils ne peuvent pas s'attendre sérieusement à ce que nous fassions tout cela.

**reality** [rɪ'ælətɪ] (*pl* realities) *n* réalité *f*; you have to face ~ il faut que tu regardes la réalité en face.
◆ **in reality** *adv phr* en réalité.

**realizable** ['rɪəlaɪzəbl] *adj* [gen & FIN] réalisable.

**realization** [,rɪəlaɪ'zeɪʃn] *n* **-1.** [awareness]: this sudden ~

left us speechless cette découverte nous a laissés sans voix; there has been a growing ~ on the part of the government that... le gouvernement s'est peu à peu rendu compte que...; his ~ that he was gay la prise de conscience de son homosexualité. **-2.** [of aim, dream, project] réalisation *f*.**-3.** FIN [of assets] réalisation *f*.

**realize, -ise** ['rɪəlaɪz] *vt* **-1.** [be or become aware of] se rendre compte de; do you ~ what time it is? tu te rends compte de OR tu as vu l'heure qu'il est?; it made me ~ what a fool I had been cela m'a fait comprendre quel imbécile j'avais été; I ~ you're busy, but... je sais que tu es occupé, mais... **-2.** [achieve] réaliser; my worst fears were ~d ce que je craignais le plus s'est produit OR est arrivé; a job where you could ~ your full potential un travail qui te permettrait de te réaliser complètement. **-3.** FIN [yield financially] rapporter; [convert into cash] réaliser.

**real-life** *adj* vrai; the ~ drama of her battle against illness le drame affreux de sa lutte contre la maladie.

**reallocate** [,riː'æləkeɪt] *vt* [funds, resources] réaffecter, réattribuer; [task, duties] redistribuer.

**really** ['rɪəlɪ] ◇ *adv* **-1.** [actually] vraiment, réellement; did you ~ say that? as-tu vraiment dis ça? **-2.** [as intensifier] vraiment; these cakes are ~ delicious ces gâteaux sont vraiment délicieux; it ~ doesn't matter ce n'est vraiment pas important. **-3.** [softening negative statements]: it doesn't ~ matter ce n'est pas vraiment important. **-4.** [tentative use]: he's quite nice, ~ il est plutôt sympa, en fait; do you want to go? — I suppose I do ~ tu veux y aller? — pourquoi pas, après tout. **-5.** [in surprise, interest]: (oh) ~? oh, vraiment?, c'est pas vrai? ◇ *interj* [in irritation]: (well) ~! enfin!

**realm** [relm] *n* **-1.** [field, domain] domaine *m*; it is within the ~s of possibility c'est du domaine du possible. **-2.** [kingdom] *lit* royaume *m*.

**real number** *n* nombre *m* réel.

**real property** *n* (U) biens *mpl* immobiliers OR immeubles.

**real tennis** *n* jeu *m* de paume.

**real time** *n* COMPUT temps *m* réel.

◆ **real-time** *adj* [system, control, processing] en temps réel.

**realtor** ['rɪəltər] *n Am* agent *m* immobilier.

**realty** ['rɪəltɪ] *n* (U) *Am* biens *mpl* immobiliers.

**ream** [riːm] ◇ *n* [of paper] rame *f*; to write ~s *inf* & *fig* écrire des tartines. ◇ *vt* **-1.** TECH fraiser. **-2.** *Am inf* [person] rouler.

**reanimate** [,riː'ænɪmeɪt] *vt* réanimer.

**reanimation** [,riːænɪ'meɪʃn] *n* réanimation *f*.

**reap** [riːp] *vt* **-1.** [crop] moissonner, faucher. **-2.** *fig* récolter, tirer; to ~ the benefit OR the benefits of sthg récolter les bénéfices de qqch. ◇ *vi* moissonner, faire la moisson.

**reaper** ['riːpər] *n* **-1.** [machine] moissonneuse *f*; ~ and binder moissonneuse-lieuse *f*. **-2.** [person] moissonneur *m*, -euse *f*; the (Grim) Reaper *lit* la Faucheuse.

**reaping** ['riːpɪŋ] *n* moisson *f*; ~ machine moissonneuse *f*.

**reappear** [,riːə'pɪər] *vi* [person, figure, sun] réapparaître; [lost object] refaire surface.

**reappearance** [,riːə'pɪərəns] *n* réapparition *f*.

**reapply** [,riːə'plaɪ] (*pt* & *pp* **reapplied**) *vi*: to ~ for a job poser de nouveau sa candidature pour un poste.

**reappoint** [,riːə'pɔɪnt] *vt* réengager, rengager.

**reappraisal** [,riːə'preɪzl] *n* réexamen *m*.

**reappraise** [,riːə'preɪz] *vt* réexaminer.

**rear** [rɪər] ◇ *n* **-1.** [of place] arrière *m*; at the ~ of the bus à l'arrière du bus; the garden at the ~ *Br* OR in the ~ *Am* of the house le jardin qui est derrière la maison; they attacked them from the ~ ils les ont attaqués par derrière. **-2.** MIL arrière *m*, arrières *mpl*; to bring up the ~ MIL & *fig* fermer la marche. **-3.** *inf* [buttocks] arrière-train *m*. ◇ *adj* [door, wheel] arrière *(inv)*, de derrière; [engine] arrière; [carriages] de queue; is there a ~ entrance? est-ce qu'il y a une entrée par derrière? ❑ ~ lamp OR light *Br* AUT feu *m* arrière; ~ window lunette *f* arrière. ◇ *vt* **-1.** [children, animals] élever; [plants] cultiver. **-2.** [head, legs] lever, relever; racism has ~ed its ugly head again *fig* le spectre du racisme a refait son apparition. ◇ *vi* **-1.** [horse]: to ~ (up) se cabrer. **-2.** [mountain, skyscraper]: to ~ (up) se dresser.

**rear admiral** *n* contre-amiral *m*.

**rear-engined** *adj* avec moteur à l'arrière.

**rearguard** ['rɪəgɑːd] *n* arrière-garde *f*.

**rearguard action** *n* combat *m* d'arrière-garde; to fight a ~ *literal* & *fig* mener un combat d'arrière-garde.

**rearm** [riː'ɑːm] ◇ *vt* [nation, ship] réarmer. ◇ *vi* réarmer.

**rearmament** [riː'ɑːməmənt] *n* réarmement *m*.

**rear-mounted** *adj* monté à l'arrière.

**rearrange** [,riːə'reɪndʒ] *vt* **-1.** [arrange differently – furniture, objects] réarranger, changer la disposition de; [– flat, room] réaménager. **-2.** [put back in place] réarranger. **-3.** [reschedule] changer la date/l'heure de; the meeting has been ~d for Monday la réunion a été remise à lundi; we'll have to ~ our schedule il faudra réaménager notre programme.

**rearrangement** [,riːə'reɪndʒmənt] *n* **-1.** [different arrangement] réarrangement *m*, réaménagement *m*.**-2.** [rescheduling] changement *m* de date/d'heure.

**rearview mirror** ['rɪəvjuː-] *n* rétroviseur *m*.

**rearward** ['rɪəwəd] ◇ *adj* [part, end] arrière *(inv)*; [motion] en arrière, vers l'arrière. ◇ *adv* = **rearwards.** ◇ *n* arrière *m*.

**rearwards** ['rɪəwədz] *adv* en arrière, vers l'arrière.

**rear-wheel drive** *n* AUT traction *f* arrière.

**reason** ['riːzn] ◇ *n* **-1.** [cause, motive] raison *f*; what is the ~ for his absence? quelle est la raison de son absence?; did he give a ~ for being so late? a-t-il donné la raison d'un tel retard?; the ~ (why) they refused la raison de leur refus, la raison pour laquelle ils ont refusé; I (can) see no ~ for disagreeing OR to disagree je ne vois pas pourquoi je ne serais pas d'accord; why do you ask? — oh, no particular ~ pourquoi est-ce que tu me demandes ça? — oh, comme ça; she wouldn't tell me the ~ why elle ne voulait pas me dire pourquoi; you have every ~ to be angry vous avez de bonnes raisons d'être en colère; we have/there is ~ to believe he is lying nous avons de bonnes raisons de croire/il y a lieu de croire qu'il ment; I chose him for the simple ~ I liked him je l'ai choisi pour la simple et bonne raison qu'il me plaisait; but that's the only ~ I came! mais c'est pour ça que je suis venue!; that's no ~ to get annoyed ce n'est pas une raison pour s'énerver; all the more ~ for trying again OR to try again raison de plus pour réessayer; for ~s best known to herself pour des raisons qu'elle est seule à connaître; for some ~ (or other) pour une raison ou pour une autre; give me one good ~ why I should believe you! donne-moi une bonne raison de te croire!; they were upset, and with (good) ~ ils étaient bouleversés, et à juste titre. **-2.** [common sense] raison *f*; he won't listen to ~ il refuse d'entendre raison; at last he saw ~ il a fini par entendre raison ❑ it stands to ~ c'est logique, ça va de soi. **-3.** [rationality] raison *f*. ◇ *vi* raisonner; to ~ with sb raisonner qqn. ◇ *vt* **-1.** [maintain] maintenir, soutenir; [work out] calculer, déduire; [conclude] conclure. **-2.** [persuade]: she ~ed me into/out of going elle m'a persuadé/dissuadé d'y aller.

◆ **by reason of** *prep phr* en raison de.

◆ **for reasons of** *prep phr*: for ~s of space/national security pour des raisons de place/sécurité nationale.

◆ **within reason** *adv phr* dans la limite du raisonnable.

◆ **reason out** *vt sep* résoudre (*par la raison*).

**reasonable** ['riːznəbl] *adj* **-1.** [sensible – person, behaviour, attitude] raisonnable; [– explanation, decision] raisonnable, sensé. **-2.** [moderate – price] raisonnable, correct; [– restaurant] qui pratique des prix raisonnables. **-3.** [fair, acceptable – offer, suggestion] raisonnable, acceptable; beyond all ~ doubt indubitablement.

**reasonably** ['riːznəblɪ] *adv* **-1.** [behave, argue] raisonnablement; one can ~ expect... on est en droit d'attendre...; priced at $100 au prix raisonnable OR modéré de 100 dollars. **-2.** [quite, rather]: ~ good assez bien, pas mal.

**reasoned** ['riːznd] *adj* [argument, decision] raisonné.

**reasoning** ['riːznɪŋ] *n* raisonnement *m*.

**reassemble** [,riːə'sembl] ◇ *vt* **-1.** [people, arguments] rassembler. **-2.** [machinery] remonter. ◇ *vi* se rassembler; Parliament/school ~s in September la rentrée parlementaire/des classes a lieu en septembre.

**reassert** [,riːə'sɜːt] *vt* [authority] réaffirmer; you'll have to ~ yourself vous devrez imposer à nouveau OR réaffirmer votre autorité.

**reassess** [ˌriːəˈses] *vt* **-1.** [position, opinion] réexaminer. **-2.** FIN [damages] réévaluer; [taxation] réviser.

**reassessment** [ˌriːəˈsesmənt] *n* **-1.** [of position, opinion] réexamen *m*.**-2.** FIN [of damages] réévaluation *f*; [of taxes] révision *f*.

**reassurance** [ˌriːəˈʃɔːrəns] *n* **-1.** [comforting] réconfort *m*; she turned to me for ∼ elle s'est tournée vers moi ou est venue à moi pour que je la rassure. **-2.** [guarantee] assurance *f*, confirmation *f*; despite his ∼ ou ∼s that the contract is still valid bien qu'il affirme que le contrat est toujours valable; the government has given ∼s that... le gouvernement a assuré que...

**reassure** [ˌriːəˈʃɔː] *vt* **-1.** [gen] rassurer. **-2.** FIN réassurer.

**reassuring** [ˌriːəˈʃɔːrɪŋ] *adj* rassurant.

**reassuringly** [ˌriːəˈʃɔːrɪŋlɪ] *adv* d'une manière rassurante; [as intensifier]: ∼ simple d'une grande simplicité.

**reawake** [ˌriːəˈweɪk] (*pt* **reawoke** [-ˈwəʊk] ou **reawaked**, *pp* **reawoken** [-ˈwəʊkn] ou **reawaked**) *vi* se réveiller de nouveau.

**reawaken** [ˌriːəˈweɪkn] ◇ *vt* [person] réveiller; [concern, interest] réveiller; [feelings] faire renaître, raviver. ◇ *vi* [person] se réveiller de nouveau.

**reawakening** [ˌriːəˈweɪknɪŋ] *n* [of sleeper] réveil *m*; [of interest, concern] réveil *m*.

**rebarbative** [rɪˈbɑːbətɪv] *adj fml* rébarbatif.

**rebate** [ˈriːbeɪt] *n* **-1.** [reduction – on goods] remise *f*, ristourne *f*; [– on tax] dégrèvement *m*; [refund] remboursement *m*.**-2.** = **rabbet**.

**rebel** [*n* & *adj* ˈrebl, *vb* rɪˈbel] (*pt* & *pp* **rebelled**, *cont* **rebelling**) ◇ *n* [in revolution] rebelle *mf*, insurgé *m*, -e *f*; *fig* rebelle *mf*. ◇ *adj* [soldier] rebelle; [camp, territory] des rebelles; [attack] de rebelles. ◇ *vi* se rebeller; to ∼ against sthg/sb se révolter contre qqch/qqn ‖ *hum* [stomach]: my stomach rebelled mon estomac a protesté.

**rebellion** [rɪˈbeljən] *n* rébellion *f*, révolte *f*; in open ∼ en rébellion ouverte; to rise (up) in ∼ against sthg/sb se révolter contre qqch/qqn.

**rebellious** [rɪˈbeljəs] *adj* [child, hair] rebelle; [troops] insoumis.

**rebirth** [ˌriːˈbɜːθ] *n* renaissance *f*.

**reboot** [riːˈbuːt] *vt* [computer] réinitialiser; [programme] relancer.

**reborn** [ˌriːˈbɔːn] *adj* réincarné; to be ∼ renaître; I feel ∼ je me sens renaître.

**rebound** [*vb* rɪˈbaʊnd, *n* ˈriːbaʊnd] ◇ *vi* **-1.** [ball] rebondir. **-2.** *fig*: to ∼ on sb se retourner contre qqn. **-3.** [recover – business] reprendre, repartir; [– prices] remonter. ◇ *n* **-1.** [of ball] rebond *m*; to catch a ball on the ∼ attraper une balle au rebond. **-2.** *phr*: to be on the ∼ [after relationship] être sous le coup d'une déception sentimentale; [after setback] être sous le coup d'un échec.

**rebroadcast** [ˌriːˈbrɔːdkɑːst] ◇ *n* retransmission *f*. ◇ *vt* retransmettre.

**rebuff** [rɪˈbʌf] ◇ *vt* [snub] rabrouer; [reject] repousser. ◇ *n* rebuffade *f*; to meet with ou to suffer a ∼ [person] essuyer une rebuffade; [request] être repoussé.

**rebuild** [ˌriːˈbɪld] (*pt* & *pp* **rebuilt** [-ˈbɪlt]) *vt* [town, economy] rebâtir, reconstruire; [relationship, life] reconstruire; [confidence] faire renaître.

**rebuke** [rɪˈbjuːk] ◇ *vt* [reprimand] réprimander; to ∼ sb for sthg reprocher qqch à qqn; to ∼ sb for doing ou having done sthg reprocher à qqn d'avoir fait qqch. ◇ *n* reproche *m*, réprimande *f*.

**rebus** [ˈriːbəs] *n* rébus *m*.

**rebut** [riːˈbʌt] (*pt* & *pp* **rebutted**, *cont* **rebutting**) *vt* réfuter.

**rebuttal** [riːˈbʌtl] *n* réfutation *f*.

**rec** [rek] *n Br* **-1.** *abbr of* **recreation ground**. **-2.** *abbr of* **recreation room**.

**rec.** *written abbr of* **recreation**.

**recalcitrant** [rɪˈkælsɪtrənt] *adj fml* récalcitrant.

**recall** [*vb* rɪˈkɔːl, *n* ˈriːkɔːl] ◇ *vt* **-1.** [remember] se rappeler, se souvenir de; I don't ∼ seeing ou having seen her je ne me rappelle pas l'avoir vue; as far as I can ∼ aussi loin que je m'en souvienne; as I ∼ si mes souvenirs sont bons; as you may ∼ comme vous vous en souvenez peut-être. **-2.**

[evoke – past] rappeler. **-3.** [send for – actor, ambassador] rappeler; [– Parliament] rappeler (en session extraordinaire); [– library book, hire car] demander le retour de; [– faulty goods] rappeler. **-4.** MIL rappeler. ◇ *n* **-1.** [memory] rappel *m*, mémoire *f*; total ∼ aptitude à se souvenir des moindres détails; to be beyond ou past ∼ être oublié à tout jamais. **-2.** MIL rappel *m*. ◇ *comp*: ∼ button [on phone] rappel *m* automatique; ∼ slip [for library book] fiche *f* de rappel.

**recant** [rɪˈkænt] ◇ *vt* [religion] abjurer; [opinion] rétracter. ◇ *vi* [from religion] abjurer; [from opinion] se rétracter.

**recap** [ˈriːkæp] (*pt* & *pp* **recapped**, *cont* **recapping**) ◇ *n* [summary] récapitulation *f*. ◇ *vt* [summarize] récapituler.

**recapitulate** [ˌriːkəˈpɪtjuleɪt] *vt* récapituler.

**recapitulation** [ˈriːkəˌpɪtjʊˈleɪʃn] *n* récapitulation *f*.

**recapture** [ˌriːˈkæptʃər] ◇ *vt* **-1.** [prisoner, town] reprendre; [animal] capturer. **-2.** [regain – confidence] reprendre; [– feeling, spirit] retrouver; [evoke – subj: film, book, play] recréer, faire revivre. **-3.** *Am* FIN saisir. ◇ *n* **-1.** [of escapee, animal] capture *f*; [of town] reprise *f*.**-2.** *Am* FIN saisie *f*.

**recast** [ˌriːˈkɑːst] (*pt* & *pp* **recast**) ◇ *vt* **-1.** [redraft] réorganiser, restructurer. **-2.** [play] changer la distribution de; [actor] donner un nouveau rôle à. **-3.** METALL refondre. ◇ *n* METALL refonte *f*.

**recce** [ˈrekɪ] (*pt* & *pp* **recced** ou **recceed**) *inf* MIL ◇ *vt* reconnaître. ◇ *vi* faire une reconnaissance. ◇ *n* reconnaissance *f*; to go on a ∼ MIL aller en reconnaissance; [gen] faire la reconnaissance des lieux.

**recd, rec'd** *written abbr of* **received**.

**recede** [riːˈsiːd] ◇ *vi* **-1.** [move away – object] s'éloigner; [– waters] refluer; [– tide] descendre; to ∼ into the distance disparaître dans le lointain. **-2.** [fade – hopes] s'évanouir; [– fears] s'estomper; [– danger] s'éloigner. **-3.** [hairline]: his hair has started to ∼ son front commence à se dégarnir. **-4.** FIN baisser. ◇ *vt* JUR [right] rétrocéder; [land] recéder.

**receding** [rɪˈsiːdɪŋ] *adj* **-1.** [hair]: to have a ∼ hairline avoir le front qui se dégarnit. **-2.** FIN en baisse.

**receipt** [rɪˈsiːt] ◇ *n* **-1.** [for purchase] reçu *m*, ticket *m* de caisse; [for bill] acquit *m*; [for rent, insurance] quittance *f*; [for meal, taxi fare] reçu *m*; [from customs] récépissé *m*.**-2.** [reception] réception *f*; to pay on ∼ payer à la réception; to acknowledge ∼ of sthg COMM accuser réception de qqch; on ∼ of your results dès que vous aurez reçu vos résultats. ◇ *vt Br* acquitter; a ∼ed bill une facture acquittée.

◆ **receipts** *npl* [money] recettes *fpl*.

**receivable** [rɪˈsiːvəbl] *adj* recevable; to be ∼ à recevoir; accounts ∼ comptes *mpl* clients, créances *fpl*.

**receive** [rɪˈsiːv] ◇ *vt* **-1.** [gift, letter] recevoir; to ∼ sthg from sb recevoir qqch de qqn; '∼d with thanks' COMM 'acquitté', 'pour acquit'; to ∼ damages JUR obtenir ou recevoir des dommages-intérêts; she ∼d ten years JUR elle a été condamnée à dix ans de réclusion. **-2.** [blow] recevoir; [insult, refusal] essuyer; [criticism] être l'objet de; to ∼ treatment (for sthg) se faire soigner (pour qqch); to ∼ injuries être blessé. **-3.** [greet, welcome] accueillir, recevoir; the new film was enthusiastically ∼d le nouveau film a été accueilli avec enthousiasme; their offer was not well ∼d leur proposition n'a pas reçu un accueil favorable ‖ [into club, organization] admettre; to be ∼d into the Church être reçu ou admis dans le sein de l'Église. **-4.** [signal, broadcast] recevoir, capter; I'm receiving you loud and clear je vous reçois cinq sur cinq. **-5.** SPORT: to ∼ service recevoir le service. **-6.** JUR [stolen goods] receler. **-7.** *fml* [accommodate] recevoir, prendre. ◇ *vi* **-1.** *fml* [have guests] recevoir. **-2.** SPORT recevoir, être le receveur. **-3.** RELIG recevoir la communion. **-4.** [thief] receler.

**received** [rɪˈsiːvd] *adj*: ∼ idea/opinion idée *f* reçue ou toute faite; ∼ wisdom sagesse *f* populaire.

**Received Pronunciation** *n Br* prononciation *f* standard (de l'anglais).

**Received Standard** *n Am* prononciation *f* standard (de l'américain).

**receiver** [rɪˈsiːvər] *n* **-1.** [SPORT & gen] receveur *m*, -euse *f*; [of consignment] destinataire *mf*, consignataire *mf*; [of stolen goods] receleur *m*, -euse *f*.**-2.** [on telephone] combiné *m*, récepteur *m*; to lift/to replace the ∼ décrocher/raccrocher (le téléphone). **-3.** TV récepteur *m*, poste *m* de télévision; RADIO récepteur *m*, poste *m* de radio. **-4.** FIN administrateur *m* judiciaire; **they have been placed in the hands of the ~, the ~ has been called in** ils ont été placés sous administration judiciaire. **-5.** CHEM récipient *m*.

**receivership** [rɪˈsiːvəʃɪp] *n* FIN: **to go into ~** être placé sous administration judiciaire.

**receiving** [rɪˈsiːvɪŋ] ◇ *adj* [office] de réception; [country] d'accueil. ◇ *n* [of stolen property] recel *m*.

**receiving end** *n* **-1.** SPORT: **to be at the ~** recevoir (le service). **-2.** *phr*: **to be on the ~** *inf*: **if anything goes wrong, you'll be on the ~** si ça tourne mal, c'est toi qui vas payer les pots cassés.

**recension** [rɪˈsenʃn] *n* [revision] révision *f*; [text] texte *m* révisé, texte *m* revu et corrigé.

**recent** [ˈriːsnt] *adj* [new] récent, nouveau, *before vowel or silent 'h'* nouvel (*f* nouvelle); [modern] récent, moderne; **in ~ months** ces derniers mois; **~ developments** les derniers événements.

**recently** [ˈriːsntlɪ] *adv* récemment, dernièrement, ces derniers temps; **I saw her as ~ as yesterday** je l'ai vue pas plus tard qu'hier; **until ~** jusqu'à ces derniers temps; **I hadn't heard of it until very ~** je n'en ai entendu parler que très récemment.

**receptacle** [rɪˈseptəkl] *n* **-1.** *fml* [container] récipient *m*. **-2.** *Am* ELEC prise *f* de courant (femelle).

**reception** [rɪˈsepʃn] *n* **-1.** [welcome] réception *f*, accueil *m*; **to get a warm ~** recevoir un accueil chaleureux; **to get a cold ~** être reçu froidement. **-2.** [formal party] réception *f*; **to hold a ~** donner une réception. **-3.** [in hotel] réception *f*; [in office] accueil *m*; **at ~** à la réception. **-4.** RADIO & TV réception *f*. **-5.** *Am* SPORT [of ball] réception *f*. **-6.** *Br* SCH ≃ cours *m* préparatoire; **~ class** première année *f* de maternelle.

**reception committee** *n* comité *m* d'accueil *aussi hum*.

**reception desk** *n* [in hotel] réception *f*; [in office] accueil *m*.

**receptionist** [rɪˈsepʃənɪst] *n* [in hotel] réceptionniste *mf*; [in office] hôtesse *f* d'accueil.

**reception room** *n* [in hotel] salle *f* de réception; *Br* [in house] salon *m*.

**receptive** [rɪˈseptɪv] *adj* réceptif; **to be ~ to new ideas** être ouvert aux idées nouvelles.

**recess** [*Br* rɪˈses, *Am* ˈriːses] ◇ *n* **-1.** [alcove – gen] renfoncement *m*; [– in bedroom] alcôve *f*; [for statue] niche *f*; [in doorway] embrasure *f*. **-2.** [of mind, memory] recoin *m*, tréfonds *m*. **-3.** *Am* JUR suspension *f* d'audience; **the court went into ~** l'audience a été suspendue. **-4.** *Am* SCH récréation *f*. **-5.** [closure – of parliament] vacances *fpl* parlementaires, intersession *f* parlementaire; [– of courts] vacances *fpl* judiciaires, vacations *fpl*; **Parliament is in ~ for the summer** le Parlement est en vacances pour l'été. ◇ *vi Am* JUR suspendre l'audience; POL suspendre la séance. ◇ *vt* encastrer.

**recessed** [*Br* rɪˈsest, *Am* ˈriːsest] *adj* encastré; **~ lighting** éclairage encastré.

**recession** [rɪˈseʃn] *n* **-1.** ECON récession *f*; **the economy is in ~** l'économie est en récession. **-2.** *fml* [retreat] recul *m*, retraite *f*. **-3.** RELIG sortie *f* en procession du clergé. **-4.** JUR rétrocession *f*.

**recessive** [rɪˈsesɪv] *adj* **-1.** [gene] récessif. **-2.** [backward – measure] rétrograde.

**recharge** [*vb* ˌriːˈtʃɑːdʒ, *n* ˈriːtʃɑːdʒ] ◇ *vt* [battery, rifle] recharger; **to ~ one's batteries** recharger ses batteries. ◇ *n* recharge *f*.

**rechargeable** [ˌriːˈtʃɑːdʒəbl] *adj* rechargeable.

**recidivism** [rɪˈsɪdɪvɪzm] *n* récidive *f* JUR.

**recidivist** [rɪˈsɪdɪvɪst] ◇ *adj* récidiviste. ◇ *n* récidiviste *mf*.

**recipe** [ˈresɪpɪ] *n* CULIN recette *f*, *fig* recette *f*, secret *m*; **a ~ for success/long life** le secret de la réussite/la longévité; **it's a ~ for disaster** c'est le meilleur moyen pour aller droit à la catastrophe.

**recipient** [rɪˈsɪpɪənt] *n* **-1.** [of letter] destinataire *mf*; [of cheque] bénéficiaire *mf*; [of award, honour] récipiendaire *mf*. **-2.** MED [of transplant] receveur *m*, -euse *f*.

**reciprocal** [rɪˈsɪprəkl] ◇ *adj* [mutual] réciproque, mutuel; [bilateral] réciproque, bilatéral; GRAMM & MATH réciproque. ◇ *n* MATH réciproque *f*.

**reciprocate** [rɪˈsɪprəkeɪt] ◇ *vt* **-1.** [favour, invitation, smile]

rendre; [love, sentiment] répondre à, rendre. **-2.** MECH actionner d'un mouvement alternatif. ◇ *vi* **-1.** [in praise, compliments] retourner le compliment; [in fight] rendre coup pour coup; [in dispute] rendre la pareille; [in argument] répondre du tac au tac. **-2.** MECH avoir un mouvement de va-et-vient.

**reciprocating** [rɪˈsɪprəkeɪtɪŋ] *adj* MECH alternatif.

**reciprocation** [rɪˌsɪprəˈkeɪʃn] *n*: **in ~ for** en retour de.

**reciprocity** [ˌresɪˈprɒsətɪ] *n* réciprocité *f*.

**recital** [rɪˈsaɪtl] *n* **-1.** MUS & LITERAT récital *m*; **piano/poetry ~** récital de piano/poésie. **-2.** [narrative] narration *f*, relation *f*; [of details] énumération *f*.

**recitation** [ˌresɪˈteɪʃn] *n* récitation *f*.

**recite** [rɪˈsaɪt] ◇ *vt* [play, poem] réciter, déclamer; [details, facts] réciter, énumérer. ◇ *vi* réciter; *Am* SCH réciter sa leçon.

**reckless** [ˈreklɪs] *adj* **-1.** [rash] imprudent; [thoughtless] irréfléchi; [fearless] téméraire; **to make a ~ promise** s'engager à la légère. **-2.** ADMIN & JUR: **~ driving** conduite *f* imprudente; **~ driver** conducteur *m* imprudent, conductrice *f* imprudente.

**recklessly** [ˈreklɪslɪ] *adv* [rashly] imprudemment; [thoughtlessly] sans réflechir; [fearlessly] avec témérité; **to spend ~** dépenser sans compter; **he drives very ~** il conduit dangereusement.

**recklessness** [ˈreklɪsnɪs] *n* [rashness] imprudence *f*; [thoughtlessness] insouciance *f*, étourderie *f*; [fearlessness] témérité *f*.

**reckon** [ˈrekn] ◇ *vt* **-1.** [estimate]: **there were ~ed to be about fifteen hundred demonstrators** on a estimé à mille cinq cents le nombre des manifestants. **-2.** [consider] considérer; **I ~ this restaurant to be the best in town** je considère ce restaurant comme le meilleur de la ville; **I don't ~ her chances much** je ne crois pas qu'elle ait beaucoup de chances. **-3.** *inf* [suppose, think] croire, supposer; **I ~ you're right** je crois bien que tu as raison; **what do you ~?** qu'en pensez-vous? **-4.** [expect] compter, penser. **-5.** *fml* [calculate] calculer. ◇ *vi* [calculate] calculer, compter.

◆ **reckon in** *vt sep Br* compter, inclure.

◆ **reckon on** *vt insep* **-1.** [rely on] compter sur; **don't ~ on it** n'y comptez pas. **-2.** [expect] s'attendre à, espérer; **I was ~ing on more** je m'attendais à plus; **I didn't ~ on that extra cost** je n'avais pas prévu ces frais supplémentaires.

◆ **reckon up** *vt sep* [bill, total, cost] calculer. ◇ *vi insep* faire ses comptes; **to ~ up with sb** régler ses comptes avec qqn.

◆ **reckon with** *vt insep* **-1.** [take into account] tenir compte de, songer à; **they didn't ~ with the army/the opposition** ils ont compté sans l'armée/l'opposition; [as opponent] avoir affaire à; **you'll have to ~ with his brother** il faudra compter avec son frère. **-2.** [cope with] compter avec.

◆ **reckon without** *vt insep Br* **-1.** [do without] se passer de, se débrouiller sans. **-2.** *inf* [ignore, overlook]: **he ~ed without the gold price** il n'a pas pris en compte le cours de l'or.

**reckoning** [ˈrekənɪŋ] *n* **-1.** (U) [calculation] calcul *m*, compte *m*; **on OR by my ~, you owe us £50** d'après mes calculs, vous nous devez 50 livres; **in the final ~** en fin de compte. **-2.** [estimation] estimation *f*; [opinion] avis *m*; **to the best of my ~** pour autant que je puisse en juger; **by OR on any ~ she's a fine pianist** personne ne niera que c'est une excellente pianiste. **-3.** NAUT estime *f*.

**reclaim** [rɪˈkleɪm] ◇ *vt* **-1.** [land – gen] mettre en valeur; **they have ~ed 1,000 hectares of land from the forest/marshes** ils ont défriché 1 000 hectares de forêt/asséché 1 000 hectares de marais; **they have ~ed 1,000 hectares of land from the sea/the desert** ils ont gagné 1 000 hectares de terres sur la mer/le désert. **-2.** [salvage] récupérer; [recycle] recycler. **-3.** [deposit, baggage] récupérer, réclamer. **-4.** *lit* [sinner, drunkard] ramener dans le droit chemin. ◇ *n*: **to be past OR beyond ~** être irrécupérable.

**reclaimable** [rɪˈkleɪməbl] *adj* [land] amendable; [waste – for salvage] récupérable; [– for recycling] recyclable.

**reclamation** [ˌrekləˈmeɪʃn] *n* **-1.** [of land – gen] remise *f* en valeur; [– from forest] défrichement *m*; [– from sea, marsh] assèchement *m*, drainage *m*; [– from desert] reconquête *f*. **-2.** [salvage] récupération *f*; [recycling] recyclage *m*.

**reclassify** [ˌriːˈklæsɪfaɪ] (*pt & pp* **reclassified**) *vt* reclasser.

**recline** [rɪˈklaɪn] ◇ *vt* **-1.** [head] appuyer. **-2.** [seat] baisser, incliner. ◇ *vi* **-1.** [be stretched out] être allongé, être étendu; [lie back] s'allonger. **-2.** [seat] être inclinable, avoir un dossier inclinable.

**reclining** [rɪ'klaɪnɪŋ] *adj* [seat] inclinable, à dossier inclinable; ~ chair chaise *f* longue.

**recluse** [rɪ'kluːs] *n* reclus *m*, -e *f*; to live like a ~ vivre en reclus OR en ermite; she's a bit of a ~ elle aime la solitude.

**recognition** [,rekəg'nɪʃn] *n* **-1.** [identification] reconnaissance *f*; the town has changed beyond ~ out of all ~ la ville est méconnaissable ❑ optical/speech/character ~ COMPUT reconnaissance optique/de la parole/de caractères. **-2.** [acknowledgment, thanks] reconnaissance *f*; in ~ of en reconnaissance de. **-3.** [appreciation]: to win OR to achieve ~ être (enfin) reconnu; to seek ~ (for o.s.) chercher à être reconnu; public ~ la reconnaissance du public. **-4.** [realization – of problem] reconnaissance *f*. **-5.** [of state, organization, trade union] reconnaissance *f*.

**recognizable** ['rekəgnaɪzəbl] *adj* reconnaissable.

**recognizably** ['rekəgnaɪzəblɪ] *adv* d'une manière OR façon reconnaissable.

**recognize, -ise** ['rekəgnaɪz] *vt* **-1.** [identify – person, place etc] reconnaître; you'll ~ him by his hat vous le reconnaîtrez à son chapeau ‖ COMPUT reconnaître. **-2.** [acknowledge – person] reconnaître les talents de; [– achievement] reconnaître. **-3.** [be aware of, admit] reconnaître; I ~ (that) I made a mistake je reconnais OR j'admets que je me suis trompé. **-4.** ADMIN & POL [state, diploma] reconnaître. **-5.** *Am* [in debate] donner la parole à.

**recognized** ['rekəgnaɪzd] *adj* [acknowledged] reconnu, admis; she's a ~ authority on medieval history c'est une autorité en histoire médiévale ‖ [identified] reconnu; [official] officiel, attitré.

**recoil** [*vb* rɪ'kɔɪl, *n* 'riːkɔɪl] ❖ *vi* **-1.** [person] reculer; she ~ed in horror horrifiée, elle recula; to ~ from doing sthg reculer devant l'idée de faire qqch. **-2.** [firearm] reculer; [spring] se détendre. ❖ *n* **-1.** [of gun] recul *m*; [of spring] détente *f*. **-2.** [of person] mouvement *m* de recul; *fig* répugnance *f*.

**recollect** [,rekə'lekt] *vt* se souvenir de, se rappeler; I don't ~ having asked her je ne me rappelle pas le lui avoir demandé; as far as I (can) ~ autant que je m'en souvienne, autant qu'il m'en souvienne.

**recollection** [,rekə'lekʃn] *n* [memory] souvenir *m*; I have no ~ of it je n'en ai aucun souvenir; to the best of my ~ (pour) autant que je m'en souvienne.

**recombinant** [riː'kɒmbɪnənt] *adj*: ~ DNA ADN *m* recombinant.

**recombination** [,riːkɒmbɪ'neɪʃn] *n* BIOL & PHYS recombinaison *f*.

**recommence** [,riːkə'mens] *vi* & *vt* recommencer.

**recommend** [,rekə'mend] *vt* **-1.** [speak in favour of] recommander; she ~ed him for the job elle l'a recommandé pour cet emploi; I'll ~ you to the Minister j'appuyerai votre candidature auprès du ministre ‖ [think or speak well of] recommander; it's a restaurant I can thoroughly ~ c'est un restaurant que je recommande vivement; the town has little to ~ it la ville est sans grand intérêt. **-2.** [advise] recommander, conseiller; I ~ you (to) see the film je vous recommande OR conseille d'aller voir ce film; not (to be) ~ed à déconseiller. **-3.** *arch* OR *fml* [entrust] recommander.

**recommendable** [,rekə'mendəbl] *adj* recommandable.

**recommendation** [,rekəmen'deɪʃn] *n* [personal] recommandation *f*; on your/his ~ sur votre/sa recommandation ‖ [of committee, advisory body] recommandation *f*; to make a ~ faire une recommandation.

**recommended retail price** [,rekə'mendɪd-] *n* prix *m* de vente conseillé.

**recompense** ['rekəmpens] ❖ *n* **-1.** [reward] récompense *f*; in ~ for your trouble en récompense de OR pour vous récompenser de votre peine. **-2.** JUR [compensation] dédommagement *m*, compensation *f*. ❖ *vt* récompenser; to ~ sb for sthg [gen] récompenser qqn de qqch; JUR dédommager qqn de OR pour qqch.

**recompose** [,riːkəm'pəʊz] *vt* **-1.** [text] réécrire; [print] recomposer. **-2.** [calm]: to ~ o.s. se ressaisir.

**reconcilable** ['rekənsaɪləbl] *adj* [opinions] conciliable, compatible; [people] compatible.

**reconcile** ['rekənsaɪl] *vt* **-1.** [people] réconcilier; [ideas, op-

posing principles] concilier; Peter and Jane are ~d at last Peter et Jane se sont enfin réconciliés. **-2.** [resign]: to ~ o.s. OR to become ~d to sthg se résigner à qqch. **-3.** [win over]: to ~ sb to sthg faire accepter qqch à qqn. **-4.** [settle – dispute] régler, arranger.

**reconciliation** [,rekənsɪlɪ'eɪʃn] *n* [between people] réconciliation *f*; [between ideas] conciliation *f*, compatibilité *f*.

**recondite** ['rekəndaɪt] *adj* *fml* [taste] ésotérique; [text, style] abscons, obscur; [writer] obscur.

**recondition** [,riːkən'dɪʃn] *vt* remettre en état OR à neuf.

**reconditioned** [,riːkən'dɪʃnd] *adj* remis à neuf; *Br* [tyre] rechapé; ~ engine AUT (moteur *m*) échange *m* standard.

**reconfirm** [,riːkən'fɜːm] *vt* [booking] confirmer; [opinion, decision] réaffirmer.

**reconnaissance** [rɪ'kɒnɪsəns] *n* MIL reconnaissance *f*; ~ flight vol *m* de reconnaissance.

**reconnect** [,riːkə'nekt] *vt* rebrancher; TELEC reconnecter.

**reconnoitre** *Br*, **reconnoiter** *Am* [,rekə'nɔɪtəʳ] ❖ *vt* MIL reconnaître. ❖ *vi* effectuer une reconnaissance.

**reconquer** [,riː'kɒŋkəʳ] *vt* reconquérir.

**reconsider** [,riːkən'sɪdəʳ] ❖ *vt* [decision, problem] réexaminer; [topic] se repencher sur; [judgment] réviser, revoir. ❖ *vi* reconsidérer la question; I advise you to ~ je vous conseille de revoir votre position.

**reconsideration** [,riːkən,sɪdə'reɪʃn] *n* [reexamination] nouvel examen *m*, nouveau regard *m*; [of judgment] révision *f*.

**reconstitute** [,riː'kɒnstɪtjuːt] *vt* reconstituer.

**reconstituted** [,riː'kɒnstɪtjuːtɪd] *adj* reconstitué.

**reconstruct** [,riːkən'strʌkt] *vt* [house, bridge] reconstruire, rebâtir; [crime, event] reconstituer; [government, system] reconstituer.

**reconstruction** [,riːkən'strʌkʃn] *n* [of demolished building] reconstruction *f*; [of old building] reconstitution *f*; [of façade, shop] réfection *f*; [of crime, event] reconstitution *f*; [of government] reconstitution *f*; the Reconstruction *Am* HIST la Reconstruction.

**record** [*vb* rɪ'kɔːd, *n* & *comp* 'rekɔːd] ❖ *vt* **-1.** [take note of – fact, complaint, detail] noter, enregistrer; [– in archives, on computer] enregistrer; to ~ the minutes OR the proceedings of a meeting ADMIN faire le procès-verbal OR le compte rendu d'une réunion ‖ [attest, give account of] attester, rapporter; a photograph was taken to ~ the event une photographie a été prise pour rappeler cet événement; the book ~s life in medieval England le livre dépeint OR évoque la vie en Angleterre au Moyen Âge; how many votes were ~ed? POL combien de voix ont été exprimées? ‖ [explain, tell] raconter, rapporter. **-2.** [indicate – measurement] indiquer; [– permanently] enregistrer; temperatures of 50° were ~ed on a relevé des températures de 50°. **-3.** [music, tape, TV programme] enregistrer. **-4.** SPORT [score] marquer. ❖ *vi* [on tape, video] enregistrer; leave the video, it's ~ing laisse le magnétoscope, il est en train d'enregistrer. ❖ *n* **-1.** [account, report] rapport *m*; [note] note *f*; [narrative] récit *m*; to make a ~ of sthg noter qqch; to strike sthg from the ~ rayer qqch du procès-verbal; they keep a ~ of all deposits/all comings and goings ils enregistrent tous les versements/toutes les allées et venues ‖ [testimony] témoignage *m*; [evidence] preuve *f*; there is no ~ of the siege rien ne prouve que le siège ait vraiment eu lieu; do you have any ~ of the transaction? avez-vous gardé une trace de la transaction?; there's no ~ of it at all ce n'est mentionné nulle part ‖ [from instrument] trace *f*; [graph] courbe *f*; to put OR to set the ~ straight mettre les choses au clair. **-2.** [past history] passé *m*; [file] dossier *m*; she has an excellent attendance ~ elle a été très assidue, elle n'a presque jamais été absente; the plane has a good safety ~ l'avion est réputé pour sa sécurité ‖ [criminal or police file] casier *m* (judiciaire); to have a ~ avoir un casier judiciaire; he has a ~ of previous convictions il a déjà été condamné ‖ [reputation] réputation *f*; case ~ MED dossier *m* médical; JUR dossier *m* judiciaire; service OR army ~ MIL états *mpl* de service; school ~ dossier *m* scolaire. **-3.** [disc] disque *m*; [recording] enregistrement *m*; to make OR to cut a ~ faire OR graver un disque. **-4.** [gen & SPORT] record *m*; to set/to break a ~ établir/battre un record; the 200 m ~ le record du 200 m. **-5.** COMPUT enregistrement *m*.

◇ *comp* **-1.** [company, label, producer, shop] de disques. **-2.** [profits, sales, summer, temperature] record *(inv)*; **in ~ time** en un temps record; **to reach ~ levels** atteindre un niveau record; **a ~ number of spectators** une affluence record.

◆ **records** *npl* [of government, police, hospital] archives *fpl*; [of history] annales *fpl*; [of conference, learned society] actes *mpl*; [register] registre *m*; [of proceedings, debate] procès-verbal *m*, compte rendu *m*; **the wettest June since ~s began** le mois de juin le plus humide depuis que l'on tient des statistiques ❑ **public ~s office** archives *fpl* nationales.

◆ **for the record** *adv phr* pour mémoire, pour la petite histoire; **just for the ~, you started it!** je te signale au passage que c'est toi qui a commencé!

◆ **off the record** ◇ *adj phr* confidentiel; **the negotiations were off the ~** [secret] les négociations étaient secrètes; [unofficial] les négociations étaient officieuses; [not reported] les négociations n'ont pas été rapportées (dans la presse); [not recorded] les négociations n'ont pas été enregistrées; **all this is strictly off the ~** *fig* tout ceci doit rester strictement entre nous. ◇ *adv phr:* **he admitted off the ~ that he had known** il a admis en privé qu'il était au courant.

◆ **on record** *adv phr* enregistré; **it's on ~ that you were informed** il est établi que vous étiez au courant; **we have it on ~ that...** il est attesté OR établi que...; **I wish to go on ~ as saying that...** je voudrais dire officiellement OR publiquement que...; **it's the wettest June on ~** c'est le mois de juin le plus humide que l'on ait connu; **it's the only example on ~** c'est le seul exemple connu.

**record-breaker** *n* SPORT nouveau recordman *m*, nouvelle recordwoman *f*; **the new product is a ~** *Br fig* le nouveau produit bat tous les records.

**record-breaking** *adj* **-1.** SPORT: **a ~ jump** un saut qui a établi un nouveau record. **-2.** [year, temperatures] record *(inv)*.

**record deck** *n* platine *f* (tourne-disque).

**recorded** [rɪ'kɔːdɪd] *adj* **-1.** [music, message, tape] enregistré; [programme] préenregistré; [broadcast] transmis en différé. **-2.** [fact] attesté, noté; [history] écrit; [votes] exprimé; **throughout ~ history** pendant toute la période couverte par les écrits historiques.

**recorded delivery** *n Br* recommandé *m*; **to send (by) ~** envoyer en recommandé avec accusé de réception.

**recorder** [rɪ'kɔːdə<sup>r</sup>] *n* **-1.** [apparatus] enregistreur *m*. **-2.** [musical instrument] flûte *f* à bec. **-3.** [keeper of records] archiviste *mf*; **court ~** JUR greffier *m*. **-4.** *Br* JUR *avocat nommé à la fonction de magistrat (à temps partiel)*.

**record holder** *n* recordman *m*, recordwoman *f*, détenteur *m*, -trice *f* d'un record.

**recording** [rɪ'kɔːdɪŋ] ◇ *n* [of music, data] enregistrement *m*; **a mono ~** un enregistrement (en) mono. ◇ *comp* **-1.** MUS & TV *etc* [equipment, session, studio] d'enregistrement; [company] de disques; [star] du disque. **-2.** [indicating – apparatus] enregistreur. **-3.** ADMIN & JUR [official, clerk – in census] chargé du recensement; [– in court of law] qui enregistre les débats.

**recording head** *n* tête *f* d'enregistrement.

**recording studio** *n* studio *m* d'enregistrement.

**record library** *n* discothèque *f* (de prêt).

**record player** *n* tourne-disque *m*, platine *f* (disques).

**record token** *n* chèque-disque *m*.

**recount** [rɪ'kaʊnt] *vt* [story, experience] raconter.

**re-count** [*vb* ˌriː'kaʊnt, *n* 'riːkaʊnt] ◇ *vt* [count again] recompter, compter de nouveau. ◇ *n* POL nouveau décompte *m*; **to demand a ~** exiger un nouveau décompte.

**recoup** [rɪ'kuːp] *vt* **-1.** [get back – losses, cost] récupérer; **to ~ one's investments** rentrer dans ses fonds; **to ~ one's costs** rentrer dans OR couvrir ses frais. **-2.** [pay back] rembourser, dédommager. **-3.** [from taxes] défalquer, déduire.

**recourse** [rɪ'kɔːs] *n* **-1.** [gen] recours *m*; **to have ~ to sthg** recourir à qqch, avoir recours à qqch. **-2.** FIN recours *m*.

**recover** [rɪ'kʌvə<sup>r</sup>] ◇ *vt* **-1.** [get back – property] récupérer, retrouver; [– debt, loan, deposit] récupérer, recouvrer; **to ~ sthg from sb** récupérer qqch de qqn ‖ [take back] reprendre; [regain – territory, ball] regagner; [– composure, control, hearing] retrouver; [– advantage] reprendre; **to ~ one's breath/footing** reprendre haleine/pied; **to ~ one's senses** se ressaisir; **to ~ consciousness** reprendre connaissance; **to ~ one's strength** reprendre des forces; **to ~ lost ground** *literal*

& *fig* regagner du terrain. **-2.** [salvage – wreck, waste] récupérer; [– from water] récupérer, repêcher. **-3.** JUR: **to ~ damages** obtenir des dommages-intérêts. **-4.** [extract – from ore] extraire. ◇ *vi* **-1.** [after accident] se remettre; [after illness] se rétablir, guérir; **to ~ from sthg** se remettre de qqch; **to be fully ~ed** être complètement guéri OR rétabli ‖ [after surprise, setback] se remettre; **I still haven't ~ed from the shock** je ne me suis pas encore remis du choc. **-2.** [currency, economy] se redresser; [market] reprendre, se redresser; [prices, shares] se redresser, remonter. **-3.** JUR gagner son procès, obtenir gain de cause.

**re-cover** [ˌriː'kʌvə<sup>r</sup>] *vt* recouvrir.

**recoverable** [rɪ'kʌvrəbl] *adj* [debt] recouvrable; [losses, mistake] réparable; [by-product] récupérable.

**recovery** [rɪ'kʌvərɪ] (*pl* **recoveries**) *n* **-1.** [of lost property, wreck] récupération *f*; [of debt] recouvrement *m*, récupération *f*. **-2.** [from illness] rétablissement *m*, guérison *f*; **to make a speedy ~** se remettre vite. **-3.** [of economy] relance *f*, redressement *m*; [of prices, shares] redressement *m*, remontée *f*; [of currency] redressement *m*; [of market, business] reprise *f*; **to stage OR make a ~** SPORT reprendre le dessus; **the country made a slow ~ after the war** le pays s'est rétabli lentement après la guerre; **to be past** OR **beyond ~** [situation] être irrémédiable OR sans espoir; [loss] être irrécupérable OR irréparable. **-4.** [of wreck, waste] récupération *f*; [from water] récupération *f*, repêchage *m*. **-5.** COMPUT [of files] récupération *f*. **-6.** JUR [of damages] obtention *f*.

**recovery position** *n* MED position *f* latérale de sécurité.

**recovery room** *n* MED salle *f* de réanimation.

**recovery vehicle** *n Br* dépanneuse *f*.

**re-create** [ˌriː'krɪeɪt] *vt* [past event] reconstituer; [place, scene] recréer.

**recreation** [ˌrekrɪ'eɪʃn] *n* **-1.** [relaxation] récréation *f*, détente *f*. **-2.** SCH récréation *f*.

**re-creation** *n* [of event, scene] recréation *f*, reconstitution *f*.

**recreational** [ˌrekrɪ'eɪʃənl] *adj* de loisir; **~ drug** drogue *f* douce.

**recreational vehicle** *Am* = **RV**.

**recreation ground** *n* terrain *m* de jeux.

**recreation room** *n* [in school, hospital] salle *f* de récréation; [in hotel] salle *f* de jeux; *Am* [at home] salle *f* de jeux.

**recriminate** [rɪ'krɪmɪneɪt] *vt fml* récriminer; **to ~ against sb** récriminer contre qqn.

**recrimination** [rɪˌkrɪmɪ'neɪʃn] *n* (*usu pl*): **~s** récriminations *fpl*.

**recrudescent** [ˌriːkruː'desnt] *adj fml* recrudescent.

**recruit** [rɪ'kruːt] ◇ *n* [gen & MIL] recrue *f*. ◇ *vt* [member, army] recruter; [worker] recruter, embaucher.

**recruiting** [rɪ'kruːtɪŋ] *n* recrutement *m*.

**recruiting office** *n* bureau *m* de recrutement.

**recruitment** [rɪ'kruːtmənt] *n* recrutement *m*; **~ campaign** campagne *f* de recrutement.

**rectal** ['rektəl] *adj* rectal.

**rectangle** ['rek.tæŋgl] *n* rectangle *m*.

**rectangular** [rek'tæŋgjʊlə<sup>r</sup>] *adj* rectangulaire.

**rectifiable** ['rektɪfaɪəbl] *adj* [gen, CHEM & MATH] rectifiable, qui peut être rectifié; ELEC qui peut être redressé.

**rectification** [ˌrektɪfɪ'keɪʃn] *n* **-1.** [correction] rectification *f*, correction *f*. **-2.** CHEM & MATH rectification *f*; ELEC redressement *m*.

**rectify** ['rektɪfaɪ] (*pt* & *pp* **rectified**) *vt* **-1.** [mistake] rectifier, corriger; [oversight] réparer; [situation] redresser. **-2.** CHEM & MATH rectifier; ELEC redresser.

**rectilinear** [ˌrektɪ'lɪnɪə<sup>r</sup>] *adj* rectiligne.

**rectitude** ['rektɪtjuːd] *n* rectitude *f*; **moral ~** droiture *f*.

**recto** ['rektəʊ] (*pl* **rectos**) *n* PRINT recto *m*.

**rector** ['rektə<sup>r</sup>] *n* **-1.** RELIG [Anglican, Presbyterian] pasteur *m*; [Catholic] recteur *m*. **-2.** *Br* SCH proviseur *m*, directeur *m*, -trice *f*. **-3.** *Scot* UNIV président *m*, -e *f* d'honneur.

**rectory** ['rektərɪ] (*pl* **rectories**) *n* presbytère *m*.

**rectum** ['rektəm] (*pl* **rectums** OR **recta** [-tə]) *n* rectum *m*.

**recumbent** [rɪ'kʌmbənt] *adj lit* couché, étendu, allongé; **~ figure** ART figure *f* couchée, gisant *m*.

**recuperate** [rɪ'kuːpəreɪt] ◇ *vi* se remettre, récupérer; **to ~**

from sthg se remettre de qqch. ◇ *vt* [materials, money] récupérer; [loss] compenser; [strength] reprendre.

**recuperation** [rɪ,kuːpəˈreɪʃn] *n* **-1.** MED rétablissement *m*.**-2.** [of materials] récupération *f*.**-3.** FIN [of market] reprise *f*.

**recuperative** [rɪˈkuːpərətɪv] *adj* [medicine] régénérateur, reconstituant; [rest] réparateur; [powers] de récupération.

**recur** [rɪˈkɜːʳ] (*pt & pp* **recurred,** *cont* **recurring**) *vi* **-1.** [occur again] se reproduire; [reappear] réapparaître, revenir. **-2.** [to memory] revenir à la mémoire. **-3.** MATH se reproduire, se répéter.

**recurrence** [rɪˈkʌrəns] *n* [of mistake, notion, event] répétition *f*; [of disease, symptoms] réapparition *f*; [of subject, problem] retour *m*.

**recurrent** [rɪˈkʌrənt] *adj* **-1.** [repeated] récurrent; I get ~ headaches/bouts of flu j'ai souvent des maux de tête/la grippe; ~ expenses [gen] dépenses *fpl* courantes; COMM frais *mpl* généraux. **-2.** ANAT & MED récurrent.

**recurring** [rɪˈkɜːrɪŋ] *adj* **-1.** [persistent – problem] qui revient OR qui se reproduit souvent; [– dream, nightmare] qui revient sans cesse. **-2.** MATH périodique.

**recursive** [rɪˈkɜːsɪv] *adj* récursif.

**recyclable** [,riːˈsaɪkləbl] *adj* recyclable.

**recycle** [,riːˈsaɪkl] *vt* [materials] recycler; [money] réinvestir.

**recycled** [,riːˈsaɪkld] *adj* [materials] recyclé.

**recycling** [,riːˈsaɪklɪŋ] *n* recyclage *m*.

**red** [red] (*compar* **redder,** *superl* **reddest**) ◇ *adj* **-1.** [gen] rouge; [hair] roux (*f* rousse); to go ~ rougir; ~ with anger/shame rouge de colère/honte; to be ~ in the face [after effort] avoir la figure toute rouge; [with embarrassment] être rouge de confusion ❏ to go into ~ ink *Am* [person] être à découvert; [company] être en déficit; to be as ~ as a beetroot être rouge comme une pivoine OR une écrevisse; '(Little) Red Riding Hood' *Perrault* 'le Petit Chaperon rouge'. **-2.** *inf* & POL rouge. ◇ *n* **-1.** [colour] rouge *m*; dressed in ~ habillé en rouge ❏ to see ~ voir rouge. **-2.** [in roulette] rouge *m*; [in snooker] (bille *f*) rouge *f*.**-3.** [wine] rouge *m*.**-4.** *inf* & *pej* [communist] rouge *mf*, coco *mf pej*. **-5.** [deficit]: to be in the ~ être dans le rouge; to be £5,000 in the ~ [company] avoir un déficit de 5 000 livres; [person] avoir un découvert de 5 000 livres; to get out of the ~ [company] sortir du rouge; [person] combler son découvert.

**red admiral** *n* ENTOM vulcain *m*.

**red alert** *n* alerte *f* rouge; to be on ~ être en état d'alerte maximale.

**red ant** *n* fourmi *f* rouge.

**Red Army** *pr n* Armée *f* rouge.

**red blood cell** *n* globule *m* rouge, hématie *f*.

**red-blooded** [-ˈblʌdɪd] *adj inf* vigoureux, viril.

**redbreast** [ˈredbrest] *n* rouge-gorge *m*.

**red-brick** *adj Br* [building] en brique rouge.

**redbrick university** [ˈredbrɪk-] *n* université britannique fondée à la fin du XIXᵉ siècle.

**redcap** [ˈredkæp] *n* **-1.** *Br inf* MIL. policier *m* militaire. **-2.** *Am* RAIL porteur *m*.

**red card** *n* SPORT carton *m* rouge.

**red carpet** *n* tapis *m* rouge; to roll out the ~ for sb [for VIP] dérouler le tapis rouge en l'honneur de qqn; [for guest] mettre les petits plats dans les grands en l'honneur de qqn; to give sb the red-carpet treatment réserver un accueil fastueux OR princier à qqn.

**red cent** *n Am inf*: it's not worth a ~ ça ne vaut pas un clou OR un centime.

**Red China** *pr n inf* Chine *f* communiste OR populaire.

**redcoat** [ˈredkəʊt] *n Br* **-1.** HIST soldat *m* anglais. **-2.** [in holiday camp] animateur *m*, -trice *f*.

**red corpuscle** *n* globule *m* rouge, hématie *f*.

**Red Crescent** *pr n* Croissant-Rouge *m*.

**Red Cross (Society)** *pr n* Croix-Rouge *f*.

**redcurrant** [ˈredkʌrənt] *n* groseille *f* (rouge); ~ bush groseillier *m* rouge; ~ jelly gelée *f* de groseille.

**red deer** *n* cerf *m* commun.

**redden** [ˈredn] ◇ *vt* rougir, rendre rouge; [hair] teindre en roux. ◇ *vi* [person, face] rougir, devenir (tout) rouge; [leaves] devenir roux, roussir; to ~ with shame rougir de honte.

**redecorate** [,riːˈdekəreɪt] ◇ *vt* [gen – room, house] refaire; [repaint] refaire les peintures de; [re-wallpaper] retapisser. ◇ *vi* [repaint] refaire les peintures; [re-wallpaper] refaire les papiers peints.

**redecoration** [riː,dekəˈreɪʃn] *n* [painting] remise *f* à neuf des peintures; [wallpapering] remise *f* à neuf des papiers peints.

**redeem** [rɪˈdiːm] *vt* **-1.** [from pawn] dégager, retirer. **-2.** [cash – voucher] encaisser; [– bond, share] réaliser; [exchange – coupon, savings stamps] échanger; [– banknote] compenser. **-3.** [pay – debt] rembourser, s'acquitter de; [– bill] honorer; [– loan, mortgage] rembourser. **-4.** [make up for – mistake, failure] racheter, réparer; [– crime, sin] expier; to ~ o.s. se racheter. **-5.** [save – situation, position] sauver; [– loss] récupérer, réparer; [– honour] sauver; RELIG [sinner] racheter. **-6.** [fulfil – promise] s'acquitter de, tenir; [– obligation] satisfaire à, s'acquitter de. **-7.** [free – slave] affranchir.

**redeemable** [rɪˈdiːməbl] *adj* **-1.** [voucher] remboursable; [debt] remboursable, amortissable. **-2.** [error] réparable; [sin, crime] expiable, rachetable; [sinner] rachetable.

**redeemer** [rɪˈdiːməʳ] *n* RELIG & *fig* rédempteur *m*.

**redeeming** [rɪˈdiːmɪŋ] *adj* [characteristic, feature] qui rachète OR compense les défauts; his one ~ feature sa seule qualité, la seule chose qui le rachète.

**redefine** [,riːdɪˈfaɪn] *vt* [restate – objectives, terms] redéfinir; [modify] modifier.

**redemption** [rɪˈdempʃn] *n* **-1.** [from pawn] dégagement *m*.**-2.** [of debt, loan, mortgage, voucher] remboursement *m*; ST. EX [of shares] liquidation *f*. **-3.** [gen & RELIG] rédemption *f*, rachat *m*; past OR beyond ~ [person] perdu à tout jamais, qui ne peut être racheté; [situation, position] irrémédiable, irrécupérable; [book, furniture] irréparable, irrécupérable.

**Red Ensign** *n* pavillon de la marine marchande britannique.

**redeploy** [,riːdɪˈplɔɪ] *vt* [troops, forces, resources] redéployer; [workers] reconvertir.

**redesign** [,riːdɪˈzaɪn] *vt* [plan of room, garden etc] redessiner; [layout of furniture, rooms etc] réagencer; [system] repenser; [book cover, poster etc] refaire le design de.

**redevelop** [,riːdɪˈveləp] *vt* **-1.** [region] réexploiter, revitaliser; [urban area] rénover, reconstruire; [tourism, industry] relancer. **-2.** [argument] réexposer. **-3.** PHOT redévelopper.

**redeye** [ˈredaɪ] *n Am inf* [night flight] vol *m* de nuit.

**red eye** *n* (U) PHOT phénomène provoquant l'apparition de taches rouges dans les yeux des personnes photographiées au flash.

**red-eyed** *adj* aux yeux rouges.

**red-faced** [-ˈfeɪst] *adj literal* rougeaud; *fig* rouge de confusion OR de honte.

**red flag** *n* [gen & POL] drapeau *m* rouge.

◆ **Red Flag** *n*: the Red Flag *hymne du parti travailliste britannique*.

**red fox** *n* renard *m* roux.

**red giant** *n* ASTRON étoile géante *f* rouge.

**red grouse** *n* grouse *f*, coq *m* de bruyère écossais.

**Red Guard** *pr n* garde *f* rouge.

**red-haired** [-,heəd] *adj* roux (*f* rousse), aux cheveux roux; a ~ girl une rousse.

**red-handed** [-ˈhændɪd] *adv*: to be caught ~ être pris en flagrant délit OR la main dans le sac.

**redhead** [ˈredhed] *n* roux *m*, rousse *f*.

**red-headed** = **red-haired.**

**red heat** *n*: to bring OR to raise a metal to ~ chauffer OR porter un métal au rouge.

**red herring** *n* **-1.** *fig* diversion *f*.**-2.** CULIN hareng *m* saur.

**red-hot** *adj* **-1.** [metal] chauffé au rouge. **-2.** [very hot] brûlant. **-3.** *inf* & *fig* [keen] passionné, enthousiaste. **-4.** *inf* [recent – news, information] de dernière minute. **-5.** *inf* [sure – tip, favourite] certain, sûr. **-6.** *inf* [expert] calé. **-7.** *inf* [sensational – scandal, story] croustillant, sensationnel.

**red-hot poker** *n* BOT tritoma *m*.

**redial** [,riːˈdaɪəl] ◇ *vt*: to ~ a number refaire un numéro. ◇ *n*: automatic ~ système *m* de rappel du dernier numéro.

**redid** [,riːˈdɪd] *pt* → redo.

**Red Indian** *n* Peau-Rouge *mf*.

**redirect** [,riːdɪˈrekt] *vt* **-1.** [mail] faire suivre, réexpédier;

[aeroplane, traffic] dérouter; **the plane was ~ed to Oslo** l'avion a été dérouté sur Oslo. **-2.** *fig* [efforts, attentions] réorienter.

**rediscover** [ˌriːdɪˈskʌvəʳ] *vt* redécouvrir.

**rediscovery** [ˌriːdɪˈskʌvrɪ] (*pl* **rediscoveries**) *n* redécouverte *f*.

**redistribute** [ˌriːdɪˈstrɪbjuːt] *vt* [money, wealth, objects] redistribuer; [tasks] réassigner.

**redistribution** ['riːˌdɪstrɪˈbjuːʃn] *n* redistribution *f*.

**red-letter day** *n Br* jour *m* à marquer d'une pierre blanche.

**red light** *n* AUT feu *m* rouge; **to go through a ~** passer au rouge, brûler le feu rouge.
♦ **red-light** *adj*: **red-light district** quartier *m* chaud.

**red meat** *n* viande *f* rouge.

**redneck** ['rednek] *Am inf* & *pej* ◇ *n* Américain d'origine modeste qui a des idées réactionnaires et des préjugés racistes. ◇ *comp* [attitude] de plouc, borné.

**redness** ['rednɪs] *n (U)* rougeur *f*; [of hair] rousseur *f*; [inflammation] rougeurs *fpl*.

**redo** [ˌriːˈduː] (*pt* **redid** [-ˈdɪd], *pp* **redone** [-ˈdʌn]) *vt* refaire; [hair] recoiffer; [repaint] refaire, repeindre.

**redolent** ['redələnt] *adj lit* **-1.** [perfumed]: **~ of lemon** qui sent le citron, qui a une odeur de citron. **-2.** [evocative, reminiscent]: **the style is ~ of James Joyce** le style rappelle celui de James Joyce.

**redone** [ˌriːˈdʌn] *pp* → **redo**.

**redouble** [ˌriːˈdʌbl] ◇ *vt* **-1.** [in intensity] redoubler. **-2.** CARDS surcontrer. ◇ *vi* CARDS surcontrer. ◇ *n* CARDS surcontre *m*.

**redoubt** [rɪˈdaʊt] *n* MIL redoute *f*; *fig* forteresse *f*.

**redoubtable** [rɪˈdaʊtəbl] *adj* [formidable] redoutable, terrifiant; [awe-inspiring] impressionnant.

**redound** [rɪˈdaʊnd] *vi fml*: **to ~ on** OR **upon sb** [negatively] retomber sur qqn; [positively] rejaillir sur qqn; **to ~ to sb's advantage** être OR rejaillir à l'avantage de qqn.

**red pepper** *n* [spice] (poivre *m* de) cayenne *m*; [vegetable] poivron *m* rouge.

**redraft** [ˌriːˈdrɑːft] *vt* [bill, contract] rédiger de nouveau; [demand] reformuler.

**redraw** [ˌriːˈdrɔː] (*pt* **redrew** [-ˈdruː], *pp* **redrawn** [-ˈdrɔːn]) *vt* redessiner.

**redress** [rɪˈdres] ◇ *vt* [grievance, errors] réparer; [wrong] réparer, redresser; [situation] rattraper; **to ~ the balance** rétablir l'équilibre. ◇ *n* [gen & JUR] réparation *f*; **to seek ~ for sthg** demander réparation de qqch.

**redrew** [ˌriːˈdruː] *pt* → **redraw**.

**Red Sea** *pr n*: **the ~** la mer Rouge.

**red setter** *n* setter *m* irlandais.

**redshank** ['redʃæŋk] *n* (chevalier *m*) gambette *m*.

**redskin**▽ ['redskɪn] *n dated* Peau-Rouge *mf* (*attention: le terme «redskin» est considéré comme raciste*).

**Red Square** *pr n* la place Rouge.

**red squirrel** *n* écureuil *m* (commun d'Europe).

**red tape** *n* [bureaucracy] paperasserie *f*.

**reduce** [rɪˈdjuːs] ◇ *vt* **-1.** [risk, scale, time, workload] réduire, diminuer; [temperature] abaisser; [speed] réduire, ralentir; [in length] réduire, raccourcir; [in size] réduire, rapetisser, diminuer; [in weight] réduire, alléger; [in height] réduire, abaisser; [in thickness] réduire, amenuiser; [in strength] réduire, affaiblir; **I'm trying to ~ my sugar consumption by half** j'essaie de réduire ma consommation de sucre de moitié. **-2.** COMM & FIN [price] baisser; [rate, expenses, cost] réduire; [tax] alléger, réduire; [goods] solder, réduire le prix de; **the shirt was ~d to £15** la chemise était soldée à 15 livres. **-3.** [render]: **to ~ sthg to ashes/to a pulp** réduire qqch en cendres/en bouillie; **to ~ sb to silence/to tears/to poverty/to submission** réduire qqn au silence/aux larmes/à la pauvreté/à l'obéissance; **we were ~d to helpless laughter** nous riions sans pouvoir nous arrêter; **she was ~d to buying her own pencils** elle en était réduite à acheter ses crayons elle-même. **-4.** CULIN [sauce] faire réduire. **-5.** CHEM & MATH réduire. **-6.** MED [fracture] réduire; [swelling] résorber, résoudre. **-7.** [dilute] diluer. **-8.** JUR: **to ~ sthg to writing** consigner qqch par écrit. **-9.** MIL dégrader. ◇ *vi* **-1.** CULIN réduire. **-2.** [slim] maigrir.

**reduced** [rɪˈdjuːst] *adj* [price, rate, scale] réduit; [goods] soldé,

en solde; **on a ~ scale** en plus petit; **'~ to clear'** 'articles en solde' ❐ **to be in ~ circumstances** *euph* être dans la gêne.

**reducible** [rɪˈdjuːsəbl] *adj* réductible.

**reducing** [rɪˈdjuːsɪŋ] *adj* CHEM & TECH réducteur; [diet] amaigrissant.

**reduction** [rɪˈdʌkʃn] *n* **-1.** [lessening – gen] réduction *f*, diminution *f*; [– in temperature] baisse *f*, diminution *f*; [– in length] réduction *f*, raccourcissement *m*; [– in weight] réduction *f*, diminution *f*; [– in strength] réduction *f*, affaiblissement *m*; [– in speed] réduction *f*, ralentissement *m*; **staff ~s** compression *f* de personnel. **-2.** COMM & FIN [in cost] baisse *f*, diminution *f*; [in rate] baisse *f*; [in expenses] réduction *f*, diminution *f*; [in tax] dégrèvement *m*; [on goods] rabais *m*, remise *f*; **to make a 5% ~ on an article** faire une remise de 5 % sur un article; **cash ~** [discount] remise *f* OR escompte *m* au comptant; [refund] remise *f* en espèces. **-3.** CHEM, MATH & PHOT réduction *f*. **-4.** TECH [of gear] démultiplication *f*. **-5.** MED [of fracture] réduction *f*; [of swelling] résorption *f*.

**reductionism** [rɪˈdʌkʃənɪzm] *n* réductionnisme *m*.

**reductive** [rɪˈdʌktɪv] *adj* réducteur.

**redundancy** [rɪˈdʌndənsɪ] (*pl* **redundancies**) ◇ *n* **-1.** *Br* [layoff] licenciement *m*; [unemployment] chômage *m*; **voluntary ~** départ *m* volontaire. **-2.** [superfluousness] caractère *m* superflu; [tautology] pléonasme *m*. **-3.** COMPUT, LING & TELEC redondance *f*. ◇ *comp*: **~ notice** *Br* lettre *f* de licenciement; **~ payment** *Br* indemnité *f* de licenciement.

**redundant** [rɪˈdʌndənt] *adj* **-1.** INDUST licencié, au chômage; **to become** OR **to be made ~** être licencié OR mis au chômage. **-2.** [superfluous] superflu; [tautologous] pléonastique. **-3.** COMPUT, LING & TELEC redondant.

**reduplication** [rɪˌdjuːplɪˈkeɪʃn] *n* redoublement *m*; LING réduplication *f*.

**redwing** ['redwɪŋ] *n Br* mauvis *m*.

**redwood** ['redwʊd] *n* séquoia *m*.

**re-echo** [ˌriːˈekəʊ] ◇ *vt* renvoyer en écho. ◇ *vi* retentir.

**reed** [riːd] ◇ *n* **-1.** BOT roseau *m*. **-2.** MUS anche *f*. **-3.** *phr*: **he's a broken ~** on ne peut pas compter sur lui. ◇ *comp* [chair, mat] en roseau OR roseaux, fait de roseaux.

**reed bunting** *n* bruant *m* des roseaux.

**reeding** ['riːdɪŋ] *n* ARCHIT rudenture *f*.

**reed instrument** *n* instrument *m* à anche.

**reedit** [ˌriːˈedɪt] *vt* rééditer.

**reed pipe** *n* pipeau *m*, chalumeau *m*.

**reed stop** *n* jeu *m* d'anches.

**re-educate** [ˌriːˈedʒʊkeɪt] *vt* rééduquer.

**re-education** *n* rééducation *f*.

**reed warbler** *n* fauvette *f* des roseaux, rousserolle *f*.

**reedy** ['riːdɪ] (*compar* **reedier**, *superl* **reediest**) *adj* **-1.** [place] envahi par les roseaux. **-2.** [sound, voice] flûté, aigu (*f* -üe).

**reef** [riːf] ◇ *n* **-1.** [in sea] récif *m*, écueil *m*; *fig* écueil *m*. **-2.** MIN filon *m*. **-3.** NAUT ris *m*. ◇ *vt* [spar] rentrer.

**reefer** ['riːfəʳ] *n* **-1.** [garment]: **~ (jacket)** caban *m*. **-2.** *Br inf* [lorry] camion *m* frigorifique.

**reef knot** *n* nœud *m* plat.

**reek** [riːk] ◇ *vi* **-1.** [smell] puer, empester; **it ~s of tobacco in here** ça empeste OR pue le tabac ici. **-2.** *Scot* [chimney] fumer. ◇ *n* puanteur *f*.

**reel** [riːl] ◇ *n* **-1.** [for thread, film, tape] bobine *f*; [for hose] dévidoir *m*, enrouleur *m*; [for cable] enrouleur *m*; [for rope-making] caret *m*; **(fishing) ~** moulinet *m* (de pêche). **-2.** [film, tape] bande *f*, bobine *f*. **-3.** [dance] quadrille *m* (*écossais ou irlandais*); MUS branle *m* (*écossais ou irlandais*). ◇ *vi* **-1.** [stagger] tituber, chanceler; **the blow sent me ~ing across the room** le coup m'a envoyé valser à travers la pièce. **-2.** *fig* [whirl – head, mind] tournoyer; **my head is ~ing** j'ai la tête qui tourne; **he is still ~ing from the shock** il ne s'est pas encore remis du choc. ◇ *vt* bobiner.
♦ **reel in** *vt sep* [cable, hose] enrouler; [fish] remonter, ramener; [line] enrouler, remonter.
♦ **reel off** *vt sep* [poem, speech, story] débiter.

**re-elect** [ˌriːɪˈlekt] *vt* réélire.

**re-election** [ˌriːɪˈlekʃn] *n* réélection *f*; **to stand** OR **to run for ~** se représenter aux élections.

**reel-to-reel** ◇ *adj* [system, tape recorder] à bobines.

**re-embark** [,riːɪmˈbɑːk] vi & vt rembarquer.

**re-emerge** [,riːɪˈmɜːdʒ] vi [new facts] ressortir; [idea, clue] réapparaître; [problem, question] se reposer; [from hiding, tunnel] ressortir, ressurgir.

**re-emergence** [,riːɪˈmɜːdʒəns] n réapparition f.

**re-emphasize**, **-ise** [,riːˈemfəsaɪz] vt insister une fois de plus sur, souligner une nouvelle fois.

**re-employ** [,riːɪmˈplɔɪ] vt [materials] réemployer, remployer; [workers] réembaucher, rembaucher.

**re-enact** [,riːɪˈnækt] vt **-1.** [scene, crime] reconstituer. **-2.** ADMIN & POL [legislation] remettre en vigueur.

**re-enactment** [,riːɪˈnæktmənt] n **-1.** [of scene, crime] reconstitution f. **-2.** ADMIN, JUR & POL [of regulation, legislation] remise f en vigueur.

**re-engage** [,riːɪnˈɡeɪdʒ] vt **-1.** [troops] rengager; [employee] réengager, rengager. **-2.** [mechanism] rengréner; to ~ the clutch rembrayer.

**re-enter** [,riːˈentəʳ] ◇ vi **-1.** [gen] rentrer, entrer à nouveau; ASTRONAUT rentrer dans l'atmosphère. **-2.** [candidate]: to ~ for an exam se réinscrire à un examen. ◇ vt **-1.** [room, country] rentrer dans, entrer à nouveau dans; [atmosphere] rentrer dans. **-2.** COMPUT [data] saisir à nouveau, réintroduire.

**re-entry** [,riːˈentrɪ] (pl **re-entries**) n **-1.** [gen & ASTRONAUT] rentrée f. **-2.** MUS [of theme] reprise f.

**re-equip** [,riːɪˈkwɪp] vt ré-équiper.

**re-establish** [,riːɪˈstæblɪʃ] vt **-1.** [order] rétablir; [practice] restaurer; [law] remettre en vigueur. **-2.** [person] réhabiliter, réintégrer.

**re-evaluate** [,riːɪˈvæljʊeɪt] vt réévaluer.

**re-evaluation** [,riːɪˌvæljʊeɪʃn] n réévaluation f.

**re-examination** [,riːɪɡˌzæmɪneɪʃn] n [of question] réexamen m; JUR nouvel interrogatoire m.

**re-examine** [,riːɪɡˈzæmɪn] vt [question, case] réexaminer, examiner de nouveau; [witness] réinterroger, interroger de nouveau; [candidate] faire repasser un examen à.

**re-export** [vb ,riːekˈspɔːt, n ,riːˈekspɔːt] ◇ vt réexporter. ◇ n **-1.** [of goods] réexportation f. **-2.** [product] marchandise f de réexportation.

**ref** [ref] n Br inf abbr of **referee**.

**ref, ref.** (written abbr of **reference**) réf.; your ~ v/réf.

**refashion** [,riːˈfæʃn] vt [object] refaçonner; [image] reconstruire.

**refectory** [rɪˈfektərɪ] (pl **refectories**) n réfectoire m.

**refer** [rɪˈfɜːʳ] (pt & pp **referred**, cont **referring**) vt **-1.** [submit, pass on] soumettre, renvoyer; I ~ the matter to you for a decision je m'en remets à vous pour prendre une décision sur la question; to ~ a case to a higher court renvoyer OR déférer une affaire à une instance supérieure || [send, direct] renvoyer; my doctor referred me to the hospital/to a specialist mon docteur m'a envoyé à l'hôpital/chez un spécialiste || [in writing, reading] renvoyer; I ~ you to Ludlow's book je vous renvoie au livre de Ludlow || BANK: to ~ a cheque to drawer refuser d'honorer un chèque. **-2.** MED: the pain may be referred to another part of the body il peut y avoir irradiation de la douleur dans d'autres parties du corps. **-3.** JUR: to ~ the accused déférer l'accusé. **-4.** UNIV [student] refuser, recaler; [thesis] renvoyer pour révision.
◆ **refer back** vt sep **-1.** [put off – meeting, decision] ajourner, remettre (à plus tard). **-2.** [redirect – case] renvoyer.
◆ **refer to** vt insep **-1.** [allude to]: to ~ to sthg faire allusion OR référence à qqch, parler de qqch; he keeps referring to me as Dr Rayburn il ne cesse de m'appeler Dr Rayburn; the revolutionaries are referred to as Mantras ces révolutionnaires sont connus sous le nom de Mantras; that comment ~s to you cette remarque s'adresse à vous; they ~ to themselves as martyrs ils se qualifient eux-mêmes de martyrs. **-2.** [relate to] correspondre à, faire référence à; the numbers ~ to footnotes les chiffres renvoient à des notes en bas de page || [apply, be connected to] s'appliquer à, s'adresser à; these measures only ~ to taxpayers ces mesures ne s'appliquent qu'aux contribuables. **-3.** [consult – notes] consulter; [– book, page, instructions] se reporter à; [– person]: I shall have to ~ to my boss je dois en référer à OR consulter mon patron.

**referee** [,refəˈriː] ◇ n **-1.** SPORT arbitre m; TENNIS juge m arbitre. **-2.** Br [for job] répondant m, -e f; you can give my name

as a ~ vous pouvez me citer comme référence; please give the names of three ~s veuillez nous donner le nom de trois personnes susceptibles de fournir une lettre de recommandation. **-3.** JUR conciliateur m, médiateur m. ◇ vt SPORT arbitrer. ◇ vi SPORT être arbitre.

**reference** [ˈrefrəns] ◇ n **-1.** [allusion] allusion f; to make a ~ to sthg faire allusion à qqch; look up the ~ in the dictionary cherchez la référence dans le dictionnaire. **-2.** [consultation] consultation f; without ~ to me sans me consulter. **-3.** [recommendation – for job] recommandation f, référence f; could you give me a ~ please? pouvez-vous me fournir des références, s'il vous plaît?; banker's ~ références fpl bancaires. **-4.** [in code, catalogue] référence f; [on map] coordonnées fpl; [footnote] renvoi m; COMM référence f. **-5.** [remit – of commission] compétence f, pouvoirs mpl. **-6.** LING référence f. **-7.** JUR [of case] renvoi m. ◇ comp [material, section] de référence; [value, quantity] de référence, étalon. ◇ vt **-1.** [refer to] faire référence à. **-2.** [thesis] établir la liste des citations dans; [quotation] donner la référence de.
◆ **with reference to**, **in reference to** prep phr en ce qui concerne; with ~ to your letter of 25th June ... COMM suite à votre courrier du 25 juin ... .

**reference book** n ouvrage m de référence.

**reference library** n bibliothèque f d'ouvrages de référence.

**reference number** n numéro m de référence.

**referendum** [,refəˈrendəm] (pl **referendums** OR **referenda** [-də]) n référendum m; to hold a ~ organiser un référendum.

**referent** [ˈrefərənt] n référent m.

**referential** [,refəˈrenʃl] adj référentiel.

**referral** [rɪˈfɜːrəl] n **-1.** [forwarding] renvoi m. **-2.** [consultation] consultation f. **-3.** UNIV [of thesis] renvoi m pour révision. **-4.** [person] patient m (qui a été envoyé par son médecin chez un spécialiste).

**refill** [vb ,riːˈfɪl, n & comp ˈriːfɪl] ◇ vt [glass] remplir (à nouveau); [lighter, canister] recharger. ◇ n [for pen, lighter] (nouvelle) cartouche f; [for propelling pencil] mine f de rechange; [for notebook] recharge f; [drink]: do you need a ~? inf je vous en ressers un? ◇ comp de rechange.

**refillable** [,riːˈfɪləbl] adj rechargeable.

**refine** [rɪˈfaɪn] vt **-1.** [oil, sugar] raffiner; [ore, metal] affiner; [by distillation] épurer. **-2.** [model, manners] améliorer; [judgment, taste] affiner; [lecture, speech] parfaire, peaufiner.

**refined** [rɪˈfaɪnd] adj **-1.** [oil, sugar] raffiné; [ore] affiné; [by distillation] épuré. **-2.** [style, person, taste] raffiné.

**refinement** [rɪˈfaɪnmənt] n **-1.** [of oil, sugar] raffinage m; [of metals, ore] affinage m; [by distillation] épuration f. **-2.** [of person] délicatesse f, raffinement m; [of taste, culture] raffinement m; [of morals] pureté f; a man of ~ un homme raffiné. **-3.** [of style, discourse, language] subtilité f, raffinement m. **-4.** [improvement] perfectionnement m, amélioration f.

**refiner** [rɪˈfaɪnəʳ] n [of oil, sugar] raffineur m, -euse f; [of metal] affineur m, -euse f.

**refinery** [rɪˈfaɪnərɪ] (pl **refineries**) n [for oil, sugar] raffinerie f; [for metals] affinerie f.

**refit** [vb ,riːˈfɪt, n ˈriːfɪt] (pt & pp **refitted**, cont **refitting**) ◇ vt **-1.** [repair] remettre en état. **-2.** [refurbish] rééquiper, renouveler l'équipement de. ◇ vi [ship] être remis en état. ◇ n [of plant, factory] rééquipement m, nouvel équipement m; [of ship] remise f en état, réparation f.

**reflate** [,riːˈfleɪt] vt **-1.** [ball, tyre] regonfler. **-2.** ECON relancer.

**reflation** [,riːˈfleɪʃn] n ECON relance f.

**reflationary** [,riːˈfleɪʃənrɪ] adj ECON [policy] de relance.

**reflect** [rɪˈflekt] ◇ vt **-1.** [image] refléter; [sound, heat] renvoyer; [light] réfléchir; the mirror ~ed the light from the lamp le miroir réfléchissait la lumière de la lampe; her face was ~ed in the mirror/water son visage se reflétait dans la glace/dans l'eau; she saw herself ~ed in the window elle a vu son image dans la vitre; the plate ~s heat (back) into the room la plaque renvoie la chaleur dans la pièce; the sound was ~ed off the rear wall le son était renvoyé par le mur du fond. **-2.** fig [credit] faire jaillir, faire retomber; the behaviour of a few ~ discredit on us all le comportement de quelques-uns porte atteinte à l'honneur de tous. **-3.** fig [personality, reality] traduire, refléter; many social problems are ~ed in his writing de nombreux problèmes de société sont évoqués dans ses écrits. **-4.** [think] penser, se dire; [say] dire, réfléchir. ◇ *vi* [think] réfléchir; **to ~ on a question** réfléchir sur une question; **I'll ~ on it** j'y songerai OR réfléchirai.

◆ **reflect on, reflect upon** *vt insep* [negatively] porter atteinte à, nuire à; [positively] rejaillir sur; [cast doubt on] mettre en doute, jeter le doute sur; **their behaviour ~s well on them** leur comportement leur fait honneur.

**reflection** [rɪ'flekʃn] *n* **-1.** [of light, sound, heat] réflexion *f*.**-2.** [image] reflet *m*; **a ~ in the mirror/window** un reflet dans la glace/vitre; **the result was not a fair ~ of the game** *fig* le résultat ne reflétait pas la manière dont le match s'était joué; **an accurate ~ of reality** *fig* un reflet exact de la réalité. **-3.** [comment] réflexion *f*, remarque *f*, observation *f*; **to make a ~ on sthg** faire une réflexion sur qqch ‖ [criticism] critique *f*; **it's no ~ on their integrity** leur intégrité n'est pas en cause. **-4.** [deliberation] réflexion *f*; [thought] pensée *f*; **on ~** après OR à la réflexion, en y réfléchissant; **on due ~** après mûre réflexion.

**reflective** [rɪ'flektɪv] *adj* **-1.** OPT [surface] réfléchissant, réflecteur; [power, angle] réflecteur; [light] réfléchi. **-2.** [mind, person] pensif, réfléchi; [faculty] de réflexion.

**reflector** [rɪ'flektəʳ] *n* réflecteur *m*; AUT catadioptre *m*.

**reflex** ['ri:fleks] ◇ *n* **-1.** [gen & PHYSIOL] réflexe *m*.**-2.** PHOT [appareil *m*] reflex *m*. ◇ *adj* **-1.** PHYSIOL réflexe; **~ action** réflexe *m*.**-2.** OPT & PHYS réfléchi. **-3.** PHOT reflex *(inv)*; **~ camera** (appareil *m*) reflex *m*.**-4.** MATH rentrant.

**reflexion** [rɪ'flekʃn] *Br* = **reflection**.

**reflexive** [rɪ'fleksɪv] ◇ *adj* **-1.** GRAMM réfléchi. **-2.** PHYSIOL réflexe. **-3.** LOGIC & MATH réflexif. ◇ *n* GRAMM réfléchi *m*.

**reflexively** [rɪ'fleksɪvlɪ] *adv* GRAMM [in meaning] au sens réfléchi; [in form] à la forme réfléchie.

**reflexive pronoun** *n* pronom *m* réfléchi.

**reflexive verb** *n* verbe *m* réfléchi.

**reflexology** [,ri:flek'sɒlədʒɪ] *n* réflexothérapie *f*.

**refloat** [,ri:'fləʊt] ◇ *vt* *fig* & NAUT renflouer. ◇ *vi* être renfloué.

**reforest** [,ri:'fɒrɪst] = **reafforest**.

**reforestation** [ri:,fɒrɪ'steɪʃn] = **reafforestation**.

**reform** [rɪ'fɔ:m] ◇ *n* réforme *f*. ◇ *vt* **-1.** [modify – law, system, institution] réformer. **-2.** [person] faire perdre ses mauvaises habitudes à; [drunkard] faire renoncer à la boisson; [habits, behaviour] corriger. ◇ *vi* se corriger, s'amender. ◇ *n* réforme *f*.

**re-form** [ri:'fɔ:m] ◇ *vt* **-1.** MIL [ranks] remettre en rang, reformer; [men] rallier. **-2.** [return to original form] rendre sa forme primitive OR originale à; [in new form] donner une nouvelle forme à; [form again] reformer. ◇ *vi* **-1.** MIL [men] se remettre en rangs; [ranks] se reformer. **-2.** [group, band] se reformer.

**reformat** [,ri:'fɔ:mæt] *(cont* **reformatting,** *pt* & *pp* **reformatted)** *vt* COMPUT reformater.

**reformation** [,refə'meɪʃn] *n* **-1.** [of law, institution] réforme *f*.**-2.** [of behaviour] réforme *f*; [of criminal, addict etc] réinsertion *f*.

◆ **Reformation** ◇ *n:* **the Reformation** la Réforme. ◇ *comp* [music, writer] de la Réforme.

**reformative** [rɪ'fɔ:mətɪv] *adj* [concerning reform] de réforme; [reforming] réformateur.

**reformatory** [rɪ'fɔ:mətrɪ] ◇ *adj* réformateur. ◇ *n Br* ≃ maison *f* de redressement; *Am* ≃ centre *m* d'éducation surveillée.

**reformed** [rɪ'fɔ:md] *adj* **-1.** [person] qui a perdu ses mauvaises habitudes; [prostitute, drug addict] ancien. **-2.** [institution, system] réformé. **-3.** RELIG [Christian] réformé; [Jewish] non orthodoxe.

**reformer** [rɪ'fɔ:məʳ] *n* réformateur *m*, -trice *f*.

**reformist** [rɪ'fɔ:mɪst] ◇ *adj* réformiste. ◇ *n* réformiste *mf*.

**reform school** *n Am* ≃ centre *m* d'éducation surveillée.

**refract** [rɪ'frækt] ◇ *vt* réfracter. ◇ *vi* se réfracter.

**refracting** [rɪ'fræktɪŋ] *adj* [material, prism] réfringent; [angle] de réfraction.

**refracting telescope** *n* réfracteur *m*, lunette *f* astronomique.

**refraction** [rɪ'frækʃn] *n* [phenomenon] réfraction *f*; [property] réfringence *f*.

**refractive** [rɪ'fræktɪv] *adj* réfringent.

**refractor** [rɪ'fræktəʳ] *n* **-1.** OPT & PHYS [apparatus] appareil *m* de réfraction; [material, medium] milieu *m* réfringent. **-2.** ASTRON réfracteur *m*, lunette *f* astronomique.

**refractory** [rɪ'fræktərɪ] *adj* **-1.** *fml* [person] réfractaire, rebelle. **-2.** MED & TECH réfractaire.

**refrain** [rɪ'freɪn] ◇ *vi* [hold back]: **to ~ from (doing) sthg** s'abstenir de (faire) qqch; **he couldn't ~ from smiling** il n'a pu s'empêcher de sourire. ◇ *n* MUS, POET & *fig* refrain *m*.

**refreeze** [,ri:'fri:z] *(pt* **refroze** [-'frəʊz], *pp* **refrozen** [-'frəʊzn]) *vt* [ice, ice-cream] remettre au congélateur; [food] recongeler.

**refresh** [rɪ'freʃ] *vt* **-1.** [revive – subj: drink, shower, ice] rafraîchir; [– subj: exercise, swim] revigorer; [– subj: sleep] reposer, détendre; **I feel ~ed** [after shower, drink] je me sens rafraîchi; [after exercise] je me sens revigoré; [after rest] je me sens reposé; **they woke ~ed** ils se sont réveillés frais et dispos. **-2.** [memory, experience] rafraîchir; **let me ~ your memory** laissez-moi vous rafraîchir la mémoire.

**refresher course** *n* stage *m* OR cours *m* de recyclage.

**refreshing** [rɪ'freʃɪŋ] *adj* **-1.** [physically – drink, breeze] rafraîchissant; [– exercise] tonique, revigorant; [– sleep] réparateur, reposant; [– holiday] reposant; [– idea] original, stimulant; [– sight] réconfortant; [– performance] plein de vie; **a ~ change** un changement agréable OR appréciable. **-2.** [mentally – idea] original, stimulant; [– sight] réconfortant; [– performance] plein de vie; **a ~ change** un changement agréable OR appréciable.

**refreshingly** [rɪ'freʃɪŋlɪ] *adv:* **it's ~ different** c'est un changement agréable.

**refreshment** [rɪ'freʃmənt] *n* [of body, mind] repos *m*, délassement *m*; **would you like some ~?** [food] voulez-vous manger un morceau?; [drink] voulez-vous boire quelque chose?

◆ **refreshments** *npl* rafraîchissements *mpl*; **'~s available'** 'buvette'.

**refrigerate** [rɪ'frɪdʒəreɪt] *vt* [in cold store] frigorifier, réfrigérer; [freeze] congeler; [put in fridge] mettre au réfrigérateur.

**refrigeration** [rɪ,frɪdʒə'reɪʃn] *n* réfrigération *f*; **industrial ~** froid *m* industriel.

**refrigerator** [rɪ'frɪdʒəreɪtəʳ] ◇ *n* [in kitchen] réfrigérateur *m*; [storeroom] chambre *f* froide OR frigorifique. ◇ *comp* [ship, lorry, unit] frigorifique.

**refuel** [,ri:'fjʊəl] *(Br pt* & *pp* **refuelled,** *cont* **refuelling,** *Am pt* & *pp* **refueled,** *cont* **refueling)** ◇ *vt* ravitailler (en carburant). ◇ *vi* se ravitailler en carburant; *fig* [eat, drink] se restaurer.

**refuelling** *Br,* **refueling** *Am* [,ri:'fjʊəlɪŋ] ◇ *n* ravitaillement *m* (en carburant). ◇ *comp* [boom, tanker] de ravitaillement; **to make a ~ stop** AERON faire une escale technique.

**refuge** ['refju:dʒ] *n* **-1.** [shelter – gen] refuge *m*, abri *m*; [– in mountains] refuge *m*; [– for crossing road] refuge *m*; **women's ~** foyer *m* pour femmes battues. **-2.** [protection – from weather]: **to take ~ from the rain** s'abriter de la pluie ‖ [from attack, reality]: **to seek ~** chercher refuge; **to take ~ in fantasy** se réfugier dans l'imagination; **place of ~** [from rain] abri *m*; [from pursuit] (lieu *m* d') asile *m*.

**refugee** [,refjʊ'dʒi:] *n* réfugié *m*, -e *f*.

**refugee camp** *n* camp *m* de réfugiés.

**refund** [*vb* rɪ'fʌnd, *n* 'ri:fʌnd] ◇ *vt* **-1.** [expenses, excess, person] rembourser; **to ~ sthg to sb** rembourser qqch à qqn. **-2.** FIN & JUR [monies] restituer. ◇ *n* **-1.** COMM remboursement *m*; **to get** OR **obtain a ~** se faire rembourser. **-2.** FIN & JUR [of monies] restitution *f*.**-3.** *Am* [of tax] bonification *f* de trop-perçu.

**refundable** [ri:'fʌndəbl] *adj* remboursable.

**refurbish** [,ri:'fɜ:bɪʃ] *vt* réaménager.

**refurbishment** [,ri:'fɜ:bɪʃmənt] *n* remise *f* à neuf.

**refurnish** [,ri:'fɜ:nɪʃ] *vt* [house] remeubler.

**refusal** [rɪ'fju:zl] *n* **-1.** [of request, suggestion] refus *m*, rejet *m*; **to meet with a ~** essuyer OR se heurter à un refus; **we don't understand your ~ to compromise** nous ne comprenons pas les raisons pour lesquelles vous vous opposez à un compromis. **-2.** EQUIT refus *m*.**-3.** [denial – of justice, truth] refus *m*, déni *m*; *see* USAGE *overleaf*.

**refuse**[1] [rɪ'fju:z] *vt* **-1.** [turn down – invitation, gift] refuser; [– offer] refuser, décliner; [– request, proposition] refuser, rejeter; **to ~ to do sthg** refuser OR se refuser à faire qqch; **to be ~ed** essuyer un refus ‖ EQUIT refuser; **to ~ a jump** refuser de sauter. **-2.** [deny – permission] refuser (d'accorder); [– help, visa] refuser; **he was ~d entry** on lui a refusé l'entrée. ◇ *vi* [person] refuser; [horse] refuser l'obstacle.

**refuse²** ['refjuːs] *n Br* [household] ordures *fpl* (ménagères); [garden] détritus *mpl;* [industrial] déchets *mpl.*

**refuse bin** ['refjuːs-] *n Br* poubelle *f.*

**refuse chute** ['refjuːs-] *n Br* vide-ordures *m inv.*

**refuse collector** ['refjuːs-] *n Br* éboueur *m.*

**refuse disposal** ['refjuːs-] *n Br* traitement *m* des ordures.

**refuse dump** ['refjuːs-] *n Br* [public] décharge *f* (publique), dépotoir *m.*

**refutable** ['refjʊtəbl] *adj* réfutable.

**refutation** [,refjʊ'teɪʃn] *n* réfutation *f.*

**refute** [rɪ'fjuːt] *vt* [disprove] réfuter; [deny] nier.

**reg** (*written abbr of* **registered**): ~ trademark marque *f* déposée.

**regain** [rɪ'geɪn] *vt* **-1.** [territory] reconquérir; to ~ possession of sthg rentrer en possession de qqch; to ~ lost time rattraper le temps perdu ‖ [health] recouvrer; [strength] retrouver; [sight, composure] retrouver, recouvrer; [glory] retrouver; to ~ consciousness reprendre connaissance; to ~ one's balance retrouver l'équilibre; to ~ one's footing reprendre pied. **-2.** *fml* [get back to – road, place, shelter] regagner.

**regal** ['riːgl] *adj literal* royal; *fig* [person, bearing] majestueux; [banquet, decor] somptueux.

**regale** [rɪ'geɪl] *vt*: to ~ sb with sthg régaler qqn de qqch.

**regalia** [rɪ'geɪljə] *npl* **-1.** [insignia] insignes *mpl.* **-2.** [finery, robes] accoutrement *m,* atours *mpl.*

**regally** ['riːgəlɪ] *adv* royalement, majestueusement.

**regard** [rɪ'gɑːd] ◇ *vt* **-1.** [consider] considérer, regarder; [treat] traiter; I ~ him as OR like a brother je le considère comme un frère; I ~ their conclusions as correct OR to be correct je tiens leurs conclusions pour correctes ‖ [esteem] estimer, tenir en estime; highly ~ed très estimé. **-2.** *fml* [observe] regarder, observer. **-3.** [heed – advice, wishes] tenir compte de.

◇ *n* **-1.** [notice, attention] considération *f,* attention *f;* to pay ~ to sthg tenir compte de qqch, faire attention à qqch; having ~ to paragraph 24 ADMIN vu le paragraphe 24. **-2.** [care, respect] souci *m,* considération *f,* respect *m;* to have ~ for sb avoir de la considération pour qqn; they have no ~ for your feelings ils ne se soucient pas de vos sentiments; Peter has scant ~ for copyright Peter se soucie peu des droits d'auteur; they showed no ~ for our wishes ils n'ont tenu aucun compte de nos souhaits; with no ~ for his health sans se soucier de sa santé; out of ~ for par égard pour; without due ~ to sans tenir compte de. **-3.** [connection]: in this ~ à cet égard. **-4.** [esteem] estime *f,* considération *f;* I hold them in high ~ je les tiens en grande estime. **-5.** *fml* [eyes, look] regard *m.*

◆ **regards** *npl* [in letters]: ~s, Peter bien cordialement, Peter; kind ~s *Am,* best ~s bien à vous ‖ [in greetings]: give them my ~s transmettez-leur mon bon souvenir; he sends his ~s vous avez le bonjour de sa part.

◆ **as regards** *prep phr* en ce qui concerne, pour ce qui est de.

◆ **in regard to, with regard to** *prep phr* en ce qui concerne.

**regarding** [rɪ'gɑːdɪŋ] *prep* quant à, en ce qui concerne, pour ce qui est de; what are we going to do ~ Fred? qu'allons-nous faire en ce qui concerne Fred?; questions ~ management des questions relatives à la gestion.

**regardless** [rɪ'gɑːdlɪs] *adv* [in any case] quand même, en tout cas; [without worrying] sans s'occuper OR se soucier du reste.

◆ **regardless of** *prep phr*: ~ of what you think [without bothering] sans se soucier de ce que vous pensez; [whatever your opinion] indépendamment de ce que vous pouvez penser; ~ of the expense sans regarder à la dépense.

**regatta** [rɪ'gætə] *n* régate *f.*

**regd** = **reg.**

**regency** ['riːdʒənsɪ] (*pl* **regencies**) *n* régence *f.*

◆ **Regency** *comp* [style, furniture, period] Regency (*inv*), de la Régence anglaise.

**regenerate** [*vb* rɪ'dʒenəreɪt, *adj* rɪ'dʒenərət] ◇ *vt* régénérer. ◇ *vi* se régénérer. ◇ *adj* régénéré.

**regeneration** [rɪ,dʒenə'reɪʃn] *n* [gen] régénération *f;* [of interest] regain *m;* [of urban area] reconstruction *f,* rénovation *f.*

**regenerative** [rɪ'dʒenərətɪv] *adj* régénérateur.

**regent** ['riːdʒənt] *n* **-1.** HIST régent *m,* -e *f.* **-2.** *Am* membre du conseil d'administration d'une université.

**reggae** ['regeɪ] ◇ *n* reggae *m.* ◇ *comp* [singer] reggae (*inv*).

**regicide** ['redʒɪsaɪd] *n* [person] régicide *mf;* [crime] régicide *m.*

**regime, régime** [reɪ'ʒiːm] *n* POL & SOCIOL régime *m;* under the present ~ sous le régime actuel.

**regiment** [*n* 'redʒɪmənt, *vb* 'redʒɪment] ◇ *n* MIL & *fig* régiment *m.* ◇ *vt* [organize] enrégimenter; [discipline] soumettre à une discipline trop stricte.

**regimental** [,redʒɪ'mentl] *adj* MIL [mess, dress] régimentaire, du régiment; [band, mascot] du régiment; *fig* [organization] trop discipliné, enrégimenté.

**regimental sergeant major** *n* ≃ adjudant-chef *m.*

**regimentation** [,redʒɪmen'teɪʃn] *n pej* [of business, system] organisation *f* quasi militaire; [in school] discipline *f* étouffante OR trop sévère.

**regimented** ['redʒɪmentɪd] *adj* strict.

**region** ['riːdʒən] *n* **-1.** GEOG OR ADMIN région *f;* in the Liverpool ~ dans la région de Liverpool; the lower ~s *fig* les Enfers. **-2.** [in body] région *f;* in the ~ of the heart dans la région du cœur. **-3.** [of knowledge, sentiments] domaine *m.*

◆ **in the region of** *prep phr* environ; in the ~ of £500 aux environs de OR dans les 500 livres.

**regional** ['riːdʒənl] *adj* régional.

**regional development** *n* [building, land development] aménagement *m* du territoire; [for jobs] action *f* régionale; ~ corporation *Br* organisme pour l'aménagement du territoire.

**regionalism** ['riːdʒənəlɪzm] *n* régionalisme *m.*

**regionalize, -ise** ['riːdʒənəlaɪz] *vt* régionaliser.

**regionally** ['riːdʒnəlɪ] *adv* à l'échelle régionale.

**register** ['redʒɪstər] ◇ *vt* **-1.** [record – name] (faire) enregistrer, (faire) inscrire; [– birth, death] déclarer; [– vehicle] (faire) immatriculer; [– trademark] déposer; [– on list] inscrire; [– request] enregistrer; [– readings] relever, enregistrer; MIL [recruit] recenser; to ~ a complaint déposer une plainte; to ~ a protest protester; to ~ one's vote exprimer son vote, voter. **-2.** [indicate] indiquer; the needle is ~ing 700 kg l'aiguille indique 700 kg ‖ FIN enregistrer; the pound has ~ed a fall la livre a enregistré une baisse ‖ [subj: person, face] exprimer; her face ~ed disbelief l'incrédulité se lisait sur son visage. **-3.** [obtain – success] remporter; [– defeat] essuyer. **-4.** *inf* [understand] saisir, piger. **-5.** [parcel, letter] envoyer en recommandé. **-6.** [at railway station, airport etc – suitcase] (faire) enregistrer. **-7.** TYPO mettre en registre. **-8.** TECH (faire) aligner, faire coïncider.

◇ *vi* **-1.** [enrol] s'inscrire, se faire inscrire; [in hotel] s'inscrire sur OR signer le registre (de l'hôtel); to ~ at night school/for Chinese lessons s'inscrire aux cours du soir/à des cours de chinois; foreign nationals must ~ with the police les ressortissants étrangers doivent se faire enregistrer au commissariat de police; to ~ with a GP/on the electoral roll se faire inscrire auprès d'un médecin traitant/sur les listes électorales. **-2.** [be understood]: the truth slowly began to ~ (with me) petit à petit, la vérité m'est apparue ‖ [have effect]: his name doesn't ~ (with me) son nom ne me dit

USAGE ▶ Refusals

**Polite**

Je crains de ne rien pouvoir faire.
Ça m'est impossible, j'en ai (bien) peur.
Je regrette, mais ça ne dépend pas de moi.
J'aimerais vous aider, mais je ne peux vraiment rien faire.
Si je pouvais faire quelque chose, ce serait avec plaisir.

**Blunt**

Certainement pas!
Ah ça non!
Je n'irai pas, un point c'est tout OR point final!
(Il n'en est) pas question!
Tu veux rire! [informal]

rien. **-3.** [instrument] donner une indication; **is the barometer** ~**ing?** est-ce que le baromètre indique quelque chose?**-4.** TECH coïncider, être aligné; TYPO être en registre.
◇ *n* **-1.** [book] registre *m*; [list] liste *f*; SCH registre *m* de présences, cahier *m* d'appel; [on ship] livre *m* de bord; **to call** OR **to take the** ~ SCH faire l'appel ❏ **electoral** ~ liste *f* électorale; **commercial** OR **trade** ~ registre *m* du commerce; ~ **of shipping** registre *m* maritime; ~ **of births, deaths and marriages** registre *m* de l'état civil. **-2.** [gauge] enregistreur *m*; [counter] compteur *m*; [cash till] caisse *f* (enregistreuse). **-3.** [pitch – of voice] registre *m*, tessiture *f*; [– of instrument] registre. **-4.** LING registre *m*, niveau *m* de langue. **-5.** TYPO registre *m*. **-6.** ART & COMPUT registre *m*.

**registered** ['redʒɪstəd] *adj* **-1.** [student, elector] inscrit; [charity] *Br* agréé; FIN [bond, securities] nominatif; ~ **childminder** nourrice *f* agréée; ~ **company** société *f* inscrite au registre du commerce. **-2.** [letter, parcel] recommandé; **send it** ~ *Br* envoyez-le en recommandé.

**registered disabled** *adj Br*: **to be** ~ avoir une carte d'invalidité.

**Registered General Nurse** = RGN.

**Registered Mental Nurse** *n* infirmier *m* psychiatrique diplômé OR infirmière *f* psychiatrique diplômée d'État.

**Registered Nurse** *n* infirmier *m* diplômé OR infirmière *f* diplômée d'État.

**registered office** *n Br* siège *m* social.

**registered post** *n Br* envoi *m* recommandé.

**registered tonnage** *n* NAUT jauge *f*.

**Registered Trademark** *n* marque *f* déposée.

**register office** ADMIN = **registry office**.

**register ton** *n* NAUT tonneau *m* (de jauge).

**registrar** [,redʒɪ'strɑːʳ] *n* **-1.** *Br* ADMIN officier *m* de l'état civil. **-2.** *Br & NZ* MED chef *m* de clinique. **-3.** JUR greffier *m*.**-4.** *Am* UNIV chef *m* du service OR du bureau des inscriptions; *Br* UNIV président *m* (*d'une université*). **-5.** COMM & FIN: **companies'** ~ responsable *mf* du registre des sociétés.

**registration** [,redʒɪ'streɪʃn] *n* **-1.** [of name] enregistrement *m*; [of student] inscription *f*; [of trademark] dépôt *m*; [of vehicle] immatriculation *f*; [of luggage] enregistrement *m*; [of birth, death] déclaration *f*; **land** ~ inscription au cadastre. **-2.** *Br* SCH appel *m*.**-3.** [of mail] recommandation *f*.**-4.** MUS [on organ] registration *f*.

**registration document** *n Br* AUT ≃ carte *f* grise.

**registration fee** *n* frais *mpl* OR droits *mpl* d'inscription.

**registration number** *n* **-1.** *Br* AUT numéro *m* d'immatriculation. **-2.** [of student] numéro *m* d'inscription; [of baggage] numéro *m* d'enregistrement.

**registry** ['redʒɪstrɪ] (*pl* **registries**) *n* **-1.** [registration] enregistrement *m*; UNIV inscription *f*.**-2.** [office] bureau *m* d'enregistrement. **-3.** NAUT immatriculation *f*; **port of** ~ port *m* d'attache.

**registry office** *n Br* bureau *m* de l'état civil; **to be married at a** ~ ≃ se marier à la mairie.

**regress** [*vb* rɪ'gres, *n* 'riːgres] ◇ *vi* **-1.** BIOL & PSYCH régresser; **to** ~ **to childhood** régresser à un stade infantile. **-2.** SCH [go back] reculer, revenir en arrière. ◇ *n* = **regression**.

**regression** [rɪ'greʃn] *n* **-1.** BIOL & PSYCH régression *f*.**-2.** [retreat] recul *m*, régression *f*.

**regressive** [rɪ'gresɪv] *adj* BIOL, FIN & PSYCH régressif; [movement] de recul.

**regret** [rɪ'gret] (*pt & pp* **regretted**, *cont* **regretting**) ◇ *vt* **-1.** [be sorry about – action, behaviour] regretter; **I** ~ **to say** [apologize] j'ai le regret de OR je regrette de dire; [unfortunately] hélas, malheureusement; **we** ~ **to inform you** nous avons le regret de vous informer; **I** ~ **ever mentioning it** je regrette

d'en avoir jamais parlé; **I** ~ **not being able to come** je regrette OR je suis désolé de ne pouvoir venir; **she** ~**s that she never met Donovan** elle regrette de n'avoir jamais rencontré Donovan; **the accident/error is greatly to be regretted** [gen] l'accident/l'erreur est absolument déplorable; [in diplomatic language] l'accident/l'erreur est infiniment regrettable; **the airline** ~**s any inconvenience caused to passengers** la compagnie s'excuse pour la gêne occasionnée. **-2.** *lit* [lament] regretter.
◇ *n* [sorrow, sadness] regret *m*; **with** ~ avec regret; **we announce with** ~ **the death of our chairman** nous avons le regret de vous faire part de la mort de notre directeur; **much to our** ~ à notre grand regret; **to express one's** ~**s at** OR **about sthg** exprimer ses regrets devant qqch; **I have no** ~**s** je n'ai pas de regrets, je ne regrette rien; **do you have any** ~**s about** OR **for what you did?** regrettez-vous ce que vous avez fait?; **to send sb one's** ~**s** [condolences] exprimer ses regrets à qqn; [apologies] s'excuser auprès de qqn.

**regretful** [rɪ'gretful] *adj* [person] plein de regrets; [expression, attitude] regret.

**regretfully** [rɪ'gretfulɪ] *adv* [sadly] avec regret; [unfortunately] malheureusement.

**regrettable** [rɪ'gretəbl] *adj* [unfortunate] regrettable, malencontreux; [annoying] fâcheux, ennuyeux; **it is most** ~ **that you were not informed** il est fort regrettable que vous n'ayez pas été informé.

**regrettably** [rɪ'gretəblɪ] *adv* [unfortunately] malheureusement, malencontreusement; [irritatingly] fâcheusement.

**regroup** [,riː'gruːp] ◇ *vt* regrouper. ◇ *vi* se regrouper.

**regular** ['regjuləʳ] ◇ *adj* **-1.** [rhythmical – footsteps, movement, sound] régulier; [even – breathing, pulse] régulier, égal; **as** ~ **as clockwork** [punctual] réglé comme une horloge; [frequent] réglé comme du papier à musique. **-2.** [frequent – meetings, service, salary] régulier; **at** ~ **intervals** à intervalles réguliers; **it's a** ~ **occurrence** cela arrive régulièrement. **-3.** [usual – brand, dentist, supplier] habituel; [– customer] régulier; [listener, reader] fidèle; **who is your** ~ **doctor?** qui est votre médecin traitant?; **to be in** ~ **employment** avoir un emploi régulier ‖ [normal, ordinary – price, model] courant; [– size] courant, standard; [– procedure] habituel; **it's** ~ **practice to pay by cheque** les paiements par chèque sont pratique courante ‖ [permanent – agent] attitré, permanent; [– police force] permanent, régulier; [– army] de métier; [– soldier] de carrière; ~ **(grade) gas** *Am* AUT (essence *f*) ordinaire *m*.**-4.** [even – features, teeth] régulier; [smooth, level] uni, égal. **-5.** [ordered – hours] régulier; [– life] bien réglé. **-6.** GRAMM & MATH régulier; ~ **verb** verbe *m* régulier. **-7.** *inf* [as intensifier] vrai, véritable; **a** ~ **mess** une vraie pagaille. **-8.** *Am inf* [pleasant] sympathique, chouette. **-9.** RELIG [clergy] régulier. **-10.** *Am* POL [loyal to party] fidèle au parti.
◇ *n* **-1.** [customer in bar] habitué *m*, -e *f*; [– in shop] client *m*, -e *f* fidèle. **-2.** [contributor, player]: **she's a** ~ **on our column** elle contribue régulièrement à notre rubrique. **-3.** [soldier] militaire *m* de carrière. **-4.** RELIG religieux *m* régulier, régulier *m*.**-5.** *Am* [fuel] ordinaire *m*.**-6.** *Am* POL [loyal party member] membre *m* fidèle (du parti).

**regularity** [,regjʊ'lærətɪ] (*pl* **regularities**) *n* régularité *f*.

**regularize, -ise** ['regjʊləraɪz] *vt* régulariser.

**regularly** ['regjʊləlɪ] *adv* régulièrement.

**regulate** ['regjʊleɪt] *vt* **-1.** [control, adjust – machine, expenditure] régler; [– flow] réguler. **-2.** [organize – habit, life] régler; [– with rules] réglementer.

**regulation** [,regjʊ'leɪʃn] ◇ *n* **-1.** [ruling] règlement *m*; **it's contrary to** OR **against (the)** ~**s** c'est contraire au règlement; **it complies with EC** ~**s** c'est conforme aux dispositions communautaires. **-2.** [adjustment, control – of machine]

---

**USAGE ▶**    Regrets

Malheureusement, nous n'avons pu arriver à temps.
Nous n'avons hélas rien pu faire.
Je regrette vraiment que vous n'ayez pu être présents.
Si seulement je lui en avais parlé plus tôt!
(Quel) dommage que je ne l'aie pas rencontré avant!
Dire que je ne le reverrai probablement jamais!

▷ *written style:*

Nous avons le regret OR nous sommes au regret de vous annoncer que votre demande d'inscription a été rejetée.
M. Roux regrette vivement de ne pouvoir assister à la réunion du lundi 4 avril.

réglage m; [- of flow] régulation f. ◇ comp [size, haircut, issue, dress] réglementaire; [pistol, helmet] d'ordonnance.

**regulator** ['regjʊleɪtəᵊ] n -1. [person] régulateur m, -trice f. -2. [apparatus] régulateur m.

**regulatory** ['regjʊlətrɪ] adj réglementaire.

**regurgitate** [rɪ'gɜːdʒɪteɪt] ◇ vt [food] régurgiter; fig [facts] régurgiter, reproduire. ◇ vi [bird] dégorger.

**rehabilitate** [ˌriːə'bɪlɪteɪt] vt -1. [convict, drug addict, alcoholic] réhabiliter, réinsérer; [restore to health] rééduquer; [find employment for] réinsérer. -2. [reinstate – idea, style] réhabiliter. -3. [renovate – area, building] réhabiliter.

**rehabilitation** ['riːəˌbɪlɪ'teɪʃn] n -1. [of disgraced person, memory, reputation] réhabilitation f; [of convict, alcoholic, drug addict] réhabilitation f, réinsertion f; [of disabled person] rééducation f; [of unemployed] réinsertion f. -2. [of idea, style] réhabilitation f. -3. [of area, building] réhabilitation f.

**rehabilitation centre** n [for work training] centre m de réadaptation; [for drug addicts] centre de réinsertion.

**rehash** [vb ˌriː'hæʃ, n 'riːhæʃ] inf & pej ◇ vt -1. Br [rearrange] remanier. -2. [repeat – argument] ressasser; [– programme] reprendre; [– artistic material] remanier. ◇ n réchauffé m.

**rehear** [ˌriː'hɪəᵊ] (pt & pp **reheard** [-'hɜːd]) vt JUR entendre de nouveau, réviser.

**rehearing** [ˌriː'hɪərɪŋ] n JUR révision f de procès.

**rehearsal** [rɪ'hɜːsl] n literal & fig répétition f; she's in ~ elle est en répétition; the play is currently in ~ ils sont en train de répéter.

**rehearse** [rɪ'hɜːs] ◇ vt -1. MUS, THEAT & fig [play, music, speech, coup d'état] répéter; [actors, singers, orchestra] faire répéter; well ~d [play, performance] bien répété, répété avec soin; [actor] qui a bien répété son rôle, qui sait son rôle sur le bout des doigts; [request, coup d'état, applause] bien OR soigneusement préparé. -2. [recite – list, facts, complaints] réciter, énumérer; [– old arguments] répéter, ressasser. ◇ vi MUS & THEAT répéter.

**reheat** [ˌriː'hiːt] vt réchauffer.

**rehouse** [ˌriː'haʊz] vt reloger.

**reification** [ˌreɪfɪ'keɪʃn] n réification f.

**reify** ['reɪfaɪ] (pt & pp **reified**) vt réifier.

**reign** [reɪn] ◇ n règne m; in OR under the ~ of sous le règne de; ~ of terror règne de terreur. ◇ vi -1. literal régner. -2. fig [predominate] régner; silence ~s le silence règne; to ~ supreme régner en maître.

**reigning** ['reɪnɪŋ] adj -1. literal [monarch, emperor] régnant. -2. [present – champion] en titre. -3. [predominant – attitude, idea] régnant, dominant.

**reimburse** [ˌriːɪm'bɜːs] vt rembourser; to ~ sb (for) sthg rembourser qqch à qqn OR qqn de qqch; I was ~d je me suis fait rembourser.

**reimbursement** [ˌriːɪm'bɜːsmənt] n remboursement m.

**reimport** [vb ˌriːɪm'pɔːt, n ˌriː'ɪmpɔːt] ◇ vt réimporter. ◇ n réimportation f.

**Reims** [riːmz] pr n Reims.

**rein** [reɪn] n -1. [for horse] rêne f. -2. fig [control] bride f; to give (a) free ~ to sb laisser à qqn la bride sur le cou; to give free ~ to one's emotions/imagination donner libre cours à ses émotions/son imagination; to keep a ~ on sthg tenir qqch en bride, maîtriser qqch; to keep a tight ~ on sb tenir la bride haute à qqn.
♦ **reins** npl [for horse, child] rêne f; fig: the ~s of government les rênes du gouvernement; to hand over the ~s passer les rênes.
♦ **rein back** ◇ vi insep tirer sur les rênes, serrer la bride. ◇ vt sep faire ralentir, freiner.
♦ **rein in** ◇ vi insep ralentir. ◇ vt sep -1. [horse] serrer la bride à, ramener au pas. -2. fig [person] ramener au pas; [emotions] maîtriser, réfréner.

**reincarnate** [vb ˌriːɪn'kɑːneɪt, adj ˌriːɪn'kɑːnɪt] ◇ vt réincarner. ◇ adj réincarné.

**reincarnation** [ˌriːɪnkɑː'neɪʃn] n réincarnation f.

**reindeer** ['reɪnˌdɪəᵊ] (pl inv) n renne m.

**reinfect** [ˌriːɪn'fekt] vt réinfecter.

**reinforce** [ˌriːɪn'fɔːs] vt -1. MIL renforcer. -2. [gen & CONSTR – wall, heel] renforcer. -3. fig [demand] appuyer; [argument] renforcer.

**reinforced concrete** [ˌriːɪn'fɔːst-] n béton m armé.

**reinforcement** [ˌriːɪn'fɔːsmənt] ◇ n -1. [gen & MIL] renfort m. -2. [gen & CONSTR] armature f. -3. fig [strengthening] renforcement m. ◇ comp [troops, ships, supplies] de renfort.

**reinstate** [ˌriːɪn'steɪt] vt [employee] réintégrer, rétablir (dans ses fonctions); [idea, system] rétablir, restaurer.

**reinstatement** [ˌriːɪn'steɪtmənt] n réintégration f.

**reinsurance** [ˌriːɪn'ʃɔːrəns] n réassurance f.

**reinsure** [ˌriːɪn'ʃɔːᵊ] vt réassurer.

**reintegrate** [ˌriː'ɪntɪgreɪt] vt réintégrer.

**reintegration** ['riːˌɪntɪ'greɪʃn] n réintégration f.

**reinterpret** [ˌriːɪn'tɜːprɪt] vt réinterpréter.

**reintroduce** ['riːˌɪntrə'djuːs] vt réintroduire.

**reintroduction** ['riːˌɪntrə'dʌkʃn] n réintroduction f.

**reinvest** [ˌriːɪn'vest] vt réinvestir.

**reinvigorate** [ˌriːɪn'vɪgəreɪt] vt revigorer.

**reissue** [ˌriː'ɪʃuː] ◇ vt -1. [book] rééditer; [film] rediffuser, ressortir. -2. ADMIN & FIN [banknote, shares, stamps] réémettre. ◇ n -1. [of book] réédition f; [of film] rediffusion f. -2. ADMIN & FIN nouvelle émission f.

**reiterate** [riː'ɪtəˌreɪt] vt répéter, réaffirmer.

**reiteration** [riːˌɪtə'reɪʃn] n réitération f.

**reject** [vb rɪ'dʒekt, n & comp 'riːdʒekt] ◇ vt -1. [offer, suggestion, unwanted article] rejeter; [advances, demands] rejeter, repousser; [application, manuscript] rejeter, refuser; [suitor] éconduire, repousser; [belief, system, values] rejeter. -2. MED [foreign body, transplant] rejeter. -3. COMPUT rejeter. ◇ n -1. COMM [in factory] article m OR pièce f de rebut; [in shop] (article m de) second choix m; fig [person] personne f marginalisée. -2. COMPUT rejet m. ◇ comp [merchandise] de rebut; [for sale] (de) second choix; [shop] d'articles de second choix.

**rejection** [rɪ'dʒekʃn] n -1. [of offer, manuscript] refus m; [of advances, demands] rejet m; her application met with ~ sa candidature a été rejetée OR n'a pas été retenue; to be afraid of ~ [emotional] avoir peur d'être rejeté. -2. MED rejet m.

**rejig** [ˌriː'dʒɪg] (pt & pp **rejigged**, cont **rejigging**) vt Br -1. [re-equip] rééquiper, réaménager. -2. [reorganize] réarranger, revoir.

**rejoice** [rɪ'dʒɔɪs] ◇ vi se réjouir; to ~ at OR over sthg se réjouir de qqch; he ~s in the name of French-Edwardes hum il a le privilège de porter le nom de French-Edwardes. ◇ vt réjouir, ravir.

**rejoicing** [rɪ'dʒɔɪsɪŋ] n réjouissance f.

**rejoin¹** [ˌriː'dʒɔɪn] vt -1. [go back to] rejoindre; to ~ ship NAUT rallier le bord. -2. [join again] rejoindre; [club] se réinscrire à; to ~ the majority POL rallier la majorité.

**rejoin²** [rɪ'dʒɔɪn] vt & vi [reply] répliquer.

**rejoinder** [rɪ'dʒɔɪndəᵊ] n réplique f.

**rejuvenate** [rɪ'dʒuːvəneɪt] vt rajeunir.

**rejuvenating cream** [rɪ'dʒuːvəneɪtɪŋ-] n crème f de beauté rajeunissante.

**rekindle** [ˌriː'kɪndl] ◇ vt [fire] rallumer, attiser; fig [enthusiasm, desire, hatred] raviver, ranimer. ◇ vi [fire] se rallumer; fig [feelings] se ranimer.

**relabel** [ˌriː'leɪbl] vt réétiqueter.

**relapse** [rɪ'læps] ◇ n MED & fig rechute f; to have a ~ faire une rechute, rechuter. ◇ vi -1. MED rechuter, faire une rechute. -2. [go back] retomber; to ~ into silence redevenir silencieux.

**relate** [rɪ'leɪt] ◇ vt -1. [tell – events, story] relater, faire le récit de; [– details, facts] rapporter; strange to ~ ... chose curieuse port OR un lien entre; we can ~ this episode to a previous scene in the novel nous pouvons établir un lien entre cet épisode et une scène antérieure du roman; she always ~s everything to herself elle ramène toujours tout à elle. ◇ vi -1. [connect – idea, event] se rapporter; this ~s to what I was just saying ceci est lié à OR en rapport avec ce que je viens de dire. -2. [have relationship, interact]: at school, they learn to ~ to other children à l'école, ils apprennent à vivre avec d'autres enfants; I just can't ~ to my parents je n'arrive pas à communiquer avec mes parents. -3. inf [appreciate]: I can't ~ to his music je n'accroche pas à sa musique.

**related** [rɪ'leɪtɪd] adj -1. [in family] parent; she is ~ to the

**president** elle est parente du président; **they are ~ on his father's side** ils sont parents par son père; **to be ~ by marriage to sb** être parent de qqn par alliance; **they aren't ~** ils n'ont aucun lien de parenté || [animal, species] apparenté; [language] de même famille, proche; **an animal ~ to the cat** un animal apparenté au OR de la famille du chat. **-2.** [connected] connexe, lié; [neighbouring] voisin; **psychoanalysis and other ~ areas** la psychanalyse et les domaines qui s'y rattachent; **problems ~ to health** problèmes qui se rattachent OR qui touchent à la santé; **the two events are not ~** les deux événements n'ont aucun rapport || ADMIN & JUR afférent; **~ to** afférent à. **-3.** MUS relatif.

**-related** *in cpds* lié à; **performance~** bonus prime *f* d'encouragement.

**relating** [rɪ'leɪtɪŋ]
◆ **relating to** *prep phr* ayant rapport à, relatif à, concernant.

**relation** [rɪ'leɪʃn] *n* **-1.** [member of family] parent *m*, -e *f*; **they have ~s in Paris** ils ont de la famille à Paris; **he's a ~** il est de ma famille; **she is no ~ of mine** il n'y a aucun lien de parenté entre nous. **-2.** [kinship] parenté *f*; **what ~ is he to you?** quelle est sa parenté avec vous? **-3.** [connection] rapport *m*, relation *f*; **to have** OR **bear a ~ to sthg** avoir (un) rapport à qqch, être en rapport avec qqch; **your answer bore no ~ to the question** votre réponse n'avait rien à voir avec la question. **-4.** [relationship, contact] rapport *m*, relation *f*; [between people, countries] rapport *m*, rapports *mpl*; **to enter into ~** OR **~s with sb** entrer OR se mettre en rapport avec qqn; **to have (sexual) ~s with sb** *fml* avoir des rapports (sexuels) avec qqn; **diplomatic ~s** relations diplomatiques. **-5.** *fml* [narration – of events, story] récit *m*, relation *f*; [– of details] rapport *m*.
◆ **in relation to, with relation to** *prep phr* par rapport à, relativement à.

**relational** [rɪ'leɪʃənl] *adj* relationnel.

**relational database** *n* COMPUT base *f* de données relationnelle.

**relationship** [rɪ'leɪʃnʃɪp] *n* **-1.** [between people, countries] rapport *m*, rapports *mpl*, relation *f*, relations *fpl*; **to have a good/bad ~ with sb** [gen] avoir de bonnes/mauvaises relations avec qqn; **I'd like to talk to you about our ~** j'aimerais qu'on parle un peu de nous deux; **a ~ is something you have to work at** être en couple, ça demande des efforts; **our ~ is purely a business one** nos relations sont simplement des relations d'affaires; **they have a good/bad ~** ils s'entendent bien/mal; **he has a very close ~ with his mother** il est très lié à sa mère. **-2.** [kinship] lien *m* OR liens *mpl* de parenté; **what is your exact ~ to her?** quels sont vos liens de parenté exacts avec elle? **-3.** [connection – between ideas, events, things] rapport *m*, relation *f*, lien *m*.

**relative** ['relətɪv] ◆ *adj* **-1.** [comparative] relatif; **to live in ~ comfort** vivre dans un confort relatif || [proportional] relatif; **taxation is ~ to income** l'imposition est proportionnelle au revenu || [respective] respectif; **~ atomic mass** poids *m* OR masse *f* atomique. **-2.** [not absolute] relatif. **-3.** MUS relatif. **-4.** GRAMM relatif; **~ clause** (proposition *f*) relative *f*; **~ pronoun** pronom *m* relatif. ◆ *n* **-1.** [member of family] parent *m*, -e *f*; **she has ~s in Canada** elle a de la famille au Canada; **he's a ~ of mine** il fait partie de ma famille. **-2.** GRAMM relatif *m*.
◆ **relative to** *prep phr* relativement à.

**relatively** ['relətɪvlɪ] *adv* relativement.

**relativism** ['relətɪvɪzm] *n* relativisme *m*.

**relativist** ['relətɪvɪst] ◆ *adj* relativiste. ◆ *n* relativiste *mf*.

**relativity** [,relə'tɪvətɪ] *n* relativité *f*; **theory of ~** théorie *f* de la relativité.

**relax** [rɪ'læks] ◆ *vi* **-1.** [person] se détendre, se délasser; [in comfort, on holiday] se relaxer, se détendre; [calm down] se calmer, se détendre; **~!** [calm down] du calme!; [don't worry] ne t'inquiète pas! **-2.** [grip] se relâcher, se desserrer; [muscle] se relâcher, se décontracter; TECH [spring] se détendre; **his face ~ed into a smile** son visage s'est détendu et a souri. ◆ *vt* **-1.** [mind] détendre, délasser; [muscles] relâcher, décontracter. **-2.** [grip] relâcher, desserrer; MED [bowels] relâcher. **-3.** *fig* [discipline, restriction] assouplir, relâcher; [concentration, effort] relâcher.

**relaxant** [rɪ'læksənt] ◆ *n* (médicament *m*) relaxant *m*. ◆ *adj* relaxant.

**relaxation** [,riːlæk'seɪʃn] *n* **-1.** [rest] détente *f*, relaxation *f*;

---

**he plays golf for ~** il joue au golf pour se détendre. **-2.** [loosening – of grip] relâchement *m*, desserrement *m*; *fig* [– of authority, law] relâchement *m*, assouplissement *m*.

**relaxed** [rɪ'lækst] *adj* **-1.** [person, atmosphere] détendu, décontracté; [smile] détendu; **he's very ~ about the whole business** cette affaire n'a pas l'air de beaucoup le perturber || [attitude] décontracté. **-2.** [muscle] relâché; [discipline] assoupli.

**relaxing** [rɪ'læksɪŋ] *adj* [restful – atmosphere, afternoon, holiday] reposant; **you need a nice ~ bath** ce qu'il te faut, c'est un bon bain pour te détendre.

**relay** ['riːleɪ] (*pt & pp senses 1 & 2* **relayed**, *pt & pp sense 3* **relaid** [-leɪd]) ◆ *n* **-1.** [team – of athletes, workers, horses] relais *m*; **to work in ~s** *Br* travailler par relais, se relayer. **-2.** RADIO & TV [transmitter] réémetteur *m*, relais *m*; [broadcast] émission *f* relayée. **-3.** ELEC & TECH relais *m*. **-4.** SPORT: **~ (race)** (course *f* de) relais *m*. ◆ *vt* **-1.** [pass on – message, news] transmettre. **-2.** RADIO & TV [broadcast] relayer, retransmettre. **-3.** [cable, carpet] reposer.

**relay station** *n* relais *m*.

**relearn** [,riː'lɜːn] (*Br pt & pp* **relearned** OR **relearnt** [-'lɜːnt], *Am pt & pp* **relearned**) *vt* réapprendre, rapprendre.

**release** [rɪ'liːs] ◆ *n* **-1.** [from captivity] libération *f*; [from prison] libération *f*, mise *f* en liberté, élargissement *m* ADMIN; [from custody] mise *f* en liberté, relaxe *f*; [from work] congé *m* (spécial); **~ on bail** mise en liberté provisoire (sous caution); **~ on parole** libération *f* conditionnelle || *fig* [from obligation, promise] libération *f*, dispense *f*; [from pain, suffering] délivrance *f*; **order of ~** ordre *m* de levée d'écrou. **-2.** COMM [from bond, customs] congé *m*. **-3.** [letting go – of handle, switch] déclenchement *m*; [– of brake] desserrage *m*; [– of bomb] largage *m*. **-4.** [distribution – of film] sortie *f*; [– of book, record] sortie *f*, parution *f*; **the film is on general ~** le film est sorti || [new film, book, record] nouveauté *f*; **her latest ~ is called 'Chrissy'** son dernier disque s'appelle «Chrissy»; **it's a new ~** ça vient de sortir. **-5.** MECH [lever] levier *m*; [safety catch] cran *m* de sûreté. **-6.** COMPUT version *f*.
◆ *comp* [button, switch] de déclenchement.
◆ *vt* **-1.** [prisoner] libérer, relâcher, élargir ADMIN; [from custody] remettre en liberté, relâcher, relaxer; [captive person, animal] libérer; [employee, schoolchild] libérer, laisser partir; **to ~ sb from captivity** libérer qqn; **to be ~d on bail** JUR être libéré sous caution; **the children were ~d into the care of their grandparents** on a confié les enfants à leurs grandparents; **death finally ~d her from her suffering** la mort a mis un terme à ses souffrances || [from obligation] libérer, dégager; [from promise] dégager, relever; [from vows] relever, dispenser; **to ~ sb from a debt** remettre une dette à qqn. **-2.** [let go – from control, grasp] lâcher; [– feelings] donner OR laisser libre cours à; **he ~d his grip on my hand** il m'a lâché la OR il a lâché ma main || [bomb] larguer, lâcher; [gas, heat] libérer, dégager. **-3.** [issue – film] sortir; [– book, record] sortir, faire paraître. **-4.** [goods, new model] mettre en vente OR sur le marché; [stamps, coins] émettre. **-5.** [make public – statement] publier; [– information, story] dévoiler, annoncer. **-6.** [lever, mechanism] déclencher; [brake] desserrer; **to ~ the clutch** AUT débrayer. **-7.** FIN [credits, funds] dégager, débloquer. **-8.** [property, rights] céder.

**relegate** ['relɪgeɪt] *vt* **-1.** [person, thought] reléguer; **to ~ sb/sthg to sthg** reléguer qqn/qqch à qqch. **-2.** SPORT [team] reléguer, déclasser; **to be ~d** FTBL descendre en OR être relégué à la division inférieure. **-3.** [refer – issue, question] renvoyer.

**relegation** [,relɪ'geɪʃn] *n* **-1.** [demotion – of person, team, thing] relégation *f*. **-2.** [referral – of issue, matter] renvoi *m*.

**relent** [rɪ'lent] *vi* **-1.** [person] se laisser fléchir OR toucher; **he finally ~ed and let us go** il a finalement accepté de nous laisser partir. **-2.** [storm] s'apaiser.

**relentless** [rɪ'lentlɪs] *adj* **-1.** [merciless] implacable, impitoyable. **-2.** [sustained – activity, effort] acharné, opiniâtre; [– noise] ininterrompu; [– rain] incessant.

**relentlessly** [rɪ'lentlɪslɪ] *adv* **-1.** [mercilessly] impitoyablement, implacablement. **-2.** [persistently] avec acharnement OR opiniâtreté.

**relevance** ['reləvəns], **relevancy** ['reləvənsɪ] *n* pertinence *f*, intérêt *m*; **what is the ~ of this to the matter under discussion?** quel est le rapport avec ce dont on parle?

**relevant** ['reləvənt] *adj* **-1.** [pertinent – information, comment, beliefs, ideas] pertinent; facts ~ to the case des faits en rapport avec l'affaire; confine yourself to the ~ facts ne vous écartez pas du sujet; her novels no longer seem ~ to modern life ses romans ne sont plus d'actualité. **-2.** [appropriate] approprié; fill in your name in the ~ space inscrivez votre nom dans la case correspondante.

**reliability** [rɪ,laɪə'bɪlətɪ] *n* **-1.** [of person] sérieux *m*; [of information] sérieux *m*, fiabilité *f*; [of memory, judgment] sûreté *f*, fiabilité *f*. **-2.** [of clock, engine] fiabilité *f*.

**reliable** [rɪ'laɪəbl] *adj* **-1.** [trustworthy – friend] sur qui on peut compter, sûr; [– worker] à qui on peut faire confiance, sérieux; [– witness] digne de confiance OR de foi; [– information] sérieux, sûr; [– memory, judgment] fiable, auquel on peut se fier; he's very ~ on peut toujours compter sur lui OR lui faire confiance; the news came from a ~ source la nouvelle provenait d'une source sûre. **-2.** [clock, machine, car] fiable.

**reliably** [rɪ'laɪəblɪ] *adv* sérieusement; we are ~ informed that... nous avons appris de bonne source OR de source sûre que...

**reliance** [rɪ'laɪəns] *n* **-1.** [trust] confiance *f*; to place ~ on sb/sthg faire confiance à qqn/qqch. **-2.** [dependence] dépendance *f*; her ~ on alcohol sa dépendance vis-à-vis de l'alcool.

**reliant** [rɪ'laɪənt] *adj* **-1.** [dependent] dépendant; we are heavily ~ on your advice vos conseils nous sont indispensables; he is too ~ on tranquillizers il a trop recours aux tranquillisants. **-2.** [trusting] confiant; to be ~ on sb faire confiance à OR avoir confiance en qqn.

**relic** ['relɪk] *n* **-1.** RELIG relique *f*; [vestige] relique *f*, vestige *m*. **-2.** *fig & pej* [old person] croulant *m*, vieux débris *m*.

**relief** [rɪ'li:f] ◇ *n* **-1.** [from anxiety, pain] soulagement *m*; to bring ~ to sb soulager qqn, apporter un soulagement à qqn; the medicine gave OR brought her little ~ from the pain le médicament ne la soulagea guère; he finds ~ in writing ça le soulage d'écrire; to our great ~, much to our ~ à notre grand soulagement; it was a great ~ to her when the exams ended la fin des examens fut un grand soulagement pour elle. **-2.** [aid] secours *m*, aide *f*; famine ~ aide *f* alimentaire. **-3.** *Am* [state benefit] aide *f* sociale; to be on ~ recevoir des aides sociales OR des allocations. **-4.** [diversion] divertissement *m*, distraction *f*; she reads detective novels for light ~ elle lit des romans policiers pour se distraire. **-5.** [of besieged city] libération *f*, délivrance *f*. **-6.** [of guard, team] relève *f*; ~s have arrived [gen] la relève OR l'équipe de relève est arrivée; [troops] les troupes de relève sont arrivées, la relève est arrivée. **-7.** ART relief *m*; the inscription stood out in ~ l'inscription était en relief ‖ [contrast] relief *m*; the mountains stood out in bold ~ against the sky les montagnes se détachaient OR se découpaient nettement sur le ciel; to bring OR to throw sthg into ~ *fig* mettre qqch en relief OR en valeur. **-8.** GEOG relief *m*. **-9.** JUR [redress] réparation *f*; [exemption] dérogation *f*, exemption *f*. ◇ *comp* **-1.** [extra – transport, service] supplémentaire; [replacement – worker, troops, team] de relève; [– bus, machine] de remplacement. **-2.** [for aid – fund, organization] de secours; ~ work coopération *f*; ~ worker membre d'une organisation humanitaire qui travaille sur le terrain.

**relief map** *n* carte *f* en relief.

**relief printing** *n* impression *f* en relief.

**relief road** *n* itinéraire *m* bis, route *f* de délestage.

**relieve** [rɪ'li:v] *vt* **-1.** [anxiety, distress, pain] soulager, alléger; [poverty] soulager; the good news ~d her of her anxiety la bonne nouvelle a dissipé ses inquiétudes; to ~ congestion MED & TRANSP décongestionner. **-2.** [boredom, gloom] dissiper; [monotony] briser; the darkness of the room was ~d only by the firelight la pièce n'était éclairée que par la lueur du feu. **-3.** [unburden]: to ~ sb of sthg soulager OR débarrasser qqn de qqch; to ~ sb of their wallet *hum* délester qqn de son portefeuille; to ~ sb of an obligation décharger OR dégager qqn d'une obligation; to ~ sb of his/her duties OR position relever qqn de ses fonctions. **-4.** [aid – population, refugees, country] secourir, venir en aide à. **-5.** [replace – worker, team] relayer, prendre la relève de; [– guard, sentry] relever. **-6.** [liberate – fort, city] délivrer, libérer; [from siege] lever le siège de. **-7.** *euph* [urinate]: to ~ o.s. se soulager.

**relieved** [rɪ'li:vd] *adj* soulagé; we were greatly ~ at the news nous avons été très soulagés d'apprendre la nouvelle.

**religion** [rɪ'lɪdʒn] *n* **-1.** RELIG religion *f*; the Jewish ~ la religion OR la confession juive; it's against my ~ to work on Sundays *literal* OR *hum* ma religion m'interdit de travailler le dimanche. **-2.** *fig* [obsession] religion *f*, culte *m*; to make a ~ of sthg se faire une religion de qqch; sport is a ~ with him le sport est son dieu.

**religious** [rɪ'lɪdʒəs] ◇ *adj* **-1.** [authority, order, ceremony, art] religieux; [war] de religion; ~ education OR instruction instruction *f* religieuse. **-2.** [devout] religieux, croyant. **-3.** *fig* [scrupulous] religieux. ◇ *n* [monk, nun] religieux *m*, -euse *f*.

**religiously** [rɪ'lɪdʒəslɪ] *adv literal & fig* religieusement.

**reline** [,ri:'laɪn] *vt* [garment] mettre une nouvelle doublure à, redoubler; [picture] rentoiler; to ~ the brakes AUT changer les garnitures de freins.

**relinquish** [rɪ'lɪŋkwɪʃ] *vt* **-1.** [give up – claim, hope, power] abandonner, renoncer à; [– property, possessions] se dessaisir de; [– right] renoncer à; he ~ed his voting rights to the chairman il a cédé son droit de vote au président. **-2.** [release – grip, hold]: to ~ one's hold of OR on sthg *literal* lâcher qqch; *fig* relâcher l'étreinte que l'on a sur qqch.

**relish** ['relɪʃ] ◇ *n* **-1.** [pleasure, enthusiasm] goût *m*, plaisir *m*, délectation *f*; to do sthg with ~ faire qqch avec délectation OR grand plaisir; he ate with ~ il mangea avec délices OR délectation. **-2.** [condiment, sauce] condiment *m*, sauce *f*. **-3.** [flavour] goût *m*, saveur *f*; life had lost its ~ for her *fig* la vie avait perdu toute saveur pour elle. ◇ *vt* **-1.** [enjoy] savourer; I bet he's ~ing this moment je parie qu'il savoure cet instant ‖ [look forward to]: I don't ~ the idea OR prospect of thought of seeing them again l'idée OR la perspective de les revoir ne m'enchante OR ne me réjouit guère. **-2.** [savour – food, drink] savourer, se délecter de.

**relive** [,ri:'lɪv] *vt* revivre.

**reload** [,ri:'ləʊd] *vt* recharger.

**relocate** [,ri:ləʊ'keɪt] ◇ *vt* installer ailleurs, délocaliser; the facilities were ~d to Scotland les services ont été réinstallés OR délocalisés en Écosse. ◇ *vi* s'installer ailleurs, déménager.

**relocation** [,ri:ləʊ'keɪʃn] *n* [of premises, industry] délocalisation *f*, déménagement *m*; [of population] relogement *m*; ~ expenses indemnité *f* de déménagement.

**reluctance** [rɪ'lʌktəns] *n* **-1.** [unwillingness] répugnance *f*; to do sthg with ~ faire qqch à contrecœur OR de mauvais gré; she expressed some ~ to get involved in the matter elle a dit qu'elle n'avait pas envie de se laisser entraîner dans cette histoire. **-2.** PHYS réluctance *f*.

**reluctant** [rɪ'lʌktənt] *adj* **-1.** [unwilling] peu enclin OR disposé; to be ~ to do sthg être peu enclin à faire qqch, n'avoir pas envie de faire qqch. **-2.** [against one's will – commitment, promise, approval] accordé à contrecœur; she gave a ~ smile elle eut un sourire contraint.

**reluctantly** [rɪ'lʌktəntlɪ] *adv* à contrecœur.

**rely** [rɪ'laɪ] (*pt & pp* relied)
♦ **rely on, rely upon** *vt insep* **-1.** [depend on] compter sur, faire confiance à; she can always be relied upon to give good advice on peut toujours compter sur elle pour donner de bons conseils; we were ~ing on the weather being good nous comptions sur du beau temps; we relied on you bringing the records on comptait sur vous pour apporter les disques; he can never be relied upon to keep a secret on ne peut lui confier aucun secret; I ~ on my daughter to drive me to the shops je dépends de ma fille pour me conduire aux magasins; he relies on his family for everything il dépend de sa famille pour tout; I'm ~ing on you to find a solution je compte sur vous pour trouver une solution. **-2.** JUR [call on] invoquer.

**REM** (*abbr of* rapid eye movement) *n & comp*: ~ sleep sommeil *m* paradoxal.

**remain** [rɪ'meɪn] *vi* **-1.** [be left] rester; six hens ~ il reste six poules; very little ~s OR there ~s very little of the original building il ne reste pas grand-chose du bâtiment d'origine; much ~s to be discussed il y a encore beaucoup de choses à discuter; that ~s to be seen cela reste à voir; it ~s to be seen whether he will agree (il) reste à savoir s'il sera d'accord; the fact ~s that we can't afford this house il n'en reste pas moins que OR toujours est-il que nous ne pouvons pas nous offrir cette maison; all that ~ed to be done was to say goodbye il ne restait plus qu'à se dire au revoir;

it only ~s for me to thank you il ne me reste plus qu'à vous remercier. **-2.** [stay] rester, demeurer; **please ~ seated** OR **in your seats** veuillez rester assis; **to ~ silent** garder le silence, rester silencieux; **he ~ed behind after the meeting** il est resté après la réunion; **it ~s a mystery whether...** on ignore toujours si...; **the real reasons were to ~ a secret** les véritables raisons devaient demeurer secrètes; **he has ~ed the same despite all thát has happened** il n'a pas changé malgré tout ce qui s'est passé; **let things ~ as they are** laissez les choses telles qu'elles sont; **I ~, Sir, your most faithful servant** fml & dated veuillez agréer OR je vous prie d'agréer, Monsieur, l'expression de mes sentiments les plus respectueux.

**remainder** [rɪ'meɪndər] ◇ n **-1.** [leftover – supplies, time] reste m; [– money] solde m; [– debt] reliquat m; [– people]: **the ~ went on a picnic** les autres sont allés pique-niquer. **-2.** MATH reste m.**-3.** [unsold book] invendu m; [unsold product] fin f de série. **-4.** JUR usufruit m avec réversibilité. ◇ vt COMM solder.

**remaining** [rɪ'meɪnɪŋ] adj qui reste, restant; **the only ~ member of her family** la seule personne de sa famille (qui soit) encore en vie; **the ~ guests** le reste des invités; **it's our only ~ hope** c'est le seul espoir qui nous reste, c'est notre dernier espoir.

**remains** [rɪ'meɪnz] npl **-1.** [of meal, fortune] restes mpl; [of building] restes mpl, vestiges mpl.**-2.** euph & fml [corpse] restes mpl, dépouille f mortelle.

**remake** [vb ,rɪ'meɪk, n 'riːmeɪk] (pt & pp **remade** [-'meɪd]) ◇ vt refaire. ◇ n [film] remake m.

**remand** [rɪ'mɑːnd] Br ◇ vt JUR [case] renvoyer; [defendant] déférer; **to ~ sb in custody** placer qqn en détention préventive; **to ~ sb on bail** mettre qqn en liberté OR libérer qqn sous caution. ◇ n renvoi m; **to be on ~** [in custody] être en détention préventive; [on bail] être libéré sous caution.

**remand centre** n Br centre de détention préventive.

**remand home** n Br ≃ centre m d'éducation surveillée.

**remark** [rɪ'mɑːk] ◇ n **-1.** [comment] remarque f, réflexion f; **to make** OR **to pass a ~** faire une remarque; **to make** OR **to pass ~s about sthg/sb** faire des réflexions sur qqch/qqn; **she made the ~ that no one knew the truth** elle fit remarquer OR observer que personne ne savait la vérité; **to let sthg pass without ~** laisser passer qqch sans faire de commentaire. **-2.** fml [attention] attention f, intérêt m. ◇ vt **-1.** [comment] (faire) remarquer, (faire) observer; **'the days are getting longer', she ~ed** «les jours rallongent», fit-elle remarquer. **-2.** fml [notice] remarquer.

◆ **remark on, remark upon** vt insep: **to ~ on** OR **upon sthg** [comment] faire un commentaire OR une observation sur qqch; [criticize] faire des remarques sur qqch; **he ~ed on the lateness of the hour** il fit remarquer qu'il était tard.

**remarkable** [rɪ'mɑːkəbl] adj [quality, aspect] remarquable; [event, figure] remarquable, marquant; **they are ~ for their modesty** ils sont d'une rare modestie OR remarquablement modestes.

**remarkably** [rɪ'mɑːkəblɪ] adv remarquablement.

**remarriage** [,riː'mærɪdʒ] n remariage m.

**remarry** [,riː'mærɪ] (pt & pp **remarried**) vi se remarier.

**remedial** [rɪ'miːdjəl] adj **-1.** [action] réparateur; [measures] de redressement. **-2.** Br SCH [classes, education] de rattrapage, de soutien; [pupil, student] qui n'a pas le niveau; **~ teaching** rattrapage m scolaire. **-3.** MED [treatment] correctif, curatif; **~ exercises** gymnastique f corrective.

**remedy** ['remədɪ] (pl **remedies**, pt & pp **remedied**) ◇ n **-1.** literal & fig remède m; **it's a good ~ for insomnia** c'est un bon remède contre l'insomnie; **to find a ~ for sthg** trouver un remède à qqch. **-2.** Br JUR recours m; **to have no ~ at law against sb** n'avoir aucun recours légal contre qqn. ◇ vt MED remédier à; fig rattraper, remédier à; **the situation cannot be remedied** la situation est sans issue.

**remember** [rɪ'membər] ◇ vt **-1.** [recollect – face, person, past event] se souvenir de, se rappeler; **don't you ~ me?** [in memory] vous ne vous souvenez pas de moi?; [recognize] vous ne me reconnaissez pas?; **I ~ him as a child** je me souviens de lui enfant; **I ~ locking the door** je me rappelle avoir OR je me souviens d'avoir fermé la porte à clé; **I don't ~ ever**

going OR having gone there je ne me rappelle pas y être jamais allé; **do you ~ me knocking on your door?** vous souvenez-vous que j'ai frappé à votre porte?; **I can't ~ anything else** c'est tout ce dont je me souviens; **I ~ when there was no such thing as a paid holiday** je me souviens de l'époque où les congés payés n'existaient pas; **I can never ~ names** je n'ai aucune mémoire des noms; **we have nothing to ~ him by** nous n'avons aucun souvenir de lui; **she will always be ~ed as a great poet** on se souviendra toujours d'elle comme d'un grand poète; **as you will ~, the door is always locked** vous savez sans doute que la porte est toujours fermée à clef; **nobody could ~ such a thing happening before** personne n'avait jamais vu une chose pareille se produire. **-2.** [not forget] penser à, songer à; **~ my advice** n'oubliez pas mes conseils; **~ to close the door** n'oubliez pas de OR pensez à fermer la porte; **we can't be expected to ~ everything** nous ne pouvons quand même pas penser à tout; **that's a date worth ~ing** voilà une date qu'il faudrait ne pas oublier || [be mindful of]: **~ where you are!** un peu de tenue, voyons!; **~ who you're talking to!** à qui croyez-vous parler?; **he ~ed himself just in time** il s'est repris juste à temps. **-3.** [give regards to]: **~ me to your parents** rappelez-moi au bon souvenir de vos parents. **-4.** [give tip or present to]: **please ~ the driver** n'oubliez pas le chauffeur; **she always ~s me on my birthday** elle n'oublie jamais le jour de mon anniversaire; **he ~ed me in his will** il a pensé à moi dans son testament. **-5.** [commemorate – war] commémorer; [– victims] se souvenir de.

◇ vi se souvenir; **I ~ now** maintenant, je m'en souviens; **as far as I can ~** autant qu'il m'en souvienne; **not that I ~** pas que je m'en souvienne; **if I ~ rightly** si je me OR si je m'en souviens bien, si j'ai bonne mémoire.

**remembrance** [rɪ'membrəns] n **-1.** [recollection] souvenir m, mémoire f. **-2.** [memory] souvenir m.**-3.** [keepsake] souvenir m.**-4.** [commemoration] souvenir m, commémoration f; **~ service, service of ~** cérémonie f du souvenir, commémoration f.

◆ **in remembrance of** prep phr: **in ~ of sthg/sb** en souvenir OR en mémoire de qqch/qqn.

**Remembrance Day, Remembrance Sunday** n Br (commémoration f de l') Armistice m (le dimanche avant ou après le 11 novembre).

**remind** [rɪ'maɪnd] vt **-1.** [tell] rappeler à; **to ~ sb to do sthg** rappeler à qqn de faire qqch, faire penser à qqn qu'il faut faire qqch; **to ~ sb about sthg** rappeler qqch à qqn; **can you ~ me about the bills/to pay the bills?** pouvez-vous me faire penser aux factures/me rappeler qu'il faut payer les factures?; **do I need to ~ you of the necessity for discretion?** inutile de vous rappeler que la discrétion s'impose; **how many times do they have to be ~ed?** combien de fois faut-il le leur rappeler?; **that ~s me!** à propos!, pendant que j'y pense! **-2.** [be reminiscent of]: **she ~s me of my sister** elle me rappelle ma sœur.

**reminder** [rɪ'maɪndər] n [spoken] rappel m; [written] pense-bête m; ADMIN & COMM rappel m; **to give sb a ~ to do sthg** rappeler à qqn qu'il doit faire qqch; **the picture was a ~ of her life in Paris** cette image lui rappelait sa vie à Paris; **we gave him a gentle ~ that it's her birthday tomorrow** nous lui avons discrètement rappelé que demain c'est son anniversaire.

**reminisce** [,remɪ'nɪs] vi raconter ses souvenirs; **to ~ about the past** évoquer le passé OR parler du passé.

**reminiscence** [,remɪ'nɪsns] n [memory] réminiscence f, souvenir m.

◆ **reminiscences** npl [memoirs] mémoires mpl.

**reminiscent** [,remɪ'nɪsnt] adj [suggestive]: **~ of** qui rappelle, qui fait penser à; **parts of the book are ~ of Proust** on trouve des réminiscences de Proust dans certaines parties du livre, certaines parties du livre rappellent Proust.

**remiss** [rɪ'mɪs] adj fml négligent; **it was rather ~ of you to forget her birthday** c'était un peu négligent OR léger de votre part d'oublier son anniversaire.

**remission** [rɪ'mɪʃn] n **-1.** Br JUR [release – from prison sentence] remise f (de peine); [– from debt, claim] remise f; ADMIN [dispensation] dispense f. **-2.** MED & RELIG rémission f.

**remit** [vb rɪ'mɪt, n 'riːmɪt] (pt & pp **remitted**, cont **remitting**) ◇ vt **-1.** [release – from penalty, sins] remettre; **to ~ sb's debt**

remettre la dette de qqn, tenir qqn quitte d'une dette; to ~ sb's sentence accorder une remise de peine à qqn ‖ [dispense, exonerate – fees, tax] remettre; **his exam fees were remitted** il a été dispensé des droits d'examen. **-2.** [send – money] envoyer. **-3.** JUR [case] renvoyer. **-4.** *fml* [defer] différer, remettre. **-5.** *fml* [relax – attention, activity] relâcher. ◇ *vi* **-1.** [lessen – zeal] diminuer; [– attention, efforts] se relâcher; [– storm] s'apaiser, se calmer. **-2.** MED [fever] tomber, diminuer; [disease] régresser. ◇ *n* attributions *fpl*, pouvoirs *mpl*; that's outside their ~ cela n'entre pas dans (le cadre de) leurs attributions; our ~ is to... il nous incombe de...

**remittal** [rɪ'mɪtl] *n* **-1.** FIN [of debt] remise *f*.**-2.** JUR renvoi *m*.

**remittance** [rɪ'mɪtns] *n* **-1.** [payment] versement *m*; [settlement] paiement *m*, règlement *m*.**-2.** [delivery – of papers, documents] remise *f*.

**remittee** [rɪ,mɪ'tiː] *n* ADMIN destinataire *mf* (*d'un envoi de fonds*).

**remittent** [rɪ'mɪtnt] *adj* MED rémittent.

**remitter, remittor** [rɪ'mɪtə$^r$] *n* FIN remettant *m*, -e *f*; [of letter, document] porteur *m*.

**remnant** ['remnənt] *n* [remains – of meal, material] reste *m*; [vestige – of beauty, culture] vestige *m*; the ~s of the army/his fortune ce qui reste de l'armée/de sa fortune.
◆ **remnants** *npl* COMM [unsold goods] invendus *mpl*; [fabric] coupons *mpl* (de tissus); [oddments] fins *fpl* de série.

**remodel** [,riː'mɒdl] (*Br pt & pp* **remodelled,** *cont* **remodelling,** *Am pt & pp* **remodeled,** *cont* **remodeling**) *vt* remodeler.

**remold** *Am* = remould.

**remonstrate** ['remənstreɪt] *vi fml* protester; to ~ with sb faire des remontrances à qqn; to ~ against sthg protester contre qqch.

**remorse** [rɪ'mɔːs] *n* remords *m*; he was filled with ~ at what he had done il était pris de remords en songeant à ce qu'il avait fait; she felt no ~ elle n'éprouvait aucun remords; without ~ [with no regret] sans remords; [pitilessly] sans pitié.

**remorseful** [rɪ'mɔːsful] *adj* plein de remords.

**remorsefully** [rɪ'mɔːsfʊlɪ] *adv* avec remords.

**remorseless** [rɪ'mɔːslɪs] *adj* **-1.** [with no regret] sans remords. **-2.** [relentless] implacable, impitoyable.

**remorselessly** [rɪ'mɔːslɪslɪ] *adv* **-1.** [with no regret] sans remords. **-2.** [relentlessly] impitoyablement, implacablement.

**remortgage** [,riː'mɔːgɪdʒ] *vt* [house, property] hypothéquer de nouveau, prendre une nouvelle hypothèque sur.

**remote** [rɪ'məʊt] *adj* **-1.** [distant – place] éloigné, lointain; [– time, period] lointain, reculé; [– ancestor] éloigné; in the remotest parts of the continent au fin fond du continent; a very ~ area un endroit très isolé. **-2.** [aloof – person, manner] distant, froid; [faraway – look] lointain, vague; [– voice] lointain. **-3.** [unconnected – idea, comment] éloigné. **-4.** [slight – chance] petit, faible; [– ressemblance] vague, lointain; our chances of success are rather ~ nos chances de réussite sont assez minces, nous n'avons que peu de chances de réussir; it's a ~ possibility c'est très peu probable; I haven't the remotest idea je n'en ai pas la moindre idée. **-5.** COMPUT [terminal] commandé à distance.

**remote control** *n* télécommande *f*, commande *f* à distance.

**remote-controlled** [-kən'trəʊld] *adj* télécommandé.

**remotely** [rɪ'məʊtlɪ] *adv* **-1.** [slightly] faiblement, vaguement; the two subjects are only very ~ linked il n'y a qu'un rapport très lointain entre les deux sujets; she's not ~ interested ça ne l'intéresse pas le moins du monde OR absolument pas; I'm not even ~ tired je ne suis pas fatigué du tout OR absolument pas fatigué. **-2.** [distantly]: they are ~ related ils sont parents éloignés. **-3.** [aloofly] de façon distante OR hautaine; [dreamily] vaguement, de façon songeuse.

**remould** *Br,* **remold** *Am* [*vb* ,riː'məʊld, *n* 'riːməʊld] ◇ *vt* **-1.** ART & TECH remouler, refaçonner. **-2.** AUT [tyre] rechaper. **-3.** *fig* [person, character] changer, remodeler. ◇ *n* [tyre] pneu *m* rechapé.

**remount** [,riː'maʊnt] ◇ *vt* **-1.** [horse, bicycle] remonter sur; [hill, steps] remonter, gravir à nouveau; [ladder] remonter à OR sur. **-2.** [picture] rentoiler; [photograph] remplacer le support de; [jewel] remonter. ◇ *vi* [on horse, bicycle] remonter.

**removable** [rɪ'muːvəbl] *adj* **-1.** [detachable – lining, cover] amovible, détachable. **-2.** [transportable – furniture, fittings]

mobile, transportable.

**removal** [rɪ'muːvl] ◇ *n* **-1.** [of garment, stain, object] enlèvement *m*; [of abuse, evil, threat] suppression *f*; MED [of organ, tumour] ablation *f*.**-2.** [change of residence] déménagement *m*; their ~ from Dublin leur départ de Dublin; their ~ to Dublin leur départ pour Dublin ‖ [transfer] transfert *m*; the ~ of the prisoner to a safer place le transfert OR le déplacement du prisonnier dans un endroit plus sûr. **-3.** [dismissal]: ~ from office révocation *f*, renvoi *m*. ◇ *comp* [expenses, firm] de déménagement; ~ **man** *Br* déménageur *m*; ~ **van** camion *m* de déménagement.

**remove** [rɪ'muːv] ◇ *vt* **-1.** [take off, out – clothes, object] enlever, retirer, ôter; [– stain] enlever, faire partir; MED [– organ, tumour] enlever, retirer; to ~ one's make-up se démaquiller; to ~ hair from one's legs s'épiler les jambes ‖ [take or send away – object] enlever; [– person] faire sortir; she was ~d to hospital elle a été transportée à l'hôpital OR hospitalisée; the child must be ~d from its mother il faut retirer l'enfant à sa mère; the soldiers were ~d to the front on envoya les soldats au front; ~ the prisoner! [in courtroom] qu'on emmène le prisonnier! ‖ [dismiss – employee] renvoyer; [– official] révoquer, destituer; his opponents had him ~d from office ses opposants l'ont fait révoquer. **-2.** [suppress – clause, paragraph] supprimer; [– suspicion, doubt, fear] dissiper; all obstacles have been ~d tous les obstacles ont été écartés; his name has been ~d from the list son nom ne figure plus sur la liste ‖ *euph* [kill] faire disparaître, tuer. ◇ *vi fml* **-1.** [firm, premises, family] déménager; our office ~d to Glasgow notre service s'est installé à Glasgow. **-2.** [person – go]: she ~d to her room elle se retira dans sa chambre. ◇ *n* **-1.** [distance] distance *f*; this is but one ~ from blackmail ça frôle le chantage; it's several ~s OR a far ~ from what we need ce n'est pas vraiment pas ce qu'il nous faut. **-2.** [degree of kinship] degré *m* de parenté.

**removed** [rɪ'muːvd] *adj*: to be far ~ from être très éloigné OR loin de; one stage ~ from insanity au bord de la folie ❑ first cousin once/twice ~ cousin *m*, cousine *f* au premier/deuxième degré.

**remover** [rɪ'muːvə$^r$] *n* **-1.** [of furniture] déménageur *m*.**-2.** [solvent]: **nail-varnish** ~ dissolvant *m* (*pour vernis à ongles*); **paint** ~ décapant *m* (*pour peinture*).

**remunerate** [rɪ'mjuːnəreɪt] *vt* rémunérer.

**remuneration** [rɪ,mjuːnə'reɪʃn] *n* rémunération *f*; to receive ~ for sthg être rémunéré OR payé pour qqch.

**remunerative** [rɪ'mjuːnərətɪv] *adj* rémunérateur.

**renaissance** [rə'neɪsns] *n* renaissance *f*; the Renaissance ART & HIST la Renaissance. ◇ *comp* [art, painter] de la Renaissance; [palace, architecture, style] Renaissance *(inv)*.

**Renaissance man** *n* homme *m* aux talents multiples.

**renal** ['riːnl] *adj* rénal.

**rename** [,riː'neɪm] *vt* rebaptiser.

**renascent** [rɪ'næsnt] *adj* renaissant.

**renationalize, -ise** [riː'næʃnəlaɪz] *vt* renationaliser.

**rend** [rend] (*pt & pp* **rent** [rent]) *vt lit* **-1.** [tear – fabric] déchirer; [– wood, armour] fendre; *fig* [– silence, air] déchirer; the country was rent in two by political strife le pays était profondément divisé par les conflits politiques; to ~ sb's heart fendre le cœur à qqn. **-2.** [wrench] arracher.

**render** ['rendə$^r$] *vt* **-1.** [deliver – homage, judgment, verdict] rendre; [– assistance] prêter; [– help] fournir; [submit – bill, account] présenter, remettre; to ~ an account of sthg [explain] rendre compte de qqch; COMM remettre OR présenter le compte de qqch; **account** ~**ed** COMM rappel *m* de facture; to ~ sb a service rendre (un) service à qqn; to ~ thanks to sb remercier qqn, faire des remerciements à qqn ❑ ~ **unto Caesar the things that are Caesar's** BIBLE rendez à César ce qui appartient à César. **-2.** [cause to become] rendre; a misprint ~**ed** the text incomprehensible une coquille rendait le texte incompréhensible. **-3.** [perform – song, piece of music] interpréter; [convey – atmosphere, spirit] rendre. **-4.** [translate] rendre, traduire; ~**ed** into English rendu OR traduit en anglais. **-5.** CULIN faire fondre. **-6.** CONSTR crépir, enduire de crépi.
◆ **render up** *vt sep lit* [fortress] rendre; [hostage] libérer, rendre; [secret] livrer.

**rendering** ['rendərɪŋ] *n* **-1.** [performance – of song, play, piece of music] interprétation f.-**2**. [evocation – of atmosphere, spirit] évocation f.-**3**. [translation] traduction f.-**4**. CONSTR crépi m.

**rendezvous** ['rɒndɪvuː] (pl inv ['rɒndɪvuːz]) ◇ n -**1**. [meeting] rendez-vous m.-**2**. [meeting place] lieu m de rendez-vous. ◇ vi [friends] se retrouver; [group, party] se réunir; to ~ with sb rejoindre qqn.

**rendition** [ren'dɪʃn] n -**1**. [of poem, piece of music] interprétation f.-**2**. [translation] traduction f.

**renegade** ['renɪgeɪd] ◇ n renégat m, -e f. ◇ adj renégat.

**renege** [rɪ'niːg] vi [in cards] faire une renonce.

◆ **renege on** vt insep [responsibilities] manquer à; [agreement] revenir sur.

**renegotiate** [ˌriːnɪ'gəʊʃɪeɪt] vi & vt renégocier.

**renew** [rɪ'njuː] vt -**1**. [extend validity – passport, library book] renouveler; [– contract, lease] renouveler, reconduire; to ~ one's subscription to sthg renouveler son abonnement OR se réabonner à qqch. -**2**. [repeat – attack, promise, threat] renouveler; [restart – correspondence, negotiations] reprendre; to ~ one's acquaintance with sb renouer avec qqn ‖ [increase – strength] reconstituer, reprendre; to ~ one's efforts to do sthg redoubler d'efforts pour faire qqch. -**3**. [replace – supplies] renouveler, remplacer; [– batteries, mechanism] remplacer, changer.

**renewable** [rɪ'njuːəbl] adj renouvelable; ~ energy énergie f renouvelable.

**renewal** [rɪ'njuːəl] n -**1**. [extension – of validity] renouvellement m; [restart – of negotiations, hostilities] reprise f; [– of acquaintance] fait m de renouer; [increase – of energy, hope] regain m; [repetition – of promise, threat] renouvellement m.-**2**. [renovation] rénovation f.-**3**. RELIG renouveau m.

**renewed** [rɪ'njuːd] adj [confidence, hope] renouvelé; [vigour, force] accru; with ~ enthusiasm avec un regain d'enthousiasme; ~ outbreaks of fighting une recrudescence f des combats.

**rennet** ['renɪt] n -**1**. [for cheese, junket] présure f.-**2**. ZOOL caillette f.

**renounce** [rɪ'naʊns] ◇ vt [claim, title] abandonner, renoncer à; [faith, principle, habit] renoncer à, renier; [treaty] dénoncer. ◇ vi [in cards] renoncer.

**renovate** ['renəveɪt] vt remettre à neuf, rénover.

**renovation** [ˌrenə'veɪʃn] n remise f à neuf, rénovation f.

**renown** [rɪ'naʊn] n renommée f, renom f.

**renowned** [rɪ'naʊnd] adj renommé, célèbre, réputé; to be ~ for sthg être connu OR célèbre pour qqch.

**rent** [rent] ◇ pt & pp → **rend**. ◇ vt -**1**. [subj: tenant, hirer] louer, prendre en location; to ~ sthg from sb louer qqch à qqn. -**2**. [subj: owner] louer, donner en location; to ~ sthg (out) to sb louer qqch à qqn. ◇ n -**1**. [for flat, house] loyer m; [for farm] loyer m, fermage m; [for car, TV] (prix m de) location f; for ~ à louer. -**2**. ECON loyer m.-**3**. [tear] déchirure f.-**4**. [split in movement, party] rupture f, scission f.

**rental** ['rentl] ◇ n -**1**. [hire agreement – for car, house, TV, telephone] location f.-**2**. [payment – for property, land] loyer m; [– for TV, car, holiday accommodation] (prix m de) location f; [– for telephone] abonnement m, redevance f.-**3**. [income] (revenu m des) loyers mpl.-**4**. Am [apartment] appartement m en location; [house] maison f en location; [land] terrain m en location. ◇ adj [agency] de location; ~ agreement contrat m de location; ~ charge [for telephone] abonnement m; [for TV, car] prix m de location; ~ library Am bibliothèque f de prêt.

**rent book** n carnet m de quittances de loyer.

**rent boy** n jeune prostitué m (pour hommes).

**rent collector** n receveur m, -euse f des loyers.

**rented** ['rentɪd] adj loué, de location.

**rent-free** ◇ adj exempt de loyer. ◇ adv sans payer de loyer, sans avoir de loyer à payer.

**rent rebate** n réduction f de loyer.

**renunciation** [rɪ,nʌnsɪ'eɪʃn] n [of authority, claim, title] renonciation f, abandon m; [of faith, religion] renonciation f, abjuration f; [of principle] abandon m, répudiation f; [of treaty] dénonciation f.

**reoccupy** [ˌriː'ɒkjʊpaɪ] (pt & pp reoccupied) vt réoccuper.

**reoccur** [ˌriːə'kɜːr] (cont reoccurring, pt & pp reoccurred) = **recur** vi **1**, **2**.

**reoccurrence** [ˌriːə'kʌrəns] = **recurrence**.

**reopen** [ˌriː'əʊpn] ◇ vt -**1**. [door, border, book, bank account] rouvrir. -**2**. [restart – hostilities] reprendre; [– debate, negotiations] reprendre, rouvrir. ◇ vi -**1**. [door, wound] se rouvrir; [shop, theatre] rouvrir; [school – after holiday] reprendre. -**2**. [negotiations] reprendre.

**reopening** [ˌriː'əʊpnɪŋ] n [of shop] réouverture f; [of negotiations] reprise f.

**reorder** [vb ,riː'ɔːdər, n 'riːɔːdər] ◇ vt -**1**. COMM [goods, supplies] commander de nouveau, faire une nouvelle commande de. -**2**. [rearrange – numbers, statistics, objects] reclasser, réorganiser. ◇ n COMM nouvelle commande f.

**reorganization** ['riːˌɔːgənaɪ'zeɪʃn] n réorganisation f.

**reorganize, -ise** [ˌriː'ɔːgənaɪz] ◇ vt réorganiser. ◇ vi se réorganiser.

**rep** [rep] n -**1**. inf COMM (abbr of **representative**) VRP m.-**2**. abbr of **repertory**.

**Rep** Am -**1**. written abbr of **Representative**. -**2**. written abbr of **Republican**.

**repack** [ˌriː'pæk] vt [goods] remballer, emballer de nouveau; [suitcase] refaire.

**repackage** [ˌriː'pækɪdʒ] vt -**1**. [goods] remballer. -**2**. Am [public image] redorer fig.

**repaid** [riː'peɪd] pt & pp → **repay**.

**repaint** [ˌriː'peɪnt] vt repeindre.

**repair** [rɪ'peər] ◇ vt -**1**. [mend – car, tyre, machine] réparer; [– road, roof] réparer, refaire; [– clothes] raccommoder; [– hull] radouber, caréner; [– tights] repriser. -**2**. [make amends for – error, injustice] réparer, remédier à. ◇ vi fml OR hum aller, se rendre. ◇ n -**1**. [mending – of car, machine, roof] réparation f, remise f en état; [– of clothes] raccommodage m; [– of shoes] réparation f; [– of road] réfection f, remise f en état; NAUT radoub m; to carry out ~s to OR on sthg effectuer des réparations sur qqch; to be under ~ être en réparation; 'closed for ~s' 'fermé pour (cause de) travaux'; 'road ~s' réfection de la chaussée; the bridge was damaged beyond ~ le pont avait subi des dégâts irréparables; the ~s to the car cost him a fortune les travaux de réparation OR les réparations sur la voiture lui ont coûté une fortune ❏ ~ kit trousse f à outils. -**2**. [condition] état m; to be in good/bad ~ être en bon/mauvais état; the road is in a terrible state of ~ la route est très mal entretenue OR en très mauvais état.

**repairer** [rɪ'peərər] n réparateur m, -trice f.

**repairman** [rɪ'peəmən] (pl **repairmen** [-mən]) n réparateur m.

**repaper** [ˌriː'peɪpər] vt retapisser.

**reparable** ['repərəbl] adj réparable.

**reparation** [ˌrepə'reɪʃn] n -**1**. fml [amends] réparation f; to make ~s for sthg réparer qqch fig. -**2**. (usu pl) [damages – after war, invasion etc] réparations fpl.

**repartee** [ˌrepɑː'tiː] n -**1**. [witty conversation] esprit m, repartie f; to be good at ~ avoir la repartie facile, avoir de la repartie. -**2**. [witty comment] repartie f, réplique f.

**repast** [rɪ'pɑːst] n fml repas m.

**repatriate** [vb ,riː'pætrɪeɪt, n riː'pætrɪət] ◇ vt rapatrier. ◇ n rapatrié m, -e f.

**repatriation** [ˌriːpætrɪ'eɪʃn] n rapatriement m.

**repay** [riː'peɪ] (pt & pp repaid [-'peɪd]) vt -**1**. [refund – creditor, loan] rembourser; to ~ a debt literal rembourser une dette; fig s'acquitter d'une dette; he repaid her the money she had lent him il lui a remboursé l'argent qu'elle lui avait prêté. -**2**. [return – visit] rendre; [– hospitality, kindness] rendre, payer de retour; how can I ever ~ you (for your kindness)? comment pourrai-je jamais vous remercier (pour votre gentillesse)?; to ~ good for evil rendre le bien pour le mal ‖ [reward – efforts, help] récompenser; to be repaid for one's efforts/persistence être récompensé de ses efforts/sa persévérance.

**repayable** [riː'peɪəbl] adj remboursable; ~ in five years remboursable sur cinq ans OR en cinq annuités.

**repayment** [riː'peɪmənt] n -**1**. [of money, loan] remboursement m.-**2**. [reward – for kindness, effort] récompense f.

**repeal** [rɪ'piːl] ◇ vt [law] abroger, annuler; [prison sentence] annuler; [decree] rapporter, révoquer. ◇ n [law] abrogation f; [prison sentence] annulation f; [decree] révocation f.

**repeat** [rɪ'piːt] ◇ vt -**1**. [say again – word, secret, instructions] répéter; [– demand, promise] répéter, réitérer; you're ~ing

**yourself** vous vous répétez; **it doesn't bear ~ing** [rude] c'est trop grossier pour être répété; [trivial] ça ne vaut pas la peine d'être répété. **-2.** [redo, reexecute – action, attack, mistake] répéter, renouveler; MUS reprendre; **I wouldn't like to ~ the experience** je n'aimerais pas renouveler l'expérience; **it's history ~ing itself** c'est l'histoire qui se répète. **-3.** RADIO & TV [broadcast] rediffuser. **-4.** COMM [order, offer] renouveler. **-5.** SCH & UNIV [class, year] redoubler.
◇ *vi* **-1.** [say again] répéter; **I shall never, ~ never, go there again** je n'y retournerai jamais, mais alors ce qui s'appelle jamais; **~ after me** SCH répétez après moi. **-2.** [recur] se répéter, se reproduire; MATH se reproduire périodiquement. **-3.** [food] donner des renvois. **-4.** Am POL voter plus d'une fois (*à une même élection*). **-5.** [watch, clock] être à répétition.
◇ *n* **-1.** [gen] répétition *f*. **-2.** MUS [passage] reprise *f*; [sign] signe *m* de reprise. **-3.** RADIO & TV [broadcast] rediffusion *f*, reprise *f*.
◇ *comp* [order, visit] renouvelé; **~ offender** récidiviste *mf*; **~ prescription** ordonnance *f* (*de renouvellement d'un médicament*).

**repeatable** [rɪ'piːtəbl] *adj* susceptible d'être répété; **what he said is not ~** je n'ose pas répéter ce qu'il a dit.

**repeated** [rɪ'piːtɪd] *adj* répété.

**repeatedly** [rɪ'piːtɪdlɪ] *adv* à plusieurs OR maintes reprises; **you have been told ~ not to play by the canal** on vous a dit cent fois de ne pas jouer près du canal.

**repeater** [rɪ'piːtəʳ] *n* **-1.** [clock] pendule *f* à répétition; [alarm] réveil *m* à répétition. **-2.** [gun] fusil *m* à répétition. **-3.** ELEC répéteur *m*. **-4.** Am SCH redoublant *m*, -e *f*. **-5.** Am POL électeur *m*, -trice *f* qui vote plus d'une fois (*à une même élection*).

**repeating** [rɪ'piːtɪŋ] *adj* **-1.** MATH périodique. **-2.** [gun] à répétition.

**repeat performance** *n* THEAT deuxième représentation *f*; **we don't want a ~ of last year's chaos** *fig* nous ne voulons pas que le désordre de l'année dernière se reproduise.

**repel** [rɪ'pel] (*pt* & *pp* **repelled**, *cont* **repelling**) ◇ *vt* **-1.** [drive back – attacker, advance, suggestion] repousser. **-2.** [disgust – subj: unpleasant sight, smell etc] rebuter, dégoûter. **-3.** ELEC & PHYS repousser. ◇ *vi* ELEC & PHYS se repousser.

**repellent, repellant** [rɪ'pelənt] ◇ *adj* repoussant, répugnant; **to find sb/sthg ~** éprouver de la répugnance pour qqn/qqch. ◇ *n* **-1.** [for insects] insecticide *m*; [for mosquitoes] anti-moustiques *m inv*. **-2.** [for waterproofing] imperméabilisant *m*.

**repent** [rɪ'pent] ◇ *vi* se repentir; **to ~ of sthg** se repentir de qqch. ◇ *vt* se repentir de.

**repentance** [rɪ'pentəns] *n* repentir *m*.

**repentant** [rɪ'pentənt] *adj* repentant.

**repercussion** [ˌriːpə'kʌʃn] *n* **-1.** [consequence] répercussion *f*, retentissement *m*, contrecoup *m*; **to have ~s on** avoir des répercussions sur. **-2.** [echo] répercussion *f*.

**repertoire** ['repətwɑːʳ] *n literal* & *fig* répertoire *m*.

**repertory** ['repətrɪ] (*pl* **repertories**) *n* **-1.** THEAT: **to be OR to act in ~** faire partie d'une troupe de répertoire, jouer dans un théâtre de répertoire; **~ (theatre)** théâtre *m* de répertoire. **-2.** = **repertoire**.

**repertory company** *n* compagnie *f* OR troupe *f* de répertoire.

**repetition** [ˌrepɪ'tɪʃn] *n* **-1.** [of words, orders] répétition *f*. **-2.** [of action] répétition *f*, renouvellement *m*; **I don't want any ~ of this disgraceful behaviour** je ne veux plus vous voir vous conduire de cette façon scandaleuse. **-3.** MUS reprise *f*.

**repetitious** ['repɪ'tɪʃəs] *adj* plein de répétitions OR de redites.

**repetitive** [rɪ'petɪtɪv] *adj* [activity, work, rhythm] répétitif, monotone; [song, speech] plein de répétitions; [person] qui se répète.

**repetitive strain injury, repetitive stress injury** → RSI.

**rephrase** [ˌriː'freɪz] *vt* reformuler; **can you ~ that question?** pouvez-vous formuler cette question autrement?

**replace** [rɪ'pleɪs] *vt* **-1.** [put back] replacer, remettre (à sa place OR en place); **to ~ the receiver** [on telephone] reposer le combiné, raccrocher (le téléphone). **-2.** [person] remplacer; [mechanism, tyres] remplacer; **to ~ a worn part by OR with a new one** remplacer une pièce usée (par une pièce neuve).

**replaceable** [rɪ'pleɪsəbl] *adj* remplaçable.

**replacement** [rɪ'pleɪsmənt] ◇ *n* **-1.** [putting back] remise *f* en place. **-2.** [substitution] remplacement *m*. **-3.** [person] remplaçant *m*, -e *f*. **-4.** [engine or machine part] pièce *f* de rechange; [product] produit *m* de remplacement. ◇ *comp* [part] de rechange; **~ teacher** (professeur *m*) suppléant *m*, remplaçant *m*, -e *f* SCOL.

**replant** [ˌriː'plɑːnt] *vt* replanter.

**replay** [*n* 'riːpleɪ, *vb* ˌriː'pleɪ] ◇ *n* **-1.** TV ralenti *m*. **-2.** SPORT match *m* rejoué. ◇ *vt* [match] rejouer; [record, piece of film, video] repasser.

**replenish** [rɪ'plenɪʃ] *vt fml* **-1.** [restock – cellar, stock] réapprovisionner. **-2.** [refill – glass] remplir de nouveau.

**replete** [rɪ'pliːt] *adj fml* [full] rempli, plein; [person – full up] rassasié.

**repletion** [rɪ'pliːʃn] *n fml* satiété *f*.

**replica** ['replɪkə] *n* [of painting, model, sculpture] réplique *f*, copie *f*; [of document] copie *f* (exacte).

**replicate** ['replɪkeɪt] ◇ *vt* [reproduce] reproduire; **certain cells ~ themselves** BIOL certaines cellules se reproduisent par mitose. ◇ *vi* BIOL se reproduire par mitose.

**reply** [rɪ'plaɪ] (*pl* **replies**, *pt* & *pp* **replied**) ◇ *n* **-1.** [answer] réponse *f*; [retort] réplique *f*; **he made no ~** il n'a pas répondu. **-2.** JUR réplique *f*. ◇ *vt* [answer] répondre; [retort] répliquer, rétorquer; **'I don't know', she replied** «je ne sais pas», répondit-elle. ◇ *vi* répondre; **to ~ to sb** répondre à qqn.
◆ **in reply to** *prep phr* en réponse à; **to say sthg in ~ to sb/sthg** dire qqch en réponse à qqn/qqch.

**reply coupon** *n* coupon-réponse *m*.

**reply-paid** *adj Br* avec réponse payée.

**repoint** [ˌriː'pɔɪnt] *vt* CONSTR rejointoyer.

**report** [rɪ'pɔːt] ◇ *vt* **-1.** [announce] annoncer, déclarer, signaler; **it is ~ed from Delhi that a ten-year contract has been signed** on annonce à Delhi qu'un contrat de dix ans a été signé; **the doctors ~ his condition as comfortable** les médecins déclarent son état satisfaisant. **-2.** [subj: press, media – event, match] faire un reportage sur; [– winner] annoncer; [– debate, speech] faire le compte rendu de; **the newspapers ~ heavy casualties** les journaux font état de nombreuses victimes; **our correspondent ~s that troops have left the city** notre correspondant nous signale que des troupes ont quitté la ville; **her resignation is ~ed in several papers** sa démission est annoncée dans plusieurs journaux; **~ing restrictions were not lifted** JUR l'interdiction faite aux journalistes de rapporter les débats n'a pas été levée ‖ [unconfirmed news]: **it is ~ed that a woman drowned** une femme se serait noyée; **he is ~ed to have left OR as having left the country** il aurait quitté le pays. **-3.** [give account of] faire état de, rendre compte de; **the police have ~ed some progress in the fight against crime** la police a annoncé des progrès dans la lutte contre la criminalité; **to ~ one's findings** [in research] rendre compte des résultats de ses recherches; [in inquiry, commission] présenter ses conclusions. **-4.** [burglary, disappearance, murder] signaler; [wrongdoer] dénoncer, porter plainte contre; **to ~ sb missing (to the police)** signaler la disparition de qqn (à la police); **to be ~ed missing/dead** être porté disparu/au nombre des morts; **they were ~ed to the police for vandalism** on les a dénoncés à la police pour vandalisme. **-5.** *fml* [present]: **to ~ o.s. for duty** se présenter au travail.
◇ *vi* **-1.** [make a report – committee] faire son rapport, présenter ses conclusions; [– police] faire un rapport; [– journalist] faire un reportage; **to ~ on sthg** ADMIN faire un rapport sur qqch; PRESS faire un reportage sur qqch; **she's ~ing on the train crash** elle fait un reportage sur l'accident de train; **he ~s for the BBC** il est reporter OR journaliste à la BBC. **-2.** [in hierarchy]: **to ~ to sb** être sous les ordres de qqn; **I ~ directly to the sales manager** je dépends directement du chef des ventes. **-3.** [present o.s.] se présenter; **to ~ for duty** prendre son service, se présenter au travail; **~ to the sergeant when you arrive** [go and see] présentez-vous au sergent à votre arrivée; [give account] faites votre rapport au sergent quand vous arriverez; **to ~ to base** MIL [go] se présenter à la base; [contact] contacter la base; **to ~ to barracks OR to one's unit** MIL rallier son unité; **to ~ sick** se faire porter malade.
◇ *n* **-1.** [account, review] rapport *m*; **to draw up OR to make a ~ on sthg** faire un rapport sur qqch; **he gave an accurate ~**

of the situation il a fait un rapport précis sur la situation ‖ [summary – of speech, meeting] compte rendu *m*; [official record] procès-verbal *m*; his ~ on the meeting son compte rendu de la réunion ‖ COMM & FIN [review] rapport *m*; [balance sheet] bilan *m*; sales ~ rapport *m* OR bilan *m* commercial. **-2.** [in media] reportage *m*; [investigation] enquête *f*; [bulletin] bulletin *m*; to do a ~ on sthg faire un reportage OR une enquête sur qqch; here is a ~ from Keith Owen RADIO & TV voici le reportage de Keith Owen; according to newspaper/intelligence ~s selon les journaux/les services de renseignements ‖ [allegation] allégation *f*, rumeur *f*; [news] nouvelle *f*; we have had ~s of several burglaries in city stores on nous a signalé plusieurs cambriolages dans les magasins du centre-ville; there are ~s of civil disturbances in the North il y aurait des troubles dans le Nord; ~s are coming in of an earthquake on parle d'un tremblement de terre. **-3.** Br SCH: (school) ~ bulletin *m* (scolaire); end of term ~ bulletin *m* trimestriel. **-4.** JUR [of court proceedings] procès-verbal *m*; law ~s recueil *m* de jurisprudence. **-5.** *fml* [repute] renom *m*, réputation *f*; of good ~ de bonne réputation. **-6.** [sound - of explosion, shot] détonation *f*.
◆ **report back** ‖ *vi insep* **-1.** [return – soldier] regagner ses quartiers, rallier son régiment; [– journalist, salesman] rentrer; to ~ back to headquarters MIL rentrer au quartier général; [salesman, clerk] rentrer au siège; I have to ~ back to the office il faut que je repasse au bureau. **-2.** [present report] présenter son rapport; the commission must first ~ back to the minister la commission doit d'abord présenter son rapport au ministre; can you ~ back on what was discussed? pouvez-vous rapporter ce qui a été dit? ◇ *vt sep* [results, decision] rapporter, rendre compte de.
◆ **report out** *vt sep Am* POL [bill, legislation] renvoyer après examen.

**report card** *n* SCH bulletin *m* OR carnet *m* scolaire.

**reported** [rɪ'pɔːtɪd] *adj*: there have been ~ sightings of dolphins off the coast on aurait vu des dauphins près des côtes.

**reportedly** [rɪ'pɔːtɪdlɪ] *adv*: 300 people have ~ been killed 300 personnes auraient été tuées.

**reported speech** *n* GRAMM style *m* OR discours *m* indirect; in ~ en style indirect.

**reporter** [rɪ'pɔːtəʳ] *n* **-1.** [for newspaper] journaliste *mf*, reporter *m*; RADIO & TV reporter *m*. **-2.** [scribe – in court] greffier *m*, -ère *f*; [– in parliament] sténographe *mf*.

**report stage** *n* Br POL examen d'un projet de loi avant la troisième lecture; the bill has reached ~ ≈ le projet de loi vient de passer en commission.

**repose** [rɪ'pəʊz] ‖ *vt fml* **-1.** [rest]: to ~ o.s. se reposer. **-2.** [place – confidence, trust] mettre, placer. ◇ *vi* **-1.** [rest – person] se reposer; [– the dead] reposer. **-2.** [be founded – belief, theory] reposer; to ~ on firm evidence reposer sur des preuves solides. ◇ *n fml* repos *m*; in ~ au OR en repos.

**repository** [rɪ'pɒzɪtrɪ] (*pl* **repositories**) *n* **-1.** [storehouse – large] entrepôt *m*; [– smaller] dépôt *m*. **-2.** [of knowledge, secret] dépositaire *mf*.

**repossess** [ˌriːpə'zes] *vt* reprendre possession de; JUR saisir; they have OR their house has been ~ed leur maison a été mise en saisie immobilière.

**repossession** [ˌriːpə'zeʃn] *n* reprise *f* de possession; JUR saisie *f*.

**repossession order** *n* ordre *m* de saisie.

**reprehend** [ˌreprɪ'hend] *vt* [person] réprimander; [conduct, action] condamner, désavouer.

**reprehensible** [ˌreprɪ'hensəbl] *adj* répréhensible.

**reprehensibly** [ˌreprɪ'hensəblɪ] *adv* de façon répréhensible.

**reprehension** [ˌreprɪ'henʃn] *n fml* [rebuke] réprimande *f*; [criticism] condamnation *f*.

**represent** [ˌreprɪ'zent] *vt* **-1.** [symbolize – subj: diagram, picture, symbol] représenter; what does the scene ~? que représente la scène?**-2.** [depict] représenter, dépeindre; [describe] décrire; he ~ed her as a queen il l'a peinte sous les traits d'une reine. **-3.** [constitute – achievement, change] représenter, constituer. **-4.** POL [voters, members] représenter; she ~s Tooting elle est député de OR elle représente la circonscription de Tooting ‖ [be delegate for – subj: person] représenter; I ~ the agency je viens de la part de l'agence; the

best lawyers are ~ing the victims les victimes sont représentées par les meilleurs avocats ‖ [opinion] représenter; the voice of women is not ~ed on the committee les femmes ne sont pas représentées au comité ‖ [in numbers] représenter; foreign students are well ~ed in the university il y a une forte proportion d'étudiants étrangers à l'université. **-5.** [express, explain – advantages, prospect, theory] présenter. **-6.** THEAT [subj: actor] jouer, interpréter.

**representation** [ˌreprɪzen'teɪʃn] *n* **-1.** POL représentation *f*.**-2.** [description, presentation] représentation *f*.
◆ **representations** *npl* [complaints] plaintes *fpl*, protestations *fpl*; [intervention] démarche *f*, intervention *f*; to make ~s to sb [complain] se plaindre auprès de qqn; [intervene] faire des démarches auprès de qqn.

**representational** [ˌreprɪzen'teɪʃənl] *adj* [gen] représentatif; ART figuratif.

**representative** [ˌreprɪ'zentətɪv] ◇ *adj* **-1.** [typical] typique, représentatif; to be ~ of sthg être représentatif de qqch. **-2.** POL représentatif. ◇ *n* **-1.** [gen] représentant *m*, -e *f*; he is our country's ~ abroad il représente notre pays à l'étranger. **-2.** COMM: (sales) ~ représentant *m*, -e *f* (de commerce). **-3.** *Am* POL → House of Representatives.

**repress** [rɪ'pres] *vt* [rebellion] réprimer; PSYCH refouler.

**repressed** [rɪ'prest] *adj* [gen] réprimé; PSYCH refoulé.

**repression** [rɪ'preʃn] *n* [gen] répression *f*; PSYCH refoulement *m*.

**repressive** [rɪ'presɪv] *adj* [authority, system] répressif; [measures] de répression, répressif.

**reprieve** [rɪ'priːv] ◇ *vt* **-1.** JUR [prisoner – remit] gracier; [– postpone] accorder un sursis à. **-2.** *fig* [give respite to – patient] accorder un répit OR un sursis à; [– company] accorder un sursis à. ◇ *n* **-1.** JUR remise *f* de peine, grâce *f*. **-2.** *fig* [respite – from danger, illness] sursis *m*, répit *m*; [extra time] délai *m*.

**reprimand** ['reprɪmɑːnd] ◇ *vt* réprimander; he was ~ed for being late [worker] il a reçu un blâme pour son retard; [schoolchild] on lui a donné un avertissement pour son retard. ◇ *n* [rebuke] réprimande *f*; [professional] blâme *m*.

**reprint** [*vb* 'riːprɪnt, *n* 'riːprɪnt] ◇ *vt* réimprimer; the book is being ~ed le livre est en réimpression. ◇ *n* réimpression *f*.

**reprisal** [rɪ'praɪzl] *n* représailles *fpl*; to take ~s (against sb) user de représailles OR exercer des représailles (contre qqn); by way of or in ~, as a ~ par représailles.

**repro** ['riːprəʊ] (*abbr of* **reproduction**) (*pl* **repros**) *n inf* (épreuve *f*) repro *f*.

**reproach** [rɪ'prəʊtʃ] ◇ *n* **-1.** [criticism] reproche *m*; in a tone of ~ sur un ton réprobateur OR de reproche; above OR beyond ~ au-dessus de tout reproche, irréprochable. **-2.** [source of shame] honte *f*; to be a ~ to être la honte de. ◇ *vt* faire des reproches à; to ~ sb with sthg reprocher qqch à qqn; she ~ed him for OR with having broken his promise elle lui reprochait d'avoir manqué à sa parole; I have nothing to ~ myself for OR with je n'ai rien à me reprocher.

**reproachful** [rɪ'prəʊtʃfʊl] *adj* [voice, look, attitude] réprobateur; [tone, words] de reproche, réprobateur.

**reproachfully** [rɪ'prəʊtʃfʊlɪ] *adv* avec reproche; to look at sb ~ lancer des regards réprobateurs à qqn.

**reprobate** ['reprəbeɪt] *adj* dépravé. ◇ *n* dépravé *m*, -e *f*.

**reprocess** [ˌriː'prəʊses] *vt* retraiter.

**reprocessing** [ˌriː'prəʊsesɪŋ] *n* retraitement *m*; nuclear ~ retraitement des déchets nucléaires.

**reproduce** [ˌriːprə'djuːs] ◇ *vt* reproduire. ◇ *vi* se reproduire.

**reproduction** [ˌriːprə'dʌkʃn] *n* **-1.** BIOL reproduction *f*.**-2.** [of painting, document] reproduction *f*, copie *f*. ◇ *comp*: ~ furniture reproduction *f* OR copie *f* de meubles d'époque.

**reproductive** [ˌriːprə'dʌktɪv] *adj* [organs, cells, process] reproducteur, de reproduction.

**REPROM** [ˌriː'prɒm] *n* COMPUT mémoire *f* morte reprogrammable.

**reproof** [rɪ'pruːf] *n* réprimande *f*, reproche *m*.

**reproval** [rɪ'pruːvl] *n* reproche *m*.

**reprove** [rɪ'pruːv] *vt* [person] réprimander; [action, behaviour] réprouver; he was ~d for his conduct on lui a reproché sa conduite.

**reproving** [rɪ'pruːvɪŋ] *adj* réprobateur.

**reptile** ['reptaɪl] ◇ *adj* reptile. ◇ *n* reptile *m*.

**reptile house** *n* vivarium *m*.

**reptilian** [rep'tɪlɪən] ◇ *adj* **-1.** ZOOL reptilien. **-2.** *fig & pej* reptile. ◇ *n* reptile *m*.

**Repub** *Am written abbr of* **Republican**.

**republic** [rɪ'pʌblɪk] *n* POL & *fig* république *f*; the ~ of letters la république des lettres ❑ the Republic of Ireland la République d'Irlande; 'The Republic' *Plato* 'la République'.

**republican** [rɪ'pʌblɪkən] ◇ *adj* républicain. ◇ *n* républicain *m*, -e *f*.

**republicanism** [rɪ'pʌblɪkənɪzm] *n* républicanisme *m*.

**Republican party** *pr n*: the ~ le Parti républicain.

**republication** ['riː,pʌblɪ'keɪʃn] *n* [of book] réédition *f*, nouvelle édition *f*; [of banns] nouvelle publication *f*.

**repudiate** [rɪ'pjuːdɪeɪt] *vt* [reject – opinion, belief] renier, désavouer; [– evidence] réfuter; [– authority, accusation, charge] rejeter; [– spouse] répudier; [– friend] désavouer; [– gift, offer] refuser, repousser; [go back on – obligation, debt, treaty] refuser d'honorer.

**repudiation** [rɪ,pjuːdɪ'eɪʃn] *n* **-1.** [of belief, opinion] reniement *m*, désaveu *m*; [of spouse] répudiation *f*; [of friend, accusation] rejet *m*; [of gift, offer] refus *m*, rejet *m*. **-2.** [of obligation, debt] refus *m* d'honorer.

**repugnance** [rɪ'pʌgnəns] *n* répugnance *f*.

**repugnant** [rɪ'pʌgnənt] *adj* répugnant; I find the idea ~ cette idée me répugne.

**repulse** [rɪ'pʌls] ◇ *vt* [attack, offer] repousser. ◇ *n* MIL [defeat] défaite *f*, échec *m*; *fig* [refusal] refus *m*, rebuffade *f*.

**repulsion** [rɪ'pʌlʃn] *n* répulsion *f*.

**repulsive** [rɪ'pʌlsɪv] *adj* [idea, sight, appearance] répugnant, repoussant; PHYS répulsif.

**repulsively** [rɪ'pʌlsɪvlɪ] *adv* de façon repoussante OR répugnante; ~ ugly d'une laideur repoussante.

**reputable** ['repjʊtəbl] *adj* [person, family] qui a bonne réputation, honorable, estimable; [firm, tradesman] qui a bonne réputation; [profession] honorable; [source] sûr.

**reputation** [,repjʊ'teɪʃn] *n* réputation *f*; she has a ~ as a cook sa réputation de cuisinière n'est plus à faire; they have a ~ for good service ils sont réputés pour la qualité de leur service; she has a ~ for being difficult elle a la réputation d'être difficile; he lives up to his ~ as a big spender il mérite sa réputation de grand dépensier.

**repute** [rɪ'pjuːt] ◇ *n* réputation *f*, renom *m*; to be of good ~ avoir (une) bonne réputation; a firm of some ~ une entre-

prise d'un certain renom; she is held in high ~ by all her colleagues elle jouit d'une excellente réputation auprès de ses collègues. ◇ *vt* [rumoured]: she is ~d to be wealthy elle passe pour riche.

**reputed** [rɪ'pjuːtɪd] *adj* réputé; ~ father JUR père *m* putatif.

**reputedly** [rɪ'pjuːtɪdlɪ] *adv* d'après ce qu'on dit.

**reqd** *written abbr of* **required**.

**request** [rɪ'kwest] ◇ *n* **-1.** [demand] demande *f*, requête *f*; to make a ~ faire une demande; to grant OR to meet sb's ~ accéder à la demande OR à la requête de qqn; at sb's ~ à la demande OR requête de qqn; tickets are available on ~ des billets peuvent être obtenus sur simple demande; by popular ~ à la demande générale. **-2.** [record – on radio] disque *m* demandé par un auditeur; [– at dance] *disque ou chanson demandé par un membre du public*; to play a ~ for sb passer un disque à l'intention de qqn. ◇ *vt* demander; to ~ sb to do sthg demander à qqn OR prier qqn de faire qqch; Mr and Mrs Booth ~ the pleasure of your company M. et Mme Booth vous prient de leur faire l'honneur de votre présence; I enclose a postal order for £5, as ~ed selon votre demande, je joins un mandat postal de 5 livres; to ~ sthg of sb *fml* demander qqch à qqn.

**request programme** *n* *émission où les disques qui passent à l'antenne ont été choisis par les auditeurs.*

**request stop** *n Br* arrêt *m* facultatif.

**requiem** ['rekwɪəm] *n* requiem *m*.

**requiem mass** *n* messe *f* de requiem.

**require** [rɪ'kwaɪəʳ] *vt* **-1.** [need – attention, care etc] exiger, nécessiter, demander; extreme caution is ~d une extrême vigilance s'impose; is that all you ~? c'est tout ce qu'il vous faut?, c'est tout ce dont vous avez besoin?; if ~d si besoin est, s'il le faut; your presence is urgently ~d on vous réclame d'urgence. **-2.** [demand – qualifications, standard, commitment] exiger, requérir, réclamer; to ~ sthg of sb exiger qqch de qqn; to ~ sb to do sthg exiger que qqn fasse qqch; candidates are ~d to provide three photographs les candidats doivent fournir trois photographies; it is ~d that you begin work at 8 a.m. every morning on exige de vous que vous commenciez votre travail à 8 h tous les matins; 'formal dress ~d' [on invitation] 'tenue correcte exigée'.

**required** [rɪ'kwaɪəd] *adj* [conditions, qualifications, standard] requis, exigé; in OR by the ~ time dans les délais (prescrits); ~ reading SCH & UNIV lectures *fpl* à faire.

**requirement** [rɪ'kwaɪəmənt] *n* **-1.** [demand] exigence *f*, besoin *m*; to meet sb's ~s satisfaire aux exigences OR aux be-

---

**Making requests**

Pourriez-vous m'aider?
Vous serait-il possible de revenir plus tard?
Tu veux bien m'aider à porter les bagages?
Tu n'aurais pas le temps de relire cette lettre, par hasard?

Je me demandais si tu pourrais OR si tu ne pourrais pas me prêter cent francs?
Écoute, j'ai vraiment besoin de ta voiture.

Sois gentil, va ouvrir, s'il te plaît.
Et si tu fermais les volets?
Ça te dérangerait de m'acheter des timbres en passant?
Tu peux me donner un coup de main? [informal]
Ça serait trop te demander d'arrêter ce boucan deux minutes? [irritated]
Auriez-vous l'obligeance de fermer la fenêtre, je vous prie? [formal]
Nous vous serions reconnaissants de ne rien dire à personne. [formal]

▷ *written style:*

'Les locataires sont priés de...'
Veuillez remplir le formulaire ci-joint.
Nous vous serions reconnaissants de bien vouloir nous faire parvenir votre réponse par retour du courrier.

**Replying to requests**

Volontiers./Non, je regrette, je n'ai pas le temps.
Oui, s'il le faut./Certainement pas.
Oui, bien sûr.
Si, bien sûr, je vais le faire tout de suite./Ben non, justement, je n'ai pas le temps, là. [informal]
D'accord./Ah non, désolé, je ne peux pas.

D'accord, voilà les clefs./Ah non, désolé, je ne suis pas d'accord.
D'accord, j'y vais./Non, ça me gêne, vas-y toi.
D'accord./OK. [informal]
Non, pas du tout, combien tu en veux?
Si tu veux./Non, désolé, je n'ai pas le temps.
Bon, bon, d'accord...

Mais certainement. [formal] / Avec plaisir.

Bien sûr, c'est tout à fait normal.

soins de qqn ‖ [necessity] besoin *m*, nécessité *f*; **energy** ~**s** besoins énergétiques. **-2.** [condition, prerequisite] condition *f* requise; **she doesn't fulfil the** ~**s for the job** elle ne remplit pas les conditions requises pour le poste; **dedication is an essential** ~ le dévouement est une condition essentielle; **what are the course** ~**s?** [for enrolment] quelles conditions faut-il remplir pour s'inscrire à ce cours?; [as student] quel niveau doit-on avoir pour suivre ce cours?

**requisite** ['rekwɪzɪt] *adj* requis, nécessaire.

**requisition** [,rekwɪ'zɪʃn] ◇ *n* **-1.** MIL réquisition *f*. **-2.** COMM demande *f*; **the boss put in a** ~ **for staplers** le patron a fait une demande d'agrafeuses. ◇ *vt* MIL & *fig* réquisitionner.

**requite** [rɪ'kwaɪt] *vt* **-1.** [return – payment, kindness] récompenser, payer de retour; **to** ~ **sb's love** répondre à l'amour de qqn. **-2.** [satisfy – desire] satisfaire. **-3.** [avenge – injury] venger.

**reran** [,riː'ræn] *pt* → **rerun.**

**reread** [,riː'riːd] (*pt* & *pp* **reread** [-'red]) *vt* relire.

**rerecord** [,riːrɪ'kɔːd] *vt* réenregistrer.

**rerelease** [,riːrɪ'liːs] ◇ *vt* [film, record] ressortir. ◇ *n* [film, record] reprise *f*.

**reroute** [,riː'ruːt] *vt* dérouter, changer l'itinéraire de.

**rerun** [*n* 'riːrʌn, *vb* ,riː'rʌn] (*pt* **reran** [-'ræn], *pp* **rerun**, *cont* **rerunning**) ◇ *n* [of film] reprise *f*; [of TV serial] rediffusion *f*; **it's a** ~ **of last year's final** la finale prend la même tournure que celle de l'année dernière. ◇ *vt* **-1.** [film] passer de nouveau; [TV series] rediffuser. **-2.** [race] courir de nouveau.

**resale** ['riːseɪl] *n* revente *f*.

**resat** [,riː'sæt] *pt* & *pp* → **resit.**

**reschedule** [*Br* ,riː'ʃedjuːl, *Am* ,riː'skedʒʊl] *vt* **-1.** [appointment, meeting] modifier l'heure ou la date de; [bus, train, flight] modifier l'horaire de; [plan, order] modifier le programme de; **the meeting has been** ~**d for next week** la réunion a été déplacée à la semaine prochaine. **-2.** FIN [debt] rééchelonner.

**rescind** [rɪ'sɪnd] *vt fml* [judgment] casser, annuler; [agreement] annuler; [law] abroger; [contract] résilier.

**rescue** ['reskjuː] ◇ *vt* [from danger] sauver; [from captivity] délivrer; [in need, difficulty] secourir, venir au secours de; **to** ~ **sb from drowning** sauver qqn de la noyade; **the survivors were waiting to be** ~**d** les survivants attendaient des secours ‖ *fig*: **thanks for rescuing me from that boring conversation** merci de m'avoir délivré, cette conversation m'assommait. ◇ *n* [from danger, drowning] sauvetage *m*; [from captivity] délivrance *f*; [in need, difficulty] secours *m*; **to go/to come to sb's** ~ aller/venir au secours OR à la rescousse de qqn. ◇ *comp* [attempt, mission, operation, party, team] de sauvetage, de secours; ~ **worker** sauveteur *m*.

**rescuer** ['reskjʊəʳ] *n* sauveteur *m*.

**research** [rɪ'sɜːtʃ] ◇ *n* (U) recherche *f*, recherches *fpl*; **to do** ~ **into sthg** faire des recherches sur qqch; **she's engaged in** ~ **in genetics/into rare viruses** elle fait des recherches en génétique/sur les virus rares; ~ **into the problem revealed a worrying trend** les recherches sur le problème ont révélé une tendance inquiétante; **an excellent piece of** ~ un excellent travail de recherche; ~ **and development** recherche *f* et développement *m*, recherche-développement *f*; **scientific** ~ la recherche scientifique. ◇ *comp* [establishment, work] de recherche; ~ **worker** chercheur *m*, -euse *f*. ◇ *vt* [article, book, problem, subject] faire des recherches sur; **your essay is not very well** ~**ed** votre travail n'est pas très bien documenté. ◇ *vi* faire des recherches OR de la recherche.

**researcher** [rɪ'sɜːtʃəʳ] *n* chercheur *m*, -euse *f*.

**research student** *n* étudiant *m*, -e *f* qui fait de la recherche (*après la licence*).

**reseat** [,riː'siːt] *vt* **-1.** [person – sit again] faire rasseoir; [– change place] assigner une nouvelle place à; **to** ~ **o.s.** [sit down] se rasseoir; [change place] changer de place. **-2.** [chair] refaire le fond de; [trousers] remettre un fond à. **-3.** MECH [valve] roder.

**resell** [,riː'sel] (*pt* & *pp* **resold** [-'səʊld]) *vt* revendre.

**resemblance** [rɪ'zembləns] *n* ressemblance *f*; **to bear a** ~ **to sb** ressembler vaguement à qqn; **the brothers show a strong family** ~ les frères se ressemblent beaucoup.

**resemble** [rɪ'zembl] *vt* ressembler à; **they** ~ **each other greatly** ils se ressemblent beaucoup.

**resent** [rɪ'zent] *vt* [person] en vouloir à, éprouver de la rancune à l'égard de; [remark, criticism] ne pas apprécier; **to** ~ **sthg strongly** éprouver un vif ressentiment à l'égard de qqch; **I** ~ **that!** je proteste!; **her presence in the country was strongly** ~**ed** sa présence dans le pays a été très mal acceptée; **I** ~ **them taking over** OR **the fact that they have taken over** je leur en veux de prendre tout en charge.

**resentful** [rɪ'zentfʊl] *adj* plein de ressentiment; **to feel** ~ **about** OR **at sthg** éprouver du ressentiment à l'égard de qqch, mal accepter qqch; **to be** ~ **about** OR **of sb's achievements** envier sa réussite à qqn.

**resentfully** [rɪ'zentfʊlɪ] *adv* avec ressentiment.

**resentment** [rɪ'zentmənt] *n* ressentiment *m*.

**reservation** [,rezə'veɪʃn] ◇ *n* **-1.** [doubt] réserve *f*, restriction *f*; **to have** ~**s about sthg** faire OR émettre des réserves sur qqch; **I have** ~**s about letting them go abroad** j'hésite à les laisser partir à l'étranger; **without** ~ OR ~**s** sans réserve; **he expressed some** ~**s about the plan** il a émis quelques doutes à propos or au sujet du projet. **-2.** [booking] réservation *f*; **to make a** ~ [on train] réserver une OR sa place; [in hotel] réserver OR retenir une chambre; [in restaurant] réserver une table; **the secretary made all the** ~**s** la secrétaire s'est occupée de toutes les réservations. **-3.** [enclosed area] réserve *f*. **-4.** RELIG: **the Reservation (of the sacrament)** la Sainte Réserve. ◇ *comp* [desk] des réservations.

**reserve** [rɪ'zɜːv] ◇ *vt* **-1.** [keep back] réserver, mettre de côté; **to** ~ **the right to do sthg** se réserver le droit de faire qqch; **to reserve (one's) judgment about sthg** ne pas se prononcer sur qqch. **-2.** [book] réserver, retenir; **these seats are** ~**d for VIPs** ces places sont réservées aux personnalités. ◇ *n* **-1.** [store – of energy, money etc] réserve *f*; **to draw on one's** ~**s** puiser dans ses réserves; **the body's food** ~**s** les réserves nutritives du corps; **the nation's coal** ~**s** les réserves de charbon du pays; **cash** ~**s** réserves de caisse; **gold** ~**s** réserves d'or. **-2.** [storage] réserve *f*; **to have** OR **to keep in** ~ avoir OR garder en réserve; **luckily, they have some money in** ~ heureusement, ils ont (mis) un peu d'argent de côté. **-3.** *Br* [doubt, qualification] réserve *f*; **with all proper** ~**s** sous toutes réserves. **-4.** [reticence] réserve *f*, retenue *f*; **to break through sb's** ~ amener qqn à sortir de sa réserve. **-5.** MIL réserve *f*; **to call up the** ~ OR ~**s** faire appel à la réserve OR aux réservistes. **-6.** [area of land] réserve *f*. **-7.** SPORT remplaçant *m*, -e *f*. **-8.** [at auction] prix *m* minimum. ◇ *comp* FIN [funds, currency, resources, bank] de réserve. **-2.** SPORT remplaçant; **the** ~ **goalkeeper** le gardien de but remplaçant; **the** ~ **team** l'équipe *f* de réserve.

**reserved** [rɪ'zɜːvd] *adj* **-1.** [shy – person] timide, réservé. **-2.** [doubtful]: **he has always been rather** ~ **about the scheme** il a toujours exprimé des doutes sur ce projet. **-3.** [room, seat] réservé; **all rights** ~ tous droits réservés.

**reservedly** [rɪ'zɜːvɪdlɪ] *adv* avec réserve, avec retenue.

**reserve price** *n* prix *m* minimum.

**reservist** [rɪ'zɜːvɪst] *n* réserviste *m*.

**reservoir** ['rezəvwɑːʳ] *n literal* & *fig* réservoir *m*.

**reset** [*vb* ,riː'set, *n* 'riːset] (*pt* & *pp* **reset**, *cont* **resetting**) ◇ *vt* **-1.** [jewel] remonter. **-2.** [watch, clock] remettre à l'heure; [alarm] réenclencher; [counter] remettre à zéro. **-3.** COMPUT réinitialiser. **-4.** [limb] remettre en place; [fracture] réduire. **-5.** [lay]: **to** ~ **the table** [in restaurant] remettre le couvert; [in home] remettre la table. ◇ *n* COMPUT réinitialisation *f*.

**resettle** [,riː'setl] ◇ *vt* [refugees, population] établir OR implanter (dans une nouvelle région); [territory] repeupler. ◇ *vi* se réinstaller.

**resettlement** [,riː'setlmənt] *n* [of people] établissement *m* OR implantation *f* (dans une nouvelle région); [of territory] repeuplement.

**reshape** [,riː'ʃeɪp] *vt* [clay, material] refaçonner; [novel, policy] réorganiser, remanier.

**reshuffle** [,riː'ʃʌfl] ◇ *vt* **-1.** POL [cabinet] remanier. **-2.** [cards] rebattre, battre de nouveau. ◇ *n* **-1.** POL remaniement *m*; **a Cabinet** ~ un remaniement ministériel. **-2.** [in cards]: **to have a** ~ battre les cartes à nouveau.

**reside** [rɪ'zaɪd] *vi fml* **-1.** [live] résider; **they** ~ **in New York** ils résident OR ils sont domiciliés à New York. **-2.** *fig* [be located]: **authority** ~**s in** OR **with the Prime Minister** c'est le Premier ministre qui est investi de l'autorité; **the problem**

~s in the fact that... le problème est dû au fait que...

**residence** ['rezɪdəns] *n* **-1.** [home] résidence *f*, demeure *f*; town/country ~ résidence en ville/à la campagne; official summer ~ résidence officielle d'été; 'desirable ~ for sale'[in advert] 'belle demeure OR demeure de caractère à vendre'; they took up ~ in Oxford ils se sont installés OR ils ont élu domicile à Oxford; Lord Bellamy's ~ *fml* la résidence de Lord Bellamy; ❏ to be in ~ [monarch] être en résidence; writer/artist in ~ écrivain *m*/artiste *mf* en résidence; place of ~[on form] domicile *m*.**-2.** UNIV: (university) ~ résidence *f* (universitaire). **-3.** [period of stay] résidence *f*, séjour *m*; after three years' ~ abroad après avoir résidé pendant trois ans à l'étranger.

**residence permit** *n* ≈ permis *m* de séjour.

**residency** ['rezɪdənsɪ] (*pl* **residencies**) *n* **-1.** *fml* [home] résidence *f* officielle. **-2.** Am MED *période d'études spécialisées après l'internat.*

**resident** ['rezɪdənt] ◇ *n* **-1.** [of town] habitant *m*, -e *f*; [of street] riverain *m*, -e *f*; [in hotel, hostel] pensionnaire *mf*; [foreigner] résident *m*, -e *f*; (local) ~s' association [in building] association *f* de copropriétaires; [in neighbourhood] association *f* de riverains; are you a ~ of an EC country? ADMIN êtes-vous ressortissant d'un pays membre de la communauté européenne?; '~s only' [in street] 'interdit sauf aux riverains'; [in hotel] 'réservé à la clientèle de l'hôtel'. **-2.** Am MED interne *mf*. **-3.** ZOOL résident *m*. ◇ *adj* **-1.** [as inhabitant] résidant; to be ~ in a country résider dans un pays; to have permanent ~ status avoir le statut de résident permanent; the swallow is ~ to the area l'hirondelle réside dans la région. **-2.** [staff] qui habite sur place, à demeure; our ~ pianist notre pianiste attitré. **-3.** COMPUT résident.

**residential** [,rezɪ'denʃl] *adj* [district, accommodation] résidentiel; [status] de résident; [course, job] sur place; ~ care *mode d'hébergement supervisé pour handicapés, délinquants etc*; ~ treatment facility Am *fml* hôpital *m* psychiatrique.

**residual** [rɪ'zɪdjʊəl] ◇ *adj* [gen] restant; CHEM & GEOL résiduel; PHYS [magnetism] rémanent. ◇ *n* MATH reste *m*; CHEM & GEOL résidu *m*.

**residue** ['rezɪdjuː] *n* [leftovers] reste *m*, restes *mpl*; [of money] reliquat *m*; CHEM & PHYS résidu *m*; MATH reste *m*, reliquat *m*.

**resign** [rɪ'zaɪn] ◇ *vi* **-1.** [from post] démissionner, donner sa démission; she ~ed from her job/from the committee elle a démissionné de son emploi/du comité. **-2.** CHESS abandonner. ◇ *vt* **-1.** [give up – advantage] renoncer à; [– job] démissionner de; [– function] se démettre de, démissionner de. **-2.** [give away] céder; to ~ sthg to sb céder qqch à qqn. **-3.** [reconcile]: I had ~ed myself to going alone je m'étais résigné à y aller seul.

**resignation** [,rezɪg'neɪʃn] *n* **-1.** [from job] démission *f*; to hand in OR to tender *fml* one's ~ donner sa démission. **-2.** [acceptance – of fact, situation] résignation *f*.

**resigned** [rɪ'zaɪnd] *adj* résigné; to become ~ to sthg se résigner à (faire) qqch; she gave me a ~ look/smile elle m'a regardé/souri avec résignation.

**resilience** [rɪ'zɪlɪəns] *n* **-1.** [of rubber, metal – springiness] élasticité *f*; [– toughness] résistance *f*.**-2.** [of character, person] énergie *f*, ressort *m*; [of institution] résistance *f*.

**resilient** [rɪ'zɪlɪənt] *adj* **-1.** [rubber, metal – springy] élastique; [– tough] résistant. **-2.** [person – in character] qui a du ressort, qui ne se laisse pas abattre OR décourager; [– in health, condition] très résistant.

**resin** ['rezɪn] *n* résine *f*.

**resinous** ['rezɪnəs] *adj* résineux.

**resist** [rɪ'zɪst] ◇ *vt* [temptation, attack, change, pressure] résister à; [reform] s'opposer à; he couldn't ~ having just one more drink il n'a pas pu résister à l'envie de prendre un dernier verre; I can't ~ it! c'est plus fort que moi!; he was charged with ~ing arrest *fml* il a été inculpé de résistance aux forces de l'ordre. ◇ *vi* résister, offrir de la résistance.

**resistance** [rɪ'zɪstəns] ◇ *n* [gen, ELEC, MED, PHYS & PSYCH] résistance *f*; their ~ to all reform leur opposition (systématique) à toute réforme; they offered no ~ to the new measures ils ne se sont pas opposés aux nouvelles mesures; they put up fierce ~ to their attackers ils opposèrent une vive résistance à leurs agresseurs; her ~ to infection is low elle offre peu de résistance à l'infection ❏ air/wind ~ résistance de

l'air/du vent. ◇ *comp* [movement] de résistance; [group] de résistants; ~ fighter résistant *m*, -e *f*.

**resistant** [rɪ'zɪstənt] ◇ *adj* [gen, ELEC, MED & PHYS] résistant; she is very ~ to change elle est très hostile au changement. ◇ *n* résistant *m*, -e *f*.

**-resistant** *in cpds*: heat~ qui résiste à la chaleur; water~ résistant à l'eau; flame~ ignifugé.

**resistor** [rɪ'zɪstə*r*] *n* ELEC résistance *f* (*objet*).

**resit** [*vb* ,riː'sɪt, *n* 'riːsɪt] (*pt & pp* resat [-'sæt], *cont* **resitting**) ◇ *vt* [exam] repasser. ◇ *n* examen *m* de rattrapage.

**resold** [,riː'səʊld] *pt & pp* → **resell**.

**resole** [,riː'səʊl] *vt* ressemeler.

**resolute** ['rezəluːt] *adj* [determined – person, expression, jaw] résolu; [steadfast – faith, courage, refusal] inébranlable; he is ~ in his decision il est inébranlable dans sa décision.

**resolutely** ['rezəluːtlɪ] *adv* [oppose, struggle, believe] résolument; [refuse] fermement.

**resolution** [,rezə'luːʃn] *n* **-1.** [decision] résolution *f*, décision *f*; she made a ~ to stop smoking elle a pris la résolution d'arrêter de fumer. **-2.** [formal motion] résolution *f*; they passed/adopted/rejected a ~ to limit the budget ils ont voté/adopté/rejeté une résolution pour limiter le budget. **-3.** [determination] résolution *f*; to say/to act with ~ dire/agir avec fermeté. **-4.** [settling, solving] résolution *f*; in Act V we see the ~ of the tragedy au cinquième acte, nous assistons au dénouement de la tragédie. **-5.** COMPUT, OPT & TV résolution *f*; high ~ screen écran *m* à haute résolution. **-6.** MED & MUS résolution *f*.

**resolvable** [rɪ'zɒlvəbl] *adj* résoluble, soluble.

**resolve** [rɪ'zɒlv] ◇ *vt* **-1.** [work out – quarrel, difficulty, dilemma] résoudre; [– doubt] dissiper; MATH [– equation] résoudre. **-2.** [decide]: to ~ to do sthg décider de OR se résoudre à faire qqch; I ~d to resign j'ai pris la décision de démissionner; it was ~d that... il a été résolu OR on a décidé que... **-3.** [break down, separate] résoudre, réduire; the problem can be ~d into three simple questions le problème peut se résoudre en OR être ramené à trois questions simples. **-4.** OPT & PHYS [parts, peaks] distinguer; [image] résoudre. **-5.** MED résoudre, faire disparaître. **-6.** MUS résoudre. ◇ *vi* **-1.** [separate, break down] se résoudre. **-2.** MUS [chord] être résolu. ◇ *n* **-1.** [determination] résolution *f*; it only strengthened our ~ ça n'a fait que renforcer notre détermination. **-2.** [decision] résolution *f*, décision *f*.

**resolved** [rɪ'zɒlvd] *adj* résolu, décidé, déterminé; I was firmly ~ to go j'étais fermement décidé à partir.

**resonance** ['rezənəns] *n* résonance *f*.

**resonant** ['rezənənt] *adj* **-1.** [loud, echoing] retentissant, sonore. **-2.** ACOUST, MUS & PHYS résonant, résonnant.

**resonate** ['rezəneɪt] *vi* [noise, voice, laughter, place] résonner, retentir; the valley ~d with their cries la vallée retentissait de leurs cris.

**resort** [rɪ'zɔːt] *n* **-1.** [recourse] recours *m*; without ~ to threats sans avoir recours aux menaces; as a last ~ en dernier ressort. **-2.** [for holidays] station *f*; seaside/ski ~ station balnéaire/de sports d'hiver. **-3.** [haunt, hang-out] repaire *m*.

♦ **resort to** *vt insep* [violence, sarcasm etc] avoir recours à, recourir à; you ~ed to lying to your wife vous en êtes venu à mentir à votre femme.

**resound** [rɪ'zaʊnd] *vi* **-1.** [noise, words, explosion] retentir, résonner; the trumpet ~ed through the barracks le son de la trompette retentissait dans toute la caserne. **-2.** [hall, cave, hills, room] retentir; the woods ~ed with birdsong les bois étaient pleins de chants d'oiseaux. **-3.** *fml* OR *lit* [spread – rumour] se propager.

**resounding** [rɪ'zaʊndɪŋ] *adj* **-1.** [loud – noise, blow, wail] retentissant; [– voice] sonore, claironnant; [explosion] violent. **-2.** [unequivocal] retentissant, éclatant.

**resoundingly** [rɪ'zaʊndɪŋlɪ] *adv* **-1.** [loudly] bruyamment. **-2.** [unequivocally – win] d'une manière retentissante OR décisive; [– criticize, condemn] sévèrement.

**resource** [rɪ'sɔːs] ◇ *n* **-1.** [asset] ressource *f*; there's a limit to the ~s we can invest il y a une limite à la somme que nous pouvons investir; your health is a precious ~ ta santé est un précieux capital; natural/energy ~s ressources naturelles/énergétiques. **-2.** [human capacity] ressource *f*; the task called for all my ~s of tact cette tâche a demandé toute ma diplomatie ❏ left to their own ~s, they're likely to mess everything up livrés à eux-mêmes, ils risquent de tout gâcher. **-3.** [ingenuity] ressource *f*. ◇ *comp* SCH & UNIV: ~ OR ~s centre/room centre *m*/salle *f* de documentation; ~ materials [written] documentation *f*; [audio-visual] aides *fpl* pédagogiques; ~ person [in career centre] conseiller *m*, -ère *f* d'orientation; [in library] bibliothécaire *mf* (*chargé d'orienter les usagers et d'entreprendre certaines recherches bibliographiques*).

**resourceful** [rɪ'sɔːsfʊl] *adj* ingénieux, plein de ressource OR ressources.

**resourcefully** [rɪ'sɔːsfʊlɪ] *adv* ingénieusement.

**resourcefulness** [rɪ'sɔːsfʊlnɪs] *n* ressource *f*.

**respect** [rɪ'spekt] ◇ *vt* **-1.** [esteem – person, judgment, right, authority] respecter; if you don't ~ yourself, no one else will si vous ne vous respectez pas vous-même, personne ne vous respectera. **-2.** [comply with – rules, customs, wishes] respecter.
◇ *n* **-1.** [esteem] respect *m*, estime *f*; I have (an) enormous ~ for her competence je respecte infiniment sa compétence; I don't have much ~ for his methods je n'ai pas beaucoup de respect pour ses méthodes; she is held in great ~ by her colleagues elle est très respectée OR elle est tenue en haute estime par ses collègues; you have to get OR to gain the children's ~ il faut savoir se faire respecter par les enfants; you have lost all my ~ je n'ai plus aucun respect pour toi; he has no ~ for authority/money il méprise l'autorité/l'argent. **-2.** [care, politeness] respect *m*, égard *m*; he should show more ~ for local customs il devrait se montrer plus respectueux des coutumes locales; to do sthg out of ~ for sthg/sb faire qqch par respect pour qqch/qqn; I stood up in ~ je me suis levé respectueusement; guns should be treated with ~ les armes à feu doivent être maniées avec précaution; with (all due) ~, Mr Clark... avec tout le respect que je vous dois, M. Clark... **-3.** [regard, aspect] égard *m*; in every ~ à tous les égards; in some/other ~s à certains/d'autres égards; in many ~s à bien des égards. **-4.** [compliance, observance] respect *m*, observation *f*.
◆ **respects** *npl* [salutations] respects *mpl*, hommages *mpl*; give my ~s to your father présentez mes respects à votre père; to pay one's ~s to sb présenter ses respects OR ses hommages à qqn; I went to the funeral to pay my last ~s je suis allé à l'enterrement pour lui rendre un dernier hommage.
◆ **with respect to** *prep phr* quant à, en ce qui concerne.

**respectability** [rɪ,spektə'bɪlətɪ] *n* respectabilité *f*.

**respectable** [rɪ'spektəbl] *adj* **-1.** [socially proper, worthy] respectable, convenable, comme il faut; I'm a ~ married woman! je suis une femme mariée et respectable!; that's not done in ~ society ça ne se fait pas dans la bonne société; to be outwardly ~ avoir l'apparence de la respectabilité; to make o.s. (look) ~ se préparer. **-2.** [fair – speech, athlete] assez bon; [– amount, wage etc] respectable, correct; a ~ first novel un premier roman qui n'est pas dénué d'intérêt; I play a ~ game of golf je joue passablement bien au golf.

**respectably** [rɪ'spektəblɪ] *adv* [properly] convenablement, comme il faut.

**respected** [rɪ'spektɪd] *adj* respecté.

**respecter** [rɪ'spektər] *n*: she is no ~ of tradition elle ne fait pas partie de ceux qui respectent la tradition; disease is no ~ of class nous sommes tous égaux devant la maladie.

**respectful** [rɪ'spektfʊl] *adj* respectueux.

**respectfully** [rɪ'spektfʊlɪ] *adv* respectueusement.

**respecting** [rɪ'spektɪŋ] *prep* concernant, en ce qui concerne.

**respective** [rɪ'spektɪv] *adj* respectif.

**respectively** [rɪ'spektɪvlɪ] *adv* respectivement.

**respiration** [,respə'reɪʃn] *n* respiration *f*.

**respirator** ['respəreɪtər] *n* [mask, machine] respirateur *m*.

**respiratory** [*Br* rɪ'spɪrətrɪ, *Am* 'respərətɔːrɪ] *adj* respiratoire; ~ problem OR problems troubles *mpl* respiratoires.

**respire** [rɪ'spaɪər] *vi* & *vt* lit respirer.

**respite** ['respaɪt] ◇ *n* **-1.** [pause, rest] répit *m*; without ~ sans répit OR relâche; he never has any ~ from the pain la douleur ne lui laisse aucun répit. **-2.** [delay] répit *m*, délai *m*; [stay of execution] sursis *m*; we've been given a week's ~ before we need to pay on nous a accordé un délai d'une semaine pour payer.

◇ *vt fml* accorder un sursis à.

**respite care** *n* (U) accueil temporaire, dans un établissement médicalisé, de personnes malades, handicapées etc, destiné à prendre le relais des familles.

**resplendent** [rɪ'splendənt] *adj* [splendid] magnifique, splendide; [shining] resplendissant; Joe, ~ in his new suit Joe, resplendissant OR magnifique dans son nouveau costume.

**resplendently** [rɪ'splendəntlɪ] *adv* [dress, decorate] somptueusement; [shine] avec éclat.

**respond** [rɪ'spɒnd] ◇ *vi* **-1.** [answer – person, guns] répondre; to ~ to a request répondre à une demande; she ~ed with a smile elle a répondu par un sourire. **-2.** [react] répondre, réagir; the steering is slow to ~ la direction ne répond pas bien; the patient is ~ing le malade réagit positivement; her condition isn't ~ing to treatment le traitement ne semble pas agir sur sa maladie ‖ [person]: they'll ~ to the crisis by raising taxes ils répondront à la crise en augmentant les impôts; are people ~ing to the candidate's message? l'opinion publique réagit-elle favorablement au message du candidat?; he doesn't ~ well to criticism il réagit mal à la critique; to ~ to flattery être sensible à la flatterie. ◇ *vt* répondre. ◇ *n* **-1.** ARCHIT [for arch] pilier *m* butant; [ending colonnade] colonne *f* engagée. **-2.** RELIG répons *m*.

**respondent** [rɪ'spɒndənt] ◇ *n* **-1.** JUR défendeur *m*, -eresse *f*. **-2.** [in opinion poll] sondé *m*, -e *f*; 10% of the ~s 10 % dès personnes interrogées. **-3.** PSYCH [reflex] répondant *m*. ◇ *adj* PSYCH répondant.

**response** [rɪ'spɒns] *n* **-1.** [answer] réponse *f*; have you had any ~ to your request yet? avez-vous obtenu une réponse à votre demande?; when asked, she gave OR made no ~ quand on lui a posé la question, elle n'a rien répondu; he smiled in ~ il a répondu par un sourire. **-2.** [reaction] réponse *f*, réaction *f*; their proposals met with a favourable/ lukewarm ~ leurs propositions ont été accueillies favorablement/ont reçu un accueil mitigé. **-3.** [in bridge] réponse *f*. **-4.** RELIG répons *m*. **-5.** MED réaction *f*.
◆ **in response to** *prep phr* en réponse à; he resigned in ~ to the party's urging/to the pressure il a démissionné, cédant à l'insistance du parti/à la pression.

**response time** *n* COMPUT temps *m* de réponse; MED & PSYCH temps *m* de réaction.

**responsibility** [rɪ,spɒnsə'bɪlətɪ] (*pl* **responsibilities**) *n* **-1.** [control, authority] responsabilité *f*; to have ~ for sthg avoir la charge OR la responsabilité de qqch; a position of great ~ un poste à haute responsabilité; how much ~ for the operation did the president really have? jusqu'à quel point le président était-il responsable de l'opération?; can he handle all that ~? est-il capable d'assumer toutes ces responsabilités?; he authorized it on his own ~ il l'a autorisé de son propre chef, il a pris sur lui de l'autoriser. **-2.** [accountability] responsabilité *f*; he has no sense of ~ il n'a aucun sens des responsabilités; to accept OR to assume ~ for one's mistakes assumer la responsabilité de ses erreurs; I take full ~ for the defeat je prends (sur moi) l'entière responsabilité de la défaite. **-3.** [task, duty] responsabilité *f*; responsibilities include product development vous assurerez entre autres le développement des nouveaux produits; it's his ~! ça le regarde!; to have a ~ to sb avoir une responsabilité envers qqn; to shirk one's responsibilities fuir ses responsabilités; children are a big ~ c'est une lourde responsabilité que d'avoir des enfants.

**responsible** [rɪ'spɒnsəbl] *adj* **-1.** [in charge, in authority] responsable; who's ~ for research? qui est chargé de la recherche?; he was ~ for putting the children to bed c'était lui qui couchait les enfants; a ~ position un poste à haute responsabilité. **-2.** [accountable] responsable; ~ for sthg responsable de qqch; human error/a malfunction was ~ for the disaster la catastrophe était due à une erreur humaine/à une défaillance technique; I hold you personally ~ je vous tiens personnellement responsable; he is ~ only to the managing director il n'est responsable que devant le directeur général. **-3.** [serious, trustworthy] sérieux, responsable; it wasn't very ~ of him ce n'était pas très sérieux de sa part; the chemical industry has become more environmentally ~ l'industrie chimique se préoccupe davantage de l'environnement; they aren't ~ parents ce ne sont pas des parents dignes de ce nom.

**responsibly** [rɪˈspɒnsəblɪ] *adv* de manière responsable; to behave ~ avoir un comportement responsable.

**responsive** [rɪˈspɒnsɪv] *adj* **-1.** [person – sensitive] sensible; [– receptive] ouvert; [– enthusiastic] enthousiaste; [– affectionate] affectueux; I asked him for advice, but he wasn't very ~ je lui ai demandé des conseils mais il semblait peu disposé à me répondre; to be ~ to praise être sensible aux compliments. **-2.** [brakes, controls, keyboard] sensible; the patient isn't proving ~ to treatment le malade ne réagit pas au traitement. **-3.** [answering – smile, nod] en réponse.

**responsiveness** [rɪˈspɒnsɪvnɪs] *n* **-1.** [of person – sensitivity] sensibilité *f*; [– receptiveness] ouverture *f*; [– enthusiasm] enthousiasme *m*; [– affection] affection *f*, tendresse *f*. **-2.** [of brakes, controls, keyboard] sensibilité *f*.

**respray** [*vb* ˌriːˈspreɪ, *n* ˈriːspreɪ] ◇ *vt* [car] repeindre. ◇ *n*: I took the car in for a ~ j'ai donné la voiture à repeindre.

**rest** [rest] ◇ *n* **-1.** [remainder]: take the ~ of the cake prenez le reste OR ce qui reste du gâteau; take the ~ of the cakes prenez les autres gâteaux OR les gâteaux qui restent; the ~ of the time they watch television le reste du temps, ils regardent la télévision; he's the only amateur, the ~ of them are professionals c'est le seul amateur, les autres sont des professionnels ❏ and all the ~ (of it) *inf*, and the ~ *inf* et tout le reste OR tout le tralala. **-2.** [relaxation] repos *m*; [pause] repos *m*, pause *f*; (a) ~ will do him good un peu de repos lui fera du bien; try to get some ~ essayez de vous reposer (un peu); I had OR I took a ten-minute ~ je me suis reposé pendant dix minutes, j'ai fait une pause de dix minutes; you need a week's ~/a good night's ~ vous avez besoin d'une semaine de repos/d'une bonne nuit de sommeil; after a moment's ~ après s'être reposé quelques instants; he needs a ~ from the pressure/the children il a besoin de se détendre/d'un peu de temps sans les enfants; he gave her no ~ until she consented il ne lui a pas laissé une minute de répit jusqu'à ce qu'elle accepte; you'd better give the skiing a ~ vous feriez mieux de ne pas faire de ski pendant un certain temps ❏ ~ and recuperation *Am* MIL permission *f*; *hum* vacances *fpl*; to put OR to set sb's mind at ~ tranquilliser OR rassurer qqn; give it a ~! *inf* arrête, tu veux? **-3.** [motionlessness] repos *m*; the machines are at ~ les machines sont au repos; to come to ~ [vehicle, pendulum, ball] s'immobiliser, s'arrêter; [bird, falling object] se poser. **-4.** *euph* [death] paix *f*; to lay sb to ~ porter qqn en terre; to lay OR to put to ~ [rumour] dissiper; [allegation, notion] abandonner. **-5.** [support] support *m*, appui *m*; [in snooker] reposequeue *m*. **-6.** MUS silence *m*; minim *Br* OR half *Am* ~ demi-pause *f*; crotchet *Br* OR quarter *Am* ~ soupir *m*; quaver *Br* OR eighth *Am* ~ demi-soupir *m*. **-7.** [in poetry] césure *f*.
◇ *vi* **-1.** [relax, stop working] se reposer; we shall not ~ until the fight is won nous n'aurons de cesse que la lutte ne soit gagnée. **-2.** [be held up or supported] reposer; his arm ~ed on the back of the sofa son bras reposait sur le dossier du canapé ∥ [lean – person] s'appuyer; [– bicycle, ladder] être appuyé; she was ~ing on her broom elle était appuyée sur son balai. **-3.** [depend, be based – argument, hope] reposer; the theory ~s on a false assumption la théorie repose sur une hypothèse fausse. **-4.** [be, remain] être; ~ assured we're doing our best soyez certain que nous faisons de notre mieux; that's how things ~ between us voilà où en sont les choses entre nous; can't you let the matter ~? ne pouvez-vous pas abandonner cette idée?; he just won't let it ~ il y revient sans cesse. **-5.** [reside, belong] résider; power ~s with the committee c'est le comité qui détient le pouvoir; the decision doesn't ~ with me la décision ne dépend pas de moi. **-6.** [alight – eyes, gaze] se poser. **-7.** *euph* [lie dead] reposer; '~ in peace' 'repose en paix'. **-8.** JUR: the defence ~s la défense conclut sa plaidoirie. **-9.** AGR [lie fallow] être en repos OR en jachère.
◇ *vt* **-1.** [allow to relax] laisser reposer; sit down and ~ your legs assieds-toi et repose-toi les jambes. **-2.** [support, lean] appuyer; she ~ed her bicycle against a lamppost elle appuya sa bicyclette contre un réverbère; he ~ed his arm on the back of the sofa son bras reposait sur le dossier du canapé. **-3.** *phr*: I ~ my case JUR j'ai conclu mon plaidoyer; *fig* je n'ai rien d'autre à ajouter.
◆ **for the rest** *adv phr* pour le reste, quant au reste.
◆ **rest up** *vi insep inf* se reposer (un peu).

**rest area** *n* AUT aire *f* de repos,

**restart** [*vb* ˌriːˈstɑːt, *n* ˈriːstɑːt] ◇ *vt* **-1.** [activity] reprendre, recommencer; [engine, mechanism] remettre en marche. **-2.** COMPUT [system] relancer, redémarrer; [program] relancer. ◇ *vi* **-1.** [job, project] reprendre, recommencer; [engine, mechanism] redémarrer. **-2.** COMPUT [system] redémarrer; [program] reprendre. ◇ *n* **-1.** [of engine, mechanism] remise *f* en marche. **-2.** COMPUT [of system] redémarrage *m*; [of program] reprise *f*; ~ point point *m* de reprise.

**restate** [ˌriːˈsteɪt] *vt* **-1.** [reiterate – argument, case, objection] répéter, réitérer; [– one's intentions, innocence, faith] réaffirmer. **-2.** [formulate differently] reformuler.

**restatement** [ˌriːˈsteɪtmənt] *n* **-1.** [repetition – of argument, case, objection] répétition *f*; [– of intentions, innocence, faith] réaffirmation *f*. **-2.** [different formulation] reformulation *f*.

**restaurant** [ˈrestərɒnt] *n* restaurant *m*.

**restaurant car** *n Br* wagon-restaurant *m*, voiture-restaurant *f*.

**restaurateur** [ˌrestərəˈtɜːr] *n* restaurateur *m*, -trice *f* (*tenant un restaurant*).

**rest cure** *n* cure *f* de repos.

**rested** [ˈrestɪd] *adj* reposé.

**restful** [ˈrestful] *adj* reposant, délassant, paisible.

**rest home** *n* maison *f* de retraite.

**resting place** [ˈrestɪŋ-] *n* **-1.** *literal* lieu *m* de repos. **-2.** *fig &
lit* [grave] dernière demeure *f*.

**restitution** [ˌrestɪˈtjuːʃn] *n* restitution *f*; the company was ordered to make full ~ of the monies la société a été sommée de restituer l'intégralité de la somme.

**restive** [ˈrestɪv] *adj* **-1.** [nervous, fidgety] nerveux, agité. **-2.** [unmanageable] rétif, difficile.

**restless** [ˈrestlɪs] *adj* **-1.** [fidgety] nerveux, agité; [impatient] impatient; the audience was beginning to grow ~ le public commençait à s'impatienter. **-2.** [constantly moving] agité; her ~ mind son esprit en ébullition. **-3.** [giving no rest]: a ~ night une nuit agitée.

**restlessly** [ˈrestlɪslɪ] *adv* **-1.** [nervously] nerveusement; [impatiently] impatiemment, avec impatience. **-2.** [sleeplessly]: she tossed ~ all night elle a eu une nuit très agitée.

**restlessness** [ˈrestlɪsnɪs] *n* [fidgeting, nervousness] nervosité *f*, agitation *f*; [impatience] impatience *f*.

**restock** [ˌriːˈstɒk] *vt* **-1.** [with food, supplies] réapprovisionner. **-2.** [with fish] empoissonner; [with game] réapprovisionner en gibier.

**restoration** [ˌrestəˈreɪʃn] *n* **-1.** [giving back] restitution *f*. **-2.** [re-establishment] restauration *f*, rétablissement *m*. **-3.** [repairing, cleaning – of work of art, building] restauration *f*.
◆ **Restoration** HIST ◇ *n*: the Restoration la Restauration anglaise. ◇ *comp* [literature, drama] de (l'époque de) la Restauration (anglaise).

**restorative** [rɪˈstɒrətɪv] ◇ *adj* fortifiant, remontant. ◇ *n* fortifiant *m*, remontant *m*.

**restore** [rɪˈstɔːr] *vt* **-1.** [give back] rendre, restituer; the jewels have been ~d to their rightful owners les bijoux ont été rendus OR restitués à leurs propriétaires légitimes. **-2.** [re-establish – peace, confidence] restaurer, rétablir; [– monarchy] restaurer; [– monarch] remettre sur le trône; ~d to his former post rétabli OR réintégré dans ses anciennes fonctions; if the left-wing government is ~d to power si le gouvernement de gauche revient au pouvoir; it ~d my faith in human nature cela m'a redonné confiance en la nature humaine; the treatment should soon ~ his health OR him to health le traitement devrait vite le remettre sur pied. **-3.** [repair, clean – work of art, building] restaurer.

**restorer** [rɪˈstɔːrər] *n* ART restaurateur *m*, -trice *f* (*de tableaux*).

**restrain** [rɪˈstreɪn] *vt* **-1.** [hold back, prevent] retenir, empêcher; I couldn't ~ myself from making a remark je n'ai pas pu m'empêcher de faire une remarque. **-2.** [overpower, bring under control – person] maîtriser. **-3.** [repress – emotion, anger, laughter] contenir, réprimer. **-4.** [imprison] emprisonner.

**restrained** [rɪˈstreɪnd] *adj* **-1.** [person] retenu, réservé; [emotion] contenu, maîtrisé. **-2.** [colour, style] sobre, discret (*f* -ète).

**restraint** [rɪˈstreɪnt] *n* **-1.** [self-control] retenue *f*; with remarkable ~ avec une retenue remarquable. **-2.** [restriction]

restriction *f*, contrainte *f*; **certain ~s should be put on the committee's powers** il faudrait restreindre les pouvoirs du comité. **-3.** [control] contrôle *m*; **a policy of price ~** une politique de contrôle des prix.

**restrict** [rɪ'strɪkt] *vt* restreindre, limiter; **I ~ myself to ten cigarettes a day** je me limite à dix cigarettes par jour.

**restricted** [rɪ'strɪktɪd] *adj* **-1.** [limited] limité, restreint; **~ area** [out of bounds] zone *f* interdite; *Br* AUT [with parking restrictions] zone *f* à stationnement réglementé; [with speed limit] zone *f* à vitesse limitée. **-2.** ADMIN [secret – document, information] secret (*f* -ète), confidentiel. **-3.** [narrow – ideas, outlook] étroit, borné.

**restriction** [rɪ'strɪkʃn] *n* **-1.** [limitation] restriction *f*, limitation *f*; **they'll accept no ~ of their liberty** ils n'accepteront pas qu'on restreigne leur liberté; **to put** OR **to place** OR **to impose ~s on sthg** imposer des restrictions sur qqch ❑ **speed ~** limitation de vitesse. **-2.** LOGIC & MATH condition *f*.

**restrictive** [rɪ'strɪktɪv] *adj* **-1.** [clause, list] restrictif, limitatif; [interpretation] strict. **-2.** LING [clause] déterminatif.

**restrictive practice** *n* [by union] pratique *f* syndicale restrictive; [by traders] atteinte *f* à la libre concurrence.

**restring** [,riː'strɪŋ] (*pt* & *pp* **restrung** [-'strʌŋ]) *vt* [bow] remplacer la corde de; [musical instrument] remplacer les cordes de; [tennis racket] recorder; [beads] renfiler.

**rest room** *n Am* toilettes *fpl*.

**restructure** [,riː'strʌktʃəʳ] *vt* restructurer.

**rest stop** *n Am* AUT aire *f* de stationnement OR de repos.

**restyle** [,riː'staɪl] *vt* [car] changer le design de; [hair, clothes] changer de style de; [magazine] changer la présentation de.

**result** [rɪ'zʌlt] ◇ *n* **-1.** [consequence] résultat *m*, conséquence *f*; **the net ~** le résultat final; **these problems are the ~ of a misunderstanding** ces problèmes sont dus à un malentendu; **I overslept, with the ~ that I was late for work** je ne me suis pas réveillé à temps, et du coup, je suis arrivé à mon travail en retard. **-2.** [success] résultat *m*; **our policy is beginning to get** OR **show ~s** notre politique commence à porter ses fruits; **they're looking for sales staff who can get ~s** ils cherchent des vendeurs capables d'obtenir de bons résultats. **-3.** [of match, exam, election] résultat *m*; **she got good A-level ~s** *Br* ≃ elle a obtenu de bons résultats au baccalauréat; **our team needs a ~ next week** SPORT [win] notre équipe a besoin de gagner la semaine prochaine; **the company's ~s are down on last year** FIN les résultats financiers de l'entreprise sont moins bons que (ceux de) l'année dernière. **-4.** MATH [of sum, equation] résultat *m*.
◇ *vi* résulter; **the fire ~ed from a short circuit** c'est un court-circuit qui a provoqué l'incendie; **a price rise would inevitably ~** il en résulterait OR il s'ensuivrait inévitablement une augmentation des prix; **to ~ in** avoir pour résultat; **the dispute ~ed in her resigning** la dispute a entraîné sa démission; **the attack ~ed in heavy losses on both sides** l'attaque s'est soldée par d'importantes pertes des deux côtés.
◆ **as a result** *adv phr*: **as a ~, I missed my flight** à cause de cela, j'ai manqué mon avion.
◆ **as a result of** *prep phr* à cause de.

**resultant** [rɪ'zʌltənt] ◇ *adj* [gen, MATH & MUS] résultant. ◇ *n* MATH & PHYS résultante *f*.

**resume** [rɪ'zjuːm] ◇ *vt* **-1.** [seat, activity, duties, etc] reprendre. **-2.** *arch* [sum up] résumer. ◇ *vi* reprendre, continuer.

**résumé** ['rezjuːmeɪ] *n* **-1.** [summary] résumé *m*. **-2.** *Am* [curriculum vitae] curriculum vitae *m inv*.

**resumption** [rɪ'zʌmpʃn] *n* reprise *f*.

**resurface** [,riː'sɜːfɪs] ◇ *vi literal* & *fig* refaire surface. ◇ *vt* [road] refaire.

**resurgence** [rɪ'sɜːdʒəns] *n* réapparition *f*, renaissance *f*.

**resurgent** [rɪ'sɜːdʒənt] *adj* renaissant.

**resurrect** [,rezə'rekt] *vt literal* & *fig* ressusciter; **~ed from the dead** ressuscité des OR d'entre les morts; **the minister succeeded in ~ing his career** le ministre réussit à faire redémarrer sa carrière.

**resurrection** [,rezə'rekʃn] *n* résurrection *f*.

**resuscitate** [rɪ'sʌsɪteɪt] *vt* ranimer, réanimer.

**resuscitation** [rɪ,sʌsɪ'teɪʃn] *n* réanimation *f*.

**resuscitator** [rɪ'sʌsɪteɪtəʳ] *n* [apparatus] respirateur *m*; [per-

son] réanimateur *m*, -trice *f*.

**retail** ['riːteɪl] ◇ *n* (vente *f* au) détail *m*. ◇ *adj* de détail; **they run a ~ hifi business** ils ont un magasin de matériel hi-fi ❑ **~ goods** marchandises *fpl* vendues au détail; **~ outlet** point *m* de vente (au détail); **the ~ price** le prix de OR au détail; **~ price index** *Br* indice *m* des prix de détail; **~ shop** magasin *m* de détail; **~ trade** commerce *m*. ◇ *adv* au détail. ◇ *vt* **-1.** COMM vendre au détail. **-2.** *fml* [story, event, experience] raconter; [gossip, scandal] répandre, colporter *pej*. ◇ *vi* [goods] se vendre au détail; **they ~ at £10 each** ils se vendent à 10 livres la pièce.

**retailer** ['riːteɪləʳ] *n* détaillant *m*, -e *f*.

**retain** [rɪ'teɪn] *vt* **-1.** [keep] garder; **the village has ~ed its charm** le village a conservé son charme. **-2.** [hold, keep in place] retenir. **-3.** [remember] retenir, garder en mémoire. **-4.** [reserve – place, hotel room] retenir, réserver. **-5.** [engage – solicitor] engager; **~ing fee provision** *f* OR avance *f* sur honoraires.

**retainer** [rɪ'teɪnəʳ] *n* **-1.** [servant] domestique *mf*, serviteur *m arch*. **-2.** [retaining fee] provision *f*. **-3.** [nominal rent] loyer *m* nominal.

**retake** [*vb* ,riː'teɪk, *n* 'riːteɪk] (*pt* **retook** [-'tʊk], *pp* **retaken** [-'teɪkn]) ◇ *vt* **-1.** [town, fortress] reprendre. **-2.** [exam] repasser. **-3.** CIN [shot] reprendre, refaire; [scene] refaire une prise (de vues) de. ◇ *n* **-1.** [of exam] nouvelle session *f*. **-2.** CIN nouvelle prise *f* (de vues).

**retaliate** [rɪ'tælɪeɪt] *vi* se venger, riposter; **she ~d against her critics** elle a riposté à l'attaque de ses critiques.

**retaliation** [rɪ,tælɪ'eɪʃn] *n* (*U*) représailles *fpl*, vengeance *f*; **in ~ (for sthg)** en OR par représailles (contre qqch).

**retaliatory** [rɪ'tælɪətrɪ] *adj* de représailles, de rétorsion; **a ~ attack** une riposte.

**retard** [rɪ'tɑːd] ◇ *vt fml* OR SCI retarder. ◇ *n Am offensive* retardé *m*, -e *f*.

**retardant** [rɪ'tɑːdnt] ◇ *n* SCI retardateur *m*. ◇ *adj fml* OR SCI retardateur.

**retarded** [rɪ'tɑːdɪd] ◇ *adj* **-1.** [mentally] arriéré. **-2.** [delayed] retardé. ◇ *npl dated*: **the (mentally) ~** les arriérés *mpl* mentaux.

**retch** [retʃ] *vi* avoir un OR des haut-le-cœur. ◇ *n* haut-le-cœur *m inv*.

**retd** *written abbr of* **retired**.

**retell** [,riː'tel] (*pt* & *pp* **retold** [-'təʊld]) *vt* raconter de nouveau, veau.

**retelling** [,riː'telɪŋ] *n* nouvelle version *f*.

**retention** [rɪ'tenʃn] *n* **-1.** [keeping] conservation *f*. **-2.** MED [holding] rétention *f*; **fluid ~** rétention d'eau. **-3.** [memory] rétention *f*.

**retentive** [rɪ'tentɪv] *adj* [memory] qui retient bien.

**rethink** [*vb* ,riː'θɪŋk, *n* 'riːθɪŋk] (*pt* & *pp* **rethought** [-'θɔːt]) ◇ *vt* repenser. ◇ *n*: **a ~ of the whole project is necessary** il faut repenser le projet dans son ensemble; **to have a ~ about sthg** réfléchir de nouveau à qqch.

**reticence** ['retɪsəns] *n* réticence *f*.

**reticent** ['retɪsənt] *adj* réticent; **he's ~ about explaining his reasons** il hésite OR est peu disposé à expliquer ses raisons.

**retina** ['retɪnə] (*pl* **retinas** OR **retinae** [-niː]) *n* rétine *f*.

**retinal** ['retɪnl] *adj* rétinien.

**retinue** ['retɪnjuː] *n* suite *f*, cortège *m*.

**retire** [rɪ'taɪəʳ] ◇ *vi* **-1.** [from job] prendre sa retraite; [from business, politics] se retirer; **to ~ from the political scene** se retirer de la scène politique. **-2.** *fml* OR *hum* [go to bed] aller se coucher. **-3.** [leave] se retirer; **shall we ~ to the lounge?** si nous passions au salon?; **to ~ hurt** SPORT abandonner à la suite d'une blessure. **-4.** MIL [pull back] se replier. ◇ *vt* **-1.** [employee] mettre à la retraite. **-2.** MIL [troops] retirer. **-3.** FIN [coins, bonds, shares] retirer de la circulation.

**retired** [rɪ'taɪəd] *adj* **-1.** [from job] retraité, à la retraite. **-2.** [secluded] retiré.

**retiree** [,rɪtaɪə'riː] *n Am* retraité *m*, -e *f*.

**retirement** [rɪ'taɪəmənt] *n* **-1.** [from job] retraite *f*; **to take early ~** partir en préretraite. **-2.** [seclusion] isolement *m*, solitude *f*. **-3.** MIL [pulling back] repli *m*.

**retirement age** *n* âge *m* de la retraite.

**retirement pay** *n* retraite *f*.

**retirement pension** *n* (pension *f* de) retraite *f*.

**retirement plan** *n Am* régime *m* de retraite.

**retiring** [rɪ'taɪərɪŋ] *adj* -**1.** [reserved] réservé. -**2.** [leaving – official, MP] sortant. -**3.** [employee] qui part à la retraite.

**retold** [,ri:'təʊld] *pt & pp* → **retell**.

**retool** [,ri:'tu:l] ◇ *vt* -**1.** INDUST rééquiper. -**2.** *Am inf* [reorganize] réorganiser. ◇ *vi* -**1.** INDUST se rééquiper. -**2.** *Am inf* [reorganize] se réorganiser.

**retort** [rɪ'tɔ:t] ◇ *vi & vt* rétorquer, riposter. ◇ *n* -**1.** [reply] riposte *f*, réplique *f*. -**2.** CHEM cornue *f*.

**retouch** [,ri:'tʌtʃ] *vt* [gen & PHOT] retoucher.

**retrace** [rɪ'treɪs] *vt* -**1.** [go back over – route] refaire; to ~ one's steps rebrousser chemin, revenir sur ses pas. -**2.** [reconstitute – past events, sb's movements] reconstituer.

**retract** [rɪ'trækt] ◇ *vt* -**1.** [withdraw – statement, confession] retirer, rétracter *lit*; [go back on – promise, agreement] revenir sur. -**2.** [draw in – claws, horns] rétracter, rentrer; AERON [– wheels] rentrer, escamoter. ◇ *vi* -**1.** [recant] se rétracter, se désavouer. -**2.** [be drawn in – claws, horns] se rétracter; AERON [– wheels] rentrer.

**retractable** [rɪ'træktəbl] *adj* -**1.** [aerial, undercarriage] escamotable. -**2.** [statement] que l'on peut rétracter OR désavouer.

**retraction** [rɪ'trækʃn] *n* [of false information] démenti *m*.

**retrain** [,ri:'treɪn] ◇ *vt* recycler. ◇ *vi* se recycler.

**retraining** [,ri:'treɪnɪŋ] *n* recyclage *m*.

**retread** [*vb* ,ri:'tred, *n* 'ri:tred] (*pt* **retrod** [-'trɒd], *pp* **retrodden** [-'trɒdn] OR **retrod** [-'trɒd]) ◇ *vt* AUT rechaper. ◇ *n* pneu *m* rechapé.

**retreat** [rɪ'tri:t] ◇ *vi* -**1.** MIL battre en retraite, se replier; the management was forced to ~ on this point *fig* la direction a été obligée de céder sur ce point. -**2.** [gen] se retirer; to ~ to the country se retirer à la campagne. ◇ *n* -**1.** [ MIL & gen – withdrawal] retraite *f*, repli *m*; to beat/to sound the ~ battre/ sonner la retraite; this is a ~ from the unions' original position les syndicats ont fait là des concessions par rapport à leur position initiale ❏ to beat a hasty ~ prendre ses jambes à son cou. -**2.** [refuge] refuge *m*, asile *m*.-**3.** RELIG retraite *f*; to go on a ~ faire une retraite.

**retrench** [ri:'trentʃ] ◇ *vt* [costs, expenses] réduire, restreindre. ◇ *vi* faire des économies, se restreindre.

**retrenchment** [ri:'trentʃmənt] *n* [of costs, expenses] réduction *f*, compression *f*.

**retrial** [,ri:'traɪəl] *n* nouveau procès *m*.

**retribution** [,retrɪ'bju:ʃn] *n* punition *f*, châtiment *m*; it is divine ~ c'est le châtiment de Dieu.

**retributive** [rɪ'trɪbjʊtɪv] *adj* [involving punishment] de punition, de châtiment; [avenging] vengeur.

**retrievable** [rɪ'tri:vəbl] *adj* [object] récupérable; [fortune, health] recouvrable; [error, loss] réparable; [situation] rattrapable.

**retrieval** [rɪ'tri:vl] *n* -**1.** [getting back – of object] récupération *f*; [– of fortune, health] recouvrement *m*.-**2.** COMPUT récupération *f*, extraction *f*; data ~ recherche *f* de données. -**3.** [making good – of mistake] réparation *f*.

**retrieve** [rɪ'tri:v] ◇ *vt* -**1.** [get back – lost object] récupérer; [– health, fortune] recouvrer, retrouver; I ~d my bag from the lost property office j'ai récupéré mon sac au bureau des objets trouvés. -**2.** [save] sauver; she managed to ~ her coat from the fire elle réussit à sauver son manteau du feu. -**3.** COMPUT [data] récupérer, extraire. -**4.** [make good – mistake] réparer; [situation] rattraper, sauver. -**5.** HUNT rapporter. ◇ *vi* HUNT rapporter le gibier.

**retriever** [rɪ'tri:vər] *n* [gen] retriever *m*; [golden retriever] Golden retriever *m*; [Labrador retriever] Labrador retriever.

**retroactive** [,retrəʊ'æktɪv] *adj* rétroactif.

**retroflexed** ['retrəʊflekst] *adj* -**1.** LING rétroflexe. -**2.** ANAT rétrofléchi.

**retrograde** ['retrəgreɪd] ◇ *adj* rétrograde. ◇ *vi* -**1.** [gen] rétrograder. -**2.** *Am* MIL [retreat] battre en retraite.

**retrogress** [,retrə'gres] *vi fml* -**1.** [degenerate] régresser. -**2.** [move backwards] rétrograder.

**retrogression** [,retrə'greʃn] *n* rétrogression *f*, régression *f*.

**retrogressive** [,retrə'gresɪv] *adj* rétrogressif, régressif.

**retrorocket** ['retrəʊ,rɒkɪt] *n* rétrofusée *f*.

**retrospect** ['retrəspekt]

◆ **in retrospect** *adv phr* rétrospectivement, avec le recul.

**retrospection** [,retrə'spekʃn] *n* rétrospection *f*.

**retrospective** [,retrə'spektɪv] ◇ *adj* rétrospectif. ◇ *n* ART rétrospective *f*.

**retrospectively** [,retrə'spektɪvlɪ] *adv* rétrospectivement.

**retry** [,ri:'traɪ] (*pt & pp* **retried**) *vt* JUR refaire le procès de, juger à nouveau.

**retune** [,ri:'tju:n] ◇ *vt* -**1.** MUS réaccorder. -**2.** RADIO régler. ◇ *vi* RADIO: to ~ to medium wave régler son poste sur ondes moyennes.

**return** [rɪ'tɜ:n] ◇ *vi* -**1.** [go back] retourner; [come back] revenir; as soon as she ~s dès son retour; to ~ home rentrer (à la maison OR chez soi). -**2.** [to subject, activity, former state] revenir; let's ~ to your question revenons à votre question; to ~ to work reprendre le travail; she ~ed to her reading elle reprit sa lecture; he soon ~ed to his old ways il est vite retombé dans OR il a vite repris ses anciennes habitudes; the situation should ~ to normal next week la situation devrait redevenir normale la semaine prochaine. -**3.** [reappear – fever, pain, good weather, fears] réapparaître. ◇ *vt* -**1.** [give back] rendre; [take back] rapporter; [send back] renvoyer, retourner; I have to ~ the library books today il faut que je rapporte les livres à la bibliothèque aujourd'hui; '~ to sender' 'retour à l'expéditeur'; she ~ed my look elle me regarda à son tour; the soldiers ~ed our fire les soldats répondirent à notre tir. -**2.** [replace, put back] remettre; she ~ed the file to the drawer elle remit le dossier dans le tiroir. -**3.** [repay – greeting, kindness, compliment] rendre (en retour); they ~ed our visit the following year ils sont venus nous voir à leur tour l'année suivante ‖ [reciprocate – affection] rendre. -**4.** SPORT [hit or throw back] renvoyer. -**5.** *Br* [elect] élire; she was ~ed as member for Tottenham elle a été élue député de Tottenham. -**6.** [reply] répondre. -**7.** JUR [pronounce – verdict] rendre, prononcer. -**8.** FIN [yield – profit, interest] rapporter. -**9.** [in bridge] rejouer. ◇ *adj* [fare] aller (et) retour; [trip, flight] de retour; ~ journey le (voyage du) retour. ◇ *n* -**1.** [going or coming back] retour *m*; on her ~ à son retour ❏ the point of no ~ le point de non-retour. -**2.** [giving or taking back] retour *m*; [sending back] renvoi *m*, retour *m*; by ~ (of post) *Br* par retour du courrier. -**3.** *Br* [round trip] aller et retour *m*; two ~s to Edinburgh, please deux allers et retours pour Édimbourg, s'il vous plaît; weekend ~ RAIL billet aller et retour valable du vendredi au dimanche soir. -**4.** [to subject, activity, earlier state] retour *m*; a ~ to normal un retour à la normale; the strikers' ~ to work la reprise du travail par les grévistes. -**5.** [reappearance – of fever, pain, good weather] réapparition *f*, retour *m*.-**6.** FIN [yield] rapport *m*; a 10% ~ on investment un rendement de 10 % sur la somme investie. -**7.** [for income tax] (formulaire *m* de) déclaration *f* d'impôts. -**8.** SPORT [esp in tennis] retour *m*.-**9.** ARCHIT retour *m*.

◆ **returns** *npl* -**1.** [results] résultats *mpl*; [statistics] statistiques *fpl*, chiffres *mpl*; the election ~s les résultats des élections. -**2.** [birthday greetings]: many happy ~s (of the day)! bon OR joyeux anniversaire!

◆ **in return** *adv phr* en retour, en échange.

◆ **in return for** *prep phr* en échange de.

**returnable** [rɪ'tɜ:nəbl] *adj* -**1.** [container, bottle] consigné. -**2.** [document] à retourner; ~ by July 1st à renvoyer avant le 1ᵉʳ juillet.

**returner** [rɪ'tɜ:nər] *n* [person returning to work] *personne réintégrant la vie professionnelle après une période d'inactivité volontaire*.

**returning officer** [rɪ'tɜ:nɪŋ-] *n* président *m*, -e *f* du bureau de vote.

**return key** *n* COMPUT touche *f* entrée.

**return match** *n* match *m* retour.

**return ticket** *n Br* (billet *m* d') aller (et) retour *m*.

**reunification** [,ri:ju:nɪfɪ'keɪʃn] *n* réunification *f*.

**reunify** [,ri:'ju:nɪfaɪ] (*pt & pp* **reunified**) *vt* réunifier.

**reunion** [,ri:'ju:njən] *n* réunion *f*.

**Reunion** [,ri:'ju:njən] *pr n*: ~ (Island) (l'île *f* de) la Réunion; in ~ à la Réunion.

**reunite** [,ri:ju:'naɪt] ◇ *vt* réunir; when the hostages were ~d with their families quand les otages ont retrouvé leur

**famille.** ◇ *vi* se réunir.

**reupholster** [ˌriːʌpˈhəʊlstər] *vt* rembourrer (de nouveau).

**reusable** [riːˈjuːzəbl] *adj* réutilisable, recyclable.

**re-use** [*vb* ˌriːˈjuːz, *n* ˌriːˈjuːs] ◇ *vt* réutiliser, remployer. ◇ *n* réutilisation *f*, remploi *m*.

**rev** [rev] (*pt & pp* **revved**, *cont* **revving**) *inf* ◇ *n* (*abbr of* **revolution**) AUT tour *m*. ◇ *vt & vi* = **rev up**.
♦ **rev up** *inf* ◇ *vt sep* [engine] emballer. ◇ *vi insep* [driver] appuyer sur l'accélérateur; [engine] s'accélérer.

**revaluation** [ˌriːvæljʊˈeɪʃn] *n* [of currency, property etc] réévaluation *f*.

**revalue** [ˌriːˈvæljuː] *vt* **-1.** [currency] réévaluer. **-2.** [property] réévaluer, estimer à nouveau la valeur de.

**revamp** [ˌriːˈvæmp] *vt inf* rafistoler, retaper.

**revanchist** [rɪˈvæntʃɪst] ◇ *adj* revanchiste. ◇ *n* revanchiste *mf*.

**rev counter** *n inf* compte-tours *m inv*.

**Revd** *written abbr of* **reverend**.

**reveal** [rɪˈviːl] *vt* **-1.** [disclose, divulge] révéler; to ~ a secret révéler OR divulguer un secret. **-2.** [show] révéler, découvrir, laisser voir; he tried hard not to ~ his true feelings il s'efforça de ne pas révéler ses vrais sentiments; the undertaking ~ed itself to be impossible l'entreprise s'est révélée impossible.

**revealing** [rɪˈviːlɪŋ] *adj* **-1.** [experience, action] révélateur. **-2.** [dress] décolleté, qui ne cache rien; [neckline] décolleté.

**revealingly** [rɪˈviːlɪŋlɪ] *adv* **-1.** [significantly]: ~, not one of them speaks a foreign language il est révélateur qu'aucun d'entre eux ne parle une langue étrangère. **-2.** [exposing the body]: a ~ short dress une robe courte qui laisse tout voir.

**reveille** [*Br* rɪˈvælɪ, *Am* ˈrevəlɪ] *n* MIL réveil *m*.

**revel** [ˈrevl] (*Br pt & pp* **revelled**, *cont* **revelling**, *Am pt & pp* **reveled**, *cont* **reveling**) *vi* **-1.** [bask, wallow] se délecter; to ~ in sthg se délecter de OR à qqch. **-2.** [make merry] s'amuser.
♦ **revels** *npl* festivités *fpl*.

**revelation** [ˌrevəˈleɪʃn] *n* révélation *f*; her talent was a ~ to me son talent a été une révélation pour moi ❑ the Revelation (of Saint John the Divine), Revelations l'Apocalypse *f* (de saint Jean l'Évangéliste).

**reveller** *Br*, **reveler** *Am* [ˈrevələr] *n* fêtard *m*, -e *f*, noceur *m*, -euse *f*.

**revelry** [ˈrevlrɪ] *n*, **revelries** *npl* festivités *fpl*.

**revenge** [rɪˈvendʒ] ◇ *n* **-1.** [vengeance] vengeance *f*, revanche *f*; I'll get OR I'll take my ~ on him for this! il va me le payer!; she did it out of ~ elle l'a fait pour se venger OR par vengeance. **-2.** SPORT revanche *f*. ◇ *vt* venger; how can I ~ myself on them for this insult? comment leur faire payer cette insulte?

**revenger** [rɪˈvendʒər] *n* vengeur *m*, -eresse *f*.

**revenue** [ˈrevənjuː] ◇ *n* revenu *m*; state ~ OR ~s les recettes publiques OR de l'État. ◇ *comp* [department, official] du fisc.

**revenue stamp** *n* timbre *m* fiscal.

**reverberate** [rɪˈvɜːbəreɪt] ◇ *vi* **-1.** [sound] résonner, retentir; the building ~d with their cries l'immeuble retentissait de leurs cris. **-2.** [light] se réverbérer. **-3.** *fig* [spread] retentir; the scandal ~d through the country ce scandale a secoué tout le pays. ◇ *vt* **-1.** [sound] renvoyer, répercuter. **-2.** [light] réverbérer.

**reverberation** [rɪˌvɜːbəˈreɪʃn] *n* **-1.** [of sound, light] réverbération *f*. **-2.** *fig* [repercussion] retentissement *m*, répercussion *f*; the crisis had ~s in neighbouring countries la crise a eu des répercussions dans les pays voisins.

**revere** [rɪˈvɪər] *vt* révérer, vénérer; she was a much ~d figure c'était une personnalité très respectée.

**reverence** [ˈrevərəns] ◇ *n* **-1.** [respect] révérence *f*, vénération *f*. **-2.** [term of address]: Your Reverence mon révérend (Père); His Reverence the Archbishop Son Excellence l'archevêque. ◇ *vt* révérer, vénérer.

**reverend** [ˈrevərənd] ◇ *adj* **-1.** RELIG: a ~ gentleman un révérend père; the Reverend Paul James le révérend Paul James. **-2.** [gen – respected] vénérable, révéré. ◇ *n* [Protestant] pasteur *m*; [Catholic] curé *m*.

**Reverend Mother** *n* Révérende Mère *f*.

**reverent** [ˈrevərənt] *adj* respectueux, révérencieux *lit*.

**reverential** [ˌrevəˈrenʃl] *adj* révérenciel.

**reverently** [ˈrevərəntlɪ] *adv* avec révérence, révérencieusement *lit*.

**reverie** [ˈrevərɪ] *n lit* [gen & MUS] rêverie *f*.

**reversal** [rɪˈvɜːsl] *n* **-1.** [change – of situation] retournement *m*; [– of opinion] revirement *m*; [– of order, roles] intervention *f*, inversion *f*; [– of policy] changement *f*. **-2.** [setback] revers *m*; the patient has suffered a ~ le malade a fait une rechute. **-3.** JUR [annulment] annulation *f*. **-4.** PHOT inversion *f*.

**reverse** [rɪˈvɜːs] ◇ *vt* **-1.** [change – process, trend] renverser; [– situation] retourner; [– order, roles, decline] inverser; this could ~ the effects of all our policies ceci pourrait annuler les effets de toute notre politique. **-2.** [turn round – garment] retourner; [– photo] inverser. **-3.** [annul – decision] annuler; JUR casser, annuler. **-4.** [cause to go backwards – car] mettre en marche arrière; [– machine] renverser la marche de; she ~d the car up the street elle remonta la rue en marche arrière. **-5.** TELEC: to ~ the charges appeler en PCV.
◇ *vi* AUT [car, driver] faire marche arrière; the driver in front ~d into me la voiture qui était devant moi m'est rentrée dedans en marche arrière.
◇ *n* **-1.** AUT marche *f* arrière; in ~ en marche arrière; he put the bus into ~ le conducteur de l'autobus passa en marche arrière; the company's fortunes are going into ~ *fig* l'entreprise connaît actuellement un revers de fortune. **-2.** [contrary] contraire *m*, inverse *m*, opposé *m*; did you enjoy it? — quite the ~ cela vous a-t-il plu? — pas du tout; she is the ~ of shy elle est tout sauf timide; try to do the same thing in ~ essayez de faire la même chose dans l'ordre inverse. **-3.** [other side – of cloth, leaf] revers *m*; [– of sheet of paper] verso *m*; [– of coin, medal] revers *m*. **-4.** [setback] revers *m*, échec *m*; [defeat] défaite *f*; his condition has suffered a ~ il a rechuté. **-5.** TYPO noir *m* au blanc; in ~ en réserve.
◇ *adj* **-1.** [opposite, contrary] inverse, contraire, opposé; we are now experiencing the ~ trend actuellement, c'est l'inverse qui se produit; in ~ order en ordre inverse. **-2.** [back]: the ~ side [of cloth, leaf] l'envers; [of sheet of paper] le verso; [of coin, medal] le revers. **-3.** [turned around] inversé; a ~ image une image inversée. **-4.** AUT: ~ gear marche *f* arrière.

**reverse-charge call** *n Br* appel *m* en PCV.

**reverser** [rɪˈvɜːsər] *n* TECH inverseur *m*.

**reversible** [rɪˈvɜːsəbl] *adj* [coat, process] réversible; [decision] révocable.

**reversing light** [rɪˈvɜːsɪŋ-] *n* feu *m* de recul.

**reversion** [rɪˈvɜːʃn] *n* **-1.** [to former condition, practice] retour *m*. **-2.** BIOL & JUR réversion *f*.

**revert** [rɪˈvɜːt] *vi* retourner, revenir; he soon ~ed to his old ways il est vite retombé dans OR il a vite repris ses anciennes habitudes; to ~ to childhood retomber en enfance; the property ~s to the spouse JUR les biens reviennent à l'époux; to ~ to type retrouver sa vraie nature.

**review** [rɪˈvjuː] ◇ *n* **-1.** [critical article] critique *f*; the play got good/bad ~s la pièce a eu de bonnes/mauvaises critiques. **-2.** [magazine] revue *f*; [radio or TV programme] magazine *m*. **-3.** [reassessment – of situation, conditions] étude *f*, examen *m*, bilan *m*; pollution controls are under ~ on est en train de réexaminer la réglementation en matière de pollution; ~ board commission *f* d'étude. **-4.** [reassessment – of salary, prices, case] révision *f*; my salary comes OR is up for ~ next month mon salaire doit être révisé le mois prochain. **-5.** MIL [inspection] revue *f*. **-6.** *Am* SCH & UNIV [revision] révision *f*. **-7.** = **revue**.
◇ *vt* **-1.** [write critical article on] faire la critique de; she ~s books for an Australian paper elle est critique littéraire pour un journal australien. **-2.** [assess] examiner, étudier, faire le bilan de; [reassess] réviser, revoir; JUR [case] réviser; to ~ a decision reconsidérer une décision. **-3.** [go back over, look back on] passer en revue. **-4.** MIL [troops] passer en revue. **-5.** [revise] réviser; she quickly ~ed her notes before the speech elle jeta un dernier coup d'œil sur ses notes avant le discours; he's ~ing his French *Am* il révise son français.

**review copy** *n* exemplaire *m* de service de presse.

**reviewer** [rɪˈvjuːər] *n* PRESS critique *m*.

**revile** [rɪˈvaɪl] *vt lit* vilipender, injurier.

**revise** [rɪˈvaɪz] ◇ *vt* **-1.** [alter – policy, belief, offer, price] réviser. **-2.** [read through – text, manuscript] revoir, corriger. **-3.** [update] mettre à jour, corriger. **-4.** *Br* SCH & UNIV réviser.

◇ *vi* BR SCH & UNIV réviser. ◇ *n* TYPO deuxième épreuve *f*.

**revised** [rɪ'vaɪzd] *adj* **-1.** [figures, estimate] révisé. **-2.** [edition] revu et corrigé.

**Revised Version** *n*: the ~ traduction anglaise de la Bible faite en 1885.

**reviser** [rɪ'vaɪzə<sup>r</sup>] *n* [gen] réviseur *m*, -euse *f*; TYPO correcteur *m*, -trice *f*.

**revision** [rɪ'vɪʒn] *n* **-1.** [alteration etc] révision *f*; the book has undergone several ~s ce livre a été révisé OR remanié plusieurs fois. **-2.** BR SCH & UNIV révision *f*.

**revisionism** [rɪ'vɪʒnɪzm] *n* révisionnisme *m*.

**revisionist** [rɪ'vɪʒnɪst] ◇ *adj* révisionniste. ◇ *n* révisionniste *mf*.

**revisit** [,riː'vɪzɪt] *vt* [place] revisiter; [person] retourner voir; Dickens ~ed *fig* Dickens revisité □ 'Brideshead Revisited' Waugh 'le Retour au château'.

**revitalize, -ise** [,riː'vaɪtəlaɪz] *vt* revitaliser.

**revival** [rɪ'vaɪvl] *n* **-1.** [resurgence] renouveau *m*, renaissance *f*; a ~ of interest in Latin poets un regain d'intérêt pour les poètes latins. **-2.** [bringing back – of custom, language] rétablissement *m*. **-3.** [of play, TV series] reprise *f*. **-4.** [from a faint] reprise *f* de connaissance; [from illness] récupération *f*.

**revivalist** [rɪ'vaɪvəlɪst] ◇ *n* **-1.** RELIG revivaliste *mf*. **-2.** [of past] traditionaliste *mf*. ◇ *adj* RELIG revivaliste.

**revive** [rɪ'vaɪv] ◇ *vi* **-1.** [regain consciousness] reprendre connaissance, revenir à soi; [regain strength or form] récupérer. **-2.** [flourish again – business, the economy] reprendre; [– movement, group] renaître, ressusciter; [– custom, expression] réapparaître; interest in her work is beginning to ~ on assiste à un renouveau OR regain d'intérêt pour son œuvre. ◇ *vt* **-1.** [restore to consciousness] ranimer; MED réanimer; [restore strength to] remonter. **-2.** [make flourish again – discussion, faith etc] ranimer, raviver; [– business, the economy] relancer, faire redémarrer; [– interest, hope etc] raviver, faire renaître; a plan to ~ the city centre un projet destiné à dynamiser le centre-ville; ~d interest in the art of this period un renouveau OR regain d'intérêt pour l'art de cette époque. **-3.** [bring back – law] remettre en vigueur; [– fashion] relancer; [– style, look] remettre en vogue; [– custom, language, movement] raviver, ressusciter. **-4.** [play, TV series] reprendre.

**revivify** [riː'vɪvɪfaɪ] *vt* revivifier.

**revocation** [,revə'keɪʃn] *n* [of decision] annulation *f*; [of measure, law] abrogation *f*, annulation *f*, révocation *f*; [of will] révocation *f*, annulation *f*; [of title, diploma, permit] retrait *m*.

**revoke** [rɪ'vəʊk] *vt* [decision] annuler; [measure, law] abroger, annuler, révoquer; [will] révoquer, annuler; [title, diploma, permit, right] retirer.

**revolt** [rɪ'vəʊlt] ◇ *vi* [rise up] se révolter, se rebeller, se soulever. ◇ *vt* dégoûter; she is ~ed by the idea l'idée la dégoûte OR la révolte. ◇ *n* **-1.** [uprising] révolte *f*, rébellion *f*; the peasants rose up in ~ les paysans se sont révoltés OR soulevés; they are in ~ against the system ils se rebellent contre le système. **-2.** [disgust] dégoût *m*; [indignation] indignation *f*.

**revolting** [rɪ'vəʊltɪŋ] *adj* **-1.** [disgusting – story, scene] dégoûtant; [– person, act] ignoble; [– food, mess] écœurant, immonde. **-2.** *inf* [nasty] affreux.

**revoltingly** [rɪ'vəʊltɪŋlɪ] *adv* de façon dégoûtante; he's ~ ugly/dirty il est d'une laideur/d'une saleté repoussante ‖ [as intensifier]: she's so ~ clever! ça m'écœure qu'on puisse être aussi intelligent!

**revolution** [,revə'luːʃn] *n* **-1.** POL & *fig* révolution *f*; a ~ in computer technology une révolution dans le domaine de l'informatique. **-2.** [turn] révolution *f*, tour *m*; [turning] révolution *f*.

**revolutionary** [,revə'luːʃnərɪ] (*pl* **revolutionaries**) ◇ *adj* révolutionnaire. ◇ *n* révolutionnaire *mf*.

**revolutionize, -ise** [,revə'luːʃənaɪz] *vt* **-1.** [change radically] révolutionner. **-2.** POL [country] faire une révolution dans; [people] insuffler des idées révolutionnaires à.

**revolve** [rɪ'vɒlv] ◇ *vi* **-1.** [rotate] tourner; the moon ~s around OR round the earth la Lune tourne autour de la Terre. **-2.** [turn, focus] tourner; their conversation ~d around OR round two main points leur conversation tournait autour de deux points principaux; his whole life ~s around his work sa vie tout entière est centrée OR axée sur

son travail. **-3.** [recur] revenir; the seasons ~ les saisons se succèdent. ◇ *vt* **-1.** [rotate] faire tourner. **-2.** *fml* [ponder] considérer, ruminer.

**revolver** [rɪ'vɒlvə<sup>r</sup>] *n* revolver *m*.

**revolving** [rɪ'vɒlvɪŋ] *adj* [gen] tournant; [chair] pivotant; TECH rotatif; ASTRON en rotation.

**revolving door** *n* tambour *m* (*porte*).

**revue** [rɪ'vjuː] *n* revue *f* THÉÂT.

**revulsion** [rɪ'vʌlʃn] *n* **-1.** [disgust] répulsion *f*, dégoût *m*; she turned away in ~ elle s'est détournée, dégoûtée. **-2.** [recoiling] (mouvement *m* de) recul *m*. **-3.** MED révulsion *f*.

**reward** [rɪ'wɔːd] ◇ *n* récompense *f*; they're offering a $500 ~ ils offrent 500 dollars de récompense OR une récompense de 500 dollars; as a ~ for his efforts en récompense de ses efforts. ◇ *vt* récompenser; he was handsomely ~ed with a cheque for £1,000 on l'a généreusement récompensé par un chèque de 1 000 livres; our patience has finally been ~ed notre patience a été enfin récompensée; his alibi might ~ investigation ça vaut peut-être la peine d'enquêter sur son alibi.

**rewarding** [rɪ'wɔːdɪŋ] *adj* gratifiant; the conference was most ~ le colloque était très enrichissant; financially ~ rémunérateur, lucratif.

**rewind** [*vb* ,riː'waɪnd, *n* 'riːwaɪnd] (*pt* & *pp* **rewound** [-'waʊnd]) ◇ *vt* rembobiner. ◇ *vi* se rembobiner. ◇ *n* rembobinage *m*; it has automatic ~ ça se rembobine automatiquement; ~ button bouton *m* de rembobinage.

**rewire** [,riː'waɪə<sup>r</sup>] *vt* [house] refaire l'électricité dans; [machine] refaire les circuits électriques de.

**reword** [,riː'wɜːd] *vt* reformuler.

**rework** [,riː'wɜːk] *vt* **-1.** [speech, text] retravailler; his last novel ~s the same theme son dernier roman reprend le même thème. **-2.** INDUST retraiter.

**reworking** [,riː'wɜːkɪŋ] *n* reprise *f*; the film is a ~ of the 'doppelgänger' theme le film reprend le thème du double.

**rewound** [,riː'waʊnd] *pt* & *pp* → **rewind**.

**rewrite** [*vb* ,riː'raɪt, *n* 'riːraɪt] (*pt* **rewrote** [-'rəʊt], *pp* **rewritten** [-'rɪtn]) ◇ *vt* récrire, réécrire; [for publication] récrire, rewriter. ◇ *n* **-1.** *inf* [act] réécriture *f*, rewriting *m*; can you do a ~ job on this? pouvez-vous me récrire OR rewriter ça? **-2.** [text] nouvelle version *f*.

**rewritten** [,riː'rɪtn] *pp* → **rewrite**.

**rewrote** [,riː'rəʊt] *pt* → **rewrite**.

**RGN** (*abbr of* **registered general nurse**) *n* Br infirmier *m* diplômé, infirmière *f* diplômée d'État (*remplacé en 1992 par RN*).

**Rh** (*written abbr of* **rhesus**) Rh.

**rhapsodic** [ræp'sɒdɪk] *adj* **-1.** [ecstatic] extatique; [full of praise] dithyrambique. **-2.** MUS rhapsodique, rapsodique.

**rhapsodize, -ise** ['ræpsədaɪz] *vi* s'extasier; to ~ about sthg s'extasier sur qqch.

**rhapsody** ['ræpsədɪ] (*pl* **rhapsodies**) *n* **-1.** [ecstasy] extase *f*; to go into rhapsodies about sthg s'extasier sur qqch. **-2.** MUS & LITERAT rhapsodie *f*, rapsodie *f*.

**rhea** ['riːə] *n* nandou *m*.

**Rheims** [riːmz] *pr n* Reims.

**rheme** [riːm] *n* commentaire *m*; LING rhème *m*.

**Rhenish** ['renɪʃ] ◇ *adj* rhénan, du Rhin; ~ wine vin *m* du Rhin. ◇ *n* vin *m* du Rhin.

**rhenium** ['riːnɪəm] *n* rhénium *m*.

**rheostat** ['riːəstæt] *n* rhéostat *m*.

**rhesus baby** ['riːsəs-] *n* bébé souffrant de la maladie hémolytique du nouveau-né.

**rhesus factor** *n* facteur *m* Rhésus.

**rhesus monkey** *n* rhésus *m* ZOOL.

**rhesus negative** *adj* Rhésus négatif.

**rhesus positive** *adj* Rhésus positif.

**rhetoric** ['retərɪk] *n* rhétorique *f*.

**rhetorical** [rɪ'tɒrɪkl] *adj* rhétorique.

**rhetorically** [rɪ'tɒrɪklɪ] *adv* en rhétoricien; 'who knows?', she asked ~ «qui sait?», demanda-t-elle sans vraiment attendre de réponse.

**rhetorical question** *n* question *f* posée pour la forme.

**rhetorician** [,retə'rɪʃn] *n* [speaker] rhétoricien *m*, -enne *f*, rhéteur *m pej*; [teacher of rhetoric] rhéteur *m*.

**rheumatic** [ru:'mætɪk] ◇ *adj* [symptom] rhumatismal; [person] rhumatisant; [limbs] atteint de rhumatismes. ◇ *n* rhumatisant *m*, -e *f*.

**rheumatic fever** *n* rhumatisme *m* articulaire aigu.

**rheumatics** [ru:'mætɪks] *npl inf* rhumatismes *mpl*.

**rheumatism** ['ru:mətɪzm] *n* rhumatisme *m*.

**rheumatoid** ['ru:mətɔɪd] *adj* rhumatoïde.

**rheumatoid arthritis** *n* polyarthrite *f* rhumatoïde.

**rheumatology** [,ru:mə'tɒlədʒɪ] *n* rhumatologie *f*.

**rheumy** ['ru:mɪ] (*compar* **rheumier**, *superl* **rheumiest**) *adj* chassieux.

**Rh factor** = **rhesus factor**.

**Rhine** [raɪn] *pr n*: the (River) ~ le Rhin.

**Rhineland** ['raɪnlænd] *pr n* Rhénanie *f*.

**Rhineland-Palatinate** *pr n* Rhénanie-Palatinat *f*.

**rhinestone** ['raɪnstəʊn] *n* fausse pierre *f*; [smaller] strass *m*.

**rhino** ['raɪnəʊ] (*pl inv* OR **rhinos**) *n* rhinocéros *m*.

**rhinoceros** [raɪ'nɒsərəs] (*pl inv* OR **rhinoceroses** OR **rhinoceri** [-raɪ]) *n* rhinocéros *m*.

**Rhode Island** [rəʊd-] *pr n* Rhode Island *m*; **in** ~ dans le Rhode Island.

**Rhodes** [rəʊdz] *pr n* Rhodes; **in** ~ à Rhodes; **the Colossus of** ~ le colosse de Rhodes.

**Rhodesia** [rəʊ'di:ʃə] *pr n* Rhodésie *f*; **in** ~ en Rhodésie.

**rhodium** ['rəʊdɪəm] *n* rhodium.

**rhododendron** [,rəʊdə'dendrən] *n* rhododendron *m*.

**rhombic** ['rɒmbɪk] *adj* -**1.** GEOM rhombique. -**2.** MINER [crystal] orthorhombique.

**rhomboid** ['rɒmbɔɪd] ◇ *n* parallélogramme *m* (*dont les côtés adjacents sont inégaux*). ◇ *adj* rhomboïdal, rhombiforme.

**rhombus** ['rɒmbəs] (*pl* **rhombuses** OR **rhombi** [-baɪ]) *n* losange *m*.

**Rhône** [rəʊn] *pr n*: the (River) ~ le Rhône.

**rhubarb** ['ru:bɑ:b] *n* -**1.** BOT rhubarbe *f*.-**2.** THEAT brouhaha *m*, murmures *mpl*.

**rhyme** [raɪm] ◇ *n* -**1.** [sound] rime *f*; **the use of** ~ l'emploi de la rime; **give me a** ~ **for 'mash'** trouve-moi un mot qui rime avec «mash» ❑ **without** ~ **or reason** sans rime ni raison; **their demands have neither** ~ **nor reason** leurs revendications ne riment à rien. -**2.** (*U*) [poetry] vers *mpl*; **in** ~ en vers. -**3.** [poem] poème *m*. ◇ *vi* -**1.** [word, lines] rimer. -**2.** [write verse] écrire OR composer des poèmes. ◇ *vt* faire rimer.

**rhymed** [raɪmd] *adj* rimé.

**rhymer** ['raɪmə'] = **rhymester**.

**rhyme royal** *n* septain *m* (*dont le schéma des rimes est ABABBCC*).

**rhymester** ['raɪmstə'] *n pej* rimeur *m*, -euse *f*, rimailleur *m*, -euse *f*.

**rhyming slang** ['raɪmɪŋ-] *n* sorte d'argot qui consiste à remplacer un mot par un groupe de mots choisis pour la rime.

**rhythm** ['rɪðm] *n* rythme *m*.

**rhythm and blues** *n* rhythm and blues *m*.

**rhythm guitar** *n* guitare *f* rythmique.

**rhythmic(al)** ['rɪðmɪk(l)] *adj* [pattern, exercise] rythmique; [music, noise] rythmé.

**rhythmically** ['rɪðmɪklɪ] *adv* rythmiquement.

**rhythm method** *n* méthode *f* des températures.

**RI** *written abbr of* **Rhode Island**.

**rib** [rɪb] ◇ *n* -**1.** ANAT côte *f*; **he dug** OR **he poked her in the** ~**s** il lui a donné un petit coup de coude ❑ **floating** ~ côte flottante. -**2.** CULIN côte *f*. -**3.** [of vault, leaf, aircraft or insect wing] nervure *f*; [of ship's hull] couple *m*, membre *m*; [of umbrella] baleine *f*.-**4.** [in knitting] côte *f*.-**5.** [on mountain – spur] éperon *m*; [– crest] arête *f*.-**6.** [vein of ore] veine *f*, filon *m*. ◇ *vt inf* [tease] taquiner, mettre en boîte.

**RIBA** *pr n abbr of* **Royal Institute of British Architects**.

**ribald** ['rɪbəld] *adj lit* [joke, language] grivois, paillard; [laughter] égrillard.

**ribbed** [rɪbd] *adj* -**1.** [leaf, vault] à nervures. -**2.** [sweater, fabric] à côtes.

**ribbing** ['rɪbɪŋ] *n* -**1.** (*U*) TEX côtes *fpl*.-**2.** *inf* [teasing] taqui-

**ribbon** ['rɪbən] ◇ *vt* -**1.** [adorn with ribbon] enrubanner. -**2.** *fig* [streak] sillonner, zébrer. -**3.** [cut] couper en rubans; [shred] mettre en lambeaux. ◇ *n* -**1.** [for hair, typewriter, parcel etc] ruban *m*.-**2.** *fig* [of road] ruban *m*; [of land] bande *f*; [of cloud] traînée *f*.

**ribbon development** *n* *Br* croissance *f* urbaine linéaire (*le long des grands axes routiers*).

**ribcage** ['rɪbkeɪdʒ] *n* cage *f* thoracique.

**riboflavin** [,raɪbəʊ'fleɪvɪn] *n* riboflavine *f*.

**rice** [raɪs] *n* riz *m*; ~ **paddy** rizière *f*.

**rice bowl** *n* -**1.** *literal* bol *m* à riz. -**2.** *fig* [region] région *f* productrice de riz.

**ricefield** ['raɪsfi:ld] *n* rizière *f*.

**rice paper** *n* papier *m* de riz.

**rice pudding** *n* riz *m* au lait.

**ricer** ['raɪsə'] *n Am* presse-purée *m inv*.

**rice wine** *n* alcool *m* de riz, saké *m*.

**rich** [rɪtʃ] ◇ *adj* -**1.** [wealthy, affluent] riche; **they want to get** ~ **quick** ils veulent s'enrichir très vite. -**2.** [elegant, luxurious] riche, luxueux, somptueux. -**3.** [abundant, prolific] riche, abondant; ~ **in vitamins/proteins** riche en vitamines/ protéines; ~ **vegetation** végétation luxuriante; **there are** ~ **pickings to be had** *literal* & *fig* ça peut rapporter gros. -**4.** [fertile] riche, fertile. -**5.** [full, eventful] riche. -**6.** [strong, intense – colour] riche, chaud, vif; [– voice, sound] chaud, riche; [– smell] fort. -**7.** CULIN [food] riche; [meal] lourd. -**8.** [funny] drôle; **I say, that's a bit** ~! *inf* c'est un peu fort (de café)!, ça, c'est le comble! ◇ *npl*: **the** ~ les riches *mpl*.

◆ **riches** *npl* richesses *fpl*.

**-rich** *in cpds* riche en...; **vitamin~ foods** aliments *mpl* riches en vitamines.

**Richard** ['rɪtʃəd] *pr n*: ~ **the Lionheart** Richard Cœur de Lion.

**richly** ['rɪtʃlɪ] *adv* -**1.** [handsomely, generously] largement, richement. -**2.** [thoroughly] largement, pleinement; **the punishment she so** ~ **deserved** le châtiment qu'elle méritait amplement. -**3.** [abundantly] abondamment, richement. -**4.** [elegantly, luxuriously] somptueusement, luxueusement. -**5.** [vividly]: ~ **coloured** aux couleurs riches OR vives.

**richness** ['rɪtʃnɪs] *n* -**1.** [wealth, affluence] richesse *f*.-**2.** [elegance, luxury] luxe *m*, richesse *f*.-**3.** [abundance] abondance *f*, richesse *f*.-**4.** [fertility] richesse *f*, fertilité *f*; **the** ~ **of the soil/ of her imagination** la richesse du sol/de son imagination. -**5.** [fullness, eventfulness] richesse *f*. -**6.** [strength, intensity – of colour, sound] richesse *f*; [– of smell] intensité *f*.

**Richter scale** ['rɪktə-] *n* échelle *f* de Richter.

**rick** [rɪk] ◇ *n* -**1.** AGR meule *f* (*de foin etc*). -**2.** [in ankle, wrist] entorse *f*; [in neck] torticolis *m*. ◇ *vt* -**1.** AGR mettre en meules. -**2.** *Br* [sprain] faire une entorse à; **to** ~ **one's neck** attraper un torticolis.

**rickets** ['rɪkɪts] *n* (*U*) rachitisme *m*; **to have** ~ souffrir de rachitisme, être rachitique.

**rickety** ['rɪkətɪ] *adj* -**1.** [shaky – structure] branlant; [– chair] bancal; [– vehicle] (tout) bringuebalant. -**2.** [feeble – person] frêle, chancelant. -**3.** MED rachitique.

**rickshaw** ['rɪkʃɔ:] *n* [pulled] pousse *m inv*, pousse-pousse *m inv*; [pedalled] cyclo-pousse *m inv*.

**ricochet** ['rɪkəʃeɪ] (*pt* & *pp* **ricocheted** [-ʃeɪd] OR **ricochetted** [-ʃetɪd], *cont* **ricocheting** [-eɪŋ] OR **ricochetting** [-etɪŋ]) ◇ *n* ricochet *m*. ◇ *vi* ricocher; **to** ~ **off sthg** ricocher sur qqch.

**rid** [rɪd] (*pt* & *pp* **rid** OR **ridded**, *cont* **ridding**) ◇ *vt* débarrasser; **we must** ~ **the country of corruption** il faut débarrasser le pays de la corruption; **you should** ~ **yourself of such illusions!** arrêtez de vous bercer d'illusions! ◇ *adj*: **to get** ~ **of** se débarrasser de; **to be** ~ **of** être débarrassé de.

**riddance** ['rɪdəns] *n* débarras *m*; **good** ~ (**to bad rubbish**)! *inf* bon débarras!

**ridden** ['rɪdn] ◇ *pp* → **ride**. ◇ *adj* affligé, atteint.

**riddle** ['rɪdl] ◇ *n* -**1.** [poser] devinette *f*; **to ask sb a** ~ poser une devinette à qqn. -**2.** [mystery] énigme *f*; **to talk** OR **to speak in** ~**s** parler par énigmes. -**3.** [sieve] crible *m*, tamis *m*. ◇ *vt* -**1.** [pierce] cribler; **they** ~**d the car with bullets** ils criblèrent la voiture de balles. -**2.** [sift] passer au crible, cribler.

**riddled** ['rɪdld] *adj* plein; ~ **with** plein de.

**ride** [raɪd] (*pt* **rode** [rəʊd], *pp* **ridden** ['rɪdn]) ◇ *vt* **-1.** [horse] monter à; [camel, donkey, elephant] monter à dos de; **they were riding horses/donkeys/camels** ils étaient à cheval/à dos d'âne/à dos de chameau; **she rode her mare in the park each day** elle montait sa jument chaque jour dans le parc; **she rode her horse back** elle est revenue à cheval; **they rode their horses across the river** ils ont traversé la rivière sur leurs chevaux. **-2.** [bicycle, motorcycle] monter sur; **I don't know how to ~ a bike/a motorbike** je ne sais pas faire du vélo/conduire une moto; **she was riding a motorbike** elle était à or en moto; **she ~s her bicycle everywhere** elle se déplace toujours à bicyclette; **he ~s his bike to work** il va travailler à vélo, il va au travail à vélo. **-3.** [go about – fields, valleys] parcourir; **you can ~ this highway to Tucson** *Am* vous pouvez prendre or suivre cette route jusqu'à Tucson. **-4.** [participate in – race] faire; **she's ridden four races this year** elle a fait quatre courses cette année. **-5.** *Am* [have a go on – roundabout, fairground attraction] faire un tour de; [lift, ski lift] prendre. **-6.** *Am* [travel on – bus, subway, train, ferry] prendre. **-7.** [move with – sea, waves] se laisser porter par; **to ~ the rapids** descendre les rapides; **surfers were riding the waves** les surfeurs glissaient sur les vagues ❑ **to ~ one's luck** compter sur sa chance; **to ~ the storm** NAUT étaler la tempête; *fig* surmonter la crise. **-8.** [take, recoil with – punch, blow] encaisser. **-9.** *Am* [nag] harceler; **you ~ the kids too hard** tu es trop dur avec les gosses. **-10.** *Am inf* [tease] taquiner, mettre en boîte. **-11.** [copulate with – subj: animal] monter; [– subj: person] ⱽgrimper. **-12.** *Am* [give a lift to] amener; **hop in and I'll ~ you home** monte, je te ramène chez toi. **-13.** *Am phr*: **to ~ sb out of town** [drive out] chasser qqn de la ville; [ridicule] tourner qqn en ridicule or en dérision.
◇ *vi* **-1.** [ride a horse] monter (à cheval), faire du cheval; **I was stiff after riding all day** j'avais des courbatures après avoir chevauché toute la journée or après une journée entière à cheval ❑ **Zorro/Nixon ~s again!** *hum* Zorro/Nixon est de retour!**-2.** [go – on horseback] aller (à cheval); [– by bicycle] aller (à bicyclette); [– by car] aller (en voiture); **we rode along the canal and over the bridge** nous avons longé le canal et traversé le pont; **he rode by on a bicycle/on a white horse/on a donkey** il passa à bicyclette/sur un cheval blanc/monté sur un âne; **they ~ to work on the bus/train** ils vont travailler en autobus/train; **you can ~ on the handlebars/my shoulders** tu peux monter sur le guidon/ mes épaules; **to ~ off** [leave] partir; [move away] s'éloigner ❑ **to be riding for a fall** courir à l'échec. **-3.** [float, sail] voguer; **to ~ with the current** voguer au fil de l'eau; **to ~ at anchor** être ancré ❑ **we'll have to ~ with it** *inf* il faudra faire avec; **to ~ with the punches** *Am inf* encaisser (les coups). **-4.** [be sustained – person] être porté; **she was riding on a wave of popularity** elle était portée par une vague de popularité; **he rode to victory on a policy of reform** il a obtenu la victoire grâce au programme de réformes; **the team is riding high** l'équipe a le vent en poupe. **-5.** [depend] dépendre; **my reputation is riding on the outcome** ma réputation est en jeu. **-6.** [money in bet] miser; **they have a fortune riding on this project** ils ont investi une fortune dans ce projet. **-7.** [continue undisturbed]: **he decided to let the matter ~** il a décidé de laisser courir; **let it ~!** laisse tomber!
◇ *n* **-1.** [trip for pleasure] promenade *f*, tour *m*; **to go for a car/motorcycle ~** (aller) faire un tour or une promenade en voiture/en moto; **we went on long bicycle/horse ~s** nous avons fait de longues promenades à bicyclette/à cheval; **a donkey ~** une promenade à dos d'âne; **give Tom a ~** or **let Tom have a ~ on your tricycle** laisse Tom monter sur ton tricycle; **his sister came along for the ~** sa sœur est venue faire un tour avec nous ‖ [when talking about distance] parcours *m*, trajet *m*; **she has a long car/bus ~ to work** elle doit faire un long trajet en voiture/en bus pour aller travailler; **it's a long bus ~ to Mexico** c'est long d'aller en car au Mexique; **it's a 30-minute ~ by bus/train/car** il faut 30 minutes en bus/train/voiture. **-2.** [quality of travel]: **this type of suspension gives a smoother ~** ce type de suspension est plus confortable ❑ **the journalists gave her a rough ~** les journalistes ne l'ont pas ménagée; **it looks as if we're in for a bumpy ~** *fig* ça promet!**-3.** *Am* [lift – in car]: **can you give me a ~ to the station?** peux-tu me conduire à la gare?; **don't accept ~s from strangers** ne montez pas dans la voiture de quelqu'un que vous ne connaissez pas. **-4.** [in fairground – attraction] manège *m*; [– turn] tour *m*; **it's 50p a ~**

c'est 50 pence le tour; **to have a ~ on the big wheel** faire un tour sur la grande roue. **-5.** [bridle path] piste *f* cavalière; [wider] allée *f* cavalière. **-6.** *inf phr*: **to take sb for a ~** [deceive] faire marcher qqn; [cheat] arnaquer or rouler qqn; *Am* [kill] descendre or liquider qqn; **take a ~!** *Am* fous-moi la paix!

◆ **ride about** *Br*, **ride around** *vi insep*: **she ~s about** or **around in a limousine** elle se déplace en limousine.
◆ **ride down** *vt sep* **-1.** [knock over] renverser; [trample] piétiner. **-2.** [catch up with] rattraper.
◆ **ride in** *vt sep* [horse] préparer (*pour un concours*).
◆ **ride out** ◇ *vt insep* [difficulty, crisis] surmonter; [recession] survivre à; **if we can ~ out the next few months** si nous pouvons tenir or nous maintenir à flot encore quelques mois ❑ **to ~ out the storm** NAUT étaler la tempête; *fig* surmonter la crise, tenir. ◇ *vi insep* sortir (*à cheval, à bicyclette etc*).
◆ **ride up** *vi insep* [garment] remonter.

**rider** ['raɪdə] *n* **-1.** [of horse, donkey] cavalier *m*, -ère *f*; [of bicycle] cycliste *mf*; [of motorcycle] motocycliste *mf*.**-2.** [proviso] condition *f*, stipulation *f*; **I'd like to add one small ~ to what my colleague said** j'aimerais apporter une petite précision à ce qu'a dit mon collègue. **-3.** [annexe – to contract] annexe *f*; *Br* JUR [jury recommendation] recommandation *f*.**-4.** [on scales] curseur *m*.

**ridership** ['raɪdəʃɪp] *n* *Am* nombre *m* de voyageurs.

**ridge** [rɪdʒ] ◇ *n* **-1.** [of mountains] crête *f*, ligne *f* de faîte; [leading to summit] crête *f*, arête *f*.**-2.** [raised strip or part] arête *f*, crête *f*; AGR [in ploughed field] crête *f*; **the wet sand formed ~s** le sable mouillé était couvert de petites rides; **a ~ of high pressure** METEOR une crête de haute pression, une dorsale barométrique *spec*. **-3.** [of roof] faîte *m*. ◇ *vt* [crease] sillonner, rider.

**ridgepole** ['rɪdʒpəʊl] *n* [for tent] faîtière *f*.

**ridge tent** *n* tente *f* à faîtière.

**ridicule** ['rɪdɪkjuːl] ◇ *n* ridicule *m*; **to pour ~ on sthg**, **to hold sthg up to ~** tourner qqch en ridicule; **to lay o.s. open to ~** s'exposer au ridicule. ◇ *vt* ridiculiser, tourner en ridicule.

**ridiculous** [rɪ'dɪkjʊləs] ◇ *adj* ridicule; **you look ~ in that hat** tu as l'air ridicule avec ce chapeau; **£500? don't be ~!** 500 livres? vous plaisantez!; **to make o.s. look ~** se ridiculiser, se couvrir de ridicule. ◇ *n*: **the ~** le ridicule.

**ridiculously** [rɪ'dɪkjʊləslɪ] *adv* ridiculement; **it's ~ expensive** [price] c'est un prix exorbitant; [article, shop] c'est beaucoup trop cher; **it's ~ cheap** [price] c'est un prix dérisoire; [article, shop] c'est très bon marché.

**riding** ['raɪdɪŋ] ◇ *n* **-1.** EQUIT: [horse] ~ équitation *f*; **to go ~** faire de l'équitation or du cheval; **do you like ~?** aimezvous l'équitation or monter à cheval?**-2.** [in Yorkshire] division *f* administrative. **-3.** [in Canada, New Zealand] circonscription *f* électorale. ◇ *comp* [boots, jacket] de cheval; [techniques] d'équitation.

**riding breeches** *npl* culotte *f* de cheval.

**riding crop** *n* cravache *f*.

**riding habit** *n* tenue *f* d'amazone.

**riding school** *n* école *f* d'équitation.

**rife** [raɪf] *adj* **-1.** [widespread] répandu; **corruption is ~** la corruption est chose commune. **-2.** [full]: ~ **with** abondant en; **the office is ~ with rumour** les langues vont bon train au bureau.

**riffle** ['rɪfl] *vt* **-1.** [magazine, pages] feuilleter. **-2.** [cards] battre, mélanger.

**riffraff** ['rɪfræf] *n* racaille *f*.

**rifle** ['raɪfl] ◇ *vt* **-1.** [search] fouiller (dans). **-2.** [rob] dévaliser. **-3.** [steal] voler. **-4.** [gun barrel] rayer. ◇ *vi*: **to ~ through sthg** fouiller dans qqch. ◇ *n* [gun] fusil *m*. ◇ *comp* [bullet, butt, shot] de fusil.

**rifleman** ['raɪflmən] (*pl* **riflemen** [-mən]) *n* fusilier *m*.

**rifle range** *n* **-1.** [for practice] champ *m* de tir. **-2.** [distance]: **within ~** à portée de tir or de fusil.

**rift** [rɪft] ◇ *n* **-1.** [gap, cleavage] fissure *f*, crevasse *f*; GEOL [fault] faille *f*; **a ~ in the clouds** une trouée dans les nuages. **-2.** *fig* [split] cassure *f*, faille *f*; POL [scission *f*; [quarrel] désaccord *m*, querelle *f*; **in order to prevent a ~ in our relationship** pour éviter une rupture; **there is a deep ~ between them** un abîme les sépare. ◇ *vt* scinder. ◇ *vi* se scinder.

**rift valley** *n* fossé *m* d'effrondement.

**rig** [rɪg] (*pt* & *pp* **rigged**, *cont* **rigging**) ◇ *vt* **-1.** [fiddle] truquer; the whole affair was rigged! c'était un coup monté du début jusqu'à la fin!; to ~ a jury manipuler un jury. **-2.** NAUT gréer. **-3.** [install] monter, bricoler. ◇ *n* **-1.** [gen – equipment] matériel *m*. **-2.** NAUT gréement *m*. **-3.** PETR [on land] derrick *m*; [offshore] plate-forme *f*. **-4.** *inf* [clothes] tenue *f*, fringues *fpl*. **-5.** *Am* [truck] semi-remorque *m*.

◆ **rig out** *vt sep* **-1.** *inf* [clothe] habiller; he was rigged out in a cowboy costume il était habillé OR déguisé en cowboy; look at the way she's rigged out! *pej* regarde comme elle est fagotée!**-2.** [equip] équiper.

◆ **rig up** *vt sep* [install] monter, installer.

**rigger** ['rɪgə'] *n* **-1.** NAUT gréeur *m*.**-2.** PETR *personne qui travaille sur un chantier de forage.*

**rigging** ['rɪgɪŋ] *n* **-1.** NAUT gréement *m*.**-2.** THEAT machinerie *f*.**-3.** [fiddling] trucage *m*.

**right** [raɪt] ◇ *adj* **-1.** [indicating location, direction] droit; raise your ~ hand levez la main droite; take the next ~ (turn) prenez la prochaine à droite. **-2.** [accurate, correct – prediction] juste, exact; [– answer, address] bon; he didn't give me the ~ change il ne m'a pas rendu la monnaie exacte; the station clock is ~ l'horloge de la gare est juste OR à l'heure; have you got the ~ time? est-ce que vous avez l'heure exacte?; the sentence doesn't sound/look quite ~ la phrase sonne/a l'air un peu bizarre; there's something not quite ~ in what he says il y a quelque chose qui cloche dans ce qu'il dit ‖ [person]: to be ~ avoir raison; you were ~ about the bus schedules/about him/about what she would say vous aviez raison au sujet des horaires de bus/à son sujet/sur ce qu'elle dirait; I was ~ in thinking he was an actor j'avais raison de penser que c'était un acteur; am I ~ in thinking you're German? vous êtes bien allemand, ou est-ce que je me trompe?; I owe you $5, ~? je te dois 5 dollars, c'est (bien) ça?; and I'm telling you you still owe me £10, ~? et moi je te dis que tu me dois encore 10 livres, vu?; that's ~ c'est juste, oui; he got the pronunciation/spelling ~ il l'a bien prononcé/épelé; she got the answer ~ elle a donné la bonne réponse; I never get those quadratic equations ~ je me trompe toujours avec ces équations quadratiques; make sure you get your figures/her nàme ~ faites attention de ne pas vous tromper dans vos calculs/sur son nom; get your facts ~! vérifiez vos renseignements!; let's get this ~ mettons les choses au clair ‖ how ~ you are! vous avez cent fois raison!; to put sb ~ (about sthg/sb) détromper qqn (au sujet de qqch/qqn); to put OR set ~ [fallen or squint object] redresser, remettre d'aplomb; [clock] remettre à l'heure; [machine, mechanism] réparer; [text, record] corriger; [oversight, injustice] réparer; to put things OR matters ~ [politically, financially etc] redresser OR rétablir la situation; [in relationships] arranger les choses. **-3.** [appropriate – diploma, tool, sequence, moment] bon; [best – choice, decision] meilleur; are we going in the ~ direction? est-ce que nous allons dans le bon sens?; when the time is ~ au bon moment, au moment voulu; to be in the ~ place at the ~ time être là où il faut quand il faut; I can't find the ~ word je ne trouve pas le mot juste; if the price is ~ si le prix est intéressant; the colour is just ~ la couleur est parfaite; the magazine has just the ~ mix of news and commentary la revue a juste ce qu'il faut d'informations et de commentaires; she's the ~ woman for the job c'est la femme qu'il faut pour ce travail; the ~ holiday for your budget les vacances qui conviennent le mieux à votre budget; teaching isn't ~ for you l'enseignement n'est pas ce qu'il vous faut; place the document ~ side down/up placez le document face en bas/vers le haut; turn the socks ~ side in/out mettez les chaussettes à l'envers/à l'endroit; it wasn't the ~ thing to say ce n'était pas la chose à dire; you've done the ~ thing to tell us about it vous avez bien fait de nous en parler; he did the ~ thing, but for the wrong reasons il a fait le bon choix, mais pour de mauvaises raisons. **-4.** [fair, just] juste, équitable; [morally good] bien *(inv)*; [socially correct] correct; it's not ~ to separate the children ce n'est pas bien de séparer les enfants; I don't think capital punishment is ~ je ne crois pas que la peine de mort soit juste; it is only ~ and proper for the father to be present il est tout à fait naturel que le père soit présent; do you think it's ~ for them to sell arms? est-ce que vous croyez qu'ils ont raison de vendre des ar-

mes?; I only want to do what is ~ je ne cherche qu'à bien faire ❑ to do the ~ thing (by sb) bien agir (avec qqn). **-5.** [functioning properly]: there's something not quite ~ with the motor le moteur ne marche pas très bien. **-6.** [healthy] bien *(inv)*; my knee doesn't feel ~ j'ai quelque chose au genou; a rest will put OR set you ~ again un peu de repos te remettra; to be ~ in the head *inf*: he's not quite ~ in the head ça ne va pas très bien dans sa tête; nobody in their ~ mind would refuse such an offer! aucune personne sensée ne refuserait une telle offre!**-7.** [satisfactory] bien *(inv)*; things aren't ~ between them ça ne va pas très bien entre eux; does the hat look ~ to you? le chapeau, ça va?; I can't get this hem ~ je n'arrive pas à faire un bel ourlet ❑ to come ~ *inf* s'arranger. **-8.** [indicating social status] bien *(inv)*, comme il faut; she took care to be seen in all the ~ places elle a fait en sorte d'être vue partout où il fallait; you'll only meet her if you move in the ~ circles vous ne la rencontrerez que si vous fréquentez le beau monde; to know the ~ people connaître des gens bien placés. **-9.** GEOM [angle, line, prism, cone] droit. **-10.** *Br inf* [as intensifier] vrai, complet *(f -ète)*; I felt like a ~ idiot je me sentais vraiment bête ❑ there was a ~ one in here this morning! *inf* on a eu un vrai cinglé ce matin!**-11.** *inf & dial* [ready] prêt.

◇ *adv* **-1.** [in directions] à droite; turn ~ at the traffic lights tournez à droite au feu (rouge); the party is moving further ~ le parti est en train de virer plus à droite ❑ they're giving out gifts ~ and left OR ~, left and centre *inf* ils distribuent des cadeaux à tour de bras. **-2.** [accurately, correctly – hear] bien; [– guess] juste; [– answer, spell] bien, correctement; if I remember ~ si je me rappelle bien. **-3.** [properly] bien, comme il faut; the top isn't on ~ le couvercle n'est pas bien mis; nothing is going ~ today tout va de travers aujourd'hui; he can't do anything ~ il ne peut rien faire correctement OR comme il faut; do it ~ the next time! ne vous trompez pas la prochaine fois! **-4.** [emphasizing precise location]: the lamp's shining ~ in my eyes j'ai la lumière de la lampe en plein dans les yeux OR en pleine figure; it's ~ opposite the post office c'est juste en face de la poste; it's ~ in front of/behind you c'est droit devant vous/juste derrière vous; I'm ~ behind you there *fig* je suis entièrement d'accord avec vous là-dessus; the hotel was ~ on the beach l'hôtel donnait directement sur la plage; I left it ~ here je l'ai laissé juste ici; stay ~ there ne bougez pas. **-5.** [emphasizing precise time] juste, exactement; I arrived ~ at that moment je suis arrivé juste à ce moment-là; ~ in the middle of the fight au beau milieu de la bagarre. **-6.** [all the way]: it's ~ at the back of the drawer/at the front of the book c'est tout au fond du tiroir/juste au début du livre; ~ down to the bottom jusqu'au fond; ~ from the start dès le début; his shoes were worn ~ through ses chaussures étaient usées jusqu'à la corde; the car drove ~ through the road-block la voiture est passée à travers le barrage; we worked ~ up until the last minute nous avons travaillé jusqu'à la toute dernière minute. **-7.** [immediately] tout de suite; I'll be ~ over je viens tout de suite; let's talk ~ after the meeting parlons-en juste après la réunion. **-8.** [justly, fairly] bien; [properly, fittingly] correctement; you did ~ tu as bien fait; to do ~ by sb agir correctement envers qqn. **-9.** ▽ *Br dial* [very] bien.

◇ *n* **-1.** [in directions] droite *f*; look to the OR your ~ regardez à droite OR sur votre droite; keep to the OR your ~ restez à droite; from ~ to left de droite à gauche. **-2.** POL droite *f*; the ~ is OR are divided la droite est divisée. **-3.** [in boxing] droit *m*, droite *f*.**-4.** [entitlement] droit *m*; the ~ to vote/of asylum le droit de vote/d'asile; to have a ~ to sthg avoir droit à qqch; to have a OR the ~ to do sthg avoir le droit de faire qqch; you have every ~ to be angry tu as toutes les raisons d'être en colère ❑ as of ~ *fml* de (plein) droit; in one's own ~: she's rich in her own ~ elle a une grande fortune personnelle; he became a leader in his own ~ il est devenu leader par son seul talent. **-5.** [what is good, moral] bien *m*; to know ~ from wrong distinguer ce qui est bien de ce qui est mal; to be in the ~ être dans le vrai, avoir raison.

◇ *interj*: come tomorrow — ~ (you are)! venez demain — d'accord!; ~, let's get to work! bon alors, au travail!; ~ (you are) then, see you later bon alors, à plus tard.

◇ *vt* **-1.** [set upright again – chair, ship] redresser; the raft will ~ itself le radeau se redressera (tout seul). **-2.** [redress – situa-

tion] redresser, rétablir; [– damage] réparer; [– injustice] réparer; to ~ a wrong redresser un tort; the problem won't just ~ itself ce problème ne va pas se résoudre de lui-même OR s'arranger tout seul.
◊ vi [car, ship] se redresser.
♦ **rights** npl -1. [political, social] droits mpl; you'd be within your ~s to demand a refund vous seriez dans votre (bon) droit si vous réclamiez un remboursement; human/gay ~s les droits de l'homme/des homosexuels. -2. COMM droits mpl; who has the mineral/film/distribution ~s? qui détient les droits miniers/d'adaptation cinématographique/de distribution?-3. FIN: (application) ~ OR ~s droits mpl OR privilège m de souscription. -4. phr: to put OR to set to ~s [room] mettre en ordre; [firm, country] redresser; [situation] arranger; to set the world to ~s hum refaire le monde.
♦ **by right(s)** adv phr en principe.
♦ **right away** adv phr [at once] tout de suite, aussitôt; [from the start] dès le début; [first go] du premier coup.
♦ **right now** adv phr -1. [at once] tout de suite. -2. [at the moment] pour le moment.
♦ **right off** Am = **right away**.

**right-about turn** n demi-tour m.

**right angle** n angle m droit; a line at ~s to the base une ligne perpendiculaire à la base; the path made a ~ le sentier formait un coude.

**right-angled** adj [hook, turn] à angle droit.

**right-angled triangle** n Br triangle m rectangle.

**righten** ['raitn] vt redresser.

**righteous** ['raitʃəs] adj -1. [just] juste; [virtuous] vertueux. -2. pej [self-righteous] suffisant; ~ **indignation** colère indignée.

**righteously** ['raitʃəslı] adv -1. [virtuously] vertueusement. -2. pej [self-righteously] avec suffisance.

**righteousness** ['raitʃəsnıs] n vertu f, rectitude f.

**right-footed** [-'futid] adj qui se sert de son pied droit.

**rightful** ['raitful] adj légitime.

**rightfully** ['raitfulı] adv légitimement.

**right-hand** adj droit; the ~ **side** of the road le côté droit de la route; it's in the ~ **drawer** c'est dans le tiroir de droite; a ~ **bend** un virage à droite.

**right-hand drive** n AUT conduite f à droite; a ~ **vehicle** un véhicule avec la conduite à droite.

**right-handed** [-'hændıd] adj -1. [person] droitier. -2. [punch] du droit. -3. [scissors, golf club] pour droitiers; [screw] fileté à droite.

**right-hander** [-'hændər] n -1. [person] droitier m, -ère f.-2. [blow] coup m du droit.

**right-hand man** n bras m droit.

**Right Honourable** adj Br titre utilisé pour s'adresser à certains hauts fonctionnaires ou à quelqu'un ayant un titre de noblesse.

**rightist** ['raitıst] ◊ n homme m, femme f de droite. ◊ adj de droite.

**rightly** ['raitlı] adv -1. [correctly] correctement, bien; I don't ~ **know** inf je ne sais pas bien. -2. [with justification] à juste titre, avec raison; he was ~ **angry**, he was angry and ~ so il était en colère à juste titre.

**right-minded** adj raisonable, sensé.

**righto** ['raitəu] interj Br inf OK, d'ac.

**right-of-centre** adj centre droit.

**right of way** (pl **rights of way**) n -1. AUT priorité f; it's your ~ vous avez (la) priorité; to have (the) ~ avoir (la) priorité. -2. [right to cross land] droit m de passage. -3. [path, road] chemin m; Am [for power line, railroad etc] voie f.

**right-on** adj inf intello de gauche.

**Right Reverend** adj Br: the ~ **James Brown** [Protestant] le très révérend James Brown; [Catholic] monseigneur Brown.

**rights issue** n droit m préférentiel de souscription.

**right-thinking** adj raisonnable, sensé.

**right-to-work movement** n syndicat s'opposant à la pratique du «syndicat unique» aux États-Unis.

**right wing** n -1. POL [in politics] la droite; the ~ **of** the party l'aile droite du parti. -2. SPORT [position] aile f droite; [player] ailier m droit.
♦ **right-wing** adj POL de droite; she's more right-wing than the others elle est plus à droite que les autres.

**right-winger** n -1. POL homme m, femme f de droite; he's a ~ il est de droite. -2. SPORT ailier m droit.

**rigid** ['rıdʒıd] adj -1. [structure, material] rigide; [body, muscle] raide; he was ~ **with** fear il était paralysé par la peur; it shook me ~! inf ça m'a fait un de ces coups!-2. [person, ideas, policy] rigide, inflexible; [discipline] strict, sévère.

**rigidity** [rı'dʒıdətı] n -1. [of structure, material] rigidité f; [of body, muscle] raideur f.-2. [of person, ideas, policy] rigidité f, inflexibilité f; [of discipline] sévérité f.

**rigidly** ['rıdʒıdlı] adv rigidement, avec raideur; the rules are ~ **applied** le règlement est rigoureusement appliqué.

**rigmarole** ['rıgmərəul] n -1. [procedure] cirque m; I don't want to go through all the ~ **of** applying for a licence je ne veux pas m'embêter à déposer une demande de permis. -2. [talk] charabia m, galimatias m.

**rigor** ['rıgər] n -1. Am = **rigour**. -2. (U) MED [before fever] frissons mpl; [in muscle] crampe f.

**rigor mortis** [,rıgə'mɔːtıs] n rigidité f cadavérique.

**rigorous** ['rıgərəs] adj rigoureux.

**rigorously** ['rıgərəslı] adv rigoureusement, avec rigueur.

**rigour** Br, **rigor** Am ['rıgər] n rigueur f.

**rigout** ['rıgaut] n inf accoutrement m.

**rile** [raıl] vt [person] agacer, énerver.

**Riley** ['raılı] pr n: to live the life of ~ inf mener une vie de pacha.

**rill** [rıl] n -1. lit [brook] ruisselet m.-2. [on moon] vallée f.-3. [from erosion] ravine f.

**rim** [rım] (pt & pp **rimmed**, cont **rimming**) ◊ n -1. [of bowl, cup] bord m; [of eye, lake] bord m, pourtour m; [of well] margelle f.-2. [of spectacles] monture f.-3. [of wheel] jante f.-4. [of dirt] marque f; a ~ **of** coffee left in the cup des traces de café à l'intérieur de la tasse. ◊ vt border.

**rimless** ['rımlıs] adj [spectacles] sans monture.

**-rimmed** [rımd] in cpds: gold/steel~ **spectacles** lunettes fpl à monture en or/d'acier.

**rind** [raınd] n [on bacon] couenne f; [on cheese] croûte f; [on fruit] écorce f; [of bark] couche f extérieure.

**rindless** ['raındlıs] adj [bacon] sans couenne.

**ring** [rıŋ] (vt senses 1 & 2 & vi pt **rang** [ræŋ], pp **rung** [rʌŋ], vt senses 3, 4, 5 & 6 pt & pp **ringed**) ◊ n -1. [sound of bell] sonnerie f; there was a ~ **at** the door on a sonné (à la porte); give two long ~s and one short one sonnez trois fois, deux coups longs et un coup bref; the ~ **of** the church bells le carillonnement des cloches de l'église. -2. [sound] son m; [resounding] retentissement m; fig [note] note f, accent m; his words had a ~ **of** truth il y avait un accent de vérité dans ses paroles; the name has a familiar ~ ce nom me dit quelque chose. -3. [telephone call] coup m de téléphone; give me a ~ **tomorrow** passez-moi un coup de téléphone OR appelez-moi demain. -4. [set of bells] jeu m de cloches. -5. [on finger] anneau m, bague f; [in nose, ear] anneau m; 'The Ring of the Nibelung' Wagner 'l'Anneau du Nibelung'. -6. [round object] anneau m; [for serviette] rond m; [for swimmer] bouée f; [for identifying bird] bague f; [of piston] segment m; the ~s [in gym] les anneaux mpl.-7. [circle] cercle m, rond m; [of smoke] rond m; [in or around tree trunk] anneau m; she looked round the ~ **of** faces elle regarda les visages tout autour d'elle; the ~s **of** Saturn les anneaux de Saturne; there's a ~ **around** the moon la lune est cernée d'un halo; he has ~s round his eyes il a les yeux cernés ❏ to run OR to make ~s round sb inf éclipser OR écraser qqn. -8. [for boxing, wrestling] ring m; [in circus] piste f.-9. Br [for cooking – electric] plaque f; [– gas] feu m, brûleur m.-10. [group of people] cercle m, clique f pej; price-fixing ~ cartel m; spy/drug ~ réseau m d'espions/de trafiquants de drogue. -11. CHEM [of atoms] chaîne f fermée.
◊ vt -1. [bell, alarm] sonner; I rang the doorbell j'ai sonné à la porte ❏ the name/title ~s a bell ce nom/titre me dit quelque chose; to ~ **the** bell inf [succeed] décrocher le pompon; to ~ **the** changes [on church bells] carillonner; fig changer; to ~ **the** changes on sthg apporter des changements à qqch. -2. Br [phone] téléphoner à, appeler. -3. [surround] entourer, encercler. -4. [draw circle round] entourer d'un cercle; ~ **the** right answer entourez la bonne réponse. -5. [bird] baguer; [bull, pig] anneler. -6. [in quoits, hoopla – throw ring round] lancer un anneau sur.

◇ *vi* **-1.** [chime, peal – bell, telephone, alarm] sonner; [with high pitch] tinter; [long and loud] carillonner; **the doorbell rang** on a sonné (à la porte); **the line is** ~**ing for you** ≃ ne quittez pas, je vous le/la passe. **-2.** [resound] résonner, retentir; **their laughter rang through the house** leurs rires résonnaient dans toute la maison; **the theatre rang with applause** la salle retentissait d'applaudissements; **my ears are** ~**ing** j'ai les oreilles qui bourdonnent; **to** ~ **true/false/hollow** sonner vrai/faux/creux. **-3.** [summon] sonner; **to** ~ **for the maid** sonner la bonne; **I rang for a glass of water** j'ai sonné pour qu'on m'apporte un verre d'eau. **-4.** *Br* [phone] téléphoner.

◆ **ring around** = **ring round**.

◆ **ring back** *vi insep* & *vt sep Br* [phone back] rappeler.

◆ **ring down** *vt sep*: **to** ~ **down the curtain** THEAT baisser le rideau; **to** ~ **down the curtain on sthg** *fig* mettre un terme à qqch.

◆ **ring in** ◇ *vi insep Br* téléphoner. ◇ *vt sep phr*: **to** ~ **the New Year in** sonner les cloches pour annoncer la nouvelle année.

◆ **ring off** *vi insep Br* raccrocher.

◆ **ring out** ◇ *vi insep* retentir. ◇ *vt sep*: **to** ~ **out the old year** sonner les cloches pour annoncer la fin de l'année.

◆ **ring round** *vt insep* téléphoner à, appeler.

◆ **ring up** *vt sep Br* **-1.** [phone] téléphoner à, appeler. **-2.** [on cash register – sale, sum] enregistrer. **-3.** *phr*: **to** ~ **up the curtain** THEAT lever le rideau; **to** ~ **up the curtain on sthg** *fig* inaugurer qqch, marquer le début de qqch.

**ring-a-ring-a-roses** *n* chanson que chantent les enfants en faisant la ronde.

**ring binder** *n* classeur *m* (à anneaux).

**ringer** ['rɪŋəʳ] *n* **-1.** [of bells] sonneur *m*, carillonneur *m*, -euse *f*. **-2.** *inf* [double] sosie *m*; **he's a (dead)** ~ **for you** vous vous ressemblez comme deux gouttes d'eau.

**ring-fence** *vt* [money] allouer (*à des fins pré-établies par le gouvernement*).

**ring finger** *n* annulaire *m*.

**ringing** ['rɪŋɪŋ] ◇ *adj* sonore, retentissant. ◇ *n* **-1.** [of doorbell, phone, alarm] sonnerie *f*; [of cowbell] tintement *m*; [of church bells] carillonnement *m*.**-2.** [of cries, laughter] retentissement *m*; [in ears] bourdonnement *m*.

**ringing tone** *n* sonnerie *f*, signal *m* d'appel.

**ringleader** ['rɪŋˌliːdəʳ] *n* meneur *m*, -euse *f*.

**ringlet** ['rɪŋlɪt] *n* boucle *f* (de cheveux).

**ringmaster** ['rɪŋˌmɑːstəʳ] *n* ≃ Monsieur Loyal *m*.

**ring-pull** *n Br* anneau *m*, bague *f* (*sur une boîte de boisson*).

**ring road** *n* rocade *f*.

**ringside** ['rɪŋsaɪd] *n* (U) SPORT premiers rangs *mpl*; **to have a** ~ **seat** *fig* être aux premières loges.

**ringworm** ['rɪŋwɜːm] *n* teigne *f*.

**rink** [rɪŋk] *n* [for ice-skating] patinoire *f*; [for roller-skating] piste *f* (*pour patins à roulettes*).

**rinse** [rɪns] ◇ *vt* rincer; **she** ~**d her hands/her mouth** elle se rinça les mains/la bouche. ◇ *n* **-1.** [gen] rinçage *m*; **I gave the shirt a good** ~ j'ai bien rincé la chemise. **-2.** [for hair] rinçage *m*.

◆ **rinse out** *vt sep* rincer.

**riot** ['raɪət] ◇ *n* **-1.** [civil disturbance] émeute *f*; **race** ~**s** émeutes raciales. **-2.** *inf* [funny occasion]: **the party was a** ~ on s'est éclatés à la fête ‖ [funny person]: **Jim's a** ~ Jim est désopilant OR impayable. **-3.** [profusion] profusion *f*; **the garden is a** ~ **of colour** le jardin offre une véritable débauche de couleurs. ◇ *vi* participer à OR faire une émeute. ◇ *adv*: **to run** ~: **a group of youths ran** ~ un groupe de jeunes a provoqué une émeute; **her imagination ran** ~ son imagination s'est déchaînée; **the garden is running** ~ le jardin est une vraie jungle.

**riot act** *n* loi *f* antiémeutes; **to read the** ~ *inf* faire acte d'autorité; **she read me the** ~ elle m'a passé un savon magistral.

**rioter** ['raɪətəʳ] *n* émeutier *m*, -ère *f*.

**rioting** ['raɪətɪŋ] *n* (U) émeutes *fpl*.

**riotous** ['raɪətəs] *adj* **-1.** [mob] déchaîné; [behaviour] séditieux. **-2.** [debauched] débauché; [exuberant, noisy] tapageur, bruyant. **-3.** [funny] désopilant, tordant.

**riotously** ['raɪətəslɪ] *adv* **-1.** [seditiously] de façon séditieuse.

**-2.** [noisily] bruyamment. **-3.** [as intensifier]: **it's** ~ **funny** *inf* c'est à mourir OR à hurler de rire.

**riot police** *npl* police *f* OR forces *fpl* antiémeutes.

**riot shield** *n* bouclier *m* antiémeutes.

**rip** [rɪp] (*pt* & *pp* **ripped**, *cont* **ripping**) ◇ *vt* **-1.** [tear] déchirer (*violemment*); **he ripped the envelope open** il déchira l'enveloppe; **to** ~ **sthg to shreds** OR **pieces** mettre qqch en morceaux OR en lambeaux. **-2.** [snatch] arracher. **-3.** *Am inf* [rob] voler. ◇ *vi* **-1.** [tear] se déchirer. **-2.** *inf* [go fast] aller à fond de train OR à fond la caisse; **let it** ~! [go ahead] vas-y!; [accelerate] appuie sur le champignon!; **now they're gone we can really let** ~ maintenant qu'ils sont partis, on va pouvoir s'éclater; **to lèt** ~ **at sb** enguirlander qqn. ◇ *n* déchirure *f*.

◆ **rip off** *vt sep* **-1.** [tear off] arracher. **-2.** *inf* [cheat, overcharge] arnaquer. **-3.** *inf* [rob] dévaliser; **they ripped off a bank** ils ont braqué une banque ‖ [steal] faucher, piquer; **he ripped off our idea** il nous a piqué notre idée.

◆ **rip out** *vt sep* arracher.

◆ **rip through** *vt insep* [subj: explosion, noise] déchirer; **we ripped through the work in no time** *fig* on a expédié le travail en un rien de temps.

◆ **rip up** *vt sep* [paper, cloth] déchirer (*violemment*), mettre en pièces; [road surface, street] éventrer.

**RIP** (*written abbr of* **rest in peace**) RIP.

**ripcord** ['rɪpkɔːd] *n* poignée *f* d'ouverture (*de parachute*).

**ripe** [raɪp] *adj* **-1.** [fruit, vegetable] mûr; [cheese] fait, à point. **-2.** [age]: **to live to a** ~ **old age** vivre jusqu'à un âge avancé; **he married at the** ~ **old age of 80** il s'est marié au bel âge de 80 ans. **-3.** [ready] prêt, mûr; **the time is** ~ **to sell** c'est le moment de vendre. **-4.** [full – lips] sensuel, charnu; [breasts] plantureux. **-5.** [pungent – smell] âcre. **-6.** *inf* [vulgar] égrillard.

**ripen** ['raɪpn] ◇ *vi* [gen] mûrir; [cheese] se faire. ◇ *vt* [subj: sun] mûrir; [subj: farmer] (faire) mûrir; **sun-**~**ed oranges** oranges mûries au soleil.

**ripeness** ['raɪpnɪs] *n* maturité *f*.

**rip-off** *n inf* **-1.** [swindle] escroquerie *f*, arnaque *f*.**-2.** [theft] vol *m*, fauche *f*; **it's a** ~ **from an Osborne play** ils ont pompé l'idée dans une pièce d'Osborne.

**riposte** [*Br* rɪ'pɒst, *Am* rɪ'pəʊst] ◇ *n* **-1.** [retort] riposte *f*, réplique *f*.**-2.** FENCING riposte *f*. ◇ *vi* riposter.

**ripper** ['rɪpəʳ] *n* **-1.** [criminal] éventreur *m*; **Jack the Ripper** Jack l'Éventreur. **-2.** [machine] scarificateur *m*.

**ripple** ['rɪpl] ◇ *n* **-1.** [on water] ride *f*, ondulation *f*; [on wheatfield, hair, sand] ondulation *f*.**-2.** [sound – of waves] clapotis *m*; [– of books] gazouillis *m*; [– of conversation] murmure *m*; **a** ~ **of laughter ran through the audience** des rires discrets parcoururent l'assistance. **-3.** [repercussion] répercussion *f*, vague *f*; **her resignation hardly caused a** ~ sa démission a fait très peu de bruit; ~ **effect** effet *m* de vague. **-4.** CULIN: **strawberry/chocolate** ~ **(ice cream)** glace *f* marbrée à la fraise/au chocolat. **-5.** ELECTRON oscillation *f*. ◇ *vi* **-1.** [undulate – water] se rider; [– wheatfield, hair] onduler; **rippling muscles** muscles saillants OR puissants. **-2.** [murmur – water, waves] clapoter. **-3.** [resound, have repercussions] se répercuter. ◇ *vt* [water, lake] rider.

**rip-roaring** *adj inf* [noisy] bruyant, tapageur; [great, fantastic] génial, super; **a** ~ **success** un succès monstre.

**rise** [raɪz] (*pt* **rose** [rəʊz], *pp* **risen** ['rɪzn]) ◇ *vi* **-1.** [get up – from chair, bed] se lever; [from knees, after fall] se relever; **he rose (from his chair) to greet me** il s'est levé (de sa chaise) pour me saluer; **to** ~ **to one's feet** se lever, se mettre debout ❏ ~ **and shine!** debout!**-2.** [sun, moon, fog] se lever; [smoke, balloon] s'élever, monter; [tide, river level] monter; [river] prendre sa source; [land] s'élever; [fish] mordre; THEAT [curtain] se lever; CULIN [dough] lever; [soufflé] monter; **to** ~ **into the air** [bird, balloon] s'élever (dans les airs); [plane] monter OR s'élever (dans les airs); **to** ~ **to the surface** [swimmer, whale] remonter à la surface; **the colour rose in** OR **to her cheeks** le rouge lui est monté aux joues; **to** ~ **from the dead** RELIG ressusciter d'entre les morts; **to** ~ **into heaven** RELIG monter au ciel; **to** ~ **to the occasion** se montrer à la hauteur de la situation. **-3.** [increase – value] augmenter; [– number, amount] augmenter, monter; [– prices, costs] monter, augmenter, être en hausse; [– temperature, pressure] monter; [– barometer] monter, remonter; [– wind] se lever; [– tension, tone, voice]

monter; [– feeling, anger, panic] monter, grandir; **to ~ by 10 dollars/by 10%** augmenter de 10 dollars/de 10 %; **his spirits rose when he heard the news** il a été soulagé OR heureux d'apprendre la nouvelle. **-4.** [mountains, buildings] se dresser, s'élever; **the mountain ~s to 2,500 m** la montagne a une altitude de OR culmine à OR s'élève à 2 500 m ❏ **to ~ from the ashes** renaître de ses cendres. **-5.** [socially, professionally] monter, réussir; **to ~ in the world** faire son chemin dans le monde; **to ~ to fame** devenir célèbre; **to ~ in sb's esteem** monter dans l'estime de qqn; **to ~ from the ranks** sortir du rang; **she rose to the position of personnel manager** elle a réussi à devenir chef du personnel. **-6.** [revolt] se soulever, se révolter; **to ~ in revolt (against sb/sthg)** se révolter (contre qqn/qqch); **to ~ in protest against sthg** se soulever contre qqch. **-7.** [adjourn – assembly, meeting] lever la séance; [– Parliament, court] clore la session; **Parliament rose for the summer recess** la session parlementaire est close pour les vacances d'été.
◇ *n* **-1.** [high ground] hauteur *f*, éminence *f*; [slope] pente *f*; [hill] côte *f*. **-2.** [of moon, sun, curtain] lever *m*; [to power, influence] montée *f*, ascension *f*; INDUST [development] essor *m*; **the ~ and fall of the tide** le flux et le reflux de la marée; **the ~ and fall of the Roman Empire** la croissance et la chute OR la grandeur et la décadence de l'Empire romain; **the ~ and fall of the fascist movement** la montée et la chute du mouvement fasciste; **the actor's ~ to fame was both rapid and spectacular** cet acteur a connu un succès à la fois rapide et spectaculaire. **-3.** [increase – of price, crime, accidents] hausse *f*, augmentation *f*; [– in bank rate, interest] relèvement *m*, hausse *f*; [– of temperature, pressure] hausse *f*; [– of affluence, wealth] augmentation *f*; **to be on the ~** être en hausse; **there has been a steep ~ in house prices** les prix de l'immobilier ont beaucoup augmenté; **there was a 10% ~ in the number of visitors** le nombre de visiteurs a augmenté de 10 %; **there has been a steady ~ in the number of accidents** les accidents sont en augmentation régulière; **~ in value** appréciation *f*; **to speculate on a ~** ST. EX miser sur la hausse ‖ *Br* [in salary] augmentation *f* (de salaire); **to be given a ~** être augmenté. **-4.** [of river] source *f*. **-5.** *phr*: **to give ~ to sthg** donner lieu à qqch, entraîner qqch; **to get OR take a ~ out of sb** *Br inf* faire réagir qqn, faire marcher qqn.
◆ **rise above** *vt insep* [obstacle, fear] surmonter; [figure] dépasser.
◆ **rise up** *vi insep* **-1.** [get up] se lever; [go up] monter, s'élever; **the smoke/the balloon rose up into the sky** la fumée/le ballon s'élevait dans le ciel. **-2.** [revolt] se soulever, se révolter; **to ~ up against an oppressor** se soulever contre un oppresseur. **-3.** RELIG ressusciter. **-4.** [appear] apparaître; **a shadowy figure rose up out of the mist** une ombre surgit de la brume.

**risen** ['rɪzn] ◇ *pp* → **rise**. ◇ *adj* ressuscité.

**riser** ['raɪzə'] *n* **-1.** [person]: **to be an early/late ~** être un lève-tôt *(inv)*/lève-tard *(inv)*. **-2.** [of step] contremarche *f*. **-3.** [in plumbing] conduite *f* montante.

**risible** ['rɪzəbl] *adj fml* risible, ridicule.

**rising** ['raɪzɪŋ] ◇ *n* **-1.** [revolt] insurrection *f*, soulèvement *m*. **-2.** [of sun, moon, of theatre curtain] lever *m*. **-3.** [of prices] augmentation *f*, hausse *f*. **-4.** [of river] crue *f*; [of ground] élévation *f*. **-5.** [from dead] résurrection *f*. **-6.** [of Parliament, an assembly] ajournement *m*, clôture *f* de séance. ◇ *adj* **-1.** [sun] levant. **-2.** [tide] montant; [water level] ascendant. **-3.** [ground, road] qui monte. **-4.** [temperature, prices] en hausse; FIN [market] orienté à la hausse. **-5.** [up-and-coming]: **he's a ~ celebrity** c'est une étoile montante. **-6.** [emotion] croissant.

**rising damp** *n* humidité *f* ascensionnelle OR par capillarité.

**risk** [rɪsk] ◇ *n* **-1.** [gen] risque *m*; **to take a ~** prendre un risque; **to run the ~** courir le risque; **is there any ~ of him making another blunder?** est-ce qu'il risque de commettre un nouvel impair?; **it's not worth the ~** c'est trop risqué; **that's a ~ we'll have to take** c'est un risque à courir; **do it at your own ~** faites-le à vos risques et périls; **'cars may be parked here at the owner's ~'** les automobilistes peuvent stationner ici à leurs risques (et périls); **at the ~ of one's life** au péril de sa vie; **at the ~ of sounding ignorant, how does one open this box?** au risque de passer pour un idiot, j'aimerais savoir comment on ouvre cette boîte?. **-2.** [in insurance] risque *m*; **fire ~** risque d'incendie; **he's a bad ~** c'est un client à risques. ◇ *vt* risquer, hasarder *fml*; **to ~ de-**

feat risquer d'être battu ❏ **to ~ one's neck** OR **skin, to ~ life and limb** risquer sa peau.
◆ **at risk** *adj phr*: **there's too much at ~** les risques OR les enjeux sont trop importants; **our children are at ~ from all kinds of violence** nos enfants ont toutes sortes de violences à craindre; **all our jobs are at ~** tous nos emplois sont menacés; **to be at ~** MED & SOCIOL être vulnérable, être une personne à risque.

**risk capital** *n* (U) *Br* capitaux *mpl* à risques.

**risk-taking** *n* (U) fait de prendre des risques.

**risky** ['rɪskɪ] *(compar* **riskier,** *superl* **riskiest)** *adj* [hazardous] risqué, hasardeux; **~ business** entreprise hasardeuse.

**risotto** [rɪ'zɒtəʊ] *(pl* **risottos)** *n* risotto *m*.

**risqué** ['ri:skeɪ] *adj* [story, joke] risqué, osé, scabreux.

**rissole** ['rɪsəʊl] *n* rissole *f* CULIN.

**rite** [raɪt] *n* rite *m*; **initiation/fertility ~s** rites d'initiation/de fertilité; **~ of passage** cérémonie *f* d'initiation; **'The Rite of Spring'** Stravinsky 'le Sacre du printemps'.

**ritual** ['rɪtʃʊəl] ◇ *n* rituel *m*. ◇ *adj* rituel.

**ritualistic** [,rɪtʃʊə'lɪstɪk] *adj* ritualiste.

**ritually** ['rɪtʃʊəlɪ] *adv* rituellement.

**ritzy** ['rɪtsɪ] *(compar* **ritzier,** *superl* **ritziest)** *adj inf* classe, très chic, luxueux.

**rival** ['raɪvl] *(Br pt & pp* **rivalled,** *cont* **rivalling,** *Am pt & pp* **rivaled,** *cont* **rivaling)** ◇ *n* [gen] rival *m*, -e *f*; COMM rival *m*, -e *f*, concurrent *m*, -e *f*. ◇ *adj* [gen] rival; COMM concurrent, rival. ◇ *vt* [gen] rivaliser avec; COMM être en concurrence avec; **no-one can ~ her when it comes to business acumen** son sens des affaires n'a pas d'égal.

**rivalry** ['raɪvlrɪ] *(pl* **rivalries)** *n* rivalité *f*; **there's a lot of ~ between the two brothers** il y a une forte rivalité entre les deux frères.

**riven** ['rɪvn] *adj* déchiré, divisé.

**river** ['rɪvə'] ◇ *n* **-1.** [as tributary] rivière *f*; [flowing to sea] fleuve *m*; **to be up the ~** *Am inf* [in prison] être en taule. **-2.** *fig* [of mud, lava] coulée *f*; **a ~ of blood** un fleuve de sang. ◇ *comp* [port, system, traffic] fluvial; [fish] d'eau douce.

**riverbank** ['rɪvəbæŋk] *n* rive *f*, berge *f*.

**river basin** *n* bassin *m* fluvial.

**riverbed** ['rɪvəbed] *n* lit *m* de rivière OR de fleuve.

**riverside** ['rɪvəsaɪd] ◇ *n* bord *m* d'une rivière OR d'un fleuve, rive *f*. ◇ *adj* au bord d'une rivière OR d'un fleuve.

**rivet** ['rɪvɪt] ◇ *n* rivet *m*. ◇ *vt* **-1.** TECH riveter, river. **-2.** *fig*: **to be ~ed to the spot** rester cloué OR rivé sur place; **the children were ~ed to the television set** les enfants étaient rivés au poste de télévision. **-3.** [fascinate] fasciner.

**riveter** ['rɪvɪtə'] *n* [person] riveur *m*; [machine] riveteuse *f*.

**riveting** ['rɪvɪtɪŋ] *adj* fascinant, passionnant, captivant.

**Riviera** [,rɪvɪ'eərə] *pr n*: **the French ~** la Côte d'Azur; **on the French ~** sur la Côte d'Azur; **the Italian ~** la Riviera italienne; **on the Italian ~** sur la Riviera italienne.

**rivulet** ['rɪvjʊlɪt] *n* (petit) ruisseau *m*, ru *m lit*.

**RMT** *(abbr of* **National Union of Rail, Maritime and Transport Workers)** *pr n* syndicat britannique des cheminots et des gens de mer.

**RN** ◇ *pr n abbr of* **Royal Navy.** ◇ *n Br (abbr of* **registered nurse). -1.** [nurse] infirmier *m* diplômé (d'État); infirmière *f* diplômée (d'État). **-2.** [qualification] diplôme *m* (d'État) d'infirmier.

**RNLI** *(abbr of* **Royal National Lifeboat Institution)** *pr n* société britannique de sauvetage en mer.

**roach** [rəʊtʃ] *(pl sense 1 inv OR* **roaches)** *n* **-1.** [fish] gardon *m*. **-2.** *inf* [cockroach] cafard *m*, cancrelat *m*. **-3.** *drugs sl* [of marihuana cigarette] filtre *m*.

**road** [rəʊd] ◇ *n* **-1.** *literal* route *f*; [small] chemin *m*; **main** OR **major ~** route principale, (route) nationale *f*; **by ~** par la route; **is this the (right) ~ for** OR **to Liverpool?** est-ce la (bonne) route pour Liverpool?; **are we on the right ~?** sommes-nous sur la bonne route?; **on the ~ to Liverpool,** **the car broke down** en allant à Liverpool, la voiture est tombée en panne; **to take to the ~** [driver] prendre la route OR le volant; [tramp] partir sur les routes; **to be on the ~** [pop star, troupe] être en tournée; **we've been on the ~ since 6 o'clock this morning** nous roulons depuis 6 h ce matin; **his car shouldn't be on the ~** sa voiture devrait être retirée de la circulation; someone of his age shouldn't be on the ~ une personne de son âge ne devrait pas prendre le volant; **my car is off the ~ at the moment** ma voiture est en panne OR chez le garagiste ‖ [street] rue *f*; **he lives just down the ~** il habite un peu plus loin dans la même rue; **he lives across the ~ from us** il habite en face de chez nous ‖ [roadway] route *f*, chaussée *f*; **to stand in the middle of the ~** se tenir au milieu de la route OR de la chaussée ❑ **one for the ~** *inf* un petit coup avant de partir; **the ~ to hell is paved with good intentions** *prov* l'enfer est pavé de bonnes intentions *prov*. **-2.** *fig* [path] chemin *m*, voie *f*; **if we go down that ~** si nous nous engageons sur cette voie; **to be on the right ~** être sur la bonne voie; **to be on the ~ to success/recovery** être sur le chemin de la réussite/en voie de guérison; **you're in my ~!** *Br inf* [I can't pass] vous me bouchez le passage!; [I can't see] vous me bouchez la vue!. **-3.** *Am* [railway] chemin de fer *m*, voie *f* ferrée. **-4.** *(usu pl)* NAUT rade *f*. **-5.** [in mine] galerie *f*. **-6.** *Br inf* & *dial phr*: **any ~ (up)** de toute façon. ◇ *comp* [traffic, transport, bridge] routier; [accident] de la route; [conditions, construction, repairs] des routes; **~ atlas** atlas *m* routier.

**roadbed** ['rəʊdbed] *n* CONSTR empierrement *m*; RAIL ballast *m*.

**roadblock** ['rəʊdblɒk] *n* barrage *m* routier.

**road hog** *n inf* chauffard *m*.

**roadholding** ['rəʊd,həʊldɪŋ] *n* tenue *f* de route.

**roadhouse** ['rəʊdhaʊs, *pl* -haʊzɪz] *n* relais *m* routier.

**roadie** ['rəʊdɪ] *n inf technicien qui accompagne les groupes de rock en tournée.*

**road manager** *n* responsable *m* de tournée *(d'un chanteur ou d'un groupe pop).*

**road map** *n* carte *f* routière.

**road racing** *n* compétition *f* automobile *(sur route).*

**road roller** *n* rouleau *m* compresseur.

**road safety** *n* sécurité *f* routière.

**road sense** *n* [for driver] sens *m* de la conduite; [for pedestrian]: **children have to be taught ~** on doit apprendre aux enfants à faire attention à la circulation.

**roadshow** ['rəʊdʃəʊ] *n* [gen] tournée *f*; [radio show] *animation en direct proposée par une station de radio en tournée.*

**roadside** ['rəʊdsaɪd] ◇ *n* bord *m* de la route, bas-côté *m*; **we stopped the car by the ~** nous avons arrêté la voiture au bord OR sur le bord de la route. ◇ *adj* au bord de la route; **~ inn** auberge située au bord de la route.

**road sign** *n* panneau *m* de signalisation.

**roadster** ['rəʊdstər] *n* **-1.** [car] roadster *m*. **-2.** [bicycle] bicyclette *f* (de tourisme).

**roadsweeper** ['rəʊd,swi:pər] *n* [person] balayeur *m*, -euse *f*; [vehicle] balayeuse *f*.

**road tax** *n Br* taxe *f* sur les automobiles; **~ disc** vignette *f* (automobile).

**road test** *n* essai *m* sur route.

◆ **road-test** *vt* essayer sur route.

**road-user** *n* usager *m*, -ère *f* de la route.

**roadway** ['rəʊdweɪ] *n* chaussée *f*.

**road works** *npl* travaux *mpl* (d'entretien des routes).

**roadworthiness** ['rəʊd,wɜːðɪnɪs] *n* état *m* général *(d'un véhicule).*

**roadworthy** ['rəʊd,wɜːðɪ] *adj* [vehicle] en état de rouler.

**roam** [rəʊm] ◇ *vt* **-1.** [travel – world] parcourir; [– streets] errer dans; **to ~ the seven seas** aller aux quatre coins du monde. **-2.** [hang about – streets] traîner dans. ◇ *vi* [wander] errer, voyager sans but; **he allowed his imagination/his thoughts to ~** *fig* il a laissé vagabonder son imagination/ses pensées.

◆ **roam about** *Br*, **roam around** *vi insep* **-1.** [travel] vagabonder, bourlinguer. **-2.** [aimlessly] errer, traîner.

**roaming** ['rəʊmɪŋ] ◇ *adj* vagabond, errant. ◇ *n* vagabondage *m*.

**roan** [rəʊn] ◇ *adj* rouan. ◇ *n* rouan *m*.

**roar** [rɔːr] ◇ *vi* [lion] rugir; [bull] beugler, mugir; [elephant] barrir; [person] hurler, crier; [crowd] hurler; [radio, music] beugler, hurler; [sea, wind] mugir; [storm, thunder] gronder; [fire] ronfler; [cannon] tonner; [car, motorcycle, engine] vrombir; **to ~ with anger** rugir OR hurler de colère; **to ~ with laughter** se tordre de rire; **the car ~ed past** [noisily] la voi-

ture est passée en vrombissant; [fast] la voiture est passée à toute allure.

◇ *vt* [feelings, order] hurler. ◇ *n* [of lion] rugissement *m*; [of bull] mugissement *m*, beuglement *m*; [of elephant] barrissement *m*; [of sea, wind] mugissement *m*; [of thunder, storm] grondement *m*; [of fire] ronflement *m*; [of cannons] grondement *m*; [of crowd] hurlements *mpl*; [of engine] vrombissement *m*; **~s of laughter** gros OR grands éclats de rire.

**roaring** ['rɔːrɪŋ] ◇ *adj* **-1.** [lion] rugissant; [bull] mugissant, beuglant; [elephant] qui barrit; [person, crowd] hurlant; [sea, wind] mugissant; [thunder, storm] qui gronde; [engine] vrombissant; **a ~ fire** une bonne flambée. **-2.** *fig* [excellent]: **a ~ success** un succès fou; **to do a ~ trade** *Br* faire des affaires en or. ◇ *adv inf*: **~ drunk** ivre mort, complètement bourré.

**Roaring Forties** *npl* NAUT quarantièmes *mpl* rugissants.

**Roaring Twenties** *npl*: **the ~** les Années *fpl* folles.

**roast** [rəʊst] ◇ *vt* **-1.** [meat] rôtir; [peanuts, chestnuts] griller; [coffee] griller, torréfier. **-2.** [minerals] calciner. **-3.** *fig* [by sun, fire] griller, rôtir; **I sat ~ing my toes by the fire** j'étais assis devant le feu pour me réchauffer les pieds. ◇ *vi* **-1.** [meat] rôtir. **-2.** *fig* [person] avoir très chaud; **we spent a week ~ing in the sun** nous avons passé une semaine à nous rôtir au soleil. ◇ *adj* rôti; **~ beef** rôti *m* de bœuf, rosbif *m*; **~ chicken** poulet *m* rôti; **~ potatoes** pommes de terre *fpl* rôties au four. ◇ *n* **-1.** [joint of meat] rôti *m*. **-2.** *Am* [barbecue] barbecue *m*; **to have a ~** faire un barbecue.

**roasting** ['rəʊstɪŋ] ◇ *n* **-1.** [of meat] rôtissage *m*; [of coffee] torréfaction *f*; **~ spit** tournebroche *m*; **~ tin** plat *m* à rôtir. **-2.** *Br inf* & *fig* [harsh criticism]: **to give sb a ~** passer un savon à qqn. ◇ *adj inf* [weather] torride; **it was ~ in her office** il faisait une chaleur à crever dans son bureau.

**rob** [rɒb] *(pt & pp* robbed, *cont* robbing) *vt* **-1.** [person] voler; [bank] dévaliser; [house] cambrioler; **to ~ sb of sthg** voler OR dérober qqch à qqn; **I've been robbed!** au voleur!; **someone has robbed the till!** on a volé l'argent de la caisse! **-2.** *fig* [deprive] priver; **to ~ sb of sthg** priver qqn de qqch; **the team was robbed of its victory** l'équipe s'est vue ravir la victoire ❑ **to ~ Peter to pay Paul** déshabiller Pierre pour habiller Paul.

**robber** ['rɒbər] *n* [of property] voleur *m*, -euse *f*.

**robbery** ['rɒbərɪ] *(pl* robberies) *n* **-1.** [of property] vol *m*; [of bank] hold-up *m*; [of house] cambriolage *m*; **~ with violence** vol *m* avec coups et blessures, vol *m* qualifié *spec*. **-2.** *inf* [overcharging] vol *m*; **it's just plain ~!** c'est de l'escroquerie OR du vol manifeste!

**robe** [rəʊb] ◇ *n* **-1.** [dressing gown] peignoir *m*, robe *f* de chambre. **-2.** [long garment – gen] robe *f*; [– for judge, academic] robe *f*, toge *f*. ◇ *vt* [dress – gen] habiller, vêtir; [– in robe] vêtir d'une robe; **~d in red** vêtu de rouge. ◇ *vi* [judge] revêtir sa robe.

**robin** ['rɒbɪn] *n* **-1.** [European]: **~ (redbreast)** rouge-gorge *m*. **-2.** [American] merle *m* américain.

**Robin Hood** *pr n* Robin des Bois.

**robot** ['rəʊbɒt] *n* **-1.** *literal* & *fig* [automaton] robot *m*, automate *m*. ◇ *comp* [pilot, vehicle, system] automatique.

**robotic** [rəʊ'bɒtɪk] *adj* robotique.

**robotics** [rəʊ'bɒtɪks] *n (U)* robotique *f*.

**robust** [rəʊ'bʌst] *adj* [person] robuste, vigoureux, solide; [health] solide; [appetite] robuste, solide; [wine] robuste, corsé; [structure] solide; [economy, style, car] solide; [response, defence] vigoureux, énergique.

**robustly** [rəʊ'bʌstlɪ] *adv* solidement, avec robustesse.

**rock** [rɒk] ◇ *n* **-1.** [substance] roche *f*, roc *m*; **the lighthouse is built on ~** le phare est construit sur le roc. **-2.** [boulder] rocher *m*; **the boat struck the ~s** le bateau a été jeté sur les rochers ❑ **to see the ~s ahead** *fig* anticiper les difficultés futures; **to be on the ~s** *inf* [person] être dans la dèche; [firm] être en faillite; [enterprise, marriage] mal tourner, tourner à la catastrophe; **on the ~s** [drink] avec des glaçons; **'Brighton Rock'** *Greene* 'le Rocher de Brighton'. **-3.** [music, dance] rock *m*. **-4.** [in place names] rocher *m*, roche *f*; **the Rock (of Gibraltar)** (le rocher de) Gibraltar. **-5.** *Am* [stone] pierre *f*. **-6.** *Br* [sweet] ≃ sucre *m* d'orge. **-7.** RELIG [stronghold] rocher *m*, roc *m*. **-8.** ▽ [diamond] diam *m*. **-9.** ▽ *(usu pl)* [testicle] couille *f*.

◇ *comp* [film] rock; [band, record] (de) rock; [radio station] de rock; **a ~ guitarist** un guitariste rock.

◊ vt **-1.** [swing to and fro – baby] bercer; [– chair] balancer; [– lever] basculer; [– boat] ballotter, tanguer; to ~ a baby to sleep bercer un bébé pour l'endormir; the boat was ~ed by the waves [gently] le bateau était bercé par les flots; [violently] le bateau était ballotté par les vagues ❏ to ~ the boat jouer les trouble-fête, semer le trouble. **-2.** [shake] secouer, ébranler; the stock market crash ~ed the financial world to its core le krach boursier a ébranlé en profondeur le monde de la finance.

◊ vi **-1.** [sway] se balancer. **-2.** [quake] trembler; to ~ with laughter se tordre de rire. **-3.** [jive] danser le rock.

**rockabilly** ['rɒkə,bɪlɪ] n rockabilly m.

**rock and roll** n rock m (and roll); to do the ~ danser le rock.

**rock bottom** n fig: to hit ~ [person] avoir le moral à zéro, toucher le fond; [firm, funds] atteindre le niveau le plus bas.

◆ **rock-bottom** adj [price] le plus bas.

**rock bun**, **rock cake** n rocher m (gâteau).

**rock candy** n Am sucre m d'orge.

**rock climber** n varappeur m, -euse f.

**rock climbing** n escalade f (de rochers), varappe f; to go ~ faire de l'escalade or de la varappe.

**rocker** ['rɒkər] n **-1.** [of cradle, chair] bascule f; to be off one's ~ inf être cinglé, débloquer. **-2.** [rocking chair] fauteuil m à bascule. **-3.** Br [youth] rocker m.

**rockery** ['rɒkərɪ] (pl **rockeries**) n jardin m de) rocaille f.

**rocket** ['rɒkɪt] ◊ n **-1.** AERON & ASTRONAUT fusée f; to fire OR to send up a ~ lancer une fusée ❏ to go off like a ~ partir comme une fusée; to get a ~ (from sb) Br inf se faire enguirlander (par qqn); to give sb a ~ Br inf enguirlander qqn. **-2.** MIL [missile] roquette f; to fire a ~ lancer une roquette. **-3.** [signal, flare] fusée f. **-4.** [firework] fusée f. **-5.** BOT & CULIN roquette f. ◊ comp [propulsion] par fusée; [engine] de fusée. ◊ vt **-1.** [missile, astronaut] lancer (dans l'espace). **-2.** [record, singer] faire monter en flèche. ◊ vi [price, sales] monter en flèche; to ~ to fame devenir célèbre du jour au lendemain; the car ~ed down the road/round the track la voiture a descendu la rue/fait le tour de la piste à une vitesse incroyable.

**rocket launcher** n AERON & ASTRONAUT lance-fusées m inv; MIL lance-roquettes m inv.

**rocketry** ['rɒkɪtrɪ] n **-1.** [science] fuséologie f. **-2.** [rockets collectively] arsenal m de fusées.

**rock face** n paroi f rocheuse.

**rockfall** ['rɒkfɔːl] n chute f de pierres OR de rochers.

**rockfish** ['rɒkfɪʃ] (pl inv OR **rockfishes**) n gobie m, rascasse f.

**rock garden** n jardin m de rocaille.

**rock-hard** adj dur comme le roc.

**Rockies** ['rɒkɪz] pl pr n: the ~ les Rocheuses fpl.

**rocking** ['rɒkɪŋ] n **-1.** [of chair, boat] balancement m; [of baby] bercement m; [of head – to rhythm] balancement m. **-2.** MECH oscillation f.

**rocking chair** n fauteuil m à bascule, rocking-chair m.

**rocking horse** n cheval m à bascule.

**rock music** n rock m.

**rock'n'roll** [,rɒkn'rəʊl] = **rock and roll**.

**rock pool** n petite cuvette f d'eau de mer dans les rochers.

**rock salt** n sel m gemme.

**rock-solid** adj inébranlable.

**rocky** ['rɒkɪ] (compar **rockier**, superl **rockiest**) adj **-1.** [seabed, mountain] rocheux; [path, track] rocailleux. **-2.** [unstable – situation] précaire, instable; [– government] peu stable.

**Rocky Mountains** pl pr n: the ~ les montagnes fpl Rocheuses.

**rococo** [rə'kəʊkəʊ] ◊ adj rococo. ◊ n rococo m.

**rod** [rɒd] n **-1.** [of iron] barre f; [of wood] baguette f; [for curtains, carpet] tringle f; [for fishing] canne f; [for punishment] baguette f; [flexible] verge f; SCH [pointer] baguette f; ~ and line FISHING canne à pêche; ~ fishing pêche f à la ligne; ~ of office (symbole m de) pouvoir m; to rule with a ~ of iron gouverner d'une main de fer; to make a ~ for one's own back donner des bâtons pour se faire battre. **-2.** [of uranium] barre f. **-3.** MECH [in engine] tige f; [mechanism]: ~s tringlerie f, timonerie f. **-4.** [for surveying] mire f. **-5.** ANAT [in eye] bâtonnet m. **-6.** [linear or square measure] ≈ perche f. **-7.**

▽ Am [gun] flingue m. **-8.** ▽ [car] voiture f gonflée. **-9.** ▼ [penis] bite f.

**rode** [rəʊd] pt → ride.

**rodent** ['rəʊdənt] ◊ adj rongeur. ◊ n rongeur m.

**rodeo** ['rəʊdɪəʊ] (pl **rodeos**) n rodéo m.

**Rodeo Drive** pr n luxueuse rue commerçante à Hollywood, aux États-Unis.

**roe** [rəʊ] (pl sense 2 inv OR **roes**) n (U) **-1.** [eggs] œufs mpl de poisson; [sperm] laitance f; cod ~ œufs de cabillaud. **-2.** ZOOL: ~ deer chevreuil m.

**roebuck** ['rəʊbʌk] n chevreuil m mâle.

**rogation** [rəʊ'geɪʃn] n (usu pl) rogations fpl.

**Rogation Sunday** n dimanche m des rogations.

**roger** ['rɒdʒər] interj TELEC reçu et compris, d'accord; ~ and out message reçu, terminé.

**rogue** [rəʊg] ◊ n **-1.** [scoundrel] escroc m, filou m; [mischievous child] polisson m, -onne f, coquin m, -e f. **-2.** [animal] solitaire m. ◊ adj **-1.** [animal] solitaire. **-2.** Am [delinquent] dévoyé.

**rogues' gallery** n [in police files] photographies fpl de repris de justice; they're a real ~! ils ont des mines patibulaires!

**roguish** ['rəʊgɪʃ] adj [mischievous] espiègle, malicieux, coquin.

**roisterous** ['rɔɪstərəs] adj [behaviour] tapageur; [crowd] bruyant.

**role, rôle** [rəʊl] n rôle m; to have OR to play the leading ~ jouer le rôle principal; she had OR she played an important ~ in this project elle a joué un rôle important dans ce projet ❏ ~ model modèle m; ~ play SCH & PSYCH jeu m de rôles; ~ playing (U) jeux mpl de rôles.

**roll** [rəʊl] ◊ vt **-1.** [ball] (faire) rouler; [dice] jeter, lancer; [cigarette, umbrella] rouler; [coil] enrouler; the hedgehog ~ed itself into a tight ball le hérisson s'est mis en boule; to ~ sthg in OR between one's fingers rouler qqch entre ses doigts; the boy ~ed the modelling clay into a long snake le garçon roula la pâte à modeler pour en faire un long serpent; he ~ed his sleeves above his elbows il a roulé OR retroussé ses manches au-dessus du coude; to ~ the presses faire tourner les presses; to ~ dice jouer aux dés; to ~ one's r's rouler les r; to ~ one's hips/shoulders rouler les hanches/épaules; to ~ one's eyes in fright rouler les yeux de frayeur; she's a company executive, wife and housekeeper all ~ed into one fig elle cumule les rôles de cadre dans sa société, d'épouse et de ménagère; to ~ one's own Br [cigarettes] rouler ses cigarettes. **-2.** [flatten – grass] rouler; [– pastry, dough] étendre; [– gold, metal] laminer; [– road] cylindrer. **-3.** Am inf [rob] dévaliser.

◊ vi **-1.** [ball] rouler; to ~ in the mud [gen] se rouler dans la boue; [wallow] se vautrer dans la boue; the ball ~ed under the car/down the stairs la balle roula sous la voiture/en bas de l'escalier; the car ~ed down the hill/the slope la voiture dévalait la colline/la pente ❏ [sweat] dégouliner; [tears] rouler; tears ~ed down her face des larmes roulaient sur ses joues; sweat ~ed off his back la sueur lui dégoulinait dans le dos ❏ to be ~ing in money OR ~ing in it inf rouler sur l'or, être plein aux as; he had them ~ing in the aisles il les faisait mourir de rire. **-2.** [ship] avoir du roulis; [plane – with turbulence] avoir du roulis; [– in aerobatics] faire un tonneau OR des tonneaux; ASTRONAUT tourner sur soi-même. **-3.** [machine, camera] tourner; the credits started to ~ [of film] le générique commença à défiler ❏ to get OR to start things ~ing mettre les choses en marche; to keep the ball on the show ~ing COMM faire tourner la boutique; THEAT faire en sorte que le spectacle continue; let the good times ~ que la fête continue. **-4.** [drums] rouler; [thunder] gronder; [voice] retentir; [music] retentir, résonner; [organ] résonner, sonner.

◊ n **-1.** [of carpet, paper] rouleau m; [of banknotes] liasse f; [of tobacco] carotte f; [of butter] coquille f; [of fat, flesh] bourrelet m; [of film] rouleau m, bobine f; [of tools] trousse f. **-2.** [bread] ~ petit pain m. **-3.** [of ball] roulement m; [of dice] lancement m; [of car, ship] roulis m; [of plane – in turbulence] roulis m; [– in aerobatics] tonneau m; [of hips, shoulders] balancement m; [of sea] houle f; [somersault] galipette f; to have a ~ in the hay inf [make love] se rouler dans le foin. **-4.** [list – of members] liste f, tableau m; ADMIN & NAUT rôle m; SCH liste f des élèves; to call the ~ faire l'appel; to be on the ~ [of club] être membre; Br SCH faire partie des élèves; falling ~s baisse f d'effectifs ❏ ~ **of honour** MIL liste des combattants morts pour la patrie; SCH tableau *m* d'honneur. **-5.** [of drum] roulement *m*; [of thunder] grondement *m*.

◆ **roll about** *vi insep Br* rouler ça et là; **to ~ about on the floor/grass** se rouler par terre/dans l'herbe; **to ~ about with laughter** *fig* se tordre de rire, se tenir les côtes.

◆ **roll along** ◇ *vi insep* **-1.** [river] couler; [car] rouler; **the car was ~ing along at 140 km/h** la voiture roulait à 140. **-2.** *fig* [project] avancer. **-3.** *inf* [go] passer, se pointer, s'amener. ◇ *vt sep* [hoop, ball] faire rouler; [car, wheelbarrow] pousser.

◆ **roll around** = **roll about**.

◆ **roll away** ◇ *vi insep* [car, clouds] s'éloigner; [terrain] s'étendre; **the ball ~ed away into the street** la balle a roulé jusque dans la rue. ◇ *vt sep* [take away] emmener; [put away] ranger.

◆ **roll back** *vt sep* **-1.** [push back – carpet] rouler, enrouler; [– blankets] replier; *fig* [– enemy, difficulties] faire reculer; [– trolley, wheelchair] reculer. **-2.** [bring back] ramener. **-3.** [prices] casser. **-4.** [time] faire reculer. ◇ *vi insep* [waves] se retirer; [memories, time] revenir.

◆ **roll by** *vi insep* **-1.** [time] s'écouler, passer. **-2.** [car] passer.

◆ **roll down** ◇ *vi insep* rouler en bas, descendre en roulant; [tears, sweat] couler. ◇ *vt sep* [blind] baisser; [sleeves] redescendre; [blanket] replier; [hoop, ball] faire rouler.

◆ **roll in** ◇ *vi insep* **-1.** [arrive] arriver; [come back] rentrer. **-2.** [car] entrer; [waves] déferler. **-3.** *inf* [money] rentrer; [crowds] affluer. ◇ *vt sep* [bring in] faire entrer; [barrel, car] faire entrer en roulant.

◆ **roll off** ◇ *vi insep* [fall] tomber en roulant; [on floor] rouler par terre. ◇ *vt sep* [print] imprimer. ◇ *vt insep* TYPO: **to ~ off the presses** sortir des presses.

◆ **roll on** ◇ *vi insep* **-1.** [ball] continuer à rouler. **-2.** [time] s'écouler. **-3.** *phr Br*: **~ on Christmas!** vivement (qu'on soit à) Noël! ◇ *vt sep* **-1.** [paint] appliquer au rouleau; [deodorant] appliquer. **-2.** [stockings] enfiler.

◆ **roll out** ◇ *vi insep* sortir; **to ~ out of bed** [person] sortir du lit. ◇ *vt sep* **-1.** [ball] rouler (dehors); [car] rouler OR pousser dehors; [map] dérouler; [pastry] étendre (au rouleau). **-2.** [produce – goods, speech] débiter.

◆ **roll over** ◇ *vi insep* [person, animal] se retourner; [car] faire un tonneau; **to ~ over and over** [in bed] se retourner plusieurs fois; [car] faire une série de tonneaux. ◇ *vt sep* retourner. ◇ *vt insep* rouler sur; [subj: car] écraser.

◆ **roll past** ◇ *vt insep* passer devant. ◇ *vi insep* passer.

◆ **roll up** ◇ *vt sep* [map, carpet] rouler; [sleeves] retrousser; [trousers] remonter, retrousser; *Am* [window] remonter; **to ~ sthg up in a blanket** enrouler OR envelopper qqch dans une couverture. ◇ *vi insep* **-1.** [carpet] se rouler; **the map keeps ~ing up on its own** impossible de faire tenir cette carte à plat; **to ~ up into a ball** se rouler en boule. **-2.** *inf* [arrive] se pointer, s'amener. ◇ *interj*: **~ up! ~ up!** approchez!

**roll bar** *n* arceau *m* de sécurité.

**roll call** *n* appel *m*; **to take (the) ~** faire l'appel.

**roll collar** *n* col *m* roulé.

**rolled** [rəʊld] *adj* **-1.** [paper] en rouleau; [carpet] roulé. **-2.** [iron, steel] laminé. **-3.** [tobacco] en carotte; **~ oats** flocons *mpl* d'avoine.

**rolled gold** *n* plaqué *m* or.

**rolled-up** *adj* roulé, enroulé.

**roller** ['rəʊləʳ] *n* **-1.** [cylinder – for paint, pastry, garden, hair] rouleau *m*; [– for blind] enrouleur *m*; [– of typewriter] rouleau *m*, cylindre *m*; TEX calandre *f*; METALL laminoir *m*; **she had her hair in ~s** elle s'était mis des bigoudis. **-2.** [wheel – for marking, furniture] roulette *f*; [– in machine] galet *m*. **-3.** [of sea] rouleau *m*.

**roller bearing** *n* roulement *m* à rouleaux.

**roller blades** *npl* patins *mpl* en ligne.

**roller blind** *n* store *m* à enrouleur.

**roller coaster** *n* montagnes *fpl* russes, grand huit *m*.

**roller skate** *n* patin *m* à roulettes.

◆ **roller-skate** *vi* faire du patin à roulettes.

**roller-skating** *n* patinage *m* à roulettes.

**roller towel** *n* essuie-mains *m* (*monté sur un rouleau*).

**rollicking** ['rɒlɪkɪŋ] *inf* ◇ *adj* [joyful] joyeux; [noisy] bruyant; **we had a ~ (good) time** on s'est amusés comme des fous. ◇ *n Br*: **to get a ~** se faire enguirlander.

**rolling** ['rəʊlɪŋ] ◇ *adj* **-1.** [object] roulant, qui roule. **-2.** [countryside, hills] ondulant; **to have a ~ gait** rouler les hanches. **-3.** [sea] houleux; [boat] qui a du roulis. **-4.** [fog] enveloppant; [thunder] grondant. **-5.** [mobile – target] mobile, mouvant. **-6.** [strikes] tournant. ◇ *n* **-1.** [of ball, marble] roulement *m*; [of dice] lancement *m*. **-2.** [of boat] roulis *m*. **-3.** [of drum] roulement *m*; [of thunder] grondement *m*. **-4.** [of shoulders] roulement *m*. **-5.** METALL laminage *m*. ◇ *adv Br inf*: **to be ~ drunk** être complètement soûl.

**rolling mill** *n* [factory] usine *f* de laminage; [equipment] laminoir *m*.

**rolling pin** *n* rouleau *m* à pâtisserie.

**rolling stock** *n* matériel *m* roulant.

**rolling stone** *n* [person] vadrouilleur *m*, -euse *f*; **a ~ gathers no moss** *prov* pierre qui roule n'amasse pas mousse *prov*.

**rollmop** ['rəʊlmɒp] *n* rollmops *m*.

**roll neck** *n* col *m* roulé.

◆ **roll-neck** = **roll-necked**.

**roll-necked** *adj* à col roulé.

**roll-on** ◇ *n* **-1.** [deodorant] déodorant *m* à bille. **-2.** [corset] gaine *f*, corset *m*. ◇ *adj*: **~ deodorant** déodorant *m* à bille.

**roll-on/roll-off** ◇ *n* [ship] navire *m* transbordeur *m*, ferry-boat *m*; [system] roll on-roll off *m inv*, manutention *f* par roulage. ◇ *adj* [ferry] transbordeur, ro-ro *(inv)*.

**rolltop** ['rəʊltɒp] *n*: **~ (desk)** bureau *m* à cylindre.

**roll-up** ◇ *adj* [map] qui s'enroule. ◇ *n Br inf* cigarette *f* roulée.

**roly-poly** [,rəʊlɪ'pəʊlɪ] *(pl* **roly-polies)** ◇ *adj inf* grassouillet, rondelet. ◇ *n* **-1.** *inf* [plump person]: **she's a real ~** elle est vraiment grassouillette. **-2.** CULIN: **~ (pudding)** gâteau *m* roulé à la confiture.

**ROM** [rɒm] *(abbr of* **read only memory)** *n* ROM *f*.

**roman** ['rəʊmən] TYPO ◇ *n* romain *m*. ◇ *adj* romain.

**Roman** ['rəʊmən] ◇ *n* Romain *m*, -e *f*; **the Epistle of Paul to the ~s** l'Épître de saint Paul aux Romains. ◇ *adj* **-1.** [gen & RELIG] romain; **~ Britain** période de domination romaine en Grande-Bretagne allant du *Ier* siècle av. J.C. au *IVe* siècle ap. J.C. **-2.** [nose] aquilin.

**Roman alphabet** *n* alphabet *m* romain.

**Roman calendar** *n* calendrier *m* romain.

**Roman candle** *n* chandelle *f* romaine.

**Roman Catholic** ◇ *adj* catholique *mf*. ◇ *n* catholique *mf*.

**romance** [rəʊ'mæns] ◇ *n* **-1.** [love affair] liaison *f* (amoureuse); **to have a ~ with sb** [affair] avoir une liaison avec qqn; [idyll] vivre un roman d'amour avec qqn; **a holiday ~** un amour de vacances. **-2.** [love] amour *m* (romantique). **-3.** [romantic novel] roman *m* d'amour, roman *m* à l'eau de rose *pej*; [film] film *m* romantique, film *m* à l'eau de rose *pej*. **-4.** [attraction, charm] charme *m*, poésie *f*; [excitement] attrait *m*. **-5.** [fantasy] fantaisie *f*; [invention] invention *f*. **-6.** LITERAT roman *m*. **-7.** MUS romance *f*. ◇ *comp*: **~ writer** romancier *m*, -ère *f*, auteur *m* d'histoires romanesques. ◇ *vi* laisser vagabonder son imagination, fabuler.

◆ **Romance** ◇ *n* LING roman *m*. ◇ *adj*: **the Romance languages** les langues *fpl* romanes.

**Roman Empire** *n*: **the ~** l'Empire *m* romain.

**Romanesque** [,rəʊmə'nesk] ◇ *adj* roman ARCHIT. ◇ *n* roman *m* ARCHIT.

**Romania** [ru:'meɪnjə] *prn* Roumanie *f*; **in ~** en Roumanie.

**Romanian** [ru:'meɪnjən] ◇ *n* **-1.** [person] Roumain *m*, e *f*. **-2.** LING roumain *m*. ◇ *adj* roumain.

**Romanic** [rəʊ'mænɪk] ◇ *adj* romain, des Romains. ◇ *n* LING roman *m*.

**Roman law** *n* droit *m* romain.

**Roman numeral** *n* chiffre *m* romain.

**Romans(c)h** [rəʊ'mænʃ] ◇ *n* romanche *m*. ◇ *adj* romanche.

**romantic** [rəʊ'mæntɪk] ◇ *adj* **-1.** romantique; **~ love** l'amour romantique; **they had a ~ attachment** ils ont eu une liaison amoureuse. **-2.** [unrealistic] romanesque. ◇ *n* romantique *mf*; **he's an incurable ~** c'est un éternel romantique.

◆ **Romantic** *adj* ART, LITERAT & MUS romantique.

**romantically** [rəʊ'mæntɪklɪ] *adv* de manière romantique, romantiquement *lit*.

**romanticism** [rəʊ'mæntɪsɪzm] *n* romantisme *m*.
♦ **Romanticism** *n* ART, LITERAT & MUS romantisme *m*.

**romanticize, -ise** [rəʊ'mæntɪsaɪz] *vt* [idea, event] idéaliser; they have a ~d view of life in Britain ils ont une vision très romantique de la vie en Grande-Bretagne.

**Romany** ['rɒmənɪ] (*pl* **Romànies**) ◇ *n* **-1.** [person] Bohémien *m*, -enne *f*, Rom *mf*.**-2.** LING rom *m*. ◇ *adj* bohémien, rom.

**Rome** [rəʊm] *pr n* Rome; when in ~, do as the Romans do *prov* quand tu seras à Rome, fais comme les Romains *prov*; ~ wasn't built in a day Rome ne s'est pas faite OR Paris ne s'est pas fait en un jour; all roads lead to ~ tous les chemins mènent à Rome.

**Romeo** ['rəʊmɪəʊ] ◇ *pr n* Roméo; '~ and Juliet' *Shakespeare, Berlioz* 'Roméo et Juliette'. ◇ *n*: he's a real ~ *fig* c'est un vrai Roméo.

**Romish** ['rəʊmɪʃ] *adj pej* papiste.

**romp** [rɒmp] ◇ *vi* s'ébattre (bruyamment); the favourite ~ed home ten lengths ahead le favori est arrivé avec dix bonnes longueurs d'avance. ◇ *n* **-1.** [frolic] ébats *mpl*, gambades *fpl*.**-2.** [film, play] farce *f*, comédie *f*.**-3.** *Br inf* [easy win]: it was a ~ c'était du gâteau.
♦ **romp through** *vt insep*: she ~ed through the test elle a réussi le test haut la main.

**rompers** ['rɒmpəz] *npl*, **romper suit** *n* barboteuse *f*.

**rood** [ruːd] ◇ *n* **-1.** [cross] crucifix *m*, croix *f* (*qui surplombe le jubé*). **-2.** *Br* [square measure] ≃ 1000 m². ◇ *comp* [arch, beam] du jubé.

**rood screen** *n* jubé *m*.

**roof** [ruːf] (*pl* **roofs** OR **rooves** [ruːvz]) ◇ *n* **-1.** [of building] toit *m*; [of cave, tunnel] plafond *m*; [of branches, trees] voûte *f*; [of car] toit *m*, pavillon *m*; to live under the same ~ vivre sous le même toit; to be without a ~ over one's head être à la rue ❏ to go through OR to hit the ~ [person] piquer une crise, sortir de ses gonds; [prices] flamber. **-2.** [roof covering] toiture *f*.**-3.** ANAT: ~ of the mouth voûte *f* du palais. ◇ *vt* couvrir d'un toit.

**-roofed** [ruːft] *in cpds*: flat~ warehouses des entrepôts à toits plats OR en terrasse.

**roof garden** *n* jardin *m* sur le toit.

**roofing** ['ruːfɪŋ] *n* toiture *f*, couverture *f*.

**roofing felt** *n* carton *m* bitumé OR goudronné.

**roofless** ['ruːflɪs] *adj* sans toit, à ciel ouvert.

**roof light** *n* AUT plafonnier *m*; [window] lucarne *f*.

**roof rack** *n* galerie *f* AUT.

**rooftop** ['ruːftɒp] *n* toit *m*; to shout OR to proclaim sthg from the ~s *fig* crier qqch sur les toits.

**rook** [rʊk] ◇ *n* **-1.** [bird] freux *m*, corbeau *m*.**-2.** [in chess] tour *f*. ◇ *vt inf* rouler, escroquer.

**rookery** ['rʊkərɪ] (*pl* **rookeries**) *n* [of rooks] colonie *f* de freux; a ~ of seals/penguins une colonie de phoques/manchots.

**rookie** ['rʊkɪ] *n Am inf* [recruit] bleu *m*.

**room** [ruːm, rʊm] ◇ *n* **-1.** [in building, public place] salle *f*; [in house] pièce *f*; [in hotel] chambre *f*; '~ to let OR to rent' 'chambre à louer'; his ~s are in Bayswater il habite à Bayswater ❏ dining/living ~ salle à manger/de séjour; ~ and board chambre avec pension; 'A Room with a View' *Forster* 'Avec vue sur l'Arno'; *Ivory* 'Chambre avec vue'. **-2.** [space, place] place *f*; is there enough ~ for everybody? y a-t-il assez de place pour tout le monde?; it takes up too much ~ ça prend trop de place; to make ~ for sb faire une place OR de la place pour qqn; *fig* laisser la place à qqn; ~ to ~ for manoeuvre *literal* place pour manœuvrer; *fig* marge de manœuvre; there's ~ for improvement [make better] il y a des progrès à faire; [below standard] ça laisse à désirer; there's still ~ for discussion/hope on peut encore discuter/espérer; there's no ~ for doubt il n'y a plus aucun doute possible ❏ there's no ~ to swing a cat in here *Br* il n'y a pas la place de se retourner ici. **-3.** [people in room] salle *f*. ◇ *vi Am* loger; to ~ with sb [share flat] partager un appartement avec qqn; [in hotel] partager une chambre avec qqn.

**-roomed** [ruːmd] *in cpds*: a five~ flat un appartement de cinq pièces, un cinq-pièces.

**roomer** ['ruːmər] *n Am* pensionnaire *mf*.

**roomful** ['ruːmfʊl] *n* pleine salle *f* OR pièce *f*; a ~ of furniture

une pièce pleine de meubles.

**rooming house** ['ruːmɪŋ-] *n Am* immeuble *m* (*avec chambres à louer*).

**roommate** ['ruːmmeɪt] *n* [in boarding school, college] camarade *mf* de chambre; *Am* [in flat] *personne avec qui l'on partage un logement*.

**room service** *n* service *m* dans les chambres (*dans un hôtel*).

**room temperature** *n* température *f* ambiante; this plant must be kept at ~ cette plante doit être placée dans une pièce chauffée; 'to be served at ~' [wine] 'servir chambré'.

**roomy** ['ruːmɪ] (*compar* **roomier**, *superl* **roomiest**) *adj* [house, office] spacieux; [suitcase, bag] grand; [coat] ample.

**roost** [ruːst] ◇ *n* perchoir *m*, juchoir *m*. ◇ *vi* [bird] se percher, (se) jucher; his misdeeds came home to ~ ses méfaits se sont retournés contre lui.

**rooster** ['ruːstər] *n Am* coq *m*.

**root** [ruːt] ◇ *n* **-1.** BOT & *fig* racine *f*; to pull up a plant by its ~s déraciner une plante; to take ~ BOT & *fig* prendre racine; to put down ~s BOT & *fig* prendre racine, s'enraciner. **-2.** ANAT [of tooth, hair etc] racine *f*.**-3.** [source] source *f*; [cause] cause *f*; [bottom] fond *m*; the ~ of all evil la source de tout mal; to get at OR to the ~ of the problem aller au fond du problème. **-4.** LING [in etymology] racine *f*; [baseform] radical *m*, base *f*.**-5.** MATH racine *f*.**-6.** MUS fondamentale *f*. ◇ *comp* [cause, problem] fondamental, de base. ◇ *vt* enraciner; he stood ~ed to the spot *fig* il est resté cloué sur place. ◇ *vi* **-1.** [plant] s'enraciner, prendre racine. **-2.** [pigs] fouiller (*avec le groin*).
♦ **roots** *npl* [of person – origin] racines *fpl*, origines *fpl*; their actual ~s are in Virginia en fait, ils sont originaires de Virginie.
♦ **root about** *Br*, **root around** *vi insep* [animal] fouiller (*avec le museau*); [person] fouiller; to ~ about for sthg fouiller pour trouver qqch.
♦ **root for** *vt insep* [team] encourager, soutenir.
♦ **root out** *vt sep* **-1.** [from earth] déterrer; [from hiding place] dénicher. **-2.** [suppress] supprimer, extirper.
♦ **root up** *vt sep* [plant] déraciner; [subj: pigs] déterrer.

**root-and-branch** *adj* [reform] complet (*f*-ète).
♦ **root and branch** *adv*: corruption must be eliminated root and branch il faut éradiquer la corruption.

**root beer** *n* boisson gazeuse à base d'extraits végétaux.

**root canal** *n* canal *m* dentaire; ~ treatment traitement *m* canalaire.

**root crop** *n* racine *f* comestible.

**rooted** ['ruːtɪd] *adj* [prejudice, belief, habits] enraciné; deeply ~ superstitions des superstitions bien enracinées OR profondément ancrées.

**rootless** ['ruːtlɪs] *adj* sans racine OR racines.

**rootstock** ['ruːtstɒk] *n* rhizome *m*.

**root vegetable** *n* racine *f* comestible.

**rope** [rəʊp] ◇ *n* **-1.** [gen] corde *f*; [collectively] cordage *m*; [of steel, wire] filin *m*; [cable] câble *m*; [for bell, curtains] cordon *m*; a piece OR length of ~ un bout de corde, une corde ❏ to give sb more ~ laisser à qqn une plus grande liberté d'action, lâcher la bride à qqn; give him enough ~ and he'll hang himself si on le laisse faire, il creusera sa propre tombe. **-2.** [in mountaineering] cordée *f*.**-3.** [of pearls] collier *m*; [of onions] chapelet *m*. ◇ *vt* **-1.** [package] attacher avec une corde, corder; the climbers were ~d together les alpinistes étaient encordés. **-2.** *Am* [cattle, horses] prendre au lasso.
♦ **ropes** *npl* **-1.** BOXING cordes *fpl*; to be on the ~s [boxer] être dans les cordes; *fig* être aux abois. **-2.** [know-how]: to know the ~s connaître les ficelles OR son affaire; to show OR to teach sb the ~s montrer les ficelles du métier à qqn; to learn the ~s se mettre au courant, apprendre à se débrouiller.
♦ **rope in** *vt sep* **-1.** [land] entourer de cordes, délimiter par des cordes. **-2.** [cattle] enfermer dans un enclos. **-3.** *fig*: to ~ sb in to do sthg enrôler qqn pour faire qqch.
♦ **rope off** *vt sep* [part of hall, of church] délimiter par une corde; [street, building] interdire l'accès de.
♦ **rope up** ◇ *vi insep* s'encorder. ◇ *vt sep* **-1.** [parcel] attacher avec une corde, corder. **-2.** [climbers] encorder.

**rope ladder** *n* échelle *f* de corde.

**rope trick** *n* tour de prestidigitation réalisé avec une cordelette.

**ropewalker** ['rəʊp,wɔːkəʳ] *n* funambule *mf*.

**rop(e)y** ['rəʊpɪ] (*compar* **ropier,** *superl* **ropiest**) *adj Br* **-1.** *inf* [mediocre] médiocre, pas fameux; [ill] mal fichu. **-2.** [substance] visqueux.

**ro-ro** ['rəʊrəʊ] = **roll-on/roll-off.**

**rosary** ['rəʊzərɪ] (*pl* **rosaries**) *n* **-1.** RELIG [beads] chapelet *m*, rosaire *m*; [prayers] rosaire *m*; **to tell** OR **to say the ~** dire son rosaire. **-2.** [rose garden] roseraie *f*.

**rose** [rəʊz] ◇ *pt* → **rise.** ◇ *n* **-1.** BOT [flower] rose *f*; [bush] rosier *m*; **life isn't just a bed of ~s, life isn't all ~s** tout n'est pas rose dans la vie; **there's no ~ without a thorn** il n'y a pas de roses sans épines, chaque médaille a son revers; **to come up ~s** [enterprise] marcher comme sur des roulettes; [person] réussir, avoir le vent en poupe. **-2.** [rose shape - on hat, dress] rosette *f*; [- on ceiling] rosace *f*. **-3.** [colour] rose *m*. **-4.** [on hosepipe, watering can] pomme *f*. ◇ *adj* rose, de couleur rose.

**rosé** ['rəʊzeɪ] *n* (vin *m*) rosé *m*.

**roseate** ['rəʊzɪət] *adj lit* rose.

**rosebay** ['rəʊzbeɪ] *n* laurier-rose *m*.

**rosebed** ['rəʊzbed] *n* parterre *m* OR massif *m* de roses.

**Rose Bowl** [rəʊz-] *prn*: **the ~** match de football universitaire organisé le Jour de l'An à Pasadena, en Californie.

**rosebud** ['rəʊzbʌd] *n* bouton *m* de rose.

**rosebush** ['rəʊzbʊʃ] *n* rosier *m*.

**rose-coloured** *adj* rose, rosé; **to see life through ~ spectacles** voir la vie en rose.

**rose garden** *n* roseraie *f*.

**rose hip** *n* gratte-cul *m*, cynorhodon *m spec*; **~ syrup** sirop *m* d'églantine.

**rosemary** ['rəʊzmərɪ] (*pl* **rosemaries**) *n* romarin *m*.

**rose tree** *n* rosier *m*.

**rosette** [rəʊ'zet] *n* **-1.** [made of ribbons] rosette *f*, SPORT cocarde *f*. **-2.** ARCHIT rosace *f*. **-3.** BOT rosette *f*.

**rosewater** ['rəʊz,wɔːtəʳ] *n* eau *f* de rose.

**rose window** *n* rosace *f*.

**rosewood** ['rəʊzwʊd] ◇ *n* bois *m* de rose. ◇ *comp* en bois de rose.

**Rosicrucian** [,rəʊzɪ'kruːʃn] ◇ *n* rosicrucien *m*, -enne *f*, rose-croix *m inv*. ◇ *adj* rosicrucien.

**rosin** ['rɒzɪn] ◇ *n* colophane *f*, arcanson *m*. ◇ *vt* traiter à la colophane, enduire de colophane.

**roster** ['rɒstəʳ] ◇ *n* [list] liste *f*; [for duty] tableau *m* de service; **by ~** à tour de rôle. ◇ *vt* inscrire au tableau de service OR au planning.

**rostrum** ['rɒstrəm] (*pl* **rostrums** OR **rostra** [-trə]) *n* **-1.** [platform - for speaker] estrade *f*, tribune *f*; [- for conductor] estrade *f*; SPORT podium *m*; **to take the ~** monter sur l'estrade OR à la tribune. **-2.** HIST & NAUT rostres *mpl*.

**rosy** ['rəʊzɪ] (*compar* **rosier,** *superl* **rosiest**) *adj* [in colour] rose, rosé; **to have ~ cheeks** avoir les joues roses ‖ *fig* [future, situation] brillant, qui se présente bien; **to paint a ~ picture of a situation** peindre une situation en rose.

**rot** [rɒt] (*pt* & *pp* **rotted,** *cont* **rotting**) ◇ *vi* **-1.** [fruit, vegetable] pourrir, se gâter; [teeth] se carier. **-2.** *fig* [person] pourrir. ◇ *vt* [vegetable, fibres] (faire) pourrir; [tooth] carier, gâter. ◇ *n* **-1.** [of fruit, vegetable] pourriture *f*; [of tooth] carie *f*. **-2.** *fig* [in society] pourriture *f*; **the ~ has set in** ça commence à se gâter; **to stop the ~** redresser la situation. **-3.** (*U*) [nonsense - spoken] bêtises *fpl*, sottises *fpl*; [- written] bêtises *fpl*; [- on TV] émission *f* idiote, émissions *fpl* idiotes.

◆ **rot away** *vi insep* tomber en pourriture.

**rota** ['rəʊtə] *n* roulement *m*; [for duty] tableau *m* de service, planning *m*; **on a ~ basis** à tour de rôle, par roulement.

◆ **Rota** *n* RELIG rote *f*.

**Rotarian** [rəʊ'teərɪən] ◇ *adj* rotarien. ◇ *n* rotarien *m*.

**rotary** ['rəʊtərɪ] (*pl* **rotaries**) ◇ *adj* rotatif. ◇ *n Am* rond-point *m*.

**Rotary Club** *prn* Rotary Club *m*.

**rotary engine** *n* moteur *m* rotatif.

**rotary tiller** *n Am* pulvériseur *m*.

**rotate** [*vb* rəʊ'teɪt, *adj* 'rəʊteɪt] ◇ *vt* **-1.** [turn] faire tourner; [on pivot] faire pivoter. **-2.** AGR [crops] alterner. **-3.** [staff] faire un

roulement de; [jobs] faire à tour de rôle OR par roulement. ◇ *vi* **-1.** [turn] tourner; [on pivot] pivoter. **-2.** [staff] changer de poste par roulement. ◇ *adj* BOT rotacé.

**rotating** [rəʊ'teɪtɪŋ] *adj* **-1.** *literal* tournant, rotatif. **-2.** AGR: **~ crops** cultures *fpl* alternantes OR en rotation.

**rotation** [rəʊ'teɪʃn] *n* **-1.** [of machinery, planets] rotation *f*; **~s per minute** tours *mpl* par minute. **-2.** [of staff, jobs] roulement *m*; **in** OR **by ~** par roulement, à tour de rôle. **-3.** [of crops] rotation *f*.

**rotavate** ['rəʊtəveɪt] = **rotovate.**

**Rotavator®** ['rəʊtəveɪtəʳ] = **Rotovator.**

**rote** [rəʊt] ◇ *n* routine *f*; **to learn sthg by ~** apprendre qqch par cœur. ◇ *adj*: **~ learning** apprentissage *m* par cœur.

**rotisserie** [rəʊ'tiːsərɪ] *n* [spit] rôtissoire *f*.

**rotogravure** [,rəʊtəgrə'vjʊəʳ] *n* rotogravure *f*.

**rotor** ['rəʊtəʳ] *n* rotor *m*.

**rotor arm** *n* [of helicopter] rotor *m*; [of engine] rotor *m*, balai *m*.

**rotor blade** *n* pale *f* de rotor.

**rotovate** ['rəʊtəveɪt] *vt* labourer avec un motoculteur.

**Rotovator®** ['rəʊtəveɪtəʳ] *n Br* motoculteur *m*.

**rotten** ['rɒtn] *adj* **-1.** [fruit, egg, wood] pourri; [tooth] carié, gâté. **-2.** [corrupt] pourri, corrompu; **~ through and through** OR **to the core** complètement pourri, corrompu jusqu'à la moelle. **-3.** *inf* [person - unfriendly] rosse, peu aimable; **to be ~ to sb** être dur avec qqn; **what a ~ thing to say!** c'est moche de dire des choses pareilles!; **I feel ~ about what happened** je ne suis pas très fier de ce qui est arrivé; **what a ~ trick!** quel sale tour! **-4.** *inf* [ill] mal en point; **I feel ~** je ne me sens pas du tout dans mon assiette. **-5.** *inf* [bad] lamentable, nul; [weather] pourri; [performer] mauvais, nul; **what ~ luck!** quelle poisse!; **I've had a ~ time recently** j'ai traversé une sale période récemment ‖ [in indignation] fichu; **keep your ~ (old) sweets!** tes bonbons pourris, tu peux te les garder!

**rotter** ['rɒtəʳ] *n Br inf* & *dated* crapule *f*.

**rotting** ['rɒtɪŋ] *adj* qui pourrit, pourri.

**rotund** [rəʊ'tʌnd] *adj* **-1.** [shape] rond, arrondi; [person] rondelet. **-2.** [style, speech] grandiloquent.

**rotunda** [rəʊ'tʌndə] *n* rotonde *f*.

**rouble** ['ruːbl] *n* rouble *m*.

**roué** ['ruːeɪ] *n arch* OR *hum* roué *m*, débauché *m*.

**rouge** [ruːʒ] ◇ *n* rouge *m* (à joues). ◇ *vt*: **she had ~d cheeks** elle s'était mis du rouge aux joues.

**rough** [rʌf] ◇ *adj* **-1.** [uneven - surface, skin] rugueux, rêche; [- road] accidenté, rocailleux; [- coast] accidenté; [- cloth] rêche; [- edge] rugueux; **~ linen** gros lin *m*; **~ ground** [bumpy] terrain *m* rocailleux OR raboteux; [waste] terrain *m* vague. **-2.** [violent, coarse - behaviour] brutal; [- manners] rude, fruste; [- neighbourhood] dur, mal fréquenté; **they came in for some ~ treatment** ils ont été malmenés; **he's a ~ customer** c'est un dur; **~ play** SPORT jeu *m* brutal ❑ **to give sb the ~ edge of one's tongue** réprimander qqn, ne pas ménager ses reproches à qqn. **-3.** [unpleasant, harsh] rude, dur; **she's had a ~ time of it** elle en a vu des dures OR de toutes les couleurs; **they gave him a ~ time** OR **ride** ils lui ont mené la vie dure; **we got a ~ deal** on n'a pas eu de veine; **to make things ~ for sb** mener la vie dure à qqn; **~ justice** justice *f* sommaire. **-4.** [not finalized]: **~ draft** OR **work** brouillon *m*; **~ sketch** croquis *m*, ébauche *f*; **just give me a ~ sketch** OR **outline of your plans** donnez-moi juste un aperçu de vos projets; **~ paper** papier *m* brouillon ‖ [approximate] approximatif; **at a ~ guess** grosso modo, approximativement; **I only need a ~ estimate** je n'ai pas besoin d'une réponse précise; [crude - equipment] grossier, rudimentaire. **-5.** [sea] agité, houleux; [climate] rude; **we had a ~ crossing** on a eu une traversée agitée; **~ weather** gros temps *m*; **~ passage** *literal* traversée *f* agitée; **the bill had a ~ passage through the House** *fig* le projet de loi a eu des difficultés à passer à la Chambre. **-6.** [sound, voice] rauque; [tone] brusque; [speech, accent] rude, grossier. **-7.** [taste] âcre; **~ wine** vin *m* rapeux. **-8.** [ill] mal en point; **I'm feeling a bit ~** je ne suis pas dans mon assiette.

◇ *n* **-1.** [ground] terrain *m* rocailleux, GOLF rough *m*; **to take the ~ with the smooth** prendre les choses comme elles viennent. **-2.** [draft] brouillon *m*; **in ~** à l'état de brouillon OR

d'ébauche. **-3.** *inf* [hoodlum] dur *m*, voyou *m*.
◇ *adv* [play] brutalement; [speak] avec rudesse; **to live** ~ vivre à la dure; **to sleep** ~ *Br* coucher à la dure ou dans la rue.
◇ *vt phr*: **to** ~ **it** *Br inf* vivre à la dure.
◆ **rough out** *vt sep Br* [drawing, plan] ébaucher, esquisser.
◆ **rough up** *vt sep* **-1.** [hair] ébouriffer; [clothes] mettre en désordre. **-2.** *inf* [person] tabasser, passer à tabac.

**roughage** ['rʌfɪdʒ] *n (U)* fibres *fpl* (alimentaires).

**rough-and-ready** *adj* **-1.** [makeshift – equipment, apparatus] rudimentaire, de fortune; [careless – work] grossier, fait à la hâte; [– methods] grossier, expéditif. **-2.** [unrefined – person] sans façons, rustre; [– living conditions] dur.

**rough-and-tumble** ◇ *adj* [life – hectic] mouvementé; [– disorderly] désordonné. ◇ *n* [fight] bagarre *f*; [hurly-burly] tohu-bohu *m inv*.

**roughcast** ['rʌfkɑːst] ◇ *adj* crépi. ◇ *n* crépi *m*. ◇ *vt* crépir.

**rough diamond** *n literal* diamant *m* brut; **he's a** ~ *Br fig* il est bourru mais il a un cœur d'or.

**rough-dry** (*pt & pp* **rough-dried**) ◇ *vt* sécher sans repasser ou repassage. ◇ *adj* séché sans repassage.

**roughen** ['rʌfn] ◇ *vt* [surface] rendre rugueux; [hands] rendre rugueux ou rêche. ◇ *vi* devenir rugueux.

**rough-hewn** *adj* taillé grossièrement.

**roughhouse** ['rʌfhaʊs] *Am inf* ◇ *n* bagarre *f*. ◇ *vi* se bousculer. ◇ *vt* bousculer.

**roughly** ['rʌflɪ] *adv* **-1.** [brutally] avec brutalité, brutalement. **-2.** [sketchily – draw] grossièrement; [crudely – make] grossièrement, sans soin. **-3.** [approximately] approximativement, à peu près; ~ **500** à peu près ou environ 500; ~ **speaking** en gros, approximativement; **she told me** ~ **how to get there** elle m'a expliqué en gros comment y aller.

**roughneck** ['rʌfnek] *n* **-1.** *inf* [thug] voyou *m*, dur *m*. **-2.** [oil-rig worker] *ouvrier travaillant sur une plate-forme pétrolière.*

**roughness** ['rʌfnɪs] *n* **-1.** [of surface, hands] rugosité *f*; [of road, ground] inégalités *fpl*. **-2.** [of manner] rudesse *f*; [of reply, speech] brusquerie *f*; [of person] rudesse *f*, brutalité *f*; [of living conditions] rudesse *f*, dureté *f*. **-3.** [of sea] agitation *f*.

**roughrider** ['rʌf,raɪdə'] *n* dresseur *m*, -euse *f* de chevaux.

**roughshod** ['rʌfʃɒd] ◇ *adj Br* [horse] ferré à glace. ◇ *adv Br phr*: **to ride** ~ **over** faire peu de cas de.

**rough sleeper** *n* [homeless person] SDF *mf*.

**roulette** [ruː'let] *n* roulette *f*.

**Roumania** *etc* [ruː'meɪnjə] = **Romania**.

**round** [raʊnd] ◇ *adj* **-1.** [circular] rond, circulaire; [spherical] rond, sphérique; **she looked up, her eyes** ~ **with surprise** elle leva les yeux écarquillés de surprise. **-2.** [in circumference]: **the tree is 5 metres** ~ l'arbre fait 5 mètres de circonférence. **-3.** [curved – belly, cheeks] rond; **to have** ~ **shoulders** avoir le dos rond ou voûté ❑ ~ **arch** arc *m* en plein cintre. **-4.** [figures] rond; **500, in** ~ **numbers** 500 tout rond; **a** ~ **dozen** une douzaine tout rond. **-5.** *lit* [candid] net, franc (*f* franche). **-6.** LING [vowel] arrondi.
◇ *prep* **-1.** [on all sides of] autour de; **to sit** ~ **the fire/table** s'asseoir autour du feu/de la table; **the story centres** ~ **one particular family** l'histoire est surtout centrée autour d'une famille. **-2.** [measuring the circumference of]: **the pillar is three feet** ~ **the base** la base du pilier fait trois pieds de circonférence. **-3.** [in the vicinity of, near] autour de; **they live somewhere** ~ **here** ils habitent quelque part par ici. **-4.** [to the other side of]: **the nearest garage is just** ~ **the corner** le garage le plus proche est juste au coin de la rue; **she disappeared** ~ **the back of the house** elle a disparu derrière la maison; **the orchard is** ~ **the back** le verger est derrière; **to go** ~ **the corner** passer le coin, tourner au coin; **there must be a way** ~ **the problem** *fig* il doit y avoir un moyen de contourner ce problème. **-5.** [so as to cover]: **he put a blanket** ~ **her legs** il lui enveloppa les jambes d'une couverture. **-6.** [so as to encircle] autour de; **he put his arm** ~ **her shoulders/waist** il a passé son bras autour de ses épaules/de sa taille; **the shark swam** ~ **the boat** le requin faisait des cercles autour du bateau; **Drake sailed** ~ **the world** Drake a fait le tour du monde en bateau. **-7.** [all over, everywhere in]: **all** ~ **the world** dans le monde entier, partout dans le monde; **she looked** ~ **the room** elle a promené son regard autour de la pièce; **to walk** ~ **the town** faire le tour de la ville (à pied); **we went for a stroll** ~ **the garden** nous avons

fait une balade dans le jardin. **-8.** [approximately] environ, aux environs de; ~ **6 o'clock** aux environs de ou vers les 6 h; ~ **Christmas** aux environs de Noël.
◇ *adv* **-1.** [on all sides] autour; **there are trees all the way** ~ il y a des arbres tout autour ❑ **taking things all** ~ à tout prendre, tout compte fait. **-2.** [to other side]: **you'll have to go** ~, **the door's locked** il faudra faire le tour, la porte est fermée à clé; **we drove** ~ **to the back** nous avons fait le tour (par derrière). **-3.** [in a circle or cycle]: **turn the wheel right** ~ ou **all the way** ~ faites faire un tour complet à la roue; **the shark swam** ~ **in circles** le requin tournait en rond; **all year** ~ tout au long de ou toute l'année; **summer will soon be** ou **come** ~ **again** l'été reviendra vite. **-4.** [in the opposite direction]: **turn** ~ **and look at me** retournez-vous et regardez-moi; **she looked** ~ **at us** elle se retourna pour nous regarder; **we'll have to turn the car** ~ on va devoir faire demi-tour. **-5.** [to various parts]: **we spent the summer just travelling** ~ on a passé l'été à voyager; **can I have a look** ~? je peux jeter un coup d'œil? **-6.** [from one person to another]: **hand the sweets** ~, **hand** ~ **the sweets** faites passer les bonbons; **there wasn't enough to go** ~ il n'y en avait pas assez pour tout le monde. **-7.** [to a particular place]: **she came** ~ **to see me** elle est passée me voir; **let's invite some friends** ~ et si on invitait des amis?; **come** ~ **for supper some time** viens dîner un soir; **take these cakes** ~ **to her house** apportez-lui ces gâteaux. **-8.** [to a different place, position]: **she's always moving the furniture** ~ elle passe son temps à changer les meubles de place. **-9.** [by indirect route]: **we had to take the long way** ~ on a dû faire le grand tour ou un grand détour; **she went** ~ **by the stream** elle fit un détour par le ruisseau.
◇ *n* **-1.** [circle] rond *m*, cercle *m*. **-2.** [slice – of ham, cheese, bread, toast] tranche *f*; [sandwich] sandwich *m*. **-3.** [one in a series – of discussions, negotiations] série *f*; [– of elections] tour *m*; [– of increases] série *f*, train *m*; **the next** ~ **of talks will be held in Moscow** les prochains pourparlers auront lieu à Moscou; **his life is one long** ~ **of parties** il passe sa vie à faire la fête. **-4.** [delivery] ronde *f*; **a paper/milk** ~ une distribution de journaux/de lait; **to do** ou **make the** ~**s** circuler; **she's doing** ou **making the** ~**s of literary agents** elle fait le tour des agents littéraires; **to go on one's** ~**s** [paperboy, milkman] faire sa tournée; [doctor] faire ses visites ❑ **to go the** ~**s** circuler; **there's a joke/rumour/virus going the** ~**s in the office** il y a une blague/une rumeur/un virus qui circule au bureau. **-5.** [routine]: **the daily** ~ le train-train quotidien, la routine quotidienne. **-6.** [in golf] partie *f*. **-7.** [in boxing, wrestling] round *m*, reprise *f*. **-8.** [in cards] partie *f*. **-9.** [in showjumping]: **there were six clear** ~**s** six chevaux avaient fait un sans-faute. **-10.** [stage of competition] tour *m*, manche *f*; **she's through to the final** ~ elle participera à la finale. **-11.** [of drinks] tournée *f*; **it's my** ~ c'est ma tournée; **let's have another** ~ prenons encore un verre. **-12.** [of cheering] salve *f*; **a** ~ **of applause** des applaudissements *mpl*; **they got a** ~ **of applause** ils se sont fait applaudir. **-13.** [of ammunition] cartouche *f*. **-14.** [song] canon *m*. **-15.** THEAT: **theatre in the** ~ théâtre *m* en rond.
◇ *vt* **-1.** [lips, vowel] arrondir. **-2.** [corner] tourner; NAUT [cape] doubler, franchir.
◆ **round about** ◇ *prep phr* environ; ~ **about midnight** vers minuit. ◇ *adv phr* alentour, des alentours.
◆ **round and round** ◇ *adv phr*: **to go** ~ **and** ~ tourner; **we drove** ~ **and** ~ **for hours** on a tourné en rond pendant des heures; **my head was spinning** ~ **and** ~ j'avais la tête qui tournait. ◇ *prep phr*: **we drove** ~ **and** ~ **the field** on a fait plusieurs tours dans le champ; **the helicopter flew** ~ **and** ~ **the lighthouse** l'hélicoptère a tourné plusieurs fois autour du phare.
◆ **round down** *vt sep* arrondir au chiffre inférieur; **their prices were** ~**ed down to the nearest £10** ils ont arrondi leurs prix aux 10 livres inférieures.
◆ **round off** *vt sep* **-1.** [finish, complete] terminer, clore; **he** ~**ed off his meal with a glass of brandy** il a terminé son repas par un verre de cognac. **-2.** [figures – round down] arrondir au chiffre inférieur; [– round up] arrondir au chiffre supérieur.
◆ **round on** *vt insep* attaquer, s'en prendre à.
◆ **round up** *vt sep* **-1.** [cattle, people] rassembler; [criminals] ramasser. **-2.** [figures] arrondir au chiffre supérieur.

**roundabout** ['raʊndəbaʊt] ◇ *n Br* **-1.** [at fair] manège *m*.-**2.** AUT rond-point *m*. ◇ *adj* détourné, indirect; **to take a ~ route** prendre un chemin détourné; **he has a ~ way of doing things** il a une façon détournée de faire les choses.

**rounded** ['raʊndɪd] *adj* **-1.** [shape] arrondi; [cheeks] rond, rebondi; [vowel] arrondi. **-2.** [number] arrondi. **-3.** [style] harmonieux.

**roundel** ['raʊndl] *n* **-1.** LITERAT rondeau *m*.-**2.** AERON cocarde *f*.-**3.** [window] œil-de-bœuf *m*; [panel, medal] médaillon *m*.

**rounders** ['raʊndəz] *n (U) Br sport proche du baseball.*

**round-eyed** *adj literal* aux yeux ronds; *fig* [surprised] avec des yeux ronds.

**round-faced** *adj* au visage rond.

**Roundhead** ['raʊndhed] *n* HIST: **the ~s** les têtes rondes (*partisans du Parlement pendant la guerre civile anglaise, de 1642 à 1646*).

**rounding** ['raʊndɪŋ] *n* COMPUT & MATH arrondi *m*, arrondissage *m*.

**roundly** ['raʊndlɪ] *adv fig* [severely] vivement, sévèrement; *Br* [plainly] carrément.

**round robin** *n* **-1.** [letter] pétition *f* (*où les signatures sont disposées en rond*). **-2.** *Am* [contest] poule *f*.

**round-shouldered** [-'ʃəʊldəd] *adj*: **to be ~** avoir le dos rond, être voûté.

**roundsman** ['raʊndzmən] (*pl* **roundsmen** [-mən]) *n Br* livreur *m*.

**round table** *n* table *f* ronde.

♦ **round-table** *adj*: **round-table discussions** OR **negotiations** table *f* ronde.

♦ **Round Table** *pr n*: **the Round Table** la Table ronde.

**round-the-clock** *adj* 24 heures sur 24; **a ~ vigil** une permanence nuit et jour.

♦ **round the clock** *adv* 24 heures sur 24; **we worked round the clock** nous avons travaillé 24 heures d'affilée; **he slept round the clock** il a fait le tour du cadran.

**round trip** *n* (voyage *m*) aller et retour *m*.

**round-trip ticket** *n Am* (billet *m*) aller-retour *m*.

**roundup** ['raʊndʌp] *n* **-1.** [of cattle, people] rassemblement *m*; [of criminals] rafle *f*.-**2.** [of news] résumé *m* de l'actualité.

**rouse** [raʊz] *vt* **-1.** [wake – person] réveiller; **the burglar ~d them (from their sleep)** le cambrioleur les a réveillés OR les a tirés de leur sommeil; **he was ~d from his thoughts by the doorbell** la sonnette l'a arraché à ses pensées; **she did everything to ~ him from his apathy** elle a tout fait pour le faire sortir de son apathie. **-2.** [provoke – interest, passion] éveiller, exciter; [– hope] éveiller; [– suspicion] éveiller, susciter; [– admiration, anger, indignation] susciter, provoquer; **to ~ sb to action** pousser OR inciter qqn à agir; **to ~ sb to anger**, **to ~ sb's anger** susciter la colère de qqn, mettre qqn en colère. **-3.** HUNT [game] lever.

**rousing** ['raʊzɪŋ] *adj* [speech] vibrant, passionné; [march, music] entraînant; [applause] enthousiaste.

**roust** [raʊst] *vt*: **to ~ sb (out) from bed** faire sortir qqn du lit.

**rout** [raʊt] ◇ *n* **-1.** MIL déroute *f*; **to put an enemy/army to ~** mettre un ennemi/une armée en déroute. **-2.** JUR attroupement *m* illégal. ◇ *vt* MIL mettre en déroute OR en fuite; *fig* [team, opponent] battre à plate couture, écraser. ◇ *vi* fouiller.

♦ **rout about** *vi insep* fouiller.

♦ **rout out** *vt sep* **-1.** [find] dénicher. **-2.** [remove, force out] déloger, expulser.

**route** [*Br* ruːt, *Am* raʊt] ◇ *n* **-1.** [way – gen] route *f*, itinéraire *m*; **the climbers took the easy ~ up the south face** les alpinistes ont emprunté l'itinéraire OR la voie la plus facile, par la face sud; **a large crowd lined the ~** il y avait une foule nombreuse sur tout le parcours; **the ~ to success** *fig* le chemin de la réussite; **sea/air ~** voie maritime/aérienne. **-2.** [for buses] trajet *m*, parcours *m*; **we need a map of the bus ~s** il nous faut un plan des lignes d'autobus. **-3.** MED voie *f*; **by oral ~** par voie orale. **-4.** *Am* [for deliveries] tournée *f*; **he's got a paper ~** il livre des journaux à domicile. **-5.** *Am* [highway] ≈ route *f* (nationale), ≈ nationale *f*. ◇ *vt* **-1.** [procession, motorist] fixer l'itinéraire de, diriger; [train, bus] fixer l'itinéraire de. **-2.** [luggage, parcel] expédier, acheminer.

♦ **en route** *adv phr* en route; **we were en ~ for the park**

when it started to hail nous nous dirigions vers le parc quand il a commencé à grêler.

**route map** *n* [for roads] carte *f* routière; [for buses] plan *m* du réseau; [for trains] carte *f* du réseau.

**route march** *n* marche *f* d'entraînement.

**routine** [ruːˈtiːn] ◇ *n* **-1.** [habit] routine *f*, habitude *f*.-**2.** *pej* routine *f*; **daily ~** la routine quotidienne, le train-train quotidien. **-3.** [formality] formalité *f*; **it's just ~** c'est une simple formalité. **-4.** [dance, play] numéro *m*, séquence *f*.-**5.** [insincere act]: **don't give me that old ~!** ne me ressors pas cette vieille rengaine!, mets un autre disque! **-6.** COMPUT sousprogramme *m*, routine *f*. ◇ *adj* **-1.** [ordinary, regular – flight, visit] de routine; [– investigation] de routine, d'usage. **-2.** [everyday] de routine. **-3.** [monotonous] routinier, monotone.

**routinely** [ruːˈtiːnlɪ] *adv* systématiquement.

**roux** [ruː] (*pl inv* [ruːz]) *n* roux *m* CULIN.

**rove** [rəʊv] ◇ *vi* **-1.** [person] errer, vagabonder. **-2.** [eyes] errer. ◇ *vt* [country] parcourir, errer dans; [streets] errer dans.

**rover** ['rəʊvə<sup>r</sup>] *n* vagabond *m*, -e *f*.

**roving** ['rəʊvɪŋ] ◇ *adj* vagabond, nomade; **~ reporter** reporter *m*; **he has a ~ eye (for the girls)** *fig* il aime bien lorgner les filles. ◇ *n* vagabondage *m*.

**row**[1] [rəʊ] *n* **-1.** [of chairs, trees] rangée *f*; [of vegetables, seeds] rang *m*; [of people – next to one another] rangée *f*; [– behind one another] file *f*, queue *f*; [of cars] file *f*; [in knitting] rang *m*; **for the third time in a ~** pour la troisième fois de suite; **she put the boxes in a ~** elle aligna les boîtes; **they sat/stood in a ~** ils étaient assis/debout en rang. **-2.** [in cinema, hall] rang *m*; **in the third ~** au troisième rang. **-3.** RUGBY ligne *f*.-**4.** *Br* [in street names] rue *f*.-**5.** COMPUT ligne *f*.-**6.** [in boat] promenade *f* (en bateau à rames). ◇ *vi* [in boat] ramer; **to ~ across a lake** traverser un lac à la rame ‖ SPORT faire de l'aviron. ◇ *vt* [boat] faire avancer à la rame OR à l'aviron; [passengers] transporter en canot; **Morgan ~ed the tourists across the lake** Morgan fit traverser le lac aux touristes dans un bateau à rames; **to ~ a race** faire une course d'aviron.

**row**[2] [raʊ] ◇ *n Br* **-1.** [quarrel] dispute *f*, querelle *f*; **to have a ~ with sb** se disputer avec qqn; **to get into a ~** se faire gronder; **a ~ broke out as a result of the new legislation** la nouvelle loi a fait beaucoup de raffut. **-2.** [din] tapage *m*, vacarme *m*; **to make a ~** faire du tapage OR du vacarme; **stop that ~!** arrêtez ce boucan! ◇ *vi* se disputer; **to ~ with sb** se disputer avec qqn.

**rowan** ['raʊən, 'rəʊən] *n* [tree] sorbier *m*; [fruit] sorbe *f*.

**rowboat** ['rəʊbəʊt] *n Am* bateau *m* à rames.

**rowdiness** ['raʊdɪnɪs] *n* tapage *m*, chahut *m*.

**rowdy** ['raʊdɪ] (*compar* **rowdier**, *superl* **rowdiest**, *pl* **rowdies**) ◇ *adj* [person] chahuteur, bagarreur; [behaviour] chahuteur. ◇ *n* bagarreur *m*, voyou *m*; [at football matches] hooligan *m*.

**rower** ['rəʊə<sup>r</sup>] *n* rameur *m*, -euse *f*.

**row house** [rəʊ-] *n Am maison attenante aux maisons voisines.*

**rowing** ['rəʊɪŋ] *n* [gen] canotage *m*; SPORT aviron *m*; **to go ~** faire du canotage OR de l'aviron.

**rowing boat** *n Br* bateau *m* à rames.

**rowing machine** *n* rameur *m*.

**rowlock** ['rɒlək] *n* dame *f* de nage.

**royal** ['rɔɪəl] ◇ *adj* **-1.** *literal* [family, residence] royal; [horse, household, vehicle] royal, du roi, de la reine; **by ~ charter** par acte du souverain ❏ **~ assent** *signature royale qui officialise une loi.* **-2.** *fig & fml* [splendid] royal, princier; **they gave us a (right) ~ welcome** ils nous ont accueillis comme des rois. **-3.** [paper] (format) grand raisin. ◇ *n inf membre de la famille royale;* **the Royals** la famille royale.

**Royal Academy (of Arts)** *pr n* Académie *f* royale britannique.

**Royal Air Force** *pr n* armée *f* de l'air britannique.

**Royal Ascot** *pr n événement hippique annuel qui entre dans le calendrier mondain de la haute société anglaise.*

**royal blue** *n* bleu roi *m*.

♦ **royal-blue** *adj* bleu roi (*inv*).

**Royal Enclosure** *n*: **the ~** *tribune de la famille royale à Royal Ascot.*

**Royal Engineers** *pl pr n* génie *m* militaire britannique.

**Royal Highness** *n*: **His ~**, **the Prince of Wales** Son Altesse Royale, le prince de Galles.

**royal icing** *n Br* CULIN glaçage à base de sucre glace et de blancs d'œufs (utilisé pour les cakes).

**Royal Institution** *pr n* Académie *f* des sciences britannique.

**royalist** ['rɔɪəlɪst] ◇ *adj* royaliste. ◇ *n* royaliste *mf*.

**royal jelly** *n* gelée *f* royale.

**royally** ['rɔɪəlɪ] *adv* literal & *fig* royalement; [like a king] en roi; [like a queen] en reine.

**Royal Mail** *pr n*: the ~ la Poste britannique.

**Royal Marines** *pl pr n* Marines *mpl* (britanniques).

**Royal Navy** *pr n* marine *f* nationale britannique.

**Royal Society** *pr n* Académie *f* des sciences britanniques.

**royalty** ['rɔɪəltɪ] ◇ *n* **-1.** [royal family] famille *f* royale. **-2.** [rank] royauté *f*. ◇ *comp*: ~ **payments** [for writer] (paiement *m* des) droits *mpl* d'auteur; [for patent] (paiement *m* des) royalties *fpl*.

◆ **royalties** *npl* [for writer, musician] droits *mpl* d'auteur; [for patent] royalties *fpl*, redevance *f*.

**Royal Ulster Constabulary** *pr n*: the ~ corps de police d'Irlande du Nord.

**RP** (*abbr of* **received pronunciation**) *n* prononciation standard de l'anglais britannique.

**RPI** (*abbr of* **retail price index**) *n Br* indice *m* des prix à la consommation.

**rpm** (*written abbr of* **revolutions per minute**) tr/min.

**RR** *Am written abbr of* **railroad**.

**RRP** *written abbr of* **recommended retail price**.

**RSA** (*abbr of* **Royal Society of Arts**) *pr n* société *f* royale des arts.

**RSC** (*abbr of* **Royal Shakespeare Company**) *pr n* célèbre troupe de théâtre basée à Stratford-on-Avon et à Londres.

**RSFSR** (*abbr of* **Russian Soviet Federal Socialist Republic**) *pr n* RSFSR *f*; in the ~ en RSFSR.

**RSI** (*abbr of* **repetitive strain/stress injury**) *n (U)* maladie professionnelle se traduisant par une tendinite du poignet, du coude ou des épaules et due à des gestes répétitifs.

**RSPB** (*abbr of* **Royal Society for the Protection of Birds**) *pr n* ligue britannique pour la protection des oiseaux.

**RSPCA** (*abbr of* **Royal Society for the Prevention of Cruelty to Animals**) *pr n* société britannique protectrice des animaux, ≈ SPA *f*.

**RSVP** (*written abbr of* **répondez s'il vous plaît**) RSVP.

**Rt Hon** *written abbr of* **Right Honourable**.

**Rt Rev** *written abbr of* **Right Reverend**.

**RU** (*abbr of* **Rugby Union**) ◇ *n* SPORT rugby *m* (à quinze). ◇ *pr n* [authority] fédération *f* de rugby.

**rub** [rʌb] (*pt & pp* **rubbed**, *cont* **rubbing**) ◇ *vt* **-1.** [gen] frotter; to ~ sthg with a pad/cloth frotter qqch avec un tampon/chiffon; these shoes ~ my heels ces chaussures me blessent aux talons; to ~ one's eyes se frotter les yeux; to ~ one's hands (in delight) se frotter les mains (de joie); we rubbed ourselves dry with a towel nous nous sommes séchés OR essuyés avec une serviette ❑ to ~ shoulders with sb côtoyer OR coudoyer qqn; she really rubbed his nose in it elle a retourné le couteau dans la plaie. **-2.** [ointment, lotion]: ~ the ointment into the skin faire pénétrer la pommade; ~ your chest with the ointment frottez-vous la poitrine avec la pommade. **-3.** [polish] astiquer, frotter.
◇ *vi* frotter; the cat rubbed against my leg le chat s'est frotté contre ma jambe; her leg rubbed against mine sa jambe a effleuré la mienne; my shoe is rubbing ma chaussure me fait mal.
◇ *n* **-1.** [rubbing] frottement *m*; [massage] friction *f*, massage *m*; can you give my back a ~? pouvez-vous me frotter le dos?; give it a ~! [after injury] frotte!-**2.** [with rag, duster] coup *m* de chiffon; [with brush] coup *m* de brosse; [with tea-towel] coup *m* de torchon; give the table/glasses a ~ passez un coup de chiffon sur la table/les verres. **-3.** SPORT [unevenness] inégalité *f* (du terrain). **-4.** *Br phr*: there's the ~! voilà le nœud du problème!, c'est là que le bât blesse!

◆ **rub along** *vi insep Br inf* **-1.** [manage] se débrouiller. **-2.** [get on - people] s'entendre; they ~ along (together) ils s'entendent tant bien que mal.

◆ **rub away** ◇ *vt sep* **-1.** [stain, writing] faire disparaître en

frottant; the inscription has been rubbed away l'inscription a été effacée. **-2.** [wipe - tears, sweat] essuyer.
◇ *vi insep* disparaître en frottant.

◆ **rub down** *vt sep* **-1.** [horse] bouchonner; [dog] frotter (pour sécher); to ~ o.s. down se sécher. **-2.** [clean - wall] frotter, nettoyer en frottant; [with sandpaper] frotter, poncer.

◆ **rub in** *vt sep* [lotion, oil] faire pénétrer (en frottant); ~ the butter into the mixture CULIN travailler la pâte (du bout des doigts) pour incorporer le beurre ❑ to ~ it in remuer le couteau dans la plaie, insister lourdement.

◆ **rub off** ◇ *vt sep* [erase - writing] effacer; [- mark, dirt] enlever en frottant. ◇ *vi insep* **-1.** [mark] s'en aller, partir; the red dye has rubbed off on my shirt/hands la teinture rouge a déteint sur ma chemise/m'a déteint sur les mains. **-2.** *fig* [quality] déteindre; with a bit of luck, her common sense will ~ off on him avec un peu de chance, son bon sens déteindra sur lui.

◆ **rub on** *vt sep* [spread] étaler (en frottant); [apply] appliquer (en frottant).

◆ **rub out** ◇ *vt sep* **-1.** [erase - stain, writing] effacer. **-2.** ▽ *Am* [kill] liquider, descendre. ◇ *vi insep* [mark, stain] partir, s'en aller (en frottant).

◆ **rub together** *vt sep* frotter l'un contre l'autre.

◆ **rub up** ◇ *vi insep* **-1.** [animal] se frotter; to ~ up against sb *fig* côtoyer qqn, coudoyer qqn. **-2.** *Br inf* [revise]: to ~ up on sthg revoir qqch, réviser qqch. ◇ *vt sep* **-1.** [polish] frotter, astiquer. **-2.** *inf* [revise] potasser. **-3.** *phr*: to ~ sb up the wrong way prendre qqn à rebrousse-poil.

**rubber** ['rʌbə'] ◇ *adj* [ball, gloves, hose] en OR de caoutchouc; [bullet] en caoutchouc; ~ **boots** *Am* bottes *fpl* en caoutchouc; ~ **dinghy** canot *m* pneumatique; ~ **ring** bouée *f* (de natation).
◇ *n* **-1.** [material] caoutchouc *m*.-**2.** *Br* [eraser - for pencil] gomme *f*; (board) ~ tampon *m* (pour essuyer le tableau). **-3.** *Am inf* [condom] préservatif *m*, capote *f*.-**4.** [in bridge, whist] robre *m*, rob *m*.

◆ **rubbers** *npl Am* [boots] caoutchoucs *mpl*, bottes *fpl* en caoutchouc.

**rubber band** *n* élastique *m*.

**rubber cheque** *n inf* & *fig* chèque *m* sans provision, chèque *m* en bois.

**rubberneck** ['rʌbənek] *inf* ◇ *n* **-1.** [onlooker] badaud *m*, -e *f*.-**2.** [tourist] touriste *mf*. ◇ *vi* faire le badaud.

**rubber plant** *n* caoutchouc *m*.

**rubber stamp** *n* tampon *m* OR timbre *m* en caoutchouc.

◆ **rubber-stamp** *vt* **-1.** literal tamponner. **-2.** *fig* [decision] approuver sans discussion.

**rubber tree** *n* hévéa *m*.

**rubbery** ['rʌbərɪ] *adj* caoutchouteux.

**rubbing** ['rʌbɪŋ] *n* **-1.** [gen] frottement *m*.-**2.** ART décalque *m*; to take a ~ of an inscription décalquer une inscription (en frottant).

**rubbish** ['rʌbɪʃ] ◇ *n (U)* **-1.** [from household] ordures *fpl* (ménagères); [from garden] détritus *mpl*; [from factory] déchets *mpl*; [from building site] gravats *mpl*; ~ van *Br* camion *m* d'éboueurs. **-2.** *inf* [worthless goods] camelote *f*, pacotille *f*. **-3.** *inf* [nonsense] bêtises *fpl*, sottises *fpl*; ~! mon œil!, et puis quoi encore!; this film is absolute ~! ce film est complètement nul! ◇ *vt inf* débiner.

**rubbish bin** *n Br* poubelle *f*.

**rubbish chute** *n Br* [in building] vide-ordures *m inv*; [at building site] gaine *f* d'évacuation des gravats.

**rubbish dump** *n Br* décharge *f* (publique), dépotoir *m*.

**rubbish heap** *n Br* [household] tas *m* d'ordures; [garden] tas *m* de détritus; [public] décharge *f*, dépotoir *m*.

**rubbishy** ['rʌbɪʃɪ] *adj Br inf* [poor quality - goods] de pacotille; [stupid - idea, book] débile.

**rubble** ['rʌbl] *n (U)* **-1.** [ruins] décombres *mpl*; [debris] débris *mpl*; [stones] gravats *mpl*; the building was reduced to (a heap of) ~ l'immeuble n'était plus qu'un amas de décombres. **-2.** [for roadmaking, building] blocage *m*, blocaille *f*.

**rubdown** ['rʌbdaʊn] *n* friction *f*; to give sb a ~ frictionner qqn.

**rubella** [ruː'belə] *n (U)* MED rubéole *f*.

**Rubicon** ['ruːbɪkən] *pr n* Rubicon *m*; to cross OR to pass the ~ franchir le Rubicon.

**rubicund** ['ruːbɪkənd] *adj* rubicond.

**rubric** ['ruːbrɪk] *n* rubrique *f*.

**ruby** ['ruːbɪ] (*pl* **rubies**) ◊ *n* **-1.** [jewel] rubis *m*.**-2.** [colour] couleur *f* (de) rubis, couleur *f* vermeille. ◊ *adj* **-1.** [in colour] vermeil, rubis *(inv)*; ~ **(red) lips** des lèvres vermeilles; ~ **port** porto *m* rouge. **-2.** [made of rubies] de rubis. **-3.** [anniversary]: ~ **wedding (anniversary)** noces *fpl* de vermeil.

**RUC** *pr n abbr of* **Royal Ulster Constabulary**.

**ruche** [ruːʃ] ◊ *vt* rucher. ◊ *n* ruché *m*.

**ruched** [ruːʃt] *adj* à ruchés.

**ruck** [rʌk] ◊ *n* **-1.** SPORT [in rugby] mêlée *f* ouverte; [in race] peloton *m*.**-2.** [fight] bagarre *f*.**-3.** [crease] faux pli *m*, godet *m*.**-4.** [masses]: **the (common)** ~ les masses *fpl*, la foule. ◊ *vi* **-1.** SPORT former une mêlée ouverte. **-2.** [crease] se froisser, se chiffonner. ◊ *vt* [crease] froisser, chiffonner.
♦ **ruck up** *vi insep* se froisser.

**rucksack** ['rʌksæk] *n* sac *m* à dos.

**ruckus** ['rʌkəs] *n Am inf* boucan *m*.

**ructions** ['rʌkʃnz] *npl inf* grabuge *m*.

**rudder** ['rʌdəʳ] *n* [of boat, plane] gouvernail *m*.

**ruddy** ['rʌdɪ] (*compar* **ruddier**, *superl* **ruddiest**) ◊ *adj* **-1.** [red – gen] rougeâtre, rougeoyant; [- face] rougeaud, rubicond; **to have a ~ complexion** avoir le teint rouge, être rougeaud. **-2.** *Br inf & dated* [as intensifier] fichu, sacré. ◊ *adv Br inf & dated* [as intensifier] sacrément, vachement.

**rude** [ruːd] *adj* **-1.** [ill-mannered] impoli, mal élevé; [stronger] grossier; [insolent] insolent; **to be** ~ **to sb** être impoli envers qqn; **he was very** ~ **about my new hairstyle** il a fait des commentaires très désagréables sur ma nouvelle coiffure. **-2.** [indecent, obscene] indécent, obscène, grossier; **a** ~ **joke** une histoire grivoise OR scabreuse; ~ **words** gros mots *mpl*.**-3.** [sudden] rude, violent, brutal; **it was a** ~ **awakening for us** nous avons été rappelés brutalement à la réalité. **-4.** *lit* [rudimentary, rough – tool, hut] rudimentaire, grossier. **-5.** *lit* [primitive – tribesman, lifestyle] primitif, rude. **-6.** *lit* [vigorous] vigoureux; **to be in** ~ **health** être en pleine santé.

**rudely** ['ruːdlɪ] *adv* **-1.** [impolitely] impoliment, de façon mal élevée; [stronger] grossièrement; [insolently] insolemment. **-2.** [indecently, obscenely] indécemment, d'une manière obscène. **-3.** [suddenly] violemment, brutalement. **-4.** [in a rudimentary way] grossièrement.

**rudeness** ['ruːdnɪs] *n* **-1.** [impoliteness] impolitesse *f*; [stronger] grossièreté *f*; [insolence] insolence *f*.**-2.** [indecency, obscenity] indécence *f*, obscénité *f*.**-3.** [suddenness] violence *f*, brutalité *f*.**-4.** [rudimentary nature] caractère *m* rudimentaire; [primitive nature] caractère *m* primitif.

**rudiment** ['ruːdɪmənt] *n* ANAT rudiment *m*.
♦ **rudiments** *npl* [of a language, a skill] rudiments *mpl*, notions *fpl* élémentaires.

**rudimentary** [,ruːdɪ'mentərɪ] *adj* [gen & ANAT] rudimentaire.

**rue** [ruː] ◊ *vt lit* OR *hum* regretter. ◊ *n* BOT rue *f*.

**rueful** ['ruːfʊl] *adj* [sad] triste, chagrin *lit*.

**ruefully** ['ruːfʊlɪ] *adv* [sadly] tristement; [regretfully] avec regret.

**ruff** [rʌf] ◊ *n* **-1.** [collar] fraise *f*; ZOOL [on bird] collier *m*.**-2.** ORNITH [sandpiper] combattant *m*.**-3.** [in cards] action *f* de couper. ◊ *vt* [in cards] couper.

**ruffian** ['rʌfjən] *n* voyou *m*; *hum* [naughty child] petit vaurien *m*.

**ruffle** ['rʌfl] ◊ *vt* **-1.** [hair, fur, feathers] ébouriffer; [clothes] friper, froisser, chiffonner. **-2.** [lake, sea, grass] agiter. **-3.** [upset – person] troubler, décontenancer. ◊ *n* **-1.** [frill – on dress] ruche *f*.**-2.** [ripple – on lake, sea] ride *f*.

**ruffled** ['rʌfld] *adj* **-1.** [flustered] décontenancé. **-2.** [rumpled – sheets] froissé; [- hair] ébouriffé. **-3.** [decorated with frill] ruché, plissé.

**rug** [rʌg] *n* **-1.** [for floor] carpette *f*, (petit) tapis *m*; **to pull the** ~ **from under sb's feet** couper l'herbe sous le pied à qqn; **to sweep sthg under the** ~ *Am fig* enterrer qqch . **-2.** *Br* [blanket] couverture *f*, tartan ~ plaid *m*.

**rugby** ['rʌgbɪ] ◊ *n*: ~ **(football)** rugby *m*. ◊ *comp* [ball, match, team] de rugby; ~ **player** joueur *m*, -euse *f* de rugby, rugbyman *m*; ~ **shirt** maillot *m* de rugby.

**rugby league** *n* rugby *m* OR jeu *m* à treize.

**rugby tackle** *n* plaquage *m*.
♦ **rugby-tackle** *vt* plaquer.

**rugby union** *n* rugby *m* à quinze.

**rugged** ['rʌgɪd] *adj* **-1.** [countryside, region] accidenté; [road, path – bumpy] cahoteux, défoncé; [- rocky] rocailleux; [coastline] échancré, découpé. **-2.** [face, features] rude. **-3.** [unrefined – person, character, manners] rude, mal dégrossi; [- lifestyle] rude, fruste; [determined – resistance] acharné. **-4.** [healthy] vigoureux, robuste; [tough – clothing, equipment, vehicle] solide, robuste.

**rugger** ['rʌgəʳ] *n Br inf* rugby *m*.

**ruin** ['ruːɪn] ◊ *n* **-1.** (*usu pl*) [remains] ruine *f*; **the** ~**s of an old castle** les ruines d'un vieux château; **in** ~**s** en ruine. **-2.** [destruction] ruine *f*; **this spelt the** ~ **of our hopes** c'était la fin de nos espoirs; **to fall into** ~ tomber en ruine; **you will be my** ~ OR **the** ~ **of me** tu me perdras. **-3.** [bankruptcy] ruine *f*; **the business was on the brink of (financial)** ~ l'affaire était au bord de la ruine. ◊ *vt* **-1.** [destroy] ruiner, détruire, abîmer; [spoil] gâter, gâcher; **that's** ~**ed our chances** ça nous a fait perdre toutes nos chances; **you're** ~**ing your eyesight** tu es en train de t'abîmer la vue OR les yeux. **-2.** [bankrupt] ruiner.

**ruination** [ruːɪ'neɪʃn] *n* ruine *f*, perte *f*.

**ruined** ['ruːɪnd] *adj* **-1.** [house, reputation, health] en ruine, ruiné; [clothes] abîmé. **-2.** [person – financially] ruiné.

**ruinous** ['ruːɪnəs] *adj* **-1.** [expensive] ruineux. **-2.** [disastrous] désastreux.

**ruinously** ['ruːɪnəslɪ] *adv* de façon ruineuse; ~ **expensive** ruineux.

**rule** [ruːl] ◊ *n* **-1.** [law, tenet] règle *f*; [regulation] règlement *m*; **the** ~**s of chess/grammar** les règles du jeu d'échecs/de la grammaire; **to break the** ~**s** ne pas respecter les règles; **to play according to the** ~**s** OR **by the** ~**s (of the game)** jouer suivant les règles (du jeu); **the** ~**s and regulations** le règlement; **smoking is against the** ~**s, it's against the** ~ **to smoke** le règlement interdit de fumer; **to stretch** OR **to bend the** ~**s (for sb)** faire une entorse au règlement (pour qqn) □ ~ **of thumb** point *m* de repère. **-2.** [convention, guideline] règle *f*; ~**s of conduct** règles de conduite; **he makes it a** ~ **not to trust anyone** il a comme OR pour règle de ne faire confiance à personne. **-3.** [normal state of affairs] règle *f*; **tipping is the** ~ **here** les pourboires sont la règle ici; **long hair was the** ~ **in those days** tout le monde avait les cheveux longs à cette époque. **-4.** [government] gouvernement *m*, autorité *f*; [reign] règne *m*; **a return to majority/mob** ~ un retour à la démocratie/à l'anarchie; **the territories under French** ~ les territoires sous autorité française; **the** ~ **of law** (l'autorité de) la loi. **-5.** [for measuring] règle *f*; **folding** ~ mètre *m* pliant; **metre** ~ mètre *m*. ◊ *vt* **-1.** [govern – country] gouverner; **if I** ~**d the world si** j'étais maître du monde. **-2.** [dominate – person] dominer; [- emotion] maîtriser; **their lives are** ~**d by fear** leur vie est dominée par la peur; **don't be** ~**d by what he says** ce n'est pas à lui de vous dire ce que vous avez à faire □ **to** ~ **the roost** faire la loi. **-3.** [judge, decide] juger, décider. **-4.** [draw – line, margin] tirer à la règle; [draw lines on – paper] régler. ◊ *vi* **-1.** [govern – monarch, dictator] régner; [- elected government] gouverner; **he** ~**d over a vast kingdom** il régna sur un vaste royaume; **Chelsea** ~ **OK!** *inf* vive l'équipe de Chelsea! **-2.** [prevail] régner. **-3.** JUR [decide] statuer; **to** ~ **on a dispute** statuer sur un litige; **to** ~ **against/in favour of sb** décider OR prononcer contre/en faveur de qqn.
♦ **as a (general) rule** *adv phr* en règle générale.
♦ **rule off** *vt sep* tirer une ligne sous.
♦ **rule out** *vt sep* [possibility, suggestion, suspect] exclure, écarter; **the injury** ~**s him out of Saturday's game** sa blessure ne lui permettra pas de jouer samedi.

**rulebook** ['ruːlbʊk] *n* règlement *m*; **to do sthg by the** ~ faire qqch strictement selon les règles; **to go by the** ~ suivre scrupuleusement le règlement.

**ruled** [ruːld] *adj* [paper, block] réglé.

**ruler** ['ruːləʳ] *n* **-1.** [sovereign] souverain *m*, -e *f*; [president, prime minister etc] homme *m* d'État, dirigeant *m*.**-2.** [for measuring] règle *f*.

**ruling** ['ruːlɪŋ] ◊ *adj* **-1.** [governing – monarch] régnant; [- party] au pouvoir; [- class] dirigeant; **football's** ~ **body** les instances dirigeantes du football. **-2.** [dominant – passion, factor] dominant. ◊ *n* JUR [finding] décision *f*, jugement *m*.

**rum** [rʌm] (*compar* **rummer**, *superl* **rummest**) ◊ *n* [drink]

rhum *m*. ◇ *comp* [ice cream, toddy] au rhum. ◇ *adj Br inf &*
*dated* [odd] bizarre.

**Rumania** *etc* [ru:'meɪnjə] = **Romania**.

**rumba** ['rʌmbə] ◇ *n* rumba *f*. ◇ *vi* danser la rumba.

**rum baba** *n* baba *m* au rhum.

**rumble** ['rʌmbl] ◇ *n* **-1**. [of thunder, traffic, cannons] grondement *m*; [of conversation] murmure *m*, bourdonnement *m*; [in
stomach] borborygme *m*, gargouillis *m*, gargouillement *m*.-**2**.
*Am inf* [street fight] bagarre *f*, castagne *f* (*entre gangs*). ◇ *vi*
[thunder, traffic, cannons] gronder; [stomach] gargouiller. ◇ *vt*
**-1**. *Br inf* [discover – plan] découvrir; [understand – person,
trick] piger. **-2**. [mutter – comment, remark] grommeler, bougonner.

◆ **rumble on** *vi insep* [person] palabrer; [conversation, debate]
ne pas en finir; the dispute's been rumbling on for weeks
now le conflit dure depuis des semaines.

**rumble seat** *n Am* strapontin *m*.

**rumbling** ['rʌmblɪŋ] *n* [of thunder, traffic, cannons] grondement *m*; [of stomach] borborygmes *mpl*, gargouillis *mpl*, gar-
gouillements *mpl*.

◆ **rumblings** *npl* [of discontent] grondement *m*, gronde-
ments *mpl*; [omens] présages *mpl*.

**rumbustious** [rʌm'bʌstʃəs] *adj Br inf* [boisterous] exubérant,
tapageur, bruyant; [unruly] turbulent, indiscipliné.

**ruminant** ['ru:mɪnənt] ◇ *adj* **-1**. ZOOL ruminant. **-2**. *lit* = **ru-**
**minative**. ◇ *n* ZOOL ruminant *m*.

**ruminate** ['ru:mɪneɪt] ◇ *vi* **-1**. ZOOL ruminer. **-2**. *fml* [person]
ruminer; to ~ over OR about OR on réfléchir longuement à.
◇ *vt* **-1**. ZOOL ruminer. **-2**. *fml* [person] ruminer.

**ruminative** ['ru:mɪnətɪv] *adj* [person] pensif, méditatif; [look,
mood] pensif.

**rummage** ['rʌmɪdʒ] ◇ *n* **-1**. [search]: to have a ~ through
OR around in sthg fouiller (dans) qqch. **-2**. *Am* [jumble] bric-
à-brac *m*. ◇ *vi* fouiller; he ~d in OR through his pockets il
fouilla dans ses poches.

◆ **rummage about** *Br*, **rummage around** = **rummage** *vi*.

**rummage sale** *n Am* vente *f* de charité.

**rummy** ['rʌmɪ] (*pl* **rummies**, *compar* **rummier**, *superl* **rumm-**
**iest**) ◇ *n* [card game] rami *m*. ◇ *adj* = **rum**.

**rumour** *Br*, **rumor** *Am* ['ru:məʳ] ◇ *n* rumeur *f*, bruit *m* (qui
court); there's a ~ going round OR ~ has it that he's going
to resign le bruit court qu'il va démissionner. ◇ *vt*: it is
~ed that... le bruit court que...; she is ~ed to be extremely
rich on la dit extrêmement riche.

**rumourmonger** *Br*, **rumormonger** *Am* ['ru:mə,mʌŋgəʳ] *n*
commère *f*.

**rump** [rʌmp] *n* **-1**. [of mammal] croupe *f*; CULIN culotte *f*; [of
bird] croupion *m*; *hum* [of person] postérieur *m*, derrière *m*.-**2**.
[remnant]: the organization was reduced to a ~ il ne restait
pas grand-chose de l'organisation.

**rumple** ['rʌmpl] *vt* [clothes] friper, froisser, chiffonner;
[banknote, letter] froisser; [hair, fur] ébouriffer.

**Rump Parliament** *pr n*: the ~ le Parlement croupion (*nom*
*du Parlement anglais pendant la période du Protectorat de Cromwell,*
*de 1649 à 1660*).

**rump steak** *n* romsteck *m*, rumsteck *m*.

**rumpus** ['rʌmpəs] *n inf* raffut *m*, boucan *m*; to kick up a ~
faire du chahut OR des histoires.

**rumpus room** *n esp Am* salle *f* de jeu (*souvent située au sous-sol*
*et également utilisée pour des fêtes*).

**run** [rʌn] (*pt* **ran** [ræn], *pp* **run**, *cont* **running**) ◇ *vi* **A**. **-1**. [gen]
courir; they ran out of the house ils sont sortis de la maison
en courant; to ~ upstairs/downstairs monter/descendre
l'escalier en courant; I had to ~ for the train j'ai dû courir
pour attraper le train; ~ and fetch me a glass of water
cours me chercher un verre d'eau; I've been running all
over the place looking for you j'ai couru partout à ta recherche; to ~ to meet sb courir OR se précipiter à la rencon-
tre de qqn || *fig*: I didn't expect her to go running to the
press with the story je ne m'attendais pas à ce qu'elle coure
raconter l'histoire à la presse; don't come running to me
with your problems ne viens pas m'embêter avec tes problèmes. **-2**. [compete in race] courir; to ~ in a race [horse,
person] participer à une course || [be positioned in race] arriver;
[in cricket, baseball] marquer; Smith is running second
Smith est en seconde position. **-3**. [flee] se sauver, fuir; if

the night watchman sees you, ~ (for it *inf*)! si le veilleur de
nuit te voit, tire-toi OR file!; he turned and ran il prit ses
jambes à son cou; ~ for your lives! sauve qui peut!

**B**. **-1**. [road, railway, boundary] passer; the railway line ~s
through a valley/over a viaduct le chemin de fer passe
dans une vallée/sur un viaduc; the road ~s alongside the
river/parallel to the coast la route longe la rivière/la côte; a
canal running from London to Birmingham un canal qui
va de Londres à Birmingham; a high fence ~s around the
building une grande barrière fait le tour du bâtiment; our
lives seem to be running in different directions *fig* il
semble que nos vies prennent des chemins différents. **-2**.
[hand, fingers]: his fingers ran over the controls ses doigts
se promenèrent sur les boutons de commande; her eyes
ran down the list elle parcourut la liste des yeux. **-3**. [trav-
el – thoughts, sensation]: a shiver ran down my spine un frisson me parcourut le dos. **-4**. [describing song, poem, theory
etc]: their argument OR reasoning ~s something like this
voici plus ou moins leur raisonnement. **-5**. [occur – inherited
trait, illness]: twins ~ in our family les jumeaux sont courants dans la famille; heart disease ~s in the family les maladies cardiaques sont fréquentes dans notre famille. **-6**.
[spread – rumour, news] se répandre. **-7**. [move or travel freely –
ball, vehicle] rouler; the truck ran off the road le camion a
quitté la route || [slip, slide – rope, cable] filer. **-8**. [drive] faire
un tour OR une promenade; why don't we ~ down to the
coast/up to London? si on faisait un tour jusqu'à la mer/
jusqu'à Londres?-**9**. NAUT [boat]: to ~ (before the wind)
filer vent arrière.

**C**. **-1**. [flow – water, tap, nose] couler; [paint] goutter; the water's ~ cold l'eau est froide au robinet; your bath is running ton bain est en train de couler; your nose is running tu
as le nez qui coule; her mascara had ~ son mascara avait
coulé; the hot water ~s along/down this pipe l'eau
chaude passe/descend dans ce tuyau; their faces were running with sweat *Br* leurs visages ruisselaient de transpiration; tears ran down her face des larmes coulaient sur son
visage. **-2**. [river, stream] couler; the river ran red with
blood les eaux de la rivière étaient rouges de sang; the Jari
~s into the Amazon le Jari se jette dans l'Amazone. **-3**.
[butter, ice cream, wax] fondre; [cheese] couler. **-4**. [in wash –
colour, fabric] déteindre. **-5**. [tide] monter.

**D**. **-1**. [operate – engine, machine, business] marcher, fonctionner; to ~ on OR off electricity/gas/diesel fonctionner à
l'électricité/au gaz/au diesel; the tape recorder was still
running le magnétophone était encore en marche; leave
the engine running laissez tourner le moteur; the new assembly line is up and running la nouvelle chaîne de montage est en service; do not interrupt the program while it is
running COMPUT ne pas interrompre le programme en cours
d'exécution; everything is running smoothly *fig* tout marche très bien. **-2**. [public transport] circuler; some bus lines
~ all night certaines lignes d'autobus sont en service toute
la nuit.

**E**. **-1**. [last] durer; I'd like the ad to ~ for a week je voudrais que l'annonce passe pendant une semaine. **-2**. [be performed – play, film] tenir l'affiche; this soap opera has been
running for 20 years ça fait 20 ans que ce feuilleton est diffusé; America's longest-running TV series la plus longue
série télévisée américaine. **-3**. [be valid, remain in force –
contract] être OR rester valide; [– agreement] être OR rester en
vigueur; the lease has another year to ~ le bail n'expire
pas avant un an; your subscription will ~ for two years
votre abonnement sera valable deux ans. **-4**. FIN [be paid, accumulate – interest] courir. **-5**. [range] aller.

**F**. **-1**. [indicating current state or condition]: feelings were
running high les passions étaient exacerbées; their ammunition was running low ils commençaient à manquer de
munitions; to ~ late être en retard, avoir du retard; programmes are running ten minutes late les émissions ont
toutes dix minutes de retard; events are running in our favour les événements tournent en notre faveur. **-2**. [reach]:
inflation was running at 18% le taux d'inflation était de
18%.

**G**. **-1**. *Am* [be candidate, stand] se présenter; to ~ for president OR the presidency être candidat aux élections présidentielles OR à la présidence. **-2**. [ladder – stocking, tights]
filer.

◇ *vt* **A**. **-1**. [manage – company, office] diriger, gérer; [– shop,

restaurant, club] tenir, diriger; [~ theatre] diriger; [~ house] tenir; [~ country] gouverner, diriger; a badly ~ organization une organisation mal gérée; the library is ~ by volunteer workers la bibliothèque est tenue par des bénévoles; I wish she'd stop trying to ~ my life! j'aimerais bien qu'elle arrête de me dire comment vivre ma vie!-**2.** [organize, lay on – service, course, contest] organiser; [train, bus] mettre en service; **several private companies ~ buses to the airport** plusieurs sociétés privées assurent un service d'autobus pour l'aéroport. -**3.** [operate, work – piece of equipment] faire marcher, faire fonctionner; **you can ~ it off solar energy/ the mains** vous pouvez le faire fonctionner à l'énergie solaire/sur secteur ‖ [vehicle]: **I can't afford to ~ a car any more** Br je n'ai plus les moyens d'avoir une voiture. -**4.** [conduct – experiment, test] effectuer. -**5.** COMPUT [program] exécuter.
**B. -1.** [do or cover at a run – race, distance] courir; **I can still ~ 2 km in under 7 minutes** j'arrive encore à courir OR à couvrir 2 km en moins de 7 minutes; **the children were running races** les enfants faisaient la course; **the race will be ~ in Paris next year** la course aura lieu à Paris l'année prochaine; **to ~ messages** OR **errands** faire des commissions OR des courses ❑ he'd ~ a mile if he saw it il prendrait ses jambes à son cou s'il voyait ça; **it looks as if his race is ~** on dirait qu'il a fait son temps. -**2.** [cause to run]: **you're running the poor boy off his feet!** le pauvre, tu es en train de l'épuiser!; **to be ~ off one's feet** être débordé. -**3.** [enter for race – horse, greyhound] faire courir. -**4.** [chase] chasser; **the outlaws were ~ out of town** les hors-la-loi furent chassés de la ville. -**5.** [hunt] chasser.
**C. -1.** [transport – goods] transporter; [give lift to – person] accompagner; **I'll ~ you to the bus stop** je vais te conduire à l'arrêt de bus. -**2.** [smuggle] faire le trafic de. -**3.** [drive – vehicle] conduire; **I ran my car into a lamppost** je suis rentré dans un réverbère (avec ma voiture); **he tried to ~ me off the road!** il a essayé de me faire sortir de la route!
**D. -1.** [pass, quickly or lightly] passer; **she ran her hands over the controls** elle promena ses mains sur les boutons de commande; **he ran his hand/a comb through his hair** il passa sa main/un peigne dans ses cheveux; **she ran her finger down the list/her eye over the text** elle parcourut la liste du doigt/le texte des yeux. -**2.** [send via specified route]: **we could ~ a cable from the house** nous pourrions amener un câble de la maison; **it would be better to ~ the wires under the floorboards** ce serait mieux de faire passer les fils sous le plancher.
**E. -1.** [go through or past – blockade] forcer; [~ rapids] franchir; Am [~ red light] brûler. -**2.** [cause to flow] faire couler; **to ~ a bath** faire couler un bain. -**3.** [publish] publier; **to ~ an ad (in the newspaper)** passer OR faire passer une annonce (dans le journal). -**4.** [enter for election] présenter. -**5.** MED: **to ~ a temperature** OR **fever** avoir de la fièvre. -**6.** [expose o.s. to]: **to ~ the danger** OR **risk of doing sthg** courir le risque de faire qqch; **you ~ the risk of a heavy fine** vous risquez une grosse amende.
◇ n -**1.** [action] course f; **to go for a ~** aller faire du jogging; **to go for a five-mile ~** courir huit kilomètres; **I took the dog for a ~ in the park** j'ai emmené le chien courir dans le parc; **two policemen arrived at a ~** deux policiers sont arrivés au pas de course; **to break into a ~** se mettre à courir; **to make a ~ for it** prendre la fuite, se sauver ❑ **we have the ~ of the house while the owners are away** nous disposons de toute la maison pendant l'absence des propriétaires; **we give the au pair the ~ of the place** nous laissons à la jeune fille au pair la libre disposition de la maison; **to be on the ~:** the murderer is on the ~ le meurtrier est en cavale; **she was on the ~ from her creditors/the police** elle essayait d'échapper à ses créanciers/à la police; **we've got them on the ~!** MIL & SPORT nous les avons mis en déroute!; **you've had a good ~ (for your money)**, it's time to step down tu en as bien profité, maintenant il faut laisser la place à un autre; **they gave the Russian team a good ~ for their money** ils ont donné du fil à retordre à l'équipe soviétique. -**2.** [race] course f.-**3.** [drive] excursion f, promenade f; **she took me for a ~ in her new car** elle m'a emmené faire un tour dans sa nouvelle voiture ‖ [for smuggling] passage m; **the gang used to make ~s across the border** le gang passait régulièrement la frontière. -**4.** [route, itinerary] trajet m, parcours m; **the buses on the London to Glasgow ~** les

cars qui font le trajet OR qui assurent le service Londres-Glasgow. -**5.** AERON [flight] vol m, mission f; [bombing ~ mission de bombardement. -**6.** SPORT [in cricket, baseball] point m.-**7.** [track – for skiing, bobsleighing] piste f.-**8.** [series, continuous period] série f, succession f, suite f; **you seem to be having a ~ of good/bad luck** on dirait que la chance est/n'est pas de ton côté en ce moment ‖ [series of performances]: **the play had a triumphant ~ on Broadway** la pièce a connu un succès triomphal à Broadway ❑ **in the long/short ~** à long/court terme. -**9.** [in card games] suite f.-**10.** INDUST [production] lot m, série f; print ~ TYPO tirage m.-**11.** [general tendency, trend] tendance f; **I was lucky and got the ~ of the cards** j'avais de la chance, les cartes m'étaient favorables; **she's well above the average** OR **ordinary ~ of students** elle est bien au-dessus de la moyenne des étudiants; **in the ordinary ~ of things,...** normalement,... -**12.** [great demand] ruée f; **a ~ on the banks** une panique bancaire ‖ ST. EX: **there was a ~ on the dollar** il y a eu une ruée sur le dollar. -**13.** [operation – of machine] opération f; computer ~ passage m machine. -**14.** [bid – in election] candidature f; **his ~ for the presidency** sa candidature à la présidence. -**15.** [ladder – in stocking, tights] échelle f, maille f filée. -**16.** [enclosure – for animals] enclos m; chicken ~ poulailler m.-**17.** MUS roulade f.

◆ **runs** npl inf [diarrhoea] courante f; **to have the ~s** avoir la courante.
◆ **run about** Br vi insep courir (çà et là).
◆ **run across** ◇ vi insep traverser en courant. ◇ vt insep [meet – acquaintance] rencontrer par hasard, tomber sur; [find – book, reference] trouver par hasard, tomber sur.
◆ **run after** vt insep literal & fig courir après.
◆ **run along** vi insep [go away] s'en aller, partir; **it's getting late, I must be running along** il se fait tard, il faut que j'y aille.
◆ **run around** vi insep -**1.** = **run about.** -**2.** [husband] courir après les femmes; [wife] courir après les hommes.
◆ **run away** vi insep -**1.** [flee] se sauver, s'enfuir; **their son has ~ away from home** leur fils a fait une fugue; **to ~ away from one's responsibilities** fig fuir ses responsabilités. -**2.** [elope] partir.
◆ **run away with** vt insep -**1.** [secretly or illegally] partir avec; **he ran away with his best friend's wife** il est parti avec la femme de son meilleur ami. -**2.** [overwhelm]: **she tends to let her imagination ~ away with her** elle a tendance à se laisser emporter par son imagination. -**3.** [get – idea]: **don't go running away with the idea** OR **the notion that it will be easy** n'allez pas vous imaginer que ce sera facile. -**4.** [win – race, match] emporter haut la main; [~ prize] remporter.
◆ **run back** ◇ vi insep -**1.** literal retourner OR revenir en courant. -**2.** [review]: **to ~ back over sthg** passer qqch en revue. ◇ vt sep -**1.** [drive back] raccompagner (en voiture). -**2.** [rewind – tape, film] rembobiner.
◆ **run by** vt sep: **to ~ sthg by sb** [submit] soumettre qqch à qqn; **you'd better ~ that by the committee** vous feriez mieux de demander l'avis du comité; **~ that by me again** répétez-moi ça.
◆ **run down** ◇ vi insep -**1.** literal descendre en courant. -**2.** [clock, machine] s'arrêter; [battery – through use] s'user; [~ through a fault] se décharger. ◇ vt sep -**1.** [reduce, diminish] réduire; **the government was accused of running down the steel industry** le gouvernement a été accusé de laisser dépérir la sidérurgie. -**2.** inf [criticize, denigrate] rabaisser; **stop running yourself down all the time** cesse de te rabaisser constamment. -**3.** AUT [pedestrian, animal] renverser, écraser; **he was ~ down by a bus** il s'est fait renverser par un bus. -**4.** [track down – animal, criminal] (traquer et) capturer; [~ object] dénicher.
◆ **run in** ◇ vi insep -**1.** literal entrer en courant. -**2.** Br [car, engine]: **'running in'** 'en rodage'. ◇ vt sep -**1.** Br [car, engine] roder. -**2.** inf [arrest] pincer.
◆ **run into** vt insep -**1.** [encounter – problem, difficulty] rencontrer. -**2.** [meet – acquaintance] rencontrer (par hasard), tomber sur. -**3.** [collide with – subj: car, driver] percuter, rentrer dans. -**4.** [amount to] s'élever à. -**5.** [merge into] se fondre dans, se confondre avec.
◆ **run off** ◇ vi insep -**1.** = **run away.** -**2.** [liquid] s'écouler. ◇ vt sep -**1.** [print] tirer, imprimer; [photocopy] photocopier; **~ me off five copies of this report** faites-moi cinq copies de ce rapport. -**2.** SPORT [race] disputer. -**3.** [lose – excess

weight, fat] perdre en courant. **-4.** [liquid] laisser s'écouler.

◆ **run on** ◇ *vi insep* **-1.** [continue] continuer, durer; [drag on] s'éterniser. **-2.** *inf* [talk nonstop] parler sans cesse. **-3.** [line of text] suivre sans alinéa; [verse] enjamber. ◇ *vt sep* [lines of writing] ne pas découper en paragraphes; [letters, words] ne pas séparer, lier.

◆ **run out** ◇ *vi insep* **-1.** *literal* [person, animal] sortir en courant; [liquid] s'écouler. **-2.** [be used up – supplies, money etc] s'épuiser, (venir à) manquer; [– time] filer; **hurry up, time is running out!** dépêchez-vous, il ne reste plus beaucoup de temps!; **their luck finally ran out** la chance a fini par tourner, leur chance n'a pas duré. **-3.** [expire – contract, passport, agreement] expirer, venir à expiration. ◇ *vt sep* **-1.** [cable, rope] laisser filer. **-2.** [in cricket]: **to ~ a batsman out** mettre un batteur hors jeu.

◆ **run out of** *vt insep* manquer de; **to ~ out of patience** être à bout de patience; **he's ~ out of money** il n'a plus d'argent; **to ~ out of petrol** tomber en panne d'essence.

◆ **run out on** *vt insep* [spouse, colleague] laisser tomber, abandonner.

◆ **run over** ◇ *vt sep* [pedestrian, animal] écraser, renverser. ◇ *vt insep* [review] revoir; [rehearse] répéter; [recap] récapituler; **let's ~ over the arguments one more time before the meeting** reprenons les arguments une dernière fois avant la réunion. ◇ *vi insep* **-1.** [overflow] déborder; **my cup runneth over** *lit* je nage dans le bonheur. **-2.** [run late] dépasser l'heure; RADIO & TV dépasser le temps d'antenne.

◆ **run past** ◇ *vi insep* passer en courant. ◇ *vt sep* = **run by.**

◆ **run through** ◇ *vt insep* **-1.** *literal* traverser en courant. **-2.** [pervade – thought, feeling]: **a strange idea ran through my mind** une idée étrange m'a traversé l'esprit; **a thrill of excitement ran through her** un frisson d'émotion la parcourut; **his words kept running through my head** ses paroles ne cessaient de retentir dans ma tête. **-3.** [review] revoir; [rehearse] répéter; [recap] récapituler; **she ran through the arguments in her mind** elle repassa les arguments dans sa tête. **-4.** [read quickly] parcourir (des yeux), jeter un coup d'œil sur. **-5.** [squander – fortune] gaspiller. ◇ *vt sep*: **to ~ sb through (with a sword)** transpercer qqn (d'un coup d'épée).

◆ **run to** *vt insep* **-1.** [amount to] se chiffrer à; **her essay ran to 20 pages** sa dissertation faisait 20 pages. **-2.** [afford, be enough for]: **your salary should ~ to a new computer** ton salaire devrait te permettre d'acheter un nouvel ordinateur. **-3.** *phr*: **to ~ to fat** devenir gros.

◆ **run up** ◇ *vi insep* [climb rapidly] monter en courant; [approach] approcher en courant; **a young man ran up to me** un jeune homme s'approcha de moi en courant. ◇ *vt sep* **-1.** [debt, bill] laisser s'accumuler; **I've ~ up a huge overdraft** j'ai un découvert énorme. **-2.** [flag] hisser. **-3.** [sew quickly] coudre (rapidement OR à la hâte).

◆ **run up against** *vt insep* [encounter] se heurter à.

**runabout** ['rʌnəbaʊt] *n inf* [car] petite voiture *f*, voiture *f* de ville; [boat] runabout *m*; [plane] petit avion *m*.

**runaround** ['rʌnəraʊnd] *n inf*: **to give sb the ~** raconter des salades à qqn; [husband, wife] tromper qqn.

**runaway** ['rʌnəweɪ] ◇ *n* [gen] fugitif *m*, -ive *f*; [child – from home, school etc] fugueur *m*, -euse *f*. ◇ *adj* **-1.** [convict] fugitif; [child] fugueur; [horse] emballé; [train, car] fou, *before vowel or silent 'h'* fol (*f* folle); **a ~ marriage** un mariage clandestin. **-2.** [rampant, extreme – inflation] galopant; [– success] fou, *before vowel or silent 'h'* fol (*f* folle); **a ~ victory** une victoire remportée haut la main.

**rundown** ['rʌndaʊn] *n* **-1.** [reduction] réduction *f*, déclin *m*. **-2.** *inf* [report] compte rendu *m*; **to give sb a ~ of** OR **on sthg** mettre qqn au courant de qqch.

**run-down** *adj inf* **-1.** [tired] vanné, crevé; **I think you're just a bit ~** je pense que c'est juste un peu de surmenage. **-2.** [dilapidated] délabré.

**rune** [ruːn] *n* rune *f*.

**rung** [rʌŋ] ◇ *pp* → **ring** (*bell*). ◇ *n* [of ladder] barreau *m*, échelon *m*; [of chair] barreau *m*; *fig* [in hierarchy] échelon *m*.

**runic** ['ruːnɪk] *adj* runique.

**run-in** *n inf* [quarrel] engueulade *f*, prise *f* de bec.

**runner** ['rʌnər] *n* **-1.** [in race – person] coureur *m*, -euse *f*; [– horse] partant *m*; **he's a good/fast ~** il court bien/vite. **-2.** [messenger] coursier *m*, -ère *f*. **-3.** (*usu in cpds*) [smuggler]

contrebandier *m*, -ère *f*, trafiquant *m*, -e *f*; **drug ~** trafiquant *m* de drogue. **-4.** [slide – for door, drawer etc] glissière *f*; [– on sledge] patin *m*; [– on skate] lame *f*. **-5.** BOT coulant *m*, stolon *m*. **-6.** [stair carpet] tapis *m* d'escalier.

**runner bean** *n Br* haricot *m* d'Espagne.

**runner-up** (*pl* **runners-up**) *n* second *m*, -e *f*; **her novel was ~ for the Prix Goncourt** son roman était le second favori pour le prix Goncourt; **there will be 50 consolation prizes for the runners-up** il y aura 50 lots de consolation pour les autres gagnants.

**running** ['rʌnɪŋ] ◇ *n* **-1.** SPORT course *f* (à pied); **~ is forbidden in the corridors** il est interdit de courir dans les couloirs ❑ **to make the ~** SPORT mener le train; *fig* prendre l'initiative; **to be in the ~ for sthg** être sur les rangs pour obtenir qqch; **to be out of the ~** ne plus être dans la course. **-2.** [management] gestion *f*; direction *f*; [organization] organisation *f*. **-3.** [working, functioning] marche *f*, fonctionnement *m*. **-4.** [operating] conduite *f*, maniement *m*. **-5.** [smuggling] contrebande *f*; **drug ~** trafic *m* de drogue. ◇ *comp* [shoe, shorts, track] de course (à pied). ◇ *adj* **-1.** [at a run – person, animal] courant, qui court; **~ jump** *literal* saut *m* avec élan; **(go) take a ~ jump!** *inf* va te faire voir (ailleurs)!. **-2.** (*after n*) [consecutive] de suite; **three times/weeks/years ~** trois fois/semaines/années de suite. **-3.** [continuous] continu, ininterrompu; **~ account** FIN compte *m* courant; **~ battle** lutte *f* continuelle; **~ total** montant *m* à reporter. **-4.** [flowing]: **the sound of ~ water** le bruit de l'eau qui coule; **all the rooms have ~ water** toutes les chambres ont l'eau courante; **a ~ sore** une plaie suppurante. **-5.** [working, operating]: **in ~ order** en état de marche ❑ **~ costs** frais *mpl* d'exploitation; [of car] frais *mpl* d'entretien; [of car] **~ repairs** réparations *fpl* courantes. **-6.** [cursive – handwriting] cursif.

**running board** *n* marchepied *m*.

**running commentary** *n* RADIO & TV commentaire *m* en direct; **she gave us a ~ on what the neighbours were doing** *fig* elle nous a expliqué en détail ce que les voisins étaient en train de faire.

**running mate** *n Am* POL personne choisie par un candidat à la présidence des États-Unis pour être son vice-président s'il est élu.

**runny** ['rʌnɪ] (*compar* **runnier**, *superl* **runniest**) *adj* **-1.** [sauce, honey] liquide; [liquid] (très) fluide; [omelette] baveux; **a ~ egg** un œuf dont le jaune coule. **-2.** [nose] qui coule; [eye] qui pleure; **I've got a ~ nose** j'ai le nez qui coule.

**run-off** *n* **-1.** SPORT [final] finale *f*; [after tie] belle *f*. **-2.** [water] trop-plein *m*.

**run-of-the-mill** *adj* ordinaire, banal.

**run-on** *n* **-1.** [in printed matter] texte *m* composé à la suite (*sans alinéa*). **-2.** [in dictionary] sous-entrée *f*.

**runt** [rʌnt] *n* **-1.** [animal] avorton *m*. **-2.** *inf* [person] avorton *m*.

**run-through** *n* [review] révision *f*; [rehearsal] répétition *f*; [recap] récapitulation *f*.

**run-up** *n* **-1.** SPORT élan *m*. **-2.** [period before] période *f* préparatoire; **the ~ to the elections** la période qui précède les élections OR pré-électorale. **-3.** *Am* [increase] augmentation *f*, hausse *f*.

**runway** ['rʌnweɪ] *n* AERON piste *f* (d'atterrissage OR d'envol); **~ lights** feux *mpl* de piste.

**rupee** [ruː'piː] *n* roupie *f*.

**rupture** ['rʌptʃər] ◇ *n* **-1.** [split] rupture *f*. **-2.** [hernia] hernie *f*. ◇ *vt* **-1.** [split] rompre. **-2.** MED: **to ~ o.s.** se faire une hernie.

**rural** ['rʊərəl] *adj* [life, country, scenery] rural.

**Ruritania** [,rʊərɪ'teɪnjə] *pr n* nom d'un petit pays imaginaire d'Europe centrale, théâtre par excellence d'intrigues et d'aventures romanesques.

**ruse** [ruːz] *n* ruse *f*.

**rush** [rʌʃ] ◇ *vi* **-1.** [hurry, dash – individual] se précipiter; [– crowd] se ruer, se précipiter; [– vehicle] foncer; **people ~ed out of the blazing house** les gens se ruèrent hors de la maison en flammes; **there's no need to ~** pas besoin de se presser; **passers-by ~ed to help the injured man** des passants se sont précipités au secours du blessé; **he ~ed in/ out/past** il est entré précipitamment/sorti précipitamment/passé à toute allure. **-2.** [act overhastily]: **to ~ into a**

decision prendre une décision à la hâte; now don't ~ into anything ne va pas foncer tête baissée. **-3.** [surge – air] s'engouffrer; [– liquid] jaillir; the blood ~ed to her head le sang lui est monté à la tête.

◇ *vt* **-1.** [do quickly] expédier; [do overhastily] faire à la hâte OR à la va-vite; don't ~ your food ne mange pas trop vite. **-2.** [cause to hurry] bousculer, presser; [pressurize] faire pression sur, forcer la main à; don't ~ me! ne me bouscule pas!; to ~ sb into sthg OR doing sthg forcer qqn à faire qqch à la hâte; don't be ~ed into signing ne signez pas sous la pression. **-3.** [attack – person] attaquer, agresser; [– place] attaquer, prendre d'assaut. **-4.** [transport quickly] transporter d'urgence; [send quickly] envoyer OR expédier d'urgence. **-5.** *Am inf* [court] courtiser.

◇ *n* **-1.** [hurry] précipitation *f*, hâte *f*; to do sthg in a ~ faire qqch à la hâte; to be in a ~ être (très) pressé; what's the ~? pourquoi tant de précipitation?; there's no (great) ~ rien ne presse; it'll be a bit of a ~, but we should make it il faudra se dépêcher mais on devrait y arriver. **-2.** [stampede] ruée *f*, bousculade *f*; there was a ~ for the door tout le monde s'est rué vers la porte ‖ [great demand] ruée; there's been a ~ on OR for tickets les gens se sont rués sur les billets; there's a ~ on that particular model ce modèle est très demandé. **-3.** [busy period] heure *f* de pointe OR d'affluence; the six o'clock ~ la foule de six heures ‖ [in shops, post office etc]: I try to avoid the lunchtime ~ j'essaie d'éviter la foule de l'heure du déjeuner; the holiday ~ [leaving] les grands départs en vacances; [returning] les embouteillages des retours de vacances. **-4.** [attack] attaque *f*, assaut *m*; to make a ~ at OR for sb se jeter sur qqn. **-5.** [surge – of water] jaillissement *m*; [– of air] bouffée *f*; [– of emotion, nausea] accès *m*, montée *f*; I could hear nothing above the ~ of water le bruit de l'eau (qui bouillonnait) m'empêchait d'entendre quoi que ce soit; she had a ~ of blood to the head le sang lui est monté à la tête. **-6.** BOT jonc *m*; [for seats] paille *f*; ~ mat natte *f* (de jonc); the floor is covered with ~ matting des nattes (de jonc) recouvrent le sol. **-7.** ▽ *drugs sl* [from drugs] flash *m*.

◇ *adj* **-1.** [urgent] urgent; it's a ~ job for Japan c'est un travail urgent pour le Japon; don't ~ ~ order commande *f* urgente. **-2.** [hurried] fait à la hâte OR à la va-vite; I'm afraid it's a bit of a ~ job je suis désolé, le travail a été fait un peu vite OR a été un peu bâclé. **-3.** [busy – period] de pointe, d'affluence.

◆ **rushes** *npl* CIN rushes *mpl*, épreuves *fpl* de tournage.

◆ **rush about** *Br*, **rush around** *vi insep* courir çà et là.

◆ **rush in** *vi insep* **-1.** *literal* entrer précipitamment OR à toute allure. **-2.** [decide overhastily]: you always ~ in without thinking first tu fonces toujours tête baissée sans réfléchir.

◆ **rush out** ◇ *vi insep* sortir précipitamment OR à toute allure. ◇ *vt sep* [book, new product] sortir rapidement.

◆ **rush through** *vt sep* [job] expédier; [goods ordered] envoyer d'urgence; [order, application] traiter d'urgence; [bill, legislation] faire voter à la hâte.

◆ **rush up** ◇ *vi insep* accourir. ◇ *vt sep* envoyer d'urgence; troops were ~ed up as reinforcements on envoya d'urgence des troupes en renfort.

**rushed** [rʌʃt] *adj* [person] bousculé; [work] fait à la hâte OR à la va-vite, bâclé; she was too ~ to stay and talk elle était trop pressée pour rester bavarder; he doesn't like to be ~ il n'aime pas qu'on le bouscule; the meal was a bit ~ on a dû se dépêcher pour manger.

**rush hour** *n* heure *f* de pointe OR d'affluence; I never travel at ~ je ne me déplace jamais aux heures de pointe.

◆ **rush-hour** *comp* [crowds, traffic] des heures de pointe OR d'affluence.

**rusk** [rʌsk] *n* biscotte *f*.

**russet** ['rʌsɪt] ◇ *n* **-1.** [colour] brun roux *m inv*. **-2.** [apple] reinette *f*. ◇ *adj* [colour] brun roux *(inv)*.

**Russia** ['rʌʃə] *pr n* Russie *f*; in ~ en Russie.

**Russian** ['rʌʃn] ◇ *n* **-1.** [person] Russe *mf*. **-2.** LING russe *m*. ◇ *adj* russe.

**Russian roulette** *n* roulette *f* russe.

**Russky** ['rʌskɪ] *(pl* **Russkies)** *n inf* Ruskof *m*, Ruski *mf*.

**rust** [rʌst] ◇ *n* **-1.** [on metal & BOT] rouille *f*. **-2.** [colour] couleur *f* rouille. ◇ *adj* rouille *(inv)*. ◇ *vi* rouiller, se rouiller; it's completely ~ed through il est complètement mangé par la rouille. ◇ *vt* rouiller.

◆ **rust up** *vi insep* rouiller, se rouiller; the hinges have ~ed up les gonds sont bloqués par la rouille.

**rusted** ['rʌstɪd] *adj esp Am* rouillé.

**rustic** ['rʌstɪk] ◇ *adj* rustique. ◇ *n* paysan *m*, -anne *f*, campagnard *m*, -e *f*.

**rustle** ['rʌsl] ◇ *vi* **-1.** [make sound – gen] produire un froissement OR bruissement; [– leaves] bruire; [– dress, silk] froufrouter; something was rustling against the window quelque chose frottait contre la fenêtre. **-2.** [steal cattle] voler du bétail. ◇ *vt* **-1.** [leaves] faire bruire; [papers] froisser; [dress, silk] faire froufrouter. **-2.** [cattle] voler. ◇ *n* [sound – gen] froissement *m*, bruissement *m*; [– of dress, silk] froufrou *m*, froufroutement *m*.

◆ **rustle up** *vt sep inf* [meal] faire en vitesse.

**rustler** ['rʌslər] *n* [of cattle] voleur *m*, -euse *f* de bétail; **horse** ~ voleur de chevaux.

**rustling** ['rʌslɪŋ] *n* **-1.** [sound – gen] froissement *m*, bruissement *m*; [– of leaves] bruissement *m*; [– of dress, silk] froufrou *m*, froufroutement *m*. **-2.** [of cattle] vol *m* de bétail; **horse** ~ vol *m* de chevaux.

**rustproof** ['rʌstpruːf] ◇ *adj* [metal, blade] inoxydable; [paint] antirouille *(inv)*. ◇ *vt* traiter contre la rouille.

**rust-resistant** = rustproof *adj*.

**rusty** ['rʌstɪ] *(compar* **rustier**, *superl* **rustiest)** *adj literal & fig* rouillé; my German is a bit ~ mon allemand est un peu rouillé; a ~ brown dress une robe brun rouille.

**rut** [rʌt] *(pt & pp* **rutted**, *cont* **rutting)** ◇ *n* **-1.** [in ground] ornière *f*. **-2.** *fig* routine *f*; to be (stuck) in a ~ s'encroûter; to get out of the ~ sortir de l'ornière. **-3.** ZOOL rut *m*; in ~ en rut. ◇ *vt* [ground] sillonner. ◇ *vi* ZOOL être en rut.

**rutabaga** [ˌruːtəˈbeɪgə] *n Am* rutabaga *m*, chou-navet *m*.

**ruthless** ['ruːθlɪs] *adj* [person, behaviour – unpitying] impitoyable, cruel; [– determined] résolu, acharné; [criticism] impitoyable, implacable.

**ruthlessly** ['ruːθlɪslɪ] *adv* [pitilessly] impitoyablement, sans pitié; [relentlessly] implacablement.

**rutted** ['rʌtɪd] *adj* sillonné; a badly ~ road une route complètement défoncée.

**RV** *n* **-1.** *abbr of* **revised version**. **-2.** *Am (abbr of* **recreational vehicle)** camping-car *m*.

**Rwanda** [rʊˈændə] ◇ *pr n* GEOG Ruanda *m*, Rwanda *m*; in ~ au Ruanda. ◇ *n* LING ruanda *m*.

**Rwandan** [rʊˈændən] ◇ *n* Ruandais *m*, -e *f*. ◇ *adj* ruandais.

**rye** [raɪ] *n* **-1.** [cereal] seigle *m*; 'The Catcher in the Rye' Salinger 'l'Attrape-cœur'. **-2.** [drink] = **rye whiskey**.

**rye bread** *n* pain *m* de seigle.

**rye whiskey** *n* whisky *m* (de seigle).

# S

**s** (*pl* **s's** OR **ss**), **S** (*pl* **S's** OR **Ss**) [es] *n* [letter] s *m*, S *m*.

**S** (*written abbr of* **south**) S.

**Saar** [saːʳ] *pr n*: the ~ la Sarre.

**Saarbrücken** [ˌsɑːˈbrʊkən] *pr n* Sarrebruck.

**Saarland** [ˈsɑːlænd] *pr n* Sarre *f*; in ~ dans la Sarre.

**Sabbath** [ˈsæbəθ] *n* RELIG [Christian] dimanche *m*, jour *m* du Seigneur; [Jewish] sabbat *m*; **to observe/to break the** ~ [Christian] observer/violer le repos du dimanche; [Jew] observer/violer le sabbat.

**sabbatical** [səˈbætɪkl] ◇ *adj* [gen & RELIG] sabbatique. ◇ *n* congé *m* sabbatique.

**saber** *Am* = **sabre**.

**sable** [ˈseɪbl] ◇ *n* [animal, fur] zibeline *f*. ◇ *comp* [coat] de OR en zibeline; [paintbrush] en poil de martre. ◇ *adj* [colour] noir; HERALD sable *(inv)*.

**sabot** [ˈsæbəʊ] *n* **-1.** [shoe] sabot *m*. **-2.** MIL sabot *m*.

**sabotage** [ˈsæbətɑːʒ] ◇ *n* sabotage *m*. ◇ *vt* saboter.

**saboteur** [ˌsæbəˈtɜːʳ] *n* saboteur *m*, -euse *f*.

**sabra** [ˈsæbrə] *n Am inf* sabra *mf*.

**sabre** *Br*, **saber** *Am* [ˈseɪbəʳ] *n* sabre *m*.

**sabre-rattling** ◇ *n* (U) bruits *mpl* de sabre. ◇ *adj* belliqueux.

**sabre-toothed tiger** *n* machairodonte *m*.

**sac** [sæk] *n* ANAT & BOT sac *m*.

**saccharide** [ˈsækəraɪd] *n* saccharide *m*, glucide *m*.

**saccharin** [ˈsækərɪn] *n* saccharine *f*.

**saccharine** [ˈsækərɪn] ◇ *adj* **-1.** CHEM saccharin. **-2.** *fig* & *pej* [exaggeratedly sweet – smile] mielleux; [– politeness] onctueux; [– sentimentality] écœurant, sirupeux. ◇ *n* = **saccharin**.

**sachet** [ˈsæʃeɪ] *n* sachet *m*.

**sack** [sæk] ◇ *n* **-1.** [bag] (grand) sac *m*. **-2.** *Br inf* [dismissal] licenciement *m*; **to give sb the** ~ virer qqn; **to get the** ~ se faire virer. **-3.** [pillage] sac *m*, pillage *m*. **-4.** *v inf* [bed] pieu *m*, plumard *m*. **-5.** *arch* [wine] vin *m* blanc sec. ◇ *vt* **-1.** *inf* [dismiss] mettre à la porte, virer. **-2.** [pillage] mettre à sac, piller.

◆ **sack out** *vi insep Am inf* s'endormir.

**sackbut** [ˈsækbʌt] *n* saqueboute *f*.

**sackcloth** [ˈsækklɒθ] *n* toile *f* à sac OR d'emballage; **to wear** ~ **and ashes** RELIG faire pénitence avec le sac et la cendre; **to be in** ~ **and ashes** *fig* être contrit.

**sackful** [ˈsækful] *n* sac *m*.

**sacking** [ˈsækɪŋ] *n* **-1.** TEX toile *f* à sac OR d'emballage. **-2.** *inf* [dismissal] licenciement *m*. **-3.** [pillaging] sac *m*, pillage *m*.

**sacrament** [ˈsækrəmənt] *n* sacrement *m*.

◆ **Sacrament** *n*: **the Blessed** OR **holy Sacrament** le saint sacrement.

**sacramental** [ˌsækrəˈmentl] ◇ *adj* [rite] sacramentel; [theology] sacramentaire. ◇ *n* sacramental *m*.

**sacred** [ˈseɪkrɪd] *adj* **-1.** [holy] sacré, saint; ~ **to their gods** consacré à leurs dieux; ~ **to his memory** voué OR dédié à sa mémoire; ~ **music** musique *f* sacrée OR religieuse. **-2.** [solemn, important – task, duty] sacré, solennel; [– promise, right] inviolable, sacré; [revered, respected] sacré; **nothing was** ~ **in his eyes** il n'y avait rien de sacré pour lui; **is nothing** ~ **any more?** on ne respecte donc plus rien aujourd'hui?

**sacred cow** *n fig* vache *f* sacrée.

**Sacred Heart** *n* RELIG Sacré-Cœur *m*.

**sacrifice** [ˈsækrɪfaɪs] ◇ *n* RELIG & *fig* sacrifice *m*; **to offer sthg**

(**up**) **as a** ~ **to the gods** offrir qqch en sacrifice aux dieux; **I've made a lot of** ~**s for you** j'ai fait beaucoup de sacrifices pour vous. ◇ *vt* RELIG & *fig* sacrifier; **she** ~**d herself for her children** elle s'est sacrifiée pour ses enfants.

**sacrificial** [ˌsækrɪˈfɪʃl] *adj* [rite, dagger] sacrificiel; [lamb, victim] du sacrifice.

**sacrilege** [ˈsækrɪlɪdʒ] *n literal* & *fig* sacrilège *m*.

**sacrilegious** [ˌsækrɪˈlɪdʒəs] *adj literal* & *fig* sacrilège.

**sacristan** [ˈsækrɪstn] *n* sacristain *m*.

**sacristy** [ˈsækrɪstɪ] (*pl* **sacristies**) *n* sacristie *f*.

**sacrosanct** [ˈsækrəʊsæŋkt] *adj literal* & *fig* sacro-saint.

**sacrum** [ˈseɪkrəm] (*pl* **sacra** [-krə]) *n* sacrum *m*.

**sad** [sæd] (*compar* **sadder**, *superl* **saddest**) *adj* **-1.** [unhappy, melancholy] triste; [stronger] affligé; **I shall be** ~ **to see you leave** je serai désolé de vous voir partir; **the flowers look** OR **are a bit** ~ les fleurs ont triste mine. **-2.** [depressing – news, day, story] triste; [– sight, occasion] triste, attristant; [– painting, music etc] lugubre, triste; [– loss] cruel, douloureux; **but** ~ **to say it didn't last long** mais, malheureusement, cela n'a pas duré; **the** ~ **fact is that he's incompetent** c'est malheureux à dire, mais c'est un incapable. **-3.** [regrettable] triste, regrettable; **it's a** ~ **state of affairs when this sort of thing can go unpunished** il est vraiment regrettable que de tels actes restent impunis; **it's a** ~ **reflection on modern society** ça n'est pas flatteur pour la société moderne.

**SAD** *n abbr of* **seasonal affective disorder**.

**sadden** [ˈsædn] *vt* rendre triste, attrister; [stronger] affliger.

**saddle** [ˈsædl] ◇ *n* **-1.** [on horse, bicycle] selle *f*; **to be in the** ~ *literal* & *fig* être en selle. **-2.** CULIN [of lamb, mutton] selle *f*; [of hare] râble *m*. **-3.** GEOG col *m*. ◇ *vt* **-1.** [horse] seller. **-2.** *inf* [lumber]: **to** ~ **sb with sthg** refiler qqch à qqn; **I don't want to** ~ **myself with any more work** je ne veux pas me taper du travail supplémentaire.

◆ **saddle up** *vi insep* seller sa monture.

**saddlebacked** [ˈsædlbækt] *adj* [horse] ensellé.

**saddlebag** [ˈsædlbæg] *n* [for bicycle, motorcycle] sacoche *f*; [for horse] sacoche *f* de selle.

**saddle horse** *n* cheval *m* de selle.

**saddler** [ˈsædləʳ] *n* sellier *m*.

**saddlery** [ˈsædlərɪ] (*pl* **saddleries**) *n* [trade, shop, goods] sellerie *f*.

**saddle sore** *n* [on rider] *meurtrissures provoquées par de longues heures en selle*; [on horse] écorchure *f* OR excoriation *f* sous la selle.

◆ **saddle-sore** *adj*: **he was saddle-sore** il avait les fesses meurtries par de longues heures à cheval.

**Sadducee** [ˈsædjusiː] *n* Saducéen *m*, -enne *f*, Sadducéen *m*, -enne *f*.

**sadism** [ˈseɪdɪzm] *n* sadisme *m*.

**sadist** [ˈseɪdɪst] *n* sadique *mf*.

**sadistic** [səˈdɪstɪk] *adj* sadique.

**sadly** [ˈsædlɪ] *adv* **-1.** [unhappily] tristement. **-2.** [unfortunately] malheureusement. **-3.** [regrettably] déplorablement; **you are** ~ **mistaken** vous vous trompez du tout au tout; **the house had been** ~ **neglected** la maison était dans un état déplorable.

**sadness** [ˈsædnɪs] *n* tristesse *f*.

**sadomasochism** [ˌseɪdəʊˈmæsəkɪzm] *n* sadomasochisme *m*.

**sadomasochist** [ˌseɪdəʊˈmæsəkɪst] *n* sadomasochiste *mf*.

**sadomasochistic** [ˈseɪdəʊˌmæsəˈkɪstɪk] *adj* sadomasochiste.

**Saducee** ['sædjusi:] = **Sadducee**.

**s.a.e., sae** n Br abbr of **stamped addressed envelope**.

**safari** [sə'fɑːrɪ] n safari m; they've gone on OR they're on ~ ils font un safari.

**safari jacket** n saharienne f.

**safari park** n safari park m.

**safari suit** n saharienne f.

**safe** [seɪf] ◇ adj **-1.** [harmless, not dangerous – car, machine, area] sûr; [– structure, building, fastening] solide; [– beach] pas dangereux; they claim nuclear power is perfectly ~ ils prétendent que l'énergie nucléaire n'est pas du tout dangereuse; this medicine is/isn't ~ for young children ce médicament convient/ne convient pas aux enfants en bas âge; is it ~ to come out now? est-ce qu'on peut sortir (sans danger OR sans crainte) maintenant?; is it ~ to swim here? est-ce qu'on peut OR est-ce dangereux de nager ici?; the bomb has been made ~ la bombe a été désamorcée; the police kept the crowd at a ~ distance les policiers ont empêché la foule d'approcher de trop près ❑ ~ sex le sexe sans risque; ~r sex le sexe à moindre risque. **-2.** [not risky, certain – course of action] sans risque OR risques, sans danger; [– investment] sûr; [– guess] certain; [– estimate] raisonnable; I played it ~ and arrived an hour early pour ne pas prendre de risques, je suis arrivé une heure en avance; you're always ~ ordering a steak on ne prend jamais de risques en commandant un steak; it's a ~ bet that he'll be late on peut être sûr qu'il arrivera en retard; the safest option l'option la moins risquée; I think it's ~ to say that everybody enjoyed themselves je pense que l'on peut dire avec certitude que ça a plu à tout le monde; it is a ~ assumption that... on peut présumer sans risque que...; take an umbrella (just) to be on the ~ side prends un parapluie, c'est plus sûr OR au cas où ❑ ~ seat Br POL siège de député qui traditionnellement va toujours au même parti; it's as ~ as houses cela ne présente pas le moindre risque; better ~ than sorry prov deux précautions valent mieux qu'une prov. **-3.** [secure – place] sûr; in ~ hands en mains sûres; in ~ custody [child] sous bonne garde; [securities, assets etc] en dépôt ❑ ~ haven zone f protégée; ~ house [for spies, wanted man] lieu m sûr. **-4.** [reliable]: is he ~ with the money/the children? est-ce qu'on peut lui confier l'argent/les enfants (sans crainte)?; she's a very ~ driver c'est une conductrice très sûre, elle ne prend pas de risques au volant. **-5.** [protected, out of danger] en sécurité, hors de danger; the money's ~ in the bank l'argent est en sécurité à la banque; I Am prends bien soin de toi!; the secret will be ~ with her elle ne risque pas d'ébruiter le secret; ~ from attack/from suspicion à l'abri d'une attaque/des soupçons; no woman is ~ with him c'est un coureur invétéré; you don't look very ~ standing on that chair tu as l'air d'être en équilibre instable debout sur cette chaise; (have a) ~ journey! bon voyage! **-6.** [unharmed, undamaged] sain et sauf; we shall pay upon ~ delivery of the goods nous payerons après réception des marchandises.
◇ n **-1.** [for money, valuables etc] coffre-fort m. **-2.** [for food] garde-manger m inv.

**safebreaker** ['seɪf,breɪkəʳ] n perceur m, -euse f de coffresforts.

**safe-conduct** [-'kɒndʌkt] n sauf-conduit m.

**safecracker** ['seɪf,krækəʳ] Am = **safebreaker**.

**safe-deposit box** n coffre m (dans une banque).

**safeguard** ['seɪfgɑːd] ◇ vt sauvegarder; to ~ sb/sthg against sthg protéger qqn/qqch contre qqch. ◇ n sauvegarde f; as a ~ against theft comme précaution contre le vol.

**safekeeping** [,seɪf'kiːpɪŋ] n (bonne) garde f; she was given the documents for ~ on lui a confié les documents.

**safelight** ['seɪflaɪt] n PHOT lampe f inactinique.

**safely** ['seɪflɪ] adv **-1.** [without danger] sûrement; drive ~! soyez prudent sur la route!; an area where women can ~ go out at night un quartier où les femmes peuvent sortir la nuit en toute tranquillité; you can ~ invest with them vous pouvez investir chez eux en toute tranquillité. **-2.** [confidently, certainly] avec confiance OR certitude. **-3.** [securely] en sécurité, à l'abri; all the doors and windows are ~ locked toutes les portes et les fenêtres sont bien fermées. **-4.** [without incident] sans incident; I'm just phoning to say I've ar-

rived ~ je téléphone juste pour dire que je suis bien arrivé.

**safety** ['seɪftɪ] ◇ n [absence of danger] sécurité f; the injured were helped to ~ on a aidé les blessés à se mettre à l'abri; there are fears for the ~ of the hostages on craint pour la vie des otages; we are concerned about the ~ of imported toys nous craignons que les jouets importés présentent certains dangers; he ran for ~ il a couru se mettre à l'abri; he reached ~ il arriva en lieu sûr; in a place of ~ en lieu sûr; there's ~ in numbers plus on est nombreux, plus on est en sécurité; ~ first! ne prenez pas de risques! ◇ comp [device, feature, measures etc] de sécurité; ~ regulations consignes fpl de sécurité.

**safety belt** n ceinture f de sécurité.

**safety catch** n **-1.** [on gun] cran m de sécurité. **-2.** [on window, door] cran m de sûreté.

**safety chain** n [on door] chaîne f de sûreté; [on bracelet] chaînette f de sûreté.

**safety curtain** n THEAT rideau m de fer.

**safety-first** adj [campaign, measures] de sécurité; [investment, shares] de toute sécurité.

**safety glass** n verre m de sécurité.

**safety helmet** n casque m (de protection).

**safety island** n Am refuge m (sur une route).

**safety lamp** n lampe f de mineur.

**safety match** n allumette f de sûreté.

**safety net** n literal & fig filet m.

**safety officer** n responsable mf de la sécurité.

**safety pin** n **-1.** [fastener] épingle f de nourrice OR de sûreté. **-2.** [of grenade, bomb] goupille f de sûreté.

**safety razor** n rasoir m de sûreté.

**safety valve** n literal & fig soupape f de sûreté.

**saffron** ['sæfrən] ◇ n **-1.** BOT & CULIN safran m. **-2.** [colour] jaune m safran. ◇ adj (jaune) safran (inv).

**sag** [sæg] (pt & pp **sagged**, cont **sagging**) ◇ vi **-1.** [rope] être détendu; [roof, beam, shelf, bridge] s'affaisser; [branch] ployer; [jowls, cheeks, hemline] pendre; [breasts] tomber; the bed ~s in the middle le lit s'affaisse au milieu. **-2.** [prices, stocks, demand] fléchir, baisser; [conversation] traîner; their spirits sagged ils perdirent courage. ◇ n [in prices, stocks, demand] fléchissement m, baisse f.

**saga** ['sɑːgə] n **-1.** [legend, novel, film] saga f. **-2.** [complicated story]: I heard the whole ~ of her trip to France elle m'a raconté son voyage en France en long et en large; it's a ~ of bad management and wrong decisions c'est une longue histoire de mauvaise gestion et de mauvaises décisions.

**sagacious** [sə'geɪʃəs] adj lit [person] sagace, perspicace, avisé; [remark] judicieux.

**sage** [seɪdʒ] ◇ n **-1.** lit [wise person] sage m. **-2.** BOT & CULIN sauge f. ◇ adj lit [wise] sage, judicieux.

**sagging** ['sægɪŋ], **saggy** ['sægɪ] adj **-1.** [rope] détendu; [bed, roof, bridge] affaissé; [shelf, beam] qui ploie; [hemline] qui pend; [jowls, cheeks] pendant; [breasts] tombant. **-2.** [prices, demand] en baisse; [spirits] abattu, découragé.

**Sagittarius** [,sædʒɪ'teərɪəs] ◇ pr n ASTROL & ASTRON Sagittaire m. ◇ n: he's ~ il est (du signe du) Sagittaire.

**sago** ['seɪgəu] n sagou m; ~ pudding sagou au lait.

**Sahara** [sə'hɑːrə] pr n: the ~ (Desert) le (désert du) Sahara.

**Saharan** [sə'hɑːrən] adj saharien.

**said** [sed] ◇ pt & pp → **say**. ◇ adj: the ~ Howard Riley le dit OR dénommé Howard Riley; the ~ articles les dits articles.

**sail** [seɪl] ◇ n **-1.** [on boat] voile f; in full ~ toutes voiles dehors; the boat was under ~ le bateau était sous voiles; to set ~ [boat] prendre la mer, appareiller; [person] partir (en bateau). **-2.** [journey] voyage m en bateau; [pleasure trip] promenade f en bateau; to go for a ~ faire un tour en bateau; it's a few hours' ~ from here c'est à quelques heures d'ici en bateau. **-3.** [of windmill] aile f.
◇ vi **-1.** [move over water – boat, ship] naviguer; the trawler was ~ing north le chalutier se dirigeait OR cinglait vers le nord; the boat ~ed up/down the river le bateau remonta/descendit le fleuve ❑ to ~ close to the wind naviguer au (plus) près; fig jouer un jeu dangereux. **-2.** [set off – boat, passenger] partir, prendre la mer, appareiller. **-3.** [travel by boat] voyager (en bateau); are you flying or ~ing? est-ce que

S-Z

vous y allez en avion ou en bateau?.**-4.** [as sport or hobby]: to ~, to go ~ing faire de la voile. **-5.** *fig*: birds ~ed across the sky des oiseaux passaient dans le ciel; a sports car ~ed past me une voiture de sport m'a doublé à toute vitesse; the balloons ~ed into the air les ballons se sont envolés; the ball ~ed over the wall la balle est passée par-dessus le mur. ◇ *vt* **-1.** [boat – subj: captain] commander; [– subj: helmsman, yachtsman] barrer; she ~ed the boat into port elle a manœuvré OR piloté le bateau jusque dans le port. **-2.** [cross-sea, lake] traverser; to ~ the seas parcourir les mers.
◆ **sail into** *vt insep inf* [attack] tomber à bras raccourcis sur.
◆ **sail through** *vt insep & vi insep* [succeed] réussir haut la main.

**sailboard** ['seɪlbɔːd] *n* planche f à voile.

**sailboarder** ['seɪl,bɔːdər] *n* véliplanchiste *mf*.

**sailboarding** ['seɪl,bɔːdɪŋ] *n* planche f à voile *(activité)*.

**sailboat** ['seɪlbəʊt] *n Am* voilier *m*, bateau *m* à voile.

**sailcloth** ['seɪlklɒθ] *n* toile f à voile OR à voiles.

**sailing** ['seɪlɪŋ] *n* **-1.** [activity] navigation f; [hobby] voile f, navigation f de plaisance; [sport] voile f.**-2.** [departure] départ *m*.

**sailing boat** *n* voilier *m*, bateau *m* (à voiles).

**sailing dinghy** *n* canot *m* à voile.

**sailing ship** *n* (grand) voilier *m*, navire *m* à voile OR à voiles.

**sailmaker** ['seɪl,meɪkər] *n* voilier *m* *(personne)*.

**sailor** ['seɪlər] *n* **-1.** [gen] marin *m*, navigateur *m*, -trice f. **-2.** [as rank] matelot *m*.

**sailor suit** *n* costume *m* marin.

**sailplane** ['seɪlpleɪn] *n* planeur *m*.

**saint** [seɪnt] *n* saint *m*, -e f; **Saint David** saint David; **Saint David's day** la Saint-David.

**sainted** ['seɪntɪd] *adj* [person] sanctifié; [place] sacré, consacré.

**Saint Elmo's fire** [-'elməʊ-] *n* feu *m* Saint-Elme.

**Saint Gotthard Pass** [-'gɒtəd-] *pr n*: **the** ~ le col du Saint-Gothard.

**Saint Helena** [-ɪ'liːnə] *pr n* Sainte-Hélène; **on** ~ à Sainte-Hélène.

**sainthood** ['seɪnthʊd] *n* sainteté f.

**Saint Lawrence** [-'lɒrəns] *pr n*: **the** ~ **(River)** le Saint-Laurent.

**Saint Lawrence Seaway** *pr n* GEOG voie f maritime du Saint-Laurent.

**Saint Lucia** [-'luːʃə] *pr n* Sainte-Lucie.

**saintly** ['seɪntlɪ] *(compar* **saintlier**, *superl* **saintliest)** *adj* [life, behaviour, humility, virtue] de saint; **she was a** ~ **woman** c'était une vraie sainte.

**Saint Petersburg** [-'piːtəzbɜːg] *pr n* Saint-Pétersbourg.

**saint's day** *n* fête f *(d'un saint)*.

**Saint Vitus' dance** [-'vaɪtəs] *n* MED danse f de Saint-Guy, chorée f.

**saith** [seθ] *pres sg arch* OR BIBLE → **say**.

**sake¹** [seɪk] *n*: **for sb's** ~ [for their good] pour (le bien de) qqn; [out of respect for] par égard pour qqn; [out of love for] pour l'amour de qqn; **do it for my** ~/for your own ~ fais-le pour moi/pour toi; **please come, for both our** ~s viens s'il te plaît, fais-le pour nous deux; **they decided not to divorce for the** ~ **of the children** ils ont décidé de ne pas divorcer à cause des enfants; **I walk to work for its own** ~, not to save money je vais travailler à pied pour le plaisir, pas par esprit d'économie; **they're just talking for the** ~ **of talking** OR **of it** ils parlent pour ne rien dire; **art for art's** ~ l'art pour l'art; **for the** ~ **of higher profits** pour réaliser de plus gros bénéfices; **all that for the** ~ **of a few dollars** tout ça pour quelques malheureux dollars; **for old times'** ~ en souvenir du passé; **for the** ~ **of argument, let's assume it costs £100** (pour les besoins de la discussion,) admettons que ça coûte 100 livres; **for goodness** OR **God's** OR **Christ's** OR **pity's** OR **heaven's** ~! pour l'amour du ciel OR de Dieu!

**sake²** ['sɑːkɪ] *n* [drink] saké *m*.

**salable** ['seɪləbl] *adj* vendable.

**salacious** [sə'leɪʃəs] *adj fml* [joke, book, look] salace, grivois, obscène.

**salad** ['sæləd] *n* salade f; **tomato/fruit/mixed** ~ salade de

tomates/de fruits/mixte.

**salad bar** *n* [restaurant] restaurant où l'on mange des salades; *Br* [area] salad bar *m*.

**salad bowl** *n* saladier *m*.

**salad cream** *n Br* sorte de mayonnaise (vendue en bouteille).

**salad days** *npl fig* & *lit* années *fpl* de jeunesse.

**salad dressing** *n* [gen] sauce f *(pour salade)*; [French dressing] vinaigrette f.

**salad oil** *n* huile f pour assaisonnement.

**salad servers** *npl* couverts *mpl* à salade.

**salamander** ['sælə,mændər] *n* salamandre f.

**salami** [sə'lɑːmɪ] *n* salami *m*, saucisson *m* sec.

**salaried** ['sælərɪd] *adj* salarié; **a** ~ **job** [gen] un emploi salarié; [as opposed to wage-earning] emploi dont le salaire est mensuel et non hebdomadaire.

**salary** ['sælərɪ] *(pl* **salaries)** ◇ *n* salaire *m*. ◇ *comp* [bracket, level, scale] des salaires; ~ **earner** salarié *m*, -e f.

**sale** [seɪl] ◇ *n* **-1.** [gen] vente f; **to make a** ~ conclure une vente; **the branch with the highest** ~s la succursale avec le chiffre de vente le plus élevé; **'for** ~' 'à vendre'; **I'm afraid that article is not for** ~ je regrette, cet article n'est pas à vendre; **to put sthg up for** ~ mettre qqch en vente; **on** ~ en vente □ ~ **of work** vente f de charité. **-2.** [event] soldes *mpl*; **I got it in a** ~ je l'ai acheté en solde □ **closing-down** ~ liquidation f; ~ **price** prix *m* soldé. **-3.** [auction] vente f (aux enchères). ◇ *comp* [goods] soldé.
◆ **sales** *comp* [department, executive] des ventes, commercial; [drive, force, team] de vente; [promotion, forecasts, figures] des ventes; ~ **assistant** vendeur *m*, -euse f; ~ **conference** conférence f du personnel des ventes.

**saleable** ['seɪləbl] = **salable**.

**saleroom** ['seɪlrʊm] *n Br* salle f des ventes.

**salesclerk** ['seɪlzklɑːrk] *n Am* vendeur *m*, -euse f.

**salesgirl** ['seɪlzgɜːl] *n* vendeuse f.

**salesman** ['seɪlzmən] *(pl* **salesmen** [-mən]*)* *n* [in shop] vendeur *m*; [rep] représentant *m* (de commerce); **an insurance** ~ un représentant en assurances.

**sales manager** *n* directeur *m* commercial, directrice f commerciale.

**salesmanship** ['seɪlzmənʃɪp] *n* art *m* de la vente, technique f de vente.

**salesperson** ['seɪlz,pɜːsn] *(pl* **salespeople** [-,piːpl]*)* *n* [in shop] vendeur *m*, -euse f; [rep] représentant *m*, -e f (de commerce).

**sales pitch** *n* = **sales talk**.

**sales rep**, **sales representative** *n* représentant *m*, -e f (de commerce).

**salesroom** ['seɪlzrʊm] *Am* = **saleroom**.

**sales slip** *n Am* ticket *m* de caisse.

**sales talk** *n* boniment *m*.

**sales tax** *n Am* taxe f à la vente.

**saleswoman** ['seɪlz,wʊmən] *(pl* **saleswomen** [-,wɪmɪn]*)* *n* [in shop] vendeuse f; [rep] représentante f (de commerce).

**salient** ['seɪlɪənt] ◇ *adj* saillant. ◇ *n* ARCHIT & MIL saillant *m*.

**salina** [sə'laɪnə] *n* [marsh] marais *m* salant; [spring] source f saline; [lake] lac *m* salé.

**saline** ['seɪlaɪn] *adj* salin; ~ **drip** MED perfusion f saline.

**saliva** [sə'laɪvə] *n* salive f.

**salivary gland** ['sælɪvərɪ-] *n* glande f salivaire.

**salivate** ['sælɪveɪt] *vi* saliver.

**sallow** ['sæləʊ] ◇ *adj* [gen] jaunâtre; [face, complexion] jaunâtre, cireux. ◇ *n* BOT saule *m*.

**sally** ['sælɪ] *(pt* & *pp* **sallied)** *n* **-1.** [gen & MIL] sortie f. **-2.** *fml* [quip] saillie f lit.
◆ **sally forth**, **sally out** *vi insep lit* sortir.

**Sally Army** *n Br inf abbr of* **Salvation Army**.

**salmon** ['sæmən] *(pl inv* OR **salmons)** *n* saumon *m*; **young** ~ tacon *m*.

**salmonella** [,sælmə'nelə] *(pl* **salmonellae** [-liː]*)* *n* salmonella f inv, salmonelle f; ~ **poisoning** salmonellose f.

**salmon pink** *n* (rose *m*) saumon *m*.
◆ **salmon-pink** *adj* (rose) saumon *(inv)*.

**salmon trout** *n* truite f saumonée.

**Salome** [sə'ləʊmɪ] *pr n* Salomé.

**salon** ['sælɒn] *n* salon *m*.

**saloon** [sə'luːn] *n* **-1.** *Br*= **saloon car. -2.** [public room] salle *f*, salon *m*; [on ship] salon *m*.**-3.** *Am* [bar] bar *m*; [in Wild West] saloon *m*.**-4.** *Br*= **saloon bar.**

**saloon bar** *n Br* salon *m* (*dans un pub*).

**saloon car** *n Br* conduite *f* intérieure, berline *f*.

**salopettes** [,sælə'pets] *npl* combinaison *f* de ski.

**salsa** ['sælsə] *n* MUS salsa *f*.

**salt** [sɔːlt, sɒlt] ◇ *n* **-1.** CHEM & CULIN sel *m*; there's too much ~ in the soup la soupe est trop salée; the ~ of the earth le sel de la terre ❑ to rub ~ into the wound remuer le couteau dans la plaie. **-2.** *inf* [sailor]: old ~ (vieux) loup *m* de mer. ◇ *vt* **-1.** [food] saler. **-2.** [roads] saler, répandre du sel sur. ◇ *adj* salé; ~ pork porc *m* salé, petit salé *m*. ◆ **salts** *npl* PHARM sels *mpl*; like a dose of ~s rapidement. ◆ **salt away** *vt sep inf & fig* [money] mettre de côté. ◆ **salt down** *vt sep* saler, conserver dans du sel.

**SALT** [sɔːlt, sɒlt] (*abbr of* **Strategic Arms Limitation Talks/ Treaty**) *n* SALT *m*; ~ talks négociations *fpl* SALT.

**salt cellar** *n* salière *f*.

**salted** ['sɔːltɪd] *adj* salé.

**salt flat** *n* salant *m*.

**salt-free** *adj* sans sel.

**salt lake** *n* lac *m* salé.

**saltlick** ['sɔːltlɪk] *n* **-1.** [block] pierre *f* à lécher. **-2.** [place] salant *m*.

**salt mine** *n* mine *f* de sel.

**saltpan** ['sɔːltpæn] *n* marais *m* salant.

**saltpetre** *Br*, **saltpeter** *Am* [,sɔːlt'piːtər] *n* salpêtre *m*.

**salt shaker** *n Am* salière *f*.

**salt tax** *n* HIST gabelle *f*.

**salt water** *n* eau *f* salée. ◆ **saltwater** *adj* [fish, plant] de mer.

**saltworks** ['sɔːltwɜːks] (*pl inv*) *n* saline *f*, salines *fpl*.

**salty** ['sɔːltɪ] (*compar* **saltier**, *superl* **saltiest**) *adj* [food, taste] salé; [deposit] saumâtre.

**salubrious** [sə'luːbrɪəs] *adj* **-1.** [respectable] respectable, bien; it's not the most ~ of bars c'est un bar plutôt mal famé. **-2.** [healthy] salubre, sain.

**salutary** ['sæljʊtrɪ] *adj* salutaire.

**salutation** [,sælju'teɪʃn] *n* **-1.** [greeting] salut *m*, salutation *f*.**-2.** [on letter] formule *f* de début de lettre.

**salute** [sə'luːt] ◇ *n* **-1.** MIL [with hand] salut *m*; to give (sb) a ~ faire un salut (à qqn); to stand at ~ garder le salut; to take the ~ passer les troupes en revue ‖ [with guns] salve *f*; a twenty-one gun ~ une salve de vingt et un coups de canon. **-2.** [greeting] salut *m*, salutation *f*.**-3.** [tribute] hommage *m*. ◇ *vt* **-1.** MIL [with hand] saluer; [with guns] tirer une salve en l'honneur de. **-2.** [greet] saluer. **-3.** [acknowledge, praise] saluer, acclamer. ◇ *vi* MIL faire un salut.

**Salvador** ['sælvədɔːr] *prn* Salvador (*port*).

**salvage** ['sælvɪdʒ] ◇ *vt* **-1.** [vessel, cargo, belongings] sauver; [old newspapers, scrap metal] récupérer. **-2.** *fig* [mistake, meal] rattraper; [situation] rattraper, sauver; to ~ one's reputation sauver sa réputation. ◇ *n* **-1.** [recovery – of vessel, cargo, belongings, furniture] sauvetage *m*; [– of old newspapers, scrap metal] récupération *f*.**-2.** (*U*) [things recovered – from shipwreck, disaster] objets *mpl* sauvés; [– for re-use, recycling] objets *mpl* récupérés. **-3.** [payment] indemnité *f* OR prime *f* de sauvetage. ◇ *comp* [company, operation, vessel] de sauvetage.

**salvation** [sæl'veɪʃn] *n* **-1.** RELIG salut *m*.**-2.** *fig* salut *m*; writing has always been my ~ écrire m'a toujours sauvé.

**Salvation Army** *prn* the ~ l'Armée *f* du salut.

**salvationist** [sæl'veɪʃənɪst] *n* **-1.** [member of evangelical sect] salutiste *mf*.**-2.** [member of Salvation Army] salutiste *mf*.

**salve** [sælv] ◇ *n* **-1.** [ointment] baume *m*, pommade *f*.**-2.** *fig* [relief] baume *m lit*, apaisement *m*. ◇ *vt* **-1.** [relieve] calmer, soulager; I did it to ~ my conscience je l'ai fait par acquit de conscience. **-2.** [salvage] sauver.

**salver** ['sælvər] *n* plateau *m* (de service).

**salvo** ['sælvəʊ] (*pl* **salvos** OR **salvoes**) *n* **-1.** MIL salve *f*.**-2.** *fig* [of applause] salve *f*; [of laughter] éclat *m*; [of insults] torrent *m*.

**Samaritan** [sə'mærɪtn] ◇ *n* RELIG Samaritain *m*, -e *f*. ◇ *adj* samaritain.

◆ **Samaritans** *pl prn*: the ~s *association proposant un soutien moral par téléphone aux personnes déprimées*, ≃ SOS Amitié.

**samba** ['sæmbə] ◇ *n* samba *f*. ◇ *vi* danser la samba.

**same** [seɪm] ◇ *adj* même; the two suitcases are exactly the ~ colour/shape les deux valises sont exactement de la même couleur/ont exactement la même forme; they are one and the ~ thing c'est une seule et même chose; they are one and the ~ person ils ne font qu'un; it all boils down to the ~ thing cela revient au même; see you ~ time, ~ place je te retrouve à la même heure, au même endroit ❑ ~ difference! *inf* c'est du pareil au même! ◇ *pron* **-1.** the ~ [unchanged] le même *m*, la même *f*, les mêmes *mfpl*; it's the ~ as before c'est comme avant; life's just not the ~ now they're gone les choses ont changé depuis qu'ils sont partis; it's not spelt the ~ ça ne s'écrit pas de la même façon ‖ [identical] identique; the two vases are exactly the ~ les deux vases sont identiques. **-2.** [used in comparisons]: the ~ la même chose; it's always the ~ c'est toujours la même chose OR toujours pareil ❑ aren't you Freddie Fortescue? — the very ~ vous n'êtes pas Freddie Fortescue? — lui-même; (the) ~ again, please la même chose (, s'il vous plaît); if it's all the ~ to you, I'll go now si cela ne vous fait rien, je vais partir maintenant; it's all OR just the ~ to me what you do tu peux faire ce que tu veux, ça m'est bien égal; I was really cross — ~ here! *inf* j'étais vraiment fâché — et moi donc!; Happy Christmas — (and the) ~ to you! Joyeux Noël — à vous aussi OR de même!; stupid idiot — and the ~ to you! *inf* espèce d'imbécile! — imbécile toi-même!-**3.** JUR: the ~ [aforementioned] le susdit *m*, la susdite *f*.**-4.** COMM: and for delivery of ~ et pour livraison de ces (mêmes) articles. ◆ **all the same, just the same** *adv phr* quand même; all the ~, I still like her je l'aime bien quand même.

**same-day** *adj* COMM [processing, delivery] dans la journée.

**sameness** ['seɪmnɪs] *n* **-1.** [similarity] similitude *f*, ressemblance *f*.**-2.** [tedium] monotonie *f*, uniformité *f*.

**samey** ['seɪmɪ] *adj Br inf & pej* monotone, ennuyeux.

**Samoa** [sə'məʊə] *prn* Samoa *m*; in ~ à Samoa.

**Samoan** [sə'məʊən] ◇ *n* **-1.** [person] Samoan *m*, -e *f*.**-2.** LING samoan *m*. ◇ *adj* samoan.

**samosa** [sə'məʊsə] (*pl inv* OR **samosas**) *n* petit pâté indien à la viande ou aux légumes.

**samovar** ['sæmə,vɑːr] *n* samovar *m*.

**sampan** ['sæmpæn] *n* sampan *m*, sampang *m*.

**sample** ['sɑːmpl] ◇ *n* **-1.** [gen, COMM & SOCIOL] échantillon *m*; a free ~ un échantillon gratuit; up to ~ COMM conforme à l'échantillon. **-2.** GEOL, MED & SCI échantillon *m*, prélèvement *m*; [of blood] prélèvement *m*; [of urine] échantillon *m*; to take a ~ prélever un échantillon, faire un prélèvement; to take a blood ~ faire une prise de sang. ◇ *comp*: a ~ bottle/pack *etc* un échantillon; a ~ question from last year's exam paper un exemple de question tiré de l'examen de l'année dernière. ◇ *vt* **-1.** [food, drink] goûter (à), déguster; [experience] goûter à. **-2.** MUS échantillonner.

**sampler** ['sɑːmplər] *n* **-1.** SEW modèle *m* de broderie. **-2.** [collection of samples] échantillonnage *m*, sélection *f*.**-3.** MUS échantillonneur *m*.

**sampling** ['sɑːmplɪŋ] *n* [gen & COMPUT] échantillonnage *m*.

**samurai** ['sæmʊraɪ] (*pl inv*) *n* samurai *m*, samourai *m inv*.

**sanatorium** [,sænə'tɔːrɪəm] (*pl* **sanatoriums** OR **sanatoria** [-rɪə]) *n* [nursing home] sanatorium *m*; [sick bay] infirmerie *f*.

**sanctification** [,sæŋktɪfɪ'keɪʃn] *n* sanctification *f*.

**sanctify** ['sæŋktɪfaɪ] (*pt & pp* **sanctified**) *vt* sanctifier.

**sanctimonious** [,sæŋktɪ'məʊnjəs] *adj* moralisateur.

**sanction** ['sæŋkʃn] ◇ *n* **-1.** [approval] sanction *f*, accord *m*, consentement *m*; it hasn't yet been given official ~ ceci n'a pas encore été officiellement approuvé OR sanctionné, ceci n'a pas encore eu l'approbation OR sanction officielle; it has the ~ of long usage c'est consacré par l'usage. **-2.** [punitive measure] sanction *f*; the firm was accused of ~s busting la société a été accusée d'avoir contourné les sanctions; to impose (economic) ~s on a country prendre des sanctions (économiques) à l'encontre d'un pays. ◇ *vt* sanctionner, entériner; [behaviour] approuver.

**sanctity** ['sæŋktɪtɪ] *n* [of person, life] sainteté *f*; [of marriage, property, place – holiness] caractère *m* sacré; [– inviolability] inviolabilité f.

**sanctuary** ['sæŋktʃʊərɪ] (pl **sanctuaries**) n -1. [holy place] sanctuaire m.-2. [refuge] refuge m, asile m ❏ wildlife ~ réserve f animale.

**sanctum** ['sæŋktəm] (pl **sanctums** OR **sancta** [-tə]) n -1. [holy place] sanctuaire m.-2. hum [private place] refuge m, retraite f, tanière f.

**sand** [sænd] ◇ n -1. [substance] sable m; shifting ~ sables mouvants; the ~s of time le temps qui passe; to build on ~ fig bâtir sur le sable. -2. ▽ Am [courage] cran m. ◇ comp [dune] de sable. ◇ vt -1. [polish, smooth] poncer. -2. [spread sand on] sabler.

◆ **sand down** vt sep [wood, metal] poncer au papier de verre, décaper.

**sandal** ['sændl] n -1. [footwear] sandale f.-2. = **sandalwood**.

**sandalwood** ['sændlwʊd] n bois m de santal.

**sandbag** ['sændbæg] (pt & pp **sandbagged**) ◇ n sac m de sable OR de terre. ◇ vt -1. [shore up] renforcer avec des sacs de sable; [protect] protéger avec des sacs de sable. -2. inf [hit] assommer. -3. Am inf [coerce]: to ~ sb into doing sthg forcer qqn à faire qqch.

**sandbank** ['sændbæŋk] n banc m de sable.

**sandbar** ['sændbɑːr] n barre f (dans la mer, dans un estuaire).

**sandblast** ['sændblɑːst] ◇ vt décaper à la sableuse, sabler. ◇ n jet m de sable.

**sandblaster** ['sænd,blɑːstər] n sableuse f.

**sandblasting** ['sænd,blɑːstɪŋ] n décapage m à la sableuse, sablage m.

**sandbox** ['sændbɒks] n -1. RAIL sablière f.-2. [for children] bac m à sable.

**sandcastle** ['sænd,kɑːsl] n château m de sable.

**sander** ['sændər] n [tool] ponceuse f.

**sand flea** n [sandhopper] puce f de mer, talitre m; [chigoe] chique f.

**sand fly** n phlébotome m, mouche f des sables.

**sandhopper** ['sænd,hɒpər] n puce f de mer.

**sanding** ['sændɪŋ] n -1. [of wood, plaster] ponçage m.-2. [of roads] sablage m.

**Sandinista** [,sændɪ'niːstə] ◇ adj sandiniste. ◇ n sandiniste mf.

**sand lot** n Am terrain m vague.

**sandman** ['sændmæn] n marchand m de sable fig.

**sand martin** n hirondelle f de rivage.

**sandpaper** ['sænd,peɪpər] ◇ n papier m de verre. ◇ vt poncer (au papier de verre).

**sandpie** ['sændpaɪ] n pâté m de sable.

**sandpiper** ['sænd,paɪpər] n bécasseau m, chevalier m.

**sandpit** ['sændpɪt] n Br -1. [for children] bac m à sable. -2. [quarry] sablonnière f.

**sandshoe** ['sændʃuː] n Br (chaussure f de) tennis m.

**sandstone** ['sændstəʊn] n grès m.

**sandstorm** ['sændstɔːm] n tempête f de sable.

**sand trap** n Am bunker m (de sable).

**sandwich** ['sænwɪdʒ] ◇ n [bread] sandwich m; a ham ~ un sandwich au jambon. ◇ vt -1. inf [place] intercaler; I'll try to ~ you (in) between appointments j'essaierai de vous caser entre deux rendez-vous. -2. inf [trap] prendre en sandwich, coincer. -3. [join – gen] joindre; [– with glue] coller.

**sandwich bar** n Br ≃ snack m (où on vend des sandwiches).

**sandwich board** n panneau m publicitaire (porté par un homme-sandwich).

**sandwich cake** n Br gâteau m fourré.

**sandwich course** n Br formation en alternance.

**sandwich loaf** n ≃ pain m de mie.

**sandwich man** n homme-sandwich m.

**sandy** ['sændɪ] (compar **sandier**, superl **sandiest**) adj -1. [beach, desert] de sable; [soil, road] sablonneux; [water, alluvium] sableux; [floor, clothes] couvert de sable. -2. [in colour] (couleur) sable (inv); he has ~ OR ~-coloured hair il a les cheveux blond roux.

**sand yacht** n char m à voile.

**sane** [seɪn] adj -1. [person] sain d'esprit; to be of ~ mind être sain d'esprit; how do you manage to stay ~ in this en-

vironment? comment fais-tu pour ne pas devenir fou dans une ambiance pareille? -2. [action] sensé; [attitude, approach, policy] raisonnable, sensé.

**sang** [sæŋ] pt → **sing**.

**sangfroid** [,sɒŋ'frwɑː] n sang-froid m.

**sangria** [sæŋ'grɪə] n sangria f.

**sanguine** ['sæŋgwɪn] ◇ adj -1. [optimistic – person, temperament] optimiste, confiant; [– attitude, prospect]: he was ~ about the company's prospects il voyait l'avenir de l'entreprise avec optimisme. -2. lit [ruddy – complexion] sanguin, rubicond. ◇ n ART sanguine f.

**sanitary** ['sænɪtrɪ] adj -1. [hygienic] hygiénique. -2. [arrangements, conditions, measures, equipment] sanitaire.

**sanitary engineer** n technicien m du service sanitaire.

**sanitary inspector** n inspecteur m de la santé publique.

**sanitary towel** Br, **sanitary napkin** Am n serviette f hygiénique.

**sanitation** [,sænɪ'teɪʃn] n [public health] hygiène f publique; [sewers] système m sanitaire; [plumbing] sanitaires mpl.

**sanitation worker** n Am éboueur m.

**sanitize, -ise** ['sænɪtaɪz] vt -1. [disinfect] désinfecter. -2. fig [expurgate] expurger.

**sanitorium** [,sænɪ'tɔːrɪəm], **sanitarium** [,sænɪ'teərɪəm] Am = **sanatorium**.

**sanity** ['sænətɪ] n -1. [mental health] santé f mentale; to lose one's ~ perdre la raison. -2. [reasonableness] bon sens m, rationalité f.

**sank** [sæŋk] pt → **sink**.

**San Marino** [,sænmə'riːnəʊ] pr n Saint-Marin.

**sans** [sænz] prep arch sans.

**Sanskrit** ['sænskrɪt] ◇ adj sanskrit. ◇ n sanskrit m.

**sansserif** [,sæn'serɪf] n (U) TYPO caractères mpl bâton OR sans empattement.

**Santa** ['sæntə] inf, **Santa Claus** ['sæntə,klɔːz] pr n le père Noël.

**sap** [sæp] (pt & pp **sapped**, cont **sapping**) ◇ n -1. BOT sève f.-2. Am inf [fool] bêta m, -asse f, andouille f; [gullible person] nigaud m, -e f.-3. Am inf [cosh] matraque f, gourdin m.-4. MIL sape f.
◇ vt -1. fig [strength, courage] saper, miner. -2. Am inf [cosh] assommer (d'un coup de gourdin). -3. MIL saper.

**sapient** ['seɪpjənt] adj fml sage.

**sapling** ['sæplɪŋ] n -1. BOT jeune arbre m.-2. lit [youth] jouvenceau m.

**sapper** ['sæpər] n Br MIL soldat m du génie, sapeur m.

**Sapphic** ['sæfɪk] ◇ adj -1. [relating to Sappho] saphique. -2. LITERAT: ~ metre vers m saphique. ◇ n LITERAT saphique m.

**sapphire** ['sæfaɪər] ◇ n [gem, colour] saphir m. ◇ comp [ring, pendant] de saphir. ◇ adj [in colour] saphir (inv).

**Sappho** ['sæfəʊ] pr n Sapho, Sappho.

**sappy** ['sæpɪ] (compar **sappier**, superl **sappiest**) adj -1. [tree, leaves] plein de sève; [wood] vert. -2. Am inf [stupid] cloche. -3. Am inf [corny] nunuche.

**sarcasm** ['sɑːkæzm] n (U) sarcasme m.

**sarcastic** [sɑː'kæstɪk] adj sarcastique.

**sarcastically** [sɑː'kæstɪklɪ] adv d'un ton sarcastique.

**sarcoma** [sɑː'kəʊmə] (pl **sarcomas** OR **sarcomata** [-mətə]) n sarcome m.

**sarcophagus** [sɑː'kɒfəgəs] (pl **sarcophaguses** OR **sarcophagi** [-gaɪ]) n sarcophage m.

**sardine** [sɑː'diːn] n sardine f; we were packed in like ~s nous étions serrés comme des sardines.

**Sardinia** [sɑː'dɪnjə] pr n Sardaigne f; in ~ en Sardaigne.

**Sardinian** [sɑː'dɪnjən] ◇ n -1. [person] Sarde mf.-2. LING sarde m. ◇ adj sarde.

**sardonic** [sɑː'dɒnɪk] adj sardonique.

**sardonically** [sɑː'dɒnɪklɪ] adv sardoniquement.

**Sargasso Sea** pr n: the ~ la mer des Sargasses.

**sarge** [sɑːdʒ] (abbr of **sergeant**) n inf sergent m.

**sari** ['sɑːrɪ] n sari m.

**Sark** [sɑːk] pr n Sercq.

**sarky** ['sɑːkɪ] (compar **sarkier**, superl **sarkiest**) adj Br inf sarcastique.

**sarong** [sə'rɒŋ] n sarong m.

**sartorial** [sɑːˈtɔːrɪəl] *adj* vestimentaire; his ~ elegance son élégance vestimentaire, l'élégance de sa mise.

**Sartrean, Sartrian** [ˈsɑːtrɪən] *adj* sartrien.

**SAS** (*abbr of* **Special Air Service**) *pr n* commando d'intervention spéciale de l'armée britannique.

**SASE** *n Am abbr of* **self-addressed stamped envelope**.

**sash** [sæʃ] *n* **-1.** [belt] ceinture *f* (en étoffe); [sign of office] écharpe *f*.**-2.** [frame of window, door] châssis *m*, cadre *m*.

**sashay** [ˈsæʃeɪ] *vi Am inf* [saunter] flâner; [strut] parader, se pavaner.

**sash cord** *n* corde *f*(*d'une fenêtre à guillotine*).

**sash window** *n* fenêtre *f* à guillotine.

**Saskatchewan** [sæsˈkætʃɪwən] *pr n* Saskatchewan *m*; in ~ dans le Saskatchewan.

**sasquatch** [ˈsæskwætʃ] *n* animal légendaire (sorte de yéti) du Canada et du nord des États-Unis.

**sass** [sæs] *Am inf* ◇ *n* culot *m*, toupet *m*. ◇ *vt* répondre (avec impertinence) à.

**Sassenach** [ˈsæsənæk] *n Scot inf* & *pej* terme péjoratif par lequel les Écossais désignent les Anglais.

**sassy** [ˈsæsɪ] (*compar* **sassier**, *superl* **sassiest**) *adj Am inf* culotté, gonflé.

**sat** [sæt] *pt* & *pp* → **sit**.

**Sat.** (*written abbr of* **Saturday**) sam.

**Satan** [ˈseɪtn] *pr n* Satan *m*.

**satanic** [səˈtænɪk] *adj* satanique.

**satanism** [ˈseɪtənɪzm] *n* satanisme *m*.

**satanist** [ˈseɪtənɪst] ◇ *adj* sataniste. ◇ *n* sataniste *mf*.

**satchel** [ˈsætʃəl] *n* cartable *m*.

**sate** [seɪt] *vt* [satisfy – person] rassasier; [– hunger] assouvir; [– thirst] étancher.

**sated** [ˈseɪtɪd] *adj* [person] rassasié; [hunger] assouvi; [thirst] étanché.

**sateen** [sæˈtiːn] *n* satinette *f*.

**satellite** [ˈsætəlaɪt] ◇ *n* **-1.** ASTRON & TELEC satellite *m*; broadcast live by ~ transmis en direct par satellite. **-2.** [country] pays *m* satellite. **-3.** [in airport] satellite *m*. ◇ *comp* **-1.** [broadcast, broadcasting, network, relay] par satellite; ~ dish antenne *f* de télévision par satellite; ~ television télévision *f* par satellite. **-2.** [country] satellite; ~ state état *m* satellite.

**satiate** [ˈseɪʃɪeɪt] *vt lit* **-1.** [satisfy – hunger, desire] assouvir; [– thirst] étancher. **-2.** [gorge] rassasier.

**satiation** [ˌseɪʃɪˈeɪʃn] *n* satiété *f*; to the point of ~ à satiété, jusqu'à satiété.

**satiety** [səˈtaɪətɪ] = **satiation**.

**satin** [ˈsætɪn] ◇ *n* satin *m*. ◇ *comp* **-1.** [dress, shirt] en OR de satin. **-2.** [finish] satiné.

**satin stitch** *n* passé *m* plat.

**satinwood** [ˈsætɪnwʊd] *n* citronnier *m* de Ceylan.

**satire** [ˈsætaɪə<sup>r</sup>] *n* satire *f*; it's a ~ on the English c'est une satire contre les Anglais; her novels are full of ~ ses romans sont pleins d'observations satiriques.

**satirical** [səˈtɪrɪkl] *adj* satirique.

**satirically** [səˈtɪrɪklɪ] *adv* satiriquement.

**satirist** [ˈsætərɪst] *n* satiriste *mf*.

**satirize, -ise** [ˈsætəraɪz] *vt* faire la satire de.

**satisfaction** [ˌsætɪsˈfækʃn] *n* **-1.** [fulfilment – of curiosity, hunger, demand, conditions] satisfaction *f*; [– of contract] exécution *f*, réalisation *f*; [– of debt] acquittement *m*, remboursement *m*.**-2.** [pleasure] satisfaction *f*, contentement *m*; is everything to your ~? est-ce que tout est à votre convenance?; the plan was agreed to everyone's ~ le projet fut accepté à la satisfaction générale; it was to the satisfaction of the court d'une manière qui a convaincu le tribunal; I don't get much job ~ je ne tire pas beaucoup de satisfaction de mon travail. **-3.** [pleasing thing] satisfaction *f*.**-4.** [redress – of a wrong] réparation *f*; [– of damage] dédommagement *m*; [– of an insult] réparation *f*.

**satisfactorily** [ˌsætɪsˈfæktərəlɪ] *adv* de façon satisfaisante.

**satisfactory** [ˌsætɪsˈfæktərɪ] *adj* satisfaisant; I hope she has a ~ excuse j'espère qu'elle a une excuse valable; the patient's condition is ~ l'état du malade n'est pas inquiétant.

**satisfied** [ˈsætɪsfaɪd] *adj* **-1.** [happy] satisfait, content; a ~ customer un client satisfait; a ~ sigh un soupir de satisfaction; the teacher isn't ~ with their work le professeur n'est pas satisfait de leur travail; are you ~ now you've made her cry? tu es content de l'avoir fait pleurer?; they'll have to be ~ with what they've got ils devront se contenter de ce qu'ils ont. **-2.** [convinced] convaincu, persuadé; I'm not entirely ~ with the truth of his story je ne suis pas tout à fait convaincu que son histoire soit vraie.

**satisfy** [ˈsætɪsfaɪ] (*pt* & *pp* **satisfied**) ◇ *vt* **-1.** [please] satisfaire, contenter; Richard Fox has satisfied the examiners in the following subjects SCH Richard Fox a été reçu dans les matières suivantes. **-2.** [fulfil – curiosity, desire, hunger] satisfaire; [– thirst] étancher; [– demand, need, requirements] satisfaire à, répondre à; [– conditions, terms of contract] remplir; [– debt] s'acquitter de. **-3.** [prove to – gen] persuader, convaincre; [– authorities] prouver à; I satisfied myself that all the windows were closed je me suis assuré que toutes les fenêtres étaient fermées. ◇ *vi* donner satisfaction.

**satisfying** [ˈsætɪsfaɪɪŋ] *adj* [job, outcome, evening] satisfaisant; [meal] substantiel.

**satsuma** [ˌsætˈsuːmə] *n Br* mandarine *f*.

**saturate** [ˈsætʃəreɪt] *vt* **-1.** *fig* [swamp] saturer; to ~ sb with sthg saturer qqn de qqch. **-2.** [drench] tremper. **-3.** CHEM saturer.

**saturated** [ˈsætʃəreɪtɪd] *adj* **-1.** CHEM saturé; ~ fats graisses *fpl* saturées. **-2.** [very wet] trempé.

**saturation** [ˌsætʃəˈreɪʃn] *n* saturation *f*.

**saturation bombing** *n* bombardement *m* intensif.

**saturation point** *n* point *m* de saturation; we've reached ~ nous sommes arrivés à saturation; the market is at OR has reached ~ le marché est saturé.

**Saturday** [ˈsætədɪ] *n* samedi *m*; *see also* **Friday**.

**Saturn** [ˈsætən] *pr n* ASTRON & MYTH Saturne.

**saturnalia** [ˌsætəˈneɪljə] *n* saturnales *fpl*.

**satyr** [ˈsætə<sup>r</sup>] *n* satyre *m*.

**sauce** [sɔːs] *n* **-1.** CULIN [with savoury dishes] sauce *f*; [with desserts] coulis *m*; raspberry ~ coulis de framboises; chocolate ~ sauce au chocolat; what's ~ for the goose is ~ for the gander *prov* ce qui est bon pour l'un est bon pour l'autre. **-2.** *inf* [insolence] culot *m*, toupet *m*.

**sauce boat** *n* saucière *f*.

**saucepan** [ˈsɔːspən] *n* casserole *f*.

**saucer** [ˈsɔːsə<sup>r</sup>] *n* soucoupe *f*.

**saucy** [ˈsɔːsɪ] (*compar* **saucier**, *superl* **sauciest**) *adj inf* **-1.** [cheeky] effronté. **-2.** [provocative – action] provocant; [– postcard, joke] grivois.

**Saudi (Arabian)** [ˈsaʊdɪ-] ◇ *n* Saoudien *m*, -enne *f*. ◇ *adj* saoudien.

**Saudi Arabia** *pr n* Arabie Saoudite *f*; in ~ en Arabie Saoudite.

**sauerkraut** [ˈsaʊəkraʊt] *n* choucroute *f*.

**Saul** [sɔːl] *pr n* Saül.

**sauna** [ˈsɔːnə] *n* sauna *m*.

**saunter** [ˈsɔːntə<sup>r</sup>] ◇ *vi* se promener d'un pas nonchalant, flâner; I think I'll ~ down to the library je pense que je vais aller faire un petit tour jusqu'à la bibliothèque. ◇ *n* petite promenade *f*.

**saurian** [ˈsɔːrɪən] ◇ *adj* saurien. ◇ *n* saurien *m*.

**sausage** [ˈsɒsɪdʒ] *n* saucisse *f*; [of pre-cooked meats] saucisson *m*; pork ~s saucisses *fpl* de porc; not a ~! *Br inf* que dalle!, des clous!

**sausage dog** *n Br hum* teckel *m*.

**sausage meat** *n* chair *f* à saucisse.

**sausage roll** *n* sorte de friand à la saucisse.

**sauté** [*Br* ˈsəʊteɪ, *Am* səʊˈteɪ] (*pt* & *pp* **sautéed**, *cont* **sautéing**) ◇ *vt* faire sauter. ◇ *adj*: ~ potatoes pommes de terre sautées. ◇ *n* sauté *m*.

**savage** [ˈsævɪdʒ] ◇ *adj* **-1.** [ferocious – person] féroce, brutal; [– dog] méchant; [– fighting, tiger] féroce; [reply, attack] violent, féroce; he came in for some ~ criticism from the press il a été violemment critiqué dans la presse; the new policy deals a ~ blow to the country's farmers la nouvelle politique porte un coup très dur OR fatal aux agriculteurs. **-2.** [primitive – tribe] primitif; [– customs] barbare, primitif. ◇ *n* sauvage *mf*. ◇ *vt* **-1.** [subj: animal] attaquer; she was ~d by a tiger elle a été attaquée par un tigre. **-2.** [subj: critics, press] attaquer violemment.

**savagely** ['sævɪdʒlɪ] *adv* sauvagement, brutalement.

**savageness** ['sævɪdʒnɪs] = **savagery 1**.

**savagery** ['sævɪdʒrɪ] *n* **-1.** [brutality] sauvagerie *f*, férocité *f*, brutalité *f*. **-2.** [primitive state]: the tribe still lives in ~ la tribu vit toujours à l'état sauvage.

**savanna(h)** [sə'vænə] *n* savane *f*.

**save** [seɪv] ◇ *vt* **-1.** [rescue] sauver; she ~d my life elle m'a sauvé la vie; to ~ sb from a fire/from drowning sauver qqn d'un incendie/de la noyade; the doctors managed to ~ her eyesight les médecins ont pu lui sauver la vue; he ~d me from making a terrible mistake il m'a empêché de faire une erreur monstrueuse; to ~ a species from extinction sauver une espèce en voie de disparition; ~d by the bell! sauvé par le gong! ❑ to ~ one's neck OR skin OR hide OR bacon *inf* sauver sa peau; to ~ face sauver la face; to ~ the day sauver la mise. **-2.** [put by – money] économiser, épargner, mettre de côté; how much money have you got ~d? à combien se montent vos économies?, combien d'argent avez-vous mis de côté? ‖ [collect] collectionner. **-3.** [economize on – fuel, electricity] économiser, faire des économies de; [– money] économiser; [– effort] économiser; [– time, space] gagner; [– strength] ménager, économiser; their advice ~d me a fortune leurs conseils m'ont fait économiser une fortune; a computer would ~ you a lot of time un ordinateur vous ferait gagner beaucoup de temps. **-4.** [spare – trouble, effort] éviter, épargner; [– expense] éviter; thanks, you've ~d me a trip/having to go myself merci, vous m'avez évité un trajet/d'y aller moi-même. **-5.** [protect – eyes, shoes] ménager. **-6.** [reserve] garder, mettre de côté; I'll ~ you a place je te garderai une place; I always ~ the best part till last je garde toujours le meilleur pour la fin. **-7.** FTBL [shot, penalty] arrêter; to ~ a goal arrêter OR bloquer un tir. **-8.** RELIG [sinner, mankind] sauver, délivrer; [soul] sauver. **-9.** COMPUT sauvegarder.

◇ *vi* **-1.** [spend less] faire des économies, économiser; to ~ on fuel économiser sur le carburant. **-2.** [put money aside] faire des économies, épargner.

◇ *n* **-1.** FTBL arrêt *m*. **-2.** COMPUT sauvegarde *f*.

◇ *prep fml* sauf, hormis.

◆ **save for** *prep phr* à part; ~ for the fact we lost, it was a great match à part le fait qu'on a perdu, c'était un très bon match.

◆ **save up** *vt sep* = **save** *vt* **2**. ◇ *vi insep* = **save** *vi* **2**.

**save as you earn** *n Br* plan *m* d'épargne *(avec prélèvements automatiques sur le salaire)*.

**saveloy** ['sævələɪ] *n* cervelas *m*.

**saver** ['seɪvər] *n* **-1.** [person] épargnant *m*, -e *f*. **-2.** [product] bonne affaire *f*; super ~ (ticket) billet *m* à tarif réduit.

**-saver** *in cpds*: it's a real money~ ça permet d'économiser de l'argent OR de faire des économies.

**Save the Children Fund** *pr n* organisme international d'assistance à l'enfance.

**saving** ['seɪvɪŋ] ◇ *n* **-1.** [thrift] épargne *f*. **-2.** [money saved] économie *f*; to make a ~ faire une économie. ◇ *prep fml* sauf, hormis.

**-saving** *in cpds*: energy~ [device] d'économie, d'énergie; time~ qui fait gagner du temps.

**saving grace** *n*: her sense of humour is her ~ on lui pardonne tout parce qu'elle a de l'humour.

**savings account** *n* compte *m* sur livret.

**savings and loan association** *n Am* caisse *f* d'épargne logement.

**savings bank** *n* caisse *f* d'épargne.

**savings bond** *n Am* bon *m* d'épargne.

**savings book** *n Br* livret *m* (de caisse) d'épargne.

**savings stamp** *n Br* timbre-épargne *m*.

**saviour** *Br*, **savior** *Am* ['seɪvjər] *n* sauveur *m*; the Saviour le Sauveur.

**savoir-faire** [,sævwɑː'feər] *n* [know-how] savoir-faire *m*; [social skills] savoir-vivre *m*.

**savor** *etc Am* = **savour**.

**savory** ['seɪvərɪ] *n* BOT sarriette *f*.

**savour** *Br*, **savor** *Am* ['seɪvər] ◇ *n* **-1.** [taste] goût *m*, saveur

*f*. **-2.** [interest, charm] saveur *f*. ◇ *vt* [taste] goûter (à), déguster; [enjoy – food, experience, one's freedom] savourer. ◇ *vi*: to ~ of sthg sentir qqch.

**savoury** *Br*, **savory** *Am* ['seɪvərɪ] ◇ *adj* **-1.** [salty] salé; [spicy] épicé; ~ biscuits biscuits salés. **-2.** [appetizing] savoureux. **-3.** *fml* [wholesome]: it's not a very ~ subject c'est un sujet peu ragoûtant; he's not a very ~ individual c'est un individu peu recommandable. ◇ *n* petit plat salé servi soit comme hors d'œuvre, soit en fin de repas après le dessert.

**Savoy** [sə'vɔɪ] ◇ *pr n* Savoie *f*; in ~ en Savoie. ◇ *adj* savoyard.

**savoy cabbage** *n* chou *m* frisé de Milan.

**savvy** ['sævɪ] *inf* ◇ *n* [know-how] savoir-faire *m*; [shrewdness] jugeote *f*, perspicacité *f*. ◇ *adj Am* [well-informed] bien informé, calé; [shrewd] perspicace, astucieux.

**saw** [sɔː] *(Br pt* **sawed**, *pp* **sawed** OR **sawn** [sɔːn], *Am pt & pp* **sawed**) ◇ *pt* → **see**. ◇ *n* **-1.** [tool] scie *f*; to cut sthg up with a ~ couper OR débiter qqch à la scie; metal ~ scie à métaux. **-2.** [saying] dicton *m*. ◇ *vt*: to ~ a tree into logs débiter un arbre en rondins; he ~ed the table in half il a scié la table en deux; his arms ~ed the air *fig* il battait l'air de ses bras. ◇ *vi* scier; he was ~ing away at the cello *fig* il raclait le violoncelle.

◆ **saw down** *vt sep* [tree] abattre.

◆ **saw off** *vt sep* scier, enlever à la scie.

◆ **saw up** *vt sep* scier en morceaux, débiter à la scie.

**sawdust** ['sɔːdʌst] *n* sciure *f* (de bois).

**sawed-off** ['sɔːd-] *Am* = **sawn-off**.

**sawhorse** ['sɔːhɔːs] *n* chevalet *m* (pour scier du bois), chèvre *f*.

**sawmill** ['sɔːmɪl] *n* scierie *f*.

**sawn** [sɔːn] *pp* → **saw**.

**sawn-off** *adj* [truncated] scié, coupé (à la scie); ~ shotgun carabine *f* à canon scié.

**sawtoothed** ['sɔːtuːθt] *adj* en dents de scie.

**sawyer** ['sɔːjər] *n* scieur *m*.

**sax** [sæks] *(abbr of* **saxophone**) *n* saxo *m*.

**saxifrage** ['sæksɪfrɪdʒ] *n* saxifrage *f*.

**Saxon** ['sæksn] ◇ *n* **-1.** [person] Saxon *m*, -onne *f*. **-2.** LING saxon *m*. ◇ *adj* saxon.

**Saxony** ['sæksənɪ] *pr n* Saxe *f*; in ~ en Saxe; Lower ~ Basse-Saxe *f*.

**saxophone** ['sæksəfəʊn] *n* saxophone *m*.

**saxophonist** [*Br* sæk'spfənɪst, *Am* 'sæksəfəʊnɪst] *n* saxophoniste *mf*.

**say** [seɪ] *(pt & pp* **said** [sed], *3rd pers pres sing* **says** [sez]) ◇ *vt* **A.** **-1.** [put into words] dire; to ~ sthg (to sb) dire qqch (à qqn); I think you can ~ goodbye to your money *fig* je crois que vous pouvez dire adieu à votre argent; I wouldn't ~ no! je ne dis pas non!, ce n'est pas de refus!; I wouldn't ~ no to a cold drink je prendrais volontiers une boisson fraîche; I said to myself 'let's wait a bit' je me suis dit «attendons un peu»; to ~ a prayer (for) dire une prière (pour); to ~ one's prayers faire sa prière; I can't ~ Russian names properly je n'arrive pas à bien prononcer les noms russes ‖ [expressing fact, idea, comment]: what did he ~ about his plans? qu'a-t-il dit de ses projets?; don't ~ too much about our visit ne parlez pas trop de notre visite; what did you ~ in reply? qu'avez-vous répondu?; I can't think of anything to ~ je ne trouve rien à dire; I have nothing to ~ [gen] je n'ai rien à dire; [no comment] je n'ai aucune déclaration à faire; I have nothing more to ~ on the matter je n'ai rien à ajouter là-dessus; nothing was said about going to Moscow on n'a pas parlé d'aller OR il n'a pas été question d'aller à Moscou; let's ~ no more about it n'en parlons plus; can you ~ that again? pouvez-vous répéter ce que vous venez de dire?; ~ what you mean dites ce que vous avez à dire; he didn't have a good word to ~ about the plan il n'a dit que du mal du projet; he didn't have much to ~ for himself [spoke little] il n'avait pas grand-chose à dire; [no excuses] il n'avait pas de véritable excuse à donner; he certainly has a lot to ~ for himself il n'a pas la langue dans la poche; you might ~ pour ainsi dire; so ~ing, he walked out sur ces mots, il est parti; to ~ nothing of the overheads sans parler des frais; just ~ the word, you only have to ~ (the word) *Br* vous n'avez qu'un mot à dire ❑ to ~ one's piece dire ce qu'on a à dire; it goes without ~ing that we shall travel

together il va sans dire OR il va de soi que nous voyagerons ensemble; you can ~ that again! c'est le cas de le dire!, je ne vous le fais pas dire!; you said it! *inf* tu l'as dit!; ~ no more n'en dis pas plus; enough said [I understand] je vois; well said! bien dit!; ~ when dis-moi stop. -2. [with direct or indirect speech] dire; she said (we were) to come elle a dit qu'on devait venir; they said it was going to rain ils ont annoncé de la pluie. -3. [claim, allege] dire; you know what they ~, no smoke without fire tu sais ce qu'on dit, il n'y a pas de fumée sans feu; these fans are said to be very efficient ces ventilateurs sont très efficaces, d'après ce qu'on dit; don't ~ you've forgotten! ne (me) dites pas que vous avez oublié!; who can ~? qui sait?; who can ~ when he'll come? qui peut dire quand il viendra?. -4. [expressing personal opinion] dire; so he ~s c'est ce qu'il dit; I must ~ she's been very helpful je dois dire qu'elle nous a beaucoup aidés; well this is a fine time to arrive, I must ~! *iron* en voilà une heure pour arriver!; I'll ~ this for him, he certainly tries hard je dois reconnaître qu'il fait tout son possible; you might as well ~ we're all mad! autant dire qu'on est tous fous!; I should ~ so bien sûr que oui, je pense bien; as they ~ comme ils disent OR on dit; if you ~ so si OR puisque tu le dis; and so ~ all of us et nous sommes tous d'accord OR de cet avis ❏ there's no ~ing what will happen impossible de prédire ce qui va arriver; to ~ the least c'est le moins qu'on puisse dire; I was surprised, not to ~ astounded j'étais surpris, pour ne pas dire stupéfait; there's something to be said for the idea l'idée a du bon; there's a lot to be said for doing sport il y a beaucoup d'avantages à faire du sport; that's not ~ing much ça ne veut pas dire grand-chose; it doesn't ~ much for his powers of observation cela en dit long sur son sens de l'observation; that isn't ~ing much for him ce n'est pas à son honneur; it ~s a lot for his courage/about his real motives cela en dit long sur son courage/ses intentions réelles.
**B. -1.** [think] dire, penser; I ~ you should leave je pense que vous devriez partir; what do you ~ we drive over OR to driving over to see them? que diriez-vous de prendre la voiture et d'aller les voir?; what do you ~? [do you agree?] qu'en dites-vous?; what did they ~ to your offer? qu'ont-ils dit de votre proposition?; when would you ~ would be the best time for us to leave? quel serait le meilleur moment pour partir, à votre avis? -2. [suppose, assume]: (let's) ~ your plan doesn't work, what then? admettons que votre plan ne marche pas, qu'est-ce qui se passe?; ~ he doesn't arrive, who will take his place? si jamais il n'arrive pas, qui prendra sa place?; look at, ~, Jane Austen or George Eliot... prends Jane Austen ou George Eliot, par exemple...; shall we ~ Sunday? disons dimanche, d'accord?. -3. [indicate, register] indiquer, marquer; the clock ~s 10.40 la pendule indique 10 h 40; it ~s 'shake well' c'est marqué «bien agiter»; the instructions ~ (to) open it out of doors dans le mode d'emploi, on dit qu'il faut l'ouvrir dehors. -4. [express – subj: intonation, eyes] exprimer, marquer; his expression said everything son expression était très éloquente OR en disait long. -5. [mean]: it's short, that's to ~, about 20 pages c'est court, ça fait 20 pages; that's not to ~ I don't like it cela ne veut pas dire que je ne l'aime pas.
◇ *vi* [tell] dire; he won't ~ il ne veut pas le dire; I'd rather not ~ je préfère ne rien dire; I can't ~ exactly je ne sais pas au juste; it's not for me to ~ [speak] ce n'est pas à moi de le dire; [decide] ce n'est pas à moi de décider; I can't ~ fairer than that je ne peux pas mieux dire ❏ so to ~ pour ainsi dire; I ~! [expressing surprise] eh bien!; [to attract attention] dites!; you don't ~! *inf* sans blague!, ça alors!
◇ *n*: to have a ~ in sthg avoir son mot à dire dans qqch; I had no ~ in choosing the wallpaper on ne m'a pas demandé mon avis pour le choix du papier peint; to have one's ~ dire ce qu'on a à dire.
◇ *interj Am* dites donc!
◆ **when all's said and done** *adv phr* tout compte fait, au bout du compte.

**saying** ['seɪɪŋ] *n* dicton *m*, proverbe *m*; as the ~ goes [proverb] comme dit le proverbe; [as we say] comme on dit.

**say-so** *n Br* **-1.** [authorization]: I'm not going without her ~ je n'irai pas sans qu'elle m'y autorise OR sans son accord. **-2.** [assertion]: I won't believe it just on his ~ ce n'est pas

parce qu'il l'a dit que j'y crois.

**SC** *written abbr of* **South Carolina**.

**S/C** *written abbr of* **self contained**.

**scab** [skæb] (*pt & pp* **scabbed**, *cont* **scabbing**) ◇ *n* **-1.** MED [from cut, blister] croûte *f*.**-2.** BOT & ZOOL gale *f*.**-3.** *inf & pej* [strikebreaker] jaune *mf*.**-4.** *inf* [cad] crapule *f*, sale type *m*. ◇ *vi* **-1.** MED former une croûte. **-2.** *Br inf & pej* briser une grève, refuser de faire grève.

**scabbard** ['skæbəd] *n* [for sword] fourreau *m*; [for dagger, knife] gaine *f*, étui *m*.

**scabby** ['skæbɪ] (*compar* **scabbier**, *superl* **scabbiest**) *adj* **-1.** MED [skin] croûteux, recouvert d'une croûte. **-2.** *inf & pej* [mean – person] mesquin; [– attitude] moche.

**scabies** ['skeɪbi:z] *n (U)* gale *f*.

**scabrous** ['skeɪbrəs] *adj lit* **-1.** [joke, story] scabreux, osé; [subject] scabreux, risqué. **-2.** [skin] rugueux, rêche.

**scaffold** ['skæfəuld] *n* **-1.** CONSTR échafaudage *m*.**-2.** [for execution] échafaud *m*; to go to the ~ monter à l'échafaud.

**scaffolding** ['skæfəldɪŋ] *n* [framework] échafaudage *m*.

**scalawag** ['skæləwæg] *n Am* = **scallywag**.

**scald** [skɔ:ld] ◇ *vt* **-1.** [hands, skin] ébouillanter; the hot tea ~ed my tongue le thé bouillant m'a brûlé la langue. **-2.** CULIN [tomatoes] ébouillanter; [milk] porter presque à ébullition. **-3.** [sterilize] stériliser. ◇ *n* brûlure *f* (*causée par un liquide, de la vapeur*); I got a nasty ~ je me suis bien ébouillanté.

**scalding** ['skɔ:ldɪŋ] ◇ *adj* **-1.** [water] bouillant; [metal, tea, soup, tears] brûlant. **-2.** [sun] brûlant; [heat] suffocant, torride; [weather] très chaud, torride. **-3.** [criticism] cinglant, acerbe. ◇ *adv*: ~ hot [coffee] brûlant; [weather] torride.

**scale** [skeɪl] ◇ *n* **-1.** [of model, drawing] échelle *f*; the sketch was drawn to ~ l'esquisse était à l'échelle; the ~ of the map is 1 to 50,000 la carte est au 50 millième; the drawing is out of ~ OR is not to ~ le croquis n'est pas à l'échelle. **-2.** [for measurement, evaluation] échelle *f*; [of salaries, taxes] échelle *f*, barème *m*; [of values] échelle *f*; the social ~ l'échelle sociale; at the top of the ~ en haut de l'échelle ‖ [graduation] échelle *f* (graduée), graduation *f*.**-3.** [extent] échelle *f*, étendue *f*; [size] importance *f*; the ~ of the devastation l'étendue des dégâts; the sheer ~ of the problem l'ampleur même du problème; to do sthg on a large ~ faire qqch sur une grande échelle; on an industrial ~ à l'échelle industrielle ❏ economies of ~ économies d'échelle. **-4.** MUS gamme *f*; to practise OR to do one's ~s faire ses gammes. **-5.** [of fish, reptile] écaille *f*; [of epidermis] squame *f*; the ~s fell from his eyes *fig* les écailles lui sont tombées des yeux. **-6.** [in kettle, pipes] tartre *m*, (dépôt *m*) calcaire *m*; [on teeth] tartre *m*.**-7.** [of paint, plaster, rust] écaille *f*, écaillure *f*.**-8.** [scale pan] plateau *m* (de balance). **-9.** *Am* [for weighing] pèse-personne *m*, balance *f*. ◇ *vt* **-1.** [climb over – wall, fence] escalader. **-2.** [drawing] dessiner à l'échelle. **-3.** [test] graduer, pondérer. **-4.** [fish, paint] écailler; [teeth, pipes] détartrer. ◇ *vi* [paint, rust] s'écailler; [skin] peler.
◆ **scales** *npl* [for food] balance *f*; [for letters] pèse-lettre *m*; [for babies] pèse-bébé *m*; [public] bascule *f*; (a pair of) kitchen ~s une balance de cuisine; (a pair of) bathroom ~s un pèse-personne.
◆ **scale down** *vt sep* **-1.** [drawing] réduire l'échelle de. **-2.** [figures, demands] réduire, baisser, diminuer.
◆ **scale off** *vi insep* [paint, rust] s'écailler. ◇ *vt sep* écailler.
◆ **scale up** *vt sep* **-1.** [drawing] augmenter l'échelle de. **-2.** [figures, demands] réviser à la hausse, augmenter.

**scaled** [skeɪld] *adj* [pipe, kettle, tooth] entartré.

**scale drawing** *n* dessin *m* à l'échelle.

**scale model** *n* [of car, plane] modèle *m* réduit; [of buildings, town centre] maquette *f*.

**scalene** ['skeɪli:n] *adj* scalène.

**scallion** ['skæljən] *n Am* CULIN [spring onion] oignon *m* blanc; [leek] poireau *m*; [shallot] échalote *f*.

**scallop** ['skɒləp] ◇ *vt* **-1.** CULIN [fish, vegetable] gratiner. **-2.** SEW [edge, hem] festonner. ◇ *n* CULIN & ZOOL coquille Saint-Jacques *f*.
◆ **scallops** *npl* SEW festons *mpl*.

**scalloped** ['skɒləpt] *adj* **-1.** CULIN: ~ potatoes *fines tranches de pommes de terre sautées ou cuites au four*. **-2.** SEW [edge, hem] festonné.

**scallywag** ['skælɪwæg] *n inf* [rascal] voyou *m*, coquin *m*.

**scalp** [skælp] ◊ *n* **-1.** [top of head] cuir *m* chevelu. **-2.** [Indian trophy] scalp *m*.**-3.** *fig* [trophy] trophée *m*; HUNT trophée *m* de chasse. ◊ *vt* **-1.** [person, animal] scalper. **-2.** *inf* [tickets] vendre en réalisant un bénéfice substantiel; to ~ shares OR securities *Am* boursicoter. **-3.** *inf* [cheat] arnaquer.

**scalpel** ['skælpəl] *n* scalpel *m*.

**scalper** ['skælpər] *n Am* revendeur *m*, -euse *f* de tickets à la sauvette *(pour un concert, un match etc)*.

**scaly** ['skeɪlɪ] *(compar* **scalier**, *superl* **scaliest)** *adj* [creature] écailleux; [paint] écaillé; [skin] squameux; [pipe] entartré.

**scam**▽ [skæm] *n* escroquerie *f*, arnaque *f*.

**scamp** [skæmp] *inf n* [child] garnement *m*, coquin *m*, -e *f*; [rogue] voyou *m*.

**scamper** ['skæmpər] ◊ *vi* **-1.** [small animal] trottiner; [children] gambader, galoper; the kids ~ed into the house/up the stairs les gosses sont entrés dans la maison/ont monté l'escalier en courant. **-2.** *inf* [work quickly]: I positively ~ed through the book j'ai lu le livre à toute vitesse. ◊ *n* trottinement *m*.

◆ **scamper about** *vi insep* [animal] courir OR trottiner çà et là; [children] gambader.

**scampi** ['skæmpɪ] *n (U)* scampi *mpl*.

**scan** [skæn] *(pt & pp* **scanned**, *cont* **scanning)** ◊ *vt* **-1.** [look carefully at] scruter, fouiller du regard; [read carefully] lire attentivement; the troops scanned the sky for enemy planes les soldats scrutaient OR observaient le ciel à la recherche d'avions ennemis. **-2.** [consult quickly – report, notes] lire en diagonale, parcourir rapidement; [– magazine] feuilleter; [– screen, image] balayer; [– page, memory] lire. **-3.** PHYS [spectrum] balayer, parcourir; [subj: radar, searchlight] balayer. **-4.** MED examiner au scanner, faire une scanographie de. **-5.** ELECTRON & TV balayer. **-6.** LITERAT scander. ◊ *vi* LITERAT se scander; this line doesn't ~ ce vers est faux. ◊ *n* **-1.** MED scanographie *f*, examen *m* au scanner. **-2.** LITERAT scansion *f*.**-3.** ELECTRON & TV balayage *m*.

**scandal** ['skændl] *n* **-1.** [disgrace] scandale *m*; to cause a ~ provoquer un scandale; it's a ~ that people like them should be let free c'est scandaleux de laisser des gens pareils en liberté; it's a national ~ c'est une honte nationale OR un scandale public. **-2.** *(U)* [gossip] ragots *mpl*; [evil] médisance *f*, médisances *fpl*, calomnie *f*; this newspaper specializes in ~ c'est un journal à scandale; the latest society ~ les derniers potins mondains.

**scandalize, -ise** ['skændəlaɪz] *vt* scandaliser, choquer; he was ~d by what she said il a été scandalisé par ses propos; she's easily ~d elle se scandalise OR s'indigne vite.

**scandalmonger** ['skændl,mʌŋgər] *n* mauvaise langue *f*, colporteur *m*, -euse *f* de ragots.

**scandalous** ['skændələs] *adj* **-1.** [conduct] scandaleux, choquant; [news, price] scandaleux; it's absolutely ~! c'est un véritable scandale!**-2.** [gossip] calomnieux.

**scandalously** ['skændələslɪ] *adv* **-1.** [act] scandaleusement. **-2.** [speak, write] de manière diffamatoire.

**Scandinavia** [,skændɪ'neɪvjə] *pr n* Scandinavie *f*; in ~ en Scandinavie.

**Scandinavian** [,skændɪ'neɪvjən] ◊ *n* **-1.** [person] Scandinave *mf*.**-2.** LING scandinave *m*. ◊ *adj* scandinave.

**scanner** ['skænər] *n* **-1.** MED & ELECTRON scanner *m*.**-2.** [for radar] antenne *f*.**-3.** COMPUT: [optical] ~ scanner *m*.

**scansion** ['skænʃn] *n* LITERAT scansion *f*.

**scant** [skænt] ◊ *adj* maigre; to pay ~ attention to sb/sthg ne prêter que peu d'attention à qqn/qqch; they showed ~ regard for our feelings ils ne se sont pas beaucoup souciés OR ils se sont peu soucies de ce que nous pouvions ressentir; a ~ teaspoonful une cuillerée à café rase. ◊ *vt* **-1.** [skimp on] lésiner sur; [restrict] restreindre. **-2.** [treat superficially] traiter de manière superficielle.

**scantily** ['skæntɪlɪ] *adv* [furnished] pauvrement, chichement; [dressed] légèrement.

**scanty** ['skæntɪ] *(compar* **scantier**, *superl* **scantiest)** *adj* **-1.** [small in number, quantity – meal, crops] maigre, peu abondant; [– income, payment] maigre, modeste; [– information, knowledge] maigre, limité; [– applause] maigre, peu fourni; [– audience] clairsemé; [– praise, aid] limité. **-2.** [brief – clothing] léger.

**scapegoat** ['skeɪpgəʊt] *n* bouc *m* émissaire.

**scar** [skɑːr] *(pt & pp* **scarred**, *cont* **scarring)** ◊ *n* **-1.** [from wound, surgery] cicatrice *f*; [from deep cut on face] balafre *f*.**-2.** *fig* [on land, painted surface, tree] cicatrice *f*, marque *f*; [emotional] cicatrice *f*; the ~s of battle les traces de la bataille. **-3.** [rock] rocher *m* escarpé; [in river] écueil *m*. ◊ *vt* **-1.** [skin, face] laisser une cicatrice sur; his hands were badly scarred il avait sur les mains de profondes cicatrices; smallpox had scarred his face il avait le visage grêlé par la variole. **-2.** *fig* [surface] marquer; [emotionally] marquer; she was permanently scarred by the experience cette expérience l'avait marquée pour la vie. ◊ *vi* [form scar] se cicatriser; [leave scar] laisser une cicatrice.

◆ **scar over** *vi insep* [form scar] former une cicatrice; [close up] se cicatriser.

**scarab** ['skærəb] *n* scarabée *m*.

**scarce** ['skeəs] *adj* [rare] rare; [infrequent] peu fréquent; [in short supply] peu abondant; sugar is ~ at the moment il y a une pénurie de sucre en ce moment; to become ~ se faire rare; rain is □ in this region il ne pleut pas souvent dans cette région □ to make o.s. ~ *inf* [run away] se sauver, décamper; [get out] débarrasser le plancher.

◊ *adv lit* à peine.

**scarcely** ['skeəslɪ] *adv* **-1.** [no sooner] à peine; we had ~ begun OR had we begun when the bell rang nous avions tout juste commencé quand OR à peine avions-nous commencé que la cloche a sonné. **-2.** [barely]: he ~ spoke to me c'est tout juste s'il m'a adressé la parole; she's ~ more than a child elle n'est encore qu'une enfant; ~ any presque pas de; ~ anybody presque personne; ~ anything presque rien; he has ~ any hair left il n'a presque plus de cheveux. **-3.** [indicating difficulty] à peine, tout juste; I could ~ tell his mother, now could I! je ne pouvais quand même pas le dire à sa mère, non?; I ~ know where to begin je ne sais pas trop par où commencer; I can ~ wait to meet her j'ai hâte de la rencontrer; I can ~ believe what you're saying j'ai du mal à croire ce que vous dites.

**scarcity** ['skeəsətɪ] *(pl* **scarcities)** *n* [rarity] rareté *f*; [lack] manque *m*; [shortage] manque *m*, pénurie *f*; there is a ~ of new talent today les nouveaux talents se font rares.

**scarcity value** *n* valeur *f* de rareté.

**scare** [skeər] ◊ *vt* effrayer, faire peur à; thunder really ~s me le tonnerre me fait vraiment très peur □ the film ~d me stiff! *inf* le film m'a flanqué une de ces frousses!; to ~ the wits OR the living daylights OR the life out of sb *inf* flanquer une peur bleue OR une trouille pas possible à qqn; he ~d the hell *inf* OR the shit▼ out of me il m'a foutu les jetons. ◊ *vi* s'effrayer, prendre peur; I don't ~ easily je ne suis pas peureux. ◊ *n* **-1.** [fright] peur *f*, frayeur *f*; to give sb a ~ effrayer qqn, faire peur à qqn. **-2.** [alert] alerte *f*; [rumour] bruit *m* alarmiste, rumeur *f*; a bomb/fire ~ une alerte à la bombe/au feu. ◊ *comp* [sensational – headlines] alarmiste; [frightening – story] effrayant, qui fait peur.

◆ **scare away, scare off** *vt sep* [bird, customer] faire fuir.

◆ **scare up** *vt sep Am inf* dénicher.

**scarecrow** ['skeəkrəʊ] *n* [for birds] épouvantail *m*; *fig* [person – thin] squelette *m*; [– badly dressed] épouvantail *m*.

**scared** ['skeəd] *adj* [frightened] effrayé; [nervous] craintif, peureux; to be ~ (of sthg) avoir peur (de qqch); he was ~ to ask il avait peur de demander; he's ~ of being told off/ that she might tell him off il craint de se faire gronder/ qu'elle ne le gronde; to be ~ stiff *inf* OR to death *inf* avoir une peur bleue; I was ~ out of my wits! *inf* j'étais mort de peur!

**scaredy cat** ['skeədɪ-] *n inf* froussard *m*, -e *f*.

**scaremonger** ['skeə,mʌŋgər] *n* alarmiste *mf*.

**scaremongering** ['skeə,mʌŋgrɪŋ] *n* alarmisme *m*.

**scarey** ['skeərɪ] = scary.

**scarf** [skɑːf] *(pl sense 1* **scarfs** OR **scarves** [skɑːvz], *pl sense 2* **scarfs**) *n* **-1.** [long] écharpe *f*; [headscarf, cravat] foulard *m*.**-2.** CONSTR [cut] entaille *f*.

**scarlatina** [,skɑːlə'tiːnə] *n (U)* MED scarlatine *f*.

**scarlet** ['skɑːlət] ◊ *adj* [gen] écarlate; [face – from illness, effort] cramoisi; [– from shame] écarlate, cramoisi. ◊ *n* écarlate *f*.

**scarlet fever** *n (U)* scarlatine *f*.

**scarlet pimpernel** *n* BOT mouron *m* rouge; 'The Scarlet Pimpernel' *Orczy* 'le Mouron rouge'.

**scarlet woman** n Br hum femme f de mauvaise vie.

**scarp** [skɑ:p] n escarpement m.

**scarper** ['skɑ:pə'] vi Br inf déguerpir, se barrer.

**scar tissue** n tissu m cicatriciel.

**scarves** [skɑ:vz] pl → **scarf 1**.

**scary** ['skeərɪ] (compar **scarier**, superl **scariest**) adj inf **-1.** [frightening – place, person] effrayant; [– story] qui donne le frisson. **-2.** [fearful] peureux.

**scathing** ['skeɪðɪŋ] adj [criticism, remark] caustique, cinglant; **to give sb a ~ look** foudroyer qqn du regard.

**scathingly** ['skeɪðɪŋlɪ] adv [retort, criticize] de manière cinglante.

**scatological** [,skætə'lɒdʒɪkl] adj scatologique.

**scatter** ['skætə'] ◊ vt **-1.** [strew] éparpiller, disperser; **papers had been ~ed all over the desk** le bureau était jonché OR couvert de papiers. **-2.** [spread] répandre; [sprinkle] saupoudrer; **she ~ed crumbs for the birds** elle a jeté des miettes de pain aux oiseaux; **to ~ seeds** semer des graines à la volée. **-3.** [disperse – crowd, mob] disperser; [– enemy] mettre en fuite; [– clouds] dissiper, disperser. **-4.** PHYS [light] disperser. ◊ vi **-1.** [people, clouds] se disperser; **they told us to ~** ils nous ont dit de partir. **-2.** [beads, papers] s'éparpiller. ◊ n **-1.** [of rice, bullets] pluie f; **a ~ of farms on the hillside** quelques fermes éparpillées à flanc de coteau. **-2.** [in statistics] dispersion f.

◆ **scatter about** Br, **scatter around** vt sep éparpiller.

**scatter bomb** n obus m à mitraille, shrapnel m, shrapnell m.

**scatterbrain** ['skætəbreɪn] n tête f de linotte, étourdi m, -e f.

**scatterbrained** ['skætəbreɪnd] adj écervelé, étourdi.

**scatter cushion** n petit coussin m.

**scattered** ['skætəd] adj **-1.** [strewn] éparpillé; **papers/toys lying ~ all over the floor** des papiers/des jouets éparpillés par terre. **-2.** [sprinkled] parsemé; **the tablecloth was ~ with crumbs** la nappe était parsemée de miettes. **-3.** [dispersed – population] dispersé, disséminé; [– clouds] épars; [– villages, houses] épars; [– light] diffus; [– fortune] dissipé; **she tried to collect her ~ thoughts** elle essaya de mettre de l'ordre dans ses idées; **~ showers** averses fpl intermittentes.

**scatter-gun** n fusil m de chasse.

**scattering** ['skætərɪŋ] n **-1.** [small number]: **a ~ of followers** une poignée d'adeptes; **there was a ~ of farms** il y avait quelques fermes çà et là. **-2.** [dispersion] dispersion f.

**scatty** ['skætɪ] (compar **scattier**, superl **scattiest**) adj inf [forgetful] étourdi, écervelé; [silly] bêta (f -asse).

**scavenge** ['skævɪndʒ] ◊ vi **-1.** [bird, animal]: **to ~ (for food)** chercher sa nourriture. **-2.** [person]: **he was scavenging among the dustbins** il fouillait dans OR faisait les poubelles. ◊ vt **-1.** [material, metals] récupérer. **-2.** [streets] nettoyer.

**scavenger** ['skævɪndʒə'] n **-1.** ZOOL charognard m. **-2.** [salvager] ramasseur m d'épaves; [in rubbish] pilleur m de poubelles. **-3.** Br [street cleaner] éboueur m.

**scenario** [sɪ'nɑ:rɪəʊ] (pl **scenarios**) n scénario m.

**scene** [si:n] n **-1.** [sphere of activity, milieu] scène f, situation f; **the world political ~** la scène politique internationale; **she's a newcomer on** OR **to the sports ~** c'est une nouvelle venue sur la scène sportive OR dans le monde du sport; **the drug ~** le monde de la drogue; **she came on the ~ just when we needed her** elle est arrivée juste au moment où nous avions besoin d'elle; **he disappeared from the ~ for a few years** il a disparu de la circulation OR de la scène pendant quelques années. **-2.** CIN & THEAT [in film] scène f, séquence f; [in play] scène f; **to set the ~** planter le décor; **the ~ is set** OR **takes place in Bombay** la scène se passe OR l'action se déroule à Bombay; **the ~ was set for the arms negotiations** fig tout était prêt pour les négociations sur les armements. **-3.** [place, spot] lieu m, lieux mpl, endroit m; **the ~ of the disaster** l'endroit où s'est produit la catastrophe; **the ~ of the crime** le lieu du crime; **the police were soon on the ~** la police est rapidement arrivée sur les lieux OR sur place; **~ of operations** MIL théâtre m des opérations. **-4.** [image] scène f, spectacle m; [incident] scène f, incident m; **~s of horror/violence** scènes d'horreur/de violence; **~s from** OR **of village life** scènes de la vie villageoise; **just picture the ~** essayez de vous représenter la scène || [view] spectacle m, perspective f, vue f; **a change of ~ will do you good** un changement d'air OR de décor vous fera du bien || ART tableau m, scène f; **city/country ~s** scènes de ville/champêtres. **-5.** [fuss, row] scène f; **to make a ~** faire une scène; **to have a ~ with sb** se disputer avec qqn; **he made an awful ~ about it** il en a fait toute une histoire. **-6.** inf [favourite activity]: **jazz isn't really my ~** le jazz, ça n'est pas vraiment mon truc.

**scene change** n changement m de décors.

**scenery** ['si:nərɪ] n **-1.** [natural setting] paysage m; **mountain ~** paysage de montagne; **the ~ round here is lovely** les paysages sont très beaux par ici; **she needs a change of ~** fig elle a besoin de changer de décor OR d'air. **-2.** THEAT décor m, décors mpl.

**scene shifter** ['si:n,ʃɪftə'] n machiniste m THÉÂT.

**scenic** ['si:nɪk] adj **-1.** [surroundings] pittoresque. **-2.** ART & THEAT scénique.

**scenic railway** n **-1.** [for tourists] petit train m (touristique). **-2.** [in fairground] montagnes fpl russes.

**scent** [sent] ◊ n **-1.** [smell] parfum m, odeur f. **-2.** HUNT [– of animal] fumet m; [– of person] odeur f; [track] trace f, piste f; **the hounds are on the ~** OR **have picked up the ~ of a fox** les chiens sont sur la trace d'un renard OR ont dépisté un renard; **they've lost the ~** ils ont perdu la piste; **to put** OR **to throw sb off the ~** semer qqn; **we're on the ~ of a major scandal** nous flairons un gros scandale. **-3.** Br [perfume] parfum m. ◊ vt **-1.** [smell – prey] flairer; [detect – danger, treachery] flairer, subodorer. **-2.** [perfume] parfumer; **~ed notepaper** papier m à lettres parfumé.

**scentless** ['sentlɪs] adj [odourless – substance] inodore; [– flower] sans parfum.

**scepter** Am = **sceptre**.

**sceptic** Br, **skeptic** Am ['skeptɪk] ◊ adj sceptique. ◊ n sceptique mf.

**sceptical** Br, **skeptical** Am ['skeptɪkl] adj sceptique.

**scepticism** Br, **skepticism** Am ['skeptɪsɪzm] n scepticisme m.

**sceptre** Br, **scepter** Am ['septə'] n sceptre m.

**schedule** [Br 'ʃedju:l, Am 'skedʒʊl] ◊ n **-1.** [programme] programme m; [calendar] programme m, calendrier m; [timetable] programme m, emploi m du temps; [plan] prévisions fpl, plan m; **everything went according to ~** tout s'est déroulé comme prévu; **the work was carried out according to ~** le travail a été effectué selon les prévisions; **we are on ~** OR **up to ~** nous sommes dans les temps; **our work is ahead of/behind ~** nous sommes en avance/en retard dans notre travail; **the bridge was opened on/ahead of ~** le pont a été ouvert à la date prévue/en avance sur la date prévue; **to fall behind ~** prendre du retard sur les prévisions de travail. **-2.** [timetable – for transport] horaire m; **the train is on ~/is running behind ~** le train est à l'heure/du retard. **-3.** [list – of prices] barème m; [– of contents] inventaire m; [– of payments] échéancier m; [for taxes] rôle m; **~ of charges** tarifs mpl. **-4.** JUR [annexe] annexe f, avenant m.

◊ vt **-1.** [plan – event] fixer la date OR l'heure de; [– appointment] fixer; **the meeting was ~d for 3 o'clock/Wednesday** la réunion était prévue pour 15 heures/mercredi; **the plane was ~d to touch down at 18.45** il était prévu que l'avion arrive OR l'arrivée de l'avion était prévue à 18 h 45; **which day is the film ~d for?** quel jour a été retenu pour le film?; **it's ~d for Saturday** il est programmé pour samedi; **you aren't ~d to sing until later** d'après le programme, vous devez chanter plus tard (dans la soirée). **-2.** [period, work, series] organiser; **to ~ one's time** aménager OR organiser son temps; **to ~ a morning** établir l'emploi du temps d'une matinée; **that lunch hour is already ~d** ce déjeuner est déjà réservé. **-3.** [topic, item] inscrire; **it's ~d as a topic for the next meeting** c'est inscrit à l'ordre du jour de la prochaine réunion. **-4.** Br ADMIN [monument] classer.

**scheduled** [Br 'ʃedju:ld, Am 'skedʒʊld] adj **-1.** [planned] prévu; **at the ~ time** à l'heure prévue; **we announce a change to our ~ programmes** TV nous annonçons une modification de nos programmes. **-2.** [regular – flight] régulier; [– stop, change] habituel. **-3.** [official – prices] tarifé. **-4.** Br ADMIN: **~ building** bâtiment m classé (monument historique); **the ~ territories** la zone sterling.

**schema** ['ski:mə] (pl **schemata** [-mətə]) n **-1.** [diagram] schéma m. **-2.** PHILOS & PSYCH schème m.

**schematic** [skɪ'mætɪk] ◇ *adj* schématique. ◇ *n* schéma *m*.

**scheme** [ski:m] ◇ *n* **-1.** [plan] plan *m*, projet *m*; a ~ to get rich quick un procédé pour s'enrichir rapidement; the ~ of things l'ordre des choses; where does he fit into the ~ of things? quel rôle joue-t-il dans cette affaire?; it just doesn't fit into her ~ of things cela n'entre pas dans sa conception des choses. **-2.** [plot] intrigue *f*, complot *m*; [unscrupulous] procédé *m* malhonnête. **-3.** *Br* ADMIN plan *m*, système *m*; the firm has a profit-sharing/a pension ~ l'entreprise a un système de participation aux bénéfices/un régime de retraites complémentaires; government unemployment ~s plans antichômage du gouvernement ❏ National Savings Scheme ≃ Caisse *f* nationale d'épargne. **-4.** [arrangement] disposition *f*, schéma *m*. ◇ *vi* intriguer; to ~ to do sthg projeter de faire qqch. ◇ *vt* combiner, manigancer.

**schemer** ['ski:mə<sup>r</sup>] *n* intrigant *m*, -e *f*; [in conspiracy] conspirateur *m*, -trice *f*.

**scheming** ['ski:mɪŋ] ◇ *n (U)* intrigues *fpl*, machinations *fpl*. ◇ *adj* intrigant, conspirateur.

**schism** ['sɪzm, 'skɪzm] *n* schisme *m*.

**schizo**<sup>▽</sup> ['skɪtsəʊ] (*pl* **schizos**) ◇ *adj* schizophrène, schizo. ◇ *n* schizophrène *mf*, schizo *mf*.

**schizoid** ['skɪtsɔɪd] ◇ *adj* schizoïde. ◇ *n* schizoïde *mf*.

**schizophrenia** [ˌskɪtsə'fri:njə] *n* schizophrénie *f*; to suffer from ~ être atteint de schizophrénie, être schizophrène.

**schizophrenic** [ˌskɪtsə'frenɪk] ◇ *adj* schizophrène. ◇ *n* schizophrène *mf*.

**schmal(t)z** [ʃmɔːlts] *n inf* sentimentalité *f*.

**schmal(t)zy** ['ʃmɔːltsɪ] *adj inf* à l'eau de rose.

**schmuck**<sup>▽</sup> [ʃmʌk] *n* connard *m*.

**schnap(p)s** [ʃnæps] (*pl inv*) *n* schnaps *m*.

**schnorkel** ['snɔːkl] *Br* = snorkel.

**scholar** ['skɒlə<sup>r</sup>] *n* **-1.** [academic] érudit *m*, -e *f*, savant *m*; [specialist] spécialiste *mf*; [intellectual] intellectuel *m*, -elle *f*; an Egyptian ~ un spécialiste de l'Égypte. **-2.** [holder of grant] boursier *m*, -ère *f*. **-3.** *dated* [pupil] élève *mf*.

**scholarly** ['skɒləlɪ] *adj* **-1.** [person] érudit, cultivé. **-2.** [article, work] savant. **-3.** [approach] rigoureux, scientifique. **-4.** [circle] universitaire.

**scholarship** ['skɒləʃɪp] *n* **-1.** SCH & UNIV [grant] bourse *f*; to win a ~ to Stanford obtenir une bourse pour Stanford (*sur concours*); ~ student OR holder boursier *m*, -ère *f*. **-2.** [knowledge] savoir *m*, érudition *f*.

**scholastic** [skə'læstɪk] ◇ *adj* **-1.** [ability, record, supplier] scolaire; [profession] d'enseignant; [competition] inter-écoles. **-2.** [philosophy, approach, argument] scolastique. ◇ *n* scolastique *m*.

**scholasticism** [skə'læstɪsɪzm] *n* scolastique *f*.

**school** [sku:l] ◇ *n* **-1.** [educational establishment] école *f*, établissement *m* scolaire; [secondary school – to age 15] collège *m*; [– 15 to 18] lycée *m*; to go to ~ aller à l'école OR au collège OR au lycée; to be at OR in ~ être à l'école OR en classe; to go back to ~ [after illness] reprendre l'école; [after holidays] rentrer; to send one's children to ~ envoyer ses enfants à l'école; to go skiing/sailing with the ~ ≃ aller en classe de neige/de mer ‖ [classes] école *f*, classe *f*, classes *fpl*, cours *mpl*; there's no ~ today il n'y a pas (d')école OR il n'y a pas classe aujourd'hui; ~ starts back next week c'est la rentrée (scolaire OR des classes) la semaine prochaine ‖ [pupils] école *f*; the whole ~ is OR are invited toute l'école est invitée ‖ *fig* école *f*; the ~ of life l'école de la vie ❏ ~ broadcasting émissions *fpl* scolaires; 'The School for Scandal' *Sheridan* 'l'École de la médisance'. **-2.** [institute] école *f*, académie *f*; ~ of dance, dancing ~ académie OR école de danse; ~ of music [gen] école de musique; [superior level] conservatoire *m*; driving ~, ~ of motoring auto-école *f*, école *f* de conduite. **-3.** UNIV [department] département *m*, institut *m*; [faculty] faculté *f*; [college] collège *m*; *Am* [university] université *f*; ~ of medicine faculté de médecine; London School of Economics *institut d'études économiques de l'université de Londres*; she's at law ~ elle fait des études de droit, elle fait son droit ‖ [at Oxbridge] salle *f* d'examens. **-4.** [of art, literature] école *f*; a doctor of the old ~ *fig* un médecin de la vieille école OR de la vieille garde ❏ ~ of thought *literal* école *f* de pensée; *fig* théorie *f*. **-5.** [training session] stage *m*. **-6.** HIST: the Schools l'École *f*, la scolastique. **-7.** [of fish, porpoise] banc *m*.

◇ *comp* [doctor, report] scolaire; ~ day journée *f* scolaire OR d'école; ~ dinners repas *mpl* servis à la cantine (de l'école); ~ fees frais *mpl* de scolarité; ~ governor *Br* membre *m* du conseil de gestion de l'école.

◇ *vt* **-1.** [send to school] envoyer à l'école, scolariser. **-2.** [train – person] entraîner; [– animal] dresser; she is well ~ed in diplomacy elle a une bonne formation diplomatique.

**school age** *n* âge *m* scolaire.

**schoolbag** ['sku:lbæg] *n* cartable *m*.

**schoolbook** ['sku:lbʊk] *n* livre *m* OR manuel *m* scolaire.

**schoolboy** ['sku:lbɔɪ] *n* écolier *m*; ~ slang argot *m* scolaire.

**school bus** *n* car *m* de ramassage scolaire.

**schoolchild** ['sku:ltʃaɪld] (*pl* **schoolchildren** [-tʃɪldrən]) *n* écolier *m*, -ère *f*.

**schooldays** ['sku:ldeɪz] *npl* années *fpl* d'école.

**school district** *n* aux États-Unis, autorité locale décisionnaire dans le domaine de l'enseignement primaire et secondaire.

**schoolgirl** ['sku:lgɜːl] ◇ *n* écolière *f*. ◇ *comp*: ~ complexion teint *m* de jeune fille; she had the usual ~ crush on the gym teacher comme toutes les filles de son âge, elle était tombée amoureuse de son prof de gym.

**school holiday** *n* jour *m* de congé scolaire; during the ~s pendant les vacances OR congés scolaires.

**school hours** *npl* heures *fpl* de classe OR d'école; in ~ pendant les heures de classe; out of ~ en dehors des heures de classe.

**schoolhouse** ['sku:lhaʊs, *pl* -haʊzɪz] *n* école *f* (du village).

**schooling** ['sku:lɪŋ] *n* **-1.** [education] instruction *f*, éducation *f*; [enrolment at school] scolarité *f*. **-2.** [of horse] dressage *m*.

**schoolkid** ['sku:lkɪd] *n inf* écolier *m*, -ère *f*.

**school-leaver** [-ˌliːvə<sup>r</sup>] *n Br* jeune qui entre dans la vie active à la fin de sa scolarité.

**school-leaving age** [-ˈliːvɪŋ-] *n* fin *f* de la scolarité obligatoire; the ~ was raised to 16 l'âge légal de fin de scolarité a été porté à 16 ans.

**schoolma'am, schoolmarm** ['sku:lmɑːm] *n inf* **-1.** *hum* [teacher] maîtresse *f* d'école. **-2.** *Br pej* [prim woman] bégueule *f*.

**schoolmarmish** ['sku:lmɑːmɪʃ] *adj Br inf & pej*: she's very ~ elle fait très maîtresse d'école.

**schoolmaster** ['sku:lˌmɑːstə<sup>r</sup>] *n Br* [at primary school] maître *m*, instituteur *m*; [at secondary school] professeur *m*.

**schoolmate** ['sku:lmeɪt] *n* camarade *m* d'école.

**schoolmistress** ['sku:lˌmɪstrɪs] *n Br* [primary school] maîtresse *f*, institutrice *f*; [secondary school] professeur *m*.

**schoolroom** ['sku:lrʊm] *n* (salle *f* de) classe *f*.

**schoolteacher** ['sku:lˌtiːtʃə<sup>r</sup>] *n* [at any level] enseignant *m*, -e *f*; [at primary school] instituteur *m*, -trice *f*; [at secondary school] professeur *m*.

**schoolteaching** ['sku:lˌtiːtʃɪŋ] *n* enseignement *m*.

**school tie** *n* cravate propre à une école et faisant partie de l'uniforme.

**schooltime** ['sku:ltaɪm] *n* [school hours] heures *fpl* d'école; [outside holidays] année *f* scolaire.

**school uniform** *n* uniforme *m* scolaire.

**schoolwork** ['sku:lwɜːk] *n (U)* travail *m* scolaire; [at home] devoirs *mpl*, travail *m* à la maison.

**school year** *n* année *f* scolaire; my ~s ma scolarité, mes années d'école.

**schooner** ['sku:nə<sup>r</sup>] *n* **-1.** NAUT schooner *m*. **-2.** [for sherry, beer] grand verre *m*.

**Schubert** ['ʃuːbət] *prn* Schubert.

**schuss** [ʃʊs] ◇ *n* schuss *m*. ◇ *vi* descendre tout schuss.

**schwa** [ʃwɑː] *n* [in phonetics] schwa *m*.

**sciatic** [saɪˈætɪk] *adj* sciatique; ~ nerve nerf *m* sciatique.

**sciatica** [saɪˈætɪkə] *n (U)* sciatique *f*.

**science** ['saɪəns] ◇ *n (U)* [gen] science *f*, sciences *fpl*; modern ~ la science moderne; she studied ~ elle a fait des études de science OR scientifiques ‖ [branch] science *f*. ◇ *comp* [exam] de science; [teacher] de science, de sciences; [student] en sciences; [lab, subject] scientifique.

**science fiction** *n* science-fiction *f*.

**science park** *n* parc *m* scientifique.

**scientific** [ˌsaɪən'tɪfɪk] *adj* **-1.** [research, expedition] scientifique. **-2.** [precise, strict] scientifique, rigoureux.

**scientifically** [ˌsaɪən'tɪfɪklɪ] *adv* scientifiquement, de manière scientifique; ~ **speaking** d'un OR du point de vue scientifique.

**scientist** ['saɪəntɪst] *n* [worker] scientifique *m*; [academic] scientifique *mf*, savant *m*.

**Scientology**® [ˌsaɪən'tɒlədʒɪ] *n* RELIG scientologie *f*.

**sci-fi** ['saɪ'faɪ] *n inf abbr of* **science fiction.**

**Scilly Isles** ['sɪlɪ-], **Scillies** ['sɪlɪz] *pl pr n*: the ~ les îles *fpl* Sorlingues; in the ~ aux îles Sorlingues.

**scimitar** ['sɪmɪtər] *n* cimeterre *m*.

**scintillating** ['sɪntɪleɪtɪŋ] *adj* [conversation, wit] brillant, pétillant, étincelant; [person, personality] brillant.

**scissor** ['sɪzər] *vt* couper avec des ciseaux.
♦ **scissors** *npl*: (a pair of) ~s (une paire de) ciseaux *mpl*.

**scissors jump** *n* SPORT saut *m* en ciseaux, ciseau *m*.

**scissors kick** *n* SPORT ciseau *m*.

**sclerosis** [sklə'rəʊsɪs] *n (U)* BOT, MED & *fig* sclérose *f*.

**sclerotic** [sklə'rɒtɪk] *adj* **-1.** MED sclérosé. **-2.** BOT scléreux, sclérosé.

**scoff** [skɒf] ♦ *vi* **-1.** [mock] se moquer, être méprisant; they ~ed at my efforts/ideas ils se sont moqués de mes efforts/idées. **-2.** *inf* [eat] s'empiffrer. ♦ *vt Br inf* [eat] bouffer, s'empiffrer de.

**scoffer** ['skɒfər] *n* railleur *m*, -euse *f*.

**scoffing** ['skɒfɪŋ] ♦ *n* moquerie *f*, sarcasme *m*. ♦ *adj* railleur, sarcastique.

**scold** [skəʊld] ♦ *vt* gronder, réprimander. ♦ *vi* rouspéter.

**scolding** ['skəʊldɪŋ] *n* gronderie *f*, gronderies *fpl*, réprimande *f*, réprimandes *fpl*; to give sb a ~ for doing sthg gronder qqn pour avoir fait qqch.

**scone** [skɒn] *n* scone *m (petit pain rond)*.

**scoop** [sku:p] ♦ *n* **-1.** PRESS scoop *m*, exclusivité *f*; to get OR to make a ~ faire un scoop. **-2.** [utensil, ladle – for ice-cream, potatoes] cuillère *f* à boule; [– for flour, grain] pelle *f*; [– for water] écope *f*; [on crane, dredger] pelle *f*; [on bulldozer] lame *f*. **-3.** [amount scooped – of ice-cream, potatoes] boule *f*; [– of flour, grain] pelletée *f*; [– of earth, rocks] pelletée *f*. **-4.** *Br inf* FIN [profit] bénéfice *m* (important). ♦ *vt* **-1.** [take, scoop, put] prendre (avec une mesure); the ice-cream was ~ed into a dish on a mis la glace dans un plat (à l'aide d'une cuillère); she ~ed the papers into her case elle a ramassé les journaux dans sa mallette ‖ [serve] servir (avec une cuillère). **-2.** FIN [market] s'emparer de; [competitor] devancer; to ~ the field OR the pool *fig* tout rafler. **-3.** PRESS [story] publier en exclusivité; [competitor] publier avant, devancer.
♦ **scoop out** *vt sep* **-1.** [take – with scoop] prendre (avec une cuillère); [– with hands] prendre (avec les mains). **-2.** [hollow – wood, earth] creuser; [empty, remove] vider; ~ **out the flesh from the grapefruit** évidez le pamplemousse.
♦ **scoop up** *vt sep* **-1.** [take, pick up – in scoop] prendre OR ramasser à l'aide d'une pelle OR d'un récipient; [– in hands] prendre OR ramasser dans les mains; she ~ed the papers up in her arms elle a ramassé une brassée de journaux. **-2.** [gather together] entasser.

**scoop neck** *n* décolleté *m*.

**scoot** [sku:t] *vi inf* filer; ~! fichez le camp!, allez, ouste!

**scooter** ['sku:tər] *n* **-1.** [child's] trottinette *f*. **-2.** [moped]: (motor) ~ scooter *m*. **-3.** *Am* [ice yacht] yacht *m* à glace.

**scope** [skəʊp] *n* **-1.** [range] étendue *f*, portée *f*; [limits] limites *fpl*; does the matter fall within the ~ of the law? est-ce que l'affaire tombe sous le coup de la loi?; it is beyond the ~ of this study/of my powers cela dépasse le cadre de cette étude/de mes compétences; to extend the ~ of one's activities/of an enquiry élargir le champ de ses activités/le cadre d'une enquête ‖ [size, extent – of change] étendue *f*; [– of undertaking] étendue *f*, envergure *f*. **-2.** [opportunity, room] occasion *f*, possibilité *f*; there's plenty of ~ for development/for improvement les possibilités de développement/d'amélioration ne manquent pas; the job gave him full/little ~ to demonstrate his talents son travail lui fournissait de nombreuses/peu d'occasions de montrer ses talents; I'd like a job with more ~ j'aimerais un

poste qui me donne plus de perspectives d'évolution. **-3.** *inf* [telescope] télescope *m*; [microscope] microscope *m*; [periscope] périscope *m*.

**scorch** [skɔ:tʃ] ♦ *vt* **-1.** [with iron – clothing, linen] roussir, brûler légèrement; [with heat – skin] brûler; [– meat] brûler, carboniser; [– woodwork] brûler, marquer. **-2.** [grass, vegetation – with sun] roussir, dessécher; [– with fire] brûler. ♦ *vi* **-1.** [linen] roussir. **-2.** *Br inf* [in car] filer à toute allure; [on bike] pédaler comme un fou OR à fond de train. ♦ *n* [on linen] marque *f* de roussi; [on hand, furniture] brûlure *f*; there's a ~ (mark) on my shirt ma chemise a été roussie.

**scorched-earth policy** *n* politique *f* de la terre brûlée.

**scorcher** ['skɔ:tʃər] *n inf* **-1.** [hot day] journée *f* torride; yesterday was a real ~ hier c'était un vrai fournaise.

**scorching** ['skɔ:tʃɪŋ] ♦ *adj* **-1.** [weather, tea, surface] brûlant. **-2.** [criticism] cinglant. ♦ *adv*: a ~ hot day une journée torride.

**score** [skɔ:r] ♦ *n* **-1.** SPORT score *m*; CARDS points *mpl*; the ~ was five-nil le score était de cinq à zéro; there was still no ~ at half-time à la mi-temps, aucun but n'avait encore été marqué; to keep the ~ GAMES compter OR marquer les points; SPORT tenir le score; [on scorecard] tenir la marque ‖ [in exam, test – mark] note *f*; [– result] résultat *m*; to get a good ~ obtenir une bonne note; the final ~ FTBL le score final; [gen & CARDS] le résultat final; what's the ~?, FTBL quel est le score?; [gen & CARDS] on a marqué combien de points?; [in tennis] où en est le jeu?; *fig* on en est où? ❑ to know the ~ *inf* connaître le topo. **-2.** *fig* [advantage – in debate] avantage *m*, points *mpl*. **-3.** [debt] compte *m*; I prefer to forget old ~s je préfère oublier les vieilles histoires. **-4.** [subject, cause] sujet *m*, titre *m*; don't worry on that ~ ne vous inquiétez pas à ce sujet; on what ~ was I turned down? pour quel titre OR sous quel prétexte ai-je été refusé? **-5.** [twenty] vingtaine *f*; [many]: ~s of people beaucoup de gens; I've told you ~s of times je vous l'ai dit des centaines de fois. **-6.** MUS partition *f*; CIN & THEAT musique *f*; Cleo wrote the (film) ~ Cleo est l'auteur de la musique (du film); to follow the ~ suivre (sur) la partition. **-7.** [mark – on furniture] rayure *f*; [notch, deep cut] entaille *f*; [in leather] entaille *f*, incision *f*; GEOL strie *f*. ♦ *vt* **-1.** SPORT [goal, point] marquer; to ~ a hit [with bullet, arrow, bomb] atteindre la cible; [in fencing] toucher; *fig* réussir; the bomber ~ed a direct hit le bombardier a visé en plein sur la cible; to ~ a success remporter un succès ‖ [in test, exam – marks] obtenir; she ~d the highest mark elle a obtenu OR eu la note la plus élevée; he's always trying to ~ points off me *fig* il essaie toujours d'avoir le dessus avec moi. **-2.** [scratch] érafler; [make shallow cut in – paper] marquer; [– rock] strier; [– pastry, meat] inciser, faire des incisions dans. **-3.** MUS [symphony, opera] orchestrer; CIN & THEAT composer la musique de. **-4.** *Am* [grade, mark – test] noter. ♦ *vi* **-1.** SPORT [team, player] marquer un point OR des points; FTBL marquer un but OR des buts; [scorekeeper] marquer les points; the team didn't ~ l'équipe n'a pas marqué ‖ [in test]: to ~ high/low obtenir un bon/mauvais score. **-2.** [succeed] avoir du succès, réussir; that's where we ~ c'est là que nous l'emportons, c'est là que nous avons l'avantage. **-3.** ∇ [sexually] avoir une touche; did you ~? tu as réussi à tomber une fille?
♦ **score off** *vt insep* prendre l'avantage sur, marquer des points sur. ♦ *vt sep* rayer, barrer.
♦ **score over** *vt insep* **-1.** = **score off** *vt insep*. **-2.** [be more successful than] avoir l'avantage sur.
♦ **score out, score through** *vt sep* biffer, barrer.

**scoreboard** ['skɔ:bɔ:d] *n* tableau *m* d'affichage *(du score)*.

**scorecard** ['skɔ:kɑ:d] *n* **-1.** [for score – in game] fiche *f* de marque OR de score; [– in golf] carte *f* de parcours. **-2.** [list of players] liste *f* des joueurs.

**score draw** *n* FTBL match *m* nul *(où chaque équipe a marqué)*.

**scorekeeper** ['skɔ:ˌki:pər] *n* marqueur *m*, -euse *f*.

**scoreline** ['skɔ:laɪn] *n* score *m*.

**scorer** ['skɔ:rər] *n* **-1.** FTBL [regularly] buteur *m*; [of goal] marqueur *m*; Watkins was the ~ c'est Watkins qui a marqué le but. **-2.** [scorekeeper] marqueur *m*, -euse *f*. **-3.** [in test, exam]: the highest ~ le candidat qui obtient le meilleur score.

**scoresheet** ['skɔ:ʃi:t] *n* feuille *f* de match.

**scoring** ['skɔ:rɪŋ] *n (U)* **-1.** [of goals] marquage *m* d'un but; [number scored] buts *mpl* (marqués). **-2.** CARDS & GAMES [scorekeeping] marquage *m* des points, marque *f*; [points scored] points *mpl* marqués; **I'm not sure about the** ~ je ne suis pas sûr de la manière dont on marque les points. **-3.** [scratching] rayures *fpl*, éraflures *fpl*; [notching] entaille *f*, entailles *fpl*; GEOL striation *m*. **-4.** MUS [orchestration] orchestration *f*; [arrangement] arrangement *m*; [composition] écriture *f*.

**scorn** [skɔ:n] ◇ *n* **-1.** [contempt] mépris *m*, dédain *m*; **I feel nothing but** ~ **for them** ils ne m'inspirent que du mépris. **-2.** [object of derision] (objet *m* de) risée *f*. ◇ *vt* **-1.** [be contemptuous of] mépriser. **-2.** [reject – advice, warning] rejeter, refuser d'écouter; [– idea] rejeter; [– help] refuser, dédaigner.

**scornful** ['skɔ:nfʊl] *adj* dédaigneux, méprisant; **she's rather** ~ **about** OR **of my ideas** elle manifeste un certain mépris envers mes idées.

**scornfully** ['skɔ:nfʊlɪ] *adv* avec mépris, dédaigneusement.

**Scorpio** ['skɔ:pɪəʊ] ◇ *pr n* ASTROL & ASTRON Scorpion *m*. ◇ *n*: **he's a** ~ il est Scorpion.

**scorpion** ['skɔ:pjən] *n* ZOOL scorpion *m*.

**Scot** [skɒt] *n* Écossais *m*, -e *f*.

**scotch** [skɒtʃ] *vt* **-1.** [suppress – revolt, strike] mettre fin à, réprimer, étouffer; [– rumour] étouffer. **-2.** [hamper – plans] entraver, contrecarrer. **-3.** [block – wheel] caler.

**Scotch** [skɒtʃ] ◇ *n* [whisky] scotch *m*. ◇ *npl* [people]: **the** ~ les Écossais *mpl*. ◇ *adj* écossais.

**Scotch broth** *n* soupe écossaise à base de légumes et d'orge perlée.

**Scotch egg** *n* œuf dur entouré de chair à saucisse et enrobé de chapelure.

**Scotch mist** *n* bruine *f*.

**Scotch tape®** *n Am* Scotch® *m*.
◆ **scotch-tape** *vt* scotcher.

**Scotch whisky** *n* scotch *m*, whisky *m* écossais.

**scot-free** *adj* impuni; **they were let off** ~ on les a relâchés sans les punir.

**Scotland** ['skɒtlənd] *pr n* Écosse *f*; **in** ~ en Écosse.

**Scotland Yard** *pr n* ancien nom du siège de la police à Londres (aujourd'hui New Scotland Yard), ≈ Quai *m* des Orfèvres.

**Scots** [skɒts] ◇ *n* [language – Gaelic] écossais *m*, erse *m*; [– Lallans] anglais *m* d'Écosse. ◇ *adj* [accent, law etc] écossais.

**Scotsman** ['skɒtsmən] (*pl* **Scotsmen** [-mən]) *n* Écossais *m*; **the** ~ PRESS un des grands quotidiens écossais.

**Scotswoman** ['skɒtswʊmən] (*pl* **Scotswomen** [-,wɪmɪn]) *n* Écossaise *f*.

**scottie** ['skɒtɪ] = **Scottish terrier.**

**Scottish** ['skɒtɪʃ] ◇ *n* LING écossais *m*. ◇ *npl*: **the** ~ les Écossais *mpl*. ◇ *adj* écossais.

**Scottish National Party** *pr n* parti indépendantiste écossais fondé en 1934.

**Scottish terrier** *n* scottish-terrier *m*, Scotch-terrier *m*.

**scotty** ['skɒtɪ] (*pl* **scotties**) = **Scottish terrier.**

**scoundrel** ['skaʊndrəl] *n* bandit *m*, vaurien *m*; [child] vilain *m*, -e *f*, coquin *m*, -e *f*.

**scour** ['skaʊə'] *vt* **-1.** [clean – pan] récurer; [– metal surface] décaper; [– floor] lessiver, frotter; [– tank] vidanger, purger. **-2.** [scratch] rayer. **-3.** [subj: water, erosion] creuser. **-4.** [search – area] ratisser, fouiller; **I've ~ed the whole library looking for her** j'ai fouillé toute la bibliothèque pour la trouver. ◇ *n*: **give the pans a good** ~ récurez bien les casseroles.

**scourer** ['skaʊərə'] *n* tampon *m* à récurer.

**scourge** [skɜ:dʒ] ◇ *n* **-1.** [bane] fléau *m*; **the** ~ **of war/of disease** le fléau de la guerre/de la maladie. **-2.** [person] peste *f*. **-3.** [whip] fouet *m*. ◇ *vt* **-1.** [afflict] ravager. **-2.** [whip] fouetter.

**scouring pad** ['skaʊərɪŋ-] *n* tampon *m* à récurer.

**scouring powder** *n* poudre *f* à récurer.

**Scouse** [skaʊs] *Br inf* ◇ *n* **-1.** [person] surnom donné aux habitants de Liverpool. **-2.** [dialect] dialecte de la région de Liverpool. ◇ *adj* de Liverpool.

**scout** [skaʊt] *n* **-1.** [boy] scout *m*, éclaireur *m*; [girl] scoute *f*, éclaireuse *f*. **-2.** MIL [searcher] éclaireur *m*; [watchman] sentinelle *f*, guetteur *m*; [ship] vedette *f*; [aircraft] avion *m* de reconnaissance. **-3.** [for players, models, dancers] dénicheur *m* de

vedettes. **-4.** [exploration] tour *m*; **to have** OR **to take a** ~ **around** (aller) reconnaître le terrain. **-5.** *Br* AUT [patrolman] dépanneur *m*. ◇ *comp* [knife, uniform] (de) scout, d'éclaireur; ~ **camp** camp *m* scout; **the** ~ **movement** le mouvement scout, le scoutisme. ◇ *vt* [area] explorer; MIL reconnaître. ◇ *vi* partir en reconnaissance.
◆ **scout about** *Br,* **scout around** *vi insep* explorer les lieux; MIL partir en reconnaissance; **to** ~ **about for an excuse** chercher un prétexte.
◆ **Scout** = **scout 1.**

**scout car** *n* scout-car *m*.

**scouting** ['skaʊtɪŋ] *n* **-1.** [movement]: ~, **Scouting** scoutisme *m*. **-2.** MIL reconnaissance *f*.

**scoutmaster** ['skaʊt,mɑ:stə'] *n* chef *m* scout.

**scowl** [skaʊl] ◇ *n* [angry] mine *f* renfrognée OR hargneuse, air *m* renfrogné; [threatening] air *m* menaçant; **she had an angry** ~ **on her face** la colère se lisait sur son visage. ◇ *vi* [angrily] se renfrogner, faire la grimace; [threateningly] prendre un air menaçant; **to** ~ **at sb** jeter un regard mauvais à qqn.

**scowling** ['skaʊlɪŋ] *adj* [face] renfrogné, hargneux.

**SCR** (*abbr of* **senior common room**) *n Br* salle des étudiants de 3e cycle.

**scrabble** ['skræbl] ◇ *vi* **-1.** [search]: **she was scrabbling in the grass for the keys** elle cherchait les clés à tâtons dans l'herbe; **the man was scrabbling for a handhold on the cliff face** l'homme cherchait désespérément une prise sur la paroi de la falaise. **-2.** [scrape] gratter. ◇ *n* [scramble]: **there was a wild** ~ **for the food** les gens se ruèrent sur la nourriture.
◆ **scrabble about** *Br,* **scrabble around** *vi insep* [grope] fouiller, tâtonner; **she was scrabbling about on all fours looking for her contact lens** à quatre pattes, elle cherchait à tâtons son verre de contact.

**Scrabble®** ['skræbl] *n* Scrabble® *m*.

**scrag** [skræg] (*pt* & *pp* **scragged,** *cont* **scragging**) ◇ *n* **-1.** [person] personne *f* très maigre; [horse] haridelle *f*. **-2.** [neck] cou *m*. **-3.** = **scrag end.** ◇ *vt* tordre le cou à.

**scrag end** *n Br* CULIN collet *m* (de mouton ou de veau).

**scraggy** ['skrægɪ] (*compar* **scraggier,** *superl* **scraggiest**) *adj* **-1.** [thin – neck, person] efflanqué, maigre, décharné; [– horse, cat] efflanqué, étique *lit*. **-2.** [jagged] déchiqueté.

**scram** [skræm] (*pt* & *pp* **scrammed,** *cont* **scramming**) ◇ *vi* **-1.** [get out] déguerpir, ficher le camp. **-2.** [reactor] être arrêté d'urgence. ◇ *vt* [reactor] arrêter d'urgence. ◇ *n* [of reactor] arrêt *m* d'urgence.

**scramble** ['skræmbl] ◇ *vi* **-1.** [verb of movement – hurriedly or with difficulty]: **they** ~**d for shelter** ils se sont précipités pour se mettre à l'abri; **he** ~**d to his feet** il s'est levé précipitamment; **to** ~ **away** s'enfuir à toutes jambes; **to** ~ **down** dégringoler; **to** ~ **up** grimper avec difficulté; **to** ~ **over rocks** escalader des rochers en s'aidant des mains; **the soldiers** ~**d up the hill** les soldats ont escaladé la colline tant bien que mal. **-2.** [scramble, fight]: **to** ~ **for seats** se bousculer pour trouver une place assise, se ruer sur les places assises; **everyone was scrambling to get to the telephones** tout le monde se ruait vers les téléphones; **young people are having to** ~ **for jobs** les jeunes doivent se battre OR se démener pour trouver un boulot. **-3.** AERON & MIL décoller sur-le-champ. **-4.** SPORT: **to go scrambling** faire du trial. ◇ *vt* **-1.** RADIO & TELEC brouiller. **-2.** [jumble] mélanger. **-3.** AERON & MIL ordonner le décollage immédiat de. **-4.** CULIN [eggs] brouiller. ◇ *n* **-1.** [rush] bousculade *f*, ruée *f*; **there was a** ~ **for seats** *literal* on s'est bousculé pour avoir une place assise, on s'est rué sur les places assises; [for tickets] on s'est arraché les places; **there was a** ~ **for the door** tout le monde s'est rué vers la porte; **a** ~ **for profits/for jobs** une course effrénée au profit/à l'emploi. **-2.** SPORT [on motorbikes] course *f* de trial. **-3.** AERON & MIL décollage *m* immédiat. **-4.** [in rock climbing] grimpée *f* à quatre pattes.

**scrambled egg** ['skræmbld-] *n,* **scrambled eggs** *npl* œufs *mpl* brouillés.

**scrambler** ['skræmblə'] *n* RADIO & TELEC brouilleur *m*.

**scrambling** ['skræmblɪŋ] *n* **-1.** *Br* SPORT trial *m*. **-2.** [in rock climbing] grimpée *f* à quatre pattes.

**scrap** [skræp] (*pt* & *pp* **scrapped,** *cont* **scrapping**) ◇ *n* **-1.**

[small piece – of paper, cloth] bout *m*; [– of bread, cheese] petit bout *m*; [– of conversation] bribe *f*; ~s of news/of information des bribes de nouvelles/d'informations; **there isn't a ~ of truth in the story** il n'y a pas une parcelle de vérité OR il n'y a absolument rien de vrai dans cette histoire; **what I say won't make a ~ of difference** ce que je dirai ne changera rien du tout. **-2.** [waste]: **we sold the car for ~** on a vendu la voiture à la ferraille OR à la casse; ~ **(metal)** ferraille *f*.**-3.** *inf* [fight] bagarre *f*; **to get into** OR **to have a ~ with sb** se bagarrer avec qqn. ◇ *comp* [value] de ferraille; ~ **lead** plomb *m* de récupération; ~ **iron** OR **metal** ferraille *f*; ~ **merchant** *Br* ferrailleur *m*; ~ **(metal) dealer** ferrailleur *m*. ◇ *vt* **-1.** [discard – shoes, furniture] jeter; [– idea, plans] renoncer à, abandonner; [– system] abandonner, mettre au rancart; [– machinery] mettre au rebut OR au rancart. **-2.** [send for scrap – car, ship] envoyer OR mettre à la ferraille OR à la casse. ◇ *vi inf* [fight] se bagarrer.
◆ **scraps** *npl* [food] restes *mpl*; [fragments] débris *mpl*.

**scrapbook** ['skræpbuk] *n* album *m* (*de coupures de journaux, de photos etc*).

**scrape** [skreɪp] ◇ *vt* **-1.** [rasp, rub – boots, saucepan, earth] gratter, racler; [– tools] gratter, décaper; [– vegetables, windows] gratter; ~ **the mud off your shoes** enlève OR gratte la boue de tes chaussures; **to ~ sthg clean/smooth** gratter qqch pour qu'il soit propre/lisse; **the boat ~d the bottom** [ran aground] le bateau a touché le fond; [on beach] le bateau s'est échoué sur le sable ‖ [drag] traîner; **don't ~ the chair across the floor** fais pas traîner ta chaise par terre comme ça ❑ **to ~ the bottom of the barrel** racler les fonds de tiroir. **-2.** [touch lightly] effleurer, frôler; [scratch – paint, table, wood] rayer. **-3.** [skin, knee] érafler; **I ~d my knee** je me suis éraflé le genou. **-4.** [with difficulty]: **to ~ a living** arriver tout juste à survivre, vivoter; **to ~ acquaintance with sb** *Br* se débrouiller pour faire la connaissance de qqn.
◇ *vi* **-1.** [rub] frotter; [rasp] gratter; **the door ~d shut** la porte s'est refermée en grinçant. **-2.** *fig* [avoid with difficulty]: **she just ~d clear of the bus in time** elle a évité le bus de justesse; **the ambulance just ~d past** l'ambulance est passée de justesse. **-3.** [economize] faire des petites économies. **-4.** [be humble] faire des courbettes OR des ronds de jambes.
◇ *n* **-1.** [rub, scratch]: **he had a nasty ~ on his knee** il avait une méchante éraflure au genou, il s'était bien éraflé le genou; **just give the saucepan a quick ~** frotte OR gratte un peu la casserole. **-2.** *inf* [dilemma, trouble] pétrin *m*; **to get into a ~** se mettre dans le pétrin. **-3.** [scraping] grattement *m*, grincement *m*. **-4.** = **scraping 2**.
◆ **scrape along** *vi insep* [financially] se débrouiller, vivre tant bien que mal.
◆ **scrape away** ◇ *vt sep* enlever en grattant. ◇ *vi insep* gratter; **to ~ away at a violin** racler du violon.
◆ **scrape by** *vi insep* [financially] se débrouiller.
◆ **scrape in** *vi insep* [in election] être élu de justesse; **I just ~d in as the doors were closing** j'ai réussi à entrer juste au moment où les portes se fermaient.
◆ **scrape into** *vt insep*: **he just ~d into university/parliament** il est entré à l'université/au parlement d'extrême justesse.
◆ **scrape off** ◇ *vt sep* [mud, paint] enlever au grattoir OR en grattant; [skin] érafler. ◇ *vi insep* s'enlever au grattoir; **this paint ~s off easily** pour enlever cette peinture, il suffit de la gratter.
◆ **scrape out** *vt sep* **-1.** [saucepan] récurer, racler; [residue] enlever en grattant OR raclant. **-2.** [hollow] creuser.
◆ **scrape through** ◇ *vt insep* [exam] réussir de justesse; [doorway, gap] passer (de justesse); **the government will probably just ~ through the next election** le gouvernement va probablement l'emporter de justesse aux prochaines élections. ◇ *vi insep* [in exam] réussir de justesse; [in election] être élu de l'emporter de justesse; [financially] se débrouiller tout juste; [through gap] passer de justesse.
◆ **scrape together** *vt sep* **-1.** [two objects] frotter l'un contre l'autre. **-2.** [into pile] mettre en tas. **-3.** [collect – supporters, signatures] réunir OR rassembler à grand-peine; [– money for o.s.] réunir en raclant les fonds de tiroirs; [– money for event] réunir avec beaucoup de mal.
◆ **scrape up** = **scrape together 3**.

**scraper** ['skreɪpə<sup>r</sup>] *n* grattoir *m*; [for muddy shoes] décrottoir *m*.

**scrapheap** ['skræphiːp] *n* **-1.** *literal* décharge *f*.**-2.** *fig* rebut *m*; **to be thrown on** OR **consigned to the ~** être mis au rebut.

**scraping** ['skreɪpɪŋ] ◇ *adj* [sound] de grattement. ◇ *n* **-1.** [sound] grattement *m*. **-2.** [thin layer] mince couche *f*.
◆ **scrapings** *npl* [food] déchets *mpl*, restes *mpl*; [from paint, wood] raclures *fpl*.

**scrap paper** *n Br* (papier *m*) brouillon *m*.

**scrappy** ['skræpɪ] (*compar* **scrappier**, *superl* **scrappiest**) *adj* **-1.** [disconnected] décousu. **-2.** *Am inf* [quarrelsome] bagarreur, chamailleur.

**scrapyard** ['skræpjɑːd] *n* chantier *m* de ferraille, casse *f*.

**scratch** [skrætʃ] ◇ *vt* **-1.** [itch, rash] gratter; **to ~ one's head** se gratter la tête ‖ [earth, surface] gratter; **you've barely ~ed the surface** *fig* vous avez fait un travail très superficiel, vous avez seulement effleuré la question; **they ~ a living selling secondhand books** *Br fig* ils gagnent péniblement leur vie en vendant des livres d'occasion ❑ **you ~ my back, and I'll ~ yours** si vous me rendez ce service, je vous le revaudrai OR je vous renverrai l'ascenseur. **-2.** [subj: cat] griffer; [subj: thorn, nail] égratigner, écorcher; **the cat ~ed my hand** le chat m'a griffé la main; **she ~ed her hand on the brambles** elle s'est écorché OR égratigné la main dans les ronces ‖ [mark – woodwork, marble] rayer, érafler; [– glass, record] rayer; **the car's hardly ~ed** la voiture n'a presque rien OR n'a pratiquement aucune éraflure. **-3.** [irritate] gratter; **this wool ~es my skin** cette laine me gratte la peau. **-4.** SPORT [cancel – match] annuler. **-5.** *Am* POL rayer de la liste.
◇ *vi* **-1.** [person, monkey] se gratter. **-2.** [hen] gratter (le sol); [pen] gratter. **-3.** [cat] griffer; [brambles, nail] griffer, écorcher.
◇ *n* **-1.** [for itch] grattement *m*; **the dog was having a good ~** le chien se grattait un bon coup. **-2.** [from cat] coup *m* de griffe; [from fingernails] coup *m* d'ongle; [from thorns, nail] égratignure *f*, écorchure *f*; **how did you get that ~?** comment est-ce que tu t'es égratigné?; **I've got a ~ on my hand** je me suis égratigné la main; **her hands were covered in ~es** elle avait les mains tout écorchées OR couvertes d'égratignures. **-3.** [mark – on furniture] rayure *f*, éraflure *f*; [– on glass, record] rayure *f*.**-4.** *phr*: **to be up to ~** [in quality] avoir la qualité voulue; [in level] avoir le niveau voulu; **her work still isn't up to ~** son travail n'est toujours pas satisfaisant.
◇ *adj* [team, meal] improvisé; [player] scratch (*inv*), sans handicap; [shot] au hasard.
◆ **from scratch** *adv phr* à partir de rien OR de zéro; **I learnt Italian from ~ in six months** j'ai appris l'italien en six mois en ayant commencé à zéro.
◆ **scratch off** *vt sep* enlever en grattant.
◆ **scratch out** *vt sep* [name] raturer; **to ~ sb's eyes out** arracher les yeux à qqn; **I'll ~ your eyes out!** *fig* je vais t'écorcher vif!
◆ **scratch together** *vt sep Br* [team] réunir (difficilement); [sum of money] réunir OR rassembler (en raclant les fonds de tiroir).
◆ **scratch up** *vt sep* **-1.** [dig up – bone, plant] déterrer. **-2.** *Br* [money] réunir (en raclant les fonds de tiroir).

**scratch mark** *n* [on hand] égratignure *f*; [on leather, furniture] rayure *f*, éraflure *f*.

**scratchpad** ['skrætʃpæd] *n Am* bloc-notes *m*; ~ **memory** COMPUT mémoire *f* bloc-notes.

**scratch paper** *Am* = **scrap paper**.

**scratchy** ['skrætʃɪ] (*compar* **scratchier**, *superl* **scratchiest**) *adj* **-1.** [prickly – jumper, blanket] rêche, qui gratte; [– bush] piquant. **-2.** [pen] qui gratte. **-3.** [drawing, writing] griffonné. **-4.** [record] rayé.

**scrawl** [skrɔːl] ◇ *n* griffonnage *m*, gribouillage *m*; **I thought I recognized his ~** je pensais bien avoir reconnu ses gribouillis; **her signature is just a ~** sa signature est totalement illisible. ◇ *vt* griffonner, gribouiller. ◇ *vi* gribouiller.

**scrawny** ['skrɔːnɪ] (*compar* **scrawnier**, *superl* **scrawniest**) *adj* **-1.** [person, neck] efflanqué, décharné; [cat, chicken] efflanqué, étique *lit*. **-2.** [vegetation] maigre.

**scream** [skriːm] ◇ *vi* **-1.** [shout] crier, pousser des cris, hurler; [baby] crier, hurler; [birds, animals] crier; **to ~ at sb** crier après qqn; **to ~ in anger/with pain** hurler de colère/de douleur; **she ~ed for help** elle cria à l'aide OR au secours; **they were ~ing with laughter** ils se tordaient de rire, ils

riaient aux éclats. **-2.** [tyres] crisser; [engine, siren] hurler.
◇ *vt* **-1.** [shout] hurler; **she just stood there ~ing insults at me** elle est restée plantée là à me couvrir d'insultes. **-2.** [order, answer] hurler; **'come here at once!', she ~ed** «viens ici tout de suite!», hurla-t-elle. **-3.** [newspaper] étaler; **headlines ~ed the news of his defeat** la nouvelle de sa défaite s'étalait en gros titres. ◇ *n* **-1.** [cry] cri *m* perçant, hurlement *m*; **she gave a loud ~** elle a poussé un hurlement; **~s of laughter** des éclats de rire. **-2.** [of tyres] crissement *m*; [of sirens, engines] hurlement *m*.**-3.** [person]: **he's an absolute ~** il est vraiment désopilant OR impayable ‖ [situation, event]: **the party was a ~** on s'est amusés comme des fous à la soirée.
◆ **scream out** ◇ *vi insep* pousser de grands cris; **to ~ out in pain** hurler de douleur. ◇ *vt sep* hurler.

**screaming** ['skriːmɪŋ] *adj* [fans] qui crie, qui hurle; [tyres] qui crisse; [sirens, jets] qui hurle; [need] criant; **~ headlines** grandes manchettes *fpl*.

**scree** [skriː] *n* (U) éboulis *m*, pierraille *f*.

**screech** [skriːtʃ] ◇ *vi* **-1.** [owl] ululer, hululer, huer; [gull] crier, piailler; [parrot] crier; [monkey] hurler. **-2.** [person – in high voice] pousser des cris stridents OR perçants; [– loudly] hurler; [singer] crier, chanter d'une voie stridente. **-3.** [tyres] crisser; [brakes, machinery] grincer (bruyamment); [siren, jets] hurler; **the car ~ed to a halt** la voiture s'est arrêtée dans un crissement de pneus. ◇ *vt* [order] hurler, crier à tue-tête; **'never', she ~ed** «jamais», dit-elle d'une voix stridente. ◇ *n* **-1.** [of owl] ululement *m*, hululement *m*; [of gull] cri *m*, piaillement *m*; [of parrot] cri *m*; [of monkey] hurlement *m*; **the parrot gave a loud ~** le perroquet a poussé un grand cri. **-2.** [of person] cri *m* strident OR perçant; [with pain, rage] hurlement *m*; **we heard ~es of laughter coming from next door** on entendait des rires perçants qui venaient d'à côté. **-3.** [of tyres] crissement *m*; [of brakes] grincement *m*; [of sirens, jets] hurlement *m*; **we stopped with a ~ of brakes/tyres** on s'arrêta dans un grincement de freins/dans un crissement de pneus.

**screech owl** *n* chat-huant *m*, hulotte *f*.

**screed** [skriːd] *n* **-1.** [essay, story] longue dissertation *f*; [letter] longue lettre *f*; [speech] laïus *m*.**-2.** CONSTR [level] règle *f* à araser le béton; [depth guide] guide *m*; [plaster] plâtre *m* de ragrément OR de ragréage.

**screen** [skriːn] ◇ *n* **-1.** CIN, PHOT & TV écran *m*; **stars of stage and ~** des vedettes de théâtre et de cinéma; **the book was adapted for the ~** le livre a été porté à l'écran. **-2.** [for protection – in front of fire] pare-étincelles *m inv*; [– over window] moustiquaire *f*.**-3.** [for privacy] paravent *m*; **a ~ of trees** un rideau d'arbres; **the rooms are divided by sliding ~s** les pièces sont séparées par des cloisons coulissantes. **-4.** *fig* [mask] écran *m*, masque *m*.**-5.** [sieve] tamis *m*, crible *m*; [filter – for employees, candidates] filtre *m*, crible *m*.**-6.** SPORT écran *m*.
◇ *comp* [actor, star] de cinéma.
◇ *vt* **-1.** CIN & TV [film] projeter, passer. **-2.** [shelter, protect] protéger; **he ~ed his eyes from the sun with his hand** il a mis sa main devant ses yeux pour se protéger du soleil ‖ [hide] cacher, masquer; **to ~ sthg from sight** cacher OR masquer qqch aux regards. **-3.** [filter, check – employees, applications, suspects] passer au crible; **we ~ all our security staff** nous faisons une enquête préalable sur tous les candidats aux postes d'agent de sécurité; **the hospital ~s thousands of women a year for breast cancer** MED l'hôpital fait passer un test de dépistage du cancer du sein à des milliers de femmes tous les ans. **-4.** [sieve – coal, dirt] cribler, passer au crible.
◆ **screen off** *vt sep* **-1.** [put screens round – patient] abriter derrière un paravent; [– bed] entourer de paravents. **-2.** [divide, separate – with partition] séparer par une cloison; [– with curtain] séparer par un rideau; [– with folding screen] séparer par un paravent. **-3.** [hide – with folding screen] cacher derrière un paravent; [– with curtain] cacher derrière un rideau; [– behind trees, wall] cacher.
◆ **screen out** *vt sep* filtrer, éliminer.

**screen door** *n Am* porte *f* avec moustiquaire.

**screen dump** *n* COMPUT vidage *m* d'écran.

**screening** ['skriːnɪŋ] *n* **-1.** CIN projection *f* (en salle); TV passage *m* (à l'écran), diffusion *f*.**-2.** [of applications, candidates] tri *m*, sélection *f*; [for security] contrôle *m*; MED [for cancer, tu-

berculosis] test *m* OR tests *mpl* de dépistage; **she went for cancer ~** elle est allée passer un test de dépistage du cancer. **-3.** [mesh] grillage *m*.**-4.** [of coal] criblage *m*.

**screen memory** *n* souvenir écran *m*.

**screenplay** ['skriːnpleɪ] *n* scénario *m*.

**screen print** *n* sérigraphie *f*.

**screen printing** *n* sérigraphie *f*.

**screen process** *n* sérigraphie *f*.

**screen saver** *n* COMPUT circuit *m* économiseur (d'écran).

**screen test** *n* CIN bout *m* d'essai.

◆ **screen-test** *vt* faire faire un bout d'essai à.

**screenwriter** ['skriːn,raɪtə'] *n* scénariste *mf*.

**screw** [skruː] ◇ *n* **-1.** [for wood] vis *f*; [bolt] boulon *m*; [in vice] vis *f*; **to turn the ~** OR **~s** *fig* serrer la vis ❑ **to put the ~s on sb** *inf* faire pression sur qqn; **to have a ~ loose** *inf* avoir la tête fêlée, être fêlé. **-2.** [turn] tour *m* de vis. **-3.** [thread] pas *m* de vis. **-4.** [propeller] hélice *f*.**-5.** *Br* [of salt, tobacco] cornet *m*.**-6.** ▽ *prison sl* [guard] maton *m*.**-7.** ▽ *Br* [salary] salaire *m*, paye *f*. **-8.** ▼ [sexual]: **to have a ~** *Br* baiser, s'envoyer en l'air. ◇ *vt* **-1.** [bolt, screw] visser; [handle, parts] fixer avec des vis; [lid on bottle] visser; **to ~ sthg shut** fermer qqch (en vissant). **-2.** [crumple] froisser, chiffonner; **I ~ed the letter/my handkerchief into a ball** j'ai fait une boule de la lettre/de mon mouchoir. **-3.** [wrinkle – face]: **he ~ed his face into a grimace** une grimace lui tordit le visage. **-4.** *inf* [obtain] arracher; **to ~ a promise/an agreement out of sb** arracher une promesse/un accord à qqn. **-5.** ▽ [con] arnaquer, baiser. **-6.** ▼ [sexually] baiser. **-7.** ▽ [as invective]: **~ the expense!** et merde, je peux bien m'offrir ça!; **~ you!** va te faire foutre! ◇ *vi* **-1.** [bolt, lid] se visser. **-2.** ▼ [sexually] baiser.
◆ **screw around** *vi insep* **-1.** ▽ *Am* [waste time] glander; [fool about] déconner. **-2.** ▼ [sleep around] baiser avec n'importe qui, coucher à droite à gauche.
◆ **screw down** ◇ *vt sep* visser. ◇ *vi insep* se visser.
◆ **screw off** ◇ *vt sep* dévisser. ◇ *vi insep* se dévisser.
◆ **screw on** ◇ *vt sep* visser; **the cupboard was ~ed on to the wall** le placard était vissé au mur. ◇ *vi insep* se visser; **it ~s on to the wall** ça se visse dans le mur.
◆ **screw up** *vt sep* **-1.** [tighten, fasten] visser. **-2.** [crumple – handkerchief, paper] chiffonner, faire une boule de. **-3.** *Br* [eyes] plisser; **to ~ up one's courage** prendre son courage à deux mains. **-4.** *inf* [mess up – plans, chances] bousiller, foutre en l'air; [– person] faire perdre ses moyens à, angoisser, mettre dans tous ses états.

**screwball** ['skruːbɔːl] *Am inf* ◇ *n* **-1.** [crazy] cinglé *m*, -e *f*, dingue *mf*.**-2.** [in baseball] balle qui dévie de sa trajectoire. ◇ *adj* cinglé, dingue.

**screwdriver** ['skruː,draɪvə'] *n* **-1.** [tool] tournevis *m*.**-2.** [drink] vodka-orange *f*.

**screwed-up** *adj* **-1.** [crumpled] froissé, chiffonné. **-2.** *inf* [confused] paumé; [neurotic] perturbé, angoissé.

**screw jack** *n* cric *m* à vis.

**screw thread** *n* pas *m* OR filet *m* de vis.

**screw top** *n* couvercle *m* qui se visse; **the jar has a ~** le couvercle du pot se visse.

◆ **screwtop** *adj* dont le couvercle se visse.

**screwy** ['skruːɪ] (*compar* **screwier**, *superl* **screwiest**) *adj inf* timbré, cinglé.

**scribble** ['skrɪbl] ◇ *vt* **-1.** [note, drawing] gribouiller, griffonner; **she left me a hastily ~d note** elle m'a laissé un mot gribouillé à la hâte; **she ~d a few lines to her sister** elle griffonna quelques lignes à l'intention de sa sœur. **-2.** [wool] carder. ◇ *vi* gribouiller. ◇ *n* gribouillis *m*, gribouillage *m*, griffonnage *m*.
◆ **scribble down** *vt sep* [address, number] griffonner, noter (rapidement).
◆ **scribble out** *vt sep* **-1.** [cross out] biffer, raturer. **-2.** [write] griffonner.

**scribbler** ['skrɪblə'] *n Br pej* [author] écrivaillon *m*.

**scribbling** ['skrɪblɪŋ] *n* gribouillis *m*, gribouillage *m*.

**scribbling pad** *n* bloc-notes *m*.

**scribe** [skraɪb] ◇ *n* scribe *m*. ◇ *vt* graver.

**scrimmage** ['skrɪmɪdʒ] ◇ *n* **-1.** SPORT mêlée *f*.**-2.** [brawl] mêlée *f*, bagarre *f*. ◇ *vi* SPORT faire une mêlée. ◇ *vt* SPORT [ball] mettre dans la mêlée.

**scrimp** [skrɪmp] ◇ *vi* lésiner; she ~s on food elle lésine sur la nourriture; to ~ and save économiser sur tout, se serrer la ceinture. ◇ *vt* [children, family] se montrer pingre avec; [food] lésiner sur.

**scrip** [skrɪp] *n* **-1.** ST. EX titre *m* provisoire. **-2.** [of paper] morceau *m*.

**scrip issue** *n* ST. EX émission *f* d'actions gratuites.

**script** [skrɪpt] ◇ *n* **-1.** [text] script *m*, texte *m*; CIN script *m*.-**2.** *(U)* [handwriting] script *m*, écriture *f* script; the letter is written in beautiful ~ la lettre est superbement calligraphiée; to write in ~ écrire en script ‖ [lettering, characters] écriture *f*, caractères *mpl*, lettres *fpl*; Arabic ~ caractères arabes, écriture arabe; in italic ~ en italique. **-3.** [copy] JUR original *m*; UNIV copie *f* (d'examen). ◇ *vt* CIN écrire le script de.

**scripted** ['skrɪptɪd] *adj* [speech, interview etc] (dont le texte a été) écrit d'avance.

**script girl** *n* scripte *mf*, script girl *f*.

**scriptural** ['skrɪptʃərəl] *adj* biblique.

**Scripture** ['skrɪptʃə⁽ʳ⁾] *n* **-1.** [Christian] Écriture *f* (sainte); a reading from the ~s une lecture biblique OR de la Bible. **-2.** [non-Christian]: the ~s les textes *mpl* sacrés.

**scriptwriter** ['skrɪpt,raɪtə⁽ʳ⁾] *n* scénariste *mf*.

**scrofula** ['skrɒfjʊlə] *n (U)* scrofule *f*.

**scrofulous** ['skrɒfjʊləs] *adj* scrofuleux.

**scroll** [skrəʊl] ◇ *n* **-1.** [of parchment] rouleau *m*.-**2.** [manuscript] manuscrit *m* (ancien). **-3.** [on column, violin, woodwork] volute *f*. ◇ *vt* COMPUT faire défiler. ◇ *vi* COMPUT défiler.

◆ **scroll through** *vt insep* COMPUT faire défiler d'un bout à l'autre.

**scroll bar** *n* COMPUT barre *f* de défilement.

**scrolling** ['skrəʊlɪŋ] *n* COMPUT défilement *m*.

**scrooge** [skru:dʒ] *n* grippe-sou *m*, harpagon *m*.

◆ **Scrooge** *pr n* personnage de Dickens incarnant l'avarice.

**scrotum** ['skrəʊtəm] *(pl* **scrotums** OR **scrota** [-tə]) *n* scrotum *m*.

**scrounge** [skraʊndʒ] *inf* ◇ *vt* [sugar, pencil] emprunter, piquer; [meal] se faire offrir; [money] se faire prêter. ◇ *vi*: to ~ on OR off sb [habitually] vivre aux crochets de qqn; he's always scrounging off his friends il fait toujours le pique-assiette chez ses amis, il tape toujours ses amis. ◇ *n*: to be on the ~ [for food] venir quémander de quoi manger; [for cigarette] venir quémander une cigarette; he's always on the ~ il vit toujours aux crochets des autres.

**scrounger** ['skraʊndʒə⁽ʳ⁾] *n inf* pique-assiette *mf*, parasite *m*.

**scrub** [skrʌb] *(pt & pp* **scrubbed**, *cont* **scrubbing**) ◇ *vt* **-1.** [clean, wash] brosser *(avec de l'eau et du savon)*; [floor, carpet] nettoyer à la brosse, frotter avec une brosse; [saucepan, sink] frotter, récurer; [clothes, face, back] frotter; [fingernails] brosser; to ~ sthg clean nettoyer qqch à fond, récurer qqch; ~ yourself all over frotte-toi bien partout; have you scrubbed your hands clean? est-ce que tu t'es bien nettoyé les mains?-**2.** [cancel – order] annuler; [– plans, holiday] annuler, laisser tomber; [recording, tape] effacer. **-3.** TECH [gas] laver. ◇ *vi*: I spent the morning scrubbing j'ai passé la matinée à frotter les planchers OR les sols. ◇ *n* **-1.** [with brush] coup *m* de brosse; give the floor a good ~ frotte bien le plancher; can you give my back a ~? peux-tu me frotter le dos?-**2.** [vegetation] broussailles *fpl*.-**3.** *Am* SPORT [team] équipe *f* de seconde zone; [player] joueur *m*, -euse *f* de second ordre.

◆ **scrub away** ◇ *vt sep* [mark, mud] faire partir en brossant. ◇ *vi insep* partir à la brosse.

◆ **scrub down** *vt sep* [wall, paintwork] lessiver; [horse] bouchonner.

◆ **scrub out** ◇ *vt sep* **-1.** [dirt, stain] faire partir à la brosse; [bucket, tub] nettoyer à la brosse; [pan] récurer; [ears] nettoyer, bien laver. **-2.** [erase – graffiti, comment] effacer; [–name] barrer, biffer. ◇ *vi insep* partir à la brosse.

◆ **scrub up** *vi insep* MED [before operation] se laver les mains.

**scrubber** ['skrʌbə⁽ʳ⁾] *n* **-1.** [for saucepans] tampon *m* à récurer. **-2.** ▽ *Br pej* [whore] pute *f*.

**scrubbing brush** *Br* ['skrʌbɪŋ-], **scrub brush** *Am* *n* brosse *f* à récurer.

**scrubby** ['skrʌbɪ] *(compar* **scrubbier**, *superl* **scrubbiest)** *adj* **-1.** [land] broussailleux. **-2.** [tree, vegetation] rabougri.

**scrubland** ['skrʌblænd] *n* maquis *m*, garrigue *f*.

**scrubwoman** ['skrʌb,wʊmən] *(pl* **scrubwomen** [-,wɪmɪn]) *n Am* femme *f* de ménage.

**scruff** [skrʌf] *n* **-1.** *Br inf* [untidy person] individu *m* débraillé OR dépenaillé OR peu soigné; [ruffian] voyou *m*.-**2.** *phr*: by the ~ of the neck par la peau du cou.

**scruffily** ['skrʌfɪlɪ] *adv*: ~ dressed dépenaillé, mal habillé.

**scruffy** ['skrʌfɪ] *(compar* **scruffier**, *superl* **scruffiest)** *adj* [appearance, clothes] dépenaillé, crasseux; [hair] ébouriffé; [building, area] délabré, miteux.

**scrum** [skrʌm] *(pt & pp* **scrummed**, *cont* **scrumming**) ◇ *n* **-1.** RUGBY mêlée *f*.-**2.** [brawl] mêlée *f*, bousculade *f*. ◇ *vi* former une mêlée.

◆ **scrum down** *vi insep* former une mêlée; ~ down! [as instruction] mêlée!

**scrum-cap** *n* casquette *f* (de joueur de rugby).

**scrumhalf** [,skrʌm'hɑːf] *n* demi *m* de mêlée.

**scrummage** ['skrʌmɪdʒ] ◇ *n* **-1.** RUGBY mêlée *f*.-**2.** [brawl] mêlée *f*, bousculade *f*; there was a ~ for the best bargains les gens se sont arrachés les soldes les plus intéressants. ◇ *vi* RUGBY former une mêlée.

**scrump** [skrʌmp] *Br inf* ◇ *vi*: to go ~ing (for apples) aller chaparder (des pommes). ◇ *vt* [apples] chaparder.

**scrumptious** ['skrʌmpʃəs] *adj inf* délicieux, succulent.

**scrumpy** ['skrʌmpɪ] *n* cidre brut et sec fabriqué dans le sud-ouest de l'Angleterre.

**scrunch** [skrʌntʃ] ◇ *vt* [biscuit, apple] croquer; [snow, gravel] faire craquer OR crisser; [paper – noisily] froisser (bruyamment). ◇ *vi* [footsteps – on gravel, snow] craquer, faire un bruit de craquement; [gravel, snow – underfoot] craquer, crisser. ◇ *n* [of gravel, snow, paper] craquement *m*, bruit *m* de craquement. ◇ *onomat* crac! crac!

◆ **scrunch up** *vt sep* **-1.** [crumple – paper] froisser. **-2.** *Am* [hunch]: she was sitting with her shoulders ~ed up elle était assise, les épaules rentrées.

**scruple** ['skru:pl] ◇ *n* scrupule *m*; he has no ~s il n'a aucun scrupule; he had ~s about accepting payment il avait des scrupules à accepter qu'on le paie. ◇ *vi (only in negative uses)*: they don't ~ to cheat ils n'ont aucun scrupule OR ils n'hésitent pas à tricher.

**scrupulous** ['skru:pjʊləs] *adj* **-1.** [meticulous] scrupuleux, méticuleux; she's very ~ about her dress elle prête une attention scrupuleuse à la façon dont elle s'habille; they're rather ~ about punctuality ils tiennent beaucoup à la ponctualité. **-2.** [conscientious] scrupuleux.

**scrupulously** ['skru:pjʊləslɪ] *adv* [meticulously] scrupuleusement, parfaitement; [honestly] scrupuleusement, avec scrupule; ~ clean d'une propreté impeccable; ~ honest d'une honnêteté irréprochable; ~ punctual parfaitement à l'heure.

**scrutineer** [,skru:tɪ'nɪə⁽ʳ⁾] *n Br* POL scrutateur *m*, -trice *f*.

**scrutinize, -ise** ['skru:tɪnaɪz] *vt* scruter, examiner attentivement.

**scrutiny** ['skru:tɪnɪ] *(pl* **scrutinies)** *n* **-1.** [examination] examen *m* approfondi; [watch] surveillance *f*; [gaze] regard *m* insistant; to be under ~ [prisoners] être sous surveillance; [accounts, staff] faire l'objet d'un contrôle; to come under ~ être contrôlé; everything we do is under close ~ tous nos actes sont surveillés de près; her work does not stand up to close ~ son travail ne résiste pas à un examen minutieux. **-2.** *Br* POL deuxième pointage *m* (des suffrages).

**scuba** ['sku:bə] *n* scaphandre *m* autonome.

**scuba dive** *vi* faire de la plongée sous-marine.

**scuba diver** *n* plongeur *m* sous-marin, plongeuse *f* sous-marine.

**scuba diving** *n* plongée *f* sous-marine.

**scud** [skʌd] *(pt & pp* **scudded**, *cont* **scudding)** *vi* glisser, filer; clouds scudded across the sky des nuages filaient dans le ciel.

**scuff** [skʌf] ◇ *vt* **-1.** [shoe, leather] érafler, râper. **-2.** [drag]: to ~ one's feet marcher en traînant les pieds, traîner les pieds. ◇ *vi* marcher en traînant les pieds. ◇ *n*: ~ (mark) éraflure *f*.

**scuffle** ['skʌfl] ◇ *n* **-1.** [fight] bagarre *f*, échauffourée *f*.-**2.** [of feet] piétinement *m*. ◇ *vi* **-1.** [fight] se bagarrer, se battre. **-2.** [with feet] marcher en traînant les pieds. ◇ *vt*: they stood at the door, scuffling their feet ils piétinaient devant la porte.

**scuffling** ['skʌflɪŋ] *n* bruit *m* étouffé.

**scull** [skʌl] ◇ *n* -1. [double paddle] godille *f*; [single oar] aviron *m*.-2. [boat] yole *f*. ◇ *vt* [with double paddle] godiller; [with oars] ramer. ◇ *vi* ramer en couple; to go ~ing faire de l'aviron.

**scullery** ['skʌlərɪ] (*pl* **sculleries**) *n Br* arrière-cuisine *f*.

**scullery maid** *n Br* fille *f* de cuisine.

**sculpt** [skʌlpt] ◇ *vt* sculpter. ◇ *vi* faire de la sculpture.

**sculptor** ['skʌlptər] *n* sculpteur *m*.

**sculptress** ['skʌlptrɪs] *n* (femme *f*) sculpteur *m*.

**sculptural** ['skʌlptʃərəl] *adj* sculptural.

**sculpture** ['skʌlptʃər] ◇ *n* -1. [art] sculpture *f*.-2. [object] sculpture *f*. ◇ *vt* sculpter. ◇ *vi* sculpter; to ~ in bronze sculpter dans le bronze.

**scum** [skʌm] ◇ *n* -1. [on liquid, sea] écume *f*; [in bath] (traînées *fpl* de) crasse *f*; METALL écume *f*, scories *fpl*; to take the ~ off [liquid] écumer; [bath] nettoyer. ◇ *npl inf* [people] rebut *m*, lie *f*; the ~ of the earth le rebut de l'humanité.

**scumbag**▽ ['skʌmbæg] *n* salaud *m*, ordure *f*.

**scummy** ['skʌmɪ] (*compar* **scummier**, *superl* **scummiest**) *adj* -1. [liquid] écumeux. -2. ▽ [person] salaud.

**scuncheon** ['skʌntʃən] *n* ARCHIT battée *f*.

**scupper** ['skʌpər] ◇ *vt Br* -1. [ship] saborder. -2. [plans, attempt] saborder, faire capoter. ◇ *n* NAUT dalot *m*.

**scurrilous** ['skʌrələs] *adj* [lying] calomnieux, mensonger; [insulting] outrageant, ignoble; [bitter] fielleux; [vulgar] grossier, vulgaire.

**scurry** ['skʌrɪ] (*pt & pp* **scurried**, *pl* **scurries**) ◇ *vi* se précipiter, courir; the sound of ~ing feet le bruit de pas précipités. ◇ *n* -1. [rush] course *f* (précipitée), débandade *f*. -2. [sound – of feet] bruit *m* de pas précipités.
◆ **scurry away**, **scurry off** *vi insep* [animal] détaler; [person] décamper, prendre ses jambes à son cou.
◆ **scurry out** *vi insep* [animal] détaler; [person] sortir à toute vitesse.

**scurvy** ['skɜːvɪ] (*compar* **scurvier**, *superl* **scurviest**) ◇ *n* (*U*) scorbut *m*. ◇ *adj* [trick] honteux, ignoble.

**scuttle** ['skʌtl] ◇ *n* [coal] ~ seau *m* à charbon. ◇ *vi* [run] courir à pas précipités, se précipiter. ◇ *vt* -1. NAUT saborder. -2. [hopes] ruiner; [plans] saborder, faire échouer. ◇ *n* -1. [run] course *f* précipitée, débandade *f*.-2. (coal) ~ seau *m* à charbon. -3. NAUT écoutille *f*.
◆ **scuttle away**, **scuttle off** *vi insep* [animal] détaler; [person] déguerpir, se sauver.
◆ **scuttle out** *vi insep* sortir précipitamment.

**scythe** [saɪð] ◇ *n* faux *f*. ◇ *vt* faucher.

**SD** *written abbr of* **South Dakota**.

**SDI** (*abbr of* **Strategic Defense Initiative**) *pr n* IDS *f*.

**SDLP** *pr n abbr of* **Social Democratic and Labour Party**.

**SDP** *pr n abbr of* **Social Democratic Party**.

**SDRs** (*abbr of* **special drawing rights**) *npl* DTS *mpl*.

**SE** (*written abbr of* **south-east**) S-E.

**sea** [siː] ◇ *n* -1. GEOG mer *f*; to travel by ~ voyager par mer OR par bateau; the goods were sent by ~ les marchandises ont été expédiées par bateau; at ~ [boat, storm] en mer; [as sailor] de OR comme marin; life at ~ la vie en mer OR de marin; to swim in the ~ nager OR se baigner dans la mer; to put (out) to ~ prendre la mer; to go to ~ [boat] prendre la mer; [sailor] se faire marin; to run away to ~ partir se faire marin; to look out to ~ regarder vers le large; the little boat was swept OR washed out to ~ le petit bateau a été emporté vers le large; across OR over the ~s outre-mer; a heavy ~, heavy ~s une grosse mer ❏ the Sea of Tranquillity la mer de la Tranquillité; ~ and air search recherches *fpl* maritimes et aériennes; to be at ~ *Br inf* [be lost] nager; [be mixed-up] être déboussolé OR désorienté. -2. [seaside] bord *m* de la mer; they live by OR beside the ~ ils habitent au bord de la mer. -3. [large quantity – of blood, mud] mer *f*; [– of problems, faces] multitude *f*. ◇ *comp* [fish] de mer; ~ bathing bains *mpl* de mer; ~ battle bataille *f* navale; ~ breeze brise *f* marine; ~ traffic navigation *f* OR trafic *m* maritime; ~ view vue *f* sur la mer.

**sea air** *n* air *m* marin OR de la mer.

**sea anemone** *n* anémone *f* de mer.

**seabed** ['siːbed] *n* fond *m* de la mer OR marin.

**seabird** ['siːbɜːd] *n* oiseau *m* de mer.

**seaboard** ['siːbɔːd] *n* littoral *m*, côte *f*; on the Atlantic ~ sur la côte atlantique.

**seaborne** ['siːbɔːn] *adj* [trade] maritime; [goods, troops] transporté par mer OR par bateau.

**sea bream** *n* daurade *f*, dorade *f*.

**sea captain** *n* capitaine *m* de la marine marchande.

**sea change** *n* changement *m* radical, profond changement.

**seacoast** [,siːˈkəʊst] *n* côte *f*, littoral *m*.

**sea cow** *n* vache *f* marine, sirénien *m*.

**sea cucumber** *n* concombre *m* de mer, holothurie *f*.

**seafarer** ['siː,feərər] *n* marin *m*.

**seafaring** ['siː,feərɪŋ] ◇ *adj* [nation] maritime, de marins; [life] de marin. ◇ *n* vie *f* de marin.

**seafloor** ['siːflɔːr] *n* fond *m* de (la) mer OR marin.

**seafood** ['siːfuːd] *n* (*U*) (poissons *mpl* et) fruits *mpl* de mer.

**seafront** ['siːfrʌnt] *n* bord *m* de mer, front *m* de mer.

**seagoing** ['siː,gəʊɪŋ] *adj* [trade, nation] maritime; [life] de marin; a ~ man un marin, un homme de mer; a ~ ship un navire de haute mer, un (navire) long-courrier.

**sea green** *n* vert *m* glauque.

**seagull** ['siːgʌl] *n* mouette *f*.

**seahorse** ['siːhɔːs] *n* hippocampe *m*.

**seal** [siːl] ◇ *n* -1. ZOOL phoque *m*.-2. [tool] sceau *m*, cachet *m*; [on document, letter] sceau *m*; [on crate] plombage *m*; [on battery, gas cylinder] bande *f* de garantie; [on meter] plomb *m*; given under my hand and ~ *Br* ADMIN & JUR signé et scellé par moi; to put one's ~ to a document apposer son sceau à un document; does the project have her ~ of approval? est-ce qu'elle a approuvé le projet?; to put OR to set the ~ on sthg [confirm] sceller qqch; [bring to end] mettre fin à qqch. -3. (*U*) JUR [on door] scellés *mpl*; under ~ sous scellés; under (the) ~ of secrecy/of silence *fig* ~ sous le sceau du secret/du silence. -4. COMM label *m*; ~ of quality label de qualité. -5. [joint – for engine, jar, sink] joint *m* d'étanchéité; [putty] mastic *m*.-6. [stamp]: Christmas ~ timbre *m* de Noël.
◇ *vt* -1. [document] apposer son sceau à, sceller; ~ed with a kiss scellé d'un baiser; her fate is ~ed *fig* son sort est réglé; they finally ~ed the deal *fig* ils ont enfin conclu l'affaire. -2. [close – envelope, package] cacheter, fermer; [– with sticky tape] coller, fermer; [– jar] sceller, fermer hermétiquement; [– can] souder; [– tube, mineshaft] sceller; [window, door – for insulation] isoler; my lips are ~ed *fig* mes lèvres sont scellées. -3. JUR [door] apposer des scellés sur; [evidence] mettre sous scellés; [at customs – goods] (faire) sceller. -4. CULIN [meat] saisir.
◇ *vi* ZOOL: to go ~ing aller à la chasse au phoque.
◆ **seal in** *vt sep* enfermer hermétiquement; the flavour is ~ed in by freeze-drying le produit garde toute sa saveur grâce à la lyophilisation.
◆ **seal off** *vt sep* [passage, road] interdire l'accès de; [entrance] condamner; the street had been ~ed off la rue avait été fermée (à la circulation).
◆ **seal up** *vt sep* [close – envelope] cacheter, fermer; [– with sticky tape] coller, fermer; [– jar] sceller, fermer hermétiquement; [– can] souder; [– tube, mineshaft] sceller; [window, door – for insulation] isoler.

**sea lane** *n* couloir *m* de navigation.

**sealant** ['siːlənt] *n* -1. [paste, putty] produit *m* d'étanchéité; [paint] enduit *m* étanche; [for radiator] anti-fuite *m*.-2. [joint] joint *m* d'étanchéité.

**sealed** [siːld] *adj* [document] scellé; [envelope] cacheté; [orders] scellé sous pli; [jar] fermé hermétiquement; [mineshaft] obturé, bouché; [joint] étanche.

**sealed-beam** *adj*: ~ headlight phare *m* type sealed-beam.

**sea legs** *npl*: to find OR to get one's ~ s'amariner, s'habituer à la mer.

**sealer** ['siːlər] *n* -1. [hunter] chasseur *m* de phoques; [ship] navire *m* équipé pour la chasse aux phoques. -2. [paint, varnish] enduit *m*, première couche *f*.

**sea level** *n* niveau *m* de la mer; **above/below** ~ au-dessus/au-dessous du niveau de la mer.

**sealing** ['si:lɪŋ] *n* **-1.** [hunting] chasse *f* aux phoques. **-2.** [of document] cachetage *m*; [of crate] plombage *m*; [of door] scellage *m*; [of shaft, mine] fermeture *f*, obturation *f*.

**sealing wax** *n* cire *f* à cacheter.

**sea lion** *n* otarie *f*.

**sea-lord** *n* Br NAUT lord *m* de l'Amirauté.

**sealskin** ['si:lskɪn] ◇ *n* peau *f* de phoque. ◇ *adj* en peau de phoque.

**seam** [si:m] ◇ *n* **-1.** [on garment, stocking] couture *f*; [in airbed, bag] couture *f*, joint *m*; [weld] soudure *f*; [between planks] joint *m*; **your coat is coming** OR **falling apart at the** ~**s** votre manteau se décout; **my suitcase was bulging** OR **bursting at the** ~**s** ma valise était pleine à craquer; **their marriage is coming** OR **falling apart at the** ~**s** *fig* leur mariage craque. **-2.** [of coal, ore] filon *m*, veine *f*; [in rocks] couche *f*. ◇ *comp* [in cricket]: **a** ~ **bowler** *un lanceur qui utilise les coutures de la balle pour la faire dévier.* ◇ *vt* [garment] faire une couture dans, coudre; [plastic, metal, wood] faire un joint à.

**seaman** ['si:mən] (*pl* **seamen** [-mən]) *n* **-1.** [sailor] marin *m*.**-2.** [in US Navy] quartier-maître *m* de 2e classe.

**seamanship** ['si:mənʃɪp] *n* (*U*) qualités *fpl* de marin.

**seamed** [si:md] *adj* [furrowed] ridé, sillonné; **the rock was** ~ **with quartz** la roche était veinée de quartz.

**seamen** ['si:mən] *pl* → **seaman**.

**sea mile** *n* mille *m* marin.

**sea mist** *n* brume *f* de mer.

**seamless** ['si:mlɪs] *adj* sans couture; *fig* homogène, cohérent.

**seamstress** ['semstrɪs] *n* couturière *f*.

**seamy** ['si:mɪ] (*compar* **seamier**, *superl* **seamiest**) *adj* sordide, louche; **the** ~ **side of life** le côté sordide de la vie.

**séance** ['seɪɒns] *n* **-1.** [for raising spirits] séance *f* de spiritisme. **-2.** [meeting] séance *f*, réunion *f*.

**seaplane** ['si:pleɪn] *n* hydravion *m*.

**seaport** ['si:pɔ:t] *n* port *m* maritime.

**sear** [sɪəʳ] *vt* **-1.** [burn] brûler; [brand] marquer au fer rouge; MED cautériser. **-2.** [wither] dessécher, flétrir. ◇ *n* [burn] (marque *f* de) brûlure *f*.

◆ **sear through** *vt insep* [metal, wall] traverser, percer.

**search** [sɜ:tʃ] ◇ *vt* **-1.** [look in – room] chercher (partout) dans; [– pockets, drawers] fouiller (dans), chercher dans; **we've** ~**ed the whole house for the keys** nous avons cherché dans toute la maison pour retrouver les clés. **-2.** [subj: police, customs] fouiller; [with warrant] perquisitionner, faire une perquisition dans; **the flat was** ~**ed for drugs** on a fouillé l'appartement pour trouver de la drogue ❏ ~ **me!** *inf* je n'en ai pas la moindre idée!**-3.** [examine, consult – records] chercher dans; [– memory] chercher dans, fouiller; [– conscience] sonder; COMPUT [file] consulter; **I** ~**ed her face for some sign of emotion** j'ai cherché sur son visage des signes d'émotion.

◇ *vi* chercher; **to** ~ **for sthg** chercher qqch, rechercher qqch; **to** ~ **after the truth** rechercher la vérité ‖ COMPUT: **to** ~ **for a file** rechercher un fichier; **'searching'** 'recherche'.

◇ *n* **-1.** [gen] recherche *f*, recherches *fpl*; **in the** ~ **for** OR **in my** ~ **for ancestors, I had to travel to Canada** au cours des recherches OR de mes recherches pour retrouver mes ancêtres, j'ai dû me rendre au Canada; **the** ~ **for the missing climbers has been resumed** les recherches ont repris pour retrouver les alpinistes disparus ❏ ~ **and rescue operation** opération *f* de recherche et secours. **-2.** [by police, customs – of house, person, bags] fouille *f*; [– with warrant] perquisition *f*; **the police made a thorough** ~ **of the premises** la police a fouillé les locaux de fond en comble; **customs carried out a** ~ **of the van** les douaniers ont procédé à la fouille de la camionnette. **-3.** COMPUT recherche *f*.

◆ **in search of** *prep phr* à la recherche de.

◆ **search out** *vt sep* [look for] rechercher; [find] trouver, dénicher.

◆ **search through** *vt insep* [drawer, pockets] fouiller (dans); [case, documents] fouiller; [records] consulter, faire des recherches dans; [memory] fouiller, chercher dans.

**searcher** ['sɜ:tʃəʳ] *n* chercheur *m*, -euse *f*.

**searching** ['sɜ:tʃɪŋ] *adj* **-1.** [look, eyes] pénétrant; **he gave me a** ~ **look** il m'a lancé un regard pénétrant. **-2.** [examination] rigoureux, minutieux; **he asked me some** ~ **questions** il m'a posé des questions inquisitrices.

**searchingly** ['sɜ:tʃɪŋlɪ] *adv* [look] de façon pénétrante; [examine] rigoureusement; [question] minutieusement.

**searchlight** ['sɜ:tʃlaɪt] *n* projecteur *m*; **in the** ~ à la lumière des projecteurs.

**search party** *n* équipe *f* de secours.

**search warrant** *n* mandat *m* de perquisition.

**searing** ['sɪərɪŋ] *adj* **-1.** [pain] fulgurant; [light] éclatant, fulgurant. **-2.** [attack, criticism] sévère, impitoyable.

**Sears Roebuck®** [,sɪəz'rəʊbʌk] *pr n* grande chaîne de magasins américaine.

**sea salt** *n* sel *m* marin OR de mer.

**seascape** ['si:skeɪp] *n* **-1.** [view] paysage *m* marin. **-2.** ART marine *f*.

**sea shanty** *n* chanson *f* de marins.

**seashell** ['si:ʃel] *n* coquillage *m*.

**seashore** ['si:ʃɔ:ʳ] *n* [edge of sea] rivage *m*, bord *m* de (la) mer; [beach] plage *f*.

**seasick** ['si:sɪk] *adj*: **to be** ~ avoir le mal de mer.

**seasickness** ['si:sɪknɪs] *n* mal *m* de mer.

**seaside** ['si:saɪd] ◇ *n* bord *m* de (la) mer; **we spent the afternoon at the** ~ nous avons passé l'après-midi au bord de la mer OR à la mer; **we live by** OR **at the** ~ nous habitons au bord de la mer. ◇ *comp* [holiday, vacation] au bord de la mer, à la mer; [town, hotel] au bord de la mer, de bord de mer.

**sea slug** *n* nudibranche *m*.

**sea snake** *n* serpent *m* de mer.

**season** ['si:zn] ◇ *n* **-1.** [summer, winter etc] saison *f*.**-2.** [for trade] saison *f*; **the start of the tourist/of the holiday** ~ le début de la saison touristique/des vacances; **it's a busy** ~ **for tour operators** c'est une époque très chargée pour les voyagistes; **the low/high** ~ la basse/haute saison; **in** ~ en saison; **off** ~ hors saison. **-3.** [for fruit, vegetables] saison *f*; **strawberries are in/out of** ~ les fraises sont/ne sont pas de saison, c'est/ce n'est pas la saison des fraises. **-4.** [for breeding] époque *f*, période *f*; **to be in** ~ [animal] être en chaleur. **-5.** [for sport, entertainment] saison *f*; [for show, actor] saison *f*; **he did a** ~ **at Brighton** il a fait la saison de Brighton; **a new** ~ **of French drama** RADIO & TV un nouveau cycle de pièces de théâtre français ‖ [for hunting] saison *f*, période *f*; **the hunting/fishing** ~ la saison de la chasse/de la pêche ‖ [for socializing] saison *f*; **the social** ~ la saison mondaine. **-6.** [Christmas]: **'Season's Greetings'** 'Joyeux Noël et Bonne Année'. **-7.** [suitable moment] moment *m* opportun; **in due** ~ en temps voulu, au moment opportun.

◇ *vt* **-1.** [food – with seasoning] assaisonner; [– with spice] épicer; **his speech was** ~**ed with witty remarks** *fig* son discours était parsemé OR agrémenté de remarques spirituelles. **-2.** [timber] (faire) sécher, laisser sécher; [cask] abreuver. **-3.** *fml* [moderate] modérer, tempérer.

**seasonable** ['si:znəbl] *adj* **-1.** [weather] de saison. **-2.** [opportune] à propos, opportun.

**seasonal** ['si:zənl] *adj* saisonnier; ~ **worker** saisonnier *m*; ~ **affective disorder** troubles *mpl* de l'humeur saisonniers.

**seasonally** ['si:zənlɪ] *adv* de façon saisonnière; ~ **adjusted statistics** statistiques corrigées des variations saisonnières, statistiques désaisonnalisées.

**seasoned** ['si:znd] *adj* **-1.** [food] assaisonné, épicé; **highly** ~ bien épicé OR relevé. **-2.** [wood] desséché, séché. **-3.** [experienced] expérimenté, chevronné, éprouvé; **a** ~ **traveller** un voyageur expérimenté.

**seasoning** ['si:znɪŋ] *n* **-1.** [for food] assaisonnement *m*; **there isn't enough** ~ ce n'est pas assez assaisonné. **-2.** [of wood] séchage *m*; [of cask] abreuvage *m*.

**season ticket** *n* (carte *f* d') abonnement *m*; **to take out a** ~ prendre un abonnement; ~ **holder** abonné *m*, -e *f*.

**seat** [si:t] ◇ *n* **-1.** [chair, stool] siège *m*; [on bicycle] selle *f*; [in car – single] siège *m*; [– bench] banquette *f*; [on train, at table] place *f*; **take a** ~ asseyez-vous, prenez un siège; **please stay in your** ~**s** restez assis s'il vous plaît; **keep a** ~ **for me** gardez-moi une place. **-2.** [accommodation, place – in theatre, cinema, train] place *f*; [space to sit] place *f* assise; **please take your** ~**s** veuillez prendre OR gagner vos places. **-3.** [of trousers] fond *m*; [of chair] siège *m*; [buttocks] derrière *m*; **by the ~ of one's pants** *inf* de justesse. **-4.** POL siège *m*; **he kept/lost his ~** il a été/il n'a pas été réélu; **she has a ~ in Parliament** elle est députée; **he was elected to a ~ on the council** [municipal] il a été élu conseiller municipal; [commercial] il a été élu au conseil; **the government has a 30-~ majority** le gouvernement a une majorité de 30 sièges. **-5.** [centre – of commerce] centre *m*; ADMIN siège *m*; MED [– of infection] foyer *m*; **the ~ of government/of learning** le siège du gouvernement/du savoir. **-6.** [manor]: **(country) ~** manoir *m*. **-7.** EQUIT: **to have a good ~** se tenir bien en selle, avoir une bonne assiette; **to lose one's ~** être désarçonné. ◇ *vt* **-1.** [passengers, children] faire asseoir; [guests – at table] placer; **please be ~ed** veuillez vous asseoir; **please remain ~ed** restez OR veuillez rester assis. **-2.** [accommodate] avoir des places assises pour; **the plane can ~ 400** l'avion a une capacité de 400 personnes; **how many does the bus ~?** combien y a-t-il de places assises dans le bus?; **how many does the table ~?** combien de personnes peut-on asseoir autour de la table? **-3.** [chair] mettre un fond à; [with straw] rempailler; [with cane] canner. ◇ *vi* [skirt, trousers] se déformer (à l'arrière).

**seat belt** *n* ceinture *f* de sécurité.

**-seater** ['siːtəʳ] *in cpds*: **two/four~ (car)** voiture *f* à deux/quatre places.

**seating** ['siːtɪŋ] ◇ *n* (U) **-1.** [seats] sièges *mpl*; [benches, pews] bancs *mpl*. **-2.** [sitting accommodation] places *fpl* (assises); **there's ~ for 300 in the hall** il y a 300 places dans la salle. **-3.** [plan] affectation *f* des places; **who's in charge of the ~?** qui est chargé de placer les gens? **-4.** [material – cloth, canvas] (tissu *m* du) siège *m*; [– wicker] cannage *m*. ◇ *comp*: ~ **accommodation** OR **capacity** nombre *m* de places assises; **the ~ arrangements** le placement *m* OR la disposition *f* des gens; ~ **plan** [in theatre] plan *m* de la disposition des places; [at table] plan *m* de table.

**SEATO** ['siːtəu] (*abbr of* **Southeast Asia Treaty Organization**) *pr n* OTASE *f*.

**sea trout** *n* truite *f* de mer.

**sea urchin** *n* oursin *m*.

**sea wall** *n* digue *f*.

**seawater** ['siːˌwɔːtəʳ] *n* eau *f* de mer.

**seaway** ['siːweɪ] *n* route *f* maritime.

**seaweed** ['siːwiːd] *n* (U) algues *fpl*.

**seaworthy** ['siːˌwɜːðɪ] *adj* [boat] en état de naviguer.

**sebaceous** [sɪ'beɪʃəs] *adj* sébacé.

**Sebastian** [sɪ'bæstjən] *pr n*: **Saint ~** saint Sébastien.

**sec** [sek] (*abbr of* **second**) *n inf* seconde *f*, instant *m*; **in a ~!** une seconde!

**Sec.** *written abbr of* **second**.

**SEC** (*abbr of* **Securities and Exchange Commission**) *pr n* commission *f* américaine des opérations de Bourse, ≈ COB *f*.

**secant** ['siːkənt] *n* sécante *f*.

**secateurs** [ˌsekə'tɜːz] *npl Br*: **(pair of) ~** sécateur *m*.

**secede** [sɪ'siːd] *vi* faire sécession, se séparer; **they voted to ~ from the federation** ils ont voté en faveur de leur sécession à la fédération.

**secession** [sɪ'seʃn] *n* sécession *f*, scission *f*.

**seclude** [sɪ'kluːd] *vt* éloigner du monde, isoler.

**secluded** [sɪ'kluːdɪd] *adj* [village] retiré, à l'écart; [garden] tranquille; **to live a ~ life** mener une vie solitaire, vivre en reclus.

**seclusion** [sɪ'kluːʒn] *n* **-1.** [isolation – chosen] solitude *f*, isolement *m*; **he lives a life of total ~** il vit en solitaire OR retiré du monde. **-2.** [isolation – imposed] isolement *m*.

**second¹** ['sekənd] ◇ *n* **-1.** [unit of time] seconde *f*; **the ambulance arrived within ~s** l'ambulance est arrivée en quelques secondes. **-2.** [instant] seconde *f*, instant *m*; **I'll be with you in a ~** je serai à vous dans un instant; **I'll only be a ~** j'en ai seulement pour deux secondes; **just a OR half a ~!** une seconde! **-3.** MATH seconde *f*. **-4.** [in order] second *m*, -e *f*, deuxième *mf*; **I was the ~ to arrive** je suis arrivé deuxième OR le deuxième; **to come a close ~** [in race] être battu de justesse. **-5.** [in duel] témoin *m*, second *m*; [in boxing] soigneur *m*; **~s out!** soigneurs hors du ring! **-6.** AUT seconde *f*; **in ~** en

seconde. **-7.** *Br* UNIV: **an upper/lower ~** une licence avec mention bien/assez bien. **-8.** MUS seconde *f*. ◇ *det* **-1.** [in series] deuxième; [of two] second; **he's ~ only to his teacher as a violinist** en tant que violoniste, il n'y a que son professeur qui le surpasse OR qui lui soit supérieur; **every ~ person** une personne sur deux; **to be ~ in command** [in hierarchy] être deuxième dans la hiérarchie; MIL commander en second; **he's ~ in line for promotion** il sera le second à bénéficier d'une promotion; **he's ~ in line for the throne** c'est le deuxième dans l'ordre de succession au trône; ~ **floor** *Br* deuxième étage *m*; *Am* premier étage; **in the ~ person singular/plural** GRAMM à la deuxième personne du singulier/pluriel; **to take ~ place** [in race] prendre la deuxième place; [in exam] être deuxième; **and in the ~ place...** [in demonstration, argument] et en deuxième lieu... ❑ **it's ~ nature to her** c'est une deuxième nature chez elle; ~ **teeth** deuxième dentition *f*, dentition *f* définitive; ~ **violin** MUS deuxième violon *m*; **as a goalkeeper, he's ~ to none** comme gardien de but, il n'a pas son pareil. **-2.** [additional, extra] deuxième, second, autre; **he was given a ~ chance (in life)** on lui a accordé une seconde chance (dans la vie); **you are unlikely to get a ~ chance to join the team** il est peu probable que l'on vous propose à nouveau de faire partie de l'équipe; **to take a ~ helping** se resservir; **would you like a ~ helping/a ~ cup?** en reprendrez-vous (un peu/une goutte)?; **they have a ~ home in France** ils ont une résidence secondaire en France; **I'd like a ~ opinion** [doctor] je voudrais prendre l'avis d'un confrère; [patient] je voudrais consulter un autre médecin; **I need a ~ opinion on these results** j'aimerais avoir l'avis d'un tiers sur ces résultats. ◇ *adv* **-1.** [in order] en seconde place; **to come ~** [in race] arriver en seconde position. **-2.** [with superl adj]: **the second-oldest** le cadet; **the second-largest/second-richest** second par la taille/second par le revenu. **-3.** [secondly] en second lieu, deuxièmement. ◇ *vt* [motion] appuyer; [speaker] appuyer la motion de; **I'll ~ that!** je suis d'accord!; *see also* **fifth.**

◆ **seconds** *npl* **-1.** [goods] marchandises *fpl* de second choix; [crockery] vaisselle *f* de second choix. **-2.** *inf* [of food] rab *m*.

**second²** [sɪ'kɒnd] *vt Br fml* [employee] affecter (provisoirement), envoyer en détachement; MIL détacher; **she was ~ed to the UN** elle a été détachée à l'ONU.

**secondary** ['sekəndrɪ] (*pl* **secondaries**) ◇ *adj* **-1.** [gen & MED] secondaire; [minor] secondaire, de peu d'importance; **this issue is of ~ importance** cette question est d'une importance secondaire; **any other considerations are ~ to her well being** son bien-être prime sur toute autre considération ❑ ~ **cause** PHILOS cause *f* seconde; ~ **cell** ELEC accumulateur *m*; ~ **colour** couleur *f* secondaire OR binaire; ~ **era** GEOL (ère *f*) secondaire *m*; ~ **product** sous-produit *m*. **-2.** SCH secondaire *m*; ~ **education** enseignement *m* secondaire OR du second degré. ◇ *n* **-1.** [deputy] subordonné *m*, -e *f*, adjoint *m*, -e *f*. **-2.** ASTRON satellite *m*. **-3.** MED [tumour] tumeur *f* secondaire, métastase *f*.

**secondary modern (school)** *n Br* établissement secondaire d'enseignement général et technique, aujourd'hui remplacé par la «comprehensive school».

**secondary picketing** *n* (U) *Br* INDUST piquets *mpl* de grève de solidarité.

**secondary school** *n* établissement secondaire; ~ **teacher** professeur *m* du secondaire.

**secondary stress** *n* accent *m* secondaire.

**second best** ◇ *n* pis-aller *m inv*; **I refuse to make do with ~** je refuse de me contenter d'un pis-aller. ◇ *adv*: **to come off ~** être battu, se faire battre.

◆ **second-best** *adj* [clothes, objects] de tous les jours.

**second chamber** *n* [gen] deuxième chambre *f*; [in UK] Chambre *f* des lords; [in US] Sénat *m*.

**second childhood** *n* gâtisme *m*, seconde enfance *f*; **he's in his ~** il est retombé en enfance.

**second class** *n* RAIL seconde *f* (classe *f*).

◆ **second-class** ◇ *adj* **-1.** RAIL de seconde (classe); **two second-class returns to Glasgow** deux allers (et) retours pour Glasgow en seconde (classe). **-2.** [hotel] de seconde catégorie. **-3.** [mail] à tarif réduit OR lent. **-4.** *Br* UNIV: **a second-class honours degree** ≈ une licence avec mention (assez) bien. **-5.** [inferior] de qualité inférieure. ◇ *adv* **-1.** RAIL en seconde (classe). **-2.** [for mail]: to send a parcel second-class expédier un paquet en tarif réduit.

**second-class citizen** *n* citoyen *m*, -enne *f* de seconde zone.

**Second Coming** *n* RELIG: the ~ le deuxième avènement du Messie.

**second cousin** *n* cousin *m*, -e *f* au second degré, cousin *m* issu OR cousine *f* issue de germains.

**seconder** ['sekəndər] *n* **-1.** [in debate – of motion] personne *f* qui appuie une motion. **-2.** [of candidate] deuxième parrain *m*.

**second-generation** *adj* [immigrant, computer] de la seconde génération.

**second-guess** *vt inf* **-1.** [after event] comprendre après coup. **-2.** [before event] essayer de prévoir OR d'anticiper.

**second hand** *n* [of watch, clock] aiguille *f* des secondes, trotteuse *f*.

◆ **second-hand** ◇ *adj* **-1.** [car, clothes, books] d'occasion; second-hand shop magasin *m* d'occasions. **-2.** [information] de seconde main; to hear OR to discover sthg at secondhand apprendre OR découvrir qqch de seconde main. ◇ *adv* **-1.** [buy] d'occasion. **-2.** [indirectly]: I heard the news second-hand j'ai appris la nouvelle indirectement.

**second-in-command** *n* MIL commandant *m* en second; NAUT second *m*, officier *m* en second; [in hierarchy] second *m*, adjoint *m*.

**second lieutenant** *n* sous-lieutenant *m*.

**secondly** ['sekəndlɪ] *adv* deuxièmement, en deuxième lieu.

**secondment** [sɪ'kɒndmənt] *n Br fml* détachement *m*, affectation *f* provisoire; to be on ~ [teacher] être en détachement; [diplomat] être en mission.

**second name** *n* nom *m* de famille.

**second officer** *n* NAUT (officier *m* en) second *m*.

**second-rate** *adj* [goods, equipment] de qualité inférieure; [film, book] médiocre; [politician, player] médiocre, de second ordre.

**second sight** *n* seconde OR double vue *f*; to have ~ avoir un don de double vue.

**second-string** *adj Am* SPORT remplaçant.

**second thought** *n*: to have ~s avoir des doutes; on ~s *Br* OR on ~ *Am* I'd better go myself toute réflexion faite, il vaut mieux que j'y aille moi-même.

**secrecy** ['si:krəsɪ] *n* (U) secret *m*; the negotiations were carried out in the strictest ~ les négociations ont été menées dans le plus grand secret ‖ [mystery] mystère *m*; there's no ~ about their financial dealings ils ne font aucun mystère de leurs affaires financières.

**secret** ['si:krɪt] ◇ *n* **-1.** [information kept hidden] secret *m*; it's a ~ between you and me c'est un secret entre nous; I have no ~s from her je ne lui cache rien; can you keep a ~? pouvez-vous garder un secret?; shall we let them into the ~? est-ce qu'on va les mettre dans le secret OR dans la confidence?; I'll tell you OR I'll let you into a ~ je vais vous dire OR révéler un secret; I make no ~ of OR about my humble origins je ne cache pas mes origines modestes. **-2.** [explanation] secret *m*; the ~ is to warm the dish first le secret consiste à chauffer le plat d'abord. **-3.** [mystery] secret *m*, mystère *m*; these locks have OR hold no ~ for me ces serrures n'ont pas de secret pour moi. ◇ *adj* **-1.** [meeting, plan] secret (*f* -ète); ~ funds caisse *f* noire, fonds *mpl* secrets; to keep sthg ~ tenir qqch secret ‖ [personal] secret (*f* -ète); it's my ~ belief that he doesn't really love her je crois secrètement OR en mon for intérieur qu'il ne l'aime pas vraiment ❑ ~ ballot vote *m* à bulletin secret. **-2.** [hidden – door] caché, dérobé; [– compartment, safe] caché; a ~ hiding place une cachette secrète. **-3.** [identity] inconnu. **-4.** [secluded – beach, garden] retiré, secret (*f* -ète).

◆ **in secret** *adv phr* en secret, secrètement.

**secret agent** *n* agent *m* secret.

**secretarial** [,sekrə'teərɪəl] *adj* [tasks] de secrétaire, de secrétariat; [course, college] de secrétariat; she does ~ work elle fait un travail de secrétaire OR de secrétariat; ~ skills notions *fpl* de secrétariat.

**secretariat** [,sekrə'teərɪət] *n* secrétariat *m*.

**secretary** [*Br* 'sekrətrɪ, *Am* 'sekrə,terɪ] (*pl* **secretaries**) *n* **-1.** [ COMM & gen] secrétaire *mf*. **-2.** POL [in UK – minister] ministre *m*; [– non-elected official] secrétaire *m* d'État; [in US] secrétaire *m* d'État; ~ of state [in UK] ministre; [in US] secrétaire *m* d'État, ministre des Affaires étrangères. **-3.** [diplomat] secrétaire *m* d'ambassade.

**secretary bird** *n* ORNITH serpentaire *m*, secrétaire *m*.

**secretary-general** *n* secrétaire *m* général, secrétaire *f* générale.

**secrete** [sɪ'kri:t] *vt* **-1.** ANAT & MED sécréter. **-2.** *fml* [hide] cacher.

**secretion** [sɪ'kri:ʃn] *n* ANAT & MED sécrétion *f*.

**secretive** ['si:krətɪv] *adj* [nature] secret (*f* -ète); [behaviour] cachottier; she's very ~ about her new job elle ne dit pas grand-chose de son nouveau travail.

**secretively** ['si:krətɪvlɪ] *adv* en cachette, secrètement.

**secretly** ['si:krɪtlɪ] *adv* [do, act] en secret, secrètement; [believe, think] en son intérieur, secrètement.

**secret police** *n* police *f* secrète.

**secret service** *n* services *mpl* secrets.

◆ **Secret Service** *n* [in US]: the ~ service de protection du président, du vice-président des États-Unis et de leurs familles.

**sect** [sekt] *n* secte *f*.

**sectarian** [sek'teərɪən] *adj* sectaire; ~ violence violence *f* d'origine religieuse.

**sectarianism** [sek'teərɪənɪzm] *n* sectarisme *m*.

**section** ['sekʃn] ◇ *n* **-1.** [sector] section *f*, partie *f*; the business ~ of the community les commerçants et les hommes d'affaires de notre communauté ‖ [division – of staff, services] section *f*; [– in army] groupe *m* de combat; [– in orchestra] section *f*. **-2.** [component part – of furniture] élément *m*; [– of tube] section *f*; [– of track, road] section *f*, tronçon *m*; RAIL section *f*. **-3.** [subdivision – of law] article *m*; [– of book, exam, text] section *f*, partie *f*; [– of library] section *f*; [of newspaper – page] page *f*; [– pages] pages *fpl*; the sports/women's ~ les pages des sports/réservées aux femmes ‖ [in department store] rayon *m*. **-4.** *Am* RAIL [train] train *m* supplémentaire; [sleeper] compartiment-lits *m*. **-5.** [cut, cross-section – drawing] coupe *f*, section *f*; GEOM section *f*; [for microscope] coupe *f*, lamelle *f*; [in metal] profilé *m*. **-6.** MED sectionnement *m*. **-7.** *Am* [land] division (administrative) d'un mille carré. ◇ *vt* **-1.** [divide into sections] sectionner. **-2.** *Br* [confine to mental hospital] interner.

◆ **section off** *vt sep* séparer; part of the church was ~ed off l'accès à une partie de l'église était interdit.

**sectional** ['sekʃənl] *adj* **-1.** [furniture] en kit. **-2.** [interests] d'un groupe. **-3.** [drawing] en coupe.

**sector** ['sektər] *n* **-1.** [area, realm] secteur *m*, domaine *m*; ECON secteur *m*; [part, subdivision] secteur *m*, partie *f*; COMPUT [of screen] secteur *m*; whole ~s of society live below the poverty line des catégories sociales entières vivent en dessous du seuil de pauvreté. **-2.** MIL secteur *m*, zone *f*. **-3.** GEOM secteur *m*. **-4.** [for measuring] compas *m* de proportion. ◇ *vt* diviser en secteurs; ADMIN & GEOG sectoriser.

**secular** ['sekjʊlər] *adj* **-1.** [life, clergy] séculier. **-2.** [education, school] laïque. **-3.** [music, art] profane. **-4.** [ancient] séculaire. **-5.** ASTRON séculaire.

**secularism** ['sekjʊlərɪzm] *n* laïcisme *m*.

**secularize, -ise** ['sekjʊləraɪz] *vt* séculariser; [education] laïciser.

**secure** [sɪ'kjʊər] ◇ *adj* **-1.** [protected] sûr, en sécurité, en sûreté; put the papers in a ~ place mettez les papiers en lieu sûr; I feel ~ from OR against attack je me sens à l'abri des attaques. **-2.** [guaranteed – job] sûr; [– victory, future] assuré. **-3.** [calm, confident] tranquille, rassuré; I was ~ in the belief that all danger was past j'étais intimement persuadé que tout danger était écarté. **-4.** [solid – investment, base] sûr; [– foothold, grasp] sûr, ferme; [solidly fastened – bolt, window] bien fermé; [– scaffolding, aerial] solide, qui tient bien; [– knot] solide; can you make the door/the rope ~? pouvez-vous vous assurer que la porte est bien fermée/la corde est bien attachée? ◇ *vt* **-1.** *fml* [obtain] se procurer, obtenir; [agreement] obtenir; [loan] obtenir, se voir accorder; to ~ a majority [gen] obtenir une majorité; POL emporter la majorité; to ~ the release of sb obtenir la libération de qqn. **-2.** [fasten, fix – rope] attacher; [– parcel] ficeler; [– ladder, aerial] bien fixer; [– window, lock] bien fermer. **-3.** [guarantee – future] assurer; [– debt] garantir. **-4.** [from danger] préserver, protéger.

**secured** [sɪˈkjʊəd] *adj* FIN [debt, loan] garanti.

**securely** [sɪˈkjʊəlɪ] *adv* **-1.** [firmly] fermement, solidement; the door was ~ fastened la porte était bien fermée OR verrouillée. **-2.** [safely] en sécurité, en sûreté.

**security** [sɪˈkjʊərətɪ] (*pl* **securities**) ◇ *n* **-1.** [safety] sécurité *f*; the President's national ~ advisers les conseillers du président en matière de sécurité nationale; they slipped through the ~ net ils sont passés au travers des mailles du filet des services de sécurité ‖ [police measures, protection etc] sécurité *f*; there was maximum ~ for the President's visit des mesures de sécurité exceptionnelles ont été prises pour la visite du président; maximum ~ wing [in prison] quartier *m* de haute surveillance. **-2.** (*U*) [assurance] sécurité *f*; job ~ sécurité de l'emploi; to have ~ of tenure [in job] être titulaire, avoir la sécurité de l'emploi; [as tenant] avoir un bail qui ne peut être résilié. **-3.** [guarantee] garantie *f*, caution *f*; what ~ do you have for the loan? quelle garantie avez-vous pour couvrir ce prêt? have you anything to put up as ~? qu'est-ce que vous pouvez fournir comme garantie? ‖ [guarantor] garant *m*, -e *f*; to stand ~ for sb *Br* se porter garant de qqn; to stand ~ for a loan avaliser un prêt. **-4.** [department] sécurité *f*; please call ~ appelez la sécurité s'il vous plaît. **-5.** COMPUT sécurité *f*. ◇ *comp* [measures, forces] de sécurité; ~ device sécurité *f*.

◆ **securities** *npl* FIN titres *mpl*, actions *fpl*, valeurs *fpl*; government securities titres *mpl* d'État; the securities market le marché des valeurs.

**security blanket** *n* morceau de tissu que certains jeunes enfants ont toujours avec eux pour se rassurer.

**Security Council** *n* Conseil *m* de Sécurité.

**security guard** *n* garde *m* (chargé de la sécurité); [for armoured van] convoyeur *m* de fonds.

**security leak** *n* fuite *f* de documents OR d'informations concernant la sécurité.

**security officer** *n* [on ship] officier *m* chargé de la sécurité; [in firm] employé *m* chargé de la sécurité; [inspector] inspecteur *m* de la sécurité.

**security police** *n* (services *mpl* de la) sûreté *f*.

**security risk** *n*: she's considered to be a ~ on considère qu'elle représente un risque pour la sécurité.

**secy** (*written abbr of* **secretary**) secr.

**sedan** [sɪˈdæn] *n* **-1.** *Am* [car] berline *f*. **-2.** [chair]: ~ (chair) chaise *f* à porteurs.

**sedate** [sɪˈdeɪt] ◇ *adj* [person, manner] calme, posé; [behaviour] calme, pondéré. ◇ *vt* donner des sédatifs à.

**sedately** [sɪˈdeɪtlɪ] *adv* posément, calmement; she walked ~ back to her house elle est revenue chez elle d'un pas lent OR tranquille.

**sedation** [sɪˈdeɪʃn] *n* sédation *f*; under ~ sous calmants.

**sedative** [ˈsedətɪv] ◇ *adj* calmant. ◇ *n* calmant *m*.

**sedentary** [ˈsedntrɪ] *adj* sédentaire.

**sedge** [sedʒ] *n* laîche *f*, carex *m*.

**sediment** [ˈsedɪmənt] ◇ *n* **-1.** GEOL sédiment *m*. **-2.** [in liquid] sédiment *m*, dépôt *m*; [in wine] dépôt *m*, lie *f*. ◇ *vt* déposer. ◇ *vi* se déposer.

**sedimentary** [ˌsedɪˈmentərɪ] *adj* sédimentaire; ~ rock roche *f* sédimentaire.

**sedition** [sɪˈdɪʃn] *n* sédition *f*.

**seditious** [sɪˈdɪʃəs] *adj* séditieux.

**seduce** [sɪˈdjuːs] *vt* **-1.** [sexually] séduire. **-2.** [attract] séduire, attirer; [draw] entraîner; she was ~d away from the company on l'a persuadée de OR incitée à quitter la société.

**seducer** [sɪˈdjuːsəʳ] *n* séducteur *m*, -trice *f*.

**seduction** [sɪˈdʌkʃn] *n* séduction *f*.

**seductive** [sɪˈdʌktɪv] *adj* [person] séduisant; [personality] séduisant, attrayant; [voice, smile] aguichant, séducteur; [offer] séduisant, alléchant.

**seductively** [sɪˈdʌktɪvlɪ] *adv* [dress] d'une manière séduisante; [smile] d'une manière enjôleuse.

**sedulous** [ˈsedjʊləs] *adj fml* diligent, persévérant.

**sedum** [ˈsiːdəm] *n* sédum *m*.

**see** [siː] (*pt* **saw** [sɔː], *pp* **seen** [siːn]) ◇ *vt* **A. -1.** [perceive with eyes] voir; can you ~ me? est-ce que tu me vois?; she could ~ a light in the distance elle voyait une lumière au loin; he

saw her talk OR talking to the policeman il l'a vue parler OR qui parlait au policier; I ~ her around a lot je la croise assez souvent; there wasn't a car to be seen il n'y avait pas une seule voiture en vue; nothing more was ever seen of her on ne l'a plus jamais revue ‖ [imagine]: there's nothing there, you're ~ing things! il n'y a rien, tu as des hallucinations! ❏ could you ~ your way (clear) to lending me £20? est-ce que vous pourriez me prêter 20 livres? to ~ the back OR last of sth en avoir fini avec qqch; I'll be glad to ~ the back OR last of her je serai content d'être débarrassé d'elle. **-2.** [watch – film, play, programme] voir. **-3.** [refer to – page, chapter] voir; ~ page 317 voir page 317.

**B. -1.** [meet by arrangement, consult] voir; I'll be ~ing the candidates next week je verrai les candidats la semaine prochaine. **-2.** [meet by chance] voir, rencontrer. **-3.** [visit – person, place] voir; to ~ the world voir le monde. **-4.** [receive a visit from] recevoir, voir; he's too ill to ~ anyone il est trop malade pour voir qui que ce soit. **-5.** [spend time with socially] voir; is he ~ing anyone at the moment? [going out with] est-ce qu'il a quelqu'un en ce moment? **-6.** *inf phr*: ~ you!, (I'll) be ~ing you! salut!; ~ you later! à tout à l'heure!; ~ you around! à un de ces jours!; ~ you tomorrow! à demain!; ~ you in London! on se verra à Londres!

**C. -1.** [understand] voir, comprendre; I ~ what you mean je vois OR comprends ce que vous voulez dire; can I borrow the car? I don't ~ why not est-ce que je peux prendre la voiture? je n'y vois pas d'inconvénients; will you finish in time? — I don't ~ why not vous aurez fini à temps? il n'y a pas de raison; I could ~ his point je voyais ce qu'il voulait dire. **-2.** [consider, view] voir; we ~ things differently nous ne voyons pas les choses de la même façon; he doesn't ~ his drinking as a problem il ne se considère pas comme un alcoolique; how do you ~ the current situation? que pensez-vous de la situation actuelle?; as I ~ it, it's the parents who are to blame à mon avis, ce sont les parents qui sont responsables. **-3.** [imagine, picture] voir, s'imaginer; I can't ~ him getting married je ne le vois pas OR je ne me l'imagine pas se mariant.

**D. -1.** [try to find] voir; I'll ~ if I can fix it je vais voir si je peux le réparer; she called by to ~ what had happened elle est venue pour savoir ce qui s'était passé. **-2.** [become aware of] voir; what can she possibly ~ in him? qu'est-ce qu'elle peut bien lui trouver? **-3.** [discover, learn] voir; I ~ (that) he's getting married j'ai appris qu'il allait se marier. **-4.** [make sure] s'assurer, veiller à; she'll ~ you right *inf* elle veillera à ce que tu ne manques de rien, elle prendra bien soin de toi. **-5.** [inspect – file, passport, ticket] voir.

**E. -1.** [experience] voir, connaître; he thinks he's seen it all il croit tout savoir; our car has seen better days notre voiture a connu des jours meilleurs. **-2.** [witness] voir; this old house has seen some changes cette vieille maison a subi quelques transformations.

**F. -1.** [accompany] accompagner; he saw her into a taxi/onto the train il l'a mise dans un taxi/le train. **-2.** [in poker] voir.

◇ *vi* **-1.** [perceive with eyes] voir; I can't ~ without (my) glasses je ne vois rien sans mes lunettes; to ~ into the future voir OR lire dans l'avenir; for all to ~ au vu et au su de tous. **-2.** [find out] voir. **-3.** [understand] voir, comprendre; I was tired, you ~, and... j'étais fatigué, voyez-vous, et...; now ~ here, young man! écoutez-moi, jeune homme!; I haven't quite finished — so I ~ je n'ai pas tout à fait terminé — c'est ce que je vois; I don't want any trouble, ~? *inf* je ne veux pas d'histoires, OK? **-4.** [indicating a pause or delay]: let me OR let's ~ voyons voir.

◇ *n* RELIG [of bishop] siège *m* épiscopal, évêché *m*; [of archbishop] archevêché *m*.

◆ **see about** *vt insep* s'occuper de; I'll ~ about making the reservations je m'occuperai des réservations; they're sending someone to ~ about the gas ils envoient quelqu'un pour vérifier le gaz; they won't let us in — we'll (soon) ~ about that! *inf* ils ne veulent pas nous laisser entrer — c'est ce qu'on va voir!

◆ **see in** ◇ *vt sep* **-1.** [escort] faire entrer. **-2.** [celebrate]: to ~ in the New Year fêter le Nouvel An. ◇ *vi insep* voir à l'intérieur.

◆ **see off** *vt sep* **-1.** [say goodbye to] dire au revoir à. **-2.** [chase away] chasser. **-3.** [repel – attack] repousser.

◆ **see out** *vt sep* **-1.** [accompany to the door] reconduire OR raccompagner à la porte; **can you ~ yourself out?** pouvez-vous trouver la sortie tout seul?**-2.** [last]: **we've got enough food to ~ the week out** nous avons assez à manger pour tenir jusqu'à la fin de la semaine. **-3.** [celebrate]: **to ~ out the Old Year** fêter le Nouvel An.

◆ **see over** *vt insep* = **see round.**

◆ **see round** *vt insep* visiter.

◆ **see through** ◇ *vt insep* **-1.** [window, fabric] voir à travers. **-2.** [be wise to – person] ne pas être dupe de, voir dans le jeu de; [– trick, scheme, behaviour] ne pas se laisser tromper par. ◇ *vt sep* **-1.** [bring to a successful end] mener à bonne fin. **-2.** [support, sustain]: **I've got enough money to ~ me through the week** j'ai assez d'argent pour tenir jusqu'à la fin de la semaine; **her good humour will always ~ her through any difficulties** sa bonne humeur lui permettra toujours de traverser les moments difficiles.

◆ **see to** *vt insep* **-1.** [look after] s'occuper de; **~ to it that everything's ready by 5 p.m.** veillez à ce que tout soit prêt pour 17 h; **she saw to it that our picnic was ruined** elle a fait en sorte de gâcher notre pique-nique. **-2.** [repair] réparer.

**seed** [si:d] ◇ *n* **-1.** BOT & HORT *(C)* graine *f*; *(U)* graines *fpl*, semence *f*; **grass ~** semence pour gazon ❑ **to go** OR **to run to ~** HORT monter en graine; *fig* [physically] se laisser aller, se décatir; [mentally] perdre ses facultés. **-2.** [in fruit, tomatoes] pépin *m*.**-3.** [source] germe *m*; **the ~s of** doubt/of suspicion les germes du doute/de la suspicion. **-4.** BIBLE & *lit* [offspring] progéniture *f*; [sperm] semence *f*.**-5.** SPORT tête *f* de série; **the top ~s** les meilleurs joueurs classés. ◇ *vt* **-1.** BOT & HORT [garden, field] ensemencer; [plants] planter. **-2.** [take seeds from – raspberries, grapes] épépiner. **-3.** SPORT: **~ed player** tête *f* de série; **he's ~ed number 5** il est tête de série numéro 5. ◇ *vi* [lettuce] monter en graine; [corn] grener.

**seedbed** ['si:dbed] *n* semis *m*, couche *f* à semis; a ~ **of revolution** *fig* les germes d'une révolution.

**seedbox** ['si:dbɒks] *n* germoir *m*.

**seedcake** ['si:dkeɪk] *n* gâteau *m* aux graines de carvi.

**seedcorn** ['si:dkɔ:n] *n* blé *m* de semence.

**seeding machine** ['si:dɪŋ-] *n* semoir *m*.

**seedless** ['si:dlɪs] *adj* sans pépins.

**seedling** ['si:dlɪŋ] *n* [plant] semis *m*, jeune plant *m*; [tree] jeune plant *m*.

**seed merchant** *n* grainetier *m*, -ère *f*.

**seed money** *n* capital *m* initial OR de départ, mise *f* de fonds initiale.

**seedpod** ['si:dpɒd] *n* BOT cosse *f*.

**seed potato** *n* pomme *f* de terre de semence.

**seedy** ['si:dɪ] (*compar* **seedier,** *superl* **seediest**) *adj* **-1.** [person, hotel, clothes] miteux, minable; [area] délabré. **-2.** [fruit] plein de pépins.

**seeing** ['si:ɪŋ] ◇ *n* [vision] vue *f*, vision *f*; **~ is believing** *prov* il faut le voir pour le croire. ◇ *conj* vu que; **~ (that** OR **as how** *inf*) no-one came, we left vu que OR étant donné que personne n'est venu, nous sommes partis.

**seeing eye (dog)** *n Am* chien *m* d'aveugle.

**seek** [si:k] (*pt & pp* **sought** [sɔ:t]) ◇ *vt* **-1.** [search for – job, person, solution] chercher, rechercher; **he constantly sought her approval** il cherchait à obtenir son approbation; **we'd better ~ help** il vaut mieux aller chercher de l'aide; **they sought shelter from the rain** ils ont cherché à se mettre à l'abri de la pluie; **to ~ one's fortune** chercher fortune; **to ~ re-election** chercher à se faire réélire; **to ~ after sthg** rechercher qqch. **-2.** [ask for – advice, help] demander, chercher; **I sought professional advice** j'ai demandé conseil à un professionnel, j'ai cherché conseil auprès d'un professionnel. **-3.** [attempt]: **to ~ to do sthg** chercher à faire qqch, tenter de faire qqch. **-4.** [move towards] chercher; **water ~s its own level** l'eau atteint spontanément son niveau; **heat-seeking missile** missile *m* thermoguidé. ◇ *vi* chercher.

◆ **seek out** *vt sep* **-1.** [go to see] aller voir. **-2.** [search for] chercher, rechercher; [dig out] dénicher.

**seeker** ['si:kə'] *n* chercheur *m*, -euse *f*; **a ~ after truth** une personne qui recherche la vérité.

**seem** [si:m] ◇ *vi* **A. -1.** [with adjective] sembler, paraître, avoir l'air; **he ~s very nice** il a l'air très gentil; **things aren't al-**

ways **what they ~ (to be)** les apparences sont parfois trompeuses; **just do whatever ~s right** fais ce que tu jugeras bon de faire; **the wind makes it ~ colder than it is** on dirait qu'il fait plus froid à cause du vent; **how does the situation ~ to you?** — **it ~s hopeless** que pensez-vous de la situation? — elle me semble désespérée. **-2.** [with infinitive] sembler, avoir l'air; **the door ~ed to open by itself** la porte sembla s'ouvrir toute seule; **he didn't ~ to know, he ~ed not to know** il n'avait pas l'air de savoir; **I ~ to sleep better with the window open** je crois que je dors mieux avec la fenêtre ouverte ‖ [used to soften a statement, question etc]: **I ~ to remember (that)...** je crois bien me souvenir que...; **I'm sorry, I ~ to have forgotten your name** excusez-moi, je crois que j'ai oublié votre nom; **now, what ~s to be the problem?** alors, quel est le problème d'après vous? ‖ [with 'can't', 'couldn't']: **I can't ~ to do it** je n'y arrive pas; **I can't ~ to remember it** je n'arrive pas à me souvenir. **-3.** [with noun, often with 'like'] sembler, paraître; **he ~s (like) a nice boy** il a l'air très sympathique OR d'un garçon charmant; **after what ~ed (like) ages,** the doctor arrived après une attente qui parut interminable, le médecin arriva; **it ~s like only yesterday** il me semble que c'était hier. **B. -1.** [impersonal use]: **it ~ed that** OR **as if nothing could make her change her mind** il semblait que rien ne pourrait la faire changer d'avis; **it ~ed as though we'd known each other for years** nous avions l'impression de nous connaître depuis des années; **it ~s to me that ...** j'ai l'impression OR il me semble que ...; **there ~s to be some mistake** on dirait qu'il y a une erreur; **we've been having a spot of bother — so it ~s** OR **would ~!** nous avons eu un petit problème — on dirait bien!**-2.** [indicating that information is hearsay or second-hand] paraître; **it ~s** OR **it would ~ (that) he already knew** il semble OR il semblerait qu'il était déjà au courant; **he doesn't ~ to have known about the operation** apparemment, il n'était pas au courant de l'opération; **it would ~ so** il paraît que oui; **it would ~ not** il paraît que non, apparemment pas.

**seeming** ['si:mɪŋ] *adj* apparent; **I don't trust him, for all his ~ concern over our welfare** je n'ai aucune confiance en lui bien qu'il semble se préoccuper de notre bien-être.

**seemingly** ['si:mɪŋlɪ] *adv* **-1.** [judging by appearances] apparemment, en apparence; **she has ~ limitless amounts of money** les sommes d'argent dont elle dispose semblent être illimitées. **-2.** [from reports] à ce qu'il paraît; **~ so/not** il paraît que oui/non.

**seemly** ['si:mlɪ] (*compar* **seemlier,** *superl* **seemliest**) *adj lit* **-1.** [of behaviour] convenable, bienséant; **it is not ~ to ask personal questions** cela ne se fait pas de poser des questions personnelles. **-2.** [of dress] décent.

**seen** [si:n] *pp* → **see.**

**seep** [si:p] *vi* filtrer, s'infiltrer; **water was ~ing through the cracks in the floor** l'eau s'infiltrait par OR filtrait à travers les fissures du sol.

◆ **seep away** *vi insep* s'écouler goutte à goutte.

◆ **seep in** *vi insep* **-1.** [liquid] s'infiltrer. **-2.** *fig* faire son effet.

◆ **seep out** *vi insep* **-1.** [blood, liquid] suinter; [gas, smoke] se répandre. **-2.** [information, secret] filtrer.

**seepage** ['si:pɪdʒ] *n* [gradual – process] suintement *m*, infiltration *f*; [– leak] fuite *f*.

**seer** ['sɪə'] *n lit* prophète *m*, prophétesse *f*.

**seersucker** ['sɪə,sʌkə'] *n* crépon *m* de coton, seersucker *m*.

**seesaw** ['si:sɔ:] ◇ *n* balançoire *f* (à bascule). ◇ *comp* [motion] de bascule. ◇ *vi* osciller.

**seethe** [si:ð] *vi* **-1.** [liquid, lava] bouillir, bouillonner; [sea] bouillonner. **-2.** [with anger, indignation] bouillir; **he was seething with anger** il bouillait de rage. **-3.** [teem] grouiller; **the streets seethed with shoppers** les rues grouillaient de gens qui faisaient leurs courses.

**seething** ['si:ðɪŋ] *adj* **-1.** [liquid, sea] bouillonnant. **-2.** [furious] furieux. **-3.** [teeming] grouillant; **a ~ mass of people** une masse fourmillante de gens.

**see-through** *adj* transparent.

**segment** [*n* 'segmənt, *vb* seg'ment] ◇ *n* **-1.** [piece – gen, ANAT & GEOM] segment *m*; [– of fruit] quartier *m*; **in ~s** par segments. **-2.** [part – of book, film, programme] partie *f*.**-3.** LING segment *m*. ◇ *vt* segmenter, diviser OR partager en segments. ◇ *vi* se segmenter.

**segmented** [seg'mentɪd] *adj* segmentaire.

**segregate** ['segrɪgeɪt] ◇ *vt* [separate] séparer; [isolate] isoler; the children were ~d into racial groups les enfants ont été regroupés en fonction de leur race. ◇ *vi* [in genetics] se diviser.

**segregated** ['segrɪgeɪtɪd] *adj* POL où la ségrégation raciale est pratiquée.

**segregation** [ˌsegrɪ'geɪʃn] *n* **-1.** POL ségrégation *f.*-**2.** [separation – of sexes, patients] séparation *f.*-**3.** [in genetics] division *f.*

**segregationist** [ˌsegrɪ'geɪʃnɪst] ◇ *adj* ségrégationniste. ◇ *n* ségrégationniste *mf.*

**seine** [seɪn] *n*: ~ (net) senne *f.*

**Seine** [seɪn] *pr n*: the (River) ~ la Seine.

**seismic** ['saɪzmɪk] *adj* sismique, séismique.

**seismograph** ['saɪzməgrɑːf] *n* sismographe *m*, séismographe *m.*

**seismology** [saɪz'mɒlədʒɪ] *n* sismologie *f*, séismologie *f.*

**seize** [siːz] ◇ *vt* **-1.** [grasp] attraper, saisir; [in fist] saisir, empoigner; my mother ~d me by the arm/the collar ma mère m'a attrapé par le bras/le col; she ~d the rail to steady herself elle s'agrippa à la rampe pour ne pas tomber; to ~ hold of sthg saisir *or* attraper qqch. **-2.** [by force] s'emparer de, saisir; to ~ power s'emparer du pouvoir; the rebels have ~d control of the radio station les rebelles se sont emparés de la station de radio; five hostages were ~d during the hold-up les auteurs du hold-up ont pris cinq otages. **-3.** [arrest – terrorist, smuggler] se saisir de, appréhender, capturer; [capture, confiscate – contraband, arms] se saisir de, saisir; JUR [property] saisir. **-4.** [opportunity] saisir, sauter sur. **-5.** [understand – meaning] saisir. **-6.** [overcome] saisir; to be ~d with fright être saisi d'effroi; she was ~d with a desire to travel elle fut prise d'une envie irrésistible de voyager; the story never really ~s your imagination l'histoire ne parvient jamais à vraiment frapper l'imagination; I was ~d with a sudden sneezing fit j'ai soudain été pris d'éternuements. ◇ *vi* [mechanism] se gripper.

◆ **seize on** *vt insep* [opportunity] saisir, sauter sur; [excuse] saisir; [idea] saisir, adopter.

◆ **seize up** *vi insep* **-1.** [machinery] se gripper. **-2.** [system] se bloquer. **-3.** [leg] s'ankyloser; [back] se bloquer; [heart] s'arrêter.

◆ **seize upon** = seize on.

**seizure** ['siːʒər] *n* **-1.** (U) [of goods, property] saisie *f*; [of city, fortress] prise *f*; [of ship] capture *f*; [arrest] arrestation *f*; the police made a big arms ~ la police a saisi un important stock d'armes. **-2.** MED crise *f*, attaque *f*; to have a ~ *literal* & *fig* avoir une attaque; heart ~ crise cardiaque.

**seldom** ['seldəm] *adv* rarement; I ~ see her je la vois rarement, je la vois peu; he ~, if ever, visits his mother il rend rarement, pour ne pas dire jamais, visite à sa mère.

**select** [sɪ'lekt] ◇ *vt* [gen] choisir; [team] sélectionner; you have been ~ed from among our many customers vous avez été choisie parmi nos nombreux clients. ◇ *adj* **-1.** [elite – restaurant, neighbourhood] chic, sélect; [– club] fermé, sélect; the membership is very ~ les membres appartiennent à la haute société; she invited a few ~ friends elle a invité quelques amis choisis; only a ~ few were informed seuls quelques privilégiés furent informés. **-2.** [in quality – goods] de (premier) choix.

**select committee** *n* POL commission *f* d'enquête parlementaire.

**selected** [sɪ'lektɪd] *adj* [friends, poems] choisi; [customers] privilégié; [fruit, cuts of meat] de (premier) choix.

**selection** [sɪ'lekʃn] ◇ *n* **-1.** [choice] choix *m*, sélection *f*; [of team] sélection *f*; no one thought he stood a chance of ~ personne ne pensait qu'il serait sélectionné. **-2.** [of stories, music] choix *m*, sélection *f*; ~s from Balzac morceaux *mpl* choisis de Balzac. ◇ *comp* [committee, criteria] de sélection.

**selective** [sɪ'lektɪv] *adj* **-1.** [gen] sélectif; you should be more ~ in your choice of friends/in your reading vous devriez choisir vos amis/vos lectures avec plus de discernement; there was a wave of ~ strikes il y eut une série de grèves tournantes ❏ ~ entry SCH sélection *f*; ~ service *Am* service *m* militaire obligatoire, conscription *f*; ~ welfare al-

locations *fpl* sociales sélectives. **-2.** ELECTRON sélectif.

**selectively** [sɪ'lektɪvlɪ] *adv* sélectivement, de manière sélective.

**selectivity** [ˌsɪlek'tɪvətɪ] *n* **-1.** [choice] discernement *m.*-**2.** ELECTRON sélectivité *f.*

**selector** [sɪ'lektər] *n* **-1.** [gen & SPORT] sélectionneur *m.*-**2.** TELEC & TV sélecteur *m.*

**selenium** [sɪ'liːnɪəm] *n* sélénium *m.*

**self** [self] (*pl* **selves** [selvz]) ◇ *n* **-1.** [individual]: she's back to her old *or* usual ~ elle est redevenue elle-même *or* comme avant; she's only a shadow of her former ~ elle n'est plus que l'ombre d'elle-même; he was his usual tactless ~ il a fait preuve de son manque de tact habituel; they began to reveal their true selves ils ont commencé à se montrer sous leur véritable jour. **-2.** PSYCH moi *m.*-**3.** [self-interest]: all she thinks of is ~, ~, ~ elle ne pense qu'à sa petite personne. **-4.** [on cheque]: pay ~ payez à l'ordre de soi-même. ◇ *adj* [matching] assorti.

**self-** *in cpds* **-1.** [of o.s.] de soi-même, auto-; ~actualization épanouissement *m* de la personnalité; ~accusation autoaccusation *f*; ~admiration narcissisme *m.*-**2.** [by o.s.] auto-, par soi-même; ~financing qui s'autofinance. **-3.** [automatic] auto-, automatique; ~checking à contrôle automatique; ~opening à ouverture automatique.

**self-absorbed** [-əb'sɔːbd] *adj* égocentrique.

**self-abuse** *n pej* onanisme *m*, masturbation *f.*

**self-addressed** [-ə'drest] *adj*: send three ~ (stamped) envelopes envoyez trois enveloppes (timbrées) à votre adresse.

**self-adhesive** *adj* autocollant, autoadhésif.

**self-appointed** [-ə'pɔɪntɪd] *adj* qui s'est nommé *or* proclamé lui-même; she is our ~ guide elle a assumé d'elle-même le rôle de guide au sein de notre groupe.

**self-assembly** *adj* [furniture] en kit.

**self-assertive** *adj* sûr de soi, impérieux.

**self-assurance** *n* confiance *f* en soi, aplomb *m.*

**self-assured** *adj*: he's very ~ il est très sûr de lui.

**self-aware** *adj* conscient de soi-même.

**self-awareness** *n* conscience *f* de soi.

**self-catering** *adj Br* [flat, accommodation] indépendant (*avec cuisine*); [holiday] dans un appartement *or* un logement indépendant.

**self-centred** *Br*, **self-centered** *Am* [-'sentəd] *adj* égocentrique.

**self-certification** *n* certificat *m* de maladie (*rédigé par un employé*).

**self-cleaning** *adj* autonettoyant.

**self-coloured** *Br*, **self-colored** *Am adj* uni.

**self-composure** *n* calme *m*, sang-froid *m*; to keep/to lose one's ~ garder/perdre son sang-froid.

**self-confessed** [-kən'fest] *adj* [murderer, rapist] qui reconnaît sa culpabilité; he's a ~ drug addict il avoue lui-même qu'il se drogue.

**self-confidence** *n* confiance *f* en soi, assurance *f*; she is full of/she lacks ~ elle a une grande/elle manque de confiance en elle.

**self-confident** *adj* sûr de soi, plein d'assurance.

**self-confidently** *adv* avec assurance *or* aplomb.

**self-congratulatory** *adj* satisfait de soi.

**self-conscious** *adj* **-1.** [embarrassed] timide, gêné; to make sb feel ~ intimider qqn; he's very ~ about his red hair il fait un complexe de ses cheveux roux. **-2.** [style] appuyé.

**self-consciously** *adv* timidement.

**self-consciousness** *n* timidité *f*, gêne *f.*

**self-contained** *adj* **-1.** [device] autonome. **-2.** [flat] indépendant. **-3.** [person] réservé.

**self-contradictory** *adj* qui se contredit.

**self-control** *n* sang-froid *m*, maîtrise *f* de soi; to lose one's ~ perdre son sang-froid.

**self-controlled** *adj* maître de soi.

**self-critical** *adj* qui fait son autocritique.

**self-criticism** *n* autocritique *f.*

**self-defeating** [-dı'fiːtıŋ] *adj* contraire au but recherché.

**self-defence** *n* **-1.** [physical] autodéfense *f*.**-2.** JUR légitime défense *f*; it was ~ j'étais/il était *etc* en état de légitime défense; I shot him in ~ j'ai tiré sur lui en état de légitime défense.

**self-denial** *n* abnégation *f*, sacrifice *m* de soi.

**self-deprecating** [-'deprıkeıtıŋ] *adj*: to be ~ se déprécier.

**self-destruct** ◇ *vi* s'autodétruire. ◇ *adj* [mechanism] autodestructeur.

**self-destruction** *n* **-1.** [of spacecraft, missile] autodestruction *f*.**-2.** PSYCH [of personality] autodestruction *f*.**-3.** [suicide] suicide *m*.

**self-destructive** *adj* autodestructeur.

**self-determination** *n* POL autodétermination *f*.

**self-discipline** *n* [self-control] maîtrise *f* de soi; [good behaviour] autodiscipline *f*.

**self-disciplined** *adj* [self-controlled] maître de soi; [well-behaved] qui fait preuve d'autodiscipline.

**self-doubt** *n* doute *m* de soi-même.

**self-drive** *adj*: ~ car voiture *f* sans chauffeur.

**self-educated** *adj* autodidacte.

**self-effacing** [-ı'feısıŋ] *adj* modeste, effacé.

**self-employed** ◇ *adj* indépendant, qui travaille à son compte. ◇ *npl*: the ~ les travailleurs *mpl* indépendants.

**self-esteem** *n* respect *m* de soi, amour-propre *m*.

**self-evident** *adj* évident, qui va de soi.

**self-examination** *n* examen *m* de conscience.

**self-explanatory** *adj* qui se passe d'explications, évident.

**self-expression** *n* expression *f* libre.

**self-financing** [-faı'nænsıŋ] *adj* autofinancé.

**self-focusing** [-'fəʊkəsıŋ] *adj* autofocus *(inv)*, à mise au point automatique.

**self-fulfilling** *adj*: ~ prophecy *prophétie défaitiste qui se réalise.*

**self-governing** *adj* autonome POL.

**self-government** *n* autonomie *f* POL.

**self-help** ◇ *n* autonomie *f*; [in welfare] entraide *f*. ◇ *comp*: ~ group groupe *m* d'entraide; ~ guide guide *m* pratique.

**self-image** *n* image *f* de soi-même.

**self-importance** *n* suffisance *f*.

**self-important** *adj* vaniteux, suffisant.

**self-imposed** [-ım'pəʊzd] *adj* que l'on s'impose à soi-même; ~ exile exil *m* volontaire.

**self-improvement** *n* perfectionnement *m* des connaissances personnelles.

**self-indulgence** *n* complaisance *f* envers soi-même, habitude *f* de ne rien se refuser.

**self-indulgent** *adj* [person] qui ne se refuse rien; [book, film] complaisant.

**self-inflicted** [-ın'flıktıd] *adj*: his wounds were ~ il s'était auto-infligé ses blessures.

**self-interest** *n* intérêt *m* personnel; to act out of ~ agir par intérêt personnel.

**self-interested** *adj* intéressé, qui agit par intérêt personnel.

**selfish** ['selfıʃ] *adj* égoïste; you're acting out of purely ~ motives vous agissez par pur égoïsme.

**selfishness** ['selfıʃnıs] *n* égoïsme *m*.

**self-justification** *n* autojustification *f*.

**self-knowledge** *n* connaissance *f* de soi.

**selfless** ['selflıs] *adj* altruiste, désintéressé.

**selflessly** ['selflıslı] *adv* de façon désintéressée, avec désintéressement.

**self-loading** *adj* [gun] automatique.

**self-locking** *adj* à verrouillage automatique.

**self-made** *adj* qui a réussi tout seul OR par ses propres moyens; a ~ man un self-made man.

**self-mockery** *n* autodérision *f*.

**self-opinionated** *adj* sûr de soi.

**self-pity** *n* apitoiement *m* sur son sort; she's full of ~ elle s'apitoie beaucoup sur son sort.

**self-pitying** *adj* qui s'apitoie sur son (propre) sort.

**self-portrait** *n* [in painting] autoportrait *m*; [in book] portrait *m* de l'auteur par lui-même.

**self-possessed** *adj* maître de soi, qui garde son sang-froid.

**self-possession** *n* sang-froid *m*.

**self-preservation** *n* instinct *m* de conservation.

**self-proclaimed** [-prə'kleımd] *adj*: she's a ~ art critic elle se proclame critique d'art.

**self-propelled** [-prə'peld] *adj* autopropulsé.

**self-raising** *Br* [-,reızıŋ], **self-rising** *Am* [-,raızıŋ] *adj*: ~ flour farine *f* avec levure incorporée.

**self-regard** *n* égoïsme *m*.

**self-regulating** [-'regjʊleıtıŋ] *adj* autorégulateur.

**self-reliant** *adj* indépendant.

**self-respect** *n* respect *m* de soi, amour-propre *m*.

**self-respecting** [-rı'spektıŋ] *adj* qui se respecte; no ~ girl would be seen dead with him une fille qui se respecte ne sortirait pour rien au monde avec lui.

**self-restraint** *n* retenue *f*; to exercise ~ se retenir.

**self-righteous** *adj* suffisant.

**self-righteousness** *n* suffisance *f*, pharisaïsme *m*.

**self-righting** [-'raıtıŋ] *adj* inchavirable.

**self-rising** *Am* = **self-raising**.

**self-rule** *n* autonomie *f* POL.

**self-sacrifice** *n* abnégation *f*; there's no need for ~ vous n'avez pas besoin de vous sacrifier.

**selfsame** ['selfseım] *adj* même, identique.

**self-satisfied** *adj* [person] suffisant, content de soi; [look, smile, attitude] suffisant, satisfait.

**self-sealing** *adj* [envelope] autocollant, autoadhésif; [tank] à obturation automatique.

**self-seeking** [-'siːkıŋ] *adj* égoïste.

**self-service** ◇ *adj* en self-service, en libre service; ~ restaurant self-service *m*; ~ shop libre-service *m*. ◇ *n* [restaurant] self-service *m*; [garage, shop] libre-service *m*.

**self-starter** *n* **-1.** AUT starter *m* automatique. **-2.** [person] personne *f* pleine d'initiative.

**self-styled** [-'staıld] *adj* prétendu, soi-disant.

**self-sufficiency** *n* **-1.** [of person – independence] indépendance *f*; [– self-assurance] suffisance *f*.**-2.** ECON [of nation, resources] autosuffisance *f*; POL [economic] ~ autarcie *f*.

**self-sufficient** *adj* **-1.** [person – independent] indépendant; [– self-assured] plein de confiance en soi, suffisant. **-2.** ECON [nation] autosuffisant; ~ in copper autosuffisant en cuivre ‖ POL autarcique.

**self-supporting** *adj* **-1.** [financially] indépendant. **-2.** [framework] autoporteur, autoportant.

**self-tapping** [-'tæpıŋ] *adj*: ~ screw vis *f* autotaraudeuse.

**self-taught** *adj* autodidacte.

**self-willed** [-'wıld] *adj* têtu, obstiné.

**self-winding** [-'waındıŋ] *adj* [watch] qui n'a pas besoin d'être remonté, (à remontage) automatique.

**sell** [sel] *(pt & pp sold* [səʊld]) ◇ *vt* **-1.** [goods] vendre; to ~ sb sthg OR sthg to sb vendre qqch à qqn; he sold me his car for $1,000 il m'a vendu sa voiture (pour) 1 000 dollars; he ~s computers for a living il gagne sa vie en vendant des ordinateurs; the book sold 50,000 copies, 50,000 copies of the book were sold le livre s'est vendu à 50 000 exemplaires; to ~ sthg for cash vendre qqch au comptant; they ~ the cassettes at £3 each ils vendent les cassettes 3 livres pièce; what really ~s newspapers is scandal ce sont les scandales qui font vraiment vendre les journaux; she was sold into slavery/prostitution on l'a vendue comme esclave/prostituée; she sold her body OR herself to buy food elle s'est prostituée pour acheter à manger; to ~ one's soul (to the devil) vendre son âme (au diable) ❏ we were sold a pup *inf & dated* OR a dud *inf* [cheated] on nous a roulés; [sold rubbish] on nous a vendu de la camelote. **-2.** [promote – idea] faire accepter; as a politician, it is important to be able to ~ yourself les hommes politiques doivent savoir se mettre en valeur. **-3.** *phr*: to ~ sb short *inf* [cheat] rouler qqn; [disparage] débiner qqn; don't ~ yourself short il faut vous mettre en valeur; to ~ sb down the river trahir qqn. **-4.** [make enthusiastic about] convaincre.

◇ *vi* se vendre; **the cakes ~ for** OR **at 70 pence each** les gâteaux se vendent (à) OR valent 70 pence pièce; **sorry, I'm not interested in ~ing** désolé, je ne cherche pas à vendre ❑ **to ~ short** FIN vendre à découvert; **to sell like hot cakes** se vendre comme des petits pains.
◇ *n* **-1.** COMM vente *f*. **-2.** *inf* [disappointment] déception *f*; [hoax] attrape-nigaud *m*.
◆ **sell back** *vt sep* revendre.
◆ **sell off** *vt sep* [at reduced price] solder; [clear] liquider; [get cash] vendre.
◆ **sell on** *vt sep* revendre (*en faisant du bénéfice*).
◆ **sell out** ◇ *vt sep* **-1.** (*usu passive*) [concert, match]: **the match was sold out** le match s'est joué à guichets fermés. **-2.** [betray] trahir. **-3.** ST. EX vendre, réaliser. ◇ *vi insep* **-1.** COMM [sell business] vendre son commerce; [sell stock] liquider (son stock); [run out] vendre tout le stock; **he sold out to some Japanese investors** il a vendu à des investisseurs japonais; **we've sold out of sugar** nous n'avons plus de sucre, nous avons écoulé tout notre stock de sucre. **-2.** [be traitor] trahir; **to ~ out to the enemy** passer à l'ennemi; **the government were accused of ~ing out to terrorism** le gouvernement fut accusé d'avoir traité avec les terroristes; **critics accuse her of ~ing out as a writer** les critiques l'accusent d'être un écrivain vendu OR sans principes.
◆ **sell up** *vt sep* **-1.** FIN & JUR [goods] opérer la vente forcée de, procéder à la liquidation de. **-2.** COMM [business] vendre, liquider. ◇ *vi insep* [shopkeeper] vendre son fonds de commerce OR son affaire; [businessman] vendre son affaire.
**sell-by date** *n* date *f* limite de vente.
**seller** ['selə<sup>r</sup>] *n* **-1.** [person - gen] vendeur *m*, -euse *f*; [- merchant] vendeur *m*, -euse *f*, marchand *m*, -e *f*; **it's a ~'s market** c'est un marché vendeur OR favorable aux vendeurs. **-2.** [goods]: **it's one of our biggest ~s** c'est un des articles qui se vend le mieux.
**selling** ['selɪŋ] *n* (U) vente *f*.
**selling point** *n* avantage *m*, atout *m*, point *m* fort.
**selling price** *n* prix *m* de vente.
**selloff** ['selɒf] *n* [gen] vente *f*; [of shares] dégagement *m*.
**Sellotape**® ['seləteɪp] *n Br* Scotch® *m*, ruban *m* adhésif.
◆ **sellotape** *vt Br* scotcher, coller avec du ruban adhésif.
**sell-out** *n* **-1.** COMM liquidation *f*. **-2.** [betrayal] trahison *f*; [capitulation] capitulation *f*. **-3.** [of play, concert etc]: **it was a ~** on a vendu tous les billets.
**selvage, selvedge** ['selvɪdʒ] *n* lisière *f* (*d'un tissu*).
**selves** [selvz] *pl* → **self**.
**semantic** [sɪ'mæntɪk] *adj* sémantique.
**semantically** [sɪ'mæntɪklɪ] *adv* du point de vue sémantique.
**semantics** [sɪ'mæntɪks] *n* (U) sémantique *f*.
**semaphore** ['seməfɔːr] ◇ *n* **-1.** (U) [signals] signaux *mpl* à bras. **-2.** RAIL & NAUT sémaphore *m*. ◇ *vt* transmettre par signaux à bras.
**semblance** ['sembləns] *n* semblant *m*, apparence *f*; **we need to show at least some ~ of unity** nous devons au moins montrer un semblant d'unité.
**semen** ['siːmen] *n* (U) sperme *m*, semence *f*.
**semester** [sɪ'mestə<sup>r</sup>] *n* semestre *m*.
**semi** ['semɪ] *n inf* **-1.** *Br abbr of* **semi-detached house**. **-2.** *abbr of* **semifinal**.
**semi-** *in cpds* **-1.** [partly] semi-, demi-; **~arid** semi-aride; **in ~darkness** dans la pénombre OR la semi-obscurité; **he's in ~retirement** il est en semi-retraite. **-2.** [twice]: **~annual** semestriel.
**semi-automatic** ◇ *adj* semi-automatique. ◇ *n* arme *f* semi-automatique.
**semibreve** ['semibriːv] *n* MUS ronde *f*; **~ rest** *Br* pause *f*.
**semicircle** ['semɪ,sɜːkl] *n* demi-cercle *m*.
**semicircular** [,semɪ'sɜːkjʊlə<sup>r</sup>] *adj* demi-circulaire, semi-circulaire.
**semicolon** [,semɪ'kəʊlən] *n* point-virgule *m*.
**semiconductor** [,semɪkən'dʌktə<sup>r</sup>] *n* semi-conducteur *m*.
**semiconscious** [,semɪ'kɒnʃəs] *adj* à demi OR moitié conscient.
**semiconsonant** [,semɪ'kɒnsənənt] *n* semi-consonne *f*.
**semidetached** [,semɪdɪ'tætʃt] *adj*: **~ house** maison *f* jumelée.

**semifinal** [,semɪ'faɪnl] *n* demi-finale *f*; **she lost in the ~s** elle a perdu en demi-finale.
**semifinalist** [,semɪ'faɪnəlɪst] *n* demi-finaliste *mf*.
**seminal** ['semɪnl] *adj* **-1.** ANAT & BOT séminal. **-2.** [important] majeur, qui fait école.
**seminar** ['semɪnɑː<sup>r</sup>] *n* **-1.** [conference] séminaire *m*, colloque *m*. **-2.** UNIV [class] séminaire *m*, travaux *mpl* dirigés.
**seminary** ['semɪnərɪ] (*pl* **seminaries**) *n* RELIG & SCH [for boys, priests] séminaire *m*; [for girls] pensionnat *m* de jeunes filles.
**semiotic** [,semɪ'ɒtɪk] *adj* sémiotique.
**semiotics** [,semɪ'ɒtɪks] *n* (U) sémiotique *f*.
**semiprecious** ['semɪ,preʃəs] *adj* semi-précieux.
**semiquaver** ['semɪ,kweɪvə<sup>r</sup>] *n* double croche *f*.
**semiretired** [,semɪrɪ'taɪəd] *adj* en semi-retraite.
**semiskilled** [,semɪ'skɪld] *adj* [worker] spécialisé.
**semi-skimmed** [-'skɪmd] *adj* [milk] demi-écrémé.
**semitone** ['semɪtəʊn] *n* demi-ton *m*.
**semitropical** [,semɪ'trɒpɪkl] *adj* semi-tropical.
**semivowel** ['semɪ,vaʊəl] *n* semi-voyelle *f*.
**semolina** [,semə'liːnə] *n* semoule *f*; **~ pudding** gâteau *m* de semoule.
**sempiternal** [,sempɪ'tɜːnl] *adj lit* sempiternel, éternel.
**sempstress** ['sempstrɪs] = **seamstress**.
**sen.** *written abbr of* **senior**.
**Sen.** *written abbr of* **Senator**.
**SEN** (*abbr of* **State Enrolled Nurse**) *n* infirmier ou infirmière diplômé(e) d'État.
**senate** ['senɪt] *n* **-1.** POL sénat *m*; **the United States Senate** le Sénat américain. **-2.** UNIV Conseil *m* d'Université.
**senator** ['senətə<sup>r</sup>] *n* sénateur *m*.
**senatorial** [,senə'tɔːrɪəl] *adj* sénatorial.
**send** [send] (*pt & pp* **sent** [sent]) ◇ *vt* **-1.** [letter, parcel, money] envoyer, expédier; **to ~ sb a letter, to ~ a letter to sb** envoyer une lettre à qqn; **he sent (us) word that he would be delayed** il (nous) a fait savoir qu'il aurait du retard; **she ~s her love** OR **regards** elle vous envoie ses amitiés; **~ them our love** embrassez-les pour nous; **~ them our best wishes** faites-leur nos amitiés; **I sent my luggage by train** j'ai fait expédier OR envoyer mes bagages par le train; **what will the future ~ us?** que nous réserve l'avenir?; **we sent help to the refugees** nous avons envoyé des secours aux réfugiés ‖ [to carry out task] envoyer; **she sent her daughter for the meat** OR **to get the meat** elle a envoyé sa fille chercher la viande; **the dogs were sent after him** on lança les chiens à sa poursuite OR à ses trousses ❑ **to ~ sb packing** *inf* OR about his business envoyer promener qqn, envoyer qqn sur les roses. **-2.** [to a specific place] envoyer; **~ him to my office** dites-lui de venir dans mon bureau, envoyez-le moi; **the collision sent showers of sparks/clouds of smoke into the sky** la collision fit jaillir une gerbe d'étincelles/provoqua des nuages de fumée; **the sound sent shivers down my spine** le bruit m'a fait froid dans le dos; **the news sent a murmur of excitement through the hall** la nouvelle provoqua un murmure d'agitation dans la salle; **heavy smoking sent him to an early grave** il est mort prématurément parce qu'il fumait trop ‖ [order]: **I was sent to bed/to my room** on m'a envoyé me coucher/dans ma chambre; **to ~ sb home** [from school] renvoyer qqn chez lui; [from abroad] rapatrier qqn; INDUST [lay off] mettre qqn en chômage technique; **to ~ sb to prison** envoyer qqn en prison. **-3.** (*with present participle*) [propel] envoyer, expédier; **a gust of wind sent the papers flying across the table** un coup de vent balaya les papiers qui se trouvaient sur la table; **I sent the cup flying** j'ai envoyé voler la tasse; **the blow sent me flying** le coup m'a envoyé rouler par terre; **a sudden storm sent us all running for shelter** un orage soudain nous força à courir nous mettre à l'abri. **-4.** [into a specific state] rendre; **the noise is ~ing me mad** OR out of my mind le bruit me rend fou; **the news sent them into a panic** les nouvelles les ont fait paniquer; **to ~ sb to sleep** *literal* & *fig* endormir qqn. **-5.** *inf* & *dated* [into raptures] emballer.
◇ *vi* **-1.** [send word]: **he sent to say he couldn't come** il nous a fait savoir qu'il ne pouvait pas venir. **-2.** [for information, equipment]: **we sent to Paris for a copy** nous avons demandé une copie à Paris.

◆ **send away** ◇ *vt sep* **-1.** [letter, parcel] expédier, mettre à la poste. **-2.** [person] renvoyer, faire partir; **the children were sent away to school** les enfants furent mis en pension. ◇ *vi insep*: **to ~ away for sthg** [by post] se faire envoyer qqch; [by catalogue] commander qqch par correspondance OR sur catalogue.

◆ **send back** *vt sep* **-1.** [return – books, goods] renvoyer. **-2.** [order – person]: **she sent her back to fetch a coat** OR **for a coat** nous l'avons envoyée prendre un manteau.

◆ **send down** ◇ *vt sep* **-1.** [person, lift] faire descendre, envoyer en bas. **-2.** [prices, temperature] faire baisser, provoquer la baisse de. **-3.** *Br* UNIV [student] expulser, renvoyer. **-4.** *inf* [to prison] envoyer en prison. ◇ *vi insep* [by message or messenger]: **to ~ down for sthg** (se) faire montrer qqch.

◆ **send for** *vt insep* **-1.** [doctor, taxi] faire venir, appeler; [mother, luggage] faire venir; [police] appeler; [help] envoyer chercher; [food, drink] commander. **-2.** [by post, from catalogue] se faire envoyer, commander; [catalogue, price list] demander.

◆ **send forth** *vt insep lit* **-1.** [army, messenger] envoyer. **-2.** [produce – leaves] produire; [– light] produire, émettre; [– smell] répandre; [– cry] pousser.

◆ **send in** *vt sep* **-1.** [visitor] faire entrer; [troops, police] envoyer. **-2.** [submit – report, form] envoyer; [– suggestions, resignation] envoyer, soumettre; **please ~ in a written application** veuillez envoyer une demande écrite; [for job] veuillez poser votre candidature par écrit.

◆ **send off** ◇ *vt sep* **-1.** [by post] expédier, mettre à la poste. **-2.** [person] envoyer; **they sent us off to bed/to get washed** ils nous ont envoyés nous coucher/nous laver. **-3.** SPORT expulser. **-4.** [to sleep]: **to ~ sb off (to sleep)** *literal & fig* endormir qqn. ◇ *vi insep*: **to ~ off for sthg** [by catalogue] commander qqch par correspondance OR sur catalogue; [by post] se faire envoyer qqch.

◆ **send on** *vt sep* **-1.** [mail] faire suivre; [luggage] expédier; **if you've forgotten anything, we'll ~ it on** si vous avez oublié quelque chose, nous vous le renverrons. **-2.** [person]: **they sent us on ahead** OR **in front** ils nous ont envoyés en éclaireurs. **-3.** SPORT [player] faire entrer (sur le terrain).

◆ **send out** ◇ *vt sep* **-1.** [by post – invitations] expédier, poster. **-2.** [messengers, search party] envoyer, dépêcher; [patrol] envoyer; **they sent out a car for us** ils ont envoyé une voiture nous chercher ‖ [transmit – message, signal] envoyer; **a call was sent out for Dr Bramley** on a fait appeler le Dr Bramley. **-3.** [outside] envoyer dehors; [on errand, mission] envoyer; **we sent her out for coffee** nous l'avons envoyée chercher du café. **-4.** [produce, give out – leaves] produire; [– light, heat] émettre, répandre, diffuser; [– fumes, smoke] répandre. ◇ *vi insep*: **to ~ out for coffee/sandwiches** [to shop] envoyer quelqu'un chercher du café/des sandwiches.

◆ **send round** *vt sep* **-1.** [circulate – petition] faire circuler. **-2.** [dispatch – messenger, repairman] envoyer; [– message] faire parvenir; **they sent a car round** ils ont envoyé une voiture.

◆ **send up** *vt sep* **-1.** [messenger, luggage, drinks] faire monter; [rocket, flare] lancer; [plane] faire décoller; [smoke] répandre. **-2.** [raise – price, pressure, temperature] faire monter. **-3.** *inf* [ridicule] mettre en boîte, se moquer de. **-4.** *Am inf* [to prison] envoyer en prison, coffrer.

**sender** ['sendə<sup>r</sup>] *n* expéditeur *m*, -trice *f*; **return to ~** retour à l'expéditeur.

**send-off** *n*: **to give sb a ~** dire au revoir à qqn, souhaiter bon voyage à qqn.

**send-up** *n inf* parodie *f*.

**Seneca** ['senɪkə] *pr n* Sénèque *m*.

**Senegal** [ˌsenɪ'gɔːl] *pr n* Sénégal *m*; **in ~** au Sénégal.

**Senegalese** [ˌsenɪgə'liːz] (*pl inv*) ◇ *n* Sénégalais *m*, -e *f*. ◇ *adj* sénégalais.

**senescent** [sɪ'nesnt] *adj* sénescent.

**senile** ['siːnaɪl] *adj* sénile; **~ decay** dégénérescence *f* sénile; **~ dementia** démence *f* sénile.

**senility** [sɪ'nɪlətɪ] *n* sénilité *f*.

**senior** ['siːnjə<sup>r</sup>] ◇ *adj* **-1.** [in age] plus âgé, aîné; [in rank] (de grade) supérieur; **I am ~ to them** [higher position] je suis leur supérieur; [longer service] j'ai plus d'ancienneté qu'eux; **~ airport officials** la direction de l'aéroport; **~ clerk** commis *m* principal, chef *m* de bureau; **~ executive** cadre *m* supérieur; **~ government official** haut fonctionnaire *m*; **George**

is the **~ partner in our firm** Georges est l'associé principal de notre société. **-2.** SCH: **~ master** *Br* professeur *m* principal ‖ *Am*: **~ high school** lycée *m*; **~ year** terminale *f*, dernière année *f* d'études secondaires. ◇ *n* **-1.** [older person] aîné *m*, -e *f*; **he is my ~ by six months, he is six months my ~** il a six mois de plus que moi, il est de six mois mon aîné. **-2.** *Am* SCH élève *mf* de terminale; UNIV étudiant *m*, -e *f* de licence. **-3.** *Br* SCH: **the ~s** ≃ les grands *mpl*, les grandes *fpl*. **-4.** [in hierarchy] supérieur *m*, -e *f*.

◆ **Senior** *adj* [in age]: **John Brown ~** John Brown père.

**senior citizen** *n* personne *f* âgée OR du troisième âge.

**Senior Common Room** *n Br* UNIV salle *f* des professeurs.

**seniority** [ˌsiːnɪ'ɒrətɪ] *n* **-1.** [in age] priorité *f* d'âge; **he became chairman by virtue of ~** il est devenu président parce qu'il était le plus âgé OR le doyen. **-2.** [in rank] supériorité *f*; **to have ~ over sb** être le supérieur de qqn ‖ [length of service] ancienneté *f*; **according to** OR **by ~** en fonction de OR à l'ancienneté.

**Senior Service** *n Br* marine *f*.

**senna** ['senə] *n* séné *m*.

**sensation** [sen'seɪʃn] *n* **-1.** (U) [sensitivity] sensation *f*; **the cold made me lose all ~ in my hands** le froid m'a complètement engourdi les mains. **-2.** [impression] impression *f*, sensation *f*; **I had a strange ~ in my leg** j'avais une drôle de sensation dans la jambe; **I had the ~ of falling** j'avais la sensation OR l'impression de tomber. **-3.** [excitement, success] sensation *f*; **to cause** OR **to be a ~** faire sensation.

**sensational** [sen'seɪʃənl] *adj* **-1.** [causing a sensation] sensationnel, qui fait sensation. **-2.** [press] à sensation. **-3.** [wonderful] formidable, sensationnel; **you look ~** tu es superbe.

**sensationalism** [sen'seɪʃnəlɪzm] *n* **-1.** [in press, novels etc] sensationnalisme *m*. **-2.** PHILOS sensationnisme *m*. **-3.** PSYCH sensualisme *m*.

**sensationalist** [sen'seɪʃnəlɪst] ◇ *n* [writer] auteur *m* à sensation; [journalist] journaliste *mf* à sensation. ◇ *adj* à sensation.

**sensationally** [sen'seɪʃnəlɪ] *adv* d'une manière sensationnelle; [as intensifier]: **we found this ~ good restaurant** *inf* on a découvert un restaurant vraiment génial.

**sense** [sens] ◇ *n* **-1.** [faculty] sens *m*; **to be in possession of all one's ~s** jouir de toutes ses facultés. **-2.** [sensation] sensation *f*; [feeling] sentiment *m*; **I felt a certain ~ of pleasure** j'ai ressenti un certain plaisir; **I felt a ~ of shame** je me suis senti honteux; **children need a ~ of security** les enfants ont besoin de se sentir en sécurité ‖ [notion] sens *m*, notion *f*; **she seems to have lost all ~ of reality** elle semble avoir perdu le sens des réalités; **I lost all ~ of time** j'ai perdu toute notion de l'heure; **to have a (good) ~ of direction** avoir le sens de l'orientation; **she lost her ~ of direction when her husband died** *fig* elle a perdu le nord après la mort de son mari; **he has a good ~ of humour** il a le sens de l'humour; **I try to teach them a ~ of right and wrong** j'essaie de leur inculquer la notion du bien et du mal; **she acted out of a ~ of duty/of responsibility** elle a agi par sens du devoir/des responsabilités; **they have no business ~ at all** ils n'ont aucun sens des affaires. **-3.** [practicality, reasonableness] bon sens *m*; **to show good ~** faire preuve de bon sens; **to see ~** entendre raison; **oh, come on, talk ~!** voyons, ne dis pas n'importe quoi!; **there's no ~ in all of us going** cela ne sert à rien OR c'est inutile d'y aller tous; **they didn't even have enough ~ to telephone** ils n'ont même pas eu l'idée de téléphoner ❑ '**Sense and Sensibility**' *Austen* 'Bon sens et sensibilité'. **-4.** [meaning – of word, expression] sens *m*, signification *f*; [– of text] sens *m*; **don't take what I say in its literal ~** ne prenez pas ce que je dis au sens propre OR au pied de la lettre; **in every ~ of the word** dans tous les sens du terme; **I think we have, in a very real ~, grasped the problem** je crois que nous avons parfaitement saisi le problème. **-5.** [coherent message] sens *m*; **to make ~** [words] avoir un sens; [be logical] tenir debout, être sensé; **can you make (any) ~ of this message?** est-ce que vous arrivez à comprendre ce message?; **it makes/doesn't make ~ to wait** c'est une bonne idée/idiot d'attendre; **to talk ~** dire des choses sensées. **-6.** [way]: **in a ~** dans un sens; **in no ~** en aucune manière.

◇ *vt* **-1.** [feel – presence] sentir; [– danger, catastrophe] pressentir; **I ~d as much** c'est bien l'impression OR le sentiment que j'avais; **I ~d her meaning** j'ai compris ce qu'elle voulait dire. **-2.** ELECTRON détecter; COMPUT lire.

◆ **senses** *npl* [sanity, reason] raison *f*; **to come to one's ~s** [become conscious] reprendre connaissance; [be reasonable] revenir à la raison; **to take leave of one's ~s** perdre la raison OR la tête; **to bring sb to his/her ~s** ramener qqn à la raison.

**senseless** ['senslɪs] *adj* **-1.** [futile] insensé, absurde; **it's ~ trying to persuade her** inutile d'essayer on perd son temps à essayer de la persuader. **-2.** [unconscious] sans connaissance; **to knock sb ~** assommer qqn.

**senselessly** ['senslɪslɪ] *adv* stupidement, de façon absurde.

**sense organ** *n* organe *m* sensoriel OR des sens.

**sensibility** [,sensɪ'bɪlətɪ] (*pl* **sensibilities**) *n* [physical or emotional] sensibilité *f*.

◆ **sensibilities** *npl* susceptibilité *f*, susceptibilités *fpl*.

**sensible** ['sensəbl] *adj* **-1.** [reasonable – choice] judicieux, sensé; [– reaction] sensé, qui fait preuve de bon sens; [– person] sensé, doué de bon sens; **it's a very ~ idea** c'est une très bonne idée; **the most ~ thing to do is to phone** la meilleure chose à faire, c'est de téléphoner. **-2.** [practical – clothes, shoes] pratique; **you need ~ walking shoes** il vous faut de bonnes chaussures de marche. **-3.** *fml* [notable – change] sensible, appréciable. **-4.** *fml & lit* [aware]: **I am ~ of the fact that things have changed between us** j'ai conscience du fait que les choses ont changé entre nous.

**sensibly** ['sensəblɪ] *adv* **-1.** [reasonably] raisonnablement; **they very ~ decided to give up before someone got hurt** ils ont pris la décision raisonnable de renoncer avant que quelqu'un ne soit blessé; **to be ~ dressed** porter des vêtements pratiques. **-2.** *fml* [perceptibly] sensiblement, perceptiblement.

**sensing** ['sensɪŋ] *n* (*U*) ELECTRON exploration *f*, sondage *m*.

**sensitive** ['sensɪtɪv] *adj* **-1.** [eyes, skin] sensible; **my eyes are very ~ to bright light** j'ai les yeux très sensibles à la lumière vive. **-2.** [emotionally] sensible; **to be ~ to sthg** être sensible à qqch. **-3.** [aware] sensibilisé; **the seminar made us more ~ to the problem** le séminaire nous a sensibilisés au problème. **-4.** [touchy – person] susceptible; [– age] où l'on est susceptible; [– public opinion] sensible; **she's very ~ about her height** elle n'aime pas beaucoup qu'on lui parle de sa taille ‖ [difficult – issue, topic] délicat, épineux; [information] confidentiel. **-5.** [instrument] sensible; PHOT [film] sensible; [paper] sensibilisé. **-6.** ST. EX [market] instable.

**-sensitive** *in cpds* sensible; **heat~** sensible à la chaleur, thermosensible; **price~** sensible aux fluctuations des prix; **voice~** sensible à la voix.

**sensitively** ['sensɪtɪvlɪ] *adv* avec sensibilité.

**sensitivity** [,sensɪ'tɪvətɪ] *n* **-1.** [physical] sensibilité *f*. **-2.** [emotional] sensibilité *f*; [touchiness] susceptibilité *f*. **-3.** [of equipment] sensibilité *f*. **-4.** ST. EX instabilité *f*.

**sensitize, -ise** ['sensɪtaɪz] *vt* sensibiliser, rendre sensible.

**sensor** ['sensər] *n* détecteur *m*, capteur *m*.

**sensory** ['sensərɪ] *adj* [nerve, system] sensoriel.

**sensual** ['sensjʊəl] *adj* sensuel.

**sensualism** ['sensjʊəlɪzm] *n* [gen] sensualité *f*; PHILOS sensualisme *m*.

**sensualist** ['sensjʊəlɪst] *n* [gen] personne *f* sensuelle; PHILOS sensualiste *mf*.

**sensuality** [,sensjʊ'ælətɪ] *n* sensualité *f*.

**sensuous** ['sensjʊəs] *adj* [music, arts] qui affecte les sens; [lips, person] sensuel.

**sensuously** ['sensjʊəslɪ] *adv* voluptueusement, sensuellement.

**sensuousness** ['sensjʊəsnɪs] *n* volupté *f*.

**sent** [sent] *pt & pp* → **send**.

**sentence** ['sentəns] ◇ *n* **-1.** GRAMM phrase *f*; **~ structure** structure *f* de phrase. **-2.** JUR condamnation *f*, peine *f*, sentence *f*; **to pass ~ on sb** prononcer une condamnation contre qqn; **to pronounce ~** prononcer la sentence; **under ~ of death** condamné à mort; **he got a 5-year ~ for burglary** il a été condamné à 5 ans de prison OR à une peine de 5 ans pour cambriolage. ◇ *vt* JUR condamner; **to ~ sb to life imprisonment** condamner qqn à la prison à perpétuité.

**sententious** [sen'tenʃəs] *adj* sentencieux, pompeux.

**sentient** ['sentɪənt] *adj fml* doué de sensation.

**sentiment** ['sentɪmənt] *n* **-1.** [feeling] sentiment *m*; [opinion] sentiment *m*, avis *m*, opinion *f*; **my ~s exactly** c'est exactement ce que je pense, voilà mon sentiment. **-2.** [sentimentality] sentimentalité *f*.

**sentimental** [,sentɪ'mentl] *adj* sentimental; **the photos have ~ value** ces photos ont une valeur sentimentale.

**sentimentalism** [,sentɪ'mentəlɪzm] *n* sentimentalisme *m*.

**sentimentalist** [,sentɪ'mentəlɪst] *n* sentimental *m*, -e *f*.

**sentimentality** [,sentɪmen'tælətɪ] (*pl* **sentimentalities**) *n* sentimentalité *f*, sensiblerie *f pej*.

**sentimentalize, -ise** [,sentɪ'mentəlaɪz] ◇ *vt* [to others] présenter de façon sentimentale; [to o.s.] percevoir de façon sentimentale. ◇ *vi* faire du sentiment.

**sentimentally** [,sentɪ'mentəlɪ] *adv* sentimentalement, de manière sentimentale.

**sentinel** ['sentɪnl] *n* sentinelle *f*, factionnaire *m*.

**sentry** ['sentrɪ] (*pl* **sentries**) *n* sentinelle *f*, factionnaire *m*.

**sentry box** *n* guérite *f*.

**sentry duty** *n* MIL faction *f*; **to be on ~** être en OR de faction.

**Seoul** [səʊl] *n* Séoul.

**separable** ['seprəbl] *adj* séparable.

**separate** [*adj & n* 'seprət, *vb* 'sepəreɪt] ◇ *adj* [different, distinct – category, meaning, issue] distinct, à part; [– incident] différent; **that's quite a ~ matter** ça, c'est une toute autre affaire; **they sleep in ~ rooms** [children] ils ont chacun leur chambre; [couple] ils font chambre à part; **administration and finance are in ~ departments** l'administration et les finances relèvent de services différents; **the canteen is ~ from the main building** la cantine se trouve à l'extérieur du bâtiment principal; **begin each chapter on a ~ page** commencez chaque chapitre sur une nouvelle page; **it happened on four ~ occasions** cela s'est produit à quatre reprises; **she likes to keep her home life ~ from the office** elle tient à ce que son travail n'empiète pas sur sa vie privée; **the peaches must be kept ~ from the lemons** les pêches et les citrons ne doivent pas être mélangés; **he was kept ~ from the other children** on le tenait à l'écart OR on l'isolait des autres enfants ‖ [independent – entrance, living quarters] indépendant, particulier; [– existence, organization] indépendant; **they lead very ~ lives** ils mènent chacun leur vie ❑ **they went their ~ ways** *literal* [after meeting] ils sont partis chacun de leur côté; *fig* [in life] chacun a suivi sa route.
◇ *n* **-1.** [in stereo] élément *m* séparé. **-2.** *Am* [offprint] tiré *m* à part.
◇ *vt* **-1.** [divide, set apart] séparer; **the Bosphorus ~s Europe from Asia** le Bosphore sépare l'Europe de l'Asie; **the records can be ~d into four categories** les disques peuvent être divisés OR classés en quatre catégories ‖ [detach – parts, pieces] séparer, détacher. **-2.** [keep distinct] séparer, distinguer; **to ~ reality from myth** distinguer le mythe de la réalité, faire la distinction entre le mythe et la réalité. **-3.** CULIN [milk] écrémer; [egg] séparer.
◇ *vi* **-1.** [go different ways] se quitter, se séparer. **-2.** [split up – couple] se séparer, rompre; [– in boxing, duel] rompre; POL [party] se scinder. **-3.** [come apart, divide – liquid] se séparer; [– parts] se séparer, se détacher, se diviser; **the boosters ~ from the shuttle** les propulseurs auxiliaires se détachent de la navette; **the model ~s into four parts** la maquette se divise en quatre parties.

◆ **separates** *npl* [clothes] coordonnés *mpl*.

◆ **separate out** ◇ *vt sep* séparer, trier. ◇ *vi insep* se séparer.

◆ **separate up** *vt sep* séparer, diviser.

**separated** ['sepəreɪtɪd] *adj* [not living together] séparé.

**separately** ['seprətlɪ] *adv* **-1.** [apart] séparément, à part. **-2.** [individually] séparément; **they don't sell yogurts ~** ils ne vendent pas les yaourts à l'unité.

**separation** [,sepə'reɪʃn] *n* **-1.** [division] séparation *f*; **her ~ from her family caused her great heartache** sa séparation d'avec sa famille l'a beaucoup chagrinée. **-2.** [of couple] séparation *f*.

**separation allowance** *n* **-1.** MIL allocation *f* mensuelle (*versée par l'armée à la femme d'un soldat*). **-2.** [alimony] pension *f* alimentaire.

**separatism** ['seprətɪzm] *n* séparatisme *m*.

**separatist** ['seprətɪst] ◇ *adj* séparatiste. ◇ *n* séparatiste *mf*.

**sepia** ['siːpjə] ◇ *n* [pigment, print] sépia *f*. ◇ *adj* sépia *(inv)*.

**sepoy** ['siːpɔɪ] *n* cipaye *m*.
**Sept.** (*written abbr of* **September**) sept.
**September** [sep'tembər] *n* septembre *m*; *see also* **February**.
**septet** [sep'tet] *n* septuor *m*.
**septic** ['septɪk] *adj* septique; [wound] infecté; **to go** OR **to become ~** s'infecter; **I have a ~ finger** j'ai une blessure infectée au doigt; **~ poisoning** septicémie *f*.
**septicaemia** *Br*, **septicemia** *Am* [,septɪ'siːmɪə] *n* (*U*) septicémie *f*.
**septic tank** *n* fosse *f* septique.
**septuagenarian** [,septjʊədʒɪ'neərɪən] ◇ *adj* septuagénaire. ◇ *n* septuagénaire *mf*.
**Septuagint** ['septjʊədʒɪnt] *n*: **the ~** la version des Septante.
**septum** ['septəm] *n* ANAT septum *m*.
**septuplet** [sep'tjuːplɪt] *n* **-1.** [baby] septuplé *m*, -e *f*. **-2.** MUS septolet *m*.
**sepulcher** *Am* = **sepulchre**.
**sepulchral** [sɪ'pʌlkrəl] *adj* [figure, voice] sépulcral; [atmosphere] funèbre, lugubre.
**sepulchre** *Br*, **sepulcher** *Am* ['sepəlkər] *n* sépulcre *m*.
**sequel** ['siːkwəl] *n* **-1.** [result, aftermath] conséquence *f*, suites *fpl*, conséquences *fpl*; [to illness, war] séquelles *fpl*; **as a ~ to this event** à la suite de cet événement. **-2.** [to novel, film etc] suite *f*.
**sequence** ['siːkwəns] ◇ *n* **-1.** [order] suite *f*, ordre *m*; **in ~** [in order] par ordre, en série; [one after another] l'un après l'autre; **numbered in ~** numérotés dans l'ordre; **in historical ~** par ordre chronologique; **~ of tenses** GRAMM concordance *f* des temps. **-2.** [series] série *f*; [in cards] séquence *f*; **the ~ of events** le déroulement OR l'enchaînement des événements. **-3.** CIN & MUS séquence *f*; **dance ~** numéro *m* de danse. **-4.** LING & MATH séquence *f*. **-5.** BIOL & CHEM séquençage *m*. ◇ *vt* **-1.** [order] classer, ordonner. **-2.** BIOL & CHEM faire le séquençage de.
**sequencer** ['siːkwənsər] *n* séquenceur *m*.
**sequential** [sɪ'kwenʃl] *adj* **-1.** COMPUT séquentiel. **-2.** *fml* [following] subséquent.
**sequentially** [sɪ'kwenʃəlɪ] *adv* [follow, happen] séquentiellement.
**sequester** [sɪ'kwestər] *vt* **-1.** *fml* [set apart] isoler, mettre à part. **-2.** *fml* [shut away] séquestrer. **-3.** JUR [goods, property] séquestrer, placer sous séquestre.
**sequestered** [sɪ'kwestəd] *adj lit* [place] retiré, isolé; **to lead a ~ life** vivre à l'écart, mener une vie de reclus.
**sequestrate** [sɪ'kwestreɪt] *vt* **-1.** JUR séquestrer, placer sous séquestre. **-2.** *fml* [confiscate] saisir.
**sequestration** [,siːkwe'streɪʃn] *n* JUR mise *f* sous séquestre; *fml* [confiscation] saisie *f*.
**sequin** ['siːkwɪn] *n* paillette *f*.
**sequined** ['siːkwɪnd] *adj* pailleté.
**sequoia** [sɪ'kwɔɪə] *n* séquoia *m*.
**seraglio** [se'rɑːlɪəʊ] (*pl* **seraglios**) *n* sérail *m*.
**seraph** ['serəf] (*pl* **seraphs** OR **seraphim** [-fɪm]) *n* séraphin *m*.
**Serb** [sɜːb] ◇ *n* Serbe *mf*. ◇ *adj* serbe.
**Serbia** ['sɜːbjə] *pr n* Serbie *f*; **in ~** en Serbie.
**Serbian** ['sɜːbjən] ◇ *n* **-1.** [person] Serbe *mf*. **-2.** LING serbe *m*. ◇ *adj* serbe.
**Serbo-Croat** [,sɜːbəʊ'krəʊæt], **Serbo-Croatian** [,sɜːbəʊkrəʊ'eɪʃn] ◇ *n* LING serbo-croate *m*. ◇ *adj* serbo-croate.
**serenade** [,serə'neɪd] ◇ *n* sérénade *f*. ◇ *vt* [sing] chanter une sérénade à; [play] jouer une sérénade à.
**serendipity** [,serən'dɪpətɪ] *n lit* don de faire des découvertes (*accidentelles*).
**serene** [sɪ'riːn] *adj* [person, existence, sky] serein; [sea, lake] calme; **His/Her Serene Highness** *fml* Son Altesse Sérénissime.
**serenely** [sɪ'riːnlɪ] *adv* sereinement, avec sérénité.
**serenity** [sɪ'renətɪ] *n* sérénité *f*.
**serf** [sɜːf] *n* serf *m*, serve *f*.
**serfdom** ['sɜːfdəm] *n* servage *m*.
**serge** [sɜːdʒ] ◇ *n* serge *f*. ◇ *comp* [cloth, trousers] de OR en serge.
**sergeant** ['sɑːdʒənt] *n* **-1.** [in army] sergent *m*; [in air force] *Br*

sergent-chef *m*; *Am* caporal-chef *m*. **-2.** [in police] brigadier *m*.
**sergeant-at-arms** *n* huissier *m* d'armes.
**sergeant major** *n* sergent-chef *m*.
**serial** ['sɪərɪəl] ◇ *n* **-1.** RADIO & TV feuilleton *m*; TV **~** feuilleton télévisé ‖ [in magazine] feuilleton *m*; **published in ~** form publié sous forme de feuilleton. **-2.** [periodical] périodique *m*. ◇ *adj* **-1.** [in series] en série; [from series] d'une série; [forming series] formant une série; **in ~ order** en ordre sériel. **-2.** [music] sériel. **-3.** COMPUT [processing, transmission] série *(inv)*; **~ port** port *m* série.
**serialization, -isation** [,sɪərɪəlaɪ'zeɪʃn] *n* [of book] publication *f* en feuilleton; [of play, film] adaptation *f* en feuilleton.
**serialize, -ise** ['sɪərɪəlaɪz] *vt* [book] publier en feuilleton; [play, film] adapter en feuilleton; [in newspaper] publier OR faire paraître en feuilleton.
**serial killer** *n* tueur *m* en série.
**serial killing** *n*: **~s** meutres *mpl* en série.
**serially** ['sɪərɪəlɪ] *adv* **-1.** MATH en série. **-2.** PRESS [as series] en feuilleton, sous forme de feuilleton; [periodically] périodiquement, sous forme de périodique.
**serial number** *n* [of car, publication] numéro *m* de série; [of cheque, voucher] numéro *m*; [of soldier] (numéro *m*) matricule *m*.
**serial rights** *npl* droits *mpl* de reproduction en feuilleton.
**series** ['sɪəriːz] (*pl inv*) *n* **-1.** [set, group – gen, CHEM & GEOL] série *f*; [sequence – gen & MATH] séquence *f*, suite *f*. **-2.** LING & MUS série *f*, séquence *f*; **a whole ~ of catastrophes** toute une série de catastrophes. **-3.** [of cars, clothes] série *f*; **~ IV** computer ordinateur type IV. **-4.** RADIO & TV série *f*; TV **~** série télévisée ‖ [in magazine, newspaper] série *f* d'articles. **-5.** [collection – of stamps, coins, books] collection *f*, série *f*. **-6.** ELEC série *f*; **wired in ~** branché en série. **-7.** SPORT série *f* de matches.
**series connection** *n* ELEC montage *m* en série.
**serious** ['sɪərɪəs] *adj* **-1.** [not frivolous – suggestion, subject, worker, publication, writer, theatre] sérieux; [– occasion] solonnel; **the book is meant for the ~ student of astronomy** le livre est destiné aux personnes qui possèdent déjà de solides connaissances en astronomie; **can I have a ~ conversation with you?** est-ce qu'on peut parler sérieusement?; **she's a ~ actress** [cinema] elle fait des films sérieux; [theatre] elle joue dans des pièces sérieuses; **the ~ cinemagoer** le cinéphile averti. **-2.** [in speech, behaviour] sérieux; **I'm quite ~** je suis tout à fait sérieux, je ne plaisante absolument pas; **is she ~ about Peter?** est-ce que c'est sérieux avec Peter?. **-3.** [thoughtful – person, expression] sérieux, plein de sérieux; [– voice, tone] sérieux, grave; **don't look so ~** ne prends pas cet air sérieux ‖ [careful – examination] sérieux, approfondi; [– consideration] sérieux, sincère; **to give OR thought OR consideration to sthg** songer sérieusement à qqch. **-4.** [grave – mistake, problem, illness] sérieux, grave; **the situation is ~** la situation est préoccupante; **~ crime** crime *m*; **it poses a ~ threat to airport security** cela constitue une menace sérieuse pour la sécurité des aéroports; **his condition is described as ~** MED son état est jugé préoccupant ‖ [considerable – damage] important, sérieux; [– loss] lourd; [– doubt] sérieux. **-5.** *inf* [as intensifier]: **we're talking ~ money here** il s'agit de grosses sommes d'argent.
**seriously** ['sɪərɪəslɪ] *adv* **-1.** [earnestly] sérieusement, avec sérieux; **to take sb/sthg ~** prendre qqn/qqch au sérieux; **he takes himself too ~** il se prend trop au sérieux; **are you ~ suggesting we sell it?** pensez-vous sérieusement que nous devrions vendre?; **think about it ~ before you do anything** réfléchissez-y bien avant de faire quoi que ce soit; **~ though, what are you going to do?** sérieusement, qu'est-ce que vous allez faire?; **you can't ~ expect me to believe that!** vous plaisantez, j'espère?. **-2.** [severely – damage] sérieusement, gravement; [– ill] gravement; [– injured, wounded] grièvement; **she is ~ worried about him** elle se fait énormément de souci à son sujet.
**seriousness** ['sɪərɪəsnɪs] *n* **-1.** [of person, expression] sérieux *m*; [of voice, manner] air *m* sérieux; [of intentions, occasion, writing] sérieux *m*; **in all ~** sérieusement, en toute sincérité. **-2.** [of illness, situation, loss] gravité *f*; [of allegation] sérieux *m*; [of damage] importance *f*, étendue *f*.
**serjeant** ['sɑːdʒənt] = **sergeant**.

**sermon** ['sɜːmən] *n* -1. RELIG sermon *m*; to give OR to preach a ~ faire un sermon; the Sermon on the Mount BIBLE le Sermon sur la Montagne. -2. *fig* & *pej* sermon *m*, laïus *m*.

**serpent** ['sɜːpənt] *n* serpent *m*.

**serpentine** ['sɜːpəntaɪn] ◇ *adj lit* [winding] sinueux, qui serpente. ◇ *n* MINER serpentine *f*.

**SERPS** [sɜːps] (*abbr of* **State Earnings-Related Pension Scheme**) *n régime de retraite minimal en Grande-Bretagne*.

**serrated** [sɪ'reɪtɪd] *adj* [edge] en dents de scie, dentelé; [knife, scissors, instrument] cranté, en dents de scie.

**serration** [sɪ'reɪʃn] *n* dentelure *f*.

**serried** ['serɪd] *adj* serré; in ~ ranks en rangs serrés.

**serum** ['sɪərəm] (*pl* **serums** OR **sera** [-rə]) *n* sérum *m*.

**servant** ['sɜːvənt] *n* -1. [in household] domestique *mf*; [maid] bonne *f*, servante *f*; ~s' quarters appartements *mpl* des domestiques. -2. [of God, of people] serviteur *m*; politicians are the ~s of the community les hommes politiques sont au service de la communauté.

**servant girl** *n* servante *f*, bonne *f*.

**serve** [sɜːv] ◇ *vt* -1. [employer, monarch, country, God] servir; she has ~d the company well over the years elle a bien servi la société pendant des années. -2. [in shop, restaurant – customer] servir; to ~ sb with sthg servir qqch à qqn; are you being ~d? est-ce qu'on s'occupe de vous?-3. [provide – with electricity, gas, water] alimenter; [– with transport service] desservir; the village is ~d with water from the Roxford reservoir le village est alimenté en eau depuis le réservoir de Roxford. -4. [food, drink] servir; dinner is ~d le dîner est servi; coffee is now being ~d in the lounge le café est servi au salon; the wine should be ~d at room temperature le vin doit être servi chambré; this recipe ~s four cette recette est prévue pour quatre personnes; to ~ mass RELIG servir la messe. -5. [be suitable for] servir; the plank ~d him as a rudimentary desk la planche lui servait de bureau rudimentaire; this box will ~ my purpose cette boîte fera l'affaire; when the box had ~d its purpose, he threw it away quand il n'eut plus besoin de la boîte, il la jeta; it ~s no useful purpose cela ne sert à rien de spécial. -6. [term, apprenticeship] faire; he has ~d two terms (of office) as president il a rempli deux mandats présidentiels; to ~ one's apprenticeship as an electrician faire son apprentissage d'électricien; to ~ one's time MIL faire son service ‖ [prison sentence] faire; to ~ time faire de la prison; she ~d four years for armed robbery elle a fait quatre ans (de prison) pour vol à main armée. -7. JUR [summons, warrant, writ] notifier, remettre; to ~ sb with a summons, to ~ a summons on sb remettre une assignation à qqn; to ~ sb with a writ, to ~ a writ on sb assigner qqn en justice. -8. SPORT servir. -9. AGR servir. -10. *phr*: it ~s you right c'est bien fait pour toi; it ~s them right for being so selfish! ça leur apprendra à être si égoïstes! ◇ *vi* -1. [in shop or restaurant, at table] servir; Violet ~s in the dining-room in the evenings Violet s'occupe du service dans la salle à manger le soir; could you ~, please? pourriez-vous faire le service, s'il vous plaît? ‖ [be in service – maid, servant] servir. -2. [as soldier] servir; her grandfather ~d under General Adams son grand-père a servi sous les ordres du général Adams ‖ [in profession]: he ~d as treasurer for several years il a exercé les fonctions de trésorier pendant plusieurs années ‖ [on committee]: she ~s on the housing committee elle est membre de la commission au logement. -3. [function, act – as example, warning] servir; let that ~ as a lesson to you! que cela vous serve de leçon!; it only ~s to show that you shouldn't listen to gossip cela prouve qu'il ne faut pas écouter les commérages; the tragedy should ~ as a reminder of the threat posed by nuclear power cette tragédie devrait rappeler à tous la menace que représente l'énergie nucléaire ‖ [be used as]: this stone will ~ to keep the door open cette pierre servira à maintenir la porte ouverte; their bedroom had to ~ as a cloakroom for their guests leur chambre a dû servir de vestiaire pour leurs invités. -4. SPORT servir, être au service; Smith to ~ au service, Smith; he ~d into the net son service a échoué dans le filet. -5. RELIG servir la messe.
◇ *n* SPORT service *m*.

◆ **serve out** ◇ *vt sep* -1. [food] servir; [provisions] distribuer. -2. [period of time] faire; the president retired before he had

~d his term out le président a pris sa retraite avant d'arriver à OR d'atteindre la fin de son mandat; to ~ out a prison sentence purger une peine (de prison). ◇ *vi insep* SPORT sortir son service.

◆ **serve up** *vt sep* [meal, food] servir; *fig* [facts, information] servir, débiter; she ~s up the same old excuse every time elle ressort chaque fois la même excuse.

**server** ['sɜːvər] *n* -1. [at table] serveur *m*, -euse *f*.-2. SPORT serveur *m*, -euse *f*.-3. RELIG servant *m*.-4. [utensil] couvert *m* de service. -5. COMPUT serveur *m*.

**servery** ['sɜːvərɪ] (*pl* **serveries**) *n* [hatch] guichet *m*, passeplat *m*; [counter] comptoir *m*.

**service** ['sɜːvɪs] ◇ *n* -1. [to friend, community, country, God] service *m*; in the ~ of one's country au service de sa patrie; to require the ~s of a priest/of a doctor avoir recours aux services d'un prêtre/d'un médecin; many people gave their ~s free beaucoup de gens donnaient des prestations bénévoles; at your ~ à votre service, à votre disposition; to be of ~ to sb rendre service à qqn, être utile à qqn; the jug had to do ~ as a teapot la cruche a dû faire office de or servir de théière; to do sb a ~ rendre (un) service à qqn; the car has given us/has seen good ~ la voiture nous a bien servi/a fait long usage. -2. [employment – in firm] service *m*; bonuses depend on length of ~ les primes sont versées en fonction de l'ancienneté ‖ [as domestic servant] service; to be in ~ être domestique; he's in Lord Bellamy's ~ il est au service de Lord Bellamy. -3. [in shop, hotel, restaurant] service *m*; you get fast ~ in a supermarket on est servi rapidement dans un supermarché; '10% ~ included/not included' 'service 10 % compris/non compris'; ~ with a smile [slogan] servi avec le sourire. -4. MIL service *m*; he saw active ~ in Korea il a servi en Corée, il a fait la campagne de Corée; their son is in the ~s leur fils est dans les forces armées. -5. ADMIN [department, scheme] service *m*; a new 24-hour banking ~ un nouveau service bancaire fonctionnant 24 heures sur 24; a bus provides a ~ between the two stations un autobus assure la navette entre les deux gares. -6. RELIG [Catholic] service *m*, office *m*; [Protestant] service *m*, culte *m*; to attend (a) ~ assister à l'office OR au culte. -7. [of car, machine – upkeep] entretien *m*; [– overhaul] révision *f*.-8. [working order – esp of machine] service *m*; to bring a machine into ~ mettre une machine en service; to come into ~ [system, bridge] entrer en service. -9. [set of tableware] service *m*.-10. SPORT service *m*; Smith broke his opponent's ~ Smith a pris le service de son adversaire OR a fait le break. -11. JUR [of summons, writ] signification *f*, notification *f*. ◇ *comp* -1. [entrance, hatch, lift, stairs] de service. -2. AUT & MECH [manual, record] d'entretien. -3. MIL [family, pay] de militaire; [conditions] dans les forces armées.
◇ *vt* -1. [overhaul – central heating, car] réviser. -2. FIN [debt] assurer le service de. -3. AGR [subj: bull, stallion] servir.

◆ **services** *npl* -1. *Br* [on motorway] aire *f* de service. -2. COMM & ECON services *mpl*; more and more people will be working in ~s de plus en plus de gens travailleront dans le tertiaire.

**serviceable** ['sɜːvɪsəbl] *adj* -1. [durable – clothes, material] qui fait de l'usage, qui résiste à l'usure; [– machine, construction] durable, solide. -2. [useful – clothing, tool] commode, pratique. -3. [usable] utilisable, qui peut servir. -4. [ready for use] prêt à servir.

**service area** *n* -1. AUT [on motorway] aire *f* de service. -2. RADIO zone *f* desservie OR de réception.

**service charge** *n* service *m*.

**service game** *n* TENNIS jeu *m* de service.

**service industry** *n* industrie *f* de services.

**service line** *n* SPORT ligne *f* de service.

**serviceman** ['sɜːvɪsmən] (*pl* **servicemen** [-mən]) *n* -1. MIL militaire *m*.-2. *Am* [mechanic] dépanneur *m*.

**service road** *n* [behind shops, factory] voie d'accès réservée aux livreurs; [on motorway] voie d'accès réservée à l'entretien et aux services d'urgence.

**service station** *n* station-service *f*.

**servicewoman** ['sɜːvɪs,wʊmən] (*pl* **servicewomen** [-,wɪmɪn]) *n* femme *f* soldat.

**servicing** ['sɜːvɪsɪŋ] *n* -1. [of heating, car] entretien *m*.-2. [by transport] desserte *f*.

**serviette** [,sɜːvɪ'et] *n Br* serviette *f* (de table); ~ ring rond *m* de serviette.

**servile** ['sɜːvaɪl] *adj* [person, behaviour] servile, obséquieux; [admiration, praise] servile; [condition, task] servile, d'esclave.

**serving** ['sɜːvɪŋ] ◊ *n* **-1.** [of drinks, meal] service *m*.**-2.** [helping] portion *f*, part *f*. ◊ *adj* ADMIN [member, chairman] actuel, en exercice.

**servitude** ['sɜːvɪtjuːd] *n* servitude *f*.

**servo** ['sɜːvəʊ] (*pl* **servos**) ◊ *adj* servo-. ◊ *n* [mechanism] servomécanisme *m*; [motor] servomoteur *m*.

**servo-assisted** [-əˈsɪstɪd] *adj* TECH assisté; ~ **brakes** freinage *m* assisté, servofreins *mpl*.

**servomotor** ['sɜːvəʊˌməʊtə'] *n* servomoteur *m*.

**sesame** ['sesəmɪ] *n* sésame *m*.

**sesame oil** *n* huile *f* de sésame.

**sesame seed** *n* graine *f* de sésame.

**session** ['seʃn] *n* **-1.** ADMIN, JUR & POL séance *f*, session *f*; **this court is now in** ~ l'audience est ouverte; **the House is not in** ~ **during the summer months** la Chambre ne siège pas pendant les mois d'été; **to go into secret** ~ siéger à huis clos. **-2.** [interview, meeting, sitting] séance *f*; [for painter, photographer] séance *f* de pose; **a drinking** ~ une beuverie. **-3.** SCH [classes] cours *mpl*.**-4.** *Am & Scot* UNIV [term] trimestre *m*; [year] année *f* universitaire. **-5.** RELIG conseil *m* presbytéral.

**set** [set] (*pt & pp* **set**, *cont* **setting**) ◊ *vt* **A. -1.** [put in specified place or position] mettre, poser; **she** ~ **the steaming bowl before him** elle plaça le bol fumant devant lui. **-2.** (*usu passive*) [locate, situate - building, story] situer; **the house is** ~ **in large grounds** la maison est située dans un grand parc; **his eyes are** ~ **too close together** ses yeux sont trop rapprochés; **the story is** ~ **in Tokyo** l'histoire se passe OR se déroule à Tokyo. **-3.** [adjust - gen] régler; [- mechanism] mettre; **I've** ~ **the alarm for six** j'ai mis le réveil à (sonner pour) six heures; **how do I** ~ **the margins?** comment est-ce que je fais pour placer les marges?; ~ **the timer for one hour** mettez le minuteur sur une heure; ~ **your watches an hour ahead** avancez vos montres d'une heure; **I** ~ **my watch to New York time** j'ai réglé ma montre à l'heure de New York; **he's so punctual you can** ~ **your watch by him!** il est si ponctuel qu'on peut régler sa montre sur lui!**-4.** [fix into position] mettre, fixer; [jewel, diamond] sertir, monter; **to** ~ **a bone** réduire une fracture; **the brooch was** ~ **with pearls** la broche était sertie de perles; **the handles are** ~ **into the drawers** les poignées sont encastrées dans les tiroirs; **there was a peephole** ~ **in the door** il y avait un judas dans la porte. **-5.** [lay, prepare in advance - table] mettre; [- trap] poser, tendre; ~ **an extra place at table** rajoutez un couvert. **-6.** [place - in hierarchy] placer; **they** ~ **a high value on creativity** ils accordent une grande valeur à la créativité. **-7.** [establish - date, schedule, price, terms] fixer, déterminer; [- rule, guideline, objective, target] établir; [- mood, precedent] créer; **you've** ~ **yourself a tough deadline** OR **a tough deadline for yourself** vous vous êtes fixé un délai très court; **a deficit ceiling has been** ~ un plafonnement du déficit a été imposé OR fixé OR décidé; **how are exchange rates** ~? comment les taux de change sont-ils déterminés?; **to** ~ **a new fashion** OR **trend** lancer une nouvelle mode; **to** ~ **a new world record** établir un nouveau record mondial; **to** ~ **the tone for** OR **of sthg** donner le ton de qqch.
**B. -1.** [indicating change of state or activity]: **to** ~ **sthg alight** OR **on fire** mettre le feu à qqch; **it** ~**s my nerves on edge** ça me crispe; **he/the incident** ~ **the taxman on my trail** il/ l'incident a mis le fisc sur ma piste; **to** ~ **the dogs on sb** lâcher les chiens sur qqn; **to** ~ **sb against sb** monter qqn contre; **it will** ~ **the country on the road to economic recovery** cela va mettre le pays sur la voie de la reprise économique; **his failure** ~ **him thinking** son échec lui a donné à réfléchir; **the scandal will** ~ **the whole town talking** le scandale va faire jaser toute la ville; **to** ~ **a machine going** mettre une machine en marche. **-2.** [solidify - yoghurt, jelly, concrete] faire prendre; **pectin will help to** ~ **the jam** la pectine aidera à épaissir la confiture. **-3.** [make firm, rigid]: **his face was** ~ **in a frown** son visage était figé dans une grimace renfrognée; **she** ~ **her jaw and refused to budge** elle serra les dents et refusa de bouger. **-4.** [pose - problem] poser; [assign - task] fixer; **I** ~ **them to work tidying the garden** je les ai mis au désherbage du jardin; **I've** ~ **myself the task of writing to them regularly** je me suis fixé la tâche de

leur écrire régulièrement. **-5.** *Br* SCH [exam] composer, choisir les questions de; [books, texts] mettre au programme; **she** ~ **the class a maths exercise, she** ~ **a maths exercise for the class** elle a donné un exercice de maths à la classe. **-6.** [hair]: **to** ~ **sb's hair** faire une mise en plis à qqn. **-7.** HORT [plant] planter. **-8.** TYPO [text, page] composer. **-9.** MUS [poem, words]: **to** ~ **sthg to music** mettre qqch en musique.
◊ *vi* **-1.** [sun, stars] se coucher. **-2.** [become firm - glue, cement, plaster, jelly, yoghurt] prendre. **-3.** [bone] se ressouder. **-4.** (*with infinitive*) [start] se mettre; **he** ~ **to work** il s'est mis au travail. **-5.** [plant] prendre racine. **-6.** [hen] couver. **-7.** [wind]: **the wind looks** ~ **fair to the east** on dirait un vent d'ouest.
◊ *n* **-1.** [of facts, conditions, characteristics] ensemble *m*; [of people] groupe *m*; [of events, decisions, questions] série *f*, suite *f*; [of numbers, names, instructions, stamps, weights] série *f*; [of tools, keys, golf clubs, sails] jeu *m*; [of books] collection *f*; [of furniture] ensemble *m*; [of dishes] service *m*; [of tyres] train *m*; PRINT [of proofs, characters] jeu *m*; **they make a** ~ ils vont ensemble; **they've detected two** ~**s of fingerprints** ils ont relevé deux séries d'empreintes digitales OR les empreintes digitales de deux personnes; **given another** ~ **of circumstances, things might have turned out differently** dans d'autres circonstances, les choses auraient pu se passer différemment; **the first** ~ **of reforms** la première série OR le premier train de réformes; **a full** ~ **of the encyclopedia** une encyclopédie complète; **they ran a whole** ~ **of tests on me** ils m'ont fait subir toute une série d'examens; **the cups/the chairs are sold in** ~**s of six** les tasses/les chaises sont vendues par six; **I can't break up the** ~ je ne peux pas les dépareiller; **a** ~ **of matching luggage** un ensemble de valises assorties; **a** ~ **of table/bed linen** une parure de table/de lit ❑ **badminton/chess** ~ jeu de badminton/d'échecs; **they're playing with Damian's train** ~ ils jouent avec le train électrique de Damian. **-2.** [social group] cercle *m*, milieu *m*; **the riding/yachting** ~ le monde de l'équitation/du yachting. **-3.** MATH ensemble *m*.**-4.** [electrical device] appareil *m*; RADIO & TV poste *m*; **a colour TV** ~ un poste de télévision OR un téléviseur couleur. **-5.** SPORT set *m*, manche *f*.**-6.** [scenery] CIN, THEAT & TV décor *m*; [place] CIN & TV plateau *m*; THEAT scène *f*; **on (the)** ~ CIN & TV sur le plateau; THEAT sur scène ❑ ~ **designer** CIN & TV chef décorateur *m*.**-7.** [part of performance - by singer, group]: **her second** ~ **was livelier** la deuxième partie de son spectacle a été plus animée. **-8.** [for hair] mise *f* en plis. **-9.** [posture - of shoulders, body] position *f*, attitude *f*; [- of head] port *m*; **I could tell he was angry by the** ~ **of his jaw** rien qu'à la façon dont il serrait les mâchoires, j'ai compris qu'il était en colère. **-10.** [direction - of wind, current] direction *f*. **-11.** PSYCH [tendency] tendance *f*.**-12.** HORT [seedling] semis *m*; [cutting] bouture *f*; **tomato/tulip** ~**s** tomates/ tulipes à repiquer. **-13.** [clutch of eggs] couvée *f*.
◊ *adj* **-1.** [specified, prescribed - rule, quantity, sum, wage] fixe; **meals are at** ~ **times** les repas sont servis à heures fixes; **the tasks must be done in the** ~ **order** les tâches doivent être accomplies dans l'ordre prescrit ❑ ~ **menu** OR **meal** *Br* menu *m*.**-2.** [fixed, rigid - ideas, views] arrêté; [- smile, frown] figé; **her day followed a** ~ **routine** sa journée se déroulait selon un rituel immuable; **to become** ~ **in one's ways/one's views** devenir rigide dans ses habitudes/ses opinions; ~ **expression** OR **phrase** GRAMM expression *f* figée. **-3.** [intent, resolute] résolu, déterminé; **to be** ~ **on** OR **upon sthg** vouloir qqch à tout prix; **I'm (dead)** ~ **on finishing it tonight** je suis (absolument) déterminé à le finir ce soir; **he's dead** ~ **against it** il s'y oppose formellement. **-4.** [ready, in position] prêt. **-5.** [likely] probablement; **house prices are** ~ **to rise steeply** les prix de l'immobilier vont vraisemblablement monter en flèche. **-6.** *Br* SCH [book, subject] au programme.
◆ **set about** *vt insep* **-1.** [start - task] se mettre à; **I didn't know how to** ~ **about it** je ne savais pas comment m'y prendre; **how does one** ~ **about getting a visa?** comment fait-on pour obtenir un visa?**-2.** [attack] attaquer, s'en prendre à.
◆ **set against** *vt sep* **-1.** FIN [offset]: **some of these expenses can be** ~ **against tax** certaines de ces dépenses peuvent être déduites des impôts. **-2.** [friends, family] monter contre.
◆ **set ahead** *vt sep Am*: **to** ~ **the clock ahead** avancer l'horloge; **we're setting the clocks ahead tonight** on change d'heure cette nuit.

◆ **set apart** *vt sep* **-1.** *(usu passive)* [place separately] mettre à part OR de côté; **there was one deck chair ~ slightly apart from the others** il y avait une chaise longue un peu à l'écart des autres. **-2.** [distinguish] distinguer; **her talent ~s her apart from the other students** son talent la distingue des autres étudiants.

◆ **set aside** *vt sep* **-1.** [put down – knitting, book] poser. **-2.** [reserve, keep – time, place] réserver; [– money] mettre de côté; [arable land] mettre en friche; **the room is ~ aside for meetings** la pièce est réservée aux réunions. **-3.** [overlook, disregard] mettre de côté, oublier, passer sur. **-4.** [reject – dogma, proposal, offer] rejeter; [annul – contract, will] annuler; JUR [verdict, judgment] casser.

◆ **set back** *vt sep* **-1.** [towards the rear]: **the building is ~ back slightly from the road** l'immeuble est un peu en retrait par rapport à la route. **-2.** [delay – plans, progress] retarder; **his illness ~ him back a month in his work** sa maladie l'a retardé d'un mois dans son travail. **-3.** *inf* [cost] coûter.

◆ **set down** *vt sep* **-1.** [tray, bag etc] poser. **-2.** *Br* [passenger] déposer. **-3.** [note, record] noter, inscrire; **try and ~ your thoughts down on paper** essayez de mettre vos pensées par écrit. **-4.** [establish – rule, condition] établir, fixer; **it is clearly ~ down that drivers must be insured** il est clairement signalé OR indiqué que tout conducteur doit être assuré.

◆ **set forth** ◇ *vi insep lit* = **set off.** ◇ *vt insep fml* [expound – plan, objections] exposer, présenter.

◆ **set in** ◇ *vi insep* [problems] survenir, surgir; [disease] se déclarer; [winter] commencer; [night] tomber; **if infection ~s in** si la plaie s'infecte; **the bad weather has ~ in for the winter** le mauvais temps s'est installé pour tout l'hiver; **panic ~ in** [began] la panique éclata; [lasted] la panique s'installa. ◇ *vt insep* SEW [sleeve] rapporter.

◆ **set off** ◇ *vi insep* partir, se mettre en route. ◇ *vt sep* **-1.** [alarm] déclencher; [bomb] faire exploser; [fireworks] faire partir. **-2.** [reaction, process, war] déclencher, provoquer; **to ~ sb off laughing** faire rire qqn; **it ~ her off on a long tirade against bureaucracy** cela eut pour effet de la lancer dans une longue tirade contre la bureaucratie. **-3.** [enhance] mettre en valeur. **-4.** FIN [offset]: **some of these expenses can be ~ off against tax** certaines de ces dépenses peuvent être déduites des impôts.

◆ **set on** = **set upon.**

◆ **set out** ◇ *vi insep* **-1.** = **set off. -2.** [undertake course of action] entreprendre; **he has trouble finishing what he ~s out to do** il a du mal à terminer ce qu'il entreprend; **I can't remember now what I ~ out to do** je ne me souviens plus de ce que je voulais faire à l'origine; **they all ~ out with the intention of changing the world** au début, ils veulent tous changer le monde; **she didn't deliberately ~ out to annoy you** il n'était pas dans ses intentions de vous froisser. ◇ *vt sep* **-1.** [arrange – chairs, game pieces] disposer; [spread out – merchandise] étaler. **-2.** [design] concevoir. **-3.** [present] exposer, présenter.

◆ **set to** *vi insep* [begin work] commencer, s'y mettre.

◆ **set up** ◇ *vt sep* **-1.** [install – equipment, computer] installer; [put in place – roadblock] installer, disposer; [– experiment] préparer; **everything's ~ up for the show** tout est préparé OR prêt pour le spectacle; **~ the chairs up in a circle** mettez OR disposez les chaises en cercle; **he ~ the chessboard up** il a disposé les pièces sur l'échiquier ∥ *fig*: **to ~ up a meeting** organiser une réunion; **the system wasn't ~ up to handle so many users** le système n'était pas conçu pour gérer autant d'usagers. **-2.** [erect, build – tent, furniture kit, crane, flagpole] monter; [– shed, shelter] construire; [– monument, statue] ériger; **to ~ up camp** installer OR dresser le camp. **-3.** [start up, institute – business, scholarship] créer; [– hospital, school] fonder; [– committee, task force] constituer; [– system of government, republic] instaurer; [– programme, review process, system] mettre en place; [– inquiry] ouvrir; **to ~ up house** OR **home** s'installer; **they ~ up house together** ils se sont mis en ménage; **to ~ up a dialogue** entamer le dialogue; **you'll be in charge of setting up training programmes** vous serez responsable de la mise en place des programmes de formation. **-4.** [financially, in business] installer, établir; **he ~ his son up in a dry-cleaning business** il a acheté à son fils une entreprise de nettoyage à sec; **she could finally ~ herself up as an accountant** elle pourrait enfin s'installer comme comptable; **the money would ~ him up for life** l'argent le

mettrait à l'abri du besoin pour le restant de ses jours. **-5.** [provide]: **we're well ~ up with supplies** nous sommes bien approvisionnés; **I can ~ you up with a girlfriend of mine** je peux te présenter à OR te faire rencontrer une de mes copines. **-6.** [restore energy to] remonter, remettre sur pied. **-7.** *inf* [frame] monter un coup contre; **she claims she was ~ up** elle prétend qu'elle est victime d'un coup monté. ◇ *vi insep* s'installer, s'établir; **he's setting up in the fast-food business** il se lance dans la restauration rapide; **to ~ up on one's own** [business] s'installer à son compte; [home] prendre son propre appartement.

◆ **set upon** *vt insep* [physically or verbally] attaquer, s'en prendre à.

**setaside** ['setəsaɪd] *n* mise *f* en jachère.

**setback** ['setbæk] *n* revers *m*, échec *m*; [minor] contretemps *m*.

**set piece** *n* **-1.** ART, LITERAT & MUS morceau *m* de bravoure. **-2.** [fireworks] pièce *f* (de feu) d'artifice. **-3.** [of scenery] élément *m* de décor.

**set point** *n* TENNIS balle *f* de set.

**setsquare** ['setskweə'] *n* équerre *f* (à dessiner).

**sett** [set] *n* **-1.** [for paving] pavé *m*. **-2.** [of badger] terrier *m* (de blaireau).

**settee** [se'tiː] *n* canapé *m*.

**setter** ['setə'] *n* **-1.** [dog] setter *m*. **-2.** [of jewels] sertisseur *m*.

**set theory** *n* théorie *f* des ensembles.

**setting** ['setɪŋ] *n* **-1.** [of sun, moon] coucher *m*. **-2.** [situation, surroundings] cadre *m*, décor *m*; THEAT décor *m*; **they photographed the foxes in their natural ~** ils ont photographié les renards dans leur milieu naturel; **the film has Connemara as its ~** le film a pour cadre le Connemara. **-3.** [position, level – of machine, instrument] réglage *m*. **-4.** [for jewels] monture *f*; [of jewels] sertissage *m*. **-5.** [at table] set *m* de table. **-6.** MUS [of poem, play] mise *f* en musique; [for instruments] arrangement *m*, adaptation *f*. **-7.** [of fracture] réduction *f*; [in plaster] plâtrage *m*. **-8.** [of jam] prise *f*; [of cement] prise *f*, durcissement *m*. **-9.** TYPO composition *f*.

**setting lotion** *n* lotion *f* pour mise en plis.

**setting-up** *n* [of company, organization] lancement *m*, création *f*; [of enquiry] ouverture *f*.

**settle** ['setl] ◇ *vt* **-1.** [solve – question, issue] régler; [– dispute, quarrel, differences] régler, trancher; **the case was ~d out of court** l'affaire a été réglée à l'amiable; **to ~ old scores** régler des comptes. **-2.** [determine, agree on – date, price] fixer; **you must ~ that among yourselves** il va falloir que vous arrangiez cela entre vous; **nothing is ~d yet** rien n'est encore décidé OR arrêté; **that's one point ~d** voilà déjà un point d'acquis; **that's that ~d then!** voilà une affaire réglée!; **that's ~d then, I'll meet you at 8 o'clock** alors c'est entendu OR convenu, on se retrouve à 8 h; **that ~s it, the party's tomorrow!** c'est décidé, la fête aura lieu demain!; **that ~s it, he's fired** trop c'est trop, il est renvoyé!. **-3.** [pay – debt, account, bill] régler; **to ~ one's affairs** mettre ses affaires en ordre, régler ses affaires; **to ~ a claim** [insurance] régler un litige. **-4.** [install] installer; **he ~d the children for the night** il a mis les enfants au lit, il est allé coucher les enfants; **to get ~d** s'installer (confortablement) ∥ [arrange, place – on table, surface] installer, poser (soigneusement). **-5.** [colonize] coloniser; **Peru was ~d by the Spanish** le Pérou a été colonisé par les Espagnols, les Espagnols se sont établis au Pérou. **-6.** [calm – nerves, stomach] calmer, apaiser; **the rain ~d the dust** la pluie a fait retomber la poussière. **-7.** JUR [money, allowance, estate] constituer; **to ~ an annuity on sb** constituer une rente à qqn; **she ~d all her money on her nephew** elle a légué toute sa fortune à son neveu; **how are you ~d for money at the moment?** *fig* est-ce que tu as suffisamment d'argent en ce moment?

◇ *vi* **-1.** [go to live – gen] s'installer, s'établir; [– colonist] s'établir. **-2.** [become calm – nerves, stomach, storm] s'apaiser, se calmer; [– situation] s'arranger; **wait for things to ~ before you do anything** attends que les choses se calment OR s'arrangent avant de faire quoi que ce soit. **-3.** [install o.s. – in new flat, bed] s'installer; **to ~ for the night** s'installer pour la nuit ∥ [adapt – to circumstances] s'habituer; **I just can't ~ to my work somehow** je ne sais pas pourquoi, mais je suis incapable de me concentrer sur mon travail. **-4.** [come to rest – snow] tenir; [– dust, sediment] se déposer; [– bird, insect, eyes]

se poser; let your dinner ~ before you go out prends le temps de digérer avant de sortir. **-5.** [spread]: a look of utter contentment ~d on his face son visage prit une expression de profonde satisfaction; an eerie calm ~d over the village un calme inquiétant retomba sur le village; the cold ~d on his chest le rhume lui est tombé sur la poitrine. **-6.** CONSTR [road, wall, foundations] se tasser; 'contents may ~ during transport' le contenu risque de se tasser pendant le transport. **-7.** [financially]: to ~ with sb for sthg régler le prix de qqch à qqn; to ~ out of court régler une affaire à l'amiable. **-8.** [decide] se décider; they've ~d on a Volkswagen ils se sont décidés pour une Volkswagen; they've ~d on Rome for their honeymoon ils ont décidé d'aller passer leur lune de miel à Rome; they ~d on a compromise solution ils ont finalement choisi le compromis.
◇ *n* [seat] banquette *f* à haut dossier.
◆ **settle down** ◇ *vi insep* **-1.** [in armchair, at desk] s'installer; [in new home] s'installer, se fixer; [at school, in job] s'habituer, s'adapter; to ~ down to watch television s'installer (confortablement) devant la télévision; to ~ down to work se mettre au travail. **-2.** *fig* [become stable – people] se ranger, s'assagir; it's about time Tom got married and ~d down il est temps que Tom se marie et s'installe dans la vie; they never ~ down anywhere for long ils ne se fixent jamais nulle part bien longtemps. **-3.** [concentrate, apply o.s.]: to ~ down to do sthg se mettre à faire qqch; I can't seem to ~ down to anything these days je n'arrive pas à me concentrer sur quoi que ce soit ces jours-ci. **-4.** [become calm – excitement] s'apaiser; [– situation] s'arranger. ◇ *vt sep* [person] installer; to ~ o.s. down in an armchair s'installer (confortablement) dans un fauteuil.
◆ **settle for** *vt insep* accepter, se contenter de; I won't ~ for less than £200 200 livres, c'est mon dernier prix, je ne descendrai pas au-dessous de 200 livres; they ~d for a compromise ils ont finalement choisi une solution de compromis.
◆ **settle in** *vi insep* [at new house] s'installer; [at new school, job] s'habituer, s'adapter; once we're ~d in, we'll invite you round une fois que nous serons installés, nous t'inviterons.
◆ **settle into** ◇ *vt insep* [job, routine] s'habituer à, s'adapter à; life soon ~d into the usual dull routine la vie reprit bientôt son rythme monotone. ◇ *vt sep* installer dans.
◆ **settle up** ◇ *vi insep* régler (la note); I must ~ up with the plumber il faut que je règle le plombier; can we ~ up? est-ce qu'on peut faire les comptes? ◇ *vt sep* régler.
**settled** ['setld] *adj* **-1.** [stable, unchanging – person] rangé, établi; [– life] stable, régulier; [– habits] régulier; he's very ~ in his ways il est très routinier, il a ses petites habitudes. **-2.** METEOR [calm] beau, *before vowel or silent 'h'* bel (*f* belle); the weather will remain ~ le temps demeurera au beau fixe. **-3.** [inhabited] peuplé; [colonized] colonisé. **-4.** [fixed – population] fixe, établi. **-5.** [account, bill] réglé.
**settlement** ['setlmənt] *n* **-1.** [resolution – of question, dispute] règlement *m*, solution *f*; [of problem] solution *f*. **-2.** [payment] règlement *m*; out-of-court ~ règlement à l'amiable. **-3.** [agreement] accord *m*; to reach a ~ parvenir à OR conclure un accord; wage ~ accord salarial. **-4.** [decision – on details, date] décision *f*; ~ of the final details will take some time il faudra un certain temps pour régler les derniers détails. **-5.** JUR [financial] donation *f*; [dowry] dot *f*; [of annuity] constitution *f*; to make a ~ on sb faire une donation à OR en faveur de qqn. **-6.** [colony] colonie *f*; [village] village *m*; [dwellings] habitations *fpl*. **-7.** [colonization] colonisation *f*, peuplement *m*; signs of human ~ des traces d'une présence humaine. **-8.** [of contents, road] tassement *m*; [of sediment] dépôt *m*.
**settler** ['setlə<sup>r</sup>] *n* colonisateur *m*, -trice *f*, colon *m*.
**settling** ['setlɪŋ] *n* **-1.** [of question, problem, dispute] règlement *m*. **-2.** [of account, debt] règlement *m*. **-3.** [of contents] tassement *m*. **-4.** [of country] colonisation *f*.
◆ **settlings** *npl* [sediment] dépôt *m*, sédiment *m*.
**set-to** (*pl* **set-tos**) *n inf* [fight] bagarre *f*; [argument] prise *f* de bec.
**set-up** *n* **-1.** [arrangement, system] organisation *f*, système *m*; the project manager explained the ~ to me le chef de projet m'a expliqué comment les choses fonctionnaient OR étaient organisées; this is the ~ voici comment ça se passe. **-2.** *inf* [frame-up] coup *m* monté.
**seven** ['sevn] ◇ *det* sept. ◇ *n* sept *m inv*. ◇ *pron* sept; *see also*

five.
**sevenfold** ['sevnfəʊld] ◇ *adj* septuple. ◇ *adv* au septuple; profits have increased ~ les bénéfices ont été multipliés par sept.
**seven seas** *npl*: the ~ toutes les mers (du monde); to sail the ~ parcourir les mers.
**seventeen** [,sevn'ti:n] ◇ *det* dix-sept. ◇ *n* dix-sept *m inv*. ◇ *pron* dix-sept; *see also* five.
**seventeenth** [,sevn'ti:nθ] ◇ *det* dix-septième. ◇ *n* [ordinal] dix-septième *mf*; [fraction] dix-septième *m*; *see also* fifth.
**seventh** ['sevnθ] ◇ *det* septième. ◇ *n* [ordinal] septième *mf*; [fraction] septième *m*; MUS septième *f* ◇ *adv* [in contest] en septième position, à la septième place; *see also* fifth.
**seventh heaven** *n* le septième ciel; to be in (one's) ~ être au septième ciel.
**seventieth** ['sevntjəθ] ◇ *det* soixante-dixième. ◇ *n* [ordinal] soixante-dixième *mf*; [fraction] soixante-dixième *m*; *see also* fifth.
**seventy** ['sevntɪ] (*pl* **seventies**) ◇ *det* soixante-dix. ◇ *n* soixante-dix *m inv*. ◇ *pron* soixante-dix; *see also* fifty.
**seventy-eight** *n* [record] 78 tours *m inv*.
**seven-year itch** *n hum* tentation *f* d'infidélité (*après sept ans de mariage*).
**sever** ['sevə<sup>r</sup>] ◇ *vt* **-1.** [cut off – rope, limb] couper, trancher; his hand was ~ed (at the wrist) il a eu la main coupée (au poignet); the roadworks ~ed a watermain les travaux ont crevé une canalisation d'eau; communications with outlying villages have been ~ed les communications avec les villages isolés ont été rompues. **-2.** [cease – relationship, contact] cesser, rompre; she ~ed all ties with her family elle a rompu tous les liens avec sa famille. ◇ *vi* se rompre, casser, céder.
**several** ['sevrəl] ◇ *det* plusieurs; on ~ occasions à plusieurs occasions OR reprises. ◇ *pron* plusieurs; ~ of us plusieurs d'entre nous; there are ~ of them ils sont plusieurs. ◇ *adj* JUR [separate] distinct.
**severally** ['sevrəlɪ] *adv fml* séparément, individuellement.
**severance** ['sevrəns] *n* [of relations] rupture *f*, cessation *f*; [of communications, contact] interruption *f*, rupture *f*.
**severance pay** *n* (*U*) indemnité *f* OR indemnités *fpl* de licenciement.
**severe** [sɪ'vɪə<sup>r</sup>] *adj* **-1.** [harsh – criticism, punishment, regulations] sévère, dur; [– conditions] difficile, rigoureux; [– storm] violent; [– winter, climate] rude, rigoureux; [– frost] intense; [– competition] rude, serré; ~ weather conditions conditions *fpl* météorologiques très rudes ‖ [strict – tone, person] sévère. **-2.** [serious – illness, handicap] grave, sérieux; [– defeat] grave; [– pain] vif, aigu (*f* -uë); I've got a ~ backache/toothache j'ai très mal au dos/une rage de dents; to suffer ~ losses subir de lourdes pertes; his death was a ~ blow to them/to their chances sa mort les a sérieusement ébranlés/a sérieusement compromis leurs chances; it will be a ~ test of our capabilities cela mettra nos aptitudes à rude épreuve. **-3.** [austere – style, dress, haircut] sévère, strict.
**severely** [sɪ'vɪəlɪ] *adv* **-1.** [harshly – punish, treat, criticize] sévèrement, durement; [strictly] strictement, sévèrement; he spoke ~ to them il leur parla d'un ton sec. **-2.** [seriously – ill, injured, disabled] gravement; to be ~ handicapped être gravement handicapé. **-3.** [austerely] d'une manière austère, sévèrement.
**severity** [sɪ'verətɪ] *n* **-1.** [harshness – of judgment, treatment, punishment, criticism] sévérité *f*, dureté *f*; [– of climate, weather] rigueur *f*, dureté *f*; [– of frost, cold] intensité *f*. **-2.** [seriousness – of illness, injury, handicap] gravité *f*, sévérité *f*. **-3.** [austerity] austérité *f*, sévérité *f*.
**sew** [səʊ] (*pt* **sewed**, *pp* **sewn** [səʊn] OR **sewed**) ◇ *vt* coudre; to ~ a button on(to) a shirt coudre un bouton sur une chemise; she can't even ~ a button on elle ne sait même pas coudre un bouton. ◇ *vi* coudre, faire de la couture.
◆ **sew up** *vt sep* **-1.** [tear, slit] coudre, recoudre; [hole] raccommoder; [seam] faire; MED [wound] coudre, recoudre, suturer. **-2.** *inf & fig* [arrange, settle – contract] régler; [– details] régler, mettre au point ‖ [control] contrôler, monopoliser; multinationals have sewn up the economy les multinationales contrôlent l'économie; they've got the election all

sewn up l'élection est gagnée d'avance.

**sewage** ['su:ɪdʒ] *n (U)* vidanges *fpl*, eaux *fpl* d'égout, eaux-vannes *fpl*; the ~ system les égouts *mpl*; ~ disposal évacuation *f* des eaux usées.

**sewage farm, sewage works** *n* station *f* d'épuration.

**sewer** ['suə*r*] *n* [drain] égout *m*.

**sewerage** ['suərɪdʒ] *n (U)* **-1.** [disposal] évacuation *f* des eaux usées. **-2.** [system] égouts *mpl*, réseau *m* d'égouts. **-3.** [sewage] eaux *fpl* d'égout.

**sewer rat** *n* rat *m* d'égout.

**sewing** ['səʊɪŋ] ◇ *n* **-1.** [activity] couture *f*. **-2.** [piece of work] couture *f*, ouvrage *m*. ◇ *comp* [basket, kit] à couture; [cotton] à coudre; [class] de couture.

**sewing machine** *n* machine *f* à coudre.

**sewn** [səʊn] *pp* → sew.

**sex** [seks] ◇ *n* **-1.** [gender] sexe *m*; the club is open to both ~es le club est ouvert aux personnes des deux sexes; single ~ school établissement *m* scolaire non mixte. **-2.** *(U)* [sexual intercourse] relations *fpl* sexuelles, rapports *mpl* (sexuels); to have ~ with sb avoir des rapports (sexuels) OR faire l'amour avec qqn. **-3.** [sexual activity] sexe *m*; all he ever thinks about is ~ c'est un obsédé (sexuel). ◇ *comp* sexuel; ~ drive pulsion *f* sexuelle, pulsions *fpl* sexuelles, libido *f*; ~ life vie *f* sexuelle; ~ worker prostitué *m*, -e *f* ◇ *vt* [animal] déterminer le sexe de.

**sexagenarian** [,seksədʒɪ'neərɪən] ◇ *adj* sexagénaire. ◇ *n* sexagénaire *mf*.

**sex appeal** *n* sex-appeal *m*.

**sex change** *n* changement *m* de sexe; to have a ~ changer de sexe.

**sexed** [sekst] *adj* BIOL & ZOOL sexué; to be highly ~ [person] avoir une forte libido.

**sex education** *n* éducation *f* sexuelle.

**sex hormone** *n* hormone *f* sexuelle.

**sexily** ['seksɪlɪ] *adv* de façon sexy.

**sexism** ['seksɪzm] *n* sexisme *m*.

**sexist** ['seksɪst] ◇ *adj* sexiste. ◇ *n* sexiste *mf*.

**sex kitten** *n* *inf* bombe *f* sexuelle.

**sexless** ['sekslɪs] *adj* **-1.** BIOL asexué. **-2.** [person – asexual] asexué; [– frigid] frigide; [marriage] blanc (*f* blanche).

**sex-mad** *adj inf*: he's/she's ~ il/elle ne pense qu'à ça.

**sex maniac** *n* obsédé *m* sexuel, obsédée *f* sexuelle.

**sex object** *n* objet *m* sexuel.

**sex offender** *n* auteur *m* d'un délit sexuel.

**sexologist** [sek'sɒlədʒɪst] *n* sexologue *mf*.

**sexology** [sek'sɒlədʒɪ] *n* sexologie *f*.

**sex organ** *n* organe *m* sexuel.

**sexpot** ['sekspɒt] *n* *inf & hum* homme *m* très sexy, femme *f* très sexy.

**sex shop** *n* sex-shop *m*.

**sex-starved** *adj hum* (sexuellement) frustré.

**sex symbol** *n* sex-symbol *m*.

**sextant** ['sekstənt] *n* sextant *m*.

**sextet** [seks'tet] *n* sextuor *m*.

**sex therapist** *n* sexologue *mf*.

**sexton** ['sekstən] *n* sacristain *m*, bedeau *m*.

**sextuplet** ['sekstjʊplɪt] *n* sextuplé *m*, -e *f*.

**sexual** ['sekʃʊəl] *adj* sexuel.

**sexual abuse** *n (U)* sévices *mpl* sexuels.

**sexual harassment** *n* harcèlement *m* sexuel.

**sexual intercourse** *n (U)* rapports *mpl* sexuels.

**sexuality** [,sekʃʊ'ælətɪ] *n* sexualité *f*.

**sexually** ['sekʃʊəlɪ] *adv* sexuellement; to be ~ assaulted être victime d'une agression sexuelle; ~ transmitted disease maladie *f* sexuellement transmissible.

**sexy** ['seksɪ] (*compar* **sexier**, *superl* **sexiest**) *adj inf & literal* sexy (*inv*); *fig* sympa.

**Seychelles** [seɪ'ʃelz] *pl pr n*: the ~ les Seychelles *fpl*; in the ~ aux Seychelles.

**SFO** (*abbr of* **Serious Fraud Office**) *n* service britannique de la répression des fraudes.

**Sgt** (*written abbr of* **sergeant**) Sgt.

**sh** [ʃ] *interj*: sh! chut!

**shabbily** ['ʃæbɪlɪ] *adv* **-1.** [dressed, furnished] pauvrement. **-2.** [behave, treat] mesquinement, petitement; I think she's been very ~ treated je trouve qu'on l'a traitée de manière très mesquine.

**shabby** ['ʃæbɪ] (*compar* **shabbier**, *superl* **shabbiest**) *adj* **-1.** [clothes] râpé, élimé; [carpet, curtains] usé, élimé; [person] pauvrement vêtu; [hotel, house] miteux, minable; [furniture] pauvre, minable; [street, area] misérable, miteux. **-2.** [mean – behaviour, treatment] mesquin, vil, bas. **-3.** [mediocre – excuse] piètre; [– reasoning] médiocre.

**shack** [ʃæk] *n* cabane *f*, case *f*, hutte *f*.
◆ **shack up** *vi insep inf*: to ~ up with sb s'installer avec qqn.

**shackle** ['ʃækl] *vt literal* enchaîner, mettre aux fers; *fig* entraver.
◆ **shackles** *n pl literal* chaînes *fpl*, fers *mpl*; *fig* chaînes *fpl*, entraves *fpl*.

**shade** [ʃeɪd] ◇ *n* **-1.** [shadow] ombre *f*; 45 degrees in the ~ 45 degrés à l'ombre; in the ~ of a tree à l'ombre d'un arbre; these trees give plenty of ~ ces arbres font beaucoup d'ombre ‖ ART ombre *f*, ombres *fpl*; the use of light and ~ in the painting l'utilisation des ombres et des lumières OR du clair-obscur dans le tableau ❑ to put sb in the ~ éclipser qqn. **-2.** [variety – of colour] nuance *f*; ton *m*; [nuance – of meaning, opinion] nuance *f*. **-3.** [for lamp] abat-jour *m inv*; [for eyes] visière *f*; *Am* [blind – on window] store *m*. **-4.** *lit* [spirit] ombre *f*.
◇ *vt* **-1.** [screen – eyes, face] abriter; [– place] ombrager, donner de l'ombre à; he ~d his eyes (from the sun) with his hand il a mis sa main devant ses yeux pour se protéger du soleil. **-2.** [cover – light, lightbulb] masquer, voiler. **-3.** ART [painting] ombrer; [by hatching] hachurer; I've ~d the background green j'ai coloré l'arrière-plan en vert. ◇ *vi* [merge] se dégrader, se fondre; the blue ~s into purple le bleu se fond en violet.
◆ **shades** *npl* **-1.** *lit* [growing darkness]: the ~s of evening les ombres du soir. **-2.** *inf* [sunglasses] lunettes *fpl* de soleil. **-3.** [reminder, echo] échos *mpl*.
◆ **a shade** *adv phr*: she's a ~ better today elle va un tout petit peu mieux aujourd'hui.
◆ **shade in** *vt sep* [background] hachurer, tramer; [with colour] colorer.

**shading** ['ʃeɪdɪŋ] *n (U)* ART [in painting] ombres *fpl*; [hatching] hachure *f*, tramage *m*, hachures *fpl*; *fig* [difference] nuance *f*.

**shadow** ['ʃædəʊ] ◇ *n* **-1.** [of figure, building] ombre *f*; the ~ of suspicion fell on them on a commencé à les soupçonner; she's afraid of her former self elle n'est plus que l'ombre d'elle-même ❑ he's afraid of his own ~ il a peur de son ombre; to live in sb's ~ vivre dans l'ombre de qqn; to cast a ~ on OR over sthg *literal & fig* projeter OR jeter une ombre sur qqch. **-2.** [under eyes] cerne *m*. **-3.** [shade] ombre *f*, ombrage *m*; she was standing in (the) ~ elle se tenait dans l'ombre; the gardens lie in ~ now les jardins sont maintenant à l'ombre. **-4.** [slightest bit] ombre *f*; without a ~ of a doubt sans l'ombre d'un doute. **-5.** [detective]: I want a ~ put on him je veux qu'on le fasse suivre. **-6.** [companion] ombre *f*; he follows me everywhere like a ~ il me suit comme mon ombre, il ne me lâche pas d'une semelle.
◇ *vt* **-1.** [follow secretly] filer, prendre en filature; our job was to ~ enemy submarines nous étions chargés de suivre les sous-marins ennemis. **-2.** [screen from light] *lit* ombrager.
◇ *adj Br* POL: ~ cabinet cabinet *m* fantôme; the Shadow Education Secretary/Defence Secretary le porte-parole de l'opposition pour l'éducation/pour la défense nationale.
◆ **shadows** *npl lit* [darkness] ombre *f*, ombres *fpl*, obscurité *f*.

**shadow-boxing** *n* SPORT boxe *f* à vide; let's stop all this ~ and get down to business *fig* arrêtons de tourner autour du pot et parlons sérieusement.

**shadowy** ['ʃædəʊɪ] *adj* **-1.** [shady – woods, path] ombragé; he looked into the ~ depths il scruta les profondeurs insondables. **-2.** [vague – figure, outline] vague, indistinct; [– plan] vague, imprécis.

**shady** ['ʃeɪdɪ] (*compar* **shadier**, *superl* **shadiest**) *adj* **-1.** [place] ombragé. **-2.** *inf* [person, behaviour] louche, suspect; [dealings] louche.

**shaft** [ʃɑːft] ◇ *n* **-1.** [of spear] hampe *f*; [of feather] tuyau *m*; ARCHIT [of column] fût *m*; ANAT [of bone] diaphyse *f*. **-2.** [of axe, tool, golf club] manche *m*. **-3.** [of cart, carriage] brancard *m*, limon *m*.**-4.** MECH [for propeller, in machine] arbre *m*.**-5.** [in mine] puits *m*; [of ventilator, chimney] puits *m*, cheminée *f*; [of lift] cage *f*.**-6.** [of light] rai *m*; a ~ of wit *fig* un trait d'esprit. **-7.** *lit* [arrow] flèche *f*.**-8.** *▽ Am phr*: he got the ~ qu'est-ce qu'il s'est pris! ◇ *vt* **-1.** *▽* [cheat]: to get ~ed se faire rouler. **-2.** *▼* [have sex with] baiser.

**shag** [ʃæg] (*pt* & *pp* **shagged**) ◇ *n* **-1.** [of hair, wool] toison *f*; ~ (pile) carpet moquette *f* à poils longs. **-2.** ~ (tobacco) tabac *m* (très fort). **-3.** ORNITH cormoran *m* huppé. **-4.** *▼* [sex]: to have a ~ baiser. **-5.** *Am* [ballboy] ramasseur *m* de balles. ◇ *vt* **-1.** *▽* [tire] crever; to be shagged (out) être complètement crevé OR HS. **-2.** *▼* [have sex with] baiser. **-3.** *Am* [fetch] aller chercher. ◇ *vi* *▼* [have sex] baiser.

**shaggy** [ʃægɪ] (*compar* **shaggier**, *superl* **shaggiest**) *adj* [hair, beard] hirsute, touffu; [eyebrows] hérissé, broussailleux; [dog, pony] à longs poils (rudes); [carpet, rug] à longs poils.

**shaggy-dog story** *n* histoire *f* sans queue ni tête.

**shah** [ʃɑː] *n* chah *m*, shah *m*.

**shake** [ʃeɪk] (*pt* **shook** [ʃʊk], *pp* **shaken** [ʃeɪkn]) ◇ *vt* **-1.** [rug, tablecloth, person] secouer; [bottle, cocktail, dice] agiter; [subj: earthquake, explosion] ébranler, faire trembler; she shook me by the shoulders elle m'a secoué par les épaules; the wind shook the branches le vent agitait les branches; they shook the apples from the tree ils secouèrent l'arbre pour (en) faire tomber les pommes; to ~ sugar onto sthg saupoudrer qqch de sucre; to ~ vinegar onto sthg asperger qqch de vinaigre; to ~ salt/pepper onto sthg saler/poivrer qqch; '~ well before use' 'bien agiter avant l'emploi'; the dog shook itself (dry) le chien s'est ébroué (pour se sécher); they shook themselves free ils se sont libérés d'une secousse; he needs to be shaken out of his apathy il a besoin qu'on le secoue (pour le tirer de son apathie); he shook his head [in refusal] il a dit OR fait non de la tête; [in resignation, sympathy] il a hoché la tête ❑ ~ a leg! *inf* secoue-toi!, remue-toi!; to ~ the dust from one's feet partir le cœur léger. **-2.** [brandish] brandir; he shook his fist at him il l'a menacé du poing ❑ he's made more films than you can ~ a stick at *inf* il a réalisé un nombre incroyable de films. **-3.** [hand] serrer; to ~ hands with sb, to ~ sb's hand serrer la main à qqn; they shook hands ils se sont serré la main. **-4.** [upset – faith, confidence, health, reputation] ébranler. **-5.** [amaze] bouleverser, ébranler; she shook everyone with her revelations tout le monde a été bouleversé par ses révélations; I bet that shook him! voilà qui a dû le secouer! ◇ *vi* **-1.** [ground, floor, house] trembler, être ébranlé; [leaves, branches] trembler, être agité; the child shook free of his captor l'enfant a échappé à son ravisseur. **-2.** [with emotion – voice] trembler, frémir; [– body, knees] trembler; to ~ with laughter se tordre de rire; to ~ with fear trembler de peur; to ~ like a jelly OR leaf trembler comme une feuille; to ~ in one's shoes avoir une peur bleue, être mort de peur; his hands were shaking uncontrollably il ne pouvait empêcher ses mains de trembler. **-3.** [in agreement]: let's ~ on it! tope-là!; they shook on the deal ils ont scellé leur accord par une poignée de main. ◇ *n* **-1.** secousse *f*, ébranlement *m*; to give sb/sthg a ~ secouer qqn/qqch; with a ~ of his head [in refusal, in resignation, sympathy] avec un hochement de tête; to be all of a ~ *Br inf* être tout tremblant. **-2.** *inf* [moment] instant *m*; in two ~s (of a lamb's tail) en un clin d'œil. **-3.** *Am inf* [earthquake] tremblement *m* de terre. **-4.** *Am inf* [milk shake] milk-shake *m*. **-5.** *Am inf* [deal]: he'll give you a fair ~ il ne te roulera pas. **-6.** MUS trille *m*.

◆ **shake down** ◇ *vi insep* **-1.** *inf* [go to bed] coucher. **-2.** *inf* [adapt – to new situation, job] s'habituer. **-3.** [contents of packet, bottle] se tasser. ◇ *vt sep* **-1.** [from tree] faire tomber en secouant. **-2.** [after fall]: to ~ o.s. down s'ébrouer, se secouer. **-3.** *Am inf*: to ~ sb down [rob] racketter qqn; [search] fouiller qqn. **-4.** *Am inf* [test] essayer, tester.

◆ **shake off** *vt sep* **-1.** [physically] secouer; to ~ the sand/water off sthg secouer le sable/l'eau de qqch. **-2.** [get rid of – cold, pursuer, depression] se débarrasser de; [– habit] se défaire de, se débarrasser de.

◆ **shake out** ◇ *vt sep* **-1.** [tablecloth, rug] (bien) secouer; [sail, flag] déferler, déployer; [bag] vider en secouant. **-2.** [rouse – person]: I can't seem to ~ him out of his apathy je n'arrive pas à le tirer de son apathie. ◇ *vi insep* MIL se disperser, se disséminer.

◆ **shake up** *vt sep* **-1.** [physically – pillow] secouer, taper; [– bottle] agiter. **-2.** *fig* [upset – person] secouer, bouleverser. **-3.** [rouse – person] secouer. **-4.** *inf* [overhaul – organization, company] remanier, réorganiser de fond en comble.

◆ **shakes** *npl* **-1.** to have the ~s avoir la tremblote. **-2.** *inf phr*: no great ~s pas grand-chose; he's no great ~s at painting OR as a painter il ne casse rien OR paş des briques comme peintre.

◆ **shakedown** [ʃeɪkdaʊn] ◇ *n* **-1.** [bed] lit *m* improvisé OR de fortune. **-2.** *inf* [of ship, plane – test] essai *m*; [flight, voyage] voyage *m* OR vol *m* d'essai. **-3.** *▽ Am* [search] fouille *f*.**-4.** *▽ Am* [extortion] racket *m*. ◇ *adj* [test, flight, voyage] d'essai.

**shaken** [ʃeɪkn] ◇ *pp* → **shake**. ◇ *adj* [upset] secoué; [stronger] bouleversé, ébranlé.

**shaker** [ʃeɪkər] *n* [for cocktails] shaker *m*; [for salad] panier *m* à salade; [for dice] cornet *m*; sugar/flour ~ saupoudreuse *f* à sucre/farine.

**Shakespearean** [ʃeɪkˈspɪərɪən] *adj* shakespearien.

**shake-up** *n* *inf* **-1.** [of company, organization] remaniement *m*, restructuration *f*.**-2.** [emotional] bouleversement *m*.

**shakily** [ʃeɪkɪlɪ] *adv* **-1.** [unsteadily – walk] d'un pas chancelant OR mal assuré; [– write] d'une main tremblante; [– speak] d'une voix tremblante OR chevrotante. **-2.** [uncertainly] d'une manière hésitante OR peu assurée.

**shaky** [ʃeɪkɪ] (*compar* **shakier**, *superl* **shakiest**) *adj* **-1.** [unsteady – chair, table] branlant, peu solide; [– ladder] branlant, peu stable; [– hand] tremblant, tremblotant; [– writing] tremblé; [– voice] tremblotant, chevrotant; [– space] tremblant; he's a bit ~ on his legs il ne tient pas bien sur ses jambes; to be based OR built on ~ foundations avoir des bases chancelantes. **-2.** [uncertain, weak – health, faith] précaire, vacillant; [– authority, regime] incertain, chancelant; [– future, finances] incertain, précaire; [– business] incertain; her memory is a bit ~ sa mémoire n'est pas très sûre; things got off to a ~ start ses choses ont plutôt mal commencé; my knowledge of German is a bit ~ mes notions d'allemand sont plutôt vagues; he came up with some very ~ arguments ses arguments étaient très peu convaincants.

**shall** [*weak form* ʃəl, *strong form* ʃæl] *modal vb* **-1.** [as future auxiliary]: I ~ OR I'll come tomorrow je viendrai demain; I ~ not OR I shan't be able to come je ne pourrai pas venir; I ~ now attempt a triple somersault je vais à présent essayer d'exécuter un triple saut périlleux. **-2.** [in suggestions, questions]: ~ I open the window? voulez-vous que j'ouvre la fenêtre?; I'll shut that window, ~ I? je peux fermer cette fenêtre, si vous voulez; we'll all go then, ~ we? dans ce cas, pourquoi n'y allons-nous pas tous? **-3.** *fml* [emphatic use]: it ~ be done ce sera fait; thou shalt not kill BIBLE tu ne tueras point.

**shallot** [ʃəˈlɒt] *n* échalote *f*.

**shallow** [ʃæləʊ] *adj* **-1.** [water, soil, dish] peu profond; the ~ end [of swimming pool] le petit bain. **-2.** [superficial – person, mind, character] superficiel, qui manque de profondeur; [– conversation] superficiel, futile; [– argument] superficiel. **-3.** [breathing] superficiel.

◆ **shallows** *npl* bas-fond *m*, bas-fonds *mpl*, haut-fond *m*, hauts-fonds *mpl*.

**shallowness** [ʃæləʊnɪs] *n* **-1.** [of water, soil, dish] faible profondeur *f*.**-2.** [of mind, character, sentiments] manque *m* de profondeur; [of person] esprit *m* superficiel, manque *m* de profondeur; [of talk, ideas] futilité *f*.

**shalt** [ʃælt] *2nd person sg arch* → **shall**.

**sham** [ʃæm] (*pt* & *pp* **shammed**, *cont* **shamming**) ◇ *n* **-1.** [pretence – of sentiment, behaviour] comédie *f*, farce *f*, faux-semblant *m*; her illness/grief is a ~ sa maladie/son chagrin n'est qu'une mascarade. **-2.** [impostor – person] imposteur *m*; [– organization] imposture *f*. ◇ *adj* **-1.** [pretended – sentiment, illness, feeling] faux (*f* fausse), feint, simulé; [– battle] simulé. **-2.** [mock – jewellery] imitation (*adj*), faux (*f* fausse); a ~ election un simulacre d'élections. ◇ *vt* feindre, simuler; to ~ illness faire semblant d'être malade. ◇ *vi* faire semblant, jouer la comédie.

**shaman** [ʃæmən] *n* chaman *m*.

**shamble** [ʃæmbl] *vi*: to ~ in/out/past entrer/sortir/passer en traînant les pieds; a shambling gait une démarche traînante.

**shambles** ['ʃæmblz] *n* **-1.** [place] désordre *m*; your room is a total ~! ta chambre est dans un état!; the house was in a ~ la maison était sens dessus dessous. **-2.** [situation, event] désastre *m*; his life is (in) a real ~ sa vie est un véritable désastre; to make a ~ of a job saboter un travail.

**shambolic** [ʃæm'bɒlɪk] *adj Br* désordonné.

**shame** [ʃeɪm] ◇ *n* **-1.** [feeling] honte *f*, confusion *f*; to my great ~ à ma grande honte; he has no sense of ~ il n'a aucune honte; have you no ~? vous n'avez pas honte?**-2.** [disgrace, dishonour] honte *f*; to bring ~ on one's family/country déshonorer sa famille/sa patrie, couvrir sa famille/sa patrie de honte; to put sb to ~ faire honte à qqn; she works so hard, she puts you to ~ elle vous ferait honte, tellement elle est travaille; the ~ of it! quelle honte!; ~ on him! c'est honteux!, quelle honte! ‖ *Br* [in Parliament]: her speech brought cries of '~!' son discours provoqua des huées. **-3.** [pity] dommage *m*; it's a ~! c'est dommage!; what a ~! quel dommage!; it's a ~ he can't come c'est dommage qu'il ne puisse pas venir; it would be a great ~ if she missed it ce serait vraiment dommage qu'elle ne le voie pas.
◇ *vt* [disgrace – family, country] être la honte de, faire honte à, déshonorer; [put to shame] faire honte à, humilier; ~s me to admit it j'ai honte de l'avouer; to ~ sb into doing sthg obliger qqn à faire qqch en lui faisant honte; she was ~d into admitting the truth elle avait tellement honte qu'elle a dû avouer la vérité.

**shamefaced** [,ʃeɪm'feɪst] *adj* honteux, penaud; he was a bit ~ about it il en avait un peu honte.

**shamefacedly** [,ʃeɪm'feɪstlɪ] *adv* d'un air honteux OR penaud.

**shameful** ['ʃeɪmful] *adj* honteux, indigne.

**shamefully** ['ʃeɪmfulɪ] *adv* honteusement, indignement; she has been treated ~ elle a été traitée de façon honteuse; he was ~ ignorant about the issue son ignorance sur la question était honteuse.

**shameless** ['ʃeɪmlɪs] *adj* effronté, sans vergogne; that's a ~ lie! c'est un mensonge éhonté!; they are quite ~ about it! ils ne s'en cachent pas!

**shamelessly** ['ʃeɪmlɪslɪ] *adv* sans honte, sans vergogne, sans pudeur; to lie ~ mentir effrontément; they were walking about quite ~ with nothing on ils se promenaient tout nus sans la moindre gêne OR sans que ça ait l'air de les gêner.

**shaming** ['ʃeɪmɪŋ] *adj* mortifiant, humiliant.

**shammy** ['ʃæmɪ] *n*: ~ (leather) peau *f* de chamois.

**shampoo** [ʃæm'puː] ◇ *n* shampooing *m*; ~ and set shampooing *m* (et) mise en plis *f*. ◇ *vt* [person, animal] faire un shampooing à; [carpet] shampouiner; to ~ one's hair se faire un shampooing, se laver les cheveux.

**shamrock** ['ʃæmrɒk] *n* trèfle *m*.

**shandy** ['ʃændɪ] (*pl* **shandies**) *n Br* panaché *m*.

**shank** [ʃæŋk] *n* **-1.** ANAT jambe *f*; [of horse] canon *m*; CULIN jarret *m*.**-2.** [stem – of screw, anchor] manche *m*; [– of glass] pied *m*.

**shanks's pony** ['ʃæŋksɪz-] *n inf & hum*: to go on ~ aller pedibus OR à pattes.

**shan't** [ʃɑːnt] = **shall not.**

**shanty** ['ʃæntɪ] (*pl* **shanties**) *n* **-1.** [shack] baraque *f*, cabane *f*.**-2.** [song] chanson *f* de marins.

**shantytown** ['ʃæntɪtaʊn] *n* bidonville *m*.

**shape** [ʃeɪp] ◇ *n* **-1.** [outer form] forme *f*; the room was triangular in ~ la pièce était de forme triangulaire OR avait la forme d'un triangle; a sweet in the ~ of a heart un bonbon en forme de cœur; all the pebbles are different ~s OR a different ~ chaque caillou a une forme différente; they come in all ~s and sizes il y en a de toutes les formes et de toutes les tailles; he moulded the clay into ~ elle façonna l'argile; he bent/beat the copper into ~ il plia/martela le cuivre; my pullover lost its ~ in the wash mon pull s'est déformé au lavage. **-2.** [figure, silhouette] forme *f*, silhouette *f*.**-3.** [abstract form or structure] forme *f*; the ~ of our society la structure de notre société; to take ~ prendre forme OR tournure; to give ~ to sthg donner forme à qqch; she plans to change the whole ~ of the company elle a l'intention de modifier complètement la structure de l'entreprise. **-4.**

[guise] forme *f*; help eventually arrived in the ~ of her parents ce sont ses parents qui finirent par arriver pour lui prêter secours; he can't take alcohol in any ~ or form il ne supporte l'alcool sous aucune forme; the ~ of things to come ce que nous attend, ce que l'avenir nous réserve. **-5.** [proper condition, fitness, effectiveness etc] forme *f*; to be in good/bad ~ [person] être en bonne/mauvaise forme, être/ne pas être en forme; [business, economy] marcher bien/mal; I need to get (back) into ~ j'ai besoin de me remettre en forme; the economy is in poor ~ at the moment l'économie est mal en point OR dans une mauvaise passe actuellement; to keep o.s. in ~ garder la OR rester en forme; what sort of ~ was he in? dans quel état était-il?, comment allait-il? ❑ to knock OR to lick sthg into ~ *inf* arranger qqch, mettre qqch au point; I'll soon knock OR lick them into ~! *inf* [soldiers] j'aurai vite fait de les dresser, moi!; [team] j'aurai vite fait de les remettre en forme, moi!**-6.** [apparition, ghost] apparition *f*, fantôme *m*.**-7.** [mould – gen] moule *m*; [– for hats] forme *f*.
◇ *vt* **-1.** [mould – clay] façonner, modeler; [– wood, stone] façonner, tailler; he ~d a pot from the wet clay il a façonné un pot dans l'argile; the paper had been ~d into a cone le papier avait été plié en forme de cône. **-2.** [influence – events, life, future] influencer, déterminer; to ~ sb's character former le caractère de qqn. **-3.** [plan – essay] faire le plan de; [– excuse, explanation, statement] formuler. **-4.** SEW ajuster.
◇ *vi* [develop – plan] prendre forme OR tournure; things are shaping well les choses se présentent bien OR prennent une bonne tournure ‖ [person] se débrouiller.

◆ **shape up** *vi insep* **-1.** [improve] se secouer; you'd better ~ up, young man! il est temps que tu te secoues, jeune homme!**-2.** *Am* [get fit again] retrouver la forme. **-3.** [progress, develop] prendre (une bonne) tournure; the business is beginning to ~ up les affaires commencent à bien marcher; the new team is shaping up well la nouvelle équipe commence à bien fonctionner; how is she shaping up as a translator? comment se débrouille-t-elle OR comment s'en sort-elle en tant que traductrice?

**shaped** [ʃeɪpt] *adj* **-1.** [garment] ajusté; [wooden or metal object] travaillé. **-2.** [in descriptions]: ~ like a triangle en forme de triangle; a rock ~ like a man's head un rocher qui a la forme d'une tête d'homme.

**-shaped** *in cpds* en forme de.

**shapeless** ['ʃeɪplɪs] *adj* [mass, garment, heap] informe; to become ~ se déformer.

**shapeliness** ['ʃeɪplɪnɪs] *n* [of legs] galbe *m*; [of figure] beauté *f*, belles proportions *fpl*.

**shapely** ['ʃeɪplɪ] (*compar* **shapelier**, *superl* **shapeliest**) *adj* [legs] bien galbé, bien tourné; [figure, woman] bien fait; a ~ pair of legs une belle paire de jambes.

**shard** [ʃɑːd] *n* **-1.** [of glass] éclat *m*; [of pottery] tesson *m*.**-2.** ZOOL élytre *m*.

**share** [ʃeəʳ] ◇ *vt* **-1.** [divide – money, property, food, chores] partager; he ~d the chocolate with his sister il a partagé le chocolat avec sa sœur; they must ~ the blame for the accident ils doivent se partager la responsabilité de l'accident. **-2.** [use jointly – tools, flat, bed] partager; ~d line TELEC ligne *f* partagée, raccordement *m* collectif. **-3.** [have in common – interest, opinion] partager; [– characteristic] avoir en commun; [– worry, sorrow] partager, prendre part à, compatir à; I ~ your hope that war may be avoided j'espère comme vous qu'on pourra éviter la guerre; we ~ the same name nous avons le même nom; we ~ a common heritage nous avons un patrimoine commun.
◇ *vi* partager; to ~ in [cost, work] participer à, partager; [profits] avoir part à; [credit, responsibility] partager; [joy, sorrow] prendre part à, partager; [grief] compatir à ❑ ~ and ~ alike *prov* à chacun sa part.
◇ *n* **-1.** [portion – of property, cost, food, credit, blame] part *f*; there's your ~ voici votre part OR ce qui vous revient; they've had their ~ of misfortune ils ont eu leur part de malheurs; he's come in for his full ~ of criticism il a été beaucoup critiqué; we've had more than our (fair) ~ of rain this summer nous avons eu plus que notre compte de pluie cet été; they all had a ~ in the profits ils ont tous eu une part des bénéfices; to pay one's ~ payer sa part OR quote-part OR son écot; they went ~s in the cost of the present ils ont tous participé à l'achat du cadeau; I went

**half** ~s with her on a payé la moitié chacun; **to have a** ~ **in a business** être l'un des associés dans une affaire. **-2.** [part, role – in activity, work] part *f*; **what was her** ~ **in it all?** quel rôle a-t-elle joué dans tout cela?; **to do one's** ~ (of the work) faire sa part du travail; **to have a** ~ **in doing sthg** contribuer à faire qqch; **she must have had a** ~ **in his downfall** elle doit être pour quelque chose dans sa chute. **-3.** ST. EX action *f*; ~ **prices have fallen** le prix des actions est tombé. **-4.** AGR SOC *m* (de charrue).
♦ **share out** *vt sep* partager, répartir.

**share capital** *n* capital-actions *m*.

**share certificate** *n* certificat *m* OR titre *m* d'actions.

**sharecropper** ['ʃeə,krɒpəʳ] *n* métayer *m*, -ère *f*.

**sharecropping** ['ʃeə,krɒpɪŋ] *n Am* système de métayage en usage dans le sud des États-Unis après la guerre de Sécession.

**shareholder** ['ʃeə,həuldəʳ] *n* actionnaire *mf*.

**shareholding** ['ʃeə,həuldɪŋ] *n* actionnariat *m*.

**share index** *n* indice *m* boursier.

**share-out** *n* partage *m*, répartition *f*.

**shareware** ['ʃeəweəʳ] *n (U)* shareware *m*.

**sharing** ['ʃeərɪŋ] ◇ *adj* [person] partageur. ◇ *n* [of money, power] partage *m*.

**shark** [ʃɑːk] *n* **-1.** ZOOL requin *m*. **-2.** *inf & fig* [swindler] escroc *m*, filou *m*; [predator – in business] requin *m*. **-3.** *Am inf* [genius] génie *m*. **-4.** *Am* [at match] revendeur *m* de billets à la sauvette.

**sharkskin** ['ʃɑːkskɪn] ◇ *n* peau *f* de requin. ◇ *comp* en peau de requin.

**sharp** [ʃɑːp] ◇ *adj* **-1.** [blade, scissors, razor] affûté, bien aiguisé; [edge] tranchant, coupant; [point] aigu (*f* -uë), acéré; [teeth, thorn] pointu; [claw] acéré; [needle, pin – for sewing] pointu; [– for pricking] qui pique; [pencil] pointu, bien taillé; **these scissors are** ~ ces ciseaux coupent bien; **give me a** ~ **knife** donnez-moi un couteau qui coupe ǁ [nose] pointu; **she has** ~ **features** elle a des traits anguleux ❑ **the men and women at the** ~ **end** les hommes et les femmes en première ligne. **-2.** [clear – photo, line, TV picture] net; [– contrast, distinction] net, marqué. **-3.** [abrupt, sudden – blow, bend, turn] brusque; [– rise, fall, change] brusque, soudain; **the car made a** ~ **turn** la voiture a tourné brusquement. **-4.** [piercing – wind, cold] vif, fort. **-5.** [intense – pain, disappointment] vif. **-6.** [sour, bitter – taste, food] âpre, piquant. **-7.** [harsh – words, criticism] mordant, cinglant; [– reprimand] sévère; [– voice, tone] âpre, acerbe; [– temper] vif; **he can be very** ~ **with customers** il lui arrive d'être très brusque avec les clients; **she has a** ~ **tongue** elle a la langue bien affilée. **-8.** [keen – eyesight] perçant; [– hearing, senses] fin; **he has a** ~ **eye** il a le coup d'œil; **to have a** ~ **eye for a bargain** savoir repérer une bonne affaire; **to keep a** ~ **lookout for sb** guetter qqn ǁ [in intellect, wit – person] vif; [– child] vif, éveillé; [– judgment] vif; **he's as** ~ **as a needle** [intelligent] il est malin comme un singe; [shrewd] il est très perspicace, rien ne lui échappe. **-9.** [quick, brisk – reflex, pace]: **be** ~ (about it)! dépêche-toi!; **that was a** ~ **piece of work!** ça a été vite fait!, ça n'a pas traîné!**-10.** [shrill – sound, cry] aigu (*f* -uë), perçant. **-11.** MUS: **C** ~ **minor** do dièse mineur; **to be** ~ [singer] chanter trop haut; [violinist] jouer trop haut. **-12.** *pej* [unscrupulous – trading, lawyer] peu scrupuleux, malhonnête. **-13.** *inf* [smart] classe; **he's always been a** ~ **dresser** il s'est toujours habillé très classe.
◇ *adv* **-1.** [precisely]: **at 6 o'clock** ~ à 6 h pile OR précises. **-2.** [in direction]: **turn** ~ **left** tournez tout de suite à gauche; **the road turns** ~ **left** la route tourne brusquement à gauche. **-3.** MUS [sing, play] trop haut, faux. **-4.** *inf phr*: **look** ~ (about it)! dépêche-toi!, grouille-toi! ◇ *n* MUS dièse *m*.

**sharpen** ['ʃɑːpn] ◇ *vt* **-1.** [blade, knife, razor] affiler, aiguiser, affûter; [pencil] tailler; [stick] tailler en pointe. **-2.** [appetite, pain] aviver, aiguiser; [intelligence] affiner; **you'll need to** ~ **your wits** il va falloir te secouer. **-3.** [outline, image] mettre au point, rendre plus net; [contrast] accentuer, rendre plus marqué. **-4.** *Br* MUS diéser. ◇ *vi* [tone, voice] devenir plus vif OR âpre; [pain] s'aviver, devenir plus vif; [appetite] s'aiguiser; [wind, cold] devenir plus vif.

**sharpener** ['ʃɑːpnəʳ] *n*: [for knife – machine] ~ aiguisoir *m* (à couteaux); [– manual] fusil *m* (à aiguiser); [for pencil] taille-crayon *m inv*.

**sharp-eyed** *adj* [with good eyes] qui à l'œil vif; [with insight] à qui rien n'échappe.

**sharpish** ['ʃɑːpɪʃ] *adv Br inf* [quickly] en vitesse, sans tarder; **look** ~! grouille-toi!

**sharply** ['ʃɑːplɪ] *adv* **-1.** ~ **pointed** [knife] pointu; [pencil] à pointe fine, taillé fin; [nose, chin, shoes] pointu. **-2.** [contrast, stand out] nettement; [differ] nettement, clairement; **this contrasts** ~ **with her usual behaviour** voilà qui change beaucoup de son comportement habituel. **-3.** [abruptly, suddenly – curve, turn] brusquement; [– rise, fall, change] brusquement, soudainement; **the car took the bend too** ~ la voiture a pris le virage trop vite; **the road rises/drops** ~ la route monte/descend en pente raide; **inflation has risen** ~ **since last May** l'inflation est montée en flèche depuis mai. **-4.** [harshly – speak] vivement, sèchement, de façon brusque; [– criticize] vivement, sévèrement; [– reply, retort] vertement, vivement. **-5.** [alertly – listen] attentivement.

**sharpness** ['ʃɑːpnɪs] *n* **-1.** [of blade, scissors, razor] tranchant *m*; [of needle, pencil, thorn] pointe *f* aiguë; [of features] aspect *m* anguleux. **-2.** [of outline, image, contrast] netteté *f*. **-3.** [of bend, turn] angle *m* brusque; [of rise, fall, change] soudaineté *f*. **-4.** [of word, criticism, reprimand] sévérité *f*; [of tone, voice] brusquerie *f*, aigreur *f*; **there was a certain** ~ **in the way he spoke to me** il m'a parlé sur un ton plutôt sec. **-5.** [of eyesight, hearing, senses] finesse *f*, acuité *f*; [of appetite, pain] acuité *f*; [of mind, intelligence] finesse *f*, vivacité *f*; [of irony, wit] mordant *m*.

**sharpshooter** ['ʃɑːp,ʃuːtəʳ] *n* tireur *m* d'élite.

**sharp-tempered** *adj* coléreux, soupe au lait *(inv)*.

**sharp-tongued** [-'tʌŋd] *adj* caustique.

**sharp-witted** [-'wɪtɪd] *adj* à l'esprit vif OR fin.

**shat** [ʃæt] *pt & pp* → **shit**.

**shatter** ['ʃætəʳ] ◇ *vt* **-1.** [break – glass, window] briser, fracasser; [– door] fracasser; **a stone** ~ed **the windscreen** un caillou a fait éclater le pare-brise; **the noise** ~ed **my eardrums** le bruit m'a assourdi. **-2.** *fig* [destroy – career, health] briser, ruiner; [– nerves] démolir, détraquer; [– confidence, faith, hope] démolir, détruire; **they were** ~ed **by the news, the news** ~ed **them** ils ont été complètement bouleversés par la nouvelle, la nouvelle les a complètement bouleversés. ◇ *vi* [glass, vase, windscreen] voler en éclats; **her whole world** ~ed son univers tout entier s'est écroulé OR a été anéanti.

**shattered** ['ʃætəd] *adj* **-1.** [upset] bouleversé; ~ **dreams** des rêves brisés. **-2.** *Br inf* [exhausted] crevé.

**shattering** ['ʃætərɪŋ] *adj* **-1.** [emotionally – news, experience] bouleversant; [disappointment] fort, cruel. **-2.** [extreme – defeat] écrasant; **a** ~ **blow** *literal* un coup violent, *fig* un grand coup. **-3.** *Br inf* [tiring] crevant.

**-shattering** *in cpds*: **an ear~ noise** un bruit à vous déchirer les tympans.

**shatterproof** ['ʃætəpruːf] *adj*: ~ **glass** verre *m* sans éclats OR Securit®.

**shave** [ʃeɪv] ◇ *vt* **-1.** raser; **to** ~ **one's legs/one's head** se raser les jambes/la tête. **-2.** [wood] raboter. **-3.** [graze] raser, frôler. **-4.** [reduce] réduire; **a few percentage points have been** ~d **off their lead** ils ont perdu un peu de leur avantage. ◇ *vi* se raser. ◇ *n*: **to have a** ~ se raser; **you need a** ~ tu as besoin de te raser; **to give sb a** ~ raser qqn.
♦ **shave off** *vt sep* **-1.** **to** ~ **off one's beard/moustache/hair** se raser la barbe/la moustache/la tête. **-2.** = **shave** *vt* 2.

**shaven** ['ʃeɪvn] *adj* [face, head] rasé.

**shaver** ['ʃeɪvəʳ] *n* [razor] rasoir *m* (électrique).

**Shavian** ['ʃeɪvjən] ◇ *adj* [writings] de George Bernard Shaw; [style] à la Shaw; [society] consacré à Shaw. ◇ *n* partisan *m* OR disciple *mf* de George Bernard Shaw.

**shaving** ['ʃeɪvɪŋ] ◇ *n* [act] rasage *m*. ◇ *comp* [cream, foam] à raser; ~ **brush** blaireau *m*; ~ **soap** savon *m* à barbe; ~ **stick** (bâton *m* de) savon *m* à barbe.
♦ **shavings** *npl* [of wood] copeaux *mpl*; [of metal] copeaux *mpl*, rognures *fpl*; [of paper] rognures *fpl*.

**shawl** [ʃɔːl] *n* châle *m*.

**she** [ʃiː] ◇ *pron* **-1.** [referring to woman, girl] elle; ~**'s a teacher/an engineer** elle est enseignante/ingénieur; ~**'s a very interesting woman** c'est une femme très intéressante; SHE **can't do it** elle? elle ne peut pas le faire ǁ [referring to boat, car, country]: ~'s a fine ship c'est un bateau magnifique; ~ can do over 120 mph elle fait plus de 150 km à l'heure. **-2.** [referring to female animal]: ~'s a lovely dog c'est une chienne adorable. ◇ *n* [referring to animal, baby]: it's a ~ [animal] c'est une femelle; [baby] c'est une fille.

**she-** *in cpds*: ~elephant éléphant *m* femelle; ~bear ourse *f*; ~dog chienne *f*; ~wolf louve *f*.

**s/he** (*written abbr of* **she/he**) il ou elle.

**sheaf** [ʃiːf] (*pl* **sheaves** [ʃiːvz]) ◇ *n* **-1.** [of papers, letters] liasse *f*.**-2.** [of barley, corn] gerbe *f*; [of arrows] faisceau *m*. ◇ *vt* gerber, engerber.

**shear** [ʃɪəʳ] (*pt* **sheared**, *pp* **sheared** OR **shorn** [ʃɔːn]) ◇ *vt* **-1.** [sheep, wool] tondre; to be shorn of sthg *fig* être dépouillé de qqch. **-2.** [metal] couper (net), cisailler. ◇ *vi* céder.
◆ **shears** *npl* [for gardening] cisaille *f*; [for sewing] grands ciseaux *mpl*; [for sheep] tondeuse *f*; a pair of ~s HORT une paire de cisailles; SEW une paire de grands ciseaux.
◆ **shear off** ◇ *vt sep* [wool, hair] tondre; [branch] couper, élaguer; [something projecting] couper, enlever; the tail section of the car had been ~ed off on impact la partie arrière de la voiture avait été arrachée par le choc. ◇ *vi insep* [part, branch] se détacher.

**shearing** [ˈʃɪərɪŋ] *n* [process] tonte *f*.
◆ **shearings** *npl*: ~s (of wool) laine *f* tondue.

**sheath** [ʃiːθ] (*pl* **sheaths** [ʃiːðz]) *n* **-1.** [scabbard, case – for sword] fourreau *m*; [– for dagger] gaine *f*; [– for scissors, tool] étui *m*.**-2.** [covering – for cable] gaine *f*; [– for water pipe] gaine *f*, manchon *m*; BOT, ANAT & ZOOL gaine *f*.**-3.** *Br* [condom] préservatif *m*. **-4.** = **sheath dress.**

**sheath dress** *n* (robe *f*) fourreau *m*.

**sheathe** [ʃiːð] *vt* **-1.** [sword, dagger] rengainer. **-2.** [cable] gainer; [water pipe] gainer, mettre dans un manchon protecteur; she was ~d from head to foot in black satin *fig* elle était moulée dans du satin noir de la tête aux pieds.

**sheath knife** *n* couteau *m* à gaine.

**sheave** [ʃiːv] *vt* gerber, engerber.

**sheaves** [ʃiːvz] *pl* → **sheaf.**

**Sheba** [ˈʃiːbə] *pr n* Saba; the Queen of ~ la reine de Saba.

**shebang** [ʃɪˈbæŋ] *n inf*: the whole ~ tout le tremblement.

**she-cat** *n literal* chatte *f*; *fig* furie *f*.

**shed** [ʃed] (*pt* & *pp* **shed**, *cont* **shedding**) ◇ *n* **-1.** [in garden] abri *m*, remise *f*, resserre *f*; [lean-to] appentis *m*.**-2.** [barn] grange *f*, hangar *m*; [for trains, aircraft, vehicles] hangar *m*.**-3.** [in factory] atelier *m*. ◇ *vt* **-1.** [cast off – leaves, petals] perdre; [– skin, shell] se dépouiller de; [– water] ne pas absorber; [take off – garments] enlever. **-2.** [get rid of – inhibitions, beliefs] se débarrasser de, se défaire de; [– staff] congédier. **-3.** [tears, blood] verser, répandre; [weight] perdre; they came to power without shedding civilian blood ils ont pris le pouvoir sans faire couler le sang des civils. **-4.** [eject, lose] déverser; ASTRONAUT larguer. **-5.** *phr*: to ~ light on *literal* éclairer; *fig* éclairer, éclaircir.

**she'd** [*weak form* ʃɪd, *strong form* ʃiːd] **-1.** = **she had. -2.** = **she would.**

**she-devil** *n* furie *f*.

**sheen** [ʃiːn] *n* [on satin, wood, hair, silk] lustre *m*; [on apple] poli *m*; the cello had a beautiful red ~ le violoncelle avait de magnifiques reflets rouges.

**sheep** [ʃiːp] (*pl inv*) ◇ *n* mouton *m*; [ewe] brebis *f*; they're just a load of ~ *pej* ils se comportent comme des moutons (de Panurge) OR un troupeau de moutons ❑ **to separate** OR **to sort out the ~ from the goats** séparer le bon grain de l'ivraie. ◇ *comp* [farm, farming] de moutons.

**sheep-dip** *n* bain *m* parasiticide (*pour moutons*).

**sheepdog** [ˈʃiːpdɒg] *n* chien *m* de berger.

**sheepfold** [ˈʃiːpfəʊld] *n* parc *m* à moutons, bergerie *f*.

**sheepish** [ˈʃiːpɪʃ] *adj* penaud.

**sheepishly** [ˈʃiːpɪʃlɪ] *adv* d'un air penaud.

**sheep's eyes** *npl inf*: to cast OR to make ~ at sb *dated* faire les yeux doux à qqn.

**sheepshearer** [ˈʃiːpˌʃɪərəʳ] *n* [person] tondeur *m*, -euse *f* (de moutons); [machine] tondeuse *f* (à moutons).

**sheepshearing** [ˈʃiːpˌʃɪərɪŋ] *n* tonte *f* (des moutons).

**sheepskin** [ˈʃiːpskɪn] ◇ *n* **-1.** TEX peau *f* de mouton. **-2.** *Am inf* UNIV [diploma] parchemin *m*. ◇ *comp* [coat, rug] en peau de

mouton.

**sheer** [ʃɪəʳ] ◇ *adj* **-1.** [as intensifier] pur; it was ~ coincidence c'était une pure coïncidence; the ~ scale of the project was intimidating l'envergure même du projet était impressionnante; the ~ boredom of her job drove her mad elle s'ennuyait tellement dans son travail que ça la rendait folle; by ~ accident OR chance tout à fait par hasard, par pur hasard; out of OR in ~ boredom par pur ennui; in ~ desperation en désespoir de cause; it's ~ folly! c'est de la folie pure!**-2.** [steep – cliff] à pic, abrupt; it's a ~ 50 metre drop cela descend à pic sur 50 mètres; a ~ drop to the sea un à-pic jusqu'à la mer; we came up against a ~ wall of water nous nous sommes trouvés devant un véritable mur d'eau. **-3.** TEX [stockings] extra fin. ◇ *adv* à pic, abruptement. ◇ *vi* NAUT [ship] faire une embardée.
◆ **sheer away** *vi insep* **-1.** [ship] larguer les amarres, prendre le large. **-2.** [animal, shy person] filer, détaler; to ~ away from éviter.
◆ **sheer off** *vi insep* **-1.** [ship] faire une embardée. **-2.** *fig* [person] changer de chemin OR de direction.

**sheet** [ʃiːt] ◇ *n* **-1.** [for bed] drap *m*; [for furniture] housse *f*; [shroud] linceul *m*; [tarpaulin] bâche *f*.**-2.** [of paper] feuille *f*; [of glass, metal] feuille *f*, plaque *f*; [of cardboard, plastic] feuille *f*; [of iron, steel] tôle *f*, plaque *f* ❑ **order** ~ bulletin *m* de commande. **-3.** [newspaper] feuille *f*, journal *m*.**-4.** [of water, snow] nappe *f*, étendue *f*; [of rain] rideau *m*, torrent *m*; [of flames] rideau *m*; [of ice] plaque *f*; the rain came down in ~s il pleuvait des hallebardes OR à torrents. **-5.** CULIN: baking ~ plaque *f* de four OR à gâteaux. **-6.** NAUT écoute *f*; to be three ~s to the wind *inf* & *fig* en tenir une bonne. ◇ *vt* [figure, face] draper, couvrir d'un drap; [furniture] couvrir de housses; ~ed (over) in snow *fig* couvert de neige.
◆ **sheet down** *vi insep* [rain, snow] tomber à torrents.

**sheet anchor** *n* NAUT ancre *f* de veille; *fig* ancre *f* de salut.

**sheet bend** *n* nœud *m* d'écoute.

**sheet-fed** *adj* [printer] feuille à feuille.

**sheet feed** *n* COMPUT alimentation *f* feuille à feuille.

**sheet feeder** *n* COMPUT dispositif *m* d'alimentation en papier.

**sheet ice** *n* plaque *f* de glace; [on road] (plaque *f* de) verglas *m*.

**sheeting** [ˈʃiːtɪŋ] *n* **-1.** [cloth] toile *f* pour draps. **-2.** [plastic, polythene] feuillet *m*; [metal] feuille *f*, plaque *f*.

**sheet lightning** *n* éclair *m* en nappe OR en nappes.

**sheet metal** *n* tôle *f*.

**sheet music** *n* (*U*) partitions *fpl*.

**sheet steel** *n* tôle *f* d'acier.

**sheik(h)** [ʃeɪk] *n* cheikh *m*.

**sheik(h)dom** [ˈʃeɪkdəm] *n* territoire *m* sous l'autorité d'un cheikh.

**sheila** [ˈʃiːlə] *n* *Austr* & *NZ inf* nana *f*.

**sheldrake** [ˈʃeldreɪk] *n* tadorne *m*.

**shelduck** [ˈʃeldʌk] *n* tadorne *m*, harle *m*.

**shelf** [ʃelf] (*pl* **shelves** [ʃelvz]) *n* **-1.** [individual] planche *f*, étagère *f*; [as part of set, in fridge] étagère *f*; [short] tablette *f*; [in oven] plaque *f*; [in shop] étagère *f*, rayon *m*; to buy sthg off the ~ acheter qqch tout fait; to stay on the shelves [goods] se vendre difficilement ❑ **to be left on the ~** [woman] rester vieille fille; [man] rester vieux garçon. **-2.** GEOL banc *m*, rebord *m*, saillie *f*; [under sea] écueil *m*, plate-forme *f*.

**shelf life** *n* COMM durée *f* de conservation avant vente; bread has a short ~ le pain ne se conserve pas très longtemps.

**shell** [ʃel] ◇ *n* **-1.** BIOL [gen – of egg, mollusc, nut] coquille *f*; [– of peas] cosse *f*; [– of crab, lobster, tortoise] carapace *f*; [empty – on seashore] coquillage *m*; to come out of one's ~ *literal* & *fig* sortir de sa coquille; to go back OR to retire into one's ~ *literal* & *fig* rentrer dans sa coquille. **-2.** [of car, plane, machine] coque *f*; he's just an empty ~ il n'est plus que l'ombre de lui-même. **-3.** CULIN fond *m* (de tarte). **-4.** MIL obus *m*; *Am* [cartridge] cartouche *f*.**-5.** [boat] outrigger *m*. ◇ *comp* [ornament, jewellery] de en coquillages. ◇ *vt* **-1.** [peas] écosser, égrener; [nut] décortiquer, écaler; [oyster] ouvrir; [prawn, crab] décortiquer. **-2.** MIL bombarder (d'obus).
◆ **shell out** *inf* ◇ *vi insep* casquer; to ~ out for sthg casquer pour qqch, payer qqch. ◇ *vt insep* payer, sortir.

**she'll** [ʃiːl] = **she will**.

**shellac** [ʃəˈlæk] (*pt & pp* **shellacked**) ◇ *n* gomme-laque *f*. ◇ *vt* [varnish] laquer.

**shellacking** [ʃəˈlækɪŋ] *n Am inf* râclée *f*.

**shelled** [ʃeld] *adj* [peas] écossé, égrené; [nut, shellfish] décortiqué.

**shellfire** [ˈʃelfaɪə*r*] *n (U)* tirs *mpl* d'obus.

**shellfish** [ˈʃelfɪʃ] (*pl inv*) *n* **-1.** ZOOL [crab, lobster, shrimp] crustacé *m*; [mollusc] coquillage *m*. **-2.** *(U)* CULIN fruits *mpl* de mer.

**shelling** [ˈʃelɪŋ] *n* MIL pilonnage *m*.

**shellproof** [ˈʃelpruːf] *adj* MIL blindé, à l'épreuve des obus.

**shell-shock** *n (U)* psychose *f* traumatique *(due à une explosion)*.

**shell-shocked** [-,ʃɒkt] *adj* commotionné *(après une explosion)*; I'm still feeling pretty ~ by it all *fig* je suis encore sous le choc après toute cette histoire.

**shell suit** *n* survêtement *m (en polyamide froissé et doublé)*.

**shelter** [ˈʃeltə*r*] ◇ *n* **-1.** [cover, protection] abri *m*; **to take** OR **to get under** ~ se mettre à l'abri OR à couvert; **they took** ~ **from the rain under a tree** ils se sont abrités de la pluie sous un arbre; **we ran for** ~ nous avons couru nous mettre à l'abri; **under the** ~ **of the mountain** à l'abri de la montagne ‖ [accommodation] asile *m*, abri *m*; **to give** ~ **to sb** [hide] donner asile à OR cacher qqn; [accommodate] héberger qqn; **they gave us food and** ~ il nous ont offert le gîte et le couvert. **-2.** [enclosure – gen] abri *m*; [– for sentry] guérite *f*; (bus) ~ Abribus® *m*. ◇ *vt* [protect – from rain, sun, bombs] abriter; [– from blame, suspicion] protéger; **to** ~ **sb from sthg** protéger qqn de qqch; **the trees** ~ed **us from the wind** les arbres nous abritaient du vent; **we were** ~ed **from the rain/from danger** nous étions à l'abri de la pluie/du danger ‖ [give asylum to – fugitive, refugee] donner asile à, abriter. ◇ *vi* s'abriter, se mettre à l'abri; [from bullets] se mettre à couvert.

**sheltered** [ˈʃeltəd] *adj* **-1.** [place] abrité. **-2.** [protected – industry] protégé *(de la concurrence)*; [– work] dans un centre pour handicapés; **to lead a** ~ **life** vivre à l'abri des soucis; **she led a very** ~ **life as a child** elle a eu une enfance très protégée.

**sheltered accommodation**, **sheltered housing** *n* logement dans une résidence pour personnes âgées ou handicapées.

**shelve** [ʃelv] ◇ *vt* **-1.** [put aside, suspend] laisser en suspens. **-2.** [books – in shop] mettre sur les rayons; [– at home] mettre sur les étagères. **-3.** [wall, room – in shop] garnir de rayons; [– at home] garnir d'étagères. ◇ *vi* [ground] être en pente douce; **the beach** ~s **steeply** la plage descend en pente raide.

**shelves** [ʃelvz] *pl* → **shelf**.

**shelving** [ˈʃelvɪŋ] *n (U)* **-1.** [in shop] rayonnage *m*, rayonnages *mpl*, étagères *fpl*; [at home] étagères *fpl*. **-2.** [suspension – of plan, question etc] mise *f* en attente OR en suspens. **-3.** GEOL plateau *m*.

**shenanigans** [ʃɪˈnænɪɡənz] *npl inf* **-1.** [mischief] malice *f*, espièglerie *f*. **-2.** [scheming, tricks] manigances *fpl*, combines *fpl*.

**shepherd** [ˈʃepəd] ◇ *n* **-1.** berger *m*, pâtre *m lit*; ~'s **crook** bâton *m* de berger, houlette *f*. **-2.** RELIG & *lit* pasteur *m*, berger *m*; **the Good Shepherd** le bon pasteur OR berger. ◇ *vt* **-1.** [tourists, children] guider, conduire; **to** ~ **sb into a room** faire entrer OR introduire qqn dans une pièce. **-2.** [sheep] garder, surveiller.

**shepherd boy** *n* jeune berger *m* OR pâtre *m lit*.

**shepherdess** [ˌʃepəˈdes] *n* bergère *f*.

**shepherd's pie** *n* hachis *m* Parmentier.

**sherbet** [ˈʃɜːbət] *n* **-1.** *Br* [powder] poudre *f* acidulée. **-2.** *Am* [ice] sorbet *m*.

**sheriff** [ˈʃerɪf] *n* **-1.** *Am* [in Wild West and today] shérif *m*. **-2.** *Br* [crown officer] shérif *m*, officier *m* de la Couronne. **-3.** *Scot* JUR ≃ juge *m* au tribunal de grande instance.

**sherry** [ˈʃerɪ] (*pl* **sherries**) *n* sherry *m*, xérès *m*.

**she's** [ʃiːz] **-1.** = **she has**. **-2.** = **she is**.

**Shetland** [ˈʃetlənd] ◇ *pr n* GEOG: **the** ~s, **the** ~ **Isles**, **the** ~ **Islands** les (îles *fpl*) Shetland *fpl*; **in the** ~s OR **the** ~ **Isles** OR **the** ~ **Islands** dans les Shetland. ◇ *adj* **-1.** GEOG shetlandais. **-2.** TEX [pullover] en shetland; ~ **wool** laine *f* d'Écosse OR de Shetland.

**Shetlander** [ˈʃetləndə*r*] *n* Shetlandais *m*, -e *f*.

**Shetland sheepdog** *n* berger *m* des Shetland.

**shh** [ʃ] *interj* chut.

**shibboleth** [ˈʃɪbə,leθ] *n* **-1.** [custom, tradition] vieille coutume *f*, vieille tradition *f*; [idea, principle] vieille idée *f*, vieux principe *m*. **-2.** [catchword] mot *m* d'ordre.

**shield** [ʃiːld] ◇ *n* **-1.** [carried on arm] écu *m* HÉRALD, bouclier *m*. **-2.** *fig* bouclier *m*, paravent *m*; **to provide a** ~ **against sthg** protéger contre qqch. **-3.** TECH [on machine] écran *m* de protection OR de sécurité; [on nuclear reactor, spacecraft] bouclier *m*; **nuclear** ~ bouclier atomique; **sun** ~ pare-soleil *m inv*. **-4.** [trophy] trophée *m*. ◇ *vt* protéger; **to** ~ **sb from sthg** protéger qqn de OR contre qqch; **we need a shelter to** ~ **us from the wind/sun** il nous faut un abri contre le vent/ soleil; **she** ~ed **him with her own body** elle lui a fait un rempart de son corps.

**shift** [ʃɪft] ◇ *vt* **-1.** [move, put elsewhere] déplacer, bouger; **help me** ~ **the bed nearer the window** aide-moi à rapprocher le lit de OR pousser le lit vers la fenêtre; **they're trying to** ~ **the blame onto me** ils essaient de rejeter la responsabilité sur moi ‖ [part of body] bouger, remuer; **she kept** ~ing **from one foot to the other** elle n'arrêtait pas de se balancer d'un pied sur l'autre; ~ **yourself!** *inf* [move] pousse-toi!, bouge-toi! [hurry] remue-toi!, grouille-toi! ‖ [employee – to new job or place of work] muter; [– to new department] affecter; THEAT [scenery] changer. **-2.** [change] changer de; **they won't be** ~ed **from their opinion** impossible de les faire changer d'avis; **we're trying to** ~ **the balance towards exports** nous essayons de mettre l'accent sur les exportations; **the latest developments have** ~ed **attention away from this area** les événements récents ont détourné l'attention de cette région; **to** ~ **gears** *Am* changer de vitesse. **-3.** [remove – stain] enlever, faire partir. **-4.** *inf* COMM [sell] écouler. ◇ *vi* **-1.** [move] se déplacer, bouger; **could you** ~ **up a bit, please?** pourrais-tu te pousser un peu, s'il te plaît?. **-2.** [change, switch – gen] changer; [– wind] tourner; **in the second act the scene** ~s **to Venice** dans le deuxième acte, l'action se déroule à Venise; **to** ~ **into fourth (gear)** *Am* AUT passer en quatrième (vitesse). **-3.** *inf* [travel fast] filer. **-4.** [manage]: **to** ~ **for o.s.** se débrouiller tout seul. **-5.** [stain] partir, s'enlever. **-6.** *Br inf* COMM [sell] se vendre. ◇ *n* **-1.** [change] changement *m*; **a** ~ **in position/opinion** un changement de position/d'avis; **there was a sudden** ~ **in public opinion/the situation** il y a eu un revirement d'opinion/de situation; **a** ~ **in meaning** LING un glissement de sens □ (**gear**) ~ *Am* AUT changement *m* de vitesse; **vowel/consonant** ~ mutation *f* vocalique/consonantique. **-2.** [move] déplacement *m*. **-3.** [turn, relay] relais *m*; **to do sthg in** ~s se relayer; **I'm exhausted, can you take a** ~ **at the wheel?** je suis épuisé, peux-tu me relayer au volant?. **-4.** INDUST [period of time] poste *m*, équipe *f*; **what** ~ **are you on this week?** à quel poste avez-vous été affecté cette semaine?; **I'm on the night/morning** ~ je suis dans l'équipe de nuit/du matin; **she works long** ~s elle fait de longues journées; **to work** ~s, **to be on** ~s travailler en équipe, faire les trois-huit ‖ [group of workers] équipe *f*, brigade *f*. **-5.** *dated* [expedient] expédient *m*; **to make** ~ **with sthg** se contenter de qqch. **-6.** *Br dated* OR *Am* [woman's slip] combinaison *f*; [dress] (robe *f*) fourreau *m*. **-7.** COMPUT [in arithmetical operation] décalage *m*; [in word processing, telegraphy etc] touche *f* de majuscule. **-8.** *Am* AUTO = **shift stick**.
♦ **shift over**, **shift up** *vi insep inf* se pousser, se déplacer.

**shifter** [ˈʃɪftə*r*] *Am* = **shift stick**.

**shiftily** [ˈʃɪftɪlɪ] *adv* sournoisement.

**shifting** [ˈʃɪftɪŋ] *adj* [ideas, opinions] changeant; [alliances] instable; [ground, sand] mouvant.

**shift key** *n* touche *f* de majuscule.

**shiftless** [ˈʃɪftlɪs] *adj* [lazy] paresseux, fainéant; [apathetic] apathique, mou, *before vowel or silent 'h'* mol (*f* molle); [helpless] sans ressource, perdu.

**shift lock** *n* touche *f* de blocage des majuscules.

**shift stick** *n Am* AUTO levier *m* de (changement de) vitesse.

**shift work** *n* travail *m* en équipe; **she does** ~ elle fait les trois-huit.

**shift worker** *n* personne qui fait le travail en équipe.

**shifty** [ˈʃɪftɪ] (*compar* **shiftier**, *superl* **shiftiest**) *adj inf* [look] sournois, furtif, fuyant; **he looks a** ~ **customer** il a l'air louche.

**Shiite** ['ʃiːaɪt] ◇ n: ~ (Muslim) chiite mf. ◇ adj chiite.

**shilling** ['ʃɪlɪŋ] n **-1.** Br shilling m (ancienne pièce valant 12 pence, soit un vingtième de livre). **-2.** [in Kenya, Tanzania etc] shilling m.

**shilly-shally**['ʃɪlɪˌʃælɪ] (pt & pp **shilly-shallied**) vi inf & pej hésiter; stop ~ing (around)! décide-toi enfin!

**shimmer** ['ʃɪmər] ◇ vi [sequins, jewellery, silk] chatoyer, scintiller; [water] miroiter; the pavements ~ed in the heat l'air tremblait au-dessus des trottoirs brûlants. ◇ n [of sequins, jewellery, silk] chatoiement m, scintillement m; [of water] miroitement m.

**shimmering** ['ʃɪmərɪŋ] adj [light] scintillant; [jewellery, silk] chatoyant; [water] miroitant.

**shin** [ʃɪn] (pt & pp **shinned**) ◇ n **-1.** ANAT tibia m. **-2.** CULIN [of beef] gîte m OR gîte-gîte m (de bœuf); [of veal] jarret m (de veau). ◇ vi grimper; to ~ (up) a lamp post grimper à un réverbère; I shinned down the drainpipe je suis descendu le long de la gouttière.

**shinbone** ['ʃɪnbəʊn] n tibia m.

**shindig** ['ʃɪndɪg] n inf **-1.** [party] (grande) fête f. **-2.** [fuss] tapage m.

**shine** [ʃaɪn] (pt & pp all senses of vi, sense 1 of vt **shone** [ʃɒn], sense 2 of vt **shined**) ◇ vi **-1.** [sun, moon, lamp, candle] briller; [surface, glass, hair] briller, luire; the sun was shining le soleil brillait, il y avait du soleil; the sun was shining in my eyes j'avais le soleil dans les yeux, le soleil m'éblouissait; a small desk lamp shone on the table une petite lampe de bureau éclairait la table; his eyes shone with excitement ses yeux brillaient OR son regard brillait d'émotion; her face shone with joy son visage rayonnait de joie. **-2.** [excel] briller; John ~s at sports John est très bon en sport. ◇ vt **-1.** [focus] braquer, diriger; the guard shone his torch on the prisoner le gardien a braqué sa lampe sur le prisonnier; don't ~ that lamp in my eyes ne m'éblouis pas avec cette lampe. **-2.** [polish] faire briller, faire reluire, astiquer. ◇ n **-1.** [polished appearance] éclat m, brillant m, lustre m; to put a ~ on sthg, to give sthg a ~ faire reluire OR briller qqch; to take the ~ off sthg faire perdre son éclat à qqch, ternir qqch ❑ to take a ~ to sb inf [take a liking to] se prendre d'amitié pour qqn; [get a crush on] s'enticher de qqn. **-2.** [polish] polissage m; your shoes need a ~ tes chaussures ont besoin d'un coup de brosse OR chiffon.

◆ **shine down** vi insep briller; the hot sun shone down on us le soleil tapait dur.

◆ **shine out**, **shine through** vi insep [light] jaillir; fig [courage, skill, generosity] rayonner, briller.

◆ **shine up to** vt insep Am inf faire de la lèche à.

**shiner** ['ʃaɪnər] n inf [black eye] coquart m, œil m au beurre noir.

**shingle** ['ʃɪŋgl] ◇ n **-1.** (U) [pebbles] galets mpl; ~ beach plage f de galets. **-2.** CONSTR [for roofing] bardeau m, aisseau m; ~ roof toit m en bardeaux. **-3.** Am [nameplate] plaque f. ◇ vt [roof] couvrir de bardeaux OR d'aisseaux.

**shingles** ['ʃɪŋglz] n (U) MED zona m.

**shingly** ['ʃɪŋglɪ] adj [ground] couvert de galets; [beach] de galets.

**shinguard** ['ʃɪŋgɑːd] = shinpad.

**shining** ['ʃaɪnɪŋ] adj **-1.** [gleaming – glass, metal, shoes] luisant, reluisant; [– eyes] brillant; [– face] rayonnant. **-2.** [outstanding] éclatant, remarquable; a ~ example of bravery un modèle de courage.

**shinpad** ['ʃɪnpæd] n jambière f.

**Shinto** ['ʃɪntəʊ] ◇ n shinto m. ◇ adj shintoïste.

**Shintoist** ['ʃɪntəʊɪst] ◇ adj shintoïste. ◇ n shintoïste mf.

**shiny** ['ʃaɪnɪ] (compar **shinier**, superl **shiniest**) adj **-1.** [gleaming – glass, metal, shoes] luisant, reluisant; my nose is ~ j'ai le nez qui brille. **-2.** [clothing – with wear] lustré.

**ship** [ʃɪp] (pt & pp **shipped**) ◇ n **-1.** NAUT navire m, vaisseau m, bateau m; on board OR aboard ~ à bord; the ~'s papers les papiers mpl de bord ❑ sailing ~ bateau m à voiles, voilier m; the ~ of the desert le vaisseau du désert; the ~ of State le char de l'État; when my ~ comes in OR home inf [money] quand je serai riche, quand j'aurai fait fortune; [success] quand j'aurai réussi dans la vie. **-2.** [airship] dirigeable m; [spaceship] vaisseau m (spatial). ◇ vt **-1.** [send by ship] expédier (par bateau OR par mer); [carry by ship] transporter (par

bateau OR par mer). **-2.** [send by any means] expédier; [carry by any means] transporter. **-3.** [embark – passengers, cargo] embarquer. **-4.** [take into boat – gangplank, oars] rentrer; [– water] embarquer. ◇ vi [passengers, crew] embarquer, s'embarquer.

◆ **ship off** vt sep inf expédier.

◆ **ship broker** n courtier m maritime.

**shipbuilder** ['ʃɪpˌbɪldər] n constructeur m, -trice f de navires.

**shipbuilding** ['ʃɪpˌbɪldɪŋ] n construction f navale; the ~ industry (l'industrie f de) la construction navale.

**ship canal** n canal m maritime.

**shipload** ['ʃɪpləʊd] n cargaison f, fret m.

**shipmate** ['ʃɪpmeɪt] n compagnon m de bord.

**shipment** ['ʃɪpmənt] n **-1.** [goods sent] cargaison f; arms ~ cargaison d'armes. **-2.** [sending of goods] expédition f.

**shipowner** ['ʃɪpˌəʊnər] n armateur m.

**shipper** ['ʃɪpər] n [charterer] affréteur m, chargeur m; [transporter] transporteur m; [sender] expéditeur m, -trice f.

**shipping** ['ʃɪpɪŋ] ◇ n (U) **-1.** [ships] navires mpl; [traffic] navigation f; dangerous to ~ dangereux pour la navigation; the decline of British merchant ~ le déclin de la marine marchande britannique. **-2.** [transport – gen] transport m; [– by sea] transport m maritime; cost includes ~ le coût du transport est compris. **-3.** [loading] chargement m, embarquement m. ◇ comp [company, line] maritime, de navigation; [sport, trade, intelligence] maritime; ~ forecast météo f OR météorologie f marine.

**shipping agent** n agent m maritime.

**shipping clerk** n expéditionnaire mf.

**shipping lane** n voie f de navigation.

**ship's biscuit** n biscuit m de mer.

**ship's chandler** n shipchandler m, marchand m, -e f d'articles de marine.

**shipshape** ['ʃɪpʃeɪp] adj en ordre, rangé; all ~ and Bristol fashion! inf & hum tout est impeccable!

**shipwreck** ['ʃɪprek] ◇ n **-1.** [disaster at sea] naufrage m. **-2.** [wrecked ship] épave f. ◇ vt **-1.** literal: they were ~ed on a desert island ils ont échoué sur une île déserte. **-2.** fig [ruin, spoil] ruiner.

**shipwrecked** ['ʃɪprekt] adj: to be ~ [boat] faire naufrage; [crew, passenger] être naufragé.

**shipwright** ['ʃɪpraɪt] n [company] constructeur m de navires; [worker] ouvrier m, -ère f de chantier naval.

**shipyard** ['ʃɪpjɑːd] n chantier m naval.

**shire** ['ʃaɪər] n Br **-1.** [county] comté m. **-2.** = shire horse.

◆ **Shires** pl pr n: the Shires les comtés (ruraux) du centre de l'Angleterre.

**shire horse** n shire m.

**shirk** [ʃɜːk] ◇ vt [work, job, task] éviter de faire, échapper à; [duty] se dérober à; [problem, difficulty, question] esquiver, éviter; she doesn't ~ her responsibilities elle n'essaie pas de se dérober à ses responsabilités. ◇ vi tirer au flanc.

**shirker** ['ʃɜːkər] n tire-au-flanc m f inv.

**shirt** [ʃɜːt] n [gen] chemise f; [footballer's, cyclist's etc] maillot m; ~ collar/cuff col m/manchette f de chemise ❑ keep your ~ on! inf ne vous énervez pas!; to lose one's ~ inf y laisser sa chemise, perdre tout ce qu'on a; to put one's ~ on sthg miser toute sa fortune sur qqch.

**shirtfront** ['ʃɜːtfrʌnt] n plastron m.

**shirtsleeves** ['ʃɜːtsliːvz] npl: to be in (one's) ~ être en manches OR bras de chemise.

**shirttail** ['ʃɜːteɪl] n pan m de chemise.

**shirtwaister** ['ʃɜːtˌweɪstər] Br, **shirtwaist** ['ʃɜːtweɪst] Am n robe f chemisier.

**shirty** ['ʃɜːtɪ] (compar **shirtier**, superl **shirtiest**) adj Br inf désagréable.

**shish kebab** ['ʃɪʃkəˌbæb] n chiche-kebab m.

**shit**[v] [ʃɪt] (pt & pp **shat** [ʃæt], cont **shitting**) ◇ n **-1.** [excrement] merde f; to have a ~ (aller) chier; to have the ~s avoir la chiasse ❑ tough ~! tant pis pour ma/ta/sa etc gueule!; to kick OR beat OR to knock the ~ out of sb casser la gueule à qqn; to scare the ~ out of sb foutre la trouille à qqn; I don't give a ~ je m'en fous, j'en ai rien à foutre; to give sb a lot of ~ faire chier qqn; to be in the ~ être dans la merde;

no ~? *Am* sans blague?; when the ~ hits the fan quand nous serons dans la merde (jusqu'au cou). **-2.** *(U)* [nonsense, rubbish] conneries *fpl*; that's a load of ~! c'est des conneries, tout ça! **-3.** [disliked person] salaud *m*, salope *f*, connard *m*, connasse *f*.**-4.** *drugs sl* [hashish] shit *m*, hasch *m*.**-5.** *Am* [anything]: I can't see ~ j'y vois que dalle. ◇ *vi* chier. ◇ *vt*: to ~ oneself chier dans son froc. ◇ *interj* merde.

**shite**▼ [ʃaɪt] = **shit** *n* **1, 2, 3** & *interj*.

**shithouse**▼ ['ʃɪthaʊs, *pl* -haʊzɪz] *n* chiottes *fpl*.

**shitless**▼ ['ʃɪtlɪs] *adj*: to be scared ~ avoir une trouille bleu; to be bored ~ se faire chier à mort.

**shit-scared**▼ *adj*: to be ~ avoir une trouille bleu.

**shitty**▼ ['ʃɪti] *(compar* **shittier,** *superl* **shittiest)** *adj* **-1.** [worthless] merdique. **-2.** [mean] dégueulasse.

**shiver** ['ʃɪvəʳ] ◇ *vi* **-1.** [with cold, fever, fear] grelotter, trembler; [with excitement] frissonner, trembler. **-2.** NAUT [sail] faseyer. **-3.** [splinter] se fracasser, voler en éclats. ◇ *n* **-1.** [from cold, fever, fear] frisson *m*, tremblement *m*; [from excitement] frisson *m*; it gives me the ~s *inf* ça me donne le frisson OR des frissons. **-2.** [fragment] éclat *m*.

**shivery** ['ʃɪvərɪ] *adj* [cold] frissonnant; [frightened] frissonnant, tremblant; [feverish] fiévreux, grelottant de fièvre.

**shoal** [ʃəʊl] ◇ *n* **-1.** [of fish] banc *m*.**-2.** *fig* [large numbers] foule *f*. **-3.** [shallows] haut-fond *m*.**-4.** [sandbar] barre *f*; [sandbank] banc *m* de sable. ◇ *vi* [fish] se mettre OR se rassembler en bancs.

**shock** [ʃɒk] ◇ *n* **-1.** [surprise] choc *m*, surprise *f*; she got a ~ when she saw me again ça lui a fait un choc de me revoir; what a ~ you gave me! qu'est-ce que tu m'as fait peur!**-2.** [upset] choc *m*; the news of his death came as a terrible ~ to me la nouvelle de sa mort a été un grand choc pour moi. **-3.** ELEC décharge *f* (électrique); to get a ~ recevoir une prendre une décharge (électrique). **-4.** [impact – of armies, vehicles] choc *m*, heurt *m*; [vibration – from explosion, earthquake] secousse *f*.**-5.** MED choc *m*; to be in a state of ~, to be suffering from ~ être en état de choc; postoperative ~ choc *m* postopératoire. **-6.** [bushy mass]: a ~ of hair une crinière *fig*. ◇ *comp* [measures, argument, headline] choc *(inv)*; [attack] surprise *(inv)*; [tactics] de choc; [result, defeat] inattendu. ◇ *vt* **-1.** [stun] stupéfier, bouleverser, secouer; I was ~ed to hear that she had left j'ai été stupéfait d'apprendre qu'elle était partie. **-2.** [offend, scandalize] choquer, scandaliser; I'm not easily ~ed, but that book... il en faut beaucoup pour me choquer, mais ce livre... **-3.** [incite, force]: to ~ sb out of sthg secouer qqn pour le sortir de qqch; to ~ sb into action pousser qqn à agir; to ~ sb into doing sthg secouer qqn jusqu'à ce qu'il fasse qqch. **-4.** ELEC donner une secousse OR un choc électrique à.

**shock absorber** [-əb,zɔːbəʳ] *n* amortisseur *m*.

**shocked** [ʃɒkt] *adj* **-1.** [stunned] bouleversé, stupéfait; a ~ meeting was told of the takeover c'est avec stupéfaction que l'assemblée a appris le rachat de l'entreprise; they all listened in ~ silence ils ont tous écouté, muets de stupéfaction. **-2.** [offended, scandalized] choqué, scandalisé.

**shocker** ['ʃɒkəʳ] *n inf* **-1.** [book] livre *m* à sensation; [film] film *m* à sensation; [news] nouvelle *f* sensationnelle; [play] pièce *f* à sensation; [story] histoire *f* sensationnelle. **-2.** *hum* [atrocious person]: you little ~! petit monstre!

**shockheaded** ['ʃɒkhedɪd] *adj* hirsute.

**shocking** ['ʃɒkɪŋ] ◇ *adj* **-1.** [scandalous] scandaleux, choquant. **-2.** [horrifying] atroce, épouvantable. **-3.** *inf* [very bad] affreux, épouvantable. ◇ *adv inf*: it was raining something ~! il fallait voir ce qu'il OR comme ça tombait!

**shockingly** ['ʃɒkɪŋlɪ] *adv* **-1.** [as intensifier] affreusement, atrocement; the weather has been ~ bad lately la météo est vraiment affreuse depuis quelque temps. **-2.** [extremely badly] très mal, lamentablement.

**shocking pink** ◇ *n* rose *m* bonbon. ◇ *adj* rose bonbon *(inv)*.

**shockproof** ['ʃɒkpruːf] *adj* résistant aux chocs.

**shock therapy, shock treatment** *n* MED (traitement *m* par) électrochoc *m*, sismothérapie *f*.

**shock troops** *npl* troupes *fpl* de choc.

**shock wave** *n* onde *f* de choc; *fig* répercussion *f*.

**shod** [ʃɒd] *pt* & *pp* → **shoe**.

**shoddily** ['ʃɒdɪlɪ] *adv* **-1.** [built, made] mal. **-2.** [meanly, pet-

tily] de façon mesquine.

**shoddy** ['ʃɒdɪ] *(compar* **shoddier,** *superl* **shoddiest)** ◇ *adj* **-1.** [of inferior quality] de mauvaise qualité; ~ workmanship du travail mal fait; a ~ imitation une piètre OR médiocre imitation. **-2.** [mean, petty] sale. ◇ *n* tissu *m* shoddy OR de renaissance.

**shoe** [ʃuː] *(pt* & *pp* **shod** [ʃɒd]) ◇ *n* **-1.** [gen] chaussure *f*; a pair of ~s une paire de chaussures; to put on one's ~s mettre ses chaussures, se chausser; ~ size pointure *f*; I wouldn't like to be in his ~s je n'aimerais pas être à sa place; put yourself in my ~s mettez-vous à ma place; to step into OR to fill sb's ~s prendre la place de qqn, succéder à qqn; if the ~ fits, wear it qui se sent morveux (qu'il) se mouche *prov*. **-2.** [horse] ~ fer *m* (à cheval). **-3.** [in casino – for baccarat etc] sabot *m*.**-4.** [on electric train] frotteur *m*. ◇ *comp* [cream, leather] pour chaussures; ~ cleaner produit *m* pour chaussures; ~ repairer cordonnier *m*. ◇ *vt* **-1.** [horse] ferrer. **-2.** *(usu passive) lit* [person] chausser.

**shoe box** *n* boîte *f* à chaussures.

**shoebrush** ['ʃuːbrʌʃ] *n* brosse *f* à chaussures.

**shoehorn** ['ʃuːhɔːn] *n* chausse-pied *m*.

**shoelace** ['ʃuːleɪs] *n* lacet *m* (de chaussure).

**shoe leather** *n* cuir *m* pour chaussures.

**shoemaker** ['ʃuː,meɪkəʳ] *n* [craftsman] bottier *m*; [manufacturer] fabricant *m*, -e *f* de chaussures, chausseur *m*.

**shoe polish** *n* cirage *m*.

**shoeshine** ['ʃuːʃaɪn] *n* **-1.** cirage *m*; to get a ~ se faire cirer les chaussures. **-2.** *inf* = **shoeshine boy**.

**shoeshine boy** *n* (petit) cireur *m* (de chaussures).

**shoe shop** *n* magasin *m* de chaussures.

**shoestring** ['ʃuːstrɪŋ] *n* **-1.** *Am* [shoelace] lacet *m* (de chaussure). **-2.** *inf phr*: on a ~ avec trois fois rien; the film was made on a ~ c'est un film à très petit budget. ◇ *comp*: ~ budget petit budget *m*.

**shoetree** ['ʃuːtriː] *n* embauchoir *m*.

**shone** [ʃɒn] *pt* & *pp* → **shine**.

**shoo** [ʃuː] *(pt* & *pp* **shooed)** ◇ *interj* oust, ouste. ◇ *vt* chasser; to ~ sb/sthg away chasser qqn/qqch.

**shoo-in** *Am inf*: he's/she's a ~ il/elle gagnera à coup sûr; it's a ~ c'est couru d'avance.

**shook** [ʃʊk] *pt* → **shake**. ◇ *n* AGR gerbe *f*, botte *f*.

**shoot** [ʃuːt] *(pt* & *pp* **shot** [ʃɒt]) ◇ *vi* **-1.** [with gun] tirer; ~! tirez!, feu!; to ~ at sb/sthg tirer sur qqn/qqch; to ~ on sight tirer à vue; to ~ to kill tirer pour tuer; to ~ into the air tirer en l'air. **-2.** [hunt] chasser; to go ~ing aller à la chasse. **-3.** [go fast]: I shot out after her j'ai couru après elle; she shot along the corridor elle a couru à toutes jambes le long du couloir; ~ along to the baker's and get a loaf, will you? est-ce que tu peux filer à la boulangerie acheter du pain?; the rabbit shot into its burrow le lapin s'est précipité dans son terrier; the car shot out in front of us [changed lanes] la voiture a déboîté tout d'un coup devant nous; [from another street] la voiture a débouché devant nous; the water shot out of the hose l'eau a jailli du tuyau d'arrosage; debris shot into the air des débris ont été projetés en l'air; Paul has shot ahead at school recently Paul a fait d'énormes progrès à l'école ces derniers temps; a violent pain shot up my leg j'ai senti une violente douleur dans la jambe. **-4.** CIN tourner; ~! moteur!, on tourne!**-5.** SPORT tirer, shooter. **-6.** *inf* [go ahead, speak]: can I ask you something? — ~! je peux te poser une question? — vas-y!**-7.** BOT [sprout] pousser; [bud] bourgeonner. **-8.** *Am*: to ~ for OR at [aim for] viser. ◇ *vt* **-1.** [hit] atteindre; [injure] blesser; he's been badly shot il a été grièvement blessé par balle OR balles; she was shot in the arm/leg elle a reçu une balle dans le bras/la jambe || [kill] abattre, descendre, tuer (d'un coup de pistolet OR de fusil); to ~ o.s. se tuer, se tirer une balle || [execute by firing squad] fusiller ❏ you'll get me shot *inf* & *hum* je vais me faire incendier à cause de toi; to ~ o.s. in the foot *inf* ramasser une pelle. **-2.** [fire – gun] tirer un coup de; [– bullet] tirer; [– arrow] tirer, lancer, décocher; [– rocket, dart, missile] lancer; they were ~ing their rifles in the air ils tiraient des coups de feu en l'air; to ~ it out with sb *inf* s'expliquer avec qqn à coups de revolver OR de fusil; to ~ questions at sb *fig* bombarder OR mitrailler qqn de questions; she shot a shy smile at him *fig* elle lui jeta un petit sourire timide. **-3.** [hunt] chas-

ser, tirer; to ~ **grouse** chasser la grouse. **-4.** CIN tourner ‖ PHOT prendre (en photo); **the photos were all shot on location in Paris** les photos ont toutes été prises à Paris. **-5.** GAMES & SPORT [play] jouer; **to ~ pool** jouer au billard américain; **to ~ dice** jouer aux dés ‖ [score] marquer; **to ~ a goal/basket** marquer un but/panier; **he shot 71 in the first round** GOLF il a fait 71 au premier tour. **-6.** [send] envoyer; **the explosion shot debris high into the air** l'explosion a projeté des débris dans les airs. **-7.** [go through – rapids] franchir; [– traffic lights]: **the car shot the lights** la voiture a brûlé le feu rouge. **-8.** [bolt – close] fermer; [– open] ouvrir, tirer. **-9.** ▽ *drugs sl* [drugs] se shooter à. **-10.** *Am phr*: **to ~ the breeze** OR **(the) bull** *inf* tailler une bavette; **to ~ one's wad**▽ tirer son coup.
◇ *n* **-1.** BOT pousse *f*.**-2.** HUNT [party] partie *f* de chasse ‖ [land] [terrain de] chasse *f*; **'private ~' 'chasse gardée'. -3.** *Am* [chute – for coal, rubbish etc] glissière *f*.**-4.** MIL tir *m*.**-5.** CIN tournage *m*.**-6.** *Am* [rapid] rapide *m*.**-7.** *phr*: **the whole (bang) ~** *inf* tout le tremblement.
◇ *interj Am inf* zut, mince.
◆ **shoot down** *vt sep* [person, plane, helicopter] abattre; **my proposal was shot down by the chairman** *inf* ma proposition a été démolie par le président ❑ **to ~ sb/sthg down in flames** *literal & fig* descendre qqn/qqch en flammes; **well, ~ me down! if it isn't Willy Power!** *Am inf* ça alors! mais c'est Willy Power!
◆ **shoot off** ◇ *vi insep* s'enfuir à toutes jambes. ◇ *vt sep* **-1.** [weapon] tirer, décharger. **-2.** [limb] emporter, arracher. **-3.** ▽ *phr*: **to ~ one's mouth off** ouvrir sa gueule; **don't go ~ing your mouth off about it** ne va pas le gueuler sur les toits.
◆ **shoot up** ◇ *vi insep* **-1.** [move skywards – flame, geyser, lava] jaillir; [– rocket] monter en flèche. **-2.** [increase – inflation, price] monter en flèche. **-3.** [grow – plant] pousser rapidement OR vite; [– person] grandir. **-4.** ▽ *drugs sl* [with drug] se shooter. ◇ *vt sep* **-1.** *Am inf* [with weapon – saloon, town] terroriser en tirant des coups de feu. **-2.** ▽ *drugs sl* [drug] se shooter à.

**shooting** ['ʃuːtɪŋ] ◇ *n* **-1.** (U) [firing] coups *mpl* de feu, fusillade *f*; **we heard a lot of ~ in the night** nous avons entendu de nombreux coups de feu dans la nuit. **-2.** [incident] fusillade *f*; **four people died in the ~** quatre personnes ont trouvé la mort au cours de la fusillade ‖ [killing] meurtre *m*; **there have been several ~s in the area** plusieurs personnes ont été tuées OR abattues dans le secteur. **-3.** [ability to shoot] tir *m*. **-4.** *Br* HUNT chasse *f*. **-5.** CIN tournage *m*. ◇ *comp* **-1.** [with weapon]: **~ incident** fusillade *f*; **~ practice** entraînement *m* au tir. **-2.** HUNT de chasse; **the ~ season** la saison de la chasse. ◇ *adj* [pain] lancinant.
**shooting brake** *n Br* AUT break *m*.
**shooting gallery** *n* stand *m* de tir.
**shooting range** *n* champ *m* de tir.
**shooting star** *n* étoile *f* filante.
**shooting stick** *n* canne-siège *f*.
**shoot-out** *n inf* fusillade *f*.
**shop** [ʃɒp] (*pt & pp* **shopped**, *cont* **shopping**) ◇ *n* **-1.** *Br* [store] magasin *m*; [smaller] boutique *f*; **she's gone out to the ~s** elle est sortie faire des courses; **to keep a ~** être propriétaire d'un magasin, tenir un magasin ❑ **at the fruit ~** chez le marchand de fruits, chez le fruitier, à la fruiterie; **to set up ~** *literal* ouvrir un magasin, *fig* s'établir, s'installer; **to shut up ~** *literal & fig* fermer boutique; **all over the ~** *inf* [everywhere] partout; [in disorder] en pagaille; **to talk ~** parler métier OR boutique. **-2.** [shopping trip]: **to do one's weekly ~** faire les courses OR les achats de la semaine. **-3.** *Br* [workshop] atelier *m*; **the repair/paint/assembly ~** l'atelier de réparations/de peinture/de montage. ◇ *vi* [for food, necessities] faire les OR ses courses; [for clothes, gifts etc] faire les magasins, faire du shopping; **to go shopping** faire des courses, courir les magasins; **I went shopping for a new dress** je suis allée faire les magasins pour m'acheter une nouvelle robe. ◇ *vt Br inf* [to the police] donner, balancer.
◆ **shop around** *vi insep* comparer les prix; **prices vary a lot, so ~ around** les prix varient énormément, il vaut mieux faire plusieurs magasins avant d'acheter.
**shop assistant** *n Br* vendeur *m*, -euse *f*.

**shopfitter** ['ʃɒp,fɪtə'] *n Br* décorateur *m*, -trice *f* de magasin.
**shop floor** *n* [place] atelier *m*; [workers]: **the ~** les ouvriers *mpl*; **he was on the ~ for 22 years** il a travaillé 22 ans comme ouvrier.
◆ **shop-floor** *comp*: **~ worker** ouvrier *m*, -ère *f*; **the decision was taken at ~ level** la décision a été prise par la base.
**shopfront** ['ʃɒpfrʌnt] *n Br* devanture *f* (de magasin).
**shopgirl** ['ʃɒpgɜːl] *n Br* vendeuse *f*.
**shopkeeper** ['ʃɒp,kiːpə'] *n Br* commerçant *m*, -e *f*; **small ~** petit commerçant.
**shoplift** ['ʃɒplɪft] *vt* voler à l'étalage.
**shoplifter** ['ʃɒp,lɪftə'] *n* voleur *m*, -euse *f* à l'étalage.
**shoplifting** ['ʃɒp,lɪftɪŋ] *n* vol *m* à l'étalage.
**shopper** ['ʃɒpə'] *n* **-1.** [person] personne *f* qui fait ses courses; **the streets were crowded with Christmas ~s** les rues étaient bondées de gens qui faisaient leurs courses pour Noël. **-2.** [shopping bag] cabas *m*.
**shopping** ['ʃɒpɪŋ] ◇ *n* (U) **-1.** [for food, necessities] courses *fpl*; [for clothes, gifts etc] courses *fpl*, shopping *m*; **we're going into town to do some ~** nous allons en ville pour faire des courses OR pour faire le tour des magasins. **-2.** [goods bought] achats *mpl*, courses *fpl*, emplettes *fpl*; **there were bags of ~ everywhere** il y avait des cabas remplis de provisions partout. ◇ *comp* [street, area] commerçant.
**shopping bag** *n* sac *m* OR filet *m* à provisions, cabas *m*.
**shopping basket** *n* panier *m* (à provisions).
**shopping centre** *n* centre *m* commercial.
**shopping list** *n* liste *f* des courses.
**shopping mall** *n* centre *m* commercial.
**shopping trolley** *n* chariot *m*.
**shopsoiled** ['ʃɒpsɔɪld] *adj Br literal & fig* défraîchi.
**shoptalk** ['ʃɒptɔːk] *n*: **all I ever hear from you is ~** tu ne fais que parler boutique OR travail.
**shopwalker** ['ʃɒp,wɔːkə'] *n Br* chef *m* de rayon.
**shop window** *n* vitrine *f* (de magasin).
**shopworn** ['ʃɒpwɔːn] *Am* = **shopsoiled**.
**shore** [ʃɔː'] ◇ *n* **-1.** [edge, side – of sea] rivage *m*, bord *m*; [– of lake, river] rive *f*, rivage *m*, bord *m*; [coast] côte *f*, littoral *m*; [dry land] terre *f*; **all the crew members are on ~** tous les membres de l'équipage sont à terre; **to go on ~** débarquer. **-2.** [prop] étai *m*, étançon *m*. ◇ *vt* étayer, étançonner.
◆ **shores** *npl lit* [country] rives *fpl*.
◆ **shore up** *vt sep Br* **-1.** *literal* étayer, étançonner. **-2.** *fig* étayer, appuyer, consolider.
**shorebird** ['ʃɔːbɜːd] *n* oiseau *m* des rivages.
**shore leave** *n* permission *f* à terre.
**shoreline** ['ʃɔːlaɪn] *n* littoral *m*.
**shore patrol** *n Am* police *f* militaire (de la Marine).
**shorn** [ʃɔːn] ◇ *pp* → **shear**. ◇ *adj* **-1.** [head, hair] tondu. **-2.** *fig*: **~ of** dépouillé de.
**short** [ʃɔːt] ◇ *adj* **-1.** [in length] court; **to have ~ hair** avoir les cheveux courts; **the editor made the article ~er by a few hundred words** le rédacteur a raccourci l'article de quelques centaines de mots; **she made a ~ speech** elle a fait un court OR petit discours; **he read out a ~ statement** il a lu une courte OR brève déclaration; **I'd just like to say a few ~ words** j'aimerais dire quelques mots très brefs; **~ and to the point** bref et précis ❑ **~ and sweet** *inf* court mais bien; **to be in ~ trousers** être en culottes courtes. **-2.** [in distance] court, petit; **a straight line is the ~est distance between two points** la ligne droite est le plus court chemin entre deux points; **to go for a ~ walk** faire une petite promenade; **a few ~ miles away** à quelques kilomètres de là à peine; **at ~ range** à courte portée; **how could he have missed at such ~ range?** comment a-t-il pu rater de si près?; **it's only a ~ distance from here** ce n'est pas très loin (d'ici); **they continued for a ~ distance** ils ont poursuivi un peu leur chemin. **-3.** [in height] petit, de petite taille. **-4.** [period, interval] court, bref; **a ~ stay** un court séjour; **you should take a ~ holiday** vous devriez prendre quelques jours de vacances; **after a ~ time** après un court intervalle OR un petit moment; **to have a ~ memory** avoir la mémoire courte; **she was in London for a ~ time** elle a passé quelque temps à Londres; **I met him a ~ time** OR **while later** je l'ai rencontré peu (de temps) après; **it's rather ~ no-**

tice to invite them for tonight c'est un peu juste pour les inviter ce soir; **time's getting** ~ il ne reste plus beaucoup de temps; **the days are getting** ~er les jours raccourcissent; **to demand** ~**er hours/a** ~**er working week** exiger une réduction des heures de travail/une réduction du temps de travail hebdomadaire ❏ **in the** ~ **run** à court terme; **to be on** ~ **time** Br faire des journées réduites. **-5.** FIN: ~ **loan/investment** prêt m/investissement m à court terme. **-6.** [abbreviated] HF is ~ **for high frequency** HF est l'abréviation de haute fréquence; **Bill is** ~ **for William** Bill est un diminutif de William. **-7.** [gruff] brusque, sec (f sèche); **she tends to be a bit** ~ **with people** elle a tendance à être un peu brusque avec les gens; **to have a** ~ **temper** être irascible. **-8.** [sudden – sound, action] brusque; **her breath came in** ~ **gasps** elle avait le souffle court; **he gave a** ~ **laugh** il eut un rire bref; ~, **sharp shock** punition sévère mais de courte durée. **-9.** [lacking, insufficient]: **to give sb** ~ **weight** ne pas donner le bon poids à qqn; **whisky is in** ~ **supply** on manque OR on est à court de whisky; **to be** ~ **of breath** (in general) avoir le souffle court; [at the moment] être hors d'haleine; **to be** ~ **of staff** manquer de personnel; **to be** ~ **of sleep** n'avoir pas assez dormi; **I'm a bit** ~ **(of money) at the moment** je suis un peu à court (d'argent) en ce moment; **he's a bit** ~ **on imagination** fig il manque un peu d'imagination. **-10.** Br [drink]: **a** ~ **drink** un petit verre. **-11.** LING bref; ~ **syllable/vowel** syllabe/voyelle brève. **-12.** CULIN [pastry] ≈ brisé. **-13.** ST. EX [sale] à découvert. **-14.** [in betting – odds] faible.
◇ adv **-1.** [suddenly]: **to stop** ~ s'arrêter net ❏ **to pull** OR **to bring sb up** ~ interrompre qqn; **to be taken** OR **caught** ~ Br inf être pris de façon pressant. **-2.** phr: **to fall** ~ **of** [objective, target] ne pas atteindre; [expectations] ne pas répondre à; **to go** ~ **(of sthg)** manquer (de qqch); **to run** ~ **(of sthg)** être à court (de qqch).
◇ vt ELEC court-circuiter.
◇ vi ELEC se mettre en court-circuit.
◇ n **-1.** inf ELEC court-circuit m. **-2.** Br [drink] alcool servi dans de petits verres. **-3.** CIN court-métrage m.
◆ **shorts** npl [short trousers] short m; **a pair of khaki** ~**s** un short kaki ‖ [underpants] caleçon m.
◆ **for short** adv phr: **they call him Ben for** ~ on l'appelle Ben pour faire plus court; **trinitrotoluene, or TNT for** ~ le trinitrotoluène ou TNT en abrégé.
◆ **in short** adv phr (en) bref.
◆ **short of** prep phr sauf; **he would do anything** ~ **of stealing** il ferait tout sauf voler; **nothing** ~ **of a miracle can save him now** seul un miracle pourrait le sauver maintenant; ~ **of resigning, what can I do?** à part démissionner, que puis-je faire?

**shortage** ['ʃɔːtɪdʒ] n [of labour, resources, materials] manque m, pénurie f; [of food] disette f, pénurie f; [of money] manque m; **a petrol** ~, **a** ~ **of petrol** une pénurie d'essence; **the housing/energy** ~ la crise du logement/de l'énergie; **there's no** ~ **of good restaurants in this part of town** les bons restaurants ne manquent pas dans ce quartier.

**short back and sides** n coupe f courte OR dégagée sur la nuque et derrière les oreilles.

**shortbread** ['ʃɔːtbred] n sablé m; ~ **biscuit** Br sablé m.

**shortcake** ['ʃɔːtkeɪk] n **-1.** Br CULIN [biscuit] = **shortbread**. **-2.** [cake] tarte f sablée.

**short-change** vt **-1.** literal: **to** ~ **sb** ne pas rendre assez (de monnaie) à qqn. **-2.** inf [swindle] rouler, escroquer.

**short circuit** n court-circuit m.
◆ **short-circuit** ◇ vt ELEC OR fig court-circuiter. ◇ vi se mettre en court-circuit.

**shortcoming** ['ʃɔːt,kʌmɪŋ] n défaut m.

**shortcrust pastry** ['ʃɔːtkrʌst-] n pâte f brisée.

**short cut** n literal OR fig raccourci m; **to take a** ~ prendre un raccourci.

**shorten** ['ʃɔːtn] ◇ vt **-1.** [in length – garment, string] raccourcir; [– text, article, speech] raccourcir, abréger; **the name James is often** ~ed **to Jim** Jim est un diminutif courant de James. **-2.** [in time] écourter; **the new railway line will** ~ **the journey time to London** la nouvelle ligne de chemin de fer réduira le temps de trajet jusqu'à Londres. ◇ vi **-1.** [gen] (se) raccourcir. **-2.** [in betting – odds] devenir moins favorable.

**shortening** ['ʃɔːtnɪŋ] n **-1.** CULIN matière f grasse. **-2.** [of gar-

ment, string] raccourcissement m; [of text, speech] raccourcissement m, abrègement m; [of time, distance] réduction f.

**shortfall** ['ʃɔːtfɔːl] n insuffisance f, manque m; **there's a** ~ **of $100** il manque 100 dollars.

**short-haired** adj [person] à cheveux courts; [animal] à poil ras.

**shorthand** ['ʃɔːthænd] n sténographie f, sténo f; **to take notes in** ~ prendre des notes en sténo.

**shorthanded** [,ʃɔːt'hændɪd] adj à court de personnel.

**shorthand typist** n sténodactylo mf.

**short-haul** adj [transport] à courte distance; ~ **aircraft** court-courrier m.

**shorthorn** ['ʃɔːthɔːn] n shorthorn m (race de bovins).

**shortie** ['ʃɔːtɪ] n inf = **shorty**.

**short list** n Br liste f de candidats présélectionnés.
◆ **short-list** vt Br: **five candidates have been** ~ed cinq candidats ont été présélectionnés.

**short-lived** [-'lɪvd] adj [gen] de courte durée, éphémère, bref; [animal, species] éphémère.

**shortly** ['ʃɔːtlɪ] adv **-1.** [soon] bientôt, sous peu, avant peu; ~ **afterwards** peu (de temps) après. **-2.** [gruffly] sèchement, brusquement. **-3.** [briefly] brièvement, en peu de mots.

**short-order cook** n cuisinier m, -ère f dans un snack-bar.

**short-range** adj **-1.** [weapon] de courte portée; [vehicle, aircraft] à rayon d'action limité. **-2.** [prediction, outlook] à court terme.

**shortsighted** [,ʃɔːt'saɪtɪd] adj **-1.** literal myope. **-2.** fig [person] qui manque de perspicacité OR de prévoyance; [plan, policy] à courte vue.

**shortsightedness** [,ʃɔːt'saɪtɪdnɪs] n **-1.** literal myopie f. **-2.** fig myopie f, manque m de perspicacité OR de prévoyance.

**short-sleeved** adj à manches courtes.

**short-staffed** [-'stɑːft] adj à court de personnel.

**short-stay** adj: ~ **car park** parking m courte durée; ~ **patient** patient m hospitalisé pour une courte durée.

**short story** n nouvelle f.

**short-tempered** adj irascible, irritable.

**short tennis** n tennis m pour enfants.

**short-term** adj à court terme; ~ **loan** prêt m à court terme.

**short-time** adj Br: **to be on** ~ **working** être en chômage partiel.

**short ton** n tonne f (américaine), short ton f.

**short wave** n onde f courte; **on** ~ sur ondes courtes.
◆ **short-wave** comp [radio] à ondes courtes; [programme, broadcasting] sur ondes courtes.

**shorty** ['ʃɔːtɪ] (pl **shorties**) n inf petit m, -e f, minus m.

**Shostakovich** [,ʃɒstə'kəʊvɪtʃ] pr n Chostakovitch.

**shot** [ʃɒt] ◇ pt & pp → **shoot**. ◇ n **-1.** [instance of firing] coup m (de feu); **to have** OR **to fire** OR **to take a** ~ **at sthg** tirer sur qqch ❏ **a** ~ **across the bows** literal & fig un coup de semonce; **it was a** ~ **in the dark** j'ai/il a etc dit ça au hasard; **the dog was off like a** ~ inf le chien est parti comme une flèche; **I'd accept the offer like a** ~ inf j'accepterais l'offre sans la moindre hésitation. **-2.** [sound of gun] coup m de feu. **-3.** (U) [shotgun pellets] plomb m, plombs mpl. **-4.** [marksman] tireur m, -euse f; **he's a good** ~ c'est une excellente tireuse, elle tire bien; **she's a poor** ~ elle tire mal. **-5.** SPORT [at goal – in football, hockey etc] tir m; [stroke – in tennis, cricket, billiards etc] coup m; [throw – in darts] lancer m; **good** ~! bien joué! ❏ **to call the** ~**s** mener le jeu; **to call one's** ~ Am inf annoncer la couleur. **-6.** SPORT: **to put the** ~ lancer le poids. **-7.** ASTRONAUT [launch] tir m. **-8.** PHOT photo f; CIN plan m, prise f de vue; **the opening** ~**s of the film** les premières images du film. **-9.** inf [try] tentative f, essai m; **I'd like to have a** ~ **at it** j'aimerais tenter le coup. **-10.** [injection] piqûre f; **a** ~ **in the arm** fig un coup de fouet fig. **-11.** inf [drink] (petit) verre m.
◇ adj **-1.** Br [rid]: **to get** ~ **of sthg/sb** inf se débarrasser de qqch/qqn. **-2.** [streaked] strié; ~ **silk** soie f changeante; **the book is** ~ **through with subtle irony** fig le livre est plein d'une ironie subtile. **-3.** esp Am inf [exhausted] épuisé, crevé; [broken, spoilt] fichu, bousillé; **my nerves are** ~ je suis à bout de nerfs.

**shotgun** ['ʃɒtgʌn] ◇ n fusil m de chasse. ◇ adj forcé; **a** ~ **merger** une fusion imposée. ◇ adv Am: **to ride** ~ voyager comme passager.

**shotgun wedding** *n* mariage *m* forcé.

**shot put** *n* lancer *m* du poids.

**shot putter** *n* lanceur *m*, -euse *f* de poids.

**should** [ʃʊd] *modal vb* **-1.** [indicating duty, necessity]: I ~ be working, not talking to you je devrais être en train de travailler au lieu de parler avec vous; papers ~ not exceed ten pages les devoirs ne devront pas dépasser dix pages ‖ [indicating likelihood]: they ~ have arrived by now ils devraient être arrivés maintenant ‖ [indicating what is acceptable, desirable etc]: you shouldn't have done that! tu n'aurais pas dû faire ça!; you ~ have seen the state of the house! si tu avais vu dans quel état était la maison!; you ~ hear the way he talks! il faut voir comment il s'exprime!; ~ he tell her? — yes he ~ est-ce qu'il devrait le lui dire? — oui, sans aucun doute; I'm very sorry — and so you ~ be! je suis vraiment désolé — il y a de quoi!; why shouldn't I enjoy myself now and then? pourquoi est-ce que je n'aurais pas le droit de m'amuser de temps en temps? ‖ [prefacing an important remark]: I ~ perhaps say, at this point, that... à ce stade, je devrais peut-être dire que... **-2.** *(forming conditional tense)* [would]: I ~ like to meet your parents j'aimerais rencontrer vos parents; I ~ have thought the answer was obvious j'aurais pensé que la réponse était évidente; ~ you be interested, I know a good hotel there si cela vous intéresse, je connais un bon hôtel là-bas; how ~ I know? comment voulez-vous que je le sache?; I ~ think so/not! j'espère bien/bien que non!**-3.** [were to – indicating hypothesis, speculation]: if I ~ forget si (jamais) j'oublie; I'll be upstairs ~ you need me je serai en haut si (jamais) vous avez besoin de moi. **-4.** [after 'that' and in expressions of feeling, opinion etc]: it's strange (that) she ~ do that c'est bizarre qu'elle fasse cela; I'm anxious that she ~ come je tiens à ce qu'elle vienne. **-5.** *(after 'who' or 'what')* [expressing surprise] and who ~ I meet but Betty! et sur qui je tombe? Betty!**-6.** *inf & iron* [needn't]: he ~ worry (about money), he owns half of Manhattan! tu parles qu'il a des soucis d'argent, la moitié de Manhattan lui appartient!

**shoulder** [ˈʃəʊldəʳ] ◇ *n* **-1.** [part of body, of garment] épaule *f*; he's got broad ~s il est large d'épaules OR de carrure; you can carry it over your ~ tu peux le porter en bandoulière; I looked over my ~ j'ai jeté un coup d'œil derrière moi ❑ to cry on sb's ~ pleurer sur l'épaule de qqn; we all need a ~ to cry on nous avons tous besoin d'une épaule pour pleurer; to put one's ~ to the wheel s'atteler à la tâche; to stand ~ to ~ être coude à coude. **-2.** CULIN épaule *f*.**-3.** [along road] accotement *m*, bas-côté *m*.**-4.** [on hill, mountain] replat *m*; [of bottle] renflement *m*. ◇ *vt* **-1.** [pick up] charger sur son épaule; to ~ arms MIL se mettre au port d'armes; ~ arms! MIL portez armes!**-2.** *fig* [take on – responsibility, blame] assumer; [cost] faire face à. **-3.** [push] pousser (de l'épaule); I ~ed my way through the crowd je me suis frayé un chemin à travers la foule (en jouant des épaules).

**shoulder bag** *n* sac *m* à bandoulière.

**shoulder blade** *n* omoplate *f*.

**shoulder-high** ◇ *adj* qui arrive (jusqu') à l'épaule. ◇ *adv*: to carry sb ~ porter qqn en triomphe.

**shoulder holster** *n* holster *m*.

**shoulder pad** *n* [in garment] épaulette *f* *(coussinet de rembourrage)*; SPORT protège-épaule *m*.

**shoulder strap** *n* [on dress, bra, accordion] bretelle *f*; [on bag] bandoulière *f*.

**shouldn't** [ˈʃʊdnt] = should not.

**should've** [ˈʃʊdəv] = should have.

**shout** [ʃaʊt] ◇ *n* **-1.** [cry] cri *m*, hurlement *m*; give me a ~ if you need a hand appelle-moi si tu as besoin d'un coup de main. **-2.** *Br & Austr inf* [round of drinks] tournée *f*; whose ~ is it? c'est à qui de payer la tournée? ◇ *vi* crier, hurler; to ~ at the top of one's voice crier à tue-tête; to ~ (out) for help appeler au secours; he ~ed at me for being late il a crié parce que j'étais en retard ❑ my new job is nothing to ~ about *inf* mon nouveau travail n'a rien de bien passionnant. ◇ *vt* crier; the sergeant ~ed (out) an order le sergent hurla un ordre; they ~ed themselves hoarse ils crièrent jusqu'à en perdre la voix.

◆ **shout down** *vt sep* [speaker] empêcher de parler en criant; [speech] couvrir par des cris; she was ~ed down les gens ont hurlé tellement fort qu'elle n'a pas pu parler.

**shouting** [ˈʃaʊtɪŋ] *n (U)* cris *mpl*, vociférations *fpl*; it's all over bar the ~ l'affaire est dans le sac.

**shove** [ʃʌv] ◇ *vt* **-1.** [push] pousser; [push roughly] pousser sans ménagement; he ~d me out of the way il m'a écarté sans ménagement ‖ [insert, stick] enfoncer; he ~d an elbow into my ribs il m'enfonça son coude dans les côtes. **-2.** *inf* [put hurriedly or carelessly] mettre, flanquer, ficher; ~ a few good quotes in and it'll be fine tu y ajoutes quelques citations bien choisies et ce sera parfait. ◇ *vi* **-1.** [push] pousser; [jostle] se bousculer; people kept pushing and shoving les gens n'arrêtaient pas de se bousculer. **-2.** *Br inf* [move up] se pousser; ~ up OR over OR along a bit pousse-toi un peu. ◇ *n* **-1.** [push] poussée *f*; to give sb/sthg a ~ pousser qqn/ qqch. **-2.** *inf phr*: to give sb the ~ sacquer qqn; to get the ~ se faire sacquer.

◆ **shove about** *Br*, **shove around** *vt sep* [jostle] bousculer; [mistreat] malmener.

◆ **shove off** *vi insep* **-1.** *inf* [go away] se casser, se tirer. **-2.** [boat] pousser au large. ◇ *vt sep* [boat] pousser au large, déborder.

**shovel** [ˈʃʌvl] *(Br pt & pp* **shovelled**, *cont* **shovelling**, *Am pt & pp* **shoveled**, *cont* **shoveling**) ◇ *n* pelle *f*; [on excavating machine] pelle *f*, godet *m*; coal ~ pelle mécanique. ◇ *vt* [coal, earth, sand] pelleter; [snow] déblayer (à la pelle); they shovelled the gravel onto the drive avec une pelle, ils ont répandu les gravillons sur l'allée; to ~ food into one's mouth *inf* enfourner de la nourriture.

**show** [ʃəʊ] *(pt* showed, *pp* shown [ʃəʊn]) ◇ *vt* **-1.** [display, present] montrer, faire voir; to ~ sthg to sb, to ~ sb sthg montrer qqch à qqn; you have to ~ your pass/your ticket on the way in il faut présenter son laissez-passer/son billet à l'entrée; I had very little to ~ for my efforts mes efforts n'avaient donné que peu de résultats; three months' work, and what have we got to ~ for it? trois mois de travail, et qu'est-ce que cela nous a rapporté?; if he ever ~s himself round here again, I'll kill him! si jamais il se montre encore par ici, je le tue!; to ~ one's age faire son âge ‖ [reveal – talent, affection, readiness, reluctance] montrer, faire preuve de; she never ~s any emotion elle ne laisse jamais paraître OR ne montre jamais ses sentiments; to ~ a preference for sthg manifester une préférence pour qqch; they will be shown no mercy ils seront traités sans merci; the audience began to ~ signs of restlessness le public a commencé à s'agiter; the situation is ~ing signs of improvement la situation semble être en voie d'amélioration. **-2.** [prove] montrer, démontrer, prouver; it just goes to ~ that nothing's impossible c'est la preuve que rien n'est impossible. **-3.** [register – subj: instrument, dial, clock] marquer, indiquer. **-4.** [represent, depict] montrer, représenter. **-5.** [point out, demonstrate] montrer, indiquer; ~ me how to do it montrez-moi comment faire; to ~ (sb) the way montrer le chemin (à qqn); to ~ the way *fig* donner l'exemple ❑ I'll ~ you! *inf* tu vas voir!**-6.** [escort, accompany] let me ~ you to your room je vais vous montrer votre chambre; will you ~ this gentleman to the door? veuillez reconduire Monsieur à la porte; an usherette ~ed us to our seats une ouvreuse nous a conduits à nos places. **-7.** [profit, loss] faire; prices ~ a 10% increase on last year les prix sont en hausse OR ont augmenté de 10 % par rapport à l'an dernier. **-8.** [put on – film, TV programme] passer; the film has never been shown on television le film n'est jamais passé à la télévision. **-9.** [exhibit – work of art, prize, produce] exposer.

◇ *vi* **-1.** [be visible – gen] se voir; [– petticoat] dépasser; she doesn't like him, and it ~s elle ne l'aime pas, et ça se voit; their tiredness is beginning to ~ ils commencent à donner des signes de fatigue. **-2.** [be on – film, TV programme] passer. **-3.** *Br* [in a vote] lever la main. **-4.** *Am inf* [turn up] arriver, se pointer.

◇ *n* **-1.** [demonstration, display] démonstration *f*, manifestation *f*; [pretence] semblant *m*, simulacre *m*; she put on a ~ of indifference elle a fait semblant d'être indifférente ‖ [ostentation] ostentation *f*, parade *f*; he always makes such a ~ of his knowledge il faut toujours qu'il fasse étalage de ses connaissances; the metal strips are just for ~ les bandes métalliques ont une fonction purement décorative ❑ a ~ of strength une démonstration de force; a ~ of hands un vote à main levée. **-2.** THEAT spectacle *m*; TV émission *f*; the ~ must go on THEAT & *fig* le spectacle continue. **-3.** [exhibition] exposition *f*; [trade fair] foire *f*, salon *m*; I dislike most of the paintings on ~ je n'aime pas la plupart des tableaux exposés; the agricultural/motor ~ le salon de l'agriculture/de l'auto. **-4.** *inf* [business, affair] affaire *f*; it's up to you, it's your ~ c'est à toi de décider, c'est toi le chef ❑ let's get this ~ on the road! il faut y aller maintenant!**-5.** [achievement, performance] performance *f*, prestation *f*; the team put up a pretty good ~ l'équipe s'est bien défendue; it's a pretty poor ~ when your own mother forgets your birthday c'est un peu triste que ta propre mère oublie ton anniversaire ❑ (jolly) good ~, Henry! *dated* bravo, Henry!

◆ **show around** *vt sep* faire visiter; my secretary will ~ you around (the factory) ma secrétaire va vous faire visiter (l'usine).

◆ **show in** *vt sep* faire entrer.

◆ **show off** ◇ *vi insep* crâner, frimer, se faire remarquer; stop ~ing off! arrête de te faire remarquer! ◇ *vt sep* **-1.** [parade] faire étalage de; to ~ off one's skill faire étalage de son savoir-faire. **-2.** [set off] mettre en valeur.

◆ **show out** *vt sep* reconduire OR raccompagner (à la porte).

◆ **show over** *Br* = **show around**.

◆ **show round** = **show around**.

◆ **show through** *vi insep* se voir (à travers), transparaître.

◆ **show up** ◇ *vi insep* **-1.** *inf* [turn up, arrive] arriver. **-2.** [be visible] se voir, être visible; the difference is so slight it hardly ~s up at all la différence est tellement minime qu'elle se remarque à peine. ◇ *vt sep Br* **-1.** [unmask] démasquer; the investigation ~ed him up for the coward he is l'enquête a révélé sa lâcheté. **-2.** [draw attention to – deficiency, defect] faire apparaître, faire ressortir. **-3.** [embarrass] faire honte à.

**showbiz** ['ʃəʊbɪz] *n inf* show-biz *m*, monde *m* du spectacle.

**show business** *n* show-business *m*, monde *m* du spectacle; a show-business personality une personnalité du monde du spectacle.

**showcase** ['ʃəʊkeɪs] ◇ *n* vitrine *f*. ◇ *adj* [role] prestigieux; [operation] de prestige. ◇ *vt* servir de vitrine à *fig*.

**showdown** ['ʃəʊdaʊn] *n* **-1.** [confrontation] confrontation *f*, épreuve *f* de force. **-2.** [in poker] étalement *m* du jeu.

**shower** ['ʃaʊə<sup>r</sup>] ◇ *n* **-1.** [for washing] douche *f*; to have OR to take a ~ prendre une douche. **-2.** METEOR averse *f*; scattered ~s averses intermittentes; a snow ~ une chute de neige. **-3.** [stream – of confetti, sparks, gravel] pluie *f*; [– of praise, abuse] avalanche *f*; [– of blows] pluie *f*, volée *f*, grêle *f*.**-4.** *Am* [party] fête au cours de laquelle les invités offrent des cadeaux. **-5.** *Br inf & pej* [group] bande *f*; what a ~! quelle bande de crétins! ◇ *vi* **-1.** [have a shower] prendre une douche, se doucher. **-2.** [rain] pleuvoir par averses; it's started to ~ il a commencé à pleuvoir. **-3.** *fig* [rain down] pleuvoir. ◇ *vt*: passers-by were ~ed with broken glass des passants ont été atteints par des éclats de verre; they ~ed him with gifts, they ~ed gifts on him ils l'ont comblé de cadeaux; to ~ sb with kisses couvrir qqn de baisers.

**shower cap** *n* bonnet *m* de douche.

**showerproof** ['ʃaʊəpruːf] *adj* imperméable.

**showery** ['ʃaʊərɪ] *adj*: it will be rather a ~ day tomorrow il y aura des averses demain.

**showgirl** ['ʃəʊgɜːl] *n* girl *f*.

**showground** ['ʃəʊgraʊnd] *n* parc *m* d'expositions.

**show house** *n* maison *f* témoin.

**showily** ['ʃəʊɪlɪ] *adv* de façon voyante OR ostentatoire.

**showing** ['ʃəʊɪŋ] *n* **-1.** [of paintings, sculpture] exposition *f*; [of film] projection *f*, séance *f*; a special midnight ~ une séance spéciale à minuit. **-2.** [performance] performance *f*, prestation *f*; on its present ~ our party should win hands down à en juger par ses performances actuelles, notre parti devrait gagner haut la main.

**showing off** *n*: I've had enough of his ~ j'en ai assez de sa vantardise.

**show jumper** *n* [rider] cavalier, -ère *m* (*participant à des concours de saut d'obstacle*); [horse] sauteur *m*.

**show jumping** *n* jumping *m*, concours *m* de saut d'obstacles.

**showman** ['ʃəʊmən] (*pl* **showmen** [-mən]) *n* THEAT metteur *m* en scène; [in fairground] forain *m*; [circus manager] propriétaire *m* de cirque.

**showmanship** ['ʃəʊmənʃɪp] *n* sens *m* de la mise en scène.

**shown** [ʃəʊn] *pp* → **show**.

**show-off** *n inf* frimeur *m*, -euse *f*.

**showpiece** ['ʃəʊpiːs] *n*: that carpet is a real ~ ce tapis est une pièce remarquable; the ~ of his collection le joyau de sa collection.

**showroom** ['ʃəʊrʊm] *n* salle *f* OR salon *m* d'exposition.

**showstopper** ['ʃəʊ,stɒpə<sup>r</sup>] *n* numéro *m* sensationnel; her song was a real ~ sa chanson a eu OR remporté un succès fou.

**show trial** *n* procès *m* à grand spectacle.

**showy** ['ʃəʊɪ] (*compar* **showier**, *superl* **showiest**) *adj* voyant, ostentatoire.

**shrank** [ʃræŋk] *pt* → **shrink**.

**shrapnel** ['ʃræpnl] *n* **-1.** (*U*) [fragments] éclats *mpl* d'obus; a piece of ~ un éclat d'obus. **-2.** [shell] shrapnel *m*.

**shred** [ʃred] ◇ *n* **-1.** [of paper, fabric etc] lambeau *m*; in ~s en lambeaux; to tear sthg to ~s *literal* déchirer qqch en petits morceaux; *fig* démolir qqch. **-2.** [of truth, evidence] parcelle *f*. ◇ *vt* **-1.** [tear up – paper, fabric] déchiqueter. **-2.** CULIN râper.

**shredder** ['ʃredə<sup>r</sup>] *n* **-1.** CULIN [manual] râpe *f*; [in food processor] disque-râpeur *m*.**-2.** [for documents] destructeur *m* de documents.

**shrew** [ʃruː] *n* **-1.** ZOOL musaraigne *f*.**-2.** *pej* [woman] mégère *f*, harpie *f*.

**shrewd** [ʃruːd] *adj* [person – astute] perspicace; [– crafty] astucieux, rusé, habile; [judgment] perspicace; to make a ~ guess deviner juste; a ~ investment un placement judicieux.

**shrewdly** ['ʃruːdlɪ] *adv* [act] avec perspicacité OR sagacité; [answer, guess] astucieusement.

**shrewish** ['ʃruːɪʃ] *adj* [woman, character] acariâtre, hargneux.

**shriek** [ʃriːk] ◇ *vi* hurler, crier; to ~ with pain pousser un cri de douleur; to ~ with laughter hurler de rire. ◇ *vt* hurler, crier.

**shrift** [ʃrɪft] *n* **-1.** *arch* [confession] confession *f*; [absolution] absolution *f*.**-2.** *phr*: to give sb short ~ envoyer promener qqn.

**shrike** [ʃraɪk] *n* pie-grièche *f*.

**shrill** [ʃrɪl] ◇ *adj* perçant, aigu (*f* -uë), strident. ◇ *vi* [siren, whistle] retentir. ◇ *vt* crier d'une voix perçante.

**shrilly** ['ʃrɪlɪ] *adv* [say, sing] d'une voix perçante OR aiguë; [whistle] d'une manière stridente.

**shrimp** [ʃrɪmp] ◇ *n* **-1.** ZOOL crevette *f*; ~ cocktail cocktail *m* de crevettes. **-2.** *inf & pej* [small person] minus *m*, avorton *m*. ◇ *vi* to go ~ing aller aux crevettes.

**shrine** [ʃraɪn] *n* **-1.** [place of worship] lieu *m* saint. **-2.** [container for relics] reliquaire *m*.**-3.** [tomb] tombe *f*, mausolée *m*.**-4.** *fig* haut lieu *m*.

**shrink** [ʃrɪŋk] (*pt* **shrank** [ʃræŋk], *pp* **shrunk** [ʃrʌŋk]) ◇ *vi* **-1.** [garment, cloth] rétrécir. **-2.** [grow smaller – gen] rétrécir, rapetisser; [– economy] se contracter; [– meat] réduire; [– person] rapetisser; [– numbers, profits, savings] diminuer, baisser; [– business, trade] se réduire; the village seems to have shrunk le village semble plus petit; my savings have shrunk (away) to nothing mes économies ont complètement fondu. **-3.** [move backwards] reculer; they shrank (away OR back) in horror ils reculèrent, horrifiés; to ~ into o.s. se refermer OR se replier sur soi-même. **-4.** [shy away] se dérober; [hesitate] répugner; he ~s from any responsibility il se dérobe devant n'importe quelle responsabilité; she shrank from the thought of meeting him again l'idée de le revoir lui faisait peur. ◇ *vt* (faire) rétrécir. ◇ *n inf & pej* [psychiatrist, psychoanalyst] psy *mf*.

**shrinkage** ['ʃrɪŋkɪdʒ] *n* (*U*) **-1.** [gen] rétrécissement *m*, contraction *f*; allow for ~ tenir compte du rétrécissement; they forecast a further ~ in output ils prévoient une nouvelle diminution de la production. **-2.** COMM [of goods in transit] pertes *fpl*; [of goods stolen] vol *m* (des stocks).

**shrinking violet** *n* personne *f* sensible et timide.

**shrink-wrap** (*pt & pp* **shrink-wrapped**, *cont* **shrink-wrapping**) *vt* emballer sous film plastique.

**shrivel** ['ʃrɪvl] (*Br pt & pp* **shrivelled**, *cont* **shrivelling**, *Am pt & pp* **shriveled**, *cont* **shriveling**) ◇ *vi* [fruit, vegetable] se dessécher, se ratatiner; [leaf] se recroqueviller; [flower, crops] se flétrir; [face, skin] se flétrir; [meat, leather] se racornir. ◇ *vt* [fruit, vegetable] dessécher, ratatiner; [leaf] dessécher; [flower, crops] flétrir; [face, skin] flétrir, rider, parcheminer; [meat, leather] racornir.

◆ **shrivel up** *vi insep* & *vt sep* = **shrivel.**

**shroud** [fraud] ◇ *n* -**1.** [burial sheet] linceul *m*, suaire *m*.-**2.** *fig* [covering] voile *m*, linceul *m*; a ~ of mist/mystery un voile de brume/mystère. -**3.** [shield – for spacecraft] coiffe *f*.-**4.** [rope, cord – for aerial, mast etc] hauban *m*; [– on parachute] suspente *f*. ◇ *vt* -**1.** [body] envelopper dans un linceul OR suaire. -**2.** [obscure] voiler, envelopper; the town was ~ed in mist/darkness la ville était noyée dans la brume/plongée dans l'obscurité; its origins are ~ed in mystery ses origines sont entourées de mystère.

**Shrovetide** ['frəʊvtaɪd] *n* les jours *mpl* gras (*précédant le Carême*).

**Shrove Tuesday** [frəʊv-] *pr n* Mardi gras.

**shrub** [frʌb] *n* arbrisseau *m*, arbuste *m*.

**shrubbery** ['frʌbərɪ] (*pl* **shrubberies**) *n* [shrub garden] jardin *m* d'arbustes; [scrubland] maquis *m*.

**shrug** [frʌg] (*pt* & *pp* **shrugged**, *cont* **shrugging**) ◇ *vt*: to ~ one's shoulders hausser les épaules. ◇ *vi* hausser les épaules. ◇ *n* haussement *m* d'épaules.

◆ **shrug off** *vt sep* [disregard] dédaigner; to ~ off one's problems faire abstraction de ses problèmes; it's not a problem you can simply ~ off on ne peut pas faire simplement comme si le problème n'existait pas.

**shrunk** [frʌŋk] *pp* ~ **shrink.**

**shrunken** ['frʌŋkn] *adj* [garment, fabric] rétréci; [person, body] ratatiné, rapetissé; [head] réduit.

**shuck** [fʌk] *Am* ◇ *n* [pod] cosse *f*; [of nut] écale *f*; [of chestnut] bogue *f*; [of maize] spathe *f*; [of oyster] coquille *f*. ◇ *vt* -**1.** [beans, peas] écosser; [nuts] écaler; [chestnuts, maize] éplucher; [oysters] écailler. -**2.** *inf* [discard] se débarrasser de; to ~ (off) one's clothes se déshabiller.

**shucks** [fʌks] *interj inf* (ah) zut.

**shudder** ['fʌdər] *vi* -**1.** [person] frissonner, frémir, trembler; I ~ to think how much it must have cost! je frémis rien que de penser au prix que ça a dû coûter!; I wonder what they're doing now? — I ~ to think! je me demande ce qu'ils sont en train de faire — je préfère ne pas savoir!-**2.** [vehicle, machine] vibrer; [stronger] trépider; the train ~ed to a halt le train s'arrêta dans une secousse.

**shuffle** ['fʌfl] ◇ *vi* -**1.** [walk] traîner les pieds. -**2.** [fidget] remuer, s'agiter. -**3.** [in card games] battre les cartes. ◇ *vt* -**1.** [walk]: to ~ one's feet traîner les pieds. -**2.** [move round – belongings, papers] remuer. -**3.** [cards] battre, brasser; [dominoes] mélanger, brasser. ◇ *n* -**1.** [walk] pas *m* traînant. -**2.** [of cards] battage *m*; it's your ~ c'est à toi de battre (les cartes).

◆ **shuffle off** ◇ *vi sep* partir en traînant les pieds; to ~ off this mortal coil *lit* OR *hum* quitter cette vie. ◇ *vt sep* [responsibility] se dérober à.

**shun** [fʌn] (*pt* & *pp* **shunned**, *cont* **shunning**) *vt* fuir, éviter.

**shunt** [fʌnt] ◇ *vt* -**1.** [move] déplacer. -**2.** *Br* RAIL [move about] manœuvrer; [direct] aiguiller; [marshal] trier; the carriages had been ~ed into a siding les wagons avaient été mis sur une voie de garage. -**3.** ELEC [circuit] monter en dérivation; [current] dériver. ◇ *n* -**1.** RAIL manœuvrer. -**2.** [travel back and forth] faire la navette. ◇ *n* -**1.** RAIL manœuvre *f* (de triage). -**2.** ELEC shunt *m*, dérivation *f*.-**3.** MED shunt *m*.-**4.** *Br inf* [car crash] collision *f*.

**shunting** ['fʌntɪŋ] ◇ *n* -**1.** RAIL manœuvres *fpl* (de triage). -**2.** ELEC shuntage *m*, dérivation *f*. ◇ *comp* [engine, track] de manœuvre.

**shush** [fuʃ] ◇ *interj* chut. ◇ *vt*: he kept ~ing us il n'arrêtait pas de nous dire de nous taire.

**shut** [fʌt] (*pt* & *pp* **shut**, *cont* **shutting**) ◇ *vt* -**1.** [close] fermer; ~ your eyes! fermez les yeux! ❏ ~ your mouth OR your face! *inf* boucle-la!, la ferme!-**2.** [trap]: her skirt got ~ in the door sa robe est restée coincée dans la porte; I ~ my finger in the door je me suis pris le doigt dans la porte. ◇ *vi* -**1.** [door, window, container etc] (se) fermer; the door won't ~ la porte ne ferme pas. -**2.** [shop, gallery etc] fermer. ◇ *adj* fermé; keep your mouth OR trap ~! *inf* ferme-la!, boucle-la!

◆ **shut away** *vt sep* [criminal, animal] enfermer; [precious objects] mettre sous clé.

◆ **shut down** ◇ *vt sep* [store, factory, cinema] fermer; [machine, engine] arrêter. ◇ *vi insep* [store, factory, cinema] fermer.

◆ **shut in** *vt sep* enfermer; he went to the bathroom and ~ himself in il est allé à la salle de bains et s'y est enfermé.

◆ **shut off** ◇ *vt sep* -**1.** [cut off – supplies, water, electricity] couper; [– radio, machine] éteindre, arrêter. -**2.** [isolate] couper, isoler; the village was ~ off from the rest of the world le village a été coupé du reste du monde. -**3.** [block] boucher. ◇ *vi insep* se couper, s'arrêter; it ~s off automatically ça s'arrête automatiquement.

◆ **shut out** *vt sep* -**1.** [of building, room]: she ~ us out elle nous a enfermés dehors; we got ~ out nous ne pouvions plus rentrer. -**2.** [exclude] exclure; he drew the curtains to ~ out the light il tira les rideaux pour empêcher la lumière d'entrer. -**3.** [block out – thought, feeling] chasser (de son esprit). -**4.** SPORT [opponent] empêcher de marquer.

◆ **shut up** ◇ *vi insep* -**1.** *inf* [be quiet] se taire; ~ up! taistoi!-**2.** [close] fermer. ◇ *vt sep* -**1.** [close – shop, factory] fermer. -**2.** [lock up] enfermer. -**3.** *inf* [silence] faire taire.

**shutdown** ['fʌtdaʊn] *n* fermeture *f* définitive.

**shut-eye** *n inf*: to get a bit of ~ faire un somme, piquer un roupillon.

**shut-in** ◇ *adj* confiné, enfermé. ◇ *n Am* malade *m* qui reste confiné, malade *f* qui reste confinée.

**shutoff** ['fʌtɒf] *n* -**1.** [device]: the automatic ~ didn't work le dispositif d'arrêt automatique n'a pas fonctionné. -**2.** [action] arrêt *m*.

**shutout** ['fʌtaʊt] *n* -**1.** INDUST lock-out *m*.-**2.** SPORT *Am* victoire écrasante (*remportée sans que l'adversaire marque un seul point*).

**shutter** ['fʌtər] *n* -**1.** [on window] volet *m*; to put up the ~s [gen] mettre les volets; [on shop] fermer boutique. -**2.** PHOT obturateur *m*.

**shuttered** ['fʌtəd] *adj* [with shutters fitted] à volets; [with shutters closed] aux volets fermés.

**shutter speed** *n* vitesse *f* d'obturation.

**shuttle** ['fʌtl] ◇ *n* -**1.** [vehicle, service] navette *f*; there is a ~ bus service from the station to the stadium il y a une navette d'autobus entre la gare et le stade. -**2.** [on weaving loom, sewing machine] navette *f*. -**3.** = **shuttlecock.** ◇ *vi* faire la navette. ◇ *vt*: passengers are ~d to the airport by bus les passagers sont transportés en bus à l'aéroport.

**shuttlecock** ['fʌtlkɒk] *n* volant *m* (*au badminton*).

**shuttle diplomacy** *n* navette *f* diplomatique.

**shy** [faɪ] (*compar* **shyer**, *superl* **shyest**, *pt* & *pp* **shied**) ◇ *adj* -**1.** [person – timid] timide; [– ill at ease] gêné, mal à l'aise; [– unsociable] sauvage; she gave a ~ smile elle sourit timidement; he's ~ of adults il est timide avec les adultes; she's camera ~ elle n'aime pas être prise en photo; to make sb ~ intimider qqn; most people are ~ of speaking in public la plupart des gens ont peur de parler en public; don't be ~ of asking for more n'hésitez pas à en redemander. -**2.** [animal, bird] peureux. -**3.** *Am* [short, lacking]: to be ~ of manquer de, être à court de. ◇ *n Br* -**1.** [throw] lancer *m*, jet *m*.-**2.** [attempt] essai *m*, tentative *f*. ◇ *vi* [horse] broncher; his horse shied at the last fence son cheval a bronché devant le dernier obstacle. ◇ *vt* lancer, jeter.

◆ **shy away from** *vt insep* éviter de.

**Shylock** ['faɪlɒk] *n pej* usurier *m*, -ère *f*.

**shyly** ['faɪlɪ] *adv* timidement.

**shyness** ['faɪnɪs] *n* timidité *f*.

**shyster** ['faɪstər] *n esp Am inf* [crook] escroc *m*, filou *m*; [corrupt lawyer] avocat *m* marron.

**si** [si:] *n* MUS si *m inv*.

**SI** (*abbr of* **Système International**) *n* SI *m*; ~ unit unité *f* SI.

**Siamese cat** *n* chat *m* siamois.

**Siamese twins** *npl* [male] frères *mpl* siamois; [female] sœurs *fpl* siamoises.

**SIB** (*abbr of* **Securities and Investments Board**) *pr n* organisme mis en place en 1986 pour superviser le marché financier londonien.

**Siberia** [saɪ'bɪərɪə] *pr n* Sibérie *f*; in ~ en Sibérie.

**Siberian** [saɪ'bɪərɪən] ◇ *n* Sibérien *m*, -enne *f*. ◇ *adj* sibérien.

**sibilance** ['sɪbɪləns] *n* sifflement *m*.
**sibilant** ['sɪbɪlənt] *adj* sifflant.
**sibilate** ['sɪbɪleɪt] ◇ *vt* prononcer en sifflant. ◇ *vi* siffler.
**sibling** ['sɪblɪŋ] ◇ *n* [brother] frère *m*; [sister] sœur *f*; all his ~s sa fratrie *spec*, tous ses frères et sœurs. ◇ *adj*: ~ rivalry rivalité *f* entre frères et sœurs.
**sibyl** ['sɪbl] *n* sibylle *f*.
**sic** [sɪk] *adv* sic.
**siccative** ['sɪkətɪv] *n* siccatif *m*.
**Sicilian** [sɪ'sɪljən] ◇ *n* -1. [person] Sicilien *m*, -enne *f*. -2. LING sicilien *m*. ◇ *adj* sicilien.
**Sicily** ['sɪsɪlɪ] *prn* Sicile *f*; in ~ en Sicile.
**sick** [sɪk] ◇ *adj* -1. [unwell – person, plant, animal] malade; [– state] maladif; to fall ~, to get OR to take ~ *Am* tomber malade; my secretary is off ~ ma secrétaire est en congé de maladie; they care for ~ people ils soignent les malades; to go *inf* OR to report ~ MIL se faire porter malade OR pâle; are you ~ in the head or something? *inf* tu n'es pas un peu malade?; to be ~ with fear/worry être malade de peur/d'inquiétude; you're so good at it you make me look ~! *Am inf* tu le fais si bien que j'ai l'air complètement nul!-2. [nauseous]: to be ~ vomir; to feel ~ avoir envie de vomir OR mal au coeur; I get ~ at the sight of blood la vue du sang me rend malade OR me soulève le cœur; oysters make me ~ les huîtres me rendent malade; you'll make yourself ~ if you eat too fast tu vas te rendre malade si tu manges trop vite □ to be ~ as a dog *inf* être malade comme un chien. -3. [fed up, disgusted] écœuré, dégoûté; I'm ~ (and tired) of telling you! j'en ai assez de te le répéter!; you make me ~! tu m'écœures OR me dégoûtes!; he was ~ of living alone il en avait assez de vivre seul □ to be ~ to death of sb/sthg *inf* en avoir vraiment assez OR ras le bol de qqn/qqch; I was as ~ as a parrot! *Br hum* j'en étais malade!; to be ~ at heart *lit* avoir la mort dans l'âme. -4. *inf* [unwholesome] malsain, pervers; [morbid – humour] malsain; [– joke] macabre; that's the ~est thing I ever heard! je n'ai jamais entendu quelque chose d'aussi écœurant! ◇ *npl*: the ~ les malades *mpl*. ◇ *n Br inf* [vomit] vomi *m*.
◆ **sick up** *vt sep Br inf* vomir, rendre.
**sick-bag** *n* sachet mis à la disposition des passagers malades dans les avions.
**sickbay** ['sɪkbeɪ] *n* infirmerie *f*.
**sickbed** ['sɪkbed] *n* lit *m* de malade.
**sick building syndrome** *n* effets néfastes du séjour dans un environnement muni de l'air conditionné.
**sicken** ['sɪkn] ◇ *vt* -1. [disgust, distress] écœurer, dégoûter. -2. [make nauseous] donner mal au cœur à, écœurer; [make vomit] faire vomir. ◇ *vi* -1. [fall ill – person, animal] tomber malade; [– plant] dépérir; to be ~ing for something *Br* il couve quelque chose. -2. *lit* [become weary] se lasser.
**sickening** ['sɪknɪŋ] *adj* -1. [nauseating – smell, mess] nauséabond, écœurant; [– sight] écœurant. -2. *fig* écœurant, répugnant; he fell with a ~ thud il est tombé avec un bruit qui laissait présager le pire; she's so talented it's ~! *hum* elle est si douée que c'en est écœurant!
**sickeningly** ['sɪknɪŋlɪ] *adv*: he's ~ pious il est d'une piété écœurante; she's ~ successful *hum* elle réussit si bien que c'en est écœurant.
**sickle** ['sɪkl] *n* faucille *f*; a ~ moon un mince croissant de lune.
**sick leave** *n* congé *m* (de) maladie; to be (away) on ~ être en congé (de) maladie.
**sick list** *n* liste *f* des malades; to be on the ~ se faire porter malade.
**sickly** ['sɪklɪ] (*compar* **sicklier**, *superl* **sickliest**) *adj* -1. [person] chétif, maladif; [complexion, pallor] maladif; [plant] chétif; [dawn, light, glare] blafard; [smile] pâle. -2. [nauseating] écœurant; [sentimentality] mièvre; a ~ sweet smell une odeur écœurante OR douceâtre. -3. *arch* [unwholesome – vapour, climate] insalubre, malsain.
**sick-making** *adj inf* dégueulasse.
**sickness** ['sɪknɪs] *n* -1. [nausea] nausée *f*. -2. [illness] maladie *f*.
**sickness benefit** *n* (U) *Br* prestations *fpl* de l'assurance maladie, ≃ indemnités *fpl* journalières.

**sick note** *n* mot d'absence (*pour cause de maladie*).
**sicko** ['sɪkəu] *adj Am* dérangé, malade.
**sick parade** *n Br* MIL: to go on ~ se faire porter malade.
**sick pay** *n* indemnité *f* de maladie (*versée par l'employeur*).
**sickroom** ['sɪkrum] *n* [sickbay] infirmerie *f*; [in home] chambre *f* de malade.
**side** [saɪd] ◇ *n* -1. [part of body – human] côté *m*; [– animal] flanc *m*; to lie on your ~ couchez-vous sur le côté; I've got a pain in my right ~ j'ai mal au côté droit; I sat down at OR by his ~ je me suis assis à ses côtés OR à côté de lui; she was called to the president's ~ elle a été appelée auprès du président. -2. [as opposed to top, bottom, front, back] côté *m*; the bottle was on its ~ la bouteille était couchée; lay the barrel on its ~ mettez le fût sur le côté; her hair is cut short at the ~s ses cheveux sont coupés court sur les côtés. -3. [outer surface – of cube, pyramid] côté *m*, face *f*; [flat surface – of biscuit, sheet of paper, cloth] côté *m*; [– of coin, record, tape] côté *m*, face *f*; write on both ~s of the paper écrivez recto verso; 'this ~ up' 'haut'; the right/wrong ~ of the cloth l'endroit *m*/l'envers *m* du tissu ‖ [inner surface – of bathtub, cave, stomach] paroi *f*; the ~s of the crate are lined with newspaper l'intérieur de la caisse est recouvert de papier journal ❑ to know which ~ one's bread is buttered on ne pas perdre le nord. -4. [edge – of triangle, lawn] côté *m*; [– of road, pond, river, bed] bord *m*; she held on to the ~ of the pool elle s'accrochait au rebord de la piscine; a wave washed him over the ~ une vague l'emporta par-dessus bord; she was kneeling by the ~ of the bed elle était agenouillée à côté du lit. -5. [slope – of mountain, hill, valley] flanc *m*, versant *m*. -6. [opposing part] côté *m*; on the other ~ of the room/wall de l'autre côté de la pièce/du mur; on OR to one ~ of the door d'un côté de la porte; you're driving on the wrong ~! vous conduisez du mauvais côté!; she got in on the driver's ~ elle est montée côté conducteur; the dark ~ of the moon la face cachée de la lune; the lamppost leaned to one ~ le réverbère penchait d'un côté; move the bags to one ~ écartez OR poussez les sacs; to jump to one ~ faire un bond de côté; to take sb to one ~ prendre qqn à part; leaving that on one ~ for the moment... en laissant cela de côté pour l'instant...; it's way on the other ~ of town c'est à l'autre bout de la ville; on every ~, on all ~s de tous côtés, de toutes parts; they were attacked on ~s OR from all ~s ils ont été attaqués de tous côtés OR de toutes parts; he's on the right/wrong ~ of forty il n'a pas encore/il a dépassé la quarantaine; stay on the right ~ of the law restez dans la légalité; he operates on the wrong ~ of the law il fait des affaires en marge de la loi; there's no other hotel this ~ of Reno il n'y a pas d'autre hôtel entre ici et Reno; I can't see myself finishing the work this ~ of Easter je ne me vois pas finir ce travail d'ici Pâques; it's a bit on the pricey/small ~ c'est un peu cher/petit ❑ to live on the right/wrong ~ of the tracks *Am* habiter un bon/mauvais quartier. -7. [facet, aspect – of problem] aspect *m*, côté *m*; to examine all ~s of an issue examiner un problème sous tous ses aspects; she's very good at the practical ~ of things elle est excellente sur le plan pratique; she has her good ~ elle a ses bons côtés; I've seen his cruel ~ je sais qu'il peut être cruel; she showed an unexpected ~ of herself elle a révélé une facette inattendue de sa personnalité; I've kept my ~ of the deal j'ai tenu mes engagements dans cette affaire. -8. [group, faction] côté *m*, camp *m*; [team] équipe *f*; POL [party] parti *m*; the winning ~ le camp des vainqueurs; to pick OR to choose ~s former des équipes; whose ~ is he on? de quel côté est-il?; there is mistrust on both ~s il y a de la méfiance dans les deux camps; there's still no concrete proposal on OR from their ~ il n'y a toujours pas de proposition concrète de leur part; to go over to the other ~, to change ~s changer de camp; luck is on our ~ la chance est avec nous; time is on their ~ le temps joue en leur faveur; he really let the ~ down il nous/leur *etc* a fait faux bond; don't let the ~ down! nous comptons sur vous!; she tried to get the committee on her ~ elle a essayé de mettre le comité de son côté; to take ~s prendre parti; he took Tom's ~ against me il a pris le parti de Tom contre moi. -9. [position, point of view] point *m* de vue; there are two ~s to every argument dans toute discussion il y a deux points de vue; he's told me his ~ of the story il m'a donné sa version de l'affaire. -10. [line of des-

cent]: my grandmother on my mother's/father's ~ ma grand-mère maternelle/paternelle; she gets her love for music from her mother's ~ of the family elle tient son goût pour la musique du côté maternel de sa famille. **-11.** CULIN: ~ of pork demi-porc *m*; ~ of beef/lamb quartier *m* de bœuf/d'agneau. **-12.** *Br* [page of text] page *f*.**-13.** *Br inf* [TV channel] chaîne *f*.**-14.** *Br* [in snooker, billiards etc] effet *m*.**-15.** *Br inf* [cheek] culot *m*; [arrogance] fierté *f*.

◇ *vi*: to ~ with sb se ranger OR se mettre du côté de qqn, prendre parti pour qqn; they all ~d against her ils ont fait cause commune contre elle.

◇ *adj* **-1.** [situated on one side – panel, window] latéral, de côté; ~ aisle [in church] bas-côté *m*; THEAT allée *f* latérale; ~ door porte *f* latérale; ~ entrance entrée *f* latérale; ~ pocket poche *f* extérieure; ~ rail [on bridge] garde-fou *m*; NAUT rambarde *f*.**-2.** [directional – view] de côté, de profil; [– inclination, kick] latéral; to put ~ spin on a ball SPORT donner de l'effet à une balle. **-3.** [additional] en plus; a ~ order of toast une portion de toast en plus en supplément.

◆ **on the side** *adv phr*: to make a bit of money on the ~ [gen] se faire un peu d'argent en plus OR supplémentaire; [dishonestly] se remplir les poches; she's an artist but works as a taxi driver on the ~ elle est artiste mais elle fait le chauffeur de taxi pour arrondir ses fins de mois; a hamburger with salad on the ~ un hamburger avec une salade; anything on the ~, sir? [in restaurant] *Am* et avec cela, Monsieur?

◆ **side by side** *adv phr* côte à côte; the road and the river run ~ by ~ la route longe la rivière; we'll be working ~ by ~ with the Swiss on this project nous travaillerons en étroite collaboration avec les Suisses sur ce projet.

**sidearm** ['saɪdɑːm] *n* arme *f* de poing.

**sideboard** ['saɪdbɔːd] *n* [for dishes] buffet *m* bas.

◆ **sideboards** *Br* = **sideburns**.

**sideburns** ['saɪdbɜːnz] *npl* pattes *fpl*.

**sidecar** ['saɪdkɑːʳ] *n* **-1.** [on motorbike] side-car *m*.**-2.** [drink] side-car *m* (*cocktail composé de cognac, de cointreau et de jus de citron*).

**-sided** ['saɪdɪd] *in cpds*: three/five~ à trois/cinq côtés; a many~ figure une figure polygonale; a glass~ box une boîte à parois de verre; elastic~ boots bottes avec de l'élastique sur les côtés; a steep~ valley une vallée encaissée.

**side dish** *n* plat *m* d'accompagnement; [of vegetables] garniture *f*.

**side drum** *n* caisse *f* claire.

**side effect** *n* effet *m* secondaire.

**side glance** *n literal* regard *m* oblique OR de côté; *fig* [allusion] allusion *f*.

**side issue** *n* question *f* secondaire.

**sidekick** ['saɪdkɪk] *n inf* acolyte *m*.

**sidelight** ['saɪdlaɪt] *n* **-1.** *Br* AUT feu *m* de position. **-2.** NAUT feu *m* de position. **-3.** [information]: to give (sb) a ~ on sthg donner à qqn un aperçu de qqch.

**sideline** ['saɪdlaɪn] ◇ *n* **-1.** SPORT [gen] ligne *f* de côté; [touchline] (ligne *f* de) touche *f*, ligne *f* de jeu; to wait on the ~s SPORT attendre sur la touche; *fig* attendre dans les coulisses. **-2.** [job] activité *f* OR occupation *f* secondaire; as a ~ he takes wedding photos il fait des photos de mariage pour arrondir ses fins de mois. **-3.** COMM [product line] ligne *f* de produits secondaires; they've made recycling a profitable ~ ils ont fait du recyclage une activité secondaire rentable; it's only a ~ for us ce n'est pas notre spécialité. ◇ *vt* SPORT & *fig* mettre sur la touche.

**sidelong** ['saɪdlɒŋ] ◇ *adj* oblique, de côté; they exchanged ~ glances ils ont échangé un regard complice. ◇ *adv* en oblique, de côté.

**side-on** ◇ *adv* de profil; the car was hit ~ la voiture a subi un choc latéral. ◇ *adj* [photo] de profil; [collision] latéral.

**side order** *n esp Am* portion *f*; I'd like a ~ of fries je voudrais aussi des frites.

**side plate** *n* petite assiette *f* (*que l'on met à gauche de chaque convive*).

**sidereal** [saɪˈdɪərɪəl] *adj* sidéral.

**side road** *n* [minor road – in country] route *f* secondaire; [– in town] petite rue *f*; [road at right angles] rue *f* transversale.

**sidesaddle** ['saɪd,sædl] ◇ *n* selle *f* de femme. ◇ *adv*: to ride ~ monter en amazone.

**side salad** *n* salade *f* (*pour accompagner un plat*).

**sideshow** ['saɪdʃəʊ] *n* **-1.** [in fair – booth] stand *m*, baraque *f* foraine; [– show] attraction *f*.**-2.** [minor event] détail *m*.

**sideslip** ['saɪdslɪp] (*pt* & *pp* **sideslipped**, *cont* **sideslipping**) ◇ *n* **-1.** AERON glissade *f* sur l'aile. **-2.** AUT dérapage *m*. ◇ *vi* AERON glisser sur l'aile.

**sidesman** ['saɪdzmən] (*pl* **sidesmen** [-mən]) *n Br* RELIG ≃ bedeau *m*.

**sidesplitting** ['saɪd,splɪtɪŋ] *adj inf* [story, joke] tordant, bidonnant.

**sidestep** ['saɪdstep] (*pt* & *pp* **sidestepped**, *cont* **sidestepping**) ◇ *n* crochet *m*; SPORT esquive *f*. ◇ *vt* **-1.** [opponent, tackle – in football, rugby] crocheter; [– in boxing] esquiver. **-2.** [issue, question] éluder, éviter; [difficulty] esquiver; they'll ~ the regulations/the law ils contourneront le règlement/la loi. ◇ *vi* **-1.** [dodge] esquiver. **-2.** [in skiing]: to ~ up a slope monter une pente en escalier. **-3.** [be evasive] rester évasif.

**side street** *n* [minor street] petite rue *f*; [at right angles] rue *f* transversale.

**sidestroke** ['saɪdstrəʊk] *n* nage *f* indienne; to swim ~ nager à l'indienne.

**sideswipe** ['saɪdswaɪp] ◇ *n* **-1.** [blow – glancing] coup *m* oblique; [– severe] choc *m* latéral. **-2.** [remark] allusion *f* désobligeante. ◇ *vt Am* faucher.

**side table** *n* petite table *f*; [for dishes] desserte *f*; [beside bed] table *f* de chevet.

**sidetrack** ['saɪdtræk] ◇ *vt* [person – in talk] faire dévier de son sujet; [– in activity] distraire; [enquiry, investigation] détourner; the speaker kept getting ~ed le conférencier s'écartait sans cesse de son sujet; sorry, I got ~ed for a moment pardon, je m'égare. ◇ *n* **-1.** [digression] digression *f*. **-2.** *Am* RAIL [in yard] voie *f* de garage; [off main line] voie *f* d'évitement.

**sidewalk** ['saɪdwɔːk] *n Am* trottoir *m*; to hit the ~s *inf* chercher du boulot.

**sidewalk café** *n Am* café *m* avec terrasse.

**sideways** ['saɪdweɪz] ◇ *adv* [lean] d'un côté; [glance] obliquement, de côté; [walk] en crabe; to step ~ faire un pas de côté; I was thrown ~ j'ai été projeté sur le côté; now turn ~ maintenant mettez-vous de profil; the pieces can only move ~ les pièces ne peuvent se déplacer que latéralement ❏ the news really knocked him ~ *inf* [astounded him] la nouvelle l'a vraiment époustouflé; [upset him] la nouvelle l'a vraiment mis dans tous ses états. ◇ *adj* [step] de côté; [look] oblique, de côté; the job is a ~ move c'est une mutation et non pas une promotion.

**side-wheeler** *n Am* bateau *m* à aubes.

**side-whiskers** *npl* favoris *mpl*.

**sidewinder** ['saɪd,waɪndəʳ] *n Am* **-1.** [blow] grand coup *m* de poing. **-2.** [snake] crotale *m*, serpent *m* à sonnettes.

**siding** ['saɪdɪŋ] *n* **-1.** RAIL [in yard] voie *f* de garage; [off main track] voie *f* d'évitement. **-2.** *Am* CONSTR pavement *m*.

**sidle** ['saɪdl] *vi* se faufiler; to ~ up OR over to sb se glisser vers OR jusqu'à qqn; to ~ in/out entrer/sortir furtivement.

**SIDS** *n abbr of* **sudden infant death syndrome**.

**siege** [siːdʒ] ◇ *n* MIL & *fig* siège *m*; to lay ~ to sthg assiéger qqch; to be under ~ être assiégé; a state of ~ has been declared l'état de siège a été déclaré. ◇ *comp* [machine, warfare] de siège; to have a ~ mentality être toujours sur la défensive.

**siege economy** *n* économie *f* protectionniste.

**sienna** [sɪˈenə] ◇ *n* **-1.** [earth] terre *f* de Sienne; raw/burnt ~ terre de Sienne naturelle/brûlée. **-2.** [colour] ocre *m* brun. ◇ *adj* ocre brun (*inv*).

**sierra** [sɪˈerə] *n* sierra *f*.

**Sierra Leone** [sɪˌerəlɪˈəʊn] *pr n* Sierra Leone *f*; in ~ en Sierra Leone.

**Sierra Leonean** [sɪˌerəlɪˈəʊnjən] ◇ *n* habitant de la Sierra Leone. ◇ *adj* de la Sierra Leone.

**siesta** [sɪˈestə] *n* sieste *f*; to have OR to take a ~ faire la sieste.

**sieve** [sɪv] ◇ *n* [gen] tamis *m*; [kitchen utensil] passoire *f*; [for gravel, ore] crible *m*; I've got a memory OR mind like a ~! ma mémoire est une vraie passoire! ◇ *vt* [flour, sand, powder] tamiser, passer au tamis; [purée, soup] passer; [gravel, ore] cribler, passer au crible.

**sift** [sɪft] ◇ *vt* **-1.** [ingredients, soil] tamiser, passer au tamis; [gravel, seed, ore] cribler, passer au crible. **-2.** [scrutinize – evidence, proposal] passer au crible *fig.* **-3.** = **sift out.** ◇ *vi* **-1.** [search] fouiller; they ~ed through the garbage/the ruins ils fouillaient (dans) les ordures/les ruines. **-2.** [pass, filter] filtrer.
◆ **sift out** *vt sep* **-1.** [remove – lumps, debris] enlever (à l'aide d'un tamis OR d'un crible). **-2.** [distinguish] dégager, distinguer.

**sifting** ['sɪftɪŋ] *n* [of flour, powder, soil] tamisage *m*; [of seed, gravel, ore] criblage *m*.
◆ **siftings** *npl* [residue] résidu *m*; AGR criblure *f*.

**sigh** [saɪ] ◇ *vi* **-1.** [gen] soupirer, pousser un soupir; to ~ with relief pousser un soupir de soulagement. **-2.** *lit* [lament] se lamenter; to ~ over sthg se lamenter sur qqch ‖ [grieve] soupirer; to ~ for OR over sb/sthg soupirer pour qqn/qqch. **-3.** [wind] murmurer; [tree, reed] bruire. ◇ *vt*: 'it's so lovely here', she ~ed «c'est tellement joli ici», soupira-t-elle. ◇ *n* soupir *m*; to give OR to heave a ~ of relief pousser un soupir de soulagement.

**sighing** ['saɪɪŋ] *n* (*U*) [of person] soupirs *mpl*; [of wind] murmure *m*; [of trees] bruissement *m*.

**sight** [saɪt] ◇ *n* **-1.** [faculty, sense] vue *f*; to lose/to recover one's ~ perdre/recouvrer la vue. **-2.** [act, instance of seeing] vue *f*; it was my first ~ of the Pacific c'était la première fois que je voyais le Pacifique; to catch ~ of sb/sthg apercevoir OR entrevoir qqn/qqch; to lose ~ of sb/sthg perdre qqn/qqch de vue; at first ~ the place seemed abandoned à première vue, l'endroit avait l'air abandonné; it was love at first ~ ce fut le coup de foudre; I can't stand OR bear the ~ of him! je ne le supporte pas!; to know sb by ~ connaître qqn de vue; to shoot at OR on ~ tirer à vue. **-3.** [range of vision] (portée *f* de) vue *f*; the plane was still in ~ l'avion était encore en vue; is the end in ~? est-ce que tu en vois la fin?; keep that car/your goal in ~ ne perdez pas cette voiture/votre but de vue; the mountains came into ~ les montagnes sont apparues; out of ~ hors de vue; I watched her until she was out of ~ je l'ai regardée jusqu'à ce qu'elle disparaisse de ma vue; keep out of ~! ne vous montrez pas!, cachez-vous!; she never lets him out of her ~ elle ne le perd jamais de vue; get out of my ~! disparais de ma vue!; a peace settlement now seems within ~ un accord de paix semble maintenant possible ❑ out of ~, out of mind *prov* loin des yeux, loin du cœur *prov*. **-4.** [spectacle] spectacle *m*; the cliffs were an impressive ~ les falaises étaient impressionnantes à voir; beggars are a common ~ on the streets on voit beaucoup de mendiants dans les rues; it was not a pretty ~ ça n'était pas beau à voir; the waterfalls are a ~ worth seeing les cascades valent la peine d'être vues ❑ you're a ~ for sore eyes! [you're a welcome sight] Dieu merci te voilà! [you look awful] tu fais vraiment peine à voir. **-5.** [tourist attraction] curiosité *f*; I'll show you ~ OR take you round the ~s tomorrow je vous ferai visiter OR voir la ville demain. **-6.** *lit* [opinion, judgment] avis *m*, opinion *f*; we are all equal in the ~ of God nous sommes tous égaux devant Dieu. **-7.** *inf* [mess] pagaille *f*; [ridiculously dressed person] tableau *m fig*; the kitchen was a ~! quelle pagaille dans la cuisine!; your hair is a ~! tu as vu tes cheveux?; I must look a ~! je ne dois pas être beau à voir!-**8.** [aiming device] viseur *m*; [on mortar] appareil *m* de pointage; to have sthg in one's ~s *literal* avoir qqch dans sa ligne de tir; *fig* avoir qqch en vue; to lower one's ~s viser moins haut; to set one's ~s on sthg viser qqch; to set one's ~s on doing sthg avoir pour ambition de faire qqch.
◇ *vt* **-1.** [see] voir, apercevoir; [spot] repérer. **-2.** [aim – gun] pointer.
◆ **a sight** *adv phr Br inf* beaucoup; you'd earn a ~ more money working in industry votre salaire serait beaucoup plus important si vous travailliez dans l'industrie; it's a (far) ~ worse than before c'est bien pire qu'avant.

**sighted** ['saɪtɪd] *adj* voyant; **partially** ~ mal voyant.

**sighting** ['saɪtɪŋ] *n*: UFO ~s have increased un nombre croissant de personnes déclarent avoir vu des ovnis.

**sightless** ['saɪtlɪs] *adj* [blind] aveugle.

**sightline** ['saɪtlaɪn] *n*: champ *m* de vision; to block sb's ~ boucher la vue de qqn.

**sight-read** [-riːd] (*pt* & *pp* **sight-read** [-red]) *vi* & *vt* MUS déchiffrer.
**sight-reading** *n* MUS déchiffrage *m*.

**sightseeing** ['saɪt,siːɪŋ] ◇ *n* tourisme *m*; to do some ~ faire du tourisme; [in town] visiter la ville. ◇ *comp*: I went on a ~ tour of Rome j'ai fait une visite guidée de Rome.

**sightseer** ['saɪt,siːə'] *n* touriste *mf*.

**sign** [saɪn] ◇ *n* **-1.** [gen, LING, MATH & MUS] signe *m*; this ~ means 'real leather' ce symbole signifie «cuir véritable». **-2.** [gesture, motion] signe *m*, geste *m*; to make a ~ to sb faire signe à qqn; the chief made ~s for me to follow him le chef m'a fait signe de le suivre; to make the ~ of the cross faire le signe de croix; the victory ~ le signe de la victoire. **-3.** [arranged signal] signal *m*; a lighted lamp in the window is the ~ that it's safe une lampe allumée à la fenêtre signifie qu'il n'y a pas de danger; when I give the ~, run à mon signal, courez. **-4.** [written notice – gen & AUT] panneau *m*; [– hand-written] écriteau *m*; [– on shop, bar, cinema etc] enseigne *f*; neon ~ enseigne *f* au néon; I didn't see the stop ~ je n'ai pas vu le stop; traffic ~ panneau *m* de signalisation. **-5.** [evidence, indication] signe *m*, indice *m*; MED signe *m*; as a ~ of respect en témoignage OR en signe de respect; it's a ~ of the times c'est un signe des temps; if he's making jokes it's a good ~ c'est bon signe s'il fait des plaisanteries; at the first ~ of trouble, he goes to pieces *inf* au moindre petit problème, il craque; were there any ~s of a struggle? y avait-il des traces de lutte?; all the ~s are that the economy is improving tout laisse à penser que l'économie s'améliore; there's no ~ of her changing her mind rien n'indique qu'elle va changer d'avis; there's no ~ of the file anywhere on ne trouve trace du dossier nulle part; he gave no ~ of having heard me il n'a pas eu l'air de m'avoir entendu. **-6.** ASTROL signe *m*; what ~ are you? de quel signe êtes-vous?-**7.** RELIG [manifestation] signe *m*; a ~ from God un signe de Dieu.
◇ *vt* **-1.** [document, book] signer; ~ your name here signez ici; a ~ed Picasso lithograph une lithographie signée par Picasso; he gave me a ~ed photo of himself il m'a donné photo dédicacée; she ~s herself A.M. Hall elle signe A.M. Hall; the deal will be ~ed and sealed tomorrow l'affaire sera définitivement conclue demain. **-2.** SPORT [contract] signer; [player] engager. **-3.** [provide with signs] signaliser.
◇ *vi* **-1.** [write name] signer; he ~ed with an X il a signé d'une croix; to ~ on the dotted line *literal* signer à l'endroit indiqué; *fig* s'engager. **-2.** [signal]: to ~ to sb to do sthg faire signe à qqn de faire qqch. **-3.** [use sign language] communiquer par signes.
◆ **sign away** *vt sep* [right, land, inheritance] se désister de; [independence] renoncer à; [power, control] abandonner; I felt I was ~ing away my freedom j'avais l'impression qu'en signant je renonçais à ma liberté.
◆ **sign in** ◇ *vi insep* **-1.** [at hotel] remplir sa fiche (d'hôtel); [in club] signer le registre. **-2.** [worker] pointer (en arrivant). ◇ *vt sep* **-1.** [guest] faire signer en arrivant; guests must be ~ed in les visiteurs doivent se faire inscrire dès leur arrivée. **-2.** [file, book] rendre, retourner.
◆ **sign for** *vt insep* **-1.** [accept] signer; to ~ for a delivery/a registered letter signer un bon de livraison/le récépissé d'une lettre recommandée; the files have to be ~ed for il faut signer pour retirer les dossiers. **-2.** [undertake work] signer (un contrat d'engagement).
◆ **sign off** *vi insep* **-1.** RADIO & TV terminer l'émission. **-2.** [in letter]: I'll ~ off now je vais conclure ici.
◆ **sign on** *Br* ◇ *vi insep* **-1.** = **sign up 3.** **-2.** [register as unemployed] s'inscrire au chômage; you have to ~ on every two weeks il faut pointer (au chômage) toutes les deux semaines. ◇ *vt sep* = **sign up 2.**
◆ **sign out** ◇ *vi insep* [gen] signer le registre (en partant); [worker] pointer (en partant). ◇ *vt sep* **-1.** [file, car] retirer (contre décharge); [library book] emprunter; the keys are ~ed out to Mr Hill c'est M. Hill qui a signé pour retirer les clés. **-2.** [hospital patient] autoriser le départ de; he ~ed himself out il est parti sous sa propre responsabilité.
◆ **sign over** *vt sep* transférer.
◆ **sign up** ◇ *vi insep* **-1.** [for job] se faire embaucher. **-2.** MIL [enlist] s'engager; to ~ up for the Marines s'engager dans les marines. **-3.** [enrol] s'inscrire; she ~ed up for an even-

ing class elle s'est inscrite à des cours du soir. ◇ *vt sep* **-1.** [employee] embaucher; MIL [recruit] engager. **-2.** [student, participant] inscrire.

**signal** ['sɪgnl] (*Br pt & pp* **signalled**, *cont* **signalling**, *Am pt & pp* **signaled**, *cont* **signaling**) ◇ *n* **-1.** [indication] signal *m*; to give sb the ~ to do sthg donner à qqn le signal de faire qqch; he'll give the ~ to attack il donnera le signal de l'attaque; it was the first ~ (that) the regime was weakening c'était le premier signe de l'affaiblissement du régime; they are sending the government a clear signal that... ils indiquent clairement au gouvernement que... ❑ to send smoke ~s envoyer des signaux de fumée. **-2.** RAIL sémaphore *m*.**-3,** RADIO, TELEC & TV signal *m*; station ~ RADIO indicatif *m* (de l'émetteur).

◇ *comp* **-1.** NAUT: ~ book code *m* international des signaux; ~ beacon OR light AERON & NAUT balise *f*.**-2.** RADIO & TELEC [strength, frequency] de signal.

◇ *adj fml* insigne.

◇ *vt* **-1.** [send signal to] envoyer un signal à; to ~ sb *Am* faire signe à qqn. **-2.** [indicate – refusal] indiquer, signaler; [– malfunction] signaler, avertir de; the parachutist signalled his readiness to jump le parachutiste fit signe qu'il était prêt à sauter. **-3.** [announce, mark – beginning, end, change] marquer.

◇ *vi* **-1.** [gesture] faire des signes; to ~ to sb to do sthg faire signe à qqn de faire qqch; she was signalling for us to stop elle nous faisait signe de nous arrêter. **-2.** [send signal] envoyer un signal. **-3.** AUT [with indicator] mettre son clignotant; [with arm] indiquer de la main un changement de direction.

**signal box** *n* RAIL poste *m* de signalisation.

**signaling** *Am* = **signalling**.

**signalize, -ise** ['sɪgnəlaɪz] *vt fml* [distinguish, mark] marquer.

**signalling** *Br*, **signaling** *Am* ['sɪgnəlɪŋ] ◇ *n* **-1.** AERON, AUT, NAUT & RAIL signalisation *f*.**-2.** [warning] avertissement *m*. **-3.** [of electronic message] transmission *f*. ◇ *comp* [error, equipment] de signalisation; ~ flag NAUT pavillon *m* de signalisation; MIL drapeau *m* de signalisation.

**signally** ['sɪgnəlɪ] *adv fml*: they have ~ failed to achieve their goal ils n'ont manifestement pas pu atteindre leur but.

**signalman** ['sɪgnlmən] (*pl* **signalmen** [-mən]) *n* RAIL aiguilleur *m*; MIL & NAUT signaleur *m*.

**signal tower** *n Am* poste *m* d'aiguillage.

**signatory** ['sɪgnətrɪ] (*pl* **signatories**) ◇ *n* signataire *mf*; Namibia is a ~ to OR of the treaty la Namibie a ratifié le traité. ◇ *adj* signataire.

**signature** ['sɪgnətʃər] *n* **-1.** [name] signature *f*; to put one's ~ to sthg apposer sa signature sur qqch. **-2.** [signing] signature *f*; to witness a ~ signer comme témoin; the bill is awaiting ~ *Am* POL le projet de loi attend la signature du président. **-3.** *Am* PHARM [instructions] posologie *f*.**-4.** TYPO [section of book] cahier *m*; [mark] signature *f*.

**signature tune** *n Br* RADIO & TV indicatif *m* (musical).

**signboard** ['saɪnbɔːd] *n* [gen] panneau *m*; [for notices] panneau *m* d'affichage; [for ads] panneau publicitaire; [on shop, bar, cinema etc] enseigne *f*.

**signet** ['sɪgnɪt] *n* sceau *m*, cachet *m*.

**signet ring** *n* chevalière *f*.

**significance** [sɪg'nɪfɪkəns] *n* **-1.** [importance, impact] importance *f*, portée *f*; what happened? — nothing of any ~ qu'est-ce qui s'est passé? — rien d'important OR de spécial; his decision is of no ~ to our plans sa décision n'aura aucune incidence sur nos projets. **-2.** [meaning] signification *f*, sens *m*; sounds take on a new ~ at night la nuit, les bruits se chargent d'un autre sens OR acquièrent une autre signification.

**significant** [sɪg'nɪfɪkənt] *adj* **-1.** [notable – change, amount, damage] important, considérable; [– discovery, idea, event] de grande portée; no ~ progress has been made aucun progrès notable n'a été réalisé ❑ ~ other partenaire *mf* (*dans une relation affective*). **-2.** [meaningful, indicative – look, pause] significatif. **-3.** [in statistics] significatif.

**significantly** [sɪg'nɪfɪkəntlɪ] *adv* **-1.** [differ, change, increase] considérablement, sensiblement; unemployment figures are not ~ lower le nombre de chômeurs n'a pas considéra-

blement baissé. **-2.** [nod, frown, wink]: she smiled ~ elle a eu un sourire lourd de signification OR qui en disait long; ~, she arrived early fait révélateur, elle est arrivée en avance. **-3.** [in statistics] de manière significative.

**signification** [,sɪgnɪfɪ'keɪʃn] *n* signification *f*.

**signified** ['sɪgnɪfaɪd] *n* LING signifié *m*.

**signifier** ['sɪgnɪfaɪər] *n* LING signifiant *m*.

**signify** ['sɪgnɪfaɪ] (*pt & pp* **signified**) ◇ *vt* **-1.** [indicate, show] signifier, indiquer; she stood up, ~ing that the interview was over elle se leva, signifiant ainsi que l'entrevue était terminée. **-2.** [mean] signifier, vouloir dire; for him, socialism signified chaos pour lui, le socialisme était synonyme de chaos. ◇ *vi inf* être important; it doesn't ~! c'est sans importance!

**signing** ['saɪnɪŋ] *n* traduction simultanée en langage par signes.

**sign language** *n* (U) langage *m* des signes; to speak in ~ parler par signes; using ~, he managed to ask for food (en s'exprimant) par signes, il s'est débrouillé pour demander à manger.

**signpost** ['saɪnpəʊst] ◇ *n* **-1.** *literal* poteau *m* indicateur. **-2.** *fig* [guide] repère *m*; [omen] présage *m*. ◇ *vt literal & fig* [indicate] indiquer; [provide with signs] signaliser, baliser; the village is clearly ~ed le chemin du village est bien indiqué.

**signposting** ['saɪn,pəʊstɪŋ] *n* signalisation *f*, balisage *m*.

**signwriter** ['saɪn,raɪtər] *n* peintre *m* en lettres.

**Sikh** [siːk] ◇ *n* Sikh *mf*. ◇ *adj* sikh.

**Sikhism** ['siːkɪzm] *n* sikhisme *m*.

**silage** ['saɪlɪdʒ] *n* ensilage *m*.

**silence** ['saɪləns] ◇ *n* silence *m*; a ~ fell between them un silence s'installa entre eux; to suffer in ~ souffrir en silence; to pass sthg over in ~ passer qqch sous silence; his ~ on the issue/about his past intrigues me le silence qu'il garde à ce sujet/sur son passé m'intrigue; to observe a minute's ~ observer une minute de silence ❑ ~ is golden *prov* le silence est d'or *prov*. ◇ *vt* **-1.** [person] réduire au silence, faire taire; [sound] étouffer; [guns] faire taire. **-2.** [stifle – opposition] réduire au silence; [– conscience, rumours, complaints] faire taire.

**silencer** ['saɪlənsər] *n* **-1.** [on gun] silencieux *m*.**-2.** *Br* AUT pot *m* d'échappement, silencieux *m*.

**silent** ['saɪlənt] ◇ *adj* **-1.** [saying nothing] silencieux; to fall ~ se taire; to keep OR be ~ garder le silence, rester silencieux. **-2.** [taciturn] silencieux, taciturne; Hal's the strong, ~ type Hal est du genre fort et taciturne. **-3.** [unspoken – prayer, emotion, reproach] muet. **-4.** [soundless – room, forest] silencieux, tranquille; [– tread] silencieux; [– film] muet; the machines/the wind fell ~ le bruit des machines/du vent cessa ❑ as ~ as the grave muet comme la tombe. **-5.** LING muet. ◇ *n* CIN film *m* muet; the ~s le (cinéma) muet.

**silently** ['saɪləntlɪ] *adv* silencieusement.

**silent majority** *n* majorité *f* silencieuse.

**silent partner** *n Am* COMM (associé *m*) commanditaire *m*, bailleur *m* de fonds.

**silex** ['saɪleks] *n* silex *m*.

**silhouette** [,sɪluː'et] ◇ *n* silhouette *f*. ◇ *vt* (*usu passive*): to be ~d against sthg se découper contre qqch; she stood at the window, ~d against the light se tenait à la fenêtre, sa silhouette se détachant à contre-jour.

**silica** ['sɪlɪkə] *n* silice *f*; ~ gel/glass gel *m*/verre *m* de silice.

**silicon** ['sɪlɪkən] *n* silicium *m*.

**silicon chip** *n* puce *f*.

**silicone** ['sɪlɪkəʊn] *n* silicone *f*; she's had a ~ implant elle s'est fait poser des implants en silicone.

**Silicon Valley** *pr n* Silicon Valley *f* (*centre de l'industrie électronique américaine, situé en Californie*).

**silicosis** [,sɪlɪ'kəʊsɪs] *n* (U) silicose *f*.

**silk** [sɪlk] ◇ *n* **-1.** [fabric] soie *f*; [thread] fil *m* de soie. **-2.** [filament – from insect, on maize] soie *f*.**-3.** *Br* JUR: to take ~ être nommé avocat de la couronne. ◇ *comp* [scarf, blouse etc] de OR en soie; the ~ industry l'industrie *f* de la soie; ~ merchant OR trader marchand *m*, -e *f* de soierie, soyeux *m spec*; ~ finish paint peinture *f* satinée.

◆ **silks** *npl* [jockey's jacket] casaque *f*.

**silken** ['sɪlkn] *adj lit* **-1.** [made of silk] de OR en soie. **-2.** [like silk – hair, cheek etc] soyeux; [– voice, tone] doux (*f* douce).

**silk hat** *n* haut-de-forme *m*, chapeau *m* haut de forme.

**silk screen** *n*: ~ (printing OR process) sérigraphie *f*.
◆ **silk-screen** *vt* sérigraphier, imprimer en sérigraphie.

**silkworm** ['sɪlkwɜːm] *n* ver *m* à soie; ~ breeding sériciculture *f*.

**silky** ['sɪlkɪ] *(compar* **silkier**, *superl* **silkiest)** *adj* **-1.** [like silk – hair, cheek] soyeux. **-2.** [suave – tone, manner] doux *(f* douce). **-3.** [made of silk] de OR en soie.

**sill** [sɪl] *n* **-1.** [ledge – gen] rebord *m*; [– of window] rebord *m*, appui *m*; [– of door] seuil *m*. **-2.** AUT marchepied *m*. **-3.** MIN [deposit] filon *m*, gisement *m*.

**silliness** ['sɪlɪnɪs] *n* bêtise *f*, stupidité *f*.

**silly** ['sɪlɪ] *(compar* **sillier**, *superl* **silliest)** ◇ *adj* **-1.** [foolish – person] bête, stupide; [– quarrel, book, grin, question] bête, stupide, idiot; [infantile] bébête; I'm sorry, it was a ~ thing to say excusez-moi, c'était bête de dire ça; don't do anything ~ ne fais pas de bêtises; how ~ of me! que je suis bête!; it's ~ to worry c'est idiot de s'inquiéter; you ~ idiot! espèce d'idiot OR d'imbécile!; you look ~ in that tie tu as l'air ridicule avec cette cravate. **-2.** [comical – mask, costume, voice] comique, drôle. ◇ *adv inf* [senseless]: the blow knocked me ~ le coup m'a étourdi; I was bored ~ je m'ennuyais à mourir; he drank himself ~ il s'est complètement soûlé.

**silly-billy** *(pl* **silly-billies)** *n inf* gros bêta *m*, grosse bêtasse *f*.

**silly season** *n Br* PRESS: the ~ la période creuse *(pour les journalistes).*

**silo** ['saɪləʊ] *(pl* **silos)** *n* AGR & MIL silo *m*.

**silt** [sɪlt] *n* GEOL limon *m*; [mud] vase *f*.
◆ **silt up** ◇ *vi insep* [with mud] s'envaser; [with sand] s'ensabler. ◇ *vt sep* [mud] envaser; [subj: sand] ensabler.

**Silurian** [saɪˈlʊərɪən] ◇ *adj* silurien. ◇ *n* silurien *m*.

**silver** ['sɪlvər] ◇ *n* **-1.** [metal] argent *m*; ~ ore minerai *m* argentifère. **-2.** *(U)* [coins] pièces *fpl* (d'argent); ~ collection quête *f*. **-3.** *(U)* [dishes] argenterie *f*; [cutlery – gen] couverts *mpl*; [– made of silver] argenterie *f*, couverts *mpl* en argent. **-4.** [colour] (couleur *f)* argent *m*. **-5.** SPORT [medal] médaille *f* d'argent. ◇ *adj* **-1.** [of silver] d'argent, en argent; is your ring ~? est-ce que votre bague est en argent? **-2.** [in colour] argenté, argent *(inv).* **-3.** [sound] argentin; she has a ~ tongue elle sait parler. ◇ *vt literal* & *fig* argenter.

**silver birch** *n* bouleau *m* blanc.

**silver chloride** *n* chlorure *m* d'argent.

**silvered** ['sɪlvəd] *adj lit* argenté.

**silver fir** *n* [gen] sapin *m* blanc OR pectiné; [ornamental] sapin *m* argenté.

**silverfish** ['sɪlvəfɪʃ] *(pl inv* OR **silverfishes)** *n* [insect] poisson *m* d'argent, lépisme *m*.

**silver foil** *n* papier *m* d'aluminium.

**silver fox** *n* renard *m* argenté.

**silver grey** *n* gris *m* argenté.
◆ **silver-grey** *adj* gris argenté *(inv).*

**silver-haired** *adj* aux cheveux argentés.

**silver jubilee** *n* (fête *f* du) vingt-cinquième anniversaire *m*; the Queen's ~ le vingt-cinquième anniversaire de l'accession au trône de la reine.

**silver medal** *n* SPORT médaille *f* d'argent.

**silver nitrate** *n* nitrate *m* d'argent.

**silver paper** *n* papier *m* d'aluminium.

**silver plate** *n* **-1.** [coating] plaquage *m* d'argent; the cutlery is ~ les couverts sont en plaqué argent. **-2.** [tableware] argenterie *f*.
◆ **silver-plate** *vt* argenter.

**silver-plated** [-ˈpleɪtɪd] *adj* argenté, plaqué argent; ~ tableware argenterie *f*.

**silver plating** *n* argentage *m*; [layer] argenture *f*.

**silver screen** *n dated*: the ~ le grand écran, le cinéma.

**silverside** ['sɪlvəsaɪd] *n Br* CULIN ~ gîte *m* à la noix.

**silversmith** ['sɪlvəsmɪθ] *n* orfèvre *m*.

**silverware** ['sɪlvəweər] *n* **-1.** [gen] argenterie *f*. **-2.** *Am* [cutlery] couverts *mpl*.

**silver wedding** *n*: ~ (anniversary) noces *fpl* d'argent.

**silvery** ['sɪlvərɪ] *adj* [hair, fabric] argenté; [voice, sound] argentin.

**simian** ['sɪmɪən] ◇ *adj* simien; [resembling ape] simiesque.

◇ *n* simien *m*.

**similar** ['sɪmɪlər] *adj* **-1.** [showing resemblance] similaire, semblable; they're very ~ ils se ressemblent beaucoup; other customers have had ~ problems d'autres clients ont eu des problèmes similaires OR analogues OR du même ordre; they are very ~ in content leurs contenus sont pratiquement identiques; the print is ~ in quality to that of a typewriter la qualité de l'impression est proche de celle d'une machine à écrire; it's an assembly ~ to the US Senate c'est une assemblée comparable au Sénat américain; a fruit ~ to the orange un fruit voisin de l'orange. **-2.** GEOM [triangles] semblable.

**similarity** [ˌsɪmɪˈlærətɪ] *n* [resemblance] ressemblance *f*, similarité *f*; there is a certain ~ to her last novel ça ressemble un peu à son dernier roman; there are points of ~ in their strategies leurs stratégies ont des points communs OR présentent des similitudes.
◆ **similarities** *npl* [features in common] ressemblances *fpl*, points *mpl* communs; the molecules show similarities in structure les molécules présentent des analogies de structure.

**similarly** ['sɪmɪləlɪ] *adv* **-1.** [in a similar way] d'une façon similaire. **-2.** [likewise] de même.

**simile** ['sɪmɪlɪ] *n* LITERAT comparaison *f*.

**similitude** [sɪˈmɪlɪtjuːd] *n* similitude *f*.

**simmer** ['sɪmər] ◇ *vi* **-1.** [water, milk, sauce] frémir; [soup, stew] mijoter, mitonner; [vegetables] cuire à petit feu. **-2.** [smoulder – violence, quarrel, discontent] couver, fermenter; [seethe – with anger, excitement] être en ébullition; his anger ~ed just below the surface il bouillait de colère. **-3.** [be hot] rôtir; [when humid] mijoter. ◇ *vt* [milk, sauce] laisser frémir; [soup, stew] mijoter, mitonner; [vegetables] faire cuire à petit feu. ◇ *n* faible ébullition *f*.
◆ **simmer down** *vi insep inf* [person] se calmer; ~ down! calme-toi!, du calme!

**simper** ['sɪmpər] ◇ *vi* minauder. ◇ *vt*: 'of course, madam', he ~ed «bien sûr, chère Madame», dit-il en minaudant. ◇ *n* sourire *m* affecté.

**simpering** ['sɪmpərɪŋ] *n (U)* minauderies *fpl*.

**simple** ['sɪmpl] *adj* **-1.** [easy] simple, facile; [uncomplicated] simple; it's a ~ meal to prepare c'est un repas facile à préparer; it should be a ~ matter to change your ticket tu ne devrais avoir aucun mal à changer ton billet; let's hear your story, then, but keep it ~ bon, racontez votre histoire, mais passez-moi les détails. **-2.** [plain – tastes, ceremony, life, style] simple; she wore a ~ black dress elle portait une robe noire toute simple; I want a ~ 'yes' or 'no' répondez-moi simplement par «oui» ou par «non»; let me explain in ~ terms OR language laissez-moi vous expliquer ça en termes simples; I did it for the ~ reason that I had no choice je l'ai fait pour la simple raison que je n'avais pas le choix. **-3.** [unassuming] simple, sans façons. **-4.** [naive] simple, naïf; [feeble-minded] simple, niais; he's a bit ~ il est un peu simplet. **-5.** [basic, not compound – substance, fracture, sentence] simple; BIOL [eye] simple; ~ equation MATH équation *f* du premier degré.

**simple fraction** *n* fraction *f* ordinaire.

**simple fracture** *n* fracture *f* simple.

**simple-hearted** *adj* [person] candide, ouvert; [wisdom, gesture] simple, naturel.

**simple interest** *n (U)* intérêts *mpl* simples.

**simple-minded** *adj* [naive] naïf, simplet; [feeble-minded] simple d'esprit; it's a very ~ view of society c'est une vision très simpliste de la société.

**Simple Simon** *n* naïf *m*, nigaud *m*.

**simple tense** *n* temps *m* simple.

**simpleton** ['sɪmpltən] *n dated* nigaud *m*, -e *f*.

**simplex** ['sɪmpleks] ◇ *adj* COMPUT & TELEC simplex *(inv)*, unidirectionnel. ◇ *n* COMPUT & TELEC simplex *m*, transmission *f* unidirectionnelle; GEOM simplexe *m*; LING [sentence] unité *f* proportionnelle; [word] mot *m* simple.

**simplicity** [sɪmˈplɪsətɪ] *(pl* **simplicities)** *n* simplicité *f*.

**simplification** [ˌsɪmplɪfɪˈkeɪʃn] *n* simplification *f*.

**simplify** ['sɪmplɪfaɪ] *(pt* & *pp* **simplified)** *vt* simplifier.

**simplistic** [sɪmˈplɪstɪk] *adj* simpliste.

**simplistically** [sɪm'plɪstɪklɪ] *adv* de manière simpliste.

**simply** ['sɪmplɪ] *adv* **-1.** [in a simple way] simplement, avec simplicité; put quite ~, it's a disaster c'est tout simplement une catastrophe. **-2.** [just, only] simplement, seulement; it's not ~ a matter of money ce n'est pas une simple question d'argent. **-3.** [as intensifier] absolument; I ~ don't understand you je ne vous comprends vraiment pas; we ~ must go now il faut absolument que nous partions maintenant.

**simulate** ['sɪmjʊleɪt] *vt* **-1.** [imitate – blood, battle, sound] simuler, imiter. **-2.** [feign – pain, pleasure] simuler, feindre. **-3.** COMPUT & TECH simuler.

**simulated** ['sɪmjʊleɪtɪd] *adj* simulé.

**simulation** [,sɪmjʊ'leɪʃn] *n* simulation *f*; ~ model COMPUT modèle *m* de simulation.

**simulator** ['sɪmjʊleɪtəʳ] *n* simulateur *m*.

**simultaneous** [*Br* ,sɪməl'teɪnjəs, *Am* ,saɪməl'teɪnjəs] *adj* simultané; ~ translation traduction *f* simultanée.

**simultaneous equations** *npl* système *m* d'équations différentielles.

**simultaneously** [*Br* ,sɪməl'teɪnjəslɪ, *Am* ,saɪməl'teɪnjəslɪ] *adv* simultanément, en même temps.

**sin** [sɪn] (*pt* & *pp* **sinned**, *cont* **sinning**) ◇ *n* péché *m*; to commit a ~ pécher, commettre un péché; it's a ~ to tell a lie mentir OR le mensonge est un péché; it would be a ~ to sell it ce serait un crime de le vendre ❏ for my ~s, I'm the person in charge of all this *hum* malheureusement pour moi, c'est moi le responsable de tout ça; to live in ~ RELIG OR *hum* vivre dans le péché. ◇ *vi* pécher; to ~ against sthg pécher contre qqch; to be more sinned against than sinning être plus victime que coupable.

**Sinai** ['saɪnaɪ] *pr n* [region] Sinaï *m*; the ~ (Desert) le (désert du) Sinaï; (Mount) ~ le (mont) Sinaï.

**Sinbad** ['sɪnbæd] *pr n*: ~ the Sailor Sinbad le marin.

**sin bin** *n inf* SPORT banc *m* des pénalités, prison *f*.

**since** [sɪns] ◇ *prep* depuis; he has been talking about it ~ yesterday/~ before Christmas il en parle depuis hier/depuis avant Noël; the fair has been held annually ever ~ 1950 la foire a lieu chaque année depuis 1950; how long is it ~ their divorce? ça fait combien de temps qu'ils ont divorcé?; that was in 1966, ~ when the law has been altered c'était en 1966; depuis, la loi a été modifiée; ~ when have you been married? depuis quand êtes-vous marié? ◇ *conj* **-1.** [in time] depuis que; I've worn glasses ~ I was six je porte des lunettes depuis que j'ai six ans OR depuis l'âge de six ans; how long has it been ~ you last saw Hal? ça fait combien de temps que tu n'as pas vu Hal?; ~ leaving New York, I... depuis que j'ai quitté New York, je...; it had been ten years ~ I had seen him cela faisait dix ans que je ne l'avais pas revu. **-2.** [expressing cause] puisque, comme. ◇ *adv* depuis; she used to be his assistant, but she's ~ been promoted elle était son assistante, mais depuis elle a été promue.

♦ **ever since** ◇ *conj phr* depuis que; ever ~ she resigned, things have been getting worse depuis qu'elle a démissionné OR depuis sa démission, les choses ont empiré. ◇ *prep phr* depuis; ever ~ that day he's been afraid of dogs depuis ce jour-là, il a peur des chiens. ◇ *adv phr* depuis; he arrived at 9 o'clock and he's been sitting there ever ~ il est arrivé à 9 h et il est assis là depuis.

♦ **long since** *adv phr*: I've long ~ forgotten why il y a longtemps que j'ai oublié pourquoi.

**sincere** [sɪn'sɪəʳ] *adj* sincère; please accept my ~ apologies veuillez accepter mes sincères excuses.

**sincerely** [sɪn'sɪəlɪ] *adv* sincèrement; ~ held views des opinions auxquelles on croit sincèrement; I ~ hope we can be friends j'espère sincèrement que nous serons amis; Yours ~ [formally] je vous prie d'agréer, Monsieur (OR Madame), mes sentiments les meilleurs; [less formally] bien à vous.

**sincerity** [sɪn'serətɪ] *n* sincérité *f*; in all ~, I must admit that... en toute sincérité, je dois admettre que...

**sine** [saɪn] *n* MATH sinus *m*.

**sinecure** ['saɪnɪ,kjʊəʳ] *n* sinécure *f*.

**sine qua non** [,saɪnɪkweɪ'nɒn] *n* condition *f* sine qua non.

**sinew** ['sɪnjuː] *n* [tendon] tendon *m*; [muscle] muscle *m*; *lit* [strength] force *f*, forces *fpl*.

♦ **sinews** *npl lit* [source of strength] nerf *m*, vigueur *f*.

**sinewy** ['sɪnjuːɪ] *adj* **-1.** [muscular – person, body, arm] musclé; [– neck, hands] nerveux. **-2.** [with tendons – tissue] tendineux; ~ meat viande *f* nerveuse OR tendineuse. **-3.** *lit* [forceful – style] vigoureux, nerveux.

**sinful** ['sɪnfʊl] *adj* [deed, urge, thought] coupable, honteux; [world] plein de péchés, souillé par le péché; his ~ ways sa vie de pécheur; ~ man pécheur *m*.

**sing** [sɪŋ] (*pt* **sang** [sæŋ], *pp* **sung** [sʌŋ]) ◇ *vi* **-1.** [person] chanter; she ~s of a faraway land elle chante une terre lointaine ❏ 'Singin' in the Rain' *Kelly, Donen* 'Chantons sous la pluie'. **-2.** [bird, kettle] chanter; [wind, arrow] siffler; [ears] bourdonner, siffler; bullets sang past his ears des balles sifflaient à ses oreilles. **-3.** *Am inf* [act as informer] parler. ◇ *vt* **-1.** [song, note, mass] chanter; to ~ opera/jazz chanter de l'opéra/du jazz; who ~s tenor? qui est ténor?; to ~ sb to sleep chanter pour endormir qqn ❏ now they're ~ing another OR a different tune ils ont changé de ton. **-2.** [laud] célébrer, chanter; to ~ sb's praises chanter les louanges de qqn.

♦ **sing along** *vi insep* chanter (tous) ensemble; to ~ along to OR with the radio chanter en même temps que la radio.

♦ **sing out** *vi insep* **-1.** [sing loudly] chanter fort. **-2.** *inf* [shout] crier.

♦ **sing up** *vi insep* chanter plus fort.

**sing-along** *n* chants *mpl* en chœur.

**Singapore** [,sɪŋə'pɔːʳ] *pr n* Singapour.

**Singaporean** [,sɪŋə'pɔːrɪən] ◇ *n* Singapourien *m*, -enne *f*. ◇ *adj* singapourien.

**singe** [sɪndʒ] (*cont* **singeing**) ◇ *vt* **-1.** [gen] brûler légèrement; [shirt, fabric, paper] roussir. **-2.** CULIN [carcass, chicken] flamber, passer à la flamme. ◇ *vi* [fabric] roussir. ◇ *n* [burn] brûlure *f* (légère); ~ (mark) marque *f* de brûlure.

**singer** ['sɪŋəʳ] *n* chanteur *m*, -euse *f*; I'm a terrible ~ je chante affreusement mal.

**Singhalese** [,sɪŋhə'liːz] = **Sinhalese**.

**singing** ['sɪŋɪŋ] ◇ *n* **-1.** [of person, bird] chant *m*; [of kettle, wind] sifflement *m*; [in ears] bourdonnement *m*, sifflement *m*; the ~ went on until dawn on a chanté OR les chants ont continué jusqu'à l'aube. **-2.** [art] chant *m*; to study ~ étudier le chant. ◇ *adj* [lesson, teacher, contest] de chant; she's got a fine ~ voice elle a une belle voix; it's a ~ role c'est un rôle qui comporte des passages chantés.

**singing telegram** *n* vœux présentés sous forme chantée, généralement à l'occasion d'un anniversaire.

**single** ['sɪŋgl] ◇ *adj* **-1.** [sole] seul, unique; the room was lit by a ~ lamp la pièce était éclairée par une seule lampe; I can't think of one ~ reason why I should do it je n'ai aucune raison de le faire; there wasn't a ~ person in the street il n'y avait pas un chat dans la rue; not a ~ one of her friends came pas un seul de ses amis OR aucun de ses amis n'est venu; I couldn't think of a ~ thing to say je ne trouvais absolument rien à dire ❏ the Single European Act l'Acte unique européen; the Single Market le Marché unique (européen). **-2.** [individual, considered discretely] individuel, particulier; he gave her a ~ red rose il lui a donné une rose rouge; our ~ most important resource is oil notre principale ressource est le pétrole; ~ copies cost more un exemplaire seul coûte plus cher; in any ~ year, average sales are ten million sur une seule année, les ventes sont en moyenne de dix millions; every ~ apple OR every ~ one of the apples was rotten toutes les pommes sans exception étaient pourries. **-3.** [not double – flower, thickness] simple; [– combat] singulier; five years ago we had ~ figure inflation il y a cinq ans nous avions un taux d'inflation inférieur à 10 %; ~ yellow line ligne *f* jaune. **-4.** [for one person]: ~ room chambre *f* pour une personne OR individuelle; ~ sheet un drap pour un lit d'une personne. **-5.** [unmarried] célibataire; he's a ~ parent c'est un père célibataire. **-6.** *Br* [one way]: a ~ ticket to Oxford un aller (simple) pour Oxford; the ~ fare is £12 un aller simple coûte 12 livres. ◇ *n* **-1.** [hotel room] chambre *f* pour une personne OR individuelle. **-2.** [record] 45 tours *m inv*, single *m*. **-3.** *Br* [ticket] billet *m*, aller *m* simple; we only have ~s left THEAT il ne nous reste que des places séparées. **-4.** (*usu pl*) [money] *Br* pièce *f* d'une livre; *Am* billet *m* d'un dollar. **-5.** [in cricket] point *m*.

♦ **single out** *vt sep* [for attention, honour] sélectionner, distinguer; a few candidates were ~d out for special praise quelques candidats ont eu droit à des félicitations supplémentaires.

**single-action** *adj* [firearm] *que l'on doit réarmer avant chaque coup.*

**single bed** *n* lit à une place.

**single-breasted** [-'brestɪd] *adj* [jacket, coat] droit.

**single cream** *n* Br crème *f* (fraîche) liquide.

**single-decker** [-'dekər] *n*: ~ (bus) autobus *m* sans impériale.

**single-density** *adj* COMPUT: ~ disk disquette *f* simple densité.

**single-engined** [-,endʒɪnd] *adj* [plane] monomoteur.

**single entry bookkeeping** *n* comptabilité *f* en partie simple.

**single file** *n* file *f* indienne; **to walk in** ~ marcher en file indienne OR à la queue leu leu.

**single-handed** [-'hændɪd] ◇ *adv* [on one's own] tout seul, sans aucune aide. ◇ *adj* **-1.** [unaided – voyage] en solitaire. **-2.** [using one hand] à une main.

**single-handedly** [-'hændɪdlɪ] *adv* **-1.** [on one's own] tout seul. **-2.** [with one hand] d'une seule main.

**single-lens reflex** *n* reflex *m* (mono-objectif).

**single-minded** *adj* résolu, acharné; **to be** ~ **about sthg** s'acharner sur qqch; **he is** ~ **in his efforts to block the project** il fait tout ce qu'il peut pour bloquer le projet.

**single-mindedly** [-'maɪndɪdlɪ] *adv* avec acharnement.

**single-mindedness** [-'maɪndɪdnɪs] *n* résolution *f*, acharnement *m*.

**single-parent family** *n* famille *f* monoparentale.

**single quotes** *npl* guillemets *mpl*.

**singles** ['sɪŋglz] (*pl inv*) ◇ *n* SPORT simple *m*; **the men's** ~ **champion** le champion du simple messieurs. ◇ *comp* [bar, club, magazine] pour célibataires.

**single-seater** *n* AERON (avion *m*) monoplace *m*.

**single-sex** *adj* SCH non mixte.

**single-space** *vt* [on typewriter] taper avec un interligne simple; [on printer] imprimer avec un interligne simple.

**singlet** ['sɪŋglɪt] *n* Br [undergarment] maillot *m* de corps; SPORT maillot *m*.

**single track** *n* RAIL voie *f* unique.

♦ **single-track** *adj* à voie unique.

**singly** ['sɪŋglɪ] *adv* **-1.** [one at a time] séparément. **-2.** [alone] seul. **-3.** [individually – packaged] individuellement; **you can't buy them** ~ vous ne pouvez pas les acheter à la pièce.

**singsong** ['sɪŋsɒŋ] ◇ *n* **-1.** [melodious voice, tone]: **to speak in a** ~ parler d'une voix chantante. **-2.** Br [singing] chants *mpl* (en chœur); **let's have a** ~ chantons tous ensemble OR en chœur. ◇ *adj* [voice, accent] chantant.

**singular** ['sɪŋgjʊlər] ◇ *adj* **-1.** [remarkable] singulier; [odd] singulier, bizarre. **-2.** GRAMM singulier. ◇ *n* GRAMM singulier *m*; **in the third person** ~ à la troisième personne du singulier.

**singularity** [,sɪŋgjʊ'lærətɪ] (*pl* **singularities**) *n* singularité *f*.

**singularly** ['sɪŋgjʊləlɪ] *adv* singulièrement.

**Sinhalese** [,sɪnhə'liːz] ◇ *n* **-1.** [person] Cinghalais *m*, -e *f*. **-2.** LING cinghalais *m*. ◇ *adj* cinghalais.

**sinister** ['sɪnɪstər] *adj* **-1.** [ominous, evil] sinistre. **-2.** HERALD senestre, sénestre.

**sink** [sɪŋk] (*pt* **sank** [sæŋk], *pp* **sunk** [sʌŋk]) ◇ *n* **-1.** [for dishes] évier *m*; [for hands] lavabo *m*; **double** ~ évier à deux bacs; ~ **board** Am égouttoir *m*. **-2.** [cesspool] puisard *m*. **-3.** GEOL doline *f*.

◇ *vi* **-1.** [below surface – boat] couler, sombrer; [– person, stone, log] couler; **to** ~ **like a stone** couler à pic; **the sun/moon is** ~**ing** le soleil/la lune disparaît à l'horizon; **to** ~ **without (a) trace** [whereabouts unknown] disparaître sans laisser de trace; *fig* [no longer famous] tomber dans l'oubli □ it was a case of ~ or swim il a bien fallu se débrouiller. **-2.** [in mud, snow etc] s'enfoncer; **the wheels sank into the mud** les roues s'enfonçaient dans la boue. **-3.** [subside – level, water, flames] baisser; [– building, ground] s'affaisser; **Venice is** ~**ing** Venise est en train de s'affaisser. **-4.** [sag, slump – person] s'affaler, s'écrouler; [– hopes] s'écrouler; **I sank back in my seat** je me suis enfoncé dans mon fauteuil; **her head**

sank back on the pillow sa tête retomba sur l'oreiller; **to** ~ **to the ground** s'effondrer; **my heart** OR **spirits sank when I saw I was too late** j'ai perdu courage en voyant que j'arrivais trop tard; **his heart** ~**s every time he gets a letter from her** il a un serrement de cœur chaque fois qu'il reçoit une lettre d'elle. **-5.** [decrease, diminish – wages, rates, temperature] baisser; [more dramatically] plonger, chuter; **the dollar has sunk to half its former value** le dollar a perdu la moitié de sa valeur; **profits have sunk to an all-time low** les bénéfices sont au plus bas ‖ [voice] se faire plus bas; **her voice had sunk to a whisper** [purposefully] elle s'était mise à chuchoter; [weakly] sa voix n'était plus qu'un murmure. **-6.** [slip, decline] sombrer, s'enfoncer; **to** ~ **into apathy/depression** sombrer dans l'apathie/dans la dépression; **how could you** ~ **to this?** comment as-tu pu tomber si bas?; **the patient is** ~**ing fast** le malade décline rapidement; **I sank into a deep sleep** j'ai sombré dans un sommeil profond. **-7.** [penetrate – blade, arrow] s'enfoncer.

◇ *vt* **-1.** [boat, submarine] couler, envoyer par le fond; **to be sunk in thought** *fig* être plongé dans ses pensées. **-2.** [ruin – plans] faire échouer; **if they don't come we're sunk!** *inf* s'ils ne viennent pas, nous sommes fichus! **-3.** [forget] oublier; **they'll have to learn to** ~ **their differences** il faudra qu'ils apprennent à oublier leurs différends. **-4.** [plunge, drive – knife, spear] enfoncer; **they're** ~**ing the piles for the jetty** ils sont en train de mettre en place les pilotis de la jetée; **the dog sank its teeth into my leg** le chien m'enfonça OR me planta ses crocs dans la jambe. **-5.** [dig, bore – well, mine shaft] creuser, forer. **-6.** [invest – money] mettre, investir; [– extravagantly] engloutir. **-7.** SPORT [score – basket] marquer; [– putt] réussir; **to** ~ **a shot** [in snooker] couler une bille; [in basketball] réussir un tir OR un panier. **-8.** [debt] s'acquitter de, payer; FIN amortir. **-9.** Br *inf* [drink down] s'envoyer, siffler.

♦ **sink in** *vi insep* **-1.** [nail, blade] s'enfoncer. **-2.** [soak – varnish, cream] pénétrer. **-3.** [register – news] être compris OR assimilé; [– allusion] faire son effet; **I heard what you said, but it didn't** ~ **in at the time** je vous ai entendu, mais je n'ai pas vraiment saisi sur le moment; **I paused to let my words** ~ **in** j'ai marqué une pause pour que mes paroles fassent leur effet.

**sinker** ['sɪŋkər] *n* [weight] plomb *m* (*pour la pêche*).

**sinking** ['sɪŋkɪŋ] ◇ *n* **-1.** [of ship – accidental] naufrage *m*; [– deliberate] torpillage *m*. **-2.** [of building, ground] affaissement *m*. **-3.** [of money] engloutissement *m*. ◇ *adj*: ~ **feeling**: **I experienced that** ~ **feeling you get when you've forgotten something** j'ai eu cette angoisse que l'on ressent quand on sait que l'on a oublié quelque chose.

**sinking fund** *n* FIN caisse *f* OR fonds *mpl* d'amortissement.

**sink tidy** (*pl* **sink tidies**) *n* rangement pour ustensiles sur un évier.

**sink unit** *n* bloc-évier *m*.

**sinner** ['sɪnər] *n* pécheur *m*, -eresse *f*.

**Sinn Féin** [,ʃɪn'feɪn] *pr n* le Sinn Fein (*faction politique de l'IRA*).

**Sino-** ['saɪnəʊ] *in cpds* sino-.

**sinology** [saɪ'nɒlədʒɪ] *n* sinologie *f*.

**sinuous** ['sɪnjʊəs] *adj* [road, neck, movement, reasoning] sinueux.

**sinus** ['saɪnəs] *n* sinus *m*; **for fast** ~ **relief** pour dégager rapidement les sinus.

**sinusitis** [,saɪnə'saɪtɪs] *n* (*U*) sinusite *f*.

**Sioux** [suː] (*pl inv* [suː, suːz]) ◇ *n* **-1.** [person] Sioux *mf inv*. **-2.** LING sioux *m*. ◇ *adj* sioux (*inv*); **the** ~ **Indians** les Sioux *mpl*.

**sip** [sɪp] (*pt & pp* **sipped**, *cont* **sipping**) ◇ *vt* [drink slowly] boire à petites gorgées OR à petits coups; [savour] siroter. ◇ *vi*: **he was at the bar, sipping at a cognac** il était au comptoir, sirotant un cognac. ◇ *n* petite gorgée *f*; **can I have a** ~**?** je peux goûter OR en boire un peu?

**siphon** ['saɪfn] ◇ *n* siphon *m*. ◇ *vt* **-1.** [liquid, petrol] siphonner. **-2.** [money, resources] transférer; [illicitly] détourner; **huge sums were** ~**ed into public housing** des sommes énormes ont été injectées dans les logements sociaux.

♦ **siphon off** *vt sep* **-1.** [liquid, petrol] siphonner. **-2.** [remove – money] absorber, éponger; [divert illegally] détourner; **the private sector is** ~**ing off the best graduates** le secteur privé absorbe les meilleurs diplômés.

**sir** [sɜːr] *n* **-1.** [term of address] monsieur *m*; **no,** ~ [gen & SCH] non, Monsieur; MIL [to officer] non, mon général/mon colonel *etc*; **(Dear) Sir** [in letter] (Cher) Monsieur ❑ **not for me, no ~** *inf* [emphatic] pas pour moi, ça non OR pas question!**-2.** [title of knight, baronet]: **Sir Ian Hall** sir Ian Hall; **to be made a ~** être anobli. **-3.** *Br inf* [male teacher]: **Sir's coming!** le maître arrive!

**sire** ['saɪəʳ] ◇ *n* **-1.** [animal] père *m*.**-2.** [term of address]: **no, ~** [to king] non, sire; *arch* [to lord] non, seigneur. ◇ *vt* engendrer; **Buttons, ~d by Goldfly** Buttons, issu de Goldfly.

**siren** ['saɪərən] *n* **-1.** [device] sirène *f*; **ambulance/police ~** sirène d'ambulance/de voiture de police. **-2.** MYTH sirène *f*; *fig* [temptress] sirène *f*, femme *f* fatale.

**sirloin** ['sɜːlɔɪn] *n* aloyau *m*; **a ~ steak** un bifteck dans l'aloyau.

**sirocco** [sɪ'rɒkəʊ] (*pl* **siroccos**) *n* sirocco *m*, siroco *m*.

**sis** [sɪs] *n inf* [sister] frangine *f*, sœurette *f*.

**sisal** ['saɪsl] ◇ *n* sisal *m*. ◇ *adj* en OR de sisal.

**sissy** ['sɪsɪ] (*pl* **sissies**) ◇ *n* [coward] peureux *m*, -euse *f*; [effeminate person]: mauviette *f* ◇ *adj* [cowardly] peureux; [effeminate]: **don't be so ~** t'es une mauviette, ou quoi?

**sister** ['sɪstəʳ] ◇ *n* **-1.** sœur *f*; **my big/little ~** ma grande/petite sœur. **-2.** [nun] religieuse *f*, (bonne) sœur *f*; **Sister Pauline** sœur Pauline. **-3.** *Br* [nurse] infirmière *f* en chef. **-4.** POL [comrade] sœur *f*. ◇ *adj* (*esp with feminine nouns*) sœur; (*esp with masculine nouns*) frère; **~ countries** pays *mpl* frères, nations *fpl* sœurs; **~ ship** [belonging to same company] navire *m* de la même ligne; [identical] navire-jumeau *m*, sister-ship *m*.

**sisterhood** ['sɪstəhʊd] *n* **-1.** [group of women – gen & RELIG] communauté *f* de femmes. **-2.** [solidarity] solidarité *f* entre femmes.

**sister-in-law** (*pl* **sisters-in-law**) *n* belle-sœur *f*.

**sisterly** ['sɪstəlɪ] *adj* [kiss, hug] sororal *lit*, fraternel; [advice] de sœur.

**Sistine Chapel** ['sɪstiːn-] *prn*: **the ~** la chapelle Sixtine.

**Sisyphus** ['sɪsɪfəs] *prn* Sisyphe.

**sit** [sɪt] (*pt* & *pp* **sat** [sæt], *cont* **sitting**) ◇ *vi* **-1.** [take a seat] s'asseoir; [be seated] être assis; **she came and sat next to me** elle est venue s'asseoir à côté de moi; **she sat by me all evening** elle était assise à côté de moi toute la soirée; **~ still!** tiens-toi OR reste tranquille!; **~!** [to dog] assis!; **they sat over the meal for hours** ils sont restés à table pendant des heures; **he ~s in front of the television all day** il passe toute la journée devant la télévision ❑ **~ tight, I'll be back in a moment** *inf* ne bouge pas, je reviens tout de suite; **we just have to ~ tight and wait for things to get better** on ne peut qu'attendre patiemment que les choses s'arrangent. **-2.** ART & PHOT [pose] poser. **-3.** [be a member]: **to ~ on a board** faire partie OR être membre d'un conseil d'administration. **-4.** [be in session] être en séance, siéger; **the council was still sitting at midnight** à minuit, le conseil siégeait toujours OR était toujours en séance. **-5.** [baby-sit]: **I'll ask Amy to ~ for us** je demanderai à Amy de garder les enfants. **-6.** *Br* SCH & UNIV [be a candidate]: **to ~ for an exam** se présenter à OR passer un examen. **-7.** [be situated – building] être, se trouver; [– vase] être posé; **your keys are sitting right in front of you** tes clés sont là, devant ton nez; **a tank sat in the middle of the road** un char d'assaut était planté au milieu de la route. **-8.** [remain inactive or unused] rester; **the plane sat waiting on the runway** l'avion attendait sur la piste; **the letter sat unopened** la lettre n'avait pas été ouverte. **-9.** [fit – coat, dress] tomber; **the jacket ~s well on you** la veste vous va parfaitement ‖ *fig*: **age ~s well on him** la maturité lui va bien; **the thought sat uneasily on my conscience** cette pensée me pesait sur la conscience. **-10.** [bird – perch] se percher, se poser; [– brood] couver; **they take turns sitting on the eggs** ils couvent les œufs à tour de rôle. ◇ *vt* **-1.** [place] asseoir, installer; **he sat the child in the pram** il a assis l'enfant dans le landau. **-2.** [invite to be seated] faire asseoir; **she sat me in the waiting room** elle m'a fait asseoir dans la salle d'attente. **-3.** *Br* [examination] se présenter à, passer.

◆ **sit about** *Br*, **sit around** *vi insep* rester à ne rien faire, traîner.

◆ **sit back** *vi insep* **-1.** [relax] s'installer confortablement; **just ~ back and close your eyes** installe-toi bien et ferme les yeux; **~ back and enjoy it** détends-toi et profites-en. **-2.** [refrain from intervening]: **we can't just ~ back and ignore**

the danger nous ne pouvons tout de même pas faire comme s'il n'y avait pas de danger.

◆ **sit by** *vi insep* rester sans rien faire.

◆ **sit down** ◇ *vi insep* s'asseoir; **please ~ down** asseyez-vous, je vous en prie; **I was just sitting down to work when the phone rang** j'étais sur le point de me mettre au travail quand le téléphone a sonné; **to ~ down to table** se mettre à table, s'attabler. ◇ *vt sep* [place – person] asseoir, installer; **~ yourself down and have a drink** asseyez-vous et prenez un verre.

◆ **sit in** *vi insep* **-1.** [attend]: **to ~ in on a meeting/a class** assister à une réunion/un cours. **-2.** [replace]: **to ~ in for sb** remplacer qqn. **-3.** [hold a sit-in] faire un sit-in.

◆ **sit on** *vt insep inf* **-1.** [suppress, quash – file, report] garder le silence sur; [– suggestion, proposal] repousser, rejeter. **-2.** [take no action on] ne pas s'occuper de; **his office has been sitting on those recommendations for months now** ça fait des mois que son bureau a ces recommandations sous le coude. **-3.** [silence – person] faire taire; [rebuff] rabrouer.

◆ **sit out** ◇ *vi insep* [sit outside] s'asseoir or se mettre dehors. ◇ *vt sep* **-1.** [endure] attendre la fin de; **it was very boring but I sat it out** c'était très ennuyeux, mais je suis restée jusqu'au bout. **-2.** [not take part in]: **I think I'll ~ the next one out** [dance] je crois que je ne vais pas danser la prochaine danse; [in cards] je crois que je ne jouerai pas la prochaine main.

◆ **sit through** *vt insep* attendre la fin de; **I can't bear to ~ through another of his speeches** je ne supporterai pas un autre de ses discours.

◆ **sit up** ◇ *vi insep* **-1.** [raise o.s. to sitting position] s'asseoir; [sit straight] se redresser; **she was sitting up in bed reading** elle lisait, assise dans son lit; **the baby can ~ up now** le bébé peut se tenir assis maintenant; **~ up straight!** redresse-toi!, tiens-toi droit!**-2.** [not go to bed] rester debout, ne pas se coucher; **I'll ~ up with her until the fever passes** je vais rester avec elle jusqu'à ce que sa fièvre tombe. **-3.** *inf* [look lively]: **the public began to ~ up and take notice** le public a commencé à montrer un certain intérêt. ◇ *vt sep* [child, patient] asseoir, redresser.

**sitar** [sɪ'tɑːʳ] *n* sitar *m*.

**sitcom** ['sɪtkɒm] *n* comédie *f* de situation, sitcom *m*.

**sit-down** ◇ *n inf* [rest] pause *f*. ◇ *adj*: **~ dinner** dîner pris à table; **~ strike** *Br* grève *f* sur le tas.

**site** [saɪt] ◇ *n* **-1.** [piece of land] terrain *m*.**-2.** [place, location] emplacement *m*, site *m*; [place, location] for centuries cela fait des siècles qu'il y a une église à cet endroit OR ici; **this forest has been the ~ of several battles** cette forêt a été le théâtre de plusieurs batailles. **-3.** CONSTR: **(building) ~** chantier *m*; **demolition ~** chantier de démolition. **-4.** ARCHEOL site *m*.**-5.** *phr*: **on ~** sur place. ◇ *comp* CONSTR [office, inspection, visit] de chantier. ◇ *vt* placer, situer.

**sit-in** *n* **-1.** [demonstration] sit-in *m inv*; **to stage** OR **to hold a ~** faire un sit-in. **-2.** [strike] grève *f* sur le tas.

**siting** ['saɪtɪŋ] *n*: **the ~ of the nuclear plant is highly controversial** le choix de l'emplacement de la centrale nucléaire provoque une vive controverse; **access is important in the ~ of the stadium** l'accessibilité est un facteur important dans le choix du site pour le stade.

**sitter** ['sɪtəʳ] *n* **-1.** [babysitter] baby-sitter *mf*.**-2.** ART [model] modèle *m*.**-3.** [hen] couveuse *f*.**-4.** *Br inf* SPORT [easy chance] coup *m* facile.

**sitting** ['sɪtɪŋ] ◇ *n* [for meal] service *m*; ART [for portrait] séance *f* de pose; [of assembly, committee] séance *f*; **I read the book at one sitting** j'ai lu le livre d'une traite. ◇ *adj* **-1.** [seated] assis. **-2.** [in office] en exercice; **the ~ member for Leeds** le député actuel de Leeds.

**sitting duck** *n inf* [target] cible *m* facile; [victim] proie *f* facile, pigeon *m*.

**sitting room** *n Br* salon *m*, salle *f* de séjour.

**sitting target** *n Br* cible *f* facile.

**sitting tenant** *n Br* locataire *mf* en place.

**situate** ['sɪtjʊeɪt] *vt fml* [in place] situer, implanter; [in context] resituer.

**situated** ['sɪtjʊeɪtɪd] *adj* **-1.** [physically] situé; **the house is conveniently ~ for shops and public transport** la maison est située à proximité des commerces et des transports en commun; **the town is well/badly ~ for tourist develop-**

**ment** la situation de la ville est/n'est pas favorable à son développement touristique. **-2.** [circumstantially]: **how are we ~ as regards the competition?** comment est-ce qu'on est situés par rapport à la concurrence?

**situation** [ˌsɪtjuˈeɪʃn] *n* **-1.** [state of affairs] situation *f*; **I've got myself into a ridiculous ~** je me suis mis dans une situation ridicule; **what would you do in my ~?** qu'est-ce que tu ferais à ma place OR dans ma situation?; **the firm's financial ~ isn't good** la situation financière de la société n'est pas bonne; **a crisis ~** une situation de crise; **it won't work in a classroom ~** ça ne marchera pas dans une salle de classe. **-2.** [job] situation *f*, emploi *m*; **~s vacant/wanted** offres *fpl*/demandes *fpl* d'emploi. **-3.** [location] situation *f*, emplacement *m*.

**situation comedy** *n* comédie *f* de situation.

**sit-up** *n* SPORT redressement *m* assis.

**six** [sɪks] ◇ *n* **-1.** [number] six *m*; **to be at ~es and sevens** *Br* être sens dessus dessous; **it's ~ of one and half a dozen of the other** *inf* c'est blanc bonnet et bonnet blanc, c'est kif-kif; **to get ~ of the best** *Br inf* & *dated* SCH se faire fouetter. **-2.** [ice hockey team] équipe *f*; [cub or brownie patrol] patrouille *f*. **-3.** [in cricket] six points *mpl*. ◇ *det* six; **to be ~ feet under** *inf* être six pieds sous terre, manger les pissenlits par la racine. ◇ *pron* six; *see also* **five**.

**Six Counties** *pl pr n*: **the ~** (les six comtés *mpl* de) l'Irlande *f* du Nord.

**sixfold** [ˈsɪksfəʊld] ◇ *adj* sextuple. ◇ *adv* au sextuple.

**six-pack** *n* pack *m* de six.

**sixpence** [ˈsɪkspəns] *n* [coin] (ancienne) pièce *f* de six pence.

**sixteen** [sɪksˈtiːn] ◇ *det* seize; **she was sweet ~** c'était une jolie jeune fille de seize ans. ◇ *n* seize *m*. ◇ *pron* seize; *see also* **fifteen**.

**sixteenth** [sɪksˈtiːnθ] ◇ *det* seizième. ◇ *n* **-1.** [ordinal] seizième *m*. **-2.** [fraction] seizième *m*; *see also* **fifth**.

**sixteenth note** *n Am* MUS double croche *f*.

**sixth** [sɪksθ] ◇ *det* sixième. ◇ *n* **-1.** [ordinal] sixième *mf*. **-2.** [fraction] sixième *m*. **-3.** MUS sixte *f*. **-4.** *Br* SCH: **to be in the lower/upper ~** être en première/en terminale. ◇ *adv* **-1.** [in contest] en sixième position, à la sixième place. **-2.** = **sixthly**; *see also* **fifth**.

**sixth form** *n Br* SCH classe terminale de l'enseignement secondaire en Grande-Bretagne, préparant aux A-levels, ≃ classes *fpl* de première et de terminale.

◆ **sixth-form** *adj* [student, teacher, subject] de première OR terminale; **sixth-form college** établissement préparant aux A-levels.

**sixth former** *n Br* SCH élève *mf* de première OR de terminale.

**sixthly** [ˈsɪksθlɪ] *adv* sixièmement.

**sixth sense** *n* sixième sens *m*.

**sixtieth** [ˈsɪkstɪəθ] ◇ *det* soixantième. ◇ *n* **-1.** [ordinal] soixantième *m*. **-2.** [fraction] soixantième *m*; *see also* **fifth**.

**Sixtus** [ˈsɪkstəs] *pr n* Sixte.

**sixty** [ˈsɪkstɪ] ◇ *det* (*pl* **sixties**) ◇ *det* soixante. ◇ *n* soixante *m*; **sixties** pop music la musique pop des années soixante. ◇ *pron* soixante; *see also* **fifty**.

**sizable** *etc* [ˈsaɪzəbl] = **sizeable**.

**size** [saɪz] ◇ *n* **-1.** [gen] taille *f*; [of ball, tumour] taille *f*, grosseur *f*; [of region, desert, forest] étendue *f*, superficie *f*; [of difficulty, operation, protest movement] importance *f*, ampleur *f*; [of debt, bill, sum] montant *m*, importance *f*; **the two rooms are the same ~** les deux pièces sont de la même taille OR ont les mêmes dimensions; **it's about the ~ of a dinner plate** c'est à peu près de la taille d'une assiette; **the kitchen is the ~ of a cupboard** la cuisine est grande comme un placard; **my garden is half the ~ of hers** mon jardin fait la moitié du sien; **average family ~ is four persons** la famille moyenne est composée de quatre personnes; **the town has no hotels of any ~** la ville n'a pas d'hôtel important; **we weren't expecting a crowd of this ~** nous ne nous attendions pas à une foule aussi nombreuse; **the tumour is increasing in ~** la tumeur grossit; **the army has doubled in ~** les effectifs de l'armée ont doublé; **a block of marble one cubic metre in ~** un bloc de marbre d'un mètre cube; **the cupboards can be built to ~** les placards peuvent être construits sur mesure ❑ **that's about the ~ of it!** *inf* en gros, c'est ça!. **-2.** [of clothes – gen] taille *f*; [of shoes, gloves, hat] pointure *f*, taille

*f*; **what ~ are you?**, **what ~ do you take?** quelle taille faites-vous?; **I take (a) ~ 40** je fais du 40; **I take a ~ 5 shoe** ≃ je chausse du 38; **I need a ~ larger/smaller** il me faut la taille au-dessus/au-dessous; **we've nothing in your ~** nous n'avons rien dans votre taille; **try this jacket on for ~** essayez cette veste pour voir si c'est votre taille ❑ **collar ~** encolure *f*. **-3.** [for paper, textiles, leather] apprêt *m*; [for plaster] enduit *m*.

◇ *vt* **-1.** [sort] trier selon la taille. **-2.** [make] fabriquer aux dimensions voulues. **-3.** [paper, textiles, leather] apprêter; [plaster] enduire.

◆ **size up** *vt sep* [stranger, rival] jauger; [problem, chances] mesurer; **she ~d up the situation immediately** elle a tout de suite compris ce qui se passait.

**-size** = **-sized**.

**sizeable** [ˈsaɪzəbl] *adj* [piece, box, car] assez grand; [apple, egg, tumour] assez gros (*f* assez grosse); [sum, income, quantity, crowd] important; [town] assez important; [error] de taille; **they were elected by a ~ majority** ils ont été élus à une assez large majorité.

**sizeably** [ˈsaɪzəblɪ] *adv* considérablement.

**-sized** [-saɪzd] *in cpds*: **medium~** de taille moyenne; **small and medium~ businesses** petites et moyennes entreprises *fpl*, PME *fpl*; **a fair~ crowd** une foule assez nombreuse.

**sizzle** [ˈsɪzl] ◇ *vt* **-1.** [sputter] grésiller. **-2.** *inf* [be hot]: **the city ~d in the heat** la ville étouffait sous la chaleur. ◇ *n* grésillement *m*.

**sizzler** [ˈsɪzləʳ] *n inf* journée *f* torride.

**sizzling** [ˈsɪzlɪŋ] ◇ *adj* **-1.** [sputtering] grésillant. **-2.** *inf* [hot] brûlant. ◇ *adv inf* ~ **hot** brûlant.

**skat** [skæt] *n* jeu de cartes à 3 personnes, comprenant 32 cartes.

**skate** [skeɪt] (*pl sense 2 inv* OR **skates**) ◇ *n* **-1.** [ice] patin *m* à glace; [roller] patin *m* à roulettes; **to get** OR **to put one's ~s on** *inf* se dépêcher, se grouiller. **-2.** [fish] raie *f*. ◇ *vi* **-1.** [gen] patiner; **to go skating** [ice] faire du patin OR du patinage; [roller] faire du patin à roulettes; **couples ~d around the rink** des couples patinaient autour de la piste ❑ **to ~ on thin ice** être sur un terrain dangereux, avancer en terrain miné. **-2.** [slide – pen, plate] glisser. **-3.** [person] glisser.

◆ **skate around**, **skate over** *vt insep* [problem, issue] esquiver, éviter.

**skateboard** [ˈskeɪtbɔːd] ◇ *n* skateboard *m*, planche *f* à roulettes. ◇ *vi* faire du skateboard OR de la planche à roulettes.

**skateboarder** [ˈskeɪtbɔːdəʳ] *n* personne qui fait du skateboard OR de la planche à roulettes.

**skateboarding** [ˈskeɪtbɔːdɪŋ] *n*: **to go ~** faire de la planche à roulettes OR du skateboard.

**skater** [ˈskeɪtəʳ] *n* [on ice] patineur *m*, -euse *f*; [on roller skates] patineur *m*, -euse *f* à roulettes.

**skating** [ˈskeɪtɪŋ] *n* [on ice] patin *m* (à glace); [on roller skates] patin *m* (à roulettes). ◇ *adj* de patinage.

**skating rink** *n* [for ice skating] patinoire *f*; [for roller skating] piste *f* pour patin à roulettes.

**skedaddle** [skɪˈdædl] *vi inf* mettre les voiles, se tirer, déguerpir.

**skein** [skeɪn] *n* **-1.** [of wool, silk] écheveau *m*. **-2.** [flight – of geese] vol *m*.

**skeletal** [ˈskelɪtl] *adj* squelettique.

**skeleton** [ˈskelɪtn] ◇ *n* **-1.** ANAT squelette *m*; **he was little more than a ~** il n'avait plus que la peau sur les os ❑ **to have a ~ in the cupboard** *Br* OR **closet** *Am* avoir quelque chose à cacher. **-2.** CONSTR & CHEM [structure] squelette *m*. **-3.** [outline – of book, report] ébauche *f*, esquisse *f*; [– of project, strategy, speech] schéma *m*, grandes lignes *fpl*. ◇ *comp* [crew, staff, team] (réduit au) minimum, squelettique *pej*.

**skeleton key** *n* passe-partout *m inv*, passe *m*.

**skeptic** *etc Am* = **sceptic**.

**sketch** [sketʃ] ◇ *n* **-1.** [drawing] croquis *m*, esquisse *f*. **-2.** [brief description] résumé *m*; **a biographical ~ of the author** une biographie succincte de l'auteur; [on book jacket] une notice bibliographique sur l'auteur ‖ [preliminary outline – of book] ébauche *f*; [– of proposal, speech, campaign] grandes lignes *fpl*. **-3.** THEAT sketch *m*. ◇ *vt* **-1.** [person, scene] faire un croquis OR une esquisse de, croquer, esquisser; [line, composition form] esquisser, croquer; [portrait, illustration] faire (rapidement). **-2.** [book] ébaucher, esquisser; [proposal, speech]

ébaucher, préparer dans les grandes lignes.
◆ **sketch in** *vt sep* **-1.** [provide – background, main points] indiquer. **-2.** [draw] ajouter, dessiner.
◆ **sketch out** *vt sep* **-1.** [book] ébaucher, esquisser; [plan, speech] ébaucher, préparer dans les grandes lignes; [details, main points] indiquer. **-2.** [draw] ébaucher.

**sketchblock** ['sketʃblɒk] *n* bloc *m* à dessins.

**sketchbook** ['sketʃbʊk] *n* carnet *m* à dessins.

**sketchily** ['sketʃɪlɪ] *adv* [describe, report] sommairement.

**sketchpad** ['sketʃpæd] *n* carnet *m* à dessins.

**sketchy** ['sketʃɪ] (*compar* **sketchier,** *superl* **sketchiest**) *adj* [description, account] sommaire; [research, work, knowledge] superficiel; [idea, notion] vague; [plan] peu détaillé.

**skew** [skju:] ◇ *vt* [distort – facts, results] fausser; [– idea, truth] dénaturer; [– statistics]: it will ~ the sample ça va fausser l'échantillonnage. ◇ *vi* obliquer, dévier de sa trajectoire; he ~ed off the road il a quitté la route. ◇ *adj Br* **-1.** [crooked – picture] de travers; [– pole] penché. **-2.** [distorted – notion, view] partial; ~ **distribution** [in statistics] distribution *f* asymétrique. **-3.** [angled, slanting] oblique, en biais. ◇ *n Br*: to be on the ~ être de travers.

**skewbald** ['skju:bɔ:ld] ◇ *adj* fauve et blanc, pie-rouge *(inv)*. ◇ *n* cheval *m* fauve et blanc OR pie-rouge.

**skewed** [skju:d] = **skew** *adj.*

**skewer** ['skjuəʳ] ◇ *n* CULIN brochette *f*; [larger] broche *f*. ◇ *vt* CULIN [roast, duck] embrocher; [meat, mushrooms, tomatoes] mettre en brochette; *fig* [person] transpercer.

**skew-whiff** [,skju:'wɪf] *adj* & *adv Br inf* de traviole, de travers.

**skewy** ['skju:ɪ] (*compar* **skewier,** *superl* **skewiest**) *adj inf* **-1.** [crooked – picture, hat] de traviole, de travers. **-2.** [weird, odd] farfelu.

**ski** [ski:] ◇ *n* **-1.** SPORT ski *m* *(equipment)*; (a pair of) ~s (une paire de) skis. **-2.** AERON patin *m*, ski *m*. ◇ *comp* [clothes, boots, lessons] de ski; [resort] de ski, de sports d'hiver; ~ **instructor** moniteur *m*, -trice *f* de ski; ~ **pole** OR **stick** bâton *m* de ski; ~ **wax** fart *m* (pour skis). ◇ *vi* faire du ski, skier; to go ~ing [activity] faire du ski; [on holiday] partir aux sports d'hiver OR faire du ski; they ~ed down the slope ils descendirent la pente à ski. ◇ *vt*: I've never ~ed the red run je n'ai jamais descendu la piste rouge.

**skibob** ['ski:bɒb] *n* ski-bob *m*, véloski *m*.

**skid** [skɪd] (*pt* & *pp* **skidded,** *cont* **skidding**) ◇ *vi* **-1.** [on road – driver, car, tyre] déraper; the car skidded across the junction la voiture a traversé le carrefour en dérapant; to ~ to a halt s'arrêter en dérapant. **-2.** [slide – person, object] déraper, glisser. ◇ *n* **-1.** AUT dérapage *m*; to go into a ~ partir en dérapage, déraper; to get out of OR to correct a ~ redresser OR contrôler un dérapage. **-2.** [wedge] cale *f*. **-3.** *Am* [log] rondin *m*; [dragging platform] traîneau *m*, ≃ schlitte *f*; to put the ~s on OR under sb mettre des bâtons dans les roues à qqn; to hit the ~s *inf* devenir clochard.

**skid-lid** *n Br inf* casque *m* (de moto).

**skid mark** *n* trace *f* de pneus *(après un dérapage)*.

**skidpan** ['skɪdpæn] *n Br* piste *f* d'entraînement au dérapage.

**skidproof** ['skɪdpru:f] *adj* antidérapant.

**skid row** *n Am inf* quartier *m* des clochards; you'll end up on ~! tu es sur une mauvaise pente!

**skier** ['ski:əʳ] *n* skieur *m*, -euse *f*.

**skiff** [skɪf] *n* skiff *m*, yole *f*.

**skiffle** ['skɪfl] *n* skiffle *m* *(type de musique pop des années 50 jouée avec des guitares et des instruments à percussion improvisés).*

**skiing** ['ski:ɪŋ] ◇ *n* ski *m* *(activité).* ◇ *comp* [lessons, accident, clothes] de ski; to go on a ~ **holiday** partir aux sports d'hiver; ~ **instructor** moniteur *m*, -trice *f* de ski.

**ski jump** ◇ *n* [ramp] tremplin *m* de ski; [event, activity] saut *m* à skis. ◇ *vi* faire du saut à skis.

**skilful** *Br,* **skillful** *Am* ['skɪlfʊl] *adj* habile, adroit; a ~ carpenter un menuisier habile; a ~ pianist un pianiste accompli; she's very ~ with the scissors elle sait se servir d'une paire de ciseaux.

**skilfully** *Br,* **skillfully** *Am* ['skɪlfʊlɪ] *adv* habilement, avec habileté, adroitement.

**ski lift** *n* [gen] remontée *f* mécanique; [chair lift] télésiège *m*.

**skill** [skɪl] *n* **-1.** [ability] compétence *f*, aptitude *f*; [dexterity]

habileté *f*, adresse *f*; [expertise] savoir-faire *m inv*; you don't need any special ~ ça ne demande aucune compétence précise; it involves a lot of ~ ça demande beaucoup d'habileté; with great ~ [in manoeuvre] avec une grande habileté; [diplomacy] avec un grand savoir-faire; [dexterity] avec beaucoup d'adresse. **-2.** [learned technique] aptitude *f*, technique *f*; [knowledge] connaissances *fpl*; **management** ~s techniques de gestion; **language** ~s aptitudes linguistiques; **computer technology requires us to learn new** ~s l'informatique nous oblige à acquérir de nouvelles compétences.

**skilled** [skɪld] *adj* **-1.** INDUST [engineer, labour, worker] qualifié; [task] de spécialiste. **-2.** [experienced – driver, negotiator] habile, expérimenté; [expert] habile, expert; [manually] adroit; [clever – gesture] habile, adroit; ~ in the art of public speaking versé dans l'art oratoire, rompu aux techniques oratoires; to be ~ at doing sthg être doué pour faire qqch.

**skillet** ['skɪlɪt] *n Am* poêle *f* (à frire).

**skillful** *etc Am* = **skilful.**

**skim** [skɪm] (*pt* & *pp* **skimmed,** *cont* **skimming**) ◇ *vt* **-1.** [milk] écrémer; [jam] écumer; [floating matter – with skimmer] écumer, enlever avec une écumoire; [– with spatula] enlever avec une spatule; to ~ the cream from the milk écrémer le lait. **-2.** [glide over – surface] effleurer, frôler; the seagull skimmed the waves la mouette volait au ras de l'eau OR rasait les vagues; the stone skimmed the lake la pierre a ricoché à la surface du lac; the book only ~s the surface *fig* le livre ne fait qu'effleurer OR que survoler la question. **-3.** [stone] faire ricocher; the children were skimming stones over the lake les enfants faisaient des ricochets sur le lac. **-4.** [read quickly – letter, book] parcourir, lire en diagonale; [– magazine] parcourir, feuilleter. ◇ *vi*: to ~ over the ground/across the waves [bird] raser le sol/les vagues; to ~ over OR across the lake [stone] faire des ricochets sur le lac.
◆ **skim off** *vt sep* [cream, froth] enlever (avec une écumoire); the book dealers skimmed off the best bargains *fig* les marchands de livres ont fait les meilleures affaires.
◆ **skim over** *vt insep* [letter, report] parcourir, lire en diagonale; [difficult passage] lire superficiellement, parcourir rapidement.
◆ **skim through** *vt insep* [letter, page] parcourir, lire en diagonale; [magazine] feuilleter.

**skimmed milk** [skɪmd-] *n* lait *m* écrémé.

**skimmer** ['skɪməʳ] *n* **-1.** ORNITH bec-en-ciseaux *m*. **-2.** CULIN écumoire *f*.

**skimming** ['skɪmɪŋ] *n Am inf* [tax fraud] fraude *f* fiscale.

**skimp** [skɪmp] ◇ *vi* lésiner; to ~ on sthg lésiner sur qqch. ◇ *vt* [resources, food] économiser sur, lésiner sur; [job] faire à la va-vite.

**skimpily** ['skɪmpɪlɪ] *adv* [scantily]: ~ dressed légèrement vêtu.

**skimpy** ['skɪmpɪ] (*compar* **skimpier,** *superl* **skimpiest**) *adj* **-1.** [mean – meal, offering] maigre, chiche; [– praise, thanks] maigre, chiche. **-2.** [clothes, dress – too small] trop juste; [– light] léger.

**skin** [skɪn] (*pt* & *pp* **skinned,** *cont* **skinning**) ◇ *n* **-1.** [of person] peau *f*; to have dark/fair ~ avoir la peau brune/claire; to have bad/good ~ avoir une vilaine/jolie peau; you're nothing but ~ and bone tu n'as que la peau et les os; we're all human under the ~ au fond, nous sommes tous humains; she escaped by the ~ of her teeth elle l'a échappé belle; she nearly jumped out of her ~ elle a sauté au plafond; it's no ~ off my nose *inf* ça ne me coûte rien *fig*, ça ne me gêne pas; he really gets under my ~ *inf* il me tape sur les nerfs, celui-là; to save one's ~ sauver sa peau; to be soaked to the ~ être trempé jusqu'aux os. **-2.** [from animal] peau *f*. **-3.** [on fruit, vegetable, sausage] peau *f*; [on onion] pelure *f*; potatoes cooked in their ~s des pommes de terre en robe des champs. **-4.** [on milk, pudding] peau *f*. **-5.** [of plane] revêtement *m*; [of building] revêtement *m* extérieur; [of drum] peau *f*. **-6.** [for wine] outre *f*. **-7.** *inf* [skinhead] skin *m*. ◇ *comp* [cancer, disease, tone] de la peau. ◇ *vt* **-1.** [animal] dépouiller, écorcher; [vegetable] éplucher; if I find him I'll ~ him alive *fig* si je le trouve, je l'écorche vif □ there's more than one way to ~ a cat *prov* il y a bien des moyens d'arriver à ses fins. **-2.** [graze – limb] écorcher. **-3.** *Br inf* [rob] plumer.

**skin-deep** ◊ *adj* superficiel. ◊ *adv* superficiellement.

**skin diver** *n* plongeur *m*, -euse *f*.

**skin diving** *n* plongée *f* sous-marine.

**skinflint** ['skɪnflɪnt] *n* avare *mf*.

**skinful** ['skɪnfʊl] *n Br inf*: he's had a ~ il est beurré.

**skin graft** *n* greffe *f* de la peau; to have a ~ subir une greffe de la peau.

**skinhead** ['skɪnhed] *n* skinhead *m*.

**-skinned** [skɪnd] *in cpds* à la peau...; she's dark~ elle a la peau foncée.

**skinny** ['skɪnɪ] (*compar* **skinnier**, *superl* **skinniest**) *adj* très mince.

**skinny-dipping** [-'dɪpɪŋ] *n inf* baignade *f* à poil.

**skint** [skɪnt] *adj Br inf* fauché, raide.

**skin test** *n* MED cuti-réaction *f*.

**skin-tight** *adj* moulant.

**skip** [skɪp] (*pt & pp* **skipped**, *cont* **skipping**) ◊ *vi* **-1.** [with skipping rope] sauter à la corde. **-2.** [jump] sautiller; he skipped out of the way il s'est écarté d'un bond; the children were skipping around in the garden les enfants gambadaient dans le jardin; the book keeps skipping from one subject to another *fig* le livre passe sans arrêt d'un sujet à l'autre. **-3.** *inf* [go] faire un saut, aller; we skipped across to Paris for the weekend on a fait un saut à Paris pour le week-end. ◊ *vt* **-1.** [omit] sauter, passer; let's ~ the next chapter sautons le chapitre suivant ‖ [miss – meeting, meal] sauter; SCH [– class] sécher; ~ it! *inf* laisse tomber!-**2.** *inf* [leave] fuir, quitter. ◊ *n* **-1.** *inf* = **skipper. -2.** [jump] (petit) saut *m*. **-3.** [on lorry, for rubbish] benne *f*.

◆ **skip off** *vi insep inf* **-1.** [disappear] décamper. **-2.** [go] faire un saut; we skipped off to Greece for a holiday on est allés passer quelques jours de vacances en Grèce.

◆ **skip over** *vt insep* [omit] sauter, passer.

**ski pants** *npl* fuseau *m*, pantalon *m* de ski.

**ski plane** *n* avion *m* à skis.

**skipper** ['skɪpər] ◊ *n* **-1.** NAUT [gen] capitaine *m*; [of yacht] skipper *m.* **-2.** SPORT capitaine *m*, chef *m* d'équipe. **-3.** *inf* [boss] patron *m.* ◊ *vt* **-1.** [ship, plane] commander, être le capitaine de; [yacht] skipper. **-2.** SPORT [team] être le capitaine de.

**skipping** ['skɪpɪŋ] *n* saut *m* à la corde.

**skipping rope** *n Br* corde *f* à sauter.

**skirmish** ['skɜːmɪʃ] ◊ *n fig & MIL* escarmouche *f*, accrochage *m*; I had a bit of a ~ with the authorities j'ai eu un différend avec les autorités. ◊ *vi* MIL s'engager dans une escarmouche; to ~ with sb over sthg *fig* avoir un accrochage OR s'accrocher avec qqn au sujet de qqch.

**skirt** [skɜːt] ◊ *n* **-1.** [garment] jupe *f*; [part of coat] pan *m*, basque *f.* **-2.** MECH jupe *f.* **-3.** *Br* [cut of meat] = flanchet *m.* **-4.** ▽ (U) *Br* [woman]: a bit of ~ une belle nana. ◊ *vt* **-1.** [go around] contourner. **-2.** [avoid – issue, problem] éluder, esquiver.

◆ **skirt round** *vt insep* = **skirt** *vt*.

**skirting (board)** ['skɜːtɪŋ-] *n Br* plinthe *f*.

**ski run** *n* piste *f* de ski.

**skit** [skɪt] *n* parodie *f*, satire *f*; to do a ~ on sthg parodier qqch.

**ski tow** *n* téléski *m*.

**skitter** ['skɪtər] *vi* **-1.** [small animal] trottiner; [bird] voleter. **-2.** [ricochet] faire des ricochets.

**skittish** ['skɪtɪʃ] *adj* **-1.** [person – playful] espiègle; [– frivolous] frivole. **-2.** [horse] ombrageux, difficile.

**skittle** ['skɪtl] *n* quille *f*.

◆ **skittles** *n* (jeu *m* de) quilles *fpl*; to play ~s jouer aux quilles, faire une partie de quilles.

**skittle alley** *n* piste *f* de jeu de quilles.

**skive** [skaɪv] *vi Br inf* [avoid work] tirer au flanc; SCH sécher les cours.

◆ **skive off** *Br inf* ◊ *vi insep* se défiler. ◊ *vt insep* [work, class, school] sécher.

**skiver** ['skaɪvər] *n Br inf* tire-au-flanc *m inv*.

**skivvy** ['skɪvɪ] (*pl* **skivvies**) *Br inf* ◊ *vi* faire la boniche. ◊ *n pej* bonne *f* à tout faire.

◆ **skivvies** *npl Am inf* sous-vêtements *mpl* (masculins).

**skulduggery** [skʌl'dʌgərɪ] *n* (U) combines *fpl* OR manœuvres

*fpl* douteuses.

**skulk** [skʌlk] *vi* rôder; there's somebody ~ing (about) in the garden/bushes il y a quelqu'un qui rôde dans le jardin/qui se cache dans les buissons.

**skull** [skʌl] *n* crâne *m*; can't you get it into your thick ~ that she doesn't like you! *inf & fig* tu n'as toujours pas compris qu'elle ne t'aime pas!

**skull and crossbones** *n* [motif] tête *f* de mort; [flag] pavillon *m* à tête de mort.

**skullcap** ['skʌlkæp] *n* **-1.** [headgear] calotte *f.*-**2.** BOT scutellaire *f*.

**skullduggery** [skʌl'dʌgərɪ] = **skulduggery**.

**skunk** [skʌŋk] (*pl sense 1 inv* OR **skunks**, *pl sense 2* **skunks**) ◊ *n* **-1.** [animal] moufette *f*, mouffette *f*, sconse *m*; [fur] sconse *m.*-**2.** *inf* [person] canaille *f*, ordure *f.* ◊ *vt Am inf* [opponent] battre à plate couture, flanquer une déculottée à.

**sky** [skaɪ] (*pl* **skies**, *pt & pp* **skied** OR **skyed**) ◊ *n* [gen] ciel *m*; the ~ at night le ciel nocturne; to sleep under the open ~ dormir à la belle étoile ❏ the ~'s the limit *inf* tout est possible. ◊ *vt* **-1.** FTBL [ball] envoyer au ciel. **-2.** [in rowing]: **to** ~ the oars lever les avirons trop haut.

◆ **skies** *npl* [climate] cieux *mpl*; [descriptive] ciels *mpl*; we spend the winter under sunnier skies nous passons l'hiver sous des cieux plus cléments; Turner is famous for his skies Turner est renommé pour ses ciels.

**sky blue** *n* bleu ciel *m*.

◆ **sky-blue** *adj* bleu ciel (*inv*).

**skycap** *n* ['skaɪkæp] *Am* porteur *m* (*dans un aéroport*).

**skydiver** ['skaɪ,daɪvər] *n* parachutiste *mf*.

**skydiving** ['skaɪ,daɪvɪŋ] *n* parachutisme *m*.

**sky-high** ◊ *adj literal* très haut dans le ciel; *fig* [prices] inabordable, exorbitant. ◊ *adv* **-1.** *literal* très haut dans le ciel. **-2.** *fig* [very high]: prices soared OR went ~ les prix ont grimpé en flèche; the explosion blew the building ~ l'explosion a complètement soufflé le bâtiment; our plans were blown ~ nos projets sont complètement tombés à l'eau.

**skyjack** ['skaɪdʒæk] *vt* [plane] détourner.

**skylark** ['skaɪlɑːk] ◊ *n* alouette *f* des champs. ◊ *vi inf & dated* faire le fou, chahuter.

**skylight** ['skaɪlaɪt] *n* lucarne *f*.

**skyline** ['skaɪlaɪn] *n* [horizon] horizon *m*; [urban]: the New York ~ la silhouette (des immeubles) de New York.

**skyscape** ['skaɪskeɪp] *n* ART & PHOT ciel *m*.

**skyscraper** ['skaɪ,skreɪpər] *n* gratte-ciel *m inv*.

**skyward** ['skaɪwəd] *adj & adv* vers le ciel.

**skywards** ['skaɪwədz] *adv* vers le ciel.

**skywriting** ['skaɪ,raɪtɪŋ] *n* publicité *f* aérienne (*tracée dans le ciel par un avion*).

**slab** [slæb] (*pt & pp* **slabbed**, *cont* **slabbing**) ◊ *n* **-1.** [block – of stone, wood] bloc *m*; [flat] plaque *f*, dalle *f*; [for path] pavé *m*; a concrete ~ une dalle de béton. **-2.** [piece – of cake] grosse tranche *f*; [– of chocolate] tablette *f*; [– of meat] pavé *m.*-**3.** [table, bench – of butcher] étal *m*; on the ~ [in mortuary] sur la table d'autopsie; [for operation] sur la table d'opération. ◊ *vt* [cut – stone] tailler en blocs; [– log] débiter.

**slack** [slæk] ◊ *adj* **-1.** [loose – rope, wire] lâche, insuffisamment tendu; [– knot] mal serré, desserré; [– chain] lâche; [– grip] faible. **-2.** [careless – work] négligé; [– worker, student] peu sérieux, peu consciencieux; he's becoming very ~ about his appearance/his work il commence à négliger son apparence/son travail. **-3.** [slow, weak – demand] faible; [– business] calme; the ~ season for tourists la période creuse pour le tourisme; business is ~ at the moment les affaires marchent au ralenti en ce moment. **-4.** [lax – discipline, laws, control] mou, *before vowel or silent 'h'* mol (*f* molle), relâché; [– parents] négligent. **-5.** NAUT: ~ water, ~ tide mer *f* étale. ◊ *n* **-1.** [in rope] mou *m*; [in cable joint] jeu *m*; NAUT [in cable] battant *m*; to take up the ~ in a rope tendre une corde. **-2.** *fig* [in economy] secteurs *mpl* affaiblis; to take up the ~ in the economy relancer les secteurs faibles de l'économie. **-3.** [still water] eau *f* morte; [tide] mer *f* étale. **-4.** [coal] poussier *m.* ◊ *vi* se laisser aller.

**slacken** ['slækn] ◊ *vt* **-1.** [loosen – cable, rope] détendre, relâcher; [– reins] relâcher; [– grip, hold] desserrer. **-2.** [reduce –

pressure, speed] réduire, diminuer; [– pace] ralentir. ◇ *vi* **-1.** [rope, cable] se relâcher; [grip, hold] se desserrer. **-2.** [lessen – speed, demand, interest] diminuer; [– business] ralentir; [– wind] diminuer de force; [– standards] baisser.

◆ **slacken off** ◇ *vt sep* **-1.** [rope] relâcher, donner du mou à. **-2.** [speed, pressure] diminuer; [efforts] relâcher. ◇ *vi insep* **-1.** [rope] se relâcher. **-2.** [speed, demand] diminuer.

◆ **slacken up** *vi insep* [speed] diminuer; [person] se relâcher.

**slackening** ['slækɪnɪŋ] *n* [in speed] diminution *f*, réduction *f*; [in interest] diminution *f*; [in demand] affaiblissement *m*; [in knot] desserrement *m*; [in rope] relâchement *m*; [in standards] abaissement *m*.

**slacker** ['slækəʳ] *n inf* fainéant *m*, -e *f*.

**slackly** ['slæklɪ] *adv* [work] négligemment, sans soin; [hang] mollement.

**slacks** [slæks] *npl*: (a pair of) ~ un pantalon.

**slag** [slæg] (*pt* & *pp* **slagged**, *cont* **slagging**) ◇ *n* **-1.** *(U)* [waste – from mine] stériles *mpl*; [– from foundry] scories *fpl*, crasses *fpl*; [– from volcano] scories *fpl* volcaniques. **-2.** ▿ *Br pej* [woman] garce *f*, salope *f*.

◆ **slag off** *vt sep Br inf* dénigrer, débiner.

**slagheap** ['slæghiːp] *n* terril *m*, crassier *m*.

**slain** [sleɪn] ◇ *pp* → **slay.** ◇ *npl lit*: the ~ les soldats tombés au champ d'honneur.

**slake** [sleɪk] *vt lit* [thirst] étancher; [desire] assouvir.

**slaked lime** [sleɪkt-] *n* chaux *f* éteinte.

**slalom** ['slɑːləm] ◇ *n* [gen & SPORT] slalom *m*. ◇ *vi* slalomer, faire du slalom.

**slam** [slæm] (*pt* & *pp* **slammed**, *cont* **slamming**) ◇ *vt* **-1.** [close – window, door] claquer; [– drawer] fermer violemment; to ~ the door shut claquer la porte; I tried to explain but she slammed the door in my face j'ai essayé de lui expliquer mais elle m'a claqué la porte au nez ‖ [bang]: he slammed the books on the desk il a posé bruyamment les livres sur le bureau; he slammed the ball into the net il a envoyé le ballon dans le filet d'un grand coup de pied. **-2.** *inf* [defeat] écraser. **-3.** *inf* [criticize] descendre. ◇ *vi* [door, window] claquer; the door slammed shut la porte a claqué. ◇ *n* **-1.** [of door, window] claquement *m*; give the door a good ~ claque la porte un bon coup. **-2.** CARDS chelem *m*.

◆ **slam down** *vt sep* [lid] refermer en claquant; [books, keys] poser bruyamment.

◆ **slam on** *vt sep*: to ~ on the brakes freiner brutalement.

◆ **slam to** *vt sep* refermer en claquant.

**slammer**▿ ['slæməʳ] *n* [jail] tôle *f*.

**slander** ['slɑːndəʳ] ◇ *vt* [gen] calomnier, dire du mal de; JUR diffamer. ◇ *n* [gen] calomnie *f*; JUR diffamation *f*.

**slanderer** ['slɑːndərəʳ] *n* [gen] calomniateur *m*, -trice *f*; JUR diffamateur *m*, -trice *f*.

**slanderous** ['slɑːndrəs] *adj* [gen] calomniateur; JUR diffamatoire; ~ gossip calomnies *fpl*.

**slang** [slæŋ] ◇ *n* [gen & LING] argot *m*; he uses a lot of ~ il emploie beaucoup de mots d'argot; prison ~ argot carcéral OR de prison. ◇ *adj* argotique, d'argot. ◇ *vt Br inf* traiter de tous les noms.

**slanging match** ['slæŋɪŋ-] *n Br inf* échange *m* d'insultes.

**slangy** ['slæŋɪ] (*compar* **slangier**, *superl* **slangiest**) *adj* argotique.

**slant** [slɑːnt] ◇ *n* **-1.** [line] ligne *f* oblique; [slope] inclinaison *f*; the table has a ~ OR is on a ~ la table penche OR n'est pas d'aplomb. **-2.** [point of view] perspective *f*, point *m* de vue; his articles usually have an anti-government ~ il a tendance à critiquer le gouvernement dans ses articles. ◇ *vt* **-1.** [news, evidence] présenter avec parti pris OR de manière peu objective. **-2.** [line, perspective] incliner, faire pencher. ◇ *vi* [line, handwriting] pencher; [ray of light] passer obliquement.

**slanting** ['slɑːntɪŋ] *adj* [floor, table] en pente, incliné; [writing] penché; [line] oblique, penché.

**slap** [slæp] (*pt* & *pp* **slapped**, *cont* **slapping**) ◇ *vt* **-1.** [hit] donner une claque à; she slapped his face, she slapped him across the face elle l'a giflé, elle lui a donné une gifle; to ~ sb on the back [for hiccups, in greeting] donner à qqn une tape dans le dos; [in praise] féliciter qqn en lui donnant une tape dans le dos ❏ to ~ sb's wrist OR wrists, to ~ sb on the wrist OR wrists taper sur les doigts de qqn. **-2.** [put]: just ~ some paint over it passe un coup de pinceau dessus; ~

some Sellotape across it mets juste un bout de Scotch dessus.

◇ *vi*: the waves slapped against the harbour wall les vagues battaient contre la digue.

◇ *n* **-1.** [smack] claque *f*; [on face] gifle *f*; [on back] tape *f* dans le dos; they gave him a ~ on the back [in praise] ils lui ont donné une tape dans le dos pour le féliciter ❏ I got a ~ in the face *literal* j'ai reçu une gifle; it was a real ~ in the face *fig* ça m'a fait l'effet d'une gifle; I got away with just a ~ on the wrist j'en ai été quitte pour une tape sur les doigts. **-2.** [noise]: the ~ of the waves against the side of the boat le clapotis des vagues contre la coque.

◇ *adv* right in plein; ~ in the middle of the meeting en plein OR au beau milieu de la réunion.

◆ **slap down** *vt sep* **-1.** [book, money] poser avec violence; she slapped £1,000 down on the table elle a jeté 1 000 livres sur la table. **-2.** *inf* [suggestion] rejeter; [person] rembarrer, envoyer promener OR paître.

◆ **slap on** *vt sep* **-1.** [paint] appliquer n'importe comment OR à la va-vite; [jam, butter] étaler généreusement; ~ some paint on the door donne un coup de pinceau sur la porte; hang on, I'll just ~ some make-up on attends, je vais juste me maquiller vite fait. **-2.** [tax, increase]: they slapped on a 3% surcharge ils ont mis une surtaxe de 3 %.

**slap and tickle** *n Br inf* pelotage *m*.

**slap-bang** *adv inf* en plein, tout droit; she went ~ (-wallop) into a tree elle est rentrée en plein OR tout droit dans un arbre; he walked ~ into his boss *fig* il s'est trouvé nez à nez avec son patron.

**slapdash** ['slæpdæʃ] ◇ *adv* à la va-vite, sans soin, n'importe comment. ◇ *adj* [work] fait n'importe comment OR à la va-vite; [person] négligent.

**slaphappy** ['slæp,hæpɪ] *adj inf* relax.

**slapjack** ['slæpdʒæk] *n Am* CULIN crêpe *f*.

**slapstick** ['slæpstɪk] ◇ *n* grosse farce *f*, bouffonnerie *f*. ◇ *adj* [humour] bouffon; ~ comedy comédie *f* bouffonne.

**slap-up** *adj Br inf*: a ~ meal un repas de derrière les fagots.

**slash** [slæʃ] ◇ *vt* **-1.** [cut – gen] taillader; [– face] balafrer; he ~ed my arm with a knife il m'a tailladé le bras avec un couteau; the bus seats had been ~ed by vandals les sièges du bus avaient été lacérés par des vandales. **-2.** [hit – with whip] frapper, cingler; [– with stick] battre; she ~ed the bushes with a stick elle donnait des coups de bâton dans les buissons. **-3.** *Am* [verbally] critiquer violemment. **-4.** [prices] casser; [cost, taxes] réduire considérablement; prices have been ~ed by 40% les prix ont été réduits de 40 %. **-5.** SEW: a green jacket ~ed with blue une veste verte avec des crevés laissant apercevoir du bleu. ◇ *vi*: to ~ at sb with a knife donner des coups de couteau en direction de qqn; he ~ed at the bushes with a stick il donna des coups de bâton dans les buissons. ◇ *n* **-1.** [with knife] coup *m* de couteau; [with sword] coup *m* d'épée; [with whip] coup *m* de fouet; [with stick] coup *m* de bâton. **-2.** [cut] entaille *f*; [on face] balafre *f*. **-3.** SEW crevé *m*. **-4.** TYPO (barre *f*) oblique *f*. **-5.** *Br phr*: to have a ~▿ pisser un coup.

**slat** [slæt] *n* [in blinds, louvre] lamelle *f*; [wooden] latte *f*; AERON aileron *m*.

**slate** [sleɪt] ◇ *n* **-1.** CONSTR & SCH ardoise *f*; put it on the ~ *Br inf* & *fig* mettez-le sur mon compte. **-2.** *Am* POL liste *f* provisoire de candidats. ◇ *comp* [roof] en ardoise OR ardoises; [industry] ardoisier; ~ quarry carrière *f* d'ardoise, ardoisière *f*. ◇ *vt* **-1.** [cover – roof] couvrir d'ardoises. **-2.** *Am* POL proposer (*un candidat*). **-3.** *Am* [destine]: she was ~d for a gold medal/for victory elle devait remporter une médaille d'or/ la victoire ‖ [expect] prévoir; we're slating a full house nous comptons faire salle comble. **-4.** *Br inf* [criticize – film, actor] descendre.

**slate-grey** *adj* gris ardoise (*inv*).

**slater** ['sleɪtəʳ] *n* [roofer] couvreur *m*.

**slating** ['sleɪtɪŋ] *n* **-1.** *(U)* CONSTR [of roof] couverture *f*; [material] ardoises *fpl*. **-2.** *Br inf phr*: to get a ~ [criticism] se faire descendre (*par la critique*); [scolding] se faire enguirlander.

**slatted** ['slætɪd] *adj* à lattes.

**slattern** ['slætən] *n* souillon *f*.

**slaty** ['sleɪtɪ] *adj* [in colour] ardoise (*inv*); [in appearance, texture] qui ressemble à l'ardoise.

**slaughter** ['slɔ:tər] ◇ vt **-1.** [kill – animal] abattre, tuer; [– people] massacrer, tuer (sauvagement). **-2.** inf & fig [defeat – team, opponent] massacrer. ◇ n [of animal] abattage m; [of people] massacre m, tuerie f.

**slaughterhouse** ['slɔ:təhaus, pl -hauzɪz] n abattoir m.

**Slav** [slɑ:v] ◇ adj slave. ◇ n Slave mf.

**slave** [sleɪv] ◇ n literal & fig esclave mf; to be a ~ to fashion/habit être esclave de la mode/de ses habitudes. ◇ vi travailler comme un esclave OR un forçat, trimer; he ~d over his books all day long il était plongé dans ses livres à longueur de journée.

**slave cylinder** n cylindre m récepteur.

**slave driver** n literal meneur m d'esclaves; fig négrier m.

**slave labour** n [work] travail m fait par des esclaves; fig travail m de forçat.

**slaver**[1] ['sleɪvər] n **-1.** [trader] marchand m d'esclaves. **-2.** [ship] (vaisseau m) négrier m.

**slaver**[2] ['slævər] ◇ vi [dribble] baver.
◇ n [saliva] bave f.

**slavery** ['sleɪvərɪ] n esclavage m; to be sold into ~ être vendu comme esclave.

**slave trade** n commerce m des esclaves; [of Africans] traite f des Noirs.

**slave trader** n marchand m d'esclaves, négrier m.

**Slavic** ['slɑ:vɪk] = **Slavonic**.

**slavish** ['sleɪvɪʃ] adj [mentality, habits] d'esclave; [devotion] servile; [imitation] sans aucune originalité, servile.

**slavishly** ['sleɪvɪʃlɪ] adv [work] comme un forçat; [copy, worship] servilement.

**Slavonic** [slə'vɒnɪk] ◇ n LING slave m; HIST slavon m. ◇ adj slave.

**slay** [sleɪ] (pt **slew** [slu:], pp **slain** [sleɪn]) vt **-1.** [kill] tuer. **-2.** Br inf [impress] impressionner. **-3.** Br inf [amuse] faire crever de rire.

**sleaze** [sli:z] n inf [squalidness] aspect m miteux, caractère m sordide; [pornography] porno m.

**sleazy** ['sli:zɪ] (compar **sleazier**, superl **sleaziest**) adj inf [squalid] miteux, sordide; [disreputable] mal famé.

**sled** [sled] ◇ n Br = **sledge 1, 2**; Am = **sledge 1**. ◇ vi Br = **sledge 1, 2**; Am = **sledge 1**. ◇ vt Am transporter en luge.

**sledge** [sledʒ] ◇ n **-1.** [for fun or sport] luge f.**-2.** [pulled by animals] traîneau m. ◇ vi **-1.** Br [for fun or sport] faire de la luge; to go sledging faire de la luge; children were sledging down the slope des enfants descendaient la pente sur une luge OR en luge. **-2.** [pulled by animals] faire du traîneau. ◇ vt Am transporter en traîneau.

**sledgehammer** ['sledʒ,hæmər] n masse f (outil); a ~ blow fig un coup très violent.

**sleek** [sli:k] adj **-1.** [fur, hair] luisant, lustré, lisse; [feathers] brillant, luisant; [bird] aux plumes luisantes; [cat] au poil soyeux OR brillant. **-2.** [person – in appearance] soigné, tiré à quatre épingles; [in manner] onctueux, doucereux. **-3.** [vehicle, plane] aux lignes pures.

**sleekly** ['sli:klɪ] adv [glossily]: its fur shone ~ il avait le poil luisant.

**sleekness** ['sli:knɪs] n [of fur, hair] brillant m, luisant m.

**sleep** [sli:p] (pt & pp **slept** [slept]) ◇ vi **-1.** [rest] dormir; ~ well OR tight! bonne nuit!; did you ~ well? avez-vous bien dormi?; to ~ soundly dormir profondément OR à poings fermés; to ~ rough coucher sur la dure; she slept through the storm la tempête ne l'a pas réveillée ‖ [spend night] coucher, passer la nuit; can I ~ at your place? est-ce que je peux coucher OR dormir chez vous?; where did you ~ last night? où est-ce que tu as passé la nuit? ❑ to ~ like a log dormir comme une souche OR comme un loir OR du sommeil du juste; 'The Sleeping Beauty' Perrault, Tchaïkovsky 'la Belle au bois dormant'. **-2.** [daydream] rêvasser, rêver. **-3.** euph & lit [be dead] dormir du dernier sommeil.
◇ vt **-1.** [accommodate]: the sofa bed ~s two deux personnes peuvent coucher dans le canapé-lit; the house ~s four on peut loger quatre personnes dans cette maison. **-2.** phr: I didn't ~ a wink all night je n'ai pas fermé l'œil de la nuit.
◇ n **-1.** [rest] sommeil m; to talk in one's ~ parler en dormant OR dans son sommeil; to walk in one's ~ être somnambule; to be in a deep ~ dormir profondément; to have

a good ~ bien dormir; I only had two hours' ~ je n'ai dormi que deux heures; you need (to get) a good night's ~ il te faut une bonne nuit de sommeil; I couldn't get to ~ je n'arrivais pas à m'endormir; to go to ~ s'endormir; my legs have gone to ~ fig [numb] j'ai les jambes engourdies; [tingling] j'ai des fourmis dans les jambes; you're not going to lose ~ over it! tu ne vas pas en perdre le sommeil!; to put to ~ [patient] endormir; euph [horse, dog] piquer; to send sb to ~ literal endormir qqn; fig [bore] endormir qqn, assommer qqn. **-2.** Br [nap]: the children usually have a ~ in the afternoon en général les enfants font la sieste l'après-midi. **-3.** [substance in eyes] chassie f; to rub the ~ out of one's eyes se frotter les yeux (au réveil).
◆ **sleep around** vi insep inf coucher à droite et à gauche.
◆ **sleep in** vi insep **-1.** [lie in – voluntarily] faire la grasse matinée; [– involuntarily] se lever en retard. **-2.** [sleep at home] coucher à la maison; [staff] être logé sur place.
◆ **sleep off** vt sep [hangover, fatigue] dormir pour faire passer; he's ~ing it off inf il cuve son vin.
◆ **sleep on** vi insep continuer à dormir; let her ~ on a bit laisse-la dormir encore un peu. ◇ vt insep phr: ~ on it la nuit porte conseil prov.
◆ **sleep out** vi insep [away from home] découcher; [in the open air] coucher à la belle étoile; [in tent] coucher sous la tente; some of the nurses ~ out les infirmières ne sont pas toutes logées sur place.
◆ **sleep through** ◇ vi insep: he slept through till five o'clock il a dormi jusqu'à cinq heures. ◇ vt insep: I slept through the last act j'ai dormi pendant tout le dernier acte; she slept through her alarm elle n'a pas entendu son réveil.
◆ **sleep together** vi insep euph coucher ensemble.
◆ **sleep with** vt insep euph coucher avec.

**sleeper** ['sli:pər] n **-1.** [sleeping person] dormeur m, -euse f; to be a light/heavy ~ avoir le sommeil léger/lourd. **-2.** [train] train-couchettes m; [sleeping car] wagon-lit m, voiture-lit f; [berth] couchette f.**-3.** RAIL Br [track support] traverse f.**-4.** [spy] agent m dormant. **-5.** Br [earring] clou m.**-6.** inf [unexpected success] révélation f.

**sleepily** ['sli:pɪlɪ] adv [look] d'un air endormi; [speak] d'un ton endormi.

**sleeping** ['sli:pɪŋ] adj qui dort, endormi.

**sleeping bag** n sac m de couchage.

**sleeping berth** n RAIL & NAUT couchette f.

**sleeping car** n wagon-lit m.

**sleeping draught** n Br soporifique m.

**sleeping partner** n Br COMM (associé m) commanditaire m, bailleur m de fonds.

**sleeping pill** n somnifère m.

**sleeping policeman** n Br casse-vitesse m inv, ralentisseur m.

**sleeping sickness** n maladie f du sommeil.

**sleeping tablet** = **sleeping pill**.

**sleepless** ['sli:plɪs] adj [without sleep] sans sommeil; I had OR spent a ~ night j'ai passé une nuit blanche.

**sleeplessness** ['sli:plɪsnɪs] n (U) insomnie f, insomnies fpl.

**sleepwalk** ['sli:pwɔ:k] vi: he was ~ing last night il a eu une crise de somnambulisme hier soir.

**sleepwalker** ['sli:p,wɔ:kər] n somnambule mf.

**sleepwalking** ['sli:p,wɔ:kɪŋ] n somnambulisme m.

**sleepy** ['sli:pɪ] (compar **sleepier**, superl **sleepiest**) adj **-1.** [person] qui a envie de dormir, somnolent; I'm OR I feel ~ j'ai sommeil, j'ai envie de dormir. **-2.** [town] plongé dans la torpeur.

**sleepyhead** ['sli:pɪhed] n inf: come on, ~, it's time for bed! allez, va au lit, tu dors debout!

**sleet** [sli:t] ◇ n neige f fondue (tombant du ciel). ◇ vi: it's ~ing il tombe de la neige fondue.

**sleeve** [sli:v] n **-1.** [on garment] manche f; to have OR to keep something up one's ~ avoir plus d'un tour dans son sac; I wonder what else she's got up her ~ je me demande ce qu'elle nous réserve comme surprise. **-2.** TECH [tube] manchon m; [lining] chemise f.**-3.** Br [for record] pochette f.

**sleeveless** ['sli:vlɪs] adj sans manches.

**sleigh** [sleɪ] n traîneau m; ~ ride promenade f en traîneau.

**sleight of hand** [,slaɪt-] n [skill] dextérité f; [trick] tour m de passe-passe; **by** ~ par un tour de passe-passe.

**slender** ['slendəʳ] *adj* **-1.** [slim, narrow – figure] mince, svelte; [– fingers, neck, stem] fin; [– margin] étroit. **-2.** [limited – resources] faible, maigre, limité; [– majority] étroit, faible; [– hope, chance] maigre, faible; **he's a person of** ~ **means** *euph* il ne roule pas sur l'or.

**slept** [slept] *pt & pp* → **sleep**.

**sleuth** [slu:θ] *inf & hum* ◇ *n* (fin) limier *m*, détective *m*. ◇ *vi* enquêter.

**sleuthing** ['slu:θɪŋ] *n inf & hum* travail *m* de détective.

**slew** [slu:] ◇ *pt* → **slay**. ◇ *vi* **-1.** [pivot – person] pivoter, se retourner; **he** ~**ed round in his chair** il a pivoté sur sa chaise. **-2.** [vehicle – skid] déraper; [– swerve] faire une embardée; [– turn] virer. ◇ *vt* **-1.** [turn, twist] faire tourner OR pivoter; NAUT [mast] virer, dévirer. **-2.** [vehicle] faire déraper. ◇ *n inf*: a ~ of, ~s of un tas de.

**slewed** [slu:d] *adj Br inf* rond, ivre.

**slice** [slaɪs] ◇ *n* **-1.** [of bread, meat, cheese] tranche *f*; [of pizza] part *f*; [round] rondelle *f*, tranche *f*. **-2.** [share, percentage] part *f*, partie *f*. **-3.** [utensil] pelle *f*, spatule *f*; cake ~ pelle *f* à gâteau. **-4.** SPORT slice *m*. ◇ *vt* **-1.** [cut into pieces – cake, bread] couper (en tranches); [– sausage, banana] couper (en rondelles); **any way you** ~ **it** *Am* il n'y a pas à tortiller. **-2.** [cut] couper, trancher. **-3.** SPORT couper, slicer. ◇ *vi* [knife] couper; [bread] se couper; **this bread doesn't** ~ **very easily** ce pain n'est pas très facile à couper.

♦ **slice off** *vt sep* [branch] couper; **his finger was** ~**d off** il a eu le doigt coupé.

♦ **slice through** *vt insep* **-1.** [cut – rope, cable] couper (net), trancher. **-2.** [go, move] traverser (rapidement), fendre; **the boat** ~**d through the water** le bateau fendait l'eau.

♦ **slice up** *vt sep* [loaf, cake] couper (en tranches); [banana] couper (en rondelles).

**sliced bread** [slaɪst-] *n* pain *m* (coupé) en tranches; **it's the best thing since** ~ *inf* il n'y a pas mieux dans le genre.

**slicer** ['slaɪsəʳ] *n* [gen] machine *f* à trancher; [for bread] machine *f* à couper le pain; [for meat] machine *f* à couper la viande; [for salami, ham] coupe-jambon *m inv*.

**slick** [slɪk] ◇ *adj* **-1.** *pej* [glib] qui a du bagout; [in speech] enjôleur; [in manner] doucereux; [in content] superficiel; **the explanation was rather too** ~ l'explication était trop bonne (pour être vraie). **-2.** [smoothly efficient] habile; **she made a** ~ **gear change** elle effectua un changement de vitesse en souplesse; **a** ~ **campaign** une campagne astucieuse. **-3.** [style, magazine] beau, *before vowel or silent 'h'* bel (*f* belle). **-4.** [smart, chic] chic, tiré à quatre épingles. **-5.** [hair] lisse, lissé, luisant; [road surface] glissant, gras (*f* grasse); [tyre] lisse. **-6.** *Am* [slippery] glissant; [greasy] gras (*f* grasse). ◇ *n* **-1.** [oil spill]: (oil) ~ [on sea] nappe *f* de pétrole; [on beach] marée *f* noire. **-2.** [tyre] pneu *m* lisse. **-3.** *Am* [glossy magazine] magazine en papier glacé contenant surtout des articles et des photos sur la vie privée des stars.

♦ **slick back, slick down** *vt sep*: **to** ~ **one's hair back** OR **down** se lisser les cheveux.

**slicker** ['slɪkəʳ] *n Am* [raincoat] imperméable *m*, ciré *m*.

**slickly** ['slɪklɪ] *adv* [answer] habilement; [perform] brillamment.

**slide** [slaɪd] (*pt & pp* **slid** [slɪd]) ◇ *vi* **-1.** [on ice, slippery surface] glisser; **he slid on the ice** il a glissé sur la glace; **he slid down the bannisters** il a descendu l'escalier en glissant sur la rampe. **-2.** [move quietly]: **the car slid away into the dark** la voiture s'enfonça dans l'obscurité; **she slid into/out of the room** elle s'est glissée dans la pièce/hors de la pièce; **the door slid open/shut** la porte s'est ouverte/fermée en glissant. **-3.** [go gradually] glisser; **the sheet music slid (down) behind the piano** la partition a glissé derrière le piano; **he's sliding into bad habits** il est en train de prendre de mauvaises habitudes; **to let things** ~ laisser les choses aller à la dérive. **-4.** [prices, value] baisser.

◇ *vt* faire glisser, glisser; ~ **the lid into place** faites glisser le couvercle à sa place.

◇ *n* **-1.** [in playground] toboggan *m*; [on ice, snow] glissoire *f*; [for logs] glissoire *f*. **-2.** [act of sliding] glissade *f*; **to go into a** ~ faire une glissade. **-3.** [fall – in prices] baisse *f*; **the stock exchange is on a downward** ~ la Bourse est en baisse; **the** ~ **in standards** la dégradation des valeurs. **-4.** PHOT diapositive *f*, diapo *f*; [for microscope] porte-objet *m*. **-5.** *Br* [in hair]

barrette *f*. **-6.** [runner – in machine, trombone] coulisse *f*. **-7.** MUS coulé *m*.

♦ **slide off** *vi insep* **-1.** [lid] s'enlever en glissant; **this part** ~**s off easily** il suffit de faire coulisser cette pièce pour l'enlever. **-2.** [fall] glisser; **the book keeps sliding off** le livre n'arrête pas de glisser. **-3.** [go away – visitor] s'en aller discrètement, s'éclipser; **she slid off to the bar in the interval** elle s'est éclipsée à l'entracte pour aller au bar.

**slide projector** *n* projecteur *m* de diapositives.

**slide rule** *n* règle *f* à calcul.

**slide show** *n* diaporama *m*.

**slide valve** *n* (soupape *f* à) clapet *m*.

**sliding** ['slaɪdɪŋ] ◇ *adj* [part] qui glisse; [movement] glissant; [door] coulissant; [panel] mobile. ◇ *n* glissement *m*.

**sliding roof** *n* AUT toit *m* ouvrant.

**sliding scale** *n* [for salaries] échelle *f* mobile; [for prices] barème *m* des prix; [for tax] barème *m* des impôts.

**slight** [slaɪt] ◇ *adj* **-1.** [person – slender] menu, mince; [– frail] frêle; [structure] fragile, frêle; **she is of** ~ **build** elle est fluette. **-2.** [minor, insignificant – error, increase, movement] faible, léger, petit; [– difference] petit; [– cut, graze] léger; **there's a** ~ **drizzle/wind** il y a un peu de crachin/de vent; **he has a** ~ **accent** il a un léger accent; **she has a** ~ **temperature** elle a un peu de température; **she has a** ~ **cold** elle est un peu enrhumée; **a** ~ **piece of work** un ouvrage insignifiant ‖ [in superl form]: **it makes not the** ~**est bit of difference** ça ne change absolument rien; **I haven't the** ~**est idea** je n'en ai pas la moindre idée; **he gets angry at the** ~**est thing** il se fâche pour un rien; **not in the** ~**est** pas le moins du monde, pas du tout. ◇ *vt* [snub] manquer d'égards envers; [insult] insulter; [offend] froisser, blesser. ◇ *n* [snub, insult] manque *m* d'égards, vexation *f*, affront *m*; **it's a** ~ **on her reputation** c'est une offense à sa réputation.

**slighting** ['slaɪtɪŋ] *adj* offensant, désobligeant.

**slightingly** ['slaɪtɪŋlɪ] *adv*: **to speak** ~ **of sb** faire des remarques désobligeantes sur qqn.

**slightly** ['slaɪtlɪ] *adv* **-1.** [a little] un peu, légèrement; ~ **better** légèrement mieux, un peu mieux; **a** ~ **higher number** un chiffre un peu plus élevé. **-2.** [slenderly]: ~ **built** fluet, frêle.

**slim** [slɪm] (*compar* **slimmer**, *superl* **slimmest**, *pt & pp* **slimmed**) ◇ *adj* **-1.** [person, waist, figure] mince, svelte; [wrist] mince, fin, délicat; **a** ~**-hipped young man** un jeune homme aux hanches étroites. **-2.** [volume, wallet, diary] mince. **-3.** [faint, feeble – hope, chance] faible, minime; [– pretext] mince, piètre, dérisoire; **they have only a** ~ **chance of winning the next election** ils n'ont que de faibles chances de gagner les prochaines élections. ◇ *vi* [get thin] maigrir, mincir; [diet] faire OR suivre un régime. ◇ *vt* [subj: diet, exercise] faire maigrir.

♦ **slim down** ◇ *vt sep* **-1.** [subj: diet] faire maigrir; [subj: clothes] amincir. **-2.** *fig* [industry] dégraisser; [workforce] réduire; [ambitions, plans] limiter, réduire; [design, car] épurer, alléger. ◇ *vi insep* **-1.** [person] maigrir, suivre un régime. **-2.** [industry] être dégraissé.

**slime** [slaɪm] *n* [sticky substance] substance *f* gluante OR poisseuse; [from snail] bave *f*; [mud] vase *f*.

**slimline** ['slɪmlaɪn] *adj* **-1.** [butter] allégé; [milk, cheese] sans matière grasse, minceur (*inv*); [soft drink] light (*inv*). **-2.** *fig*: **clothes for the new** ~ **you** des vêtements pour votre nouvelle silhouette allégée; **the** ~ **version of the 1990 model** la version épurée du modèle 90.

**slimmer** ['slɪməʳ] *n* personne *f* qui suit un régime (amaigrissant).

**slimming** ['slɪmɪŋ] ◇ *n* amaigrissement *m*; ~ **can be bad for you** les régimes amaigrissants ne sont pas toujours bons pour la santé. ◇ *adj* [diet] amaigrissant; [cream, product] amincissant; [exercises] pour maigrir; [meal] à faible teneur en calories.

**slimness** ['slɪmnɪs] *n* [of person, waist, figure] minceur *f*, sveltesse *f*; [of wrist, ankle] minceur *f*, finesse *f*, délicatesse *f*.

**slimy** ['slaɪmɪ] (*compar* **slimier**, *superl* **slimiest**) *adj* **-1.** [with mud] vaseux, boueux; [with oil, secretion] gluant, visqueux; [wall] suintant. **-2.** *Br* [obsequious – person] mielleux; [– manners] doucereux, obséquieux.

**sling** [slɪŋ] (*pt & pp* **slung** [slʌŋ]) ◇ *vt* **-1.** [fling] jeter, lancer;

the children were ~ing stones at the statue les enfants lançaient des pierres sur la statue; she slung the case into the back of the car elle a jeté la valise à l'arrière de la voiture; if he's not careful, he'll get slung off the course *inf* s'il ne fait pas attention, il se fera virer du cours ❑ to ~ one's hook *inf* mettre les bouts, ficher le camp. -2. [lift, hang – load] hisser; NAUT élinguer; the soldiers wore rifles slung across OR over their shoulders les soldats portaient des fusils en bandoulière; he slung his jacket over his shoulder il a jeté sa veste par-dessus son épaule. ◇ *n* -1. [for broken arm] écharpe *f*; she had her arm in a ~ elle avait le bras en écharpe. -2. [for baby] porte-bébé *m*.-3. [for loads – NAUT & CONSTR] élingue *f*; [belt] courroie *f*; [rope] corde *f*, cordage *m*; [for removal men] corde *f*, courroie *f*; [for rifle] bretelle *f*; [for mast] cravate *f*.-4. [weapon] fronde *f*; [toy] lance-pierres *m inv*.-5. [for climber] baudrier *m*.-6. [cocktail] sling *m* (*cocktail à base de spiritueux et de jus de citron, allongé d'eau plate ou gazeuse*); gin ~ gin-fizz *m*.

◆ **sling out** *vt sep Br inf* [person] flanquer à la porte; [rubbish, magazines etc] bazarder, ficher en l'air.

◆ **sling over** *vt sep Br inf* lancer, envoyer.

**slingback** ['slɪŋbæk] *n Br* chaussure *f* à talon découvert.

**slingshot** ['slɪŋʃɒt] *n Am* lance-pierres *m inv*.

**slink** [slɪŋk] (*pt & pp* **slunk** [slʌŋk]) *vi*: to ~ in/out entrer/ sortir furtivement; to ~ away s'éclipser.

**slinky** ['slɪŋkɪ] (*compar* **slinkier**, *superl* **slinkiest**) *adj inf* [manner] aguichant; [dress] sexy (*inv*); [walk] ondoyant, chaloupé.

**slip** [slɪp] (*pt & pp* **slipped**, *cont* **slipping**) ◇ *vi* -1. [lose balance, slide] glisser; I slipped on the ice j'ai glissé sur une plaque de verglas; he slipped and fell il glissa et tomba ‖ [move unexpectedly] glisser; the knife slipped and cut my finger le couteau a glissé et je me suis coupé le doigt; my hand slipped ma main a glissé; the cup slipped out of my hands la tasse m'a glissé des mains; the prize slipped from her grasp OR from her fingers *fig* le prix lui a échappé; somehow, the kidnappers slipped through our fingers *fig* je ne sais comment les ravisseurs nous ont filé entre les doigts. -2. [go gradually] glisser; the patient slipped into a coma le patient a glissé OR s'est enfoncé peu à peu dans le coma; she slipped into the habit of visiting him every day petit à petit elle a pris l'habitude d'aller le voir tous les jours. -3. [go down] baisser; prices have slipped (by) 10% les prix ont baissé de 10 %. -4. [go discreetly or unnoticed] se glisser, se faufiler; she slipped quietly into the room elle s'est glissée discrètement dans la pièce; why don't you ~ through the kitchen/round the back? pourquoi ne passez-vous pas par la cuisine/par derrière?; some misprints have slipped into the text des coquilles se sont glissées dans le texte ‖ [go quickly] se faufiler; we slipped through the rush hour traffic on s'est faufilés dans les embouteillages des heures de pointe ‖ [into clothes]: I'll ~ into something cooler je vais enfiler OR mettre quelque chose de plus léger. -5. [slide – runners, drawer] glisser; the back should just ~ into place l'arrière devrait glisser à sa place. -6. *inf* [be less efficient]: you're slipping! tu n'es plus ce que tu étais!-7. AUT [clutch] patiner. -8. *phr*: to let ~ [opportunity] laisser passer OR échapper; [word] lâcher, laisser échapper; she let (it) ~ that she was selling her house elle a laissé échapper qu'elle vendait sa maison.

◇ *vt* -1. [give or put discreetly] glisser; to ~ sb a note glisser un mot à qqn; to ~ a letter into sb's hand/pocket glisser une lettre dans la main/la poche de qqn; ~ the key under the door glisse la clé sous la porte. -2. [escape]: it slipped my mind ça m'est sorti de la tête; her name has completely slipped my memory j'ai complètement oublié son nom. -3. [release]: he slipped the dog's lead *Br* il a lâché la laisse du chien; the dog slipped its lead *Br* le chien s'est dégagé de sa laisse; to ~ anchor/a cable filer l'ancre/un câble; to ~ a stitch glisser une maille; to ~ a disc, to have a slipped disc MED avoir une hernie discale. ◇ *n* -1. [piece of paper]: ~ (of paper) feuille *f* OR bout *m* de papier; withdrawal ~ [in bank] bordereau *m* de retrait; delivery ~ COMM bordereau *m* de livraison. -2. [on ice, banana skin] glissade *f*.-3. [mistake] erreur *f*; [blunder] bévue *f*; [careless oversight] étourderie *f*; [moral] écart *m*, faute *f* légère; ~ of the tongue OR pen lapsus *m*; there's many a ~ twixt cup and lip *Br prov* il y a loin de la coupe aux lèvres *prov*. -4. [landslide] éboulis *m*, éboulement *m*.-5. [petticoat –

full length] combinaison *f*, fond *m* de robe; [– skirt] jupon *m*.-6. BOT bouture *f*.-7. (*usu pl*) NAUT cale *f*.-8. TECH [glaze] engobe *m*.-9. *phr*: a ~ of a girl *Br* une petite jeune; a ~ of a boy *Br* un petit jeune; to give sb the ~ semer qqn.

◆ **slips** *npl* -1. THEAT coulisses *fpl*.-2. SPORT [in cricket] *partie du terrain ou joueurs situés à droite du guichet, du point de vue du lanceur, si le batteur est gaucher (et vice-versa).*

◆ **slip along** *vi insep* -1. [go quickly] faire un saut; I'll just ~ along to the chemist's je fais juste un saut à la pharmacie. -2. [discreetly] aller en cachette.

◆ **slip away** *vi insep* [person] s'éclipser, partir discrètement; [moment] passer; [boat] s'éloigner doucement; I felt my life slipping away j'avais l'impression que ma vie me glissait entre les doigts.

◆ **slip back** *vi insep* [car] glisser (en arrière); [person] revenir discrètement; he slipped back into a coma il est retombé dans le coma.

◆ **slip by** *vi insep* [time] passer; [person] se faufiler.

◆ **slip down** *vi insep* [fall – picture, car, socks, skirt] glisser.

◆ **slip in** ◇ *vi insep* [person] entrer discrètement OR sans se faire remarquer; [boat] entrer lentement; some misprints have slipped in somehow des fautes de frappe se sont glissées dans le texte. ◇ *vt sep* [moving part] faire glisser à sa place; [quotation, word] glisser, placer; to ~ the clutch in AUT embrayer.

◆ **slip off** ◇ *vi insep* -1. [go away] s'éclipser. -2. [fall – bottle, hat, book] glisser (et tomber). ◇ *vt sep* [remove – coat, hat] enlever, ôter; [– shoe, ring, sock] enlever; [– top, lid] faire glisser pour ouvrir.

◆ **slip on** *vt sep* [dress, ring, coat] mettre, enfiler; [lid] mettre OR remettre (en faisant glisser).

◆ **slip out** ◇ *vi insep* -1. [leave – person] sortir discrètement, s'esquiver. -2. [escape – animal, child] s'échapper; the word slipped out before he could stop himself le mot lui a échappé. -3. [go out] sortir (un instant). ◇ *vt sep* sortir.

◆ **slip over** ◇ *vi insep* aller; we slipped over to Blackpool to see them nous sommes allés à Blackpool pour les voir. ◇ *vt sep phr*: to ~ one over on sb *inf* rouler qqn.

◆ **slip past** *vi insep* [time] passer; [person] se faufiler.

◆ **slip round** *vi insep* -1. *Br* [go] passer; can you ~ round after supper? peux-tu passer (chez moi) après souper?-2. [saddle] se retourner; [skirt] tourner.

◆ **slip through** *vi insep* [person] passer sans se faire remarquer; [mistake] passer inaperçu.

◆ **slip up** *vi insep inf* faire une gaffe.

**slipcase** ['slɪpkeɪs] *n* [for single volume] étui *m*; [for several volumes, for records] coffret *m*.

**slipcover** ['slɪpkʌvər] *n Am* -1. [for furniture] housse *f*.-2. = slipcase.

**slipknot** ['slɪpnɒt] *n* nœud *m* coulant.

**slip-on** ◇ *adj* [shoe] sans lacets. ◇ *n* chaussure *f* sans lacets.

**slippage** ['slɪpɪdʒ] *n* -1. MECH patinage *m*.-2. [in targeting] retard *m* (*par rapport aux prévisions*); [in standards] baisse *f*.

**slipped disc** [ˌslɪpt-] *n* hernie *f* discale.

**slipper** ['slɪpər] ◇ *n* [soft footwear] chausson *m*, pantoufle *f*; [mule] mule *f*; [for dancing] escarpin *m*. ◇ *vt Br* [hit]: to ~ sb donner une fessée à qqn (*avec une pantoufle*).

**slippery** ['slɪpərɪ] *adj* -1. [surface, soap] glissant; we're on the ~ slope to bankruptcy *fig* nous allons droit à la faillite. -2. *inf* [person – evasive] fuyant; [unreliable] sur qui on ne peut pas compter.

**slippy** ['slɪpɪ] (*compar* **slippier**, *superl* **slippiest**) *adj* [slippery] glissant.

**slip road** *n Br* bretelle *f* d'accès.

**slipshod** ['slɪpʃɒd] *adj* [appearance] négligé, débraillé; [habits, behaviour] négligent; [style] peu soigné, négligé; [work] négligé, mal fait.

**slip stitch** *n* SEW point *m* perdu.

**slipstream** ['slɪpstriːm] ◇ *n* AUT sillage *m*. ◇ *vt* [driver] rester dans le sillage de.

**slip-up** *n inf* bévue *f*, gaffe *f*.

**slipway** ['slɪpweɪ] *n* NAUT [for repairs] cale *f* de halage; [for launching] cale *f* de lancement.

**slit** [slɪt] (*pt & pp* **slit**, *cont* **slitting**) ◇ *n* [narrow opening] fente *f*; [cut] incision *f*; the skirt has a ~ at the back la jupe a une fente OR est fendue dans le dos. ◇ *vt* **-1.** [split] fendre; [cut] inciser, couper; **the skirt was ~ up the side** la jupe était fendue sur le côté; **the mattress had been ~ open** le matelas avait été éventré; **to ~ sb's throat** égorger qqn; **she ~ her wrists** elle s'est ouvert les veines. **-2.** [open – parcel, envelope] ouvrir (avec un couteau OR un coupe-papier). ◇ *adj* [skirt] fendu; [eyes] bridé.

**slither** ['slɪðər] *vi* **-1.** [snake] ramper, onduler. **-2.** [car, person – slide] glisser, patiner; [– skid] déraper.

**slithery** ['slɪðərɪ] *adj* [surface] glissant; [snake] ondulant.

**sliver** ['slɪvər] *n* **-1.** [of glass] éclat *m*. **-2.** [small slice – of cheese, cake] tranche *f* fine.

**Sloane** [sləʊn] *n inf*: **~ (Ranger)** personne de la haute bourgeoisie (généralement une jeune femme) portant des vêtements sports mais chics et parlant de façon affectée, ≃ NAP *mf*.

**Sloaney** ['sləʊnɪ] *adj inf* ≈ NAP.

**slob** [slɒb] *n inf* [dirty] souillon *mf*; [uncouth] plouc *m*; [lazy] flemmard *m*, -e *f*.

◆ **slob about** *Br*, **slob around** *inf* ◇ *vi insep* traînasser. ◇ *vt insep* traînasser.

**slobber** ['slɒbər] ◇ *vi* [dribble – baby, dog] baver; **to ~ over** baver sur. ◇ *n* [dribble] bave *f*.

**slobbery** ['slɒbərɪ] *adj* [kiss] baveux.

**sloe** [sləʊ] *n* [berry] prunelle *f*; [tree] prunellier *m*.

**sloe-eyed** *adj* aux yeux de biche.

**sloe gin** *n* gin *m* à la prunelle.

**slog** [slɒg] (*pt & pp* **slogged**, *cont* **slogging**) *inf* ◇ *n* **-1.** [hard task] travail *m* d'Hercule; [chore] corvée *f*, travail *m* pénible; [effort] (gros) effort *m*; **it was a real ~ to finish in time** on a dû bosser comme des malades pour finir à temps; **what a ~!** quelle corvée!; **it's been a long hard ~ for her to get where she is** elle en a bavé pour arriver là où elle est. **-2.** *Br* [hit] grand coup *m*. ◇ *vi* **-1.** [work hard] trimer, bosser; **she spent all weekend slogging away at that report** elle a passé tout le week-end à trimer sur ce rapport; **do we really have to ~ through all this paperwork?** est-ce qu'il est indispensable de se farcir toute cette paperasse? **-2.** [walk, go] avancer péniblement. ◇ *vt* **-1.** [move]: **we slogged our way through the snow** nous nous sommes péniblement frayé un chemin dans la neige. **-2.** *Br* [hit – ball] donner un grand coup dans; [– person] cogner sur; **to ~ it out** [fight] se tabasser; [argue] s'enguirlander.

**slogan** ['sləʊgən] *n* slogan *m*.

**sloop** [slu:p] *n* sloop *m*.

**slop** [slɒp] (*pt & pp* **slopped**, *cont* **slopping**) ◇ *vi* [spill] renverser; [overflow – liquid] déborder; **the soup slopped onto the cooker** la soupe a débordé sur la cuisinière. ◇ *vt* renverser. ◇ *n* (*U*) [liquid waste – for pigs] pâtée *f*; [– from tea, coffee] fond *m* de tasse; [tasteless food] mixture *f* péj.

◆ **slop about** *Br*, **slop around** ◇ *vi insep* **-1.** [liquid] clapoter. **-2.** [paddle] patauger. **-3.** *inf* [be lazy] traînasser. ◇ *vt sep* [paint] éclabousser; [tea] renverser. ◇ *vt insep inf*: **he ~s about the house doing nothing** il traîne à la maison à ne rien faire.

◆ **slop out** *vi insep* [prisoner] vider les seaux hygiéniques.

**slop basin** *n Br* vide-tasses *m inv*.

**slop bucket** *n Br* [gen] seau *m* (à ordures); [in prison] seau *m* hygiénique.

**slope** [sləʊp] ◇ *n* **-1.** [incline – of roof] inclinaison *f*, pente *f*; [– of ground] pente *f*; **rifle at the ~** MIL fusil sur l'épaule. **-2.** [hill – up] côte *f*, montée *f*; [– down] pente *f*, descente *f*; [mountainside] versant *m*, flanc *m*; **tea is grown on the higher ~s** on cultive le thé plus haut sur les versants de la montagne. **-3.** [for skiing] piste *f*. ◇ *vi* [roof] être en pente OR incliné; [writing] pencher; **the beach ~d gently to the sea** la plage descendait en pente douce vers la mer; **the table ~s** la table penche OR n'est pas droite. ◇ *vt* MIL: **~ arms!** portez arme!

◆ **slope off** *vi insep inf* filer.

**sloping** ['sləʊpɪŋ] *adj* [table, roof] en pente, incliné; [writing] penché; [shoulders] tombant.

**sloppily** ['slɒpɪlɪ] *adv* **-1.** [work] sans soin; [dress] de façon négligée. **-2.** *Br inf* [sentimentally] avec sensiblerie.

**sloppy** ['slɒpɪ] (*compar* **sloppier**, *superl* **sloppiest**) *adj* **-1.** [untidy – appearance] négligé, débraillé; [careless – work] bâclé, négligé; [– writing] peu soigné; [– thinking] flou, vague, imprécis. **-2.** *inf* [loose – garment] large, lâche. **-3.** *inf* [sentimental –**

person, letter] sentimental; [– book, film] à l'eau de rose.

**sloppy joe** *n inf* **-1.** *Br* [sweater] gros pull *m*. **-2.** *Am* [hamburger] hamburger *m*.

**slosh** [slɒʃ] *inf* ◇ *vt* **-1.** [spill] renverser, répandre; [pour – onto floor] répandre; [– into glass, bucket] verser; [apply – paint, glue] flanquer; **she ~ed whitewash on OR over the wall** elle a barbouillé le mur de blanc de chaux. **-2.** *Br* [hit] flanquer un coup de poing à. ◇ *vi* **-1.** [liquid] se répandre; **the juice ~ed all over the cloth** le jus s'est renversé partout sur la nappe; **water ~ed over the edge** l'eau a débordé. **-2.** [move – in liquid, mud] patauger. ◇ *onomat* plouf.

◆ **slosh about** *Br*, **slosh around** *vi insep* [liquid] clapoter; [person] patauger.

**sloshed** [slɒʃt] *adj inf* rond, soûl; **to get ~** prendre une cuite.

**slot** [slɒt] (*pt & pp* **slotted**, *cont* **slotting**) ◇ *n* **-1.** [opening – for coins, papers] fente *f*; [groove] rainure *f*. **-2.** [in schedule, timetable] tranche *f* OR plage *f* horaire, créneau *m*; RADIO & TV créneau *m*; [opening] créneau *m*; **there's a ~ for someone with marketing skills** il y a un créneau pour quelqu'un qui s'y connaît en marketing. **-3.** AERON fente *f*. ◇ *vt* **-1.** [insert] emboîter; **~ this bit in here** [in machine, model] introduisez cette pièce ici; [in jigsaw] posez OR mettez cette pièce ici. [find time for, fit] insérer, faire rentrer; **she managed to ~ me into her timetable** elle a réussi à me réserver un moment OR à me caser dans son emploi du temps. ◇ *vi* **-1.** [fit – part] rentrer, s'encastrer, s'emboîter; **the blade ~s into the handle** la lame rentre dans le manche. **-2.** [in timetable, schedule] rentrer, s'insérer; **where do we ~ into the scheme?** où intervenons-nous dans le projet?

◆ **slot in** ◇ *vt sep* [into schedule] faire rentrer; **when can you ~ me in?** quand pouvez-vous me caser OR trouver un moment pour moi? ◇ *vi insep* [part] s'emboîter, s'encastrer; [programme] s'insérer.

◆ **slot together** ◇ *vt sep* emboîter, encastrer; **~ these two parts together** emboîtez ces deux pièces l'une dans l'autre. ◇ *vi insep* s'emboîter, s'encastrer; **the two parts ~ together** les deux pièces s'emboîtent l'une dans l'autre.

**sloth** [sləʊθ] *n* **-1.** [laziness] paresse *f*. **-2.** ZOOL paresseux *m*.

**slothful** ['sləʊθfʊl] *adj* paresseux.

**slot machine** *n* [for vending] distributeur *m* (automatique); [for gambling] machine *f* à sous.

**slot meter** *n Br* compteur *m* à pièces.

**slotted spatula** ['slɒtɪd-] *n Am* pelle *f* à poisson.

**slotted spoon** *n* écumoire *f*.

**slouch** [slaʊtʃ] ◇ *vi*: **she was ~ing against the wall** elle était nonchalamment adossée au mur; **stop ~ing!** redresse-toi!; **to ~ in/out** entrer/sortir en traînant les pieds. ◇ *vt*: **to ~ one's shoulders** rentrer les épaules. ◇ *n* **-1.** [in posture]: **to have a ~** avoir le dos voûté. **-2.** *inf* [person]: **he's no ~** ce n'est pas un empoté.

◆ **slouch about** *Br*, **slouch around** *vi insep* se traîner.

**slouch hat** *n* chapeau *m* à larges bords.

**slough**[1] [slaʊ] *n* [mud pool] bourbier *m*; [swamp] marécage *m*; **the Slough of Despond** le tréfonds du désespoir.

**slough**[2] [slʌf] ◇ *n* **-1.** [skin – of snake] dépouille *f*, mue *f*; MED escarre *f*. **-2.** CARDS carte *f* défaussée. ◇ *vt*: **the snake ~s its skin** le serpent mue.

◆ **slough off** *vt sep* [skin] se dépouiller de; **the snake ~s off its skin** le serpent mue ‖ *fig* [worries] se débarrasser de; [habit] perdre, se débarrasser de.

**Slovak** ['sləʊvæk] ◇ *n* [person] Slovaque *mf*. ◇ *adj* slovaque.

**Slovakia** [slə'vækɪə] *pr n* Slovaquie *f*; **in ~** en Slovaquie.

**Slovakian** [slə'vækɪən] ◇ *n* Slovaque *mf*. ◇ *adj* slovaque.

**Slovene** ['sləʊviːn] ◇ *n* [person] Slovène *mf*. ◇ *adj* slovène.

**Slovenia** [slə'viːnjə] *pr n* Slovénie *f*; **in ~** en Slovénie.

**Slovenian** [slə'viːnjən] ◇ *n* Slovène *mf*. ◇ *adj* slovène.

**slovenliness** ['slʌvnlɪnɪs] *n* [of dress] négligé *m*, débraillé *m*; [of habits] laisser-aller *m*; [of work] manque *m* de soin.

**slovenly** ['slʌvnlɪ] *adj* [appearance] négligé, débraillé; [habits] relâché; [work] peu soigné; [style, expression] relâché, négligé.

**slow** [sləʊ] ◇ *adj* **-1.** [not fast – movements, speed, service, traffic] lent; **he's a ~ worker** il travaille lentement; **it's ~ work** c'est un travail qui n'avance pas vite OR de longue haleine; **to make ~ progress** [in work, on foot] avancer lente-

ment; a ~ dance un slow; it was ~ going, the going was ~ ça n'avançait pas; with ~ steps d'un pas lent; we had a painfully ~ journey le voyage a duré un temps fou; the pace of life is ~ on vit au ralenti; the fog was ~ to clear le brouillard a mis longtemps à se dissiper ‖ [in reactions] lent; he was rather ~ to make up OR in making up his mind il a mis assez longtemps à se décider; she wasn't ~ to offer her help/in accepting the cheque elle ne se fit pas prier pour proposer son aide/pour accepter le chèque; I was rather ~ to understand OR in understanding il m'a fallu assez longtemps pour comprendre; you were a bit ~ there là, tu t'es laissé prendre de vitesse; she's very ~ to anger il lui en faut beaucoup pour se mettre en colère ‖ [in progress] lent; the company was ~ to get off the ground la société a été lente à démarrer ‖ [intellectually] lent; he's a ~ learner/reader il apprend/lit lentement ‖ the ~ lane AUT [when driving on left] la file de gauche; [when driving on right] la file de droite; ~ train omnibus m; to be ~ off the mark Br literal être lent à démarrer; fig avoir l'esprit lent. **-2.** [slack – business, market] calme; business is ~ les affaires ne marchent pas fort. **-3.** [dull – evening, film, party] ennuyeux. **-4.** [clock] qui retarde; your watch is (half an hour) ~ ta montre retarde (d'une demi-heure). **-5.** CULIN: ~ burner feu m doux; bake in a ~ oven faire cuire à four doux.
◊ adv lentement; go a bit ~er ralentissez un peu; the clock is going OR running ~ l'horloge prend du retard; 'slow'[road marking] 'ralentir'; ~ astern! NAUT arrière doucement! ❑ to go ~ faire une grève perlée.
◊ vt ralentir; I ~ed the horse to a trot j'ai mis le cheval au trot.
◆ **slow down** ◊ vt sep **-1.** [in speed – bus, machine, progress] ralentir; [– person] (faire) ralentir; [in achievement, activity] ralentir; production is ~ed down during the winter pendant l'hiver, la production tourne au ralenti. **-2.** [delay] retarder.
◊ vi insep [driver, train, speed] ralentir; fig [person] ralentir (le rhythme); ~ down! moins vite!; growth ~ed down in the second quarter il y a eu une diminution OR un ralentissement de la croissance au cours du deuxième trimestre.
◆ **slow up** = slow down.

**slow-acting** adj à action lente.

**slow burn** n Am: to do a ~ sentir la colère monter.

**slowcoach** ['sləʊkəʊtʃ] n Br inf [in moving] lambin m, -e f, traînard m, -e f; come on ~ allez, du nerf!

**slowdown** ['sləʊdaʊn] n **-1.** Am [go-slow] grève f perlée. **-2.** [slackening] ralentissement m.

**slow handclap** n Br applaudissements mpl rythmés (pour montrer sa désapprobation); they gave him the ~ ≃ ils l'ont sifflé.

**slowly** ['sləʊlɪ] adv **-1.** [not fast] lentement; could you walk/speak more ~? pouvez-vous marcher/parler moins vite?; ~ but surely lentement mais sûrement. **-2.** [gradually] peu à peu.

**slow motion** n CIN & TV ralenti m; in ~ au ralenti.
◆ **slow-motion** adj (tourné) au ralenti; slow-motion replay TV ralenti m.

**slow-moving** adj [person, car] lent; [film, plot] dont l'action est lente; [market] stagnant; ~ target cible f qui bouge lentement.

**slowpoke** ['sləʊpəʊk] Am inf = slowcoach.

**slow-witted** [-'wɪtɪd] adj (intellectuellement) lent.

**slowworm** ['sləʊwɜːm] n orvet m.

**SLR** (abbr of single-lens reflex) n reflex m (mono-objectif).

**sludge** [slʌdʒ] n (U) **-1.** [mud] boue f, vase f; [snow] neige f fondue. **-2.** [sediment] dépôt m, boue f. **-3.** [sewage] vidanges fpl.

**slue** [sluː] Am = slew vi & vt.

**slug** [slʌg] (pt & pp slugged, cont slugging) ◊ n **-1.** ZOOL limace f. **-2.** inf & fig [lazy person] mollusque m. **-3.** PRINT [of metal] lingot m. **-4.** Am [token] jeton m. **-5.** inf [hit] beigne f. **-6.** inf [drink] coup m; [mouthful] lampée f. **-7.** inf [bullet] balle f. ◊ vt inf **-1.** [hit] frapper (fort), cogner. **-2.** phr: to ~ it out [fight] se taper dessus; [argue] s'enguirlander.

**sluggish** ['slʌgɪʃ] adj **-1.** [lethargic] mou, before vowel or silent 'h' mol (f molle), apathique. **-2.** [slow – traffic, growth, reaction] lent; [– digestion] lent, paresseux; [– market, business] calme, stagnant; trading is always rather ~ on Mondays

les affaires ne marchent jamais très bien OR très fort le lundi. **-3.** [engine] qui manque de reprise OR de nervosité.

**sluggishly** ['slʌgɪʃlɪ] adv [slowly] lentement; [lethargically] mollement; the market reacted ~ la bourse a réagi faiblement.

**sluice** [sluːs] ◊ n **-1.** [lock] écluse f; [gate] porte f OR vanne f d'écluse; [channel] canal m à vannes; (U) [lock water] eaux fpl retenues par la vanne. **-2.** [wash]: to give sthg a ~ (down) laver qqch à grande eau; to give sb a ~ (down) asperger qqn d'eau. ◊ vt **-1.** [drain] drainer; [irrigate] irriguer. **-2.** [wash] laver à grande eau; MIN [ore] laver; to ~ sthg (down) laver qqch à grande eau.

**sluice gate, sluice valve** n porte f OR vanne f d'écluse.

**slum** [slʌm] (pt & pp slummed, cont slumming) ◊ n literal & fig taudis m; [district] quartier m pauvre, bas quartiers mpl; ~ dwelling taudis m. ◊ vt Br: to ~ it inf s'encanailler. ◊ vi inf & hum: we're slumming tonight on va s'encanailler ce soir hum.

**slumber** ['slʌmbər] ◊ n lit sommeil m (profond). ◊ vi dormir.

**slumber party** n Am soirée f entre copines (au cours de laquelle on regarde des films, on discute et on dort toutes ensemble).

**slum clearance** n Br rénovation f OR aménagement m des quartiers insalubres.

**slummy** ['slʌmɪ] (compar slummier, superl slummiest) adj [area, house, lifestyle] sordide, misérable.

**slump** [slʌmp] ◊ n **-1.** [in attendance, figures, popularity] chute f, forte baisse f, baisse f soudaine; there has been a ~ in investment les investissements sont en forte baisse; a ~ in prices/demand une forte baisse des prix/de la demande. **-2.** ECON [depression] crise f économique; [recession] récession f; ST. EX effondrement m (des cours), krach m (boursier). **-3.** Am SPORT passage m à vide. ◊ vi **-1.** [flop – with fatigue, illness] s'écrouler, s'effondrer. **-2.** [collapse – business, prices, market] s'effondrer; [morale, attendance] baisser soudainement. ◊ vt (usu passive): to be ~ed in an armchair être affalé OR affaissé dans un fauteuil; he was ~ed over the wheel [in car] il était affaissé sur le volant.

**slung** [slʌŋ] pt & pp → sling.

**slunk** [slʌŋk] pt & pp → slink.

**slur** [slɜːr] (pt & pp slurred, cont slurring) ◊ n **-1.** [insult] insulte f, affront m; [blot, stain] tache f; it's a ~ on his character c'est une tache à sa réputation; to cast a ~ on sb porter atteinte à la réputation de qqn. **-2.** MUS liaison f. ◊ vt **-1.** [speech] mal articuler. **-2.** [denigrate] dénigrer. **-3.** MUS lier. ◊ vi [speech, words] devenir indistinct.

**slurp** [slɜːp] inf ◊ vt & vi boire bruyamment. ◊ n: a loud ~ un lapement bruyant; can I have a quick ~ of your tea? je peux boire une gorgée de ton thé?

**slurred** [slɜːd] adj mal articulé; his speech was ~ il articulait mal.

**slurry** ['slʌrɪ] n [cement, clay] barbotine f; [manure] purin m.

**slush** [slʌʃ] n **-1.** [snow] neige f fondue; [mud] gadoue f. **-2.** inf [sentimentality] sensiblerie f.

**slush fund** n caisse f noire (servant généralement au paiement des pots-de-vin).

**slushy** ['slʌʃɪ] (compar slushier, superl slushiest) adj **-1.** [snow] fondu; [ground] détrempé; [path] couvert de neige fondue. **-2.** [film, book] à l'eau de rose.

**slut** [slʌt] n pej [slovenly woman] souillon f; [immoral woman] fille f facile.

**sluttish** ['slʌtɪʃ] adj pej [appearance] de souillon, sale; [morals] dépravé; [behaviour] débauché, dépravé.

**sly** [slaɪ] (compar slyer OR slier, superl slyest OR sliest) ◊ adj **-1.** [cunning, knowing] rusé; ~ (old) devil vieux renard; she's une fine mouche; he gave me a ~ look/smile il m'a regardé/souri d'un air rusé. **-2.** [deceitful – person] sournois; [– behaviour] déloyal; [– trick] malhonnête. **-3.** [mischievous] malin (f -igne), espiègle. **-4.** [secretive] dissimulé; he's a ~ one! c'est un petit cachottier! ◊ n phr: on the ~ inf en douce.

**slyly** ['slaɪlɪ] adv **-1.** [cunningly] de façon rusée, avec ruse. **-2.** [deceitfully] sournoisement. **-3.** [mischievously] avec espièglerie, de façon espiègle. **-4.** [secretly] discrètement.

**s/m** n abbr of sadomasochism.

**S&M** n abbr of sadomasochism.

**smack** [smæk] ◇ *n* -1. [slap] grande tape *f*, claque *f*; [on face] gifle *f*; [on bottom] fessée *f*; **to give sb a ~ in the face** gifler qqn; **a ~ in the face** OR **eye** *fig* une gifle, une rebuffade. -2. [sound] bruit *m* sec; [of whip] claquement *m*.-3. [taste] léger OR petit goût *m*; CULIN soupçon *m*.-4. [boat] smack *m*, sémaque *m*.-5. [kiss] gros baiser *m*.-6. ▽ *drugs sl* [heroin] poudre *f*, blanche *f*. ◇ *vt* donner une grande tape à, donner une claque à; [in face] donner une gifle à, gifler; [on bottom] donner une fessée à; **to ~ one's lips** se lécher les babines. ◇ *vi*: **to ~ of** sthg *literal* & *fig* sentir qqch; **the whole thing ~s of corruption** tout ça, ça sent la corruption. ◇ *adv* -1. [forcefully] en plein; **she kissed him ~ on the lips** elle l'a embrassé en plein sur la bouche. -2. [exactly] en plein.

**smack-dab** *esp Am*, **smack-bang** = smack *adv* 2.

**smacker** ['smækər] *n inf* -1. [kiss] grosse bise *f*.-2. [banknote] *Am* dollar *m*; *Br* [pound] livre *f*.

**smacking** ['smækɪŋ] ◇ *n* fessée *f*; **I gave the child a good ~** j'ai donné une bonne fessée à l'enfant. ◇ *adj Br inf*: **at a ~ pace** à vive allure, à toute vitesse.

**small** [smɔːl] ◇ *adj* -1. [in size – person, town, garden] petit; **~ children** les jeunes enfants; **in ~ letters** en (lettres) minuscules; **to make ~er** [garment] diminuer; [hole] réduire; **to make o.s. ~** se faire tout petit ❑ **the ~est room** *euph* le petit coin; **to feel ~** se trouver OR se sentir bête; **to make sb look** OR **feel ~** humilier qqn. -2. [in number – crowd] peu nombreux; [– family] petit; [– population] faible; [in quantity – amount, percentage, resources] petit, faible; [– supply] petit; [– salary, sum] petit, modeste; [– helping] petit, peu copieux; [– meal] léger; **the ~est possible number of guests** le moins d'invités possible; **to get** OR **to grow ~er** diminuer, décroître; **to make ~er** [income] diminuer; [staff] réduire. -3. [in scale, range] petit; [minor] petit, mineur; **down to the ~est details** jusqu'aux moindres détails; **it's no ~ achievement** c'est une réussite non négligeable; **there's the ~ matter of the £150** il ne reste ce petit problème des 150 livres que tu me dois; **he felt responsible in his own ~ way** il se sentait responsable à sa façon ‖ COMM: **~ businessmen** les petits entrepreneurs *mpl* OR patrons *mpl*; **~ businesses** [firms] les petites et moyennes entreprises *fpl*, les PME *fpl*; [shops] les petits commerçants *mpl*.-4. [mean, narrow] petit, mesquin; **they've got ~ minds** ce sont des esprits mesquins. ◇ *adv*: **to cut sthg up ~** couper qqch en tout petits morceaux; **to roll sthg up ~** [long] rouler qqch bien serré; [ball] rouler qqch en petite boule. ◇ *n*: **he took her by the ~ of the waist** il l'a prise par la taille; **I have a pain in the ~ of my back** j'ai mal aux reins OR au creux des reins.

◆ **smalls** *npl inf* & *hum* sous-vêtements *mpl*.

**small ad** *n* petite annonce *f*.

**small arms** *npl* armes *fpl* portatives.

**small beer** *n Br inf*: **it's ~** c'est de la petite bière; **we're very ~ in the advertising world** nous ne représentons pas grand-chose dans le monde de la publicité.

**small-bore** *adj* de petit calibre.

**small change** *n* petite monnaie *f*.

**small-claims court** *n* JUR tribunal *m* d'instance.

**small fry** *n* menu fretin *m*; **he's ~** *Br* OR **a ~** *Am* il ne compte pas.

**smallholder** ['smɔːlˌhəʊldər] *n Br* petit propriétaire *m*.

**smallholding** ['smɔːlˌhəʊldɪŋ] *n Br* petite propriété *f*.

**small hours** *npl* petit matin *m*; **in the ~** au petit matin.

**small letter** *n* (lettre *f*) minuscule *f*; **in ~s** en (lettres) minuscules.

**small-minded** *adj* [attitude, person] mesquin.

**small potatoes** *npl Am inf* = small beer.

**smallpox** ['smɔːlpɒks] *n* variole *f*.

**small print** *n*: **in ~** en petits caractères, écrit petit; **make sure you read the ~ before you sign** lisez bien ce qui est écrit en petits caractères avant de signer.

**small scale** *n* petite échelle *f*; **on a ~** sur une petite échelle.
◆ **small-scale** *adj* [replica, model] à taille réduite, réduit; [operation] à petite échelle.

**small screen** *n*: **the ~** le petit écran.

**small talk** *n* (U) papotage *m*, menus propos *mpl*; **to make ~** échanger des banalités.

**small-time** *adj* peu important, de petite envergure; **a ~ thief/crook** un petit voleur/escroc.

**small-town** *adj* provincial.

**smarm** [smɑːm] *Br inf* & *pej* ◇ *vt* faire du plat OR lécher les bottes à; **you won't ~ your way out of this one!** tu ne t'en tireras pas avec des flatteries, cette fois-ci! ◇ *vi*: **to ~ up to sb** passer de la pommade à OR lécher les bottes à qqn. ◇ *n* obséquiosité *f*; **full of ~** très obséquieux.

**smarmy** ['smɑːmɪ] (*compar* **smarmier**, *superl* **smarmiest**) *adj Br inf* & *pej* [toadying] lèche-bottes (*inv*); [obsequious] obséquieux.

**smart** [smɑːt] ◇ *adj* -1. *Br* [elegant – person, clothes] chic, élégant; **she's a ~ dresser** elle s'habille avec beaucoup de chic ‖ [fashionable – hotel, district] élégant, chic; **the ~ set** les gens chics, le beau monde. -2. [clever – person] malin (*f* -igne), habile; [– reply] habile, adroit; [– shrewd person] habile, astucieux; [witty – person, remark] spirituel; **he's a ~ lad** il n'est pas bête; **he's trying to be ~** il essaie de faire le malin; **it was ~ of her to think of it** c'était futé de sa part d'y penser. -3. [impertinent] impertinent, audacieux; **don't get ~ with me!** n'essaie pas de jouer au plus malin avec moi! -4. [quick – pace, rhythm] vif, prompt; **that was ~ work!** voilà du travail rapide!, voilà qui a été vite fait!; **look ~!** grouille-toi!-5. [sharp – reprimand] bon, bien envoyé. -6. COMPUT intelligent. ◇ *vi* -1. [eyes, wound] picoter, brûler; **the onion made her eyes ~** les oignons lui piquaient les yeux OR la faisaient pleurer; **my face was still ~ing from the blow** le visage me cuisait encore du coup que j'avais reçu. -2. [person] être piqué au vif; **he's still ~ing from the insult** il n'a toujours pas digéré l'insulte.

**smart aleck** *n inf* je-sais-tout *mf inv*.
◆ **smart-aleck** *adj inf* gonflé.

**smartarse** ▽ *Br*, **smartass** ▽ *Am* ['smɑːtɑːs] = smart aleck.

**smart card** *n* carte *f* à puce.

**smarten** ['smɑːtn] *vt* -1. [improve appearance]: **to ~ o.s.** se faire beau. -2. *Br* [speed up]: **to ~ one's pace** accélérer l'allure.
◆ **smarten up** ◇ *vi insep* -1. [person] se faire beau; [restaurant] devenir plus chic, être retapé; [town, street] devenir plus pimpant. -2. *Br* [output, speed] s'accélérer. ◇ *vt sep* -1. [person] pomponner; [room, house, town] arranger; **a coat of paint would help ~ up the restaurant/the car** une couche de peinture et le restaurant/la voiture aurait déjà meilleure allure; **to ~ o.s. up** se faire beau, soigner son apparence. -2. [production] accélérer.

**smartly** ['smɑːtlɪ] *adv* -1. [elegantly] avec beaucoup d'allure OR de chic, élégamment. -2. [cleverly] habilement, adroitement. -3. [briskly – move] vivement; [– act, work] rapidement, promptement. -4. [sharply – reprimand] vertement; [– reply] du tac au tac, sèchement.

**smart money** *n inf*: **all the ~ is on him to win the presidency** il est donné pour favori aux élections présidentielles.

**smarty** ['smɑːtɪ] (*pl* **smarties**) *n inf* (Monsieur OR Madame OR Mademoiselle) je-sais-tout *mf inv*.

**smarty-pants** (*pl inv*) *n inf*: **you're a real ~, aren't you?** tu crois vraiment tout savoir!

**smash** [smæʃ] ◇ *n* -1. [noise – of breaking] fracas *m*; **the vase fell with a ~** le vase s'est fracassé en tombant. -2. [blow] coup *m* OR choc *m* violent. -3. [collision] collision *f*; [accident] accident *m*; [pile-up] carambolage *m*. -4. ECON & FIN [collapse – of business, market] débâcle *f* (financière), effondrement *m* (financier); ST. EX krach *m*, effondrement *m* des cours; [bankruptcy] faillite *f*.-5. SPORT smash *m*.-6. *inf* [success] succès *m* bœuf; **it was a ~** ça a fait un tabac. ◇ *onomat* patatras.
◇ *adv*: **to go** OR **to run ~ into a wall** heurter un mur avec violence, rentrer en plein dans un mur.
◇ *vt* -1. [break – cup, window] fracasser, briser; **to ~ sthg to pieces** briser qqch en morceaux; **to ~ sthg open** ouvrir qqch d'un grand coup ‖ PHYS [atom] désintégrer. -2. [crash, hit] écraser; **he ~ed his fist (down) on the table** il écrasa son poing sur la table; **they ~ed their way in** ils sont entrés par effraction (*en enfonçant la porte ou la fenêtre*); **the raft was ~ed against the rocks** le radeau s'est fracassé contre OR sur les rochers. -3. SPORT: **to ~ the ball** faire un smash, smasher. -4. [destroy – conspiracy, organization] briser, démolir; [– resistance, opposition] briser, écraser; [– chances, hopes, career]

ruiner, briser; [– opponent, record] pulvériser.

◇ *vi* [break, crash] se briser, se fracasser; **to ~ into bits** se briser en mille morceaux; **the car ~ed into the lamppost** la voiture s'est écrasée contre le réverbère.

◆ **smash down** *vt sep* [door] fracasser, écraser.

◆ **smash in** *vt sep* [door, window] enfoncer; **to ~ sb's face** OR **head in** démolir le portrait à qqn.

◆ **smash up** *vt sep* [furniture] casser, démolir; [room, shop] tout casser OR démolir dans; [car] démolir.

**smash-and-grab (raid)** *n* cambriolage commis en brisant une devanture.

**smashed** ['smæʃt] *adj inf* [on alcohol] rond; [on drugs] défoncé.

**smasher** ['smæʃər] *n Br inf* -**1.** [person]: **she's a real ~** [in appearance] c'est un vrai canon; [in character] elle est vraiment sensass. -**2.** [object]: **it's a real ~!** c'est sensass!

**smash hit** *n* [song, record] gros succès *m*.

**smashing** ['smæʃɪŋ] *adj Br inf* super, terrible; **we had a ~ time!** on s'est super bien amusés!

**smash-up** *n* [accident] accident *m*; [pile-up] carambolage *m*, télescopage *m*.

**smattering** ['smætərɪŋ] *n* (*U*) [of knowledge] notions *fpl* vagues; [of people, things] poignée *f*, petit nombre *m*; **she has a ~ of Italian** elle a quelques notions d'italien, elle sait un peu d'italien.

**SME** (*abbr of* **small and medium-sized enterprise**) *n* PME *f*.

**smear** [smɪər] ◇ *n* -**1.** [mark – on glass, mirror, wall] trace *f*, tache *f*; [longer] traînée *f*; [of ink] pâté *m*, bavure *f*. -**2.** [slander] diffamation *f*; **a ~ on sb's integrity/reputation** une atteinte à l'honneur/à la réputation de qqn; **to use ~ tactics** avoir recours à la calomnie. -**3.** MED frottis *m*, prélèvement *m*.

◇ *vt* -**1.** [spread – butter, oil] étaler; [coat] barbouiller; **she ~ed the dish with butter** elle a beurré le plat; **to ~ paint/chocolate on one's face** se barbouiller le visage de peinture/de chocolat. -**2.** [smudge]: **the ink on the page was ~ed** l'encre a coulé sur la page; **the mirror was ~ed with fingermarks** il y avait des traces de doigts sur la glace. -**3.** [slander]: **to ~ sb** salir la réputation de qqn, calomnier qqn. -**4.** *Am inf* [thrash] battre à plates coutures. ◇ *vi* [wet paint, ink] se salir, se maculer.

**smear campaign** *n* campagne *f* de diffamation OR dénigrement.

**smear test** *n* MED frottis *m*.

**smell** [smel] (*Br pt & pp* **smelled** OR **smelt** [smelt], *Am pt & pp* **smelled**) ◇ *vt* -**1.** [notice an odour of] sentir; **to ~ gas** sentir le gaz; **I can ~ (something) burning** (je trouve que) ça sent le brûlé; **she smelt** OR **she could ~ alcohol on his breath** elle s'aperçut que son haleine sentait l'alcool. -**2.** *fig* [sense – trouble, danger] flairer, pressentir; **to ~ a rat** flairer quelque chose de louche. -**3.** [sniff at – food] sentir, renifler; [– flower] sentir, humer.

◇ *vi* -**1.** [have odour] sentir; **to ~ good** OR **sweet** sentir bon; **to ~ bad** sentir mauvais; **it ~s awful!** ça pue!; **what does it ~ of** OR **like?** qu'est-ce que ça sent?; **it ~s of lavender** ça sent la lavande; **it would** OR **does sentir** de la lavande; **to ~ of treachery/hypocrisy** *fig* sentir la trahison/l'hypocrisie ❑ **to ~ fishy** sembler louche. -**2.** [have bad odour] sentir (mauvais); **his breath ~s** il a mauvaise haleine. -**3.** [perceive odour]: **he can't ~** il n'a pas d'odorat.

◇ *n* -**1.** [sense – of person] odorat *m*; [– of animal] odorat *m*, flair *m*; **he has no sense of ~** il n'a pas d'odorat; **to have a keen sense of ~** avoir le nez fin. -**2.** [odour] odeur *f*; [bad odour] mauvaise odeur *f*, relent *m*; [stench] puanteur *f*; **there was a ~ of burning in the kitchen** il y avait une odeur de brûlé dans la cuisine; **there was a lovely ~ of lavender** ça sentait bon la lavande; **does it have a ~?** est-ce que ça sent quelque chose?, est-ce que ça a une odeur?; **natural gas has no ~** le gaz naturel n'a pas d'odeur OR est inodore; **what an awful ~!** qu'est-ce que ça sent mauvais!; **the ~ of defeat/fear** *fig* l'odeur de la défaite/de la peur. -**3.** [sniff]: **have a ~ of this** sentez-moi ça.

◆ **smell out** *vt sep* [subj: dog] dénicher en flairant; *fig* [subj: person] découvrir, dépister; [secret, conspiracy] découvrir.

**smelling salts** ['smelɪŋ-] *npl* sels *mpl*.

**smelly** ['smelɪ] (*compar* **smellier**, *superl* **smelliest**) *adj* [person, socks etc] qui sent mauvais, qui pue; **to have ~ feet** sentir des pieds.

**smelt** [smelt] (*pl inv* OR **smelts**) ◇ *pt & pp →* **smell**. ◇ *n* [fish]

éperlan *m*. ◇ *vt* METALL [ore] fondre; [metal] extraire par fusion.

**smidgen**, **smidgin** ['smɪdʒɪn] *n inf*: **a ~ of** un tout petit peu de.

**smile** [smaɪl] ◇ *n* sourire *m*; **'of course' he said with a ~** «bien sûr» dit-il en souriant; **come on, give us a ~!** allez? fais-nous un sourire!; **to have a ~ on one's face** avoir le sourire; **take that ~ off your face!** arrête de sourire comme ça!; **to knock** OR **wipe the ~ off sb's face** *inf & fig* faire passer à qqn l'envie de sourire; **to be all ~s** être tout souriant OR tout sourire. ◇ *vi* sourire; **to ~ at sb** sourire à qqn; **to ~ to o.s.** sourire pour soi; **she ~d at his awkwardness** sa maladresse l'a fait sourire; **he ~d at the thought of it** il a souri en y pensant, y penser le faisait sourire; **keep smiling!** gardez le sourire!; **heaven ~d on them** *fig* le ciel leur sourit. ◇ *vt*: **to ~ one's approval** exprimer son approbation par un sourire; **she ~d a sad smile** elle eut un sourire triste.

**smiling** ['smaɪlɪŋ] *adj* souriant.

**smirk** [smɜːk] ◇ *vi* [smugly] sourire d'un air suffisant OR avec suffisance; [foolishly] sourire bêtement. ◇ *n* [smug] petit sourire *m* satisfait OR suffisant; [foolish] sourire *m* bête.

**smite** [smaɪt] (*pt* **smote** [sməʊt], *pp* **smitten** ['smɪtn]) *vt* -**1.** *lit* OR *arch* [strike – object] frapper; [– enemy] abattre. -**2.** (*usu passive*) [afflict]: **to be smitten with remorse** être accablé de remords; **they were smitten with blindness/fear** ils ont été frappés de cécité/frayeur. -**3.** BIBLE [punish] châtier.

**smith** [smɪθ] *n* [blacksmith – gen] forgeron *m*; EQUIT maréchal-ferrant *m*.

**smithereens** [ˌsmɪðə'riːnz] *npl* morceaux *mpl*; **to smash sthg to ~** briser qqch en mille morceaux; **the house was blown to ~ in the explosion** la maison a été complètement soufflée par l'explosion.

**smithy** ['smɪðɪ] (*pl* **smithies**) *n* forge *f*.

**smitten** ['smɪtn] ◇ *pp →* **smite**. ◇ *adj*: **he was ~ with** OR **by her beauty** il a été ébloui par sa beauté; **he's really ~ (with that girl)** il est vraiment très épris (de cette fille).

**smock** [smɒk] ◇ *n* [loose garment] blouse *f*; [maternity wear – blouse] tunique *f* de grossesse; [– dress] robe *f* de grossesse. ◇ *vt* faire des smocks à.

**smocking** ['smɒkɪŋ] *n* (*U*) smocks *mpl*.

**smog** [smɒg] *n* smog *m*.

**smoggy** ['smɒgɪ] (*compar* **smoggier**, *superl* **smoggiest**) *adj*: **it's ~** il y a du smog.

**smoke** [sməʊk] ◇ *n* -**1.** [from fire, cigarette] fumée *f*; **to go up in ~** [building] brûler; [plans] partir or s'en aller en fumée; **there's no ~ without fire** *prov* il n'y a pas de fumée sans feu *prov*. -**2.** [act of smoking]: **to have a ~** fumer. -**3.** *inf & dated* [cigarette] clope *m* or *f*. -**4.** ▽ *Br drugs sl* [hashish] shit *m*. -**5.** *Br inf* [city]: **the Smoke** [any city] la grande métropole; [London] Londres. ◇ *vi* -**1.** [fireplace, chimney, lamp] fumer. -**2.** [person] fumer; **to ~ like a chimney** *inf* fumer comme un pompier OR un sapeur. ◇ *vt* -**1.** [cigarette, pipe, opium etc] fumer; **to ~ a pipe** fumer la pipe. -**2.** CULIN & INDUST [fish, meat, glass] fumer.

◆ **smoke out** *vt sep* -**1.** [from den, hiding place – fugitive, animal] enfumer; *fig* [discover – traitor] débusquer, dénicher; [– conspiracy, plot] découvrir. -**2.** [room] enfumer.

**smoke bomb** *n* bombe *f* fumigène.

**smoked** [sməʊkt] *adj* fumé; **~ salmon** saumon *m* fumé; **~ glass** verre *m* fumé.

**smoke-dried** *adj* fumé.

**smoke-filled** [-fɪld] *adj* enfumé.

**smokeless fuel** ['sməʊklɪs-] *n* combustible *m* non polluant.

**smokeless zone** *n* zone dans laquelle seul l'usage de combustibles non polluants est autorisé.

**smoker** ['sməʊkər] *n* -**1.** [person] fumeur *m*, -euse *f*; **to have a ~'s cough** avoir une toux de fumeur. -**2.** [on train] compartiment *m* fumeurs.

**smokescreen** ['sməʊkskriːn] *n* MIL écran *m* OR rideau *m* de fumée; *fig* paravent *m*, couverture *f*.

**smoke signal** *n* signal *m* de fumée.

**smokestack** ['sməʊkstæk] *n* cheminée *f*.

**smokestack industry** *n* industrie *f* lourde.

**smoking** ['sməʊkɪŋ] *n*: **I've given up ~** j'ai arrêté de fumer; **'no ~'** 'défense de fumer'; **~ can cause cancer** le tabac peut provoquer le cancer.

**smoking compartment** *n* compartiment *m* fumeurs.

**smoking jacket** *n* veste *f* d'intérieur.

**smoking room** *n* fumoir *m* (*pour fumeurs*).

**smoky** ['sməʊkɪ] (*compar* **smokier**, *superl* **smokiest**) *adj* **-1.** [atmosphere, room] enfumé. **-2.** [chimney, lamp, fire] qui fume. **-3.** [in flavour – food] qui sent le fumé, qui a un goût de fumé. **-4.** [in colour] gris cendré *(inv)*.

**smolder** *etc Am* = **smoulder**.

**smooch** [smu:tʃ] *inf* ◇ *n*: to have a ~ [kiss] se bécoter; [pet] se peloter. ◇ *vi* **-1.** [kiss] se bécoter; [pet] se peloter. **-2.** *Br* [dance] danser joue contre joue.

**smooth** [smu:ð] ◇ *adj* **-1.** [surface] lisse; [pebble, stone] lisse, poli; [skin] lisse, doux (*f* douce); [chin – close-shaven] rasé de près; [– beardless] glabre, lisse; [hair, fabric, road] lisse; [sea, water] calme. **-2.** [ride, flight] confortable; [takeoff, landing] en douceur; they had a ~ crossing la traversée a été calme. **-3.** [steady, regular – flow, breathing, working, supply] régulier; [– organization] qui marche bien; [– rhythm, style] coulant; the ~ running of the service la bonne marche du service; the ~ running of the operation le bon déroulement de l'opération. **-4.** [trouble-free – life, course of events] paisible, calme; to get off to a ~ start démarrer en douceur; the bill had a ~ passage through Parliament le projet de loi a été voté sans problèmes au Parlement. **-5.** CULIN [in texture] onctueux, homogène; [in taste] moelleux. **-6.** *pej* [slick, suave] doucereux, onctueux, suave; he's a ~ operator *inf* il sait y faire; he's a ~ talker c'est un beau parleur. ◇ *vt* **-1.** [tablecloth, skirt] défroisser; [hair, feathers] lisser; [wood] rendre lisse, planer; to ~ the way for sb, to ~ sb's path aplanir les difficultés pour qqn. **-2.** [rub – oil, cream] masser; to ~ oil into one's skin mettre de l'huile sur sa peau (*en massant doucement*). **-3.** [polish] lisser, polir.

♦ **smooth back** *vt sep* [hair] lisser en arrière; [sheet] rabattre en lissant.

♦ **smooth down** *vt sep* [hair] lisser; [sheets, dress] lisser, défroisser; [wood] planer, aplanir; *fig* [person] apaiser, calmer.

♦ **smooth out** *vt sep* [skirt, sheet, curtains] lisser, défroisser; [crease, pleat, wrinkle] faire disparaître (en lissant); *fig* [difficulties, obstacles] aplanir, faire disparaître.

♦ **smooth over** *vt sep* **-1.** [gravel, sand] rendre lisse (en ratissant); [soil] aplanir, égaliser. **-2.** *fig* [difficulties, obstacles] aplanir; [embarrassing situation]: to ~ things over arranger les choses.

**smooth-faced** *adj literal* au visage lisse; [after shaving] rasé de près; *fig & pej* trop suave or poli, onctueux.

**smoothie** ['smu:ðɪ] *n inf & pej*: he's a real ~ [in manner] il roule les mécaniques; [in speech] c'est vraiment un beau parleur.

**smoothly** ['smu:ðlɪ] *adv* **-1.** [easily, steadily – operate, drive, move] sans à-coups, en douceur; to run ~ [engine] tourner bien; [operation] marcher comme sur des roulettes; things are not going very ~ between them ça ne va pas très bien entre eux; the meeting went off quite ~ la réunion s'est déroulée sans heurt or accroc. **-2.** [gently – rise, fall] doucement, en douceur. **-3.** *pej* [talk] doucereusement; [behave] (trop) suavement.

**smoothness** ['smu:ðnɪs] *n* **-1.** [of surface] égalité *f*, aspect *m* uni or lisse; [of fabric, of skin, of hair] douceur *f*; [of road] surface *f* lisse; [of sea] calme *m*; [of stone] aspect *m* lisse or poli; [of tyre] aspect *m* lisse. **-2.** [of flow, breathing, pace, supply] régularité *f*; [of engine, machine] bon fonctionnement *m*; [of life, course of events] caractère *m* paisible or serein; *fig* [of temperament] calme *m*, sérénité *f*. **-3.** CULIN [of texture] onctuosité *f*; [of taste] moelleux *m*.

**smooth-running** *adj* [machine] qui fonctionne bien or sans à-coups; [engine] qui tourne bien; [car] confortable (*qui roule sans secousses*); [business, organization] qui marche bien; [plan, operation] qui se déroule bien.

**smooth-shaven** *adj* rasé de près.

**smooth-spoken** *adj* qui sait parler.

**smooth-talk** *vt*: don't let him ~ you ne te laisse pas enjôler par lui; she was ~ed into accepting the job ils l'ont convaincu d'accepter le travail à force de belles paroles.

**smooth-talking** [-,tɔ:kɪŋ] *adj* doucereux, mielleux.

**smoothy** ['smu:ðɪ] *inf* = **smoothie**.

**smote** [sməʊt] *pt* → **smite**.

**smother** ['smʌðər] ◇ *vt* **-1.** [suppress – fire, flames] étouffer; [– sound] étouffer, amortir; [– emotions, laughter, yawn] réprimer; [suppress – scandal, opposition] étouffer. **-2.** [suffocate – person] étouffer. **-3.** [cover] couvrir, recouvrir; strawberries ~ed in or with cream des fraises couvertes de crème. **-4.** [overwhelm – with kindness, love] combler; to ~ sb with kisses couvrir or dévorer qqn de baisers; to ~ sb with attention être aux petits soins pour qqn. ◇ *vi* [person] étouffer.

**smoulder** *Br*, **smolder** *Am* ['sməʊldər] *vi* **-1.** [fire – before flames] couver; [– after burning] fumer. **-2.** [feeling, rebellion] couver; her eyes ~ed with passion son regard était plein de désir.

**smouldering** *Br*, **smoldering** *Am* ['sməʊldərɪŋ] *adj* [fire, anger, passion] qui couve; [embers, ruins] fumant; [eyes] de braise.

**smudge** [smʌdʒ] *n* **-1.** [on face, clothes, surface] (petite) tache *f*; [of make-up] traînée *f*; [on page of print] bavure *f*. **-2.** *Am* [fire] feu *m* (de jardin). ◇ *vt* [face, hands] salir; [clothes, surface] tacher, salir; [ink] répandre; [writing] étaler; you've made me ~ my lipstick à cause de toi je me suis mis du rouge à lèvres partout. ◇ *vi* [ink, make-up] faire des taches; [print] être maculé; [wet paint] s'étaler.

**smudgy** ['smʌdʒɪ] (*compar* **smudgier**, *superl* **smudgiest**) *adj* [make-up, ink] étalé; [print, page] maculé; [writing] à demi effacé; [face] sali, taché; [outline] estompé, brouillé.

**smug** [smʌg] (*compar* **smugger**, *superl* **smuggest**) *adj* [person] content de soi, suffisant; [attitude, manner, voice] suffisant.

**smuggle** ['smʌgl] *vt* [contraband] passer en contrebande; [into prison – mail, arms] introduire clandestinement; to ~ sthg through customs passer qqch en fraude à la douane; the terrorists were ~d over the border les terroristes ont passé la frontière clandestinement; they are suspected of smuggling arms/heroin on les soupçonne de trafic d'armes/d'héroïne ∥ *fig* [into classroom, meeting etc] introduire subrepticement. ◇ *vi* faire de la contrebande.

♦ **smuggle in** *vt sep* [on a large scale – drugs, arms] faire entrer or passer en contrebande; [as tourist – cigarettes, alcohol] introduire en fraude; [move secretly – books, mail etc] introduire clandestinement.

♦ **smuggle out** *vt sep* [goods] faire sortir en fraude or en contrebande; he was ~d out of the country il a quitté le pays clandestinement or en secret.

**smuggler** ['smʌglər] *n* contrebandier *m*, -ère *f*; drug ~ trafiquant *m*, -e *f* de drogue.

**smuggling** ['smʌglɪŋ] *n* contrebande *f*.

**smugly** ['smʌglɪ] *adv* [say] d'un ton suffisant, avec suffisance; [look, smile] d'un air suffisant, avec suffisance.

**smut** [smʌt] (*pt & pp* **smutted**, *cont* **smutting**) *n* **-1.** (U) *inf* [obscenity] cochonneries *fpl*; [pornography] porno *m*. **-2.** *Br* [speck of dirt] poussière *f*; [smudge of soot] tache *f* de suie. **-3.** AGR charbon *m* or nielle *f* du blé.

**smutty** ['smʌtɪ] (*compar* **smuttier**, *superl* **smuttiest**) *adj* **-1.** *inf* [obscene] cochon; [pornographic] porno. **-2.** [dirty – hands, face, surface] sali, noirci.

**snack** [snæk] ◇ *n* **-1.** [light meal] casse-croûte *m inv*, en-cas *m inv*; to have a ~ casser la croûte, manger un morceau. **-2.** (*usu pl*) [appetizer – esp at party] amuse-gueule *m*. ◇ *vi Am* grignoter.

**snack bar** *n* snack *m*, snack-bar *m*.

**snaffle** ['snæfl] ◇ *vt* **-1.** *Br inf* [get] se procurer; [steal] piquer, faucher. **-2.** EQUIT mettre un bridon à. ◇ *n* EQUIT: ~ (bit) mors *m* brisé, bridon *m*.

**snag** [snæg] (*pt & pp* **snagged**, *cont* **snagging**) ◇ *n* **-1.** [problem] problème *m*, difficulté *f*, hic *m*; to come across or run into a ~ tomber sur un hic or sur un os; the only ~ is that you have to pay first le seul problème, c'est qu'il faut payer d'abord. **-2.** [tear – in garment] accroc *m*; [– in stocking] fil *m* tiré. **-3.** [sharp protuberance] aspérité *f*; [tree stump] chicot *m*. ◇ *vt* **-1.** [tear – cloth, garment] faire un accroc à, déchirer; she snagged her stocking on the brambles elle a accroché son bas or fait un accroc à son bas dans les ronces. **-2.** *Am inf* [obtain] s'emparer de. ◇ *vi* s'accrocher; the rope snagged on the ledge la corde s'est trouvée coincée sur le rebord.

**snail** [sneɪl] *n* escargot *m*; at a ~'s pace [move] comme un escargot; [change, progress] très lentement.

**snake** [sneɪk] ◇ *n* -1. ZOOL serpent *m*.-2. [person] vipère *f*; a ~ in the grass un faux frère. -3. ECON serpent *m* (monétaire). ◇ *vi* serpenter, sinuer *lit*; the smoke ~d upwards une volute de fumée s'élevait vers le ciel. ◇ *vt*: the river/road ~s its way down to the sea le fleuve serpente/la route descend en lacets jusqu'à la mer.

**snakebite** ['sneɪkbaɪt] *n* morsure *f* de serpent.

**snake charmer** *n* charmeur *m*, -euse *f* de serpent.

**snakes and ladders** *n* (U) *jeu d'enfants ressemblant au jeu de l'oie.*

**snakeskin** ['sneɪkskɪn] ◇ *n* peau *f* de serpent. ◇ *comp* [shoes, handbag] en (peau de) serpent.

**snaky** ['sneɪkɪ] (*compar* **snakier**, *superl* **snakiest**) *adj* -1. [sinuous – river, road, movement] sinueux. -2. [person] insidieux, perfide; [cunning, acts] perfide.

**snap** [snæp] (*pt* & *pp* **snapped**, *cont* **snapping**) ◇ *vt* -1. [break – sharply] casser net; [– with a crack] casser avec un bruit sec; to ~ sthg in two OR in half casser qqch en deux d'un coup sec. -2. [make cracking sound] faire claquer; she snapped her case shut elle ferma sa valise d'un coup sec; she only needs to ~ her fingers and he comes running il lui suffit de claquer des doigts pour qu'il arrive en courant; to ~ one's fingers at sb faire claquer ses doigts pour attirer l'attention de qqn; [mockingly] faire la nique à qqn. -3. [say brusquely] dire d'un ton sec OR brusque. -4. *inf* PHOT prendre une photo de.

◇ *vi* -1. [break – branch] se casser net OR avec un bruit sec, craquer; [– elastic band] claquer; [– rope] se casser, rompre; to ~ in two se casser net. -2. [make cracking sound – whip, fingers] claquer; to ~ open s'ouvrir avec un bruit sec OR avec un claquement □ ~ to it! *inf* grouille-toi!, magne-toi!-3. *fig* [person, nerves] craquer. -4. [speak brusquely]: to ~ at sb parler à qqn d'un ton sec; there's no need to ~! tu n'as pas besoin de parler sur ce ton-là!-5. [try to bite]: to ~ at cher-cher à OR essayer de mordre; the fish snapped at the bait les poissons cherchaient à happer l'appât; the taxmen were beginning to ~ at his heels *fig* les impôts commençaient à le talonner.

◇ *n* -1. [of whip] claquement *m*; [of sthg breaking, opening, closing] bruit *m* sec; with a ~ of his fingers en claquant des doigts; to open/to close sthg with a ~ ouvrir/refermer qqch d'un coup sec; the branch broke with a ~ la branche a cassé avec un bruit sec. -2. [of jaws]: to make a ~ at sb/ sthg essayer de mordre qqn/qqch; the dog made a ~ at the bone le chien a essayé de happer l'os. -3. *inf* PHOT photo *f*, instantané *m*; to take a ~ of sb prendre qqn en photo; holiday ~s photos de vacances. -4. *Br* CARDS = bataille *f*. -5. ME-TEOR: a cold ~, a ~ of cold weather une vague de froid. -6. *inf* [effort] effort *m*; [energy] énergie *f*.-7. *Am inf* [easy task]: it's a ~! c'est simple comme bonjour!-8. CULIN biscuit *m*, petit gâteau *m* sec. -9. [clasp, fastener] fermoir *m*.

◇ *adj* -1. [vote] éclair; [reaction] immédiat; [judgment] irréflé-chi, hâtif; she made a ~ decision to go to Paris elle décida tout à coup d'aller à Paris; the President made a ~ decision to send troops le Président décida immédiatement d'envoyer des troupes; to call a ~ election procéder à une élection surprise. -2. *Am inf* [easy] facile.

◇ *adv*: to go ~ casser net.

◇ *interj Br* -1. CARDS: ~! = bataille!-2. *inf* [in identical situa-tion]: ~! tiens!, quelle coïncidence!

◆ **snap off** ◇ *vt sep* casser; to ~ sb's head off *inf* envoyer promener qqn. ◇ *vi insep* casser net.

◆ **snap on** *vt sep Am*: to ~ a light on allumer une lampe.

◆ **snap out** ◇ *vi insep*: to ~ out of [depression, mood, trance] se sortir de, se tirer de; [temper] dominer, maîtriser; ~ out of it! [depression] ne te laisse pas aller comme ça!; [bad temper] ne t'énerve pas comme ça! ◇ *vt sep* [question] poser d'un ton sec; [order, warning] lancer brutalement.

◆ **snap up** *vt sep* -1. [subj: dog, fish] happer, attraper. -2. *fig* [bargain, offer, opportunity] sauter sur, se jeter sur; the records were snapped up in no time les disques sont partis OR se sont vendus en un rien de temps. -3. *Am inf phr*: ~ it up! dé-pêchons!

**snap bean** *n Am* haricot *m* vert.

**snapdragon** ['snæp,drægən] *n* muflier *m*, gueule-de-loup *f*.

**snap fastener** *n* [press stud] bouton-pression *m*, pression *f*; [clasp – on handbag, necklace] fermoir *m* (à pression).

**snap-on** *adj* [collar, cuffs, hood] détachable, amovible (à pressions).

**snappy** ['snæpɪ] (*compar* **snappier**, *superl* **snappiest**) *adj inf* -1. [fashionable]: she's a ~ dresser elle sait s'habiller. -2. [lively – pace, rhythm] vif, entraînant; [– dialogue, debate] plein d'entrain, vivant; [– style, slogan] qui a du punch; [– reply] bien envoyé; look ~! grouille-toi!, active!; make it ~! que ça saute!-3. [unfriendly – person] hargneux; [– answer] brusque; [– voice] cassant; a ~ little dog un petit roquet.

**snapshot** ['snæpʃɒt] *n* instantané *m*.

**snare** [sneəʳ] ◇ *n* -1. [trap – gen] piège *m*; [– made of rope, wire] lacet *m*, collet *m*, lacs *m*; *fig* piège *m*, traquenard *m*; to set a ~ tendre un piège; to be caught in a ~ [animal] être pris dans un piège; *fig* [person] être pris au piège. -2. MUS: ~ (drum) caisse *f* claire. ◇ *vt* [animal – gen] piéger; [– in wire or rope trap] prendre au lacet OR au collet, *fig* [person] prendre au piège, piéger.

**snarl** [snɑːl] ◇ *vi* -1. [dog] gronder, grogner; [person] gron-der; the dog ~ed at me as I walked past le chien a grogné quand je suis passé; the lions ~ed at their tamer les lions rugissaient contre leur dompteur. -2. [thread, rope, hair] s'emmêler; [traffic] se bloquer; [plan, programme] cafouiller. ◇ *vt* -1. [person] lancer d'une voix rageuse, rugir; 'shut up', she ~ed «tais-toi», lança-t-elle d'un ton hargneux. -2. [thread, rope, hair] enchevêtrer, emmêler; you hair is all ~ed tu as les cheveux tout emmêlés. ◇ *n* -1. [sound] grogne-ment *m*, grondement *m*; to give a ~ [subj: dog] pousser un grognement; [subj: tiger] feuler; [subj: person] gronder; she answered him with a ~ elle lui a répondu d'un ton har-gneux. -2. [tangle – in thread, wool, hair] nœud *m*, nœuds *mpl*.

◆ **snarl up** ◇ *vi insep* = **snarl** *vi* 2. ◇ *vt sep* (*usu passive*) -1. [thread, rope, hair] emmêler, enchevêtrer; to get ~ed up s'emmêler, s'enchevêtrer. -2. [traffic] bloquer, coincer; [plans] faire cafouiller; the postal service is completely ~ed up le service des postes est complètement bloqué.

**snarl-up** *n* [of traffic] bouchon *m*, embouteillage *m*; [of plans] cafouillage *m*.

**snatch** [snætʃ] ◇ *vt* -1. [seize – bag, money] saisir; [– oppor-tunity] saisir, sauter sur; to ~ sthg from sb OR from sb's hands arracher qqch des mains de qqn; a boy on a motor-bike ~ed her bag un garçon en moto lui a arraché son sac; his mother ~ed him out of the path of the bus sa mère l'a attrapé par le bras pour l'empêcher d'être renversé par le bus. -2. [manage to get – meal, drink] avaler à la hâte; [– holi-day, rest] réussir à avoir; to ~ some sleep réussir à dormir un peu. -3. [steal] voler; [kiss] voler, dérober; [victory] décro-cher. -4. [kidnap] kidnapper.

◇ *vi* [to child]: don't ~! [from hand] prends-le doucement!; [from plate] prends ton temps!; to ~ at sthg essayer de saisir OR d'attraper qqch; she ~es at the slightest hope/ opportunity *fig* elle s'accroche au moindre espoir/saute sur la moindre occasion.

◇ *n* -1. [grab] geste *m* vif de la main (*pour attraper qqch*); to make a ~ at sthg essayer de saisir OR d'attraper qqch; to make a ~ at victory *fig* essayer de s'emparer de la victoire. -2. *Br inf* [robbery] vol *m* à l'arraché; bag ~ vol (de sac) à l'arraché. -3. *inf* [kidnapping] kidnapping *m*.-4. [fragment – of conversation] fragment *m*, bribes *fpl*; [– of song, music] frag-ment *m*, mesure *f*; [– of poetry] fragment *m*, vers *m*.-5. [short spell] courte période *f*; to sleep in ~s dormir par intervalles OR de façon intermittente. -6. [in weightlifting] arraché *m*.

◆ **snatch away** *vt sep* [letter, plate etc] arracher, enlever d'un geste vif; [hope] ôter, enlever; to ~ sthg away from sb arra-cher qqch à qqn; she ~ed her hand away from the hot stove elle a vite enlevé sa main du fourneau brûlant; vic-tory was ~ed from them in the last minute la victoire leur a été soufflée à la dernière minute.

◆ **snatch up** *vt sep* ramasser vite OR vivement OR d'un seul coup; she ~ed up her child elle a saisi OR empoigné son en-fant.

**snatch squad** *n Br* groupe *m* de policiers chargé d'arrêter les me-neurs (lors d'une manifestation).

**snazzy** ['snæzɪ] (*compar* **snazzier**, *superl* **snazziest**) *adj inf* [garment] chic, qui a de l'allure; [car, house] chouette.

**sneak** [sniːk] (*Br pt* & *pp* **sneaked**, *Am pt* & *pp* **sneaked** OR

**snuck** [snʌk]) ◇ *vi* **-1.** [verb of movement] se glisser, se faufiler; [furtively] se glisser furtivement; [quietly] se glisser à pas feutrés OR sans faire de bruit; [secretly] se glisser sans se faire remarquer; to ~ up/down the stairs monter/descendre l'escalier furtivement; we ~ed in at the back nous nous sommes glissés dans le fond discrètement OR sans nous faire remarquer; they ~ed into the cinema without paying ils se sont introduits dans le cinéma sans payer; we managed to ~ past the guards/window nous avons réussi à passer devant les gardes/la fenêtre sans nous faire remarquer. **-2.** *Br inf* SCH moucharder, cafter; to ~ on sb moucharder qqn. ◇ *vt* **-1.** [give – letter, message] glisser en douce OR sans se faire remarquer. **-2.** [take] enlever, prendre; to ~ a look at sthg lancer OR jeter un coup d'œil furtif à qqch. **-3.** *inf* [steal] chiper, piquer, faucher. ◇ *n inf* **-1.** [devious person] faux jeton *m*. **-2.** *Br* SCH cafardeur *m*, -euse *f*, mouchard *m*, -e *f*. ◇ *adj* [attack] furtif.

◆ **sneak away, sneak off** *vi insep* se défiler, s'esquiver.

◆ **sneak up** *vi insep* s'approcher à pas feutrés OR furtivement; to ~ up on OR behind sb s'approcher de qqn à pas feutrés.

**sneaker** ['sniːkə'] *n Am* (chaussure *f* de) tennis *m* or *f*, basket *m* or *f*.

**sneaking** ['sniːkɪŋ] *adj* [feeling, respect] inavoué, secret (*f* -ète); she had a ~ suspicion that he was guilty elle ne pouvait (pas) s'empêcher de penser qu'il était coupable.

**sneak preview** *n* avant-première *f* privée.

**sneak thief** *n Br* chapardeur *m*, -euse *f*.

**sneaky** ['sniːkɪ] (*compar* **sneakier**, *superl* **sneakiest**) *adj* [person] sournois; [action] faite en cachette, faite à la dérobée; I caught him having a ~ cigarette je l'ai surpris en train de fumer une cigarette en cachette.

**sneer** [snɪə'] ◇ *vi* ricaner, sourire avec mépris OR d'un air méprisant; don't ~ ne sois pas si méprisant; to ~ at sb/sthg se moquer de qqn/qqch; an achievement not to be ~ed at un exploit qu'il ne faudrait pas minimiser. ◇ *n* [facial expression] ricanement *m*, rictus *m*; [remark] raillerie *f*, sarcasme *m*; 'who do you think you are?', he said with a ~ «pour qui est-ce que tu te prends?», dit-il en ricanant OR ricana-t-il.

**sneering** ['snɪərɪŋ] ◇ *adj* ricaneur, méprisant. ◇ *n (U)* ricanement *m*, ricanements *mpl*.

**sneeze** [sniːz] ◇ *n* éternuement *m*. ◇ *vi* éternuer; an offer not to be ~d at *inf* & *fig* une proposition qui n'est pas à dédaigner OR sur laquelle il ne faut pas cracher.

**snick** [snɪk] ◇ *n* [notch] petite entaille *f*, encoche *f*. ◇ *vt* [cloth, wood] faire une petite entaille OR une encoche dans.

**snicker** ['snɪkə'] ◇ *n* **-1.** [snigger] ricanement *m*. **-2.** [of horse] (petit) hennissement *m*. ◇ *vi* **-1.** [snigger] ricaner. **-2.** [horse] hennir doucement.

**snide** [snaɪd] *adj* [sarcastic] narquois, railleur; [unfriendly] inamical, insidieux; I've had enough of your ~ remarks! j'en ai assez de tes sarcasmes!

**sniff** [snɪf] ◇ *vi* **-1.** [from cold, crying etc] renifler. **-2.** [scornfully] faire la grimace OR la moue. ◇ *vt* **-1.** [smell – food, soap] renifler, sentir l'odeur de; [– rose, perfume] humer, sentir l'odeur de; [subj: dog] renifler, flairer. **-2.** [inhale – air] humer, respirer; [– smelling salts] respirer; [– cocaine] sniffer, priser; [– snuff] priser; [– glue] respirer, sniffer. **-3.** [say scornfully] dire d'un air méprisant OR dédaigneux. ◇ *n* [gen] reniflement *m*; to give a ~ *literal* renifler; [scornfully] faire la grimace OR la moue; to have OR to take a ~ of sthg renifler OR flairer qqch; one ~ of that stuff is enough to knock you out *inf* une bouffée de ce truc et tu tombes raide.

◆ **sniff at** *vt insep* **-1.** *literal*: to ~ at sthg [subj: person] renifler qqch; [subj: dog] renifler OR flairer qqch. **-2.** *fig* faire la grimace OR la moue devant; their offer is not to be ~ed at leur offre n'est pas à dédaigner.

◆ **sniff out** *vt sep* [subj: dog] découvrir en reniflant OR en flairant; [criminal] découvrir, dépister; [secret] découvrir.

**sniffer dog** ['snɪfə'-] *n* chien *m* policier (*dressé pour le dépistage de la drogue, des explosifs*).

**sniffle** ['snɪfl] ◇ *vi* [sniff] renifler; [have runny nose] avoir le nez qui coule. ◇ *n* [sniff] (léger) reniflement *m*; [cold] petit rhume *m* de cerveau; to have the ~s *inf* avoir le nez qui coule.

**sniffy** ['snɪfɪ] (*compar* **sniffier**, *superl* **sniffiest**) *adj inf* méprisant, dédaigneux.

**snifter** ['snɪftə'] *n* **-1.** *Br inf* [drink] petit verre *m* (d'alcool). **-2.** *Am* [glass] verre *m* à dégustation.

**snigger** ['snɪgə'] ◇ *vi* ricaner, rire dans sa barbe; to ~ at [suggestion, remark] ricaner en entendant; [appearance] se moquer de, ricaner à la vue de. ◇ *n* rire *m* en dessous; [sarcastic] ricanement *m*; to give a ~ ricaner.

**sniggering** ['snɪgərɪŋ] ◇ *n (U)* rires *mpl* en dessous; [sarcastic] ricanements *mpl*. ◇ *adj* ricaneur.

**snip** [snɪp] (*pt* & *pp* **snipped**, *cont* **snipping**) ◇ *n* **-1.** [cut] petit coup *m* de ciseaux, petite entaille *f* OR incision *f*. **-2.** [sound] clic *m*. **-3.** [small piece – of cloth, paper] petit bout *m*; [– of hair] mèche *f* (coupée). **-4.** *Br inf* [bargain] (bonne) affaire *f*; [horse] tuyau *m* sûr. **-5.** *Br inf* [cinch]: it's a ~! c'est du gâteau! ◇ *vt* couper (*en donnant de petits coups de ciseaux*). ◇ *vi*: he was snipping at the hedge il coupait la haie.

◆ **snip off** *vt sep* couper OR enlever (à petits coups de ciseaux).

**snipe** [snaɪp] (*pl inv*) ◇ *n* bécassine *f*. ◇ *vi* **-1.** [shoot] tirer (d'une position cachée); to ~ at sb *literal* tirer sur qqn; *fig* [criticize] critiquer qqn par en-dessous; sniping criticism critiques insidieuses. **-2.** HUNT aller à la chasse aux bécassines.

**sniper** ['snaɪpə'] *n* tireur *m* embusqué OR isolé; killed by a ~'s bullet atteint par un tireur (embusqué).

**snippet** ['snɪpɪt] *n* [of material, paper] petit bout *m*; [of conversation, information] bribe *f*; a ~ of news une petite nouvelle.

**snippy** ['snɪpɪ] (*compar* **snippier**, *superl* **snippiest**) *adj Am* brusque, vif.

**snitch** [snɪtʃ] *inf* ◇ *n* **-1.** [person] cafardeur *m*, -euse *f*, mouchard *m*, -e *f*. **-2.** *Br phr*: it's a ~ [easy] c'est simple comme bonjour; [bargain] c'est une (bonne) occase. ◇ *vi* [tell tales] moucharder; to ~ on sb moucharder OR cafarder qqn. ◇ *vt* [steal] chiper, piquer, faucher.

**snivel** ['snɪvl] (*Br pt* & *pp* **snivelled**, *cont* **snivelling**, *Am pt* & *pp* **sniveled**, *cont* **sniveling**) ◇ *vi* [whine] pleurnicher; [because of cold] renifler (continuellement); [with runny nose] avoir le nez qui coule. ◇ *vt*: 'it wasn't my fault', he snivelled «ce n'était pas de ma faute», fit-il en pleurnichant. ◇ *n* [sniffing] reniflement *m*, reniflements *mpl*; [tears] pleurnichements *mpl*.

**snivelling** *Br*, **sniveling** *Am* ['snɪvlɪŋ] ◇ *adj* pleurnicheur, larmoyant. ◇ *n (U)* [crying] pleurnichements *mpl*; [because of cold] reniflement *m*, reniflements *mpl*; stop your ~! [tears] arrête de pleurnicher comme ça!; [sniffing] arrête de renifler comme ça!

**snob** [snɒb] *n* snob *mf*; she's an awful ~/a bit of a ~ elle est terriblement/un peu snob; to be an intellectual/a literary ~ être un snob intellectuel/en matière de littérature; inverted *Br* OR reverse ~ *personne d'origine modeste qui affiche un mépris pour les valeurs bourgeoises*.

**snobbery** ['snɒbərɪ] *n* snobisme *m*.

**snobbish** ['snɒbɪʃ] *adj* snob.

**snobby** ['snɒbɪ] (*compar* **snobbier**, *superl* **snobbiest**) *inf* = **snobbish**.

**snog** [snɒg] (*pt* & *pp* **snogged**, *cont* **snogging**) *Br inf* ◇ *vi* se rouler une pelle. ◇ *vt* rouler une pelle à. ◇ *n*: to have a ~ se rouler une pelle.

**snogging** ['snɒgɪŋ] *n Br inf*: there was a lot of ~ going on ça s'embrassait dans tous les coins.

**snook** [snuːk] *n* ZOOL brochet *m* de mer. **-2.** → **cock.**

**snooker** ['snuːkə'] ◇ *n* snooker *m* (*sorte de billard joué avec 22 boules*). ◇ *vt* **-1.** *Br inf* [thwart] mettre dans l'embarras, mettre dans une situation impossible; [trick] arnaquer, avoir; we're ~ed! [stuck] on est coincé!; [tricked] on s'est fait avoir!**-2.** GAMES laisser dans une position difficile.

**snoop** [snuːp] *inf* ◇ *vi* fourrer son nez dans les affaires des autres; someone has been ~ing about in my room quelqu'un est venu fouiner dans ma chambre; to ~ on sb espionner qqn. ◇ *n* **-1.** [search]: to have a ~ around fouiller, fouiner. **-2.** = **snooper.**

**snooper** ['snuːpə'] *n* fouineur *m*, -euse *f*.

**snooty** ['snuːtɪ] (*compar* **snootier**, *superl* **snootiest**) *adj inf* [person] snobinard; [restaurant] snob.

**snooze** [snuːz] *inf* ◇ *n* petit somme *m*, roupillon *m*; to have a ~ faire un petit somme, piquer un roupillon; [in afternoon] faire la sieste; ~ **(position)** [on alarm clock] (position *f*) sommeil *m*. ◇ *vi* sommeiller, piquer un roupillon; [in afternoon] faire la sieste.

**snore** [snɔːʳ] ◇ *vi* ronfler. ◇ *n* ronflement *m*.

**snorer** [ˈsnɔːrəʳ] *n* ronfleur *m*, -euse *f*.

**snoring** [ˈsnɔːrɪŋ] *n* (U) ronflement *m*, ronflements *mpl*.

**snorkel** [ˈsnɔːkl] (*Br pt* & *pp* **snorkelled**, *cont* **snorkelling**, *Am pt* & *pp* **snorkeled**, *cont* **snorkeling**) ◇ *n* [of swimmer] tuba *m*; [on submarine] schnorchel *m*. ◇ *vi* nager sous l'eau (*avec un tuba*).

**snorkelling** *Br*, **snorkeling** *Am* [ˈsnɔːklɪŋ] *n*: to go ~ faire de la plongée avec un tuba.

**snort** [snɔːt] ◇ *vi* **-1.** [horse] s'ébrouer; [pig] grogner; [bull] renâcler. **-2.** [person – in anger] grogner, ronchonner; to ~ with laughter s'étouffer OR pouffer de rire; he ~ed in disbelief il eut un petit grognement incrédule. ◇ *vt* **-1.** [angrily] grogner; [laughingly] dire en pouffant de rire. **-2.** <sup>∇</sup> *drugs sl* [cocaine] sniffer. ◇ *n* **-1.** [of bull, horse] ébrouement *m*; [of person] grognement *m*; the horse gave a loud ~ le cheval s'ébroua bruyamment; he gave a ~ of contempt il poussa un grognement de mépris; he gave a ~ of laughter il pouffa de rire. **-2.** *inf* [drink] petit verre *m* (d'alcool).

**snot** [snɒt] *n inf* **-1.** [in nose] morve *f*. **-2.** [person] morveux *m*, -euse *f*.

**snotty** [ˈsnɒtɪ] (*compar* **snottier**, *superl* **snottiest**, *pl* **snotties**) *inf adj* **-1.** [nose] qui coule; [face, child] morveux. **-2.** [uppity] crâneur, snobinard.

**snotty-nosed** *adj inf, literal* & *fig* morveux.

**snout** [snaut] *n* **-1.** [of pig] groin *m*, museau *m*; [of other animal] museau *m*. **-2.** [projection] saillie *f*; [of gun] canon *m*. **-3.** *inf* & *hum* [nose] pif *m*.

**snow** [snəu] ◇ *n* **-1.** *literal* neige *f*; heavy ~ is forecast la météo prévoit d'abondantes chutes de neige; the roads are covered with ~ les routes sont enneigées □ 'Snow White and the Seven Dwarfs' *Grimm, Disney* 'Blanche-Neige et les sept nains'. **-2.** *fig* [on screen] neige *f*. **-3.** <sup>∇</sup> *drugs sl* [cocaine] neige *f sl*. ◇ *vi* neiger; it's ~ing il neige. ◇ *vt Am inf* [sweettalk] baratiner.

◆ **snow in** *vt sep*: to be ~ed in être bloqué par la neige.

◆ **snow under** *vt sep fig*: to be ~ed under with work être débordé OR complètement submergé de travail; they're ~ed under with applications/offers ils ont reçu une avalanche de demandes/d'offres.

◆ **snow up** *vt sep*: to be ~ed up [house, village, family] être bloqué par la neige; [road] être complètement enneigé.

**snowball** [ˈsnəubɔːl] ◇ *n* **-1.** boule *f* de neige; they had a ~ fight ils ont fait une bataille de boules de neige □ he hasn't a ~'s chance in hell *inf* il n'a pas l'ombre d'une chance. **-2.** [cocktail] snowball *m* (*advokaat allongé de limonade*). ◇ *comp*: ~ effect effet *m* boule de neige. ◇ *vt* bombarder de boules de neige, lancer des boules de neige à. ◇ *vi fig* faire boule de neige.

**snow-blind** *adj*: to be ~ être atteint de OR souffrir de la cécité des neiges.

**snow blindness** *n* cécité *f* des neiges.

**snow-boot** *n* après-ski *m*.

**snowbound** [ˈsnəubaund] *adj* [person, house, village] bloqué par la neige; [road] enneigé.

**snow-capped** [-kæpt] *adj* couronné de neige.

**snowcat** [ˈsnəukæt] *n* autoneige *f*, motoneige *f*.

**snowdrift** [ˈsnəudrɪft] *n* congère *f*.

**snowdrop** [ˈsnəudrɒp] *n* perce-neige *m or f inv*.

**snowfall** [ˈsnəufɔːl] *n* **-1.** [snow shower] chute *f* de neige. **-2.** [amount] enneigement *m*.

**snow fence** *n* pare-neige *m inv*.

**snowfield** [ˈsnəufiːld] *n* champ *m* de neige.

**snowflake** [ˈsnəufleɪk] *n* flocon *m* de neige.

**snow goose** *n* oie *f* des neiges.

**snow leopard** *n* léopard *m* des neiges, once *f*.

**snowline** [ˈsnəulaɪn] *n* limite *f* des neiges éternelles.

**snowman** [ˈsnəumæn] (*pl* **snowmen** [-men]) *n* bonhomme *m* de neige.

**snow pea** *n Am* mange-tout *m inv*.

**snowplough** *Br*, **snowplow** *Am* [ˈsnəuplau] ◇ *n* **-1.** [vehicle] chasse-neige *m inv*. **-2.** [in skiing] chasse-neige *m inv*. ◇ *vi*

[in skiing] faire du chasse-neige.

**snowshoe** [ˈsnəuʃuː] *n* raquette *f* (*pour marcher sur la neige*).

**snowstorm** [ˈsnəustɔːm] *n* tempête *f* de neige.

**snow tyre** *n* pneu *m* neige.

**snow-white** *adj* blanc comme neige.

**snowy** [ˈsnəuɪ] (*compar* **snowier**, *superl* **snowiest**) *adj* **-1.** [weather, region etc] neigeux; [countryside, roads etc] enneigé, couvert OR recouvert de neige; [day] de neige. **-2.** *fig* [hair, beard] de neige; [sheets, tablecloth] blanc comme neige.

**snowy owl** *n* chouette *f* blanche, harfang *m*.

**SNP** *pr n abbr of* **Scottish National Party**.

**Snr** (*written abbr of* **Senior**) utilisé après le nom de quelqu'un pour le distinguer d'un autre membre de la famille, plus jeune et portant le même nom.

**snub** [snʌb] (*pt* & *pp* **snubbed**, *cont* **snubbing**) ◇ *n* rebuffade *f*. ◇ *vt* [person] remettre à sa place, rabrouer; [offer, suggestion] repousser (dédaigneusement); to be snubbed essuyer une rebuffade. ◇ *adj* [nose] retroussé.

**snub-nosed** *adj* au nez retroussé.

**snuck** [snʌk] *pt* & *pp* → **sneak**.

**snuff** [snʌf] ◇ *n* tabac *m* à priser; to take ~ priser; a pinch of ~ une prise (de tabac). ◇ *vi* [sniff] priser. ◇ *vt* **-1.** [candle] moucher. **-2.** *phr*: to ~ it *inf* & *hum* casser sa pipe. **-3.** [sniff] renifler, flairer.

◆ **snuff out** *vt sep* [candle] éteindre, moucher; *fig* [hope] ôter, supprimer; [rebellion] étouffer; [enthusiasm] briser.

**snuffbox** [ˈsnʌfbɒks] *n* tabatière *f* (*pour tabac à priser*).

**snuffer** [ˈsnʌfəʳ] *n*: (candle) ~ éteignoir *m*.

**snuffle** [ˈsnʌfl] ◇ *vi* **-1.** [sniffle] renifler. **-2.** [in speech] parler du nez, nasiller. ◇ *vt* dire OR prononcer d'une voix nasillarde. ◇ *n* **-1.** [sniffle] reniflement *m*. **-2.** [in speech] voix *f* nasillarde.

**snuff movie** *n inf* film pornographique comportant une scène de meurtre filmée en direct.

**snug** [snʌg] ◇ *adj* **-1.** [warm and cosy – bed, room] douillet, (bien) confortable; [– sleeping bag, jacket] douillet, bien chaud; it's very ~ in this room on est bien OR il fait bon dans cette pièce; I wish I was home and ~ in bed j'aimerais être bien au chaud dans mon lit □ to be (as) ~ as a bug in a rug *inf* être bien au chaud. **-2.** [fit] bien ajusté. **-3.** [harbour] bien abrité; [hideout] sûr. ◇ *n Br* [in pub] petite arrière-salle *f*.

**snuggle** [ˈsnʌgl] ◇ *vi* se blottir, se pelotonner. ◇ *vt* [child, kitten] serrer contre soi, câliner. ◇ *n* câlin *m*; to have a ~ (se) faire un câlin.

◆ **snuggle down** *vi insep* se blottir, se pelotonner; to ~ down under the blankets s'enfouir sous les couvertures.

◆ **snuggle up** *vi insep*: to ~ up to sb se blottir OR se serrer contre qqn.

**snugly** [ˈsnʌglɪ] *adv* **-1.** [cosily] douillettement, confortablement; soon they were settled ~ by the fire ils se retrouvèrent bientôt réunis autour d'un bon feu. **-2.** [in fit]: the skirt fits ~ la jupe est très ajustée; the two parts fit together ~ les deux pièces s'emboîtent parfaitement.

**so¹** [səu] ◇ *adv* **-1.** (*before adj, adv*) [to such an extent] si, tellement; I'm so glad to see you ça me fait tellement plaisir OR je suis si content de te voir; she makes me so angry elle a le don de me mettre en colère; I've never been so surprised in all my life jamais de ma vie je n'avais eu une surprise pareille OR une telle surprise; his handwriting's so bad (that) it's illegible il écrit si mal que c'est impossible à lire; would you be so kind as to carry my case? auriez-vous l'amabilité OR la gentillesse de porter ma valise? ‖ (*after verb*) comme ça, ainsi; you mustn't worry so il ne faut pas te faire du souci comme ça ‖ (*with 'that' clause*): she so detests him OR she detests him so that she won't even speak to him elle le hait au point de refuser OR le déteste tellement qu'elle refuse de lui parler; he was upset, so much so that he cried il était bouleversé, à tel point qu'il en a pleuré ‖ (*in negative comparisons*) si, aussi; I'm not so sure je n'en suis pas si sûr; the young and the not so young les jeunes et les moins jeunes; he was not so ill (that) he couldn't go out il n'était pas malade au point de ne pas pouvoir sortir. **-2.** [indicating a particular size, length etc]: the table is about so high/wide la table est haute/large comme ça à peu près. **-3.** [referring to previous statement, question, word etc]: I believe/

think/suppose so je crois/pense/suppose; I don't suppose so je suppose que non; I hope so [answering question] j'espère que oui; [agreeing] j'espère bien, je l'espère; who says so? qui dit ça?; I told you so! je vous l'avais bien dit!; if so si oui; perhaps so peut-être bien; quite so tout à fait, exactement; so I believe/see c'est ce que je crois/vois; isn't that Jane over there? — why, so it is! ce ne serait pas Jane là-bas? — mais si (c'est elle)!; he was told to leave the room and did so immediately on lui a ordonné de quitter la pièce et il l'a fait immédiatement; she was furious and understandably/and justifiably so elle était furieuse et ça se comprend/et c'est normal; the same only more so tout autant sinon plus; he's very sorry — so he should be! il est désolé — c'est la moindre des choses OR j'espère bien! ‖ [used mainly by children]: I didn't say that! — you did so! je n'ai pas dit ça! — si, tu l'as dit! ❑ so help me God! *fml* que Dieu me vienne en aide!-**4.** [likewise] aussi; we arrived early and so did he nous sommes arrivés tôt et lui aussi. -**5.** [like this, in this way] ainsi; any product so labelled is guaranteed lead-free tous les produits portant cette étiquette sont garantis sans plomb; the laptop computer is so called because... l'ordinateur lap-top tient son nom de... ‖ [in such a way]: the helmet is so constructed as to absorb most of the impact le casque est conçu de façon à amortir le choc ❑ it (just) so happens that... il se trouve (justement) que...; she likes everything (to be) just so elle aime que tout soit parfait; it has to be positioned just so or it won't go in il faut le mettre comme ça sinon ça n'entre pas. -**6.** [introducing the next event in a sequence]: and so we come to the next question et maintenant nous en venons à la question suivante; so then she left alors she est partie ‖ [requesting more information]: so what's the problem? alors, qu'est-ce qui ne va pas? ‖ [summarizing, inferring]: so we can't go after all donc nous ne pouvons plus y aller ‖ [in exclamations] alors; so you're Anna's brother! alors (comme ça) vous êtes le frère d'Anna? ‖ [introducing a concession] et alors; so I'm late, who cares? je suis en retard, et alors, qu'est-ce que ça peut faire? ❑ he'll be angry — so what? il va se fâcher — qu'est-ce que ça peut (me) faire or et alors?; so what if she does find out! qu'est-ce que ça peut faire si elle s'en rend compte? ◇ *conj* -**1.** [indicating result] donc, alors. -**2.** [indicating purpose] pour que, afin que; give me some money so I can buy some sweets donne-moi de l'argent pour que je puisse acheter des bonbons. -**3.** [in the same way] de même; as 3 is to 6, so 6 is to 12 le rapport entre 6 et 12 est le même qu'entre 3 et 6; as he has lived so will he die il mourra comme il a vécu. ◇ *adj* ainsi, vrai; is that so? c'est vrai?; *iron* vraiment?; if that is so si c'est le cas, s'il en est ainsi.
◆ **or so** *adv phr* environ, à peu près.
◆ **so as** *conj phr inf* pour que, afin que.
◆ **so as to** *conj phr* pour, afin de.
◆ **so that** *conj phr* -**1.** [in order that] pour que, afin que; they tied him up so that he couldn't escape ils l'ont attaché afin qu'il OR pour qu'il ne s'échappe pas; I took a taxi so that I wouldn't be late j'ai pris un taxi pour ne pas être en retard. -**2.** [with the result that] si bien que, de façon à ce que; she didn't eat enough, so that in the end she fell ill elle ne mangeait pas assez, de telle sorte OR si bien qu'elle a fini par tomber malade.
◆ **so to speak, so to say** *adv phr* pour ainsi dire.

**so²** [səʊ] *n* MUS sol *m*.

**SO** *n abbr of* **standing order**.

**soak** [səʊk] ◇ *vt* -**1.** [washing, food] faire OR laisser tremper; to ~ o.s. (in the bath) faire trempette dans la baignoire. -**2.** [drench - person, dog etc] tremper; to be ~ed through OR to the skin être trempé jusqu'aux os; I got ~ed waiting in the rain je me suis fait tremper en attendant sous la pluie; his shirt was ~ed in blood/in sweat sa chemise était maculée de sang/trempée de sueur. -**3.** *fig* [immerse] imprégner. -**4.** *inf* [exploit - by swindling] rouler, arnaquer; [- through taxation] faire casquer. ◇ *vi* [washing] tremper; he put the washing (in) to ~ il a mis le linge à tremper; to ~ in the bath faire trempette dans la baignoire. ◇ *n* -**1.** [in water] trempage *m*; these shirts need a good ~ il faut laisser OR bien faire tremper ces chemises; I had a nice long ~ in the bath je suis resté longtemps plongé dans un bon bain. -**2.** *inf* [heavy drinker] soûlard *m*, -e *f*, pochard *m*, -e *f*.

◆ **soak in** *vi insep* -**1.** [water] pénétrer, s'infiltrer. -**2.** *inf* & *fig* [comment, news] faire son effet.
◆ **soak out** ◇ *vi insep* [dirt, stains] partir (au trempage). ◇ *vt sep* [dirt, stains] faire disparaître OR partir (en faisant tremper).
◆ **soak through** *vi insep* [liquid] filtrer au travers, s'infiltrer.
◆ **soak up** *vt sep* [absorb] absorber; we spent a week ~ing up the sun nous avons passé une semaine à lézarder OR à nous faire dorer au soleil; they come to Europe to ~ up the culture ils viennent en Europe pour s'imbiber de culture.

**soaked** [səʊkt] *adj fig* [immersed] imprégné; the place is ~ in history l'endroit est imprégné d'histoire.

**soaking** ['səʊkɪŋ] ◇ *adj* trempé; I'm ~ (wet)! je suis trempé jusqu'aux os! ◇ *n* -**1.** [gen] trempage *m*; these clothes need a good ~ il faut laisser tremper ces vêtements ‖ *inf* [in rain]: to get a ~ se faire tremper OR saucer. -**2.** *inf* [financial loss] perte *f* financière.

**so-and-so** *n inf* -**1.** [referring to stranger] untel *m*, unetelle *f*; Mr ~ Monsieur Untel; Mrs ~ Madame Unetelle. -**2.** [annoying person]: you little ~! espèce de petit minable!

**soap** [səʊp] ◇ *n* (U) -**1.** savon *m*; a bar of ~ un savon, une savonnette; ~ bubble bulle *f* de savon. -**2.** *Am inf phr*: no ~! des clous!, des nèfles!-**3.** *inf* RADIO & TV = **soap opera**. ◇ *vt* savonner.
◆ **soap down** *vt sep* savonner.

**soapbox** ['səʊpbɒks] ◇ *n* -**1.** *literal* caisse *f* à savon; *fig* [for speaker] tribune *f* improvisée or de fortune; get off your ~! ne monte pas sur tes grands chevaux!-**2.** [go-kart] chariot *m*, ≈ kart *m* (*sans moteur*). ◇ *comp* [orator] de carrefour; [oratory] de démagogue.

**soapdish** ['səʊpdɪʃ] *n* porte-savon *m*.

**soapflakes** ['səʊpfleɪks] *npl* paillettes *fpl* de savon, savon *m* en paillettes.

**soap opera** *n* RADIO & TV soap-opera *m*.

**soap powder** *n* lessive *f* (en poudre), poudre *f* à laver.

**soapsuds** ['səʊpsʌdz] *npl* [foam] mousse *f* de savon; [soapy water] eau *f* savonneuse.

**soapy** ['səʊpɪ] (*compar* **soapier**, *superl* **soapiest**) *adj* -**1.** [water, hands, surface] savonneux; [taste] de savon. -**2.** *inf* & *fig* [person, manner, voice] onctueux, mielleux.

**soar** [sɔːr] *vi* -**1.** [bird, plane] monter en flèche; [flames] jaillir; to ~ into the sky OR the air [bird, balloon etc] s'élever dans les airs; the ball ~ed over the fence/our heads le ballon s'est envolé au-dessus de la cloture/de nos têtes. -**2.** [spire] se dresser vers le ciel; [mountain] s'élever vers le ciel. -**3.** [temperature, profits, prices] monter OR grimper en flèche; [suddenly] faire un bond. -**4.** [spirits] remonter en flèche; [hopes, imagination] grandir démesurément; [reputation] monter en flèche. -**5.** [sound, music] s'élever.

**soaring** ['sɔːrɪŋ] ◇ *adj* -**1.** [bird, glider] qui s'élève dans le ciel; [spire, tower] qui s'élance vers le ciel; [mountain] qui s'élève vers le ciel. -**2.** [prices, inflation] qui monte OR qui grimpe en flèche; [imagination] débordant; [hopes, reputation] grandissant. ◇ *n* [of bird] essor *m*, élan *m*; [of plane] envol *m*; [of prices] envolée *f*, explosion *f*.

**sob¹** [sɒb] (*pt* & *pp* sobbed, *cont* sobbing) ◇ *n* sanglot *m*; she answered him with a ~ elle lui répondit dans un sanglot; it wasn't me, he said with a ~ ce n'est pas moi, dit-il en sanglotant. ◇ *vi* sangloter. ◇ *vt*: to ~ o.s. to sleep s'endormir à force de sangloter; 'I can't remember!', he sobbed «je ne me rappelle pas», dit-il en sanglotant OR dans un sanglot.
◆ **sob out** *vt sep* raconter en sanglotant; to ~ one's heart out sangloter de tout son corps, pleurer à gros sanglots.

**sob²**, **SOB** ['esəʊbiː] *n Am inf abbr of* **son of a bitch**.

**sobbing** ['sɒbɪŋ] ◇ *n* (U) sanglots *mpl*. ◇ *adj* sanglotant.

**sober** ['səʊbər] *adj* -**1.** [not drunk]: are you sure he was ~? tu es sûr qu'il n'avait pas bu? ‖ [sobered up] dessoûlé; wait until he's ~ again attends qu'il dessoûle ❑ to be as ~ as a judge [serious] être sérieux comme un pape; [temperate] être sobre comme un chameau. -**2.** [moderate - person] sérieux, posé, sensé; [- attitude, account, opinion] modéré, mesuré; [- manner] sérieux, posé. -**3.** [serious, solemn - atmosphere, occasion] solennel, plein de solennité; [- expression] grave, plein de gravité; [- voice] grave, empreint de gravité; [- reminder] solennel. -**4.** [subdued - colour, clothing] discret (*f* -ète), sobre; of ~ appearance d'aspect sobre. -**5.** [plain -

fact, reality] (tout) simple; [– truth] simple, tout nu; [– tastes] simple, sobre.

◆ **sober up** *vi insep & vt sep* dessoûler.

**sobering** ['səʊbərɪŋ] *adj*: it's a ~ thought cela donne à réfléchir; what she said had a ~ effect on everyone ce qu'elle a dit donnait à réfléchir à tous.

**soberly** ['səʊbəlɪ] *adv* [act, speak] avec sobriété OR modération OR mesure; [dress] sobrement, discrètement; he said ~ [calmly] dit-il d'un ton posé OR mesuré; [solemnly] dit-il d'un ton grave.

**sobriety** [səʊ'braɪətɪ] *n* **-1.** [non-drunkenness] sobriété *f*. **-2.** [moderation – of person] sobriété *f*, sérieux *m*; [– of opinion, judgement] mesure *f*, modération *f*; [– of manner, style, tastes] sobriété *f*.**-3.** [solemnity – of occasion] solennité *f*; [– of voice] ton *m* solennel OR grave; [– of mood] sobriété *f*.**-4.** [of colour, dress] sobriété *f*.

**sobriquet** ['səʊbrɪkeɪ] *n lit* sobriquet *m*.

**sob story** *n inf & pej* histoire *f* larmoyante, histoire *f* à vous fendre le cœur.

**Soc** [sɒk] (*abbr of* **Society**) *n* = club *m* (*abréviation utilisée dans la langue parlée notamment par les étudiants pour désigner les différents clubs universitaires*).

**so-called** [-kɔːld] *adj* soi-disant (*inv*), prétendu; ~ social workers des soi-disant assistants sociaux.

**soccer** ['sɒkə'] ◊ *n* football *m*, foot *m*. ◊ *comp* [pitch, match, team] de football, de foot; [supporter] d'une équipe de foot; ~ hooligans hooligans *mpl* (*lors de matches de football*); ~ player footballeur *m*, -euse *f*.

**sociable** ['səʊʃəbl] ◊ *adj* **-1.** [enjoying company] sociable, qui aime la compagnie (des gens); [friendly] sociable, amical; [evening] amical, convivial. **-2.** SOCIOL & ZOOL sociable. ◊ *n Am* fête *f*.

**social** ['səʊʃl] ◊ *adj* **-1.** [background, behaviour, conditions, reform, tradition] social; [phenomenon] social, de société; to bow to ~ pressures se plier aux pressions sociales; they are our ~ equals ils sont de même condition sociale que nous; ~ benefits prestations *fpl* sociales ❑ they move in high OR the best ~ circles ils évoluent dans les hautes sphères de la société; ~ conscience conscience *f* sociale; ~ order ordre *m* social; ~ outcast paria *m*; ~ structure structure *f* sociale. **-2.** [in society – activities] mondain; [leisure] de loisir OR loisirs; his life is one mad ~ whirl il mène une vie mondaine insensée. **-3.** [evening, function] amical; ~ event rencontre *f*; it was the ~ event of the year c'était l'événement mondain de l'année. **-4.** ZOOL social; man is a ~ animal l'homme est un animal social. ◊ *n* soirée *f* (dansante).

**Social Charter** *n* Charte *f* sociale.

**social climber** *n* arriviste *mf*.

**social club** *n* club *m*.

**social contract** *n* contrat *m* social.

**social democracy** *n* **-1.** [system] social-démocratie *f*.**-2.** [country] démocratie *f* socialiste.

**social democrat** *n* social-démocrate *mf*.

**Social Democratic Party** *pr n* Parti *m* social-démocrate.

**Social Democratic and Labour Party** *pr n* parti travailliste d'Irlande du Nord.

**social disease** *n* [gen] maladie *f* provoquée par des facteurs socio-économiques; *euph* [venereal] maladie *f* vénérienne.

**social drinker** *n*: he's purely a ~ il ne boit pas seul, il boit seulement en société OR en compagnie.

**social engineering** *n* manipulation *f* des structures sociales.

**social fund** *n* caisse d'aide sociale.

**social insurance** *n* (U) prestations *fpl* sociales.

**socialism** ['səʊʃəlɪzm] *n* socialisme *m*.

**socialist** ['səʊʃəlɪst] ◊ *adj* socialiste. ◊ *n* socialiste *mf*.

**socialite** ['səʊʃəlaɪt] *n* mondain *m*, -e *f*, personne *f* qui fréquente la haute société.

**socialize, -ise** ['səʊʃəlaɪz] ◊ *vi* [go out] sortir, fréquenter des gens; [make friends] se faire des amis; to ~ with sb frayer avec qqn. ◊ *vt* POL & PSYCH socialiser.

**socializing** ['səʊʃəlaɪzɪŋ] *n* fait *m* de fréquenter des gens; ~ between teachers and pupils is discouraged les relations entre élèves et professeurs ne sont pas encouragées.

**social life** *n* vie *f* mondaine; to have a busy ~ [be fashionable] mener une vie très mondaine; [go out often] sortir beaucoup; there isn't much of a ~ in this town les gens ne sortent pas beaucoup dans cette ville, il ne se passe rien dans cette ville.

**socially** ['səʊʃəlɪ] *adv* socialement; ~ acceptable behaviour comportement socialement acceptable; we've never met ~ on ne s'est jamais rencontrés en société.

**social science** *n* sciences *fpl* humaines.

**social scientist** *n* spécialiste *mf* des sciences humaines.

**social security** *n* **-1.** [gen] prestations *fpl* sociales; to be on ~ toucher une aide sociale. **-2.** *Br* [money paid to unemployed] = allocations *fpl* de chômage.

**social services** *npl* services *mpl* sociaux.

**social studies** *npl* sciences *fpl* sociales.

**social work** *n* assistance *f* sociale, travail *m* social.

**social worker** *n* assistant social *m*, assistante sociale *f*, travailleur social *m*, travailleuse sociale *f*.

**society** [sə'saɪətɪ] (*pl* **societies**) ◊ *n* **-1.** [social community] société *f*; it is a danger to ~ cela constitue un danger pour la société; woman's place in ~ la place de la femme dans la société. **-2.** [nation, group] société *f*. **-3.** [fashionable circles]: (high) ~ la haute société, le (beau OR grand) monde. **-4.** *lit* [company] société *f*, compagnie *f*; in polite ~ dans la bonne société OR le (beau) monde. **-5.** [association, club] société *f*, association *f*; [for sports] club *m*, association *f*; SCH & UNIV [for debating, study etc] société *f*; charitable ~ œuvre *f* de charité, association *f* caritative; the Society of Friends la Société des Amis (*les Quakers*); the Society of Jesus la Compagnie de Jésus. ◊ *comp* [gossip, news, wedding] mondain; the ~ column PRESS la chronique mondaine; a ~ man/woman un homme/une femme du monde.

**sociocultural** [ˌsəʊsɪəʊ'kʌltʃərəl] *adj* socioculturel.

**socioeconomic** ['səʊsɪəʊˌiːkə'nɒmɪk] *adj* socio-économique.

**sociolinguistic** [ˌsəʊsɪəʊlɪŋ'gwɪstɪk] *adj* sociolinguistique.

**sociolinguistics** [ˌsəʊsɪəʊlɪŋ'gwɪstɪks] *n* (U) sociolinguistique *f*.

**sociological** [ˌsəʊsɪə'lɒdʒɪkl] *adj* sociologique.

**sociologist** [ˌsəʊsɪ'ɒlədʒɪst] *n* sociologue *mf*.

**sociology** [ˌsəʊsɪ'ɒlədʒɪ] *n* sociologie *f*.

**sociopolitical** [ˌsəʊsɪəʊpə'lɪtɪkl] *adj* sociopolitique.

**sock** [sɒk] ◊ *n* **-1.** [garment] chaussette *f*; to pull one's ~s up *inf* se secouer (les puces); put a ~ in it! *Br inf* la ferme!-**2.** [insole] semelle *f* (intérieure). **-3.** [of horse] paturon *m*.**-4.** AERON & METEOR: (wind) ~ manche *f* à air. **-5.** *inf* [blow] gnon *m*, beigne *f*. ◊ *vt inf* [hit] flanquer une beigne à; ~ it to him!, ~ him one! tiens une beigne!, cogne-le!; ~ it to them! [in performance] allez, montrez-leur un peu de quoi vous êtes capables!; ~ it to me then! allez, accouche!

**socket** ['sɒkɪt] *n* **-1.** ELEC [for bulb] douille *f*; [in wall] prise *f* (de courant). **-2.** TECH cavité *f*; [in carpentry] mortaise *f*. **-3.** ANAT [of arm, hipbone] cavité *f* articulaire; [of tooth] alvéole *f*; [of eye] orbite *f*; her arm was pulled out of its ~ elle a eu l'épaule luxée; her eyes almost popped OR jumped out of their ~s *fig* les yeux lui en sont presque sortis de la tête.

**socket joint** *n* **-1.** [in carpentry] joint *m* à rotule. **-2.** ANAT énarthrose *f*.

**socket set** *n* coffret *m* de douilles.

**socket wrench** *n* clef *f* à douille.

**sockeye** ['sɒkaɪ] *n* ZOOL saumon *m* rouge.

**socking** ['sɒkɪŋ] *adv Br inf* [as intensifier] vachement.

**Socrates** ['sɒkrətiːz] *pr n* Socrate.

**Socratic** [sɒ'krætɪk] *adj* socratique (*inv*).

**sod** [sɒd] (*pt & pp* **sodded**, *cont* **sodding**) ◊ *n* **-1.** ▽ *Br* [obnoxious person] enfoiré *m*, con *m*. **-2.** ▽ *Br* [fellow] bougre *m*, con *m*. **-3.** ▽ *Br* [difficult or unpleasant thing] corvée *f*; it's a ~ of a job c'est vraiment chiant comme boulot ❑ that's ~'s law c'est la poisse. **-4.** [of turf] motte *f* (de gazon); [earth and grass] terre *f*; [lawn] gazon *m*. ◊ *vt inf ▽ Br*: ~ it! merde!; ~ him! qu'il aille se faire foutre!

◆ **sod off** ▽ *vi insep Br* foutre le camp; ~ off! va te faire foutre!

**soda** ['səʊdə] *n* **-1.** CHEM soude *f*.**-2.** [fizzy water] eau *f* de Seltz; a whisky and ~ un whisky soda. **-3.** *Am* [soft drink] soda *m*.

**soda biscuit** *n Br biscuit sec à la levure chimique.*

**soda bread** *n* pain *m* à la levure chimique.

**soda fountain** *n Am* **-1.** [café] ≃ café *m*; [counter] buvette *f* *(où sont servis des sodas).* **-2.** = **soda siphon.**

**sod all**∇ *n Br*: he does ~ around the house il n'en fout pas une dans la maison.

**soda siphon** *n* siphon *m* (d'eau de Seltz).

**soda water** *n* eau *f* de Seltz.

**sodden** ['sɒdn] *adj* [ground] détrempé; [clothes] trempé.

**sodding**∇ ['sɒdɪŋ] *Br* ◇ *adj* foutu. ◇ *adv* [very] vachement; [as intensifier]: you can ~ well do it yourself! tu n'as qu'à le faire toi-même, merde!

**sodium** ['səʊdɪəm] *n* sodium *m*.

**sodium bicarbonate** *n* bicarbonate *m* de soude.

**sodium chloride** *n* chlorure *m* de sodium.

**Sodom** ['sɒdəm] *pr n*: ~ and Gomorrah Sodome et Gomorrhe.

**sodomite** ['sɒdəmaɪt] *n* sodomite *m*.

**sodomize, -ise** ['sɒdəmaɪz] *vt* sodomiser.

**sodomy** ['sɒdəmɪ] *n* sodomie *f*.

**sofa** ['səʊfə] *n* sofa *m*, canapé *m*.

**sofa bed** *n* canapé-lit *m*.

**soft** [sɒft] ◇ *adj* **-1.** [to touch – skin, hands] doux (*f* douce); [– wool, fur, pillow] doux (*f* douce), moelleux; [– leather] souple; [– material, hair] doux (*f* douce), soyeux; the cream will make your hands/the leather ~ la crème t'adoucira les mains/assouplira le cuir. **-2.** [yielding to pressure – bed, mattress] moelleux; [– collar, ground, snow] mou, *before vowel or silent 'h'* mol (*f* molle); [– butter] mou, *before vowel or silent 'h'* mol (*f* molle), ramolli; [– muscles, body] ramolli, avachi, flasque; [too yielding – bed, mattress] mou, *before vowel or silent 'h'* mol (*f* molle); the butter has gone ~ le beurre s'est ramolli; mix to a ~ paste mélanger jusqu'à obtention d'une pâte molle; these chocolates have ~ centres ces chocolats sont mous à l'intérieur; the brakes are ~ *fig* il y a du mou dans les freins; the going is ~ [in horseracing] le terrain est mou ❏ ~ cheese fromage *m* à pâte molle. **-3.** [malleable – metal, wood, stone] tendre; [– pencil] gras (*f* grasse), tendre; ~ contact lenses lentilles *fpl* souples. **-4.** [gentle – breeze, rain, words] doux (*f* douce); [– expression, eyes] doux (*f* douce), tendre; [– curve, shadow] doux (*f* douce); [– climate, weather] doux (*f* douce), clément; she suits a ~er hairstyle ce qui lui va bien, c'est une coiffure plus souple. **-5.** [quiet, not harsh – voice, music] doux (*f* douce); [– sound, accent] doux (*f* douce), léger; [– tap, cough] petit, léger; [– step] feutré. **-6.** [muted – colour, glow] doux (*f* douce); [– shade] doux (*f* douce), pastel *(inv)*; [– light] doux (*f* douce), tamisé. **-7.** [blurred – outline] estompé, flou. **-8.** [kind, gentle – person] doux (*f* douce), tendre; [– reply] gentil, aimable; [– glance] doux (*f* douce), gentil; to have a ~ heart avoir le cœur tendre ‖ [lenient] indulgent; to be ~ on sb se montrer indulgent envers qqn, faire preuve d'indulgence envers qqn; to be ~ on terrorism faire preuve de laxisme envers le terrorisme. **-9.** [weak – physically] mou, *before vowel or silent 'h'* mol (*f* molle); the boy's too ~ ce garçon n'a pas de caractère; city life has made you ~ la vie citadine t'a ramolli. **-10.** *inf* [mentally]: he's going ~ in his old age il devient gâteux en vieillissant; you must be ~ in the head! ça va pas, non?; don't be ~ [stop crying] arrête de pleurer; [silly] arrête de dire des bêtises. **-11.** [fond]: to be ~ on sb *inf* avoir le béguin pour qqn; to have a ~ spot for sb avoir un faible pour qqn. **-12.** [easy – life] doux (*f* douce), tranquille, facile; [– job] facile; it's the ~ option c'est la solution de facilité. **-13.** [moderate] modéré; to take a ~ line on sthg adopter une ligne modérée sur qqch; [compromise] adopter une politique de compromis sur qqch. **-14.** ECON & FIN [currency] faible; [market] faible, lourd; ~ terms conditions *fpl* favorables; ~ loan prêt *m* avantageux OR à des conditions avantageuses. **-15.** [water] doux (*f* douce). **-16.** LING [consonant] doux (*f* douce). **-17.** [drug] doux (*f* douce). ◇ *adv* doucement.

**softball** ['sɒftbɔːl] *n* [game] *sorte de base-ball joué sur un terrain plus petit et avec une balle moins dure.*

**soft-boiled** [-bɔɪld] *adj*: ~ egg œuf *m* (à la) coque.

**soft-centred** *adj* [chocolate, sweet] mou, *before vowel or silent 'h'* mol (*f* molle).

**soft-core** *adj* [pornography] soft *(inv).*

**soft drink** *n* boisson *f* non alcoolisée.

**soften** ['sɒfn] ◇ *vt* **-1.** [butter, ground] ramollir; [skin, water] adoucir; [fabric, wool, leather] assouplir; centuries of erosion had ~ed the stone des siècles d'érosion avaient rendu la pierre tendre. **-2.** [voice, tone] adoucir, radoucir; [colour, light, sound] adoucir, atténuer; to ~ one's voice [less strident] parler d'une voix plus douce; [quieter] parler moins fort. **-3.** [make less strict] assouplir; he has ~ed his stance on vegetarianism son attitude envers le végétarisme est plus modérée qu'avant. **-4.** [lessen – pain, emotion] soulager, adoucir, atténuer; [– shock, effect, impact] adoucir, amoindrir; [– opposition, resistance] réduire, amoindrir; to ~ the blow *literal &* *fig* amortir le choc. ◇ *vi* **-1.** [butter, ground etc] se ramollir; [skin] s'adoucir; [cloth, wool, leather] s'assouplir. **-2.** [become gentler – eyes, expression, colour] s'adoucir; [– breeze, rain] s'atténuer; [– lighting, colour] s'atténuer, s'adoucir; [– angle, outline] s'adoucir, s'estomper. **-3.** [become friendlier, more receptive]: to ~ towards sb se montrer plus indulgent envers qqn; their attitude towards immigration has ~ed noticeably leur position par rapport à l'immigration est nettement plus tolérante; his face ~ed son expression se radoucit; her heart ~ed at the sound of his voice elle s'attendrit en entendant sa voix.

◆ **soften up** *vt sep* ◇ **-1.** *inf* [make amenable – gen] attendrir, rendre plus souple; [– by persuasion] amadouer; [– aggressively] intimider. **-2.** MIL affaiblir. **-3.** [make softer – butter, ground] ramollir; [– skin] adoucir; [– leather] assouplir. ◇ *vi insep* **-1.** [ground] devenir mou, se ramollir; [butter] se ramollir; [leather] s'assouplir; [skin] s'adoucir. **-2.** [become gentler – person, voice] s'adoucir; to ~ up on sb faire preuve de plus d'indulgence envers qqn.

**softener** ['sɒfnəʳ] *n* **-1.** (water) ~ adoucisseur *m* (d'eau); (fabric) ~ assouplissant *m* (textile). **-2.** *inf* [bribe] pot-de-vin *m*.

**softening** ['sɒfnɪŋ] *n* [of substance, ground] ramollissement *m*; [of fabric, material] assouplissement *m*, adoucissement *m*; [of attitude, expression, voice] adoucissement *m*; [of colours, contrasts] atténuation *f*; ~ of the brain MED ramollissement *m* cérébral.

**soft focus** *n* PHOT flou *m* artistique.

**soft fruit** *n (U)* ≃ fruits *mpl* rouges.

**soft furnishings** *npl Br* tissus *mpl* d'ameublement.

**soft goods** *npl Br* tissus *mpl*, textiles *mpl*.

**softhearted** [,sɒft'hɑːtɪd] *adj* (au cœur) tendre.

**softie** ['sɒftɪ] (*pl* **softies**) *n inf* **-1.** [weak] mauviette *f*, mollasson *m*, -onne *f*; [coward] poule *f* mouillée, dégonflé *m*, -e *f*.**-2.** [softhearted] sentimental *m*, -e *f*.

**soft landing** *n* atterrissage *m* en douceur.

**softly** ['sɒftlɪ] *adv* **-1.** [quietly – breathe, say] doucement; [– move, walk] à pas feutrés, (tout) doucement. **-2.** [gently – blow, touch] doucement, légèrement. **-3.** [fondly – smile, look] tendrement, avec tendresse.

**softly-softly** *Br* ◇ *adv* tout doucement, avec prudence. ◇ *adj* prudent; try a ~ approach allez-y doucement.

**softness** ['sɒftnɪs] *n* **-1.** [to touch – of skin, hands, hair] douceur *f*; [– of fabric, wool, fur, pillow] douceur *f*, moelleux *m*; [– of leather] souplesse *f*.**-2.** [to pressure – of bed, ground, snow, butter] mollesse *f*; [– of collar] souplesse *f*; [– of wood] tendreté *f*.**-3.** [gentleness – of breeze, weather, voice, music] douceur *f*; [– of expression, manner] douceur *f*, gentillesse *f*; [– of eyes, light, colour] douceur *f*; [– of outline, curve] flou *m*, douceur *f*.**-4.** [kindness – of person] douceur *f*; [– of heart] tendresse *f*; [indulgence] indulgence *f*.

**soft palate** *n* voile *m* du palais.

**soft pedal** (*Br pt & pp* **soft-pedalled**, *cont* **soft-pedalling**, *Am pt & pp* **soft-pedaled**, *cont* **soft-pedaling**) *n* [on piano] pédale *f* douce, sourdine *f*.

◆ **soft-pedal** ◇ *vi* **-1.** MUS mettre la sourdine. **-2.** *fig*: to ~ on reforms ralentir le rythme des réformes. ◇ *vt fig* glisser sur, atténuer.

**soft porn** *n* porno *m* soft.

**soft sell** *n* COMM méthodes de vente non agressives.

**soft shoulder** = **soft verge.**

**soft soap** *n* **-1.** MED savon *m* vert. **-2.** *(U)* [flattery] flagornerie *f*, flatterie *f*, flatteries *fpl*.

◆ **soft-soap** *vt* passer de la pommade à.

**soft-spoken** *adj* à la voix douce.

**soft top** *n inf* AUT (voiture *f*) décapotable *f*.

**soft touch** *n Br inf* pigeon *m*; **he's a real ~** [easily fooled] il se laisse berner facilement; [for money] il se laisse avoir OR rouler facilement.

**soft toy** *n* (jouet *m* en) peluche *f*.

**soft verge** *n* [on road] accotement *m* non stabilisé.

**software** ['sɒftweəʳ] ◇ *n* COMPUT logiciel *m*, software *m*. ◇ *comp*: **~ house** société *f* de services d'ingéniérie informatique; **~ package** progiciel *m*.

**softwood** ['sɒftwʊd] *n* bois *m* tendre.

**softy** ['sɒftɪ] *inf* = **softie**.

**soggy** ['sɒgɪ] (*compar* **soggier**, *superl* **soggiest**) *adj* [ground] détrempé, imbibé d'eau; [clothes] trempé; [bread, cake] mou, *before vowel or silent 'h'* mol (*f* molle); [rice] trop cuit, collant.

**soh** [səʊ] *n* MUS sol *m*.

**Soho** ['səʊhəʊ] *pr n* quartier chaud de Londres connu pour ses restaurants.

**soil** [sɔɪl] ◇ *n* **-1.** [earth] terre *f*; **to work the ~** travailler la terre. **-2.** [type of earth] terre *f*, sol *m*; **good farming ~** de la bonne terre agricole. **-3.** *fig* [land] terre *f*, sol *m*; **his native ~** sa terre natale; **on Irish ~** sur le sol irlandais. **-4.** (*U*) [excrement] excréments *mpl*, ordures *fpl*; [sewage] vidange *f*. ◇ *vt* **-1.** [dirty – clothes, linen, paper] salir; *fig & lit* souiller; **she refused to ~ her hands with such work** elle a refusé de se salir les mains avec ce genre de travail. **-2.** *fig* [reputation] salir, souiller, entacher. ◇ *vi* [clothes, material] se salir.

**soiled** [sɔɪld] *adj* [dressings] usagé; [bedlinen] souillé; [goods] défraîchi.

**soil pipe** *n* tuyau *m* de chute unique.

**solace** ['sɒləs] *lit* ◇ *n* consolation *f*, réconfort *m*. ◇ *vt* [person] consoler, réconforter; [pain, suffering] soulager.

**solar** ['səʊləʳ] *adj* **-1.** [of, concerning the sun – heat, radiation] solaire, du soleil; [– cycle, year] solaire. **-2.** [using the sun's power – energy, heating] solaire.

**solar cell** *n* pile *f* solaire, photopile *f*.

**solar flare** *n* éruption *f* solaire.

**solarium** [sə'leərɪəm] (*pl* **solariums** OR **solaria** [-rɪə]) *n* solarium *m*.

**solar panel** *n* panneau *m* solaire.

**solar plexus** *n* plexus *m* solaire.

**solar power** *n* énergie *f* solaire.

**solar-powered** [-'paʊəd] *adj* à énergie solaire.

**solar system** *n* système *m* solaire.

**sold** [səʊld] ◇ *pt & pp* → **sell**. ◇ *adj* **-1.** COMM vendu. **-2.** *inf & fig*: **to be ~ on sb/sthg** être emballé par qqn/qqch; **he's really ~ on her** il est vraiment entiché OR toqué d'elle.

◆ **sold out** *adj phr* **-1.** [goods] épuisé; **'~ out'** [for play, concert] 'complet'; **the concert was completely ~ out** tous les billets pour le concert ont été vendus. **-2.** [stockist]: **we're ~ out of bread** nous avons vendu tout le pain, il ne reste plus de pain.

**solder** ['səʊldəʳ] ◇ *vt* souder. ◇ *n* soudure *f*, métal *m* d'apport; **soft ~** soudure à l'étain, brasure *f* tendre.

**soldering iron** ['səʊldərɪŋ-] *n* fer *m* à souder.

**soldier** ['səʊldʒəʳ] ◇ *n* **-1.** soldat *m*, militaire *m*; **to become a ~** se faire soldat, entrer dans l'armée; **to play (at) ~s** [children] jouer aux soldats OR à la guerre; *pej* [country, adults] jouer à la guerre OR à la guéguerre ❑; **~ of fortune** soldat de fortune; **old ~** MIL vétéran *m*; **don't come** *inf* OR **play the old ~ with me** ne me prenez pas de grands airs avec moi. **-2.** ENTOM soldat *m*. ◇ *vi* être soldat, servir dans l'armée.

◆ **soldier on** *vi insep Br* continuer OR persévérer (malgré tout).

**soldiering** ['səʊldʒərɪŋ] *n* carrière *f* OR vie *f* (de) militaire.

**sole** [səʊl] (*pl sense 3 inv* OR **soles**) ◇ *adj* **-1.** [only] seul, unique; **the ~ survivor** le seul survivant. **-2.** [exclusive] exclusif; **to have ~ rights on sthg** avoir l'exclusivité des droits sur qqch; **to have ~ responsibility for sthg** être entièrement responsable de qqch ❑; **~ agent** COMM concessionnaire *mf*; **~ legatee** JUR légataire *m* universel, légataire *f* universelle; **~ trader** *Br* COMM entreprise *f* individuelle OR unipersonnelle. ◇ *n* **-1.** [of foot] plante *f*. **-2.** [of shoe, sock] semelle *f*. **-3.** [fish] sole *f*. ◇ *vt* ressemeler.

**solecism** ['sɒlɪsɪzm] *n* **-1.** GRAMM solécisme *m*. **-2.** *fml* [violation of good manners] manque *m* de savoir-vivre.

**-soled** [səʊld] *in cpds* à semelle de; **rubber~ shoes** chaussures *fpl* à semelles de caoutchouc.

**solely** ['səʊllɪ] *adv* **-1.** [only] seulement, uniquement. **-2.** [entirely] entièrement.

**solemn** ['sɒləm] *adj* **-1.** [grave, serious] sérieux, grave, solennel; [sombre] sobre. **-2.** [formal – agreement, promise] solennel. **-3.** [grand – occasion, music] solennel; **~ mass** grand-messe *f*, messe *f* solennelle.

**solemnity** [sə'lemnətɪ] (*pl* **solemnities**) *n* **-1.** [serious nature] sérieux *m*, gravité *f*. **-2.** [formality] solennité *f*; **she was received with great ~** elle fut accueillie très solennellement. **-3.** (*usu pl*) *lit* [solemn event] solennité *f*.

**solemnize, -ise** ['sɒləmnaɪz] *vt lit* [gen] solenniser *lit*; [marriage] célébrer.

**solemnly** ['sɒləmlɪ] *adv* **-1.** [seriously, gravely] gravement, solennellement; **'it's time I left', he said ~** «il est temps que je parte», dit-il d'un ton grave; **she ~ believes that what she did was right** elle croit fermement que ce qu'elle a fait était juste. **-2.** [formally] solennellement. **-3.** [grandly] solennellement, avec solennité.

**sol-fa** [,sɒl'fɑː] *n* solfège *m*.

**solicit** [sə'lɪsɪt] ◇ *vt* **-1.** [business, support, information] solliciter; [opinion] demander. **-2.** [subj: prostitute] racoler. ◇ *vi* [prostitute] racoler.

**soliciting** [sə'lɪsɪtɪŋ] *n* [by prostitute] racolage *m*.

**solicitor** [sə'lɪsɪtəʳ] *n* **-1.** *Br* JUR ≃ avocat *m*, -e *f*, ≃ conseil *m* juridique. **-2.** [person who solicits] solliciteur *m*, -euse *f*; **'caution, unofficial ~s'** *Am* attention aux démarcheurs non autorisés.

**solicitor general** (*pl* **solicitors general** OR **solicitor generals**) *n* **-1.** [in UK] conseil *m* juridique de la Couronne. **-2.** [in US] représentant *m* du gouvernement (*auprès de la Cour suprême*).

**solicitous** [sə'lɪsɪtəs] *adj* [showing consideration, concern] plein de sollicitude; [eager, attentive] empressé; [anxious] soucieux.

**solicitude** [sə'lɪsɪtjuːd] *n* [consideration, concern] sollicitude *f*; [eagerness, attentiveness] empressement *m*; [anxiety] souci *m*, préoccupation *f*.

**solid** ['sɒlɪd] ◇ *adj* **-1.** [not liquid or gas] solide; **frozen ~** complètement gelé; **she can't eat ~ food** elle ne peut pas absorber d'aliments solides. **-2.** [of one substance] massif; **her necklace is ~ gold** son collier est en or massif; **~ oak furniture** meubles *mpl* en chêne massif; **they dug until they reached ~ rock** ils ont creusé jusqu'à ce qu'ils atteignent la roche compacte; **caves hollowed out of ~ rock** des grottes creusées à même la roche. **-3.** [not hollow] plein; **~ tyres** pneus pleins. **-4.** [unbroken, continuous] continu; **a ~ yellow line** une ligne jaune continue; **I worked for eight ~ hours** OR **eight hours ~** j'ai travaillé sans arrêt pendant huit heures, j'ai travaillé huit heures d'affilée; **we had two ~ weeks of rain** nous avons eu deux semaines de pluie ininterrompue; **~ compound** GRAMM composé *m* écrit en un seul mot. **-5.** *Am* [of one colour] uni. **-6.** [dense, compact] dense, compact; **the concert hall was packed ~** la salle de concert était bondée. **-7.** [powerful – blow] puissant. **-8.** [sturdy, sound – structure, understanding, relationship] solide; [– evidence, argument] solide, irréfutable; [– advice] valable, sûr; **a man of ~ build** un homme bien charpenté; **he's a good ~ worker** c'est un bon travailleur ❑ **to be on ~ ground** literal être sur la terre ferme; *fig* être en terrain sûr. **-9.** [respectable, worthy] respectable, honorable. **-10.** POL [firm] massif; [unanimous] unanime; **we have the ~ support of the electorate** nous avons le soutien massif des électeurs; **the strike was 100% ~** la grève était totale; **the committee was ~ against the proposal** le comité a rejeté la proposition à l'unanimité. **-11.** MATH: **~ figure** solide *m*. ◇ *n* GEOM & PHYS solide *m*.

◆ **solids** *npl* **-1.** [solid food] aliments *mpl* solides; **I can't eat ~s** je ne peux pas absorber d'aliments solides. **-2.** CHEM particules *fpl* solides; **milk ~s** extrait *m* du lait.

**solidarity** [,sɒlɪ'dærətɪ] *n* solidarité *f*; **they went on strike in ~ with the miners** ils ont fait grève par solidarité avec les mineurs. ◇ *comp* [strike] de solidarité.

**solid fuel** *n* combustible *m* solide.

◆ **solid-fuel** *adj* à combustible solide.

**solid geometry** *n* MATH géométrie *f* des solides.

**solidification** [sə‚lɪdɪfɪ'keɪʃn] *n* solidification *f*.

**solidify** [sə'lɪdɪfaɪ] (*pt & pp* **solidified**) ◇ *vi* **-1.** [liquid, gas] se solidifier. **-2.** [system, opinion] se consolider. ◇ *vt* **-1.** [liquid, gas] solidifier. **-2.** [system, opinion] consolider.

**solidity** [sə'lɪdətɪ] *n* solidité *f*.

**solidly** ['sɒlɪdlɪ] *adv* **-1.** [sturdily] solidement; [person]: to be ~ built avoir une forte carrure. **-2.** [thoroughly] très, tout à fait; a ~ established reputation une réputation solidement établie. **-3.** [massively] massivement, en masse. **-4.** [continuously] sans arrêt; I worked ~ for five hours j'ai travaillé sans interruption pendant cinq heures.

**solid-state** *adj* **-1.** PHYS des solides. **-2.** ELECTRON à semi-conducteurs.

**soliloquize, -ise** [sə'lɪləkwaɪz] *vi* soliloquer, monologuer.

**soliloquy** [sə'lɪləkwɪ] (*pl* **soliloquies**) *n* soliloque *m*, monologue *m*.

**solipsism** ['sɒlɪpsɪzm] *n* solipsisme *m*.

**solitaire** [‚sɒlɪ'teə*r*] *n* **-1.** [pegboard] solitaire *m*. **-2.** *Am* [card game] réussite *f*, patience *f*. **-3.** [gem] solitaire *m*.

**solitary** ['sɒlɪtrɪ] (*pl* **solitaries**) ◇ *adj* **-1.** [alone - person, life, activity] solitaire. **-2.** [single] seul, unique. **-3.** [remote - place] retiré, isolé. **-4.** [empty of people] vide, désert. ◇ *n* **-1.** *inf* = **solitary confinement. -2.** [person] solitaire *mf*.

**solitary confinement** *n* isolement *m* (*d'un prisonnier*).

**solitude** ['sɒlɪtju:d] *n* solitude *f*; to live in ~ vivre dans la solitude.

**solo** ['səʊləʊ] (*pl* **solos**) ◇ *n* **-1.** MUS solo *m*; he played a violin/drum ~ il a joué un solo de violon/de batterie. **-2.** [flight] vol *m* solo. **-3.** = **solo whist.** ◇ *adj* **-1.** MUS solo; she plays ~ violin elle est soliste de violon, elle est violon solo. **-2.** [gen] en solitaire; the first ~ attempt on the north face la première tentative d'escalade de la face nord en solitaire; her first ~ flight son premier vol en solo. ◇ *adv* **-1.** MUS en solo; to play/to sing ~ jouer/chanter en solo. **-2.** [gen] seul, en solitaire, en solo; to fly ~ voler en solo.

**soloist** ['səʊləʊɪst] *n* soliste *mf*.

**Solomon** ['sɒləmən] *pr n* Salomon.

**Solothurn** ['səʊlə‚θɜ:n] *pr n* Soleure; in ~ en Soleure.

**solo whist** *n* solo *m* (*variante du whist*).

**solstice** ['sɒlstɪs] *n* solstice *m*.

**solubility** [‚sɒlju'bɪlətɪ] *n* solubilité *f*.

**soluble** ['sɒljʊbl] *adj* **-1.** [substance] soluble. **-2.** [problem] soluble.

**solution** [sə'lu:ʃn] *n* **-1.** [answer - to problem, equation, mystery] solution *f*. **-2.** [act of solving - of problem, equation, mystery] résolution *f*. **-3.** CHEM & PHARM solution *f*; salt in ~ sel en solution.

**solvable** ['sɒlvəbl] *adj* soluble.

**solve** [sɒlv] *vt* [equation] résoudre; [problem] résoudre, trouver la solution de; [crime, mystery] élucider; I couldn't ~ a single clue in the Times crossword je n'ai pas réussi à trouver une seule définition dans les mots croisés du Times.

**solvency** ['sɒlvənsɪ] *n* solvabilité *f*.

**solvent** ['sɒlvənt] ◇ *adj* **-1.** [financially] solvable. **-2.** [substance, liquid] dissolvant. ◇ *n* solvant *m*, dissolvant *m*.

**solvent abuse** *n fml* usage *m* de solvants hallucinogènes.

**Solzhenitsyn** [‚sɒlʒə'nɪtsɪn] *pr n* Soljenitsyne.

**Som.** *written abbr of* **Somerset**.

**Somali** [sə'mɑ:lɪ] ◇ *n* **-1.** [person] Somalien *m*, -enne *f*. **-2.** LING somali *m*. ◇ *adj* somalien.

**Somalia** [sə'mɑ:lɪə] *pr n* Somalie *f*; in ~ en Somalie.

**Somalian** [sə'mɑ:lɪən] = **Somali.**

**Somali Democratic Republic** *pr n*: the ~ la République démocratique de Somalie.

**Somaliland** [sə'mɑ:lɪlænd] *pr n* Somalie *f*; British/Italian ~ Somalie britannique/italienne.

**somatic** [sə'mætɪk] *adj* somatique.

**somber** *etc Am* = **sombre.**

**sombre** *Br*, **somber** *Am* ['sɒmbə*r*] *adj* **-1.** [dark - colour, place] sombre. **-2.** [grave, grim - outlook, person, day] sombre, morne; a ~ episode in the history of Europe un épisode sombre dans l'histoire de l'Europe.

**sombrero** [sɒm'breərəʊ] (*pl* **sombreros**) *n* sombrero *m*.

**some** [sʌm] ◇ *det* **-1.** *(before uncountable nouns)* [a quantity of]: don't forget to buy ~ cheese/beer/garlic n'oublie pas d'acheter du fromage/de la bière/de l'ail; let me give you ~ advice laissez-moi vous donner un conseil ‖ *(before plural nouns)* [a number of] des; we've invited ~ friends round nous avons invité des amis à la maison; I met ~ old friends last night j'ai rencontré de vieux amis hier soir. **-2.** *(before uncountable nouns)* [not all]: ~ wine/software is very expensive certains vins/logiciels coûtent très cher; ~ petrol still contains lead il existe encore de l'essence avec plomb ‖ *(before plural nouns)* certains *mpl*, certaines *fpl*; ~ cars shouldn't be allowed on the road il y a des voitures qu'on ne devrait pas laisser circuler. **-3.** *(before uncountable nouns)* [a fairly large amount of] un certain *m*, une certaine *f*; I haven't been abroad for ~ time ça fait un certain temps que je ne suis pas allé à l'étranger; it happened (quite) ~ time ago ça s'est passé il y a (bien) longtemps; it's ~ distance from here c'est assez loin d'ici; the money should go ~ way towards compensating them l'argent devrait les dédommager dans une certaine mesure ‖ *(before plural nouns)* [a fairly large number of] certains *mpl*, certaines *fpl*, quelques *mfpl*; it happened ~ years ago ça s'est passé il y a quelques années. **-4.** *(before uncountable nouns)* [a fairly small amount of] un peu de; you must have ~ idea of how much it will cost vous devez avoir une petite idée de combien ça va coûter; I hope I've been of ~ help to you j'espère que je vous ai un peu aidé ‖ *(before plural nouns)* [a fairly small number of]: I'm glad ~ people understand me! je suis content qu'il y ait quand même des gens qui me comprennent! **-5.** [not known or specified]: we must find ~ alternative il faut que nous trouvions une autre solution; he's gone to ~ town in the north il est parti dans une ville quelque part dans le nord; she works for ~ publishing company elle travaille pour je ne sais quelle maison d'édition; I'll get even with them ~ day! je me vengerai d'eux un de ces jours OR un jour ou l'autre! **-6.** *inf* [expressing scorn]: did you go to the party? - ~ party! est-ce que tu es allé à la fête? - tu parles d'une fête!; ~ hope we've got of winning! comme si on avait la moindre chance de gagner! ‖ [expressing irritation, impatience]: ~ people! il y a des gens, je vous assure! **-7.** *inf* [expressing admiration, approval]: that was ~ party! ça c'était une fête!

◇ *pron* **-1.** [an unspecified number or amount - as subject] quelques-uns *mpl*, quelques-unes *fpl*, certains *mpl*, certaines *fpl*; ~ say it wasn't an accident certains disent OR il y a des gens qui disent que ce n'était pas un accident ‖ [as object] en; I've got too much cake, do you want ~? j'ai trop de gâteau, en voulez-vous un peu?; can I have ~ more? est-ce que je peux en reprendre? ❐ he wants the lot and then ~ il veut tout et puis le reste. **-2.** [not all]: ~ of the snow had melted une partie de la neige avait fondu; I only believe ~ of what I read in the papers je ne crois pas tout ce que je lis dans les journaux; ~ of the most beautiful scenery in the world is in Australia quelques-uns des plus beaux paysages du monde se trouvent en Australie; ~ of us/them certains d'entre nous/eux; if you need pencils, take ~ of these/mine si vous avez besoin de crayons à papier, prenez quelques-uns de ceux-ci/des miens.

◇ *adv* **-1.** [approximately] quelque, environ; it's ~ fifty kilometres from London c'est à environ cinquante kilomètres OR c'est à une cinquantaine de kilomètres de Londres. **-2.** *Am inf* [a little] un peu; [a lot] beaucoup, pas mal.

**somebody** ['sʌmbədɪ] *pron* **-1.** [an unspecified person] quelqu'un; ~ else quelqu'un d'autre; ~ big/small quelqu'un de grand/de petit; there's ~ on the phone for you on vous demande au téléphone; ~'s at the door, there's ~ at the door on a frappé; ~ has left their/his/her umbrella behind quelqu'un a oublié son parapluie; ~ or other quelqu'un, je ne sais qui. **-2.** [an important person]: you really think you're ~, don't you? tu te crois vraiment quelqu'un, n'est-ce pas?

**someday** ['sʌmdeɪ] *adv* un jour (ou l'autre), un de ces jours.

**somehow** ['sʌmhaʊ] *adv* **-1.** [in some way or another] d'une manière ou d'une autre, d'une façon ou d'une autre; she'd ~ (or other) managed to lock herself in elle avait trouvé moyen de s'enfermer. **-2.** [for some reason] pour une raison ou pour une autre, je ne sais pas trop pourquoi; it ~ doesn't look right je ne sais pas pourquoi mais il me semble qu'il y a a quelque chose qui ne va pas.

**someone** ['sʌmwʌn] = **somebody**.

**someplace** ['sʌmpleɪs] *Am* = **somewhere 1**.

**somersault** ['sʌməsɔːlt] ◇ *n* [roll] culbute *f*; [by car] tonneau *m*; [acrobatic feat – in air] saut *m* périlleux; to do OR to turn ~s faire des culbutes. ◇ *vi* faire la culbute OR un saut périlleux OR des sauts périlleux; [car] faire un tonneau OR des tonneaux.

**something** ['sʌmθɪŋ] ◇ *pron* **-1.** [an unspecified object, event, action etc] quelque chose; I've got ~ in my eye j'ai quelque chose dans l'œil; I've thought of ~ j'ai eu une idée; ~ else quelque chose d'autre, autre chose; ~ or other quelque chose; ~ big/small quelque chose de grand/de petit; I've done/said ~ stupid j'ai fait/dit une bêtise; I've got a feeling there's ~ wrong j'ai le sentiment que quelque chose ne va pas; take ~ to read on the train prenez quelque chose à lire OR prenez de quoi lire dans le train; he gave them ~ to eat/drink il leur a donné à manger/boire; a film with ~ for everybody un film qui peut plaire à tout le monde; they all want ~ for nothing ils veulent tous avoir tout pour rien; you can't get ~ for nothing on n'a rien pour rien; there's ~ about him/in the way he talks that reminds me of Gary il y a quelque chose chez lui/dans sa façon de parler qui me rappelle Gary; there must be ~ in OR to all these rumours il doit y avoir quelque chose de vrai dans toutes ces rumeurs; she's ~ in the City/in insurance elle travaille dans la finance/dans les assurances ❑ would you like a little ~ to drink? voulez-vous un petit quelque chose à boire?; she slipped the head waiter a little ~ elle a glissé un petit pourboire au maître d'hôtel; he's got a certain ~ il a un petit quelque chose; I'm sure she's got ~ going with him *inf* je suis sûr qu'il y a quelque chose entre elle et lui; I think you've got ~ there! je crois que vous avez un début d'idée, là!; at least they've replied to my letter, that's ~ au moins, ils ont répondu à ma lettre, c'est mieux que rien OR c'est toujours ça; wow, that's ~ else! *inf* ça, c'est génial!; well, isn't that ~? *inf* et bien, ça alors!; the new model is really ~ *inf* le nouveau modèle est sensationnel. **-2.** *inf* [in approximations]: the battle took place in 1840 ~ la bataille a eu lieu dans les années 1840; he's forty ~ il a dans les quarante ans; it cost £7 ~ ça a coûté 7 livres et quelques ∥ [replacing forgotten word, name etc]: her friend, Maisie ~ (or other) son amie, Maisie quelque chose. **-3.** *phr*: ~ of: he's ~ of an expert in the field c'est en quelque sorte un expert dans ce domaine; she became ~ of a legend elle est devenue une sorte de légende; how they do it remains ~ of a mystery comment ils s'y prennent, ça c'est un mystère; to be OR have ~ to do with avoir un rapport avec. ◇ *adv* **-1.** [a little] un peu; [somewhere]: ~ in the region of $10,000 quelque chose comme 10 000 dollars; an increase of ~ between 10 and 15 per cent une augmentation de 10 à 15 pour cent. **-2.** *inf* [as intensifier] vraiment, vachement; it hurts ~ awful ça fait vachement mal.
◆ **or something** *adv phr inf*: would you like a cup of tea or ~? veux-tu une tasse de thé, ou autre chose?; are you deaf or ~? tu es sourd ou quoi?
◆ **something like** *prep phr* **-1.** [rather similar to]: it looks ~ like a grapefruit ça ressemble un peu à un pamplemousse ❑ now that's ~ like it! c'est déjà mieux! **-2.** [roughly] environ; it costs ~ like £500 ça coûte quelque chose comme OR dans les 500 livres.

**sometime** ['sʌmtaɪm] ◇ *adv* **-1.** [in future] un jour (ou l'autre), un de ces jours; you must come and see us ~ il faut que vous veniez nous voir un de ces jours; I hope we'll meet again ~ soon j'espère que nous nous reverrons bientôt; you'll have to face up to it ~ or other un jour ou l'autre il faudra bien voir les choses en face; her baby is due ~ in May elle attend son bébé pour le mois de mai; ~ after/before next April après le mois/d'ici au mois d'avril; ~ next year dans le courant de l'année prochaine. **-2.** [in past]: she phoned ~ last week elle a téléphoné (dans le courant de) la semaine dernière; it happened ~ before/after the Second World War ça s'est passé avant/après la Seconde Guerre mondiale; ~ around 1920 vers 1920. ◇ *adj* **-1.** [former] ancien; Mrs Evans, the club's ~ president l'ancienne présidente du club, Mme Evans. **-2.** *Am* [occasional] intermittent.

**sometimes** ['sʌmtaɪmz] *adv* quelquefois, parfois; I ~ think

that it's a waste of time parfois je me dis que c'est une perte de temps; ~ (they're) friendly, ~ they're not tantôt ils sont aimables, tantôt (ils ne le sont) pas.

**someway** ['sʌmweɪ] *Am inf* = **somehow 1**.

**somewhat** ['sʌmwɒt] *adv* quelque peu, un peu; everybody came, ~ to my surprise tout le monde est venu, ce qui n'a pas été sans me surprendre ❑ I was in ~ of a hurry to get home j'étais quelque peu pressé de rentrer chez moi; it was ~ of a failure c'était plutôt un échec.

**somewhere** ['sʌmweə'] *adv* **-1.** [indicating an unspecified place] quelque part; she's ~ around elle est quelque part par là, elle n'est pas loin; let's go ~ else allons quelque part ailleurs OR autre part; but it's got to be ~ or other! mais il doit bien être quelque part!; I'm looking for ~ to stay je cherche un endroit où loger; she's found ~ more comfortable to sit elle a trouvé un siège plus confortable ❑ now we're getting ~! nous arrivons enfin à quelque chose! **-2.** [approximately] environ; she earns ~ around $2,000 a month elle gagne quelque chose comme 2 000 dollars par mois; he must be ~ in his forties il doit avoir entre 40 et 50 ans.

**somnambulism** [sɒm'næmbjʊlɪzm] *n* somnambulisme *m*.

**somnambulist** [sɒm'næmbjʊlɪst] *n* somnambule *mf*.

**somnolence** ['sɒmnələns] *n* somnolence *f*.

**somnolent** ['sɒmnələnt] *adj* somnolent.

**son** [sʌn] *n* **-1.** fils *m*; she's got two ~s elle a deux fils OR garçons; the ~s of Ireland *fig* les fils de l'Irlande ❑ ~ and heir héritier *m*. **-2.** *inf* [term of address] fiston *m*.
◆ **Son** *n* RELIG Fils *m*; the Son of God le Fils de Dieu; the Son of Man le Fils de l'Homme.

**sonar** ['səʊnɑː'] *n* sonar *m*.

**sonata** [sə'nɑːtə] *n* sonate *f*; piano/violin ~ sonate pour piano/violon.

**sonde** [sɒnd] *n* sonde *f* ASTRONAUT & MÉTÉO.

**song** [sɒŋ] *n* **-1.** chanson *f*; a ~ and dance act un numéro de comédie musicale; the Song of Songs, the Song of Solomon BIBLE le Cantique des cantiques; it was going for a ~ ça se vendait pour une bouchée de pain OR trois fois rien; to make a ~ and dance about sthg *Br inf* faire toute une histoire pour qqch; she gave me that old ~ and dance about being broke *inf* elle m'a ressorti son couplet habituel, comme quoi elle était fauchée; to be on ~ *Br inf* être en super forme. **-2.** [songs collectively, act of singing] chanson *f*; an anthology of British ~ une anthologie de la chanson britannique; they all burst into ~ ils se sont tous mis à chanter. **-3.** [of birds, insects] chant *m*.

**songbird** ['sɒŋbɜːd] *n* oiseau *m* chanteur.

**songster** ['sɒŋstə'] *n* **-1.** [person] chanteur *m*, -euse *f*. **-2.** *lit* [bird] oiseau *m* chanteur.

**song thrush** *n* grive *f* musicienne.

**songwriter** ['sɒŋ,raɪtə'] *n* [of lyrics] parolier *m*, -ère *f*; [of music] sic] compositeur *m*, -trice *f*; [of lyrics and music] auteur-compositeur *m*.

**sonic** ['sɒnɪk] *adj* **-1.** [involving, producing sound] acoustique. **-2.** [concerning speed of sound] sonique.

**sonic barrier** *n* = **sound barrier**.

**sonic boom** *n* bang *m*.

**son-in-law** (*pl* **sons-in-law**) *n* gendre *m*, beau-fils *m*.

**sonnet** ['sɒnɪt] *n* sonnet *m*.

**sonny** ['sʌnɪ] *n inf* fiston *m*.

**son-of-a-bitch**▽ (*pl* **sons-of-bitches**) *n* *Am* salaud *m*, fils *m* de pute.

**son-of-a-gun** (*pl* **sons-of-guns**) *n* *Am inf*: you old ~! sacré bonhomme!

**sonority** [sə'nɒrətɪ] *n* sonorité *f*.

**sonorous** ['sɒnərəs] *adj* **-1.** [resonant] sonore. **-2.** [grandiloquent] grandiloquent.

**soon** [suːn] *adv* **-1.** [in a short time] bientôt, sous peu; (I'll) see you ~ or speak to you ~! à bientôt!; write ~! écris-moi vite!; I'll be back ~ je serai vite de retour; a burglar can ~ open a lock like that un cambrioleur a vite fait d'ouvrir une serrure comme celle-ci; she phoned ~ after you'd left elle a téléphoné peu après ton départ. **-2.** [early] tôt; it's too ~ to make any predictions il est trop tôt pour se prononcer; how ~ can you finish it? pour quand pouvez-vous le terminer?; the police have arrived, and not a moment too ~

les policiers sont arrivés, et ce n'est pas trop tôt.
◆ **as soon as** *conj phr* dès que, aussitôt que; as ~ as possible dès OR aussitôt que possible; phone me as ~ as you hear anything téléphonez-moi dès que vous aurez des nouvelles; he came as ~ as he could il est venu dès OR aussitôt qu'il a pu.
◆ **(just) as soon** *adv phr*: I'd (just) as ~ go by boat as by plane j'aimerais autant OR mieux y aller en bateau qu'en avion; I'd just as ~ he came tomorrow j'aimerais autant OR mieux qu'il vienne demain; I'd as ~ die as do that! plutôt mourir que de faire ça!

**sooner** ['suːnə'] ◇ *adv* (*compar of* **soon**) **-1.** [earlier] plus tôt; the ~ the better le plus tôt sera le mieux; the ~ it's over the ~ we can leave plus tôt ce sera fini, plus tôt nous pourrons partir; no ~ said than done! aussitôt dit, aussitôt fait!; no ~ had I sat down than the phone rang again je venais juste de m'asseoir quand le téléphone a de nouveau sonné; it was bound to happen ~ or later cela devait arriver tôt ou tard. **-2.** [indicating preference]: would you ~ I called back tomorrow? préférez-vous que je rappelle demain?; shall we go out tonight? — I'd ~ not si on sortait ce soir? — j'aimerais mieux pas; I'd ~ die than go through that again! plutôt mourir que de revivre ça! ◇ *n Am* [pioneer] pionnier *m*, -ère *f* du Far West (*se dit surtout de ceux qui s'installaient sans posséder de titre légal de propriété*).

**soot** [sʊt] *n* suie *f*.
◆ **soot up** *vt sep* [dirty] couvrir OR recouvrir de suie; [clog] encrasser.

**sooth** [suːθ] *n arch*: in ~ en vérité.

**soothe** [suːð] *vt* **-1.** [calm, placate] calmer, apaiser. **-2.** [relieve – pain] calmer, soulager; this will ~ your sore throat ça va soulager votre mal de gorge.

**soothing** ['suːðɪŋ] *adj* **-1.** [music, words, voice] apaisant; [atmosphere, presence] rassurant; the music had a ~ effect on them la musique les a calmés; the chairman made the usual ~ noises *inf* le président a fait son laïus habituel pour calmer les esprits. **-2.** [lotion, ointment] apaisant, calmant.

**soothsayer** ['suːθˌseɪə'] *n* devin *m*, devineresse *f*.

**sooty** ['sʊtɪ] (*compar* **sootier**, *superl* **sootiest**) *adj* **-1.** [dirty] couvert de suie, noir de suie. **-2.** [dark] noir comme de la suie.

**sop** [sɒp] *n* [concession]: they threw in the measure as a ~ to the ecologists ils ont ajouté cette mesure pour amadouer les écologistes; she said it as a ~ to their pride/feelings elle l'a dit pour flatter leur amour-propre/pour ménager leur sensibilité.

**sophist** ['sɒfɪst] *n* [false reasoner] sophiste *mf*.
◆ **Sophist** *n* PHILOS sophiste *m*.

**sophisticate** [sə'fɪstɪkeɪt] *n* personne *f* raffinée.

**sophisticated** [sə'fɪstɪkeɪtɪd] *adj* **-1.** [person, manner, tastes – refined] raffiné; [– chic] chic, élégant; [– well-informed] bien informé; [– mature] mûr; the electorate has become too ~ to believe that promise l'électorat est désormais trop bien informé OR trop averti pour croire à cette promesse. **-2.** [argument, novel, film – subtle] subtil; [– complicated] complexe. **-3.** [machine, system, technology – advanced] sophistiqué, perfectionné.

**sophistication** [sə,fɪstɪ'keɪʃn] *n* **-1.** [of person, manners, tastes – refinement] raffinement *m*; [– chic] chic *m*, élégance *f*; [– maturity] maturité *f*. **-2.** [of argument, novel, film – subtlety] subtilité *f*; [– complexity] complexité *f*. **-3.** [of system, technology] sophistication *f*, perfectionnement *m*.

**sophistry** ['sɒfɪstrɪ] (*pl* **sophistries**) *n* **-1.** [argumentation] sophistique *f*. **-2.** [argument] sophisme *m*.

**Sophocles** ['sɒfəkliːz] *prn* Sophocle.

**sophomore** ['sɒfəmɔː'] *n Am* étudiant *m*, -e *f* de seconde année.

**soporific** [,sɒpə'rɪfɪk] ◇ *adj* soporifique. ◇ *n* soporifique *m*.

**sopping** ['sɒpɪŋ] *adj* & *adv inf*: ~ (wet) [person] trempé (jusqu'aux os); [shirt, cloth] détrempé.

**soppy** ['sɒpɪ] (*compar* **soppier**, *superl* **soppiest**) *adj Br inf* **-1.** [sentimental – person] sentimental, fleur bleue (*inv*); [– story, picture] sentimental, à l'eau de rose. **-2.** [silly] bébête. **-3.** [in love]: to be ~ about sb avoir le béguin pour qqn.

**soprano** [sə'prɑːnəʊ] (*pl* **sopranos** OR **soprani** [-niː]) ◇ *n* [singer] soprano *mf*; [voice, part, instrument] soprano *m*; to sing

~ avoir une voix de soprano. ◇ *adj* [voice, part] de soprano; [music] pour soprano; ~ saxophone saxophone *m* soprano.

**sorbet** ['sɔːbeɪ] *n* **-1.** *Br* sorbet *m*. **-2.** *Am* pulpe de fruit glacée.

**sorbic acid** ['sɔːbɪk-] *n* acide *m* sorbique.

**sorcerer** ['sɔːsərə'] *n* sorcier *m*; 'The Sorcerer's Apprentice' Dukas 'l'Apprenti sorcier'.

**sorceress** ['sɔːsərɪs] *n* sorcière *f*.

**sorcery** ['sɔːsərɪ] *n* sorcellerie *f*.

**sordid** ['sɔːdɪd] *adj* **-1.** [dirty, wretched] sordide, misérable. **-2.** [base, loathsome] sordide, infâme, vil; a ~ affair une affaire sordide; I'll spare you the ~ details je vous épargnerai les détails sordides.

**sore** [sɔː'] ◇ *adj* **-1.** [aching] douloureux; I'm ~ all over j'ai mal partout; I've a ~ throat j'ai mal à la gorge; my arms/legs are ~ j'ai mal aux bras/jambes, mes bras/jambes me font mal; where is it ~? où as-tu mal?; it's a ~ point with her *fig* elle est très sensible sur ce point or là-dessus. **-2.** *Am inf* [angry] en boule; are you still ~ at me? est-ce que tu es toujours en boule contre moi? ‖ [resentful] vexé, amer. **-3.** *lit* [great] grand. ◇ *n* plaie *f*; open ~s des plaies ouvertes. ◇ *adv arch* grandement.

**sorely** ['sɔːlɪ] *adv* **-1.** [as intensifier] grandement; the house is ~ in need of a new coat of paint la maison a grandement OR bien besoin d'être repeinte; she will be ~ missed elle nous manquera cruellement; I was ~ tempted to accept her offer j'ai été très tenté d'accepter sa proposition. **-2.** *lit* [painfully]: ~ wounded grièvement blessé.

**sorghum** ['sɔːgəm] *n* sorgho *m*.

**sorority** [sə'rɒrətɪ] (*pl* **sororities**) *n Am* UNIV [association] club *m* d'étudiantes; [residence] résidence *f* (universitaire) pour jeunes femmes.

**sorrel** ['sɒrəl] ◇ *n* **-1.** BOT & CULIN oseille *f*. **-2.** [colour] roux *m*, brun rouge *m*. **-3.** [horse] alezan *m* clair. ◇ *adj* [gen] roux; [horse] alezan clair (*inv*).

**sorrow** ['sɒrəʊ] ◇ *n* chagrin *m*, peine *f*, tristesse *f*; [stronger] affliction *f*, douleur *f*; to our great ~ à notre grand regret; more in ~ than in anger avec plus de tristesse que de colère; his son's failure was a great ~ to him l'échec de son fils lui a fait OR causé beaucoup de peine. ◇ *vi lit* éprouver du chagrin OR de la peine.

**sorrowful** ['sɒrəʊfʊl] *adj* [person] triste; [look, smile] affligé.

**sorrowfully** ['sɒrəʊflɪ] *adv* tristement.

**sorrowing** ['sɒrəʊɪŋ] *adj* attristé, affligé.

**sorry** ['sɒrɪ] (*compar* **sorrier**, *superl* **sorriest**) *adj* **-1.** [in apologies] désolé; I'm ~ we won't be able to fetch you je regrette que OR je suis désolé que nous ne puissions venir vous chercher; (I'm) ~ to have bothered you (je suis) désolé de vous avoir dérangé; I'm ~ to say there's little we can do malheureusement, nous ne pouvons pas faire grand-chose; I'm so OR very OR terribly ~ je suis vraiment navré; ouch, that's my foot! — (I'm) ~! aïe! mon pied! — je suis désolé OR excusez-moi!; (I'm) ~ about the mess excusez le désordre; I'm ~ about the mix-up excusez-moi pour la confusion; ~ about forgetting your birthday désolé d'avoir oublié ton anniversaire; he said he was ~ il a présenté ses excuses; say (you're) ~ to the lady demande pardon à la dame; what's the time? — ~? quelle heure est-il? — pardon? OR comment?; they're coming on Tuesday, ~, Thursday ils viennent mardi, pardon, jeudi. **-2.** [regretful]: I'm ~ I ever came here! je regrette d'être venu ici!; you'll be ~ for this tu le regretteras. **-3.** [expressing sympathy] désolé, navré, peiné; I was ~ to hear about your father's death j'ai été désolé OR peiné OR navré d'apprendre la mort de votre père. **-4.** [pity]: to be OR to feel ~ for sb plaindre qqn; there's no need to feel ~ for them ils ne sont pas à plaindre; she felt ~ for him and gave him a pound elle eut pitié de lui et lui donna une livre; to be OR to feel ~ for o.s. s'apitoyer sur soi-même OR sur son propre sort; he's just feeling a bit ~ for himself il est juste un peu déprimé. **-5.** [pitiable, wretched] triste, piteux; to cut a ~ figure faire triste OR piètre figure; they were a ~ sight after the match ils étaient dans un triste état après le match; the garden was in a ~ state le jardin était en piteux état OR dans un triste état; it's a ~ state of affairs c'est bien triste.

**sort** [sɔːt] ◇ *n* **-1.** [kind, type] sorte *f*, espèce *f*, genre *m*; [brand] marque *f*; it's a strange ~ of film c'est un drôle de

film; it's a different ~ of problem c'est un autre type de problème; I've got a ~ of feeling about what the result will be j'ai comme un pressentiment sur ce que sera le résultat; I think that he's some ~ of specialist or that he's a specialist of some ~ je crois que c'est un genre de spécialiste; she's not the ~ (of woman) to let you down elle n'est pas du genre à vous laisser tomber; I love these *inf* or this ~ of biscuits j'adore ces biscuits-là; there's too much of this ~ of thing going on il se passe trop de choses de ce genre; they're not our ~ (of people) nous ne sommes pas du même monde; I know your ~! les gens de ton espèce, je les connais!; what ~ of dog is that? qu'est-ce que c'est comme chien or comme race de chien?; what ~ of woman is she? quel genre de femme est-ce?; what ~ of way is that to speak to your grandmother? en voilà une façon de parler à ta grand-mère!; good luck, and all that ~ of thing! bonne chance, et tout et tout!; I've heard all ~s of good things about you j'ai entendu dire beaucoup de bien de vous ❏ I said nothing of the ~! je n'ai rien dit de pareil or de tel!; I feel out of ~s je ne suis pas dans mon assiette; it takes all ~s (to make a world) *prov* il faut de tout pour faire un monde *prov*. **-2.** *inf* [person]: she's a good ~ [young woman] c'est une brave fille; [older woman] c'est une brave femme. **-3.** [gen & COMPUT - act of sorting] tri *m*; I've had a ~ through all the winter clothes *inf* j'ai trié tous les vêtements d'hiver ❏ ~ routine routine *f* de tri.
◇ *vt* **-1.** [classify] classer, trier; [divide up] répartir; [separate] séparer; COMPUT trier; to ~ mail trier le courrier; I've ~ed the index cards into alphabetical order j'ai classé or trié les fiches par ordre alphabétique; ~ the cards into two piles répartissez les cartes en deux piles; ~ the letters into urgent and less urgent répartissez les lettres entre celles qui sont urgentes et celles qui le sont moins. **-2.** [organize] = **sort out 2**.
◆ **of a sort, of sorts** *adj phr*: they served us champagne of a ~ or of ~s ils nous ont servi une espèce de champagne.
◆ **sort of** *adv phr*: I'm ~ of glad that I missed them je suis plutôt content de les avoir ratés; it's ~ of big and round c'est du genre grand et rond; did you hit him? — well, ~ of tu l'as frappé? — en quelque sorte, oui.
◆ **sort out** *vt sep* **-1.** [classify] = **sort** *vt* **1**. **-2.** [select and set aside] trier. **-3.** [tidy up – papers, clothes, room, cupboard] ranger; [put in order – finances, ideas] mettre en ordre; she needs to get her personal life ~ed out il faut qu'elle règle ses problèmes personnels. **-4.** [settle, resolve – problem, dispute] régler, résoudre; everything's ~ed out now tout est arrangé maintenant; once the initial confusion had ~ed itself out une fois que la confusion du début se fut dissipée; things will ~ themselves out in the end les choses finiront par s'arranger. **-5.** [work out]: have you ~ed out how to do it? est-ce que tu as trouvé le moyen de le faire?; I'm trying to ~ out what's been going on j'essaie de savoir or de comprendre ce qui s'est passé ‖ [arrange] arranger, fixer. **-6.** *Br inf* [solve the problems of – person]: he's very depressed, you should try to ~ him out il est très déprimé, tu devrais essayer de l'aider à s'en sortir; she needs time to ~ herself out il lui faut du temps pour régler ses problèmes. **-7.** *Br inf* [punish] régler son compte à.
◆ **sort through** *vt insep* trier.
**sorta** ['sɔːtə] *inf* = **sort of**.
**sort code** *n* BANK code *m* guichet.
**sorter** ['sɔːtər] *n* **-1.** [person] trieur *m*, -euse *f*; letter ~ employé *m*, -e *f* au tri postal. **-2.** [machine – gen] trieur *m*; [– for punched cards] trieuse *f*.
**sortie** ['sɔːtiː] *n* MIL sortie *f*.
**sorting** ['sɔːtɪŋ] *n* tri *m*.
**sorting office** *n* centre *m* de tri.
**sort-out** *n Br inf* [tidying] rangement *m*.
**SOS** (*abbr of* save our souls) *n* SOS *m*; to send out an ~ lancer un SOS.
**so-so** *adj inf* pas fameux; [in health] comme ci comme ça, couci-couça.
**sot** [sɒt] *n lit* ivrogne *m*, -esse *f*.
**sottish** ['sɒtɪʃ] *adj lit* sot (*f* sotte), stupide, abruti.
**soufflé** ['suːfleɪ] *n* soufflé *m*; cheese/chocolate ~ soufflé *m* au fromage/au chocolat; ~ dish moule *m* à soufflé.
**sough** [saʊ] *lit* ◇ *vi* murmurer, susurrer. ◇ *n* murmure *m*,

susurrement *m* (*du vent*).
**sought** [sɔːt] *pt & pp* → **seek**.
**sought-after** *adj* recherché.
**soul** [səʊl] *n* **-1.** RELIG âme *f*; God rest his ~! que Dieu ait son âme!; All Soul's Day le jour des Morts, la Toussaint; you've got no ~! tu n'as pas de cœur! ‖ [emotional depth] profondeur *f*. **-2.** [leading figure] âme *f*. **-3.** [perfect example] modèle *m*; the ~ of discretion la discrétion même or personnifiée. **-4.** [person] personne *f*, âme *f*; poor old ~! le pauvre!, la pauvre!; there wasn't a ~ in the streets il n'y avait pas âme qui vive dans les rues; I won't tell a ~ je ne le dirai à personne ‖ *lit*: the ship went down with all ~s le navire a sombré corps et biens. **-5.** [music] (musique *f*) soul *f*, soul music *f*.
**soul-destroying** [-dɪ,strɔɪɪŋ] *adj* [job] abrutissant; [situation, place] déprimant.
**soulful** ['səʊlfʊl] *adj* [song, performance, sigh] émouvant, attendrissant; [look, eyes] expressif.
**soul mate** *n* âme *f* sœur.
**soul music** *n* musique *f* soul, soul music *f*.
**soul-searching** *n* introspection *f*; after much ~ she decided to leave après mûre réflexion or après avoir mûrement réfléchi, elle décida de partir.
**sound** [saʊnd] ◇ *n* **-1.** [noise – of footsteps, thunder, conversation] bruit *m*; [– of voice, musical instrument] son *m*; I was woken by the ~ of voices/laughter j'ai été réveillé par un bruit de voix/par des éclats de rires; don't make a ~! surtout ne faites pas de bruit! **-2.** PHYS son *m*; the speed of ~ la vitesse du son. **-3.** LING son *m*; the English vowel ~s les sons vocaliques de l'anglais. **-4.** RADIO & TV son *m*; to turn the ~ up/down monter/baisser le son or volume. **-5.** [type of music] style *m* de musique, musique *f*; a brand new ~ has hit the charts un son complètement nouveau a fait son entrée au hit-parade. **-6.** [impression, idea] I don't like the ~ of these new measures ces nouvelles mesures ne me disent rien qui vaille; it's pretty easy by the ~ of it ça a l'air assez facile. **-7.** [earshot]: within the ~ of the church bells à portée du son des cloches de l'église. **-8.** MED [probe] sonde *f*. **-9.** NAUT [sounding line] (ligne *f* de) sonde *f*. **-10.** GEOG [channel] détroit *m*, bras *m* de mer. **-11.** ZOOL [air bladder] vessie *f* natatoire.
◇ *comp* [level, recording] sonore; [broadcasting] radiophonique; LING [change] phonologique; ~ crew équipe *f* du son.
◇ *adj* **-1.** [structure, building, wall – sturdy] solide; [– in good condition] en bon état, sain. **-2.** [healthy – person] en bonne santé; [– body, mind, limbs] sain; to be of ~ mind être sain d'esprit ❏ to be as ~ as a bell être en parfaite santé. **-3.** [sensible, well-founded – advice, idea, strategy] sensé, judicieux; [– argument, claim] valable, fondé, solide; to show ~ judgment faire preuve de jugement. **-4.** [reliable, solid] solide, compétent; we need somebody with a ~ grasp of the subject il nous faut quelqu'un ayant de solides connaissances en la matière; Crawford seems a ~ enough chap Crawford semble être quelqu'un en qui on peut avoir confiance; is she politically ~? ses convictions politiques sont-elles solides? **-5.** [safe – investment] sûr; [– company, business] solide. **-6.** [severe – defeat] total; [– hiding] bon. **-7.** [deep – sleep] profond; I'm a very ~ sleeper j'ai le sommeil profond.
◇ *adv*: to be ~ asleep dormir profondément or à poings fermés.
◇ *vi* **-1.** [make a sound] sonner, résonner, retentir; it ~s hollow if you tap it ça sonne creux lorsqu'on tape dessus; their voices ~ed very loud in the empty house leurs voix résonnaient bruyamment dans la maison vide; sirens ~ed in the streets des sirènes retentissaient dans les rues; if the alarm ~s, run si vous entendez l'alarme, enfuyez-vous. **-2.** *Br* [be pronounced] se prononcer; in English words are rarely spelt as they ~ en anglais, les mots s'écrivent rarement comme ils se prononcent. **-3.** [seem] sembler, paraître; (that) ~s like a good idea ça semble être une bonne idée; two weeks in Crete, that ~s nice! deux semaines en Crète, pas mal du tout!; the name ~ed French le nom avait l'air d'être or sonnait français; you ~ as though or as if or like you've got a cold on dirait que tu es enrhumé; it ~s to me as though they don't want to do it j'ai l'impression qu'ils ne veulent pas le faire; it doesn't ~ to me as though they want to do

it je n'ai pas l'impression qu'ils veuillent le faire; **you ~ just like your brother on the phone** tu as la même voix que ton frère OR on dirait vraiment ton frère au téléphone; **it's an instrument which ~s rather like a flute** c'est un instrument dont le son ressemble assez à OR est assez proche de la flûte; **that ~s like the postman now** je crois entendre le facteur. ◇ *vt* **-1.** [bell, alarm] sonner; [wind instrument] sonner de; **to ~ the horn** klaxonner; **the bugler ~ed the reveille** le clairon sonna le réveil; **to ~ a warning** lancer un avertissement. **-2.** [pronounce] prononcer; **the 'p' isn't ~ed** le «p» ne se prononce pas. **-3.** MED [chest, lungs] ausculter; [cavity, passage] sonder. **-4.** NAUT sonder. **-5.** [person] sonder; **I'll try to ~ their feelings on the matter** j'essaierai de connaître leur sentiment à cet égard.
◆ **sound off** *vi insep inf* **-1.** [declare one's opinions] crier son opinion sur tous les toits; [complain] râler; **he's always ~ing off about the management** il est toujours à râler contre la direction; **to ~ off at sb** [angrily] passer un savon à qqn. **-2.** [boast] se vanter.
◆ **sound out** *vt sep fig* [person] sonder.
**sound archives** *npl* phonothèque *f*; **a recording from the BBC ~** un enregistrement qui vient des archives de la BBC.
**sound barrier** *n* mur *m* du son; **to break the ~** franchir le mur du son.
**soundbite** ['saʊndbaɪt] *n* petite phrase *f* (*prononcée par un homme politique à la radio ou à la télévision pour frapper les esprits*).
**sound effects** *npl* bruitage *m*.
**sound engineer** *n* ingénieur *m* du son.
**sounder** ['saʊndə'] *n* NAUT sondeur *m*.
**sound hole** *n* [of violin, viola etc] ouïe *f*, esse *f*; [of guitar, lute etc] rosace *f*, rose *f*.
**sounding** ['saʊndɪŋ] *n* **-1.** AERON, METEOR & NAUT [measuring] sondage *m*. **-2.** [of bell, horn] son *m*; **wait for the ~ of the alarm** attendez le signal d'alarme OR que le signal d'alarme retentisse.
◆ **soundings** *npl* [investigations] sondages *mpl*; **to take ~s** faire des sondages.
**-sounding** *in cpds*: **a foreign~ name** un nom à consonance étrangère.
**sounding board** *n* **-1.** *fig* [person]: **she uses her assistants as a ~ for any new ideas** elle essaie toutes ses nouvelles idées sur ses assistants. **-2.** [over pulpit, rostrum] abat-voix *m inv*.
**soundless** ['saʊndlɪs] *adj* **-1.** [silent] silencieux. **-2.** *lit* [deep] insondable.
**soundly** ['saʊndlɪ] *adv* **-1.** [deeply – sleep] profondément. **-2.** [sensibly – advise, argue] judicieusement, avec bon sens. **-3.** [safely – invest] de façon sûre, sans risque OR risques. **-4.** [competently – work, run] avec compétence. **-5.** [thoroughly – defeat] à plate couture OR plates coutures; **he deserves to be ~ thrashed** il mérite une bonne correction.
**soundproof** ['saʊndpruːf] ◇ *adj* insonorisé. ◇ *vt* insonoriser.
**soundproofing** ['saʊndpruːfɪŋ] *n* insonorisation *f*.
**sound shift** *n* mutation *f* phonologique.
**sound system** *n* [hi-fi] chaîne *f* hifi; [PA system] sonorisation *f*.
**soundtrack** ['saʊndtræk] *n* bande *f* sonore.
**sound wave** *n* onde *f* sonore.
**soup** [suːp] *n* **-1.** CULIN soupe *f*; [thin or blended] soupe *f*, potage *m*; [smooth and creamy] velouté *m*; **onion/fish/leek ~** soupe à l'oignon/de poisson/aux poireaux; **cream of mushroom ~** velouté de champignons; **to be in the ~** *inf* être dans le pétrin; **from ~ to nuts** *Am inf* du début à la fin. **-2.** ∇ [nitroglycerine] nitroglycérine *f*, nitro *f*.
**souped-up** [suːpt-] *adj inf* [engine] gonflé, poussé; [car] au moteur gonflé OR poussé; [machine, computer program] perfectionné.
**soup kitchen** *n* soupe *f* populaire.
**soup plate** *n* assiette *f* creuse OR à soupe.
**soup spoon** *n* cuillère *f* OR cuiller *f* à soupe.
**soupy** ['suːpɪ] (*compar* **soupier**, *superl* **soupiest**) *adj* **-1.** [thick] épais (*f* -aisse), dense. **-2.** *Am inf* [sentimental] à l'eau de rose.
**sour** ['saʊə'] ◇ *adj* **-1.** [flavour, taste] aigre, sur. **-2.** [rancid – milk] tourné, aigre; [– breath] fétide; **the milk has gone** OR

**turned ~** le lait a tourné. **-3.** [disagreeable – person, character, mood] aigre, revêche, hargneux; [– look] hargneux; [– comment, tone] aigre, acerbe. **-4.** [wrong, awry]: **to go** OR **to turn ~** mal tourner; **their marriage went ~** leur mariage a tourné au vinaigre. **-5.** [too acidic – soil] trop acide. ◇ *vi* **-1.** [wine] surir, s'aigrir; [milk] tourner, aigrir. **-2.** [person, character] aigrir; [relationship] se dégrader, tourner au vinaigre; [situation] mal tourner. ◇ *vt* **-1.** [milk, wine] aigrir. **-2.** [person, character] aigrir; [relationship] gâter, empoisonner; [situation] gâter; **the experience ~ed his view of life** cette expérience l'a aigri.
**source** [sɔːs] ◇ *n* **-1.** [gen] source *f*; **they have traced the ~ of the power cut** ils ont découvert l'origine de la panne de courant; **at ~** à la source; **~ of infection** MED foyer *m* d'infection. **-2.** [of information] source *f*. **-3.** [of river] source *f*. ◇ *comp*: **~ material** OR **materials** [documents] documentation *f*. ◇ *vt*: **the quotations are ~d in footnotes** la source des citations figure dans les notes en bas de page.
**source language** *n* **-1.** LING langue *f* source. **-2.** COMPUT langage *m* source.
**source program** *n* COMPUT programme *m* source.
**sour cream** *n* crème *f* aigre.
**sour grapes** *n* jalousie *f*, envie *f*.
**sourpuss** ['saʊəpʊs] *n inf* grincheux *m*, -euse *f*.
**sousaphone** ['suːzəfəʊn] *n* sousaphone *m*.
**souse** [saʊs] ◇ *vt* **-1.** CULIN [in vinegar] (faire) mariner dans du vinaigre; [in brine] (faire) mariner dans de la saumure. **-2.** [immerse] immerger, plonger; [drench] tremper. **-3.** *inf* [make drunk] soûler. ◇ *n* CULIN [vinegar] marinade *f* de vinaigre; [brine] saumure *f*.
**south** [saʊθ] ◇ *n* **-1.** GEOG sud *m*; **the region to the ~ of Birmingham** la région qui est au sud de Birmingham; **he was born in the ~** je suis né dans le Sud; **in the South of France** dans le Midi (de la France); **the wind is in the ~** le vent vient du sud ‖ [in US]: **the South** le Sud, les États du Sud. **-2.** CARDS sud *m*. ◇ *adj* **-1.** GEOG sud (*inv*), du sud, méridional; **the ~ coast** la côte sud; **in ~ India** dans le sud de l'Inde ❑ **the South Atlantic/Pacific** l'Atlantique *m*/le Pacifique Sud. **-2.** [wind] du sud. ◇ *adv* au sud, vers le sud; **the village lies ~ of York** le village est situé au sud de York; **the living room faces ~** la salle de séjour est exposée au sud; **the path heads (due) ~** le chemin va OR mène (droit) vers le sud; **they live down ~** ils habitent dans le Sud.
**South Africa** *pr n* Afrique *f* du Sud; **in ~** en Afrique du Sud; **the Republic of ~** la République d'Afrique du Sud.
**South African** ◇ *n* Sud-Africain *m*, -e *f*. ◇ *adj* sud-africain, d'Afrique du Sud.
**South America** *pr n* Amérique *f* du Sud; **in ~** en Amérique du Sud.
**South American** ◇ *n* Sud-Américain *m*, -e *f*. ◇ *adj* sud-américain, d'Amérique du Sud.
**South Bank** *pr n*: **the ~** complexe sur la rive sud de la Tamise réunissant des salles de concert, des théâtres et des musées.
**southbound** ['saʊθbaʊnd] *adj* en direction du sud; **the ~ carriageway of the motorway is closed** l'axe sud de l'autoroute est fermé (à la circulation).
**South Carolina** *pr n* Caroline *f* du Sud; **in ~** en Caroline du Sud.
**South Dakota** *pr n* Dakota *m* du Sud; **in ~** dans le Dakota du Sud.
**southeast** [,saʊθ'iːst] ◇ *n* sud-est *m*. ◇ *adj* **-1.** GEOG sud-est (*inv*), du sud-est; **in ~ England** dans le sud-est de l'Angleterre. **-2.** [wind] de sud-est. ◇ *adv* au sud-est, vers le sud-est; **it's 50 miles ~ of Liverpool** c'est à 80 kilomètres au sud-est de Liverpool.
**Southeast Asia** *pr n* Asie *f* du Sud-Est; **in ~** en Asie du Sud-Est.
**southeasterly** [,saʊθ'iːstəlɪ] (*pl* **southeasterlies**) ◇ *adj* **-1.** GEOG sud-est (*inv*), du sud-est. **-2.** [wind] de sud-est. ◇ *adv* au sud-est, vers le sud-est. ◇ *n* vent *m* de sud-est.
**southeastern** [,saʊθ'iːstən] *adj* sud-est (*inv*), du sud-est.
**southeastwards** [,saʊθ'iːstwədz] *adv* vers le sud-est, en direction du sud-est.
**southerly** ['sʌðəlɪ] (*pl* **southerlies**) ◇ *adj* **-1.** GEOG sud (*inv*), du sud; **in a ~ direction** vers le sud. **-2.** [wind] du sud. ◇ *adv*

vers le sud. ◇ *n* vent *m* du sud.

**southern** ['sʌðən] *adj* **-1.** GEOG sud *(inv)*, du sud, méridional; he has a ~ accent il a un accent du sud; ~ Africa l'Afrique *f* australe; ~ Europe l'Europe *f* méridionale; in ~ India dans le sud de l'Inde ❑ the ~ hemisphere l'hémisphère *m* sud OR austral. **-2.** [wind] du sud.

**Southern Cross** *n*: the ~ la Croix du Sud.

**southerner** ['sʌðənə'] *n* [gen] homme *m*, femme *f* du sud; [in continental Europe] méridional *m*, -e *f*.

**Southern Ireland** *pr n* Irlande *f* du Sud; in ~ en Irlande du Sud.

**southernmost** ['sʌðənməʊst] *adj* le plus au sud; the ~ town in Chile la ville la plus au sud du Chili.

**south-facing** *adj* [house, wall] (exposé) au sud OR au midi.

**South Korea** *pr n* Corée *f* du Sud; in ~ en Corée du Sud.

**South Korean** ◇ *n* Sud-Coréen *m*, -enne *f*, Coréen *m*, -enne *f* du Sud. ◇ *adj* sud-coréen.

**southpaw** ['saʊpɔ:] ◇ *n Am inf* gaucher *m*, -ère *f*. ◇ *adj* gaucher.

**South Pole** *pr n* pôle *m* Sud; at the ~ au pôle Sud.

**South Sea Bubble** *pr n*: the ~ krach financier de 1720 en Angleterre.

**South Seas** *pl pr n*: the ~ les mers *fpl* du Sud.

**south-southeast** ◇ *n* sud-sud-est *m*. ◇ *adj* sud-sud-est *(inv)*, du sud-sud-est. ◇ *adv* au sud-sud-est, vers le sud-sud-est.

**south-southwest** ◇ *n* sud-sud-ouest *m*. ◇ *adj* sud-sud-ouest *(inv)*, du sud-sud-ouest. ◇ *adv* au sud-sud-ouest, vers le sud-sud-ouest.

**South Vietnam** *pr n* Sud Viêt-Nam *m*; in ~ au Sud Viêt-Nam.

**South Vietnamese** ◇ *n* Sud-Vietnamien *m*, -enne *f*; the ~ les Sud-Vietnamiens. ◇ *adj* sud-vietnamien.

**southward** ['saʊθwəd] ◇ *adj* au sud. ◇ *adv* vers le sud, en direction du sud.

**southwards** ['saʊθwədz] = **southward** *adv*.

**southwest** [,saʊθ'west] ◇ *n* sud-ouest *m*. ◇ *adj* **-1.** GEOG sud-ouest *(inv)*, du sud-ouest. **-2.** [wind] de sud-ouest. ◇ *adv* au sud-ouest, vers le sud-ouest; it's ~ of London c'est au sud-ouest de Londres.

**southwesterly** [,saʊθ'westəlɪ] *(pl* **southwesterlies)** ◇ *adj* **-1.** GEOG sud-ouest *(inv)*, du sud-ouest; in a ~ direction vers le sud-ouest. **-2.** [wind] de sud-ouest. ◇ *adv* au sud-ouest, vers le sud-ouest. ◇ *n* vent *m* de sud-ouest, suroît *m*.

**southwestern** [,saʊθ'westən] *adj* sud-ouest *(inv)*, du sud-ouest; the ~ States les États du sud-ouest.

**southwestwards** [,saʊθ'westwədz] *adv* vers le sud-ouest, en direction du sud-ouest.

**South Yemen** *pr n* Yémen *m* du Sud; in ~ au Yémen du Sud.

**souvenir** [,su:və'nɪə'] *n* souvenir *m (objet)*.

**sou'wester** [saʊ'westə'] *n* **-1.** [headgear] suroît *m*.**-2.** [wind] = **southwesterly.**

**sovereign** ['sɒvrɪn] ◇ *n* **-1.** [monarch] souverain *m*, -e *f*.**-2.** [coin] souverain *m*. ◇ *adj* **-1.** POL [state, territory] souverain; [powers] souverain, suprême; [rights] de souveraineté. **-2.** *lit* [excellent - remedy] souverain; [utmost - scorn, indifference] souverain, absolu.

**sovereignty** ['sɒvrɪntɪ] *(pl* **sovereignties)** *n* souveraineté *f*.

**soviet** ['səʊvɪət] *n* [council] soviet *m*.

◆ **Soviet** ◇ *n* [inhabitant] Soviétique *mf*. ◇ *adj* soviétique; the Union of Soviet Socialist Republics l'Union *f* des républiques socialistes soviétiques.

**Soviet Union** *pr n*: the ~ l'Union *f* soviétique; in the ~ en Union soviétique.

**sow¹** [saʊ] *(pt* **sowed,** *pp* **sowed** OR **sown** [səʊn], *cont* **sowing)** ◇ *vt* **-1.** [seed, crop] semer; [field] ensemencer. **-2.** *fig* semer; he ~ed (the seeds of) doubt in their minds il a semé le doute dans leur esprit; it was at this time that the seeds of the Industrial Revolution were sown c'est à cette époque que remontent les origines de la révolution industrielle ❑ ~ the wind and reap the whirlwind *prov* qui sème le vent récolte la tempête. *prov.* ◇ *vi* semer; as you ~ so shall you reap BIBLE comme tu auras semé tu moissonneras.

**sow²** [saʊ] *n* [pig] truie *f*.

**sower** ['səʊə'] *n* [person] semeur *m*, -euse *f*; [machine] semoir *m*.

**sowing** ['səʊɪŋ] *n* **-1.** [act] ensemencement *m*.**-2.** *(U)* [work, period, seed] semailles *fpl*.

**sown** [səʊn] *pp* → **sow.**

**sox** [sɒks] *n pl Am inf* chaussettes *fpl*.

**soya** ['sɔɪə] *n* soja *m*; ~ flour/milk farine *f*/lait *m* de soja.

**soya bean** *Br*, **soybean** ['sɔɪbi:n] *Am n* graine *f* de soja.

**soy sauce** *n* sauce *f* de soja.

**sozzled** ['sɒzld] *adj Br inf* soûl, paf.

**spa** [spɑ:] *n* **-1.** [resort] ville *f* d'eau. **-2.** [spring] source *f* minérale.

**space** [speɪs] ◇ *n* **-1.** ASTRON & PHYS espace *m*; the first man in ~ le premier homme dans l'espace; she sat staring into ~ elle était assise, le regard perdu dans le vide. **-2.** [room] espace *m*, place *f*; there's too much wasted ~ in this kitchen il y a trop de place perdue OR inutilisé dans cette cuisine; your books take up an awful lot of ~ tes livres prennent énormément de place; the large windows give an impression of ~ les grandes fenêtres donnent une impression d'espace; he cleared a OR some ~ on his desk for the tray il a fait un peu de place sur son bureau pour le plateau; the author devotes a lot of ~ to philosophical speculations l'auteur fait une large part aux spéculations philosophiques. **-3.** [volume, area, distance] espace *m*; there are at least five pubs in the ~ of a few hundred yards il y a au moins cinq pubs sur quelques centaines de mètres ❑ living ~ espace vital; advertising ~ espace *m* publicitaire. **-4.** [gap] espace *m*, place *f*; [on page, official form] espace *m*, case *f*; leave a ~ for the teacher's comments laissez un espace pour les remarques du professeur ❑ parking ~ place de parking. **-5.** TYPO [gap between words] espace *m*, blanc *m*; [blank type] espace *m*.**-6.** [period of time, interval] intervalle *m*, espace *m* (de temps); période *f*; in ~ within the ~ of six months in (l'espace de) six mois; it'll all be over in a very short ~ of time tout sera fini en très peu de temps OR d'ici peu. **-7.** [seat, place] place *f*.

◇ *comp* [programme, research, travel, flight] spatial. ◇ *vt* = **space out.**

◆ **space out** *vt sep* **-1.** [in space] espacer; ~ yourselves out a bit more écartez-vous un peu plus les uns des autres. **-2.** [in time] échelonner, espacer; ~d out over a period of ten years échelonné sur une période de dix ans.

**space age** *n*: the ~ l'ère *f* spatiale.

◆ **space-age** *adj* **-1.** SCI de l'ère spatiale. **-2.** [futuristic] futuriste.

**space bar** *n* [on typewriter] barre *f* d'espacement.

**space blanket** *n* couverture *f* de survie.

**spacecraft** ['speɪskrɑ:ft] *n* vaisseau *m*.

**-spaced** [speɪst] *in cpds* **-1.** [gen]: the buildings are closely/widely ~ les bâtiments sont proches les uns des autres/largement espacés. **-2.** TYPO: single/double ~ à interligne simple/double.

**spaced-out**▽ *adj* shooté.

**space heater** *n* radiateur *m*.

**Space Invaders®** *npl* jeu vidéo dont le but est de détruire des envahisseurs venant de l'espace.

**spacelab** ['speɪslæb] *n* laboratoire *m* spatial.

**spaceman** ['speɪsmæn] *(pl* **spacemen** [-men]) *n* [gen] spationaute *m*; [American] astronaute *m*; [Russian] cosmonaute *m*.

**space platform** = **space station.**

**space probe** *n* sonde *f* spatiale.

**space race** *n* course *f* pour la suprématie dans l'espace.

**space rocket** *n* fusée *f* spatiale OR interplanétaire.

**space-saving** *adj* qui fait gagner de la place.

**spaceship** ['speɪsʃɪp] *n* vaisseau *m* spatial habité.

**space shot** *n* lancement *m* spatial.

**space shuttle** *n* navette *f* spatiale.

**space sickness** *n* mal *m* de l'espace.

**space station** *n* station *f* spatiale OR orbitale.

**spacesuit** ['speɪssu:t] *n* combinaison *f* spatiale.

**space travel** *n* voyages *mpl* dans l'espace, astronautique *f* spec.

**space walk** ◊ *n* marche *f* dans l'espace. ◊ *vi* marcher dans l'espace.

**spacewoman** ['speɪs,wʊmən] (*pl* **spacewomen** [-,wɪmɪn]) *n* [gen] spationaute *f*, astronaute *f*; [Russian] cosmonaute *f*.

**spacial** ['speɪʃl] = **spatial**.

**spacing** ['speɪsɪŋ] *n* -**1**. [of text on page – horizontal] espacement *m*; [– vertical] interligne *m*; **typed in single/double** ~ tapé avec interligne simple/double. -**2**. [between trees, columns, buildings etc] espacement *m*, écart *m*.

**spacious** ['speɪʃəs] *adj* [house, room, office] spacieux, grand; [park, property] étendu, grand.

**spade** [speɪd] *n* -**1**. [tool] bêche *f*; **to call a** ~ **a** ~ appeler un chat un chat; **to have sthg in** ~**s** *Am inf* avoir des tonnes de qqch. -**2**. [in cards] pique *m*.

**spadework** ['speɪdwɜːk] *n* travail *m* de préparation OR de déblayage.

**spaghetti** [spə'getɪ] *n (U)* spaghetti *mpl*, spaghettis *mpl*.

**Spaghetti Junction** *pr n* surnom d'un échangeur sur l'autoroute M6 au nord de Birmingham.

**spaghetti western** *n* western-spaghetti *m*.

**Spain** [speɪn] *pr n* Espagne *f*; **in** ~ en Espagne.

**Spam**® [spæm] *n (U)* ≃ pâté de jambon en conserve.

**span** [spæn] (*pt & pp* **spanned**, *cont* **spanning**) ◊ *n* -**1**. [duration] durée *f*, laps *m* de temps; **a short attention** ~ une capacité d'attention limitée ‖ [interval] intervalle *m*; **his work covers a** ~ **of twenty-odd years** son œuvre s'étend sur une vingtaine d'années. -**2**. [range] gamme *f*; **we cover only a limited** ~ **of subjects** nous ne couvrons qu'un nombre restreint de sujets. -**3**. [of hands, arms, wings] envergure *f*.-**4**. [of bridge] travée *f*; [of arch, dome, girder] portée *f*.-**5**. [unit of measurement] empan *m*.-**6**. [matched pair – of horses, oxen] paire *f*. ◊ *vt* -**1**. [encompass, stretch over – in time, extent] couvrir, embrasser; **her career spanned more than 50 years** sa carrière s'étend sur plus de 50 ans. -**2**. [cross – river, ditch etc] enjamber, traverser. -**3**. [build bridge over] jeter un pont sur. ◊ *pt arch* → **spin**.

**spandex** ['spændeks] *n Am textile proche du Lycra*®.

**spangle** ['spæŋgl] ◊ *n* paillette *f*. ◊ *vt* pailleter, décorer de paillettes.

**Spaniard** ['spænjəd] *n* Espagnol *m*, -e *f*.

**spaniel** ['spænjəl] *n* épagneul *m*.

**Spanish** ['spænɪʃ] ◊ *adj* espagnol; ~ **guitar** guitare *f* classique. ◊ *n* LING espagnol *m*. ◊ *npl*: **the** ~ les Espagnols *mpl*.

**Spanish America** *pr n* Amérique *f* hispanophone.

**Spanish fly** *n* -**1**. [insect] cantharide *f*.-**2**. [product] poudre *f* de cantharide.

**Spanish Inquisition** *n*: **the** ~ l'Inquisition *f* espagnole.

**Spanish Main** *pr n*: **the** ~ la mer des Caraïbes.

**spank** [spæŋk] ◊ *vt* donner une fessée à, fesser. ◊ *vi* [go at a lively pace]: **to be** OR **to go** ~**ing along** aller bon train OR à bonne allure. ◊ *n* tape *f* sur les fesses.

**spanking** ['spæŋkɪŋ] ◊ *n* fessée *f*; **to give sb a** ~ donner une fessée à qqn. ◊ *adj inf* -**1**. [excellent] excellent. -**2**. [brisk] vif; **to go at a** ~ **pace** aller bon train OR à bonne allure. ◊ *adv inf*: ~ **new** flambant neuf; ~ **clean** propre comme un sou neuf.

**spanner** ['spænər] *n* clé *f*, clef *f* (*outil*); **to throw** OR **to put a** ~ **in the works** poser des problèmes.

**spar** [spɑːr] (*pt & pp* **sparred**, *cont* **sparring**) ◊ *vi* -**1**. SPORT [in boxing – train] s'entraîner (avec un sparring-partner); [– test out opponent] faire des feintes (*pour tester son adversaire*); **they sparred with each other for a few rounds** ils boxèrent amicalement durant quelques rounds. -**2**. [argue] se disputer. ◊ *n* -**1**. [pole – gen] poteau *m*, mât *m*; NAUT espar *m*.-**2**. AERON longeron *m*.-**3**. MINER spath *m*.

**spare** [speər] ◊ *adj* -**1**. [not in use] dont on ne se sert pas, disponible; [kept in reserve] de réserve, de rechange; [extra, surplus] de trop, en trop; **take a** ~ **pullover** prenez un pull de rechange; **have you got a** ~ **piece of paper?** est-ce que tu as une feuille de papier à me prêter?; **we had no** ~ **cash left to buy souvenirs** nous n'avions plus assez d'argent pour acheter des souvenirs; **I'll have some more cake if there's any going** ~ *inf* je vais reprendre du gâteau s'il en reste. -**2**. [free] libre, disponible; **call in next time you have a** ~ **moment** passez la prochaine fois que vous aurez un moment de libre. -**3**. [lean] maigre, sec (*f* sèche). -**4**. [austere – style,

decor] austère; [frugal – meal] frugal. -**5**. *Br inf* [mad]: **to go** ~ devenir dingue. ◊ *n* [spare part] pièce *f* de rechange; [wheel] roue *f* de secours; [tyre] pneu *m* de rechange. ◊ *vt* -**1**. [make available, give] accorder, consacrer; **come and see us if you can** ~ **the time** venez nous voir si vous avez le temps; ~ **a thought for their poor parents!** pensez un peu à leurs pauvres parents!; **can you** ~ **(me) a few pounds?** vous n'auriez pas quelques livres (à me passer)? ‖ [do without] se passer de; **I need £50, if you think you can** ~ **it** j'aurais besoin de 50 livres si c'est possible. -**2**. [refrain from harming, punishing, destroying] épargner; **to** ~ **sb's life** épargner la vie de qqn; **to** ~ **sb's feelings** ménager les sentiments de qqn; **to** ~ **sb's blushes** épargner qqn. -**3**. [save – trouble, suffering] épargner, éviter; **I could have** ~**d myself the bother** j'aurais pu m'épargner le dérangement; **he was** ~**d the shame of a public trial** la honte d'un procès public lui a été épargnée. -**4**. [economize] ménager; **they** ~**d no expense on the celebrations** ils n'ont reculé devant aucune dépense pour les fêtes; **the first prize is a real luxury trip, with no expense** ~**d** le premier prix est un voyage de rêve pour lequel on n'a pas regardé à la dépense; **we shall** ~ **no effort to push the plan through** nous ne reculerons devant aucun effort pour faire accepter le projet ❑ ~ **the rod and spoil the child** *prov* qui aime bien châtie bien *prov*.

◆ **to spare** *adj phr*: **young people with money to** ~ des jeunes qui ont de l'argent à dépenser; **do you have a few minutes to** ~? avez-vous quelques minutes de libres OR devant vous?; **we got to the airport with over an hour to** ~ nous sommes arrivés à l'aéroport avec plus d'une heure d'avance; **I caught the train with just a few seconds to** ~ à quelques secondes près je ratais le train.

**spare part** *n* pièce *f* de rechange, pièce *f* détachée.

**sparerib** [speə'rɪb] *n* travers *m* de porc; **barbecued** ~**s** travers de porc grillés sauce barbecue.

**spare room** *n* chambre *f* d'amis.

**spare time** *n* temps *m* libre; **what do you do in your** ~? que faites-vous pendant votre temps libre OR pendant vos moments de loisirs?

◆ **spare-time** *adj*: **spare-time activities** loisirs *mpl*.

**spare tyre** *n* -**1**. AUT pneu *m* de secours OR de rechange. -**2**. *inf* [roll of fat] bourrelet *m* (*à la taille*).

**spare wheel** *n* roue *f* de secours.

**sparing** ['speərɪŋ] *adj* -**1**. [economical – person] économe; **she's very** ~ **with her compliments** elle est très avare de compliments; **they were** ~ **in their efforts to help us** ils ne se sont pas donnés beaucoup de mal pour nous aider. -**2**. [meagre – quantity] limité, modéré; [– use] modéré, économe; **to make** ~ **use of sthg** utiliser qqch avec parcimonie OR modération.

**sparingly** ['speərɪŋlɪ] *adv* [eat] frugalement; [drink, use] avec modération; [praise] chichement, avec parcimonie; **use your strength** ~ ménagez vos forces.

**spark** [spɑːk] ◊ *vt* [trigger – interest, argument] susciter, provoquer; **the incident was the catalyst that** ~**ed the revolution** c'est l'incident qui a déclenché la révolution; **the news** ~**ed (off) an intense debate** la nouvelle déclencha un débat animé. ◊ *vi* -**1**. [produce sparks – gen] jeter des étincelles. -**2**. AUT [spark plug, ignition system] allumer (*par étincelle*). ◊ *n* -**1**. [from flame, electricity] étincelle *f*; *fig*: **whenever they meet the** ~**s fly** chaque fois qu'ils se rencontrent, ça fait des étincelles. -**2**. [flash, trace – of excitement, wit] étincelle *f*, lueur *f*; [– of interest, enthusiasm]: **she hasn't a** ~ **of common sense** elle n'a pas le moindre bon sens.

◆ **spark off** *vt sep* = **spark**.

**sparking plug** ['spɑːkɪŋ-] *Br* = **spark plug**.

**sparkle** ['spɑːkl] ◊ *vi* -**1**. [jewel, frost, glass, star] étinceler, briller, scintiller; [sea, lake] étinceler, miroiter; [eyes] étinceler, pétiller. -**2**. [person] briller; [conversation] être brillant. -**3**. [wine, cider, mineral water] pétiller. ◊ *n* -**1**. [of jewel, frost, glass, star] étincellement *m*, scintillement *m*; [of sea, lake] étincellement *m*, miroitement *m*; [of eyes] éclat *m*; **she has a** ~ **in her eye** elle a des yeux pétillants. -**2**. [of person, conversation, wit, performance] éclat *m*.

**sparkler** ['spɑːklər] *n* -**1**. [firework] cierge *m* magique. -**2**. ▽ *Br* [diamond] diam *m*.

**sparkling** ['spɑːklɪŋ] ◊ *adj* -**1**. [jewel, frost, glass, star] étincelant, scintillant; [sea, lake] étincelant, miroitant; [eyes] étincelant, pétillant. **-2.** [person, conversation, wit, performance] brillant. **-3.** [soft drink, mineral water] gazeux, pétillant. ◊ *adv*: ~ clean/white d'une propreté/blancheur éclatante.

**sparkling wine** *n* vin *m* mousseux.

**spark plug** *n* bougie *f* AUT.

**sparring partner** *n* **-1.** [in boxing] sparring-partner *m*.**-2.** *fig* adversaire *m*.

**sparrow** ['spærəʊ] *n* moineau *m*.

**sparrowhawk** ['spærəʊhɔːk] *n*: (Eurasian) ~ épervier *m*; American ~ faucon *m* des moineaux.

**sparse** [spɑːs] *adj* clairsemé, rare.

**sparsely** ['spɑːslɪ] *adv* [wooded, populated] peu; the room was ~ furnished la pièce contenait peu de meubles.

**Sparta** ['spɑːtə] *pr n* Sparte.

**Spartacus** ['spɑːtəkəs] *pr n* Spartacus.

**spartan** ['spɑːtn] *adj fig* spartiate; a ~ room une chambre austère OR sans aucun confort.

◆ **Spartan** HIST ◊ *n* Spartiate *mf*. ◊ *adj* spartiate.

**spasm** ['spæzm] *n* **-1.** [muscular contraction] spasme *m*.**-2.** [fit] accès *m*; she went into ~s of laughter elle a été prise d'une crise de fou rire.

**spasmodic** [spæz'mɒdɪk] *adj* **-1.** [intermittent] intermittent, irrégulier. **-2.** MED [pain, contraction] spasmodique.

**spasmodically** [spæz'mɒdɪklɪ] *adv* de façon intermittente, par à-coups.

**spastic** ['spæstɪk] ◊ *n* **-1.** MED [gen] handicapé *m*, -e *f* (moteur); [person affected by spasms] spasmophile *mf*.**-2.** ▽ *offensive* [clumsy person] maladroit *m*, -e *f*, lourdaud *m*, -e *f*. ◊ *adj* MED [gen] handicapé (moteur); [affected by spasms] spasmophilie; ~ paralysis tétanie *f*.

**spat** [spæt] ◊ *pt* & *pp* → **spit**. ◊ *n* **-1.** (gaiter) guêtre *f*. **-2.** *inf* [quarrel] prise *f* de bec. **-3.** [shellfish] naissain *m*.

**spate** [speɪt] *n* **-1.** [of letters, visitors] avalanche *f*; [of abuse, insults] torrent *m*; a ~ of murders/burglaries une série de meurtres/cambriolages. **-2.** *Br* [flood] crue *f*; the river was in ~ le fleuve était en crue; to interrupt sb in full ~ *fig* interrompre qqn en plein discours.

**spatial** ['speɪʃl] *adj* spatial.

**spatiotemporal** [ˌspeɪʃɪəʊ'tempərəl] *adj* spatio-temporel.

**spatter** ['spætər] ◊ *vt* [splash] éclabousser; the car ~ed me with mud, the car ~ed mud over me l'auto m'a éclaboussé OR aspergé de boue. ◊ *vi* [liquid] gicler; [oil] crépiter; rain ~ed on the windowpane la pluie crépitait sur la vitre. ◊ *n* [on garment] éclaboussure *f*, éclaboussures *fpl*; [sound – of rain, oil, applause] crépitement *m*.

**spatula** ['spætjʊlə] *n* **-1.** CULIN spatule *f*.**-2.** MED abaisse-langue *m inv*, spatule *f*.

**spawn** [spɔːn] ◊ *n* (U) **-1.** ZOOL [of frogs, fish] œufs *mpl*, frai *m*.**-2.** BOT [of mushrooms] mycélium *m*.**-3.** *fig* & *pej* [offspring] progéniture *f*. ◊ *vt* **-1.** ZOOL pondre. **-2.** *fig* [produce] engendrer. ◊ *vi* ZOOL frayer.

**spay** [speɪ] *vt* stériliser.

**SPCA** (*abbr of* **Society for the Prevention of Cruelty to Animals**) *pr n société américaine protectrice des animaux*, ≃ SPA.

**SPCC** (*abbr of* **Society for the Prevention of Cruelty to Children**) *pr n société américaine pour la protection de l'enfance*.

**speak** [spiːk] (*pt* spoke [spəʊk], *pp* spoken ['spəʊkn]) ◊ *vi* **-1.** [talk] parler; to ~ to OR *esp Am* with sb parler à OR avec qqn; to ~ about OR of sthg parler de qqch; to ~ to sb about sthg parler à qqn de qqch; to ~ in a whisper chuchoter; ~ to me! dites (-moi) quelque chose!; ~ when you're spoken to! ne parlez que lorsque l'on s'adresse à vous!; don't ~ with your mouth full ne parle pas la bouche pleine; it seems I spoke too soon on dirait que j'ai parlé un peu vite ‖ [on telephone] parler; who's ~ing? [gen] qui est à l'appareil?; [switchboard] c'est de la part de qui?; Kate Smith ~ing Kate Smith à l'appareil, c'est Kate Smith; may I ~ to Kate? – ~ing puis-je parler à Kate? – c'est moi ❑ ~ now or forever hold your peace parlez maintenant ou gardez le silence pour toujours. **-2.** [in debate, meeting etc – make a speech] faire un discours, parler; [– intervene] prendre la parole, parler; the chair called upon Mrs Fox to ~ le président a demandé à Mme Fox de prendre la parole; he was invited to ~ to us on OR about Chile il a été invité à venir nous parler du Chili; to ~ to OR on a motion soutenir une motion; to ~

from the floor intervenir dans un débat. **-3.** [be on friendly terms]: she isn't ~ing to me elle ne me parle plus; I don't know them to ~ to je ne les connais que de vue; to be on ~ing terms with sb connaître qqn (*assez pour lui parler*); we're no longer on ~ing terms nous ne nous parlons plus. **-4.** [as spokesperson]: to ~ for sb [on their behalf] parler au nom de qqn; [in their favour] parler en faveur de qqn; let her ~ for herself! laisse-la s'exprimer!; ~ for yourself! *hum* parle pour toi!; the facts ~ for themselves *fig* les faits parlent d'eux-mêmes; the title ~s for itself *fig* le titre se passe de commentaire. **-5.** [in giving an opinion]: generally ~ing en général; personally ~ing en ce qui me concerne, quant à moi; ~ing of which justement, à ce propos; financially ~ing financièrement parlant, du point de vue financier; ~ing as a politician en tant qu'homme politique; you shouldn't ~ ill of the dead tu ne devrais pas dire du mal des morts; he always ~s well/highly of you il dit toujours du bien/beaucoup de bien de vous. **-6.** *fig* [give an impression]: his paintings ~ of terrible loneliness ses peintures expriment une immense solitude. **-7.** *lit* [sound – trumpet] sonner, retentir; [– organ pipe] parler; [– gun] retentir. ◊ *vt* **-1.** [say, pronounce] dire, prononcer; to ~ one's mind dire sa pensée OR façon de penser; she spoke my name in her sleep elle a prononcé mon nom dans son sommeil; he didn't ~ a word il n'a pas dit un mot; to ~ the truth dire la vérité; his silence ~s volumes son silence en dit long. **-2.** [language] parler; 'English spoken' 'ici on parle anglais'; we just don't ~ the same language *fig* nous ne parlons pas le même langage, c'est tout.

◆ **not to speak of** *prep phr* sans parler de; his plays are hugely popular, not to ~ of his many novels ses pièces sont extrêmement populaires, sans parler de ses nombreux romans.

◆ **so to speak** *adv phr* pour ainsi dire.

◆ **to speak of** *adv phr*: there's no wind/mail to ~ of il n'y a presque pas de vent/de courrier.

◆ **speak for** *vt insep* (*usu passive*): these goods are already spoken for ces articles sont déjà réservés OR retenus; she's already spoken for elle est déjà prise.

◆ **speak out** *vi insep* parler franchement, ne pas mâcher ses mots; to ~ out for sthg parler en faveur de qqch; to ~ out against sthg s'élever contre qqch; she spoke out strongly against the scheme elle a condamné le projet avec véhémence.

◆ **speak up** *vi insep* **-1.** [louder] parler plus fort; [more clearly] parler plus clairement. **-2.** [be frank] parler franchement; to ~ up for sb parler en faveur de qqn, défendre les intérêts de qqn; why didn't you ~ up? pourquoi n'avez-vous rien dit?

**-speak** *in cpds pej*: computer~ langage *m* OR jargon *m* de l'informatique.

**speakeasy** ['spiːkˌiːzɪ] (*pl* speakeasies) *n* bar *m* clandestin (*pendant la prohibition*).

**speaker** ['spiːkər] *n* **-1.** [gen] celui *m*/celle *f* qui parle; [in discussion] interlocuteur *m*, -trice *f*; [in public] orateur *m*, -trice *f*; [in lecture] conférencier *m*, -ère *f*; she's a good ~ elle sait parler OR s'exprimer en public. **-2.** LING locuteur *m*, -trice *f*; native ~s of English ceux dont la langue maternelle est l'anglais; Spanish ~ hispanophone *mf*; my parents are Welsh ~s mes parents sont galloisants OR parlent (le) gallois. **-3.** POL speaker *m*, président *m*, -e *f* de l'assemblée; the Speaker (of the House of Commons) le président de la Chambre des communes; the Speaker of the House le président de la Chambre des représentants américaine. **-4.** [loudspeaker] haut-parleur *m*; [in stereo system] enceinte *f*, baffle *m*.

**Speakers' Corner** *pr n* angle nord-est de Hyde Park où chacun peut venir le week-end haranguer la foule sur des tribunes improvisées.

**speaking** ['spiːkɪŋ] ◊ *adj* **-1.** [involving speech]: do you have a ~ part in the play? est-ce que vous avez du texte?; she has a good ~ voice elle a une belle voix. **-2.** [which speaks – robot, machine, doll] parlant. ◊ *n art m* de parler.

**-speaking** *in cpds* **-1.** [person]: they're both German/ Spanish~ ils sont tous deux germanophones/ hispanophones. **-2.** [country]: French/English~ countries les pays francophones/anglophones; the Arab~ world le monde arabophone.

**speaking clock** *n Br* horloge *f* parlante.

**speaking tube** *n* tuyau *m* acoustique.

**spear** [spɪəʳ] ◇ *n* **-1.** [weapon] lance *f*; [harpoon] harpon *m*.**-2.** [of asparagus, broccoli etc] pointe *f*. ◇ *vt* **-1.** [enemy] transpercer d'un coup de lance; [fish] harponner. **-2.** [food] piquer.

**speargun** ['spɪəgʌn] *n* fusil *m* (de pêche sous-marine).

**spearhead** ['spɪəhed] ◇ *n literal & fig* fer *m* de lance. ◇ *vt* [attack] être le fer de lance de; [campaign, movement] mener, être à la tête de.

**spearmint** ['spɪəmɪnt] ◇ *n* **-1.** [plant] menthe *f* verte; [flavour] menthe *f*.**-2.** [sweet] bonbon *m* à la menthe. ◇ *adj* [flavour] de menthe; [toothpaste, chewing gum] à la menthe.

**spec** [spek] *n* **-1.** *phr:* on ~ *Br inf* au hasard; he bought the car on ~ il a risqué le coup en achetant sa voiture. **-2.** *abbr of* specification.

**special** ['speʃl] ◇ *adj* **-1.** [exceptional, particular – offer, friend, occasion, ability] spécial; [– reason, effort, pleasure] particulier; [– powers] extraordinaire; **pay** ~ **attention to the details** faites particulièrement attention aux détails; this is a very ~ moment for me c'est un moment particulièrement important pour moi; as a ~ treat [present] comme cadeau; [outing] pour vous faire plaisir; can you do me a ~ favour? pouvez-vous me rendre un grand service?; it's a ~ case c'est un cas particulier OR à part; a ~ feature [in paper] un article spécial; [on TV] une émission spéciale; they put on a ~ train for the match ils ont prévu un train supplémentaire pour le match; ❏ ~ agent agent *m* secret; ~ interest holidays vacances *fpl* à thème. **-2.** [specific – need, problem] spécial, particulier; [– equipment] spécial; [– adviser] particulier; you need ~ permission il vous faut une autorisation spéciale; she has a ~ interest in Italian art elle s'intéresse beaucoup à OR porte un intérêt tout particulier à l'art italien. **-3.** [peculiar] particulier. **-4.** [valued] cher; you're very ~ to me je tiens beaucoup à toi; a ~ relationship des rapports privilégiés.
◇ *n* **-1.** [train] train *m* supplémentaire; [bus] car *m* supplémentaire. **-2.** [in restaurant] spécialité *f*; the chef's/the house ~ la spécialité du chef/de la maison; today's ~ le plat du jour. **-3.** TV émission *f* spéciale; PRESS [issue] numéro *m* spécial; [feature] article *m* spécial. **-4.** *Am* COMM offre *f* spéciale; sugar is on ~ today le sucre est en promotion aujourd'hui.

**Special Air Service** *pr n* commando d'intervention spéciale de l'armée britannique.

**Special Branch** *pr n* renseignements généraux britanniques.

**special correspondent** *n* PRESS envoyé *m* spécial.

**special effects** *npl* CIN & TV effets *mpl* spéciaux.

**specialism** ['speʃəlɪzm] *n* spécialisation *f*; my ~ is maths je me spécialise dans les maths.

**specialist** ['speʃəlɪst] ◇ *n* **-1.** [gen & MED] spécialiste *mf*; she's a heart ~ elle est cardiologue; he's a ~ in rare books c'est un spécialiste en livres rares. **-2.** *Am* MIL officier *m* technicien. ◇ *adj* [skills, vocabulary] spécialisé, de spécialiste; [writing, publication] pour spécialistes; to seek ~ advice demander conseil à OR consulter un spécialiste; ~ teacher professeur *m* spécialisé; she's a ~ maths teacher elle n'enseigne que OR enseigne uniquement les maths.

**speciality** [,speʃɪ'ælətɪ] *Br* (*pl* specialities), **specialty** ['speʃltɪ] *Am* (*pl* specialties) *n* **-1.** [service, product] spécialité *f*; a local ~ une spécialité de la région; our ~ is electronic components nous nous spécialisons OR nous sommes spécialisés dans les composants électroniques. **-2.** [area of study] spécialité *f*; her ~ is Chinese elle s'est spécialisée en chinois.

**specialization** [,speʃəlaɪ'zeɪʃn] *n* spécialisation *f*; his ~ is computers c'est lui spécialisé en informatique.

**specialize, -ise** ['speʃəlaɪz] *vi* [company, restaurant, student] se spécialiser; to ~ in sthg se spécialiser en OU dans qqch.

**specialized** ['speʃəlaɪzd] *adj* spécialisé; we need somebody with ~ knowledge il nous faut un spécialiste; highly ~ equipment un matériel hautement spécialisé.

**special licence** *n Br* dispense *f* de bans; to be married by ~ se marier avec dispense de bans.

**specially** ['speʃəlɪ] *adv* **-1.** [above all] spécialement, particulièrement, surtout; I would ~ like to hear that song j'aimerais beaucoup écouter cette chanson. **-2.** [on purpose, specifically] exprès, spécialement; I made your favourite

meal ~ j'ai fait exprès ton repas préféré; we've driven 500 miles ~ to see you nous avons fait 800 kilomètres spécialement pour venir te voir. **-3.** [particularly] spécialement; the chocolate mousse is ~ good here la mousse au chocolat est particulièrement bonne ici.

**special school** *n Br* [for the physically handicapped] établissement *m* d'enseignement spécialisé (*pour enfants handicapés*); [for the mentally handicapped] établissement *m* d'enseignement spécialisé (*pour enfants inadaptés*).

**specialty** ['speʃltɪ] (*pl* specialties) *n* **-1.** *Am* = speciality. **-2.** JUR contrat *m* sous seing privé.

**species** ['spi:ʃi:z] (*pl inv*) *n* **-1.** BIOL espèce *f*.**-2.** *fig* espèce *f*.

**specific** [spə'sɪfɪk] ◇ *adj* **-1.** [explicit] explicite; [precise] précis; [clear] clair; [particular] particulier; give me a ~ example donnez-moi un exemple précis; she was quite ~ about it elle s'est montrée très claire OR précise à ce sujet. **-2.** BIOL & BOT: ~ name nom *m* spécifique OR d'espèce. ◇ *n* MED (remède *m*) spécifique *m*.
◆ **specifics** *npl* détails *mpl*.

**specifically** [spə'sɪfɪklɪ] *adv* **-1.** [explicitly] explicitement; [precisely] précisément, de façon précise; [clearly] clairement, expressément; I ~ asked to speak to Mr Day j'avais bien spécifié OR précisé que je voulais parler à M. Day; I ~ told you to telephone je t'avais bien dit de téléphoner. **-2.** [particularly] particulièrement; [specially] spécialement; [purposely] exprès, expressément; our kitchens are ~ designed for the modern family nos cuisines sont (tout) spécialement conçues pour la famille moderne.

**specification** [,spesɪfɪ'keɪʃn] *n* **-1.** (*often pl*) [in contract, of machine, building materials etc] spécifications *fpl*; made (according) to ~ construit en fonction de spécifications techniques; the builder didn't follow the architect's ~s le constructeur n'a pas respecté le cahier des charges rédigé par l'architecte. **-2.** [stipulation] spécification *f*, précision *f*; there was no ~ as to age l'âge n'était pas précisé.

**specific gravity** *n* densité *f*.

**specify** ['spesɪfaɪ] (*pt & pp* specified) *vt* spécifier, préciser; unless otherwise specified sauf indication contraire; on a specified date à une date précise.

**specimen** ['spesɪmən] ◇ *n* **-1.** [sample – of work, handwriting] spécimen *m*; [– of blood] prélèvement *m*; [– of urine] échantillon *m*.**-2.** [single example] spécimen *m*; a fine ~ of Gothic architecture un bel exemple d'architecture gothique. **-3.** *inf & pej* [person] spécimen *m*. ◇ *comp* [page, letter, reply] spécimen; they will ask you for a ~ signature ils vous demanderont un exemplaire de votre signature; ~ copy spécimen *m* (*livre, magazine*).

**specious** ['spi:ʃəs] *adj* [argument, reasoning] spécieux; [appearance] trompeur.

**speck** [spek] ◇ *n* **-1.** [of dust, dirt] grain *m*; [in eye] poussière *f*. **-2.** [stain, mark – gen] petite tache *f*; [– on skin, fruit] tache *f*, tavelure *f*; [– of blood] petite tache *f*. **-3.** [dot – on horizon, from height] point *m* noir. **-4.** [tiny amount] tout petit peu *m*. ◇ *vt* (*usu passive*) tacheter.

**speckle** ['spekl] ◇ *n* moucheture *f*. ◇ *vt* tacheter, moucheter; ~d with yellow tacheté OR moucheté de jaune.

**speckled** ['spekld] *adj* tacheté, moucheté.

**specs** [speks] (*abbr of* spectacles) *npl inf* lunettes *fpl*, binocles *mpl*.

**spectacle** ['spektəkl] *n* **-1.** [sight] spectacle *m*; he was a sorry OR sad ~ il était triste à voir; to make a ~ of o.s. se donner en spectacle. **-2.** CIN, THEAT & TV superproduction *f*.

**spectacled** ['spektəkld] *adj* [gen & ZOOL] à lunettes.

**spectacles** ['spektəklz] *npl* lunettes *fpl*; a pair of ~ une paire de lunettes.

**spectacular** [spek'tækjʊləʳ] ◇ *adj* [event, defeat, result, view] spectaculaire; there has been a ~ rise in house prices le prix des maisons a fait un bond spectaculaire. ◇ *n* CIN, THEAT & TV superproduction *f*.

**spectacularly** [spek'tækjʊləlɪ] *adv* [big, beautiful] spectaculairement; it went ~ wrong ça s'est vraiment très mal passé.

**spectate** [spek'teɪt] *vi* assister à.

**spectator** [spek'teɪtəʳ] *n* spectateur *m*, -trice *f*.

**spectator sport** *n* sport *m* grand public.

**specter** *Am* = spectre.

**spectra** ['spektrə] *pl*→ **spectrum**.

**spectral** ['spektrəl] *adj* [gen & PHYS] spectral.

**spectre** *Br*, **specter** *Am* ['spektə'] *n* spectre *m*.

**spectrogram** ['spektrəgræm] *n* spectrogramme *m*.

**spectrograph** ['spektrəgrɑ:f] *n* spectrographe *m*.

**spectrum** ['spektrəm] (*pl* **spectrums** OR **spectra** [-trə]) *n* **-1.** PHYS spectre *m*.**-2.** *fig* [range] gamme *f*; **right across the ~ sur toute la gamme; the political ~ l'éventail *m* politique.

**speculate** ['spekjʊleɪt] *vi* **-1.** [wonder] s'interroger, se poser des questions; [make suppositions] faire des suppositions; PHILOS spéculer; **the press is speculating about the future of the present government** la presse s'interroge sur l'avenir du gouvernement actuel. **-2.** COMM & FIN spéculer; **to ~ on the stock market** spéculer OR jouer en Bourse.

**speculation** [,spekjʊ'leɪʃn] *n* **-1.** (U) [supposition, conjecture] conjecture *f*, conjectures *fpl*, supposition *f*, suppositions *fpl*; PHILOS spéculation *f*; **it's pure ~** ce n'est qu'une hypothèse; **there's been a lot of ~ about her motives** tout le monde s'est demandé quels étaient ses motifs. **-2.** [guess] supposition *f*, conjecture *f*. **-3.** COMM & FIN spéculation *f*; **~ in oil** spéculation sur le pétrole.

**speculative** ['spekjʊlətɪv] *adj* spéculatif.

**speculator** ['spekjʊleɪtə'] *n* COMM & ST. EX spéculateur *m*, -trice *f*.

**speculum** ['spekjʊləm] (*pl* **speculums** OR **specula** [-lə]) *n* MED spéculum *m*; OPT miroir *m*, réflecteur *m*.

**sped** [sped] *pt & pp*→ **speed**.

**speech** [spi:tʃ] *n* **-1.** [ability to speak] parole *f*; [spoken language] parole *f*, langage *m* parlé; **~ is silver but silence is golden** *prov* la parole est d'argent, mais le silence est d'or *prov*. **-2.** [manner of speaking] façon *f* de parler, langage *m*; [elocution] élocution *f*, articulation *f*; **his ~ was slurred** il bafouillait. **-3.** [dialect, language] parler *m*, langage *m*. **-4.** [talk] discours *m*, allocution *f fml*; [shorter, more informal] speech *m*; **to make a ~ on** OR **about sthg** faire un discours sur qqch ❑ **the Queen's Speech** POL le discours du Trône. **-5.** THEAT monologue *m*.

**speech act** *n* LING acte *m* de parole.

**speech day** *n Br* SCH distribution *f* des prix; **on ~** le jour de la distribution des prix.

**speech defect** *n* défaut *m* de prononciation; **trouble *m* du langage** *spec*.

**speechify** ['spi:tʃɪfaɪ] (*pt & pp* **speechified**) *vi pej* discourir, faire de beaux discours.

**speech impediment** *n* défaut *m* d'élocution OR de prononciation.

**speechless** ['spi:tʃlɪs] *adj* **-1.** [with amazement, disbelief] muet, interloqué; [with rage, joy] muet; **to leave sb ~** laisser qqn sans voix; **I'm ~!** *inf* je ne sais pas quoi dire!, les bras m'en tombent!**-2.** [inexpressible – rage, fear] muet.

**speechmaking** ['spi:tʃ,meɪkɪŋ] *n* (U) discours *mpl*; *pej* beaux discours *mpl*.

**speech pattern** *n* schéma *m* linguistique.

**speech recognition** *n* COMPUT reconnaissance *f* de la parole.

**speech sound** *n* LING phone *m*, son *m* linguistique.

**speech therapist** *n* orthophoniste *mf*.

**speech therapy** *n* orthophonie *f*.

**speechwriter** ['spi:tʃ,raɪtə'] *n* personne *f* qui écrit des discours; **she's the mayor's ~** c'est elle qui écrit les discours du maire.

**speed** [spi:d] (*pt & pp vi sense 1* **sped** [sped], *vi sense 2* **speeded**, *vt* **speed** [sped] OR **speeded**) ◇ *n* **-1.** [rate, pace – of car, progress, reaction, work] vitesse *f*; **I was driving** OR **going at a ~ of 65 mph** je roulais à 100 km/h; **to do a ~ of 100 km/h** faire du 100 km/h; **at (a) great** OR **high ~** à toute vitesse, à grande vitesse; **at top** OR **full ~** [drive] à toute vitesse OR allure; [work] très vite, en quatrième vitesse; **at the ~ of light/sound** à la vitesse de la lumière/du son ❑ **reading ~** vitesse *f* de lecture; **typing/shorthand ~** nombre *m* de mots-minute en dactylo/en sténo. **-2.** [rapid rate] vitesse *f*, rapidité *f*; **I hate having to work at a ~** *Br* j'ai horreur de devoir travailler vite; **to pick up/to lose ~** prendre/perdre de la vitesse. **-3.** [gear – of car, bicycle] vitesse *f*.**-4.** PHOT [of film] rapidité *f*, sensibilité *f*; [of shutter] vitesse *f*; [of lens] lumino-

sité *f*.**-5.** ▽ *drugs sl* speed *m*, amphétamines *fpl*.

◇ *vi* **-1.** [go fast] aller à toute allure; **we sped across the field** nous avons traversé le champ à toute allure; **time seems to ~ by** le temps passe comme un éclair; **the jet-plane sped through the sky** le jet traversa le ciel comme un éclair. **-2.** AUT [exceed speed limit] faire des excès de vitesse.

◇ *vt* [person]: **to ~ sb on his way** souhaiter bon voyage à qqn; **God ~ (you)!** *arch* (que) Dieu vous garde!

◆ **speed up** *vi sep* **-1.** [gen] aller plus vite; [driver] rouler plus vite; [worker] travailler plus vite; [machine, film] accélérer.

◇ *vt sep* [worker] faire travailler plus vite; [person] faire aller plus vite; [work] activer, accélérer; [pace] presser; [production] accélérer, augmenter; [reaction, film] accélérer.

**speedboat** ['spi:dbəʊt] *n* vedette *f* (rapide); [with outboard engine] hors-bord *m inv*.

**speed bump** *n* casse-vitesse *m*.

**speeder** ['spi:də'] *n* [fast driver] *personne qui conduit vite*; [convicted driver] *automobiliste condamné pour excès de vitesse*.

**speedily** ['spi:dɪlɪ] *adv* [quickly] vite, rapidement; [promptly] promptement, sans tarder; [soon] bientôt.

**speeding** ['spi:dɪŋ] *n* AUT excès *m* de vitesse. ◇ *comp*: **a ~ ticket** un P-V pour excès de vitesse.

**speed limit** *n* limitation *f* de vitesse; **the ~ is 60** la vitesse est limitée à 60.

**speedo** ['spi:dəʊ] (*pl* **speedos**) *Br inf* = **speedometer**.

**speedometer** [spɪ'dɒmɪtə'] *n* compteur *m* de vitesse.

**speed-reading** *n* lecture *f* rapide.

**speed trap** *n* contrôle *m* de vitesse; **radar ~** contrôle radar.

**speed-up** *n* accélération *f*.

**speedway** ['spi:dweɪ] *n* **-1.** [racing] speedway *m*. **-2.** *Am* [track] piste *f* de vitesse pour motos. **-3.** *Am* [expressway] voie *f* express OR rapide.

**Speedwriting®** ['spi:d,raɪtɪŋ] *n* sténo *f* alphabétique.

**speedy** ['spi:dɪ] (*compar* **speedier**, *superl* **speediest**) *adj* **-1.** [rapid] rapide; [prompt] prompt; **her help brought a ~ end to the dispute** son aide a permis de mettre rapidement fin au différend. **-2.** [car] rapide, nerveux.

**speleologist** [,spi:lɪ'ɒlədʒɪst] *n* spéléologue *mf*.

**speleology** [,spi:lɪ'ɒlədʒɪ] *n* spéléologie *f*.

**spell** [spel] (*Br pt & pp vi* & *vt senses 1, 2 & 3* **spelt** [spelt] OR **spelled**, *pt & pp vt sense 4* **spelled**, *Am pt & pp* **spelled**) ◇ *vt* **-1.** [write] écrire, orthographier; **they've spelt my name wrong** ils ont mal écrit mon nom; **his name is spelt J-O-N** son nom s'écrit J-O-N; **how do you ~ it?** comment est-ce que ça s'écrit?; ‖ [aloud] épeler; **shall I ~ my name for you?** voulez-vous que j'épelle mon nom?**-2.** [subj: letters] former, donner; **C-O-U-G-H ~s 'cough'** C-O-U-G-H donnent «cough». **-3.** *fig* [mean] signifier; **the floods ~ disaster for our region** les inondations signifient le désastre pour notre région. **-4.** [worker, colleague] relayer.

◇ *vi*: **to learn to ~** apprendre l'orthographe; **he ~s badly** il est mauvais en orthographe.

◇ *n* **-1.** [period] (courte) période *f*; **a ~ of cold weather** une période de (temps) froid; **scattered showers and sunny ~s** des averses locales et des éclaircies; **she did** OR **had a ~ as a reporter** elle a été journaliste pendant un certain temps; **he had a dizzy ~** il a été pris de vertige. **-2.** [of duty] tour *m*; **do you want me to take** OR **to do a ~ at the wheel?** voulez-vous que je vous relaie au volant OR que je conduise un peu?**-3.** [magic words] formule *f* magique, incantation *f*.**-4.** [enchantment] charme *m*, sort *m*, sortilège *m*; **to cast** OR **to put a ~ on sb** jeter un sort OR un charme à qqn, ensorceler OR envoûter qqn; **to break the ~** rompre le charme; **to be under sb's ~** *literal & fig* être sous le charme de qqn.

◆ **spell out** *vt sep* **-1.** [read out letter by letter] épeler; [decipher] déchiffrer. **-2.** [make explicit] expliquer bien clairement; **do I have to ~ it out for you?** est-ce qu'il faut que je mette les points sur les i?

**spellbinding** ['spel,baɪndɪŋ] *adj* ensorcelant, envoûtant.

**spellbound** ['spelbaʊnd] *adj* [spectator, audience] captivé, envoûté; **the film held me ~ from start to finish** le film m'a tenu en haleine OR m'a captivé du début jusqu'à la fin.

**spell-check** ◇ *n* vérification *f* orthographique; **to do** OR **run a ~ on a document** effectuer la vérification orthographique d'un document. ◇ *vt* faire la vérification orthographique de.

**spell-checker** *n* correcteur *m* OR vérificateur *m* orthographique.

**speller** ['spelər] *n* **-1.** [person]: he is a good/bad ~ il est bon/mauvais en orthographe. **-2.** [book] livre *m* d'orthographe.

**spelling** ['spelɪŋ] ◇ *n* **-1.** [word formation] orthographe *f.* **-2.** [ability to spell]: he is good at ~ il est fort en orthographe. ◇ *comp* [error, test, book] d'orthographe; [pronunciation] orthographique; ~ mistake faute *f* d'orthographe.

**spelling bee** *n Am* concours *m* d'orthographe.

**spelling checker** = spell-checker.

**spelt** [spelt] ◇ *pt & pp* → spell *vi & vt* **1, 2, 3.** ◇ *n* BOT épeautre *m.*

**spelunker** [spɪ'lʌŋkər] *n Am* spéléologue *mf.*

**spelunking** [spɪ'lʌŋkɪŋ] *n Am* spéléologie *f.*

**spend** [spend] (*pt & pp* spent [spent]) ◇ *vt* **-1.** [money, fortune] dépenser; to ~ money on [food, clothes] dépenser de l'argent en; [house, car] dépenser de l'argent pour, consacrer de l'argent à; how much do you ~ on the children's clothes? combien (d'argent) dépensez-vous pour habiller vos enfants?; he ~s all his money (on) gambling il dépense tout son argent au jeu; he ~s most of his pocket money on (buying) records la plus grande partie de son argent de poche passe dans l'achat de disques; I consider it money well spent je considère que c'est un bon investissement; without ~ing a penny sans dépenser un centime, sans bourse délier ❏ to ~ a penny *Br inf & euph* aller au petit coin. **-2.** [time – pass] passer; [– devote] consacrer; to ~ time on sthg/ on doing sthg passer du temps sur qqch/à faire qqch; I spent three hours on the job le travail m'a pris OR demandé trois heures; what a way to ~ Easter! quelle façon de passer les vacances de Pâques!; I spent a lot of time and effort on this j'y ai consacré beaucoup de temps et d'efforts; she spent her life helping the underprivileged elle a consacré sa vie à aider les défavorisés. **-3.** [exhaust, use up] épuiser. ◇ *vi* dépenser, faire des dépenses.
◇ *n Br* [allocated money] allocation *f*; we must increase our marketing ~ nous devons augmenter le budget marketing.

**spender** ['spendər] *n* dépensier *m*, -ère *f*; she's a big ~ elle est très dépensière.

**spending** ['spendɪŋ] *n (U)* dépenses *fpl*; public OR government ~ dépenses publiques.

**spending money** *n* argent *m* de poche.

**spending power** *n* pouvoir *m* d'achat.

**spending spree** *n*: we went on a ~ nous avons fait des folies, nous avons dépensé des sommes folles.

**spendthrift** ['spendθrɪft] ◇ *n* dépensier *m*, -ère *f.* ◇ *adj* dépensier.

**spent** [spent] ◇ *pt & pp* → spend. ◇ *adj* **-1.** [used up – fuel, bullet, match] utilisé; [cartridge] brûlé; the party is a ~ force in politics le parti n'a plus l'influence qu'il avait en politique; her courage was ~ elle n'avait plus de courage. **-2.** [tired out] épuisé.

**sperm** [spɜːm] (*pl inv* OR sperms) *n* **-1.** [cell] spermatozoïde *m.* **-2.** [liquid] sperme *m.*

**spermatic** [spɜː'mætɪk] *adj* spermatique; ~ cord cordon *m* spermatique; ~ fluid sperme *m.*

**sperm bank** *n* banque *f* de sperme.

**spermicidal** [,spɜːmɪ'saɪdl] *adj* spermicide; ~ cream/jelly crème *f*/gelée *f* spermicide.

**spermicide** ['spɜːmɪsaɪd] *n* spermicide *m.*

**sperm whale** *n* cachalot *m.*

**spew** [spjuː] ◇ *vt* **-1.** ▽ *literal* dégueuler. **-2.** *fig* vomir. ◇ *vi* **-1.** ▽ *literal* dégueuler. **-2.** *fig* [pour out] gicler.
◆ **spew up** ▽ *vi insep & vt sep* vomir.

**sphere** [sfɪər] *n* **-1.** [globe] sphère *f*; *lit* [sky] cieux *mpl.* **-2.** *fig* [of interest, activity] sphère *f*, domaine *m*; her ~ of activity [professional] son domaine d'activité; [personal] sa sphère d'activité; the question is outside the committee's ~ la question ne relève pas des compétences du comité; the guests came from various social and professional ~s les invités venaient de divers horizons sociaux et professionnels; in the public ~ [industry] dans le domaine public; [politics] dans la vie politique.

**spherical** ['sferɪkl] *adj* sphérique.

**spheroid** ['sfɪərɔɪd] *n* sphéroïde *m.*

**sphincter** ['sfɪŋktər] *n* sphincter *m.*

**Sphinx** [sfɪŋks] *pr n*: the ~ le sphinx.

**spic**▼ [spɪk] *n Am* terme injurieux désignant les Américains hispanophones, en particulier les Portoricains.

**spice** [spaɪs] ◇ *n* CULIN épice *f*; it needs more ~ ce n'est pas assez épicé OR relevé ❏ mixed ~ *(U)* épices *fpl* mélangées; ~ cake gâteau *m* aux épices; ~ rack étagère *f* OR présentoir *m* à épices. **-2.** *fig* piquant *m*, sel *m.* ◇ *vt* **-1.** CULIN épicer, parfumer; ~d with nutmeg parfumé à la muscade. **-2.** *fig* pimenter, corser; the story is ~d with political anecdotes l'histoire est pimentée d'anecdotes politiques.

**spick-and-span** ['spɪkən,spæn] *adj* [room] impeccable, reluisant de propreté; [appearance] tiré à quatre épingles.

**spicy** ['spaɪsɪ] (*compar* spicier, *superl* spiciest) *adj* **-1.** [food] épicé. **-2.** *fig* [book, story] piquant, corsé.

**spider** ['spaɪdər] *n* **-1.** ZOOL araignée *f*; ~'s web toile *f* d'araignée. **-2.** *Br* [for luggage] araignée *f* (à bagages). **-3.** *Am* CULIN poêle *f* (à trépied).

**spider crab** *n* araignée *f* (de mer).

**spider monkey** *n* singe *m* araignée, atèle *m.*

**spider plant** *n* chlorophytum *m.*

**spiderweb** ['spaɪdəweb] *n Am* toile *f* d'araignée.

**spidery** ['spaɪdərɪ] *adj* [in shape] en forme d'araignée; ~ writing pattes *fpl* de mouches.

**spiel** [ʃpiːl] *inf n* **-1.** [speech] laïus *m*, baratin *m.* **-2.** [sales talk] baratin *m.* ◇ *vi* baratiner.

**spiffy** ['spɪfɪ] (*compar* spiffier, *superl* spiffiest) *adj Am* chic.

**spigot** ['spɪgət] *n* **-1.** [in cask] fausset *m.* **-2.** [part of tap] clé *f.* **-3.** *Am* [tap] robinet *m* (extérieur).

**spike** [spaɪk] ◇ *vt* **-1.** [shoes, railings] garnir de pointes. **-2.** [impale] transpercer. **-3.** *inf* [drink] corser; my coffee was ~d with brandy mon café était arrosé de cognac. **-4.** PRESS [story] rejeter. ◇ *vi* [in volleyball] smasher. ◇ *n* **-1.** [on railings, shoe] pointe *f*; [on cactus] épine *f*; [on tyre] clou *m*; [for paper] pique-notes *m inv.* **-2.** [peak – on graph] pointe *f.* **-3.** [nail] gros clou *m.* **-4.** [antler] dague *f.* **-5.** [in volleyball] smash *m.*
◆ **spikes** *npl inf* [shoes] chaussures *fpl* à pointes.

**spiked** [spaɪkt] *adj* [railings] à pointes de fer; [shoes] à pointes; [tyre] clouté, à clous.

**spiky** ['spaɪkɪ] (*compar* spikier, *superl* spikiest) *adj* **-1.** [branch, railings] garni OR hérissé de pointes; [hair] en épis; [writing] pointu. **-2.** *Br inf* [bad-tempered] chatouilleux, ombrageux.

**spill** [spɪl] (*Br pt & pp* spilt [spɪlt] OR spilled, *Am pt & pp* spilled) ◇ *vt* **-1.** [liquid, salt etc] renverser, répandre; she spilt coffee down OR over her dress elle a renversé du café sur sa robe; she spilt the contents of her handbag onto the bed elle a vidé (le contenu de) son sac à main sur le lit. **-2.** *fig* [secret] dévoiler; to ~ the beans *inf* vendre la mèche. **-3.** [blood] verser, faire couler. **-4.** [person]: he was ~ed from his motorbike il est tombé de sa moto. **-5.** NAUT: to ~ (wind from) a sail étouffer une voile OR la toile. ◇ *vi* **-1.** [liquid, salt etc] se renverser, se répandre. **-2.** [crowd] se déverser; the huge crowd ~ed into the square l'immense foule s'est répandit OU se déversa sur la place. ◇ *n* **-1.** [spillage – of liquid] renversement *m*; [fall – from horse, bike] chute *f*, culbute *f*; *dated* [accident] accident *m*; to take a ~ faire une culbute. **-3.** [channel] déversoir *m.* **-4.** [for fire] longue allumette *f.*

◆ **spill out** ◇ *vt sep* **-1.** [contents, liquid] renverser, répandre. **-2.** *fig* [secret] dévoiler, révéler. ◇ *vi insep* **-1.** [contents, liquid] se renverser, se répandre. **-2.** *fig* [crowd] se déverser, s'échapper; the commuters ~ed out of the train un flot de banlieusards s'est échappé du train.

◆ **spill over** *vi insep* **-1.** [liquid] déborder, se répandre. **-2.** *fig* [overflow] se déverser, déborder.

**spillage** ['spɪlɪdʒ] *n* [act of spilling] renversement *m*, fait *m* de renverser; [liquid spilt] liquide *m* renversé; we managed to avoid too much ~ nous avons réussi à ne pas trop en renverser.

**spillover** ['spɪl,əʊvər] *n* **-1.** [act of spilling] renversement *m*; [quantity spilt] quantité *f* renversée. **-2.** [excess] excédent *m.* **-3.** ECON retombées *fpl* (économiques).

**spilt** [spɪlt] *Br pt & pp* → spill.

**spin** [spɪn] (*pt & pp* spun [spʌn], *cont* spinning) ◇ *vt* **-1.** [cause to rotate – wheel, chair] faire tourner; [– top] lancer, faire

tournoyer; SPORT [– ball] donner de l'effet à; **to** ~ **the wheel** [in casino] faire tourner la roue; [in car] braquer. **-2.** [yarn, glass] filer; [thread] fabriquer. **-3.** [subj: spider, silkworm] tisser. **-4.** [invent – tale] inventer, débiter; **he** ~**s a good yarn** il raconte bien les histoires. **-5.** [in spin-dryer] essorer.
◇ *vi* **-1.** [rotate] tourner, tournoyer; SPORT [ball] tournoyer; **the skater/ballerina spun on one foot** le patineur/la ballerine virevolta sur un pied; **the wheels were spinning in the mud** les roues patinaient dans la boue; **to** ~ **out of control** [plane] tomber en vrille; [car] faire un tête-à-queue. **-2.** *fig* [grow dizzy] tourner; **my head is spinning** j'ai la tête qui (me) tourne; **these figures make your head** ~ **ces chiffres vous donnent le tournis** OR **le vertige. -3.** [spinner] filer; [spider] tisser sa toile. **-4.** [in spin-dryer] essorer. **-5.** FISHING: **to** ~ **for pike** pêcher le brochet à la cuiller.
◇ *n* **-1.** [rotation] tournoiement *m*; **give the wheel a** ~ faites tourner la roue; **the plane went into a** ~ [accidentally] l'avion a fait une chute en vrille; [in aerobatics] l'avion a effectué une descente en vrille; **the car went into a** ~ la voiture a fait un tête-à-queue; **my head is in a** ~ *fig* j'ai la tête qui tourne. **-2.** *inf* [panic]: **to be in a flat** ~ être dans tous ses états. **-3.** SPORT [on ball] effet *m*; **to put** ~ **on a ball** donner de l'effet à une balle. **-4.** [in spin-dryer] essorage *m*; **to give sthg a** ~ essorer qqch. **-5.** *inf* [ride – in car] tour *m*, balade *f*; **to go for a** ~ faire une (petite) balade en voiture. **-6.** *inf* [try]: **to give sthg a** ~ essayer OR tenter qqch.
◆ **spin off** *vt sep* [hive off]: **they spun off their own company** ils ont monté leur propre affaire.
◆ **spin out** *vt sep* [story, idea] faire durer, délayer; [supplies, money] faire durer, économiser.
◆ **spin round** *Br*, **spin around** ◇ *vi insep* **-1.** [planet, wheel] tourner (sur soi-même); [skater, top] tournoyer, tourner; **-2.** [face opposite direction] se retourner; **he suddenly spun round** il pivota sur ses talons OR se retourna brusquement. ◇ *vt sep* faire tourner.

**spina bifida** [ˌspaɪnə'bɪfɪdə] *n* spina-bifida *m inv*.

**spinach** ['spɪnɪdʒ] *n (U)* épinards *mpl*.

**spinal** ['spaɪnl] *adj* [nerve, muscle] spinal; [ligament, disc] vertébral; **a** ~ **injury** une blessure à la colonne vertébrale.

**spinal column** *n* colonne *f* vertébrale.

**spinal cord** *n* moelle *f* épinière.

**spindle** ['spɪndl] *n* **-1.** [for spinning – by hand] fuseau *m*; [– by machine] broche *f*. **-2.** TECH broche *f*, axe *m*; [in motor, lathe] arbre *m*; [of valve] tige *f*.

**spindly** ['spɪndlɪ] (*compar* **spindlier**, *superl* **spindliest**) *adj* [legs] grêle, comme des allumettes; [body] chétif, maigrichon; [tree] grêle; [plant] étiolé.

**spin doctor** *n pej* expression désignant une personne chargée des relations avec la presse qui manipule et filtre les informations fournies à celle-ci.

**spin-drier** *n* essoreuse *f*.

**spindrift** ['spɪndrɪft] *n (U)* embruns *mpl*.

**spin-dry** *vi* & *vt* essorer.

**spine** [spaɪn] *n* **-1.** ANAT colonne *f* vertébrale; ZOOL épine *f* dorsale. **-2.** [prickle – of hedgehog] piquant *m*; [– of plant, rose] épine *f*. **-3.** [of book] dos *m*. **-4.** [of hill] crête *f*. **-5.** *Am* [courage] résolution *f*, volonté *f*.

**spine-chilling** *adj* à vous glacer le sang, terrifiant.

**spineless** ['spaɪnlɪs] *adj* **-1.** [weak] mou, *before vowel or silent 'h'* mol (*f* molle); [cowardly] lâche. **-2.** ZOOL invertébré. **-3.** BOT sans épines.

**spinet** [spɪ'net] *n* épinette *f*.

**spinnaker** ['spɪnəkə'] *n* spinnaker *m*, spi *m*.

**spinner** ['spɪnə'] *n* **-1.** TEX [person] fileur *m*, -euse *f*. **-2.** [in fishing] cuiller *f*. **-3.** [spin-dryer] essoreuse *f* (*à linge*). **-4.** *Br* SPORT [bowler in cricket] lanceur *m*; [ball] balle *f* qui a de l'effet.

**spinney** ['spɪnɪ] *n Br* bosquet *m*, boqueteau *m*, petit bois *m*.

**spinning** ['spɪnɪŋ] ◇ *n* **-1.** TEX [by hand] filage *m*; [by machine] filature *f*. **-2.** [in fishing] pêche *f* à la cuiller. ◇ *adj* tournant, qui tourne.

**spinning jenny** *n* jenny *f*.

**spinning top** *n* toupie *f*.

**spinning wheel** *n* rouet *m*.

**spin-off** *n* **-1.** [by-product] retombée *f*, produit *m* dérivé. **-2.** [work derived from another]: **the book is a** ~ **from the TV se-**

---

ries le roman est tiré de la série télévisée.

**spinster** ['spɪnstər] *n* ADMIN & JUR célibataire *f*; *pej* vieille fille *f*.

**spiny** ['spaɪnɪ] (*compar* **spinier**, *superl* **spiniest**) *adj* épineux, couvert d'épines.

**spiny lobster** *n* langouste *f*.

**spiral** ['spaɪərəl] (*Br pt* & *pp* **spiralled**, *cont* **spiralling**, *Am pt* & *pp* **spiraled**, *cont* **spiraling**) ◇ *n* **-1.** [gen, ECON & GEOM] spirale *f*; **in a** ~ en spirale; **a** ~ **of smoke rose into the sky** une volute de fumée s'éleva dans le ciel; **inflationary** ~ spirale *f* inflationniste. **-2.** AERON vrille *f*. ◇ *adj* [motif, shell, curve] en (forme de) spirale; [descent, spring] en spirale; ~ **binding** reliure *f* spirale. ◇ *vi* **-1.** [in flight – plane] vriller; [– bird] voler en spirale; [in shape – smoke, stairs] former une spirale. **-2.** [prices, inflation] s'envoler, monter en flèche; **to** ~ **downwards** chuter.
◆ **spiral up** *vi insep* [plane, smoke] monter en spirale; [prices] monter en flèche.

**spiral galaxy** *n* galaxie *f* spirale.

**spiral staircase** *n* escalier *m* en colimaçon.

**spire** ['spaɪər] *n* **-1.** ARCHIT flèche *f*. **-2.** [of blade of grass] tige *f*; [of mountain, tree] cime *f*.

**spirit** ['spɪrɪt] ◇ *n* **-1.** [non-physical part of being, soul] esprit *m*; **the poor in** ~ les pauvres d'esprit; **the** ~ **is willing but the flesh is weak** l'esprit est prompt mais la chair est faible; **he is with us in** ~ il est avec nous en esprit OR par l'esprit. **-2.** [supernatural being] esprit *m*; **to call up the** ~**s of the dead** évoquer les âmes des morts ❏ **evil** ~**s** esprits malins; **the** ~ **world** le monde des esprits. **-3.** [person] esprit *m*, âme *f*; **he is one of the great** ~**s of modern philosophy** c'est un des grands esprits de la philosophie moderne. **-4.** [attitude, mood] esprit *m*, attitude *f*; **you mustn't do it in a** ~ **of vengeance** il ne faut pas le faire par esprit de vengeance; **she took my remarks in the wrong** ~ elle a mal pris mes remarques ❏ **to enter into the** ~ **of things** [at party] se mettre au diapason; [in work] participer de bon cœur; **that's the** ~**!** voilà comment il faut réagir!, à la bonne heure!; **-5.** [deep meaning] esprit *m*, génie *m*; **the** ~ **of the law** l'esprit de la loi. **-6.** [energy] énergie *f*, entrain *m*; [courage] courage *m*; [character] caractère *m*; **he replied with** ~ il a répondu énergiquement; **a man of** ~ un homme de caractère; **his** ~ **was broken** il avait perdu courage. **-7.** (*usu pl*) *Br* [alcoholic drink] alcool *m*, spiritueux *m*. **-8.** CHEM essence *f*, sel *m*; ~ OR ~**s of ammonia** ammoniaque *m* liquide; ~ **of turpentine** (essence de) térébenthine *f*.
◇ *vt* [move secretly]: **they** ~**ed her in/out** by a side door ils l'ont fait entrer/sortir discrètement par une porte dérobée.
◆ **spirits** *npl* **-1.** [mood, mental state] humeur *f*, état *m* d'esprit; [morale] moral *m*; **to be in good** ~**s** être de bonne humeur, avoir le moral; **to be in low** ~**s** être déprimé; **you must keep your** ~**s up** il faut garder le moral, il ne faut pas vous laisser abattre; **to raise sb's** ~**s** remonter le moral à qqn.
◆ **spirit away**, **spirit off** *vt sep* [carry off secretly] faire disparaître (comme par enchantement); [steal] escamoter, subtiliser.

**spirited** ['spɪrɪtɪd] *adj* **-1.** [lively – person] vif, plein d'entrain; [– horse] fougueux; [– manner] vif; [– reply, argument] vif; [– music, rhythm, dance] entraînant. **-2.** [courageous – person, action, decision, defence] courageux; **to put up a** ~ **resistance** résister courageusement, opposer une résistance courageuse.

**spirit gum** *n* colle *f* gomme.

**spirit lamp** *n* lampe *f* à alcool.

**spiritless** ['spɪrɪtlɪs] *adj* [lifeless] sans vie, sans entrain, apathique; [depressed] démoralisé, déprimé; [cowardly] lâche.

**spirit level** *n* niveau *m* à bulle.

**spirit stove** *n* réchaud *m* à alcool.

**spiritual** ['spɪrɪtʃʊəl] ◇ *adj* **-1.** [relating to the spirit] spirituel; **a very** ~ **man** un homme d'une grande spiritualité; **China is her** ~ **home** la Chine est sa patrie d'adoption. **-2.** [religious, sacred] religieux, sacré; ~ **adviser** conseiller *m* spirituel. ◇ *n*: (Negro) ~ (negro) spiritual *m*.

**spiritualism** ['spɪrɪtʃʊəlɪzm] *n* RELIG spiritisme *m*; PHILOS spiritualisme *m*.

**spiritualist** ['spɪrɪtʃʊəlɪst] ◇ *adj* RELIG spirite; PHILOS spiritualiste. ◇ *n* RELIG spirite *mf*; PHILOS spiritualiste *mf*.

**spirituality** [ˌspɪrɪtʃʊ'ælətɪ] *n* spiritualité *f*.

**spiritually** ['spɪrɪtʃʊəlɪ] *adv* spirituellement, en esprit.

**spit** [spɪt] (*pt* & *pp* **spit** OR **spat** [spæt], *cont* **spitting**) ◇ *vi* **-1.** [in anger, contempt] cracher; **to ~ at sb** cracher sur qqn; **to ~ in sb's face** cracher à la figure de qqn; **she spat at him** elle lui a craché dessus. **-2.** [while talking] postillonner, envoyer des postillons. **-3.** [hot fat] sauter, grésiller. **-4.** *phr*: **it's spitting** (with rain) il bruine, il pleut légèrement. ◇ *vt literal* & *fig* cracher. ◇ *n* **-1.** (*U*) [spittle – in mouth] salive *f*; [– spat out] crachat *m*; [– ejected while speaking] postillon *m*; [act of spitting] crachement *m*; ~ **and polish** MIL astiquage *m*.**-2.** *Br inf* [likeness]: **he's the ~ of his dad** c'est son père tout craché. **-3.** [of insects] écume *f* printanière, crachat *m* de coucou. **-4.** CULIN broche *f*.**-5.** GEOG pointe *f*, langue *f* de terre.

◆ **spit out** *vt sep* [food, medicine, words, invective] cracher; **come on, ~ it out!** *inf* allez, accouche!

**spit curl** *n Am* accroche-cœur *m*.

**spite** [spaɪt] ◇ *n* [malice] dépit *m*, malveillance *f*; **to do sthg out of ~** faire qqch par dépit. ◇ *vt* contrarier, vexer.

◆ **in spite of** *prep phr* en dépit de, malgré; **in ~ of myself** malgré moi; **in ~ of the fact that we have every chance of winning** bien que nous ayons toutes les chances de gagner.

**spiteful** ['spaɪtfʊl] *adj* [person, remark, character] malveillant; **that was a ~ thing to say** c'était méchant de dire ça; **to have a ~ tongue** avoir une langue de vipère.

**spitefully** ['spaɪtfʊlɪ] *adv* par dépit, par méchanceté, méchamment.

**spitfire** ['spɪtfaɪəʳ] *n*: **she's a real ~** elle est très soupe au lait.

**spit roast** *n* rôti *m* à la broche.

◆ **spit-roast** *vt* faire rôtir à la broche.

**spitting** ['spɪtɪŋ] *n*: **'no ~'** 'défense de cracher' ❑ **he was within ~ distance of me** *inf* il était à deux pas de moi.

**spitting image** *n inf*: **to be the ~ of sb**: **he's the ~ of his father** c'est son père tout craché.

**spittle** ['spɪtl] *n* [saliva – of person] salive *f*; [– of dog] bave *f*; [– on floor] crachat *m*.

**spittoon** [spɪ'tuːn] *n* crachoir *m*.

**spiv** [spɪv] *n Br inf* filou *m*.

**splash** [splæʃ] ◇ *vt* **-1.** [with water, mud] éclabousser; **the bus ~ed us with mud** OR **~ed mud over us** le bus nous a éclaboussés de boue; **he had paint ~ed on his trousers** il y avait des éclaboussures de peinture sur son pantalon; **I ~ed my face with cold water** OR **cold water onto my face** je me suis aspergé le visage d'eau froide OR avec de l'eau froide; **he ~ed his way across the river** il a traversé la rivière en pataugeant. **-2.** [pour carelessly] répandre; **I ~ed disinfectant round the sink** j'ai aspergé le tour de l'évier de désinfectant. **-3.** [daub] barbouiller. **-4.** PRESS étaler; **the story was ~ed across the front page** l'affaire était étalée à la une des journaux.

◇ *vi* **-1.** [rain, liquid] faire des éclaboussures; **the tea ~ed onto the floor/over the book** le thé éclaboussa le sol/le livre. **-2.** [walk, run etc] patauger, barboter; **he ~ed through the mud/puddles** il a traversé la boue/les flaques d'eau en pataugeant.

◇ *n* **-1.** [noise] floc *m*, plouf *m*; **he fell/jumped in with a ~** il est tombé/il a sauté dedans avec un grand plouf. **-2.** [of mud, paint] éclaboussure *f*; [of colour, light] tache *f*; **to give sthg a ~ of colour** donner une touche de couleur à qqch; **~es of white** des taches blanches. **-3.** [small quantity – of whisky] goutte *f*; [– of soda, tonic]: **would you like a ~ of soda in your whisky?** voulez-vous un peu de soda dans votre whisky?**-4.** *inf* & *fig* [sensation] sensation *f*; **to make a ~** faire sensation.

◇ *adv*: **to go/to fall ~ into the water** entrer/tomber dans l'eau en faisant plouf.

◆ **splash about** *Br*, **splash around** ◇ *vi insep* [duck, swimmer] barboter. ◇ *vt sep* [liquid] faire des éclaboussures de; [money] dépenser sans compter.

◆ **splash down** *vi insep* [spaceship] amerrir.

◆ **splash out** *inf* ◇ *vi insep* [spend] faire des folies; **to ~ out on sthg** se payer qqch. ◇ *vt insep* [money] claquer.

**splashback** ['splæʃbæk] *n* revêtement *m* (*derrière un évier, un lavabo*).

**splashdown** ['splæʃdaʊn] *n* [of spaceship] amerrissage *m*.

**splashy** ['splæʃɪ] *adj Am inf* tape-à-l'œil.

**splat** [splæt] ◇ *n* floc *m*. ◇ *adv*: **to go ~** faire ~ floc.

**splatter** ['splætəʳ] ◇ *vt* éclabousser; **~ed with mud/blood** éclaboussé de boue/sang. ◇ *vi* [rain] crépiter; [mud] éclabousser. ◇ *n* **-1.** [mark – of mud, ink] éclaboussure *f*.**-2.** [sound – of rain] crépitement *m*.

**splay** [spleɪ] ◇ *vt* [fingers, legs] écarter; [feet] tourner en dehors. ◇ *vi* [fingers, legs] s'écarter; [feet] se tourner en dehors.

**spleen** [spliːn] *n* **-1.** ANAT rate *f*.**-2.** [bad temper] humeur *f* noire, mauvaise humeur *f*; **to vent one's ~ on sthg/sb** décharger sa bile sur qqch/qqn.

**splendid** ['splendɪd] ◇ *adj* **-1.** [beautiful, imposing – dress, setting, decor] splendide, superbe, magnifique. **-2.** [very good – idea, meal] excellent, magnifique; [– work] excellent, superbe. ◇ *interj* excellent!, parfait!

**splendidly** ['splendɪdlɪ] *adv* **-1.** [dress, decorate, furnish] magnifiquement, superbement; [entertain] somptueusement. **-2.** [perform] superbement; **my work is going ~** mon travail avance à merveille.

**splendour** *Br*, **splendor** *Am* ['splendəʳ] *n* splendeur *f*.

**splenetic** [splɪ'netɪk] *adj lit* [ill-humoured] atrabilaire.

**splice** [splaɪs] ◇ *vt* **-1.** [join] **to ~ (together)** [film, tape] coller; [rope] épisser; [pieces of wood] enter ❑ **to ~ the mainbrace** *inf* NAUT ≃ distribuer une ration de rhum; [gen] boire un coup. **-2.** *Br inf* [marry]: **to get ~d** convoler (en justes noces). ◇ *n* [in tape, film] collure *f*; [in rope] épissure *f*; [in wood] enture *f*.

**splint** [splɪnt] ◇ *n* MED éclisse *f*, attelle *f*; **her arm was in a ~** OR **in ~s** elle avait le bras dans une attelle. ◇ *vt* éclisser, mettre dans une attelle.

**splinter** ['splɪntəʳ] ◇ *n* [of glass, wood] éclat *m*; [of bone – espquille *f*; [in foot, finger] écharde *f*. ◇ *vt* [glass, bone] briser en éclats; [wood] fendre en éclats. ◇ *vi* [glass, bone] se briser en éclats; [marble, wood] se fendre en éclats; [political party] se scinder, se fractionner.

**splinter group** *n* groupe *m* dissident OR scissionniste.

**split** [splɪt] (*pt* & *pp* **split**, *cont* **splitting**) ◇ *vt* **-1.** [cleave – stone] fendre, casser; [– slate] cliver; [– wood] fendre; **to ~ sthg in two** OR **in half** casser OR fendre qqch en deux; **to ~ sthg open** ouvrir qqch (*en le coupant en deux ou en le fendant*); **he ~ his head open on the concrete** il s'est fendu le crâne sur le béton; **to ~ the atom** PHYS fissionner l'atome ❑ **to ~ one's sides (laughing)** se tordre de rire. **-2.** [tear] déchirer; **the plastic sheet had been ~ right down the middle** la bâche en plastique avait été fendue en plein milieu; **I've ~ my trousers** j'ai déchiré mon pantalon. **-3.** [divide – family] diviser; POL [– party] diviser, créer OR provoquer une scission dans; **we were ~ into two groups** on nous a divisés en deux groupes; **the committee is ~ on this issue** le comité est divisé sur cette question; **the vote was ~ down the middle** les deux camps avaient obtenu exactement le même nombre de voix; **we were ~ 30-70** on était 30 % d'un côté et 70 % de l'autre. **-4.** [share – profits] (se) partager, (se) répartir; [– bill] (se) partager; FIN [– stocks] faire une redistribution de; **they decided to ~ the work between them** ils ont décidé de se partager le travail; **to ~ the profits four ways** diviser les bénéfices en quatre; **to ~ the difference** [share out] partager la différence; [compromise] couper la poire en deux. **-5.** GRAMM: **to ~ an infinitive** intercaler un adverbe ou une expression adverbiale entre «to» et le verbe. **-6.** ▽ [leave] quitter.

◇ *vi* **-1.** [break – wood, slate] se fendre, éclater; **the ship ~ in two** le navire s'est brisé (en deux); **my head is splitting** *fig* j'ai un mal de tête atroce. **-2.** [tear – fabric] se déchirer; [– seam] craquer; **the bag ~ open** le sac s'est déchiré. **-3.** [divide – gen] se diviser, se fractionner; [– political party] se scinder; [– cell] se diviser; [– road, railway] se diviser, bifurquer; **the hikers ~ into three groups** les randonneurs se sont divisés en trois groupes. **-4.** [separate – couple] se séparer; [– family, group] s'éparpiller, se disperser; **she has ~ with her old school friends** elle ne voit plus ses anciennes camarades de classe. **-5.** ▽ [leave] se casser, mettre les bouts.

◇ *n* **-1.** [crack – in wood, rock] fissure *f*. **-2.** [tear] déchirure *f*.**-3.** [division] division *f*; [separation] séparation *f*; [quarrel] rupture *f*; POL scission *f*, schisme *m*; RELIG schisme *m*; [gap] fossé *m*, écart *m*; **there was a three-way ~ in the voting** les votes étaient répartis en trois groupes. **-4.** [share] part *f*.**-5.** *Am* [bottle]: **soda ~** petite bouteille de soda.

◇ *adj* [lip, skirt] fendu.

◆ **splits** *npl*: to do the ~s *Br*, to do ~s *Am* faire le grand écart.

◆ **split off** ◇ *vi insep* **-1.** [branch, splinter] se détacher. **-2.** [separate – person, group] se séparer; **a radical movement** ~ **off from the main party** un mouvement radical s'est détaché du gros du parti. ◇ *vt sep* **-1.** [break, cut – branch, piece] enlever (en fendant). **-2.** [person, group] séparer; **our branch was** ~ **off from the parent company** notre succursale a été séparée de la maison mère.

◆ **split on** *vt insep Br inf* [inform on] vendre, moucharder.

◆ **split up** ◇ *vi insep* **-1.** [wood, marble] se fendre; [ship] se briser. **-2.** [couple] se séparer, rompre; [friends] rompre, se brouiller; [meeting, members] se disperser; POL se diviser, se scinder; **to** ~ **up with sb** rompre avec qqn; **the search party** ~ **up into three groups** l'équipe de secours s'est divisée en trois groupes. ◇ *vt sep* **-1.** [wood] fendre; [cake] couper en morceaux. **-2.** [divide – profits] partager; [– work] répartir; **let's** ~ **the work up between us** répartissons-nous le travail; **the teaching syllabus is** ~ **up into several chapters** le programme d'enseignement est divisé en plusieurs chapitres. **-3.** [disperse] disperser; **the police** ~ **up the meeting/crowd** la police a mis fin à la réunion/dispersé la foule.

**split decision** *n* SPORT [in boxing] victoire *f*, décision *f* aux points.

**split end** *n* fourche *f*.

**split infinitive** *n* GRAMM *infinitif où un adverbe ou une expression adverbiale est intercalé entre «to» et le verbe.*

**split-level** *adj* [house, flat] à deux niveaux; ~ **cooker** cuisinière *f* à éléments de cuisson séparés.

**split pea** *n* pois *m* cassé.

**split personality** *n* double personnalité *f*, dédoublement *m* de la personnalité.

**split pin** *n Br* goupille *f* fendue.

**split screen** *n* CIN écran *m* divisé.

**split second** *n*: **in a** ~ en une fraction de seconde.

◆ **split-second** *adj* [timing, reaction] au quart de seconde.

**split ticket** *n Am* POL panachage *m*.

**splitting** ['splɪtɪŋ] ◇ *n* **-1.** [of wood, marble] fendage *m*; **the** ~ **of the atom** PHYS la fission de l'atome. **-2.** [of fabric, seams] déchirure *f*. **-3.** [division] division *f*. **-4.** [sharing] partage *m*. ◇ *adj*: **I have a** ~ **headache** j'ai un mal de tête atroce.

**split-up** *n* [gen] rupture *f*, séparation *f*; POL scission *f*.

**splodge** ['splɒdʒ] *inf* ◇ *n* **-1.** [splash – of paint, ink] éclaboussure *f*, tache *f*; [– of colour] tache *f*. **-2.** [dollop – of cream, of jam] bonne cuillerée *f*. ◇ *vt* éclabousser, barbouiller. ◇ *vi* s'étaler, faire des pâtés.

**splotch** [splɒtʃ] *Am inf*= **splodge**.

**splurge** *inf* [splɜːdʒ] ◇ *n* **-1.** [spending spree] folie *f*, folles dépenses *fpl*; **I went on** OR **I had a** ~ **and bought a fur coat** j'ai fait une folie, je me suis acheté un manteau de fourrure. **-2.** [display] fla-fla *m*, tralala *m*; **a great** ~ **of colour** une débauche de couleur. ◇ *vt* [spend] dépenser; [waste] dissiper; **she** ~**d her savings on a set of encyclopedias** toutes ses économies ont été englouties par l'achat d'une encyclopédie.

**splutter** ['splʌtər] ◇ *vi* **-1.** [spit – speaker] postillonner; [– flames, fat] crépiter, grésiller; [– pen, ink] cracher. **-2.** [stutter – speaker] bredouiller; [– engine] tousser, avoir des ratés; **she was** ~**ing with rage** elle bredouillait de rage. ◇ *vt* [protest, apology, thanks] bredouiller, balbutier. ◇ *n* **-1.** [spitting – in speech] crachotement *m*; [– of fat, flames] crépitement *m*, grésillement *m*. **-2.** [stutter – in speech] bredouillement *m*, balbutiement *m*; [– of engine] toussotement *m*.

**spoil** [spɔɪl] (*pt & pp* **spoilt** [spɔɪlt] OR **spoiled**) ◇ *vt* **-1.** [make less attractive or enjoyable] gâter, gâcher; **our holiday was spoilt by the wet weather** le temps pluvieux a gâché nos vacances; **the ending spoilt the film for me** la fin m'a gâché le film; **don't** ~ **the ending for me ne** me raconte pas la fin, ça va tout gâcher. **-2.** [damage] abîmer, endommager; **the dinner was spoilt because they were late** le dîner a été gâché par leur retard ❑ **to** ~ **the ship for a hap'orth of tar** faire des économies de bouts de chandelle. **-3.** [pamper] gâter; **she's spoilt rotten** *inf* elle est super gâtée; **to** ~ **o.s.** s'offrir une petite folie. **-4.** POL [ballot paper] rendre nul. ◇ *vi* [fruit, food] se gâter, s'abîmer; [in store, hold of ship] s'avarier, devenir avarié. ◇ *n (U)* **-1.** = **spoils 1. -2.** [earth, diggings]

déblai *m*, déblais *mpl*.

◆ **spoils** *npl* **-1.** [loot] butin *m*, dépouilles *fpl*; [profit] bénéfices *mpl*, profits *mpl*; [prize] prix *m*; **the** ~**s of war** les dépouilles de la guerre. **-2.** *Am* POL assiette *f* au beurre.

◆ **spoil for** *vt insep*: **to be** ~**ing for a fight/an argument** chercher la bagarre/la dispute.

**spoilage** ['spɔɪlɪdʒ] *n (U)* [damage] détérioration *f*; [spoilt matter] déchets *mpl*.

**spoiled** [spɔɪld] = **spoilt**.

**spoiler** ['spɔɪlər] *n* AUT becquet *m*; AERON aérofrein *m*.

**spoilsport** ['spɔɪlspɔːt] *n* trouble-fête *mf inv*, rabat-joie *m inv*, empêcheur *m*, -euse *f* de tourner en rond.

**spoilt** [spɔɪlt] ◇ *pt & pp* → **spoil**. ◇ *adj* **-1.** [child] gâté; [behaviour] d'enfant gâté; **we were** ~ **for choice** nous n'avions que l'embarras du choix. **-2.** [harvest] abîmé; [food, dinner] gâché, gâté. **-3.** POL [ballot paper] nul.

**spoke** [spəʊk] ◇ *pt* → **speak**. ◇ *n* [in wheel] rayon *m*; [in ladder] barreau *m*, échelon *m*; [on ship's wheel] manette *f*; **to put a** ~ **in sb's wheel** *Br* mettre des bâtons dans les roues à qqn.

**spoken** ['spəʊkn] ◇ *pp* → **speak**. ◇ *adj* [dialogue] parlé, oral; **the** ~ **word** la langue parlée, la parole; ~ **language** oral *m*.

**-spoken** *in cpds*: **soft**~ à la voix douce; **well**~ qui s'exprime bien.

**spokeshave** ['spəʊkʃeɪv] *n* vastringue *f*.

**spokesman** ['spəʊksmən] (*pl* **spokesmen** [-mən]) *n* porte-parole *m inv*; **a government** ~, **a** ~ **for the government** un porte-parole du gouvernement.

**spokesperson** ['spəʊks,pɜːsn] *n* porte-parole *m inv*.

**spokeswoman** ['spəʊks,wʊmən] (*pl* **spokeswomen** [-,wɪmɪn]) *n* porte-parole *m inv* (*femme*).

**sponge** [spʌndʒ] ◇ *n* **-1.** ZOOL [in sea] éponge *f*. **-2.** [for cleaning, washing] éponge *f*; **I gave the table a** ~ j'ai passé un coup d'éponge sur la table ❑ **to throw in the** ~ jeter l'éponge. **-3.** *inf & pej* [scrounger] parasite *m*. **-4.** *Br* [cake] gâteau *m* de Savoie. ◇ *vt* **-1.** [wipe – table, window] donner un coup d'éponge sur; [– body] éponger. **-2.** [soak up] éponger; **can you** ~ **the milk off the table?** peux-tu éponger le lait renversé sur la table? **-3.** *inf* [cadge – food, money] taper; **I** ~**d £20 off** OR **from him** je l'ai tapé de 20 livres. ◇ *vi inf* [cadge]: **to** ~ **on** OR **from sb** vivre aux crochets de qqn.

◆ **sponge down** *vt sep* éponger, laver à l'éponge.

**sponge bag** *n Br* trousse *f* OR sac *m* de toilette.

**sponge cake** *n* gâteau *m* de Savoie.

**sponge-down** *n* coup *m* d'éponge.

**sponge finger** *n* boudoir *m* (*biscuit*).

**sponge pudding** *n* dessert chaud fait avec une pâte de gâteau de Savoie.

**sponger** ['spʌndʒər] *n inf & pej* parasite *m*.

**spongy** ['spʌndʒɪ] (*compar* **spongier**, *superl* **spongiest**) *adj* spongieux.

**sponsor** ['spɒnsər] ◇ *n* **-1.** COMM & SPORT [of sportsman, team, tournament] sponsor *m*; [of film, TV programme] sponsor *m*, commanditaire *m*; [of artist, musician] commanditaire *m*, mécène *m*; [of student, studies] parrain *m*; [for charity] donateur *m*, -trice *f*; **he's looking for** ~**s for his Channel swim** [financial backers] il cherche des sponsors pour financer sa traversée de la Manche à la nage; [charitable donations] il cherche des gens qui accepteront de faire une donation aux bonnes œuvres s'il réussit sa traversée de la Manche à la nage; **to act as** ~ **for sb** sponsoriser qqn. **-2.** [of would-be club member] parrain *m*, marraine *f*; [guarantor – for loan] répondant *m*, -e *f*, garant *m*, -e *f*; [backer – for business] parrain *m*, bailleur *m* de fonds; **he was the** ~ **of the proposal** c'est lui qui a lancé la proposition; **her uncle stood (as)** ~ **to her** [for loan] son oncle a été son répondant; [for business] son oncle l'a parrainée.

◇ *vt* **-1.** COMM & SPORT sponsoriser; RADIO & TV [programme] sponsoriser, parrainer; [concert, exhibition] parrainer, commanditer; [studies, student] parrainer; **the rally is** ~**ed by the milk industry** le rallye est sponsorisé par l'industrie laitière. **-2.** [for charity]: **I** ~**ed him to swim 10 miles** je me suis engagé à lui donner de l'argent (pour des œuvres charitables) s'il faisait OR parcourait 10 milles à la nage. **-3.** [appeal, proposal] présenter; [would-be club member] parrainer; [loan, borrower] se porter garant de; [firm] patronner; **to** ~ **a bill** POL présenter un projet de loi. **-4.** [godchild] être le parrain/la marraine de.

**sponsored walk** ['spɒnsəd-] *n marche parrainée.*

**sponsorship** ['spɒnsəʃɪp] *n* **-1.** COMM & SPORT sponsoring *m*.**-2.** [of appeal, proposal] présentation *f*; POL [of bill] proposition *f*, présentation *f*; [of would-be club member, godchild] parrainage *m*; [of loan, borrower] cautionnement *m*.

**spontaneity** [,spɒntə'neɪətɪ] *n* spontanéité *f*.

**spontaneous** [spɒn'teɪnjəs] *adj* spontané.

**spontaneous combustion** *n* combustion *f* spontanée.

**spontaneously** [spɒn'teɪnjəslɪ] *adv* spontanément.

**spoof** [spuːf] *inf* ◇ *n* **-1.** [mockery] satire *f*, parodie *f*; it's a ~ on horror films c'est une parodie des films d'horreur. **-2.** [trick] blague *f*, canular *m*. ◇ *adj* prétendu, fait par plaisanterie. ◇ *vt* [book, style] parodier; [person] faire marcher.

**spook** [spuːk] *inf* ◇ *n* **-1.** [ghost] fantôme *m*.**-2.** *Am* [spy] barbouze *mf*. ◇ *vt Am* **-1.** [frighten] faire peur à, effrayer. **-2.** [haunt] hanter.

**spooky** ['spuːkɪ] (*compar* **spookier**, *superl* **spookiest**) *adj inf* **-1.** [atmosphere] qui donne la chair de poule, qui fait froid dans le dos. **-2.** *Am* [skittish] peureux. **-3.** [odd] bizarre.

**spool** [spuːl] ◇ *n* [of film, tape, thread] bobine *f*; [for fishing] tambour *m*; [of wire] rouleau *m*; SEW & TEX cannette *f*. ◇ *vt* bobiner.

**spoon** [spuːn] ◇ *n* **-1.** [utensil] cuiller *f*, cuillère *f*.**-2.** [quantity] cuillerée *f*.**-3.** FISHING cuiller *f*, cuillère *f*.**-4.** [in golf] spoon *m*. ◇ *vt* [food – serve] servir; [– transfer] verser; he ~ed the ice cream into a bowl il a servi la glace dans un bol (avec une cuiller).

**spoonbill** ['spuːnbɪl] *n* ORNITH spatule *f*.

**spoonerism** ['spuːnərɪzm] *n* contrepèterie *f*.

**spoon-feed** *vt* **-1.** *literal* [child, sick person] nourrir à la cuiller. **-2.** *fig*: to ~ sb mâcher le travail à qqn.

**spoonful** ['spuːnful] *n* cuillerée *f*.

**spoor** [spɔːʳ] *n* trace *f*, traces *fpl*, empreintes *fpl*.

**sporadic** [spə'rædɪk] *adj* sporadique.

**sporadically** [spə'rædɪklɪ] *adv* sporadiquement.

**spore** [spɔːʳ] *n* spore *f*.

**sporran** ['spɒrən] *n* escarcelle *f* (*portée avec le kilt*).

**sport** [spɔːt] ◇ *n* **-1.** [physical exercise] sport *m*; she does a lot of ~ elle fait beaucoup de sport, elle est très sportive; I hated ~ OR ~s at school je détestais le sport OR les sports à l'école ❑ the ~ of kings [horse racing] un sport de rois. **-2.** *lit* [hunting] chasse *f*; [fishing] pêche *f*.**-3.** *lit* [fun] amusement *m*, divertissement *m*; to make ~ of sb/sthg se moquer de qqn/qqch, tourner qqn/qqch en ridicule. **-4.** *inf* [friendly person] chic type *m*, chic fille *f*; go on, be a ~! allez, sois sympa!**-5.** [good loser]: to be a ~ être beau joueur. **-6.** [gambler] joueur *m*, -euse *f*; [high flyer] bon vivant *m*.**-7.** BIOL variété *f* anormale. ◇ *vt* [wear] porter, arborer. ◇ *vi* lit batifoler, s'ébattre.

◆ **sports** ◇ *npl* [athletics meeting] meeting *m* d'athlétisme; the school ~s la compétition sportive scolaire. ◇ *comp* [equipment, programme, reporter] sportif; [fan] de sport.

**sporting** ['spɔːtɪŋ] *adj* **-1.** SPORT [activity] sportif. **-2.** [friendly, generous – behaviour] chic (*inv*). **-3.** [fairly good – chance] assez bon; we're in with a ~ chance on a une assez bonne chance de gagner.

**sportingly** ['spɔːtɪŋlɪ] *adv* (très) sportivement.

**sport jacket** *Am* = **sports jacket**.

**sports car** *n* voiture *f* de sport.

**sportscast** ['spɔːtskɑːst] *n Am* émission *f* sportive.

**sportscaster** ['spɔːts,kɑːstəʳ] *n Am* reporter *m* sportif.

**sports coat** *Am* sports coat = **sports jacket**.

**sports day** *n Br* SCH réunion *sportive annuelle où les parents sont invités.*

**sports jacket** *n* veste *f* sport.

**sportsman** ['spɔːtsmən] (*pl* **sportsmen** [-mən]) *n* **-1.** [player of sport] sportif *m*.**-2.** [person who plays fair]: he's a real ~ il est très sport OR beau joueur.

**sportsmanlike** ['spɔːtsmənlaɪk] *adj* sportif.

**sportsmanship** ['spɔːtsmənʃɪp] *n* sportivité *f*, sens *m* sportif.

**sportsperson** ['spɔːts,pɜːsn] (*pl* **sportspeople** [-,piːpl]) *n* sportif *m*, sportive *f*.

**sportswear** ['spɔːtsweəʳ] *n (U)* vêtements *mpl* de sport.

**sportswoman** ['spɔːts,wumən] (*pl* **sportswomen** [-,wɪmɪn]) *n* sportive *f*.

**sporty** ['spɔːtɪ] (*compar* **sportier**, *superl* **sportiest**) *adj* [person] sportif; [garment] de sport.

**spot** [spɒt] (*pt & pp* **spotted**, *cont* **spotting**) ◇ *n* **-1.** [dot – on material, clothes] pois *m*; [– on leopard, giraffe] tache *f*, moucheture *f*; [– on dice, playing card] point *m*; a tie with red ~s une cravate à pois rouges; I've got ~s before my eyes j'ai des points lumineux OR des taches devant les yeux. **-2.** [stain, unwanted mark] tache *f*; [on fruit] tache *f*, tavelure *f*; [splash] éclaboussure *f*; a dirty ~ une tache, une salissure. **-3.** *Br* [pimple] bouton *m*; [freckle] tache *f* de son OR de rousseur; to come out in ~s avoir une éruption de boutons. **-4.** [blemish – on character] tache *f*, souillure *f*; there isn't a ~ on his reputation sa réputation est sans tache. **-5.** [small amount – of liquid] goutte *f*; [– of salt] pincée *f*; [– of irony, humour] pointe *f*, soupçon *m*; there were a few ~s of rain il est tombé quelques gouttes (de pluie); I'm having a ~ of bother with the neighbours *inf* j'ai quelques ennuis OR problèmes avec les voisins. **-6.** [place] endroit *m*, coin *m*; [site] site *m*; [on body] endroit *m*, point *m*; a tender OR sore ~ un point sensible ❑ that hits the ~! ça fait du bien! **-7.** [aspect, feature, moment]: the only bright ~ of the week le seul bon moment de la semaine. **-8.** [position, job] poste *m*, position *f*.**-9.** *inf* [difficult situation] embarras *m*; to be in a ~ être dans l'embarras ❑ to put sb on the ~ prendre qqn au dépourvu, coincer qqn. **-10.** RADIO & TV [for artist, interviewee] numéro *m*; [news item] brève *f*; he got a ~ on the **Margie Warner** show [as singer, comedian] il a fait un numéro dans le show de Margie Warner; [interview] il s'est fait interviewer OR il est passé dans le show de Margie Warner ❑ advertising ~ message *m* OR spot *m* publicitaire. **-11.** [spotlight] spot *m*, projecteur *m*.**-12.** [in billiards] mouche *f*.

◇ *comp* **-1.** COMM [price] comptant; [transaction, goods] payé comptant. **-2.** [random – count, test] fait à l'improviste. **-3.** TV: ~ advertisement spot *m* publicitaire; ~ announcement flash *m*.

◇ *vt* **-1.** [notice – friend, object] repérer, apercevoir; [– talent, mistake] trouver, déceler; I could ~ him a mile off je pourrais le repérer à des kilomètres; well spotted! bien vu!**-2.** [remove – stain] tacher; [mark with spots] tacheter. **-3.** *Am* [opponent] accorder un avantage à. **-4.** *Am* [remove – stain] enlever; a chemical for spotting clothes un produit pour détacher les vêtements.

◇ *vi* **-1.** [garment, carpet] se tacher, se salir. **-2.** [rain]: it's spotting with rain il tombe quelques gouttes de pluie. **-3.** MIL servir d'observateur.

◆ **on the spot** *adv phr* [at once] sur-le-champ; [at the scene] sur les lieux, sur place; he was killed on the ~ il a été tué sur le coup; the man on the ~ [employee, diplomat] l'homme qui est sur place OR sur le terrain; [journalist] l'envoyé spécial; to run on the ~ courir sur place.

◆ **on-the-spot** *adj phr* [fine] immédiat; [reportage] sur place OR sur le terrain.

**spot check** *n* [investigation] contrôle *m* surprise; [for quality] sondage *m*; [by customs] fouille *f* au hasard.

◆ **spot-check** *vt* contrôler au hasard; [for quality] sonder.

**spotless** ['spɒtlɪs] *adj* [room, appearance] impeccable; [character] sans tache.

**spotlessly** ['spɒtlɪslɪ] *adv*: ~ clean reluisant de propreté, d'une propreté impeccable.

**spotlight** ['spɒtlaɪt] (*pt & pp* **spotlit** [-lɪt]) ◇ *n* **-1.** [in theatre] spot *m*, projecteur *m*; in the ~ *literal & fig* sous le feu OR la lumière des projecteurs; to turn the ~ on sb *literal* braquer les projecteurs sur qqn; *fig* mettre qqn en vedette. **-2.** [lamp – in home, on car] spot *m*. ◇ *vt* **-1.** THEAT diriger les projecteurs sur. **-2.** *fig* [personality, talent] mettre en vedette; [pinpoint – flaws, changes] mettre en lumière.

**spotlit** ['spɒtlɪt] *adj* éclairé par des projecteurs.

**spot market** *n* marché *m* au comptant.

**spot-on** *inf* ◇ *adj Br* **-1.** [correct – remark, guess] en plein dans le mille; [– measurement] pile, très précis. **-2.** [perfect] parfait. ◇ *adv* [guess] en plein dans le mille; he timed it ~ il a calculé son coup à la seconde près.

**spotted** ['spɒtɪd] ◇ *pt & pp* → **spot**. ◇ *adj* **-1.** [leopard, bird] tacheté, moucheté; [apple, pear] tavelé. **-2.** [tie, dress] à pois.

**-3.** [stained – carpet, wall] taché.

**spotted dick** *n Br dessert chaud fait avec une pâte à gâteau et des raisins.*

**spotter** ['spɒtə'] ◇ *n* **-1.** [observer] observateur *m*, -trice *f*; [lookout] dénicheur *m*.**-2.** *Br* [enthusiast]: **train/plane** ~ passionné *m*, -e *f* de trains/d'avions. **-3.** *Am inf* COMM surveillant *m*, -e *f* du personnel. ◇ *comp* [plane] de recherche OR recherches.

**spotty** ['spɒtɪ] (*compar* **spottier**, *superl* **spottiest**) *adj* **-1.** [covered with spots – skin, person] boutonneux; [– wallpaper] piqué OR tacheté d'humidité; [– mirror] piqueté, piqué; [stained] taché. **-2.** [patterned – fabric, tie] à pois. **-3.** [patchy] irrégulier.

**spouse** [spaʊs] *n fml* époux *m*, épouse *f*; ADMIN & JUR conjoint *m*, -e *f*.

**spout** [spaʊt] ◇ *n* **-1.** [of teapot, kettle, tap, watering can] bec *m*; [of carton] bec *m* verseur; [of pump, gutter] dégorgeoir *m*; [of pipe] embout *m*.**-2.** [of water – from fountain, geyser] jet *m*; [– from whale] jet *m*, souffle *m* d'eau; [of flame] colonne *f*; [of lava] jet *m*.**-3.** *Br phr*: **to be up the** ~ *inf* [ruined] être fichu OR foutu; [pregnant] être enceinte; **our plans are up the** ~ nos projets sont tombés à l'eau. ◇ *vi* **-1.** [water, oil] jaillir, sortir en jet; [whale] souffler; **water** ~ **ed out of the pipe** de l'eau jaillit du tuyau. **-2.** *inf & pej* [talk] dégoiser; **he's always** ~**ing (on) about politics** il est toujours à dégoiser sur la politique. ◇ *vt* **-1.** [water, oil] faire jaillir un jet de; [fire, smoke] vomir, émettre un jet de. **-2.** *inf & pej* [words, poetry] débiter, sortir.

**sprain** [spreɪn] ◇ *vt* [joint] fouler, faire une entorse à; [muscle] étirer; **she has** ~**ed her ankle** OR **has a** ~**ed ankle** elle s'est fait une entorse à la cheville OR s'est foulé la cheville. ◇ *n* entorse *f*, foulure *f*.

**sprang** [spræŋ] *pt* → **spring**.

**sprat** [spræt] *n* sprat *m*.

**sprawl** [sprɔːl] ◇ *vi* **-1.** [be sitting, lying] être affalé OR vautré; [sit down, lie down] s'affaler, se laisser tomber; **she was** ~**ing in the armchair/on the bed** elle était avachie dans le fauteuil/vautrée sur le lit; **the blow sent him** ~**ing** le coup l'a fait tomber de tout son long. **-2.** [spread] s'étaler, s'étendre. ◇ *vt* (*usu passive*): **she was** ~**ed in the armchair/on the pavement** elle était vautrée dans le fauteuil/étendue de tout son long sur le trottoir. ◇ *n* **-1.** [position] position *f* affalée. **-2.** [of city] étendue *f*; **the problem of urban** ~ le problème de l'expansion urbaine.

**sprawling** ['sprɔːlɪŋ] *adj* [body] affalé; [suburbs, metropolis] tentaculaire; [handwriting] informe.

**spray** [spreɪ] ◇ *vt* **-1.** [treat – crops, garden] faire des pulvérisations sur, traiter; [– field] pulvériser; [– hair, house plant] vaporiser; [sprinkle – road] asperger; **I got** ~**ed with cold water** je me suis fait arroser OR asperger d'eau froide; **they** ~**ed the bar with bullets/with machine-gun fire** *fig* ils arrosèrent le bar de balles/de rafales de mitrailleuses. **-2.** [apply – water, perfume] vaporiser; [– paint, insecticide] pulvériser; [– coat of paint, fixer] mettre, appliquer; [– graffiti, slogan] écrire, tracer (à la bombe); **she** ~**ed perfume behind her ears** elle se vaporisa du parfum derrière les oreilles; **they** ~**ed water on the flames** ils vaporisèrent de l'eau sur les flammes.
◇ *vi* **-1.** [liquid] jaillir; **the water** ~**ed (out) over** OR **onto the road** l'eau a jailli sur la route. **-2.** [against crop disease] pulvériser, faire des pulvérisations.
◇ *n* **-1.** [droplets] gouttelettes *fpl* fines; [from sea] embruns *mpl*; **the liquid comes out in a fine** ~ le liquide est pulvérisé. **-2.** [container – for aerosol] bombe *f*, aérosol *m*; [– for perfume] atomiseur *m*; [– for cleaning fluids, water, lotion] vaporisateur *m*; [throat ~] vaporisateur pour la gorge. **-3.** [act of spraying – of crops] pulvérisation *f*; [– against infestation] traitement *m* (par pulvérisation); **I'll give your hair a light** ~ je vais donner un petit coup de laque sur vos cheveux. **-4.** *fig* [of bullets] grêle *f*. **-5.** [cut branch] branche *f*.**-6.** [bouquet] (petit) bouquet *m*.**-7.** [brooch] aigrette *f*.
◇ *comp* [insecticide, deodorant] en aérosol.
◆ **spray on** ◇ *vt sep* appliquer (à la bombe); ~ **the paint on evenly** vaporisez la peinture de façon uniforme. ◇ *vi insep* [paint, polish, cleaner] s'appliquer (par pulvérisation).
**spray can** *n* [for aerosol] bombe *f*, aérosol *m*; [refillable] vaporisateur *m*.

**spray gun** *n* [for paint] pistolet *m* (à peinture).

**spray-on** *adj* en bombe, en aérosol; ~ **deodorant** déodorant *m* en bombe OR en spray.

**spray paint** *n* peinture *f* en bombe; **a can of** ~ une bombe de peinture.
◆ **spray-paint** *vt* [with can] peindre à la bombe; [with spray gun] peindre au pistolet.

**spread** [spred] (*pt & pp* **spread**) ◇ *vt* **-1.** [apply – jam, icing, plaster, glue] étaler; [– asphalt] répandre; [– manure] épandre; **he** ~ **butter on a slice of toast** OR **a slice of toast with butter** il a tartiné de beurre une tranche de pain grillé. **-2.** [open out, unfold – wings, sails] étendre, déployer; [– arms, legs, fingers] écarter; [– map, napkin, blanket] étaler; [– rug] étendre; **it's time you** ~ **your wings** il est temps que vous voliez de vos propres ailes. **-3.** [lay out, arrange – photos, cards, possessions] étaler; **her hair was** ~ **over the pillow** ses cheveux s'étalaient sur l'oreiller. **-4.** [disseminate – disease, fire] propager, répandre; [– news, idea, faith] propager; [– rumour] répandre, faire courir; [– terror, panic] répandre; **the attack is at noon,** ~ **the word!** l'attaque est pour midi, faites passer le mot!; **to** ~ **the gospel** prêcher OR répandre l'Évangile. **-5.** [scatter – over an area] répandre; [– over a period of time] échelonner, étaler; **the floor was** ~ **with straw** le sol était recouvert de paille; **the explosion had** ~ **debris over a large area** l'explosion avait dispersé des débris sur une grande superficie; **their troops are** ~ **(out) too thinly to be effective** leurs troupes sont trop dispersées pour être efficaces; **to** ~ **o.s. too thinly** disperser ses efforts; **the tourist season is now** ~ **over six months** la saison touristique s'étale maintenant sur six mois; **to** ~ **(out) the losses over five years** répartir les pertes sur cinq ans. **-6.** [divide up – tax burden, work load] répartir. **-7.** MUS [chord] arpéger.
◇ *vi* **-1.** [stain] s'élargir; [disease, suburb] s'étendre; [fire, desert, flood] gagner du terrain, s'étendre; [rumour, ideas, panic, terror, crime, suspicion] se répandre; **panic** ~ **through the crowd** la panique a envahi OR gagné la foule; **the epidemic is** ~**ing to other regions** l'épidémie gagne de nouvelles régions; **the cancer had** ~ **through her whole body** le cancer s'était généralisé; **a** ~**ing waistline** une taille qui s'épaissit. **-2.** [extend – over a period of time, a range of subjects] s'étendre; **their correspondence** ~**s over 20 years** leur correspondance s'étend sur 20 ans. **-3.** [butter, glue] s'étaler.
◇ *n* **-1.** [diffusion, growth – of epidemic, fire] propagation *f*, progression *f*; [– of technology, idea] diffusion *f*, dissémination *f*; [– of religion] propagation *f*; **they are trying to prevent the** ~ **of unrest to other cities** ils essaient d'empêcher les troubles d'atteindre OR de gagner d'autres villes. **-2.** [range – of ages, interests] gamme *f*, éventail *m*; **the commission represented a broad** ~ **of opinion** la commission représentait un large éventail d'opinions. **-3.** [wingspan] envergure *f*.**-4.** [period] période *f*; **growth occurred over a** ~ **of several years** la croissance s'étala sur une période de plusieurs années. **-5.** [expanse] étendue *f*.**-6.** CULIN [paste] pâte *f* à tartiner; [jam] confiture *f*; **salmon** ~ beurre *m* de saumon; **chocolate** ~ chocolat *m* à tartiner. **-7.** PRESS & TYPO [two pages] double page *f*; [advertisement] double page *f* publicitaire. **-8.** *inf* [meal] gueuleton *m*. **-9.** *Am inf* [farm] ferme *f*; [ranch] ranch *m*. **-10.** ST. EX spread *m*.**-11.** *Am* [bedspread] couvre-lit *m*.
◇ *adj* **-1.** [arms, fingers, legs] écarté. **-2.** LING [vowel] non arrondi.
◆ **spread out** ◇ *vi insep* **-1.** [town, forest] s'étendre. **-2.** [disperse] se disperser; [in formation] se déployer; **the search party had** ~ **out through the woods** l'équipe de secours s'était déployée à travers les bois. **-3.** [open out – sail] se déployer, se gonfler. **-4.** [make o.s. at ease] s'installer confortablement. ◇ *vt sep* **-1.** (*usu passive*) [disperse] disperser, éparpiller; **the runners are now** ~ **out (along the course)** les coureurs sont maintenant éparpillés le long du parcours; **the population is very** ~ **out** la population est très dispersée. **-2.** = **spread** *vt* 2, 3.

**spread eagle** *n* **-1.** HERALD aigle *f* éployée. **-2.** [in skating] grand aigle *m*.
◆ **spread-eagle** ◇ *vt* [knock flat] envoyer par terre; **he was** ~**d by the blow** le coup l'a fait tomber à la renverse. ◇ *adj* **-1.** = **spread-eagled**. **-2.** *Am inf* chauvin.

**spread-eagled** [-,iːgld] *adj* bras et jambes écartés; **the police had him** ~ **against the wall** les policiers l'ont plaqué contre le mur, bras et jambes écartés.

**spreader** ['spredə<sup>r</sup>] *n* AGR & TECH [for fertilizer, manure, asphalt] épandeur *m*, épandeuse *f*.

**spreadsheet** ['spredʃiːt] *n* tableur *m*.

**spree** [spriː] *n* fête *f*; to go OR to be on a ~ faire la fête; to go on a shopping ~ faire des folies dans les magasins.

**sprig** [sprɪg] *n* brin *m*.

**sprightly** ['spraɪtlɪ] (*compar* **sprightlier**, *superl* **sprightliest**) *adj* [person] alerte, guilleret; [step] vif; [tune, whistle] gai.

**spring** [sprɪŋ] (*pt* **sprang** [spræŋ] OR **sprung** [sprʌŋ], *pp* **sprung**) ◇ *n* **-1.** [season] printemps *m*; in (the) ~ au printemps; the Spring Bank Holiday *Br le dernier lundi de mai, jour férié en Grande-Bretagne.* **-2.** [device, coil] ressort *m*; the ~s AUT la suspension. **-3.** [natural source] source *f*. **-4.** [leap] bond *m*, saut *m*. **-5.** [resilience] élasticité *f*; the diving board has plenty of ~ le plongeoir est très élastique; the mattress has no ~ left le matelas n'a plus de ressort; he set out with a ~ in his step il est parti d'un pas alerte.
◇ *comp* **-1.** [flowers, weather, colours] printanier, de printemps; his new ~ collection sa nouvelle collection de printemps; ~ term SCH & UNIV ≃ dernier trimestre *m*. **-2.** [mattress] à ressorts; ~ binding reliure *f* à ressort. **-3.** [water] de source.
◇ *vi* **-1.** [leap] bondir, sauter; to ~ at bondir OR se jeter sur; the couple sprang apart le couple se sépara hâtivement; he sprang ashore il sauta à terre; ~ing out of the armchair bondissant du fauteuil; I sprang to my feet je me suis levé d'un bond; to ~ to attention bondir au garde-à-vous. **-2.** [be released]: to ~ shut/open se fermer/s'ouvrir brusquement; the branch sprang back la branche s'est redressée d'un coup. **-3.** *fig*: the police sprang into action les forces de l'ordre passèrent rapidement à l'action; the engine sprang to OR into life le moteur s'est mis soudain en marche OR a brusquement démarré; to ~ to the rescue se précipiter pour porter secours; tears sprang to his eyes les larmes lui sont montées OR venues aux yeux; just say the first thing which ~s to mind dites simplement la première chose qui vous vient à l'esprit; you didn't notice anything strange? — nothing that ~s to mind vous n'avez rien remarqué d'anormal? — rien qui me frappe particulièrement; where did you ~ from? *inf* d'où est-ce que tu sors? **-4.** [originate] venir, provenir; the problem ~s from a misunderstanding le problème provient OR vient d'un malentendu. **-5.** [plank – warp] gauchir, se gondoler; [– crack] se fendre. **-6.** *Am inf* [pay]: to ~ for sthg casquer pour qqch.
◇ *vt* **-1.** [trap] déclencher; [mine] faire sauter; [bolt] fermer; the mousetrap had been sprung but it was empty la souricière OR tapette avait fonctionné, mais elle était vide. **-2.** [make known – decision, news] annoncer de but en blanc OR à brûle-pourpoint; I hate to have to ~ it on you like this cela m'embête d'avoir à vous l'annoncer de but en blanc comme ça; he doesn't like people ~ing surprises on him il n'aime pas les surprises OR qu'on lui réserve des surprises. **-3.** [develop]: to ~ a leak [boat] commencer à prendre l'eau; [tank, pipe] commencer à fuir; the radiator has sprung a leak il y a une fuite dans le radiateur. **-4.** [jump over – hedge, brook] sauter. **-5.** [plank – warp] gauchir, gondoler; [– crack] fendre. **-6.** HUNT [game] lever. **-7.** *inf* [prisoner] faire sortir; the gang sprung him from prison with a helicopter le gang l'a fait évader de prison en hélicoptère.
♦ **spring up** *vi insep* **-1.** [get up] se lever d'un bond. **-2.** [move upwards] bondir, rebondir; the lid sprang up le couvercle s'est ouvert brusquement; several hands sprang up plusieurs mains se sont levées. **-3.** [grow in size, height] pousser; hasn't Lisa sprung up this year! comme Lisa a grandi cette année! **-4.** [appear – towns, factories] surgir, pousser comme des champignons; [– doubt, suspicion, rumour, friendship] naître; [– difficulty, threat] surgir; [– breeze] se lever brusquement; new companies are ~ing up every day de nouvelles entreprises apparaissent chaque jour.

**springboard** ['sprɪŋbɔːd] *n* SPORT & *fig* tremplin *m*.

**spring chicken** *n* **-1.** *Am* poulet *m* (à rôtir). **-2.** [young person]: he's no ~ il n'est plus tout jeune.

**spring-clean** ◇ *vi* faire un nettoyage de printemps. ◇ *vt* nettoyer de fond en comble. ◇ *n Br* nettoyage *m* de printemps; to give the house a ~ nettoyer la maison de fond en comble; the accounting department needs a ~ *fig* le service de comptabilité a besoin d'un bon coup de balai.

**spring-cleaning** *n* nettoyage *m* de printemps.

**springer spaniel** *n* springer *m*.

**spring fever** *n* agitation *f* printanière.

**spring greens** *npl* choux *mpl* précoces.

**spring lock** *n* serrure *f* à fermeture automatique.

**spring onion** *n* petit oignon *m* blanc.

**spring roll** *n* rouleau *m* de printemps.

**spring tide** *n* grande marée *f*; [at equinox] marée *f* d'équinoxe (de printemps).

**springtime** ['sprɪŋtaɪm] *n* printemps *m*.

**springy** ['sprɪŋɪ] (*compar* **springier**, *superl* **springiest**) *adj* [mattress, diving board] élastique; [step] souple, élastique; [floor] souple; [moss, carpet] moelleux; [hair] dru.

**sprinkle** ['sprɪŋkl] ◇ *vt* **-1.** [salt, sugar, spices, breadcrumbs, talc] saupoudrer; [parsley, raisins] parsemer; I ~d sugar on OR over my cereal, I ~d my cereal with sugar j'ai saupoudré mes céréales de sucre; ~ with grated cheese recouvrez de fromage râpé ‖ [liquid]: to ~ water on sthg OR sthg with water asperger qqch d'eau; he ~d vinegar on OR over his chips il mit un peu de vinaigre sur ses frites. **-2.** (*usu passive*) [strew, dot] parsemer, semer; the sky was ~d with stars le ciel était parsemé d'étoiles; a speech ~d with metaphors un discours émaillé de métaphores. ◇ *vi* [rain] tomber des gouttes. ◇ *n* **-1.** [rain] petite pluie *f*. **-2.** = **sprinkling**.

**sprinkler** ['sprɪŋklə<sup>r</sup>] *n* **-1.** AGR & HORT arroseur *m* (automatique); ~ truck arroseuse *f*. **-2.** [fire-extinguishing device] sprinkler *m*; ~ system installation *f* d'extinction automatique d'incendie. **-3.** [for holy water] goupillon *m*, aspersoir *m*.

**sprinkling** ['sprɪŋklɪŋ] *n* [small quantity] petite quantité *f*; [pinch] pincée *f*; there was a ~ of grey in her hair elle avait quelques cheveux gris.

**sprint** [sprɪnt] ◇ *n* SPORT [dash] sprint *m*; [race] course *f* de vitesse, sprint *m*; the 60 metre ~ le 60 mètres; to break into OR to put on a ~ [gen] piquer un sprint. ◇ *vi* sprinter; she ~ed to OR for her car elle sprinta jusqu'à sa voiture.

**sprinter** ['sprɪntə<sup>r</sup>] *n* sprinter *m*.

**sprite** [spraɪt] *n* MYTH [male] lutin *m*; [female] nymphe *f*; water ~ naïade *f* MYTH.

**spritzer** ['sprɪtsə<sup>r</sup>] *n* mélange de vin blanc et de soda.

**sprocket** ['sprɒkɪt] *n* [wheel] pignon *m*.

**sprog** [sprɒg] *n Br inf* **-1.** [child] gosse *mf*, môme *mf*. **-2.** MIL [novice] bleu *m*, nouvelle recrue *f*.

**sprout** [spraʊt] ◇ *n* **-1.** [on plant, from ground] pousse *f*; [from bean, potato] germe *m*. **-2.** [Brussels] ~s choux *mpl* de Bruxelles. ◇ *vi* **-1.** [germinate – bean, seed, onion] germer. **-2.** [grow – leaves, hair] pousser; he had hair ~ing from his ears des touffes de poils lui sortaient des oreilles. ◇ *vt* **-1.** [grow – leaves] pousser, produire; [– beard] faire pousser; some lizards can ~ new tails la queue de certains lézards repousse. **-2.** [germinate – seeds, beans, lentils] faire germer.
♦ **sprout up** *vi insep* **-1.** [grow – grass, wheat, plant] pousser, pointer; [– person] pousser. **-2.** [appear – towns, factories] pousser comme des champignons, surgir.

**spruce** [spruːs] (*pl inv*) ◇ *n* BOT épicéa *m*; [timber] épinette *f*. ◇ *adj* [person, car, building, town] pimpant; [haircut] net; [garment] impeccable.
♦ **spruce up** *vt sep* [car, building, town] donner un coup de neuf à; [paintwork] refaire; [child] faire beau; a coat of paint will ~ the room up une couche de peinture rafraîchira la pièce; to ~ o.s. up, to get ~d up se faire beau.

**sprucely** ['spruːslɪ] *adv* [painted, polished, starched] impeccablement; ~ dressed tiré à quatre épingles.

**sprung** [sprʌŋ] ◇ *pt* & *pp* → **spring**. ◇ *adj* [mattress] à ressorts.

**spry** [spraɪ] (*compar* **sprier** OR **spryer**, *superl* **spriest** OR **spryest**) *adj* [person] alerte, leste.

**spryly** ['spraɪlɪ] *adv* agilement, lestement.

**SPUC** [spʌk] (*abbr of* **Society for the Protection of the Unborn Child**) *pr n* ligue contre l'avortement.

**spud** [spʌd] *n* **-1.** *inf* [potato] patate *f*. **-2.** [gardening tool] sarcloir *m*.

**spun** [spʌn] ◇ *pt* & *pp* → **spin**. ◇ *adj* filé; her hair was like ~ gold elle avait des cheveux d'or.

**spunk** [spʌŋk] *n* **-1.** *inf* [pluck] cran *m*, nerf *m*. **-2.** ▼ *Br* [semen] foutre *m*.

**spunky** ['spʌŋkɪ] *(compar* **spunkier,** *superl* **spunkiest)** *adj inf* [person] plein de cran, qui a du cran; [retort, fight] courageux.

**spun silk** *n* schappe *f.*

**spun yarn** *n* bitord *m.*

**spur** [spɜːʳ] *(pt & pp* **spurred,** *cont* **spurring)** ◇ *n* -**1.** EQUIT éperon *m*; to win one's ~s HIST gagner son épée de chevalier; *fig* faire ses preuves. -**2.** *fig* [stimulation] aiguillon *m*; the ~ of competition l'aiguillon de la concurrence; easy credit is a ~ to consumption le crédit facile pousse OR incite à la consommation; on the ~ of the moment sur le coup, sans réfléchir. -**3.** GEOG [ridge] éperon *m*, saillie *f.*-**4.** RAIL [siding] voie *f* latérale OR de garage; [branch line] embranchement *m*.-**5.** [on motorway] bretelle *f.*-**6.** [breakwater] brise-lames *m inv*, digue *f.*-**7.** BOT & ZOOL éperon *m*; [on gamecock] ergot *m*. ◇ *vt* -**1.** [horse] éperonner. -**2.** *fig* inciter; her words spurred me into action ses paroles m'ont incité à agir.
◆ **spur on** *vt sep* -**1.** [horse] éperonner. -**2.** *fig* éperonner, aiguillonner; to ~ sb on to do sthg inciter OR pousser qqn à faire qqch.

**spurious** ['spuərɪəs] *adj* -**1.** [false – gen] faux *(f* fausse); [– comparison, argument, reason, objection] spécieux. -**2.** [pretended – enthusiasm, sympathy] simulé; [– flattery, compliment] hypocrite. -**3.** [of doubtful origin – text] apocryphe, inauthentique.

**spurn** [spɜːn] *vt* [gen] dédaigner, mépriser; [suitor] éconduire, rejeter.

**spur-of-the-moment** *adj* [purchase, phone call] fait sur le coup OR sans réfléchir; [excuse, tactics, invitation] improvisé.

**spurred** [spɜːd] *adj* [boots] à éperons.

**spurt** [spɜːt] ◇ *vi* -**1.** [water, blood] jaillir, gicler; [flames, steam] jaillir; beer ~ed (out) from the can la bière a giclé de la boîte; the milk ~ed into the pail le lait gicla dans le seau; some lemon juice ~ed into my eye j'ai reçu une giclée de jus de citron dans l'œil. -**2.** [dash – runner, cyclist] sprinter, piquer un sprint; he ~ed past us il nous a dépassés comme une flèche. ◇ *vt* [gush – subj: pierced container] laisser jaillir; [spit – subj: gun, chimney] cracher; his wound ~ed blood le sang gicla OR jaillit de sa blessure. ◇ *n* -**1.** [of steam, water, flame] jaillissement *m*; [of blood, juice] giclée *f.* -**2.** [dash] accélération *f*; [at work] coup *m* de collier; [revival] regain *m*; to put on a ~ [while running, cycling] piquer un sprint; [while working] donner un coup de collier; after a brief ~ of economic growth après un bref regain de croissance économique; her inspiration came in ~s l'inspiration lui venait par à-coups.
◆ **spurt out** *vi insep* = **spurt** *vi* **1.**

**Sputnik** ['spʊtnɪk] *n* Spoutnik *m.*

**sputter** ['spʌtəʳ] ◇ *vi* -**1.** [motor] toussoter, crachoter; [fire, candle] crépiter *m*. -**2.** [stutter] bredouiller, bafouiller. -**3.** [spit – gen] crachoter; [– when talking] postillonner. ◇ *vt* [apology, curses] bredouiller, bafouiller. ◇ *n* -**1.** [of motor] toussotement *m*, hoquet *m*; [of fire, candle] crépitement *m*. -**2.** [stuttering] bredouillement *m.*
◆ **sputter out** *vi insep* [candle, enthusiasm, anger] s'éteindre.

**sputum** ['spjuːtəm] *(pl* **sputa** [-tə]) *n* MED crachat *m*, expectoration *f.*

**spy** [spaɪ] *(pl* **spies,** *pt & pp* **spied)** ◇ *n* espion *m*, -onne *f.* ◇ *comp* [novel, film, scandal] d'espionnage; [network] d'espions; ~ **ring** réseau *m* d'espions; ~ **satellite** satellite *m* espion. ◇ *vi* [engage in espionage] faire de l'espionnage; accused of ~ing for the enemy accusé d'espionnage au profit de l'ennemi. ◇ *vt lit* [notice] apercevoir; [discern] discerner.
◆ **spy on** *vt insep* espionner; you've been ~ing on me! tu m'as espionné!
◆ **spy out** *vt sep* [sb's methods, designs] chercher à découvrir (subrepticement); [landing sites] repérer; to ~ out the land *literal & fig* reconnaître le terrain.

**spyglass** ['spaɪglɑːs] *n* longue-vue *f.*

**spyhole** ['spaɪhəʊl] *n* judas *m.*

**spying** ['spaɪɪŋ] *n* [gen & INDUST] espionnage *m.*

**spymaster** ['spaɪˌmɑːstəʳ] *n* chef *m* des services secrets.

**sq., Sq.** *written abbr of* **square.**

**squab** [skwɒb] *(pl inv* OR **squabs,** *compar* **squabber,** *superl* **squabbest)** ◇ *n* -**1.** ORNITH pigeonneau *m*.-**2.** [person] homme *m* rond OR rondelet, femme *f* ronde OR rondelette. -**3.** [cushion] coussin *m* bien rembourré; [sofa] sofa *m*; AUT [of

car seat] dossier *m.* ◇ *adj* -**1.** [tubby] rond, enrobé. -**2.** ORNITH sans plumes.

**squabble** ['skwɒbl] ◇ *vi* se disputer, se quereller. ◇ *n* dispute *f*, querelle *f.*

**squabbling** ['skwɒblɪŋ] *n (U)* chamailleries *fpl*, disputes *fpl.*

**squad** [skwɒd] *n* -**1.** [group – gen] équipe *f*, escouade *f*.-**2.** MIL escouade *f*, section *f*.-**3.** [of police detachment] brigade *f.*

**squad car** *n* voiture *f* de patrouille de police.

**squaddy** ['skwɒdɪ] *(pl* **squaddies)** *n Br inf* MIL bidasse *m*, troufion *m.*

**squadron** ['skwɒdrən] *n* [in air force] escadron *m*; [in navy – small] escadrille *f*; [– large] escadre *f*; [in armoured regiment, cavalry] escadron *m.*

**squadron leader** *n* [in air force] commandant *m.*

**squalid** ['skwɒlɪd] *adj* sordide.

**squall** [skwɔːl] ◇ *n* -**1.** METEOR [storm] bourrasque *f*, rafale *f*, grain *m* NAUT; [rain shower] grain *m*.-**2.** [argument] dispute *f*. -**3.** [bawling] braillement *m.* ◇ *vi* -**1.** [bawl] brailler. -**2.** NAUT: it was ~ing on a pris un grain. ◇ *vt*: "no!", he ~ed «non!», brailla-t-il.

**squally** ['skwɔːlɪ] *(compar* **squallier,** *superl* **squalliest)** *adj* [wind] qui souffle par OR en rafales; [rain] qui tombe par rafales; the weather will be ~ il y aura des bourrasques.

**squalor** ['skwɒləʳ] *n (U)* [degrading conditions] conditions *fpl* sordides; [filth] saleté *f* repoussante; to live in ~ vivre dans des conditions sordides OR dans une misère noire.

**squander** ['skwɒndəʳ] *vt* [resources, time, money] gaspiller; [inheritance] dissiper; [opportunity] gâcher, passer à côté de; huge sums were ~ed on unworkable schemes des sommes énormes ont été dépensées en pure perte pour des projets irréalisables.

**square** [skweəʳ] ◇ *n* -**1.** [shape – gen & GEOM] carré *m*; she arranged the pebbles in a ~ elle a disposé les cailloux en carré; cut the cake into ~s coupez le gâteau en carrés; the drawer is out of ~ le tiroir n'est pas d'équerre ❑ to be on the ~ *inf* être réglo. -**2.** [square object – gen] carré *m*; [– tile] carreau *m*; a silk ~ un carré de soie; a ~ of chocolate un carré OR morceau de chocolat. -**3.** [square space – in matrix, crossword, board game] case *f*; back to ~ one! retour à la case départ!; we're back at OR to ~ one *fig* nous voilà revenus à la case départ. -**4.** [open area – with streets] place *f*; [– with gardens] square *m*; MIL [parade ground] place *f* d'armes; the town ~ la place, la grand-place; barrack ~ cour *f* de caserne. -**5.** MATH [multiple] carré *m*.-**6.** [instrument] équerre *f*.-**7.** *inf & pej* [person] ringard *m*, -e *f.*
◇ *adj* -**1.** [in shape – field, box, building, face] carré; a tall man with ~ shoulders un homme grand aux épaules carrées ❑ to be a ~ peg in a round hole être comme un chien dans un jeu de quilles. -**2.** [mile, inch etc] carré; 10 ~ kilometres 10 kilomètres carrés; the room is 15 feet ~ la pièce fait 5 mètres sur 5. -**3.** [at right angles] à angle droit; a ~ corner un angle droit; the shelves aren't ~ les étagères ne sont pas droites ❑ ~ pass SPORT passe *f* latérale. -**4.** [fair, honest] honnête; I got a ~ deal on the car rental je n'ai rien à redire au prix de location de la voiture; the farmers aren't getting a ~ deal les perdants dans l'affaire, ce sont les agriculteurs. -**5.** [frank, blunt – person] franc *(f* franche); [– denial] clair, net, catégorique. -**6.** [even, equal]: we're all ~ [in money] nous sommes quittes; they were (all) ~ at two games each SPORT ils étaient à égalité deux parties chacun; did you get things ~ with Julia? est-ce que tu as pu arranger les choses avec Julia?
◇ *adv* -**1.** = **squarely. -2.** [at right angles]: she set the box ~ with OR to the edge of the paper elle a aligné la boîte sur les bords de la feuille de papier. -**3.** [directly]: he hit the ball ~ in the middle of the racket il frappa la balle avec le milieu de sa raquette; she looked him ~ in the face elle le regarda bien en face.
◇ *vt* -**1.** [make square – pile of paper] mettre droit, aligner; [– stone] carrer; [– log] équarrir; [– shoulders] redresser; it's like trying to ~ the circle c'est la quadrature du cercle. -**2.** MATH carrer, élever au carré; three ~d is nine trois au carré égale neuf. -**3.** [reconcile] concilier; I couldn't ~ the story with the image I had of him je n'arrivais pas à faire coïncider cette histoire avec l'image que j'avais de lui. -**4.** [settle – account, bill] régler; [– debt] acquitter; [– books] balancer, mettre en ordre; to ~ accounts with sb *fig* régler son

compte à qqn. **-5.** SPORT: his goal ~d the match son but a mis les équipes à égalité. **-6.** *inf* [arrange] arranger; can you ~ it with the committee? pourriez-vous arranger cela avec le comité?**-7.** *inf* [bribe] soudoyer. ◇ *vi* cadrer, coïncider; his story doesn't ~ with the facts son histoire ne cadre OR ne coïncide pas avec les faits.

◆ **square away** *vt sep (usu passive) Am inf* régler, mettre en ordre.

◆ **square off** ◇ *vi insep* [opponents, boxers] se mettre en garde. ◇ *vt sep* **-1.** [piece of paper, terrain] quadriller. **-2.** [stick, log] carrer, équarrir.

◆ **square up** *vi insep* **-1.** [settle debt] faire les comptes; to ~ up with sb régler ses comptes avec qqn *literal*. **-2.** = square off.

◆ **square up to** *vt insep* [confront – situation, criticism] faire face OR front à; [– in physical fight] se mettre en position de combat contre; the unions are squaring up to the management les syndicats cherchent la confrontation avec la direction.

**square-bashing** *n Br (U) inf* MIL exercice *m*.

**square bracket** *n* crochet *m* IMPR; in ~s entre crochets.

**square-cut** *adj* [gem, rock] coupé à angle droit OR d'équerre; [log] équarri; *fig* [jaw] carré.

**square dance** *n* quadrille *m* américain.

**squared** [skweəd] *adj* [paper] quadrillé.

**square knot** *n Am* [reef knot] nœud *m* plat.

**squarely** ['skweəlɪ] *adv* **-1.** [firmly] fermement, carrément; [directly] en plein; ~ opposed to fermement opposé à; to look sb ~ in the eye regarder qqn droit dans les yeux. **-2.** [honestly] honnêtement; to deal ~ with sb agir avec qqn de façon honnête.

**square meal** *n*: I haven't had a ~ in days ça fait plusieurs jours que je n'ai pas fait de vrai repas.

**Square Mile** *pr n*: the ~ *la* City de Londres, dont la superficie fait environ un mile carré.

**square number** *n* carré *m*.

**square-rigged** *adj* NAUT [boat] gréé en carré.

**square root** *n* racine *f* carrée.

**squash** [skwɒʃ] ◇ *vt* **-1.** [crush] écraser; you're ~ing me! tu m'écrases!; I was ~ed between two large ladies j'étais serré OR coincé entre deux grosses dames. **-2.** [cram, stuff] fourrer; she ~ed the laundry down in the bag elle a tassé le linge dans le sac. **-3.** [silence, repress – person] remettre à sa place; [– objection] écarter; [– suggestion] repousser; [– argument] réfuter; [– hopes] réduire à néant; [– rumour] mettre fin à; [– rebellion] réprimer; she ~ed him with a look elle l'a foudroyé du regard. ◇ *vi* **-1.** [push – people] s'entasser. **-2.** [fruit, package] s'écraser. ◇ *n* **-1.** [crush of people] cohue *f*; with five of us it'll be a bit of a ~ à cinq, nous serons un peu serrés. **-2.** SPORT squash *m*.**-3.** *Br* [drink]: lemon/orange ~ sirop *m* de citron/d'orange. **-4.** *Am* [vegetable] courge *f*. ◇ *comp* [ball, court, champion, racket] de squash; ~ rackets *Br* [game] squash *m*.

◆ **squash in** *vi insep* [people] s'entasser; I ~ed in between two very fat men je me suis fait une petite place entre deux hommes énormes.

◆ **squash together** ◇ *vi insep* [people] se serrer (les uns contre les autres), s'entasser. ◇ *vt sep* serrer, tasser.

**squashy** ['skwɒʃɪ] *(compar* **squashier**, *superl* **squashiest**) *adj* [fruit, package] mou, *before vowel or silent 'h'* mol (*f* molle); [cushion, sofa] moelleux; [ground] spongieux.

**squat** [skwɒt] *(pt & pp* **squatted**, *cont* **squatting**, *compar* **squatter**, *superl* **squattest**) ◇ *vi* **-1.** [crouch – person] s'accroupir; [– animal] se tapir; we ate squatting (down) on our haunches nous avons mangé accroupis. **-2.** [live] vivre dans un squat; they're allowed to ~ in abandoned buildings on leur permet de squatter dans des immeubles abandonnés. ◇ *vt* [building] squatter, squattériser. ◇ *n* **-1.** [building] squat *m*; [action] squat *m*, occupation *f* de logements vides. **-2.** [crouch] accroupissement *m*. ◇ *adj* [person, figure, building] trapu.

**squatter** ['skwɒtə'] *n* squatter *m*; *Austr* [rancher] squatter *m*, éleveur *m*.

**squaw** [skwɔː] *n* [American Indian] squaw *f*.

**squawk** [skwɔːk] ◇ *vi* **-1.** [bird] criailler; [person] brailler. **-2.** *inf* [complain] criailler, râler. **-3.** *inf* [inform] moucharder,

vendre la mèche. ◇ *vt*: "let go of me!", she ~ed «lâchez-moi!», brailla-t-elle. ◇ *n* [of bird] criaillement *m*, cri *m*; [of person] cri *m* rauque; to let out OR to give a ~ pousser un cri rauque.

**squeak** [skwiːk] ◇ *vi* **-1.** [floorboard, chalk, wheel] grincer; [animal] piauler, piailler; [person] glapir; she ~ed with delight elle poussa un cri de joie. **-2.** *inf* [succeed narrowly]: the team ~ed into the finals l'équipe s'est qualifiée de justesse pour la finale. ◇ *vt*: "who, me?", he ~ed «qui? moi?», glapit-il. ◇ *n* **-1.** [of floorboard, hinge, chalk etc] grincement *m*; [of animal] piaillement *m*; [of person] petit cri *m* aigu, glapissement *m*; [of soft toy] couinement *m*; don't let me hear one more ~ out of you! et que je ne t'entende plus!

◆ **squeak by**, **squeak through** *vi insep inf* **-1.** [pass through] se faufiler. **-2.** [succeed narrowly] réussir de justesse; [in exam] être reçu de justesse; [in election] l'emporter de justesse.

**squeaky** ['skwiːkɪ] *(compar* **squeakier**, *superl* **squeakiest**) *adj* [floorboard, bed, hinge] grinçant; [voice] aigu (*f* -uë).

**squeaky clean** *adj inf* **-1.** [hands, hair] extrêmement propre. **-2.** [reputation] sans tache.

**squeal** [skwiːl] ◇ *vi* **-1.** [person] pousser un cri perçant; [tyres, brakes] crisser; [pig] couiner; to ~ with pain pousser un cri de douleur; to ~ with laughter hurler de rire ❑ he was ~ing like a stuck pig il criait comme un cochon qu'on égorge. **-2.** ▽ [inform] moucharder; to ~ on sb balancer qqn. ◇ *vt*: "ouch", she ~ed «aïe!», cria-t-elle. ◇ *n* [of person] cri *m* perçant; [of tyres, brakes] crissement *m*; he gave a ~ of delight il poussa un cri de joie.

**squeamish** ['skwiːmɪʃ] *adj* hypersensible; I'm very ~ about the sight of blood je ne supporte pas la vue du sang; this film is not for the ~ ce film n'est pas conseillé aux âmes sensibles.

**squeegee** ['skwiːdʒiː] *n* [with rubber blade] raclette *f*; [sponge mop] balai-éponge *m*; PHOT [roller] rouleau *m* (*en caoutchouc*).

**squeeze** [skwiːz] ◇ *vt* **-1.** [press – tube, sponge, pimple] presser; [– trigger] presser sur, appuyer sur; [– package] palper; [– hand, shoulder] serrer; I ~d as hard as I could j'ai serré aussi fort que j'ai pu; I kept my eyes ~d tight shut j'ai gardé les yeux bien fermés. **-2.** [extract, press out – liquid] exprimer; [– paste, glue] faire sortir; a glass of freshly ~d orange juice une orange pressée; to ~ the air out of OR from sthg faire sortir l'air de qqch en appuyant dessus. **-3.** *fig* [money, information] soutirer; you won't ~ another penny out of me! tu n'auras pas un sou de plus!; she's squeezing a lot of publicity out of the issue elle exploite le sujet au maximum pour se faire de la publicité. **-4.** [cram, force] faire entrer (avec difficulté); I can't ~ another thing into my suitcase je ne peux plus rien faire entrer dans ma valise; she ~d the ring onto her finger elle enfila la bague avec difficulté; 20 men were ~d into one small cell 20 hommes étaient entassés dans une petite cellule; the airport is ~d between the sea and the mountains l'aéroport est coincé entre la mer et les montagnes. **-5.** [constrain – profits, budget] réduire; [– taxpayer, workers] pressurer; universities are being ~d by the cuts les réductions (de budget) mettent les universités en difficulté. **-6.** [in bridge] squeezer.

◇ *vi*: the lorry managed to ~ between the posts le camion a réussi à passer de justesse entre les poteaux; they all ~d onto the bus ils se sont tous entassés dans le bus; can you ~ into that parking space? y a-t-il assez de place pour te garer là?

◇ *n* **-1.** [amount – of liquid, paste] quelques gouttes *fpl*; a ~ of toothpaste un peu de dentifrice. **-2.** [crush of people] cohue *f*; it was a tight ~ [in vehicle, room] on était très serré; [through opening] on est passé de justesse. **-3.** [pressure, grip] pression *f*; [handshake] poignée *f* de main; [hug] étreinte *f*; he gave my hand a reassuring ~ il a serré ma main pour me rassurer ❑ to put the ~ on sb *inf* faire pression sur qqn. **-4.** *inf* [difficult situation] situation *f* difficile. **-5.** ECON: (credit) ~ resserrement *m* du crédit. **-6.** [in bridge] squeeze *m*.**-7.** *Am inf* [friend] copain *m*, copine *f*.

◆ **squeeze in** ◇ *vi insep* [get in] se faire une petite place. ◇ *vt sep* [in schedule] faire entrer; she's hoping to ~ in a trip to Rome too elle espère avoir aussi le temps de faire un saut à Rome; the dentist says he can ~ you in le dentiste dit qu'il peut vous prendre entre deux rendez-vous.

◆ **squeeze out** *vt sep* **-1.** [sponge, wet clothes] essorer. **-2.** [liquid] exprimer; TECH [plastic] extruder; I ~d out the last of the glue j'ai fini le tube de colle. **-3.** [replace – candidate, competitor] l'emporter sur; **the Japanese are squeezing them out of the market** ils sont en train de se faire évincer du marché par les Japonais.

◆ **squeeze up** *vi insep* se serrer, se pousser.

**squeezer** ['skwiːzəʳ] *n* CULIN presse-agrumes *m inv*.

**squelch** [skweltʃ] ◇ *vi* **-1.** [walk – in wet terrain] patauger; [– with wet shoes] marcher les pieds trempés. **-2.** [make noise – mud] clapoter; **I heard something soft ~ beneath my foot** j'ai entendu quelque chose de mou s'écraser sous mon pied. ◇ *vt* [crush] écraser. ◇ *n* [noise] clapotement; **I heard the ~ of tyres in mud** j'ai entendu le bruit des pneus dans la boue.

**squib** [skwɪb] *n* **-1.** [firecracker] pétard *m*. **-2.** [piece of satire] pamphlet *m*.

**squid** [skwɪd] (*pl inv* OR **squids**) *n* cal(a)mar *m*, encornet *m*.

**squidgy** ['skwɪdʒɪ] (*compar* **squidgier**, *superl* **squidgiest**) *adj Br inf* mou, *before vowel or silent 'h'* mol (*f* molle), spongieux.

**squiffy** ['skwɪfɪ] (*compar* **squiffier**, *superl* **squiffiest**) *adj Br inf* & *dated* éméché, pompette.

**squiggle** ['skwɪgl] ◇ *n* **-1.** [scrawl, doodle] gribouillis *m*. **-2.** [wavy line, mark] ligne *f* ondulée.

**squiggly** ['skwɪglɪ] *adj inf* pas droit, ondulé.

**squinch** [skwɪntʃ] *vt Am inf*: **to ~ one's eyes** plisser les yeux.

**squint** [skwɪnt] ◇ *n* **-1.** MED strabisme *m*; **to have a ~** loucher. **-2.** *inf* [glimpse] coup *m* d'œil. ◇ *vi* **-1.** MED loucher. **-2.** [half-close one's eyes] plisser les yeux.

**squire** ['skwaɪəʳ] ◇ *n* **-1.** [landowner] propriétaire *m* terrien; **Squire Greaves** le squire Greaves. **-2.** [for knight] écuyer *m*. **-3.** *dated* [escort] cavalier *m*. **-4.** *Br inf* [term of address]: **evening, ~!** bonsoir, chef!

**squirearchy** ['skwaɪərɑːkɪ] (*pl* **squirearchies**) *n* propriétaires *mpl* terriens.

**squirm** [skwɜːm] ◇ *vi* **-1.** [wriggle] se tortiller; **he ~ed out of my grasp** il a échappé à mon étreinte en se tortillant; **she ~ed with impatience** elle était tellement impatiente qu'elle ne tenait plus en place. **-2.** [be ill-at-ease] être gêné, être très mal à l'aise; [be ashamed] avoir honte; **to ~ with embarrassment** être mort de honte; **his speech was so bad it made me ~** son discours était si mauvais que j'en ai eu honte pour lui. ◇ *n*: **she gave a ~ of embarrassment** elle ne put cacher sa gêne.

**squirrel** [*Br* 'skwɪrəl, *Am* 'skwɜːrəl] (*Br pt* & *pp* **squirrelled**, *cont* **squirrelling**, *Am pt* & *pp* **squirreled**, *cont* **squirreling**) *n* **-1.** ZOOL écureuil *m*. **-2.** *fig* [hoarder]: **she's a real ~** c'est une vraie fourmi.

◆ **squirrel away** *vt sep* [hoard, store] engranger *fig*; [hide] cacher.

**squirt** [skwɜːt] ◇ *vt* [liquid] faire gicler; [mustard, ketchup, washing-up liquid] faire jaillir; **~ some oil on the hinges** mettez quelques gouttes d'huile sur les gonds; **they were ~ing each other with water, they were ~ing water at each other** ils s'aspergeaient d'eau mutuellement; **he ~ed some soda water into his whisky** il versa une rasade d'eau de Seltz dans son whisky. ◇ *vi* [juice, blood, ink] gicler; [water] jaillir. ◇ *n* **-1.** [of juice, ink] giclée *f*; [of water] jet *m*; [of mustard, ketchup, washing-up liquid] dose *f*; [of oil, perfume] quelques gouttes *fpl*. **-2.** *inf* & *pej* [person] minus *m*; [short person] avorton *m*; [child] mioche *mf*.

**squish** [skwɪʃ] *inf* ◇ *vt Am* [crush] écrabouiller; **he ~ed his nose against the glass** il a écrasé son nez contre la vitre. ◇ *vi* **-1.** *Am* [squash – insect, fruit] s'écrabouiller. **-2.** [squelch] clapoter.

**squishy** ['skwɪʃɪ] (*compar* **squishier**, *superl* **squishiest**) *adj inf* [fruit, wax] mou, *before vowel or silent 'h'* mol (*f* molle); [chocolate] ramolli; [ground] boueux.

**Sr -1.** (*written abbr of* **senior**): **Ralph Todd ~** Ralph Todd père. **-2.** *written abbr of* **sister**.

**Sri Lanka** [ˌsriː'læŋkə] *pr n* Sri Lanka *m*; **in ~** au Sri Lanka.

**Sri Lankan** [ˌsriː'læŋkn] ◇ *n* Sri Lankais *m*, -e *f*. ◇ *adj* sri lankais.

**SRN** *n abbr of* **State Registered Nurse**.

**SS** ◇ (*abbr of* **steamship**) *initiales précédant le nom des navires de la marine marchande;* **the ~ "Norfolk"** le «Norfolk». ◇ *pr n* (*abbr of* **Schutzstaffel**): **the ~** les SS.

**ssh** [ʃ] *interj*: **~!** chut!

**SSSI** (*abbr of* **Site of Special Scientific Interest**) *n* en Grande-Bretagne, site déclaré d'intérêt scientifique.

**st** *written abbr of* **stone**.

**St -1.** (*written abbr of* **saint**) St, Ste. **-2.** *written abbr of* **street**.

**ST** *n abbr of* **Standard Time**.

**stab** [stæb] (*pt* & *pp* **stabbed**, *cont* **stabbing**) ◇ *vt* **-1.** [injure – with knife] donner un coup de couteau à, poignarder; [– with bayonet] blesser d'un coup de baïonnette; [– with spear] blesser d'une lance; **he stabbed me in the arm** il me donna un coup de couteau dans le bras; **they were stabbed to death** ils ont été tués à coups de couteau; **he was stabbed to death with a kitchen knife** il a été tué avec un couteau de cuisine ❑ **to ~ sb in the back** *literal* & *fig* poignarder qqn dans le dos. **-2.** [thrust, jab] planter; **I stabbed myself in the thumb with a pin** je me suis enfoncé une épingle dans le pouce; **I stabbed a turnip with my fork** j'ai piqué un navet avec ma fourchette.

◇ *vi*: **he stabbed at the map with his finger** il frappa la carte du doigt; **he stabbed at the leaves with his walking stick** il piquait les feuilles de la pointe de sa canne.

◇ *n* **-1.** [thrust] coup *m* (de couteau OR de poignard); **he made a vicious ~ at me with the broken bottle** il fit un mouvement agressif vers moi avec la bouteille cassée ❑ **wound** blessure *f* par arme blanche; **a man was rushed to hospital with ~ wounds** un homme blessé à coups de couteau a été transporté d'urgence à l'hôpital; **it was a ~ in the back** c'était un véritable coup de poignard dans le dos. **-2.** *lit* [of neon, colour] éclat *m*. **-3.** [of pain] élancement *m*; [of doubt, guilt] moment *m*; **I felt a ~ of envy** je sentis un pincement de jalousie. **-4.** *inf* [try]: **to have** OR **make** OR **take a ~ at (doing) sthg** s'essayer à (faire) qqch.

**stabbing** ['stæbɪŋ] ◇ *n* [knife attack] agression *f* (à l'arme blanche); **there were two fatal ~s at the football match** deux personnes ont été tuées à coups de couteau au match de football. ◇ *adj* [pain] lancinant.

**stability** [stə'bɪlətɪ] *n* stabilité *f*; **it will undermine the ~ of their marriage** cela va ébranler leur mariage; **his mental ~** son équilibre mental.

**stabilization** [ˌsteɪbəlaɪ'zeɪʃn] *n* stabilisation *f*.

**stabilize, -ise** ['steɪbəlaɪz] ◇ *vt* stabiliser. ◇ *vi* se stabiliser.

**stabilizer** ['steɪbəlaɪzəʳ] *n* **-1.** AERON, AUT & ELEC [device] stabilisateur *m*; NAUT stabilisateur *m*; [on bicycle] stabilisateur *m*. **-2.** CHEM [in food] stabilisateur *m*.

**stable** ['steɪbl] ◇ *adj* **-1.** [steady, permanent – gen] stable; [– marriage] solide; **the patient's condition is ~** l'état du malade est stationnaire. **-2.** [person, personality] stable, équilibré. **-3.** CHEM & PHYS stable. ◇ *n* **-1.** [building] écurie *f*; **riding ~** OR **~s** centre *m* d'équitation. **-2.** [group – of racehorses, racing drivers etc] écurie *f*. ◇ *vt* [take to stable] mettre à l'écurie; **her horse is ~d at Dixon's** son cheval est en pension chez Dixon.

**stable boy** *n* valet *m* d'écurie.

**stable door** *n* porte *f* d'écurie, porte *f* à deux vantaux OR battants; **to shut** OR **to close the ~ after the horse has bolted** *fig* envoyer les pompiers après l'incendie.

**stablemate** ['steɪblmeɪt] *n* **-1.** [horse] compagnon *m* d'écurie. **-2.** *fig* [person – at work] collègue *mf* de travail; [– from same school] camarade *mf* d'études.

**stabling** ['steɪblɪŋ] *n (U)* écuries *fpl*.

**staccato** [stə'kɑːtəʊ] ◇ *adj* **-1.** MUS [note] piqué; [passage] joué en staccato. **-2.** [noise, rhythm] saccadé. ◇ *adv* MUS staccato.

**stack** [stæk] ◇ *n* **-1.** [pile] tas *m*, pile *f*. **-2.** *inf* [large quantity] tas *m*; **I've written a ~ of** OR **~s of postcards** j'ai écrit un tas de cartes postales. **-3.** AGR [of hay, straw] meule *f*. **-4.** [chimney] cheminée *f*. **-5.** AERON avions *mpl* en attente, empilage *m*. **-6.** COMPUT [file] pile *f*. **-7.** MIL [of rifles] faisceau *m*. **-8.** [in library]: **the ~** OR **~s** les rayons *mpl*. ◇ *vt* **-1.** [pile – chairs, boxes etc] empiler. **-2.** AGR [hay] mettre en meule OR meules. **-3.** [fill – room, shelf] remplir; **his desk was ~ed high with files** des piles de dossiers s'entassaient sur son bureau. **-4.** COMPUT empiler. **-5.** AERON [planes] mettre en attente (à altitudes échelonnées). **-6.** [fix, rig – committee] remplir de ses partisans; [– cards, odds etc]: **to ~ the cards** OR **the deck** truquer les cartes; **he's playing with a ~ed deck** *fig* [in his favour] les dés sont pipés en sa faveur; [against him] les dés sont pipés contre lui; **the cards** OR **the odds are** ~**ed against us** *fig* nous sommes dans une mauvaise situation. ◇ *vi* s'empiler.

◆ **stacks** *adv Br inf* vachement.

◆ **stack up** ◇ *vt sep* [pile up] empiler. ◇ *vi insep* **-1.** *Am inf* [add up, work out]: **I don't like the way things are** ~**ing up** je n'aime pas la tournure que prennent les événements. **-2.** [compare] se comparer; **how does he** ~ **up against** OR **with the other candidates?** que vaut-il comparé aux autres candidats?

**stacked** [stækt] *adj* **-1.** ~ **heel** talon *m* compensé. **-2.** ▽ [woman]: **she's (well)** ~ il y a du monde au balcon.

**stacker** ['stækəʳ] *n* [worker] manutentionnaire *mf*; [pallet truck] transpalette *m*.

**stadium** ['steɪdjəm] (*pl* **stadiums** OR **stadia** [-djə]) *n* stade *m*.

**staff** [stɑːf] (*pl senses 3 & 4* **staffs** OR **staves** [steɪvz]) ◇ *n* **-1.** [work force] personnel *m*; [teachers] professeurs *mpl*, personnel *m* enseignant; **the company has a** ~ **of fifty** l'effectif de la société est de cinquante personnes; **we have ten lawyers on the** ~ notre personnel comprend dix avocats; **is he** ~ OR **a member of** ~? est-ce qu'il fait partie du personnel?; ~/ **student ratio** taux *m* d'encadrement des étudiants. **-2.** MIL & POL état-major *m*.**-3.** [rod] bâton *m*; [flagpole] mât *m*; [for shepherd] houlette *f*; [for bishop] crosse *f*, bâton *m* pastoral; *Br* [in surveying] jalon *m* TECH; *fig* [support] soutien *m*; **the** ~ **of life** [bread] l'aliment de base; *fig* le pain et le sel de la vie. **-4.** MUS portée *f*. ◇ *comp* [canteen, outing etc] du personnel; ~ **training formation** *f* du personnel. ◇ *vt (usu passive)* pourvoir en personnel; **the branch is** ~**ed by** OR **with competent people** le personnel de la succursale est compétent.

**staff college** *n* MIL école *f* supérieure de guerre.

**staff corporal** *n* MIL ≈ sergent-major *m*.

**staffer** ['stɑːfəʳ] *n* PRESS rédacteur *m*, -trice *f*.

**staffing** ['stɑːfɪŋ] *n* [recruiting] recrutement *m*; ~ **levels** effectifs *mpl*.

**staff nurse** *n* infirmier *m*, -ère *f*.

**staff officer** *n* MIL officier *m* d'état-major.

**staffroom** ['stɑːfrʊm] *n* SCH salle *f* des enseignants OR des professeurs.

**Staffs** *written abbr of* **Staffordshire**.

**staff sergeant** *n* MIL *Br* ≈ sergent-chef *m*, ≈ *Am* sergent *m*.

**stag** [stæg] (*pl inv* OR **stags**) ◇ *n* **-1.** ZOOL cerf *m*.**-2.** *Br* ST. EX spéculateur *m*, -trice *f* sur un titre nouveau.

**stag beetle** *n* cerf-volant *m* ENTOM, lucane *m*.

**stage** [steɪdʒ] ◇ *n* **-1.** [period, phase – of development, project etc] stade *m*; [– of illness] stade *m*, phase *f*; **the bill is at the committee** ~ le projet de loi va maintenant être examiné par un comité; **we'll deal with that at a later** ~ nous nous en occuperons plus tard; **the conflict is still in its early** ~**s** le conflit n'est est encore qu'à ses débuts; **by in** ~**s par paliers**; **the changes were instituted in** ~**s** les changements ont été introduits progressivement; **to do sthg** ~ **by** ~ faire qqch par étapes OR progressivement. **-2.** [stopping place, part of journey] étape *f*.**-3.** THEAT [place] scène *f*; **the** ~ [profession, activity] le théâtre; **on** ~ sur scène; ~ **right/left** côté jardin/cour; **to go on** ~ monter sur (la) scène; **to go on the** ~ [as career] monter sur les planches, faire du théâtre; **to write for the** ~ écrire pour la scène ‖ *fig*: **the political** ~ **la** scène politique; **his concerns always take centre** ~ ses soucis à lui doivent toujours passer avant tout; **to set the** ~ **for sthg** préparer le terrain pour qqch. **-4.** ASTRONAUT étage *m*. **-5.** [platform – gen] plate-forme *f*; [– on microscope] platine *f*; [scaffolding] échafaudage *m*.**-6.** [stagecoach] diligence *f*. **-7.** ELECTRON [circuit part] étage *m*. ◇ *comp* [design] scénique; [version] pour le théâtre; **she has great** ~ **presence** elle a énormément de présence sur scène. ◇ *vt* **-1.** THEAT [put on – play] monter; [set] situer; **it's the first time the play has been** ~**d** c'est la première fois qu'on monte cette pièce; **Macbeth was very well** ~**d** la mise en scène de Macbeth était très réussie. **-2.** [organize – ceremony, festival] organiser; [carry out – robbery] organiser; **to** ~ **a hijacking** détourner un avion; **to** ~ **a diversion** créer une OR faire diversion; **the handshake was** ~**d for the TV cameras** la poignée de main était une mise en scène destinée aux caméras de télévision. **-3.** [fake – accident] monter, ma-

nigancer; **they** ~**d an argument for your benefit** ils ont fait semblant de se disputer parce que vous étiez là.

**stagecoach** ['steɪdʒkəʊtʃ] *n* diligence *f*; **'Stagecoach'** *Ford* 'la Chevauchée fantastique'.

**stage designer** *n* décorateur *m* de théâtre.

**stage direction** *n* indication *f* scénique.

**stage door** *n* entrée *f* des artistes.

**stage effect** *n* effet *m* scénique.

**stage fright** *n* trac *m*; **to have** ~ avoir le trac.

**stagehand** ['steɪdʒhænd] *n* THEAT machiniste *mf*.

**stage-manage** *vt* **-1.** THEAT [play, production] s'occuper de la régie de. **-2.** [press conference, appearance] orchestrer, mettre en scène.

**stage manager** *n* THEAT régisseur *m*.

**stage name** *n* nom *m* de scène.

**stager** ['steɪdʒəʳ] *n* [veteran]: **old** ~ vieux *m* de la vieille.

**stage set** *n* THEAT décor *m*.

**stage whisper** *n* aparté *m*; **"it's midnight", he announced in a loud** ~ «il est minuit», chuchota-t-il suffisamment fort pour que tout le monde l'entende.

**stagflation** [stæg'fleɪʃn] *n* stagflation *f*.

**stagger** ['stægəʳ] ◇ *vi* [totter – person, horse] chanceler, tituber; **to** ~ **out** sortir en chancelant OR titubant; **I** ~**ed under the weight** je titubais sous le poids; **we** ~**ed into bed at 3 o'clock in the morning** nous nous sommes écroulés sur nos lits à 3 h du matin. ◇ *vt* **-1.** *(usu passive)* [payments] échelonner; [holidays] étaler; **they plan to bring in** ~**ed working hours** ils ont l'intention de mettre en place un système d'échelonnement des heures de travail; ~**ed start** SPORT [on oval track] départ *m* décalé; ~**ed wings** AERON ailes *fpl* décalées. **-2.** *(usu passive)* [astound]: **to be** ~**ed** être atterré, être stupéfait; **I was** ~**ed to learn of his decision** j'ai été stupéfait d'apprendre sa décision. ◇ *n* [totter] pas *m* chancelant.

◆ **staggers** *n* [in diver] ivresse *f* des profondeurs; **(blind)** ~**s** [in sheep] tournis *m*, cœnurose *f*; [in horses] vertigo *m*.

**staggering** ['stægərɪŋ] ◇ *adj* [news, amount] stupéfiant, ahurissant; [problems] énorme; **it was a** ~ **blow** *literal & fig* ce fut un sacré coup. ◇ *n* **-1.** [of vacations] étalement *m*; [of payments] échelonnement *m*.**-2.** [unsteady gait] démarche *f* chancelante.

**staghound** ['stæghaʊnd] *n* chien *m* d'équipage.

**staging** ['steɪdʒɪŋ] *n* **-1.** THEAT [of play] mise *f* en scène. **-2.** [scaffolding] échafaudage *m*; [shelving] rayonnage *f*.**-3.** ASTRONAUT largage *m* (*d'un étage de fusée*). ◇ *comp* MIL: ~ **area** OR **point** lieu *m* de rassemblement.

**staging post** *n* lieu *m* OR point *m* de ravitaillement.

**stagnancy** ['stægnənsɪ] *n* stagnation *f*.

**stagnant** ['stægnənt] *adj* **-1.** [water, pond – still] stagnant; [– stale] croupissant; [air – still] confiné; [– stale] qui sent le renfermé. **-2.** [trade, career] stagnant; [society] statique, en stagnation.

**stagnate** [stæg'neɪt] *vi* **-1.** [water – be still] stagner; [– be stale] croupir. **-2.** [economy, career] stagner; [person] croupir.

**stagnation** [stæg'neɪʃn] *n* stagnation *f*.

**stag night, stag party** *n* [gen] soirée *f* entre hommes; [before wedding day]: **we're having** OR **holding a** ~ **for Bob** nous enterrons la vie de garçon de Bob.

**staid** [steɪd] *adj* [person] rangé, collet monté *(inv)* *pej*; [colours] sobre, discret (*f* -ète); [job] très ordinaire.

**staidly** ['steɪdlɪ] *adv* [sit, watch] calmement; [walk, dance] dignement; [dress] sobrement.

**stain** [steɪn] ◇ *n* **-1.** [mark, spot] tache *f*; **to leave a** ~ laisser une tache; **I couldn't get the** ~ **out** je n'ai pas réussi à enlever OR faire disparaître la tache. **-2.** *fig* [on character] tache *f*; **it was a** ~ **on his reputation** cela a entaché sa réputation. **-3.** [colour, dye] teinte *f*, teinture *f*; **a wood** ~ une teinture pour bois; **oak/mahogany** ~ teinte chêne/acajou. ◇ *vt* **-1.** [soil, mark] tacher; **the sink was** ~**ed with rust** l'évier était taché de rouille; **smoking** ~**s your teeth** le tabac jaunit les dents; **his hands are** ~**ed with blood** *literal & fig* il a du sang sur les mains. **-2.** [honour, reputation] tacher, entacher, ternir. **-3.** [colour, dye – wood] teindre; [– glass, cell specimen] colorer. ◇ *vi* **-1.** [mark – wine, oil etc] tacher. **-2.** [become marked – cloth] se tacher.

**stained** [steɪnd] *adj* **-1.** [soiled – collar, sheet] taché; [– teeth] jauni. **-2.** [coloured – gen] coloré; [– wood] teint.

**-stained** *in cpds* taché; **his sweat~ shirt** sa chemise tachée de transpiration; **nicotine~** jauni par la nicotine.

**stained glass** *n* vitrail *m*.

◆ **stained-glass** *adj*: **stained-glass window** vitrail *m*.

**stainless** ['steɪnlɪs] *adj* **-1.** [rust-resistant] inoxydable. **-2.** *fig* sans tache, pur.

**stainless steel** ◇ *n* acier *m* inoxydable, Inox® *m*. ◇ *comp* en acier inoxydable, en Inox®.

**stain remover** *n* détachant *m*.

**stair** [steəʳ] *n* **-1.** [step] marche *f*; **the bottom ~** la première marche. **-2.** *lit* [staircase] escalier *m*.

◆ **stairs** *npl* [stairway] escalier *m*, escaliers *mpl*; **I slipped on the ~s** j'ai glissé dans l'escalier; **at the top of the ~s** en haut de l'escalier; **at the bottom** OR **the foot of the ~s** en bas OR au pied de l'escalier ❑ **above/below ~s** *Br* chez les patrons/les domestiques.

**staircase** ['steəkeɪs] *n* escalier *m*.

**stair-rod** *n* tringle *f* d'escalier.

**stairway** ['steəweɪ] = **staircase**.

**stairwell** ['steəwel] *n* cage *f* d'escalier.

**stake** [steɪk] ◇ *n* **-1.** [post, pole] pieu *m*; [for plant] tuteur *m*; [in surveying] piquet *m*, jalon *m*; [for tent] piquet *m*; [for execution] poteau *m*; **to die** OR **to be burned at the ~** mourir sur le bûcher ❑ **to (pull) up ~s** *Am* [leave place, job] faire ses valises; [continue journey] se remettre en route. **-2.** [in gambling] enjeu *m*, mise *f*; **to play for high ~s** jouer gros jeu; **the ~s are too high for me** l'enjeu est trop important pour moi; **to lose one's ~** perdre sa mise. **-3.** [interest, share] intérêt *m*, part *f*; [investment] investissement *m*, investissements *mpl*; [shareholding] participation *f*; **she has a 10% ~ in the company** elle a une participation de 10 % dans la société, elle détient 10 % du capital de la société; **the company has a big ~ in nuclear energy** la société a misé gros sur OR a fait de gros investissements dans le nucléaire; **we all have a ~ in the education of the young** l'éducation des jeunes nous concerne tous. **-4.** *Am* [savings] (petit) pécule *m*, bas *m* de laine.

◇ *vt* **-1.** [bet – sum of money, valuables] jouer, miser; *fig* [– reputation] jouer, risquer; **he ~d $10 on Birdy** il a joué OR misé OR mis 10 dollars sur Birdy; **he had ~d everything** OR **his all on getting the job** il avait tout misé sur l'acceptation de sa candidature. **-2.** *Am* [aid financially] financer; **he is staking the newspaper for half a million dollars** il investit un demi-million de dollars dans le journal. **-3.** [fasten – boat, animal] attacher (à un pieu OR un piquet); [– tent] attacher avec des piquets; [– plant] tuteurer. **-4.** [put forward]: **to ~ a** OR **one's claim to sthg** revendiquer qqch; **each gang has ~d its claim to a piece of the territory** chaque gang a délimité sa part de territoire; **she has ~d her claim to a place in the history of our country** elle mérite une place d'honneur dans l'histoire de notre pays. **-5.** *phr*: **to be at ~** être en jeu; **what** OR **how much is at ~?** quels sont les enjeux?, qu'est-ce qui est en jeu?; **she has a lot at ~** elle joue gros jeu, elle risque gros.

◆ **stakes** *npl* [horse race] course *f* de chevaux; [money prize] prix *m*; **the promotion ~s** *fig* la course à l'avancement.

◆ **stake off** *vt sep* = **stake out 1**.

◆ **stake out** *vt sep* **-1.** [delimit – area, piece of land] délimiter (avec des piquets); [– boundary, line] marquer, jalonner; *fig* [– sphere of influence] définir; [– market] se tailler; [– job, research field] s'approprier. **-2.** *Am* [keep watch on] mettre sous surveillance, surveiller.

**stakeout** ['steɪkaʊt] *n Am* [activity] surveillance *f*; [place] locaux *mpl* sous surveillance.

**stalactite** ['stæləktaɪt] *n* stalactite *f*.

**stalagmite** ['stæləgmaɪt] *n* stalagmite *f*.

**stale** [steɪl] ◇ *adj* **-1.** [bread, cake] rassis, sec (*f* sèche); [chocolate, cigarette] vieux, *before vowel or silent 'h'* vieil (*f* vieille); [cheese – hard] desséché; [– mouldy] moisi; [fizzy drink] éventé, plat; [air – foul] vicié; [– confined] confiné; **~ breath** haleine *f* fétide; **to go ~** [bread] (se) rassir; [chocolate, cigarette] perdre son goût; [cheese] se dessécher; [beer] s'éventer. **-2.** [idea, plot, joke] éculé, rebattu; [discovery, news] éventé, dépassé; [pleasure] émoussé, qui n'a plus de goût; [beauty] fané, défraîchi; **his arguments were ~ and unconvincing** ses arguments étaient éculés et peu convain-

cants; **he's getting ~ in that job** il sèche sur pied dans ce poste. **-3.** JUR [warrant] périmé; [debt] impayable; **~ cheque** FIN chèque *m* prescrit. ◇ *vi lit* [novelty, place, activity] perdre son charme.

**stalemate** ['steɪlmeɪt] ◇ *n* **-1.** [in chess] pat *m*; **the game ended in ~** la partie s'est terminée par un pat. **-2.** [deadlock] impasse *f*; **the argument ended in (a) ~** la discussion s'est terminée dans une impasse; **the announcement broke the ~ in the negotiations** l'annonce a fait sortir les négociations de l'impasse. ◇ *vt (usu passive)* [in chess – opponent] faire pat à; **the negotiations were ~d** *fig* les négociations étaient dans l'impasse.

**Stalin** ['stɑːlɪn] *pr n* Staline.

**Stalinist** ['stɑːlɪnɪst] ◇ *adj* stalinien. ◇ *n* stalinien *m*, - enne *f*.

**stalk** [stɔːk] ◇ *n* **-1.** BOT [of flower, plant] tige *f*; [of cabbage, cauliflower] trognon *m*; (grape) **~s** râpe *f*, rafle *f*. **-2.** ZOOL pédoncule *m*; **his eyes stood out on ~s** *inf* il avait les yeux qui lui sortaient de la tête. **-3.** [gen – long object] tige *f*. ◇ *vt* **-1.** [game, fugitive etc] traquer. **-2.** [subj: wolf, ghost] rôder dans; HUNT faire une battue dans les bois/la brousse; **enemy patrols ~ed the hills** des patrouilles ennemies rôdaient dans les collines. **-3.** *lit* [subj: disease, terror] régner dans, rôder dans. ◇ *vi* **-1.** [person]: **she ~ed out angrily/in disgust** elle sortit d'un air furieux/dégoûté; **he was ~ing up and down the deck** il arpentait le pont. **-2.** [prowl – tiger, animal] rôder; [hunt] chasser.

**stalking horse** ['stɔːkɪŋ-] *n* **-1.** *literal* cheval *m* d'abri. **-2.** *fig* stratagème *m*.

**stall** [stɔːl] ◇ *n* **-1.** [at market] étal *m*, éventaire *m*; [at fair, exhibition] stand *m*; **I bought some peaches at a fruit ~** j'ai acheté des pêches chez un marchand de fruits; **flower ~** *Br* [on street] kiosque *m* de fleuriste. **-2.** [for animal] stalle *f*; (starting) **~s** EQUIT stalles de départ. **-3.** [cubicle] cabine *f*. **-4.** [in church] stalle *f*. **-5.** *Br* CIN & THEAT orchestre *m*, fauteuil *m* d'orchestre; **the ~s** l'orchestre. **-6.** *Am* [in parking lot] emplacement *m* (*de parking*). **-7.** [for finger] doigtier *m*. **-8.** AERON décrochage *m*; AUT calage *m* (*du moteur*). **-9.** [delaying tactic] manœuvre *f* dilatoire; [pretext] prétexte *m*. ◇ *vi* **-1.** [motor, vehicle, driver] caler; [plane] décrocher; [pilot] faire décrocher son avion. **-2.** [delay]: **to ~ for time** essayer de gagner du temps; **I think they're ~ing on the loan until we make more concessions** je crois qu'ils vont retarder le prêt jusqu'à ce que nous leur fassions davantage de concessions. ◇ *vt* **-1.** [motor, vehicle] caler; [plane] faire décrocher. **-2.** [delay – sale, decision] retarder; [– person] faire attendre; **try to ~ him (off)!** essayez de gagner du temps!; **the project/his career is ~ed** le projet/sa carrière en est à point mort. **-3.** [animal] mettre à l'étable.

**stallholder** ['stɔːl,həʊldəʳ] *n* [in market] marchand *m*, -e *f* de OR des quatre-saisons; [in fair] forain *m*, -e *f*; [in exhibition] exposant *m*, -e *f*.

**stalling** ['stɔːlɪŋ] ◇ *n (U)* atermoiements *mpl*, manœuvres *fpl* dilatoires. ◇ *adj*: **~ tactic** manœuvre *f* dilatoire.

**stallion** ['stæljən] *n* étalon *m* (*cheval*).

**stalwart** ['stɔːlwət] ◇ *adj* [person] robuste; [citizen, fighter] vaillant, brave; [work, worker] exemplaire; **he was a ~ supporter of the England team** c'était un supporter inconditionnel de l'équipe d'Angleterre. ◇ *n* fidèle *mf*.

**stamen** ['steɪmən] (*pl* **stamens** OR **stamina** ['stæmɪnə]) *n* BOT étamine *f*.

**stamina** ['stæmɪnə] *n* [physical] résistance *f*, endurance *f*; [mental] force *f* intérieure, résistance *f*; **to build up one's ~** SPORT développer son endurance; **she has more ~ than he does** elle est plus résistante que lui.

**stammer** ['stæməʳ] ◇ *vi* [through fear, excitement] balbutier, bégayer; [through speech defect] bégayer, être bègue. ◇ *vt* bredouiller, bégayer; **I managed to ~ (out) an apology/I ~** réussi à bredouiller des excuses. ◇ *n* [through fear, excitement] balbutiement *m*, bégaiement *m*; [through speech defect] bégaiement *m*; **to have a ~** bégayer, être bègue; **he has a bad ~** il est affligé d'un bégaiement prononcé.

**stammerer** ['stæmərəʳ] *n* bègue *mf*.

**stammering** ['stæmərɪŋ] *n* [through fear, excitement] bégaiement *m*, balbutiement *m*; [speech defect] bégaiement *m*.

**stamp** [stæmp] ◇ *n* **-1.** [sticker, token] timbre *m*; **fiscal** OR **revenue ~** timbre fiscal; **television (licence) ~** timbre pour la

redevance ❑ (national insurance) ~ *Br* cotisation *f* de sécurité sociale; (postage) ~ timbre, timbre-poste *m*. **-2.** [instrument – rubber stamp] tampon *m*, timbre *m*; [– for metal] poinçon *m*; [– for leather] fer *m*; date ~ tampon dateur. **-3.** [mark, impression – in passport, library book etc] cachet *m*, tampon *m*; [– on metal] poinçon *m*; [– on leather] motif *m*; [– on antique] estampille *f*; [postmark] cachet *m* (d'oblitération de la poste); he has an Israeli ~ in his passport il a un tampon de la douane israélienne sur son passeport; ~ of approval *fig* approbation *f*, aval *m*.**-4.** [distinctive trait] marque *f*, empreinte *f*; his story had the ~ of authenticity son histoire semblait authentique; their faces bore the ~ of despair le désespoir se lisait sur leur visage. **-5.** [type, ilk, class] genre *m*, acabit *m pej*; [calibre] trempe *f*; of the old ~ [servant, worker] comme on n'en fait plus; [doctor, disciplinarian] de la vieille école. **-6.** [noise – of boots] bruit *m* (de bottes); [– of audience] trépignement *m*.
◇ *comp* [album, collection, machine] de timbres, de timbres-poste.
◇ *vt* **-1.** [envelope, letter] timbrer, affranchir. **-2.** [mark – document] tamponner; [– leather, metal] estamper; incoming mail is ~ed with the date received le courrier qui arrive est tamponné à la date de réception; the machine ~s the time on your ticket la machine marque OR poinçonne l'heure sur votre ticket. **-3.** [affect, mark – society, person] marquer; as editor she ~ed her personality on the magazine comme rédactrice en chef, elle a marqué la revue du sceau de sa personnalité. **-4.** [characterise, brand] étiqueter; recent events have ~ed the president as indecisive le président a été taxé d'indécision au vu des derniers événements. **-5.** [foot]: she ~ed her foot in anger furieuse, elle tapa du pied; he ~ed the snow off his boots il a tapé du pied pour enlever la neige de ses bottes.
◇ *vi* **-1.** [in one place – person] taper du pied; [– audience] trépigner; [– horse] piaffer; I ~ed on his fingers je lui ai marché sur les doigts. **-2.** [walk]: to ~ in/out [noisily] entrer/sortir bruyamment; [angrily] entrer/sortir en colère; he ~ed up the stairs il monta l'escalier d'un pas lourd.
◆ **stamp down** *vt sep* [loose earth, snow] tasser avec les pieds; [peg] enfoncer du pied.
◆ **stamp on** *vt insep* [rebellion] écraser; [dissent, protest] étouffer; [proposal] repousser.
◆ **stamp out** *vt sep* **-1.** [fire] éteindre avec les pieds OR en piétinant. **-2.** [end – disease, crime] éradiquer; [– strike, movement] supprimer; [– dissent, protest] étouffer; [– corruption, ideas] extirper. **-3.** [hole] découper (à l'emporte-pièce); [medal] frapper; [pattern] estamper.

**stamp book** *n* **-1.** [of postage stamps] carnet *m* de timbres OR de timbres-poste. **-2.** [for trading stamps] carnet *m* pour coller les vignettes-épargnes.

**stamp collecting** *n* philatélie *f*.

**stamp collector** *n* collectionneur *m*, -euse *f* de timbres OR de timbres-poste, philatéliste *mf*.

**stamped** [stæmpt] *adj* [letter, envelope] timbré; send a ~ addressed envelope envoyez une enveloppe timbrée à votre adresse.

**stampede** [stæm'piːd] ◇ *n* **-1.** [of animals] fuite *f*, débandade *f*. **-2.** [of people – flight] sauve-qui-peut *m inv*, débandade *f*; [– rush] ruée *f*; there was a ~ for seats il y a eu une ruée vers OR sur les sièges. ◇ *vi* [flee] s'enfuir (pris d'affolement); [rush] se ruer, se précipiter; the cattle ~d across the river pris d'affolement, le bétail a traversé la rivière. ◇ *vt* **-1.** [animals] faire fuir; [crowd] semer la panique dans. **-2.** [pressurize] forcer la main à.

**stamping ground** ['stæmpɪŋ-] *n inf* lieu *m* favori.

**stance** [stæns] *n* **-1.** [physical posture] posture *f*; she altered her ~ slightly elle changea légèrement de position; he took up a boxer's ~ il adopta la position d'un boxeur; he took up his usual ~ in front of the fire il s'est planté devant le feu à sa place habituelle; widen your ~ SPORT écartez les jambes. **-2.** [attitude] position *f*; to adopt OR to take a tough ~ on sthg adopter OR prendre une position ferme sur qqch.

**stand** [stænd] (*pt & pp* stood [stʊd]) ◇ *vi* **A. -1.** [rise to one's feet] se lever, se mettre debout. **-2.** [be on one's feet] être debout, se tenir debout; I've been ~ing all day je suis resté debout toute la journée; I had to ~ all the way j'ai dû voyager debout pendant tout le trajet; she was so tired she could

hardly ~ elle était si fatiguée qu'elle avait du mal à tenir debout OR sur ses jambes; I don't mind ~ing ça ne me gêne pas de rester debout ‖ [in a specified location] être (debout), rester (debout); don't ~ near the edge ne restez pas près du bord; don't just ~ there, do something! ne restez pas là à ne rien faire!; ~ clear! écartez-vous!; where should I ~? ~ beside Yvonne où dois-je me mettre? — à côté d'Yvonne; small groups of men stood talking at street corners des hommes discutaient par petits groupes au coin des rues; is there a chair I can ~ on? y a-t-il une chaise sur laquelle je puisse monter?; they were ~ing a little way off ils se tenaient un peu à l'écart; excuse me, you're ~ing on my foot excusez-moi, vous me marchez sur le pied; to ~ in line *Am* faire la queue ‖ [in a specified posture] se tenir; he was so nervous he couldn't ~ still il était si nerveux qu'il ne tenait pas en place; I stood perfectly still, hoping they wouldn't see me je me suis figé sur place en espérant qu'ils ne me verraient pas; ~ still! ne bougez pas!, ne bougez plus!; ~ with your feet apart écartez les pieds ❑ ~ and deliver! la bourse ou la vie!.**-3.** [be upright – post, target etc] être debout; not a stone was left ~ing il ne restait plus une seule pierre debout. **-4.** [be supported, be mounted] reposer; the coffin stood on trestles le cercueil reposait sur des tréteaux; the house ~s on solid foundations la maison repose OR est bâtie sur des fondations solides. **-5.** [be located – building, tree, statue] se trouver; [– clock, vase, lamp] être, être posé; the piano stood in the centre of the room le piano était au centre OR occupait le centre de la pièce; a wardrobe stood against one wall il y avait une armoire contre un mur.
**B. -1.** [indicating current state of affairs, situation] être; how do things ~? où en est la situation?; I'd like to know where I ~ with you j'aimerais savoir où en sont les choses entre nous; as things ~ telles que les choses se présentent; he's dissatisfied with the contract as it ~s il n'est pas satisfait du contrat tel qu'il a été rédigé; just print the text as it ~s faites imprimer le texte tel quel; he ~s accused of rape il est accusé de viol; I ~ corrected je reconnais m'être trompé OR mon erreur; the party ~s united behind him le parti est uni derrière lui; to ~ at [gauge, barometer] indiquer; [score] être de; [unemployment] avoir atteint; their turnover now ~s at three million pounds leur chiffre d'affaires atteint désormais les trois millions de livres; the exchange rate ~s at 5 francs to the dollar le taux de change est de 5 francs pour un dollar; it's the only thing ~ing between us and financial disaster c'est la seule chose qui nous empêche de sombrer dans un désastre financier ❑ to ~ in sb's way *literal* être sur le chemin de qqn; *fig* gêner qqn; don't ~ in my way! ne reste pas sur mon chemin!; nothing ~s in our way now maintenant, la voie est libre; if you want to leave school I'm not going to ~ in your way si tu veux quitter l'école, je ne m'y opposerai pas; their foreign debt ~s in the way of economic recovery leur dette extérieure constitue un obstacle à la reprise économique. **-2.** [remain] rester; [be left undisturbed – marinade, dough] reposer; [– tea] infuser; the machines stood idle les machines étaient arrêtées; time stood still le temps semblait s'être arrêté; the car has been ~ing in the garage for a year ça fait un an que la voiture n'a pas bougé du garage; let the mixture ~ until the liquid is clear laissez reposer le mélange jusqu'à ce que le liquide se clarifie. **-3.** [be valid, effective – offer, law] rester valable; [– decision] rester inchangé; my invitation still ~s vous êtes toujours le bienvenu; the verdict ~s unless there's an appeal le jugement reste valable à moins que l'on ne fasse appel.
**C. -1.** [measure – person, tree] mesurer; she ~s 5 feet in her stocking feet elle mesure moins de 1,50 m pieds nus; the building ~s ten storeys high l'immeuble compte dix étages. **-2.** [rank] se classer, compter; this hotel ~s among the best in the world cet hôtel figure parmi les meilleurs du monde; she ~s first/last in her class *Am* elle est la première/la dernière de sa classe. **-3.** [on issue]: how OR where does he ~ on the nuclear issue? quelle est sa position OR son point de vue sur la question nucléaire?; you ought to tell them where you ~ vous devriez leur faire part de votre position. **-4.** [succeed]: the government will ~ or fall on the outcome of this vote le maintien ou la chute du gouvernement dépend du résultat de ce vote ❑ united we ~, divided we fall l'union fait la force. **-5.** [be likely]: to ~ to lose risquer de perdre; to ~ to win avoir des

chances de gagner; they ~ to make a huge profit on the deal ils ont des chances de faire un bénéfice énorme dans cette affaire. **-6.** *Br* [run in election] se présenter, être candidat; will he ~ for re-election? va-t-il se représenter aux élections?; she's ~ing as an independent elle se présente en tant que candidate indépendante. **-7.** *Am* [stop] se garer (*pour un court instant*); 'no ~ing' 'arrêt interdit'. **-8.** *Am* [pay] payer la tournée; you're ~ing c'est ta tournée.

◇ *vt* **-1.** [set, place] mettre, poser; she stood her umbrella in the corner elle a mis son parapluie dans le coin; to ~ sthg on (its) end faire tenir qqch debout. **-2.** [endure, withstand] supporter; it will ~ high temperatures without cracking cela peut résister à OR supporter des températures élevées sans se fissurer; she's not strong enough to ~ another operation elle n'est pas assez forte pour supporter une nouvelle opération ‖ *fig*: he certainly doesn't ~ comparison with Bogart il n'est absolument pas possible de le comparer avec Bogart; their figures don't ~ close inspection leurs chiffres ne résistent pas à un examen sérieux. **-3.** [put up with, bear – toothache, cold] supporter; [– behaviour] supporter, tolérer; I can't ~ it any longer! je n'en peux plus!; how can you ~ working with him? comment est-ce que vous faites pour OR comment arrivez-vous à travailler avec lui?; I've had as much as I can ~ of your griping! j'en ai assez de tes jérémiades!; if there's something I can't ~, it's hypocrisy s'il y a quelque chose que je ne supporte pas, c'est bien l'hypocrisie; I can't ~ (the sight of) him! je ne peux pas le supporter!, je ne peux pas le voir en peinture!; she can't ~ Wagner/smokers/flying elle déteste Wagner/les fumeurs/prendre l'avion. **-4.** *inf* [do with, need] supporter, avoir besoin de; oil company profits could certainly ~ a cut une diminution de leurs bénéfices ne ferait aucun mal aux compagnies pétrolières. **-5.** [perform duty of] remplir la fonction de; to ~ witness for sb [at marriage] être le témoin de qqn. **-6.** *inf* [treat to]: I'll ~ you a drink *Br*, I'll ~ you to a drink *Am* je t'offre un verre. **-7.** *phr*: you don't ~ a chance! vous n'avez pas la moindre chance!; the plans ~ little chance of being approved les projets ont peu de chances d'être approuvés.

◇ *n* **-1.** [stall, booth – gen] stand *m*; [– in exhibition] stand *m*; [– in market] étal *m*, éventaire *m*; [– for newspapers] kiosque *m*; a shooting ~ un stand de tir. **-2.** [frame, support – gen] support *m*; [– for lamp, sink] pied *m*; [– on bicycle, motorbike] béquille *f*; [– for pipes, guns] râtelier *m*; COMM [for magazines, sunglasses] présentoir *m*; [lectern] lutrin *m*; bicycle ~ [in street] râtelier à bicyclettes; revolving ~ COMM tourniquet *m*, présentoir rotatif. **-3.** [platform – gen] plate-forme *f*; [– for speaker] tribune *f*. **-4.** [in sports ground] tribune *f*. **-5.** [for taxis]: **(taxi)** ~ station *f* de taxis. **-6.** *Am* [in courtroom] barre *f*; the first witness took the ~ le premier témoin est venu à la barre. **-7.** *literal & fig* [position] position *f*; to take a ~ on sthg prendre position à propos de qqch; he refuses to take a ~ il refuse de prendre position. **-8.** MIL & *fig* [defensive effort] résistance *f*, opposition *f*; to make a ~ résister; Custer's last ~ HIST la dernière bataille de Custer. **-9.** [of trees] bosquet *m*, futaie *f*; [of crop] récolte *f* sur pied.

◆ **stand about**, **stand around** *vi insep* rester là, traîner *pej*; we stood about OR around waiting for the flight announcement nous restions là à attendre que le vol soit annoncé; the prisoners stood about OR around in small groups les prisonniers se tenaient par petits groupes; after Mass, the men ~ about OR around in the square après la messe, les hommes s'attardent sur la place.

◆ **stand aside** *vi insep* [move aside] s'écarter; to ~ aside in favour of sb [gen] laisser la voie libre à qqn; POL se désister en faveur de qqn.

◆ **stand back** *vi insep* **-1.** [move back] reculer, s'écarter; ~ back from the doors! écartez-vous des portes!; she stood back to look at herself in the mirror elle recula pour se regarder dans la glace; the painting is better if you ~ back from it le tableau est mieux si vous prenez du recul. **-2.** [be set back] être en retrait OR à l'écart; the house ~s back from the road la maison est en retrait de la route. **-3.** [take mental distance] prendre du recul.

◆ **stand by** ◇ *vi insep* **-1.** [not intervene] rester là (sans rien faire). **-2.** [be ready – person] être OR se tenir prêt; [– vehicle] être prêt; [– army, embassy] être en état d'alerte; the police were ~ing by to disperse the crowd la police se tenait prête à disperser la foule; we have an oxygen machine

~ing by nous avons une machine à oxygène prête en cas d'urgence; ~ by! attention!; ~ by for takeoff préparez-vous pour le décollage; ~ by to receive RADIO prenez l'écoute. ◇ *vt insep* **-1.** [support – person] soutenir; I'll ~ by you through thick and thin je te soutiendrai OR je resterai à tes côtés quoi qu'il arrive. **-2.** [adhere to – promise, word] tenir; [– decision, offer] s'en tenir à.

◆ **stand down** ◇ *vi insep* **-1.** *Br* POL [withdraw] se désister; [resign] démissionner. **-2.** [leave witness box] quitter la barre. **-3.** MIL [troops] être déconsigné (*en fin d'alerte*). ◇ *vt sep* [workers] licencier.

◆ **stand for** *vt insep* **-1.** [represent] représenter; what does DNA ~ for? que veut dire l'abréviation ADN?; the R ~s for Ryan le R signifie Ryan; she supports the values and ideas the party once stood for elle soutient les valeurs et les idées qui furent autrefois celles du parti; I detest everything that they ~ for! je déteste tout ce qu'ils représentent! **-2.** [tolerate] tolérer, supporter; [allow] permettre; I'm not going to ~ for it! je ne le tolérerai OR permettrai pas!

◆ **stand in** *vi insep* assurer le remplacement; to ~ in for sb remplacer qqn.

◆ **stand off** ◇ *vi insep* **-1.** [move away] s'écarter. **-2.** NAUT [assume position] croiser; [sail away] mettre le cap au large. ◇ *vt sep Br* [workers] mettre en chômage technique. ◇ *vt insep* NAUT [coast, island] croiser au large de; they have an aircraft carrier ~ing off Aden ils ont un porte-avions qui croise au large d'Aden.

◆ **stand out** *vi insep* **-1.** [protrude – vein] saillir; [– ledge] faire saillie, avancer. **-2.** [be clearly visible – colour, typeface] ressortir, se détacher; [– in silhouette] se découper; the pink ~s out against the green background le rose ressort OR se détache sur le fond vert; the masts stood out against the sky les mâts se découpaient OR se dessinaient contre le ciel; the name on the truck stood out clearly le nom sur le camion était bien visible. **-3.** [be distinctive] ressortir, se détacher; this one book ~s out from all his others ce livre-ci surclasse tous les autres livres qu'il a écrits; she ~s out above all the rest elle surpasse OR surclasse tous les autres; I don't like to ~ out in a crowd je n'aime pas me singulariser; the day ~s out in my memory cette journée est marquée d'une pierre blanche dans ma mémoire. **-4.** [resist, hold out] tenir bon, tenir; to ~ out against [attack, enemy] résister à; [change, tax increase] s'opposer avec détermination à; they are ~ing out for a pay increase ils réclament une augmentation de salaire.

◆ **stand over** ◇ *vt insep* [watch over] surveiller; I can't work with someone ~ing over me je ne peux pas travailler quand quelqu'un regarde par-dessus mon épaule; she stood over him until he'd eaten every last bit elle ne l'a pas lâché avant qu'il ait mangé la dernière miette. ◇ *vt sep Br* [postpone] remettre (à plus tard). ◇ *vi insep Br* être remis (à plus tard); we have two items ~ing over from the last meeting il nous reste deux points à régler depuis la dernière réunion.

◆ **stand to** *vi insep* MIL se mettre en état d'alerte; ~ to! à vos postes!

◆ **stand up** ◇ *vi insep* **-1.** [rise to one's feet] se lever, se mettre debout; to ~ up and be counted avoir le courage de ses opinions. **-2.** [be upright] être debout; I can't get the candle to ~ up straight je n'arrive pas à faire tenir la bougie droite. **-3.** [last] tenir, résister; how is that repair job ~ing up? est-ce que cette réparation tient toujours? **-4.** [be valid – argument, claim] être valable, tenir debout; his evidence won't ~ up in court son témoignage ne sera pas valable en justice. ◇ *vt sep* **-1.** [set upright – chair, bottle] mettre debout; they stood the prisoner up against a tree ils ont adossé le prisonnier à un arbre; ~ the ladder up against the wall mettez OR appuyez l'échelle contre le mur. **-2.** *inf* [fail to meet] poser un lapin à, faire faux bond à.

◆ **stand up for** *vt insep* défendre; to ~ up for o.s. se défendre.

◆ **stand up to** *vt insep*: to ~ up to sthg résister à qqch; to ~ up to sb tenir tête à OR faire face à qqn.

**stand-alone** *adj* COMPUT [system] autonome.

**standard** ['stændəd] ◇ *n* **-1.** [norm] norme *f*; [level] niveau *m*; [criterion] critère *m*; most of the goods are OR come up to ~ la plupart des marchandises sont de qualité satisfaisante; your work isn't up to ~ OR is below ~ votre travail laisse à désirer; he sets high ~s for himself il est très exigeant avec lui-même; to set quality ~s for a product fixer des normes de qualité pour un produit; high safety ~s des règles de sécurité très strictes; their salaries are low by European ~s leurs salaires sont bas par rapport aux salaires européens; she's an Olympic ~ swimmer c'est une nageuse de niveau olympique; it's a difficult task by any ~ or by anybody's ~s c'est indiscutablement une tâche difficile; we apply the same ~s to all candidates nous jugeons tous les candidats selon les mêmes critères ❑ ~ of living niveau de vie. **-2.** [moral principle] principe *m*; to have high moral ~s avoir de grands principes moraux. **-3.** [for measures, currency – model] étalon *m*; [in coins – proportion] titre *m*.**-4.** [established item] standard *m*; [tune] standard *m*; a jazz ~ un classique du jazz. **-5.** *Am* [car]: I can't drive a ~ je ne sais conduire que les voitures à boîte de vitesse automatique. **-6.** [flag] étendard *m*; [of sovereign, noble] bannière *f*; under the ~ of Liberty *fig* sous l'étendard de la liberté. **-7.** [support – pole] poteau *m*; [– for flag] mât *m*; [– for lamp] pied *m*; [– for power-line] pylône *m*.**-8.** *Br* [lamp] lampadaire *m* (de salon). **-9.** AGR & HORT [fruit tree] haute-tige *f*.**-10.** BOT [petal] étendard *m*. ◇ *adj* **-1.** [ordinary, regular – gen] normal; [– model, size] standard; catalytic converters are now ~ features les pots catalytiques sont désormais la norme; there's a ~ procedure for reporting accidents il y a une procédure bien établie pour signaler les accidents; any ~ detergent will do n'importe quel détergent usuel fera l'affaire; it was just a ~ hotel room c'était une chambre d'hôtel ordinaire; she has a ~ speech for such occasions elle a un discours tout prêt pour ces occasions; ~ gear shift *Am* AUT changement *m* de vitesse manuel. **-2.** [measure – metre, kilogramme etc] étalon *(inv)*. **-3.** [text, work] classique, de base; the ~ works in English poetry les ouvrages classiques de la poésie anglaise. **-4.** LING [pronunciation, spelling etc] standard; ~ English l'anglais correct. **-5.** AGR & HORT [fruit tree, shrub] à haute tige; ~ rose rose *f* tige.

**standard bearer** *n* **-1.** [of cause] porte-drapeau *m*; [of political party] chef *m* de file. **-2.** [of flag] porte-étendard *m*.

**standard deviation** *n* [in statistics] écart-type *m*.

**standard gauge** RAIL *n* voie *f* normale.

◆ **standard-gauge** *adj* [line] à voie normale; [carriage, engine] pour voie normale.

**standardization** [ˌstændədaɪˈzeɪʃn] *n* **-1.** [gen] standardisation *f*; [of dimensions, terms etc] normalisation *f*.**-2.** TECH [verification] étalonnage *m*.

**standardize, -ise** [ˈstændədaɪz] *vt* **-1.** [gen] standardiser; [dimensions, products, terms] normaliser; ~d parts pièces *fpl* standardisées OR standard. **-2.** TECH [verify] étalonner.

**standard lamp** *n Br* lampadaire *m* (de salon).

**standard time** *n* heure *f* légale.

**standby** [ˈstændbaɪ] *(pl* **standbys)** ◇ *adj* **-1.** [equipment, provisions etc] de réserve; [generator] de secours; the ~ team can take over operations within an hour l'équipe de secours est prête à prendre le contrôle des opérations en moins d'une heure; in ~ position RADIO en écoute. **-2.** AERON [ticket, fare] stand-by *(inv)*; [passenger] stand-by *(inv)*, en attente; ~ list liste *f* d'attente. **-3.** FIN: ~ credit crédit *m* stand-by OR de soutien; ~ loan prêt *m* conditionnel. ◇ *n* **-1.** [substitute – person] remplaçant *m*, -e *f*; THEAT [understudy] doublure *f*; to be on ~ [doctor] être de garde OR d'astreinte; [flight personnel, emergency repairman] être d'astreinte; [troops, police, firemen] être prêt à intervenir; we have a repair crew on ~ nous avons une équipe de réparateurs prête à intervenir en cas de besoin; make sure you have a ~ [equipment] vérifiez que vous en avez un OR une de secours; [person] assurez-vous que vous pouvez vous faire remplacer; I'll keep the old typewriter as a ~ je garderai la vieille machine à écrire en cas de besoin OR au cas où. **-2.** AERON [system] stand-by *m inv*; [passenger] (passager *m*, -ère *f*) stand-by *m inv*; to be on ~ [passenger] être en stand-by OR sur la liste d'attente. ◇ *adv* [travel] en stand-by.

**stand-in** ◇ *n* [substitute] remplaçant *m*, -e *f*; CIN [for lighting check] doublure *f*; [stunt person] cascadeur *m*, -euse *f*; THEAT [understudy] doublure *f*; she asked him to go as her ~ elle lui a demandé de la remplacer. ◇ *adj* [gen] remplaçant; [office worker] intérimaire; [teacher] suppléant, qui fait des rempla-

cements; I can't find a ~ speaker for tomorrow's session je ne trouve personne qui puisse remplacer le conférencier prévu pour demain.

**standing** [ˈstændɪŋ] ◇ *adj* **-1.** [upright – position, person, object] debout *(inv)*; ~ room OR places places *fpl* debout; it was ~ room only at the meeting il n'y avait plus de places assises OR la salle était pleine à craquer lors de la réunion ❑ ~ lamp *Am* lampadaire *m* (de salon); ~ ovation ovation *f*; to get a ~ ovation se faire ovationner. **-2.** [stationary]: ~ jump SPORT saut *m* à pieds joints; ~ start SPORT départ *m* debout; AUT départ *m* arrêté. **-3.** [grain, timber] sur pied. **-4.** [stagnant – water] stagnant. **-5.** [permanent – army, offer etc] permanent; [– claim] de longue date; it's a ~ joke with us c'est une vieille plaisanterie entre nous ❑ ~ committee comité *m* permanent; to pay by ~ order *Br* payer par prélèvement (bancaire) automatique; I get paid by ~ order je reçois mon salaire par virement bancaire; ~ orders *Br* POL règlement *m* intérieur *(d'une assemblée délibérative)*. ◇ *n* **-1.** [reputation] réputation *f*; [status] standing *m*; an economist of considerable ~ un économiste de grand renom OR très réputé; people of lower/higher social ~ des gens d'une position sociale moins/plus élevée; they are a family of some ~ in the community c'est une famille qui jouit d'une certaine position dans la communauté; Mr Pym is a client in good ~ with our bank M. Pym est un client très estimé de notre banque. **-2.** [ranking] rang *m*, place *f*; SCH & SPORT [ordered list] classement *m*; her ~ in the opinion polls is at its lowest yet sa cote de popularité dans les sondages est au plus bas; what's their ~ in the league table? quel est leur classement dans le championnat?**-3.** [duration] durée *f*; of long ~ de longue date; of 15 years' ~ [collaboration, feud] qui dure depuis 15 ans; [treaty, account] qui existe depuis 15 ans; [friend, member] depuis 15 ans; an employee of 10 years' ~ un salarié qui a 10 ans d'ancienneté dans l'entreprise. **-4.** *Am* AUT: 'no ~' 'arrêt interdit'. **-5.** *Am* JUR position *f* en droit.

**standing stone** *n* menhir *m*.

**standoff** [ˈstændɒf] *n* **-1.** POL [inconclusive clash] affrontement *m* indécis; [deadlock] impasse *f*. **-2.** *Am* SPORT [tie] match *m* nul.

**standoffish** [ˌstændˈɒfɪʃ] *adj* distant, froid; there's no need to be ~ ce n'est pas la peine de prendre cet air supérieur.

**standpipe** [ˈstændpaɪp] *n* **-1.** [in street – for fire brigade] bouche *f* d'incendie; [– for public] point *m* d'alimentation en eau de secours. **-2.** [in pumping system] tuyau *m* ascendant, colonne *f* d'alimentation.

**standpoint** [ˈstændpɔɪnt] *n* point *m* de vue.

**standstill** [ˈstændstɪl] *n* arrêt *m*; to come to a ~ [vehicle, person] s'immobiliser; [talks, work etc] piétiner; to bring to a ~ [vehicle, person] arrêter; [talks, traffic] paralyser; to be at a ~ [talks, career] être au point mort; [traffic] être paralysé; [economy] piétiner, stagner.

**stand-up** *adj* [collar] droit; [meal] (pris) debout; a ~ fight [physical] une bagarre en règle; [verbal] une discussion violente ❑ ~ comic OR comedian comique *mf* (qui se produit seul *en scène*); ~ counter OR diner *Am* buvette *f*.

**stank** [stæŋk] *pt* → **stink**.

**Stanley knife**® [ˈstænlɪ-] *n* cutter *m*.

**stanza** [ˈstænzə] *n* **-1.** [in poetry] strophe *f*.**-2.** *Am* SPORT période *f*.

**staple** [ˈsteɪpl] ◇ *n* **-1.** [for paper] agrafe *f*.**-2.** [for wire] cavalier *m*, crampillon *m*.**-3.** [foodstuff] aliment *m* OR denrée *f* de base; kitchen OR household ~s provisions *fpl* de base. **-4.** COMM & ECON [item] article *m* de base; [raw material] matière *f* première. **-5.** [constituent] partie *f* intégrante; divorce cases are a ~ of his law practice son cabinet s'occupe essentiellement de divorces. **-6.** TEX fibre *f* artificielle à filer. ◇ *vt* [paper, upholstery etc] agrafer; posters were ~d on OR onto OR to the walls des posters étaient agrafés aux murs. ◇ *adj* **-1.** [food, products] de base; [export, crop] principal; a ~ diet of rice and beans un régime à base de riz et de haricots; the ~ diet of these TV channels consists of soap operas *fig* les programmes de ces chaînes de télévision sont essentiellement constitués de feuilletons. **-2.** TEX: ~ fibre fibre *f* artificielle à filer.

**staple gun** *n* agrafeuse *f* (professionnelle).

**stapler** [ˈsteɪplə[r]] *n* agrafeuse *f* (de bureau).

**staple remover** n ôte-agrafes m inv.

**star** [stɑːʳ] (pt & pp **starred**, cont **starring**) ◇ n **-1.** [in sky] étoile f; to sleep (out) under the ~s dormir OR coucher à la belle étoile ❑ the morning/evening star l'étoile du matin/ du soir; falling OR shooting ~ étoile filante; to see ~s voir trente-six chandelles; The Star PRESS nom abrégé du Daily Star. **-2.** [symbol of fate, luck] étoile f; ASTROL astre m, étoile f; his ~ is rising son étoile brille chaque jour davantage; his ~ is on the wane son étoile pâlit; to be born under a lucky ~ être né sous une bonne étoile; I thanked my (lucky) ~s I wasn't chosen j'ai remercié le ciel de ne pas avoir été choisi; what do my ~s say today? inf que dit mon horoscope aujourd'hui?; it's written in the ~s c'est le destin. **-3.** [figure, emblem] étoile f; SCH bon point m; the restaurant has gained another ~ le restaurant s'est vu décerner une étoile supplémentaire ❑ the Star of David l'étoile de David; the Stars and Bars le drapeau des États Confédérés; the Stars and Stripes le drapeau américain. **-4.** [asterisk] astérisque m.**-5.** [celebrity] vedette f, star f; he's a rising ~ in the Labour party il est en train de devenir un personnage important du parti travailliste. **-6.** [blaze – on animal] étoile f. ◇ comp **-1.** CIN & THEAT: the ~ attraction of tonight's show la principale attraction du spectacle de ce soir; the ~ turn la vedette; to give sb ~ billing mettre qqn en tête d'affiche; the hotel gives all its clients ~ treatment cet hôtel offre à sa clientèle un service de première classe. **-2.** [salesman, pupil etc] meilleur; he's our ~ witness c'est notre témoinvedette OR notre témoin principal. **-3.** ELEC: ~ connection couplage m en étoile; ~ point point m neutre. ◇ vt **-1.** CIN & THEAT avoir comme OR pour vedette; the play starred David Caffrey la pièce avait pour vedette David Caffrey; "Casablanca", starring Humphrey Bogart and Ingrid Bergman «Casablanca», avec Humphrey Bogart et Ingrid Bergman (dans les rôles principaux). **-2.** [mark with asterisk] marquer d'un astérisque. **-3.** lit [adorn with stars] étoiler. ◇ vi CIN & THEAT être la vedette; who starred with Redford in 'The Sting'? qui jouait avec Redford dans «l'Arnaque»?; he's starring in a new TV serial il est la vedette d'un nouveau feuilleton télévisé.

**-star** in cpds: a two~ hotel un hôtel deux étoiles; a four~ general un général à quatre étoiles; two~ petrol Br (essence f) ordinaire m; four~ petrol Br super m.

**starboard** [ˈstɑːbəd] ◇ n NAUT tribord m; AERON tribord m, droite f. ◇ adj NAUT [rail, lights] de tribord; AERON [door, wing] droit, de tribord. ◇ vt NAUT: to ~ the helm OR rudder mettre la barre à tribord.

**starch** [stɑːtʃ] ◇ n **-1.** [for laundry] amidon m, empois m.**-2.** [in cereals] amidon m; [in root vegetables] fécule f; try and avoid ~ OR ~es essayez d'éviter les féculents. **-3.** (U) inf [formality] manières fpl guindées. **-4.** Am phr: to take the ~ out of sb [critic, bully] rabattre le caquet à qqn. ◇ vt empeser, amidonner.

**Star Chamber** n Br HIST tribunal m correctionnel; fig & pej tribunal m arbitraire ou inquisitorial.
◆ **star-chamber** adj pej [decision] arbitraire; [trial, procedure] arbitraire, inquisitorial.

**starched** [stɑːtʃt] adj amidonné.

**starchy** [ˈstɑːtʃɪ] (compar **starchier**, superl **starchiest**) adj **-1.** [diet] riche en féculents; [taste] farineux; ~ foods féculents mpl.**-2.** pej [person] guindé, compassé.

**star-crossed** adj lit maudit par le sort.

**stardom** [ˈstɑːdəm] n célébrité f, vedettariat m; to rise to ~ devenir célèbre OR une vedette.

**stardust** [ˈstɑːdʌst] n (U) [illusions] chimères fpl, illusions fpl; [sentimentality] sentimentalité f; to have ~ in one's eyes [be deluded] être en proie aux chimères; [be a romantic] être très fleur bleue.

**stare** [steəʳ] ◇ vi regarder (fixement); to ~ at sb/sthg regarder qqn/qqch fixement; it's rude to ~! ça ne se fait pas de regarder les gens comme ça!; stop it, people are staring! arrête, les gens nous regardent!; to ~ sb in his eyes je l'ai regardé dans le blanc des yeux; she ~d at me in disbelief elle m'a regardé avec des yeux incrédules; to ~ in amazement regarder d'un air ébahi; she sat staring into the distance elle était assise, le regard perdu (au loin); doesn't being ~d at in the street bother you? ça ne vous gêne pas d'attirer les

regards des gens dans la rue? ◇ vt **-1.** [intimidate]: to ~ sb into silence faire taire qqn en le fixant du regard. **-2.** phr: the answer is staring you in the face! mais la réponse saute aux yeux!; I'd looked everywhere for my keys and there they were staring me in the face j'avais cherché mes clefs partout alors qu'elles étaient là sous mon nez. ◇ n regard m (fixe).
◆ **stare out** Br, **stare down** Am vt sep faire baisser les yeux à.

**starfish** [ˈstɑːfɪʃ] (pl inv OR **starfishes**) n étoile f de mer.

**stargazer** [ˈstɑːˌgeɪzəʳ] n **-1.** [astronomer] astronome mf; [astrologer] astrologue mf.**-2.** [daydreamer] rêveur m, -euse f, rêvasseur m, -euse f.**-3.** [fish] uranoscope m.

**stargazing** [ˈstɑːˌgeɪzɪŋ] n **-1.** [astronomy] observation f des étoiles; [astrology] astrologie f.**-2.** (U) [daydreaming] rêveries fpl, rêvasseries fpl.

**staring** [ˈsteərɪŋ] ◇ adj [bystanders] curieux; with ~ eyes [fixedly] aux yeux fixes; [wide-open] aux yeux écarquillés; [blank] aux yeux vides. ◇ adv→ **stark**.

**stark** [stɑːk] ◇ adj **-1.** [bare, grim – landscape] désolé; [– branches, hills] nu; [– crag, rock] âpre, abrupt; [– room, façade] austère; [– silhouette] net; in the ~ light of day à la lumière crue du jour. **-2.** [blunt – description, statement] cru, sans ambages; [– refusal, denial] catégorique; [harsh – words] dur; the ~ realities of war les dures réalités de la guerre. **-3.** [utter – brutality, terror] absolu; [– madness] pur; their foreign policy success is in ~ contrast to the failure of their domestic policies la réussite de leur politique étrangère contraste nettement avec l'échec de leur politique intérieure. ◇ adv complètement; ~ raving OR staring mad inf complètement fou OR dingue; ~ naked à poil.

**starkers** [ˈstɑːkəz] adj & adv Br inf à poil.

**starkly** [ˈstɑːklɪ] adv [describe] crûment; [tell] carrément, sans ambages; [stand out] nettement.

**starkness** [ˈstɑːknɪs] n [of landscape, scene] désolation f; [of room, façade] austérité f; [of branches] nudité f; [of light] crudité f; [of life, reality] dureté f.

**starless** [ˈstɑːlɪs] adj sans étoile.

**starlet** [ˈstɑːlɪt] n starlette f.

**starlight** [ˈstɑːlaɪt] n lumière f des étoiles; by ~ à OR sous la lumière des étoiles.

**starling** [ˈstɑːlɪŋ] n étourneau m, sansonnet m.

**starlit** [ˈstɑːlɪt] adj [night] étoilé; [landscape] illuminé par les étoiles; [beach, sea] baigné par la lumière des étoiles.

**starry** [ˈstɑːrɪ] (compar **starrier**, superl **starriest**) adj **-1.** [adorned with stars] étoilé. **-2.** [sparkling] étincelant, brillant. **-3.** lit & fig [lofty] élevé.

**starry-eyed** adj [idealistic] idéaliste; [naive] naïf, ingénu; [dreamy] rêveur, dans la lune.

**star shell** n MIL obus m éclairant.

**star sign** n signe m (du zodiaque).

**Star-Spangled Banner** n: the ~ la bannière étoilée.

**star-studded** adj [show, film] à vedettes; a ~ cast une distribution où figurent de nombreuses vedettes OR qui réunit une brochette de stars.

**star system** n **-1.** CIN & THEAT star-system m.**-2.** ASTRON système m stellaire.

**start** [stɑːt] ◇ vt **-1.** [begin – gen] commencer; [– climb, descent] amorcer; to ~ doing OR to do sthg commencer à OR se mettre à faire qqch; it's ~ing to rain il commence à pleuvoir; it had just ~ed raining OR to rain when I left il venait juste de commencer à pleuvoir quand je suis parti; she ~ed driving OR to drive again a month after her accident elle a recommencé à conduire OR s'est remise à conduire un mois après son accident; he ~ed work at sixteen ans; he ~ed life as a delivery boy il débuta dans la vie comme garçon livreur; frogs ~ life as tadpoles les grenouilles commencent par être des têtards; I like to finish anything I ~ j'aime aller au bout de tout ce que j'entreprends; I think I'm ~ing a cold je crois que j'ai attrapé un rhume; to get ~ed: I got ~ed on the dishes je me suis mis à la vaisselle; once he gets ~ed there's no stopping him une fois lancé, il n'y a pas moyen de l'arrêter; I need a coffee to get me ~ed in the morning j'ai besoin d'un café pour commencer la journée. **-2.** [initiate, instigate – reaction, revolution, process] déclencher;

[– fashion] lancer; [– violence] déclencher, provoquer; [– conversation, discussion] engager, amorcer; [– rumour] faire naître; which side ~ed the war? quel camp a déclenché la guerre?; the referee blew his whistle to ~ the match l'arbitre siffla pour signaler le début du match; to ~ a fire [in fireplace] allumer le feu; [campfire] faire du feu; [by accident, bomb] mettre le feu; the fire was ~ed by arsonists l'incendie a été allumé par des pyromanes ❏ are you trying to ~ something? *inf*, just what are you trying to ~? *inf* tu cherches la bagarre, ou quoi? **-3.** [cause to behave in specified way] faire; it ~ed her (off) crying/laughing cela l'a fait pleurer/rire; I'll ~ a team working on it right away je vais mettre une équipe là-dessus tout de suite. **-4.** [set in motion – motor, car] (faire) démarrer, mettre en marche; [– machine, device] mettre en marche; [– meal] mettre en route; how do I ~ the tape (going)? comment est-ce que je dois faire pour mettre le magnétophone en marche?; I couldn't get the car ~ed je n'ai pas réussi à faire démarrer la voiture; to ~ the printer again, press this key pour remettre en marche l'imprimante, appuyez sur cette touche. **-5.** [begin using – bottle, pack] entamer. **-6.** [establish, found – business, school, political party] créer, fonder; [– restaurant, shop] ouvrir; [– social programme] créer, instaurer; to ~ a family fonder un foyer. **-7.** [person – in business, work] installer, établir; he ~ed his son in the family business il a fait entrer son fils dans l'entreprise familiale; his election success ~ed him on his political career son succès aux élections l'a lancé dans sa carrière d'homme politique; I ~ on $500 a week je débute à 500 dollars par semaine. **-8.** SPORT: to ~ the race donner le signal du départ. **-9.** HUNT [flush out] lever.

◇ *vi* **-1.** [in time] commencer; before the New Year/the rainy season ~s avant le début de l'année prochaine/de la saison des pluies; before the cold weather ~s avant qu'il ne commence à faire froid; ~ing (from) next week à partir de la semaine prochaine; to ~ again OR afresh recommencer; to ~ all over again, to ~ again from scratch recommencer à zéro; school ~s on September 5th la rentrée a lieu OR les cours reprennent le 5 septembre ‖ [story, speech]: calm down and ~ at the beginning calmez-vous et commencez par le commencement; I didn't know where to ~ je ne savais pas par quel bout commencer; she ~ed with a joke/by introducing everyone elle a commencé par une plaisanterie/par faire les présentations; the book ~s with a quotation le livre commence par une citation ‖ [in career, job] débuter; she ~ed in personnel/as an assistant elle a débuté au service du personnel/comme assistante; gymnasts have to ~ young les gymnastes doivent commencer jeunes ❏ I'll have the soup to ~ (with) pour commencer, je prendrai du potage; she was an architect to ~ with, then a journalist elle a d'abord été architecte, puis journaliste; isn't it time you got a job? – don't you ~! il serait peut-être temps que tu trouves du travail – tu ne vas pas t'y mettre, toi aussi! **-2.** [in space – desert, fields, slope, street] commencer; [– river] prendre sa source; there's an arrow where the path ~s il y a une flèche qui indique le début du sentier. **-3.** [car, motor] démarrer, se mettre en marche; why won't the car ~? pourquoi la voiture ne veut-elle pas démarrer? **-4.** [set off – person, convoy] partir, se mettre en route; [– train] s'ébranler; the tour ~s at OR from the town hall la visite part de la mairie; I'll have to ~ for the airport soon il va bientôt falloir que je parte pour l'aéroport; the train was ~ing across OR over the bridge le train commençait à traverser le pont OR abordait le pont. **-5.** [range – prices] commencer; houses here ~ at $100,000 ici, le prix des maisons démarre à 100 000 dollars; return fares ~ from £299 on trouve des billets aller retour à partir de 299 livres. **-6.** [jump involuntarily – person] sursauter; [– horse] tressaillir, faire un soubresaut; [jump up] bondir; he ~ed in surprise il a tressailli de surprise; she ~ed from her chair elle bondit de sa chaise. **-7.** [gush] jaillir, gicler; tears ~ed to his eyes les larmes lui sont montées aux yeux.

◇ *n* **-1.** [beginning – gen] commencement *m*, début *m*; [– of inquiry] ouverture *f*; the ~ of the school year la rentrée scolaire; the ~ of the footpath is marked by an arrow le début du sentier est signalé par une flèche; it was an inauspicious ~ to his presidency c'était un début peu prometteur pour sa présidence; things are off to a bad/good ~ ça commence mal/bien, on est mal/bien partis; my new boss and I didn't get off to a very good ~ au début, mes rap-

ports avec mon nouveau patron n'ont pas été des meilleurs; to get a good ~ in life prendre un bon départ dans la vie OR l'existence; a second honeymoon will give us a fresh ~ une deuxième lune de miel nous fera repartir d'un bon pied; the programme will give ex-prisoners a fresh OR new ~ (in life) le programme va donner aux anciens détenus une seconde chance (dans la vie); to make a ~ (on sthg) commencer (qqch); to make OR to get an early ~ [gen] commencer de bonne heure; [on journey] partir de bonne heure; I was lonely at the ~ au début je me sentais seule; at the ~ of the war au début de la guerre ❏ from the ~ dès le début OR commencement; the trip was a disaster from ~ to finish le voyage a été un désastre d'un bout à l'autre; I laughed from ~ to finish j'ai ri du début à la fin. **-2.** SPORT [place] (ligne *f* de) départ *m*; [signal] signal *m* de départ; they are lined up for OR at the ~ ils sont sur la ligne de départ. **-3.** [lead, advance] avance *f*; he gave them 20 metres' ~ OR a 20-metre ~ il lui a accordé une avance de 20 mètres; our research gives us a ~ over our competitors nos recherches nous donnent de l'avance sur nos concurrents. **-4.** [jump] sursaut *m*; she woke up with a ~ elle s'est réveillée en sursaut; to give a ~ sursauter, tressaillir; to give sb a ~ faire sursauter OR tressaillir qqn.

◆ **for a start** *adv phr* d'abord, pour commencer.

◆ **for starts** *Am inf* = **for a start**.

◆ **to start with** *adv phr* pour commencer, d'abord; to ~ (off) with, my name isn't Jo pour commencer OR d'abord, je ne m'appelle pas Jo.

◆ **start back** *vi insep* **-1.** [turn back] rebrousser chemin. **-2.** [start again] recommencer; the children ~ back at school tomorrow c'est la rentrée scolaire demain.

◆ **start in on** *vt insep* s'attaquer à; once he ~s in on liberty and democracy, there's no stopping him une fois qu'il est lancé sur le sujet de la liberté et de la démocratie, il n'y a plus moyen de l'arrêter; to ~ in on sb *inf* s'en prendre à qqn, tomber à bras raccourcis sur qqn.

◆ **start off** ◇ *vi insep* **-1.** [leave] partir, se mettre en route; when do you ~ off on your trip? quand est-ce que vous partez en voyage? **-2.** [begin – speech, film] commencer; it ~s off with a description of the town ça commence par une description de la ville; I ~ed off agreeing with him au début, j'étais d'accord avec lui. **-3.** [in life, career] débuter; he ~ed off as a cashier il a débuté comme caissier. ◇ *vt sep* **-1.** [book, campaign, show] commencer. **-2.** [person – on new task]: here's some wool to ~ you off voici de la laine pour commencer. **-3.** [set off] déclencher; if you mention it it'll only ~ her off again en parle pas, sinon elle va recommencer; to ~ sb off laughing/crying faire rire/pleurer qqn.

◆ **start on** *vt insep* **-1.** [begin – essay, meal] commencer; [– task, dishes] se mettre à; [– new bottle, pack] entamer; after they'd searched the car they ~ed on the luggage après avoir fouillé la voiture, ils sont passés aux bagages. **-2.** [attack, berate] s'en prendre à.

◆ **start out** *vi insep* **-1.** = **start off**. **-2.** [begin career] se lancer, s'installer, s'établir; he ~ed out in business with his wife's money il s'est lancé dans les affaires avec l'argent de sa femme; when she ~ed out there were only a few women lawyers quand elle a commencé sa carrière, il y avait très peu de femmes avocats.

◆ **start over** *vi insep & vt sep Am* recommencer (depuis le début).

◆ **start up** ◇ *vt sep* **-1.** [establish, found – business, school, political party] créer, fonder; [– restaurant, shop] ouvrir. **-2.** [set in motion – car, motor] faire démarrer; [– machine] mettre en marche. ◇ *vi insep* **-1.** [guns, music, noise, band] commencer; [wind] se lever; the applause ~ed up again les applaudissements ont repris. **-2.** [car, motor] démarrer, se mettre en marche; [machine] se mettre en marche. **-3.** [set up business] se lancer, s'installer, s'établir.

**starter** ['stɑːtə'] *n* **-1.** AUT [motor, button] démarreur *m*; [on motorbike] kick *m*, démarreur *m* au pied; ~ switch bouton *m* de démarrage; ~ handle *Am* AUT manivelle *f*. **-2.** [runner, horse] partant *m*; [in relay race] premier coureur *m*, première coureuse *f*; to be a slow ~ [gen & SPORT] être lent à démarrer, avoir du retard à l'allumage. **-3.** SPORT [official] starter *m*, juge *m* de départ; ~'s pistol OR gun pistolet *m* du starter; to be under ~'s orders [in horseracing] être sous les ordres du starter. **-4.** [fermenting agent] ferment *m*. **-5.** *Br* [hors d'œuvre] hors-d'œuvre *m inv*; for ~s [in meal] comme hors-d'œuvre; *fig* pour commencer; **that was just for** ~s ce n'était qu'un hors-d'œuvre.

**starter home** *n* première maison *f (achetée par un individu ou un couple)*.

**starter motor** *n* démarreur *m*.

**starter pack** *n* kit *m* de base.

**starter set** *n Am* [dishes] service *m* pour six.

**starting** ['stɑːtɪŋ] ◇ *n* commencement *m*. ◇ *adj* initial; **the** ~ **line-up** la composition initiale de l'équipe; ~ **salary** salaire *m* d'embauche.

**starting block** *n* starting-block *m*.

**starting gate** *n* SPORT [for horse] starting-gate *f*; [for skier] porte *f* de départ.

**starting grid** *n* [in motor racing] grille *f* de départ.

**starting handle** *n Br* AUT manivelle *f*.

**starting line** = starting post.

**starting pistol** *n* pistolet *m* du starter.

**starting point** *n* point *m* de départ.

**starting post** *n* SPORT ligne *f* de départ.

**starting price** *n* [gen] prix *m* initial; [in horseracing] cote *f* au départ; [at auction] mise *f* à prix, prix *m* d'appel.

**startle** ['stɑːtl] ◇ *vt* [person – surprise] surprendre, étonner; [– frighten, alarm] faire peur à, alarmer; [– cause to jump] faire sursauter; [animal, bird, fish] effaroucher; **I didn't mean to** ~ **you** je ne voulais pas vous faire peur. ◇ *vi* s'effaroucher.

**startled** ['stɑːtld] *adj* [person] étonné; [expression, shout, glance] de surprise; [animal] effarouché.

**startling** ['stɑːtlɪŋ] *adj* étonnant, surprenant; [contrast, resemblance] saisissant.

**start-up** *adj* [costs] de démarrage; ~ **loan** prêt *m* initial.

**starvation** [stɑːˈveɪʃn] *n* faim *f*; **to die of** OR **from** ~ mourir de faim.

**starvation diet** *n literal* ration *f* de famine; *fig* régime *m* draconien; **the prisoners subsisted on a** ~ **of rice and water** les prisonniers devaient se contenter de riz et d'eau.

**starve** [stɑːv] ◇ *vi* [suffer] souffrir de la faim, être affamé; **to** ~ **(to death)** [die] mourir de faim; **I'm starving!** *inf* je meurs de faim! ◇ *vt* **-1.** [cause to suffer] affamer; **he** ~**d himself to feed his child** il s'est privé de nourriture pour donner à manger à son enfant; **I'm** ~**d!** *inf* je meurs de faim! **-2.** [cause to die] laisser mourir de faim. **-3.** [deprive] priver; **the libraries have been** ~**d of funds** les bibliothèques manquent cruellement de subventions; **to be** ~**d of affection** être privé d'affection.

◆ **starve out** *vt sep* [rebels, inmates] affamer, réduire par la faim; [animal] obliger à sortir en l'affamant.

**starving** ['stɑːvɪŋ] *adj* affamé; **think of all the** ~ **people in the world** pense à tous ces gens qui meurent de faim dans le monde.

**Star Wars** *n pr* n la guerre des étoiles *(nom donné à l'Initiative de Défense Stratégique, programme militaire spatial mis en place dans les années 80 par le président Reagan)*. ◇ *comp* [policy, advocate, weapon] de la guerre des étoiles; ~ **research** la recherche sur la défense stratégique.

**stash** [stæʃ] *inf* ◇ *vt* **-1.** [hide] planquer, cacher; **he's got a lot of money** ~**ed (away) somewhere** il a plein de fric planqué quelque part. **-2.** [put away] ranger. ◇ *n* **-1.** [reserve] réserve *f*; **a** ~ **of money** un magot; **the police found a big** ~ **of guns/of cocaine** la police a découvert une importante cache d'armes/un important stock de cocaïne. **-2.** [hiding place] planque *f*, cachette *f*. **-3.** ▽ *drugs sl* cache *f*.

◆ **stash away** *vt sep inf* = stash *vt*.

**state** [steɪt] ◇ *n* **-1.** [condition] état *m*; **the country is in a** ~ **of war/shock** le pays est en état de guerre/choc; **a** ~ **of confusion prevailed** la confusion régnait; **chlorine in its gaseous/liquid** ~ le chlore à l'état gazeux/liquide; **to be in a good/bad** ~ [road, carpet, car] être en bon/mauvais état; [person, economy, friendship] aller bien/mal; **he was in a** ~ **of confusion** il ne savait plus où il en était; **she was in no (fit)** ~ **to make a decision** elle était hors d'état de OR elle n'était pas en état de prendre une décision; **to get into a** ~ *inf* se mettre dans tous ses états; **there's no need to get into such a** ~ **about it** ce n'est pas la peine de te mettre dans un état pareil OR de t'affoler comme ça. **-2.** POL [nation, body politic]

État *m*; **the member** ~s les États membres; **the head of** ~ le chef de l'État; **heads of** ~ chefs d'État □; ~ **lottery** *Am loterie d'État dont les gros lots sont soumis à l'impôt et sont versés au gagnant sur une période de 10 ou 20 ans*; **the State Opening of Parliament** *ouverture officielle du Parlement britannique en présence de la reine*. **-3.** [in US, Australia, India etc – political division] État *m*; **the States** *inf* les États-Unis, les US; **the State of Ohio** l'État de l'Ohio. **-4.** *Am* [department]: **State** le Département d'État. **-5.** [pomp] apparat *m*, pompe *f*; **the carriages are used only on** ~ **occasions** ces carrosses sont réservés aux cérémonies d'apparat.

◇ *comp* **-1.** [secret] d'État; [subsidy, intervention] de l'État; ECON [sector] public; ~ **buildings** bâtiments *mpl* publics; **the** ~ **airline** la compagnie d'aviation nationale; **a** ~ **funeral** des funérailles nationales. **-2.** *Br* SCH [education system] public. **-3.** *Am* [not federal – legislature, policy, law] de l'État; **the** ~ **capital** la capitale de l'État; **a** ~ **university** une université d'État OR publique; **a** ~ **park** un parc régional. **-4.** [official, ceremonious] officiel.

◇ *vt* [utter, say] déclarer; [express, formulate – intentions] déclarer; [– demand] formuler; [– proposition, problem, conclusions, views] énoncer; [– conditions] poser; **the president** ~**d emphatically that the rumours were untrue** le président a démenti catégoriquement les rumeurs; **I have already** ~**d my position on that issue** j'ai déjà fait connaître ma position à ce sujet; **the regulations clearly** ~ **that daily checks must be made** le règlement dit OR indique clairement que des vérifications quotidiennes doivent être effectuées; **please** ~ **salary expectations** veuillez indiquer le salaire souhaité; ~ **your name and address** donnez vos nom, prénoms et adresse; **the man refused to** ~ **his business** l'homme a refusé d'expliquer ce qu'il faisait; **as** ~**d above** comme indiqué plus haut; **to** ~ **one's case** présenter ses arguments; **to** ~ **the case for the defence/the prosecution** JUR présenter le dossier de la défense/de l'accusation.

◆ **in state** *adv phr* en grand apparat, en grande pompe; **to lie in** ~ être exposé solennellement; **to live in** ~ mener grand train.

**state apartments** *npl* appartements *mpl* de parade.

**state control** *n* contrôle *m* étatique; [doctrine] étatisme *m*; **to be put** OR **placed under** ~ être nationalisé.

**state-controlled** *adj* [industry] nationalisé; [economy] étatisé; [activities] soumis au contrôle de l'État.

**statecraft** ['steɪtkrɑːft] *n* [skill – in politics] habileté *f* politique; [– in diplomacy] (art *m* de la) diplomatie *f*.

**stated** ['steɪtɪd] *adj* [amount, date] fixé; [limit] prescrit; [aim] déclaré; **it will be finished within the** ~ **time** cela va être terminé dans les délais prescrits OR prévus; **at the** ~ **price** au prix fixé OR convenu.

**State Department** *n Am* ministère *m* des Affaires étrangères.

**State Enrolled Nurse** *n Br* aide-soignant *m* diplômé, aide-soignante *f* diplômée.

**statehood** ['steɪthʊd] *n*: **the struggle for** ~ la lutte pour l'indépendance; **to achieve** ~ devenir un État.

**Statehouse** ['steɪthaʊs, *pl* -haʊzɪz] *n* siège de l'assemblée législative d'un État aux États-Unis.

**stateless** ['steɪtlɪs] *adj* apatride; ~ **person** apatride *mf*.

**stateliness** ['steɪtlɪnɪs] *n* [of ceremony, building, monument] majesté *f*, grandeur *f*; [of person, bearing] dignité *f*.

**stately** ['steɪtlɪ] *(compar* **statelier**, *superl* **stateliest)** *adj* [ceremony, building] majestueux, imposant; [person, bearing] noble, plein de dignité.

**stately home** *n* château ou manoir à la campagne, généralement ouvert au public.

**statement** ['steɪtmənt] *n* **-1.** [declaration – gen] déclaration *f*, affirmation *f*; [– to the press] communiqué *m*; **a written/ policy** ~ une déclaration écrite/de principe; **to put out** OR **to issue** OR **to make a** ~ **about sthg** émettre un communiqué concernant qqch; **a** ~ **to the effect that...** une déclaration selon laquelle.... **-2.** [act of stating – of theory, opinions, policy, aims] exposé *m*; [– of problem] exposé *m*, formulation *f*; [– of facts, details] exposé *m*, compte-rendu *m*. **-3.** JUR déposition *f*; **to make a** ~ **to the police** faire une déposition dans un commissariat de police; **a sworn** ~ une déposition faite sous serment □; ~ **of claim** demande *f* introductive d'instance. **-4.** COMM & FIN relevé *m*. **-5.** LING affirmation *f*. **-6.**

COMPUT instruction f.

**Staten Island** ['stætn-] pr n Staten Island (quartier de New York).

**state of affairs** n, circonstances fpl actuelles; nothing can be done in the present ~ vu les circonstances actuelles, on ne peut rien faire; this is an appalling ~ c'est une situation épouvantable; this is a fine ~! iron c'est du propre!

**state of emergency** (pl states of emergency) n état m d'urgence; a ~ has been declared l'état d'urgence a été déclaré.

**state of mind** (pl states of mind) n état m d'esprit; in your present ~ of mind dans l'état d'esprit dans lequel vous êtes.

**state of the art** n [of procedures, systems] pointe f du progrès.
◆ **state-of-the-art** adj [design, device] de pointe; it's ~ inf c'est ce qui se fait de mieux, c'est du dernier cri.

**State of the Union address** n: the ~ le discours sur l'état de l'Union.

**state-owned** [-'əʊnd] adj nationalisé.

**state prison** n Am prison f d'État (pour les longues peines).

**State Registered Nurse** n Br infirmier m diplômé, infirmière f diplômée (remplacé en 1992 par «Registered Nurse»).

**stateroom** ['steɪtrʊm] n -1. [in ship] cabine f de grand luxe; Am [in railway coach] compartiment m privé. -2. [in public building] salon m (de réception).

**state school** n Br école f publique.

**state's evidence** n Am: to turn ~ témoigner contre ses complices en échange d'une remise de peine.

**States General** n pl États généraux mpl.

**stateside** ['steɪtsaɪd] adj & adv Am inf aux États-Unis, ≈ au pays.

**statesman** ['steɪtsmən] (pl statesmen [-mən]) n homme m d'État.

**statesmanlike** ['steɪtsmənlaɪk] adj [protest, reply] diplomatique; [solution] de grande envergure; [caution] pondéré.

**statesmanship** ['steɪtsmənʃɪp] n qualités fpl d'homme m d'État.

**state trooper** n Am ≈ gendarme m.

**state visit** n POL visite f officielle; he's on a ~ to Japan il est en voyage officiel au Japon.

**state-wide** ◇ adj Am [support, protest, celebration] dans tout l'État. ◇ adv dans tout l'État.

**static** ['stætɪk] ◇ adj -1. [stationary, unchanging] stationnaire, stable. -2. ELEC statique; ~ electricity électricité f statique. ◇ n (U) -1. RADIO & TELEC parasites mpl.-2. ELEC électricité f statique. -3. Am inf [aggravation, criticism]: to give sb ~ about OR over sthg passer un savon à qqn à propos de qqch; to get a lot of ~ (about OR over sthg) se faire enguirlander (pour qqch).

**station** ['steɪʃn] ◇ n -1. TRANSP gare f; [underground] station f (de métro). -2. [establishment, building] station f, poste m.-3. [ MIL & gen – position] poste m; to take up one's ~ prendre position; action OR battle ~s! à vos postes!-4. MIL [base] poste m, base f; airforce ~ Br base aérienne. -5. RADIO & TV station f; [smaller] poste m émetteur; commercial radio ~ station de radio commerciale, radio f commerciale. -6. [social rank] rang m, condition f, situation f; to marry below one's ~ faire une mésalliance; to marry above one's ~ se marier au-dessus de sa condition sociale. -7. COMPUT station f.-8. RELIG: the Stations of the Cross le chemin de la Croix. ◇ comp [buffet, platform etc] de gare. ◇ vt -1. [position] placer, poster. -2. MIL [garrison]: British troops ~ed in Germany les troupes britanniques stationnées en Allemagne.

**stationary** ['steɪʃnərɪ] adj [not moving] stationnaire; he hit a ~ vehicle il a heurté un véhicule à l'arrêt OR en stationnement. -2. [fixed] fixe; ~ engine/shaft MECH moteur m/ arbre m fixe.

**station break** n Am pause f OR page f de publicité.

**stationer** ['steɪʃnər] n Br papetier m, -ère f; ~'s (shop) papeterie f; at the ~'s à la papeterie.

**stationery** ['steɪʃnərɪ] n [in general] papeterie f; [writing paper] papier m à lettres; a letter written on hotel ~ une lettre écrite sur le papier à en-tête d'un hôtel; school/office ~ fournitures fpl scolaires/de bureau.

**stationmaster** ['steɪʃn,mɑːstər] n chef m de gare.

**station wagon** n Am break m.

**statistic** [stə'tɪstɪk] n chiffre m, statistique f.

**statistical** [stə'tɪstɪkl] adj [analysis, technique] statistique; [error] de statistique; it's a ~ certainty c'est statistiquement certain.

**statistically** [stə'tɪstɪklɪ] adv statistiquement.

**statistician** [,stætɪ'stɪʃn] n statisticien m, -enne f.

**statistics** [stə'tɪstɪks] ◇ n (U) [science] statistique f. ◇ npl -1. [figures] statistiques fpl, chiffres mpl.-2. inf [of woman] mensurations fpl.

**stative** ['steɪtɪv] adj: ~ verb verbe m d'état.

**stats** [stæts] inf = statistics.

**statue** ['stætʃuː] n statue f; the Statue of Liberty la statue de la Liberté.

**statuesque** [,stætjʊ'esk] adj: a ~ woman une femme d'une beauté sculpturale.

**statuette** [,stætjʊ'et] n statuette f.

**stature** ['stætʃər] n -1. [height] stature f, taille f; he is rather short in OR of ~ il est plutôt petit. -2. [greatness] envergure f, calibre m; he doesn't have the ~ to be prime minister il n'a pas l'envergure d'un premier ministre.

**status** ['steɪtəs] ◇ n -1. [position – in society, hierarchy etc] rang m, position f, situation f; she quickly achieved celebrity ~ elle est vite devenue une célébrité. -2. [prestige] prestige m, standing m.-3. [legal or official standing] statut m; legal ~ statut légal. -4. [general state or situation] état m, situation f, condition f; to make a ~ report on sthg faire le point sur qqch. ◇ comp [car, club] de prestige, prestigieux.

**status line** n COMPUT ligne f d'état.

**status quo** [,steɪtəs'kwəʊ] n statu quo m; to maintain OR to preserve the ~ maintenir le statu quo.

**status symbol** n marque f de prestige.

**statute** ['stætjuːt] n -1. JUR loi f; ~ of limitations loi f de prescription, prescription f légale. -2. [of club, company, university] règle f; the ~s le règlement, les statuts mpl.

**statute book** n Br code m (des lois), recueil m de lois; the new law is not yet on the ~ la nouvelle loi n'est pas encore entrée en vigueur.

**statute law** n droit m écrit.

**statutory** ['stætjʊtrɪ] adj -1. [regulations] statutaire; [rights, duties, penalty] statutaire, juridique; [holiday] légal; [offence] prévu par la loi; [price controls, income policy] obligatoire; ~ rape Am détournement m de mineur; ~ sick pay indemnité de maladie versée par l'employeur; ~ tenant locataire mf en place. -2. Br [token]: the ~ woman la femme-alibi (présente pour que soit respectée la réglementation sur l'égalité des sexes).

**staunch** [stɔːntʃ] ◇ adj [loyal] loyal, dévoué; [unswerving] constant, inébranlable; he's my ~est ally c'est mon allié le plus sûr. ◇ vt [liquid, blood] étancher; [flow] arrêter, endiguer.

**staunchly** ['stɔːntʃlɪ] adv [loyally] loyalement, avec dévouement; [unswervingly] avec constance, fermement; their house is in a ~ Republican area ils habitent un quartier résolument républicain.

**stave** [steɪv] (pt & pp staved OR stove [stəʊv]) n -1. MUS portée f.-2. [stanza] stance f, strophe f.-3. [part of barrel] douve f, douelle f.
◆ **stave in** vt sep enfoncer, défoncer.
◆ **stave off** vt sep [defeat] retarder; [worry, danger] écarter; [disaster, threat] conjurer; [misery, hunger, thirst] tromper; [questions] éluder.

**staves** [steɪvz] pl→ staff, stave.

**stay** [steɪ] ◇ vi -1. [remain] rester; ~ here OR ~ put until I come back restez ici OR ne bougez pas jusqu'à ce que je revienne; would you like to ~ for OR to dinner? voulez-vous rester dîner?; I don't want to ~ in the same job all my life je ne veux pas faire le même travail toute ma vie; to ~ awake all night rester éveillé toute la nuit, ne pas dormir de la nuit; let's try and ~ calm essayons de rester calmes; she managed to ~ ahead of the others elle a réussi à conserver son avance sur les autres; personal computers have come to ~ OR are here to ~ l'ordinateur personnel est devenu indispensable. -2. [reside temporarily]: how long are you ~ing in New York? combien de temps restez-vous à New York?; we decided to ~ an extra week nous avons décidé de rester une semaine de plus OR de prolonger notre séjour d'une semaine; I always ~ at the same hotel je descends toujours au même hôtel; she's ~ing with friends elle séjourne chez des amis; to look for a place to ~ chercher un endroit où loger; you can ~ here for the night, you can ~ the night here tu peux coucher ici cette nuit OR passer la nuit ici. -3. lit [stop, pause] s'arrêter.

◊ vt -1. [last out] aller jusqu'au bout de, tenir jusqu'à la fin de; to ~ the course literal finir la course; fig tenir jusqu'au bout. -2. [stop] arrêter, enrayer; [delay] retarder; to ~ sb's hand retenir qqn; to ~ one's hand se retenir. -3. [prop up – wall] étayer; [secure with cables – mast] haubaner.

◊ n -1. [sojourn] séjour m; enjoy your ~! bon séjour!; an overnight ~ in hospital une nuit d'hospitalisation. -2. JUR [suspension] suspension f; ~ of execution ordonnance f à surseoir (à un jugement). -3. [support, prop] étai m, support m, soutien m. -4. [in corset] baleine f. -5. [cable, wire – for mast, flagpole etc] étai m, hauban m.

◆ **stays** npl dated corset m.

◆ **stay away** vi insep ne pas aller, s'abstenir d'aller; ~ away from my sister! ne t'approche pas de ma sœur!

◆ **stay behind** vi insep rester; a few pupils ~ed behind to talk to the teacher quelques élèves sont restés (après le cours) pour parler au professeur.

◆ **stay down** vi insep -1. [gen] rester en bas. -2. Br SCH redoubler; she had to ~ down a year elle a dû redoubler. -3. [food]: I do eat, but nothing will ~ down je mange, mais je ne peux rien garder.

◆ **stay in** vi insep -1. [stay at home] rester à la maison, ne pas sortir; [stay indoors] rester à l'intérieur, ne pas sortir. -2. [be kept in after school] être consigné, être en retenue. -3. [not fall out] rester en place, tenir.

◆ **stay on** vi insep rester; more pupils are ~ing on at school after the age of 16 de plus en plus d'élèves poursuivent leur scolarité au-delà de l'âge de 16 ans.

◆ **stay out** vi insep -1. [not come home] ne pas rentrer; she ~ed out all night elle n'est pas rentrée de la nuit. -2. [remain outside] rester dehors. -3. [remain on strike] rester en grève. -4. [not get involved] ne pas se mêler; ~ out of this! ne te mêle pas de ça!

◆ **stay over** vi insep -1. [not leave] s'arrêter un certain temps. -2. [stay the night] passer la nuit.

◆ **stay up** vi insep -1. [not go to bed] veiller, ne pas se coucher. -2. [not fall – building, mast] rester debout; [– socks, trousers] tenir; [remain in place – pictures, decorations] rester en place.

◆ **stay with** vt insep inf: just ~ with it, you can do it accroche-toi, tu peux y arriver.

**stay-at-home** inf & pej ◊ n pantouflard m, -e f. ◊ adj pantouflard, popote (inv).

**stayer** ['steɪəᵊ] n inf: he's a real ~ il est drôlement résistant.

**staying power** ['steɪɪŋ-] n résistance f, endurance f.

**St. Bernard** [Br ˌseɪnt'bɜːnəd, Am ˌseɪntbər'nɑːrd] n [dog] saint-bernard m inv.

**STD** n -1. Br TELEC (abbr of subscriber trunk dialling) automatique m (interurbain); ~ code indicatif m de zone. -2. (abbr of sexually transmitted disease) MST f.

**stead** [sted] n Br: in sb's ~ fml à la place de qqn ❏ to stand sb in good ~ rendre grand service OR être très utile à qqn.

**steadfast** ['stedfɑːst] adj -1. [unswerving] constant, inébranlable; [loyal] loyal, dévoué; to be ~ in one's support of sb apporter un soutien inconditionnel à qqn. -2. [steady – stare, gaze] fixe.

**steadfastly** ['stedfɑːstlɪ] adv avec constance, fermement.

**steadily** ['stedɪlɪ] adv -1. [regularly – increase, decline] régulièrement, progressivement; [– breathe] régulièrement; [non-stop – rain] sans interruption, sans cesse. -2. [firmly – stand] planté OR campé sur ses jambes; [– walk] d'un pas ferme; [– gaze] fixement, sans détourner les yeux.

**steadiness** ['stedɪnɪs] n -1. [regularity – of increase, speed, pulse etc] régularité f. -2. [stability – of ladder, relationship, market etc] stabilité f; [firmness – of voice] fermeté f; [– of hand] sûreté f.

**steady** ['stedɪ] (compar **steadier**, superl **steadiest**, pl **steadies**, pt & pp **steadied**) ◊ adj -1. [regular, constant – growth, increase, decline] régulier, progressif; [– speed, pace] régulier, constant; [– pulse] régulier, égal; [– work] stable; [– income] ré-

gulier; **inflation remains at a** ~ **5%** l'inflation s'est stabilisée à 5 %; he's never been able to hold down a ~ job il n'a jamais pu garder un emploi stable; ~ **boyfriend** petit ami m régulier OR attitré. -2. [firm, stable – ladder, boat, relationship] stable; [– structure, desk, chair] solide, stable; **hold the ladder** ~ **for me** tiens-moi l'échelle; **to have a** ~: **hand** avoir la main sûre ‖ [calm – voice] ferme; [– gaze] fixe; [– nerves] solide. -3. [reliable – person] sérieux.

◊ adv: **to go** ~ with sb sortir avec qqn.

◊ interj: ~ (on)! [be careful] attention!; [calm down] du calme!

◊ vt -1. [stabilize] stabiliser; [hold in place] maintenir, retenir; he almost fell off, but he managed to ~ himself il a failli tomber, mais il a réussi à se rattraper. -2. [calm] calmer; **drink this, it'll** ~ **your nerves** bois ça, ça te calmera (les nerfs); **living with Edith has had a** ~ing **influence on him** il s'est assagi OR calmé depuis qu'il vit avec Edith.

◊ vi [boat, prices, stock market] se stabiliser; [pulse, breathing] devenir régulier; [person – regain balance] retrouver son équilibre; [– calm down] se calmer.

**steak** [steɪk] n -1. [beefsteak – for frying, grilling] steak m, bifteck m; ~ **and chips** steak frites m. -2. [beef – for stews, casseroles] bœuf m à braiser; ~ **and kidney pie** tourte à la viande et aux rognons cuite au four; ~ **and kidney pudding** tourte à la viande et aux rognons cuite à la vapeur. -3. [cut – of veal, turkey] escalope f; [– of horse meat] steak m, bifteck m; [– of other meat] tranche f; [– of fish] tranche f, darne f.

**steakhouse** ['steɪkhaʊs, pl haʊzɪz] n grill m, grill-room m.

**steak knife** n couteau m à steak OR à viande.

**steak tartare** [-tɑː'tɑːʳ] n steak m tartare.

**steal** [stiːl] (pt **stole** [stəʊl], pp **stolen** ['stəʊln]) ◊ vt -1. [money, property] voler; **to** ~ **sthg from sb** voler qqch à qqn; **he stole money from her purse** il a volé de l'argent dans son porte-monnaie; **several paintings have been stolen from the museum** plusieurs tableaux ont été volés au musée. -2. fig [time] voler, prendre; [attention, affection] détourner; **to** ~ **sb's heart** séduire qqn; **to** ~ **all the credit for sthg** s'attribuer tout le mérite de qqch; **to** ~ **a glance at sb** jeter un regard furtif à qqn ❏ **to** ~ **a march on sb** Br prendre qqn de vitesse, couper l'herbe sous le pied de qqn; **to** ~ **the show from sb** ravir la vedette à qqn; **he really stole the show with that act of his!** son numéro a été le clou du spectacle!; **to** ~ **sb's thunder** éclipser qqn.

◊ vi -1. [commit theft] voler; **he was caught** ~ing il a été pris en train de voler; **thou shalt not** ~ BIBLE tu ne voleras point. -2. [move secretively]: **to** ~ **in/out** entrer/sortir à pas furtifs OR feutrés; **to** ~ **into a room** se glisser OR se faufiler dans une pièce; **she stole up on me from behind** elle s'est approchée de moi par derrière sans faire de bruit ‖ fig: **shadows began to** ~ **across the courtyard** lit des ombres commencèrent à envahir la cour.

◊ n Am inf [bargain] affaire f.

◆ **steal away** vi insep partir furtivement, s'esquiver.

**stealing** ['stiːlɪŋ] n vol m.

**stealth** [stelθ] n -1. [of animal] ruse f. -2. (U) [underhandedness] moyens mpl détournés; **the documents were obtained by** ~ nous nous sommes procuré les documents en cachette OR par des moyens détournés.

**stealthily** ['stelθɪlɪ] adv furtivement, subrepticement.

**stealthy** ['stelθɪ] (compar **stealthier**, superl **stealthiest**) adj furtif.

**steam** [stiːm] ◊ n -1. [vapour] vapeur f; [condensation] buée f; **she wiped the** ~ **from the mirror** elle essuya la buée sur la glace. -2. MECH & RAIL [as power] vapeur f; **to run on** OR **to work by** ~ marcher à la vapeur ❏ **at full** ~ à toute vapeur, à pleine vitesse; **full** ~ **ahead!** en avant toute!; **to do sthg under one's own** ~ faire qqch par ses propres moyens; **to get up** OR **to pick up** ~ [vehicle] prendre de la vitesse; [campaign] être lancé; **to let off** ~ se défouler; **to run out of** ~ s'essouffler, s'épuiser. ◊ comp [boiler, locomotive etc] à vapeur. ◊ vt -1. [unstick with steam]: ~ **the stamps off the envelope** passez l'enveloppe à la vapeur pour décoller les timbres; **to** ~ **open an envelope** décacheter une enveloppe à la vapeur. -2. CULIN (faire) cuire à la vapeur; ~ed **vegetables** légumes mpl (cuits) à la vapeur. ◊ vi -1. [soup, kettle, wet clothes] fumer. -2. [go – train, ship]: **the train** ~ed **into/out of the station** le train entra en gare/quitta la gare; **my brother** ~ed **on ahead** fig mon frère filait devant.

◆ **steam up** ◇ *vi insep* [window, glasses] s'embuer, se couvrir de buée. ◇ *vt sep* [window, glasses] embuer.

**steam bath** *n* bain *m* de vapeur.

**steamboat** ['sti:mbəʊt] *n* bateau *m* à vapeur, vapeur *m*.

**steam-driven** *adj* à vapeur.

**steamed-up** [sti:md-] *adj inf* [angry] énervé, dans tous ses états.

**steam engine** *n* MECH moteur *m* à vapeur; RAIL locomotive *f* à vapeur.

**steamer** ['sti:mə<sup>r</sup>] *n* **-1.** NAUT bateau *m* à vapeur, vapeur *m*.**-2.** CULIN [pan] marmite *f* à vapeur; [basket inside pan] panier *m* de cuisson à la vapeur.

**steaming** ['sti:mɪŋ] ◇ *adj* **-1.** [very hot] fumant. **-2.** *inf* [angry] furibard, furax. ◇ *adv*: ~ hot fumant.

**steam iron** *n* fer *m* (à repasser) à vapeur.

**steamroll** ['sti:mrəʊl] *vt* [road] cylindrer.

**steamroller** ['sti:m,rəʊlə<sup>r</sup>] ◇ *n literal & fig* rouleau *m* compresseur; to use ~ tactics *fig* employer la technique du rouleau compresseur. ◇ *vt* **-1.** [crush – opposition, obstacle] écraser. **-2.** [force]: to ~ a bill through Parliament *faire passer une loi à la Chambre sans tenir compte de l'opposition*; to ~ sb into doing sthg forcer qqn à faire qqch. **-3.** = steamroll.

**steamship** ['sti:mʃɪp] *n* navire *m* à vapeur, vapeur *m*.

**steamy** ['sti:mɪ] (*compar* **steamier**, *superl* **steamiest**) *adj* **-1.** [room] plein de vapeur; [window, mirror] embué. **-2.** *inf* [erotic] érotique, d'un érotisme torride.

**steed** [sti:d] *n lit* coursier *m*.

**steel** [sti:l] ◇ *n* **-1.** [iron alloy] acier *m*; to have nerves of ~ avoir des nerfs d'acier. **-2.** [steel industry] industrie *f* sidérurgique, sidérurgie *f*.**-3.** [for sharpening knives] aiguisoir *m*.**-4.** *lit* [sword] fer *m*. ◇ *comp* [industry, plant] sidérurgique; [steak] des sidérurgistes; ~ manufacturer sidérurgiste *mf*. ◇ *adj* [helmet, cutlery etc] en acier. ◇ *vt* **-1.** *Br* [harden]: to ~ o.s. against sthg se cuirasser contre qqch; I had ~ed myself for the worst je m'étais préparé au pire. **-2.** METALL aciérer.

**steel band** *n* MUS steel band *m*.

**steel blue** *n* bleu *m* acier.

◆ **steel-blue** *adj* bleu acier *(inv)*.

**steel wool** *n* paille *f* de fer.

**steelworker** ['sti:l,wɜːkə<sup>r</sup>] *n* sidérurgiste *mf*.

**steelworks** ['sti:lwɜːks] (*pl inv*) *n* aciérie *f*, usine *f* sidérurgique.

**steely** ['sti:lɪ] *adj* **-1.** [in colour] d'acier, gris acier *(inv)*. **-2.** [strong – determination, will] de fer; [– look] d'acier.

**steelyard** ['sti:ljɑːd] *n* balance *f* romaine.

**steep** [sti:p] ◇ *adj* **-1.** [hill] raide, abrupt, escarpé; [slope] fort, raide; [cliff] abrupt; [road, path] raide, escarpé; [staircase] raide; it's a ~ climb to the village la montée est raide pour arriver au village. **-2.** [increase, fall] fort; a ~ drop in share prices une forte chute du prix des actions. **-3.** *inf* [fee, price] excessif, élevé. **-4.** *inf* [unreasonable]: it's a bit ~ asking us to do all that work by Friday c'est un peu fort OR un peu raide de nous demander de faire tout ce travail pour vendredi. ◇ *vt* [soak] (faire) tremper; CULIN (faire) macérer, (faire) mariner; I want to ~ myself in the atmosphere of the place *fig* je veux m'imprégner de l'atmosphère de l'endroit. ◇ *vi* [gen] tremper; CULIN macérer, mariner.

**steeped** [sti:pt] *adj*: ~ in tradition/mystery imprégné de tradition/mystère.

**steepen** ['sti:pn] *vi* **-1.** [slope, road, path] devenir plus raide OR escarpé. **-2.** [increase – inflation, rate] croître.

**steeple** ['sti:pl] *n* clocher *m*, flèche *f*.

**steeplechase** ['sti:pltʃeɪs] *n* [in horse racing, athletics] steeple *m*, steeple-chase *m*.

**steeplejack** ['sti:pldʒæk] *n Br* réparateur *m* de clochers et de cheminées.

**steeply** ['sti:plɪ] *adv* en pente raide, à pic; costs are rising ~ les coûts montent en flèche.

**steer** ['stɪə<sup>r</sup>] ◇ *vt* **-1.** [car] conduire; she ~ed the car into the garage/out onto the main road elle a rentré la voiture au garage/conduit la voiture jusqu'à la route principale ‖ NAUT [boat] gouverner, barrer; to ~ a course for mettre le cap sur ❑ to ~ed course route *f* au compas OR apparente. **-2.** [person] guider, diriger; try to ~ him away from the bar essayez de l'éloigner du bar. **-3.** [conversation, project etc] diri-

ger; I tried to ~ the conversation round to/away from the subject j'ai essayé d'amener la conversation sur le sujet/de détourner la conversation du sujet; she successfully ~ed the company through the crisis elle a réussi à sortir la société de la crise; to ~ a bill through Parliament réussir à faire voter un projet de loi par le Parlement. ◇ *vi* **-1.** [driver] conduire; NAUT [helmsman] gouverner, barrer; ~ for that buoy mettez le cap sur cette bouée ❑ to ~ clear of sthg/sb éviter qqch/qqn. **-2.** [car]: this car ~s very well/badly cette voiture a une excellente/très mauvaise direction ‖ NAUT [boat] se diriger. ◇ *n* AGR bœuf *m*.

**steerage** ['stɪərɪdʒ] *n* NAUT **-1.** *dated* [accommodation] entrepont *m*.**-2.** [steering] conduite *f*, pilotage *m*.

**steering** ['stɪərɪŋ] ◇ *n* **-1.** AUT [apparatus, mechanism] direction *f*; [manner of driving] conduite *f*.**-2.** NAUT conduite *f*, pilotage *m*. ◇ *comp* AUT [arm, column, lever] de direction.

**steering committee** *n Br* comité *m* directeur.

**steering lock** *n* AUT **-1.** [turning circle] rayon *m* de braquage. **-2.** [antitheft device] antivol *m* de direction.

**steering wheel** *n* **-1.** AUT volant *m*.**-2.** NAUT roue *f* du gouvernail, barre *f*.

**stein** ['staɪn] *n* chope *f*.

**stellar** ['stelə<sup>r</sup>] *adj* **-1.** ASTRON stellaire. **-2.** *inf* CIN & THEAT: the play boasts a ~ cast cette pièce a une distribution éblouissante.

**stem** [stem] (*pt & pp* **stemmed**, *cont* **stemming**) ◇ *n* **-1.** BOT [of plant, tree] tige *f*; [of fruit, leaf] queue *f*.**-2.** [of glass] pied *m*.**-3.** [of tobacco pipe] tuyau *m*.**-4.** LING [of word] radical *m*.**-5.** TECH [in lock, watch] tige *f*.**-6.** [vertical stroke – of letter] hampe *f*; [– of musical note] queue *f*.**-7.** NAUT [timber, structure] étrave *f*; [forward section] proue *f*.**-8.** BIBLE [family, stock] souche *f*. ◇ *vt* **-1.** [check, stop – flow, spread, bleeding] arrêter, endiguer; [– blood] étancher; [– river, flood] endiguer, contenir; they are trying to ~ the tide of protest ils essaient d'endiguer le nombre croissant de protestations. **-2.** SPORT: to ~ one's skis faire un stem OR stemm. ◇ *vi* **-1.** [derive]: to ~ from avoir pour cause, être le résultat de. **-2.** SPORT faire du stem OR stemm.

**stem glass** *n* verre *m* à pied.

**-stemmed** [stemd] *in cpds* **-1.** BOT à tige...; a long/short/ thin~ plant une plante à tige longue/courte/mince. **-2.** [gen]: a long/short~ glass un verre à pied haut/bas.

**stench** [stentʃ] *n* puanteur *f*, odeur *f* nauséabonde.

**stencil** ['stensl] (*Br pt & pp* **stencilled**, *cont* **stencilling**, *Am pt & pp* **stenciled**, *cont* **stenciling**) ◇ *n* **-1.** [for typing] stencil *m*.**-2.** [template] pochoir *m*.**-3.** [pattern] dessin *m* au pochoir. ◇ *vt* dessiner au pochoir.

**Sten gun** [sten-] *n* mitraillette *f* légère.

**stenographer** [stə'nɒgrəfə<sup>r</sup>] *n Am* sténographe *mf*.

**stenography** [stə'nɒgrəfɪ] *n* sténographie *f*.

**step** [step] (*pt & pp* **stepped**, *cont* **stepping**) ◇ *n* **-1.** [pace] pas *m*; take two ~s forwards/backwards faites deux pas en avant/en arrière; I heard her ~ OR ~s on the stairs j'ai entendu (le bruit de) ses pas dans l'escalier; that's certainly put a spring in her ~ ça a dû lui donner un peu de ressort; he was following a few ~s behind me il me suivait à quelques pas; it's only a (short) ~ to the shops les magasins sont à deux pas d'ici ❑ watch OR mind your ~! *literal* faites attention où vous mettez les pieds!; *fig* faites attention!**-2.** [move, action] pas *m*; [measure] mesure *f*, disposition *f*; it's a great ~ forward for mankind c'est un grand pas en avant pour l'humanité; to take ~s to do sthg prendre des mesures pour faire qqch; it's a ~ in the right direction c'est un pas dans la bonne direction. **-3.** [stage] étape *f*; the different ~s in the manufacturing process les différentes étapes du processus de fabrication; this promotion is a big ~ up for me cette promotion est un grand pas en avant pour moi; we are still one ~ ahead of our competitors nous conservons une petite avance sur nos concurrents; if I may take your argument one ~ further si je peux pousser votre raisonnement un peu plus loin; we'll support you every ~ of the way nous vous soutiendrons à fond OR sur toute la ligne. **-4.** [stair – gen] marche *f*; [– into bus, train etc] marchepied *m*; a flight of ~s un escalier; the church ~s le perron de l'église; 'mind the ~' 'attention à la marche'. **-5.** DANCE pas *m*; do try and keep ~! essaie donc de danser en me-

sure!-**6.** [in marching] pas *m*; in ~ au pas; to march in ~ marcher au pas; to be out of ~ ne pas être en cadence; to break ~ rompre le pas; to change ~ changer de pas; to fall into ~ with sb *literal* s'aligner sur le pas de qqn; *fig* se ranger à l'avis de qqn; he fell into ~ beside me arrivé à ma hauteur, il régla son pas sur le mien; to keep ~ marcher au pas ❑ to be in ~ with the times/with public opinion être au diapason de son temps/de l'opinion publique; to be out of ~ with the times/with public opinion être déphasé par rapport à son époque/à l'opinion publique. -**7.** *Am* MUS [interval] seconde *f*. ◇ *vi* -**1.** [take a single step] faire un pas; [walk, go] marcher, aller; ~ this way, please par ici, je vous prie; ~ inside! entrez!; I stepped onto/off the train je suis monté dans le/descendu du train. -**2.** [put one's foot down, tread] marcher; I stepped on a banana skin/in a puddle j'ai marché sur une peau de banane/dans une flaque d'eau ❑ ~ on it! *inf* appuie sur le champignon!; to ~ out of line s'écarter du droit chemin.
◇ *vt* -**1.** [measure out] mesurer. -**2.** [space out] échelonner.
♦ **steps** *npl Br* [stepladder]: (pair of) ~s escabeau *m*.
♦ **step aside** *vi insep* -**1.** [move to one side] s'écarter, s'effacer. -**2.** = **step down 2.**
♦ **step back** *vi insep* -**1.** *literal* reculer, faire un pas en arrière. -**2.** *fig* prendre du recul.
♦ **step down** ◇ *vi insep* -**1.** [descend] descendre. -**2.** [quit position, job] se retirer, se désister; he stepped down in favour of a younger person il a cédé la place à quelqu'un de plus jeune. ◇ *vt sep* ELEC [voltage] abaisser.
♦ **step forward** *vi insep* -**1.** *literal* faire un pas en avant. -**2.** *fig* [volunteer] se présenter, être volontaire.
♦ **step in** *vi insep* -**1.** [enter] entrer. -**2.** [intervene] intervenir.
♦ **step out** *vi insep* -**1.** [go out of doors] sortir. -**2.** [walk faster] presser le pas.
♦ **step up** ◇ *vi insep* s'approcher; to ~ up to sb s'approcher de qqn. ◇ *vt sep* -**1.** [increase – output, pace] augmenter, accroître; [– activity, efforts] intensifier. -**2.** ELEC [voltage] augmenter.

**step aerobics** *n* step *m*.
**stepbrother** ['step,brʌðər] *n* demi-frère *m*.
**step-by-step** ◇ *adv* [gradually] pas à pas, petit à petit. ◇ *adj* [point by point]: a ~ guide to buying your own house un guide détaillé pour l'achat de votre maison.
**stepchild** ['step,tʃaɪld] (*pl* **stepchildren** [-,tʃɪldrən]) *n* beau-fils *m*, belle-fille *f* (*fils ou fille du conjoint*).
**stepdaughter** ['step,dɔːtər] *n* belle-fille *f* (*fille du conjoint*).
**step-down** *n*: ~ transformer abaisseur *m* de tension.
**stepfather** ['step,fɑːðər] *n* beau-père *m* (*conjoint de la mère*).
**Stephen** ['stiːvn] *prn*: Saint ~ saint Étienne.
**stepladder** ['step,lædər] *n* escabeau *m*.
**stepmother** ['step,mʌðər] *n* belle-mère *f* (*conjointe du père*).
**steppe** [step] *n* steppe *f*.
**stepping-stone** ['stepɪŋ-] *n* -**1.** *literal* pierre *f* de gué. -**2.** *fig* tremplin *m*; a ~ to a new career un tremplin pour (se lancer dans) une nouvelle carrière.
**stepsister** ['step,sɪstər] *n* demi-sœur *f*.
**stepson** ['stepsʌn] *n* beau-fils *m* (*fils du conjoint d'un précédent mariage*).
**stereo** ['sterɪəʊ] (*pl* **stereos**) ◇ *n* -**1.** [stereo sound] stéréo *f*; broadcast in ~ retransmis en stéréo. -**2.** [hifi system] chaîne *f* (stéréo). ◇ *adj* [cassette, record, record player] stéréo (*inv*); [recording, broadcast] en stéréo.
**stereophonic** [,sterɪə'fɒnɪk] *adj* stéréophonique.
**stereoscopic** [,sterɪə'skɒpɪk] *adj* stéréoscopique.
**stereoscopy** [,sterɪ'ɒskəpɪ] *n* stéréoscopie *f*.
**stereotype** ['sterɪətaɪp] ◇ *n* -**1.** [idea, trait, convention] stéréotype *m*. -**2.** TYPO cliché *m*. ◇ *vt* -**1.** [person, role] stéréotyper. -**2.** TYPO clicher.
**stereotyped** ['sterɪəʊtaɪpt] *adj* stéréotypé.
**stereotyping** ['sterɪəʊ,taɪpɪŋ] *n*: we want to avoid sexual ~ nous voulons éviter les stéréotypes sexuels.
**sterile** ['steraɪl] *adj* stérile.
**sterility** [ste'rɪlətɪ] *n* stérilité *f*.
**sterilization** [,sterəlaɪ'zeɪʃn] *n* stérilisation *f*.
**sterilize, -ise** ['sterəlaɪz] *vt* stériliser.
**sterilized** ['sterəlaɪzd] *adj* [milk] stérilisé.

**sterilizer** ['sterəlaɪzər] *n* stérilisateur *m*.
**sterling** ['stɜːlɪŋ] ◇ *n* -**1.** [currency] sterling *m inv*; ~ area zone *f* sterling. -**2.** [standard] titre *m*.-**3.** [silverware] argenterie *f*. ◇ *comp* [reserves, balances] en sterling; [traveller's cheques] en livres sterling. ◇ *adj* -**1.** [gold, silver] fin. -**2.** *fml* [first-class] excellent, de premier ordre.
**stern** [stɜːn] ◇ *adj* -**1.** [strict, harsh – person, measure] sévère, strict; [– appearance] sévère, austère; [– discipline, punishment] sévère, rigoureux; [– look, rebuke] sévère, dur; [– warning] solennel, grave. -**2.** [robust] solide, robuste; his wife is made of ~er stuff sa femme est d'une autre trempe. ◇ *n* -**1.** NAUT arrière *m*, poupe *f*.-**2.** [of horse] croupe *f*.
**sterna** ['stɜːnə] *pl* → **sternum**.
**sternly** ['stɜːnlɪ] *adv* sévèrement.
**sternum** ['stɜːnəm] (*pl* **sternums** OR **sterna** [-nə]) *n* sternum *m*.
**steroid** ['stɪərɔɪd] *n* stéroïde *m*; the doctor put him on a course of ~s le médecin lui a prescrit OR donné un traitement stéroïdien.
**stethoscope** ['steθəskəʊp] *n* stéthoscope *m*.
**Stetson®** ['stetsn] *n* Stetson® *m*, chapeau *m* de cow-boy.
**stevedore** ['stiːvədɔːr] ◇ *n Am* docker *m*, débardeur *m*. ◇ *vi* travailler comme docker OR débardeur.
**stew** [stjuː] ◇ *n* CULIN ragoût *m*; lamb/vegetable ~ ragoût d'agneau/de légumes (mijotés); to be in a ~ *Br inf* [bothered] être dans tous ses états; [in a mess] être dans de beaux draps OR dans le pétrin. ◇ *vt* [meat] préparer en ragoût, cuire (en ragoût); [fruit] (faire) cuire en compote. ◇ *vi* CULIN [meat] cuire en ragoût, mijoter; [fruit] cuire; [tea] infuser trop longtemps; to let sb ~ (in his/her own juice) *Br inf* laisser cuire OR mijoter qqn dans son jus.
**steward** ['stjuəd] *n* -**1.** [on aeroplane, ship] steward *m*.-**2.** [at race, sports event] commissaire *m*; ~'s enquiry *Br* enquête *f* des commissaires. -**3.** [at dance, social event] organisateur *m*, -trice *f*; [at meeting, demonstration] membre *m* du service d'ordre. -**4.** [of property] intendant *m*, -e *f*; [estate, finances] régisseur *m*, -euse *f*; [in college] économe *mf*.
**stewardess** ['stjuədɪs] *n* hôtesse *f*.
**stewbeef** ['stjuːbiːf] *Am* = **stewing steak**.
**stewed** [stjuːd] *adj* -**1.** [tea] trop infusé. -**2.** *inf* [drunk] bourré, cuité.
**stewing steak** [stjuːɪŋ-] *n Br* bœuf *m* à braiser.
**St. Ex.** *written abbr of* **stock exchange**.
**stg** *written abbr of* **sterling**.
**stick** [stɪk] (*pt* & *pp* **stuck** [stʌk]) ◇ *n* -**1.** [piece of wood] bout *m* de bois; [branch] branche *f*; [twig] petite branche *f*, brindille *f*; gather some ~s, we'll make a fire ramassez du bois, on fera du feu. -**2.** [wooden rod – as weapon] bâton *m*; [walking stick] canne *f*, bâton *m*; [drumstick] baguette *f*; [for plants] rame *f*, tuteur *m*; [for lollipop] bâton *m*; the threat of redundancy has become a ~ with which industry beats the unions *fig* pour le patronat, la menace du licenciement est devenue une arme contre les syndicats; we don't have one ~ of decent furniture nous n'avons pas un seul meuble convenable ❑ to get (hold of) the wrong end of the ~ mal comprendre, comprendre de travers; you've got (hold of) the wrong end of the ~ about this business vous avez tout compris de travers dans cette histoire; she got the short OR dirty end of the ~ as usual c'est tombé sur elle comme d'habitude; ~s and stones may break my bones but words will never hurt me *prov* la bave du crapaud n'atteint pas la blanche colombe *prov*. -**3.** [piece – of chalk] bâton *m*, morceau *m*; [– of cinnamon, incense, liquorice, dynamite] bâton *m*; [– of charcoal] morceau *m*; [– of chewing gum] tablette *f*; [– of glue, deodorant] bâton *m*, stick *m*; [– of celery] branche *f*; [– of rhubarb] tige *f*.-**4.** GAMES & SPORT [in hockey, lacrosse] crosse *f*; [ski pole] bâton *m* (de ski); [baseball bat] batte *f*; [billiard cue] queue *f* de billard; [in pick-up-sticks] bâton *m*, bâtonnet *m*, jonchet *m*.-**5.** (*U*) *Br inf* [criticism] critiques *fpl* (désobligeantes); to get OR to come in for a lot of ~: he got a lot of ~ from his friends about his new hairstyle ses amis l'ont bien charrié avec sa nouvelle coupe. -**6.** *inf* [control lever] AERON manche *m* à balai; AUT levier *m* de vitesse. -**7.** MIL [cluster – of bombs] chapelet *m*; [– of parachutists] stick *m*.-**8.** *Br inf* & *dated* [person] type *m*; she's not a bad old ~, she's a nice old ~ elle est plutôt sympa

◇ *vt* **-1.** [jab, stab – spear, nail, knife] planter, enfoncer; [– needle] piquer, planter; [– pole, shovel] planter; [– elbow, gun] enfoncer; **don't ~ drawing pins in the wall** ne plantez pas de punaises dans le mur; **there were maps with coloured pins stuck in them** il y avait des cartes avec des épingles de couleur; **she stuck the revolver in his back** elle lui a enfoncé le revolver dans le dos; **he pulled out his gun and stuck it in my face** *inf* il a sorti son arme et l'a brandie sous mon nez. **-2.** [insert] insérer, mettre, ficher; [put] mettre; **he stuck a rose in his lapel** il s'est mis une rose à la boutonnière; **here, ~ this under the chair leg** tenez, calez la chaise avec ça; **he stuck his foot in the door** il glissa son pied dans l'entrebâillement de la porte; **he stood there with a cigar stuck in his mouth/his hands stuck in his pockets** il était planté là, un cigare entre les dents/les mains enfoncées dans les poches; **she stuck her head into the office/out of the window** elle a passé la tête dans le bureau/par la fenêtre ‖ *inf* [put casually] mettre, ficher; **mix it all together and ~ it in the oven** mélangez bien (le tout) et mettez au four; **can you ~ my name on the list?** tu peux ajouter mon nom sur la liste? ❑ **he can ~ the job!**▽ *Br* il sait où il peut se le mettre, son boulot!; **~ it!**▽ tu peux te le mettre où je pense OR quelque part!-**3.** [fasten] fixer; [pin up] punaiser; **it was stuck on the notice-board with tacks** c'était punaisé au tableau d'affichage. **-4.** [with adhesive] coller; **help me ~ this vase together** aide-moi à recoller le vase; **to ~ a stamp on an envelope** coller un timbre sur une enveloppe; **he had posters stuck to the walls with Sellotape** il avait scotché des posters aux murs; **'~ no bills'** 'défense d'afficher'. **-5.** [kill – pig] égorger. **-6.** *Br inf* [bear – person, situation] supporter; **what I can't ~ is her telling me how to run my life** ce que je ne supporte pas c'est qu'elle me dise comment je dois vivre; **I'm amazed she stuck a term, let alone three years** je suis étonné qu'elle ait tenu (le coup) un trimestre, et à plus forte raison trois ans. **-7.** *inf* [with chore, burden]: **I always get stuck with the dishes** je me retrouve toujours avec la vaisselle sur les bras, c'est toujours moi qui dois me taper la vaisselle.
◇ *vi* **-1.** [arrow, dart, spear] se planter; **you'll find some tacks already ~ing in the notice-board** vous trouverez quelques punaises déjà plantées dans le tableau d'affichage. **-2.** [attach, adhere – wet clothes, bandage, chewing gum] coller; [– gummed label, stamp] tenir, coller; [– burr] s'accrocher; **the dough stuck to my fingers** la pâte collait à mes doigts; **the damp has made the stamps ~ together** l'humidité a collé les timbres les uns aux autres; **the dust will ~ to the wet varnish** la poussière va coller sur le vernis frais; **these badges ~ to any surface** ces autocollants adhèrent sur toutes les surfaces; **food won't ~ to these pans** ces casseroles n'attachent pas; **they had straw ~ing in their hair** ils avaient des brins de paille dans les cheveux. **-3.** [become jammed, wedged – mechanism, drawer, key] se coincer, se bloquer; **the lorry stuck fast in the mud** le camion s'est complètement enlisé dans la boue; **I have a fishbone stuck in my throat** j'ai une arête (de poisson) coincée dans la gorge ❑ **it ~s in my throat** OR *Br* **gullet** *inf* ça me reste sur l'estomac OR en travers de la gorge; **having to ask him for a loan really ~s in my throat** ça me coûte vraiment d'avoir à lui demander un prêt. **-4.** [remain, keep] rester; **she has the kind of face that ~s in your memory** elle a un visage qu'on n'oublie pas OR dont on se souvient; **his bodyguards ~ close to him at all times** ses gardes du corps l'accompagnent partout OR ne le quittent jamais d'une semelle; **~ to the main road** suivez la route principale. **-5.** *inf* [be upheld]: **to make the charge** OR **charges ~ prouver la** culpabilité de qqn; **the important thing now is to make the agreement ~** ce qui compte maintenant, c'est de faire respecter l'accord. **-6.** [extend, project]: **the antenna was ~ing straight up** l'antenne se dressait toute droite; **his ticket was ~ing out of his pocket** son billet sortait OR dépassait de sa poche; **only her head was ~ing out of the water** seule sa tête sortait OR émergeait de l'eau. **-7.** [in card games]: (**I**) **~** j'arrête, je ne veux pas d'autre carte.
◆ **sticks** *npl inf* [backwoods] cambrousse *f*; **they live way out in the ~s** ils habitent en pleine cambrousse.
◆ **stick around** *vi insep inf* [stay] rester (dans les parages); [wait] attendre.
◆ **stick at** *vt insep* **-1.** **to ~ at it** *Br* [persevere] persévérer. **-2.** [stop]: **to ~ at nothing** ne reculer OR n'hésiter devant rien.

◆ **stick by** *vt insep* **-1.** [person] soutenir; **don't worry, I'll always ~ by you** sois tranquille, je serai toujours là pour te soutenir. **-2.** [one's decision] s'en tenir à.
◆ **stick down** ◇ *vt sep* **-1.** [flap, envelope] coller. **-2.** *Br* [note down] noter; [scribble] griffonner. **-3.** *inf* [place] poser. ◇ *vi insep* [flap, envelope] (se) coller.
◆ **stick in** ◇ *vt sep* **-1.** [nail, knife, spear] planter, enfoncer; [needle] piquer, enfoncer; [pole, shovel] enfoncer, planter. **-2.** [insert – coin, bank card] insérer; [– electric plug] brancher; [– cork, sink plug] enfoncer; [– word, sentence] ajouter; **I stuck my hand in to test the water temperature** j'y ai plongé la main pour vérifier la température de l'eau; **he stuck his head in through the door** il a passé la tête par la porte. **-3.** [glue in] coller. ◇ *vi insep* [dart, arrow, spear] se planter.
◆ **stick on** ◇ *vt sep* **-1.** [fasten on – gummed badge, label, stamp] coller; [– china handle] recoller; [– broom head] fixer. **-2.** *inf* [jacket, boots] enfiler; **he hurriedly stuck a hat on** il s'est collé en vitesse un chapeau sur la tête. ◇ *vi insep* coller, se coller.
◆ **stick out** ◇ *vt sep* **-1.** [extend – hand, leg] tendre, allonger; [– feelers, head] sortir; **to ~ one's tongue out (at sb)** tirer la langue (à qqn); **he stuck his foot out to trip me up** il a allongé la jambe pour me faire un croche-pied; **I opened the window and stuck my head out** j'ai ouvert la fenêtre et j'ai passé la tête au dehors; **to ~ one's chest out** bomber le torse. **-2.** *phr*: **to ~ it out** *inf* tenir le coup jusqu'au bout. ◇ *vi insep* **-1.** [protrude – nail, splinter] sortir; [– teeth] avancer; [– plant, shoot] pointer; [– ledge, balcony] être en saillie; **his belly stuck out over his belt** son ventre débordait au-dessus de sa ceinture; **her ears ~ out** elle a les oreilles décollées; **my feet stuck out over the end of the bed** mes pieds dépassaient du lit. **-2.** [be noticeable – colour] ressortir; **the red Mercedes really ~s out** on ne voit que la Mercedes rouge; **I don't like to ~ out in a crowd** je n'aime pas me singulariser OR me faire remarquer.
◆ **stick out for** *vt insep* s'obstiner à vouloir, exiger; **the union is ~ing out for a five per cent rise** le syndicat continue à revendiquer une augmentation de cinq pour cent.
◆ **stick to** *vt insep*: **I can never ~ to diets** je n'arrive jamais à suivre un régime longtemps; **we must ~ to our plan** nous devons continuer à suivre notre plan; **once I make a decision I ~ to it** une fois que j'ai pris une décision, je m'y tiens OR je n'en démords pas; **to ~ to one's word** OR **promises** tenir (sa) parole; **to ~ to one's principles** rester fidèle à ses principes; **she's still ~ing to her story** elle maintient ce qu'elle a dit; **~ to the point!** ne vous éloignez pas du sujet!; **~ to the facts!** tenez-vous-en aux faits!; **the author would be better off ~ing to journalism** l'auteur ferait mieux de se cantonner au journalisme.
◆ **stick together** *vi insep inf* [people] rester ensemble; *fig* se serrer les coudes.
◆ **stick up** ◇ *vt sep* **-1.** [sign, notice, poster] afficher; [postcard] coller; [with drawing pins] punaiser. **-2.** [raise – pole] dresser; **to ~ one's hand up** lever la main ❑ **~ 'em up!** *inf* haut les mains!-**3.** *Am inf* [rob – person, bank, supermarket] braquer. ◇ *vi insep* [point upwards – tower, antenna] s'élever; [– plant shoots] pointer; **a branch was ~ing up out of the water** une branche sortait de l'eau.
◆ **stick up for** *vt insep*: **to ~ up for sb** prendre la défense OR le parti de qqn; **~ up for yourself!** ne te laisse pas faire!; **he has trouble ~ing up for himself/his rights** il a du mal à défendre ses intérêts/à faire valoir ses droits.
◆ **stick with** *vt insep* **-1.** [activity, subject] s'en tenir à, persister dans; **now I've started the job, I'm going to ~ with it** maintenant que j'ai commencé ce travail, je ne le lâche pas. **-2.** [person]: **~ with me, kid, and you'll be all right** *inf* reste avec moi, petit, et tout ira bien.

**sticker** ['stɪkə'] *n* **-1.** [adhesive label] autocollant *m*.-**2.** [determined person]: **she's a ~** elle est persévérante, elle va au bout de ce qu'elle entreprend.

**stickiness** ['stɪkɪnɪs] *n* [of hands, substance, surface, jamjar] caractère *m* gluant OR poisseux.

**sticking plaster** ['stɪkɪŋ-] *n Br* pansement *m*, sparadrap *m*.

**sticking point** *n fig* point *m* de friction.

**stick insect** *n* phasme *m*.

**stick-in-the-mud** *n inf* [fogey] vieux croûton *m*; [killjoy] rabat-joie *m inv*.

**stickleback** ['stɪklbæk] *n* épinoche *f* (*de rivière*).

**stickler** ['stıklə'] *n*: to be a ~ for [regulations, discipline, good manners] être à cheval sur; [tradition, routine] insister sur.

**stick-on** *adj* autocollant.

**stickpin** ['stıkpın] *n Am* épingle *f* de cravate.

**stick shift** *n Am* AUT levier *m* de vitesse.

**stick-up** *n Am inf* braquage *m*, hold-up *m*.

**sticky** ['stıkı] (*compar* **stickier**, *superl* **stickiest**) *adj* **-1.** [adhesive] adhésif, gommé. **-2.** [tacky, gluey – hands, fingers] collant, poisseux; [– substance, surface, jam jar] gluant, poisseux; to have ~ fingers *literal* avoir les doigts collants OR poisseux; *fig* être porté sur la fauche. **-3.** [sweaty] moite. **-4.** [humid – weather] moite, humide. **-5.** *inf* [awkward – situation] difficile, délicat; to be (batting) on a ~ wicket *Br* être dans une situation difficile; to come to a ~ end *Br* mal finir.

**sticky tape** *n* ruban *m* adhésif.

**stiff** [stɪf] ◇ *adj* **-1.** [rigid] raide, rigide; ~ paper/cardboard papier/carton rigide; a ~ brush une brosse à poils durs; to be ~ with terror être glacé de terreur ❏ as ~ as a poker raide comme un piquet; to keep a ~ upper lip garder son flegme. **-2.** [thick, difficult to stir] ferme, consistant; beat the mixture until it is ~ battez jusqu'à obtention d'une pâte consistante; beat the eggwhites until ~ battre les blancs en neige jusqu'à ce qu'ils soient (bien) fermes. **-3.** [difficult to move] dur; the drawers have got a bit ~ les tiroirs sont devenus un peu durs à ouvrir. **-4.** [aching] courbaturé, raide; I'm still ~ after playing squash the other day j'ai encore des courbatures d'avoir joué au squash l'autre jour; to have a ~ back avoir mal au dos; to have a ~ neck avoir un OR le torticolis. **-5.** [over-formal – smile, welcome] froid; [– person, manners, behaviour] froid, guindé; [– style] guindé. **-6.** [difficult] dur, ardu; to face ~ competition avoir affaire à forte concurrence. **-7.** [severe] sévère; I sent them a ~ letter je leur ai envoyé une lettre bien sentie. **-8.** [strong – breeze, drink] fort; she poured herself a ~ whisky elle s'est versé un whisky bien tassé. **-9.** [high – price, bill] élevé. **-10.** [determined – resistance, opposition] tenace, acharné; [– resolve] ferme, inébranlable. **-11.** *Br inf* [full] plein (à craquer). ◇ *adv inf*: to be bored ~ mourir d'ennui; to be worried/scared ~ être mort d'inquiétude/de peur. ◇ *n* ▽ [corpse] macchabée *m*.

**stiffen** ['stɪfn] ◇ *vt* **-1.** [paper, fabric] raidir, renforcer. **-2.** [thicken – batter, concrete] donner de la consistance à; [– sauce] lier. **-3.** [make painful – arm, leg, muscle] courbaturer; his joints had become ~ed by arthritis ses articulations s'étaient raidies à cause de l'arthrite. **-4.** [strengthen – resistance, resolve] renforcer. ◇ *vi* **-1.** [harden – paper, fabric] devenir raide OR rigide. **-2.** [tense, stop moving] se raidir. **-3.** [thicken – batter, concrete] épaissir, devenir ferme; [– sauce] se lier. **-4.** [become hard to move – hinge, handle, door] se coincer. **-5.** [start to ache] s'ankyloser. **-6.** [strengthen – resistance, resolve] se renforcer; [– breeze] forcir.

**stiffener** ['stɪfnə'] *n* **-1.** [in collar] baleine *f*. **-2.** *Br inf* [drink] remontant *m*.

**stiffening** ['stɪfnıŋ] *n* renforcement *m*.

**stiffly** ['stɪflı] *adv* **-1.** [rigidly]: ~ starched très empesé OR amidonné; he stood ~ to attention il se tenait raide au garde-à-vous. **-2.** [painfully – walk, bend] avec raideur. **-3.** [coldly – smile, greet] froidement, d'un air distant.

**stiff-necked** *adj literal* qui a le torticolis; *fig* opiniâtre, entêté.

**stiffness** ['stɪfnıs] *n* **-1.** [of paper, fabric] raideur *f*, rigidité *f*. **-2.** [of batter, dough, concrete] consistance *f*, fermeté *f*. **-3.** [of hinge, handle, door] dureté *f*. **-4.** [of joints, limbs] raideur *f*, courbatures *fpl*. **-5.** [of manners, smile, welcome] froideur *f*, distance *f*; [of style] caractère *m* guindé. **-6.** [difficulty – of exam, competition] difficulté *f*, dureté *f*.

**stifle** ['staıfl] ◇ *vt* **-1.** [suppress – resistance, creativity, progress] réprimer, étouffer; [– tears, anger, emotion] réprimer; to ~ a cough réprimer une envie de tousser; I tried to ~ my laughter/a yawn j'ai essayé de ne pas rire/bâiller. **-2.** [suffocate] étouffer, suffoquer. ◇ *vi* étouffer, suffoquer.

**stifling** ['staıflıŋ] *adj* suffocant, étouffant; open the window, it's ~ in here! ouvre la fenêtre, on étouffe ici!

**stigma** ['stɪgmə] *n* **-1.** [social disgrace] honte *f*; the ~ attached to having been in prison l'opprobre qui ne quitte pas ceux qui ont fait de la prison. **-2.** BOT, MED & ZOOL stigmate *m*.

**stigmata** [stɪg'mɑːtə] *npl* RELIG stigmates *mpl*.

**stigmatism** ['stɪgmətɪzm] *n* OPT stigmatisme *m*.

**stigmatize, -ise** ['stɪgmətaız] *vt* stigmatiser.

**stile** [staıl] *n* **-1.** [over fence] échalier *m*. **-2.** [turnstile] tourniquet *m*. **-3.** CONSTR [upright] montant *m*.

**stiletto** [stɪ'letəu] (*pl* **stilettos**) *n* **-1.** [heel] talon *m* aiguille. **-2.** [knife] stylet *m*.
◆ **stilettos** *npl* (chaussures *fpl* à) talons *mpl* aiguilles.

**stiletto heel** *n* talon *m* aiguille.

**still**[1] [stɪl] *adv* **-1.** [as of this moment] encore, toujours; we're ~ waiting for the repairman to come nous attendons toujours que le réparateur vienne; there's ~ a bit of cake left il reste encore un morceau de gâteau; the worst was ~ to come le pire n'était pas encore arrivé. **-2.** [all the same] quand même; it's a shame we lost — ~, it was a good game (c'est) dommage que nous ayons perdu — quand même, c'était un bon match; ~ and all *inf* quand même. **-3.** *(with comparatives)* [even] encore; ~ more/less encore plus/moins; ~ further, further ~ encore plus loin; the sea was getting ~ rougher la mer était de plus en plus agitée.

**still**[2] [stɪl] ◇ *adj* **-1.** [motionless – person, air, surface] immobile; ~ waters run deep *prov* méfie-toi de l'eau qui dort *prov*. **-2.** [calm] calme, tranquille; [quiet] silencieux. **-3.** [not fizzy] plat. ◇ *adv* sans bouger; stand ~! ne bougez pas!; my heart stood ~ mon cœur a cessé de battre; they're so excited they can't sit ~ ils sont tellement excités qu'ils ne peuvent pas rester en place; try to hold the camera ~ essaie de ne pas bouger l'appareil photo. ◇ *vt lit* **-1.** [silence] faire taire. **-2.** [allay – doubts, fears] apaiser, calmer. ◇ *n* **-1.** *lit* [silence] silence *m*. **-2.** CIN photo *f* (de plateau); ~ photographer photographe *mf* de plateau. **-3.** [apparatus] alambic *m*.

**stillbirth** ['stɪlbɜːθ] *n* [birth] mort *f* à la naissance; [fœtus] enfant *m* mort-né, enfant *f* mort-née.

**stillborn** ['stɪlbɔːn] *adj* **-1.** MED mort-né. **-2.** *fig* [idea, plan] avorté.

**still life** (*pl* **still lifes**) *n* nature *f* morte.

**stillness** ['stɪlnɪs] *n* **-1.** [motionlessness] immobilité *f*. **-2.** [calm] tranquillité *f*, paix *f*.

**stilt** [stɪlt] *n* **-1.** [for walking] échasse *f*. **-2.** ARCHIT pilotis *m*.

**stilted** ['stɪltɪd] *adj* [speech, writing, person] guindé, emprunté; [discussion] qui manque de naturel.

**Stilton**® ['stɪltn] *n* stilton *m*, fromage *m* de Stilton.

**stimulant** ['stɪmjulənt] ◇ *n* stimulant *m*; devaluation acts as a ~ to exports la dévaluation stimule les exportations. ◇ *adj* stimulant.

**stimulate** ['stɪmjuleɪt] *vt* stimuler; to ~ sb to do sthg inciter OR encourager qqn à faire qqch; sexually ~d excité (sexuellement).

**stimulating** ['stɪmjuleɪtɪŋ] *adj* **-1.** [medicine, drug] stimulant. **-2.** [work, conversation, experience] stimulant, enrichissant.

**stimulation** [,stɪmju'leɪʃn] *n* **-1.** [of person] stimulation *f*. **-2.** [stimulus] stimulant *m*.

**stimulus** ['stɪmjuləs] (*pl* **stimuli** [-laı, -liː]) *n* **-1.** [incentive] stimulant *m*, incitation *f*. **-2.** PHYSIOL stimulus *m*.

**sting** [stɪŋ] (*pt* & *pp* **stung** [stʌŋ]) ◇ *vt* **-1.** [subj: insect, nettle, scorpion] piquer; [subj: smoke] piquer, brûler; [subj: vinegar, acid, disinfectant] brûler; [subj: whip, rain] cingler. **-2.** [subj: remark, joke, criticism] piquer (au vif), blesser; to ~ sb into action inciter OR pousser qqn à agir. **-3.** *inf* [cheat] arnaquer; they stung me for £20 ils m'ont arnaqué de 20 livres. ◇ *vi* **-1.** [insect, nettle, scorpion] piquer; [vinegar, acid, disinfectant] brûler, piquer; [whip, rain] cingler. **-2.** [eyes, skin] piquer, brûler; my eyes are ~ing j'ai les yeux qui piquent. ◇ *n* **-1.** [organ – of bee, wasp, scorpion] aiguillon *m*, dard *m*; [– of nettle] poil *m* (urticant); there's a ~ in the tail *Br* il y a une mauvaise surprise à la fin; his remarks often have a ~ in the tail ses remarques sont rarement innocentes; to take the ~ out of sthg rendre qqch moins douloureux, adoucir qqch. **-2.** [wound, pain, mark – from insect, nettle, scorpion] piqûre *f*; [– from vinegar, acid, disinfectant] brûlure *f*; [– from whip] douleur *f* cinglante. **-3.** *inf* [trick] arnaque *f*.

**stinginess** ['stɪndʒɪnɪs] *n* [of person, behaviour] avarice *f*, pingrerie *f*; [of amount, helping] insuffisance *f*.

**stinging** ['stɪŋɪŋ] *adj* **-1.** [wound, pain] cuisant; [bite, eyes] qui pique; [lash, rain] cinglant. **-2.** [remark, joke, criticism] cinglant, mordant.

**stinging nettle** *n* ortie *f*.

**stingray** ['stɪŋreɪ] *n* pastenague *f*.

**stingy** ['stɪndʒɪ] *adj inf* [person] radin; [amount, helping] misérable.

**stink** [stɪŋk] (*pt* **stank** [stæŋk], *pp* **stunk** [stʌŋk]) ◇ *vi* **-1.** [smell] puer, empester; the room stank of cigarette smoke la pièce puait OR empestait la fumée de cigarette. **-2.** *inf* [be bad]: I think your idea ~s! je trouve ton idée nulle!; this town ~s! cette ville est pourrie! ◇ *n* **-1.** [stench] puanteur *f*, odeur *f* nauséabonde; what a ~! *inf* qu'est-ce que ça pue! **-2.** *inf* [fuss] esclandre *m*; to kick up OR to make OR to raise a ~ about sthg faire un esclandre OR un scandale à propos de qqch.
◆ **stink out** *vt sep inf* **-1.** [drive away] chasser par la mauvaise odeur. **-2.** [fill with a bad smell] empester.

**stink-bomb** *n* boule *f* puante.

**stinker** ['stɪŋkəʳ] *n inf* **-1.** [person] peau *f* de vache. **-2.** [unpleasant thing]: the exam was a real ~! cet examen était vraiment vache!; today's crossword's a ~ les mots croisés d'aujourd'hui sont vraiment coriaces.

**stinking** ['stɪŋkɪŋ] ◇ *adj* **-1.** [smelly] puant, nauséabond. **-2.** *inf* [as intensifier]: I've got a ~ cold j'ai un rhume carabiné. ◇ *adv inf* vachement; to be ~ rich être plein de fric OR plein aux as.

**stint** [stɪnt] ◇ *n* **-1.** [period of work] période *f* de travail; [share of work] part *f* de travail; she did a ~ in Africa/as a teacher elle a travaillé pendant un certain temps en Afrique/comme professeur; I'll take OR I'll do another ~ at the wheel je vais reprendre le volant. **-2.** *fml* [limitation]: without ~ [spend] sans compter; [give] généreusement; [work] inlassablement. ◇ *vt Br* **-1.** [skimp on] lésiner sur. **-2.** [deprive] priver; he's incapable of ~ing himself of anything il est incapable de se priver de quoi que ce soit. ◇ *vi Br*: to ~ on sthg lésiner sur qqch.

**stipend** ['staɪpend] *n* traitement *m*, appointements *mpl*.

**stipendiary** [staɪ'pendjərɪ] (*pl* **stipendiaries**) ◇ *adj* [work, person] rémunéré. ◇ *n* [clergyman] prêtre percevant un traitement; [magistrate] juge d'un tribunal de police correctionnelle.

**stippled** ['stɪpld] *adj* tacheté, moucheté; ~ with yellow tacheté OR moucheté de jaune.

**stipulate** ['stɪpjuleɪt] ◇ *vt* stipuler. ◇ *vi fml*: to ~ for sthg stipuler qqch.

**stipulation** [,stɪpju'leɪʃn] *n* stipulation *f*; they accepted, but with the ~ that the time limit be extended ils ont accepté sous réserve que les délais soient prolongés.

**stir** [stɜːʳ] (*pt* & *pp* **stirred**, *cont* **stirring**) ◇ *vt* **-1.** [mix] remuer, tourner; ~ the flour into the sauce incorporez la farine à la sauce en remuant. **-2.** [move] agiter, remuer; a light breeze stirred the leaves une brise légère agitait les feuilles ❏ ~ yourself OR your stumps, it's time to go! *Br inf* grouille-toi, il est l'heure de partir! **-3.** [touch] émouvoir. **-4.** [rouse, excite] éveiller, exciter; to ~ sb's curiosity/sympathy éveiller la curiosité/sympathie de qqn; to ~ sb to do sthg inciter OR pousser qqn à faire qqch; to ~ sb into action pousser qqn à agir. ◇ *vi* **-1.** [move - person] bouger, remuer; [- leaves] remuer; I shan't ~ from my bed until midday je ne bougerai pas de mon lit avant midi. **-2.** [awaken, be roused - feeling, anger] s'éveiller. **-3.** *inf* [cause trouble] faire de la provocation OR des histoires. ◇ *n* **-1.** [act of mixing]: to give sthg a ~ remuer qqch. **-2.** [commotion] émoi *m*, agitation *f*; to cause OR to create OR to make quite a ~ soulever un vif émoi, faire grand bruit. **-3.** [movement] mouvement *m*; a ~ of excitement un frisson d'excitation.
◆ **stir in** *vt sep* CULIN ajouter OR incorporer en remuant.
◆ **stir up** *vt sep* **-1.** [disturb - dust, mud] soulever. **-2.** [incite, provoke - trouble] provoquer; [- emotions] exciter, attiser; [- dissent] fomenter; [- memories] réveiller; [- crowd, followers] ameuter; he likes stirring it OR things up il aime provoquer.

**stir-fry** ◇ *vt* CULIN faire sauter à feu vif (*tout en remuant*). ◇ *adj* sauté; ~ pork porc sauté.

**stirrer** ['stɜːrəʳ] *n* **-1.** *inf* [troublemaker] provocateur *m*, -trice *f*. **-2.** [implement] fouet *m* CULIN.

**stirring** ['stɜːrɪŋ] ◇ *adj* [music, song] entraînant; [story] excitant, passionnant; [speech] vibrant. ◇ *n*: he felt vague ~s

of guilt il éprouva un vague sentiment de culpabilité.

**stirrup** ['stɪrəp] *n* EQUIT étrier *m*; to put one's feet in the ~s chausser les étriers.
◆ **stirrups** *npl* MED étriers *mpl*.

**stirrup pump** *n* seau-pompe *m*.

**stitch** [stɪtʃ] ◇ *n* **-1.** SEW point *m*; [in knitting] maille *f*; to drop a ~ sauter une maille; to pick up a ~ reprendre une maille ❏ I didn't have a ~ (of clothing) on *inf* j'étais nu comme un ver, j'étais dans le plus simple appareil; a ~ in time saves nine *prov* un point à temps en vaut cent *prov*. **-2.** MED point *m* de suture; I'm having my ~es taken out tomorrow on m'ôte les fils demain. **-3.** [pain] point *m* de côté; to get a ~ attraper un point de côté. **-4.** *phr*: to be in ~es *inf* se tordre OR être écroulé de rire; his story had us in ~es son histoire nous a fait pleurer de rire. ◇ *vt* **-1.** [material, shirt, hem] coudre; he ~ed the button back on his shirt il a recousu son bouton de chemise. **-2.** MED suturer. **-3.** [in bookbinding] brocher.
◆ **stitch down** *vt sep* rabattre.
◆ **stitch up** *vt sep* **-1.** [material, shirt, hem] coudre. **-2.** MED suturer. **-3.** *inf* [deal] conclure, sceller. **-4.** *inf* [frame - person]: he reckons the police ~ed him up il pense que la police a monté un coup contre lui.

**stitching** ['stɪtʃɪŋ] *n* **-1.** [gen] couture *f*. **-2.** [in bookbinding] brochage *m*.

**St John Ambulance** *pr n* organisme bénévole de secours d'urgence en Grande-Bretagne.

**stoat** [stəʊt] *n* hermine *f*.

**stock** [stɒk] ◇ *n* **-1.** [supply] réserve *f*, provision *f*, stock *m*; COMM & INDUST stock *m*; we got in a ~ of food nous avons fait tout un stock de nourriture; in ~ en stock, en magasin; out of ~ épuisé; I'm afraid we're out of ~ je regrette, nous n'en avons plus en stock ❏ to take ~ *literal* faire l'inventaire; *fig* faire le point. **-2.** [total amount] parc *m*; the housing ~ le parc de logements. **-3.** (*usu pl*) ST. EX [gen] valeur *f* mobilière; [share] action *f*; [bond] obligation *f*; to invest in ~s and shares investir dans des actions et obligations OR en portefeuille; government ~s obligations *fpl* OR titres *mpl* d'État. **-4.** FIN [equity] capital *m*. **-5.** *fig* [value, credit] cote *f*; to put ~ in sthg faire (grand) cas de qqch. **-6.** [descent, ancestry] souche *f*, lignée *f*; of peasant/noble ~ de souche paysanne/noble. **-7.** AGR [animals] cheptel *m*. **-8.** CULIN bouillon *m*; vegetable ~ bouillon de légumes. **-9.** [handle, butt - of gun, plough] fût *m*; [- of whip] manche *m*; [- of fishing rod] gaule *f*. **-10.** BOT giroflée *f*. **-11.** [tree trunk] tronc *m*; [tree stump] souche *f*. **-12.** HORT [stem receiving graft] porte-greffe *m*, sujet *m*; [plant from which graft is taken] plante *f* mère (*sur laquelle on prélève un greffon*). **-13.** [in card games, dominoes] talon *m*, pioche *f*. **-14.** THEAT répertoire *m*. **-15.** [neckcloth] lavallière *f*, foulard *m*.
◇ *vt* **-1.** COMM [have in stock] avoir (en stock), vendre. **-2.** [supply] approvisionner; [fill] remplir; they have a well ~ed cellar ils ont une cave bien approvisionnée. **-3.** [stream, lake] empoissonner; [farm] monter en bétail.
◇ *adj* **-1.** [common, typical - phrase, expression] tout fait; [- question, answer, excuse] classique. **-2.** COMM [kept in stock] en stock; [widely available] courant; ~ control contrôle *m* des stocks. **-3.** AGR [for breeding] destiné à la reproduction. **-4.** THEAT [play] du répertoire.
◆ **stocks** *npl* **-1.** [instrument of punishment] pilori *m*. **-2.** NAUT [frame] cale *f*; on the ~s en chantier.
◆ **stock up** ◇ *vi insep* s'approvisionner; to ~ up on OR with sthg s'approvisionner en qqch. ◇ *vt sep* approvisionner, garnir.

**stockade** [stɒ'keɪd] ◇ *n* **-1.** [enclosure] palissade *f*. **-2.** *Am* MIL [prison] prison *f* (militaire). ◇ *vt* palissader.

**stockbreeder** ['stɒk,briːdəʳ] *n* éleveur *m*, -euse *f* de bétail.

**stockbreeding** ['stɒk,briːdɪŋ] *n* élevage *m* de bétail.

**stockbroker** ['stɒk,brəʊkəʳ] *n* agent *m* de change.

**stock car** *n* **-1.** AUT stock-car *m*; ~ racing (courses *fpl* de) stock-car *m*. **-2.** *Am* RAIL wagon *m* à bestiaux.

**stock certificate** *n Am* titre *m* FIN.

**stock cube** *n* bouillon *m* Kub®.

**stock exchange** *n* Bourse *f*; he lost a fortune on the ~ il a perdu une fortune à la Bourse.
◆ **stock-exchange** *comp* boursier, de la Bourse; ~ prices cours *m* des actions.

**stockfish** ['stɒkfɪʃ] *n* stockfisch *m*, poisson *m* séché.

**stockholder** ['stɒk,həʊldə<sup>r</sup>] *n* actionnaire *mf*.

**Stockholm** ['stɒkhəʊm] *pr n* Stockholm.

**stockily** ['stɒkɪlɪ] *adv*: ~ built trapu, râblé.

**stocking** ['stɒkɪŋ] *n* **-1.** [for women] bas *m*; ~ **mask** bas *m* (*utilisé par un bandit masqué*). **-2.** *dated* [sock] bas *m* de laine.

**stockinged** ['stɒkɪŋd] *adj* in one's ~ **feet** sans chaussures, en chaussettes.

**stocking stitch** *n* point *m* de jersey.

**stock-in-trade** *n* **-1.** COMM marchandises *fpl* en stock OR en magasin. **-2.** *fig*: charm is part of an actor's ~ le charme est l'un des outils du comédien.

**stockist** ['stɒkɪst] *n* stockiste *mf*.

**stockman** ['stɒkmən] (*pl* **stockmen** [-mən]) *n* [cowherd] vacher *m*, -ère *f*, bouvier *m*, -ère *f*; [breeder] éleveur *m*, -euse *f* (de bétail).

**stock market** *n* Bourse *f* (des valeurs), marché *m* financier; he lost a fortune on the ~ il a perdu une fortune à la Bourse.
◆ **stock-market** *comp* boursier, de la Bourse; the ~ **crash** le krach boursier; ~ **prices** cours *m* des actions.

**stockpile** ['stɒkpaɪl] ◇ *n* stock *m*, réserve *f*. ◇ *vt* [goods] stocker, constituer un stock de; [weapons] amasser, accumuler. ◇ *vi* faire des stocks.

**stockpiling** ['stɒkpaɪlɪŋ] *n*: to accuse sb of ~ [food] accuser qqn de faire des réserves de nourriture; [weapon] accuser qqn de faire des réserves d'armes.

**stockroom** ['stɒkrʊm] *n* magasin *m*, réserve *f*.

**stock-still** *adv* (complètement) immobile.

**stocktaking** ['stɒk,teɪkɪŋ] *n* **-1.** COMM inventaire *m*. **-2.** *fig*: to do some ~ faire le point.

**stocky** ['stɒkɪ] (*compar* **stockier**, *superl* **stockiest**) *adj* trapu, râblé.

**stockyard** ['stɒkjɑːd] *n* parc *m* à bestiaux.

**stodge** [stɒdʒ] *n* (*U*) *Br inf* **-1.** [food] aliments *mpl* bourratifs, étouffe-chrétien *m inv*; [writing] littérature *f* indigeste.

**stodgy** ['stɒdʒɪ] (*compar* **stodgier**, *superl* **stodgiest**) *adj inf* **-1.** [food, meal] bourratif, lourd. **-2.** [style] lourd, indigeste. **-3.** [person, manners, ideas] guindé.

**stoic** ['stəʊɪk] ◇ *adj* stoïque. ◇ *n* stoïque *mf*.
◆ **Stoic** *n* PHILOS stoïcien *m*, -enne *f*.

**stoical** ['stəʊɪkl] *adj* stoïque.

**stoically** ['stəʊɪklɪ] *adv* stoïquement, avec stoïcisme.

**stoicism** ['stəʊɪsɪzm] *n* stoïcisme *m*.
◆ **Stoicism** *n* PHILOS stoïcisme *m*.

**stoke** [stəʊk] *vt* **-1.** [fire, furnace] alimenter, entretenir; [locomotive, boiler] chauffer. **-2.** *fig* [emotions, feelings, anger] entretenir, alimenter.
◆ **stoke up** *vi insep* **-1.** [put fuel on – fire] alimenter le feu; [– furnace] alimenter la chaudière. **-2.** *Br inf* [fill one's stomach] s'empiffrer. ◇ *vt sep* = **stoke**.

**stoker** ['stəʊkə<sup>r</sup>] *n* chauffeur *m* OR chargeur *m* (*d'un four, d'une chaudière etc*).

**stole** [stəʊl] ◇ *pt* → **steal**. ◇ *n* **-1.** étole *f*, écharpe *f*. **-2.** RELIG étole *f*.

**stolen** ['stəʊln] *pp* → **steal**.

**stolid** ['stɒlɪd] *adj* flegmatique, impassible.

**stolidly** ['stɒlɪdlɪ] *adv* flegmatiquement, avec flegme, de manière impassible.

**stomach** ['stʌmək] ◇ *n* **-1.** [organ] estomac *m*; to have an upset ~ avoir l'estomac barbouillé; I can't work on an empty ~ je ne peux pas travailler l'estomac vide; to have a pain in one's ~ avoir mal à l'estomac; [lower] avoir mal au ventre; the sight was enough to turn your ~ le spectacle avait de quoi vous soulever le cœur □ an army marches on its ~ une armée ne peut pas se battre l'estomac vide. **-2.** [region of body] ventre *m*; he has a fat ~ il a du ventre; lie on your ~ couchez-vous sur le ventre. **-3.** (*usu neg*) [desire, appetite] envie *f*, goût *m*; she has no ~ for spicy food elle supporte mal la cuisine épicée; I've no ~ for his vulgar jokes this evening je n'ai aucune envie d'écouter ses plaisanteries vulgaires ce soir. ◇ *comp* [infection] de l'estomac, gastrique; [ulcer, operation] à l'estomac; [pain] à l'estomac, au ventre.

◇ *vt* **-1.** [tolerate] supporter, tolérer; I just can't ~ the thought of him being my boss je ne supporte simplement pas l'idée qu'il soit mon patron. **-2.** [digest] digérer; I can't ~ too much rich food je ne digère pas bien la cuisine riche.

**stomachache** ['stʌməkeɪk] *n* mal *m* de ventre; to have (a) ~ avoir mal au ventre.

**stomach pump** *n* pompe *f* stomacale.

**stomp** [stɒmp] *inf* ◇ *vi* marcher d'un pas lourd. ◇ *n* **-1.** [tread] pas *m* lourd. **-2.** [dance] *jazz que l'on danse en frappant du pied marquer le rythme*.

**stone** [stəʊn] (*pl senses 1-6* **stones**, *pl sense 7 inv* OR **stones**) ◇ *n* **-1.** [material] pierre *f*; the houses are built of ~ les maisons sont en pierre; a heart of ~ *fig* un cœur de pierre. **-2.** [piece of rock] pierre *f*, caillou *m*; [on beach] galet *m*; to fall like a ~ tomber comme une pierre □ to leave no ~ unturned remuer ciel et terre; it's within a ~'s throw of the countryside c'est à deux pas de la campagne. **-3.** [memorial] stèle *f*, pierre *f*. **-4.** [gem] pierre *f*. **-5.** MED calcul *m*. **-6.** [in fruit] noyau *m*. **-7.** [unit of weight] ≈ 6 kg; she weighs about 8 ~ OR ~s elle pèse dans les 50 kilos. ◇ *adj* de OR en pierre. ◇ *vt* **-1.** [fruit, olive] dénoyauter. **-2.** [person, car] jeter des pierres sur, bombarder de pierres; [as punishment] lapider. **-3.** *Br phr*: ~ the crows!, ~ me! *inf* mince alors!

**Stone Age** *n*: the ~ l'âge *m* de (la) pierre.
◆ **Stone-Age** *comp* [man, dwelling, weapon] de l'âge de (la) pierre.

**stone-broke** *inf* = **stony broke**.

**stonechat** ['stəʊntʃæt] *n* traquet *m* (pâtre).

**stone-cold** ◇ *adj* complètement froid. ◇ *adv inf*: ~ **sober** pas du tout soûl.

**stonecrop** ['stəʊnkrɒp] *n* orpin *m*.

**stoned**<sup>▽</sup> [stəʊnd] *adj* [drunk] bourré, schlass; [drugged] défoncé.

**stone-dead** *adj* raide mort.

**stone-deaf** *adj* complètement sourd.

**stone-ground** *adj* moulu à la pierre.

**stonemason** ['stəʊn,meɪsn] *n* tailleur *m* de pierre.

**stonewall** [,stəʊn'wɔːl] *vi* **-1.** [filibuster] monopoliser la parole (*pour empêcher les autres de parler*); [avoid questions] donner des réponses évasives. **-2.** SPORT jouer très prudemment, bétonner.

**stoneware** ['stəʊnweə<sup>r</sup>] *n* (poterie *f* en) grès *m*.

**stonewashed** ['stəʊnwɒʃt] *adj* [jeans, denim] délavé (*avant l'achat*).

**stonework** ['stəʊnwɜːk] *n* maçonnerie *f*, ouvrage *m* en pierre.

**stonily** ['stəʊnɪlɪ] *adv* froidement.

**stony** ['stəʊnɪ] (*compar* **stonier**, *superl* **stoniest**) *adj* **-1.** [covered with stones – ground, soil, road, land] pierreux, caillouteux, rocailleux; [– beach] de galets; his requests fell on ~ ground *fig* ses démarches n'ont rien donné. **-2.** [stone-like – texture, feel] pierreux. **-3.** [unfeeling] insensible; [look, silence] glacial; a ~ heart un cœur de pierre.

**stony-broke** *adj Br inf* fauché (comme les blés), à sec.

**stony-faced** *adj* au visage impassible.

**stood** [stʊd] *pt* & *pp* → **stand**.

**stooge** [stuːdʒ] *n* **-1.** *inf* & *pej* larbin *m*, laquais *m*. **-2.** THEAT [straight man] faire-valoir *m inv*.

**stook** [stʊk] ◇ *n* moyette *f*. ◇ *vt* moyetter.

**stool** [stuːl] *n* **-1.** [seat] tabouret *m*; to fall between two ~s *Br* être assis entre deux chaises. **-2.** MED selle *f*. **-3.** HORT [tree stump] souche *f*; [shoot] rejet *m* de souche; [base of plant] pied *m* de plante. **-4.** *Am* [windowsill] rebord *m* de fenêtre.

**stoolpigeon** ['stuːl,pɪdʒn] *n inf* indicateur *m*, -trice *f*, indic *mf*, mouchard *m*, -e *f*.

**stoop** [stuːp] ◇ *vi* **-1.** [bend down] se baisser, se pencher; she ~ed to pick up her pen elle se baissa OR se pencha pour ramasser son stylo. **-2.** [stand, walk with a stoop] avoir le dos voûté. **-3.** [abase o.s.] s'abaisser; she would ~ to anything elle est prête à toutes les bassesses. **-4.** [condescend] daigner; she wouldn't ~ to doing the dirty work herself elle ne s'abaisserait pas à faire elle-même le sale travail. **-5.** [bird of prey] fondre, plonger. ◇ *vt* baisser, pencher, incliner.

◇ *n* **-1.** [of person]: to walk with OR to have a ~ avoir le dos voûté. **-2.** [by bird of prey] attaque *f* en piqué. **-3.** *Am* [veranda] véranda *f*, porche *m*.

**stooping** ['stuːpɪŋ] *adj* [back, shoulders, figure] voûté.

**stop** [stɒp] (*pt*,& *pp* **stopped**, *cont* **stopping**) ◇ *vt* **-1.** [cease, finish] arrêter, cesser; it hasn't stopped raining all day il n'a pas arrêté de pleuvoir toute la journée; I wish they'd ~ that noise! j'aimerais qu'ils arrêtent ce bruit!; ~ it, that hurts! arrête, ça fait mal!**-2.** [prevent] empêcher; to ~ sb (from) doing sthg empêcher qqn de faire qqch; it's too late to ~ the meeting from taking place il est trop tard pour empêcher la réunion d'avoir lieu; she's made up her mind and there's nothing we can do to ~ her elle a pris sa décision et nous ne pouvons rien faire pour l'arrêter. **-3.** [cause to halt] arrêter; I managed to ~ the car j'ai réussi à arrêter la voiture; a woman stopped me to ask the way to the station une femme m'a arrêté pour me demander le chemin de la gare; the sound of voices stopped him short OR stopped him in his tracks un bruit de voix le fit s'arrêter net ❏ to ~ a bullet *inf* se prendre une balle; ~ thief! au voleur!**-4.** [arrest] arrêter. **-5.** *Br* [withhold – sum of money, salary] retenir; the money will be stopped out of your wages la somme sera retenue sur votre salaire. **-6.** [interrupt] interrompre, arrêter; [suspend] suspendre, arrêter; [cut off] couper; once he starts talking about the war there's no stopping him une fois qu'il commence à parler de la guerre, on ne peut plus l'arrêter; his father threatened to ~ his allowance son père menaça de lui couper les vivres; to ~ a cheque faire opposition à un chèque. **-7.** [block – hole, gap] boucher; to ~ one's ears se boucher les oreilles. **-8.** [fill – tooth] plomber. **-9.** MUS [string] presser; [wind instrument] boucher.

◇ *vi* **-1.** [halt, pause – person, vehicle, machine] arrêter, s'arrêter; go on, don't ~ continue, ne t'arrête pas; my watch has stopped ma montre s'est OR est arrêtée; does the bus ~ near the church? le bus s'arrête-t-il près de l'église?; we drove from London to Edinburgh without stopping nous avons roulé de Londres à Édimbourg d'une traite; the bus kept stopping and starting le bus a fait beaucoup d'arrêts en cours de route; to ~ dead in one's tracks s'arrêter net; I used to play football but I stopped last year je jouais au football mais j'ai arrêté l'année derrière ‖ *fig*: she doesn't know where OR when to ~ elle ne sait pas s'arrêter; they'll ~ at nothing to get what they want ils ne reculeront devant rien pour obtenir ce qu'ils veulent; if you stopped to consider, you'd never do anything si on prenait le temps de réflechir, on ne ferait jamais rien; they stopped short of actually harming him ils ne lui ont pas fait de mal, mais il s'en est fallu de peu; she began talking then stopped short elle commença à parler puis s'arrêta net OR brusquement. **-2.** [come to an end] cesser, s'arrêter, se terminer; the rain has stopped la pluie s'est arrêtée. **-3.** [stay] rester; [reside] loger; I'm late, I can't ~ je suis en retard, je ne peux pas rester; we've got friends stopping with us nous avons des amis qui séjournent chez nous en ce moment.

◇ *n* **-1.** [stopping place – for buses] arrêt *m*; [– for trains] station *f*.**-2.** [break – in journey, process] arrêt *m*, halte *f*; [– in work] pause *f*; we made several ~s to pick up passengers nous nous sommes arrêtés à plusieurs reprises pour prendre des passagers; our first ~ was Brussels nous avons fait une première halte à Bruxelles. **-3.** [standstill] arrêt *m*; to come to a ~ s'arrêter; she brought the bus to a ~ elle arrêta le bus. **-4.** [end]: to put a ~ to sthg mettre fin OR un terme à qqch. **-5.** *Br* [full stop] point *m*; [in telegrams] stop *m*.**-6.** [on organ] jeu *m* (d'orgue); to pull out all the ~s (to do sthg) remuer ciel et terre (pour faire qqch). **-7.** [plug, stopper] bouchon *m*.**-8.** [blocking device] arrêt *m*.**-9.** PHOT diaphragme *m*.**-10.** LING occlusive *f*.**-11.** [in bridge] contrôle *m*. ◇ *comp* [button, mechanism, signal] d'arrêt.

◆ **stop around** *Am inf* = **stop by**.

◆ **stop away** *vi insep Br inf* rester absent.

◆ **stop by** *vi insep inf* passer; you must ~ by and see us next time you're in London il faut que vous passiez nous voir la prochaine fois que vous venez à Londres; I'll ~ by at the chemist's on my way home je passerai à la pharmacie en rentrant.

◆ **stop down** ◇ *vi insep* **-1.** *Br* [gen] rester en bas; to ~ down a year SCH redoubler une année. **-2.** PHOT diaphragmer. ◇ *vt sep* PHOT diaphragmer.

◆ **stop in** *vi insep Br inf* **-1.** [stay at home] ne pas sortir, rester à

la maison. **-2.** = **stop by**.

◆ **stop off** *vi insep* s'arrêter, faire une halte.

◆ **stop out** *vi insep Br inf* ne pas rentrer.

◆ **stop over** *vi insep* [gen] s'arrêter, faire une halte; TRANSP [on flight, cruise] faire escale.

◆ **stop round** *Am inf* = **stop by**.

◆ **stop up** *vi insep Br inf* ne pas se coucher, veiller.

**stop-and-go** *Am* = **stop-go**.

**stopcock** ['stɒpkɒk] *n Br* robinet *m* d'arrêt.

**stopgap** ['stɒpgæp] ◇ *n Br* bouche-trou *m*. ◇ *adj* de remplacement.

**stop-go** *adj* ECON: ~ policy politique *f* économique en dents de scie (*alternant arrêt de la croissance et mesures de relance*), politique *f* du stop-and-go.

**stoplight** ['stɒplaɪt] *n* **-1.** [traffic light] feu *m* rouge. **-2.** *Br* [brake-light] stop *m*.

**stop-off** *n* halte *f*, courte halte *f*.

**stopover** ['stɒp,əʊvəʳ] *n* [gen] halte *f*; [on flight] escale *f*.

**stoppage** ['stɒpɪdʒ] *n* **-1.** [strike] grève *f*, arrêt *m* de travail. **-2.** *Br* [sum deducted] retenue *f*.**-3.** [halting, stopping] arrêt *m*, interruption *f*; FTBL arrêt *m* de jeu. **-4.** [blockage] obstruction *f*; MED occlusion *f*.

**stopper** ['stɒpəʳ] ◇ *n* **-1.** [for bottle, jar] bouchon *m*; [for sink] bouchon *m*, bonde *f*; [for pipe] obturateur *m*; [on syringe] embout *m* de piston. **-2.** FTBL stoppeur *m*.**-3.** [in bridge] arrêt *m*. ◇ *vt* boucher, fermer.

**stopping** ['stɒpɪŋ] ◇ *n* **-1.** [coming or bringing to a halt] arrêt *m*; ~ distance AUT distance *f* d'arrêt. **-2.** [blocking] obturation *f*; the ~ (up) of a leak le colmatage d'une fuite. **-3.** [cancellation – of payment, leave etc] suspension *f*; [– of service] suppression *f*; [– of cheque] opposition *f*. ◇ *adj* [place] où l'on s'arrête.

**stopping train** *n Br* omnibus *m*.

**stop press** *n* nouvelles *fpl* de dernière minute; '~!' 'dernière minute'. ◇ *adj* de dernière heure OR minute.

**stop sign** *n* (signal *m* de) stop *m*.

**stop valve** *n* soupape *f* OR robinet *m* d'arrêt.

**stopwatch** ['stɒpwɒtʃ] *n* chronomètre *m*.

**storage** ['stɔːrɪdʒ] ◇ *n* **-1.** [putting into store] entreposage *m*, emmagasinage *m*; [keeping, conservation] stockage *m*; our furniture is in ~ nos meubles sont au garde-meubles. **-2.** COMPUT (mise *f* en) mémoire *f*. ◇ *comp* **-1.** [charges] de stockage, d'emmagasinage. **-2.** COMPUT de mémoire.

**storage battery** *n* accumulateur *m*, batterie *f* secondaire.

**storage cell** = **storage battery**.

**storage heater**, **storage radiator** *n* radiateur *m* à accumulation.

**storage space** *n* espace *m* de rangement.

**storage tank** *n* [for fuel] réservoir *m* (de stockage); [for rainwater] citerne *f*.

**store** [stɔːʳ] ◇ *n* **-1.** [large shop] grand magasin *m*; *Am* [shop] magasin *m*.**-2.** [stock – of goods] stock *m*, réserve *f*, provision *f*; [– of food] provision *f*; [– of facts, jokes, patience, knowledge] réserve *f*; [– of wisdom] fonds *m*; we should get in OR lay in a ~ of coal nous devrions faire provision de charbon. **-3.** [place – warehouse] entrepôt *m*, dépôt *m*; [– in office, home, shop] réserve *f*; [– in factory] magasin *m*, réserve *f*; furniture ~ garde-meubles *m inv*.**-4.** COMPUT [memory] mémoire *f*.**-5.** [value]: to lay OR to put OR to set great ~ by sthg faire grand cas de qqch.

◇ *comp* **-1.** *Am* [store-bought – gen] de commerce; [– clothes] de confection. **-2.** [for storage]: ~ cupboard placard *m* de rangement. ◇ *vt* **-1.** [put away, put in store – goods, food] emmagasiner, entreposer; [– grain, crop] engranger; [– heat] accumuler, emmagasiner; [– electricity] accumuler; [– files, documents] classer; [– facts, ideas] engranger, enregistrer dans sa mémoire; we ~d our furniture at my mother's house nous avons laissé OR mis nos meubles chez ma mère. **-2.** [keep] conserver, stocker; '~ in a cool place' 'à conserver au frais'. **-3.** [fill with provisions] approvisionner. **-4.** COMPUT stocker.

◆ **stores** *npl* [provisions] provisions *fpl*.

◆ **in store** *adv phr*: they had a surprise in ~ for her ils lui avaient réservé une surprise; who knows what the future has in ~? qui sait ce que l'avenir nous réserve?; if only we'd realised all the problems that were in ~ for us si seulement nous nous étions rendu compte de tous les problèmes qui nous attendaient.

◆ **store away**, **store up** *vt sep* garder en réserve; he's just storing up trouble for himself by keeping silent en ne disant rien, il ne fait que se préparer des ennuis.

**store detective** *n* vigile *m* (*dans un magasin*).

**storefront** ['stɔːfrʌnt] *n Am* devanture *f* de magasin.

**storehouse** ['stɔːhaʊs, *pl* -haʊzɪz] *n* **-1.** *literal* magasin *m*, entrepôt *m*, dépôt *m*.**-2.** *fig* [of information, memories] mine *f*.

**storekeeper** ['stɔːˌkiːpəʳ] *n* [in warehouse] magasinier *m*, -ère *f*.

**storeman** ['stɔːmən] (*pl* **storemen** [-mən]) *n Br* manutentionnaire *m*.

**storeroom** ['stɔːrʊm] *n* **-1.** [in office, shop] réserve *f*; [in factory] magasin *m*, réserve *f*; [in home] débarras *m*.**-2.** NAUT soute *f*, magasin *m*.

**storey** *Br* (*pl* **storeys**), **story** *Am* (*pl* **stories**) ['stɔːrɪ] *n* étage *m*.

**-storey(ed)** *Br*, **-storied** *Am* ['stɔːrɪ(d)] *in cpds*: a single~/five~ building un bâtiment à un étage/à cinq étages.

**stork** [stɔːk] *n* cigogne *f*.

**storm** [stɔːm] ◇ *n* **-1.** METEOR tempête *f*; [thunderstorm] orage *m*; [on Beaufort scale] tempête *f*; it was a ~ in a teacup *Br* ce fut une tempête dans un verre d'eau. **-2.** *fig* [furore] tempête *f*, ouragan *m*; the arms deal caused a political ~ la vente d'armes a déclenché un véritable scandale politique; a ~ of protest une tempête de protestations. **-3.** MIL: to take by ~ prendre d'assaut; the show took Broadway by ~ *fig* le spectacle a connu un succès foudroyant à Broadway. ◇ *vi* **-1.** [go angrily]: to ~ in/out entrer/sortir comme un ouragan; she ~ed off without saying a word elle est partie furieuse, sans dire un mot. **-2.** [be angry] tempêter, fulminer. **-3.** [rain]: tomber à verse; [wind] souffler violemment; [snow] faire rage. ◇ *vt* emporter, enlever d'assaut.

**storm cloud** *n* **-1.** METEOR nuage *m* d'orage. **-2.** *fig* nuage *m* menaçant.

**storm cone** *n* cône *m* de tempête.

**storm door** *n Am* porte *f* extérieure (*qui double la porte de la maison pour éviter les courants d'air*).

**storming** ['stɔːmɪŋ] *n* [attack] assaut *m*; [capture] prise *f* (d'assaut); the ~ of the Bastille HIST la prise de la Bastille.

**storm lantern** *n* lampe *f* tempête.

**stormproof** ['stɔːmpruːf] *adj* à l'épreuve de la tempête.

**storm trooper** *n* membre *m* des troupes d'assaut; the ~s les troupes *fpl* d'assaut.

◆ **stormtrooper** *adj* [tactics] brutal, impitoyable.

**storm troops** *npl* troupes *fpl* d'assaut.

**storm window** *n* contre-fenêtre *f*.

**stormy** ['stɔːmɪ] (*compar* **stormier**, *superl* **stormiest**) *adj* **-1.** [weather] orageux, d'orage; [sea] houleux, démonté; it was a ~ day il faisait un temps orageux. **-2.** *fig* [debate, relationship] orageux; [look] furieux; [career, life] tumultueux, mouvementé.

**story** ['stɔːrɪ] (*pl* **stories**) *n* **-1.** [tale, work of fiction – spoken] histoire *f*; [– written] histoire *f*, conte *m*; to tell sb a ~ raconter une histoire à qqn; this is a true ~ c'est une histoire vraie; a collection of her poems and stories un recueil de ses poèmes et nouvelles; it's always the same old ~ *fig* c'est toujours la même histoire. **-2.** [plot – story line] intrigue *f*, scénario *m*. **-3.** [account] histoire *f*; I got the inside ~ from his wife j'ai appris la vérité sur cette histoire par sa femme; well, that's my ~ and I'm sticking to it *hum* c'est la version officielle; the witness changed his ~ le témoin est revenu sur sa version des faits; but that's another ~ mais ça, c'est une autre histoire; that's not the whole ~, that's only part of the ~ mais ce n'est pas tout; we'll probably never know the whole OR full ~ nous ne saurons peut-être jamais le fin mot de l'histoire; to cut a long ~ short enfin bref. **-4.** [history] histoire *f*; his life ~ l'histoire de sa vie; that's the ~ of my life! *hum* ça m'arrive tout le temps!**-5.** *euph* [lie] histoire *f*.**-6.** [rumour] rumeur *f*, bruit *m*; there's a ~ going about that they're getting divorced le bruit court qu'ils vont divorcer; or so the ~ goes c'est du moins ce que l'on raconte. **-7.** PRESS [article] article *m*; there's a front-page ~ about OR on the riots il y a un article en première page sur les émeutes; all the papers ran OR carried the ~ tous les journaux en

ont parlé ‖ [event, affair] affaire *f*; the ~ broke just after the morning papers had gone to press on a appris la nouvelle juste après la mise au sous presse des journaux du matin. **-8.** *Am* = **storey**.

**storybook** ['stɔːrɪbʊk] ◇ *n* livre *m* de contes. ◇ *adj*: a ~ ending une fin romanesque; a ~ romance une idylle de conte de fées.

**story line** *n* intrigue *f*, scénario *m*.

**storyteller** ['stɔːrɪˌteləʳ] *n* **-1.** conteur *m*, -euse *f*.**-2.** *euph* [liar] menteur *m*, -euse *f*.

**stout** [staʊt] ◇ *adj* **-1.** [corpulent] gros (*f* grosse), corpulent, fort. **-2.** [strong – stick] solide; [– structure, material] solide, robuste. **-3.** [brave] vaillant, courageux; [firm, resolute – resistance, opposition] acharné; [– support, supporter] fidèle, loyal. ◇ *n* stout *m*, bière *f* brune forte.

**stouthearted** [ˌstaʊt'hɑːtɪd] *adj lit* vaillant, courageux.

**stoutly** ['staʊtlɪ] *adv* **-1.** [solidly] solidement, robustement. **-2.** [bravely] vaillamment, courageusement; [firmly, resolutely – resist, defend, oppose] avec acharnement; [– support] fidèlement, loyalement.

**stove** [staʊv] ◇ *pt* & *pp* → **stave**. ◇ *n* **-1.** [for heating] poêle *m*.**-2.** [cooker – gen] cuisinière *f*; [– portable] réchaud *m*; [kitchen range] fourneau *m*.**-3.** INDUST [kiln] four *m*, étuve *f*.

**stovepipe** ['staʊvpaɪp] *n* **-1.** *literal* tuyau *m* de poêle. **-2.** *inf*: ~ (hat) tuyau *m* de poêle.

**stow** [staʊ] *vt* **-1.** [store] ranger, stocker; [in warehouse] emmagasiner; NAUT [cargo] arrimer; [equipment, sails] ranger; he ~ed the keys behind the clock [hid] il a caché les clés derrière la pendule; [hurriedly] il a fait disparaître les clés derrière la pendule. **-2.** [pack, fill] remplir.

◆ **stow away** ◇ *vi insep* [on ship, plane] s'embarquer clandestinement, être un passager clandestin. ◇ *vt sep* **-1.** = **stow 1.-2.** *Br inf* [food] enfourner.

**stowage** ['staʊɪdʒ] *n* **-1.** [of goods – in warehouse] emmagasinage *m*; [– on ship] arrimage *m*.**-2.** [capacity – gen] espace *m* utile OR de rangement; [– in warehouse] espace *m* d'emmagasinage; [– on ship] espace *m* d'arrimage.

**stowaway** ['staʊəweɪ] *n* passager *m* clandestin, passagère *f* clandestine.

**straddle** ['strædl] ◇ *vt* **-1.** [sit astride of – horse, bicycle, chair, wall] chevaucher; [mount – horse, bicycle] enfourcher; [step over – ditch, obstacle] enjamber. **-2.** [span, spread over] enjamber; the park ~s the state line le parc est à cheval sur la frontière entre les États. **-3.** MIL [target] encadrer. **-4.** *Am inf*: to ~ the fence [be noncommittal] ne pas prendre position. ◇ *vi Am inf* & *fig* [sit on the fence] ne pas prendre position.

**strafe** [strɑːf] *vt* [with machine guns] mitrailler (au sol); [with bombs] bombarder.

**straggle** ['strægl] *vi* **-1.** [spread in long line – roots, creeper, branches] pousser de façon désordonnée; [be scattered – trees, houses] être disséminé; [hang untidily – hair] pendre (lamentablement). **-2.** [linger] traîner, traînasser.

**straggler** ['strægləʳ] *n* **-1.** [lingerer] traînard *m*, -e *f*; [in race] retardataire *mf*.**-2.** BOT gourmand *m*.

**straggling** ['stræglɪŋ] *adj* [vine, plant] maigre, (qui pousse) tout en longueur; [houses, trees] disséminé; [village, street] tout en longueur; [beard] épars.

**straggly** ['stræglɪ] *adj* [hair] maigre; [beard] épars, hirsute; [roots] long et mince.

**straight** [streɪt] ◇ *adj* **-1.** [not curved – line, road, nose] droit; [– hair] raide; keep your back ~ tiens-toi droit, redresse-toi. **-2.** [level, upright] droit; the picture isn't ~ le tableau n'est pas droit OR est de travers; to put OR to set ~ [picture] remettre d'aplomb, redresser; [hat, tie] ajuster; hold OR keep the tray ~ tenez le plateau bien droit. **-3.** [honest, frank] franc (*f* franche), droit; to be ~ with sb être franc avec qqn; to give sb a ~ answer répondre franchement à qqn; he's always been ~ in his dealings with me il a toujours été honnête avec moi; to do some ~ talking parler franchement; are you being ~ with me? est-ce que tu joues franc jeu avec moi? **-4.** [correct, clear] clair; to put OR to set the record ~ mettre les choses au clair; just to set the record ~ pour que ce soit bien clair; let's get this ~ entendons-nous bien sur ce point; have you put her ~? as-tu mis les choses au point avec elle? **-5.** [tidy, in order – room, desk, accounts] en ordre; to put OR to set ~ [room, house] mettre en ordre, mettre de l'ordre dans; [affairs] mettre de l'ordre dans. **-6.** [quits] quitte. **-7.** [direct] droit, direct; he hit him a ~ left il lui a porté un direct du gauche ‖ POL: ~ fight *une élection où ne se présentent que deux candidats* ❏ to vote a ~ ticket *Am* voter pour une liste sans panachage. **-8.** [pure, utter] pur; it's just ~ propaganda c'est de la propagande pure et simple. **-9.** [consecutive] consécutif, de suite; to have three ~ wins gagner trois fois de suite OR d'affilée; a ~ flush CARDS une quinte flush. **-10.** [neat – whisky, vodka] sec (*f* sèche). **-11.** [serious] sérieux; to keep a ~ face garder son sérieux; it's the first ~ role she's played in years c'est son premier rôle sérieux depuis des années. **-12.** *inf* [conventional] vieux jeu *(inv)*; [heterosexual] hétéro; [not a drug user] qui ne se drogue pas. **-13.** AUT [cylinders] en ligne; a ~ eight engine un moteur huit cylindres en ligne. **-14.** GEOM [angle] plat. **-15.** *Am* SCH: he got ~ As all term il n'a eu que de très bonnes notes tout le semestre.

◇ *adv* **-1.** [in a straight line] droit, en ligne droite; the rocket shot ~ up la fusée est montée à la verticale OR en ligne droite; to shoot ~ viser juste ‖ *fig*: I can't see ~ je ne vois pas bien; I can't think ~ je n'ai pas les idées claires ❏ to go ~ *inf* [criminal] revenir dans le droit chemin. **-2.** [upright – walk, sit, stand] (bien) droit; sit up ~! tiens-toi droit OR redresse-toi (sur ta chaise)! **-3.** [directly] (tout) droit, directement; he looked me ~ in the eye il me regarda droit dans les yeux; it's ~ across the road c'est juste en face; the car came ~ at me la voiture a foncé droit sur moi; go ~ to bed! va tout de suite te coucher!; the ball went ~ through the window la balle est passée par la fenêtre; they mostly go ~ from school to university pour la plupart, ils passent directement du lycée à l'université; to come ~ to the point aller droit au fait; ~ ahead tout droit; he looked ~ ahead il regarda droit devant lui; ~ off *inf* sur-le-champ, tout de suite; go ~ on till you come to a roundabout continuez tout droit jusqu'à ce que vous arriviez à un rond-point. **-4.** [frankly] franchement, carrément, tout droit; I told him ~ (out) what I thought of him je lui ai dit franchement ce que je pensais de lui ❏ ~ up *Br inf* [honestly] sans blague. **-5.** [neat, unmixed]: to drink whisky ~ boire son whisky sec.

◇ *n* **-1.** [on racecourse, railway track] ligne *f* droite; the final OR home ~ la dernière ligne droite ❏ to keep to the ~ and narrow rester dans le droit chemin. **-2.** [level]: to be out of ~ *Br* être de biais OR de travers; on the ~ TEX de droit fil. **-3.** *inf* [person]: he's a ~ [conventional person] il est conventionnel, c'est quelqu'un de conventionnel; [heterosexual] il est hétéro, c'est un hétéro.

**straightaway** [ˌstreɪtə'weɪ] ◇ *adv* tout de suite, sur-le-champ. ◇ *adj Am* droit. ◇ *n Am* ligne *f* droite.

**straighten** ['streɪtn] ◇ *vt* **-1.** [remove bend or twist from – line, wire] redresser; [– nail] redresser, défausser; [– wheel] redresser, dévoiler; [– hair] décrêper. **-2.** [adjust – picture] redresser, remettre d'aplomb; [– tie, hat] redresser, ajuster; [– hem] arrondir, rectifier; she ~ed her back OR shoulders elle se redressa; he had his nose ~ed il s'est fait redresser le nez. **-3.** [tidy – room, papers] ranger, mettre de l'ordre dans; [organize – affairs, accounts] mettre en ordre, mettre de l'ordre dans. ◇ *vi* [person] se dresser, se redresser; [plant] pousser droit; [hair] devenir raide; [road] devenir droit.

♦ **straighten out** *vt sep* **-1.** [nail, wire] redresser. **-2.** [situation] débrouiller, arranger; [problem] résoudre; [mess, confusion] mettre de l'ordre dans, débrouiller. **-3.** to ~ sb out *inf* [help] remettre qqn dans la bonne voie; [punish] remettre qqn à sa place; I'll soon ~ her out! je vais lui apprendre! ◇ *vi insep* [road] devenir droit; [plant] pousser droit; [hair] devenir raide.

♦ **straighten up** ◇ *vi insep* [person] se dresser, se redresser; [plant] pousser droit. ◇ *vt sep* [room, papers] ranger, mettre de l'ordre dans; [affairs] mettre en ordre, mettre en ordre.

**straight-faced** *adj* qui garde son sérieux, impassible.

**straightforward** [ˌstreɪt'fɔːwəd] *adj* **-1.** [direct – person] direct; [– explanation] franc (*f* franche); [– account] très clair; it's impossible to get a ~ answer out of her il est impossible d'obtenir d'elle une réponse nette et précise. **-2.** [easy, simple – task, problem] simple, facile; [– instructions] clair. **-3.** [pure, utter] pur.

**straightforwardly** [ˌstreɪt'fɔːwədlɪ] *adv* **-1.** [honestly – act, behave] avec franchise; [–answer] franchement, sans détour.

**-2.** [without complications] simplement, sans anicroche.

**straightjacket** ['streɪtˌdʒækɪt] = **straitjacket**.

**straightlaced** [ˌstreɪt'leɪst] = **straitlaced**.

**straight man** *n* faire-valoir *m inv*.

**straight-out** *adj Am inf* **-1.** [forthright – answer] net; [– refusal] catégorique. **-2.** [utter – liar, hypocrite] fieffé; [– lie, dishonesty] pur; [– opponent, supporter] inconditionnel.

**strain** [streɪn] ◇ *n* **-1.** [on rope, girder – pressure] pression *f*; [– tension] tension *f*; [– pull] traction *f*; [– weight] poids *m*; the rope snapped under the ~ la corde a rompu sous la tension; the weight put too much ~ on the rope le poids a exercé une trop forte tension sur la corde; to collapse under the ~ [bridge, animal] s'effondrer sous le poids; I took most of the ~ c'est moi qui ai fourni le plus gros effort; the girder can't take the ~ la poutre ne peut pas supporter cette pression OR sollicitation; the war is putting a great ~ on the country's resources la guerre pèse lourd sur OR grève sérieusement les ressources du pays. **-2.** [mental or physical effort] (grand) effort *m*; [overwork] surmenage *m*; [tiredness] (grande) fatigue *f*; he's beginning to feel/show the ~ il commence à sentir la fatigue/à donner des signes de fatigue; I've been under great physical ~ je me suis surmené; the ~ of making polite conversation l'effort que ça demande de faire la conversation à quelqu'un ‖ [stress] stress *m*, tension *f* OR fatigue *f* nerveuse; the situation has put our family under a great deal of ~ la situation a mis notre famille à rude épreuve; he can't take the ~ anymore il ne peut plus supporter cette situation stressante; it's a terrible ~ on her nerves elle trouve ça difficile à supporter nerveusement; the arrival of a new secretary took the immediate ~ off me avec l'arrivée d'une nouvelle secrétaire, j'ai été immédiatement soulagée d'une partie de mon travail. **-3.** MED [of muscle] froissement *m*; [sprain – of ankle, wrist] entorse *f*; to give one's back a ~ se donner un tour de reins. **-4.** [breed, variety – of animals] lignée *f*, race *f*; [of plant, virus etc] souche *f*. **-5.** [style] genre *m*, style *m*. **-6.** [streak, touch] fond *m*, tendance *f*.

◇ *vt* **-1.** [rope, cable, girder] tendre (fortement); to be ~ed to breaking point être tendu au point de se rompre ‖ [resources, economy, budget] grever. **-2.** [force – voice] forcer; to ~ every nerve OR sinew to do sthg s'efforcer de faire qqch. **-3.** [hurt, damage – muscle] froisser; [– eyes] fatiguer; you'll ~ your eyes tu vas te fatiguer les yeux; to ~ one's back se donner un tour de reins; I've ~ed my arm je me suis froissé un muscle du bras; to ~ o.s. [by gymnastics, lifting] se froisser un muscle; [by overwork] se surmener; mind you don't ~ yourself lifting that typewriter attention de ne pas te faire mal en soulevant cette machine à écrire ‖ *hum*: don't ~ yourself! surtout ne te fatigue pas! **-4.** [force – meaning] forcer; [– word] forcer le sens de. **-5.** [test – patience] mettre à l'épreuve, abuser de; [– friendship, relationship] mettre à l'épreuve, mettre à rude épreuve. **-6.** CULIN [soup, milk] passer; [vegetables] (faire) égoutter. **-7.** *lit* [press – child, lover] serrer.

◇ *vi* **-1.** [pull] tirer fort; [push] pousser fort; she was ~ing at the door [pull] elle tirait sur la porte de toutes ses forces; [push] elle poussait (sur) la porte de toutes ses forces; the dog ~ed at the leash le chien tirait sur sa laisse; she ~ed under the weight elle ployait sous la charge. **-2.** [strive] s'efforcer, faire beaucoup d'efforts; to ~ to do sthg s'efforcer de faire qqch. **-3.** [rope, cable] se tendre.

♦ **strains** *npl* [in music] accents *mpl*, accords *mpl*; [in verse] accents *mpl*.

♦ **strain off** *vt sep* [liquid] vider, égoutter.

**strained** [streɪnd] *adj* **-1.** [forced – manner, laugh] forcé, contraint; [– voice] forcé; [– language, style etc] forcé, exagéré. **-2.** [tense – atmosphere, relations, person] tendu. **-3.** [sprained – ankle, limb] foulé; [– muscle] froissé; to have a ~ shoulder s'être froissé un muscle à l'épaule; [– tired – eyes] fatigué. **-4.** CULIN [liquid] filtré; [soup] passé; [vegetables] égoutté; [baby food] en purée.

**strainer** ['streɪnəʳ] *n* passoire *f*.

**strait** [streɪt] *n* GEOG: ~, ~s détroit *m*.

♦ **straits** *npl* [difficulties] gêne *f*, situation *f* fâcheuse; to be in financial ~s avoir des ennuis financiers OR des problèmes d'argent.

**straitened** ['streɪtnd] *adj*: in ~ circumstances dans le besoin OR la gêne.

**straitjacket** ['streɪt,dʒækɪt] *n* camisole *f* de force.

**straitlaced** [,streɪt'leɪst] *adj* collet monté *(inv)*.

**strand** [strænd] ◇ *n* **-1.** [of thread, string, wire] brin *m*, toron *m*; a ~ of hair une mèche de cheveux. **-2.** [in argument, plot, sequence] fil *m*; the main ~ of the narrative le fil conducteur (du récit). **-3.** *lit* [beach] plage *f*; [shore] grève *f*, rivage *m*. ◇ *vt* **-1.** [ship, whale] échouer; the ship was ~ed on a mudbank le bateau s'est échoué sur un banc de vase. **-2.** *(usu passive)*: to be ~ed [person, vehicle] rester en plan OR coincé; she was ~ed in Seville with no money elle s'est retrouvée coincée à Séville sans un sou vaillant.

**stranded** ['strændɪd] *adj* **-1.** [person, car] bloqué; the ~ holidaymakers camped out in the airport les vacanciers, ne pouvant pas partir, campèrent à l'aéroport. **-2.** BIOL & CHEM [molecule, sequence] torsadé.

**strange** [streɪndʒ] *adj* **-1.** [odd] étrange, bizarre; [peculiar] singulier, insolite; it's ~ that he should be so late c'est bizarre OR étrange qu'il ait tant de retard; she has some ~ ideas elle a des idées bizarres OR de drôles d'idées; ~ to say, I've never been there chose curieuse OR étrange, je n'y suis jamais allé; ~ as it may seem aussi étrange que cela paraisse OR puisse paraître; truth is ~r than fiction la vérité dépasse la fiction. **-2.** [unfamiliar] inconnu; to find o.s. in ~ surroundings se trouver dans un endroit inconnu; I woke up to find a ~ man in my room lorsque je me suis réveillé il y avait un inconnu dans ma chambre. **-3.** [unaccustomed] inaccoutumé. **-4.** [unwell] bizarre; to look/to feel ~ avoir l'air/se sentir bizarre. **-5.** PHYS [matter, particle] étrange.

**strangely** ['streɪndʒlɪ] *adv* étrangement, bizarrement; ~ enough, I never saw him again chose curieuse OR chose étrange, je ne l'ai jamais revu; her face was ~ familiar to him son visage lui était singulièrement familier.

**stranger** ['streɪndʒəʳ] *n* **-1.** [unknown person] inconnu *m*, -e *f*; never talk to ~s ne parle jamais à des inconnus; we are complete ~s nous ne nous sommes jamais rencontrés; a perfect ~ un parfait inconnu; hello ~! *hum* tiens, un revenant!-**2.** [person from elsewhere] étranger *m*, -ère *f*; I'm a ~ here myself je ne suis pas d'ici non plus. **-3.** [novice] novice *m*; I am not exactly a ~ to jazz je ne suis pas complètement ignorant en matière de jazz; he is no ~ to loneliness/misfortune il sait ce qu'est la solitude/le malheur.

**strangle** ['stræŋgl] *vt* **-1.** *literal* étrangler. **-2.** *fig* [opposition, growth, originality] étrangler, étouffer.

**strangled** ['stræŋgld] *adj* [cry, sob] étranglé, étouffé; [voice] étranglé.

**stranglehold** ['stræŋglhəʊld] *n* [grip around throat] étranglement *m*, étouffement *m*, strangulation *f*; [in wrestling] étranglement *m*; to have a ~ on sb *literal & fig* tenir qqn à la gorge; to have a ~ on sthg *fig* tenir qqch à la gorge; to have a ~ on the market/economy jouir d'un monopole sur le marché/l'économie.

**strangler** ['stræŋgləʳ] *n* étrangleur *m*, -euse *f*.

**strangling** ['stræŋglɪŋ] *n* **-1.** [killing] étranglement *m*, strangulation *f*; *fig* [of opposition, protest, originality] étranglement *m*, étouffement *m*.-**2.** [case]: that brings to five the number of ~s cela porte à cinq le nombre de personnes étranglées.

**strangulate** ['stræŋgjʊleɪt] *vt* **-1.** MED étrangler. **-2.** = **strangle.**

**strangulation** [,stræŋgjʊ'leɪʃn] *n* strangulation *f*; the victim died of ~ la victime est morte étranglée.

**strap** [stræp] *(pt & pp* **strapped,** *cont* **strapping)** ◇ *n* **-1.** [belt – of leather] courroie *f*, sangle *f*, lanière *f*; [– of cloth, metal] sangle *f*, bande *f*.-**2.** [support – for bag, camera, on harness] sangle *f*; [fastening – for dress, bra] bretelle *f*; [– for hat, bonnet] bride *f*; [– for helmet] attache *f*; [– for sandal] lanière *f*; [– under trouser leg] sous-pied *m*; [– for watch] bracelet *m*.-**3.** [as punishment]: to give sb/to get the ~ administrer/recevoir une correction (à coups de ceinture). **-4.** [on bus, underground] poignée *f*.-**5.** = **strop. -6.** TECH lien *m*. ◇ *vt* sangler, attacher.

◆ **strap down** *vt sep* sangler, attacher avec une sangle OR une courroie.

◆ **strap in** *vt sep* [in car] attacher la ceinture (de sécurité) de; [child – in high chair, pram] attacher avec un harnais OR avec une ceinture; he strapped himself into the driving seat il s'est installé au volant et a attaché sa ceinture de sécurité; are you strapped in? as-tu mis ta ceinture?

◆ **strap on** *vt sep* [bag, watch] attacher.

◆ **strap up** *vt sep* [suitcase, parcel] sangler; [limbs, ribs] mettre un bandage à, bander.

**straphang** ['stræphæŋ] *vi Br inf* voyager debout *(dans les transports en commun).*

**straphanger** ['stræphæŋəʳ] *n Br inf* voyageur *m*, -euse *f* debout *(dans les transports en commun).*

**strapless** ['stræplɪs] *adj* [dress, bra etc] sans bretelles.

**strapped** [stræpt] *adj inf*: to be ~ for cash être fauché.

**strapping** ['stræpɪŋ] *adj inf* costaud.

**Strasbourg** ['stræzbɔːg] *prn* Strasbourg.

**strata** ['strɑːtə] *pl* → **stratum.**

**stratagem** ['strætədʒəm] *n* stratagème *m*.

**strategic** [strə'tiːdʒɪk] *adj* stratégique.

**strategically** [strə'tiːdʒɪklɪ] *adv* stratégiquement, du point de vue de la stratégie.

**strategist** ['strætɪdʒɪst] *n* stratège *m*.

**strategy** ['strætɪdʒɪ] *(pl* **strategies)** *n* [gen & MIL] stratégie *f*; marketing strategies stratégies de marketing.

**stratification** [,strætɪfɪ'keɪʃn] *n* stratification *f*.

**stratified** ['strætɪfaɪd] *adj* stratifié, en couches.

**stratify** ['strætɪfaɪ] *(pt & pp* **stratified)** ◇ *vt* stratifier. ◇ *vi* se stratifier.

**stratocumulus** [,strætəʊ'kjuːmjʊləs] *(pl* **stratocumuli** [-laɪ]) *n* stratocumulus *m*.

**stratosphere** ['strætə,sfɪəʳ] *n* stratosphère *f*.

**stratum** ['strɑːtəm] *(pl* **strata** [-tə]) *n* **-1.** GEOL strate *f*, couche *f*.-**2.** *fig* couche *f*.

**Stravinsky** [strə'vɪnskɪ] *prn* Stravinski.

**straw** [strɔː] ◇ *n* **-1.** AGR paille *f*; man of ~ *Br*, ~ man *Am* homme *m* de paille. **-2.** [for drinking] paille *f*; to drink sthg through a ~ boire qqch avec une paille. **-3.** *phr*: to catch OR to clutch at a ~ OR at ~s se raccrocher désespérément à la moindre lueur d'espoir; to draw OR to get the short ~ être tiré au sort, être de corvée; that's the last ~ OR the ~ that breaks the camel's back c'est la goutte d'eau qui fait déborder le vase; I don't care a ~ OR two ~s! *Br inf* je m'en fiche!; it's not worth a ~ *inf* ça ne vaut pas un clou. ◇ *comp* [gen] OR en paille; [roof] en paille, en chaume.

**strawberry** ['strɔːbərɪ] *(pl* **strawberries)** ◇ *n* [fruit] fraise *f*; [plant] fraisier *m*. ◇ *comp* [jam] de fraises; [tart] aux fraises; [ice cream] à la fraise.

**strawberry blonde** ◇ *adj* blond vénitien *(inv)*. ◇ *n* blonde *f* qui tire sur le roux.

**strawberry mark** *n* tache *f* de vin, envie *f*.

**straw-coloured** *adj* (couleur) paille *(inv)*.

**straw hat** *n* chapeau *m* de paille.

**straw mattress** *n* paillasse *f*.

**straw poll** *n* [vote] vote *m* blanc; [opinion poll] sondage *m* d'opinion.

**straw vote** *Am* = **straw poll.**

**stray** [streɪ] ◇ *vi* **-1.** [child, animal] errer; some sheep had ~ed onto the railway line des moutons s'étaient aventurés sur la ligne de chemin de fer; to ~ away [get lost] s'égarer; [go away] s'en aller; the children ~ed (away) from the rest of the group les enfants se sont écartés du groupe; to ~ from the fold *literal & fig* s'écarter du troupeau; to ~ (away) from the right path *literal & fig* faire fausse route. **-2.** [speaker, writer] s'éloigner du sujet; but I am ~ing from the point mais je m'écarte du sujet. **-3.** [thoughts] errer, vagabonder; her thoughts ~ed (back) to her days in Japan elle se mit à penser à sa vie au Japon. ◇ *n* [dog] chien *m* errant OR perdu; [cat] chat *m* errant OR perdu; [cow, sheep] animal *m* égaré; [child] enfant *m* perdu OR abandonné. ◇ *adj* **-1.** [lost – dog, cat] perdu, errant; [– cow, sheep] égaré; [– child] perdu, abandonné. **-2.** [random – bullet] perdu; [– thought] vagabond; [– memory] fugitif; she pushed back a few ~ curls elle repoussa quelques mèches folles OR rebelles. **-3.** [occasional – car, boat] isolé, rare.

◆ **strays** *npl* RADIO & TELEC parasites *mpl*, friture *f*.

**streak** [striːk] ◇ *n* **-1.** [smear – of blood, dirt] filet *m*; [– of ink, paint] traînée *f*; the tears had left grubby ~s down her face les larmes avaient laissé des traînées sales sur ses joues ‖ [line, stripe – of light] trait *m*, rai *m*; [– of ore] filon *m*, veine *f*; [– in marble] veine *f*; her hair has grey ~s in it elle a les cheveux

gris; to have blond ~s put in one's hair se faire faire des mèches blondes; ~s of lightning lit up the sky des éclairs zébraient le ciel; they drove past like a ~ of lightning leur voiture est passée comme un éclair. **-2.** [of luck] période *f*; I've had a ~ of (good) luck je viens de traverser une période faste; he's hit a winning ~ [in gambling] la chance lui a souri; [good deal] il tient un bon filon; he's just had a ~ of bad luck lately il vient d'essuyer toute une série de revers. **-3.** [tendency]: he has a mean ~ or a ~ of meanness in him il est un peu mesquin; there has always been a ~ of madness in the family il y a toujours eu une prédisposition à la folie dans la famille ‖ [trace] trace *f*. **-4.** *inf* [naked dash]: to do a ~ *traverser un lieu public nu en courant.* ◇ *vt* [smear] tacher; the wall was ~ed with paint il y avait des traînées de peinture sur le mur; her hands were ~ed with blue ink elle avait des taches d'encre bleue sur les mains ‖ [stripe] strier, zébrer; her hair is ~ed with grey [natural] elle a des cheveux gris; [artificial] elle s'est fait des mèches grises; she's had her hair ~ed elle s'est fait faire des mèches.
◇ *vi* **-1.** [go quickly]: to ~ in/out entrer/sortir comme un éclair; to ~ past passer en courant d'air. **-2.** [run naked] faire du streaking *(traverser un lieu public nu en courant).*

**streaker** ['stri:kər] *n* streaker *mf* *(personne nue qui traverse un lieu public en courant).*

**streaky** ['stri:kɪ] *(compar* **streakier**, *superl* **streakiest)** *adj* **-1.** [colour, surface] marbré, jaspé, zébré; [rock, marble] veiné. **-2.** CULIN [meat] entrelardé, persillé; ~ **bacon** bacon *m* entrelardé.

**stream** [stri:m] ◇ *n* **-1.** [brook] ruisseau *m*. **-2.** [current] courant *m*; to go with the ~ *literal* aller au fil de l'eau; *fig* suivre le courant or le mouvement; to go against the ~ *literal & fig* aller à contre-courant. **-3.** [flow – of liquid] flot *m*, jet *m*; [– of air] courant *m*; [– of blood, lava] ruisseau *m*, flot *m*, cascade *f*, torrent *m*; [– of people, traffic] flot *m*, défilé *m* (continu); [– of tears] ruisseau *m*, torrent *m*; a red hot ~ of lava flowed down the mountain une coulée de lave incandescente descendait le flanc de la montagne; we've received a steady ~ of applications nous avons reçu un flot incessant de candidatures; she unleashed a ~ of insults elle lâcha un torrent d'injures ❏ ~ of consciousness monologue *m* intérieur. **-4.** INDUST & TECH: to be on/off ~ être en service/hors service; to come on ~ être mis en service. **-5.** *Br* SCH classe *f* de niveau; we're in the top ~ nous sommes dans la section forte.
◇ *vi* **-1.** [flow – water, tears] ruisseler, couler à flots; [– blood] ruisseler; tears ~ed down her face des larmes ruisselaient sur son visage; sunlight ~ed into the room le soleil entra à flots dans la pièce. **-2.** [flutter] flotter, voleter; flags were ~ing in the wind des drapeaux flottaient au vent. **-3.** [people, traffic]: to ~ in/out entrer/sortir à flots; cars ~ed out of the city in their thousands des milliers de voitures sortaient de la ville en un flot ininterrompu; I watched as the demonstrators ~ed past je regardai passer les flots de manifestants.
◇ *vt* **-1.** [flow with]: to ~ blood/tears ruisseler de sang/de larmes. **-2.** *Br* SCH répartir en classes de niveau.

**streamer** ['stri:mər] *n* **-1.** [decoration] serpentin *m*. **-2.** [banner] banderole *f*; [pennant] flamme *f*. **-3.** ASTRON flèche *f* lumineuse. **-4.** PRESS manchette *f*.

**streaming** ['stri:mɪŋ] ◇ *n* *Br* SCH répartition *f* en classes de niveau. ◇ *adj* [surface, window, windscreen] ruisselant; I've got a ~ cold *Br* j'ai attrapé un gros rhume.

**streamline** ['stri:mlaɪn] ◇ *vt* **-1.** AUT & AERON donner un profil aérodynamique à, profiler, caréner. **-2.** ECON & INDUST [organization, production] rationaliser; [industry] dégraisser, restructurer. ◇ *n* **-1.** AUT & AERON ligne *f* aérodynamique, forme *f* profilée or carénée. **-2.** PHYS écoulement *m* non perturbé.

**streamlined** ['stri:mlaɪnd] *adj* **-1.** AUT & AERON aérodynamique, profilé, caréné. **-2.** *fig* [building] aux contours harmonieux; [figure] svelte. **-3.** ECON & INDUST [company, production] rationalisé; [industry] dégraissé, restructuré.

**streamlining** ['stri:mlaɪnɪŋ] *n* **-1.** AUT & AERON carénage *m*. **-2.** ECON & INDUST [of business, organization] rationalisation *f*; [of industry] dégraissage *m*, restructuration *f*.

**street** [stri:t] ◇ *n* rue *f*; in *Br* or on *Am* a ~ dans une rue; a ~ of houses une rue résidentielle; to put or to turn sb out

into the ~ mettre qqn à la rue; to be on the ~ or ~s [as prostitute] *inf* faire le trottoir; [homeless person] être à la rue or sur le pavé; to take to the ~s [protestors] descendre dans la rue; to walk the ~s [as prostitute] *inf* faire le trottoir; [from idleness] battre le pavé, flâner dans les rues; [in search] faire les rues ❏ that's right up his ~! [competence] c'est tout à fait son rayon or dans ses cordes!; [interest] c'est tout à fait son truc! ◇ *comp* [noises] de la rue; [musician] des rues.
◆ **streets** *adv inf*: to be ~s ahead of sb dépasser qqn de loin; they're ~s apart in the way they think ils ne partagent pas du tout les mêmes opinions.

**street café** *n Br* café *m* avec terrasse.

**streetcar** ['stri:tkɑ:r] *n Am* tramway *m*.

**street cleaner** = **street sweeper**.

**street cred** [-kred] *inf*, **street credibility** *n* ≈ image *f* cool or branchée.

**street door** *n* porte *f* (qui donne) sur la rue, porte *f* d'entrée.

**street guide** *n* plan *m* de la ville, répertoire *m* des rues.

**streetlamp** ['stri:tlæmp], **streetlight** ['stri:tlaɪt] *n* réverbère *m*.

**street lighting** *n* éclairage *m* public.

**street map** *n* plan *m* de la ville.

**street market** *n* marché *m* en plein air or à ciel ouvert.

**street party** *n* fête de rue organisée en l'honneur d'un événement national.

**street plan** = **street map**.

**street sweeper** *n* [person] balayeur *m*, -euse *f*; [machine] balayeuse *f*.

**street theatre** *n* théâtre *m* de rue or de foire.

**street trader** *n* marchand *m* ambulant, marchande *f* ambulante.

**street urchin** *n* gamin *m*, -e *f* or gosse *mf* des rues.

**street value** *n* [of drugs] valeur *f* marchande.

**street vendor** *Am* = **street trader**.

**streetwalker** ['stri:t,wɔ:kər] *n dated* fille *f* de joie.

**streetwise** ['stri:twaɪz] *adj inf* qui connaît la vie de la rue, ses dangers et ses codes.

**strength** [streŋθ] *n* **-1.** (U) [physical power – of person, animal, muscle] force *f*, puissance *f*; she doesn't know her own ~ elle ne connaît pas sa force; his ~ failed him ses forces l'ont trahi or abandonné; I haven't the ~ to lift these boxes je n'ai pas assez de force or je ne suis pas assez fort pour soulever ces cartons; to lose ~ perdre des forces, s'affaiblir; by sheer ~ de force; with all my ~ de toutes mes forces ‖ [health] forces *fpl*; to get one's ~ back reprendre des or recouvrer ses forces ❏ to go from ~ to ~ *literal* [sick person] aller de mieux en mieux; *fig* [business] être en plein essor. **-2.** [of faith, opinion, resolution] force *f*, fermeté *f*; [of emotion, feeling] force *f*; [of music, art] force *f*; ~ of character force de caractère; ~ of purpose résolution *f*; they have no ~ of purpose ils n'ont aucune détermination; ~ of will volonté *f* ❏ give me ~! pitié!. **-3.** [intensity – of earthquake, wind] force *f*, intensité *f*; [– of current, light] intensité *f*; [– of sound, voice, lens, magnet] force *f*, puissance *f*. **-4.** [strong point, asset] force *f*, point *m* fort; her ambition is her main ~ son ambition fait l'essentiel de sa force. **-5.** [solidity] solidité *f*; *fig* [of claim, position, relationship] solidité *f*; [vigour – of argument, protest] force *f*, vigueur *f*; to argue from a position of ~ être en position de force ‖ FIN [of currency, economy] solidité *f*; the dollar has gained/fallen in ~ le dollar s'est consolidé/a chuté. **-6.** [of alcohol] teneur *f* en alcool; [of solution] titre *m*; [of coffee, tobacco] force *f*. **-7.** (U) [numbers] effectif *m*, effectifs *mpl*; we're at full ~ nos effectifs sont au complet; the staff must be brought up to ~ il faut engager du personnel; the protestors turned up in ~ les manifestants sont venus en force or en grand nombre.
◆ **on the strength of** *prep phr* en vertu de, sur la foi de; he was accepted on the ~ of his excellent record il a été accepté grâce à ses excellents antécédents.

**strengthen** ['streŋθn] ◇ *vt* **-1.** [physically – body, muscle] fortifier, raffermir; [– person] fortifier, tonifier; [– voice] renforcer; [improve – eyesight, hearing] améliorer; to ~ one's grip or hold on sthg *literal & fig* resserrer son emprise sur qqch. **-2.** [reinforce – firm, nation] renforcer; [– fear, emotion, effect] renforcer, intensifier; [– belief, argument] renforcer; [– link, friendship] renforcer, fortifier; the decision ~ed my resolve la décision n'a fait que renforcer ma détermination ‖ [morally – person] fortifier. **-3.** [foundation, structure] renforcer, consolider; [material] renforcer. **-4.** FIN [currency, economy] consolider. ◇ vi **-1.** [physically – body] se fortifier, se raffermir; [– voice] devenir plus fort; [– grip] se resserrer. **-2.** [increase – influence, effect, desire] augmenter, s'intensifier; [– wind] forcir; [– current] augmenter, se renforcer; [– friendship, character, resolve] se renforcer, se fortifier. **-3.** FIN [prices, market] se consolider, se raffermir.

**strengthening** ['streŋθənɪŋ] ◇ n **-1.** [physical – of body, muscle] raffermissement m; [– of voice] renforcement m; [– of hold, grip] resserrement m.**-2.** [increase – of emotion, effect, desire] renforcement m, augmentation f, intensification f; [reinforcement – of character, friendship, position] renforcement m; [– of wind, current] renforcement m.**-3.** [of structure, building] renforcement m, consolidation f.**-4.** FIN consolidation f. ◇ adj fortifiant, remontant; MED tonifiant.

**strenuous** ['strenjʊəs] adj **-1.** [physically – activity, exercise, sport] ardu; avoid very ~ games like squash évitez les sports comme le squash qui demandent une grande dépense d'énergie. **-2.** [vigorous – opposition, support] acharné, énergique; [– protest] vigoureux, énergique; [– opponent, supporter] zélé, très actif; **to make ~ efforts to do sthg** faire des efforts considérables pour faire qqch.

**strenuously** ['strenjʊəslɪ] adv **-1.** [play, swim, work] en se dépensant beaucoup, en faisant de gros efforts. **-2.** [fight, oppose, resist] avec acharnement, énergiquement.

**streptococcus** [ˌstreptə'kɒkəs] (pl **streptococci** [-'kɒksaɪ]) n streptocoque m.

**stress** [stres] ◇ n **-1.** [nervous tension] stress m, tension f nerveuse; **to suffer from ~** être stressé; **to be under ~** [person] être stressé; [relationship] être tendu; **she's been under a lot of ~ lately** elle a été très stressée ces derniers temps; **the ~es and strains of city life** le stress de la vie urbaine; **she copes well in times of ~** elle sait faire face dans les moments difficiles ‖ [pressure] pression f; **I always work better under ~** je travaille toujours mieux quand je suis sous pression. **-2.** CONSTR & TECH contrainte f, tension f; **to be in ~** [beam, girder] être sous contrainte; **there is too much ~ on the foundations** la contrainte que subissent les fondations est trop forte. **-3.** [emphasis] insistance f; **to lay ~ on sthg** [fact, point, detail] insister sur, souligner; [qualities, values, manners] insister sur, mettre l'accent sur. **-4.** LING [gen] accentuation f; [on syllable] accent m; **the ~ is OR falls on the third syllable** l'accent tombe sur la troisième syllabe ‖ [accented syllable] syllabe f accentuée. **-5.** MUS accent m.
◇ vt **-1.** [emphasize – fact, point, detail] insister sur, faire ressortir, souligner; [– value, qualities] insister sur, mettre l'accent sur. **-2.** [in phonetics, poetry, music] accentuer. **-3.** CONSTR & TECH [structure, foundation] mettre sous tension OR en charge; [concrete, metal] solliciter.

**stressed** [strest] adj **-1.** [person] stressé, tendu; [relationship] tendu. **-2.** [syllable, word] accentué.

**stressed-out** adj inf stressé.

**stressful** ['stresful] adj [lifestyle, job, conditions] stressant; [moments] de stress.

**stress mark** n LING marque f d'accent.

**stress-timed** adj: **~ language** langue dont le rythme est fonction des syllabes accentuées.

**stretch** [stretʃ] ◇ vt **-1.** [pull tight] tendre; **~ the rope tight** tendez bien la corde. **-2.** [pull longer or wider – elastic] étirer; [– garment, shoes] élargir; **to ~ sthg out of shape** déformer qqch. **-3.** [extend, reach to full length] étendre; **~ your arms upwards** tendez les bras vers le haut; **if I ~ up my hand I can reach the ceiling** si je tends la main je peux toucher le plafond; **to ~ o.s.** s'étirer; **to ~ one's legs** se dégourdir les jambes. **-4.** [force, strain, bend – meaning, truth] forcer, exagérer; [– rules] tourner, contourner, faire une entorse à; [– principle] faire une entorse à; [– imagination] faire un gros effort de; **you're really ~ing my patience** ma patience a des limites; **that's ~ing it a bit (far)!** là vous exagérez!, là vous allez un peu loin!; **it would be ~ing a point to call him a diplomat** dire qu'il est diplomate serait exagérer OR aller un peu loin; **I suppose we could ~ a point and let him stay** je suppose qu'on pourrait faire une entorse au règlement et lui permettre de rester. **-5.** [budget, income, resources, supplies – get the most from] tirer le maximum de; [– overload] surchar-

ger, mettre à rude épreuve; **our resources are ~ed to the limit** nos ressources sont exploitées OR utilisées au maximum; **our staff are really ~ed today** le personnel travaille à la limite de ses possibilités aujourd'hui; **to be fully ~ed** [machine, engine] tourner à plein régime; [factory, economy] fonctionner à plein régime; [person, staff] faire son maximum ‖ [person – use one's talents]: **the job won't ~ you enough** le travail ne sera pas assez stimulant pour vous. **-6.** MED [ligament, muscle] étirer.
◇ vi **-1.** [be elastic] s'étirer; [become longer] s'allonger; [become wider] s'élargir; **the shoes will ~ with wear** vos chaussures vont se faire OR s'élargir à l'usage; **my pullover has ~ed out of shape** mon pull s'est déformé. **-2.** [person, animal – from tiredness] s'étirer; [– on ground, bed] s'étendre, s'allonger; [– to reach something] tendre la main; **he had to ~ to reach it** [reach out] il a dû tendre le bras pour l'atteindre; [stand on tiptoe] il a dû se mettre sur la pointe des pieds pour l'atteindre. **-3.** [spread, extend – in space, time] s'étendre; **the forest ~es as far as the eye can see** la forêt s'étend à perte de vue; **the road ~ed across 500 miles of desert** la route parcourait 800 km de désert; **my salary won't ~ to a new car** mon salaire ne me permet pas d'acheter une nouvelle voiture.
◇ n **-1.** [expanse – of land, water] étendue f; **this ~ of the road is particularly dangerous in the winter** cette partie de la route est très dangereuse en hiver; **a new ~ of road/ motorway** un nouveau tronçon de route/d'autoroute; **it's a lovely ~ of river/scenery** cette belle partie de la rivière/du paysage est magnifique ‖ [on racetrack] ligne f droite; **to go into the final OR finishing ~** entamer la dernière ligne droite. **-2.** [period of time] laps m de temps; **for long ~es at a time there was nothing to do** il n'y avait rien à faire pendant de longues périodes; **to do a ~ of ten years in the army** passer dix ans dans l'armée; **he did a ~ in Dartmoor** inf il a fait de la taule à Dartmoor. **-3.** [act of stretching] étirement m; **he stood up, yawned and had a ~** il se leva, bâilla et s'étira; **to give one's legs a ~** se dégourdir les jambes; **by no ~ of the imagination** même en faisant un gros effort d'imagination ❑ **by a long ~**: **he's the better writer by a long ~** c'est lui de loin le meilleur écrivain; **not by a long ~!** loin de là!**-4.** [elasticity] élasticité f; **there's a lot of ~ in these stockings** ces bas sont très élastiques OR s'étirent facilement. **-5.** SPORT [exercise] étirement m.
◇ adj TEX [material, socks] élastique, stretch (inv); [cover] extensible.
◆ **at a stretch** adv phr d'affilée.
◆ **at full stretch** adv phr: **to be at full ~** [factory, machine] fonctionner à plein régime OR à plein rendement; [person] se donner à fond, faire son maximum; **we were working at full ~** nous travaillions d'arrache-pied.
◆ **stretch out** ◇ vt sep **-1.** [pull tight] tendre; **the sheets had been ~ed out on the line to dry** on avait étendu les draps sur le fil à linge pour qu'ils sèchent. **-2.** [extend, spread – arms, legs] allonger, étendre; [– hand] tendre; [– wings] déployer; **she ~ed out her hand towards him/for the cup** elle tendit la main vers lui/pour prendre la tasse; **she lay ~ed out in front of the television** elle était allongée par terre devant la télévision. **-3.** [prolong – interview, meeting] prolonger, faire durer; [– account] allonger. **-4.** [make last – supplies, income] faire durer. ◇ vi insep **-1.** [person, animal] s'étendre, s'allonger; **they ~ed out on the lawn in the sun** ils se sont allongés au soleil sur la pelouse. **-2.** [forest, countryside] s'étendre; [prospects, season] s'étendre, s'étaler; **a nice long holiday ~ed out before them** ils avaient de longues vacances devant eux.

**stretcher** ['stretʃə'] n **-1.** MED brancard m, civière f.**-2.** [for shoes] tendeur m, forme f; [for gloves] ouvre-gants m inv; [in umbrella] baleine f; ART & SEW [for canvas] cadre m, châssis m.**-3.** CONSTR [brick, stone] panneresse f, carreau m.**-4.** [crossbar – in structure] traverse f; [– on chair] barreau m, bâton m.

**stretcher-bearer** n brancardier m.

**stretcher case** n blessé ou malade ayant besoin d'être porté sur un brancard.

**stretchmarks** ['stretʃmɑːks] npl vergetures fpl.

**stretchy** ['stretʃɪ] (compar **stretchier**, superl **stretchiest**) adj élastique, extensible.

**strew** [struː] (pt **strewed**, pp **strewn** [struːn] OR **strewed**) vt lit **-1.** [scatter – seeds, flowers, leaves] répandre, éparpiller;

[throw – toys, papers] éparpiller, jeter; [– debris] éparpiller, disséminer; the guests ~ed confetti over the bride les invités ont lancé des confettis sur la mariée; **wreckage was strewn** all over the road il y avait des débris partout sur la route; their conversation was strewn with four-letter words leur conversation était truffée de gros mots. **-2.** [cover – ground, floor, path] joncher, parsemer; [– table] joncher; the path was strewn with leaves/litter l'allée était jonchée de feuilles/de détritus.

**strewth** [stru:θ] *interj Br inf & dated*: ~! mon Dieu!, bon sang!

**striation** [strai'eiʃn] *n* striation *f*.

**stricken** ['strikn] *adj fml* **-1.** [ill] malade; [wounded] blessé; [damaged, troubled] ravagé, dévasté; **to be ~ in years** être âgé et infirme. **-2.** [afflicted] frappé, atteint; ~ **by** OR **with blindness** frappé de cécité; they were ~ with grief/fear ils étaient accablés de chagrin/transis de peur.

**-stricken** *in cpds*: grief~ accablé de chagrin; terror~ saisi d'épouvante.

**strict** [strikt] *adj* **-1.** [severe, stern – person, discipline] strict, sévère; [inflexible – principles] strict, rigoureux; [– belief, code, rules] strict, rigide; she's a ~ vegetarian c'est une végétarienne pure et dure; I gave ~ orders not to be disturbed j'ai formellement ordonné qu'on ne me dérange pas; I'm on a ~ diet je suis un régime très strict. **-2.** [exact, precise – meaning, interpretation] strict; **in the ~ sense of the word** au sens strict du terme ❑ ~ **construction** *Am* JUR interprétation *f* stricte de la constitution. **-3.** [absolute – accuracy, hygiene] strict, absolu; he told me in the ~est confidence il me l'a dit à titre strictement confidentiel; **in ~ secrecy** dans le plus grand secret.

**strictly** ['striktli] *adv* **-1.** [severely – act, treat] strictement, avec sévérité; the children were very ~ brought up les enfants ont reçu une éducation extrêmement stricte. **-2.** [exactly – interpret, translate] fidèlement, exactement; ~ **speaking** à strictement OR à proprement parler. **-3.** [absolutely, rigorously] strictement, absolument; what you say is not ~ accurate ce que vous dites n'est pas tout à fait exact; **to adhere ~ to one's principles** adhérer rigoureusement à ses principes; ~ **forbidden** OR **prohibited** formellement interdit; 'smoking ~ forbidden' 'défense absolue de fumer'.

**stricture** ['striktʃər] *n fml* **-1.** [criticism] critique *f* sévère; **to pass ~ on sb/sthg** critiquer qqn/qqch sévèrement. **-2.** [restriction] restriction *f*. **-3.** MED striction *f*, sténose *f*.

**stride** [straid] (*pt* **strode** [strəʊd], *pp* **stridden** ['stridn]) ◇ *n* **-1.** [step] grand pas *m*, enjambée *f*, foulée *f* SPORT; **to take big** OR **long ~s** faire de grandes enjambées; **with giant ~s** à pas de géant; he crossed the threshold in OR with one ~ il a franchi le seuil d'une seule enjambée ❑ **to get** OR **to hit** *Am* **into one's ~** trouver son rythme; **to be caught off ~** *Am* être pris au dépourvu; **to take sthg in one's ~** ne pas se laisser démonter OR abattre; **to put sb off their ~** faire perdre le rythme à qqn. **-2.** *fig* [progress]: **to make great ~s** faire de grands progrès, avancer à pas de géant; he is making great ~s in German il fait de grands progrès en allemand.

◇ *vi* marcher à grands pas OR à grandes enjambées; **to ~ away/in/out** s'éloigner/entrer/sortir à grands pas; he strode up and down the street il faisait les cent pas dans la rue; he strode up and down the room il arpentait la pièce.

◇ *vt* [streets, fields, deck] arpenter.

◆ **strides** *npl* *Br & Austr inf* [trousers] pantalon *m*.

**stridency** ['straidənsi] *n* stridence *f*.

**strident** ['straidnt] *adj* strident; ~ **demands** des revendications véhémentes.

**stridently** ['straidəntli] *adv* [call, cry, sing] d'une voix stridente; [sound, ring] en faisant un bruit strident; [demand] avec véhémence, à grands cris.

**strife** [straif] *n* (*U*) *fml* [conflict] dissensions *fpl*; [struggles] luttes *fpl*; [quarrels] querelles *fpl*; **industrial ~** conflits sociaux.

**strife-torn** *adj* déchiré par les conflits.

**strike** [straik] (*pt & pp* **struck** [strʌk], *cont* **striking**) ◇ *n* **-1.** [by workers] grève *f*; **to go on ~** se mettre en OR faire grève; **to be (out) on ~** être en grève; the Italian air ~ la grève des transports aériens en Italie; **railway ~** grève des chemins de fer; **coal** OR **miners' ~** grève des mineurs; **postal** OR **post office ~** grève des postes; **rent ~** grève des loyers ❑ **the General Strike** *Br* HIST la grande grève. **-2.** MIL raid *m*, attaque *f*; **to carry out air ~s against** OR **on enemy bases** lancer des raids

aériens contre des bases ennemies; **retaliatory ~** raid de représailles || [nuclear] deuxième frappe *f*; [by bird of prey, snake] attaque *f*. **-3.** AERON & MIL [planes] escadre *f* (*d'avions participant à un raid*). **-4.** PETR & MIN [discovery] découverte *f*; **a gold ~** la découverte d'un gisement d'or; **the recent oil ~s in the North Sea** la découverte récente de gisements de pétrole en mer du Nord ❑ **it was a lucky ~** c'était un coup de chance. **-5.** [of clock – chime, mechanism] sonnerie *f*. **-6.** [act or instance of hitting] coup *m*; [sound] bruit *m*. **-7.** [in baseball] strike *m*; *Am fig* [black mark] mauvais point *m*; he has two ~s against him *fig* il est mal parti. **-8.** [in bowling] honneur *m* double; **to get** OR **to score a ~** réussir un honneur double. **-9.** FISHING [by fisherman] ferrage *m*; [by fish] touche *f*.

◇ *comp* **-1.** [committee, movement] de grève; **to threaten ~ action** menacer de faire OR de se mettre en grève. **-2.** MIL [aircraft, mission] d'intervention, d'attaque.

◇ *vt* **-1.** [hit] frapper; he struck me with his fist il m'a donné un coup de poing; the chairman struck the table with his gavel le président donna un coup de marteau sur la table; she took the vase and struck him on OR over the head elle saisit le vase et lui donna un coup sur la tête; she struck him across the face elle lui a donné une gifle; a wave struck the side of the boat une vague a heurté le côté du bateau || [inflict, deliver – blow] donner; who struck the first blow? qui a porté le premier coup?, qui a frappé le premier?; he struck the tree a mighty blow with the axe il a donné un grand coup de hache dans l'arbre; the trailer struck the post a glancing blow la remorque a percuté le poteau en passant; **to ~ a blow for democracy/women's rights** *fig* [law, event] faire progresser la démocratie/les droits de la femme; [person, group] marquer des points en faveur de la démocratie/des droits des femmes. **-2.** [bump into, collide with] heurter, cogner; his foot struck the bar on his first jump son pied a heurté la barre lors de son premier saut; she fell and struck her head on OR against the kerb elle s'est cogné la tête contre le bord du trottoir en tombant; **we've struck ground!** NAUT nous avons touché (le fond)! **-3.** [assail, attain – subj: bullet, torpedo, bomb] toucher, atteindre; [– subj: lightning] frapper; he was struck by a piece of shrapnel il a été touché par OR il a reçu un éclat de grenade; **to be struck by lightning** être frappé par la foudre, être foudroyé || [afflict – subj: drought, disease, worry, regret] frapper; [– subj: storm, hurricane, disaster, wave of violence] s'abattre sur, frapper; an earthquake struck the city un tremblement de terre a frappé la ville; the pain struck her as she tried to get up la douleur l'a saisie au moment où elle essayait de se lever. **-4.** [occur to] frapper; only later did it ~ me as unusual ce n'est que plus tard que j'ai trouvé ça OR que cela m'a paru bizarre; it suddenly struck him how little had changed il a soudain pris conscience du fait que peu de choses avaient changé; a terrible thought struck her une idée affreuse lui vint à l'esprit; it doesn't ~ me as being the best course of action il ne me semble pas que ce soit la meilleure voie à suivre. **-5.** [impress] frapper, impressionner; what ~s you is the silence ce qui (vous) frappe, c'est le silence; how did she ~ you? quelle impression vous a-t-elle faite?, quel effet vous a-t-elle fait?; how did Tokyo/the film ~ you? comment avez-vous trouvé Tokyo/le film?; we can eat here and meet them later, how does that ~ you? on peut manger ici et les retrouver plus tard, qu'en penses-tu?; I was very struck with *Br* OR by *Am* the flat l'appartement m'a plu énormément; I wasn't very struck with *Br* OR by *Am* his colleague son collègue ne m'a pas fait une grande impression. **-6.** [chime] sonner; it was striking midnight as we left minuit sonnait quand nous partîmes. **-7.** [play – note, chord] jouer; **to ~ a false note** MUS faire une fausse note; [speech] sonner faux; his presence/his words struck a gloomy note sa présence a/ses paroles ont mis une note de tristesse; the report ~s an optimistic note/a note of warning for the future le rapport est très optimiste/très alarmant pour l'avenir ❑ **to ~ a chord: does it ~ a chord?** est-ce que cela te rappelle OR dit quelque chose?; **to ~ a chord with the audience** faire vibrer la foule. **-8.** [arrive at, reach – deal, treaty, agreement] conclure; **I'll ~ a bargain with you** je te propose un marché; it's not easy to ~ a balance between too much and too little freedom il n'est pas facile de trouver un équilibre or de trouver le juste milieu entre trop et pas assez de liberté. **-9.** [cause a feeling of]: **to ~ fear** OR **terror into sb** remplir qqn d'effroi. **-10.** [cause to be-

come] rendre; to ~ sb blind/dumb rendre qqn aveugle/muet; a stray bullet struck him dead il a été tué par une balle perdue. **-11.** [ignite – match] frotter, allumer; [– sparks] faire jaillir. **-12.** [discover – gold] découvrir; [– oil, water] trouver; to ~ it lucky Br inf [material gain] trouver le filon; [be lucky] avoir de la veine; to ~ it rich inf trouver le filon, faire fortune. **-13.** [adopt – attitude] adopter. **-14.** [mint – coin, medal] frapper. **-15.** [take down – tent] démonter; NAUT [– sail] amener, baisser; to ~ camp lever le camp; to ~ the flag OR the colours NAUT amener les couleurs. **-16.** [delete – name, remark, person] rayer; [– from professional register] radier. **-17.** [attack] attaquer. **-18.** Am [go on strike at]: the union is striking four of the company's plants le syndicat a déclenché des grèves dans quatre des usines de la société. **-19.** BOT: to ~ roots prendre racine.
◇ vi **-1.** [hit] frapper; she struck at me with her umbrella elle essaya de me frapper avec son parapluie; to ~ home [blow] porter; [missile, remark] faire mouche □ to ~ lucky inf avoir de la veine; ~ while the iron is hot prov il faut battre le fer pendant qu'il est chaud prov. **-2.** [stop working] faire grève; they're striking for more pay ils font grève pour obtenir une augmentation de salaire. **-3.** [attack – gen] attaquer; [– snake] mordre; [– wild animal] sauter OR bondir sur sa proie; [– bird of prey] fondre OR s'abattre sur sa proie; the murderer has struck again l'assassin a encore frappé; these are measures which ~ at the root/heart of the problem voici des mesures qui attaquent le problème à la racine/qui s'attaquent au cœur du problème; this latest incident ~s right at the heart of government policy ce dernier incident remet complètement en cause la politique gouvernementale. **-4.** [chime] sonner. **-5.** [happen suddenly – illness, disaster, earthquake] survenir, se produire, arriver; we were travelling quietly along when disaster struck nous roulions tranquillement lorsque la catastrophe s'est produite. **-6.** FISHING [fisherman] ferrer; [fish] mordre (à l'hameçon).
◆ **strike back** vi insep se venger; MIL contre-attaquer.
◆ **strike down** vt sep foudroyer, terrasser.
◆ **strike off** ◇ vt sep **-1.** [delete, remove – from list] rayer, barrer; [– from professional register] radier. **-2.** [sever] couper. **-3.** TYPO tirer. ◇ vi insep [go]: we struck off into the forest nous sommes entrés OR avons pénétré dans la forêt.
◆ **strike on** vt insep Br [solution, right answer] trouver (par hasard), tomber sur; [plan] trouver; [idea] avoir.
◆ **strike out** ◇ vi insep **-1.** [set up on one's own] s'établir à son compte; [launch out] se lancer; they decided to ~ out into a new field ils ont décidé de se lancer dans un nouveau domaine. **-2.** [go]: she struck out across the fields elle prit à travers champs. **-3.** [swim]: we struck out for the shore nous avons commencé à nager en direction de la côte. **-4.** [aim a blow]: he struck out at me il essaya de me frapper; they struck out in all directions with their truncheons ils distribuaient des coups de matraque à droite et à gauche. ◇ vt sep [cross out] rayer, barrer.
◆ **strike through** vt sep Br [cross out] rayer, barrer.
◆ **strike up** ◇ vt insep **-1.** [start]: to ~ up a conversation with sb engager la conversation avec qqn; to ~ up an acquaintance/a friendship with sb lier connaissance/se lier d'amitié avec qqn. **-2.** MUS [start playing] commencer à jouer. ◇ vi insep [musician, orchestra] commencer à jouer; [music] commencer.
◆ **strike upon** Br = **strike on**.
**strikebound** ['straɪkbaʊnd] adj [factory, department] bloqué par une OR la grève; [industry, country] bloqué par des grèves.
**strikebreaker** ['straɪk,breɪkər] n briseur m, -euse f de grève.
**strike pay** n salaire m de gréviste (versé par le syndicat ou par un fonds de solidarité).
**striker** ['straɪkər] n **-1.** INDUST gréviste mf.**-2.** FTBL buteur m.**-3.** [device – on clock] marteau m; [– in gun] percuteur m.
**striking** ['straɪkɪŋ] ◇ adj **-1.** [remarkable – contrast, resemblance, beauty] frappant, saisissant. **-2.** [clock] qui sonne les heures; ~ mechanism sonnerie f(des heures). **-3.** MIL [force] d'intervention. **-4.** INDUST en grève. **-5.** phr: within ~ distance à proximité; she lives within ~ distance of London elle habite tout près de Londres. ◇ n **-1.** [of clock] sonnerie f (des heures). **-2.** [of coins] frappe f.
**strikingly** ['straɪkɪŋlɪ] adv remarquablement; a ~ beautiful woman une femme d'une beauté saisissante.
**string** [strɪŋ] (pt & pp **strung** [strʌŋ]) ◇ n **-1.** [gen – for parcel]

ficelle f; [– on apron, pyjamas] cordon m; a piece of ~ un bout OR un morceau de ficelle ‖ [for puppet] ficelle f, fil m; to have sb on a ~ inf mener qqn par le bout du nez; he pulls the ~s c'est lui qui tire les ficelles; to pull ~s for sb inf [obtain favours] user de son influence OR faire jouer ses relations pour aider qqn; [get job, promotion] pistonner qqn; no ~s attached inf sans condition OR conditions; there are no ~s attached cela n'engage à rien. **-2.** [for bow, tennis racket, musical instrument] corde f; the ~s MUS les cordes □ to have more than one/a second ~ to one's bow avoir plus d'une/une seconde corde à son arc. **-3.** [row, chain – of beads, pearls] rang m, collier m; [– of onions, sausages] chapelet m; [– of visitors, cars] file f; a ~ of islands un chapelet d'îles; a ~ of fairy lights une guirlande (électrique); she owns a ~ of shops elle est propriétaire d'une chaîne de magasins; a ~ of race horses une écurie de course. **-4.** [series – of successes, defeats] série f; [– of lies, insults] kyrielle f, chapelet m; he has a whole ~ of letters after his name il a toute une kyrielle de diplômes. **-5.** COMPUT & LING chaîne f; MATH séquence f.
◇ comp **-1.** MUS [band, instrument, orchestra] à cordes; ~ player musicien m, -enne f qui joue d'un instrument à cordes; the ~ section les cordes fpl; ~ quartet quatuor m à cordes. **-2.** [made of string] de OR en ficelle; ~ bag filet m à provisions; ~ vest tricot m de corps à grosses mailles.
◇ vt **-1.** [guitar, violin] monter, mettre des cordes à; [racket] corder; [bow] mettre une corde à. **-2.** [beads, pearls] enfiler. **-3.** [hang] suspendre; [stretch] tendre; Christmas lights had been strung across the street des décorations de Noël avaient été suspendues en travers de la rue. **-4.** CULIN [beans] enlever les fils de.
◆ **string along** inf ◇ vi insep **-1.** [tag along] suivre (les autres); do you mind if I ~ along? est-ce que ça vous gêne si je viens avec vous OR si je vous accompagne?**-2.** [agree]: to ~ along with sb se ranger à l'avis de qqn. ◇ vt sep [person] faire marcher.
◆ **string out** vt sep [washing, lamps] suspendre (sur une corde).
◆ **string together** vt sep **-1.** [beads] enfiler; [words, sentences] enchaîner; she can barely ~ two words together in French c'est à peine si elle peut faire jouer une phrase en français. **-2.** [improvise – story] monter, improviser.
◆ **string up** vt sep **-1.** [lights] suspendre; [washing] étendre. **-2.** inf [hang – person] pendre.
**string bean** n **-1.** [vegetable] haricot m vert. **-2.** inf [person] grande perche f.
**stringed** [strɪŋd] adj [instrument] à cordes.
**-stringed** in cpds: five-~ à cinq cordes.
**stringency** ['strɪndʒənsɪ] n **-1.** [severity] rigueur f, sévérité f.**-2.** ECON & FIN austérité f.
**stringent** ['strɪndʒənt] n **-1.** [rules] rigoureux, strict, sévère; [measures, conditions] rigoureux, draconien. **-2.** ECON & FIN [market] tendu.
**string-pulling** [-,pʊlɪŋ] n piston m.
**string variable** n COMPUT variable f alphanumérique.
**stringy** ['strɪŋɪ] (compar **stringier**, superl **stringiest**) adj **-1.** [meat, vegetable] filandreux, fibreux; [cooked cheese] qui file. **-2.** [long – plant] (qui pousse) tout en longueur; [– build, limbs] filiforme.
**strip** [strɪp] (pt & pp **stripped**) ◇ n **-1.** [of paper, carpet] bande f; [of metal] bande f, ruban m; [of land] bande f, langue f; there was a thin ~ of light under the door il y avait un mince rai de lumière sous la porte; a narrow ~ of water [sea] un étroit bras de mer; [river] un étroit ruban de rivière; can you cut off a ~ of material? pouvez-vous couper une bande de tissu?; she cut the dough/material into ~s elle coupa la pâte en lamelles/le tissu en bandes; to tear sthg into ~s déchirer qqch en bandes □ the Strip, Sunset Strip artère de Las Vegas où se trouvent tous les casinos. **-2.** AERON piste f.**-3.** [light]: neon ~ tube m néon. **-4.** SPORT tenue f.**-5.** [striptease] strip-tease m.
◇ vt **-1.** [undress] déshabiller, dévêtir; they were stripped to the waist ils étaient torse nu, ils étaient nus jusqu'à la ceinture; to ~ sb naked déshabiller qqn (complètement). **-2.** [make bare – tree] dépouiller, dénuder; [– door, furniture] décaper; [– wire] dénuder; the walls need to be stripped first [of wallpaper] il faut d'abord enlever OR arracher le papier peint; [of paint] il faut d'abord décaper les murs. **-3.** [re-

move cover from] découvrir; [take contents from] vider; **to ~ a bed** défaire un lit; **the windows had been stripped of their curtains** on avait enlevé les rideaux des fenêtres. **-4.** [remove – gen] enlever; [– paint] décaper; **we stripped the wallpaper from the walls** nous avons arraché le papier peint des murs; **the birds have stripped the cherries from the trees** les oiseaux ont fait des ravages dans les cerisiers. **-5.** [deprive] dépouiller, démunir; **to ~ sb of his/her privileges/possessions** dépouiller qqn de ses privilèges/biens; **he was stripped of his rank** il a été dégradé. **-6.** [dismantle – engine, gun] démonter. **-7.** TECH [screw, bolt] arracher le filet de; [gear] arracher les dents de.
◇ *vi* **-1.** [undress] se déshabiller, se dévêtir; **to ~ to the waist** se dévêtir jusqu'à la ceinture, se mettre torse nu. **-2.** [do a striptease] faire un strip-tease.
◆ **strip down** ◇ *vt sep* **-1.** [bed] défaire (complètement); [wallpaper] arracher, enlever; [door, furniture] décaper. **-2.** [dismantle – engine, mechanism] démonter. ◇ *vi insep* se déshabiller; **he stripped down to his underpants** il s'est déshabillé, ne gardant que son slip.
◆ **strip off** ◇ *vt sep* [gen] enlever, arracher; [clothes, shirt] enlever; [paint] décaper. ◇ *vi insep* se déshabiller, se mettre nu.
◆ **strip out** *vt sep* [engine, mechanism] démonter, démanteler.

**strip cartoon** *n Br* bande *f* dessinée.

**strip club** *n* boîte *f* de strip-tease.

**strip cropping** [-ˌkrɒpɪŋ] *n (U)* culture *f* en bande (*pour limiter l'érosion*).

**stripe** [straɪp] ◇ *n* **-1.** [on animal] zébrure *f*; [on material, shirt] raie *f*, rayure *f*; [on car] filet *m*. **-2.** MIL galon *m*, chevron *m*; **to get/to lose one's ~s** gagner/perdre ses galons. **-3.** [kind] genre *m*. **-4.** [lash] coup *m* de fouet; [mark] marque *f* d'un coup de fouet. ◇ *vt* rayer, marquer de rayures.

**striped** [straɪpt] *adj* [animal] tigré, zébré; [material, shirt, pattern] rayé, à rayures; **~ with blue** avec des rayures bleues.

**stripey** ['straɪpɪ] = **stripy**.

**strip farming** *n* **-1.** HIST système *m* des openfields. **-2.** = **strip cropping**.

**strip light** *n* (tube *m*) néon *m*.

**strip lighting** *n* éclairage *m* fluorescent OR au néon.

**stripling** ['strɪplɪŋ] *n lit* OR *hum* tout jeune homme *m*.

**stripped** [strɪpt] *adj* [wood] décapé; **~ pine furniture** meubles *mpl* en pin naturel.

**stripper** ['strɪpəʳ] *n* **-1.** [in strip club] strip-teaseuse *f*; **the club had two male ~s** le club avait deux strip-teaseurs. **-2.** [for paint] décapant *m*.

**strip poker** *n* strip-poker *m*.

**strip search** *n* fouille *f* corporelle (*la personne fouillée devant se déshabiller*).
◆ **strip-search** *vt:* **to ~ sb** fouiller qqn après l'avoir fait déshabiller.

**strip show** *n* (spectacle *m* de) strip-tease *m*.

**striptease** ['striptiːz] *n* strip-tease *m*; **~ artist** strip-teaseur *m*, -euse *f*.

**stripy** ['straɪpɪ] (*compar* **stripier**, *superl* **stripiest**) *adj* [material, shirt, pattern] rayé, à rayures; ZOOL tigré, zébré.

**strive** [straɪv] (*pt* **strove** [strəʊv], *pp* **striven** ['strɪvn]) *vt fml & lit* **-1.** [attempt]: **to ~ to do sthg** s'évertuer à OR s'acharner à faire qqch; **to ~ after** OR **for sthg** faire tout son possible pour obtenir qqch, s'efforcer d'obtenir qqch; **to ~ for effect** chercher à se faire remarquer à tout prix. **-2.** [struggle] lutter, se battre; **all her life she strove for success/recognition** toute sa vie, elle s'est battue pour réussir/être reconnue.

**strobe** [strəʊb] *n* **-1.** ~ (lighting) lumière *f* stroboscopique/. **-2.** = **stroboscope**.

**stroboscope** ['strəʊbəskəʊp] *n* stroboscope *m*.

**strode** [strəʊd] *pt* → **stride**.

**stroke** [strəʊk] ◇ *n* **-1.** [blow, flick] coup *m*; **with a ~ of the brush** d'un coup de pinceau; **with a ~ of the pen** d'un trait de plume; **they were given 50 ~s** ils ont reçu 50 coups de fouet. **-2.** SPORT [in golf, tennis, cricket, billiards] coup *m*; [in swimming – movement] mouvement *m* des bras; [– style] nage *f*; [in rowing – movement] coup *m* d'aviron; [– technique] nage *f*; **she swam across the river with quick ~s** elle traversa rapidement la rivière à la nage ❑ **to set the ~** *literal & fig* donner la cadence; **to put sb off his ~** *literal* [in rowing] faire perdre sa

cadence OR son rythme à qqn; [in golf] faire manquer son coup à; *fig* faire perdre tous ses moyens à qqn; **to be off one's ~** ne pas être au mieux de sa forme. **-3.** [mark – from pen, pencil] trait *m*; [from brush] trait *m*, touche *f*; [on letters, figures] barre *f*; **written with thick/thin ~s** écrit d'une écriture appuyée/fine ‖ TYPO [oblique dash] barre *f* oblique; **225 ~ 62** *Br* 225 barre oblique 62. **-4.** [piece, example – of luck] coup *m*; [– of genius] trait *m*; **it was a ~ of brilliance!** c'était un coup de génie!; **she didn't do a ~ (of work) all day** *Br* elle n'a rien fait de la journée. **-5.** [of clock, bell] coup *m*; **on the ~ of midnight** sur le coup de minuit; **on the ~ of 6** à 6 h sonnantes OR tapantes; **he arrived on the ~** il est arrivé à l'heure exacte OR précise; **at the third ~ it will be 6:32 precisely** *Br* TELEC au troisième top, il sera exactement 6 h 32. **-6.** MED attaque *f* (d'apoplexie); **to have a ~** avoir une attaque. **-7.** NAUT [oarsman] chef *m* de nage. **-8.** TECH [of piston] course *f*; **two-/four-~ engine** un moteur à deux/quatre temps. **-9.** [caress] caresse *f*; **she gave the cat a ~** elle a caressé le chat.
◇ *vt* **-1.** [caress] caresser; **he ~d her hand** il lui caressait la main. **-2.** [in rowing]: **to ~ a boat** être chef de nage, donner la nage. **-3.** SPORT [ball] frapper.
◇ *vi* [in rowing] être chef de nage, donner la nage.
◆ **at a stroke, at one stroke** *adv phr* d'un seul coup.

**stroll** [strəʊl] ◇ *vi* se balader, flâner; **to ~ in/out/past** entrer/sortir/passer sans se presser; **we ~ed round the shops** nous avons fait un petit tour dans les magasins. ◇ *vt:* **to ~ the streets** se promener dans les rues. ◇ *n* petit tour *m*, petite promenade *f*; **to go for a ~** aller faire un tour OR une petite promenade.

**stroller** ['strəʊləʳ] *n* **-1.** [walker] promeneur *m*, -euse *f*. **-2.** *Am* [pushchair] poussette *f*.

**strolling** ['strəʊlɪŋ] *adj* [player, musician] ambulant.

**strong** [strɒŋ] (*compar* **stronger** ['strɒŋgəʳ], *superl* **strongest** ['strɒŋgɪst]) ◇ *adj* **-1.** [sturdy – person, animal, constitution, arms] fort, robuste; [– building] solide; [– cloth, material] solide, résistant; [– shoes, table] solide, robuste; **you need a ~ stomach to eat this junk** *inf* il faut avoir un estomac de fer pour manger des cochonneries pareilles; **you'd need a ~ stomach to go and watch that film** il faut avoir l'estomac bien accroché pour aller voir ce film ‖ [in health – person] en bonne santé; [– heart] solide, robuste; [– eyesight] bon; **he'll be able to go out once he's ~ again** il pourra sortir quand il aura repris des forces ❑ **to be as ~ as a horse** [powerful] être fort comme un turc OR un bœuf; [in good health] avoir une santé de fer. **-2.** [in degree, force – sea current, wind, light, lens, voice] fort, puissant; [– magnet] puissant; ELEC [– current] intense; MUS [– beat] fort; **there is a ~ element of suspense in the story** il y a beaucoup de suspense dans cette histoire; **it's my ~ suit** [in cards] c'est ma couleur forte; *fig* c'est mon fort; **tact isn't her ~ suit** OR **point** *fig* le tact n'est pas son (point) fort; **what are his ~ points?** quels sont ses points forts? ‖ [firm – conviction, belief] ferme, fort, profond; [– protest, support] énergique, vigoureux; [– measures] énergique, draconien; **he is a ~ believer in discipline** il est de ceux qui croient fermement à la discipline; **she is a ~ supporter of the government** elle soutient le gouvernement avec ferveur ‖ [intense, vivid – desire, imagination, interest] vif; [– colour] vif, fort; **to exert a ~ influence on sb** exercer beaucoup d'influence OR une forte influence sur qqn ‖ [emotionally, morally – character] fort, bien trempé; [– feelings] intense, fort; [– nerves] solide; **I have ~ feelings on** OR **about the death penalty** [against] je suis absolument contre la peine de mort; [for] je suis tout à fait pour la peine de mort; **I have no ~ feelings** OR **views one way or the other** cela m'est égal; **he had a ~ sense of guilt** il éprouvait un fort sentiment de culpabilité; **to have a ~ will** avoir de la volonté; **you'll have to be ~ now** [when consoling or encouraging] il va falloir être courageux maintenant. **-3.** [striking – contrast, impression] fort, frappant, marquant; [– accent] fort; **to bear a ~ resemblance to sb** ressembler beaucoup OR fortement à qqn; **his speech made a ~ impression on them** son discours les a fortement impressionnés OR a eu un profond effet sur eux; **there is a ~ chance** OR **probability that he will win** il y a de fortes chances pour qu'il gagne. **-4.** [solid – argument, evidence] solide, sérieux; **we have ~ reasons to believe them innocent** nous avons de bonnes OR sérieuses raisons de croire qu'ils sont innocents; **they have a ~ case** ils ont de

bons arguments; we're in a ~ bargaining position nous sommes bien placés OR en position de force pour négocier. **-5.** [in taste, smell] fort; I like ~ coffee j'aime le café fort OR corsé; this whisky is ~ stuff ce whisky est fort; there's a ~ smell of gas in here il y a une forte odeur de gaz ici. **-6.** [in ability – student, team] fort; [– candidate, contender] sérieux; he is a ~ contender for the presidency il a de fortes chances de remporter l'élection présidentielle; she is particularly ~ in science subjects elle est particulièrement forte dans les matières scientifiques; the film was ~ on style but weak on content le film était très bon du point de vue de la forme mais pas du tout du point de vue du contenu. **-7.** [tough, harsh – words] grossier; to use ~ language dire des grossiè-retés, tenir des propos grossiers; she gave us her opinion in ~ terms elle nous a dit ce qu'elle pensait sans mâcher ses mots; his latest film is ~ stuff son dernier film est vraiment dur. **-8.** [in number]: an army 5,000 ~ une armée forte de 5 000 hommes; the marchers were 400 ~ les manifestants étaient au nombre de 400. **-9.** COMM & ECON [currency, price] solide; [market] ferme; the dollar has got ~er le dollar s'est consolidé. **-10.** GRAMM [verb, form] fort.
◇ *adv inf:* to be going ~ [person] être toujours solide OR tou-jours d'attaque; [party] battre son plein; [machine, car] fonc-tionner toujours bien; [business, economy] être florissant, prospérer; to come on ~ [insist] insister lourdement; [make a pass] faire des avances; that's (coming it) a bit ~! vous y allez un peu fort!, vous exagérez!

**strongarm** ['strɒŋɑːm] *adj inf* [methods] brutal, violent; to use ~ tactics employer la manière forte.
◆ **strong-arm** *vt inf* faire violence à; to strong-arm sb into doing sthg forcer la main à qqn pour qu'il fasse qqch.

**strongbox** ['strɒŋbɒks] *n* coffre-fort *m*.

**stronghold** ['strɒŋhəʊld] *n* **-1.** MIL forteresse *f*, fort *m.***-2.** *fig* bastion *m*.

**strongly** ['strɒŋlɪ] *adv* **-1.** [greatly – regret] vivement, profon-dément; [– impress, attract] fortement, vivement; the kitchen smelt ~ of bleach il y avait une forte odeur de Javel dans la cuisine; I am ~ tempted to say yes j'ai très envie de dire oui; I ~ disagree with you je ne suis pas du tout d'accord avec vous; the report was ~ critical of the hospi-tal le rapport était extrêmement critique à l'égard de l'hôpital. **-2.** [firmly – believe, support] fermement; [forcefully – attack, defend, protest] énergiquement, vigoureusement, avec force; [– emphasize] fortement; a ~ worded protest une violente protestation; I feel very ~ about the matter c'est un sujet OR une affaire qui me tient beaucoup à cœur. **-3.** [sturdily – constructed] solidement; ~ built [person] cos-taud, bien bâti; [wall, structure] solide, bien construit.

**strongman** ['strɒŋmæn] (*pl* strongmen [-men]) *n* hercule *m* (de foire).

**strong-minded** *adj* résolu, déterminé.

**strongroom** ['strɒŋruːm] *n Br* [in castle, house] chambre *f* forte; [in bank] chambre *f* forte, salle *f* des coffres.

**strong-willed** [-'wɪld] *adj* volontaire, résolu, tenace.

**strontium** ['strɒntɪəm] *n* strontium *m*.

**strop** [strɒp] (*pt & pp* stropped, *cont* stropping) ◇ *n* cuir *m* (à rasoir). ◇ *vt* [razor] repasser sur le cuir.

**stroppy** ['strɒpɪ] (*compar* stroppier, *superl* stroppiest) *adj Br inf:* there's no need to get ~! tu n'as pas besoin de monter sur tes grands chevaux!

**strove** [strəʊv] *pt* → strive.

**struck** [strʌk] ◇ *pt & pp* → strike. ◇ *adj Am* [industry] bloqué pour cause de grève; [factory] fermé pour cause de grève.

**structural** ['strʌktʃərəl] *adj* **-1.** [gen] structural; [change, pro-blem] structurel, de structure; [unemployment] structurel; LING [analysis] structural, structurel; ~ linguistics/psychology linguistique *f*/psychologie *f* structurale. **-2.** CONSTR [fault, steel] de construction; [damage, alterations] structural; ~ en-gineering génie *m* civil.

**structuralism** ['strʌktʃərəlɪzm] *n* structuralisme *m*.

**structuralist** ['strʌktʃərəlɪst] ◇ *n* structuraliste *mf*. ◇ *adj* structuraliste.

**structurally** ['strʌktʃərəlɪ] *adv* **-1.** [gen] du point de vue de la structure. **-2.** CONSTR du point de vue de la construction; the building is ~ sound le bâtiment est solidement cons-truit.

**structure** ['strʌktʃəʳ] ◇ *n* **-1.** [composition, framework] struc-ture *f*; [of building] structure *f*, ossature *f*, armature *f.***-2.** [building] construction *f*, bâtisse *f*.
◇ *vt* structurer.

**structured** ['strʌktʃəd] *adj* structuré.

**struggle** ['strʌgl] ◇ *n* **-1.** [gen] lutte *f*; [physical fight] bagarre *f*, lutte *f*; power ~ lutte pour le pouvoir; there was evidence of a ~ il y avait des traces de lutte; the rebels put up a fierce ~ les rebelles ont opposé une vive résistance; they surren-dered without a ~ ils se sont rendus sans opposer de résis-tance; I finally succeeded but not without a ~ j'y suis fina-lement parvenu, mais non sans peine; it was a ~ to convince him on a eu du mal à le convaincre; power ~ lutte pour le pouvoir; there was a bitter ~ for leadership of the party les candidats à la direction du parti se sont livré une lutte acharnée; bringing up the children on her own was an up-hill ~ Br élever ses enfants seule n'a pas été facile; it was a ~ for him to climb the ten flights of stairs il a eu de la peine à monter les dix étages à pied.
◇ *vi* **-1.** [fight] lutter, se battre; she ~d with her attacker elle a lutté contre OR s'est battue avec son agresseur; to ~ with one's conscience se débattre avec sa conscience. **-2.** [try hard, strive] lutter, s'efforcer, se démener; I ~d to open the door je me suis démené pour ouvrir la porte; he ~d with the lock il s'est battu avec la serrure; she ~d to con-trol her temper elle avait du mal à garder son calme. **-3.** [expressing movement]: he ~d back up onto the ledge il re-monta avec peine OR avec difficulté sur la corniche; he ~d into his clothes il enfila ses habits avec peine; to ~ to one's feet [old person] se lever avec difficulté OR avec peine; [in fight] se relever péniblement; to ~ up a hill [person] gravir péniblement une colline; [car] peiner dans une côte.
◆ **struggle along** *vi insep literal* peiner, avancer avec peine; *fig* subsister avec difficulté.
◆ **struggle on** *vi insep* **-1.** = struggle along. **-2.** [keep trying] continuer à se battre.
◆ **struggle through** *vi insep* [in difficult situation] s'en sortir tant bien que mal.

**struggling** ['strʌglɪŋ] *adj* [hard up – painter, writer etc] qui tire le diable par la queue, qui a du mal à joindre les deux bouts.

**strum** [strʌm] (*pt & pp* strummed, *cont* strumming) ◇ *vt* [gui-tar] gratter sur; to ~ a tune on the guitar jouer un petit air à la guitare. ◇ *vi* [guitarist] gratter; she started strumming on her guitar elle commença à gratter sa guitare. ◇ *n* [on guitar] raclement *m*; he gave the guitar a ~ il a gratté les cordes de la guitare.

**strumpet** ['strʌmpɪt] *n arch* OR *hum* femme *f* de petite vertu.

**strung** [strʌŋ] ◇ *pt & pp* → string. ◇ *adj* [guitar, piano] muni de cordes, monté; [tennis racket] cordé.

**strung-out**▽ *adj* **-1.** *drugs sl:* to be ~ [addicted] être accro-ché OR accro; [high] être shooté, planer; [suffering withdrawal symptoms] être en manque. **-2.** [uptight] crispé, tendu.

**strung-up** *adj inf* tendu, nerveux.

**strut** [strʌt] (*pt & pp* strutted, *cont* strutting) ◇ *n* **-1.** [support structure – for roof, wall] étrésillon *m*, étançon *m*, contrefiche *f*; [– for building] étai *m*, support *m*; [– between uprights] entre-toise *f*, traverse *f*; [– for beam] jambe *f* de force; [– in plane wing, model] support *m.***-2.** [crossbar – of chair, ladder] barreau *m.***-3.** [gait] démarche *f* fière. ◇ *vi:* to ~ (about OR around) plastronner, se pavaner.
◇ *vt Am:* to ~ one's stuff *inf* se montrer en spectacle.

**strychnine** ['strɪkniːn] *n* strychnine *f*.

**stub** [stʌb] (*pt & pp* stubbed, *cont* stubbing) ◇ *n* **-1.** [stump – of tree] chicot *m*, souche *f*; [– of pencil] bout *m*; [– of tail] moi-gnon *m*; [– of cigarette] mégot *m.***-2.** [counterfoil – of cheque] souche *f*, talon *m*; [– of ticket] talon *m*. ◇ *vt:* to ~ one's toe/foot se cogner le doigt de pied/le pied.
◆ **stub out** *vt sep* [cigarette] écraser.

**stubble** ['stʌbl] *n* **-1.** AGR chaume *m.***-2.** [on chin] barbe *f* de plusieurs jours.

**stubbly** ['stʌblɪ] (*compar* stubblier, *superl* stubbliest) *adj* **-1.** [chin, face] mal rasé; [beard] de plusieurs jours; [hair] en brosse. **-2.** [field] couvert de chaume.

**stubborn** ['stʌbən] *adj* **-1.** [determined – person] têtu, obs-tiné; [– animal] rétif, récalcitrant; [– opposition] obstiné, acharné; [– refusal, insistence] obstiné; she maintained a ~ silence elle garda obstinément le silence OR s'obstina à ne rien dire. **-2.** [resistant – cold, cough, symptoms] persistant, opiniâtre; [– stain] récalcitrant, rebelle.

**stubbornly** ['stʌbənlɪ] *adv* obstinément, opiniâtrement; he ~ insisted on doing it himself il s'obstina à le faire lui-même.

**stubbornness** ['stʌbənnɪs] *n* [of person] entêtement *m*, obstination *f*, opiniâtreté *f*; [of resistance] acharnement *m*.

**stubby** ['stʌbɪ] (*compar* **stubbier**, *superl* **stubbiest**) *adj* [finger] boudiné, court et épais; [tail] très court, tronqué; [person] trapu.

**stucco** ['stʌkəʊ] (*pl* **stuccos** OR **stuccoes**) ◇ *n* stuc *m*. ◇ *comp* [ceiling, wall, façade] de OR en stuc, stuqué. ◇ *vt* stuquer.

**stuck** [stʌk] ◇ *pt & pp* → **stick**. ◇ *adj* **-1.** [jammed – window, mechanism] coincé, bloqué; [– vehicle, lift] bloqué; he got his hand ~ inside the jar il s'est pris OR coincé la main dans le pot; to get ~ in the mud s'embourber; to get ~ in the sand s'enliser; to be OR to get ~ in traffic être coincé OR bloqué dans les embouteillages ‖ [stranded] coincé, bloqué; they were OR they got ~ at the airport overnight ils sont restés bloqués OR ils ont dû passer toute la nuit à l'aéroport. **-2.** [in difficulty]: if you get ~ go on to the next question si tu sèches, passe à la question suivante; he's never ~ for an answer il a toujours réponse à tout; to be ~ for money être à court d'argent. **-3.** [in an unpleasant situation, trapped] coincé; to be ~ in a boring/dead-end job avoir un boulot ennuyeux/sans avenir. **-4.** *inf* [lumbered]: as usual I got ~ with (doing) the washing-up comme d'habitude, c'est moi qui me suis tapé la vaisselle; he was ~ with the nickname "Teddy" le surnom de "Teddy" lui est resté; it's not a very good car but we're ~ with it ce n'est pas génial comme voiture, mais on n'a pas le choix. **-5.** *inf* [fond, keen]: to be ~ on sb en pincer pour qqn. **-6.** *Br inf phr*: he got ~ into his work il s'est mis au travail; get ~ in! allez-y!

**stuck-up** *adj inf* bêcheur, snob.

**stud** [stʌd] (*pt & pp* **studded**, *cont* **studding**) ◇ *n* **-1.** [nail, spike] clou *m* (*à grosse tête*); [decorative] clou *m* (*décoratif*); [on shoe] clou *m* (*à souliers*), caboche *f*; [on belt] clou *m*; [on football boots, track shoes] crampon *m*; [on tyre] clou *m*. **-2.** [earring]= **stud earring**. **-3.** [on roadway] catadioptre *m*. **-4.** [on shirt] agrafe *f* (*servant à fermer un col, un plastron etc*). **-5.** TECH [screw] goujon *m*; [pin, pivot] tourillon *m*; [lug] ergot *m*. **-6.** CONSTR montant *m*. **-7.** [on chain] étai *m*. **-8.** [reproduction] monte *f*; to put a stallion (out) to ~ mener un étalon à la monte; to be at ~ saillir. **-9.** [stud farm] haras *m*. **-10.** [stallion] étalon *m*. **-11.** ▽ [man – gen] mec *m*; [promiscuous man] tombeur *m*; [lover] jules *m*. ◇ *vt* [shoes, belt] clouter; [door, chest] clouter, garnir de clous.

**studded** ['stʌdɪd] *adj* **-1.** [tyre, belt, jacket] clouté. **-2.** [spangled]: a crown ~ with jewels une couronne émaillée de pierres précieuses; the sky was ~ with stars le ciel était parsemé d'étoiles.

**-studded** *in cpds*: diamond~ émaillé de diamants; star~ [sky] parsemé d'étoiles; [show] plein de vedettes.

**stud earring** *n* clou *m* d'oreille.

**student** ['stjuːdnt] ◇ *n* UNIV étudiant *m*, -e *f*; SCH élève *mf*, lycéen *m*, -enne *f*; she's a biology ~ OR a ~ of biology elle étudie la biologie OR est étudiante en biologie. ◇ *comp* [life] d'étudiant, estudiantin; [hall of residence, canteen] universitaire; [participation] UNIV étudiant; SCH des élèves; [power, union] étudiant; [protest] UNIV d'étudiants, étudiant; SCH d'élèves, de lycéens; [attitudes] UNIV des étudiants; SCH des élèves.

**student card** *n* carte *f* d'étudiant.

**student grant** *n* bourse *f* (d'études).

**student hostel** *n* résidence *f* universitaire.

**student nurse** *n* élève *m* infirmier, élève *f* infirmière.

**studentship** ['stjuːdntʃɪp] *n Br* bourse *f* (d'études).

**students' union** *n* **-1.** [trade union] syndicat *m* OR union *f* des étudiants. **-2.** [premises] ≈ foyer *m* des étudiants.

**student teacher** *n* [in primary school] instituteur *m*, -trice *f* stagiaire; [in secondary school] professeur *m* stagiaire.

**stud farm** *n* haras *m*.

**studied** ['stʌdɪd] *adj* [ease, politeness, indifference] étudié; [insult, rudeness, negligence] délibéré; [elegance] recherché; [manner, pose] étudié, affecté; he wore a look of ~ boredom il affichait l'ennui.

**studio** ['stjuːdɪəʊ] (*pl* **studios**) *n* [gen, CIN & RADIO] studio *m*.

**studio apartment** *n Am* studio *m*.

**studio audience** *n* public *m* (*présent lors de la diffusion ou de l'enregistrement d'une émission*).

**studio couch** *n* canapé-lit *m*, canapé *m* convertible.

**studio flat** *n Br* studio *m*.

**studious** ['stjuːdjəs] *adj* **-1.** [diligent – person] studieux, appliqué; [painstaking – attention, effort] soutenu; [– piece of work] soigné, sérieux. **-2.** [deliberate – indifference] délibéré, voulu.

**studiously** ['stjuːdjəslɪ] *adv* **-1.** [diligently – prepare, work, examine] minutieusement, soigneusement. **-2.** [deliberately] d'une manière calculée OR délibérée; ~ indifferent d'une indifférence feinte.

**study** ['stʌdɪ] (*pt & pp* **studied**, *pl* **studies**) ◇ *vt* **-1.** [gen, SCH & UNIV] étudier; she's studying medicine/history elle fait des études de médecine/d'histoire, elle est étudiante en médecine/histoire. **-2.** [examine – plan, evidence, situation] étudier, examiner; [observe – expression, reactions] étudier, observer attentivement; [– stars] observer. ◇ *vi* [gen] étudier; SCH & UNIV étudier, faire ses études; she's ~ing to be an architect elle fait des études pour devenir architecte OR des études d'architecture; to be ~ing for a degree in history il étudie dans le but d'obtenir un diplôme d'histoire; to ~ for an exam préparer un examen; I studied under her at university je suivais ses cours à l'université. ◇ *n* **-1.** [gen] étude *f*; he sets aside one day a week for ~ il consacre un jour par semaine à ses études; her thesis is a ~ of multiracial communities sa thèse est une étude des communautés OR sur les communautés multiraciales. **-2.** [room] bureau *m*, cabinet *m* de travail. **-3.** ART, MUS & PHOT étude *f*. ◇ *comp* [hour, period, room] d'étude; ~ tour voyage *m* d'étude.

♦ **studies** *npl* SCH & UNIV études *fpl*; the School of Oriental Studies l'Institut des Études orientales.

**study group** *n* groupe *m* de travail OR d'étude.

**stuff** [stʌf] ◇ *n* (U) **-1.** *inf* [indefinite sense – things] choses *fpl*, trucs *mpl*; [– substance] substance *f*, matière *f*; he writes some good ~ il écrit de bons trucs; what's that sticky ~ in the sink? qu'est-ce que c'est que ce truc gluant dans l'évier?; they go climbing and sailing and ~ like that ils font de l'escalade, de la voile et des trucs du même genre; I used to drink whisky but now I never touch the ~ avant, je buvais du whisky, mais maintenant je n'y touche plus; no thanks, I can't stand the ~ non merci, j'ai horreur de ça; this mustard is strong ~ cette moutarde est forte; the book is strong ~ [sexually explicit] ce livre n'est pas à mettre entre toutes les mains; [depressing] ce livre est dur; she's a nice bit of ~! c'est un canon!**-2.** *inf & pej* [rubbish, nonsense] bêtises *fpl*, sottises *fpl*; don't give me all that ~ about the British Empire! passe-moi le topo débile sur l'empire britannique!; do you call that ~ art/music? vous appelez ça de l'art/de la musique?**-3.** *inf* [possessions] affaires *fpl*; clear all that ~ off the table! enlève tout ce bazar de sur la table!; have you packed all your ~? est-ce que tu as fini de faire tes bagages? ‖ [equipment] affaires *fpl*, matériel *m*; where's my shaving/fishing ~? où est mon matériel de rasage/de pêche? **-4.** *inf phr*: to do one's ~ faire ce qu'on a à faire; that's the ~! c'est ça!, allez-y!; to know one's ~ connaître son affaire. **-5.** *lit* [essence] étoffe *f*; he's the ~ that heroes are made of c'est de l'étoffe dont sont faits les héros. **-6.** ▽ *drugs sl* came *f*.**-7.** *arch* [fabric] étoffe *f* (de laine). ◇ *vt* **-1.** *inf* [shove] fourrer; [expressing anger, rejection etc]: he told me I could ~ my report ▽ il m'a dit qu'il se foutait pas mal de mon rapport; you can ~ that idea!▽ tu sais où tu peux te la mettre, ton idée!; get ~ed!▽ va te faire voir!; ~ him!▽ il peut aller se faire voir!**-2.** *inf* [cram, pack full] bourrer; their house is ~ed with souvenirs from India leur maison est bourrée de souvenirs d'Inde; her head is ~ed with useless information elle a la tête farcie de renseignements inutiles. **-3.** [plug – gap] boucher. **-4.** [cushion, armchair] rembourrer; ~ed with foam rembourré de mousse. **-5.** CULIN farcir; ~ed with sausagemeat farci de chair à saucisse. **-6.** [in taxidermy – animal, bird] empailler. **-7.** *inf* [with food]: to ~ o.s. OR one's face▽ bâfrer, s'empiffrer; to ~ o.s. with cake s'empiffrer de gâteau; I'm ~ed je n'ai plus faim. **-8.** *Am* POL [ballot box] remplir de bulletins de votes truqués.

♦ **stuff up** *vt sep* [block] boucher; my nose is all ~ed up j'ai le nez complètement bouché.

**stuffed** [stʌft] *adj* **-1.** CULIN farci. **-2.** [chair, cushion] rembourré.

**stuffed animal** *n Br* [mounted] animal *m* empaillé; *Am* [toy] peluche *f.*

**stuffed shirt** *n* prétentieux *m*, -euse *f.*

**stuffily** ['stʌfılı] *adv* [say, reply] d'un ton désapprobateur.

**stuffing** ['stʌfıŋ] *n* **-1.** [for furniture, toys] rembourrage *m*, bourre *f*; [for clothes] rembourrage *m*; [in taxidermy] paille *f*; to knock the ~ out of sb *inf* [in fight] casser la figure à qqn. **-2.** CULIN farce *f.*

**stuffy** ['stʌfı] *(compar* **stuffier***, superl* **stuffiest)** *adj* **-1.** [room] mal aéré, mal ventilé, qui sent le renfermé; it's terribly ~ in here [stale] ça sent terriblement le renfermé ici; [stifling] on manque d'air OR on étouffe ici. **-2.** *pej* [person – prim] collet monté *(inv)*; [– old-fashioned] vieux jeu *(inv)*; [atmosphere, reception] guindé. **-3.** [dull – book, subject, lecture] ennuyeux. **-4.** [nose] bouché.

**stultify** ['stʌltıfaı] *(pt & pp* **stultified)** *vt* [make stupid] abrutir; [stifle – creativity, talent] étouffer.

**stultifying** ['stʌltıfaıŋ] *adj* [work] abrutissant, assommant; [atmosphere] abrutissant, débilitant.

**stumble** ['stʌmbl] ◇ *vi* **-1.** [person] trébucher, faire un faux pas; [horse] broncher, faire un faux pas; he ~d over the toys in the hall il a trébuché sur les jouets dans le couloir; to ~ along/in/out avancer/entrer/sortir en trébuchant; he was stumbling about in the dark il avançait en trébuchant dans le noir. **-2.** [in speech] trébucher; to ~ over a long word trébucher sur un mot long; he managed to ~ through his lecture c'est d'une voix mal assurée qu'il a finalement prononcé son cours. ◇ *n* **-1.** [in walking] faux pas *m*.**-2.** [in speech]: she read the poem without a ~ elle a lu le poème sans se tromper OR sans se reprendre une seule fois.

♦ **stumble across, stumble on, stumble upon** *vt insep* **-1.** [meet] rencontrer par hasard, tomber sur. **-2.** [discover] trouver par hasard, tomber sur.

**stumbling block** ['stʌmblıŋ-] *n* pierre *f* d'achoppement.

**stump** [stʌmp] ◇ *n* **-1.** [of tree] chicot *m*, souche *f*.**-2.** [of limb, tail] moignon *m*; [of tooth] chicot *m*; [of pencil, blade] (petit) bout *m*.**-3.** *Am* POL estrade *f* (*d'un orateur politique*); to be OR to go on the ~ faire une tournée électorale. ◇ *vt* **-1.** *inf* [bewilder] laisser perplexe; [with question] coller; I'm ~ed [don't know answer] je suis sec; [don't know what to do] je ne sais pas quoi faire; she's ~ed for an answer [in quiz] elle ne connaît pas la réponse; [for solution] elle ne trouve pas de solution. **-2.** *Am* POL [constituency, state] faire une tournée électorale dans. ◇ *vi* **-1.** [walk heavily] marcher d'un pas lourd; to ~ in/out [heavily] entrer/sortir d'un pas lourd. **-2.** *Am* POL faire une tournée électorale.

♦ **stumps** *npl inf* [legs] quilles *fpl.*

♦ **stump up** *Br inf* ◇ *vi insep* casquer. ◇ *vt sep* [money] cracher, aligner; [deposit] payer.

**stumpy** ['stʌmpı] *(compar* **stumpier***, superl* **stumpiest)** *adj* [person] boulot, courtaud; [arms, legs] court et épais; [tail] tronqué.

**stun** [stʌn] *(pt & pp* **stunned***, cont* **stunning)** *vt* **-1.** [knock out] assommer. **-2.** *fig* [astonish] abasourdir, stupéfier.

**stung** [stʌŋ] *pt & pp→* **sting.**

**stun gun** *n* fusil *m* paralysant.

**stunk** [stʌŋk] *pp→* **stink.**

**stunned** [stʌnd] *adj* **-1.** [knocked out] assommé. **-2.** *fig* abasourdi, stupéfait; she was ~ by the news la nouvelle l'a abasourdie.

**stunner** ['stʌnər] *n inf* [woman] fille *f* superbe; [car] voiture *f* fantastique.

**stunning** ['stʌnıŋ] *adj* **-1.** [blow] étourdissant. **-2.** [astounding – news, event] stupéfiant, renversant; [beautiful – dress, car] fantastique; [– woman, figure] superbe.

**stunningly** ['stʌnıŋlı] *adv* remarquablement, incroyablement; ~ beautiful d'une beauté éblouissante.

**stunt** [stʌnt] ◇ *n* **-1.** [feat] tour *m* de force, exploit *m* spectaculaire; [in plane] acrobatie *f* (aérienne). **-2.** [by stunt man] cascade *f*; to do a ~ [in plane] faire des acrobaties; [stunt man] faire une cascade. **-3.** [trick] truc *m*; [hoax] farce *f*, canular *m*; to pull a ~ faire un canular OR une farce; publicity ~ coup *m* de pub. **-4.** [plant] plante *f* chétive OR rabougrie; [animal] animal *m* dont la croissance a été freinée. ◇ *comp*: ~ driver

conducteur *m* cascadeur, conductrice *f* cascadeuse; ~ pilot aviateur *m*, -trice *f* qui fait des cascades, spécialiste *mf* de l'acrobatie aérienne. ◇ *vi* **-1.** AÉRON faire des acrobaties. **-2.** CIN & TV faire des cascades. ◇ *vt* [impede – growth, development] retarder; [– person] freiner OR retarder la croissance de; [– intelligence] freiner le développement de.

**stunted** ['stʌntıd] *adj* [person] chétif; [plant] chétif, rabougri; [growth, intelligence] retardé.

**stunt man** *n* cascadeur *m.*

**stunt woman** *n* cascadeuse *f.*

**stupefaction** [,stju:pı'fækʃn] *n* stupéfaction *f*, stupeur *f.*

**stupefied** ['stju:pıfaıd] *adj* stupéfait.

**stupefy** ['stju:pıfaı] *(pt & pp* **stupefied)** *vt* **-1.** [subj: alcohol, drugs, tiredness] abrutir; [subj: blow] assommer, étourdir. **-2.** [astound] stupéfier, abasourdir.

**stupefying** ['stju:pıfaıŋ] *adj* stupéfiant.

**stupendous** [stju:'pendəs] *adj* [amount, achievement, talent] extraordinaire, prodigieux; [event] prodigieux, extraordinaire; [book, film] extraordinaire.

**stupid** ['stju:pıd] ◇ *adj* **-1.** [foolish] stupide, bête; he's always saying/doing ~ things il dit/fait sans arrêt des bêtises. **-2.** *lit* [from alcohol, drugs, sleep] abruti, hébété; [from blow] étourdi; to drink o.s. ~ s'abrutir d'alcool. **-3.** *inf* [wretched, confounded] maudit, fichu. ◇ *n inf* bêta *m*, -asse *f*, idiot *m*, -e *f.*

**stupidity** [stju:'pıdətı] *(pl* **stupidities)** *n* stupidité *f*, bêtise *f*, sottise *f.*

**stupidly** ['stju:pıdlı] *adv* stupidement, bêtement; I ~ forgot to phone them je suis bête, j'ai oublié de leur téléphoner.

**stupor** ['stju:pər] *n* stupeur *f*, abrutissement *m*; to be in a drunken ~ être abruti par l'alcool.

**sturdily** ['stɜ:dılı] *adv* **-1.** [solidly] solidement, robustement; to be ~ built [person] être costaud OR bien bâti; [toys, furniture, equipment] être solide; [house] être de construction solide, être robuste. **-2.** [firmly – deny, refuse, oppose] énergiquement, vigoureusement.

**sturdiness** ['stɜ:dınıs] *n* **-1.** [solidity] solidité *f*, robustesse *f*.**-2.** [firmness] fermeté *f.*

**sturdy** ['stɜ:dı] *(compar* **sturdier***, superl* **sturdiest)** *adj* **-1.** [robust – person] robuste, vigoureux; [– limbs] robuste; [– table, tree, shoes] robuste, solide. **-2.** [firm – denial, defence, opposition, support] énergique, vigoureux; [– voice] ferme.

**sturgeon** ['stɜ:dʒən] *(pl inv) n* esturgeon *m.*

**stutter** ['stʌtər] ◇ *n* bégaiement *m*; to speak with a OR to have a ~ bégayer, être bègue. ◇ *vi* bégayer. ◇ *vt*: to ~ (out) bégayer, bredouiller.

**stutterer** ['stʌtərər] *n* bègue *mf.*

**stuttering** ['stʌtərıŋ] ◇ *n* bégaiement *m.* ◇ *adj* bègue, qui bégaie.

**sty** [staı] *(pl* **sties)** *n* **-1.** [for pigs] porcherie *f*.**-2.** = **stye.**

**stye** [staı] *n* orgelet *m*, compère-loriot *m.*

**style** [staıl] ◇ *n* **-1.** [manner] style *m*, manière *f*; ART, LITERAT & MUS style *m*; ~ of life mode *m* de vie; I don't like his ~ of dressing je n'aime pas sa façon de s'habiller; they've adopted a new management ~ [approach] ils ont adopté un nouveau style de gestion; they danced the charleston, 1920s ~ ils ont dansé le charleston comme on le dansait dans les années vingt. **-2.** [fashion – in clothes] mode *f*; to be dressed in the latest ~ être habillé à la dernière mode ‖ [model, design] modèle *m*; all the latest ~s tous les derniers modèles. **-3.** [elegance – of person] allure *f*, chic *m*; [– of dress, picture, building, film] style *m*; she's got real ~ elle a vraiment de l'allure OR du chic; to live in ~ mener grand train, vivre dans le luxe; he likes to do things in ~ il aime faire bien les choses; they made their entrance in great ~ ils ont fait une entrée très remarquée. **-4.** [type] genre *m*; I wouldn't have thought cheating was your ~ je n'aurais jamais pensé que c'était ton genre de tricher; that's the ~! c'est ça!, bravo! **-5.** TYPO [in editing] style *m*; house ~ style de la maison. **-6.** *Br fml* [title] titre *m.***-7.** BOT style *m.***-8.** = **stile.** ◇ *vt* **-1.** [call] appeler, désigner; she ~s herself 'countess' elle se fait appeler «comtesse». **-2.** [design – dress, jewel, house] créer, dessiner; to ~ sb's hair coiffer qqn; ~d for comfort and elegance conçu pour le confort et l'élégance. **-3.** PRESS & TYPO [manuscript] mettre au point *(selon les précisions stylistiques de l'éditeur).*

**-style** *in cpds* dans le style de; baroque~ architecture architecture *f* de style baroque, baroque *m*.

**styli** ['staɪlaɪ] *pl→* **stylus**.

**styling** ['staɪlɪŋ] *n* [of dress] forme *f*, ligne *f*; [of hair] coupe *f*; [of car] ligne *f*; ~ **gel** gel *m* coiffant; ~ **mousse** mousse *f* coiffante.

**stylish** ['staɪlɪʃ] *adj* [person] élégant, chic *(inv)*; [clothes, hotel, neighbourhood] élégant, chic *(inv)*; [book, film] qui a du style.

**stylishly** ['staɪlɪʃlɪ] *adv* [dress] avec chic, avec allure, élégamment; [live] élégamment; [travel] dans le luxe; [write] avec style OR élégance.

**stylishness** ['staɪlɪʃnɪs] *n* chic *m*, élégance *f*.

**stylist** ['staɪlɪst] *n* **-1.** [designer – for clothes] styliste *mf* (de mode), modéliste *mf*; [– for cars, furniture] styliste *mf*; (hair) ~ coiffeur *m*, -euse *f*. **-2.** ART & LITERAT styliste *mf*.

**stylistic** [staɪ'lɪstɪk] *adj* ART, LITERAT & LING stylistique.

**stylistically** [staɪ'lɪstɪklɪ] *adv* d'un point de vue stylistique.

**stylistics** [staɪ'lɪstɪks] *n* (U) stylistique *f*.

**stylize, -ise** ['staɪlaɪz] *vt* styliser.

**stylized** ['staɪlaɪzd] *adj* stylisé.

**stylus** ['staɪləs] *(pl* **styluses** OR **styli** [-laɪ]*) n* [on record player] saphir *m*; [tool] style *m*, stylet *m*.

**stymie** ['staɪmɪ] ◇ *vt* **-1.** [in golf] barrer le trou à. **-2.** *inf* & *fig* [person] coincer; [plan] ficher en l'air. ◇ *n* [in golf] trou *m* barré; *fig* obstacle *m*, entrave *f*.

**styptic** ['stɪptɪk] ◇ *adj* styptique. ◇ *n* styptique *m*.

**styptic pencil** *n* crayon *m* hémostatique.

**Styria** ['stɪrɪə] *pr n* Styrie *f*.

**Styrofoam**® ['staɪrəfəʊm] *n* polystyrène *m* expansé.

**Styx** [stɪks] *pr n*: the (River) ~ le Styx.

**suave** [swɑːv] *adj* **-1.** [polite, charming] poli; *pej* [smooth] doucereux, mielleux, onctueux. **-2.** [elegant] élégant, chic.

**suavely** ['swɑːvlɪ] *adv* **-1.** [politely, charmingly] poliment; *pej* [smoothly] mielleusement. **-2.** [elegantly] avec élégance.

**suaveness** ['swɑːvnɪs], **suavity** ['swɑːvətɪ] *n* **-1.** [politeness, charm] politesse *f*; *pej* manières *fpl* doucereuses. **-2.** [elegance] élégance *f*.

**sub** [sʌb] *(pt & pp* **subbed**, *cont* **subbing)** ◇ *n* **-1.** *abbr of* **submarine**. **-2.** *abbr of* **subeditor**. **-3.** *abbr of* **subscription**. **-4.** *abbr of* **substitute**. ◇ *vi* & *vt* **-1.** *abbr of* **subcontract**. **-2.** *abbr of* **subedit**.

**sub-** *in cpds* sub-, sous; to run a ~four minute mile courir le mile en moins de quatre minutes.

**subalpine** [ˌsʌb'ælpaɪn] *adj* subalpin.

**subaltern** ['sʌbltən] ◇ *n* **-1.** *Br* MIL officier de l'armée de terre d'un rang inférieur à celui de capitaine. **-2.** [subordinate – gen] subalterne *mf*, subordonné *m*, -e *f*. ◇ *adj* subalterne.

**sub-aqua** [-'ækwə] *adj* sous-marin, subaquatique.

**subaquatic** [ˌsʌbə'kwætɪk] *adj* subaquatique.

**subarctic** [ˌsʌb'ɑːktɪk] ◇ *adj* **-1.** GEOG subarctique. **-2.** [very cold – weather] glacial, arctique. ◇ *n* zone *f* subarctique.

**subatomic** [ˌsʌbə'tɒmɪk] *adj* subatomique.

**subcategory** ['sʌb,kætəgərɪ] *(pl* **subcategories)** *n* sous-catégorie *f*.

**subclass** ['sʌbklɑːs] *n* sous-classe *f*.

**subclinical** [ˌsʌb'klɪnɪkl] *adj* infraclinique.

**subcommittee** ['sʌbkə,mɪtɪ] *n* sous-comité *m*, sous-commission *f*.

**subcompact** [ˌsʌbkəm'pækt] *n Am* (très) petite voiture *f*.

**subconscious** [ˌsʌb'kɒnʃəs] ◇ *adj* subconscient; the ~ mind le subconscient. ◇ *n* subconscient *m*.

**subconsciously** [ˌsʌb'kɒnʃəslɪ] *adv* d'une manière subconsciente, inconsciemment.

**subcontinent** [ˌsʌb'kɒntɪnənt] *n* sous-continent *m*; the (Indian) Subcontinent le sous-continent indien.

**subcontract** [*vb* ˌsʌbkən'trækt, *n* sʌb'kɒntrækt] ◇ *vt* [pass on] (faire) sous-traiter; they ~ some of the work (out) to local firms ils sous-traitent une partie du travail à des entreprises locales. ◇ *vi* travailler en sous-traitance. ◇ *n* (contrat *m* de) sous-traitance *f*.

**subcontracting** [ˌsʌbkən'træktɪŋ] *adj* sous-traitant.

**subcontractor** [ˌsʌbkən'træktər] *n* sous-traitant *m*.

**subcortex** [ˌsʌb'kɔːteks] *n* zone *f* (cérébrale) sous-corticale.

**subculture** ['sʌb,kʌltʃər] *n* **-1.** [gen & SOCIOL] subculture *f*. **-2.** BIOL culture *f* repiquée OR secondaire.

**subcutaneous** [ˌsʌbkjuː'teɪnjəs] *adj* sous-cutané.

**subcutaneously** [ˌsʌbkjuː'teɪnjəslɪ] *adv* de manière sous-cutanée.

**subdivide** [ˌsʌbdɪ'vaɪd] ◇ *vt* subdiviser. ◇ *vi* se subdiviser.

**subdivision** [ˌsʌbdɪ'vɪʒn] *n* subdivision *f*.

**subdominant** [ˌsʌb'dɒmɪnənt] *n* BIOL & MUS sous-dominante *f*.

**subdue** [səb'djuː] *vt* **-1.** [country, tribe] assujettir, soumettre; [rebels] soumettre; [rebellion] réprimer. **-2.** [feelings, passions] refréner, maîtriser; [fears, anxiety] apaiser.

**subdued** [səb'djuːd] *adj* **-1.** [person] silencieux; [mood] sombre; [emotion, feeling] contenu; [audience] peu enthousiaste; it was rather a ~ gathering ce fut un rassemblement plutôt sombre. **-2.** [voice, sound] bas; [conversation] à voix basse. **-3.** [light, lighting] tamisé, atténué; [colours] sobre.

**subedit** [ˌsʌb'edɪt] ◇ *vt* corriger, préparer pour l'impression. ◇ *vi* travailler comme secrétaire de rédaction.

**subeditor** [ˌsʌb'edɪtər] *n* secrétaire *mf* de rédaction.

**subentry** [ˌsʌb'entrɪ] *(pl* **subentries)** *n* sous-entrée *f*.

**subequatorial** ['sʌb,ekwə'tɔːrɪəl] *adj* subéquatorial.

**subgroup** ['sʌbgruːp] *n* sous-groupe *m*.

**subhead** ['sʌbhed], **subheading** ['sʌb,hedɪŋ] *n* [title] sous-titre *m*; [division] paragraphe *m*.

**subhuman** [ˌsʌb'hjuːmən] ◇ *adj* [intelligence] limité; [crime] brutal, bestial; to live in ~ conditions vivre dans des conditions terribles OR inhumaines. ◇ *n* sous-homme *m*.

**subject** [*n, adj & part* 'sʌbdʒekt, *vb* səb'dʒekt] ◇ *n* **-1.** [topic] sujet *m*; on the ~ of au sujet de, à propos de; let's come OR get back to the ~ revenons à nos moutons; don't try and change the ~ n'essaie pas de changer de conversation OR de sujet; let's drop the ~ parlons d'autre chose; while we're on the ~ à (ce) propos; while we're on the ~ of holidays puisque nous parlons de vacances. **-2.** [in letters and memos]: ~: recruitment of new staff objet: recrutement de personnel. **-3.** ART, LITERAT & PHOT sujet *m*. **-4.** GRAMM & PHILOS sujet *m*. **-5.** SCH & UNIV matière *f*, discipline *f*; [field] domaine *m*; I was always better at science ~s j'ai toujours été plus fort en sciences; it's not really my ~ ce n'est pas vraiment mon domaine. **-6.** POL sujet *m*, -ette *f*; she is a British ~ c'est une ressortissante britannique; foreign ~s ressortissants *mpl* étrangers. **-7.** MED & PSYCH [of test] sujet *m*. **-8.** [cause] sujet *m*, motif *m*, raison *f*; he was the ~ of much comment il a été l'objet de nombreux commentaires. ◇ *adj* **-1.** [subordinate] dépendant; they are ~ to my authority ils sont placés sous mon autorité, ils dépendent de moi; we are all ~ to the rule of law nous sommes tous soumis à la loi. **-2.** [liable, prone]: ~ to sujet à; ~ to attack exposé à l'attaque; the terms are ~ to alteration without notice les termes peuvent être modifiés sans préavis; ~ to tax imposable; the price is ~ to a handling charge les frais de manutention sont en sus. ◇ *vt* **-1.** [country, people] soumettre, assujettir. **-2.** [expose]: to ~ to soumettre à; they ~ all applicants to lengthy testing procedures ils font passer de longs examens à tous les candidats; I refuse to ~ anyone to such indignities je refuse de faire subir de tels affronts à qui que ce soit.

◆ **subject to** *prep phr* [save for] sous réserve de, sauf; [conditional upon] à condition de; ~ to your passing the exam à condition de réussir OR à condition que vous réussissiez l'examen.

**subject catalogue** *n* fichier *m* par matières.

**subjection** [səb'dʒekʃn] *n* **-1.** [act of subjecting] assujettissement *m*. **-2.** [state of being subjected] sujétion *f*, assujettissement *m*, soumission *f*.

**subjective** [səb'dʒektɪv] ◇ *adj* **-1.** [viewpoint, argument, criticism] subjectif. **-2.** GRAMM [pronoun, case] sujet; [genitive] subjectif. **-3.** MED [symptom] subjectif. ◇ *n* GRAMM (cas *m*) sujet *m*, nominatif *m*.

**subjectively** [səb'dʒektɪvlɪ] *adv* subjectivement.

**subjectivism** [səb'dʒektɪvɪzm] *n* subjectivisme *m*.

**subjectivity** [ˌsʌbdʒek'tɪvətɪ] *n* subjectivité *f*.

**subject matter** *n* [topic] sujet *m*, thème *m*; [substance] substance *f*, contenu *m*.

**sub judice** [-'dʒuːdɪsɪ] *adj* en instance, pendant.

**subjugate** [ˈsʌbdʒʊgeɪt] vt **-1.** [people, tribe, country] assujettir, soumettre; [rebels] soumettre. **-2.** [feelings] dompter; [reaction] réprimer.

**subjugation** [ˌsʌbdʒʊˈgeɪʃn] n soumission f, assujettissement m.

**subjunctive** [səbˈdʒʌŋktɪv] ◇ adj subjonctif; ~ mood mode m subjonctif. ◇ n subjonctif m; in the ~ au subjonctif.

**sublease** [ˌsʌbˈliːs] ◇ n sous-location f. ◇ vt sous-louer.

**sublet** [ˌsʌbˈlet] (pt & pp **sublet**, cont **subletting**) ◇ vt sous-louer. ◇ n sous-location f.

**sublieutenant** [ˌsʌblefˈtenənt] n Br ≃ enseigne m de vaisseau deuxième classe.

**sublimate** [vb ˈsʌblɪmeɪt, n ˈsʌblɪmət] ◇ vt [gen, CHEM & PSYCH] sublimer. ◇ n CHEM sublimé m.

**sublimation** [ˌsʌblɪˈmeɪʃn] n sublimation f.

**sublime** [səˈblaɪm] ◇ adj **-1.** [noble, inspiring] sublime. **-2.** inf [very good] génial, sensationnel. **-3.** [utter – disregard, contempt, ignorance] suprême, souverain. ◇ n: the ~ le sublime; from the ~ to the ridiculous du sublime au grotesque. ◇ vt sublimer.

**sublimely** [səˈblaɪmlɪ] adv complètement, totalement.

**subliminal** [ˌsʌbˈlɪmɪnl] adj infraliminaire, subliminaire, subliminal; ~ advertising publicité f subliminale OR invisible.

**submachine gun** [ˌsʌbməˈʃiːn-] n mitraillette f.

**submarine** [ˌsʌbməˈriːn] ◇ n sous-marin m. ◇ adj sous-marin.

**submariner** [sʌbˈmærɪnəʳ] n sous-marinier m.

**submediant** [ˌsʌbˈmiːdjənt] n sus-dominante f, sixte f.

**submerge** [səbˈmɜːdʒ] ◇ vt **-1.** [plunge] submerger, immerger; to ~ o.s. in work fig se plonger dans le travail. **-2.** [flood] submerger, inonder. ◇ vi [submarine] plonger.

**submerged** [səbˈmɜːdʒd] adj submergé.

**submersible** [səbˈmɜːsəbl] ◇ adj submersible. ◇ n submersible m.

**submersion** [səbˈmɜːʃn] n **-1.** [in liquid] immersion f; [of submarine] plongée f. **-2.** [flooding] inondation f.

**submission** [səbˈmɪʃn] n **-1.** [yielding] soumission f; to beat sb into ~ réduire qqn par la violence. **-2.** [submissiveness] soumission f, docilité f. **-3.** [referral – gen] soumission f; JUR [of case] renvoi m. **-4.** [proposition, argument – gen] thèse f; JUR plaidoirie f; her ~ is that... elle soutient que... **-5.** [in wrestling] soumission f.

**submissive** [səbˈmɪsɪv] adj soumis.

**submissively** [səbˈmɪsɪvlɪ] adv [behave, confess, accept] docilement; [yield, react] avec résignation.

**submissiveness** [səbˈmɪsɪvnɪs] n soumission f, docilité f.

**submit** [səbˈmɪt] (pt & pp **submitted**, cont **submitting**) ◇ vi **-1.** literal se rendre, se soumettre. **-2.** fig se soumettre, se plier; we shall never ~ to such demands nous n'accéderons jamais à de telles exigences. ◇ vt **-1.** [propose] soumettre; I ~ that... JUR je soutiens OR je maintiens que... **-2.** [yield]: to ~ o.s. to sb/sthg se soumettre à qqn/qqch.

**subnormal** [ˌsʌbˈnɔːml] adj **-1.** [person] arriéré; educationally ~ children des enfants arriérés (du point de vue scolaire). **-2.** [temperatures] au-dessous de la normale.

**suborder** [ˈsʌbˌɔːdəʳ] n BIOL sous-ordre m.

**subordinate** [n səˈbɔːdɪnət, vt səˈbɔːdɪneɪt] ◇ n subordonné

m, -e f, subalterne mf. ◇ adj **-1.** [in rank, hierarchy] subordonné, subalterne; he is ~ to the duty officer son grade est inférieur à celui de l'officier de permanence. **-2.** [secondary] subordonné, accessoire. **-3.** GRAMM subordonné. ◇ vt subordonner.

**subordinate clause** [səˈbɔːdɪnət-] n GRAMM (proposition f) subordonnée f.

**subordinating conjunction** [səˈbɔːdɪneɪtɪŋ-] n GRAMM conjonction f de subordination.

**subordination** [səˌbɔːdɪˈneɪʃn] n subordination f.

**suborn** [sʌˈbɔːn] vt suborner.

**subplot** [ˈsʌbˌplɒt] n intrigue f secondaire.

**subpoena** [səˈpiːnə] ◇ n citation f (à comparaître en qualité de témoin), assignation f. ◇ vt citer (à comparaître en qualité de témoin).

**sub-postmaster** n Br receveur m (dans un petit bureau de poste local).

**sub-postmistress** n Br receveuse f (dans un petit bureau de poste local).

**sub-post office** n Br petit bureau m de poste local.

**subprogram** [ˈsʌbˌprəʊgræm] n COMPUT sous-programme m.

**subrogate** [ˈsʌbrəgeɪt] vt suroger.

**sub rosa** [-ˈrəʊzə] adv confidentiellement, sous le sceau du secret.

**subroutine** [ˈsʌbruːˌtiːn] n COMPUT sous-programme m.

**sub-Saharan Africa** pr n Afrique f subsaharienne.

**subscribe** [səbˈskraɪb] ◇ vi **-1.** [to magazine, service] s'abonner, être abonné; we ~ to several publications nous sommes abonnés à plusieurs publications. **-2.** [to loan, fund, campaign, share issue] souscrire; to ~ to a charity faire des dons à une œuvre de charité. **-3.** to ~ to [opinion, belief] souscrire à. ◇ vt **-1.** [donate] donner, faire don de. **-2.** fml [write – one's name, signature] apposer; [sign – document] signer.

**subscriber** [səbˈskraɪbəʳ] n **-1.** [to newspaper, service, telephone system] abonné m, -e f. **-2.** [to fund, campaign, share issue] souscripteur m, -trice f. **-3.** [to opinion, belief] partisan m, adepte mf.

**subscriber trunk dialling** n Br automatique m.

**subscript** [ˈsʌbskrɪpt] ◇ n COMPUT, MATH & TYPO indice m. ◇ adj en indice.

**subscription** [səbˈskrɪpʃn] n **-1.** [to newspaper, magazine] abonnement m; to take out a ~ to a magazine s'abonner à un magazine. **-2.** [to fund, campaign, share issue] souscription f; [to club, organization] cotisation f. **-3.** [to opinion, belief] adhésion f.

**subsection** [ˈsʌbˌsekʃn] n [of text, contract etc] article m, paragraphe m.

**subsequent** [ˈsʌbsɪkwənt] adj **-1.** [next] suivant, subséquent fml; to await ~ events attendre de connaître la suite des événements; ~ to this par la suite. **-2.** [consequent] conséquent, consécutif.

**subsequently** [ˈsʌbsɪkwəntlɪ] adv par la suite, subséquemment fml.

**subservience** [səbˈsɜːvjəns] n **-1.** [servility] servilité f. **-2.** [subjugation] asservissement m.

**subservient** [səbˈsɜːvjənt] adj **-1.** [servile] servile, obséquieux pej. **-2.** [subjugated] asservi. **-3.** [secondary] secon-

---

USAGE ▶  Changing the subject

**In conversation**

Au fait, tu as des nouvelles de Jean-Pierre?

Puisqu'on parle d'argent OR À propos d'argent, tu n'oublies pas que tu me dois 100 francs?

Ah, tant que j'y pense OR avant que j'oublie, ta mère a appelé.

Oui, comme je disais tout à l'heure...

Tout ça c'est très bien, mais il faudrait peut-être parler affaires, maintenant. [informal]

Bon, changeons de sujet! [informal]

Bon, et si on parlait d'autre chose? [informal]

**More formally**

Passons maintenant au point suivant:...

J'aimerais aborder à présent un sujet légèrement différent:...

À la suite de cette analyse, il serait intéressant de se demander si...

Au-delà de la question de..., considérons à présent le problème de... [written style]

Et maintenant, dans un tout autre ordre d'idées,... [on radio, television]

Sans transition, nous passons à... [on radio, television]

daire, accessoire.

**subset** ['sʌbset] *n* sous-ensemble *m*.

**subside** [səb'saɪd] *vi* **-1.** [abate – shooting, laughter] cesser; [– storm, rage, pain] se calmer; [recede – water] se retirer, baisser; [– danger] s'éloigner. **-2.** [sink – house, land] s'abaisser; [– wall, foundations] se tasser; [settle – sediment] se déposer.

**subsidence** [səb'saɪdns, 'sʌbsɪdns] *n* [of house, land] affaissement *m*; [of wall, foundations] tassement *m*; 'road liable to ~' ≃ 'chaussée déformée'.

**subsidiarity** [sʌb,sɪdɪ'ærɪtɪ] *n* subsidiarité *f*.

**subsidiary** [səb'sɪdjərɪ] (*pl* **subsidiaries**) ◇ *adj* [supplementary] supplémentaire, complémentaire; [secondary – question, reason] subsidiaire; [– idea, action] accessoire; ~ company filiale *f*. ◇ *n* COMM filiale *f*.

**subsidize, -ise** ['sʌbsɪdaɪz] *vt* subventionner.

**subsidy** ['sʌbsɪdɪ] (*pl* **subsidies**) *n* subvention *f*; government ~ subvention de l'État; export subsidies primes *fpl* à l'exportation.

**subsist** [səb'sɪst] *vi* subsister; they ~ on fish and rice ils vivent de poisson et de riz.

**subsistence** [səb'sɪstəns] ◇ *n* subsistance *f*, existence *f*. ◇ *comp* [wage] à peine suffisant pour vivre; [economy, farming] d'autoconsommation; to live at ~ level avoir tout juste de quoi vivre.

**subsistence allowance** *n Br* [advance] acompte *m* (*perçu avant l'engagement définitif*); [expenses] frais *mpl* (de subsistance).

**subsoil** ['sʌbsɔɪl] *n* sous-sol *m* GÉOL.

**subspecies** ['sʌb,spiːʃiːz] (*pl inv*) *n* sous-espèce *f*.

**substance** ['sʌbstəns] *n* **-1.** [matter] substance *f*; illegal ~s stupéfiants *mpl*.**-2.** [solidity] solidité *f*. **-3.** [essential part, gist] essentiel *m*, substance *f*; [basis] fond *m*.**-4.** [significance, weight] étoffe *f*, poids *m*; their claim lacks ~ leur revendication est sans fondement OR n'est pas fondée. **-5.** [wealth] richesses *fpl*; [power] pouvoir *m*; [influence] influence *f*; a woman of ~ [rich] une femme riche OR aisée; [powerful] une femme puissante; [influential] une femme influente.

◆ **in substance** *adv phr* [generally] en gros, en substance; [basically] à la base, au fond; [in brief] en substance, en somme.

**substance abuse** *n fml* abus *m* de stupéfiants.

**substandard** [,sʌb'stændəd] *adj* **-1.** [work, output] médiocre, en-dessous des niveaux requis; [meal, merchandise] de qualité inférieure; ~ housing *logements ne respectant pas les normes requises*. **-2.** LING non conforme à la norme.

**substantial** [səb'stænʃl] *adj* **-1.** [large] considérable, important; JUR [damages] élevé. **-2.** [nourishing – food] nourrissant; [– meal] solide, copieux, substantiel. **-3.** [convincing – argument, evidence] solide, convaincant. **-4.** [real, tangible] réel, substantiel; PHILOS substantiel. **-5.** [solidly built] solide. **-6.** [rich] riche, aisé; [powerful] puissant; [influential] influent; [well-established] solide, bien établi; a ~ company une société solidement implantée.

**substantially** [səb'stænʃəlɪ] *adv* **-1.** [considerably] considérablement. **-2.** [generally] en gros, en grande partie; [fundamentally] fondamentalement, au fond. **-3.** [solidly] solidement; ~ built solide. **-4.** PHILOS [as for the substance] substantiellement.

**substantiate** [səb'stænʃɪeɪt] *vt* confirmer, apporter OR fournir des preuves à l'appui de.

**substantiation** [səb,stænʃɪ'eɪʃn] *n (U)* [proof] preuve *f*; [reason] bien-fondé *m*, justification *f*.

**substantival** [,sʌbstən'taɪvl] *adj* GRAMM substantif.

**substantive** [*n* 'sʌbstəntɪv, *adj* sʌb'stæntɪv] ◇ *adj* **-1.** [real, important] substantiel; [permanent – rank] permanent; [independent – means, resources] indépendant. **-2.** GRAMM nominal. ◇ *n* GRAMM substantif *m*.

**substation** ['sʌb,steɪʃn] *n* sous-station *f*.

**substitute** ['sʌbstɪtjuːt] ◇ *n* **-1.** [person] remplaçant *m*, -e *f*.**-2.** [thing] produit *m* de remplacement OR de substitution; we'll have to find a ~ for it il faut que nous trouvions quelque chose pour le remplacer; sugar ~ édulcorant *m* de synthèse; there's no ~ for real coffee rien ne vaut le vrai café. **-3.** GRAMM terme *m* suppléant. ◇ *adj* remplaçant; ~ teacher *Am* suppléant *m*, -e *f*. ◇ *vt* [gen] substituer, remplacer; SPORT remplacer; to ~ sthg for sthg substituer qqch à

qqch; margarine may be ~d for butter on peut remplacer le beurre par de la margarine. ◇ *vi*: to ~ for sb/sthg remplacer qqn/qqch.

**substitution** [,sʌbstɪ'tjuːʃn] *n* [gen] remplacement *m*, substitution *f*; SPORT remplacement *m*.

**substrata** [,sʌb'strɑːtə] *pl*→ **substratum.**

**substrate** ['sʌbstreɪt] *n* [gen, CHEM & ELECTRON] substrat *m*.

**substratum** [,sʌb'strɑːtəm] (*pl* **substrata** [-tə]) *n* **-1.** [infrastructure, base] fond *m*.**-2.** GEOL [underlying formation] substratum *m*; [subsoil] sous-sol *m*.**-3.** LING substrat *m*.**-4.** PHOT substratum *m*.

**substructure** ['sʌb,strʌktʃər] *n* CONSTR infrastructure *f*.

**subsume** [səb'sjuːm] *vt* subsumer.

**subtenant** [,sʌb'tenənt] *n* sous-locataire *mf*.

**subtend** [səb'tend] *vt* sous-tendre.

**subterfuge** ['sʌbtəfjuːdʒ] *n* subterfuge *m*.

**subterranean** [,sʌbtə'reɪnjən] *adj* souterrain.

**subtitle** ['sʌb,taɪtl] ◇ *n* CIN, LITERAT & PRESS sous-titre *m*. ◇ *vt* sous-titrer.

**subtitled** ['sʌb,taɪtld] *adj* sous-titré, avec sous-titrage.

**subtitling** ['sʌb,taɪtlɪŋ] *n* sous-titrage *m*.

**subtle** ['sʌtl] *adj* subtil; you're not very ~, are you? la subtilité n'est vraiment pas ton fort!

**subtlety** ['sʌtltɪ] (*pl* **subtleties**) *n* **-1.** [subtleness] subtilité *f*; ~ is not one of his strong points la subtilité n'est pas son fort. **-2.** [detail, distinction] subtilité *f*.

**subtly** ['sʌtlɪ] *adv* subtilement.

**subtonic** [,sʌb'tɒnɪk] *n* sous-tonique *f*.

**subtotal** [,sʌb'təʊtl] *n* total *m* partiel.

**subtract** [səb'trækt] *vt* soustraire, déduire; ~ 52 from 110 ôtez OR retranchez 52 de 110.

**subtraction** [səb'trækʃn] *n* soustraction *f*.

**subtropical** [,sʌb'trɒpɪkl] *adj* subtropical.

**suburb** ['sʌbɜːb] *n* banlieue *f*, faubourg *m*; the London ~ of Barking Barking, dans la banlieue de Londres; in the ~s en banlieue; the outer ~s la grande banlieue.

**suburban** [sə'bɜːbn] *adj* **-1.** [street, railway, dweller] de banlieue; [population, growth] de banlieue, suburbain. **-2.** *pej* [mentality, outlook] de petit-bourgeois.

**suburbanite** [sə'bɜːbənaɪt] *n* banlieusard *m*, -e *f*.

**suburbia** [sə'bɜːbɪə] *n* la banlieue; in ~ en banlieue.

**subversion** [səb'vɜːʃn] *n* subversion *f*.

**subversive** [səb'vɜːsɪv] ◇ *adj* subversif. ◇ *n* élément *m* subversif.

**subvert** [səb'vɜːt] *vt* **-1.** [undermine – society, state, institution] subvertir *lit*, renverser. **-2.** [corrupt – individual] corrompre.

**subway** ['sʌbweɪ] *n* **-1.** *Br* [pedestrian underpass] passage *m* souterrain. **-2.** *Am* [railway] métro *m*.

**sub-zero** *adj* au-dessous de zéro.

**succeed** [sək'siːd] ◇ *vi* **-1.** [manage successfully] réussir; to ~ in doing sthg réussir OR parvenir OR arriver à faire qqch ❑ if at first you don't ~, try again *prov* si vous ne réussissez pas du premier coup, recommencez. **-2.** [work out] réussir; the first attack did not ~ la première offensive a échoué. **-3.** [do well] réussir, avoir du succès; to ~ in business/in publishing réussir dans les affaires/l'édition ❑ nothing ~s like success *prov* un succès en entraîne un autre. **-4.** [follow on] succéder; to ~ to the throne monter sur le trône. ◇ *vt* [subj: person] succéder à, prendre la suite de; I ~ed him as editor je lui ai succédé au poste de rédacteur ‖ [subj: event, thing] succéder à, suivre; as month ~ed month au fur et à mesure que les mois passaient.

**succeeding** [sək'siːdɪŋ] *adj* **-1.** [subsequent] suivant, qui suit; each ~ year chaque année qui passe. **-2.** [future] futur, à venir.

**success** [sək'ses] ◇ *n* réussite *f*, succès *m*; her ~ in the elections sa victoire aux élections; his ~ in the exam son succès à l'examen; to meet with OR to achieve ~ réussir; I wish you every ~ je vous souhaite beaucoup de succès; I had no ~ in trying to persuade them je n'ai pas réussi à les convaincre; I tried to convince them, but without ~ j'ai essayé de les convaincre, mais sans succès; to make a ~ of sthg mener qqch à bien; I haven't had much ~ in finding work mes recherches pour un emploi n'ont pas donné grand-chose; their record was a great ~ leur disque a eu un succès fou; the evening was a ~ la soirée a été réussie OR a été une réussite. ◇ *comp* [rate] de réussite, de succès.

**successful** [sək'sesfʊl] *adj* **-1.** [resulting in success – attempt, effort, plan] qui réussit; [– negotiations] fructueux; [– outcome] heureux; [– performance, mission, partnership] réussi; she was not ~ in her application for the post sa candidature à ce poste n'a pas été retenue; I was ~ in convincing them j'ai réussi OR je suis arrivé OR je suis parvenu à les convaincre; she brought the project to a ~ conclusion elle a mené le projet à bien. **-2.** [thriving – singer, record, author, book, play] à succès; [– businessman] qui a réussi; [– life, career] réussi; their first record was very ~ leur premier disque a eu un succès fou; she's a ~ businesswoman elle a réussi dans les affaires.

**successfully** [sək'sesfʊlɪ] *adv* avec succès; to do sthg ~ réussir à faire qqch.

**succession** [sək'seʃn] *n* **-1.** [series] succession *f*, suite *f*; she made three phone calls in ~ elle a passé trois coups de fil de suite; the fireworks went off in quick OR rapid ~ les feux d'artifice sont partis les uns après les autres. **-2.** [ascension to power] succession *f*; his ~ to the post sa succession au poste. **-3.** JUR [descendants] descendance *f*; [heirs] héritiers *mpl*.

**successive** [sək'sesɪv] *adj* [attempts, generations] successif; [days, years] consécutif.

**successively** [sək'sesɪvlɪ] *adv* [in turn] successivement, tour à tour, l'un/l'une après l'autre.

**successor** [sək'sesə'] *n* **-1.** [replacement] successeur *m*; I'm to be his ~ c'est moi qui dois lui succéder; she's the ~ to the throne c'est l'héritière de la couronne. **-2.** [heir] héritier *m*, -ère *f*.

**success story** *n* réussite *f*.

**succinct** [sək'sɪŋkt] *adj* succinct, concis.

**succinctly** [sək'sɪŋktlɪ] *adv* succinctement, avec concision.

**succor** *Am* = succour.

**succour** *Br*, **succor** *Am* ['sʌkə'] ◇ *n* secours *m*, aide *f*. ◇ *vt* secourir, aider.

**succubus** ['sʌkjʊbəs] (*pl* **succubi** [-baɪ]) *n* succube *m*.

**succulence** ['sʌkjʊləns] *n* succulence *f*.

**succulent** ['sʌkjʊlənt] ◇ *adj* **-1.** [tasty] succulent. **-2.** BOT succulent. ◇ *n* plante *f* grasse.

**succumb** [sə'kʌm] *vi* **-1.** [yield] succomber, céder; he ~ed to her charm il a succombé à son charme. **-2.** [die] succomber, mourir.

**such** [sʌtʃ] ◇ *det & predet* **-1.** [of the same specified kind] tel, pareil; ~ a song une telle chanson, une chanson pareille OR de ce genre; ~ songs de telles chansons, des chansons pareilles OR de ce genre; ~ weather un temps pareil OR comme ça; no ~ place exists un tel endroit n'existe pas; have you ever heard ~ a thing? avez-vous jamais entendu une chose pareille?; ~ a thing is unheard-of ce genre de chose est sans précédent; I said no ~ thing! je n'ai rien dit de tel OR de la sorte!; you'll do no ~ thing! il n'en est pas question! ‖ [followed by 'as']: there is no ~ thing as magic la magie n'existe pas; we will take ~ steps as are considered necessary nous prendrons toutes les mesures nécessaires; I'm not ~ a fool as to believe him! je ne suis pas assez bête pour le croire!; ~ money as we have le peu d'argent que nous avons ‖ [followed by 'that']: their timetable is ~ that we never see them leur emploi du temps est tel que nous ne les voyons jamais. **-2.** [as intensifier] tel; my accounts are in ~ a mess! mes comptes sont dans un de ces états!; she has ~ courage! elle a un de ces courages!; it's ~ a pity you can't come! c'est tellement dommage que vous ne puissiez pas venir!; ~ tall buildings des immeubles aussi hauts; ~ a handsome man un si bel homme; I didn't realize it was ~ a long way je ne me rendais pas compte que c'était si loin; I've never read ~ beautiful poetry je n'ai jamais lu de si belle poésie ‖ [followed by 'that']: he was in ~ pain that he fainted il souffrait tellement qu'il s'est évanoui. ◇ *pron*: ~ is the power of the media voilà ce que peuvent faire les médias; ~ were my thoughts last night voilà où j'en étais hier soir; ~ is life! c'est la vie!

◆ **and such** *adv phr* et d'autres choses de ce genre OR de la sorte.

◆ **as such** *adv phr* [strictly speaking] en soi; [in that capacity] en tant que tel, à ce titre; she doesn't get a salary as ~ elle n'a pas de véritable salaire OR pas de salaire à proprement parler; have they offered you more money? — well, not as ~ vous ont-ils proposé plus d'argent? — pas véritablement; she's an adult and as ~ she has rights elle est majeure et en tant que telle elle a des droits.

◆ **such and such** *predet phr* tel.

◆ **such as** *prep phr* tel que, comme; I can think of lots of reasons — ~ as? je vois beaucoup de raisons — comme quoi par exemple?

◆ **such as it is, such as they are** *adv phr*: and this is my study, ~ as it is et voici ce que j'appelle mon bureau; I'll give you my opinion, ~ as it is je vais vous donner mon avis, prenez-le pour ce qu'il vaut.

**suchlike** ['sʌtʃlaɪk] ◇ *adj* semblable, pareil. ◇ *pron*: frogs, toads and ~ les grenouilles, les crapauds et autres animaux (du même genre).

**suck** [sʌk] ◇ *vt* **-1.** [with mouth] sucer; she was ~ing orange juice through a straw elle sirotait du jus d'orange avec une paille; ~ the poison out aspirez le poison ❑ to ~ sb dry prendre jusqu'à son dernier sou à qqn. **-2.** [pull] aspirer; we found ourselves ~ed into an argument *fig* nous nous sommes trouvés entraînés dans une dispute. ◇ *vi* **-1.** [with mouth]: to ~ at OR on sthg sucer OR suçoter qqch; the child was ~ing at her breast l'enfant tétait son sein. **-2.** ∇ *Am* [be disgusting]: this town ~s! cette ville est dégueulasse!-**3.** ∇ dated phr: (ya boo) ~s to you! va te faire voir! ◇ *n* **-1.** [act of sucking – gen]: to have a ~ at sthg sucer OR suçoter qqch ‖ [at breast] tétée *f*; to give ~ donner le sein, allaiter. **-2.** [force] aspiration *f*.

◆ **suck down** *vt sep* [subj: sea, quicksand, whirlpool] engloutir.

◆ **suck off**∇ *vt sep* sucer, tailler une pipe à.

◆ **suck up** ◇ *vt sep* [subj: person] aspirer, sucer; [subj: vacuum cleaner, pump] aspirer; [subj: porous surface] absorber. ◇ *vi insep* ∇ to ~ up to sb lécher les bottes à qqn.

**sucker** ['sʌkə'] ◇ *n* **-1.** *inf* [dupe] pigeon *m*, gogo *m*; I'm a ~ for chocolate je raffole du chocolat; OK, ~, you asked for it OK, mec, tu l'auras voulu. **-2.** *Br* [suction cup or pad] ventouse *f*.**-3.** ZOOL [of insect] suçoir *m*; [of octopus, leech] ventouse *f*.**-4.** BOT drageon *m*.**-5.** *Am* [lollipop] sucette *f*. ◇ *vt* **-1.** HORT enlever les drageons de. **-2.** ∇ *Am* [dupe] refaire, pigeonner. ◇ *vi* BOT [plant] drageonner.

**sucking pig** ['sʌkɪŋ-] *n* cochon *m* de lait.

**suckle** ['sʌkl] ◇ *vt* **-1.** [child] allaiter, donner le sein à; [animal] allaiter. **-2.** *fig* [raise] élever. ◇ *vi* téter.

**suckling** ['sʌklɪŋ] *n* **-1.** [child] nourrisson *m*, enfant *m* encore au sein; [animal] animal *m* qui tète. **-2.** [act] allaitement *m*.

**sucrose** ['su:krəʊz] *n* saccharose *f*.

**suction** ['sʌkʃn] *n* succion *f*, aspiration *f*; it adheres by ~ ça fait ventouse.

**suction pad** *n* ventouse *f*.

**suction pump** *n* pompe *f* aspirante.

**suction valve** *n* clapet *m* OR soupape *f* d'aspiration.

**Sudan** [su:'dɑːn] *pr n* Soudan *m*; in ~, in the ~ au Soudan.

**Sudanese** [ˌsu:də'ni:z] (*pl inv*) ◇ *n* Soudanais *m*, -e *f*. ◇ *adj* soudanais.

**sudden** ['sʌdn] *adj* soudain, subit; there was a ~ bend in the road il y avait un virage soudain; she had a ~ change of heart elle a soudainement OR subitement changé d'avis; this is all very ~! c'est plutôt inattendu!; ~ death *literal* mort *f* subite; GAMES & SPORT jeu pour partager les ex aequo (où le premier point perdu, le premier but concédé etc, entraîne l'élimination immédiate).

◆ **all of a sudden** *adv phr* soudain, subitement, tout d'un coup.

**sudden infant death syndrome** *n* mort *f* subite du nourrisson.

**suddenly** ['sʌdnlɪ] *adv* soudainement, subitement, tout à coup.

**suddenness** ['sʌdnnɪs] *n* soudaineté *f*, caractère *m* subit OR imprévu.

**suds** [sʌdz] *npl* [foam] mousse *f*; [soapy water] eau *f* savonneuse.

**sue** [su:] ◇ *vt* poursuivre en justice, intenter un procès à; to ~ sb for OR over sthg poursuivre qqn en justice pour qqch;

to be ~d for damages/libel être poursuivi en dommages-intérêts/en diffamation; she's suing him for divorce elle a entamé une procédure de divorce. ◇ *vi* **-1.** JUR intenter un procès, engager des poursuites; she threatened to ~ for libel elle a menacé d'intenter un procès en diffamation; he's suing for divorce il a entamé une procédure de divorce. **-2.** *fml* [solicit]: to ~ for solliciter.

**suede** [sweɪd] ◇ *n* daim *m*, suède *m spec.* ◇ *comp* [jacket, purse, shoes] en OR de daim; [leather] suédé.

**suet** ['suɪt] *n* graisse *f* de rognon.

**suet pudding** *n* sorte de pudding sucré ou salé à base de farine et de graisse de bœuf.

**Suez** ['suɪz] *pr n* Suez; the ~ Canal le canal de Suez; the ~ crisis l'affaire du canal de Suez.

**suffer** ['sʌfəʳ] ◇ *vi* **-1.** [feel pain] souffrir; I'll make you ~ for this! *fig* tu vas me payer ça!, je te revaudrai ça! **-2.** [be ill, afflicted] souffrir; to ~ from [serious disease] souffrir de; [cold, headache] avoir; to ~ from diabetes être diabétique; he's still ~ing from the effects of the anaesthetic il ne s'est pas encore tout à fait remis des suites de l'anesthésie; they're still ~ing from shock ils sont encore sous le choc. **-3.** [be affected]: it's the children who ~ in a marriage break-up ce sont les enfants qui souffrent lors d'une séparation; the low-paid will be the first to ~ les petits salaires seront les premiers touchés; the schools ~ from a lack of funding les établissements scolaires manquent de crédits. **-4.** [deteriorate] souffrir, se détériorer; her health is ~ing under all this stress sa santé se ressent de tout ce stress.

◇ *vt* **-1.** [experience – pain, thirst] souffrir de; [– hardship] souffrir, subir; she ~ed a lot of pain elle a beaucoup souffert; I ~ed agonies! *inf* j'ai souffert le martyre!; our scheme has ~ed a serious setback notre projet a subi OR essuyé un grave revers; you'll have to ~ the consequences vous devrez en subir les conséquences. **-2.** [stand, put up with] tolérer, supporter; he doesn't ~ fools gladly il ne tolère pas les imbéciles. **-3.** *lit* [allow] permettre, souffrir *lit*; ~ the little children to come unto me BIBLE laissez venir à moi les petits enfants.

**sufferance** ['sʌfrəns] *n* **-1.** [tolerance] tolérance *f*; on ~ par tolérance; remember you are only here on ~ n'oubliez pas que votre présence ici n'est que tolérée OR est tout juste tolérée. **-2.** [endurance] endurance *f*, résistance *f*. **-3.** [suffering] souffrance *f*.

**sufferer** ['sʌfərəʳ] *n* malade *mf*, victime *f*; ~s from heart disease les personnes cardiaques; a polio ~ un polio; good news for arthritis ~s une bonne nouvelle pour les personnes sujettes à l'arthrite OR qui souffrent d'arthrite.

**suffering** ['sʌfrɪŋ] ◇ *n* souffrance *f*, souffrances *fpl*. ◇ *adj* souffrant, qui souffre.

**suffice** [sə'faɪs] ◇ *vi fml* suffire, être suffisant; ~ it to say (that) she's overjoyed inutile de dire qu'elle est ravie. ◇ *vt* suffire à, satisfaire.

**sufficiency** [sə'fɪʃnsɪ] (*pl* **sufficiencies**) *n* quantité *f* suffisante; the country already had a ~ of oil le pays avait déjà suffisamment de pétrole OR du pétrole en quantité suffisante.

**sufficient** [sə'fɪʃnt] *adj* **-1.** [gen] suffisant; there's ~ food for everyone il y a assez OR suffisamment à manger pour tout le monde; three will be quite ~ for our needs trois nous suffiront amplement; we don't have ~ evidence to convict them nous ne disposons pas d'assez de preuves pour les inculper. **-2.** PHILOS suffisant.

**sufficiently** [sə'fɪʃntlɪ] *adv* suffisamment, assez; a ~ large quantity une quantité suffisante.

**suffix** ['sʌfɪks] *n* suffixe *m*. ◇ *vt* suffixer.

**suffocate** ['sʌfəkeɪt] ◇ *vi* **-1.** [die] suffoquer, étouffer, s'asphyxier. **-2.** [be hot, lack fresh air] suffoquer, étouffer. **-3.** *fig* [with anger, emotion etc] s'étouffer, suffoquer. ◇ *vt* **-1.** [kill] suffoquer, étouffer, asphyxier. **-2.** *fig* [repress, inhibit] étouffer, suffoquer.

**suffocating** ['sʌfəkeɪtɪŋ] *adj* **-1.** [heat, room] suffocant, étouffant; [smoke, fumes] asphyxiant, suffocant. **-2.** *fig* étouffant.

**suffocation** [,sʌfə'keɪʃn] *n* suffocation *f*, étouffement *m*, asphyxie *f*; to die from ~ mourir asphyxié.

**suffrage** ['sʌfrɪdʒ] *n* **-1.** [right to vote] droit *m* de suffrage OR de vote; **universal** ~ suffrage *m* universel; **women's** ~ droit de vote pour les femmes. **-2.** *fml* [vote] suffrage *m*, vote *m*.

**suffragette** [,sʌfrə'dʒet] *n* suffragette *f*.

**suffuse** [sə'fju:z] *vt* (*usu passive*) se répandre sur, baigner; ~d with light inondé de lumière; the sky was ~d with red le ciel était tout empourpré.

**Sufi** ['su:fɪ] *n* soufi *m*, çoufi *m*.

**sugar** ['ʃʊgəʳ] ◇ *n* **-1.** [gen & CHEM] sucre *m*; how many ~s? combien de sucres? **-2.** *fml inf* [to a man] mon chéri; [to a woman] ma chérie. ◇ *vt* sucrer. ◇ *interj inf*: oh ~! mince alors!

**sugar basin** *n Br* sucrier *m*.

**sugar beet** *n* betterave *f* sucrière OR à sucre.

**sugar bowl** *n* sucrier *m*; the Sugar Bowl *Am* SPORT tournoi de football américain de La Nouvelle-Orléans.

**sugar candy** *n* sucre *m* candi.

**sugarcane** ['ʃʊgəkeɪn] *n* canne *f* à sucre.

**sugar-coated** [-,kəʊtɪd] *adj* dragéifié; ~ almonds dragées *fpl*.

**sugar cube** *n* morceau *m* de sucre.

**sugar daddy** *n inf* vieux protecteur *m*.

**sugared** ['ʃʊgəd] *adj* **-1.** *literal* sucré. **-2.** *fig* mielleux, doucereux.

**sugared almond** *n* dragée *f*.

**sugar-free** *adj* sans sucre.

**sugar lump** *n* morceau *m* de sucre.

**sugar maple** *n* érable *m* à sucre.

**sugar pea** *n* mange-tout *m inv*.

**sugarplum** ['ʃʊgəplʌm] *n* [candied plum] prune *f* confite; [boiled sweet] bonbon *m*.

**sugar syrup** *n* CULIN sirop *m* de sucre.

**sugary** ['ʃʊgərɪ] *adj* **-1.** [drink, food] (très) sucré; [taste] sucré. **-2.** [manner, tone] mielleux, doucereux.

**suggest** [sə'dʒest] *vt* **-1.** [propose, put forward] suggérer, proposer; I ~ (that) we do nothing for the moment je suggère OR je propose que nous ne fassions rien pour l'instant; he ~ed that the meeting be held next Tuesday il a proposé de fixer la réunion à mardi prochain. **-2.** [recommend] proposer, conseiller, recommander. **-3.** [imply, insinuate] suggérer; just what are you ~ing? que voulez-vous dire par là?, qu'allez-vous insinuer là? **-4.** [indicate, point to] suggérer, laisser supposer. **-5.** [evoke] suggérer, évoquer.

**suggestion** [sə'dʒestʃn] *n* **-1.** [proposal] suggestion *f*, proposition *f*; may I make a ~? puis-je faire une suggestion?; if nobody has any other ~s, we'll move on si personne n'a rien d'autre à suggérer OR à proposer, nous allons passer à autre chose; we are always open to ~s toute suggestion est la bienvenue ❏ 'serving ~' 'suggestion de présentation'. **-2.** [recommendation] conseil *m*, recommandation *f*; their ~ is that we stop work immediately ils proposent que nous arrêtions le travail immédiatement. **-3.** [indication] indication *f*. **-4.** [trace, hint] soupçon *m*, trace *f*. **-5.** [implication] suggestion *f*, implication *f*; there is no ~ of negligence on their part rien ne laisse penser qu'il y ait de la négligence de leur part. **-6.** PSYCH suggestion *f*.

**suggestive** [sə'dʒestɪv] *adj* **-1.** [indicative, evocative] suggestif. **-2.** [erotic] suggestif.

**suggestively** [sə'dʒestɪvlɪ] *adv* de façon suggestive.

**suicidal** [su:ɪ'saɪdl] *adj* suicidaire; I was feeling ~ j'avais envie de me tuer; to stop now would be ~ ce serait un suicide de s'arrêter maintenant.

**suicide** ['su:ɪsaɪd] ◇ *n* [act] suicide *m*; to commit ~ se suicider; privatization would be financial ~ la privatisation représenterait un véritable suicide financier. ◇ *comp* [mission, plane, squad] suicide; [attempt, bid, pact] de suicide.

**suit** [su:t] ◇ *n* **-1.** [outfit – for men] costume *m*, complet *m*; [– for women] tailleur *m*; [– for particular activity] combinaison *f*; he came in a ~ and tie il est venu en costume-cravate; ~ of clothes tenue *f*; ~ of armour armure *f* complète. **-2.** [complete set] jeu *m*. **-3.** [in card games] couleur *f*; long OR strong ~ couleur forte; generosity is not his strong ~ *fig* la générosité n'est pas vraiment son (point) fort. **-4.** JUR [lawsuit] action *f*, procès *m*; to bring OR to file a ~ against sb intenter un procès à qqn, poursuivre qqn en justice; criminal ~ action au pénal. **-5.** *fml* [appeal] requête *f*, pétition *f*; *lit*

[courtship] cour f; **to pay ~ to** sb faire la cour à qqn.
◊ vt **-1.** [be becoming to – subj: clothes, colour] aller à; **black really ~s her** le noir lui va à merveille. **-2.** [be satisfactory or convenient to] convenir à, arranger; **Tuesday ~s me best** c'est mardi qui me convient OR qui m'arrange le mieux❑; **~ yourself!** inf faites ce qui vous chante!**-3.** [agree with] convenir à, aller à, réussir à. **-4.** [be appropriate] convenir à, aller à, être fait pour; **clothes to ~ all tastes** des vêtements pour tous les goûts. **-5.** [adapt] adapter, approprier; **to ~ the action to the word** joindre le geste à la parole.
◊ vi [be satisfactory] convenir, aller; **will that date ~?** cette date vous convient-elle OR est-elle à votre convenance?
◆ **suit up** vi insep [dress – diver, pilot, astronaut etc] mettre sa combinaison.

**suitability** [ˌsuːtəˈbɪlətɪ] n [of clothing] caractère m approprié; [of behaviour, arrangements] caractère m convenable; [of act, remark] à-propos m, pertinence f; [of time, place] opportunité f; **they doubt his ~ for the post** ils ne sont pas sûrs qu'il soit fait pour ce poste; **they're worried about the film's ~ for younger audiences** ils ont peur que le film ne convienne pas à un public jeune.

**suitable** [ˈsuːtəbl] adj **-1.** [convenient] approprié, adéquat; **will that day be ~ for you?** cette date-là vous convient-elle?**-2.** [appropriate – gen] qui convient; [– clothing] approprié, adéquat; [– behaviour] convenable; [– act, remark] approprié, pertinent; [– time, place] propice; **~ 'not ~ for children' 'réservé aux adultes'; this is hardly a ~ time for a heart to heart** ce n'est pas vraiment le bon moment pour se parler à cœur ouvert; **the most ~ candidate for the post** le candidat le plus apte à occuper ce poste; **the house is not ~ for a large family** la maison ne conviendrait pas à une famille nombreuse.

**suitably** [ˈsuːtəblɪ] adv [dress] de façon appropriée; [behave] convenablement, comme il faut; **I tried to look ~ surprised** j'ai essayé d'adopter une expression de surprise ‖ [as intensifier]: **he was ~ impressed** il a été plutôt impressionné.

**suitcase** [ˈsuːtkeɪs] n valise f; **I've been living out of a ~ for weeks** ça fait des semaines que je n'ai pas défait mes valises.

**suite** [swiːt] n **-1.** [rooms] suite f, appartement m; **a ~ of rooms** une enfilade de pièces. **-2.** [furniture] mobilier m; **bedroom ~** chambre f à coucher. **-3.** MUS suite f; **a cello ~** une suite pour violoncelle. **-4.** [staff, followers] suite f.**-5.** COMPUT ensemble m (de programmes), progiciel m.

**suited** [ˈsuːtɪd] adj **-1.** [appropriate] approprié; **he's not ~ to teaching** il n'est pas fait pour l'enseignement; **she's ideally ~ for the job** ce travail lui convient tout à fait. **-2.** [matched] assorti; **they are well ~ (to each other)** ils sont bien assortis, faits l'un pour l'autre, ils sont bien assortis.

**suiting** [ˈsuːtɪŋ] n tissu m de confection.

**suitor** [ˈsuːtər] n **-1.** dated [wooer] amoureux m, soupirant m.**-2.** JUR plaignant m, -e f.

**sulfate** Am = **sulphate**.

**sulfide** Am = **sulphide**.

**sulfur** etc Am = **sulphur**.

**sulk** [sʌlk] ◊ vi bouder, faire la tête. ◊ n bouderie f; **to have a ~** OR (a fit of) the **~s** faire la tête.

**sulkily** [ˈsʌlkɪlɪ] adv [act] en boudant, d'un air maussade; [answer] d'un ton maussade.

**sulky** [ˈsʌlkɪ] (compar **sulkier**, superl **sulkiest**, pl **sulkies**) ◊ adj [person, mood] boudeur, maussade. ◊ n sulky m.

**sullen** [ˈsʌlən] adj **-1.** [person, behaviour, appearance, remark] maussade, renfrogné. **-2.** [clouds] menaçant.

**sullenly** [ˈsʌlənlɪ] adv [behave] d'un air maussade OR renfrogné; [answer, say, refuse] d'un ton maussade; [agree, obey] de mauvaise grâce, à contre-cœur.

**sullenness** [ˈsʌlənnɪs] n [temperament] humeur f maussade; [of appearance] air m renfrogné.

**sully** [ˈsʌlɪ] (pt & pp **sullied**) vt **-1.** [dirty] souiller. **-2.** fig [reputation] ternir.

**sulphate** Br, **sulfate** Am [ˈsʌlfeɪt] n sulfate m; **copper/zinc ~** sulfate m de cuivre/de zinc.

**sulphide** Br, **sulfide** Am [ˈsʌlfaɪd] n sulfure m.

**sulphite** Br, **sulfite** Am [ˈsʌlfaɪt] n sulfite m.

**sulphur** Br, **sulfur** Am [ˈsʌlfər] n soufre m.

**sulphuric** Br, **sulfuric** Am [sʌlˈfjʊərɪk] adj sulfurique; **~ acid** acide m sulfurique.

**sulphurous** Br, **sulfurous** Am [ˈsʌlfərəs] adj literal & fig sulfureux.

**sultan** [ˈsʌltən] n sultan m.

**sultana** [səlˈtɑːnə] n **-1.** Br [raisin] raisin m de Smyrne. **-2.** [woman] sultane f.

**sultanate** [ˈsʌltənət] n sultanat m.

**sultriness** [ˈsʌltrɪnɪs] n **-1.** [of weather] chaleur f étouffante. **-2.** [sensuality] sensualité f.

**sultry** [ˈsʌltrɪ] (compar **sultrier**, superl **sultriest**) adj **-1.** [weather] lourd; [heat] étouffant, suffocant. **-2.** [person, look, smile] sensuel; [voice] chaud, sensuel.

**sum** [sʌm] (pt & pp **summed**, cont **summing**) ◊ n **-1.** [amount of money] somme f; **it's going to cost us a considerable ~ (of money)** ça va nous coûter beaucoup d'argent OR très cher. **-2.** [total] total m, somme f. **-3.** [arithmetical operation] calcul m; **to do ~s** Br faire du calcul. **-4.** [gist] somme f; **in ~** en somme, somme toute. ◊ vt [add] additionner, faire le total de; [calculate] calculer.

◆ **sum up** ◊ vt sep **-1.** [summarize] résumer, récapituler; **one word ~s the matter up** un mot suffit à résumer la question. **-2.** [size up] jauger. ◊ vi insep [gen] récapituler, faire un résumé; JUR [judge] résumer.

**Sumatra** [suˈmɑːtrə] pr n Sumatra; **in ~** à Sumatra.

**Sumatran** [suˈmɑːtrən] ◊ n Sumatranais m, -e f. ◊ adj sumatranais.

**summa cum laude** [ˈsʌməˌkʊmˈlaʊdeɪ] adj & adv Am avec les plus grands honneurs; **to graduate ~** obtenir un diplôme avec mention très honorable.

**summarily** [ˈsʌmərəlɪ] adv sommairement.

**summarize, -ise** [ˈsʌməraɪz] vt résumer; see USAGE overleaf.

**summary** [ˈsʌmərɪ] (pl **summaries**) ◊ n **-1.** [synopsis – of argument, situation] résumé m, récapitulation f; [– of book, film] résumé m; **there is a news ~ every hour** il y a un court bulletin d'information toutes les heures. **-2.** [written list] sommaire m, résumé m; FIN [of accounts] relevé m. ◊ adj [gen & JUR] sommaire.

**summation** [sʌˈmeɪʃn] n **-1.** [addition] addition f; [sum] somme f, total m.**-2.** [summary] récapitulation f, résumé m.

**summer** [ˈsʌmər] ◊ n **-1.** [season] été m; **in (the) ~** en été; **the ~ of 1942** pendant OR au cours de l'été 1942; **we've had a good ~** [good weather] on a eu un bel été; [profitable tourist season] la saison était bonne. **-2.** lit [year of age]: **a youth of 15 ~s** un jeune homme de 15 printemps. **-3.** fig [high point] apogée m. ◊ comp [clothes, residence, day, holidays] d'été;

---

## USAGE ▶    Making suggestions

### Direct

Viens jouer au foot!
Allons nager!
Je vais voir une exposition, tu viens/tu veux venir?

### Less direct

Qu'est-ce que vous diriez d'une partie de cartes?
Une petite balade, ça te dit/ça te dirait? [informal]
Tu ne veux pas qu'on aille au cinéma?

Tu pourrais (peut-être) leur écrire.
Si j'étais toi, je...
Je dirais/Je dis qu'il faut lui en parler.
Tu as déjà envisagé de changer de travail?
Avez-vous jamais pensé à souscrire une assurance-vie?
Suppose que nous déménagions...
Je suggère OR propose qu'on envisage le problème sous un autre angle.
J'aimerais faire une proposition.
Puis-je faire une suggestion? [formal]

[heat, sports] estival. ◇ *vi* passer l'été. ◇ *vt* [cattle, sheep] estiver.

**summer camp** *n Am* colonie *f* de vacances.

**summerhouse** ['sʌməhaʊs, *pl* -haʊzɪz] *n Br* pavillon *m* (de jardin).

**summersault** ['sʌməsɔːlt] = **somersault**.

**summer school** *n* stage *m* d'été.

**summer solstice** *n* solstice *m* d'été.

**summer squash** *n Am* courgette *f* jaune.

**summer term** *n* troisième trimestre *m*.

**summertime** ['sʌmətaɪm] *n* [season] été *m*; in the ~ en été.

◆ **summer time** *n* heure *f* d'été.

**summerweight** ['sʌməweɪt] *adj* léger, d'été.

**summing-up** [,sʌmɪŋ-] (*pl* **summings-up**) *n* [gen] résumé *m*, récapitulation *f*; JUR résumé *m*.

**summit** ['sʌmɪt] ◇ *n* **-1.** [peak – of mountain] sommet *m*, cime *f*; [– of glory, happiness, power] apogée *m*, summum *m*.**-2.** POL [meeting] sommet *m*. ◇ *comp* [talks, agreement] au sommet.

**summit conference** *n* (conférence *f* au) sommet *m*.

**summon** ['sʌmən] *vt* **-1.** [send for – person] appeler, faire venir; [– help] appeler à, requérir; we were ~ed to his presence nous fûmes appelés auprès de lui. **-2.** [convene] convoquer. **-3.** JUR citer, assigner; to ~ sb to appear in court citer qqn en justice; the court ~ed her as a witness la cour l'a citée comme témoin. **-4.** [muster – courage, strength] rassembler, faire appel à. **-5.** *fml* [order] sommer, ordonner à; she ~ed us in/up elle nous a sommés OR ordonné d'entrer/de monter.

◆ **summon up** *vt sep* **-1.** [courage, strength] rassembler, faire appel à; she ~ed up her courage to ask him elle a pris son courage à deux mains pour lui poser la question. **-2.** [help, support] réunir, faire appel à; I can't ~ up much interest in this plan je n'arrive pas à m'intéresser beaucoup ce projet. **-3.** [memories, thoughts] évoquer. **-4.** [spirits] invoquer.

**summons** ['sʌmənz] (*pl* **summonses**) ◇ *n* **-1.** JUR citation *f*, assignation *f*; he received OR got a ~ for speeding il a reçu une citation à comparaître en justice pour excès de vitesse; to take out a ~ against sb faire assigner qqn en justice. **-2.** [gen] convocation *f*.**-3.** MIL sommation *f*. ◇ *vt* JUR citer OR assigner (à comparaître); she was ~ed to testify elle a été citée à comparaître en tant que témoin.

**sumo** ['suːməʊ] ◇ *n* sumo *m*. ◇ *comp*: ~ **wrestler** lutteur *m* de sumo; ~ **wrestling** sumo *m*.

**sump** [sʌmp] *n* **-1.** TECH puisard *m*; *Br* AUT carter *m*.**-2.** [cesspool] fosse *f* d'aisances.

**sump oil** *n Br* huile *f* de carter.

**sumptuous** ['sʌmptʃʊəs] *adj* somptueux.

**sumptuously** ['sʌmptʃʊəslɪ] *adv* somptueusement.

**sum total** *n* totalité *f*, somme *f* totale; the report contains the ~ of research in the field ce rapport contient tous les résultats de la recherche en ce domaine; that is the ~ of our knowledge voilà à quoi se résume tout ce que nous savons.

**sun** [sʌn] (*pt* & *pp* **sunned**, *cont* **sunning**) ◇ *n* soleil *m*; the ~ is shining il y a du soleil; the ~ is in my eyes j'ai le soleil dans les yeux; I can't stay in the ~ for very long je ne peux pas rester très longtemps au soleil; she's caught the ~ elle a attrapé un coup de soleil; the living room gets the ~ in the afternoon le salon est ensoleillé l'après-midi ☐ a place in the ~ une place au soleil; under the ~: I've tried everything under the ~ j'ai tout essayé; she called him all the names under the ~ elle l'a traité de tous les noms;

there's nothing new under the ~ il n'y a rien de nouveau sous le soleil; The Sun PRESS quotidien britannique à sensation. ◇ *vt*: to ~ o.s. [person] prendre le soleil, se faire bronzer; [animal] se chauffer au soleil.

**Sun.** (*written abbr of* **Sunday**) dim.

**sunbaked** ['sʌnbeɪkt] *adj* desséché par le soleil.

**sunbath** ['sʌnbɑːθ, *pl* -bɑːðz] *n* bain *m* de soleil.

**sunbathe** ['sʌnbeɪð] ◇ *vi* prendre un bain de soleil, se faire bronzer. ◇ *n Br* bain *m* de soleil.

**sunbather** ['sʌnbeɪðər] *n* personne qui prend un bain de soleil.

**sunbathing** ['sʌnbeɪðɪŋ] *n* (*U*) bains *mpl* de soleil.

**sunbeam** ['sʌnbiːm] *n* rayon *m* de soleil.

**sunbed** ['sʌnbed] *n* [in garden, on beach] lit *m* pliant; [with tanning lamps] lit *m* à ultra-violets.

**sunblind** ['sʌnblaɪnd] *n Br* store *m*.

**sun block** *n* écran *m* total.

**sunbonnet** ['sʌn,bɒnɪt] *n* capeline *f*.

**sunburn** ['sʌnbɜːn] *n* coup *m* de soleil.

**sunburnt** ['sʌnbɜːnt], **sunburned** ['sʌnbɜːnd] *adj* brûlé par le soleil; I get ~ easily j'attrape facilement des coups de soleil.

**sunburst** ['sʌnbɜːst] *n* **-1.** [through clouds] rayon *m* de soleil. **-2.** [pattern] soleil *m*; [brooch] broche *f* en forme de soleil; a ~ clock une pendule soleil.

**sun cream** *n* crème *f* solaire.

**sundae** ['sʌndeɪ] *n* coupe de glace aux fruits et à la crème chantilly.

**Sunday** ['sʌndɪ] ◇ *n* **-1.** [day] dimanche *m*.**-2.** *Br* [newspaper]: the ~s les journaux *mpl* du dimanche. ◇ *comp* [clothes, newspaper, driver, painter] du dimanche; [peace, rest, mass] dominical; the ~ roast OR joint le rôti du dimanche; *see also* **Friday**.

**Sunday best** *n* vêtements *mpl* du dimanche.

**Sunday school** *n* ≃ catéchisme *m*.

**sun deck** *n* [of house] véranda *f*, terrasse *f*; NAUT pont *m* supérieur OR promenade.

**sundial** ['sʌndaɪəl] *n* cadran *m* solaire.

**sundown** ['sʌndaʊn] *n* coucher *m* du soleil.

**sundrenched** ['sʌndrentʃt] *adj* inondé de soleil.

**sundress** ['sʌndres] *n* bain *m* de soleil (*robe*).

**sun-dried** *adj* séché au soleil.

**sundry** ['sʌndrɪ] ◇ *adj* divers, différent. ◇ *pron*: she told all and ~ about it elle l'a raconté à qui voulait l'entendre.

◆ **sundries** *npl* articles *mpl* divers.

**sunflower** ['sʌn,flaʊər] ◇ *n* tournesol *m*, soleil *m*. ◇ *comp* [oil, seed] de tournesol.

**sung** [sʌŋ] ◇ *pp*→ **sing**. ◇ *adj*: ~ **mass** messe *f* chantée.

**sunglasses** ['sʌn,glɑːsɪz] *npl* lunettes *fpl* de soleil.

**sun god** *n* dieu *m* solaire, dieu-soleil *m*.

**sunhat** ['sʌnhæt] *n* chapeau *m* de soleil.

**sunk** [sʌŋk] ◇ *pp*→ **sink**. ◇ *adj inf* fichu.

**sunken** ['sʌŋkən] *adj* **-1.** [boat, rock] submergé; [garden] en contrebas; [bathtub] encastré (au ras du sol). **-2.** [hollow – cheeks] creux, affaissé; [– eyes] creux.

**sunlamp** ['sʌnlæmp] *n* lampe *f* à rayons ultra-violets OR à bronzer.

**sunlight** ['sʌnlaɪt] *n* (lumière *f* du) soleil *m*; in the ~ au soleil.

**sunlit** ['sʌnlɪt] *adj* ensoleillé.

**sun lotion** *n* lait *m* solaire.

**sun lounge** *n Br* solarium *m*.

---

**USAGE ▶ Summarizing**

**At end of meeting or talk**

Pour conclure OR En conclusion, nous dirons qu'il faut agir rapidement.

En bref, il devient de plus en plus évident que le conflit ne pourra pas être évité.

Bien, résumons-nous: les chiffres sont bons, mais il faut encore faire un effort.

Eh bien, en résumé, nos résultats sont moyens.

**In conversation**

Finalement, ça n'était pas si mal.

Au fond, il a peut-être raison.

Tout compte fait, il est sympa.

En fin de compte, je me suis bien amusé.

Ça revient à dire qu'ils refusent de nous aider.

Bref, elle a décidé de venir plutôt la semaine prochaine.

Total, tu t'es bien trompé sur son compte. [informal]

**sunlounger** ['sʌn,laʊndʒəʳ] n Br chaise f longue (où l'on s'allonge pour bronzer).

**Sunni** ['sʊnɪ] n -**1.** [religion] sunnisme m.-**2.** [person] sunnite mf.

**Sunnite** ['sʊnaɪt] ◇ adj sunnite. ◇ n sunnite mf.

**sunny** ['sʌnɪ] (compar **sunnier**, superl **sunniest**) adj -**1.** [day, place etc] ensoleillé; it's a ~ day, it's ~ il fait (du) soleil OR beau; ~ intervals OR periods METEOR éclaircies fpl.-**2.** fig [cheerful – disposition] heureux; [– smile] radieux, rayonnant; to look on the ~ side voir le bon côté des choses.

**sunny-side up** adj: eggs ~ œufs mpl sur le plat.

**sunray lamp** ['sʌnreɪ-] = **sunlamp**.

**sunray treatment** n héliothérapie f.

**sunrise** ['sʌnraɪz] n lever m du soleil; at ~ au lever du soleil; ~ is about 6 o'clock le soleil se lève vers 6 h.

**sunrise industry** n industrie f de pointe.

**sunroof** ['sʌnruːf] n toit m ouvrant.

**sunscreen** ['sʌnskriːn] n [suntan lotion] écran m total.

**sunset** ['sʌnset] n coucher m du soleil; at ~ au coucher du soleil; ~ is about 6 o'clock le soleil se couche vers 18 h.

**sunshade** ['sʌnʃeɪd] n [lady's parasol] ombrelle f; [for table] parasol m; [on cap] visière f.

**sunshine** ['sʌnʃaɪn] n -**1.** [sunlight] (lumière f du) soleil m; in the ~ au soleil; we generally get at least 150 hours of ~ in July en général, nous avons au moins 150 heures d'ensoleillement en juillet; his visit brought a little ~ into our lives fig sa visite a apporté un peu de soleil dans notre vie. -**2.** inf [term of address]: hello ~! salut ma jolie!, salut mon mignon!

**sunspecs** ['sʌnspeks] npl inf lunettes fpl noires.

**sunspot** ['sʌnspɒt] n tache f solaire.

**sunstroke** ['sʌnstrəʊk] n (U) insolation f; to have/to get ~ avoir/attraper une insolation.

**suntan** ['sʌntæn] ◇ n bronzage m; to have a ~ être bronzé; to get a ~ se faire bronzer, bronzer. ◇ comp [cream, lotion, oil] solaire, de bronzage.

**suntanned** ['sʌntænd] adj bronzé.

**suntrap** ['sʌntræp] n coin m abrité et très ensoleillé; the garden is a real ~ le jardin est toujours très ensoleillé.

**sun-up** ['sʌnʌp] n lever m du soleil; at ~ au lever du soleil.

**sun visor** n [on cap, for eyes] visière f; AUT pare-soleil m.

**sun-worshipper** n -**1.** RELIG adorateur m, -trice f du Soleil. -**2.** fig adepte mf OR fanatique mf du bronzage.

**sup** [sʌp] (pt & pp **supped**, cont **supping**) ◇ vi arch [have supper] souper. ◇ vt boire à petites gorgées. ◇ n petite gorgée f.

**super** ['suːpəʳ] ◇ adj -**1.** inf [wonderful] super (inv), terrible, génial; it was a ~ party! c'était génial comme .fête!-**2.** [superior] supérieur, super-. ◇ interj inf super, formidable.

**superabundance** [,suːpərə'bʌndəns] n surabondance f.

**superabundant** [,suːpərə'bʌndənt] adj surabondant.

**superannuated** [,suːpə'rænjʊeɪtɪd] adj -**1.** [person] à la retraite, retraité. -**2.** [object] suranné, désuet (f-ète).

**superannuation** ['suːpə,rænjʊ'eɪʃn] n -**1.** [act of retiring] mise f à la retraite. -**2.** [pension] pension f de retraite. -**3.** [contribution] versement m OR cotisation f pour la retraite; ~ fund caisse f de retraite.

**superb** [suː'pɜːb] adj superbe, magnifique.

**superbly** [suː'pɜːblɪ] adv superbement, magnifiquement.

**Super Bowl** pr n Am Superbowl m (finale du championnat des États-Unis de football américain).

**supercharged** ['suːpətʃɑːdʒd] adj TECH [engine] surcomprimé.

**supercharger** ['suːpətʃɑːdʒəʳ] n compresseur m.

**supercilious** [,suːpə'sɪlɪəs] adj hautain, arrogant, dédaigneux.

**superciliously** [,suːpə'sɪlɪəslɪ] adv [act] d'un air hautain, avec arrogance OR dédain; [speak] d'un ton hautain, avec arrogance OR dédain.

**supercomputer** [,suːpəkəm'pjuːtəʳ] n supercalculateur m, super-ordinateur m.

**superconductor** [,suːpəkən'dʌktəʳ] n supraconducteur m.

**super-duper** [-'duːpəʳ] adj inf super, superchouette.

**superego** [,suːpər'iːgəʊ] (pl **superegos**) n surmoi m.

**superficial** [,suːpə'fɪʃl] adj [knowledge] superficiel; [differences] superficiel, insignifiant; [person] superficiel, frivole, léger; [wound] superficiel, léger.

**superficiality** [,suːpə,fɪʃɪ'ælətɪ] n caractère m superficiel, manque m de profondeur.

**superficially** [,suːpə'fɪʃəlɪ] adv superficiellement.

**superfine** ['suːpəfaɪn] adj [quality, product] extra-fin, superfin, archi-fin; [distinction, detail] subtil.

**superfluity** [,suːpə'fluːətɪ] n -**1.** [superfluousness] caractère m superflu. -**2.** [excess] surabondance f.

**superfluous** [suː'pɜːflʊəs] adj superflu; it is ~ to say... (il est) inutile de OR il va sans dire...; I felt ~ je me sentais de trop.

**superfluously** [suː'pɜːflʊəslɪ] adv de manière superflue, inutilement.

**superglue** ['suːpəgluː] n superglu f.

**supergrass** ['suːpəgrɑːs] n indicateur de police très bien placé dans les milieux criminels.

**supergroup** ['suːpəgruːp] n groupe de rock dont chaque membre est déjà célèbre pour avoir appartenu à un autre groupe.

**superhero** ['suːpə,hɪərəʊ] (pl **superheroes**) n superman m, surhomme m.

**superhighway** ['suːpə,haɪweɪ] n Am autoroute f.

**superhuman** [,suːpə'hjuːmən] adj surhumain.

**superimpose** [,suːpərɪm'pəʊz] vt superposer; to ~ sthg on sthg superposer qqch à qqch; ~d photos des photos en surimpression.

**superintend** [,suːpərɪn'tend] vt -**1.** [oversee – activity] surveiller; [– person] surveiller, avoir l'œil sur. -**2.** [run – office, institution] diriger.

**superintendent** [,suːpərɪn'tendənt] n -**1.** [of institution] directeur m, -trice f; [of department, office] chef m.-**2.** [of police] ≃ commissaire m de police. -**3.** Am [of apartment building] gardien m, -enne f, concierge mf.

**superior** [suː'pɪərɪəʳ] ◇ adj -**1.** [better, greater] supérieur; a ~ wine un vin de qualité supérieure; ~ to supérieur à; the book is vastly ~ to the film le livre est bien meilleur que le film; ~ in number to supérieur en nombre à, numériquement supérieur à. -**2.** [senior – officer, position] supérieur; ~ to supérieur à, au-dessus de. -**3.** pej [supercilious] suffisant, hautain. -**4.** [upper] supérieur; the ~ limbs les membres mpl supérieurs. -**5.** TYPO: ~ letter lettre f supérieure OR suscrite. -**6.** BIOL supérieur. ◇ n supérieur m, -e f.
◆ **Superior** pr n: Lake Superior le lac Supérieur.

**superiority** [suː,pɪərɪ'ɒrətɪ] n -**1.** [higher amount, worth] supériorité f; their ~ in numbers leur supériorité numérique; the ~ of this brand to OR over all the others la supériorité de cette marque par rapport à toutes les autres. -**2.** pej [arrogance] supériorité f, arrogance f.

**superiority complex** n complexe m de supériorité.

**superlative** [suː'pɜːlətɪv] ◇ adj -**1.** [outstanding – quality, skill, performance] sans pareil; [– performer, athlete] sans pareil, inégalé. -**2.** [overwhelming – indifference, ignorance, joy] suprême. -**3.** GRAMM superlatif. ◇ n superlatif m; in the ~ au superlatif.

**superman** ['suːpəmæn] (pl **supermen** [-men]) n [PHILOS & gen] surhomme m; [gen] superman m.
◆ **Superman** pr n [comic book hero] Superman m.

**supermarket** ['suːpə,mɑːkɪt] n supermarché m.

**supernatural** [,suːpə'nætʃrəl] ◇ adj surnaturel. ◇ n surnaturel m.

**supernova** [,suːpə'nəʊvə] (pl **supernovas** OR **supernovae** [-viː]) n supernova f.

**supernumerary** [,suːpə'njuːmərərɪ] (pl **supernumeraries**) ◇ adj [extra] surnuméraire; [superfluous] superflu. ◇ n [gen & ADMIN] surnuméraire m; CIN & TV figurant m, -e f.

**superpose** [,suːpə'pəʊz] vt superposer; to ~ sthg on sthg superposer qqch à qqch.

**superpower** ['suːpə,paʊəʳ] n superpuissance f, supergrand m.

**supersaturated** [,suːpə'sætʃəreɪtɪd] adj [liquid] sursaturé; [vapour] sursaturant.

**superscript** ['suːpəskrɪpt] ◇ n exposant m. ◇ adj en exposant.

**supersede** [ˌsuːpəˈsiːd] *vt* [person – get rid of] supplanter, détrôner; [– replace] succéder à, remplacer; [object] remplacer; ~d methods méthodes périmées.

**supersonic** [ˌsuːpəˈsɒnɪk] *adj* supersonique; ~ bang OR boom bang *m* (supersonique).

**superstar** [ˈsuːpəstɑːʳ] *n* superstar *f*.

**superstition** [ˌsuːpəˈstɪʃn] *n* superstition *f*.

**superstitious** [ˌsuːpəˈstɪʃəs] *adj* superstitieux; to be ~ about sthg être superstitieux au sujet de qqch.

**superstitiously** [ˌsuːpəˈstɪʃəslɪ] *adv* superstitieusement.

**superstore** [ˈsuːpəstɔːʳ] *n* hypermarché *m*.

**superstructure** [ˈsuːpəˌstrʌktʃəʳ] *n* superstructure *f*.

**supertanker** [ˈsuːpəˌtæŋkəʳ] *n* supertanker *m*, superpétrolier *m*.

**supertax** [ˈsuːpətæks] *n* ≃ impôt *m* sur les grandes fortunes.

**supertonic** [ˌsuːpəˈtɒnɪk] *n* sus-tonique *f*.

**supervise** [ˈsuːpəvaɪz] ◇ *vt* **-1.** [oversee – activity, exam] surveiller; [– child, staff] surveiller, avoir l'œil sur. **-2.** [run – office, workshop] diriger. ◇ *vi* surveiller.

**supervision** [ˌsuːpəˈvɪʒn] *n* **-1.** [of person, activity] surveillance *f*, contrôle *m*; the children must be under the ~ of qualified staff at all times les enfants doivent être sous la surveillance de personnel qualifié à tout moment. **-2.** [of office] direction *f*.

**supervision order** *n* JUR nomination par un tribunal pour enfants d'un travailleur social chargé d'assurer la tutelle d'un enfant.

**supervisor** [ˈsuːpəvaɪzəʳ] *n* [gen] surveillant *m*, -e *f*; COMM [of department] chef *m* de rayon; SCH & UNIV [at exam] surveillant *m*, -e *f*; UNIV [of thesis] directeur *m*, -trice *f* de thèse; [of research] directeur *m*, -trice *f* de recherches.

**supervisory** [ˈsuːpəvaɪzərɪ] *adj* de surveillance; in a ~ role OR capacity à titre de surveillant.

**superwoman** [ˈsuːpəˌwʊmən] (*pl* **superwomen** [-ˌwɪmɪn]) *n* superwoman *f*.

**supine** [ˈsuːpaɪn] *adj* **-1.** *lit* [on one's back] couché OR étendu sur le dos. **-2.** *fig* [passive] indolent, mou, *before vowel or silent 'h'* mol (*f* molle), passif.

**supper** [ˈsʌpəʳ] *n* [evening meal] dîner *m*; [late-night meal] souper *m*; to have OR to eat ~ dîner, souper; we had steak for ~ nous avons mangé du steak au dîner OR au souper ◻ I'll raise his salary but I intend to make him sing for his ~! je vais lui accorder une augmentation, mais c'est donnant donnant!

**supper club** *n Am* boîte de nuit qui fait aussi restaurant.

**suppertime** [ˈsʌpətaɪm] *n* [in evening] heure *f* du OR de dîner; [later at night] heure *f* du OR de souper.

**supplant** [səˈplɑːnt] *vt* [person] supplanter, évincer; [thing] supplanter, remplacer.

**supple** [ˈsʌpl] *adj* souple; to become ~ s'assouplir.

**supplement** [*n* ˈsʌplɪmənt, *vb* ˈsʌplɪment] ◇ *n* **-1.** [additional amount – paid] supplément *m*; [– received] complément *m*; a ~ is charged for occupying a single room il y a un supplément à payer pour les chambres à un lit ◻ food ~ complément *m* alimentaire. **-2.** PRESS supplément *m*. **-3.** *Br* ADMIN [allowance] allocation *f*. ◇ *vt* [increase] augmenter; [complete] compléter; I work nights to ~ my income j'augmente mes revenus en travaillant la nuit; he ~s his diet with vitamins il complète son régime en prenant des vitamines.

**supplementary** [ˌsʌplɪˈmentərɪ] *adj* **-1.** [gen] complémentaire, additionnel; ~ to en plus de ◻ ~ income revenus *mpl* annexes. **-2.** GEOM [angle] supplémentaire.

**supplementary benefit** *n* ancien nom pour 'income support'.

**suppleness** [ˈsʌplnɪs] *n* souplesse *f*.

**suppletion** [səˈpliːʃn] *n* LING suppléance *f*.

**suppletive** [səˈpliːtɪv] *adj* LING supplétif.

**supplicant** [ˈsʌplɪkənt] *n* suppliant *m*, -e *f*.

**supplication** [ˌsʌplɪˈkeɪʃn] *n* supplication *f*; he knelt in ~ il supplia à genoux.

**supplier** [səˈplaɪəʳ] *n* COMM fournisseur *m*, -euse *f*.

**supply**[1] [səˈplaɪ] (*pt & pp* **supplied**, *pl* **supplies**) ◇ *vt* **-1.** [provide – goods, services] fournir; to ~ sthg to sb fournir qqch à qqn; to ~ electricity/water to a town alimenter une ville en électricité/eau. **-2.** [provide sthg to – person, institution, city] fournir, approvisionner; MIL ravitailler, approvisionner; to

~ sb with sthg fournir qqch à qqn, approvisionner qqn en qqch; the farm keeps us supplied with eggs and milk grâce à la ferme nous avons toujours des œufs et du lait; I supplied him with the details/the information je lui ai fourni les détails/les informations. **-3.** [equip] munir; all toys are supplied with batteries des piles sont fournies avec tous les jouets. **-4.** [make good – deficiency] suppléer à; [– omission] réparer, compenser; [satisfy – need] répondre à. ◇ *n* **-1.** [stock] provision *f*, réserve *f*; the nation's ~ of oil les réserves nationales de pétrole; we're getting in OR laying in a ~ of coal nous faisons des provisions de charbon, nous nous approvisionnons en charbon; water is in short ~ in the southeast on manque d'eau dans le sud-est. **-2.** [provision – of goods, equipment] fourniture *f*; [– of fuel] alimentation *f*; MIL ravitaillement *m*, approvisionnement *m*; the domestic hot water ~ l'alimentation domestique en eau chaude. **-3.** ECON offre *f*. **-4.** *Br* [clergyman, secretary, teacher] remplaçant *m*, -e *f*, suppléant *m*, -e *f*; to be on ~ faire des remplacements OR des suppléances. **-5.** (*usu pl*) POL [money] crédits *mpl*.
◇ *comp* **-1.** [convoy, train, truck, route] de ravitaillement; ~ ship ravitailleur *m*. **-2.** [secretary] intérimaire; [clergyman] suppléant.
◆ **supplies** *npl* [gen] provisions *fpl*; [of food] vivres *mpl*; MIL subsistances *fpl*, approvisionnements *mpl*; office supplies fournitures *fpl* de bureau.

**supply**[2] [ˈsʌplɪ] *adv* souplement, avec souplesse.

**supply-side economics** [səˈplaɪ-] *n* économie *f* de l'offre.

**supply teacher** [səˈplaɪ-] *n Br* remplaçant *m*, -e *f*.

**support** [səˈpɔːt] ◇ *vt* **-1.** [back – action, campaign, person] soutenir, appuyer; [– cause, idea] être pour, soutenir; I can't ~ their action je ne peux pas approuver leur action; we ~ her in her decision nous approuvons sa décision; the Democrats will ~ the bill les Démocrates seront pour OR appuieront le projet de loi ‖ SPORT être supporter de, supporter; he ~s Tottenham c'est un supporter de Tottenham. **-2.** [assist] soutenir, aider; CIN & THEAT: ~ed by a superb cast avec une distribution superbe. **-3.** [hold up] supporter, soutenir; her legs were too weak to ~ her ses jambes étaient trop faibles pour la porter; she held on to the table to ~ herself elle s'agrippa à la table pour ne pas tomber. **-4.** [provide for financially] subvenir aux besoins de; she has three children to ~ elle a trois enfants à charge; she earns enough to ~ herself elle gagne assez pour subvenir à ses propres besoins; he ~s himself by teaching il gagne sa vie en enseignant. **-5.** [sustain] faire vivre; the land has ~ed four generations of tribespeople cette terre a fait vivre la tribu pendant quatre générations. **-6.** [substantiate, give weight to] appuyer, confirmer, donner du poids à; there is no evidence to ~ his claim il n'y a aucune preuve pour confirmer ses dires. **-7.** [endure] supporter, tolérer. **-8.** FIN [price, currency] maintenir.
◇ *n* **-1.** [backing] soutien *m*, appui *m*; ~ for the Socialist Party is declining le nombre de ceux qui soutiennent le parti socialiste est en baisse; he's trying to drum up OR to mobilize ~ for his scheme il essaie d'obtenir du soutien pour son projet; to give OR to lend one's ~ to sthg accorder OR prêter son appui à qqch; she gave us her full ~ elle nous a pleinement appuyés; to speak in ~ of a motion appuyer une motion; they are striking in ~ of the miners ils font grève par solidarité avec les mineurs. **-2.** [assistance, encouragement] appui *m*, aide *f*; a mutual ~ scheme un système d'entraide; she gave me the emotional ~ I needed elle m'a apporté le soutien affectif dont j'avais besoin. **-3.** [person who offers assistance, encouragement] soutien *m*; she's been a great ~ to me elle a été d'un grand soutien. **-4.** [holding up] soutien *m*; I was holding his arm for ~ je m'appuyais sur son bras; this bra gives good ~ ce soutien-gorge maintient bien la poitrine. **-5.** [supporting structure, prop] appui *m*; CONSTR & TECH soutien *m*, support *m*. **-6.** [funding] soutien *m*; what are your means of ~? quelles sont vos sources de revenus?; she is their only means of ~ ils n'ont qu'elle pour les faire vivre. **-7.** [substantiation, corroboration] corroboration *f*; in ~ of her theory à l'appui de OR pour corroborer sa théorie. **-8.** *Am* ECON [subsidy] subvention *f*.
◇ *comp* **-1.** [troops, unit] de soutien. **-2.** [hose, stockings] de maintien; [bandage] de soutien. **-3.** CONSTR & TECH [structure, device, frame] de soutien.

**supportable** [sə'pɔːtəbl] *adj fml* supportable.

**supporter** [sə'pɔːtəʳ] *n* **-1.** CONSTR & TECH [device] soutien *m*, support *m*.**-2.** [advocate, follower – of cause, opinion] adepte *mf*, partisan *m*; [– of political party] partisan *m*; SPORT supporter *m*, supporteur *m*, -trice *f*.**-3.** HERALD tenant *m*.

**supporting** [sə'pɔːtɪŋ] *adj* **-1.** CONSTR & TECH [pillar, structure] d'appui, de soutènement; [wall] porteur, de soutènement; ~ beam sommier *m* CONSTR. **-2.** CIN & THEAT [role] secondaire, de second plan; [actor] qui a un rôle secondaire OR de second plan. **-3.** [substantiating] qui confirme, qui soutient; do you have any ~ evidence? avez-vous des preuves à l'appui?

**supportive** [sə'pɔːtɪv] *adj* [person] qui est d'un grand soutien; [attitude] de soutien; **my parents have always been very** ~ mes parents m'ont toujours été d'un grand soutien; ~ therapy MED thérapie *f* de soutien.

**suppose** [sə'pəʊz] ◇ *vt* **-1.** [assume] supposer; I ~ it's too far to go and see them now je suppose que c'est trop loin pour qu'on aille les voir maintenant; ~ x equals y MATH soit x égal à y; I ~ you think that's funny! je suppose que vous trouvez ça drôle!**-2.** [think, believe] penser, croire; do you ~ he'll do it? pensez-vous OR croyez-vous qu'il le fera?; I ~ so je suppose que oui; I ~ not, I don't ~ so je ne (le) pense pas; I don't ~ he'll agree ça m'étonnerait qu'il soit d'accord, je ne pense pas qu'il sera d'accord; and who do you ~ I met in the shop? et devine qui j'ai rencontré dans le magasin!**-3.** [imply] supposer. ◇ *vi* supposer, imaginer; he's gone, I ~? il est parti, je suppose OR j'imagine?; there were, I ~, about 50 people there il y avait, je dirais, une cinquantaine de personnes. ◇ *conj* si; ~ they see you? et s'ils vous voyaient?; ~ we wait and see et si on attendait pour voir?; ~ I'm right and she does come? mettons OR supposons que j'aie raison et qu'elle vienne?

**supposed** [sə'pəʊzd] *adj* **-1.** [presumed] présumé, supposé; [alleged] prétendu; all these ~ experts *pej* tous ces prétendus experts. **-2.** *phr*: to be ~ to: to be ~ to do sthg être censé faire qqch; she was ~ to be at work elle était censée être à son travail; what's that switch ~ to do? à quoi sert cet interrupteur?; how am I ~ to know? comment est-ce que je saurais OR suis censé savoir, moi?; you're not ~ to do that! tu ne devrais pas faire ça!; what's that ~ to mean? qu'est-ce que tu veux dire par là?; we're not ~ to use dictionaries nous n'avons pas le droit de nous servir de dictionnaires; this restaurant is ~ to be very good il paraît que ce restaurant est excellent.

**supposedly** [sə'pəʊzɪdlɪ] *adv* soi-disant (*adv*); he's ~ too sick to walk il est soi-disant trop malade pour marcher.

**supposing** [sə'pəʊzɪŋ] *conj* si, à supposer que; ~ he still wants to go et s'il veut encore y aller?; ~ you are right admettons OR mettons que vous ayez raison; always ~ I can do it en supposant OR en admettant que je puisse le faire.

**supposition** [ˌsʌpə'zɪʃn] *n* supposition *f*, hypothèse *f*; his theory was pure ~ sa théorie n'était qu'une hypothèse; on the ~ that your mother agrees dans l'hypothèse où votre mère serait d'accord, à supposer que votre mère soit d'accord.

**suppository** [sə'pɒzɪtrɪ] (*pl* **suppositories**) *n* suppositoire *m*.

**suppress** [sə'pres] *vt* **-1.** [put an end to] supprimer, mettre fin à; the new régime ~ed all forms of dissent le nouveau régime a mis fin OR un terme à toute forme de dissidence. **-2.** [withhold] supprimer, faire disparaître; to ~ evidence faire disparaître des preuves ‖ [conceal] supprimer, cacher; to ~ the truth/a scandal étouffer la vérité/un scandale. **-3.** [withdraw from publication] supprimer, interdire; the government has ~ed the report le gouvernement a interdit la parution du rapport. **-4.** [delete] supprimer, retrancher. **-5.** [inhibit – growth, weeds] supprimer, empêcher. **-6.** [hold back, repress – anger, yawn, smile] réprimer; [– tears] retenir, refouler; [– feelings, desires] étouffer, refouler; to ~ a cough réprimer OR retenir son envie de tousser; to ~ a sneeze se retenir pour ne pas éternuer. **-7.** PSYCH refouler. **-8.** ELECTRON & RADIO antiparasiter.

**suppression** [sə'preʃn] *n* **-1.** [ending – of rebellion, demonstration] suppression *f*, répression *f*; [– of rights] suppression *f*, abolition *f*; [– of a law, decree] abrogation *f*. **-2.** [concealment – of evidence, information] suppression *f*, dissimulation *f*; [– of scandal] étouffement *m*. **-3.** [non-publication – of document, re-port] suppression *f*, interdiction *f*; [– of part of text] suppression *f*. **-4.** [holding back – of feelings, thoughts] refoulement *m*. **-5.** PSYCH refoulement *m*. **-6.** ELECTRON & RADIO antiparasitage *m*.

**suppressive** [sə'presɪv] *adj* répressif.

**suppressor** [sə'presəʳ] *n* ELEC dispositif *m*, antiparasite.

**suppurate** ['sʌpjʊreɪt] *vi* suppurer.

**supra** ['suːprə] *adv* supra.

**supremacist** [sʊ'preməsɪst] *n personne qui croit en la suprématie d'un groupe*; they are white ~s ils croient en la suprématie de la race blanche.

**supremacy** [sʊ'preməsɪ] *n* **-1.** [dominance] suprématie *f*, domination *f*; each nation tried to gain ~ over the other chaque nation essayait d'avoir la suprématie sur l'autre. **-2.** [superiority] suprématie *f*.

**supreme** [sʊ'priːm] *adj* **-1.** [highest in rank, authority] suprême; the Supreme Commander of Allied Forces le commandant suprême OR le commandant en chef des Forces alliées. **-2.** [great, outstanding] extrême; a ~ effort un effort suprême; to make the ~ sacrifice sacrifier sa vie, faire le sacrifice de sa vie.

**Supreme Court** *pr n*: the ~ la Cour suprême (*des États-Unis*).

**supremely** [sʊ'priːmlɪ] *adv* suprêmement, extrêmement.

**Supreme Soviet** *pr n* Soviet *m* suprême.

**supremo** [sʊ'priːməʊ] (*pl* **supremos**) *n Br inf* (grand) chef *m*.

**Supt.** *written abbr of* **superintendent**.

**surcharge** ['sɜːtʃɑːdʒ] ◇ *n* **-1.** [extra duty, tax] surtaxe *f*.**-2.** [extra cost] supplément *m*. **-3.** [overprinting – on postage stamp] surcharge *f*. ◇ *vt* **-1.** [charge extra duty or tax on] surtaxer. **-2.** [charge a supplement to] faire payer un supplément à. **-3.** [overprint – postage stamp] surcharger.

**surd** [sɜːd] ◇ *n* **-1.** LING sourde *f*.**-2.** MATH équation *f* irrationnelle. ◇ *adj* **-1.** LING sourd. **-2.** MATH irrationnel.

**sure** [ʃʊəʳ] ◇ *adj* **-1.** [convinced, positive] sûr, certain; are you ~ of the facts? êtes-vous sûr OR certain des faits?; I'm not ~ you're right je ne suis pas sûr OR certain que vous ayez raison; he's not ~ whether he's going to come or not il n'est pas sûr de venir; she isn't ~ of OR about her feelings for him elle n'est pas sûre de ses sentiments pour lui; you seem convinced, but I'm not so ~ tu sembles convaincu, mais moi j'ai des doutes; he'll win, I'm ~ il gagnera, j'en suis sûr; I'm ~ I've been here before je suis sûr d'être déjà venu ici; what makes you so ~? how can you be so ~? qu'est-ce qui te fait dire ça?**-2.** [confident, assured] sûr; you can be ~ of good service in this restaurant dans ce restaurant, vous êtes sûr d'être bien servi; to be ~ of o.s. être sûr de soi, avoir confiance en soi. **-3.** [certain – to happen] sûr, certain; one thing is ~, he won't be back in a hurry! une chose est sûre OR certaine, il ne va pas revenir de sitôt!; we're ~ to meet again nous nous reverrons sûrement; they're ~ to get caught ils vont sûrement se faire prendre; the play is ~ to be a success la pièce va certainement avoir du succès; ~ thing! *inf* bien sûr (que oui)!, pour sûr!; be ~ to: be ~ to be on time tomorrow il faut que vous soyez à l'heure demain; to make ~ (that): we made ~ that no one was listening nous nous sommes assurés OR nous avons vérifié que personne n'écoutait; it's his job to make ~ that everyone is satisfied c'est lui qui veille à ce que tout le monde soit satisfait; make ~ you don't lose your ticket prends garde à ne pas perdre ton billet; make ~ you've turned off the gas vérifie que tu as éteint le gaz. **-4.** [firm, steady] sûr; with a ~ hand d'une main sûre; a ~ grasp of the subject *fig* des connaissances solides en la matière. **-5.** [reliable, irrefutable] sûr; insomnia is a ~ sign of depression l'insomnie est un signe incontestable de dépression. ◇ *adv* **-1.** *inf* [of course] bien sûr, pour sûr; can I borrow your car? — ~ (you can)! je peux emprunter ta voiture? — bien sûr (que oui)!**-2.** *Am inf* [really] drôlement, rudement; are you hungry? — I ~ am! as-tu faim? — plutôt! OR et comment!**-3.** [as intensifier]: (as) ~ as aussi sûr que; as ~ as my name is Jones aussi sûr que je m'appelle Jones; as ~ as I'm standing here (today) aussi sûr que deux et deux font quatre. ◆ **for sure** *adv phr*: I'll give it to you tomorrow for ~ je te le donnerai demain sans faute; one thing is for ~, I'm not staying here! une chose est sûre, je ne reste pas ici!; I think he's single but I can't say for ~ je crois qu'il est célibataire, mais je ne peux pas l'affirmer.

◆ **sure enough** adv phr effectivement, en effet; she said she'd ring and ~ enough she did elle a dit qu'elle appellerait, et c'est ce qu'elle a fait.

◆ **to be sure** adv phr: to be ~, his offer is well-intentioned ce qui est certain, c'est que son offre est bien intentionnée.

**surefire** ['ʃʊəfaɪər] adj inf infaillible, sûr.

**surefooted** ['ʃʊə‚fʊtɪd] adj au pied sûr.

**surely** ['ʃʊəlɪ] adv -1. [used to express surprise, incredulity, to contradict] quand même, tout de même; you're ~ not suggesting it was my fault? vous n'insinuez tout de même pas que c'était de ma faute?; ~ you must be joking! vous plaisantez, j'espère?; the real figures are a lot higher, ~? mais les chiffres sont en fait beaucoup plus élevés, non?; ~ to goodness OR to God they must know by now Br ce n'est pas possible qu'ils ne soient pas au courant à l'heure qu'il est. -2. [undoubtedly, assuredly] sûrement, sans (aucun) doute. -3. [steadily] sûrement; things are improving slowly but ~ les choses s'améliorent lentement mais sûrement. -4. Am [of course] bien sûr, certainement.

**sureness** ['ʃʊənɪs] n -1. [certainty] certitude f.-2. [assurance] assurance f.-3. [steadiness] sûreté f; [accuracy] justesse f, précision f.

**surety** ['ʃʊərətɪ] (pl **sureties**) n -1. [guarantor] garant m, -e f, caution f; to act as OR to stand ~ (for sb) se porter garant (de qqn). -2. [collateral] caution f, sûreté f.

**surf** [sɜːf] ◇ n (U) -1. [waves] vagues fpl (déferlantes), ressac m; to ride the ~ faire du surf. -2. [foam] écume f. ◇ vi surfer, faire du surf.

**surface** ['sɜːfɪs] ◇ n -1. [exterior, top] surface f; the submarine/diver came to the ~ le sous-marin/plongeur fit surface; all the old tensions came OR rose to the ~ when they met fig toutes les vieilles discordes ont refait surface quand ils se sont revus. -2. [flat area] surface f.-3. [covering layer] revêtement m; road ~ revêtement m. -4. [outward appearance] surface f, extérieur m, dehors m; on the ~ she seems nice enough au premier abord elle paraît assez sympathique; there was a feeling of anxiety lying beneath OR below the ~ on sentait une angoisse sous-jacente; the discussion hardly scratched the ~ of the problem le problème a à peine été abordé dans la discussion. -5. GEOM [area] surface f, superficie f.

◇ vi -1. [submarine, diver, whale] faire surface, monter à la surface; to ~ again refaire surface, remonter à la surface. -2. [become manifest] apparaître, se manifester; he ~d again after many years of obscurity il a réapparu après être resté dans l'ombre pendant de nombreuses années. -3. inf [get up] se lever, émerger.

◇ vt [put a surface on – road] revêtir; [– paper] calandrer.

◇ adj -1. [superficial] superficiel. -2. [exterior] de surface; ~ measurements superficie f.-3. MIN [workers] de surface, au jour; [work] à la surface, au jour; MIL [forces] au sol; [fleet] de surface.

**surface area** n surface f, superficie f.

**surface mail** n courrier m par voie de terre.

**surface tension** n tension f superficielle.

**surface-to-air** adj sol-air (inv).

**surface-to-surface** adj sol-sol (inv).

**surfboard** ['sɜːfbɔːd] n (planche f de) surf m.

**surfboarding** ['sɜːfbɔːdɪŋ] n surf m.

**surfeit** ['sɜːfɪt] ◇ n fml [excess] excès m, surabondance f. ◇ vt rassasier.

**surfer** ['sɜːfər] n surfeur m, -euse f.

**surfing** ['sɜːfɪŋ] n surf m.

**surge** [sɜːdʒ] ◇ n -1. [increase – of activity] augmentation f, poussée f; [– of emotion] vague f, accès m; ELEC [– of voltage, current] pointe f; a big ~ in demand une forte augmentation de la demande; a ~ of pain/pity un accès de douleur/de pitié; he felt a ~ of pride at the sight of his son sa fierté l'envahit en regardant son fils; I felt a ~ of hatred j'ai senti la haine monter en moi. -2. [rush, stampede] ruée f; there was a sudden ~ for the exit tout à coup les gens se sont rués vers la sortie. -3. NAUT houle f. ◇ vi -1. [well up – emotion] monter. -2. [rush – crowd] se ruer, déferler; [– water] couler à flots OR à torrents; [– waves] déferler; the gates of the stadium

opened and the fans ~d in/out les portes du stade s'ouvrirent et des flots de spectateurs s'y engouffrèrent/en sortirent; blood ~d to her cheeks le sang lui est monté au visage. -3. ELEC subir une brusque pointe de tension.

◆ **surge up** vi insep = **surge** vi 1.

**surgeon** ['sɜːdʒən] n chirurgien m, -enne f; a woman ~ une chirurgienne, une femme chirurgien.

**surgeon general** (pl **surgeons general**) n -1. MIL médecin-général m.-2. Am ADMIN chef m des services de santé.

**surgery** ['sɜːdʒərɪ] (pl **surgeries**) n -1. [field of medicine] chirurgie f.-2. (U) [surgical treatment] intervention f chirurgicale, interventions fpl chirurgicales; minor/major ~ might be necessary une intervention chirurgicale mineure/importante pourrait s'avérer nécessaire; to perform ~ on sb opérer qqn; to have brain/heart ~ se faire opérer du cerveau/du cœur; the patient is undergoing ~ le malade est au bloc opératoire. -3. Br [consulting room] cabinet m médical OR de consultation; [building] centre m médical; [consultation] consultation f; Doctor Jones doesn't take ~ on Fridays le docteur Jones ne consulte pas le vendredi; ~ hours heures fpl de consultation. -4. Br POL permanence f; our MP holds a ~ on Saturdays notre député tient une permanence le samedi.

**surgical** ['sɜːdʒɪkl] adj -1. [operation, treatment] chirurgical; [manual, treatise] de chirurgie; [instrument, mask] chirurgical, de chirurgie; [methods, shock] opératoire. -2. [appliance, boot, stocking] orthopédique. -3. MIL: ~ strike offensive f «chirurgicale».

**surgical dressing** n pansement m.

**surgically** ['sɜːdʒɪklɪ] adv par intervention chirurgicale.

**surgical spirit** n Br alcool m à 90 (degrés).

**surging** ['sɜːdʒɪŋ] adj [crowd, waves] déferlant; [water] qui coule à flots OR à torrents.

**Surinam** [‚sʊərɪ'næm] pr n Surinam m, Suriname m; in ~ au Surinam.

**Surinamese** [‚sʊərɪnæ'miːz] ◇ n Surinamien m, -enne f; the ~ les Surinamiens. ◇ adj surinamien.

**surly** ['sɜːlɪ] (compar **surlier**, superl **surliest**) adj [ill-tempered] hargneux, grincheux; [gloomy] maussade, renfrogné.

**surmise** [sɜː'maɪz] ◇ vt conjecturer, présumer; I can only ~ what the circumstances were je ne puis que conjecturer quelles étaient les circonstances; I ~d that he was lying je me suis douté qu'il mentait. ◇ n fml conjecture f, supposition f.

**surmount** [sɜː'maʊnt] vt -1. [triumph over] surmonter, vaincre. -2. fml [cap, top] surmonter.

**surname** ['sɜːneɪm] n Br nom m (de famille).

**surpass** [sə'pɑːs] vt -1. [outdo, outshine] surpasser; you have ~ed yourselves vous vous êtes surpassés. -2. [go beyond] surpasser, dépasser.

**surpassing** [sə'pɑːsɪŋ] adj lit sans égal.

**surplice** ['sɜːplɪs] n surplis m.

**surplus** ['sɜːpləs] ◇ n -1. [overabundance] surplus m, excédent m; Japan's trade ~ l'excédent commercial du Japon. -2. (U) [old military clothes] surplus mpl; an army ~ store un magasin de surplus de l'armée. -3. FIN [in accounting] boni m. ◇ adj -1. [gen] en surplus, en trop; pour off any ~ liquid enlevez tout excédent de liquide; to be ~ to requirements excéder les besoins. -2. COMM & ECON en surplus, excédentaire; ~ production production f excédentaire.

**surprise** [sə'praɪz] ◇ n -1. [unexpected event, experience etc] surprise f; it was a ~ to me cela a été une surprise pour moi, cela m'a surpris; what a lovely ~! quelle merveilleuse surprise!; her death came as no ~ sa mort n'a surpris personne; his resignation came as a ~ to everyone sa démission a surpris tout le monde; to give sb a ~ faire une surprise à qqn; you're in for (a bit of) a ~ tu vas être surpris!, tu vas avoir une (sacrée) surprise!-2. [astonishment] surprise f, étonnement m; much to my ~, she agreed à ma grande surprise OR à mon grand étonnement, elle accepta; he looked at me in ~ il me regarda d'un air surpris OR étonné. -3. [catching unawares] surprise f; the element of ~ is on our side nous avons l'effet de surprise pour nous; their arrival took me by ~ leur arrivée m'a pris au dépourvu; the soldiers took the enemy by ~ les soldats ont pris l'ennemi par surprise.

◇ *comp* [attack, present, victory] surprise; [announcement] inattendu; **the Prime Minister made a ~ visit to Ireland** le Premier ministre a fait une visite surprise en Irlande ❑ **~ party** *fête organisée pour quelqu'un sans qu'il ou elle le sache.*

◇ *vt* **-1.** [amaze] surprendre, étonner; **it ~d me that they didn't give her the job** j'ai été surpris OR étonné qu'ils ne l'aient pas embauchée; **shall we ~ her?** si on lui faisait une surprise?; **it wouldn't ~ me if they lost** ça ne m'étonnerait pas OR je ne serais pas surpris qu'ils perdent; **go on, ~ me!** *iron* vas-y, annonce!-**2.** [catch unawares] surprendre; **the burglar was ~d by the police** le cambrioleur fut surpris par la police.

**surprised** [sə'praɪzd] *adj* surpris, étonné; **she was ~ to learn that she had got the job** elle a été surprise d'apprendre qu'on allait l'embaucher; **don't ~ if she doesn't come** ne vous étonnez pas si elle ne vient pas; **I wouldn't** OR **I shoudn't be ~ if they'd forgotten** cela ne m'étonnerait pas qu'ils aient oublié; **I'm ~ by** OR **at his reaction** sa réaction me surprend OR m'étonne; **it looks easy but you'd be ~** ça semble facile mais ne vous y fiez pas.

**surprising** [sə'praɪzɪŋ] *adj* surprenant, étonnant; **it's not at all** OR **not in the least ~** cela n'a rien d'étonnant.

**surprisingly** [sə'praɪzɪŋlɪ] *adv* étonnamment; **for a ten-year-old, she's ~ mature** elle est vraiment très mûre pour une fille de dix ans; **he apologized, ~ enough** chose surprenante OR étonnante, il s'est excusé; **not ~, the play sold out** toutes les places ont été louées, ce qui n'a rien d'étonnant.

**surreal** [sə'rɪəl] ◇ *adj* **-1.** [strange, dreamlike] étrange, onirique. -**2.** [surrealist] surréaliste. ◇ *n*: **the ~** le surréel.

**surrealism** [sə'rɪəlɪzm] *n* ART & LITERAT surréalisme *m*.

**surrealist** [sə'rɪəlɪst] ART & LITERAT ◇ *adj* surréaliste. ◇ *n* surréaliste *mf*.

**surrealistic** [sə,rɪəl'ɪstɪk] *adj* **-1.** ART & LITERAT surréaliste. -**2.** *fig* surréel, surréaliste.

**surrender** [sə'rendər] ◇ *vi* **-1.** MIL [capitulate] se rendre, capituler; **they ~ed to the enemy** ils se rendirent à OR ils capitulèrent devant l'ennemi. -**2.** [give o.s. up] se livrer. -**3.** *fig* [abandon o.s.] se livrer, s'abandonner; **to ~ to temptation** se livrer OR s'abandonner à la tentation. ◇ *vt* **-1.** [city, position] livrer; [relinquish – possessions, territory] céder, rendre; [– one's seat] céder, laisser; [– arms] rendre, livrer; [– claim, authority, freedom, rights] renoncer à; [– hopes] abandonner; **to ~ o.s to sthg** se livrer OR s'abandonner à qqch. -**2.** [hand in – ticket, coupon] remettre. ◇ *n* **-1.** [capitulation] reddition *f*, capitulation *f*; **the government's ~ to the unions** la capitulation du gouvernement devant les syndicats. -**2.** [relinquishing – of possessions, territory] cession *f*; [– of arms] remise *f*; [– of claim,

authority, freedom, rights] renonciation *f*, abdication *f*; [– of hopes] abandon *m*.

**surreptitious** [,sʌrəp'tɪʃəs] *adj* subreptice *lit*, furtif, clandestin.

**surrey** ['sʌrɪ] *n* voiture hippomobile à deux places.

**surrogacy** ['sʌrəgəsɪ] *n* maternité *f* de remplacement OR de substitution.

**surrogate** ['sʌrəgeɪt] ◇ *n* **-1.** *fml* [substitute – person] remplaçant *m*, -e *f*, substitut *m*; [– thing] succédané *m*.-**2.** PSYCH substitut *m*.-**3.** *Am* JUR magistrat *m* de droit civil *(juridiction locale).* -**4.** *Br* RELIG évêque *m* auxiliaire. ◇ *adj* de substitution, de remplacement; **they served as ~ parents to her** ils ont en quelque sorte remplacé ses parents.

**surrogate mother** *n* PSYCH substitut *m* maternel; MED mère *f* porteuse.

**surround** [sə'raund] ◇ *vt* **-1.** [gen] entourer; **the garden is ~ed by a brick wall** le jardin est entouré d'un mur en briques; **there is a great deal of controversy ~ing the budget cuts** il y a une vive controverse autour des réductions budgétaires. -**2.** [subj: troops, police, enemy] encercler, cerner; **~ed by enemy soldiers** encerclé OR cerné par des troupes ennemies. ◇ *n Br* [border, edging] bordure *f*.

**surrounding** [sə'raundɪŋ] *adj* environnant; **there's a lovely view of the ~ countryside** il y a une belle vue sur le paysage alentour.

◆ **surroundings** *npl* **-1.** [of town, city] alentours *mpl*, environs *mpl*.-**2.** [setting] cadre *m*, décor *m*.-**3.** [environment] environnement *m*, milieu *m*.

**surtax** ['sɜːtæks] *n* impôt supplémentaire qui s'applique au-delà d'une certaine tranche de revenus.

**surveillance** [sɜː'veɪləns] *n* surveillance *f*; **to keep sb under constant ~** garder qqn sous surveillance continue; **the house is under police ~** la maison est surveillée par la police.

**survey** [*vb* sə'veɪ, *n* 'sɜːveɪ] ◇ *vt* **-1.** [contemplate] contempler; [inspect] inspecter, examiner; [review] passer en revue. -**2.** [make a study of] dresser le bilan de, étudier. -**3.** [poll] sonder; **65% of women ~ed were opposed to the measure** 65 % des femmes interrogées sont contre cette mesure. -**4.** [land] arpenter, relever, faire un relèvement de; *Br* [house] expertiser, faire une expertise de. ◇ *n* **-1.** [study, investigation] étude *f*, enquête *f*; **they carried out a ~ of retail prices** ils ont fait une enquête sur les prix au détail. -**2.** [overview] vue *f* d'ensemble. -**3.** [poll] sondage *m*.-**4.** [of land] relèvement *m*, levé *m*; **aerial ~** levé aérien ‖ *Br* [of house] expertise *f*; **to have a ~ done** faire faire une expertise.

**surveying** [sə'veɪɪŋ] *n* [measuring – of land] arpentage *m*, levé *m*; *Br* [examination – of buildings] examen *m*.

---

### Reacting with surprise

Eh bien, pour une surprise c'est une surprise!
Oh mon dieu!
Quoi!
Ça alors!
Qu'est-ce que c'est que ça?
Alors ça, c'est la meilleure! [informal]

▷ *at good news:*

C'est extraordinaire OR merveilleux OR fantastique!
Quelle (bonne) surprise!
C'est trop beau pour être vrai!

▷ *at bad news:*

Je ne sais pas quoi dire!
Qu'est-ce que c'est que cette histoire!
C'est une plaisanterie!

▷ *expressing incredulity:*

Non!
(C'est) incroyable!
C'est pas vrai! [informal]
(C'est) pas possible! [informal]

### Describing one's surprise later

J'étais sidéré.
Ça a été un véritable choc pour moi.
Je n'en croyais pas mes yeux/mes oreilles.
Il fallait le voir pour le croire.
Je n'en reviens toujours pas.
Tu imagines un peu l'état dans lequel j'étais!
Aussi incroyable que ça puisse paraître, c'est moi qui ai gagné!
Eh bien, crois-moi si tu veux, il a refusé de lui parler!
À ma grande surprise, elle n'a pas protesté. [formal]
Ça m'a fait un de ces chocs! [informal]
Tu aurais vu ma tête! [informal]
Tu m'aurais vu! [informal]

▷ *at good news:*

C'était merveilleux OR extraordinaire OR fantastique!
J'étais aux anges.
Ça, c'était une surprise! [informal]

▷ *at bad news:*

Ça m'a vraiment secoué.
Sur le coup, ça ne m'a pas vraiment fait rire.

**surveyor** [sə'veɪər] *n* **-1.** [of land] arpenteur *m*, géomètre *m*.**-2.** *Br* [of buildings] géomètre-expert *m*.

**survival** [sə'vaɪvl] ◊ *n* **-1.** [remaining alive] survie *f*; what are their chances of ~? quelles sont leurs chances de survie?; the ~ of the fittest la survie du plus apte. **-2.** [relic, remnant] survivance *f*, vestige *m*; the custom is a ~ from the Victorian era cette coutume remonte à l'époque victorienne. ◊ *comp* [course, kit] de survie.

**survive** [sə'vaɪv] ◊ *vi* **-1.** [remain alive] survivre. **-2.** [cope, pull through]: don't worry, I'll ~! *inf* ne t'inquiète pas, je n'en mourrai pas!; how can they ~ on such low wages? comment font-ils pour vivre OR pour subsister avec des salaires si bas?; he earned just enough to ~ on il gagnait tout juste de quoi survivre. **-3.** [remain, be left] subsister; only a dozen of his letters have ~d il ne subsiste OR reste qu'une douzaine de ses lettres. ◊ *vt* **-1.** [live through] survivre à, réchapper à OR de; few of the soldiers ~d the battle peu de soldats ont survécu à la bataille; we thought he'd never ~ the shock nous pensions qu'il ne se remettrait jamais du choc. **-2.** [cope with, get through] supporter; I never thought I'd ~ the evening! jamais je n'aurais cru que je tiendrais jusqu'à la fin de la soirée! **-3.** [outlive, outlast] survivre à; she ~d her husband by 20 years elle a survécu 20 ans à son mari. **-4.** [withstand] survivre à, résister à.

**surviving** [sə'vaɪvɪŋ] *adj* survivant; his only ~ son son seul fils encore en vie.

**survivor** [sə'vaɪvər] *n* **-1.** [of an accident, attack] survivant *m*, -e *f*, rescapé *m*, -e *f*; there are no reports of any ~s aucun survivant n'a été signalé; she'll be all right, she's a born ~ elle s'en sortira, elle est solide. **-2.** JUR survivant *m*, -e *f*.

**susceptibility** [sə,septə'bɪlətɪ] (*pl* **susceptibilities**) *n* **-1.** [predisposition – to an illness] prédisposition *f*. **-2.** [vulnerability] sensibilité *f*; his ~ to flattery sa sensibilité à la flatterie. **-3.** [sensitivity] sensibilité *f*, émotivité *f*. **-4.** PHYS susceptibilité *f*.

**susceptible** [sə'septəbl] *adj* **-1.** [prone – to illness] prédisposé; I'm very ~ to colds je m'enrhume très facilement. **-2.** [responsive] sensible; ~ to flattery sensible à la flatterie. **-3.** [sensitive, emotional] sensible, émotif. **-4.** *fml* [capable] susceptible.

**sushi** ['suːʃɪ] *n* sushi *m*; ~ bar sushi-bar *m*.

**suspect** [*vb* sə'spekt, *n* & *adj* 'sʌspekt] ◊ *vt* **-1.** [presume, imagine] soupçonner, se douter de; to ~ foul play soupçonner quelque chose de louche; I ~ed there would be trouble je me doutais qu'il y aurait des problèmes; I ~ed as much! je m'en doutais! **-2.** [mistrust] douter de, se méfier de; to ~ sb's motives avoir des doutes sur les intentions de qqn. **-3.** [person – of wrongdoing] soupçonner, suspecter; to be ~ed of sthg être soupçonné de qqch; to ~ sb of sthg OR of doing sthg soupçonner qqn de qqch OR d'avoir fait qqch. ◊ *n* suspect *m*, -e *f*. ◊ *adj* suspect; his views on apartheid are rather ~ ses vues sur l'apartheid sont plutôt douteuses.

**suspected** [sə'spektɪd] *adj* présumé; he's undergoing tests for a ~ tumour on est en train de lui faire des analyses pour s'assurer qu'il ne s'agit pas d'une tumeur.

**suspend** [sə'spend] *vt* **-1.** [hang] suspendre; ~ed from the ceiling suspendu au plafond. **-2.** [discontinue] suspendre; [withdraw – permit, licence] retirer (provisoirement), suspendre; bus services have been ~ed le service des autobus a été suspendu OR interrompu. **-3.** [defer] suspendre, reporter; to ~ judgment suspendre son jugement; the commission decided to ~ its decision la commission décida de surseoir à sa décision. **-4.** [exclude temporarily – official, member, sportsman] suspendre; [– worker] suspendre, mettre à pied; [– pupil, student] exclure provisoirement; two pupils have been ~ed from school for smoking deux élèves surpris à fumer font l'objet d'un renvoi provisoire.

**suspended animation** [sə'spendɪd-] *n* [natural state] hibernation *f*; [induced state] hibernation *f* artificielle.

**suspended sentence** *n* JUR condamnation *f* avec sursis; she got a three-month ~ elle a été condamnée à trois mois de prison avec sursis.

**suspender** [sə'spendər] *n Br* [for stockings] jarretelle *f*; [for socks] fixe-chaussette *m*.

◆ **suspenders** *npl Am* [for trousers] bretelles *fpl*.

**suspender belt** *n Br* porte-jarretelles *m inv*.

**suspense** [sə'spens] *n* **-1.** [anticipation] incertitude *f*; to keep

OR to leave sb in ~ laisser qqn dans l'incertitude; to break the ~ mettre fin à l'incertitude; the ~ is killing me! *inf* quel suspense! ‖ [in films, literature] suspense *m*; she manages to maintain the ~ throughout the book elle réussit à maintenir OR faire durer le suspense jusqu'à la fin du livre. **-2.** ADMIN & JUR: in ~ en suspens.

**suspense account** *n* compte *m* d'ordre.

**suspension** [sə'spenʃn] *n* **-1.** [interruption] suspension *f*; [withdrawal] suspension *f*, retrait *m* (provisoire). **-2.** [temporary dismissal – from office, political party, club, team] suspension *f*; [– from job] suspension *f*, mise *f* à pied; [– from school, university] exclusion *f* provisoire. **-3.** AUT & TECH suspension *f*. **-4.** CHEM suspension *f*; in ~ en suspension.

**suspension bridge** *n* pont *m* suspendu.

**suspicion** [sə'spɪʃn] *n* **-1.** [presumption of guilt, mistrust] soupçon *m*, suspicion *f*; her neighbours' strange behaviour aroused her ~ OR ~s le comportement étrange de ses voisins éveilla ses soupçons; to be above OR beyond ~ être au-dessus de tout soupçon; I have my ~s about this fellow j'ai des doutes sur cet individu; the new boss was regarded with ~ on considérait le nouveau patron avec méfiance; to be under ~ être soupçonné; he was arrested on ~ of drug trafficking JUR il a été arrêté parce qu'on le soupçonnait de trafic de drogue. **-2.** [notion, feeling] soupçon *m*; I had a growing ~ that he wasn't telling the truth je soupçonnais de plus en plus qu'il ne disait pas la vérité; I had a (sneaking) ~ you'd be here j'avais comme un pressentiment que tu serais là. **-3.** [trace, hint] soupçon *m*, pointe *f*.

**suspicious** [sə'spɪʃəs] *adj* **-1.** [distrustful] méfiant, soupçonneux; his strange behaviour made us ~ son comportement étrange a éveillé nos soupçons OR notre méfiance; she became ~ when he refused to give his name elle a commencé à se méfier quand il a refusé de donner son nom. **-2.** [suspect] suspect; there are a lot of ~-looking characters in this pub il y a beaucoup d'individus suspects dans ce pub; it is ~ that she didn't phone the police le fait qu'elle n'a pas téléphoné à la police est suspect.

**suspiciously** [sə'spɪʃəslɪ] *adv* **-1.** [distrustfully] avec méfiance, soupçonneusement. **-2.** [strangely] de façon suspecte; it looks ~ like malaria ça ressemble étrangement au paludisme.

**suss** [sʌs] *vt Br inf* flairer; she ~ed what he was after elle a compris où il voulait en venir.

◆ **suss out** *vt sep Br inf* **-1.** [device, situation] piger; I can't ~ out this computer program je n'arrive pas à piger (comment marche) ce nouveau logiciel. **-2.** [person] saisir le caractère de; I've got him ~ed out je sais à qui j'ai affaire.

**sustain** [sə'steɪn] *vt* **-1.** [maintain, keep up – conversation] entretenir; [– effort, attack, pressure] soutenir, maintenir; [– sb's interest] maintenir. **-2.** [support physically] soutenir, supporter. **-3.** [support morally] soutenir. **-4.** MUS [note] tenir, soutenir. **-5.** [nourish] nourrir; they had only dried fruit and water to ~ them ils n'avaient que des fruits secs et de l'eau pour subsister; a planet capable of ~ing life une planète capable de maintenir la vie. **-6.** [suffer – damage] subir; [– defeat, loss] subir, essuyer; [– injury] recevoir; the man ~ed a serious blow to the head l'homme a été grièvement atteint à la tête ‖ [withstand] supporter. **-7.** JUR [accept as valid] admettre; objection ~ed objection admise; the court ~ed her claim le tribunal lui accorda gain de cause. **-8.** [corroborate – assertion, theory, charge] corroborer. **-9.** THEAT [role] tenir.

**sustainable** [sə'steɪnəbl] *adj* [development, agriculture, politics] viable.

**sustained** [sə'steɪnd] *adj* [effort, attack] soutenu; [discussion] prolongé.

**sustaining** [sə'steɪnɪŋ] *adj* nourrissant, nutritif.

**sustenance** ['sʌstɪnəns] *n* **-1.** [nourishment] valeur *f* nutritive; stale bread provided her only form of ~ elle se nourrissait uniquement de pain rassis. **-2.** [means of subsistence] subsistance *f*; they could not derive ~ from the land ils ne pouvaient pas vivre de la terre.

**suture** ['suːtʃər] ◊ *n* **-1.** MED point *m* de suture. **-2.** ANAT & BOT suture *f*. ◊ *vt* MED suturer.

**suzerain** ['suːzəreɪn] ◊ *n* **-1.** HIST suzerain *m*, -e *f*. **-2.** POL [state] État *m* dominant. ◊ *adj* **-1.** HIST suzerain. **-2.** POL [state, power] dominant.

**svelte** [svelt] *adj* svelte.

**Svengali** [,sveŋ'gɑːlɪ] *n* manipulateur *m*.

**SW** **-1.** (*written abbr of* **short wave**) OC. **-2.** (*written abbr of* **south-west**) S-O.

**swab** [swɒb] (*pt & pp* **swabbed**, *cont* **swabbing**) ◇ *n* **-1.** MED [cotton] tampon *m*; [specimen] prélèvement *m*.**-2.** [mop] serpillière *f*. ◇ *vt* **-1.** MED [clean] nettoyer (avec un tampon). **-2.** [mop] laver; to ~ **down the decks** laver le pont.

**Swabia** ['sweɪbjə] *prn* Souabe *f*; **in** ~ en Souabe.

**swaddle** ['swɒdl] *vt* [wrap] envelopper, emmitoufler; ~**d in** blankets enveloppé OR emmitouflé dans des couvertures.

**swaddling clothes** *npl arch* OR BIBLE maillot *m*, langes *mpl*; **the infant was wrapped in** ~ le nourrisson était emmailloté.

**swag** [swæg] *inf n Br* [booty] butin *m*.

**swagger** ['swægər] ◇ *vi* **-1.** [strut] se pavaner; **he** ~**ed into/ out of the room** il entra dans/sortit de la pièce en se pavanant. **-2.** [boast] se vanter, fanfaronner, plastronner. ◇ *n* [manner] air *m* arrogant; [walk] démarche *f* arrogante; **he entered the room with a** ~ il entra dans la pièce en se pavanant.

**swaggering** ['swægərɪŋ] ◇ *adj* [gait, attitude] arrogant; [person] fanfaron, bravache. ◇ *n* [proud gait] démarche *f* OR allure *f* arrogante; [boasting] vantardise *f*.

**swagger stick** *n* [gen] badine *f*, canne *f*; MIL bâton *m* (d'officier).

**Swahili** [swɑː'hiːlɪ] ◇ *n* LING swahili *m*, souahéli *m*. ◇ *adj* swahili, souahéli.

**swallow** ['swɒləʊ] ◇ *vt* **-1.** [food, drink, medicine] avaler. **-2.** *inf* [believe] avaler, croire; **he'll** ~ **anything** il avalerait n'importe quoi; **I find it hard to** ~ j'ai du mal à avaler ça. **-3.** [accept unprotestingly] avaler, accepter; **I'm not going to** ~ **that sort of treatment** pas question que j'accepte d'être traité de cette façon. **-4.** [repress] ravaler; **he had to** ~ **his pride** il a dû ravaler sa fierté. **-5.** [retract]: **to** ~ **one's words** ravaler ses paroles. **-6.** [absorb] engloutir. ◇ *vi* avaler, déglutir; **it hurts when I** ~ j'ai mal quand j'avale; **she** ~**ed hard and continued her speech** elle avala sa salive et poursuivit son discours. ◇ *n* **-1.** [action] gorgée *f*; **he finished his drink with one** ~ il finit sa boisson d'un trait OR d'un seul coup. **-2.** ORNITH hirondelle *f*; **one** ~ **doesn't make a summer** *prov* une hirondelle ne fait pas le printemps *prov*.

◆ **swallow up** *vt sep* engloutir; **the Baltic States were** ~**ed up by the Soviet Union** les pays baltes ont été engloutis par l'Union soviétique; **I wished the ground would open and** ~ **me up** j'aurais voulu être à six pieds sous terre; **they were** ~**ed up in the crowd** ils ont disparu dans la foule.

**swallow hole** *n Br* aven *m*.

**swallowtail** ['swɒləʊteɪl] *n* machaon *m*.

**swallow-tailed coat** *n* queue-de-pie *f*.

**swam** [swæm] *pt* → **swim**.

**swamp** [swɒmp] ◇ *n* marais *m*, marécage *m*. ◇ *vt* **-1.** [flood] inonder; [cause to sink] submerger. **-2.** [overwhelm] inonder, submerger; **she was** ~**ed with calls** elle a été submergée d'appels; **we're** ~**ed (with work)** at the office at the moment nous sommes débordés de travail au bureau en ce moment.

**swampland** ['swɒmplænd] *n (U)* marécages *mpl*, terrain *m* marécageux.

**swampy** ['swɒmpɪ] (*compar* **swampier**, *superl* **swampiest**) *adj* marécageux.

**swan** [swɒn] (*pt & pp* **swanned**, *cont* **swanning**) ◇ *n* cygne *m*; **the Swan of Avon** Shakespeare; **'Swan Lake'** Tchaïkovsky 'le Lac des cygnes'. ◇ *vi Br inf*: **they spent a year swanning round Europe** ils ont passé une année à se balader en Europe; **he came swanning into the office at 10:30** il est arrivé au bureau comme si de rien n'était à 10 h 30.

**swan dive** *n Am* SPORT saut *m* de l'ange.

**swank** [swæŋk] *inf* ◇ *vi* se vanter, frimer. ◇ *n Br* **-1.** [boasting] frime *f*.**-2.** [boastful person] frimeur *m*, -euse *f*.**-3.** *Am* [luxury] luxe *m*, chic *m*. ◇ *adj* = **swanky**.

**swanky** ['swæŋkɪ] (*compar* **swankier**, *superl* **swankiest**) *adj* *inf* [gen] chic; [club, school] chic.

**swansdown** ['swɒnzdaʊn] *n* **-1.** [feathers] duvet *m* de cygne. **-2.** TEX molleton *m*.

**swansong** ['swɒnsɒŋ] *n* chant *m* du cygne.

**swap** [swɒp] (*pt & pp* **swapped**, *cont* **swapping**) ◇ *vt* **-1.** [possessions, places] échanger; **to** ~ **sthg for sthg** échanger qqch contre qqch; **I'll** ~ **my coat for yours, I'll** ~ **coats with you** on échangeons nos manteaux; **they've swapped places** ils ont échangé leurs places; **he swapped places with his sister** il a échangé sa place contre celle de sa sœur; **I wouldn't** ~ **places with him for love nor money** je ne voudrais être à sa place pour rien au monde. **-2.** [ideas, opinions] échanger; **they swapped insults over the garden fence** ils échangèrent des insultes par-dessus la clôture du jardin. ◇ *vi* échanger, faire un échange OR un troc; **I'll** ~ **with you** on échangera, on fera un échange. ◇ *n* **-1.** [exchange] troc *m*, échange *m*; **to do a** ~ faire un troc OR un échange. **-2.** [duplicate – stamp in collection etc] double *m*.

◆ **swap over, swap round** ◇ *vt sep* échanger, intervertir. ◇ *vi insep*: **do you mind swapping over** OR **round so I can sit next to Max?** est-ce que ça te dérange qu'on échange nos places pour que je puisse m'asseoir à côté de Max?

**swap meet** *n Am* foire *f* au troc.

**swarm** [swɔːm] ◇ *n* **-1.** [of bees] essaim *m*; [of ants] colonie *f*.**-2.** *fig* [of people] essaim *m*, nuée *f*, masse *f*. ◇ *vi* **-1.** ENTOM essaimer. **-2.** *fig* [place] fourmiller, grouiller; **the streets were** ~**ing with people** les rues grouillaient de monde. **-3.** *fig* [people] affluer; **the crowd** ~**ed in/out** la foule s'est engouffrée à l'intérieur/est sortie en masse; **children were** ~**ing round the ice-cream van** les enfants s'agglutinaient autour du camion du marchand de glaces. **-4.** [climb] grimper (lestement).

**swarthy** ['swɔːðɪ] (*compar* **swarthier**, *superl* **swarthiest**) *adj* basané.

**swashbuckler** ['swɒʃ,bʌklər] *n* **-1.** [adventurer] aventurier *m*, -ère *f*; [swaggerer] fier-à-bras *m*, matamore *m*.**-2.** [film] film *m* de cape et d'épée; [novel] roman *m* de cape et d'épée.

**swashbuckling** ['swɒʃ,bʌklɪŋ] *adj* [person] fanfaron; [film, story] de cape et d'épée.

**swastika** ['swɒstɪkə] *n* ANTIQ svastika *m*; [Nazi] croix *f* gammée.

**swat** [swɒt] (*pt & pp* **swatted**, *cont* **swatting**) ◇ *vt* **-1.** [insect] écraser. **-2.** *inf* [slap] frapper. ◇ *n* **-1.** [device] tapette *f*.**-2.** [swipe]: **he took a** ~ **at the mosquito** il essaya d'écraser le moustique. **-3.** *inf*= **swot**.

**swatch** [swɒtʃ] *n* échantillon *m* de tissu.

**swathe** [sweɪð] ◇ *vt* **-1.** [bind] envelopper, emmailloter; **his head was** ~**d in bandages** sa tête était enveloppée de pansements. **-2.** [envelop] envelopper; ~**d in mist** enveloppé de brume. ◇ *n* **-1.** AGR andain *m*.**-2.** [strip of land] bande *f* de terre; **the army cut a** ~ **through the town** l'armée a tout détruit sur son passage dans la ville. **-3.** [strip of cloth] lanière *f*.

**swatter** ['swɒtər] *n* tapette *f*.

**sway** [sweɪ] ◇ *vi* **-1.** [pylon, bridge] se balancer, osciller; [tree] s'agiter; [bus, train] pencher; [boat] rouler; [person – deliberately] se balancer; [– from tiredness, drink] chanceler, tituber; **the poplars** ~**ed in the wind** les peupliers étaient agités par le vent; **to** ~ **from side to side/to and fro** se balancer de droite à gauche/d'avant en arrière. **-2.** [vacillate] vaciller, hésiter; [incline, tend] pencher; **to** ~ **towards conservatism** pencher vers le conservatisme. ◇ *vt* **-1.** [pylon] (faire) balancer, faire osciller; [tree] agiter; [hips] rouler, balancer. **-2.** [influence] influencer; **don't be** ~**ed by his charm** ne te laisse pas influencer par son charme. **-3.** *arch* [rule] régner sur. ◇ *n* **-1.** [rocking – gen] balancement *m*; [– of a boat] roulis *m*.**-2.** [influence] influence *f*, emprise *f*, empire *m*; **to hold** ~ **over sb/sthg** avoir de l'influence OR de l'emprise sur qqn/qqch; **the economic theories that hold** ~ **today** les théories économiques qui ont cours aujourd'hui.

**Swazi** ['swɑːzɪ] *n* Swazi *mf*.

**Swaziland** ['swɑːzɪlænd] *prn* Swaziland *m*; **in** ~ au Swaziland.

**swear** [sweər] (*pt* **swore** [swɔːʳ], *pp* **sworn** [swɔːn]) ◇ *vi* **-1.** [curse] jurer; **to** ~ **at sb** injurier qqn; **they started** ~**ing at each other** ils ont commencé à se traiter de tous les noms OR à s'injurier; **don't** ~ **in front of the children** ne dis pas de gros mots devant les enfants ❑ **to swear like a trooper** jurer comme un charretier. **-2.** [vow, take an oath] jurer; **she swore on her honour/on her mother's grave** elle jura sur l'honneur/sur la tombe de sa mère; **I can't ~ to its authenticity** je ne peux pas jurer de son authenticité; **I wouldn't ~ to it, but I think it was him** je n'en jurerais pas, mais je crois que c'était lui; **I ~ I'll never do it again!** je jure de ne plus jamais recommencer!; **he ~s** he's never seen her before il jure qu'il ne l'a jamais vue. ◇ *vt* **-1.** [pledge, vow]: **to ~ an oath** prêter serment; **to ~ allegiance to the Crown** jurer allégeance à la couronne. **-2.** [make sb pledge]: **to ~ sb to secrecy** faire jurer à qqn de garder le secret.

◆ **swear by** *vt insep*: **she ~s** by that old sewing machine of hers elle ne jure que par sa vieille machine à coudre.

◆ **swear in** *vt sep* [witness, president] faire prêter serment à, assermenter *fml*.

◆ **swear off** *vt insep Br inf* renoncer à.

**swearword** ['sweəwɜːd] *n* grossièreté *f*, juron *m*, gros mot *m*.

**sweat** [swet] (*Br pt* & *pp* **sweated**, *Am pt* & *pp* **sweat** OR **sweated**) ◇ *n* **-1.** [perspiration] sueur *f*, transpiration *f*; **~ was dripping from his forehead** son front était ruisselant de sueur; **I woke up covered in ~** je me suis réveillé en nage OR couvert de sueur OR tout en sueur; **to break into** OR **to come out in a cold ~** avoir des sueurs froides; **she earned it by the ~ of her brow** elle l'a gagné à la sueur de son front. **-2.** *inf* [unpleasant task] corvée *f*; **can you give me a hand? — no ~!** peux-tu me donner un coup de main? — pas de problème!. **-3.** *Br inf* [anxious state]: **there's no need to get into a ~ about it!** pas la peine de te mettre dans des états pareils!. **-4.** *inf* [person]: **(old)** ~ *Br* [old soldier] vieux soldat *m*; [experienced worker] vieux routier *m*.

◇ *vi* **-1.** [perspire] suer, transpirer; **the effort made him ~** l'effort l'a mis en sueur; **she was ~ing profusely** elle suait à grosses gouttes ❑ **to ~ like a pig** *inf* suer comme un bœuf. **-2.** *fig* [work hard, suffer] suer; **I'll make them ~ for this!** ils vont me le payer!; **she's ~ing over her homework** elle est en train de suer sur ses devoirs. **-3.** [ooze – walls] suer, suinter; [– cheese] suer.

◇ *vt* **-1.** [cause to perspire] faire suer OR transpirer; [exude]: **to ~ blood** *fig* suer sang et eau; **he ~ed blood over this article** il a sué sang et eau sur cet article; **to ~ buckets** *inf* suer comme un bœuf. **-2.** *Am phr*: **don't ~ it!** *inf* pas de panique!. **-3.** CULIN cuire à l'étouffée.

◆ **sweat off** *vt sep* éliminer.

◆ **sweat out** *vt sep* **-1.** [illness]: **stay in bed and try to ~ out the cold** restez au chaud dans votre lit et votre rhume partira. **-2.** *phr*: **leave him to ~ it out** laissez-le se débrouiller tout seul.

**sweatband** ['swetbænd] *n* **-1.** SPORT [headband] bandeau *m*; [wristband] poignet *m*. **-2.** [in a hat] cuir *m* intérieur.

**sweated** ['swetɪd] *adj*: **~ labour** [staff] main-d'œuvre *f* exploitée; [work] exploitation *f*.

**sweater** ['swetə*r*] *n* pull-over *m*, pull *m*.

**sweat gland** *n* glande *f* sudoripare.

**sweating** ['swetɪŋ] *n* transpiration *f*, sudation *f* spec.

**sweatshirt** ['swetʃɜːt] *n* sweat-shirt *m*.

**sweatshop** ['swetʃɒp] *n* ≃ atelier *m* clandestin.

**sweat suit** *n* survêtement *m*.

**sweaty** ['swetɪ] (*compar* **sweatier**, *superl* **sweatiest**) *adj* **-1.** [person] (tout) en sueur; [hands] moite; [feet] qui transpire; [clothing] trempé de sueur; **he's got ~ feet** il transpire des pieds; **his uniform smelt ~** son uniforme sentait la sueur. **-2.** [weather, place] d'une chaleur humide OR moite. **-3.** [activity] qui fait transpirer.

**swede** [swiːd] *n Br* rutabaga *m*, chou-navet *m*.

**Swede** [swiːd] *n* Suédois *m*, -e *f*.

**Sweden** ['swiːdn] *pr n* Suède *f*; **in ~** en Suède.

**Swedish** ['swiːdɪʃ] ◇ *npl*: **the ~** les Suédois *mpl*. ◇ *n* LING suédois *m*. ◇ *adj* suédois.

**sweep** [swiːp] (*pt* & *pp* **swept** [swept]) ◇ *vt* **-1.** [with a brush – room, street, dust, leaves] balayer; [– chimney] ramoner; **to ~ the floor** balayer le sol; **I swept the broken glass into the dustpan** j'ai poussé le verre cassé dans la pelle avec le balai ❑ **to ~ sthg under the carpet** OR **the rug** tirer le rideau sur qqch. **-2.** [with hand]: **she swept the coins off the table into her handbag** elle a fait glisser les pièces de la table dans son sac à main. **-3.** [subj: wind, tide, crowd etc]: **the wind swept his hat into the river** le vent a fait tomber son chapeau dans

la rivière; **the small boat was swept out to sea** le petit bateau a été emporté vers le large; **three fishermen were swept overboard** un paquet de mer emporta trois pêcheurs; **to ~ everything before one** *fig* faire des ravages; **the incident swept all other thoughts from her mind** l'incident lui fit oublier tout le reste; **he was swept to power on a wave of popular discontent** il a été porté au pouvoir par une vague de mécontentement populaire ❑ **to be swept off one's feet** [fall in love] tomber fou amoureux (de qqn); [be filled with enthusiasm] être enthousiasmé (par qqn). **-4.** [spread through – subj: fire, epidemic, rumour, belief] gagner; **a new craze is ~ing America** une nouvelle mode fait fureur aux États-Unis; **the flu epidemic which swept Europe in 1919** l'épidémie de grippe qui sévit en Europe en 1919. **-5.** [scan, survey] parcourir. **-6.** [win easily] gagner OR remporter haut la main; **to ~ the board** remporter tous les prix. **-7.** NAUT [mines, sea, channel] draguer; **the port was swept for mines** le port a été dragué.

◇ *vi* **-1.** [with a brush] balayer. **-2.** [move quickly, powerfully]: **harsh winds swept across the bleak steppes** un vent violent balayait les mornes steppes; **I watched storm clouds ~ing across the sky** je regardais des nuages orageux filer dans le ciel; **nationalism swept through the country** une vague de nationalisme a submergé le pays; **the fire swept through the forest** l'incendie a ravagé la forêt. **-3.** [move confidently, proudly]: **he swept into/out of the room** il entra/sortit majestueusement de la pièce. **-4.** [stretch – land] s'étendre; **the fields ~ down to the lake** les prairies descendent en pente douce jusqu'au lac. **-5.** NAUT: **to ~ for mines** draguer, déminer.

◇ *n* **-1.** [with a brush] coup *m* de balai. **-2.** [movement]: **with a ~ of her arm** d'un geste large; **in** OR **at one ~** d'un seul coup. **-3.** [curved line, area] (grande) courbe *f*, étendue *f*. **-4.** [range] gamme *f*; **the members of the commission represent a broad ~ of opinion** les membres de la commission représentent un large éventail d'opinions. **-5.** [scan, survey]: **her eyes made a ~ of the room** elle parcourut la pièce des yeux. **-6.** ELECTRON [by electron beam] balayage *m*. **-7.** [search] fouille *f*. **-8.** [gen & MIL – attack] attaque *f*; [– reconnaissance] reconnaissance *f*. **-9.** [chimney sweep] ramoneur *m*. **-10.** *inf* [sweepstake] sweepstake *m*. **-11.** AERON flèche *f*.

◆ **sweep along** *vt sep* [subj: wind, tide, crowd] emporter, entraîner.

◆ **sweep aside** *vt sep* **-1.** [object, person] écarter. **-2.** [advice, objection] repousser, rejeter; [obstacle] écarter.

◆ **sweep away** *vt sep* **-1.** [dust, snow] balayer. **-2.** [subj: wind, tide, crowd] emporter, entraîner.

◆ **sweep by** *vi insep* [car] passer à toute vitesse; [person – majestically] passer majestueusement; [– disdainfully] passer dédaigneusement.

◆ **sweep down** *vi insep* [steps] descendre.

◆ **sweep past** = **sweep by**.

◆ **sweep up** ◇ *vt sep* [dust, leaves] balayer. ◇ *vi insep* balayer.

**sweeper** ['swiːpə*r*] *n* **-1.** [person] balayeur *m*, -euse *f*. **-2.** [device – for streets] balayeuse *f*; [– for carpets] balai *m* mécanique. **-3.** FTBL libero *m*.

**sweeping** ['swiːpɪŋ] *adj* **-1.** [wide – movement, curve] large; **with a ~ gesture** d'un geste large, d'un grand geste; **a ~ view** une vue panoramique. **-2.** [indiscriminate]: **a ~ generalization** OR **statement** une généralisation excessive; **that's rather a ~ generalization** là, vous généralisez un peu trop. **-3.** [significant, large – amount] considérable; **~ budget cuts** des coupes sombres dans le budget. **-4.** [farreaching – measure, change] de grande portée, de grande envergure; **~ reforms** des réformes de grande envergure.

◆ **sweepings** *npl* balayures *fpl*.

**sweepstake** ['swiːpsteɪk] *n* sweepstake *m*.

**sweet** [swiːt] ◇ *adj* **-1.** [tea, coffee, taste] sucré; [fruit, honey] doux (*f* douce), sucré; [wine] moelleux. **-2.** [fresh, clean – air] doux (*f* douce); [– breath] frais (*f* fraîche); [– water] pur. **-3.** [fragrant – smell] agréable, suave; **the roses smell so ~!** les roses sentent si bon!. **-4.** [musical – sound, voice] mélodieux; [– words] doux (*f* douce); **to whisper ~ nothings in sb's ear** murmurer des mots d'amour à l'oreille de qqn, conter fleurette à qqn. **-5.** [pleasant, satisfactory – emotion, feeling, success] doux (*f* douce); **revenge is ~** la vengeance est douce.

**-6.** [kind, generous] gentil; it was very ~ of you c'était gentil de votre part ❏ to keep sb ~ *Br* cultiver les bonnes grâces de qqn. **-7.** [cute] mignon, adorable. **-8.** *inf* [in love]: to be ~ on sb *Br* avoir le béguin pour qqn. **-9.** *inf* [as intensifier]: he'll please his own ~ self, he'll go his own ~ way il n'en fera qu'à sa tête ❏ ~ FA▽ *Br* rien du tout, que dalle. ◇ *n* **-1.** *Br* [confectionery] bonbon *m*. **-2.** *Br* [dessert] dessert *m*. **-3.** [term of address]: my ~ mon chéri *m*, ma chérie *f*.

**sweet-and-sour** *adj* aigre-doux (*f* -douce); ~ pork porc *m* à la sauce aigre-douce.

**sweetbread** ['swiːtbred] *n* [thymus] ris *m*; [pancreas] pancréas *m*.

**sweetbrier** [ˌswiːtˈbraɪəʳ] *n* églantier *m* odorant.

**sweet chestnut** *n* marron *m*.

**sweet cider** *n* *Br* cidre *m* doux.

**sweet corn** *n* maïs *m* doux.

**sweeten** ['swiːtn] *vt* **-1.** [food, drink] sucrer; ~ed with honey sucré avec du miel. **-2.** [mollify, soften]: to ~ (up) amadouer, enjôler. **-3.** *inf* [bribe] graisser la patte à. **-4.** [make more attractive – task] adoucir; [– offer] améliorer. **-5.** [improve the odour of] parfumer, embaumer.

**sweetener** ['swiːtnəʳ] *n* **-1.** [for food, drink] édulcorant *m*, sucrette *f*; artificial ~s édulcorants artificiels. **-2.** *Br* *inf* [present] cadeau *m*; [bribe] pot-de-vin *m*.

**sweetening** ['swiːtnɪŋ] *n* **-1.** [substance] édulcorant *m*, édulcorants *mpl*. **-2.** [process – of wine] sucrage *m*; [– of water] adoucissement *m*.

**sweetheart** ['swiːthɑːt] *n* **-1.** [lover] petit ami *m*, petite amie *f*; they were childhood ~s ils s'aimaient OR ils étaient amoureux quand ils étaient enfants. **-2.** [term of address] (mon) chéri *m*, (ma) chérie *f*.

**sweetie** ['swiːtɪ] *n inf* **-1.** [darling] chéri *m*, -e *f*, chou *m*; he's a real ~ il est vraiment adorable. **-2.** *Br baby talk* [sweet] bonbon *m*.

**sweetiepie** ['swiːtɪpaɪ] *inf* = **sweetie 1**.

**sweetly** ['swiːtlɪ] *adv* **-1.** [pleasantly, kindly] gentiment; [cutely] d'un air mignon; she smiled at him ~ elle lui sourit gentiment. **-2.** [smoothly] sans à-coups; [accurately] avec précision. **-3.** [musically] harmonieusement, mélodieusement; she sings very ~ elle a une voix très mélodieuse.

**sweetness** ['swiːtnɪs] *n* **-1.** [of food, tea, coffee] goût *m* sucré; [of wine] (goût *m*) moelleux *m*. **-2.** [freshness – of air] douceur *f*; [– of breath] fraîcheur *f*; [– of water] pureté *f*. **-3.** [fragrance] parfum *m*. **-4.** [musicality – of sound] son *m* mélodieux; [– of voice, words] douceur *f*. **-5.** [pleasure, satisfaction] douceur *f*. **-6.** [kindness, generosity] gentillesse *f*; she's all ~ and light elle est on ne peut plus gentille.

**sweet pea** *n* pois *m* de senteur.

**sweet potato** *n* patate *f* douce.

**sweet shop** *n* *Br* confiserie *f*.

**sweet talk** *n* (U) *inf* flatteries *fpl*, paroles *fpl* mielleuses.

◆ **sweet-talk** *vt inf* embobiner; she sweet-talked him into doing it elle l'a si bien embobiné qu'il a fini par le faire.

**sweet tooth** *n*: to have a ~ adorer les OR être friand de sucreries.

**sweet william** *n* œillet *m* de poète.

**swell** [swel] (*pt* swelled, *pp* swelled OR swollen ['swəʊln]) ◇ *vi* **-1.** [distend – wood, pulses etc] gonfler; [– part of body] enfler, gonfler; her heart ~ed with joy/pride *fig* son cœur s'est gonflé de joie/d'orgueil. **-2.** [increase] augmenter; the crowd ~ed to nearly two hundred la foule grossit et il y eut bientôt près de 200 personnes. **-3.** [well up – emotion] monter, surgir; I felt anger ~ in me je sentais la colère monter en moi. **-4.** [rise – sea, tide] monter; [– river] se gonfler, grossir. **-5.** [grow louder] s'enfler. ◇ *vt* **-1.** [distend] gonfler; her eyes were swollen with tears ses yeux étaient pleins de larmes. **-2.** [increase] augmenter, grossir; to ~ the ranks of the unemployed venir grossir les rangs des chômeurs. **-3.** [cause to rise] gonfler, grossir. ◇ *n* **-1.** NAUT houle *f*. **-2.** [bulge] gonflement *m*. **-3.** [increase] augmentation *f*. **-4.** MUS crescendo *m*. ◇ *adj Am inf* [great] super, chouette; we had a ~ time on s'est super bien amusés. ◇ *interj Am inf* super.

◆ **swell up** = **swell** *vi* **1** & **3**.

**swelling** ['swelɪŋ] ◇ *n* **-1.** MED enflure *f*, gonflement *m*; there was some ~ around the ankle la cheville était un peu enflée. **-2.** [increase] augmentation *f*, grossissement *m*.

◇ *adj* [increasing] croissant.

**swelter** ['sweltəʳ] *vi* [feel too hot] étouffer de chaleur; [sweat] suer à grosses gouttes, être en nage.

**sweltering** ['sweltərɪŋ] *adj* [day, heat] étouffant, oppressant.

**swept** [swept] *pt & pp* → **sweep**.

**swept-back** *adj* **-1.** AERON [wings] en flèche (arrière). **-2.** [hair] ramené en arrière.

**swept-wing** *adj* [aircraft] aux ailes en flèche.

**swerve** [swɜːv] ◇ *vi* **-1.** [car, driver, ship] faire une embardée; [ball] dévier; [aeroplane, bird, runner] virer; the car ~d to the left/towards the corner/off the road la voiture fit une embardée vers la gauche/vira pour foncer droit vers nous/prit le virage brusquement/fit une embardée et quitta la chaussée. **-2.** *fig* [budge, deviate] dévier. ◇ *vt* **-1.** [vehicle] faire virer; [ball] faire dévier. **-2.** *fig* [person] détourner, faire dévier. ◇ *n* [by car, driver, ship] embardée *f*; [by aeroplane, bird, runner, ball] déviation *f*.

**swift** [swɪft] ◇ *adj* **-1.** [fast] rapide. **-2.** [prompt] prompt, rapide; ~ to react prompt à réagir; she received a ~ reply elle reçut une réponse immédiate. ◇ *adv*: ~-moving rapide; ~-flowing [river, stream] au cours rapide. ◇ *n* ORNITH martinet *m*.

**swift-footed** *adj lit* leste, véloce *lit*.

**swiftly** ['swɪftlɪ] *adv* **-1.** [quickly] rapidement, vite. **-2.** [promptly] promptement, rapidement.

**swiftness** ['swɪftnɪs] *n* **-1.** [speed] rapidité *f*, célérité *f lit*. **-2.** [promptness] promptitude *f*, rapidité *f*.

**swig** [swɪg] (*pt & pp* swigged, *cont* swigging) *inf* ◇ *vt* lamper, siffler. ◇ *n* lampée *f*, coup *m*; have a ~ of this bois un coup de ça; he took a long ~ at his bottle il porta sa bouteille à sa bouche et but un grand coup.

◆ **swig down** *vt sep inf* vider d'un trait, siffler.

**swill** [swɪl] ◇ *vt* **-1.** *Br* [wash] laver à grande eau; to go and ~ the glass (out) under the tap va passer le verre sous le robinet. **-2.** *inf* [drink] écluser. ◇ *n* **-1.** [for pigs] pâtée *f*. **-2.** [wash]: to give sthg a ~ laver qqch.

**swim** [swɪm] (*pt* swam [swæm], *pp* swum [swʌm], *cont* swimming) ◇ *vi* **-1.** [fish, animal] nager; [person – gen] nager; [– for amusement] nager, se baigner; [– for sport] nager, faire de la natation; to go swimming [gen] (aller) se baigner; [in swimming pool] aller à la piscine; she's learning to ~ elle apprend à nager; I can't ~! je ne sais pas nager!; the lake was too cold to ~ in le lac était trop froid pour se baigner; to ~ across a river traverser une rivière à la nage; to ~ upstream/downstream monter/descendre le courant à la nage; he managed to ~ to safety il a réussi à se sauver en nageant; the raft sank and they had to ~ for it le radeau a coulé et ils ont été obligés de nager ❏ to ~ against the tide *literal & fig* nager à contre-courant. **-2.** [be soaked] nager, baigner; the salad was swimming in oil la salade baignait dans l'huile. **-3.** [spin]: my head is swimming j'ai la tête qui tourne; that awful feeling when the room starts to ~ cette impression horrible quand la pièce se met à tourner. ◇ *vt* **-1.** [river, lake etc] traverser à la nage; she swam the (English) Channel elle a traversé la Manche à la nage. **-2.** [a stroke] nager; can you ~ butterfly? est-ce que tu sais nager le papillon? **-3.** [distance] nager; she swam ten lengths elle a fait dix longueurs. **-4.** [animal]: they swam their horses across the river ils ont fait traverser la rivière à leurs chevaux (à la nage). ◇ *n*: to go for a ~ [gen] (aller) se baigner; [in swimming pool] aller à la piscine; he had his morning ~ il s'est baigné comme tous les matins; I feel like a ~ j'ai envie d'aller me baigner; did you have a nice ~? est-ce que la baignade a été agréable?

**swimmer** ['swɪməʳ] *n* [one who swims] nageur *m*, -euse *f*; [bather] baigneur *m*, -euse *f*.

**swimming** ['swɪmɪŋ] ◇ *n* [gen] nage *f*; SPORT natation *f*. ◇ *comp* [lesson, classes] de natation.

**swimming bath** *n*, **swimming baths** *npl Br* piscine *f*.

**swimming cap** *n* bonnet *m* de bain.

**swimming costume** *n* *Br* maillot *m* de bain.

**swimmingly** ['swɪmɪŋlɪ] *adv Br inf* à merveille; everything's going ~ tout marche comme sur des roulettes.

**swimming pool** *n* piscine *f*.

**swimming trunks** *npl* maillot *m* OR slip *m* de bain.

**swimsuit** ['swɪmsuːt] *n* maillot *m* de bain.

**swimwear** ['swɪmweəʳ] *n (U)* maillots *mpl* de bain.

**swindle** ['swɪndl] ◇ *vt* escroquer; **they were ~d out of all their savings** on leur a escroqué toutes leurs économies. ◇ *n* escroquerie *f*, vol *m*; **it's a real ~** c'est une véritable escroquerie.

**swindler** ['swɪndləʳ] *n* escroc *m*.

**swine** [swaɪn] (*pl sense 1 inv, pl sense 2 inv* OR **swines**) *n* **-1.** *lit* [pig] porc *m*, pourceau *m lit*. **-2.** *inf* [unpleasant person] fumier *m*, ordure *f*; **you (filthy) ~!** espèce de fumier!; **it's a ~ of a job** c'est un sale boulot.

**swineherd** ['swaɪnhɜːd] *n* porcher *m*, -ère *f*.

**swing** [swɪŋ] (*pt* & *pp* **swung** [swʌŋ]) ◇ *vi* **-1.** [sway, move to and fro – gen] se balancer; [– pendulum] osciller; [hang, be suspended] pendre, être suspendu; **he walked along with his arms ~ing** il marchait en balançant les bras; **a basket swung from her arm** un panier se balançait à son bras; **~ing from a cord** suspendu à une corde. **-2.** [move from one place to another]: **to ~ from tree to tree** se balancer d'arbre en arbre; **to ~ into action** *fig* passer à l'action. **-3.** [make a turn] virer; **the lorry swung through the gate** le camion vira pour franchir le portail; **the car in front swung out to overtake** la voiture de devant a déboîté pour doubler; **the door swung open/shut** la porte s'est ouverte/s'est refermée; **the gate swung back in my face** le portail s'est refermé devant moi. **-4.** *fig* [change direction] virer; **her mood ~s between depression and elation** elle passe de la dépression à l'exultation. **-5.** *inf* [be hanged] être pendu. **-6.** [hit out, aim a blow] essayer de frapper; **he swung at them with the hammer** il a essayé de les frapper avec le marteau; **I swung at him** je lui ai décoché un coup de poing. **-7.** *inf* [musician] swinguer; [music] swinguer, avoir du swing. **-8.** *inf* & *dated* [be modern, fashionable] être dans le vent OR in; **he was there in the sixties, when London was really ~ing** il était là dans les années soixante, quand ça bougeait à Londres. **-9.** *inf* [be lively] chauffer; **the party was beginning to ~** la fête commençait à être très animée. **-10.** *inf* [try hard]: **I'm in there ~ing for you** je fais tout ce que je peux pour toi. ◇ *vt* **-1.** [cause to sway] balancer; **he walked along ~ing his arms** il marchait en balançant les bras; **to ~ one's hips** balancer les OR rouler des hanches. **-2.** [move from one place to another]: **she swung her bag onto the back seat** elle jeta son sac sur le siège arrière; **he swung a rope over a branch** il lança une corde par-dessus une branche; **I swung myself (up) into the saddle** je me suis hissé sur la selle, j'ai sauté en selle. **-3.** [turn – steering wheel] (faire) tourner; [– vehicle] faire virer. **-4.** [aim]: **she swung the bat at the ball** elle essaya de frapper la balle avec sa batte. **-5.** *inf* [manage, pull off]: **to ~ sthg** réussir OR arriver à faire qqch; **I think I should be able to ~ it** je crois pouvoir me débrouiller. **-6.** *inf*: **to ~ it** avoir le swing. ◇ *n* **-1.** [to-and-fro movement, sway – gen] balancement *m*; [– of pendulum] oscillation *f*; **with a ~ of his arm** en balançant son bras. **-2.** [arc described] arc *m*, courbe *f*. **-3.** [swipe, attempt to hit] (grand) coup *m*; **I took a ~ at him** je lui ai décoché un coup de poing; **he took a ~ at the ball** il donna un coup pour frapper la balle. **-4.** [hanging seat] balançoire *f*; **what you lose on the ~s you gain on the roundabouts** ce que l'on perd d'un côté, on le récupère de l'autre; **it's ~s and roundabouts really** en fait, on perd d'un côté ce qu'on gagne de l'autre. **-5.** [change, shift] changement *m*; **his mood ~s are very unpredictable** ses sautes d'humeur sont très imprévisibles; **seasonal ~s** COMM fluctuations *fpl* saisonnières; **the upward/downward ~ of the market** ST. EX la fluctuation du marché vers le haut/le bas ‖ POL revirement *m*; **America experienced a major ~ towards conservatism** les États-Unis ont connu un important revirement vers le conservatisme. **-6.** [in boxing, golf] swing *m*. **-7.** [rhythm – gen] rythme *m*; [jazz rhythm, style of jazz] swing *m*; **a ~ band** un orchestre de swing. **-8.** *inf* POL [tour] tournée *f*. **-9.** *phr*: **to get into the ~ of things** *inf* I'm beginning to get into the ~ of things je commence à être dans le bain; **to go with a ~** *inf* [music] être très rythmé OR entraînant; [party] swinguer; [business] marcher très bien.
♦ **in full swing** *adj phr*: **the party was in full ~** la fête battait son plein; **production is in full ~** on produit à plein rendement; **the town's packed when the season's in full ~** en pleine saison, il y a foule en ville.

♦ **swing round** ◇ *vt sep* [vehicle] faire virer; [person] faire tourner; **he swung the car round the corner** il a tourné au coin. ◇ *vi insep* [turn round – person] se retourner, pivoter; [– crane] tourner, pivoter.
♦ **swing to** *vi insep* [door, gate] se refermer.

**swingboat** ['swɪŋbəʊt] *n* nacelle *f* (balançoire de champ de foire).

**swing bridge** *n* pont *m* tournant.

**swing door** *n* porte *f* battante.

**swingeing** ['swɪndʒɪŋ] *adj Br* [increase, drop] énorme; [cuts] draconien; [blow] violent; [criticism, condemnation] sévère; [victory, defeat] écrasant.

**swinger** ['swɪŋəʳ] *n inf* & *dated* **-1.** [fashionable person] branché *m*, -e *f*; [pleasure-seeker] noceur *m*, -euse *f*. **-2.** [promiscuous person] débauché *m*, -e *f*.

**swinging** ['swɪŋɪŋ] *adj* **-1.** [swaying] balançant; [pivoting] tournant, pivotant. **-2.** [rhythmic – gen] rythmé, cadencé; [– jazz, jazz musician] swinguant. **-3.** *inf* & *dated* [trendy] in; **the ~ sixties** les folles années soixante.

**swing-wing** ◇ *adj* à géométrie variable. ◇ *n* avion *m* à géométrie variable.

**swinish** ['swaɪnɪʃ] *adj inf* sale, pas sympa.

**swipe** [swaɪp] ◇ *vi*: **to ~ at** : **he ~d at the fly with his newspaper** il donna un grand coup de journal pour frapper la mouche. ◇ *vt* **-1.** [hit] donner un coup à. **-2.** *inf* [steal] piquer, faucher. ◇ *n* (grand) coup *m*; **to take a ~ at sthg** *literal* donner un grand coup pour frapper qqch; *fig* [criticize] tirer à boulets rouges sur qqch.

**swirl** [swɜːl] ◇ *vi* tourbillonner, tournoyer. ◇ *vt* faire tourbillonner OR tournoyer; **a sudden wind ~ed the leaves around** une brusque bourrasque fit tournoyer OR tourbillonner les feuilles; **he ~ed her round the dance floor** il la fit tournoyer autour de la piste (de danse). ◇ *n* tourbillon *m*.

**swish** [swɪʃ] ◇ *vi* [whip] siffler; [leaves, wind] chuinter, bruire *lit*; [fabric, skirt] froufrouter; [water] murmurer; **the curtains ~ed open/shut** les rideaux s'ouvrirent/se refermèrent en froufroutant. ◇ *vt*: **the horse ~ed its tail** le cheval donna un coup de queue. ◇ *n* **-1.** [sound – of fabric, skirt] froufroutement *m*, froissement *m*; [– of leaves, wind] bruissement *m*; [– of water] murmure *m*. **-2.** [movement]: **the cow flicked the flies away with a ~ of its tail** la vache chassa les mouches d'un coup de queue. ◇ *adj Br inf* [smart] chic.

**Swiss** [swɪs] (*pl inv*) ◇ *n* Suisse *m*, Suissesse *f*; **the ~** les Suisses *mpl*. ◇ *adj* [gen] suisse; [confederation, government] helvétique; **~ bank account** compte *m* en Suisse.

**Swiss cheese** *n* gruyère *m*; **~ plant** monstera *m*.

**Swiss-French** ◇ *n* **-1.** LING suisse *m* romand. **-2.** [person] Suisse *m* romand, Suisse *f* romande. ◇ *adj* suisse romand.

**Swiss-German** ◇ *n* **-1.** LING suisse *m* allemand OR alémanique. **-2.** [person] Suisse *m* allemand, Suisse *f* allemande. ◇ *adj* suisse allemand OR alémanique.

**Swiss Guard** *n* **-1.** [papal bodyguard] garde *f* (pontificale) suisse. **-2.** HIST [in France] membre *m* des troupes suisses; **the ~** les troupes *fpl* suisses.

**swiss roll** *n* (gâteau *m*) roulé *m*.

**switch** [swɪtʃ] ◇ *n* **-1.** ELEC [for light] interrupteur *m*; [on radio, television] bouton *m*; TECH & TELEC commutateur *m*; **is the ~ on/off?** est-ce que c'est allumé/éteint?; **to flick** OR **to throw a ~** actionner un commutateur; **two-way ~** (interrupteur *m*) va-et-vient *m*. **-2.** [change – gen] changement *m*; [– of opinion, attitude] changement *m*, revirement *m*; **the ~ to the new equipment went very smoothly** on s'est très bien adaptés au nouveau matériel. **-3.** [swap, trade] échange *m*. **-4.** *Am* RAIL: **~es** [points] aiguillage *m*. **-5.** [stick] baguette *f*, badine *f*; [riding crop] cravache *f*. **-6.** [hairpiece] postiche *m*. **-7.** ZOOL [hair on tail] fouet *m* de la queue. ◇ *vt* **-1.** [change, exchange] changer de; **to ~ places with sb** échanger sa place avec qqn; **she offered to ~ jobs with me** elle a offert d'échanger son poste contre le mien. **-2.** [transfer – allegiance, attention] transférer; **she ~ed her attention back to the speaker** elle reporta son attention sur le conférencier ‖ [divert – conversation] orienter, détourner; **I tried to ~ the discussion to something less controversial** j'ai essayé d'orienter la discussion vers un sujet moins épineux. **-3.** ELEC, RADIO & TV [circuit] commuter; **to ~ channels/frequencies** changer de chaîne/de fréquence. **-4.** *Am* RAIL aiguiller.

◇ *vi* changer; she started studying medicine but ~ed to architecture elle a commencé par étudier la médecine, mais elle a changé pour faire architecture; I'd like to ~ to another topic j'aimerais changer de sujet; can I ~ to another channel? est-ce que je peux changer de chaîne?; they've ~ed to American equipment ils ont adopté du matériel américain; he ~es effortlessly from one language to another il passe d'une langue à une autre avec une grande aisance.

◆ **switch around** = **switch round.**

◆ **switch off** ◇ *vt sep* [light] éteindre; [electrical appliance] éteindre, arrêter; don't forget to ~ the lights off when you leave n'oublie pas d'éteindre la lumière en partant; the radio ~es itself off la radio s'éteint OR s'arrête automatiquement; they've ~ed off the power ils ont coupé le courant; to ~ off the engine AUT couper le contact, arrêter le moteur. ◇ *vi insep* **-1.** [go off – light] s'éteindre; [– electrical appliance] s'éteindre, s'arrêter; how do you get the oven to ~ off? comment tu éteins le four?-**2.** [TV viewer, radio listener] éteindre le poste; don't ~ off! restez à l'écoute!-**3.** *inf* [stop paying attention] décrocher.

◆ **switch on** ◇ *vt sep* **-1.** ELEC [light, heating, oven, TV, radio] allumer; [engine, washing machine, vacuum cleaner] mettre en marche; the power isn't ~ed on il n'y a pas de courant; to ~ on the ignition AUT mettre le contact. -**2.** *fig & pej*: to ~ on the charm/tears sourire/pleurer sur commande. ◇ *vi insep* **-1.** ELEC [light, heating, oven, TV, radio] s'allumer; [engine, washing machine, vacuum cleaner] se mettre en marche. -**2.** [TV viewer, radio listener] allumer le poste.

◆ **switch over** *vi insep* **-1.** = **switch** *vi.* -**2.** TV changer de chaîne; RADIO changer de station.

◆ **switch round** ◇ *vt sep* changer de place, déplacer; he ~ed the glasses round when she wasn't looking il échangea les verres pendant qu'elle ne regardait pas; the manager has ~ed the team round again l'entraîneur a encore changé l'équipe. ◇ *vi insep* [two people] changer de place.

**switchback** ['swɪtʃbæk] ◇ *n* **-1.** [road] route *f* accidentée et sinueuse. -**2.** *Br* [roller coaster] montagnes *fpl* russes. ◇ *adj*: a ~ road une route accidentée et sinueuse.

**switchblade** ['swɪtʃbleɪd] *n Am* (couteau *m* à) cran d'arrêt *m.*

**switchboard** ['swɪtʃbɔːd] *n* **-1.** TELEC standard *m.*-**2.** ELEC tableau *m.*

**switchboard operator** *n* standardiste *mf.*

**switched-on** [,swɪtʃt-] *adj Br inf & dated* [fashionable] dans le vent, in.

**switchgear** ['swɪtʃgɪəʳ] *n* appareillage *m* de commutation.

**switch-hitter** *n Am* **-1.** SPORT batteur *m* ambidextre. -**2.** ∇ [bisexual] bi *mf.*

**switching** ['swɪtʃɪŋ] *n* COMPUT, ELEC & TELEC commutation *f*; data ~ COMPUT commutation de données.

**switchover** ['swɪtʃ,əʊvəʳ] *n* [to another method, system] passage *m*, conversion *f.*

**Switzerland** ['swɪtsələnd] *pr n* Suisse *f*; in ~ en Suisse; French-/Italian-speaking ~ la Suisse romande/italienne; German-speaking ~ la Suisse allemande OR alémanique.

**swivel** ['swɪvl] (*Br pt & pp* **swivelled**, *cont* **swivelling**, *Am pt & pp* **swiveled**, *cont* **swiveling**) ◇ *n* [gen] pivot *m*; [for gun] tourillon *m.* ◇ *comp* [lamp, joint etc] pivotant, tournant. ◇ *vi*: to ~ (round) pivoter, tourner; she swivelled round in her chair elle pivota sur sa chaise. ◇ *vt*: to ~ (round)[chair, wheel etc] faire pivoter.

**swivel chair** *n* chaise *f* pivotante; [with arms] fauteuil *m* pivotant.

**swiz(z)** [swɪz] *n Br inf* escroquerie *f*, vol *m*; what a ~! c'est du vol!

**swizzle** ['swɪzl] *n* **-1.** *Br inf*= **swiz(z).** -**2.** *Am* [cocktail] cocktail *m (préparé dans un verre mélangeur).*

**swizzle stick** *n* fouet *m.*

**swollen** ['swəʊln] ◇ *pp* → **swell.** ◇ *adj* **-1.** [part of body] enflé, gonflé; her ankle was badly ~ sa cheville était très enflée; his face was ~ il avait le visage enflé OR bouffi; starving children with ~ abdomens des enfants affamés au ventre ballonné; her eyes were red and ~ with crying elle avait les yeux rouges et gonflés à force de pleurer. -**2.** [sails] bombé, gonflé; [lake, river] en crue.

**swollen-headed** *adj inf* qui a la grosse tête.

**swoon** [swuːn] ◇ *vi* **-1.** [become ecstatic] se pâmer, tomber

en pâmoison. -**2.** *dated* [faint] s'évanouir, se pâmer *lit.* ◇ *n* pâmoison *f*; to fall to the ground in a ~ tomber par terre en pâmoison.

**swoop** [swuːp] ◇ *vi* **-1.** [dive – bird] s'abattre, fondre; [– aircraft] piquer, descendre en piqué; the gulls ~ed down on the rocks les mouettes s'abattirent sur OR fondirent sur les rochers. -**2.** [make a raid – police, troops etc] faire une descente. ◇ *n* **-1.** [dive – by bird, aircraft] descente *f* en piqué. -**2.** [raid – by police, troops etc] descente *f*; **fifteen arrested in drugs** ~ quinze personnes arrêtées dans une opération anti-drogue. -**3.** *phr*: in one fell ~ d'un seul coup.

**swoosh** [swuːʃ] *inf* ◇ *vi* [water] murmurer; [vehicle, tyres] siffler, chuinter. ◇ *n* bruissement *m*, chuintement *m*, sifflement *m.*

**swop** [swɒp] (*pt & pp* **swopped**, *cont* **swopping**) = **swap.**

**sword** [sɔːd] ◇ *n* épée *f*; they fought with ~s ils se sont battus à l'épée; all the prisoners were put to the ~ tous les prisonniers furent passés au fil de l'épée; he lived by the ~ and died by the ~ il a vécu par l'épée, il a péri par l'épée. ◇ *comp* [blow, handle, wound] d'épée.

**sword dance** *n* danse *f* du sabre.

**sword-fight** *n* [between two people] duel *m* (à l'épée); [between several people] bataille *f* à l'épée.

**swordfish** ['sɔːdfɪʃ] (*pl inv* OR **swordfishes**) *n* espadon *m*, poisson-épée *m.*

**swordplay** ['sɔːdpleɪ] *n* [skill] maniement *m* de l'épée; they were taught riding and ~ on leur apprenait à monter à cheval et à manier l'épée ‖ [activity]: the last scene consisted of ~ la dernière scène était une scène de combats à l'épée.

**swordsman** ['sɔːdzmən] (*pl* **swordsmen** [-mən]) *n* épéiste *m*, lame *f (personne).*

**swordsmanship** ['sɔːdzmənʃɪp] *n* maniement *m* de l'épée; we admired her ~ nous admirâmes sa façon de manier l'épée.

**swordstick** ['sɔːdstɪk] *n* canne-épée *f*, canne *f* armée.

**sword-swallower** *n* avaleur *m*, -euse *f* de sabres.

**swore** [swɔːʳ] *pt* → **swear.**

**sworn** [swɔːn] ◇ *pp* → **swear.** ◇ *adj* **-1.** JUR [declaration] fait sous serment; [evidence] donné sous serment. -**2.** [committed – enemy] juré; [– friend] indéfectible.

**swot** [swɒt] (*pt & pp* **swotted**, *cont* **swotting**) *Br inf* ◇ *vi* bûcher, potasser; to ~ for an exam bûcher OR potasser un examen. ◇ *n pej* bûcheur *m*, -euse *f.*

◆ **swot up** *Br inf* ◇ *vi insep* bûcher, potasser; to ~ up on sthg bûcher OR potasser qqch. ◇ *vt sep* bûcher, potasser.

**swum** [swʌm] *pp* → **swim.**

**swung** [swʌŋ] *pt & pp* → **swing.**

**swung dash** *n* tilde *m.*

**sycamore** ['sɪkəmɔːʳ] *n* sycomore *m*, faux platane *m.*

**sycophancy** ['sɪkəfənsɪ] *n* flagornerie *f.*

**sycophant** ['sɪkəfənt] *n* flagorneur *m*, -euse *f.*

**sycophantic** [,sɪkə'fæntɪk] *adj* [person] flatteur, flagorneur; [behaviour] de flagornerie; [approval, praise] obséquieux.

**syllabi** ['sɪləbaɪ] *pl* → **syllabus.**

**syllabic** [sɪ'læbɪk] *adj* syllabique.

**syllabify** [sɪ'læbɪfaɪ] (*pt & pp* **syllabified**) *vt* décomposer en syllabes.

**syllable** ['sɪləbl] *n* syllabe *f*; I had to explain it to him in words of one ~ j'ai dû le lui expliquer en termes simples.

**syllabub** ['sɪləbʌb] *n Br* [dessert] (crème *f*) sabayon *m.*

**syllabus** ['sɪləbəs] (*pl* **syllabuses** OR **syllabi** [-baɪ]) *n* programme *m* (d'enseignement) SCOL & UNIV; do you know what's on the ~? savez-vous ce qu'il y a au programme?

**syllogism** ['sɪlədʒɪzm] *n* syllogisme *m.*

**sylph** [sɪlf] *n* **-1.** [mythical being] sylphe *m.*-**2.** *lit* [girl, woman] sylphide *f.*

**sylphlike** ['sɪlflaɪk] *adj lit* [figure] gracile, de sylphe; [woman] gracieuse.

**sylvan** ['sɪlvən] *adj lit* sylvestre.

**Sylvester** [sɪl'vestəʳ] *pr n*: Saint ~ saint Sylvestre.

**symbiosis** [,sɪmbaɪ'əʊsɪs] *n literal & fig* symbiose *f*; in ~ en symbiose.

**symbiotic** [,sɪmbaɪ'ɒtɪk] *adj literal & fig* symbiotique.

**symbol** ['sɪmbl] *n* symbole *m.*

**symbolic** [sɪm'bɒlɪk] *adj* symbolique.
**symbolically** [sɪm'bɒlɪklɪ] *adv* symboliquement.
**symbolism** ['sɪmbəlɪzm] *n* symbolisme *m*.
**symbolist** ['sɪmbəlɪst] ◇ *adj* symboliste. ◇ *n* symboliste *mf*.
**symbolization** [,sɪmbəlaɪ'zeɪʃn] *n* symbolisation *f*.
**symbolize, -ise** ['sɪmbəlaɪz] *vt* symboliser.
**symmetric** [sɪ'metrɪk] *adj* LOGIC & MATH symétrique.
**symmetrical** [sɪ'metrɪkl] *adj* symétrique.
**symmetrically** [sɪ'metrɪklɪ] *adv* symétriquement.
**symmetry** ['sɪmɪtrɪ] *n* symétrie *f*.
**sympathetic** [,sɪmpə'θetɪk] *adj* **-1.** [compassionate] compatissant. **-2.** [well-disposed] bien disposé; [understanding] compréhensif; the public is generally ~ to OR towards the strikers l'opinion publique est dans l'ensemble bien disposée envers les grévistes; she spoke to a ~ audience elle s'adressa à un auditoire bienveillant; the town council was ~ to our grievances la municipalité a accueilli nos revendications avec compréhension. **-3.** [congenial, likeable] sympathique, agréable. **-4.** ANAT sympathique. **-5.** MUS: ~ string corde *f* qui vibre par résonance.
**sympathetically** [,sɪmpə'θetɪklɪ] *adv* **-1.** [compassionately] avec compassion. **-2.** [with approval] avec bienveillance. **-3.** ANAT par sympathie.
**sympathize, -ise** ['sɪmpəθaɪz] *vi* **-1.** [feel compassion] sympathiser, compatir; we all ~d with him when his wife left nous avons tous compati à son malheur quand sa femme est partie; poor Emma, I really ~ with her! cette pauvre Emma, je la plains vraiment! **-2.** [feel understanding]: he could not ~ with their feelings il ne pouvait pas comprendre leurs sentiments; we understand and ~ with their point of view nous comprenons et partageons leur point de vue. **-3.** [favour, support] sympathiser; certain heads of state openly ~d with the terrorists certains chefs d'État sympathisaient ouvertement avec les terroristes.
**sympathizer** ['sɪmpəθaɪzəʳ] *n* **-1.** [comforter]: she received many cards from ~s after her husband's death elle a reçu de nombreuses cartes de condoléances après la mort de son mari. **-2.** [supporter] sympathisant *m*, -e *f*; she was suspected of being a communist ~ elle était soupçonnée d'être sympathisante communiste.
**sympathy** ['sɪmpəθɪ] (*pl* **sympathies**) *n* **-1.** [compassion] compassion *f*; to have OR to feel ~ for sb éprouver de la compassion envers qqn; her tears were only a means of gaining ~ elle ne pleurait que pour qu'on s'attendrisse sur elle; you have my deepest sympathies toutes mes condoléances. **-2.** [approval, support] soutien *m*; the audience was clearly not in ~ with the speaker il était évident que le public ne partageait pas les sentiments de l'orateur; she has strong left-wing sympathies elle est très à gauche; I have no ~ for OR with terrorism je désapprouve tout à fait le terrorisme; his sympathies did not lie with his own class il ne partageait pas les valeurs de sa propre classe; to come out in ~ (with sb) faire grève par solidarité (avec qqn). **-3.** [affinity] sympathie *f*.
**sympathy strike** *n* grève *f* de solidarité.

**symphonic** [sɪm'fɒnɪk] *adj* symphonique.
**symphony** ['sɪmfənɪ] (*pl* **symphonies**) ◇ *n* symphonie *f*. ◇ *comp* [concert, orchestra] symphonique.
**symposium** [sɪm'pəʊzjəm] (*pl* **symposiums** OR **symposia** [-zjə]) *n* symposium *m*, colloque *m*; 'The Symposium' Plato 'le Banquet'.
**symptom** ['sɪmptəm] *n* MED & *fig* symptôme *m*; to show ~s of fatigue donner des signes de fatigue.
**symptomatic** [,sɪmptə'mætɪk] *adj* MED & *fig* symptomatique.
**synaeresis** [sɪ'nɪərəsɪs] (*pl* **synaereses** [-siːz]) = **syneresis**.
**synagogue** ['sɪnəgɒg] *n* synagogue *f*.
**synapse** ['saɪnæps] *n* synapse *f*.
**sync(h)** [sɪŋk] *inf* ◇ *n* (*abbr of* **synchronization**) synchronisation *f*; to be in/out of ~ être/ne pas être synchro. ◇ *vt abbr of* **synchronize**.
**synchromesh** ['sɪŋkrəʊmeʃ] ◇ *adj*: ~ gearbox boîte *f* de vitesses avec synchroniseur. ◇ *n* synchroniseur *m*.
**synchronic** [sɪŋ'krɒnɪk] *adj* synchronique.
**synchronization** [,sɪŋkrənaɪ'zeɪʃn] *n* synchronisation *f*.
**synchronize, -ise** ['sɪŋkrənaɪz] ◇ *vt* synchroniser. ◇ *vi* être synchronisé.
**synchronized swimming** ['sɪŋkrənaɪzd-] *n* natation *f* synchronisée.
**syncopate** ['sɪŋkəpeɪt] *vt* syncoper.
**syncopation** [,sɪŋkə'peɪʃn] *n* syncope *f* MUS.
**syncretism** ['sɪŋkrɪtɪzm] *n* syncrétisme *m*.
**syndicalism** ['sɪndɪkəlɪzm] *n* [doctrine] syndicalisme *m* révolutionnaire.
**syndicalist** ['sɪndɪkəlɪst] ◇ *n* syndicaliste *mf* révolutionnaire. ◇ *adj* de syndicalisme révolutionnaire.
**syndicate** [*n* 'sɪndɪkət, *vb* 'sɪndɪkeɪt] ◇ *n* **-1.** COMM & FIN groupement *m*, syndicat *m*; the loan was underwritten by a ~ of banks ce prêt était garanti par un consortium bancaire. **-2.** [of organized crime] association *f*; crime ~s associations de grand banditisme; the Syndicate la Mafia. **-3.** PRESS agence *f* de presse (*qui vend des articles, des photos etc à plusieurs journaux pour publication simultanée*). ◇ *vt* **-1.** COMM & FIN [loan] syndiquer. **-2.** PRESS publier simultanément dans plusieurs journaux; *Am* RADIO vendre à plusieurs stations; *Am* TV vendre à plusieurs chaînes; she writes a ~d column elle écrit une chronique qui est publiée dans plusieurs journaux. ◇ *vi* [form a syndicate] former un groupement OR syndicat.
**syndrome** ['sɪndrəʊm] *n* syndrome *m*.
**synecdoche** [sɪn'ekdəkɪ] *n* synecdoque *f*.
**syneresis** [sɪ'nɪərəsɪs] (*pl* **synereses** [-siːz]) *n* synérèse *f*.
**synergy** ['sɪnədʒɪ] (*pl* **synergies**) *n* synergie *f*.
**synod** ['sɪnəd] *n* synode *m*.
**synonym** ['sɪnənɪm] *n* synonyme *m*.
**synonymous** [sɪ'nɒnɪməs] *adj* literal & *fig* synonyme; success is not always ~ with merit le succès n'est pas toujours synonyme de mérite.
**synonymy** [sɪ'nɒnɪmɪ] *n* synonymie *f*.
**synopsis** [sɪ'nɒpsɪs] (*pl* **synopses** [-siːz]) *n* [gen] résumé *m*; [of

---

**USAGE ▶ Sympathy**

**Reacting sympathetically**

Je suis sincèrement désolé.
C'est vraiment triste/terrible/affreux!
Si je peux vous aider en quoi que ce soit, n'hésitez pas.
C'est vraiment dommage!
Pas de chance OR de veine OR de pot OR de bol! [informal]
Mon pauvre vieux!/Ma pauvre vieille! [informal]

**When someone is ill**

▷ *written style*:

Tous nos OR Meilleurs vœux de prompt rétablissement.

▷ *spoken style*:

Bon rétablissement!
Remets-toi vite!

**When someone has died**

▷ *written style*:

Je tiens à vous adresser mes sincères condoléances/à vous exprimer ma profonde sympathie. [formal]
Je vous prie de croire à l'expression de mes sentiments de très sincère sympathie. [formal]
Sincères condoléances.
Je veux que tu saches que je prends part du fond du cœur à ton chagrin OR à ta douleur.
Je tiens à te dire que je suis avec toi/près de toi par la pensée en ces moments difficiles.

▷ *written/spoken style*:

J'ai été bouleversé d'apprendre la disparition de ton père.
Je suis vraiment désolé pour ton père.

a film] synopsis *m*.

**synoptic** [sɪ'nɒptɪk] *adj* synoptique.

**syntactic** [sɪn'tæktɪk] *adj* syntaxique.

**syntactically** [sɪn'tæktɪklɪ] *adv* du point de vue syntaxique.

**syntactics** [sɪn'tæktɪks] *n (U)* syntactique *f*.

**syntagm** ['sɪntæm] *n* syntagme *m*.

**syntax** ['sɪntæks] *n* syntaxe *f*.

**synthesis** ['sɪnθəsɪs] (*pl* **syntheses** [-siːz]) *n* synthèse *f*.

**synthesize, -ise** ['sɪnθəsaɪz] *vt* **-1.** BIOL & CHEM [produce by synthesis] synthétiser. **-2.** [amalgamate, fuse] synthétiser. **-3.** MUS synthétiser.

**synthesizer** ['sɪnθəsaɪzər] *n* synthétiseur *m*; voice ~ synthétiseur *m* de voix.

**synthetic** [sɪn'θetɪk] ◇ *adj* **-1.** [artificial, electronically produced] synthétique; ~ image image *f* de synthèse. **-2.** *pej* [food] qui a un goût chimique. **-3.** LING synthétique. **-4.** PHILOS [reasoning, proposition] synthétique. ◇ *n* produit *m* synthétique.
◆ **synthetics** *npl* fibres *fpl* synthétiques.

**synthetically** [sɪn'θetɪklɪ] *adv* synthétiquement.

**syphilis** ['sɪfɪlɪs] *n (U)* syphilis *f*.

**syphilitic** [,sɪfɪ'lɪtɪk] ◇ *adj* syphilitique. ◇ *n* syphilitique *mf*.

**syphon** ['saɪfn] = **siphon**.

**Syria** ['sɪrɪə] *prn* Syrie *f*; in ~ en Syrie.

**Syrian** ['sɪrɪən] ◇ *n* Syrien *m*, -enne *f*. ◇ *adj* syrien; the ~ Desert le désert de Syrie.

**syringe** [sɪ'rɪndʒ] ◇ *n* seringue *f*. ◇ *vt* seringuer.

**syrup** ['sɪrəp] *n* **-1.** [sweetened liquid] sirop *m*; peaches in ~ pêches *fpl* au sirop; ~ of figs sirop de figues. **-2.** [treacle] mélasse *f*. **-3.** MED sirop *m*; cough ~ sirop *m* contre la toux.

**syrupy** ['sɪrəpɪ] *adj* **-1.** [viscous] sirupeux. **-2.** *pej* [sentimental] sirupeux, à l'eau de rose.

**system** ['sɪstəm] *n* **-1.** [organization, structure] système *m*; the Social Security ~ le système des prestations sociales; the

binary/metric ~ le système binaire/métrique. **-2.** [method] système *m*; a new ~ of sorting mail un nouveau système pour trier le courrier. **-3.** ANAT système *m*; the nervous/muscular/immune ~ le système nerveux/musculaire/immunitaire. **-4.** [orderliness] méthode *f*; you need some ~ in the way you work vous devriez être plus systématique OR méthodique dans votre travail. **-5.** [human body] organisme *m*; bad for the ~ nuisible à l'organisme ‖ *fig*: to get sthg out of one's ~ se débarrasser de qqch; go on, get it out of your ~! vas-y, défoule-toi!; she can't get him out of her ~ elle n'arrive pas à l'oublier. **-6.** [equipment, device, devices]: the electrical ~ needs to be replaced l'installation électrique a besoin d'être remplacée; a fault in the cooling ~ un défaut dans le circuit de refroidissement; stereo ~ chaîne *f* stéréo. **-7.** [network] réseau *m*; the rail/river/road ~ le réseau ferroviaire/fluvial/routier. **-8.** COMPUT système *m*. **-9.** [established order]: the ~ le système; you can't beat OR buck the ~ *inf* on ne peut rien contre le système. **-10.** GEOL système *m*.

**systematic** [,sɪstə'mætɪk] *adj* systématique.

**systematically** [,sɪstə'mætɪklɪ] *adv* systématiquement.

**systematization** [,sɪstɪmətaɪ'zeɪʃn] *n* systématisation *f*.

**systematize, -ise** ['sɪstəmətaɪz] *vt* systématiser.

**system disk** *n* COMPUT disque *m* système.

**system error** *n* COMPUT erreur *f* système.

**systemic** [sɪs'temɪk] *adj* systémique.

**systems analysis** ['sɪstəmz-] *n* analyse *f* fonctionnelle.

**systems analyst** ['sɪstəmz-] *n* analyste *mf* fonctionnel; analyste *f* fonctionnelle.

**systems engineer** ['sɪstəmz-] *n* ingénieur *m* système.

**systems engineering** ['sɪstəmz-] *n* assistance *f* technico-commerciale.

**system software** *n* COMPUT logiciel *m* de base.

**systole** ['sɪstəlɪ] *n* systole *f*.

**t** (*pl* **t's** OR **ts**), **T** (*pl* **T's** OR **Ts**) [tiː] *n* [letter] t *m*, T *m*; to a T parfaitement, à merveille; that's her to a T c'est tout à fait elle; T for Tommy ≃ T comme Thérèse; the jacket fits OR suits her to a T la veste lui va à merveille.

**ta** [tɑː] *interj* Br *inf* merci.

**TA** *n abbr of* **Territorial Army**.

**tab** [tæb] *n* **-1.** [on garment – flap] patte *f*; [– loop] attache *f*; [over ear] oreillette *f*; [on shoelaces] ferret *m*. **-2.** [tag – on clothing, luggage] étiquette *f*; [– on file, dictionary] onglet *m*; *fig*: to keep ~s on sb avoir qqn à l'œil, avoir l'œil sur qqn; I'll keep ~s on how the case progresses je vais surveiller l'évolution de cette affaire. **-3.** [bill] addition *f*, note *f*; to pick up the ~ *literal* payer (la note); *fig* payer l'addition. **-4.** AERON compensateur *m* automatique à ressort.

**Tabasco®** [tə'bæskəʊ] *n* Tabasco® *m*.

**tabby** ['tæbɪ] (*pl* **tabbies**) ◇ *n*: ~ (cat) chat *m* tigré, chatte *f* tigrée. ◇ *adj* tigré.

**tabernacle** ['tæbənækl] *n* **-1.** BIBLE & RELIG tabernacle *m*. **-2.** [place of worship] temple *m*.

**tab key** *n* touche *f* de tabulation.

**table** ['teɪbl] ◇ *n* **-1.** [furniture] table *f*; to get round the negotiating ~ s'asseoir à la table des négociations ‖ [for meals] table *f*; to be at ~ être à table; may I leave the ~? puis-je sortir de table OR quitter la table? □ (coffee) ~ table *f* (basse). **-2.** [people seated] table *f*, tablée *f*. **-3.** *fml* [food]: she keeps an excellent ~ elle a une excellente table. **-4.** TECH [of

machine] table *f*; MUS [of violin] table *f* d'harmonie. **-5.** [list] liste *f*; [chart] table *f*, tableau *m*; [of fares, prices] tableau *m*, barème *m*; SPORT: (league) ~ classement *m*; our team came bottom in the ~ notre équipe s'est classée dernière OR était dernière au classement ‖ SCH: (multiplication) ~ table *f* (de multiplication); we have to learn our 4 times ~ il faut qu'on apprenne la table de 4 □ ~ of contents table *f* des matières. **-6.** [slab – of stone, marble] plaque *f*; the Tables of the Law BIBLE les Tables de la Loi. **-7.** GEOG plateau *m*. **-8.** ANAT [of cranium] table *f*. **-9.** *phr*: to put OR to lay sthg on the ~ mettre qqch sur la table; under the ~: to be under the ~ [drunk] rouler sous la table, être ivre mort; he can drink me under the ~ il peut boire beaucoup plus que moi; the man offered me £100 under the ~ l'homme m'a offert 100 livres en dessous-de-table.
◇ *comp* [lamp, leg, linen] de table.
◇ *vt* **-1.** [submit – bill, motion] présenter. **-2.** *Am* [postpone] ajourner, reporter. **-3.** [tabulate] présenter sous forme de tableau; [classify] classifier. **-4.** [schedule] prévoir, fixer; the discussion is ~d for 4 o'clock la discussion est prévue OR a été fixée à 16 h.

**tableau** ['tæbləʊ] (*pl* **tableaus** OR **tableaux** [-bləʊz]) *n* tableau *m*.

**tablecloth** ['teɪblklɒθ] *n* nappe *f*.

**table d'hôte** ['tɑːbl,dəʊt] *n*: the ~ le menu à prix fixe.

**table lamp** *n* lampe *f* (de table).

**table manners** *npl* manière *f* de se tenir à table; he has terrible/excellent ~ il se tient très mal/très bien à table.

**tablemat** ['teɪblmæt] *n* dessous-de-plat *m inv*; [of fabric] napperon *m*.

**Table Mountain** *pr n* la Montagne de la Table.

**table salt** *n* sel *m* de table, sel *m* fin.

**tablespoon** ['teɪblspuːn] *n* [for serving] grande cuillère *f*, cuillère *f* à soupe; [as measure] grande cuillerée *f*, cuillerée *f* à soupe.

**tablespoonful** ['teɪbl,spuːnfʊl] *n* grande cuillerée *f*, cuillerée *f* à soupe.

**tablet** ['tæblɪt] *n* **-1.** [for writing – stone, wax etc] tablette *f*; [– pad] bloc-notes *m*.**-2.** [pill] comprimé *m*, cachet *m*.**-3.** [of chocolate] tablette *f*; [of soap] savonnette *f*.**-4.** [plaque] plaque *f* (commémorative). **-5.** COMPUT tablette *f*.

**table tennis** *n* tennis *m* de table, ping-pong *m*.

**table top** *n* dessus *m* de table, plateau *m* (de table).

**tableware** ['teɪblweəʳ] *n* vaisselle *f*.

**table wine** *n* vin *m* de table.

**tabloid** ['tæblɔɪd] ◇ *n*: ~ (newspaper) tabloïde *m*. ◇ *adj*: the ~ press la presse à sensation.

**taboo** [tə'buː] ◇ *adj* [subject, word] tabou. ◇ *n* tabou *m*. ◇ *vt* proscrire, interdire.

**tabular** ['tæbjʊləʳ] *adj* **-1.** [statistics, figures] tabulaire; in ~ form sous forme de tableaux. **-2.** [crystal] tabulaire.

**tabula rasa** ['tæbjʊlə'rɑːzə] (*pl* **tabulae rasae** ['tæbjʊliː'rɑːziː]) *n* table *f* rase.

**tabulate** ['tæbjʊleɪt] *vt* **-1.** [in table form] mettre sous forme de table OR tableau; [in columns] mettre en colonnes. **-2.** [classify] classifier.

**tabulator** ['tæbjʊleɪtəʳ] *n* tabulateur *m*.

**tachograph** ['tækəgrɑːf] *n* tachygraphe *m*.

**tachometer** [tæ'kɒmɪtəʳ] *n* tachymètre *m*.

**tachymeter** [tæ'kɪmɪtəʳ] *n* tachéomètre *m*.

**tacit** ['tæsɪt] *adj* tacite, implicite.

**tacitly** ['tæsɪtlɪ] *adv* tacitement.

**taciturn** ['tæsɪtɜːn] *adj* taciturne, qui parle peu.

**tack** [tæk] ◇ *n* **-1.** [nail] pointe *f*; [for carpeting, upholstery] semence *f*; ~, thumb-~ punaise *f*.**-2.** *Br* SEW point *m* de bâti. **-3.** NAUT [course] bordée *f*, bord *m*; to be on a starboard/port ~ être tribord/bâbord amures || *fig*: to be on the right ~ être sur la bonne voie; to be on the wrong ~ faire fausse route; he went off on a quite different ~ il est parti sur une toute autre piste *fig*; she changed ~ in mid-conversation elle changea de sujet en pleine conversation. **-4.** *inf* [food] bouffe *f*.**-5.** [harness] sellerie *f*. ◇ *vt* **-1.** [carpet] clouer. **-2.** SEW faufiler, bâtir. ◇ *vi* NAUT faire OR courir OR tirer une bordée, louvoyer.

◆ **tack down** *vt sep* **-1.** [carpet, board] clouer. **-2.** SEW maintenir en place au point de bâti.

◆ **tack on** *vt sep* **-1.** [with nails] fixer avec des clous. **-2.** SEW bâtir. **-3.** *fig* ajouter, rajouter.

**tackily** ['tækɪlɪ] *adv* [shoddily] minablement; [in bad taste] avec mauvais goût.

**tacking** ['tækɪŋ] *n* SEW bâti *m* faufilage *m*.

**tacking stitch** *n* point *m* de bâti.

**tackle** ['tækl] ◇ *vt* **-1.** SPORT tacler; *fig* [assailant, bank robber] saisir, empoigner. **-2.** [task, problem] s'attaquer à; [question, subject] s'attaquer à, aborder; to ~ a job se mettre au travail, s'atteler à la tâche || [confront] interroger; I ~d him on OR about his stand on abortion je l'ai interrogé sur sa prise de position sur l'avortement. ◇ *vi* SPORT tacler. ◇ *n* **-1.** [equipment] attirail *m*, matériel *m*; fishing ~ matériel *m* OR articles *mpl* de pêche. **-2.** [ropes and pulleys] appareil *m* OR appareils *mpl* de levage; [hoist] palan *m*.**-3.** SPORT [gen] tacle *m*; good ~! bien taclé!**-4.** [in American football – player] plaqueur *m*.**-5.** NAUT [rigging] gréement *m*.

**tackling** ['tæklɪŋ] *n* **-1.** SPORT tacle *m*.**-2.** [of problem, job] manière *f* d'aborder.

**tacky** ['tækɪ] (*compar* **tackier**, *superl* **tackiest**) *adj* **-1.** [sticky] collant, poisseux; [of paint] pas encore sec. **-2.** *inf* [shoddy] minable, moche. **-3.** *inf* [vulgar] de mauvais goût, vulgaire; *Am* [person] beauf, vulgaire.

**taco** ['tækəʊ] (*pl* **tacos**) *n* taco *m* (*crêpe mexicaine farcie*).

**tact** [tækt] *n* tact *m*, diplomatie *f*, doigté *m*.

**tactful** ['tæktfʊl] *adj* [person] plein de tact, qui fait preuve de tact; [remark, suggestion] plein de tact; [inquiry] discret (*f* -ète); [behaviour] qui fait preuve de tact OR de délicatesse; that wasn't a very ~ thing to say ce n'était pas très diplomatique de dire ça; try to be more ~ essaie de faire preuve de plus de tact; they gave us a ~ hint ils nous ont fait discrètement comprendre.

**tactfully** ['tæktfʊlɪ] *adv* avec tact OR délicatesse.

**tactic** ['tæktɪk] *n* tactique *f*; MIL tactique *f*.

**tactical** ['tæktɪkl] *adj* **-1.** MIL tactique. **-2.** [shrewd] adroit; ~ voting *(U)*: there has been a lot of ~ voting beaucoup de gens ont voté utile.

**tactically** ['tæktɪklɪ] *adv* du point de vue tactique; to vote ~ voter utile.

**tactician** [tæk'tɪʃn] *n* tacticien *m*, -enne *f*.

**tactics** ['tæktɪks] *n (U)* MIL & SPORT tactique *f*.

**tactile** ['tæktaɪl] *adj* tactile.

**tactless** ['tæktlɪs] *adj* [person] dépourvu de tact, qui manque de doigté; [answer] indiscret (*f* -ète), peu diplomatique; what a ~ thing to say/to do! il faut vraiment manquer de tact pour dire/faire une chose pareille!; how ~ of him! quel manque de tact de sa part!

**tactlessly** ['tæktlɪslɪ] *adv* sans tact.

**tactlessness** ['tæktlɪsnɪs] *n* manque *m* de tact, indélicatesse *f*.

**tad** [tæd] *n Am inf* [small bit]: the coat is a ~ expensive le manteau est un chouia trop cher.

**tadpole** ['tædpəʊl] *n* têtard *m* ZOOL.

**Tadzhik** [tɑː'dʒiːk] ◇ *n* Tadjik *mf*.

**Tadzhiki** [tɑː'dʒiːkɪ] ◇ *n* tadjik *m*. ◇ *adj* tadjik.

**Tadzhikistan** [tɑː,dʒɪkɪ'stɑːn] *pr n* Tadjikistan *m*; in ~ au Tadjikistan.

**taffeta** ['tæfɪtə] ◇ *n* taffetas *m*. ◇ *adj* [dress] en taffetas.

**taffy** ['tæfɪ] (*pl* **taffies**) *n Am* bonbon *m* au caramel.

**Taffy** ['tæfɪ] (*pl* **Taffies**) *n inf* nom péjoratif ou humoristique désignant un Gallois.

**tag** [tæg] (*pt & pp* **tagged**, *cont* **tagging**) ◇ *n* **-1.** [label – on clothes, suitcase] étiquette *f*; [– on file] onglet *m*; (price) ~ étiquette *f* de prix; (name) ~ [gen] étiquette *f* (où est marqué le nom); [for dog, soldier] plaque *f* d'identité. **-2.** [on shoelace] ferret *m*.**-3.** [on jacket, coat – for hanging] patte *f*.**-4.** [quotation] citation *f*; [cliché] cliché *m*, lieu *m* commun; [catchword] slogan *m*.**-5.** GRAMM: ~ (question) question-tag *f*.**-6.** GAMES chat *m*. ◇ *vt* **-1.** [label – package, article, garment] étiqueter; [– animal] marquer; [– file] mettre un onglet à; [– criminal] pincer, épingler; *fig* [– person] étiqueter. **-2.** *Am* [follow] suivre; [subj: detective] filer.

◆ **tag along** *vi insep* suivre; to ~ along with sb [follow] suivre qqn; [accompany] aller OR venir avec qqn; do you mind if I ~ along? ça vous gêne si je viens?

◆ **tag on** *vt sep* ajouter. ◇ *vi insep inf*: to ~ on to sb suivre qqn partout; to ~ on behind sb traîner derrière qqn.

**Tagalog** [tə'gɑːlɒg] *n* [person] Tagal *m f*.

**tagmemics** [tæg'miːmɪks] *n (U)* tagmémique *f*.

**tahini** [tə'hiːnɪ] *n* CULIN tahini *m*.

**Tahiti** [tɑː'hiːtɪ] *pr n* Tahiti *m*; in ~ à Tahiti.

**Tahitian** [tɑː'hiːʃn] ◇ *n* Tahitien *m*, -enne *f*. ◇ *adj* tahitien.

**tail** [teɪl] ◇ *n* **-1.** [of animal] queue *f*; with one's ~ between one's legs *fig* la queue basse; it's a case of the ~ wagging the dog c'est le monde à l'envers; the detective was still on his ~ *fig* le détective le filait toujours || [of vehicle] *inf*: the car was right on my ~ *fig* la voiture me collait au derrière OR aux fesses; to turn ~ and run prendre ses jambes à son cou. **-2.** [of kite, comet, aircraft] queue *f*; [of musical note] queue *f*.**-3.** [of coat] basque *f*; [of dress] traîne *f*; [of shirt] pan *m*.**-4.** [end – of storm] queue *f*; [of procession] fin *f*, queue *f*; [– of queue] bout *m*.**-5.** *inf* [follower – police officer, detective] *personne qui file*; to put a ~ on sb faire filer qqn. **-6.** *Am inf* [bottom] fesses *fpl*. ◇ *vt* **-1.** *inf* [follow] suivre, filer. **-2.** [animal] couper la queue à.

◆ **tails** ◇ *npl inf* [tailcoat] queue *f* de pie. ◇ *adv* [of coin]: it's ~s! (c'est) pile!

◆ **tail along** *vi insep* suivre.

◆ **tail away** *vi insep* [sound] s'affaiblir, décroître; [interest] diminuer petit à petit; [book] se terminer en queue de poisson; [competitors in race] s'espacer.

◆ **tail back** *vi insep* [traffic] être arrêté, former un bouchon; [demonstration, runners] s'égrener, s'espacer; the line of cars ~ed back for 10 miles la file de voitures s'étendait sur 16 km.

◆ **tail off** *vi insep* [quality] baisser; [numbers] diminuer, baisser; [voice] devenir inaudible; [story] se terminer en queue de poisson.

**tail assembly** *n* AERON dérive *f*.

**tailback** ['teɪlbæk] *n* bouchon *m* (de circulation).

**tailboard** ['teɪlbɔːd] *n* hayon *m* (*de camion*).

**tailcoat** [,teɪl'kəʊt] *n* queue *f* de pie.

**tail end** *n* [of storm] fin *f*; [of cloth] bout *m*; [of procession] queue *f*, fin *f*; [of story] chute *f*.

**tail feather** *n* penne *f*.

**tailgate** ['teɪlgeɪt] ◇ *n* AUT hayon *m*. ◇ *vt* coller au pare-chocs de.

**tail lamp, taillight** ['teɪllaɪt] *n* feu *m* arrière.

**tailor** ['teɪlər] ◇ *n* tailleur *m*. ◇ *vt* [garment] faire sur mesure; [equipment] adapter à un besoin particulier, concevoir en fonction d'un usage particulier; the kitchen was ~ed to our needs la cuisine a été faite spécialement pour nous OR conçue en fonction de nos besoins.

**tailored** ['teɪləd] *adj* [clothes, equipment] (fait) sur mesure; [skirt] ajusté.

**tailor-made** *adj* [specially made – clothes, equipment] (fait) sur mesure; [very suitable] (comme) fait exprès; the job could have been ~ for her on dirait que le poste est taillé pour elle.

**tailpiece** ['teɪlpiːs] *n* **-1.** [addition – to speech] ajout *m*; [– to document] appendice *m*; [– to letter] post-scriptum *m inv*. **-2.** MUS cordier *m* (*d'un violon*). **-3.** TYPO cul-de-lampe *m*.

**tailplane** ['teɪlpleɪn] *n* stabilisateur *m* AÉRON.

**tail section** *n* AERON arrière *m*.

**tailwind** ['teɪlwɪnd] *n* vent *m* arrière.

**taint** [teɪnt] ◇ *vt* **-1.** [minds, morals] corrompre, souiller; [person] salir la réputation de; [reputation] salir. **-2.** [food] gâter; [air] polluer, vicier; [water] polluer, infecter. ◇ *n* **-1.** [infection] infection *f*; [contamination] contamination *f*; [decay] décomposition *f*. **-2.** *fig* [of sin, corruption] tache *f*, souillure *f*.

**tainted** ['teɪntɪd] *adj* **-1.** [morals] corrompu, dépravé; [reputation] terni, sali; [politician] dont la réputation est ternie OR salie; [money] sale. **-2.** [food] gâté; [meat] avarié; [air] vicié, pollué; [water] infecté, pollué; [blood] impur.

**Taiwan** [,taɪ'wɑːn] *pr n* Taiwan; in ~ à Taiwan.

**Taiwanese** [,taɪwə'niːz] ◇ *n* Taiwanais *m*, -e *f*. ◇ *adj* taiwanais.

**Taj Mahal** [,tɑːdʒmə'hɑːl] *pr n*: the ~ le Tadj Mahall, le Taj Mahal.

**take** [teɪk] (*pt* **took** [tʊk], *pp* **taken** ['teɪkən]) ◇ *vt* **A. -1.** [get hold of] prendre; [seize] prendre, saisir; let me ~ your coat donnez-moi votre manteau; she took the book from him elle lui a pris le livre; to ~ sb's hand prendre qqn par la main; she took his arm elle lui a pris le bras. **-2.** [get control of, capture – person] prendre, capturer; [– fish, game] prendre, attraper; MIL prendre, s'emparer de; to ~ sb prisoner faire qqn prisonnier; to ~ control of a situation prendre une situation en main; to ~ the lead in sthg [in competition] prendre la tête de qqch; [set example] être le premier à faire qqch.
**B. -1.** [carry from one place to another] porter, apporter; [carry along, have in one's possession] prendre, emporter; he took the map with him il a emporté la carte; she took her mother a cup of tea elle a apporté une tasse de thé à sa mère; she took some towels upstairs elle a monté des serviettes; the committee wanted to ~ the matter further *fig* le comité voulait mener l'affaire plus loin ❏ the devil ~ it! que le diable l'emporte!**-2.** [person – lead] emmener, emmener; [– accompany] accompagner; her father ~s her to school son père l'emmène à l'école; could you ~ me home? pourriez-vous me ramener OR me raccompagner?; he offered to ~ them to work in the car il leur a proposé de les emmener au bureau en voiture OR de les conduire au bureau; please ~ me with you emmène-moi, s'il te plaît; I don't want to ~ you out of your way je ne veux pas vous faire faire un détour; her job took her all over Africa son

travail l'a fait voyager dans toute l'Afrique. **-3.** [obtain from specified place] prendre, tirer; [remove from specified place] prendre, enlever; she took a handkerchief from her pocket elle a sorti un mouchoir de sa poche; I took a chocolate from the box j'ai pris un chocolat dans la boîte; ~ your feet off the table enlève tes pieds de la table. **-4.** [appropriate, steal] prendre, voler; to ~ sthg from sb prendre qqch à qqn; his article is taken directly from my book le texte de son article est tiré directement de mon livre. **-5.** [draw, derive] prendre, tirer; a passage taken from a book un passage extrait d'un livre; a phrase taken from Latin une expression empruntée au latin.
**C. -1.** [subj: bus, car, train etc] conduire, transporter; the ambulance took him to hospital l'ambulance l'a transporté à l'hôpital; this bus will ~ you to the theatre ce bus vous conduira au théâtre. **-2.** [obj: bus, car, plane, train] prendre; [obj: road] prendre, suivre; ~ a right *Am* prenez à droite.
**D. -1.** [have – attitude, bath, holiday] prendre; [make – nap, trip, walk] faire; [– decision] prendre; she took a quick look at him elle a jeté un rapide coup d'œil sur lui; let's ~ five *Am inf* soufflons cinq minutes. **-2.** PHOT: to ~ a picture prendre une photo; we had our picture taken nous nous sommes fait photographier OR prendre en photo. **-3.** [receive, get] recevoir; he took the blow on his arm il a pris le coup sur le bras; you can ~ the call in my office vous pouvez prendre l'appel dans mon bureau ‖ [earn, win – prize] remporter, obtenir; [– degree, diploma] obtenir, avoir; the bookstore ~s about $3,000 a day la librairie fait à peu près 3 000 dollars (de recette) par jour; how much does he ~ home a month? quel est son salaire mensuel net?
**E. -1.** [assume, undertake] prendre; to ~ the blame for sthg prendre la responsabilité de qqch; I ~ responsibility for their safety je me charge de leur sécurité. **-2.** [commit oneself to]: he took my side in the argument il a pris parti pour moi dans la dispute. **-3.** [allow oneself]: he took the opportunity to thank them OR of thanking them il a profité de l'occasion pour les remercier.
**F. -1.** [accept – job, gift, payment] prendre, accepter; [– bet] accepter; the owner won't ~ less than $100 for it le propriétaire en veut au moins 100 dollars; I won't ~ 'no' for an answer je n'accepterai pas un refus; it's my last offer, (you can) ~ it or leave it c'est ma dernière offre, c'est à prendre ou à laisser; I'll ~ it from here je vais prendre la relève. **-2.** [accept as valid] croire; ~ it from me, he's a crook croyez-moi, c'est un escroc. **-3.** [deal with]: let's ~ things one at a time prenons les choses une par une; the mayor took their questions calmly le maire a entendu leurs questions avec calme; to ~ sthg badly prendre mal qqch ❏ to ~ things easy *inf* OR it easy *inf* se la couler douce; ~ it easy! [don't get angry] du calme!**-4.** [bear, endure – pain] supporter; [– damage, loss] subir; don't ~ any nonsense! ne te laisse pas faire!; your father won't ~ any nonsense ton père ne plaisante pas avec ce genre de choses; she can ~ it elle tiendra le coup; we couldn't ~ any more on n'en pouvait plus; I find his constant sarcasm rather hard to ~ je trouve ses sarcasmes perpétuels difficiles à supporter; those shoes have taken a lot of punishment ces chaussures en ont vu de toutes les couleurs. **-5.** [experience, feel]: to ~ fright prendre peur; she ~s pride in her work elle est fière de ce qu'elle fait.
**G. -1.** [consider, look at] prendre, considérer; ~ Einstein (for example) prenons (l'exemple d') Einstein; taking everything into consideration tout bien considéré ‖ [consider as]: what do you ~ me for? pour qui me prenez-vous?; he took me for somebody else il m'a pris pour quelqu'un d'autre. **-2.** [suppose, presume] supposer, présumer; he's never been to Madrid, I ~ it si je comprends bien, il n'a jamais été à Madrid; I ~ it you're his mother je suppose que vous êtes sa mère. **-3.** [interpret, understand] prendre, comprendre; don't ~ that literally ne le prenez pas au pied de la lettre.
**H.** [require] prendre, demander; how long will it ~ to get there? combien de temps faudra-t-il pour y aller?; the flight ~s three hours le vol dure trois heures; it will ~ you ten minutes vous en avez pour dix minutes; it took him a minute to understand il a mis une minute avant de comprendre; it ~s time to learn a language il faut du temps pour apprendre une langue; what kind of batteries does it ~? quelle sorte de piles faut-il?; it took four people to stop the brawl il a fallu quatre personnes pour arrêter la

bagarre; **it** ~**s patience to work with children** il faut de la patience OR il faut être patient pour travailler avec les enfants; **one glance was all it took** un regard a suffi; **her story** ~**s some believing** *inf* son histoire n'est pas facile à croire ‖ GRAMM: **'falloir'** ~**s the subjunctive** «falloir» est suivi du subjonctif ❑ **to have what it** ~**s to do/to be sthg** avoir les qualités nécessaires pour faire/être qqch; **he's so lazy — it** ~**s one to know one!** *inf* il est vraiment paresseux — tu peux parler!; **it** ~**s two to tango** *inf* & *hum* il faut être deux pour faire ça.

**I. -1.** [food, drink etc] prendre; **do you** ~ **milk in your coffee?** prenez-vous du lait dans votre café?; **she refused to** ~ **any food** elle a refusé de manger (quoi que ce soit); **'not to be taken internally'** [on bottle] '(à) usage externe'. **-2.** [wear] faire, porter; **she** ~**s a size 10 dress** elle prend du 38 en robe; **what size shoe do you** ~**?** quelle pointure faites-vous?**-3.** [pick out, choose] prendre, choisir; [buy] prendre, acheter; [rent] prendre, louer; **I'll** ~ **it** je le prends; **what newspaper do you** ~**?** quel journal achetez-vous?**-4.** [occupy – chair, seat] prendre, s'asseoir sur; ~ **a seat** asseyez-vous; **is this seat taken?** cette place est-elle occupée OR prise?**-5.** [ascertain, find out] prendre; **to** ~ **a reading from a meter** lire OR relever un compteur. **-6.** [write down – notes, letter] prendre; **he took a note of her address** il a noté son adresse. **-7.** [subtract] soustraire, déduire; **they took 10% off the price** ils ont baissé le prix de 10 %; ~ **4 from 9 and you have 5** ôtez 4 de 9, il reste 5. **-8.** SCH & UNIV [exam] passer, se présenter à; [course] prendre, suivre; **I took Latin and Greek at A level** ≃ j'ai pris latin et grec au bac; **she** ~**s us for maths** on l'a en maths. **-9.** [contract, develop]: **to** ~ **sick** tomber malade; **she took an instant dislike to him** elle l'a tout de suite pris en aversion. **-10.** [direct, aim]: **she took a swipe at him** elle a voulu le gifler. **-11.** [refer]: **she** ~**s all her problems to her sister** elle raconte tous ses problèmes à sa sœur; **he took the matter to his boss** il a soumis la question à son patron; **they intend to** ~ **the case to the High Court** JUR ils ont l'intention d'en appeler à la Cour suprême. **-12.** [have recourse to]: **he took an axe to the door** il a donné des coups de hache dans la porte; **they took legal proceedings against him** JUR ils lui ont intenté un procès. **-13.** [catch unawares] prendre, surprendre; **his death took us by surprise** sa mort nous a surpris. **-14.** [negotiate – obstacle] franchir, sauter; [– bend in road] prendre, négocier. **-15.** *inf* [deceive, cheat] avoir, rouler; **they took him for every penny (he was worth)** ils lui ont pris jusqu'à son dernier sou.

◇ *vi* **-1.** [work, have desired effect] prendre; **did the dye** ~**?** est-ce que la teinture a pris? **-2.** [become popular] prendre, avoir du succès. **-3.** [fish] prendre, mordre.

◇ *n* **-1.** [capture] prise *f*.**-2.** CIN, PHOT & TV prise *f* de vue; RADIO enregistrement *m*, prise *f* de son. **-3.** *Am inf* [takings] recette *f*; [share] part *f*; **to be on the** ~ toucher des pots-de-vin.

◆ **take aback** *vt sep* [astonish] étonner, ébahir; [disconcert] déconcerter.

◆ **take after** *vt insep* ressembler à, tenir de.

◆ **take apart** *vt sep* **-1.** [dismantle] démonter; **they took the room apart looking for evidence** *fig* ils ont mis la pièce sens dessus dessous pour trouver des preuves. **-2.** [criticize] critiquer.

◆ **take aside** *vt sep* prendre à part, emmener à l'écart.

◆ **take away** *vt sep* **-1.** [remove] enlever, retirer; ~ **that knife away from him** enlevez-lui ce couteau; **they took away his pension** ils lui ont retiré sa pension. **-2.** [carry away – object] emporter; [– person] emmener; **'sandwiches to** ~ **away'** *Br* 'sandwiches à emporter'; **'not to be taken away'** [in library] 'à consulter sur place'. **-3.** MATH soustraire, retrancher; **nine** ~ **away six is three** neuf moins six font trois.

◆ **take away from** *vt insep* [detract from]: **that doesn't** ~ **away from his achievements as an athlete** ça n'enlève rien à ses exploits d'athlète.

◆ **take back** *vt sep* **-1.** [after absence, departure] reprendre; **she took her husband back** elle a accepté que son mari revienne vivre avec elle. **-2.** [return] rapporter; [accompany] raccompagner; ~ **it back to the shop** rapporte-le au magasin; **he took her back home** il l'a raccompagnée OR ramenée chez elle. **-3.** [retract, withdraw] retirer, reprendre; **I** ~ **back everything I said** je retire tout ce que j'ai dit. **-4.** [remind of the past]: **that** ~**s me back to my childhood** ça me rappelle mon enfance; **that song** ~**s me back forty years** cette

chanson me ramène quarante ans en arrière. **-5.** TYPO transférer à la ligne précédente.

◆ **take down** ◇ *vt sep* **-1.** [lower] descendre; **she took the book down from the shelf** elle a pris le livre sur l'étagère; **can you help me** ~ **the curtains down?** peux-tu m'aider à décrocher les rideaux?; **she took his picture down from the wall** elle a enlevé sa photo du mur; **he took his trousers down** il a baissé son pantalon. **-2.** [note] prendre, noter; **he took down the registration number** il a relevé le numéro d'immatriculation. ◇ *vi insep* se démonter.

◆ **take in** *vt sep* **-1.** [bring into one's home – person] héberger; [– boarder] prendre; [– orphan, stray animal] recueillir; **she** ~**s in ironing** elle fait du repassage à domicile ‖ [place in custody]: **the police took him in** la police l'a mis OR placé en garde à vue. **-2.** [air, water, food etc]: **whales** ~ **in air through their blowhole** les baleines respirent par l'évent. **-3.** [understand, perceive] saisir, comprendre; **he was sitting taking it all in** il était là, assis, écoutant tout ce qui se disait; **I can't** ~ **in the fact that I've won** je n'arrive pas à croire que j'ai gagné; **she took in the situation at a glance** elle a compris la situation en un clin d'œil. **-4.** [make smaller – garment] reprendre; [– in knitting] diminuer. **-5.** [attend, go to] aller à; **to** ~ **in a show** aller au théâtre; **she took in the castle while in Blois** elle a visité le château pendant qu'elle était à Blois. **-6.** *(usu passive)* *inf* [cheat, deceive] tromper, rouler; **don't be taken in by him** ne vous laissez pas rouler par lui; **I'm not going to be taken in by your lies** je ne suis pas dupe de tes mensonges.

◆ **take off** ◇ *vt sep* **-1.** [remove – clothing, lid, make-up, tag] enlever; **he** ~**s the phone off the hook** il laisse souvent le téléphone décroché; **to** ~ **off the brake** AUT desserrer le frein (à main) ‖ *fig*: **he didn't** ~ **his eyes off her all night** il ne l'a pas quittée des yeux de la soirée; **I tried to** ~ **her mind off her troubles** j'ai essayé de lui changer les idées OR de la distraire de ses ennuis; **his retirement has taken ten years off him** *inf* sa retraite l'a rajeuni de dix ans. **-2.** [deduct] déduire, rabattre; **the manager took 10% off the price** le directeur a baissé le prix de 10 %. **-3.** [lead away] emmener; **she was taken off to hospital** on l'a transportée à l'hôpital; **she took herself off to Italy** elle s'est partie en Italie. **-4.** [time]: ~ **a few days off** prenez quelques jours (de vacances OR de congé). **-5.** *inf* [copy] imiter; [mimic] imiter, singer. **-6.** THEAT annuler. ◇ *vi insep* **-1.** [aeroplane] décoller; **they took off for** OR **to Heathrow** ils se sont envolés pour Heathrow. **-2.** [person – depart] partir. **-3.** *inf* [become successful] décoller.

◆ **take on** ◇ *vt sep* **-1.** [accept, undertake] prendre, accepter; **to** ~ **on the responsibility for sthg** se charger de qqch; **don't** ~ **on more than you can handle** ne vous surchargez pas; **he took the job on** [position] il a accepté le poste; [task] il s'est mis au travail. **-2.** [contend with, fight against] lutter contre; [compete against] jouer contre; **the unions took on the government** les syndicats se sont attaqués OR s'en sont pris au gouvernement; **he took us on at poker** il nous a défiés au poker. **-3.** [acquire, assume] prendre, revêtir; **her face took on a worried look** elle a pris un air inquiet. **-4.** [load] prendre, embarquer. **-5.** [hire] embaucher, engager. ◇ *vi insep inf* [fret, carry on] s'en faire; **don't** ~ **on so!** ne t'en fais pas!

◆ **take out** *vt sep* **-1.** [remove – object] prendre, sortir; [– stain] ôter, enlever; [extract – tooth] arracher; **he took the knife out of his pocket** il a sorti le couteau de sa poche; ~ **your hands out of your pockets** enlève les mains de tes poches; **to** ~ **out sb's appendix/tonsils** MED enlever l'appendice/les amygdales à qqn. **-2.** [carry, lead outside – object] sortir; [– person] faire sortir; [escort] emmener; **to** ~ **sb out to dinner/to the movies** emmener qqn dîner/au cinéma; **would you** ~ **the dog out?** tu veux bien sortir le chien OR aller promener le chien?**-3.** [food] emporter; **'sandwiches to** ~ **out'** *Am* 'sandwiches à emporter'. **-4.** [obtain – subscription] prendre; [– insurance policy] souscrire à, prendre; [– licence] se procurer; COMM [– patent] prendre; **to** ~ **out a mortgage** faire un emprunt-logement. **-5.** *inf* [destroy – factory, town] détruire; [– person] supprimer, liquider. **-6.** *phr*: **to** ~ **sb out of himself/herself** changer les idées à qqn; **working as an interpreter** ~**s a lot out of you** *inf* le travail d'interprète est épuisant; **the operation really took it out of him** *inf* l'opération l'a mis à plat; **to** ~ **it out on sb** s'en prendre à qqn; **he took his anger out on his wife** *inf* il a

passé sa colère sur sa femme.
◆ **take over** ◇ *vt sep* **-1.** [assume responsibility of] reprendre; **will you be taking over his job?** est-ce que vous allez le remplacer (dans ses fonctions)?**-2.** [gain control of, invade] s'emparer de; **the military took over the country** l'armée a pris le pouvoir; **fast-food restaurants have taken over Paris** les fast-foods ont envahi Paris. **-3.** FIN [buy out] absorber, racheter. **-4.** [carry across] apporter; [escort across] emmener. ◇ *vi insep* **-1.** [as replacement]: **who will ~ over now that the mayor has stepped down?** qui va prendre la relève maintenant que le maire a donné sa démission?; **I'll ~ over when he leaves** je le remplacerai quand il partira; **compact discs have taken over from records** le (disque) compact a remplacé le (disque) vinyle. **-2.** [army, dictator] prendre le pouvoir.
◆ **take to** *vt insep* **-1.** [have a liking for – person] se prendre d'amitié OR de sympathie pour, prendre en amitié; [– activity, game] prendre goût à; **I think he took to you** je crois que vous lui avez plu; **we took to one another at once** nous avons tout de suite sympathisé. **-2.** [acquire as a habit] se mettre à; **to ~ to drink** OR **to the bottle** se mettre à boire; **to ~ to doing sthg** se mettre à faire qqch. **-3.** [make for, head for]: **he's taken to his bed with the flu** il est alité avec la grippe; **the rebels took to the hills** les insurgés se sont réfugiés dans les collines.
◆ **take up** ◇ *vt sep* **-1.** [carry, lead upstairs – object] monter; [– person] faire monter. **-2.** [pick up – object] ramasser, prendre; [– passenger] prendre; **they're taking up the street** la rue est en travaux; **we finally took up the carpet** nous avons enfin enlevé la moquette. **-3.** [absorb] absorber. **-4.** [shorten] raccourcir; **you'd better ~ up the slack in that rope** tu ferais mieux de retendre OR tendre cette corde. **-5.** [fill, occupy – space] prendre, tenir; [– time] prendre, demander; **this table ~s up too much room** cette table prend trop de place OR est trop encombrante; **moving took up the whole day** le déménagement a pris toute la journée. **-6.** [begin, become interested in – activity, hobby] se mettre à; [– job] prendre; [– career] commencer, embrasser. **-7.** [continue, resume] reprendre, continuer; **I took up the tale where Susan had left off** j'ai repris l'histoire là où Susan l'avait laissée. **-8.** [adopt – attitude] prendre, adopter; [– method] adopter; [– place, position] prendre; [– idea] adopter; **they took up residence in town** ils se sont installés en ville. **-9.** [accept – offer] accepter; [– advice, suggestion] suivre; [– challenge] relever. **-10.** [discuss] discuter, parler de; [bring up] aborder; **~ it up with the boss** parlez-en au patron.
◇ *vi insep* reprendre, continuer.
◆ **take upon** *vt sep*: **he took it upon himself to organize the meeting** il s'est chargé d'organiser la réunion.
◆ **take up on** *vt sep* **-1.** [accept offer, advice of]: **he might ~ you up on that someday!** il risque de vous prendre au mot un jour!; **she took him up on his promise** elle a mis sa parole à l'épreuve. **-2.** [ask to explain]: **I'd like to ~ you up on that point** j'aimerais revenir sur ce point avec vous.
◆ **take up with** *vt insep* **-1.** [befriend]: **to ~ up with sb** se lier d'amitié avec qqn, prendre qqn en amitié. **-2.** [preoccupy]: **to be taken up with doing sthg** être occupé à faire qqch; **she's taken up with her business** elle est très prise par ses affaires; **meetings were taken up with talk about the economy** on passait les réunions à parler de l'économie.
**takeaway** ['teɪkəˌweɪ] ◇ *n Br & NZ* [shop] *boutique de plats à emporter*; [food] plat *m* à emporter; **Chinese ~** [shop] traiteur *m* chinois; [meal] repas *m* chinois à emporter. ◇ *adj*: **~ food** plats *mpl* à emporter.
**take-home pay** *n* salaire *m* net (*après impôts et déductions sociales*).
**taken** ['teɪkn] ◇ *pp* → **take**. ◇ *adj* **-1.** [seat] pris, occupé. **-2.** **to be ~ with sthg/sb** [impressed] être impressionné par qqch/qqn; [interested] s'intéresser à qqch/qqn.
**takeoff** ['teɪkɒf] *n* **-1.** AERON décollage *m*. **-2.** [imitation] imitation *f*, caricature *f*. **-3.** ECON décollage *m* économique.
**takeover** ['teɪkˌəʊvər] *n* [of power, of government] prise *f* de pouvoir; [of company] prise *f* de contrôle.
**takeover bid** *n* offre *f* publique d'achat, OPA *f*.
**taker** ['teɪkər] *n* [buyer] acheteur *m*, -euse *f*, preneur *m*, -euse *f*; [of suggestion, offer] preneur *m*, -euse *f*; **there were no ~s** personne n'en voulait; **any ~s?** y a-t-il des preneurs?

**takeup** ['teɪkʌp] *n*: **there has been a 75% ~ rate for the new benefit** 75 % des gens concernés par la nouvelle allocation l'ont effectivement demandée.
**taking** ['teɪkɪŋ] ◇ *adj* engageant, séduisant. ◇ *n* [of city, power] prise *f*; [of criminal] arrestation *f*; [of blood, sample] prélèvement *m*; **the apples are there for the ~** prenez (donc) une pomme, elles sont là pour ça.
◆ **takings** *npl* COMM recette *f*.
**talc** [tælk] ◇ *n* talc *m*. ◇ *vt* talquer; **to ~ o.s.** se mettre du talc, se talquer.
**talcum powder** ['tælkəm-] *n* talc *m*.
**tale** [teɪl] *n* **-1.** [story] conte *m*, histoire *f*; [legend] histoire *f*, légende *f*; [account] récit *m*; **to tell a ~** raconter une histoire; **the astronaut lived/didn't live to tell the ~** l'astronaute a survécu/n'a pas survécu pour raconter ce qui s'est passé ❑ **and thereby hangs a ~** *hum* et là-dessus il y en aurait à raconter. **-2.** [gossip] histoires *fpl*; **to tell ~s on sb** raconter des histoires sur le compte de qqn; **you shouldn't tell ~s** [denounce] il ne faut pas rapporter; [lie] il ne faut pas raconter des histoires.
**talent** ['tælənt] *n* **-1.** [gift] talent *m*, don *m*; **she has great musical ~** elle est très douée pour la musique, elle a un grand don pour la musique; **you have a ~ for saying the wrong thing** tu as le don pour dire ce qu'il ne faut pas. **-2.** [talented person] talent *m*. **-3.** *inf* [opposite sex – girls] jolies filles *fpl*, minettes *fpl*; [– boys] beaux mecs *mpl*. **-4.** [coin] talent *m*.
**talented** ['tæləntɪd] *adj* talentueux, doué; **she's a ~ musician** c'est une musicienne de talent; **she's really ~** elle a beaucoup de talent.
**talent scout, talent-spotter** *n* [for films] dénicheur *m*, -euse *f* de vedettes; [for sport] dénicheur *m*, -euse *f* de futurs grands joueurs.
**tale-telling** *n* rapportage *m*.
**talisman** ['tælɪzmən] (*pl* **talismans**) *n* talisman *m*.
**talk** [tɔːk] ◇ *vi* **-1.** [speak] parler; [discuss] discuter; [confer] s'entretenir; **to ~ to sb** parler à qqn; **to ~ with sb** parler OR s'entretenir avec qqn; **to ~ of** OR **about sthg** parler de qqch; **we sat ~ing together** nous sommes restés à discuter OR à bavarder; **to ~ in signs/riddles** parler par signes/par énigmes; **they were ~ing in Chinese** ils parlaient en chinois; **to ~ for the sake of ~ing** parler pour ne rien dire; **that's no way to ~!** en voilà des façons de parler!; **they no longer ~ to each other** ils ne se parlent plus, ils ne s'adressent plus la parole; **don't you ~ to me like that!** je t'interdis de me parler sur ce ton!; **to ~ to o.s.** parler tout seul; **it's no use ~ing to him,** he never listens! on perd son temps avec lui, il n'écoute jamais!; **to ~ of this and that** parler de la pluie et du beau temps OR de choses et d'autres; **~ing of Switzerland, have you ever been skiing?** à propos de la Suisse, vous avez déjà fait du ski?; **now you're ~ing!** voilà qui s'appelle parler!; **you can ~!, look who's ~ing!, you're a fine one to ~!** tu peux parler, toi!; **it's easy for you to ~,** you've never had a gun in your back! c'est facile à dire OR tu as beau jeu de dire ça, on ne t'a jamais braqué un pistolet dans le dos!; **~ about luck!** [admiring] qu'est-ce qu'il a comme chance!, quel veinard!; [complaining] tu parles d'une veine! ❑ **to ~ through one's hat** OR **the back of one's neck** dire des bêtises OR n'importe quoi. **-2.** [chat] causer, bavarder; [gossip] jaser. **-3.** [reveal secrets, esp unwillingly] parler; **to make sb ~** faire parler qqn; **we have ways of making people ~** on a les moyens de faire parler les gens.
◇ *vt* **-1.** [language] parler; **to ~ slang** parler argot; **~ sense!** ne dis pas de sottises!, ne dis pas n'importe quoi!; **now you're ~ing sense** vous dites enfin des choses sensées; **stop ~ing rubbish!** *inf* OR **nonsense!** arrête de dire des bêtises! ❑ **to ~ turkey** *Am inf* parler franc. **-2.** [discuss] parler; **to ~ business/politics** parler affaires/politique.
◇ *n* **-1.** [conversation] conversation *f*; [discussion] discussion *f*; [chat] causette *f*, causerie *f*; [formal] entretien *m*; **to have a ~ with sb about sthg** parler de qqch avec qqn, s'entretenir avec qqn de qqch; **that's fighting ~!** c'est un défi! **-2.** [speech, lecture] exposé *m*; **to give a ~** on OR **about sthg** faire un exposé sur qqch; **there was a series of radio ~s on modern Japan** il y a eu à la radio une série d'émissions où des gens venaient parler du Japon moderne. **-3.** (*U*) [noise of talking] paroles *fpl*, propos *mpl*; **there is a lot of ~ in the background** il y a beaucoup de bruit OR de gens qui parlent.

**-4.** [speculative] discussion *f*, rumeur *f*; most of the ~ was about the new road il a surtout été question de OR on a surtout parlé de la nouvelle route; there's some ~ of building a concert hall [discussion] il est question OR on parle de construire une salle de concert; [rumour] le bruit court qu'on va construire une salle de concert; he's all ~ tout ce qu'il dit, c'est du vent. **-5.** (U) [gossip] racontars *mpl*, bavardage *m*, bavardages *mpl*, potins *mpl*; it's the ~ of the town on ne parle que de ça.

◆ **talks** *npl* [negotiations] négociations *fpl*, pourparlers *mpl*; [conference] conférence *f*; official peace ~s des pourparlers officiels sur la paix; so far there have only been ~s about ~s jusqu'ici il n'y a eu que des négociations préliminaires.

◆ **talk about** *vt insep* **-1.** [discuss] parler de; to ~ to sb about sthg parler de qqch à qqn; what are you ~ing about? [I don't understand] de quoi parles-tu?; [annoyed] qu'est-ce que tu racontes?; it gives them something to ~ about ça leur fait un sujet de conversation. **-2.** [mean]: we're not ~ing about that! il ne s'agit pas de cela!; when it comes to hardship, he knows what he's ~ing about pour ce qui est de souffrir, il sait de quoi il parle; you don't know what you're ~ing about! tu ne sais pas ce que tu dis!

◆ **talk at** *vt insep*: to ~ at sb: I hate people who ~ at me not to me je ne supporte pas les gens qui parlent sans se soucier de ce que j'ai à dire.

◆ **talk away** *vi insep* passer le temps à parler, parler sans arrêt.

◆ **talk back** *vi insep* [insolently] répondre; to ~ back to sb répondre (insolemment) à qqn.

◆ **talk down** ◇ *vt sep* **-1.** [silence]: to ~ sb down réduire qqn au silence (en parlant plus fort que lui). **-2.** [aircraft] faire atterrir par radio-contrôle. **-3.** [would-be suicide]: the police managed to ~ him down from the roof la police a réussi à le convaincre de redescendre du toit. ◇ *vi insep*: to ~ down to sb parler à qqn comme à un enfant.

◆ **talk into** *vt sep*: to ~ sb into doing sthg persuader qqn de faire qqch; she allowed herself to be ~ed into going elle s'est laissé convaincre d'y aller.

◆ **talk out** *vt sep* **-1.** [problem, disagreement] débattre de, discuter de; they managed to ~ out the problem à force de discussions, ils sont arrivés à trouver une solution au problème. **-2.** POL: to ~ out a bill *prolonger la discussion d'un projet de loi jusqu'à ce qu'il soit trop tard pour le voter avant la clôture de la séance.*

◆ **talk out of** *vt sep* dissuader; to ~ sb out of doing sthg dissuader qqn de faire qqch.

◆ **talk over** *vt sep* discuter OR débattre de; let's ~ it over discutons-en, parlons-en.

◆ **talk round** ◇ *vt sep* [convince] persuader, convaincre; to ~ sb round to one's way of thinking amener qqn à sa façon de penser OR à son point de vue. ◇ *vt insep* [problem] tourner autour du pot.

◆ **talk up** *vt sep* vanter les mérites de, faire de la publicité pour.

**talkative** ['tɔ:kətɪv] *adj* bavard, loquace.

**talk-back** *n* TV & RADIO émetteur-récepteur *m*.

**talker** ['tɔ:kə<sup>r</sup>] *n* **-1.** [speaker] causeur *m*, -euse *f*, bavard *m*, -e *f*; he's a fast ~ [gen] il parle vite; COMM il a du bagout. **-2.** [talking bird] oiseau *m* qui parle.

**talkie** ['tɔ:kɪ] *n inf* film *m* parlant.

**talking** ['tɔ:kɪŋ] ◇ *n* (U) conversation *f*, propos *mpl*; he did all the ~ il était le seul à parler. ◇ *adj* [film] parlant; [bird] qui parle.

**talking book** *n* lecture *f* enregistrée d'un livre (*généralement à l'usage des aveugles*).

**talking head** *n* TV présentateur *m*, -trice *f* (*dont on ne voit que la tête et les épaules*).

**talking point** *n* sujet *m* de conversation OR de discussion.

**talking-to** *n inf* attrapade *f*, réprimande *f*; he needs a good ~ il a besoin qu'on lui passe un bon savon.

**talk show** *n* causerie *f* (radiodiffusée OR télévisée), talk-show *m*.

**tall** [tɔ:l] *adj* **-1.** [person] grand, de grande taille; how ~ are you? combien mesurez-vous?; I'm 6 feet ~ je mesure OR fais 1 m 80; she's grown a lot ~er in the past year elle a beaucoup grandi depuis un an ‖ [building] haut, élevé; [tree, glass] grand, haut; how ~ is that tree? quelle est la hauteur de cet arbre?; it's at least 80 feet ~ il fait au moins 25 mètres de haut; it's a very ~ tree c'est un très grand arbre. **-2.** *phr*: a ~ story une histoire invraisemblable OR abracadabrante, une histoire à dormir debout; that's a ~ order c'est beaucoup demander.

**tallboy** *n* (grande) commode *f*.

**tallness** ['tɔ:lnɪs] *n* [of person] (grande) taille *f*; [of tree, building] hauteur *f*.

**tallow** ['tæləʊ] *n* suif *m*; ~ candle chandelle *f*.

**tall ship** *n* voilier *m* gréé en carré.

**tally** ['tælɪ] (*pl* **tallies**, *pt* & *pp* **tallied**) ◇ *n* **-1.** [record] compte *m*, enregistrement *m*; COMM pointage *m*; *Am* SPORT [score] score *m*; to keep a ~ of names pointer des noms sur une liste; to keep a ~ of the score compter les points. **-2.** HIST [stick] taille *f*, baguette *f* à encoches; [mark] encoche *f*. **-3.** [label] étiquette *f*. **-4.** [counterfoil - of cheque, ticket] talon *m*; [duplicate] contrepartie *f*, double *m*. ◇ *vt* **-1.** [record] pointer. **-2.** [count up] compter. ◇ *vi* correspondre; I couldn't make the figures ~ je ne pouvais faire concorder les chiffres; your story must ~ with mine il faut que ta version des faits concorde avec la mienne.

**tallyho** [,tælɪ'həʊ] (*pl* **tallyhos**) ◇ *interj* taïaut, tayaut. ◇ *n* cri *m* de taïaut.

**Talmud** ['tælmʊd] *n* Talmud *m*.

**talon** ['tælən] *n* **-1.** [of hawk, eagle] serre *f*; [of tiger, lion] griffe *f*. **-2.** CARDS talon *m*.

**tamable** ['teɪməbl] = **tameable**.

**tamarind** ['tæmərɪnd] *n* [fruit] tamarin *m*; [tree] tamarinier *m*.

**tamarisk** ['tæmərɪsk] *n* tamaris *m*, tamarix *m*.

**tambourine** [,tæmbə'ri:n] *n* tambour *m* de basque, tambourin *m*.

**tame** [teɪm] ◇ *adj* **-1.** [as pet - hamster, rabbit] apprivoisé, domestiqué; [normally wild - bear, hawk] apprivoisé; [in circus - lion, tiger] dompté; the deer had become very ~ les cerfs n'étaient plus du tout farouches; I'll ask our ~ Frenchman if he knows what it means *hum* je vais demander à notre Français de service s'il sait ce que cela veut dire. **-2.** [insipid, weak] fade, insipide; the book has a very ~ ending le livre finit de manière très banale. ◇ *vt* **-1.** [as pet - hamster, rabbit] apprivoiser, domestiquer; [normally wild - bear, hawk] apprivoiser; [esp in circus - lion, tiger] dompter. **-2.** [person] mater, soumettre; [natural forces] apprivoiser; [passions] dominer.

**tameable** ['teɪməbl] *adj* [hawk, bear, rabbit] apprivoisable; [lion, tiger] domptable.

**tamely** ['teɪmlɪ] *adv* [submit] docilement, sans résistance; [end] platement, de manière insipide; [write] de manière fade, platement.

**tameness** ['teɪmnɪs] *n* **-1.** [of bird, hamster] nature *f* apprivoisée; [of lion, tiger] nature *f* domptée. **-2.** [of person] docilité *f*. **-3.** [of ending, style] fadeur *f*, insipidité *f*; [of party, film] manque *m* d'intérêt, banalité *f*.

**tamer** ['teɪmə<sup>r</sup>] *n* dresseur *m*, -euse *f*.

**Tamil** ['tæmɪl] ◇ *n* **-1.** [person] Tamoul *m*, -e *f*. **-2.** LING tamoul *m*. ◇ *adj* tamoul.

**taming** ['teɪmɪŋ] *n* [of animal] apprivoisement *m*; [of lions, tigers] domptage *m*, dressage *m*.

**Tammany** ['tæmənɪ] *n Am* POL *organisation centrale du parti démocrate de New York (souvent impliquée dans des affaires de corruption)*; ~ Hall *siège du parti démocrate new-yorkais aux 18e et 19e siècles*.

**tam-o'-shanter** [,tæmə'ʃæntə<sup>r</sup>] *n* béret *m* écossais.

**tamp** [tæmp] *vt* tasser, damer; [for blasting - drill hole] bourrer (à l'argile OR au sable).

◆ **tamp down** *vt sep* [earth] tasser, damer; [gunpowder, tobacco] tasser.

**tamper** ['tæmpə<sup>r</sup>]

◆ **tamper with** *vt insep* **-1.** [meddle with - brakes, machinery] trafiquer; [lock] essayer de forcer OR crocheter, fausser; [possessions] toucher à; [falsify - records, accounts, evidence] falsifier, altérer; the TV has been ~ed with quelqu'un a dérégléla télévision. **-2.** *Am* JUR [witness] suborner; [jury] soudoyer.

**tampon** ['tæmpɒn] *n* MED tampon *m*; [for feminine use] tampon *m* périodique OR hygiénique.

**tan** [tæn] (*pt* & *pp* **tanned**, *cont* **tanning**) ◇ *n* **-1.** [from sun] bronzage *m*; I got a good ~ in the mountains j'ai bien bronzé à la montagne. **-2.** MATH tangente *f*. ◇ *vt* **-1.** [leather, skins] tanner; **to ~ sb's hide** *inf* & *fig* rosser qqn. **-2.** [from sun] bronzer, brunir. ◇ *vi* bronzer. ◇ *adj* [colour] brun roux, brun clair; [leather] jaune; *Am* [tanned] bronzé.

**tandem** ['tændəm] ◇ *n* **-1.** [carriage] tandem *m*; **to harness two horses in ~** atteler deux chevaux en tandem OR en flèche; **to work in ~** *fig* travailler en tandem OR en collaboration. **-2.** [bike] tandem *m*. ◇ *adv*: **to ride ~** rouler en tandem. ◇ *adj* double; **~ exchange** TELEC central *m* tandem.

**tandoori** [tæn'dʊərɪ] ◇ *n* cuisine *f* tandoori. ◇ *adj* tandoori *(inv)*.

**tang** [tæŋ] *n* **-1.** [taste] goût *m* (fort). **-2.** [smell] odeur *f* forte. **-3.** [hint – of irony] pointe *f*.**-4.** [of knife, sword] soie *f*.

**tangent** ['tændʒənt] *n* MATH tangente *f*; **to be at a ~** former une tangente; **to go off at** OR **on a ~** *fig* partir dans une digression.

**tangential** [tæn'dʒenʃl] *adj* tangentiel.

**tangerine** [,tændʒə'riːn] ◇ *n* **-1.** [fruit]: **~ (orange)** mandarine *f*; **~ (tree)** mandarinier *m*.**-2.** [colour] mandarine *f*. ◇ *adj* [in colour] mandarine *(inv)*.

**tangibility** [,tændʒə'bɪlətɪ] *n* tangibilité *f*.

**tangible** ['tændʒəbl] *adj* **-1.** [palpable] tangible; [real, substantial] tangible, réel; **it made no ~ difference** ça n'a pas changé grand-chose. **-2.** JUR [assets] réel, matériel; [property] corporel.

**tangibly** ['tændʒəblɪ] *adv* tangiblement, manifestement, de manière tangible.

**Tangier** [tæn'dʒɪəʳ] *pr n* Tanger.

**tangle** ['tæŋgl] ◇ *n* **-1.** [of wire, string, hair] enchevêtrement *m*; [of branches, weeds] fouillis *m*, enchevêtrement *m*; **this string is in an awful ~** cette ficelle est tout embrouillée; **to get into a ~** [wires, string] s'embrouiller, s'emmêler; [hair] s'emmêler. **-2.** [muddle] fouillis *m*, confusion *f*; **a legal/administrative ~** une affaire compliquée OR embrouillée du point de vue juridique/administratif; **to get into a ~** [person] s'empêtrer, s'embrouiller; [records, figures] s'embrouiller. **-3.** [disagreement] accrochage *m*, différend *m*; **I had a ~ with the social security officials** j'ai eu des mots OR maille à partir avec les employés de la sécurité sociale. ◇ *vt* [wire, wool] emmêler, enchevêtrer; [figures] embrouiller; **to get ~d** [string] s'emmêler; [situation] s'embrouiller. ◇ *vi* **-1.** [wires, hair] s'emmêler. **-2.** *inf* [disagree] avoir un différend OR un accrochage.

◆ **tangle up** *vt sep* [string, wire] emmêler, enchevêtrer; **to get ~d up** s'emmêler.

**tangled** ['tæŋgld] *adj* **-1.** [string, creepers] emmêlé, enchevêtré; [undergrowth] touffu; [hair] emmêlé. **-2.** [complex – story, excuse] embrouillé; [– love life] complexe.

**tango** ['tæŋgəʊ] *(pl* **tangos)** ◇ *n* tango *m*. ◇ *vi* danser le tango.

**tangy** ['tæŋɪ] *(compar* **tangier,** *superl* **tangiest)** *adj* [in taste] qui a un goût fort; [in smell] qui a une odeur forte.

**tank** [tæŋk] *n* **-1.** [container – for liquid, gas] réservoir *m*, cuve *f*, citerne *f*; [– for rainwater] citerne *f*, bac *m*; [– for processing] cuve *f*; [– for transport] réservoir *m*, citerne *f*; [barrel] tonneau *m*, cuve *f*; (petrol *Br* OR fuel) **~** AUT réservoir *m* (d'essence); (domestic) hot water **~** ballon *m* d'eau chaude; (fish) **~** aquarium *m*.**-2.** MIL tank *m*, char *m* d'assaut. ◇ *comp* de char OR chars d'assaut; **~ regiment** régiment *m* de chars (d'assaut). ◇ *vt* mettre en cuve OR en réservoir.

◆ **tank up** *Br* ◇ *vi insep* AUT faire le plein (d'essence). ◇ *vt sep inf*: **to get ~ed up** se soûler.

**tankard** ['tæŋkəd] *n* chope *f*.

**tanker** ['tæŋkəʳ] *n* [lorry] camion-citerne *m*; [ship] bateau-citerne *m*, navire-citerne *m*; [plane] avion-ravitailleur *m*; (oil) **~** NAUT pétrolier *m*.

**tankful** ['tæŋkfʊl] *n* [of petrol] réservoir *m* (plein); [of water] citerne *f* (pleine).

**tank top** *n* débardeur *m*.

**tank trap** *n* piège *m* à chars.

**tanned** [tænd] *adj* **-1.** [person] hâlé, bronzé. **-2.** [leather] tanné.

**tanner** ['tænəʳ] *n* **-1.** [of leather] tanneur *m*, -euse *f*.**-2.** *Br inf* ancienne pièce de six pence.

**tannery** ['tænərɪ] *(pl* **tanneries)** *n* tannerie *f (C)*.

**tannic** ['tænɪk] *adj* tannique.

**tannin** ['tænɪn] *n* tanin *m*, tannin *m*.

**tanning** ['tænɪŋ] *n* **-1.** [of skin] bronzage *m*.**-2.** [of hides] tannage *m*; *fig* raclée *f*; **to give sb a ~** *inf* rosser qqn.

**Tannoy®** ['tænɔɪ] *n Br* système *m* de haut-parleurs; **the delay was announced over the ~** le retard fut annoncé par haut-parleur.

**tantalize, -ise** ['tæntəlaɪz] *vt* tourmenter, taquiner.

**tantalizing** ['tæntəlaɪzɪŋ] *adj* [woman] provocant, aguichant; [smell] alléchant, appétissant; [hint, possibility] tentant.

**tantalizingly** ['tæntəlaɪzɪŋlɪ] *adv* cruellement; **~ slow** d'une lenteur désespérante.

**Tantalus** ['tæntələs] *pr n* Tantale.

**tantamount** ['tæntəmaʊnt]

◆ **tantamount to** *prep phr* équivalent à; **his statement was ~ to an admission of guilt** sa déclaration équivalait à un aveu.

**tantrum** ['tæntrəm] *n* crise *f* de colère OR de rage; **to have** OR **to throw a (temper) ~** piquer une crise (de rage).

**Tanzania** [,tænzə'nɪə] *pr n* Tanzanie *f*; **in ~** en Tanzanie.

**Tanzanian** [,tænzə'nɪən] ◇ *n* Tanzanien *m*, -enne *f*. ◇ *adj* tanzanien.

**Taoiseach** ['tiːʃək] *n titre du Premier ministre de la République d'Irlande*.

**Taoism** ['taʊɪzm] *n* taoïsme *m*.

**Taoist** ['taʊɪst] ◇ *adj* taoïste. ◇ *n* taoïste *mf*.

**tap** [tæp] *(pt* & *pp* **tapped,** *cont* **tapping)** ◇ *vt* **-1.** [strike] taper légèrement, tapoter; **someone tapped me on the shoulder** quelqu'un m'a tapé sur l'épaule; **she was tapping her fingers on the table** elle pianotait OR tapotait sur la table; **he tapped his feet to the rhythm** il marquait le rythme en tapant du pied. **-2.** [barrel, cask] mettre en perce, percer; [gas, water main] faire un branchement sur; [current] capter; [tree] inciser; [pine] gemmer. **-3.** [exploit – resources, market] exploiter; [– talent, service] faire appel à, tirer profit de; [– capital] drainer; **to ~ sb for information** soutirer des informations à qqn; **to ~ sb for a loan** *inf* taper qqn. **-4.** TELEC [conversation] capter; **to ~ sb's line** OR **phone** mettre qqn sur (table d') écoute. **-5.** TECH [screw] tarauder, fileter. **-6.** ELEC faire une dérivation sur. **-7.** MED poser un drain sur.

◇ *vi* **-1.** [knock] tapoter, taper légèrement; **to ~ at the door** frapper doucement à la porte. **-2.** [dance] faire des claquettes.

◇ *n* **-1.** [for water, gas] robinet *m*; [on barrel] robinet *m*, chantepleure *f*; [plug] bonde *f*; **to turn a ~ on/off** ouvrir/fermer un robinet; **to leave the ~ running** laisser le robinet ouvert; **on ~** [beer] en fût; *inf* & *fig* [money, person, supply] disponible. **-2.** [blow] petit coup *m*, petite tape *f*; **to give sb a ~ on the shoulder** donner une petite tape sur l'épaule à qqn. **-3.** [on shoe] fer *m*.**-4.** [dancing] claquettes *fpl*; **to dance ~** faire des claquettes; **~ shoes** claquettes *fpl (chaussures)*. **-5.** TECH: (screw) **~** taraud *m*.**-6.** ELEC dérivation *f*, branchement *f*.**-7.** TELEC: **to put a ~ on sb's phone** mettre (le téléphone de) qqn sur table d'écoute. **-8.** MED drain *m*.

◆ **taps** *n Am* MIL [in evening] sonnerie *pour l'extinction des feux*; [at funeral] sonnerie *f* aux morts.

◆ **tap in** *vt sep* **-1.** [plug] enfoncer à petits coups. **-2.** COMPUT taper.

◆ **tap out** *vt sep* **-1.** [plug] sortir à petits coups; [pipe] vider, débourrer. **-2.** [code, rhythm] taper.

**tap dance** *n* claquettes *fpl (danse)*.

◆ **tap-dance** *vi* faire des claquettes.

**tap dancing** *n (U)* claquettes *fpl (danse)*.

**tape** [teɪp] *n* **-1.** [strip] bande *f*, ruban *m*; SEW ruban *m*, ganse *f*; MED sparadrap *m*; **name ~** ruban *m* de noms tissés. **-2.** [for recording] bande *f* (magnétique); COMPUT bande *f*; [for video, audio] cassette *f*; [recording] enregistrement *m*; **on ~** sur bande, enregistré. **-3.** SPORT fil *m* d'arrivée. **-4.** [for measuring]: **~ (measure)** mètre *m* (à ruban). ◇ *vt* **-1.** [record] enregistrer. **-2.** [fasten – package] attacher avec du ruban adhésif; [stick] scotcher. **-3.** *Am* [bandage] bander. ◆ *phr*: **she's got him ~d** *Br inf* elle sait ce qu'il vaut; **we have the situation ~d** on a la situation bien en main.

◆ **tape up** *vt sep* [fasten – parcel] attacher avec du ruban adhésif; [close – letterbox, hole] fermer avec du ruban adhésif; *Am* [bandage up] bander.

**tape cleaner** *n* nettoyeur *m* de tête, produit *m* de nettoyage de tête.

**tape deck** *n* platine *f* de magnétophone.

**tape drive** *n* dérouleur *m* de bande (magnétique), lecteur *m* de bande (magnétique).

**tape head** *n* tête *f* de lecture.

**tape measure** *n* mètre *m* (ruban), centimètre *m*.

**taper** ['teɪpəʳ] ◇ *vt* [column, trouser leg, plane wing] fuseler; [stick, table leg] effiler, tailler en pointe. ◇ *vi* [column, trouser leg, plane wing] être fuselé; [stick, shape, table leg] se terminer en pointe, s'effiler; [finger] être effilé. ◇ *n longue bougie fine*; RELIG cierge *m*.

◆ **taper off** *vi insep* **-1.** [shape] se terminer en fuseau OR en pointe. **-2.** [noise] diminuer progressivement, décroître, s'affaiblir; [conversation] tomber; [level of interest, activity] décroître progressivement.

**tape reader** *n* COMPUT lecteur *m* de bande.

**tape-record** [-rɪ,kɔːd] *vt* enregistrer (sur bande magnétique).

**tape recorder** *n* magnétophone *m*, lecteur *m* de cassettes.

**tape recording** *n* enregistrement *m* (sur bande magnétique).

**tapered** ['teɪpəd], **tapering** ['teɪpərɪŋ] *adj* [trousers] en fuseau; [stick, candle] en pointe, pointu; [table leg] fuselé; ~ **fingers** des doigts effilés OR fuselés.

**tape streamer** *n* COMPUT streamer *m*.

**tapestry** ['tæpɪstrɪ] (*pl* **tapestries**) *n* tapisserie *f*.

**tapeworm** ['teɪpwɜːm] *n* ténia *m*, ver *m* solitaire.

**tapioca** [,tæpɪ'əʊkə] *n* tapioca *m*.

**tapir** ['teɪpəʳ] (*pl inv* OR **tapirs**) *n* tapir *m*.

**tappet** ['tæpɪt] *n* TECH: (valve) ~ poussoir *m* (de soupape), taquet *m*.

**taproom** ['tæprʊm] *n Br* salle *f* (*d'un café*), bar *m*.

**tap water** *n* eau *f* du robinet.

**tar** [tɑːʳ] (*pt & pp* **tarred**, *cont* **tarring**) ◇ *n* **-1.** goudron *m*; [on road] goudron *m*, bitume *m*. **-2.** *inf* [sailor] matelot *m*, loup *m* de mer. ◇ *vt* goudronner; [road] goudronner, bitumer; NAUT goudronner; to ~ **and feather sb** couvrir qqn de goudron et de plumes ❑ **to be tarred with the same brush** être à mettre dans le même panier OR sac.

**taramasalata** [,tærəməsə'lɑːtə] *n* tarama *m*.

**tarantula** [tə'ræntjʊlə] (*pl* **tarantulas** OR **tarantulae** [-liː]) *n* tarentule *f*.

**tardy** ['tɑːdɪ] (*compar* **tardier**, *superl* **tardiest**) *adj* **-1.** *Am* SCH en retard. **-2.** *fml* OR *lit* [late] tardif. **-3.** *fml* OR *lit* [slow] lent, nonchalant.

**tare** [teəʳ] *n* **-1.** [weight] tare *f*, poids *m* à vide. **-2.** BOT vesce *f*.

**target** ['tɑːgɪt] (*pt & pp* **targeted**, *cont* **targeting**) ◇ *n* **-1.** [for archery, shooting] cible *f*; MIL cible *f*, but *m*; [objective] cible *f*, objectif *m*; the ~ **of criticism/jokes** la cible de critiques/plaisanteries; to be on ~ [missile] suivre la trajectoire prévue; [plans] se dérouler comme prévu; [productivity] atteindre les objectifs prévus; **to meet production** ~**s** atteindre les objectifs de production ❑ **moving** ~ MIL & *fig* cible *f* mobile. **-2.** ELECTRON & PHYS cible *f*. **-3.** [in surveying] mire *f*. **-4.** CULIN [joint] épaule *f* de mouton. ◇ *comp* **-1.** [date, amount] prévu; **my** ~ **weight is 10 stone** je me suis fixé le poids idéal de 63 kg, mon poids idéal est (de) 63 kg. **-2.** MIL: ~ **area** zone *f* cible. ◇ *vt* **-1.** [make objective of – enemy troops, city etc] prendre pour cible, viser. **-2.** [aim – missile] diriger; [subj: benefits] être destiné à; [subj: advertisement] viser, s'adresser à.

**target language** *n* langue *f* cible.

**target practice** *n* (*U*) [MIL & gen] exercices *mpl* de tir.

**tariff** ['tærɪf] ◇ *n* **-1.** [customs] tarif *m* douanier; [list of prices] tarif *m*, tableau *m* des prix; ~ **reform** réforme *f* des tarifs douaniers. **-2.** *Br* [menu] menu *m*. **-3.** *Br* [rate – of gas, electricity] tarif *m*. ◇ *adj* tarifaire.

**Tarmac®** ['tɑːmæk] (*pt & pp* **tarmacked**, *cont* **tarmacking**) *n Br* **-1.** [on road] tarmacadam *m*, macadam *m*. **-2.** [at airport – runway] piste *f*; [– apron] aire *f* de stationnement, piste *f* d'envol.

◆ **tarmac** *vt* macadamiser, goudronner.

**Tarmacadam®** [,tɑːmə'kædəm] = **Tarmac** *n*.

**tarn** [tɑːn] *n* petit lac *m* de montagne.

**tarnish** ['tɑːnɪʃ] ◇ *vt* **-1.** [metal] ternir; [mirror] ternir, désargenter. **-2.** [reputation] ternir, salir. ◇ *vi* se ternir. ◇ *n* ternissure *f*.

**tarnished** ['tɑːnɪʃt] *adj literal* & *fig* terni.

**tarot** ['tærəʊ] *n* (*U*) tarot *m*, tarots *mpl*; ~ **card** carte *f* de tarot.

**tarp** [tɑːp] *n Am inf* toile *f* goudronnée.

**tarpaulin** [tɑː'pɔːlɪn] *n* bâche *f*; NAUT prélart *m*.

**tarragon** ['tærəgən] *n* estragon *m*; ~ **vinegar/sauce** vinaigre *m*/sauce *f* à l'estragon.

**tarry¹** ['tærɪ] (*pt & pp* **tarried**) *vi lit* [delay] s'attarder, tarder; [remain] rester, demeurer.

**tarry²** ['tɑːrɪ] *adj* goudronneux; [fingers, shoes] plein OR couvert de goudron.

**tart** [tɑːt] ◇ *n* **-1.** CULIN tarte *f*; [small] tartelette *f*. **-2.** ▽ *Br* [girl] gonzesse *f*; [prostitute] grue *f*. ◇ *adj* **-1.** [sour – fruit] acide; [– taste] aigre, acide. **-2.** [remark] acerbe, caustique.

◆ **tart up** *vt sep Br inf* [house, restaurant etc] retaper, rénover; **to** ~ **o.s. up**, **to get** ~**ed up** se pomponner.

**tartan** ['tɑːtn] ◇ *n* [design] tartan *m*; [fabric] tartan *m*, tissu *m* écossais. ◇ *comp* [skirt, trousers] en tissu écossais; [pattern] tartan.

**tartar** ['tɑːtəʳ] *n* **-1.** [on teeth] tartre *m*. **-2.** *Br* [fearsome person] tyran *m*.

◆ **Tartar** = **Tatar**.

**tartar(e) sauce** ['tɑːtə-] *n* sauce *f* tartare.

**Tartary** ['tɑːtərɪ] = **Tatary**.

**tartlet** ['tɑːtlɪt] *n Br* tartelette *f*.

**tartly** ['tɑːtlɪ] *adv* avec aigreur, de manière acerbe.

**tartrazine** ['tɑːtrəziːn] *n* tartrazine *f*.

**tarty**▽ ['tɑːtɪ] (*compar* **tartier**, *superl* **tartiest**) *adj Br* vulgaire.

**Tarzan** ['tɑːzn] *pr n* Tarzan.

**task** [tɑːsk] ◇ *n* [chore] tâche *f*, besogne *f*; [job] tâche *f*, travail *m*; SCH devoir *m*; **to set sb a** ~ imposer une tâche à qqn; **convincing them will be no easy** ~ les convaincre ne sera pas chose facile ❑ **to take sb to** ~ réprimander qqn, prendre qqn à partie. ◇ *vt* = **tax** *vt* **3**.

**task force** *n* MIL corps *m* expéditionnaire; [gen] groupe *m* de travail, mission *f*.

**taskmaster** ['tɑːsk,mɑːstəʳ] *n* tyran *m*; **he's a hard** ~ il mène la vie dure à ses subordonnés, c'est un véritable négrier.

**Tasmania** [tæz'meɪnjə] *pr n* Tasmanie *f*; **in** ~ en Tasmanie.

**Tasmanian** [tæz'meɪnjən] ◇ *n* Tasmanien *m*, -enne *f*. ◇ *adj* tasmanien.

**tassel** ['tæsl] (*Br pt & pp* **tasselled**, *cont* **tasselling**, *Am pt & pp* **tasseled**, *cont* **tasseling**) ◇ *n* **-1.** [on clothing, furnishing] gland *m*. **-2.** BOT épillets *mpl*, panicule *f*, inflorescence *f* mâle. ◇ *vt* garnir de glands.

**taste** [teɪst] ◇ *n* **-1.** [sense] goût *m*; **to lose one's sense of** ~ perdre le goût, être atteint d'agueusie; **to be sweet/salty to the** ~ avoir un goût sucré/salé. **-2.** [flavour] goût *m*, saveur *f*; **this cheese doesn't have much** ~ ce fromage n'a pas beaucoup de goût OR est assez fade; **add sugar to** ~ CULIN ajouter du sucre à volonté ❑ **to leave a bad** ~ **in the mouth** [food] laisser un mauvais goût dans la bouche; *fig* laisser un mauvais souvenir OR un goût amer. **-3.** [small amount – of food] bouchée *f*; [– of drink] goutte *f*; **can I have a** ~ **of the chocolate cake?** est-ce que je peux goûter au gâteau au chocolat? ❑ **to give sb a** ~ **of his/her own medicine** rendre la pareille OR la monnaie de sa pièce à qqn. **-4.** [liking, preference] goût *m*, penchant *m*; **to have expensive/simple** ~**s** avoir des goûts de luxe/simples; **to develop a** ~ **for sthg** prendre goût à qqch; **to have a** ~ **for sthg** avoir un penchant OR un faible pour qqch; **it's a matter of** ~ c'est (une) affaire de goût; **I don't share his** ~ **in music** je ne partage pas ses goûts en (matière de) musique, nous n'avons pas les mêmes goûts en (matière de) musique; **is it to your** ~? est-ce à votre goût?; **est-ce que cela vous convient?**, cela vous plaît? **-5.** [discernment] goût *m*; **to have good** ~ avoir du goût, avoir bon goût; **they have no** ~ ils n'ont aucun goût; **she has good** ~ **in clothes** elle s'habille avec goût; **the joke was in extremely bad** ~ la plaisanterie était de très mauvais goût. **-6.** [experience] aperçu *m*; [sample] échantillon *m*; **he's already had a** ~ **of prison life** il a déjà tâté OR goûté de la prison; **the experience gave me a** ~ **of life in the army** l'expérience m'a donné un aperçu de la vie militaire; **a** ~ **of d**

things to come un avant-goût de l'avenir.
◇ *vt* **-1.** [flavour, ingredient] sentir (le goût de); can you ~ the brandy in it? est-ce que vous sentez le (goût du) cognac?**-2.** [sample, try] goûter à; [for quality] goûter; to ~ (the) wine [in restaurant] goûter le vin; [in vineyard] déguster le vin ‖ [eat] manger; [drink] boire. **-3.** [experience – happiness, success] goûter, connaître.
◇ *vi* [food]: to ~ good/bad avoir bon/mauvais goût; to ~ salty avoir un goût salé; to ~ of sthg avoir le OR un goût de qqch.

**taste bud** *n* papille *f* gustative.

**tasteful** ['teɪstful] *adj* [decoration] raffiné, de bon goût; [work of art] de bon goût; [clothing] de bon goût, élégant.

**tastefully** ['teɪstfulɪ] *adv* avec goût.

**tasteless** ['teɪstlɪs] *adj* **-1.** [food] fade, insipide, sans goût. **-2.** [remark] de mauvais goût; [decoration, outfit, person] qui manque de goût, de mauvais goût.

**tastelessly** ['teɪstlɪslɪ] *adv* [decorated, dressed] sans goût.

**taster** ['teɪstəʳ] *n* dégustateur *m*, -trice *f*.

**tasty** ['teɪstɪ] (*compar* **tastier**, *superl* **tastiest**) *adj* **-1.** [flavour] savoureux, délicieux; [spicy] relevé, bien assaisonné; [dish] qui a bon goût. **-2.** *inf* [attractive] séduisant.

**tat** [tæt] (*pt* & *pp* **tatted**, *cont* **tatting**) ◇ *vi* [make lace] faire de la frivolité. ◇ *n* (*U*) *Br inf* & *pej* [clothes] fripes *fpl*; [goods] camelote *f*.

**Tatar** ['tɑːtəʳ] ◇ *n* [person] Tatar *m*, -e *f*. ◇ *adj* tatar.

**Tatary** ['tɑːtərɪ] *prn* Tatarie *f*; in ~ en Tatarie.

**tattered** ['tætəd] *adj* [clothes] en lambeaux, en loques; [page, book] en lambeaux, en morceaux, tout déchiré; [person] en haillons, loqueteux; [reputation] en miettes, ruiné.

**tatters** ['tætəz] *npl*: to be in ~ *literal* être en lambeaux OR en loques; her reputation is in ~ *fig* sa réputation est ruinée.

**tattoo** [tə'tuː] (*pl* **tattoos**) ◇ *n* **-1.** [on skin] tatouage *m*; he had ~s across his chest il avait la poitrine tatouée. **-2.** MIL [signal] retraite *f* ‖ [ceremony, parade] parade *f* militaire. **-3.** [on drums] battements *mpl*; to beat a ~ on the drums battre le tambour ‖ *fig* [on door, table]: he beat a furious ~ on the door with his fists il tambourinait violemment sur OR contre la porte avec ses poings. ◇ *vi* & *vt* tatouer.

**tattooist** [tə'tuːɪst] *n* tatoueur *m*.

**tatty** ['tætɪ] (*compar* **tattier**, *superl* **tattiest**) *adj Br inf* [clothes] fatigué, défraîchi; [person] défraîchi, miteux; [house] délabré, en mauvais état; [book] écorné, en mauvais état.

**taught** [tɔːt] *pt* & *pp*→ **teach**.

**taunt** [tɔːnt] ◇ *vt* railler, tourner en ridicule, persifler. ◇ *n* raillerie *f*, sarcasme *m*.

**taunting** ['tɔːntɪŋ] ◇ *n* (*U*) railleries *fpl*, sarcasmes *mpl*. ◇ *adj* railleur, sarcastique.

**Taurus** ['tɔːrəs] *prn* ASTROL & ASTRON Taureau *m*; he's a ~ il est (du signe du) Taureau.

**taut** [tɔːt] *adj* [rope, cable] tendu, raide; [situation] tendu.

**tauten** ['tɔːtn] ◇ *vt* [rope, cable etc] tendre, raidir. ◇ *vi* se tendre.

**tautological** [,tɔːtə'lɒdʒɪkl] *adj* tautologique, pléonastique.

**tautology** [tɔː'tɒlədʒɪ] (*pl* **tautologies**) *n* tautologie *f*, pléonasme *m*.

**tavern** ['tævn] *n* auberge *f*, taverne *f*.

**tawdry** ['tɔːdrɪ] (*compar* **tawdrier**, *superl* **tawdriest**) *adj* [clothes] voyant, tapageur, de mauvaise qualité; [jewellery] clinquant; [goods] de mauvaise qualité; [motives, situation] bas, indigne.

**tawny** ['tɔːnɪ] (*compar* **tawnier**, *superl* **tawniest**) *adj* [colour] fauve.

**tawny owl** *n* chouette *f* hulotte.

**tax** [tæks] ◇ *n* **-1.** [on income] contributions *fpl* ADMIN, impôt *m*; to levy OR to collect ~es lever OR percevoir des impôts; most of my income goes in ~ la plus grande partie de mes revenus va aux impôts; I don't pay much ~ je ne paie pas beaucoup d'impôts. **-2.** [on goods, services, imports] taxe *f*; to levy OR to put a 10% ~ on sthg frapper qqch d'une taxe de 10 %, imposer OR taxer qqch à 10 %; baby food is free of ~ les aliments pour bébés sont exempts OR exonérés de taxe; a ~ on books/knowledge une taxe sur les livres/le savoir. **-3.** *fig* [strain – on patience, nerves] épreuve *f*; [– on strength, resources] mise *f* à l'épreuve. ◇ *comp* [burden] fiscal; [assess-

ment] de l'impôt; [liability] à l'impôt. ◇ *vt* **-1.** [person, company] imposer, frapper d'un impôt; [goods] taxer, frapper d'une taxe; the rich will be more heavily ~ed les riches seront plus lourdement imposés OR payeront plus d'impôts. **-2.** *Br*: to ~ one's car acheter la vignette (automobile). **-3.** *fig* [strain – patience, resources] mettre à l'épreuve; [– strength, nerves] éprouver. **-4.** [accuse]: to ~ sb with sthg accuser OR taxer qqn de qqch.

**taxable** ['tæksəbl] *adj* [income, goods, land] imposable.

**tax adjustment** *n* redressement *m* fiscal OR d'impôt.

**tax allowance** *n* abattement *m* fiscal.

**taxation** [tæk'seɪʃn] ◇ *n* (*U*) **-1.** [of goods] taxation *f*; [of companies, people] imposition *f*.**-2.** [taxes] impôts *mpl*, contributions *fpl*. ◇ *comp* [system] fiscal; ~ authorities administration *f* fiscale, fisc *m*; ~ year année *f* fiscale d'imposition, exercice *m* fiscal.

**tax avoidance** *n* moyen *m* (légal) pour payer moins d'impôts.

**tax bracket** *n* tranche *f* d'imposition.

**tax code** *n* catégorie *f* d'impôt.

**tax collector** *n* percepteur *m*.

**tax cut** *n* baisse *f* de l'impôt.

**tax-deductible** *adj* déductible des impôts, sujet à un dégrèvement d'impôts.

**tax disc** *n Br* vignette *f* automobile.

**tax evasion** *n* fraude *f* fiscale.

**tax-exempt** *Am* = **tax-free**.

**tax-exemption** *n* exonération *f* d'impôt.

**tax exile** *n* personne qui s'expatrie pour des raisons fiscales.

**tax form** *n* feuille *f* OR déclaration *f* d'impôts.

**tax-free** *adj* [goods] exonéré de taxes, non taxé; [interest] exonéré d'impôts, exempt d'impôts.

**tax haven** *n* paradis *m* fiscal.

**taxi** ['tæksɪ] (*pl* **taxis** OR **taxies**, *pt* & *pp* **taxied**, *cont* **taxying**) ◇ *n* taxi *m*; to get OR to take a ~ prendre un taxi; to hail a ~ héler un taxi. ◇ *vi* [aircraft] se déplacer au sol; the plane taxied across the tarmac l'avion traversa lentement l'aire de stationnement. ◇ *vt* [carry passengers] transporter en taxi.

**taxicab** ['tæksɪkæb] *n* taxi *m*.

**taxidermist** ['tæksɪdɜːmɪst] *n* empailleur *m*, -euse *f*, taxidermiste *mf*, naturaliste *mf*.

**taxidermy** ['tæksɪdɜːmɪ] *n* empaillage *m*, taxidermie *f*, naturalisation *f* des animaux.

**taxi driver** *n* chauffeur *m* de taxi.

**taximeter** ['tæksɪ,miːtəʳ] *n* taximètre *m*, compteur *m* (de taxi).

**tax incentive** *n* incitation *f* fiscale.

**taxing** ['tæksɪŋ] *adj* [problem, time] difficile; [climb] ardu.

**tax inspector** *n* inspecteur *m* des impôts.

**taxiplane** ['tæksɪpleɪn] *n* avion-taxi *m*.

**taxi rank** *Br*, **taxi stand** *Am* *n* station *f* de taxis.

**taxiway** ['tæksɪweɪ] *n* AERON taxiway *m*, chemin *m* de roulement.

**taxman** ['tæksmæn] (*pl* **taxmen** [-men]) *n* **-1.** [person] percepteur *m* (du fisc). **-2.** *Br inf* [Inland Revenue]: the ~ le fisc.

**taxonomy** [tæk'sɒnəmɪ] (*pl* **taxonomies**) *n* taxinomie *f*, taxonomie *f*.

**taxpayer** ['tæks,peɪəʳ] *n* contribuable *mf*.

**tax rebate** *n* dégrèvement *m* d'impôts.

**tax relief** *n* (*U*) dégrèvement *m* fiscal; to get ~ on sthg obtenir un dégrèvement OR allégement fiscal sur qqch.

**tax return** *n* déclaration *f* de revenus OR d'impôts.

**tax shelter** *n* avantage *m* fiscal.

**tax year** *n* année *f* fiscale (*qui commence en avril en Grande-Bretagne*).

**TB** *n abbr of* **tuberculosis**.

**T-bar** *n* **-1.** [for skiers] téléski *m*, remonte-pente *m*.**-2.** [wrench] clé *f* à pipe en forme de T; [bar] profilé *m* OR fer *m* en T.

**T-bone (steak)** *n* steak *m* dans l'aloyau (*sur l'os*).

**tbs., tbsp.** (*written abbr of* **tablespoon(ful)**) cs.

**Tchaikovsky** [tʃaɪ'kɒfskɪ] *prn* Tchaïkovski.

**TCP**® (*abbr of* **trichlorophonoxyacetic acid**) *n Br* désinfectant utilisé pour nettoyer des petites plaies ou pour se gargariser.

**te** [tiː] *n* MUS si *m*.

**tea** [tiː] *n* **-1.** [drink, plant] thé *m*; a cup of ~ une tasse de thé; more ~? encore un peu de thé? ❏ ~ **service** service *m* à thé; China ~ thé de Chine; I wouldn't do it for all the ~ in China je ne le ferais à aucun prix OR pour rien au monde. **-2.** [afternoon snack] thé *m*; [evening meal] repas *m* du soir; to ask sb to ~ inviter qqn à prendre le thé. **-3.** [infusion] infusion *f*, tisane *f*; herbal OR herb ~ tisane.

**teabag** ['tiːbæg] *n* sachet *m* de thé.

**tea boy** *n Br* jeune employé chargé de préparer le thé pour ses collègues.

**tea break** *n* pause *f* pour prendre le thé, ≃ pause-café *f*.

**tea caddy** *n* boîte *f* à thé.

**teacake** ['tiːkeɪk] *n* petite brioche.

**teach** [tiːtʃ] (*pt* & *pp* **taught** [tɔːt]) ◇ *vt* **-1.** [gen] apprendre; to ~ sb sthg OR sthg to sb apprendre qqch à qqn; she taught herself knitting/French elle a appris à tricoter/elle a appris le français toute seule; you can't ~ them anything! ils savent tout!, ils n'ont plus rien à apprendre!; to ~ sb (how) to do sthg apprendre à qqn à faire qqch ‖ [as threat]: I'll ~ you to be rude to your elders! je vais t'apprendre à être insolent envers les aînés!; that'll ~ you (not) to go off on your own ça t'apprendra à t'en aller toute seule; that'll ~ you (a lesson)! ça t'apprendra!, c'est bien fait pour toi!; that taught them a lesson they won't forget cela leur a donné une leçon dont ils se souviendront ❏ you can't ~ your grandmother to suck eggs *inf* on n'apprend pas à un vieux singe à faire la grimace *prov*. **-2.** SCH [physics, history etc] enseigner, être professeur de; [pupils, class] faire cours à; she taught us (to speak) French elle nous a appris OR enseigné le français; to ~ school *Am* être enseignant. ◇ *vi* [as profession] être enseignant, enseigner; [give lessons] faire cours.

**teachable** ['tiːtʃəbl] *adj* **-1.** [subject] que l'on peut enseigner, susceptible d'être enseigné; [children] à qui on peut apprendre quelque chose. **-2.** *Am* ADMIN scolarisable.

**teacher** ['tiːtʃər] *n* [in primary school] instituteur *m*, -trice *f*, maître *m*, maîtresse *f*; [in secondary school] professeur *m*, enseignant *m*, -e *f*; [in special school] éducateur *m*, -trice *f*; French/history ~ professeur de français/d'histoire ❏ ~ pupil ratio taux *m* d'encadrement.

**teacher's aide** *n Am* assistant *m*, -e *f* pédagogique.

**teacher's college** *Am* = **teacher training college**.

**teacher's pet** *n* chouchou *m*, -oute *f* du professeur.

**teacher training** *n Br* formation *f* pédagogique des enseignants; ~ **certificate** diplôme *m* d'enseignement.

**teacher training college** *n* centre *m* de formation pédagogique, ≃ école *f* normale.

**tea chest** *n* caisse *f* (à thé).

**teaching** ['tiːtʃɪŋ] ◇ *n* **-1.** [career] enseignement *m*. **-2.** [of subject] enseignement *m*. **-3.** (*U*) [hours taught] heures *fpl* d'enseignement, (heures *fpl* de) cours *mpl*. ◇ *comp* [profession, staff] enseignant.

◆ **teachings** *npl* [of leader, church] enseignements *mpl*.

**teaching aid** *n* matériel *m* pédagogique.

**teaching diploma** *n* diplôme *m* d'enseignement.

**teaching hospital** *n* centre *m* hospitalo-universitaire, CHU *m*.

**teaching practice** *n* (*U*) stage *m* pédagogique (*pour futurs enseignants*).

**tea cloth** *Br* = **tea towel**.

**tea cosy** *n* cosy *m*.

**teacup** ['tiːkʌp] *n* tasse *f* à thé.

**tea dance** *n* thé *m* dansant.

**tea-drinker** *n* buveur *m*, -euse *f* de thé.

**teak** [tiːk] ◇ *n*: ~ (wood) teck *m*, tek *m*. ◇ *comp* en teck.

**teakettle** ['tiːˌketl] *n* bouilloire *f*.

**teal** [tiːl] (*pl inv* OR **teals**) *n* sarcelle *f*.

**tea lady** *n Br* dame qui prépare ou sert le thé pour les employés d'une entreprise.

**tealeaf** ['tiːliːf] (*pl* **tealeaves** [-liːvz]) *n* **-1.** feuille *f* de thé; to read the tealeaves ≃ lire dans le marc de café. **-2.** ▽ *Br hum* [thief] voleur *m*, -euse *f*.

**team** [tiːm] ◇ *n* **-1.** [SPORT & gen] équipe *f*. **-2.** [of horses, oxen etc] attelage *m*. ◇ *vt* **-1.** [workers, players] mettre en équipe; [horses, oxen etc] atteler. **-2.** [colours, garments] assortir, harmoniser.

◆ **team up** ◇ *vt sep* **-1.** [workers, players] mettre en équipe; [horses, oxen etc] atteler. **-2.** [colours, clothes] assortir, harmoniser. ◇ *vi insep* **-1.** [workers] faire équipe, travailler en collaboration; to ~ up with sb faire équipe avec qqn; the two villages ~ed up to put on the show les deux villages ont collaboré pour monter le spectacle. **-2.** [colours, clothes] être assorti, s'harmoniser.

**team game** *n* jeu *m* d'équipe.

**team mate** *n* coéquipier *m*, -ère *f*.

**team member** *n* équipier *m*, -ère *f*.

**team spirit** *n* esprit *m* d'équipe.

**teamster** ['tiːmstər] *n Am* routier *m*, camionneur *m*.

◆ **Teamster** *n Am* membre du syndicat américain des camionneurs.

**Teamsters' Union** *pr n* syndicat américain des camionneurs.

**teamwork** ['tiːmwɜːk] *n* travail *m* d'équipe.

**tea party** *n* [for adults] thé *m*; [for children] goûter *m*; I'm having a little ~ on Sunday j'ai invité quelques amis à prendre le thé dimanche.

**tea plant** *n* arbre *m* à thé, théier *m*.

**tea plate** *n Br* petite assiette *f*, assiette *f* à dessert.

**teapot** ['tiːpɒt] *n* théière *f*.

**tear**[1] [teər] (*pt* **tore** [tɔːr], *pp* **torn** [tɔːn]) ◇ *vt* **-1.** [rip – page, material] déchirer; [– clothes] déchirer, faire un accroc à; [– flesh] déchirer, arracher; I tore my jacket on a nail j'ai fait un accroc à ma veste avec un clou; he tore a hole in the paper il a fait un trou dans le papier; '~ along the dotted line' 'détacher suivant le pointillé'; the dog was ~ing the meat from a bone le chien déchiquetait la viande d'un os; her heart was torn by grief/remorse elle était déchirée par la douleur/le remords; she tore open the letter elle ouvrit l'enveloppe en la déchirant, elle déchira l'enveloppe; to ~ sthg in two OR in half déchirer qqch en deux; you can ~ a piece off this cloth vous pouvez déchirer un morceau de ce tissu; to ~ sthg to shreds mettre qqch en lambeaux; the critics tore the film to shreds *fig* les critiques ont éreinté le film. **-2.** [muscle, ligament] froisser, déchirer. **-3.** [grab, snatch] arracher; he tore the cheque from OR out of my hand il m'a arraché le chèque des mains. **-4.** *fig* [divide] tirailler, déchirer; I'm torn between going and staying je suis tiraillé entre le désir de partir et celui de rester, j'hésite entre partir et rester; the country had been torn by civil war for 30 years ça faisait 30 ans que le pays était déchiré par la guerre civile. **-5.** *fig* [separate] arracher; sorry to ~ you from your reading, but I need your help je regrette de vous arracher à votre lecture, mais j'ai besoin de votre aide; that's torn it *Br inf*, that ~s it *Am inf* c'est le bouquet, il ne manquait plus que cela. ◇ *vi* **-1.** [paper, cloth] se déchirer. **-2.** [as verb of movement]: to ~ after sb se précipiter OR se lancer à la poursuite de qqn; to ~ along [runner] courir à toute allure; [car] filer à toute allure; the cyclists came ~ing past les cyclistes sont passés à toute allure OR vitesse. **-3.** [hurry]: he tore through the book/the report il a lu le livre/le rapport très rapidement. ◇ *n* [in paper, cloth] déchirure *f*; [in clothes] déchirure *f*, accroc *m*; this page has a ~ in it cette page est déchirée; who's responsible for the ~s in the curtains? qui a déchiré les rideaux?

◆ **tear apart** *vt sep* **-1.** [rip to pieces] déchirer. **-2.** [divide]: no-one can ~ them apart [friends] on ne peut pas les séparer, ils sont inséparables; [fighters] on n'arrive pas à les séparer; the party was being torn apart by internal strife le parti était déchiré OR divisé par des luttes intestines.

◆ **tear at** *vt insep*: to ~ at sthg déchirer OR arracher qqch.

◆ **tear away** *vt sep* **-1.** [remove – wallpaper] arracher, enlever; *fig* [– gloss, façade] enlever. **-2.** [from activity] arracher; to ~ sb away from sthg arracher qqn à qqch; I just couldn't ~ myself away je ne pouvais tout simplement pas me décider à partir.

◆ **tear down** *vt sep* **-1.** [remove – poster] arracher. **-2.** [demolish – building] démolir; *fig* [– argument] démolir, mettre par terre.

◆ **tear into** *vt insep* **-1.** [attack, rush at] se précipiter sur; the boxers tore into each other les boxeurs se sont jetés l'un sur l'autre. **-2.** *inf* [reprimand] enguirlander, passer un savon à; [criticize] taper sur, descendre (en flèche). **-3.** [bite into – subj: teeth, knife] s'enfoncer dans. **-4.** [run]: she came ~ing into the garden elle a déboulé dans le jardin à toute allure, elle s'est précipitée dans le jardin.

◆ **tear off** *vt sep* **-1.** [tape, wrapper] arracher, enlever en arrachant; [along perforations] détacher; [clothing] retirer OR enlever rapidement ❏ to ~ sb off a strip *inf*, to ~ a strip off sb *Br inf* passer un savon à qqn, enguirlander qqn. **-2.** *inf* [report, essay etc – do hurriedly] écrire à toute vitesse; [– do badly] bâcler, torcher.

◆ **tear out** *vt sep* [page] arracher; [coupon, cheque] détacher; to ~ one's hair (out) *literal & fig* s'arracher les cheveux.

◆ **tear up** *vt sep* **-1.** [paper, letter] déchirer (en morceaux); *fig* [agreement, contract] déchirer. **-2.** [pull up – fence, weeds, surface] arracher; [– tree] déraciner.

**tear²** [tɪəʳ] *n* larme *f*; to be in ~s être en larmes; to burst into ~s fondre en larmes; to shed ~s verser des larmes; I shed no ~s over her resignation sa démission ne m'a pas ému outre mesure OR ne m'a pas arraché de larmes; to shed ~s of joy pleurer de joie, verser des larmes de joie; he had ~s OR there were ~s in his eyes il avait les larmes aux yeux; to be on the verge of ~s, to be near to ~s être au bord des larmes; to be moved to ~s être ému aux larmes; to be bored to ~s *fig* s'ennuyer à mourir.

**tearaway** ['teərə,weɪ] *n Br* casse-cou *mf inv*.

**teardrop** ['tɪədrɒp] *n* larme *f*.

**tear duct** [tɪəʳ-] *n* canal *m* lacrymal.

**tearful** ['tɪəful] *adj* **-1.** [emotional – departure, occasion] larmoyant; [– story, account] larmoyant, à faire pleurer. **-2.** [person] en larmes, qui pleure; [face] en larmes; [voice] larmoyant.

**tearfully** ['tɪəfulɪ] *adv* en pleurant, les larmes aux yeux.

**tear gas** [tɪəʳ-] *n* gaz *m* lacrymogène.

**tearing** ['teərɪŋ] ◇ *n* déchirement *m*. ◇ *adj* **-1.** *literal*: a ~ sound [from paper] un bruit de déchirement; [from stitching] un (bruit de) craquement. **-2.** *Br* [as intensifier]: to be in a ~ hurry être terriblement pressé.

**tearjerker** ['tɪə,dʒɜ:kəʳ] *n inf*: the film/the book is a real ~ c'est un film/un livre à faire pleurer.

**tearoom** ['ti:rum] *n* salon *m* de thé.

**tearstained** ['tɪəsteɪnd] *adj* barbouillé de larmes.

**tease** [ti:z] ◇ *vt* **-1.** [person] taquiner; [animal] tourmenter. **-2.** [fabric] peigner; [wool] peigner, carder. **-3.** *Am* [hair] crêper. ◇ *vi* faire des taquineries; I'm only teasing c'est pour rire. ◇ *n inf* **-1.** [person] taquin *m*, -e *f*; [sexually] allumeuse *f*. **-2.** [behaviour] taquinerie *f*.

◆ **tease out** *vt sep* **-1.** [wool, hair] démêler. **-2.** [information, facts] faire ressortir; to ~ out a problem débrouiller OR démêler un problème, tirer un problème au clair.

**teasel** ['ti:zl] *(Br pt & pp* **teaselled,** *cont* **teaselling,** *Am pt & pp* **teaseled,** *cont* **teaseling)** ◇ *n* **-1.** BOT cardère *f*. **-2.** TEX carde *f*. ◇ *vt* [cloth] peigner, démêler.

**teaser** ['ti:zəʳ] *n inf* **-1.** [person] taquin *m*, -e *f*. **-2.** [problem] problème *m* difficile, colle *f*.

**tea service, tea set** *n* service *m* à thé.

**tea shop** *n Br* salon *m* de thé.

**teasing** ['ti:zɪŋ] *n* (*U*) **-1.** [tormenting] taquineries *fpl*. **-2.** TEX peignage *m*. ◇ *adj* taquin.

**teasingly** ['ti:zɪŋlɪ] *adv* pour me/le *etc* taquiner.

**Teasmaid**® ['ti:zmeɪd] *n Br* théière *f* automatique avec horloge incorporée.

**teaspoon** ['ti:spu:n] *n* **-1.** [spoon] cuiller *f* OR cuillère *f* à café. **-2.** = teaspoonful.

**teaspoonful** ['ti:spu:n,ful] *adj* cuiller *f* OR cuillère *f* à café (*mesure*).

**tea strainer** *n* passoire *f* à thé, passe-thé *m inv*.

**teat** [ti:t] *n* **-1.** [on breast] mamelon *m*, bout *m* de sein; [of animal] tétine *f*, tette *f*; [for milking] trayon *m*. **-2.** *Br* [on bottle] tétine *f*; [dummy] tétine *f*, sucette *f*. **-3.** TECH téton *m*.

**tea table** *n* table *f* (mise) pour le thé OR à thé.

**teatime** ['ti:taɪm] *n* l'heure *f* du thé.

**tea towel** *n Br* torchon *m* (à vaisselle).

**tea tray** *n* plateau *m* à thé.

**tea trolley** *n Br* table *f* roulante (*pour servir le thé*).

**tea urn** *n* fontaine *f* à thé.

**tea wagon** *Am* = tea trolley.

**teazel** ['ti:zl] *(Br pt & pp* **teazelled,** *cont* **teazelling,** *Am pt & pp* **teazeled,** *cont* **teazeling)** = teasel.

**teazle** ['ti:zl] = teasel.

**TEC** [tek] *(abbr of* **Training and Enterprise Council)** *n* centre *d'emploi et de formation*.

**tech** [tek] *n inf abbr of* **technical college.**

**technical** ['teknɪkl] *adj* **-1.** [gen & TECH] technique; ~ hitch incident *m* technique. **-2.** [according to rules] technique; for ~ reasons pour des raisons d'ordre technique; the judgment was quashed on a ~ point JUR le jugement a été cassé pour vice de forme OR de procédure; it's a purely ~ point *fig* ce n'est qu'un point de détail ❏ ~ knockout SPORT knockout *m inv* technique.

**technical college** *n* ≃ institut *m* de technologie.

**technical drawing** *n* dessin *m* industriel.

**technical foul** *n* SPORT faute *f* technique.

**technicality** [,teknɪ'kælətɪ] *(pl* **technicalities)** *n* **-1.** [technical nature] technicité *f*. **-2.** [formal detail] détail *m* OR considération *f* (d'ordre) technique; [technical term] terme *m* technique; to lose one's case on a ~ JUR perdre un procès pour vice de forme.

**technically** ['teknɪklɪ] *adv* **-1.** [on a technical level] sur un plan technique; [in technical terms] en termes techniques; ~ advanced de pointe, sophistiqué, avancé sur le plan technique. **-2.** [in theory] en théorie, en principe.

**technician** [tek'nɪʃn] *n* technicien *m*, -enne *f*.

**Technicolor**® ['teknɪ,kʌləʳ] ◇ *n* Technicolor® *m*; in (glorious) ~ en Technicolor. ◇ *adj* en technicolor.

**technique** [tek'ni:k] *n* technique *f*.

**technocrat** ['teknəkræt] *n* technocrate *mf*.

**technological** [,teknə'lɒdʒɪkl] *adj* technologique.

**technologist** [tek'nɒlədʒɪst] *n* technologue *mf*, technologiste *mf*.

**technology** [tek'nɒlədʒɪ] *(pl* **technologies)** *n* technologie *f*.

**tectonic** [tek'tɒnɪk] *adj* tectonique; ~ plates plaques *fpl* tectoniques.

**tectonics** [tek'tɒnɪks] *n* (*U*) tectonique *f*.

**ted** [ted] *(pt & pp* **tedded,** *cont* **tedding)** ◇ *vt* [hay] faner. ◇ *n inf abbr of* **teddy boy.**

**teddy** ['tedɪ] *(pl* **teddies)** *n* **-1.** ~ (bear) ours *m* en peluche. **-2.** [garment] teddy *m*.

**teddy boy** *n Br* ≃ blouson *m* noir (*personne*).

**tedious** ['ti:djəs] *adj* [activity, work] ennuyeux, fastidieux; [time] ennuyeux; [journey] fatigant, pénible; [person] pénible.

**tediously** ['ti:djəslɪ] *adv* péniblement; [monotonously] de façon monotone, fastidieusement.

**tediousness** ['ti:djəsnɪs] *n* ennui *m*, monotonie *f*.

**tedium** ['ti:djəm] *n* ennui *m*.

**tee** [ti:] ◇ *n* [in golf – peg] tee *m*; [– area] tertre *m* OR point *m* de départ; the 17th ~ le départ du 17ᵉ trou. ◇ *vt* placer sur le tee. ◇ *vi* placer la balle sur le tee.

◆ **tee off** *vi insep* **-1.** [in golf] jouer sa balle OR partir du tee (*du tertre de départ*); *fig* commencer, démarrer. **-2.** *Am inf* [get angry] se fâcher, s'emporter. ◇ *vt sep Am inf* [annoy] agacer, casser les pieds à.

◆ **tee up** *vi insep* placer la balle sur le tee.

**tee-hee** [-'hi:] *interj* hi! hi!

**teem** [ti:m] *vi* **-1.** [be crowded] grouiller, fourmiller; the streets were ~ing (with people) les rues grouillaient (de monde). **-2.** [rain]: it's absolutely ~ing (down OR with rain) il pleut à verse OR à torrents.

**teeming** ['ti:mɪŋ] *adj* **-1.** [streets] grouillant de monde; [crowds, shoppers] grouillant, fourmillant; [ants, insects etc] grouillant. **-2.** [rain] battant, torrentiel.

**teen** [ti:n] *adj inf* [fashion – fashion, magazine] pour adolescents OR jeunes; ~ idol idole *f* des jeunes.

**teenage** ['ti:neɪdʒ] *adj* jeune, adolescent; [habits, activities] d'adolescents; [fashion, magazine] pour les jeunes; the ~ years l'adolescence *f*.

**teenager** ['ti:n,eɪdʒəʳ] *n* jeune *mf* (*entre 13 et 19 ans*), adolescent *m*, -e *f*.

**teens** [tiːnz] *npl* **-1.** [age] adolescence *f* (*entre 13 et 19 ans*); she's in her ~ c'est une adolescente. **-2.** [numbers] *les chiffres entre 13 et 19.*

**teensy(-weensy)** [ˌtiːnzɪ('wiːnzɪ)] *inf* = **teeny-weeny.**

**teeny** ['tiːnɪ] *adj inf* tout petit, minuscule.

**teenybopper** ['tiːnɪˌbɒpəʳ] *n inf jeune qui aime la musique pop.*

**teeny-weeny** [-'wiːnɪ] *adj inf* tout petit, minuscule.

**teepee** ['tiːpiː] = **tepee.**

**tee shirt** = **T-shirt.**

**teeter** ['tiːtəʳ] ◇ *vi* **-1.** [person] chanceler; [pile, object] vaciller, être sur le point de tomber; to ~ on the brink of sthg *fig* être au bord de qqch, friser qqch. **-2.** *Am* [see-saw] se balancer, basculer. ◇ *n Am* jeu *m* de bascule.

**teeth** [tiːθ] *pl* → **tooth.**

**teethe** [tiːð] *vi* faire OR percer ses premières dents; to be teething commencer à faire ses dents.

**teething** ['tiːðɪŋ] *n* poussée *f* dentaire, dentition *f.*

**teething ring** *n* anneau *m* de dentition.

**teething troubles** *npl literal* douleurs *fpl* provoquées par la poussée des dents; *fig* difficultés *fpl* initiales OR de départ.

**teetotal** [tiː'təʊtl] *adj* [person] qui ne boit jamais d'alcool; [organization] antialcoolique.

**teetotaller** *Br,* **teetotaler** *Am* [tiː'təʊtləʳ] *n* personne qui ne boit jamais d'alcool.

**TEFL** ['tefl] (*abbr of* **Teaching (of) English as a Foreign Language**) *n* enseignement de l'anglais langue étrangère.

**Teflon®** ['teflɒn] *n* Téflon® *m;* a ~-coated pan une casserole téflonisée.

**te-hee** ['tiː'hiː] = **tee-hee.**

**Tehran, Teheran** [ˌteəˈrɑːn] *pr n* Téhéran.

**tel.** (*written abbr of* **telephone**) tél.

**telecast** ['telɪkɑːst] ◇ *n* émission *f* de télévision, programme *m* télédiffusé. ◇ *vt* diffuser, téléviser.

**telecom(s)** ['telɪkɒm(z)] *n abbr of* **telecommunications.**

**telecommunications** ['telɪkəˌmjuːnɪˈkeɪʃnz] ◇ *n* (U) télécommunications *fpl.* ◇ *comp* [engineer] des télécommunications; [satellite] de télécommunication.

**telecommuting** [ˌtelɪkəˈmjuːtɪŋ] *n* télétravail *m.*

**telegram** ['telɪgræm] *n* télégramme *m;* [in press, diplomacy] dépêche *f;* by ~ par télégramme.

**telegraph** ['telɪgrɑːf] ◇ *n* **-1.** [system] télégraphe *m;* the Telegraph PRESS *nom abrégé du Daily Telegraph;* Telegraph reader *lecteur du Daily Telegraph (typiquement conservateur).* **-2.** [telegram] télégramme *m.* ◇ *comp* [service, wire] télégraphique; ~ pole OR post poteau *m* télégraphique. ◇ *vt* [news] télégraphier; [money] télégraphier, envoyer par télégramme. ◇ *vi* télégraphier.

**telegrapher** [tɪ'legrəfəʳ] *n* télégraphiste *mf.*

**telegraphic** [ˌtelɪ'græfɪk] *adj* télégraphique.

**telegraphist** [tɪ'legrəfɪst] *n* télégraphiste *mf.*

**telegraphy** [tɪ'legrəfɪ] *n* télégraphie *f.*

**telemarketing** ['telɪˌmɑːkɪtɪŋ] *n* vente *f* par téléphone.

**Telemessage®** ['telɪˌmesɪdʒ] *n Br* télémessagerie *f,* courrier *m* électronique.

**teleology** [ˌtelɪ'ɒlədʒɪ] *n* téléologie *f.*

**telepathic** [ˌtelɪ'pæθɪk] *adj* [person] télépathe; [message, means] télépathique.

**telepathy** [tɪ'lepəθɪ] *n* télépathie *f,* transmission *f* de pensée.

**telephone** ['telɪfəʊn] ◇ *n* téléphone *m;* to be on the ~ [talking] être au téléphone, téléphoner; [subscriber] avoir le téléphone, être abonné au téléphone; the boss is on the ~ for you le patron te demande au téléphone; you're wanted on the ~ on vous demande au téléphone; to answer the ~ répondre au téléphone; I use the ~ a lot je téléphone beaucoup. ◇ *comp* [line, receiver] de téléphone; [call, message] téléphonique; [bill, charges] téléphonique, de téléphone; [service] des télécommunications. ◇ *vt* [person] téléphoner à, appeler (au téléphone); [place] téléphoner à, appeler; [news, message, invitation] téléphoner, envoyer par téléphone; to ~ the United States/home téléphoner aux États-Unis/chez soi. ◇ *vi* [call] téléphoner, appeler; [be on phone] être au téléphone.

**telephone book** *n* annuaire *m* (téléphonique).

**telephone booth, telephone box** *n* cabine *f* téléphonique.

**telephone directory** = **telephone book.**

**telephone exchange** *n* central *m* téléphonique.

**telephone kiosk** *Br* = **telephone booth.**

---

**USAGE ►    Using the telephone**

| Making a call | When the correspondent can be reached | When the correspondent cannot be reached |
|---|---|---|
| ▷ *to a private individual, friend etc:* | ▷ *to a private individual, friend etc:* | ▷ *to a private individual, friend etc:* |
| Allô, bonjour, je suis bien chez Madame Dupuis/au 40 30 82 03 [quarante trente quatre-vingt deux zéro trois]? | Oui, c'est moi./Oui, c'est ça. | Non, vous devez faire erreur. |
| Bonjour, c'est Anne (à l'appareil), pourrais-je parler à Isabelle, s'il vous plaît? | C'est moi. | Désolé, elle n'est pas là pour l'instant. |
| Est-ce que Mme Dupuis est là, s'il vous plaît? | C'est elle-même./Oui, ne quittez pas, je vous la passe. | Il n'y a personne de ce nom ici. |
| ▷ *to a company:* | ▷ *to a company:* | ▷ *to a company:* |
| Allô, bonjour, les Éditions Larousse? | Oui, bonjour. | Non, vous avez dû faire un faux OR mauvais numéro. |
| Pourriez-vous me passer Madame Dupuis, s'il vous plaît? | Oui, c'est de la part de qui, s'il vous plaît? | Elle est en réunion pour la matinée. Voulez-vous lui laisser un message? |
| Poste 217 [deux cent dix-sept]/Le service comptabilité, s'il vous plaît. | Oui, un instant, s'il vous plaît. | C'est occupé. Vous voulez patienter ou rappeler plus tard? |
| **Continuing a call** | | |
| Pourriez-vous lui dire que j'ai appelé? | Oui, je lui dirai OR je lui transmettrai le message. | |
| Pourriez-vous lui demander de me rappeler dès son retour? | Oui, est-ce qu'il a votre numéro? | |
| Je rappellerai plus tard. | Très bien. Au revoir. | |

**telephone number** *n* numéro *m* de téléphone.

**telephonic** [ˌtelɪ'fɒnɪk] *adj* téléphonique.

**telephonist** [tɪ'lefənɪst] *n* Br standardiste *mf*, téléphoniste *mf*.

**telephony** [tɪ'lefənɪ] *n* téléphonie *f*.

**telephoto lens** [ˌtelɪ'fəʊtəʊ-] *n* téléobjectif *m*.

**teleport** ['telɪpɔːt] *vt* faire déplacer par télékinésie.

**teleprinter** ['telɪˌprɪntəʳ] *n* Br téléscripteur *m*, téléimprimeur *m*.

**Teleprompter®** [ˌtelɪ'prɒmptəʳ] *n* prompteur *m*, téléprompteur *m*, télésouffleur *m* offic.

**telesales** ['telɪseɪlz] *npl* vente *f* par téléphone.

**telescope** ['telɪskəʊp] ◇ *n* télescope *m*, longue-vue *f*; ASTRON télescope *m*, lunette *f* astronomique. ◇ *vt* [shorten, condense - parts, report] condenser, abréger. ◇ *vi* **-1.** [collapse - parts] s'emboîter. **-2.** [railway carriages] se télescoper.

**telescopic** [ˌtelɪ'skɒpɪk] *adj* [aerial] télescopique; [umbrella] pliant; ~ lens téléobjectif *m*; ~ sight lunette *f*.

**teletex** ['telɪteks] *n* Télétex® *m*.

**teletext** ['telɪtekst] *n* télétexte *m*, vidéographie *f* diffusée.

**telethon** ['telɪθɒn] *n* téléthon *m*.

**Teletype®** ['telɪtaɪp] ◇ *n* Télétype® *m*. ◇ *vt* transmettre par Télétype.

**televangelist** [ˌtelɪ'vændʒəlɪst] *n* évangéliste qui prêche à la télévision.

**televiewer** ['telɪvjuːəʳ] *n* téléspectateur *m*, -trice *f*.

**televise** ['telɪvaɪz] *vt* téléviser.

**television** ['telɪˌvɪʒn] ◇ *n* **-1.** [system, broadcasts] télévision *f*; to watch ~ regarder la télévision; to go on ~ passer à la télévision; to work in ~ travailler à la télévision. **-2.** [set] téléviseur *m*, (poste *m* de) télévision *f*; I saw her on (the) ~ je l'ai vue à la télévision; is there anything good on ~ tonight? qu'est-ce qu'il y a de bien à la télévision ce soir?; colour/black-and-white ~ télévision *f* (en) couleur/(en) noir et blanc. ◇ *comp* [camera, engineer, programme, station, screen] de télévision; [picture, news] télévisé; [satellite] de télédiffusion; ~ film téléfilm *m*, film *m* pour la télévision; ~ lounge salle *f* de télévision.

**television licence** *n* Br redevance *f* (de télévision).

**television set** *n* téléviseur *m*, (poste *m* de) télévision *f*.

**teleworking** [ˌtelɪ'wɜːkɪŋ] *n* télétravail *m*.

**telex** ['teleks] ◇ *n* télex *m*. ◇ *vt* envoyer par télex, télexer.

**tell** [tel] (*pt & pp* **told** [təʊld]) ◇ *vt* **-1.** [inform of] dire à; to ~ sb sthg dire qqch à qqn; I told him the answer/what I thought je lui ai dit la réponse/ce que je pensais; to ~ sb about or of lit sthg dire qqch à qqn, parler à qqn de qqch; they told me (that) they would be late ils m'ont dit qu'ils seraient en retard; I'm pleased to ~ you you've won j'ai le plaisir de vous informer or annoncer que vous avez gagné; let me ~ you how pleased I am laissez-moi vous dire or permettez-moi de vous dire à quel point je suis heureux; I'm told he's coming tomorrow j'ai entendu dire or on m'a dit qu'il venait demain; so I've been told c'est ce qu'on m'a dit; it doesn't ~ us much cela ne nous en dit pas très long, cela ne nous apprend pas grand-chose; can you ~ me the time? pouvez-vous me dire l'heure (qu'il est)?; can you ~ me your name/age? voulez-vous me dire votre nom/âge? ❏ a little bird told me! c'est mon petit doigt qui me l'a dit! **-2.** [explain to] expliquer à, dire à; this brochure ~s me all I need to know cette brochure m'explique tout ce que j'ai besoin de savoir; can you ~ me the way to the station/to Oxford? pouvez-vous m'indiquer le chemin de la gare/la route d'Oxford?; do you want me to ~ you again? voulez-vous que je vous le redise or répète?; who can ~ me the best way to make omelettes? qui peut me dire or m'expliquer la meilleure façon de faire des omelettes? ❏ if I've told you once, I've told you a thousand times! je te l'ai dit cent fois!; (I'll) ~ you what, let's play cards j'ai une idée, on n'a qu'à jouer aux cartes. **-3.** [instruct, order]: to ~ sb to do sthg dire à qqn de faire qqch; I thought I told you not to run? je croyais t'avoir interdit or défendu de courir?; he didn't need to be told twice! il ne s'est pas fait prier!, je n'ai pas eu besoin de lui dire deux fois! **-4.** [recount - story, joke] raconter; [- news] annoncer; [- secret] dire, raconter; to ~ sb about sthg parler à qqn de qqch, raconter

qqch à qqn; ~ them about or of your life as an explorer racontez-leur votre vie d'explorateur; could you ~ me a little about yourself? pourriez-vous me parler un peu de vous-même?; I told myself it didn't matter je me suis dit que cela n'avait pas d'importance; I could ~ you a thing or two about his role in it je pourrais vous en dire long sur son rôle dans tout cela; don't ~ me, let me guess! ne me dites rien, laissez-moi deviner!; ~ it like it is! inf n'ayez pas peur de dire la vérité! ❏ ~ that to the marines! inf, ~ me another! inf à d'autres!, mon œil! **-5.** [utter - truth, lie] dire, raconter; to ~ sb the truth dire la vérité à qqn; to ~ lies mentir, dire des mensonges; I ~ a lie! fig je me trompe! **-6.** [assure] dire, assurer; didn't I ~ you?, I told you so! je vous l'avais bien dit!; let me ~ you! [believe me] je vous assure!, croyez-moi!; [as threat] tenez-vous-le pour dit!; I can ~ you! c'est moi qui vous le dis! ❏ you're ~ing me! inf, ~ me about it! inf à qui le dites-vous? **-7.** [distinguish] distinguer; to ~ right from wrong distinguer le bien du mal; you can hardly ~ the difference between them on voit or distingue à peine la différence entre eux; how can you ~ one from another? comment les distinguez-vous l'un de l'autre? ‖ [see] voir; [know] savoir; [understand] comprendre; how can you ~ when it's ready? à quoi voit-on or comment peut-on savoir que c'est prêt?; no one could ~ whether the good weather would last personne ne pouvait dire si le beau temps allait durer; there's no ~ing what he might do next/how he'll react (il est) impossible de dire ce qu'il est susceptible de faire ensuite/comment il réagira. ◇ *vi* **-1.** [reveal]: that would be ~ing! ce serait trahir un secret!; I won't ~ je ne dirai rien à personne; time will ~ qui vivra verra, le temps nous le dira; more than words can ~ plus que les mots ne peuvent dire. **-2.** [know] savoir; how can I ~? comment le saurais-je?; who can ~? qui peut savoir?, qui sait?; you never can ~ on ne sait jamais. **-3.** [have effect] se faire sentir, avoir de l'influence; her age is beginning to ~ elle commence à accuser son âge; the strain is beginning to ~ la tension commence à se faire sentir; her aristocratic roots told against her ses origines aristocratiques lui nuisaient. **-4.** lit [story, book]: to ~ of sthg raconter qqch; I've heard ~ of phantom ships j'ai entendu parler de navires fantômes. **-5.** lit [bear witness]: to ~ of témoigner de; the scars told of his reckless life ses cicatrices témoignaient de sa vie mouvementée.

◆ **tell apart** *vt sep* distinguer (entre); I couldn't ~ the twins apart je ne pouvais pas distinguer les jumeaux l'un de l'autre.

◆ **tell off** *vt sep* **-1.** [scold] réprimander, gronder; to ~ sb off for doing sthg gronder or réprimander qqn pour avoir fait qqch. **-2.** [select] affecter, désigner.

◆ **tell on** *vt insep* **-1.** [denounce] dénoncer. **-2.** [have effect on] se faire sentir sur, produire un effet sur; the strain soon began to ~ on her health la tension ne tarda pas à avoir un effet néfaste sur sa santé.

**teller** ['teləʳ] *n* **-1.** [in bank]: (bank) ~ caissier *m*, -ère *f*, guichetier *m*, -ère *f*. **-2.** POL [of votes] scrutateur *m*, -trice *f*. **-3.** [of story]: (story) ~ conteur *m*, -euse *f*, narrateur *m*, -trice *f*.

**telling** ['telɪŋ] ◇ *adj* **-1.** [revealing - smile, figures, evidence] révélateur, éloquent. **-2.** [effective - style] efficace; [- account] saisissant; [- remark, argument] qui porte. ◇ *n* récit *m*, narration *f*; the story is long in the ~ l'histoire est longue à raconter.

**telling-off** (*pl* **tellings-off**) *n* réprimande *f*; to get a good ~ se faire gronder; to give sb a ~ réprimander qqn.

**telltale** ['telteɪl] ◇ *n* **-1.** [person] rapporteur *m*, -euse *f*. **-2.** MECH indicateur *m*; ~ lamp lampe *f* témoin. ◇ *adj* [marks] révélateur; [face, blush, nod] éloquent.

**telly** ['telɪ] (*pl* **tellies**) *n* Br inf télé *f*; on the ~ à la télé.

**temerity** [tɪ'merətɪ] *n* témérité *f*, audace *f*.

**temp** [temp] ◇ *n* (abbr of **temporary employee**) intérimaire *mf*. ◇ *vi*: she's ~ing elle fait de l'intérim.

**temp.** (written abbr of **temperature**) temp.

**temper** ['tempəʳ] ◇ *n* **-1.** [character] caractère *m*, tempérament *m*; to have an even ~ être d'un tempérament calme or d'humeur égale; to have a quick or hot ~ se mettre facilement en colère; he's got a foul or an awful ~ il a mauvais caractère ‖ [patience] patience *f*; [calm] calme *m*, sang-froid *m* inv; to lose one's ~ perdre patience, se mettre en colère; to lose one's ~ with sb s'emporter contre qqn; **don't try my ~** ne m'énerve pas. **-2.** [mood] humeur f; **to be in a bad ~** être de mauvaise humeur ‖ [bad mood] (crise f de) colère f, mauvaise humeur f; **to be in a ~** être de mauvaise humeur. **-3.** METALL trempe f. ◇ vt **-1.** [moderate – passions] modérer, tempérer; [– pain, suffering] adoucir; **justice ~ed with mercy** la justice tempérée de pitié. **-2.** METALL tremper. ◇ interj: ~! on se calme!, du calme!

**temperament** ['tempramant] n [character] tempérament m, nature f; [moodiness] humeur f changeante OR lunatique.

**temperamental** [,tempra'mentl] adj **-1.** [moody – person] capricieux, lunatique; [unpredictable – animal, machine] capricieux. **-2.** [relating to character] du tempérament, de la personnalité.

**temperamentally** [,tempra'mentalɪ] adv de par son caractère.

**temperance** ['temprans] ◇ n **-1.** [moderation] modération f, sobriété f. **-2.** [abstinence from alcohol] tempérance f. ◇ comp [movement] antialcoolique; **~ hotel** hôtel où l'on ne sert pas de boissons alcoolisées.

**temperate** ['temprat] adj **-1.** [climate] tempéré. **-2.** [moderate – person] modéré, mesuré; [– character, appetite] modéré; [– reaction, criticism] modéré, sobre.

**Temperate Zone** pr n zone f tempérée.

**temperature** ['temprətʃəʳ] ◇ n **-1.** MED température f; **to have** OR **to run a ~** avoir de la température OR de la fièvre; **she has a ~ of 39°** elle a 39° de fièvre; **to take sb's ~** prendre la température de qqn; **her contribution certainly raised the ~ of the debate** son intervention a sans aucun doute fait monter le ton du débat. **-2.** METEOR & PHYS température f; **the ~ fell overnight** la température a baissé du jour au lendemain; **~s will be in the low twenties** il fera un peu plus de vingt degrés. ◇ comp [change] de température; [control] de la température; [gradient] thermique; **~ chart** feuille f de température.

**tempered** ['tempəd] adj **-1.** [steel] trempé. **-2.** MUS [scale] tempéré.

**temper tantrum** n crise f de colère; **to have** OR **to throw a ~** piquer une colère.

**tempest** ['tempɪst] n lit tempête f, orage m.

**tempestuous** [tem'pestjʊəs] adj **-1.** [weather] de tempête. **-2.** [person] impétueux, fougueux; [meeting] agité; **a ~ love affair** une liaison orageuse OR tumultueuse.

**tempi** ['tempiː] pl→ tempo.

**Templar** ['templəʳ] n [in crusades]: **Knight ~** chevalier m du Temple, templier m.

**template** ['templɪt] n **-1.** TECH gabarit m, calibre m, patron m. **-2.** [beam] traverse f.

**temple** ['templ] n **-1.** RELIG temple m. **-2.** ANAT tempe f.

**Temple Bar** pr n porte ouest de la City de Londres où le maire vient accueillir le souverain.

**tempo** ['tempəʊ] (pl tempos OR tempi [-piː]) n tempo m.

**temporal** ['tempərəl] adj **-1.** [gen & GRAMM] temporel. **-2.** [secular] temporel, séculier.

**temporarily** [Br 'tempərərɪlɪ, Am ,tempə'rerəlɪ] adv provisoirement, temporairement.

**temporary** ['tempərərɪ] (pl temporaries) ◇ adj [accommodation, solution, powers] temporaire, provisoire; [employment] temporaire, intérimaire; [improvement] passager, momentané; [relief] passager; **on a ~ basis** à titre temporaire; **a ~ appointment** une nomination temporaire OR provisoire; **~ teacher** SCH professeur m suppléant. ◇ n intérimaire mf.

**temporize, -ise** ['tempəraɪz] vi fml [try to gain time] temporiser, chercher à gagner du temps.

**tempt** [tempt] vt [entice] tenter, donner envie à; [seduce] tenter, séduire; [attract] attirer, tenter; **to ~ sb to do sthg** OR **into doing sthg** donner à qqn l'envie de faire qqch; **did you hit him? — no, but I was sorely ~ed** tu l'as frappé? — non, mais ce n'est pas l'envie qui m'en manquait; **I'm ~ed to accept their offer** je suis tenté d'accepter leur proposition; **don't ~ me!** hum n'essayez pas de me tenter!, ne me tentez pas!; **can I ~ you to another sandwich?** je peux vous proposer encore un sandwich?, vous voulez encore un sandwich? ❏ **to ~ fate/providence** tenter le diable/le sort.

**temptation** [temp'teɪʃn] n tentation f; **to put ~ in sb's way**

exposer qqn à la tentation; **it's a great ~** c'est très tentant; **to give in to ~** céder OR succomber à la tentation.

**tempter** ['temptəʳ] n tentateur m.

**tempting** ['temptɪŋ] adj [offer] tentant, attrayant; [smell, meal] appétissant.

**temptress** ['temptrɪs] n lit OR hum tentatrice f.

**ten** [ten] ◇ det dix. ◇ n dix m; **~s of thousands of refugees** des dizaines de milliers de réfugiés; **~ to one** [in ratio, bets] dix contre un; **~ to one we won't sell anything** je te parie que nous ne vendrons rien. ◇ pron dix; see also **five**.

◆ **tens** npl MATH dizaines fpl; **~ column** colonne f des dizaines.

**tenable** ['tenəbl] adj **-1.** [argument, position] défendable, soutenable. **-2.** [post] que l'on occupe, auquel on est nommé; **the appointment is ~ for a five-year period** on est nommé à ce poste pour cinq ans.

**tenacious** [tɪ'neɪʃəs] adj **-1.** [stubborn, persistent – person] entêté, opiniâtre; [– prejudice, opposition] tenace, obstiné. **-2.** [firm – grip] ferme, solide.

**tenaciously** [tɪ'neɪʃəslɪ] adv avec ténacité, obstinément.

**tenacity** [tɪ'næsətɪ] n ténacité f, opiniâtreté f.

**tenancy** ['tenənsɪ] (pl tenancies) ◇ n **-1.** [of house, land] location f; **to take up the ~ on a house** prendre une maison en location. **-2.** [period]: **(period of) ~** (période f de) location f; **during his ~ of Government House** fig pendant qu'il était gouverneur. **-3.** [property]: **a council ~** un logement appartenant à la municipalité, ≃ une HLM. ◇ comp de location.

**tenant** ['tenənt] ◇ n locataire mf. ◇ comp [rights] du locataire.

**tenant farmer** n métayer m, -ère f.

**tenantry** ['tenəntrɪ] n AGR ensemble m des tenanciers OR locataires.

**ten-cent-store** n Am bazar m.

**tench** [tenʃ] (pl inv) n tanche f.

**tend** [tend] ◇ vi **-1.** [be inclined]: **to ~ to** avoir tendance à, tendre à; **that does ~ to be the case** c'est souvent le cas. **-2.** [colour]: **red ~ing to orange** rouge tirant sur l'orange. **-3.** [go, move] tendre; **his writings ~ to** OR **towards exoticism** ses écrits tendent vers l'exotisme; **in later life, she ~ed more towards a Marxist view of things** vers la fin de sa vie, elle inclina OR évolua vers des idées marxistes. **-4.** [look after]: **to ~ to one's business/one's guests** s'occuper de ses affaires/ses invités; **to ~ to sb's wounds** panser OR soigner les blessures de qqn. ◇ vt **-1.** [take care of – sheep] garder; [– sick, wounded] soigner; [– garden] entretenir, s'occuper de. **-2.** Am [customer] servir.

**tendency** ['tendənsɪ] (pl tendencies) n **-1.** [inclination] tendance f; **he has a ~ to forget things** il a tendance à tout oublier; **to have suicidal tendencies** avoir des tendances suicidaires. **-2.** [trend] tendance f; **a growing ~ towards conservatism** une tendance de plus en plus marquée vers le conservatisme. **-3.** POL tendance f, groupe m.

**tendentious** [ten'denʃəs] adj tendancieux.

**tender** ['tendəʳ] ◇ adj **-1.** [affectionate – person] tendre, affectueux, doux (f douce); [– heart, smile, words] tendre; [– memories] doux (f douce). **-2.** [sensitive – skin] délicat, fragile; [sore] sensible, douloureux; **my knee is still ~** mon genou me fait encore mal; **to touch sb on a ~ spot** fig toucher le point sensible de qqn. **-3.** [meat, vegetables] tendre. **-4.** lit [innocent – age, youth] tendre; **she gave her first concert at the ~ age of six** elle a donné son premier concert alors qu'elle n'avait que six ans.

◇ vt **-1.** [resignation] donner; [apologies] présenter; [thanks] offrir; [bid, offer] faire. **-2.** [money, fare] tendre; **to ~ sthg to sb** tendre qqch à qqn.

◇ vi faire une soumission; **to ~ for a contract** faire une soumission pour une adjudication, soumissionner OR adjudication.

◇ n **-1.** Br [statement of charges] soumission f; [bid] offre f; **to put in** OR **to submit a ~ for a job** soumissionner un travail, faire une soumission pour un travail; **to put a job out to ~, to invite ~s for a job** faire un appel d'offres pour un travail. **-2.** RAIL tender m. **-3.** NAUT [shuttle] navette f; [supply boat] ravitailleur m. **-4.** [supply vehicle] véhicule m ravitailleur; **(fire) ~** Br voiture f de pompier.

**tenderfoot** ['tendəfut] (pl tenderfoots OR tenderfeet [-fiːt]) n

**-1.** [beginner] novice *mf*, nouveau *m*, nouvelle *f*.**-2.** *Am inf* [newcomer] nouveau venu *m*, nouvelle venue *f*.

**tenderhearted** [ˌtendə'hɑːtɪd] *adj* au cœur tendre, compatissant.

**tenderize, -ise** ['tendəraɪz] *vt* attendrir.

**tenderizer** ['tendəraɪzəʳ] *n* attendrisseur *m*.

**tenderloin** ['tendəlɔɪn] *n* **-1.** [meat] filet *m*.**-2.** *Am* [district] quartier *m* chaud (*connu pour sa corruption*).

**tenderly** ['tendəlɪ] *adv* tendrement, avec tendresse.

**tenderness** ['tendənɪs] *n* **-1.** [of person, feelings] tendresse *f*, affection *f*.**-2.** [of skin] sensibilité *f*; [soreness] sensibilité *f*.**-3.** [of meat, vegetables] tendreté *f*.

**tendon** ['tendən] *n* tendon *m*.

**tendril** ['tendrəl] *n* **-1.** BOT vrille *f*, cirre *m*.**-2.** [of hair] boucle *f*.

**tenement** ['tenəmənt] *n* **-1.** [block of flats] immeuble *m* (ancien). **-2.** [slum] taudis *m*.**-3.** [dwelling] logement *m*.

**tenement building** *n* immeuble *m* (ancien).

**Tenerife** [ˌtenə'riːf] *pr n* Tenerife, Ténériffe; in ~ à Tenerife.

**tenet** ['tenɪt] *n* [principle] principe *m*, dogme *m*; [belief] croyance *f*.

**tenfold** ['tenfəʊld] ◇ *adv* dix fois autant OR plus, au décuple; to increase ~ décupler. ◇ *adj*: a ~ increase in applications dix fois plus de demandes.

**ten-gallon hat** *n* chapeau *m* de cowboy.

**tenner** ['tenəʳ] *n Br inf* billet *m* de 10 livres.

**Tennessee** [ˌtenə'siː] *pr n* Tennessee *m*; in ~ dans le Tennessee.

**tennis** ['tenɪs] ◇ *n* tennis *m*; to have OR to play a game of ~ faire une partie de tennis. ◇ *comp* [ball, court, player, racket] de tennis.

**tennis elbow** *n* (*U*) tennis-elbow *m*, synovite *f* du coude.

**tennis shoe** *n* (chaussure *f* de) tennis *m ou f*.

**tennis whites** *npl* tenue *f* de tennis.

**tenon** ['tenən] ◇ *n* tenon *m*. ◇ *vt* tenonner.

**tenor** ['tenəʳ] ◇ *n* **-1.** [general sense - of conversation] sens *m* général, teneur *f*; [- of letter] contenu *m*, teneur *f*.**-2.** [general flow - of events] cours *m*, marche *f*.**-3.** MUS ténor *m*. ◇ *comp* [part, voice] de ténor; [aria] pour (voix de) ténor; ~ recorder flûte *f* à bec; ~ saxophone saxophone *m* ténor. ◇ *adv*: to sing ~ avoir une voix de OR être ténor.

**tenpin bowling** ['tenpɪn-] *n Br* bowling *m*.

**tenpins** ['tenpɪnz] *n Am* bowling *m*.

**tense** [tens] ◇ *adj* **-1.** [person, situation] tendu; [smile] crispé; we spent several ~ hours waiting for news nous avons passé plusieurs heures à attendre des nouvelles dans un état de tension nerveuse. **-2.** [muscles, rope, spring] tendu; to become ~ se tendre. **-3.** LING [vowel] tendu. ◇ *vt* [muscle] tendre, bander; to ~ oneself se raidir. ◇ *n* GRAMM temps *m*.

◆ **tense up** ◇ *vi insep* [muscle] se tendre, se raidir; [person] se crisper, devenir tendu; don't ~ up détends-toi, décontracte-toi. ◇ *vt sep* [person] rendre nerveux; she's all ~d up elle est vraiment tendue.

**tensely** ['tenslɪ] *adv* [move, react] de façon tendue; [speak] d'une voix tendue; they waited ~ for the doctor to arrive ils ont attendu le médecin dans un état de grande tension nerveuse.

**tensile** ['tensaɪl] *adj* MECH extensible, élastique; ~ stress force *f* de tension.

**tensile strength** *n* résistance *f* à la tension, limite *f* élastique à la tension.

**tension** ['tenʃn] *n* **-1.** [of person, situation, voice] tension *f*.**-2.** [of muscle, rope, spring] tension *f*.**-3.** ELEC tension *f*, voltage *m*.**-4.** MECH & TECH tension *f*, (force *f* de) traction *f*.

**tension headache** *n* mal *m* de tête dû à la tension nerveuse.

**tensor** ['tensəʳ] *n* ANAT & MATH tenseur *m*.

**ten-spot** *n Am inf* billet *m* de dix dollars.

**tent** [tent] ◇ *n* [for camping] tente *f*; to put up OR to pitch a ~ monter une tente. ◇ *comp* [peg, pole] de tente. ◇ *vi* camper.

**tentacle** ['tentəkl] *n* tentacule *m*.

**tentative** ['tentətɪv] *adj* **-1.** [provisional] provisoire; [preliminary] préliminaire; [experimental] expérimental. **-2.** [uncertain - smile] timide; [- person] indécis, hésitant; [- steps] hésitant.

**tentatively** ['tentətɪvlɪ] *adv* **-1.** [suggest] provisoirement; [act] à titre d'essai. **-2.** [smile] timidement; [walk] d'un pas hésitant.

**tenterhooks** ['tentəhʊks] *npl* TEX clous *mpl* à crochet; to be on ~ être sur des charbons ardents.

**tenth** [tenθ] ◇ *adj* dixième. ◇ *n* **-1.** [gen & MATH] dixième *m*.**-2.** MUS dixième *f*. ◇ *adv* en dixième place, à la dixième place; *see also* **fifth**.

**tenuous** ['tenjʊəs] *adj* **-1.** [fine - distinction] subtil, ténu. [- thread] ténu. **-2.** [flimsy - link, relationship] précaire, fragile; [- evidence] mince, faible; [- argument] faible. **-3.** [precarious - existence] précaire.

**tenuously** ['tenjʊəslɪ] *adv* de manière ténue OR précaire.

**tenure** ['tenjəʳ] *n* **-1.** [of land, property] bail *m*.**-2.** [of post] occupation *f*; during his ~ as chairman pendant qu'il occupait le poste de président OR était président; to have ~ *Am* UNIV être titulaire.

**tenure-tracked** *adj Am*: he's got a ~ job son poste est en voie de titularisation.

**tepee** ['tiːpiː] *n* tipi *m*.

**tepid** ['tepɪd] *adj* **-1.** [water] tiède. **-2.** [welcome, thanks] tiède, réservé.

**tequila** [tɪ'kiːlə] *n* tequila *f*.

**Ter.** *written abbr of* **terrace**.

**terbium** ['tɜːbɪəm] *n* terbium *m*.

**tercentenary** [ˌtɜːsen'tiːnərɪ] (*pl* tercentenaries), **tercentennial** [ˌtɜːsen'tenjəl] ◇ *n* tricentenaire *m*. ◇ *adj* du tricentenaire.

**Teresa** [tə'riːzə] *pr n*: ~ of Avila sainte Thérèse d'Avila; Mother ~ Mère Teresa.

**term** [tɜːm] ◇ *n* **-1.** [period, end of period] terme *m*; [of pregnancy] terme *m*; in the long/short ~ à long/court terme; to reach (full) ~ arriver OR être à terme. **-2.** SCH & UNIV trimestre *m*; in OR during ~ (time) pendant le trimestre. **-3.** JUR & POL [of court, parliament] session *f*; [of elected official] mandat *m*; the president is elected for a 4-year ~ le président est élu pour (une période OR une durée de) 4 ans ❑ during my ~ of office [gen] pendant que j'étais en fonction; POL pendant mon mandat. **-4.** [in prison] peine *f*; ~ of imprisonment peine de prison. **-5.** [word, expression] terme *m*; she spoke of you in very flattering ~s elle a parlé de vous en (des) termes très flatteurs; she told him what she thought in no uncertain ~s elle lui a dit carrément ce qu'elle pensait. **-6.** LOGIC & MATH terme *m*. ◇ *vt* appeler, nommer.

◆ **terms** *npl* **-1.** [conditions - of employment] conditions *fpl*; [- of agreement, contract] termes *mpl*; under the ~s of the agreement selon les termes de l'accord; ~s of payment modalités *fpl* de paiement; what are the inquiry's ~s of reference? quelles sont les attributions OR quel est le mandat de la commission d'enquête?; to dictate ~s to sb imposer des conditions à qqn; she would only accept on her own ~ elle n'était disposée à accepter qu'après avoir posé ses conditions; not on any ~s à aucun prix, à aucune condition. **-2.** [perspective]: he refuses to consider the question in international ~s il refuse d'envisager la question d'un point de vue international; in personal ~s, it was a disaster sur le plan personnel, c'était une catastrophe. **-3.** [rates, tariffs] conditions *fpl*, tarifs *mpl*; we offer easy ~s nous proposons des facilités de paiement ‖ [in hotel]: weekly ~s tarifs à la semaine. **-4.** [relations]: to be on good ~s with sb être en bons termes avec qqn; on equal ~s d'égal à égal; they're no longer on speaking ~s ils ne se parlent plus. **-5.** [agreement]: accord *m*; to make ~s OR to come to ~s with sb arriver OR conclure un accord avec qqn ‖ [acceptance]: to come to ~s with sthg se résigner à qqch, arriver à accepter qqch.

◆ **in terms of** *prep phr* en ce qui concerne, pour ce qui est de; in ~s of profits, we're doing well pour ce qui est des bénéfices, tout va bien; I was thinking more in ~s of a Jaguar je pensais plutôt à une Jaguar.

**termagant** ['tɜːməgənt] *n* mégère *f*, harpie *f*.

**terminal** ['tɜːmɪnl] ◇ *adj* **-1.** [final] terminal; ~ station RAIL terminus *m*; ~ velocity vitesse *f* limite. **-2.** MED [ward] pour malades condamnés OR incurables; [patient] en phase terminale; [disease] qui est dans sa phase terminale; he has ~ cancer il a un cancer en phase terminale. **-3.** [termly] trimestriel. ◇ *n* **-1.** [for bus, underground] terminus *m*; [at airport] terminal *m*, aérogare *f*; ~ (platform) PETR terminal. **-2.**

COMPUT terminal *m*.**-3.** ELEC [of battery] borne *f*.**-4.** LING terminaison *f*.

**terminally** ['tɜːmɪnəlɪ] *adv*: the ~ ill les malades condamnés OR qui sont en phase terminale.

**terminate** ['tɜːmɪneɪt] ◇ *vt* **-1.** [end – project, work] terminer; [– employment] mettre fin OR un terme à; [– contract] résilier, mettre fin OR un terme à; [– pregnancy] interrompre. **-2.** Am *inf* [employee] virer. **-3.** *inf* [kill] descendre. ◇ *vi* **-1.** [end] se terminer; the row ~d in OR with her resignation la dispute s'est terminée par sa démission. **-2.** LING se terminer. **-3.** RAIL: this train ~s at Cambridge ce train ne va pas plus loin que Cambridge.

**termination** [,tɜːmɪ'neɪʃn] *n* **-1.** [end – gen] fin *f*; [– of contract] résiliation *f*; ~ of employment licenciement *m*.**-2.** [abortion] interruption *f* de grossesse, avortement *m*.**-3.** LING terminaison *f*, désinence *f*.

**termini** ['tɜːmɪnaɪ] *pl*→ **terminus**.

**terminological** [,tɜːmɪnə'lɒdʒɪkl] *adj* terminologique.

**terminologist** [,tɜːmɪ'nɒlədʒɪst] *n* terminologue *mf*.

**terminology** [,tɜːmɪ'nɒlədʒɪ] (*pl* **terminologies**) *n* terminologie *f*.

**term insurance** *n* assurance *f* à terme.

**terminus** ['tɜːmɪnəs] (*pl* **terminuses** OR **termini** [-naɪ]) *n* terminus *m*.

**termite** ['tɜːmaɪt] *n* termite *m*, fourmi *f* blanche.

**termly** ['tɜːmlɪ] ◇ *adj* trimestriel. ◇ *adv* trimestriellement, par trimestre.

**tern** [tɜːn] *n* hirondelle *f* de mer, sterne *f*.

**Terr** *written abbr of* **terrace**.

**terrace** ['terəs] *n* **-1.** AGR & GEOL terrasse *f*.**-2.** [patio] terrasse *f*.**-3.** [embankment] terre-plein *m*.**-4.** *Br* [of houses] rangée *f*.**-5.** = **terraced house**.
◆ **terraces** *npl* SPORT gradins *mpl*; on the ~s dans les gradins.

**terraced** ['terəst] *adj* [garden] suspendu, étagé, en terrasses; [hillside] cultivé en terrasses.

**terraced house** *n Br* maison faisant partie d'une «terrace»; ~s maisons *fpl* alignées.

**terracotta** [,terə'kɒtə] ◇ *n* [earthenware] terre *f* cuite. ◇ *comp* [pottery] en terre cuite; [colour] rouille *(inv)*.

**terra firma** [,terə'fɜːmə] *n lit* OR *hum* terre *f* ferme.

**terrain** [te'reɪn] *n* terrain *m*.

**terrapin** ['terəpɪn] *n* tortue *f* d'eau douce.

**terrarium** [tə'reərɪəm] *n* [for plants] mini-serre *f*; [for reptiles] terrarium *m*.

**terrestrial** [tə'restrɪəl] ◇ *adj* terrestre. ◇ *n* terrien *m*, -enne *f*.

**terrible** ['terəbl] *adj* **-1.** [severe, serious – cough, pain] affreux, atroce; [– accident] effroyable, affreux; [– storm] effroyable; it caused ~ damage cela a provoqué d'importants dégâts; it was a ~ blow ce fut un coup terrible. **-2.** [very bad – experience, dream] atroce; [– food, smell] épouvantable; [– conditions, poverty] épouvantable, effroyable; to feel ~ [ill] se sentir très mal; [morally] s'en vouloir beaucoup, avoir des remords; I feel ~ about the whole situation je m'en veux beaucoup pour tout ce qui s'est passé; I feel ~ about leaving them on their own cela m'ennuie terriblement de les laisser seuls; I was always ~ at French j'ai toujours été nul en français; the food was a ~ disappointment on a été terriblement déçu par la nourriture.

**terribly** ['terəblɪ] *adv* **-1.** [as intensifier] terriblement, extrêmement; I'm ~ sorry je suis vraiment désolé. **-2.** [very badly] affreusement mal, terriblement mal.

**terrier** ['terɪər] *n* terrier *m* (*chien*).

**terrific** [tə'rɪfɪk] *adj* **-1.** [extreme, intense – noise, crash] épouvantable, effroyable; [– speed] fou, *before vowel or silent 'h'* fol (*f* folle); [– heat] terrible, épouvantable; [– appetite] énorme, robuste; these trees grow to a ~ height ces arbres atteignent une taille énorme. **-2.** *inf* [superb, great] terrible, super.

**terrifically** [tə'rɪfɪklɪ] *adv inf* **-1.** [extremely, enormously] extrêmement, très. **-2.** [very well] merveilleusement (bien).

**terrified** ['terɪfaɪd] *adj* terrifié; to be ~ of sthg avoir une peur bleue OR avoir très peur de qqch.

**terrify** ['terɪfaɪ] (*pt* & *pp* **terrified**) *vt* terrifier, effrayer.

**terrifying** ['terɪfaɪŋ] *adj* [dream] terrifiant; [person] terrible, épouvantable; [weaker use] terrifiant, effroyable.

**terrifyingly** ['terɪfaɪɪŋlɪ] *adv* de façon terrifiante OR effroyable.

**terrine** [te'riːn] *n* terrine *f*.

**territorial** [,terɪ'tɔːrɪəl] ◇ *adj* territorial. ◇ *n* territorial *m*; the Territorials l'armée *f* territoriale OR la territoriale britannique.

**Territorial Army** *pr n* (armée *f*) territoriale *f* britannique.

**territorialism** [,terə'tɔːrɪəlɪzm] *n* territorialisme *m*.

**territorial waters** *npl* eaux *fpl* territoriales.

**territory** ['terətrɪ] (*pl* **territories**) *n* [area] territoire *m*; [of salesperson] territoire *m*, région *f*; [of knowledge] domaine *m*.

**terror** ['terər] *n* **-1.** [fear] terreur *f*, épouvante *f*; to be in a state of ~ être terrorisé OR terrifié; to have a ~ of (doing) sthg avoir extrêmement peur OR la terreur de (faire) qqch. **-2.** [frightening event or aspect] terreur *f*.**-3.** [terrorism] terreur *f*.**-4.** *inf* [person] terreur *f*.
◆ **Terror** *n*: the Terror HIST la Terreur.

**terrorism** ['terərɪzm] *n* terrorisme *m*.

**terrorist** ['terərɪst] ◇ *n* terroriste *mf*. ◇ *adj* [bomb] de terroriste; [campaign, attack, group] terroriste.

**terrorize, -ise** ['terəraɪz] *vt* terroriser.

**terror-stricken, terror-struck** *adj* épouvanté, saisi de terreur.

**terry (towelling)** ['terɪ-] *n*: ~ (cloth) tissu-éponge *m*.

**terse** [tɜːs] *adj* [concise] concis, succinct; [laconic] laconique; [abrupt] brusque, sec (*f* sèche).

**tersely** ['tɜːslɪ] *adv* [concisely] avec concision; [laconically] laconiquement; [abruptly] brusquement, sèchement.

**terseness** ['tɜːsnɪs] *n* [concision] concision *f*; [laconicism] laconisme *m*; [abruptness] brusquerie *f*.

**tertiary** ['tɜːʃərɪ] *adj* [gen & INDUST] tertiaire; [education] postscolaire.
◆ **Tertiary** ◇ *adj* GEOL tertiaire. ◇ *n*: the Tertiary GEOL le tertiaire.

**Terylene®** ['terəliːn] ◇ *n* Térylène® *m*, ≃ Tergal® *m*. ◇ *adj* en Tergal.

**TESL** ['tesl] (*abbr of* **Teaching (of) English as a Second Language**) *n* enseignement *m* de l'anglais langue seconde.

**TESSA** ['tesə] (*abbr of* **tax-exempt special savings account**) *n* en Grande-Bretagne, plan d'épargne exonéré d'impôt.

**tessellated** ['tesəleɪtɪd] *adj* en mosaïque.

**tessitura** [,tesɪ'tʊərə] *n* tessiture *f*.

**test** [test] ◇ *n* **-1.** [examination – gen] test *m*; SCH contrôle *m*, interrogation *f*; to pass a ~ réussir à un examen; biology ~ interrogation de biologie; to sit OR to take a ~ passer un examen ❏ I'm taking my (driving) ~ tomorrow je passe mon permis (de conduire) demain; did you pass your (driving) ~? avez-vous été reçu au permis (de conduire)?.**-2.** MED [of blood, urine] test *m*, analyse *f*; [of eyes, hearing] examen *m*; to have a blood ~ faire faire une analyse de sang; to have an eye ~ se faire examiner la vue; the lab did a ~ for salmonella le laboratoire a fait une analyse pour détecter la présence de salmonelles. **-3.** [trial – of equipment, machine] test *m*, essai *m*, épreuve *f*; [– of quality] contrôle *m*; to carry out ~s on sthg effectuer des tests sur qqch; all new drugs undergo clinical ~s tous les nouveaux médicaments subissent des tests cliniques; to be on ~ être testé OR à l'essai; to put sthg to the ~ tester qqch, faire l'essai de qqch. **-4.** [of character, endurance, resolve] test *m*; to put sb to the ~ éprouver qqn, mettre qqn à l'épreuve; his courage was really put to the ~ son courage fut sérieusement mis à l'épreuve OR éprouvé; to stand the ~ se montrer à la hauteur ❏ ~ of strength *literal* & *fig* épreuve *f* de force; to stand the ~ of time durer, résister à l'épreuve du temps. **-5.** [measure] test *m*; it's a ~ of union solidarity c'est un test de la solidarité syndicale. **-6.** *Br* SPORT test-match *m*.
◇ *comp* [flight, strip etc] d'essai.
◇ *vt* **-1.** [examine – ability, knowledge, intelligence] tester, mesurer; SCH [pupils] tester, contrôler les connaissances de; we were ~ed in geography nous avons eu un contrôle de géographie; she was ~ed on her knowledge of plants on a testé OR vérifié ses connaissances botaniques. **-2.** MED [blood, urine] analyser, faire une analyse de; [sight, hearing] examiner; to have one's eyes ~ed se faire examiner la vue; you need your eyes ~ing! *Br* OR ~ed! *Am fig* il faut mettre des lunettes!**-3.** [try out – prototype, car] essayer, faire l'essai

de; [– weapon] tester; [– drug] tester, expérimenter; none of our products are ~ed on animals nos produits ne sont pas testés sur les animaux. **-4.** [check – batteries, pressure, suspension] vérifier, contrôler. **-5.** [measure – reaction, popularity] mesurer, évaluer. **-6.** [analyse – soil] analyser, faire des prélèvements; [– water] analyser; to ~ food for starch rechercher la présence d'amidon dans les aliments ❏ to ~ the water tâter le terrain. **-7.** [tax – machinery, driver, patience] éprouver, mettre à l'épreuve; to ~ sb's patience to the limit mettre la patience de qqn à rude épreuve.
◇ *vi* **-1.** [make examination]: to ~ for salmonella faire une recherche de salmonelles; to ~ for the presence of gas rechercher la présence de gaz. **-2.** RADIO & TELEC: ~ing, ~ing! un, deux, trois!
◆ **test out** *vt sep* **-1.** [idea, theory] tester. **-2.** [prototype, product] essayer, mettre à l'essai; these products are ~ed out on animals ces produits sont testés sur les animaux.

**testament** ['testəmənt] *n* **-1.** JUR testament *m*.**-2.** BIBLE testament *m*; the New Testament le Nouveau Testament; the Old Testament l'Ancien Testament.

**testate** ['testeɪt] *adj*: to die ~ mourir en ayant laissé un testament OR testé.

**test ban** *n* interdiction *f* des essais nucléaires.

**test-bed** *n* banc *m* d'essai OR d'épreuve.

**test card** *n Br* TV mire *f*.

**test case** *n* JUR précédent *m*, affaire *f* qui fait jurisprudence.

**test drive** (*pt* **test-drove,** *pp* **test-driven**) *n* essai *m* sur route.
◆ **test-drive** *vt* [car] essayer.

**tester** ['testə'] *n* **-1.** [person] contrôleur *m*, -euse *f*, vérificateur *m*, -trice *f*.**-2.** [machine] appareil *m* de contrôle OR de vérification. **-3.** [sample – of make-up, perfume] échantillon *m*.**-4.** [over bed] baldaquin *m*, ciel *m*.

**testicle** ['testɪkl] *n* testicule *m*.

**testify** ['testɪfaɪ] (*pt* & *pp* **testified**) ◇ *vt* déclarer, affirmer; I can ~ that she remained at home je peux attester qu'elle est restée à la maison. ◇ *vi* [be witness] porter témoignage, servir de témoin; [make statement] déposer, faire une déposition; to ~ for/against sb déposer en faveur de/contre qqn; I can ~ to her honesty je peux attester OR témoigner de son honnêteté.

**testimonial** [,testɪ'məʊnjəl] ◇ *n* **-1.** [certificate] attestation *f*; [reference] recommandation *f*, attestation *f*.**-2.** [tribute] témoignage *m*. ◇ *comp* qui porte témoignage; ~ match *Br* match en hommage à un grand sportif.

**testimony** [*Br* 'testɪmənɪ, *Am* 'testəməʊnɪ] (*pl* **testimonies**) *n* **-1.** [statement] déclaration *f*; JUR témoignage *m*, déposition *f*. **-2.** [sign, proof] témoignage *m*; the monument is a lasting ~ to OR of his genius ce monument est le témoignage vivant de son génie.

**testing** ['testɪŋ] ◇ *adj* [difficult] difficile, éprouvant. ◇ *n* **-1.** [of product, machine, vehicle] (mise *f* à l') essai *m*.**-2.** MED [of sight, hearing] examen *m*; [of blood, urine] analyse *f*; [of reaction] mesure *f*.**-3.** [of intelligence, knowledge, skills] évaluation *f*; [of candidate] évaluation *f*, examen *m*.

**testing bench** *n* banc *m* d'essai.

**testing ground** *n* terrain *m* d'essai.

**test match** *n Br* match *m* international, test-match *m*.

**testosterone** [te'stɒstərəʊn] *n* testostérone *f*.

**test paper** *n* **-1.** CHEM papier *m* réactif. **-2.** *Br* SCH interrogation *f* écrite.

**test pattern** *n Am* mire *f*.

**test piece** *n* MUS morceau *m* imposé OR de concours.

**test pilot** *n* pilote *m* d'essai.

**test run** *n* essai *m*; to go for a ~ faire un essai.

**test tube** *n* éprouvette *f*.
◆ **test-tube** *adj* de laboratoire.

**test-tube baby** *n* bébé-éprouvette *m*.

**testy** ['testɪ] (*compar* **testier,** *superl* **testiest**) *adj* irritable, grincheux.

**tetanus** ['tetənəs] ◇ *n* tétanos *m*. ◇ *comp* [vaccination, injection] antitétanique.

**tetchily** ['tetʃɪlɪ] *adv* d'un ton irrité.

**tetchy** ['tetʃɪ] (*compar* **tetchier,** *superl* **tetchiest**) *adj Br* grincheux, irascible.

**tête-à-tête** [,teɪtɑː'teɪt] ◇ *n* (conversation *f* en) tête-à-tête *m inv*. ◇ *adj* en tête-à-tête.

**tether** ['teðə'] ◇ *n* [for horse] longe *f*, attache *f*; to be at the end of one's ~ [depressed] être au bout du rouleau; [exasperated] être à bout de patience. ◇ *vt* [horse] attacher.

**Teutonic** [tjuː'tɒnɪk] *adj* teuton.

**Tex** *n* **-1.** *written abbr of* **Texan.** **-2.** *written abbr of* **Texas.**

**Texan** ['teksn] ◇ *n* Texan *m*, -e *f*. ◇ *adj* texan.

**Texas** ['teksəs] *pr n* Texas *m*; in ~ au Texas.

**Tex-Mex** [,teks'meks] *n* **-1.** CULIN cuisine mexicaine adaptée aux goûts américains. **-2.** [music] musique *f* mexico-américaine.

**text** [tekst] ◇ *n* [gen & COMPUT] texte *m*. ◇ *comp* COMPUT: ~ mode mode *m* texte; ~ processing traitement *m* automatique de texte sur ordinateur.

**textbook** ['tekstbʊk] ◇ *n* [ SCH & gen] manuel *m*. ◇ *comp* [typical] typique; [ideal] parfait, idéal.

**textile** ['tekstaɪl] ◇ *n* textile *m*. ◇ *comp* [industry] textile.

**textual** ['tekstjʊəl] *adj* textuel, de texte; ~ analysis analyse *f* de texte; ~ criticism critique *f* littéraire d'un texte.

**textually** ['tekstjʊəlɪ] *adv* textuellement, mot à mot.

**texture** ['tekstʃə'] *n* **-1.** [of fabric] texture *f*; [of leather, wood, paper, skin, stone] grain *m*.**-2.** [of food, soil] texture *f*, consistance *f*; [of writing] structure *f*, texture *f*.

**TGWU** (*abbr of* **Transport and General Workers' Union**) *pr n* le plus grand syndicat interprofessionnel britannique.

**Thai** [taɪ] (*pl inv* OR **Thais**) ◇ *n* **-1.** [person] Thaï *mf*, Thaïlandais *m*, -e *f*.**-2.** LING thaï *m*, thaïlandais *m*. ◇ *adj* thaï, thaïlandais; ~ boxing boxe *f* thaïlandaise.

**Thailand** ['taɪlænd] *pr n* Thaïlande *f*; in ~ en Thaïlande.

**thalidomide** [θə'lɪdəmaɪd] *n* thalidomide *f*.

**thalidomide baby** *n* bébé victime de la thalidomide.

**Thames** [temz] *pr n*: the (River) ~ la Tamise.

**than** [*weak form* ðən, *strong form* ðæn] ◇ *conj* **-1.** [after comparative adj, adv] que; he plays tennis better ~ I do il joue au tennis mieux que moi; it's quicker by train ~ by bus ça va plus vite en train qu'en bus. **-2.** [following negative clause]: nothing is worse ~ to spend OR spending the holidays on your own rien n'est pire que de passer les vacances tout seul. **-3.** [with 'rather', 'sooner']: I'd prefer to stay here rather ~ go out, I'd rather ~ OR sooner stay here ~ go out je préférerais rester ici que de sortir. **-4.** [after 'different']: he is different ~ he used to be il n'est plus le même.
◇ *prep* **-1.** [after comparative adj, adv] que; the cedars are older ~ the oaks les cèdres sont plus vieux que les chênes. **-2.** [indicating quantity, number]: more ~ 15 people plus de 15 personnes; less ~ fewer ~ 15 people moins de 15 personnes; there are more policemen ~ demonstrators il y a plus de policiers que de manifestants. **-3.** [after 'other' in negative clauses]: we have no sizes other ~ 40 or 42 nous n'avons pas d'autres tailles que 40 ou 42; it was none other ~ the Prime Minister who launched the appeal c'est le Premier ministre en personne qui a lancé l'appel. **-4.** [after 'different']: she seems different ~ before elle semble avoir changé; she has different tastes ~ yours elle a des goûts différents des vôtres.

**thane** [θeɪn] *n* HIST thane *m*, ≈ baron *m*.

**thank** [θæŋk] *vt* **-1.** remercier; to ~ sb for sthg remercier qqn de OR pour qqch; Mary Edwards ~s Mr. Wilson for his kind invitation *fml* Mary Edwards remercie M. Wilson de son invitation; to ~ sb for doing sthg remercier qqn d'avoir fait qqch; I can't ~ you enough for what you've done je ne sais comment vous remercier pour ce que vous avez fait pour moi; you have him to ~ for that tu peux lui dire merci; you won't ~ me for it vous allez m'en vouloir; you only have yourself to ~ for that! c'est à toi seul qu'il faut t'en prendre!; ~ God OR goodness! Dieu merci!-**2.** [as request]: I'll ~ you to keep quiet about it je vous prierai de ne pas en parler; *see* USAGE *overleaf*.
◆ **thanks** ◇ *npl* **-1.** remerciements *mpl*; give her my ~s for the flowers remerciez-la de ma part pour les fleurs; (many) ~s for all your help merci (beaucoup) pour toute votre aide; received with ~s ADMIN pour acquit. **-2.** RELIG louange *f*, grâce *f*; ~s be to God rendons grâce à Dieu. ◇ *interj* merci; ~s a lot, ~s very OR so much merci beaucoup, merci bien; ~s for coming merci d'être venu; no ~s! (non) merci!; ~s

for nothing! je te remercie! *iron.*
♦ **thanks to** *prep phr* grâce à; ~s to you, we lost the contract à cause de vous, nous avons perdu le contrat; no ~s to you! ce n'est sûrement pas grâce à vous!

**thankful** ['θæŋkful] *adj* reconnaissant, content; I'm ~ for all their help je leur suis reconnaissant de toute leur aide; she was just ~ (that) no one recognized her elle s'estimait surtout heureuse que personne ne l'ait reconnue; I'm only ~ everything went off all right je me félicite que tout se soit bien passé.

**thankfully** ['θæŋkfulɪ] *adv* -**1.** [with gratitude] avec reconnaissance OR gratitude. -**2.** [with relief] avec soulagement. -**3.** [fortunately] heureusement.

**thankfulness** ['θæŋkfulnɪs] *n* gratitude *f*, reconnaissance *f*.

**thankless** ['θæŋklɪs] *adj* [task, person] ingrat.

**thanksgiving** ['θæŋks,gɪvɪŋ] *n* action *f* de grâce.

**Thanksgiving (Day)** *n* fête nationale américaine célébrée le 4e jeudi de novembre.

**thanks offering** *n fml* action *f* de grâce.

**thank you** *interj* merci; to say ~ dire merci; ~ very OR so much merci beaucoup OR bien; ~ for coming merci d'être venu.
♦ **thankyou** *n* merci *m*, remerciement *m*; without so much as a thankyou sans même dire merci.

**thankyou letter** ['θæŋkju:-] *n* lettre *f* de remerciement.

**that** [ðæt, *weak form of rel pron and conj* ðət] (*pl* **those** [ðəʊz]) ◇ *dem pron* -**1.** [thing indicated] cela, ce, ça; after/before ~ après/avant cela; what's ~? qu'est-ce que c'est que ça?; who's ~? [gen] qui est-ce?; [on phone] qui est à l'appareil?; is ~ you Susan? c'est toi Susan?; what did she mean by ~? qu'est-ce qu'elle voulait dire par là?; those are my parents voilà mes parents; ~ is where I live c'est là que j'habite; ~ was three months ago il y a trois mois de cela; I've only got one coat and ~'s old je n'ai qu'un manteau et encore, il est vieux; so THAT's how it works! c'est donc comme ça que ça marche! ❑ it's not as hot as (all) ~! *inf* il ne fait pas si chaud que ça!; if it comes to ~, you can always leave si ça en arrive là, vous pouvez toujours partir; ~'s a good boy! en voilà un gentil petit garçon!; ~'s all we need! il ne manquait plus que ça!; ~ 's enough (of ~)! ça suffit!; ~'s it! [finished] c'est fini!; [correct] c'est ça!; ~'s more like it! voilà qui est déjà mieux!; well, ~'s ~! eh bien voilà!; I said 'no' and ~'s ~! j'ai dit «non», un point c'est tout!; ~'s the government all over OR for you! c'est bien l'administration ça!; is she intelligent? — ~ she is! elle est intelligente? — ça oui OR pour sûr!-**2.** [in contrast to 'this'] celui-là *m*, celle-là *f*; those ceux-là *mpl*, celles-là *fpl*; this is an ash, ~ is an oak ceci est un frêne et ça, c'est un chêne. -**3.** [used when giving further information] celui *m*, celle *f*; those ceux *mpl*, celles *fpl*; there are those who believe that... il y a des gens qui croient que...; a

sound like ~ of a baby crying un bruit comme celui que fait un bébé qui pleure; all those interested should contact the club secretary tous ceux qui sont intéressés doivent contacter le secrétaire du club.
◇ *det* -**1.** [the one indicated] ce *m*, cet *m* (*before vowel or silent* '*h*'), cette *f*; those ces *mfpl*; ~ man cet homme; at ~ moment à ce moment-là; it was raining ~ day il pleuvait ce jour-là; I like ~ idea of his j'aime son idée; how's ~ son of yours? comment va ton fils?; if I get hold of ~ son of yours *pej* si je mets la main sur ton sacré fils!-**2.** [in contrast to 'this'] ce...-là *m*, cet...-là *m* (*before vowel or silent* '*h*'), cette...-là *f*; those ces...-là *mfpl*; ~ house over there is for sale cette on la maison là-bas est à vendre; ~ one celui-là *m*, celle-là *f*. ◇ *adv* -**1.** [so] si, aussi; can you run ~ fast? pouvez-vous courir aussi vite que ça?; he's not (all) ~ good-looking il n'est pas si beau que ça; there's a pile of papers on my desk ~ high! il y a une pile de papiers haute comme ça sur mon bureau!-**2.** *inf* [with result clause] si, tellement; I could have cried, I was ~ angry j'en aurais pleuré tellement j'étais en colère.
◇ *rel pron* -**1.** [subject of verb] qui; the conclusions ~ emerge from this les conclusions qui en ressortent; nothing ~ matters rien d'important. -**2.** [object or complement of verb] que; the house ~ Jack built la maison que Jack a construite; is this the best ~ you can do? est-ce que c'est ce que vous pouvez faire de mieux?; pessimist/optimist ~ he is pessimiste/optimiste comme il est. -**3.** [object of preposition] lequel *m*, laquelle *f*, lesquels *mpl*, lesquelles *fpl*; the box ~ I put it in/on le carton dans lequel/sur lequel je l'ai mis; the songs ~ I was thinking of OR about les chansons auxquelles je pensais; the woman/the film ~ we're talking about la femme/le film dont nous parlons; not ~ I know of pas que je sache. -**4.** [when] où; during the months ~ we were in Chicago pendant les mois que nous avons passés OR où nous étions à Chicago.
◇ *conj* -**1.** [gen] que; I said ~ I had read it j'ai dit que je l'avais lu; it's not ~ she isn't friendly ce n'est pas qu'elle ne soit pas amicale; ~ he is capable has already been proven *fml* il a déjà prouvé qu'il était capable; ~ I should live to see the day when... *fml* [expressing incredulity] je n'aurais jamais cru qu'un jour...; oh, ~ it were possible! si seulement c'était possible!-**2.** *arch* OR *lit* [in order that] afin que, pour que.
♦ **and (all) that** *adv phr inf* [and so on] et tout le bastringue.
♦ **at that** *adv phr* -**1.** [what's more] en plus; it's a forgery and a pretty poor one at ~ c'est une copie et une mauvaise en plus. -**2.** *inf* [indicating agreement] en fait; perhaps we're not so badly off at ~ en fait, on n'est peut-être pas tellement à plaindre. ◇ *adv phr* [in that way] comme ça.
♦ **like that** *inf* ◇ *adj phr* -**1.** [indicating character or attitude] comme ça. -**2.** [close, intimate] comme les deux doigts de la main; he's ~ with the boss il est au mieux avec le patron. ◇ *adv phr* [in that way] comme ça.
♦ **not that** *conj phr*: if he refuses, not ~ he will, is there an

---

### Thanking someone immediately

Merci (beaucoup).
Je vous remercie.
Et merci encore! [when saying goodbye]

▷ *more politely:*

Merci infiniment.
Merci mille fois.
Je ne sais comment vous remercier.
Comme c'est aimable à vous.
Merci, c'est gentil de votre part.

### Thanking someone afterwards

Je vous remercie de OR pour votre aide.
Je voulais vous remercier de m'avoir encouragé.

▷ *more politely:*

Je vous suis très reconnaissant de ce que vous avez fait pour moi/de m'avoir soutenu dans ce moment difficile.
Je suis très touché de ce que vous avez fait pour moi.

▷ *more informally:*

Merci (beaucoup) de m'avoir dépanné l'autre jour.
Et merci pour la tondeuse, l'autre jour.
David et moi, on voulait te remercier de nous avoir prêté ton appareil photo.

▷ *in writing:*

Nous vous remercions (du fond du cœur) d'avoir bien voulu nous aider.
Merci du fond du cœur pour votre aide.
Acceptez nos remerciements les plus sincères pour l'aide que vous nous avez apportée. [formal]

### Responding to thanks

De rien.
Je vous en prie.
Ce n'est rien.
Il n'y a pas de quoi.
Mais non, c'est moi (qui vous remercie).
Pas de problème! [informal]

**alternative?** s'il refuse, même si cela est peu probable, est-ce qu'il y a une autre solution?; **he's already left, not ~ it matters** il déjà parti, encore que ce soit sans importance.
◆ **that is (to say)** adv phr enfin; **I'd like to ask you something, ~ is, if you've got a minute** j'aimerais vous poser une question, enfin, si vous avez un instant.
◆ **that way** adv phr -**1.** [in that manner] de cette façon; **what makes him act ~ way?** qu'est-ce qui le pousse à agir comme ça?-**2.** inf [in that respect]: **that's funny ~ way** c'est son côté bizarre; **I didn't know he was ~ way inclined** je ne connaissais pas ce côté-là de lui.
◆ **with that** adv phr là-dessus.

**thatch** [θætʃ] ◇ n -**1.** CONSTR chaume m.-**2.** Br inf & fig [hair] tignasse f. ◇ comp [roof] de OR en chaume. ◇ vt [roof] couvrir de chaume.

**thatched** [θætʃt] adj [roof] en chaume; [house] qui a un toit en chaume; ~ **cottage** chaumière f.

**thatcher** [ˈθætʃəʳ] n couvreur m en chaume.

**Thatcherism** [ˈθætʃərɪzm] n POL thatchérisme m (politique de Margaret Thatcher).

**Thatcherite** [ˈθætʃəraɪt] ◇ n partisan m du thatchérisme. ◇ adj [policy, view] thatchérien.

**that's = that is.**

**thaw** [θɔː] ◇ vi -**1.** [ice, snow] fondre; **it's beginning to ~** il commence à dégeler. -**2.** [frozen food] dégeler, se décongeler. -**3.** [hands, feet] se réchauffer. -**4.** fig [person, relations] se dégeler, être plus détendu. ◇ vt -**1.** [ice, snow] faire dégeler OR fondre. -**2.** [frozen food] dégeler, décongeler. ◇ n -**1.** METEOR dégel m.-**2.** POL détente f, dégel m.
◆ **thaw out** ◇ vt sep -**1.** [frozen food] décongeler, dégeler. -**2.** [feet, hands] réchauffer. -**3.** fig [make relaxed – person] dégeler, mettre à l'aise. ◇ vt insep -**1.** [frozen food] décongeler, dégeler. -**2.** [hands, feet] se réchauffer. -**3.** fig [become relaxed] se dégeler, perdre sa froideur OR réserve.

**the** [weak form ðə, before vowel ðɪ, strong form ðiː] det -**1.** [with noun, adj] le m, la f, l' mf (before vowel or silent 'h'), les mfpl; ~ **blue dress** la ~ **prettiest** la robe bleue est la plus jolie. -**2.** [with names, titles]: ~ **Smiths/Martins** les Smith/Martin. -**3.** [with numbers, dates]: **Monday June ~ tenth** OR ~ **tenth of June** le lundi 10 juin; ~ **80s** les années 80; ~ **1820s** les années 1820 à 1830. -**4.** [in prices, quantities]: **tomatoes are 40p** ~ **pound** les tomates sont à 40 pence la livre; **the car does 40 miles to** ~ **gallon** la voiture consomme 7 litres aux 100. -**5.** [with comparatives]: ~ **more** ~ **better** plus il y en a, mieux c'est; ~ **less said** ~ **better** moins on en parlera, mieux cela vaudra. -**6.** [stressed form]: **do you mean THE John Irving?** vous voulez dire le célèbre John Irving?-**7.** [enough] le m, la f, l' mf (before vowel or silent 'h'), les mfpl; **I haven't ~ time/money to do it** je n'ai pas le temps de/l'argent pour le faire. -**8.** [instead of 'your', 'my' etc]: **how's ~ wife?** inf comment va la femme?; **I've brought ~ family along** j'ai emmené la famille.

**theatre** Br, **theater** Am [ˈθɪətəʳ] ◇ n -**1.** [building] théâtre m; **to go to the ~** aller au théâtre; **movie** ~ Am cinéma m.-**2.** [form] théâtre m, art m dramatique; [plays in general] théâtre m; [profession] théâtre m; **I've been in the ~ for over 30 years** je fais du théâtre depuis plus de 30 ans. -**3.** [hall] salle f de spectacle; [for lectures] salle f de conférences; UNIV amphithéâtre m.-**4.** MED: (operating) ~ salle f d'opération; **she's in (the) ~** [doctor] elle est en salle d'opération; [patient] elle est sur la table d'opération. -**5.** fig [for important event] théâtre m; ~ **of war** MIL théâtre des hostilités. ◇ comp -**1.** [programme, tickets] de théâtre; [manager] du théâtre; ~ **company** troupe de théâtre, compagnie théâtrale; ~ **workshop** atelier m de théâtre. -**2.** MED [staff, nurse] de salle d'opération; [routine, job] dans la salle d'opération.

**theatregoer** [ˈθɪətəˌgəʊəʳ] n amateur m de théâtre.

**theatre in the round** n théâtre m en rond.

**theatreland** [ˈθɪətəlænd] n Br quartier m des théâtres.

**theatrical** [θɪˈætrɪkl] adj -**1.** THEAT [performance, season] théâtral. -**2.** fig [exaggerated – gesture, behaviour] théâtral, affecté.
◆ **theatricals** npl -**1.** THEAT théâtre m d'amateur. -**2.** fig comédie f.

**thee** [ðiː] pron BIBLE & arch te, t' (before vowel or silent 'h'); [after prep] toi.

**theft** [θeft] n vol m.

**their** [weak form ðəʳ, strong form ðeəʳ] det leur (sg), leurs (pl); ~ **clothes** leurs vêtements; **somebody's left their umbrella behind** quelqu'un a oublié son parapluie; **a house of ~ own** leur propre maison, une maison à eux; **everyone must bring ~ own book** chacun doit apporter son livre.

**theirs** [ðeəz] pron le leur m, la leur f, les leurs mfpl; **our car is sturdier than ~** notre voiture est plus solide que la leur; **I like that painting of ~** j'aime leur tableau; **a friend of ~** un de leurs amis; **it is not ~ to choose** ce n'est pas à eux de choisir, le choix ne leur appartient pas.

**theism** [ˈθiːɪzm] n théisme m RELIG.

**theist** [ˈθiːɪst] ◇ adj théiste. ◇ n théiste mf.

**them** [weak form ðəm, strong form ðem] pron -**1.** [direct obj] les; **I met ~ last week** je les ai rencontrés la semaine dernière. -**2.** [indirect obj] leur; **we bought/gave ~ some flowers** nous leur avons acheté/donné des fleurs. -**3.** [after preposition]: **it's for ~** c'est pour eux; **neither of ~ is happy** ils ne sont heureux ni l'un ni l'autre; **I don't want any of ~** je n'en veux aucun.

**thematic** [θɪˈmætɪk] adj thématique.

**theme** [θiːm] n -**1.** [subject, topic] thème m, sujet m.-**2.** MUS thème m.-**3.** GRAMM & LING thème m.

**theme park** n parc m à thème.

**theme song** n -**1.** [from film] chanson f (de film). -**2.** Am [signature tune] indicatif m.

**theme tune** n -**1.** [from film] musique f (de film). -**2.** Br [signature tune] indicatif m.

**themselves** [ðəmˈselvz] pron -**1.** [reflexive use]: **they hurt ~** ils se sont fait mal; **the girls enjoyed ~** les filles se sont bien amusées. -**2.** [emphatic use] eux-mêmes mpl, elles-mêmes fpl; **they had to come ~** ils ont dû venir eux-mêmes OR en personne; **they came by ~** ils sont venus tout seuls. -**3.** [referring to things] eux-mêmes mpl, elles-mêmes fpl; **the details in ~ are not important** ce ne sont pas les détails en eux-mêmes qui sont importants.

**then** [ðen] ◇ adv -**1.** [at a particular time] alors, à ce moment-là; [in distant past] à l'époque, à cette époque, à cette époque-là; **we can talk about it ~** nous pourrons en parler à ce moment-là; **Marilyn, or Norma Jean as she ~ was known** Marilyn, ou Norma Jean comme elle s'appelait alors; **by ~** [in future] d'ici là; [in past] entre-temps; **from ~ on** à partir de ce moment-là; **since ~** depuis (lors); **until ~** [in future] jusque-là; [in past] jusqu'alors, jusqu'à ce moment-là. -**2.** [afterwards, next] puis, ensuite; **do your homework first, ~ you can watch TV** fais d'abord tes devoirs, et ensuite tu pourras regarder la télé. -**3.** [so, in that case] donc, alors; **you were right ~!** mais alors, vous aviez raison!; **I'll see you at 6 ~** bon, je te retrouve à 6 h alors; **if x equals 10 ~ y... six x égale 10 alors y...**; **if it's not in my bag, ~ look in the cupboard** si ce n'est pas dans mon sac, regarde dans le placard. -**4.** [also] et puis; ~ **there's Peter to invite** et puis il faut inviter Peter. -**5.** [therefore] donc. ◇ adj d'alors, de l'époque.
◆ **then again** adv phr: **and ~ again, you may prefer to forget** it mais enfin peut-être que vous préférez ne plus y penser; **but ~ again, no one can be sure** mais après tout, on ne sait jamais.

**thence** [ðens] adv lit & fml -**1.** [from that place] de là, de ce lieu, de ce lieu-là. -**2.** [from that time] depuis lors. -**3.** [therefore] par conséquent.

**thenceforth** [ˌðensˈfɔːθ], **thenceforward** [ˌðensˈfɔːwəd] adv lit & fml dès lors, désormais.

**theocracy** [θɪˈɒkrəsɪ] (pl **theocracies**) n théocratie f.

**theodolite** [θɪˈɒdəlaɪt] n théodolite m.

**theologian** [θɪəˈləʊdʒən] n théologien m, -enne f.

**theological** [θɪəˈlɒdʒɪkl] adj théologique; ~ **college** séminaire m.

**theology** [θɪˈɒlədʒɪ] n théologie f.

**theorem** [ˈθɪərəm] n théorème m.

**theoretical** [θɪəˈretɪkl] adj théorique.

**theoretically** [θɪəˈretɪklɪ] adv théoriquement, en principe.

**theoretician** [ˌθɪərəˈtɪʃn] n théoricien m, -enne f.

**theorist** [ˈθɪərɪst] n théoricien m, -enne f.

**theorize, -ise** [ˈθɪəraɪz] ◇ vi -**1.** [speculate] théoriser, faire des théories. -**2.** [scientist] élaborer des théories. ◇ vt:

scientists ~d that the space probe would disintegrate les scientifiques émirent l'hypothèse que la sonde spatiale se désintègrerait.

**theory** ['θɪərɪ] (*pl* **theories**) *n* **-1.** [hypothesis] théorie *f*; I have a ~ about his disappearance j'ai mon idée sur sa disparition. **-2.** [principles, rules] théorie *f*.
◆ **in theory** *adv phr* en théorie, théoriquement, en principe.

**theosophy** [θɪ'ɒsəfɪ] *n* théosophie *f*.

**therapeutic** [,θerə'pjuːtɪk] *adj* thérapeutique.

**therapeutically** [,θerə'pjuːtɪklɪ] *adv*: used ~ utilisé comme thérapeutique.

**therapist** ['θerəpɪst] *n* thérapeute *mf*.

**therapy** ['θerəpɪ] (*pl* **therapies**) *n* thérapie *f*; to go for OR to be in ~ suivre une thérapie.

**there** [*weak form* ðər, *strong form* ðeər] ◇ *adv* **-1.** [in or to a particular place] là, y; they aren't ~ ils ne sont pas là, ils n'y sont pas; who's ~? qui est là?; see that woman ~? that's Margot tu vois cette femme là-bas? c'est Margot; so ~ we were/I was donc, on était/j'étais là; she got ~ in the end [reached a place] elle a fini par arriver; [completed a task] elle a fini par y arriver; she just sat/stood ~ elle était assise/debout là; here and ~ çà et là; ~ it is le voilà; it's around ~ somewhere c'est quelque part par là; back ~ là-bas; in ~ là-dedans; on ~ là-dessus; over ~ là-bas; under ~ là-dessous; that car ~ cette voiture-là. **-2.** [available] là. **-3.** [in existence] là. **-4.** [on or at a particular point] là; we disagree ~, ~ we disagree nous ne sommes pas d'accord là-dessus; ~ you're wrong là vous vous trompez; let's leave it ~ restons-en là; could I just stop you ~? puis-je vous interrompre ici?; you've got me ~! *inf* là, je ne sais pas quoi vous répondre OR dire!-**5.** [drawing attention to someone or something]: hello OR hi ~! salut!; hey ~! hep, vous là-bas!; ~ they are! les voilà!; ~ you go again! ça y est, vous recommencez!; ~'s the bell, I must be going tiens ça sonne, je dois partir; ~'s gratitude for you *iron* c'est beau la reconnaissance! *iron*; now finish your homework, ~'s a good boy maintenant sois un grand garçon et finis tes devoirs. **-6.** *phr*: he's not all OR not quite ~ [stupid] il n'a pas toute sa tête; [senile] il n'a plus toute sa tête.
◇ *pron*: ~ is (*before singular noun*) il y a; ~ are (*before plural noun*) il y a; ~'s a bus coming il y a un bus qui arrive; what happens if ~'s a change of plan? qu'est-ce qui se passe si on change d'idée?; ~ were some pieces missing il manquait des pièces; ~'s no knowing what he'll do next il est impossible de prévoir ce qu'il fera ensuite; ~ was no denying it c'était indéniable; ~ comes a time when you have to slow down il arrive un moment où il faut ralentir le rythme.
◇ *interj* **-1.** [soothing]: ~ now, don't cry! allons! OR là! ne pleure pas!; ~, ~! allez! **-2.** [aggressive]: ~ now, what did I say? voilà, qu'est-ce que je t'avais dit?-**3.** [after all]: but, ~, it's not surprising mais enfin, ce n'est pas surprenant.
◆ **so there** *adv phr* voilà.
◆ **there again** *adv phr* après tout; but ~ again, no one really knows mais après tout, personne ne sait vraiment.
◆ **there and back** *adv phr*: we did the trip ~ and back in three hours nous avons fait l'aller retour en trois heures.
◆ **there and then**, **then and there** *adv phr* sur-le-champ.
◆ **there you are**, **there you go** *adv phr* **-1.** [never mind]: it wasn't the ideal solution, but ~ you are OR go ce n'était pas l'idéal, mais enfin OR mais qu'est-ce que vous voulez. **-2.** [I told you so] voilà, ça y est. **-3.** [here you are] tenez, voilà.

**thereabout** ['ðeərəbaʊt] *Am* = **thereabouts**.

**thereabouts** ['ðeərəbaʊts] *adv* **-1.** [indicating place] par là, dans les environs, pas loin. **-2.** [indicating quantity, weight] à peu près, environ. **-3.** [indicating price] environ; £10 or ~ 10 livres environ. **-4.** [indicating time] aux alentours de; at 10 p.m. or ~ aux alentours de 22 h, vers 10 h du soir.

**thereafter** [,ðeər'ɑːftər] *adv fml* **-1.** [subsequently] par la suite. **-2.** [below] ci-dessous.

**thereby** [,ðeər'baɪ] *adv* **-1.** *fml* de ce fait, ainsi. **-2.** *phr*: ~ hangs a tale! c'est une longue histoire!

**therefore** ['ðeəfɔːr] *adv* donc, par conséquent.

**therein** [,ðeər'ɪn] *adv* JUR OR *fml* **-1.** [within] à l'intérieur; the box and all that is contained ~ la boîte et son contenu. **-2.** [in that respect] là; ~ lies the difficulty là est la difficulté.

**thereof** [,ðeər'ɒv] *adv arch* OR *fml* de cela, en.

**thereon** [,ðeər'ɒn] *adv arch* OR *fml* **-1.** [on that subject] là-dessus. **-2.** = **thereupon 1.**

**there's** = **there is**.

**thereto** [,ðeə'tuː] *adv* JUR OR *fml*: the letter attached ~ la lettre ci-jointe; a copy of the Bill and the amendments ~ une copie du projet de loi et de ses amendements.

**theretofore** [,ðeətuː'fɔːr] *adv* JUR OR *fml* jusqu'alors, avant cela.

**thereunder** [ðeər'ʌndər] *adv* JUR OR *fml* là-dessous, en dessous.

**thereupon** [,ðeərə'pɒn] *adv fml* **-1.** [then] sur ce. **-2.** JUR [on that subject] à ce sujet, là-dessus.

**therewith** [,ðeə'wɪð] *adv* **-1.** JUR [with] avec cela; [in addition] en outre. **-2.** *arch* = **thereupon 1.**

**therm** [θɜːm] *n Br* ≃ 1,055 × 10⁸ joules (*unité de chaleur*).

**thermal** ['θɜːml] ◇ *adj* **-1.** PHYS [energy, insulation] thermique; [conductor, unit] thermique, de chaleur. **-2.** [spring, stream] thermal; ~ baths thermes *mpl*.-**3.** [underwear] en chlorofibres, en Rhovyl® OR Thermolactyl®. ◇ *n* AERON & METEOR thermique *m*, ascendance *f* thermique.

**thermal printer** *n* imprimante *f* thermique.

**thermal reactor** *n* réacteur *m* thermique.

**thermic** ['θɜːmɪk] *adj* PHYS thermique.

**thermocouple** ['θɜːməʊkʌpl] *n* thermocouple *m*.

**thermodynamic** [,θɜːməʊdaɪ'næmɪk] *adj* thermodynamique.

**thermodynamics** [,θɜːməʊdaɪ'næmɪks] *n (U)* thermodynamique *f*.

**thermoelectric(al)** [,θɜːməʊɪ'lektrɪk(l)] *adj* thermoélectrique.

**thermometer** [θə'mɒmɪtər] *n* thermomètre *m*.

**thermonuclear** [,θɜːməʊ'njuːklɪər] *adj* thermonucléaire.

**thermoplastic** [,θɜːməʊ'plæstɪk] ◇ *adj* thermoplastique. ◇ *n* thermoplastique *m*.

**Thermos®** ['θɜːmɒs] *n*: ~ (flask) Thermos® *f*.

**thermostat** ['θɜːməstæt] *n* thermostat *m*.

**thermostatic** [,θɜːmə'stætɪk] *adj* thermostatique.

**thermostatically** [,θɜːmə'stætɪklɪ] *adv*: ~ controlled contrôlé par thermostat.

**thesaurus** [θɪ'sɔːrəs] (*pl* **thesauri** [-raɪ] OR **thesauruses** [-sɪz]) *n* **-1.** [book of synonyms] ≃ dictionnaire *m* analogique. **-2.** COMPUT thésaurus *m*.

**these** [ðiːz] *pl* → **this**.

**Theseus** ['θiːsjuːs] *pr n* Thésée.

**thesis** ['θiːsɪs] (*pl* **theses** [-siːz]) *n* [gen & UNIV] thèse *f*.

**thespian** ['θespɪən] *fml* OR *hum* ◇ *adj* dramatique, de théâtre. ◇ *n* acteur *m*, -trice *f*.

**Thessalonians** [,θesə'ləʊnɪənz] *npl* Thessaloniciens *mpl*.

**they** [ðeɪ] *pron* ils *mpl*, elles *fpl*; [stressed form] eux *mpl*, elles *fpl*; ~'ve left ils sont partis; THEY bought the flowers ce sont eux qui ont acheté les fleurs; oh, there ~ are! ah, les voilà!; ~ say that... on prétend que...

**they'd** [ðeɪd] **-1.** = **they had**. **-2.** = **they would**.

**they'll** [ðeɪl] = **they will**.

**they're** [ðeər] = **they are**.

**they've** [ðeɪv] = **they have**.

**thick** [θɪk] ◇ *adj* **-1.** [wall, slice, writing] épais (*f* -aisse), gros (*f* grosse); [print] gras (*f* grasse); [lips] épais (*f* -aisse), charnu; [shoes, boots] gros (*f* grosse); the snow was ~ on the ground il y avait une épaisse couche de neige sur le sol; the boards are 20 cm ~ les planches ont une épaisseur de 20 cm, les planches font 20 cm d'épaisseur□ to give sb a ~ ear *Br* donner une gifle à qqn. **-2.** [beard, eyebrows, hair] épais (*f* -aisse), touffu; [grass, forest, crowd] épais (*f* -aisse), dense; pubs are not very ~ on the ground round here les pubs sont plutôt rares par ici. **-3.** [soup, cream, sauce] épais (*f* -aisse). **-4.** [fog, smoke] épais (*f* -aisse), dense; [clouds] épais (*f* -aisse); [darkness, night] profond; my head feels a bit ~ this morning *inf* j'ai un peu mal au crâne OR aux cheveux ce matin. **-5.** ~ with: the shelves were ~ with dust les étagères étaient recouvertes d'une épaisse couche de poussière; the air was ~ with smoke [from smokers] la pièce était enfumée; [from fire, guns] l'air était empli d'une épaisse fumée. **-6.** [voice - with emotion] voilé; [- after late night, drinking] pâteux. **-7.** [accent] fort, prononcé. **-8.** *inf* [intimate] intime, très lié; **he's very ~ with the boss** il est très bien avec le chef, lui et le chef sont comme les deux doigts de la main ❑ **those two are as ~ as thieves** ces deux-là s'entendent comme larrons en foire. **-9.** *inf* [stupid] obtus, bouché; **he's as ~ as two short planks** *or* **as a brick** il est bête comme ses pieds. **-10.** *Br inf* [unreasonable]: **that's** *or* **it's a bit ~** ça, c'est un peu dur à avaler *or* fort *or* raide.

◇ *adv* [spread] en couche épaisse; [cut] en tranches épaisses, en grosses tranches; **the snow lay ~ on the ground** il y avait une épaisse couche de neige sur le sol ❑ **~ and fast:** **arrows started falling ~ and fast around them** les flèches pleuvaient autour d'eux; **invitations/phone calls began to come in ~ and fast** il y eut une avalanche d'invitations/de coups de téléphone.

◇ *n phr*: **to stick** *or* **to stay with sb through ~ and thin** rester fidèle à qqn contre vents et marées *or* quoi qu'il arrive.

◆ **in the thick of** *prep phr* au milieu *or* cœur de, en plein, en plein milieu de; **in the ~ of the discussion** en pleine discussion; **he's really in the ~ of it** [dispute, activity] il est vraiment dans le feu de l'action.

**thicken** ['θɪkn] ◇ *vi* **-1.** [fog, clouds, smoke] s'épaissir, devenir plus épais; [bushes, forest] s'épaissir. **-2.** [sauce] épaissir; [jam, custard] durcir. **-3.** [crowd] grossir. **-4.** [mystery] s'épaissir; **the plot ~s** les choses se compliquent *or* se corsent, l'histoire se corse. ◇ *vt* [sauce, soup] épaissir.

**thickener** ['θɪknəʳ] *n* [for sauce, soup] liant *m*; [for oil, paint] épaississant *m*.

**thickening** ['θɪknɪŋ] ◇ *n* **-1.** [of fog, clouds, smoke] épaississement *m*; [– of sauce] liaison *f*. **-2.** CULIN [thickener] liant *m*. ◇ *adj* [agent] épaississant; [process] d'épaississement.

**thicket** ['θɪkɪt] *n* fourré *m*.

**thickhead** ['θɪkhed] *n inf* bêta *m*, -asse *f*, imbécile *mf*, andouille *f*.

**thickheaded** [,θɪk'hedɪd] *adj inf* obtus, bouché.

**thickie** ['θɪkɪ] (*pl* **thickies**) *n Br inf* bêta *m*, -asse *f*, imbécile *mf*, andouille *f*.

**thickly** ['θɪklɪ] *adv* **-1.** [spread] en couche épaisse; [cut] en tranches épaisses. **-2.** [densely] dru; **~ populated** très peuplé, à forte densité de population. **-3.** [speak] d'une voix rauque *or* pâteuse.

**thickness** ['θɪknɪs] *n* **-1.** [of wall, snow, layer] épaisseur *f*; [of string, bolt] épaisseur *f*. **-2.** [of beard, hair] épaisseur *f*, abondance *f*. **-3.** [of fog, smoke, forest] épaisseur *f*, densité *f*.

**thickset** [,θɪk'set] *adj* trapu, costaud.

**thick-skinned** [-'skɪnd] *adj* peu sensible, qui a la peau dure.

**thicky** ['θɪkɪ] (*pl* **thickies**) *n Br inf* = **thickie**.

**thief** [θiːf] (*pl* **thieves** [θiːvz]) *n* voleur *m*, -euse *f*; **stop ~!** au voleur! ❑ **thieves' kitchen** repaire *m* de brigands.

**thieve** [θiːv] *vi & vt inf* voler.

**thieves** [θiːvz] *pl* → **thief**.

**thieving** ['θiːvɪŋ] *inf* ◇ *adj* voleur. ◇ *n (U)* vol *m*, vols *mpl*.

**thigh** [θaɪ] *n* cuisse *f*.

**thighbone** ['θaɪbəʊn] *n* fémur *m*.

**thigh boots, thigh-high boots** *npl* cuissardes *fpl*.

**thimble** ['θɪmbl] *n* dé *m* à coudre.

**thin** [θɪn] (*compar* **thinner**, *superl* **thinnest**, *pt & pp* **thinned**, *cont* **thinning**) ◇ *adj* **-1.** [layer, wall, wire etc] mince, fin; [person, leg, neck] mince, maigre; [clothing, blanket] léger, fin; [carpet] ras; [crowd] peu nombreux, épars; **to become** *or* **to get** *or* **to grow ~** [person] maigrir ❑ **he's as ~ as a rake** *Br* *or* **as a rail** *Am* il est maigre comme un clou; **it's the ~ end of the wedge** cela ne présage rien de bon; **cheap hotels are ~ on the ground** les hôtels bon marché sont rares. **-2.** [beard, hair] clairsemé; **he's getting a bit ~ on top** il commence à perdre ses cheveux, il se dégarnit. **-3.** [soup, sauce] clair; [cream] liquide; [paint, ink] délayé, dilué; [blood] appauvri, anémié. **-4.** [smoke, clouds, mist] léger; [air] raréfié; **she seemed to vanish into ~ air** elle semblait s'être volatilisée. **-5.** [excuse, argument] mince, peu convaincant; **the report is rather ~ on facts** le rapport ne présente pas beaucoup de faits concrets. **-6.** [profits] maigre. **-7.** [voice] grêle.

◇ *adv* [spread] en fine couche, en couche mince; [cut] en tranches minces *or* fines.

◇ *vt* [sauce, soup] allonger, délayer, éclaircir.

◇ *vi* [crowd] s'éclaircir, se disperser; [fog] se lever, devenir

moins dense *or* épais; [smoke] devenir moins dense *or* épais; [population] se réduire; **his hair is thinning** il perd ses cheveux.

◆ **thin out** ◇ *vt sep* [plants] éclaircir. ◇ *vi insep* [crowd] se disperser; [population] se réduire, diminuer; [fog] se lever.

**thine** [ðaɪn] BIBLE *or arch* ◇ *poss adj* ton *m*, ta *f*, tes *mfpl*. ◇ *pron* le tien *m*, la tienne *f*, les tiens *mpl*, les tiennes *fpl*.

**thing** [θɪŋ] *n* **A. -1.** [object, item] chose *f*, objet *m*; **what's that yellow ~ on the floor?** qu'est-ce que c'est que ce truc jaune par terre?; **what's that ~ for?** à quoi ça sert, ça?; **where's my hat?** I **can't find the ~ anywhere** où est mon chapeau? je ne le trouve nulle part; **I had to rewrite the whole ~** j'ai dû tout réécrire; **the ~ he loves most is his pipe** ce qu'il aime le plus, c'est sa pipe; **I need a few ~s from the shop** j'ai besoin de faire quelques courses; **she loves books and posters and ~s, she loves ~s like books and posters** elle aime les livres, les posters, ce genre de choses; **I must be seeing ~s** je dois avoir des visions; **I must be hearing ~s** je dois rêver, j'entends des voix. **-2.** [activity, event] chose *f*; **he likes ~s like gardening** il aime le jardinage et les choses dans ce goût-là; **she's still into this art ~ in a big way** *inf* elle est encore très branchée art; **the ~ to do is to pretend you're asleep** vous n'avez qu'à faire semblant de dormir; **the next ~ on the agenda** le point suivant à l'ordre du jour; **it's the best ~ to do** c'est ce qu'il y a de mieux à faire; **that was a silly ~ to do!** ce n'était pas la chose à faire!; **she certainly gets ~s done** avec elle, ça ne traîne pas. **-3.** [in negative clauses]: **I don't know a ~ about what happened** j'ignore tout de ce qui s'est passé; **I didn't understand a ~ she said** je n'ai rien compris à ce qu'elle disait, je n'ai pas compris un mot de ce qu'elle disait; **we couldn't do a ~ about it** nous n'y pouvions absolument rien; **she hadn't got a ~ on** elle était entièrement nue; **I haven't got a ~ to wear** je n'ai rien à me mettre sur le dos. **-4.** [creature, being] créature *f*, être *m*; **what a sweet little ~!** quel amour!; **poor ~!** [said about somebody] le/la pauvre!; [said to somebody] mon/ma pauvre!; [animal] (la) pauvre bête! **-5.** [monster]: **the ~ from outer space** le monstre de l'espace.

**B. -1.** [idea, notion] idée *f*, chose *f*; **the best ~ would be to ask them** le mieux serait de leur demander; **it would be a good ~ if we all went together** ce serait une bonne chose que nous y allions tous ensemble; **it's a good ~ (for you) no one knew** heureusement (pour vous) que personne ne savait; **to be on to a good ~** être sur une bonne affaire ❑ **to know a ~ or two about sthg** s'y connaître en qqch; **I could show him a ~ or two about hang gliding** je pourrais lui apprendre une ou deux petites choses en deltaplane. **-2.** [matter, question] chose *f*, question *f*; **the ~ is, we can't really afford it** le problème, c'est qu'on n'a pas vraiment les moyens; **it's one ~ to talk but quite another to act** parler est une chose, agir en est une autre; **what with one ~ and another, I haven't had time** avec tout ce qu'il y avait à faire, je n'ai pas eu le temps; **if it's not one ~, it's another** ça ne s'arrête jamais. **-3.** [remark]: **that's not a very nice ~ to say** ce n'est pas très gentil de dire ça; **she said some nasty ~s about him** elle a dit des méchancetés sur lui; **how can you say such a ~?** comment pouvez-vous dire une chose pareille?; **I said no such ~!** je n'ai rien dit de tel! **-4.** [quality, characteristic] chose *f*; **one of the ~s I like about her is her sense of humour** une des choses que j'aime chez elle, c'est son sens de l'humour; **the town has a lot of ~s going for it** la ville a beaucoup de bons côtés.

**C. -1.** *inf* [strong feeling]: **I have a ~ about jazz** [like] j'aime vraiment le jazz; [dislike] je n'aime vraiment pas le jazz; **it's a bit of a ~ with me** [like] j'aime assez ça; [dislike] c'est ma bête noire. **-2.** [interest]: **it's not really my ~** ce n'est pas vraiment mon truc; **to do one's own ~** he went off to the States to do his own ~ il est parti aux États-Unis vivre sa vie. **-3.** [what is needed, required] idéal *m*; **hot cocoa is just the ~ on a winter's night** un chocolat chaud c'est l'idéal les soirs d'hiver; **that's the very ~ for my bad back!** c'est juste ce dont j'avais besoin pour mon mal de dos! **-4.** [fashion] mode *f*; **it's quite the ~** c'est très à la mode; **a ~ of the past** une chose du passé. **-5.** [fuss]: **to make a big ~ about sthg** faire (tout) un plat de qqch.

◆ **things** *npl* **-1.** [belongings] effets *mpl*, affaires *fpl*; [clothes]

affaires *fpl*; [equipment] affaires *fpl*, attirail *m*; [tools] outils *mpl*, ustensiles *mpl*; put your ~s away ramassez vos affaires; you can take your ~s off in the bedroom vous pouvez vous déshabiller dans la chambre; to take the tea ~s away desservir la table (après le thé). **-2.** [situation, circumstances] choses *fpl*; how's *inf* OR how are ~s? comment ça va?; ~s are getting better les choses vont mieux; I need time to think ~s over j'ai besoin de temps pour réfléchir; as ~s are OR stand dans l'état actuel des choses, les choses étant ce qu'elles sont ❏ it's just one of those ~s ce sont des choses qui arrivent. **-3.** [specific aspect of life] choses *fpl*; she's interested in all ~s French elle s'intéresse à tout ce qui est français; moderation in all ~s de la modération en tout; she wants to be an airline pilot of all ~s! elle veut être pilote de l'air, non mais vraiment!**-4.** [facts, actions etc] choses *fpl*; I've heard good ~s about his work on dit du bien de son travail. **-5.** JUR [property] biens *mpl*.

◆ **for one thing** *adv phr* (tout) d'abord; for one ~... and for another (tout) d'abord... et puis.

**thingamabob** [ˈθɪŋəmə̩bɒb], **thingamajig, thingumajig** [ˈθɪŋəmədʒɪg], **thingummy** [ˈθɪŋəmɪ] *n inf* machin *m*, truc *m*, bidule *m*.

**thingy** [ˈθɪŋɪ] *n inf* [object] truc *m*, bidule *m*, machin *m*, bitoniau *m*; [person] Machin-Chose, Trucmuche.

**think** [θɪŋk] (*pt* & *pp* **thought** [θɔːt]) ◇ *vi* **-1.** [reason] penser, raisonner; to ~ for oneself se faire ses propres opinions; sorry, I wasn't ~ing clearly désolé, je n'avais pas les idées claires; to ~ aloud penser tout haut; to ~ big *inf* voir les choses en grand; ~ thin! pensez minceur! ❏ to ~ on one's feet réfléchir vite; you couldn't hear yourself ~ il n'était pas possible de se concentrer; I can't ~ straight with this headache ce mal de tête m'embrouille les idées. **-2.** [ponder, reflect] penser, réfléchir; he thought for a moment il a réfléchi un instant; ~ again! [reconsider] repensez-y!; [guess] vous n'y êtes pas, réfléchissez donc!; let me ~ laisse-moi réfléchir; I thought hard j'ai beaucoup réfléchi; that's what set me ~ing c'est ce qui m'a fait réfléchir. **-3.** [imagine] (s') imaginer; if you ~ I'd lend you my car again... si tu t'imagines que je te prêterai encore ma voiture...; just ~! imaginez (-vous) un peu!**-4.** [believe, have an opinion] penser, croire; to her way of ~ing à son avis; it's a lot harder than I thought c'est beaucoup plus difficile que je ne croyais ❏ oh, he's so honest, I don't ~! honnête, mon œil, oui!

◇ *vt* **-1.** [ponder, reflect on] penser à, réfléchir à; he was ~ing what they could do next il se demandait ce qu'ils allaient pouvoir faire ensuite; I was just ~ing how ironic it all is je pensais simplement à l'ironie de la chose; I kept ~ing 'why me?' je n'arrêtais pas de me dire: pourquoi moi?; I'm happy to ~ she's not all alone je suis content de savoir qu'elle n'est pas toute seule; to ~ deep/evil thoughts avoir des pensées profondes/de mauvaises pensées. **-2.** [believe] penser, croire; I ~ so je crois; I ~ not je ne crois pas; he's a crook — I thought so OR I thought as much c'est un escroc — je m'en doutais; more tea? — I don't ~ I will, thank you encore un peu de thé? — non merci, je ne pense pas; they asked me what I thought ils m'ont demandé mon avis; he wants cream walls — what do you ~? il veut des murs crème — qu'est-ce que tu en penses?; I thought I heard a noise j'ai cru OR il m'a semblé entendre un bruit; it's expensive, don't you ~? c'est cher, tu ne trouves pas?; she ~s she's talented elle se croit OR se trouve douée; that's what you ~! tu te fais des illusions!; what will people ~? qu'en dira-t-on?, qu'est-ce que les gens vont penser?; anyone would ~ he owned the place on croirait que c'est lui le propriétaire; (just) who does he ~ he is? (mais) pour qui se prend-il?; you always ~ the best/the worst of everyone vous avez toujours une très bonne/mauvaise opinion de tout le monde. **-3.** [judge, consider] juger, considérer; you must ~ me very nosy vous devez me trouver très curieux; if you ~ it necessary si vous le jugez nécessaire. **-4.** [imagine] (s') imaginer; I can't ~ why he refused je ne vois vraiment pas pourquoi il a refusé; you'd ~ she'd be pleased elle devrait être contente; who'd have thought she'd become president! qui aurait dit qu'elle serait un jour président!; who'd have thought it! qui l'eût cru!; just ~ what we can do with all that money! imaginez ce qu'on peut faire avec tout cet argent!; and to ~

she did it all by herself et dire OR quand on pense qu'elle a fait cela toute seule. **-5.** [remember] penser à, se rappeler; I can't ~ what his name is je n'arrive pas à me rappeler son nom, son nom m'échappe; to ~ to do sthg penser à faire qqch. **-6.** [expect] penser, s'attendre à; I don't ~ she'll come je ne pense pas qu'elle viendra OR vienne; I didn't ~ to find you here je ne m'attendais pas à vous trouver ici. **-7.** [have as intention]: I ~ I'll go for a walk je crois que je vais aller me promener. **-8.** [in requests]: do you ~ you could help me? pourriez-vous m'aider?

◇ *n*: I'll have another ~ about it je vais encore y réfléchir ❏ you've got another ~ coming! *inf* tu te fais des illusions!

◆ **think about** *vt insep* **-1.** [ponder, reflect on]: to ~ about sthg/doing sthg penser à qqch/à faire qqch; I've thought about your proposal j'ai réfléchi à votre proposition; it's not a bad idea, if you ~ about it ce n'est pas une mauvaise idée, si tu réfléchis bien; she's ~ing about starting a business elle pense à OR envisage de monter une affaire; she has a lot to ~ about just now elle est très préoccupée en ce moment; the conference gave us much to ~ about la conférence nous a donné matière à réflexion. **-2.** [consider seriously] penser; all he ~s about is money il n'y a que l'argent qui l'intéresse.

◆ **think ahead** *vi insep* prévoir.

◆ **think back** *vi insep*: to ~ back to sthg se rappeler qqch.

◆ **think of** *vt insep* **-1.** [have as tentative plan] penser à, envisager de. **-2.** [have in mind]: whatever were you ~ing of? où avais-tu la tête? ❏ come to ~ of it, that's not a bad idea à la réflexion, ce n'est pas une mauvaise idée. **-3.** [remember] penser à, se rappeler; he couldn't ~ of the name il ne se rappelait pas le nom, le nom ne lui venait pas. **-4.** [come up with – idea, solution]: she's the one who thought of double-checking it c'est elle qui a eu l'idée de le vérifier; it's the only way they could ~ of doing it ils ne voyaient pas d'autre façon de s'y prendre; I thought of the answer j'ai trouvé la réponse; I've just thought of something, she'll be out j'avais oublié OR je viens de me rappeler, elle ne sera pas là; I've just thought of something else il y a autre chose OR ce n'est pas tout; I'd never have thought of that je n'y aurais jamais pensé; whatever will they ~ of next? qu'est-ce qu'ils vont bien pouvoir trouver ensuite?; I thought better of it je me suis ravisé; he thought nothing of leaving the baby alone for hours at a time il trouvait (ça) normal de laisser le bébé seul pendant des heures; thank you — ~ nothing of it! merci — mais je vous en prie OR mais c'est tout naturel!**-5.** [judge, have as opinion] estimer; what do you ~ of the new teacher? comment trouvez-vous le OR que pensez-vous du nouveau professeur?; she ~s very highly of OR very well of him elle a une très haute opinion de lui; as a doctor she is very well thought of elle est très respectée en tant que médecin; I hope you won't ~ badly of me if I refuse j'espère que vous ne m'en voudrez pas si je refuse; I don't ~ much of that idea cette idée ne me dit pas grand-chose. **-6.** [imagine] penser à, imaginer; just ~ of it, me as president! imaginez un peu: moi président!, vous m'imaginez président? **-7.** [take into consideration] penser à, considérer; I have my family to ~ of il faut que je pense à ma famille; you can't ~ of everything on ne peut pas penser à tout.

◆ **think out** *vt sep* [plan] élaborer, préparer; [problem] bien étudier OR examiner; [solution] bien étudier; a carefully thought-out answer une réponse bien pesée; a well thought-out plan un projet bien conçu OR ficelé.

◆ **think over** *vt sep* bien examiner, bien réfléchir à; we'll have to ~ it over il va falloir que nous y réfléchissions; on ~ing things over we've decided not to sell the house réflexion faite, on a décidé de ne pas vendre la maison; I need some time to ~ things over j'ai besoin de temps pour réfléchir.

**thinkable** [ˈθɪŋkəbl] *adj* pensable, concevable, imaginable.

**thinker** [ˈθɪŋkəʳ] *n* penseur *m*, -euse *f*.

**thinking** [ˈθɪŋkɪŋ] ◇ *adj* [person] pensant, rationnel, qui réfléchit; it's the ~ man's answer to pulp fiction c'est un roman de hall de gare en plus intelligent. ◇ *n* **-1.** [act] pensée *f*, pensées *fpl*, réflexion *f*; I've done some serious ~ about the situation j'ai bien OR sérieusement OR mûrement réfléchi à la situation. **-2.** [opinion, judgment] point *m* de vue, opinion *f*, opinions *fpl*; she finally came round to my way of ~

elle s'est finalement ralliée à mon point de vue.

**thinking cap** *n*: to put on one's ~ *inf* & *fig* se mettre à réfléchir, cogiter.

**think tank** *n* groupe *m* d'experts.

**thin-lipped** *adj* aux lèvres minces OR fines.

**thinly** ['θɪnlɪ] *adv* [spread] en couche mince; [cut] en fines tranches; a ~ **disguised insult** une insulte à peine voilée; **the area is ~ populated** la région n'est pas très peuplée.

**thinner** ['θɪnəʳ] ◇ *compar*→ **thin**. ◇ *n* [solvent] diluant *m*.

**third** [θɜ:d] ◇ *det* troisième; ~ **finger** annulaire *m*; ~ **person** GRAMM troisième personne *f*; **in the** ~ **person** à la troisième personne; ~ **time lucky** la troisième fois sera la bonne. ◇ *n* **-1.** [gen] troisième *mf*.**-2.** [fraction] tiers *m*.**-3.** MUS tierce *f*.**-4.** AUT: ~ **(gear)** troisième *f*; **in** ~ **(gear)** en troisième. **-5.** Br UNIV ≃ licence *f* sans mention. ◇ *adv* en troisième place *f* OR position *f*; *see also* **fifth.**

**third class** ◇ *n* **-1.** [for travel] troisième classe *f*; [for accommodation] troisième catégorie *f*.**-2.** Am [for mail] ≃ tarif *m* «imprimés», ≃ tarif *m* lent. ◇ *adv* **-1.** [travel] en troisième classe. **-2.** Am: **to mail a package** ~ ≃ envoyer un colis au tarif lent.

♦ **third-class** *adj* **-1.** [ticket, compartment] de troisième classe; [hotel, accommodation] de troisième catégorie. **-2.** [inferior – merchandise] de qualité inférieure, de pacotille; [– restaurant] de qualité inférieure. **-3.** Br UNIV: **third-class degree** ≃ licence *f* sans mention. **-4.** Am [mail] au tarif «imprimés», au tarif lent.

**third degree** *n inf*: **to give sb the** ~ [torture] passer qqn à tabac; [interrogate] cuisiner qqn.

**third-degree burn** *n* brûlure *f* au troisième degré.

**Third Estate** *n* HIST: **the** ~ le Tiers état.

**thirdly** ['θɜ:dlɪ] *adv* troisièmement, en troisième lieu, tertio.

**third party** *n* tierce personne *f*, tiers *m*.

♦ **third-party** *adj*: **third-party insurance** assurance *f* au tiers.

**third-rate** *adj* de qualité inférieure.

**third reading** *n* [of a bill] *dernière lecture*.

**Third World** *n*: **the** ~ le tiers-monde.

♦ **Third-World** *comp* du tiers-monde.

**thirst** [θɜ:st] ◇ *n literal* & *fig* soif *f*; **all that hard work has given me a** ~ ça m'a donné soif de travailler dur comme ça; **he has a** ~ **for adventure** *fig* il a soif d'aventure. ◇ *vi*: **to** ~ **for sthg** avoir soif de qqch; **to** ~ **for knowledge** *fig* être avide de connaissances.

**thirsty** ['θɜ:stɪ] (*compar* **thirstier,** *superl* **thirstiest**) *adj* **-1.** **to be** ~ avoir soif; **I feel very** ~ j'ai très soif; **salted peanuts make you** ~ les cacahuètes salées donnent soif; **it's** ~ **work** ça donne soif. **-2.** *fig* [for knowledge, adventure] assoiffé; **she was** ~ **for revenge** elle était assoiffée de vengeance. **-3.** [plant] qui a besoin de beaucoup d'eau; [soil] desséché.

**thirteen** [,θɜ:'ti:n] ◇ *det* treize. ◇ *n* treize *m inv*. ◇ *pron* treize; *see also* **fifteen.**

**thirteenth** [,θɜ:'ti:nθ] ◇ *det* treizième. ◇ *n* treizième *mf*; *see also* **fifth.**

**thirtieth** ['θɜ:tɪəθ] ◇ *det* trentième. ◇ *n* trentième *mf*; *see also* **fifth.**

**thirty** ['θɜ:tɪ] (*pl* **thirties**) ◇ *n* trente *m inv*. ◇ *det* trente; **the Thirty Years' War** HIST la guerre de Trente Ans. ◇ *pron* trente; *see also* **fifty.**

**thirty-three** *n* [record] trente-trois tours *m inv*.

**this** [ðɪs] (*pl* **these** [ði:z]) ◇ *dem pron* **-1.** [person, situation, statement, thing indicated] ceci, ce; **what's** ~? qu'est-ce que c'est (que ça)?; **who's** ~? [gen] qui est-ce?; [on phone] qui est à l'appareil?; ~ **is for you** tiens, c'est pour toi; ~ **is Mr Smith speaking** [on phone] M. Smith à l'appareil, c'est M. Smith; ~ **is my mother** [in introduction] je vous présente ma mère; [in picture] c'est ma mère; ~ **is what he told me** voici ce qu'il m'a dit; ~ **is where I live** c'est ici que j'habite; **what's** ~ **I hear about your leaving?** on me dit que vous partez?; **it was like** ~ voici comment les choses se sont passées; **do it like** ~ voici comment il faut faire; **I didn't want it to end like** ~ je ne voulais pas que ça finisse ou se termine comme ça; **that it should come to** ~ qu'on en arrive là; **and there's no way she could live with you?** — **well,** ~ **is it** et elle ne

pourrait pas vivre avec toi? — **non, justement;** ~ **is it, wish me luck** voilà, souhaite-moi bonne chance; **I'll tell you** ~... je vais te dire une chose...; **after/before** ~ après/avant ça; **at** OR **with** ~, **he left the room** là-dessus OR sur ce, il a quitté la pièce ❏ **they sat chatting about** ~, **that and the other** ils étaient là, assis, à bavarder de choses et d'autres; **it's always John** ~ **and John that** c'est John par-ci, John par-là. **-2.** [contrasted with 'that'] celui-ci *m*, celle-ci *f*; **these** ceux-ci *mpl*, celles-ci *fpl*; ~ **is a rose, that is a peony** ceci est une rose, ça c'est une pivoine; **I want these, not those!** je veux ceux-ci, pas ceux-là!

◇ *det* **-1.** [referring to a particular person, idea, time or thing] ce *m*, cet *m* (*before vowel or silent 'h'*), cette *f*; **these** ces *mfpl*; ~ **plan of yours won't work** votre projet ne marchera pas; ~ **way please** par ici s'il vous plaît; ~ **funny little man came up to me** un petit bonhomme à l'air bizarre est venu vers moi; **by** ~ **time tomorrow he'll be gone** demain à cette heure-ci, il sera parti; ~ **time last week** la semaine dernière à la même heure; ~ **coming week** la semaine prochaine OR qui vient; **saving money isn't easy these days** faire des économies n'est pas facile aujourd'hui OR de nos jours; **what are you doing** ~ **Christmas?** qu'est-ce que vous faites pour Noël cette année?**-2.** [contrasted with 'that'] ce... -ci *m*, cet... *m* (*before vowel or silent 'h'*), cette... -ci *f*; **these** ces... -ci *mfpl*; **which do you prefer,** ~ **one or that one?** lequel tu préfères, celui-ci ou celui-là?; **people ran** ~ **way and that** les gens couraient dans tous les sens.

◇ *adv* aussi, si; **it was** ~ **high** c'était haut comme ça; **we've come** ~ **far, we might as well go on** [on journey] nous sommes venus jusqu'ici, alors autant continuer; [on project] maintenant que nous en sommes là, autant continuer.

**thistle** ['θɪsl] *n* chardon *m*.

**thistledown** ['θɪsəldaʊn] *n* duvet *m* de chardon.

**thistly** ['θɪslɪ] *adj* couvert de chardons.

**tho, tho'** [ðəʊ] = **though.**

**Thomas** ['tɒməs] *prn*: **Saint** ~ saint Thomas.

**thong** [θɒŋ] *n* **-1.** [strip – of leather, rubber] lanière *f*.**-2.** [G-string] cache-sexe *m*.

♦ **thongs** *npl Am* tongs *fpl*.

**thoracic** [θɔːˈræsɪk] *adj* thoracique.

**thorax** ['θɔːræks] (*pl* **thoraxes** OR **thoraces** [-rəsi:z]) *n* thorax *m*.

**thorn** [θɔːn] *n* **-1.** [prickle] épine *f*; **it's a** ~ **in his side** OR **flesh** c'est une source d'irritation constante pour lui, c'est sa bête noire. **-2.** [tree, shrub] arbuste *m* épineux; [hawthorn] aubépine *f*.

**thornbush** ['θɔːnbʊʃ] *n* buisson *m* épineux.

**thorny** ['θɔːnɪ] (*compar* **thornier,** *superl* **thorniest**) *adj literal* & *fig* épineux.

**thorough** ['θʌrə] *adj* **-1.** [complete – inspection, research] minutieux, approfondi; **to give sthg a** ~ **cleaning/dusting** nettoyer/épousseter qqch à fond; **she has a** ~ **knowledge of her subject** elle a une connaissance parfaite de son sujet, elle connaît son sujet à fond OR sur le bout des doigts. **-2.** [conscientious – work, worker] consciencieux, sérieux. **-3.** [as intensifier] absolu, complet (*f* -ète); **the man is a** ~ **scoundrel!** ce type est une crapule finie!; **it's a** ~ **nuisance!** c'est vraiment très embêtant!

**thoroughbred** ['θʌrəbred] ◇ *adj* [horse] pur-sang (*inv*); [animal – gen] de race. ◇ *n* **-1.** [horse] pur-sang *m inv*; [animal – gen] bête *f* de race. **-2.** [person]: **she's a** ~ elle a de la classe, elle est racée.

**thoroughfare** ['θʌrəfeəʳ] *n* voie *f* de communication; **the main** ~ la rue OR l'artère *f* principale; **'no** ~'[no entry] 'passage interdit'; [cul-de-sac] 'voie sans issue' ❏ **public** ~ voie publique.

**thoroughly** ['θʌrəlɪ] *adv* **-1.** [minutely, in detail – search] à fond, de fond en comble; [– examine] à fond, minutieusement; **read all the questions** ~ lisez très attentivement toutes les questions. **-2.** [as intensifier] tout à fait, absolument.

**thoroughness** ['θʌrənɪs] *n* minutie *f*.

**those** [ðəʊz] *pl*→ **that.**

**thou¹** [ðaʊ] *pron* BIBLE OR *dial* tu; [stressed form] toi.

**thou²** [θaʊ] (*pl inv* OR **thous**) *n* **-1.** *abbr of* **thousand. -2.** *abbr of* **thousandth of an inch.**

**though** [ðəʊ] ◇ *conj* bien que, quoique; ~ young, she's very mature bien qu'elle soit jeune ou quoique jeune, elle est très mûre; he enjoyed the company ~ not the food il appréciait les gens avec qui il était mais pas ce qu'il mangeait; kind ~ she was, we never really got on malgré sa gentillesse, nous ne nous sommes jamais très bien entendus; it's an excellent book, ~ I say so myself c'est un très bon livre, sans fausse modestie; strange ~ it may seem aussi étrange que cela puisse paraître. ◇ *adv* pourtant; he's a difficult man; I like him ~ il n'est pas facile à vivre; pourtant je l'aime bien.

**thought** [θɔːt] ◇ *pt* & *pp*→ think. ◇ *n* **-1.** (U) [reflection] pensée *f*, réflexion *f*; to give a problem much ou a lot of ~ bien réfléchir à un problème; after much ~ après mûre réflexion, après avoir mûrement réfléchi; she was lost ou deep in ~ elle était absorbée par ses pensées ou plongée dans ses pensées. **-2.** (C) [consideration] considération *f*, pensée *f*; I haven't given it a ~ je n'y ai pas pensé; don't give it another ~ n'y pensez plus; to collect one's ~s rassembler ses esprits; my ~s were elsewhere j'avais l'esprit ailleurs; my ~s went back to the time I had spent in Tunisia j'ai repensé au temps où j'étais en Tunisie; she accepted the job with no ~ of her family elle a accepté le travail sans tenir compte de sa famille; he had no ~ for his own safety il ne pensait pas à sa propre sécurité; our ~s are with you nos pensées vous accompagnent. **-3.** [idea, notion] idée *f*, pensée *f*; the ~ occurred to me that you might like to come l'idée m'est venue ou je me suis dit que cela vous ferait peut-être plaisir de venir; I had to give up all ~ ou ~s of finishing on time j'ai dû finalement renoncer à l'idée de terminer à temps; the mere ~ of it makes me feel ill rien que d'y penser, ça me rend malade; that's a ~! ça, c'est une idée!; what an awful ~! quelle horreur!-**4.** [intention] idée *f*, intention *f*; her one ~ was to reach the top sa seule idée était d'atteindre le sommet; it's the ~ that counts c'est l'intention qui compte. -**5.** [opinion] opinion *f*, avis *m*; we'd like your ~s on the matter nous aimerions savoir ce que vous en pensez. -**6.** (U) [doctrine, ideology] pensée *f*; contemporary political ~ la pensée politique contemporaine.

**thoughtful** [ˈθɔːtfʊl] *adj* **-1.** [considerate, kind] prévenant, gentil, attentionné; it was a ~ gesture c'était un geste plein d'attention; be more ~ next time pensez un peu plus aux autres la prochaine fois; it was very ~ of them to send the flowers c'était très aimable à eux ou gentil de leur part d'envoyer les fleurs. -**2.** [pensive] pensif. -**3.** [reasoned – decision, remark, essay] réfléchi; [– study] sérieux.

**thoughtfully** [ˈθɔːtfʊlɪ] *adv* **-1.** [considerately, kindly] avec prévenance ou délicatesse, gentiment. -**2.** [pensively] pensivement. -**3.** [with careful thought] d'une manière réfléchie.

**thoughtfulness** [ˈθɔːtfʊlnɪs] *n* **-1.** [kindness] prévenance *f*, délicatesse *f*, gentillesse *f*.-**2.** [pensiveness] air *m* pensif.

**thoughtless** [ˈθɔːtlɪs] *adj* **-1.** [inconsiderate – person, act, behaviour] inconsidéré, irréfléchi, qui manque de délicatesse; [– remark] irréfléchi; it was ~ of me ce n'était pas très délicat de ma part; what a ~ thing to do! quel manque de délicatesse!-**2.** [hasty, rash – decision, action] irréfléchi, hâtif; [– person] irréfléchi, léger.

**thoughtlessly** [ˈθɔːtlɪslɪ] *adv* **-1.** [inconsiderately] sans aucun égard, sans aucune considération. -**2.** [hastily] hâtivement, sans réfléchir.

**thoughtlessness** [ˈθɔːtlɪsnɪs] *n* (U) manque *m* d'égards ou de prévenance.

**thought-provoking** *adj* qui pousse à la réflexion, stimulant.

**thousand** [ˈθaʊznd] ◇ *det* mille; a ~ years mille ans, un millénaire; five ~ people cinq mille personnes; I've already told you a ~ times je te l'ai déjà dit mille fois □ 'The Thousand and One Nights' 'les Mille et une nuits'. ◇ *n* mille *m* *inv*; in the year two ~ en l'an deux mille; there were ~s of people il y avait des milliers de personnes.

**Thousand Island dressing** *n* sauce à base de mayonnaise, de ketchup et de cornichons hachés.

**thousandth** [ˈθaʊzntθ] ◇ *det* millième. ◇ *n* millième *m*.

**thrall** [θrɔːl] *n* *fml* **-1.** [state] servitude *f*, esclavage *m*; to be in ~ to sb être l'esclave de qqn. -**2.** [person] esclave *mf*.

**thrash** [θræʃ] ◇ *vt* **-1.** [in punishment] battre. -**2.** SPORT [defeat] battre à plate couture ou à plates coutures. -**3.** [move vigorously]: to ~ one's arms/legs (about) battre des bras/jambes. -**4.** [thresh – corn] battre. ◇ *vi* [move violently] se débattre. ◇ *n* -**1.** [stroke] battement *m*.-**2.** Br *inf* [party] sauterie *f*.

◆ **thrash about, thrash around** ◇ *vi insep* [person, fish] se débattre. ◇ *vt sep* [arms, legs, tail] battre de; [stick] agiter.

◆ **thrash out** *vt sep* [problem] débattre de; [agreement] finir par trouver; we'll ~ it out over lunch on démêlera ou éclaircira cette affaire pendant le repas.

**thrashing** [ˈθræʃɪŋ] *n* **-1.** [punishment] raclée *f*, correction *f*; I gave him a good ~ je lui ai donné une bonne correction. -**2.** SPORT: to get a ~ se faire battre à plates coutures; we gave the team a ~ on a battu l'équipe à plates coutures. -**3.** [of corn] battage *m*.

**thread** [θred] ◇ *n* -**1.** SEW & MED fil *m*; his life hung by a ~ *fig* sa vie ne tenait qu'à un fil. -**2.** *fig* [of water, smoke] filet *m*; [of light] mince rayon *m*; [of story, argument] fil *m*.-**3.** TECH [of screw] pas *m*, filetage *m*. ◇ *vt* -**1.** [needle, beads, cotton] enfiler; she ~ed black cotton through the needle elle a enfilé une aiguillée de coton noir; she quickly ~ed the film into the projector elle a vite monté le film sur le projecteur; she ~ed her way through the crowd/market *fig* elle s'est faufilée parmi la foule/à travers le marché. -**2.** TECH [screw] tarauder, fileter. ◇ *vi* [needle, cotton] s'enfiler; the tape ~s through the slot la bande passe dans la fente.

**threadbare** [ˈθredbeəʳ] *adj* -**1.** [carpet, clothing] usé, râpé; he lived a ~ existence il menait une existence miséreuse. -**2.** [joke, excuse, argument] usé, rebattu.

**threat** [θret] *n literal* & *fig* menace *f*; to make ~s against sb proférer des menaces contre qqn; he's a ~ to our security il constitue une menace pour notre sécurité; the country lives under (the) ~ of war le pays vit sous la menace de la guerre.

**threaten** [ˈθretn] ◇ *vt* -**1.** [make threats against – person] menacer; to ~ to do sthg menacer de faire qqch; he ~ed her with a gun il l'a menacée avec un pistolet; we were ~ed with the sack on nous a menacés de licenciement; to ~ proceedings against sb, to ~ sb with proceedings JUR menacer de poursuivre qqn, menacer qqn de poursuites. -**2.** [subj: danger, unpleasant event] menacer; the species is ~ed with extinction l'espèce est menacée ou en voie de disparition; our jobs are ~ed nos emplois sont menacés. -**3.** [be a danger for – society, tranquillity] menacer, être une menace

---

**USAGE ▶** **Threats**

**Direct**

Si vous n'arrêtez pas ce boucan, j'appelle la police!
Sortez d'ici ou j'appelle la police!
Pose ça tout de suite, sinon c'est la fessée!
Je te préviens, tu n'as pas intérêt à lui répéter ce que je viens de te dire.
Tu veux une claque?[informal]
Arrête, sinon il va t'arriver des bricoles![informal]
Si le paiement n'est pas effectué sous huitaine, nous nous verrons contraints de prendre des sanctions. [written]
'Interdiction d'afficher sous peine d'amende'. [on sign]

**Less direct**

Écoute, ma patience a des limites...
Tu ne voudrais pas que je me fâche?
Tu n'as jamais pris une claque?[informal]

**Indirect**

Qu'est-ce que tu dirais si j'allais tout lui répéter?
Avez-vous pensé aux conséquences que pourrait avoir votre décision sur votre avenir professionnel?
Pensez à votre avancement...
Je t'aurai prévenu...

pour. ◇ vi [danger, storm] menacer.

**threatening** ['θretnɪŋ] adj [danger, sky, storm, person] menaçant; [letter] de menaces; [gesture] menaçant, de menace; to use ~ language prononcer des paroles menaçantes.

**threateningly** ['θretnɪŋlɪ] adv [behave, move] de manière menaçante, d'un air menaçant; [say] d'un ton OR sur un ton menaçant.

**three** [θriː] ◇ adj trois. ◇ n trois m. ◇ pron trois; see also **five**.

**three-cornered** adj triangulaire; ~ discussion débat m à trois; ~ hat tricorne m.

**3-D** [ˌθriː'diː] = three-D.

**three-D, three-dimensional** [-dɪ'menʃənl] adj -**1.** [object] à trois dimensions, tridimensionnel; [film] en relief; [image] en trois dimensions. -**2.** [character – in book, play etc] qui semble réel.

**three-day event** n EQUIT concours m hippique sur trois jours.

**threefold** ['θriːfəʊld] ◇ adj triple. ◇ adv trois fois autant.

**three-legged** [-'legd] adj [stool, table] à trois pieds; [animal] à trois pattes.

**three-legged race** [-'legɪd-] n course où les participants courent par deux, la jambe gauche de l'un attachée à la droite de l'autre.

**Three Mile Island** pr n Three Mile Island (théâtre d'un accident dans une centrale nucléaire aux États-Unis en 1979).

**threepenny** ['θrepənɪ] ◇ n: ~ (bit OR piece) ancienne pièce de trois pence. ◇ adj trois pence, coûtant trois pence; 'The Threepenny Opera' Brecht 'l'Opéra de quat' sous'.

**three-piece** adj: ~ suite Br, ~ set Am salon comprenant un canapé et deux fauteuils assortis; ~ (suit) (costume m) trois-pièces m inv.

**three-point turn** n AUT demi-tour m en trois manœuvres.

**three-quarter** ◇ adj [sleeve] trois-quarts (inv); [portrait] de trois-quarts; ~ (length) jacket veste f trois-quarts. ◇ n [in rugby]: ~ (back) trois-quart m inv.

**three-quarters** ◇ npl trois quarts mpl. ◇ adv aux trois quarts.

**threescore** [ˌθriː'skɔː] lit ◇ adj soixante. ◇ n soixante m.

**three-sided** adj [shape] à trois côtés OR faces; [discussion] à trois.

**threesome** ['θriːsəm] n -**1.** [group] groupe m de trois personnes; we went as a ~ nous y sommes allés à trois. -**2.** [in cards, golf] partie f OR jeu m à trois; she came along to make up a ~ elle est venue pour que nous soyons trois (joueurs).

**three-star** adj trois étoiles.

**three-way** adj [discussion, conversation] à trois; [division] en trois; [switch] à trois voies OR directions.

**three-wheeler** n [tricycle] tricycle m; [car] voiture f à trois roues.

**thresh** [θreʃ] vt [corn, wheat] battre.

**thresher** ['θreʃəʳ] n AGR -**1.** [person] batteur m, -euse f. -**2.** [machine] batteuse f.

**threshing machine** n batteuse f.

**threshold** ['θreʃhəʊld] ◇ n -**1.** [doorway] seuil m, pas m de la porte; to cross the ~ franchir le seuil. -**2.** fig seuil m, début m; we are on the ~ of new discoveries nous sommes sur le point de faire de nouvelles découvertes. -**3.** ECON & FIN niveau m, limite f. -**4.** ANAT & PSYCH seuil m. ◇ comp -**1.** Br ECON: ~ (wage) agreement/policy accord m/politique f d'indexation des salaires sur les prix. -**2.** ELEC [current, voltage] de seuil. -**3.** LING: ~ level niveau m seuil.

**threw** [θruː] pt→ throw.

**thrice** [θraɪs] adv lit & arch trois fois.

**thrift** [θrɪft] n -**1.** [care with money] économie f, esprit m d'économie. -**2.** Am [savings bank]: ~ (institution) caisse f d'épargne.

**thriftiness** ['θrɪftɪnɪs] n sens m de l'économie.

**thrift shop** n magasin vendant des articles d'occasion au profit d'œuvres charitables.

**thrifty** ['θrɪftɪ] (compar **thriftier**, superl **thriftiest**) adj économe, peu dépensier.

**thrill** [θrɪl] ◇ n -**1.** [feeling of excitement] frisson m; [exciting experience, event] sensation f, émotion f; with a ~ of anticipation/pleasure en frissonnant d'avance/de plaisir; it

was a real ~ to meet the president j'ai ressenti une grande émotion à rencontrer le président; they got quite a ~ out of the experience ils ont été ravis OR enchantés de l'expérience. ◇ vt transporter, électriser. ◇ vi [with joy] tressaillir, frissonner.

**thrilled** [θrɪld] adj ravi; she was ~ to be chosen elle était ravie d'avoir été choisie; I was ~ with the new chairs j'étais très content des nouvelles chaises ❑ to be ~ to bits inf être aux anges.

**thriller** ['θrɪləʳ] n [film, book] thriller m.

**thrilling** ['θrɪlɪŋ] adj [adventure, film, story] palpitant, saisissant, excitant; [speech] passionnant.

**thrive** [θraɪv] (pt **thrived** OR **throve** [θrəʊv], pp **thrived** OR **thriven** ['θrɪvn]) vi -**1.** [plant] pousser (bien); [child] grandir, se développer; [adult] se porter bien, respirer la santé; he ~s on hard work il aime bien travailler dur. -**2.** [business, company] prospérer, être florissant; [businessman] prospérer, réussir.

**thriving** ['θraɪvɪŋ] adj -**1.** [person] florissant de santé, vigoureux; [animal] vigoureux; [plant] robuste, vigoureux. -**2.** [business, company] prospère, florissant; [businessman] prospère.

**thro'** [θruː] lit = through.

**throat** [θrəʊt] n gorge f; get this drink/medicine down your ~! hum avalez-moi cette boisson/ce médicament!; he grabbed him by the ~ il l'a pris à la gorge; to clear one's ~ s'éclaircir la voix ❑ the two brothers are always at each other's ~s les deux frères sont toujours en train de se battre; she's always jumping down my ~ inf elle est toujours à me crier dessus.

**throaty** ['θrəʊtɪ] (compar **throatier**, superl **throatiest**) adj [voice, laugh etc] guttural, rauque.

**throb** [θrɒb] (pt & pp **throbbed**, cont **throbbing**) ◇ vi -**1.** [music] vibrer; [drums] battre (rythmiquement); [engine, machine] vrombir, vibrer; the place was throbbing (with life) fig l'endroit grouillait de vie. -**2.** [heart] battre fort, palpiter. -**3.** [pain] lanciner; my head is throbbing j'ai très mal à la tête; my finger still ~s where I hit it j'ai encore des élancements dans le doigt là où je l'ai cogné. ◇ n -**1.** [of music, drums] rythme m, battement m rythmique, battements mpl rythmiques; [of engine, machine] vibration f, vibrations fpl, vrombissement m, vrombissements mpl. -**2.** [of heart] battement m, battements mpl, pulsation f, pulsations fpl. -**3.** [of pain] élancement m.

**throbbing** ['θrɒbɪŋ] adj -**1.** [rhythm] battant; [drum] qui bat rythmiquement; [engine, machine] vibrant, vrombissant. -**2.** [heart] battant, palpitant. -**3.** [pain] lancinant.

**throes** npl→ death throes.

◆ **in the throes of** prep phr: in the ~ of war/illness en proie à la guerre/la maladie; to be in the ~ of doing sthg être en train de faire qqch.

**thrombosis** [θrɒm'bəʊsɪs] (pl **thromboses** [-siːz]) n thrombose f, thromboses fpl.

**throne** [θrəʊn] n trône m; to come to the ~ monter sur le trône; on the ~ sur le trône. ◇ vt [monarch] mettre sur le trône; [bishop] introniser.

**throne room** n salle f du trône.

**throng** [θrɒŋ] ◇ n foule f, multitude f. ◇ vt: demonstrators ~ed the streets des manifestants se pressaient dans les rues; the shops were ~ed with people les magasins grouillaient de monde OR étaient bondés. ◇ vi affluer, se presser; people ~ed into the square to get a glimpse of the president les gens se sont pressés sur la place pour apercevoir le président.

**throttle** ['θrɒtl] ◇ n [of car] accélérateur m; [of motorcycle] poignée f d'accélération OR des gaz; [of aircraft] commande f des gaz; to open/to close the ~ mettre/réduire les gaz; at full ~ (à) pleins gaz. ◇ comp [controls]: ~ valve papillon m des gaz, soupape f d'étranglement. ◇ vt [strangle] étrangler.

◆ **throttle down, throttle back** vt sep mettre au ralenti.

**through** [θruː] ◇ prep -**1.** [from one end or side to the other] à travers; to walk ~ the streets se promener dans OR à travers les rues; we travelled ~ America nous avons parcouru les États-Unis; the river flows ~ a deep valley le fleuve traverse une vallée profonde; we went ~ a door nous avons passé une porte; he could see her ~ the window il pouvait la voir par la fenêtre; **can you see** ~ **it?** est-ce que tu peux voir au travers?; **a shiver ran** ~ **him** il fut parcouru d'un frisson; **he drove** ~ **a red light** il a brûlé un feu rouge; **to slip** ~ **the net** *literal* & *fig* passer à travers les mailles du filet; **he goes** ~ **his money very quickly** l'argent lui brûle les doigts; **she ate her way** ~ **a whole box of chocolates** elle a mangé toute une boîte de chocolats. **-2.** [in] dans, à travers; **he got a bullet** ~ **the leg** une balle lui a traversé la jambe; **the bull had a ring** ~ **its nose** le taureau avait un anneau dans le nez. **-3.** [from beginning to end] à travers; ~ **the ages** à travers les âges; **halfway** ~ **the performance** à la moitié OR au milieu de la représentation; **she has lived** ~ **some difficult times** elle a connu OR traversé des moments difficiles; **we had to sit** ~ **a boring lecture** nous avons dû rester à écouter une conférence ennuyeuse; **I slept** ~ **the storm** l'orage ne m'a pas réveillé; **she maintained her dignity** ~ **it all** elle a toujours gardé sa dignité. **-4.** *Am* [to, until]: **80** ~ **100** de 80 à 100; **April** ~ **July** d'avril jusqu'en juillet, d'avril à juillet. **-5.** [by means of] par, grâce à; **I sent it** ~ **the post** je l'ai envoyé par la poste; **it was only** ~ **his intervention that we were allowed out** c'est uniquement grâce à son intervention qu'on nous a laissés sortir; **I met a lot of people** ~ **him** il m'a fait rencontrer beaucoup de gens; **she was interviewed** ~ **an interpreter** on l'a interviewée par l'intermédiaire d'un interprète. **-6.** [because of] à cause de; ~ **no fault of his own,** he lost his job il a perdu son emploi sans que ce soit de sa faute. ◇ *adv* **-1.** [from one side to the other]: **please go** ~ **into the lounge** passez dans le salon, s'il vous plaît; **I couldn't get** ~ je ne pouvais pas passer; **we shoved our way** ~ nous nous sommes frayé un chemin en poussant; **the nail had gone right** ~ le clou était passé au travers. **-2.** [from beginning to end]: **I slept** ~ **until 8** j'ai dormi (sans me réveiller) jusqu'à 8 h; **I read the letter** ~ j'ai lu la lettre jusqu'au bout; **I left halfway** ~ je suis parti au milieu. **-3.** [directly]: **the train goes** ~ **to Paris without stopping** le train va directement à Paris OR est sans arrêt jusqu'à Paris. **-4.** [completely]: **to be wet** ~ être complètement trempé; **she's an aristocrat** ~ **and** ~ c'est une aristocrate jusqu'au bout des ongles. TELEC: **can you put me** ~ **to Elaine/to extension 363?** pouvez-vous me passer Elaine/le poste 363?; **I tried ringing him, but I couldn't get** ~ j'ai essayé de l'appeler mais je n'ai pas réussi à l'avoir; **you're** ~ **now** vous êtes en ligne. ◇ *adj* **-1.** [direct – train, ticket] direct; [traffic] en transit, de passage; **'no** ~ **road'** *Br*, **'not a** ~ **street'** *Am* 'voie sans issue'. **-2.** [finished]: **are you** ~? avez-vous fini?, c'est fini?; **he's** ~ **with his work at last** il a enfin terminé tout son travail; **I'll be** ~ **reading the newspaper in a minute** j'aurai fini de lire le journal dans un instant; **I'm** ~ **with smoking** ça y est, c'est fini; **she's** ~ **with him** elle en a eu assez de lui.

**throughout** [θruː'aʊt] ◇ *prep* **-1.** [in space] partout dans; ~ **the world** dans le monde entier, partout dans le monde; ~ **Europe** à travers OR dans toute l'Europe, partout en Europe. **-2.** [in time]: ~ **the year** pendant toute l'année; ~ **my life** (durant) toute ma vie. ◇ *adv* **-1.** [everywhere] partout; **the house has been repainted** ~ la maison a été entièrement repeinte. **-2.** [all the time] (pendant) tout le temps.

**throughput** ['θruːpʊt] *n* COMPUT débit *m*.

**throughway** ['θruːweɪ] = **thruway.**

**throw** [θrəʊ] (*pt* **threw** [θruː], *pp* **thrown** [θrəʊn]) ◇ *vt* **-1.** [stone] lancer, jeter; [ball] lancer; [coal onto fire] mettre; ~ **me the ball,** ~ **the ball to me** lance-moi le ballon; **could you** ~ **me my lighter?** peux-tu me lancer mon briquet?; **she threw the serviette into the bin** elle a jeté la serviette à la poubelle; **he threw his jacket over a chair** il a jeté sa veste sur une chaise; **she threw a few clothes into a suitcase** elle a jeté quelques affaires dans une valise; **I threw some cold water on my face** je me suis aspergé la figure avec de l'eau froide; **a group of rioters threw stones at the police** un groupe de manifestants a lancé OR jeté des pierres sur les policiers; **he threw two sixes** [in dice] il a jeté deux six; **to** ~ **sb into prison** OR **jail** jeter qqn en prison. **-2.** [opponent, rider] jeter (par terre). **-3.** [with force, violence] projeter; **she was** ~**n clear** [in car accident] elle a été éjectée; **to** ~ **open** ouvrir en grand OR tout grand; **she threw herself into an armchair** elle s'est jetée dans un fauteuil; **he threw himself at her feet** il s'est jeté à ses pieds; **she threw herself at him** [attacked] elle s'est jetée OR s'est ruée sur lui; [as lover] elle s'est

jetée sur lui OR à sa tête; **he threw himself on the mercy of the king** *fig* il s'en est remis au bon vouloir du roi. **-4.** [plunge] plonger; **the news threw them into confusion/a panic** les nouvelles les ont plongés dans l'embarras/les ont affolés; **to** ~ **o.s. into one's work** se plonger dans son travail. **-5.** [direct, aim – look, glance] jeter, lancer; [– accusation, reproach] lancer, envoyer; [– punch] lancer, porter; [cast – light, shadows] projeter; **to** ~ **one's voice** THEAT projeter sa voix; **to** ~ **a bridge over a river** CONSTR jeter un pont sur une rivière. **-6.** [confuse] désarçonner, dérouter, déconcerter; **that question really threw me!** cette question m'a vraiment désarçonné!, je ne savais vraiment pas quoi répondre à cette question!; **I was completely** ~**n for a few seconds** je suis resté tout interdit pendant quelques secondes. **-7.** [activate – switch, lever, clutch] actionner. **-8.** SPORT [race, match] perdre délibérément. **-9.** [silk] tordre; [subj: potter]: **to** ~ **a pot** tourner un vase. **-10.** VETER [subj: cat, pig]: **to** ~ **a litter** mettre bas. ◇ *n* **-1.** [of ball, javelin] jet *m*, lancer *m*; [of dice] lancer *m*; **his whole fortune depended on a single** ~ **of the dice** toute sa fortune dépendait d'un seul coup de dés; **a free** ~ SPORT un lancer franc; **that was a good** ~! vous avez bien visé! **-2.** [go, turn] coup *m*, tour *m*; **10p a** ~ 10 pence le coup; **at £20 a** ~ **I can't afford it** à 20 livres chaque fois, je ne peux pas me l'offrir; **it's your** ~ à toi. **-3.** [cover] couverture *f*.

◆ **throw about** *Br*, **throw around** *vt sep* **-1.** [toss] lancer; [scatter] jeter, éparpiller; **the boys were** ~**ing a ball about** les garçons jouaient à la balle; **to be** ~**n about** être ballotté. **-2.** [move violently]: **to** ~ **o.s. about** s'agiter, se débattre; **she was** ~**ing her arms about wildly** elle agitait frénétiquement les bras.

◆ **throw aside** *vt sep* [unwanted object] rejeter, laisser de côté; [friend, work] laisser tomber, laisser de côté; [idea, suggestion] rejeter, repousser.

◆ **throw away** ◇ *vt sep* **-1.** [old clothes, rubbish] jeter. **-2.** *fig* [waste – advantage, opportunity, talents] gaspiller, gâcher; [– affection, friendship] perdre; **don't** ~ **your money away on expensive toys** ne gaspille pas ton argent à acheter des jouets coûteux; **you're** ~**ing away your only chance of happiness** vous êtes en train de gâcher votre seule chance de bonheur. **-3.** THEAT [line, remark] laisser tomber. ◇ *vi insep* [in cards] se défausser.

◆ **throw back** *vt sep* **-1.** [gen] relancer, renvoyer; [fish] rejeter (à l'eau); *fig* [image, light] réfléchir, renvoyer. **-2.** [hair, head] rejeter en arrière; [shoulders] redresser, jeter en arrière. **-3.** [curtains] ouvrir; [shutters] repousser, ouvrir tout grand; [bedclothes] repousser. **-4.** *phr* [force to rely on]: **we were** ~**n back on our own resources** on a dû se rabattre sur nos propres ressources.

◆ **throw down** *vt sep* **-1.** [to lower level] jeter; **can you** ~ **the towel down to me?** pouvez-vous me lancer la serviette?; **she threw her bag down on the floor** elle a jeté son sac par terre; **to** ~ **o.s. down on the ground/on one's knees** se jeter par terre/à genoux; **he threw his cards down on the table** il a jeté ses cartes sur la table. **-2.** [weapons] jeter, déposer; **they threw down their arms** ils ont déposé les armes. **-3.** *fig* [challenge] lancer.

◆ **throw in** ◇ *vt sep* **-1.** [into box, cupboard etc] jeter; [through window] jeter, lancer; **to** ~ **in the towel** *fig* & SPORT jeter l'éponge; **to** ~ **in one's hand** abandonner la partie, s'avouer vaincu. **-2.** [interject – remark, suggestion] placer; [include]: **breakfast is** ~**n in** le petit déjeuner est compris; **the salesman said he'd** ~ **in a free door if we bought new windows** le vendeur nous a promis une porte gratuite pour l'achat de fenêtres neuves. **-3.** SPORT [ball] remettre en jeu. ◇ *vi insep Am*: **to** ~ **in with sb** s'associer à OR avec qqn.

◆ **throw off** *vt sep* **-1.** [discard – clothes] enlever OR ôter (à la hâte); [– mask, disguise] jeter. **-2.** [get rid of – habit, inhibition] se défaire de, se débarrasser de; [– burden] se libérer de, se débarrasser de; [– cold, infection] se débarrasser de. **-3.** [elude – pursuer] perdre, semer; **he managed to** ~ **the dogs off the trail** il a réussi à dépister les chiens.

◆ **throw on** *vt sep* [clothes] enfiler OR passer (à la hâte).

◆ **throw out** *vt sep* **-1.** [rubbish, unwanted items] jeter, mettre au rebut. **-2.** [eject – from building] mettre à la porte, jeter dehors; [– from night club] jeter dehors, vider; [evict – from accommodation] expulser; [expel – from school, army] renvoyer, expulser. **-3.** [reject – bill, proposal] rejeter, repousser. **-4.** [extend – arms, leg] tendre, étendre; **to** ~ **out one's chest** bomber le torse. **-5.** [make – remark, suggestion] émettre, laisser tomber; to ~ out a challenge lancer un défi. **-6.** [disturb – person] déconcerter, désorienter; [upset – calculation, results] fausser. **-7.** [emit – light] émettre, diffuser; [– smoke, heat] émettre, répandre.

◆ **throw over** *vt sep inf* [girlfriend, boyfriend] quitter, laisser tomber; [plan] abandonner, renoncer à.

◆ **throw together** *vt sep* **-1.** *inf* [make quickly – equipment, table] fabriquer à la hâte, bricoler; he managed to ~ a meal together il a réussi à improviser un repas. **-2.** [gather] rassembler à la hâte; she threw a few things together and rang for a taxi elle a jeté quelques affaires dans un sac et a appelé un taxi. **-3.** [by accident] réunir par hasard.

◆ **throw up** ◇ *vt sep* **-1.** [above one's head] jeter OR lancer en l'air; can you ~ me up my towel? peux-tu me lancer ma serviette?; she threw up her hands in horror elle a levé les bras en signe d'horreur. **-2.** [produce – problem] produire, créer; [– evidence] mettre à jour; [– dust, dirt] soulever; [– artist] produire. **-3.** [abandon – career, studies] abandonner, laisser tomber; [– chance, opportunity] laisser passer, gaspiller. **-4.** *pej* [construct – building] construire OR bâtir en moins de deux. **-5.** *inf* [vomit] vomir. ◇ *vi insep inf* vomir, rendre.

**throwaway** ['θrəʊə,weɪ] ◇ *adj* [line, remark] fait comme par hasard OR comme si de rien n'était. ◇ *comp* [bottle, carton etc] jetable, à jeter, à usage unique.

**throwback** ['θrəʊbæk] *n* **-1.** ANTHR & BIOL régression *f* atavique. **-2.** [of fashion, custom]: those new hats are a ~ to the 1930s ces nouveaux chapeaux marquent un retour aux années 30 OR sont inspirés des années 30.

**thrower** ['θrəʊəʳ] *n* lanceur *m*, -euse *f*.

**throw-in** *n* FTBL rentrée *f* en touche.

**thrown** [θrəʊn] *pp→* throw.

**thru** [θruː] *Am* = through.

**thrush** [θrʌʃ] *n* **-1.** [bird] grive *f*. **-2.** *(U)* MED [oral] muguet *m*; [vaginal] mycose *f*, candidose *f*.

**thrust** [θrʌst] *(pt & pp* thrust*)* ◇ *vt* **-1.** [push, shove] enfoncer, fourrer, plonger; he ~ his finger/elbow into my ribs il m'a enfoncé le doigt/le coude dans les côtes; he ~ his sword into its scabbard il a glissé son épée dans son fourreau; to ~ one's hands into one's pockets enfoncer OR fourrer les mains dans ses poches; he ~ her into the cell il l'a poussée violemment dans la cellule; she ~ the money into his hands/into his bag elle lui a fourré l'argent dans les mains/dans le sac; to ~ one's way through the crowd/to the front se frayer un chemin à travers la foule/pour être devant. **-2.** [force – responsibility, fame] imposer; the job was ~ upon me on m'a imposé ce travail; he was ~ into the limelight il a été mis en vedette; to ~ o.s. on OR upon sb imposer sa présence à qqn, s'imposer à qqn.
◇ *vi* **-1.** [push]: he ~ past her [rudely] il l'a bousculée en passant devant elle; [quickly] il est passé devant elle comme une flèche. **-2.** FENCING allonger OR porter une botte; he ~ at him with a knife il a essayé de lui donner un coup de couteau.
◇ *n* **-1.** [lunge] poussée *f*; [stab] coup *m*. **-2.** *fig* [remark] pointe *f*. **-3.** *(U)* [force – of engine] poussée *f*; *fig* [drive] dynamisme *m*, élan *m*. **-4.** [of argument, story] sens *m*, idée *f*; [of policy] idée *f* directrice; [of research] aspect *m* principal; the main ~ of her argument l'idée maîtresse de son argument. **-5.** *(U)* ARCHIT & GEOL poussée *f*.

◆ **thrust aside** *vt sep* [person, thing] écarter brusquement; [suggestion] écarter OR rejeter brusquement.

◆ **thrust away** *vt sep* repousser.

◆ **thrust forward** *vt sep* pousser en avant brusquement; to ~ o.s. forward *literal* se frayer un chemin; *fig* se mettre en avant.

◆ **thrust in** ◇ *vi insep* [physically] s'introduire de force. ◇ *vt sep* [finger, pointed object] enfoncer; she ~ her hand in elle a brusquement mis la main dedans; to ~ one's way in se frayer un passage pour entrer.

◆ **thrust out** *vt sep* **-1.** [arm, leg] allonger brusquement; [hand] tendre brusquement; [chin] projeter en avant; she ~ her head out of the window elle a brusquement passé la tête par la fenêtre; to ~ out one's chest bomber la poitrine. **-2.** [eject] pousser dehors.

**thrusting** ['θrʌstɪŋ] *adj* [dynamic] dynamique, entreprenant, plein d'entrain; *pej* qui se fait valoir, qui se met en avant.

**thruway** ['θruːweɪ] *n Am* ≃ autoroute *f* (à cinq ou six voies).

**thud** [θʌd] *(pt & pp* thudded, *cont* thudding*)* ◇ *vi* **-1.** faire un bruit sourd; [falling object] tomber en faisant un bruit sourd. **-2.** [walk or run heavily]: we could hear people thudding about in the flat above on entendait les gens du dessus marcher à pas lourds. **-3.** [heart] battre fort. ◇ *n* bruit *m* sourd.

**thug** [θʌg] *n* voyou *m*.

**thuggery** ['θʌgərɪ] *n* brutalité *f*, violence *f*.

**thumb** [θʌm] ◇ *n* pouce *m*; to be under sb's ~ être sous la coupe de qqn; his mother's really got him under her ~ sa mère a vraiment pris l'emprise sur lui on ce fait vraiment ce qu'elle veut; to be all (fingers and) ~s être maladroit ❏ to stick out like a sore ~ [be obvious] crever les yeux; [be obtrusive]: that factory sticks out like a sore ~ cette usine gâche le paysage. ◇ *vt* **-1.** [book, magazine] feuilleter, tourner les pages de; [pages] tourner; the catalogue has been well ~ed les pages du catalogue sont bien écornées. **-2.** [hitch]: to ~ a lift *Br* OR ride *Am* faire du stop OR de l'auto-stop; they ~ed a lift to Exeter ils sont allés à Exeter en stop; she ~ed a lift from a passing motorist elle a réussi à se faire prendre en stop par une voiture qui passait. **-3.** *phr:* to ~ one's nose at sb faire un pied de nez à qqn. ◇ *vi Am inf* faire du stop OR de l'auto-stop.

**thumb index** *n* répertoire *m* à onglets.

**thumbnail** ['θʌmneɪl] *n* ongle *m* du pouce; ~ sketch [of plan] aperçu *m*, croquis *m* rapide; [of personality] bref portrait *m*.

**thumbscrew** ['θʌmskruː] *n* **-1.** TECH vis *f* à papillon OR à ailettes. **-2.** [instrument of torture] poucettes *fpl*.

**thumbs-down** *n*: he gave her the ~ as he came out en sortant, il lui a fait signe que cela avait mal marché; my proposal was given the ~ ma proposition a été rejetée.

**thumbs-up** *n*: to give sb the ~ [all OK] faire signe à qqn que tout va bien; [in encouragement] faire signe à qqn pour l'encourager; they've given me the ~ for my thesis ils m'ont donné le feu vert pour ma thèse.

**thumbtack** ['θʌmtæk] *n Am* punaise *f*.

**thump** [θʌmp] ◇ *vt* donner un coup de poing à, frapper d'un coup de poing; he ~ed me in the stomach/on the head il m'a donné un coup de poing à l'estomac/à la tête; to ~ sb on the back donner une grande tape dans le dos à qqn; he ~ed his fist on the table il a frappé du poing sur la table. ◇ *vi* **-1.** [bang] cogner; he ~ed on the door/wall il a cogné à la porte/contre le mur; my heart was ~ing with fear/excitement la peur/l'émotion me faisait battre le cœur. **-2.** [run or walk heavily]: to ~ in/out/past enter/sortir/passer à pas lourds. ◇ *n* **-1.** [blow – gen] coup *m*; [– with fist] coup *m* de poing; [– with stick] coup *m* de bâton; to give sb a ~ assener un coup de poing à qqn; he got a ~ in the stomach il a reçu un coup de poing à l'estomac. **-2.** [sound] bruit *m* sourd. ◇ *adv*: to go ~ *inf* faire boum.

◆ **thump out** *vt sep*: to ~ out a tune on the piano marteler un air au piano.

**thumping** ['θʌmpɪŋ] *Br inf* ◇ *adj* [success] énorme, immense, phénoménal; [difference] énorme. ◇ *adv dated* [as intensifier]: a ~ great meal un repas énorme.

**thunder** [θʌndəʳ] ◇ *n* **-1.** METEOR tonnerre *m*; there's ~ in the air le temps est à l'orage ❏ to be as black as ~ [angry] être dans une colère noire. **-2.** [of applause, guns] tonnerre *m*; [of engine, traffic] bruit *m* de tonnerre; [of hooves] fracas *m*. **-3.** *Br dated:* by ~! tonnerre! ◇ *vi* **-1.** METEOR tonner; it's ~ing il tonne, ça tonne. **-2.** [guns, waves] tonner, gronder; [hooves] retentir; a train ~ed past le train est passé dans un grondement de tonnerre. **-3.** [shout]: to ~ at sb/against sthg tonner contre qqn/contre qqch. ◇ *vt* [order, threat, applause] lancer d'une voix tonitruante OR tonnante.

**thunderbolt** ['θʌndəbəʊlt] *n* METEOR éclair *m*; *fig* coup *m* de tonnerre.

**thunderclap** ['θʌndəklæp] *n* coup *m* de tonnerre.

**thundercloud** ['θʌndəklaʊd] *n* METEOR nuage *m* orageux; *fig* nuage *m* noir.

**thunderhead** ['θʌndəhed] *n esp Am* cumulo-nimbus *m*.

**thundering** ['θʌndərɪŋ] *Br inf & dated* ◇ *adj* **-1.** [terrible]: to be in a ~ temper OR rage être dans une colère noire OR hors de soi; it's a ~ nuisance! quelle barbe! **-2.** [superb – success] foudroyant, phénoménal. ◇ *adv*: it's a ~ good read c'est un livre formidable.

**thunderous** ['θʌndərəs] adj [shouts, noise] retentissant; there was ~ applause il y eut un tonnerre d'applaudissements.

**thunderstorm** ['θʌndəstɔːm] n orage m.

**thunderstruck** ['θʌndəstrʌk] adj foudroyé, abasourdi; she was ~ by the news la nouvelle la foudroya.

**thundery** ['θʌndərɪ] adj METEOR orageux.

**Thur, Thurs** (written abbr of **Thursday**) jeu.

**Thursday** ['θɜːzdɪ] n jeudi m; Black ~ Jeudi noir (jour du krach de Wall Street qui déclencha la crise de 1929); see also **Friday**.

**thus** [ðʌs] adv [so] ainsi, donc; [as a result] ainsi, par conséquent; [in this way] ainsi; ~ **far** [in present] jusqu'ici; [in past] jusque-là.

**thwack** [θwæk] ◇ n -1. [blow] grand coup m; [slap] claque f. -2. [sound] claquement m, coup m sec. ◇ vt donner un coup sec à; [slap – person] gifler.

**thwart** [θwɔːt] vt [plan] contrecarrer, contrarier; [person – in efforts] contrarier les efforts de; [– in plans] contrarier les projets de; [– in attempts] contrecarrer les tentatives de; I was ~ed in my attempts to leave the country mes tentatives de quitter le pays ont été contrecarrées.

**thy** [ðaɪ] poss adj BIBLE, dial OR lit ton m, ta f, tes nfpl.

**thyme** [taɪm] n (U) thym m.

**thyroid** ['θaɪrɔɪd] ◇ n thyroïde f. ◇ adj thyroïde.

**thyself** [ðaɪ'self] pers pron BIBLE, dial OR lit (reflexive) te; (intensifier) toi-même.

**ti** [tiː] = **te**.

**Tiananmen Square** ['tjænənmen-] pr n la place Tian'anmen.

**tiara** [tɪ'ɑːrə] n [gen] diadème m; RELIG tiare f.

**Tiber** ['taɪbər] pr n: the (River) ~ le Tibre.

**Tiberias** [taɪ'bɪərɪæs] pr n: Lake ~ le lac de Tibériade.

**Tiberius** [taɪ'bɪərɪəs] pr n Tibère.

**Tibet** [tɪ'bet] pr n Tibet m; in ~ au Tibet.

**Tibetan** [tɪ'betn] ◇ n -1. [person] Tibétain m, -e f. -2. LING tibétain m. ◇ adj tibétain.

**tibia** ['tɪbɪə] (pl **tibias** OR **tibiae** [-bɪiː]) n tibia m.

**tic** [tɪk] n: (nervous) ~ tic m (nerveux).

**tich** [tɪtʃ] n Br inf microbe m.

**tichy** ['tɪtʃɪ] adj Br inf minuscule, tout petit.

**Ticino** [tɪ'tʃiːnəʊ] pr n Tessin m.

**tick** [tɪk] ◇ vi [clock, time-bomb] faire tic-tac; [motivation]: I wonder what makes him ~ je me demande ce qui le motive. ◇ vt Br [mark – name, item] cocher, pointer; [– box, answer] cocher; SCH [– as correct] marquer juste. ◇ n -1. [of clock] tic-tac m. -2. Br inf [moment] instant m; I'll only be a ~ j'en ai pour une seconde. -3. Br [mark] coche f; to put a ~ against sthg cocher qqch. -4. ZOOL tique f. -5. Br inf [credit] crédit m; to buy sthg on ~ acheter qqch à crédit. -6. TEX [ticking] toile f à matelas; [covering – for mattress] housse f (de matelas); [– for pillow] housse f (d'oreiller), taie f.

◆ **tick away** vi insep -1. [clock] faire tic-tac; [taximeter] tourner. -2. [time] passer.

◆ **tick off** vt sep -1. [name, item] cocher, pointer. -2. fig [count – reasons, chapters] compter, énumérer; he ~ed off the EC countries on his fingers il compta les pays de la CEE sur ses doigts. -3. Br inf [scold] attraper, passer un savon à; she got ~ed off for being late elle s'est fait attraper pour être arrivée en retard. -4. Am inf [annoy] agacer, taper sur le système à.

◆ **tick over** vi insep -1. Br [car engine] tourner au ralenti; [taximeter] tourner. -2. fig [business, production] tourner normalement.

**ticked** [tɪkt] adj Am inf en rogne.

**ticker** ['tɪkər] n -1. Am [printer] télescripteur m, téléimprimeur m. -2. inf [heart] palpitant m, cœur m. -3. inf [watch] tocante f, toquante f.

**tickertape** ['tɪkəteɪp] n -1. [tape] bande f de télescripteur OR de téléimprimeur. -2. Am fig: to get a ~ reception OR welcome recevoir un accueil triomphal.

**tickertape parade** n aux États-Unis, défilé où l'on accueille un héros national sous une pluie de serpentins.

**ticket** ['tɪkɪt] ◇ n -1. [for travel – on coach, plane, train] billet m; [– on bus, underground] billet m, ticket m; [for entry – to cinema, theatre, match] billet m; [– to car park] ticket m (de parking); [for membership – of library] carte f; this play's the hottest ~ in town c'est le spectacle dont tout le monde parle en ce moment. -2. [receipt – in shop] ticket m (de caisse), reçu m; [– for left-luggage, cloakroom] ticket m (de consigne); [– from pawnshop] reconnaissance f. -3. [label] étiquette f. -4. AUT [fine] P-V m, contravention f, amende f; to get a ~ avoir un P-V. -5. Am POL [set of principles]: he fought the election on a Democratic ~ il a basé son programme électoral sur les principes du Parti démocrate. -6. inf AERON & NAUT [certificate] brevet m. -7. ▽ Br mil sl: that's (just) the ~! inf voilà exactement ce qu'il faut! ◇ vt -1. [label] étiqueter. -2. [earmark] désigner, destiner. -3. Am [issue with a ticket] donner un billet à. -4. Am [issue with a parking ticket] mettre un P-V à.

**ticket agency** n -1. THEAT agence f de spectacles. -2. RAIL agence f de voyages.

**ticket collector** n RAIL contrôleur m, -euse f.

**ticket holder** n personne f munie d'un billet.

**ticket inspector** = **ticket collector**.

**ticket machine** n distributeur m de tickets, billetterie f automatique.

**ticket office** n bureau m de vente des billets, guichet m.

**ticket tout** n Br revendeur m, -euse f de billets (sur le marché noir).

**ticking** ['tɪkɪŋ] n -1. [of clock] tic-tac m. -2. TEX toile f (à matelas).

**ticking off** (pl **tickings off**) n Br inf: to give sb a ~ enguirlander qqn, tirer les oreilles à qqn; she got a ~ for being late elle s'est fait enguirlander parce qu'elle était en retard.

**tickle** ['tɪkl] ◇ vt -1. literal [by touching] chatouiller; to ~ sb in the ribs/under the chin chatouiller les côtes/le menton à qqn. -2. fig [curiosity, vanity] chatouiller. -3. fig [amuse] amuser, faire rire; [please] faire plaisir à; to be ~d pink OR to death être ravi OR aux anges. ◇ vi [person, blanket] chatouiller; [beard] piquer; don't ~! ne me chatouille pas! ◇ n [on body] chatouillement m; [in throat] picotement m; I've got an awful ~ in my throat j'ai la gorge qui picote atrocement.

**tickling** ['tɪklɪŋ] ◇ n (U) [of person] chatouilles fpl; [of blanket] picotement m. ◇ adj [throat] qui gratouille OR picote; [cough] d'irritation, qui gratte la gorge.

**ticklish** ['tɪklɪʃ] adj -1. [person, feet] chatouilleux; [sensation] de chatouillement. -2. inf [touchy] chatouilleux. -3. inf [delicate – situation, topic] délicat, épineux; [– moment] crucial; [– negotiations] délicat.

**tickly** ['tɪklɪ] adj inf [sensation] de chatouillis; [blanket] qui chatouille; [beard] qui pique.

**ticktack** ['tɪk,tæk] = **tic tac**.

**ticktock** ['tɪktɒk] n [of clock] tic-tac m.

**tic tac** ['tɪk,tæk] n -1. Br gestuelle f des bookmakers (pour indiquer la cote). -2. Am tic-tac m.

**tidal** ['taɪdl] adj [estuary, river] qui a des marées; [current, cycle, force] de la marée; [ferry] dont les horaires sont fonction de la marée; [energy] marémoteur.

**tidal wave** n raz-de-marée m inv; fig [of sympathy] élan m.

**tidbit** ['tɪdbɪt] Am = **titbit**.

**tiddledywinks** ['tɪdldɪwɪŋks] n Am = **tiddlywinks**.

**tiddler** ['tɪdlər] n inf -1. [fish] petit poisson m; [minnow] fretin m; [stickleback] épinoche f. -2. Br [child] mioche m.

**tiddly** ['tɪdlɪ] (compar **tiddlier**, superl **tiddliest**) adj Br inf -1. [tiny] tout petit, minuscule. -2. [tipsy] éméché, paf.

**tiddlywink** ['tɪdlɪwɪŋk] n pion m (du jeu de puce).

◆ **tiddlywinks** n (U) jeu m de puce.

**tide** [taɪd] n -1. [of sea] marée f; at high/low ~ à marée haute/basse; high ~ is at 17.29 la mer est haute à 17 h 29, la marée haute est à 17 h 29. -2. [of opinion] courant m; [of discontent, indignation] vague f; [of events] cours m, marche f; the ~ has turned la chance a tourné; there is a rising ~ of unrest amongst the workforce il y a une agitation grandissante parmi le personnel.

◆ **tide over** vt sep dépanner.

**tidemark** ['taɪdmɑːk] n -1. [on shore] laisse f de haute mer. -2. fig & hum [round bath, neck] marque f de crasse.

**tideway** ['taɪdweɪ] n [channel] lit m de la marée; [part of river] estuaire *m*, aber *m*.

**tidily** ['taɪdɪlɪ] *adv* (pack, fold] soigneusement, avec soin; ~ dressed [adult] bien habillé OR mis; [child] habillé proprement; **put your books/clothes away** ~ range bien tes livres/habits.

**tidiness** ['taɪdɪnɪs] *n* -1. [of drawer, desk, room] ordre *m*.-2. [of appearance] netteté *f*.-3. [of work, exercise book] propreté *f*, netteté *f*; [of writing] netteté *f*.

**tidings** ['taɪdɪŋz] *npl arch* OR *lit* nouvelles *fpl*.

**tidy** ['taɪdɪ] (*compar* **tidier**, *superl* **tidiest**, *pl* **tidies**, *pt* & *pp* **tidied**) ◇ *adj* -1. [room, house, desk] rangé, ordonné, en ordre; [garden, town] propre; **neat and** ~ propre et net. -2. [in appearance – person] soigné; [– clothes, hair] soigné, net. -3. [work, writing] soigné, net. -4. [in character – person] ordonné, méthodique. -5. *inf* [sum, profit] joli, coquet. ◇ *n* -1. [receptacle] vide-poches *m inv*.-2. *Am* [on chair] têtière *f*. ◇ *vt* [room] ranger, mettre de l'ordre dans; [desk, clothes, objects] ranger; **to** ~ **one's hair** se recoiffer.

◆ **tidy away** *vt sep* ranger, ramasser.

◆ **tidy up** ◇ *vi insep* -1. [in room] tout ranger. -2. [in appearance] s'arranger. ◇ *vt sep* [room, clothes] ranger, mettre de l'ordre dans; [desk] ranger; **to** ~ **o.s. up** s'arranger; ~ **your things up** [make tidy] range tes affaires; [put away] range OR ramasse tes affaires.

**tidy-out** *n inf*: **to have a** ~ [make tidy] faire du (grand) rangement; [clear out] faire du rangement par le vide.

**tidy-up** *n inf*: **to have a** ~ faire du rangement; **we'll have to give the place a** ~ **before the guests arrive** il va falloir mettre de l'ordre OR faire du rangement dans la maison avant l'arrivée des invités.

**tie** [taɪ] ◇ *n* -1. [necktie] cravate *f*.-2. [fastener – gen] attache *f*; [– on apron] cordon *m*; [– for curtain] embrasse *f*; [– on shoes] lacet *m*.-3. [bond, link] lien *m*, attache *f*; **family** ~s liens de parenté OR familiaux; **there are strong** ~s **between the two countries** les deux pays entretiennent d'étroites relations. -4. [restriction] entrave *f*.-5. SPORT [draw] égalité *f*; [drawn match] match *m* nul; **the match ended in a** ~ les deux équipes ont fait match nul ‖ [in competition] *compétition dont les gagnants sont ex aequo*; **it was a** ~ **for first/second place** il y avait deux premiers/seconds ex aequo ‖ POL égalité *f* de voix; **the election resulted in a** ~ à égalité des voix, le même nombre de voix OR étaient à l'égalité des voix. -6. FTBL [match] match *m*; **a championship** ~ un match de championnat. -7. MUS liaison *f*.-8. *Am* RAIL traverse *f*.-9. CONSTR tirant *m*.

◇ *vt* -1. [with string, rope – parcel] attacher, ficeler; **they** ~d **him to a tree** ils l'ont attaché OR ligoté à un arbre; **his hands and feet were** ~d ses mains et ses pieds étaient ligotés. -2. [necktie, scarf, shoelaces] attacher, nouer; **why not** ~ **some string to the handle?** pourquoi ne pas attacher une ficelle à la poignée?; **she** ~d **a bow/a ribbon in her hair** elle s'est mis un nœud/un ruban dans les cheveux; **to** ~ **a knot in sthg, to** ~ **sthg in a knot** faire un nœud à qqch ❑ **he's still** ~d **to his mother's apron strings** il n'a pas encore quitté les jupes de sa mère. -3. [confine – subj: responsibility, job etc]: **she's** ~d **to the house** [unable to get out] elle est clouée à la maison; [kept busy] la maison l'accapare beaucoup; **the job keeps me very much** ~d **to my desk** mon travail m'oblige à passer beaucoup de temps devant mon bureau; **they're** ~d **to** OR **by the conditions of the contract** ils sont liés par les conditions du contrat. -4. MUS lier.

◇ *vi* -1. [apron, shoelace etc] s'attacher, se nouer. -2. [draw – players] être à égalité; [– in match] faire match nul; [– in exam, competition] être ex aequo; [– in election] obtenir le même score OR nombre de voix; **they** ~d **for third place in the competition** ils étaient troisième ex aequo au concours.

◆ **tie back** *vt sep* [hair] attacher (en arrière); [curtains, plant] attacher; **her hair was** ~d **back in a bun** ses cheveux étaient ramassés en chignon.

◆ **tie down** *vt sep* -1. [with string, rope – person, object] attacher. -2. *fig* [restrict] accaparer; **she doesn't want to feel** ~d **down** elle ne veut pas perdre sa liberté; **I'd rather not be** ~d **down to a specific time** je préférerais qu'on ne fixe pas une heure précise.

◆ **tie in** ◇ *vi insep* -1. [be connected] être lié OR en rapport; **this** ~s **in with what I said before** cela rejoint ce que j'ai dit avant. -2. [correspond] correspondre, concorder; **the evidence doesn't** ~ **in with the facts** les indices dont nous

disposons ne correspondent pas aux faits OR ne cadrent pas avec les faits. ◇ *vt sep*: **how is this** ~d **in with your previous experiments?** quel est le lien OR le rapport avec vos expériences antérieures?; **she's trying to** ~ **her work experience in with her research** elle essaie de faire coïncider son expérience professionnelle et ses recherches.

◆ **tie on** *vt sep* attacher, nouer.

◆ **tie together** ◇ *vi insep*: **it all** ~s **together** tout se tient. ◇ *vt sep* [papers, sticks] attacher (ensemble); **to** ~ **sb's hands/feet together** attacher les mains/les pieds de qqn.

◆ **tie up** *vt sep* -1. [parcel, papers] ficeler; [plant, animal] attacher; [prisoner] attacher, ligoter; [boat] attacher, arrimer; [shoelace] nouer, attacher; **the letters were** ~d **up in bundles** les lettres étaient ficelées en liasses. -2. *(usu passive)* [money, supplies] immobiliser; **their money is all** ~d **up in shares** leur argent est entièrement investi dans des actions; **her inheritance is** ~d **up until her 21st birthday** elle ne peut toucher à son héritage avant son 21e anniversaire. -3. [connect – company, organization] lier par des accords. -4. [complete, finalize – deal] conclure; [– terms of contract] fixer; **there are still a few loose ends to** ~ **up** il y a encore quelques points de détail à régler. -5. [impede – traffic] bloquer; [– progress, production] freiner, entraver. ◇ *vi insep* -1. [be connected] être lié; **how does this** ~ **up with the Chicago gang killings?** quel est le rapport avec les assassinats du gang de Chicago?.-2. NAUT accoster.

**tieback** ['taɪbæk] *n* [cord] embrasse *f* (de rideaux); [curtain] rideau *m* (*retenu par une embrasse*).

**tie beam** *n* CONSTR longrine *f*.

**tiebreak(er)** ['taɪbreɪk(əʳ)] *n* TENNIS tie-break *m*; [in game, contest] épreuve *f* subsidiaire; [in quiz] question *f* subsidiaire.

**tie clasp, tie clip** *n* fixe-cravate *m*.

**tied** [taɪd] *adj* -1. SPORT: **to be** ~ [players] être à égalité; [game] être nul. -2. [person – by obligation, duties] pris, occupé; **he doesn't want to feel** ~ il ne veut pas s'engager; **she isn't** ~ **by any family obligations** elle n'a OR elle n'est tenue par aucune obligation familiale. -3. MUS [note] lié.

**tied cottage** *n Br* logement attaché à une ferme et occupé par un employé agricole.

**tied house** *n* [pub] pub lié par contrat à une brasserie qui l'approvisionne; [house] logement *m* de fonction.

**tied up** *adj* [busy]: **to be** ~ être occupé OR pris; **she's** ~ **with the children every Wednesday** elle est prise par les enfants tous les mercredis; **he's** ~ **in a meeting until 5** il est en réunion jusqu'à 17 h.

**tie-dye** *vt* teindre en nouant (*pour obtenir une teinture non uniforme*).

**tie-in** *n* -1. [connection] lien *m*, rapport *m*.-2. *Am* COMM [sale] vente *f* par lots; [items] lot *m*.-3. [in publishing] livre, cassette etc lié à un film ou une émission.

**tie line** *n* TELEC ligne *f* interautomatique.

**tiepin** ['taɪpɪn] *n* épingle *f* de cravate.

**tier** [tɪəʳ] ◇ *n* -1. [row of seats in theatre, stadium] gradin *m*, rangée *f*; [level] étage *m*.-2. ADMIN échelon *m*, niveau *m*; **a five-**~ **system** un système à cinq niveaux. -3. [of cake] étage *m*. ◇ *vt* [seating] disposer en gradins.

**tie-rod** *n* AUT tirant *m*.

**Tierra del Fuego** [tɪˌerədel'fweɪgəʊ] *pr n* Terre de Feu *f*; **in** ~ en Terre de Feu.

**tie-tack** *n Am* fixe-cravate *m*.

**tiff** [tɪf] *n Br inf* prise *f* de bec; **they've had a bit of a** ~ ils se sont un peu disputés; **a lover's** ~ une dispute d'amoureux.

**tig** [tɪg] *n* (jeu *m* du) chat *m*.

**tiger** ['taɪgəʳ] *n* tigre *m*; **to hunt** ~ aller à la chasse au tigre ❑ **to get off the** ~ OR **the** ~'s **back** se tirer d'embarras; **to have a** ~ **by the tail** se trouver pris dans une situation dont on n'est plus maître.

**tiger cub** *n* petit *m* du tigre.

**tiger lily** *n* lis *m* tigré.

**tiger moth** *n* écaille *f* ENTOM.

**tight** [taɪt] ◇ *adj* -1. [garment, footwear] serré, étroit; **it's a** ~ **fit** c'est trop serré OR juste; [close-fitting] un jean moulant. -2. [stiff – drawer, door] dur à ouvrir; [– tap] dur à tourner; [– lid] dur à enlever; [– screw] serré; [constricted] pesant; **it was a** ~ **squeeze but**

we got everyone in on a eu du mal mais on a réussi à faire entrer tout le monde ❑ **to be in a ~ corner** OR **spot** être dans une situation difficile. **-3.** [taut – rope] raide, tendu; [– bow] tendu; [– net, knitting, knot] serré; [– skin] tiré; [– group] serré; her face looked **~ and drawn** elle avait les traits tirés ‖ [firm]: **to keep (a) ~ hold** OR **grasp on sthg** bien tenir qqch; **she kept a ~ hold on the rail** elle s'agrippait à la balustrade; **she kept a ~ hold on the expenses** fig elle surveillait les dépenses de près; **you should keep a ~er rein on the children/your emotions** fig il faudrait surveiller les enfants de plus près/mieux maîtriser vos émotions. **-4.** [sharp – bend, turn] brusque. **-5.** [strict – control, restrictions] strict, sévère; [– security] strict; **to run a ~ ship** mener son monde à la baguette. **-6.** [limited – budget, credit] serré, resserré; **money is a bit ~** OR **things are a bit ~ at the moment** l'argent manque un peu en ce moment. **-7.** [close – competition] serré. **-8.** [busy – schedule] serré, chargé; **it was ~ but I made it in time** c'était juste, mais je suis arrivé à temps. **-9.** inf [mean] radin, pingre. **-10.** inf [drunk] soûl, rond.

◇ adv [close, fasten] bien; **packed ~** [bag] bien rempli OR plein; [pub, room] bondé; **hold ~!** tenez-vous bien!, accrochez-vous bien!; **she held the rabbit ~ in her arms** elle serrait le lapin dans ses bras; **pull the thread ~** tirez OR tendez bien le fil.

◆ **tights** npl: **(pair of) ~s** collant m, collants mpl.

**tight-arsed**▼ Br [-ɑːst], **tight-assed**▼ Am [-æst] adj coincé, constipé.

**tighten** ['taɪtn] ◇ vt **-1.** [belt, strap] resserrer; **he ~ed his grasp on the rail** il agrippa plus fermement la balustrade ❑ **to ~ one's belt** literal resserrer sa ceinture; fig se serrer la ceinture. **-2.** [nut, screw] serrer, bien visser; [knot] serrer; [cable, rope] serrer, tendre. **-3.** [control, security, regulations] renforcer; [credit] resserrer. ◇ vi **-1.** [grip]: **his finger ~ed on the trigger** son doigt se serra sur la gâchette. **-2.** [nut, screw, knot] se resserrer; [cable, rope] se raidir, se tendre. **-3.** [control, security, regulation] être renforcé; [credit] se resserrer. **-4.** [throat, stomach] se nouer.

◆ **tighten up** vt sep **-1.** [nut, screw] serrer. **-2.** [control, security, regulation] renforcer.

◆ **tighten up on** vt insep: **to ~ up on discipline/security** renforcer la discipline/la sécurité; **the government are ~ing up on drug pushers/tax evasion** le gouvernement renforce la lutte contre les revendeurs de drogue/la fraude fiscale.

**tightening** ['taɪtnɪŋ] n [of screw, credit] resserrement m; [of control, regulation] renforcement m.

**tightfisted** [,taɪt'fɪstɪd] adj pej avare, pingre.

**tight-fitting** adj [skirt, trousers] moulant; [lid] qui ferme bien.

**tight-knit** [-'nɪt] adj [community, family] (très) uni.

**tight-lipped** [-'lɪpt] adj: **he sat ~ and pale** il était assis, pâle et muet.

**tightly** ['taɪtlɪ] adv **-1.** [firmly – hold, fit, screw] (bien) serré; **he held his daughter ~ to him** il serrait sa fille tout contre lui; **hold on ~** tenez-vous OR accrochez-vous bien; **we held on ~ to the rail** nous nous sommes agrippés fermement à la balustrade; **the cases were ~ sealed** les caisses étaient bien scellées; **her eyes were ~ shut** elle avait les yeux bien fermés; **news is ~ controlled** les informations sont soumises à un contrôle rigoureux; **~ curled hair** des cheveux frisés. **-2.** [densely]: **the lecture hall was ~ packed** l'amphithéâtre était bondé OR plein à craquer.

**tightness** ['taɪtnɪs] n **-1.** [of garment, shoes] étroitesse f. **-2.** [stiffness – of drawer, screw, tap] dureté f. **-3.** [tautness – of bow, rope] raideur f; **he felt a sudden ~ in his throat** il sentit soudain sa gorge se nouer. **-4.** [strictness – of control, regulation] rigueur f, sévérité f; [– of security] rigueur f.

**tightrope** ['taɪtrəʊp] n corde f raide; **to walk the ~** marcher sur la corde raide; **she's walking a political ~** fig elle s'est aventurée sur un terrain politique glissant OR dangereux.

**tightrope walker** n funambule mf.

**Tigré** ['tiːgreɪ] pr n Tigré m; **in ~** dans le Tigré.

**tigress** ['taɪgrɪs] n ZOOL & fig tigresse f.

**tilde** ['tɪldə] n tilde m.

**tile** [taɪl] ◇ n [for roof] tuile f; [for wall, floor] carreau m; **to have a night (out) on the ~s** inf faire la noce. ◇ vt [roof] couvrir de tuiles; [floor, wall] carreler.

**tiled** [taɪld] adj [floor, wall] carrelé; **~ floor** sol m carrelé; **~ roof** toit m de tuiles.

**tiling** ['taɪlɪŋ] n (U) **-1.** [putting on tiles – on roof] pose f des tuiles; [– on floor, in bathroom] carrelage m. **-2.** [tiles – on roof] tuiles fpl; [– on floor, wall] carrelage m, carreaux mpl.

**till** [tɪl] ◇ conj & prep = **until**. ◇ n **-1.** [cash register] caisse f (enregistreuse); [drawer] tiroir-caisse m; **to be caught with one's fingers** OR **hands in the ~** être pris en flagrant délit OR la main dans le sac. **-2.** [money] caisse f. ◇ vt AGR labourer.

**tiller** ['tɪlər] n **-1.** NAUT barre f, gouvernail m. **-2.** BOT pousse f, talle f.

**tilt** [tɪlt] ◇ vt **-1.** [lean] pencher, incliner; **to ~ one's chair (back)** se balancer sur sa chaise; **to ~ one's head back** renverser la tête en arrière; **this may ~ the odds in our favour** fig cela peut faire pencher la balance de notre côté. **-2.** [cover – gen] bâcher; NAUT tauder. ◇ vi **-1.** [lean] se pencher, s'incliner; **to ~ backwards/forwards** se pencher en arrière/en avant. **-2.** HIST [joust] jouter; **to ~ at sb** HIST diriger un coup de lance contre qqn; fig lancer des piques à qqn ❑ **to ~ at windmills** se battre contre des moulins à vent. ◇ n **-1.** [angle] inclinaison f; [slope] pente f; **she wore her hat at a ~** elle portait son chapeau incliné. **-2.** HIST [joust] joute f; [thrust] coup m de lance; fig: **to have a ~ at sb** s'en prendre à qqn, décocher des pointes à qqn. **-3.** [awning] store m (de toile), bâche f; NAUT taud m.

◆ **full tilt** adv phr: **he ran full ~ into her** il lui est rentré en plein dedans; **he ran full ~ into the door** il est rentré en plein dans la porte.

◆ **tilt over** vi insep **-1.** [slant] pencher. **-2.** [overturn] se renverser, basculer.

**timber** ['tɪmbər] ◇ n **-1.** [wood] bois m de charpente OR de construction OR d'œuvre. **-2.** (U) [trees] arbres mpl, bois m; **land under ~** terre f boisée; **standing ~** bois sur pied. **-3.** [beam] madrier m, poutre f; [on ship] membrure f. ◇ comp [roof, fence] en bois. ◇ vt [tunnel] boiser. ◇ interj: **~!** attention!

**timbered** ['tɪmbəd] adj [region, land] boisé; [house] en bois.

**timbering** ['tɪmbərɪŋ] n boisage m.

**timber merchant** n marchand m de bois.

**timberwork** ['tɪmbəwɜːk] n structure f en bois.

**timberyard** ['tɪmbəjɑːd] n chantier m de bois.

**timbre** ['tæmbrə, 'tɪmbər] n LING & MUS timbre m.

**Timbuktu** [,tɪmbʌk'tuː] pr n Tombouctou.

**time** [taɪm] ◇ n **-1.** [continuous stretch of time] temps m; **as ~ goes by** avec le temps; **the price has gone up over ~** le prix a augmenté avec le temps; **these things take ~** cela ne se fait pas du jour au lendemain; **to have ~ on one's hands** avoir du temps; **since the dawn of ~** depuis la nuit des temps; **doesn't ~ fly!** comme le temps passe vite!; **only ~ will tell** seul l'avenir nous le dira; **it's a race against ~** c'est une course contre la montre; **~ is on our side** le temps joue en notre faveur ❑ **~ is money** prov le temps, c'est de l'argent prov; **~ and tide wait for no man** prov les événements n'attendent personne. **-2.** [period of time spent on particular activity] temps m; **there's no ~ to lose** il n'y a pas de temps à perdre; **he lost no ~ in telling me** il s'est empressé de me le dire; **to make up for lost ~** rattraper le temps perdu; **I passed the ~ reading** j'ai passé mon temps à lire; **take your ~ over it** prenez le temps qu'il faudra; **you took your ~ about it!** tu en as mis du temps!; **she made the ~ to read the report** elle a pris le temps de lire le rapport; **half the ~ he doesn't know what he's doing** la moitié du temps il ne sait pas ce qu'il fait; **most of the ~** la plupart du temps; **it rained part** OR **some of the ~** il a plu par moments; **we spend the better part of our ~ working** nous passons le plus clair de notre temps à travailler; **I start in three weeks' ~** je commence dans trois semaines ❑ **all in good ~!** chaque chose en son temps!; **I'll finish it in my own good ~** je le finirai quand bon me semblera. **-3.** [available period of time] temps m; **I haven't (the) ~ to do the shopping** je n'ai pas le temps de faire les courses; **I've no ~ for gossip** literal je n'ai pas le temps de papoter; fig je n'ai pas de temps à perdre en bavardages; **my ~ is my own** mon temps m'appartient; **it's not my own** je ne suis pas libre de mon temps; **we've just got ~ to catch the train** on a juste le temps d'attraper le train; **we've got plenty of ~** OR **all the ~ in the world** nous avons tout le temps. **-4.** [while]

temps *m*; after a ~ après un (certain) temps; a long ~ ago il y a longtemps; it's a long ~ since we've been out for a meal together ça fait longtemps que nous ne sommes pas sortis dîner ensemble; he waited for a long ~ il a attendu longtemps; you took a long ~! tu en as mis du temps!, il t'en a fallu du temps!; long ~ no see! *inf* ça faisait long-temps!; a short ~ peu de temps; she's going to stay with us for a short ~ elle va rester avec nous pendant quelque temps; after some ~ au bout de quelque temps, après un certain temps; some ~ ago il y a quelque temps; it's the best film I've seen for some ~ c'est le meilleur film que j'aie vu depuis un moment; it will take (quite) some ~ to repair il va falloir pas mal de temps pour le réparer. **-5.** [time taken or required to do something] temps *m*, durée *f*; the flying ~ to Madrid is two hours la durée du vol pour Madrid est de deux heures; she finished in half the ~ it took me to finish elle a mis deux fois moins de temps que moi pour finir. **-6.** [by clock] heure *f*; what ~ is it?, what's the ~? quelle heure est-il?; what ~ do you make it? quelle heure avez-vous?; have you got the right ~ on you? avez-vous l'heure juste?; the ~ is twenty past three il est trois heures vingt; what ~ are we leaving? à quelle heure partons-nous?; do you know how to tell the ~? est-ce que tu sais lire l'heure?; could you tell me the ~? pourriez-vous me dire l'heure (qu'il est)?; have you seen the ~? avez-vous vu l'heure?; this old watch still keeps good ~ cette vieille montre est toujours à l'heure OR exacte; we'll have to keep an eye on the ~ il faudra surveiller l'heure; it is almost ~ to leave/for my bus il est presque l'heure de partir/de mon bus; it's ~ I was going il est temps que je parte; it's dinner ~, it's ~ for dinner c'est l'heure de dîner; there you are, it's about ~! te voilà, ce n'est pas trop tôt! ❑ I wouldn't give him the ~ of day je ne lui dirais même pas bonjour; to pass the ~ of day with sb échanger quelques mots avec qqn. **-7.** [system]: local ~ heure *f* locale; it's 5 o'clock To-kyo ~ il est 5 h, heure de Tokyo. **-8.** [schedule]: is the bus running to ~? est-ce que le bus est à l'heure?; within the required ~ dans les délais requis. **-9.** [particular point in time] moment *m*; at that ~ I was in Madrid à ce moment-là j'étais OR j'étais alors à Madrid; I worked for her at one ~ à un moment donné j'ai travaillé pour elle; at the present ~ en ce moment, à présent; at a later ~ plus tard; at a given ~ à un moment donné; at any one ~ à la fois; an inconve-nient ~ un moment inopportun; at the best of ~s même quand tout va bien; even at the best of ~s he is not that patient même dans ses bons moments il n'est pas particu-lièrement patient; at no ~ did I agree to that je n'ai jamais donné mon accord pour cela; by the ~ you get this... le temps que tu reçoives ceci..., quand tu auras reçu ceci...; by that ~ it will be too late à ce moment-là il sera trop tard; by that ~ we'll all be dead d'ici là nous serons tous morts; by this ~ next week d'ici une semaine, dans une semaine; this ~ next week la semaine prochaine à cette heure-ci; this ~ last week il y a exactement une semaine; in between ~s entre-temps; until such ~ as I hear from them jusqu'à ce que OR en attendant que j'aie de leurs nouvelles. **-10.** [suit-able moment] moment *m*; now is the ~ to invest c'est main-tenant qu'il faut investir; when the ~ comes (quand) le moment (sera) venu; we'll talk about that when the ~ comes nous en parlerons en temps utile; the ~ has come to make a stand c'est le moment d'avoir le courage de ses opi-nions; it's about ~ we taught her a lesson il est grand temps que nous lui donnions une bonne leçon; there's no ~ like the present [let's do it now] faisons-le maintenant; there's a ~ and a place for everything il y a un temps et un lieu pour ça à tout. **-11.** [occasion, instance] fois *f*; I'll for-give you this ~ je vous pardonne cette fois-ci OR pour cette fois; each OR every ~ chaque fois; she succeeds every ~ elle réussit à chaque fois; another OR some other ~ une au-tre fois; many ~s bien des fois, très souvent; many a ~ I've wondered... je me suis demandé plus d'une OR bien des fois...; it costs 15 cents a ~ ça coûte 15 cents à chaque fois; the one ~ I'm winning, he wants to stop playing pour une fois que je gagne, il veut arrêter de jouer; nine ~s out of ten the machine doesn't work neuf fois sur dix la machine ne marche pas; we'll have to decide some ~ or other tôt ou tard OR un jour ou l'autre il va falloir nous décider; there's always a first ~ il y a un début à tout; give me a good detective story every ~! rien ne vaut un bon roman policier!**-12.** [experience]: to have a good ~ bien s'amuser; she's had a terrible ~ of it elle a beaucoup souffert; I had the ~ of my life jamais je ne me suis si bien OR autant amusé; we had an awful ~ at the picnic nous nous som-mes ennuyés à mourir au pique-nique; it was a difficult ~ for all of us c'était une période difficile pour nous tous; she had a hard ~ bringing up five children alone ça a été diffi-cile pour elle d'élever cinq enfants seule. **-13.** [hours of work]: to work part/full ~ travailler à temps partiel/à plein temps; in company ~ *Br*, on company ~ *Am* pendant les heures de travail; in your own ~ *Br*, on your own ~ *Am* pendant votre temps libre, en dehors des heures de travail; ~ off temps *m* libre. **-14.** [hourly wages]: we pay ~ and a half on weekends nous payons les heures du week-end une fois et demie le tarif normal; overtime is paid at dou-ble ~ les heures supplémentaires sont payées OR comptées double. **-15.** *(usu plural)* [era] époque *f*, temps *m*; in Victorian ~s à l'époque victorienne; ancient ~s l'Antiquité *f*; in ~s past, in former ~s autrefois, jadis; in ~s to come à l'avenir; at one ~, things were different autrefois OR dans le temps les choses étaient différentes; in ~(s) of need/war en temps de pénurie/de guerre; ~ was when doctors made house calls il fut un temps où les médecins faisaient des vi-sites à domicile; the ~s we live in l'époque où nous vivons; in my ~ children didn't talk back de mon temps les en-fants ne répondaient pas ❑ to be ahead of OR before one's ~ être en avance sur son époque OR sur son temps; to be be-hind the ~s être en retard sur son époque OR sur son temps; to keep up with the ~s vivre avec son temps; ~s have changed autres temps, autres mœurs *prov*. **-16.** [lifetime]: I've heard some odd things in my ~! j'en ai entendu, des choses, dans ma vie!; at my ~ of life à mon âge; that was before your ~ [birth] vous n'étiez pas encore né; [arrival] vous n'étiez pas encore là; her ~ has come [childbirth] elle arrive à son terme; [death] son heure est venue OR a sonné; [success] son heure est venue; he died before his ~ il est mort avant l'âge. **-17.** [season]: it's hot for the ~ of year il fait chaud pour la saison. **-18.** [end of period] fin *f*; ~'s up [on exam, visit] c'est l'heure; [on meter, telephone] le temps est écoulé; ~, (gentlemen) please! [in pub] *Br* on ferme!; the ref-eree called ~ SPORT l'arbitre a sifflé la fin du match. **-19.** *Am* COMM: to buy sthg on ~ acheter qqch à tempérament OR à terme OR à crédit. **-20.** ▽ [in prison]: to do ~ faire de la taule; he's serving ~ for murder il est en taule pour meur-tre. **-21.** [multiplied by]: in triple OR three-part ~ à trois temps; ~ (value) valeur *f* (d'une note). **-22.** RADIO & TV espace *m*; to buy/to sell ~ on television acheter/vendre de l'espace publicitaire à la télévision.

◇ *vt* **-1.** [on clock - runner, worker] chronométrer; ~ how long she takes to finish regardez combien de temps elle met pour finir; he ~d his speech to last 20 minutes il a fait en sorte que son discours dure 20 minutes; to ~ an egg mi-nuter le temps de cuisson d'un œuf. **-2.** [schedule] fixer OR prévoir (l'heure de); they ~d the attack for 6 o'clock l'attaque était prévue pour 6 h. **-3.** [choose right moment for] choisir OR calculer le moment de; he ~d the blow perfectly il a frappé au bon moment; your remark was perfectly/ badly ~d votre observation est venue au bon/au mauvais moment. **-4.** [synchronize] régler, ajuster.

◆ **times** ◇ *npl* [indicating degree] fois *f*; she's ten ~s clever-er than he is elle est dix fois plus intelligente que lui. ◇ *prep* MATH: 3 ~s 2 is 6 3 fois 2 font OR égalent 6.

◆ **ahead of time** *adv phr* en avance; I'm ten minutes ahead of ~ j'ai dix minutes d'avance.

◆ **all the time** *adv phr*: he talked all the ~ we were at lunch il a parlé pendant tout le déjeuner; he's been watching us all the ~ il n'a pas cessé de nous regarder; I knew it all the ~ je le savais depuis le début.

◆ **any time** *adv phr* n'importe quand; come over any ~ ve-nez quand vous voulez; thanks for all your help — any ~ merci de votre aide — de rien.

◆ **at a time** *adv phr*: for days at a ~ pendant des journées entières, des journées durant; take one book at a ~ prenez les livres un par un OR un (seul) livre à la fois; she ran up the stairs two at a ~ elle a monté les marches quatre à quatre.

◆ **at all times** *adv phr* à tous moments.

◆ **at any time** *adv phr* à toute heure; at any ~ of day or night à n'importe quelle heure du jour ou de la nuit; at any ~ during office hours n'importe quand pendant les heures de bureau; he could die at any ~ il peut mourir d'un moment à l'autre.

◆ **at the same time** adv phr **-1.** [simultaneously] en même temps. **-2.** [yet] en même temps. **-3.** [nevertheless] pourtant, cependant.

◆ **at the time** adv phr: at the ~ of their wedding au moment de leur mariage; I didn't pay much attention at the ~ sur le moment je n'ai pas fait vraiment attention.

◆ **at times** adv phr parfois, par moments.

◆ **for a time** adv phr pendant un (certain) temps.

◆ **for all time** adv phr pour toujours.

◆ **for the time being** adv phr pour le moment.

◆ **from time to time** adv phr de temps en temps, de temps à autre.

◆ **in time** adv phr **-1.** [eventually]: he'll forget about it in (the course of) ~ il finira par l'oublier (avec le temps). **-2.** [not too late]: let me know in (good) ~ prévenez-moi (bien) à l'avance; she arrived in ~ for the play elle est arrivée à l'heure pour la pièce; I'll be back in ~ for the film je serai de retour à temps pour le film. **-3.** MUS en mesure; to be OR keep in ~ (with the music) être en mesure (avec la musique).

◆ **in (next to) no time** adv phr en un rien de temps.

◆ **of all time** adv phr de tous les temps.

◆ **of all times** adv phr: why now of all ~s? pourquoi faut-il que ce soit juste maintenant?

◆ **on time** adv phr à l'heure.

◆ **out of time** adv phr: he got out of ~ il a perdu la mesure.

◆ **time after time, time and (time) again** adv phr maintes et maintes fois.

**time-and-motion** n: ~ study étude f de productivité (qui se concentre sur l'efficacité des employés).

**time bomb** n literal & fig bombe f à retardement; they're sitting on a ~ fig ils dansent sur un volcan.

**time capsule** n capsule f témoin (qui doit servir de témoignage historique aux générations futures).

**time card** n INDUST carte f OR fiche f de pointage.

**time chart** n **-1.** [showing time zones] carte f des fuseaux horaires. **-2.** [showing events] table f d'événements historiques. **-3.** [showing planning] calendrier m, planning m.

**time check** n [on radio] rappel m de l'heure.

**time clock** n INDUST pointeuse f.

**time-consuming** adj [work] qui prend beaucoup de temps, prenant; [tactics] dilatoire.

**time deposit** n Am FIN dépôt m à terme.

**time difference** n décalage m horaire.

**time exposure** n **-1.** [of film] pose f. **-2.** [photograph] photo f prise en pose.

**time frame** n délai m.

**time fuse** n détonateur m OR fusée f à retardement.

**time-honoured** [-,ɒnəd] adj consacré (par l'usage).

**timekeeper** ['taɪm,ki:pər] n **-1.** [watch] montre f; [clock] horloge f; [stopwatch] chronomètre m. **-2.** [supervisor] pointeau m. **-3.** [employee, friend]: he's a good ~ il est toujours à l'heure, il est toujours très ponctuel. **-4.** SPORT chronométreur m (officiel), chronométreuse f (officielle).

**timekeeping** ['taɪm,ki:pɪŋ] n [of employee] ponctualité f.

**time lag** n **-1.** [delay] décalage m dans le temps. **-2.** [in time zones] décalage m horaire.

**time lapse** n décalage m horaire.

**timeless** ['taɪmlɪs] adj éternel, hors du temps, intemporel.

**time limit** n [gen] délai m, date f limite; JUR délai m de forclusion; the work must be completed within the ~ le travail doit être terminé avant la date limite.

**timely** ['taɪmlɪ] adj [remark, intervention, warning] qui tombe à point nommé, opportun; [visit] opportun; he made a ~ escape il s'est échappé juste à temps.

**time machine** n machine f à voyager dans le temps.

**time off** n temps m libre.

**time out** n **-1.** SPORT temps m mort; [in chess match] temps m de repos. **-2.** [break]: I took ~ to travel [from work] je me suis mis en congé pour voyager; [from studies] j'ai interrompu mes études pour voyager.

**timepiece** ['taɪmpi:s] n fml OR dated [watch] montre f; [clock] horloge f, pendule f.

**timer** ['taɪmər] n **-1.** CULIN minuteur m; (egg) ~ sablier m, compte-minutes m inv. **-2.** [counter] compteur m. **-3.** [for lighting] minuterie f. **-4.** [stopwatch] chronomètre m. **-5.** SPORT [timekeeper] chronométreur m, -euse f. **-6.** AUT distributeur m (d'allumage).

**time-saver** n: a dishwasher is a great ~ on gagne beaucoup de temps avec un lave-vaisselle.

**time-saving** ◇ adj qui économise OR fait gagner du temps. ◇ n gain m de temps.

**time scale** n échelle f dans le temps.

**timeserver** ['taɪm,sɜ:vər] n **-1.** [opportunist] opportuniste mf. **-2.** [employee] tire-au-flanc m inv.

**time-serving** ◇ adj opportuniste. ◇ n opportunisme m.

**time-share** ◇ n: to buy a ~ in a flat acheter un appartement en multipropriété. ◇ adj [flat] en multipropriété; [computer] en temps partagé.

**time sheet** n fiche f horaire.

**time signal** n RADIO signal m OR top m horaire.

**time signature** n MUS indication f de la mesure.

**time slice** n COMPUT tranche f de temps.

**time switch** n [for oven, heating] minuteur m; [for lighting] minuterie f.

**timetable** ['taɪm,teɪbl] ◇ n **-1.** [for transport] horaire m; bus ~ indicateur m OR horaire des autobus. **-2.** [schedule] emploi m du temps. **-3.** [calendar] calendrier m; exam ~ dates fpl OR calendrier des examens. ◇ vt [meeting – during day] fixer une heure pour; [– during week, month] fixer une date pour; SCH [classes, course] établir un emploi du temps pour; her visit is ~d to coincide with the celebrations sa visite devrait coïncider avec les festivités.

**time travel** n voyage m dans le temps.

**time trial** n SPORT course f contre la montre.

**time warp** n: it's like living in a ~ c'est comme si on vivait hors du temps.

**timeworn** ['taɪmwɔ:n] adj [object] usé par le temps, vétuste; fig [idea, phrase] rebattu, éculé.

**time zone** n fuseau m horaire.

**timid** ['tɪmɪd] adj timide.

**timidity** [tɪ'mɪdətɪ] n timidité f.

**timidly** ['tɪmɪdlɪ] adv timidement.

**timidness** ['tɪmɪdnɪs] n timidité f.

**timing** ['taɪmɪŋ] n **-1.** [of actor] minutage m (du débit); [of musician] sens m du rythme; [of tennis player] timing m; [of stunt driver] synchronisation f; you need a good sense of ~ il faut savoir choisir le bon moment; cooking such a big meal requires careful ~ pour préparer un si grand repas, il faut organiser son temps avec soin; that was good ~! voilà qui était bien calculé! **-2.** [chosen moment – of operation, visit] moment m choisi; the ~ of the statement was unfortunate cette déclaration est vraiment tombée à un très mauvais moment. **-3.** SPORT chronométrage m. **-4.** AUT réglage m de l'allumage.

**timing mechanism** n [for bomb, in clock] mécanisme m d'horlogerie.

**timorous** ['tɪmərəs] adj timoré, craintif.

**Timothy** ['tɪməθɪ] prn Timothée.

**timpani** ['tɪmpənɪ] npl timbales fpl MUS.

**tin** [tɪn] (pt & pp **tinned**, cont **tinning**) ◇ n **-1.** [metal] étain m; ~ (plate) fer-blanc m. **-2.** Br [can] boîte f (en fer-blanc); a ~ of paint un pot de peinture. **-3.** [for storing] boîte f en fer; biscuit ~ [empty] boîte f à biscuits; [full] boîte f de biscuits. ◇ comp [made of tin] en étain; [made of tinplate] en fer-blanc; [box] en fer; [roof] en tôle; 'The Tin Drum' Grass 'le Tambour'. ◇ vt **-1.** Br [food] mettre en conserve OR en boîte. **-2.** [plate] étamer.

**tin can** n boîte f (en fer-blanc).

**tincture** ['tɪŋktʃər] ◇ n **-1.** CHEM & PHARM teinture f. **-2.** [colour, tint] teinte f, nuance f. **-3.** lit [trace, hint] teinte f, touche f. ◇ vt literal & fig teinter.

**tinder** ['tɪndər] n (U) [in tinderbox] amadou m; [dry wood] petit bois m; [dry grass] herbes fpl sèches.

**tinderbox** ['tɪndəbɒks] n **-1.** [lighter] briquet m à amadou. **-2.** [dry place] endroit m sec. **-3.** fig [explosive situation] poudrière f, situation f explosive.

**tine** [taɪn] *n* [of fork] dent *f*; [of antler] andouiller *m*.

**tinfoil** ['tɪnfɔɪl] *n* papier *m* d'aluminium.

**ting** [tɪŋ] ◇ *onomat* ding. ◇ *vi* tinter. ◇ *vt* faire tinter.

**ting-a-ling** ◇ *onomat* [of phone, doorbell, bike] dring-dring. ◇ *n* dring-dring *m*.

**tinge** [tɪndʒ] ◇ *n* teinte *f*, nuance *f*. ◇ *vt* teinter; her smile was ~d with sadness *fig* son sourire était empreint de tristesse.

**tingle** ['tɪŋgl] ◇ *vi* -**1.** [with heat, cold – ears, cheeks, hands] fourmiller, picoter; the cold wind made my face ~ le vent froid me piquait le visage; his cheeks were tingling les joues lui picotaient. -**2.** [with excitement, pleasure] frissonner, frémir. ◇ *n* -**1.** [stinging] picotements *mpl*, fourmillements *mpl*. -**2.** [thrill] frisson *m*, frémissement *m*.

**tingling** ['tɪŋglɪŋ] ◇ *n* [stinging] picotement *m*, fourmillement *m*; [from excitement] frisson *m*, frémissement *m*. ◇ *adj* [sensation] de picotement, de fourmillement.

**tingly** ['tɪŋglɪ] *adj* [sensation] de picotement, de fourmillement.

**tin god** *n* demi-dieu *m*.

**tin hat** *n* casque *m* (militaire).

**tinker** ['tɪŋkər] ◇ *n* -**1.** [pot mender] rétameur *m*; [gipsy] romanichel *m*, -elle *f*; I don't give a ~'s cuss OR damn! *inf* je m'en fiche comme de ma première chemise!; it's not worth a ~'s cuss *inf* ça vaut des clopinettes; ~, tailor, soldier, sailor ... [child's rhyme] ≃ il m'aime un peu, beaucoup, passionnément ... -**2.** Br *inf* [child] voyou *m*, garnement *m*. -**3.** [act of tinkering] bricolage *m*. ◇ *vi*: he spends hours ~ing with that car il passe des heures à bricoler cette voiture; someone has ~ed with this report quelqu'un a trafiqué ce rapport.

**tinkle** ['tɪŋkl] ◇ *vi* [bell] tinter. ◇ *vt* faire tinter. ◇ *n* -**1.** [ring] tintement *m*. -**2.** Br [phone call]: to give sb a ~ *inf* donner OR passer un coup de fil à qqn. -**3.** *inf* [act of urinating]: to go for a ~ aller faire pipi.

**tinkling** ['tɪŋklɪŋ] ◇ *n* tintement *m*. ◇ *adj* [bell] qui tinte; [water] qui murmure.

**tin mine** *n* mine *f* d'étain.

**tinned** [tɪnd] *adj* Br [sardines, fruit etc] en boîte, en conserve; ~ food conserves *fpl*.

**tinny** ['tɪnɪ] (*compar* **tinnier**, *superl* **tinniest**) *adj* -**1.** [sound] métallique, de casserole; [taste] métallique. -**2.** *inf* [poor quality] de quatre sous.

**tin opener** *n* Br ouvre-boîte *m*, ouvre-boîtes *m inv*.

**Tin Pan Alley** *n*: he works in ~ il travaille dans la musique pop.

**tinplate** ['tɪnpleɪt] *n* fer-blanc *m*.

**tin-pot** *adj* Br -**1.** [worthless – car, machine] qui ne vaut rien. -**2.** [insignificant, hopeless] médiocre; a ~ regime/dictator un régime/un dictateur fantoche.

**tinsel** ['tɪnsl] (*Br pt & pp* **tinselled**, *cont* **tinselling**, *Am pt & pp* **tinseled**, *cont* **tinseling**) ◇ *n* (*U*) -**1.** [for Christmas tree] guirlandes *fpl* de Noël; [in fine strands] cheveux *mpl* d'ange. -**2.** *fig* clinquant *m*; Tinsel Town *hum & pej* nom donné à Hollywood. ◇ *vt* [tree] orner OR décorer de guirlandes.

**tinsmith** ['tɪnsmɪθ] *n* étameur *m*, ferblantier *m*.

**tin soldier** *n* soldat *m* de plomb.

**tint** [tɪnt] ◇ *n* -**1.** [colour, shade] teinte *f*, nuance *f*. -**2.** [hair dye] shampooing *m* colorant. -**3.** [in engraving, printing] hachure *f*, hachures *fpl*. ◇ *vt* teinter; ~ed lenses verres *mpl* teintés; she ~s her hair elle se teint les cheveux.

**Tintoretto** [ˌtɪntəˈretəʊ] *pr n* le Tintoret.

**tin whistle** *n* flûtiau *m*, pipeau *m*.

**tiny** ['taɪnɪ] (*compar* **tinier**, *superl* **tiniest**) *adj* tout petit, minuscule; a ~ bit un tout petit peu.

**tip** [tɪp] (*pt & pp* **tipped**, *cont* **tipping**) ◇ *n* -**1.** [extremity – of ear, finger, nose] bout *m*; [– of tongue] bout *m*, pointe *f*; [– of cigarette, wing] bout *m*; [– of blade, knife, fork] pointe *f*; stand on the ~s of your toes mettez-vous sur la pointe des pieds □ his name is on the ~ of my tongue j'ai son nom sur le bout de la langue. -**2.** [of island, peninsula] extrémité *f*, pointe *f*; it's just the ~ of the iceberg *fig* ce n'est que la partie émergée de l'iceberg. -**3.** [cap – on walking stick, umbrella] embout *m*; [– on snooker cue] procédé *m*. -**4.** Br [dump – for rubbish] dépotoir *m*, dépôt *m* d'ordures; [– for coal] terril *m*; *fig*: your

room is a real ~! *inf* quel bazar, ta chambre!; the house is a bit of a ~ *inf* la maison est un peu en désordre. -**5.** [hint – for stock market, race] tuyau *m*; [advice] conseil *m*; to give sb a ~ [for race] donner un tuyau à qqn; [for repairs, procedure] donner un tuyau OR un conseil à qqn. -**6.** [money] pourboire *m*; to give sb a ~ donner un pourboire à qqn.
◇ *vt* -**1.** [cane] mettre un embout à; [snooker cue] mettre un procédé à; arrows tipped with poison des flèches empoisonnées. -**2.** [tilt, lean] incliner, pencher; to ~ one's hat to sb saluer qqn d'un coup de chapeau; the boxer tipped the scales at 80 kg le boxeur pesait 80 kg; to ~ the scales in sb's favour *fig* faire pencher la balance en faveur de qqn. -**3.** [upset, overturn] renverser, faire chavirer; I was tipped off my stool non me m'a fait tomber de mon tabouret/dans l'eau. -**4.** Br [empty, pour] verser; [unload] décharger. -**5.** [winning horse] pronostiquer; Orlando is tipped for the 2.30 OR to win the 2.30 Orlando est donné gagnant dans la course de 14 h 30; you've tipped a winner there *fig* vous avez trouvé un bon filon; he's tipped to be the next president OR as the next president on pronostique qu'il sera le prochain président □ to ~ sb the wink *inf* avertir OR prévenir qqn. -**6.** [porter, waiter] donner un pourboire à; she tipped him £1 elle lui a donné une livre de pourboire.
◇ *vi* -**1.** Br [tilt] incliner, pencher. -**2.** Br [overturn] basculer, se renverser. -**3.** Br [rubbish]: 'no tipping' 'défense de déposer des ordures'. -**4.** [give money] laisser un pourboire.
◆ **tip back** ◇ *vi insep* se rabattre en arrière, s'incliner en arrière; don't ~ back on your chair ne te balance pas sur ta chaise. ◇ *vt sep* faire basculer (en arrière); don't ~ your chair back too far ne te penche pas trop en arrière sur ta chaise.
◆ **tip down** Br *inf* ◇ *vi insep*: the rain is tipping down, it's tipping down (with rain) il pleut des cordes. ◇ *vt sep phr*: it's tipping it down il pleut des cordes.
◆ **tip off** *vt sep* avertir, prévenir.
◆ **tip out** *vt sep* Br -**1.** [empty – liquid, small objects] vider, verser; [– rubbish, larger objects] déverser, décharger. -**2.** [overturn, toss] faire basculer.
◆ **tip over** ◇ *vi insep* -**1.** [tilt] pencher. -**2.** [overturn – boat] chavirer, se renverser. ◇ *vt sep* faire basculer, renverser.
◆ **tip up** ◇ *vi insep* -**1.** [cinema seat] se rabattre; [bunk, plank, cart] basculer. -**2.** [bucket, cup, vase] se renverser. ◇ *vt sep* -**1.** [seat, table] faire basculer, rabattre. -**2.** [upside down – bottle, barrel] renverser.

**tip-off** *n inf*: to give sb a ~ [hint] filer un tuyau à qqn; [warning] avertir OR prévenir qqn.

**tipped** ['tɪpt] *adj*: ~ with felt/steel à bout feutré/ferré ‖ [cigarettes] (à) bout filtre (*inv*).

**tipper** ['tɪpər] *n* -**1.** = **tipper truck**. -**2.** [tipping device] benne *f* (basculante). -**3.** [customer]: he's a generous ~ il laisse toujours de bons pourboires.

**tipper truck** *n* camion *m* à benne (basculante).

**Tipp-Ex**® ['tɪpeks] *n* correcteur *m* liquide, Tipp-Ex® *m*.
◆ **tippex out** *vt sep*: to ~ sthg out effacer qqch (avec du Tipp-Ex®).

**tipple** ['tɪpl] ◇ *vi inf* picoler. ◇ *n* -**1.** *inf* [drink]: he likes a ~ now and then il aime boire un coup de temps à autre. -**2.** MIN [device] culbuteur *m*; [place – for loading] aire *f* de chargement; [– for unloading] aire *f* de déchargement.

**tippler** ['tɪplər] *n* buveur *m*, -euse *f*.

**tipster** ['tɪpstər] *n* pronostiqueur *m*, -euse *f*.

**tipsy** ['tɪpsɪ] (*compar* **tipsier**, *superl* **tipsiest**) *adj inf* pompette, rond; to get ~ se griser; white wine makes me ~ le vin blanc me monte à la tête.

**tiptoe** ['tɪptəʊ] ◇ *n*: on ~ sur la pointe des pieds. ◇ *vi* marcher sur la pointe des pieds; to ~ in/out entrer/sortir sur la pointe des pieds.

**tip-top** *adj inf* de premier ordre, de toute première qualité; in ~ condition en excellent état.

**tip-up** *adj*: ~ seat [in cinema, theatre] siège *m* rabattable, strapontin *m*; [in metro] strapontin *m*; ~ truck Br camion *m* à benne (basculante).

**tirade** [taɪ'reɪd] *n* diatribe *f*; a ~ of abuse une bordée d'injures.

**tire** ['taɪər] ◇ *vi* -**1.** [become exhausted] se fatiguer; she ~s easily elle est vite fatiguée. -**2.** [become bored] se fatiguer, se lasser; he soon ~d of her/of her company il se lassa vite d'elle/de sa compagnie. ◇ *vt* **-1.** [exhaust] fatiguer. **-2.** [bore] fatiguer, lasser. ◇ *n Am* = **tyre.**

◆ **tire out** *vt sep* épuiser, éreinter; you'll ~ yourself out moving all those boxes vous allez vous épuiser à déplacer toutes ces caisses.

**tired** ['taɪəd] *adj* **-1.** [exhausted] fatigué; to feel ~ se sentir fatigué; to get ~ se fatiguer; the walk made me ~ la marche m'a fatigué; my eyes are ~ j'ai les yeux fatigués; in a ~ voice d'une voix lasse. **-2.** [fed up] fatigué, las (*f* lasse); to be ~ of sthg/sb en avoir assez de qqch/qqn; she soon got ~ of him elle se fatigua OR se lassa vite de lui. **-3.** [hackneyed] rebattu. **-4.** *fig* [old – skin] desséché; [– vegetable] défraîchi, flétri; [– upholstery, springs, car] fatigué.

**tiredly** ['taɪədlɪ] *adv* [say] d'une voix lasse; [move, walk] avec lassitude.

**tiredness** ['taɪədnɪs] *n* **-1.** [exhaustion] fatigue *f*.**-2.** [tedium] fatigue *f*, lassitude *f*.

**tireless** ['taɪəlɪs] *adj* [effort] infatigable, inlassable; [energy] inépuisable.

**tirelessly** ['taɪəlɪslɪ] *adv* infatigablement, inlassablement, sans ménager ses efforts.

**tiresome** ['taɪəsəm] *adj* [irritating] agaçant, ennuyeux; [boring] assommant, ennuyeux.

**tiring** ['taɪərɪŋ] *adj* fatigant.

**tiro** ['taɪrəʊ] = **tyro.**

**Tirol** [tɪ'rəʊl] = **Tyrol.**

**'tis** [tɪz] *dial* OR *lit* = **it is.**

**tissue** ['tɪʃuː] *n* **-1.** ANAT & BOT tissu *m*.**-2.** TEX tissu *m*, étoffe *f*; a ~ of lies *fig* un tissu de mensonges. **-3.** [paper handkerchief] mouchoir *m* en papier; [toilet paper] papier *m* hygiénique.

**tissue paper** *n* papier *m* de soie.

**tit** [tɪt] *n* **-1.** ORNITH mésange *f*.**-2.** ▽ [breast] nichon *m*.**-3.** ▽ *pej* imbécile *mf*.**-4.** *phr*: it's ~ for tat! c'est un prêté pour un rendu!

**Titan** ['taɪtn] *n* ASTRON Titan; MYTH Titan *m*.

**titanic** [taɪ'tænɪk] *adj* **-1.** [huge] titanesque, colossal. **-2.** CHEM au titane; ~ acid acide *m* de titane.

**titanium** [tɪ'teɪnɪəm] *n* titane *m*.

**titbit** ['tɪtbɪt] *n* **-1.** CULIN bon morceau *m*, morceau *m* de choix. **-2.** [of information, of scandal] détail *m* croustillant; ~ of gossip potin *m*, racontar *m*.

**titch** [tɪtʃ] = **tich.**

**titchy** ['tɪtʃɪ] = **tichy.**

**tithe** [taɪð] ◇ *n* HIST dîme *f*; to pay ~s payer la dîme. ◇ *vt* lever la dîme sur.

**Titian** ['tɪʃn] *pr n* (le) Titien.

**Titicaca** [tɪtɪ'kɑːkɑ:] *pr n*: Lake ~ le lac Titicaca.

**titillate** ['tɪtɪleɪt] *vt* titiller.

**titillation** [,tɪtɪ'leɪʃn] *n* titillation *f*.

**titivate** ['tɪtɪveɪt] *inf* & *hum* ◇ *vi* se bichonner, se pomponner. ◇ *vt* bichonner.

**titivation** [,tɪtɪ'veɪʃn] *n inf* bichonnage *m*.

**title** ['taɪtl] ◇ *n* **-1.** [indicating rank, status] titre *m*; the monarch bears the ~ of Defender of the Faith le monarque porte le titre de défenseur de la foi ‖ [nickname] surnom *m*; she earned the ~ "Iron Lady" on l'a surnommée «la Dame de Fer». **-2.** [of book, film, play, song] titre *m*; [of newspaper article] titre *m*, intitulé *m*.**-3.** PRINT titre *m*.**-4.** SPORT titre *m*; to win the ~ remporter le titre; he holds the world heavyweight boxing ~ il détient le titre de champion du monde de boxe des poids lourds. **-5.** JUR droit *m*, titre *m*. ◇ *comp* [music] du générique.◇ *vt* [book, chapter, film] intituler.

◆ **titles** *npl* CIN & TV [credits] générique *m*.

**titled** ['taɪtld] *adj* [person, family] titré.

**title deed** *n* titre *m* de propriété.

**titleholder** ['taɪtl,həʊldə'] *n* détenteur *m*, -trice *f* du titre, tenant *m*, -e *f* du titre.

**title page** *n* page *f* de titre.

**title role** *n* rôle-titre *m*.

**title track** *n* morceau *m* qui donne son titre à l'album.

**titmouse** ['tɪtmaʊs] (*pl* **titmice** [-maɪs]) *n* ORNITH mésange *f*.

**titter** ['tɪtə'] ◇ *vi* rire bêtement OR sottement, glousser. ◇ *n*

petit rire *m* bête OR sot, gloussement *m*.

**tittle** ['tɪtl] *n* TYPO signe *m* diacritique, iota *m*.

**tittle-tattle** [-,tætl] ◇ *n (U)* potins *mpl*, cancans *mpl*. ◇ *vi* jaser, cancaner.

**titular** ['tɪtjʊlə'], **titulary** ['tɪtjʊlərɪ] *adj* nominal.

**Titus** ['taɪtəs] *pr n* Tite.

**tizzy** ['tɪzɪ] *n inf* panique *f*; to be in a ~ paniquer; don't get into a ~ about it ne t'affole pas pour ça.

**T-junction** *n* intersection *f* en T.

**TN** *written abbr of* **Tennessee.**

**TNT** (*abbr of* **trinitrotoluene**) *n* TNT *m*.

**to** [strong form tuː, weak form before vowel tʊ, weak form before consonant tə] ◇ *prep* **A. -1.** [indicating direction]: to go to school/the cinema aller à l'école/au cinéma; let's go to town allons en ville; he climbed to the top il est monté jusqu'au sommet OR jusqu'en haut; we've been to it before nous y sommes déjà allés; I invited them to dinner je les ai invités à dîner; let's go to Susan's allons chez Susan; to go to the doctor OR doctor's aller chez le médecin; the road to the south la route du sud; our house is a mile to the south notre maison est à un mille au sud; what's the best way to the station? quel est le meilleur chemin pour aller à la gare?; I sat with my back to her j'étais assis lui tournant le dos; tell her to her face dites-le-lui en face. **-2.** [indicating location, position] à; she lives next door to us elle habite à côté de chez nous; to one side d'un côté; to the left/right à gauche/droite. **-3.** [with geographical names]: to Le Havre au Havre; to France en France; to the United States aux États-Unis; I'm off to Paris je pars à OR pour Paris; the road to Chicago la route de Chicago; planes to and from Europe les vols à destination et en provenance de l'Europe. **-4.** [indicating age, amount or level reached] jusqu'à; the snow came (up) to her knees la neige lui arrivait aux genoux; it's accurate to the millimetre c'est exact au millimètre près; it weighs 8 to 9 pounds ça pèse entre 8 et 9 livres; moderate to cool temperatures des températures douces ou fraîches. **-5.** [so as to make contact with] à, contre; she pinned the brooch to her dress elle a épinglé la broche sur sa robe; they danced cheek to cheek ils dansaient joue contre joue. **B. -1.** [before the specified hour or date]: it's ten minutes to three il est trois heures moins dix; it's twenty to il est moins vingt; how long is it to dinner? on dîne dans combien de temps?; there's only two weeks to Christmas il ne reste que deux semaines avant Noël. **-2.** [up to and including] (jusqu') à; from March to June de mars (jusqu') à juin; I do everything from scrubbing the floor to keeping the books je fais absolument tout, depuis le ménage jusqu'à la comptabilité. **C. -1.** [before infinitive]: to talk parler. **-2.** [after verb]: she lived to be 100 elle a vécu jusqu'à 100 ans; we are so complete the work by Monday nous devons finir le travail pour lundi; she went on to become a brilliant guitarist elle est ensuite devenue une excellente guitariste; you can leave if you want to vous pouvez partir si vous voulez; why? — because I told you to pourquoi? — parce que je t'ai dit de le faire; would you like to come? — we'd love to voulez-vous venir? — avec plaisir OR oh, oui!**-3.** [after noun]: I have a lot to do j'ai beaucoup à faire; that's no reason to leave ce n'est pas une raison pour partir; the first to complain le premier à se plaindre; that's the way to do it voilà comment il faut faire. **-4.** [after adjective]: I'm happy/sad to see her go je suis content/triste de la voir partir; difficult/easy to do difficile/facile à faire; she's too proud to apologize elle est trop fière pour s'excuser. **-5.** [after 'how', 'which', 'where' etc]: do you know where to go? savez-vous où aller?; he told me how to get there il m'a dit comment y aller. **-6.** [indicating purpose] pour; I did it to annoy her je l'ai fait exprès pour l'énerver. **-7.** [introducing statement] pour; to put it another way en d'autres termes. **-8.** [in exclamations]: oh, to be in England! ah, si je pouvais être en Angleterre!; and to think I nearly married him! quand je pense que j'ai failli l'épouser!**-9.** [in headlines]: unions to strike les syndicats s'apprêtent à déclencher la grève.

**D. -1.** [indicating intended recipient, owner] à; I showed the picture to her je lui ai montré la photo; show it to her montrez-le-lui; that book belongs to her ce livre lui appartient; be kind to him/to animals soyez gentil avec lui/bon

envers les animaux; **what's it to him?** qu'est-ce que cela peut lui faire? **-2.** [in the opinion of] pour; **it sounds suspicious to me** cela me semble bizarre; **it didn't make sense to him** ça n'avait aucun sens pour lui. **-3.** [indicating intention]: **with a view to clarifying matters** dans l'intention d'éclaircir la situation; **it's all to no purpose** tout cela ne sert à rien OR est en vain. **-4.** [indicating resulting state]: **the light changed to red** le feu est passé au rouge; **the noise drove him to distraction** le bruit le rendait fou; **the rain turned to snow** la pluie avait fait place à la neige; **(much) to my relief/surprise/delight** à mon grand soulagement/mon grand étonnement/ma grande joie; **smashed to pieces** brisé en mille morceaux; **he was beaten to death** il a été battu à mort; **they starved to death** ils sont morts de faim. **-5.** [as regards]: **the answer to your question** la réponse à votre question; **no one was sympathetic to his ideas** ses idées ne plaisaient à personne; **what would you say to a game of bridge?** que diriez-vous d'un bridge?, si on faisait un bridge?; **that's all there is to it** c'est aussi simple que ça; **there's nothing to it** il n'y a rien de plus simple; **'to translating annual report: $300'** COMM [on bill] 'traduction du rapport annuel: 300 dollars'; **'to services rendered'** 'pour services rendus'. **-6.** [indicating composition or proportion]: **there are 16 ounces to a pound** il y a 16 onces dans une livre; **there are 6 francs to the dollar** un dollar vaut 6 francs; **one cup of sugar to every three cups of fruit** une tasse de sucre pour trois tasses de fruits; **Milan beat Madrid by 4 (points) to 3** Milan a battu Madrid 4 (points) à 3; **I'll bet 100 to 1** je parierais 100 contre 1; **the odds are 1000 to 1 against it happening again** il y a 1 chance sur 1000 que cela se produise à nouveau; **the vote was 6 to 3** il y avait 6 voix contre 3. **-7.** [per]: **how many miles do you get to the gallon?** ≃ vous faites combien de litres au cent? **-8.** [indicating comparison]: **inferior to** inférieur à; **they compare her to Callas** on la compare à (la) Callas; **inflation is nothing (compared) to last year** l'inflation n'est rien à côté de OR en comparaison de l'année dernière. **-9.** [of] de; **the key to this door** la clé de cette porte; **he's secretary to the director/to the committee** c'est le secrétaire du directeur/du comité; **the French ambassador to Algeria** l'ambassadeur français en Algérie; **ambassador to the King of Thailand** ambassadeur auprès du roi de Thaïlande. **-10.** [in accordance with]: **to his way of thinking, to his mind** à son avis; **to hear him talk, you'd think he was an expert** à l'entendre parler, on croirait que c'est un expert; **the climate is not to my liking** le climat ne me plaît pas; **add salt to taste** salez selon votre goût OR à volonté; **she made out a cheque to the amount of £15** elle a fait un chèque de 15 livres. **-11.** [indicating accompaniment, simultaneity]: **we danced to live music** nous avons dansé sur la musique d'un orchestre. **-12.** [in honour of] à; **(here's) to your health!** à la vôtre!; **to my family** [in dedication] à ma famille; **a monument to the war dead** un monument aux morts.
**E. -1.** [indicating addition]: **add flour to the list** ajoutez de la farine sur la liste; **add 3 to 6** additionnez 3 et 6, ajoutez 3 à 6; **in addition to Charles, there were three women** en plus de Charles, il y avait trois femmes. **-2.** MATH: **2 to the 3rd power, 2 to the 3rd** 2 (à la) puissance 3.
◇ *adv* **-1.** [closed] fermé; **the wind blew the door to** un coup de vent a fermé la porte. **-2.** [back to consciousness]: **to come to** revenir à soi, reprendre connaissance. **-3.** NAUT: **to bring a ship to** mettre un bateau en panne.

**toad** [təʊd] *n* **-1.** ZOOL crapaud *m*. **-2.** *inf & fig* [person] rat *m*.

**toad-in-the-hole** *n Br* CULIN plat composé de saucisses cuites au four dans une sorte de pâte à crêpes.

**toadstool** ['təʊdstuːl] *n* champignon *m* (vénéneux).

**toady** ['təʊdɪ] (*pl* **toadies**, *pt & pp* **toadied**) *pej* ◇ *n* flatteur *m*, -euse *f*. ◇ *vi* être flatteur; **to ~ to sb** passer de la pommade à qqn.

**to and fro** *adv phr*: **to go ~** aller et venir, se promener de long en large; **to swing ~** se balancer d'avant en arrière.
♦ **to-and-fro** *adj*: **a to-and-fro movement** un mouvement de va-et-vient.

**toast** [təʊst] ◇ *n* **-1.** [bread] pain *m* grillé; **a piece** OR **slice of ~** une tartine grillée, un toast; **don't burn the ~** ne brûle pas le pain; **cheese/sardines on ~** fromage fondu/sardines sur du pain grillé. **-2.** [drink] toast *m*; **to drink a ~ to sb** porter un toast à qqn, boire à la santé de qqn; **we drank a ~ to**

their success/future happiness on a bu à leur succès/bonheur futur; **to propose a ~ to sb** porter un toast à qqn; **she was the ~ of the town** elle était la coqueluche de la ville. ◇ *vt* **-1.** [grill] griller; **he was ~ing himself/his toes by the fire** *fig* il se chauffait/il se rôtissait les orteils devant la cheminée. **-2.** [drink to – person] porter un toast à, boire à la santé de; [– success, win] arroser; **they ~ed their victory in champagne** ils ont arrosé sa victoire au champagne.

**toasted** ['təʊstɪd] *adj*: **~ sandwich** sandwich *m* grillé; **~ cheese** fromage *m* fondu.

**toaster** ['təʊstər] *n* grille-pain *m inv* (électrique), toaster *m*.

**toasting fork** ['təʊstɪŋ-] *n* fourchette *f* à griller le pain.

**toastmaster** ['təʊst,mɑːstər] *n* animateur *m* (*qui annonce les toasts ou les discours lors d'une réception*).

**toast rack** *n* porte-toasts *m inv*.

**tobacco** [tə'bækəʊ] (*pl* **tobaccos**) ◇ *n* **-1.** tabac *m*; **chewing ~** tabac *m* à chiquer. **-2.** BOT: **~ (plant)** (pied *m* de) tabac *m*. ◇ *comp* [leaf, plantation, smoke] de tabac; [industry] du tabac.

**tobacconist** [tə'bækənɪst] *n* marchand *m*, -e *f* de tabac, buraliste *mf*; **~'s (shop)** (bureau *m* de) tabac *m*.

**tobacco pouch** *n* blague *f* à tabac.

**Tobago** [tə'beɪgəʊ] → **Trinidad and Tobago**.

**-to-be** *in cpds*: **mother~** future mère *f*.

**toboggan** [tə'bɒgən] ◇ *n* luge *f*. ◇ *comp* [race] de luge. ◇ *vi* **-1.** SPORT: **to ~** OR **go ~ing** faire de la luge; **they ~ed down the slope** ils ont descendu la pente en luge. **-2.** *Am* [prices, sales] dégringoler.

**toboggan run** *n* piste *f* de luge.

**tod** [tɒd] *n Br phr*: **to be on one's ~** *inf* être tout seul.

**today** [tə'deɪ] ◇ *adv* aujourd'hui; **a week ~** [past] il y a huit jours aujourd'hui; [future] dans huit jours aujourd'hui; **they arrived a week ago ~** ils sont arrivés il y a huit jours; **he died 5 years ago ~** cela fait 5 ans aujourd'hui qu'il est mort ❏ **here ~ and gone tomorrow** ça va ça va vient. ◇ *n* aujourd'hui *m*; **what's ~'s date?** quelle est la date d'aujourd'hui?; **what day is it ~?** quel jour est-on aujourd'hui)?; **~ is March 17th** aujourd'hui, on est le 17 mars; **it's Monday ~** on est lundi aujourd'hui; **a week from ~** dans une semaine aujourd'hui; **three weeks from ~** dans trois semaines; **the youth of ~, ~'s youth** la jeunesse d'aujourd'hui ❏ **~'s the day!** c'est le grand jour!; **'Today'** PRESS *quotidien britannique populaire de tendance conservatrice*.

**toddle** ['tɒdl] *vi* **-1.** [start to walk – child] faire ses premiers pas; [walk unsteadily] marcher d'un pas chancelant. **-2.** *inf* [go] aller; [stroll] se balader; [go away] s'en aller, partir.
♦ **toddle off** *vi insep inf* [go] aller; [go away] s'en aller, partir bien gentiment.

**toddler** ['tɒdlər] *n* tout petit *m*/toute petite *f* (*qui fait ses premiers pas*); **their children are still ~s** leurs enfants sont tout juste en âge de marcher.

**toddy** ['tɒdɪ] (*pl* **toddies**) *n* **-1.** [drink] ≃ grog *m*. **-2.** [sap] sève *f* de palmier (*utilisée comme boisson*).

**to-do** *n inf* **-1.** [fuss] remue-ménage *m inv*, tohu-bohu *m inv*; **she made a great ~ about it** elle en a fait tout un plat; **there was a great ~ over her wedding** son mariage a fait grand bruit; **what a ~!** quelle affaire!, quelle histoire! **-2.** *Am* [party] bringue *f*.

**toe** [təʊ] ◇ *n* **-1.** ANAT orteil *m*, doigt *m* de pied; **big/little ~** gros/petit orteil ❏ **to step** OR **to tread on sb's ~s** *literal & fig* marcher sur les pieds de qqn; **she kept us on our ~s** elle ne nous laissait aucun répit. **-2.** [of sock, shoe] bout *m*. ◇ *vt* **-1.** [ball] toucher du bout du pied. **-2.** *phr*: **to ~ the line** OR *Am* **mark** se mettre au pas, obtempérer; **to ~ the party line** POL s'aligner sur OR suivre la ligne du parti.

**toe cap** *n* bout *m* renforcé (*de soulier*); **steel ~** bout *m* ferré.

**toehold** ['təʊhəʊld] *n* prise *f* de pied; **to get** OR **to gain a ~** [climber] trouver une prise (pour le pied); *fig* prendre pied, s'implanter.

**toeless** ['təʊlɪs] *adj* **-1.** ANAT sans orteil OR orteils. **-2.** [sock, shoe] à bout ouvert.

**toenail** ['təʊneɪl] *n* ongle *m* de pied.

**toe-piece** *n* [of ski] butée *f*.

**toerag**▽ ['təʊræg] *n Br pej* ordure *f*.

**toff** [tɒf] *n Br inf* aristo *m*.

**toffee** ['tɒfɪ] *n Br* caramel *m* (au beurre); **I can't speak Italian**

for ~ *inf* je suis incapable de parler italien.

**toffee apple** *n* pomme *f* d'amour (*confiserie*).

**toffee-nosed** *adj Br inf* bêcheur, snob.

**tofu** ['təʊfuː] *n* tofu *m inv*.

**tog** [tɒg] (*pt & pp* **togged**, *cont* **togging**) *n* [measurement of warmth] pouvoir *m* adiathermique, PA *m*; ~ **number** indice *m* de PA.

◆ **togs** *npl inf* [clothes] fringues *fpl*; SPORT affaires *fpl*.

◆ **tog out, tog up** *vt sep inf* nipper, fringuer; **she was all togged up in her best clothes** elle était super sapée; **they were all togged out for the match** ils s'étaient tous mis en tenue pour le match.

**toga** ['təʊgə] *n* toge *f*.

**together** [tə'geðə'] ◇ *adv* **-1.** [with each other] ensemble; **they get on well** ~ ils s'entendent bien; **we're all in this** ~! on est tous logés à la même enseigne! **-2.** [jointly]: **she's cleverer than both of them put** ~ elle est plus intelligente qu'eux deux réunis; **even taken** ~, **their efforts don't amount to much** même si on les considère dans leur ensemble, leurs efforts ne représentent pas grand-chose. **-3.** [indicating proximity]: **tie the two ribbons** ~ attachez les deux rubans l'un à l'autre; **she tried to bring the two sides** ~ elle a essayé de rapprocher les deux camps; **we were crowded** ~ **into the room** on nous a tous entassés dans la pièce. **-4.** [at the same time] à la fois, en même temps, ensemble; **all** ~ **now!** [pull] tous ensemble!, ho hisse!; [sing, recite] tous ensemble OR en chœur! **-5.** [consecutively]: **for 12 hours** ~ pendant 12 heures d'affilée OR de suite. ◇ *adj inf* [person] équilibré, bien dans sa peau.

◆ **together with** *conj phr* ainsi que, en même temps que.

**togetherness** [tə'geðənɪs] *n* [unity] unité *f*; [solidarity] solidarité *f*; [comradeship] camaraderie *f*.

**toggle** ['tɒgl] ◇ *n* **-1.** [peg] cheville *f*. **-2.** SEW bouton *m* de duffle-coat. **-3.** NAUT cabillot *m*. ◇ *vt* NAUT attacher avec un cabillot. ◇ *vi* COMPUT basculer; **to** ~ **between** alterner entre.

**toggle switch** *n* ELEC interrupteur *m* à bascule; COMPUT bascule *f* OR interrupteur *m* de changement de mode.

**Togo** ['təʊgəʊ] *prn* Togo *m*; **in** ~ au Togo.

**Togolese** [,təʊgə'liːz] (*pl inv*) ◇ *n* Togolais *m*, -e *f*. ◇ *adj* togolais.

**toil** [tɔɪl] ◇ *vi* **-1.** [labour] travailler dur, peiner; **he** ~**ed over his essay for weeks** il a peiné or il a sué sur sa dissertation pendant des semaines. **-2.** [as verb of movement] avancer péniblement; **they** ~**ed up the hill on their bikes/on foot** ils montèrent péniblement la colline à vélo/à pied. ◇ *n* labeur *m lit*, travail *m* (pénible).

◆ **toil away** *vi insep* travailler dur, peiner.

**toilet** ['tɔɪlɪt] *n* **-1.** [lavatory] toilettes *fpl*; **to go to the** ~ aller aux toilettes OR aux cabinets; **he threw it down the** ~ il l'a jeté dans les toilettes; 'Public Toilets' 'Toilettes', 'W-C Publics'. **-2.** = **toilette**.

**toilet bag** *n* trousse *f* de toilette.

**toilet paper** *n* papier *m* hygiénique.

**toiletries** ['tɔɪlɪtrɪz] *npl* articles *mpl* de toilette.

**toilet roll** *n* rouleau *m* de papier hygiénique.

**toilet seat** *n* siège *m* des cabinets OR W-C OR toilettes.

**toilet soap** *n* savon *m* de toilette.

**toilette** [twɑː'let] *n dated* OR *fml* toilette *f* (*action de se laver*).

**toilet tissue** *n* = **toilet paper**.

**toilet-train** *vt*: **to** ~ **a child** apprendre à un enfant à être propre.

**toilet-trained** [-,treɪnd] *adj* propre.

**toilet water** *n* eau *f* de toilette.

**toils** [tɔɪlz] *npl lit* rets *mpl lit*, filets *mpl*.

**to-ing and fro-ing** [,tuːɪŋən'frəʊɪŋ] *n (U) inf* allées et venues *fpl*.

**token** ['təʊkn] ◇ *n* **-1.** [of affection, appreciation, esteem etc] marque *f*, témoignage *m*; **as a** ~ **of** OR **in** ~ **of my gratitude** en témoignage OR en gage de ma reconnaissance; **a love** ~ un gage d'amour. **-2.** [indication] signe *m*. **-3.** [souvenir, gift] souvenir *m*. **-4.** [for machine] jeton *m*. **-5.** [voucher] bon *m*. **-6.** LING occurrence *f*. ◇ *adj* [gesture, effort] symbolique, pour la forme; [increase, protest] symbolique, de pure forme.

◆ **by the same token** *adv phr* de même, pareillement.

**token payment** *n* paiement *m* symbolique (d'intérêts).

**Tokyo** ['təʊkjəʊ] *prn* Tokyo.

**told** [təʊld] *pt & pp* → **tell**.

**Toledo** [tɒ'leɪdəʊ] *prn* Tolède.

**tolerable** ['tɒlərəbl] *adj* **-1.** [pain, situation, behaviour] tolérable; [standard] admissible. **-2.** [not too bad] pas trop mal, passable.

**tolerably** ['tɒlərəblɪ] *adv* passablement; **she performed** ~ (**well**) elle n'a pas trop mal joué; **they were** ~ **pleased with the results** ils étaient assez contents des résultats.

**tolerance** ['tɒlərəns] *n* tolérance *f*; **they showed great** ~ ils ont fait preuve de beaucoup de tolérance, ils ont été très tolérants; **to develop (a)** ~ **to a drug** développer une accoutumance à un médicament.

**tolerant** ['tɒlərənt] *adj* tolérant; **he's not very** ~ **of others** il n'est pas très tolérant envers les autres; **she's not very** ~ **of criticism** elle ne supporte pas bien les critiques.

**tolerantly** ['tɒlərəntlɪ] *adv* avec tolérance.

**tolerate** ['tɒləreɪt] *vt* tolérer.

**toleration** [,tɒlə'reɪʃn] *n* tolérance *f*.

**toll** [təʊl] ◇ *n* **-1.** [on bridge, road] péage *m*. **-2.** [of victims] nombre *m* de victimes; [of casualties] nombre *m* de blessés; [of deaths] nombre *m* de morts; **the epidemic took a heavy** ~ **of** OR **among the population** l'épidémie a fait beaucoup de morts OR de victimes parmi la population; **the years have taken their** ~ les années ont laissé leurs traces; **her illness took its** ~ **on her family** sa maladie a ébranlé sa famille. **-3.** [of bell] sonnerie *f*. ◇ *vt & vi* [bell] sonner.

**tollbooth** ['təʊlbuːθ] *n* (poste *m* de) péage *m*.

**toll bridge** *n* pont *m* à péage.

**toll-free** *Am* ◇ *adj*: ~ **number** numéro *m* vert. ◇ *adv*: **to call** ~ appeler un numéro vert.

**tollgate** ['təʊlgeɪt] *n* (barrière *f* de) péage *m*.

**tollhouse** ['təʊlhaʊs, *pl* -haʊzɪz] *n* (bureau *m* de) péage *m*.

**tollroad** ['təʊlrəʊd] *n* route *f* à péage.

**Tolstoy** ['tɒlstɔɪ] *prn*: **Leon** ~ Léon Tolstoï.

**tom** [tɒm] *n* [cat] matou *m*.

**Tom** [tɒm] *prn* [dimin of Thomas]: **any** OR **every** ~, **Dick or Harry** n'importe qui, le premier venu; '~ **Thumb**' 'Tom Pouce'.

**tomahawk** ['tɒməhɔːk] *n* tomahawk *m*.

**tomato** [*Br* tə'mɑːtəʊ, *Am* tə'meɪtəʊ] (*pl* **tomatoes**) ◇ *n* tomate *f*. ◇ *comp* [juice, salad, soup] de tomates; ~ **ketchup** ketchup *m*; ~ **plant** (pied *m* de) tomate *f*; ~ **sauce** sauce *f* tomate.

**tomb** [tuːm] *n* tombeau *m*, tombe *f*.

**tombola** [tɒm'bəʊlə] *n Br* tombola *f*.

**tomboy** ['tɒmbɔɪ] *n* garçon *m* manqué.

**tombstone** ['tuːmstəʊn] *n* pierre *f* tombale.

**tomcat** ['tɒmkæt] *n* chat *m*, matou *m*.

**tome** [təʊm] *n* gros volume *m*.

**tomfool** [,tɒm'fuːl] *inf* ◇ *n* idiot *m*, -e *f*, imbécile *mf*. ◇ *adj* idiot, imbécile.

**tomfoolery** [tɒm'fuːlərɪ] *n (U) inf* [foolish words] absurdités *fpl*, idioties *fpl*, bêtises *fpl*; [foolish behaviour] bêtises *fpl*.

**Tommy** ['tɒmɪ] (*pl* **Tommies**) *prn dated* surnom donné autrefois aux soldats britanniques.

**tommy gun** *n inf* mitraillette *f*.

**tomorrow** [tə'mɒrəʊ] ◇ *adv* demain; ~ **morning/evening** demain matin/soir; **see you** ~! à demain!; **a week** ~ [past] cela fera huit jours demain; [future] dans une semaine demain. ◇ *n* **-1.** *literal* demain *m*; **what's** ~**'s date?** le combien serons-nous demain?; **what day is it** OR **will it be** ~? quel jour serons-nous demain?; ~ **is** OR **will be March 17th** demain, on sera le 17 mars; ~ **is Monday** demain, c'est lundi; **a week from** ~ dans une semaine demain; **the day after** ~ après-demain, dans deux jours; ~ **may never come** qui sait où nous serons demain; ~ **never comes** demain n'arrive jamais; ~ **is another day** demain il fera jour □ **never put off till** ~ **what you can do today** *prov* il ne faut jamais remettre au lendemain ce que l'on peut faire le jour même *prov*. **-2.** *fig* [future] demain *m*, lendemain *m*; ~**'s world** le monde de demain □ **he spends money like there was no** ~ *inf* il dépense (son argent) comme si demain n'existait pas.

**tomtit** ['tɒmtɪt] *n* mésange *f*.

**tom-tom** *n* tam-tam *m*.

**ton** [tʌn] *n* **-1.** [weight] tonne *f*; a 35-~ lorry un 35 tonnes ‖ *fig*: this suitcase weighs a ~! cette valise pèse une tonne! ❑ (register) ~ NAUT tonneau *m*. **-2.** *inf*[speed]: to do a ~ rouler à plus de 150.
◆ **tons** *npl inf* [lots]: ~s of money des tas OR des tonnes d'argent; ~s of people des tas de gens; ~s better beaucoup mieux.

**tonal** ['təʊnl] *adj* tonal.

**tonality** [təˈnælətɪ] (*pl* **tonalities**) *n* tonalité *f* MUS.

**tone** [təʊn] ❖ *n* **-1.** [of voice] ton *m* (de la voix); don't (you) speak to me in that ~ (of voice)! ne me parle pas sur ce ton!; I didn't much like the ~ of her remarks je n'ai pas beaucoup aimé le ton de ses remarques; to raise/to lower the ~ of one's voice hausser/baisser le ton. **-2.** [sound – of voice, musical instrument] sonorité *f*; [of singer] timbre *m* (de la voix); the rich bass ~s of his voice la richesse de sa voix dans les tons graves; I thought I recognized those dulcet ~s *hum* j'ai cru reconnaître cette douce voix. **-3.** MUS ton *m*. **-4.** LING ton *m*; rising/falling ~ ton ascendant/descendant. **-5.** TELEC tonalité *f*; please speak after the ~ veuillez parler après le signal sonore. **-6.** [control – of amplifier, radio] tonalité *f*. **-7.** [shade] ton *m*; soft blue ~s des tons bleu pastel; a two-~ colour scheme une palette de couleurs à deux tons. **-8.** [style, atmosphere – of poem, article] ton *m*; to set the ~ donner le ton. **-9.** [classiness] chic *m*, classe *f*; to give/to lend ~ to sthg donner de la classe/apporter un plus à qqch; it lowers/raises the ~ of the neighbourhood cela rabaisse/rehausse le standing du quartier. **-10.** FIN [of market] tenue *f*.**-11.** PHYSIOL [of muscle, nerves] tonus *m*.**-12.** *Am* [single musical sound] note *f*. ❖ *vi* [colour] s'harmoniser. ❖ *vi* = **tone up**.
◆ **tone down** *vt sep* **-1.** [colour, contrast] adoucir. **-2.** [sound, voice] atténuer, baisser. **-3.** [moderate – language, statement, views] tempérer, modérer; [– effect] adoucir, atténuer; his article had to be ~d down for publication son article a dû être édulcoré avant d'être publié.
◆ **tone in** *vi insep* s'harmoniser, s'assortir.
◆ **tone up** *vt sep* [body, muscles] tonifier.

**tone arm** *n* bras *m* de lecture.

**tone-deaf** *adj*: to be ~ ne pas avoir d'oreille.

**tone language** *n* LING langue *f* à tons.

**toneless** ['təʊnlɪs] *adj* [voice] blanc (*f* blanche), sans timbre; [colour] terne.

**tone poem** *n* poème *m* symphonique.

**toner** ['təʊnəʳ] *n* [for hair] colorant *m*; [for skin] lotion *f* tonique; PHOT toner *m*, encre *f*.

**Tonga** ['tɒŋgə] *pr n* Tonga; in ~ à Tonga.

**Tongan** ['tɒŋgən] ❖ *n* **-1.** [person] Tongan *m*, -e *f*.**-2.** LING tongan *m*. ❖ *adj* tongan.

**tongs** [tɒŋz] *npl*: (pair of) ~ pinces *fpl*; fire ~ pincettes *fpl*; (sugar) ~ pince *f* (à sucre).

**tongue** [tʌŋ] ❖ *n* **-1.** ANAT langue *f*; to put OR to stick one's ~ out (at sb) tirer la langue (à qqn); his ~ was practically hanging out *fig* [very eager] il en salivait littéralement; [very thirsty] il était pratiquement mort de soif. **-2.** *fig* [for speech] langue *f*; to lose/to find one's ~ perdre/retrouver sa langue; hold your ~! tenez votre langue!, taisez-vous!; try to keep a civil ~ in your head! essayez de rester courtois OR correct!; I can't get my ~ round his name *Br* je n'arrive pas à prononcer correctement son nom; to have a sharp ~ avoir la langue acérée; she has a quick ~ elle n'a pas sa langue dans sa poche; ~s will wag les langues iront bon train, ça va jaser ❑ ~ in cheek ironiquement; she said it (with) ~-in cheek elle l'a dit avec une ironie voilée, il ne faut pas prendre au sérieux ce qu'elle a dit; a ~-in-cheek remark une réflexion ironique. **-3.** [language] *fml* OR *lit* langue *f*; to speak in ~s RELIG avoir le don des langues. **-4.** (*U*) CULIN langue *f* (de bœuf). **-5.** [of shoe] languette *f*; [of bell] battant *m*; [of buckle] ardillon *m*, languette *f*.**-6.** [of flame, land, sea] langue *f*. ❖ *vt* **-1.** MUS [note] détacher; [phrase] détacher les notes de. **-2.** [in woodworking] langueter.

**tongue-in-cheek→** **tongue** *n* **2.**

**tongue-tied** *adj* muet *fig*, trop timide (pour parler); she was completely ~ elle semblait avoir perdu sa langue.

**tongue-twister** *n* mot ou phrase très difficile à prononcer.

**tonguing** ['tʌŋɪŋ] *n* MUS coup *m* de langue.

**tonic** ['tɒnɪk] ❖ *n* **-1.** MED tonique *m*, fortifiant *m*; *fig*: the news was a ~ to us all la nouvelle nous a remonté le moral à tous. **-2.** [cosmetic] lotion *f* tonique; hair ~ lotion *f* capillaire. **-3.** [drink] tonic *m*.**-4.** MUS tonique *f*.**-5.** LING syllabe *f* tonique OR accentuée. ❖ *adj* tonique; ~ syllable/stress LING syllabe *f*/accent *m* tonique.

**tonic sol-fa** *n* solfège *m*.

**tonic water** *n* tonic *m*, ≈ Schweppes®.

**tonight** [təˈnaɪt] ❖ *n* [this evening] ce soir; [this night] cette nuit; in ~'s newspaper dans le journal de ce soir; ~'s the night c'est le grand soir. ❖ *adv* [this evening] ce soir; [this night] cette nuit *f*.

**tonnage** ['tʌnɪdʒ] *n* **-1.** [total weight] poids *m* total d'une chose. **-2.** [capacity – of a ship] tonnage *m*, jauge *f*; [of a port] tonnage *m*.

**tonne** [tʌn] *n* tonne *f* (métrique).

**tonsil** ['tɒnsl] *n* (*usu pl*) amygdale *f*; to have one's ~s out se faire opérer des amygdales.

**tonsillitis** [,tɒnsɪˈlaɪtɪs] *n* (*U*) angine *f*, amygdalite *f* *spec*; to have ~ avoir une angine.

**tonsure** ['tɒnʃəʳ] *n* tonsure *f*. ❖ *vt* tonsurer.

**too** [tu:] *adv* **-1.** [as well] aussi, également; I like jazz — I do ~ OR me ~ j'aime le jazz — moi aussi; he's a professor ~ [as well as sthg else] il est également professeur; [as well as sb else] lui aussi est professeur. **-2.** [excessively] trop; she works ~ hard elle travaille trop; I have now one apple ~ many j'ai une pomme de trop; that's ~ bad c'est vraiment dommage; *iron* tant pis!; ~ little money trop peu d'argent; ~ few people trop peu de gens; all ~ soon we had to go home très vite, nous avons dû rentrer; you're going ~ far *fig* tu exagères, tu vas trop loin. **-3.** [with negatives] trop; I wasn't ~ happy about it ça ne me réjouissait pas trop. **-4.** [moreover] en outre, en plus. **-5.** [for emphasis]: and quite right ~! tu as/il a *etc* bien fait; about time ~! ce n'est pas trop tôt!; I should think so ~! j'espère bien!; ~ true! ça, c'est vrai!**-6.** *Am* [indeed]: you didn't do your homework — I did ~! tu n'as pas fait tes devoirs — si!

**toodle-oo** [,tu:dlˈuː], **toodle-pip** *interj Br inf & dated* salut.

**took** [tʊk] *pt* → **take**.

**tool** [tu:l] ❖ *n* **-1.** [instrument] outil *m*; set of ~s outillage *m*; the ~s of the trade les instruments de travail ❑ to down ~s cesser le travail, se mettre en grève, débrayer. **-2.** TYPO fer *m* de reliure. **-3.** [dupe]: he was nothing but a ~ of the government il n'était que le jouet or l'instrument du gouvernement. **-4.** ∇ [penis] engin *m*.**-5.** ∇ *Br crime sl* [gun] arme *f*. ❖ *vt* [decorate – wood] travailler, façonner; [– stone] sculpter; [– book cover] ciseler; ~ed leather cuir *m* repoussé. ❖ *vi inf* rouler (*en voiture*).
◆ **tool up** *vi insep* s'équiper. ❖ *vt sep* outiller, équiper.

**toolbag** ['tu:lbæg] *n* trousse *f* à outils.

**toolbox** ['tu:lbɒks] (*pl* **toolboxes**) *n* boîte *f* à outils.

**toolchest** ['tu:ltʃest] *n* coffre *m* à outils.

**tooling** ['tu:lɪŋ] *n* **-1.** [decoration] façonnage *m*; [on leather] repoussé *m*; [in stone] ciselure *f*.**-2.** [equipment] outillage *m*.

**toolkit** ['tu:lkɪt] *n* jeu *m* d'outils.

**toolmaker** ['tu:l,meɪkəʳ] *n* outilleur *m*.

**toolshed** ['tu:lʃed] *n* remise *f*, resserre *f*.

**toot** [tu:t] ❖ *vi* [car] klaxonner; [train] siffler. ❖ *vt*: he ~ed his horn AUT il a klaxonné OR donné un coup de klaxon. ❖ *n* [sound] appel *m*; the tugboat gave a ~ le remorqueur a donné un coup de sirène; a ~ of the horn AUT un coup de klaxon.

**tooth** [tu:θ] (*pl* **teeth**) ❖ *n* **-1.** ANAT dent *f*; a set of teeth une denture, une dentition; a false ~ une fausse dent; a set of false teeth un dentier; to have a ~ out se faire arracher une dent; to bare OR to show one's teeth montrer les dents ❑ baby teeth *fpl* de lait; to have no teeth *literal* être édenté; *fig* manquer de force. **-2.** [of comb, file, cog, saw] dent *f*.**-3.** *phr*: to be fed up OR sick to the back teeth *inf* en avoir plein le dos OR ras le bol; to fight ~ and nail se battre bec et ongles; to get one's teeth into sthg se mettre à fond à qqch; she needs something to get her teeth into elle a besoin de quelque chose qui la mobilise; it was a real kick in the teeth *inf* ça m'a fichu un sacré coup; it's better than a kick

in the teeth·c'est mieux que rien; **to set sb's teeth on edge** faire grincer qqn des dents; **she's a bit long in the ~** elle n'est plus toute jeune. ◇ *vi* [cogwheels] s'engrener.
♦ **in the teeth of** *prep phr* malgré.

**toothache** ['tu:θeɪk] *n* mal *m* de dents; **to have ~ or** *Am* **a ~** avoir mal aux dents.

**toothbrush** ['tu:θbrʌʃ] (*pl* **toothbrushes**) *n* brosse *f* à dents.

**toothcomb** ['tu:θkəʊm] → **fine-tooth comb**.

**toothed** [tu:θt] *adj* [wheel] denté.

**toothless** ['tu:θlɪs] *adj* **-1.** *literal* édenté, sans dents. **-2.** *fig* sans pouvoir or influence.

**tooth mug** *n* verre *m* à dents.

**toothpaste** ['tu:θpeɪst] *n* dentifrice *m*, pâte *f* dentifrice.

**toothpick** ['tu:θpɪk] *n* cure-dents *m inv*.

**toothsome** ['tu:θsəm] *adj* *lit* or *hum* **-1.** [food] appétissant. **-2.** [person] séduisant.

**toothy** ['tu:θɪ] (*compar* **toothier**, *superl* **toothiest**) *adj inf*: **a ~** grin un sourire tout en dents.

**tootle** ['tu:tl] *inf* ◇ *vi* **-1.** [on musical instrument] jouer un petit air. **-2.** *Br* [drive]: we were tootling along quite nicely until the tyre burst nous suivions notre petit bonhomme de chemin lorsque le pneu a éclaté. ◇ *n* **-1.** [on musical instrument] petit air *m*. **-2.** [drive] petit tour *m* en voiture.

**toots** [tʊts] (*pl* **tootses**) *inf* = **tootsie** 2.

**tootsie, tootsy** ['tʊtsɪ] (*pl* **tootsies**) *n inf* **-1.** *baby talk* [foot] pied *m*, peton *m*; [toe] doigt *m* de pied, orteil *m*. **-2.** *Am* [term of address] chéri *m*, -e *f*, mon petit chou *m*.

**top** [tɒp] (*pt* & *pp* **topped**, *cont* **topping**) ◇ *n* **-1.** [highest point] haut *m*, sommet *m*; [of tree] sommet *m*, cime *f*; carrot ~s fanes *fpl* de carottes; **at the ~ of the stairs** en haut de l'escalier; he searched the house from ~ to bottom il a fouillé la maison de fond en comble; she filled the jar right to the ~ elle a rempli le bocal à ras bord; the page number is at the ~ of the page le numéro de page se trouve en haut de la page ‖ [surface] dessus *m*, surface *f*; [end]: at the ~ of the street au bout de la rue; at the ~ of the garden au fond du jardin ❏ to blow one's ~ *inf* piquer une crise, exploser; from ~ to toe *Br* de la tête aux pieds; he's getting thin on ~ il commence à se dégarnir; to come out on ~ avoir le dessus; he doesn't have much up ~ *Br inf* il n'est pas très futé; over the ~: the soldiers went over the ~ *literal* les soldats sont montés à l'assaut; I think he went a bit over the ~ *Br inf & fig* à mon avis, il est allé trop loin; he's a bit over the ~ il en fait un peu trop. **-2.** [cap, lid] couvercle *m*; where's the ~ to my pen? où est le capuchon de mon stylo?; bottle ~ [screw-on] bouchon *m* (de bouteille); [on beer bottle] capsule *f* (de bouteille). **-3.** [highest degree]: he is at the ~ of his form il est au meilleur de sa forme; at the ~ of one's voice à tue-tête. **-4.** [most important position]: at the ~ of the table *Br* à la place d'honneur; she's ~ of her class elle est première de sa classe; someone who has reached the ~ in their profession quelqu'un qui est arrivé en haut de l'échelle dans sa profession; to be (at the) ~ of the bill THEAT être en tête d'affiche; to reach the ~ of the tree arriver en haut de l'échelle; it's tough at the ~! c'est la rançon de la gloire!; this car is the ~ of the range c'est une voiture haut de gamme. **-5.** *Br* AUT: she changed into ~ elle a enclenché la quatrième or la cinquième. **-6.** [garment] haut *m*. **-7.** [beginning]: let's take it from the ~ commençons par le commencement. **-8.** [toy] toupie *f*; to spin a ~ lancer or fouetter une toupie ❏ to sleep like a ~ *Br* dormir comme un loir. ◇ *vt* **-1.** [form top of] couvrir; a cake topped with chocolate un gâteau recouvert de chocolat. **-2.** *Br* [trim] écimer, étêter; to ~ and tail gooseberries équeuter des groseilles. **-3.** [exceed] dépasser; he topped her offer il a renchéri sur son offre; his score ~s the world record avec ce score, il bat le record du monde; that ~s the lot! *Br* ça, c'est le bouquet! **-4.** [be at the top of]: the book topped the best-seller list ce livre est arrivé en tête des best-sellers. **-5.** *Br*▽ [kill] faire la peau à. ◇ *adj*: the ~ floor or storey le dernier étage; the ~ shelf l'étagère du haut; the ~ button of her dress le premier bouton de sa robe; in the ~ right-hand corner dans le coin en haut à droite; ~ management la direction générale; the ~ banks in the country les grandes banques du pays; the ~ speed of this car is 150 mph la vitesse maximum de cette voiture est de 240 km/h; to be on ~ form être en pleine forme ❏ the ~ brass *Br inf* MIL les officiers *mpl* supérieurs, les

gros bonnets *mpl*; the ~ ten *hit parade des dix meilleures ventes de disques* pop et rock; to pay ~ whack for sthg *Br inf* payer qqch au prix fort; I can offer you £20 ~ whack *inf* je vous en donne 20 livres, c'est mon dernier prix.
♦ **on top of** *prep phr*: suddenly the lorry was on ~ of him d'un seul coup, il a réalisé que le camion lui arrivait dessus; we're living on ~ of each other nous vivons les uns sur les autres ❏ on ~ of everything else pour couronner le tout; it's just one thing on ~ of another ça n'arrête pas; don't worry, I'm on ~ of things ne t'inquiète pas, je m'en sors très bien; it's all getting on ~ of him il est dépassé par les événements; to feel on ~ of the world avoir la forme.
♦ **top off** *vt sep* **-1.** *Br* [conclude] terminer, couronner. **-2.** *Am* [fill to top] remplir.
♦ **top out** *vt insep* [building] fêter l'achèvement de.
♦ **top up** *vt sep Br* [fill up] remplir; can I ~ up your drink or ~ you up? encore une goutte?; to ~ up the battery AUT ajouter de l'eau dans la batterie.

**topaz** ['təʊpæz] *n* topaze *f*.

**topcoat** ['tɒpkəʊt] *n* **-1.** [clothing] pardessus *m*, manteau *m*. **-2.** [paint] couche *f* de finition.

**top dog** *n inf* chef *m*.

**top-down** *adj* hiérarchisé.

**top drawer** *n Br inf*: a family right out of the ~ une famille de la haute.
♦ **top-drawer** *adj Br inf* de tout premier rang.

**top-dressing** *n* AGR fumure *f* en surface.

**top-flight** *adj* de premier ordre.

**top gear** *n* vitesse *f* supérieure.

**top hat** *n* (chapeau *m*) haut-de-forme *m*.

**top-heavy** *adj* **-1.** [unbalanced] trop lourd du haut, déséquilibré; a ~ bureaucracy *fig* une bureaucratie à structure dirigeante trop lourde. **-2.** FIN surcapitalisé.

**top-hole** *adj Br inf & dated* épatant, formidable.

**topiary** ['təʊpjərɪ] ◇ *n* art *m* de tailler les arbres, topiaire *f spec*. ◇ *adj* topiaire.

**topic** ['tɒpɪk] *n* [theme] sujet *m*, thème *m*; tonight's ~ for debate is unemployment le débat de ce soir porte sur le chômage.

**topical** ['tɒpɪkl] *adj* **-1.** [current] actuel; a ~ question une question d'actualité. **-2.** MED topique, à usage local.

**topicality** [ˌtɒpɪˈkælətɪ] (*pl* **topicalities**) *n* actualité *f*.

**topknot** ['tɒpnɒt] *n* **-1.** [of hair] chignon *m*; [of ribbons] ornement *m* fait de rubans; [of feathers] aigrette *f*. **-2.** ZOOL pleuronectidé *m*.

**topless** ['tɒplɪs] *adj* [sunbather] aux seins nus; to go ~ ne pas porter de haut; ~ bar bar *m* topless.

**top-level** *adj* de très haut niveau.

**topmast** ['tɒpmɑːst] *n* mât *m* de hune.

**topmost** ['tɒpməʊst] *adj* le plus haut, le plus élevé.

**top-notch** ['tɒpˈnɒtʃ] *adj inf* excellent.

**topographical** [ˌtɒpəˈɡræfɪkl] *adj* topographique.

**topography** [təˈpɒɡrəfɪ] *n* topographie *f*.

**topology** [təˈpɒlədʒɪ] *n* topologie *f*.

**toponym** ['tɒpənɪm] *n* toponyme *m*.

**topper** ['tɒpəʳ] *n Br inf* [top hat] (chapeau *m*) haut-de-forme *m*.

**topping** ['tɒpɪŋ] *n* dessus *m*; CULIN garniture *f*; a cake with a chocolate ~ un gâteau recouvert de chocolat.

**topple** ['tɒpl] ◇ *vi* [fall] basculer; [totter] vaciller; the whole pile ~d over toute la pile s'est effondrée; he ~d over backwards il a perdu l'équilibre et est tombé en arrière. ◇ *vt* **-1.** [cause to fall] faire tomber, faire basculer. **-2.** *fig* renverser; the scandal almost ~d the government ce scandale a failli faire tomber le gouvernement.

**top-ranking** *adj* de premier rang, haut placé.

**tops** [tɒps] *n inf & dated*: it's the ~! c'est bath!

**topsail** ['tɒpsl, 'tɒpseɪl] *n* hunier *m*.

**top-secret** *adj* top secret (*inv*).

**top-security** *adj* de haute sécurité; ~ prison ≃ quartier *m* de haute sécurité.

**topside** ['tɒpsaɪd] *n Br* [of beef] tende-de-tranche *f*.

**topsoil** ['tɒpsɔɪl] *n* terre *f* superficielle, couche *f* arable.

**topspin** ['tɒpspɪn] *n*: to put ~ on a ball donner de l'effet à une balle.

**topsy-turvy** [,tɒpsɪ'tɜ:vɪ] *adj* & *adv* sens dessus dessous; a ~ world le monde à l'envers.

**top-up** *n Br*: can I give you a ~? je vous ressers?, encore une goutte?

**tor** [tɔ:ʳ] *n* colline *f* rocailleuse (*notamment dans le sud-ouest de l'Angleterre*).

**Torah** ['tɔ:rə] *prn* Torah *f*.

**torch** [tɔ:tʃ] (*pl* **torches**) ◇ *n* **-1.** *Br* [electric] lampe *f* de poche. **-2.** [flaming stick] torche *f*, flambeau *m*; **to put a** ~ **to** sthg mettre le feu à qqch ❑ **to carry a** ~ **for sb** en pincer pour qqn. **-3.** TECH [for welding, soldering etc] chalumeau *m*. ◇ *vt* mettre le feu à.

**torchbearer** ['tɔ:tʃ,beərəʳ] *n* porteur *m* de flambeau.

**torchlight** ['tɔ:tʃlaɪt] ◇ *n* lumière *f* de flambeau OR de torche; **by** ~ à la lueur des flambeaux. ◇ *comp*: **a** ~ **procession** une retraite aux flambeaux.

**torch song** *n* chanson *f* d'amour populaire.

**tore** [tɔ:ʳ] *pt* → **tear**.

**toreador** ['tɒrɪədɔ:ʳ] *n* torero *m*, toréador *m*.

**torment** [*n* 'tɔ:ment, *vb* tɔ:'ment] ◇ *n* **-1.** [suffering] supplice *m*; *lit* tourment *m*; **to be in** ~ être au supplice; **to suffer** ~ souffrir le martyre. **-2.** [ordeal] rude épreuve *f*. **-3.** [pest] démon *m*. ◇ *vt* **-1.** [cause pain to] torturer; ~**ed by doubt** harcelé de doutes. **-2.** [harass] tourmenter, harceler.

**tormenter, tormentor** [tɔ:'mentəʳ] *n* persécuteur *m*, -trice *f*, bourreau *m*.

**torn** [tɔ:n] *pp* → **tear**.

**tornado** [tɔ:'neɪdəʊ] (*pl* **tornados** OR **tornadoes**) *n* [storm] tornade *f*; *fig* [person, thing] ouragan *m*.

**torpedo** [tɔ:'pi:dəʊ] (*pl* **torpedoes**, *pt* & *pp* **torpedoed**) ◇ *n* **-1.** MIL torpille *f*. **-2.** *Am* [firework] pétard *m*. ◇ *vt* **-1.** MIL torpiller. **-2.** *fig* [destroy – plan] faire échouer, torpiller.

**torpedo boat** *n* torpilleur *m*, vedette *f* lance-torpilles.

**torpedo tube** *n* tube *m* lance-torpilles.

**torpid** ['tɔ:pɪd] *adj fml* léthargique.

**torpor** ['tɔ:pəʳ] *n fml* torpeur *f*, léthargie *f*, engourdissement *m*.

**torque** [tɔ:k] *n* **-1.** [rotational force] moment *m* de torsion; AUT couple *m* moteur. **-2.** HIST [collar] torque *m*.

**torque wrench** *n* clef *f* dynamométrique.

**torrent** ['tɒrənt] *n* **-1.** [of liquid] torrent *m*; **the rain came down in** ~**s** il pleuvait à torrents OR à verse. **-2.** [of emotion, abuse etc] torrent *m*.

**torrential** [tə'renʃl] *adj* torrentiel.

**torrid** ['tɒrɪd] *adj* **-1.** [hot] torride; **the** ~ **zone** la zone intertropicale. **-2.** [passionate] passionné, ardent.

**torsion** ['tɔ:ʃn] *n* torsion *f*.

**torsion bar** *n* barre *f* de torsion.

**torso** ['tɔ:səʊ] (*pl* **torsos**) *n* [human] torse *m*; [sculpture] buste *m*.

**tort** [tɔ:t] *n* JUR délit *m*, préjudice *m*; ~**s lawyer** *Am* avocat *m* spécialisé en responsabilité délictuelle.

**tortilla** [tɔ:'ti:lə] *n* tortilla *f* (*galette*).

**tortoise** ['tɔ:təs] *n* tortue *f*.

**tortoiseshell** ['tɔ:təsʃel] ◇ *n* **-1.** [substance] écaille *f* (de tortue). **-2.** [cat] chat *m* roux tigré. **-3.** [butterfly] vanesse *f*. ◇ *adj* **-1.** [comb, ornament] en écaille. **-2.** [cat] roux tigré.

**tortuous** ['tɔ:tjʊəs] *adj* **-1.** [path] tortueux, sinueux. **-2.** [argument, piece of writing] contourné, tarabiscoté; [mind] retors.

**tortuously** ['tɔ:tjʊəslɪ] *adv* tortueusement, de manière tortueuse.

**torture** ['tɔ:tʃəʳ] ◇ *n* **-1.** [cruelty] torture *f*, supplice *m*. **-2.** *fig* torture *f*, tourment *m*. ◇ *vt* **-1.** [inflict pain on] torturer. **-2.** [torment] torturer; ~**d by remorse** tenaillé par le remords. **-3.** [distort]: **she** ~**s the Spanish language** elle écorche la langue espagnole.

**torture chamber** *n* chambre *f* de torture.

**torturer** ['tɔ:tʃərəʳ] *n* tortionnaire *mf*, bourreau *m*.

**Tory** ['tɔ:rɪ] (*pl* **Tories**) ◇ *n* POL tory *m*, membre *m* du parti conservateur. ◇ *adj* [party, MP] tory, conservateur.

**Toryism** ['tɔ:rɪɪzm] *n* POL torysme *m*.

**toss** [tɒs] ◇ *vt* **-1.** [throw] lancer, jeter; **she** ~**ed him the ball** elle lui a lancé la balle; **the horse nearly** ~**ed its rider into**

the ditch le cheval a failli faire tomber son cavalier dans le fossé; **he was** ~**ed by the bull** le taureau l'a projeté en l'air; **to** ~ **pancakes** *Br* faire sauter des crêpes; **to** ~ **a coin** jouer à pile ou face. **-2.** CULIN mélanger; **to** ~ **the salad** remuer OR retourner la salade; ~ **the carrots in butter** ajoutez du beurre et mélangez aux carottes. ◇ *vi* s'agiter; **to** ~ **and turn in bed** avoir le sommeil agité; **to pitch and** ~ [boat] tanguer; **what will we** ~ **for it?** on joue à pile ou face? ◇ *n* **-1.** [throw – gen] lancer *m*, lancement *m*; [– of a coin] coup *m* de pile ou face; SPORT tirage *m* au sort; **to win/to lose the** ~ gagner/perdre à pile ou face; **our team won the** ~ notre équipe a gagné au tirage au sort ❑ **to argue the** ~ *Br* ergoter, chicaner; **I don't give a** ~ *Br inf* je m'en fiche. **-2.** [of head] mouvement *m* brusque. **-3.** [fall from horse] chute *f*; **to take a** ~ [from horse] être désarçonné, faire une chute.

◆ **toss about** *Br*, **toss around** *vt sep* [rock, buffet] ballotter, secouer. ◇ *vi insep* s'agiter.

◆ **toss off** *vt sep* **-1.** [do hastily] expédier; **to** ~ **off a letter** écrire une lettre au pied levé. **-2.** [drink quickly] boire d'un coup, lamper. ◇ *vi insep* ▼ *Br* [masturbate] se branler.

◆ **toss up** ◇ *vt sep* lancer, jeter. ◇ *vi insep* jouer à pile ou face.

**toss-up** *n* coup *m* de pile ou face; **it's a** ~ **whether he'll get the job or not** *fig* s'il obtient le poste, ça se jouera vraiment à pile ou face.

**tot** [tɒt] (*pt* & *pp* **totted**, *cont* **totting**) *n* **-1.** *inf* [child] petit enfant *m*; **tiny** ~**s** les tout petits *mpl*. **-2.** *Br* [of alcohol] goutte *f*.

◆ **tot up** *Br* ◇ *vt sep* additionner; **I'll** ~ **up your bill** je vais vous faire l'addition. ◇ *vi insep*: **that** ~**s up to £3** ça fait 3 livres en tout.

**total** ['təʊtl] (*Br pt* & *pp* **totalled**, *cont* **totalling**, *Am pt* & *pp* **totaled**, *cont* **totaling**) ◇ *adj* **-1.** [amount, number] total; **the** ~ **gains/losses** le total des profits/pertes. **-2.** [as intensifier] complet (*f* -ète); ~ **silence** un silence absolu; **that's** ~ **nonsense!** c'est complètement absurde!; **he was a** ~ **stranger to me** je ne le connaissais ni d'Ève ni d'Adam. ◇ *n* total *m*; **she wrote a** ~ **of ten books** elle a écrit dix livres en tout. ◇ *vt* **-1.** [add up] additionner, faire le total de. **-2.** [amount to] s'élever à; **the collection totalled 50 cars** cette collection comptait 50 voitures en tout. **-3.** *Am inf* [wreck] démolir.

◆ **in total** *adv phr* au total.

**totalitarian** [,təʊtælɪ'teərɪən] *adj* totalitaire.

**totalitarianism** [,təʊtælɪ'teərɪənɪzm] *n* totalitarisme *m*.

**totality** [təʊ'tælətɪ] (*pl* **totalities**) *n* **-1.** totalité *f*. **-2.** ASTRON occultation *f* totale.

**totalizator** ['təʊtəlaɪzeɪtəʳ] *n* **-1.** [machine] totalisateur *m*, machine *f* totalisatrice. **-2.** *Br* [in betting] pari *m* mutuel.

**totalizer** ['təʊtəlaɪzəʳ] = **totalizator**.

**totally** ['təʊtəlɪ] *adv* totalement, entièrement, complètement; **do you agree?** — **yes,** ~ **êtes-vous d'accord?** — **oui, tout à fait.**

**total quality management** *n* qualité *f* totale.

**tote** [təʊt] ◇ *n* (*abbr of* **totalizator**) pari *m* mutuel; ~ **board** tableau *m* électronique. ◇ *vt inf* porter.

**tote bag** *n* grand sac *m*, fourre-tout *m inv*.

**totem** ['təʊtəm] *n* totem *m*.

**totemism** ['təʊtəmɪzm] *n* totémisme *m*.

**totem pole** *n* mât *m* totémique.

**toto** ['təʊtəʊ]

◆ **in toto** *adv phr fml* entièrement, complètement.

**totter** ['tɒtəʳ] *vi* **-1.** *literal* [person] chanceler, tituber; [pile, vase] chanceler; **he** ~**ed down the stairs** il descendit les escaliers en chancelant. **-2.** *fig* [government, company etc] chanceler, être dans une mauvaise passe. ◇ *n* vacillement *m*; [gait] démarche *f* titubante OR chancelante.

**tottering** ['tɒtərɪŋ], **tottery** ['tɒtərɪ] *adj* chancelant; [building] branlant; [government] chancelant, déstabilisé; **with** ~ **steps** en titubant.

**toucan** ['tu:kən] *n* toucan *m*.

**touch** [tʌtʃ] (*pl* **touches**) ◇ *n* **-1.** [sense] toucher *m*; **sense of** ~ sens *m* du toucher; **soft to the** ~ doux au toucher. **-2.** [physical contact] toucher *m*, contact *m*; [light brushing] effleurement *m*, frôlement *m*; **the machine works at the** ~ **of a button** il suffit de toucher un bouton pour mettre en marche cet appareil. **-3.** [style] touche *f*; *fig*: **to give sthg a personal** ~ ajouter une note personnelle à qqch; **the house needed**

a woman's ~ il manquait dans cette maison une présence féminine; the cook has lost his ~ le cuisinier a perdu la main. **-4.** [detail]: to put the final OR finishing ~es to sthg apporter la touche finale à qqch; that logo in the bottom corner is a nice ~ c'est une bonne idée d'avoir mis ce logo dans le coin en bas ∥ [slight mark] coup *m*; with a ~ of the pen d'un coup de stylo. **-5.** [small amount, hint] note *f*, pointe *f*; there's a ~ of spring in the air ça sent le printemps; he answered with a ~ of bitterness il a répondu avec une pointe d'amertume; I got a ~ of sunstroke j'ai eu une petite insolation; to add a ~ of class to sthg rendre qqch plus distingué. **-6.** [contact]: to be/to keep in ~ with sb être/rester en contact avec qqn; I'll be in ~! je te contacterai!; keep OR stay in ~! donne-nous de tes nouvelles!; to get in ~ with sb contacter qqn; he put me in ~ with the director il m'a mis en relation avec le directeur; she is OR keeps in ~ with current events elle se tient au courant de l'actualité; she is out of ~ with politics elle ne suit plus l'actualité politique; they lost ~ long ago ils se sont perdus de vue il y a longtemps; he has lost ~ with reality il a perdu le sens des réalités. **-7.** [of an instrument] toucher *m*; [of a typewriter] frappe *f*. **-8.** SPORT touche *f*; to kick the ball into ~ mettre le ballon en touche; to kick sthg into ~ *fig* mettre qqch au rencart; to kick sb into ~ *Br inf & fig* mettre qqn sur la touche. **-9.** *phr*: to be an easy OR soft ~ *inf* se laisser taper trop facilement.

◇ *vt* **-1.** [make contact with] toucher; to ~ lightly frôler, effleurer; she ~ed it with her foot elle l'a touché du pied; he ~ed his hat to her il a porté la main à son chapeau pour la saluer; since they met, her feet haven't ~ed the ground depuis leur rencontre, elle est sur un nuage; can you ~ the bottom? as-tu pied?; the law can't ~ him la loi ne peut rien contre lui ❏ ~ wood! touchons du bois!**-2.** [handle] toucher à; don't ~ her things ne dérangez pas ses affaires; don't ~ anything until I get home ne touchez à rien avant mon retour; he swears he never ~ed her il jure qu'il ne l'a jamais touchée; I didn't ~ her! je n'ai pas touché à un cheveu de sa tête! **-3.** [adjoin] jouxter. **-4.** *(usu neg)* [eat, drink] toucher à; I never ~ meat je ne mange jamais de viande; she didn't ~ her vegetables elle n'a pas touché aux légumes. **-5.** [move emotionally] émouvoir, toucher; his remark ~ed a (raw) nerve sa réflexion a touché un point sensible; to ~ sb to the quick *Br* toucher qqn au vif. **-6.** [damage]: the fire didn't ~ the pictures l'incendie a épargné les tableaux; the war didn't ~ this area cette région a été épargnée par la guerre. **-7.** [concern] concerner, toucher. **-8.** *(usu neg) inf* [rival] valoir, égaler; nothing can ~ butter for cooking rien ne vaut la cuisine au beurre. **-9.** *Am* [dial]: ~ 645 faites le 645. **-10.** *phr*: to ~ sb for a loan *inf* taper qqn.

◇ *vi* **-1.** [be in contact] se toucher. **-2.** [adjoin – properties, areas] se toucher, être contigus. **-3.** [handle]: 'do not ~!' 'défense de toucher'.

◆ **a touch** *adv phr*: there was a ~ too much pepper in the soup le potage était un petit peu trop poivré.

◆ **touch down** ◇ *vi insep* **-1.** [aeroplane, spacecraft – on land] atterrir; [– on sea] amerrir. **-2.** RUGBY marquer un essai. ◇ *vt sep* RUGBY: to ~ the ball down marquer un essai.

◆ **touch off** *vt sep* [explosive] faire exploser, faire détoner; *fig* déclencher, provoquer.

◆ **touch on** *vt insep* aborder; his speech barely ~ed on the problem of unemployment son discours a à peine effleuré le problème du chômage.

◆ **touch up** *vt sep* **-1.** [painting, photograph] faire des retouches à, retoucher; [paintwork] refaire. **-2.** ▽ *Br* [sexually] peloter.

**touch-and-go** *adj*: a ~ situation une situation dont l'issue est incertaine; it was ~ whether we'd make it in time nous avons bien failli ne pas arriver à temps.

**touchdown** ['tʌtʃdaʊn] *n* **-1.** [on land] atterrissage *m*; [on sea] amerrissage *m*. **-2.** [in American football] but *m*.

**touché** ['tuːʃeɪ] *interj* **-1.** [fencing] touché. **-2.** *fig* très juste.

**touched** [tʌtʃt] *adj* **-1.** [with gratitude] touché; she was ~ by his thoughtfulness elle était touchée par sa délicatesse. **-2.** *Br inf* [mad] toqué, timbré.

**touch football** *n Am* sorte de football sans «tackling».

**touching** ['tʌtʃɪŋ] ◇ *adj* touchant, émouvant. ◇ *prep lit* touchant.

**touchingly** ['tʌtʃɪŋlɪ] *adv* d'une manière touchante.

**touch-in-goal** *n* RUGBY en-but *m*.

**touch judge** *n* RUGBY juge *m* de touche.

**touch kick** *n* RUGBY coup *m* de pied en touche.

**touchline** ['tʌtʃlaɪn] *n* SPORT ligne *f* de touche.

**touchpaper** ['tʌtʃˌpeɪpə<sup>r</sup>] *n* papier *m* nitraté.

**touch rugby** *n* sorte de rugby sans «tackling».

**touchstone** ['tʌtʃstəʊn] *n* MINER & *fig* pierre *f* de touche.

**touch-tone** *adj*: ~ telephone téléphone *m* à touches.

**touch-type** *vi* taper sans regarder le clavier.

**touch-typing** [-ˌtaɪpɪŋ] *n* dactylographie *f* (sans regarder le clavier).

**touchy** ['tʌtʃɪ] *(compar* **touchier**, *superl* **touchiest)** *adj* **-1.** [oversensitive] susceptible, ombrageux; she's ~ about her weight elle est susceptible OR chatouilleuse sur la question de son poids. **-2.** [matter, situation] délicat, épineux.

**tough** [tʌf] ◇ *adj* **-1.** [resilient – person] solide, résistant, robuste; [– meat] dur, coriace; [– animal, plant] résistant, robuste; [– substance, fabric] solide, résistant; she's ~ enough to win elle a assez d'endurance pour gagner ❏ he's as ~ as old boots *Br* il est coriace; this steak is as ~ as old boots ce n'est pas du bifteck, c'est de la semelle. **-2.** [difficult] dur, pénible; a ~ problem un problème épineux; it's ~ on him c'est un coup dur pour lui; they're going to ~ act to follow c'est difficile de faire mieux; I gave them a ~ time je leur en ai fait voir de toutes les couleurs; she had a ~ life elle n'a pas eu une vie facile. **-3.** [severe] sévère; to get ~ with sb se montrer dur avec qqn; the boss takes a ~ line with people who are late le patron ne plaisante pas avec les retardataires ∥ [resolute] dur, inflexible; she's a ~ person to deal with elle ne fait pas de concessions ❏ he's a ~ cookie *Am inf* il n'est pas commode; they're ~ customers ce sont des durs à cuire. **-4.** [rough, hardened] dur; a real ~ guy *inf* un vrai dur. **-5.** *inf* [unfortunate] malheureux; that's your ~ luck! tant pis pour vous! ◇ *adv inf*: to talk ~, to act ~ jouer au dur. ◇ *vt phr*: to ~ it out *Br inf* tenir bon. ◇ *n inf* dur *m*, -e *f*.

**toughen** ['tʌfn] ◇ *vt* [metal, leather] rendre plus solide, renforcer; [person] endurcir; [conditions] rendre plus sévère; ~ed glass verre *m* trempé. ◇ *vi* [metal, glass, leather] durcir; [person] s'endurcir.

◆ **toughen up** *vt sep & vi insep* = **toughen**.

**toughened** ['tʌfnd] *adj* [glass] trempé.

**toughie** ['tʌfɪ] *n inf* [person] dur *m*, -e *f*; [problem] casse-tête *m*, cactus *m*.

**toughly** ['tʌflɪ] *adv* [fight] avec acharnement, âprement; [speak] durement, sans ménagement.

**toughness** ['tʌfnɪs] *n* **-1.** [of fabric, glass, leather] solidité *f*; [of meat] dureté *f*; [of metal] ténacité *f*, résistance *f*. **-2.** [of job] difficulté *f*; [of struggle] acharnement *m*, âpreté *f*. **-3.** [of character – strength] force *f*, résistance *f*; [– hardness] dureté *f*; [– severity] inflexibilité *f*, sévérité *f*.

**toupee** ['tuːpeɪ] *n* postiche *m*.

**tour** [tʊə<sup>r</sup>] ◇ *n* **-1.** [trip] voyage *m*; we're going on a ~ of Eastern Europe nous allons visiter les pays de l'Est ❏ she's on a walking ~ in Wales elle fait une randonnée à pied dans le pays de Galles; they're off on a world ~ ils sont partis faire le tour du monde. **-2.** [of a building] visite *f*; we went on a ~ of the factory nous avons visité l'usine. **-3.** [official journey] tournée *f*; the dance company is on ~ la troupe de danseurs est en tournée; to go on ~ faire une tournée ❏ ~ of duty MIL service *m*; ~ of inspection tournée *f* d'inspection. ◇ *vt* **-1.** [visit] visiter. **-2.** SPORT & THEAT: the orchestra is ~ing the provinces l'orchestre est en tournée en province. ◇ *vi* voyager, faire du tourisme.

**tourer** ['tʊərə<sup>r</sup>] *n* voiture *f* de tourisme.

**tour guide** *n* [person] guide *m*; [book] guide *m* touristique.

**touring** ['tʊərɪŋ] ◇ *adj*: ~ bicycle vélo *m* de randonnée; ~ company THEAT [permanently] troupe *f* ambulante; [temporarily] troupe *f* en tournée; ~ party SPORT équipe *f* en tournée. ◇ *n (U)* tourisme *m*, voyages *mpl* touristiques.

**tourism** ['tʊərɪzm] *n* tourisme *m*.

**tourist** ['tʊərɪst] ◇ *n* touriste *mf*; the ~s SPORT les visiteurs *mpl*. ◇ *comp* [agency, centre] de tourisme; [attraction, information, ticket] touristique; ~ (information) office office *m* de tourisme, syndicat *m* d'initiative.

**tourist class** *n Br* classe *f* touriste.

**tourist trade** *n* tourisme *m*.

**touristy** ['tʊərɪstɪ] *adj inf & pej* trop touristique.

**tournament** ['tɔːnəmənt] *n* tournoi *m*.

**tourniquet** ['tʊənɪkeɪ] *n* garrot *m*.

**tour operator** *n* [travel agency] tour-opérateur *m*, voyagiste *m*; [bus company] compagnie *f* de cars (*qui organise des voyages*).

**tousle** ['taʊzl] *vt* [hair] ébouriffer; [clothes] friper, froisser.

**tousled** ['taʊzld] *adj* [hair] ébouriffé; [clothes] fripé, froissé; his ~ appearance son aspect débraillé.

**tout** [taʊt] *Br* ◇ *n* **-1.** (ticket) ~ revendeur *m*, -euse *f* de billets (*au marché noir*). **-2.** [in racing] pronostiqueur *m*, -euse *f*. ◇ *vt* **-1.** [peddle – tickets] revendre (*au marché noir*); [– goods] vendre (*en vantant sa marchandise*); the cries of the market traders ~ing their wares les cris des marchands essayant de raccrocher les clients. **-2.** [promote]: he is being ~ed as a future prime minister on veut faire de lui un futur premier ministre. ◇ *vi* **-1.** salesmen ~ing for custom des vendeurs qui essaient d'attirer les clients; they've been ~ing around for work/business ils essayaient de trouver du travail/de se constituer une clientèle. **-2.** [racing] vendre des pronostics.

**tow** [təʊ] ◇ *vt* tirer; [boat, car] remorquer; [barge] haler; the police ~ed my car away la police a emmené ma voiture à la fourrière. ◇ *n* **-1.** [action] remorquage *m*; [vehicle] véhicule *m* en remorque; to be on ~ être en remorque; can you give me a ~? pourriez-vous remorquer ma voiture?; they arrived with all the kids in ~ *fig* ils sont arrivés avec tous leurs enfants. **-2.** [line] câble *m* de remorquage. **-3.** TEX filasse *f*, étoupe *f*.

**towards** [tə'wɔːdz] *Br*, **toward** [tə'wɔːd] *Am prep* **-1.** [in the direction of] dans la direction de, vers; he turned ~ her il s'est tourné vers elle; we headed ~ Chicago nous avons pris la direction de Chicago; she was standing with her back ~ him elle lui tournait le dos; the negotiations are a first step ~ peace *fig* les négociations sont un premier pas sur le chemin de la paix; they are working ~ a solution *fig* ils cherchent une solution. **-2.** [indicating attitude] envers; she's very hostile ~ me elle est très hostile à mon égard; the public's attitude ~ crime l'attitude de l'opinion publique face à la criminalité; his feelings ~ her ses sentiments pour elle, les sentiments qu'il éprouve pour elle. **-3.** [as contribution to] pour; the money is going ~ a new car l'argent contribuera à l'achat d'une nouvelle voiture; I'll give you something ~ your expenses je vous donnerai quelque chose pour payer une partie de vos frais. **-4.** [near-in time] vers; [– in space] près de; ~ the end of his life vers OR sur la fin de sa vie; ~ the middle vers le milieu.

**tow-away zone** *n* ['taʊəweɪ-] *n Am* zone de ramassage des véhicules en infraction.

**towbar** ['taʊbɑːr] *n* barre *f* de remorquage.

**towel** ['taʊəl] (*Br pt & pp* **towelled**, *cont* **towelling**, *Am pt & pp* **toweled** OR **towelled**, *cont* **toweling** OR **towelling**) ◇ *n* serviette *f* (de toilette); [for hands] essuie-mains *m inv*; [for glasses] essuie-verres *m inv*; (dish) ~ torchon *m* à vaisselle; ~ rack OR rail OR ring porte-serviettes *m inv*. ◇ *vt* frotter avec une serviette; to ~ o.s. dry OR down s'essuyer OR se sécher avec une serviette.

**towelling** *Br*, **toweling** *Am* ['taʊəlɪŋ] ◇ *n* [material] tissu *m* éponge. ◇ *comp* [robe, shirt] en tissu éponge.

**tower** ['taʊər] *n* tour *f*; church ~ clocher *m*; he's a ~ of strength c'est un roc. ◇ *vi*: the skyscraper ~s above OR over the city le gratte-ciel domine la ville; he ~ed above OR over me j'étais tout petit à côté de lui; she ~s above OR over her contemporaries *fig* elle domine de loin ses contemporains.

**tower block** *n Br* tour *f* (d'habitation), gratte-ciel *m*.

**towering** ['taʊərɪŋ] *adj* **-1.** [very high – skyscraper, tree, statue] très haut, imposant. **-2.** [excessive] démesuré; in a ~ rage dans une colère noire.

**towline** ['taʊlaɪn] = towrope.

**town** [taʊn] *n* ville *f*; a country ~ une ville de province; I work in ~ je travaille en ville; she's going into ~ elle va en ville; he's out of ~ this week il n'est pas là OR il est en déplacement cette semaine; we're from out of ~ *Am* nous ne sommes pas d'ici ❏ ~ gas gaz *m* de ville; it's the talk of the ~ toute la ville en parle; they went out on the ~ last night *inf* hier soir, ils ont fait une virée en ville; they really went

to ~ on the stadium *inf* pour le stade, ils n'ont pas fait les choses à moitié OR ils ont vraiment mis le paquet.

**town centre** *n* centre-ville *m*.

**town clerk** *n* secrétaire *mf* de mairie.

**town council** *n* conseil *m* municipal.

**town councillor** *n* conseiller *m* municipal, conseillère *f* municipale.

**town crier** *n* garde-champêtre *m*.

**town dweller** *n* citadin *m*, -e *f*.

**townee** *Br*, **townie** *Am* [taʊ'niː] *n inf* citadin *m*, -e *f*; rat *m* des villes.

**town hall** *n* hôtel de ville *m*, mairie *f*.

**town house** *n* **-1.** [gen] maison *f* en ville; [more imposing] ≈ hôtel *m* particulier. **-2.** *Am* maison *f* mitoyenne (en ville).

**town meeting** *n Am* assemblée générale des habitants d'une ville.

**town planner** *n* urbaniste *mf*.

**town planning** *n* urbanisme *m*.

**townscape** ['taʊnskeɪp] *n* paysage *m* urbain.

**townsfolk** ['taʊnzfəʊk] *npl* citadins *mpl*.

**township** ['taʊnʃɪp] *n* **-1.** [gen] commune *f*; *Am* canton *m*.-**2.** *SAfr* township *f*.

**townsman** ['taʊnzmən] (*pl* **townsmen** [-mən]) *n* citadin *m*.

**townspeople** ['taʊnz,piːpl] *npl* citadins *mpl*.

**towpath** ['taʊpɑːθ, *pl* -pɑːðz] *n* chemin *m* de halage.

**towrope** ['taʊrəʊp] *n* câble *m* de remorque; [to towpath] câble *m* de halage.

**tow-start** *n* AUT: to give sb a ~ faire démarrer qqn en remorque.

**tow truck** *Am* = breakdown lorry.

**toxaemia** *Br*, **toxemia** *Am* [tɒk'siːmɪə] *n* toxémie *f*.

**toxic** ['tɒksɪk] *adj* toxique.

**toxic shock syndrome** *n* syndrome *m* du choc toxique.

**toxicity** [tɒk'sɪsətɪ] *n* toxicité *f*.

**toxin** ['tɒksɪn] *n* toxine *f*.

**toy** [tɔɪ] (*pl* **toys**) ◇ *n* jouet *m*. ◇ *comp* **-1.** [car, train] miniature; ~ soldier soldat *m* de plomb; ~ theatre théâtre *m* de marionnettes; ~ trumpet trompette *f* d'enfant. **-2.** [box, chest, drawer] à jouets. **-3.** [dog] nain.

◆ **toy with** *vt insep* jouer avec; to ~ with one's food manger du bout des dents; she ~ed with the idea of going home elle jouait avec l'idée de rentrer chez elle.

**toy boy** *n inf & pej* jeune homme sortant avec une femme mûre.

**toymaker** ['tɔɪ,meɪkər] *n* fabricant *m* de jouets.

**toy shop** *n* magasin *m* de jouets.

**trace** [treɪs] ◇ *n* **-1.** [sign] trace *f*; to disappear OR to sink without ~ disparaître sans laisser de traces; there is no ~ of it now il n'en reste plus aucune trace; we've lost all ~ of her nous ignorons ce qu'elle est devenue; ~s of cocaine were found in his blood l'analyse de son sang a révélé des traces de cocaïne; without a ~ of fear sans la moindre peur. **-2.** [trail] trace *f* de pas, piste *f*; *Am* [path] piste *f*, sentier *m*.-**3.** [drawing] tracé *m*.-**4.** TECH: a radar ~ la trace d'un spot. **-5.** [harness] trait *m*. ◇ *vt* **-1.** [follow trail of] suivre la trace de; [track down – object] retrouver; she ~d him as far as New York elle a suivi sa piste jusqu'à New York; we eventually ~d the problem to a computer error nous avons finalement découvert que le problème était dû à une erreur de l'ordinateur. **-2.** [follow development of] suivre; the film ~s the rise to power of a gangland boss ce film relate l'ascension d'un chef de gang. **-3.** [mark outline of] tracer, dessiner; [with tracing paper] décalquer.

◆ **trace back** *vt sep*: to ~ sthg back to its source retrouver l'origine de qqch; she can ~ her ancestry back to the 15th century sa famille remonte au XVe siècle. ◇ *vi insep Am* **-1.** [go back]: to ~ back to remonter à. **-2.** [be due to] être dû à.

**traceable** ['treɪsəbl] *adj* [object] retrouvable, qui peut être retrouvé.

**trace element** *n* oligo-élément *m*.

**tracer** ['treɪsər] *n* **-1.** [person] traceur *m*, -euse *f*; [device] traçoir *m*.-**2.** CHEM traceur *m*.

**tracer bullet** *n* balle *f* traçante.

**tracery** ['treɪsərɪ] (*pl* **traceries**) *n* filigrane *m*, dentelles *fpl*; [on leaf, insect wing] nervures *fpl*; ARCHIT réseau *m*.

**trachea** [trə'kiːə] (*pl* **tracheae** [-'kiːiː] OR **tracheas**) *n* trachée *f*.

**tracheotomy** [,trækɪ'ɒtəmɪ] (*pl* **tracheotomies**) *n* trachéotomie *f*.

**trachoma** [trə'kəʊmə] *n* trachome *m*.

**tracing** ['treɪsɪŋ] *n* [process] calquage *m*; [result] calque *m*.

**tracing paper** *n* papier-calque *m inv*, papier *m* à décalquer.

**track** [træk] ◇ *n* -**1.** [path, route] chemin *m*, sentier *m*; [of planet, star, aeroplane] trajectoire *f*; a mountain ~ un sentier de montagne; a farm ~ un chemin de campagne ‖ *fig*: to be on the right ~ être sur la bonne voie; he's on the wrong ~ il fait fausse route; you're way off ~! *inf* tu es complètement à côté de la plaque!-**2.** SPORT: motor-racing ~ *Br* autodrome *m*; ~ and field athlétisme *m*; ~ and field events épreuves *fpl* d'athlétisme. -**3.** RAIL voie *f*, rails *mpl*; the train jumped the ~s le train a déraillé OR a quitté les rails. -**4.** [mark, trail] trace *f*, piste *f*; [of animal, person] piste *f*; [of boat] sillage *m*; to be on sb's ~ OR ~s être sur la piste de qqn; the terrorists had covered their ~s well les terroristes n'avaient pas laissé de traces; that should throw them off my ~ avec ça, je devrais arriver à les semer; to keep ~ of suivre; it's hard to keep ~ of her, she moves around so much il est difficile de rester en contact avec elle, elle bouge tout le temps; we like to keep ~ of current events nous aimons nous tenir au courant de l'actualité; we'll have to keep ~ of the time! il ne faudra pas oublier l'heure!; to lose ~ of: I lost ~ of them years ago j'ai perdu le contact avec eux OR je les ai perdus de vue il y a des années; she lost all ~ of time elle a perdu toute notion du temps; he lost ~ of what he was saying il a perdu le fil de ce qu'il disait ❑ to make ~s *inf* mettre les voiles. -**5.** [on LP, tape] plage *f*; COMPUT piste *f*.-**6.** AUT [tyre tread] chape *f*; [space between wheels] écartement *m*.-**7.** *Am* SCH classe *f* de niveau; ~ system *répartition des élèves en sections selon leurs aptitudes.*
◇ *vt* -**1.** [follow – animal] suivre à la trace, filer; [– rocket] suivre la trajectoire de; [criminal] traquer. -**2.** *Am*: don't ~ mud into the house! ne traîne pas de boue dans la maison!
◇ *vi* -**1.** [stylus] suivre le sillon. -**2.** [with camera] faire un traveling OR travelling.
◆ **track down** *vt sep* retrouver, localiser; [animal, criminal] traquer et capturer.

**tracked** [trækt] *adj* chenillé, à chenilles.

**tracker** ['trækər] *n* -**1.** [person – gen] poursuivant *m*, -e *f*; [– in hunting] traqueur *m*, -euse *f*.-**2.** [device] appareil *m* de poursuite.

**tracker dog** *n* chien *m* policier.

**track event** *n* épreuve *f* sur piste.

**tracking** ['trækɪŋ] *n* -**1.** poursuite *f*; [of missile] repérage *m*.-**2.** *Am* SCH *répartition des élèves en sections selon leurs aptitudes.* ◇ *comp* [radar, satellite] de poursuite.

**tracking shot** *n* CIN traveling *m*, travelling *m*.

**track meet** *n Am* rencontre *f* d'athlétisme.

**track record** *n* SPORT & *fig* dossier *m*, carrière *f*; she has a good ~ elle a fait ses preuves.

**track rod** *n Br* biellette *f* de connexion.

**track shoe** *n* chaussure *f* d'athlétisme.

**tracksuit** ['træk,suːt] *n* survêtement *m*.

**tract** [trækt] *n* -**1.** [pamphlet] tract *m*.-**2.** [large area] étendue *f*; *Am* [housing estate] lotissement *m*; [mining] gisement *m*; a ~ house un pavillon. -**3.** ANAT: digestive/respiratory ~ appareil *m* digestif/respiratoire.

**tractable** ['træktəbl] *adj* [person, animal] accommodant; [material] malléable; [problem] soluble, facile à résoudre.

**traction** ['trækʃn] *n* -**1.** MECH traction *f*.-**2.** MED: to be in ~ être en extension; ~ splint attelle *f* d'extension.

**traction engine** *n* locomotive *f*.

**tractor** ['træktər] *n* [on farm] tracteur *m*; TECH locomobile *f*.

**tractorfeed** ['træktəfiːd] *n* COMPUT dispositif *m* d'entraînement à picots.

**trad** [træd] *inf* ◇ *adj* MUS traditionnel. ◇ *n*: ~ (jazz) jazz traditionnel des années 30.

**trade** [treɪd] ◇ *n* -**1.** *(U)* COMM commerce *m*, affaires *fpl*; the clothing ~ la confection, l'industrie *f* de la confection; she is in the tea ~ elle est dans le commerce du thé, elle est né-

gociante en thé; ~ is brisk les affaires vont bien; to do a good ~ roaring ~ faire des affaires en or; domestic/foreign ~ commerce intérieur/extérieur; retail/wholesale ~ commerce de détail/de gros; Minister of Trade *Br*, Secretary of Trade *Am* ministre *m* du Commerce. -**2.** [illicit dealings] trafic *m*; the drug ~ le trafic de drogue. -**3.** [vocation, occupation] métier *m*; she is an electrician by ~ elle est électricienne de son métier OR de son état; to be in the ~ être du métier; as we say in the ~ comme on dit dans le métier. -**4.** [exchange] échange *m*; fair ~ échange équitable. -**5.** [regular customers] clientèle *f*.-**6.** *Am* [transaction] transaction *f* commerciale.
◇ *comp* -**1.** COMM [agreement, balance] commercial; ~ deficit balance *f* commerciale déficitaire, déficit *m* extérieur; ~ figures résultats *mpl* financiers. -**2.** [publication] spécialisé.
◇ *vt* [exchange] échanger, troquer; he ~d a marble for a toffee il a échangé OR troqué une bille contre un caramel.
◇ *vi* -**1.** [businessman, country] faire du commerce; he ~s in clothing il est négociant en confection, il est dans la confection; to ~ at a loss vendre à perte; to ~ with sb avoir OR entretenir des relations commerciales avec qqn. -**2.** *Am* [private individual] faire ses achats; to ~ at OR with faire ses courses à OR chez. -**3.** *Am* ST.EX [currency, commodity]: corn is trading at £25 le maïs se négocie à 25 livres.
◆ **trades** *npl* [winds] alizés *mpl*.
◆ **trade in** *vt sep* faire reprendre; I ~d my television in for a new one ils ont repris mon vieux téléviseur quand j'ai acheté le nouveau.
◆ **trade off** *vt sep* échanger, troquer; [as a compromise] accepter en compensation; to ~ sthg off against sthg laisser OR abandonner qqch pour qqch.
◆ **trade on** *vt insep* exploiter, profiter de; I'd hate to ~ on OR upon your kindness je ne voudrais pas abuser de votre gentillesse.

**trade association** *n* association *f* professionnelle.

**trade barriers** *npl* barrières *fpl* douanières.

**Trade Descriptions Act** *pr n loi britannique contre la publicité mensongère.*

**trade discount** *n* remise *f* professionnelle OR au détaillant.

**trade fair** *n* foire *f* OR exposition *f* commerciale.

**trade-in** *n* reprise *f*; they took my old refrigerator as a ~ ils ont repris mon vieux réfrigérateur.

**trademark** ['treɪdmɑːk] ◇ *n* marque *f* (de fabrique); *fig* signe *m* caractéristique. ◇ *vt* [label a product] apposer une marque sur; [register a product] déposer.

**trade name** *n* [of product] nom *m* de marque; [of firm] raison *f* commerciale.

**trade-off** *n* échange *m*; [compromise] compromis *m*.

**trade paper** *n* revue *f* spécialisée.

**trade price** *n* prix *m* de gros.

**trader** ['treɪdər] *n* -**1.** [gen] commerçant *m*, -e *f*, marchand *m*, -e *f*; [on large scale] négociant *m*, -e *f*.-**2.** [ship] navire *m* marchand OR de commerce. -**3.** *Am* ST.EX contrepartiste *m*.

**trade route** *n* route *f* commerciale.

**trade secret** *n* secret *m* de fabrication.

**tradesman** ['treɪdzmən] (*pl* **tradesmen** [-mən]) *n* -**1.** [trader] commerçant *m*, marchand *m*; ~'s entrance entrée *f* de service OR des fournisseurs. -**2.** [skilled workman] ouvrier *m* qualifié.

**trade(s) union** *n* syndicat *m*; to join a ~ se syndiquer.

**Trades Union Congress** *n confédération des syndicats britanniques.*

**trade unionism** *n* syndicalisme *m*.

**trade(s) unionist** *n* syndicaliste *mf*.

**trade wind** *n* alizé *m*.

**trading** ['treɪdɪŋ] ◇ *n* commerce *m*, négoce *m*; [illicit dealing] trafic *m*; ~ on the Stock Exchange was heavy le volume de transactions à la Bourse était important. ◇ *comp* [company, partner] commercial; ~ nation nation *f* commerçante; ~ standards normes *fpl* de conformité; ~ standards office ≈ Direction *f* de la consommation et de la répression des fraudes; ~ year compte annuel *m* d'exploitation, exercice *m*.

**trading estate** *n Br* zone *f* artisanale et commerciale.

**trading post** *n Am* comptoir *m* commercial.

**trading profit** *n* bénéfice(s) *m(pl)* d'exploitation.

**trading stamp** *n* timbre-prime *m*, vignette-épargne *f*.

**tradition** [trəˈdɪʃn] *n* tradition *f*, coutume *f*; it's in the best ~ of New Year's Eve parties c'est dans la plus pure tradition des réveillons du Nouvel An; ~ has it that... la tradition veut que...; the ~ that... la tradition selon laquelle... OR qui veut que...; **to break with** ~ rompre avec la tradition.

**traditional** [trəˈdɪʃənl] *adj* traditionnel; it is ~ to sing Auld Lang Syne at New Year il est de tradition de chanter Auld Lang Syne au Nouvel An.

**traditionalist** [trəˈdɪʃnəlɪst] ◇ *n* traditionaliste *mf*. ◇ *adj* traditionaliste.

**traditionally** [trəˈdɪʃnəlɪ] *adv* traditionnellement.

**traffic** [ˈtræfɪk] (*pt* & *pp* **trafficked**, *cont* **trafficking**) ◇ *n* **-1.** [on roads] circulation *f*; [rail, air, maritime] trafic *m*; **the** ~ **is heavy/light** la circulation est dense/fluide; **there is a great deal of** ~ **on the roads** les routes sont encombrées; ~ **in and out of the city** circulation à destination et en provenance de la ville; **road closed to heavy** ~ route interdite aux poids lourds; **eastbound** ~ circulation ouest-est ❏ ~ **calming** *mesures visant à ralentir la circulation.* **-2.** COMM commerce *m*; [illicit] trafic *m*; *Am* [customers] clientèle *f*; **the** ~ **in arms/drugs** le trafic des armes/de drogue. **-3.** *Br* [dealings] échange *m*. ◇ *vi*: **to** ~ **in** faire le commerce de.

**traffic circle** *n Am* rond-point *m*, sens *m* giratoire.

**traffic controller** *n* contrôleur *m*, -euse *f* de la navigation aérienne, aiguilleur *m* du ciel.

**traffic island** *n* refuge *m* TRANSP.

**traffic jam** *n Br* embouteillage *m*, bouchon *m*.

**trafficker** [ˈtræfɪkəʳ] *n* trafiquant *m*, -e *f*; **drug** ~ trafiquant *m* de drogue.

**traffic lights** *npl* feu *m* de signalisation; **the** ~ **are (on) green** le feu est (au) vert; **carry on to the next set of** ~ continuez jusqu'aux prochains feux.

**traffic offence** *n* infraction *f* au code de la route.

**traffic police** *n* [speeding, safety] police *f* de la route; [point duty] police *f* de la circulation.

**traffic policeman** *n* agent *m* de police; [on point duty] agent *m* de la circulation.

**traffic signal** *n* feu *m* de signalisation.

**traffic violation** *Am* = **traffic offence**.

**traffic warden** *n Br* contractuel *m*, -elle *f*.

**tragedian** [trəˈdʒiːdɪən] *n* [author] auteur *m* tragique; [actor] tragédien *m*.

**tragedy** [ˈtrædʒədɪ] (*pl* **tragedies**) *n* [gen & THEAT] tragédie *f*; **it's a** ~ **that this should happen to her** c'est tragique que ça lui arrive à elle.

**tragic** [ˈtrædʒɪk] *adj* tragique.

**tragically** [ˈtrædʒɪklɪ] *adv* tragiquement.

**tragic irony** *n* ironie *f* tragique.

**tragicomedy** [ˌtrædʒɪˈkɒmədɪ] (*pl* **tragicomedies**) *n* tragicomédie *f*.

**tragicomic** [ˌtrædʒɪˈkɒmɪk] *adj* tragi-comique.

**trail** [treɪl] ◇ *n* **-1.** [path] sentier *m*, chemin *m*; [through jungle] piste *f*; **to break a** ~ faire la trace, tracer; **he hit the campaign** ~ *fig* il est parti en campagne (électorale). **-2.** [traces of passage] piste *f*, trace *f*; **to be on the** ~ **of sb/sthg** être sur la piste de qqn/qqch; **a false** ~ une fausse piste; **the storm left a** ~ **of destruction** l'orage a tout détruit sur son passage. **-3.** [of blood, smoke] traînée *f*; [of comet] queue *f*. **-4.** [of gun] crosse *f* OR flèche *f* d'affût. ◇ *vt* **-1.** [follow] suivre, filer; [track] suivre la piste de; [animal, criminal] traquer. **-2.** [drag behind, tow] traîner; [boat, trailer] tirer, remorquer; **she** ~**ed her hand in the water** elle laissait traîner sa main dans l'eau. **-3.** [lag behind] être en arrière par rapport à. **-4.** [gun] porter à la main. **-5.** [advertise] diffuser (une bande-annonce). ◇ *vi* **-1.** [long garment] traîner; [plant] ramper; **smoke** ~**ed from the chimney** de la fumée sortait de la cheminée. **-2.** [move slowly] traîner; **he** ~**ed along at a snail's pace** il avançait comme un escargot. **-3.** [lag behind in contest] être à la traîne; **he's** ~**ing in the polls** il est à la traîne dans les sondages. **-4.** [follow] suivre, filer; **with five children** ~**ing behind her** avec ses cinq enfants dans son sillage.

◆ **trail away** *vi insep* s'estomper; **his voice** ~**ed away to a whisper** sa voix ne fut plus qu'un murmure.

◆ **trail off** *vi insep* s'estomper; **he** ~**ed off in mid sentence** il n'a pas terminé sa phrase.

**trailblazer** [ˈtreɪlˌbleɪzəʳ] *n fig* pionnier *m*, -ère *f*.

**trailblazing** [ˈtreɪlˌbleɪzɪŋ] *adj* de pionnier.

**trailer** [ˈtreɪləʳ] *n* **-1.** AUT remorque *f*; *Am* camping-car *m*; ~ **court**, ~ **park** *Am* terrain aménagé pour les camping-cars. **-2.** CIN & TV bande-annonce *f*. **-3.** [end of film roll] amorce *f*.

**trailing** [ˈtreɪlɪŋ] *adj* traînant; [plant] rampant; ~ **edge** AÉRON bord *m* de fuite.

**train** [treɪn] ◇ *n* **-1.** [railway] train *m*; [underground] métro *m*, rame *f*; **to go by** ~ prendre le train, aller en train; **I met a friend on the** ~ j'ai rencontré un ami dans le train; **to transport goods by** ~ transporter des marchandises par voie ferrée OR rail; **'to the** ~**s'** 'accès aux quais'. **-2.** [procession – of vehicles] file *f*, cortège *m*; [– of mules] file *f*; [– of camels] caravane *f*; MIL convoi *m*; [retinue] suite *f*, équipage *m*; MIL équipage *m*. **-3.** [of dress] traîne *f*. **-4.** [connected sequence] suite *f*, série *f*; **in an unbroken** ~ en succession ininterrompue; **my remark interrupted her** ~ **of thought** ma remarque a interrompu le fil de sa pensée OR ses pensées; **to follow sb's** ~ **of thought** suivre le raisonnement de qqn. **-5.** MECH train *m*; ~ **of gears** train d'engrenage. **-6.** *fml* [progress]: **in** ~ en marche. **-7.** [fuse] amorce *f*; [of gunpowder] traînée *f* (de poudre). ◇ *comp* [dispute, strike] des cheminots, des chemins de fer; [reservation, ticket] de train; **there is a good** ~ **service to the city** la ville est bien desservie par le train; ~ **station** gare *f*. (*de chemin de fer*).

◇ *vt* **-1.** [employee, soldier] former; [voice] travailler; [animal] dresser; [mind] former; SPORT entraîner; [plant – by pruning] tailler; [– by tying] palisser; [climbing plant] diriger, faire grimper; **he is** ~**ing sb to take over from him** il forme son successeur; **she was** ~**ed in economics** elle a reçu une formation d'économiste; **to** ~ **sb to use sthg** apprendre à qqn à utiliser qqch; **to** ~ **sb up** former OR préparer qqn; **the dogs have been** ~**ed to detect explosives** les chiens ont été dressés pour détecter les explosifs. **-2.** [direct, aim] viser; **he** ~**ed his gun on us** il a braqué son arme sur nous. ◇ *vi* **-1.** recevoir une formation; **I** ~**ed as a translator** j'ai reçu une formation de traducteur; **she's** ~**ing as a teacher** elle suit une formation pédagogique. **-2.** SPORT s'entraîner, se préparer.

**trainbearer** [ˈtreɪnˌbeərəʳ] *n personne qui porte la traîne d'un dignitaire*; [at wedding] demoiselle *f* OR dame *f* d'honneur; [boy] page *m*.

**trained** [treɪnd] *adj* compétent, qualifié; [engineer] breveté, diplômé; [nurse, translator] diplômé; **he's not** ~ **for this job** il n'est pas qualifié OR n'a pas la formation requise pour ce poste; **a** ~ **eye** un œil exercé; **he has a** ~ **voice** il a travaillé sa voix ‖ [animal] dressé; **a** ~ **parrot** un perroquet savant.

**trainee** [treɪˈniː] ◇ *n* stagiaire *mf*; **sales** ~ stagiaire de vente. ◇ *comp* stagiaire, en stage; [in trades] en apprentissage; ~ **computer programmer** élève *mf* programmeur.

**trainer** [ˈtreɪnəʳ] *n* **-1.** SPORT entraîneur *m*. **-2.** [of animal] dresseur *m*, -euse *f*; [of racehorses] entraîneur *m*; [of lion] dompteur *m*, -euse *f*. **-3.** AÉRON [simulator] simulateur *m*; ~ (aircraft) avion-école *m*. **-4.** [shoe] chaussure *f* de sport.

**training** [ˈtreɪnɪŋ] ◇ *n* **-1.** formation *f*; [of soldier] instruction *f*; [of animal] dressage *m*; **further** ~ perfectionnement *m*; **to do one's basic** ~ MIL faire ses classes. **-2.** SPORT entraînement *m*, préparation *f*; **to be in** ~ être en cours d'entraînement OR de préparation; **I'm out of** ~ j'ai perdu la forme; **to be in** ~ **for sthg** s'entraîner pour OR se préparer à qqch. ◇ *comp* [centre, programme, scheme] de formation; ~ **manual** manuel *m* d'instruction.

**Training Agency** *pr n*: **the** ~ *organisme britannique créé en 1989, qui propose des stages de formation et de recyclage.*

**training camp** *n* camp *m* d'entraînement; MIL base *f* école.

**training college** *n* école *f* spécialisée OR professionnelle.

**training course** *n* stage *m* de formation.

**training shoes** *npl* chaussures *fpl* de sport.

**train set** *n* train *m* électrique.

**train spotter** *n Br amateur de trains dont la passion consiste à relever les numéros d'immatriculation des locomotives.*

**train spotting** [-ˈspɒtɪŋ] *n*: **to go** ~ observer les trains.

**traipse** [treɪps] *inf* ◇ *vi*: **we all** ~**d off to the shops** nous sommes tous partis traîner dans les magasins. ◇ *n* longue promenade.

**trait** [treɪ, treɪt] *n* trait *m*.

**traitor** ['treɪtə'] *n* traître *m*; you're a ~ to your country/to the cause vous trahissez votre pays/la cause; he turned ~ [gen] il s'est mis à trahir; [soldier, spy] il est passé OR s'est vendu à l'ennemi.

**traitress** ['treɪtrɪs] *n* traîtresse *f*.

**trajectory** [trə'dʒektərɪ] (*pl* **trajectories**) *n* trajectoire *f*.

**tra-la(-la)** [trɑː'lɑː, ˌtrɑːlɑː'lɑː] *onomat* refrain de chanson sans sens particulier.

**tram** [træm] *n Br* tram *m*, tramway *m*; MIN berline *f*, benne *f* roulante; to go by ~ prendre le tram.

**tramcar** ['træmkɑː'] *n Br* tram *m*, tramway *m*.

**tramline** ['træmlaɪn] *n Br* [rails] voie *f* de tramway; [route] ligne *f* de tramway.

◆ **tramlines** *npl* [in tennis, badminton] lignes *fpl* de côté.

**tramp** [træmp] ◇ *n* **-1.** [vagabond] clochard *m*, -e *f*, chemineau *m* dated. **-2.** [sound] bruit *m* de pas; I could hear the ~ of soldiers' feet j'entendais le pas lourd des soldats. **-3.** [long walk] randonnée *f* (à pied), promenade *f*. **-4.** [ship]: ~ (steamer) tramp *m*.**-5.** *Am inf & pej* traînée *f*. ◇ *vi* [hike] marcher, se promener; [walk heavily] marcher d'un pas lourd; to ~ up and down faire les cent pas. ◇ *vt* parcourir; he ~ed the streets in search of work il a battu le pavé pour trouver du travail.

**trample** ['træmpl] ◇ *vt* piétiner, fouler aux pieds; the crowd ~d the man to death l'homme est mort piétiné par la foule ‖ [sb's feelings] bafouer. ◇ *vi* marcher d'un pas lourd. ◇ *n* [action] piétinement *m*; [sound] bruit *m* de pas.

◆ **trample on**, **trample over** *vt insep* piétiner; *fig* [sb's feelings] bafouer; [objections] passer outre à.

**trampoline** ['træmpəliːn] ◇ *n* trampoline *m*. ◇ *vi*: to ~, to go trampolining faire du trampoline.

**tramway** ['træmweɪ] (*pl* **tramways**) *n Br* [rails] voie *f* de tramway; [route] ligne *f* de tramway.

**trance** [trɑːns] *n* transe *f*; MED catalepsie *f*; to go OR to fall into a ~ entrer en transe; MED tomber en catalepsie; he put me into a ~ il m'a hypnotisé, il m'a fait entrer en transe.

**trannie, tranny** ['trænɪ] (*pl* **trannies**) *n Br inf* [transistor radio] transistor *m*.

**tranquil** ['træŋkwɪl] *adj* tranquille, paisible.

**tranquillity** *Br*, **tranquility** *Am* [træŋ'kwɪlɪtɪ] *n* tranquillité *f*, calme *m*.

**tranquillize, -ise** *Br*, **tranquilize** *Am* ['træŋkwɪlaɪz] *vt* calmer, apaiser; MED mettre sous tranquillisants.

**tranquillizer** *Br*, **tranquilizer** *Am* ['træŋkwɪlaɪzə'] *n* tranquillisant *m*, calmant *m*.

**transact** [træn'zækt] *vt* traiter, régler.

**transaction** [træn'zækʃn] *n* **-1.** [gen & BANK] opération *f*, affaire *f*; cash ~ opération *f* au comptant ‖ ECON, FIN & ST. EX transaction *f*; Stock Exchange ~s opérations *fpl* de Bourse. **-2.** [act of transacting] conduite *f*, gestion *f*.**-3.** COMPUT mouvement *m*.

◆ **transactions** *npl* [proceedings of an organization] travaux *mpl*; [minutes] actes *mpl*.

**transalpine** [ˌtrænz'ælpaɪn] *adj* transalpin.

**transatlantic** [ˌtrænzət'læntɪk] *adj* transatlantique.

**transceiver** [træn'siːvə'] *n* émetteur-récepteur *m*.

**transcend** [træn'send] *vt* **-1.** [go beyond] transcender, dépasser; PHILOS & RELIG transcender. **-2.** [surpass] surpasser.

**transcendental** [ˌtrænsen'dentl] *adj* transcendantal.

**transcendental meditation** *n* méditation *f* transcendantale.

**transcontinental** ['trænz,kɒntɪ'nentl] *adj* transcontinental; the Transcontinental Railroad la Transcontinentale.

**transcribe** [træn'skraɪb] *vt* transcrire.

**transcript** ['trænskrɪpt] *n* transcription *f*; *Am* SCH & UNIV dossier complet de la scolarité.

**transcription** [træn'skrɪpʃn] *n* transcription *f*.

**transducer** [trænz'djuːsə'] *n* transducteur *m*.

**transect** [træn'sekt] *vt* sectionner transversalement.

**transept** ['trænsept] *n* transept *m*.

**transfer** [*vb* træns'fɜːr, *n* 'trænsfɜːr] ◇ *vt* **-1.** [move] transférer; [employee, civil servant] transférer, muter; [soldier] muter; [player] transférer; [passenger] transférer, transborder; [object, goods] transférer, transporter; [money] virer; I transferred the funds to my bank account j'ai fait virer l'argent sur mon compte bancaire. **-2.** [convey – property, ownership] transmettre, transférer; [– power, responsibility] passer; JUR faire cession de, céder. **-3.** TELEC: I'd like to ~ the charges *Br* je voudrais téléphoner en PCV; I'm transferring you now [operator] je vous mets en communication ❏ transferred charge call *Br* communication *f* en PCV. **-4.** [displace – design, picture] reporter, décalquer; to ~ a design from one surface to another décalquer un dessin d'un support sur un autre; she transferred her affection/allegiance to him *fig* elle a reporté son affection/sa fidélité sur lui.

◇ *vi* **-1.** [move] être transféré; [employee, civil servant] être muté OR transféré; [soldier] être muté; SPORT [player] être transféré. **-2.** [change mode of transport] être transféré OR transbordé.

◇ *n* **-1.** [gen] transfert *m*; [of employee, civil servant] mutation *f*; [of passenger] transfert *m*, transbordement *m*; [of player] transfert *m*; [of goods, objects] transfert *m*, transport *m*; [of money] virement *m*; ~ of a debt cession *f* OR revirement *m* d'une créance; bank ~ virement *m* bancaire. **-2.** JUR transmission *f*, cession *f*; ~ of ownership from sb to sb transfert *m* OR translation *f* de propriété de qqn à qqn. **-3.** POL: ~ of power passation *f* de pouvoir. **-4.** [design, picture] décalcomanie *f*; [rub-on] autocollant *m*; [sew-on] décalque *m*.**-5.** [change of mode of travel] transfert *m*; [at airport, train station] correspondance *f*.

**transferable** [træns'fɜːrəbl] *adj* transmissible; JUR cessible; this ticket is not ~ ce billet est strictement personnel; ~ securities FIN valeurs *fpl* négociables.

**transference** ['trænsfərəns] *n* [gen & PSYCH] transfert *m*; [of employee, civil servant] mutation *f*; [of money] virement *m*; [of power] passation *f*; [of ownership] transfert *m* OR translation *f* de propriété.

**transfer list** *n Br* liste *f* des joueurs transférables.

**transfer passenger** *n* [between flights] voyageur *m*, -euse *f* en transit.

**transfigure** [træns'fɪgə'] *vt* transfigurer.

**transfix** [træns'fɪks] *vt literal* transpercer; *fig* pétrifier; to be ~ed with fear être paralysé par la peur.

**transform** [træns'fɔːm] ◇ *vt* **-1.** [change – gen] transformer, métamorphoser; to ~ sthg into sthg transformer qqch en qqch. **-2.** ELEC transformer; CHEM, MATH & PHYS transformer, convertir. **-3.** GRAMM transformer. ◇ *n* **-1.** LING transformation *f*.**-2.** MATH transformée *f*.

**transformation** [ˌtrænsfə'meɪʃn] *n* transformation *f*, métamorphose *f*; ELEC & MATH transformation *f*; CHEM & PHYS conversion *f*; LING transformation *f*.

**transformational grammar** [ˌtrænsfə'meɪʃənl-] *n* grammaire *f* transformationnelle.

**transformer** [træns'fɔːmə'] ◇ *n* transformateur *m*. ◇ *comp*: ~ station station *f* de transformation.

**transfusion** [træns'fjuːʒn] *n* [gen & MED] transfusion *f*; they gave him a ~ ils lui ont fait une transfusion.

**transgress** [træns'gres] *fml* ◇ *vt* transgresser, enfreindre. ◇ *vi* pécher.

**transgression** [træns'greʃn] *n fml* **-1.** [overstepping] transgression *f*.**-2.** [crime] faute *f*, violation *f* (*d'une loi*); RELIG péché *m*.

**transgressor** [træns'gresə'] *n* [gen & JUR] transgresseur *m*; RELIG pécheur *m*, -eresse *f*.

**tranship** [træns'ʃɪp] = **transship**.

**transience** ['trænzɪəns] *n* caractère *m* éphémère OR transitoire.

**transient** ['trænzɪənt] ◇ *adj* [temporary] transitoire, passager; [fleeting] éphémère. ◇ *n* **-1.** [person] voyageur *m*, -euse *f* en transit. **-2.** [goods] marchandise *f* en transit.

**transistor** [træn'zɪstə'] *n* transistor *m*.

**transistorize, -ise** [træn'zɪstəraɪz] *vt* transistoriser; ~d circuit circuit *m* à transistors.

**transistor radio** *n* transistor *m*.

**transit** ['trænsɪt] ◇ *n* [of goods, passengers] transit *m*; ASTRON passage *m*; in ~ en transit; goods lost in ~ marchandises égarées pendant le transport. ◇ *comp* [goods, passengers] en transit; [documents, port] de transit; ~ **authority** *Am* régie *f* des transports (en commun); ~ **lounge** salle *f* de transit. ◇ *vt* [goods, passengers] transiter; ASTRON passer sur.

**transit camp** *n* camp *m* de transit.

**transition** [træn'zɪʃn] ◇ *n* transition *f*, passage *m*. ◇ *comp* [period] de transition.

**transitional** [træn'zɪʃənl] *adj* de transition, transitoire.

**transitive** ['trænzɪtɪv] *adj* transitif.

**transitively** ['trænzɪtɪvlɪ] *adv* transitivement.

**transitory** ['trænzɪtrɪ] *adj* transitoire, passager.

**translatable** [træns'leɪtəbl] *adj* traduisible.

**translate** [træns'leɪt] ◇ *vt* **-1.** traduire; to ~ sthg from Spanish into English traduire qqch de l'espagnol en anglais; it can be ~d as... on peut le traduire par... **-2.** [transfer – cleric, relics] transférer; [convey to heaven] ravir. ◇ *vi* **-1.** [words] se traduire; it doesn't ~ c'est intraduisible. **-2.** [person] traduire.

**translation** [træns'leɪʃn] *n* **-1.** traduction *f*; SCH version *f*; the book is a ~ from (the) Chinese le livre est traduit du chinois; the text loses something in the ~ le texte perd quelque chose à la traduction. **-2.** RELIG [of cleric, relics] translation *f*; [conveying to heaven] ravissement *m*.

**translator** [træns'leɪtər] *n* traducteur *m*, -trice *f*.

**transliterate** [trænz'lɪtəreɪt] *vt* translitérer, translittérer.

**transliteration** [ˌtrænzlɪtə'reɪʃn] *n* translitération *f*, translittération *f*, transcription *f*.

**translucent** [trænz'luːsnt] *adj* translucide, diaphane.

**transmigration** [ˌtrænzmaɪ'greɪʃn] *n* [of souls] transmigration *f*; [of people] émigration *f*.

**transmission** [trænz'mɪʃn] *n* **-1.** transmission *f*; [broadcast] retransmission *f*. **-2.** AUT transmission *f*; *Am* boîte *f* de vitesses.

**transmit** [trænz'mɪt] (*pt* & *pp* **transmitted**, *cont* **transmitting**) ◇ *vt* transmettre; TELEC émettre, diffuser. ◇ *vi* RADIO, TELEC & TV émettre, diffuser.

**transmitter** [trænz'mɪtər] *n* transmetteur *m*; RADIO & TV émetteur *m*; [in telephone] microphone *m* (téléphonique).

**transmitting** [trænz'mɪtɪŋ] ◇ *adj* TELEC émetteur *m*. ◇ *n* transmission *f*.

**transmute** [trænz'mjuːt] *vt* transmuer, transmuter.

**transnational** [ˌtrænz'næʃənl] *adj* transnational.

**transom** ['trænsəm] *n* **-1.** [in window] petit bois *m* horizontal; [above door] traverse *f* d'imposte. **-2.** *Am* [fanlight]; ~ (window) imposte *f* (semi-circulaire).

**transparency** [træns'pærənsɪ] (*pl* **transparencies**) *n* **-1.** [gen & PHYS] transparence *f*. **-2.** [for overhead projector] transparent *m*; *esp Br* [slide] diapositive *f*.

**transparent** [træns'pærənt] *adj* [gen & PHYS] transparent.

**transpiration** [ˌtrænspɪ'reɪʃn] *n* BOT & PHYSIOL transpiration *f*.

**transpire** [træn'spaɪər] ◇ *vi* **-1.** [be discovered, turn out] apparaître; it ~d that he had been embezzling funds on a appris OR on s'est aperçu qu'il avait détourné des fonds. **-2.** [happen] se passer, arriver. **-3.** BOT & PHYSIOL transpirer. ◇ *vt* BOT & PHYSIOL transpirer.

**transplant** [*vb* træns'plɑːnt, *n* 'træns,plɑːnt] ◇ *vt* **-1.** BOT [plant] transplanter; [seedling] repiquer. **-2.** MED [organ] greffer, transplanter; [tissue] greffer. **-3.** [population] transplanter. ◇ *n* MED [organ] transplant *m*; [tissue] greffe *f*; [operation] greffe *f*; she's had a kidney ~ on lui a fait une greffe du rein; she's had a heart ~ on lui a greffé un cœur.

**transplantation** [ˌtrænsplɑːn'teɪʃn] *n* **-1.** BOT [of seedling] repiquage *m*; [of plant] transplantation *f*. **-2.** *fig* [of people] transplantation *f*.

**transport** [*n* 'trænspɔːt, *vb* træn'spɔːt] ◇ *n* **-1.** (U) *Br* [system] transport *m*, transports *mpl*; he went by public ~ [bus] il est allé en bus; [train] il est allé en train. **-2.** [means] moyen *m* de transport OR de locomotion; ~ **plane** avion *m* de transport; ~ **ship** navire *m* de transport; **troop** ~ MIL transport *m* de troupes. **-3.** [of goods] transport *m*. **-4.** *lit* [of joy] transport *m*; [of anger] accès *m*. ◇ *vt* transporter.

**transportable** [træn'spɔːtəbl] *adj* transportable.

**transportation** [ˌtrænspɔː'teɪʃn] *n* **-1.** *Am* [transport] transport *m*; **public** ~ transports publics; ~ **system** système *m* des transports. **-2.** [of criminals] transportation *f*.

**transport café** *n Br* ≃ routier *m* (*restaurant*).

**transporter** [træn'spɔːtər] *n* **-1.** MIL [for troops – lorry] camion *m* de transport; [– ship] navire *m* de transport; [for tanks] camion *m* porte-char. '**-2.** [for cars – lorry] camion *m* pour transport d'automobiles; [– train] wagon *m* pour transport d'automobiles.

**transpose** [træns'pəʊz] *vt* transposer.

**transposition** [ˌtrænspə'zɪʃn] *n* transposition *f*.

**transputer** [træns'pjuːtər] *n* COMPUT transputer *m*.

**transsexual** [træns'sekʃʊəl] *n* transsexuel *m*, -elle *f*.

**transship** [træns'ʃɪp] (*pt* & *pp* **transshipped**, *cont* **transshipping**) *vt* transborder.

**Trans-Siberian** ['trænz-] *adj*: the ~ (Railway) le Transsibérien.

**transubstantiation** ['trænsəb,stænʃɪ'eɪʃn] *n* transsubstantiation *f*.

**transverse** ['trænzvɜːs] ◇ *adj* [beam, line] transversal; ANAT transverse. ◇ *n* [gen] partie *f* transversale; GEOM axe *m* transversal (*d'une hyperbole*).

**transvestism** [trænz'vestɪzm] *n* travestisme *m*, transvestisme *m*.

**transvestite** [trænz'vestaɪt] *n* travesti *m*.

**Transylvania** [ˌtrænsɪl'veɪnjə] *pr n* Transylvanie *f*; **in** ~ en Transylvanie.

**Transylvanian** [ˌtrænsɪl'veɪnjən] ◇ *n* Transylvanien *m*, -enne *f*. ◇ *adj* transylvanien.

**trap** [træp] (*pt* & *pp* **trapped**, *cont* **trapping**) ◇ *n* **-1.** [snare] piège *m*; [dug in ground] trappe *f*; [gintrap] collet *m*; **to set** OR **to lay a** ~ **for hares** dresser OR tendre un piège pour les lièvres. **-2.** *fig* piège *m*, traquenard *m*; **to set** OR **to lay a** ~ **for sb** tendre un piège à qqn; **the poverty** ~ le piège de la pauvreté. **-3.** [in drain] siphon *m*. **-4.** SPORT [in dog racing] box *m* de départ; [for shooting] ball-trap *m*. **-5.** [carriage] cabriolet *m*, charrette *f* anglaise. **-6.** [trapdoor] trappe *f*. **-7.** ▽ [mouth] gueule *f*. ◇ *vt* **-1.** [animal] prendre au piège, piéger. **-2.** *fig* [opponent] piéger; **he trapped me into thinking I was safe** il m'a piégé en me faisant croire que j'étais hors de danger. **-3.** [immobilize, catch] bloquer, immobiliser; **I trapped my leg** OR **my leg got trapped under the table** je me suis coincé la jambe OR j'avais la jambe coincée sous la table; **she trapped her fingers in the door** elle s'est pris les doigts dans la porte; **they were trapped in the rubble** ils étaient coincés OR immobilisés sous les décombres. **-4.** [hold back – water, gas] retenir.

**trapdoor** [ˌtræp'dɔːr] *n* trappe *f*.

**trapes** [treɪps] *inf* = **traipse**.

**trapeze** [trə'piːz] *n* trapèze *m* (*de cirque*); ~ **artist** trapéziste *mf*.

**trapezium** [trə'piːzjəm] (*pl* **trapeziums** OR **trapezia** [-zjə]) *n* **-1.** GEOM *Br* trapèze *m*; *Am* quadrilatère *m* trapézoïdal. **-2.** ANAT trapèze *m*.

**trapezoid** ['træpɪzɔɪd] *n* **-1.** GEOM *Br* quadrilatère *m* trapézoïdal; *Am* trapèze *m*. **-2.** ANAT trapézoïde *m*. ◇ *adj* trapézoïde.

**trapper** ['træpər] *n* trappeur *m*.

**trappings** ['træpɪŋz] *npl* **-1.** [accessories] ornements *mpl*; **the** ~ **of power** les signes extérieurs du pouvoir. **-2.** [harness] harnachement *m*, carapaçon *m*.

**Trappist** ['træpɪst] ◇ *n* trappiste *m*. ◇ *comp* [monk, monastery] de la Trappe.

**traps** [træps] *npl* [luggage] bagages *mpl*, affaires *fpl*.

**trapshooting** ['træp,ʃuːtɪŋ] *n* ball-trap *m*.

**trash** [træʃ] ◇ *n* (U) **-1.** [nonsense] bêtises *fpl*, âneries *fpl*; **he talks/writes a lot of** ~ il dit/écrit beaucoup d'âneries. **-2.** [goods] camelote *f*; **they sell a lot of** ~ ils vendent beaucoup de camelote. **-3.** *Am* [waste] ordures *fpl*. **-4.** *inf* [people] racaille *f*. ◇ *vt inf* **-1.** [reject] jeter, bazarder. **-2.** [criticize] débiner, éreinter. **-3.** [vandalize] vandaliser, saccager. **-4.** *Am* SPORT [opponent] démolir.

**trashcan** ['træʃkæn] *n Am* poubelle *f*.

**trashman** ['træʃmæn] (*pl* **trashmen** [-men]) *n Am* éboueur *m*.

**trashy** ['træʃɪ] (*compar* **trashier**, *superl* **trashiest**) *adj* [goods] de pacotille; [magazine, book] de quatre sous; [idea, article] qui ne vaut rien; [programme] lamentable, au-dessous de tout.

**trauma** [Br 'trɔːmə, Am 'traumə] (pl **traumas** OR **traumata** [-mətə]) n [gen & PSYCH] trauma m spec, traumatisme m; MED traumatisme m.

**traumatic** [trɔː'mætɪk] adj [gen & PSYCH] traumatisant; MED traumatique.

**traumatism** [Br 'trɔːmətɪzm, Am 'traumətɪzm] n traumatisme m.

**traumatize, -ise** [Br 'trɔːmətaɪz, Am 'traumətaɪz] vt traumatiser.

**travel** ['trævl] (Br pt & pp **travelled**, cont **travelling**, Am pt & pp **traveled**, cont **traveling**) ◇ vi **-1.** [journey – traveller] voyager; to ~ by air/car voyager en avion/en voiture; they travelled to Greece by boat ils sont allés en Grèce en bateau; to ~ round the world faire le tour du monde; she's travelling (about OR around) somewhere in Asia elle est en voyage quelque part en Asie; we travelled across France by train nous avons traversé la France en train; to ~ light voyager avec peu de bagages; to ~ back revenir, rentrer. **-2.** COMM être voyageur OR représentant de commerce. **-3.** [go, move – person] aller; [– vehicle, train] aller, rouler; [– piston, shuttle] se déplacer; [– light, sound] se propager; we were travelling at an average speed of 60 m.p.h. on faisait du 90 km/h de moyenne. **-4.** inf [go very fast] rouler (très) vite. **-5.** fig [thoughts, mind]: my mind travelled back to last June mes pensées m'ont ramené au mois de juin dernier. **-6.** [news, rumour] se répandre, se propager, circuler; news ~s fast les nouvelles vont vite. **-7.** [food] supporter le voyage.
◇ vt **-1.** [distance] faire, parcourir; I travelled 50 miles to get here j'ai fait 80 km pour venir ici. **-2.** [area, road] parcourir.
◇ n (U) [journeys] voyage m, voyages mpl; ~ broadens the mind les voyages ouvrent l'esprit.
◇ comp [book] de voyages; [guide, brochure] touristique; [writer] qui écrit des récits de voyage.
♦ **travels** npl [journeys] voyages mpl; [comings and goings] allées et venues fpl; I met them on my ~s in China je les ai rencontrés au cours de mes voyages en Chine.

**travel agency** n agence f de voyages.

**travel agent** n agent m de voyages; ~'s agence f de voyages.

**travelator** ['trævəleɪtər] = **travolator**.

**travel book** n récit m de voyages.

**travel brochure** n dépliant m touristique.

**travel bureau** n agence f de voyages.

**Travelcard** ['trævlkɑːd] n carte f d'abonnement (pour les transports en commun à Londres).

**traveled** Am = **travelled**.

**traveler** ['trævlər] Am = **traveller**.

**travel insurance** n (U): to take out ~ prendre une assurance-voyage.

**travelled** Br, **traveled** Am ['trævld] adj **-1.** [person] qui a beaucoup voyagé; he's a well-~ man il a beaucoup voyagé. **-2.** [road, path] fréquenté.

**traveller** Br, **traveler** Am ['trævlər] n **-1.** [gen] voyageur m, -euse f; I'm not a good ~ je supporte mal les voyages. **-2.** [salesman] voyageur m, -euse f de commerce. **-3.** [gipsy] bohémien m, -enne f.

**traveller's cheque** n chèque m de voyage, traveller's cheque m.

**travelling** Br, **traveling** Am ['trævlɪŋ] ◇ n (U) voyage m, voyages mpl. ◇ adj [companion, bag] de voyage; [preacher, musician] itinérant; [crane] mobile.

**travelling clock** n réveil m de voyage.

**travelling expenses** npl frais mpl de déplacement.

**travelling library** n ≃ bibliobus m.

**travelling people** npl gens mpl du voyage.

**travelling salesman** n représentant m OR voyageur m de commerce.

**travelogue** Br, **travelog** Am ['trævəlɒg] n [lecture, book] récit m de voyage; [film] film m de voyage.

**travel-sick** adj Br: to be ~ [in car] avoir mal au cœur en voiture, avoir le mal de la route; [in boat] avoir le mal de mer; [in plane] avoir le mal de l'air.

**travel sickness** n mal m de la route.

**traverse** ['trævəs, trə'vɜːs] ◇ vt fml traverser. ◇ vi [in climb-

ing, skiing] faire une traversée, traverser. ◇ n **-1.** [beam] traverse f. **-2.** [gallery] galerie f transversale.

**travesty** ['trævəstɪ] (pl **travesties**, pt & pp **travestied**) ◇ n [parody] parodie f, pastiche m; pej [mockery, pretence] simulacre m, travestissement m; the trial was a ~ of justice le procès n'était qu'un simulacre de justice. ◇ vt [justice] bafouer.

**travolator** ['trævəleɪtər] n tapis m OR trottoir m roulant.

**trawl** [trɔːl] ◇ n **-1.** FISHING: ~ (net) chalut m; ~ line palangre f. **-2.** [search] recherche f. ◇ vi **-1.** FISHING pêcher au chalut; to ~ for mackerel pêcher le maquereau au chalut. **-2.** [search] chercher; to ~ for information chercher des renseignements, aller à la pêche (aux renseignements). ◇ vt [net] traîner, tirer; [sea] pêcher dans.

**trawler** ['trɔːlər] n [boat, fisherman] chalutier m.

**tray** [treɪ] n **-1.** [for carrying] plateau m. **-2.** [for papers] casier m (de rangement); [for mail] corbeille f; in/out ~ corbeille entrée/sortie.

**traycloth** ['treɪklɒθ] n napperon m (de plateau).

**treacherous** ['tretʃərəs] adj **-1.** [disloyal – ally] traître, perfide; fig [memory] infidèle. **-2.** [dangerous – water, current, ice] traître; the roads are ~ les routes sont très glissantes.

**treachery** ['tretʃəri] (pl **treacheries**) n perfidie f, traîtrise f.

**treacle** ['triːkl] n Br [molasses] mélasse f; [golden syrup] mélasse f raffinée.

**treacle pudding** n Br pudding m à la mélasse.

**treacle tart** n Br tarte f à la mélasse.

**treacly** ['triːkli] adj [sweet] sirupeux; fig [sentimental] mièvre, sirupeux.

**tread** [tred] (pt **trod** [trɒd], pp **trod** OR **trodden** ['trɒdn]) ◇ vt **-1.** [walk]: a path had been trodden through the grass les pas des marcheurs avaient tracé un chemin dans l'herbe; she trod the streets looking for him elle a battu le pavé OR parcouru la ville à sa recherche ❑ to ~ the boards monter sur les planches. **-2.** [trample] fouler; to ~ grapes fouler du raisin; to ~ sthg underfoot fouler qqch aux pieds, piétiner qqch ❑ to ~ water nager sur place. **-3.** [stamp] enfoncer, écraser; she trod the cigarette into the sand elle a écrasé du pied le mégot dans le sable. ◇ vi **-1.** [walk] marcher; to ~ lightly marcher d'un pas léger; to ~ carefully OR warily fig y aller doucement OR avec précaution. **-2.** [step]: to ~ on sthg [accidentally] marcher sur qqch; [deliberately] marcher (exprès) sur qqch; he trod on my foot il m'a marché sur le pied ❑ to ~ on sb's toes marcher sur les pieds de qqn. ◇ n **-1.** [footstep] pas m; to walk with a heavy ~ marcher d'un pas lourd ‖ [sound of steps] bruit m de pas. **-2.** [of stairs] marche f, giron m spec. **-3.** [of shoe] semelle f; [of tyre – depth] bande f de roulement; [– pattern] sculptures fpl; there's no ~ left [on shoe] la semelle est usée; [on tyre] le pneu est lisse.
♦ **tread down** vt sep tasser (du pied).
♦ **tread in** vt sep [plant] tasser la terre autour de.

**treadle** ['tredl] ◇ n pédale f (sur un tour ou sur une machine à coudre). ◇ vi actionner la pédale.

**treadmill** ['tredmil] n [machine] manège m; HIST roue ou manège mûs par un homme ou un animal et actionnant une machine.

**treas.** (written abbr of **treasurer**) trés.

**treason** ['triːzn] n trahison f.

**treasonable** ['triːznəbl] adj [action, statement] qui constitue une trahison.

**treasure** ['treʒər] ◇ n **-1.** [valuables] trésor m. **-2.** [art] joyau m, trésor m. **-3.** inf [person] trésor m, ange m. ◇ vt **-1.** [friendship, possession] tenir beaucoup à. **-2.** [gift] garder précieusement, être très attaché à; [memory] conserver précieusement, chérir fml; [moment] chérir fml.

**treasure house** n **-1.** [museum] trésor m (lieu). **-2.** [room, library] mine f, trésor m. **-3.** fig [person]: she's a ~ of information c'est un puits de science OR une mine de renseignements.

**treasure hunt** n chasse f au trésor.

**treasurer** ['treʒərər] n **-1.** [of club] trésorier m, -ère f. **-2.** Am [of company] directeur m financier.

**treasure trove** n trésor m.

**treasury** ['treʒəri] (pl **treasuries**) n **-1.** [building] trésorerie f. **-2.** fig [of information] mine f; [of poems] recueil m. **-3.** ADMIN: the Treasury la Trésorerie, ≃ le ministère des Finances; Secretary/Department of the Treasury Am ≃ ministre m/

ministère *m* des Finances.

**treat** [triːt] ◇ *vt* **-1.** [deal with] traiter; he ~s them with contempt il est méprisant envers eux; teachers expect to be ~ed with respect by their pupils les professeurs exigent que leurs élèves se conduisent respectueusement envers eux; you shouldn't ~ them like children vous ne devriez pas les traiter comme des enfants. **-2.** [handle – substance, object] utiliser, se servir de; [claim, request] traiter. **-3.** [consider – problem, question] traiter, considérer; the whole episode was ~ed as a joke on a pris OR on a considéré tout cet épisode comme une plaisanterie. **-4.** MED [patient] soigner; [illness] traiter; she's being ~ed for cancer on la soigne pour un cancer. **-5.** [fruit, timber, crops] traiter; the land has been ~ed with fertilizer la terre a été traitée aux engrais. **-6.** [buy]: to ~ sb to sthg offrir OR payer qqch à qqn; I ~ed myself to a new coat je me suis offert OR payé un manteau neuf. ◇ *vi fml* **-1.** to ~ of [deal with] traiter de. **-2.** [negotiate]: to ~ with sb traiter avec qqn. ◇ *n* **-1.** [on special occasion – enjoyment] gâterie *f*, (petit) plaisir *m*; [– surprise] surprise *f*; [– present] cadeau *m*; [– outing] sortie *f*; as a special ~ we went to the planetarium on nous a offert tout spécialement une visite au planétarium; let's give her a ~ faisons-lui un petit plaisir; this is my ~ c'est moi qui offre; you've got a ~ in store on te réserve une surprise, attends-toi à une surprise. **-2.** [pleasure] plaisir *m*. ◆ **a treat** *adv phr Br inf* à merveille; he's coming on a ~ il fait de sacrés progrès.

**treatise** ['triːtɪs] *n* traité *m*.

**treatment** ['triːtmənt] *n* **-1.** [of person] traitement *m*; we complained of ill ~ nous nous sommes plaints d'avoir été mal traités; they gave him preferential ~ ils lui ont accordé un traitement préférentiel OR de faveur; to give sb the (full) ~ traiter qqn avec tous les égards. **-2.** (U) MED soins *mpl*, traitement *m*; a course of ~ un traitement; she was sent to Madrid for ~ on l'a envoyée se faire soigner à Madrid; to receive/to undergo ~ recevoir/suivre un traitement; cancer ~ traitement du cancer; X-ray ~ traitement par rayons X. **-3.** [of subject] traitement *m*, façon *f* de traiter. **-4.** [of crops, timber] traitement *m*. **-5.** [chemical] produit *m* chimique. **-6.** CIN traitement *m*.

**treaty** ['triːtɪ] (*pl* **treaties**) *n* **-1.** POL traité *m*; to sign a ~ (with sb) signer OR conclure un traité (avec qqn). **-2.** JUR: they sold the property by private ~ ils ont vendu la propriété par accord privé.

**treble** ['trebl] ◇ *adj* **-1.** [triple] triple; my phone number is 70~4 *Br* mon numéro de téléphone est le soixante dix, quatre cent quarante-quatre. **-2.** MUS [voice] de soprano; [part] pour voix de soprano. ◇ *n* **-1.** MUS [part, singer] soprano *m*. **-2.** (U) [in hi-fi] aigus *mpl*. ◇ *vt & vi* tripler. ◇ *adv*: to sing ~ chanter dans un registre de soprano.

**treble clef** *n* clef *f* de sol.

**trebly** ['treblɪ] *adv* triplement, trois fois plus.

**tree** [triː] ◇ *n* **-1.** BOT arbre *m*; the Tree of Knowledge/Life BIBLE l'arbre de la science du bien et du mal/de vie ❑ to be up a ~ *Am* être dans une impasse. **-2.** [diagram]: ~ (diagram) représentation *f* en arbre OR arborescente, arborescence *f*. **-3.** [for shoes] embauchoir *m*, forme *f*. **-4.** [of saddle] arçon *m*. ◇ *vt* [hunter, animal] forcer OR obliger à se réfugier dans un arbre.

**tree fern** *n* fougère *f* arborescente.

**treehouse** ['triːhaus, *pl* -hauzɪz] *n* cabane construite dans un arbre.

**tree-lined** *adj* bordé d'arbres.

**tree surgeon** *n* arboriculteur *m*, -trice *f* (qui s'occupe de soigner et d'élaguer les arbres).

**treetop** ['triːtɒp] *n* cime *f* OR haut *m* OR faîte *m* d'un arbre; in the ~s au faîte OR au sommet des arbres.

**tree trunk** *n* tronc *m* d'arbre.

**trefoil** ['trefɔɪl] *n* ARCHIT & BOT trèfle *m*.

**trek** [trek] (*pt & pp* **trekked**, *cont* **trekking**) ◇ *n* [walk] marche *f*; [hike] randonnée *f*; to go on a ~ faire une marche OR une randonnée || [arduous trip] marche *f* pénible; it was a real ~ to get here ça a été une véritable expédition pour arriver ici; it's a bit of a ~ to the shops il y a un bout de chemin jusqu'aux magasins. ◇ *vi* [walk] avancer avec peine; [hike] faire

de la randonnée; we had to ~ across fields to get here il a fallu passer à travers champs pour arriver ici || [drag o.s.] se traîner; they trekked all the way out here to see us ils ont fait tout ce chemin pour venir nous voir.

**trellis** ['trelɪs] ◇ *n* treillage *m*, treillis *m*. ◇ *vt* [wood strips] faire un treillage de; [plant] treillager.

**tremble** ['trembl] ◇ *vi* **-1.** [person – with cold] trembler, frissonner; [– from fear, excitement, rage] trembler, frémir; [hands] trembler; to ~ with fear trembler de peur. **-2.** [voice – from emotion] trembler, vibrer; [– from fear] trembler; [– from old age] trembler, chevroter; her voice ~d with emotion sa voix tremblait d'émotion. **-3.** [bridge, house, ground] trembler; [engine] vibrer. **-4.** *fig* [be anxious] frémir; she ~d at the thought elle frémissait à cette seule pensée. ◇ *n* **-1.** [from fear] tremblement *m*; [from excitement, rage] frémissement *m*; [from cold] frissonnement *m*. **-2.** [in voice] frémissement *m*, frisson *m*.

**trembling** ['tremblɪŋ] ◇ *adj* **-1.** [body – with cold] frissonnant, grelottant; [– in fear, excitement] frémissant, tremblant; [hands] tremblant. **-2.** [voice – with emotion] vibrant; [– with fear] tremblant; [– because of old age] chevrotant; with a ~ voice [speaker] d'une OR la voix tremblante; [singer] d'une OR la voix chevrotante. ◇ *n* [from cold] tremblement *m*, frissonnement *m*; [from fear] tremblement *m*, frémissement *m*.

**tremendous** [trɪ'mendəs] *adj* **-1.** [number, amount] énorme, très grand; [cost, speed] très élevé, vertigineux; [building, arch] énorme; [height] vertigineux, très grand; [undertaking] énorme, monumental; [admiration, disappointment, pride] très grand, extrême; [crash, noise] terrible, épouvantable; there's been a ~ improvement in her work son travail s'est énormément amélioré; you've been a ~ help vous m'avez été d'une aide précieuse. **-2.** [wonderful] sensationnel, formidable; I had a ~ time je me suis amusé comme un fou.

**tremendously** [trɪ'mendəslɪ] *adv* [as intensifier] extrêmement; we heard a ~ loud explosion on a entendu une formidable explosion; we enjoyed it ~ cela nous a énormément plu.

**tremolo** ['treməlau] (*pl* **tremolos**) *n* MUS trémolo *m*; ~ arm levier sur une guitare électrique qui sert à varier le ton d'une note.

**tremor** ['tremə*r*] *n* **-1.** GEOL secousse *f* (sismique). **-2.** [in voice] frémissement *m*, frisson *m*, tremblement *m*. **-3.** [of fear, thrill] frisson *m*.

**tremulous** ['tremjuləs] *adj lit* **-1.** [with fear] tremblant; [with excitement, nervousness] frémissant; [handwriting] tremblé. **-2.** [timid – person, manner] timide, craintif; [– animal] craintif, effarouché; [– smile] timide.

**trench** [trentʃ] ◇ *n* [gen, CONSTR & MIL] tranchée *f*; [ditch] fossé *m*. ◇ *vt* [field] creuser une tranchée OR des tranchées dans; MIL retrancher. ◇ *vi* creuser une tranchée OR des tranchées.

**trenchant** ['trentʃənt] *adj* incisif, tranchant.

**trench coat** *n* trench-coat *m*.

**trench warfare** *n* guerre *f* de tranchées.

**trend** [trend] ◇ *n* [tendency] tendance *f*; [fashion] mode *f*; the ~ is towards shorter skirts la tendance est aux jupes plus courtes; house prices are on an upward ~ again le prix des maisons est de nouveau à la hausse; the latest ~s la dernière mode; to set a/the ~ [style] donner un/le ton; [fashion] lancer une/la mode. ◇ *vi* [extend – mountain range] s'étendre; [veer – coastline] s'incliner; [turn – prices, opinion] s'orienter.

**trendily** ['trendɪlɪ] *adv inf* [dress] branché *adv*.

**trendsetter** ['trend,setə*r*] *n* [person – in style] personne *f* qui donne le ton; [– in fashion] personne *f* qui lance une mode.

**trendsetting** ['trend,setɪŋ] ◇ *adj* [person] qui lance une mode; [idea, garment] d'avant-garde. ◇ *n* lancement *m* d'une mode.

**trendy** ['trendɪ] (*compar* **trendier**, *superl* **trendiest**, *pl* **trendies**) *inf* ◇ *adj* [music, appearance] branché; [ideas] à la mode, branché; [clothes] branché; [place, resort] à la mode, branché. ◇ *n pej* branché *m*, -e *f*.

**trepan** [trɪ'pæn] (*pt & pp* **trepanned**, *cont* **trepanning**) ◇ *vt* **-1.** MIN forer. **-2.** MED trépaner. ◇ *n* **-1.** MIN foreuse *f*; [for metal, plastic] foret *m*. **-2.** MED trépan *m*.

**trepidation** [,trepɪ'deɪʃn] *n* **-1.** [alarm] inquiétude *f*; with great ~ avec une vive inquiétude. **-2.** [excitement] agitation *f*.

**trespass** ['trespəs] ◊ *vi* **-1.** JUR s'introduire dans une propriété privée; you're ~ing vous êtes sur une propriété privée; to ~ on sb's land s'introduire OR entrer sans autorisation dans une propriété privée; 'no ~ing' 'défense d'entrer', 'propriété privée'. **-2.** *fig* [encroach]: I don't want to ~ on your time/hospitality je ne veux pas abuser de votre temps/hospitalité. **-3.** BIBLE: to ~ against sb offenser qqn; to ~ against the law enfreindre la loi (divine). ◊ *n* **-1.** (U) JUR entrée *f* non autorisée; to commit ~ s'introduire dans une propriété privée. **-2.** BIBLE péché *m*; forgive us our ~es pardonne-nous nos offenses.

**trespasser** ['trespəsər] *n* **-1.** JUR intrus *m*, -e *f (dans une propriété privée)*; '~s will be prosecuted' 'défense d'entrer sous peine de poursuites'. **-2.** BIBLE pécheur *m*, -eresse *f*.

**tress** [tres] *n lit*: a ~ (of hair) une mèche OR une boucle de cheveux; her golden ~es sa blonde chevelure.

**trestle** ['tresl] *n* **-1.** [for table] tréteau *m*.**-2.** CONSTR chevalet *m*.

**trestle table** *n* table *f* à tréteaux.

**triad** ['traɪæd] *n* [gen] triade *f*; MUS accord *m* parfait.

**triage** ['triːɑːʒ] *n* MED triage *m (des malades, des blessés)*.

**trial** ['traɪəl] ◊ *n* **-1.** JUR procès *m*; he pleaded guilty at the ~ il a plaidé coupable à son procès OR devant le tribunal; to be OR to go on ~ for sthg, to stand ~ for sthg passer en jugement OR en justice pour qqch; to bring sb to ~ faire passer OR traduire qqn en justice; his case comes up for ~ in September son affaire passe en jugement en septembre; ~ by jury jugement *m* par jury. **-2.** [test] essai *m*; to give sthg a ~ mettre qqch à l'essai, essayer qqch; to be on ~ être à l'essai; it was a ~ of strength c'était une épreuve de force ❑ clinical ~s *tests mpl* cliniques; by ~ and error par tâtonnements, par essais et erreurs; it was just ~ and error ce n'était qu'une suite d'approximations. **-3.** [hardship, adversity] épreuve *f*; ~s and tribulations tribulations *fpl* ‖ [person]: he's always been a ~ to his parents il a toujours donné du souci à ses parents.

◊ *adj* **-1.** [test – flight] d'essai; [– marriage, separation] à l'essai; on a ~ basis à titre d'essai; for a ~ period pendant une période d'essai ❑ ~ balloon *literal & fig* ballon *m* d'essai; ~ run essai *m*; to give sthg a ~ run essayer qqch, faire un essai avec qqch. **-2.** *Am* JUR: ~ attorney OR lawyer avocat *m*; ~ court tribunal *m* de première instance; ~ judge ≃ juge *m* d'instance; ~ jury jury *m*.

◆ **trials** *npl* [competition] concours *m*; [for selection – match] match *m* de sélection; [– race] épreuve *f* de sélection.

**trial balance** *n* FIN balance *f* d'inventaire.

**trial-size(d)** *adj* [pack, box] d'essai.

**triangle** ['traɪæŋgl] *n* **-1.** GEOM triangle *m*; *Am* [set square] équerre *f*.**-2.** MUS triangle *m*.

**triangular** [traɪ'æŋgjʊlər] *adj* triangulaire.

**triangulate** [traɪ'æŋgjʊleɪt] *vt* **-1.** GEOM diviser en triangles. **-2.** GEOG [region] trianguler.

**triangulation station** *n* point *m* géodésique.

**Triassic** [traɪ'æsɪk] ◊ *n* trias *m*. ◊ *adj* triasique.

**triathlon** [traɪ'æθlɒn] *n* triathlon *m*.

**tribal** ['traɪbl] *adj* [games, rites, warfare] tribal; [loyalty] à la tribu.

**tribalism** ['traɪbəlɪzm] *n* tribalisme *m*.

**tribe** [traɪb] *n* **-1.** HIST, SOCIOL & ZOOL tribu *f*.**-2.** *inf & fig* tribu *f*, smala *f*.

**tribesman** ['traɪbzmən] (*pl* **tribesmen** [-mən]) *n* membre *m* d'une tribu; [of particular tribe] membre *m* de la tribu.

**triboelectricity** ['traɪbəʊɪlek'trɪsətɪ] *n* tribo-électricité *f*.

**tribrach** ['traɪbræk] *n* LITERAT tribraque *m*.

**tribulation** [,trɪbjʊ'leɪʃn] *n lit* affliction *f lit*, malheur *m*.

**tribunal** [traɪ'bjuːnl] *n* [gen & JUR] tribunal *m*; ~ of inquiry commission *f* d'enquête; military ~ tribunal militaire.

**tribune** ['trɪbjuːn] *n* **-1.** ANTIQ tribun *m*.**-2.** [platform] tribune *f*.**-3.** [defender] tribun *m*.

**tributary** ['trɪbjʊtrɪ] (*pl* **tributaries**) ◊ *n* **-1.** [ruler, state] tributaire *m*.**-2.** GEOG [stream] affluent *m*. ◊ *adj* tributaire.

**tribute** ['trɪbjuːt] *n* **-1.** [mark of respect] hommage *m*; to pay ~ to sb rendre hommage à qqn. **-2.** [indication of efficiency] témoignage *m*; it is a ~ to their organizational skills that everything went so smoothly si tout a si bien marché,

c'est grâce à leurs qualités d'organisateurs. **-3.** HIST & POL tribut *m*.

**trice** [traɪs] ◊ *n* [moment]: in a ~ en un clin d'œil, en un rien de temps. ◊ *vt* NAUT [sail] hisser.

**tricentennial** [,traɪsen'tenjəl] ◊ *n* tricentenaire *m*. ◊ *adj* tricentenaire; [celebrations] du tricentenaire.

**triceps** ['traɪseps] (*pl* **tricepses** [-sɪz]) *n* triceps *m*.

**trichloride** [traɪ'klɔːraɪd] *n* trichlorure *m*.

**trichology** [trɪ'kɒlədʒɪ] *n* trichologie *f*.

**trichromatic** [,traɪkrəʊ'mætɪk] *adj* trichrome.

**trick** [trɪk] ◊ *n* **-1.** [deception, ruse] ruse *f*, astuce *f*; [stratagem] stratagème *m*; a ~ of the light un effet d'optique. **-2.** [joke, prank] tour *m*, farce *f*, blague *f*; to play a ~ on sb faire une farce OR jouer un tour à qqn; what a dirty OR mean OR nasty ~ to play! quel sale tour! ❑ '~ or treat' «une gâterie ou une farce» (*phrase rituelle des enfants déguisés qui font la quête la veille de la fête de Halloween*). **-3.** (*usu pl*) [silly behaviour] bêtise *f*; he's up to his old ~s again il fait encore des siennes. **-4.** [knack] truc *m*, astuce *f*; [in conjuring, performance] tour *m*; there, that should do the ~ voilà, ça fera l'affaire; he knows a ~ or two il a plus d'un tour dans son sac, c'est un malin ❑ it's one of the ~s of the trade c'est une vieille ficelle OR un truc du métier. **-5.** [habit] habitude *f*, manie *f*; [particularity] particularité *f*; [gift] don *m*; [mannerism] manie *f*, tic *m*.**-6.** [in card games] pli *m*, levée *f*; to make OR to take a ~ faire un pli OR une levée. **-7.** ▽ *Am* [prostitute's client] micheton *m*.**-8.** NAUT tour *m* de barre. **-9.** *phr*: how's ~s? *inf* comment va?, quoi de neuf?

◊ *adj* **-1.** [for jokes] d'attrape, faux (*f* fausse), de farces et attrapes. **-2.** [deceptive – lighting] truqué; ~ photograph photo *f* truquage; ~ photography truquage *m* photographique; ~ question question-piège *f*.**-3.** *Am* [weak – knee] faible; [– leg] boîteux.

◊ *vt* [deceive] tromper, rouler; [swindle] escroquer; [catch out] attraper; you've been ~ed! vous vous êtes fait rouler!; I was ~ed into leaving on a manœuvré pour me faire partir; she was ~ed out of her inheritance on lui a escroqué son héritage.

◆ **trick out, trick up** *vt sep lit* parer.

**trick cyclist** *n* **-1.** [in circus] cycliste *m* acrobate. **-2.** ▽ *Br pej* [psychiatrist] psy *mf*.

**trickery** ['trɪkərɪ] *n* ruse *f*, supercherie *f*; through OR by ~ par la ruse.

**trickle** ['trɪkl] ◊ *vi* **-1.** [liquid] dégoutter, tomber en (mince) filet; rainwater ~d from the gutters l'eau de pluie coulait peu à peu des gouttières; tears ~d down his face les larmes coulaient OR dégoulinaient sur son visage. **-2.** *fig*: cars began to ~ over the border la circulation a repris progressivement à la frontière; the ball ~d into the goal le ballon roula tranquillement dans les buts. ◊ *vt* **-1.** [liquid] faire couler goutte à goutte; he ~d a few drops of milk into the flour il a versé quelques gouttes de lait dans la farine. **-2.** [sand, salt] faire glisser OR couler. ◊ *n* **-1.** [liquid] filet *m*; there was only a ~ of water from the tap un maigre filet d'eau coulait du robinet. **-2.** *fig*: a ~ of applications began to come in les candidatures commencèrent à arriver au compte-gouttes; there was only a ~ of visitors il n'y avait que quelques rares visiteurs, les visiteurs étaient rares.

◆ **trickle away** *vi insep* **-1.** [liquid] s'écouler lentement. **-2.** *fig* [money, savings] disparaître petit à petit; [crowd] se disperser petit à petit; [people] s'en aller progressivement.

◆ **trickle in** *vi insep* **-1.** [rain] entrer goutte à goutte. **-2.** [spectators] entrer par petits groupes. **-3.** *fig*: offers of help began to ~ in quelques offres d'aide commençaient à arriver.

**trickle charger** *n* chargeur *m* à régime lent.

**trickster** ['trɪkstər] *n* [swindler] filou *m*, escroc *m*.

**tricksy** ['trɪksɪ] (*compar* **tricksier**, *superl* **tricksiest**) *adj* **-1.** [mischievous] espiègle. **-2.** [sly] malin (*f*-igne), rusé.

**tricky** ['trɪkɪ] (*compar* **trickier**, *superl* **trickiest**) *adj* **-1.** [complex, delicate – job, situation, negotiations] difficile, délicat; [– problem] épineux, difficile. **-2.** [sly – person] rusé, fourbe.

**tricolour** *Br*, **tricolor** *Am* ['trɪkələr] *n* drapeau *m* tricolore.

**tricorn** ['traɪkɔːn] ◊ *adj* à trois cornes. ◊ *n* tricorne *m*.

**tricuspid** [traɪ'kʌspɪd] *adj* tricuspide.

**tricycle** ['traɪsɪkl] ◊ *n* tricycle *m*. ◊ *vi* faire du tricycle.

**trident** ['traɪdnt] *n* trident *m*.

**tried** [traɪd] *pt & pp→* **try**.

**triennial** [traɪ'enjəl] ◊ *adj* triennal; BOT trisannuel. ◊ *n* **-1**. [anniversary] troisième anniversaire *m*.**-2**. [period] période *f* de trois ans. **-3**. BOT plante *f* trisannuelle.

**trier** ['traɪər] *n*: he's a real ~ il ne se laisse jamais décourager.

**Trier** ['triər] *prn* Trèves.

**trifle** ['traɪfl] *n* **-1**. [unimportant thing, small amount] bagatelle *f*, broutille *f*, rien *m*; they quarrel over ~s il se disputent pour un oui pour un non OR pour un rien; £100 is a mere ~ to them 100 livres, c'est peu de chose pour eux. **-2**. CULIN ≃ charlotte *f*.
◆ **a trifle** *adv phr* un peu, un tantinet; it's a ~ easier than it was c'est un peu OR un rien plus facile qu'avant.
◆ **trifle with** *vt insep*: to ~ with sb's affections jouer avec les sentiments de qqn; he's not a man to be ~d with avec lui, on ne plaisante pas.

**trifling** ['traɪflɪŋ] *adj* insignifiant.

**trifocal** [traɪ'fəʊkl] ◊ *adj* [lens] à triple foyer. ◊ *n* [lens] lentille *f* à triple foyer.

**trifoliate** [traɪ'fəʊlɪt] *adj* à trois feuilles; BOT trifolié.

**triforium** [traɪ'fɔːrɪəm] (*pl* **triforia** [-rɪə]) *n* triforium *m*.

**triform** ['traɪfɔːm] *adj* en OR à trois parties.

**trigger** ['trɪgər] ◊ *n* **-1**. [in gun] gâchette *f*, détente *f*; to pull OR to squeeze the ~ appuyer sur la gâchette; he's fast OR quick on the ~ *literal* il tire vite; *fig* il réagit vite. **-2**. *fig* [initiator] déclenchement *m*; the strike was the ~ for nationwide protests la grève a donné le signal d'un mouvement de contestation dans tout le pays. ◊ *vt* [mechanism, explosion, reaction] déclencher; [revolution, protest] déclencher, provoquer, soulever.
◆ **trigger off** *vt sep* = **trigger** *vt*.
◆ **trigger finger** *n* index *m* (*avec lequel on appuie sur la gâchette*).

**trigger-happy** *adj inf* [individual] qui a la gâchette facile; [country] prêt à déclencher la guerre pour un rien, belliqueux.

**trigonometry** [,trɪgə'nɒmətrɪ] *n* trigonométrie *f*.

**trig point** *n* station *f* géodésique.

**trike** [traɪk] *n inf* tricycle *m*.

**trilby** ['trɪlbɪ] *n Br*: ~ (hat) (chapeau *m* en) feutre *m*.

**trilingual** [traɪ'lɪŋgwəl] *adj* trilingue.

**trill** [trɪl] ◊ *n* MUS & ORNITH trille *m*; LING consonne *f* roulée. ◊ *vi* triller, faire des trilles. ◊ *vt* **-1**. [note, word] triller. **-2**. [consonant] rouler.

**trillion** ['trɪljən] *n Br* trillion *m*; *Am* billion *m*.

**trilogy** ['trɪlədʒɪ] (*pl* **trilogies**) *n* trilogie *f*.

**trim** [trɪm] (*compar* **trimmer**, *superl* **trimmest**, *pt & pp* **trimmed**, *cont* **trimming**) ◊ *adj* **-1**. [neat – appearance] net, soigné; [– person] d'apparence soigné; [– garden, flowerbed] bien tenu, bien entretenu; [– ship] en bon ordre. **-2**. [svelte – figure] svelte, mince. **-3**. [fit] en bonne santé, en forme.
◊ *vt* **-1**. [cut – roses] tailler, couper; [– hair, nails] couper; [– beard] tailler; [– candle wick] tailler, moucher; [– paper, photo] rogner; I had my hair trimmed je me suis fait raccourcir les cheveux. **-2**. [edge] orner, garnir; the collar was trimmed with lace le col était bordé OR garni de dentelle || [decorate] we trimmed the Christmas tree with tinsel on a décoré le sapin de Noël avec des guirlandes. **-3**. AERON & NAUT [plane, ship] équilibrer; [sails] régler; to ~ one's sails *fig* réviser son jugement. **-4**. [cut back – budget, costs] réduire, limiter.
◊ *n* **-1**. [neat state] ordre *m*, bon état *m*; to be in good ~ être en bon état OR ordre. **-2**. [fitness] forme *f*; to get in OR into ~ se remettre en forme. **-3**. [cut] coupe *f*, taille *f*; she gave the hedge a ~ elle a taillé la haie; to have a ~ [at hairdresser's] se faire raccourcir les cheveux; just a ~, please simplement rafraîchi, s'il vous plaît. **-4**. (*U*) [moulding, decoration] moulures *fpl*; [on car] aménagement *m* intérieur, finitions intérieures *fpl*; [on dress] garniture *f*; *Am* [in shop window] composition *f* d'étalage. **-5**. NAUT [of sails] orientation *f*, réglage *m*.**-6**. CIN coupe *f*.
◆ **trim down** *vt sep* **-1**. [wick] tailler, moucher. **-2**. [budget, costs] réduire.
◆ **trim off** *vt sep* [edge] enlever, couper; [hair] couper; [branch] tailler; [jagged edges] ébarber.

**trimaran** ['traɪməræn] *n* trimaran *m*.

**trimester** [traɪ'mestər] *n* **-1**. *Am* trimestre *m*.**-2**. [gen] trois mois *mpl*.

**trimmer** ['trɪmər] *n* **-1**. CONSTR linçoir *m*, linsoir *m*.**-2**. [for timber] trancheuse *f* (*pour le bois*); (hedge) ~ taille-haie *m*.**-3**. ELECTRON trimmer *m*, condensateur *m* ajustable. **-4**. *pej* [person] opportuniste *mf*.

**trimming** ['trɪmɪŋ] *n* **-1**. SEW parement *m*; [lace, ribbon] passement *m*.**-2**. CULIN garniture *f*, accompagnement *m*.**-3**. [accessory] accessoire *m*.
◆ **trimmings** *npl* [scraps] chutes *fpl*, rognures *fpl*.

**Trinidad** ['trɪnɪdæd] *prn* (l'île *f* de) la Trinité *f*; in ~ à la Trinité.

**Trinidad and Tobago** [-tə'beɪgəʊ] *prn* Trinité-et-Tobago; in ~ à Trinité-et-Tobago.

**Trinidadian** [,trɪnɪ'dædɪən] ◊ *n* Trinidadien *m*, -enne *f*, habitant *m*, -e *f* de la Trinité. ◊ *adj* trinidadien, de la Trinité.

**trinitroglycerin** [traɪ,naɪtrəʊ'glɪsəriːn] *n* nitroglycérine *f*.

**trinity** ['trɪnɪtɪ] (*pl* **trinities**) *n fml* OR *lit* trio *m*, groupe *m* de trois.
◆ **Trinity** *n* RELIG **-1**. [union]: the Trinity la Trinité. **-2**. [feast]: Trinity (Sunday) (la fête de) la Trinité.

**trinket** ['trɪŋkɪt] *n* [bauble] bibelot *m*, babiole *f*; [jewel] colifichet *m*; [on bracelet] breloque *f*.

**trio** ['triːəʊ] (*pl* **trios**) *n* **-1**. MUS trio *m* (*morceau*). **-2**. [group] trio *m*, groupe *m* de trois; MUS trio (*joueurs*).

**trip** [trɪp] (*pt & pp* **tripped**, *cont* **tripping**) ◊ *n* **-1**. [journey] voyage *m*; to go on a ~ partir OR aller en voyage; we went on a long bus ~ on a fait un long voyage en bus; I had to make three ~s into town j'ai dû aller trois fois en ville OR faire trois voyages en ville; to make a ~ to the dentist's aller chez le dentiste ❏ business ~ voyage *m* d'affaires. **-2**. [excursion] promenade *f*, excursion *f*; she took the children on a ~ to the seaside elle a emmené les enfants en promenade au bord de la mer || [outing] promenade *f*, sortie *f*; school ~ sortie scolaire. **-3**. *∇ drugs sl* trip *m*; to have a bad ~ faire un mauvais trip OR voyage || *fig* [experience]: he seems to be on some kind of nostalgia/ego ~ il semble être en pleine crise de nostalgie/d'égocentrisme.
◊ *vt* **-1**. [person – make stumble] faire trébucher; [– make fall] faire tomber; [intentionally] faire un croche-pied OR un crocen-jambe à. **-2**. [switch, alarm] déclencher. **-3**. *phr*: to ~ the light fantastic *hum* danser.
◊ *vi* **-1**. [stumble] trébucher; she tripped on OR over the wire elle s'est pris le pied dans le fil; I tripped on a pile of books j'ai buté contre OR trébuché sur une pile de livres. **-2**. [step lightly]: to ~ in/out entrer/sortir en sautillant; her name doesn't exactly ~ off the tongue *fig* son nom n'est pas très facile à prononcer. **-3**. *∇ drugs sl* faire un trip; to ~ on acid faire un trip à l'acide.
◆ **trip over** ◊ *vi insep* trébucher, faire un faux pas. ◊ *vt insep* buter sur OR contre, trébucher sur OR contre.
◆ **trip up** ◊ *vt sep* **-1**. [cause to fall] faire trébucher; [deliberately] faire un croche-pied à. **-2**. [trap] désarçonner. ◊ *vi insep* **-1**. [fall] trébucher; I tripped up on a stone j'ai trébuché OR buté contre une pierre. **-2**. [make a mistake] gaffer, faire une gaffe; I tripped up badly there là-dessus, j'ai fait une grosse gaffe.

**tripartite** [,traɪ'pɑːtaɪt] *adj* [division, agreement] tripartite, triparti.

**tripe** [traɪp] *n* (*U*) **-1**. CULIN tripes *fpl*.**-2**. *Br inf* [nonsense] foutaises *fpl*, bêtises *fpl*; what a load of ~! quelles foutaises!

**triphammer** ['trɪp,hæmər] *n* marteau *m* à bascule.

**triphase** ['traɪfeɪz] *adj* ELEC triphasé.

**triphthong** ['trɪfθɒŋ] *n* triphtongue *f*.

**triplane** ['traɪpleɪn] *n* triplan *m*.

**triple** ['trɪpl] ◊ *adj* **-1**. [in three parts] triple; the organization serves a ~ purpose le but de l'organisation est triple. **-2**. [treble] triple; ~ the usual amount trois fois la dose habituelle. ◊ *n* triple *m*. ◊ *vt & vi* tripler.

**Triple Alliance** *prn* HIST: the ~ la Triple Alliance *f*.

**triple jump** *n* triple saut *m*.

**triplet** ['trɪplɪt] *n* **-1**. [child] triplé *m*, -e *f*.**-2**. MUS triolet *m*; LITERAT tercet *m*.

**triple time** *n*: in ~ à trois temps.

**triplex** ['trɪpleks] ◇ *adj* [triple] triple. ◇ *n Am* [apartment] triplex *m*.

**Triplex®** ['trɪpleks] *n Br*: ~ (glass) Triplex® *m*, (verre *m*) Sécurit® *m*.

**triplicate** [*adj* & *n* 'trɪplɪkət, *vb* 'trɪplɪkeɪt] ◇ *adj* en trois exemplaires, en triple exemplaire. ◇ *n* **-1.** [document]: in ~ en trois exemplaires, en triple exemplaire. **-2.** [third copy] triplicata *m*. ◇ *vt* multiplier par trois, tripler.

**triply** ['trɪplɪ] *adv* triplement.

**tripod** ['traɪpɒd] *n* trépied *m*.

**tripos** ['traɪpɒs] *n* examen de licence (BA) à l'université de Cambridge.

**tripper** ['trɪpə'] *n Br* [on day trip] excursionniste *mf*; [on holiday] vacancier *m*, -ère *f*.

**trip recorder** *n* AUT compteur *m* journalier, totalisateur *m* partiel.

**trip switch** *n* interrupteur *m*.

**triptych** ['trɪptɪk] *n* triptyque *m*.

**tripwire** ['trɪpwaɪə'] *n* fil *m* de détente.

**trireme** ['traɪriːm] *n* trirème *f*, trière *f*.

**trisect** [traɪ'sekt] *vt* diviser en trois parties égales.

**trite** [traɪt] *adj* [theme, picture] banal.

**tritium** ['trɪtɪəm] *n* tritium *m*.

**triton** [*sense 1* 'traɪtn, *sense 2* 'traɪtɒn] *n* **-1.** ZOOL triton *m*.**-2.** PHYS triton *m*.

◆ **Triton** *pr n* MYTH Triton.

**triturate** ['trɪtjʊreɪt] *vt* triturer.

**triumph** ['traɪəmf] ◇ *n* **-1.** [jubilation] (sentiment *m* de) triomphe *m*; to return in ~ rentrer triomphalement; she had a look of ~ on her face elle avait une expression triomphante. **-2.** [victory] victoire *f*, triomphe *m*; [success] triomphe *m*, (grande) réussite *f*; the musical was an absolute ~ la comédie musicale a été OR a fait un véritable triomphe. **-3.** [in ancient Rome] triomphe *m*. ◇ *vi* triompher; to ~ over difficulties/a disability triompher des difficultés/d'une infirmité, vaincre les difficultés/une infirmité.

**triumphal** [traɪ'ʌmfl] *adj* triomphal.

**triumphalist** [traɪ'ʌmfəlɪst] *adj* triomphaliste.

**triumphant** [traɪ'ʌmfənt] *adj* [team] victorieux, triomphant; [return] triomphal; [cheer, smile] de triomphe, triomphant; [success] triomphal.

**triumphantly** [traɪ'ʌmfəntlɪ] *adv* [march] en triomphe, triomphalement; [cheer, smile] triomphalement; [announce] d'un ton triomphant, triomphalement; [look] d'un air triomphant, triomphalement.

**triumvirate** [traɪ'ʌmvɪrət] *n* triumvirat *m*.

**triune** ['traɪjuːn] *adj* RELIG trin.

**trivet** ['trɪvɪt] *n* [when cooking] trépied *m*, chevrette *f*; [for table] dessous-de-plat *m inv*.

**trivia** ['trɪvɪə] *npl* [trifles] bagatelles *fpl*, futilités *fpl*; [details] détails *mpl*.

**trivial** ['trɪvɪəl] *adj* **-1.** [insignificant – sum, reason] insignifiant, dérisoire; it's only a ~ offence ce n'est qu'une peccadille, c'est sans gravité. **-2.** [pointless – discussion, question] sans intérêt, insignifiant. **-3.** [banal – story] banal.

**triviality** [,trɪvɪ'ælətɪ] *n* (*pl* **trivialities**) *n* **-1.** [of sum] insignifiance *f*, caractère *m* insignifiant; [of discussion] insignifiance *f*, caractère *m* oiseux; [of film] banalité *f*.**-2.** [trifle] futilité *f*, bagatelle *f*.

**trivialize, -ise** ['trɪvɪəlaɪz] *vt* [make insignificant] banaliser, dévaloriser.

**trochee** ['trəʊkiː] *n* trochée *m*.

**trod** [trɒd] *pt* & *pp* → **tread**.

**trodden** ['trɒdn] *pp* → **tread**.

**troglodyte** ['trɒglədaɪt] ◇ *n* troglodyte *m*. ◇ *adj* troglodytique.

**troilism** ['trɔɪlɪzm] *n* triolisme *m*.

**Trojan** ['trəʊdʒən] ◇ *adj* troyen.
◇ *n* Troyen *m*, -enne *f*; to work like a ~ travailler comme un forçat.

**Trojan Horse** *n* HIST & *fig* cheval *m* de Troie.

**Trojan War** *pr n* guerre *f* de Troie.

**troll** [trəʊl] ◇ *n* [goblin] troll *m*. ◇ *vi* **-1.** FISHING pêcher à la traîne. **-2.** *Br inf* [stroll] se balader.

**trolley** ['trɒlɪ] (*pl.* **trolleys**) *n* **-1.** [handcart] chariot *m*; [two-wheeled] diable *m*; [for child] poussette *f*; [in supermarket] chariot *m*, caddie *m*; [in restaurant] chariot *m*; to be off one's ~ *Br inf* être cinglé. **-2.** [on rails – in mine] wagonnet *m*, benne *f*.**-3.** [for tram] trolley *m* ÉLECTR. **-4.** *Am* [tram] tramway *m*, tram *m*.

**trolleybus** ['trɒlɪbʌs] *n* trolleybus *m*, trolley *m*.

**trolley car** *n Am* tramway *m*, tram *m*.

**trollop** ['trɒləp] *n dated* & *pej* [prostitute] putain *f*; [slut] souillon *f*.

**trombone** [trɒm'bəʊn] *n* trombone *m* (*instrument*).

**trombonist** [trɒm'bəʊnɪst] *n* tromboniste *mf*, trombone *m* (*musicien*).

**troop** [truːp] ◇ *n* [band – of schoolchildren] bande *f*, groupe *m*; [– of scouts] troupe *f*; [– of animals] troupe *f*; MIL [of cavalry, artillery] escadron *m*. ◇ *vi*: to ~ by OR past passer en troupe; to ~ in/out entrer/sortir en troupe.
◇ *vt Br* MIL: to ~ the colour faire le salut au drapeau.

◆ **troops** *npl* [gen & MIL] troupes *fpl*.

**troop carrier** *n* [ship] transport *m* de troupes; [plane] avion *m* de transport militaire.

**trooper** ['truːpə'] *n* **-1.** [soldier] soldat *m* de cavalerie. **-2.** *Am* & *Austr* [mounted policeman] membre *m* de la police montée. **-3.** *Br* [ship] transport *m* de troupes.

**trooping** ['truːpɪŋ] *n Br*: ~ (of) the colour salut *m* au drapeau; Trooping the Colour *défilé de régiments ayant lieu chaque année le jour officiel de l'anniversaire de la reine d'Angleterre.*

**troopship** ['truːpʃɪp] *n* navire *m* de transport.

**trophy** ['trəʊfɪ] *n* (*pl* **trophies**) *n* trophée *m*.

**tropic** ['trɒpɪk] ◇ *n* tropique *m*; the Tropic of Capricorn/Cancer le tropique du Capricorne/du Cancer. ◇ *adj lit* = tropical.

◆ **tropics** *npl*: the ~ les tropiques; in the ~ sous les tropiques.

**tropical** ['trɒpɪkl] *adj* [region] des tropiques, tropical; [weather, forest, medicine] tropical.

**trot** [trɒt] (*pt* & *pp* **trotted**, *cont* **trotting**) ◇ *n* **-1.** [of horse] trot *m*; to go at a ~ aller au trot, trotter ‖ [of person]: he went off at a ~ il est parti au pas de course. **-2.** [ride] promenade *f* à cheval; [run] *inf* petite course *f*; on the ~ *Br inf* [busy] affairé; [in succession] d'affilée, de suite. ◇ *vi* **-1.** [horse, rider] trotter; he trotted up to us il est venu vers nous au trot. **-2.** [on foot]: to ~ in/out/past entrer/sortir/passer en courant. ◇ *vt* [horse] faire trotter.

◆ **trot along** *vi insep* **-1.** [horse] trotter, aller au trot. **-2.** *inf* [person] partir.

◆ **trot away** *vi insep* **-1.** [horse] partir au trot. **-2.** *inf* [person] partir au pas de course.

◆ **trot out** *vt sep Br inf* [excuse, information] débiter *pej*; [story, list] débiter *pej*, réciter *pej*.

◆ **trots** *npl Br inf* diarrhée *f*; to have the ~s avoir la courante.

**troth** [trəʊθ] *n arch*: by my ~! ma foi!, pardieu! *arch*.

**Trotsky** ['trɒtskɪ] *pr n* Trotski.

**Trotskyist** ['trɒtskɪɪst] ◇ *adj* trotskiste. ◇ *n* trotskiste *mf*.

**Trotskyite** ['trɒtskɪaɪt] ◇ *adj* trotskiste. ◇ *n* trotskiste *mf*.

**trotter** ['trɒtə'] *n* **-1.** [horse] trotteur *m*, -euse *f*.**-2.** CULIN: pig's/sheep's ~s pieds *mpl* de porc/de mouton.

**troubadour** ['truːbədɔ:'] *n* troubadour *m*.

**trouble** ['trʌbl] ◇ *n* **-1.** (U) [conflict – esp with authority] ennuis *mpl*, problèmes *mpl*; [discord] discorde *f*; to be in ~ avoir des ennuis; you're really in ~ now! tu es dans de beaux draps OR te voilà bien maintenant!; I've never been in ~ with the police je n'ai jamais eu d'ennuis OR d'histoires avec la police; to get into ~ s'attirer des ennuis, se faire attraper; he got into ~ for stealing apples il s'est fait attraper pour avoir volé des pommes; he got his friends into ~ il a causé des ennuis à ses amis; to get sb out of ~ tirer qqn d'affaire; he's just looking OR asking for ~ il cherche les ennuis; there's ~ brewing ça sent le roussi; this means ~ ça va mal se passer. **-2.** (U) [difficulties, problems] difficultés *fpl*, ennuis *mpl*, mal *m*; to make ~ for sb OR to create ~ for sb causer des ennuis à qqn; he's given his parents a lot of ~ [hard time] il a donné du fil à retordre à ses parents; [worry] il a donné beaucoup de soucis à ses parents; the baby hardly gives me any ~ le bébé ne me donne pratiquement aucun mal; to have ~ (in)

doing sthg avoir du mal OR des difficultés à faire qqch; **to be in/to get into** ~ [climber, swimmer, business] être/se trouver en difficulté ❑ **to get a girl into** ~ Br euph mettre une fille dans une position intéressante. **-3.** [inconvenience, bother] mal m, peine f; **to go to a lot of** ~ **to do** OR doing sthg se donner beaucoup de mal OR de peine pour faire qqch; **you shouldn't have gone to all this** ~ il ne fallait pas vous donner tout ce mal OR tant de peine; **to put sb to** ~ donner du mal à qqn, déranger qqn; **he didn't even take the** ~ **to read the instructions** il ne s'est même pas donné OR il n'a même pas pris la peine de lire les instructions; **it's no** ~ (at all) cela ne me dérange pas (du tout); **nothing is too much** ~ **for her** elle se donne vraiment beaucoup de mal; **it's not worth the** ~, **it's more** ~ **than it's worth** cela n'en vaut pas la peine, le jeu n'en vaut pas la chandelle. **-4.** [drawback] problème m, défaut m; **the** ~ **with him is that he's too proud le problème avec lui, c'est qu'il est trop fier; that's the** ~ c'est ça l'ennui. **-5.** (U) [mechanical failure] ennuis mpl, problèmes mpl; **I'm having a bit of engine** ~ j'ai des problèmes de moteur; **have you found out what the** ~ **is?** avez-vous trouvé d'où vient la panne? **-6.** [worry, woe] ennui m, souci m, problème m; **money** ~s ennuis d'argent; **at last your** ~s **are over** enfin vos soucis sont terminés ❑ **here comes** ~! inf tiens, voilà les ennuis qui arrivent!**-7.** (U) [friction] troubles mpl, conflits mpl; [disorder, disturbance] troubles m, désordres mpl; **the** ~ **began when the police arrived** l'agitation a commencé quand la police est arrivée; **industrial** OR **labour** ~s conflits sociaux. **-8.** (U) MED ennuis mpl, problèmes mpl; I **have kidney/back** ~ j'ai des ennuis rénaux/des problèmes de dos.  ◇ vt **-1.** [worry] inquiéter; [upset] troubler; **what** ~s **me is that we've had no news** ce qui m'inquiète, c'est que nous n'avons pas eu de nouvelles; **he didn't want to** ~ **her with bad news** il ne voulait pas l'inquiéter en lui annonçant de mauvaises nouvelles; **nothing seems to** ~ **him** il ne s'en fait jamais, il ne se fait jamais de souci. **-2.** [cause pain to] gêner; **his back is troubling him** il a des problèmes de dos. **-3.** [bother, disturb] déranger; **I won't** ~ **you with the details just now** je vous ferai grâce des OR épargnerai les détails pour l'instant; **don't** ~ **yourself!** literal ne vous dérangez OR tracassez pas!; iron ne vous dérangez surtout pas!**-4.** [in polite phrases] déranger; **can I** ~ **you to open the window?** est-ce que je peux vous demander d'ouvrir la fenêtre?; **I'll** ~ **you to be more polite next time!** Br [in reproach] vous allez me faire le plaisir d'être plus poli la prochaine fois!**-5.** lit [disturb – water] troubler.  ◇ vi **-1.** [bother] se déranger. **-2.** [worry] se faire du souci, s'en faire.
◆ **Troubles** npl HIST: **the Troubles** le conflit politique en Irlande du Nord.

**troubled** ['trʌbld] adj **-1.** [worried – mind, look] inquiet (f -ète), préoccupé; **he seems** ~ **about something** il semble préoccupé par quelque chose. **-2.** [disturbed – sleep, night, breathing] agité; [– water] troublé; [turbulent – marriage, life] agité, mouvementé; **we live in** ~ **times** nous vivons une époque troublée OR agitée.

**trouble-free** adj [journey, equipment] sans problème, sans histoires; [period of time, visit] sans histoires; [life] sans soucis, sans histoires; [industry] sans grèves.

**troublemaker** ['trʌbl,meɪkər] n provocateur m, -trice f.

**troubleshoot** ['trʌbl,ʃuːt] vi **-1.** [overseer, envoy] régler un problème. **-2.** [mechanic] localiser une panne.

**troubleshooter** ['trʌbl,ʃuːtər] n **-1.** [in crisis] expert m (appelé en cas de crise); INDUST & POL [in conflict] médiateur m, -trice f.**-2.** [mechanic] dépanneur m, -euse f.

**troublesome** ['trʌblsəm] adj **-1.** [annoying – person, cough] gênant, pénible. **-2.** [difficult – situation] difficile; [– request] gênant, embarrassant; [– job] difficile, pénible.

**trouble spot** n point m chaud OR de conflit.

**trough** [trɒf] n **-1.** [for animals – drinking] abreuvoir m; [– eating] auge f.**-2.** [depression – in land] dépression f; [– between waves] creux m.**-3.** METEOR dépression f, zone f dépressionnaire. **-4.** [on graph, in cycle] creux m; FIN creux m, dépression f.**-5.** [gutter] gouttière f; [channel] chenal m.

**trounce** [traʊns] vt [defeat] écraser, battre à plate couture OR plates coutures.

**troupe** [truːp] n troupe f THÉÂT.

**trouper** ['truːpər] n acteur m, -trice f (de théâtre); **he's a real** ~ inf & fig c'est un vieux de la vieille.

**trouser** ['traʊzər] comp Br de pantalon.

**trouser press** n Br presse f à pantalons.

**trousers** ['traʊzəz] npl Br pantalon m; (a pair of) ~ un pantalon; **she wears the** ~ fig c'est elle qui porte la culotte.

**trouser suit** n Br tailleur-pantalon m.

**trousseau** ['truːsəʊ] (pl **trousseaus** OR **trousseaux** [-əʊz]) n trousseau m (de jeune mariée).

**trout** [traʊt] (pl inv OR **trouts**) n truite f; ~ **fishing** la pêche à la truite.

**trove** [trəʊv] → **treasure trove**.

**trowel** ['traʊəl] n [for garden] déplantoir m; [for cement, plaster] truelle f.

**troy** [trɔɪ] n: ~ (weight) troy m, troy-weight m.

**Troy** [trɔɪ] pr n Troie.

**truancy** ['truːənsɪ] n absentéisme m (scolaire).

**truant** ['truːənt] ◇ n élève mf absentéiste; **to play** ~ faire l'école buissonnière. ◇ vi ADMIN manquer les cours.

**truce** [truːs] n trève f; **to call a** ~ literal conclure OR établir une trève; fig faire la paix.

**truck** [trʌk] ◇ n **-1.** esp Am [lorry] camion m.**-2.** Br [open lorry] camion m à plate-forme; [van] camionnette f.**-3.** Br RAIL wagon m ouvert, truck m.**-4.** (U) [dealings]: **to have no** ~ **with sb/sthg** refuser d'avoir quoi que ce soit à voir avec qqn/qqch. **-5.** (U) Am [produce] produits mpl maraîchers. **-6.** [barter] troc m, échange m.**-7.** Br [payment] paiement m en nature. ◇ vt Am [goods, animals] camionner, transporter par camion. ◇ vi Am aller OR rouler en camion.

**truckage** ['trʌkɪdʒ] n Am camionnage m.

**truck driver** n esp Am camionneur m, (chauffeur m) routier m.

**trucker** ['trʌkər] n Am **-1.** [driver] (chauffeur m) routier m, camionneur m.**-2.** AGR maraîcher m, -ère f.

**truck farm** n Am jardin m maraîcher.

**trucking** ['trʌkɪŋ] n Am camionnage m, transport m par camion.

**truckload** ['trʌkləʊd] n **-1.** esp Am [lorryload] cargaison f (d'un camion); **a** ~ **of soldiers** un camion de soldats. **-2.** Am inf & fig: **a** ~ **of** un tas de.

**truck stop** n Am (relais m) routier m.

**truculence** ['trʌkjʊləns] n agressivité f, brutalité f.

**truculent** ['trʌkjʊlənt] adj belliqueux, agressif.

**truculently** ['trʌkjʊləntlɪ] adv agressivement.

**trudge** [trʌdʒ] ◇ vi marcher péniblement OR en traînant les pieds; **we** ~**d wearily along the path** nous avons marché OR avancé péniblement le long du chemin; **we** ~**d from shop to shop** nous nous sommes traînés de magasin en magasin. ◇ vt: **to** ~ **the streets** se traîner de rue en rue. ◇ n marche f pénible; **they began the long** ~ **up the hill** ils ont entrepris la longue ascension de la colline.

**true** [truː] ◇ adj **-1.** [factual – statement, story] vrai, véridique; [– account, description] exact, véridique; **is it** ~ **that they were lovers?** c'est vrai qu'ils étaient amants?; **can it be** ~? est-ce possible?; **the same is** OR **holds** ~ **for many people** il en va de même pour OR c'est vrai aussi pour beaucoup de gens; **to come** ~ [dream] se réaliser; [prophecy] se réaliser, se vérifier ❑ **too** ~! c'est vrai ce que vous dites!, ah oui alors!; **he's so stingy, it's not** ~! inf ce n'est pas possible d'être aussi radin!**-2.** [precise, exact – measurement] exact, juste; MUS [– note] juste; [– copy] conforme; **he's not a genius in the** ~ **sense of the word** ce n'est pas un génie au vrai sens du terme; **his aim is** ~ l'alignement & fig il vise juste. **-3.** [genuine – friendship, feelings] vrai, véritable, authentique; [– friend, love] vrai, véritable; [real, actual – nature, motive] réel, véritable; **she was a** ~ **democrat** c'était une démocrate dans l'âme; **a story of** ~ **love** l'histoire d'un grand amour; **it's not a** ~ **amphibian** ce n'est pas vraiment un amphibie; **spoken like a** ~ **soldier!** voilà qui est bien dit!**-4.** [faithful – lover] fidèle; [– portrait] fidèle, exact; **to be** ~ **to sb** être fidèle à OR loyal envers qqn; **to be** ~ **to one's ideals** être fidèle à ses idéaux; **she was** ~ **to her word** elle a tenu parole; **the painting is very** ~ **to life** le tableau est très ressemblant; **to be** OR **to run** ~ **to type** être typique; ~ **to form**, **he arrived half an hour late** fidèle à son habitude OR comme à son habitude, il est arrivé avec une demi-heure de retard.

◇ *adv* **-1.** [aim, shoot, sing] juste; **it doesn't ring ~** cela sonne faux. **-2.** *lit* [truly]: **tell me ~** dites-moi la vérité.

◆ **out of true** *adj phr Br* [wall] hors d'aplomb; [beam] tordu; [wheel] voilé; [axle] faussé; [painting] de travers.

◆ **true up** *vt sep* aligner, ajuster.

**true-blue** *adj* **-1.** [loyal] loyal. **-2.** *esp Br* POL conservateur, tory; **~ Tories** des fidèles du parti conservateur.

**trueborn** ['truːˌbɔːn] *adj* véritable, authentique.

**truebred** ['truːˌbred] *adj* de race pure.

**true-life** *adj* vrai, vécu.

**truelove** ['truːlʌv] *n lit* bien-aimé *m*, -e *f*.

**true north** *n* vrai nord *m*, nord géographique.

**truffle** ['trʌfl] *n* truffe *f*.

**truism** ['truːɪzm] *n* truisme *m*, lapalissade *f*.

**truly** ['truːlɪ] *adv* **-1.** *fml* [really] vraiment, réellement; **I'm ~ sorry for what I've done** je suis vraiment navré de ce que j'ai fait. **-2.** [as intensifier] vraiment, absolument; **it was a ~ awful film** c'était absolument épouvantable comme film. **-3.** [in letterwriting]: **yours ~, Kathryn Schmidt** *Am* je vous prie d'agréer, Monsieur OR Madame, l'expression de mes sentiments respectueux, Kathryn Schmidt || [myself]: **yours ~** *inf & hum* votre humble serviteur.

**trump** [trʌmp] ◇ *n* **-1.** [in cards] atout *m*; *fig* atout *m*, carte *f* maîtresse; **what's ~s?** quel est l'atout?; **diamonds are ~s** (c'est) atout carreau ❑ **to hold all the ~s** avoir tous les atouts dans son jeu OR en main; **to turn up** OR **to come up ~s** *Br* sauver la mise. **-2.** BIBLE [trumpet] trompette *f*. ◇ *vt* **-1.** [card] couper, jouer atout sur; [trick] remporter avec un atout. **-2.** [outdo – remark, action] renchérir sur.

**trump card** *n literal & fig* atout *m*; **to play one's ~** *fig* jouer ses atouts.

**trumped-up** [trʌmpt-] *adj* [story, charge] inventé de toutes pièces.

**trumpery** ['trʌmpərɪ] (*pl* **trumperies**) *lit* ◇ *n* **-1.** [nonsense] bêtises *fpl*. **-2.** [trinkets] pacotille *f*. ◇ *adj* **-1.** [flashy] tapageur, criard. **-2.** [worthless] sans valeur, insignifiant.

**trumpet** ['trʌmpɪt] ◇ *n* **-1.** [instrument] trompette *f*; **Armstrong is on ~** Armstrong est à la trompette. **-2.** [trumpeter] trompettiste *mf*; [in military band] trompette *f*. **-3.** [of elephant] barrissement *m*. **-4.** [hearing aid]: **(ear) ~** cornet *m* acoustique. ◇ *vi* [elephant] barrir. ◇ *vt* [secret, news] claironner; **there's no need to ~ it abroad** il n'est pas nécessaire de le crier sur les toits; **the government's much ~ed land reforms** le battage fait par le gouvernement autour de la réforme agraire.

**trumpeter** ['trʌmpɪtər] *n* trompettiste *mf*; [in orchestra] trompette *m*.

**trumpeting** ['trʌmpɪtɪŋ] *n* **-1.** [of elephant] barrissement *m*, barrissements *mpl*. **-2.** MUS coup *m* OR coups *mpl* de trompette.

**truncate** [trʌŋ'keɪt] *vt* [gen & COMPUT] tronquer.

**truncated** [trʌŋ'keɪtɪd] *adj* tronqué.

**truncheon** ['trʌnʃən] *n* matraque *f*. ◇ *vt* matraquer.

**trundle** ['trʌndl] ◇ *vi* [heavy equipment, wheelbarrow] avancer OR rouler lentement; [person] aller OR avancer tranquillement; **to ~ in/out/past** entrer/sortir/passer tranquillement. ◇ *vt* [push] pousser (avec effort); [pull] traîner (avec effort); [wheel] faire rouler bruyamment. ◇ *n inf & hum* [walk] balade *f*.

**trunk** [trʌŋk] *n* **-1.** [of tree, body] tronc *m*. **-2.** [of elephant] trompe *f*. **-3.** [case] malle *f*; [metal] cantine *f*. **-4.** *Am* AUT coffre *m*.

◆ **trunks** *npl* [underwear] slip *m* (*d'homme*); **a pair of ~s** [underwear] un slip; [for swimming] un slip de bain; **(swimming) ~s** maillot *m* OR slip de bain.

**trunk call** *n Br dated* appel *m* interurbain.

**trunk line** *n* **-1.** TELEC inter *m* dated, interurbain *m*. **-2.** RAIL grande ligne *f*.

**trunk road** *n Br* (route *f*) nationale *f*.

**truss** [trʌs] ◇ *vt* **-1.** [prisoner, animal] ligoter; [poultry] trousser; [hay] botteler. **-2.** CONSTR armer, renforcer. ◇ *n* **-1.** [of hay] botte *f*; [of fruit] grappe *f*. **-2.** CONSTR ferme *f*. **-3.** MED bandage *m* herniaire.

◆ **truss up** *vt sep* [prisoner] ligoter; [poultry] trousser.

**trust** [trʌst] ◇ *vt* **-1.** [have confidence in – person] faire confiance à, avoir confiance en; [– method, feelings, intuition] faire confiance à, se fier à; [– judgment, memory] se fier à; **to ~ sb to do sthg** faire confiance à qqn OR compter sur qqn pour faire qqch; **~ Mark to put his foot in it!** *hum* pour mettre les pieds dans le plat, on peut faire confiance à Mark!; **~ you!** cela ne m'étonne pas de toi! ❑ **I wouldn't ~ her as far as I could throw her!** je ne lui ferais absolument pas confiance! **-2.** [entrust] confier; **I certainly wouldn't ~ him with any of my personal secrets** je ne lui confierais certainement pas un secret. **-3.** *fml* [suppose] supposer; [hope] espérer; **I ~ not** j'espère que non.

◇ *vi* **-1.** [believe]: **to ~ in God** croire en Dieu. **-2.** [have confidence]: **to ~ to luck** s'en remettre à la chance; **we'll just have to ~ to luck that it doesn't rain** espérons qu'avec un peu de chance il ne pleuvra pas.

◇ *n* **-1.** [confidence, faith] confiance *f*, foi *f*; **to betray sb's ~** trahir la confiance de qqn; **to place one's ~ in sb/sthg** avoir confiance en qqn/qqch, se fier à qqn/qqch; **to take sthg on ~** prendre OR accepter qqch en toute confiance OR les yeux fermés; **you can't take everything he says on ~** on ne peut pas croire sur parole tout ce qu'il dit. **-2.** [responsibility] responsabilité *f*; **he has a position of ~** il a un poste de confiance OR à responsabilités. **-3.** [care] charge *f*; **to give** OR **to place sthg into sb's ~** confier qqch aux soins de qqn. **-4.** (*C*) FIN & JUR [group of trustees] administrateurs *mpl*; **the scholarship is run by a ~** la gestion de la bourse (d'études) a été confiée à un groupe d'administrateurs || [investment] fidéicommis *m*; **to set up a ~ for sb** instituer un fidéicommis pour qqn; **to leave money in ~ for sb** faire administrer un legs par fidéicommis pour qqn. **-5.** [cartel] trust *m*.

**trust company** *n* société *f* fiduciaire.

**trusted** ['trʌstɪd] *adj* [method] éprouvé; [figures] fiable; **he's a ~ friend** c'est un ami en qui on peut avoir confiance.

**trustee** [trʌs'tiː] *n* **-1.** FIN & JUR fidéicommissaire *m*; [for minor] curateur *m*; [in bankruptcy] syndic *m*. **-2.** ADMIN administrateur *m*, -trice *f*; **board of ~s** conseil *m* d'administration.

**trusteeship** [ˌtrʌs'tiːʃɪp] *n* **-1.** FIN & JUR fidéicommis *m*; [for minor] curatelle *f*. **-2.** ADMIN poste *m* d'administrateur.

**trustful** ['trʌstful] = **trusting**.

**trustfully** ['trʌstfulɪ] *adv* avec confiance.

**trust fund** *n* fonds *m* en fidéicommis.

**trust hospital** *n* hôpital britannique ayant opté pour l'autogestion mais qui reçoit toujours son budget de l'État.

**trusting** ['trʌstɪŋ] *adj* [nature, person] qui a confiance; [look] confiant; **he's too ~ of people** il fait trop confiance aux gens.

**trustingly** ['trʌstɪŋlɪ] *adv* en toute confiance.

**trust territory** *n* territoire *m* sous tutelle.

**trustworthy** ['trʌstˌwɜːðɪ] *adj* **-1.** [reliable – person] sur qui on peut compter, à qui on peut faire confiance; [– information, source] sûr, fiable. **-2.** [accurate – report, figures] fidèle, précis. **-3.** [honest] honnête.

**trusty** ['trʌstɪ] (*compar* **trustier**, *superl* **trustiest**, *pl* **trusties**) ◇ *adj arch OR hum* [steed, sword] loyal, fidèle. ◇ *n* [prisoner] détenu bénéficiant d'un régime de faveur.

**truth** [truːθ] (*pl* **truths** [truːðz]) *n* **-1.** [true facts] vérité *f*; **I then discovered the ~ about Neil** j'ai alors découvert la vérité sur Neil; **there's some ~ in what he says** il y a du vrai dans ce qu'il dit; **the ~ of the matter is I really don't care any more** la vérité c'est que maintenant je m'en fiche vraiment; **to tell the ~** dire la vérité ❑ **to tell (you) the ~** à vrai dire, à dire vrai; **(the) ~ will out** *prov* la vérité finit toujours par se savoir. **-2.** [fact, piece of information] vérité *f*; **he learned some important ~s about himself** on lui a dit ses quatre vérités.

◆ **in truth** *adv phr* en vérité.

**truth-condition** *n* LOGIC & PHILOS condition *f* nécessaire et préalable.

**truthful** ['truːθful] *adj* [person] qui dit la vérité; [character] honnête; [article, statement] fidèle à la réalité, vrai; [story] véridique, vrai; [portrait] fidèle.

**truthfully** ['truːθfulɪ] *adv* [answer, speak] honnêtement, sans mentir; [sincerely] sincèrement, vraiment.

**truthfulness** ['truːθfulnɪs] *n* [of person] honnêteté *f*; [of portrait] fidélité *f*; [of story, statement] véracité *f*.

**truth-function** *n* LOGIC fonction *f* vériconditionnelle.

**truth set** *n* LOGIC & MATH ensemble qui n'a pas de solution unique.

**truth-value** *n* LOGIC & PHILOS valeur *f* de vérité.

**try** [traɪ] (*pt* & *pp* tried, *pl* tries) ◇ *vt* **-1.** [attempt] essayer; to ~ to do OR doing sthg essayer OR tâcher de faire qqch, chercher à faire qqch; she tried not to think about it elle essaya de ne pas y penser OR d'éviter d'y penser; I tried hard to understand j'ai tout fait pour essayer de comprendre, j'ai vraiment cherché à comprendre; to ~ one's best OR hardest faire de son mieux; he tried his best to explain il a essayé d'expliquer de son mieux; I'm willing to ~ anything once! je suis prêt à tout essayer au moins une fois!; just you ~ it! [as threat] essaie un peu pour voir! **-2.** [test – method, approach, car] essayer; the method has been tried and tested la méthode a fait ses preuves; (just) ~ me! *inf* essaie toujours!; to ~ one's strength against sb se mesurer à qqn; to ~ one's luck (at sthg) tenter sa chance (à qqch). **-3.** [sample – recipe, wine] essayer, goûter à; [– clothes] essayer; ~ it, you'll like it essayez OR goûtez-y donc, vous aimerez; ~ this for size *literal* [garment] essayez ceci pour voir la taille; [shoe] essayez ceci pour voir la pointure; *fig* essayez ceci pour voir si ça va. **-4.** [attempt to open – door, window] essayer. **-5.** TELEC essayer; ~ the number again refaites le numéro; ~ him later *inf* essayez de le rappeler plus tard. **-6.** [visit] essayer; I've tried six shops already j'ai déjà essayé six magasins. **-7.** JUR [person, case] juger; he was tried for murder il a été jugé pour meurtre. **-8.** [tax, strain – patience] éprouver, mettre à l'épreuve; these things are sent to ~ us! c'est le ciel qui nous envoie ces épreuves!; it's enough to ~ the patience of a saint même un ange n'aurait pas la patience; to be sorely tried *lit* OR *hum* être durement éprouvé.

◇ *vi* essayer; to ~ and do sthg essayer de faire qqch; ~ again refaites un essai, recommencez; ~ later essayez plus tard; we can but ~ on peut toujours essayer; you can do it if you ~ quand on veut, on peut; just (you) ~! essaie donc un peu!; to ~ for sthg essayer d'obtenir qqch; she's ~ing for a place at Oxford elle essaie d'être admise à l'université d'Oxford.

◇ *n* **-1.** [attempt] essai *m*, tentative *f*; to have a ~ at sthg/at doing sthg essayer qqch/de faire qqch; good ~! bien essayé!; it's worth a ~ cela vaut la peine d'essayer; I managed it at the first ~ j'ai réussi du premier coup. **-2.** [test, turn] essai *m*; to give sthg a ~ essayer qqch. **-3.** SPORT [in rugby] essai *m*; to score a ~ marquer un essai.

◆ **try on** *vt sep* **-1.** [garment] essayer; ~ it on for size essayez-le pour voir la taille. **-2.** *phr*: to ~ it on with sb *Br inf* essayer de voir jusqu'où on peut pousser qqn; [flirt] essayer de flirter avec qqn.

◆ **try out** ◇ *vt sep* [new car, bicycle] essayer, faire un essai avec, faire l'essai de; [method, chemical, recipe] essayer; [employee] mettre à l'essai. ◇ *vi insep* Am: to ~ out for a team faire un essai pour se faire engager dans une équipe.

**trying** ['traɪɪŋ] *adj* [experience] pénible, douloureux, éprouvant; [journey, job] ennuyeux, pénible; [person] fatigant, pénible; he had a very ~ time [moment] il a passé un moment très difficile; [period] il a vécu une période très difficile; [experience] il a vécu une expérience très difficile OR éprouvante.

**try-on** *n Br inf*: it's a ~ c'est du bluff.

**try-out** *n* essai *m*.

**tryst** [trɪst] *n lit* rendez-vous *m* (d'amour).

**tsar** [zɑːr] *n* tsar *m*, czar *m*, czar *m*.

**tsarina** [zɑːˈriːnə] *n* tsarine *f*, tzarine *f*.

**tsarist** ['zɑːrɪst] ◇ *adj* tsariste. ◇ *n* tsariste *mf*.

**T-section** *n* profil *m* en T.

**tsetse fly** ['tsetsɪ-] *n* mouche *f* tsé-tsé.

**T-shaped** *adj* en forme de T.

**T-shirt** *n* tee-shirt *m*, t-shirt *m*.

**tsp.** (*written abbr of* teaspoon) cc.

**T-square** *n* équerre *f* en T, té *m*, T *m* (*règle*).

**T-stop** *n* PHOT diaphragme *m*.

**TT** *pr n* (*abbr of* Tourist Trophy): ~ races courses de moto sur l'île de Man.

**Tuareg** ['twɑːreg] (*pl inv* OR Tuaregs) ◇ *n* **-1.** [person] Touareg *m*, -ègue *f*. **-2.** LING touareg *m*. ◇ *adj* touareg.

**tub** [tʌb] *n* **-1.** [container – for liquid] cuve *f*, bac *m*; [– for flowers] bac *m*; [– for washing clothes] baquet *m*; [– in washing machine] cuve *f*. **-2.** [contents – of washing powder] baril *m*; [– of wine, beer] tonneau *m*; [– of ice cream, yoghurt] pot *m*. **-3.** *inf* [bath]: he's in the ~ il prend un bain. **-4.** *inf* [boat] rafiot *m*.

**tuba** ['tjuːbə] *n* tuba *m*.

**tubby** ['tʌbɪ] (*compar* tubbier, *superl* tubbiest) *adj inf* dodu, rondelet.

**tube** [tjuːb] ◇ *n* **-1.** [pipe] tube *m*; he was fed through a ~ on l'a nourri à la sonde. **-2.** ANAT tube *m*, canal *m*. **-3.** [of glue, toothpaste] tube *m*. **-4.** [in tyre]: (inner) ~ chambre *f* à air. **-5.** TV: what's on the ~ tonight? *inf* qu'est-ce qu'il y a à la télé ce soir?; (cathode-ray) ~ tube *m* (cathodique). **-6.** *Br* [underground]: the ~ le métro londonien; to go by ~, to take the ~ aller en métro, prendre le métro. **-7.** *phr*: to go down the ~s *inf* tomber à l'eau. ◇ *comp* [map, station] de métro.

**tubeless** ['tjuːblɪs] *adj Br*: ~ tyre pneu *m* sans chambre (à air).

**tuber** ['tjuːbər] *n* ANAT & BOT tubercule *m*.

**tubercle** ['tjuːbəkl] *n* tubercule *m*.

**tubercular** [tjuːˈbɜːkjʊlər] *adj* tuberculeux.

**tuberculin** [tjuːˈbɜːkjʊlɪn] *n* tuberculine *f*.

**tuberculin-tested** [-ˈtestɪd] *adj* [cow] tuberculinisé, tuberculiné; ~ milk ≃ lait *m* certifié.

**tuberculosis** [tjuːˌbɜːkjʊˈləʊsɪs] *n (U)* tuberculose *f*; he has ~ il a la tuberculose, il est tuberculeux.

**tubing** ['tjuːbɪŋ] *n (U)* tubes *mpl*, tuyaux *mpl*; a piece of plastic ~ un tube en plastique.

**Tubuai Islands** [ˌtuːbuːˈaɪ-] *pl n*: the ~ les îles *fpl* Australes.

**tubular** ['tjuːbjʊlər] *adj* [furniture, shape] tubulaire; ~ bells MUS carillon *m* d'orchestre.

**TUC** (*abbr of* Trades Union Congress) *pr n* la Confédération des syndicats britanniques.

**tuck** [tʌk] ◇ *vt* **-1.** [shirt] rentrer; [sheet] rentrer, border; he ~ed his shirt into his trousers il rentra sa chemise dans son pantalon; she ~ed the sheets under the mattress elle borda le lit. **-2.** [put] mettre; [slip] glisser; he had a newspaper ~ed under his arm il avait un journal sous le bras; his mother came to ~ him into bed sa mère est venue le border dans son lit. ◇ *n* **-1.** SEW rempli *m*; to put OR to make a ~ in sthg faire un rempli dans qqch. **-2.** [in diving] plongeon *m* groupé. **-3.** *Br inf* SCH boustifaille *f*.

◆ **tuck away** *vt sep* **-1.** [hide] cacher; [put] mettre, ranger. **-2.** *inf* [food] s'enfiler, avaler.

◆ **tuck in** ◇ *vt sep* **-1.** [shirt, stomach] rentrer. **-2.** [child] border. ◇ *vi insep inf* [eat]: we ~ed in to a lovely meal nous avons savouré un excellent repas.

◆ **tuck up** *vt sep* **-1.** [person] border (dans son lit); all the children were safely ~ed up in bed les enfants étaient tous bien bordés dans leurs lits. **-2.** [skirt, sleeves] remonter; [hair] rentrer. **-3.** [legs] replier, rentrer.

**tuck box** *n Br* SCH gamelle *f* (d'écolier).

**tucker** ['tʌkər] ◇ *n* [on dress] fichu *m*. ◇ *vt Am inf* [exhaust] crever.

**tuck shop** *n Br* SCH petite boutique où les écoliers achètent bonbons, gâteaux etc.

**Tudor** ['tjuːdər] ◇ *adj* [family, period] des Tudor; [king, architecture] Tudor (*inv*). ◇ *n* Tudor *m inv*, membre *m* de la famille des Tudor.

**Tue., Tues.** (*written abbr of* Tuesday) mar.

**Tuesday** ['tjuːzdɪ] *n* mardi *m*; *see also* **Friday**.

**tufa** ['tjuːfə] *n* tuf *m* calcaire.

**tuft** [tʌft] *n* **-1.** [of hair, grass] touffe *f*. **-2.** ORNITH: ~ (of feathers) huppe *f*, aigrette *f*.

**tufted** ['tʌftɪd] *adj* **-1.** [bird] huppé. **-2.** [grass] en touffe OR touffes. **-3.** [carpet] tufté.

**tug** [tʌg] (*pt* & *pp* tugged, *cont* tugging) ◇ *n* **-1.** [pull] petit coup *m*; he felt a ~ at his sleeve il sentit qu'on le tirait par la manche. **-2.** NAUT remorqueur *m*. ◇ *vt* **-1.** [handle, sleeve] tirer sur; [load] tirer, traîner. **-2.** NAUT remorquer. ◇ *vi*: to ~ at OR on sthg tirer sur qqch; the music tugged at her heartstrings *fig* cette musique l'émouvait.

**tugboat** ['tʌgbəʊt] *n* remorqueur *m*.

**tug-of-love** *n Br inf* conflit entre des parents en instance de di-

*vorce pour avoir la garde d'un enfant.*

**tug-of-war** *n* SPORT lutte *f* à la corde; *fig* lutte *f* acharnée.

**tuition** [tju:'ɪʃn] *n* (U) **-1.** *Br* [instruction] cours *mpl*.**-2.** UNIV: ~ (fees) frais *mpl* de scolarité.

**tulip** ['tju:lɪp] *n* tulipe *f*.

**tulle** [tju:l] *n* tulle *m*.

**tum** [tʌm] *n Br inf* ventre *m*.

**tumble** ['tʌmbl] ◊ *vi* **-1.** [fall – person] faire une chute, dégringoler; [– ball, objects] dégringoler; he ~d down the stairs il a fait une culbute dans OR il a dégringolé (dans) l'escalier; the bottles came tumbling off the shelf les bouteilles ont dégringolé de l'étagère. **-2.** [collapse – prices] dégringoler, s'effondrer; the Chancellor's resignation sent share prices tumbling la démission du ministre des Finances a fait dégringoler le prix des actions. **-3.** [rush] se précipiter. **-4.** [perform somersaults] faire des sauts périlleux. ◊ *vt* [knock, push – person] renverser, faire tomber OR dégringoler. ◊ *n* [fall] chute *f*, culbute *f*, roulé-boulé *m*; [somersault] culbute *f*, cabrioles *fpl*; to take a ~ faire une chute OR une culbute; share prices took a ~ today le prix des actions s'est effondré aujourd'hui.

◆ **tumble about** ◊ *vi insep* [children] gambader, batifoler; [acrobat] faire des cabrioles; [swimmer] s'ébattre; [water] clapoter. ◊ *vt sep* mettre en désordre.

◆ **tumble down** *vi insep* [person] faire une culbute, dégringoler; [pile] dégringoler; [wall, building] s'effondrer.

◆ **tumble out** ◊ *vi insep* **-1.** [person – from tree, loft] faire une culbute, dégringoler; [– from bus, car] se jeter, sauter; [possessions, contents] tomber (en vrac); the apples ~d out of her basket les pommes ont roulé de son panier. **-2.** [news, confession] s'échapper. ◊ *vt sep* faire tomber en vrac OR en tas.

◆ **tumble over** ◊ *vi insep* [person] culbuter, faire une culbute; [pile, vase] se renverser. ◊ *vt sep* renverser, faire tomber.

◆ **tumble to** *vt insep Br inf* [fact, secret, joke] piger, saisir, comprendre.

**tumbledown** ['tʌmbldaʊn] *adj* en ruines, délabré.

**tumble-drier** *n* sèche-linge *m inv*.

**tumble-dry** *vt* faire sécher dans le sèche-linge.

**tumbler** ['tʌmblə'] *n* **-1.** [glass] verre *m* (droit); [beaker] gobelet *m*, timbale *f*.**-2.** [acrobat] acrobate *mf*.**-3.** [in lock] gorge *f* (de serrure). **-4.** = tumble-drier. **-5.** [pigeon] pigeon *m* culbutant.

**tumbler switch** *n* interrupteur *m* à bascule.

**tumbleweed** ['tʌmblwi:d] *n* amarante *f*.

**tumbrel** ['tʌmbrəl], **tumbril** ['tʌmbrɪl] *n* tombereau *m*.

**tumescent** [,tju:'mesnt] *adj* tumescent.

**tumid** ['tju:mɪd] *adj* **-1.** MED tuméfié. **-2.** *lit* [style] ampoulé, boursouflé.

**tummy** ['tʌmɪ] *inf* ◊ *n* ventre *m*. ◊ *comp*: to have (a) ~ ache avoir mal au ventre; ~ button nombril *m*.

**tumour** *Br*, **tumor** *Am* ['tju:mə'] *n* tumeur *f*.

**tumuli** ['tju:mjʊlaɪ] *pl* → tumulus.

**tumult** ['tju:mʌlt] *n* **-1.** [noise] tumulte *m*; [agitation] tumulte *m*, agitation *f*; in (a) ~ dans le tumulte. **-2.** *fml* OR *lit* [of feelings] émoi *m*.

**tumultuous** ['tju:mʌltjʊəs] *adj* [crowd, noise] tumultueux; [applause] frénétique; [period] tumultueux, agité; he got a ~ welcome il a reçu un accueil enthousiaste.

**tumulus** ['tju:mjʊləs] (*pl* tumuli [-laɪ]) *n* tumulus *m*.

**tun** [tʌn] *n* fût *m*, tonneau *m*.

**tuna** [*Br* 'tju:nə, *Am* 'tu:nə] *n*: ~ (fish) thon *m*.

**tundra** ['tʌndrə] *n* toundra *f*.

**tune** [tju:n] ◊ *n* [melody] air *m*, mélodie *f*; give us a ~ on the mouth organ joue-nous un petit air d'harmonica; they marched to the ~ of Rule Britannia ils marchèrent sur l'air de OR aux accents de Rule Britannia ❑ to call the ~ *Br inf* faire la loi. ◊ *vt* **-1.** [musical instrument] accorder; the strings are ~d to the key of G les cordes sont en sol. **-2.** [regulate – engine, machine] mettre au point, régler. **-3.** [radio, television] régler; the radio is ~d to Voice of America la radio est réglée sur la Voix de l'Amérique; stay ~d! restez à l'écoute!

◆ **in tune** ◊ *adj phr* [instrument] accordé, juste; [singer] qui chante juste; the violins are not in ~ with the piano les

violons ne sont pas accordés avec le piano; to be in ~ with *fig* être en accord avec. ◊ *adv phr* juste.

◆ **out of tune** ◊ *adj phr* [instrument] faux (*f* fausse), désaccordé; [singer] qui chante faux; to be out of ~ with *fig* être en désaccord avec. ◊ *adv phr* faux.

◆ **to the tune of** *prep phr*: they were given grants to the ~ of £100,000 on leur a accordé des subventions qui s'élevaient à 100 000 livres.

◆ **tune in** ◊ *vi insep* RADIO & TV se mettre à l'écoute; ~ in to this channel next week soyez à l'écoute de cette chaîne la semaine prochaine. ◊ *vt sep* **-1.** [radio, television] régler sur. **-2.** *inf & fig*: to be ~d in to sthg être branché sur qqch.

◆ **tune out** *Am* ◊ *vi insep* [refuse to listen] faire la sourde oreille; [stop listening] décrocher. ◊ *vt sep* **-1.** [remark] ignorer. **-2.** [radio] éteindre.

◆ **tune up** ◊ *vi insep* MUS [player] accorder son instrument; [orchestra] accorder ses instruments. ◊ *vt sep* **-1.** MUS accorder. **-2.** AUT mettre au point, régler.

**tuned-in** [tju:nd-] *adj inf* branché.

**tuneful** ['tju:nfʊl] *adj* [song, voice] mélodieux; [singer] à la voix mélodieuse.

**tunefully** ['tju:nfʊlɪ] *adv* mélodieusement.

**tuneless** ['tju:nlɪs] *adj* peu mélodieux, discordant.

**tunelessly** ['tju:nlɪslɪ] *adv* [with no tune] de manière peu mélodieuse; [out of tune] faux *(adv)*.

**tuner** ['tju:nə'] *n* **-1.** [of piano] accordeur *m*.**-2.** RADIO & TV tuner *m*, syntonisateur *m spec*.

**tuner amplifier** *n* ampli-tuner *m*.

**tune-up** *n* AUT réglage *m*, mise *f* au point.

**tungsten** ['tʌŋstən] *n* tungstène *m*.

**tungsten carbide** *n* carbure *m* de tungstène.

**tungsten lamp** *n* lampe *f* au tungstène.

**tungsten steel** *n* acier *m* au tungstène.

**tunic** ['tju:nɪk] *n* [gen & BOT] tunique *f*.

**tuning** ['tju:nɪŋ] *n* **-1.** MUS accord *m*.**-2.** RADIO & TV réglage *m*.**-3.** AUT réglage *m*, mise *f* au point.

**tuning fork** *n* diapason *m*.

**Tunisia** [tju:'nɪzɪə] *pr n* Tunisie *f*; in ~ en Tunisie.

**Tunisian** [tju:'nɪzɪən] ◊ *n* Tunisien *m*, -enne *f*. ◊ *adj* tunisien.

**tunnel** ['tʌnl] (*Br pt & pp* tunnelled, *cont* tunnelling, *Am pt & pp* tunneled, *cont* tunneling) ◊ *n* [gen & RAIL] tunnel *m*; MIN galerie *f*; [of mole, badger] galerie *f*; to make OR to dig a ~ [gen] percer OR creuser un tunnel; MIN percer OR creuser une galerie. ◊ *vt* [hole, passage] creuser, percer; to ~ one's way through the earth CONSTR creuser dans la terre; [mole] creuser une galerie dans la terre. ◊ *vi* [person] creuser OR percer un tunnel OR des tunnels; [badger, mole] creuser une galerie OR des galeries.

**tunnelling machine** ['tʌnlɪŋ-] *n* foreuse *f*.

**tunnel vision** *n* **-1.** OPT rétrécissement *m* du champ visuel. **-2.** *fig* esprit *m* borné; to have ~ avoir des vues étroites, voir les choses par le petit bout de la lorgnette.

**tunny** ['tʌnɪ] *n Br* = tuna.

**tuppence** ['tʌpəns] *n Br* deux pence *mpl*; I don't care ~ for your opinion *inf* je me fiche pas mal de votre opinion OR de ce que vous pensez.

**tuppenny** ['tʌpnɪ] *adj Br* de OR à deux pence.

**tuppenny-ha'penny** ['tʌpnɪ,heɪpnɪ] *adj Br inf* de rien du tout, de quatre sous.

**Tupperware®** ['tʌpəweə'] ◊ *n* Tupperware® *m*; ~ party réunion *f* Tupperware. ◊ *comp* en Tupperware®.

**turban** ['tɜ:bən] *n* turban *m*.

**turbaned** ['tɜ:bənd] *adj* [person] en turban; [head] coiffé d'un turban, enturbanné.

**turbid** ['tɜ:bɪd] *adj* trouble.

**turbine** ['tɜ:baɪn] *n* turbine *f*; gas/steam ~ turbine *f* à gaz/à vapeur.

**turbo** ['tɜ:bəʊ] (*pl* turbos) *n* **-1.** AUT turbo *m*.**-2.** [turbine] turbine *f*.

**turbocharged** ['tɜ:bəʊtʃɑ:dʒd] *adj* turbo.

**turbocharger** ['tɜ:bəʊtʃɑ:dʒə'] *n* turbocompresseur *m*.

**turbojet** [,tɜ:bəʊ'dʒet] *n* [engine] turboréacteur *m*; [plane] avion *m* à turboréacteur.

**turboprop** [ˌtɜːbəʊˈprɒp] *n* [engine] turbopropulseur *m*; [plane] avion *m* à turbopropulseur.

**turbot** [ˈtɜːbət] (*pl inv* OR **turbots**) *n* turbot *m*.

**turbulence** [ˈtɜːbjʊləns] *n* **-1.** [unrest] turbulence *f*, agitation *f*. **-2.** [in air] turbulence *f*; [in sea] agitation *f*. **-3.** PHYS turbulence *f*.

**turbulent** [ˈtɜːbjʊlənt] *adj* [crowd, period, emotions] tumultueux; [sea] agité.

**turd**ᵛ [tɜːd] *n* **-1.** [excrement] merde *f*. **-2.** *pej* [person] con *m*, salaud *m*.

**tureen** [təˈriːn] *n* soupière *f*.

**turf** [tɜːf] (*pl* **turfs** OR **turves** [tɜːvz]) ◊ *n* **-1.** [grass] gazon *m*. **-2.** [sod] motte *f* de gazon. **-3.** SPORT turf *m*. **-4.** [peat] tourbe *f*. **-5.** ᵛ *Am* [of gang] territoire *m* réservé, chasse *f* gardée. ◊ *vt* **-1.** [with grass]: ~ (over) gazonner. **-2.** *Br inf* [throw] balancer, flanquer, jeter.

◆ **turf out** *vt sep Br inf* [eject, evict – person] vider, flanquer à la porte; [remove – furniture, possessions] sortir, enlever; [throw away – rubbish] bazarder; he was ~ed out of the club il s'est fait virer OR vider du club.

**turf accountant** *n Br fml* bookmaker *m*.

**Turgenev** [tɜːˈgeɪnjev] *pr n* Tourgueniev.

**turgid** [ˈtɜːdʒɪd] *adj* **-1.** [style, prose] ampoulé, boursouflé. **-2.** MED enflé, gonflé.

**Turk** [tɜːk] *n* Turc *m*, Turque *f*.

**Turkestan, Turkistan** [ˌtɜːkɪˈstɑːn] *pr n* Turkistan *m*; in ~ au Turkistan.

**turkey** [ˈtɜːkɪ] (*pl inv* OR **turkeys**) *n* **-1.** [bird – cock] dindon *m*; [– hen] dinde *f*. **-2.** CULIN dinde *f*. **-3.** *Am inf* [fool] idiot *m*, -e *f*, imbécile *mf*. **-4.** *Am inf* [flop] bide *m*; THEAT four *m*.

**Turkey** [ˈtɜːkɪ] *pr n* Turquie *f*; in ~ en Turquie.

**turkey buzzard** *n* vautour *m* aura.

**turkey cock** *n* dindon *m*; *inf & fig* crâneur *m*, -euse *f*.

**Turkish** [ˈtɜːkɪʃ] ◊ *n* LING turc *m*. ◊ *adj* turc.

**Turkish bath** *n* bain *m* turc.

**Turkish coffee** *n* café *m* turc.

**Turkish delight** *n* loukoum *m*.

**Turkman** [ˈtɜːkmən] (*pl* **Turkmans** OR **Turkmen** [-men]) ◊ *n* Turkmène *mf*. ◊ *adj* turkmène.

**Turkmen** [ˈtɜːkmən] *n* LING turkmène *m*.

**Turkmenian** [ˌtɜːkˈmenɪən] *adj* turkmène.

**Turkmenistan** [ˌtɜːkmenɪˈstɑːn] *pr n* Turkménistan *m*; in ~ au Turkménistan.

**turmeric** [ˈtɜːmərɪk] *n* curcuma *m*, safran *m* des Indes.

**turmoil** [ˈtɜːmɔɪl] *n* **-1.** [confusion] agitation *f*, trouble *m*, chaos *m*; the country was in ~ le pays était en ébullition OR en effervescence. **-2.** [emotional] trouble *m*, émoi *m*; her mind was in (a) ~ elle avait l'esprit troublé, elle était en émoi.

**turn** [tɜːn] ◊ *vt* **A. -1.** [cause to rotate, move round] tourner; [shaft, axle] faire tourner, faire pivoter; [direct] diriger; she ~ed the key in the lock [to lock] elle a donné un tour de clé (à la porte), elle a fermé la porte à clé; [to unlock] elle a ouvert la porte avec la clé; ~ the wheel all the way round faites faire un tour complet à la roue; ~ the knob to the right tournez le bouton vers la droite; she ~ed the oven to its highest setting elle a allumé OR mis le four à la température maximum; he ~ed the car into the drive il a engagé la voiture dans l'allée; ~ your head this way tournez la tête de ce côté. **-2.** *fig* [change orientation of]: she ~ed the conversation to sport elle a orienté la conversation vers le sport; you've ~ed my whole family against me vous avez monté toute ma famille contre moi; she ~ed her attention to the problem elle s'est concentrée sur le problème; how can we ~ this policy to our advantage OR account? comment tirer parti de cette politique?, comment tourner cette politique à notre avantage? ❏ to ~ one's back on sb *literal* tourner le dos à qqn; she looked at the letter the minute his back was ~ed dès qu'il a eu le dos tourné, elle a jeté un coup d'œil à la lettre; how can you ~ your back on your own family? comment peux-tu abandonner ta famille?; she was so pretty that she ~ed heads wherever she went elle était si jolie que tout le monde se retournait sur son passage; success had not ~ed his head la réussite ne lui avait pas tourné la tête, il ne s'était pas laissé griser

par la réussite; to ~ the tables on sb reprendre l'avantage sur qqn; now the tables are ~ed maintenant les rôles sont renversés, tel est pris qui croyait prendre *prov*.

**B. -1.** [flip over – page] tourner; [– collar, mattress, sausages, soil] retourner; the very thought of food ~s my stomach l'idée même de manger me soulève le cœur; to ~ sthg on its head bouleverser qqch, mettre qqch sens dessus dessous. **-2.** [send away]: he ~ed the beggar from his door il a chassé le mendiant. **-3.** [release, let loose]: he ~ed the cattle into the field il a fait rentrer le bétail dans le champ. **-4.** [go round – corner] tourner. **-5.** [reach – in age, time] passer, franchir; I had just ~ed twenty je venais d'avoir vingt ans; she's ~ed thirty elle a trente ans passés, elle a dépassé le cap de la trentaine; it has only just ~ed four o'clock il est quatre heures passées de quelques secondes. **-6.** [do, perform] faire; to ~ a cartwheel faire la roue. **-7.** [ankle] tordre; I've ~ed my ankle je me suis tordu la cheville.

**C. -1.** [transform, change] changer, transformer; [make] faire devenir, rendre; to ~ sthg into sthg transformer OR changer qqch en qqch; she ~ed the remark into a joke elle a tourné la remarque en plaisanterie; they're ~ing the book into a film ils adaptent le livre pour l'écran || [in colour]: time had ~ed the pages yellow le temps avait jauni les pages. **-2.** [make bad, affect]: the lemon juice ~ed the milk (sour) le jus de citron a fait tourner le lait. **-3.** *Am* COMM [goods] promouvoir la vente de; [money] gagner. **-4.** TECH [shape], façonner au tour; a well ~ed leg une jambe bien faite; to ~ a phrase *fig* faire des phrases.

◊ *vi* **-1.** [move round – handle, key] tourner; [– shaft] pivoter; [– person] se tourner; to ~ on an axis tourner autour d'un axe; the crane ~ed (through) 180° la grue a pivoté de 180°; he ~ed right round il a fait volte-face; they ~ed towards me ils se sont tournés vers moi OR de mon côté. **-2.** [flip over – page] tourner; [– car, person, ship] se retourner. **-3.** [change direction – person] tourner; [– vehicle] tourner, virer; [– luck, wind] tourner, changer; [– river, road] faire un coude; [– tide] changer de direction; ~ (to the) right [walking] tournez à droite; [driving] tournez OR prenez à droite; he ~ed (round) and went back il a fait demi-tour et est revenu sur ses pas; the car ~ed into our street la voiture a tourné dans notre rue; we ~ed onto the main road nous nous sommes engagés OR nous avons pris la grand-route; I don't know where OR which way to ~ *fig* je ne sais plus quoi faire. **-4.** *(with adj or noun complement)* [become] devenir; the weather's ~ed bad le temps s'est gâté; a lawyer ~ed politician un avocat devenu homme politique; to ~ professional passer OR devenir professionnel. **-5.** [transform] se changer, se transformer; the rain ~ed to snow la pluie s'est transformée en neige; the little girl had ~ed into a young woman la petite fille était devenue une jeune femme; their love ~ed to hate leur amour se changea en haine OR fit place à la haine. **-6.** [leaf] tourner, jaunir; [milk] tourner; the weather has ~ed le temps a changé.

◊ *n* **-1.** [revolution, rotation] tour *m*; he gave the handle a ~ il a tourné la poignée; give the screw another ~ donnez un autre tour de vis. **-2.** [change of course, direction] tournant *m*; [in skiing] virage *m*; to make a right ~ [walking] tourner à droite; [driving] tourner OR prendre à droite; 'no right ~' 'défense de tourner à droite' || *fig*: at every ~ à tout instant, à tout bout de champ. **-3.** [bend, curve in road] virage *m*, tournant *m*; there is a sharp ~ to the left la route fait un brusque virage OR tourne brusquement à gauche. **-4.** [change in state, nature] tour *m*, tournure *f*; the conversation took a new ~ la conversation a pris une nouvelle tournure; it was an unexpected ~ of events les événements ont pris une tournure imprévue; things took a ~ for the worse/better les choses se sont aggravées/améliorées. **-5.** [time of change]: at the ~ of the century au tournant du siècle. **-6.** [in game, order, queue] tour *m*; it's my ~ c'est à moi, c'est mon tour; whose ~ is it? [in queue] (c'est) à qui le tour?; [in game] c'est à qui de jouer?; it's his ~ to do the dishes c'est à lui OR c'est son tour de faire la vaisselle; you'll have to wait your ~ il faudra attendre ton tour; to take it in ~s to do sthg faire qqch à tour de rôle; let's take it in ~s to drive relayons-nous au volant; we took ~s sleeping on the floor nous avons dormi par terre à tour de rôle || [shift]: ~ of duty [gen] tour *m* de service; MIL tour *m* de garde. **-7.** [action, deed]: to do sb a good/bad ~ rendre service/jouer un mauvais tour à qqn; I've done my good ~ for the day j'ai fait

ma bonne action de la journée ❑ one good ~ deserves another *prov* un service en vaut un autre, un service rendu en appelle un autre. **-8.** *inf* [attack of illness] crise *f*, attaque *f*; she had one of her (funny) ~s this morning elle a eu une de ses crises ce matin. **-9.** *inf* [shock]: you gave me quite a ~! tu m'as fait une sacrée peur!, tu m'as fait une de ces peurs!**-10.** *dated* [short trip, ride, walk] tour *m*; let's go for OR take a ~ in the garden allons faire un tour dans le jardin. **-11.** [tendency, style]: to have an optimistic ~ of mind être optimiste de nature ·OR d'un naturel optimiste; to have a good ~ of speed rouler vite; ~ of phrase tournure *f* OR tour *m* de phrase. **-12.** [purpose, requirement] exigence *f*, besoin *m*; this book has served its ~ ce livre a fait son temps. **-13.** MUS doublé *m*.**-14.** ST. EX [transaction] transaction *f* (*qui comprend l'achat et la vente*); Br [difference in price] écart *m* entre le prix d'achat et le prix de vente. **-15.** Br THEAT numéro *m*.**-16.** Br *phr*: done to a ~ *inf*: the chicken was done to a ~ CULIN le poulet était cuit à point.
◆ **in turn** *adv phr*: she interviewed each of us in ~ elle a eu un entretien avec chacun de nous l'un après l'autre; I told Sarah and she in ~ told Paul je l'ai dit à Sarah qui, à son tour, l'a dit à Paul; I worked in ~ as a waiter, an actor and a teacher j'ai travaillé successivement OR tour à tour comme serveur, acteur et enseignant.
◆ **on the turn** *adj phr*: the tide is on the ~ *literal* c'est le changement de marée; *fig* le vent tourne; the milk is on the ~ le lait commence à tourner.
◆ **out of turn** *adv phr*: don't play out of ~ attends ton tour pour jouer; to speak out of ~ *fig* faire des remarques déplacées, parler mal à propos.
◆ **turn against** *vt insep* se retourner contre, s'en prendre à.
◆ **turn around** = turn round.
◆ **turn aside** ◇ *vi insep* [move to one side] s'écarter; *literal* & *fig* [move away] se détourner. ◇ *vt sep literal* & *fig* écarter, détourner.
◆ **turn away** ◇ *vt sep* **-1.** [avert] détourner; she ~ed her head away from him elle s'est détournée de lui. **-2.** [reject – person] renvoyer; [stronger] chasser; the college ~ed away hundreds of applicants l'université a refusé des centaines de candidats. ◇ *vi insep* se détourner; he ~ed away from them in anger en OR de colère, il leur a tourné le dos.
◆ **turn back** ◇ *vi insep* [return – person] revenir, rebrousser chemin; [– vehicle] faire demi-tour; it was getting dark so we decided to ~ back comme il commençait à faire nuit, nous avons décidé de faire demi-tour; my mind is made up, there is no ~ing back ma décision est prise, je n'y reviendrai pas. ◇ *vt sep* **-1.** [force to return] faire faire demi-tour à; [refugee] refouler. **-2.** [fold – collar, sheet] rabattre; [– sleeves] remonter, retrousser; [– corner of page] corner. **-3.** *phr*: to ~ the clock back remonter dans le temps, revenir en arrière.
◆ **turn down** ◇ *vt sep* **-1.** [heating, lighting, sound] baisser. **-2.** [fold – sheet] rabattre, retourner; [– collar] rabattre. **-3.** [reject – offer, request, suitor] rejeter, repousser; [– candidate, job] refuser; she ~ed me down flat *inf* elle m'a envoyé balader. ◇ *vt insep* [move downwards] tourner vers le bas.
◆ **turn in** ◇ *vt sep* **-1.** [return, give in – borrowed article, equipment, piece of work] rendre, rapporter; [– criminal] livrer à la police. **-2.** [fold in]: ~ in the edges rentrez les bords. **-3.** [produce]: the actor ~ed in a good performance l'acteur a très bien joué; the company ~ed in record profits l'entreprise a fait des bénéfices record. ◇ *vi insep* **-1.** [feet, toes]: my toes ~ in j'ai les pieds en dedans. **-2.** *inf* [go to bed] se coucher. **-3.** *phr*: to ~ in on o.s. se replier sur soi-même.
◆ **turn off** ◇ *vt sep* **-1.** [switch off – light] éteindre; [– heater, radio, television] éteindre, fermer; [– cut off at mains] couper; [tap] fermer; she ~ed the ignition/engine off elle a coupé le contact/arrêté le moteur. **-2.** *inf* [fail to interest] rebuter; [sexually] couper l'envie à. ◇ *vi insep* **-1.** [leave road] tourner; we ~ed off at junction 5 nous avons pris la sortie d'autoroute 5. **-2.** [switch off] s'éteindre.
◆ **turn on** ◇ *vt sep* **-1.** [switch on – electricity, heating, light, radio, television] allumer; [– engine] mettre en marche; [– water] faire couler; [– tap] ouvrir; [open at mains] ouvrir; she can ~ on the charm/the tears whenever necessary *fig* elle sait faire du charme/pleurer quand il le faut. **-2.** *inf* [person – interest] intéresser; [– sexually] exciter; [– introduce to drugs] initier à la drogue. ◇ *vt insep* [attack] attaquer; his colleagues ~ed on him and accused him of stealing ses collègues s'en

sont pris à lui et l'ont accusé de vol. ◇ *vi insep* **-1.** [switch on] s'allumer. **-2.** [depend, hinge on] dépendre de, reposer sur; everything ~s on whether he continues as president tout dépend s'il reste président ou non.
◆ **turn out** ◇ *vt sep* **-1.** [switch off – light] éteindre; [– gas] éteindre, couper. **-2.** [point outwards]: she ~s her toes out when she walks elle marche en canard. **-3.** [dismiss, expel] mettre à la porte; [tenant] expulser, déloger; he ~ed his daughter out of the house il a mis sa fille à la porte OR a chassé sa fille de la maison. **-4.** [empty – container, pockets] retourner, vider; [– contents] vider; [– jelly] verser; ~ the cake out onto a plate démoulez le gâteau sur une assiette. **-5.** Br [clean] nettoyer à fond. **-6.** [produce] produire, fabriquer; he ~s out a book a year il écrit un livre par an; few schools ~ out the kind of people we need peu d'écoles forment le type de gens qu'il nous faut. **-7.** [police, troops] envoyer. **-8.** (*usu passive*) [dress] habiller; nicely OR smartly ~ed out élégant. ◇ *vi insep* **-1.** [show up] venir, arriver; MIL [guard] (aller) prendre la faction; [troops] aller au rassemblement; thousands ~ed out for the concert des milliers de gens sont venus OR ont assisté au concert. **-2.** [car, person] sortir, partir. **-3.** [point outwards]: my feet ~ out j'ai les pieds en canard OR en dehors. **-4.** [prove] se révéler, s'avérer; his statement ~ed out to be false sa déclaration s'est révélée fausse; he ~ed out to be a scoundrel il s'est révélé être un vaurien, on s'est rendu compte que c'était un vaurien ‖ [end up]: I don't know how it ~ed out je ne sais pas comment cela a fini; the story ~ed out happily l'histoire s'est bien terminée OR a bien fini; everything will ~ out fine tout va s'arranger OR ira bien; as it ~s out, he needn't have worried en l'occurrence OR en fin de compte, ce n'était pas la peine de se faire du souci.
◆ **turn over** ◇ *vt sep* **-1.** [playing card, mattress, person, stone] retourner; [page] tourner; [vehicle] retourner; [boat] faire chavirer; to ~ over a new leaf s'acheter une conduite. **-2.** [consider] réfléchir à OR sur; I was ~ing the idea over in my mind je tournais et retournais OR ruminais l'idée dans ma tête. **-3.** [hand over, transfer] rendre, remettre; to ~ sb over to the authorities livrer qqn aux autorités. **-4.** [change] transformer, changer. **-5.** COMM: the store ~s over £1,000 a week la boutique fait un chiffre d'affaires de 1 000 livres par semaine. **-6.** [search through] fouiller. **-7.** Br *inf* [rob – person] voler, dévaliser; [– store] dévaliser; [– house] cambrioler. ◇ *vi insep* **-1.** [roll over – person] se retourner; [– vehicle] se retourner, faire un tonneau; [– boat] se retourner, chavirer. **-2.** [engine] commencer à tourner. **-3.** [when reading] tourner. **-4.** COMM [merchandise] s'écouler, se vendre.
◆ **turn round** ◇ *vi insep* Br **-1.** [rotate – person] se retourner; [– object] tourner; the dancers ~ed round and round les danseurs tournaient OR tournoyaient (sur eux-mêmes). **-2.** [face opposite direction – person] faire volte-face, faire demi-tour; [– vehicle] faire demi-tour; she ~ed round and accused us of stealing *fig* elle s'est retournée contre nous et nous a accusés de vol. ◇ *vt sep* **-1.** [rotate – head] tourner; [– object, person] tourner, retourner; [– vehicle] faire faire demi-tour à; could you ~ the car round please? tu peux faire demi-tour, s'il te plaît?**-2.** [quantity of work] traiter. **-3.** [change nature of]: to ~ a company round COMM faire prospérer une entreprise qui périclitait, sauver une entreprise de la faillite. **-4.** [sentence, idea] retourner.
◆ **turn to** ◇ *vt insep* **-1.** *literal* [page] se tourner vers; [– page] aller à; ~ to chapter one allez au premier chapitre. **-2.** [seek help from] s'adresser à, se tourner vers; to ~ to sb for advice consulter qqn, demander conseil à qqn; I don't know who to ~ to je ne sais pas à qui m'adresser OR qui aller trouver. **-3.** *fig* [shift, move on to]: her thoughts ~ed to her sister elle se mit à penser à sa sœur ‖ [address – subject, issue etc] aborder, traiter; let us ~ to another topic passons à un autre sujet.
◆ **turn up** ◇ *vt sep* **-1.** [heat, lighting, radio, TV] mettre plus fort; to ~ the sound up augmenter OR monter le volume. **-2.** [find, unearth] découvrir, dénicher; [buried object] déterrer; her research ~ed up some interesting new facts sa recherche a révélé de nouveaux détails intéressants. **-3.** [point upwards] remonter, relever; she has a ~ed-up nose elle a le nez retroussé. **-4.** [collar] relever; [trousers] remonter; [sleeve] retrousser, remonter. ◇ *vi insep* **-1.** [appear] apparaître; [arrive] arriver; she ~ed up at my office this morning elle s'est présentée à mon bureau ce matin; I'll take the first

job that ~s up je prendrai le premier poste qui se présentera ❏ he ~s up like a bad penny il arrive (toujours) au mauvais moment OR mal. **-2.** [be found] être trouvé OR retrouvé; her bag ~ed up eventually elle a fini par retrouver son sac. **-3.** [happen] se passer, arriver; don't worry, something will ~ up ne t'en fais pas, tu finiras par trouver quelque chose; until something better ~s up en attendant mieux.

**turnabout** ['tɜːnəbaut] *n* volte-face *f inv*.

**turnaround** ['tɜːnəraund] *Am* = **turnround**.

**turncoat** ['tɜːnkəut] *n* renégat *m*, -e *f*, transfuge *mf*.

**turndown** ['tɜːndaun] ◇ *n* **-1.** [rejection] refus *m*.**-2.** [in prices] tendance *f* à la baisse; [in the economy] (tendance à la) baisse *f*. ◇ *adj* [collar] rabattu; [edge] à rabattre.

**turned** [tɜːnd] *adj* **-1.** [milk] tourné. **-2.** TYPO: ~ comma ≈ guillemet *m*; ~ period point *m* décimal, ≈ virgule *f*.

**turned-on** *adj inf* **-1.** [up-to-date] branché, câblé. **-2.** [aroused] excité; to get ~ s'exciter.

**turner** ['tɜːnəʳ] *n* **-1.** [lathe operator] tourneur *m*.**-2.** *Am* [gymnast] gymnaste *mf*.

**turning** ['tɜːnɪŋ] *n* **-1.** *Br* [side road] route *f* transversale; [side street] rue *f* transversale, petite rue; take the third ~ on the right prenez la troisième à droite. **-2.** *Br* [bend – in river] coude *m*; [– in road] virage *m*; [fork] embranchement *m*, carrefour *m*.**-3.** INDUST tournage *m*.

**turning circle** *n Br* AUT rayon *m* de braquage.

**turning point** *n* [decisive moment] moment *m* décisif; [change] tournant *m*; 1989 marked a ~ in my career l'année 1989 marqua un tournant dans ma carrière.

**turning radius** *Am* = **turning circle**.

**turnip** ['tɜːnɪp] *n* navet *m*.

**turnkey** ['tɜːnkiː] ◇ *n* [jailer] geôlier *m*, -ère *f*. ◇ *adj* CONSTR [project] clés en main.

**turn-off** *n* **-1.** [road] sortie *f* (de route), route *f* transversale, embranchement *m*.**-2.** *inf* [loss of interest]: it's a real ~ [gen] c'est vraiment à vous dégoûter; [sexual] ça vous coupe vraiment l'envie.

**turn-on** *n inf*: he finds leather a ~ il trouve le cuir excitant, le cuir l'excite.

**turnout** ['tɜːnaut] *n* **-1.** [attendance – at meeting, concert] assistance *f*; POL [at election] (taux *m* de) participation *f*; there was a good ~ [gen] il y avait beaucoup de monde, beaucoup de gens sont venus; POL il y avait un fort taux de participation. **-2.** [dress] mise *f*, tenue *f*.**-3.** *Br* [clearout]: I had a ~ of my old clothes for the jumble sale j'ai trié mes vieux vêtements pour la vente de charité. **-4.** *Am* AUT refuge *m* (*pour se laisser doubler*).

**turnover** ['tɜːn,əuvəʳ] *n* **-1.** *Br* FIN chiffre *m* d'affaires. **-2.** [of staff, tenants] renouvellement *m*; there is a high ~ of tenants les locataires changent souvent. **-3.** *Am* [of stock] vitesse *f* de rotation; [of shares] mouvement *m*; computer magazines have a high ~ les revues d'informatique se vendent bien. **-4.** CULIN: apple ~ chausson *m* aux pommes.

**turnpike** ['tɜːnpaɪk] *n* **-1.** [barrier] barrière *f* de péage. **-2.** *Am* [road] autoroute *f* à péage.

**turnround** ['tɜːnraund] *n* **-1.** ~ (time) [of passenger ship, plane] temps *m* nécessaire entre deux voyages; [for freight] temps nécessaire pour le déchargement; NAUT estarie *f*, starie *f*; COMPUT temps de retournement, délai m d'exécution. **-2.** [reversal – of fortunes] retournement *m*, renversement *m*; [– of opinions] revirement *m*, volte-face *f inv*.

**turnstile** ['tɜːnstaɪl] *n* tourniquet *m* (*barrière*).

**turntable** ['tɜːn,teɪbl] *n* **-1.** [on record player] platine *f*.**-2.** RAIL plaque *f* tournante. **-3.** [on microscope] platine *f*.

**turntable ladder** *n* échelle *f* pivotante (*des pompiers*).

**turn-up** *n Br* **-1.** [on trousers] revers *m*.**-2.** *inf* [surprise] surprise *f*; that's a ~ for the book OR books c'est une sacrée surprise.

**turpentine** ['tɜːpəntaɪn] *n Br* (essence *f* de) térébenthine *f*.

**turpitude** ['tɜːpɪtjuːd] *n* turpitude *f*.

**turps** [tɜːps] *(U) Br* = **turpentine**.

**turquoise** ['tɜːkwɔɪz] ◇ *n* **-1.** [gem] turquoise *f*.**-2.** [colour] turquoise *m inv*. ◇ *adj* **-1.** [bracelet, ring] de OR en turquoise. **-2.** [in colour] turquoise *(inv)*.

**turret** ['tʌrɪt] *n* tourelle *f*.

**turtle** ['tɜːtl] *n* **-1.** [in sea] tortue *f* marine; *Am* [on land] tortue

*f*.**-2.** *phr*: to turn ~ se renverser.

**turtledove** ['tɜːtldʌv] *n* tourterelle *f*.

**turtleneck** ['tɜːtlnek] ◇ *adj* [sweater, dress] à col montant, à encolure montante; *Am* à col roulé. ◇ *n* col *m* montant, encolure *f* montante; *Am* (pull *m* à) col *m* roulé.

**turves** [tɜːvz] *pl* → **turf**.

**Tuscan** ['tʌskən] ◇ *n* **-1.** [person] Toscan *m*, -e *f*.**-2.** LING toscan *m*. ◇ *adj* toscan.

**Tuscany** ['tʌskənɪ] *pr n* Toscane *f*; in ~ en Toscane.

**tush** [tʌʃ] *n Am inf* [buttocks] fesses *fpl*.

**tusk** [tʌsk] *n* [of elephant, boar] défense *f*.

**tussle** ['tʌsl] ◇ *n* [scuffle] mêlée *f*, bagarre *f*; to have a ~ with sb se battre contre qqn, en venir aux mains avec qqn. **-2.** [struggle] lutte *f*. **-3.** [quarrel] dispute *f*. ◇ *vi* [scuffle, fight] se battre; I ~d with her for the ball je me suis battu avec elle pour avoir la balle, on s'est disputé la balle.

**tut** [tʌt] *(pt & pp* **tutted**, *cont* **tutting)** ◇ *interj*: ~!, ~-~! [in disapproval] allons donc!; [in annoyance] zut! ◇ *vi* [in disapproval] pousser une exclamation désapprobatrice; [in annoyance] exprimer son mécontentement.

**Tutankhamen** [,tu:tən'kɑːmən], **Tutankhamun** [,tu:tənku:'mu:n] *pr n* Toutankhamon.

**tutelage** ['tju:tɪlɪdʒ] *n fml* tutelle *f*; under his ~ sous sa tutelle.

**tutor** ['tju:təʳ] ◇ *n* **-1.** [teacher] professeur *m* particulier; [full-time] précepteur *m*, -trice *f*; piano ~ professeur de piano. **-2.** *Br* UNIV [teacher] professeur *m* (*qui dirige et supervise les travaux d'un groupe d'étudiants*); *Br* SCH professeur *m* principal (*surtout dans les écoles privées*). **-3.** *Scot* JUR [guardian] tuteur *m*, -trice *f*. ◇ *vt* **-1.** [instruct] donner des cours (particuliers) à. **-2.** *Br* UNIV diriger les études de. **-3.** *Scot* JUR être le tuteur de. ◇ *vi* **-1.** [pupil] suivre des cours particuliers. **-2.** [teacher] donner des cours particuliers.

**tutorial** [tju:'tɔːrɪəl] UNIV ◇ *n* (séance *f* de) travaux *mpl* dirigés, TD *mpl*. ◇ *adj* [work] de travaux dirigés; [duties] de directeur d'études.

**tutti frutti** [,tu:tɪ'fru:tɪ] (*pl* **tutti fruttis**) ◇ *n* plombières *f*, tutti-frutti *m*. ◇ *adj* [ice cream, flavour] tutti-frutti.

**tut-tut** = **tut**.

**tutu** ['tu:tu:] *n* tutu *m*.

**tu-whit tu-whoo** [tə'wɪttə'wu:] *onomat* hou-hou.

**tux** [tʌks] *n inf abbr of* **tuxedo**.

**tuxedo** [tʌk'si:dəu] *(pl* **tuxedos**) *n Am* smoking *m*.

**TV** ◇ *n* (*abbr of* **television**) TV *f*. ◇ *comp* [programme, set, star] de télé; ~ dinner plateau-repas *m*, repas *m* tout prêt OR prêt à consommer (*que l'on mange devant la télé*).

**twaddle** ['twɒdl] *n (U) Br inf* bêtises *fpl*, âneries *fpl*, imbécillités *fpl*; what a load of ~! quelles âneries!

**twain** [tweɪn] *n lit*: never the ~ shall meet les deux sont inconciliables, les deux ne pourront jamais se mettre d'accord.

**twang** [twæŋ] ◇ *n* **-1.** [of wire, guitar] son *m* de corde pincée. **-2.** [in voice] ton *m* nasillard. **-3.** [accent] accent *m*. ◇ *vt* [string instrument] pincer les cordes de. ◇ *vi* [arrow, bow, wire] vibrer.

**'twas** [twɒz] *lit* OR *dial* = **it was**.

**twat** [twæt, twɒt] *n* **-1.** [female genitals] chatte *f*.**-2.** [fool] con *m*.

**tweak** [twi:k] *vt* **-1.** [twist – ear, nose] tordre (doucement), pincer; [pull] tirer (sur). **-2.** AUT mettre au point; fig & COMPUT peaufiner, mettre au point. ◇ *n* (petit) coup *m* sec; he gave my ear a ~ il m'a tiré l'oreille.

**twee** [twi:] *adj Br pej* [person] chichiteux; [idea, sentiment] mièvre; [decor] cucul *(inv)*.

**tweed** [twi:d] ◇ *n* [cloth] tweed *m*. ◇ *comp* [jacket, skirt] en tweed, en tweed.

◆ **tweeds** *npl* [clothes] vêtements *mpl* de tweed; [suit] costume *m* en tweed.

**tweedy** ['twi:dɪ] (*compar* **tweedier**, *superl* **tweediest**) *adj* **-1.** [fabric] qui ressemble au tweed. **-2.** *pej* [man] qui a le genre gentleman-farmer; [woman] qui fait bourgeoise de campagne.

**tweet** [twi:t] ◇ *n* pépiement *m*. ◇ *onomat* cui-cui. ◇ *vi* pépier.

**tweeter** ['twiːtər] n tweeter m, haut-parleur m d'aigus.

**tweezers** ['twiːzəz] npl: (pair of) ~ pince f à épiler.

**twelfth** [twelfθ] ◇ det douzième. ◇ n **-1.** [ordinal] douzième mf. **-2.** [fraction] douzième m; see also **fifth**.

**Twelfth Night** n la fête des Rois.

**twelve** [twelv] ◇ det douze (inv). ◇ n douze m inv. ◇ pron douze; see also **five**.

**twelve-tone** adj MUS dodécaphonique; ~ system dodécaphonisme m.

**twentieth** ['twentɪəθ] ◇ det vingtième. ◇ n **-1.** [ordinal] vingtième mf. **-2.** [fraction] vingtième m; see also **fifth**.

**twenty** ['twentɪ] ◇ det vingt (inv). ◇ n vingt m. ◇ pron vingt; see also **fifty**.

**twenty-first** n [birthday] vingt-et-unième anniversaire m.

**twenty-four** adj: ~-hour service service m vingt-quatre heures sur vingt-quatre OR jour et nuit; open ~ hours a day ouvert vingt-quatre heures sur vingt-quatre.

**twenty-one** n [pontoon] vingt-et-un m inv (jeu).

**twenty-twenty vision** n: to have ~ avoir dix dixièmes à chaque œil.

**'twere** [twɜːr] lit OR dial = **it were**.

**twerp** [twɜːp] n inf andouille f, crétin m, -e f.

**twice** [twais] ◇ adv **-1.** [with noun] deux fois; ~ 3 is 6 deux fois 3 font 6. **-2.** [with verb] deux fois; they didn't need to be asked OR told ~ ils ne se sont pas fait prier, ils ne se le sont pas fait dire deux fois. **-3.** [with adj or adv]: ~ weekly/daily deux fois par semaine/jour; she can run ~ as fast as me elle court deux fois plus vite que moi; it's ~ as good c'est deux fois mieux; ~ as much time/as many apples deux fois plus de temps/de pommes. ◇ predet deux fois; ~ a day deux fois par jour; ~ the price deux fois plus cher; he's almost ~ your height il est presque deux fois plus grand que vous; he's ~ the man you are! il vaut deux fois mieux que toi!

**twiddle** ['twidl] ◇ vt [knob, dial] tourner, manier; [moustache] tripoter, jouer avec; to ~ one's thumbs literal & fig se tourner les pouces. ◇ vi: to ~ with the knob tourner le bouton. ◇ n: give the knob a ~ tournez le bouton.

**twig** [twig] (pt & pp **twigged**, cont **twigging**) ◇ vi & vt Br inf [understand] piger. ◇ n [for fire] brindille f; [on tree] petite branche f.

**twilight** ['twailait] ◇ n **-1.** [in evening] crépuscule m; [in morning] aube f; at ~ [evening] au crépuscule; [morning] à l'aube. **-2.** [half-light] pénombre f, obscurité f, demi-jour m. **-3.** fig [last stages, end] crépuscule m; in the ~ of his life au crépuscule de sa vie. ◇ comp: a ~ world un monde nébuleux; his ~ years les dernières années de sa vie; ~ sleep MED demi-sommeil m provoqué.

**twill** [twil] n serge m.

**'twill** [twil] lit OR dial = **it will**.

**twin** [twin] (pt & pp **twinned**, cont **twinning**) ◇ n jumeau m, -elle f. ◇ adj **-1.** [child, sibling]: they have ~ boys/girls ils ont des jumeaux/des jumelles; my ~ sister ma sœur jumelle. **-2.** [dual – spires, hills] double, jumeau; [– aims] double. ◇ vt [town] jumeler; our town is twinned with Hamburg notre ville est jumelée avec Hambourg.

**twin-bedded** [-'bedɪd] adj [room] à deux lits.

**twin beds** npl lits m jumeaux.

**twin carburettor** n carburateur m double-corps.

**twin cylinder** n moteur m à deux cylindres. ◇ adj à deux cylindres.

**twine** [twain] ◇ vt **-1.** [wind – hair, string] entortiller, enrouler. **-2.** [weave] tresser. ◇ vi **-1.** [stem, ivy] s'enrouler; the honeysuckle had ~d around the tree le chèvrefeuille s'était enroulé autour de l'arbre. **-2.** [path, river] serpenter. ◇ n (U) (grosse) ficelle f.

**twin-engined** [-'endʒɪnd] adj [plant] bimoteur.

**twinge** [twɪndʒ] n **-1.** [of guilt, shame] sentiment m; to have OR to feel a ~ of remorse ressentir un certain remords; he watched her leave with a ~ of sadness il la regarda partir avec (une certaine) tristesse. **-2.** [of pain] élancement m, tiraillement m; she felt a ~ in her back elle sentit une petite douleur dans le dos.

**twining** ['twainiŋ] adj [plant] volubile.

**twinkle** ['twɪŋkl] ◇ vi **-1.** [star, diamond] briller, scintiller. **-2.** [eyes] briller, pétiller; her eyes ~d with excitement ses

yeux brillaient d'excitation. ◇ n **-1.** [of star, diamond, light] scintillement m. **-2.** [in eye] pétillement m; he had a ~ in his eye il avait les yeux pétillants; when you were just a ~ in your father's eye hum bien avant que tu ne fasses ton entrée dans le monde.

**twinkling** ['twɪŋklɪŋ] ◇ adj **-1.** [star, gem, sea] scintillant, brillant. **-2.** [eyes] pétillant, brillant. **-3.** fig [feet] agile. ◇ n (U) **-1.** [of star, light, gem] scintillement m. **-2.** [in eyes] pétillement m; in the ~ of an eye en un clin d'œil.

**twinning** ['twiniŋ] n jumelage m (de villes).

**twin room** n chambre f à deux lits.

**twin-screw** adj [boat] à deux hélices.

**twinset** ['twin,set] n twin set m.

**twin town** n ville f jumelée OR jumelle.

**twin tub** n machine f à laver à deux tambours.

**twirl** [twɜːl] ◇ vt **-1.** [spin – stick, parasol, handle] faire tournoyer; [– lasso] faire tourner; she ~ed the stick (round) in the air elle jeta le bâton en l'air en le faisant tournoyer. **-2.** [twist – moustache, hair] tortiller, friser. ◇ vi [dancer, lasso, handle] tournoyer; she ~ed round to face us elle se tourna pour nous faire face, elle fit volte-face vers nous. ◇ n **-1.** [whirl – of body, stick] tournoiement m; [pirouette] pirouette f; to do a ~ tourner sur soi-même, faire une pirouette. **-2.** [written flourish] fioriture f.

**twist** [twist] ◇ vt **-1.** [turn – round and round] tourner; [– round axis] tourner, visser; [– tightly] tordre; try ~ing the dial to the left essaie de tourner le cadran vers la gauche; you have to ~ the lid clockwise il faut visser le couvercle dans le sens des aiguilles d'une montre; the railings were ~ed out of shape les grilles étaient toutes tordues. **-2.** [twine] tresser, entortiller; [wind] enrouler, tourner; the seat-belt got ~ed la ceinture (de sécurité) s'est entortillée; he ~ed the threads into a rope il a tressé OR torsadé les fils pour en faire une corde. **-3.** [body, part of body] tourner; I ~ed my head (round) to the left j'ai tourné la tête vers la gauche; he ~ed himself free il s'est dégagé en se tortillant; her face was ~ed with pain fig ses traits étaient tordus par la douleur, la douleur lui tordait le visage ❑ ~ sb's arm literal tordre le bras à qqn; fig forcer la main à qqn; if you ~ his arm, he'll agree to go si tu insistes un peu, il voudra bien y aller. **-4.** [sprain – ankle, wrist] tordre, fouler; I've ~ed my ankle je me suis tordu OR foulé la cheville; I seem to have ~ed my neck je crois que j'ai attrapé un torticolis. **-5.** [distort – words] déformer; [– argument] déformer, fausser. **-6.** Br inf [cheat, swindle] arnaquer.

◇ vi **-1.** [road, stream] serpenter; the path ~ed and turned through the forest le chemin zigzaguait à travers la forêt. **-2.** [become twined] s'enrouler; the ivy ~ed round the tree le lierre s'enroulait autour de l'arbre. **-3.** [body, part of body] se tortiller; the dog ~ed out of my arms le chien s'est dégagé de mes bras en se tortillant; his mouth ~ed into a smile il eut un rictus. **-4.** [be sprained – ankle] se tordre, se fouler; [– knee] se tordre. **-5.** [dance] twister. **-6.** [in pontoon]: ~! encore une carte!

◇ n **-1.** [turn, twirl] tour m, torsion f; to give sthg a ~ [dial, handle, lid] (faire) tourner qqch; [wire] tordre qqch; there's a ~ in the tape la bande est entortillée; to get (o.s.) into a ~ about sthg [get angry] se fâcher OR s'énerver au sujet de qqch; [get upset] prendre qqch au tragique, se mettre dans tous ses états. **-2.** [in road] tournant m, virage m; [in river] coude m; [in staircase] tournant m; fig [in thinking] détour m; it's difficult to follow the ~s and turns of his argument/of government policy il est difficile de suivre les méandres de son argumentation/de la politique gouvernementale. **-3.** [coil – of tobacco] rouleau m; [– of paper] tortillon m. **-4.** CULIN: a ~ of lemon un zeste de citron. **-5.** [in story, plot] tour m; the film has an exciting ~ at the end le film se termine par un coup de théâtre passionnant; the book gives a new ~ to the old story le livre donne une nouvelle tournure OR un tour nouveau à cette vieille histoire; by a strange ~ of fate, we met again years later in Zimbabwe par un hasard extraordinaire OR un caprice du destin, nous nous sommes retrouvés au Zimbabwe des années après. **-6.** [dance] twist m; to do OR to dance the ~ twister. **-7.** Br inf [cheat] arnaque f. **-8.** Br inf phr: to be completely round the ~ être complètement dingue OR cinglé.

◆ **twist about** Br, **twist around** vi insep **-1.** [wire, rope] s'entortiller, s'emmêler. **-2.** [road] serpenter, zigzaguer.

◆ **twist off** ◇ *vt sep* [lid] dévisser; [cork] enlever en tournant; [branch] enlever OR arracher en tordant. ◇ *vi insep* [cap, lid] se dévisser.

◆ **twist round** *Br* ◇ *vt sep* [rope, tape] enrouler; [lid] tourner; visser; [handle] (faire) tourner; [swivel chair] faire tourner OR pivoter; [hat] tourner; [head] tourner; I ~ed myself round on my chair je me suis retourné sur ma chaise. ◇ *vi insep* **-1.** [person] se retourner. **-2.** [strap, rope] se tortiller; [swivel chair] se tourner, pivoter. **-3.** [path] serpenter, zigzaguer.

◆ **twist together** *vt sep* [threads] tresser, enrouler; [wires] enrouler.

◆ **twist up** ◇ *vt sep* [threads, wires] enrouler, emmêler. ◇ *vi insep* **-1.** [threads, wires] s'emmêler, s'enchevêtrer. **-2.** [smoke] monter en volutes.

**twisted** ['twɪstɪd] *adj* **-1.** [personality, smile] tordu; [mind] tordu, mal tourné. **-2.** [logic, argument] faux (*f* fausse), tordu. **-3.** [dishonest] malhonnête; [politician, lawyer, businessman] malhonnête, véreux. **-4.** *inf* [crazy] tordu.

**twister** ['twɪstə^r] *n inf* **-1.** *Br* [crook] escroc *m*. **-2.** *Am* [tornado] tornade *f*.

**twit** [twɪt] *n Br inf* [idiot] crétin *m*, -e *f*, imbécile *mf*.

**twitch** [twɪtʃ] ◇ *vi* **-1.** [jerk – once] avoir un mouvement convulsif; [– habitually] avoir un tic; [muscle] se contracter convulsivement; his hands ~ed nervously ses mains se contractaient nerveusement; his right eye ~es il a un tic à l'œil droit; the rabbit's nose ~ed le lapin a remué le nez. **-2.** [wriggle] s'agiter, se remuer. ◇ *vt* [ears, nose] remuer, bouger; [curtain, rope] tirer d'un coup sec, donner un coup sec à. ◇ *n* **-1.** [nervous tic] tic *m*; [muscular spasm] spasme *m*; to have a (nervous) ~ avoir un tic (nerveux). **-2.** [tweak, pull – on hair, rope] coup *m* sec, saccade *f*.

**twitchy** ['twɪtʃɪ] *adj* [person] agité, nerveux.

**twitter** ['twɪtə^r] ◇ *vi* **-1.** [bird] gazouiller, pépier. **-2.** [person – chatter] jacasser; she's always ~ing (on) about her daughter elle ne parle que de sa fille. ◇ *n* **-1.** [of bird] gazouillement *m*, pépiement *m*. **-2.** [of person] bavardage *m*. **-3.** *inf* [agitation] état *m* d'agitation; to be all of a OR in a ~ about sthg être dans tous ses états OR sens dessus dessous à cause de qqch.

**'twixt** [twɪkst] *lit* = **betwixt.**

**two** [tu:] (*pl* **twos**) ◇ *det* deux (*inv*). ◇ *n* **-1.** deux *m inv*; to cut sthg in ~ couper qqch en deux; in ~s, ~ by ~ deux par deux; in ~s and threes par (groupes de) deux ou trois; ~ at a time deux à la fois. **-2.** *phr:* to put ~ and ~ together faire le rapport (entre deux choses) et tirer ses conclusions; they're ~ of a kind ils sont du même genre, ils se ressemblent tous les deux; that makes ~ of us vous n'êtes pas le seul, moi c'est pareil; ~'s company, three's a crowd deux ça va, trois c'est rop. ◇ *pron* deux *mfpl; see also* **five.**

**two-bit** *adj Am inf & pej* de pacotille.

**two-chamber system** *n* POL système *m* bicaméral.

**two-dimensional** *adj* **-1.** [figure, drawing] à deux dimensions. **-2.** [simplistic – character] sans profondeur, simpliste.

**two-door** *adj* [car] à deux portes.

**two-edged** *adj* [sword, policy, argument] à double tranchant.

**two-faced** *adj* hypocrite.

**twofold** ['tu:fəʊld] ◇ *adj* double; there has been a ~ increase in attendance l'assistance a doublé. ◇ *adv* [increase] au double; prices have risen ~ les prix ont doublé.

**two-four time** *n* MUS mesure *f* à deux temps, deux-quatre *m inv*.

**two-legged** ['legɪd] *adj* bipède.

**two-party** *adj* [coalition, system] biparti, bipartite.

**twopence** ['tʌpəns] *n Br* deux pence *mpl*.

**twopenny** ['tʌpnɪ] *adj Br inf* OR de deux pence.

**two-piece** ◇ *adj* en deux parties; ~ swimming costume (maillot *m* de bain) deux-pièces *m*; ~ suit [man's] costume *m* deux-pièces; [woman's] tailleur *m*. ◇ *n* [bikini] deux-pièces *m*; [man's suit] costume *m* deux-pièces; [woman's suit] tailleur *m*.

**two-ply** *adj* [wool] à deux fils; [rope] à deux brins; [tissue] double, à double épaisseur; [wood] à deux épaisseurs.

**two-seater** ◇ *adj* à deux places. ◇ *n* [plane] avion *m* à deux places; [car] voiture *f* à deux places.

**twosome** ['tu:səm] *n* **-1.** [couple] couple *m*. **-2.** [match] par-

tie *f* à deux.

**two-star** ◇ *adj* **-1.** [restaurant, hotel] deux étoiles. **-2.** *Br* [petrol] ordinaire. ◇ *n Br* [petrol] (essence *f*) ordinaire *m*.

**two-step** *n* [dance, music] pas *m* de deux.

**two-storey** *adj* à deux étages.

**two-stroke** *adj* [engine] à deux temps.

**two-tier** *adj* [cake, management] à deux étages.

**two-time** *vt inf* [lover] tromper, être infidèle à.

**two-timer** *n inf* [lover] amant *m*, maîtresse *f* infidèle.

**two-tone** *adj* [in colour] à deux tons; [in sound] de deux tons.

**two-way** *adj* [traffic] dans les deux sens; [street] à double sens; [agreement, process] bilatéral; ~ mirror glace *f* sans tain; ~ radio TELEC émetteur-récepteur *m*; ~ switch ELEC va-et-vient *m inv*.

**two-wheeler** *n* [motorbike] deux-roues *m*; [bicycle] bicyclette *f*, deux-roues *m*.

**TX** *written abbr of* **Texas.**

**tycoon** [taɪ'ku:n] *n* homme *m* d'affaires important, magnat *m*; oil/newspaper ~ magnat du pétrole/de la presse.

**tyke** [taɪk] *n* **-1.** [dog] chien *m* bâtard. **-2.** *inf* [child] sale gosse *mf*.

**tympani** ['tɪmpənɪ] = **timpani.**

**tympanum** ['tɪmpənəm] (*pl* **tympana** [-nə] OR **tympanums**) *n* **-1.** ANAT, ARCHIT & ZOOL tympan *m*. **-2.** MUS tymbale *f*.

**type** [taɪp] ◇ *n* **-1.** [gen & BIOL]: blood/hair ~ type *m* sanguin/de cheveux. **-2.** [sort, kind] sorte *f*, genre *m*, espèce *f*; [make – of coffee, shampoo etc] marque *f*; [model – of car, plane, equipment etc] modèle *m*. **-3.** [referring to person] genre *m*, type *m*; she's not that ~ (of person) ce n'est pas son genre; he's not my ~ ce n'est pas mon type (d'homme); I know his/their ~ je connais les gens de son espèce/de cette espèce; she's one of those sporty ~s elle est du genre sportif. **-4.** [typical example] type *m*, exemple *m*. **-5.** (*U*) TYPO [single character] caractère *m*; [block of print] caractères *mpl* (d'imprimerie); to set ~ composer. ◇ *vt* **-1.** [subj: typist] taper (à la machine); to ~ sthg into a computer saisir qqch à l'ordinateur. **-2.** MED [blood sample] classifier, déterminer le type de. ◇ *vi* [typist] taper (à la machine); I can only ~ with two fingers je ne tape qu'avec deux doigts.

◆ **type out** *vt sep* **-1.** [letter] taper (à la machine). **-2.** [error] effacer (à la machine).

◆ **type over** *vt insep* COMPUT écraser.

◆ **type up** *vt sep* [report, notes] taper (à la machine).

**-type** *in cpds* du type, genre.

**typecast** ['taɪpkɑːst] (*pt & pp* **typecast**) *vt* [actor] enfermer dans le rôle de.

**typeface** ['taɪpfeɪs] *n* œil *m* du caractère.

**typeover** ['taɪp,əʊvə^r] *n*: 'typeover' (mode) écraser'.

**typescript** ['taɪpskrɪpt] *n* texte *m* dactylographié, tapuscrit *m*.

**typeset** ['taɪpset] (*pt & pp* **typeset**, *cont* **typesetting**) *vt* composer IMPR.

**typesetter** ['taɪp,setə^r] *n* [worker] compositeur *m*, -trice *f*; [machine] linotype *f*.

**typesetting** ['taɪp,setɪŋ] *n* composition *f* IMPR.

**typewriter** ['taɪp,raɪtə^r] *n* machine *f* à écrire.

**typewritten** ['taɪp,rɪtn] *adj* dactylographié, tapé à la machine.

**typhoid** ['taɪfɔɪd] ◇ *n* (*U*) typhoïde *f*. ◇ *comp* [injection] antityphoïdique; [symptoms] de la typhoïde; ~ fever (fièvre *f*) typhoïde *f*.

**typhoon** [taɪ'fu:n] *n* typhon *m*.

**typhus** ['taɪfəs] *n* typhus *m*.

**typical** ['tɪpɪkl] *adj* typique, caractéristique; it's a ~ example of Aztec pottery c'est un exemple type de poterie aztèque; the ~ American l'Américain typique OR type; that's ~ of her! *pej* c'est bien d'elle!; he said with ~ self-deprecation il dit avec son humilité habituelle.

**typically** ['tɪpɪklɪ] *adv* **-1.** [normally] d'habitude. **-2.** [characteristically] typiquement; ~, she changed her mind at the last minute comme à son habitude, elle a changé d'avis au dernier moment.

**typify** ['tɪpɪfaɪ] (*pt & pp* **typified**) *vt* **-1.** [be typical of] être typique OR caractéristique de. **-2.** [embody, symbolize] symboliser, être le type même de.

**typing** ['taɪpɪŋ] *n* **-1.** [typing work]: he had 10 pages of ~ to do il avait 10 pages à taper OR dactylographier. **-2.** [typescript] tapuscrit *m*, texte *m* dactylographié. **-3.** [skill] dactylo *f*, dactylographie *f*.

**typing error** *n* faute *f* de frappe.

**typing pool** *n* bureau *m* OR pool *m* des dactylos.

**typing speed** *n* vitesse *f* de frappe; I have a ~ of 30 words a minute je tape 30 mots à la minute.

**typist** ['taɪpɪst] *n* dactylo *mf*, dactylographe *mf*.

**typo** ['taɪpəʊ] (*pl* **typos**) *n inf* [in typescript] faute *f* de frappe; [in printed text] coquille *f*.

**typographer** [taɪ'pɒɡrəfəʳ] *n* typographe *mf*.

**typographic** [,taɪpə'ɡræfɪk] *adj* typographique.

**typography** [taɪ'pɒɡrəfɪ] *n* typographie *f*.

**typology** [taɪ'pɒlədʒɪ] *n* typologie *f*.

**tyrannical** [tɪ'rænɪkl] *adj* tyrannique.

**tyrannicide** [tɪ'rænɪsaɪd] *n* **-1.** [person] tyrannicide *mf*.**-2.**

[act] tyrannicide *m*.

**tyrannize, -ise** ['tɪrənaɪz] ◇ *vt* tyranniser. ◇ *vi*: to ~ over sb tyranniser qqn.

**tyrannosaur** [tɪ'rænəsɔːʳ], **tyrannosaurus** [tɪ,rænə'sɔːrəs] *n* tyrannosaure *m*.

**tyranny** ['tɪrənɪ] (*pl* **tyrannies**) *n* tyrannie *f*.

**tyrant** ['taɪrənt] *n* tyran *m*.

**tyre** *Br*, **tire** *Am* ['taɪəʳ] *n* pneu *m*.

**tyre gauge** *n* manomètre *m* (*pour pneus*).

**tyre pressure** *n* pression *f* des pneus.

**tyro** ['taɪrəʊ] (*pl* **tyros**) *n fml* débutant *m*, -e *f*, novice *mf*.

**Tyrol** [tɪ'rəʊl] *pr n* Tyrol *m*; in the ~ dans le Tyrol.

**Tyrolean** [tɪrə'lɪən], **Tyrolese** [,tɪrə'liːz] ◇ *n* Tyrolien *m*, -enne *f*. ◇ *adj* tyrolien.

**Tyrrhenian Sea** [tɪ'riːnɪən-] *pr n*: the ~ la mer Tyrrhénienne.

**tzar** *etc* [zɑːʳ] = tsar.

**tzetze fly** ['tsetsɪ-] = tsetse fly.

**u** (*pl* **u's** OR **us**), **U** (*pl* **U's** OR **Us**) [juː] *n* [letter] u *m*, U *m*.

**U** ◇ *n* (*abbr of* **universal**) désigne un film tous publics en Grande-Bretagne. ◇ *adj Br inf* [upper-class – expression, activity] ≈ distingué; U/non-U language langage *m* distingué/ vulgaire.

**UAE** (*abbr of* **United Arab Emirates**) *pr n* EAU *mpl*.

**UAW** (*abbr of* **United Automobile Workers**) *pr n* syndicat américain de l'industrie automobile.

**UB40** (*abbr of* **unemployment benefit form 40**) *n* **-1.** [card] en Grande-Bretagne, carte de pointage pour bénéficier de l'allocation de chômage. **-2.** *inf* [person] chômeur *m*, -euse *f*.

**U-bend** *n* [in pipe] coude *m*; [under sink] siphon *m*.

**ubiquitous** [juː'bɪkwɪtəs] *adj* [gen] omniprésent, que l'on trouve partout; [person] doué d'ubiquité, omniprésent.

**ubiquity** [juː'bɪkwətɪ] *n* ubiquité *f*, omniprésence *f*.

**U-boat** *n* sous-marin *m* allemand.

**UCATT** ['juːkæt] (*abbr of* **Union of Construction, Allied Trades and Technicians**) *pr n* syndicat britannique des employés du bâtiment.

**UCCA** ['ʌkə] (*abbr of* **Universities Central Council on Admissions**) *pr n* organisme centralisant les demandes d'inscription dans les universités britanniques.

**UCL** (*abbr of* **University College, London**) *pr n* l'une des facultés de l'Université de Londres.

**UCW** (*abbr of* **Union of Communication Workers**) *pr n* syndicat britannique des communications.

**UDA** (*abbr of* **Ulster Defence Association**) *pr n* organisation paramilitaire protestante en Irlande du Nord déclarée hors la loi en 1992.

**UDC** (*abbr of* **urban district council**) *n Br* conseil d'une communauté urbaine.

**udder** ['ʌdəʳ] *n* mamelle *f*, pis *m*.

**UDM** (*abbr of* **Union of Democratic Mineworkers**) *pr n* syndicat britannique de mineurs.

**UEFA** [juː'eɪfə] (*abbr of* **Union of European Football Associations**) *pr n* UEFA *f*.

**UFC** (*abbr of* **Universities Funding Council**) *pr n* organisme répartissant les crédits entre les universités en Grande-Bretagne.

**UFO** [,juːef'əʊ, 'juːfəʊ] (*abbr of* **unidentified flying object**) *n* OVNI *m*, ovni *m*.

**Uganda** [juː'ɡændə] *pr n* Ouganda *m*; in ~ en Ouganda.

**Ugandan** [juː'ɡændən] ◇ *n* Ougandais *m*, -e *f*. ◇ *adj* ougandais.

**ugh** [ʌɡ] *interj*: ~! beurk!, berk!, pouah!

**Ugli®** ['ʌɡlɪ] (*pl* **Uglis** OR **Uglies**) *n* tangelo *m*.

**ugliness** ['ʌɡlɪnɪs] *n* laideur *f*.

**ugly** ['ʌɡlɪ] (*compar* **uglier**, *superl* **ugliest**) *adj* **-1.** [in appearance – person, face, building] laid, vilain; it was an ~ sight ce n'était pas beau à voir; as ~ as sin laid à faire peur. **-2.** [unpleasant, nasty – habit] sale, désagréable; [– behaviour] répugnant; [– quarrel] mauvais; [– clouds, weather] vilain, sale; [– rumour, word] vilain; [– situation] fâcheux, mauvais; there were some ~ scenes il y a eu du vilain; he was in an ~ mood il était d'une humeur massacrante, il était de fort méchante humeur; he's an ~ customer c'est un sale individu, il n'est pas commode; to turn OR to get ~ [person] devenir OR se faire menaçant; [situation] prendre mauvaise tournure OR une sale tournure.

**ugly duckling** *n* vilain petit canard *m*.

**UHF** (*abbr of* **ultra-high frequency**) *n* UHF *f*.

**uh-huh** [ʌ'hʌ] *interj inf*: ~! [as conversation filler] ah ah!; [in assent] oui oui!, OK!

**UHT** (*abbr of* **ultra heat treated**) *adj* UHT.

**uh-uh** ['ʌʌ] *interj inf* [no] non non!; [in warning] hé!, hein!

**UK** ◇ *pr n* (*abbr of* **United Kingdom**) Royaume-Uni *m*; in the ~ au Royaume-Uni. ◇ *comp* du Royaume-Uni.

**ukelele** [,juːkə'leɪlɪ] = ukulele.

**Ukraine** [juː'kreɪn] *pr n*: Ukraine *f*; in ~ en Ukraine.

**Ukrainian** [juː'kreɪnjən] ◇ *n* **-1.** [person] Ukrainien *m*, -enne *f*.**-2.** LING ukrainien *m*. ◇ *adj* ukrainien.

**ukulele** [,juːkə'leɪlɪ] *n* guitare *f* hawaïenne, ukulélé *m*.

**ulcer** ['ʌlsəʳ] *n* **-1.** MED [in stomach] ulcère *m*; [in mouth] aphte *m*.**-2.** *fig* plaie *f*.

**ulcerated** ['ʌlsəreɪtɪd] *adj* ulcéreux.

**ulceration** [,ʌlsə'reɪʃn] *n* ulcération *f*.

**ulcerous** ['ʌlsərəs] *adj* **-1.** [ulcerated] ulcéreux. **-2.** [causing ulcers] ulcératif.

**Ulster** ['ʌlstəʳ] *pr n* **-1.** [province] Ulster *m*; in ~ dans l'Ulster. **-2.** [N.Ireland] Irlande *f* du Nord, Ulster *m*.

**Ulster Democratic Unionist Party** *pr n* parti politique

*essentiellement protestant exigeant le maintien de l'Ulster au sein du Royaume-Uni.*

**Ulsterman** ['ʌlstəmən] (*pl* **Ustermen** [-mən]) *n* Ulstérien *m*, habitant *m* de l'Irlande du Nord.

**Ulsterwoman** ['ʌlstə,wumən] (*pl* **Ulsterwomen** [-,wɪmɪn]) *n* Ulstérienne *f*, habitante *f* de l'Irlande du Nord.

**ulterior** [ʌl'tɪərɪər] *adj* [hidden, secret] secret (*f* -ète), dissimulé; ~ **motive** arrière-pensée *f*.

**ultima** ['ʌltɪmə] *n* dernière syllabe *f* d'un mot.

**ultimata** [,ʌltɪ'meɪtə] *pl→* **ultimatum.**

**ultimate** ['ʌltɪmət] ◇ *adj* **-1.** [eventual, final – ambition, power, responsibility] ultime; [– cost, destination, objective] ultime, final; [– solution, decision, answer] final, définitif; **they regard nuclear weapons as the** ~ **deterrent** ils considèrent les armes nucléaires comme l'ultime moyen de dissuasion. **-2.** [basic, fundamental – cause] fondamental, premier; [– truth] fondamental, élémentaire. **-3.** [extreme, supreme – authority, insult] suprême; [– cruelty, stupidity] suprême, extrême; **it's their idea of the** ~ **holiday** c'est leur conception des vacances idéales. **-4.** [furthest] le plus éloigné. ◇ *n* comble *m*, summum *m*; **the** ~ **in comfort** le summum du confort.

**ultimately** ['ʌltɪmətlɪ] *adv* **-1.** [eventually, finally] finalement, en fin de compte, à la fin; [later] par la suite; ~ **there will be peace** tôt ou tard, il y aura la paix. **-2.** [basically] en dernière analyse, en fin de compte.

**ultimatum** [,ʌltɪ'meɪtəm] (*pl* **ultimatums** OR **ultimata** [-tə]) *n* ultimatum *m*; **to give** OR **to issue** OR **to deliver an** ~ **to sb** adresser un ultimatum à qqn.

**ultimo** ['ʌltɪməʊ] *adv fml* du mois dernier.

**ultra-** *in cpds* ultra-, hyper-; ~**right-wing** d'extrême droite.

**ultrahigh frequency** [,ʌltrə'haɪ-] *n* ultra haute fréquence *f.*

**ultramarine** [,ʌltrəmə'riːn] *adj* bleu outremer *(inv).*

**ultramodern** [,ʌltrə'mɒdən] *adj* ultramoderne.

**ultrasonic** [,ʌltrə'sɒnɪk] *adj* ultrasonique.

◆ **ultrasonics** *n (U)* science *f* des ultrasons.

**ultrasound** ['ʌltrəsaʊnd] *n* ultrason *m.*

**ultrasound scan** *n* échographie *f.*

**ultraviolet** [,ʌltrə'vaɪələt] ◇ *adj* ultraviolet. ◇ *n* ultraviolet *m.*

**ululate** ['juːljʊleɪt] *vi fml* [owl] ululer, hululer; [dog] hurler.

**Ulysses** [juː'lɪsiːz] *pr n* Ulysse.

**um** [ʌm] (*pt* & *pp* **ummed**, *cont* **umming**) *inf* ◇ *interj* euh. ◇ *vi* dire euh; **to** ~ **and ah** tergiverser, hésiter.

**umber** ['ʌmbər] ◇ *adj* [colour, paint] terre d'ombre *(inv).* ◇ *n* [clay] terre *f* d'ombre OR de Sienne.

**umbilical** [ʌm'bɪlɪkl] *adj* ombilical.

**umbilical cord** *n* cordon *m* ombilical.

**umbilicus** [ʌm'bɪlɪkəs] (*pl* **umbilici** [-saɪ]) *n* MED ombilic *m*, nombril *m.*

**umbrage** ['ʌmbrɪdʒ] *n* [offence]: **to take** ~ **at sthg** prendre ombrage de qqch, s'offenser de qqch.

**umbrella** [ʌm'brelə] ◇ *n* **-1.** [for rain] parapluie *m*; **to put up/down an** ~ ouvrir/fermer un parapluie. **-2.** *fig* [protection, cover] protection *f*; MIL écran *m* OR rideau *m* de protection. **-3.** [of jellyfish] ombrelle *f.* ◇ *comp* [term] général; [organization] qui en recouvre OR chapeaute plusieurs autres.

**umbrella stand** *n* porte-parapluies *m inv.*

**umlaut** ['ʊmlaʊt] *n* [in German] umlaut *m*, inflexion *f* vocalique; [diaeresis] tréma *m.*

**umpire** ['ʌmpaɪər] ◇ *n* arbitre *m.* ◇ *vt* [match, contest] arbitrer. ◇ *vi* servir d'arbitre, être arbitre.

**umpteen** [,ʌmp'tiːn] *inf* ◇ *adj* je ne sais combien de, des tas de. ◇ *pron*: **there were** ~ **of them** il y en avait des quantités OR je ne sais combien.

**umpteenth** [,ʌmp'tiːnθ] *adj ord inf* énième, nième.

**UMW** (*abbr of* **United Mineworkers of America**) *pr n* syndicat américain de mineurs.

**'un** [ʌn] *pron inf*: **the little** ~**s** les petiots *mpl*; **the young** ~**s** les jeunots *mpl.*

**UN** (*abbr of* **United Nations**) ◇ *pr n*: **the** ~ l'ONU *f*, l'Onu *f.* ◇ *comp* de l'ONU.

**unabashed** [,ʌnə'bæʃt] *adj* **-1.** [undeterred] nullement décontenancé OR déconcerté, imperturbable; **she was quite** ~ **by the criticism** elle ne se laissa pas intimider OR elle ne fut

nullement décontenancée par les critiques. **-2.** [unashamed] sans honte, qui n'a pas honte.

**unabated** [,ʌnə'beɪtɪd] ◇ *adv* [undiminished] sans diminuer; **the storm/the noise continued** ~ **for most of the night** la tempête/le bruit a continué sans répit pendant une grande partie de la nuit. ◇ *adj* non diminué; **their enthusiasm was** ~ leur enthousiasme ne diminuait pas, ils montraient toujours autant d'enthousiasme.

**unable** [ʌn'eɪbl] *adj*: **to be** ~ **to do sthg** [gen] ne pas pouvoir faire qqch; [not know how to] ne pas savoir faire qqch; [be incapable of] être incapable de faire qqch; [not be in a position to] ne pas être en mesure de faire qqch; [be prevented from] être dans l'impossibilité de faire qqch.

**unabridged** [,ʌnə'brɪdʒd] *adj* [text, version, edition] intégral.

**unacceptable** [,ʌnək'septəbl] *adj* **-1.** [intolerable – violence, behaviour] inadmissible, intolérable; [– language] inacceptable; **it is** ~ **that anyone should have to** OR **for anyone to have to sleep rough** il est inadmissible que des gens soient obligés de coucher dehors. **-2.** [gift, proposal] inacceptable.

**unacceptably** [,ʌnək'septəblɪ] *adv* [noisy, rude] à un point inacceptable OR inadmissible.

**unaccompanied** [,ʌnə'kʌmpənɪd] *adj* **-1.** [child, traveller] non accompagné, seul. **-2.** MUS [singing] sans accompagnement, a capella; [singer] non accompagné, a capella; [song] sans accompagnement; [choir] a capella; **for** ~ **violin** pour violon seul.

**unaccomplished** [,ʌnə'kʌmplɪʃt] *adj* **-1.** [incomplete – task] inachevé, inaccompli. **-2.** [unfulfilled – wish, plan] non réalisé, non accompli. **-3.** [untalented – actor, player] sans grand talent, médiocre; [– performance] médiocre.

**unaccountable** [,ʌnə'kaʊntəbl] *adj* **-1.** [inexplicable – disappearance, reason] inexplicable. **-2.** [to electors, public etc]: **representatives who are** ~ **to the general public** les représentants qui ne sont pas responsables envers le grand public.

**unaccountably** [,ʌnə'kaʊntəblɪ] *adv* inexplicablement, de manière inexplicable; **she was** ~ **delayed** elle a été retardée sans que l'on sache (trop) pourquoi.

**unaccounted** [,ʌnə'kaʊntɪd]

◆ **unaccounted for** *adj phr* **-1.** [money] qui manque; **there is still a lot of money** ~ **for** il manque encore beaucoup d'argent. **-2.** [person] qui manque, qui a disparu; [plane] qui n'est pas rentré; **by nightfall, two children were still** ~ **for** à la tombée de la nuit, il manquait encore deux enfants.

**unaccustomed** [,ʌnə'kʌstəmd] *adj* **-1.** [not used to – person]: **he is** ~ **to wearing a tie** il n'a pas l'habitude de mettre des cravates; ~ **as I am to public speaking** bien que je n'aie guère l'habitude de prendre la parole en public. **-2.** [unusual, uncharacteristic – rudeness, light-heartedness] inhabituel, inaccoutumé.

**unacknowledged** [,ʌnək'nɒlɪdʒd] *adj* **-1.** [unrecognized – truth, fact] non reconnu; [– qualities, discovery] non reconnu, méconnu. **-2.** [ignored – letter] resté sans réponse.

**unacquainted** [,ʌnə'kweɪntɪd] *adj* **-1.** [ignorant]: **to be** ~ **with sthg** ne pas être au courant de qqch. **-2.** [two people]: **I am** ~ **with her** je ne la connais pas, je n'ai pas fait sa connaissance.

**unadopted** [,ʌnə'dɒptɪd] *adj* **-1.** *Br* [road] non pris en charge OR entretenu par la commune. **-2.** [resolution, bill] non adopté, rejeté. **-3.** [child] qui n'est pas adopté.

**unadorned** [,ʌnə'dɔːnd] *adj* [undecorated] sans ornement, naturel, simple.

**unadulterated** [,ʌnə'dʌltəreɪtɪd] *adj* **-1.** [milk, flour] pur, naturel; [wine] non frelaté. **-2.** [pleasure, joy] pur (et simple), parfait.

**unadventurous** [,ʌnəd'ventʃərəs] *adj* [person] qui ne prend pas de risques, qui manque d'audace; [lifestyle] conventionnel, banal; [performance] terne; [holiday] banal.

**unadvertised** [,ʌn'ædvətaɪzd] *adj* [job] non affiché, pour lequel il n'y a pas eu d'annonce; [meeting, visit] discret (*f* -ète).

**unadvisable** [,ʌnəd'vaɪzəbl] *adj* imprudent, à déconseiller.

**unaffected** [,ʌnə'fektɪd] *adj* **-1.** [resistant] non affecté, qui résiste; ~ **by cold** qui n'est pas affecté par le OR qui résiste au froid. **-2.** [unchanged, unaltered] qui n'est pas touché OR affecté. **-3.** [indifferent] indifférent, insensible; **he seems**

**quite** ~ **by his loss** sa perte ne semble pas l'émouvoir, sa perte n'a pas du tout l'air de le toucher. **-4.** [natural – person, manners, character] simple, naturel, sans affectation; [– style] simple, sans recherche.

**unaffiliated** [ˌʌnəˈfɪlieɪtɪd] *adj* [unions] non affilié.

**unafraid** [ˌʌnəˈfreɪd] *adj* sans peur, qui n'a pas peur; **he was quite** ~ il n'avait pas du tout peur.

**unaided** [ˌʌnˈeɪdɪd] ◇ *adj* sans aide (extérieure). ◇ *adv* [work] tout seul, sans être aidé.

**unaligned** [ˌʌnəˈlaɪnd] *adj* **-1.** [wheels, posts] non aligné, qui n'est pas aligné. **-2.** POL non-aligné.

**unalike** [ˌʌnəˈlaɪk] *adj* différent, peu ressemblant; **they look** OR **seem quite** ~ ils ne se ressemblent absolument pas.

**unalloyed** [ˌʌnəˈlɔɪd] *adj* **-1.** [joy, enthusiasm] sans mélange, parfait. **-2.** [metal] pur, sans alliage.

**unalterable** [ʌnˈɔːltərəbl] *adj* [fact] immuable; [decision] irrévocable; [truth] certain, immuable.

**unaltered** [ˌʌnˈɔːltəd] *adj* inchangé, non modifié; **the original building remains** ~ le bâtiment d'origine reste tel quel OR n'a pas subi de modifications.

**unambiguous** [ˌʌnæmˈbɪgjʊəs] *adj* [wording, rule] non ambigu, non équivoque; [thinking] clair.

**unambiguously** [ˌʌnæmˈbɪgjʊəslɪ] *adv* sans ambiguïté, sans équivoque.

**unambitious** [ˌʌnæmˈbɪʃəs] *adj* sans ambition, peu ambitieux.

**un-American** *adj* **-1.** [uncharacteristic] peu américain. **-2.** [anti-American] antiaméricain.

**unanimity** [ˌjuːnəˈnɪmətɪ] *n* unanimité *f*.

**unanimous** [juːˈnænɪməs] *adj* unanime; **passed by a** ~ **vote** voté à l'unanimité; **the audience was** ~ **in its approval** le public a approuvé à l'unanimité.

**unanimously** [juːˈnænɪməslɪ] *adv* [decide, agree] à l'unanimité, unanimement; [vote] à l'unanimité.

**unannounced** [ˌʌnəˈnaʊnst] ◇ *adj* [arrival, event] inattendu. ◇ *adv* [unexpectedly] de manière inattendue, sans se faire annoncer; [suddenly] subitement; **he turned up** ~ il est arrivé à l'improviste.

**unanswerable** [ʌnˈɑːnsərəbl] *adj* **-1.** [impossible – question, problem] auquel il est impossible de répondre. **-2.** [irrefutable – argument, logic] irréfutable, incontestable.

**unanswered** [ˌʌnˈɑːnsəd] *adj* **-1.** [question] qui reste sans réponse; [prayer] inexaucé. **-2.** [unsolved – mystery, puzzle] non résolu. **-3.** [letter] (resté) sans réponse.

**unappetizing, -ising** [ˌʌnˈæpɪtaɪzɪŋ] *adj* peu appétissant.

**unappreciated** [ˌʌnəˈpriːʃieɪtɪd] *adj* [person, talents] méconnu, incompris; [efforts, kindness] non apprécié, qui n'est pas apprécié.

**unappreciative** [ˌʌnəˈpriːʃɪətɪv] *adj* [audience] froid, indifférent; **to be** ~ **of sthg** être indifférent à qqch.

**unapproachable** [ˌʌnəˈprəʊtʃəbl] *adj* **-1.** [person] inabordable, d'un abord difficile. **-2.** [place] inaccessible, inabordable.

**unarguable** [ʌnˈɑːgjʊəbl] *adj* incontestable.

**unarguably** [ʌnˈɑːgjʊəblɪ] *adv* incontestablement.

**unarmed** [ˌʌnˈɑːmd] *adj* **-1.** [person, vehicle] sans armes, non armé. **-2.** BOT sans épines.

**unarmed combat** *n* combat *m* sans armes.

**unashamed** [ˌʌnəˈʃeɪmd] *adj* [curiosity, gaze] sans gêne; [greed, lie, hypocrisy] effronté, sans scrupule; [person] sans honte.

**unashamedly** [ˌʌnəˈʃeɪmɪdlɪ] *adv* [brazenly] sans honte, sans scrupule; [openly] sans honte, sans se cacher; **he is** ~ **greedy** il est d'une gourmandise éhontée.

**unasked** [ˌʌnˈɑːskt] ◇ *adj* [question] que l'on n'a pas posé. ◇ *adv*: **he came** ~ il est venu sans avoir été invité.

**unassailable** [ˌʌnəˈseɪləbl] *adj* [fort, city] imprenable, inébranlable; [certainty, belief] inébranlable; [reputation] inattaquable; [argument, reason] inattaquable, irréfutable.

**unassisted** [ˌʌnəˈsɪstɪd] ◇ *adv* sans aide, tout seul. ◇ *adj* sans aide.

**unassuming** [ˌʌnəˈsjuːmɪŋ] *adj* modeste, sans prétentions.

**unassumingly** [ˌʌnəˈsjuːmɪŋlɪ] *adv* modestement, sans prétention.

**unattached** [ˌʌnəˈtætʃt] *adj* **-1.** [unconnected – building, part, group] indépendant. **-2.** [not married] libre, sans attaches.

**unattainable** [ˌʌnəˈteɪnəbl] *adj* [goal, place] inaccessible.

**unattended** [ˌʌnəˈtendɪd] *adj* **-1.** [vehicle, luggage] laissé sans surveillance. **-2.** [person] sans escorte, seul.

**unattractive** [ˌʌnəˈtræktɪv] *adj* [face, room, wallpaper] peu attrayant, assez laid; [habit] peu attrayant, désagréable; [personality] déplaisant, peu sympathique; [prospect] désagréable, peu attrayant, peu agréable.

**unauthorized, -ised** [ˌʌnˈɔːθəraɪzd] *adj* [absence, entry] non autorisé, fait sans autorisation.

**unavailable** [ˌʌnəˈveɪləbl] *adj* [person] indisponible, qui n'est pas libre; [resources] indisponible, qu'on ne peut se procurer; **the book is** ~ [in library, bookshop] le livre n'est pas disponible; [from publisher] le livre est épuisé; **the Minister was** ~ **for comment** le ministre s'est refusé à tout commentaire.

**unavailing** [ˌʌnəˈveɪlɪŋ] *adj* [effort, attempt] vain, inutile; [method] inefficace.

**unavoidable** [ˌʌnəˈvɔɪdəbl] *adj* [accident, delay] inévitable.

**unavoidably** [ˌʌnəˈvɔɪdəblɪ] *adv* [happen] inévitablement; [detain] malencontreusement; **I was** ~ **delayed** j'ai été retardé malgré moi OR pour des raisons indépendantes de ma volonté.

**unaware** [ˌʌnəˈweəʳ] *adj* [ignorant] inconscient, qui ignore; **to be** ~ **of** [facts] ignorer, ne pas être au courant de; [danger] être inconscient de, ne pas avoir conscience de; **I was** ~ **that they had arrived** j'ignorais OR je ne savais pas qu'ils étaient arrivés.

**unawares** [ˌʌnəˈweəz] *adv* **-1.** [by surprise] au dépourvu, à l'improviste; **to catch** OR **to take sb** ~ prendre qqn à l'improviste OR au dépourvu. **-2.** [unknowingly] inconsciemment. **-3.** [by accident] par mégarde, par inadvertance.

**unbalance** [ˌʌnˈbæləns] ◇ *vt* déséquilibrer. ◇ *n* déséquilibre *m*.

**unbalanced** [ˌʌnˈbælənst] *adj* **-1.** [load] mal équilibré. **-2.** [person, mind] déséquilibré, désaxé. **-3.** [reporting] tendancieux, partial. **-4.** FIN [economy] déséquilibré; [account] non soldé. **-5.** ELEC [circuit, load] déséquilibré.

**unbearable** [ʌnˈbeərəbl] *adj* insupportable.

**unbearably** [ʌnˈbeərəblɪ] *adv* insupportablement; **he is** ~ **conceited** il est d'une vanité insupportable.

**unbeatable** [ʌnˈbiːtəbl] *adj* [champion, prices] imbattable.

**unbeaten** [ʌnˈbiːtn] *adj* [fighter, team] invaincu; [record, price] non battu.

**unbecoming** [ˌʌnbɪˈkʌmɪŋ] *adj* **-1.** [dress, colour, hat] peu seyant, qui ne va pas; **that coat is rather** ~ ce manteau ne lui/te va pas. **-2.** [behaviour] malséant.

**unbeknown(st)** [ˌʌnbɪˈnəʊn(st)] *adv*: ~ **to** à l'insu de; ~ **to him** à son insu, sans qu'il le sache.

**unbelief** [ˌʌnbɪˈliːf] *n* **-1.** [incredulity] incrédulité *f*. **-2.** RELIG incroyance *f*.

**unbelievable** [ˌʌnbɪˈliːvəbl] *adj* **-1.** [extraordinary] incroyable; **it's** ~ **that they should want to marry so young** il est incroyable OR je n'arrive pas à croire qu'ils veuillent se marier si jeunes. **-2.** [implausible] incroyable, invraisemblable.

**unbelievably** [ˌʌnbɪˈliːvəblɪ] *adv* **-1.** [extraordinarily] incroyablement, extraordinairement; ~ **beautiful/cruel** d'une beauté/cruauté incroyable OR extraordinaire. **-2.** [implausibly] invraisemblablement, incroyablement.

**unbeliever** [ˌʌnbɪˈliːvəʳ] *n* incroyant *m*, -e *f*.

**unbelieving** [ˌʌnbɪˈliːvɪŋ] *adj* [gen] incrédule, sceptique; RELIG incroyant.

**unbending** [ʌnˈbendɪŋ] *adj* **-1.** [will, attitude] intransigeant, inflexible. **-2.** [pipe, metal] rigide, non flexible.

**unbias(s)ed** [ʌnˈbaɪəst] *adj* impartial.

**unbidden** [ʌnˈbɪdn] *adv* lit spontanément, sans que l'on demande.

**unbleached** [ˌʌnˈbliːtʃt] *adj* [fabric] non traité.

**unblemished** [ʌnˈblemɪʃt] *adj* [purity, skin, colour, reputation] sans tache, sans défaut.

**unblinking** [ʌnˈblɪŋkɪŋ] *adj* [impassive] impassible; [fearless] impassible, imperturbable; **she stared at me with** ~ **eyes** elle me regarda fixement sans ciller.

**unblock** [ˌʌn'blɒk] vt [sink] déboucher; [traffic jam] dégager.

**unbolt** [ˌʌn'bəʊlt] vt [door] déverrouiller, tirer le verrou de; [scaffolding] déboulonner.

**unblushing** [ˌʌn'blʌʃɪŋ] adj éhonté.

**unborn** [ˌʌn'bɔːn] adj [child] qui n'est pas encore né.

**unbound** [ˌʌn'baʊnd] adj **-1.** [prisoner, hands] non lié. **-2.** [book, periodical] non relié. **-3.** LING [morpheme] libre.

**unbounded** [ˌʌn'baʊndɪd] adj [gratitude, admiration] illimité, sans borne; [pride, greed] démesuré.

**unbowed** [ˌʌn'baʊd] adj insoumis, invaincu.

**unbreakable** [ˌʌn'breɪkəbl] adj **-1.** [crockery] incassable. **-2.** [habit] dont on ne peut pas se débarrasser. **-3.** [promise] sacré; [will, spirit] inébranlable, que l'on ne peut briser.

**unbridled** [ˌʌn'braɪdld] adj [horse] débridé, sans bride; [anger, greed] sans retenue, effréné.

**unbroken** [ˌʌn'brəʊkn] adj **-1.** [line] continu; [surface, expanse] continu, ininterrompu; [sleep, tradition, peace] ininterrompu. **-2.** [crockery, eggs] intact, non cassé; [fastening, seal] intact, non brisé; [record] non battu. **-3.** fig [promise] tenu, non rompu; despite all her troubles, her spirit remains ~ malgré tous ses ennuis, elle garde le moral OR elle ne se laisse pas abattre. **-4.** [voice] qui n'a pas (encore) mué. **-5.** [horse] indompté.

**unbuckle** [ˌʌn'bʌkl] vt [belt] déboucler, dégrafer; [shoe] défaire la boucle de.

**unburden** [ˌʌn'bɜːdn] vt **-1.** literal & fml décharger (d'un fardeau). **-2.** fig [heart] épancher, soulager; [grief, guilt] se décharger de; [conscience, soul] soulager; to ~ o.s. to sb se confier à qqn, s'épancher auprès de qqn.

**unbutton** [ˌʌn'bʌtn] ◇ vt [shirt, jacket] déboutonner. ◇ vi inf & fig se déboutonner.

**uncalled-for** [ˌʌn'kɔːld-] adj [rudeness, outburst] qui n'est pas nécessaire, injustifié; [remark] mal à propos, déplacé.

**uncannily** [ʌn'kænɪlɪ] adv [accurate, familiar] étrangement; [quiet] mystérieusement, étrangement.

**uncanny** [ʌn'kænɪ] (compar **uncannier**, superl **uncanniest**) adj **-1.** [eerie – place] sinistre, qui donne le frisson; [– noise] mystérieux, sinistre; [– atmosphere] étrange, sinistre. **-2.** [strange – accuracy, likeness, ability] troublant, étrange.

**uncap** [ˌʌn'kæp] (pt & pp **uncapped**, cont **uncapping**) vt [bottle, jar] décapsuler, déboucher.

**uncared-for** [ˌʌn'keəd-] adj [appearance] négligé, peu soigné; [house, bicycle] négligé, (laissé) à l'abandon; [child] laissé à l'abandon, délaissé.

**uncaring** [ˌʌn'keərɪŋ] adj [unfeeling] insensible, dur.

**unceasing** [ˌʌn'siːsɪŋ] adj incessant, continuel.

**unceasingly** [ˌʌn'siːsɪŋlɪ] adv sans cesse, continuellement.

**uncelebrated** [ˌʌn'selɪbreɪtɪd] adj non célébré OR fêté.

**uncensored** [ˌʌn'sensəd] adj non censuré.

**unceremonious** ['ʌnˌserɪ'məʊnjəs] adj **-1.** [abrupt] brusque. **-2.** [without ceremony] sans façon.

**unceremoniously** ['ʌnˌserɪ'məʊnjəslɪ] adv **-1.** [abruptly] avec brusquerie, brusquement. **-2.** [without ceremony] sans cérémonie; they were pushed ~ into the back of the police van on les a poussés brutalement à l'arrière de la voiture cellulaire.

**uncertain** [ʌn'sɜːtn] adj **-1.** [unsure] incertain; we were ~ whether to continue OR we should continue nous ne savions pas trop si nous devions continuer; to be ~ about sthg être inquiet au sujet de OR incertain de qqch. **-2.** [un-

predictable – result, outcome] incertain, aléatoire; [– weather] incertain; it's ~ whether we'll succeed or not il n'est pas sûr OR certain que nous réussissions; in no ~ terms en termes on ne peut plus clairs, sans mâcher ses mots. **-3.** [unknown] inconnu, incertain. **-4.** [unsteady – voice, steps, smile] hésitant, mal assuré. **-5.** [undecided – plans] incertain, pas sûr.

**uncertainly** [ʌn'sɜːtnlɪ] adv avec hésitation, d'une manière hésitante.

**uncertainty** [ʌn'sɜːtntɪ] (pl **uncertainties**) n incertitude f, doute m; I am in some ~ as to whether I should tell him je ne sais pas trop OR je ne suis pas trop sûre si je dois le lui dire ou non.

**uncertified** [ˌʌn'sɜːtɪfaɪd] adj [copy] non certifié; [doctor, teacher] non diplômé; ~ teacher Am ≃ maître m auxiliaire.

**unchain** [ˌʌn'tʃeɪn] vt [door, dog] enlever OR défaire les chaînes de, désenchaîner; [emotions] déchaîner.

**unchallenged** [ˌʌn'tʃælndʒd] ◇ adj **-1.** [authority, leader] incontesté, indiscuté; [version] non contesté. **-2.** JUR [witness] non récusé; [evidence] non contesté. ◇ adv **-1.** [unquestioned] sans discussion, sans protestation; her decisions always go ~ ses décisions ne sont jamais contestées OR discutées; that remark cannot go ~ on ne peut pas laisser passer cette remarque sans protester. **-2.** [unchecked] sans rencontrer d'opposition.

**unchangeable** [ˌʌn'tʃeɪndʒəbl] adj immuable, invariable.

**unchanged** [ˌʌn'tʃeɪndʒd] adj inchangé.

**unchanging** [ˌʌn'tʃeɪndʒɪŋ] adj invariable, immuable.

**uncharacteristic** ['ʌnˌkærəktə'rɪstɪk] adj peu caractéristique, peu typique; it's ~ of him cela ne lui ressemble pas.

**uncharacteristically** ['ʌnˌkærəktə'rɪstɪklɪ] adv d'une façon peu caractéristique.

**uncharitable** [ˌʌn'tʃærɪtəbl] adj [unkind] peu charitable, peu indulgent.

**uncharted** [ˌʌn'tʃɑːtɪd] adj **-1.** [unmapped – region, forest, ocean] dont on n'a pas dressé la carte; [not on map] qui n'est pas sur la carte. **-2.** fig: we're moving into ~ waters nous faisons un saut dans l'inconnu.

**unchecked** [ˌʌn'tʃekt] ◇ adj **-1.** [unrestricted – growth, expansion, tendency] non maîtrisé; [anger, instinct] non réprimé, auquel on laisse libre cours. **-2.** [unverified – source, figures] non vérifié; [proofs] non relu. ◇ adv **-1.** [grow, expand] continuellement, sans arrêt; [continue] impunément, sans opposition; the growth of industry continued ~ la croissance industrielle s'est poursuivie de façon constante. **-2.** [advance] sans rencontrer d'opposition.

**unchristian** [ˌʌn'krɪstʃən] adj **-1.** RELIG peu chrétien. **-2.** fig barbare.

**uncivil** [ˌʌn'sɪvl] adj impoli, grossier; to be ~ to sb être impoli envers OR à l'égard de qqn.

**uncivilized, -ised** [ˌʌn'sɪvɪlaɪzd] adj **-1.** [people, tribe] non civilisé. **-2.** [primitive, barbaric – behaviour, conditions] barbare; [– people] barbare, inculte. **-3.** fig [ridiculous] impossible, extraordinaire.

**unclad** [ˌʌn'klæd] adj lit sans vêtements, nu.

**unclaimed** [ˌʌn'kleɪmd] adj [property, reward] non réclamé; [rights] non revendiqué.

**unclasp** [ˌʌn'klɑːsp] vt [hands] ouvrir; [bracelet] dégrafer, défaire.

**unclassified** [ˌʌn'klæsɪfaɪd] adj **-1.** [not sorted – books, papers] non classé. **-2.** Br [road] non classé. **-3.** [information]

---

**USAGE ►   Uncertainty**

Je ne sais pas.
Je ne peux encore rien affirmer.
Je ne suis pas sûr OR certain d'y arriver.
J'ai (bien) peur de ne pas y arriver.
Je crains que ça (ne) lui déplaise.
J'en doute ([formal] fort).
Je doute qu'il réussisse/de sa bonne foi.
J'ai des doutes sur son honnêteté.
J'hésite encore à y aller.
Je ne sais toujours pas si je vais y aller ou non.

Peut-être qu'elle reviendra, après tout.
Allez savoir!
Dieu seul le sait!
Va savoir! [informal]

**Less marked**

Apparemment, elle arrive demain.
Pour autant que je sache, ils ont l'intention de divorcer.
Je suppose OR J'imagine que quelqu'un s'en occupe.
Il semblerait qu'il ait décidé de démissionner. [formal]

non secret.

**uncle** ['ʌŋkl] *n* [relative] oncle *m*; "hello Uncle" «bonjour mon oncle», «bonjour tonton» ❏ **to cry** OR **to say ~ Am** *inf* s'avouer vaincu, se rendre.

**unclean** [ˌʌn'kliːn] *adj* **-1.** [dirty – water] sale; [– habits] sale. **-2.** RELIG impur.

**unclear** [ˌʌn'klɪər] *adj* **-1.** [confused, ambiguous – thinking, purpose, reason] pas clair, pas évident; **I'm still ~ about what exactly I have to do** je ne sais pas encore très bien ce que je dois faire exactement. **-2.** [uncertain – future, outcome] incertain; **it is now ~ whether the talks will take place or not** nous ne savons pas bien pour le moment si la conférence va avoir lieu. **-3.** [indistinct – sound, speech] indistinct, inaudible; [– outline] flou.

**unclench** [ˌʌn'klentʃ] *vt* [fist, teeth] desserrer.

**Uncle Sam** [-sæm] *pr n* Oncle Sam *(personnage représentant les États-Unis dans la propagande pour l'armée).*

**Uncle Tom**▽ *n Am pej* Noir qui se comporte de façon obséquieuse avec les Blancs.

**unclog** [ˌʌn'klɒg] (*pt* & *pp* **unclogged**, *cont* **unclogging**) *vt* [drain] déboucher; [wheel] débloquer.

**unclothed** [ˌʌn'kləʊðd] *adj* dévêtu, nu.

**unclouded** [ˌʌn'klaʊdɪd] *adj* **-1.** [sky] dégagé, sans nuages; *fig* [thinking] limpide; [mind] clair. **-2.** [liquid] clair, limpide.

**uncluttered** [ˌʌn'klʌtəd] *adj* [room] dépouillé, simple; [style of writing] sobre; [design] dépouillé; [mind, thinking] clair, net.

**uncoil** [ˌʌn'kɔɪl] ◇ *vt* dérouler. ◇ *vi* se dérouler.

**uncombed** [ˌʌn'kəʊmd] *adj* [hair] mal peigné, ébouriffé; [wool] non peigné.

**uncomfortable** [ˌʌn'kʌmftəbl] *adj* **-1.** [physically – chair, bed, clothes] inconfortable, peu confortable; [– position] inconfortable, peu commode; **I feel most ~ perched on this stool** je ne me sens pas du tout à l'aise perché sur ce tabouret. **-2.** *fig* [awkward, uneasy – person] mal à l'aise, gêné; [difficult, embarrassing – situation, truth] difficile, gênant; [unpleasant] désagréable; **I feel ~ about the whole thing** je me sens mal à l'aise avec tout ça; **to make sb (feel) ~** mettre qqn mal à l'aise; **to make life** OR **things (very) ~ for sb** créer des ennuis à qqn.

**uncomfortably** [ˌʌn'kʌmftəblɪ] *adv* **-1.** [lie, sit, stand] inconfortablement, peu confortablement; [dressed] mal, inconfortablement. **-2.** [unpleasantly – heavy, hot] désagréablement; **he came ~ close to discovering the truth** il a été dangereusement près de découvrir la vérité. **-3.** [uneasily] avec gêne.

**uncommercial** [ˌʌnkə'mɜːʃl] *adj* peu commercial.

**uncommitted** [ˌʌnkə'mɪtɪd] *adj* [person, literature] non engagé.

**uncommon** [ʌn'kɒmən] *adj* **-1.** [rare, unusual – disease, species] rare, peu commun. **-2.** *fml* [exceptional] singulier, extraordinaire.

**uncommonly** [ʌn'kɒmənlɪ] *adv* **-1.** [rarely] rarement, inhabituellement. **-2.** *fig* [exceptionally – clever, cold, polite] singulièrement, exceptionnellement.

**uncommunicative** [ˌʌnkə'mjuːnɪkətɪv] *adj* peu communicatif, taciturne; **to be ~ about sthg** se montrer réservé sur qqch.

**uncomplaining** [ˌʌnkəm'pleɪnɪŋ] *adj* qui ne se plaint pas.

**uncompleted** [ˌʌnkəm'pliːtɪd] *adj* inachevé.

**uncomplicated** [ˌʌn'kɒmplɪkeɪtɪd] *adj* peu compliqué, simple.

**uncomplimentary** ['ʌnˌkɒmplɪ'mentərɪ] *adj* peu flatteur; **he was very ~ about you** ce qu'il a dit de vous était loin d'être flatteur.

**uncomprehending** ['ʌnˌkɒmprɪ'hendɪŋ] *adj* qui ne comprend pas.

**uncomprehendingly** ['ʌnˌkɒmprɪ'hendɪŋlɪ] *adv* sans comprendre.

**uncompromising** [ˌʌn'kɒmprəmaɪzɪŋ] *adj* [rigid – attitude, behaviour] rigide, intransigeant, inflexible; [committed – person] convaincu, ardent.

**uncompromisingly** [ˌʌn'kɒmprəmaɪzɪŋlɪ] *adv* sans concession, de manière intransigeante.

**unconcealed** [ˌʌnkən'siːld] *adj* [joy, anger] évident, non dissimulé.

**unconcern** [ˌʌnkən'sɜːn] *n* **-1.** [indifference] indifférence *f*. **-2.** [calm] sang-froid *m inv*; **she continued with apparent ~** elle poursuivit avec un sang-froid apparent.

**unconcerned** [ˌʌnkən'sɜːnd] *adj* **-1.** [unworried, calm] qui ne s'inquiète pas, insouciant; **he seemed quite ~ about the exam/her health** il ne semblait pas du tout s'inquiéter de l'examen/de sa santé. **-2.** [uninterested] indifférent.

**unconditional** [ˌʌnkən'dɪʃənl] *adj* **-1.** [support, submission] inconditionnel, sans condition; **~ discharge** JUR libération *f* inconditionnelle; **~ surrender** reddition *f* inconditionnelle. **-2.** MATH [equality] sans conditions.

**unconditionally** [ˌʌnkən'dɪʃnəlɪ] *adv* [accept, surrender] inconditionnellement, sans condition.

**unconditioned** [ˌʌnkən'dɪʃənd] *adj* **-1.** PSYCH [reflex] inconditionnel. **-2.** PHILOS absolu, inconditionné.

**unconfirmed** [ˌʌnkən'fɜːmd] *adj* non confirmé.

**uncongenial** [ˌʌnkən'dʒiːnjəl] *adj* [surroundings] peu agréable; [personality] antipathique.

**unconnected** [ˌʌnkə'nektɪd] *adj* [unrelated – facts, incidents] sans rapport; [– ideas, thoughts] sans suite, décousu.

**unconquerable** [ˌʌn'kɒŋkərəbl] *adj* [opponent, peak] invincible; [obstacle, problem] insurmontable; [instinct, will] irrépressible.

**unconquered** [ˌʌn'kɒŋkəd] *adj* [nation, territory] qui n'a pas été conquis; [mountain] invaincu.

**unconscionable** [ʌn'kɒnʃənəbl] *adj fml* **-1.** [liar] sans scrupules. **-2.** [demand] déraisonnable; [time] extraordinaire.

**unconscious** [ʌn'kɒnʃəs] ◇ *adj* **-1.** [in coma] sans connaissance; **to knock sb ~** assommer qqn ‖ [in faint] évanoui. **-2.** [unaware] inconscient; **she seemed ~ of all the noise around her** elle semblait ne pas avoir conscience de tout le bruit autour d'elle. **-3.** [unintentional] inconscient, involontaire. **-4.** PSYCH [motives] inconscient; **the ~ mind** l'inconscient *m*. ◇ *n* [gen & PSYCH] inconscient *m*; **the ~** l'inconscient.

**unconsciously** [ʌn'kɒnʃəslɪ] *adv* inconsciemment, sans s'en rendre compte.

**unconsciousness** [ʌn'kɒnʃəsnɪs] *n (U)* **-1.** MED [coma] perte *f* de connaissance; [fainting] évanouissement *m*. **-2.** [lack of awareness] inconscience *f*.

**unconsidered** [ˌʌnkən'sɪdəd] *adj* **-1.** [thought, action] irréfléchi. **-2.** *fml* [object] sans importance.

**unconstitutional** ['ʌnˌkɒnstɪ'tjuːʃənl] *adj* inconstitutionnel.

**unconsummated** [ˌʌn'kɒnsəmeɪtɪd] *adj* [marriage] non consommé.

**uncontested** [ˌʌnkən'testɪd] *adj* [position, authority] non disputé, incontesté; **the seat was ~** POL il n'y avait qu'un candidat pour le siège.

**uncontrollable** [ˌʌnkən'trəʊləbl] *adj* **-1.** [fear, desire, urge] irrésistible, irrépressible; [stammer] que l'on ne peut maîtriser OR contrôler; **to be seized by ~ laughter/anger** être pris d'un fou rire/d'un accès de colère. **-2.** [animal] indomptable; [child] impossible à discipliner. **-3.** [inflation] qui ne peut être freiné, galopant.

**uncontrollably** [ˌʌnkən'trəʊləblɪ] *adv* **-1.** [helplessly] irrésistiblement; **he was laughing ~** il avait le fou rire; **I shook ~** je tremblais sans pouvoir m'arrêter. **-2.** [out of control]: **the boat rocked ~** on n'arrivait pas à maîtriser le tangage du bateau. **-3.** [fall, increase] irrésistiblement.

**uncontrolled** [ˌʌnkən'trəʊld] *adj* **-1.** [unrestricted – fall, rise] effréné, incontrôlé; [– population growth] non contrôlé; [– anger, emotion] incontrôlé, non retenu. **-2.** [unverified – experiment] non contrôlé.

**uncontroversial** ['ʌnˌkɒntrə'vɜːʃl] *adj* qui ne prête pas à controverse, incontestable.

**unconventional** [ˌʌnkən'venʃənl] *adj* non conformiste.

**unconventionally** [ˌʌnkən'venʃnəlɪ] *adv* [live, think] d'une manière originale OR peu conventionnelle; [dress] d'une manière originale.

**unconvinced** [ˌʌnkən'vɪnst] *adj* incrédule, sceptique; **to be/to remain ~ by sthg** être/rester sceptique à l'égard de qqch.

**unconvincing** [ˌʌnkən'vɪnsɪŋ] *adj* peu convaincant.

**unconvincingly** [ˌʌnkən'vɪnsɪŋlɪ] *adv* [argue, lie] d'un ton OR d'une manière peu convaincante, peu vraisemblablement.

**uncooked** [ˌʌnˈkʊkt] *adj* non cuit, cru.

**uncool** [ˌʌnˈkuːl] *adj inf* pas cool.

**uncooperative** [ˌʌnkəʊˈɒpərətɪv] *adj* peu coopératif.

**uncoordinated** [ˌʌnkəʊˈɔːdɪneɪtɪd] *adj* **-1.** [movements] mal coordonné. **-2.** [clumsy] maladroit. **-3.** [unorganized – efforts] qui manque de coordination, mal organisé.

**uncork** [ˌʌnˈkɔːk] *vt* [bottle] déboucher; *fig* [emotions] déchaîner.

**uncorroborated** [ˌʌnkəˈrɒbəreɪtɪd] *adj* non corroboré.

**uncountable** [ˌʌnˈkaʊntəbl] *adj* **-1.** [numberless] incalculable, innombrable. **-2.** GRAMM non dénombrable.

**uncouple** [ˌʌnˈkʌpl] *vt* [engine] découpler; [carriage] dételer; [cart, trailer] détacher.

**uncouth** [ʌnˈkuːθ] *adj* grossier, fruste.

**uncover** [ʌnˈkʌvəʳ] *vt* découvrir.

**uncovered** [ʌnˈkʌvəd] *adj* **-1.** *literal* découvert. **-2.** FIN sans couverture.

**uncritical** [ˌʌnˈkrɪtɪkl] *adj* [naïve] dépourvu d'esprit critique, non critique; [unquestioning] inconditionnel.

**uncross** [ˌʌnˈkrɒs] *vt* décroiser.

**uncrowded** [ˌʌnˈkraʊdɪd] *adj* où il n'y a pas beaucoup de monde.

**uncrowned** [ˌʌnˈkraʊnd] *adj* sans couronne, non couronné.

**unction** [ˈʌŋkʃn] *n* onction *f*.

**unctuous** [ˈʌŋktjʊəs] *adj fml* mielleux, onctueux.

**uncultivated** [ˌʌnˈkʌltɪveɪtɪd] *adj* **-1.** [land] inculte, en friche. **-2.** = **uncultured**.

**uncultured** [ˌʌnˈkʌltʃəd] *adj* [manners, person] inculte; [accent, speech] qui manque de raffinement.

**uncurl** [ˌʌnˈkɜːl] ◇ *vt* [rope] dérouler; [body, toes] étirer. ◇ *vi* [leaf] s'ouvrir.

**uncut** [ˌʌnˈkʌt] *adj* **-1.** [hair, nails] non coupé; [hedge, stone] non taillé; [diamond] non taillé, brut; [corn, wheat] non récolté, sur pied; [pages] non rogné. **-2.** [uncensored – film, text] intégral, sans coupures.

**undamaged** [ˌʌnˈdæmɪdʒd] *adj* **-1.** [car, contents, merchandise, building, roof] indemne, intact, non endommagé. **-2.** *fig* [reputation] intact.

**undated** [ˌʌnˈdeɪtɪd] *adj* non daté, sans date.

**undaunted** [ˌʌnˈdɔːntɪd] *adj* **-1.** [not discouraged] qui ne se laisse pas décourager OR démonter; **she was** ~ **by their criticism** leurs critiques ne la décourageaient pas; **he carried on** ~ il a continué sans se laisser décourager. **-2.** [fearless] sans peur.

**undecided** [ˌʌndɪˈsaɪdɪd] *adj* [person, issue] indécis; [outcome] incertain; **he is** ~ **whether to stay or go** il n'a pas décidé s'il restera ou s'il partira; **the matter is still** ~ **la question n'a pas encore été résolue.

**undecipherable** [ˌʌndɪˈsaɪfərəbl] *adj* [writing] indéchiffrable, illisible; [code] indéchiffrable.

**undeclared** [ˌʌndɪˈkleəd] *adj* [goods] non déclaré; [love] non avoué.

**undefeated** [ˌʌndɪˈfiːtɪd] *adj* invaincu.

**undefended** [ˌʌndɪˈfendɪd] *adj* **-1.** MIL [fort, town] sans défense. **-2.** JUR [lawsuit] où on ne présente pas de défense.

**undefinable** [ˌʌndɪˈfaɪnəbl] *adj* indéfinissable, impossible à définir.

**undelivered** [ˌʌndɪˈlɪvəd] *adj* [letter] non remis, non distribué; **if** ~ **please return to sender** en cas de non-distribution, prière de retourner à l'expéditeur.

**undemanding** [ˌʌndɪˈmɑːndɪŋ] *adj* [person] facile à vivre, qui n'est pas exigeant; [work] simple, qui n'est pas astreignant.

**undemocratic** [ˈʌndeməʊˈkrætɪk] *adj* antidémocratique, peu démocratique.

**undemonstrative** [ˌʌndɪˈmɒnstrətɪv] *adj* réservé, peu démonstratif.

**undeniable** [ˌʌndɪˈnaɪəbl] *adj* indéniable, incontestable.

**undeniably** [ˌʌndɪˈnaɪəblɪ] *adv* [true] incontestablement, indiscutablement.

**under** [ˈʌndəʳ] ◇ *prep* **-1.** [beneath, below] sous; **the newspaper was** ~ **the chair/cushion** le journal était sous la chaise/le coussin; **I can't see anything** ~ **it** je ne vois rien (en-) dessous; **he wore a white shirt** ~ **his jacket** il portait

une chemise blanche sous sa veste; **we took shelter** ~ **a tree** nous nous sommes abrités sous un arbre; **it can only be seen** ~ **a microscope** on ne peut le voir qu'au microscope ‖ [with verbs of movement]: **we had to crawl** ~ **the barbed wire** on a dû passer sous les barbelés en rampant; **she was swimming** ~ **water**/~ **the bridge** elle nageait sous l'eau/sous le pont. **-2.** [less than] moins de, au-dessous de; **everything is** ~ **£5** tout est à moins de 5 livres; **is she** ~ **16?** est-ce qu'elle a moins de 16 ans? **-3.** [weighed down by] sous le poids de; **to sink** ~ **the weight of one's debts** *fig* sombrer sous le poids de ses dettes. **-4.** [indicating conditions or circumstances] sous, dans; **we had to work** ~ **appalling conditions** on a dû travailler dans des conditions épouvantables ‖ [subject to] sous; ~ **duress/threat** sous la contrainte/la menace ‖ MED sous; ~ **sedation/treatment** sous calmants/traitement. **-5.** [directed, governed by] sous (la direction de); **he studied** ~ **Fox** il a été l'élève de Fox; **she has two assistants** ~ **her** elle a deux assistants sous ses ordres; **the book describes Uganda** ~ **Amin** le livre décrit l'Ouganda sous (le régime d') Amin Dada. **-6.** [according to] conformément à, en vertu de, selon; ~ **the new law, all this will change** avec la nouvelle loi, tout ceci va changer; ~ **the new law, elections will be held every four years** en vertu de OR selon la nouvelle loi, les élections auront lieu tous les quatre ans; ~ **the Emergency Powers Act** conformément à la loi instaurant l'état d'urgence; ~ **(the terms of) his will/the agreement** selon (les termes de) son testament/l'accord. **-7.** [in the process of] en cours de; **the matter is** ~ **consideration/discussion** on est en train d'étudier/de discuter la question. **-8.** AGR: ~ **wheat/barley** en blé/orge. **-9.** [in classification]: **you'll find the book** ~ **philosophy** vous trouverez le livre sous la rubrique philosophie; **she writes** ~ **the name of Heidi Croft** elle écrit sous le nom de Heidi Croft. ◇ *adv* **-1.** *(with verbs)* [below ground, water, door etc]: **to slide** OR **to slip** ~ se glisser dessous; ~ **to stay** ~ [under water] rester sous l'eau. **-2.** MED [anaesthetized] sous l'effet de l'anesthésie. **-3.** [less – in age, price]: **you have to be 16 or** ~ **to enter** il faut avoir 16 ans ou moins pour se présenter; **items at £20 and** ~ **des articles à 20 livres et au-dessous.

**under-** *in cpds* **-1.** [below] sous-; **holidays for the** ~**30s** vacances pour les moins de 30 ans. **-2.** [junior] sous-.

**under-18** *n* (*usu pl*) personne *f* de moins de 18 ans, mineur *m*, -e *f*.

**underachieve** [ˌʌndərəˈtʃiːv] *vi* ne pas obtenir les résultats attendus.

**underachiever** [ˌʌndərəˈtʃiːvəʳ] *n* [gen] personne qui n'obtient pas les résultats escomptés; SCH élève *m*/*f* médiocre.

**underage** [ˌʌndərˈeɪdʒ] *adj* [person] mineur; ~ **drinking** consommation *f* d'alcool par les mineurs; ~ **sex** rapports *mpl* sexuels entre mineurs.

**underarm** [ˈʌndərɑːm] ◇ *adv* SPORT [bowl, hit] (par) en dessous. ◇ *adj* [deodorant] pour les aisselles; [hair] sous les bras OR les aisselles; SPORT [bowling, throw] par en dessous.

**underbelly** [ˈʌndəˌbelɪ] (*pl* **underbellies**) *n* **-1.** *literal* basventre *m*. **-2.** *fig* point *m* faible.

**underblanket** [ˈʌndəˌblæŋkɪt] *n* alaise *f*.

**underbody** [ˈʌndəˌbɒdɪ] *n* AUT dessous *m* de caisse.

**underbrush** [ˈʌndəbrʌʃ] *n* (*U*) *Am* sous-bois *m*, broussailles *fpl*.

**undercarriage** [ˈʌndəˌkærɪdʒ] *n* [of aeroplane] train *m* d'atterrissage; [of vehicle] châssis *m*.

**undercharge** [ˌʌndəˈtʃɑːdʒ] *vt* [customer] faire payer insuffisamment OR moins cher à; **she** ~**d him by £6** elle lui a fait payer 6 livres de moins que le prix.

**underclothes** [ˈʌndəkləʊðz] *npl* sous-vêtements *mpl*; [for women] lingerie *f*, dessous *mpl*.

**underclothing** [ˈʌndəˌkləʊðɪŋ] *n* (*U*) = **underclothes**.

**undercoat** [ˈʌndəkəʊt] *n* [of paint] sous-couche *f*; [of anti-rust] couche *f* d'antirouille.

**undercook** [ˌʌndəˈkʊk] *vt* ne pas assez cuire.

**undercover** [ˈʌndəˌkʌvəʳ] *adj* [methods, work] secret (*f* -ète), clandestin; ~ **agent** agent *m* secret.

**undercurrent** [ˈʌndəˌkʌrənt] *n* **-1.** [in sea] courant *m* sous-marin; [in river] courant *m*. **-2.** *fig* [feeling] sentiment *m* sous-jacent.

**undercut** [ˌʌndəˈkʌt] (*pt* & *pp* **undercut**, *cont* **undercutting**) ◊ *vt* **-1.** COMM [competitor] vendre moins cher que; [prices] casser. **-2.** [undermine – efforts, principle] amoindrir. **-3.** SPORT [ball] lifter. ◊ *n* **-1.** SPORT lift m.**-2.** CULIN [meat] (morceau *m* de) filet *m*.

**underdeveloped** [ˌʌndədɪˈveləpt] *adj* **-1.** [country, society] en voie de développement. **-2.** [stunted – foetus, plant] qui n'est pas complètement développé OR formé. **-3.** *fig* [argument, idea] insuffisamment développé OR exposé. **-4.** PHOT [film, print] insuffisamment développé.

**underdog** [ˈʌndədɒg] *n*: the ~ [in fight, contest] celui *m*/celle *f* qui risque de perdre OR qui part perdant; [in society] le laissé-pour-compte *m*, la laissée-pour-compte *f*.

**underdone** [ˌʌndəˈdʌn] *adj* [accidentally] pas assez cuit; [deliberately – meat] saignant.

**underdressed** [ˌʌndəˈdrest] *adj* [lightly clad] trop légèrement vêtu; [informally dressed] habillé trop sport.

**underemployed** [ˌʌndərɪmˈplɔɪd] *adj* [worker, equipment] sous-employé; [resources] sous-exploité.

**underestimate** [*vb* ˌʌndərˈestɪmeɪt, *n* ˌʌndərˈestɪmət] ◊ *vt* [size, strength] sous-estimer; [person, value] sous-estimer, mésestimer. ◊ *n* sous-estimation *f*.

**underestimation** [ˈʌndər,estɪˈmeɪʃn] *n* sous-estimation *f*.

**underexpose** [ˌʌndərɪkˈspəʊz] *vt* **-1.** PHOT [print, film] sous-exposer. **-2.** [person] faire insuffisamment la publicité de.

**underexposure** [ˌʌndərɪkˈspəʊʒəʳ] *n* **-1.** PHOT [lack of exposure] sous-exposition *f*; [photo, print] photo *f* sous-exposée. **-2.** [to publicity] manque *m* de publicité.

**underfed** [ˌʌndəˈfed] ◊ *pt* & *pp*→ **underfeed**. ◊ *adj* [person] sous-alimenté.

**underfeed** [ˌʌndəˈfiːd] (*pt* & *pp* **underfed** [-ˈfed]) *vt* sous-alimenter.

**underfelt** [ˈʌndəfelt] *n* thibaude *f*.

**underfinanced** [ˌʌndəˈfaɪnænst] *adj* [business, scheme, school] qui manque de fonds.

**underfloor** [ˈʌndəflɔːʳ] *adj* [pipes, wiring] qui se trouve sous le plancher; ~ **heating** chauffage *m* par le sol.

**underfoot** [ˌʌndəˈfʊt] *adv* sous les pieds; **the grass is wet** ~ l'herbe est humide; **to trample sb/sthg** ~ *literal* & *fig* [person] fouler qqn/qqch aux pieds; [animal] piétiner qqn/qqch.

**undergarment** [ˈʌndəˌgɑːmənt] *n* sous-vêtement *m*.

**underglaze** [ˈʌndəgleɪz] *n* sous-couche *f*.

**undergo** [ˌʌndəˈgəʊ] (*pt* **underwent** [-ˈwent], *pp* **undergone** [-ˈgɒn]) *vt* **-1.** [experience – change] subir; [– hardship] subir, éprouver. **-2.** [test, trials] subir, passer; [training] suivre. **-3.** [be subject to] subir. **-4.** MED: **to** ~ **an operation** subir une intervention chirurgicale; **to** ~ **treatment** suivre un traitement.

**undergrad** [ˈʌndəgræd] *n inf* étudiant *m*, -e *f* (*qui prépare une licence*).

**undergraduate** [ˌʌndəˈgrædʒʊət] ◊ *n* étudiant *m*, -e *f* (*qui prépare une licence*); **she was an** ~ **at Manchester** elle était en licence à Manchester. ◊ *adj* [circles, life] estudiantin, étudiant; [course] pour les étudiants de licence; [accommodation, grant] pour étudiants; [humour] d'étudiant.

**underground** [*adj* & *n* ˈʌndəgraʊnd, *adv* ˌʌndəˈgraʊnd] ◊ *adj* **-1.** [subterranean – explosion] souterrain; [– car park] en sous-sol, souterrain; ~ **railway** métro *m*.**-2.** [secret] secret (*f* -ète), clandestin. **-3.** [unofficial – literature, theatre] d'avant-garde, underground (*inv*); [– institutions] parallèle. **-4.** [illegal – methods] illégal. ◊ *n* **-1.** MIL & POL [resistance] résistance *f*; [secret army] armée *f* secrète. **-2.** ART, MUS & THEAT avant-garde *f*, underground *m inv*.**-3.** *Br* [railway] métro *m*; **to go by** ~ aller en métro. ◊ *adv* **-1.** [below surface] sous (la) terre. **-2.** [in hiding]: **to go** ~ passer dans la clandestinité, prendre le maquis.

**undergrowth** [ˈʌndəgrəʊθ] *n* (*U*) sous-bois *m*; [scrub] broussailles *fpl*.

**underhand** [ˌʌndəˈhænd] ◊ *adj* **-1.** [action] en dessous, en sous-main; [person] sournois; **in an** ~ **way** sournoisement. **-2.** SPORT par en dessous. ◊ *adv* sournoisement.

**underhanded** [ˌʌndəˈhændɪd] *adj* **-1.** = **underhand**. **-2.** [shorthanded] qui manque de personnel.

**underinsure** [ˌʌndərɪnˈʃɔːʳ] *vt* sous-assurer.

**underlain** [ˌʌndəˈleɪn] *pp*→ **underlie**.

**underlay** [*vb* ˌʌndəˈleɪ, *n* ˈʌndəleɪ] (*pt* & *pp* **underlaid** [-ˈleɪd]) ◊ *pt*→ **underlie**. ◊ *vt* [carpet] doubler. ◊ *n* [felt] thibaude *f*; [foam] doublure *f*.

**underlie** [ˌʌndəˈlaɪ] (*pt* **underlay** [-ˈleɪ], *pp* **underlain** [-ˈleɪn]) *vt* sous-tendre, être à la base de.

**underline** [ˌʌndəˈlaɪn] *vt literal* & *fig* souligner.

**underling** [ˈʌndəlɪŋ] *n pej* subalterne *mf*, sous-fifre *m*.

**underlining** [ˌʌndəˈlaɪnɪŋ] *n* soulignage *m*, soulignement *m*.

**underlying** [ˌʌndəˈlaɪɪŋ] *adj* sous-jacent.

**undermanned** [ˌʌndəˈmænd] *adj* à court de personnel; NAUT à équipage incomplet.

**undermentioned** [ˌʌndəˈmenʃnd] *adj fml* & ADMIN ci-dessous (mentionné).

**undermine** [ˌʌndəˈmaɪn] *vt* [cliff] miner, saper; [authority, person] saper; [health] user; [confidence] ébranler.

**undermost** [ˈʌndəməʊst] ◊ *adj* [in heap] le dernier, le plus bas; [in depth] le plus profond OR bas. ◊ *adv* tout en bas.

**undernamed** [ˌʌndəˈneɪmd] (*pl inv*) ◊ *n* personne *f* nommée ci-dessous OR dont le nom suit. ◊ *adj* nommé ci-dessous.

**underneath** [ˌʌndəˈniːθ] ◊ *prep* sous, au-dessous de, en dessous de; **she was wearing two pullovers** ~ **her coat** elle portait deux pullovers sous son manteau. ◊ *adv* **-1.** [in space] (en) dessous, au-dessous; **I've got a pullover on** ~ j'ai un pull dessous. **-2.** [within oneself]: **he smiled, but** ~ **he felt afraid/helpless** il a souri, mais dans le fond il avait peur/il se sentait impuissant. ◊ *n* dessous *m*. ◊ *adj* de dessous, d'en dessous.

**undernourished** [ˌʌndəˈnʌrɪʃt] *adj* sous-alimenté.

**undernourishment** [ˌʌndəˈnʌrɪʃmənt] *n* sous-alimentation *f*.

**underpaid** [*adj* ˈʌndəpeɪd, *pt* & *pp* ˌʌndəˈpeɪd] ◊ *adj* sous-payé. ◊ *pt* & *pp*→ **underpay**.

**underpants** [ˈʌndəpænts] *npl* **-1.** [for men] slip *m* (*d'homme*); **a pair of** ~ un caleçon. **-2.** *Am* [for women] culotte *f*.

**underpass** [ˈʌndəpɑːs] *n* **-1.** [subway] passage *m* souterrain. **-2.** [road] route *f* inférieure.

**underpay** [ˌʌndəˈpeɪ] (*pt* & *pp* **underpaid** [-ˈpeɪd]) *vt* sous-payer.

**underperform** [ˌʌndəpəˈfɔːm] *vi* rester en deçà de ses possibilités.

**underpin** [ˌʌndəˈpɪn] (*pt* & *pp* **underpinned**, *cont* **underpinning**) *vt literal* & *fig* soutenir, étayer.

**underplay** [ˌʌndəˈpleɪ] ◊ *vt* **-1.** [minimize – importance] minimiser; [– event] réduire OR minimiser l'importance de. **-2.** THEAT [role] jouer avec retenue. ◊ *vi* [in cards] jouer volontairement une petite carte.

**underpopulated** [ˌʌndəˈpɒpjʊleɪtɪd] *adj* sous-peuplé.

**underpowered** [ˌʌndəˈpaʊəd] *adj* qui manque de puissance.

**underprice** [ˌʌndəˈpraɪs] *vt* **-1.** [for sale] vendre au-dessous de sa valeur. **-2.** [for estimate] sous-évaluer.

**underprivileged** [ˌʌndəˈprɪvɪlɪdʒd] ◊ *adj* [person, social class] défavorisé, déshérité. ◊ *npl*: **the** ~ les économiquement faibles *mpl*.

**underproduce** [ˌʌndəprəˈdjuːs] ◊ *vt* produire insuffisamment de. ◊ *vi* produire insuffisamment.

**underquote** [ˌʌndəˈkwəʊt] *vt* **-1.** [goods, securities, services] proposer à un prix inférieur à celui du marché. **-2.** [competitor] vendre moins cher que.

**underrate** [ˌʌndəˈreɪt] *vt* sous-estimer.

**underrated** [ˌʌndəˈreɪtɪd] *adj* [person] méconnu; [book, film] sous-estimé.

**underripe** [ˌʌndəˈraɪp] *adj* pas mûr.

**underscore** [ˌʌndəˈskɔːʳ] ◊ *vt* souligner. ◊ *n* soulignage *m*, soulignement *m*.

**undersea** [ˈʌndəsiː] ◊ *adj* sous-marin. ◊ *adv* sous la mer.

**underseal** [ˈʌndəsiːl] *Br* AUT ◊ *n* **-1.** [product] produit *m* antirouille. **-2.** [act, result] couche *f* antirouille. ◊ *vt* faire un traitement antirouille.

**underseas** [ˌʌndəˈsiːz] = **undersea** *adv*.

**undersecretary** [ˌʌndəˈsekrətərɪ] (*pl* **undersecretaries**) *n* POL **-1.** *Br* [in department] chef *m* de cabinet. **-2.** [politician] sous-secrétaire *m*; ~ **of state** sous-secrétaire d'État.

**undersell** [ˌʌndəˈsel] (*pt* & *pp* **undersold** [-ˈsəʊld]) ◊ *vt* [competitor] vendre moins cher que; [goods] vendre au rabais; to ~ o.s. *fig* se sous-estimer. ◇ *vi* [goods] se vendre mal.

**undersexed** [ˌʌndə'sekst] *adj* qui manque de libido.

**undershirt** ['ʌndəʃɜːt] *n Am* maillot *m* OR tricot *m* de corps.

**undershorts** ['ʌndəʃɔːts] *npl Am* caleçon *m*, slip *m*.

**underside** ['ʌndəsaɪd] *n*: the ~ le dessous.

**undersigned** ['ʌndəsaɪnd] (*pl inv*) *fml* ◇ *n*: the ~ le soussigné, la soussignée. ◇ *adj* soussigné.

**undersize(d)** [ˌʌndə'saɪz(d)] *adj* trop petit.

**underskirt** ['ʌndəskɜːt] *n* jupon *m*.

**undersoil** ['ʌndəsɔɪl] *n* sous-sol *m* AGR.

**undersold** [ˌʌndə'səʊld] *pt* & *pp*→ **undersell**.

**understaffed** [ˌʌndə'stɑːft] *adj* qui manque de personnel.

**understand** [ˌʌndə'stænd] (*pt* & *pp* **understood** [-'stʊd]) ◇ *vt* **-1.** [meaning] comprendre; is that understood? est-ce compris?; to make o.s. understood se faire comprendre; I can't ~ it! je ne comprends pas!, cela me dépasse!**-2.** [subject, theory] comprendre, entendre; I don't ~ a thing about economics je ne comprends rien à l'économie. **-3.** [character, person] comprendre; I ~ your need to be independent je comprends bien que vous ayez besoin d'être indépendant. **-4.** [believe] comprendre, croire; I ~ you need a loan j'ai cru comprendre que OR si j'ai bien compris, vous avez besoin d'un prêt; they are understood to have fled the country il paraît qu'ils ont fui le pays; we were given to ~ that he was very ill on nous a fait comprendre OR donné à entendre qu'il était très malade. **-5.** [interpret] entendre; what do you ~ by 'soon'? qu'est-ce que vous entendez par «bientôt»?; as I ~ it, there's nothing to pay d'après ce que j'ai compris, il n'y a rien à payer. **-6.** [leave implicit] entendre, sous-entendre; she let it be understood that she preferred to be alone elle a laissé entendre OR donné à entendre qu'elle préférait être seule; the object of the sentence is understood GRAMM l'objet de la phrase est sous-entendu. ◇ *vi* comprendre; if you do that once more you're out, ~? faites ça encore une fois et vous êtes viré, compris?; they ~ about international finance ils comprennent la OR ils s'y connaissent en finance internationale.

**understandable** [ˌʌndə'stændəbl] *adj* compréhensible; that's perfectly ~ cela se comprend parfaitement.

**understandably** [ˌʌndə'stændəblɪ] *adv* **-1.** [naturally] naturellement; they were, ~ (enough), deeply embarrassed ils étaient profondément gênés, ce qui se comprend parfaitement. **-2.** [speak, write] de manière compréhensible.

**understanding** [ˌʌndə'stændɪŋ] ◇ *n* **-1.** *(U)* [comprehension] compréhension *f*; [intelligence] intelligence *f*; [knowledge] connaissance *f*, connaissances *fpl*; they have little ~ of what the decision involves ils ne comprennent pas très bien ce que la décision entraînera. **-2.** [agreement] accord *m*, arrangement *m*; to come to an ~ about sthg (with sb) s'entendre (avec qqn) sur qqch. **-3.** [interpretation] compréhension *f*, interprétation *f*; [conception] conception *f*.**-4.** [relationship – between people] bonne intelligence *f*, entente *f*; [– between nations] entente *f*.**-5.** [sympathy]: he showed great ~ il a fait preuve de beaucoup de compréhension. **-6.** [condition] condition *f*. ◇ *adj* compréhensif, bienveillant.

◆ **on the understanding that** *conj phr* à condition que; on

the ~ that the money is given to charity à condition que l'argent soit donné à des bonnes œuvres.

**understate** [ˌʌndə'steɪt] *vt* **-1.** [minimize] minimiser (l'importance de). **-2.** [state with restraint] dire avec retenue, modérer l'expression de.

**understated** [ˌʌndə'steɪtɪd] *adj* discret (*f*-ète).

**understatement** [ˌʌndə'steɪtmənt] *n* **-1.** affirmation *f* en dessous de la vérité; that's a bit of an ~! c'est peu dire!; that's the ~ of the year! *hum* c'est le moins qu'on puisse dire!**-2.** LING & LITERAT litote *f*.

**understood** [ˌʌndə'stʊd] *pt* & *pp*→ **understand**.

**understudy** ['ʌndə,stʌdɪ] (*pl* **understudies**, *pt* & *pp* **understudied**) ◇ *n* THEAT doublure *f*. ◇ *vt* [role] apprendre un rôle en tant que doublure; [actor] doubler.

**undertake** [ˌʌndə'teɪk] (*pt* **undertook** [-'tʊk], *pp* **undertaken** [-'teɪkn]) *vt fml* **-1.** [take up – job, project] entreprendre; [– experiment] entreprendre, se lancer dans; [– responsibility] assumer, se charger de; [– expense] entreprendre, mettre en œuvre. **-2.** [agree, promise] s'engager à.

**undertaker** ['ʌndə,teɪkə'] *n* ordonnateur *m* des pompes funèbres.

**undertaking** [ˌʌndə'teɪkɪŋ] *n* **-1.** [promise] engagement *m*; to give a (written) ~ to do sthg s'engager (par écrit) à faire qqch; she gave an ~ that she wouldn't intervene elle a promis de ne pas intervenir. **-2.** [enterprise] entreprise *f*.

**under-the-counter** *inf* ◇ *adj* [agreement, offer, sale] en douce, clandestin; an ~ payment un dessous-de-table. ◇ *adv* clandestinement, sous le manteau.

**undertone** ['ʌndətəʊn] *n* **-1.** [in speech] voix *f* basse; to speak in an ~ parler à voix basse OR à mi-voix. **-2.** [of feeling] nuance *f*; all her poetry has a tragic ~ toute sa poésie a un fond de tragique.

**undertook** [ˌʌndə'tʊk] *pt*→ **undertake**.

**undertow** ['ʌndətəʊ] *n* courant *m* de retour.

**underuse** [ˌʌndə'juːz] *vt* sous-utiliser.

**undervalue** [ˌʌndə'væljuː] *vt* [object] sous-évaluer, sous-estimer; [person, help] sous-estimer.

**underwater** [ˌʌndə'wɔːtə'] ◇ *adj* sous-marin. ◇ *adv* sous l'eau.

**underwear** ['ʌndəweə'] *n (U)* sous-vêtements *mpl*.

**underweight** [ˌʌndə'weɪt] *adj* **-1.** [person] qui ne pèse pas assez, trop maigre; to be ~ être en dessous de son poids normal. **-2.** [goods] d'un poids insuffisant; all the packets are 20 grams ~ il manque 20 grammes à chaque paquet.

**underwent** [ˌʌndə'went] *pt*→ **undergo**.

**underwhelm** [ˌʌndə'welm] *vt hum* décevoir, désappointer.

**underworld** ['ʌndə,wɜːld] *n* **-1.** [of criminals] pègre *f*, milieu *m*.**-2.** MYTH: the ~ les Enfers *mpl*. ◇ *comp* [activity] du milieu; [contact] dans OR avec le milieu.

**underwrite** ['ʌndəraɪt] (*pt* **underwrote** [-'rəʊt], *pp* **underwritten** [-'rɪtn]) *vt* **-1.** [for insurance – policy] garantir; [– risk] garantir, assurer contre. **-2.** ST. EX [shares] garantir. **-3.** [support – financially] soutenir OR appuyer financièrement; [– by agreement] soutenir, souscrire à.

**underwriter** ['ʌndə,raɪtə'] *n* **-1.** [of insurance] assureur *m*.**-2.** ST. EX syndicataire *mf*.

---

**USAGE ▶ Saying you have/haven't understood**

**When you have understood**

▷ *initially:*

Oui, bien sûr.
Je vois, oui.
Tout à fait.
Effectivement, oui.

▷ *after further explanation:*

Ah oui, je comprends mieux maintenant.
Ah, je vois ce que vous voulez dire maintenant.
C'est donc ainsi que ça marche/pour cela que...
C'est/C'était donc ça!
Compris! [informal]

**When you haven't understood**

▷ *initially:*

D'accord, mais ça n'est quand même pas très clair, tout ça.
Excusez-moi, mais je ne suis pas sûr d'avoir bien compris.
Attends, tu veux dire que...?

▷ *after further explanation:*

C'est un peu plus clair mais je ne suis toujours pas sûr d'avoir compris.
Désolé, mais OR Rien à faire, je ne comprends toujours pas.
Non, décidément, c'est toujours aussi confus.

**underwritten** [ˌʌndəˈrɪtn] *pp*→ **underwrite**.

**underwrote** [ˌʌndəˈrəʊt] *pt*→ **underwrite**.

**undeserved** [ˌʌndɪˈzɜːvd] *adj* immérité, injuste.

**undeservedly** [ˌʌndɪˈzɜːvɪdlɪ] *adv* injustement, indûment.

**undeserving** [ˌʌndɪˈzɜːvɪŋ] *adj* [person] peu méritant; [cause] peu méritoire; **he is quite ~ of such praise** il est parfaitement indigne de OR il ne mérite pas du tout de telles louanges.

**undesirable** [ˌʌndɪˈzaɪərəbl] ◇ *adj* indésirable. ◇ *n* indésirable *mf*.

**undetected** [ˌʌndɪˈtektɪd] *adj* [error] non détecté, non décelé; [disease] non détecté, non dépisté; **to go ~** passer inaperçu.

**undetermined** [ˌʌndɪˈtɜːmɪnd] *adj* **-1.** [unknown] inconnu, indéterminé. **-2.** [hesitant] irrésolu, indécis.

**undeterred** [ˌʌndɪˈtɜːd] *adj* sans se laisser décourager; **she was ~ by this setback** elle ne s'est pas laissé décourager par ce revers.

**undeveloped** [ˌʌndɪˈveləpt] *adj* **-1.** non développé; [country] en développement; [muscles, organs] non formé; [land, resources] non exploité. **-2.** [immature] immature.

**undid** [ˌʌnˈdɪd] *pt*→ **undo**.

**undies** [ˈʌndɪz] *npl inf* dessous *mpl*.

**undigested** [ˌʌndɪˈdʒestɪd] *adj* mal digéré, non digéré.

**undignified** [ʌnˈdɪgnɪfaɪd] *adj* [behaviour, person] qui manque de dignité.

**undiluted** [ˌʌndaɪˈljuːtɪd] *adj* **-1.** [juice] non dilué. **-2.** *fig* [emotion] sans mélange, parfait.

**undiminished** [ˌʌndɪˈmɪnɪʃt] *adj* intact, non diminué.

**undiplomatic** [ˌʌndɪpləˈmætɪk] *adj* [action] peu diplomatique; [person] peu diplomate, qui manque de diplomatie.

**undisciplined** [ʌnˈdɪsɪplɪnd] *adj* indiscipliné.

**undisclosed** [ˌʌndɪsˈkləʊzd] *adj* non divulgué; **for an ~ sum** pour une somme dont le montant n'a pas été révélé.

**undiscovered** [ˌʌndɪsˈkʌvəd] *adj* non découvert; **the manuscript lay ~ for centuries** le manuscrit est resté inconnu des siècles durant.

**undiscriminating** [ˌʌndɪsˈkrɪmɪneɪtɪŋ] *adj* qui manque de discernement.

**undisguised** [ˌʌndɪsˈgaɪzd] *adj* non déguisé, non dissimulé.

**undismayed** [ˌʌndɪsˈmeɪd] *adj* qui ne se laisse pas décourager; **he seemed quite ~ by his defeat** sa défaite ne semblait pas du tout l'avoir découragé.

**undisputed** [ˌʌndɪˈspjuːtɪd] *adj* incontesté.

**undistinguished** [ˌʌndɪsˈtɪŋgwɪʃt] *adj* **-1.** [person] peu distingué, sans distinction. **-2.** [style, taste] banal, quelconque.

**undisturbed** [ˌʌndɪsˈtɜːbd] *adj* **-1.** [in peace] tranquille. **-2.** [unchanged, untroubled] inchangé, tranquille. **-3.** [untouched – body, ground, papers] non dérangé, non déplacé.

**undivided** [ˌʌndɪˈvaɪdɪd] *adj* **-1.** [whole] entier; **you have my ~ love** vous avez tout mon amour. **-2.** [unanimous] unanime.

**undo** [ˌʌnˈduː] (*pt* **undid** [-ˈdɪd], *pp* **undone** [-ˈdʌn]) *vt* **-1.** [bow, knot] défaire; **to come undone** se défaire. **-2.** [ruin – work] détruire; [– effect] annuler; [– plan] mettre en échec. **-3.** [repair – wrong] réparer.

**undocumented** [ˌʌnˈdɒkjʊmentɪd] *adj* non documenté.

**undoing** [ˌʌnˈduːɪŋ] *n* (cause *f* de) perte *f*; **his indecision proved to be his ~** son indécision aura causé sa perte.

**undone** [ˌʌnˈdʌn] ◇ *pp*→ **undo**. ◇ *adj* **-1.** [button, clothes, hair] défait. **-2.** [task] non accompli. **-3.** *arch* [hope, plan] ruiné, anéanti; **we are ~!** *arch* OR *hum* nous sommes perdus!

**undoubted** [ʌnˈdaʊtɪd] *adj* indubitable.

**undoubtedly** [ʌnˈdaʊtɪdlɪ] *adv* indubitablement.

**undreamed-of** [ʌnˈdriːmdɒv], **undreamt-of** [ʌnˈdremtɒv] *adj* inconcevable, impensable, auquel on ne songe pas.

**undress** [ˌʌnˈdres] ◇ *vt* déshabiller. ◇ *vi* se déshabiller.

**undressed** [ˌʌnˈdrest] *adj* **-1.** [person] déshabillé; **to get ~** se déshabiller. **-2.** [wound] non pansé. **-3.** [salad] non assaisonné.

**undrinkable** [ˌʌnˈdrɪŋkəbl] *adj* **-1.** [bad-tasting] imbuvable. **-2.** [unfit for drinking] non potable.

**undue** [ˌʌnˈdjuː] *adj* excessif.

**undulate** [ˈʌndjʊleɪt] *vi* onduler.

**undulating** [ˈʌndjʊleɪtɪŋ] *adj* [curves, hills] onduleux.

**undulation** [ˌʌndjʊˈleɪʃn] *n* ondulation *f*.

**unduly** [ˌʌnˈdjuːlɪ] *adv* excessivement, trop.

**undying** [ʌnˈdaɪɪŋ] *adj* [faith] éternel; **to swear one's ~ love (for sb)** jurer un amour éternel (à qqn).

**unearned** [ˌʌnˈɜːnd] *adj* **-1.** [undeserved – fame, privilege] non mérité, immérité. **-2.** ECON non gagné en travaillant OR par le travail; **~ increment** plus-value *f*.

**unearned income** *n* (*U*) revenus *mpl* non professionnels, rentes *fpl*.

**unearth** [ˌʌnˈɜːθ] *vt* **-1.** [dig up] déterrer. **-2.** *fig* [find – equipment, fact] dénicher; [– old ideas] ressortir, ressusciter.

**unearthly** [ʌnˈɜːθlɪ] *adj* **-1.** [weird] étrange; [unnatural] surnaturel; [mysterious] mystérieux; [sinister] sinistre. **-2.** *fig:* **at an ~ hour** à une heure indue.

**unease** [ʌnˈiːz] *n lit* **-1.** [of mind] inquiétude *f*, malaise *m*; [embarrassment] malaise *m*, gêne *f*. **-2.** POL [unrest] troubles *mpl*; [tension] tension *f*.

**uneasily** [ʌnˈiːzɪlɪ] *adv* **-1.** [anxiously – wait, watch] anxieusement, avec inquiétude; [– sleep] agité; **to sleep ~** un sommeil agité. **-2.** [with embarrassment] avec gêne, mal à l'aise.

**uneasy** [ʌnˈiːzɪ] (*compar* **uneasier**, *superl* **uneasiest**) *adj* **-1.** [troubled – person] inquiet (*f* -ète); [– about] agité; **I had the ~ feeling we were being followed** j'avais la désagréable impression que l'on nous suivait; **to feel ~ about (doing) sthg** se sentir inquiet à l'idée de (faire) qqch. **-2.** [embarrassed – person] mal à l'aise, gêné; [– silence] gêné. **-3.** [uncertain – peace, situation] précaire.

**uneaten** [ˌʌnˈiːtn] *adj* qui n'a pas été mangé; **he left his meal ~** il n'a pas touché à son repas.

**uneconomic** [ˈʌnˌiːkəˈnɒmɪk] *adj* **-1.** [expensive] peu économique; [unproductive] non rentable. **-2.** = **uneconomical**.

**uneconomical** [ˈʌnˌiːkəˈnɒmɪkl] *adj* [wasteful] peu rentable.

**unedited** [ˌʌnˈedɪtɪd] *adj* CIN & TV non monté; [speech, text] non édité, non révisé.

**uneducated** [ˌʌnˈedjʊkeɪtɪd] *adj* **-1.** [person] sans instruction. **-2.** [behaviour, manners] sans éducation, inculte; [writing] informe; [speech] populaire.

**unelectable** [ˌʌnɪˈlektəbl] *adj* [person] inéligible; [party] incapable de remporter des élections.

**unemotional** [ˌʌnɪˈməʊʃənl] *adj* [person] impassible; [behaviour, reaction] qui ne trahit aucune émotion; [voice] neutre; [account, style] sans passion, neutre.

**unemployable** [ˌʌnɪmˈplɔɪəbl] *adj* [person] inapte au travail, que l'on ne peut pas embaucher.

**unemployed** [ˌʌnɪmˈplɔɪd] ◇ *npl:* **the ~** les chômeurs *mpl*, les demandeurs *mpl* d'emploi. ◇ *adj* en OR au chômage.

**unemployment** [ˌʌnɪmˈplɔɪmənt] ◇ *n* chômage *m*. ◇ *comp* [compensation, rate] de chômage; **~ figures** les chiffres *mpl* du chômage; **~ insurance** assurance *f* chômage.

**unemployment benefit** *n Br* allocation *f* de chômage.

**unencumbered** [ˌʌnɪnˈkʌmbəd] *adj* [passage] dégagé, non encombré; [person] non encombré.

**unending** [ʌnˈendɪŋ] *adj* sans fin, interminable.

**unendurable** [ˌʌnɪnˈdjʊərəbl] *adj* intolérable.

**unenlightened** [ˌʌnɪnˈlaɪtnd] *adj* [person] ignorant, peu éclairé; [practice] arriéré.

**unenterprising** [ˌʌnˈentəpraɪzɪŋ] *adj* [person] peu entreprenant; [measure] timoré.

**unenthusiastic** [ˌʌnɪnˌθjuːzɪˈæstɪk] *adj* peu enthousiaste.

**unenviable** [ˌʌnˈenvɪəbl] *adj* [conditions, situation, task] peu enviable.

**unequal** [ˌʌnˈiːkwəl] *adj* **-1.** [amount, number, result] inégal. **-2.** [contest, struggle] inégal, non équilibré. **-3.** *fml* [incapable]: **to be ~ to a job/to a task** ne pas être à la hauteur d'un travail/d'une tâche.

**unequalled** *Br*, **unequaled** *Am* [ˌʌnˈiːkwəld] *adj* inégalé, sans pareil.

**unequivocal** [ˌʌnɪˈkwɪvəkl] *adj* sans équivoque.

**unequivocally** [ˌʌnɪˈkwɪvəklɪ] *adv* sans équivoque, clairement.

**unerring** [ˌʌnˈɜːrɪŋ] *adj* infaillible, sûr; [accuracy, judgement] infaillible, sûr; [aim] sûr.

**UNESCO** [juːˈneskəʊ] (*abbr of* **United Nations Educational,**

**Scientific and Cultural Organization)** *pr n* Unesco *f*.

**unescorted** [ˌʌnɪsˈkɔːtɪd] *adj* non accompagné.

**unessential** [ˌʌnɪˈsenʃl] = **inessential**.

**unethical** [ʌnˈeθɪkl] *adj* contraire à l'éthique.

**uneven** [ˌʌnˈiːvn] *adj* **-1.** [line] irrégulier, qui n'est pas droit; [surface] irrégulier, rugueux; [ground] raboteux, accidenté; [edge] inégal. **-2.** [unequal – contest, quality, distribution] inégal; **his performance was very ~** *fig* il a joué de façon très inégale. **-3.** [number] impair.

**unevenly** [ˌʌnˈiːvnlɪ] *adv* **-1.** [divide, spread] inégalement; **the contestants are ~ matched** les adversaires ne sont pas de force égale. **-2.** [cut, draw] irrégulièrement.

**uneventful** [ˌʌnɪˈventfʊl] *adj* [day] sans événement marquant, sans histoires.

**uneventfully** [ˌʌnɪˈventfʊlɪ] *adv* sans incidents.

**unexceptionable** [ˌʌnɪkˈsepʃnəbl] *adj fml* irréprochable.

**unexciting** [ˌʌnɪkˈsaɪtɪŋ] *adj* [life] peu passionnant; [film] sans grand intérêt; [food] quelconque.

**unexpected** [ˌʌnɪkˈspektɪd] *adj* inattendu, imprévu.

**unexpectedly** [ˌʌnɪkˈspektɪdlɪ] *adv* **-1.** [arrive] à l'improviste, de manière imprévue; [fail, succeed] contre toute attente, de manière inattendue. **-2.** [surprisingly] étonnamment.

**unexplained** [ˌʌnɪkˈspleɪnd] *adj* [mystery, reason] inexpliqué.

**unexploded** [ˌʌnɪkˈspləʊdɪd] *adj* non explosé.

**unexplored** [ˌʌnɪkˈsplɔːd] *adj* inexploré, inconnu; [solution, possibility] inexploré.

**unexpressed** [ˌʌnɪkˈsprest] *adj* inexprimé.

**unexpurgated** [ˌʌnˈekspəgeɪtɪd] *adj* non expurgé, intégral.

**unfailing** [ʌnˈfeɪlɪŋ] *adj* [loyalty, support] sûr, à toute épreuve; [courage] inébranlable, à toute épreuve; [energy, supply] intarissable, inépuisable; [good mood, interest] constant, inaltérable.

**unfailingly** [ʌnˈfeɪlɪŋlɪ] *adv* inlassablement, toujours.

**unfair** [ˌʌnˈfeər] *adj* [advantage, decision, treatment] injuste; [system] injuste, inique; [judgement] inique; [competition, play] déloyal; **to be ~ to sb** se montrer injuste envers qqn ❏ **~ dismissal** INDUST licenciement *m* abusif.

**unfairly** [ˌʌnˈfeəlɪ] *adv* [treat] inéquitablement, injustement; [compete] déloyalement; **to be ~ dismissed** INDUST être victime d'un licenciement abusif.

**unfairness** [ˌʌnˈfeənɪs] *n* (U) injustice *f*.

**unfaithful** [ˌʌnˈfeɪθful] *adj* infidèle; **to be ~ to sb** être infidèle à qqn.

**unfaithfully** [ˌʌnˈfeɪθfʊlɪ] *adv* infidèlement.

**unfaltering** [ʌnˈfɔːltərɪŋ] *adj* [speech, steps] ferme, assuré.

**unfamiliar** [ˌʌnfəˈmɪljər] *adj* [face, person, surroundings] inconnu; [ideas] peu familier, que l'on connaît mal; **I'm ~ with his writings** je connais mal ses écrits.

**unfamiliarity** [ˈʌnfəˌmɪlɪˈærətɪ] *n* [strangeness – of faces, ideas, surroundings] aspect *m* peu familier, étrangeté *f*; [newness] nouveauté *f*.

**unfashionable** [ˌʌnˈfæʃnəbl] *adj* **-1.** [clothes, ideas] démodé. **-2.** [area] peu chic.

**unfasten** [ˌʌnˈfɑːsn] *vt* [button, lace] défaire; [gate] ouvrir; [belt, bonds, rope] détacher.

**unfathomable** [ʌnˈfæðəməbl] *adj* insondable.

**unfavourable** *Br*, **unfavorable** *Am* [ˌʌnˈfeɪvrəbl] *adj* défavorable.

**unfavourably** *Br*, **unfavorably** *Am* [ˌʌnˈfeɪvrəblɪ] *adv* défavorablement.

**unfeeling** [ʌnˈfiːlɪŋ] *adj* insensible, dur.

**unfeminine** [ˌʌnˈfemɪnɪn] *adj* qui manque de féminité, peu féminin.

**unfettered** [ˌʌnˈfetəd] *adj fml* [action] sans contrainte, sans entrave; [imagination, violence] débridé; **~ by moral constraints** libre de toute contrainte morale.

**unfinished** [ˌʌnˈfɪnɪʃt] *adj* **-1.** [incomplete] incomplet (*f* -ète), inachevé; **~ business** *literal* affaires *fpl* à régler; *fig* questions *fpl* à régler. **-2.** [rough – furniture] brut, non fini; TEX sans apprêt.

**unfit** [ʌnˈfɪt] (*pt* & *pp* **unfitted**, *cont* **unfitting**) ◇ *adj* **-1.** [unsuited – permanently] inapte; [– temporarily] qui n'est pas en état; **~ for human consumption** impropre à la consomma-

tion; **he's still ~ for work** il n'est toujours pas en état de reprendre le travail. **-2.** [unhealthy – person] qui n'est pas en forme, qui est en mauvaise forme; [– condition] mauvais. ◇ *vt fml* rendre inapte.

**unfitness** [ʌnˈfɪtnɪs] *n* **-1.** [unsuitability] inaptitude *f*, incapacité *f*. **-2.** [lack of health, physical fitness] mauvaise forme *f*.

**unfitted** [ˌʌnˈfɪtɪd] *adj fml* [unprepared] mal préparé; [unsuitable] inapte; **to be ~ to do sthg** être inapte à faire qqch; **~ for** inapte à.

**unfitting** [ˌʌnˈfɪtɪŋ] *adj* [remarks] déplacé, inconvenant; [behaviour] inconvenant.

**unfix** [ˌʌnˈfɪks] *vt* [bayonet] remettre.

**unflagging** [ˌʌnˈflægɪŋ] *adj* [courage] infatigable, inlassable; [enthusiasm] inépuisable.

**unflappable** [ʌnˈflæpəbl] *adj Br inf* imperturbable, qui ne se laisse pas démonter.

**unflattering** [ˌʌnˈflætərɪŋ] *adj* peu flatteur.

**unflinching** [ʌnˈflɪntʃɪŋ] *adj* intrépide, qui ne bronche pas.

**unfocus(s)ed** [ˌʌnˈfəʊkəst] *adj* [gaze, photo] flou; **~ energy** *fig* énergie sans but.

**unfold** [ʌnˈfəʊld] ◇ *vt* **-1.** [spread out – cloth, map] déplier. **-2.** [reveal – intentions, plans] exposer, révéler; [– story] raconter, dévoiler; [– secret] dévoiler; [– reasons] faire connaître. ◇ *vi* **-1.** [cloth, map] se déplier; [wings] se déployer. **-2.** [plan, story] se dévoiler, se développer; [view] se dérouler, s'étendre; **the drama ~ed before our eyes** le drame se déroulait devant nos yeux.

**unforeseeable** [ˌʌnfɔːˈsiːəbl] *adj* imprévisible.

**unforeseen** [ˌʌnfɔːˈsiːn] *adj* imprévu, inattendu.

**unforgettable** [ˌʌnfəˈgetəbl] *adj* inoubliable.

**unforgivable** [ˌʌnfəˈgɪvəbl] *adj* impardonnable.

**unforgivably** [ˌʌnfəˈgɪvəblɪ] *adv* impardonnablement.

**unforgiving** [ˌʌnfəˈgɪvɪŋ] *adj* implacable, impitoyable, sans merci.

**unforgotten** [ˌʌnfəˈgɒtn] *adj* inoublié.

**unformatted** [ˌʌnˈfɔːmætɪd] *adj* COMPUT non formaté.

**unformed** [ˌʌnˈfɔːmd] *adj* **-1.** [undeveloped] non formé. **-2.** [shapeless] informe, sans forme.

**unfortunate** [ʌnˈfɔːtʃnət] ◇ *adj* **-1.** [unlucky] malheureux, malchanceux. **-2.** [regrettable – incident, situation] fâcheux, regrettable; [– joke, remark] malencontreux; **it's just ~ things turned out this way** il est malheureux OR regrettable que les choses se soient passées ainsi. ◇ *n euph* & *fml* malheureux *m*, -euse *f*.

**unfortunately** [ʌnˈfɔːtʃnətlɪ] *adv* malheureusement.

**unfounded** [ˌʌnˈfaʊndɪd] *adj* infondé, dénué de fondement.

**unframed** [ˌʌnˈfreɪmd] *adj* sans cadre.

**unfreeze** [ˌʌnˈfriːz] (*pt* **unfroze** [-ˈfrəʊz], *pp* **unfrozen** [-ˈfrəʊzn]) ◇ *vt* **-1.** [de-ice] dégeler. **-2.** FIN [credit, rent] débloquer, dégeler. ◇ *vi* (se) dégeler.

**unfriendly** [ˌʌnˈfrendlɪ] (*compar* **unfriendlier**, *superl* **unfriendliest**) *adj* inamical, froid.

**unfrock** [ˌʌnˈfrɒk] *vt* défroquer.

**unfroze** [ˌʌnˈfrəʊz] *pt* → **unfreeze**.

**unfrozen** [ˌʌnˈfrəʊzn] *pp* → **unfreeze**.

**unfruitful** [ˌʌnˈfruːtful] *adj* **-1.** [barren] stérile, improductif. **-2.** *fig* [efforts, search] infructueux, vain.

**unfulfilled** [ˌʌnfʊlˈfɪld] *adj* [person] insatisfait, frustré; [dream] non réalisé; [ambition, hopes] inaccompli; [promise] non tenu.

**unfunded** [ˌʌnˈfʌndɪd] *adj* sans subvention; **~ debt** FIN dette *f* non provisionnée.

**unfunny** [ˌʌnˈfʌnɪ] *adj* [experience, joke, situation] qui n'a rien d'amusant.

**unfurl** [ˌʌnˈfɜːl] ◇ *vt* [flag, sail] déferler, déployer. ◇ *vi* se déployer.

**unfurnished** [ˌʌnˈfɜːnɪʃt] *adj* [flat, room] non meublé.

**ungainly** [ʌnˈgeɪnlɪ] (*compar* **ungainlier**, *superl* **ungainliest**) *adj* [in movement] maladroit, gauche; [in appearance] dégingandé, disgracieux.

**ungallant** [ʌnˈgælənt] = **ungentlemanly**.

**ungentlemanly** [ʌnˈdʒentlmənlɪ] *adj* [attitude, conduct, remark] peu courtois, peu galant.

**ungodly** [ˌʌnˈɡɒdlɪ] *adj* **-1.** *lit* irréligieux, impie. **-2.** *hum &* *fig* [noise] infernal; **at an** ~ **hour** à une heure impossible OR indue.

**ungovernable** [ˌʌnˈɡʌvənəbl] *adj* **-1.** [feelings, temper] irrépressible. **-2.** [country] ingouvernable.

**ungracious** [ʌnˈɡreɪʃəs] *adj* désagréable.

**ungrammatical** [ˌʌnɡrəˈmætɪkl] *adj* agrammatical, non grammatical.

**ungrateful** [ʌnˈɡreɪtfʊl] *adj* **-1.** [person] ingrat; **to be** ~ **to sb** manquer de reconnaissance envers qqn. **-2.** *fml* OR *lit* [task] ingrat.

**ungratefully** [ʌnˈɡreɪtfʊlɪ] *adv* de manière ingrate, avec ingratitude.

**ungratefulness** [ʌnˈɡreɪtfʊlnɪs] *n* ingratitude *f.*

**unguarded** [ˌʌnˈɡɑːdɪd] *adj* **-1.** [house] non surveillé, non gardé; [suitcase] sans surveillance, non surveillé. **-2.** [fire] sans pare-feu. **-3.** [remark] irréfléchi; **in an** ~ **moment** dans un moment d'inattention. **-4.** [feelings] franc (*f* franche).

**unguent** [ˈʌŋɡwənt] *n lit* onguent *m,* pommade *f.*

**ungulate** [ˈʌŋɡjʊleɪt] ◇ *adj* ongulé. ◇ *n* ongulé *m.*

**unhampered** [ˌʌnˈhæmpəd] *adj* non entravé, libre.

**unhand** [ˌʌnˈhænd] *vt arch* OR *hum* lâcher.

**unhappily** [ʌnˈhæpɪlɪ] *adv* **-1.** [sadly] tristement. **-2.** *fml* [unfortunately] malheureusement.

**unhappiness** [ʌnˈhæpɪnɪs] *n* chagrin *m,* peine *f.*

**unhappy** [ʌnˈhæpɪ] (*compar* **unhappier,** *superl* **unhappiest**) *adj* **-1.** [sad] triste, malheureux; **to make sb** ~ rendre qqn malheureux. **-2.** *fml* [unfortunate – coincidence] malheureux, regrettable; [– remark] malheureux, malencontreux. **-3.** [displeased] mécontent; [worried] inquiet (*f* -ète); **to be** ~ **about** OR **with sthg** être mécontent de qqch; **she was** ~ **about me spending so much money** [displeased] elle n'aimait pas que je dépense tant d'argent; [worried] cela l'inquiétait que je dépense tant d'argent.

**unharmed** [ˌʌnˈhɑːmd] *adj* **-1.** [person] sain et sauf, indemne; **to escape** ~ s'en sortir indemne. **-2.** [vase] intact; [house, paintwork] non endommagé.

**unharness** [ˌʌnˈhɑːnɪs] *vt* [remove harness from] déharnacher; [unhitch] dételer.

**UNHCR** (*abbr of* **United Nations High Commission for Refugees**) *pr n* HCR *m.*

**unhealthily** [ʌnˈhelθɪlɪ] *adv* d'une manière malsaine.

**unhealthy** [ʌnˈhelθɪ] (*compar* **unhealthier,** *superl* **unhealthiest**) *adj* **-1.** [person] malade; [complexion] maladif. **-2.** [air, place] malsain, insalubre. **-3.** *fig* [curiosity, interest] malsain, morbide.

**unheard** [ˌʌnˈhɜːd] *adj* non entendu; **his cries for help went** ~ personne n'a entendu ses appels à l'aide ‖ JUR [case] non jugé; **to be judged** ~ être jugé sans être entendu.

**unheard-of** *adj* **-1.** [extraordinary] inouï, sans précédent. **-2.** [unprecedented] inconnu, sans précédent. **-3.** [unknown] inconnu, ignoré.

**unheated** [ˌʌnˈhiːtɪd] *adj* sans chauffage.

**unheeded** [ˌʌnˈhiːdɪd] *adj* [ignored – message, warning] ignoré, dont on ne tient pas compte; **his instructions went** ~ OR **were** ~ ses instructions n'ont pas été suivies ‖ [unnoticed] inaperçu; **the announcement went** ~ on n'a pas tenu compte de l'annonce.

**unheeding** [ˌʌnˈhiːdɪŋ] *adj* **-1.** [unconcerned] insouciant, indifférent. **-2.** [inattentive] inattentif.

**unhelpful** [ˌʌnˈhelpfʊl] *adj* [person] peu secourable OR serviable; [instructions, map] qui n'est d'aucun secours; [advice] inutile; **you're being deliberately** ~ vous faites exprès de ne pas nous aider.

**unhelpfully** [ˌʌnˈhelpfʊlɪ] *adv* **-1.** [act] sans aider, sans coopérer. **-2.** [advise, say, suggest] inutilement.

**unhelpfulness** [ˌʌnˈhelpfʊlnɪs] *n* inutilité *f;* [of person] manque *m* d'obligeance.

**unheralded** [ˌʌnˈherəldɪd] *adj* [unannounced] non annoncé; [unexpected] inattendu.

**unhesitating** [ʌnˈhezɪteɪtɪŋ] *adj* [reply] immédiat, spontané; [belief] résolu, ferme; [person] résolu, qui n'hésite pas.

**unhindered** [ˌʌnˈhɪndəd] *adj* sans entrave OR obstacle.

**unhinge** [ˌʌnˈhɪndʒ] *vt* **-1.** [door, window] démonter, enlever de ses gonds. **-2.** *fig* [mind, person] déséquilibrer, déranger.

**unhinged** [ˌʌnˈhɪndʒd] *adj* déséquilibré.·.

**unhitch** [ˌʌnˈhɪtʃ] *vt* **-1.** [rope] détacher, décrocher. **-2.** [horse, ox] dételer.

**unholy** [ˌʌnˈhəʊlɪ] (*compar* **unholier,** *superl* **unholiest**) *adj* **-1.** RELIG profane, impie; **an** ~ **alliance** *fig* une alliance *f* contre nature. **-2.** *inf* [awful – noise, mess] impossible, invraisemblable; **at an** ~ **hour** à une heure impossible OR indue.

**unhook** [ˌʌnˈhʊk] ◇ *vt* **-1.** [remove, take down] décrocher. **-2.** [bra, dress] dégrafer, défaire. ◇ *vi* [bra, dress] se dégrafer.

**unhoped-for** [ʌnˈhəʊpt-] *adj* inespéré.

**unhopeful** [ʌnˈhəʊpfʊl] *adj* **-1.** [person] pessimiste, sans illusion. **-2.** [situation] décourageant.

**unhorse** [ˌʌnˈhɔːs] *vt* **-1.** EQUIT démonter, désarçonner. **-2.** *fig* [from power] faire tomber, renverser.

**unhurried** [ʌnˈhʌrɪd] *adj* [person] qui ne se presse pas; [manner] tranquille, serein.

**unhurt** [ˌʌnˈhɜːt] *adj* indemne, sans blessure.

**unhygienic** [ˌʌnhaɪˈdʒiːnɪk] *adj* antihygiénique, non hygiénique.

**uni** [ˈjuːnɪ] (*abbr of* **university**) *n inf* fac *f.*

**UNICEF** [ˈjuːnɪsef] (*abbr of* **United Nations International Children's Emergency Fund**) *pr n* Unicef *m.*

**unicorn** [ˈjuːnɪkɔːn] *n* MYTH licorne *f.*

**unicycle** [ˈjuːnɪsaɪkl] *n* monocycle *m.*

**unidentifiable** [ˌʌnaɪˈdentɪfaɪəbl] *adj* non identifiable.

**unidentified** [ˌʌnaɪˈdentɪfaɪd] *adj* non identifié.

**unidentified flying object** *n* objet *m* volant non identifié.

**unification** [ˌjuːnɪfɪˈkeɪʃn] *n* unification *f.*

**uniform** [ˈjuːnɪfɔːm] ◇ *n* uniforme *m;* **in** ~ [gen] en uniforme; MIL sous les drapeaux; **to wear** ~ porter l'uniforme. ◇ *adj* [identical] identique, pareil; [constant] constant; [unified] uniforme.

**uniformed** [ˈjuːnɪfɔːmd] *adj* [gen] en uniforme; [policeman, soldier] en tenue.

**uniformity** [ˌjuːnɪˈfɔːmətɪ] (*pl* **uniformities**) *n* uniformité *f.*

**uniformly** [ˈjuːnɪfɔːmlɪ] *adv* uniformément.

**unify** [ˈjuːnɪfaɪ] (*pt &* *pp* **unified**) *vt* **-1.** [unite – country] unifier. **-2.** [make uniform – legislation, prices] uniformiser.

**unifying** [ˈjuːnɪfaɪɪŋ] *adj* unificateur.

**unilateral** [ˌjuːnɪˈlætərəl] *adj* **-1.** [action, decision] unilatéral. **-2.** MED [paralysis] hémiplégique.

**unilateralism** [ˌjuːnɪˈlætərəlɪzm] *n* doctrine *f* du désarmement unilatéral.

**unilateralist** [ˌjuːnɪˈlætərəlɪst] *n* partisan *m* du désarmement unilatéral.

**unilaterally** [ˌjuːnɪˈlætərəlɪ] *adv* **-1.** [act, decide] unilatéralement. **-2.** MED: **to be paralysed** ~ être paralysé d'un seul côté, être hémiplégique.

**unimaginable** [ˌʌnɪˈmædʒɪnəbl] *adj* inimaginable, inconcevable.

**unimaginably** [ˌʌnɪˈmædʒɪnəblɪ] *adv* incroyablement, invraisemblablement.

**unimaginative** [ˌʌnɪˈmædʒɪnətɪv] *adj* manquant d'imagination, peu imaginatif.

**unimaginatively** [ˌʌnɪˈmædʒɪnətɪvlɪ] *adv* sans imagination.

**unimpaired** [ˌʌnɪmˈpeəd] *adj* [faculty, strength] intact; [health] non altéré.

**unimpeded** [ˌʌnɪmˈpiːdɪd] *adj* sans obstacle, libre.

**unimportant** [ˌʌnɪmˈpɔːtənt] *adj* **-1.** [detail, matter, question] sans importance, insignifiant. **-2.** [person] sans influence, sans importance.

**unimposing** [ˌʌnɪmˈpəʊzɪŋ] *adj* **-1.** [unimpressive] peu imposant OR impressionnant. **-2.** [insignificant] insignifiant.

**unimpressed** [ˌʌnɪmˈprest] *adj* non impressionné; **I was** ~ **by her** elle ne m'a pas fait une grosse impression; **they were** ~ **by your threats** ils n'étaient pas impressionnés par vos menaces.

**unimpressive** [ˌʌnɪmˈpresɪv] *adj* guère impressionnant.

**uninformative** [ˌʌnɪnˈfɔːmətɪv] *adj* [report, leaflet, person] qui n'apprend rien; [conversation] qui n'est pas très instructif.

**uninformed** [ˌʌnɪnˈfɔːmd] *adj* [person] non informé; [opinion] mal informé; [reader] non averti.

**uninhabitable** [ˌʌnɪn'hæbɪtəbl] *adj* inhabitable.

**uninhabited** [ˌʌnɪn'hæbɪtɪd] *adj* inhabité.

**uninhibited** [ˌʌnɪn'hɪbɪtɪd] *adj* [person] sans inhibition OR inhibitions; [behaviour, reaction] non réfréné, non réprimé; [laughter] franc et massif, sans retenue.

**uninitiated** [ˌʌnɪ'nɪʃɪeɪtɪd] ◊ *npl*: the ~ les profanes *mpl*, les non-initiés *mpl*, les non-initiées *fpl*; to OR for the ~ pour le profane. ◊ *adj* non initié.

**uninjured** [ˌʌn'ɪndʒəd] *adj* [person] indemne, sain et sauf.

**uninspired** [ˌʌnɪn'spaɪəd] *adj* qui manque d'inspiration.

**uninspiring** [ˌʌnɪn'spaɪrɪŋ] *adj* [dull] qui n'inspire pas; [mediocre] médiocre; [unexciting] qui n'est pas passionnant; [uninteresting] sans intérêt.

**unintelligent** [ˌʌnɪn'telɪdʒənt] *adj* inintelligent, qui manque d'intelligence.

**unintelligible** [ˌʌnɪn'telɪdʒəbl] *adj* inintelligible; [writing] illisible.

**unintended** [ˌʌnɪn'tendɪd] *adj* non intentionnel, accidentel, fortuit.

**unintentional** [ˌʌnɪn'tenʃənl] *adj* involontaire, non intentionnel.

**unintentionally** [ˌʌnɪn'tenʃnəlɪ] *adv* sans le vouloir, involontairement.

**uninterested** [ˌʌn'ɪntrəstɪd] *adj* [indifferent] indifférent.

**uninteresting** [ˌʌn'ɪntrəstɪŋ] *adj* [subject] inintéressant, sans intérêt; [book] inintéressant, ennuyeux; [person] ennuyeux.

**uninterrupted** [ˌʌn,ɪntə'rʌptɪd] *adj* continu, ininterrompu.

**uninterruptedly** ['ʌn,ɪntə'rʌptɪdlɪ] *adv* de façon ininterrompue, sans interruption.

**uninvited** [ˌʌnɪn'vaɪtɪd] *adj* -1. [person] qu'on n'a pas invité; an ~ guest un invité inattendu; he turned up ~ at the party il a débarqué à la soirée sans y avoir été invité. -2. [comment] non sollicité.

**uninviting** [ˌʌnɪn'vaɪtɪŋ] *adj* [place] peu accueillant; [prospect] peu attrayant; [smell] peu attirant.

**union** ['juːnjən] ◊ *n* -1. [act of linking, uniting] union *f*; COMM regroupement *m*, fusion *f*. -2. INDUST syndicat *m*. -3. [association] association *f*, union *f*. -4. [marriage] union *f*, mariage *m*. -5. MATH union *f*. ◊ *comp* [dues, leader, meeting] syndical; [member] d'un OR du syndicat; ~ shop *Am* atelier *m* d'ouvriers syndiqués, union shop *m*.

◆ **Union** *n* -1. POL [country]: the Union of South Africa la République d'Afrique du Sud. -2. HIST: the Union *Br* [with Scotland] l'Union *f* de l'Angleterre et de l'Écosse; [with Northern Ireland] l'Union de l'Angleterre et de l'Irlande du Nord; *Am* les États *mpl* de l'Union.

**Union Flag** = **Union Jack**.

**unionism** ['juːnjənɪzm] *n* -1. INDUST syndicalisme *m*. -2. POL unionisme *m*.

**unionist** ['juːnjənɪst] ◊ *adj* INDUST syndicaliste. ◊ *n* -1. INDUST syndicaliste *mf*. -2. POL unioniste *mf*; [in American Civil War] nordiste *m*.

**unionize, -ise** ['juːnjənaɪz] ◊ *vi* se syndicaliser, se syndiquer. ◊ *vt* syndicaliser, syndiquer.

**Union Jack** *n* Union Jack *m* (*drapeau officiel du Royaume-Uni*).

**unique** [juː'niːk] *adj* -1. [sole, single] unique; [particular] particulier, propre; a problem ~ to this region un problème propre à cette région. -2. [exceptional] exceptionnel, remarquable.

**uniquely** [juː'niːklɪ] *adv* [particularly] particulièrement; [remarkably] exceptionnellement, remarquablement.

**uniqueness** [juː'niːknɪs] *n* originalité *f*.

**unironed** [ˌʌn'aɪənd] *adj* non repassé.

**unisex** ['juːnɪseks] *adj* unisexe.

**unison** ['juːnɪzn] *n* unisson *m*; in ~ à l'unisson.

**UNISON** ['juːnɪzn] *pr n* «super-syndicat» de la fonction publique en Grande-Bretagne.

**unit** ['juːnɪt] ◊ *n* -1. [constituent, component] unité *f*. -2. [group] unité *f*; [team] équipe *f*, unité *f*; army ~ unité de l'armée; family ~ cellule *f* familiale; production ~ unité de production. -3. [department] service *m*; [centre] centre *m*; [building] locaux *mpl*; [offices] bureaux *mpl*; child care ~ service *m* de pédiatrie; operating ~ bloc *m* opératoire. -4. [in amounts, measurement] unité *f*; ~ of currency unité monétaire. -5. [part - of furniture] élément *m*; [- of mechanism, sys-

tem] bloc *m*, élément *m*; kitchen ~s éléments de cuisine; transformer ~ bloc transformateur. -6. SCH [lesson] unité *f*; ~ 5 unité 5. ◊ *comp* [furniture] par éléments, modulaire.

◆ **units** *npl* MATH: the ~s les unités *fpl*.

**unitary** ['juːnɪtrɪ] *adj* -1. [united, single] unitaire. -2. [government] centralisé.

**unit charge** *n* TELEC taxe *f* unitaire.

**unit cost** *n* COMM coût *m* unitaire.

**unite** [juː'naɪt] ◊ *vt* -1. [join, link - forces] unir, rassembler. -2. [unify - country, party] unifier, unir. -3. [bring together - people, relatives] réunir. ◊ *vi* s'unir; they ~d in their efforts to defeat the enemy ils ont conjugué leurs efforts pour vaincre l'ennemi.

**united** [juː'naɪtɪd] *adj* [family] uni; [efforts] conjugué; [country, party] uni, unifié; to present a ~ front montrer un front uni; to be ~ against sb/sthg être uni contre qqn/qqch; we are ~ in our aims nous sommes d'accord dans nos objectifs, nous partageons les mêmes objectifs ❑ ~ we stand, divided we fall *prov* l'union fait la force *prov*.

**United Arab Emirates** *pl pr n*: the ~ les Émirats *mpl* arabes unis; in the ~ dans les Émirats arabes unis.

**United Arab Republic** *pr n* République *f* arabe unie; in the ~ dans la République arabe unie.

**United Kingdom** *pr n* Royaume-Uni *m*; in the ~ au Royaume-Uni.

**United Nations** *pr n* Nations *fpl* unies.

**United States** *pr n* États-Unis *mpl*; in the ~ aux États-Unis; the ~ of America les États-Unis d'Amérique.

**unit price** *n* prix *m* unitaire OR à l'unité.

**unit trust** *n* *Br* FIN ≃ SICAV *f*.

**unity** ['juːnətɪ] (*pl* **unities**) *n* -1. [union] unité *f*, union *f*; strength lies in ~ l'union fait la force. -2. [identity - of purpose] identité *f*; [- of views] unité *f*. -3. [harmony] harmonie *f*. -4. THEAT unité *f*. -5. MATH unité *f*.

**Univ.** *written abbr of* **university**.

**universal** [ˌjuːnɪ'vɜːsl] ◊ *adj* [belief, education, language] universel; topics of ~ interest sujets qui intéressent tout le monde ❑ ~ product code *Am* code *m* barres. ◊ *n* -1. [truth] vérité *f* universelle; [proposition] proposition *f* universelle. -2. LING & PHILOS: ~s universaux *mpl*.

**universal grammar** *n* grammaire *f* universelle.

**universality** [ˌjuːnɪvɜː'sælətɪ] *n* universalité *f*.

**universal joint** *n* (joint *m* de) cardan *m*.

**universally** [ˌjuːnɪ'vɜːsəlɪ] *adv* universellement; a ~ held opinion une opinion qui prévaut partout; he is ~ liked/admired tout le monde l'aime bien/l'admire.

**universe** ['juːnɪvɜːs] *n* univers *m*.

**university** [ˌjuːnɪ'vɜːsətɪ] (*pl* **universities**) ◊ *n* université *f*; to go to ~ aller à l'université, faire des études universitaires; to be at ~ être à l'université OR en faculté. ◊ *comp* [building, campus, team] universitaire; [professor, staff] d'université; [education, studies] supérieur, universitaire; ~ fees frais *mpl* d'inscription à l'université.

**univocal** [ˌjuːnɪ'vəʊkl] ◊ *adj* [message, term, text] univoque. ◊ *n* LING mot *m* univoque.

**unjust** [ˌʌn'dʒʌst] *adj* injuste.

**unjustifiable** [ʌn'dʒʌstɪfaɪəbl] *adj* [behaviour] injustifiable, inexcusable; [claim] que l'on ne peut justifier; [error] injustifié.

**unjustifiably** [ʌn'dʒʌstɪfaɪəblɪ] *adv* sans justification.

**unjustified** [ʌn'dʒʌstɪfaɪd] *adj* [unwarranted] injustifié; ~ absences absences sans motif valable.

**unjustly** [ˌʌn'dʒʌstlɪ] *adv* injustement, à tort.

**unkempt** [ˌʌn'kempt] *adj* [hair] mal peigné, en bataille; [beard] hirsute; [appearance, person] négligé, débraillé; [garden] mal entretenu, en friche.

**unkind** [ʌn'kaɪnd] *adj* -1. [person] peu aimable, qui n'est pas gentil; [manner] peu aimable; [thought] vilain, méchant; [remark] désobligeant, méchant; he was rather ~ to me il n'a pas été très gentil à mon égard OR avec moi. -2. [climate] rigoureux, rude.

**unkindly** [ʌn'kaɪndlɪ] ◊ *adv* [cruelly] méchamment, cruellement; [roughly] sans ménagement; I hope you won't take it ~ but I'll have to decline your invitation j'espère que vous ne serez pas offensé mais je dois décliner votre invitation;

she didn't mean it ~ elle n'a voulu blesser OR offenser personne. ◇ *adj lit* [person] peu aimable OR gentil; [action] vilain; [remark] désobligeant.

**unknowable** [ˌʌn'nəʊəbl] ◇ *adj* inconnaissable. ◇ *n* inconnaissable *m*.

**unknowing** [ˌʌn'nəʊɪŋ] *adj* inconscient.

**unknowingly** [ˌʌn'nəʊɪŋlɪ] *adv* à mon/son *etc* insu, sans m'en/s'en *etc* apercevoir.

**unknown** [ˌʌn'nəʊn] ◇ *adj* -1. [not known] inconnu; for reasons ~ to us pour des raisons que nous ignorons OR qui nous sont inconnues; ~ to his son, he sold the house à l'insu de son fils OR sans que son fils le sache, il a vendu la maison; these drugs are ~ to most family doctors ces médicaments sont inconnus de la plupart des généralistes ❏ ~ quantity MATH & *fig* inconnue *f*.-2. [obscure – cause] inconnu, mystérieux; [– place] inconnu. -3. [obscure – actor, writer] inconnu, méconnu. ◇ *n* -1. [person] inconnu *m*, -e *f*.-2. [place, situation] inconnu *m*.-3. MATH & LOGIC inconnue *f*. **Unknown Soldier, Unknown Warrior** *n*: the ~ le Soldat *m* inconnu.

**unlace** [ˌʌn'leɪs] *vt* [bodice, shoe] délacer, défaire le lacet OR les lacets de.

**unladen** [ˌʌn'leɪdn] *adj* -1. [goods] déchargé. -2. [lorry, ship] à vide; ~ **weight** poids *m* à vide.

**unladylike** [ˌʌn'leɪdɪlaɪk] *adj* [girl] mal élevé; [behaviour, posture] peu distingué; it's ~ to whistle une jeune fille bien élevée ne siffle pas.

**unlamented** [ˌʌnlə'mentɪd] *adj* regretté de personne.

**unlatch** [ˌʌn'lætʃ] ◇ *vt* [door] soulever le loquet de, ouvrir. ◇ *vi* [door] s'ouvrir.

**unlawful** [ˌʌn'lɔːfʊl] *adj* illicite, illégal; their marriage was deemed ~ leur mariage fut jugé illégitime ❏ ~ **assembly** JUR réunion *f* illégale, attroupement *m* illégal; ~ **killing** meurtre *m*.

**unlawfully** [ˌʌn'lɔːfʊlɪ] *adv* illicitement, illégalement.

**unleaded** [ˌʌn'ledɪd] *adj* [petrol] sans plomb.

**unlearn** [ˌʌn'lɜːn] (*pt* & *pp* **unlearned** OR **unlearnt** [-'lɜːnt]) *vt* désapprendre.

**unlearnt** [ˌʌn'lɜːnt] *adj* [lesson] non appris; [reflex] inné, non acquis.

**unleash** [ˌʌn'liːʃ] *vt* -1. [dog] lâcher. -2. *fig* [anger, violence] déchaîner; she ~ed **a stream of invective** elle lâcha une bordée d'injures.

**unleavened** [ˌʌn'levnd] *adj* [bread] CULIN sans levain; RELIG azyme.

**unless** [ən'les] *conj* à moins que (+ *subjunctive*), à moins de (+ *infinitive*); I'll go ~ he phones first j'irai, à moins qu'il téléphone d'abord; ~ I'm very much mistaken à moins que je ne me trompe; ~ he pays me tomorrow, I'm leaving s'il ne m'a pas payé demain, je m'en vais; you won't win ~ you practise vous ne gagnerez pas si vous ne vous entraînez pas; don't speak ~ spoken to ne parle que lorsqu'on t'adresse la parole; ~ I hear otherwise OR to the contrary sauf avis contraire, sauf contrordre.

**unliberated** [ˌʌn'lɪbəreɪtɪd] *adj* non libéré.

**unlicensed** [ˌʌn'laɪsənst] *adj* [parking, sale] illicite, non autorisé; [fishing, hunting] sans permis, illicite; [car] sans vignette; [premises] qui n'a pas de licence de débit de boissons.

**unlikable** [ˌʌn'laɪkəbl] *adj* [person] peu sympathique; [place, thing] peu agréable.

**unlike** [ˌʌn'laɪk] ◇ *adj* [dissimilar] dissemblable; [different] différent; [showing no likeness] peu ressemblant; [unequal] inégal; the two sisters are quite ~ each other les deux sœurs ne se ressemblent pas du tout. ◇ *prep* -1. [different from] différent de, qui ne ressemble pas à; she is not ~ your sister in looks elle n'est pas sans ressembler à votre sœur. -2. [uncharacteristic of]: that's (very) ~ him! cela ne lui ressemble pas (du tout)!-3. [in contrast to] à la différence de, contrairement à.

**unlikeable** [ˌʌn'laɪkəbl] = **unlikable**.

**unlikelihood** [ʌn'laɪklɪhʊd] *n* improbabilité *f*.

**unlikely** [ʌn'laɪklɪ] *adj* -1. [improbable – event, outcome] improbable, peu probable; it is very OR most ~ that it will rain il est très peu probable qu'il pleuve, il y a peu de chances pour qu'il pleuve; in the ~ event of my winning au cas

improbable où je gagnerais. -2. [person] peu susceptible, qui a peu de chances; he is ~ to come/to fail il est peu probable qu'il vienne/échoue, il est peu susceptible de venir/d'échouer. -3. [implausible – excuse, story] invraisemblable. -4. [unexpected – situation, undertaking, costume etc] extravagant, invraisemblable; [– person] peu indiqué; he seems an ~ choice il semble un choix peu judicieux.

**unlimited** [ʌn'lɪmɪtɪd] *adj* -1. [possibilities, space] illimité, sans limites; [power] illimité, sans bornes; [time] infini, illimité. -2. *Br* FIN: ~ **liability** responsabilité *f* illimitée.

**unlined** [ˌʌn'laɪnd] *adj* -1. [paper] non réglé, uni. -2. [curtain, clothes] sans doublure. -3. [face] sans rides.

**unlisted** [ˌʌn'lɪstɪd] *adj* -1. [not on list – name] qui ne paraît pas sur la liste. -2. *Am* TELEC qui est sur la liste rouge. -3. ST. EX non coté (en Bourse).

**unlit** [ˌʌn'lɪt] *adj* -1. [candle, fire] non allumé. -2. [room, street] non éclairé.

**unload** [ˌʌn'ləʊd] ◇ *vt* -1. [remove load from – gun, ship, truck] décharger. -2. [remove – cargo, furniture] décharger; [– film] enlever. -3. *inf* [get rid of] se débarrasser de, se défaire de; to ~ sthg **onto sb** se décharger de qqch sur qqn. -4. *fig* [responsibility, worries] décharger. ◇ *vi* [ship, truck] décharger.

**unlock** [ˌʌn'lɒk] ◇ *vt* -1. [door] ouvrir. -2. *fig* [mystery, puzzle] résoudre, donner la clé de; [secret] dévoiler. ◇ *vi* s'ouvrir.

**unlooked-for** [ˌʌn'lʊkt-] *adj* inattendu, imprévu.

**unloose** [ˌʌn'luːs] = **unleash**.

**unloose(n)** [ˌʌn'luːs(n)] *vt* [belt, grip] relâcher, desserrer.

**unlovable** [ˌʌn'lʌvəbl] *adj* peu attachant.

**unloved** [ˌʌn'lʌvd] *adj* privé d'affection, aimé de personne; to feel ~ se sentir mal aimé.

**unloving** [ˌʌn'lʌvɪŋ] *adj* peu affectueux.

**unluckily** [ʌn'lʌkɪlɪ] *adv* malheureusement.

**unlucky** [ʌn'lʌkɪ] (*compar* **unluckier**, *superl* **unluckiest**) *adj* -1. [person] malchanceux; [day] de malchance; we were ~ enough to get caught in a jam nous avons eu la malchance d'être pris dans un embouteillage; to be ~ in love être malheureux en amour. -2. [colour, number] qui porte malheur; [omen] funeste, mauvais; it's supposed to be ~ to break a mirror c'est censé porter malheur de casser un miroir.

**unmade** [ˌʌn'meɪd] *adj* -1. [bed] défait. -2. *Br* [road] non goudronné.

**unman** [ˌʌn'mæn] (*pt* & *pp* **unmanned**, *cont* **unmanning**) *vt* -1. NAUT renvoyer l'équipage de. -2. *lit* [person] faire perdre courage à.

**unmanageable** [ʌn'mænɪdʒəbl] *adj* -1. [vehicle] peu maniable; [object] peu maniable, difficile à manier. -2. [animal] difficile, indocile; [children] difficile, impossible. -3. [situation] difficile à gérer. -4. [hair] difficile à coiffer, rebelle.

**unmanly** [ʌn'mænlɪ] *adj* -1. [effeminate] efféminé, peu viril. -2. [cowardly] lâche.

**unmanned** [ˌʌn'mænd] *adj* [without crew – plane, ship] sans équipage; [– spacecraft, flight] inhabité; RAIL [– station] sans personnel; [– level crossing] non gardé, automatique; the border post/switchboard was ~ il n'y avait personne au poste frontière/au standard; the control centre was left ~ le centre de contrôle est resté sans surveillance.

**unmannerly** [ʌn'mænəlɪ] *adj fml* [person] discourtois, mal élevé; [behaviour] mal élevé.

**unmapped** [ˌʌn'mæpt] *adj* [area] pour lequel il n'existe pas de carte, dont on n'a pas dressé la carte.

**unmarked** [ˌʌn'mɑːkt] *adj* -1. [face, furniture, page] sans marque, sans tache. -2. [without identifying features]: the radioactive waste was carried in ~ drums les déchets radioactifs étaient transportés dans des barils non identifiés; an ~ police car une voiture de police banalisée. -3. [without name tag, label] sans nom, non marqué. -4. [essay] non corrigé. -5. LING non marqué. -6. SPORT [player] démarqué.

**unmarketable** [ˌʌn'mɑːkɪtəbl] *adj* invendable.

**unmarriageable** [ˌʌn'mærɪdʒəbl] *adj* immariable.

**unmarried** [ˌʌn'mærɪd] *adj* non marié, célibataire; ~ **mother** mère *f* célibataire.

**unmask** [ˌʌn'mɑːsk] *vt* démasquer.

**unmatched** [ˌʌn'mætʃt] *adj* inégalé, sans égal OR pareil.

**unmentionable** [ʌn'menʃnəbl] *adj* [subject] dont il ne faut pas parler, interdit; [word] qu'il ne faut pas prononcer, interdit.

◆ **unmentionables** *npl euph* & *hum* [underwear] dessous *mpl*, sous-vêtements *mpl*.

**unmerciful** [ʌn'mɜːsɪful] *adj* impitoyable, sans pitié; **to be ~ to** OR **towards sb** être sans pitié pour qqn.

**unmerited** [ˌʌn'merɪtɪd] *adj* [undeserved] immérité; [unjust] injuste.

**unmindful** [ʌn'maɪndful] *adj fml* [uncaring] peu soucieux; [forgetful] oublieux; [inattentive] inattentif.

**unmistakable** [ˌʌnmɪ'steɪkəbl] *adj* [not mistakeable] facilement reconnaissable; [clear, obvious] indubitable, manifeste, évident.

**unmistakably** [ˌʌnmɪ'steɪkəblɪ] *adv* **-1.** [undeniably] indéniablement, sans erreur possible. **-2.** [visibly] visiblement, manifestement.

**unmistakeable** [ˌʌnmɪ'steɪkəbl] = **unmistakable**.

**unmitigated** [ʌn'mɪtɪgeɪtɪd] *adj* **-1.** [total – disaster, chaos] total; [– stupidity] pur, total. **-2.** [undiminished] non mitigé.

**unmourned** [ˌʌn'mɔːnd] *adj*: **he died ~** personne ne l'a pleuré.

**unmoved** [ˌʌn'muːvd] *adj* indifférent, insensible; **to be ~ by sthg** rester insensible à qqch; **the music left me ~** la musique ne m'a pas ému.

**unmusical** [ˌʌn'mjuːzɪkl] *adj* **-1.** [sound] peu musical. **-2.** [person] peu musicien.

**unnameable** [ˌʌn'neɪməbl] *adj* innommable, sans nom.

**unnamed** [ˌʌn'neɪmd] *adj* **-1.** [anonymous] anonyme; [unspecified] non précisé. **-2.** [having no name – child] sans nom, qui n'a pas reçu de nom; [– desire, fear] inavoué.

**unnatural** [ʌn'nætʃrəl] *adj* **-1.** [affected – behaviour, manner, tone] affecté, peu naturel; [– laughter] peu naturel, forcé. **-2.** [odd, abnormal – circumstances, state] anormal; [– phenomenon] surnaturel. **-3.** [perverse – love, passion] contre nature.

**unnaturally** [ʌn'nætʃrəlɪ] *adv* [behave, laugh, walk] bizarrement, de façon peu naturelle.

**unnecessarily** [*Br* ʌn'nesəsərɪlɪ, *Am* ˌʌnnesə'serəlɪ] *adv* sans nécessité OR raison.

**unnecessary** [ʌn'nesəsərɪ] *adj* superflu, inutile; **it's quite ~ for you all to attend** il n'est pas vraiment pas nécessaire OR utile que vous y alliez tous; **it's a lot of ~ fuss** c'est beaucoup d'agitation pour rien.

**unnerve** [ˌʌn'nɜːv] *vt* démonter, déconcerter.

**unnerving** [ˌʌn'nɜːvɪŋ] *adj* [event, experience] déconcertant, perturbant.

**unnoticed** [ˌʌn'nəʊtɪst] *adj* inaperçu; **to pass ~** passer inaperçu.

**UNO** (*abbr of* **United Nations Organization**) *pr n* ONU *f*.

**unobjectionable** [ˌʌnəb'dʒekʃnəbl] *adj* [idea, activity] acceptable; [behaviour, person] qui ne peut être critiqué.

**unobservant** [ˌʌnəb'zɜːvənt] *adj* peu observateur.

**unobserved** [ˌʌnəb'zɜːvd] *adj* inaperçu; **she crept past ~** elle s'est faufilée sans se faire remarquer.

**unobstructed** [ˌʌnəb'strʌktɪd] *adj* **-1.** [entry, passage, view] non obstrué, libre. **-2.** [activity, progress] sans obstacle.

**unobtainable** [ˌʌnəb'teɪnəbl] *adj* impossible à obtenir.

**unobtrusive** [ˌʌnəb'truːsɪv] *adj* [person] discret (*f* -ète), effacé; [object] discret (*f* -ète), pas trop visible; [smell] discret (*f* -ète).

**unoccupied** [ˌʌn'ɒkjʊpaɪd] *adj* **-1.** [person] qui ne fait rien, oisif. **-2.** [house] inoccupé, vide; [seat] libre. **-3.** MIL [zone, territory] non occupé, libre.

**unofficial** [ˌʌnə'fɪʃl] *adj* **-1.** [unconfirmed – report] officieux, non officiel. **-2.** [informal – appointment] non officiel, privé. **-3.** INDUST: **~ strike** grève *f* sauvage.

**unofficially** [ˌʌnə'fɪʃəlɪ] *adv* [informally] officieusement; [in private] en privé.

**unopened** [ˌʌn'əʊpənd] *adj* **-1.** [letter, bottle] fermé. **-2.** BOT non éclos.

**unopposed** [ˌʌnə'pəʊzd] *adj*: **she was elected ~** elle était la seule candidate (et elle a été élue).

**unorganized, -ised** [ˌʌn'ɔːgənaɪzd] *adj* inorganisé, non organisé.

**unoriginal** [ˌʌnə'rɪdʒənl] *adj* sans originalité.

**unorthodox** [ˌʌn'ɔːθədɒks] *adj* non orthodoxe, pas très orthodoxe; RELIG hétérodoxe.

**unpack** [ˌʌn'pæk] ◇ *vt* **-1.** [bag, suitcase] défaire; [books, clothes, shopping] déballer. **-2.** COMPUT décompresser. ◇ *vi* défaire ses bagages.

**unpaid** [ˌʌn'peɪd] *adj* **-1.** [helper, job] bénévole, non rémunéré. **-2.** [bill, salary] impayé; [employee] non payé; **~ holiday** congé *m* sans solde.

**unpalatable** [ʌn'pælətəbl] *adj* [food] immangeable; *fig* [idea] dérangeant; [truth] désagréable à entendre.

**unparalleled** [ʌn'pærəleld] *adj* [unequalled] sans pareil; [unprecedented] sans précédent.

**unpardonable** [ʌn'pɑːdnəbl] *adj* impardonnable, inexcusable.

**unparliamentary** ['ʌnˌpɑːlə'mentərɪ] *adj* [behaviour] peu courtois; **~ language** *Br* POL langage *m* grossier.

**unpatriotic** ['ʌnˌpætrɪ'ɒtɪk] *adj* [person] peu patriote; [sentiment, song] peu patriotique.

**unpaved** [ˌʌn'peɪvd] *adj* [street] non pavé.

**unperturbed** [ˌʌnpə'tɜːbd] *adj* imperturbable, impassible; **to be ~ by sthg** rester imperturbable face à qqch.

**unpick** [ˌʌn'pɪk] *vt* découdre.

**unpin** [ˌʌn'pɪn] (*pt* & *pp* **unpinned**, *cont* **unpinning**) *vt* [seam] enlever les épingles de.

**unplaced** [ˌʌn'pleɪst] *adj* [horse, competitor] non placé.

**unplanned** [ˌʌn'plænd] *adj* [visit, activity] imprévu.

**unplayable** [ˌʌn'pleɪəbl] *adj* [pitch] impraticable; [ball, shot – in tennis, squash etc] qu'on ne peut rattraper; [– in golf] impossible à jouer.

**unpleasant** [ʌn'pleznt] *adj* [person] désagréable; [smell, weather] désagréable, mauvais; [remark] désagréable, désobligeant; [memory] pénible; **the boss was most ~ to her** le patron était très désagréable avec elle.

**unpleasantly** [ʌn'plezntlɪ] *adv* désagréablement, de façon déplaisante.

**unpleasantness** [ʌn'plezntnɪs] *n* **-1.** [of person] côté *m* désagréable; [of experience, weather] désagrément *m*. **-2.** [discord] friction *f*, dissension *f*.

**unplug** [ʌn'plʌg] (*pt* & *pp* **unplugged**, *cont* **unplugging**) *vt* ELEC débrancher.

**unplumbed** [ˌʌn'plʌmd] *adj* [depths, area of knowledge] insondé.

**unpolluted** [ˌʌnpə'luːtɪd] *adj* non pollué.

**unpopular** [ˌʌn'pɒpjʊləʳ] *adj* impopulaire, peu populaire; **I'm rather ~ with the bosses** je ne suis pas très bien vu des patrons; **to make o.s. ~** se rendre impopulaire.

**unpopularity** ['ʌnˌpɒpjʊ'lærətɪ] *n* impopularité *f*.

**unprecedented** [ʌn'presɪdəntɪd] *adj* sans précédent.

**unpredictable** [ˌʌnprɪ'dɪktəbl] *adj* imprévisible.

**unpredictably** [ˌʌnprɪ'dɪktəblɪ] *adv* de façon imprévisible.

**unprejudiced** [ˌʌn'predʒʊdɪst] *adj* impartial, sans parti pris.

**unprepared** [ˌʌnprɪ'peəd] *adj* mal préparé; **I was ~ for what happened** je n'étais pas préparé à ce qui s'est passé.

**unprepossessing** ['ʌnˌpriːpə'zesɪŋ] *adj* [place] peu attrayant; [person, smile] peu avenant OR engageant.

**unpretentious** [ˌʌnprɪ'tenʃəs] *adj* sans prétention.

**unprincipled** [ʌn'prɪnsəpld] *adj* [person, behaviour] sans scrupules.

**unprintable** [ˌʌn'prɪntəbl] *adj* [language] grossier.

**unprocessed** [ˌʌn'prəʊsest] *adj* **-1.** [food, wool] non traité, naturel. **-2.** PHOT [film] non développé. **-3.** [data] brut.

**unproductive** [ˌʌnprə'dʌktɪv] *adj* [land] improductif, stérile; [discussion, weekend] improductif.

**unprofessional** [ˌʌnprə'feʃnl] *adj* [attitude, conduct] peu professionnel.

**unprofitable** [ʌn'prɒfɪtəbl] *adj* **-1.** [business] peu rentable. **-2.** [discussions] peu profitable; [action] inutile.

**unprompted** [ˌʌn'prɒmptɪd] *adj* [action, words] spontané.

**unpronounceable** [ˌʌnprə'naʊnsəbl] *adj* imprononçable.

**unprotected** [ˌʌnprə'tektɪd] *adj* **-1.** [person] sans protection, non défendu; **~ sex** rapports *mpl* non protégés. **-2.** [machinery] sans protection, non protégé. **-3.** [wood] non traité. **-4.** [exposed] exposé (aux intempéries).

**unprovoked** [ˌʌnprəˈvəʊkt] *adj* [attack, insult] injustifié.

**unpublishable** [ˌʌnˈpʌblɪʃəbl] *adj* impubliable.

**unpublished** [ˌʌnˈpʌblɪʃt] *adj* [manuscript, book] inédit, non publié.

**unpunished** [ˌʌnˈpʌnɪʃt] *adj* impuni; he can't be allowed to go ∼ il ne peut pas rester impuni.

**unqualified** [ˌʌnˈkwɒlɪfaɪd] *adj* -**1**. [unskilled] non qualifié; [without diploma] qui n'a pas les diplômes requis; [unsuitable] qui n'a pas les qualités requises. -**2**. [not competent] non qualifié OR compétent; she is ∼ to decide elle n'est pas qualifiée pour décider. -**3**. [unrestricted – admiration, approval] inconditionnel, sans réserve; [– success] complet (*f* -ète).

**unquenchable** [ˌʌnˈkwentʃəbl] *adj lit* [curiosity, desire, thirst] insatiable.

**unquestionable** [ʌnˈkwestʃənəbl] *adj* -**1**. [undeniable] incontestable, indubitable. -**2**. [above suspicion] qui ne peut être mis en question.

**unquestionably** [ʌnˈkwestʃənəblɪ] *adv* indéniablement, incontestablement.

**unquestioned** [ʌnˈkwestʃənd] *adj* [decision, leader, principle] indiscuté, incontesté.

**unquestioning** [ʌnˈkwestʃənɪŋ] *adj* [faith, love, obedience, belief] absolu, aveugle.

**unquote** [ˌʌnˈkwəʊt] *adv* fin de citation; [in dictation] fermez les guillemets.

**unravel** [ʌnˈrævl] (*Br pt* & *pp* **unravelled**, *cont* **unravelling**, *Am pt* & *pp* **unraveled**, *cont* **unraveling**) ◇ *vt* -**1**. [knitting] défaire; [textile] effiler, effilocher. -**2**. [untangle – knots, string] démêler; *fig* [mystery] débrouiller, éclaircir. ◇ *vi* [knitting] se défaire; [textile] s'effilocher.

**unread** [ˌʌnˈred] *adj* -**1**. [person] qui a peu lu. -**2**. [book, report] qui n'a pas été lu.

**unreadable** [ˌʌnˈriːdəbl] *adj* -**1**. [handwriting, signature] illisible. -**2**. [book, report] illisible, ennuyeux.

**unready** [ˌʌnˈredɪ] *adj* -**1**. [unprepared] non préparé, qui n'est pas prêt. -**2**. [unwilling] peu disposé.

**unreal** [ˌʌnˈrɪəl] *adj* -**1**. [appearance, feeling]: it all seems so ∼ tout paraît si irréel; an ∼ situation une situation artificielle. -**2**. ∨ [very good] incroyable.

**unrealistic** [ˌʌnrɪəˈlɪstɪk] *adj* irréaliste, peu réaliste.

**unrealistically** [ˌʌnrɪəˈlɪstɪklɪ] *adv*: his hopes were ∼ high ses espoirs étaient trop grands pour être réalistes.

**unreality** [ˌʌnrɪˈælətɪ] *n* irréalité *f*.

**unrealizable, -isable** [ˌʌnˈrɪəlaɪzəbl] *adj* [aim, dream] irréalisable; [fact, situation, state] inconcevable.

**unreason** [ˌʌnˈriːzn] *n fml* déraison *f*, folie *f*.

**unreasonable** [ʌnˈriːznəbl] *adj* -**1**. [absurd, preposterous] déraisonnable; you're being ∼ vous n'êtes pas raisonnable. -**2**. [excessive] excessif, déraisonnable.

**unreasonably** [ʌnˈriːznəblɪ] *adv* déraisonnablement.

**unreasoning** [ʌnˈriːznɪŋ] *adj* irrationnel.

**unrecognizable, -isable** [ˌʌnˈrekəgnaɪzəbl] *adj* méconnaissable.

**unrecognized, -ised** [ˌʌnˈrekəgnaɪzd] *adj* -**1**. [without being recognized]: he slipped out ∼ il s'est glissé vers la sortie sans être reconnu. -**2**. [not acknowledged – talent, achievement] méconnu.

**unreconstructed** [ˌʌnriːkənˈstrʌktɪd] *adj* [person, ideas] rétrograde.

**unrefined** [ˌʌnrɪˈfaɪnd] *adj* -**1**. [petrol] brut, non raffiné; [sugar] non raffiné; [flour] non bluté. -**2**. [person, manners] peu raffiné, fruste.

**unregistered** [ˌʌnˈredʒɪstəd] *adj* -**1**. [luggage, complaint] non enregistré. -**2**. [mail] non recommandé. -**3**. [car] non immatriculé. -**4**. [voter, student] non inscrit; [birth] non déclaré.

**unrehearsed** [ˌʌnrɪˈhɜːst] *adj* -**1**. [improvised] improvisé, spontané. -**2**. MUS & THEAT qui n'a pas été répété.

**unrelated** [ˌʌnrɪˈleɪtɪd] *adj* -**1**. [unconnected] sans rapport; his answer was completely ∼ to the question sa réponse n'avait absolument aucun rapport OR absolument rien à voir avec la question. -**2**. [people] sans lien de parenté.

**unrelenting** [ˌʌnrɪˈlentɪŋ] *adj* -**1**. [activity, effort] soutenu, continuel. -**2**. [person] tenace, obstiné.

**unreliability** [ˈʌnrɪˌlaɪəˈbɪlətɪ] *n* -**1**. [of person] manque *m* de sérieux. -**2**. [of method, machine] manque *m* de fiabilité.

**unreliable** [ˌʌnrɪˈlaɪəbl] *adj* -**1**. [person] peu fiable, sur qui on ne peut pas compter. -**2**. [car, machinery] peu fiable. -**3**. [service] peu fiable, peu sûr; [business, company] qui n'inspire pas confiance. -**4**. [information, memory] peu fiable.

**unrelieved** [ˌʌnrɪˈliːvd] *adj* [pain] constant, non soulagé; [gloom, misery] constant, permanent; [boredom] mortel; [landscape, routine] monotone.

**unremarkable** [ˌʌnrɪˈmɑːkəbl] *adj* peu remarquable, quelconque.

**unremarked** [ˌʌnrɪˈmɑːkt] *adj* inaperçu.

**unremitting** [ˌʌnrɪˈmɪtɪŋ] *adj* [activity, rain] incessant, ininterrompu; [demands, efforts] inlassable, infatigable; [opposition] implacable, opiniâtre; they were ∼ in their efforts to find a solution ils se sont efforcés avec assiduité de trouver une solution.

**unrepeatable** [ˌʌnrɪˈpiːtəbl] *adj* [remark] qu'on n'ose pas répéter, trop grossier pour être répété; [offer, performance] exceptionnel, unique.

**unrepentant** [ˌʌnrɪˈpentənt] *adj* impénitent.

**unreported** [ˌʌnrɪˈpɔːtɪd] *adj* non signalé OR mentionné.

**unrepresentative** [ˌʌnreprɪˈzentətɪv] *adj* non représentatif; his opinions are ∼ of the group ses opinions ne représentent pas celles du groupe.

**unrequited** [ˌʌnrɪˈkwaɪtɪd] *adj lit* non réciproque, non partagé.

**unreserved** [ˌʌnrɪˈzɜːvd] *adj* -**1**. [place] non réservé. -**2**. [unqualified] sans réserve, entier.

**unreservedly** [ˌʌnrɪˈzɜːvɪdlɪ] *adv* -**1**. [without qualification] sans réserve, entièrement. -**2**. [frankly] sans réserve, franchement.

**unresolved** [ˌʌnrɪˈzɒlvd] *adj* [issue, problem] non résolu.

**unresponsive** [ˌʌnrɪˈspɒnsɪv] *adj* [without reaction] qui ne réagit pas; [unaffected] insensible; [audience] passif.

**unrest** [ˌʌnˈrest] *n (U)* agitation *f*, troubles *mpl*.

**unrestrained** [ˌʌnrɪˈstreɪnd] *adj* [anger, growth, joy] non contenu; the ∼ use of force l'usage sans limites de la force.

**unrestricted** [ˌʌnrɪˈstrɪktɪd] *adj* [access, parking] libre; [number, time] illimité; [power] absolu.

**unrewarded** [ˌʌnrɪˈwɔːdɪd] *adj* [person] non récompensé; [effort, search] vain, infructueux.

**unrewarding** [ˌʌnrɪˈwɔːdɪŋ] *adj* -**1**. [financially] pas très intéressant financièrement. -**2**. *fig* [work, experience] ingrat.

**unripe** [ˌʌnˈraɪp] *adj* vert.

**unrivalled** *Br*, **unrivaled** *Am* [ʌnˈraɪvld] *adj* sans égal OR pareil, incomparable.

**unroll** [ˌʌnˈrəʊl] *vt* dérouler.

**unromantic** [ˌʌnrəˈmæntɪk] *adj* [person – unsentimental] peu romantique; [– down-to-earth] prosaïque, terre à terre *(inv)*; [ideas, place] peu romantique.

**unruffled** [ˌʌnˈrʌfld] *adj* -**1**. [person] imperturbable, qui ne perd pas son calme. -**2**. [hair] lisse; [water] calme, lisse.

**unruled** [ʌnˈruːld] *adj* blanc (*f* blanche), non réglé.

**unruly** [ʌnˈruːlɪ] *adj* -**1**. [children] indiscipliné, turbulent; [mob] incontrôlé. -**2**. [hair] indiscipliné.

**unsaddle** [ˌʌnˈsædl] *vt* [horse] desseller; [rider] désarçonner.

**unsafe** [ˌʌnˈseɪf] *adj* -**1**. [dangerous – machine, neighbourhood] peu sûr, dangereux; [– building, bridge] peu solide, dangereux. -**2**. [endangered] non à l'abri.

**unsaid** [ˌʌnˈsed] *adj* non dit, inexprimé; a lot was left ∼ beaucoup de choses ont été passées sous silence.

**unsal(e)able** [ˌʌnˈseɪləbl] *adj* invendable.

**unsatisfactory** [ˈʌnˌsætɪsˈfæktərɪ] *adj* peu satisfaisant, qui laisse à désirer.

**unsatisfied** [ˌʌnˈsætɪsfaɪd] *adj* -**1**. [person – unhappy] insatisfait, mécontent; [– unconvinced] non convaincu. -**2**. [desire] insatisfait, inassouvi.

**unsatisfying** [ˌʌnˈsætɪsfaɪɪŋ] *adj* -**1**. [activity, task] peu gratifiant, ingrat. -**2**. [unconvincing] peu convaincant. -**3**. [meal – insufficient] insuffisant, peu nourrissant; [– disappointing] décevant.

**unsaturated** [ˌʌnˈsætʃəreɪtɪd] *adj* non saturé.

**unsavoury** *Br*, **unsavory** *Am* [ˌʌnˈseɪvərɪ] *adj* -**1**. [behaviour, habits] répugnant, très déplaisant; [person] peu recommandable; [place] louche; [reputation] douteux. **-2.** [smell] fétide, nauséabond.

**unsay** [ˌʌn'seɪ] (*pt & pp* **unsaid** [-'sed]) *vt* retirer, revenir sur.

**unscathed** [ˌʌn'skeɪðd] *adj* [physically] indemne, sain et sauf; [psychologically] non affecté.

**unscheduled** [*Br* ˌʌn'ʃedjuːld, *Am* ˌʌn'skedʒʊld] *adj* imprévu.

**unschooled** [ˌʌn'skuːld] *adj fml* **-1.** [person] qui n'a pas d'instruction. **-2.** [talent] inné, naturel.

**unscientific** [ˈʌnˌsaɪən'tɪfɪk] *adj* non OR peu scientifique.

**unscramble** [ˌʌn'skræmbl] *vt* [code, message] déchiffrer; *fig* [problem] résoudre.

**unscrew** [ˌʌn'skruː] ◇ *vt* dévisser. ◇ *vi* se dévisser.

**unscripted** [ˌʌn'skrɪptɪd] *adj* [play, speech] improvisé; [item, subject] non programmé.

**unscrupulous** [ʌn'skruːpjʊləs] *adj* [person] sans scrupules, peu scrupuleux; [behaviour, methods] malhonnête, peu scrupuleux.

**unscrupulously** [ʌn'skruːpjʊləslɪ] *adv* sans scrupules, peu scrupuleusement.

**unseal** [ˌʌn'siːl] *vt* [open – letter] ouvrir, décacheter; [– deed, testament] desceller.

**unsealed** [ˌʌn'siːld] *adj* [letter] ouvert, décacheté; [deed, testament] descellé.

**unseasoned** [ˌʌn'siːznd] *adj* **-1.** [food] non assaisonné. **-2.** [wood] vert.

**unseat** [ˌʌn'siːt] *vt* [rider] désarçonner; [government, king] faire tomber.

**unsecured** [ˌʌnsɪ'kjʊəd] *adj* **-1.** [door, window – unlocked] qui n'est pas fermé à clé; [– open] mal fermé. **-2.** FIN [creditor, loan] sans garantie.

**unseeded** [ˌʌn'siːdd] *adj* SPORT non classé.

**unseemly** [ʌn'siːmlɪ] *adj lit* [improper – behaviour] inconvenant, déplacé; [– dress] inconvenant, peu convenable; [rude] indécent, grossier.

**unseen** [ˌʌn'siːn] ◇ *adj* **-1.** [invisible] invisible; [unnoticed] inaperçu. **-2.** [not seen previously]: to buy sthg sight ~ acheter qqch sans l'avoir vu; an ~ translation *Br* SCH & UNIV une traduction sans préparation OR à vue. ◇ *n Br* SCH & UNIV traduction *f* sans préparation OR à vue.

**unsegregated** [ˌʌn'segrɪˌgeɪtɪd] *adj* où la ségrégation n'est pas appliquée.

**unselfconscious** [ˌʌnself'kɒnʃəs] *adj* naturel.

**unselfish** [ˌʌn'selfɪʃ] *adj* [person, act] généreux, désintéressé.

**unselfishly** [ˌʌn'selfɪʃlɪ] *adv* généreusement, sans penser à soi.

**unsettle** [ˌʌn'setl] *vt* **-1.** [person] inquiéter, troubler. **-2.** [stomach] déranger.

**unsettled** [ˌʌn'setld] *adj* **-1.** [unstable – conditions, situation] instable, incertain; [– person] troublé, perturbé, inquiet (*f* -ète); [– stomach] dérangé; [– weather] incertain, changeant. **-2.** [unfinished – issue, argument, dispute] qui n'a pas été réglé. **-3.** [account, bill] non réglé, impayé. **-4.** [area, region] inhabité, sans habitants.

**unsettling** [ˌʌn'setlɪŋ] *adj* [disturbing] troublant, perturbateur.

**unshakeable** [ʌn'ʃeɪkəbl] *adj* [conviction, faith] inébranlable; [decision] ferme.

**unshaken** [ˌʌn'ʃeɪkən] *adj* inébranlable.

**unshaven** [ˌʌn'ʃeɪvn] *adj* non rasé.

**unsheathe** [ˌʌn'ʃiːð] *vt* dégainer.

**unshockable** [ˌʌn'ʃɒkəbl] *adj* imperturbable, impassible.

**unshod** [ˌʌn'ʃɒd] *adj* [horse] qui n'est pas ferré.

**unsightly** [ʌn'saɪtlɪ] *adj* disgracieux, laid.

**unsigned** [ˌʌn'saɪnd] *adj* non signé, sans signature.

**unsinkable** [ˌʌn'sɪŋkəbl] *adj* [boat] insubmersible; *fig* [person] qui ne se démonte pas facilement.

**unskilful** *Br*, **unskillful** *Am* [ˌʌn'skɪlfʊl] *adj* [lacking skill] inexpert, malhabile; [clumsy] maladroit.

**unskilled** [ˌʌn'skɪld] *adj* **-1.** [worker] sans formation professionnelle, non spécialisé, non qualifié. **-2.** [job, work] qui ne nécessite pas de connaissances professionnelles.

**unskillful** *Am* = **unskilful**.

**unsociable** [ʌn'səʊʃəbl] *adj* [person] sauvage, peu sociable;

[place] peu accueillant.

**unsocial** [ˌʌn'səʊʃl] *adj*: she works ~ hours elle travaille en dehors des heures normales.

**unsolicited** [ˌʌnsə'lɪsɪtɪd] *adj* non sollicité.

**unsolved** [ˌʌn'sɒlvd] *adj* [mystery] non résolu, inexpliqué; [problem] non résolu.

**unsophisticated** [ˌʌnsə'fɪstɪkeɪtɪd] *adj* **-1.** [person – in dress, tastes] simple; [– in attitude] simple, naturel. **-2.** [dress, style] simple, qui n'est pas sophistiqué. **-3.** [device, machine] (de conception) simple; [approach, method] rudimentaire, simpliste *pej*.

**unsought** [ˌʌn'sɔːt] *adj* [advice, compliment] non sollicité, non recherché.

**unsound** [ˌʌn'saʊnd] *adj* **-1.** [argument, conclusion, reasoning] mal fondé, peu pertinent; [advice, decision] peu judicieux, peu sensé; [enterprise, investment] peu sûr, risqué; [business] peu sûr, précaire; **the project is economically ~** le projet n'est pas sain OR viable sur le plan économique. **-2.** [building, bridge] peu solide, dangereux. **-3.** [person]: **to be of ~ mind** ne pas jouir de toutes ses facultés mentales.

**unsparing** [ʌn'speərɪŋ] *adj* **-1.** [generous] généreux, prodigue. **-2.** [harsh] sévère.

**unspeakable** [ʌn'spiːkəbl] *adj* **-1.** [crime, pain] épouvantable, atroce. **-2.** [beauty, joy] indicible, ineffable.

**unspeakably** [ʌn'spiːkəblɪ] *adv* [cruel, rude] épouvantablement, atrocement; [beautiful] indiciblement, ineffablement.

**unspecified** [ˌʌn'spesɪfaɪd] *adj* non spécifié.

**unspoiled** [ˌʌn'spɔɪld], **unspoilt** [ˌʌn'spɔɪlt] *adj* **-1.** [person] (qui est resté) naturel. **-2.** [beauty, town] qui n'est pas gâté OR défiguré. **-3.** [flavour] naturel.

**unspoken** [ˌʌn'spəʊkən] *adj* **-1.** [agreement] tacite. **-2.** [thought, wish] inexprimé; [word] non prononcé.

**unsporting** [ˌʌn'spɔːtɪŋ] *adj* déloyal.

**unstable** [ˌʌn'steɪbl] *adj* **-1.** [chair, government, price, situation] instable. **-2.** [marriage] peu solide. **-3.** [person] déséquilibré, instable.

**unstated** [ˌʌn'steɪtɪd] *adj* **-1.** [agreement] tacite. **-2.** [desire] inexprimé.

**unstatesmanlike** [ˌʌn'steɪtsmənlaɪk] *adj* peu digne.

**unsteadily** [ˌʌn'stedɪlɪ] *adv* [walk] d'un pas chancelant OR incertain, en titubant; [speak] d'une voix mal assurée; [hold, write] d'une main tremblante.

**unsteady** [ˌʌn'stedɪ] (*compar* **unsteadier,** *superl* **unsteadiest**) *adj* **-1.** [chair, ladder] instable, branlant. **-2.** [step, voice] mal assuré, chancelant; [hand] tremblant; **to be ~ on one's feet** [from illness, tiredness] ne pas être très solide sur ses jambes; [from drink] tituber. **-3.** [rhythm, speed, temperature] irrégulier; [flame] vacillant.

**unstick** [ˌʌn'stɪk] (*pt & pp* **unstuck** [-'stʌk]) ◇ *vt* décoller. ◇ *vi* se décoller.

**unstinting** [ˌʌn'stɪntɪŋ] *adj* [care] infini; [help] généreux; [efforts] incessant, illimité; [support] sans réserve, inconditionnel; [person] généreux, prodigue; **the firm has been ~ in its efforts to help us** l'entreprise ne ménage pas ses efforts pour nous aider.

**unstop** [ˌʌn'stɒp] (*pt & pp* **unstopped,** *cont* **unstopping**) *vt* [drain, sink] déboucher.

**unstoppable** [ˌʌn'stɒpəbl] *adj* qu'on ne peut pas arrêter.

**unstrap** [ˌʌn'stræp] (*cont* **unstrapping,** *pt & pp* **unstrapped**) *vt* défaire les sangles de; **to ~ sthg from sthg** détacher qqch de qqch.

**unstressed** [ˌʌn'strest] *adj* LING inaccentué, atone.

**unstructured** [ˌʌn'strʌktʃəd] *adj* [activity] non structuré; [group] non organisé.

**unstuck** [ˌʌn'stʌk] ◇ *pt & pp* → **unstick.** ◇ *adj* [envelope, label] décollé; **to come ~** *literal* se décoller; *fig* [plan, system] tomber à l'eau; [person] échouer.

**unstudied** [ˌʌn'stʌdɪd] *adj* [natural] naturel; [spontaneous] spontané.

**unsubstantiated** [ˌʌnsəb'stænʃɪeɪtɪd] *adj* [report, story] non confirmé; [accusation] non fondé.

**unsubtle** [ˌʌn'sʌtl] *adj* [person, remark] peu subtil, sans finesse; [joke] gros (*f* grosse).

**unsuccessful** [ˌʌnsək'sesfʊl] *adj* [plan, project] qui est un échec, qui n'a pas réussi; [attempt] vain, infructueux; [person] qui n'a pas de succès; [application, demand] refusé, rejeté; [marriage] malheureux; to be ~ échouer; I was ~ in my attempts to find her je n'ai pas réussi OR je ne suis pas arrivé à la trouver.

**unsuccessfully** [ˌʌnsək'sesfʊlɪ] *adv* en vain, sans succès.

**unsuitable** [ˌʌn'suːtəbl] *adj* [arrangement, candidate, qualities] qui ne convient pas; [behaviour, language] inconvenant; [moment, time] inopportun; [clothing] peu approprié, inadéquat; '~ for children' 'ne convient pas aux enfants'.

**unsuitably** [ˌʌn'suːtəblɪ] *adv* [behave] de façon inconvenante; [dress] d'une manière inadéquate.

**unsuited** [ˌʌn'suːtɪd] *adj* [person] inapte; [machine, tool] mal adapté, impropre; he is ~ to politics il n'est pas fait pour la politique; as a couple they seem totally ~ ils forment un couple mal assorti, ils ne vont pas du tout ensemble.

**unsung** [ˌʌn'sʌŋ] *adj lit* [deed, hero] méconnu.

**unsupported** [ˌʌnsə'pɔːtɪd] *adj* **-1.** [argument, theory] non vérifié; [accusation, statement] non fondé. **-2.** [wall, aperture] sans support. **-3.** *fig* [person – financially, emotionally]: to be ~ n'avoir aucun soutien.

**unsure** [ˌʌn'ʃɔːr] *adj* [lacking self-confidence] qui manque d'assurance, qui n'est pas sûr de soi; [hesitant] incertain; to be ~ of o.s. manquer d'assurance; they were ~ of his reaction ils ignoraient quelle serait sa réaction.

**unsurpassed** [ˌʌnsə'pɑːst] *adj* sans égal OR pareil.

**unsurprisingly** [ˌʌnsə'praɪzɪŋlɪ] *adv* bien entendu, évidemment.

**unsuspected** [ˌʌnsə'spektɪd] *adj* insoupçonné.

**unsuspecting** [ˌʌnsə'spektɪŋ] *adj* qui ne soupçonne rien, qui ne se doute de rien.

**unsuspectingly** [ˌʌnsə'spektɪŋlɪ] *adv* sans se douter de rien, sans se méfier.

**unsweetened** [ˌʌn'swiːtnd] *adj* sans sucre, non sucré.

**unswerving** [ʌn'swɜːvɪŋ] *adj* [devotion, loyalty] indéfectible, à toute épreuve; [determination] inébranlable.

**unsympathetic** ['ʌn,sɪmpə'θetɪk] *adj* **-1.** [unfeeling] insensible, incompréhensif; to be ~ to a cause être opposé OR hostile à une cause. **-2.** [unlikeable] antipathique.

**unsympathetically** ['ʌn,sɪmpə'θetɪklɪ] *adv* [speak, behave] sans montrer la moindre sympathie.

**unsystematic** [ˌʌnsɪstə'mætɪk] *adj* non systématique, non méthodique.

**untainted** [ˌʌn'teɪntɪd] *adj* [water] pur; *fig* [reputation] sans tache.

**untangle** [ˌʌn'tæŋgl] *vt* [hair, necklace, rope] démêler; *fig* [mystery] débrouiller, éclaircir.

**untapped** [ˌʌn'tæpt] *adj* inexploité.

**untarnished** [ˌʌn'tɑːnɪʃt] *adj* [silver] non terni; *fig* [reputation] non terni, sans tache.

**untenable** [ˌʌn'tenəbl] *adj* [argument, theory] indéfendable; [position] intenable.

**untested** [ˌʌn'testɪd] *adj* [employee, method, theory] qui n'a pas été mis à l'épreuve; [invention, machine, product] qui n'a pas été essayé; [drug] non encore expérimenté.

**unthinkable** [ʌn'θɪŋkəbl] *adj* impensable, inconcevable.

**unthinking** [ʌn'θɪŋkɪŋ] *adj* [action, remark] irréfléchi, inconsidéré; [person] irréfléchi, étourdi.

**untidily** [ʌn'taɪdɪlɪ] *adv* sans soin, d'une manière négligée.

**untidiness** [ʌn'taɪdɪnɪs] *n* [of dress] manque *m* de soin, débraillé *m*; [of person] manque *m* d'ordre; [of room] désordre *m*.

**untidy** [ʌn'taɪdɪ] (*compar* **untidier**, *superl* **untidiest**) *adj* [cupboard, desk, room] mal rangé, en désordre; [appearance] négligé, débraillé; [person] désordonné.

**untie** [ˌʌn'taɪ] *vt* [string] dénouer; [knot] défaire; [bonds] défaire, détacher; [package] défaire, ouvrir; [prisoner] détacher, délier.

**until** [ən'tɪl] ◇ *prep* **-1.** [up to] jusqu'à; ~ midnight/Monday jusqu'à minuit/lundi; ~ such time as you are ready jusqu'à ce que OR en attendant que vous soyez prêt; she was here (up) ~ February elle était ici jusqu'en février; (up) ~ now jusqu'ici, jusqu'à présent; (up) ~ then jusque-là. **-2.** *(with negative)* before [they didn't arrive ~ 8 o'clock ils ne sont arrivés qu'à 8 h; your car won't be ready ~ next week votre voiture ne sera pas prête avant la semaine prochaine. ◇ *conj* [up to the specified moment – in present] jusqu'à ce que;

[– in past] avant que, jusqu'à ce que; I'll wait here ~ you come back j'attendrai ici jusqu'à ce que tu reviennes; wait ~ she says hello attendez qu'elle dise bonjour; I laughed ~ I cried j'ai ri aux larmes ‖ [with negative main clause]: ~ she spoke I didn't realize she was Spanish jusqu'à ce qu'elle commence à parler, je ne m'étais pas rendu compte qu'elle était espagnole; she won't go to sleep ~ her mother comes home elle ne s'endormira pas avant que sa mère (ne) soit rentrée OR tant que sa mère n'est pas rentrée; don't sign anything ~ the boss gets there ne signez rien avant que le patron n'arrive, attendez le patron pour signer quoi que ce soit; the play didn't start ~ everyone was seated la pièce n'a commencé qu'une fois que tout le monde a été assis.

**untimely** [ʌn'taɪmlɪ] *adj* **-1.** [premature] prématuré, précoce. **-2.** [inopportune – remark] inopportun, déplacé; [– moment] inopportun, mal choisi; [– visit] intempestif.

**untiring** [ʌn'taɪərɪŋ] *adj* [efforts] inlassable, infatigable.

**untiringly** [ʌn'taɪərɪŋlɪ] *adv* inlassablement, infatigablement.

**untitled** [ˌʌn'taɪtld] *adj* [painting] sans titre; [person] non titré.

**unto** ['ʌntuː] *prep arch lit* **-1.** *(indicating dative)* [to] à. **-2.** [until] jusqu'à.

**untold** [ˌʌn'təʊld] *adj* **-1.** [tale] jamais raconté; [secret] jamais dévoilé. **-2.** [great – joy, suffering] indicible, indescriptible; [– amount, number] incalculable.

**untouchable** [ˌʌn'tʌtʃəbl] ◇ *adj* intouchable. ◇ *n* [in India] intouchable *mf*; *fig* paria *m*.

**untouched** [ˌʌn'tʌtʃt] *adj* **-1.** [not changed] auquel on n'a pas touché, intact. **-2.** [unharmed – person] indemne, sain et sauf; [– thing] indemne, intact.

**untoward** [ˌʌntə'wɔːd] *adj fml* [unfortunate – circumstances] fâcheux, malencontreux; [– effect] fâcheux, défavorable.

**untrained** [ˌʌn'treɪnd] *adj* [person] sans formation; [ear] inexercé; [mind] non formé; [voice] non travaillé; [dog, horse] non dressé; to the ~ eye pour un œil inexercé.

**untrammelled** *Br*, **untrammeled** *Am* [ʌn'træməld] *adj lit* sans contrainte, sans entraves.

**untranslatable** [ˌʌntræns'leɪtəbl] *adj* intraduisible.

**untreated** [ˌʌn'triːtɪd] *adj* **-1.** [unprocessed – food, wood] non traité; [– sewage] brut. **-2.** [infection, tumour] non traité, non soigné.

**untried** [ˌʌn'traɪd] *adj* [method, recruit, theory] qui n'a pas été mis à l'épreuve; [invention, product] qui n'a pas été essayé.

**untroubled** [ˌʌn'trʌbld] *adj* tranquille, paisible; they seemed ~ by the situation ils ne semblaient pas (être) affectés par la situation.

**untrue** [ˌʌn'truː] *adj* **-1.** [incorrect – belief, statement] faux (*f* fausse), erroné; [– measurement, reading] erroné, inexact. **-2.** [disloyal]: to be ~ to être déloyal envers OR infidèle à.

**untrustworthy** [ˌʌn'trʌst,wɜːðɪ] *adj* [person] qui n'est pas digne de confiance.

**untruth** [ˌʌn'truːθ] *n euph & fml* [lie] mensonge *m*, invention *f*.

**untruthful** [ˌʌn'truːθfʊl] *adj* [statement] mensonger; [person] menteur; to say ~ things mentir, dire des mensonges.

**untutored** [ˌʌn'tjuːtəd] *adj* **-1.** [person] sans instruction; [eye, ear] inexercé; [voice] non travaillé; [mind] non formé. **-2.** [skill, talent] inné, naturel.

**unusable** [ˌʌn'juːzəbl] *adj* inutilisable.

**unused** [*sense 1* ˌʌn'juːzd, *sense 2* ʌn'juːst] *adj* **-1.** [not in use] inutilisé; [new – machine, material] neuf, qui n'a pas servi; [– clothing, shoes] neuf, qui n'a pas été porté. **-2.** [unaccustomed]: to be ~ to sthg ne pas avoir l'habitude de qqch, ne pas être habitué à qqch.

**unusual** [ʌn'juːʒl] *adj* [uncommon] peu commun, inhabituel; [odd] étrange, bizarre; it's ~ for her to be so brusque il est rare qu'elle soit si brusque, ça ne lui ressemble pas OR ce n'est pas son genre d'être aussi brusque.

**unusually** [ʌn'juːʒəlɪ] *adv* [exceptionally] exceptionnellement, extraordinairement; she is ~ intelligent elle est d'une intelligence exceptionnelle ‖ [abnormally] exceptionnellement, anormalement.

**unutterable** [ʌn'ʌtərəbl] *adj fml* [misery, pain] indicible, indescriptible; [boredom] mortel; [joy] inexprimable.

**unutterably** [ʌn'ʌtərəblɪ] *adv fml* [miserable, tired] terriblement, horriblement; [happy] extraordinairement.

**unvarnished** [ˌʌn'vɑːnɪʃt] adj **-1.** [furniture] non verni. **-2.** fig [plain, simple] simple, sans fard.

**unvarying** [ʌn'veərɪɪŋ] adj invariable, uniforme.

**unveil** [ˌʌn'veɪl] vt [painting] dévoiler, inaugurer; fig [secret] dévoiler, révéler.

**unveiling** [ˌʌn'veɪlɪŋ] n [of painting, sculpture] dévoilement m, inauguration f; [of secret] dévoilement m, révélation f.

**unverified** [ˌʌn'verɪfaɪd] adj non vérifié.

**unversed** [ˌʌn'vɜːst] adj fml peu versé; **to be ~ in** sthg être peu versé dans qqch.

**unvoiced** [ˌʌn'vɔɪst] adj **-1.** [desire, objection] inexprimé. **-2.** PHON non voisé, sourd.

**unwaged** [ˌʌn'weɪdʒd] ◇ adj [unsalaried] non salarié; [unemployed] sans emploi, au chômage. ◇ npl: **the ~** les sans-emploi mpl.

**unwanted** [ˌʌn'wɒntɪd] adj [child, pregnancy] non désiré, non souhaité; [books, clothing] dont on n'a plus besoin, dont on veut se séparer; [hair] superflu; **I felt ~ as a child** j'ai été privé d'affection dans mon enfance.

**unwarranted** [ʌn'wɒrəntɪd] adj [concern, criticism] injustifié; [remark, interference] déplacé.

**unwary** [ʌn'weərɪ] adj [person, animal] qui n'est pas méfiant OR sur ses gardes.

**unwashed** [ˌʌn'wɒʃt] adj [dishes, feet, floor] non lavé; [person] qui ne s'est pas lavé.

**unwavering** [ʌn'weɪvərɪŋ] adj [devotion, support] indéfectible, à toute épreuve; [look] fixe; [person] inébranlable, ferme.

**unwed** [ˌʌn'wed] adj célibataire.

**unwelcome** [ʌn'welkəm] adj [advances, attention] importun; [advice] non sollicité; [visit] inopportun; [visitor] importun, gênant; [news, situation] fâcheux; **he made his mother feel ~** il a donné l'impression à sa mère qu'elle gênait.

**unwelcoming** [ʌn'welkəmɪŋ] adj [person, look] hostile, froid; [place] peu accueillant.

**unwell** [ˌʌn'wel] adj [indisposed] souffrant, indisposé fml; [ill] malade.

**unwholesome** [ˌʌn'həʊlsəm] adj [climate] malsain, insalubre; [activity, habits, thoughts] malsain, pernicieux; [fascination, interest] malsain, morbide; [drink, food] peu sain, nocif.

**unwieldy** [ʌn'wiːldɪ] adj **-1.** [chair, package] peu maniable, encombrant. **-2.** [argument, method] maladroit; [bureaucracy, system] lourd.

**unwilling** [ˌʌn'wɪlɪŋ] adj [helper, student] réticent, peu enthousiaste; **he was ~ to cooperate** il n'était pas vraiment disposé à coopérer; **I was their ~ accomplice** j'étais leur complice malgré moi OR à mon corps défendant.

**unwillingly** [ʌn'wɪlɪŋlɪ] adv à contrecœur, contre son gré.

**unwillingness** [ʌn'wɪlɪŋnɪs] n manque m d'enthousiasme, réticence f.

**unwind** [ˌʌn'waɪnd] (pt & pp **unwound** [-'waʊnd]) ◇ vt dérouler. ◇ vi **-1.** [ball of yarn, cord] se dérouler. **-2.** fig [relax] se détendre, se relaxer.

**unwise** [ˌʌn'waɪz] adj [action, decision] peu judicieux, imprudent.

**unwisely** [ˌʌn'waɪzlɪ] adv imprudemment.

**unwitting** [ʌn'wɪtɪŋ] adj fml [accomplice] involontaire, malgré soi; [insult] non intentionnel, involontaire.

**unwittingly** [ʌn'wɪtɪŋlɪ] adv involontairement, sans (le) faire exprès.

**unworkable** [ˌʌn'wɜːkəbl] adj [idea, plan] impraticable, impossible à réaliser; **your project is ~** votre projet ne marchera pas OR est infaisable.

**unworldly** [ˌʌn'wɜːldlɪ] adj **-1.** [spiritual] spirituel, détaché de ce monde; [ascetic] d'ascète, ascétique. **-2.** [naive] naïf, ingénu.

**unworn** [ˌʌn'wɔːn] adj [clothing] qui n'a pas été porté, (comme) neuf; [carpet] qui n'est pas usé.

**unworthiness** [ʌn'wɜːðɪnɪs] n [of person] indignité f, manque m de mérite; [of action] indignité f.

**unworthy** [ʌn'wɜːðɪ] adj [undeserving] indigne; [undeserving] indigne, peu méritant; **he felt ~ of such praise** il se croyait indigne de OR il ne croyait pas mériter de telles louanges; **such details are ~ of her attention** de tels détails ne méri-

tent pas son attention.

**unwound** [ˌʌn'waʊnd] ◇ pt & pp → **unwind**. ◇ adj: **to come ~** se dérouler.

**unwounded** [ˌʌn'wuːndɪd] adj non blessé, indemne.

**unwrap** [ˌʌn'ræp] (pt & pp **unwrapped**, cont **unwrapping**) vt déballer, ouvrir.

**unwritten** [ˌʌn'rɪtn] adj [legend, story] non écrit; [agreement] verbal, tacite; **an ~ rule** une règle tacitement admise; **~ law** droit m coutumier.

**unyielding** [ʌn'jiːldɪŋ] adj [ground, material] très dur; [person] inflexible, intransigeant; [determination, principles] inébranlable.

**unzip** [ˌʌn'zɪp] (pt & pp **unzipped**, cont **unzipping**) ◇ vt ouvrir OR défaire (la fermeture Éclair® de). ◇ vi se dégrafer.

**up** [ʌp] (pt & pp **upped**, cont **upping**) ◇ adv **A. -1.** [towards a higher position or level] en haut; **he's on his way up** il monte; **they had coffee sent up** ils ont fait monter du café; **hang it higher up** accrochez-le plus haut. **-2.** [in a higher position, at a higher level]: **she wears her hair up** elle porte ses cheveux relevés; **heads up!** attention! ‖ [in a high place or position]: **up above** au-dessus; **up in the air** en l'air; **look at the kite up in the sky** regardez le cerf-volant (là-haut) dans le ciel; **I live eight floors up** j'habite au huitième (étage); **she lives three floors up from us** elle habite trois étages au-dessus de chez nous; **she's up in her room** elle est en haut dans sa chambre; **do you see her up on that hill?** la voyez-vous en haut de OR sur cette colline?; **what are you doing up there?** qu'est-ce que vous faites là-haut?; **have you ever been up in a plane?** avez-vous déjà pris l'avion?; **up the top** tout en haut; **she's up there with the best (of them)** fig elle est parmi OR dans les meilleurs. **-3.** [in a raised position] levé; **Charles has his hand up** Charles a la main levée; **wind the window up** [in car] remontez la vitre. **-4.** [into an upright position] debout; **up you get!** debout!; **he helped me up** il m'a aidé à me lever OR à me mettre debout; **the trunk was standing up on end** la malle était debout. **-5.** [out of bed]: **she's always up and doing** elle n'arrête jamais. **-6.** [facing upwards]: **the body was lying face up** le corps était couché sur le dos; **he turned his hand palm up** il a tourné la main paume vers le haut; **'fragile — this way up'** 'fragile — haut'; **I don't know which end is up anymore** fig je suis complètement déboussolé. **-7.** [erected, installed]: **they're putting up a new hotel there** ils construisent un nouvel hôtel là-bas; **help me get the curtains/the pictures up** aide-moi à accrocher les rideaux/les tableaux. **-8.** [on wall]: **up on the blackboard** au tableau; **I saw an announcement up about it** je l'ai vu sur une affiche. **B. -1.** [towards north]: **it's cold up here** il fait froid ici; **up there là-bas**; **up north** dans le nord. **-2.** [in, to or from a larger place]: **she's up in Maine for the week** elle passe une semaine dans le Maine; **we're up from Munich** nous venons OR arrivons de Munich; **he was on his way up to town** il allait en ville. **-3.** Br [at university]: **he's up at Oxford** il est à Oxford. **-4.** [further]: **there's a café up ahead** il y a un café plus loin; **the sign up ahead says 10 miles** la pancarte là-bas indique 10 miles. **-5.** [in phrasal verbs]: **the clerk came up to him** le vendeur s'est approché de lui OR est venu vers lui; **up came a small, blonde child** (alors,) un petit enfant blond s'est approché. **-6.** [close to]: **up close** de près; **I like to sit up front** j'aime bien m'asseoir devant; **when you get right up to her** quand vous la voyez de près.
**C. -1.** [towards a higher level]: **the temperature soared up into the thirties** la température est montée au-dessus de trente degrés; **they can cost anything from £750 up** ils coûtent au moins 750 livres, on en trouve à partir de 750 livres. **-2.** [more loudly, intensely] plus fort; **speak up** parlez plus fort.
**D. -1.** [indicating completion]: **drink up!** finissez vos verres!; **eat up your greens** mange tes légumes. **-2.** [into small pieces]: **he ripped the shirt up** il a mis la chemise en lambeaux. **-3.** [together]: **the teacher gathered up his notes** le professeur a ramassé ses notes.
**E. -1.** [before an authority]: **he came up before the judge for rape** il a comparu devant le juge pour viol. **-2.** inf [indicating support]: **up with the Revolution!** vive la Révolution!
◇ adj **A. -1.** [at or moving towards higher level] haut; **the river is up** le fleuve est en crue; **the tide is up** la marée est haute; **prices are up on last year** les prix ont augmenté par rapport

à l'année dernière; **the temperature is up in the twenties** la température a dépassé les vingt degrés. **-2.** [in a raised position] levé; **keep the windows up** [in car] n'ouvrez pas les fenêtres; **her hair was up** (in a bun) elle avait un chignon; **her hood was up so I couldn't see her face** sa capuche était relevée, si bien que je ne voyais pas sa figure; **his defences were up** *fig* il était sur ses gardes. **-3.** [in an upwards direction]: **the up escalator** l'escalier roulant ascendant. **-4.** [out of bed]: **is she up yet?** est-elle déjà levée OR debout?; **she was up late last night** elle s'est couchée OR elle a veillé tard hier soir; **they were up all night** ils ne se sont pas couchés de la nuit, ils ont passé une nuit blanche. **-5.** [in tennis]: **was the ball up?** la balle était-elle bonne?
**B. -1.** [road] en travaux; 'road up' 'travaux'. **-2.** [erected, installed]: **these buildings haven't been up long** ça ne fait pas longtemps que ces immeubles ont été construits; **are the new curtains up yet?** les nouveaux rideaux ont-ils été posés?
**C. -1.** [finished, at an end] terminé; **time is up!** [on exam, visit] c'est l'heure!; [in game, on meter] le temps est écoulé!; **when the month was up** he left à la fin du mois, il est parti. **-2.** [ahead]: **I'm $50 up on you** *inf* j'ai 50 dollars de plus que vous; **Madrid was two goals up** SPORT Madrid menait de deux buts ❏ **to be one up on sb** *inf* avoir un avantage sur qqn. **-3.** *inf* [ready] prêt; **dinner's up** le dîner est prêt. **-4.** [in operation]: **the computer's up again** l'ordinateur fonctionne à nouveau.
**D.** *inf* **-1.** [cheerful] gai. **-2.** [well-informed]: **he's really up on history** il est fort OR calé en histoire; **she's always up with the latest trends** elle est toujours au courant de la dernière mode.
**E. -1.** [before an authority] comparaître; **to be up before a court/a judge** comparaître devant un tribunal/un juge; **she's up before the board tomorrow** elle comparaît devant le conseil demain. **-2.** *infphr*: **something's up** [happening] il se passe quelque chose; [wrong] quelque chose ne va pas; **what's up?** [happening] qu'est-ce qui se passe?; [wrong] qu'est-ce qu'il y a?; *Am* [as greeting] quoi de neuf?; **what's up with you?** [happening] quoi de neuf?; [wrong] qu'est-ce que tu as?; **something's up with Mum** il y a quelque chose qui ne va pas chez maman, maman a quelque chose.
◊ *prep* **-1.** [indicating motion to a higher place or level]: **we carried our suitcases up the stairs** nous avons monté nos valises; **I climbed up the ladder** je suis monté à l'échelle; **the cat climbed up the tree** le chat a grimpé dans l'arbre; **further up the wall** plus haut sur le mur ❏ **up hill and down dale** *lit* par monts et par vaux. **-2.** [at or to the far end of]: **her flat is up those stairs** son appartement est en haut de cet escalier; **we walked up the street** nous avons monté la rue; **she pointed up the street** elle a montré le haut de la rue; **the café is just up the road** le café se trouve plus loin OR plus haut dans la rue. **-3.** [towards the source of]: **up the river** en amont; **a voyage up the Amazon** une remontée de l'Amazone. **-4.** ◊ *Br* [out at]: **he's up the pub** il est au pub. **-5.** *phr*: **up yours!**▽ va te faire voir!
◊ *vt* **-1.** [increase] augmenter. **-2.** [promote] lever, relever; **the boss upped him to district manager** le patron l'a bombardé directeur régional.
◊ *vi inf*: **she upped and left** elle a fichu le camp; **he upped and married her** en moins de deux, il l'a épousée.
◊ *n* **-1.** [high point] haut *m*; **ups and downs** [in land, road] accidents *mpl*; [of market] fluctuations *fpl* ‖ [in life]: **we all have our ups and downs** nous avons tous des hauts et des bas. **-2.** [increase]: **prices are on the up** les prix sont en train d'augmenter.
◆ **up against** *prep phr* **-1.** [touching] contre. **-2.** [in competition or conflict with]: **you're up against some good candidates** vous êtes en compétition avec de bons candidats; **they don't know what they're up against!** ils ne se rendent pas compte de ce qui les attend! ❏ **to be up against it** *inf* être dans le pétrin.
◆ **up and about, up and around** *adj phr* [gen]: **I've been up and about since 7 o'clock** je suis levé depuis 7 h ‖ [after illness]: **so you're up and about again?** alors tu n'es plus alité?
◆ **up and down** ◊ *adv phr* **-1.** [upwards and downwards]: **he was jumping up and down** il sautait sur place; **she looked us up and down** elle nous a regardé de haut en bas. **-2.** [to and fro] de long en large; **I could hear him walking up and** down **je l'entendais faire les cent pas** OR **marcher de long en large.** **-3.** [in all parts of]: **up and down the country** dans tout le pays. ◊ *adj phr*: **she's been very up and down lately** elle a eu beaucoup de hauts et de bas ces derniers temps.
◆ **up for** *prep phr* **-1.** [under consideration, about to undergo] à; **the house is up for sale** la maison est à vendre; **the project is up for discussion** on va discuter du projet; **she's up for election** elle est candidate OR elle se présente aux élections. **-2.** [due to be tried for] être jugé; **he's up for murder/speeding** il va être jugé pour meurtre/excès de vitesse. **-3.** *inf* [interested in, ready for]: **are you still up for supper tonight?** tu veux toujours qu'on dîne ensemble ce soir?
◆ **up to** *prep phr* **-1.** [as far as] jusqu'à; **he can count up to 100** il sait compter jusqu'à 100; **I'm up to page 120** j'en suis à la page 120; **up to and including Saturday** jusqu'à samedi inclus; **up to** OR **up until now** jusqu'à maintenant, jusqu'ici; **up to** OR **up until then** jusqu'alors, jusque-là; **we were up to our knees in mud** nous avions de la boue jusqu'aux genoux. **-2.** [the responsibility of]: **which film do you fancy?** — **it's up to you** quel film est-ce que tu veux voir? — c'est comme tu veux; **if it were up to me...** si c'était moi qui décidais OR à moi de décider...; **it's up to them to pay damages** c'est à eux OR à leur appartient de payer les dégâts. **-3.** [capable of]: **to be up to doing sthg** être capable de faire qqch; **my German is not up to translating novels** mon niveau d'allemand ne me permet pas de traduire des romans; **are you going out tonight?** — **no, I don't feel up to it** tu sors ce soir? — non, je n'en ai pas tellement envie; **I'm not up to going back to work** je ne suis pas encore en état de reprendre le travail ❏ **the football team isn't up to much** *inf* l'équipe de foot ne vaut pas grand-chose. **-4.** [as good as]: **his work is not up to his normal standard** son travail n'est pas aussi bon que d'habitude; **the levels are up to standard** les niveaux sont conformes aux normes; **I don't feel up to par** je ne me sens pas en forme. **-5.** [engaged in, busy with]: **let's see what she's up to** allons voir ce qu'elle fait OR fabrique; **what have you been up to lately?** qu'est-ce que tu deviens?; **they're up to something** ils manigancent quelque chose; **she's up to no good** elle prépare un mauvais coup.

**up-and-coming** *adj* plein d'avenir, qui promet, qui monte.

**up-and-under** *n* [in rugby] chandelle *f*.

**up-and-up** *n phr*: **to be on the ~** *Br* [improving] aller de mieux en mieux; *Am* [honest] être honnête.

**upbeat** ['ʌpbiːt] ◊ *adj* [mood, person] optimiste; [music] entraînant. ◊ *n* MUS levé *m*.

**upbraid** [ʌp'breɪd] *vt fml* réprimander.

**upbringing** ['ʌp,brɪŋɪŋ] *n* éducation *f*.

**upcoming** ['ʌp,kʌmɪŋ] *adj* [event] à venir, prochain; [book] à paraître, qui va paraître; [film] qui va sortir; '~ attractions' 'prochainement'.

**update** [*vb* ,ʌp'deɪt, *n* 'ʌpdeɪt] ◊ *vt* [information, record] mettre à jour, actualiser; [army, system] moderniser. ◊ *n* [of information, record] mise *f* à jour, actualisation *f*; [of army, system] modernisation *f*; **an ~ on the situation** une mise au point sur la situation.

**updated** [ʌp'deɪtɪd] *adj* [records] mis à jour; [army, system] modernisé.

**upend** [ʌp'end] *vt* **-1.** *literal* [object] mettre debout; [person] mettre la tête en bas. **-2.** *fig* [upset] boulever ser.

**upfront** [,ʌp'frʌnt] *adj inf* **-1.** [frank – person] franc (*f* franche), ouvert; [– remark] franc (*f* franche), direct. **-2.** [payment] d'avance.

◆ **up front** *adv* [pay] d'avance.

**upgradable** [ʌp'greɪdəbl] *adj* COMPUT extensible.

**upgrade** [*vb* ,ʌp'greɪd, *n* 'ʌpgreɪd] ◊ *vt* **-1.** [improve] améliorer; [increase] augmenter; [modernize – computer system] moderniser, actualiser; **I was ~d to business class** [on plane] on m'a mis en classe affaires. **-2.** [job] revaloriser; [employee] promouvoir; **I was ~d** je suis monté en grade; **she was ~d to sales manager** elle a été promue directrice des ventes. ◊ *vi*: **we've ~d to a more powerful system** on est passés à un système plus puissant. ◊ *n* **-1.** [of – price, salary] augmenter, être en hausse; [business, venture] progresser, être en bonne voie; [sick person] être en voie de guérison. **-2.** *Am* [slope] montée *f*. **-3.** COMPUT [of software] actualisation *f*; [of system] extension *f*.

**upheaval** [ʌp'hiːvl] *n* [emotional, political etc] bouleversement *m*; [social unrest] agitation *f*, perturbations *fpl*.

**upheld** [ʌp'held] *pt & pp* → **uphold**.

**uphill** [,ʌp'hɪl] ◇ *adj* **-1.** [road, slope] qui monte. **-2.** *fig* [task] ardu, pénible; [battle] rude, acharné. ◇ *adv*: to go ~ [car, person] monter (la côte); [road] monter.

**uphold** [ʌp'həʊld] (*pt & pp* **upheld** [-'held]) *vt* **-1.** [right] défendre, faire respecter; [law, rule] faire respecter OR observer. **-2.** JUR [conviction, decision] maintenir, confirmer.

**upholster** [ʌp'həʊlstər] *vt* recouvrir, tapisser; ~ed in leather recouvert OR tapissé de cuir.

**upholstery** [ʌp'həʊlstərɪ] *n (U)* **-1.** [covering – fabric] tissu *m* d'ameublement; [– leather] cuir *m*; [– in car] garniture *f*.**-2.** [trade] tapisserie *f*.

**upkeep** ['ʌpkiːp] *n (U)* [maintenance] entretien *m*; [cost] frais *mpl* d'entretien.

**uplift** [*vb* ʌp'lɪft, *comp* 'ʌplɪft] ◇ *vt* [person – spiritually] élever (l'esprit de); [– morally] encourager; he felt ~ed by the news la nouvelle lui a redonné courage. ◇ *comp*: ~ bra soutien-gorge *m* de maintien.

**uplifting** [ʌp'lɪftɪŋ] *adj* édifiant.

**uplighter** ['ʌplaɪtər] *n* applique ou lampadaire diffusant la lumière vers le haut.

**upload** ['ʌpləʊd] *vt* COMPUT télécharger (*vers un gros ordinateur*).

**up-market** ◇ *adj* [goods, service, area] haut de gamme, de première qualité; [newspaper, television programme] qui vise un public cultivé; [audience] cultivé. ◇ *adv*: she's moved ~ elle fait dans le haut de gamme maintenant.

**upmost** ['ʌpməʊst] = **uppermost**.

**upon** [ə'pɒn] *prep* **-1.** *fml* [indicating position or place]: ~ the grass/the table sur la pelouse/la table; she had a sad look ~ her face elle avait l'air triste; the ring ~ her finger la bague à son doigt. **-2.** *fml* [indicating person or thing affected]: attacks ~ old people are on the increase les attaques contre les personnes âgées sont de plus en plus fréquentes. **-3.** *fml* [immediately after] à; ~ our arrival in Rome à notre arrivée à Rome; ~ hearing the news, he rang home lorsqu'il a appris la nouvelle, il a appelé chez lui; ~ request sur simple demande. **-4.** [indicating large amount] et; we receive thousands ~ thousands of offers each year nous recevons plusieurs milliers de propositions chaque année. **-5.** [indicating imminence]: the holidays are nearly ~ us les vacances approchent. **-6.** *phr*: ~ my word! *dated* ma parole!

**upper** ['ʌpər] ◇ *adj* **-1.** [physically higher] supérieur, plus haut OR élevé; [top] du dessus, du haut; ~ lip lèvre supérieure; temperatures are in the ~ 30s la température dépasse 30 degrés ❑ to have the ~ hand avoir le dessus; to get OR to gain the ~ hand prendre le dessus OR l'avantage. **-2.** [higher in order, rank] supérieur; the Upper House [gen] la Chambre haute; [in England] la Chambre des lords. **-3.** GEOG [inland] haut. ◇ *n* [of shoe] empeigne *f*; to be on one's ~s *Br inf* manger de la vache enragée, être fauché.

**upper case** *n* TYPO haut *m* de casse.

♦ **upper-case** *adj*: an upper-case letter une majuscule.

**upper class** *n*: the ~, the ~es l'aristocratie et la haute bourgeoisie.

♦ **upper-class** *adj* **-1.** [accent, family] aristocratique. **-2.** *Am* UNIV [student] de troisième ou quatrième année.

**upper-crust** *adj inf* aristocratique.

**upper middle class** *n*: the ~ classe sociale réunissant les professions libérales et universitaires, les cadres de l'industrie et les hauts fonctionnaires.

**uppermost** ['ʌpəməʊst] ◇ *adj* **-1.** [part, side] le plus haut OR élevé; [drawer, storey] du haut, du dessus. **-2.** [most prominent] le plus important; it's not ~ in my mind ce n'est pas ma préoccupation essentielle en ce moment. ◇ *adv* [most prominently]: the question that comes ~ in my mind la question que je me pose en premier OR avant toute autre.

**upper sixth** *n Br* SCH (classe *f*) terminale *f*.

**Upper Volta** [-'vɒltə] *pr n* Haute-Volta *f*; in ~ en Haute-Volta.

**uppity** ['ʌpətɪ] *adj inf* [arrogant] arrogant, suffisant; [snobbish] snob (*inv*).

**upraised** [ʌp'reɪzd] *adj* levé.

**upright** ['ʌpraɪt] ◇ *adj* **-1.**˙ [erect] droit; ~ piano piano *m* droit. **-2.** [honest] droit. ◇ *adv* **-1.** [sit, stand] droit; he sat bolt ~ il se redressa (sur son siège). **-2.** [put] droit, debout. ◇ *n* **-1.** [of door, bookshelf] montant *m*, portant *m*; [of goal post] montant *m* du but; ARCHIT pied-droit *m*.**-2.** [piano] piano *m* droit.

**uprising** ['ʌp,raɪzɪŋ] *n* soulèvement *m*, révolte *f*.

**upriver** [,ʌp'rɪvər] ◇ *adj* (situé) en amont, d'amont. ◇ *adv* [be] en amont; [move] vers l'amont; [row, swim] contre le courant.

**uproar** ['ʌprɔːr] *n* [noise] tumulte *m*, vacarme *m*; [protest] protestations *fpl*, tollé *m*; his speech caused quite an ~ [protests] son discours a mis le feu aux poudres; [shouting] son discours a déclenché le tumulte; the town was in (an) ~ over the new taxes la ville entière s'est élevée contre le nouvel impôt.

**uproarious** [ʌp'rɔːrɪəs] *adj* [crowd, group] hilare; [film, joke] hilarant, désopilant; [laughter] tonitruant.

**uproot** [ʌp'ruːt] *vt literal & fig* déraciner.

**upscale** ['ʌpskeɪl] *adj Am* haut de gamme.

**upset** [*vb & adj* ʌp'set, *n* 'ʌpset] (*pt & pp* **upset**, *cont* **upsetting**) ◇ *vt* **-1.** [overturn – chair, pan] renverser; [– milk, paint] renverser, répandre; [– boat] faire chavirer. **-2.** [disturb – plans, routine] bouleverser, déranger; [– procedure] bouleverser; [– calculations, results] fausser; [– balance] rompre, fausser. **-3.** [person – annoy] contrarier, ennuyer; [– offend] fâcher, vexer; [– worry] inquiéter, tracasser; it's not worth upsetting yourself over ce n'est pas la peine de vous en faire. **-4.** [make ill – stomach] déranger; [– person] rendre malade. ◇ *adj* **-1.** [annoyed] ennuyé, contrarié; [offended] fâché, vexé; [worried] inquiet (*f*-ète); there's no reason to get so ~ il n'y a pas de quoi en faire un drame OR te fâcher; he's ~ about losing the deal cela l'ennuie d'avoir perdu l'affaire; I was most ~ that she left j'étais très ennuyé qu'elle soit partie. **-2.** [stomach] dérangé; to have an ~ stomach avoir une indigestion. ◇ *n* **-1.** [in plans] bouleversement *m*; [of government] renversement *m*; [of team] défaite *f*; the result caused a major political ~ le résultat a entraîné de grands bouleversements politiques. **-2.** [emotional] bouleversement *m*.**-3.** [of stomach] indigestion *f*.

**upsetting** [ʌp'setɪŋ] *adj* [annoying] ennuyeux, contrariant; [offensive] vexant; [saddening] attristant, triste; [worrying] inquiétant.

**upshot** ['ʌpʃɒt] *n* résultat *m*, conséquence *f*.

**upside** ['ʌpsaɪd] *n* **-1.** [surface] dessus *m*.**-2.** [of situation] avantage *m*, bon côté *m*.

**upside down** ◇ *adj* **-1.** [cup, glass] à l'envers, retourné; upside-down cake gâteau *m* renversé. **-2.** [room, house] sens dessus dessous. ◇ *adv* **-1.** [in inverted fashion] à l'envers; she hung ~ from the bar elle s'est suspendue à la barre la tête en bas. **-2.** [in disorderly fashion] sens dessus dessous; we turned the house ~ looking for the keys nous avons mis la maison sens dessus dessous en cherchant les clés; the news turned our world ~ la nouvelle a bouleversé notre univers.

**upstage** [,ʌp'steɪdʒ] ◇ *adv* [move] vers le fond de la scène; [enter, exit] par le fond de la scène; [stand] au fond de la scène. ◇ *vt fig* éclipser, voler la vedette à.

**upstairs** [,ʌp'steəz] ◇ *adv* en haut, à l'étage; to go ~ monter (à l'étage); I'll take your bags ~ je monterai vos bagages; let me show you ~ permettez que je vous fasse monter. ◇ *adj* [room, window] du haut, (situé) à l'étage; [flat, neighbour] du dessus. ◇ *n* étage *m*.

**upstanding** [,ʌp'stændɪŋ] *adj* **-1.** [in character] intègre, droit; [in build] bien bâti. **-2.** *fml* [on one's feet]: be ~ levez-vous.

**upstart** ['ʌpstɑːt] *n pej* parvenu *m*, -e *f*.

**upstate** [,ʌp'steɪt] ◇ *adv* [live] dans le nord (de l'État); [move] vers le nord de l'État). ◇ *adj* au nord de l'État).

**upstream** [,ʌp'striːm] ◇ *adv* **-1.** [live] en amont; [move] vers l'amont; [row, swim] contre le courant. **-2.** ECON en amont. ◇ *adj* **-1.** [gen] d'amont, (situé) en amont. **-2.** ECON en amont.

**upsurge** ['ʌpsɜːdʒ] *n* [gen] mouvement *m* vif; [of anger, enthusiasm] vague *f*, montée *f*; [of interest] renaissance *f*, regain *m*; [in production, sales] montée *f*, augmentation *f*.

**upswing** ['ʌpswɪŋ] *n* **-1.** [movement] mouvement *m* ascendant, montée *f*.**-2.** [improvement] amélioration *f*; there's been an ~ in sales il y a eu une progression des ventes.

**uptake** ['ʌpteɪk] *n* **-1.** [of air] admission *f*; [of water] prise *f*, adduction *f*.**-2.** *phr*: to be quick on the ~ avoir l'esprit vif OR rapide, comprendre vite; to be slow on the ~ être lent à comprendre OR à saisir. **-3.** [of offer, allowance]: a campaign to improve the ~ of child benefit une campagne pour inciter les gens à réclamer leurs allocations familiales.

**upthrust** ['ʌpθrʌst] *n* [of piston] poussée *f* ascendante; GEOL soulèvement *m*.

**uptight** [ʌp'taɪt] *adj inf* **-1.** [tense] tendu, crispé; [irritable] irritable, énervé; [nervous] nerveux, inquiet (*f* -ète); he gets so ~ whenever I mention it [tense] il se crispe chaque fois que j'en parle; [annoyed] il s'énerve chaque fois que j'en parle. **-2.** [prudish] coincé, collet monté (*inv*).

**uptime** ['ʌptaɪm] *n* COMPUT temps *m* de bon fonctionnement.

**up-to-date** *adj* **-1.** [information, report – updated] à jour; [– most current] le plus récent; I try to keep ~ on the news j'essaie de me tenir au courant de l'actualité; to bring sb ~ on sthg mettre qqn au courant de qqch; they brought the reports ~ ils ont mis les rapports à jour. **-2.** [modern – machinery, methods] moderne.

**up-to-the-minute** *adj* le plus récent; ~ news reporting bulletins *mpl* (d'information) de dernière minute.

**uptown** [,ʌp'taʊn] *Am* ◇ *adj* des quartiers résidentiels. ◇ *adv* [be, live] dans les quartiers résidentiels; [move] vers les quartiers résidentiels. ◇ *n* les quartiers *mpl* résidentiels.

**upturn** [*n* 'ʌptɜːn, *vb* ʌp'tɜːn] ◇ *n* [in economy, situation] amélioration *f*; [in production, sales] progression *f*, reprise *f*; there's been an ~ in the market il y a eu une progression du marché. ◇ *vt* [turn over] retourner; [turn upside down] mettre à l'envers; [overturn] renverser.

**upturned** [ʌp'tɜːnd] *adj* **-1.** [nose] retroussé; ~ faces visages tournés vers le haut. **-2.** [upside down] retourné, renversé.

**upward** ['ʌpwəd] ◇ *adj* [movement] ascendant; [trend] à la hausse. ◇ *adv Am* = **upwards.**

**upwardly mobile** ['ʌpwədlɪ-] *adj* susceptible de promotion sociale.

**upward mobility** *n* ascension *f* sociale.

**upwards** ['ʌpwədz] *adv* **-1.** [move, climb] vers le haut; to slope ~ monter; prices are moving ~ les prix sont à la hausse. **-2.** [facing up]: she placed the photos (face) ~ on the table elle a posé les photos sur la table face vers le haut; he lay on the floor face ~ il était allongé par terre sur le dos. **-3.** [onwards]: from 15 years ~ à partir de 15 ans.

◆ **upwards of** *prep phr*: ~ of 100 candidates applied plus de 100 candidats se sont présentés; they can cost ~ of £150 ils peuvent coûter 150 livres et plus.

**upwind** [,ʌp'wɪnd] ◇ *adv* du côté du vent, contre le vent. ◇ *adj* dans le vent, au vent; to be ~ of sthg être dans le vent OR au vent par rapport à qqch.

**Ural** ['jʊərəl] *adj*: the ~ Mountains les monts *mpl* Oural, l'Oural *m*.

**Urals** ['jʊərəlz] *pl prn*: the ~ l'Oural *m*.

**uranium** [jʊ'reɪnjəm] *n* uranium *m*; ~ series série *f* uranique.

**Uranus** ['jʊərənəs] *prn* ASTRON & MYTH Uranus.

**urban** ['ɜːbən] *adj* urbain; ~ area zone *f* urbaine, agglomération *f*; ~ district *Br* ADMIN district *m* urbain; ~ guerrilla personne *f* qui pratique la guérilla urbaine; ~ renewal rénovations *fpl* urbaines.

**urbane** [ɜː'beɪn] *adj* [person] poli, qui a du savoir-vivre; [manner] poli, raffiné.

**urbanite** ['ɜːbənaɪt] *n* citadin *m*, -e *f*.

**urbanity** [ɜː'bænətɪ] *n* urbanité *f* *fml*, savoir-vivre *m*.

**urbanize, -ise** ['ɜːbənaɪz] *vt* urbaniser.

**urchin** ['ɜːtʃɪn] *n* galopin *m*, polisson *m*, -onne *f*.

**Urdu** ['ʊəduː] *n* ourdou *m*, urdu *m*.

**ureter** [,jʊə'riːtə] *n* uretère *m*.

**urethra** [,jʊə'riːθrə] *n* urètre *m*.

**urge** [ɜːdʒ] ◇ *n* forte envie *f*, désir *m*; I felt OR I had a sudden ~ to tell her j'avais tout à coup très envie de lui dire; the sexual ~ les pulsions *fpl* sexuelles. ◇ *vt* **-1.** [person – incite] exhorter, presser; I ~ you to reconsider je vous conseille

vivement de reconsidérer votre position; she ~d us not to sell the house elle nous a vivement déconseillé de vendre la maison; he ~d them to revolt il les a incités à la révolte OR à se révolter. **-2.** [course of action] conseiller vivement, préconiser; [need, point] insister sur.

◆ **urge on** *vt sep* talonner, presser; [person, troops] faire avancer; to ~ sb on to do sthg inciter qqn à faire qqch.

**urgency** ['ɜːdʒənsɪ] *n* urgence *f*; it's a matter of great ~ c'est une affaire très urgente; there's no great ~ cela n'est pas urgent OR ne presse pas; there was a note of ~ in her voice il y avait de l'insistance dans sa voix.

**urgent** ['ɜːdʒənt] *adj* **-1.** [matter, need] urgent, pressant; [message] urgent; it's not ~ ce n'est pas urgent, ça ne presse pas; the roof is in ~ need of repair le toit a un besoin urgent d'être réparé. **-2.** [manner, voice] insistant; he was ~ in his demands for help il a insisté pour qu'on lui vienne en aide.

**urgently** ['ɜːdʒəntlɪ] *adv* d'urgence, de toute urgence; they appealed ~ for help ils ont demandé du secours avec insistance; supplies are ~ needed un ravitaillement est absolument nécessaire.

**urinal** ['jʊərɪnl] *n* [fitting] urinal *m*; [building] urinoir *m*.

**urinate** ['jʊərɪneɪt] *vi* uriner.

**urine** ['jʊərɪn] *n* urine *f*.

**urn** [ɜːn] *n* **-1.** [container – gen] urne *f*.**-2.** [for ashes] urne *f* (funéraire). **-3.** [for coffee, tea] fontaine *f*.

**urology** [jʊə'rɒlədʒɪ] *n* urologie *f*.

**Ursa** ['ɜːsə] *prn*: ~ Major/Minor la Grande/Petite Ourse.

**Uruguay** ['jʊərəgwaɪ] *prn* Uruguay *m*; in ~ en Uruguay.

**Uruguayan** [,jʊəru'gwaɪən] ◇ *n* Uruguayen *m*, -enne *f*. ◇ *adj* uruguayen.

**us** [ʌs] *pron* **-1.** [object form of 'we'] nous; tell us the truth dites-nous la vérité; it's us! c'est nous!; most of us are students nous sommes presque tous des étudiants; all four of us went nous y sommes allés tous les quatre; there are three of us nous sommes trois. **-2.** *inf* [me – direct object] me; [– indirect object] me, moi; give us a kiss! embrasse-moi!

**US** ◇ *prn* (*abbr of* **United States**): the ~ les USA *mpl*; in the ~ aux USA, aux États-Unis. ◇ *comp* des États-Unis, américain.

**USA** *prn* **-1.** (*abbr of* **United States of America**): the ~ les USA *mpl*; in the ~ aux USA, aux États-Unis. **-2.** (*abbr of* **United States Army**) armée *f* des États-Unis.

**usable** ['juːzəbl] *adj* utilisable.

**USAF** (*abbr of* **United States Air Force**) *pr n* armée de l'air des États-Unis.

**usage** ['juːzɪdʒ] *n* **-1.** [custom, practice] coutume *f*, usage *m*.**-2.** [of term, word] usage *m*; the term is in common ~ le terme est employé couramment; that phrase has long since dropped out of ~ cette expression n'est plus usitée depuis longtemps. **-3.** [employment] usage *m*, emploi *m*; [treatment – of material, tool] manipulation *f*; [– of person] traitement *m*; designed for rough ~ conçu pour résister aux chocs.

**USDA** (*abbr of* **United States Department of Agriculture**) *pr n* ministère américain de l'Agriculture.

**USDI** (*abbr of* **United States Department of the Interior**) *pr n* ministère américain de l'Intérieur.

**use**[1] [juːs] *n* **-1.** [utilization – of materials] utilisation *f*, emploi *m*; [consumption – of water, resources etc] consommation *f*; [being used, worn etc] usage *m*; to stretch (out) with ~ se détendre à l'usage; to wear out with ~ s'user; the dishes are for everyday ~ c'est la vaisselle de tous les jours; ready for ~ prêt à l'emploi; 'directions for ~' 'mode d'emploi'; 'for your personal ~' pour votre usage personnel; 'for customer ~ only' 'réservé à notre clientèle'; 'for external/internal ~ only' MED 'à usage externe/interne'; 'for ~ in case of emergency' à utiliser en cas d'urgence; the film is for ~ in teaching le film est destiné à l'enseignement ☐ in ~ [machine, system] en usage, utilisé; [lift, cash point] en service; [phrase, word] usité; in general ~ d'emploi courant, d'utilisation courante; 'not in ~', 'out of ~' 'hors d'usage'; [lift, cash point] 'hors service'; to come into ~ entrer en service; to go out of ~ [machine] être mis au rebut; to make ~ of sthg se servir de OR utiliser qqch; to make good ~ of, to put to good ~ [machine, money] faire bon usage de; [opportunity, experience] tirer profit de. **-2.** [ability or right to use] usage *m*, utilisation *f*; we gave them the ~ of our car nous leur avons laissé l'usage de notre voiture; she lost the ~ of her legs elle a perdu l'usage de ses jambes. **-3.** [practical application] usage *m*, emploi *m*; we found a ~ for the old fridge nous avons trouvé un emploi pour le vieux frigo ❏ I have my ~s *hum* il m'arrive de servir à quelque chose. **-4.** [need] besoin *m*, usage *m*; to have no ~ for sthg *literal* ne pas avoir besoin de qqch; *fig* n'avoir que faire de qqch; this department has no ~ for slackers il n'y a pas de place pour les fainéants dans ce service. **-5.** [usefulness]: to be of ~ (to sb) être utile (à qqn), servir (à qqn); were the instructions (of) any ~? est-ce que le mode d'emploi a servi à quelque chose?; I found his advice to be of little ~, his advice was of little ~ to me je n'ai pas trouvé ses conseils très utiles; he's not much ~ as a secretary il n'est pas brillant comme secrétaire; to be (of) no ~ [thing] ne servir à rien; [person] n'être bon à rien; there's no ~ shouting ça ne sert à rien de crier, (c'est) inutile de crier; it's no ~, we might as well give up c'est inutile OR ça ne sert à rien, autant abandonner; I tried to convince her but it was no ~ j'ai essayé de la convaincre mais il n'y avait rien à faire; is it any ~ calling her? est-ce que ça servira à quelque chose de l'appeler?; what's the ~ of waiting? à quoi bon attendre?, à quoi ça sert d'attendre?; oh, what's the ~? à quoi bon?; that's a fat lot of ~! *inf & iron* ça nous fait une belle jambe!**-6.** LING usage *m*.

**use²** [ju:z] ◇ *vt* **-1.** [put into action – service, tool, skills] se servir de, utiliser; [– product] utiliser; [– method, phrase, word] employer; [– name] utiliser, faire usage de; [– vehicle, form of transport] prendre; these are the notebooks he ~d ce sont les cahiers dont il s'est servi OR qu'il a utilisés; it's no longer ~d [machine, tool] ça ne sert plus; we ~ this room as an office nous nous servons de cette pièce comme bureau, cette pièce nous sert de bureau; what is this ~d for OR as? à quoi cela sert-il?; it's ~d for identifying the blood type cela sert à identifier le groupe sanguin; what battery does this radio ~? quelle pile faut-il pour cette radio?; my car ~s unleaded petrol ma voiture marche à l'essence sans plomb; may I ~ the phone? puis-je téléphoner?; he asked to ~ the toilet *Br* OR bathroom *Am* il a demandé à aller aux toilettes; to ~ force/violence avoir recours à la force/violence; ~ your imagination! utilise ton imagination!; ~ your initiative! fais preuve d'initiative!; ~ your head OR your brains! réfléchis un peu!; ~ your eyes! ouvrez l'œil!❏ he could certainly ~ some help *inf* un peu d'aide ne lui ferait pas de mal; we could all ~ a holiday! *inf* nous aurions tous bien besoin de vacances!**-2.** [exploit, take advantage of – opportunity] profiter de; [– person] se servir de. **-3.** [consume] consommer, utiliser; [finish, use up] finir, épuiser; the car's using a lot of oil la voiture consomme beaucoup d'huile. **-4.** *fml* [treat physically] traiter; [behave towards] agir envers; I consider I was ill ~d je considère qu'on ne m'a pas traité comme il fallait. **-5.** ▽ [drug] prendre.
◇ *modal vb (only in past tense)*: he ~d to drink a lot il buvait beaucoup avant; it ~d to be true c'était vrai autrefois; she can't get about the way she ~d to elle ne peut plus se déplacer comme avant; we ~d not OR we didn't ~ to eat meat avant, nous ne mangions pas de viande.
◆ **use up** *vt sep* [consume] consommer, prendre; [exhaust – paper, soap] finir; [– patience, energy, supplies] épuiser; she ~d up the leftovers to make the soup elle a utilisé les restes pour faire un potage; did you ~ up all your money? as-tu dépensé tout ton argent?

**used¹** [ju:zd] *adj* [book, car] d'occasion; [clothing] d'occasion, usagé; [glass, linen] sale, qui a déjà servi.

**used²** [ju:st] *adj* [accustomed]: to be ~ to (doing) sthg avoir l'habitude de OR être habitué à (faire) qqch; to be ~ to sb être habitué à qqn; to get ~ to sthg s'habituer à qqch; you'll soon get ~ to the idea tu te feras à l'idée.

**useful** ['ju:sful] *adj* **-1.** [handy – book, information, machine] utile, pratique; [– discussion, experience] utile, profitable; [– method] utile, efficace; does it serve any ~ purpose? est-ce utile?, est-ce que cela sert à quelque chose?; you could be ~ to the director vous pourriez rendre service au directeur; make yourself ~ and help me tidy up rends-toi utile et aide-moi à ranger; she's a ~ person to know c'est une femme qu'il est bon de connaître; he's very ~ around the house il est très utile OR il rend beaucoup de services dans la

maison. **-2.** *inf* [satisfactory – performance, score] honorable; he's a very ~ player c'est un joueur très compétent.

**usefully** ['ju:sfult] *adv* utilement; you could ~ devote a further year's study to the subject tu pourrais consacrer avec profit une année d'étude supplémentaire au sujet.

**usefulness** ['ju:sfulnis] *n* utilité *f*; it's outlived its ~ ça a fait son temps, ça ne sert plus à rien.

**useless** ['ju:slis] *adj* **-1.** [bringing no help – book, information, machine] inutile; [– discussion, experience] vain, qui n'apporte rien; [– advice, suggestion] qui n'apporte rien, qui ne vaut rien; [– attempt, effort] inutile, vain; the contract is ~ to them le contrat leur est inutile; it's ~ trying to reason with him, it's ~ to try and reason with him ça ne sert à rien OR c'est inutile d'essayer de lui faire entendre raison. **-2.** *inf* [incompetent] nul; she makes me feel ~ elle me donne l'impression d'être bon à rien; I'm ~ at history/maths je suis nul en histoire/math.

**uselessly** ['ju:slisli] *adv* inutilement.

**user** ['ju:zər] *n* [of computer, machine] utilisateur *m*, -trice *f*; [of airline, public service, road] usager *m*; [of electricity, gas, oil] usager *m*, utilisateur *m*, -trice *f*; [of drugs] consommateur *m*, -trice *f*, usager *m*. ◇ *in cpds* par l'utilisateur; ~-programmable programmable par l'utilisateur.

**user-friendly** *adj* [gen & COMPUT] convivial, facile à utiliser.

**user-interface** *n* COMPUT & *fig* interface *f* utilisateur.

**usher** ['ʌʃər] ◇ *vt* conduire, accompagner; he ~ed us into/out of the living room il nous a fait entrer au/sortir du salon. ◇ *n* **-1.** [at concert, theatre, wedding] placeur *m*, -euse *f*. **-2.** [doorkeeper] portier *m*; JUR huissier *m*.
◆ **usher in** *vt sep fig* inaugurer, marquer le début de.

**usherette** [,ʌʃə'ret] *n* ouvreuse *f*.

**USM** (*abbr of* **United States Mint**) *pr n* ≃ la Monnaie (*aux États-unis*).

**USN** (*abbr of* **United States Navy**) *pr n* marine de guerre des États-Unis.

**USS** (*abbr of* **United States Ship**) initiales précédant le nom des navires américains; the ~ Washington le Washington.

**USSR** (*abbr of* **Union of Soviet Socialist Republics**) *pr n*: the ~ l'URSS *f*; in the ~ en URSS.

**usu.** *written abbr of* **usually**.

**usual** ['ju:ʒəl] ◇ *adj* [customary – activity, place] habituel; [– practice, price] habituel, courant; [– expression, word] courant, usité; [doctor] habituel, traitant, de famille; my ~ diet consists of fish and vegetables généralement OR d'habitude je mange du poisson et des légumes; let's meet at the ~ time retrouvons-nous à l'heure habituelle OR à la même heure que d'habitude; 6 o'clock is the ~ time he gets home d'habitude OR en général il rentre à 18 h; later than ~ plus tard que d'habitude; she was her ~ cheery self elle était gaie comme d'habitude; she's her ~ self again elle est redevenue elle-même; with her ~ optimism avec son optimisme habituel, avec l'optimisme qui est le sien OR qui la caractérise; it's not ~ for him to be so bitter il est rarement si amer, c'est rare qu'il soit si amer; it's the ~ story c'est toujours la même histoire; it's quite ~ to see flooding in the spring il y a souvent des inondations au printemps; I believe it's the ~ practice je crois que c'est ce qui se fait d'habitude; as is ~ with young mothers comme d'habitude avec les jeunes mamans. ◇ *n inf* [drink, meal]: what will you have? – the ~, please que prends-tu? – comme d'habitude, s'il te plaît.
◆ **as usual**, **as per usual** *adv phr* comme d'habitude; life goes on as ~ la vie continue; 'business as ~' [during building work] 'le magasin reste ouvert pendant la durée des travaux'; it's business as ~ *fig* il n'y a rien à signaler.

**usually** ['ju:ʒəli] *adv* généralement, d'habitude, d'ordinaire; she's not ~ late il est rare qu'elle soit en retard, elle est rarement en retard; the roads were more than ~ busy il y avait encore plus de trafic que d'habitude OR d'ordinaire OR de coutume sur les routes.

**usurer** ['ju:ʒərər] *n* usurier *m*, -ère *f*.

**usurp** [ju:'zɜ:p] *vt* usurper.

**usurper** [ju:'zɜ:pər] *n* usurpateur *m*, -trice *f*.

**usury** ['ju:ʒʊrı] *n* usure *f* (*intérêt*).

**UT** *written abbr of* **Utah**.

**Utah** ['ju:tɑ:] *pr n* Utah *m*; in ~ dans l'Utah.

**utensil** [juːˈtensl] *n* ustensile *m*, outil *m*; **cooking** ~s ustensiles de cuisine.

**uterine** [ˈjuːtəraɪn] *adj* utérin.

**uterus** [ˈjuːtərəs] (*pl* **uteri** [-raɪ] OR **uteruses**) *n* utérus *m*.

**utilitarian** [ˌjuːtɪlɪˈteərɪən] ◇ *adj* **-1.** [functional] utilitaire, fonctionnel. **-2.** PHILOS utilitariste. ◇ *n* utilitariste *mf*.

**utilitarianism** [ˌjuːtɪlɪˈteərɪənɪzm] *n* utilitarisme *m*.

**utility** [juːˈtɪlətɪ] (*pl* **utilities**) ◇ *n* **-1.** [usefulness] utilité *f*. **-2.** [service] service *m*. **-3.** COMPUT utilitaire *m*, programme *m* utilitaire. **-4.** Am [room] = **utility room**. ◇ *adj* [fabric, furniture] utilitaire, fonctionnel; [vehicle] utilitaire.

**utility program** *n* COMPUT (logiciel *m*) utilitaire *m*.

**utility room** *n* pièce servant à ranger les appareils ménagers, provisions etc.

**utilization** [ˌjuːtɪlaɪˈzeɪʃn] *n* utilisation *f*.

**utilize, -ise** [ˈjuːtɪlaɪz] *vt* [use] utiliser, se servir de; [make best use of] exploiter; **you could have** ~**d your time better** vous auriez pu tirer meilleur parti de votre temps OR mieux profiter de votre temps.

**utmost** [ˈʌtməʊst] ◇ *adj* **-1.** [greatest] le plus grand; **it's a matter of the** ~ **seriousness** c'est une affaire extrêmement sérieuse; **with the** ~ **respect, I cannot agree with your conclusions** avec tout le respect que je vous dois, je ne peux pas partager vos conclusions. **-2.** [farthest]: **to the** ~ **ends of the earth** au bout du monde. ◇ *n* **-1.** [maximum] maximum *m*, plus haut degré *m*; **the** ~ **in comfort** ce qui se fait de mieux en matière de confort. **-2.** [best effort]: **we did our** ~ **to fight the new taxes** nous avons fait tout notre possible OR tout ce que nous pouvions pour lutter contre les nou-

veaux impôts; **she tried her** ~ elle a fait de son mieux.

**utopia, Utopia** [juːˈtəʊpjə] *n* utopie *f*.

**utopian, Utopian** [juːˈtəʊpjən] ◇ *adj* utopique. ◇ *n* utopiste *mf*.

**utter** [ˈʌtər] ◇ *vt* **-1.** [pronounce – word] prononcer, proférer; [– cry, groan] pousser; **he didn't** ~ **a sound** il n'a pas ouvert la bouche, il n'a pas soufflé mot. **-2.** JUR [libel] publier; [counterfeit money] émettre, mettre en circulation. ◇ *adj* [amazement, bliss] absolu, total; [fool] parfait, fini; **he's talking** ~ **rubbish** ce qu'il dit n'a aucun sens OR est absolument idiot.

**utterance** [ˈʌtərəns] *n* **-1.** [statement] déclaration *f*; LING énoncé *m*. **-2.** [expression] expression *f*, énonciation *f*; **to give** ~ **to sthg** exprimer qqch.

**utterly** [ˈʌtəlɪ] *adv* complètement, tout à fait.

**uttermost** [ˈʌtəməʊst] = **utmost**.

**U-turn** *n* **-1.** AUT demi-tour *m*; **to make a** ~ faire (un) demi-tour; **'no** ~**s'** 'défense de faire demi-tour'. **-2.** *fig* volte-face *f inv*, revirement *m*.

**UV** (*abbr of* **ultra-violet**) *n* UV *m*.

**uvula** [ˈjuːvjʊlə] (*pl* **uvulas** OR **uvulae** [-liː]) *n* luette *f*, uvule *f spec*, uvula *f spec*.

**uvular** [ˈjuːvjʊlər] *adj* uvulaire.

**uxorious** [ʌkˈsɔːrɪəs] *adj fml* OR *lit* excessivement dévoué à sa femme.

**Uzbek** [ˈʊzbek] *n* [person] Ouzbek *mf*.

**Uzbekistan** [ʊzˌbekɪˈstɑːn] *pr n* Ouzbékistan *m*; **in** ~ en Ouzbékistan.

**v** (*pl* **v's** OR **vs**), **V** (*pl* **V's** OR **Vs**) [viː] *n* [letter] v *m*, V *m*; **V for Victor** V comme Victor; **V-1 (bomb)** V1 *m*; **V-2 (rocket)** V2 *m*; **V-8 (engine)** moteur *m* à huit cylindres en V.

**v -1.** (*written abbr of* **verb**) v. **-2.** (*written abbr of* **verse**) v. **-3.** *written abbr of* **versus. -4.** (*written abbr of* **vide**) v.

**V** ◇ *n* [Roman numeral] V *m*. ◇ (*written abbr of* **volt**) V.

**VA** *written abbr of* **Virginia.**

**vac** [væk] (*abbr of* **vacation**) *n* Br *inf* UNIV [recess] vacances *fpl*; **the Easter** ~ les vacances de Pâques.

**vacancy** [ˈveɪkənsɪ] (*pl* **vacancies**) *n* **-1.** [emptiness] vide *m*. **-2.** [lack of intelligence] ineptie *f*, esprit *m* vide. **-3.** [in hotel] chambre *f* libre; **'no vacancies'** 'complet'. **-4.** [job] poste *m* vacant OR libre, vacance *f*; **do you have any vacancies?** avez-vous des postes à pourvoir?, est-ce qu'il y a de l'embauche?; **we have a** ~ **for a sales clerk** nous avons un poste de vendeur à pourvoir, nous cherchons un vendeur; **'no vacancies'** pas d'embauche; **'vacancies for waitresses'** 'cherchons serveuses'.

**vacant** [ˈveɪkənt] *adj* **-1.** [house, room – to rent] libre, à louer; [– empty] inoccupé; [seat] libre, inoccupé; **is this seat** ~**?** y a-t-il quelqu'un à cette place?, est-ce que cette place est libre?; **the room becomes** ~ **tomorrow** la chambre sera libérée OR disponible demain; **apartments sold with** ~ **possession** appartements libres à la vente. **-2.** [job, position] vacant, libre; **there are several** ~ **places to be filled** il y a plusieurs postes à pourvoir; **I found the job through the 'situations** ~**' column** j'ai trouvé le poste grâce à la rubrique des offres d'emploi. **-3.** [empty – mind, look] vide; [stupid – person, look] niais, idiot; **I asked a question and she just looked** ~ j'ai posé une question et elle a eu l'air de ne pas comprendre. **-4.** [time] de loisir, perdu; [hour] creux, de loisir.

**vacantly** [ˈveɪkəntlɪ] *adv* [expressionlessly] d'un air absent OR vague; [stupidly] d'un air niais OR idiot.

**vacate** [vəˈkeɪt] *vt* [hotel room] libérer, quitter; [flat, house] quitter, déménager de; [job] démissionner de; **they** ~**d the premises yesterday** ils ont quitté OR libéré les lieux hier.

**vacation** [vəˈkeɪʃn] ◇ *n* **-1.** Br UNIV [recess] vacances *fpl*; JUR vacations *fpl*, vacances *fpl* judiciaires; ~ **course** UNIV cours *mpl* d'été. **-2.** Am [holiday] vacances *fpl*; **they went to Italy on** ~ ils ont passé leurs vacances en Italie. ◇ *vi* Am prendre OR passer des vacances.

**vacationer** [vəˈkeɪʃənər], **vacationist** [vəˈkeɪʃənɪst] *n* Am vacancier *m*, -ère *f*.

**vacation resort** *n* Am camp *m* de vacances.

**vaccinate** [ˈvæksɪneɪt] *vt* vacciner; **have you been** ~**d against polio?** est-ce que vous êtes vacciné OR est-ce que vous vous êtes fait vacciner contre la polio?

**vaccination** [ˌvæksɪˈneɪʃn] *n* vaccination *f*; **polio** ~, ~ **against polio** vaccination contre la polio.

**vaccine** [Br ˈvæksiːn, Am vækˈsiːn] *n* vaccin *m*; **smallpox** ~ vaccin contre la variole.

**vacillate** [ˈvæsəleɪt] *vi* hésiter.

**vacillating** [ˈvæsəleɪtɪŋ] ◇ *adj* [behaviour] indécis, irrésolu. ◇ *n* indécision *f*.

**vacillation** [ˌvæsəˈleɪʃn] *n* hésitation *f*, indécision *f*.

**vacuity** [væˈkjuːətɪ] (*pl* **vacuities**) *n fml* **-1.** [of person, reasoning] vacuité *f*. **-2.** [statement] ânerie *f*, niaiserie *f*.

**vacuous** [ˈvækjʊəs] *adj fml* [eyes, look] vide, sans expression; [remark] sot (*f* sotte); niais; [film, novel] idiot, dénué de tout intérêt; [life] vide de sens.

**vacuum** [ˈvækjʊəm] (*pl* **vacuums** OR **vacua** [-jʊə]) ◇ *n* **-1.** [void] vide *m*. **-2.** PHYS vacuum *m*. **-3.** [machine]: ~ (**cleaner**) aspirateur *m*; **I gave the room a quick** ~ j'ai passé l'aspirateur en vitesse dans la pièce. ◇ *vt* [carpet] passer l'aspirateur sur; [flat, room] passer l'aspirateur dans.

**vacuum cleaner** *n* aspirateur *m*.

**vacuum flask** *n Br* (bouteille *f*) Thermos® *f*.

**vacuum-packed** *adj* emballé sous vide.

**vacuum pump** *n* pompe *f* à vide.

**vacuum tube** *n Am* tube *m* électronique OR à vide.

**vagabond** ['vægəbɒnd] ◇ *n* [wanderer] vagabond *m*, -e *f*; [tramp] clochard *m*, -e *f*. ◇ *adj* vagabond, errant.

**vagary** ['veɪgərɪ] (*pl* **vagaries**) *n* caprice *m*.

**vagina** [və'dʒaɪnə] (*pl* **vaginas** OR **vaginae** [-niː]) *n* vagin *m*.

**vaginal** [və'dʒaɪnl] *adj* vaginal; ~ **discharge** pertes *fpl* blanches; ~ **smear** frottis *m* vaginal.

**vagrancy** ['veɪgrənsɪ] *n* [gen & JUR] vagabondage *m*.

**vagrant** ['veɪgrənt] ◇ *n* [wanderer] vagabond *m*, -e *f*; [tramp] clochard *m*, -e *f*; [beggar] mendiant *m*, -e *f*. ◇ *adj* vagabond.

**vague** [veɪg] *adj* **-1.** [imprecise – promise, statement] vague, imprécis; [– person] vague; **she had only a** ~ **idea of what he meant** elle ne comprenait que vaguement ce qu'il voulait dire; **his instructions were** ~ ses instructions manquaient de précision; **they were** ~ **about their activities** [imprecise] ils n'ont pas précisé la nature de leurs activités; [evasive] ils sont restés vagues sur la nature de leurs activités ‖ [unsure]: **I'm still** ~ **about how to get there** je ne comprends toujours pas comment y aller; **I haven't the vaguest idea** je n'en ai pas la moindre idée. **-2.** [dim – memory, feeling] vague, confus. **-3.** [indistinct – shape] flou, indistinct. **-4.** [absent-minded] distrait.

**vaguely** ['veɪglɪ] *adv* **-1.** [not clearly – promise, say] vaguement; [– remember, understand] vaguement, confusément. **-2.** [a bit] vaguement; **it tastes** ~ **like coffee** cela a un vague ment un goût de café. **-3.** [absent-mindedly] distraitement.

**vagueness** ['veɪgnɪs] *n* **-1.** [imprecision – of instructions, statement] imprécision *f*, manque *m* de clarté. **-2.** [of memory] imprécision *f*, manque *m* de précision; [of feeling] vague *m*, caractère *m* vague OR indistinct. **-3.** [of shape] flou *m*, caractère *m* indistinct. **-4.** [absent-mindedness] distraction *f*.

**vain** [veɪn] *adj* **-1.** [conceited] vaniteux. **-2.** [unsuccessful – attempt, effort] vain, inutile; [– hope, plea, search] vain, futile. **-3.** [idle – promise] vide, en l'air; [– word] creux, en l'air.

◆ **in vain** *adv phr* [unsuccessfully] en vain, inutilement; **all their efforts were in** ~ leurs efforts n'ont servi à rien OR étaient vains; **it was all in** ~ c'était peine perdue; **to take sb's name in** ~ [show disrespect] manquer de respect envers le nom de qqn; [mention name] parler de qqn en son absence.

**vainglorious** [ˌveɪn'glɔːrɪəs] *adj lit* [proud] vaniteux, orgueilleux; [boastful] vantard.

**valance** ['væləns] *n* [round bed frame] frange *f* de lit; [round shelf, window] lambrequin *m*, frange *f*.

**vale** [veɪl] *n lit* vallée *f*, val *m lit*.

**valediction** [ˌvælɪ'dɪkʃn] *n* [act] adieux *mpl*; [speech] discours *m* d'adieu.

**valedictory** [ˌvælɪ'dɪktərɪ] (*pl* **valedictories**) *fml* ◇ *adj* d'adieu. ◇ *n* discours *m* d'adieu.

**valence** ['veɪləns] *n* **-1.** *Am* = **valency**. **-2.** [bonding capacity] atomicité *f*.

**Valencia** [və'lenʃɪə] *pr n* Valence.

**valency** ['veɪlənsɪ] (*pl* **valencies**) *n* CHEM & LING valence *f*.

**valentine** ['væləntaɪn] *n* **-1.** [card]: ~ **(card)** carte *f* de la Saint-Valentin. **-2.** [person] bien-aimé *m*, -e *f*; **be my** ~ c'est toi que j'aime.

**Valentine** ['væləntaɪn] *pr n*: **Saint** ~ Saint Valentin; **(Saint)** ~'**s Day** la saint-Valentin; **the Saint** ~'**s Day Massacre** *Am* HIST le massacre de la Saint-Valentin.

**valerian** [və'lɪərɪən] *n* valériane *f*.

**valet** [*n* 'vælɪt, 'væleɪ, *vb* 'vælɪt] ◇ *n* **-1.** [manservant] valet *m* de chambre; ~ **service** le pressing de l'hôtel. **-2.** [clothing rack] valet *m*. **-3.** [for cars] '~ **parking**' 'voiturier'. ◇ *vt* AUT: **to have one's car** ~**ed** faire faire un lavage-route à sa voiture.

**valeting** ['vælɪtɪŋ] *n* AUT lavage-route *m*.

**valetudinarian** [ˌvælɪtjuːdɪ'neərɪən] *n arch* OR *lit* valétudinaire *mf*.

**Valhalla** [væl'hælə] *n* Walhalla *m*.

**valiance** ['vælɪəns] *n lit* vaillance *f lit*, bravoure *f*.

**valiant** ['vælɪənt] *adj* [person] vaillant, courageux; [behaviour, deed] courageux, brave; **she made a** ~ **attempt to put out the fire** elle a tenté avec courage OR courageusement d'éteindre l'incendie.

**valiantly** ['vælɪəntlɪ] *adv* vaillamment, courageusement.

**valid** ['vælɪd] *adj* **-1.** [argument, reasoning] valable, bien fondé; [excuse] valable. **-2.** [contract, passport] valide, valable; **my driver's licence is no longer** ~ mon permis de conduire est périmé; ~ **for two months** [on train ticket] valable deux mois.

**validate** ['vælɪdeɪt] *vt* **-1.** [argument, claim] confirmer, prouver la justesse de. **-2.** [document] valider.

**validation** [ˌvælɪ'deɪʃn] *n* **-1.** [of argument, claim] confirmation *f*, preuve *f*. **-2.** [of document] validation *f*.

**validity** [və'lɪdətɪ] *n* **-1.** [of argument, reasoning] justesse *f*, solidité *f*. **-2.** [of document] validité *f*.

**valise** [*Br* və'liːz, *Am* və'liːs] *n* mallette *f*.

**Valium®** ['vælɪəm] (*pl inv*) *n* valium® *m*.

**Valkyrie** ['vælkɪərɪ] *n* Walkyrie *f*, Valkyrie *f*.

**valley** ['vælɪ] *n* vallée *f*; [small] vallon *m*; **the Valleys** le sud du pays de Galles; **the Loire/Rhone** ~ la vallée de la Loire/du Rhône.

**valour** *Br*, **valor** *Am* ['vælər] *n lit* courage *m*, bravoure *f*, vaillance *f lit*.

**valuable** ['væljuəbl] ◇ *adj* **-1.** [of monetary worth] de (grande) valeur. **-2.** [advice, friendship, time] précieux.

◇ *n* (*usu pl*): ~**s** objets *mpl* de valeur.

**valuate** ['væljueɪt] *vt Am* estimer, expertiser.

**valuation** [ˌvælju'eɪʃn] *n* expertise *f*, estimation *f*; **we asked for a** ~ **of the house** nous avons fait expertiser OR estimer la maison; **the** ~ **of OR the** ~ **(put) on the business is £50,000** l'affaire a été estimée OR évaluée à 50 000 livres.

**valuator** ['væljueɪtər] *n* expert *m* (*en expertise de biens*).

**value** ['væljuː] ◇ *n* **-1.** [monetary worth] valeur *f*; **they own nothing of** ~ ils ne possèdent rien de valeur OR rien qui ait de la valeur; **this necklace is of great** ~ ce collier vaut cher; **it's of no** ~ c'est sans valeur; **it's excellent** ~ **for money** le rapport qualité-prix est excellent; **it's good** ~ **at £10** ce n'est pas cher à 10 livres; **to get good** ~ **for our money** nous en avons eu pour notre argent; **which of the brands gives the best** ~? laquelle des marques est la plus avantageuse?; **property is going up/down in** ~ l'immobilier prend/perd de la valeur; **to depreciate in** ~ se déprécier; **the increase in** ~ la hausse de valeur, l'appréciation; **the loss in** ~ la perte de valeur, la dépréciation; **to put a** ~ **on sthg** évaluer OR estimer qqch; **they put a** ~ **of £50,000 on the house** ils ont estimé OR expertisé la maison à 50 000 livres. **-2.** [merit, importance – of method, work] valeur *f*; [– of person] valeur *f*, mérite *m*; **he had nothing of** ~ **to add** il n'avait rien d'important OR de valable à ajouter; **these books may be of** ~ **to them** ces livres peuvent leur servir, ils peuvent avoir besoin de ces livres. **-3.** (*usu pl*) [principles]: ~**s** valeurs *fpl*. **-4.** [feature] particularité *f*; **it has novelty** ~ cela a la particularité d'être nouveau OR de la nouveauté. **-5.** [of colour] valeur *f*. **-6.** LING, LOGIC, MATH & MUS valeur *f*.

◇ *vt* **-1.** [assess worth of] expertiser, estimer, évaluer; **they** ~**d the house at £50,000** ils ont estimé OR évalué la maison à 50 000 livres. **-2.** [have high regard for – friendship] apprécier, estimer; [– honesty, punctuality] faire grand cas de; **if you** ~ **your freedom/your life you'd better leave** si vous tenez à votre liberté/à la vie, vous feriez mieux de partir; **we greatly** ~ **your help** nous apprécions beaucoup OR nous vous sommes très reconnaissants de votre aide; **does he** ~ **your opinion?** votre opinion lui importe-t-elle?

**value-added tax** *n Br* taxe *f* sur la valeur ajoutée.

**valued** ['væljuːd] *adj* [opinion] estimé; [advice, friend] précieux.

**value judgment** *n* jugement *m* de valeur.

**valueless** ['væljulɪs] *adj* sans valeur.

**valuer** ['væljuər] *n* expert *m* (*en expertise de biens*).

**valve** [vælv] *n* **-1.** [in pipe, tube, air chamber] valve *f*; [in machine] soupape *f*, valve *f*. **-2.** ANAT valve *f*; [small] valvule *f*. **-3.** BOT & ZOOL valve *f*. **-4.** MUS piston *m*.

**valvular** ['vælvjulər] *adj* **-1.** [machine] à soupapes OR valves. **-2.** ANAT, BOT & ZOOL valvulaire. **-3.** MUS [instrument] à pistons.

**vamoose** [və'mu:s] *vi Am inf* filer; ~! fiche le camp!

**vamp** [væmp] ◇ *n* -1. *inf* [woman] vamp *f*.-2. [piecing together] rafistolage *m*.-3. [of story] enjolivement *m*; MUS improvisation *f*.-4. [of shoe] devant *m*. ◇ *vt* -1. *inf* [seduce] vamper. -2. [repair] rafistoler; [renovate] rénover. -3. [story] enjoliver. -4. MUS [piece, song] improviser des accompagnements à; [accompaniment] improviser. ◇ *vi inf* [woman] jouer la vamp.

◆ **vamp up** *vt sep* = vamp *vt 2, 3, 4*.

**vampire** ['væmpaɪə'] *n* [bat, monster] vampire *m*; [person] vampire *m*, sangsue *f*.

**vampire bat** *n* vampire *m* (*chauve-souris*).

**vampirism** ['væmpaɪərɪzm] *n* vampirisme *m*.

**van** [væn] *n* -1. [small vehicle] camionnette *f*, fourgonnette *f*; [large vehicle] camion *m*, fourgon *m*.-2. *Br* RAIL fourgon *m*, wagon *m*.-3. [caravan] caravane *f*.-4. MIL [vanguard] avantgarde *f*; in the ~ en tête; in the ~ of abstract art *fig* à l'avant-garde de l'art abstrait.

**V and A** (*abbr of* **Victoria and Albert Museum**) *pr n* grand musée londonien des arts décoratifs.

**vandal** ['vændl] *n* [hooligan] vandale *mf*.

◆ **Vandal** *n* HIST Vandale *mf*.

**vandalism** ['vændəlɪzm] *n* vandalisme *m*.

**vandalize, -ise** ['vændəlaɪz] *vt* saccager.

**vane** [veɪn] *n* -1. [blade – of propeller] pale *f*; [– of windmill] aile *f*; [– of turbine] aube *f*.-2. (weather) ~ girouette *f*.-3. ORNITH [of feather] barbe *f*.

**vanguard** ['vængɑːd] *n* MIL avant-garde *f*; in the ~ of the division en tête de la division; in the ~ of progress *fig* à l'avant-garde OR à la pointe du progrès.

**vanilla** [və'nɪlə] *n* [plant] vanillier *m*; [flavour] vanille *f*; ~ ice cream/flavour glace *f*/parfum *m* à la vanille; ~ essence extrait *m* de vanille.

**vanish** ['vænɪʃ] *vi* [object, person, race] disparaître; [hopes, worries] disparaître, se dissiper; the aeroplane ~ed from sight l'avion a disparu; she ~ed into the crowd elle s'est perdue dans la foule; entire species have ~ed from the face of the earth des espèces entières ont disparu de la surface du globe; just when you need him he ~es! dès que vous avez besoin de lui, il s'éclipse!; she did a ~ing act *fig* elle s'est éclipsée.

**vanishing cream** ['vænɪʃɪŋ-] *n* crème *f* de beauté.

**vanishing point** *n* point *m* de fuite.

**vanity** ['vænətɪ] (*pl* **vanities**) *n* -1. [conceit] vanité *f*, orgueil *m*; she refused to use a walking stick out of (sheer) ~ par (pure) vanité elle a refusé d'utiliser une canne ❑ 'Vanity Fair' *Thackeray* 'la Foire aux vanités'. -2. *fml* OR *lit* [futility] futilité *f*, insignifiance *f*, vanité *f lit*. -3. *Am* [dressing table] coiffeuse *f*, table *f* de toilette.

**vanity bag** *n* trousse *f* de toilette (*pour femme*).

**vanity case** *n* petite valise *f* de toilette, vanity-case *m*.

**vanity mirror** *n* miroir *m* de courtoisie.

**vanity table** *n* coiffeuse *f*, table *f* de toilette.

**vanquish** ['væŋkwɪʃ] *vt* vaincre.

**vanquisher** ['væŋkwɪʃə'] *n* vainqueur *m*.

**vantage** ['vɑːntɪdʒ] *n* -1. [advantageous situation] avantage *m*, supériorité *f*; point of ~ point de vue *m* (privilégié). -2. [in tennis] avantage *m*.

**vantage point** *n* point de vue *m* (privilégié).

**vapid** ['væpɪd] *adj* [conversation, remark] fade, insipide; [style] fade, plat; [person] écervelé.

**vapidity** [væ'pɪdətɪ] *n* [of conversation] insipidité *f*; [of style] platitude *f*, caractère *m* plat; [of person] frivolité *f*, fadeur *f*.

**vapor** *Am* = vapour.

**vaporize, -ise** ['veɪpəraɪz] ◇ *vt* vaporiser. ◇ *vi* se vaporiser.

**vaporizer** ['veɪpəraɪzə'] *n* -1. [gen] vaporisateur *m*; [for perfume, spray] atomiseur *m*, pulvérisateur *m*.-2. MED [inhaler] inhalateur *m*; [for throat] pulvérisateur *m*.

**vaporous** ['veɪpərəs] *adj* vaporeux.

**vapour** *Br*, **vapor** *Am* ['veɪpə'] ◇ *n* vapeur *f*; [on window] buée *f*. ◇ *vi* -1. PHYS s'évaporer. -2. *Am inf* [brag] se vanter, fanfaronner.

**vapour bath** *n* bain *m* de vapeur.

**vapour trail** *n* AERON traînée *f* de condensation.

**variability** [,veərɪə'bɪlətɪ] *n* variabilité *f*.

**variable** ['veərɪəbl] ◇ *adj* -1. [weather] variable, changeant; [quality] variable, inégal; [performance, work] de qualité inégale, inégal. -2. COMPUT & MATH variable. ◇ *n* variable *f*.

**variance** ['veərɪəns] *n* -1. [in statistics] désaccord *m*, divergence *f*; [in law] divergence *f*, différence *f*.-2. CHEM & MATH variance *f*.-3. *phr*: to be at ~ with sb être en désaccord avec qqn; to be at ~ with sthg ne pas cadrer avec OR ne pas concorder avec qqch.

**variant** ['veərɪənt] ◇ *n* [gen & LING] variante *f*. ◇ *adj* -1. [different] autre, différent; a ~ spelling une variante orthographique. -2. [various] varié, divers. -3. LING variant.

**variation** [,veərɪ'eɪʃn] *n* -1. [change, modification] variation *f*, modification *f*; ~s in temperature variations OR changements de température; the level of demand is subject to considerable ~ le niveau de la demande peut varier considérablement. -2. MUS variation *f*; ~s on a theme variations sur un thème. -3. BIOL variation *f*.

**varicoloured** *Br*, **varicolored** *Am* ['veərɪ,kʌləd] *adj* multicolore, aux couleurs variées, bigarré; *fig* divers.

**varicose** ['værɪkəʊs] *adj* [ulcer] variqueux; to have OR to suffer from ~ veins avoir des varices.

**varied** ['veərɪd] *adj* varié, divers.

**variegated** ['veərɪgeɪtɪd] *adj* -1. [gen] bigarré. -2. BOT panaché.

**variegation** [,veərɪ'geɪʃn] *n* bigarrure *f*.

**variety** [və'raɪətɪ] (*pl* **varieties**) ◇ *n* -1. [diversity] variété *f*, diversité *f*; there isn't much ~ in the menu le menu n'est pas très varié OR n'offre pas un grand choix; he needs more ~ in his diet il a besoin d'un régime plus varié ❑ ~ is the spice of life *prov* la diversité est le sel de la vie. -2. [number, assortment] nombre *m*, quantité *f*; for a ~ of reasons [various] pour diverses raisons; [many] pour de nombreuses raisons; in a ~ of ways de diverses manières; the dresses come in a ~ of sizes les robes sont disponibles dans un grand nombre de tailles; there is a wide ~ of colours/styles to choose from il y a un grand choix de couleurs/styles. -3. [type] espèce *f*, genre *m*; different varieties of cheese différents types OR différentes variétés de fromage. -4. BOT & ZOOL [strain] variété *f*.-5. (*U*) THEAT & TV variétés *fpl*. ◇ *comp* [artiste, show, theatre] de variétés, de music-hall.

**variety store** *n Am* grand magasin *m*.

**variola** [və'raɪələ] *n* variole *f*, petite vérole *f*.

**variorum** [,veərɪ'ɔːrəm] ◇ *n* (édition *f*) variorum *m inv*. ◇ *adj* variorum (*inv*).

**various** ['veərɪəs] *adj* -1. [diverse] divers, différent; [several] plusieurs; at ~ times in his life à différents moments OR à plusieurs reprises dans sa vie. -2. [varied, different] varié.

**variously** ['veərɪəslɪ] *adv* [in different ways] diversement, de différentes OR diverses façons; he was ~ known as soldier, king and emperor on le connaissait à la fois comme soldat, roi et empereur.

**varnish** ['vɑːnɪʃ] ◇ *n* literal & *fig* vernis *m*. ◇ *vt* [nails, painting, wood] vernir; [pottery] vernir, vernisser; to ~ (over) the truth *fig* maquiller la vérité.

**varnishing** ['vɑːnɪʃɪŋ] *n* vernissage *m*.

**varsity** ['vɑːsətɪ] (*pl* **varsities**) *inf* ◇ *n Br dated* université *f*, fac *f*; ~ match match *m* interuniversitaire (*entre Oxford et Cambridge*). ◇ *adj Am* SPORT qui représente l'université au plus haut niveau.

**vary** ['veərɪ] ◇ *vi* -1. [be different] varier; the students ~ considerably in ability les étudiants ont des niveaux très différents; they ~ in size from small to extra large ils vont de la plus petite taille à la plus grande. -2. [change, alter] changer, se modifier; his mood varies with the weather il est très lunatique. ◇ *vt* [diet, menu] varier; [temperature] faire varier.

**varying** ['veərɪɪŋ] *adj* variable, qui varie; with ~ degrees of success avec plus ou moins de succès.

**vascular** ['væskjʊlə'] *adj* vasculaire.

**vase** [*Br* vɑːz, *Am* veɪz] *n* vase *m*.

**vasectomy** [væ'sektəmɪ] (*pl* **vasectomies**) *n* vasectomie *f*; to have a ~ subir une vasectomie.

**Vaseline®** ['væsəliːn] *n*: ~ (jelly) vaseline *f*.

**vassal** ['væsl] ◇ *adj* vassal. ◇ *n* vassal *m*.

**vast** [vɑːst] adj vaste, immense, énorme; ~ **sums of money** des sommes énormes, énormément d'argent; it's a ~ improvement on his last performance c'est infiniment mieux que sa dernière interprétation.

**vastly** ['vɑːstlɪ] adv [wealthy] extrêmement, immensément; [grateful] infiniment.

**vastness** ['vɑːstnɪs] n immensité f.

**vat** [væt] n cuve f, bac m.

**VAT** [væt, ˌviːeɪ'tiː] (abbr of **value added tax**) n TVA f.

**Vatican** ['vætɪkən] ◇ pr n: the ~ le Vatican; in the ~ au Vatican. ◇ comp [edict, bank, policy] du Vatican.

**Vatican City** pr n l'État m de la cité du Vatican, le Vatican; in ~ au Vatican.

**Vatican council** n: the first/second ~ le premier/ deuxième concile du Vatican.

**vatman** ['vætmæn] (pl **vatmen** [-men]) n Br inf: the ~ le service de la TVA.

**vaudeville** ['vɔːdəvɪl] ◇ n Am vaudeville m. ◇ comp [artiste, theatre] de vaudeville, de music-hall.

**vault** [vɔːlt] ◇ n -1. ARCHIT voûte f.-2. ANAT voûte f.-3. [cellar] cave f, cellier m; [burial chamber] caveau m.-4. [in bank] chambre f forte; a bank ~ les coffres d'une banque, la salle des coffres. -5. [jump] (grand) saut m; SPORT saut m (à la perche). ◇ vi [jump] sauter; SPORT sauter (à la perche); he ~ed over the fence il a sauté par-dessus la clôture. ◇ vt -1. ARCHIT voûter, cintrer. -2. [jump] sauter par-dessus.

**vaulted** ['vɔːltɪd] adj ARCHIT voûté, en voûte.

**vaulting** ['vɔːltɪŋ] ◇ n -1. ARCHIT voûte f, voûtes fpl.-2. SPORT saut m à la perche. ◇ adj -1. SPORT [pole] de saut. -2. fig & lit [arrogance] outrecuidant; [ambition] démesuré.

**vaulting horse** n cheval-d'arçons m inv.

**vaunt** [vɔːnt] ◇ vt lit vanter, se vanter de. ◇ vi lit se vanter.

**VC** n -1. abbr of **vice-chancellor**. -2. abbr of **vice-chairman**.

**VCR** (abbr of **video cassette recorder**) n magnétoscope m.

**VD** (abbr of **venereal disease**) n (U) MST f.

**VDT** (abbr of **visual display terminal**) n moniteur m.

**VDU** (abbr of **visual display unit**) n moniteur m.

**veal** [viːl] ◇ n veau m CULIN. ◇ comp [cutlet] de veau.

**vector** ['vektə'] ◇ n -1. MATH & MED vecteur m.-2. AERON direction f. ◇ comp MATH vectoriel. ◇ vt AERON radioguider.

**vectorial** [vek'tɔːrɪəl] adj vectoriel.

**VE day** (abbr of **Victory in Europe Day**) n jour de l'armistice du 8 mai 1945.

**vedette** [vɪ'det] n MUS & NAUT vedette f.

**vee** [viː] n objet en forme de V.

**veep** [viːp] n Am inf vice-président m, -e f.

**veer** [vɪə'] ◇ vi -1. [vehicle, road] virer, tourner; [ship] virer de bord; [wind] tourner, changer de direction; the car ~ed (over) to the left la voiture a viré vers la OR à gauche; the car ~ed off into the ditch la voiture a quitté la route et a basculé dans le fossé; to ~ off course [car] quitter sa route; [boat, plane, wind-surfer] quitter sa trajectoire. -2. fig: the conversation ~ed round to the elections la conversation a dévié sur les élections; her mood ~s between euphoria and black depression son humeur oscille entre l'euphorie et un profond abattement OR va de l'euphorie à un profond abattement. ◇ vt -1. [ship, car] faire virer. -2. [cable] filer.

**veg** [vedʒ] (abbr of **vegetable/vegetables**) n inf légumes mpl.

**vegan** ['viːgən] ◇ n végétalien m, -enne f. ◇ adj végétalien.

**vegetable** ['vedʒtəbl] ◇ n -1. CULIN & HORT légume m; [plant] végétal m; early ~s primeurs mpl; root ~s racines fpl (comestibles). -2. inf & fig: [person] légume. ◇ comp [matter] végétal; [soup] de légumes.

**vegetable butter** n beurre m végétal.

**vegetable garden** n [jardin m] potager m.

**vegetable kingdom** n règne m végétal.

**vegetable marrow** n courge f.

**vegetable oil** n huile f végétale.

**vegetal** ['vedʒɪtl] adj végétal.

**vegetarian** [ˌvedʒɪ'teərɪən] ◇ n végétarien m, -enne f. ◇ adj végétarien.

**vegetarianism** [ˌvedʒɪ'teərɪənɪzm] n végétarisme m.

**vegetate** ['vedʒɪteɪt] vi literal & fig végéter.

**vegetation** [ˌvedʒɪ'teɪʃn] n végétation f.

**vegetative** ['vedʒɪtətɪv] adj literal & fig végétatif.

**veggie** ['vedʒɪ] n & adj inf abbr of **vegetarian**.

**vehemence** ['viːɪməns] n [of emotions] ardeur f, véhémence f; [of actions, gestures] violence f, véhémence f; [of language] véhémence f, passion f.

**vehement** ['viːɪmənt] adj [emotions] ardent, passionné, véhément; [actions, gestures] violent, véhément; [language] véhément, passionné.

**vehemently** ['viːɪməntlɪ] adv [speak] avec passion, avec véhémence; [attack] avec violence; [gesticulate] frénétiquement.

**vehicle** ['viːɪkl] ◇ n -1. [gen & AUT] véhicule m; 'heavy ~s turning' 'passage d'engins' ❑ ~ **emissions** gaz mpl d'échappement. -2. PHARM véhicule m.-3. fig véhicule m.

**vehicular** [vɪ'hɪkjulə'] adj [gen & AUT] de véhicules, de voitures; ~ **traffic** circulation automobile; ~ **access** accès aux véhicules.

**veil** [veɪl] ◇ n -1. [over face] voile m; [on hat] voilette f, voile m; she was wearing a ~ elle était voilée. -2. fig voile m; to draw a ~ over sthg mettre un voile sur qqch. -3. RELIG: to take the ~ prendre le voile. ◇ vt -1. [face] voiler, couvrir d'un voile; to ~ o.s. se voiler. -2. fig [truth, feelings, intentions] voiler, dissimuler, masquer.

**veiled** [veɪld] adj -1. [wearing a veil] voilé. -2. [hidden, disguised – expression, meaning] voilé, caché; [– allusion, insult] voilé; [– hostility] sourd.

**vein** [veɪn] n -1. ANAT veine f. -2. [on insect wing] veine f; [on leaf] nervure f.-3. [in cheese, wood, marble] veine f; [of ore, mineral] filon m, veine f; a rich ~ of irony runs through the book le livre est parcouru d'une ironie sous-jacente. -4. [mood] esprit m; [style] veine f, style m; in the same ~ dans le même style OR la même veine.

**veined** [veɪnd] adj -1. [hand, skin] veiné. -2. [leaf] nervuré. -3. [cheese, stone] marbré, veiné; green-~ marble marbre veiné de vert.

**velar** ['viːlə'] adj ANAT & LING vélaire.

**Velcro®** ['velkrəu] n (bande f) Velcro® m.

**veld(t)** [velt] n veld m, veldt m.

**vellum** ['veləm] ◇ n vélin m. ◇ adj de vélin; ~ **paper** papier m vélin.

**velocipede** [vɪ'lɒsɪpiːd] n vélocipède m.

**velocity** [vɪ'lɒsətɪ] (pl **velocities**) n vélocité f.

**velodrome** ['velədrəum] n vélodrome m.

**velour(s)** [və'luə'] (pl **velours** [-'luəz]) ◇ n velours m. ◇ comp de OR en velours.

**velvet** ['velvɪt] ◇ n velours m. ◇ comp [curtains, dress] de OR en velours; fig [skin, voice] velouté, de velours; an iron hand in a ~ glove fig une main de fer dans un gant de velours.

**velveteen** [ˌvelvɪ'tiːn] ◇ n velvet m, velventine f, velvantine f. ◇ adj en OR de velventine.

**Velvet Revolution** pr n: the ~ la Révolution de Velours.

**velvety** ['velvɪtɪ] adj [cloth, complexion, texture] velouteux, velouté; fig [cream, voice] velouté.

**venal** ['viːnl] adj vénal.

**venality** [viː'nælətɪ] n vénalité f.

**vend** [vend] vt JUR OR fml vendre.

**vendetta** [ven'detə] n vendetta f.

**vending** ['vendɪŋ] n JUR OR fml vente f.

**vending machine** n distributeur m automatique.

**vendor** ['vendɔː'] n -1. COMM marchand m, -e f; ice-cream ~ marchand de glaces. -2. [machine] distributeur m automatique. -3. JUR vendeur m, -euse f.

**veneer** [və'nɪə'] ◇ n -1. [of wood] placage m (de bois); walnut ~ placage noyer. -2. fig vernis m, masque m; a ~ of respectability un vernis de respectabilité. ◇ vt plaquer; ~ed in OR with walnut plaqué noyer.

**venerable** ['venərəbl] adj [gen & RELIG] vénérable.

**venerate** ['venəreɪt] vt vénérer.

**veneration** [ˌvenə'reɪʃn] n vénération f.

**venereal** [vɪ'nɪərɪəl] adj vénérien.

**venereal disease** n maladie f vénérienne.

**Venetian** [vɪ'niːʃn] ◇ n Vénitien m, -enne f. ◇ adj vénitien, de Venise; ~ **blind** store m vénitien.

**Venezuela** [ˌvenɪˈzweɪlə] *pr n* Venezuela *m*; in ~ au Venezuela.

**Venezuelan** [ˌvenɪˈzweɪlən] ◇ *n* Vénézuélien *m*, -enne *f*. ◇ *adj* vénézuélien.

**vengeance** [ˈvendʒəns] *n* -1. [revenge] vengeance *f*; to take OR to wreak ~ on OR upon sb (for sthg) se venger sur qqn (de qqch); to seek ~ for sthg vouloir tirer vengeance de qqch, chercher à se venger de qqch. -2. *phr*: with a ~ très fort; she's back with a ~ elle fait un retour en force.

**vengeful** [ˈvendʒful] *adj* vindicatif.

**venial** [ˈviːnjəl] *adj* [gen & RELIG] véniel.

**veniality** [ˌviːnɪˈælətɪ] *n* caractère *m* véniel.

**Venice** [ˈvenɪs] *pr n* Venise.

**venison** [ˈvenɪzn] *n* venaison *f*.

**venom** [ˈvenəm] *n* *literal* & *fig* venin *m*; with ~ *fig* d'une manière venimeuse.

**venomous** [ˈvenəməs] *adj* *literal* venimeux; *fig* [remark, insult] venimeux, malveillant; [look] haineux, venimeux; he has a ~ tongue il a une langue de vipère.

**venous** [ˈviːnəs] *adj* veineux.

**vent** [vent] ◇ *n* -1. [outlet – for air, gas, liquid] orifice *m*, conduit *m*; [– in chimney] conduit *m*, tuyau *m*; [– in volcano] cheminée *f*; [– in barrel] trou *m*; [– for ventilation] conduit *m* d'aération. -2. *phr*: to give ~ to sthg donner OR laisser libre cours à qqch; she gave ~ to her anger elle a laissé échapper sa colère. -3. [in jacket, skirt] fente *f*. ◇ *vt* -1. [barrel] pratiquer un trou dans, trouer; [pipe, radiator] purger. -2. [release – smoke] laisser échapper; [– gas] évacuer. -3. *fig* [express – anger] décharger; to ~ one's anger/one's spleen on sb décharger sa colère/sa bile sur qqn.

**ventilate** [ˈventɪleɪt] *vt* -1. [room] ventiler, aérer; a well/badly ~d room une pièce bien/mal aérée. -2. *fig* [controversy, question] agiter (au grand jour); [grievance] étaler (au grand jour). -3. MED [blood] oxygéner.

**ventilation** [ˌventɪˈleɪʃn] *n* aération *f*, ventilation *f*; a ~ shaft un conduit d'aération OR de ventilation.

**ventilator** [ˈventɪleɪtər] *n* -1. [in room, building] ventilateur *m*; AUT déflecteur *m*. -2. MED respirateur *m* (artificiel).

**Ventimiglia** [ˌventɪˈmɪljə] *pr n* Vintimille.

**ventricle** [ˈventrɪkl] *n* ventricule *m*.

**ventriloquism** [venˈtrɪləkwɪzm] *n* ventriloquie *f*.

**ventriloquist** [venˈtrɪləkwɪst] *n* ventriloque *mf*.

**ventriloquy** [venˈtrɪləkwɪ] = **ventriloquism**.

**venture** [ˈventʃər] ◇ *n* -1. [undertaking] entreprise *f* périlleuse OR risquée; [adventure] aventure *f*; [project] projet *m*, entreprise *f*; it's his first ~ into politics c'est la première fois qu'il s'aventure dans le domaine politique. -2. COMM & FIN [firm] entreprise *f*; a business ~ une entreprise commerciale, un coup d'essai commercial; joint ~ coentreprise *f*, joint-venture *m*. -3. *phr*: at a ~ au hasard. ◇ *vt* -1. [risk – fortune, life] hasarder, risquer; nothing ~d nothing gained *prov* qui ne risque rien n'a rien *prov*. -2. [proffer – opinion, suggestion] hasarder, avancer, risquer; she didn't dare ~ an opinion on the subject elle n'a pas osé exprimer sa pensée à ce sujet. -3. [dare] oser; to ~ to do sthg s'aventurer OR se hasarder à faire qqch. ◇ *vi* -1. [embark] se lancer; the government has ~d on a new defence policy le gouvernement s'est lancé dans OR a entrepris une nouvelle politique de défense; to ~ into politics se lancer dans la politique. -2. *(verb of movement)*: I wouldn't ~ out of doors in this weather je ne me risquerais pas à sortir par ce temps; don't ~ too far across the ice ne va pas trop loin sur la glace; don't ~ too far from the beach ne t'éloigne pas trop de la plage.

**venture capital** *n* capital-risque *m*.

**Venture Scout** *n* *Br* éclaireur *m* (*de grade supérieur*).

**venturesome** [ˈventʃəsəm] *adj* *lit* -1. [daring – nature, person] aventureux, entreprenant. -2. [hazardous – action, journey] hasardeux, risqué.

**venue** [ˈvenjuː] *n* -1. [setting] lieu *m* (de rendez-vous OR de réunion); he hasn't decided on a ~ for the concert il n'a pas décidé où le concert aura lieu. -2. JUR lieu *m* du procès.

**Venus** [ˈviːnəs] *pr n* ASTRON & MYTH Vénus *f*.

**Venus flytrap** *n* dionée *f*.

**veracious** [vəˈreɪʃəs] *adj* véridique.

**veracity** [vəˈræsətɪ] *n* véracité *f*.

**veranda(h)** [vəˈrændə] *n* véranda *f*.

**verb** [vɜːb] *n* verbe *m*; ~ phrase syntagme *m* OR groupe *m* verbal.

**verbal** [ˈvɜːbl] *adj* -1. [spoken – account, agreement, promise] verbal, oral; [– confession] oral; ~ memory mémoire *f* auditive. -2. [related to words]: ~ skills aptitudes *fpl* à l'oral. -3. [literal – copy, translation] mot à mot, littéral, textuel. -4. GRAMM verbal.

◆ **verbals** *npl* JUR aveux *mpl* faits oralement OR de vive voix.

**verbalize, -ise** [ˈvɜːbəlaɪz] *vt* [feelings, ideas] verbaliser, exprimer par des mots.

**verbally** [ˈvɜːbəlɪ] *adv* verbalement, oralement; ~ deficient illettré, analphabète.

**verbal noun** *n* GRAMM nom *m* verbal.

**verbatim** [vɜːˈbeɪtɪm] ◇ *adj* mot pour mot; ~ report procès-verbal *m* (*d'une réunion*). ◇ *adv* textuellement.

**verbena** [vɜːˈbiːnə] *n* [herb, plant] verveine *f*; [genus] verbénacées *fpl*.

**verbiage** [ˈvɜːbɪɪdʒ] *n* verbiage *m*.

**verbose** [vɜːˈbəʊs] *adj* verbeux, prolixe.

**verbosity** [vɜːˈbɒsətɪ] *n* verbosité *f*.

**verdant** [ˈvɜːdənt] *adj* *lit* verdoyant.

**verdict** [ˈvɜːdɪkt] *n* -1. JUR verdict *m*; to reach a ~ arriver à un verdict; a ~ of guilty/not guilty un verdict de culpabilité/non-culpabilité; the jury brought in OR returned a ~ of not guilty le jury a déclaré l'accusé non-coupable. -2. *fig* [conclusion] verdict *m*, jugement *m*; to give one's ~ on sthg donner son verdict sur qqch.

**verdigris** [ˈvɜːdɪgrɪs] ◇ *n* vert-de-gris *m inv*. ◇ *adj* vert-de-grisé.

**verdure** [ˈvɜːdʒər] *n* *lit* verdure *f*.

**verge** [vɜːdʒ] ◇ *n* -1. [edge – of lawn] bord *m*; [– by roadside] accotement *m*, bas-côté *m*; [– of forest] orée *f*; grass ~ [round flowerbed] bordure *f* en gazon; [by roadside] herbe *f* au bord de la route; [in park, garden] bande *f* d'herbe. -2. *fig* [brink] bord *m*; [threshold] seuil *m*; to be on the ~ of bankruptcy/of a nervous breakdown être au bord de la faillite/de la dépression nerveuse; to be on the ~ of doing sthg être sur le point de faire qqch; the country has been brought to the ~ of civil war le pays a été amené au seuil de la guerre civile. ◇ *vt* [road, lawn] border.

◆ **verge on, verge upon** *vt insep* [be close to] côtoyer, s'approcher de; they are verging on bankruptcy ils sont au bord de la faillite; his feeling was one of panic verging on hysteria il ressentait une sorte de panique proche de l'hystérie OR qui frôlait l'hystérie; green verging on blue du vert qui tire sur le bleu.

**verger** [ˈvɜːdʒər] *n* RELIG bedeau, suisse *m*; [at ceremony] huissier *m* à verge, massier *m*.

**Vergil** [ˈvɜːdʒɪl] = **Virgil**.

**verifiable** [ˈverɪfaɪəbl] *adj* vérifiable.

**verification** [ˌverɪfɪˈkeɪʃn] *n* vérification *f*.

**verify** [ˈverɪfaɪ] (*pt* & *pp* **verified**) *vt* [prove – information, rumour] vérifier; [confirm – truth] vérifier, confirmer.

**verily** [ˈverɪlɪ] *adv* *arch* vraiment, véritablement.

**verisimilitude** [ˌverɪsɪˈmɪlɪtjuːd] *n fml* vraisemblance *f*.

**veritable** [ˈverɪtəbl] *adj* véritable.

**veritably** [ˈverɪtəblɪ] *adv* véritablement.

**verity** [ˈverətɪ] (*pl* **verities**) *n fml* vérité *f*.

**vermicelli** [ˌvɜːmɪˈselɪ] *n* (U) vermicelle *m*, vermicelles *mpl*.

**vermil(l)ion** [vəˈmɪljən] ◇ *n* vermillon *m*. ◇ *adj* vermillon (*inv*).

**vermin** [ˈvɜːmɪn] *npl* -1. [rodents] animaux *mpl* nuisibles; [insects] vermine *f*. -2. *pej* [people] vermine *f*, racaille *f*.

**verminous** [ˈvɜːmɪnəs] *adj* -1. [place] infesté de vermine OR d'animaux nuisibles, pouilleux; [clothes] pouilleux, couvert de vermine; MED [disease] vermineux. -2. *pej* [person] infect, ignoble.

**Vermont** [vɜːˈmɒnt] *pr n* Vermont *m*; in ~ dans le Vermont.

**vermouth** [ˈvɜːməθ] *n* vermouth *m*.

**vernacular** [vəˈnækjʊlər] ◇ *n* -1. LING (langue *f*) vernaculaire *m*; in the ~ LING en langue vernaculaire; [everyday language] en langage courant. -2. BOT & ZOOL nom *m* vernaculaire. -3.

ARCHIT style *m* typique (du pays). ◇ *adj* **-1.** BOT, LING & ZOOL vernaculaire. **-2.** [architecture, style] indigène.

**vernal** ['vɜːnl] *adj* [flowers, woods, breeze] printanier.

**vernal equinox** *n* point *m* vernal.

**Veronese** [,verə'neɪzɪ] *pr n* Véronèse.

**verruca** [və'ruːkə] (*pl* **verrucas** OR **verrucae** [-kaɪ]) *n* verrue *f* (plantaire).

**versatile** ['vɜːsətaɪl] *adj* **-1.** [person] aux talents variés, doué dans tous les domaines; [mind] souple; [tool] polyvalent, à usages multiples. **-2.** BOT versatile. **-3.** ZOOL mobile, pivotant.

**versatility** [,vɜːsə'tɪlətɪ] *n* **-1.** [of person] faculté *f* d'adaptation, variété *f* de talents; [of mind] souplesse *f*; [of tool] polyvalence *f*. **-2.** BOT & ZOOL versatilité *f*.

**verse** [vɜːs] ◇ *n* **-1.** [stanza – of poem] strophe *f*; [– of song] couplet *m*; [– in bible] verset *m*. **-2.** (U) [poetry] vers *mpl*, poésie *f*; in ~ en vers. ◇ *comp* [line, epic] en vers.

**versed** [vɜːst] *adj*: ~ in [knowledgeable] versé dans; [experienced] rompu à.

**versifier** ['vɜːsɪfaɪə'] *n pej* versificateur *m*, -trice *f*.

**versify** ['vɜːsɪfaɪ] (*pt & pp* **versified**) ◇ *vt* versifier, mettre en vers. ◇ *vi* rimer, faire des vers.

**version** ['vɜːʃn] *n* **-1.** [account of events] version *f*. **-2.** [form – of book, song] version *f*; did you see the film in the original ~? est-ce que vous avez vu le film dans sa version originale?; the screen OR film ~ of the book l'adaptation cinématographique du livre; he looks like a younger ~ of his father *fig* c'est l'image de son père en plus jeune. **-3.** [model – of car, plane] modèle *m*. **-4.** [translation] version *f*.

**verso** ['vɜːsəʊ] (*pl* **versos**) *n* [of page] verso *m*; [of coin, medal] revers *m*.

**versus** ['vɜːsəs] *prep* **-1.** [against] contre; Italy ~ France SPORT Italie-France; Dickens ~ Dickens JUR Dickens contre Dickens. **-2.** [compared with] par rapport à, par opposition à.

**vertebra** ['vɜːtɪbrə] (*pl* **vertebras** OR **vertebrae** [-briː]) *n* vertèbre *f*.

**vertebral** ['vɜːtɪbrəl] *adj* vertébral; ~ column colonne *f* vertébrale.

**vertebrate** ['vɜːtɪbreɪt] ◇ *adj* vertébré. ◇ *n* vertébré *m*.

**vertex** ['vɜːteks] (*pl* **vertexes** OR **vertices** [-tɪsiːz]) *n* MATH sommet *m*; ASTRON apex *m*; ANAT vertex *m*.

**vertical** ['vɜːtɪkl] ◇ *adj* **-1.** [gen & GEOM] vertical; a ~ cliff une falaise à pic OR qui s'élève à la verticale; a ~ drop une descente OR une pente verticale. **-2.** *fig* [structure, organization, integration] vertical. ◇ *n* verticale *f*; out of the ~ écarté de la verticale, hors d'aplomb.

**vertically** ['vɜːtɪklɪ] *adv* verticalement; to take off ~ AERON décoller à la verticale.

**vertical takeoff** ◇ *n* décollage *m* vertical. ◇ *comp*: ~ aircraft avion *m* à décollage vertical.

**vertiginous** [vɜː'tɪdʒɪnəs] *adj fml* vertigineux.

**vertigo** ['vɜːtɪgəʊ] *n* (U) vertige *m*; to suffer from OR to have ~ avoir le vertige ❏ 'Vertigo' *Hitchcock* 'Sueurs froides'.

**verve** [vɜːv] *n* verve *f*, brio *m*.

**very** ['verɪ] (*compar* **verier**, *superl* **veriest**) ◇ *adv* **-1.** [with adj or adv] très, bien; was the pizza good? — très/pas très; be ~ careful faites très OR bien attention; he was ~ hungry/thirsty il avait très faim/soif; I ~ nearly fell j'ai bien failli tomber; ~ few/little très peu; there were ~ few of them [people] ils étaient très peu nombreux; [objets] il y en avait très peu; there weren't ~ many people il n'y avait pas beaucoup de gens, il n'y avait pas grand monde ❏ ~ good!, ~ well! [expressing agreement, consent] très bien!; you can't ~ well ask outright tu ne peux pas vraiment demander directement; that's all ~ well but... tout ça, c'est très bien mais... **-2.** (*with superlative*) [emphatic use]: our ~ best wine notre meilleur vin; the ~ best of friends les meilleurs amis du monde; it's the ~ worst thing that could have happened c'est bien la pire chose qui pouvait arriver; the ~ latest designs les créations les plus récentes; at the ~ latest au plus tard; at the ~ least/most tout au moins/plus; the ~ first/last person la (toute) première/dernière personne; we'll stop at the ~ next town nous nous arrêterons à la prochaine ville; it's nice to have your ~ own car OR a car of your ~ own c'est agréable

d'avoir sa voiture à soi; it's my ~ own c'est à moi; the ~ same day le jour même; on the ~ same date exactement à la même date.
◇ *adj* **-1.** [extreme, far]: at the ~ end [of street, row etc] tout au bout; [of story, month etc] tout à la fin; to the ~ end [in space] jusqu'au bout; [in time] jusqu'à la fin; at the ~ back tout au fond. **-2.** [exact]: at that ~ moment juste à ce moment-là; the ~ man I need juste l'homme qu'il me faut; those were his ~ words ce sont ses propos mêmes, c'est exactement ce qu'il a dit. **-3.** [emphatic use]: the ~ idea! quelle idée!; the ~ thought it makes me shiver je frissonne rien que d'y penser; it happened before my ~ eyes cela s'est passé sous mes yeux.

◆ **very much** ◇ *adv phr* **-1.** [greatly] beaucoup, bien; I ~ much hope to be able to come j'espère bien que je pourrai venir; unless I'm ~ much mistaken à moins que je ne me trompe; were you impressed? — ~ much so ça vous a impressionné? — beaucoup. **-2.** [to a large extent]: the situation remains ~ much the same la situation n'a guère évolué; it's ~ much a question of who to believe la question est surtout de savoir qui on doit croire. ◇ *det phr* beaucoup de. ◇ *pron phr* beaucoup; she doesn't say ~ much elle parle peu, elle ne dit pas grand-chose.

**very high frequency** ['verɪ-] *n* (U) très haute fréquence *f*, (gamme *f* des) ondes *fpl* métriques.

**Very light** ['vɪərɪ-] *n* fusée *f* éclairante.

**very low frequency** ['verɪ-] *n* très basse fréquence *f*.

**Very Reverend** ['verɪ-] *adj* RELIG: the ~ Alan Scott le très révérend Alan Scott.

**vespers** ['vespəz] *npl* vêpres *fpl*.

**vessel** ['vesl] *n* **-1.** [container] récipient *m*; a drinking ~ une timbale, un gobelet. **-2.** NAUT vaisseau *m*. **-3.** ANAT & BOT vaisseau *m*.

**vest** [vest] ◇ *n* **-1.** *Br* [singlet – for boy, man] maillot *m* de corps, tricot *m* de peau; [– for woman] chemise *f*. **-2.** *Am* [waistcoat] gilet *m* (de costume). ◇ *vt fml* investir; the power ~ed in the government le pouvoir dont le gouvernement est investi; the president is ~ed with the power to veto the government le président est doté du pouvoir d'opposer son veto aux projets du gouvernement.

**vestal virgin** ['vestl-] *n* vestale *f*.

**vested interest** ['vestɪd-] *n*: ~s [rights] droits *mpl* acquis; [investments] capitaux *mpl* investis; [advantages] intérêts *mpl*; there are ~s in industry opposed to trade union reform ceux qui ont des intérêts dans l'industrie s'opposent à la réforme des syndicats; there are too many ~s cela dérange trop de gens influents; to have a ~ in doing sthg avoir directement intérêt à faire qqch.

**vestibule** ['vestɪbjuːl] *n* **-1.** [in house, church] vestibule *m*; [in hotel] vestibule *m*, hall *m* d'entrée. **-2.** ANAT vestibule *m*. **-3.** *Am* RAIL sas *m*.

**vestige** ['vestɪdʒ] *n* **-1.** [remnant] vestige *m*; he clung on to the last ~s of power il s'est accroché aux derniers vestiges de son autorité. **-2.** ANAT & ZOOL organe *m* rudimentaire; the ~ of a tail une queue rudimentaire.

**vestigial** [ve'stɪdʒɪəl] *adj* **-1.** [remaining] résiduel. **-2.** ANAT & ZOOL [organ, tail] rudimentaire, atrophié.

**vestment** ['vestmənt] *n* habit *m* de cérémonie; RELIG vêtement *m* sacerdotal.

**vest-pocket** *Am* ◇ *n* poche *f* de gilet. ◇ *adj* [book, object] de poche; *fig* minuscule, tout petit.

**vestry** ['vestrɪ] (*pl* **vestries**) *n* **-1.** [room] sacristie *f*. **-2.** [committee] conseil *m* paroissial.

**Vesuvius** [vɪ'suːvjəs] *pr n*: (Mount) ~ le Vésuve.

**vet** [vet] (*pt & pp* **vetted**, *cont* **vetting**) ◇ *n* **-1.** (*abbr of* **veterinary surgeon/veterinary**) vétérinaire *mf*. **-2.** *Am* (*abbr of* **veteran**) ancien combattant *m*, vétéran *m*. ◇ *vt* **-1.** [check – application] examiner minutieusement, passer au crible; [– claims, facts, figures] vérifier soigneusement, passer au crible; [– documents] contrôler; [– person] enquêter sur; she was thoroughly vetted for the job on l'a soigneusement examiné sa candidature avant de l'embaucher. **-2.** VETER [examine] examiner; [treat] soigner.

**veteran** ['vetrən] ◇ *n* **-1.** MIL ancien combattant *m*, vétéran *m*; Veteran's Day *Am* fête *f* de l'armistice (*le 11 novembre*). **-2.** [experienced person] personne *f* chevronnée OR expérimentée, vieux *m* de la vieille. **-3.** [car] voiture *f* ancienne OR d'époque; [machinery] vieille machine *f*. ◇ *adj* [experienced] expérimenté, chevronné; **she's a ~ campaigner for civil rights** c'est un vétéran de la campagne pour les droits civiques.

**veteran car** *n Br* voiture *f* de collection (*normalement antérieure à 1905*).

**veterinarian** [,vetərɪ'neərɪən] *n Am* vétérinaire *mf*.

**veterinary** ['vetərɪnrɪ] *adj* [medicine, science] vétérinaire.

**veterinary surgeon** *n Br* vétérinaire *mf*.

**veto** ['viːtəʊ] (*pl* **vetoes**) ◇ *n* **-1.** (U) [power] droit *m* de veto; **to use one's ~** exercer son droit de veto. **-2.** [refusal] veto *m*; **to put a ~ on sthg** mettre OR opposer son veto à qqch. ◇ *vt* POL & *fig* mettre OR opposer son veto à.

**vetting** ['vetɪŋ] *n* (U) enquêtes *fpl*; **security ~** enquêtes de sécurité.

**vex** [veks] *vt* contrarier, ennuyer.

**vexation** [vek'seɪʃn] *n fml* **-1.** [anger] ennui *m*, agacement *m*.**-2.** [difficulty, annoyance] ennui *m*, tracasserie *f*.

**vexatious** [vek'seɪʃəs] *adj fml* contrariant, ennuyeux.

**vexed** [vekst] *adj fml* **-1.** [annoyed] fâché, ennuyé, contrarié; **to become ~** se fâcher; **to be ~ with sb** être fâché contre qqn, en vouloir à qqn; **she was ~ to discover that she had left her purse behind** elle a été contrariée quand elle a réalisé qu'elle avait oublié son porte-monnaie. **-2.** [controversial] controversé; [question] épineux.

**vexing** ['veksɪŋ] *adj* **-1.** [annoying] contrariant, ennuyeux, fâcheux. **-2.** [frustrating – issue, riddle] frustrant.

**VFD** (*abbr of* **voluntary fire department**) *n* pompiers bénévoles aux États-Unis.

**VG** (*written abbr of* **very good**) TB.

**vgc** (*written abbr of* **very good condition**) tbe.

**VHF** (*abbr of* **very high frequency**) *n* VHF *f*.

**VHS** (*abbr of* **video home system**) *n* VHS *m*.

**via** ['vaɪə] *prep* **-1.** [by way of] via, par. **-2.** [by means of] par, au moyen de; **contact me ~ this number/~ my secretary** contactez-moi à ce numéro/par l'intermédiaire de ma secrétaire; **she sent him the letter ~ her sister** elle lui a envoyé la lettre par l'intermédiaire de sa sœur; **the best way to get into films is ~ drama school** le meilleur moyen d'entrer dans le monde du cinéma est de passer par une école d'art dramatique.

**viability** [,vaɪə'bɪlətɪ] *n* (U) **-1.** ECON [of company, state] viabilité *f*.**-2.** [of plan, programme, scheme] chances *fpl* de réussite, viabilité *f*.**-3.** MED & BOT viabilité *f*.

**viable** ['vaɪəbl] *adj* **-1.** ECON [company, economy, state] viable. **-2.** [practicable – plan, programme] viable, qui a des chances de réussir. **-3.** MED & BOT viable.

**viaduct** ['vaɪədʌkt] *n* viaduc *m*.

**vibes** [vaɪbz] *npl inf* **-1.** *abbr of* **vibraphone. -2.** (*abbr of* **vibrations**) atmosphère *f*, ambiance *f*; **they give off really good/bad ~** avec eux le courant passe vraiment bien/ne passe vraiment pas.

**vibrancy** ['vaɪbrənsɪ] *n* enthousiasme *m*.

**vibrant** ['vaɪbrənt] ◇ *adj* **-1.** [vigorous, lively – person] vif; [– programme, atmosphere] vibrant, touchant, émouvant; **to be ~ with life** être plein de vie. **-2.** [resonant – sound, voice] vibrant, résonant. **-3.** [bright – colour, light] brillant. ◇ *n* LING vibrante *f*.

**vibraphone** ['vaɪbrəfəʊn] *n* vibraphone *m*.

**vibrate** [vaɪ'breɪt] *vi* **-1.** [shake, quiver] vibrer. **-2.** [sound] vibrer, retentir. **-3.** PHYS [oscillate] osciller, vibrer.

**vibration** [vaɪ'breɪʃn] *n* vibration *f*.
◆ **vibrations** *npl inf* [feeling] ambiance *f*.

**vibrato** [vɪ'brɑːtəʊ] (*pl* **vibratos**) ◇ *n* MUS vibrato *m*. ◇ *adv* avec vibrato.

**vibrator** [vaɪ'breɪtəʳ] *n* **-1.** ELEC vibrateur *m*.**-2.** [medical or sexual] vibromasseur *m*.

**vibratory** ['vaɪbrətrɪ] *adj* vibratoire.

**vicar** ['vɪkəʳ] *n* pasteur *m*; **the Vicar of Christ** le vicaire de Jésus-Christ.

**vicarage** ['vɪkərɪdʒ] *n* presbytère *m*.

**vicarious** [vɪ'keərɪəs] *adj* **-1.** [indirect, second-hand – feeling, pride, enjoyment] indirect, par procuration OR contrecoup. **-2.**

[punishment] (fait) pour autrui; [suffering, pain] subi pour autrui. **-3.** [power, authority] délégué. **-4.** MED vicariant.

**vicariously** [vɪ'keərɪəslɪ] *adv* **-1.** [experience] indirectement; **she lived ~ through her reading** elle vivait par procuration à travers ses lectures. **-2.** [authorize] par délégation, par procuration.

**vice** [*n* vaɪs, *prep* 'vaɪsɪ] ◇ *n* **-1.** [depravity] vice *m*.**-2.** [moral failing] vice *m*; [less serious] défaut *m*.**-3.** TECH étau *m*; **he held her in a ~-like grip** il la serrait comme dans un étau. **-4.** *Am* = **vice squad.** ◇ *prep fml* [instead of] à la place de, en remplacement de.

**vice-** [vaɪs] *in cpds* vice-.

**vice-admiral** [,vaɪs-] *n* vice-amiral *m* d'escadre.

**vice-chairman** [,vaɪs-] *n* vice-président *m*, -e *f*.

**vice-chancellor** [,vaɪs-] *n* **-1.** *Br* UNIV président *m*, -e *f* d'université. **-2.** *Am* JUR vice-chancelier *m*.

**vice-consul** [,vaɪs-] *n* vice-consul *m*.

**vice-presidency** [,vaɪs-] *n* vice-présidence *f*.

**vice-president** [,vaɪs-] *n* vice-président *m*, -e *f*.

**vice-principal** [,vaɪs-] *n* SCH directeur *m* adjoint, directrice *f* adjointe.

**viceroy** ['vaɪsrɔɪ] *n* vice-roi *m*.

**vice squad** [,vaɪs-] *n* brigade *f* des mœurs.

**vice versa** [,vaɪsɪ'vɜːsə] *adv* vice versa, inversement.

**Vichy water** *n* eau *f* de Vichy.

**vicinity** [vɪ'sɪnətɪ] (*pl* **vicinities**) *n* **-1.** [surrounding area] environs *mpl*, alentours *mpl*; [neighbourhood] voisinage *m*, environs *mpl*; [proximity] proximité *f*; **in the ~ of the town centre** [in the area] dans les environs du centre-ville; [close] à proximité du centre-ville; **in the immediate ~** dans les environs immédiats. **-2.** [approximate figures, amounts]: **his salary is in the ~ of £18,000** son salaire est aux alentours de OR de l'ordre de 18 000 livres.

**vicious** ['vɪʃəs] *adj* **-1.** [cruel, savage – attack, blow] brutal, violent. **-2.** [malevolent – criticism, gossip, remarks] méchant, malveillant; **he has a ~ tongue** il a une langue de vipère. **-3.** [dog] méchant; [horse] vicieux, rétif. **-4.** [perverse – behaviour, habits] vicieux, pervers.

**vicious circle** *n* cercle *m* vicieux.

**viciously** ['vɪʃəslɪ] *adv* [attack, beat] brutalement, violemment; [criticize] avec malveillance, méchamment.

**viciousness** ['vɪʃəsnɪs] *n* [of attack, beating] brutalité *f*, violence *f*; [of criticism, gossip] méchanceté *f*, malveillance *f*.

**vicissitude** [vɪ'sɪsɪtjuːd] *n fml* vicissitude *f*.

**victim** ['vɪktɪm] *n* **-1.** [physical sufferer] victime *f*; **to fall ~ to sthg** devenir la victime de qqch; **the fire claimed many ~s** l'incendie a fait de nombreuses victimes; **road accident ~s** les victimes OR les accidentés de la route; **a fund for ~s of cancer** des fonds pour les cancéreux OR les malades du cancer. **-2.** *fig* victime *f*; **to fall ~ to sb's charms** succomber aux charmes de qqn; **many people fall ~ to these fraudulent schemes** beaucoup de gens se font avoir par ces combines frauduleuses.

**victimization** [,vɪktɪmaɪ'zeɪʃn] *n* [for beliefs, race, differences] fait *m* de prendre pour victime; [reprisals] représailles *fpl*; **there must be no further ~ of workers** il ne doit pas y avoir d'autres représailles contre les ouvriers.

**victimize, -ise** ['vɪktɪmaɪz] *vt* [make victim of] faire une victime de, prendre pour victime; [take reprisals against] exercer des OR user de représailles sur; **the strikers feel they are being ~d** les grévistes estiment qu'ils sont victimes de représailles.

**victor** ['vɪktəʳ] *n* vainqueur *m*.

**Victoria** [vɪk'tɔːrɪə] *pr n* **-1.** [person]: **Queen ~** la reine Victoria. **-2.** [state] Victoria *m*; **in ~** dans le Victoria. **-3.** [lake]: **Lake ~** le lac Victoria.

**Victoria Cross** *n* MIL croix *f* de Victoria (*en Grande-Bretagne, décoration militaire très prestigieuse*).

**Victorian** [vɪk'tɔːrɪən] ◇ *adj* victorien. ◇ *n* Victorien *m*, -enne *f*.

**victorious** [vɪk'tɔːrɪəs] *adj* [army, campaign, party] victorieux; [army] vainqueur; [cry] de victoire; **to be ~ over sb** être victorieux de qqn, remporter la victoire sur qqn.

**victoriously** [vɪk'tɔːrɪəslɪ] *adv* victorieusement.

**victory** ['vɪktərɪ] (*pl* **victories**) *n* victoire *f*; **to gain** OR **to win**

a ~ over sb remporter la victoire sur qqn.
**victory roll** *n* AERON *looping pour marquer une victoire.*
**victory sign** *n* V *m* de la victoire.
**victual** ['vɪtl] (*pt* & *pp* **victualled,** *cont* **victualling**) *arch* ◇ *vt* ravitailler, approvisionner. ◇ *vi* se ravitailler, s'approvisionner.
◆ **victuals** *npl arch* victuailles *fpl.*
**victualler** ['vɪtlə'] *n* fournisseur *m* (de provisions).
**video** ['vɪdɪəʊ] (*pl* **videos**) ◇ *n* **-1.** [medium] vidéo *f*; I use ~ a lot in my teaching j'utilise beaucoup la vidéo pendant mes cours. **-2.** [VCR] magnétoscope *m*; they recorded the series on ~ ils ont enregistré le feuilleton au magnétoscope. **-3.** [cassette] vidéocassette *f*; [recording] vidéo *f*; [for pop-song] clip *m*, vidéoclip *m*; we've got a ~ of the film on a le film en vidéocassette. **-4.** *Am inf* [television] télé *f*. ◇ *comp* **-1.** [film, version] (en) vidéo; [services, equipment, signals] vidéo *(inv)*. **-2.** *Am* [on TV] télévisé. ◇ *vt* enregistrer sur magnétoscope, magnétoscoper.
**video camera** *n* caméra *f* vidéo.
**video cassette** *n* vidéocassette *f*.
**video cassette recorder** *n* magnétoscope *m*.
**video clip** *n* clip *m*, vidéoclip *m*, clip *m* vidéo.
**video conference** *n* vidéoconférence *f*.
**video game** *n* jeu *m* vidéo.
**video machine** = videorecorder.
**video nasty** *n Br inf* film vidéo *à caractère violent et souvent pornographique.*
**videophone** ['vɪdɪəʊfəʊn] *n* vidéophone *m*.
**video player** = videorecorder.
**video-record** *vt* enregistrer sur magnétoscope, magnétoscoper.
**videorecorder** ['vɪdɪəʊrɪˌkɔːdə'] *n* magnétoscope *m*.
**video recording** *n* enregistrement *m* sur magnétoscope.
**videotape** ['vɪdɪəʊteɪp] ◇ *n* bande *f* vidéo. ◇ *vt* enregistrer sur magnétoscope, magnétoscoper.
**videotext** ['vɪdɪəʊtekst] *n* vidéotex *m*, vidéographie *f* interactive.
**vie** [vaɪ] (*pt* & *pp* **vied,** *cont* **vying**) *vi* rivaliser, lutter; to ~ with sb for sthg disputer qqch à qqn; the two children ~d with each other for attention les deux enfants rivalisaient l'un avec l'autre pour attirer l'attention; several companies were vying with each other to sponsor the event plusieurs firmes se battaient pour parrainer l'évènement.
**Vienna** [vɪ'enə] ◇ *pr n* Vienne. ◇ *comp* viennois, de Vienne.
**Viennese** [ˌvɪə'niːz] (*pl inv*) ◇ *n* Viennois *m*, -e *f*. ◇ *adj* viennois.
**Vietcong** [ˌvjet'kɒŋ] (*pl inv*) *n* Viêt-cong *mf*.
**Vietnam** [*Br* ˌvjet'næm, *Am* ˌvjet'nɑːm] *pr n* Viêt-nam *m*; in ~ au Viêt-nam; the ~ War la guerre du Viêt-nam.
**Vietnamese** [ˌvjetnə'miːz] (*pl inv*) ◇ *n* **-1.** [person] Vietnamien *m*, -enne *f*. **-2.** LING vietnamien *m*. ◇ *adj* vietnamien.

**view** [vjuː] ◇ *n* **-1.** [sight] vue *f*; to come into ~ apparaître; he turned the corner and disappeared from ~ il a tourné au coin en l'a perdu de vue OR il a disparu; it happened in full ~ of the television cameras/police cela s'est passé juste devant les caméras de télévision/sous les yeux de la police; to be on ~ [house] être ouvert aux visites; [picture] être exposé; the woods are within ~ of the house de la maison on voit les bois; to hide sthg from ~ [accidentally] cacher qqch de la vue; [deliberately] cacher qqch aux regards. **-2.** [prospect] vue *f*; the house has a good ~ of the sea la maison a une belle vue sur la mer; a room with a ~ une chambre avec vue; from here we have a side ~ of the cathedral d'ici nous avons une vue de profil de la cathédrale; you get a better ~ from here on voit mieux d'ici; the man in front of me blocked my ~ of the stage l'homme devant moi m'empêchait de voir la scène; a comprehensive ~ of English literature *fig* une vue d'ensemble de la littérature anglaise. **-3.** [future perspective]: in ~ en vue; what do you have in ~ as regards work? quelles sont vos intentions en ce qui concerne le travail?; with this end in ~ avec OR dans cette intention; she has in ~ the publication of a new book elle envisage de publier un nouveau livre; to take the long ~ of sthg voir qqch à long terme. **-4.** [aim, purpose] but *m*, intention *f*; with a ~ to doing sthg en vue de

faire qqch, dans l'intention de faire qqch; they bought the house with a ~ to their retirement ils ont acheté la maison en pensant à leur retraite. **-5.** [interpretation] vue *f*; an overall ~ une vue d'ensemble; he has OR takes a gloomy ~ of life il a une vue pessimiste de la vie, il envisage la vie d'une manière pessimiste. **-6.** [picture, photograph] vue *f*; an aerial ~ of New York une vue aérienne de New York. **-7.** [opinion] avis *m*, opinion *f*; in my ~ à mon avis; that's the official ~ c'est le point de vue officiel; everybody has their own ~ of the situation chacun comprend la situation à sa façon, chacun a sa propre façon de voir la situation; he takes the ~ that they are innocent il pense OR estime OR soutient qu'ils sont innocents; I don't take that ~ je ne partage pas cet avis; she took a poor OR dim ~ of his behaviour elle n'appréciait guère son comportement. ◇ *vt* **-1.** [look at] voir, regarder; [film] regarder; ~ed from above/from afar vu d'en haut/de loin. **-2.** [examine – slides] visionner; [– through microscope] regarder; [– flat, showhouse] visiter, inspecter. **-3.** *fig* [consider, judge] considérer, envisager; the committee ~ed his application favourably la commission a porté un regard favorable sur sa candidature; how do you ~ this matter? quel est votre avis sur cette affaire?; the government ~s the latest international developments with alarm le gouvernement porte un regard inquiet sur les derniers développements internationaux. **-4.** HUNT [fox] apercevoir.
◇ *vi* TV regarder la télévision.
◆ **in view of** *prep phr* étant donné, vu; in ~ of this ceci étant.
**Viewdata**® ['vjuːˌdeɪtə] *pr n* vidéotex *m*, vidéographie *f* interactive.
**viewer** ['vjuːə'] *n* **-1.** TV téléspectateur *m*, -trice *f*. **-2.** PHOT [for slides] visionneuse *f*; [viewfinder] viseur *m*.
**viewfinder** ['vjuːˌfaɪndə'] *n* viseur *m* PHOT.
**viewing** ['vjuːɪŋ] *n* **-1.** TV programme *m*, programmes *mpl*, émissions *fpl*; late-night ~ on BBC 2 émissions de fin de soirée sur BBC 2; his latest film makes exciting ~ son dernier film est un spectacle passionnant. **-2.** [of showhouse, exhibition] visite *f*. **-3.** ASTRON observation *f*. ◇ *comp* **-1.** TV [time, patterns] d'écoute; a young ~ audience de jeunes téléspectateurs; ~ figures taux *m* OR indice *m* d'écoute; at peak ~ hours aux heures de grande écoute. **-2.** ASTRON & METEOR [conditions] d'observation.
**viewpoint** ['vjuːpɔɪnt] *n* **-1.** [opinion] point de vue *m*. **-2.** [viewing place] point de vue *m*, panorama *m*.
**vigil** ['vɪdʒɪl] *n* **-1.** [watch] veille *f*; [in sickroom] veillée *f*; [for dead person] veillée *f* funèbre; to keep (an all-night) ~ by sb's bedside veiller (toute la nuit) au chevet de qqn. **-2.** [demonstration] manifestation *f* silencieuse (nocturne). **-3.** RELIG vigile *f*.
**vigilance** ['vɪdʒɪləns] *n* vigilance *f*.
**vigilant** ['vɪdʒɪlənt] *adj* vigilant, éveillé.
**vigilante** [ˌvɪdʒɪ'læntɪ] *n* membre d'un groupe d'autodéfense; ~ group groupe *m* d'autodéfense.
**vigilantly** ['vɪdʒɪləntlɪ] *adv* avec vigilance, attentivement.
**vignette** [vɪ'njet] *n* [illustration] vignette *f*; ART & PHOT portrait *m* en buste dégradé; LITERAT portrait *m*.
**vigor** *Am* = vigour.
**vigorous** ['vɪɡərəs] *adj* **-1.** [robust – person, plant] vigoureux; [enthusiastic – person] enthousiaste. **-2.** [forceful – opposition, campaign, support] vigoureux, énergique. **-3.** [energetic – exercise] énergique.
**vigorously** ['vɪɡərəslɪ] *adv* vigoureusement, énergiquement.
**vigour** *Br*, **vigor** *Am* ['vɪɡə'] *n* **-1.** [physical vitality] vigueur *f*, énergie *f*, vitalité *f*; [mental vitality] vigueur *f*, vivacité *f*. **-2.** [attack, style] vigueur *f*; [of storm] violence *f*. **-3.** *Am* JUR: in ~ en vigueur.
**Viking** ['vaɪkɪŋ] ◇ *adj* viking. ◇ *n* Viking *mf*.
**vile** [vaɪl] *adj* **-1.** [morally wrong – deed, intention, murder] vil, ignoble, infâme. **-2.** [disgusting – person, habit, food, taste] abominable, exécrable; [– smell] infect, nauséabond; it smells ~! ça pue! **-3.** [very bad – temper] exécrable, massacrant; [– weather] exécrable.
**vilify** ['vɪlɪfaɪ] *vt fml* diffamer, calomnier.
**villa** ['vɪlə] *n* [in country] maison *f* de campagne; [by sea] villa *f*; *Br* [in town] villa *f* OR pavillon *m* (de banlieue); HIST villa *f*.

**village** ['vɪlɪdʒ] ◇ *n* village *m*. ◇ *comp* du village.
**village green** *n* pelouse au centre du village.
**village hall** *n* salle *f* des fêtes.
**village idiot** *n* idiot *m* du village.
**villager** ['vɪlɪdʒə'] *n* villageois *m*, -e *f*.
**villain** ['vɪlən] *n* -**1**. [ruffian, scoundrel] scélérat *m*, -e *f*, vaurien *m*, -enne *f*; [in film, story] méchant *m*, -e *f*, traître *m*, -esse *f*; the ~ of the piece THEAT *fig* le méchant, le coupable. -**2**. *inf* [rascal] coquin *m*, -e *f*, vilain *m*, -e *f*. -**3**. ▽ *crime sl* [criminal] bandit *m*, malfaiteur *m*. -**4**. HIST = **villein**.
**villainous** ['vɪlənəs] *adj* -**1**. [evil – act, person] vil, ignoble, infâme. -**2**. [foul – food, weather] abominable, exécrable.
**villainy** ['vɪlənɪ] (*pl* **villainies**) *n* infamie *f*, bassesse *f*.
**villein** ['vɪlɪn] *n* HIST [free] vilain *m*, -e *f*; [unfree] serf *m*, serve *f*.
**vim** [vɪm] *n inf* énergie *f*, entrain *m*.
**VIN** (*abbr of* **vehicle identification number**) *n* numéro d'immatriculation AUT.
**vinaigrette** [,vɪnɪ'gret] *n* vinaigrette *f*.
**vindaloo** [vɪndə'luː] *n* plat indien au curry très épicé.
**vindicate** ['vɪndɪkeɪt] *vt* -**1**. [justify] justifier; this ~s my faith in him ceci prouve que j'avais raison d'avoir confiance en lui. -**2**. [uphold – claim, right] faire valoir, revendiquer.
**vindication** [,vɪndɪ'keɪʃn] *n* justification *f*; he spoke in ~ of his behaviour il s'expliqua pour justifier son comportement.
**vindictive** [vɪn'dɪktɪv] *adj* vindicatif.
**vindictively** [vɪn'dɪktɪvlɪ] *adv* vindicativement.
**vine** [vaɪn] ◇ *n* -**1**. [grapevine] vigne *f*. -**2**. [plant – climbing] plante *f* grimpante; [– creeping] plante *f* rampante. ◇ *comp* [leaf] de vigne; [disease] de la vigne; ~ grower viticulteur *m*, vigneron *m*; ~ growing viticulture *f*; ~ harvest vendange *f*, vendanges *fpl*.
**vinegar** ['vɪnɪgə'] *n* vinaigre *m*.
**vineyard** ['vɪnjəd] *n* vignoble *m*.
**viniculture** ['vɪnɪkʌltʃə'] *n* viniculture *f*.
**vino** ['viːnəʊ] *n inf* pinard *m*.
**vintage** ['vɪntɪdʒ] ◇ *n* -**1**. VINIC [wine] vin *m* de cru; [year] cru *m*, millésime *m*; this claret is an excellent ~ ce bordeaux est un très grand cru; a 1983 ~ un vin de 1983. -**2**. [crop] récolte *f*; [harvesting] vendange *f*, vendanges *fpl*. -**3**. [period] époque *f*. ◇ *adj* -**1**. [old] antique, ancien. -**2**. [classic, superior] classique; it was ~ Agatha Christie c'était de l'Agatha Christie du meilleur style OR cru. -**3**. [port, champagne] de cru.
**vintage car** *n* *Br* voiture *f* de collection (*normalement construite entre 1919 et 1930*).
**vintage wine** *n* vin *m* de grand cru, grand vin *m*.
**vintage year** *n* [for wine] grand cru *m*, grande année *f*; [for books, films] très bonne année *f*.
**vintner** ['vɪntnə'] *n* négociant *m* en vins.
**vinyl** ['vaɪnɪl] ◇ *n* vinyle *m*. ◇ *adj* [wallpaper, tiles, coat] de OR en vinyle; [paint] vinylique.
**viol** ['vaɪəl] *n* viole *f*. ◇ *comp*: ~ player violiste *mf*.
**viola** [vɪ'əʊlə] ◇ *n* -**1**. MUS alto *m*. -**2**. BOT [genus] violacée *f*; [flower] pensée *f*, violette *f*. ◇ *comp*: ~ player altiste *mf*.
**violate** ['vaɪəleɪt] *vt* -**1**. [promise, secret, treaty] violer; [law] violer, enfreindre; [rights] violer, bafouer. -**2**. [frontier, property] violer. -**3**. [peace, silence] troubler, rompre; to ~ sb's privacy déranger qqn dans son intimité OR dans sa vie privée. -**4**. [sanctuary, tomb] violer, profaner. -**5**. *fml* [rape] violer, violenter.
**violation** [,vaɪə'leɪʃn] *n* -**1**. [of promise, rights, secret] violation *f*; [of law] violation *f*, infraction *f*; SPORT faute *f*; they acted in ~ of the treaty ils ont contrevenu au traité. -**2**. [of frontier, property] violation *f*; it's a ~ of my privacy c'est une atteinte à ma vie privée. -**3**. ADMIN: ~ of the peace trouble *m* de l'ordre public. -**4**. [of sanctuary, tomb] violation *f*, profanation *f*. -**5**. *Am* JUR infraction *f*. -**6**. *fml* [rape] viol *m*.
**violator** ['vaɪəleɪtə'] *n* -**1**. [gen] violateur *m*. -**2**. *Am* JUR contrevenant *m*.
**violence** ['vaɪələns] *n* (U) -**1**. [physical] violence *f*; the men of ~ [terrorists] les terroristes *mpl*; ~ broke out in the streets il y a eu de violents incidents OR des bagarres ont éclaté dans les rues. -**2**. JUR violences *fpl*; robbery with ~ vol avec

coups et blessures. -**3**. [of language, passion, storm] violence *f*. -**4**. *phr*: to do ~ to faire violence,à.
**violent** ['vaɪələnt] *adj* -**1**. [attack, crime, person] violent; by ~ means par la violence; to be ~ with sb se montrer OR être violent avec qqn; he gave the door a ~ kick il a donné un violent coup de pied dans la porte; to die a ~ death mourir de mort violente. -**2**. [intense – pain] violent, aigu (*f* -uë); [furious – temper] violent; [strong, great – contrast, change] violent, brutal; [– explosion] violent; she took a ~ dislike to him elle s'est prise d'une vive aversion à son égard. -**3**. [forceful, impassioned – argument, language, emotions] violent. -**4**. [wind, weather] violent. -**5**. [colour] criard, voyant.
**violently** ['vaɪələntlɪ] *adv* [attack, shake, struggle] violemment; [act, react] violemment, avec violence; he was ~ sick il fut pris de vomissements violents.
**violet** ['vaɪələt] ◇ *n* -**1**. BOT violette *f*. -**2**. [colour] violet *m*. ◇ *adj* violet.
**violin** [,vaɪə'lɪn] ◇ *n* violon *m*. ◇ *comp* [concerto] pour violon; [lesson] de violon; ~ maker luthier *m*.
**violinist** [,vaɪə'lɪnɪst] *n* violoniste *mf*.
**violoncello** [,vaɪələn'tʃeləʊ] *n* violoncelle *m*.
**VIP** (*abbr of* **very important person**) *n* VIP *mf*, personnalité *f*, personnage *m* de marque. ◇ *comp* [guests, visitors] de marque, éminent, très important; to give sb the ~ treatment traiter qqn comme un personnage de marque.
**viper** ['vaɪpə'] *n* ZOOL *fig* vipère *f*; a ~s' nest *fig* un nœud de vipères.
**virago** [vɪ'rɑːgəʊ] (*pl* **viragoes** OR **viragos**) *n* mégère *f*, virago *f*.
**viral** ['vaɪrəl] *adj* viral.
**Virgil** ['vɜːdʒɪl] *prn* Virgile.
**virgin** ['vɜːdʒɪn] ◇ *n* [girl] vierge *f*, pucelle *f*; [boy] puceau *m*. ◇ *adj* -**1**. [sexually] vierge. -**2**. [forest, soil] vierge; [fresh] virginal; ~ snow neige *f* fraîche.
◆ **Virgin** *prn* RELIG: the Virgin la Vierge.
**virginal** ['vɜːdʒɪnl] ◇ *n* MUS: ~s virginal *m*. ◇ *adj* virginal.
**Virgin birth** *n*: the ~ l'Immaculée Conception *f*.
**Virginia** [və'dʒɪnjə] *prn* Virginie *f*; in ~ en Virginie.
**Virginia creeper** *n* vigne *f* vierge.
**Virginian** [və'dʒɪnjən] ◇ *n* Virginien *m*, -enne *f*. ◇ *adj* virginien.
**Virginia stock** *n* malcolmia *m*.
**Virginia tobacco** *n* tabac *m* de Virginie.
**Virgin Islands** *pl prn*: the ~ les îles *fpl* Vierges.
**virginity** [və'dʒɪnətɪ] *n* virginité *f*.
**Virgin Mary** *prn*: the ~ la Vierge Marie.
**Virgo** ['vɜːgəʊ] *prn* ASTROL & ASTRON Vierge *f*; he's a ~ il est (du signe de la) Vierge.
**virile** ['vɪraɪl] *adj* viril.
**virility** [vɪ'rɪlətɪ] *n* virilité *f*.
**virology** [vaɪ'rɒlədʒɪ] *n* virologie *f*.
**virtual** ['vɜːtʃʊəl] *adj* -**1**. [near, as good as]: the country is in a state of ~ anarchy c'est pratiquement l'anarchie dans le pays; the strike led to a ~ halt in production la grève a provoqué une interruption quasi totale de la production; it's a ~ impossibility/dictatorship c'est une quasi-impossibilité/une quasi-dictature. -**2**. [actual, effective]: they are the ~ rulers of the country en fait ce sont eux qui dirigent le pays, ce sont eux les dirigeants de fait du pays. -**3**. COMPUT & PHYS virtuel.
**virtual image** *n* image *f* virtuelle.
**virtually** ['vɜːtʃʊəlɪ] *adv* -**1**. [almost] pratiquement, quasiment, virtuellement. -**2**. [actually, in effect] en fait.
**virtual memory** *n* COMPUT mémoire *f* virtuelle.
**virtual reality** *n* réalité *f* virtuelle.
**virtual storage** = **virtual memory**.
**virtue** ['vɜːtjuː] *n* -**1**. [goodness] vertu *f*; to make a ~ of necessity faire de nécessité vertu; a woman of easy ~ une femme de petite vertu □ ~ is its own reward *prov* la vertu est sa propre récompense. -**2**. [merit] mérite *m*, avantage *m*.
◆ **by virtue of** *prep phr* en vertu de OR en raison de.
**virtuosity** [,vɜːtjʊ'ɒsɪtɪ] *n* virtuosité *f*.
**virtuoso** [,vɜːtjʊ'əʊzəʊ] (*pl* **virtuosos** OR **virtuosi** [-siː]) ◇ *n* [gen & MUS] virtuose *mf*. ◇ *adj* de virtuose.

**virtuous** ['vɜːtʃʊəs] *adj* vertueux.

**virtuously** ['vɜːtʃʊəslɪ] *adv* vertueusement.

**virulence** ['vɪrʊləns] *n* virulence *f*.

**virulent** ['vɪrʊlənt] *adj* virulent.

**virus** ['vaɪrəs] ◇ *n* virus *m*; **the flu** ~ le virus de la grippe. ◇ *comp*: **a** ~ **infection** une infection virale.

**visa** ['viːzə] ◇ *n* visa *m*. ◇ *vt* ADMIN viser.

**visage** ['vɪzɪdʒ] *n lit* visage *m*, figure *f*.

**vis-à-vis** [,viːzɑːˈviː] (*pl inv*) ◇ *prep* **-1.** [in relation to] par rapport à. **-2.** [opposite] vis-à-vis de. ◇ *adv* vis-à-vis. ◇ *n* **-1.** [person or thing opposite] vis-à-vis *m inv*.-**2.** [counterpart] homologue *mf*.

**viscera** ['vɪsərə] *npl* viscères *mpl*.

**visceral** ['vɪsərəl] *adj* viscéral.

**viscose** ['vɪskəʊs] ◇ *n* viscose *f*. ◇ *adj* visqueux.

**viscount** ['vaɪkaʊnt] *n* vicomte *m*.

**viscountess** ['vaɪkaʊntɪs] *n* vicomtesse *f*.

**viscous** ['vɪskəs] *adj* visqueux, gluant.

**vise** [vaɪs] *Am* = **vice 3**.

**visibility** [,vɪzɪˈbɪlətɪ] *n* visibilité *f*; ~ **is down to a few yards** la visibilité est réduite à quelques mètres.

**visible** ['vɪzəbl] *adj* **-1.** [gen & OPTICS] visible; **clearly** ~ **to the naked eye** clairement visible à l'œil nu. **-2.** [evident] visible, apparent, manifeste; **it serves no** ~ **purpose** on n'en voit pas vraiment l'utilité, on ne voit pas vraiment à quoi cela sert; **with no** ~ **means of support** ADMIN sans ressources apparentes. **-3.** *inf* ECON visible.

**visibly** ['vɪzəblɪ] *adv* visiblement.

**Visigoth** ['vɪzɪgɒθ] *pr n* Visigoth *m*, -e *f*, Wisigoth *m*, -e *f*.

**Visigothic** [,vɪzɪˈgɒθɪk] *adj* visigoth, wisigoth.

**vision** ['vɪʒn] *n* **-1.** (*U*) OPTICS [sight] vision *f*, vue *f*; **to suffer from defective** ~ avoir une vision défectueuse; **outside/within one's field of** ~ hors de/en vue. **-2.** [insight] vision *f*, clairvoyance *f*; **a man of** ~ un homme clairvoyant; **we need people with** ~ **and imagination** nous avons besoin de gens inspirés et imaginatifs. **-3.** [dream, fantasy] vision *f*; **to have** ~**s** MED & PSYCH avoir des visions; **he has** ~**s of being rich and famous** il se voit riche et célèbre; **I had** ~**s of you lying in a hospital bed** je vous voyais couché dans un lit d'hôpital. **-4.** [conception] vision *f*, conception *f*. **-5.** [apparition] vision *f*, apparition *f*; [lovely sight] magnifique spectacle *m*. **-6.** TV image *f*.

**visionary** ['vɪʒənrɪ] (*pl* **visionaries**) ◇ *adj* visionnaire. ◇ *n* visionnaire *mf*.

**vision mixer** *n* TV **-1.** [equipment] mixeur *m*, mélangeur *m* de signaux. **-2.** [person] opérateur *m* de mixage.

**visit** ['vɪzɪt] ◇ *n* **-1.** [call] visite *f*; **to pay sb a** ~ rendre visite à qqn; **I haven't paid a** ~ **to the cathedral yet** je n'ai pas encore visité OR je ne suis pas encore allé voir la cathédrale; **she met him on a return** ~ **to her home town** elle l'a rencontré quand elle est retournée en visite dans sa ville natale ❑ **to pay a** ~ *Br inf & euph* aller au petit coin. **-2.** [stay] visite *f*, séjour *m*; [trip] voyage *m*, séjour *m*; **she's on a** ~ **to her aunt's** elle est en visite chez sa tante; **she's on a** ~ **to Amsterdam** elle fait un séjour à Amsterdam; **the President is on an official** ~ **to Australia** le président est en visite officielle en Australie. **-3.** *Am* [chat] causette *f*, bavardage *m*. ◇ *vt* **-1.** [person – go to see] rendre visite à, aller voir; [– stay with] rendre visite à, séjourner chez; **to** ~ **the sick** visiter les malades. **-2.** [museum, town] visiter, aller voir. **-3.** [inspect – place, premises] visiter, inspecter, faire une visite d'inspection à; **to** ~ **the scene of the crime** JUR se rendre sur les lieux du crime. **-4.** *lit* [inflict]: **to** ~ **a punishment on sb** punir qqn. ◇ *vi* visiter; **we're just** ~**ing** nous sommes simplement en visite OR de passage.

♦ **visit with** *vt insep Am* [call on] passer voir; [talk with] bavarder avec.

**visitation** [,vɪzɪˈteɪʃn] *n* **-1.** [official visit, inspection] visite *f* OR tour *m* d'inspection; RELIG visite *f* épiscopale OR pastorale. **-2.** [social visit] visite *f*. **-3.** *fml* [affliction] punition *f* du ciel; [reward] récompense *f* divine.

♦ **Visitation** *n* RELIG: **the Visitation** la Visitation.

**visiting** ['vɪzɪtɪŋ] *adj* [circus, performers] de passage; [lecturer] invité; [birds] de passage, migrateur; **the** ~ **team** SPORT les visiteurs.

**visiting card** *n Br* carte *f* de visite.

**visiting hours** *npl* heures *fpl* de visite.

**visiting nurse** *n Am* infirmier *m*, -ère *f* à domicile.

**visiting professor** *n* UNIV professeur *m* associé OR invité.

**visiting time** = **visiting hours**.

**visitor** ['vɪzɪtər] *n* **-1.** [caller – at hospital, house, prison] visiteur *m*, -euse *f*; **you have a** ~ vous avez de la visite; **they are not allowed any** ~**s after 10 p.m.** ils n'ont pas le droit de recevoir des visiteurs OR des visites après 22 h. **-2.** [guest – at private house] visiteur *m*, -euse *f*, invité *m*, -e *f*; [– at hotel] client *m*, -e *f*; **we have** ~**s** on a du monde OR des invités. **-3.** [tourist] visiteur *m*, -euse *f*, touriste *mf*; ~**s to the exhibition are requested not to smoke** il est demandé aux personnes visitant l'exposition de ne pas fumer. **-4.** ORNITH oiseau *m* passager; **this bird is a** ~ **to these shores** cet oiseau est seulement de passage sur ces côtes.

**visitors' book** *n* [in house, museum] livre *m* d'or; [in hotel] registre *m*.

**visitors' gallery** *n* tribune *f* du public.

**visitor's passport** *n* passeport *m* temporaire.

**visor, vizor** ['vaɪzər] *n* visière *f*.

**vista** ['vɪstə] *n* **-1.** [view] vue *f*, perspective *f*; **a mountain** ~ une vue sur les montagnes, une perspective de montagnes. **-2.** *fig* [perspective] perspective *f*, horizon *m*; [image – of past] vue *f*, vision *f*; [– of future] perspective *f*, vision *f*.

**visual** ['vɪʒʊəl] *adj* **-1.** [gen – OPTICS – image, impression, faculty] visuel. **-2.** AERON [landing, navigation] à vue.

♦ **visuals** *npl* supports *mpl* visuels.

**visual aid** *n* support *m* visuel.

**visual arts** *npl* arts *mpl* plastiques.

**visual display terminal, visual display unit** *n* visuel *m*, écran *m* de visualisation.

**visual field** *n* champ *m* visuel.

**visual handicap** *n* handicap *m* visuel.

**visualize, -ise** ['vɪʒʊəlaɪz] *vt* **-1.** [call to mind – scene] se représenter, évoquer; [imagine] s'imaginer, visualiser, se représenter; **he tried to** ~ **what it would be like** il essaya de s'imaginer comment ce serait. **-2.** [foresee] envisager, prévoir. **-3.** TECH [make visible] visualiser; MED rendre visible par radiographie.

**visually** ['vɪʒʊəlɪ] *adv* visuellement.

**visually handicapped, visually impaired** ◇ *adj* malvoyant, amblyope *spec*. ◇ *npl*: **the** ~ les malvoyants *mpl*.

**vital** ['vaɪtl] *adj* **-1.** [essential – information, services, supplies] vital, essentiel, indispensable; **of** ~ **importance** d'une importance capitale; **this drug is** ~ **to the success of the operation** ce médicament est indispensable au succès de l'opération; **it's** ~ **that I know the truth** il est indispensable que je sache la vérité. **-2.** [very important – decision, matter] vital, fondamental; **tonight's match is** ~ le match de ce soir est décisif. **-3.** BIOL [function, organ] vital; **a** ~ **force** une force vitale. **-4.** [energetic] plein d'entrain, dynamique.

♦ **vitals** *npl* **-1.** *hum* OR ANAT organes *mpl* vitaux. **-2.** [essential elements] parties *fpl* essentielles.

**vitality** [vaɪˈtælətɪ] *n* vitalité *f*.

**vitally** ['vaɪtəlɪ] *adv* absolument; **it's** ~ **important that you attend this meeting** il est extrêmement important OR il est essentiel que vous assistiez à cette réunion; **this question is** ~ **important** cette question est d'une importance capitale.

**vital statistics** *npl* **-1.** [demographic] statistiques *fpl* démographiques. **-2.** *hum* [of woman] mensurations *fpl*.

**vitamin** [*Br* 'vɪtəmɪn, *Am* 'vaɪtəmɪn] *n* vitamine *f*; ~ **C/E** vitamine C/E.

**vitamin deficiency** *n* carence *f* vitaminique.

**vitamin pill** *n* comprimé *m* de vitamines.

**vitiate** ['vɪʃɪeɪt] *vt fml* vicier.

**viticulture** ['vɪtɪkʌltʃər] *n* viticulture *f*.

**vitreous** ['vɪtrɪəs] *adj* **-1.** [china, rock] vitreux; [enamel] vitrifié. **-2.** ANAT vitré.

**vitrify** ['vɪtrɪfaɪ] (*pt & pp* **vitrified**) ◇ *vt* vitrifier. ◇ *vi* se vitrifier.

**vitriolic** [,vɪtrɪˈɒlɪk] *adj* **-1.** CHEM de vitriol. **-2.** [attack, description, portrait] au vitriol; [tone] venimeux.

**vituperate** [vɪˈtjuːpəreɪt] *lit* ◇ *vt* vitupérer (contre), vilipender. ◊ *vi* vitupérer.

**vituperation** [vɪ,tjuːpə'reɪʃn] *n (U)* vitupérations *fpl*.

**viva¹** ['viːvə] ◊ *interj*: ~! vive! ◊ *n* vivat *m*.

**viva²** ['vaɪvə] = **viva voce** *n*.

**vivacious** [vɪ'veɪʃəs] *adj* -1. [manner, person] enjoué, exubérant. -2. BOT vivace.

**vivaciously** [vɪ'veɪʃəslɪ] *adv* avec vivacité.

**vivacity** [vɪ'væsətɪ] *n* [in action] vivacité *f*; [in speech] verve *f*.

**Vivaldi** [vɪ'vældɪ] *pr n* Vivaldi.

**vivarium** [vaɪ'veərɪəm] *(pl* **vivariums** OR **vivaria** [-rɪə]) *n* vivarium *m*.

**viva voce** [,vaɪvə'vəusɪ] ◊ *n Br* UNIV [gen] épreuve *f* orale, oral *m*; [for thesis] soutenance *f* de thèse. ◊ *adj* oral. ◊ *adv* de vive voix, oralement.

**vivid** ['vɪvɪd] *adj* -1. [bright – colour, light] vif, éclatant; [– clothes] voyant; ~ green paint peinture d'un vert éclatant. -2. [intense – feeling] vif. -3. [lively – personality] vif, vivant; [– imagination] vif; [– language] coloré; it was a very ~ performance c'était une interprétation pleine de verve. -4. [graphic – account, description] vivant; [– memory] vif, net; [– example] frappant.

**vividly** ['vɪvɪdlɪ] *adv* -1. [coloured] de façon éclatante; [painted, decorated] avec éclat, de façon éclatante. -2. [describe] de façon frappante OR vivante; I can ~ remember the day we first met j'ai un vif souvenir du jour où nous nous sommes rencontrés.

**vividness** ['vɪvɪdnɪs] *n* -1. [of colour, light] éclat *m*, vivacité *f*. -2. [of description, language] vivacité *f*; [of memory] clarté *f*.

**viviparous** [vɪ'vɪpərəs] *adj* vivipare.

**vivisection** [,vɪvɪ'sekʃn] *n* vivisection *f*.

**vivisectionist** [,vɪvɪ'sekʃənɪst] *n* -1. [practitioner] vivisecteur *m*. -2. [advocate] partisan *m*, -e *f* de la vivisection.

**vixen** ['vɪksn] *n* -1. ZOOL renarde *f*. -2. *pej* [woman] mégère *f*.

**Viyella®** [vaɪ'elə] *n* tissu mélangé (laine et coton).

**viz** [vɪz] *(abbr of* **videlicet**) c-à-d.

**vizier** [vɪ'zɪər] *n* vizir *m*.

**vizor** ['vaɪzər] = **visor**.

**V-neck** ◊ *n* encolure *f* en V. ◊ *adj* = **V-necked**.

**V-necked** *adj* [pullover] à encolure OR col en V.

**VOA** *(abbr of* **Voice of America**) *pr n* station de radio américaine émettant dans le monde entier.

**vocab** ['vəukæb] *n* inf abbr of **vocabulary**.

**vocabulary** [və'kæbjulərɪ] *(pl* **vocabularies**) *n* vocabulaire *m*; LING vocabulaire *m*, lexique *m*.

**vocal** ['vəukl] ◊ *adj* -1. ANAT vocal. -2. [oral – communication] oral, verbal. -3. [outspoken – person, minority] qui se fait bien entendre. -4. [noisy – assembly, meeting] bruyant. -5. MUS vocal. -6. LING [sound] vocalique; [consonant] voisé. ◊ *n* LING son *m* vocalique.
♦ **vocals** *npl* MUS chant *m*, musique *f* vocale.

**vocal cords** *npl* cordes *fpl* vocales.

**vocalic** [və'kælɪk] *adj* vocalique.

**vocalist** ['vəukəlɪst] *n* chanteur *m*, -euse *f* (dans un groupe pop).

**vocalize, -ise** ['vəukəlaɪz] ◊ *vt* -1. [gen – articulate] exprimer. -2. LING [sound] vocaliser. ◊ *vi* MUS vocaliser, faire des vocalises.

**vocal score** *n* partition *f* chorale.

**vocation** [vəu'keɪʃn] *n* [gen & RELIG] vocation *f*.

**vocational** [vəu'keɪʃənl] *adj* professionnel; ~ course [short] stage *m* de formation professionnelle; [longer] enseignement *m* professionnel; ~ training formation *f* professionnelle.

**vocationally** [vəu'keɪʃnəlɪ] *adv*: ~ oriented à vocation professionnelle; ~ relevant subjects des matières à vocation professionnelle.

**vocative** ['vɒkətɪv] ◊ *n* GRAMM vocatif *m*; in the ~ au vocatif. ◊ *adj*: the ~ case le vocatif.

**vociferate** [və'sɪfəreɪt] *vi* vociférer, hurler.

**vociferous** [və'sɪfərəs] *adj* bruyant, vociférateur.

**vociferously** [və'sɪfərəslɪ] *adv* bruyamment, en vociférant.

**vodka** ['vɒdkə] *n* vodka *f*.

**vogue** [vəug] ◊ *n* [fashion] vogue *f*, mode *f*; to come into ~ devenir à la mode; the ~ for long hair is on the way out les cheveux longs passent de mode; mini skirts are back in ~ les minijupes sont de nouveau à la mode. ◊ *adj* [style, word] en vogue, à la mode.

**voice** [vɔɪs] ◊ *n* -1. [speech] voix *f*; in a low ~ à voix basse; in a loud ~ d'une voix forte; he likes the sound of his own ~ [talkative] il parle beaucoup; [conceited] il s'écoute parler; to shout at the top of one's ~ crier à tue-tête; to give ~ to sthg exprimer qqch; keep your ~s down ne parlez pas si fort; to raise one's ~ [speak louder] parler plus fort; [get angry] hausser le ton; don't you raise your ~ at or to me! ne prenez pas ce ton-là avec moi!; several ~s were raised in protest plusieurs voix se sont élevées pour protester; with one ~ d'une seule voix. -2. [of singer] voix *f*; to have a good ~ (singing) ~ avoir une belle voix; to be in good ~ être bien en voix. -3. [say] voix *f*. -4. GRAMM voix *f*; in the active/passive ~ à la voix active/passive. ◊ *vt* -1. [express – feelings] exprimer, formuler; [– opposition, support] exprimer. -2. LING [consonant] voiser. -3. MUS [organ] harmoniser.

**voice box** *n* larynx *m*.

**voiced** [vɔɪst] *adj* LING [consonant] sonore, voisé.

**voice input** *n* COMPUT entrée *f* vocale.

**voiceless** ['vɔɪslɪs] *adj* -1. MED aphone. -2. [with no say] sans voix. -3. LING [consonant] non-voisé, sourd.

**voice-over** *n* CIN & TV voix *f* off.

**voice recognition** *n* COMPUT reconnaissance *f* de la parole.

**voice vote** *n* Am POL vote *m* par acclamation.

**void** [vɔɪd] ◊ *n* -1. PHYS & ASTRON vide *m*. -2. [chasm] vide *m*. -3. [emptiness] vide *m*. ◊ *adj* -1. [empty] vide; ~ of interest dépourvu d'intérêt, sans aucun intérêt. -2. [vacant – position] vacant. ◊ *vt* -1. *fml* [empty] vider; [discharge – bowels] évacuer. -2. JUR annuler, rendre nul.

**voidance** ['vɔɪdəns] *n* JUR résiliation *f*.

**vol.** *(written abbr of* **volume**) vol.

**volatile** [*Br* 'vɒlətaɪl, *Am* 'vɒlətl] ◊ *adj* -1. CHEM volatil. -2. [person – changeable] versatile, inconstant; [– temperamental] lunatique. -3. [unstable – situation] explosif, instable; [– market] instable. -4. *lit* [transitory] fugace. -5. COMPUT [memory] volatil. ◊ *n* CHEM substance *f* volatile.

**volatility** [,vɒlə'tɪlətɪ] *n* -1. CHEM volatilité *f*. -2. [of person – changeability] versatilité *f*, inconstance *f*. -3. [of situation, market] instabilité *f*.

**volcanic** [vɒl'kænɪk] *adj* volcanique.

**volcano** [vɒl'keɪnəu] *(pl* **volcanoes** OR **volcanos**) *n* volcan *m*.

**vole** [vəul] *n* ZOOL campagnol *m*.

**Volga** ['vɒlgə] *pr n*: the (River) ~ la Volga.

**volition** [və'lɪʃn] *n* [gen & PHILOS] volition *f*, volonté *f*; of one's own ~ de son propre gré.

**volley** ['vɒlɪ] ◊ *n* -1. [of gunshots] volée *f*, salve *f*; [of arrows, missiles, stones] volée *f*, grêle *f*; [of blows] volée *f*. -2. [of insults] grêle *f*, bordée *f*, torrent *m*; [of curses] bordée *f*, torrent *m*; [of questions] feu *m* roulant; [of applause] salve *f*. -3. SPORT volée *f*. ◊ *vt* -1. [missile, shot] tirer une volée OR une salve de. -2. [curses, insults] lâcher une bordée OR un torrent de. -3. SPORT reprendre de volée. ◊ *vi* -1. MIL tirer par salves. -2. SPORT [in tennis] volleyer; [in football] reprendre le ballon de volée.

**volleyball** ['vɒlɪbɔːl] *n* volley-ball *m*, volley *m*; ~ player volleyeur *m*, -euse *f*.

**volt** [vəult] *n* volt *m*.

**Volta** ['vɒltə] *pr n* Volta *f*; the Black ~ la Volta Noire; the White ~ la Volta Blanche.

**voltage** ['vəultɪdʒ] *n* voltage *m*, tension *f* spec.

**voltaic** [vɒl'teɪɪk] *adj* voltaïque.

**volte-face** [,vɒlt'fɑːs] *n inv*; the speech represents a complete ~ ce discours marque un revirement complet.

**voltmeter** ['vəult,miːtər] *n* voltmètre *m*.

**voluble** ['vɒljubl] *adj* volubile, loquace.

**volume** ['vɒljuːm] *n* -1. [gen & PHYS] volume *m*; [capacity] volume *m*, capacité *f*; [amount] volume *m*, quantité *f*. -2. ACOUST volume *m*. -3. [book] volume *m*, tome *m*; a rare ~ un exemplaire OR un livre rare. -4. [in hairstyle] volume *m*.

**volume control** *n* RADIO & TV bouton *m* de réglage du volume.

**volumetric** [,vɒljʊ'metrɪk] *adj* volumétrique.

**voluminous** [vəˈluːmɪnəs] *adj* volumineux.

**voluntarily** [*Br* ˈvɒləntrɪlɪ, *Am* ˌvɒlənˈterəlɪ] *adv* **-1.** [willingly] volontairement, de son plein gré. **-2.** [without payment] bénévolement.

**voluntary** [ˈvɒləntrɪ] (*pl* **voluntaries**) ◇ *adj* **-1.** [freely given – statement, donation, gift] volontaire, spontané. **-2.** [optional] facultatif. **-3.** [unpaid – help, service] bénévole; **the shop is run on a ~ basis** le personnel du magasin se compose de bénévoles, le magasin est tenu par des bénévoles. **-4.** PHYSIOL volontaire. ◇ *n* **-1.** RELIG & MUS morceau *m* d'orgue. **-2.** [unpaid work] travail *m* bénévole, bénévolat *m*.

**voluntary agency**, **voluntary body** *n* organisme *m* bénévole.

**voluntary liquidation** *n Br* dépôt *m* de bilan; **to go into ~** déposer son bilan.

**voluntary redundancy** *n Br* licenciement *m* consenti; **he decided to take ~** il a accepté d'être licencié en échange d'indemnités.

**Voluntary Service Overseas** → VSO.

**voluntary work** *n* travail *m* bénévole, bénévolat *m*.

**voluntary worker** *n* bénévole *mf*.

**volunteer** [ˌvɒlənˈtɪər] ◇ *n* **-1.** [gen & MIL] volontaire *mf*. **-2.** [unpaid worker] bénévole *mf*. ◇ *comp* **-1.** [army, group] de volontaires. **-2.** [work, worker] bénévole. ◇ *vt* **-1.** [advice, information, statement] donner OR fournir spontanément; [help, services] donner OR proposer volontairement; **to ~ to do sthg** se proposer pour OR offrir de faire qqch. **-2.** [say] dire spontanément. ◇ *vi* [gen] se porter volontaire; MIL s'engager comme volontaire.

**voluptuous** [vəˈlʌptʃʊəs] *adj* voluptueux, sensuel.

**voluted** [vəˈluːtɪd] *adj* en volute.

**vomit** [ˈvɒmɪt] ◇ *n* vomissement *m*, vomi *m*. ◇ *vt literal* & *fig* vomir; **to ~ blood** vomir du sang.

**vomiting** [ˈvɒmɪtɪŋ] *n (U)* vomissements *mpl*.

**voodoo** [ˈvuːduː] (*pl* **voodoos**) ◇ *n* vaudou *m*. ◇ *adj* vaudou *(inv)*. ◇ *vt* envoûter, ensorceler.

**voracious** [vəˈreɪʃəs] *adj* [appetite, energy, person] vorace; [reader] avide.

**voraciously** [vəˈreɪʃəslɪ] *adv* [consume, eat] voracement, avec voracité; [read] avec voracité, avidement.

**voracity** [vɒˈræsətɪ] *n* voracité *f*.

**vortex** [ˈvɔːteks] (*pl* **vortexes** OR **vortices** [-tɪsiːz]) *n* [of water, gas] vortex *m*, tourbillon *m*; *fig* tourbillon *m*, maelström *m*.

**votary** [ˈvəʊtərɪ] (*pl* **votaries**) *n* RELIG OR *fig* fervent *m*, -e *f*.

**vote** [vəʊt] ◇ *n* **-1.** [ballot] vote *m*; **to have a ~ on sthg** voter sur qqch, mettre qqch au vote; **to put a question to the ~** mettre une question au vote OR aux voix; **to take a ~ on sthg** [gen] voter sur qqch; ADMIN & POL procéder au vote de qqch □ **~ of thanks** discours *m* de remerciement. **-2.** [in parliament] vote *m*, scrutin *m*; **the ~ went in the government's favour/against the government** les députés se sont prononcés en faveur du/contre le gouvernement □ **~ of confidence** vote *m* de confiance; **~ of no confidence** motion *f* de censure. **-3.** [individual choice] vote *m*, voix *f*; **to count the ~s** [gen] compter les votes OR les voix; POL dépouiller le scrutin; **the candidate got 15,000 ~s** le candidat a recueilli 15 000 voix; **one man, one ~** *système de scrutin «un homme, une voix»*. **-4.** [ballot paper] bulletin *m* de vote. **-5.** [suffrage] droit *m* de vote; **to have the ~** avoir le droit de vote; **to give the ~ to sb** accorder le droit de vote à qqn. **-6.** *(U)* [collectively – voters] vote *m*, voix *fpl*; [– votes cast] voix *fpl* exprimées; **they won 40% of the ~** ils ont remporté 40 % des voix OR des suffrages. **-7.** *Br* POL [grant] vote *m* de crédits. ◇ *vt* **-1.** [in election] voter; **~ Malone!** votez Malone!; **to ~ Labour/Republican** voter travailliste/républicain. **-2.** [in parliament, assembly – motion, law, money] voter; **they ~d that the sitting (should) be suspended** ils ont voté la suspension de la séance. **-3.** [elect] élire; [appoint] nommer. **-4.** [declare] proclamer. **-5.** [suggest] proposer. ◇ *vi* voter; **France is voting this weekend** la France va aux urnes ce week-end; **to ~ for/against sb** voter pour/contre qqn; **to ~ in favour of/against sthg** voter pour/contre qqch; **let's ~ on it!** mettons cela aux voix!; **to ~ by a show of hands** voter à main levée □ **to ~ with one's feet** *Br* partir en signe de désaccord OR pour montrer son désaccord.

◆ **vote down** *vt sep* [bill, proposal] rejeter *(par le vote)*.

◆ **vote in** *vt sep* [person, government] élire; [new law] voter, adopter.

◆ **vote out** *vt sep* [suggestion] rejeter; [minister] relever de ses fonctions.

◆ **vote through** *vt sep* [bill, reform] voter, ratifier.

**vote-catcher** *n* politique *f* électoraliste.

**vote-loser** *n* politique *f* qui risque de faire perdre des voix, politique *f* peu populaire.

**voter** [ˈvəʊtər] *n* électeur *m*, -trice *f*.

**voting** [ˈvəʊtɪŋ] *n* vote *m*, scrutin *m*; **I don't know how the ~ will go** je ne sais pas comment les gens vont voter.

**voting booth** *n* isoloir *m*.

**voting paper** *n* bulletin *m* de vote.

**votive** [ˈvəʊtɪv] *adj* votif.

**vouch** [vaʊtʃ] *vi*: **to ~ for sb/sthg** se porter garant de qqn/qqch, répondre de qqn/qqch; **I can ~ for the truth of her story** je peux attester de la véracité de sa déclaration.

**voucher** [ˈvaʊtʃər] *n* **-1.** *Br* [for restaurant, purchase, petrol] bon *m*; **credit ~** bon *m*. **-2.** [receipt] reçu *m*, récépissé *m*. **-3.** JUR pièce *f* justificative.

**vouchsafe** [vaʊtʃˈseɪf] *vt fml* **-1.** [grant – help, support] accorder, octroyer; [– answer] accorder. **-2.** [undertake]: **to ~ to do sthg** [willingly] accepter gracieusement de faire qqch; [reluctantly] condescendre à OR daigner faire qqch.

**vow** [vaʊ] ◇ *n* **-1.** [promise] serment *m*, promesse *f*; **to make OR take a ~ to do sthg** promettre OR jurer de faire qqch; **I'm under a ~ of silence** j'ai promis de ne rien dire. **-2.** RELIG vœu *m*; **to take one's ~s** prononcer ses vœux; **to take a ~ of poverty/chastity** faire vœu de pauvreté/de chasteté. ◇ *vt* [swear] jurer; **to ~ to do sthg** jurer de faire qqch.

**vowel** [ˈvaʊəl] ◇ *n* voyelle *f*. ◇ *comp* [harmony, pattern, sound] vocalique.

**vowel point** *n* point-voyelle *m*.

**vowel shift** *n* mutation *f* vocalique.

**voyage** [ˈvɔɪɪdʒ] ◇ *n* voyage *m*; **to go on a ~** partir en voyage; **a ~ to Jupiter** un voyage vers Jupiter. ◇ *vt* NAUT traverser, parcourir. ◇ *vi* **-1.** NAUT voyager par mer; **they ~d across the Atlantic/the desert** ils ont traversé l'Atlantique le désert. **-2.** *Am* AERON voyager par avion.

**voyager** [ˈvɔɪɪdʒər] *n* **-1.** [traveller] voyageur *m*, -euse *f*. **-2.** [explorer] navigateur *m*, -trice *f*.

**voyeur** [vwɑːˈjɜːr] *n* voyeur *m*, -euse *f*.

**voyeurism** [vwɑːˈjɜːrɪzm] *n* voyeurisme *m*.

**vs** *written abbr of* **versus**.

**V-shaped** *adj* en (forme de) V.

**V-sign** *n*: **to give the ~** [for victory] faire le V de la victoire; **to give sb the ~** *Br* ≃ faire un bras d'honneur à qqn.

**VSO** (*abbr of* **Voluntary Service Overseas**) *n* coopération technique à l'étranger *(non rémunérée)*.

**VSOP** (*abbr of* **very special old pale**) VSOP.

**VT** *written abbr of* **Vermont**.

**VTOL** [ˈviːtɒl] (*abbr of* **vertical take off and landing**) *n* [system] décollage *m* et atterrissage *m* vertical; [plane] ADAV *m*, avion *m* à décollage et atterrissage vertical.

**VTR** *n abbr of* **video tape recorder**.

**vulcanite** [ˈvʌlkənaɪt] *n* ébonite *f*.

**vulgar** [ˈvʌlgər] *adj* **-1.** [rude] vulgaire, grossier. **-2.** [common – person, taste, decor] vulgaire, commun.

**vulgarism** [ˈvʌlgərɪzm] *n* **-1.** [uneducated language] vulgarisme *m*; [rude word] grossièreté *f*. **-2.** = **vulgarity**.

**vulgarity** [vʌlˈgærətɪ] *n* vulgarité *f*.

**vulgarize**, **-ise** [ˈvʌlgəraɪz] *vt* **-1.** [appearance, language] rendre vulgaire. **-2.** [popularize] vulgariser, populariser.

**Vulgar Latin** *n* latin *m* vulgaire.

**vulgarly** [ˈvʌlgəlɪ] *adv* **-1.** [coarsely] vulgairement, grossièrement. **-2.** [commonly] vulgairement, communément.

**Vulgate** [ˈvʌlgeɪt] *n* Vulgate *f*.

**vulnerability** [ˌvʌlnərəˈbɪlətɪ] *n* vulnérabilité *f*.

**vulnerable** [ˈvʌlnərəbl] *adj* vulnérable; **to be ~ to sthg** être vulnérable à qqch.

**vulture** [ˈvʌltʃər] *n* ORNITH OR *fig* vautour *m*.

**vulva** [ˈvʌlvə] (*pl* **vulvas** OR **vulvae** [-viː]) *n* vulve *f*.

**vying** [ˈvaɪɪŋ] *n* rivalité *f*.

**w** (*pl* **w's** OR **ws**), **W** (*pl* **W's** OR **Ws**) ['dʌblju:] *n* [letter] w *m*, W *m*.

**W -1.** (*written abbr of* **west**) O. **-2.** (*written abbr of* **watt**) w.

**WA** *written abbr of* **Washington (State)**.

**WAAF** [wæf] (*abbr of* **Women's Auxiliary Air Force**) *pr n* pendant la deuxième guerre mondiale, section féminine auxiliaire de l'armée de l'air britannique.

**wacky** ['wækɪ] (*compar* **wackier**, *superl* **wackiest**) *adj inf* farfelu.

**wad** [wɒd] (*pt & pp* **wadded**, *cont* **wadding**) ◇ *n* **-1.** [of cotton wool, paper] tampon *m*, bouchon *m*; [of tobacco] chique *f*; [of straw] bouchon *m*; [of gum] boulette *f*; [for cannon, gun] bourre *f*. **-2.** [of letters, documents] liasse *f*, paquet *m*. ◇ *vt* **-1.** [cloth, paper] faire un tampon de; [tobacco, chewing gum] faire une boulette de. **-2.** [hole, aperture] boucher (avec un tampon); MIL [barrel, cannon] bourrer. **-3.** [quilt, garment] rembourrer; a wadded jacket une veste ouatée OR doublée d'ouate.

**wadding** ['wɒdɪŋ] *n* **-1.** MIL [in gun, cartridge] bourre *f*. **-2.** [stuffing – for furniture, packing] rembourrage *m*, capitonnage *m*; [– for clothes] ouate *f*, ouatine *f*.

**waddle** ['wɒdl] ◇ *vi* [duck, person] se dandiner; to ~ along/ in avancer/entrer en se dandinant. ◇ *n* dandinement *m*.

**wade** [weɪd] ◇ *vi* patauger, avancer en pataugeant; they ~d across the stream ils ont traversé le ruisseau en pataugeant. ◇ *vt* [river] passer OR traverser à gué.
◆ **wade in** *vt insep Br* [in fight, quarrel] s'y mettre.
◆ **wade into** *vt insep Br* [work, task] attaquer, s'atteler à, se mettre à; [meal] attaquer, entamer.
◆ **wade through** *vt insep* avancer OR marcher péniblement dans; *fig*: I'm still wading through "War and Peace" je suis toujours aux prises avec «Guerre et paix»; it took me a month to ~ through that book il m'a fallu un mois pour venir à bout de ce livre.

**wader** ['weɪdər] *n* échassier *m*.

**waders** ['weɪdəz] *npl* cuissardes *fpl* (*de pêcheur*).

**wading pool** *n Am* petit bassin *m*.

**wafer** ['weɪfər] *n* **-1.** CULIN gaufrette *f*. **-2.** RELIG hostie *f*. **-3.** [seal] cachet *m* (de papier rouge). **-4.** COMPUT & TECH tranche *f*. ◇ *vt* **-1.** [seal] cacheter (avec du papier rouge). **-2.** COMPUT & TECH diviser en tranches.

**wafer-thin**, **wafery** ['weɪfərɪ] *adj* mince comme une feuille de papier à cigarette OR comme une pelure d'oignon.

**waffle** ['wɒfl] ◇ *n* **-1.** CULIN gaufre *f*. **-2.** *Br inf* [spoken] baratin *m*, bla-bla *m inv*; [written] remplissage *m*, baratin *m*. ◇ *vi inf* [in speaking] baratiner, parler pour ne rien dire; [in writing] faire du remplissage; to ~ on *Br* bavarder, faire des laïus; she's always waffling on about her children elle n'arrête pas de parler de ses enfants.

**waffle iron** *n* gaufrier *m*.

**waffler** ['wɒflər] *n Br inf* baratineur *m*, -euse *f*.

**waffling** ['wɒflɪŋ] *n Br inf* [spoken] baratin *m*, bla-bla *m inv*; [written] baratin *m*, remplissage *m*.

**waffly** ['wɒflɪ] *adj inf* [speech, essay] plein de baratin.

**waft** [wɑːft, wɒft] ◇ *vt* [scent, sound] porter, transporter; the breeze ~ed the curtains gently to and fro le vent léger faisait ondoyer les rideaux. ◇ *vi* [scent, sound] flotter; a delicious smell ~ed into the room une délicieuse odeur envahit la pièce; Vanessa ~ed into/out of the room *fig* Vanessa entra dans/sortit de la pièce d'un pas léger. ◇ *n* [of smoke,

air] bouffée *f*.

**wag** [wæg] (*pt & pp* **wagged**, *cont* **wagging**) ◇ *vt* [tail] agiter, remuer; she wagged her finger at him elle le menaça du doigt. ◇ *vi* [tail] remuer, frétiller. ◇ *n* **-1.** [of tail] remuement *m*, frétillement *m*; with a ~ of its tail en agitant OR en remuant la queue. **-2.** *Br* [person] plaisantin *m*, farceur *m*, -euse *f*.

**wage** [weɪdʒ] ◇ *n* **-1.** [pay – of worker] salaire *m*, paye *f*, paie *f*; [– of servant] gages *mpl*; her wage is OR her ~s are only £100 a week elle ne gagne que 100 livres par semaine; his employers took it out of his ~s ses employeurs l'ont prélevé sur sa paie. **-2.** [reward] salaire *m*, récompense *f*. ◇ *comp* [claim, demand, settlement] salarial; [increase, incentive] de salaire; ~ differential écart *m* de salaires. ◇ *vt*: to ~ war on OR against faire la guerre contre; to ~ a campaign for/against sthg faire campagne pour/contre qqch.

**wage bargaining** *n* (*U*) négociations *fpl* salariales.

**wage earner** *n* salarié *m*, -e *f*.

**wage freeze** *n* blocage *m* des salaires.

**wage packet** *n Br* paie *f*, paye *f* (*surtout en espèces*).

**wager** ['weɪdʒər] *fml* ◇ *vt* parier. ◇ *vi* parier, faire un pari. ◇ *n* pari *m*; to make OR to lay a ~ faire un pari.

**waggish** ['wægɪʃ] *adj* badin, facétieux.

**waggle** ['wægl] ◇ *vt* [tail] agiter, remuer; [pencil] agiter; [loose tooth, screw] faire jouer; [ears, nose] remuer. ◇ *vi* [tail] bouger, frétiller; [loose tooth, screw] bouger, branler. ◇ *n*: to give sthg a ~ agiter OR remuer qqch.

**waggon** *etc* ['wægən] *Br* = **wagon**.

**Wagner** ['vɑːgnər] *pr n* Wagner.

**Wagnerian** [vɑːgˈnɪərɪən] ◇ *adj* wagnérien. ◇ *n* wagnérien *m*, -enne *f*.

**wagon** ['wægən] *n* **-1.** [horse-drawn] chariot *m*. **-2.** [truck, van] camionnette *f*, fourgon *m*; (**patrol**) ~ *Am* fourgon cellulaire; (**station**) ~ *Am* break *m*. **-3.** *Br* RAIL wagon *m* (de marchandises). **-4.** *phr*: to be on the ~ *inf* être au régime sec.

**wagoner** ['wægənər] *n* charretier *m*.

**wagonload** ['wægənləʊd] *n* AGR charretée *f*; RAIL wagon *m*.

**wagon train** *n* convoi *m* de chariots (*en particulier de colons américains*).

**wagtail** ['wægteɪl] *n* hochequeue *m*, bergeronnette *f*.

**waif** [weɪf] *n* [child – neglected] enfant *m* malheureux, enfant *f* malheureuse; [– homeless] enfant *m* abandonné, enfant *f* abandonnée; ~s and strays [animals] animaux errants.

**waiflike** ['weɪflaɪk] *adj* frêle.

**wail** [weɪl] ◇ *vi* **-1.** [person – whine, moan] gémir, pousser des gémissements; [baby – cry] hurler; [– weep] pleurer bruyamment. **-2.** [wind] gémir; [siren] hurler. ◇ *vt* dire en gémissant, gémir. ◇ *n* **-1.** [of person] gémissement *m*; "he's gone!" she said with a ~ «il est parti!» dit-elle en gémissant. **-2.** [of wind] gémissement *m*; [of siren] hurlement *m*.

**wailing** ['weɪlɪŋ] ◇ *n* (*U*) [of person] gémissements *mpl*, plaintes *fpl*; [of wind] gémissements *mpl*, plainte *f*; [of siren] hurlement *m*, hurlements *mpl*. ◇ *adj* [person] gémissant; [sound] plaintif.

**Wailing Wall** *pr n*: the ~ le mur des Lamentations.

**wainscot** ['weɪnskət] *n Br* lambris *m* (*en bois*).

**waist** [weɪst] *n* **-1.** [of person, garment] taille *f*; he put his arm around her ~ il l'a prise par la taille ❑ ~ measurement, ~

size tour *m* de taille. **-2.** [of ship, plane] partie *f* centrale; [of violin] partie *f* resserrée de la table.

**waistband** ['weɪstbænd] *n* ceinture *f* (*d'un vêtement*).

**waistcoat** ['weɪskəʊt] *n Br* gilet *m* (*de costume*).

**waist-deep** *adj*: he was ~ in water l'eau lui arrivait à la ceinture OR à la taille.

**-waisted** ['weɪstɪd] *in cpds*: a low/high~ dress une robe à taille basse/haute.

**waist-high** = waist-deep.

**waistline** ['weɪstlaɪn] *n* taille *f*; to watch one's ~ surveiller sa ligne.

**wait** [weɪt] ◇ *vi* **-1.** [person, bus, work] attendre; just you ~! [as threat] attends un peu, tu vas voir!, tu ne perds rien pour attendre!; [you'll see] vous verrez!; we'll just have to ~ and see on verra bien; to keep sb ~ing faire attendre qqn; they do it while you ~ ils le font devant vous; 'repairs while you ~' 'réparations minute'; 'keys cut while you ~' 'clés minute' ❏ everything comes to him who ~s *prov* tout vient à point à qui sait attendre *prov*. **-2.** [with 'can']: it can ~ cela peut attendre; he can ~ laisse-le attendre; I can't ~! *iron* je brûle d'impatience!; I can hardly ~ to see them again j'ai hâte de les revoir; I can't ~ for the weekend to arrive j'attends le week-end avec impatience!, vivement le week-end!-**3.** [with 'until' or 'till']: ~ until I've finished attendez que j'aie fini; can't that ~ until tomorrow? cela ne peut pas attendre jusqu'à demain?; just ~ till your parents hear about it attends un peu que tes parents apprennent cela.-**4.** [serve] servir, faire le service; to ~ at table *Br* OR on table *Am* servir à table, faire le service.

◇ *vt* **-1.** [period of time] attendre; I ~ed half an hour j'ai attendu (pendant) une demi-heure; I ~ed all day for the repairman to come j'ai passé toute la journée à attendre le réparateur; ~ a minute! (attendez) une minute OR un instant!; ~ your turn! attendez votre tour!-**2.** *Am* [delay]: don't ~ dinner for me ne m'attendez pas pour vous mettre à table. **-3.** *Am* [serve at]: to ~ tables servir à table, faire le service.

◇ *n* attente *f*; we had a long ~ nous avons dû attendre (pendant) longtemps; she had a half hour OR half hour's ~ at Gatwick il a fallu qu'elle attende une demi-heure OR elle a eu une demi-heure d'attente à Gatwick; to lie in ~ for être à l'affût de, guetter.

◆ **waits** *npl Br* MUS chanteurs *mpl* de Noël.

◆ **wait about** *vi insep Br* traîner, faire le pied de grue; to ~ about for sb attendre qqn, faire le pied de grue en attendant qqn; I can't stand all this ~ing about cela m'énerve d'être obligé d'attendre OR de traîner comme ça.

◆ **wait around** = wait about.

◆ **wait behind** *vi insep* rester; to ~ behind for sb rester pour attendre qqn.

◆ **wait for** *vt insep*: to ~ for sb/sthg attendre qqn/qqch; I'm ~ing for the bank to open j'attends que la banque soit ouverte, j'attends l'ouverture de la banque; that was worth ~ing for cela valait la peine d'attendre; ~ for it! *Br hum* tiens-toi bien!

◆ **wait in** *vi insep* rester à la maison; I ~ed in all evening for her je suis resté chez moi toute la soirée à l'attendre.

◆ **wait on** *vt insep* **-1.** [serve]: I'm not here to ~ on you! [male] je ne suis pas ton serviteur!; [female] je ne suis pas ta servante OR ta bonne! ❏ to ~ on sb hand and foot être aux petits soins pour qqn. **-2.** *Am* [in restaurant]: to ~ on tables faire le service, servir à table.

◆ **wait out** *vt sep* [concert, film] rester jusqu'à la fin OR jusqu'au bout de, attendre la fin de.

◆ **wait up** *vi insep* **-1.** [at night] rester debout, veiller; her parents always ~ up for her ses parents ne se couchent jamais avant qu'elle soit rentrée OR attendent toujours qu'elle rentre pour se coucher. **-2.** *Am inf* [wait]: hey, ~ up! attendez-moi!

◆ **wait upon** = wait on **1**.

**waiter** ['weɪtəʳ] *n* serveur *m*, garçon *m*; ~! s'il vous plaît!, monsieur!

**waiting** ['weɪtɪŋ] ◇ *n* attente *f*; after two hours of ~ après deux heures d'attente, après avoir attendu deux heures; 'no ~' 'stationnement interdit'; to be in ~ on sb être au service de qqn. ◇ *adj* **-1.** [person, taxi] qui attend. **-2.** [period] d'attente.

**waiting game** *n*: to play a ~ *fig* jouer la montre, attendre son heure; MIL & POL mener une politique d'attentisme.

**waiting list** *n* liste *f* d'attente.

**waiting room** *n* [in office, surgery, airport, station] salle *f* d'attente.

**waitress** ['weɪtrɪs] *n* serveuse *f*; ~! s'il vous plaît!, mademoiselle!

**wait state** *n* COMPUT état *m* d'attente.

**waive** [weɪv] *vt* [condition, requirement] ne pas insister sur, abandonner; [law, rule] déroger à; [claim, right] renoncer à, abandonner.

**waiver** ['weɪvəʳ] *n* [of condition, requirement] abandon *m*; [of law, rule] dérogation *f*; [of claim, right] renonciation *f*, abandon *m*; full-collision ~ *Am* assurance *f* tous risques.

**wake** [weɪk] (*pt* woke [wəʊk] OR waked, *pp* woken ['wəʊkən] OR waked) ◇ *vi* **-1.** [stop sleeping] se réveiller, s'éveiller; he woke to the news that war had broken out à son réveil OR en se réveillant, il a appris que la guerre avait éclaté; they woke to find themselves famous du jour au lendemain, ils se sont retrouvés célèbres. **-2.** = wake up *vi insep* **2.** ◇ *vt* **-1.** [rouse from sleep] réveiller, tirer OR sortir du sommeil; the noise was enough to ~ the dead il y avait un bruit à réveiller les morts. **-2.** [arouse – curiosity, jealousy] réveiller, éveiller, exciter; [– memories] réveiller, éveiller, ranimer. **-3.** [alert] éveiller l'attention de. ◇ *n* **-1.** [vigil] veillée *f* (mortuaire). **-2.** [of ship] sillage *m*, eaux *fpl*; *fig* sillage *m*; famine followed in the ~ of the drought la famine a suivi la sécheresse; he always brings trouble in his ~ il amène toujours des ennuis (dans son sillage); in the ~ of the storm après l'orage.

◆ **wake up** ◇ *vi insep* **-1.** [stop sleeping] se réveiller, s'éveiller; ~ up! réveille-toi!. **-2.** [become alert] se réveiller, prendre conscience; ~ up and get down to work! mais enfin réveille-toi OR remue-toi OR secoue-toi et mets-toi au travail!; it's time you woke up to the truth il est temps que tu regardes la vérité en face. ◇ *vt sep* **-1.** [rouse from sleep] réveiller, tirer OR sortir du sommeil. **-2.** [alert] réveiller, secouer; the accident woke us up to the dangers of nuclear power l'accident a attiré OR éveillé notre attention sur les dangers de l'énergie nucléaire.

**wakeful** ['weɪkfʊl] *adj* **-1.** [person – unable to sleep] qui ne dort pas, éveillé; [– alert] vigilant. **-2.** [night, week] sans sommeil.

**waken** ['weɪkən] *lit* ◇ *vi* se réveiller, s'éveiller. ◇ *vt* réveiller, tirer OR sortir du sommeil.

**waking** ['weɪkɪŋ] ◇ *adj* [hours] de veille; she spends her ~ hours reading elle passe tout son temps à lire; a ~ dream une rêverie, une rêvasserie. ◇ *n* [state] (état *m* de) veille *f*.

**Waldorf salad** ['wɔːldɔːf-] *n* salade composée de pommes, de céleri et de noix, assaisonnée avec de la mayonnaise.

**Wales** [weɪlz] *pr n* pays *m* de Galles; in ~ au pays de Galles.

**walk** [wɔːk] ◇ *vi* **-1.** marcher; [go for a walk] se promener; ~, don't run! ne cours pas!; he ~ed along the beach il marchait OR se promenait le long de la plage; we ~ed down/up the street nous avons descendu/monté la rue à pied; he ~ed slowly towards the door il s'est dirigé lentement vers la porte; she ~ed back and forth elle marchait de long en large, elle faisait les cent pas; ~ with me to the shop accompagnez-moi au magasin; he ~s in his sleep il est somnambule; he ~ed downstairs in his sleep il a descendu l'escalier en dormant; to ~ on one's hands marcher sur les mains, faire l'arbre fourchu; you have to ~ before you can run *fig* il faut apprendre petit à petit ❏ I'm ~ing on air! je suis aux anges!; he's ~ing tall *Am* il marche la tête haute. **-2.** [as opposed to drive, ride] aller à pied; did you ~ all the way? avez-vous fait tout le chemin à pied?

◇ *vt* **-1.** [cover on foot] faire à pied; you can ~ it in 10 minutes il faut 10 minutes (pour y aller) à pied; to ~ the streets [wander] se promener dans les rues; [looking for something] arpenter les rues, battre le pavé; [as prostitute] faire le trottoir. **-2.** [escort] accompagner, marcher avec; may I ~ you home? puis-je vous raccompagner?-**3.** [take for walk – person] faire marcher; [– dog] promener; [– horse] conduire à pied; she ~ed her mother round the garden elle a fait faire un tour de jardin à sa mère; they ~ed him forcibly to the door ils l'ont dirigé de force vers la porte; she ~ed the bike up the hill elle a poussé le vélo pour monter la colline ❏ she has ~ed me off my feet *Br inf* elle m'a fait tellement marcher que je ne tiens plus debout. ◊ *n* **-1.** [movement]: she slowed to a ~ elle a ralenti et s'est mise à marcher; they moved along at a brisk ~ ils marchaient d'un pas rapide. **-2.** [stroll] promenade *f*; [long] randonnée *f*; to go for OR to take a ~ aller se promener, faire une promenade OR un tour; I take a 5 km ~ each day je fais chaque jour une promenade de 5 km; it's a long ~ to the office ça fait loin pour aller à pied au bureau; the station is a five-minute ~ from here la gare est à cinq minutes de marche OR à cinq minutes à pied d'ici; I took my mother for a ~ j'ai emmené ma mère en promenade OR faire un tour; did you take the dog for a ~? as-tu promené OR sorti le chien? ❑ take a ~! *Am inf* dégage!**-3.** [gait] démarche *f*, façon *f* de marcher. **-4.** [path] promenade *f*; [in garden] allée *f*; [in forest] sentier *m*, chemin *m*; a coastal ~ un chemin côtier; the front ~ *Am* l'allée *f* (*de devant la maison*). **-5.** [occupation]: I meet people from all ~s OR from every ~ of life je rencontre des gens de tous milieux. **-6.** *Am* [sidewalk] trottoir *m*.

◆ **walk about** *vi insep Br* se promener, se balader.

◆ **walk across** ◊ *vi insep* traverser (à pied). ◊ *vt sep* faire traverser (à pied).

◆ **walk around** = walk about.

◆ **walk away** *vi insep* partir, s'en aller; she ~ed away from the group elle s'est éloignée du groupe; he ~ed away from the accident il est sorti de l'accident indemne; you can't just ~ away from the situation tu ne peux pas te désintéresser comme ça de la situation.

◆ **walk away with** *vt insep*: to ~ away with sthg *literal* emporter qqch; *fig* remporter OR gagner qqch haut la main; she ~ed away with all the credit c'est elle qui a reçu tous les honneurs.

◆ **walk back** ◊ *vi insep* [return] revenir OR retourner (à pied). ◊ *vt sep* raccompagner (à pied).

◆ **walk in** ◊ *vi insep* entrer; we ~ed in on her as she was getting dressed nous sommes entrés sans prévenir pendant qu'elle s'habillait. ◊ *vt sep* faire entrer.

◆ **walk into** *vt insep* **-1.** [enter – house, room] entrer dans; [– job] obtenir (sans problème); [– situation] se retrouver dans; [– trap] tomber dans; you ~ed right into that one! *inf* tu es vraiment tombé dans le panneau!**-2.** [bump into– chair, wall] se cogner à, rentrer dans; [– person] rentrer dans.

◆ **walk off** ◊ *vi insep* partir, s'en aller. ◊ *vt sep* [get rid of – headache] faire passer en marchant; [– weight] perdre en faisant de la marche.

◆ **walk off with** *vt insep*: to ~ off with sthg [take] emporter qqch; [steal] voler qqch; he ~ed off with all the prizes il a remporté OR gagné tous les prix (haut la main).

◆ **walk out** *vi insep* **-1.** [go out] sortir; [leave] partir, s'en aller; we ~ed out of the meeting nous avons quitté la réunion OR nous sommes partis de la réunion (en signe de protestation). **-2.** [worker] se mettre en grève.

◆ **walk out on** *vt insep* [family, lover] quitter.

◆ **walk over** ◊ *vt insep* [bridge] traverser; don't let them ~ all over you *fig* ne vous laissez pas avoir, ne vous laissez pas marcher sur les pieds. ◊ *vi insep* aller; the boss ~ed over to congratulate him le patron s'est approché de lui pour le féliciter.

◆ **walk up** *vi insep* **-1.** [go upstairs] monter. **-2.** [come close] s'approcher.

**walkabout** ['wɔːkǝˌbaʊt] *n* **-1.** *Br*: to go on a ~ [actor, politician] prendre un bain de foule. **-2.** [of an Aborigine] excursion périodique dans la brousse.

**walkaway** ['wɔːkǝˌweɪ] *n Am inf*: the race was a ~ for him il a gagné la course haut la main OR dans un fauteuil.

**walker** ['wɔːkǝ'] *n* **-1.** [person – stroller] promeneur *m*, -euse *f*, marcheur *m*, -euse *f*; [– in mountains] randonneur *m*, -euse *f*; SPORT marcheur *m*, -euse *f*; she's a fast/slow ~ elle marche vite/lentement. **-2.** [apparatus – for babies] trotte-bébé *m*; [– for invalids] déambulateur *m*.

**walkie-talkie** [ˌwɔːkɪˈtɔːkɪ] *n* (poste *m*) émetteur-récepteur *m* portatif, talkie-walkie *m*.

**walk-in** *adj* [safe, wardrobe] de plain-pied; ~ cupboard [gen] débarras *m*; [for clothes] dressing *m*.

**walking** ['wɔːkɪŋ] ◊ *n* **-1.** [activity – gen] marche *f* (à pied), promenade *f*, promenades *fpl*; [– hiking] randonnée *f*. **-2.** [in basketball] marcher *m*. ◊ *adj* [clothing, shoes] de marche; is it within ~ distance? est-ce

qu'on peut y aller à pied?; a ~ holiday in the Vosges un séjour de randonnée dans les Vosges; the ~ wounded les blessés qui peuvent encore marcher; he's a ~ dictionary *hum* c'est un vrai dictionnaire ambulant.

**walking frame** *n* déambulateur *m*.

**walking papers** *npl Am inf*: to hand OR to give sb their ~ [employee] renvoyer qqn, mettre OR flanquer qqn à la porte; [lover] plaquer qqn; to get one's ~ se faire mettre à la porte.

**walking shoes** *n* chaussures *fpl* de marche.

**walking stick** *n* canne *f*.

**Walkman**® ['wɔːkmǝn] (*pl* Walkmans) *n* baladeur *m offic*, Walkman® *m*.

**walk-on** ◊ *n* rôle *m* de figurant. ◊ *comp*: ~ part rôle *m* de figurant.

**walkout** ['wɔːkaʊt] *n* [of members, spectators] départ *m* (en signe de protestation); [of workers] grève *f*; to stage a ~ [negotiators, students] partir (en signe de protestation); [workers] se mettre en grève.

**walkover** ['wɔːkˌǝʊvǝ'] *n* **-1.** *Br inf* [victory] victoire *f* dans un fauteuil; the race was a ~ for the German team l'équipe allemande a gagné la course haut la main OR dans un fauteuil. **-2.** [in horse racing] walk-over *m inv*.

**walk-up** *Am* ◊ *adj* [apartment] situé dans un immeuble sans ascenseur; [building] sans ascenseur. ◊ *n appartement ou bureau situé dans un immeuble sans ascenseur*; [building] *immeuble sans ascenseur*.

**walkway** ['wɔːkweɪ] *n* [path] sentier *m*, chemin *m*; [passage] passage *m* OR passerelle *f* (*pour piétons, entre deux bâtiments*).

**walky-talky** [ˌwɔːkɪˈtɔːkɪ] (*pl* walky-talkies) = walkie-talkie.

**wall** [wɔːl] ◊ *n* **-1.** [of building, room] mur *m*; [round field; garden] mur *m* de clôture; [round castle, city] murs *mpl*, murailles *fpl*, remparts *mpl*; within the city ~s dans les murs, dans la ville, intra-muros; the Great Wall of China la Grande Muraille de Chine; a ~ of fire une muraille de feu; the prisoners went over the ~ les prisonniers se sont évadés; a ~ of silence *fig* un mur de silence ❑ to drive OR to send sb up the ~ *inf* rendre qqn fou OR dingue; to go to the ~ *Br* [business] faire faillite; [employee] perdre la partie; I'll go up the ~ if I have to work with her *inf* je vais devenir fou si je dois travailler avec elle; ~s have ears les murs ont des oreilles. **-2.** [side – of box, cell, vein] paroi *f*; [– of tyre] flanc *m*.**-3.** [of mountain] paroi *f*, face *f*. ◊ *vt* [garden, land] clôturer, entourer d'un mur; [city] fortifier.

◆ **wall in** *vt sep* [garden] clôturer, entourer d'un mur; she felt ~ed in by social convention *fig* elle se sentait prisonnière des convenances.

◆ **wall off** *vt sep* séparer par un mur OR par une cloison.

**wallaby** ['wɒlǝbɪ] (*pl* wallabies) *n* wallaby *m*.

**wall bars** *npl* espalier *m* (*pour exercices*).

**wall bracket** *n* support *m* mural.

**wallchart** ['wɔːltʃɑːt] *n* panneau *m* mural.

**walled** [wɔːld] *adj* [city] fortifié; [garden] clos.

**wallet** ['wɒlɪt] *n* portefeuille *m*.

**wallflower** ['wɔːlˌflaʊǝ'] *n* **-1.** BOT giroflée *f*.**-2.** *inf* [person]: I'm tired of being a ~ j'en ai assez de faire tapisserie.

**wall game** *n* sorte de football pratiqué à Eton.

**wall hanging** *n* tenture *f* murale.

**wall lamp, wall light** *n* applique *f* (*lampe*).

**Walloon** [wɒ'luːn] ◊ *n* [person] Wallon *m*, -onne *f*. ◊ *adj* wallon.

**wallop** ['wɒlǝp] *inf* ◊ *vt* **-1.** [hit – person] flanquer un coup à, cogner sur; [– ball] taper sur, donner un grand coup dans. **-2.** [defeat] écraser, battre à plate couture. ◊ *n* **-1.** [blow] beigne *f*, coup *m*.**-2.** [impact]: she fell down with a ~ et vlan! elle est tombée par terre.

**walloping** ['wɒlǝpɪŋ] *inf* ◊ *adj* énorme, phénoménal. ◊ *adv* vachement. ◊ *n* **-1.** [beating] raclée *f*, rossée *f*.**-2.** [defeat]: they gave our team a ~ ils ont battu notre équipe à plate couture.

**wallow** ['wɒlǝʊ] ◊ *vi* **-1.** [roll about] se vautrer, se rouler. **-2.** [indulge] se vautrer, se complaire; to ~ in misery se complaire dans la tristesse; to ~ in self-pity s'apitoyer sur soi-même. ◊ *n* **-1.** [mud] boue *f*, bourbe *f*; [place] mare *f* bourbeuse. **-2.** *inf* [act of wallowing]: to have a good ~ [in a bath] prendre un bon bain; [in self-pity] s'apitoyer sur soi-même.

**wallpaper** ['wɔːl,peɪpəʳ] ◇ *n* papier *m* peint. ◇ *vt* tapisser (de papier peint).

**wall socket** *n* prise *f* murale.

**Wall Street** *pr n* Wall Street; the ~ Crash le krach de Wall Street.

**wall-to-wall** *adj*: ~ carpet OR carpeting moquette *f*; ~ sound son enveloppant.

**wall unit** *n* élément *m* mural.

**wally** ['wɒlɪ] (*pl* **wallies**) *n Br inf* andouille *mf*.

**walnut** ['wɔːlnʌt] ◇ *n* [tree, wood] noyer *m*; [fruit] noix *f*. ◇ *comp* [furniture] de OR en noyer; [oil] de noix; [cake] aux noix.

**walrus** ['wɔːlrəs] (*pl inv* OR **walruses**) *n* morse *m*; ~ moustache moustache *f* à la gauloise.

**waltz** [wɔːls] ◇ *n* valse *f*. ◇ *vi* -**1.** [dancer] valser, danser une valse. -**2.** [move] danser; she ~ed in/out of his office [jauntily] elle est entrée dans/sortie de son bureau d'un pas joyeux; [brazenly] elle est entrée dans/sortie de son bureau avec effronterie; to ~ off partir, s'en aller; they ~ed off with first prize ils ont remporté le premier prix haut la main. ◇ *vt* -**1.** [dance] valser avec, faire valser. -**2.** [propel] pousser, propulser.

**Walworth Road** ['wɒlwəθ-] *pr n* rue de Londres où se trouve le siège du parti travailliste.

**wan** [wɒn] (*compar* **wanner**, *superl* **wannest**) *adj* [person – pale] pâle, blême, blafard; [– sad] triste; [smile] pâle, faible; [light, star] pâle.

**WAN** [wæn] *n abbr of* **wide area network**.

**wand** [wɒnd] *n* [of fairy, magician] baguette *f* (magique).

**wander** ['wɒndəʳ] ◇ *vi* -**1.** [meander – person] errer, flâner; [– stream] serpenter, faire des méandres; she ~ed into a café elle est entrée dans un café d'un pas nonchalant; her eyes ~ed over the crowd elle a promené son regard sur la foule. -**2.** [stray – person] s'égarer; he's ~ed off somewhere il est parti mais il n'est pas loin; the tourists ~ed into the red light district les touristes se sont retrouvés par hasard dans le quartier chaud; don't ~ off the path ne vous écartez pas du chemin. -**3.** [mind, thoughts] vagabonder, errer; he ~ed off the topic il s'est écarté du sujet; her attention began to ~ elle commença à être de moins en moins attentive; I can't concentrate, my mind keeps ~ing je ne peux pas me concentrer, je suis trop distrait. -**4.** [become confused] divaguer, déraisonner. ◇ *vt* errer dans, parcourir (au hasard); the nomads ~ the desert les nomades parcourent le désert. ◇ *n* promenade *f*, tour *m*; we went for a ~ round the town nous sommes allés faire un tour dans la ville.

♦ **wander about** *Br*, **wander around** *vi insep* [without destination] errer, aller sans but; [without hurrying] flâner, aller sans se presser.

**wanderer** ['wɒndərəʳ] *n* vagabond *m*, -e *f*; she's a bit of a ~ *fig* elle n'aime pas trop se fixer.

**wandering** ['wɒndərɪŋ] ◇ *adj* -**1.** [roaming – person] errant, vagabond; [– tribe] nomade; [– stream] qui serpente, qui fait des méandres; ~ minstrels ménestrels *mpl*; the Wandering Jew le Juif errant. -**2.** [distracted – mind, thoughts, attention] distrait, vagabond. -**3.** [confused – mind, person] qui divague, qui délire; [– thoughts] incohérent. ◇ *n* -**1.** [trip] = **wanderings. -2.** [of mind] délire *m*.

♦ **wanderings** *npl* [trip] vagabondage *m*, voyages *mpl*.

**wanderlust** ['wɒndəlʌst] *n* envie *f* de voyager.

**Wandsworth Prison** ['wɒnzwəθ-] *pr n* la plus grande prison de Grande-Bretagne.

**wane** [weɪn] ◇ *vi* [moon] décroître, décliner; [interest, power] diminuer; [civilization, empire] décliner, être en déclin. ◇ *n*: to be on the ~ [moon] décroître, décliner; [interest, power] diminuer; [civilization, empire] décliner, être en déclin.

**wangle** ['wæŋgl] *vt inf* [obtain – through cleverness] se débrouiller pour avoir; [– through devious means] obtenir par subterfuge, carotter; can you ~ me an invitation? est-ce que tu peux m'avoir OR me dégotter une invitation?; he ~d his way into the job c'est par combine qu'il a décroché le poste; they ~d their way out of paying the fine ils se sont débrouillés pour ne pas payer l'amende.

**waning** ['weɪnɪŋ] ◇ *n* [of moon] décroissement *m*; [of interest,

---

power] diminution *f*; [of empire] déclin *m*. ◇ *adj* [moon] décroissant, à son déclin; [interest, power] qui diminue; [empire] sur son déclin, en déclin.

**wank**▼ [wæŋk] *Br* ◇ *vi* se branler. ◇ *n* branlette *f*; to have a ~ se faire une branlette.

**wanker**▼ ['wæŋkəʳ] *n Br* branleur *m*.

**wanly** ['wɒnlɪ] *adv* -**1.** [answer, smile] faiblement, tristement. -**2.** [shine] faiblement, avec une pâle OR faible clarté.

**wanna**▽ ['wɒnə] -**1.** = **want to. -2.** = **want a.**

**want** [wɒnt] ◇ *vt* -**1.** [expressing a wish or desire] vouloir, désirer; to ~ sthg badly avoir très envie de qqch; what do you ~ now? qu'est-ce que tu veux encore?; all he ~s is to go to bed tout ce qu'il veut, c'est aller se coucher; to ~ to do sthg avoir envie de OR vouloir faire qqch; he doesn't ~ to know il ne veut rien savoir; I ~ you to wait here je veux que tu attendes ici; what do you ~ with her? qu'est-ce que tu lui veux?; she doesn't ~ much! *iron* elle n'est pas difficile, elle au moins; now I've got you where I ~ you! *fig* je te tiens!-**2.** [desire sexually] désirer, avoir envie de. -**3.** [require to be present] demander, vouloir voir; someone ~s you OR you're ~ed on the phone quelqu'un vous demande au téléphone; where do you ~ this wardrobe? où voulez-vous qu'on mette cette armoire?; you won't be ~ed this afternoon on n'aura pas besoin de vous cet après-midi; go away, you're not ~ed here va-t-en, tu n'es pas le bienvenu ici; I know when I'm not ~ed je sais quand je suis de trop. -**4.** [hunt, look for] chercher, rechercher; to be ~ed by the police être recherché par la police. -**5.** [need – subj: person] avoir besoin de; [– subj: task, thing] avoir besoin de, nécessiter; do you have everything you ~? avez-vous tout ce qu'il vous faut?; I have more than I ~ j'en ai plus qu'il n'en faut; this coat ~s cleaning very badly ce manteau a besoin d'un bon nettoyage; there are still a couple of things that ~ doing il y a encore quelques petites choses à faire OR qu'il faut faire; what do you ~ with a car that size? qu'allez-vous faire d'une voiture de cette taille? -**6.** *inf* [ought]: you ~ to see a doctor about that leg vous devez montrer OR il faut que vous montriez cette jambe à un médecin; she ~s to watch out, the boss is looking for her elle devrait faire attention, le patron la cherche. -**7.** *lit* [lack – food, shelter] manquer de.

◇ *vi inf*: the cat ~s in/out le chat veut entrer/sortir ‖ *fig*: he ~s in (on the deal) il veut une part du gâteau; I ~ out! je ne suis plus de la partie!

◇ *n* -**1.** [desire, wish] désir *m*, envie *f*. -**2.** [requirement] besoin *m*; to have few ~s avoir peu de besoins, avoir besoin de peu. -**3.** [lack] manque *m*; there's certainly no ~ of goodwill ce ne sont certainement pas les bonnes volontés qui manquent; to be in ~ of sthg avoir besoin de qqch. -**4.** [poverty] misère *f*, besoin *m*; to be in ~ être dans le besoin OR dans la misère.

♦ **for want of** *prep phr* faute de; I'll take this novel for ~ of anything better faute de mieux je vais prendre ce roman; for ~ of anything better to do, she went for a walk n'ayant rien de mieux à faire, elle est allée se promener; if we failed, it wasn't for ~ of trying nous avons échoué mais ce n'est pas faute d'avoir essayé.

♦ **want for** *vt insep* manquer de; he ~s for nothing il ne manque de rien.

**want ad** *n* petite annonce *f*.

**wanted** ['wɒntɪd] *adj* -**1.** [in advertisements]: 'carpenter/cook ~' 'on recherche (un) charpentier/(un) cuisinier'; 'accommodation ~' 'cherche appartement'. -**2.** [murderer, thief] recherché; ~ notice avis *m* de recherche.

**wanting** ['wɒntɪŋ] *adj* -**1.** [inadequate]: to be found ~ [person] ne pas convenir, ne pas faire l'affaire; [machine] ne pas convenir, ne pas être au point. -**2.** [lacking] manquant; to be ~ in sthg manquer de qqch. -**3.** *euph* [weak-minded] simple d'esprit.

**wanton** ['wɒntən] ◇ *adj* -**1.** [malicious – action, cruelty] gratuit, injustifié; [– destroyer] vicieux. -**2.** *fml* [immoral – behaviour, thoughts] licencieux; [– person] dévergondé. ◇ *n lit* [man] dévergondé *m*; [woman] dévergondée *f*, femme *f* légère.

**wantonly** ['wɒntənlɪ] *adv* -**1.** [maliciously] gratuitement, sans justification. -**2.** *fml* [immorally] licencieusement.

**Wapping** ['wɒpɪŋ] *pr n* quartier de l'Est de Londres où se *trouvent les sièges de plusieurs journaux détenus par Rupert Murdoch.*

**war** [wɔːʳ] (*pt* & *pp* **warred,** *cont* **warring**) ◇ *n* **-1.** [armed conflict] guerre *f*; **to be at ~/to go to ~ with sb** être en guerre/ entrer en guerre avec qqn; **the Allies waged ~ against** on the Axis les Alliés ont fait la guerre aux puissances de l'Axe; **he fought in the ~** il a fait la guerre; **the troops went off to ~** les troupes sont parties pour on sont allées à la guerre; **you've been in the ~s!** *inf* & *hum* on dirait que tu reviens de la guerre!, tu t'es bien arrangé! ❑ **~ of attrition** guerre d'usure; **~ museum** musée *m* de guerre; **the American War of Independence** la guerre d'Indépendance américaine; **the War between the States, the War of Secession** la guerre de Sécession; **the Wars of the Roses** la guerre des Deux-Roses; **'War and Peace'** *Tolstoy* 'Guerre et paix'; **'The War of the Worlds'** *Wells* 'la Guerre des mondes'. **-2.** [conflict, struggle] guerre *f*, lutte *f*; **to declare** on **to wage ~ on** sthg partir en guerre contre on déclarer la guerre à qqch; **the ~ against crime/drugs** la lutte contre le crime/la drogue. ◇ *comp* [criminal, diary, film, hero, pension, wound, zone] de guerre; **~ victims** victimes *mpl* de guerre; **during the ~ years** pendant la guerre; **the ~ effort** l'effort *m* de guerre; **~ record** passé *m* militaire; **he has a good ~ record** il s'est conduit honorablement pendant la guerre. ◇ *vi* **to make ~; to ~ with sb** faire la guerre à qqn.
**War.** = **Warks.**

**war baby** *n* enfant né pendant la guerre.

**warble** [ˈwɔːbl] ◇ *vi* & *vt* [subj: bird] gazouiller; [subj: person] chanter (avec des trilles). ◇ *n* gazouillis *m*, gazouillement *m*.

**warbler** [ˈwɔːbləʳ] *n* fauvette *f*, pouillot *m*.

**warbling** [ˈwɔːblɪŋ] *n* gazouillis *m*, gazouillement *m*.

**war bride** *n* mariée *f* de la guerre.

**war cabinet** *n* cabinet *m* de guerre.

**war chest** *n literal* caisse *f* spéciale (*affectée à une guerre*); *fig* caisse *f* spéciale (*d'un parti politique, d'hommes d'affaires etc*).

**war correspondent** *n* correspondant *m*, -e *f* de guerre.

**war crime** *n* crime *m* de guerre.

**war cry** *n* cri *m* de guerre.

**ward** [wɔːd] *n* **-1.** [of hospital – room] salle *f*; [– section] pavillon *m*; [of prison] quartier *m*. **-2.** POL [district] circonscription *f* électorale. **-3.** JUR [person] pupille *mf*; [guardianship] tutelle *f*; she was placed in ~ elle a été placée sous tutelle judiciaire ❑ **~ of court** pupille *mf* sous tutelle judiciaire.
◆ **ward off** *vt sep* [danger, disease] éviter; [blow] parer, éviter.

**war dance** *n* danse *f* de guerre on guerrière.

**warden** [ˈwɔːdn] *n* **-1.** [director – of building, institution] directeur *m*, -trice *f*; *Am* [– of prison] directeur *m*, -trice *f* de prison. **-2.** [public official – of fortress, town] gouverneur *m*; [– of park, reserve] gardien *m*, -enne *f*. **-3.** *Br* UNIV portier *m*.

**warder** [ˈwɔːdəʳ] *n Br* [guard] gardien *m* on surveillant *m* (de prison).

**wardress** [ˈwɔːdrɪs] *n Br* gardienne *f* on surveillante *f* (de prison).

**wardrobe** [ˈwɔːdrəʊb] *n* **-1.** [cupboard] armoire *f*, penderie *f*. **-2.** [clothing] garde-robe *f*; THEAT costumes *mpl*.

**wardrobe mistress** *n* costumière *f*.

**wardroom** [ˈwɔːdrʊm] *n* [quarters] quartiers *mpl* des officiers (*excepté le capitaine*); [officers] officiers *mpl* (*excepté le capitaine*).

**wardship** [ˈwɔːdʃɪp] *n* tutelle *f*.

**warehouse** [*n* ˈweəhaʊs, *pl* -haʊzɪz, *vb* ˈweəhaʊz] ◇ *n* entrepôt *m*, magasin *m*. ◇ *vt* entreposer, emmagasiner.

**warehouseman** [ˈweəhaʊsmən] (*pl* **warehousemen** [-mən]) *n* magasinier *m*.

**wares** [weəz] *npl* marchandises *fpl*.

**warfare** [ˈwɔːfeəʳ] *n* MIL guerre *f*; *fig* lutte *f*, guerre *f*; **class ~** lutte des classes; **economic ~** guerre économique.

**war game** *n* (*usu pl*) **-1.** MIL [simulated battle with maps] kriegspiel *m*, wargame *m*; [manoeuvres] manœuvres *fpl* militaires. **-2.** GAMES wargame *m*.

**war grave** *n* tombeau d'un soldat tombé au champ d'honneur.

**warhead** [ˈwɔːhed] *n* ogive *f*; **nuclear ~** ogive *f* on tête *f* nucléaire.

**warhorse** [ˈwɔːhɔːs] *n* [horse] cheval *m* de bataille; *inf* & *fig* [person] dur *m*, -e *f* à cuire; **he's an old ~ of the party** c'est un

vétéran du parti.

**warily** [ˈweərəlɪ] *adv* [carefully] prudemment, avec prudence OR circonspection; [distrustfully] avec méfiance.

**wariness** [ˈweərɪnɪs] *n* [caution] prudence *f*, circonspection *f*; [distrust] méfiance *f*.

**Warks** *written abbr of* **Warwickshire.**

**warlike** [ˈwɔːlaɪk] *adj* guerrier, belliqueux.

**warlock** [ˈwɔːlɒk] *n* sorcier *m*.

**warlord** [ˈwɔːlɔːd] *n* seigneur *m* de la guerre.

**warm** [wɔːm] ◇ *adj* **-1.** [moderately hot] chaud; **a ~ oven** un four moyen; **I can't wait for the ~ weather** j'ai hâte qu'il fasse chaud; **will you keep dinner ~ for me?** peux-tu me garder le dîner au chaud?; **does that coat keep you ~?** est-ce que ce manteau te tient chaud?; **it's a difficult house to keep ~** c'est une maison difficile à chauffer; **are you ~ enough?** avez-vous assez chaud?; **I can't seem to get ~** je n'arrive pas à me réchauffer; **the room is too ~** il fait trop chaud OR on étouffe dans cette pièce ❑ **am I right? – you're getting ~er!** est-ce que j'y suis? – tu chauffes!. **-2.** [clothing] chaud, qui tient chaud. **-3.** [work] qui donne chaud. **-4.** [affectionate – feelings] chaud, chaleureux; [– personality] chaleureux; **she has a ~ relationship with her mother** elle a une relation très affectueuse avec sa mère; **give my ~est wishes to your wife** toutes mes amitiés à votre femme. **-5.** [hearty – greeting, welcome] chaleureux, cordial; [– thanks] vif; [– admirer, support] ardent, enthousiaste; [– applause] chaleureux, enthousiaste. **-6.** [colour, sound] chaud; [voice] chaud, chaleureux. **-7.** [scent, trail] récent. ◇ *vt* **-1.** [heat – person, room] réchauffer; [– food] (faire) chauffer; **she ~ed her hands by the fire** elle s'est réchauffé les mains au-dessus du feu ❑ **the sight was enough to ~ the cockles of your heart!** c'était un spectacle à vous chauffer OR réchauffer OR réjouir le cœur!. **-2.** [reheat] (faire) réchauffer. ◇ *vi* **she ~ed to the new neighbours** elle s'est prise de sympathie pour les nouveaux voisins; **you'll soon ~ to the idea** tu verras, cette idée finira par te plaire; **the speaker began to ~ to his subject** le conférencier s'est laissé entraîner par son sujet. ◇ *n inf*: **come into the ~** viens au chaud OR où il fait chaud.
◆ **warm over** *vt sep Am* [food] (faire) réchauffer; *pej* [idea] ressasser.
◆ **warm up** ◇ *vt sep* **-1.** [heat – person, room] réchauffer; [– food] (faire) chauffer; [– engine, machine] faire chauffer. **-2.** [reheat] (faire) réchauffer. **-3.** [animate – audience] mettre en train, chauffer. ◇ *vi insep* **-1.** [become hotter – person] se chauffer, se réchauffer; [– room, engine, food] se réchauffer; [– weather] devenir plus chaud, se réchauffer. **-2.** [get ready – athlete, comedian] s'échauffer, se mettre en train; [– audience] commencer à s'animer. **-3.** [debate, discussion] s'animer.

**war machine** *n* machine *f* de guerre.

**warm-blooded** [-ˈblʌdɪd] *adj* ZOOL à sang chaud; *fig* [ardent] ardent, qui a le sang chaud.

**war memorial** *n* monument *m* aux morts.

**warm-hearted** [-ˈhɑːtɪd] *adj* [kindly] chaleureux, bon; [generous] généreux.

**warming pan** [ˈwɔːmɪŋ-] *n* bassinoire *f*.

**warmly** [ˈwɔːmlɪ] *adv* **-1.** [dress] chaudement; **the sun shone ~** le soleil chauffait. **-2.** [greet, smile, welcome] chaleureusement, chaudement; [recommend, thank] vivement, chaudement; [support] avec enthousiasme, ardemment; [applaud] avec enthousiasme, chaleureusement.

**warmonger** [ˈwɔːˌmʌŋgəʳ] *n* belliciste *mf*.

**warmongering** [ˈwɔːˌmʌŋgərɪŋ] ◇ *n* (*U*) [activities] activités *fpl* bellicistes; [attitude] bellicisme *m*; [propaganda] propagande *f* belliciste. ◇ *adj* belliciste.

**warmth** [wɔːmθ] *n* [of temperature] chaleur *f*; [of greeting, welcome] chaleur *f*, cordialité *f*; [of recommendation, thanks] chaleur *f*, vivacité *f*; [of applause, support] enthousiasme *m*; [of colour] chaleur *f*.

**warm-up** ◇ *n* [gen] préparation *f*, préparations *fpl*; [of athlete, singer] échauffement *m*; [of audience] mise *f* en train. ◇ *comp*: **~ exercises** exercices *mpl* d'échauffement.

**warmups** [ˈwɔːmʌps] *npl Am* survêtement *m*.

**warn** [wɔːn] *vt* **-1.** [inform] avertir, prévenir; **I ~ed them of the danger** je les ai avertis OR prévenus du danger; **~ the**

police! alertez la police!; don't say I didn't ~ you! je t'aurai prévenu! **-2.** [advise] conseiller, recommander; he ~ed her about OR against travelling at night, he ~ed her not to travel at night il lui a déconseillé de voyager la nuit, il l'a mise en garde contre les voyages de nuit.

◆ **warn off** *vt sep* décourager; the doctor has ~ed him off alcohol le médecin lui a vivement déconseillé l'alcool.

**warning** ['wɔːnɪŋ] ◇ *n* **-1.** [caution, notice] avertissement *m*; let that be a ~ to you que cela vous serve d'avertissement; thanks for the ~ merci de m'avoir prévenu OR m'avoir averti; he left without any ~ il est parti sans prévenir; they gave us advance ~ of the meeting ils nous ont prévenus de la réunion. **-2.** [alarm, signal] alerte *f*, alarme *f*. **-3.** [advice] conseil *m*; he gave them a stern ~ about the dangers of smoking il les a sévèrement mis en garde contre les dangers du tabac. ◇ *adj* d'avertissement; they fired a ~ shot [gen & MIL] ils ont tiré une fois en guise d'avertissement; NAUT ils ont tiré un coup de semonce ❑ ~ **light** voyant *m* (avertisseur), avertisseur *m* lumineux; ~ **notice** avis *m*, avertissement *m*; ~ **sign** panneau *m* avertisseur; ~ **signal** [gen] signal *m* d'alarme OR d'alerte; AUT signal *m* de détresse; ~ **triangle** Br AUT triangle *m* de signalisation.

**War Office** *n* ancien nom du ministère de la Défense britannique.

**warp** [wɔːp] ◇ *vt* **-1.** [wood] gauchir, voiler; [metal, plastic] voiler. **-2.** *fig* [character, mind] pervertir; [thinking] fausser, pervertir. ◇ *vi* [wood] gauchir, se voiler; [metal, plastic] se voiler. ◇ *n* **-1.** [fault – in wood] gauchissement *m*, voilure *f*; [– in metal, plastic] voilure *f*. **-2.** TEX [of yarn] chaîne *f*.

**war paint** *n* [of Indian] peinture *f* de guerre.

**warpath** ['wɔːpɑːθ] *n*: to be on the ~ *literal* être sur le sentier de la guerre; be careful, the boss is on the ~ *fig* fais attention, le patron est d'une humeur massacrante.

**warped** [wɔːpt] *adj* **-1.** [wood] gauchi, voilé; [metal, plastic] voilé. **-2.** *fig* [character, mind] perverti; [thinking, view] faux (*f* fausse), perverti; you've got a ~ mind!, your mind is ~! tu as l'esprit tordu!; what a ~ sense of humour! quel humour morbide!

**warplane** ['wɔːpleɪn] *n* avion *m* de guerre.

**warrant** ['wɒrənt] ◇ *n* **-1.** JUR [written order] mandat *m*; there's a ~ (out) for his arrest il y a un mandat d'arrêt contre lui. **-2.** COMM & FIN [for payment] bon *m*; [guarantee] garantie *f*. **-3.** MIL brevet *m*. ◇ *vt* **-1.** [justify] justifier; the situation ~s a new approach la situation demande que l'on s'y prenne autrement. **-2.** [declare with certainty] assurer, certifier; I'll ~ (you) that's the last we see of her c'est la dernière fois qu'on la voit, je vous le garantie.

**warrant officer** *n* adjudant *m* (*auxiliaire d'un officier*).

**warranty** ['wɒrəntɪ] (*pl* **warranties**) *n* **-1.** [guarantee] garantie *f*. **-2.** JUR garantie *f*.

**warren** ['wɒrən] *n* **-1.** [of rabbit] terriers *mpl*, garenne *f*. **-2.** *fig* [maze of passageways] labyrinthe *m*, dédale *m*.

**warring** ['wɔːrɪŋ] *adj* [nations, tribes] en guerre; *fig* [beliefs] en conflit; [interests] contradictoire, contraire.

**warrior** ['wɒrɪəʳ] *n* guerrier *m*, -ère *f*.

**Warsaw** ['wɔːsɔː] *pr n* Varsovie.

**Warsaw Pact** *pr n*: the ~ le pacte de Varsovie; ~ countries pays *mpl* (membres) du pacte de Varsovie.

**warship** ['wɔːʃɪp] *n* navire *m* OR bâtiment *m* de guerre.

**wart** [wɔːt] *n* **-1.** MED verrue *f*; she described her family, ~s and all *fig* elle a fait un portrait sans complaisance de sa famille. **-2.** BOT excroissance *f*.

**wart hog** *n* phacochère *m*.

**wartime** ['wɔːtaɪm] ◇ *n* période *f* de guerre; in ~ en temps de guerre. ◇ *comp* de guerre.

**war-torn** *adj* déchiré par la guerre.

**war-weary** *adj* las de la guerre.

**war widow** *n* veuve *f* de guerre.

**wary** ['weərɪ] (*compar* **warier**, *superl* **wariest**) *adj* [prudent – person] prudent, sur ses gardes; [– look] prudent; [– smile] hésitant; [distrustful] méfiant; I'm ~ about promoting these ideas j'hésite à promouvoir ces idées; the people were ~ of the new regime les gens se méfiaient du nouveau régime.

**was** [*weak form* wəz, *strong form* wɒz] *pt*→ **be**.

**wash** [wɒʃ] ◇ *vt* **-1.** [clean] laver; to ~ o.s. [person] se laver,

faire sa toilette; [cat, dog] faire sa toilette; go and ~ your hands va te laver les mains; she ~ed her hair elle s'est lavé la tête OR les cheveux; to ~ the dishes faire OR laver la vaisselle; to ~ clothes faire la lessive ❑ I ~ my hands of the whole affair je me lave les mains de toute cette histoire; she ~ed her hands of him elle s'est désintéressée de lui. **-2.** [subj: current, river, waves – move over] baigner; [– carry away] emporter, entraîner; the body was ~ed ashore le cadavre s'est échoué OR a été rejeté sur la côte; the crew was ~ed overboard l'équipage a été emporté par une vague. **-3.** [coat, windows] laver. **-4.** MIN [gold, ore] laver. ◇ *vi* **-1.** [to clean oneself – person] se laver, faire sa toilette. **-2.** [be washable] se laver, être lavable; his story just doesn't ~ with me Br *inf* son histoire ne marche pas avec moi, il ne me fera pas avaler cette histoire. ◇ *n* **-1.** [act of cleaning] nettoyage *m*; this floor needs a good ~ ce plancher a bien besoin d'être lavé OR nettoyé; your hair needs a ~ il faut que tu te laves la tête; I gave the car a ~ j'ai lavé la voiture; he's having a ~ il se lave, il fait sa toilette. **-2.** [clothes to be washed] lessive *f*, linge *m* sale; your shirt is in the ~ [laundry basket] ta chemise est au (linge) sale; [machine] ta chemise est à la lessive; the stain came out in the ~ la tache est partie au lavage ❑ it'll all come out in the ~ Br [become known] ça finira par se savoir; [turn out for the best] tout cela finira par s'arranger. **-3.** [movement of water – caused by current] remous *m*; [– caused by ship] sillage *m*, remous *m*; [sound of water] clapotis *m*. **-4.** [of paint] badigeon *m*. **-5.** MED [lotion] solution *f*. **-6.** ART: ~ (drawing) (dessin *m* au) lavis *m*. ◇ *adj* lavable.

◆ **wash away** *vt sep* [carry off – boat, bridge, house] emporter; [– river bank, soil] éroder; to ~ one's sins away *fig* laver ses péchés.

◆ **wash down** *vt sep* **-1.** [clean] laver (à grande eau). **-2.** [food] arroser; [tablet] faire descendre; roast beef ~ed down with Burgundy rosbif arrosé d'un bourgogne.

◆ **wash off** ◇ *vt sep* [remove – with soap] enlever OR faire partir au lavage; [– with water] enlever OR faire partir à l'eau. ◇ *vi insep* [disappear – with soap] s'en aller OR partir au lavage; [– with water] s'en aller OR partir à l'eau.

◆ **wash out** ◇ *vt sep* **-1.** [remove – with soap] enlever OR faire partir au lavage; [– with water] enlever OR faire partir à l'eau. **-2.** [clean] laver. **-3.** [carry away – bridge] emporter; [– road] dégrader. **-4.** [cancel, prevent]: the game was ~ed out le match a été annulé à cause de la pluie. ◇ *vi insep* = **wash off**.

◆ **wash up** ◇ *vi insep* **-1.** Br [wash dishes] faire OR laver la vaisselle. Am [wash oneself] se laver, faire sa toilette. ◇ *vt sep* **-1.** Br [glass, dish] laver; whose turn is it to ~ up the dishes? à qui le tour de faire OR laver la vaisselle? **-2.** [subj: sea] rejeter; several dolphins were ~ed up on shore plusieurs dauphins se sont échoués sur la côte.

**washable** ['wɒʃəbl] *adj* lavable, lessivable.

**wash-and-wear** *adj* qui ne nécessite aucun repassage.

**washbag** ['wɒʃˌbæg] *n* trousse *f* de toilette.

**washbasin** ['wɒʃˌbeɪsn] *n* [basin] cuvette *f*, bassine *f*; [sink] lavabo *m*.

**washboard** ['wɒʃbɔːd] *n* planche *f* à laver.

**washbowl** ['wɒʃbəʊl] *Am* = **washbasin**.

**washcloth** ['wɒʃˌklɒθ] *n* [for dishes] lavette *f*; *Am* [face flannel] ≃ gant *m* de toilette.

**washday** ['wɒʃˌdeɪ] *n* jour *m* de lessive.

**washed-out** [,wɒʃt-] *adj* **-1.** [faded – colour] délavé; [– curtain, jeans] décoloré, délavé. **-2.** *inf* [exhausted] épuisé, lessivé.

**washed-up** *adj inf* fichu.

**washer** ['wɒʃəʳ] *n* **-1.** CONSTR joint *m*, rondelle *f*; [in tap] joint *m*. **-2.** [washing machine] machine *f* à laver, lave-linge *m inv*.

**washer-dryer** *n* machine *f* à laver séchante.

**washer-up** (*pl* **washers-up**) *n* Br *inf* [gen] laveur *m*, -euse *f* de vaisselle; [in restaurant] plongeur *m*, -euse *f*.

**washerwoman** ['wɒʃəˌwʊmən] (*pl* **washerwomen** [-,wɪmɪn]) *n* blanchisseuse *f*.

**washhouse** ['wɒʃhaʊs, *pl* -haʊzɪz] *n* lavoir *m*.

**washing** ['wɒʃɪŋ] *n* **-1.** [act – of car, floors] lavage *m*; [– of laundry] lessive *f*. **-2.** [laundry] linge *m*, lessive *f*; to do the ~ faire la lessive, laver le linge; where can I hang the ~? où puis-je

étendre le linge?
**washing day** = washday.
**washing line** *n* corde *f* à linge.
**washing machine** *n* machine *f* à laver, lave-linge *m inv*.
**washing powder** *n* lessive *f* OR détergent *m* (*en poudre*).
**washing soda** *n* cristaux *mpl* de soude.
**Washington** ['wɒʃɪŋtən] *pr n* **-1.** [state]: ~ (State) l'État *m* de Washington; in ~ dans l'État de Washington. **-2.** [town]: ~ (DC) Washington.
**washing-up** *n Br* vaisselle *f* (*à laver*); to do the ~ faire la vaisselle.
**washing-up liquid** *n Br* produit *m* à vaisselle.
**wash-leather** *n Br* peau *f* de chamois.
**washload** ['wɒʃləʊd] *n* lessive *f*.
**washout** ['wɒʃaʊt] *n inf* [party, plan] fiasco *m*, échec *m*; [person] raté *m*, -e *f*.
**washroom** ['wɒʃrʊm] *n* **-1.** [for laundry] buanderie *f*. **-2.** *Am euph* [lavatory] toilettes *fpl*.
**washstand** ['wɒʃstænd] *n* table *f* de toilette.
**washtub** ['wɒʃtʌb] *n* [for laundry] bassine *f*, cuvette *f*.
**wasn't** [wɒznt] = was not.
**wasp** [wɒsp] *n* guêpe *f*; a ~'s nest un guêpier.
**waspish** ['wɒspɪʃ] *adj* [person - by nature] qui a mauvais caractère; [- in bad mood] qui est de mauvaise humeur; [reply, remark] mordant, méchant.
**wassail** ['wɒseɪl] *arch* ◇ *n* **-1.** [drink - beer] bière *f* épicée; [- wine] vin *m* chaud. **-2.** [festivity] beuverie *f*. ◇ *vi* chanter (des chants de Noël).
**wast** [*weak form* wəst, *strong form* wɒst] *arch* = **(you) were**.
**wastage** ['weɪstɪdʒ] *n* (*U*) **-1.** [loss - of materials, money] gaspillage *m*, gâchis *m*; [- of time] perte *f*; [- through leakage] fuites *fpl*, pertes *fpl*. **-2.** [in numbers, workforce] réduction *f*; many students are lost by ~ beaucoup d'étudiants abandonnent en cours de route.
**waste** [weɪst] ◇ *vt* **-1.** [misuse - materials, money] gaspiller; [- time] perdre; [- life] gâcher; she ~d no time in telling us about it elle s'est empressée de nous le raconter; her wit was ~d on them ils n'ont pas compris OR su apprécier son esprit ❑ you're wasting your breath! tu uses ta salive pour rien!; don't ~ your breath trying to convince them ne te fatigue pas OR ne perds pas ton temps à essayer de les convaincre; ~ not, want not *prov* l'économie protège du besoin. **-2.** [wear away - limb, muscle] atrophier; [- body, person] décharner; her body was completely ~d by cancer son corps était complètement miné par le cancer. **-3.** ▽ *Am* [kill] liquider.
◇ *n* **-1.** [misuse - of materials, money] gaspillage *m*, gâchis *m*; [- of time] perte *f*; that book was a complete ~ of money ce livre, c'était de l'argent jeté par les fenêtres; it's a ~ of time talking to her tu perds ton temps à discuter avec elle; what a ~ of time! que de temps perdu!; it's an enormous ~ of talent c'est énormément de talent gâché; to go to ~ [gen] se perdre, être gaspillé; [land] tomber en friche; I'm not going to let the opportunity go to ~ je ne vais pas laisser passer l'occasion. **-2.** (*U*) [refuse - gen] déchets *mpl*; [- household] ordures *fpl* (ménagères); [- water] eaux *fpl* usées. **-3.** [land] terrain *m* vague. **-4.** *phr*: to lay ~ to sthg, to lay sthg ~ ravager OR dévaster qqch.
◇ *adj* **-1.** [paper] de rebut; [energy] perdu; [water] sale, usé; [food] qui reste; ~ material déchets *mpl*. **-2.** [ground] en friche; [region] désert, désolé.
◆ **wastes** *npl* terres *fpl* désolées, désert *m*; the polar ~s le désert polaire.
◆ **waste away** *vi insep* dépérir.
**wastebasket** [,weɪst'peɪpə-] *n esp Am* corbeille *f* (à papier).
**waste bin** *n Br* [in kitchen] poubelle *f*, boîte *f* à ordures; [for paper] corbeille *f* (à papier).
**wasted** ['weɪstɪd] *adj* **-1.** [material, money] gaspillé; [energy, opportunity, time] perdu; [attempt, effort] inutile, vain; [food] inutilisé; a ~ journey un voyage raté. **-2.** [figure, person] décharné; [limb - emaciated] décharné; [- enfeebled] atrophié.
**waste disposal unit** *n* broyeur *m* d'ordures.
**wasteful** ['weɪstfʊl] *adj* [habits] de gaspillage; [person] gaspilleur; [procedure] inefficace, peu rentable; a ~ use of natural resources un gaspillage des ressources naturelles.

**wastefully** ['weɪstfʊlɪ] *adv* en gaspillant; we spend our time so ~ on gaspille un temps fou.
**waste ground** *n* (*U*): the children were playing on ~ les enfants jouaient sur un terrain vague.
**wasteland** ['weɪst,lænd] *n* [land - disused] terrain *m* vague; [- uncultivated] terres *fpl* en friche OR abandonnées; [of desert, snow] désert *m*; a cultural ~ *fig* un désert culturel.
**waste paper** *n* (*U*) papier *m* OR papiers *mpl* de rebut.
**wastepaper basket** [,weɪst'peɪpə-] *n Br* corbeille *f* (à papier).
**waste pipe** *n* (tuyau *m* de) vidange *f*.
**waste product** *n* INDUST déchet *m* de production OR de fabrication; PHYSIOL déchet *m* (*de l'organisme*).
**waster** ['weɪstə-] *n* **-1.** [gen] gaspilleur *m*, -euse *f*; [of money] dépensier *m*, -ère *f*. **-2.** [good-for-nothing] bon à rien, bonne *f* à rien.
**wasting** ['weɪstɪŋ] *adj* [disease] qui ronge OR mine.
**wastrel** ['weɪstrəl] = waster.
**watch** [wɒtʃ] ◇ *vt* **-1.** [look at, observe - event, film] regarder; [- animal, person] regarder, observer; they ~ a lot of television ils regardent beaucoup la télévision; the crowds were ~ing the lions being fed la foule regardait les lions qu'on était en train de nourrir; we sat outside ~ing the world go by nous étions assis dehors à regarder les gens passer; ~ how I do it regardez OR observez comment je fais; I bet he ignores us, just you ~! je parie qu'il va nous ignorer, tu vas voir! ❑ a ~ed pot never boils *prov* inutile de s'inquiéter, ça ne fera pas avancer les choses. **-2.** [spy on - person] surveiller, observer; [- activities, suspect] surveiller. **-3.** [guard, tend - children, pet] surveiller, s'occuper de; [- belongings, house] surveiller, garder; MIL monter la garde devant, garder. **-4.** [pay attention to - health, weight] faire attention à; [- development, situation] suivre de près; ~ where you're going! regardez devant vous!; ~ what you're doing! faites bien attention (à ce que vous faites)!; ~ you don't spill the coffee fais attention à OR prends garde de ne pas renverser le café; can you ~ the milk? peux-tu surveiller le lait?; we'd better ~ the time il faut que nous surveillions l'heure; stop ~ing the clock and do some work! arrêtez de surveiller la pendule et travaillez un peu!; '~ this space' *annonce d'une publicité ou d'informations à paraître*; ~ your head! attention OR gare à votre tête!; ~ your language! surveille ton langage! ❑ ~ it! [warning] (fais) attention!; [threat] attention!, gare à vous!; ~ your step *literal* & *fig* faites attention OR regardez où vous mettez les pieds.
◇ *vi* **-1.** [observe] regarder, observer; I ~ed to see how she would react j'ai attendu pour voir quelle serait sa réaction. **-2.** [keep vigil] veiller.
◇ *n* **-1.** [timepiece] montre *f*; it's 6 o'clock by my ~ il est 6 h à ma montre. **-2.** [lookout] surveillance *f*; be on the ~ for pickpockets *Br* faites attention OR prenez garde aux voleurs à la tire; tax inspectors are always on the ~ for fraud *Br* les inspecteurs des impôts sont toujours à l'affût des fraudeurs; a sentry was on ~ OR kept ~ une sentinelle montait la garde; to keep ~ by sb's bed veiller au chevet de qqn; the police kept a close ~ on the suspect la police a surveillé le suspect de près; we'll keep ~ on your house during your absence nous surveillerons votre maison pendant votre absence; we're keeping a ~ on inflation rates nous surveillons de près les taux d'inflation. **-3.** [person on guard - gen & MIL] sentinelle *f*; NAUT homme *m* de quart; [group of guards - gen & MIL] garde *f*; NAUT quart *m*. **-4.** [period of duty - gen & MIL] garde *f*; NAUT quart *m*. **-5.** *lit* [period of the night]: in the slow ~es of the night pendant les longues nuits sans sommeil.
◆ **watch for** *vt insep* guetter, surveiller.
◆ **watch out** *vi insep* faire attention, prendre garde; ~ out! [warning] (faites) attention!; to ~ out for sthg [be on lookout for] guetter qqch; [be careful of] faire attention à OR prendre garde à qqch.
◆ **watch over** *vt insep* garder, surveiller; God will ~ over you Dieu vous protégera.
**watchband** ['wɒtʃ,bænd] *n Am* bracelet *m* de montre.
**watch chain** *n* chaîne *f* de montre.
**watchdog** ['wɒtʃdɒg] ◇ *n* [dog] chien *m*, -enne *f* de garde; *fig* [person] gardien *m*, -enne *f*; the committee acts as ~ on environmental issues le comité veille aux problèmes d'environnement. ◇ *comp* [body, committee] de surveillance.

**watcher** ['wɒtʃəʳ] *n* observateur *m*, -trice *f*; [spectator] spectateur *m*, -trice *f*; [idle onlooker] curieux *m*, -euse *f*.

**watchful** ['wɒtʃful] *adj* vigilant, attentif; under the ~ eye of her mother sous l'œil vigilant de sa mère; to keep a ~ eye on sthg/sb avoir qqch/qqn à l'œil.

**watchglass** ['wɒtʃglɑːs] *n* verre *m* de montre.

**watchmaker** ['wɒtʃˌmeɪkəʳ] *n* horloger *m*, -ère *f*.

**watchman** ['wɒtʃmən] (*pl* **watchmen** [-mən]) *n* gardien *m*.

**watch night** *n* nuit *f* de la Saint-Sylvestre.

**watchstrap** ['wɒtʃstræp] *n* bracelet *m* de montre.

**watchtower** ['wɒtʃˌtaʊəʳ] *n* tour *f* de guet.

**watchword** ['wɒtʃwɜːd] *n* [password] mot *m* de passe; [slogan] mot *m* d'ordre.

**water** ['wɔːtəʳ] ◇ *n* **-1.** [liquid – gen] eau *f*; hot and cold running ~ eau courante chaude et froide; turn on the ~ [at main] ouvre l'eau; [at tap] ouvre le robinet; they held his head under ~ ils lui ont tenu la tête sous l'eau; the cellar is under 2 metres of ~ il y a 2 mètres d'eau dans la cave; the ~ OR ~s of the Seine l'eau OR les eaux de la Seine; the ship was making ~ le bateau prenait l'eau OR faisait eau; they're in rough financial ~s *fig* ils sont dans une situation financière difficile ❑ ~ main conduite *f* OR canalisation *f* d'eau; that idea won't hold ~ cette idée ne tient pas debout; you're in hot ~ now *inf* tu vas avoir de gros ennuis, tu es dans de beaux draps; the wine flowed like ~ le vin coulait à flots; to spend money like ~ jeter l'argent par les fenêtres; they poured OR threw cold ~ on our suggestion ils n'ont pas été enthousiasmés par notre suggestion; it's like ~ off a duck's back ça glisse comme sur les plumes d'un canard; it's ~ under the bridge c'est du passé; a lot of ~ has passed under the bridge since then il a coulé beaucoup d'eau sous les ponts depuis. **-2.** [body of water] eau *f*; in the ~ elle est tombée à l'eau. **-3.** [tide] marée *f*; at high/low ~ à marée haute/basse. **-4.** *euph* [urine] urine *f*; to make OR to pass ~ uriner. **-5.** MED: ~ on the brain hydrocéphalie *f*; to have ~ on the knee avoir un épanchement de synovie. **-6.** TEX [of cloth] moiré *m*.
◇ *vt* **-1.** [land, plants] arroser. **-2.** [animal] donner à boire à, faire boire. **-3.** [dilute – alcohol] couper (d'eau). **-4.** TEX [cloth] moirer.
◇ *vi* **-1.** [eyes] larmoyer. **-2.** [mouth]: the smell made my mouth ~ l'odeur m'a fait venir l'eau à la bouche.
◆ **waters** *npl* **-1.** [territorial] eaux *fpl*; in Japanese ~s dans les eaux (territoriales) japonaises. **-2.** [spa water]: to take the ~s prendre les eaux, faire une cure thermale. **-3.** [of pregnant woman] poche *f* des eaux.
◆ **water down** *vt sep* [alcohol] couper (d'eau); *fig* [speech] édulcorer; [complaint, criticism] atténuer.

**water bed** *n* matelas *m* à eau.

**water beetle** *n* gyrin *m*, tourniquet *m*.

**water bird** *n* oiseau *m* aquatique.

**water biscuit** *n* *Br* biscuit *m* salé craquant.

**water blister** *n* ampoule *f*, phlyctène *f spec*.

**water boatman** *n* ENTOM notonecte *f*.

**water bomb** *n* bombe *f* à eau.

**waterborne** ['wɔːtəbɔːn] *adj* [vehicle] flottant; [commerce, trade] effectué par voie d'eau; [disease] d'origine hydrique.

**water bottle** *n* [gen] bouteille *f* d'eau; [soldier's, worker's] bidon *m* à eau; [in leather] outre *f*.

**water buffalo** *n* [India] buffle *m* d'Inde; [Malaysia] karbau *m*, kérabau *m*; [Asia] buffle *m* d'Asie.

**water bug** *n* nèpe *f*.

**water cannon** *n* canon *m* à eau.

**water carrier** *n* **-1.** [container] bidon *m* à eau. **-2.** [person] porteur *m*, -euse *f* d'eau.
◆ **Water Carrier** *pr n* ASTROL & ASTRON: the Water Carrier le Verseau.

**water cart** *n* [to sprinkle water] arroseuse *f*; [to sell water] voiture *f* de marchand d'eau.

**water chestnut** *n* châtaigne *f* d'eau.

**water chute** *n* [in swimming pool] cascade *f*.

**water closet** *n* W-C *mpl*, toilettes *fpl*, cabinets *mpl*.

**watercolour** *Br*, **watercolor** *Am* ['wɔːtəˌkʌləʳ] ◇ *n* [paint] couleur *f* pour aquarelle; [painting] aquarelle *f*; painted in ~ peint à l'aquarelle. ◇ *adj* [paint] pour aquarelle, à l'eau; [landscape, portrait] à l'aquarelle.

**watercolourist** *Br*, **watercolorist** *Am* ['wɔːtəˌkʌlərɪst] *n* aquarelliste *mf*.

**water-cooled** [-ˌkuːld] *adj* à refroidissement par eau.

**water cooler** *n* distributeur *m* d'eau fraîche.

**watercourse** ['wɔːtəkɔːs] *n* [river, stream] cours *m* d'eau; [bed] lit *m* (*d'un cours d'eau*).

**watercress** ['wɔːtəkres] *n* cresson *m*.

**water-diviner** *n* sourcier *m*, -ère *f*, radiesthésiste *mf*.

**watered-down** [ˌwɔːtəd-] *adj* [alcohol] coupé (d'eau); [speech] édulcoré; [complaint, criticism] atténué.

**watered silk** *n* soie *f* moirée.

**waterfall** ['wɔːtəfɔːl] *n* cascade *f*, chute *f* d'eau.

**water fountain** *n* [for decoration] jet *m* d'eau; [for drinking] distributeur *m* d'eau fraîche.

**waterfowl** ['wɔːtəfaʊl] (*pl inv* OR **waterfowls**) *n* [bird] oiseau *m* aquatique; [collectively] gibier *m* d'eau.

**waterfront** ['wɔːtəfrʌnt] *n* [at harbour] quais *mpl*; [seafront] front *m* de mer; on the ~ [at harbour] sur les quais; [on seafront] face à la mer.

**water heater** *n* chauffe-eau *m inv*.

**water hen** *n* poule *f* d'eau.

**waterhole** ['wɔːtəhəʊl] *n* point *m* d'eau; [in desert] oasis *f*.

**water ice** *n* *Br* sorbet *m*.

**watering** ['wɔːtərɪŋ] *n* [of garden, plants] arrosage *m*; [of crops, fields] irrigation *f*.

**watering can** *n* arrosoir *m*.

**watering hole** *n* [for animals] point *m* d'eau.

**watering place** *n* **-1.** [waterhole] point *m* d'eau. **-2.** *Br* [spa] station *f* thermale. **-3.** *Br* [seaside resort] station *f* balnéaire.

**watering pot** *n* arrosoir *m*.

**water jump** *n* brook *m*.

**water level** *n* [of river, sea] niveau *m* de l'eau; [in tank] niveau *m* d'eau.

**water lily** *n* nénuphar *m*.

**waterline** ['wɔːtəlaɪn] *n* **-1.** [left by river] ligne *f* des hautes eaux; [left by tide] laisse *f* de haute mer. **-2.** NAUT [on ship] ligne *f* de flottaison.

**waterlogged** ['wɔːtəlɒgd] *adj* [land, soil] détrempé; [boat] plein d'eau; [clothing, shoes] imbibé d'eau.

**Waterloo** ['wɔːtə'luː] ◇ *pr n* Waterloo. ◇ *n*: to meet one's ~ essuyer un revers.

**watermark** ['wɔːtəmɑːk] ◇ *n* **-1.** = **waterline 1.** **-2.** [on paper] filigrane *m*. ◇ *vt* filigraner.

**watermelon** ['wɔːtəˌmelən] *n* pastèque *f*, melon *m* d'eau.

**water meter** *n* compteur *m* d'eau.

**watermill** ['wɔːtəmɪl] *n* moulin *m* à eau.

**water nymph** *n* naïade *f*.

**water ox** = water buffalo.

**water pistol** *n* pistolet *m* à eau.

**water polo** *n* water-polo *m*.

**water power** *n* énergie *f* hydraulique, houille *f* blanche.

**waterproof** ['wɔːtəpruːf] ◇ *adj* [clothing, material] imperméable; [container, wall, watch] étanche. ◇ *n* imperméable *m*. ◇ *vt* [clothing, material] imperméabiliser; [barrel, wall] rendre étanche.

**water rat** *n* rat *m* d'eau.

**water rate** *n* *Br* taxe *f* sur l'eau.

**water-resistant** *adj* [material] semi-imperméable; [lotion] qui résiste à l'eau; [ink] indélébile, qui résiste à l'eau.

**watershed** ['wɔːtəʃed] *n* [area of ground] ligne *f* de partage des eaux; *fig* [event] grand tournant *m*.

**waterside** ['wɔːtəsaɪd] ◇ *n* bord *m* de l'eau. ◇ *adj* [house, path] au bord de l'eau; [resident] riverain; [flower] du bord de l'eau.

**water ski** *n* ski *m* nautique.
◆ **water-ski** *vi* faire du ski nautique.

**water skiing** *n* ski *m* nautique.

**water snake** *n* serpent *m* d'eau.

**water softener** *n* adoucisseur *m* d'eau.

**water-soluble** *adj* soluble dans l'eau.

**water sport** *n* sport *m* nautique.

**water supply** *n* [for campers, troops] provision *f* d'eau; [to house] alimentation *f* en eau; [to area, town] distribution *f* des eaux, approvisionnement *m* en eau; the ~ has been cut off l'eau a été coupée.

**water table** *n* surface *f* de la nappe phréatique.

**water tank** *n* réservoir *m* d'eau, citerne *f*.

**watertight** ['wɔːtətaɪt] *adj* [box, door] étanche; *fig* [argument, reasoning] inattaquable, indiscutable.

**water torture** *n* supplice *m* de l'eau.

**water tower** *n* château *m* d'eau.

**water vole** *n* rat *m* d'eau.

**waterway** ['wɔːtəweɪ] *n* cours *m* d'eau, voie *f* navigable.

**waterwheel** ['wɔːtəwiːl] *n* roue *f* hydraulique.

**waterwings** ['wɔːtəwɪŋz] *npl* bouée *f* à bras, flotteur *m*.

**waterworks** ['wɔːtəwɜːks] (*pl inv*) ◊ *n* [establishment] station *f* hydraulique; [system] système *m* hydraulique. ◊ *npl* **-1.** [fountain] jet *m* d'eau. **-2.** *Br inf & euph* [urinary system] voies *fpl* urinaires. **-3.** *inf & hum* [tears]: **she turned on the ~** elle s'est mise à pleurer comme une Madeleine.

**watery** ['wɔːtərɪ] *adj* **-1.** [surroundings, world] aquatique; [ground, soil] détrempé, saturé d'eau. **-2.** [eyes] humide. **-3.** [coffee, tea] trop léger; [soup] trop liquide, fade; [milk] qui a trop d'eau; [taste] fade, insipide. **-4.** [light, sun, smile] faible; [colour] délavé, pâle.

**watt** [wɒt] *n* watt *m*.

**wattage** ['wɒtɪdʒ] *n* puissance *f* OR consommation *f* (en watts).

**wattle** ['wɒtl] *n* **-1.** [of bird, lizard] caroncule *f*. **-2.** [sticks] clayonnage *m*; ~ **and daub** clayonnage enduit de torchis.

**wave** [weɪv] ◊ *n* **-1.** [in sea] vague *f*, lame *f*; [on lake] vague *f*; **the ~s** les flots *mpl*; **don't make ~s** *fig* ne faites pas de vagues, ne créez pas de remous. **-2.** [of earthquake, explosion] onde *f*; *fig* [of crime, panic] vague *f*; [of anger] bouffée *f*; [of disgust] vague *f*; **the refugees arrived in ~s** les réfugiés sont arrivés par vagues. **-3.** [in hair] cran *m*, ondulation *f*. **-4.** [gesture] geste *m* OR signe *m* de la main; **our neighbour gave us a friendly ~** notre voisin nous a fait un signe amical. **-5.** RADIO onde *f*.
◊ *vi* **-1.** [gesture] faire un signe OR un geste de la main; **his sister ~d at** OR **to him** [greeted] sa sœur l'a salué d'un signe de la main; [signalled] sa sœur lui a fait signe de la main; **she ~d at** OR **to them to come in** elle leur a fait signe d'entrer. **-2.** [move – flag] flotter; [– wheat] onduler, ondoyer; [– branch] être agité.
◊ *vt* **-1.** [brandish – flag] agiter, brandir; [– pistol, sword] brandir. **-2.** [gesture]: **his mother ~d him away** sa mère l'a écarté d'un geste de la main; **the guard ~d us back/on** le garde nous a fait signe de reculer/d'avancer; **we ~d goodbye** nous avons fait au revoir de la main; **you can ~ goodbye to your promotion!** *inf & fig* tu peux dire adieu à ta promotion! **-3.** [hair] onduler.
◆ **wave about** ◊ *vi insep* = **wave** *vi* **2.** ◊ *vt sep Br* [flag, sign] agiter, brandir; [pistol, sword] brandir; **he was waving his hands about** il gesticulait.
◆ **wave aside** *vt sep* [person] écarter OR éloigner d'un geste; [protest] écarter; [help, suggestion] refuser, rejeter.
◆ **wave down** *vt sep*: **to ~ sb/a car down** faire signe à qqn/à une voiture de s'arrêter.

**wave band** *n* bande *f* de fréquences.

**wavelength** ['weɪvleŋθ] *n* PHYS & RADIO longueur *f* d'onde; **we're just not on the same ~** *fig* nous ne sommes pas sur la même longueur d'onde.

**wavelet** ['weɪvlɪt] *n* vaguelette *f*.

**wave power** *n* énergie *f* des vagues.

**waver** ['weɪvə'] *vi* **-1.** [person] vaciller, hésiter; [confidence, courage] vaciller, faiblir; **they didn't ~ in their loyalty to the cause** leur attachement à la cause n'a pas faibli. **-2.** [flame, light] vaciller, osciller; [temperature] osciller. **-3.** [voice] trembloter, trembler.

**waverer** ['weɪvərə'] *n* irrésolu *m*, -e *f*, indécis *m*, -e *f*.

**wavering** ['weɪvərɪŋ] ◊ *adj* **-1.** [person] irrésolu, indécis; [confidence, courage] vacillant, défaillant. **-2.** [flame, light] vacillant, oscillant; [steps] vacillant, chancelant; [temperature] oscillant. **-3.** [voice] tremblotant, tremblant. ◊ *n* **-1.** [of person] irrésolution *f*, indécision *f*; [of confidence, courage] défaillance *f*. **-2.** [of flame, light] vacillement *m*, oscillation *f*; [of

temperature] oscillation *f*.

**wavy** ['weɪvɪ] (*compar* **wavier**, *superl* **waviest**) *adj* **-1.** [line] qui ondule, ondulant. **-2.** [hair] ondulé, qui a des crans.

**wavy-haired** *adj* aux cheveux ondulés.

**wax** [wæks] ◊ *n* **-1.** [for car, floor, furniture] cire *f*; [in ear] cérumen *m*; [for skis] fart *m*. ◊ *comp* [candle, figure] de OR en cire; ~ **crayons** pastels *mpl*. ◊ *vt* **-1.** [floor, table] cirer, encaustiquer; [skis] farter; [car] enduire de cire. **-2.** [legs] épiler (à la cire). ◊ *vi* **-1.** [moon] croître; [influence, power] croître, augmenter; [influence, power] croître et décliner. **-2.** *arch* OR *hum* [become] devenir; **he ~ed poetic/sentimental** il se fit poète/sentimental.

**waxed paper** [wækst-] *n* papier *m* paraffiné OR sulfurisé.

**waxen** ['wæksən] *adj* [candle, figure] de OR en cire; [complexion, face] cireux.

**wax paper** = **waxed paper**.

**waxwing** ['wækswɪŋ] *n* ORNITH jaseur *m*.

**waxwork** ['wækswɜːk] *n* [object] objet *m* de OR en cire; [statue of person] statue *f* de cire.

**waxworks** ['wækswɜːks] (*pl inv*) *n* musée *m* de cire.

**waxy** ['wæksɪ] (*compar* **waxier**, *superl* **waxiest**) *adj* [complexion, texture] cireux; [colour] cireux, jaunâtre; [potato] ferme, pas farineux.

**way** [weɪ] ◊ *n* **A. -1.** [thoroughfare, path] chemin *m*, voie *f*; [for cars] rue *f*, route *f*; **they live across** OR **over the ~ from the school** ils habitent en face de l'école ❑ **private/public ~** voie privée/publique; **the Way of the Cross** RELIG le chemin de Croix. **-2.** [route leading to a specified place] chemin *m*; **this is the ~ to the library** la bibliothèque est par là; **could you tell me the ~ to the library?** pouvez-vous me dire comment aller à la bibliothèque?; **what's the shortest** OR **quickest ~ to town?** quel est le chemin le plus court pour aller en ville?; **which ~ does this bus go?** par où passe ce bus?; **I had to ask the** OR **my ~** il a fallu que je demande mon chemin; **they went the wrong ~** ils se sont trompés de chemin, ils ont pris le mauvais chemin ❑ **to lose one's ~** *literal* s'égarer, perdre son chemin; *fig* s'égarer, se fourvoyer; **to know one's ~ around** *literal* savoir s'orienter; *fig* savoir se débrouiller. **-3.** [route leading in a specified direction] chemin *m*, route *f*; **the ~ back** le chemin OR la route du retour; **he couldn't find the ~ back home** il n'a pas trouvé le chemin pour rentrer (à la maison); **on our ~ back we stopped for dinner** au retour OR sur le chemin du retour nous nous sommes arrêtés pour dîner; **she showed us the easiest ~ down/up** elle nous a montré le chemin le plus facile pour descendre/monter; **the ~ in** l'entrée *f*; **the ~ out** la sortie; I **took the back ~ out** je suis sorti par derrière ‖ *fig*: **miniskirts are on the ~ in** les minijupes sont de retour; **miniskirts are on the ~ out** la minijupe n'est plus tellement à la mode; **the director is on the ~ out** le directeur ne sera plus là très longtemps; **they found a ~ out of the deadlock** ils ont trouvé une solution pour sortir de l'impasse; **is there no ~ out of this nightmare?** n'y a-t-il pas moyen de mettre fin à ce cauchemar?; **he left himself a ~ out** il s'est ménagé une porte de sortie. **-4.** [direction] direction *f*, sens *m*; **come this ~** venez par ici; **he went that ~** il est allé par là; **'this ~ to the chapel'** 'vers la chapelle'; **this ~ and that** de-ci de-là, par-ci par-là; **look this ~** regarde par ici; I **never looked their ~** je n'ai jamais regardé dans leur direction; **to look the other ~** *literal* détourner les yeux; *fig* fermer les yeux; **he didn't know which ~ to look** [embarrassed] il ne savait plus où se mettre; **which ~ is the wind blowing?** *literal* d'où vient le vent?; I **could tell which ~ the wind was blowing** *fig* je voyais très bien ce qui allait se passer; **which ~ do I go from here?** *literal* où est-ce que je vais maintenant?; *fig* qu'est-ce que je fais maintenant?; **get in, I'm going your ~** montez, je vais dans la même direction que vous; **we each went our separate ~s** [on road] nous sommes partis chacun de notre côté; [in life] chacun de nous a suivi son propre chemin; **he went the wrong ~** il a pris la mauvaise direction; [down one-way street] il a pris la rue en sens interdit ❑ **any job that comes my ~** n'importe quel travail qui se présente; **everything's going my ~** *inf* tout marche comme je veux en ce moment; **the vote went our ~** le vote nous a été favorable; **the vote couldn't have gone any other ~** les résultats du vote étaient donnés d'avance; **to go one's own ~** ~ n'en faire qu'à sa tête, vivre à sa guise.

**-5.** [side] sens *m*; stand the box the other ~ up posez le carton dans l'autre sens; 'this ~ up' 'haut'; it's the wrong ~ up c'est dans le mauvais sens; it's the wrong ~ round c'est dans le mauvais sens; your sweater is the right/wrong ~ out votre pull est à l'endroit/à l'envers; try it the other ~ round essayez dans l'autre sens; SHE insulted him? you've got it the wrong ~ round elle, elle l'a insulté? mais c'est le contraire. **-6.** [area, vicinity] parages *mpl*; I was out OR over your ~ yesterday j'étais près de OR du côté de chez vous hier. **-7.** [distance – in space]: we came part of the ~ by foot nous avons fait une partie de la route à pied; they were one-third of the ~ through their trip ils avaient fait un tiers de leur voyage; we've come most of the ~ nous avons fait la plus grande partie du chemin; he can swim quite a ~ il peut nager assez longtemps; a long ~ off OR away loin; a little OR short ~ off pas très loin, à courte distance; it's a long ~ to Berlin Berlin est loin; we've come a long ~ [from far away] nous venons de loin; [made progress] nous avons fait du chemin; we've a long ~ to go [far to travel] il nous reste beaucoup de route à faire; [a lot to do] nous avons encore beaucoup à faire; [a lot to collect, pay] nous sommes encore loin du compte; [in time]: it's a long ~ to Christmas Noël est encore loin; you have to go back a long ~ il faut remonter loin ‖ *fig*: I'm a long ~ from trusting him je suis loin de lui faire confiance; you're a long ~ off OR out [in guessing] vous n'y êtes pas du tout; she'll go a long ~ elle ira loin; the scholarship will go a long ~ towards helping with expenses la bourse va beaucoup aider à faire face aux dépenses; a little goodwill goes a long ~ un peu de bonne volonté facilite bien les choses; she makes her money go a long ~ elle sait ménager son argent ❏ a little bit goes a long ~ il en faut très peu. **-8.** [space in front of person, object]: a tree was in the ~ un arbre bloquait OR barrait le passage; I can't see, the cat is in the ~ je ne vois pas, le chat me gêne; put the suitcases under the bed out of the ~ rangez les valises sous le lit, pour qu'elles ne gênent pas; to get out of the ~ s'écarter (du chemin); we got out of his ~ nous l'avons laissé passer; keep out of the ~! ne reste pas là!; make ~! écartez-vous! ‖ *fig*: her social life got in the ~ of her studies ses sorties l'empêchaient d'étudier; I don't want to get in the ~ of your happiness je ne veux pas entraver votre bonheur; I kept out of the boss's ~ j'ai évité le patron; he wants his boss out of the ~ *inf* il veut se débarrasser de son patron; once the meeting is out of the ~ *inf* dès que nous serons débarrassés de la réunion; they tore down the slums to make ~ for blocks of flats ils ont démoli les taudis pour pouvoir construire des immeubles ❏ to clear OR prepare the ~ for sthg préparer la voie à qqch; to put difficulties in sb's ~ créer des difficultés à qqn. **-9.** [indicating a progressive action]: the acid ate its ~ through the metal l'acide est passé à travers le métal; I fought OR pushed my ~ through the crowd je me suis frayé un chemin à travers la foule; we made our ~ towards the train nous nous sommes dirigés vers le train; I made my ~ back to my seat je suis retourné à ma place; she made her ~ up through the hierarchy elle a gravi les échelons de la hiérarchie un par un; she had to make her own ~ in the world elle a dû faire son chemin toute seule; she talked her ~ out of it elle s'en est sortie avec de belles paroles; he worked OR made his ~ through the pile of newspapers il a lu les journaux un par un; I worked my ~ through college j'ai travaillé pour payer mes études.
**B. -1.** [means, method] moyen *m*, méthode *f*; in what ~ can I help you? comment en quoi puis-je vous être utile?; there are several ~s to go on OR of going about it il y a plusieurs façons OR moyens de s'y prendre; I do it this ~ voilà comment je fais; they thought they would win that ~ ils pensaient pouvoir gagner comme ça; she has her own ~ of cooking fish elle a sa façon à elle de cuisiner le poisson; you're doing it the right/wrong ~ c'est comme ça/ce n'est pas comme ça qu'il faut (le) faire; do it the usual ~ faites comme d'habitude; there's no ~ OR I can't see any ~ we'll finish on time nous ne finirons jamais ce nous n'avons aucune chance de finir à temps ❏ love will find a ~ *hum* l'amour finit toujours par triompher; well done! that's the ~ (to go)! *Am inf* bravo! c'est bien!; what a ~ to go! [manner of dying] quelle belle mort! [congratulations] bravo! **-2.** [particular manner, fashion] façon *f*, manière *f*; in a friendly ~ gentiment; he spoke in a general ~ about the economy il a

parlé de l'économie d'une façon générale; they see things in the same ~ ils voient les choses de la même façon; in their own (small) ~ they fight racism à leur façon OR dans la limite de leurs moyens, ils luttent contre le racisme; that's one ~ to look at it OR ~ of looking at it c'est une façon OR manière de voir les choses; try to see it my ~ mettez-vous à ma place; to her ~ of thinking à son avis; the ~ she feels about him les sentiments qu'elle éprouve à son égard; if that's the ~ you feel about it! si c'est comme ça que vous le prenez! ❏ the American ~ of life la manière de vivre des Américains, le mode de vie américain; yearly strikes have become a ~ of life les grèves annuelles sont devenues une habitude. **-3.** [custom] coutume *f*, usage *m*; [habitual manner of acting] manière *f*, habitude *f*; he knows nothing of their ~s il les connaît très mal OR ne les comprend pas du tout; they're happy in their own ~ ils sont heureux à leur manière; it's not my ~ to criticize ce n'est pas mon genre OR ce n'est pas dans mes habitudes de critiquer; he's not in a bad mood, it's just his ~ il n'est pas de mauvaise humeur, c'est sa façon d'être habituelle ❏ she got into/out of the ~ of rising early elle a pris/perdu l'habitude de se lever tôt. **-4.** [facility, knack]: she has a (certain) ~ with her elle a le chic; he has a ~ with children il sait (comment) s'y prendre OR il a le chic avec les enfants; she has a ~ with words elle a le chic pour s'exprimer. **-5.** [indicating a condition, state of affairs]: we can't invite him given the ~ things are on ne peut pas l'inviter étant donné la situation; we left the flat the ~ it was nous avons laissé l'appartement tel qu'il était OR comme il était; is he going to be staying here? — it looks that ~ est-ce qu'il va loger ici? — on dirait (bien); it's not the ~ it looks! ce n'est pas ce que vous pensez!; it's not the ~ it used to be ce n'est pas comme avant; that's the ~ things are c'est comme ça; that's the ~ of the world ainsi va le monde; business is good and we're trying to keep it that ~ les affaires vont bien et nous faisons en sorte que ça dure; life goes on (in) the same old ~ la vie va son train OR suit son cours; I don't like the ~ things are going je n'aime pas la tournure que prennent les choses; we'll never finish the ~ things are going au train où vont les choses, on n'aura jamais fini ❏ to be in a bad ~ être en mauvais état; he's in a bad ~ il est dans un triste état; their business is in a bad/good ~ leurs affaires marchent mal/bien. **-6.** [respect, detail] égard *m*, rapport *m*; in what ~? à quel égard?, sous quel rapport?; in this ~ à cet égard, sous ce rapport; it's important in many ~s c'est important à bien des égards; I'll help you in every possible ~ je ferai tout ce que je peux pour vous aider; she studied the problem in every ~ possible elle a examiné le problème sous tous les angles possibles; useful in more ~s than one utile à plus d'un égard; these two books, each interesting in its (own) ~ ces deux livres, qui sont intéressants chacun dans son genre; he's clever that ~ sur ce plan-là il est malin ❏ in a ~ you're right en un sens vous avez raison; I see what you mean in a ~ d'un certain point de vue OR d'une certaine manière, je vois ce que tu veux dire; I am in no ~ responsible je ne suis absolument pas OR aucunement responsable. **-7.** [scale]: to do things in a big ~ faire les choses en grand; she went into politics in a big ~ elle s'est lancée à fond dans la politique; they helped out in a big ~ ils ont beaucoup aidé; it does change the situation in a small ~ ça change quand même un peu la situation. **-8.** (*usu pl*) [part, share]: we divided the money four ~s nous avons partagé l'argent en quatre; the committee was split three ~s le comité était divisé en trois groupes. **-9.** NAUT: we're gathering/losing ~ nous prenons/perdons de la vitesse; the ship has ~ on le navire a de l'erre. **-10.** *phr*: she always gets OR has her ~ elle arrive toujours à ses fins; he only wants it his ~ il n'en fait qu'à sa tête; I'm not going to let you have it all your ~ je refuse de te céder en tout; if I had my ~, he'd be in prison si cela ne tenait qu'à moi, il serait en prison; I refuse to go — have it your ~ je refuse d'y aller — fais ce que OR comme tu veux; no, it was 1789 — have it your ~ non, c'était en 1789 — soit; you can't have it both ~s il faut choisir; I can stop too, it works both ~s je peux m'arrêter aussi, ça marche dans les deux sens; there are no two ~s about it il n'y a pas le choix; no two ~s about it, he was rude il n'y a pas à dire, il a été grossier; to have one's (wicked) ~ with sb *hum* coucher avec qqn.

◇ *adv inf* **-1.** [far – in space, time] très loin; ~ up the mountain très haut dans la montagne; ~ back in the distance au loin derrière; ~ back in the 1930s déjà dans les années 30. **-2.** *fig*: we know each other from ~ back nous sommes amis depuis très longtemps; you're ~ below the standard tu es bien en-dessous du niveau voulu; he's ~ over forty il a largement dépassé la quarantaine; she's ~ ahead of her class elle est très en avance sur sa classe.

◆ **ways** *npl* NAUT [in shipbuilding] cale *f*.

◆ **all the way** *adv phr*: the baby cried all the ~ le bébé a pleuré tout le long du chemin; don't close the curtains all the ~ ne fermez pas complètement les rideaux; I'm with you all the ~ *fig* je vous suis OR je vous soutiens jusqu'au bout ❑ to go all the ~ (with sb) *inf* aller jusqu'au bout (avec qqn).

◆ **along the way** *adv phr* en route.

◆ **by a long way** *adv phr*: I prefer chess by a long ~ je préfère de loin OR de beaucoup les échecs; he's not as capable as you are by a long ~ il est loin d'être aussi compétent que toi; is your project ready? — not by a long ~! ton projet est-il prêt? — loin de là!

◆ **by the way** ◇ *adv phr* [incidentally] à propos; I bring up this point by the ~ je signale ce point au passage OR en passant. ◇ *adj phr* [incidental] secondaire.

◆ **by way of** *prep phr* **-1.** [via] par, via. **-2.** [as a means of]: by ~ of illustration à titre d'exemple; by ~ of introducing himself, he gave us his card en guise de présentation, il nous a donné sa carte; they receive money by ~ of grants ils reçoivent de l'argent sous forme de bourses.

◆ **either way** *adv phr* **-1.** [in either case] dans les deux cas; shall we take the car or the bus? — it's fine by me OR I don't mind either ~ tu préfères prendre la voiture ou le bus? — n'importe, ça m'est égal. **-2.** [more or less] en plus ou en moins. **-3.** [indicating advantage]: the match could have gone either ~ le match était ouvert; there's nothing in it either ~ c'est pareil.

◆ **in such a way as to** *conj phr* de façon à ce que.

◆ **in such a way that** *conj phr* de telle façon OR manière que.

◆ **in the way of** *prep phr* **-1.** [in the form of]: she receives little in the ~ of salary son salaire n'est pas bien gros; what is there in the ~ of food? qu'est-ce qu'il y a à manger?. **-2.** [within the context of]: we met in the ~ of business nous nous sommes rencontrés dans le cadre du travail ❑ they put me in the ~ of making some money ils m'ont indiqué un moyen de gagner de l'argent.

◆ **no way** *adv phr inf* pas question.

◆ **on one's way, on the way** *adv* & *adj phr* **-1.** [along the route]: it's on my ~ c'est sur mon chemin; I'll catch up with you on the ~ je te rattraperai en chemin OR en route ‖ [coming, going]: on the ~ to work en allant au bureau; I'm on my ~! j'y vais!; she's on her ~ home elle rentre chez elle ❑ we must be on our ~ il faut que nous y allions; to go one's ~ repartir, reprendre son chemin. **-2.** *fig*: she has a baby on the ~ elle attend un bébé; she's on the ~ to success elle est sur le chemin de la réussite; the patient is on the ~ to recovery le malade est en voie de guérison; the new school is well on the ~ to being finished la nouvelle école est presque terminée.

◆ **one way and another** *adv phr* en fin de compte.

◆ **one way or the other, one way or another** *adv phr* **-1.** [by whatever means] d'une façon ou d'une autre. **-2.** [expressing impartiality or indifference]: I've nothing to say one ~ or the other je n'ai rien à dire, ni pour ni contre; it doesn't matter to them one ~ or another ça leur est égal. **-3.** [more or less]: a month one ~ or the other un mois de plus ou de moins.

◆ **out of one's way** *adv phr*: I don't want to take you out of your ~ je ne veux pas vous faire faire un détour; don't go out of your ~ for me! *fig* ne vous dérangez pas pour moi!; she went out of her ~ to find me a job *fig* elle s'est donné du mal pour me trouver du travail.

◆ **under way** *adj* & *adv phr*: to be under ~ [person, vehicle] être en route; *fig* [meeting, talks] être en cours; [plans, project] être en train; to get under ~ [person, train] se mettre en route, partir; [car] se mettre en route, démarrer; *fig* [meeting, plans, talks] démarrer; the meeting was already under ~ la réunion avait déjà commencé; the project is well under ~ le projet est en bonne voie de réalisation ‖ NAUT: the ship is under ~ le navire est en route.

**waybill** ['weɪbɪl] *n* feuille *f* de route, lettre *f* de voiture.
**wayfarer** ['weɪfeərər] *n* voyageur *m*, -euse *f*.
**waylay** [,weɪ'leɪ] (*pt* & *pp* **waylaid** [-'leɪd]) *vt* [attack] attaquer, assaillir; [stop] intercepter, arrêter (au passage).
**way-out** *adj inf* [unusual – film, style] bizarre, curieux; [– person] excentrique, bizarre.
**Ways and Means Committee** *pr n* commission américaine du budget à la Chambre des représentants.
**wayside** ['weɪsaɪd] ◇ *n* bord *m* OR côté *m* de la route. ◇ *adj* au bord de la route.
**way station** *n Am* RAIL petite gare *f*; *fig* étape *f*.
**wayward** ['weɪwəd] *adj* **-1.** [person – wilful] entêté, têtu; [– unpredictable] qui n'en fait qu'à sa tête, imprévisible; [behaviour] imprévisible; [horse] rétif. **-2.** [fate] fâcheux, malencontreux.
**WBC** (*abbr of* **World Boxing Council**) *pr n* Conseil *m* mondial de la boxe.
**WC** (*abbr of* **water closet**) *n* W-C *mpl*.
**WCC** *pr n abbr of* **World Council of Churches**.
**we** [wiː] *pron* **-1.** [oneself and others] nous; we, the people nous, le peuple; we Democrats believe that... nous, les démocrates, croyons que...; as we will see in chapter two comme nous le verrons OR comme on le verra dans le chapitre deux; we all make mistakes tout le monde peut se tromper. **-2.** *fml* [royal] nous; the royal we le nous OR pluriel de majesté. **-3.** *inf* [you]: and how are we today, John? alors, comment allons-nous aujourd'hui, John?
**weak** [wiːk] ◇ *adj* **-1.** [physically – animal, person] faible; [– health] fragile, délicat; [– eyes, hearing] faible, mauvais; to become OR to get ~ s'affaiblir; we were ~ with OR from hunger nous étions affaiblis par la faim; he felt ~ with fear il avait les jambes molles de peur; I went ~ at the knees mes jambes se sont dérobées sous moi, j'avais les jambes en coton; the ~er sex le sexe faible. **-2.** [morally, mentally] mou, *before vowel or silent 'h'* mol (*f* molle), faible; in a ~ moment dans un moment de faiblesse. **-3.** [feeble – argument, excuse] faible, peu convaincant; [– army, government, institution] faible, impuissant; [– structure] fragile, peu solide; [– light, signal, currency, economy, stock market] faible; she managed a ~ smile elle a réussi à sourire faiblement; she answered in a ~ voice elle répondit d'une voix faible. **-4.** [deficient, poor – pupil, subject] faible; I'm ~ in geography, geography is my ~ subject je suis faible en géographie; she's rather ~ on discipline elle est plutôt laxiste. **-5.** [chin] fuyant; [mouth] tombant. **-6.** [acid, solution] faible; [drink, tea] léger; AUT & MECH [mixture] pauvre. **-7.** GRAMM & LING [verb] faible, régulier; [syllable] faible, inaccentué.
◇ *npl*: the ~ les faibles *mpl*.
**weaken** ['wiːkn] ◇ *vt* **-1.** [person] affaiblir; [heart] fatiguer; [health] miner. **-2.** [government, institution, team] affaiblir; FIN [dollar, mark] affaiblir, faire baisser. **-3.** [argument] enlever du poids OR de la force à; [position] affaiblir; [determination] affaiblir, faire fléchir. **-4.** [structure] affaiblir, rendre moins solide; [foundations, cliff] miner, saper. ◇ *vi* **-1.** [person – physically] s'affaiblir, faiblir; [– morally] faiblir; [voice, health, determination] faiblir; he finally ~ed and gave in il s'est finalement laissé fléchir et a cédé. **-2.** [influence, power] diminuer, baisser. **-3.** [structure] faiblir, devenir moins solide. **-4.** FIN [dollar, mark] s'affaiblir; [prices] fléchir, baisser.
**weakening** ['wiːkənɪŋ] *n* [of person, resolve] affaiblissement *m*; [of currency or structure] fléchissement *m*, affaiblissement *m*.
**weak-kneed** [-niːd] *adj* mou, *before vowel or silent 'h'* mol (*f* molle), lâche.
**weakling** ['wiːklɪŋ] *n* **-1.** [physically] gringalet *m*, petite nature *f*. **-2.** [morally] faible *mf*, mauviette *f*.
**weakly** ['wiːklɪ] *adv* [get up, walk] faiblement; [speak] faiblement, mollement.
**weak-minded** *adj* **-1.** [not intelligent] faible OR simple d'esprit. **-2.** [lacking willpower] faible, irrésolu.
**weakness** ['wiːknɪs] *n* **-1.** [of person – physical] faiblesse *f*; [– moral] point *m* faible; in a moment of ~ dans un moment de faiblesse; he has a ~ for sports cars il a un faible pour les voitures de sport. **-2.** [of government, institution] faiblesse *f*, fragilité *f*. **-3.** [of structure] fragilité *f*. **-4.** FIN [of currency] faiblesse *f*.

**weak-willed** *n* faible, velléitaire.

**weal** [wiːl] *n* [mark] marque *f* de coup, zébrure *f*.

**Weald** [wiːld] *pr n* [region]: **the** ~ *région du sud-est de l'Angleterre.*

**wealth** [welθ] *n (U)* **-1.** [riches – of family, person] richesse *f*, richesses *fpl*, fortune *f*; [– of nation] richesse *f*, prospérité *f*. **-2.** [large amount – of details, ideas] abondance *f*, profusion *f*; he showed a ~ of knowledge about Egyptian art il a fait preuve d'une profonde connaissance de l'art égyptien.

**wealth tax** *n Br* impôt *m* sur la fortune.

**wealthy** ['welθɪ] (*compar* **wealthier,** *superl* **wealthiest**) ◇ *adj* [person] riche, fortuné; [country] riche. ◇ *npl*: **the** ~ les riches *mpl*.

**wean** [wiːn] *vt* [baby] sevrer; a generation ~ed on television une génération qui a grandi avec la télévision.

◆ **wean off** *vt sep*: to ~ sb off sthg détourner qqn de qqch; I've ~ed him off cigarettes je lui ai fait perdre l'habitude de fumer.

**weapon** ['wepən] *n* arme *f*; carrying a ~ is illegal le port d'armes est illégal.

**weaponry** ['wepənrɪ] *n (U)* armes *fpl*; MIL matériel *m* de guerre, armements *mpl*.

**wear** [weəʳ] (*pt* **wore** [wɔːʳ], *pp* **worn** [wɔːn]) ◇ *vt* **-1.** [beard, spectacles, clothing etc] porter; **what shall I** ~? qu'est-ce que je vais mettre?; I haven't a thing to ~ je n'ai rien à me mettre; to ~ a seat belt AUT mettre la ceinture (de sécurité); the miniskirt is being worn again this year la minijupe se porte de nouveau cette année; he was ~ing slippers/a dressing gown il était en chaussons/en robe de chambre; he ~s a beard il porte la barbe; she ~s her hair in a bun elle a un chignon; do you always ~ make-up? tu te maquilles tous les jours?; she wore lipstick elle s'était mis OR elle avait mis du rouge à lèvres; I often ~ perfume/aftershave je mets souvent du parfum/de la lotion après-rasage. **-2.** [expression] avoir, afficher; [smile] arborer; he wore a frown il fronçait les sourcils. **-3.** [make by rubbing] user; to ~ holes in sthg trouer OR percer peu à peu qqch; her shoes were worn thin ses chaussures étaient complètement usées; a path had been worn across the lawn un sentier avait été creusé à travers la pelouse par le passage des gens; the wheel had worn a groove in the wood la roue avait creusé le bois. **-4.** *Br inf* [accept – argument, behaviour] supporter, tolérer; I won't ~ it! je ne marcherai pas! **-5.** *phr*: to ~ o.s. to a frazzle OR a shadow s'éreinter.

◇ *vi* **-1.** [endure, last] durer; wool ~s better than cotton la laine résiste mieux à l'usure OR fait meilleur usage que le coton; this coat has worn well ce manteau a bien servi ‖ *fig*: their friendship has worn well leur amitié est restée intacte malgré le temps; she's worn well *Br inf* elle est bien conservée. **-2.** [be damaged through use] s'user; this rug has worn badly in the middle ce tapis est très usé au milieu; the stone had worn smooth la pierre était polie par le temps ‖ *fig*: her patience was ~ing thin elle était presque à bout de patience; his excuses are ~ing a bit thin ses excuses ne prennent plus; his jokes are ~ing a bit thin ses plaisanteries ne sont plus drôles. **-3.** *lit* [time] passer; as the year wore to its close comme l'année tirait à sa fin.

◇ *n (U)* **-1.** [of clothes]: **for everyday** ~ pour porter tous les jours; clothes suitable for evening ~ tenue de soirée; a suit for business ~ un costume pour le bureau ❑ women's ~ vêtements *mpl* pour femmes; winter ~ vêtements *mpl* d'hiver. **-2.** [use] usage *m*; these shoes will stand hard ~ ces chaussures feront un bon usage OR résisteront bien à l'usure; there's still plenty of ~ in that dress cette robe est encore très portable; to get a lot of ~ from OR out of sthg faire durer qqch; is there any ~ left in them? feront-ils encore de l'usage? **-3.** [deterioration]: ~ (and tear) usure *f*; living in the big city puts a lot of ~ and tear on people les grandes villes sont une source de stress pour leurs habitants; the sheets are beginning to show signs of ~ les draps commencent à être un peu usés OR fatigués.

◆ **wear away** ◇ *vt sep* [soles] user; [cliff, land] ronger, éroder; [paint, design] effacer. ◇ *vi insep* [metal] s'user; [land] être rongé OR érodé; [grass, topsoil] disparaître (*par usure*); [design] s'effacer.

◆ **wear down** ◇ *vt sep* [steps] user; *fig* [patience, strength] épuiser petit à petit; [courage, resistance] saper, miner; in

the end she wore me down [I gave in to her] elle a fini par me faire céder. ◇ *vi insep* [pencil, steps, tyres] s'user; [courage] s'épuiser; the heels have worn down les talons sont usés.

◆ **wear off** ◇ *vi insep* **-1.** [marks, design] s'effacer, disparaître. **-2.** [excitement] s'apaiser, passer; [anaesthetic, effects] se dissiper, disparaître; [pain] se calmer, passer; the novelty soon wore off l'attrait de la nouveauté a vite passé. ◇ *vt sep* effacer par l'usure, user.

◆ **wear on** *vi insep* [day, season] avancer lentement; [battle, discussion] se poursuivre lentement; as time wore on au fur et à mesure que le temps passait.

◆ **wear out** ◇ *vt sep* **-1.** [clothing, machinery] user. **-2.** [patience, strength, reserves] épuiser. **-3.** [tire] épuiser; to be worn out être exténué OR éreinté. ◇ *vi insep* [clothing, shoes] s'user; this material will never ~ out ce tissu est inusable.

◆ **wear through** ◇ *vt sep* trouer, percer. ◇ *vi insep* se trouer.

**wearable** ['weərəbl] *adj* portable.

**wearily** ['wɪərɪlɪ] *adv* avec lassitude.

**weariness** ['wɪərɪnɪs] *n* **-1.** [physical] lassitude *f*, fatigue *f*; [moral] lassitude *f*, abattement *m*. **-2.** [boredom] lassitude *f*, ennui *m*.

**wearing** ['weərɪŋ] *adj* fatigant, épuisant.

**wearisome** ['wɪərɪsəm] *adj* **-1.** [tiring] fatigant, épuisant. **-2.** [annoying] ennuyeux, lassant.

**weary** ['wɪərɪ] (*compar* **wearier,** *superl* **weariest,** *pt* & *pp* **wearied**) ◇ *adj* **-1.** [tired – physically, morally] las (*f* lasse) *fml*, fatigué; she grew ~ of reading elle s'est lassée de lire; he gave a ~ sigh il a soupiré d'un air las; I'm ~ of life j'en ai assez OR je suis las de la vie. **-2.** [tiring – day, journey] fatigant, lassant. ◇ *vt* [tire] fatiguer, lasser; [annoy] lasser, agacer. ◇ *vi* se lasser.

**weasel** ['wiːzl] ◇ *n* belette *f*; *pej* [person] fouine *f*. ◇ *vi Am* ruser; [in speaking] parler d'une façon ambiguë. ◇ *vt*: he ~ed his way into the conversation il s'est insinué dans la conversation.

**weather** ['weðəʳ] ◇ *n* **-1.** METEOR temps *m*; what's the ~ (like) today? quel temps fait-il aujourd'hui?; it's beautiful/terrible ~ il fait beau/mauvais; the ~ is awful OR foul il fait un temps de chien; ~ permitting si le temps le permet; surely you're not going out in this ~? vous n'allez tout de même pas sortir par un temps pareil?; in hot ~ par temps chaud, en période de chaleur; in all ~s par tous les temps; there was a change in the ~ il y eut un changement de temps, le temps changea. **-2.** RADIO & TV: ~ (forecast) (bulletin *m*) météo *f*. **-3.** *phr*: to feel under the ~ inf ne pas être dans son assiette. ◇ *comp* [forecast, map] météorologique; [conditions] climatique, atmosphérique; NAUT [side] du vent; keep your ~ eye open! inf veillez au grain!; I'll keep a ~ eye on the kids inf je vais surveiller les enfants. ◇ *vt* **-1.** [survive – storm] réchapper à; [– crisis] survivre à, réchapper à; will he ~ the storm? *fig* va-t-il se tirer d'affaire OR tenir le coup? **-2.** [wood] exposer aux intempéries. ◇ *vi* [bronze, wood] se patiner; [rock] s'éroder; this paint ~s well cette peinture vieillit bien OR résiste bien aux intempéries.

**weather balloon** *n* ballon-sonde *m*.

**weather-beaten** *adj* [face, person] buriné; [building, stone] dégradé par les intempéries.

**weatherboard** ['weðəbɔːd] *n* **-1.** (*U*) [on outer walls] planche *f* OR planches *fpl* à recouvrement. **-2.** [on door] planche *f* de recouvrement.

**weather bureau** *n Am* ≃ office *m* national de la météorologie.

**weather centre** *n Br* ≃ centre *m* météorologique régional.

**weathercock** ['weðəkɒk] *n literal* & *fig* girouette *f*.

**weathered** ['weðəd] *adj* [bronze, wood] patiné par le temps; [building, stone] érodé par le temps, usé par les intempéries; [face] buriné.

**weathering** ['weðərɪŋ] *n* désagrégation *f*, érosion *f*.

**weatherman** ['weðəmæn] (*pl* **weathermen** [-men]) *n*: **the** ~ le météorologue, le météorologiste; RADIO & TV le journaliste météo.

**weatherproof** ['weðəpruːf] ◇ *adj* [clothing] imperméable; [building] étanche. ◇ *vt* [clothing] imperméabiliser; [building] rendre étanche.

**weather report** *n* bulletin *m* météorologique.

**weather satellite** *n* satellite *m* météorologique.

**weather ship** *n* navire *m* météorologique.

**weather station** *n* station *f* OR observatoire *m* météorologique.

**weather strip, weather stripping** ['strɪpɪŋ] *n* bourrelet *m* étanche.

**weather vane** *n* girouette *f*.

**weave** [wiːv] (*vt senses 1,2,3 & vi senses 1,2 pt* **wove** [wəʊv], *pp* **woven** ['wəʊvn], *vt sense 4 & vi sense 3 pt & pp* **weaved**) ◇ *vt* **-1.** [cloth, web] tisser; [basket, garland] tresser; she wove the strands together into a necklace elle a tressé OR entrelacé les fils pour en faire un collier. **-2.** [story] tramer, bâtir; [plot] tisser, tramer; [spell] jeter. **-3.** [introduce] introduire, incorporer. **-4.** [as verb of movement]: he ~d his way across the room/towards the bar il s'est frayé un chemin à travers la salle/vers le bar; the cyclist ~d his way through the traffic le cycliste se faufilait OR se glissait à travers la circulation. ◇ *vi* **-1.** TEX tisser. **-2.** [road, river] serpenter. **-3.** [as verb of movement] se faufiler, se glisser; the boxer ducked and ~d le boxeur a esquivé tous les coups; come on, get weaving! *inf* allons, grouillez-vous! ◇ *n* tissage *m*.

**weaver** ['wiːvər] *n* **-1.** TEX tisserand *m*, -e *f*. **-2.** ORNITH tisserin *m*.

**weaving** ['wiːvɪŋ] ◇ *n* **-1.** [of cloth] tissage *m*; [of baskets, garlands] tressage *m*. **-2.** [of story] récit *m*; [of plot] trame *f*. ◇ *comp* [industry, mill] de tissage.

**web** [web] *n* **-1.** [of fabric, metal] tissu *m*; [of spider] toile *f*; *fig* [of lies] tissu *m*; [of intrigue] réseau *m*. **-2.** [on feet – of duck, frog] palmure *f*; [– of humans] palmature *f*.

**webbed** [webd] *adj* palmé; to have ~ feet OR toes [duck, frog] avoir les pattes palmées; [human] avoir une palmature.

**webbing** ['webɪŋ] *n* (U) **-1.** TEX [material] toile *f* à sangles; [on chair] sangles *fpl*. **-2.** ANAT [animal] palmure *f*; [human] palmature *f*.

**web-footed** [-'fʊtɪd] *adj* [animal] palmipède, qui a les pattes palmées; [human] qui a une palmature.

**wed** [wed] (*pt & pp* **wed** OR **wedded**, *cont* **wedding**) ◇ *vt lit* **-1.** [marry] épouser, se marier avec; to get ~ se marier. **-2.** (*usu passive*) [unite] allier; intelligence wedded to beauty l'intelligence alliée à la beauté; he's wedded to the cause il est véritablement marié à cette cause. **-3.** [subj: priest] marier. ◇ *vi* [in headline] se marier; PM's son to ~ le fils du Premier ministre se marie.

**we'd** [wiːd] **-1.** = we would. **-2.** = we had.

**Wed.** (*written abbr of* **Wednesday**) mer.

**wedded** ['wedɪd] *adj* [person] marié; [bliss, life] conjugal; her lawful ~ husband son époux légitime; the newly ~ couple les jeunes mariés *mpl*.

**wedding** ['wedɪŋ] ◇ *n* **-1.** [marriage] mariage *m*, noces *fpl*; to have a church ~ se marier à l'église. **-2.** [uniting] union *f*. ◇ *comp* [night, trip] de noces; [ceremony, photograph, present] de mariage; ~ cake gâteau *m* de noces, ≃ pièce *f* montée; ~ invitation invitation *f* de mariage.

**wedding anniversary** *n* anniversaire *m* de mariage.

**wedding band** = wedding ring.

**wedding day** *n* jour *m* du mariage; on their ~ le jour de leur mariage.

**wedding dress** *n* robe *f* de mariée.

**wedding march** *n* marche *f* nuptiale.

**wedding reception** *n* réception *f* de mariage.

**wedding ring** *n* alliance *f*, anneau *m* de mariage.

**wedge** [wedʒ] ◇ *n* **-1.** [under door, wheel] cale *f*; their political differences drove a ~ between the two friends *fig* les deux amis se sont brouillés à cause de leurs divergences politiques. **-2.** [for splitting wood] coin *m*. **-3.** [of cheese, cake, pie] morceau *m*, part *f*. **-4.** [golf club] cale *f*. **-5.** [for climber] coin *m*. ◇ *vt* **-1.** [make fixed or steady] caler; I ~d the door open/shut j'ai maintenu la porte ouverte/fermée par une cale. **-2.** [squeeze, push] enfoncer; to ~ sthg apart fendre OR forcer qqch; he ~d his foot in the door il a bloqué la porte avec son pied; she sat ~d between her two aunts elle était assise coincée entre ses deux tantes; I found the ring ~d down behind the cushion j'ai trouvé la bague enfoncée derrière le coussin.

◆ **wedge in** *vt sep* [object] faire rentrer, enfoncer; [person] faire rentrer; she was ~d in between two Italians elle était coincée entre deux Italiens.

**wedge-heeled** [-hiːld] à semelle compensée.

**wedlock** ['wedlɒk] *n fml* mariage *m*; to be born out of ~ être un enfant naturel, être né hors du mariage.

**Wednesday** ['wenzdɪ] *n* mercredi *m*; *see also* **Friday**.

**wee** [wiː] ◇ *adj esp Scot* tout petit; in the ~ (small) hours of the morning au petit matin, aux premières heures du jour. ◇ *vi inf* faire pipi. ◇ *n inf* pipi *m*; to have a ~ faire pipi.

**weed** [wiːd] ◇ *n* **-1.** [plant] mauvaise herbe *f*; that plant grows like a ~ cette plante pousse comme du chiendent. **-2.** *pej* [person] mauviette *f*. **-3.** *inf* [tobacco]: the ~ le tabac. **-4.** *▽ drugs sl* herbe *f*. ◇ *vt* désherber, arracher les mauvaises herbes de. ◇ *vi* désherber, arracher les mauvaises herbes.

◆ **weeds** *npl* vêtements *mpl* de deuil.

◆ **weed out** *vt sep* éliminer; [troublemakers] expulser; to ~ out the bad from the good faire le tri.

**weeding** ['wiːdɪŋ] *n* désherbage *m*.

**weedkiller** ['wiːd,kɪlər] *n* herbicide *m*, désherbant *m*.

**weedy** ['wiːdɪ] (*compar* **weedier**, *superl* **weediest**) *adj* **-1.** [ground] couvert OR envahi de mauvaises herbes. **-2.** *inf & pej* [person] malingre.

**Weejun®** ['wiːdʒn] *n Am* mocassin *m*.

**week** [wiːk] *n* semaine *f*; next/last ~ la semaine prochaine/dernière; in one ~, in one ~'s time dans huit jours, d'ici une semaine; two ~s ago il y a deux semaines OR quinze jours; within a ~ [gen] dans la semaine, d'ici une semaine; ADMIN & COMM sous huitaine; ~ ending 25th March la semaine du 21 mars; a ~ from today d'ici huit jours; a ~ from tomorrow demain en huit; Monday ~, a ~ on Monday lundi en huit; ~ in ~ out, ~ after ~, ~ by ~ semaine après semaine; from ~ to ~ de semaine en semaine; it rained for ~s on end il a plu pendant des semaines; I haven't seen you in OR for ~s ça fait des semaines que je ne t'ai pas vu; we're taking a ~'s holiday nous prenons huit jours de congé; the working ~ la semaine de travail; a 40-hour/five-day ~ une semaine de 40 heures/cinq jours; she's paid by the ~ elle est payée à la semaine.

**weekday** ['wiːk,deɪ] ◇ *n* jour *m* de la semaine, ADMIN & COMM jour *m* ouvrable; on ~s en semaine; '~s only' 'sauf samedi et dimanche'. ◇ *comp* [activities] de la semaine; on ~ mornings le matin en semaine.

**weekend** [,wiːk'end] ◇ *n* fin *f* de semaine, week-end *m*; at Br OR on Am the ~ le week-end; I'll do it at the ~ je le ferai pendant le week-end; a long ~ un week-end prolongé. ◇ *comp* [schedule, visite] de OR du week-end; ~ bag OR case sac *m* de voyage, mallette *f*; ~ break séjour d'un week-end. ◇ *vi* passer le week-end.

**weekender** [,wiːk'endər] *n* personne en voyage pour le week-end.

**weekly** ['wiːklɪ] ◇ *adj* [visit, meeting] de la semaine, hebdomadaire; [publication, payment, wage] hebdomadaire. ◇ *n* hebdomadaire *m*. ◇ *adv* [once a week] chaque semaine, une fois par semaine; [each week] chaque semaine, tous les huit jours; twice ~ deux fois par semaine; he's paid ~ il est payé à la semaine.

**weeknight** ['wiːk,naɪt] *n* soir *m* de la semaine; I can't go out on ~s je ne peux pas sortir le soir en semaine.

**weenie** ['wiːnɪ] *n Am inf* **-1.** [frankfurter] saucisse *f* (de Francfort). **-2.** [penis] zizi *m*. **-3.** [person] imbécile *mf*.

**weeny** ['wiːnɪ] (*compar* **weenier**, *superl* **weeniest**) *adj inf* tout petit, minuscule.

**weep** [wiːp] (*pt & pp* **wept** [wept]) ◇ *vi* **-1.** [person] pleurer, verser des larmes; to ~ for joy/with vexation pleurer de joie/de dépit; she wept for her lost youth elle pleurait sa jeunesse perdue; to ~ for sb pleurer qqn; the little girl wept over her broken doll la petite fille pleurait sur sa poupée cassée; he wept to see her so ill il a pleuré de la voir si malade; it's enough to make you ~! *hum* c'est à faire pleurer!; I could have wept! j'en aurais pleuré! **-2.** [walls, wound] suinter, suer. ◇ *vt* [tears] verser, pleurer. ◇ *n*: to have a ~ pleurer, verser quelques larmes.

**weeping** ['wiːpɪŋ] ◇ *adj* [person] qui pleure; [walls, wound] suintant. ◇ *n* (U) larmes *fpl*, pleurs *mpl*.

**weeping willow** *n* saule *m* pleureur.

**weepy** ['wiːpɪ] (*compar* **weepier**, *superl* **weepiest**, *pl* **weepies**) ◇ *adj* **-1.** [tone, voice] larmoyant; [person] qui pleure; she is OR feels ~ elle a envie de pleurer, elle est au bord des larmes. **-2.** [film, story] sentimental, larmoyant. ◊ *n Br inf* [film] mélo *m*, film *m* sentimental; [book] mélo *m*, roman *m* à l'eau de rose.

**weevil** ['wiːvl] *n* charançon *m*.

**wee-wee** *inf & baby talk* ◊ *n* pipi *m*. ◊ *vi* faire pipi.

**weft** [weft] *n* trame *f* TEXT.

**weigh** [weɪ] ◊ *vt* **-1.** [person, thing] peser; to ~ oneself se peser; to ~ sthg in one's hand soupeser qqch *pr*. **-2.** [consider] considérer, peser; let's ~ the evidence considérons les faits; she ~ed her words carefully elle a bien pesé ses mots; to ~ one thing against another mettre deux choses en balance. **-3.** NAUT: to ~ anchor lever l'ancre. ◊ *vi* **-1.** [person, object] peser; how much do you ~? combien pesez-vous?, quel poids faites-vous?; he doesn't ~ much il ne pèse pas lourd. **-2.** [influence]: his silence began to ~ (heavy) son silence commençait à devenir pesant; the facts ~ heavily against him les faits plaident lourdement en sa défaveur.

◆ **weigh down** *vt sep* **-1.** *literal* faire plier, courber; she was ~ed down with suitcases elle pliait sous le poids des valises. **-2.** *fig*: ~ed down with debts/with sorrow accablé de dettes/de tristesse.

◆ **weigh in** *vi insep* **-1.** SPORT se faire peser *(avant une épreuve)*; the boxer ~ed in at 85 kilos le boxeur faisait 85 kilos avant le match. **-2.** [join in] intervenir.

◆ **weigh on** *vt insep* peser; his worries ~ed heavily on him ses soucis lui pesaient beaucoup; the exam ~ed on his mind l'examen le préoccupait OR tracassait.

◆ **weigh out** *vt sep* peser.

◆ **weigh up** *vt sep* **-1.** [consider] examiner, calculer; [compare] mettre en balance; to ~ up the situation peser la situation; I'm ~ing up whether to take the job or not je me demande si je devrais prendre le poste; to ~ up the pros and cons peser le pour et le contre. **-2.** [size up] mesurer.

**weighbridge** ['weɪbrɪdʒ] *n* pont-bascule *m*.

**weigh-in** *n* SPORT pesage *m*, pesée *f*.

**weighing machine** ['weɪɪŋ-] *n* [for people] balance *f*; [for loads] bascule *f*.

**weight** [weɪt] ◊ *n* **-1.** [of person, package, goods] poids *m*; she tested OR felt the ~ of the package elle a soupesé le paquet; my ~ is 50 kg, I'm 50 kilos in ~ je pèse OR je fais 50 kilos; we're the same ~ nous faisons le même poids; he's twice your ~ il pèse deux fois plus lourd que toi; to gain OR to put on ~ grossir, prendre du poids; to lose ~ maigrir, perdre du poids; she's watching her ~ elle fait attention à sa ligne; what a ~! [person] qu'il est lourd!; [stone, parcel] que c'est lourd!; to sell sthg by ~ vendre qqch au poids ❑ she's worth her ~ in gold elle vaut son pesant d'or; take the ~ off your feet *hum* assieds-toi un peu. **-2.** [force] poids *m*; he put his full ~ behind the blow il a frappé de toutes ses forces ❑ to pull one's ~ faire sa part du travail, y mettre du sien; to throw one's ~ about OR around bousculer les gens. **-3.** [burden] poids *m*; that's a ~ off my mind je suis vraiment soulagé. **-4.** [importance, influence] poids *m*, influence *f*; their opinion carries quite a lot of ~ leur opinion a un poids OR une autorité considérable; she put OR threw all her ~ behind the candidate elle a apporté tout son soutien au candidat. **-5.** [for scales] poids *m*; ~s and measures poids et mesures; a set of ~s une série de poids. **-6.** SPORT poids *m*; to lift ~s soulever des poids OR des haltères. **-7.** PHYS pesanteur *f*, poids *m*. ◊ *comp*: ~ allowance [in aeroplane] poids *m* de bagages autorisé; to have a ~ problem avoir un problème de poids. ◊ *vt* **-1.** [put weights on] lester. **-2.** [hold down] retenir OR maintenir avec un poids. **-3.** [bias]: the system is ~ed in favour of the wealthy le système est favorable aux riches OR privilégie les riches; the electoral system was ~ed against him le système électoral lui était défavorable OR jouait contre lui.

◆ **weight down** *vt sep* **-1.** [body, net] lester. **-2.** [papers, tarpaulin] maintenir OR retenir avec un poids.

**weighted** ['weɪtɪd] *adj* **-1.** [body, net] lesté. **-2.** [statistics, average] pondéré.

**weighting** ['weɪtɪŋ] *n* **-1.** [extra salary] indemnité *f*, allocation *f*; London ~ indemnité de résidence à Londres. **-2.** [of statistics] pondération *f*; SCH coefficient *m*.

**weightless** ['weɪtlɪs] *adj* très léger; ASTRONAUT en état

d'apesanteur.

**weightlessness** ['weɪtlɪsnɪs] *n* extrême légèreté *f*; ASTRONAUT apesanteur *f*.

**weightlifter** ['weɪt,lɪftəʳ] *n* haltérophile *mf*.

**weightlifting** ['weɪt,lɪftɪŋ] *n* haltérophilie *f*.

**weight loss** *n* perte *f* de poids.

**weight training** *n* entraînement *m* aux haltères.

**weightwatcher** ['weɪt,wɒtʃəʳ] *n* [person – on diet] personne *f* qui suit un régime; [– figure-conscious] personne *f* qui surveille son poids.

**weighty** ['weɪtɪ] *(compar* **weightier**, *superl* **weightiest)** *adj* **-1.** [suitcase, tome] lourd. **-2.** [responsibility] lourd; [problem] important, grave; [argument, reasoning] probant, de poids.

**weir** [wɪəʳ] *n* barrage *m* *(sur un cours d'eau)*.

**weird** [wɪəd] *adj* **-1.** [mysterious] mystérieux, surnaturel. **-2.** *inf* [peculiar] bizarre, étrange.

**weirdo** ['wɪədəʊ] *(pl* **weirdos)** *inf* ◊ *n* drôle d'oiseau *m* OR de zèbre *m*. ◊ *comp* [hairdo] extravagant.

**welch** [welʃ] = **welsh**.

**welcome** ['welkəm] ◊ *vt* **-1.** [greet, receive – people] accueillir; I ~d her warmly je lui ai fait bon accueil OR un accueil chaleureux; they ~d me in ils m'ont chaleureusement invité à entrer; we ~d him with open arms nous l'avons accueilli à bras ouverts; would you please ~ Peter Robinson! [to audience] voulez-vous applaudir Peter Robinson! **-2.** [accept gladly] être heureux d'avoir, recevoir avec plaisir; I ~d the opportunity to speak to her j'étais content d'avoir l'occasion de lui parler; he ~d the news il s'est réjoui de la nouvelle, il a accueilli la nouvelle avec joie; she ~d any comments elle accueillait volontiers les remarques que l'on pouvait lui faire; we'd ~ a cup of coffee nous prendrions volontiers une tasse de café. ◊ *n* accueil *m*; she said a few words of ~ elle a prononcé quelques mots de bienvenue; we bid them ~ nous leur souhaitons la bienvenue; they gave him a warm ~ ils lui ont fait bon accueil OR réservé un accueil chaleureux; let's give a warm ~ to Louis Armstrong! [to audience] applaudissons très fort Louis Armstrong!; to overstay OR to outstay one's ~ abuser de l'hospitalité de ses hôtes. ◊ *adj* **-1.** [person] bienvenu; to be ~ être le bienvenu; they made us very ~ ils nous ont fait un très bon accueil; she didn't feel very ~ elle s'est sentie de trop ❑ to put out the ~ mat (for sb) faire un accueil chaleureux (à qqn). **-2.** [pleasant, desirable – arrival] bienvenu; [– change, interruption, remark] opportun; that's ~ news nous sommes heureux de l'apprendre; their offer was most ~ leur suggestion m'a fait grand plaisir; this cheque is most ~ ce chèque arrive opportunément OR tombe bien; that's a ~ sight! c'est un spectacle à réjouir le cœur!; a helping hand is always ~ un coup de main est toujours le bienvenu OR ne fait jamais de mal; the news came as a ~ relief to him la nouvelle a été un vrai soulagement pour lui, il a été vraiment soulagé d'apprendre la nouvelle. **-3.** [permitted]: you're ~ to join us n'hésitez pas à vous joindre à nous; you're ~ to try je vous en prie, essayez ‖ [grudgingly]: he's ~ to try! libre à lui d'essayer!, qu'il essaie donc!; I don't need it, she's ~ to it je n'en ai pas besoin, elle peut bien le prendre OR je le lui donne volontiers; she's ~ to him! je ne lui envie pas! **-4.** [acknowledgment of thanks]: you're ~! je vous en prie!, il n'y a pas de quoi! ◊ *interj*: ~! soyez le bienvenu!; ~ back OR home! content de vous revoir!; '~ to Wales' 'bienvenue au pays de Galles'.

◆ **welcome back** *vt sep* accueillir (à son retour).

**welcoming** ['welkəmɪŋ] *adj* [greeting, smile] accueillant; [ceremony, committee] d'accueil.

**weld** [weld] ◊ *vt* **-1.** MECH & TECH souder; he ~ed the bracket onto the shelf il a soudé le support à l'étagère. **-2.** [unite] amalgamer, réunir. ◊ *vi* souder. ◊ *n* soudure *f*.

**welder** ['weldəʳ] *n* [person] soudeur *m*, -euse *f*; [machine] soudeuse *f*, machine *f* à souder.

**welding** ['weldɪŋ] *n* soudage *m*; [of groups] union *f*.

**welding torch** *n* chalumeau *m*.

**welfare** ['welfeəʳ] ◊ *n* **-1.** [well-being] bien-être *m*; the ~ of the nation le bien public; I am concerned about OR for her ~ je m'inquiète pour elle; she's looking after his ~ elle s'occupe de lui. **-2.** *Am* [state aid] assistance *f* publique; his family is on ~ sa famille touche des prestations sociales OR reçoit l'aide sociale; to live on ~ vivre de l'aide sociale; people on ~ assistés *mpl* sociaux. ◊ *comp* [meals, milk] gratuit; ~ benefits *Am* avantages *mpl* sociaux; ~ check *Am* (chèque *m* d') allocations *fpl*; ~ payments prestations *fpl* sociales.

**welfare centre** *n* = centre *m* d'assistance sociale.

**Welfare State** *n*: the ~ l'État *m* providence.

**well¹** [wel] ◊ *n* **-1.** [for water, oil] puits *m*. **-2.** [for lift, staircase] cage *f*; [between buildings] puits *m*, cheminée *f*. **-3.** *Br* JUR barreau *m* (*au tribunal*). ◊ *vi* = **well up.**

◆ **well out** *vi insep* [water] jaillir.

◆ **well up** *vi insep* [blood, spring, tears] monter, jaillir; tears ~ed up in her eyes les larmes lui montèrent aux yeux.

**well²** [wel] (*compar* **better** [betəʳ], *superl* **best** [best]) ◊ *adv* **-1.** [satisfactorily, successfully] bien; she speaks French very ~ elle parle très bien (le) français; the meeting went ~ la réunion s'est bien passée ❑ to do ~ s'en sortir; he did very ~ for a beginner il s'est très bien débrouillé pour un débutant; to do ~ for o.s. se débrouiller; to do ~ out of sb/sthg bien s'en sortir avec qqn/qqch; that boy will do ~! ce garçon ira loin!; the patient is doing ~ le malade se rétablit bien OR est en bonne voie de guérison; we would do ~ to keep quiet nous ferions bien de nous taire; ~ done! bravo!; ~ said! bien dit!; it was money ~ spent ce n'était pas de l'argent gaspillé. **-2.** [favourably, kindly] bien; everyone speaks ~ of you tout le monde dit du bien de vous; his action speaks ~ of his courage son geste montre bien son courage; she won't take it ~ elle ne va pas apprécier; she thinks ~ of you elle a de l'estime pour vous; he wished her ~ il lui souhaita bonne chance ❑ to do ~ by sb traiter qqn comme il se doit. **-3.** [easily, readily] bien; I couldn't very ~ accept je ne pouvais guère accepter; you may ~ be right il se peut bien que tu aies raison; I can ~ believe it je le crois facilement OR sans peine; she was angry, and ~ she might be elle était furieuse, et à juste titre. **-4.** [to a considerable extent or degree] bien; she's ~ over OR past forty elle a bien plus de quarante ans; he's ~ on in years il n'est plus tout jeune; ~ on into the morning jusque tard dans la matinée; the fashion lasted ~ into the 1960s cette mode a duré une bonne partie des années 60; it's ~ after midday il est bien plus de midi; the team finished ~ up the league l'équipe a fini parmi les premières de sa division. **-5.** [thoroughly] bien; shake/stir ~ bien secouer/agiter; ~ cooked OR done bien cuit; I know only too ~ how hard it is je ne sais que trop bien à quel point c'est difficile; how ~ I understand her feelings! comme je comprends ce qu'elle ressent!; I bet he was ~ pleased! *iron* il devait être content! *iron*; I like him ~ enough il ne me déplaît pas; we got ~ and truly soaked nous nous sommes fait tremper jusqu'aux os; it's ~ and truly over c'est bel et bien fini; it's ~ worth the money ça vaut largement la dépense; it's ~ worth trying ça vaut vraiment la peine d'essayer; he was ~ annoyed *inf* il était super-énervé. **-6.** *phr*: to be ~ away [making good progress] être sur la bonne voie; [drunk] être complètement parti; to be ~ in with sb être bien avec qqn; to be ~ out of it s'en sortir à bon compte; you're ~ out of it tu as bien fait de partir; to be ~ rid of him/it! quel bon débarras pour elle!; to be ~ up on sthg s'y connaître en qqch; to leave OR let ~ alone [equipment] ne pas toucher; [situation] ne pas s'occuper de; [person] laisser tranquille. ◊ *adj* **-1.** [good] bien, bon; all is not ~ with them il y a quelque chose qui ne va pas chez eux; it's all very ~ pretending you don't care, but... c'est bien beau de dire que ça t'est égal, mais... ❑ all's ~ that ends ~ *prov* tout est bien qui finit bien *prov*. **-2.** [advisable] bien; it would be ~ to start soon nous ferions bien de commencer bientôt; you'd be just as ~ to tell him *Br* tu ferais mieux de (le) lui dire. **-3.** [in health]: to be ~ aller OR se porter bien; how are you? — ~, thank you comment allez-vous? — bien, merci; he's been ill, but he's better now il a été malade, mais il va mieux (maintenant); to get ~ se remettre, aller mieux; 'get ~ soon' [on card] 'bon rétablissement'; you're looking ~ you look ~ vous avez l'air en forme. ◊ *interj* **-1.** [indicating start or continuation of speech] bon, bien; ~, let me just add that... alors, laissez-moi simplement ajouter que...; ~, here we are again! et nous y revoi-

là!. **-2.** [indicating change of topic or end of conversation]: ~, as I was saying... donc, je disais que..., je disais donc que...; right, ~, let's move on to the next subject bon, alors passons à la question suivante; ~ thank you Mr Alderson, I'll be in touch eh bien merci M. Alderson, je vous contacterai. **-3.** [softening a statement]: ~, obviously I'd like to come but... disons que, bien sûr, j'aimerais venir mais...; he was, ~, rather unpleasant really il a été, disons, assez désagréable, c'est le mot. **-4.** [expanding on or explaining a statement]: I've known her for ages, ~ at least three years ça fait des années que je la connais, enfin au moins trois ans; you know John? — I saw him yesterday tu connais John? eh bien je l'ai vu hier. **-5.** [expressing hesitation or doubt] ben, eh bien. **-6.** [asking a question] eh bien, alors; ~, what of it? et alors? **-7.** [expressing surprise or anger]: ~, look who's here! ça alors, regardez qui est là!; ~, ~, ~ tiens, tiens; ~, really! ça alors!; ~ I never! *inf* ça par exemple! **-8.** [in relief] eh bien. **-9.** [in resignation] bon; (oh) ~, that's life bon enfin, c'est la vie; can I come too? — all right ~, if you must je peux venir aussi? — bon allez, si tu y tiens. ◊ *npl*: the ~ ceux *mpl* qui sont en bonne santé.

◆ **all well and good** *adv phr* tout ça, c'est très bien.

**we'll** [wiːl] **-1.** = we shall. **-2.** = we will.

**well-adjusted** *adj* [person – psychologically] équilibré; [– to society, work] bien adapté.

**well-advised** *adj* sage, prudent; he would be ~ to leave il aurait intérêt à partir.

**well-appointed** [-ə'pɔɪntɪd] *adj Br fml* [house] bien équipé; [hotel] de catégorie supérieure.

**well-argued** [-'ɑːgjuːd] *adj* bien argumenté.

**well-balanced** *adj* [person] équilibré, posé; [diet] bien équilibré; [sentence] bien construite.

**well-behaved** [-bɪ'heɪvd] *adj* [person] bien élevé; [animal] bien dressé.

**wellbeing** [,wel'biːɪŋ] *n* bien-être *m inv*; for your own ~ pour votre bien.

**well-bred** *adj* **-1.** [well-behaved] bien élevé. **-2.** [from good family] de bonne famille. **-3.** [animal] de (bonne) race; [horse] pur-sang (*inv*).

**well-brought-up** *adj* bien élevé.

**well-built** *adj* **-1.** [person] bien bâti. **-2.** [building] bien construit.

**well-chosen** *adj* [present, words] bien choisi.

**well-defined** [-dɪ'faɪnd] *adj* **-1.** [distinct – colour, contrasts, shape] bien défini, net. **-2.** [precise – problem] bien défini, précis.

**well-deserved** [-dɪ'zɜːvd] *adj* bien mérité.

**well-developed** *adj* **-1.** [person] bien fait; [body, muscles] bien développé. **-2.** [scheme] bien développé; [idea] bien exposé.

**well-disposed** [-dɪ'spəʊzd] *adj* bien disposé; to be ~ to OR towards sb être bien disposé envers qqn; to be ~ to OR towards sthg voir qqch d'un bon œil.

**well-done** *adj* [work] bien fait; [meat] bien cuit.

**well-dressed** *adj* bien habillé.

**well-earned** [-ɜːnd] *adj* bien mérité.

**well-educated** *adj* cultivé, instruit.

**well-endowed** [-ɪn'daʊd] *adj euph*: a ~ young man/ woman *fig* un jeune homme bien doté/une jeune femme bien dotée par la nature.

**well-established** *adj* bien établi.

**well-fed** *adj* [animal, person] bien nourri.

**well-founded** [-'faʊndɪd] *adj* [doubt, suspicion] fondé, légitime.

**well-heeled** [-hiːld] *adj inf* à l'aise.

**well-hung** *adj* **-1.** [game] bien faisandé. **-2.** ▽ [man] bien monté.

**well-informed** *adj* [having information] bien informé OR renseigné; [knowledgeable] instruit; he's very ~ about current affairs il est très au courant de l'actualité.

**Wellington** ['welɪŋtən] *n Br*: ~ (boot) botte *f* (en caoutchouc).

**well-intentioned** [-ɪn'tenʃnd] *adj* bien intentionné.

**well-kept** *adj* **-1.** [hands, nails] soigné; [hair] bien coiffé; [house] bien tenu; [garden] bien entretenu. **-2.** [secret] bien gardé.

**well-known** *adj* [person] connu, célèbre; [fact] bien connu; what is less ~ is that she's an accomplished actress ce qu'on sait moins, c'est que c'est une très bonne actrice.

**well-made** *adj* bien fait.

**well-mannered** *adj* qui a de bonnes manières, bien élevé.

**well-meaning** *adj* bien intentionné.

**well-meant** *adj* [action, remark] bien intentionné.

**well-nigh** *adv* presque.

**well-off** ◇ *adj* **-1.** [financially] aisé. **-2.** [in a good position]: they were still ~ for supplies ils avaient encore largement assez de provisions; you don't know when you're ~ *fig* vous ne connaissez pas votre bonheur. ◇ *npl*: the ~ les riches *mpl*; the less ~ ceux qui ont des moyens modestes.

**well-oiled** *adj* **-1.** [machinery] bien graissé; the operation ran like a ~ machine l'opération s'est parfaitement déroulée. **-2.** *inf* [drunk] pompette.

**well-padded** *adj inf & euph* bien enveloppé.

**well-paid** *adj* bien payé.

**well-preserved** [-pri'zɜːvd] *adj* [person, building] bien conservé.

**well-proportioned** [-prə'pɔːʃnd] *adj* bien proportionné.

**well-read** [-red] *adj* cultivé, érudit.

**well-rounded** *adj* **-1.** [complete – education] complet (f -ète); [– life] bien rempli. **-2.** [figure] rondelet. **-3.** [style] harmonieux; [sentence] bien tourné.

**well-spent** *adj* [time] bien utilisé, qui n'est pas perdu; [money] utilement dépensé, que l'on n'a pas gaspillé; it's money ~ c'est un bon investissement.

**well-spoken** *adj* [person] qui sait s'exprimer.

**well-stacked**ᵛ *adj Br* [woman] plantureux.

**well-thought-of** *adj* bien considéré.

**well-thought-out** *adj* bien conçu.

**well-thumbed** [-θʌmd] *adj* [magazine] qui a été beaucoup feuilleté; [book] lu et relu.

**well-timed** [-'taimd] *adj* [arrival, remark] opportun, qui tombe à point; [blow] bien calculé.

**well-to-do** *inf* ◇ *adj* aisé, riche. ◇ *npl*: the ~ les nantis *mpl*.

**well-tried** *adj* éprouvé, qui a fait ses preuves.

**well-versed** *adj*: to be ~ in sthg bien connaître qqch.

**well-wisher** [-,wiʃə'] *n* [gen] personne *f* qui offre son soutien; [of cause, group] sympathisant *m*, -e *f*, partisan *m*; surrounded by ~s entouré d'admirateurs.

**well-woman clinic** *n* centre *m* de santé pour femmes.

**well-worn** *adj* **-1.** [carpet, clothes] usé, usagé. **-2.** [path] battu. **-3.** [expression, joke] rebattu; a ~ phrase une banalité, un lieu commun.

**welly** ['weli] (*pl* **wellies**) *n Br inf* **-1.** [boot] botte *f* (en caoutchouc). **-2.** *phr*: give it some ~! du nerf!

**welsh** [welʃ] *vi Br inf* partir OR décamper sans payer; to ~ on a promise ne pas tenir une promesse.

**Welsh** [welʃ] ◇ *npl*: the ~ les Gallois *mpl*. ◇ *n* LING gallois *m*. ◇ *adj* gallois.

**Welsh dresser** *n* vaisselier *m*.

**Welshman** ['welʃmən] (*pl* **Welshmen** [-mən]) *n* Gallois *m*.

**Welsh rabbit, Welsh rarebit** *n Br* toast *m* au fromage.

**Welshwoman** ['welʃ,wumən] (*pl* **Welshwomen** [-,wimin]) *n* Galloise *f*.

**welt** [welt] *n* **-1.** [on skin] zébrure *f*. **-2.** [on garment] bordure *f*; [on shoe] trépointe *f*.

**welter** ['weltə'] *n* confusion *f*; a ~ of detail une profusion de détails; a ~ of conflicting information une avalanche d'informations contradictoires.

**welterweight** ['weltəweit] ◇ *n* poids *m* welter. ◇ *comp* [champion] des poids welter; [fight, title] de poids welter.

**Wenceslas** ['wensisləs] *prn* Venceslas.

**wench** [wentʃ] *n arch* OR *hum* jeune fille *f*, jeune femme *f*.

**wend** [wend] *vt lit* s'acheminer; to ~ one's way home s'acheminer vers chez soi.

**Wendy house** ['wendi-] *n Br* maison en miniature dans laquelle les jeunes enfants peuvent jouer.

**went** [went] *pt→* **go**.

**wept** [wept] *pt & pp→* **weep**.

**were** [wɜː'] *pt→* **be**.

**we're** [wiə'] = **we are**.

**weren't** [wɜːnt] = **were not**.

**werewolf** ['wiəwulf] (*pl* **werewolves** [-wulvz]) *n* loup-garou *m*.

**west** [west] ◇ *n* [direction] ouest *m*; the house lies 10 kilometres to the ~ (of the town) la maison se trouve à 10 kilomètres à l'ouest (de la ville); a storm is brewing in the ~ un orage couve à l'ouest. ◇ *adj* ouest *(inv)*; a ~ wind un vent d'ouest; in ~ London dans l'ouest de Londres. ◇ *adv* [to the west] vers l'ouest; [from the west] de l'ouest; he travelled ~ for three days pendant trois jours il s'est dirigé en direction de OR vers l'ouest; the school lies further ~ of the town hall l'école se trouve plus à l'ouest de la mairie; drive due ~ roulez droit vers l'ouest; to face ~ [house] être exposé à l'ouest □ to go ~ *literal* aller à OR vers l'ouest; *inf & hum*[person] passer l'arme à gauche; [thing] tomber à l'eau; there's another job gone ~! *inf* encore un emploi de perdu!

◆ **West** *n* **-1.** POL: the West l'Occident *m*, les pays *mpl* occidentaux. **-2.** [in the U.S.]: the West l'Ouest *m*.

**West Africa** *prn* Afrique *f* occidentale.

**West African** ◇ *n* habitant *m*, -e *f* de l'Afrique occidentale. ◇ *adj* [languages, states] de l'Afrique occidentale, ouest-africain.

**West Bank** ◇ *prn*: the ~ la Cisjordanie; on the ~ en Cisjordanie. ◇ *comp* de Cisjordanie.

**westbound** ['westbaund] *adj* [traffic] en direction de l'ouest; [lane, carriageway] de l'ouest; [road] vers l'ouest.

**West Country** *prn*: the ~ le sud-ouest de l'Angleterre (Cornouailles, Devon et Somerset); in the ~ dans le sud-ouest de l'Angleterre.

**West End** ◇ *prn*: the ~ le West End (centre touristique et commercial de la ville de Londres connu pour ses théâtres); in the ~ dans le West End. ◇ *comp* qui se situe dans le West End.

**westerly** ['westəli] (*pl* **westerlies**) ◇ *adj* [wind] d'ouest; [position] à l'ouest, au couchant; to head in a ~ direction se diriger vers OR vers l'ouest. ◇ *adv* vers l'ouest. ◇ *n* vent *m* d'ouest.

**western** ['westən] ◇ *adj* **-1.** [in direction] ouest, de l'ouest; in ~ Spain dans l'ouest de l'Espagne; on the ~ side of the state dans l'ouest de l'État. **-2.** POL [powers, technology, world] occidental; Western Europe l'Europe *f* de l'Ouest OR occidentale. ◇ *n* [film] western *m*; [book] roman-western *m*.

**Western Australia** *prn* Australie-Occidentale *f*; in ~ en Australie-Occidentale.

**Westerner** ['westənə'] *n* habitant *m*, -e *f* de l'ouest; POL Occidental *m*, -e *f*.

**westernization** [,westənaɪ'zeiʃn] *n* occidentalisation *f*.

**westernize, -ise** ['westənaiz] *vt* occidentaliser; Japan is becoming increasingly ~d le Japon s'occidentalise de plus en plus.

**westernmost** ['westənməust] *adj* le plus à l'ouest.

**Western Sahara** *prn*: the ~ le Sahara occidental; in the ~ au Sahara occidental.

**Western Samoa** *prn* Samoa *fpl* occidentales; in ~ dans les Samoa occidentales.

**Western Union** *pr n* compagnie américaine privée des télégraphes.

**West German** ◇ *n* Allemand *m*, -e *f* de l'Ouest. ◇ *adj* ouest-allemand.

**West Germany** *prn*: (former) ~ (ex-)Allemagne *f* de l'Ouest; in ~ en Allemagne de l'Ouest.

**West Indian** ◇ *n* Antillais *m*, -e *f*. ◇ *adj* antillais.

**West Indies** *pl prn* Antilles *fpl*; in the ~ aux Antilles; the French ~ les Antilles françaises; the Dutch ~ les Antilles néerlandaises.

**Westminster** ['westminstə'] *prn* quartier du centre de Londres où se trouvent le Parlement et le palais de Buckingham.

**west-northwest** ◇ *n* ouest-nord-ouest *m*. ◇ *adj* à OR de l'ouest-nord-ouest; a ~ wind un vent d'ouest-nord-ouest. ◇ *adv* vers l'ouest-nord-ouest.

**West Point** *prn* importante école militaire américaine.

**west-southwest** ◇ *n* ouest-sud-ouest *m*. ◇ *adj* à OR de l'ouest-sud-ouest; a ~ wind un vent d'ouest-sud-ouest. ◇ *adv* vers l'ouest-sud-ouest.

**West Virginia** *pr n* Virginie-Occidentale *f*; in ~ en Virginie-Occidentale.

**westward** ['westwəd] ◊ *adj* [to the west] vers l'ouest. ◊ *adv* en direction de OR vers l'ouest.

**westwards** ['westwədz] *adv* vers l'ouest.

**wet** [wet] *(compar* **wetter,** *superl* **wettest,** *pt* & *pp* **wet** OR **wetted,** *cont* **wetting)** ◊ *adj* **-1.** [ground, person, umbrella – gen] mouillé; [– damp] humide; [– soaked] trempé; to get ~ se faire mouiller; I got my jacket ~ j'ai mouillé ma veste; I got my feet ~ je me suis mouillé les pieds; to be ~ through [person] être trempé jusqu'aux os OR complètement trempé; [clothes, towel] être complètement trempé ❑ to be (still) ~ behind the ears manquer d'expérience. **-2.** [ink, paint, concrete] frais (*f* fraîche); '~ paint!' 'peinture fraîche!'. **-3.** [climate, weather – damp] humide; [– rainy] pluvieux; [day] pluvieux, de pluie; it's going to be very ~ all weekend il va beaucoup pleuvoir tout ce week-end; in ~ weather par temps de pluie, quand il pleut. **-4.** Br inf [feeble]: don't be so ~! tu es une vraie lavette!**-5.** Br inf POL mou, *before vowel or silent 'h'* mol (*f* molle), modéré. **-6.** Am [wrong]: to be all ~ avoir tort. **-7.** Am [state, town] *où l'on peut acheter librement des boissons alcoolisées.*
◊ *vt* [hair, sponge, towel] mouiller; to ~ o.s. OR one's pants mouiller sa culotte; to ~ the bed faire pipi au lit; to ~ one's lips s'humecter les lèvres ❑ to ~ o.s. [from worry] se faire de la bile; [from laughter] rire aux larmes; to ~ one's whistle boire un coup.
◊ *n* **-1.** Br [rain] pluie *f*; [damp] humidité *f*; let's get in out of the ~ entrons, ne restons pas sous la pluie. **-2.** Austr: the ~ la saison des pluies. **-3.** Br inf POL modéré *m*, -e *f* OR mou *m*, molle *f* (*du parti conservateur*). **-4.** Br inf & pej [feeble person] lavette *f*.

**wet bar** *n* Am minibar avec un petit évier.

**wet blanket** *n* inf rabat-joie *m* inv.

**wet dream** *n* éjaculation *f* OR pollution *f* nocturne.

**wether** ['weðər] *n* bélier *m* châtré, mouton *m*.

**wet-look** ◊ *adj* brillant. ◊ *n* aspect *m* brillant.

**wetness** ['wetnɪs] *n* humidité *f*.

**wet nurse** *n* nourrice *f*.

◆ **wet-nurse** *vt* servir de nourrice à, élever au sein.

**wet rot** *n* (U) moisissure *f* humide.

**wet suit** *n* combinaison *f* OR ensemble *m* de plongée.

**wetting solution** ['wetɪŋ-] *n* [for contact lenses] solution *f* de rinçage.

**WEU** *(abbr of* **Western European Union)** *pr n* UEO *f*.

**we've** [wiːv] = **we have.**

**whack** [wæk] *inf* ◊ *n* **-1.** [thump] claque *f*, grand coup *m*; [sound] claquement *m*, coup *m* sec; to give sb/sthg a ~ donner un grand coup à qqn/qqch. **-2.** [try] essai *m*; to have a ~ at sthg essayer qqch. **-3.** Br [share] part *f*; she didn't do her fair ~ elle n'a pas fait sa part du travail. **-4.** Am phr: out of the ~ déglingué. ◊ *vt* **-1.** [thump] donner un coup de des coups à; [spank] donner une claque sur les fesses à. **-2.** Br [defeat] flanquer une dérouillée OR raclée à. ◊ *interj* vlan.

**whacked** [wækt] *adj* Br inf vanné, crevé.

**whacking** ['wækɪŋ] *inf* ◊ *adj* Br énorme, colossal. ◊ *adv* extrêmement; a ~ great dog/house un chien/une maison absolument énorme. ◊ *n*: to get a ~ [beating] prendre une raclée; [defeat] prendre une raclée OR une déculottée.

**whale** [weɪl] ◊ *n* **-1.** *literal* baleine *f*.**-2.** *inf phr*: we had a ~ of a time on s'est drôlement bien amusés. ◊ *vi* **-1.** pêcher la baleine. **-2.** Am inf: to ~ away at sthg s'en prendre à qqch. ◊ *vt* Am inf **-1.** [thump] mettre une raclée à, rosser. **-2.** SPORT [defeat] mettre une raclée à, battre à plate couture.

**whalebone** ['weɪlbəʊn] *n* fanon *m* de baleine; [in corset, dress] baleine *f*.

**whale oil** *n* huile *f* de baleine.

**whaler** ['weɪlər] *n* **-1.** [person] pêcheur *m* de baleine. **-2.** [ship] baleinier *m*.

**whale shark** *n* requin-baleine *m*.

**whaling** ['weɪlɪŋ] ◊ *n* **-1.** [industry] pêche *f* à la baleine. **-2.** Am inf [thrashing] rossée *f*, raclée *f*. ◊ *comp* [industry, port] baleinier; ~ ship baleinier *m*; International Whaling Commission Commission *f* internationale baleinière.

**wham** [wæm] *(pt* & *pp* **whammed,** *cont* **whamming)** *inf*

◊ *interj* vlan. ◊ *vt* **-1.** [hit – person] donner une raclée à; [– ball] donner un grand coup dans. **-2.** [crash – heavy object, vehicle] rentrer dans.

**wharf** [wɔːf] *(pl* **wharves** [wɔːvz] OR **wharfs)** *n* quai *m* NAUT.

**what** [wɒt] ◊ *pron* **-1.** [in direct questions – as subject] qu'est-ce qui, que; [– as object] (qu'est-ce) que, quoi; ~ do you want? qu'est-ce que tu veux?, que veux-tu?; ~'s happening? qu'est-ce qui se passe?, que se passe-t-il?; ~'s new? quoi de neuf?; ~'s up? inf qu'est-ce qu'il y a?; Am [as greeting] quoi de neuf?; ~'s the matter?, ~ is it? qu'est-ce qu'il y a?; ~'s it to you? inf qu'est-ce que ça peut te faire?; ~'s that? qu'est-ce que c'est que ça?; ~'s that building? qu'est-ce que c'est que ce bâtiment?; ~'s your phone number? quel est votre numéro de téléphone?; ~'s the Spanish for 'light'? comment dit-on «lumière» en espagnol?; ~'s up with him? inf qu'est-ce qu'il a?; ~ did I tell you? [gen] qu'est-ce que je vous ai dit?; [I told you so] je vous l'avais bien dit!; she must be, ~, 50? elle doit avoir, quoi, 50 ans?; Mum? — ~? — can I go out? Maman? — quoi? — est-ce que je peux sortir? || [with preposition] quoi; ~ are you thinking about? à quoi pensez-vous?; ~ do you take me for? pour qui me prenez-vous?; to ~ do I owe this honour? fml OR hum qu'est-ce qui me vaut cet honneur?**-2.** [in indirect questions – as subject] ce qui; [– as object] ce que, quoi; tell us ~ happened dites-nous ce qui s'est passé; I asked ~ it was all about j'ai demandé de quoi il était question; he didn't understand ~ I said il n'a pas compris ce que j'ai dit; I don't know ~ to do to help him je ne sais pas quoi faire pour l'aider. **-3.** [asking someone to repeat something] comment; ~'s that? qu'est-ce que tu dis?; they bought ~? quoi, qu'est-ce qu'ils ont acheté?**-4.** [expressing surprise]: ~, another new dress? quoi, encore une nouvelle robe?; I found $350 — you ~! j'ai trouvé 350 dollars — quoi?; I told her to leave — you did ~! je lui ai dit de partir — tu lui as dit quoi?**-5.** [how much]: ~'s 17 minus 4? combien OR que fait 17 moins 4?; ~ does it cost? combien est-ce que ça coûte?**-6.** [that which – as subject] ce qui; [– as object] ce que, quoi; ~ you need is a hot bath ce qu'il vous faut, c'est un bon bain chaud; they spent ~ amounted to a week's salary ils ont dépensé l'équivalent d'une semaine de salaire; that's ~ life is all about! c'est ça la vie!; education is not ~ it used to be l'enseignement n'est plus ce qu'il était; and ~ is worse,... et ce qui est pire,... **-7.** [whatever, everything that]: they rescued ~ they could ils ont sauvé ce qu'ils ont pu; say ~ you will you pouvez dire OR vous direz tout ce que vous voudrez; say ~ you will, I don't believe you racontez tout ce que vous voulez, je ne vous crois pas; come ~ may advienne que pourra. **-8.** Br inf & dated [inviting agreement] n'est-ce pas; an interesting book, ~? un livre intéressant, n'est-ce pas ou pas vrai?**-9.** phr: I'll tell you ~... écoute!; you know ~...? tu sais quoi...?; I know ~ j'ai une idée; you'll never guess ~ tu ne devineras jamais (quoi) ❑ documents, reports and ~ have you OR and ~ not inf des documents, des rapports et je ne sais quoi encore; ~ have we here? mais que vois-je?; and I don't know ~ inf et que sais-je encore; and God knows ~ inf et Dieu sait quoi; look, do you want to come or ~? alors, tu veux venir ou quoi?; a trip to Turkey? — ~ next! un voyage en Turquie? — et puis quoi encore!; we need to find out ~'s ~ inf il faut qu'on sache où en sont les choses; she told me ~ was ~ inf elle m'a mis au courant.

◊ *det* **-1.** [in questions] quel *m*, quelle *f*, quels *mpl*, quelles *fpl*; ~ books did you buy? quels livres avez-vous achetés?; ~ colour/size is it? de quelle couleur/taille c'est?; ~ day is it? quel jour sommes-nous?**-2.** [as many as, as much as]: I gave her ~ money I had je lui ai donné le peu d'argent que j'avais; ~ time we had left was spent (in) packing on a passé le peu de temps qui nous restait à faire les valises.

◊ *predet* [expressing an opinion or reaction]: ~ a suggestion! quelle idée!; ~ a pity! comme c'est un quel dommage!; ~ an idiot he is! comme il est bête!, qu'il est bête!; ~ lovely children you have! quels charmants enfants vous avez!; you can't imagine ~ a time we had getting here vous ne pouvez pas vous imaginer le mal qu'on a eu à venir jusqu'ici.

◊ *adv* [in rhetorical questions]: ~ do I care? qu'est-ce que ça peut me faire?; ~ does it matter? qu'est-ce que ça peut faire?

◆ **what about** *adv phr*: ~ about lunch? et si on déjeunait?; when shall we go? — ~ about Monday? quand est-ce qu'on y va? — (et si on disait) lundi?; ~ about your promise? — ~ about my promise? et ta promesse? — ben quoi, ma promesse?; ~ about it? *inf* et alors?; do you remember Mary? — ~ about her? tu te souviens de Mary? — oui, et alors?; and ~ about you? et vous donc?
◆ **what for** *adv phr* **-1.** [why]: ~ for? pourquoi?; ~ did you say that for? pourquoi as-tu dit cela?.**-2.** *phr*: to give sb ~ for *inf* passer un savon à qqn.
◆ **what if** *conj phr*: ~ if we went to the beach? et si on allait à la plage?; he won't come — and ~ if he doesn't? [supposing] il ne va pas venir — et alors?
◆ **what with** *conj phr*: ~ with work and the children I don't get much sleep entre le travail et les enfants je ne dors pas beaucoup; ~ with one thing and another I never got there pour un tas de raisons je n'y suis jamais allé.

**whatchamacallit** ['wɒtʃəmə,kɔːlɪt], **what-d'you-call-it** ['wɒtdjuː,kɔːlɪt] *n inf* machin *m*, truc *m*.
**whatever** [wɒt'evə¹] ◇ *pron* **-1.** [anything, everything] tout ce que; I'll do ~ is necessary je ferai le nécessaire. **-2.** [no matter what] quoi que; ~ happens, stay calm quoi qu'il arrive, restez calme; ~ you do, don't tell her what I said surtout, ne lui répète pas ce que je t'ai dit; ~ it may be quoi que ce soit; ~ the reason quelle que soit la raison; I won't do it, ~ you say vous aurez beau dire OR vous pouvez dire tout ce que vous voulez, je ne le ferai pas; ~ you say, ~ you think best comme tu voudras. **-3.** [indicating surprise]: ~ can that mean? qu'est-ce que ça peut bien vouloir dire?; ~ do you want to do that for? et pourquoi donc voulez-vous faire ça?; he wants to join the circus — ~ next! il veut travailler dans un cirque — et puis quoi encore! ‖ [indicating uncertainty]: it's an urban regeneration area, ~ that means c'est une zone de rénovation urbaine, si tu sais ce qu'ils entendent par là. **-4.** *inf* [some similar thing or things]: I don't want to study English or philosophy or ~ je ne veux étudier ni l'anglais, ni la philosophie, ou que sais-je encore. **-5.** [indicating lack of interest]: shall I take the red or the green? — ~ *inf* je prends le rouge ou le vert? — n'importe.
◇ *det* **-1.** [any, all] tout, n'importe quel; she read ~ books she could find elle lisait tous les livres qui lui tombaient sous la main; he gave up ~ ambitions he still had il a abandonné ce qui lui restait d'ambition; I'll take ~ fruit you have je prendrai ce qui vous reste avec comme fruits. **-2.** [no matter what]: for ~ reason, he changed his mind pour une raison quelconque, il a changé d'avis; she likes all films, ~ subject they have elle aime tous les films quel qu'en soit le sujet.
◇ *adv*: I have no doubt ~ je n'ai pas le moindre doute; I see no reason ~ to go je ne vois absolument aucune raison d'y aller; we have no intention ~ of giving up nous n'avons pas la moindre intention d'abandonner.
**whatnot** ['wɒtnɒt] *n* **-1.** *inf phr*: and ~ et ainsi de suite. **-2.** [furniture] étagère *f*.
**what's** [wɒts] **-1.** = **what is**. **-2.** = **what has**.
**whatshername** ['wɒtsəneɪm] *n inf* Machine *f*.
**whatshisname** ['wɒtsɪzneɪm] *n inf* Machin *m*, Machin Chouette *m*.
**whatsit** ['wɒtsɪt] *n inf* machin *m*, truc *m*.
**whatsitsname** ['wɒtsɪtsneɪm] *n inf* machin *m*, truc *m*.
**whatsoever** [,wɒtsəʊ'evə¹] *pron*: none ~ aucun; he gave us no encouragement ~ il ne nous a pas prodigué le moindre encouragement.
**wheat** [wiːt] ◇ *n* blé *m*; to separate the ~ from the chaff séparer le bon grain de l'ivraie. ◇ *comp* [flour] de blé, de froment; [field] de blé.
**wheatear** ['wiːt,ɪə¹] *n* traquet *m*, motteux *m*.
**wheaten** ['wiːtn] *adj* **-1.** [bread] de blé OR froment. **-2.** [colour] blond comme les blés.
**wheat germ** *n* germe *m* de blé.
**wheatmeal** ['wiːtmiːl] *n*: ~ (flour) farine *f* complète.
**wheat rust** *n* rouille *f* du blé.
**Wheatstone bridge** ['wiːtstən-] *n* pont *m* de Wheatstone.
**whee** [wiː] *interj*: ~! oooh!
**wheedle** ['wiːdl] *vt* enjôler; to ~ sb into doing sthg convaincre qqn de faire qqch à force de cajoleries; to ~ sthg

out of sb obtenir qqch de qqn par des cajoleries.
**wheedling** ['wiːdlɪŋ] ◇ *n (U)* cajolerie *f*, cajoleries *fpl*. ◇ *adj* cajoleur, enjôleur; a ~ voice une voix pateline.
**wheel** [wiːl] ◇ *n* **-1.** [of bicycle, car, train] roue *f*; [smaller] roulette *f*; [for potter] tour *m*; on ~s sur roues OR roulettes; the ~ has come full circle *fig* la boucle est bouclée ❑ ~ alignment AUT parallélisme *m* des roues; the ~ of fortune la roue de la fortune; she's a big ~ around here *Am* elle est considérée comme une huile par ici. **-2.** AUT: to be at the ~ *literal* être au volant, *fig* être aux commandes; to get behind OR take the ~ se mettre au OR prendre le volant ❑ (steering) ~ volant *m*. **-3.** NAUT barre *f*, gouvernail *m*; at the ~ à la barre. **-4.** [of torture] roue *f*. ◇ *vt* **-1.** [birds] tournoyer; [procession] faire demi-tour, MIL [column] effectuer une conversion; to ~ to the left tourner sur la gauche; to ~ (round) [person] se retourner, faire une volte-face; [procession] faire demi-tour; [horse] pirouetter; [birds] tournoyer. **-2.** *phr*: to ~ and deal *inf* [do business] brasser des affaires; *pej* magouiller. ◇ *vt* [bicycle, trolley] pousser; [suitcase] tirer; she ~ed the baby around the park elle a promené le bébé dans le parc; they ~ed on OR out the usual celebrities *fig* ils ont ressorti les mêmes célébrités.
◆ **wheels** *npl* **-1.** [workings] rouages *mpl*. **-2.** *inf* AUT [car] bagnole *f*.
**wheelbarrow** ['wiːl,bærəʊ] *n* brouette *f*.
**wheelbase** ['wiːlbeɪs] *n* empattement *m* AUT.
**wheel brace** *n* clef *f* en croix.
**wheelchair** ['wiːl,tʃeə¹] *n* fauteuil *m* roulant; ~ access accès *m* aux handicapés; the Wheelchair Olympics les jeux *mpl* Olympiques handisport OR pour handicapés.
**wheelclamp** ['wiːl,klæmp] ◇ *n* sabot *m* de Denver. ◇ *vt*: my car was ~ed on a mis un sabot à ma voiture.
**wheeled** [wiːld] *adj* à roues, muni de roues.
**-wheeled** *in cpds* à roues; four-~ à quatre roues.
**wheeler** ['wiːlə¹] *n* **-1.** [wheelmaker] charron *m*. **-2.** [horse] timonier *m*.
**wheeler-dealer** *n inf & pej* affairiste *mf*.
**wheelhouse** ['wiːlhaʊs, *pl* -haʊzɪz] *n* timonerie *f*.
**wheelie bin** ['wiːlɪ-] *n* poubelle *f* (avec des roues).
**wheeling and dealing** ['wiːlɪŋ-] *n (U) inf* combines *fpl*, manigances *fpl*.
**wheelwright** ['wiːlraɪt] *n* charron *m*.
**wheeze** [wiːz] ◇ *vi* [person] respirer bruyamment OR comme un asthmatique; [animal] souffler. ◇ *vt* dire d'une voix rauque. ◇ *n* **-1.** [sound of breathing] respiration *f* difficile OR sifflante. **-2.** Br *inf* [trick] combine *f*. **-3.** Br *inf* [joke] blague *f*. **-4.** *Am* [saying] dicton *m*.
**wheezy** ['wiːzɪ] (*compar* **wheezier**, *superl* **wheeziest**) *adj* [person] asthmatique; [voice, chest] d'asthmatique; [musical instrument, horse] poussif.
**whelk** [welk] *n* bulot *m*, buccin *m*.
**whelp** [welp] ◇ *n* **-1.** [animal] petit *m*, -e *f*. **-2.** *pej* [youth] petit morveux *m*, petite morveuse *f*. ◇ *vi* [of animals] mettre bas.
**when** [wen] ◇ *adv* quand; ~ are we leaving? quand partons-nous?; ~ is the next bus? à quelle heure est OR quand passe le prochain bus?; ~ did the war end? quand la guerre est-elle terminée?; ~ was the Renaissance? à quand remonte l'époque de la Renaissance?; you're open until ~? vous êtes ouvert jusqu'à quand?; ~ is the best time to call? quel est le meilleur moment pour appeler?
◇ *conj* **-1.** [how soon] quand; I don't know ~ we'll see you again je ne sais pas quand nous vous reverrons; do you remember ~ we met? te souviens-tu du jour où nous nous sommes connus?; I wonder ~ the shop opens je me demande à quelle heure ouvre le magasin; we don't agree on ~ it should be done nous ne sommes pas d'accord sur le moment où il faudrait le faire. **-2.** [at which time] quand; come back next week ~ we'll have more time revenez la semaine prochaine quand nous aurons plus de temps; he returned in the autumn, ~ the leaves were beginning to turn il est revenu à l'automne, alors que les feuilles commençaient à jaunir. **-3.** [indicating a specific point in time] quand, lorsque; he turned round ~ she called his name il s'est retourné quand OR lorsqu'elle a appelé; ~ I was a student lorsque j'étais OR à l'époque où j'étais étudiant; will

you still love me ~ I'm old? m'aimeras-tu encore quand je serai vieux?; she's thinner than ~ I last saw her elle a maigri depuis la dernière fois que je l'ai vue; on Sunday, ~ I go to the market [this week] dimanche, quand j'irai au marché; [every week] le dimanche, quand je vais au marché; I had just walked in the door/he was about to go to bed ~ the phone rang je venais juste d'arriver/il était sur le point de se coucher quand le téléphone a sonné; we hadn't been gone five minutes ~ Susan wanted to go home ça ne faisait pas cinq minutes que nous étions partis et Susan voulait déjà rentrer. **-4.** [as soon as] quand, dès que; [after] quand, après que; put your pencils down ~ you have finished posez votre crayon quand vous avez terminé; ~ completed, the factory will employ 100 workers une fois terminée, l'usine emploiera 100 personnes; ~ he starts drinking, he can't stop une fois qu'il a commencé à boire, il ne peut plus s'arrêter; I'll answer any questions ~ the meeting is over quand la réunion sera terminée, je répondrai à toutes vos questions; ~ they had finished dinner, he offered to take her home quand OR après qu'ils eurent dîné, il lui proposa de la ramener; ~ she had talked to him, she left après lui avoir parlé, elle est partie. **-5.** [the time that]: remember ~ a coffee cost 10 cents? vous souvenez-vous de l'époque où un café coûtait 10 cents?; that's ~ it snowed so hard c'est quand il a tant neigé; that's ~ he got up and left c'est à ce moment-là OR c'est alors qu'il s'est levé et est parti; now is ~ we should stand up and be counted c'est le moment d'avoir le courage de nos opinions. **-6.** [whenever] quand, chaque fois que; I try to avoid seeing him ~ possible j'essaie de l'éviter quand c'est possible. **-7.** [since, given that] quand, étant donné que; what good is it applying ~ I don't qualify for the job? à quoi bon me porter candidat quand OR si je n'ai pas les capacités requises pour faire ce travail?; how can you treat her so badly ~ you know she loves you? comment pouvez-vous la traiter si mal quand OR alors que vous savez qu'elle vous aime? **-8.** [whereas] alors que; she described him as being lax ~ in fact he's quite strict elle l'a décrit comme étant négligent alors qu'en réalité il est assez strict.

◇ *rel pron* **-1.** [at which time]: in a period ~ business was bad à une période où les affaires allaient mal; she was president until 1980, ~ she left the company elle fut présidente jusqu'en 1980, année où elle a quitté l'entreprise ‖ [which time]: she started her job in May, since ~ she has had no free time elle a commencé à travailler en mai et elle n'a pas eu de temps libre depuis; the new office will be ready in January, until ~ we use the old one le nouveau bureau sera prêt en janvier, jusque là OR en attendant, nous utiliserons l'ancien. **-2.** [that] où; do you remember the year ~ we went to Alaska? tu te rappelles l'année où on est allés en Alaska?; what about the time ~ she didn't show up? et la fois où elle n'est pas venue?; one day ~ he was out un jour où il était sorti OR qu'il était sorti.

**whence** [wens] *adv* & *pron fml* d'où.

**whenever** [wen'evər] ◇ *conj* **-1.** [every time that] quand, chaque fois que; ~ we go on a picnic, it rains chaque fois qu'on part en pique-nique, il pleut; he can come ~ he likes il peut venir quand il veut; I go to visit her ~ I can je vais la voir dès que je peux. **-2.** [at whatever time] quand; you can leave ~ you're ready vous pouvez partir dès que vous serez prêt; they try to help ~ possible ils essaient de se rendre utiles quand c'est possible. ◇ *adv* **-1.** [expressing surprise] quand; ~ did you find the time? mais quand donc avez-vous trouvé le temps? **-2.** [referring to an unknown or unspecified time]: I'll pick you up at 6 o'clock or ~ is convenient je te prendrai à 6 heures ou quand ça te convient ❏ let's assume he started work in April or ~ *inf* supposons qu'il ait commencé à travailler en avril ou quelque chose comme ça.

**whensoever** [,wensəʊ'evər] *lit* = **whenever**.

**where** [weər] ◇ *adv* **-1.** [at, in, to what place] où; ~ are you from? d'où est-ce que vous venez?, d'où êtes-vous?; ~ does this road lead? où va cette route? **-2.** [at what stage, position]: ~ are you in your work/in the book? où en êtes-vous dans votre travail/dans votre lecture?; ~ were we? où en étions-nous?; ~ do you stand with the boss? quels sont vos rapports avec le patron?; ~ do I come into it? qu'est-ce que j'ai à faire là-dedans, moi?; ~ would I be without you?

que serais-je devenu sans toi?

◇ *conj* **-1.** [the place at or in which] (là) où; it rains a lot ~ we live il pleut beaucoup là où nous habitons; she told me ~ to go [gave me directions] elle m'a dit où (il fallait) aller; [was rude] elle m'a envoyé promener; how did you know ~ to find me? comment avez-vous su où me trouver?; I wonder ~ my keys are je me demande où sont mes clés; turn left ~ the two roads meet tournez à gauche au croisement ‖ *fig*: I just don't know ~ to begin je ne sais vraiment pas par où commencer. **-2.** [the place that] là que, là où; this is ~ I work c'est là que je travaille; so that's ~ I left my coat! voilà où j'ai laissé mon manteau!; he showed me ~ the students live il m'a montré l'endroit où habitent les étudiants; we can't see well from ~ we're sitting nous ne voyons pas bien d'où OR de là où nous sommes assis ‖ *fig*: I see ~ I went wrong je vois où je me suis trompé; that's ~ she's mistaken c'est là qu'elle se trompe, voilà son erreur. **-3.** [whenever, wherever] quand, là où; the judge is uncompromising ~ drugs are concerned le juge est intraitable lorsqu'il OR quand il s'agit de drogue; ~ x equals y où x égale y; ~ possible là où OR quand c'est possible ❏ ~ there's life, there's hope *prov* tant qu'il y a de la vie, il y a de l'espoir *prov*. **-4.** [whereas, while] là où, alors que; ~ others see a horrid brat, I see a shy little boy là où les autres voient un affreux moutard, je vois un petit garçon timide. **-5.** *inf phr*: ~ it's at là ça bouge.

◇ *rel pron* **-1.** [in which, at which] où; the place ~ we went on holiday l'endroit où nous sommes allés en vacances; the table ~ they were sitting la table où OR à laquelle ils étaient assis; it was the kind of restaurant ~ tourists go c'était le genre de restaurant que fréquentent les touristes ‖ *fig*: I'm at the part ~ they discover the murder j'en suis au moment où ils découvrent le meurtre; it's reached a stage ~ I'm finding it difficult to work ça en est au point où travailler me devient pénible. **-2.** [in or at which place]: sign at the bottom, ~ I've put a cross signez en bas, là où j'ai mis une croix.

◇ *n*: they discussed the ~ and how of his accident ils ont parlé en détail des circonstances de son accident.

**whereabouts** [*adv* ,weərə'baʊts, *n* 'weərəbaʊts] ◇ *adv* où; ~ are you from? d'où êtes-vous?; I used to live in Cumbria — oh, really, ~? j'habitais dans le Cumbria — vraiment? où ça OR dans quel coin? ◇ *npl*: to know the ~ of sb/sthg savoir où se trouve qqn/qqch.

**whereas** [weər'æz] *conj* **-1.** [gen] alors que, tandis que. **-2.** JUR OR *fml* attendu que, considérant que.

**whereby** [weə'baɪ] *rel pron fml* par lequel, au moyen duquel; there's a new system ~ everyone gets one day off a month il y a un nouveau système qui permet à tout le monde d'avoir un jour de congé par mois.

**wherefore** ['weəfɔːr] ◇ *adv arch* OR *fml* pourquoi, pour quelle raison. ◇ *conj arch* OR *fml* pour cette raison, donc. ◇ *n* → **why**.

**wherein** [weər'ɪn] *arch* OR *fml* ◇ *adv* & *conj* en quoi, dans quoi. ◇ *rel pron* où, dans lequel.

**wheresoever** [,weəsəʊ'evər] = **wherever**.

**whereupon** [,weərə'pɒn] ◇ *conj* sur quoi, sur ce. ◇ *adv arch* sur quoi.

**wherever** [weər'evər] ◇ *conj* **-1.** [every place] partout où; [no matter what place] où que; ~ you go it's the same thing où que vous alliez c'est la même chose, c'est partout pareil; ~ we went, he complained about the food partout où on est allés, il s'est plaint de la nourriture. **-2.** [anywhere, in whatever place] (là) où; he can sleep ~ he likes il peut dormir (là) où il veut; we can go ~ we please nous pouvons aller où bon nous semble; they're from Little Pucklington, ~ that is ils viennent d'un endroit qui s'appelle Little Pucklington. **-3.** [in any situation] I wish, ~ possible, to avoid job losses je souhaite éviter toute perte d'emploi quand c'est possible; grants are given ~ needed des bourses sont accordées à chaque fois que c'est nécessaire. ◇ *adv inf* **-1.** [indicating surprise] mais où donc; ~ have you been? où étais-tu donc passé? **-2.** [indicating unknown or unspecified place]: they're holidaying in Marbella or Málaga or ~ ils passent leurs vacances à Marbella ou Malaga ou Dieu sait où.

**wherewithal** ['weəwɪðɔːl] *n Br*: the ~ les moyens *mpl*; I don't have the ~ to buy a new coat je n'ai pas les moyens de me payer un manteau neuf.

**whet** [wet] (*pt* & *pp* **whetted**, *cont* **whetting**) *vt* [cutting tool] affûter, aiguiser; [appetite] aiguiser, ouvrir; **to ~ sb's appetite** ouvrir l'appétit à qqn; **her few days in Spain only whetted her appetite for more** *fig* ces quelques jours passés en Espagne n'ont fait que lui donner envie d'y revenir.

**whether** ['weðə<sup>r</sup>] *conj* **-1.** [if] si; **I asked ~ I could come** j'ai demandé si je pouvais venir; **I don't know now ~ it's such a good idea** je ne suis plus sûr que ce soit une tellement OR si bonne idée; **the question now is ~ you want the job or not** la question est maintenant de savoir si tu veux cet emploi ou pas. **-2.** [no matter if]: **~ you want to or not** que tu le veuilles ou non; **~ by accident or design** que ce soit par hasard ou fait exprès.

**whetstone** ['wetstəʊn] *n* pierre *f* à aiguiser.

**whew** [hwju:] *interj* [relief] ouf; [admiration] oh la la.

**whey** [weɪ] *n* petit-lait *m*.

**which** [wɪtʃ] ◇ *det* **-1.** [indicating choice] quel *m*, quelle *f*, quels *mpl*, quelles *fpl*; **~ book did you buy?** quel livre as-tu acheté?; **~ candidate are you voting for?** pour quel candidat allez-vous voter?; **~ one?** lequel?/laquelle?; **~ ones?** lesquels?/lesquelles?; **~ one of you spoke?** lequel de vous a parlé?; **I wonder ~ route would be best** je me demande quel serait le meilleur chemin; **~ way should we go?** par où devrions-nous aller? **-2.** [referring back to preceding noun or statement]: **he may miss his plane, in ~ case he'll have to wait** il est possible qu'il rate son avion, auquel cas il devra attendre; **she arrives at 5 p.m., at ~ time I'll still be at the office** elle arrive à 17 h, heure à laquelle je serai encore au bureau; **they lived in Madrid for one year, during ~ time their daughter was born** ils ont habité Madrid pendant un an, et c'est à cette époque que leur fille est née.
◇ *pron* **-1.** [what one or ones] lequel *m*, laquelle *f*, lesquels *mpl*, lesquelles *fpl*; **~ of the houses do you live in?** dans quelle maison habitez-vous?; **~ of these books is yours?** lequel de ces livres est le tien?; **~ is the freshest?** quel est le plus frais?; **~ of you saw the accident?** qui de vous a vu l'accident?; **she's from Chicago or Boston, I don't remember ~** elle vient de Chicago ou de Boston, je ne sais plus lequel des deux; **we can play bridge or poker, I don't care ~** on peut jouer au bridge ou au poker, peu m'importe; **I can't tell ~ is ~** je n'arrive pas à les distinguer (l'un de l'autre); **~ is ~?** lequel est-ce? **-2.** [the one or ones that – as subject] celui qui *m*, celle qui *f*, ceux qui *mpl*, celles qui *fpl*; [– as object] celui que *m*, celle que *f*, ceux que *mpl*, celles que *fpl*; **show me ~ you prefer** montrez-moi celui que vous préférez; **tell her ~ is yours** dites-lui lequel est le vôtre.
◇ *rel pron* **-1.** [adding further information – as subject] qui; [– as object] que; **the house, ~ is very old, needs urgent repairs** la maison, qui est très vieille, a besoin d'être réparée sans plus attendre; **the vases, each of ~ held white roses, were made of crystal** les vases, qui contenaient chacun des roses blanches, étaient en cristal; **the hand with ~ I write** la main avec laquelle j'écris; **the office in ~ she works** le bureau dans lequel OR où elle travaille. **-2.** [commenting on previous statement – as subject] ce qui; [– as object] ce que; **he looked like a military man, ~ in fact he was** il avait l'air d'un militaire, et en fait c'en était un; **he says it was an accident, ~ I don't believe for an instant** il dit que c'était un accident, et que je ne crois absolument pas OR mais je ne le crois pas un seul instant; **then they arrived, after ~ things got better** bon, ils sont arrivés, après quoi tout est allé mieux; **she lied about the letter, from ~ I guessed she was up to something** elle a menti au sujet de la lettre, d'où j'ai deviné qu'elle combinait quelque chose; **he started shouting, upon ~ I left the room** il s'est mis à crier, sur quoi OR et sur ce j'ai quitté la pièce.
◆ **Which?** *pr n* magazine de l'Union des consommateurs britanniques connu pour ses essais comparatifs.

**whichever** [wɪtʃ'evə<sup>r</sup>] ◇ *pron* **-1.** [the one that – as subject] celui qui *m*, celle qui *f*, ceux qui *mpl*, celles qui *fpl*; [– as object] celui que *m*, celle que *f*, ceux que *mpl*, celles que *fpl*; **choose ~ most appeals to you** choisissez celui/celle qui vous plaît le plus; **will ~ of you arrives first turn on the heating?** celui d'entre vous qui arrivera le premier pourra-t-il allumer le chauffage?; **shall we go to the cinema or the theatre? — ~ you prefer** on va au cinéma ou au théâtre? — choisis ce que tu préfères; **let's meet at 3.30 or 4, ~ is best for you**

donnons-nous rendez-vous à 3 h 30 ou à 4 h, comme cela vous arrange le mieux; **we will reimburse half the value or $1,000, ~ is the greater** nous vous rembourserons la moitié de la valeur ou 1 000 dollars, soit la somme la plus avantageuse. **-2.** [no matter which one]: **~ of the routes you choose, allow about two hours** quel que soit le chemin que vous choisissiez, comptez environ deux heures; **I'd like to speak either to Mr Brown or Mr Jones, ~ is available** j'aimerais parler à M. Brown ou à M. Jones, celui des deux qui est disponible.
◇ *det* **-1.** [indicating the specified choice or preference]: **grants will be given to ~ students most need them** des bourses seront accordées à ceux des étudiants qui en ont le plus besoin; **take ~ seat you like** asseyez-vous où vous voulez; **we'll travel by ~ train is fastest** nous prendrons le train le plus rapide(, peu importe lequel); **keep ~ one appeals to you most** gardez celui qui vous plaît le plus. **-2.** [no matter what – as subject] quel que soit... qui; [– as object] quel que soit... que; **~ job you take, it will mean a lot of travelling** quel que soit le poste que vous preniez, vous serez obligé de beaucoup voyager; **~ way you look at it, it's not fair** peu importe la façon dont on considère la question, c'est vraiment injuste.

**whichsoever** [,wɪtʃsəʊ'evə<sup>r</sup>] = **whichever**.

**whichways** ['wɪtʃweɪz] *adv* Am où; **she left the papers lying every~** elle a laissé les papiers traîner partout.

**whiff** [wɪf] ◇ *n* **-1.** [gust, puff] bouffée *f*. **-2.** [smell] odeur *f*; **he got a sudden ~ of rotten eggs** il sentit soudain une odeur d'œufs pourris; **a ~ of scandal** *fig* une odeur de scandale. ◇ *vi inf* sentir mauvais, puer.

**whiffy** ['wɪfɪ] (*compar* **whiffier**, *superl* **whiffiest**) *adj inf* qui pue.

**Whig** [wɪg] ◇ *adj* whig. ◇ *n* whig *m*.

**while** [waɪl] ◇ *conj* **-1.** [as] pendant que; **he read the paper ~ he waited** il lisait le journal en attendant; **~ (you're) in London you should visit the British Museum** pendant que vous serez à Londres OR pendant votre séjour à Londres, il faut visiter le British Museum; **he cut himself ~ (he was) shaving** il s'est coupé en se rasant; **~ this was going on** pendant ce temps-là; **'heels repaired/keys cut ~ you wait'** 'talons/clés minute'; **~ you're up could you fetch me some water?** puisque tu es debout, peux-tu aller me chercher de l'eau?; **and ~ I'm about** OR **at it...** et pendant que j'y suis... **-2.** [although] bien que, quoique; **~ I admit it's difficult, it's not impossible** j'admets que c'est difficile, mais ce n'est pas impossible; **~ comprehensive, the report lacked clarity** bien que détaillé le rapport manquait de clarté. **-3.** [whereas] alors que, tandis que; **she's left-wing, ~ he's rather conservative** elle est de gauche tandis que lui est plutôt conservateur.
◇ *n*: **to wait a ~** attendre (un peu); **after a ~** au bout de quelque temps; **for a ~/a long ~ I believed her** pendant un certain temps/pendant assez longtemps je l'ai crue; **I was in the States a short ~ ago** j'étais aux États-Unis il y a peu (de temps); **she was in the garden a short ~ ago** elle était dans le jardin il y a un instant; **it's been a good ~ since I've seen her** ça fait pas mal de temps que je ne l'ai pas vue; **all the ~ (pendant)** tout ce temps; **once in a ~** de temps en temps OR à autre.
◆ **while away** *vt sep* faire passer; **she ~d away the hours reading until he returned** elle passa le temps à lire jusqu'à son retour.

**whilst** [waɪlst] Br = **while** *conj*.

**whim** [wɪm] *n* caprice *m*, fantaisie *f*; **it's just one of his little ~s** ce n'est qu'une de ses petites lubies; **arrangements are altered at the ~ of the King** les préparatifs sont changés sur un simple caprice du roi; **on a sudden ~ I telephoned her mother** tout à coup l'idée m'a pris de téléphoner à sa mère.

**whimper** ['wɪmpə<sup>r</sup>] ◇ *vi* [person] gémir, geindre; *pej* pleurnicher; [dog] gémir, pousser des cris plaintifs. ◇ *vt* gémir.
◇ *n* gémissement *m*, geignement *m*; **she did it without a ~** elle l'a fait sans se plaindre.

**whimpering** ['wɪmpərɪŋ] ◇ *n* (U) gémissements *mpl*, plaintes *fpl*. ◇ *adj* [voice] larmoyant; [person] qui pleurniche.

**whimsical** ['wɪmzɪkl] *adj* **-1.** [capricious] capricieux, fantasque. **-2.** [unusual] étrange, insolite.

**whimsically** ['wɪmzɪklɪ] *adv* étrangement, curieusement.

**whimsy** ['wɪmzɪ] (*pl* **whimsies**) *n* -1. [whimsicality] caractère *m* fantasque OR fantaisiste. -2. [idea] caprice *m*, fantaisie *f*.

**whine** [waɪn] ◇ *vi* -1. [in pain, discomfort – person] gémir, geindre; [– dog] gémir, pousser des gémissements. -2. [complain] se lamenter, se plaindre; to ~ about sthg se plaindre de qqch. ◇ *vt* dire en gémissant; "I'm hungry" she ~d «j'ai faim» dit-elle d'une voix plaintive. ◇ *n* -1. [from pain, discomfort] gémissement *m*.-2. [complaint] plainte *f*.

**whiner** ['waɪnər] *n inf* & *pej* pleurnichard *m*, -e *f*.

**whinge** [wɪndʒ] (*cont* **whingeing**) *Br* & *Austr inf* & *pej* ◇ *vi* geindre, pleurnicher. ◇ *n* plainte *f*, pleurnicherie *f*.

**whingeing** ['wɪndʒɪŋ] *Br* & *Austr inf* ◇ *n* (U) gémissement *m*; *pej* pleurnicherie *f*, plainte *f*. ◇ *adj* [person] pleurnicheur; [voice] plaintif.

**whining** ['waɪnɪŋ] ◇ *n* (U) -1. [of person] gémissements *mpl*; *pej* pleurnicheries *fpl*; [of dog] gémissements *mpl*.-2. [of machinery, shells] gémissement *m*. ◇ *adj* [person] *pej* geignard, pleurnicheur; [voice] geignard; [dog] qui gémit.

**whinny** ['wɪnɪ] (*pt* & *pp* **whinnied**, *pl* **whinnies**) ◇ *vi* hennir. ◇ *n* hennissement *m*.

**whip** [wɪp] (*pt* & *pp* **whipped**, *cont* **whipping**) ◇ *vt* -1. [person, animal] fouetter; the cold wind whipped her face le vent glacial lui fouettait le visage; the wind whipped her hair about le vent agitait sa chevelure. -2. *inf* [defeat] vaincre, battre. -3. CULIN fouetter, battre au fouet; ~ the egg whites battez les blancs en neige. -4. *fig*: his speech whipped them all into a frenzy son discours les a tous rendus frénétiques; to ~ sb into line mettre qqn au pas. -5. *Br inf* [steal] faucher, piquer. -6. SEW surfiler. -7. [cable, rope] surlier.
◇ *vi* -1. [lash] fouetter; the rain whipped against the windows la pluie fouettait OR cinglait les vitres; the flags whipped about in the wind les drapeaux claquaient au vent. -2. [move quickly] aller vite, filer; the car whipped along the road la voiture filait sur la route; the ball whipped past him into the net la balle est passée devant lui comme un éclair pour finir au fond du filet.
◇ *n* -1. [lash] fouet *m*; [for riding] cravache *f*.-2. POL [MP] parlementaire chargé de la discipline de son parti et qui veille à ce que ses députés participent aux votes. -3. *Br* POL [summons] convocation *f*.-4. *Br* POL [paper] calendrier des travaux parlementaires envoyé par le «whip» aux députés de son parti. -5. [dessert]: pineapple ~ crème *f* à l'ananas.
◆ **whip away** *vt sep* [subj: wind] emporter brusquement.
◆ **whip in** *vt sep* -1. HUNT ramener, rassembler. -2. *Br* POL [in parliament] battre le rappel de (*pour voter*). -3. [supporters] rallier. ◇ *vi insep* -1. [rush in] entrer précipitamment. -2. HUNT être piqueur.
◆ **whip off** *vt sep* [take off – jacket, shoes] se débarrasser de; [write quickly – letter, memo] écrire en vitesse.
◆ **whip on** *vt sep* [horse] cravacher.
◆ **whip out** ◇ *vt sep* -1. [take out] sortir vivement; he whipped a notebook out of his pocket il a vite sorti un carnet de sa poche. -2. [grab]: someone whipped my bag out of my hand quelqu'un m'a arraché mon sac des mains. ◇ *vi insep* sortir précipitamment.
◆ **whip round** *vi insep* [person] se retourner vivement, faire volte-face.
◆ **whip through** *vt insep inf* [book] parcourir en vitesse; [task] expédier, faire en quatrième vitesse.
◆ **whip up** *vt sep* -1. [curiosity, emotion] attiser; [support] obtenir. -2. [typhoon] susciter, provoquer; [dust] soulever (des nuages de). -3. CULIN battre au fouet, fouetter; I'll ~ up some lunch *inf* je vais préparer de quoi déjeuner en vitesse.

**whipcord** ['wɪpkɔːd] ◇ *n* whipcord *m*. ◇ *comp* en whipcord.

**whip hand** *n*: to have the ~ être le maître; to have the ~ over sb avoir le dessus sur qqn.

**whiplash** ['wɪplæʃ] *n* -1. [stroke of whip] coup *m* de fouet. -2. MED: ~ effect effet *m* du coup du lapin; ~ injury coup *m* du lapin, syndrome *m* cervical traumatique *spec*.

**whipped** [wɪpt] *adj* [cream] fouetté.

**whipper-in** [,wɪpər'-] (*pl* **whippers-in**) *n* HUNT piqueur *m*.

**whippersnapper** ['wɪpə,snæpər] *n dated* freluquet *m*.

**whippet** ['wɪpɪt] *n* whippet *m*.

**whipping** ['wɪpɪŋ] *n* [as punishment – child] correction *f*; [– prisoner] coups *mpl* de fouet.

**whipping boy** *n* bouc *m* émissaire.

**whipping cream** *n* crème *f* fraîche (à fouetter).

**whip-round** *n Br inf* collecte *f*; they had a ~ for her ils ont fait une collecte pour elle.

**whir** [wɜːr] = whirr.

**whirl** [wɜːl] ◇ *vi* -1. [person, skater] tourner, tournoyer; she ~ed round the ice rink elle a fait le tour de la piste en tourbillonnant. -2. [leaves, smoke] tourbillonner, tournoyer; [dust, water] tourbillonner; [spindle, top] tournoyer; snowflakes ~ed past the window des flocons de neige passaient devant la fenêtre en tourbillonnant. -3. [head, ideas] tourner; my head is ~ing (j'ai) la tête (qui) me tourne. -4. [move quickly] aller à toute vitesse; the horses ~ed past us les chevaux sont passés devant nous à toute allure. ◇ *vt* -1. [dancer, skater] faire tourner. -2. [leaves, smoke] faire tourbillonner OR tournoyer; [dust, sand] faire tourbillonner. -3. [take rapidly]: she ~ed us off on a trip round Europe elle nous a embarqués pour un tour d'Europe. ◇ *n* -1. [of dancers, leaves, events] tourbillon *m*; *fig*: my head is in a ~ la tête me tourne; her thoughts were in a ~ tout tourbillonnait dans sa tête; the mad social ~ hum la folle vie mondaine; the kitchen was a ~ of activity la cuisine bourdonnait d'activité. -2. [try]: to give sthg a ~ *inf* s'essayer à qqch. -3. *inf* [trip] promenade *f*, tour *m*.

**whirligig** ['wɜːlɪgɪg] *n Br* -1. [top] toupie *f*; [toy windmill] moulin *m* à vent (*jouet*). -2. [merry-go-round] manège *m*.-3. [of activity, events] tourbillon *m*.-4. [beetle] tourniquet *m*, gyrin *m*.

**whirlpool** ['wɜːlpuːl] *n literal* & *fig* tourbillon *m*.

**whirlwind** ['wɜːlwɪnd] ◇ *n* tornade *f*, trombe *f*; he went through the office accounts like a ~ *fig* il a passé les comptes de la société en revue en un rien de temps. ◇ *adj* [trip, romance] éclair (*inv*).

**whirlybird** ['wɜːlɪbɜːd] *n inf* hélico *m*.

**whirr** [wɜːr] ◇ *n* [of wings] bruissement *m*; [of camera, machinery] bruit *m*, ronronnement *m*; [of helicopter, propeller] bruit *m*, vrombissement *m*. ◇ *vi* [wings] bruire; [camera, machinery] ronronner; [propeller] vrombir.

**whish** [wɪʃ] = swish *vi* & *n*.

**whisk** [wɪsk] ◇ *vt* -1. [put or take quickly]: we ~ed the money into the tin/off the counter nous avons vite fait disparaître l'argent dans la boîte/du comptoir; she ~ed the children out of the room elle emmena rapidement les enfants hors de la pièce. -2. CULIN [cream, eggs] battre; [egg whites] battre en neige; ~ in the cream incorporer la crème avec un fouet. -3. [flick]: the horse/cow ~ed its tail le cheval/la vache agitait la queue. ◇ *vi* [move quickly] aller vite; she just ~ed in and out elle n'a fait qu'entrer et sortir. ◇ *n* -1. [of tail, stick, duster] coup *m*; the horse gave a ~ of its tail le cheval agita la queue OR donna un coup de queue. -2. [for sweeping] époussette *f*; [for flies] chasse-mouches *m inv*.-3. CULIN [hand] fouet *m*; [electric] batteur *m*.
◆ **whisk away** *vt sep* -1. [dust] enlever, chasser; [dishes, tablecloth] faire disparaître; [flies – with fly swatter] chasser à coups de chasse-mouches; [– with tail] chasser d'un coup de queue. -2. [take off]: a car ~ed us away to the embassy [immediately] une voiture nous emmena sur-le-champ à l'ambassade; [quickly] une voiture nous emmena à toute allure à l'ambassade.
◆ **whisk off** *vt sep* [quickly] emporter OR emmener à vive allure; [suddenly, immediately] conduire sur-le-champ.

**whisker** ['wɪskər] *n* poil *m*; she won the contest by a ~ *inf* elle a gagné le concours de justesse; he came within a ~ of discovering the truth *inf* il s'en est fallu d'un cheveu OR d'un poil qu'il apprenne la vérité.
◆ **whiskers** *npl* [beard] barbe *f*; [moustache] moustache *f*; [on animal] moustaches *fpl*.

**whiskered** ['wɪskəd] *adj* [bearded] qui a une barbe; [with moustache] qui a une moustache; [animal] qui a des moustaches.

**whiskey** ['wɪskɪ] (*pl* **whiskeys**) *Am* & *Ir* = whisky.

**whisky** (*pl* **whiskies**) *Br*, **whiskey** *Am* & *Ir* ['wɪskɪ] *n* whisky *m*, scotch *m*; *Am* bourbon *m*; a ~ and soda un whisky soda.

**whisky sour** *n* cocktail à base de whisky et de jus de citron.

**whisper** ['wɪspər] ◇ *vi* -1. [person] chuchoter, parler à voix basse; to ~ to sb parler OR chuchoter à l'oreille de qqn;

what are you ~ing about? qu'est-ce que vous avez à chuchoter?-**2.** [leaves] bruire; [water, wind] murmurer. ◊ *vt* **-1.** [person] chuchoter, dire à voix basse; to ~ sthg to sb chuchoter qqch à qqn; I ~ed the answer to her je lui ai soufflé la réponse; to ~ sweet nothings to sb susurrer des mots doux à l'oreille de qqn. **-2.** *Br* [rumour]: it's ~ed that her husband's left her le bruit court OR on dit que son mari l'a quittée. ◊ *n* **-1.** [of voice] chuchotement *m*; to speak in a ~ parler tout bas OR à voix basse; we never raised our voices above a ~ nous n'avons fait que murmurer. **-2.** [of leaves] bruissement *m*; [of water, wind] murmure *m*.**-3.** *Br* [rumour] rumeur *f*, bruit *m*; there are ~s of his leaving le bruit court OR on dit qu'il va partir.

**whispering** ['wɪspərɪŋ] ◊ *n* **-1.** [of voices] chuchotement *m*, chuchotements *mpl*.**-2.** [of leaves] bruissement *m*; [of water, wind] murmure *m*.**-3.** (*usu pl*) *Br* [rumour] rumeur. ◊ *adj* **-1.** [voice] qui chuchote. **-2.** [leaves, tree] qui frémit OR murmure; [water, wind] qui murmure.

**whispering gallery** *n* galerie *f* à écho.

**whist** [wɪst] *n* whist *m*.

**whist drive** *n* tournoi *m* de whist.

**whistle** ['wɪsl] ◊ *vi* **-1.** [person – using lips] siffler; [– using whistle] donner un coup de sifflet, siffler; to ~ to sb siffler qqn; the porter ~d for a taxi le portier a sifflé un taxi ❏ you can ~ for it! *Br inf* tu peux toujours courir OR te brosser!; to ~ in the dark essayer de se donner du courage. **-2.** [bird, kettle, train] siffler; bullets ~d past him des balles passaient près de lui en sifflant; the wind ~d through the trees le vent gémissait dans les arbres. ◊ *vt* [tune] siffler, siffloter. ◊ *n* **-1.** [whistling – through lips] sifflement *m*; [– from whistle] coup *m* de sifflet; if you need me, just give a ~ tu n'as qu'à siffler si tu as besoin de moi. **-2.** [of bird, kettle, train] sifflement *m*.**-3.** [instrument – of person, on train] sifflet *m*; the referee blew his ~ for half-time l'arbitre a sifflé la mi-temps ❏ to be as clean as a ~ briller comme un sou neuf; it's got all the bells and ~s il a tous les accessoires possibles et imaginables. **-4.** MUS: (penny OR tin) ~ flûtiau *m*, pipeau *m*.
◆ **whistle up** *vt sep Br* **-1.** [by whistling] siffler. **-2.** [find] dénicher, dégoter.

**whistle-stop** ◊ *n Am* RAIL arrêt *m* facultatif; ~ (town) village *m* perdu. ◊ *vi Am* POL *faire une tournée électorale en passant par des petites villes.* ◊ *adj*: he made a ~ tour of the West il a fait une tournée rapide dans l'Ouest.

**whit** [wɪt] *n lit* petit peu *m*; he hasn't changed a ~ il n'a absolument pas changé.

**Whit** [wɪt] *n* Pentecôte *f*. ◊ *comp* [holidays, week] de Pentecôte; ~ Sunday/Monday dimanche *m*/lundi *m* de Pentecôte.

**white** [waɪt] ◊ *adj* **-1.** [colour] blanc (*f* blanche); she wore a dazzling ~ dress elle portait une robe d'un blanc éclatant; his hair has turned ~ ses cheveux ont blanchi ‖ [pale]: she was ~ with fear/rage elle était verte de peur/blanche de colère; his face suddenly went ~ il a blêmi tout d'un coup ❏ ~r than ~ *literal* plus blanc que blanc; *fig* sans tache; you're as ~ as a ghost/sheet vous êtes pâle comme la mort/un linge; as ~ as snow blanc comme neige. **-2.** [flour, rice] blanc (*f* blanche); (a loaf of) ~ bread du pain blanc; ~ wine vin *m* blanc. **-3.** [race] blanc (*f* blanche); a ~ man un Blanc; a ~ woman une Blanche; an all-~ neighbourhood un quartier blanc; ~ supremacy la suprématie des Blancs. ◊ *n* **-1.** [colour] blanc *m*; the bride wore ~ la mariée était en blanc; he was dressed all in ~ il était tout en blanc. **-2.** ANAT [of an eye] blanc *m*; don't shoot until you see the ~s of their eyes ne tirez qu'au dernier moment. **-3.** CULIN: (egg) ~ blanc *m* (d'œuf). **-4.** [Caucasian] Blanc *m*, Blanche *f*; '~s only' 'réservé aux Blancs'. ◊ *vi* & *vt arch* blanchir.
◆ **whites** *npl* [sportswear] tenue *f* de sport blanche (*tennis, cricket*); [linen] blanc *m*.
◆ **white out** *vt sep* effacer (au correcteur liquide).

**whitebait** ['waɪtbeɪt] *n* [for fishermen] blanchaille *f*; CULIN petite friture *f*.

**white blood cell** *n* globule *m* blanc.

**whiteboard** ['waɪtbɔːd] *n* tableau *m* blanc.

**white-collar** *adj*: ~ job poste *m* d'employé de bureau; ~ workers les employés *mpl* de bureau, les cols *mpl* blancs.

**whited sepulchre** ['waɪtɪd-] *n* hypocrite *mf*.

**white elephant** *n* [useless object] objet coûteux dont l'utilité ne

justifie pas le coût; the new submarine has turned out to be a complete ~ le nouveau sous-marin s'est révélé être un luxe tout à fait superflu.

**White Ensign** *n* pavillon de la marine royale britannique.

**white-faced** *adj* au visage pâle.

**whitefish** ['waɪtfɪʃ] (*pl inv* OR **whitefishes**) *n* corégone *m*.

**white fish** *n Br* poissons à chair blanche.

**white flag** *n* drapeau *m* blanc.

**whitefly** ['waɪtflaɪ] (*pl* **whiteflies**) *n* aleurode *m*.

**white gold** *n* or *m* blanc.

**white-haired** *adj* [person] aux cheveux blancs; [animal] aux poils blancs.

**Whitehall** ['waɪthɔːl] *pr n* rue du centre de Londres qui réunit de nombreux services gouvernementaux.

**white heat** *n* PHYS & *fig* chaleur *f* incandescente; in the ~ of passion au plus fort de la passion.

**white hope** *n* espoir *m*.

**white-hot** *adj* PHYS & *fig* chauffé à blanc.

**White House** *pr n*: the ~ la Maison-Blanche.

**white knight** *n fig* sauveur *m*.

**white lie** *n* pieux mensonge *m*.

**white light** *n* lumière *f* blanche.

**white magic** *n* magie *f* blanche.

**white meat** *n* viande *f* blanche; [of poultry] blanc *m*.

**whiten** ['waɪtn] *vi* & *vt* blanchir.

**whitener** ['waɪtnə<sup>r</sup>] *n* agent *m* blanchissant.

**whiteness** ['waɪtnɪs] *n* blancheur *f*; [of skin] blancheur *f*, pâleur *f*.

**whitening** ['waɪtnɪŋ] *n* **-1.** [substance] blanc *m*.**-2.** [process – of walls] blanchiment *m*; [– of linen] blanchissage *m*.

**whiteout** ['waɪtaʊt] *n* brouillard *m* blanc.

**white owl** *n* harfang *m*, chouette *f* blanche.

**white paper** *n Br* [government report] livre *m* blanc.

**white pepper** *n* poivre *m* blanc.

**White Russia** *pr n* Russie *f* Blanche.

**White Russian** *pr n adj* biélorusse. ◊ *n* **-1.** [person] Biélorusse *mf*.**-2.** LING biélorusse *m*.

**white sauce** *n* sauce *f* blanche, béchamel *f*.

**white slavery, white slave trade** *n* traite *f* des blanches.

**white spirit** *n* white-spirit *m*.

**white tie** *n* [formal clothes] habit *m*; 'white tie' [on invitation] ≈ 'tenue de soirée exigée'.
◆ **white-tie** *adj* habillé.

**white trash** *n pej* pauvres blancs *mpl*.

**whitewall** ['waɪtwɔːl] *n* pneu *m* à flanc blanc.

**whitewash** ['waɪtwɒʃ] ◊ *n* **-1.** [substance] lait *m* de chaux. **-2.** *fig* [cover-up]: the police report was simply a ~ le rapport de police visait seulement à étouffer l'affaire. **-3.** SPORT [crushing defeat] défaite *f* cuisante. ◊ *vt* **-1.** [building, wall] blanchir à la chaux. **-2.** *fig* [cover up] blanchir, étouffer. **-3.** SPORT [defeat] écraser.

**white water** *n* eau *f* vive.

**whitewater rafting** ['waɪt,wɔːtə<sup>r</sup>-] *n* descente *f* en eau vive.

**white wedding** *n* mariage *m* en blanc.

**whiting** ['waɪtɪŋ] *n* **-1.** ZOOL merlan *m*.**-2.** [colouring agent] blanc *m*.

**whitlow** ['wɪtləʊ] *n* panaris *m*.

**Whitsun(tide)** ['wɪtsn(taɪd)] *n* Pentecôte *f*; at ~ à la Pentecôte.

**whitter** ['wɪtə<sup>r</sup>] = **witter**.

**whittle** ['wɪtl] *vt* **-1.** [cut] tailler (au couteau); he ~d an arrow from an old stick, he ~d an old stick into an arrow il a taillé une flèche dans un vieux bâton.
◆ **whittle away** ◊ *vt sep fig* amoindrir, diminuer. ◊ *vi insep* [with a knife] tailler; their constant teasing ~d away at his patience *fig* leurs moqueries constantes ont mis sa patience à bout.
◆ **whittle down** *vt sep* [with a knife] tailler (au couteau); *fig* amenuiser, amoindrir.

**whiz(z)** [wɪz] (*pt* & *pp* **whizzed**, *cont* **whizzing**) ◊ *vi* **-1.** [rush] filer; a car whizzed past une voiture est passée à toute allure. **-2.** [hiss]: bullets whizzed around OR past him des balles sifflaient tout autour OR passaient près de lui en sifflant. ◊ *n* **-1.** [hissing sound] sifflement *m*.-**2.** *inf* [swift movement]: I'll just have a (quick) ~ round with the Hoover/duster je vais juste passer un petit coup d'aspirateur/de chiffon. **-3.** *inf* [bright person] as *m*; he's a real computer ~ c'est vraiment un as de l'informatique.

**whiz(z) kid** *n inf* jeune prodige *m*; she's a computer ~ c'est un vrai génie de l'informatique.

**who** [hu:] ◊ *pron* [what person or persons – as subject] (qui est-ce) qui; [– as object] qui est-ce que, qui; ~ **are you?** qui êtes-vous?; ~ **is it?** [at door] qui est-ce?, qui est là?; ~ **is speaking?** [on telephone] qui est à l'appareil?; [asking for third person] c'est de la part de qui?; **it's Michael** — ~? c'est Michael — qui ça?; **I told him** ~ **I was** je lui ai dit qui j'étais; **find out** ~ **they are** voyez qui c'est OR qui sont ces gens; ~ **do you think you are?** vous vous prenez pour qui?; ~ **do you think you are, giving me orders?** de quel droit est-ce que vous me donnez des ordres?; ~ **did you say was coming to the party?** qui avez-vous dit qui viendrait à la soirée?; **you'll have to tell me** ~'**s** ~ il faudra que tu me dises qui est qui; ~ **is the film by?** de qui est le film?; ~ **is the letter from?** la lettre est de qui?, de qui est la lettre? ◊ *rel pron* qui; **the family** ~ **lived here moved away** la famille qui habitait ici a déménagé; **those of you** ~ **were late** ceux d'entre vous qui sont arrivés en retard; **anyone** ~ **so wishes may leave** ceux qui le souhaitent peuvent partir; **any reader** ~ **finds the story lacks imagination...** les lecteurs qui trouvent que l'histoire n'est pas très originale...; **Charles,** ~ **is a policeman, lives upstairs** Charles, qui est policier, vit en haut; **my mother,** ~ **I believe you've met,...** ma mère, que vous avez déjà rencontrée je crois,...

**WHO** (*abbr of* **World Health Organization**) *pr n* OMS *f*.

**whoa** [wəʊ] *interj*: ~! ho!, holà!

**who'd** [hu:d] **-1.** = **who had. -2.** = **who would.**

**whodun(n)it** [,hu:'dʌnɪt] *n inf* série *f* noire; **to read/to write** ~**s** lire/écrire des romans de série noire.

**whoe'er** [hu'eəʳ] *pron lit* celui qui, quiconque.

**whoever** [hu:'evəʳ] *pron* **-1.** [any person who] qui; ~ **wants it can have it** celui qui le veut peut le prendre; **invite** ~ **you like** invitez qui vous voulez. **-2.** [the person who] celui qui *m*, celle qui *f*, ceux qui *mpl*, celles qui *fpl*; ~ **answered the phone had a nice voice** la personne qui a répondu au téléphone avait une voix agréable; **contact** ~ **found the body** contactez celui qui OR la personne qui a trouvé le corps. **-3.** [no matter who]: **come out,** ~ **you are!** montrez-vous, qui que vous soyez!; ~ **gets the job will find it a real challenge** celui qui obtiendra cet emploi n'aura pas la tâche facile; **it's from John Smith,** ~ **he is** c'est de la part d'un certain John Smith, si ça te dit quelque chose. **-4.** [emphatic use] qui donc; ~ **can that be?** qui cela peut-il bien être?

**whole** [həʊl] ◊ *adj* **-1.** (*with singular nouns*) [entire, complete] entier, tout; **it took me a** ~ **day to paint the kitchen** j'ai mis une journée entière OR toute une journée pour peindre la cuisine; **I've never seen anything like it in my** ~ **life** je n'ai jamais vu une chose pareille de toute ma vie; **that was the** ~ **point of going there** c'est uniquement pour ça que j'y suis allé; **she said nothing the** ~ **time we were there** elle n'a rien dit tout le temps que nous étions là; **he spent the** ~ **time watching television** il a passé tout son temps à regarder la télévision; **the** ~ **world was watching** le monde entier regardait ‖ (*with plural nouns*) entier; **there are two** ~ **months still to go** il reste deux mois entiers ❑ **she won the** ~ **lot** elle a gagné le tout; **the** ~ **thing** OR **business was a farce** ce fut un véritable fiasco; **I had to start the** ~ **thing over again** j'ai dû tout recommencer. **-2.** [as intensifier] tout; **he's got a** ~ **collection of old photographs** il a toute une collection de vieilles photographies; **there's a** ~ **lot of things that need explaining** il y a beaucoup de choses qui doivent être expliquées ‖ (*with adjectives*): **a** ~ **new way of living** une façon de vivre tout à fait nouvelle. **-3.** [unbroken – china, egg yolk] intact; [unhurt – person] indemne, sain et sauf; *arch* OR *BIBLE*: **to make** ~ sauver. **-4.** *CULIN* [milk] entier; [grain] complet (*f* -ète). **-5.** [brother, sister]: ~ **brothers** des frères qui ont les mêmes parents.
◊ *n* **-1.** [complete thing, unit] ensemble *m*. **-2.** [as quantifier]: **the** ~ **of** tout; **it will be cold over the** ~ **of England** il fera froid sur toute l'Angleterre.
◊ *adv*: **to swallow sthg** ~ avaler qqch en entier; **he swal-**

lowed her story ~ *inf & fig* il a gobé tout ce qu'elle lui a dit.
◆ **as a whole** *adv phr* **-1.** [as a unit] entièrement; **as a** ~ **or in part** entièrement ou en partie. **-2.** [overall] dans son ensemble; **is it true of America as a** ~? est-ce vrai pour toute l'Amérique OR l'Amérique en général?; **considered as a** ~, **the festival was a remarkable success** dans son ensemble, le festival a été un vrai succès.
◆ **a whole lot** *adv phr* (*with comparative adjectives*) *inf* beaucoup; **he's a** ~ **lot younger than his wife** il est beaucoup plus jeune que sa femme.
◆ **on the whole** *adv phr* dans l'ensemble.

**wholefood** ['həʊlfu:d] *n* aliment *m* complet; ~ **shop** magasin *m*-diététique.

**wholehearted** [,həʊl'hɑ:tɪd] *adj* [unreserved] sans réserve; **she gave them her** ~ **support** elle leur a donné un soutien sans réserve OR sans faille; **he is a** ~ **supporter of our cause** [devoted] il est dévoué corps et âme à notre cause.

**wholeheartedly** [,həʊl'hɑ:tɪdlɪ] *adv* [unreservedly] de tout cœur; **I agree** ~ j'accepte de tout (mon) cœur.

**wholemeal** ['həʊlmi:l] *adj Br* [bread, flour] complet (*f* -ète).

**whole note** *n Am* [semibreve] ronde *f*.

**whole number** *n* [integer] nombre *m* entier.

**whole rest** *n Am* pause *f*.

**wholesale** ['həʊlseɪl] ◊ *n* (vente *f* en) gros *m*. ◊ *adj* **-1.** *COMM* [business, price, shop] de gros; ~ **dealer** OR **trader** grossiste *mf*.-**2.** *fig* [indiscriminate] en masse. ◊ *adv* **-1.** *COMM* en gros; **I can get it for you** ~ je peux vous le procurer au prix de gros. **-2.** *fig* [in entirety]: **to reject sthg** ~ rejeter qqch en bloc.

**wholesaler** ['həʊl,seɪləʳ] *n* grossiste *mf*.

**wholesome** ['həʊlsəm] *adj* [healthy – food, attitude, image, life] sain; [– air, climate, environment] salubre, salutaire; [advice] salutaire; **a** ~-**looking boy** un garçon sain d'aspect.

**wholewheat** ['həʊlwi:t] *adj Am* [bread, flour] complet (*f* -ète).

**who'll** [hu:l] **-1.** = **who will. -2.** = **who shall.**

**wholly** ['həʊlɪ] *adv* entièrement; **the firm has two** ~-**owned subsidiaries** *COMM* la société a deux filiales à cent pour cent.

**whom** [hu:m] *fml* ◊ *pron* [in questions] qui; **for** ~ **was the book written?** pour qui le livre a-t-il été écrit? ◊ *rel pron* [as object of verb] que; **she is the person** ~ **I most admire** c'est la personne que j'admire le plus ‖ [after preposition]: **the person to** ~ **I am writing** la personne à qui OR à laquelle j'écris; **she saw two men, neither of** ~ **she recognized** elle a vu deux hommes mais elle n'a reconnu ni l'un ni l'autre.

**whomever** [hu:m'evəʳ] *fml* OR *lit* ◊ *pron* [in questions]: ~ **did you get that from?** qui donc vous a donné cela? ◊ *rel pron*: **you may go with** ~ **you like** vous pouvez y aller avec qui vous voudrez.

**whoop** [wu:p] ◊ *n* **-1.** [yell] cri *m*.-**2.** *MED* quinte *f* de toux. ◊ *vi* **-1.** [yell]: **she** ~**ed with joy** elle poussa un cri de joie. **-2.** *MED* avoir un accès de toux coquelucheuse.
◆ **whoop up** *vt sep inf*: **to** ~ **it up** [celebrate] faire la noce bruyamment.

**whoopee** [*interj* wʊ'pi:, *n* 'wʊpi:] *inf* ◊ *interj*: ~! youpi! ◊ *n*: **to make** ~ [celebrate] faire la noce bruyamment; [have sex] faire l'amour.

**whooping cough** ['hu:pɪŋ-] *n MED* coqueluche *f*.

**whoops** [wʊps], **whoops-a-daisy** *interj inf*: ~! houp-là!

**whoosh** [wʊʃ] *inf* ◊ *n*: **a** ~ **of air** une bouffée d'air. ◊ *vi*: **the car** ~**ed through the puddles** la voiture passa en trombe dans les flaques. ◊ *interj*: ~! zoum!

**whop** [wɒp] (*pt & pp* **whopped,** *cont* **whopping**) *inf* ◊ *vt* [beat] rosser; [defeat] écraser. ◊ *n* [blow] coup.

**whopper** ['wɒpəʳ] *n inf* **-1.** [large object]: **he caught a real** ~ [fish] il a attrapé un poisson super géant; **that sandwich is a real** ~ c'est un énorme sandwich OR un sandwich gigantesque. **-2.** [lie] gros mensonge *m*, mensonge *m* énorme; **to tell a** ~ dire un mensonge gros comme une maison.

**whopping** ['wɒpɪŋ] *inf* ◊ *adj* énorme, géant; **inflation increased to a** ~ **360%** l'inflation a atteint le taux colossal de 360%. ◊ *adv*: **a** ~ **great lie** un mensonge énorme.

**whore** [hɔ:ʳ] *pej* ◊ *n* putain *f*; *BIBLE* [sinner] pécheresse *f*. ◊ *vi* **-1.** *literal*: **to go whoring** [prostitute o.s.] se prostituer; [frequent prostitutes] fréquenter les prostituées, courir la gueuse. **-2.** *fig*: **to** ~ **after sthg** se prostituer pour obtenir qqch.

**who're** ['huːəʳ] = **who are.**

**whorehouse** ['hɔːhaʊs, pl -haʊzɪz] n inf maison f close.

**whoremonger** ['hɔː,mʌŋgəʳ] n arch OR BIBLE vicieux m, fornicateur m arch.

**whorl** [wɜːl] n [on a shell] spire f; [on a finger] sillon m; BOT verticille m; ~s of smoke rose from the chimney la fumée montait en spirale de la cheminée.

**whortleberry** ['wɜːtl,berɪ] (pl **whortleberries**) n myrtille f.

**who's** [huːz] -**1.** = **who is.** -**2.** = **who has.**

**whose** [huːz] ◇ poss pron à qui; ~ is it? à qui est-ce?; ~ could it be? à qui pourrait-il bien être?; ~ was the winning number? à qui était le numéro gagnant? ◇ poss adj -**1.** [in a question] à qui, de qui; ~ car was he driving? à qui était la voiture qu'il conduisait?; ~ child is she? de qui est-elle l'enfant?; ~ fault is it? à qui la faute?; on ~ authority are you acting? au nom de quelle autorité agissez-vous?-**2.** [in a relative clause] dont; isn't that the man ~ photograph was in the newspaper? n'est-ce pas l'homme qui était en photo dans le journal?; the girl, both of ~ parents had died, lived with her 'aunt la fille, dont les deux parents étaient morts, vivait avec sa tante; they had twins neither of ~ names I can remember ils avaient des jumeaux mais je ne me souviens pas de leurs prénoms.

**whosoever** [,huːsəʊ'evəʳ] pron fml OR lit celui qui, quiconque.

**Who's Who** pr n: ≃ le Bottin mondain.

**who've** [huːv] = **who have.**

**why** [waɪ] ◇ adv pourquoi; ~ am I telling you this? pourquoi est-ce que je vous dis ça?; ~ is it that he never phones? pourquoi est-ce qu'il ne téléphone jamais?; ~ continue the war at all? pourquoi or à quoi bon continuer la guerre?; ~ the sudden panic? pourquoi toute cette agitation?; ~ not? pourquoi pas?; ~ not join us? pourquoi ne pas vous joindre à nous?
◇ conj pourquoi; I can't imagine ~ she isn't here je ne comprends pas pourquoi elle n'est pas ici; that's ~ he dislikes you c'est pour ça qu'il or voilà pourquoi il ne vous aime pas; they've gone, I can't think ~ ils sont partis, je ne sais pas pourquoi.
◇ rel pron [after 'reason']: the reason ~ I lied was that I was scared j'ai menti parce que j'avais peur; he didn't tell me the reason ~ il ne m'a pas dit pourquoi; this is the reason ~ I lied voilà pourquoi j'ai menti; there is no (good) reason ~ she shouldn't come il n'y a pas de raison qu'elle ne vienne pas.
◇ interj [expressing surprise, indignation etc]: ~, Mr Ricks, how kind of you to call! M. Ricks! comme c'est gentil à vous de téléphoner!; ~, there's nothing to it! oh, il n'y a rien de plus simple!; ~, he's an impostor! mais enfin, c'est un imposteur!
◇ n: the ~s and wherefores le pourquoi et le comment.

**WI** ◇ pr n abbr of **Women's Institute.** ◇ written abbr of **Wisconsin.**

**wick** [wɪk] n -**1.** [for a candle, lamp] mèche f.-**2.** Br phr: to get on sb's ~ inf taper sur les nerfs à qqn.

**wicked** ['wɪkɪd] adj -**1.** [evil - person, action, thought] mauvais, méchant; [immoral, indecent] vicieux; it was a ~ thing to do ce n'était pas gentil; what a ~ thing to say! quelle méchanceté!; it's a ~ waste of natural resources fig c'est un gâchis scandaleux de ressources naturelles ☐ to have one's ~ way with sb hum séduire qqn. -**2.** [very bad - weather] épouvantable; [- temper] mauvais, épouvantable; there are some ~ bends on those mountain roads il y a quelques méchants virages sur ces routes de montagne; prices have gone up something ~ inf les prix ont augmenté quelque chose de bien. -**3.** [mischievous - person] malicieux; [- smile, look, sense of humour] malicieux, coquin; you're a ~ little boy tu es un petit coquin. -**4.** inf [very good] formidable; she has a ~ forehand elle a un sacré coup droit; it's ~!▽ c'est génial!; ~ trainers▽ des baskets d'enfer.

**wickedly** ['wɪkɪdlɪ] adv -**1.** [with evil intent] méchamment, avec méchanceté. -**2.** [mischievously] malicieusement.

**wickedness** ['wɪkɪdnɪs] n -**1.** RELIG [sin, evil] iniquité f, vilenie f; [cruelty - of action, crime] méchanceté f; [- of thought] méchanceté f, vilenie f. -**2.** [mischievousness - of look, sense of humour, smile] caractère m malicieux or espiègle, malice f.

**wicker** ['wɪkəʳ] ◇ n osier m; made of ~ en osier. ◇ adj [furniture] en osier.

**wickerwork** ['wɪkəwɜːk] ◇ n [material] osier m; [objects] vannerie f. ◇ comp [furniture] en osier; [shop] de vannerie.

**wicket** ['wɪkɪt] n -**1.** Am [window] guichet m. -**2.** [gate] (petite) porte f, portillon m.-**3.** [in cricket - stumps] guichet m; [- area of grass] terrain m (entre les guichets).

**wicket keeper** n gardien m de guichet.

**wide** [waɪd] ◇ adj -**1.** [broad] large; how ~ is it? cela fait combien (de mètres) de large?, quelle largeur ça fait?; do you know how ~ it is? en connaissez-vous la largeur?; the road is thirty metres ~ la route fait trente mètres de large; they're making the street wider ils élargissent la route; he gave a ~ grin il a fait un large sourire; a ~ screen CIN un grand écran, un écran panoramique; there are wider issues at stake here des problèmes plus vastes sont ici en jeu; we need to see the problem in a wider context il faut que nous envisagions le problème dans un contexte plus général; I'm using the word in its widest sense j'emploie ce mot au sens le plus large ‖ [fully open - eyes] grand ouvert; she watched with ~ eyes elle regardait les yeux grands ouverts; his eyes were ~ with terror ses yeux étaient agrandis par l'épouvante. -**2.** [extensive, vast] étendu, vaste; to travel the ~ world parcourir le vaste monde; she has ~ experience in this area elle a une longue or grande expérience dans ce domaine; he has a ~ knowledge of music il a de vastes connaissances or des connaissances approfondies en musique; there are ~ gaps in her knowledge il y a des lacunes importantes dans ses connaissances; a ~ range of products COMM une gamme importante de produits; a ~ range of views was expressed des points de vue très différents furent exprimés; a ~ variety of colours un grand choix de couleurs. -**3.** [large - difference]: the gap between rich and poor remains ~ l'écart (existant) entre les riches et les pauvres demeure considérable. -**4.** SPORT: the shot was ~ le coup est passé à côté ☐ to be ~ of the mark Br literal rater or être passé loin de la cible; fig être loin de la vérité or du compte.
◇ adv -**1.** [to full extent]: open (your mouth) ~ ouvrez grand votre bouche; he flung his arms ~ il a ouvert grand les bras; place your feet ~ apart écartez bien les pieds. -**2.** [away from target] à côté; the missile went ~ le missile est tombé à côté.

**wide-angle lens** n grand-angle m, grand-angulaire m.

**wide area network** n réseau m étendu.

**wide-awake** adj tout éveillé, fig [alert] éveillé, vif.

**wide boy** n Br inf & pej personnage frimeur, bluffeur et sans scrupule.

**wide-eyed** adj -**1.** [with fear, surprise] les yeux agrandis OR écarquillés; he looked at me in ~ astonishment il me regarda les yeux écarquillés d'étonnement. -**2.** [naive] candide, ingénu fil.

**widely** ['waɪdlɪ] adv -**1.** [broadly]: to yawn ~ bâiller profondément; the houses were ~ scattered/spaced les maisons étaient très dispersées/espacées. -**2.** [extensively]: she has travelled ~ elle a beaucoup voyagé; the drug is now ~ available/used le médicament est maintenant largement répandu/utilisé; it was ~ believed that war was inevitable il était largement OR communément admis que la guerre était inévitable; the truth about the incident is not ~ known la vérité sur l'incident n'est pas connue du grand public; ~ held beliefs/opinions des croyances/opinions très répandues; to be ~ read [writer, book] être très lu, avoir un grand public; [person] avoir beaucoup lu, être très cultivé. -**3.** fig [significantly]: prices vary ~ les prix varient très sensiblement; the two versions differed ~ les deux versions étaient sensiblement différentes; the students came from ~ differing backgrounds les étudiants venaient d'horizons très différents.

**widen** ['waɪdn] ◇ vt élargir, agrandir; fig [experience, influence, knowledge] accroître, étendre; the tax reform will ~ the gap between rich and poor la réforme fiscale va accentuer OR agrandir l'écart entre les riches et les pauvres; I've ~ed my study to include recent events j'ai développé mon étude afin d'y inclure les derniers événements. ◇ vi s'élargir; [eyes] s'agrandir; [smile] s'accentuer.

**wide-open** adj -**1.** [extensive] grand ouvert; the ~ spaces of Australia les grands espaces de l'Australie. -**2.** [fully open]: she stood there with her eyes/mouth wide open elle était là, les yeux écarquillés/bouche bée. **-3.** *fig* [vulnerable] exposé; he left himself wide open to attack/criticism il prêtait ainsi le flanc aux attaques/critiques. **-4.** *Am* [town] ouvert.

**wide-ranging** [-'reɪndʒɪŋ] *adj* **-1.** [extensive] large, d'une grande ampleur; she has ~ interests elle a des intérêts variés; a ~ report/survey un rapport/une étude de grande envergure. **-2.** [far-reaching – effect] de grande portée.

**widespread** ['waɪdspred] *adj* **-1.** [arms] en croix; [wings] déployé. **-2.** [extensive] (très) répandu; **there has been ~ public concern** l'opinion publique se montre extrêmement préoccupée.

**widow** ['wɪdəʊ] ◇ *n* **-1.** [woman] veuve *f*; **she's a ~** elle est veuve; **a golf ~** *Br inf & hum* une femme que son mari délaisse pour le golf; **~'s pension** allocation *f* veuvage. **-2.** TYPO ligne *f* veuve (*dernière ligne d'un paragraphe se trouvant à la première ligne d'une page*). ◇ *vt* (*usu passive*): **he was ~ed last year** il a perdu sa femme l'année dernière; **she was ~ed last year** elle a perdu son mari l'année dernière; **she is recently ~ed** elle est veuve depuis peu, elle a perdu son mari il n'y a pas longtemps; **he is twice ~ed** il est deux fois veuf.

**widowed** ['wɪdəʊd] *adj*: **she supports her ~ mother** elle fait vivre sa mère qui est veuve.

**widower** ['wɪdəʊə'] *n* veuf *m*.

**widowhood** ['wɪdəʊhʊd] *n* veuvage *m*.

**widow's peak** *n* ligne de cheveux sur le front en forme de v.

**width** [wɪdθ] *n* **-1.** [breadth] largeur *f*; **the room was ten metres in ~** la pièce faisait dix mètres de largeur ‖ [of swimming pool] largeur *f*; **he swam two ~s** elle a fait deux largeurs de piscine. **-2.** TEX laize *f*, lé *m*.

**widthways** ['wɪdθweɪz], **widthwise** ['wɪdθwaɪz] *adv* dans le sens de la largeur.

**wield** [wiːld] *vt* **-1.** [weapon] brandir; [pen, tool] manier. **-2.** [influence, power] exercer, user de *lit*.

**wiener** ['wiːnə'] *n Am* saucisse *f* de Francfort.

**wife** [waɪf] (*pl* **wives** [waɪvz]) *n* **-1.** [spouse] femme *f*, épouse *f*; ADMIN conjointe *f*; **the farmer's ~** la fermière. **-2.** *arch* OR *dial* [woman] femme *f*.

**wifely** ['waɪflɪ] *adj* de bonne épouse.

**wife-swapping** [-'swɒpɪŋ] *n* échangisme *m*.

**wig** [wɪg] *n* perruque *f*; [hairpiece] postiche *m*.

**wigging** ['wɪgɪŋ] *n Br inf* [scolding] savon *m*; **to give sb a (good) ~** passer un savon à qqn.

**wiggle** ['wɪgl] ◇ *vt* remuer; [hips] remuer, tortiller. ◇ *vi* [person] (se) remuer, frétiller; [loose object] branler. ◇ *n* **-1.** [movement] tortillement *m*; **he gave his toes a ~** il remua ses orteils. **-2.** [wavy line] trait *m* ondulé.

**wiggly** ['wɪglɪ] *adj* frétillant, qui remue; **a ~ line** un trait ondulé.

**wigmaker** ['wɪg,meɪkə'] *n* perruquier *m*.

**wigwam** ['wɪgwæm] *n* wigwam *m*.

**wild** [waɪld] ◇ *adj* **-1.** [undomesticated] sauvage; [untamed] farouche; **a ~ beast** une bête sauvage; *fig* une bête féroce; **a ~ rabbit** un lapin de garenne; **a ~ horse** un cheval sauvage. **-2.** [uncultivated – fruit] sauvage; [– flower, plant] sauvage, des champs; **~ strawberries** fraises *fpl* des bois; **many parts of the country are still ~** beaucoup de régions du pays sont encore à l'état sauvage. **-3.** [violent – weather]: **~ weather** du gros temps; **a ~ wind** un vent violent OR de tempête; **it was a ~ night** ce fut une nuit de tempête. **-4.** [mad] fou, *before vowel or silent 'h'* fol (*f* folle), furieux; **to be ~ with grief/happiness/jealousy** être fou de douleur/joie/jalousie; **he had ~ eyes** OR **a ~ look in his eyes** il avait une lueur de folie dans le regard. **-5.** [dishevelled – appearance] débraillé; [– hair] en bataille, ébouriffé; **a ~-looking young man** un jeune homme à l'air farouche. **-6.** [enthusiastic]: **the speaker received ~ applause** l'orateur reçut des applaudissements frénétiques; **to be ~ about sb** *inf* être dingue de qqn; **to be ~ about sthg** *inf* être dingue de OR emballé par qqch. **-7.** [outrageous – idea, imagination] insensé, fantaisiste; [– promise, tale] insensé; [– rumour] délirant; [– plan] extravagant; **the book's success was beyond his ~est dreams** le succès de son livre dépassait ses rêves les plus fous ‖ [reckless] fou, *before vowel or silent 'h'* fol (*f* folle); **that was in my ~ youth** c'était au temps de ma folle jeunesse. **-8.** [random]: **to take a ~ swing at sthg** lancer le poing au hasard pour atteindre

qqch; **at a ~ guess** à vue de nez; **aces are ~** CARDS les as sont libres ❑ **to play a ~ card** prendre un risque. **-9.** *inf phr*: **~ and woolly** [idea, plan] peu réfléchi; [place] sauvage, primitif.

◇ *n*: **in the ~** en liberté; **the call of the ~** l'appel *m* de la nature; **he spent a year living in the ~** OR **~s** il a passé un an dans la brousse; **the ~s of northern Canada** le fin fond du nord du Canada.

◇ *adv* **-1.** [grow, live] en liberté; **strawberries grow ~ in the forest** des fraises poussent à l'état sauvage dans la forêt. **-2.** [emotionally]: **to go ~ with joy/rage** devenir fou de joie/colère; **when he came on stage the audience went ~** les spectateurs hurlèrent d'enthousiasme quand il arriva sur le plateau. **-3.** [unconstrained]: **to run ~** [animals] courir en liberté; [children] être déchaîné; **they let their children run ~** *literal* ils laissent leurs enfants traîner dans la rue; *fig* ils ne disciplinent pas du tout leurs enfants; **they've left the garden to run ~** ils ont laissé le jardin à l'abandon OR revenir à l'état sauvage.

**wild boar** *n* sanglier *m*.

**wild card** *n* COMPUT joker *m*.

**wildcat** ['waɪldkæt] (*pl inv* OR **wildcats**) ◇ *n* ZOOL chat *m* sauvage; **she's a real ~** *fig* c'est une vraie tigresse. ◇ *adj* [imprudent, ill-considered] aléatoire, hasardeux.

**wildcat strike** *n* grève *f* sauvage.

**wildebeest** ['wɪldɪbiːst] (*pl inv* OR **wildebeests**) *n* gnou *m*.

**wilderness** ['wɪldənɪs] ◇ *n* **-1.** [uninhabited area] pays *m* désert, région *f* sauvage; BIBLE désert *m*; **a ~ of snow and ice** une région OR une étendue de neige et de glace; **a cultural ~** *fig* un désert culturel. **-2.** [overgrown piece of land] jungle *f*. ◇ *adj* [region] reculé; **the ~ years** *fig* la traversée du désert.

**wild-eyed** *adj* **-1.** [crazed] au regard fou. **-2.** [impractical] extravagant.

**wildfire** ['waɪld,faɪə'] *n*: **to spread like ~** se répandre comme une traînée de poudre.

**wildfowl** ['waɪldfaʊl] *npl* oiseau *m* sauvage; HUNT [collectively] sauvagine *f*, gibier *m* à plume.

**wild-goose chase** *n*: **I was sent on a ~** on m'a envoyé courir au diable pour rien.

**wild hyacinth** *n* [bluebell] jacinthe *f* des bois.

**wildlife** ['waɪldlaɪf] ◇ *n (U)* [wild animals] faune *f*; [wild animals and plants] la faune et la flore. ◇ *comp* de la vie sauvage; [photographer] de la nature; [programme] sur la nature OR la vie sauvage; [expert, enthusiast] de la faune et de la flore.

**wildlife park** *n* réserve *f* naturelle.

**wildly** ['waɪldlɪ] *adv* **-1.** [violently] violemment, furieusement. **-2.** [enthusiastically]: **the crowd applauded ~** la foule applaudissait frénétiquement. **-3.** [randomly] au hasard; **to swing ~ at sb/sthg** lancer le poing au hasard en direction de qqn/qqch; **exchange rates fluctuated ~** les taux de change fluctuaient de façon aberrante. **-4.** [extremely] excessivement; **the reports are ~ inaccurate** les comptes rendus sont complètement faux; **~ expensive/funny** follement cher/drôle; **to be ~ jealous/happy** être fou de jalousie/bonheur; **I'm not ~ happy about the decision** cette décision ne m'enchante pas spécialement. **-5.** [recklessly] avec témérité; **he talked ~ of joining the foreign legion** il parlait avec témérité de s'engager dans la légion étrangère.

**wild man** *n* [savage] sauvage *m*.

**wild oats** *npl*: **to sow one's ~** *inf & euph* jeter sa gourme.

**wild rice** *n* zizania *f*.

**wild thyme** *n* serpolet *m*.

**wild west** ◇ *n*: **the ~** le Far West. ◇ *comp*: **~ show** spectacle sur le thème du Far West.

**wiles** [waɪlz] *npl* ruses *fpl*.

**wilful** *Br*, **willful** *Am* ['wɪlfʊl] *adj* **-1.** [action] délibéré; [damage] volontaire, délibéré; **he rebuked her for ~ disobedience** il l'a réprimandée pour avoir désobéi délibérément OR à dessein. **-2.** [person] entêté, obstiné.

**wilfully** *Br*, **willfully** *Am* ['wɪlfʊlɪ] *adv* **-1.** [deliberately] délibérément. **-2.** [obstinately] obstinément, avec entêtement.

**wilfulness** *Br*, **willfulness** *Am* ['wɪlfʊlnɪs] *n* **-1.** [of action] caractère *m* délibéré; [of damage] caractère *m* intentionnel. **-2.** [of character, person] obstination *f*, entêtement *m*.

**will¹** [wɪl] *modal vb* **-1.** [indicating the future]: what time ~ you be home tonight? à quelle heure rentrez-vous ce soir?; the next meeting ~ be held in July la prochaine réunion aura lieu en juillet; I don't think he ~ OR he'll come today je ne pense pas qu'il vienne OR je ne crois pas qu'il viendra aujourd'hui; do you think she'll marry him? — I'm sure she ~/won't est-ce que tu crois qu'elle va se marier avec lui? — je suis sûr que oui/non; he doesn't think he'll be able to fix it il ne pense pas pouvoir OR il ne croit pas qu'il pourra le réparer; when they come home the children ~ be sleeping quand ils rentreront, les enfants dormiront OR seront endormis. **-2.** [indicating probability]: that'll be the postman ça doit être OR c'est sans doute le facteur; she'll be grown up by now elle doit être grande maintenant; it won't be ready yet ce n'est sûrement pas prêt. **-3.** [indicating resolution, determination]: I'll steal the money if I have to je volerai l'argent s'il le faut; I won't have it! je ne supporterai OR n'admettrai pas ça!; you must come! — I won't! il faut que vous veniez! — je ne viendrai pas!; I won't go — oh yes you ~! je n'irai pas — oh (que) si!-**4.** [indicating willingness]: I'll carry your suitcase je vais porter votre valise; who'll volunteer? — I ~! qui se porte volontaire? — moi!; ~ you marry me? — yes, I ~/no, I won't veux-tu m'épouser? — oui/non; my secretary ~ answer your questions ma secrétaire répondra à vos questions ❑ ~ do! *inf* d'accord!-**5.** [in requests, invitations]: ~ you please stop smoking? pouvez-vous éteindre votre cigarette, s'il vous plaît?; you won't forget, ~ you? tu n'oublieras pas, n'est-ce pas?; you WILL remember to lock the door, won't you? tu n'oublieras pas de fermer à clef, hein?; won't you join us for lunch? vous déjeunerez bien avec nous?; if you ~ come with me si vous voulez bien venir avec moi ‖ [in orders]: stop complaining, ~ you! arrête de te plaindre, tu veux!; ~ you be quiet! vous allez vous taire!-**6.** [indicating basic ability, capacity]: the machine ~ wash up to 5 kilos of laundry la machine peut laver jusqu'à 5 kilos de linge ‖ [indicating temporary state or capacity]: the car won't start la voiture ne veut pas démarrer; it ~ start, but it dies after a couple of seconds elle démarre, mais elle s'arrête tout de suite. **-7.** [indicating habitual action]: she'll play in her sandpit for hours elle peut jouer des heures dans son bac à sable ‖ [indicating obstinacy]: she WILL insist on calling me Uncle Roger elle insiste pour OR elle tient à m'appeler Oncle Roger; she WILL have the last word il faut toujours qu'elle ait le dernier mot. **-8.** [used with 'have']: another ten years ~ have gone by dix autres années auront passé ‖ [expressing probability]: she'll have finished by now elle doit avoir fini maintenant.

**will²** [wɪl] ◇ *n* **-1.** [desire, determination] volonté *f*; he has a weak/strong ~ il a peu/beaucoup de volonté; a battle of ~s une lutte d'influences; she no longer has the ~ to live elle n'a plus envie de vivre; it is the ~ of the people that... le peuple veut que... ❑ to have a ~ of iron OR an iron ~ avoir une volonté de fer; to have a ~ of one's own n'en faire qu'à sa tête, être très indépendant; with the best ~ in the world avec la meilleure volonté du monde; where there's a ~ there's a way *prov* quand on veut on peut *prov*. **-2.** JUR testament *m*; last ~ and testament dernières volontés *fpl*; did he leave me anything in his ~? m'a-t-il laissé quelque chose dans son testament?
◇ *vt* **-1.** [using willpower]: I was ~ing her to say yes j'espérais qu'elle allait dire oui; she ~ed herself to keep walking elle s'est forcée à poursuivre sa marche; I could feel the crowd ~ing me on je sentais que la foule me soutenait. **-2.** [bequeath] léguer; she ~ed her entire fortune to charity elle a légué toute sa fortune à des œuvres de charité. **-3.** *lit* [wish, intend] vouloir; the Lord so ~ed it le Seigneur a voulu qu'il en soit ainsi. ◇ *vi arch* OR *lit* [wish] vouloir.

◆ **against one's will** *adv phr* contre sa volonté; he left home against his father's ~ il est parti de chez lui contre la volonté de son père.

◆ **at will** *adv phr* à sa guise; they can come and go at ~ here ils peuvent aller et venir à leur guise ici.

◆ **with a will** *adv phr* avec ardeur OR acharnement; we set to with a ~ nous nous attelâmes à la tâche avec ardeur.

**willful** *etc Am* = **wilful**.

**William** ['wɪljəm] *pr n*: ~ of Orange Guillaume d'Orange; ~ the Conqueror Guillaume le Conquérant.

**willie** ['wɪlɪ] *Br* = **willy**.

**willies** ['wɪlɪz] *npl inf*: he/it gives me the ~ il/ça me fiche la trouille.

**willing** ['wɪlɪŋ] *adj* **-1.** [ready, prepared]: are you ~ to cooperate with us? êtes-vous prêt à collaborer avec nous?; he isn't even ~ to try il ne veut même pas essayer; to be ~ and able (to do sthg) avoir l'envie et les moyens (de faire qqch); he's more than ~ to change jobs il ne demande pas mieux, que de changer d'emploi. **-2.** [compliant]: he's a ~ victim c'est une victime complaisante. **-3.** [eager, enthusiastic — helper] bien disposé, de bonne volonté. **-4.** *phr*: to show ~ faire preuve de bonne volonté.

**willingly** ['wɪlɪŋlɪ] *adv* **-1.** [eagerly, gladly] de bon cœur, volontiers; they ~ gave up their time ils n'ont pas été avares de leur temps; I'll do it ~, I'll ~ do it je le ferai volontiers. **-2.** [voluntarily] volontairement, de plein gré.

**willingness** ['wɪlɪŋnɪs] *n* **-1.** [enthusiasm]: he set to with great ~ il s'est attelé à la tâche avec un grand enthousiasme. **-2.** [readiness]: he admired her ~ to sacrifice her own happiness il admirait le fait qu'elle soit prête à sacrifier son propre bonheur.

**will-o'-the-wisp** [,wɪləðə'wɪsp] *n literal & fig* feu *m* follet.

**willow** ['wɪləu] ◇ *n* **-1.** BOT saule *m*.**-2.** *inf* CRICKET batte *f*. ◇ *comp* de saule; ~ tree saule *m*.

**willow pattern** *n* motif de céramique très répandu en Grande-Bretagne.

**willowy** ['wɪləuɪ] *adj* [figure, person] élancé, svelte; [object] souple, flexible.

**willpower** ['wɪl,pauə'] *n* volonté *f*; he lacks the ~ to diet il n'a pas suffisamment de volonté pour se mettre au régime; he gave up smoking through sheer ~ il a arrêté de fumer par la seule force de sa volonté.

**willy** ['wɪlɪ] *n* (*pl* **willies**) *n Br inf* zizi *m*.

**willy-nilly** [,wɪlɪ'nɪlɪ] *adv* bon gré mal gré.

**wilt¹** [wɪlt] *2nd pers sg arch* OR *dial* → **will** *modal vb*.

**wilt²** [wɪlt] ◇ *vi* [droop — flower, plant] se faner, se flétrir; [— person] languir, s'alanguir. ◇ *vt* [cause to droop — flower, plant] faner, flétrir.

**Wilts** *written abbr of* **Wiltshire**.

**wily** ['waɪlɪ] (*compar* wilier, *superl* wiliest) *adj* [person] rusé, malin (*f*-igne); [scheme, trick] habile, astucieux.

**wimp** [wɪmp] *n inf & pej* [person — physically weak] mauviette *f*; [— morally weak, irresolute] mou *m*, molle *f*, pâte *f* molle.

**wimpish** ['wɪmpɪʃ] *adj inf & pej* mollasson.

**wimple** ['wɪmpl] *n* guimpe *f*.

**win** [wɪn] (*pt & pp* won [wʌn], *cont* **winning**) ◇ *vi* [in competition] gagner; she always ~s at tennis elle gagne toujours au tennis; they're winning three nil ils gagnent trois à zéro; he won by only one point il a gagné d'un point seulement; OK, you ~! bon, d'accord!; I (just) can't ~! j'ai toujours tort! ❑ to ~ hands down gagner haut la main.
◇ *vt* **-1.** [in competition — award, prize] gagner; [— scholarship] obtenir; [— contract] gagner, remporter; he won first prize il a gagné OR eu le premier prix; ~ yourself a dream holiday! gagnez des vacances de rêve!; she won a gold medal in the Olympics elle a obtenu une médaille d'or aux jeux Olympiques; his superior finishing speed won him the race il a gagné la course grâce à sa vitesse supérieure dans la dernière ligne droite au finish; to ~ a place at university *Br* obtenir une place à l'université; he has won his place in history *fig* il s'est fait un nom dans l'histoire ‖ [in war]: we have won a great victory nous avons remporté une grande victoire; this offensive could ~ them the war cette offensive pourrait leur faire gagner la guerre. **-2.** [obtain, secure — friendship, love] gagner; [— sympathy] s'attirer; to ~ sb's heart gagner OR conquérir le cœur de qqn; to ~ sb's hand *arch* obtenir la main de qqn; his impartiality has won him the respect of his colleagues son impartialité lui a valu OR fait gagner le respect de ses collègues. **-3.** MIN extraire.
◇ *n* **-1.** SPORT victoire *f*; we haven't had one ~ all season nous n'avons pas remporté une seule victoire de toute la saison. **-2.** *Am* [in horseracing]: ~, place, show gagnant, placé et troisième.

◆ **win back** *vt sep* [money, trophy] reprendre, recouvrer; [land] reprendre, reconquérir; [loved one] reconquérir; [esteem, respect, support] retrouver, recouvrer; POL [votes, voters, seats] récupérer, recouvrer.

◆ **win out** *vi insep* triompher; the need for peace won out over the desire for revenge le besoin de paix triompha du désir de revanche.

◆ **win over** *vt sep* [convert, convince] rallier; he has won several of his former opponents over to his ideas il a rallié plusieurs de ses anciens adversaires à ses idées; the report won her over to the protesters' cause le rapport l'a gagnée à la cause des protestataires; we won him over in the end nous avons fini par le convaincre.

◆ **win round** *Br* = win over.

◆ **win through** *vi insep* remporter; the striking rail workers won through in the end les cheminots en grève ont fini par obtenir gain de cause.

**wince** [wɪns] ◇ *vi* [from pain] crisper le visage, grimacer; to ~ with pain grimacer de douleur ‖ *fig* grimacer (de dégoût); she winced at the thought cette pensée l'a fait grimacer de dégoût. ◇ *n* grimace *f*.

**winceyette** [ˌwɪnsɪ'et] *Br* ◇ *n* flanelle *f* de coton. ◇ *adj* [nightdress, pyjamas, sheets] en flanelle de coton.

**winch** [wɪntʃ] ◇ *n* treuil *m*. ◇ *vt*: to ~ sb/sthg up/down monter/descendre qqn/qqch au treuil; the survivors were ~ed to safety à l'aide d'un treuil on a hissé les rescapés hors de danger.

**Winchester disk** ['wɪntʃestə-] *n* disque *m* (dur) Winchester.

**wind¹** [wɪnd] ◇ *n* **-1.** METEOR vent *m*; the ~ has risen/dropped le vent s'est levé/est tombé; the ~ is changing le vent tourne ‖ NAUT: into the ~ contre le vent; off the ~ dans le sens du vent ‖ *fig*: the ~s of change are blowing il y a du changement dans l'air; the cold ~ of recession le vent glacial de la récession ❏ to get ~ of sthg avoir vent de qqch; to run like the ~ courir comme le vent; to be scattered to the four ~s être éparpillés aux quatre vents; there's something in the ~ il se prépare quelque chose; to take the ~ out of sb's sails couper l'herbe sous le pied à qqn; let's wait and see which way the ~ is blowing attendons de voir quelle tournure les événements vont prendre. **-2.** [breath] souffle *m*; I haven't got my ~ back yet je n'ai pas encore repris haleine OR mon souffle; to get one's second ~ reprendre haleine OR son souffle; he had the ~ knocked out of him SPORT on lui a coupé le souffle, on l'a mis hors d'haleine ❏ to put the ~ up sb *inf* flanquer la frousse à qqn. **-3.** *inf* [empty talk] vent *m*. **-4.** (*U*) [air in stomach] vents *mpl*, gaz *mpl*; to break ~ lâcher des vents; to get a baby's ~ up faire faire son renvoi à un bébé. **-5.** MUS: the ~ (section) les instruments *mpl* à vent, les vents *mpl*.

◇ *vt* **-1.** [make breathless]: to ~ sb couper le souffle à qqn; don't worry, I'm only ~ed ne t'inquiète pas, j'ai la respiration coupée, c'est tout. **-2.** [horse] laisser souffler. **-3.** [baby] faire faire son renvoi à. **-4.** HUNT [prey] avoir vent de.

**wind²** [waɪnd] (*pt & pp* **wound** [waʊnd]) ◇ *vi* [bend – procession, road] serpenter; [coil – thread] s'enrouler; the river ~s through the valley le fleuve décrit des méandres dans la vallée OR traverse la vallée en serpentant. ◇ *vt* **-1.** [wrap – bandage, rope] enrouler; I wound a scarf round my neck j'ai enroulé une écharpe autour de mon cou; ~ the string into a ball enrouler la ficelle pour en faire une pelote ❏ to ~ sb round OR around one's little finger mener qqn par le bout du nez. **-2.** [clock, watch, toy] remonter; [handle] tourner, donner un tour de. **-3.** *arch* OR *hum* [travel]: to ~ one's way home prendre le chemin du retour. ◇ *n* **-1.** MECH: give the clock/watch a ~ remontez l'horloge/la montre; she gave the handle another ~ elle donna un tour de manivelle de plus. **-2.** [bend – of road] tournant *m*, courbe *f*; [– of river] coude *m*.

◆ **wind back** *vt sep* rembobiner.

◆ **wind down** ◇ *vi insep* **-1.** [relax] se détendre, décompresser. **-2.** MECH [clock, watch] ralentir. ◇ *vt sep* **-1.** MECH [lower] faire descendre; [car window] baisser. **-2.** [bring to an end – business] mener (doucement) vers sa fin.

◆ **wind forward** *vt sep* (faire) avancer.

◆ **wind on** *vt sep* enrouler.

◆ **wind up** ◇ *vt sep* **-1.** [conclude – meeting] terminer; [– account, business] liquider. **-2.** [raise] monter, faire monter; [car window] monter, fermer. **-3.** [string, thread] enrouler; [on a spool] dévider. **-4.** MECH [clock, watch, toy] remonter; to be wound up (about sthg) *inf & fig* être à cran (à cause de qqch). **-5.** *Br inf* [annoy] asticoter; [tease] faire marcher. ◇ *vi insep inf* [end up] finir; he wound up in jail il a fini OR s'est re-trouvé en prison.

**windbag** ['wɪndbæg] *n inf & pej* moulin *m* à paroles.

**windblown** ['wɪndbləʊn] *adj* [hair] ébouriffé par le vent; [trees] fouetté OR cinglé par le vent.

**windbreak** ['wɪndbreɪk] *n* abri-vent *m*, coupe-vent *m inv*.

**windbreaker**® ['wɪnd,breɪkəʳ] *n Am* anorak *m*, coupe-vent *m inv*.

**windcheater** ['wɪnd,tʃiːtəʳ] *n Br* anorak *m*, coupe-vent *m inv*.

**windchill factor** ['wɪndtʃɪl-] *n* facteur d'abaissement de la température provoqué par le vent.

**winder** ['waɪndəʳ] *n* [for clock] remontoir *m*; [for car window] lève-vitre *m*, lève-glace *m*; [for thread, yarn] dévidoir *m*.

**windfall** ['wɪndfɔːl] ◇ *n* **-1.** [unexpected gain] (bonne) aubaine *f*. **-2.** [fruit] fruit *m* tombé. ◇ *adj* [fruit] tombé OR abattu par le vent; ~ profits/dividends profits *mpl*/dividendes *mpl* inespérés OR inattendus.

**windfarm** ['wɪndfɑːm] *n* champ *m* d'éoliennes.

**wind gauge** [wɪnd-] *n* anémomètre *m*.

**winding** ['waɪndɪŋ] ◇ *adj* [road, street] tortueux, sinueux; [river] sinueux; [staircase] en hélice, en colimaçon. ◇ *n* **-1.** [process] enroulement *m*; ELEC [wire] bobinage *m*, enroulement *m*. **-2.** [in a river] méandres *mpl*, coudes *mpl*; [in a road] zigzags *mpl*.

**winding-up** *n* [of account, meeting] clôture *f*; [of business] liquidation *f*.

**wind instrument** [wɪnd-] *n* instrument *m* à vent.

**windjammer** ['wɪnd,dʒæməʳ] *n* **-1.** NAUT grand voilier *m* marchand. **-2.** *Br* [light jacket] anorak *m*, coupe-vent *m inv*.

**windmill** ['wɪndmɪl] ◇ *n* **-1.** [building] moulin *m* à vent; [toy] moulinet *m*. **-2.** [wind turbine] aéromoteur *m*, éolienne *f*. ◇ *vi* **-1.** [arms] tourner en moulinet. **-2.** AERON [propeller, rotor] tourner par la force du vent.

**window** ['wɪndəʊ] ◇ *n* **-1.** [in room] fenêtre *f*; [in car] vitre *f*, glace *f*; [in front of shop] vitrine *f*, devanture *f*; [in church] vitrail *m*; [at ticket office] guichet *m*; [on envelope] fenêtre *f*; she looked out of OR through the ~ elle regarda par la fenêtre; he jumped out of the ~ il a sauté par la fenêtre; to break a ~ casser une vitre OR un carreau; can I try that dress in the ~? puis-je essayer cette robe (qui est) dans la or en vitrine? ❏ all our plans have gone out (of) the ~ tous nos projets sont partis en fumée. **-2.** COMPUT fenêtre *f*. **-3.** [in diary] créneau *m*, moment *m* libre; ~ of opportunity de nouvelles possibilités. **-4.** [insight]: a ~ on the world of finance un aperçu des milieux financiers. ◇ *comp* de fenêtre; ~ frame châssis *m* de fenêtre; ~ ledge rebord *m* de fenêtre.

**window box** *n* jardinière *f*.

**window cleaner** *n* [person] laveur *m*, -euse *f* de vitres OR carreaux; [substance] nettoyant *m* pour vitres.

**window display** *n* étalage *m*.

**window dresser** *n* étalagiste *mf*.

**window dressing** *n* [merchandise on display] présentation *f* de l'étalage; [activity]: they need someone to do the ~ ils ont besoin de quelqu'un pour composer OR faire l'étalage ‖ *fig* façade *f*.

**window envelope** *n* enveloppe *f* à fenêtre.

**windowpane** ['wɪndəʊpeɪn] *n* carreau *m*, vitre *f*.

**window seat** *n* [in room] banquette *f* sous la fenêtre; [in train, plane] place *f* côté fenêtre.

**window shade** *n Am* store *m*.

**window-shopping** *n* lèche-vitrines *m inv*; to go ~ faire du lèche-vitrines.

**windowsill** ['wɪndəʊsɪl] *n* rebord *m* de fenêtre.

**windpipe** ['wɪndpaɪp] *n* trachée *f*.

**wind power** [wɪnd-] *n* énergie *f* du vent OR éolienne *spec*.

**windproof** ['wɪndpruːf] *adj* protégeant du vent.

**windscreen** ['wɪndskriːn] *n Br* pare-brise *m inv*.

**windscreen washer** *n Br* lave-glace *m*.

**windscreen wiper** *n Br* essuie-glace *m*.

**windshield** ['wɪndʃiːld] *n Am* [of car, motorcycle] pare-brise *m inv*.

**windshield wiper** *n Am* essuie-glace *m*.

**wind sleeve** [wɪnd-], **windsock** ['wɪndsɒk] *n* manche *f* à air.

**wind speed** [wɪnd-] *n* vitesse *f* du vent.

**windsurf** ['wɪndsɜːf] *vi* faire de la planche à voile.

**windsurfer** ['wɪnd,sɜːfəʳ] *n* [board] planche *f* à voile; [person] véliplanchiste *mf*, planchiste *mf*.

**windsurfing** ['wɪnd,sɜːfɪŋ] *n* planche *f* à voile; to go ~ faire de la planche à voile.

**windswept** ['wɪndswept] *adj* [place] balayé par le vent; [hair] ébouriffé par le vent.

**wind tunnel** [wɪnd-] *n* tunnel *m* aérodynamique.

**wind-up** [waɪnd-] ◇ *adj* [mechanism]: a ~ toy/watch un jouet/une montre à remontoir. ◇ *n Br inf*: is this a ~? est-ce qu'on veut me faire marcher?

**windward** ['wɪndwəd] ◇ *adj* NAUT: on the ~ side du côté du vent. ◇ *n* côté *m* du vent; to ~ au vent, contre le vent.

**windy** ['wɪndɪ] (*compar* **windier**, *superl* **windiest**) *adj* **-1.** METEOR: tomorrow it will be very ~ everywhere demain il fera du vent OR le vent soufflera partout; a cold, ~ morning un matin froid et de grand vent. **-2.** *inf* [pompous, verbose] ronflant, pompeux.

**wine** [waɪn] ◇ *n* vin *m*; a bottle/glass of ~ une bouteille/un verre de vin; red/white ~ vin rouge/blanc. ◇ *comp* [bottle, glass] à vin. ◇ *vt*: to ~ and dine sb emmener qqn faire un bon dîner bien arrosé. ◇ *vi*: to go out wining and dining faire la fête au restaurant. ◇ *adj* [colour] lie-de-vin *(inv)*; a ~-coloured dress une robe lie-de-vin.

**wine and cheese evening** *n* petite fête où l'on déguste du vin et du fromage.

**wine bar** *n* [drinking establishment] bistrot *m*.

**wine cellar** *n* cave *f* (à vin), cellier *m*.

**wine cooler** *n* [container] seau *m* à rafraîchir (le vin).

**wineglass** ['waɪnglɑːs] *n* verre *m* à vin.

**winegrower** ['waɪn,grəʊəʳ] *n* viticulteur *m*, -trice *f*, vigneron *m*, -onne *f*.

**winegrowing** ['waɪn,grəʊɪŋ] ◇ *n* viticulture *f*. ◇ *adj* [area, industry] vinicole, viticole.

**wine gum** *n Br* bonbon gélifié aux fruits.

**wine list** *n* carte *f* des vins.

**wine merchant** *n* [shopkeeper] marchand *m*, -e *f* de vin; [wholesaler] négociant *m*, -e *f* en vins.

**winepress** ['waɪnpres] *n* pressoir *m* à vin.

**winery** ['waɪnərɪ] *n Am* établissement *m* vinicole.

**wine taster** *n* [person] dégustateur *m*, -trice *f*; [cup] tâte-vin *m inv*, taste-vin *m inv*.

**wine tasting** [-,teɪstɪŋ] *n* dégustation *f* (de vins).

**wine vinegar** *n* vinaigre *m* de vin.

**wine waiter** *n* sommelier *m*.

**wing** [wɪŋ] ◇ *n* **-1.** [on bird, insect] aile *f*; to take ~ *lit* prendre son envol OR essor; to be on the ~ *lit* être en (plein) vol ❑ ~ tip bout *m* de l'aile; to take sb under one's ~ prendre qqn sous son aile. **-2.** AERON aile *f*; [badge]: to win one's ~s faire ses preuves, prendre du galon. **-3.** *Br* AUT aile *f*. **-4.** POL [section] aile *f*; the left/right ~ l'aile gauche/droite. **-5.** ARCHIT aile *f*. **-6.** [on windmill] aile *f*. **-7.** SPORT [of field] aile *f*; [player] ailier *m*. ◇ *vt* **-1.** [wound – bird] blesser, toucher à l'aile; [– person] blesser OR toucher légèrement. **-2.** [fly]: to ~ one's way *literal & fig* voler. **-3.** *lit* [cause to fly – arrow] darder, décocher. **-4.** *phr*: to ~ it *inf* [improvise] improviser.
◆ **wings** *npl* THEAT coulisse *f*, coulisses *fpl*; to wait in the ~s *literal & fig* se tenir dans la coulisse OR les coulisses.

**wing chair** *n* bergère *f* à oreilles.

**wing collar** *n* col *m* cassé.

**wing commander** *n* lieutenant-colonel *m*.

**wingding** ['wɪŋdɪŋ] *n inf* [party] fête *f*, bringue *f*.

**winge** [wɪndʒ] (*cont* **wingeing**) *inf* = **whinge**.

**winged** [wɪŋd] *adj* **-1.** [possessing wings] ailé. **-2.** [wounded – bird, animal] blessé à l'aile; [– person] blessé légèrement.

**winger** ['wɪŋəʳ] *n* SPORT ailier *m*.

**wing forward** *n* [in rugby] ailier *m*.

**wing mirror** *n* rétroviseur *m* extérieur.

**wing nut** *n* papillon *m*, écrou *m* à ailettes.

**wingspan** ['wɪŋspæn] *n* envergure *f*.

**wink** [wɪŋk] ◇ *vi* **-1.** [person] faire un clin d'œil; to ~ at sb faire un clin d'œil à qqn; to ~ at sthg *fig* fermer les yeux sur qqch. **-2.** *lit* [light, star] clignoter. ◇ *vt*: to ~ an eye at sb faire un clin d'œil à qqn. ◇ *n* clin *m* d'œil; she gave them a

knowing ~ elle leur a fait un clin d'œil entendu ❑ I didn't get a ~ of sleep OR sleep a ~ last night je n'ai·pas fermé l'œil de la nuit; (as) quick as a ~ en un clin d'œil.

**winking** ['wɪŋkɪŋ] ◇ *adj* [lights] clignotant. ◇ *n* **-1.** [of an eye] clins *mpl* d'œil. **-2.** [of lights, stars] clignotement *m*.

**winkle** ['wɪŋkl] *n Br* bigorneau *m*, vigneau *m*.
◆ **winkle out** *vt sep inf* [information] arracher, extirper; [person] déloger.

**winkle-pickers** *npl Br inf* chaussures *fpl* pointues.

**winner** ['wɪnəʳ] *n* **-1.** [of prize] gagnant *m*, -e *f*; [of battle, war] vainqueur *m*; [of match] vainqueur *m*, gagnant *m*. **-2.** SPORT [winning point]: he scored the ~ c'est lui qui a marqué le but décisif; [successful shot]: he played a ~ il a joué un coup gagnant. **-3.** [successful person] gagneur *m*, -euse *f*; [successful thing] succès *m*; her latest book is a sure ~ son dernier livre va faire un vrai tabac; to be onto a ~ tirer le bon numéro, être parti pour gagner.

**Winnie the Pooh** [,wɪnɪðə'puː] *pr n* Winnie l'ourson.

**winning** ['wɪnɪŋ] *adj* **-1.** [successful] gagnant; SPORT [goal, stroke] décisif; to be on a ~ streak remporter victoire sur victoire. **-2.** [charming] engageant, charmant.
◆ **winnings** *npl* gains *mpl*.

**winning post** *n* poteau *m* d'arrivée.

**winnow** ['wɪnəʊ] *vt* AGR vanner; *fig* [separate] démêler, trier. ◇ *n* [machine] tarare *m*, vanneuse *f*.

**wino** ['waɪnəʊ] (*pl* **winos**) *n inf* ivrogne *mf*.

**winsome** ['wɪnsəm] *adj lit* [person] charmant, gracieux; [smile] engageant, charmeur.

**winter** ['wɪntəʳ] ◇ *n* hiver *m*; it never snows here in (the) ~ il ne neige jamais ici en hiver; she was born in the ~ of 1913 elle est née pendant l'hiver 1913; a cold ~'s day une froide journée d'hiver ❑ the ~ of discontent *l'hiver 1978-79 en Grande-Bretagne marqué par de graves conflits sociaux*. ◇ *comp* d'hiver. ◇ *vi fml* [spend winter] passer l'hiver, hiverner. ◇ *vt* [farm animals] hiverner.

**wintergreen** ['wɪntəgriːn] *n* gaulthérie *f*; oil of ~ essence *f* de wintergreen.

**winterize, -ise** ['wɪntəraɪz] *vt Am* aménager pour l'hiver.

**winter solstice** *n* solstice *m* d'hiver.

**winter sports** *npl* sports *mpl* d'hiver.

**wintertime** ['wɪntətaɪm] *n* hiver *m*.

**wintry** ['wɪntrɪ] *adj* hivernal; *fig* [look, smile] glacial.

**wipe** [waɪp] ◇ *vt* **-1.** [with cloth] essuyer; he ~d the plate dry il a bien essuyé l'assiette; to ~ one's feet s'essuyer les pieds; to ~ one's nose se moucher; to ~ one's bottom s'essuyer; she ~d the sweat from his brow elle essuya la sueur de son front; she ~d her knife clean elle nettoya son couteau (d'un coup de torchon) ❑ to ~ the floor with sb *inf* réduire qqn en miettes; to ~ the slate clean passer l'éponge, tout effacer. **-2.** [delete – from written record, magnetic tape] effacer. ◇ *vi* essuyer; she ~d round the sink with a wet cloth elle a essuyé l'évier avec un chiffon humide. ◇ *n*: give the table a ~ donne un coup d'éponge sur la table.
◆ **wipe away** *vt sep* [blood, tears] essuyer; [dirt, dust] enlever.
◆ **wipe down** *vt sep* [paintwork, walls] lessiver.
◆ **wipe off** *vt sep* **-1.** [remove] enlever; ~ that smile OR grin off your face! *inf* enlève-moi ce sourire idiot!  **-2.** [erase] effacer.
◆ **wipe out** *vt sep* **-1.** [clean] nettoyer. **-2.** [erase] effacer; *fig* [insult, disgrace] effacer, laver. **-3.** [destroy] anéantir, décimer. **-4.** *inf* [exhaust] crever.
◆ **wipe up** *vt sep* éponger, essuyer. ◇ *vi insep Br* essuyer (la vaisselle).

**wiper** ['waɪpəʳ] *n* AUT essuie-glace *m inv*.

**wire** ['waɪəʳ] ◇ *n* **-1.** [of metal] fil *m* (métallique OR de fer); a ~ cage un grillage; they've cut the telephone ~s ils ont coupé les fils téléphoniques ❑ cheese ~ film à couper; he got his application in just under the ~ sa candidature est arrivée juste à temps; we got our ~s crossed *inf* nous ne nous sommes pas compris, il y a eu un malentendu. **-2.** [telegram] télégramme *m*. ◇ *vt* **-1.** [attach] relier avec du fil de fer. **-2.** ELEC [building, house] mettre l'électricité dans, faire l'installation électrique dans; [connect electrically] brancher; the lamp is ~d to the switch on the wall la lampe est branchée sur OR reliée à l'interrupteur sur le mur. **-3.** TELEC

[person] envoyer un télégramme à, télégraphier à; [money, information] envoyer par télégraphie, télégraphier.
◆ **wire together** *vt sep* relier avec du fil de fer.
◆ **wire up** *vt sep* **-1.** = **wire** *vt* **2. -2.** *Am inf* [make nervous] énerver.

**wire brush** *n* brosse *f* métallique.

**wire cutters** *npl* cisaille *f*, pinces *fpl* coupantes.

**wired** ['waɪəd] *adj* **-1.** ELEC [to an alarm] relié à un système d'alarme. **-2.** [wiretapped] mis sur écoute. **-3.** [bra] à tiges métalliques. **-4.** ▽ [psyched-up] surexcité.

**wire-haired** *adj* à poils durs.

**wireless** ['waɪəlɪs] ◇ *n Br dated* TSF *f*; ~ (set) poste *m* de TSF; on the ~ à la TSF. ◇ *comp* [broadcast, waves] de TSF.

**wireless operator** *n dated* opérateur *m* (*f*-trice) de TSF, radiotélégraphiste *mf*.

**wire netting, wire mesh** *n* grillage *m*.

**wire rope** *n* câble *m* métallique.

**wiretap** ['waɪətæp] (*pt & pp* **wiretapped**, *cont* **wiretapping**) ◇ *vt* mettre sur écoute. ◇ *vi* mettre un téléphone sur écoute. ◇ *n*: they put a ~ on his phone ils ont mis son téléphone sur écoute.

**wire wool** *n* éponge *f* métallique.

**wiring** ['waɪərɪŋ] *n* installation *f* électrique; the house needs new ~ il faut refaire l'installation électrique OR l'électricité dans la maison.

**wiry** ['waɪərɪ] (*compar* **wirier**, *superl* **wiriest**) *adj* **-1.** [person] élancé et robuste; [animal] nerveux, vigoureux. **-2.** [hair] peu souple, rêche. **-3.** [grass] élastique, flexible.

**Wisconsin** [wɪs'kɒnsɪn] *pr n* Wisconsin *m*; in ~ dans le Wisconsin.

**wisdom** ['wɪzdəm] *n* **-1.** [perspicacity, judgement] sagesse *f*; I have my doubts about the ~ of moving house this year j'ai des doutes sur l'opportunité de déménager cette année. **-2.** [store of knowledge] sagesse *f*; folk ~ sagesse populaire. **-3.** [opinion] avis *m* (général), jugement *m*; (the) received OR conventional ~ les idées *fpl* reçues; Donald, in his ~, decided we should cancel *hum* Donald, toujours prudent, décida que nous devions annuler.

**wisdom tooth** *n* dent *f* de sagesse.

**wise** [waɪz] ◇ *adj* **-1.** [learned, judicious] sage; you'd be ~ to take my advice vous seriez sage de suivre mes conseils; do you think it's ~ to invite his wife? crois-tu que ce soit prudent d'inviter sa femme?**-2.** [clever, shrewd] habile, astucieux; the president made a ~ move in dismissing the attorney general le président a été bien avisé de renvoyer le ministre de la justice; it's always easy to be ~ after the event c'est toujours facile d'avoir raison après coup ❑ the Three Wise Men les Rois mages *mpl*; to be none the wiser ne pas être plus avancé; do it while he's out, he'll be none the wiser fais-le pendant qu'il est sorti et il n'en saura rien; to be ~ to sthg *inf* être au courant de qqch; to get ~ to sthg *inf*: you'd better get ~ to what's going on vous feriez bien d'ouvrir les yeux sur ce qui se passe. ◇ *n fml*: he is in no ~ OR not in any ~ satisfied with his new position il n'est point OR aucunement satisfait de son nouveau poste.
◆ **wise up** *inf* ◇ *vi insep*: he'd better ~ up! il ferait bien de se mettre dans le coup! ◇ *vt sep Am* mettre dans le coup.

**-wise** *in cpds* **-1.** [in the direction of] dans le sens de; length~ dans le sens de la longueur. **-2.** [in the manner of] à la manière de, comme; he edged crab~ up to the bar il s'approcha du

bar en marchant de côté comme un crabe. **-3.** *inf* [as regards] côté; money~ the job leaves a lot to be desired le poste laisse beaucoup à désirer côté argent.

**wisecrack** ['waɪzkræk] *n inf* sarcasme *m*.

**wise guy** *n inf* malin *m*.

**wisely** ['waɪzlɪ] *adv* sagement, avec sagesse.

**wish** [wɪʃ] ◇ *vt* **-1.** [expressing something impossible or unlikely] souhaiter; to ~ sb dead souhaiter la mort de qqn; she ~ed herself far away elle aurait souhaité être loin; I ~ I were OR *Br inf* was somewhere else j'aimerais bien être ailleurs; ~ you were here [on postcard] j'aimerais bien que tu sois là; I ~ you didn't have to leave j'aimerais que tu ne sois pas OR ce serait bien si tu n'étais pas obligé de partir; I ~ you hadn't said that tu n'aurais pas dû dire ça; I ~ I'd never come! je n'aurais jamais dû venir!; I ~ I'd thought of that before je regrette de n'y avoir pas pensé plus tôt; why don't you come with us? – I ~ I could pourquoi ne venez-vous pas avec nous? – j'aimerais bien ‖ [expressing criticism, reproach]: I ~ you'd be more careful j'aimerais que vous fassiez plus attention; I ~ you wouldn't talk so much! tu ne peux pas te taire un peu?**-2.** *fml* [want] souhaiter, vouloir; I don't ~ to appear rude, but... je ne voudrais pas paraître grossier mais... **-3.** [in greeting, expressions of goodwill] souhaiter; he ~ed them success in their future careers il leur a souhaité de réussir dans leur carrière; he ~ed us good day il nous a souhaité le bonjour; I ~ you well j'espère que tout ira bien pour vous; I ~ you (good) luck je vous souhaite bonne chance ❑ to ~ sb joy of sthg souhaiter bien du plaisir à qqn pour qqch.
◇ *vi* **-1.** *fml* [want, like] vouloir, souhaiter; do as you ~ faites comme vous voulez. **-2.** [make a wish] faire un vœu; to ~ upon a star *lit* faire un vœu en regardant une étoile.
◇ *n* **-1.** [act of wishing, thing wished for] souhait *m*, vœu *m*; make a ~! fais un souhait OR vœu!; he got his ~, his ~ came true son vœu s'est réalisé. **-2.** [desire] désir *m*; to express a ~ for sthg exprimer le désir de qqch; it was his last ~ c'était sa dernière volonté; your ~ is my command *lit* OR *hum* vos désirs sont des ordres; she had no great ~ to travel elle n'avait pas très envie de voyager; to respect sb's ~es respecter les vœux de qqn; she went against my ~es elle a agi contre ma volonté ❑ ~ list desiderata *mpl*.**-3.** [regards]: give your wife my best ~es transmettez toutes mes amitiés à votre épouse ‖ [in card]: best ~es for the coming year meilleurs vœux pour la nouvelle année; best ~es on your graduation (day) toutes mes félicitations à l'occasion de l'obtention de votre diplôme ‖ [in letter]: (with) best ~es bien amicalement, toutes mes amitiés.
◆ **wish away** *vt sep*: you can't simply ~ away the things you don't like on ne peut pas faire comme si les choses qui nous déplaisent n'existaient pas.
◆ **wish for** *vt insep* souhaiter; what did you ~ for? quel était ton vœu?; what more could a man/woman ~ for? que peut-on souhaiter de plus?
◆ **wish on** *vt sep* **-1.** [fate, problem] souhaiter à; I wouldn't ~ this headache on anyone je ne souhaite à personne d'avoir un mal de tête pareil. **-2.** [foist on]: it's a terribly complicated system ~ed on us by head office c'est un système très compliqué dont nous a fait cadeau la direction.

**wishbone** ['wɪʃbəʊn] *n* bréchet *m*, fourchette *f* ANAT.

**wishful thinking** ['wɪʃful-] *n*: I suppose it was just ~ je prenais mes rêves pour la réalité.

**wishy-washy** ['wɪʃɪ,wɒʃɪ] *adj inf* [behaviour] mou, *before*

---

**Wishing for something to happen**

J'aimerais beaucoup qu'ils vous accompagnent.
J'ai vraiment envie d'aller vivre en Espagne.
Ce serait formidable si je pouvais faire le tour du monde.
Je ne veux qu'une chose: qu'on me laisse en paix.
Je voudrais tant qu'il accepte de rester!
Si seulement nous avions une voiture!
Pourvu qu'elle dise oui!
Notre vœu le plus cher est d'avoir des enfants. [formal]
Votre présence nous ferait le plus grand plaisir. [formal]

Nous souhaitons vivement vous compter parmi nous à cette occasion. [written]

**Wishing that something had not happened**

Si seulement tu avais été plus discret!
Je n'aurais jamais dû donner mon accord.
J'aurais préféré qu'elle ne lui dise rien avant demain.
Pourquoi a-t-il fallu qu'il lui en parle?
Elle aurait tout de même pu nous prévenir avant de lui en parler.

*vowel or silent 'h'* mol (*f* molle); [person] sans personnalité; [colour] délavé; [taste] fadasse.

**wisp** [wɪsp] *n* [of grass, straw] brin *m*; [of hair] petite mèche *f*; [of smoke, steam] ruban *m*; a ~ of a girl *fig* un petit bout de fillette.

**wispy** ['wɪspɪ] (*compar* **wispier**, *superl* **wispiest**) *adj* [beard] effilé; [hair] épars; [person] (tout) menu.

**wisteria** [wɪ'stɪərɪə] *n* glycine *f*.

**wistful** ['wɪstfʊl] *adj* mélancolique, nostalgique.

**wistfully** ['wɪstfʊlɪ] *adv* d'un air triste et rêveur.

**wit** [wɪt] *n* **-1.** [humour] esprit *m*; to have a quick/ready ~ avoir de la vivacité d'esprit/beaucoup d'esprit. **-2.** [humorous person]: he was a great ~ c'était un homme plein d'esprit. **-3.** [intelligence] esprit *m*, intelligence *f*; keep your ~s about you while you're travelling sois prudent OR attentif pendant que tu voyages; to live by one's ~s vivre d'expédients; to collect OR to gather one's ~s se ressaisir, reprendre ses esprits ❏ I was at my ~s' end je ne savais plus quoi faire; you frightened me out of my ~s OR the ~s out of me! tu m'as fait une de ces peurs!
♦ **to wit** *adv phr fml* à savoir.

**witch** [wɪtʃ] *n* [sorceress] sorcière *f*; ~es' Sabbath sabbat *m* (de sorcières).

**witchcraft** ['wɪtʃkrɑːft] *n (U)* sorcellerie *f*.

**witchdoctor** ['wɪtʃ,dɒktər] *n* sorcier *m*.

**witch-hazel** *n* hamamélis *m*.

**witch-hunt** *n* chasse *f* aux sorcières; *fig* chasse *f* aux sorcières, persécution *f* (politique).

**witching hour** ['wɪtʃɪŋ-] *n*: the ~ l'heure *f* fatale.

**with** [wɪð] *prep* **-1.** [by means of] avec; what did you fix it ~? avec quoi l'as-tu réparé?; I've got nothing/I need something to open this can ~ je n'ai rien pour/j'ai besoin de quelque chose pour ouvrir cette boîte; they fought ~ swords ils se sont battus à l'épée; his eyes filled ~ tears ses yeux se remplirent de larmes; covered/furnished/lined ~ couvert/meublé/doublé de. **-2.** [describing a feature or attribute] à; a woman ~ long hair une femme aux cheveux longs; which boy? — the one ~ the torn jacket quel garçon? — celui qui a la veste déchirée; a man ~ one eye/a hump/a limp un homme borgne/bossu/boiteux; a table ~ three legs une table à trois pieds; an old woman ~ no teeth une vieille femme édentée; she was left ~ nothing to eat or drink on l'a laissée sans rien à manger ni à boire. **-3.** [accompanied by, in the company of] avec; can I go ~ you? puis-je aller avec vous OR vous accompagner?; I have no one to go ~ je n'ai personne avec qui aller; she stayed ~ him all night [gen] elle est restée avec lui toute la nuit; [sick person] elle est restée auprès de lui toute la nuit; I'll be ~ you in a minute je suis à vous dans une minute ❏ are you ~ me? [supporting] vous êtes avec moi?; [understanding] vous me suivez?; I'm ~ you one hundred per cent OR all the way je suis complètement d'accord avec vous. **-4.** [in the home of] chez; I'm (staying) ~ friends je suis OR loge chez des amis; he stayed ~ a family il a logé dans une famille; I live ~ a friend je vis avec un ami. **-5.** [an employee of]: she's ~ the UN elle travaille à l'ONU; isn't he ~ Ford any more? ne travaille-t-il plus chez Ford? ‖ [a client of]: we're ~ the Galena Building Society nous sommes à la Galena Building Society. **-6.** [indicating joint action] avec; stop fighting ~ your brother arrête de te battre avec ton frère ‖ [indicating feelings towards someone else]: angry/furious/at war ~ fâché/furieux/en guerre contre; pleased ~ content de. **-7.** [including]: does the meal come ~ wine? est-ce que le vin est compris dans le menu?; the bill came to £16 ~ the tip l'addition était de 16 livres service compris; the radio didn't come ~ batteries la radio était livrée sans piles ‖ CULIN à; coffee ~ milk café *m* au lait. **-8.** [indicating manner] de, avec; he knocked the guard out ~ one blow il assomma le gardien d'un (seul) coup; he spoke ~ ease il s'exprima avec aisance. **-9.** [as regards, concerning]: you never know ~ him avec lui, on ne sait jamais; it's an obsession ~ her c'est une manie chez elle; what's ~ you? *inf*, what's wrong ~ you? qu'est-ce qui te prend?; he isn't very good ~ animals il ne sait pas vraiment s'y prendre avec les bêtes. **-10.** [because of, on account of] de; sick OR ill ~ malaria atteint du paludisme; ~ crime on the increase, more elderly people are afraid to go out avec l'augmentation du

taux de criminalité, de plus en plus de personnes âgées ont peur de sortir; I can't draw ~ you watching je ne peux pas dessiner si tu me regardes. **-11.** [in spite of]: ~ all his money he's so stingy *inf* il a beau avoir beaucoup d'argent, il est vraiment radin.

**withal** [wɪ'ðɔːl] *adv lit* [as well, besides] de plus, en outre; [nevertheless] néanmoins.

**withdraw** [wɪð'drɔː] (*pt* **withdrew**, *pp* **withdrawn**) ◇ *vt* **-1.** [remove] retirer; the car has been withdrawn (from sale) la voiture a été retirée de la vente; he withdrew his hand from his pocket il a retiré la main de sa poche. **-2.** [money] retirer; I withdrew £500 from my account j'ai retiré 500 livres de mon compte. **-3.** [bring out – diplomat] rappeler; [– troops] retirer. **-4.** [statement] retirer, rétracter; JUR [charge] retirer. ◇ *vi* **-1.** [retire] se retirer; she has decided to ~ from politics elle a décidé de se retirer de la politique. **-2.** [retreat] se retirer; [move back] reculer; he tends to ~ into himself il a tendance à se replier sur lui-même. **-3.** [back out – candidate, competitor] se retirer, se désister; [– partner] se rétracter, se dédire. **-4.** [after sex] se retirer.

**withdrawal** [wɪð'drɔːəl] ◇ *n* **-1.** [removal – of funding, support, troops] retrait *m*; [– of envoy] rappel *m*; [– of candidate] retrait *m*, désistement *m*; [– of love] privation *f*; I support ~ from NATO je soutiens notre retrait de l'OTAN. **-2.** [of statement, remark] rétraction *f*; JUR [of charge] retrait *m*, annulation *f*. **-3.** PSYCH repli *m* sur soi-même, introversion *f*. **-4.** MED [from drugs] état *m* de manque. **-5.** [of money] retrait *m*; to make a ~ faire un retrait. ◇ *comp*: ~ symptoms symptômes *mpl* de manque; to have OR to suffer from ~ symptoms être en état de manque.

**withdrawn** [wɪð'drɔːn] ◇ *pp*→ **withdraw**. ◇ *adj* [shy] renfermé, réservé.

**withdrew** [wɪð'druː] *pt*→ **withdraw**.

**wither** ['wɪðər] ◇ *vi* **-1.** [flower, plant] se flétrir, se faner; [body – from age] se ratatiner; [– from sickness] s'atrophier. **-2.** [beauty] se faner; [hope, optimism] s'évanouir; [memory] s'étioler. ◇ *vt* **-1.** [plant] flétrir, faner; [body – subj: age] ratatiner; [– subj: sickness] atrophier. **-2.** [beauty] altérer.
♦ **wither away** *vi insep* [flower, plant] se dessécher, se faner; [beauty] se faner, s'évanouir; [hope, optimism] s'évanouir; [memory] disparaître, s'atrophier.

**withered** ['wɪðəd] *adj* **-1.** [flower, plant] flétri, fané; [face, cheek] fané, flétri; he was old and ~ il était vieux et complètement desséché. **-2.** [arm] atrophié.

**withering** ['wɪðərɪŋ] ◇ *adj* [heat, sun] desséchant; [criticism, remark] cinglant, blessant; she gave me a ~ look elle m'a lancé un regard méprisant, elle m'a foudroyé du regard. ◇ *n* [of plant] flétrissure *f*; [of arm] atrophie *f*; [of beauty] déclin *m*; [of hope, optimism] évanouissement *m*.

**withers** ['wɪðəz] *npl* garrot *m* (du cheval).

**withhold** [wɪð'həʊld] (*pt & pp* **withheld** [-'held]) *vt* **-1.** [refuse – love, permission, support] refuser; [refuse to pay – rent, tax] refuser de payer; to ~ payment refuser de payer. **-2.** [keep back – criticism, news] taire, cacher; to ~ the truth from sb cacher la vérité à qqn; they ~ 2% of the profits ils retiennent 2 % des bénéfices.

**withholding tax** [wɪð'həʊldɪŋ-] *n Am* retenue *f* à la source.

**within** [wɪ'ðɪn] ◇ *prep* **-1.** [inside – place] à l'intérieur de, dans; *fig* [a group, system] à l'intérieur de, au sein de; [– person] en; he lived and worked ~ these four walls il a vécu et travaillé entre ces quatre murs; a play ~ a play une pièce dans une pièce; the man's role ~ the family is changing le rôle de l'homme au sein de la famille est en train de changer. **-2.** [inside the limits of] dans les limites de; you must remain ~ the circle tu dois rester dans le OR à l'intérieur du cercle; to be ~ the law être dans les limites de la loi; ~ the framework of the agreement dans le cadre de l'accord; it is not ~ the bounds of possibility ça dépasse le cadre du possible; the car is well ~ his price range la voiture est tout à fait dans ses prix OR ses moyens. **-3.** [before the end of a specified period of time] en moins de; I'll let you know ~ a week je vous dirai ce qu'il en est dans le courant de la semaine; 'use ~ two days of purchase' 'à consommer dans les deux jours suivant la date d'achat'; ~ a week of taking the job, she knew it was a mistake moins d'une semaine après avoir accepté cet emploi, elle sut qu'elle avait fait une erreur. **-4.** [indicating distance, measurement]: they were ~ 10 km of Delhi ils étaient à moins de 10 km de Delhi; we are ~ walking distance of the shops nous pouvons aller faire nos courses à pied; accurate to ~ 0.1 of a millimetre précis au dixième de millimètre près; she came ~ seconds of beating the record elle a failli battre le record à quelques secondes près. **-5.** [during]: enormous changes have taken place ~ a single generation de grands changements ont eu lieu en l'espace d'une seule génération; did the accident take place ~ the period covered by the insurance? l'accident a-t-il eu lieu pendant la période couverte par l'assurance? ◇ *adv* dedans, à l'intérieur; from ~ de l'intérieur; the appointment will be made from ~ la nomination se fera au sein de l'entreprise.

**with it** *adj inf* **-1.** [alert] réveillé; get ~! réveille-toi!, secoue-toi! **-2.** *dated* [fashionable] dans le vent.

**without** [wɪ'ðaʊt] ◇ *prep* sans; three nights ~ sleep trois nuits sans dormir; ~ milk or sugar sans lait ni sucre; to be ~ fear/shame ne pas avoir peur/honte; he took it ~ so much as a thank you il l'a pris sans même dire merci ‖ *(with present participle)*: ~ looking up sans lever les yeux; leave the house ~ anybody knowing quittez la maison sans que personne le sache. ◇ *adv lit* au dehors, à l'extérieur; a voice from ~ une voix de l'extérieur. ◇ *conj dial* [unless]: ~ they go themselves à moins qu'ils y aillent eux-mêmes.

**withstand** [wɪð'stænd] *(pt & pp* **withstood** [-'stʊd]*) vt* [heat, punishment] résister à.

**witless** ['wɪtlɪs] *adj* sot *(f* sotte), stupide.

**witness** ['wɪtnɪs] ◇ *n* **-1.** [onlooker] témoin *m*; the police are asking for ~es of OR to the accident la police recherche des témoins de l'accident. **-2.** JUR [in court] témoin *m*; to call sb as (a) ~ citer qqn comme témoin; ~ for the prosecution/ defence témoin à charge/décharge ‖ [to signature, will] témoin *m*; two people must be ~es to my signature/will deux personnes doivent signer comme témoins de ma signature/de mon testament. **-3.** [testimony]: in ~ of sthg en témoignage de qqch; to be OR to bear ~ to sthg témoigner de qqch; to give ~ on behalf of sb témoigner en faveur de qqn. **-4.** RELIG témoignage *m*. ◇ *vt* **-1.** [see] être témoin de, témoigner de; millions ~ed the first moon landing des millions de gens ont vu le premier atterrissage sur la lune. **-2.** [signature] être témoin de; [will, document] signer comme témoin. **-3.** [experience – change] voir, connaître. ◇ *vi* [gen & JUR] témoigner, être témoin; to ~ to sthg témoigner de qqch; to ~ against sb témoigner contre qqn; she ~ed to finding the body elle a témoigné avoir découvert le cadavre.

**witness box** *n Br* barre *f* des témoins; in the ~ à la barre.

**witness stand** *n Am* barre *f* des témoins.

**witter** ['wɪtər] *vi Br inf & pej*: they were ~ing on about diets ils parlaient interminablement de régimes.

**witticism** ['wɪtɪsɪzm] *n* bon mot *m*, trait *m* d'esprit.

**wittingly** ['wɪtɪŋlɪ] *adv fml* en connaissance de cause, sciemment.

**witty** ['wɪtɪ] *(compar* **wittier**, *superl* **wittiest)** *adj* spirituel, plein d'esprit.

**wives** [waɪvz] *pl*→ **wife**.

**wiz** [wɪz] *n inf as m*, crack *m*.

**wizard** ['wɪzəd] ◇ *n* **-1.** [magician] enchanteur *m*, sorcier *m*. **-2.** *fig* [expert] génie *m*; she's a real ~ at drawing en dessin, elle est vraiment douée; a financial ~ un génie de la finance. ◇ *adj Br inf & dated* épatant. ◇ *interj Br inf & dated*: ~! épatant!

**wizened** ['wɪznd] *adj* [skin, hands] desséché; [old person] desséché, ratatiné; [face, fruit, vegetables] ratatiné.

**wk** *(written abbr of* **week**) sem.

**wo** [wəʊ] = **whoa**.

**woad** [wəʊd] *n* guède *f*.

**wobble** ['wɒbl] ◇ *vi* **-1.** [hand, jelly, voice] trembler; [chair, table] branler, être branlant OR bancal; [compass needle] osciller; [drunkard] tituber, chanceler; [cyclist] aller de travers, aller en zigzag; the tightrope walker ~d and almost fell le funambule oscilla et faillit tomber; she ~d off/past on her bike elle partit/passa sur son vélo, en équilibre instable. **-2.** *fig* [hesitate, dither] hésiter. ◇ *vt* [table] faire basculer. ◇ *n*: after a few ~s, he finally got going après avoir cherché son

équilibre, il se mit enfin en route.

**wobbly** ['wɒblɪ] *(compar* **wobblier**, *superl* **wobbliest**, *pl* **wobblies)** ◇ *adj* **-1.** [table, chair] branlant, bancal; [pile] chancelant; [jelly] qui tremble. **-2.** [hand, voice] tremblant; she's rather ~ on her feet elle flageole un peu OR elle ne tient pas très bien sur ses jambes. **-3.** [line] qui n'est pas droit; [handwriting] tremblé. ◇ *n Br inf phr*: to throw a ~ piquer une crise.

**wodge** [wɒdʒ] *n Br inf* gros bloc *m*, gros morceau *m*.

**woe** [wəʊ] *lit* OR *hum* ◇ *n* malheur *m*, infortune *f*; ~ betide anyone who lies to me malheur à celui qui me raconte des mensonges; a cry of ~ un cri de détresse. ◇ *interj* hélas; ~ is me! pauvre de moi!

**woebegone** ['wəʊbɪˌgɒn] *adj lit* OR *hum* désolé, abattu.

**woeful** ['wəʊfʊl] *adj* **-1.** [sad – person, look, news, situation] malheureux, très triste; [– scene, tale] affligeant, très triste. **-2.** [very poor] lamentable, épouvantable, consternant.

**woefully** ['wəʊfʊlɪ] *adv* **-1.** [sadly – look, smile] très tristement. **-2.** [badly – perform, behave] lamentablement; our funds are ~ inadequate nous manquons cruellement de fonds.

**wog**▼ [wɒg] *n Br* terme raciste désignant un Noir, ≈ nègre *m*, négresse *f*.

**woggle** ['wɒgl] *n Br* bague *f* en cuir *(pour cravate de scout).*

**wok** [wɒk] *n* wok *m (poêle chinoise).*

**woke** [wəʊk] *pt*→ **wake**.

**woken** ['wəʊkn] *pp*→ **wake**.

**wold** [wəʊld] *n* haute plaine *f*, plateau *m*.

**wolf** [wʊlf] *(pl* **wolves** [wʊlvz]*)* ◇ *n* **-1.** ZOOL loup *m*; he is a ~ in sheep's clothing c'est un loup déguisé en brebis; it helps keep the ~ from the door c'est un travail purement alimentaire; to throw sb to the wolves sacrifier qqn. **-2.** *inf* [seducer] tombeur *m*. ◇ *vt* = **wolf down**.

◆ **wolf down** *vt sep inf* [food] engloutir, dévorer.

**wolf cub** *n* [animal] louveteau *m*.

◆ **Wolf Cub** *n Br inf & dated* [scout] louveteau *m*.

**wolfhound** ['wʊlfhaʊnd] *n* chien-loup *m*.

**wolfish** ['wʊlfɪʃ] *adj* [appearance] de loup; [appetite] vorace.

**wolf pack** *n* meute *f* de loups.

**wolf whistle** *n* sifflement *m (au passage d'une femme).*

**wolverine** ['wʊlvəriːn] *(pl inv* OR **wolverines**) *n* glouton *m*.

**wolves** [wʊlvz] *pl*→ **wolf**.

**woman** ['wʊmən] *(pl* **women** ['wɪmɪn]*)* ◇ *n* **-1.** [gen] femme *f*; a young ~ une jeune femme; come here, young ~ venez-là, mademoiselle; she's quite the young ~ now elle fait très jeune fille maintenant; man's perception of ~ la façon dont les hommes voient les femmes, la vision de la femme qu'a l'homme; what is a ~ supposed to do? *hum* qu'est-ce qu'on peut faire!; a ~'s work is never done quand on est une femme, on a toujours quelque chose à faire; I don't even know the ~! je ne sais même pas qui elle est OR qui c'est!; oh, damn the ~! quelle idiote! ❏ she's a working/career ~ elle travaille/a une carrière; the women's page [in newspaper] la page des lectrices; a ~'s OR women's magazine un magazine féminin. **-2.** [employee] femme *f*; (cleaning) ~ femme de ménage. **-3.** *inf* [wife] femme *f*; [lover] maîtresse *f*; the little ~ ma OR la petite femme. **-4.** *inf* [patronizing term of address]: my good ~ *dated* ma petite dame; that's enough, ~! assez, femme! ◇ *comp*: ~ doctor (femme *f)* médecin *m*; ~ driver conductrice *f*; ~ friend amie *f*; ~ photographer photographe *f*; ~ police constable femme *f* agent de police; ~ teacher professeur *m* (femme).

**woman-hater** *n* misogyne *mf*.

**womanhood** ['wʊmənhʊd] *n (U)* **-1.** [female nature] féminité *f*; to reach ~ devenir une femme. **-2.** [women collectively] les femmes *fpl*.

**womanize, -ise** ['wʊmənaɪz] *vi* courir les femmes.

**womanizer** ['wʊmənaɪzər] *n* coureur *m* de jupons.

**womankind** [ˌwʊmən'kaɪnd] *n* les femmes *fpl*.

**womanly** ['wʊmənlɪ] *adj* [virtue, figure] féminin, de femme; [act] digne d'une femme, féminin.

**womb** [wuːm] *n* **-1.** ANAT utérus *m*; in his mother's ~ dans le ventre de sa mère. **-2.** *fig* sein *m*, entrailles *fpl*.

**wombat** ['wɒmbæt] *n* wombat *m*.

**women** ['wɪmɪn] *pl*→ **woman.**

**womenfolk** ['wɪmɪnfəʊk] *npl*: the ~ les femmes *fpl.*

**women's group** *n* [campaigning organization] groupe *m* féministe; [social club] groupe *m* de femmes.

**Women's Institute** *pr n* *association britannique des femmes au foyer.*

**Women's Lib** [-'lɪb] *n* MLF *m,* mouvement *m* de libération de la femme.

**Women's Liberation** *n* mouvement *m* de libération de la femme, MLF *m.*

**Women's Movement** *n* mouvement *m* féministe.

**women's refuge** *n* centre *m* d'accueil pour les femmes.

**women's rights** *npl* droits *mpl* de la femme.

**women's room** *n Am* toilettes *fpl* des femmes.

**women's studies** *npl* discipline universitaire ayant pour objet la sociologie et l'histoire des femmes, la création littéraire féminine etc.

**won** [wʌn] *pt & pp*→ **win.**

**wonder** ['wʌndə'] ◇ *n* **-1.** [marvel] merveille *f;* the seven ~s of the world les sept merveilles du monde; the ~s of science les miracles de la science; to work OR to do ~s [person] faire des merveilles; [action, event] faire merveille; a hot bath worked ~s for her aching body un bain chaud la soulagea à merveille de ses douleurs. **-2.** [amazing event or circumstances]: the ~ (of it) is that he manages to get any work done at all le plus étonnant dans tout cela, c'est qu'il arrive à travailler; it's a ~ that she didn't resign on the spot c'est étonnant qu'elle n'ait pas démissionné sur-le-champ; no ~ they refused ce n'est pas étonnant qu'ils aient refusé; no ~! ce n'est pas étonnant!, cela vous étonne?; is it any ~ that he got lost? cela vous étonne qu'il se soit perdu?; it's little OR small ~ no one came ce n'est guère étonnant que personne ne soit venu; ~s will never cease! *hum* on n'a pas fini d'être étonné!-**3.** [awe] émerveillement *m;* the children were filled with ~ les enfants étaient émerveillés. **-4.** [prodigy] prodige *m,* génie *m;* a boy ~ un petit prodige OR génie.

◇ *comp* [drug, detergent] miracle; [child] prodige.

◇ *vt* **-1.** [ask o.s.] se demander; I ~ where she's gone je me demande où elle est allée; I ~ why je me demande bien pourquoi; I often ~ that myself je me pose souvent la question ‖ [in polite requests]: I was ~ing if you were free tomorrow est-ce que par hasard vous êtes libre demain?; I ~ if you could help me pourriez-vous m'aider s'il vous plaît?-**2.** [be surprised] s'étonner; I ~ that he wasn't hurt je m'étonne OR cela m'étonne qu'il n'ait pas été blessé.

◇ *vi* **-1.** [think, reflect] penser, réfléchir; it makes you ~ cela donne à penser OR réfléchir; I'm ~ing about going tomorrow je me demande si je ne vais pas y aller demain; the war will be over in a few days — I ~ la guerre sera finie dans quelques jours — je n'en suis pas si sûr. **-2.** [marvel, be surprised] s'étonner, s'émerveiller; to ~ at sthg s'émerveiller de qqch; I don't ~ cela ne m'étonne pas.

**wonderful** ['wʌndəfʊl] *adj* [enjoyable] merveilleux, formidable; [beautiful] superbe, magnifique; [delicious] excellent; [astonishing] étonnant, surprenant; we had a ~ time/holiday on a passé des moments/des vacances formidables; what ~ news! quelle nouvelle formidable!; she has some ~ ideas elle a des idées formidables; that's ~! c'est merveilleux!; you've been ~ vous avez été formidable; you look ~ tu es superbe.

**wonderfully** ['wʌndəfʊlɪ] *adv* **-1.** *(with adj or adv)* merveilleusement, admirablement; she was ~ kind elle était d'une gentillesse merveilleuse. **-2.** *(with verb)* merveilleusement, à merveille; she plays ~ elle joue merveilleusement bien.

**wondering** ['wʌndərɪŋ] *adj* [pensive] songeur, pensif; [surprised] étonné.

**wonderland** ['wʌndəlænd] *n* pays *m* des merveilles; a winter ~ un paysage hivernal féerique.

**wonderment** ['wʌndəmənt] *n* [wonder] émerveillement *m;* [surprise] étonnement *m;* he looked around in ~ il regarda autour de lui émerveillé.

**wondrous** ['wʌndrəs] *lit* ◇ *adj* merveilleux. ◇ *adv* = **wondrously.**

**wondrously** ['wʌndrəslɪ] *adv lit* merveilleusement.

**wonky** ['wɒŋkɪ] *(compar* **wonkier,** *superl* **wonkiest)** *adj Br inf*

[table] bancal, branlant; [bicycle] détraqué; [radio, TV] déréglé, détraqué; [line] qui n'est pas bien droit; your tie is a bit ~ ta cravate est un peu de travers.

**wont** [wəʊnt] *lit* ◇ *n* coutume *f,* habitude *f;* as was his/her ~ comme de coutume. ◇ *adj:* to be ~ to do sthg avoir l'habitude OR coutume de faire qqch.

**won't** [wəʊnt] = **will not.**

**woo** [wuː] *(pt & pp* **wooed)** *vt* **-1.** *dated* [court] courtiser, faire la cour à. **-2.** [attract – customers, voters] chercher à plaire à, rechercher les faveurs de.

**wood** [wʊd] ◇ *n* **-1.** [timber] bois *m;* the stove burns ~ and coal le poêle fonctionne au bois et au charbon. **-2.** [forest, copse] bois *m;* he can't see the ~ for the trees *fig* les arbres lui cachent la forêt; we're not out of the ~s yet *fig* on n'est pas encore sortis de l'auberge. **-3.** VINIC tonneau *m;* matured in the ~ vieilli au tonneau. **-4.** SPORT [in bowls] boule *f;* [in golf] bois *m.* ◇ *comp* **-1.** [wooden – floor, table, house] en bois, de bois. **-2.** [for burning wood – stove] à bois; [– fire] de bois.

**wood anemone** *n* anémone *f* des bois.

**woodbine** ['wʊdbaɪn] *n* [honeysuckle] chèvrefeuille *m; Am* [Virginia creeper] vigne *f* vierge.

**woodblock** ['wʊdblɒk] *n* **-1.** [for printing] bois *m* de graveur. **-2.** [for floor] pavé *m* de bois.

**wood-burning** *adj* [stove, boiler] à bois.

**woodcarving** ['wʊd,kɑːvɪŋ] *n* **-1.** [craft] sculpture *f* sur bois. **-2.** [object] sculpture *f* en bois.

**woodchip** ['wʊdtʃɪp] *n* [composite wood] aggloméré *m.*

**woodchuck** ['wʊdtʃʌk] *n* marmotte *f* d'Amérique.

**woodcock** ['wʊdkɒk] (*pl inv* OR **woodcocks**) *n* bécasse *f.*

**woodcraft** ['wʊdkrɑːft] *n Am* **-1.** [in woodland] connaissance *f* des bois et forêts. **-2.** [artistry] art *m* de travailler le bois.

**woodcut** ['wʊdkʌt] *n* gravure *f* sur bois.

**woodcutter** ['wʊd,kʌtə'] *n* bûcheron *m,* -onne *f.*

**woodcutting** ['wʊd,kʌtɪŋ] *n* **-1.** [in forest] abattage *m* des arbres. **-2.** [engraving] gravure *f* sur bois.

**wooded** ['wʊdɪd] *adj* boisé; densely ~ très boisé.

**wooden** ['wʊdn] *adj* **-1.** [made of wood] en bois, de bois; a ~ leg une jambe de bois ❏ to try to sell sb ~ nickels *Am inf* essayer de rouler qqn. **-2.** [stiff – gesture, manner] crispé, raide; [– performance, actor] raide, qui manque de naturel.

**woodenhead** ['wʊdnhed] *n inf* idiot *m,* -e *f,* imbécile *mf.*

**woodenly** ['wʊdnlɪ] *adv* [perform, move, smile, speak] avec raideur.

**wooden spoon** *n literal* cuillère *f* en bois; to win the ~ *Br* SPORT gagner la cuillère de bois.

**woodland** ['wʊdlənd] ◇ *n* région *f* boisée. ◇ *adj* [fauna] des bois; ~ walks promenades *fpl* à travers bois.

**woodlark** ['wʊdlɑːk] *n* alouette *f* des bois.

**woodlouse** ['wʊdlaʊs] (*pl* **woodlice** [-laɪs]) *n* cloporte *m.*

**wood nymph** *n* nymphe *f* des bois, dryade *f.*

**woodpecker** ['wʊd,pekə'] *n* pic *m,* pivert *m.*

**woodpigeon** ['wʊd,pɪdʒn] *n* ramier *m.*

**woodpile** ['wʊdpaɪl] *n* tas *m* de bois.

**wood pulp** *n* pâte *f* à papier.

**woodshed** ['wʊdʃed] *n* bûcher *m (abri).*

**woodsman** ['wʊdzmən] (*pl* **woodsmen** [-mən]) *n Am* forestier *m.*

**woodwind** ['wʊdwɪnd] ◇ *adj* [music] pour les bois; ~ section OR instruments bois *mpl.* ◇ *n* **-1.** [single instrument] bois *m.*-**2.** (U) [family of instruments] bois *mpl.*

**woodwork** ['wʊdwɜːk] *n* **-1.** [craft – carpentry] menuiserie *f;* [– cabinet-making] ébénisterie *f.*-**2.** [in building – doors, windows] boiseries *fpl;* [– beams] charpente *f;* to come OR to crawl out of the ~ *inf* sortir d'un peu partout. **-3.** *inf* FTBL poteaux *mpl.*

**woodworm** ['wʊdwɜːm] *n* [insect] ver *m* de bois; (U) [infestation]: the sideboard has got ~ le buffet est vermoulu.

**woody** ['wʊdɪ] *(compar* **woodier,** *superl* **woodiest)** *adj* **-1.** [plant, vegetation] ligneux. **-2.** [countryside] boisé. **-3.** [taste] de bois; [smell] boisé.

**wooer** ['wuːə'] *n dated* prétendant *m.*

**woof[1]** [wuːf] *n* TEX trame *f.*

**woof[2]** [wʊf] ◇ *n* [bark] aboiement *m.* ◇ *vi* aboyer. ◇ *onomat* ouah ouah.

**woofer** ['wufər] *n* haut-parleur *m* de graves, woofer *m*.

**wool** [wul] ◇ *n* laine *f*; pure new ~ pure laine vierge ❏ all ~ and a yard wide *Am inf* de première classe, de premier ordre; to pull the ~ over sb's eyes berner OR duper qqn. ◇ *adj* [cloth] de laine; [socks, dress] en laine.

**woolen** *Am* = **woollen**.

**woollen** *Br*, **woolen** *Am* ['wulən] *adj* **-1.** [fabric] de laine; [jacket, gloves, blanket] en laine. **-2.** [industry] lainière; [manufacture] de lainages.

◆ **woollens** *Br*, **woolens** *Am* *npl* lainages *mpl*, vêtements *mpl* de laine.

**woolly** *Br*, **wooly** *Am* ['wulɪ] (*Br pl* **woollies**, *Am pl* **woolies**) ◇ *adj* **-1.** [socks, hat] en laine. **-2.** [sheep] laineux. **-3.** [clouds] cotonneux; [hair] frisé. **-4.** [vague – thinking, ideas] confus, flou. ◇ *n Br inf* [pullover] tricot *m*, lainage *m*; [dress] robe *f* en laine.

**woolly-minded** *adj* à l'esprit confus.

**woolsack** ['wulsæk] *n* POL: the ~ coussin rouge sur lequel s'assoit le président de la Chambre des lords.

**wooly** *Am* = **woolly**.

**woops** [wups] = **whoops**.

**woozy** ['wuːzɪ] (*compar* **woozier**, *superl* **wooziest**) *adj inf* **-1.** [dazed] hébété, dans les vapes. **-2.** [sick]: to feel ~ avoir mal au cœur. **-3.** [from drink] éméché, pompette.

**wop**▽ [wɒp] *n* terme injurieux désignant un Italien, ≈ macaroni *mf*.

**Worcester sauce** ['wustə-] *n* sauce épicée en bouteille.

**Worcs** *written abbr of* **Worcestershire**.

**word** [wɜːd] ◇ *n* **-1.** [gen, LING & COMPUT – written] mot *m*; [– spoken] mot *m*, parole *f*; the **written** ~ l'écrit *m*, ce qui est écrit; the **spoken** ~ la parole, ce qui est dit; the ~s of a song les paroles d'une chanson; what is the Russian ~ for 'head'?, what is the ~ for 'head' in Russian? comment dit-on «tête» en russe?; the Japanese don't have a ~ for it les Japonais n'ont pas de mot pour dire cela; she can't put her ideas/feelings into ~s elle ne trouve pas les mots pour exprimer ses idées/ce qu'elle ressent; there are no ~s to describe OR ~s cannot describe how I feel aucun mot ne peut décrire ce que je ressens; with these ~s they left sur ces mots OR là-dessus, ils sont partis; lazy isn't the ~ for it! paresseux, c'est peu dire!; idle would be a better ~ oisif serait plus juste; he doesn't know the meaning of the ~ 'generosity' *fig* il ne sait pas ce que veut dire le mot «générosité»; he's mad, there's no other ~ for it il est fou, il n'y a pas d'autre mot; I don't believe a ~ of it! je n'en crois pas un mot!; that's my last OR final ~ on the matter c'est mon dernier mot (sur la question); those were his dying ~s ce sont les dernières paroles qu'il a prononcées avant de mourir; she said a few ~s of welcome elle a dit quelques mots de bienvenue; I gave him a few ~s of advice je lui ai donné quelques conseils; he didn't say a ~ il n'a rien dit, il n'a pas dit un mot; and now a ~ from our sponsors et maintenant, voici un message publicitaire de nos sponsors; I'm a woman of few ~s je ne suis pas quelqu'un qui fait de grands discours; he's a man of few ~s c'est un homme peu loquace, c'est quelqu'un qui n'aime pas beaucoup parler; in the ~s of Shelley comme l'a dit Shelley; tell me in your own ~s dites-le moi à votre façon OR avec vos propres mots; he told me in so many ~s that I was a liar il m'a dit carrément OR sans mâcher ses mots que j'étais menteur; by OR through ~ of mouth oralement; the news spread by ~ of mouth la nouvelle se répandit de bouche à oreille; too stupid for ~s vraiment trop bête; ~ for ~ [translate] littéralement, mot à mot; [repeat] mot pour mot ❏ from the ~ go dès le départ; (upon) my ~! ma parole!, oh la la!; don't put ~s into my mouth ne me faites pas dire ce que je n'ai pas dit; he took the ~s out of my mouth il a dit exactement ce que j'allais dire; he never has a good ~ to say about anyone personne ne trouve jamais grâce à ses yeux; to put in a (good) ~ for sb glisser un mot en faveur de qqn; to have the last ~ avoir le dernier mot; it's the last ~ in comfort *Br* c'est ce qui se fait de mieux en matière de confort. **-2.** [talk] mot *m*, mots *mpl*, parole *f*, paroles *fpl*; to have a ~ with sb about sthg toucher un mot OR deux mots à qqn au sujet de qqch; can I have a ~ with you about the meeting? est-ce que je peux vous dire deux mots à propos de la réunion?;

can I have a ~? je voudrais vous parler un instant. **-3.** *(U)* [news] nouvelle *f*, nouvelles *fpl*; [message] message *m*, mot *m*; the ~ got out that there had been a coup la nouvelle d'un coup d'État a circulé; ~ came from Tokyo that the strike was over la nouvelle arriva de Tokyo que la grève était terminée; she brought them ~ of Tom elle leur a apporté des nouvelles de Tom; she left ~ for us to follow elle nous a laissé un message pour dire que nous devions la suivre; he sent ~ to say he had arrived safely il a envoyé un mot pour dire qu'il était bien arrivé. **-4.** [promise] parole *f*, promesse *f*; he gave his ~ that we wouldn't be harmed il a donné sa parole qu'il ne nous ferait aucun mal; I give you my ~ on it je vous en donne ma parole; we held ~ kept her to her ~ nous l'avons obligée à tenir sa parole; he was as good as his ~ il a tenu parole; I'm a man of my ~ je suis un homme de parole; ~ of honour! parole d'honneur!; we only have his ~ for it il n'y a que lui qui le dit, personne ne peut prouver le contraire; we'll have to take your ~ for it nous sommes bien obligés de vous croire; take my ~ (for it), it's a bargain! croyez-moi, c'est une affaire!; I took her at her ~ je l'ai prise au mot; it's your ~ against mine c'est votre parole contre la mienne; my ~ is my bond je n'ai qu'une parole, je tiens toujours parole. **-5.** [advice] conseil *m*; a ~ to travellers, watch your luggage! un petit conseil aux voyageurs, surveillez vos bagages!; a quick ~ in your ear je vous glisse un mot à l'oreille; a ~ to the wise à bon entendeur, salut. **-6.** [rumour] bruit *m*; (the) ~ went round that he was dying le bruit a couru qu'il était sur le point de mourir. **-7.** [order] ordre *m*; his ~ is law c'est lui qui fait la loi; just give OR say the ~ and we'll be off vous n'avez qu'à donner le signal et nous partons. **-8.** [watchword] mot *m* d'ordre; [password] mot *m* de passe.

◇ *vt* [letter, document] rédiger, formuler; [contract] rédiger; they ~ed the petition carefully ils ont choisi les termes de la pétition avec le plus grand soin; we sent a strongly ~ed protest nous avons envoyé une lettre de protestation bien sentie.

◆ **Word** *n* RELIG: the Word le Verbe; the Word of God la parole de Dieu.

◆ **words** *npl Br inf* [argument] dispute *f*; to have ~s se disputer, avoir des mots.

◆ **in a word** *adv phr* en un mot.

◆ **in other words** *adv phr* autrement dit, en d'autres termes.

**word association** *n* association *f* d'idées par les mots.

**word-blind** *adj Br* dyslexique.

**word-blindness** *n Br* dyslexie *f*.

**word class** *n* LING classe *f* de mots.

**word count** *n* calcul *m* des mots.

**word-for-word** *adj* [repetition, imitation] mot pour mot; [translation] littéral.

**word game** *n* jeu de vocabulaire (sans support écrit).

**wordiness** ['wɜːdɪnɪs] *n* verbosité *f*.

**wording** ['wɜːdɪŋ] *n* (U) **-1.** [of letter, speech] termes *mpl*, formulation *f*; [of contract] termes *mpl*; I think you should change the ~ of the last sentence je crois que vous devriez reformuler la dernière phrase. **-2.** ADMIN & JUR rédaction *f*.

**wordless** ['wɜːdlɪs] *adj* **-1.** *lit* [silent – admiration] muet. **-2.** [without words – music] sans paroles.

**wordlist** ['wɜːdlɪst] *n* [in notebook, textbook] lexique *m*, liste *f* de mots; [in dictionary] nomenclature *f*.

**word-of-mouth** *adj* [account] oral, verbal.

**word order** *n* ordre *m* des mots.

**word-perfect** *adj* [recitation] que l'on connaît parfaitement OR sur le bout des doigts; she rehearsed her speech until she was ~ elle a répété son discours jusqu'à le connaître parfaitement OR sur le bout des doigts.

**wordplay** ['wɜːdpleɪ] *n* (U) jeu *m* de mots.

**word-process** ◇ *vi* travailler sur traitement de texte. ◇ *vt* [text] saisir sur traitement de texte.

**word processing** *n* traitement *m* de texte.

**word processor** *n* machine *f* de traitement de texte.

**wordsmith** ['wɜːdsmɪθ] *n* manieur *m* de mots.

**wordy** ['wɜːdɪ] (*compar* **wordier**, *superl* **wordiest**) *adj* verbeux.

**wore** [wɔːr] *pt* → **wear**.

**work** [wɜːk] ◇ *n* **-1.** [effort, activity] travail *m*, œuvre *f*; com-

puters take some of the ~ out of filing les ordinateurs facilitent le classement; **she's done a lot of ~ for charity** elle a
beaucoup travaillé pour des associations caritatives; **keep
up the good ~!** continuez comme ça!; **nice ~!** c'est du bon
travail!; **~ on the tunnel is to start in March** [existing tunnel]
les travaux sur le tunnel doivent commencer en mars; [new
tunnel] la construction du tunnel doit commencer OR le tunnel doit être commencé en mars; **~ in progress** ADMIN travail en cours; [on sign] travaux en cours; **she put a lot of ~
into that book** elle a beaucoup travaillé sur ce livre; **to start
~, to set to ~** se mettre au travail; **she set** OR **went to ~ on
the contract** elle a commencé à travailler sur le contrat; **I
set him to ~ (on) painting the kitchen** je lui ai donné la
cuisine à peindre; **let's get (down) to ~!** (mettons-nous) au
travail! ❏ **all ~ and no play makes Jack a dull boy** *prov*
beaucoup de travail et peu de loisirs ne réussissent à personne. **-2.** [duty, task] travail *m*, besogne *f*; **he's trying to get
some ~ done** il essaie de travailler un peu; **it's hard ~** c'est
du travail, ce n'est pas facile; **it's thirsty ~** ça donne soif ❏
**to make short** OR **light ~ of sthg** expédier qqch; **to make
short ~ of sb** *fig* ne faire qu'une bouchée de qqn; **it's nice ~
if you can get it!** *inf* c'est une bonne planque, encore faut-il
la trouver! **-3.** [paid employment] travail *m*, emploi *m*; **what
(kind of) ~ do you do?** qu'est-ce que vous faites dans la
vie?, quel travail faites-vous?; **I do translation ~** je suis traducteur, je fais des traductions; **to look for ~** chercher du
travail OR un emploi; **to be in ~** travailler, avoir un emploi;
**to be out of ~** être au chômage OR sans travail OR sans emploi; **he had a week off ~** [holiday] il a pris une semaine de
vacances; [illness] il n'est pas allé au travail pendant une semaine; **to take time off ~** prendre des congés; **she's off ~
today** elle ne travaille pas aujourd'hui; **to do a full day's ~**
faire une journée entière de travail; **people out of ~** [gen]
les chômeurs *mpl*; ADMIN & ECON les inactifs *mpl*.**-4.** [place of
employment] travail *m*; ADMIN lieu *m* de travail; **he's a friend
from ~** c'est un collègue; **where is your (place of) ~?** où
travaillez-vous?, quel est votre lieu de travail?**-5.** [papers,
material etc being worked on] travail *m*; **to take ~ home** prendre du travail à la maison. **-6.** [creation, artefact etc] œuvre *f*;
[on smaller scale] ouvrage *m*; SEW ouvrage *m*; **it's all my own
~** j'ai tout fait moi-même; **it's an interesting piece of ~**
[gen] c'est un travail intéressant; ART, LITERAT & MUS c'est une
œuvre intéressante; **the complete ~s of Shakespeare** les
œuvres complètes OR l'œuvre de Shakespeare; **~s of fiction**
des ouvrages de fiction. **-7.** [research] travail *m*, recherches
*fpl*; **there hasn't been a lot of ~ done on the subject** peu de
travail a été fait OR peu de recherches ont été faites sur le sujet. **-8.** [deed] œuvre *f*, acte *m*; **good ~s** bonnes œuvres;
**charitable ~s** actes de charité, actes charitables; **the murder is the ~ of a madman** le meurtre est l'œuvre d'un fou.
**-9.** [effect] effet *m*.**-10.** PHYS travail *m*.
◇ *vi* **A. -1.** [exert effort on a specific task, activity etc] travailler;
**we ~ed for hours cleaning the house** nous avons passé
des heures à faire le ménage; **to ~ at** OR **on sthg: she's ~ing
on a novel just now** elle travaille à un roman en ce moment; **he ~s at** OR **on keeping himself fit** il fait de l'exercice
pour garder la forme; **we have to ~ to a budget** nous devons travailler avec un certain budget. **-2.** [be employed] travailler; **he ~s as a teacher** il a un poste d'enseignant; **I ~ in
advertising** je travaille dans la publicité; **I ~ a forty-hour
week** je travaille quarante heures par semaine, je fais une
semaine de quarante heures; **to ~ for a living** travailler
pour gagner sa vie; **to ~ to rule** INDUST faire la grève du zèle.
**-3.** [strive for a specific goal or aim]: **to ~ for sthg: they're
~ing for better international relations** ils s'efforcent
d'améliorer les relations internationales. **-4.** [study] travailler, étudier. **-5.** [use a specified substance] travailler; **she has
always ~ed in** OR **with watercolours** elle a toujours travaillé avec de la peinture à l'eau.
**B. -1.** [function, operate – machine, brain, system] fonctionner,
marcher; **the lift never ~s** l'ascenseur est toujours en
panne; **the radio ~s off batteries** la radio fonctionne avec
des piles; **a pump ~ed by hand** une pompe actionnée à la
main OR manuellement ‖ *fig*: **everything ~ed smoothly** tout
s'est déroulé comme prévu; **your idea just won't ~** ton
idée ne peut pas marcher. **-2.** [produce results, succeed] marcher, réussir; **it ~ed brilliantly** ça a très bien marché. **-3.**
[drug, medicine] agir, produire OR faire son effet. **-4.** [act]
agir; **events have ~ed against us/in our favour** les événe-

ments ont agi contre nous/en notre faveur; **I'm ~ing on the
assumption that they'll sign the contract** je pars du principe qu'ils signeront le contrat.
**C. -1.** [reach a condition or state gradually]: **to ~ loose** se desserrer; **to ~ free** se libérer. **-2.** [face, mouth] se contracter, se
crisper. **-3.** [ferment] fermenter.
◇ *vt* **A. -1.** [worker, employee] faire travailler; **the boss ~s
his staff hard** le patron exige beaucoup de travail de ses
employés; **you ~ yourself too hard** tu te surmènes; **to ~
o.s. to death** se tuer à la tâche ❏ **to ~ one's fingers to the
bone** s'user au travail. **-2.** [pay for with labour or service]: **I
~ed my way through college** j'ai travaillé pour payer mes
études à l'université. **-3.** [carry on activity in]: **he ~s the
southern sales area** il travaille pour le service commercial
de la région sud; **the candidate ~ed the crowd** *fig* le candidat s'efforçait de soulever l'enthousiasme de la foule. **-4.**
[achieve, accomplish]: **the story ~ed its magic** OR **charm on
the public** l'histoire a enchanté le public; **to ~ miracles**
faire OR accomplir des miracles; **to ~ wonders** faire merveille. **-5.** [make use of, exploit – land] travailler, cultiver;
[– mine, quarry] exploiter, faire valoir.
**B. -1.** [operate] faire marcher, faire fonctionner; **this
switch ~s the furnace** ce bouton actionne OR commande la
chaudière. **-2.** [manoeuvre]: **I ~ed the handle up and down**
j'ai remué la poignée de haut en bas ‖ [progress slowly]: **I ~ed
my way along the ledge** j'ai longé la saillie avec précaution. **-3.** *inf* [contrive] s'arranger; **I ~ed it** OR **~ed things so
that she's never alone** j'ai fait en sorte qu'elle OR je me suis
arrangé pour qu'elle ne soit jamais seule.
**C. -1.** [shape – leather, metal, stone] travailler, façonner;
[– clay, dough] travailler, pétrir; [– object, sculpture] façonner;
**she ~ed a figure out of the wood** elle a sculpté une silhouette dans le bois. **-2.** [excite, provoke]: **the orator ~ed
the audience into a frenzy** l'orateur a enflammé OR galvanisé le public.
◆ **works** ◇ *npl* **-1.** [mechanism] mécanisme *m*, rouages *mpl*;
[of clock] mouvement *m*; **to foul up** OR **to gum up the ~s** *inf*
tout foutre en l'air. **-2.** CIV ENG [construction] travaux *mpl*; [in-
stallation] installations *fpl*; **road ~s** travaux; **Minister/
Ministry of Works** ministre *m*/ministère *m* des Travaux publics. ◇ *n* *(with sing verb)* **-1.** INDUST [factory] usine *f*; **a printing
~s** une imprimerie; **a gas ~s** une usine à gaz; **price ex ~s**
prix *m* sortie usine. **-2.** *inf* [everything]: **the (whole) ~s** tout
le bataclan OR le tralala; **to shoot the ~s** *Am* jouer le grand
jeu; **to give sb the ~s** [special treatment] dérouler le tapis
rouge pour qqn *fig*; [beating] passer qqn à tabac.
◆ **at work** ◇ *adj phr* **-1.** [person]: **to be at ~** (on sthg/doing
sthg) travailler (à qqch/à faire qqch); **they're hard at ~
painting the house** ils sont en plein travail, ils repeignent la
maison. **-2.** [having an effect]: **there are several factors at ~
here** il y a plusieurs facteurs qui entrent en jeu OR qui jouent
ici; **there are evil forces at ~** des forces mauvaises sont en
action. ◇ *adv phr* [at place of work]: **she's at ~** [gen] elle est au
travail; [office] elle est au bureau; [factory] elle est à l'usine.
◆ **work away** *vi insep* travailler; **we ~ed away all evening**
nous avons passé la soirée à travailler.
◆ **work down** *vi insep* glisser; **her socks had ~ed down
around her ankles** ses chaussettes étaient tombées sur ses
chevilles.
◆ **work in** *vt sep* **-1.** [incorporate] incorporer; **~ the ointment in thoroughly** faites bien pénétrer la pommade; **~
the butter into the flour** CULIN incorporez le beurre à la farine. **-2.** [insert] faire entrer OR introduire petit à petit; **he
~ed in a few sly remarks about the boss** il a réussi à glisser
quelques réflexions sournoises sur le patron.
◆ **work off** *vt sep* **-1.** [dispose of – fat, weight] se débarrasser
de, éliminer; [– anxiety, frustration] passer, assouvir; **I ~ed off
my excess energy chopping wood** j'ai dépensé mon trop-
plein d'énergie en cassant du bois. **-2.** [debt, obligation]: **it
took him three months to ~ off his debt** il a dû travailler
trois mois pour rembourser son emprunt.
◆ **work on** *vt insep* **-1.** [person] essayer de convaincre. **-2.**
[task, problem]: **the police are ~ing on who stole the jewels**
la police s'efforce de retrouver celui qui a volé les bijoux;
**have you got any ideas? — I'm ~ing on it** as-tu des idées?
— je cherche.
◆ **work out** ◇ *vt sep* **-1.** [discharge fully] acquitter en travaillant; **to ~ out one's notice** faire son préavis. **-2.** [solve – calculation, problem] résoudre; [– answer, total] trouver; [– puzzle]

faire, résoudre; [~ code] déchiffrer; **things will ~ them-selves out** les choses s'arrangeront toutes seules OR d'elles-mêmes. **-3.** [formulate ~ idea, plan] élaborer, combiner; [~ agreement, details] mettre au point; **have you ~ed out yet when it's due to start?** est-ce que tu sais quand ça doit commencer?; **she had it all ~ed out** elle avait tout planifié. **-4.** [figure out] arriver à comprendre; **I finally ~ed out why he was acting so strangely** j'ai enfin découvert OR compris pourquoi il se comportait si bizarrement; **I can't ~ her out** je n'arrive pas à la comprendre. **-5.** [mine, well] épuiser. ◇ *vi insep* **-1.** [happen] se passer; **the trip ~ed out as planned** le voyage s'est déroulé comme prévu. **-2.** [have a good result ~ job, plan] réussir; [~ problem, puzzle] se résoudre; **did the new job ~ out?** ça a marché pour le nouveau boulot?; **it didn't ~ out between them** les choses ont plutôt mal tourné entre eux. **-3.** [amount to]: **the average price for an apartment ~s out to** OR **at $5,000 per square metre** le prix moyen d'un appartement s'élève OR revient à 5 000 dollars le mètre carré; **that ~s out at three hours a week** ça fait trois heures par semaine; **electric heating ~s out expensive** le chauffage électrique revient cher. **-4.** [exercise] faire de l'exercice; [professional athlete] s'entraîner.
♦ **work over** *vt sep* **-1.** *Am* [revise] revoir, réviser. **-2.** *inf* [beat up] tabasser, passer à tabac.
♦ **work round** ◇ *vi insep* **-1.** [turn] tourner. **-2.** *fig* [in conversation]: **he finally ~ed round to the subject of housing** il a fini par aborder le sujet du logement; **what's she ~ing round to?** où veut-elle en venir? ◇ *vt sep* [bring round]: **I ~ed the conversation round to my salary** j'ai amené la conversation sur la question de mon salaire.
♦ **work through** ◇ *vt sep* **-1.** [insert] faire passer à travers. **-2.** [progress through]: **we ~ed our way through the crowd** nous nous sommes frayé un chemin à travers la foule; **he ~ed his way through the book** il a lu le livre du début à la fin; **I ~ed the problem through** *fig* j'ai étudié le problème sous tous ses aspects. ◇ *vt insep* **-1.** [continue to work]: **she ~ed through lunch** elle a travaillé pendant l'heure du déjeuner. **-2.** [resolve]: **he ~ed through his emotional problems** il a réussi à assumer ses problèmes affectifs.
♦ **work up** ◇ *vt sep* **-1.** [stir up, rouse] exciter, provoquer; **he ~s himself up** OR **gets himself ~ed up over nothing** il s'énerve pour rien. **-2.** [develop] développer; **to ~ up an appetite** se mettre en appétit; **we ~ed up a sweat/thirst playing tennis** jouer au tennis nous a donné chaud/soif; **I can't ~ up any enthusiasm for this work** je n'arrive pas à avoir le moindre enthousiasme pour ce travail. *phr*: **to ~ one's way up** faire son chemin; **she ~ed her way up from secretary to managing director** elle a commencé comme secrétaire et elle a fait son chemin jusqu'au poste de P-DG; **I ~ed my way up from nothing** je suis parti de rien. ◇ *vi insep* **-1.** [clothing] remonter. **-2.** [build up]: **the film was ~ing up to a climax** le film approchait de son point culminant; **what are you ~ing up to?** où veux-tu en venir?
**workability** [ˌwɜːkəˈbɪlətɪ] *n* **-1.** [of plan] caractère *m* réalisable. **-2.** [of mine] caractère *m* exploitable.
**workable** [ˈwɜːkəbl] *adj* **-1.** [plan, proposal] réalisable, faisable. **-2.** [mine, field] exploitable.
**workaday** [ˈwɜːkədeɪ] *adj* [clothes, routine] de tous les jours; [man] ordinaire, banal; [incident] courant, banal.
**workaholic** [ˌwɜːkəˈhɒlɪk] *n inf* bourreau *m* de travail, drogué *m*, -e *f* du travail.
**workbag** [ˈwɜːkbæg] *n* sac *m* à ouvrage.
**workbench** [ˈwɜːkbentʃ] *n* établi *m*.
**workbook** [ˈwɜːkbʊk] *n* **-1.** SCH [exercise book] cahier *m* d'exercices; [record book] cahier *m* de classe. **-2.** [manual] manuel *m*.
**work camp** *n* **-1.** [prison] camp *m* de travail. **-2.** [voluntary] chantier *m* de travail.
**work coat** *n Am* blouse *f*.
**workday** [ˈwɜːkdeɪ] ◇ *n* **-1.** [day's work] journée *f* de travail. **-2.** [working day] jour *m* ouvré OR où l'on travaille. ◇ *adj* = **workaday**.
**worked up** [ˌwɜːkt-] *adj* énervé, dans tous ses états; **to get ~ s'énerver**, se mettre dans tous ses états.
**worker** [ˈwɜːkəʳ] *n* **-1.** INDUST [~ gen] travailleur *m*, -euse *f*, employé *m*, -e *f*; [~ manual] ouvrier *m*, -ère *f*, travailleur *m*, -euse *f*; **he's a fast ~!** il travaille vite!; **she's a hard ~**

elle travaille dur. **-2.** ENTOM ouvrière *f*.
**worker ant** *n* (fourmi) ouvrière *f*.
**worker bee** *n* (abeille) ouvrière *f*.
**worker director** *n* ouvrier qui fait partie du conseil d'administration.
**worker-priest** *n* prêtre-ouvrier *m*.
**work ethic** *n* exaltation des valeurs liées au travail.
**work experience** *n*: **the course includes two months' ~** le programme comprend un stage en entreprise de deux mois.
**workforce** [ˈwɜːkfɔːs] *n* main-d'œuvre *f*, effectifs *mpl*.
**workhorse** [ˈwɜːkhɔːs] *n* **-1.** [horse] cheval *m* de labour. **-2.** *fig* [worker] bourreau *m* de travail; [machine, vehicle] bonne mécanique *f*.
**workhouse** [ˈwɜːkhaʊs] (*pl* **workhouses** [-haʊzɪz]) *n* **-1.** [in UK] HIST hospice *m*. **-2.** [in US ~ prison] maison *f* de correction.
**work-in** *n* occupation d'une entreprise par le personnel (avec poursuite du travail).
**working** [ˈwɜːkɪŋ] ◇ *adj* **-1.** [mother] qui travaille; [population] actif; **ordinary ~ people** les travailleurs ordinaires. **-2.** [day, hours] de travail; **a ~ week of 40 hours** une semaine de 40 heures; **he spent his entire ~ life with the firm** il a travaillé toute sa vie dans l'entreprise. **-3.** [clothes, conditions] de travail. **-4.** [functioning ~ farm, factory, model] qui marche; **in (good) ~ order** en (bon) état de marche. **-5.** [theory, definition] de travail; [majority] suffisant; [agreement] de circonstance; [knowledge] adéquat, suffisant. ◇ *n* **-1.** [work] travail *m*. **-2.** [operation ~ of machine] fonctionnement *m*. **-3.** [of mine] exploitation *f*; [of clay, leather] travail *m*.
♦ **workings** *npl* **-1.** [mechanism] mécanisme *m*; *fig* [of government, system] rouages *mpl*. **-2.** MIN chantier *m* d'exploitation; **old mine ~s** anciennes mines *fpl*.
**working capital** *n* (U) fonds *mpl* de roulement.
**working class** *n*: **the ~, the ~es** la classe ouvrière, le prolétariat.
♦ **working-class** *adj* [district, origins] ouvrier; [accent] des classes populaires; **she's ~** elle appartient à la classe ouvrière.
**working group** = **working party**.
**working lunch** *n* déjeuner pendant lequel on travaille.
**working man** *n Br* ouvrier *m*.
**working men's club** *n* club d'ouvriers, comportant un bar et une scène où sont présentés des spectacles de music-hall.
**working party** *n* **-1.** [committee ~ for study] groupe *m* de travail; [~ for enquiry] commission *f* d'enquête. **-2.** [group ~ of prisoners, soldiers] groupe *m* de travail.
**working title** *n* titre *m* provisoire.
**working woman** *n* **-1.** [worker] ouvrière *f*, employée *f*. **-2.** [woman with job] femme *f* qui travaille.
**workload** [ˈwɜːkləʊd] *n* travail *m* à effectuer, charge *f* de travail; **I still have a heavy ~** je suis encore surchargé de travail.
**workman** [ˈwɜːkmən] (*pl* **workmen** [-mən]) *n* **-1.** [manual worker] ouvrier *m*; **a bad ~ blames his tools** *prov* les mauvais ouvriers ont toujours de mauvais outils *prov*. **-2.** [craftsman] artisan *m*.
**workmanlike** [ˈwɜːkmənlaɪk] *adj* **-1.** [efficient ~ approach, person] professionnel. **-2.** [well made ~ artefact] bien fait, soigné; **he wrote a ~ report** il a fait un compte rendu très sérieux. **-3.** [serious ~ attempt, effort] sérieux.
**workmanship** [ˈwɜːkmənʃɪp] *n* (U) **-1.** [skill] métier *m*, maîtrise *f*. **-2.** [quality] exécution *f*, fabrication *f*.
**workmate** [ˈwɜːkmeɪt] *n* camarade *mf* de travail.
**workout** [ˈwɜːkaʊt] *n* séance *f* d'entraînement.
**work party** *n* [of soldiers] escouade *f*; [of prisoners] groupe *m* de travail.
**work permit** [-ˌpɜːmɪt] *n* permis *m* de travail.
**workplace** [ˈwɜːkpleɪs] *n* lieu *m* de travail; **in the ~** sur le lieu de travail.
**workroom** [ˈwɜːkruːm] *n* salle *f* de travail.
**works band** *n* fanfare *f* (d'une entreprise).
**works committee, works council** *n* comité *m* d'entreprise.
**work-sharing** *n* partage *m* du travail.

**work sheet** *n* COMPUT feuille *f* de travail.
**workshop** ['wɜːkʃɒp] *n* **-1.** [INDUST & gen] atelier *m*. **-2.** [study group] atelier *m*, groupe *m* de travail.
**workshy** ['wɜːkʃaɪ] *adj* fainéant, tire-au-flanc *(inv)*.
**works manager** *n* directeur *m*, -trice *f* d'usine.
**work space** *n* coin-travail *m*.
**workstation** ['wɜːkˌsteɪʃn] *n* COMPUT poste *m* OR station *f* de travail.
**work-study** *n* INDUST étude *f* des cadences.
**work surface** *n* surface *f* de travail.
**worktop** ['wɜːktɒp] *n* [in kitchen] plan *m* de travail.
**work-to-rule** *n* Br grève *f* du zèle.
**work week** *n* Am semaine *f* de travail.
**world** [wɜːld] ◇ *n* **A. -1.** [earth] monde *m*; **to travel round the ~** faire le tour du monde, voyager autour du monde; **to see the ~** voir du pays, courir le monde; **throughout the ~** dans le monde entier; **in this part of the ~** dans cette région; **I'm the ~'s worst photographer** il n'y a pas pire photographe que moi; **the ~ over, all over the ~** dans le monde entier, partout dans le monde. **-2.** [planet] monde *m*. **-3.** [universe] monde *m*, univers *m*.
**B. -1.** [part of the world] HIST & POL monde *m*; **the developing ~** les pays *mpl* en voie de développement; **the Spanish-speaking ~** le monde hispanophone. **-2.** [society] monde *m*; **to go up/down in the ~:** she's gone up in the ~ elle a fait du chemin; he's gone down in the ~ il a connu de meilleurs jours; **to come into the ~** venir au monde; **to bring a child into the ~** mettre un enfant au monde; **to make one's way in the ~** faire son chemin. **-3.** [general public] monde *m*; **the news shook the ~** la nouvelle a ébranlé le monde entier ‖ [people in general]: **we don't want the whole ~ to know** nous ne voulons pas que tout le monde le sache; **(all) the ~ and his wife** *inf* & *fig* le monde entier.
**C. -1.** [existence, particular way of life] monde *m*, vie *f*; **we live in different ~s** nous ne vivons pas sur la même planète; **to be ~s apart** [in lifestyle] avoir des styles de vie complètement différents; [in opinions] avoir des opinions complètement différentes ‖ [realm] monde *m*; **he lives in a ~ of his own** il vit dans un monde à lui; **the child's ~** l'univers *m* des enfants. **-2.** [field, domain] monde *m*, milieu *m*, milieux *mpl*; **the publishing ~** le monde de l'édition. **-3.** [group of living things] monde *m*; **the animal/plant ~** le règne animal/végétal. **-4.** RELIG monde *m*; **he isn't long for this ~** il n'en a pas pour longtemps. **-5.** *phr*: **a holiday will do you a** OR **the ~ of good** des vacances vous feront le plus grand bien; **it made a ~ of difference** ça a tout changé; **there's a ~ of difference between them** il y a un monde entre eux; **he thinks the ~ of his daughter** il a une admiration sans bornes pour sa fille; **it means the ~ to me** c'est quelque chose qui me tient beaucoup à cœur.
◇ *comp* [champion, record] mondial, du monde; [language, religion] universel; **~ peace** la paix mondiale; **~ opinion** l'opinion internationale; **on a ~ scale** à l'échelle mondiale.
◆ **for all the world** *adv phr* exactement.
◆ **for the world** *adv phr*: **I wouldn't hurt her for the ~** je ne lui ferais de mal pour rien au monde.
◆ **in the world** *adv phr* **-1.** [for emphasis]: **nothing in the ~ would change my mind** rien au monde ne me ferait changer d'avis; **I felt as if I hadn't a care in the ~** je me sentais libre de tout souci; **we've got all the time in the ~** nous avons tout le OR tout notre temps. **-2.** [expressing surprise, irritation, frustration]: **where in the ~ have you put it?** où l'avez-vous donc mis?
◆ **out of this world** *adj phr inf* extraordinaire, sensationnel.
**World Bank** *pr n* Banque *f* mondiale.
**world-beater** *n* Br *inf* [person] champion *m*, -onne *f*; **this new car is going to be a ~** *fig* cette nouvelle voiture va faire un tabac.
**world-class** *adj* [player, runner] parmi les meilleurs du monde, de classe internationale.
**World Cup** *pr n*: **the ~** la Coupe du monde.
**World Fair** *pr n* exposition *f* universelle.
**world-famous** *adj* de renommée mondiale, célèbre dans le monde entier.
**World Health Organization** *pr n* Organisation *f* mondiale de la santé.

**worldliness** ['wɜːldlɪnɪs] *n* **-1.** [materialism] matérialisme *m*. **-2.** [experience of the world] mondanité *f*.
**worldly** ['wɜːldlɪ] *(compar* **worldlier**, *superl* **worldliest)** *adj* **-1.** [material – possessions, pleasures, matters] matériel, de ce monde, terrestre; RELIG temporel, de ce monde; **all my ~ goods** tout ce que je possède au monde. **-2.** [materialistic – person, outlook] matérialiste. **-3.** [sophisticated – person] qui a l'expérience du monde; [– attitude, manner] qui démontre une expérience du monde.
**worldly-wise** *adj* qui a l'expérience du monde.
**world music** *n* world music *f*.
**world power** *n* puissance *f* mondiale.
**World Series** *n*: **the ~** le championnat américain de base-ball.
**World Service** *pr n* RADIO service étranger de la BBC.
**world-shattering** *adj* [event, news] renversant, bouleversant.
**world view** *n* vue métaphysique du monde.
**world war** *n* guerre *f* mondiale; **World War I, the First World War** la Première Guerre mondiale; **World War II, the Second World War** la Seconde Guerre mondiale.
**world-weary** *adj* [person] las du monde.
**worldwide** ['wɜːldwaɪd] ◇ *adj* [depression, famine, reputation] mondial. ◇ *adv* partout dans le monde, dans le monde entier.
**worm** [wɜːm] ◇ *n* **-1.** [in earth, garden] ver *m* (de terre); [in fruit] ver *m*; [for fishing] ver *m*, asticot *m*; **the ~ has turned** Br *fig* il en a eu assez de se faire marcher dessus. **-2.** [parasite – in body] ver *m*. **-3.** *inf* & *fig* [person] minable *mf*. **-4.** *lit* [trouble-some thing] tourment *m*, tourments *mpl*; **the ~ of jealousy** les affres *fpl* de la jalousie. ◇ *vt* **-1.** [move]: **to ~ one's way under sthg** passer sous qqch à plat ventre OR en rampant; **she ~ed her way through a gap in the fence** en se tortillant elle s'est faufilée par une ouverture dans la palissade. **-2.** *pej* [sneak]: **he ~ed his way into her affections** il a trouvé le chemin de son cœur (*par sournoiserie*). **-3.** [dog, sheep] débarrasser des vers.
◆ **worm out** *vt sep* [information] soutirer; **I tried to ~ the truth out of him** j'ai essayé de lui soutirer la vérité.
**worm-eaten** *adj* [apple] véreux; [furniture] vermoulu, mangé aux vers; *fig* [ancient] désuet (*f* -ète), antédiluvien.
**worm's-eye view** *n* PHOT & CIN contre-plongée *f*.
**wormwood** ['wɜːmwʊd] *n* **-1.** [plant] armoise *f*. **-2.** *lit* [bitterness] fiel *m*, amertume *f*.
**worn** [wɔːn] ◇ *pp* → **wear**. ◇ *adj* **-1.** [shoes, rug, tyre] usé. **-2.** [weary – person] las, (*f* lasse).
**worn-out** *adj* **-1.** [shoes, tyre] complètement usé; [rug, dress] usé jusqu'à la corde; [battery] usé. **-2.** [person] épuisé, éreinté.
**worried** ['wʌrɪd] *adj* [person, look] inquiet (*f* -ète); **I'm ~ that they may get lost** OR **in case they get lost** j'ai peur qu'ils ne se perdent; **to be ~ about sthg/sb** être inquiet pour qqch/qqn; **to be ~ sick** OR **to death (about sb)** être fou OR malade d'inquiétude (pour qqn); **you had me ~ for a minute** vous m'avez fait peur pendant une minute; **I'm not ~ either way** ça m'est égal.
**worriedly** ['wʌrɪdlɪ] *adv* [say] avec un air inquiet.
**worrier** ['wʌrɪər] *n* anxieux *m*, -euse *f*, inquiet *m*, -ète *f*; **he's a born ~** c'est un éternel inquiet.
**worrisome** ['wʌrɪsəm] *adj dated* inquiétant.
**worry** ['wʌrɪ] *(pt & pp* **worried**, *pl* **worries)** ◇ *vt* **-1.** [make anxious] inquiéter, tracasser; **you really worried me** je me suis vraiment inquiété à cause de toi; **he was worried by her sudden disappearance** il était inquiet de sa disparition subite; **I sometimes ~ that they'll never be found** parfois je crains qu'on ne les retrouve jamais; **don't ~ your head** *inf* OR **yourself about the details** ne vous inquiétez pas pour les détails. **-2.** [disturb, bother] inquiéter, ennuyer; **it doesn't ~ me if you want to waste your life** cela m'est égal OR ne me gêne pas si vous voulez gâcher votre vie. **-3.** [subj: dog – bone, ball] prendre entre les dents et secouer; [– sheep] harceler.
◇ *vi* s'inquiéter, se faire du souci, se tracasser; **to ~ about** OR **over sthg** s'inquiéter OR se faire du souci pour OR au sujet de qqch; **she has enough to ~ about** elle a assez de soucis comme ça;

there's nothing to ~ about il n'y a pas lieu de s'inquiéter; they'll be found, don't you ~ on va les trouver, ne vous en faites pas; not to ~! ce n'est pas grave!; you should ~ *iron* ce n'est pas votre problème, il n'y a pas de raisons de vous en faire.

◇ *n* **-1.** [anxiety] inquiétude *f*, souci *m*; **money is a constant source of ~** l'argent est un perpétuel souci OR une perpétuelle source d'inquiétude; **her sons are a constant ~ to her** ses fils lui causent constamment des soucis OR du souci; **he was sick with ~ about her** il se rongeait les sangs pour elle OR à son sujet. **-2.** [concern] sujet *m* d'inquiétude, souci *m*; [problem] problème *m*; **it's a real ~ for her** cela la tracasse vraiment; **no worries!** *inf* pas de problème!

◆ **worry at** *vt insep Br* = **worry** *vt* 3.

**worry beads** *npl* chapelet *m*.

**worryguts** ['wʌrɪgʌts] *n Br inf* anxieux *m*, -euse *f*, éternel inquiet *m*, éternelle inquiète *f*.

**worrying** ['wʌrɪɪŋ] ◇ *adj* inquiétant; **the ~ thing is that it could happen again** ce qu'il y a d'inquiétant OR ce qui est inquiétant, c'est que cela pourrait se reproduire. ◇ *n* inquiétude *f*; **~ won't solve anything** cela ne résoudra rien de se faire du souci.

**worryingly** ['wʌrɪɪŋli] *adv*: **the project is ~ late** le projet a pris un retard inquiétant.

**worrywart** ['wʌrɪwɔːt] *Am inf* = **worryguts**.

**worse** [wɜːs] ◇ *adj compar of* **bad**, *adv compar of* **badly**) ◇ *adj* **-1.** [not as good, pleasant as] pire, plus mauvais; **the news is even ~ than we expected** les nouvelles sont encore plus mauvaises que nous ne pensions; **your writing is ~ than mine** votre écriture est pire que la mienne; **my writing is bad, but yours is ~** j'écris mal, mais vous, c'est pire; **the rain is ~ than ever** il pleut de plus en plus; **things are ~ than you imagine** les choses vont plus mal que vous l'imaginez; **it could have been ~!** ça aurait pu être pire!; **I lost my money, and ~ still** OR **and what's ~, my passport** j'ai perdu mon argent, et ce qui est plus grave, mon passeport; **~ than useless** complètement inutile; **to get** OR **to grow ~** empirer, s'aggraver; **to get ~ and ~** aller de mal en pis; **his drug problem got ~** son problème de drogue ne s'est pas arrangé; **things will get ~ before they get better** les choses ne sont pas près de s'améliorer; **his memory is getting ~** sa mémoire est de moins en moins bonne; **she's only making things** OR **matters ~ for herself** elle ne fait qu'aggraver son cas; **and, to make matters ~, he swore at the policeman** et pour tout arranger, il a insulté le policier ❑ **~ things happen at sea!** on a vu pire!, ce n'est pas la fin du monde!; **~ luck!** *inf* quelle poisse!-**2.** [in health] plus mal; **I feel ~** je me sens encore plus mal OR encore moins bien; **her headache got ~** son mal de tête s'est aggravé. **-3.** *phr*: **this carpet is looking rather the ~ for wear** cette moquette est plutôt défraîchie; **he's looking/feeling rather the ~ for wear** [tired, old] il n'a pas l'air/il ne se sent pas très frais; [drunk] il a l'air/il se sent plutôt éméché; [ill] il n'a pas l'air/il ne se sent pas très bien.

◇ *adv* **-1.** [less well] plus mal, moins bien; **he behaved ~ than ever** il ne s'est jamais aussi mal conduit; **you could** OR **might do ~ than (to) marry him** l'épouser, ce n'est pas ce que vous pourriez faire de pire; **she doesn't think any the ~ of her for it** elle ne l'en estime pas moins pour ça. **-2.** [more severely – snow, rain] plus fort.

◇ *n* pire *m*; **there's ~ to come, ~ is to come** [in situation] le pire est à venir; [in story] il y a pire encore; **there's been a change for the ~** les choses se sont aggravées; **to take a turn for the ~** [health, situation] se détériorer, se dégrader.

◆ **none the worse** *adj phr* pas plus mal; **he's apparently none the ~ for his drinking session last night** il n'a pas l'air de se ressentir de sa beuverie d'hier soir.

**worsen** ['wɜːsn] ◇ *vi* [depression, crisis, pain, illness] empirer, s'aggraver; [weather, situation] se gâter, se détériorer. ◇ *vt* [situation] empirer, rendre pire.

**worsening** ['wɜːsnɪŋ] ◇ *adj* [situation] qui empire; [health] qui se détériore; [weather] qui se gâte ou se détériore. ◇ *n* aggravation *f*, détérioration *f*.

**worse-off** ◇ *adj* **-1.** [financially] moins riche, plus pauvre. **-2.** [in worse state] dans une situation moins favorable; **the country is no ~ for having a coalition government** le pays ne se porte pas plus mal d'avoir un gouvernement de coali-

tion. ◇ *npl*: **the ~** les pauvres *mpl*, les moins nantis *mpl*.

**worship** ['wɜːʃɪp] (*Br pt & pp* **worshipped**, *cont* **worshipping**, *Am pt & pp* **worshiped**, *cont* **worshiping**) ◇ *n* **-1.** RELIG [service] culte *m*, office *m*; [liturgy] liturgie *f*; [adoration] adoration *f*; **an act of ~** [veneration] un acte de dévotion; [service] un culte, un office; **freedom of ~** la liberté de culte. **-2.** *fig* [veneration] adoration *f*, culte *m*. ◇ *vt* **-1.** RELIG adorer, vénérer. **-2.** [person] adorer, vénérer; [money, possessions] vouer un culte à, avoir le culte de; **they worshipped the ground she walked on** ils vénéraient jusqu'au sol sur lequel elle marchait. ◇ *vi* faire ses dévotions; **to ~ at the altar of success** *fig* vouer un culte au succès.

◆ **Worship** *n Br fml* [in titles]: **His Worship the Mayor** monsieur le Maire; **Your Worship** [to a judge] monsieur le Juge; [to a mayor] monsieur le Maire.

**worshiper** *Am* = **worshipper**.

**worshipful** ['wɜːʃɪpfʊl] *adj* **-1.** [respectful] respectueux. **-2.** *Br fml* [in titles]: **the Worshipful Mayor of Portsmouth** monsieur le Maire de Portsmouth.

**worshipper** *Br*, **worshiper** *Am* ['wɜːʃɪpə<sup>r</sup>] *n* **-1.** RELIG adorateur *m*, -trice *f*, fidèle *mf*. **-2.** *fig* [of possessions, person] adorateur *m*, -trice *f*.

**worst** [wɜːst] (*adj superl of* **bad**, *adv superl of* **badly**) ◇ *adj* **-1.** [least good, pleasant etc] le pire, le plus mauvais; **it's the ~ book I've ever read** c'est le plus mauvais livre que j'aie jamais lu; **this is the ~ thing that could have happened** c'est la pire chose qui pouvait arriver; **and, ~ of all, I lost my keys** et le pire de tout, c'est que j'ai perdu mes clés; **we came off ~** [in deal] c'est nous qui étions perdants; [in fight] c'est nous qui avons reçu le plus de coups; **I felt ~ of all just after the operation** c'est juste après l'opération que je me suis senti le plus mal. **-2.** [most severe, serious – disaster, error] le plus grave; [– winter] le plus rude; **the fighting was ~ near the border** les combats les plus violents se sont déroulés près de la frontière.

◇ *adv* [most severely]: **the ~ affected** le plus affecté OR touché.

◇ *n* **-1.** [worst thing] pire *m*; **the ~ that can happen** le pire qui puisse arriver; **the ~ of it is she knew all along** le pire, c'est qu'elle le savait depuis le début; **money brings out the ~ in people** l'argent réveille les pires instincts (chez les gens); **I fear the ~** je crains le pire; **the ~ was yet to come** le pire restait à venir ❑ **if the ~ comes to the ~** au pire, dans le pire des cas; **do your ~!** *hum* allez-y, je suis prêt!; **at its ~, at their ~**: **the fever was at its ~ last night** la fièvre était à son paroxysme hier soir; **things** OR **matters were at their ~** les affaires étaient au plus mal, les choses ne pouvaient pas aller plus mal. **-2.** [worst person]: **the ~** le/la pire de tous; **to be the ~ in the class** être le dernier de la classe.

◇ *vt lit* [opponent, rival] battre, avoir le dessus sur.

◆ **at (the) worst** *conj phr* au pire, dans le pire des cas.

**worst-** *in cpds*: **the ~dressed** le moins bien habillé; **to be the ~off** [financially] être le moins riche; [in situation] s'en sortir le moins bien.

**worst-case** *adj*: **the ~ scenario** le scénario catastrophe.

**worsted** ['wʊstɪd] ◇ *n* worsted *m*, laine *f* peignée. ◇ *adj* [suit] en worsted, en laine peignée; **~ cloth** worsted *m*, laine *f* peignée.

**worth** [wɜːθ] ◇ *adj* **-1.** [financially, in value]: **to be ~ £40,000** valoir 40 000 livres; **how much is the picture ~?** combien vaut le tableau?; **it isn't ~ much** cela ne vaut pas grand-chose; **his uncle is ~ several million pounds** la fortune de son oncle s'élève à plusieurs millions de livres; **it was ~ every penny** ça en valait vraiment la peine; **it isn't ~ the paper it's written on** *fig* ça ne vaut pas le papier sur lequel c'est écrit ❑ **to be ~ one's weight in gold** valoir son pesant d'or; **(to be) ~ one's salt** *Br*: **any proofreader ~ his salt would have spotted the mistake** n'importe quel correcteur digne de ce nom aurait relevé l'erreur. **-2.** [emotionally]: **it's ~ a lot to me** j'y attache beaucoup de valeur OR de prix; **their friendship is ~ a lot to her** leur amitié a beaucoup de prix pour elle; **it's more than my job's ~ to cause a fuss** je ne veux pas risquer ma place en faisant des histoires. **-3.** [valid, deserving]: **the church is (well) ~ a visit** l'église vaut la peine d'être visitée OR vaut le détour; **it's ~ a try** OR **trying** cela vaut la peine d'essayer; **it wasn't ~ the effort** cela ne valait pas la peine de faire un tel effort, ça n'en valait pas la peine; **is the film ~ seeing?** est-ce que le film vaut la peine d'être vu?; **don't bother to phone, it isn't ~ it** inutile de téléphoner, cela n'en vaut pas la peine ❏ **if a thing is ~ doing, it's ~ doing well** *prov* si une chose vaut la peine d'être faite, elle vaut la peine d'être bien faite; **the game isn't ~ the candle** *Br inf* le jeu n'en vaut pas la chandelle. **-4.** *phr:* it **would be ~ your while to check** OR **checking** vous auriez intérêt à vérifier; **it's not ~ (my) while waiting** cela ne vaut pas la peine d'attendre OR que j'attende; **I'll make it ~ your while** je vous récompenserai de votre peine; **I tried/ shouted for all I was ~** j'ai essayé du mieux/crié aussi fort que j'ai pu; **for what it's ~** pour ce que cela vaut. ◇ *n* **-1.** [in money, value] valeur *f*; **£2,000 ~ of damage** pour 2 000 livres de dégâts, des dégâts qui se montent à 2 000 livres; **he sold £50 ~** of ice cream il a vendu pour 50 livres de glaces. **-2.** [of person] valeur *f*. **-3.** [equivalent value] équivalent *m*; **a week's ~ of supplies** suffisamment de provisions pour une semaine.

**worthily** ['wɜːðɪlɪ] *adv* [live, behave] dignement.

**worthless** ['wɜːθlɪs] *adj* **-1.** [goods, land etc] sans valeur, qui ne vaut rien. **-2.** [useless – attempt] inutile; [– advice, suggestion] inutile, sans valeur. **-3.** [person] incapable, qui ne vaut rien.

**worthlessness** ['wɜːθlɪsnɪs] *n* **-1.** [of goods, land etc] absence *f* totale de valeur. **-2.** [of attempt] inutilité *f*; [of advice, suggestion] inutilité *f*. **-3.** [of person] nullité *f*.

**worthwhile** [,wɜːθ'waɪl] *adj* **-1.** [useful – action, visit] qui vaut la peine; [– job] utile, qui a un sens; **they didn't think it was ~ buying** OR **to buy a new car** ils ne pensaient pas que ça valait la peine d'acheter une nouvelle voiture. **-2.** [deserving – cause, project, organization] louable, méritoire. **-3.** [interesting – book] qui vaut la peine d'être lu; [– film] qui vaut la peine d'être vu.

**worthy** ['wɜːðɪ] (*compar* **worthier,** *superl* **worthiest,** *pl* **worthies**) ◇ *adj* **-1.** [deserving – person] digne, méritant; [– cause] louable, digne; **to be ~ of sthg** être digne de OR mériter qqch; **to be ~ to do sthg** être digne OR mériter de faire qqch; **she was a ~ winner** elle méritait bien de gagner; **it is ~ of note that...** il est intéressant de remarquer OR de noter que... **-2.** *hum* excellent, brave. ◇ *n* [important person] notable *mf*; *hum* brave citoyen *m*, -enne *f*.

**wotcha, wotcher** ['wɒtʃə] *interj Br inf* & *dial* salut!

**would** [wʊd] ◇ *pt* → **will**.

◇ *modal vb* **A. -1.** [speculating, hypothesizing]: **I'm sure they ~ come if you asked them** je suis sûr qu'ils viendraient si vous le leur demandiez; **I wouldn't do that if I were you** je ne ferais pas ça si j'étais vous OR à votre place; **you ~ think they had better things to do** on pourrait penser qu'ils ont mieux à faire; **they wouldn't have come if they'd known** ils ne seraient pas venus s'ils avaient su; **she ~ have been 16 by now** elle aurait 16 ans maintenant. **-2.** [making polite offers, requests]: **~ you please be quiet!** voulez-vous vous taire, s'il vous plaît!; **~ you mind driving me home?** est-ce que cela vous dérangerait de me reconduire chez moi?; **~ you like to see her?** aimeriez-vous OR voudriez-vous la voir?; **~ you like another cup?** en voulez-vous encore une tasse? **I'll do it for you — ~ you?** je vais m'en occuper — vraiment? **-3.** [expressing preferences, desires]: **I ~ prefer to go** OR **I ~ rather go alone** j'aimerais mieux OR je préférerais y aller seul; **I ~ have preferred to go** OR **I ~ rather have gone alone** j'aurais mieux aimé OR j'aurais préféré y aller seul.

**B. -1.** [indicating willingness, responsiveness – subj: person, mechanism]: **they ~ give their lives for the cause** ils donneraient leur vie pour la cause; **she wouldn't touch alcohol** elle refusait de toucher à l'alcool; **I couldn't find anyone who ~ lend me a torch** je n'ai trouvé personne pour me prêter une lampe électrique; **the car wouldn't start** la voiture ne voulait pas démarrer. **-2.** [indicating habitual or characteristic behaviour]: **he ~ smoke a cigar after dinner** il fumait un cigare après le dîner; **they ~ go and break something!** il fallait qu'ils aillent casser quelque chose!; **I didn't really enjoy the fish — you wouldn't, ~ you?** je n'ai pas tellement aimé le poisson — ça m'aurait étonné; **he ~!** c'est bien de lui!; **he ~ say that, wouldn't he** il fallait qu'il dise ça. **-3.** [expressing opinions]: **I ~ imagine it's warmer than here** j'imagine qu'il fait plus chaud qu'ici; **I ~ think he'd be pleased** j'aurais cru que ça lui ferait plaisir. **-4.** [giv-

ing advice]: **I ~ have a word with her about it(, if I were you)** moi, je lui en parlerais (à votre place). **-5.** [expressing surprise, incredulity]: **you wouldn't think she was only 15, ~ you?** on ne dirait pas qu'elle n'a que 15 ans, n'est-ce pas?; **who ~ have thought it?** qui l'aurait cru? **-6.** [indicating likelihood, probability]: **there was a woman there — that ~ be his wife** il y avait une femme là — ça devait être sa femme.

**C. -1.** [in reported speech]: **it was to be the last time I ~ see him before he left** c'était la dernière fois que je le voyais avant son départ. **-2.** [used with 'have']: **they ~ have been happy if it hadn't been for the war** ils auraient vécu heureux si la guerre n'était pas survenue; **if you ~ have told the truth, this ~ never have happened** Am si tu m'avais dit la vérité, ça ne serait jamais arrivé. **-3.** (*subjunctive use*) *fml* OR *lit* [expressing wishes]: **~ that it were true!** si seulement c'était vrai!

**would-be** *adj* **-1.** [hopeful]: **a ~ writer/MP** une personne qui veut être écrivain/député. **-2.** *pej* [so-called] prétendu, soi-disant *(inv)*.

**wouldn't** ['wʊdnt] = **would not**.

**wouldst** [wʊdst] *arch 2nd pers sing* → **would**.

**would've** ['wʊdəv] = **would have**.

**wound¹** [wuːnd] ◇ *n* **-1.** [physical injury] blessure *f*, plaie *f*; a bullet ~ une blessure par balle; **she had three knife ~s** elle avait reçu trois coups de couteau; **they had serious head ~s** ils avaient été gravement blessés à la tête. **-2.** *fig* [emotional or moral] blessure *f*. ◇ *vt* **-1.** [physically] blesser; **she was ~ed in the foot** elle a été blessée au pied. **-2.** *fig* [emotionally] blesser; **to ~ sb's pride** heurter l'amour-propre de qqn, blesser qqn dans son amour-propre.

**wound²** [waʊnd] *pt* & *pp* → **wind** (*twist*).

**wounded** ['wuːndɪd] ◇ *adj* **-1.** [soldier, victim] blessé. **-2.** *fig* [feelings, pride] blessé. ◇ *npl:* **the ~** les blessés *mpl*.

**wound-up** [waʊnd-] *adj* **-1.** [clock] remonté; [car window] remonté, fermé. **-2.** *inf* [tense – person] crispé, très tendu.

**wove** [wəʊv] *pt* → **weave**.

**woven** ['wəʊvn] *pp* → **weave**.

**wow** [waʊ] *inf* ◇ *interj* génial!, super! ◇ *n* **-1.** **it's a real ~!** c'est vraiment super!; **he's a ~ at hockey** c'est un super joueur de hockey. **-2.** ACOUST pleurage *m*. ◇ *vt* [impress] impressionner, emballer, subjuguer.

**WP** *n* (*abbr of* **word processing, word processor**) TTX *m*.

**WPC** (*abbr of* **woman police constable**) *n Br* femme agent de police; **~ Roberts** l'agent Roberts.

**wpm** (*written abbr of* **words per minute**) mots/min.

**WRAC** (*abbr of* **Women's Royal Army Corps**) *pr n* section féminine de l'armée de terre britannique.

**wrack** [ræk] *n* **-1.** [seaweed] varech *m*. **-2.** = **rack 5**.

**WRAF** (*abbr of* **Women's Royal Air Force**) *pr n* section féminine de l'armée de l'air britannique.

**wraith** [reɪθ] *n lit* apparition *f*, spectre *m*.

**wraithlike** ['reɪθlaɪk] *adj* lit spectral.

**wrangle** ['ræŋgl] ◇ *n* se disputer, se chamailler; **to ~ about** OR **over sthg** se disputer à propos de qqch. ◇ *vt Am* [cattle, horses] garder. ◇ *n* dispute *f*.

**wrangler** ['ræŋglər] *n Am* [cowboy] cowboy *m*.

**wrap** [ræp] (*pt* & *pp* **wrapped**) ◇ *vt* **-1.** [goods, parcel, gift, food] emballer, envelopper; **she wrapped the scarf in tissue paper** elle a emballé OR enveloppé l'écharpe dans du papier de soie. **-2.** [cocoon, envelop] envelopper, emmailloter; **the baby was wrapped in a blanket** le bébé était enveloppé dans une couverture. **-3.** [twist, wind]: **to ~ round** OR **around** enrouler; **she had a towel wrapped round her head** sa tête était enveloppée dans une serviette; **she had a towel wrapped round her body** elle s'était enveloppée dans une serviette; **he wrapped his arms round her** il l'a prise dans ses bras; **he wrapped the car round a tree** *inf* & *fig* il s'est payé un arbre. ◇ *n* [housecoat] peignoir *m*; [shawl] châle *m*; [blanket, rug] couverture *f*.

◆ **wraps** *npl fig*: **to keep a plan/one's feelings under ~s** garder un plan secret/ses sentiments secrets.

◆ **wrap up** ◇ *vt sep* **-1.** [goods, parcel, gift, food] envelopper, emballer, empaqueter; **he wrapped the sandwiches up in foil** il a enveloppé les sandwiches dans du papier d'aluminium. **-2.** [person – in clothes, blanket] envelopper; **~ him up in a blanket** enveloppez-le dans une couverture; **~**

yourself up warmly couvrez-vous bien. **-3.** *fig:* politicians are skilled at wrapping up bad news in an acceptable form les politiciens s'y connaissent pour présenter les mauvaises nouvelles sous un jour acceptable. **-4.** *inf* [conclude – job] terminer, conclure; [– deal, contract] conclure, régler; let's get this matter wrapped up finissons-en avec cette question. **-5.** *Am* [summarize] résumer; she wrapped up her talk with three points elle a résumé son discours en trois points. **-6.** [engross]: to be wrapped up in sthg être absorbé par qqch; they're wrapped up in their children ils ne vivent que pour leurs enfants; she's very wrapped up in herself elle est très repliée sur elle-même. ◇ *vi insep* **-1.** [dress] s'habiller, se couvrir; ~ up warmly OR well! couvrez-vous bien! **-2.** ▽ *Br* [shut up]: ~ up! la ferme!

**wraparound** ['ræpə,raʊnd] ◇ *adj* [skirt] portefeuille *(inv)*; [sunglasses] lunettes *fpl* de soleil panoramiques; ~ rear window AUT lunette *f* arrière panoramique. ◇ *n* **-1.** [skirt] jupe *f* portefeuille. **-2.** COMPUT mise à la ligne *f* automatique des mots.

**wrapover** ['ræp,əʊvə'] *adj* [dress, skirt] portefeuille *(inv)*.

**wrapper** ['ræpə'] *n* **-1.** [for sweet] papier *m*; [for parcel] papier *m* d'emballage. **-2.** [cover – on book] jaquette *f*; [– on magazine, newspaper] bande *f*. **-3.** [housecoat] peignoir *m*.

**wrapping** ['ræpɪŋ] *n* [on parcel] papier *m* d'emballage; [on sweet] papier *m*.

**wrapping paper** *n* [for gift] papier *m* cadeau; [for parcel] papier *m* d'emballage.

**wrath** [rɒθ] *n lit* colère *f*, courroux *m*.

**wrathful** ['rɒθfʊl] *adj lit* en colère, courroucé.

**wreak** [riːk] *(pt & pp sense 1* **wreaked** OR **wrought** [rɔːt]) *vt* **-1.** [cause – damage, chaos] causer, provoquer; to ~ havoc faire des ravages, mettre sens dessus dessous; the storm ~ed havoc with telephone communications la tempête a sérieusement perturbé les communications téléphoniques; it ~ed havoc with my holiday plans *fig* cela a bouleversé mes projets de vacances. **-2.** [inflict – revenge, anger] assouvir; to ~ vengeance on sb assouvir sa vengeance sur qqn.

**wreath** [riːθ] *(pl* **wreaths** [riːðz]) *n* **-1.** [for funeral] couronne *f*; the President laid a ~ at the war memorial le Président a déposé une gerbe au monument aux morts. **-2.** [garland] guirlande *f*; a laurel ~ une couronne de laurier. **-3.** *fig* [of mist] nappe *f*; [of smoke] volute *f*.

**wreathe** [riːð] *vt* **-1.** [shroud] envelopper; he sat ~d in smoke il était assis dans un nuage de fumée; to be ~d in smiles *fig* être rayonnant. **-2.** [with flowers – person] couronner; [– grave, window] orner. ◇ *vi* [smoke] monter en volutes.

**wreck** [rek] ◇ *n* **-1.** [wrecked remains – of ship] épave *f*; [– of plane] avion *m* accidenté, épave *f*; [– of train] train *m* accidenté; [– of car, lorry, bus] véhicule *m* accidenté, épave *f*; the car was a ~ la voiture était une épave. **-2.** [wrecking – of ship] naufrage *m*; [– of plane] accident *m*; [– of train] déraillement *m*. **-3.** *inf* [dilapidated car] guimbarde *f*; [old bike] clou *m*. **-4.** *inf* [person] épave *f*, loque *f*; he's a ~ [physically] c'est une épave; [mentally] il est à bout. **-5.** *fig* [of hopes, of plans] effondrement *m*, anéantissement *m*. ◇ *vt* **-1.** [in accident, explosion – ship] provoquer le naufrage de; [– car, plane] détruire complètement; [– building] démolir; the tanker was ~ed off the African coast le pétrolier a fait naufrage au large des côtes africaines. **-2.** [damage – furniture] casser, démolir; [– mechanism] détruire, détraquer. **-3.** [upset – marriage, relationship] briser; [– hopes, chances] anéantir; [– health] briser, ruiner; [– negotiations] faire échouer, saboter; she's ~ed my plans elle a ruiné mes plans.

**wreckage** ['rekɪdʒ] *n* **-1.** (U) [debris – from ship, car] débris *mpl*; [– from building] décombres *mpl*; a body found in the ~ of the plane un corps a été trouvé dans les débris de l'avion. **-2.** [wrecked ship] épave *f*, navire *m* naufragé. **-3.** *fig* [of hopes, relationship] anéantissement *m*.

**wrecked** [rekt] *adj* **-1.** [ship] naufragé; [car, plane] complètement détruit; [house] complètement démoli; ~ remains [of ship] épave *f*; [of train, car] débris *mpl*; [of building] décombres *mpl*; ~ cars épaves *fpl* d'automobiles, voitures *fpl* accidentées. **-2.** *fig* [relationship, hopes] anéanti. **-3.** *Br inf* [exhausted] épuisé, crevé. **-4.** ▽ *Br* [drunk] plein, bourré.

**wrecker** ['rekə'] *n* **-1.** [destroyer] destructeur *m*, -trice *f*, démolisseur *m*, -euse *f*; marriage-~ briseur *m*, -euse *f* de ménages. **-2.** *Am* [demolition man – for buildings] démolisseur *m*;

[– for cars] ferrailleur *m*, casseur *m*. **-3.** *Am* [breakdown van] dépanneuse *f*. **-4.** [of ships] naufrageur *m*.

**wrecking bar** *n* pied-de-biche *m*.

**wren** [ren] *n* roitelet *m*.

**Wren** [ren] *n Br* auxiliaire féminine de la marine britannique.

**wrench** [rentʃ] ◇ *vt* **-1.** [pull] tirer violemment sur; she ~ed the door open elle a ouvert la porte d'un geste violent; someone ~ed the bag out of my hands OR from my grasp quelqu'un m'a arraché le sac des mains; to ~ o.s. free se dégager d'un mouvement violent. **-2.** [eyes, mind] arracher, détacher. **-3.** [ankle, arm] se faire une entorse à; I've ~ed my shoulder je me suis foulé l'épaule. ◇ *vi:* he ~ed free of his bonds *literal* il s'est dégagé de ses liens d'un mouvement violent; *fig* il s'est libéré de ses liens. ◇ *n* **-1.** [tug, twist] mouvement *m* violent *(de torsion)*; with a sudden ~ she pulled herself free elle se dégagea d'un mouvement brusque; he gave the handle a ~ il a tiré brusquement OR violemment sur la poignée. **-2.** [to ankle, knee] entorse *f*; I gave my back a ~ je me suis donné OR fait un tour de reins. **-3.** *fig* [emotional] déchirement *m*. **-4.** TECH [spanner] clé *f*, clef *f*; [adjustable] clé *f* anglaise; [for wheels] clé *f* en croix; he threw a ~ into the works *Am* il nous a mis des bâtons dans les roues.

**wrest** [rest] *vt lit* **-1.** [grab – object] arracher violemment; he ~ed the gun from me OR from my grasp il m'a arraché violemment le fusil des mains. **-2.** [extract – truth, secret] arracher; he ~ed the truth from her il lui a arraché la vérité. **-3.** [control, power] ravir, arracher; to ~ power from sb ravir le pouvoir à qqn.

**wrestle** ['resl] *vi* **-1.** SPORT [Greek, Sumo] lutter, pratiquer la lutte; [freestyle] catcher, pratiquer le catch; to ~ with sb lutter (corps à corps) avec qqn, se battre avec qqn. **-2.** *fig* [struggle] se débattre, lutter; he died after wrestling with a long illness il mourut après avoir lutté contre une longue maladie; she ~d with her conscience elle se débattait avec sa conscience. **-3.** [try to control]: to ~ with sthg se débattre avec qqch; the woman ~d to keep control of the car la femme luttait pour garder le contrôle de la voiture. ◇ *vt* [fight – intruder, enemy] lutter contre; SPORT [Greek, Sumo] rencontrer à la lutte; [freestyle] rencontrer au catch; he ~d his attacker to the ground en luttant avec son agresseur, il réussit à le clouer au sol. ◇ *n* lutte *f*; to have a ~ with sb lutter avec OR contre qqn.

**wrestler** ['reslə'] *n* SPORT [Greek, Sumo] lutteur *m*, -euse *f*; [freestyle] catcheur *m*, -euse *f*.

**wrestling** ['reslɪŋ] *n* SPORT [Greek, Sumo] lutte *f*; [freestyle] catch *m*. ◇ *comp* [hold, match – Greek, Sumo] de lutte; [– freestyle] de catch.

**wretch** [retʃ] *n* **-1.** [unfortunate person] pauvre diable *m*, malheureux *m*, -euse *f*. **-2.** *lit OR hum* [scoundrel] scélérat *m*, -e *f*, misérable *mf*. **-3.** [child] vilain *m*, -e *f*, coquin *m*, -e *f*.

**wretched** ['retʃɪd] ◇ *adj* **-1.** [awful, poor – dwelling, clothes] misérable. **-2.** [unhappy] malheureux; [depressed] déprimé, démoralisé; he was OR felt ~ about what he had said il se sentait coupable à cause de ce qu'il avait dit. **-3.** [ill] malade; the flu made me feel really ~ je me sentais vraiment très mal avec cette grippe. **-4.** *inf* [as expletive] fichu, maudit. **-5.** [abominable – behaviour, performance, weather] lamentable; I'm a ~ singer/writer je suis un piètre chanteur/écrivain. ◇ *npl:* the ~ les déshérités *mpl.*

**wrick** [rɪk] *Br* = **rick** *vt 2, n 2.*

**wriggle** ['rɪgl] ◇ *vt* **-1.** [toes, fingers] tortiller. **-2.** [subj: person]: he ~d his way under the fence il est passé sous la clôture en se tortillant OR à plat ventre ‖ [subj: snake, worm]: the worm was wriggling its way across the grass le ver avançait dans l'herbe en se tortillant. ◇ *vi* [person] remuer, gigoter; [snake, worm] se tortiller; [fish] frétiller; to ~ along [person] avancer en rampant OR à plat ventre; [snake] avancer en se tortillant; the fish/the little boy ~d from her grasp le poisson/le petit garçon réussit à s'échapper de ses mains en se tortillant; she ~d under the fence elle est passée sous la clôture à plat ventre OR en se tortillant ❑ to ~ free *literal* se libérer en se tortillant; *fig* s'en sortir. ◇ *n:* to give a ~ [snake] se tortiller; [fish] frétiller; [person] se tortiller.

◆ **wriggle about** *Br,* **wriggle around** *vi insep* [eel, worm] se tortiller; [fish] frétiller; [person] gigoter, se trémousser.

◆ **wriggle out** *vi insep* **-1.** [fish, snake] sortir; the fish ~d out of the net le poisson s'est échappé du filet en se tortillant. **-2.** [person] se dégager (en se tortillant); **I managed to ~ out of the situation** *fig* j'ai réussi à me sortir de cette situation. ◆ **wriggle out of** *vt insep* [evade]: **to ~ out of a task** se dérober à OR esquiver une tâche; **he ~d out of paying** il a trouvé un moyen d'éviter de payer.

**wriggly** ['rɪglɪ] *adj* [eel, snake] qui se tortille; [fish] frétillant; [person] remuant, qui gigote.

**wring** [rɪŋ] (*pt* & *pp* **wrung** [rʌŋ]) ◇ *vt* **-1.** [wet cloth, clothes] essorer, tordre; **he wrung the towel dry** il a essoré la serviette en la tordant; **she wrung the water from the sponge** elle a exprimé l'eau de l'éponge. **-2.** [neck] tordre; **she wrung the chicken's neck** elle a tordu le cou au poulet; **I'll ~ his neck!** *fig* je vais lui tordre le cou!**-3.** [hand – in handshake] serrer; **to ~ one's hands (in despair)** se tordre les mains (de désespoir); **it's no use sitting there ~ing your hands** *fig* cela ne sert à rien de rester assis à vous désespérer. **-4.** [extract – confession] arracher; [– money] extorquer; **I'll ~ the truth out of them** je vais leur arracher la vérité. **-5.** *fig* [heart] fendre. ◇ *vi* essorer; [on label]: **'do not ~'** 'ne pas essorer'. ◇ *n*: **give the cloth a ~** essorez la serpillière. ◆ **wring out** *vt sep* = **wring** *vt* 1, 4.

**wringer** ['rɪŋər] *n* essoreuse *f* (à rouleaux); **to put clothes through the ~** essorer des vêtements (à la machine); **he has really been through the ~** *fig* on lui en a fait voir de toutes les couleurs.

**wringing** ['rɪŋɪŋ] *adj*: **~ (wet)** [clothes] complètement trempé; [person] complètement trempé, trempé jusqu'aux os; **the shirt was ~ with sweat** la chemise était trempée de sueur.

**wrinkle** ['rɪŋkl] ◇ *vt* **-1.** [nose] froncer; [brow] plisser. **-2.** [skirt, carpet] faire des plis dans. ◇ *vi* **-1.** [skin, hands] se rider; [brow] se contracter, se plisser; [nose] se froncer, se plisser; [fruit] se ratatiner, se rider. **-2.** [skirt, stocking] faire des plis. ◇ *n* **-1.** [on skin, fruit] ride *f*.**-2.** [in dress, carpet] pli *m*; **there are still some ~s in the plan which need ironing out** *fig* il reste encore quelques difficultés à aplanir. **-3.** *Br inf* & *dated* [trick] combine *f*; [hint] tuyau *m*. ◆ **wrinkle up** *vi insep* & *vt sep* = **wrinkle** *vi* & *vt*.

**wrinkled** ['rɪŋkld] *adj* **-1.** [skin, hands] ridé; [brow, nose] plissé, froncé; [fruit] ridé, ratatiné; **a ~ old man** un vieillard ratatiné. **-2.** [rug, skirt] qui fait des plis; [stocking] qui fait des plis OR l'accordéon.

**wrinkly** ['rɪŋklɪ] (*pl* **wrinklies**) ◇ *adj* **-1.** [skin] ridé. **-2.** [stocking] qui fait des plis. ◇ *n Br inf* & *pej* vieux *m*, vieille *f*.

**wrist** [rɪst] *n* poignet *m*.

**wristband** ['rɪstbænd] *n* [on shirt, blouse] poignet *m*; [sweat band] poignet *m*; [of watch] bracelet *m*.

**wristlet** ['rɪstlɪt] *n* bracelet *m*.

**wristwatch** ['rɪstwɒtʃ] *n* montre-bracelet *f*.

**writ** [rɪt] ◇ *pt* & *pp arch* → **write**. ◇ *n* **-1.** JUR ordonnance *f*; **to issue a ~ against sb** [for arrest] lancer un mandat d'arrêt contre qqn; [for libel] assigner qqn en justice; **to serve a ~ on sb, to serve sb with a ~** assigner qqn ❑ **~ of execution** titre *m* exécutoire; **~ of habeas corpus** ordre *m* d'habeas corpus; **~ of subpoena** assignation *f* OR citation *f* en justice. **-2.** POL [for elections] ordonnance *f* (*émanant du président de la Chambre des communes et convoquant les députés pour un vote*). ◇ *adj phr*: **astonishment was ~ large on everybody's face** l'étonnement se lisait sur tous les visages.

**write** [raɪt] (*pt* **wrote** [rəʊt], *pp* **written** ['rɪtn], *pt* & *pp arch* **writ** [rɪt]) ◇ *vt* **-1.** [letter] écrire; [address, name] écrire, inscrire; [initials] écrire, tracer; [prescription, cheque] écrire, faire; [will] faire; [application form] compléter, rédiger; **to ~ a letter to sb** écrire OR envoyer une lettre à qqn; **they wrote me a letter of thanks** ils m'ont écrit pour me remercier; **he wrote her a postcard** il lui a envoyé une carte postale; **to ~ sb** *Am* écrire à qqn; **it is written in the Bible 'thou shalt love thy neighbour as thyself'** il est écrit dans la bible «tu aimeras ton prochain comme toi-même»; **perplexity was written all over his face** la perplexité se lisait sur son visage. **-2.** [book] écrire; [article, report] écrire, faire; [essay] faire; [music] écrire, composer; **well written** bien écrit. **-3.** [send letter about] écrire; **he wrote that he was getting married** il a écrit (pour annoncer) qu'il se mariait. **-4.** [spell] écrire. **-5.** COMPUT [program] écrire; [data – store] stocker, sauvegarder; [– transfer]

transférer. ◇ *vi* **-1.** [gen] écrire; **to ~ in pencil/ink** écrire au crayon/à l'encre; **I don't ~ very well** je n'ai pas une belle écriture. **-2.** [send letter] écrire; **to ~ to sb** écrire à qqn; **to ~ to thank/invite sb** écrire pour remercier/inviter qqn; **have you written to let her know?** lui avez-vous écrit pour l'avertir?; **she wrote and told me about it** elle m'a écrit pour me le raconter; **please ~ (again) soon** écris-moi vite (à nouveau), s'il te plaît; **at the time of writing** au moment où j'écris; **I've written for a catalogue** j'ai écrit pour demander OR pour qu'on m'envoie un catalogue. **-3.** [professionally – as author] écrire, être écrivain; [– as journalist] écrire, être journaliste; **he ~s on home affairs for 'The Economist'** il fait des articles de politique intérieure dans «The Economist»; **she ~s for 'The Independent'** elle écrit dans «The Independent»; **he ~s on OR about archeology** il écrit sur l'archéologie, il traite de questions d'archéologie; **they wrote about their experiences in the Amazon** ils ont décrit leurs expériences en Amazonie. **-4.** [pen, typewriter] écrire. ◆ **write away** *vi insep* **-1.** [correspond] écrire. **-2.** [order by post] écrire pour demander, commander par lettre; **I wrote away for a catalogue** j'ai écrit pour demander OR pour qu'on m'envoie un catalogue.

◆ **write back** *vi insep* [answer] répondre (à une lettre); **please ~ back soon** réponds-moi vite, s'il te plaît; **he wrote back to say he couldn't come** il a répondu qu'il ne pouvait pas venir; **he wrote back rejecting their offer** il a renvoyé une lettre refusant leur offre.

◆ **write down** *vt sep* **-1.** [note] écrire, noter; [put in writing] mettre par écrit. **-2.** FIN & COMM [in price] réduire le prix de; [in value] réduire la valeur de; [undervalue] sous-évaluer.

◆ **write in** *vi insep* [answer] écrire; **hundreds wrote in to complain** des centaines de personnes ont écrit pour se plaindre. ◇ *vt sep* **-1.** [on list, document – word, name] ajouter, insérer. **-2.** *Am* POL [add – name] ajouter, inscrire (*sur un bulletin de vote*); [vote for – person] voter pour (*en ajoutant le nom sur le bulletin de vote*).

◆ **write off** ◇ *vt sep* **-1.** FIN [debt] passer aux profits et pertes. **-2.** [consider lost, useless] faire une croix sur, considérer comme perdu; [cancel] renoncer à, annuler; **the plan had to be written off** le projet a dû être abandonné; **three months' hard work was simply written off** on a perdu trois mois de travail acharné; **he was written off as a failure** on a considéré qu'il n'y avait rien de bon à en tirer. **-3.** [in accident – subj: insurance company] considérer comme irréparable, mettre à la casse; [– subj: driver] rendre inutilisable; **she wrote off her new car** *Br* elle a complètement démoli sa voiture neuve. **-4.** [letter, poem] écrire en vitesse. ◇ *vi insep* = **write away**.

◆ **write out** *vt sep* **-1.** [report] écrire, rédiger; [list, cheque] faire, établir; **can you ~ the amount out in full?** pouvez-vous écrire la somme en toutes lettres?**-2.** [copy up – notes] recopier, mettre au propre. **-3.** RADIO & TV [character] faire disparaître.

◆ **write up** *vt sep* **-1.** [diary, impressions] écrire, rédiger; PRESS [event] faire un compte rendu de, rendre compte de; **he wrote up his ideas in a report** il a consigné ses idées dans un rapport. **-2.** [copy up – notes, data] recopier, mettre au propre. **-3.** FIN & COMM [in price] augmenter le prix de; [in value] augmenter la valeur de; [overvalue] surévaluer.

**write head** *n* TECH tête *f* d'enregistrement.

**write-off** *n* **-1.** FIN [of bad debt] passage *m* par profits et pertes; [bad debt itself] perte *f* sèche. **-2.** [motor vehicle]: **to be a ~** être irréparable OR bon pour la casse.

**write-protected** *adj* COMPUT [disk] protégé (en écriture).

**writer** ['raɪtər] *n* [of novel, play] écrivain *m*, auteur *m*; [of letter] auteur *m*; **technical ~** rédacteur *m*, -trice *f* technique; **I'm a bad letter-~** je suis un mauvais correspondant.

**writer's block** *n* angoisse *f* de la page blanche.

**writer's cramp** *n* crampe *f* de l'écrivain.

**write-up** *n* **-1.** [review] compte rendu *m*, critique *f*; **the play got a good ~** la pièce a eu une bonne critique OR a été bien accueillie par la critique; **the guide contains ~s of several ski resorts** le guide contient des notices descriptives sur plusieurs stations de ski. **-2.** *Am* [of assets] surestimation *f*.

**writhe** [raɪð] *vi* **-1.** [in pain] se tordre, se contorsionner; **to ~ in OR with agony** se tordre de douleur, être en proie à d'atroces souffrances. **-2.** *fig*: her remarks made him ~ [in disgust] ses remarques l'ont fait frémir; [in embarrassment] ses remarques lui ont fait souffrir le martyre.

◆ **writhe about** *Br*, **writhe around** *vi insep* se tortiller; **to ~ about** in pain se tordre de douleur.

**writing** ['raɪtɪŋ] *n* **-1.** [of books, letters] écriture *f*; it's a good piece of ~ c'est bien écrit; this is clear, concise ~ c'est un style clair et concis, c'est écrit avec clarté et concision; the report was four years in the ~ il a fallu quatre ans pour rédiger le rapport. **-2.** [handwriting] écriture *f*; I can't read your ~ je ne peux pas déchiffrer votre écriture OR ce que vous avez écrit. **-3.** [written text]: there was ~ all over the board il n'y avait plus de place pour écrire quoi que ce soit sur le tableau noir ❑ the ~'s on the wall l'issue est inéluctable. **-4.** SCH [spelling] orthographe *f*; [written language] écriture *f*; to learn reading and ~ apprendre à lire et à écrire, apprendre la lecture et l'écriture; ~ materials matériel *m* nécessaire pour écrire.

◆ **writings** *npl* [written works] œuvre *f*, écrits *mpl*.

◆ **in writing** *adv phr* par écrit; **to put sthg in ~** mettre qqch par écrit; you need her agreement in ~ il vous faut son accord écrit.

**writing block** *n* bloc *m* de papier à lettres.

**writing case** *n* nécessaire *m* à écrire.

**writing desk** *n* secrétaire *m* (*meuble*).

**writing pad** *n* bloc-notes *m*.

**writing paper** *n* papier *m* à lettres.

**written** ['rɪtn] ◇ *pp* → **write**. ◇ *adj* [form, text] écrit; ~ language écrit *m*; the ~ word l'écrit.

**WRNS** (*abbr of* **Women's Royal Naval Service**) *pr n* section féminine de la marine de guerre britannique.

**wrong** [rɒŋ] ◇ *adj* **-1.** [incorrect – address, answer, information] mauvais, faux (*f* fausse), erroné; [– decision] mauvais; MUS [note] faux (*f* fausse); TELEC [number] faux (*f* fausse); **to get** things in the ~ order mettre les choses dans le mauvais ordre; **to take the ~ road/train** se tromper de route/de train; she went to the ~ address elle s'est trompée d'adresse; the biscuit went down the ~ way j'ai avalé le gâteau de travers; it was a ~ number c'était une erreur; **to dial the ~ number** se tromper de numéro; the clock/my watch is ~ le réveil/ma montre n'est pas à l'heure. **-2.** [mistaken – person]: **to be ~ (about sthg)** avoir tort OR se tromper (à propos de qqch); you were ~ to accuse him, it was ~ of you to accuse him vous avez eu tort de l'accuser, vous n'auriez pas dû l'accuser; **to be ~ about sb** se tromper sur le compte de qqn; how ~ can you be! comme quoi on peut se tromper!; I hope he won't get the ~ idea about me j'espère qu'il ne se fera pas de fausses idées sur mon compte; I hope you won't take this the ~ way, but... ne le prends pas mal, mais... **-3.** [unsuitable] mauvais, mal choisi; you've got the ~ attitude vous n'avez pas l'attitude qu'il faut OR la bonne attitude; it was the ~ thing to do/say ce n'était pas la chose à faire/dire; I said all the ~ things j'ai dit tout ce qu'il ne fallait pas dire; it's the ~ way to deal with the situation ce n'est pas comme cela qu'il faut régler la situation; I think you're in the ~ job *literal* je pense que ce n'est pas le travail qu'il vous faut; *hum* vous vous êtes trompé de métier! **-4.** *phr*: he got hold of the ~ end of the stick il a tout compris de travers; they got off on the ~ foot ils se sont mal entendus au départ; I'm (on) the ~ side of 50 *Br* j'ai 50 ans bien sonnés; to get out of bed on the ~ side se lever du pied gauche; to get on the ~ side of sb se faire mal voir de qqn; to be on the ~ track faire fausse route. **-5.** [immoral, bad] mal; [unjust] injuste; cheating is ~ c'est mal de tricher; slavery is ~ l'esclavage est inacceptable; it was ~ of him to take the money ce n'était pas bien de sa part de prendre l'argent; what's ~ with reading comics? qu'est-ce qu'il y a de mal à lire des bandes dessinées?; there's nothing ~ with it il n'y a rien à redire à cela, il n'y a pas de mal à cela; it's ~ that anyone should have to live in poverty il est injuste que des gens soient obligés de vivre dans la misère. **-6.** (*with 'something'*): [amiss] something is ~ OR there's something ~ with the lamp la lampe ne marche pas bien OR a un défaut; something is ~ OR there's something ~ with my elbow j'ai quelque chose au coude; there's something ~ somewhere il y a quelque chose qui ne va pas quelque part ‖ (*with 'nothing'*): there's nothing at all ~ with the clock la

pendule marche parfaitement bien; there's nothing ~ with her decision/reasoning sa décision/son raisonnement est parfaitement valable; there's nothing ~ with you vous êtes en parfaite santé; there's nothing ~, thank you tout va bien, merci; there's nothing ~ with your eyes/ hearing! vous avez de bons yeux/de bonnes oreilles! ‖ (*with 'what's'*): what's ~? qu'est-ce qui ne va pas?; what's ~ with the car? qu'est-ce qu'elle a, la voiture?; what's ~ with you? qu'est-ce que vous avez?; there's very little ~ with you dans l'ensemble vous êtes en très bonne santé; there wasn't much ~ with the car la voiture n'avait pas grand-chose ❑ to be ~ in the head *Br inf* avoir la tête fêlée OR le cerveau fêlé, être fêlé OR timbré. **-7.** TEX: the ~ side of the fabric l'envers *m* du tissu; ~ side out à l'envers.

◇ *adv* mal; I guessed ~ je suis tombé à côté, je me suis trompé; to get sthg ~ : I got the answer ~ je n'ai pas donné la bonne réponse; to get one's sums ~ MATH faire des erreurs dans ses opérations; *fig* se tromper dans ses calculs; she's got her facts ~ elle se trompe, ce qu'elle avance est faux; you've got it ~, I never said that vous vous trompez OR vous n'avez pas compris, je n'ai jamais dit cela; to get sb ~ : don't get me ~ comprenez-moi bien; you've got her all ~ vous vous trompez complètement sur son compte; to go ~ [person] se tromper; [plan] mal marcher, mal tourner; [deal] tomber à l'eau; [machine] tomber en panne; something has gone ~ with the TV la télé est tombée en panne; you won't go far ~ if you follow her advice vous ne risquez guère de vous tromper si vous suivez ses conseils; you can't go ~ with a pair of jeans vous êtes tranquille avec un jean; you can't go ~ with a good book [for reading] vous ne risquez pas de vous ennuyer avec un bon livre; [as present] un bon livre, cela plaît toujours; when did things start going ~? quand est-ce que les choses ont commencé à se gâter?; everything that could go ~ went ~ tout ce qui pouvait aller de travers est allé de travers.

◇ *n* **-1.** [immorality, immoral act] mal *m*; to know the difference between right and ~ savoir distinguer le bien du mal ❑ two ~s don't make a right *prov* on ne répare pas une injustice par une autre. **-2.** [harm] tort *m*, injustice *f*; to do sb ~ faire du tort à OR se montrer injuste envers qqn; he did them a great ~ il leur a fait subir une grave injustice, il leur a fait (un) grand tort. **-3.** [error] tort *m*, erreur *f*; he can do no ~ in her eyes tout ce qu'il fait trouve grâce à ses yeux. **-4.** JUR tort *m*.

◇ *vt* faire du tort à, traiter injustement; she felt deeply ~ed elle se sentait gravement lésée.

◆ **in the wrong** *adj* & *adv phr* dans son tort; **to be in the ~** être dans son tort, avoir tort.

**wrongdoer** [,rɒŋ'duːəʳ] *n* **-1.** [delinquent] malfaiteur *m*, délinquant *m*, -e *f*. **-2.** [sinner] pécheur *m*, -eresse *f*.

**wrongdoing** [,rɒŋ'duːɪŋ] *n* mal *m*, méfait *m*.

**wrong-foot** *vt* SPORT & *fig* prendre à contre-pied.

**wrongful** ['rɒŋfʊl] *adj* [unjust] injuste; [unjustified] injustifié; [illegal] illégal, illicite; JUR: ~ arrest arrestation *f* arbitraire; ~ imprisonment emprisonnement *m* injustifié; ~ dismissal INDUST renvoi *m* injustifié.

**wrongfully** ['rɒŋfʊlɪ] *adv* à tort.

**wrongheaded** [,rɒŋ'hedɪd] *adj* **-1.** [person] buté. **-2.** [idea] erroné, fou, *before vowel or silent 'h'* fol (*f* folle).

**wrongly** ['rɒŋlɪ] *adv* **-1.** [incorrectly] à tort, mal; this word is spelt ~ ce mot est mal écrit OR orthographié; I guessed ~ je suis tombé à côté, je me suis trompé. **-2.** [by mistake] par erreur, à tort.

**wrote** [rəʊt] *pt* → **write**.

**wrought** [rɔːt] ◇ *pt* & *pp arch* → **work**. ◇ *adj lit*: wheels ~ by hand des roues façonnées OR fabriquées à la main ❑ ~ copper cuivre *m* martelé.

**wrought iron** *n* fer *m* forgé.

◆ **wrought-iron** *adj* en fer forgé.

**wrought-up** *adj* énervé.

**wrung** [rʌŋ] *pt* & *pp* → **wring**.

**WRVS** (*abbr of* **Women's Royal Voluntary Service**) *pr n* association de femmes au service des déshérités.

**wry** [raɪ] (*compar* **wrier** OR **wryer**, *superl* **wriest** OR **wryest**) *adj* **-1.** [expression, glance – of distaste] désabusé. **-2.** [ironic – comment, smile] ironique, désabusé; ~ humour ironie *f*.

**wryly** ['raɪlɪ] *adv* de manière désabusée, ironiquement.

**wt.** *(written abbr of* **weight***)* pds.
**wurst** [wɜːst] *n grosse saucisse allemande.*
**WV** *written abbr of* **West Virginia.**
**WW** *written abbr of* **World War.**
**WWF** *(abbr of* **Worldwide Fund for Nature***) pr n* WWF *m.*
**WY** *written abbr of* **Wyoming.**

**wych elm** [wɪtʃ-] *n* orme *m.*
**Wyoming** [waɪˈəʊmɪŋ] *pr n* Wyoming *m;* in ~ dans le Wyoming.
**WYSIWYG** [ˈwɪzɪwɪg] *(abbr of* **what you see is what you get***) n* & *adj* COMPUT tel écran, tel écrit: *ce que l'on voit sur l'écran est ce que l'on obtient à l'impression.*

**x** (*pl* **x's** OR **xs**)**, X** (*pl* **X's** OR **Xs**) [eks] *n* [letter] x *m,* X *m.*
**x** *n* MATH x *m.*
**X** (*pt* & *pp* **X-ed** OR **X'd**) ◇ *n* **-1.** [unknown factor] X *m;* X marks the spot l'endroit est marqué d'une croix; Mr X monsieur X. **-2.** CIN film *m* interdit aux moins de 18 ans *(remplacé en 1982 par «18»).* ◇ **-1.** *(written abbr of* **kiss***)* formule affectueuse placée après la signature à la fin d'une lettre. **-2.** *written abbr of* **Christ.** ◇ *vt* marquer d'une croix.
**x-axis** *n* axe *m* des X, abscisse *f.*
**X certificate** *n Br* signalait *(jusqu'en 1982)* un film interdit aux moins de 18 ans.
**X chromosome** *n* chromosome *m* X.
**x-coordinate** *n* abscisse *f.*
**xenophobia** [ˌzenəˈfəʊbjə] *n* xénophobie *f.*
**xenophobic** [ˌzenəˈfəʊbɪk] *adj* xénophobe.
**xerox** [ˈzɪərɒks] *vt* photocopier.

**Xerox®** [ˈzɪərɒks] *n* **-1.** [machine] copieur *m,* photocopieuse *f.* **-2.** [process, copy] photocopie *f.*
**XL** *(written abbr of* **extra-large***) n* XL *m.*
**Xmas** *written abbr of* **Christmas.**
**X-rated** [-reɪtɪd] *adj dated* [film] interdit aux mineurs OR aux moins de 18 ans.
**x-ray, X-ray** ◇ *vt* **-1.** MED [examine – chest, ankle] radiographier, faire une radio de; [– patient] faire une radio à. **-2.** [inspect – luggage] passer aux rayons X. **-3.** [treat] traiter aux rayons X. ◇ *n* **-1.** MED radio *f;* to have an ~ passer une radio; to take an ~ of sthg radiographier qqch, faire une radiographie de qqch. **-2.** PHYS rayon *m* X. ◇ *comp* **-1.** MED [examination] radioscopique; [treatment] radiologique, par rayons X; ~ **photograph** radiographie *f,* radio *f;* ~ **therapy** radiothérapie *f.* **-2.** PHYS [astronomy, tube] à rayons X.
**xylophone** [ˈzaɪləfəʊn] *n* xylophone *m.*

**y** (*pl* **y's** OR **ys**)**, Y** (*pl* **Y's** OR **Ys**) [waɪ] *n* [letter] y *m,* Y *m.*
**y** *n* MATH y *m.*
**yacht** [jɒt] ◇ *n* [sailing boat] voilier *m;* [pleasure boat] yacht *m.* ◇ *comp* [race] de voiliers, de yachts; ~ **club** yacht-club *m.* ◇ *vi* faire du yachting; to go ~ing faire de la voile OR du yachting.
**yachting** [ˈjɒtɪŋ] ◇ *n* yachting *m,* navigation *f* de plaisance. ◇ *comp* [holiday] en yacht, sur l'eau; [magazine] de voile; [cap] de marin.
**yachtsman** [ˈjɒtsmən] (*pl* **yachtsmen** [-mən]) *n* yachtman *m,* yachtsman *m.*
**yachtswoman** [ˈjɒts,wʊmən] (*pl* **yachtswomen** [-,wɪmɪn]) *n* yachtwoman *f.*
**yack** [jæk] = **yak** *n* 2 & *vi.*
**yackety-yak** [ˌjækətɪˈjæk] *inf* ◇ *vi* jacasser. ◇ *n (U)* jacasserie *f.*
**yahoo** [jɑːˈhuː] (*pl* **yahoos***) n* rustre *m,* butor *m.*
**yak** [jæk] (*pt* & *pp* **yakked,** *cont* **yakking***)* ◇ *n* **-1.** ZOOL yak *m,* yack *m.* **-2.** (*U*) *inf* jacasserie *f.* ◇ *vi inf:* to ~ on *Br,* to ~ jacasser.
**Yale lock®** [jeɪl-] *n* serrure *f* de sécurité *(à cylindre).*
**y'all** [jɑːl] *Am inf =* **you-all.**
**Yalta** [ˈjæltə] *pr n* Yalta.

**yam** [jæm] *n* **-1.** [plant, vegetable] igname *f.***-2.** *Am* CULIN patate *f* douce.
**yang** [jæŋ] *n* yang *m.*
**Yangtze** [ˈjæŋtsɪ] *pr n:* the ~ le Yang-tseu-kiang, le Yangzi Jiang.
**yank** [jæŋk] ◇ *vt* [hair, sleeve] tirer brusquement (sur), tirer d'un coup sec; he was ~ed to his feet on l'a tiré brutalement pour l'obliger à se lever. ◇ *n* coup *m* sec; I gave the wire/her hair a ~ j'ai tiré d'un coup sec sur le fil/sur ses cheveux.
◆ **yank off** *vt sep* [button, cover] arracher.
◆ **yank out** *vt sep* [nail, tooth] arracher.
**Yank** [jæŋk] *inf* ◇ *n* **-1.** *Br pej* Amerloque *mf.***-2.** *Am* Yankee *mf.* ◇ *adj Br pej* amerloque.
**Yankee** [ˈjæŋkɪ] ◇ *n* **-1.** *Am* Yankee *mf.***-2.** *Br inf* & *pej* Amerloque *mf.* ◇ *adj* **-1.** *Am* yankee. **-2.** *Br inf* & *pej* amerloque.
**yap** [jæp] (*pt* & *pp* **yapped,** *cont* **yapping***)* ◇ *vi* **-1.** [dog] japper. **-2.** [person] jacasser. ◇ *n* [yelp] jappement *m.*
**yard** [jɑːd] *n* **-1.** [of factory, farm, house, school] cour *f.***-2.** [work site] chantier *m;* builder's ~ chantier de construction. **-3.** [for storage] dépôt *m.***-4.** RAIL voies *fpl* de garage. **-5.** [for animals – enclosure] enclos *m;* [– pasture] pâturage *m.***-6.** *Br:* the Yard *inf* Scotland Yard. **-7.** *Am* [backyard] cour *f;* [garden] jardin *m;* ~ **sale** *vente de meubles, d'objets etc par un particulier*

*devant sa maison.* **-8.** [unit of measure] yard *m (0,914 m)*; it was ten ~s wide il avait dix mètres de large; to buy cloth by the ~ acheter le tissu au mètre; we still have ~s of green velvet *fig* nous avons toujours des quantités de velours vert ❏ his face was a ~ long il en faisait une tête, il faisait une tête d'enterrement. **-9.** SPORT & *dated*: the 100 ~s, the 100 ~s' dash le cent mètres. **-10.** NAUT vergue *f*.

**yardarm** ['jɑːdɑːm] *n* extrémité *f* d'une vergue carrée.

**yardstick** ['jɑːdstɪk] *n* **-1.** [instrument] mètre *m (en bois ou en métal).* **-2.** *fig* critère *m*.

**yarmulke** [jɑː'mʊlkə] *n* kippa *f*.

**yarn** [jɑːn] ◇ *n* **-1.** TEX *(U)* fil *m (à tricoter ou à tisser).* **-2.** [tall story] histoire *f* (incroyable OR invraisemblable); [long story] longue histoire *f*. ◇ *vi* [tell tall stories] raconter des histoires; [tell long stories] raconter de longues histoires.

**yashmak** ['jæʃmæk] *n* litham *m*, litsam *m*.

**yaw** [jɔː] ◇ *vi* **-1.** [ship] être déporté, faire une embardée. **-2.** [plane, missile] faire un mouvement de lacet. ◇ *vt* faire dévier (de sa trajectoire). ◇ *n* **-1.** [of ship] écart *m*, embardée *f*. **-2.** [of plane, missile] mouvement *m* de lacet.

**yawl** [jɔːl] *n* **-1.** [sailing boat] yawl *m*. **-2.** [carried on ship] canot *m*.

**yawn** [jɔːn] ◇ *vi* **-1.** [person] bâiller. **-2.** [chasm, opening] être béant, s'ouvrir. ◇ *vt* [utter with yawn] dire en bâillant; she was ~ing her head off *inf* elle bâillait à se décrocher la mâchoire. ◇ *n* **-1.** [of person] bâillement *m*; to give a big ~ bâiller (bruyamment) la bouche grande ouverte. **-2.** *inf* & *fig*: to be a ~ [meeting] être ennuyeux; [film, book] être rasoir.

**yawning** ['jɔːnɪŋ] ◇ *adj* **-1.** [person] qui bâille. **-2.** [gap, chasm] béant. ◇ *n (U)* bâillement *m*, bâillements *mpl*.

**y-axis** *n* axe *m* des Y OR des ordonnées.

**Y chromosome** *n* chromosome *m* Y.

**y-coordinate** *n* ordonnée *f*.

**yd** *written abbr of* **yard**.

**ye** [jiː] ◇ *pron arch* OR BIBLE vous. ◇ *def art arch*: ~ olde inne la vieille hostellerie.

**yea** [jeɪ] ◇ *adv* **-1.** [yes] oui. **-2.** *arch* OR *lit* [indeed] voire, vraiment. ◇ *n* [in vote] oui *m*.

**yeah** [jeə] *adv & interj inf* [yes] ouais.

**year** [jɪəʳ] *n* **-1.** [period of time] an *m*, année *f*; this ~ cette année; last ~ l'an dernier, l'année dernière; next ~ l'année prochaine; the ~ after next dans deux ans; ~ by ~ d'année en année; all (the) ~ round (pendant) toute l'année; ~ in ~ out année après année; it was five ~s last Christmas ça a fait cinq ans à Noël; we'll have been here five ~s next Christmas cela fera cinq ans à Noël que nous sommes là; after ten ~s in politics après dix ans passés dans la politique ‖ [with 'in']: in a few ~s, in a few ~s' time dans quelques années; in ten ~s, in ten ~s' time dans dix ans; in all my ~s as a social worker au cours de toutes mes années d'assistante sociale ‖ [with 'for']: I haven't seen her for ~s je ne l'ai pas vue depuis des années; for a few ~s pendant quelques années; I haven't been home for two long ~s cela fait deux longues années que je ne suis pas rentré chez moi; for ~s and ~s pendant des années; she'll be busy writing her memoirs for ~s elle en a pour des années de travail à écrire ses mémoires ‖ [with 'ago']: two ~s ago il y a deux ans; that was many ~s ago cela remonte à bien des années ‖ [with 'last', 'take']: the batteries last (for) ~s les piles durent des années; it took me ~s to build up the collection cela m'a demandé des années pour que j'ai mis des années à rassembler cette collection ‖ [with 'earn', 'cost' etc]: he earns over £40,000 a ~ il gagne plus de 40 000 livres par an; it cost me a ~'s salary cela m'a coûté un an de salaire. **-2.** [in calendar] an *m*, année *f*; in the ~ 1607 (en l'an) 1607; in the ~ of grace 1900 en l'an de grâce 1900 ❏ since the ~ dot *Br*, since ~ one *Am* depuis une éternité, de tout temps. **-3.** [in age]: he is 15 ~s old OR of age il a 15 ans; the foundations are 4,000 ~s old les fondations sont vieilles de 4 000 ans; she died in her fiftieth ~ elle est morte dans sa cinquantième année; she's young for her ~s elle fait jeune pour son âge, elle ne fait pas son âge; I'm getting on in ~s je prends de l'âge; the experience put ~s on/took ~s off her l'expérience l'a beaucoup vieillie/rajeunie. **-4.** *Br* [as student] année *f*; he's in the first ~ [at school] ≃ il est en sixième; [at college, university] il est en première année;

first-~ **students** les étudiants de première année; all the third ~ tous les élèves de troisième année, tous les troisième année. **-5.** [for wine, coin] année *f*.

**yearbook** ['jɪəbʊk] *n* annuaire *m*, recueil *m* annuel.

**year-end** ◇ *adj* Br de fin d'année; a ~ report un rapport annuel. ◇ *n*: at the ~ à la fin de l'année, en fin d'année.

**yearling** ['jɪəlɪŋ] *n* ZOOL petit *m* d'un an; EQUIT yearling *m*. ◇ *adj* ZOOL (âgé) d'un an.

**yearlong** [,jɪə'lɒŋ] *adj* de toute une année.

**yearly** ['jɪəlɪ] *(pl* **yearlies)** ◇ *adj* annuel. ◇ *adv* annuellement. ◇ *n* PRESS publication *f* annuelle.

**yearn** [jɜːn] *vi* **-1.** [desire, crave] languir, aspirer; [pine] languir; she ~ed for love OR to be loved elle aspirait à l'amour, elle avait très envie d'être aimée; to ~ to do sthg mourir d'envie ou brûler de faire qqch. **-2.** *lit* [be moved – person] s'attendrir, s'émouvoir; [– heart] s'attendrir.

**yearning** ['jɜːnɪŋ] *n* [longing] désir *m* ardent; [pining] nostalgie *f*; he feels a constant ~ to see his old friends OR for his old friends il n'aspire qu'à une chose, revoir ses vieux amis.

**year-round** *adj* [activity] qui dure toute l'année, sur toute l'année; [facility] qui fonctionne toute l'année.

**yeast** [jiːst] *n* levure *f*. ◇ *vi* mousser.

**yeasty** ['jiːstɪ] *(compar* **yeastier**, *superl* **yeastiest)** *adj* **-1.** [bread, rolls – in taste] qui a un goût de levure; [– in smell] à l'odeur de levure. **-2.** [frothy] écumeux, qui mousse. **-3.** *Br* [trivial, frivolous] frivole, superficiel.

**yell** [jel] ◇ *vi* crier (à tue-tête); to ~ at sb crier après qqn; to ~ about sthg brailler au sujet de qqch; to ~ at the top of one's voice vociférer. ◇ *vt* [shout out] hurler, crier; [proclaim] clamer, crier; he was ~ing his head off *inf* il beuglait comme un veau. ◇ *n* **-1.** [shout] cri *m*, hurlement *m*; to give a ~ of terror pousser un cri de terreur. **-2.** *Am* [from students, supporters] cri *m* de ralliement; the Buffstone ~ [students] le cri de ralliement des étudiants de Buffstone; [supporters] le cri de ralliement des supporters de Buffstone.

**yelling** ['jelɪŋ] *n (U)* cris *mpl*, hurlements *mpl*.

**yellow** ['jeləʊ] ◇ *adj* **-1.** [in colour] jaune; the papers had gone OR turned ~ with age les papiers avaient jauni avec le temps ❏ ~ cab *taxi* new-yorkais. **-2.** *inf* [cowardly] lâche. ◇ *n* **-1.** [colour] jaune *m*. **-2.** [yolk] jaune *m* (d'œuf). **-3.** [in snooker] boule *f* jaune. ◇ *vi* jaunir; to ~ with age jaunir avec le temps. ◇ *vt* jaunir; newspapers ~ed with age des journaux jaunis par le temps.

**yellow-belly** *n inf* trouillard *m*, -e *f*.

**yellow card** *n* FTBL carton *m* jaune.

**yellow fever** *n* fièvre *f* jaune.

**yellowhammer** ['jeləʊˌhæməʳ] *n* bruant *m* jaune.

**yellow line** *n* bande *f* jaune; to park on a ~ ≃ se mettre en stationnement irrégulier; double ~ OR ~s double ligne *f* jaune.

**Yellow Pages®** *npl*: the ~ les Pages Jaunes.

**yellow ribbon** *n* aux États-Unis, ruban jaune arboré en signe de patriotisme et de solidarité avec ceux qui sont au combat, prisonniers politiques etc.

**Yellow River** *pr n*: the ~ le fleuve Jaune.

**Yellow Sea** *pr n*: the ~ la mer Jaune.

**yelp** [jelp] ◇ *vi* [dog] japper, glapir; [person] crier, glapir. ◇ *n* [of dog] jappement *m*, glapissement *m*; [of person] cri *m*, glapissement *m*.

**Yeltsin** ['jeltsɪn] *pr n*: Boris ~ Boris Eltsine.

**Yemen** ['jemən] *pr n* Yémen *m*; in (the) ~ au Yémen; the ~ Arab Republic la République arabe du Yémen; the People's Democratic Republic of ~ la République démocratique et populaire du Yémen; the ~ Republic la République du Yémen.

**Yemeni** ['jemənɪ] ◇ *n* Yéménite *mf*. ◇ *adj* yéménite.

**yen** [jen] *(pl sense 1 inv)* *n* **-1.** [currency] yen *m*. **-2.** *inf* [desire] envie *f*; to have a ~ for sthg/to do sthg avoir très envie de OR mourir d'envie de qqch/faire qqch.

**yeoman** ['jəʊmən] *(pl* **yeomen** [-mən]*) n* [in U.K.] yeoman *m*.

**yeomanry** ['jəʊmənrɪ] *n* yeomanry *f*, ensemble *m* des yeomen.

**yep** [jep] *interj inf* ouais.

**yes** [jes] ◇ *adv* **-1.** [gen] oui; [in answer to negatives] si; [an-

swering knock on door] oui (entrez); [answering phone] allô, oui; [encouraging a speaker to continue] oui, et puis?, oui, et alors?; to say/to vote ~ dire/voter oui; is it raining? — ~ (it is) est-ce qu'il pleut? — oui; will you tell her? — ~ (I will) le lui direz-vous? —.oui (je vais le faire); oh ~? [doubtful] c'est vrai?; you don't like me, do you? — ~ I do! vous ne m'aimez pas, n'est-ce pas? — mais si (voyons)!-**2.** [introducing a contrary opinion]: ~ but... oui OR d'accord mais... -**3.** [in response to command or call] oui; ~, sir oui OR bien, monsieur. -**4.** [indeed] en effet, vraiment; she was rash, ~, terribly rash elle a été imprudente, vraiment très imprudente. ◇ *n* [person, vote]: to count the ~es compter les oui OR les votes pour. ◇ *comp*: ~ vote vote *m* pour.
◆ **yes and no** *adv phr* oui et non.

**yes-man** *n* inf béni-oui-oui *m inv*.

**yesterday** ['jestədı] ◇ *adv* -**1.** hier; ~ morning/afternoon hier matin/après-midi; ~ week *Br*, a week ~, a week ago ~ il y a huit jours ❑ I wasn't born ~ je ne suis pas né de la dernière pluie. -**2.** [in the past] hier, naguère. ◇ *n* -**1.** [day before] hier *m*; ~ was Monday hier c'était lundi; ~'s programme le programme d'hier; the day before ~ avant-hier; it seems like (only) ~ c'est comme si c'était hier. -**2.** [former times] temps *mpl* passés OR anciens; ~'s fashions les coutumes d'hier OR d'autrefois; all our ~s tout notre passé.

**yesteryear** ['jestəjɪəʳ] *n* fml OR lit temps *m* jadis.

**yet** [jet] ◇ *adv* -**1.** [up to now] déjà; is he here ~? est-il déjà là?; have you been to London ~? êtes-vous déjà allés à Londres?; did you go to the zoo ~? *Am* êtes-vous déjà allés au zoo?-**2.** [at the present time]: not ~ pas encore; not just ~ pas tout de suite; she isn't here ~ elle n'est pas encore là. -**3.** *(in affirmative statements)* [still] encore, toujours; I have ~ to meet her je ne l'ai pas encore rencontrée; the best is ~ to come le meilleur est encore à venir OR reste à venir; there are another ten miles to go ~ il reste encore seize kilomètres à faire; I won't be ready for another hour ~ j'en ai encore pour une heure; they won't be here for another hour ~ ils ne seront pas là avant une heure; they may ~ be found on peut encore les retrouver, il se peut encore qu'on les retrouve. -**4.** *(with comparatives and superlatives)* [even] encore, même; ~ more expensive encore plus cher; ~ more snow was expected on prévoyait encore de la neige; a life of parties and ~ more parties une existence qui consiste à aller de fête en fête ‖ [emphasizing amount, frequency etc]: ~ another bomb encore une bombe; ~ again encore une fois. -**5.** [so far – in present] jusqu'ici, jusque-là; [– in past] jusque-là; it's her best play ~ c'est sa meilleure pièce jusqu'ici; it was his best film ~ c'était son meilleur film jusque-là. -**6.** [despite everything] après tout, quand même; she may ~ surprise you all elle va peut-être vous surprendre tous après tout. ◇ *conj* [nevertheless] néanmoins, toutefois; [however] cependant, pourtant; [but] mais; they had no income ~ they still had to pay taxes ils n'avaient pas de revenus et pourtant ils devaient payer des impôts; he was firm ~ kind il était ferme et pourtant gentil.

**yeti** ['jetɪ] *n* yéti *m*.

**yew** [ju:] *n* -**1.** ~ (tree) if *m*.-**2.** [wood] (bois d') if *m*.

**Y-fronts®** *npl* slip *m* kangourou.

**YHA** *(abbr of* Youth Hostels Association*)* *pr n* Br Fédération unie des Auberges de jeunesse.

**Yiddish** ['jɪdɪʃ] ◇ *n* yiddish *m*. ◇ *adj* yiddish.

**yield** [ji:ld] ◇ *vi* -**1.** [give in – person] céder; [surrender] se rendre; to ~ to [argument] céder OR s'incliner devant; [criticism, force] céder devant; [blackmail, demand] céder à; [pressure, threat] céder sous; [desire, temptation] succomber à, céder à. -**2.** [break, bend – under weight, force] céder, fléchir. -**3.** *Am* AUT céder le passage OR la priorité; 'yield' 'cédez le passage'. -**4.** AGR [field] rapporter, rendre; [crop] rapporter. ◇ *vt* -**1.** [produce, bring in – gen] produire, rapporter; [– land, crops] produire, rapporter, donner; [– results] donner; the investment bond will ~ 11% le bon d'épargne rapportera 11 %. -**2.** [relinquish, give up] céder, abandonner; to ~ ground MIL & fig céder du terrain. -**3.** *Am* AUT: to ~ right of way céder la priorité. ◇ *n* -**1.** AGR & INDUST [output] rendement *m*, rapport *m*; [of crops] récolte *f*; high-~ crops récoltes à rendement élevé; ~ per acre ≃ rendement à l'hectare. -**2.** FIN [from investments] rapport *m*, rendement *m*; [profit] bénéfice *m*, bé-

néfices *mpl*; [from tax] recette *f*, rapport *m*; an 8% ~ on investments des investissements qui rapportent 8 %. ◇ *comp Am*: ~ sign panneau *m* de priorité.
◆ **yield up** *vt sep Br* -**1.** [surrender – town, prisoner] livrer; he ~ed himself up to the police il s'est livré à la police. -**2.** [reveal – secret] dévoiler.

**yielding** ['ji:ldɪŋ] ◇ *adj* -**1.** [soft – ground] mou, *before vowel or silent 'h'* mol (*f* molle). -**2.** [flexible – material, metal] flexible, extensible. -**3.** [person] complaisant, accommodant; [character] docile. ◇ *n* [of town] reddition *f*; [of rights, control] cession *f*.

**yin** [jɪn] *n*: ~ and yang le yin et le yang.

**yippee** [*Br* jɪ'pi:, *Am* 'jɪpɪ] *interj* inf hourra.

**YMCA** *(abbr of* Young Men's Christian Association*)* *pr n* association chrétienne de jeunes gens (surtout connue pour ses centres d'hébergement).

**yo** [jəʊ] *interj esp Am* inf salut.

**yob** [jɒb] *n Br* inf loubard *m*.

**yobbo** ['jɒbəʊ] *(pl* yobbos*)* = **yob**.

**yodel** ['jəʊdl] *(Br pt* & *pp* yodelled, *cont* yodelling, *Am pt* & *pp* yodeled, *cont* yodeling*)* ◇ *vi* jodler, iodler. ◇ *n* tyrolienne *f*.

**yoga** ['jəʊgə] *n* yoga *m*.

**yoghourt, yoghurt** [*Br* 'jɒgət, *Am* 'jəʊgərt] *n* yaourt *m*, yogourt *m*, yoghourt *m*.

**yogi** ['jəʊgɪ] *n* yogi *m*.

**yogurt** [*Br* 'jɒgət, *Am* 'jəʊgərt] = **yoghourt**.

**yoke** [jəʊk] ◇ *n* -**1.** [frame – for hitching oxen] joug *m*; [– for carrying buckets] joug *m*, palanche *f*.-**2.** *fig* [burden, domination] joug *m*; under the ~ of tyranny sous le joug de la tyrannie. -**3.** [pair of animals] attelage *m*, paire *f*.-**4.** [of dress, skirt, blouse] empiècement *m*.-**5.** CONSTR [for beams] moise *f*, lien *m*.-**6.** *lit*: the ~ of marriage les liens *mpl* du mariage. ◇ *vt* -**1.** [oxen] atteler; to ~ (up) oxen/bullocks to a plough atteler des bouvillons/bœufs à une charrue. -**2.** [ideas, qualities] lier, joindre.

**yokel** ['jəʊkl] *n pej* péquenot *m*.

**yolk** [jəʊk] *n*: (egg) ~ jaune *m* (d'œuf).

**Yom Kippur** [,jɒm'kɪpəʳ] *n* Yom Kippour *m inv*.

**yon** [jɒn] *dem adj arch* OR *dial*: ~ tree cet arbre-là, l'arbre là-bas.

**yonder** ['jɒndəʳ] ◇ *adj lit*: ~ tree l'arbre là-bas. ◇ *adv* là-bas; way over ~ loin là-bas.

**yonks** [jɒŋks] *n Br* inf: I haven't been there for ~ il y a une paie OR ça fait un bail que je n'y suis pas allé.

**yoo-hoo** ['ju:,hu:] *interj* ohé.

**YOP** [jɒp] *(abbr of* Youth Opportunities Programme*)* *n Br* -**1.** [programme] ≃ TUC *mpl*.-**2.** [worker] ≃ tuciste *mf*.

**yore** [jɔːʳ] *n arch* OR *lit*: in days of ~ au temps jadis.

**Yorks.** *written abbr of* **Yorkshire**.

**Yorkshire pudding** *n* crêpe épaisse salée traditionnellement servie avec du rôti de bœuf.

**Yorkshire Ripper** *pr n*: the ~ l'éventreur du Yorkshire, accusé en 1981 du meurtre de 13 femmes.

**Yorkshire terrier** *n* yorkshire-terrier *m*, yorkshire *m*.

**you** [ju:] *pron* -**1.** [as plural subject] vous; [as singular subject – polite use] vous; [– familiar use] tu; [as plural object] vous; [as singular object – polite use] vous; [– familiar use] te, t' (*before vowel or silent 'h'*); ~ didn't ask! vous n'avez pas/tu n'as pas demandé; don't ~ dare! je te le déconseille!; ~ and I will go together vous et moi/toi et moi irons ensemble; ~ and yours vous et les vôtres/toi et les tiens; ~ there! vous ici!; don't ~ say a word je t'interdis de dire quoi que ce soit; she gave ~ the keys elle vous a donné/elle t'a donné les clés. -**2.** [after preposition] vous; [familiar use] toi; all of ~ vous tous; with ~ avec vous/toi; for ~ pour vous/toi; that's men for ~ ah! les hommes!; she gave the keys to ~ elle vous a donné/elle t'a donné les clés; between ~ and me on entre nous. -**3.** [before noun or adjective]: ~ bloody fool!▽ espèce de crétin!; ~ sweetie! oh, le mignon/la mignonne!; ~ Americans are all the same vous les Américains OR vous autres Américains, vous êtes tous pareils. -**4.** [emphatic use] vous; [familiar form] toi; ~ mean they chose ~ tu veux dire qu'ils t'ont choisie toi; ~ wouldn't do that, would ~? vous ne feriez pas cela/tu ne ferais pas cela, n'est-ce pas?-**5.** [impersonal use]: ~ never know on ne sait jamais; a hot bath

**does** ~ **a world of good** un bon bain chaud vous fait un bien immense; ~ **take the first on the left** prenez la première à droite.

**you-all** *pron Am inf & dial* vous (tous).

**you'd** [juːd] **-1.** = **you had. -2.** = **you would.**

**you-know-what** *n inf & euph*: **does he know about the** ~? est-ce qu'il est au courant du...tu vois de quoi je veux parler OR ce que je veux dire?

**you-know-who** *n inf & euph* qui tu sais, qui vous savez.

**you'll** [juːl] = **you will.**

**young** [jʌŋ] (*compar* **younger** ['jʌŋgəʳ], *superl* **youngest** ['jʌŋgɪst]) ◇ *adj* **-1.** [in age, style, ideas – person, clothes] jeune; **a** ~ **woman** une jeune femme; ~ **people** les jeunes *mpl*, la jeunesse *f*; **the** ~**er generation** la jeune génération; **families with** ~ **children** les familles qui ont des enfants en bas âge; **my** ~**er brother** mon frère cadet, mon petit frère; **I'm ten years** ~**er than she is** j'ai dix ans de moins qu'elle; **I'm not as** ~ **as I was!** je n'ai plus (mes) vingt ans!; **you're only** ~ **once!** la jeunesse ne dure qu'un temps!; **in my** ~**er days** dans ma jeunesse, quand j'étais jeune; **how is** ~ **Christopher?** *Br* comment va le jeune Christopher?; **the** ~ **Mr Ford, Mr Ford the** ~**er** le jeune M. Ford, M. Ford fils; **now listen here** ~ **man!** écoutez-moi bien, jeune homme!; **her** ~ **man** *dated* son petit ami, son amoureux; **his** ~ **lady** *dated* sa petite amie; ~ **lady!** mademoiselle!; **she's quite a** ~ **lady now** c'est une vraie jeune fille maintenant. **-2.** [youthful] jeune; **he is** ~ **for 45** il fait jeune pour 45 ans; **she is a** ~ **45** elle a 45 ans, mais elle ne les fait pas; **he's** ~ **for his age** il est jeune pour son âge, il ne fait pas son âge; **to be** ~ **at heart** avoir la jeunesse du cœur. **-3.** [recent – grass, plant] nouveau; *before vowel or silent 'h'* nouvel (*f* nouvelle); [– wine] jeune, vert; GEOL [– rock formation] jeune, récent. ◇ *npl*: **the** ~ [people] les jeunes *mpl*, la jeunesse; [animals] les petits *mpl*; **a game suitable for young and old alike** un jeu pour les jeunes et les moins jeunes; **to be with** ~ [animal] être pleine OR grosse.

**young blood** *n* [new attitudes, ideas, people] sang *m* nouveau OR neuf.

**youngish** ['jʌŋɪʃ] *adj* plutôt jeune.

**young-looking** *adj* d'allure jeune.

**young offender institution** *n* [in UK] centre *m* de détention pour mineurs.

**youngster** ['jʌŋstəʳ] *n* **-1.** [child] garçon *m*, fille *f*, gamin *m*, gamine *f*; [youth] jeune homme *m*, jeune fille *f*. **-2.** EQUIT jeune cheval *m*.

**Young Turk** *n* POL jeune-turc *m*, jeune-turque *f*.

**your** [jɔːʳ] *det* **-1.** [addressing one or more people – polite use] votre *mf*, vos *mfpl*; [addressing one person – familiar use] ton *m*, ta *f*, tes *mfpl*; ~ **book** votre/ton livre; ~ **car** votre/ta voiture; ~ **books** vos/tes livres. **-2.** [with parts of body, clothes]: **don't put** ~ **hands in** ~ **pockets** ne mets pas tes mains dans les poches; **hold on to** ~ **hat!** tenez-bien votre chapeau!; **I think you've broken** ~ **finger** je crois que vous vous êtes cassé le doigt; **does** ~ **wrist hurt?** est-ce que tu as mal au poignet? **-3.** [emphatic form]: **this is** ~ **book or his?** est-ce que c'est votre livre ou le sien?; **oh it's** YOUR **book, is it?** ah, c'est à toi ce livre!; **that's** YOUR **problem** c'est TON problème. **-4.** [impersonal use]: **swimming is good for** ~ **heart and lungs** la natation est un bon exercice pour le cœur et les poumons; **where are** ~ **Churchills and** ~ **De Gaulles when you need them?** où sont vos Churchill et vos De Gaulle quand vous avez besoin d'eux?; **it's not a film for** ~ **average cinemagoer** ce n'est pas un film pour n'importe quel public. **-5.** [in titles]: **Your Highness** Votre Majesté (*à un roi, une reine, un prince ou une princesse*); **Your Majesty** Votre Majesté (*à un roi ou une reine uniquement*).

**you're** [jɔːʳ] = **you are.**

**yours** [jɔːz] *pron* **-1.** [addressing one or more people – polite use] le vôtre *m*, la vôtre *f*, les vôtres *mfpl*; [addressing one person – familiar use] le tien *m*, la tienne *f*, les tiens *mpl*, les tiennes *fpl*; **is this book** ~? est-ce que ce livre est à vous/toi?; **is this car** ~? c'est votre/ta voiture?; **are these books** ~? ces livres sont-ils à vous/toi?; **is he a friend of** ~? est-ce un de vos amis?; ~ **is an unenviable task** votre tâche est peu enviable; **can't you control that wretched dog of** ~? vous ne pouvez pas retenir votre satané chien? **-2.** [up to you]: **it is not** ~ **to decide** ce n'est pas à vous OR il ne vous appartient

pas de décider. **-3.** *Br inf* [in offering drinks]: **what's** ~? qu'est-ce que vous buvez?, qu'est-ce que je vous sers? **-4.** [in letter]: ~**, Peter** ≃ bien à vous OR à bientôt, Peter; ~ **sincerely cordialement vôtre**; ~ **faithfully** ≃ veuillez agréer mes salutations distinguées.

**yourself** [jɔːˈself] (*pl* **yourselves** [-ˈselvz]) *pron* **-1.** [personally – gen] vous-même; [– familiar use] toi-même; **do it** ~ faites-le vous-même/fais-le toi-même; **do it yourselves** faites-le vous-mêmes; **you've kept the best seats for yourselves** vous avez gardé les meilleures places pour vous; **see for** ~ tu n'as qu'à voir par toi-même; **did you come by** ~? vous êtes venu tout seul?; **did you mend the fuse (by)** ~? vous avez replacé le fusible tout seul?; **did you make it** ~? l'avez-vous fait vous-même? **-2.** [reflexive use]: **did you hurt** ~? est-ce que vous vous êtes/tu t'es fait mal?; **did you enjoy** ~? est-ce que c'était bien?; **you were talking to** ~ tu parlais tout seul; **speak for** ~! parle pour toi!; **just look at** ~! regarde-toi donc! ❑ **you don't seem** ~ **today** tu n'as pas l'air d'être dans ton assiette aujourd'hui. **-3.** [emphatic use]: **you told me** ~, **you** ~ **told me** vous me l'avez dit vous-même, c'est vous-même qui me l'avez dit; **you must have known** ~ **that they wouldn't accept** vous-même, vous auriez dû savoir qu'ils n'accepteraient pas. **-4.** [impersonal use]: **you're supposed to help** ~ on est censé se servir soi-même.

**yours truly** *pron inf* bibi, mézigue.

**youth** [juːθ] (*pl* **youths** [juːðz]) ◇ *n* **-1.** [young age] jeunesse *f*; **in my** ~ dans ma jeunesse, quand j'étais jeune. **-2.** [young man] adolescent *m*, jeune *m*. ◇ *npl* [young people]: **the** ~ **of today** les jeunes *mpl* OR la jeunesse d'aujourd'hui.

**youth club** *n Br* ≃ maison *f* des jeunes.

**youth custody** *n Br* détention *f* de mineurs, éducation *f* surveillée.

**youthful** ['juːθfʊl] *adj* **-1.** [young – person] jeune; [– appearance] d'allure jeune. **-2.** [typical of youth – idea] de jeunesse; [– enthusiasm, expectations, attitude] juvénile.

**youthfulness** ['juːθfʊlnɪs] *n* [of person] jeunesse *f*; [of appearance] allure *f* jeune; [of mind, ideas] jeunesse *f*, fraîcheur *f*.

**youth hostel** *n* auberge *f* de jeunesse.

**youth hostelling** *n (U)*: **to go** ~ passer ses vacances en auberges de jeunesse.

**you've** [juːv] = **you have.**

**yowl** [jaʊl] ◇ *vi* [cat] miauler (fort); [dog, person] hurler. ◇ *n* [of cat] miaulement *m* (déchirant); [of dog, person] hurlement *m*.

**yo-yo** ['jəʊjəʊ] (*pl* **yo-yos**) *n* **-1.** [toy] Yo-Yo® *m inv*. **-2.** ∇ *Am* [fool] couillon *m*.

**yr** *written abbr of* **year.**

**YTS** (*abbr of* **Youth Training Scheme**) *n* (personne participant au) programme gouvernemental britannique d'insertion des jeunes dans la vie professionnelle.

**yucca** ['jʌkə] *n* yucca *m*.

**yuck** [jʌk] *interj inf* berk, beurk.

**yucky** ['jʌkɪ] (*compar* **yuckier**, *superl* **yuckiest**) *adj inf* dégueulasse.

**Yugoslav** ['juːgəʊˌslɑːv] ◇ *n* Yougoslave *mf*. ◇ *adj* yougoslave.

**Yugoslavia** [ˌjuːgəʊˈslɑːvɪə] *pr n* Yougoslavie *f*; **in** ~ en Yougoslavie.

**Yugoslavian** [ˌjuːgəʊˈslɑːvɪən] ◇ *n* Yougoslave *mf*. ◇ *adj* yougoslave.

**Yukon Territory** ['juːkɒn] *pr n* territoire *m* du Yukon.

**yule, Yule** [juːl] *n arch* OR *lit* Noël *m*.

**yule log, Yule log** *n* bûche *f* de Noël.

**yuletide, Yuletide** ['juːltaɪd] *n* [in *n* (époque *f* de) Noël *m*; **at** ~ à Noël. ◇ *comp* [greetings, festivities] de Noël.

**yummy** ['jʌmɪ] (*compar* **yummier**, *superl* **yummiest**) *inf* ◇ *adj* [food] succulent, délicieux. ◇ *interj* miam-miam.

**yuppie, yuppy** ['jʌpɪ] (*pl* **yuppies**) ◇ *n* yuppie *mf*, ≃ jeune cadre *m* dynamique. ◇ *adj* [club] pour jeunes cadres dynamiques; [lifestyle] des yuppies.

**YWCA** (*abbr of* **Young Women's Christian Association**) *pr n* association chrétienne de jeunes filles (surtout connue pour ses centres d'hébergement).

# Z

**z** (*pl* **z's** OR **zs**), **Z** (*pl* **Z's** OR **Zs**) [*Br* zed, *Am* ziː] *n* z *m*, Z *m*.

**Zagreb** ['zɑːgreb] *pr n* Zagreb.

**Zaïre** [zɑː'ɪəʳ] *pr n* Zaïre *m*; **in** ~ au Zaïre.

**Zaïrean** [zɑː'ɪərɪən] ◊ *n* Zaïrois *m*, -e *f*. ◊ *adj* zaïrois.

**Zaïrese** [zɑːɪə'riːz] ◊ *n* Zaïrois *m*, -e *f*. ◊ *adj* zaïrois.

**Zambia** ['zæmbɪə] *pr n* Zambie *f*; **in** ~ en Zambie.

**Zambian** ['zæmbɪən] ◊ *n* Zambien *m*, -enne *f*. ◊ *adj* zambien.

**zany** ['zeɪnɪ] (*compar* **zanier**, *superl* **zaniest**, *pl* **zanies**) *inf* ◊ *adj* farfelu, dingue, dingo. ◊ *n* THEAT bouffon *m*, zani *m*, zanni *m*.

**Zanzibar** [ˌzænzɪ'bɑːʳ] *pr n* Zanzibar *m*; **in** ~ au Zanzibar.

**zap** [zæp] (*pt* & *pp* **zapped**, *cont* **zapping**) *inf* ◊ *vi* **-1.** [go quickly] courir; **I'll** ~ **over to see her** je file la voir, je vais faire un saut chez elle. **-2.** TV zapper. ◊ *vt* **-1.** [destroy by bombing – town] ravager, bombarder; [– target] atteindre. **-2.** [kill – victim] tuer, descendre; [– in video game] éliminer. **-3.** COMPUT [display, data] effacer, supprimer. ◊ *n* [energy] pêche *f*, punch *m*. ◊ *interj* vlan.

**zappy** ['zæpɪ] (*compar* **zappier**, *superl* **zappiest**) *adj Br inf* qui a la pêche, plein de punch.

**z-axis** *n* axe *m* des z.

**zeal** [ziːl] *n* zèle *m*, ferveur *f*, ardeur *f*; **she undertook the work with great** ~ elle a entrepris le travail avec beaucoup de zèle.

**zealot** ['zelət] *n* fanatique *mf*, zélateur *m*, -trice *f*.

**zealous** ['zeləs] *adj* [worker, partisan] zélé, actif; [opponent] zélé, acharné.

**zealously** ['zeləslɪ] *adv* avec zèle OR ardeur.

**zebra** [*Br* 'zebrə, *Am* 'ziːbrə] (*pl inv* OR **zebras**) *n* zèbre *m*.

**zebra crossing** *n Br* passage *m* clouté OR pour piétons.

**zed** [zed] *Br*, **zee** [ziː] *Am n* (lettre) z *m*.

**Zen** [zen] ◊ *n* zen *m*. ◊ *adj* zen (*inv*); ~ **Buddhism** les préceptes *mpl* du zen, le bouddhisme zen.

**zenith** [*Br* 'zenɪθ, *Am* 'ziːnəθ] *n* zénith *m*; **she had reached the** ~ **of her career** *fig* elle était au sommet OR au faîte OR à l'apogée de sa carrière.

**zephyr** ['zefəʳ] *n lit* & TEX zéphyr *m*.

**zeppelin** ['zepəlɪn] *n* zeppelin *m*.

**zero** [*Br* 'zɪərəʊ, *Am* 'zɪːrəʊ] (*pl* **zeros** OR **zeroes**) ◊ *n* **-1.** MATH zéro *m*. **-2.** [in temperature] zéro *m*; **40 below** ~ 40 degrés au-dessous de zéro, moins 40. **-3.** SPORT: **to win 3** ~ gagner 3 (à) zéro. **-4.** [nothing, nought]: **our chances have been put at** ~ on considère que nos chances sont nulles. ◊ *comp* [altitude] zéro (*inv*); [visibility] nul; ~ **gravity** apesanteur *f*; ~ **growth** croissance *f* zéro. ◊ *vt* [instrument] régler sur zéro.

**♦ zero in on** *vt insep* **-1.** MIL [aim for] se diriger OR piquer droit sur; **the police** ~**ed in on the terrorists' hideout** *inf* la police a investi la cachette des terroristes. **-2.** *inf* [concentrate on] se concentrer sur, faire porter tous ses efforts sur. **-3.** *inf* [pinpoint] mettre le doigt sur.

**zero hour** *n* heure *f* H.

**zero-rated** [-ˌreɪtɪd] *adj*: ~ **(for VAT)** exempt de TVA, non assujetti à la TVA.

**zest** [zest] *n* **-1.** [piquancy] piquant *m*, saveur *f*. **-2.** [enthusiasm] enthousiasme *m*, entrain *m*; ~ **for life** appétit *m* de vivre. **-3.** CULIN [of orange, lemon] zeste *m*.

**zestful** ['zestfʊl] *adj* [person] enthousiaste.

**zeugma** ['zjuːgmə] *n* zeugma *m*, zeugme *m*.

**Zeus** [zjuːs] *pr n* Zeus *m*.

**zigzag** ['zɪgzæg] (*pt* & *pp* **zigzagged**, *cont* **zigzagging**) ◊ *vi* [walker, vehicle] avancer en zigzags, zigzaguer; [road] zigzaguer; [river] serpenter; **to** ~ **across/up the road** traverser/monter la rue en zigzaguant. ◊ *n* [in design] zigzag *m*; [on road] lacet *m*; [in river] boucle *f*. ◊ *adj* [path, line] en zigzag; [pattern] à zigzag OR zigzags. ◊ *adv* en zigzag.

**zilch** [zɪltʃ] *n Am inf* que dalle.

**zillion** ['zɪljən] (*pl inv* OR **zillions**) *inf* ◊ *n* foultitude *f*. ◊ *adj*: **for a** ~ **reasons** pour des tas OR une foultitude de raisons.

**Zimbabwe** [zɪm'bɑːbwɪ] *pr n* Zimbabwe *m*; **in** ~ au Zimbabwe.

**Zimbabwean** [zɪm'bɑːbwɪən] ◊ *n* Zimbabwéen *m*, -enne *f*. ◊ *adj* zimbabwéen.

**Zimmer (frame)**® ['zɪməʳ-] *n* déambulateur *m*.

**zinc** [zɪŋk] ◊ *n* zinc *m*. ◊ *comp* [chloride, sulphate, sulphide] de zinc; [ointment] à l'oxyde de zinc; ~ **white** oxyde *m* de zinc (*pigment*).

**zing** [zɪŋ] *inf* ◊ *onomat* zim. ◊ *n* **-1.** [of bullet] sifflement *m*. **-2.** [of person] punch *m*. ◊ *vi* [projectile] siffler, passer dans un sifflement.

**Zion** ['zaɪən] *pr n* Sion.

**Zionism** ['zaɪənɪzm] *n* sionisme *m*.

**Zionist** ['zaɪənɪst] ◊ *n* sioniste *mf*. ◊ *adj* sioniste.

**zip** [zɪp] (*pt* & *pp* **zipped** *cont* **zipping**) ◊ *n* **-1.** [fastener] fermeture *f* Éclair® OR à glissière. **-2.** [sound of bullet] sifflement *m*. **-3.** *inf* [liveliness] vivacité *f*, entrain *m*. **-4.** *Am* code *m* postal. **-5.** *Am inf* [nothing] rien *m*. ◊ *vi* **-1.** [with zip fastener]: **to** ~ **open/shut** s'ouvrir/se fermer à l'aide d'une fermeture Éclair® OR à glissière. **-2.** *inf* [verb of movement]: **to** ~ **past/upstairs** passer/monter l'escalier comme une flèche; **I zipped through the book/my work** j'ai lu ce livre/fait mon travail en quatrième vitesse. **-3.** [arrow, bullet] siffler. ◊ *vt* **-1.** [with zip fastener]: **to** ~ **sthg open/shut** fermer/ouvrir la fermeture Éclair® OR à glissière de qqch; **I zipped myself into my sleeping bag** je me suis enfermé dans mon sac de couchage en tirant la fermeture. **-2.** *inf* [do quickly]: **I'll just** ~ **this cake into the oven** je glisse en vitesse ce gâteau dans le four.

**♦ zip on** ◊ *vt sep* attacher (avec une fermeture à glissière). ◊ *vi insep* s'attacher avec une fermeture Éclair® OR à glissière.

**♦ zip up** ◊ *vt sep* **-1.** [clothing, sleeping bag] fermer avec la fermeture Éclair® OR à glissière. **-2.** [subj: person] fermer la fermeture Éclair® OR à glissière de. ◊ *vi insep* [dress] se fermer avec une fermeture Éclair® OR à glissière.

**zip code, ZIP code** *n Am* code *m* postal.

**zip fastener** *n Br* fermeture *f* Éclair® OR à glissière.

**zip-on** *adj* [flap, hood] qui s'attache avec une fermeture Éclair® OR à glissière.

**zipper** ['zɪpəʳ] *Am* = **zip fastener**.

**zip-up** *adj* [bag, coat] à fermeture Éclair®, zippé.

**zit** [zɪt] *n inf* bouton *m* (*sur la peau*).

**zither** ['zɪðəʳ] *n* cithare *f*.

**zizz** [zɪz] *n Br inf*: **to have a** ~ faire un somme.

**zodiac** ['zəʊdɪæk] *n* zodiaque *m*.

**zombie** ['zɒmbɪ] *n* zombie *m*.

**zonal** ['zəʊnl] *adj* zonal.

**zone** [zəʊn] ◊ *n* **-1.** [area] zone *f*, secteur *m*. **-2.** [sphere] zone *f*, domaine *m*. **-3.** GEOG & METEOR zone *f*. ◊ *vt* **-1.** [partition] diviser en zones. **-2.** [classify] désigner.

**zoning** ['zəʊnɪŋ] *n* zonage *m*.

**zonked** [zɒŋkt] *adj inf* **-1.** [exhausted] vanné, claqué. **-2.** [drunk] bourré; [drugged] défoncé.

**zoo** [zuː] (*pl* **zoos**) *n* zoo *m*, jardin *m* zoologique.

**zookeeper** ['zuːˌkiːpəʳ] *n* gardien *m*, -enne *f* du zoo.

**zoological** [ˌzəʊəˈlɒdʒɪkl] *adj* zoologique.

**zoologist** [zəʊˈɒlədʒɪst] *n* zoologiste *mf*.

**zoology** [zəʊˈɒlədʒɪ] *n* zoologie *f*.

**zoom** [zuːm] ◇ *vi* **-1.** [verb of movement]: the car ~ed up/down the hill la voiture a monté/descendu la côte à toute allure; I'm just going to ~ into town to get some food je vais faire un saut en ville pour acheter de quoi manger. **-2.** [prices, costs, sales] monter en flèche. **-3.** [engine] vrombir. ◇ *n* **-1.** [of engine] vrombissement *m*. **-2.** PHOT [lens, effect] zoom *m*. ◇ *onomat:* ~! vroum!

◆ **zoom in** *vi insep* PHOT faire un zoom; the camera ~ed in on the laughing children la caméra a fait un zoom sur les enfants en train de rire.

◆ **zoom off** *vi insep* filer.

**zoom lens** *n* zoom *m*.

**zoot suit** [zuːt-] *n* costume *m* zazou.

**Zoroaster** [ˌzɒrəʊˈæstəʳ] *prn* Zoroastre.

**Zoroastrian** [ˌzɒrəʊˈæstrɪən] ◇ *adj* zoroastrien. ◇ *n* Zoroastrien *m*, -enne *f*.

**zucchini** [zuːˈkiːnɪ] (*pl inv* OR **zucchinis**) *n Am* courgette *f*.

**Zulu** ['zuːluː] (*pl inv* OR **Zulus**) ◇ *n* **-1.** [person] Zoulou *m*, -e *f*. **-2.** LING zoulou *m*. ◇ *adj* zoulou.

**Zululand** ['zuːluːlænd] *prn* Zoulouland *m*, Zululand *m*.

**zygote** ['zaɪgəʊt] *n* zygote *m*.

# VERBS
## VERBES

# ENGLISH IRREGULAR VERBS

| INFINITIVE | PAST TENSE | PAST PARTICIPLE |
|---|---|---|
| arise | arose | arisen |
| awake | awoke | awoken |
| be | was, were | been |
| bear | bore | borne |
| beat | beat | beaten |
| become | became | become |
| befall | befell | befallen |
| begin | began | begun |
| behold | beheld | beheld |
| bend | bent | bent |
| beseech | besought | besought |
| beset | beset | beset |
| bet | bet, betted | bet, betted |
| bid | bid, bade | bid, bidden |
| bind | bound | bound |
| bite | bit | bitten |
| bleed | bled | bled |
| blow | blew | blown |
| break | broke | broken |
| breed | bred | bred |
| bring | brought | brought |
| build | built | built |
| burn | burnt, burned | burnt, burned |
| burst | burst | burst |
| buy | bought | bought |
| can | could | — |
| cast | cast | cast |
| catch | caught | caught |
| choose | chose | chosen |
| cling | clung | clung |
| come | came | come |
| cost | cost | cost |
| creep | crept | crept |
| cut | cut | cut |
| deal | dealt | dealt |
| dig | dug | dug |
| do | did | done |
| draw | drew | drawn |
| dream | dreamed, dreamt | dreamed, dreamt |
| drink | drank | drunk |
| drive | drove | driven |
| dwell | dwelt, dwelled | dwelt, dwelled |
| eat | ate | eaten |
| fall | fell | fallen |
| feed | fed | fed |

| INFINITIVE | PAST TENSE | PAST PARTICIPLE |
| --- | --- | --- |
| feel | felt | felt |
| fight | fought | fought |
| find | found | found |
| flee | fled | fled |
| fling | flung | flung |
| fly | flew | flown |
| forbear | forbore | forborne |
| forbid | forbade | forbidden |
| forecast | forecast | forecast |
| forego | forewent | foregone |
| foresee | foresaw | foreseen |
| foretell | foretold | foretold |
| forget | forgot | forgotten |
| forgive | forgave | forgiven |
| forsake | forsook | forsaken |
| freeze | froze | frozen |
| get | got | got (*Am* gotten) |
| give | gave | given |
| go | went | gone |
| grind | ground | ground |
| grow | grew | grown |
| hang | hung, hanged | hung, hanged |
| have | had | had |
| hear | heard | heard |
| hide | hid | hidden |
| hit | hit | hit |
| hold | held | held |
| hurt | hurt | hurt |
| keep | kept | kept |
| kneel | knelt, kneeled | knelt, kneeled |
| know | knew | known |
| lay | laid | laid |
| lead | led | led |
| lean | leant, leaned | leant, leaned |
| leap | leapt, leaped | leapt, leaped |
| learn | learnt, learned | learnt, learned |
| leave | left | left |
| lend | lent | lent |
| let | let | let |
| lie | lay | lain |
| light | lit, lighted | lit, lighted |
| lose | lost | lost |
| make | made | made |
| may | might | — |
| mean | meant | meant |
| meet | met | met |

| INFINITIVE | PAST TENSE | PAST PARTICIPLE |
|---|---|---|
| mistake | mistook | mistaken |
| mow | mowed | mown, mowed |
| pay | paid | paid |
| put | put | put |
| quit | quit, quitted | quit, quitted |
| read | read | read |
| rend | rent | rent |
| rid | rid | rid |
| ride | rode | ridden |
| ring | rang | rung |
| rise | rose | risen |
| run | ran | run |
| saw | sawed | sawn |
| say | said | said |
| see | saw | seen |
| seek | sought | sought |
| sell | sold | sold |
| send | sent | sent |
| set | set | set |
| shake | shook | shaken |
| shall | should | — |
| shear | sheared | shorn, sheared |
| shed | shed | shed |
| shine | shone | shone |
| shoot | shot | shot |
| show | showed | shown |
| shrink | shrank | shrunk |
| shut | shut | shut |
| sing | sang | sung |
| sink | sank | sunk |
| sit | sat | sat |
| slay | slew | slain |
| sleep | slept | slept |
| slide | slid | slid |
| sling | slung | slung |
| slink | slunk | slunk |
| slit | slit | slit |
| smell | smelt, smelled | smelt, smelled |
| sow | sowed | sown, sowed |
| speak | spoke | spoken |
| speed | sped, speeded | sped, speeded |
| spell | spelt, spelled | spelt, spelled |
| spend | spent | spent |
| spill | spilt, spilled | spilt, spilled |
| spin | spun | spun |
| spit | spat | spat |

| INFINITIVE | PAST TENSE | PAST PARTICIPLE |
|---|---|---|
| split | split | split |
| spoil | spoiled, spoilt | spoiled, spoilt |
| spread | spread | spread |
| spring | sprang | sprung |
| stand | stood | stood |
| steal | stole | stolen |
| stick | stuck | stuck |
| sting | stung | stung |
| stink | stank | stunk |
| stride | strode | stridden |
| strike | struck | struck, stricken |
| strive | strove | striven |
| swear | swore | sworn |
| sweep | swept | swept |
| swell | swelled | swollen, swelled |
| swim | swam | swum |
| swing | swung | swung |
| take | took | taken |
| teach | taught | taught |
| tear | tore | torn |
| tell | told | told |
| think | thought | thought |
| throw | threw | thrown |
| thrust | thrust | thrust |
| tread | trod | trodden |
| upset | upset | upset |
| wake | woke | woken |
| waylay | waylaid | waylaid |
| wear | wore | worn |
| weave | wove, weaved | woven, weaved |
| wed | wedded | wedded |
| weep | wept | wept |
| wet | wetted, wet | wetted, wet |
| will | would | — |
| win | won | won |
| wind | wound | wound |
| withdraw | withdrew | withdrawn |
| withhold | withheld | withheld |
| withstand | withstood | withstood |
| wring | wrung | wrung |
| write | wrote | written |

Aubin imprimeur Ligugé/Poitiers
Dépôt légal : avril 1994 — N° L 48388
N° de série Éditeur : 18426
imprimé en france *(Printed in France)*
février 1995